Gesamtherausgeber:
Prof. Dr. Barbara Dauner-Lieb, Köln
RA Dr. Thomas Heidel, Bonn
Prof. Dr. Gerhard Ring, Freiburg

Gesamtherausgeber:
Prof. Dr. Barbara Dauner-Lieb, Köln
RA Dr. Thomas Heidel, Bonn
Prof. Dr. Gerhard Ring, Freiberg

NomosKommentar

BGB

Allgemeiner Teil | EGBGB

Band 1
4. Auflage

Herausgegeben von

Dr. Thomas Heidel, Rechtsanwalt, Fachanwalt für Steuerrecht und Fachanwalt für Handels- und Gesellschaftsrecht, Bonn | **Dr. Rainer Hüßtege,** Vorsitzender Richter am Oberlandesgericht München | **Prof. Dr. Heinz-Peter Mansel,** Universität zu Köln, Direktor des Instituts für internationales und ausländisches Privatrecht | **Prof. Dr. Ulrich Noack,** Universität Düsseldorf, Lehrstuhl für Bürgerliches Recht, Handels- und Wirtschaftsrecht

in Verbindung mit dem Deutschen Anwaltverein

 Nomos

 DeutscherAnwaltVerein

Zitiervorschlag: NK-BGB/*Bearbeiter* § ... Rn ...

Die Deutsche Nationalbibliothek verzeichnet diese Publikation in
der Deutschen Nationalbibliografie; detaillierte bibliografische
Daten sind im Internet über http://dnb.d-nb.de abrufbar.

ISBN 978-3-8487-4586-9

Vorwort der Herausgeber

Seit der 3. Aufl. 2016 hat der Gesetzgeber den Allgemeinen Teil des BGB weithin unangetastet gelassen. Änderungen ergaben sich seitdem nur bei den §§ 8, 55 a, 79 a, 126 a, 204, 218 BGB, die alle kommentiert wurden. Die Autorinnen und Autoren haben zugleich den steten Strom von Rechtsprechung und Literatur genutzt, um das Werk in allen Teilen auf den neuesten Stand zu bringen. So wurden die Rechtsprobleme rund um die elektronische Kommunikation unter Privaten und auch mit den Gerichten (§§ 126 a, 126 b BGB) der dynamischen Entwicklung folgend weiter praxisgerecht durchdrungen. Markant für das Vereinsrecht ist die Kita-Rechtsprechung des Bundesgerichtshofs (vom 16.05.2017 - II ZB 7/16 u.a.), die das Leitbild des eingetragenen Idealvereins (§§ 21 ff. BGB) konturiert und Rechtssicherheit in einem wichtigen Bereich der Praxis bringt.

Die COVID-19-Pandemie hat tiefe Einschnitte in das Leben und Wirtschaften mit starken Auswirkungen für den Wirtschaftsverkehr und die Vertragsrechtspraxis gebracht. Der Gesetzgeber hat deshalb verschiedene Regelungen aus Anlass der COVID-19-Pandemie geschaffen, die nur temporär gelten. Am 1.4.2020 trat das Gesetz zur Abmilderung der Folgen der COVID-19-Pandemie im Zivil-, Insolvenz- und Strafverfahrensrecht in Kraft. Die zentrale Norm für die vertragsrechtlichen Regelungen aus Anlass der COVID-19-Pandemie ist Art. 240 EGBGB n.F.; die Vorschrift wird von den Rechtsanwälten *Dres. Moritz Beneke* und *Torben Illner* auf aktuellstem Stand kommentiert.

Im internationalen Privatrecht gab es umfangreiche Änderungen. Das Gesetz zur Änderung von Vorschriften im Bereich des Internationalen Privat- und Zivilverfahrensrechts vom 11.6.2017 schuf mit Art. 8 EGBGB n.F. erstmals eine gesetzliche Kollisionsnorm für die gewillkürte Stellvertretung. Es baute dabei auf dem entsprechenden Entwurf des Deutschen Rats für Internationales Privatrecht auf. Art. 8 EGBGB wird durch *Dr. Lukas Rademacher*, Köln, kommentiert. Die Folgen des Austritts des Vereinigten Königreichs von Großbritannien und Nordirland zum 31.1.2020 (Brexit) und des Ablaufs der einjährigen Übergangsphase am 31.12.2020 sind in den Kommentierungen berücksichtigt.

Das internationale Familienrecht ist weiterhin einem steten Wandel unterworfen. Die durch die beiden Güterrechtsverordnungen (sie sind in Band 6: Rom-Verordnungen, 3.Auf. 2019 kommentiert) veranlassten zahlreichen Änderungen des EGBGB durch das Gesetz zum Internationalen Güterrecht und zur Änderung von Vorschriften des Internationalen Privatrechts vom 17.12.2018 mussten ebenso berücksichtigt werden, wie diejenigen durch das Gesetz zur Umsetzung des Gesetzes zur Einführung des Rechts auf Eheschließung für Personen gleichen Geschlechts vom 18.12.2018. So wurden die Art. 3 a, 15 und 16 EGBGB aufgehoben; Art. 14, 17, 17 a und 17 b EGBGB wurden neugefasst; Art. 19 und 22 EGBGB wurden ergänzt. Das Gesetz zur Bekämpfung von Kinderehen vom 17.07.2017 hat Art. 13 EGBGB neu gefasst. Die durch die Aufhebung bzw. Änderung der genannten Vorschriften aufgetretenen Übergangsprobleme werden berücksichtigt.

Die durch Art. 17 Abs. 2 EGBGB angeordnete teilweise Anwendbarkeit der Rom III-VO, die sich vor allem bei der Anerkennung eine ausländischen Privatscheidung auswirkt, wurde kommentiert. Im Abstammungsrecht ergeben sich vielfältige Probleme, die durch eine im Ausland begründete Leihmutterschaft entstehen. Die reiche Rechtsprechung dazu wird im Kommentar verarbeitet.

Das EuSorgeRÜ und des Haager MSA werden wegen der mangelnden praktischen Relevanz nicht mehr kommentiert, sondern nur einführend erläutert. Insoweit wird auch auf die Vorauflage verwiesen. Das Haager Kindesentführungsübereinkommen wird durch Frau Richterin am Amtsgericht *Martina Erb-Klünemann*, die auf diesem Gebiet über eine sehr große praktische Erfahrung verfügt, neu kommentiert. Die umfangreiche Rechtsprechung des EuGH und des BGH zu Fragen der internationalen Zuständigkeit nach der Brüssel IIa-VO und zum Kollisionsrecht wurde ausgewertet und einer kritischen Analyse unterzogen.

Herausgeber und Verlag gedenken dankbar *Prof. Dr. Götz Schulze*, der am 30. Oktober 2018 überraschend in Potsdam starb. Er wurde 54 Jahre alt. Wir erinnern uns an einen besonders liebenswürdigen Menschen und wissenschaftlich herausragenden Kollegen. Seine tiefgründigen Kommentierungen der Rechtsgeschäftslehre (§§ 145-156 BGB) wie auch seine Kommentierung zum Haager Übereinkommen über den int. Schutz von Erwachsenen hat Herr *Dr. Lukas Rademacher* in seinem Geiste weitergeführt. Die Kommentierungen der Art. 5-7, 9 EGBGB verantwortet jetzt *Prof. Dr. Mark Makowsky*, Mannheim, ebenso die Kommentierungen des New Yorker UN-Übereinkommens über die Rechtsstellung von Staatenlosen und zu den Sonderregelungen für Flüchtlinge, Verschleppte und Vertriebene. Es kam auch zu anderen Bearbeiterwechseln. So übernahm *Prof. Dr. Christine Budzikiewicz*, Marburg, die Kommentierung der §§ 194 – 218 BGB mit Ausnahme des § 204 BGB und *Herr Prof. Dr. Robert Magnus*, Bayreuth, die der Art. 22 – 24 EGBGB mit diversen Anhängen.

Vorwort der Herausgeber

Die Herausgeber danken ihrem Lektor *Frank Michel* für die vertrauensvolle Zusammenarbeit. Die Kommentierung ist auf aktuellem Gesetzesstand und berücksichtigt die reiche Literatur und Rechtsprechung bis Frühjahr 2020. Wir hoffen, dass auch diese Auflage der Wissenschaft und Praxis als hilfreiches Arbeitsmittel und als Erkenntnisquelle dienen wird. Für Anregungen und Hinweise für die nächste Auflage sind wir dankbar.

September 2020

Thomas Heidel, Bonn
Rainer Hüßtege, München
Heinz-Peter Mansel, Köln
Ulrich Noack, Düsseldorf

Inhaltsübersicht

Vorwort der Herausgeber V

Autorenverzeichnis XI

Bearbeiterverzeichnis XIII

Abkürzungsverzeichnis XVII

Allgemeines Literaturverzeichnis XXXV

Unionsprivatrecht und Zivilrechtspraxis – eine Einführung 1

Abschnitt 1   Personen (§§ 1–89) 31

Titel 1   Natürliche Personen, Verbraucher, Unternehmer (§§ 1–20) 31

Titel 2   Juristische Personen (§§ 21–89) 145

    Untertitel 1   Vereine (§§ 21–79a) 145

        Kapitel 1   Allgemeine Vorschriften (§§ 21–54) 145

        Steuerlicher Anhang zu § 21: Gemeinnützigkeitsrecht des eingetragenen Vereins 179

        Kapitel 2   Eingetragene Vereine (§§ 55–79a) 395

    Untertitel 2   Stiftungen (§§ 80–88) 429

    Untertitel 3   Juristische Personen des öffentlichen Rechts (§ 89) 541

Abschnitt 2   Sachen und Tiere (§§ 90–103) 545

Abschnitt 3   Rechtsgeschäfte (§§ 104–185) 659

Titel 1   Geschäftsfähigkeit (§§ 104–115) 659

Titel 2   Willenserklärung (§§ 116–144) 747

    Anhang zu § 128: Die Amtshaftung des Notars 914

    Anhang zu § 133: Auslegung von Gesetzen und Rechtsfortbildung 991

    Anhang zu § 138: Prostitutionsgesetz 1180

Titel 3   Vertrag (§§ 145–157) 1230

    Anhang zu § 156: Internet-Versteigerungen 1294

Titel 4   Bedingung und Zeitbestimmung (§§ 158–163) 1330

Titel 5   Vertretung und Vollmacht (§§ 164–181) 1366

Titel 6   Einwilligung und Genehmigung (§§ 182–185) 1507

Abschnitt 4   Fristen, Termine (§§ 186–193) 1541

Abschnitt 5   Verjährung (§§ 194–225) 1551

Titel 1   Gegenstand und Dauer der Verjährung (§§ 194–202) 1551

Titel 2   Hemmung, Ablaufhemmung und Neubeginn der Verjährung (§§ 203–213) 1645

Titel 3   Rechtsfolgen der Verjährung (§§ 214–225) 1769

Abschnitt 6   Ausübung der Rechte, Selbstverteidigung, Selbsthilfe (§§ 226–231) 1782

Abschnitt 7   Sicherheitsleistung (§§ 232–240) 1800

Einführungsgesetz zum Bürgerlichen Gesetzbuche

Erster Teil   Allgemeine Vorschriften (Art. 1–49) 1812

Erstes Kapitel   Inkrafttreten. Vorbehalt für Landesrecht. Gesetzesbegriff (Art. 1–2) 1812

Zweites Kapitel   Internationales Privatrecht (Art. 3–46d) 1812

    Erster Abschnitt   Allgemeine Vorschriften (Art. 3–6) 1812

        Anhang I zu Art. 5: New Yorker UN-Übereinkommen über die Rechtsstellung der Staatenlosen 1868

        Anhang II zu Art. 5: Sonderregelungen für Flüchtlinge, Verschleppte und Vertriebene 1871

    Zweiter Abschnitt   Recht der natürlichen Personen und der Rechtsgeschäfte (Art. 7–12) 1913

Anhang zu Art. 8: Haager Übereinkommen über den internationalen Schutz von Erwachsenen vom 13.1.2000 1930

Anhang zu Art. 12: Juristische Personen und Gesellschaften 2010

Dritter Abschnitt   Familienrecht (Art. 13–24) 2094

Anhang I zu Art. 13: Verlöbnis 2135

Anhang II zu Art. 13: Nichteheliche Lebensgemeinschaft 2138

Anhang zu Art. 14: Allgemeine Ehewirkungen (in der Fassung des IPRG v. 25.7.1986) 2165

Anhang I zu Art. 22: AdWirkG 2289

Anhang II zu Art. 22: Haager AdÜ 2299

Anhang I zu Art. 24: KSÜ 2320

Anhang II zu Art. 24: MSA 2368

Anhang III zu Art. 24: HKÜ 2372

Anhang IV zu Art. 24: ESÜ 2427

Anhang V zu Art. 24: EuSorgeRÜ 2476

Anhang I zum III. Abschnitt: EheVO 2003 2486

Anhang Ia zum III. Abschnitt: EheVO 2019 2664

Anhang II zum III. Abschnitt: Internationale Zuständigkeit in Ehesachen 2760

Vierter Abschnitt   Erbrecht (Art. 25–25, 26) 2789

Anhang zu Art. 25, 26: Haager Testamentsformabkommen 2796

Fünfter Abschnitt   Außervertragliche Schuldverhältnisse (Art. 27–42) 2798

Sechster Abschnitt   Sachenrecht (Art. 43–46) 2837

Siebter Abschnitt   Besondere Vorschriften zur Durchführung und Umsetzung international-privatrechtlicher Regelungen der Europäischen Union (Art. 46a–46d) 2876

Erster Unterabschnitt   Durchführung der Verordnung (EG) Nr. 864/2007 (Art. 46a) 2876

Zweiter Unterabschnitt Umsetzung international-privatrechtlicher Regelungen im Verbraucherschutz (Art. 46b–46c) 2877

Dritter Unterabschnitt   Durchführung der Verordnung (EG) Nr. 593/2008 (Art. 46d) 2897

Anhang zu Art. 46 d: Internationales Wertpapierrecht 2902

Vierter Unterabschnitt   Durchführung der Verordnung (EU) Nr. 1259/2010 (Art. 46e nicht abgedruckt) 2912

Drittes Kapitel   Angleichung; Wahl eines in einem anderen Mitgliedstaat der Europäischen Union erworbenen Namens (Art. 47–49) 2912

Zweiter Teil   Verhältnis des Bürgerlichen Gesetzbuchs zu den Reichsgesetzen (Art. 50–54 nicht abgedruckt)

Dritter Teil   Verhältnis des Bürgerlichen Gesetzbuchs zu den Landesgesetzen (Art. 55–152 nicht abgedruckt)

Vierter Teil   Übergangsvorschriften (Art. 153–218 nicht abgedruckt)

Fünfter Teil   Übergangsvorschriften aus Anlaß jüngerer Änderungen des Bürgerlichen Gesetzbuchs und dieses Einführungsgesetzes (Art. 219–229 §§ 1–41) 2952

Sechster Teil   Inkrafttreten und Übergangsrecht aus Anlaß der Einführung des Bürgerlichen Gesetzbuchs und dieses Einführungsgesetzes in dem in Artikel 3 des Einigungsvertrages genannten Gebiet (Art. 230–237 nicht abgedruckt) 3016

Siebter Teil   Durchführung des Bürgerlichen Gesetzbuchs, Verordnungsermächtigungen, Länderöffnungsklauseln, Informationspflichten (Art. 238–246c) 3016

Allgemeines Gleichbehandlungsgesetz

Abschnitt 1 **Allgemeiner Teil** (§§ 1–5) 3096

Abschnitt 2 **Schutz der Beschäftigten vor Benachteiligung** (§§ 6–18) 3115

Unterabschnitt 1 Verbot der Benachteiligung (§§ 6–10) 3115

Unterabschnitt 2 Organisationspflichten des Arbeitgebers (§§ 11–12) 3141

Unterabschnitt 3 Rechte der Beschäftigten (§§ 13–16) 3148

Unterabschnitt 4 Ergänzende Vorschriften (§§ 17–18) 3158

Abschnitt 3 **Schutz vor Benachteiligung im Zivilrechtsverkehr** (§§ 19–21) 3164

Abschnitt 4 **Rechtsschutz** (§§ 22–23) 3182

Abschnitt 5 **Sonderregelungen für öffentlich-rechtliche Dienstverhältnisse** (§ 24) 3187

Abschnitt 6 **Antidiskriminierungsstelle** (§§ 25–30) 3188

Abschnitt 7 **Schlussvorschriften** (§§ 31–33) 3196

Gesetz über die Spende, Entnahme und Übertragung von Organen und Geweben

Abschnitt 1 **Allgemeine Vorschriften** (§§ 1–2) 3199

Abschnitt 2 **Entnahme von Organen und Geweben bei toten Spendern** (§§ 3–7) 3202

Abschnitt 3 **Entnahme von Organen und Geweben bei lebenden Spendern** (§§ 8–8c) 3205

Abschnitt 3 a **Gewebeeinrichtungen, Untersuchungslabore, Register** (§§ 8d–8f) 3207

Abschnitt 4 **Entnahme, Vermittlung und Übertragung von Organen, Zusammenarbeit bei der Entnahme von Organen und Geweben** (§§ 9–12a) 3208

Abschnitt 5 **Meldungen, Dokumentation, Rückverfolgung, Datenschutz, Fristen** (§§ 13–15) 3217

Abschnitt 5 a **Transplantationsregister** (§§ 15a–15i) 3220

Abschnitt 5 b **Richtlinien zum Stand der Erkenntnisse der medizinischen Wissenschaft, Verordnungsermächtigung** (§§ 16–16b) 3226

Abschnitt 6 **Verbotsvorschriften** (§ 17) 3228

Abschnitt 7 **Straf- und Bußgeldvorschriften** (§§ 18–20) 3228

Abschnitt 8 **Schlussvorschriften** (§§ 21–26) 3229

Stichwortverzeichnis 3261

Gesamtverzeichnis der Anhänge

Steuerlicher Anhang zu § 21: Gemeinnützigkeitsrecht des eingetragenen Vereins 179

Anhang zu § 128: Die Amtshaftung des Notars 914

Anhang zu § 133: Auslegung von Gesetzen und Rechtsfortbildung 991

Anhang zu § 138: Prostitutionsgesetz 1180

Anhang zu § 156: Internet-Versteigerungen 1294

Anhang I zu Art. 5 EGBGB: New Yorker UN-Übereinkommen über die Rechtsstellung der Staatenlosen 1868

Anhang II zu Art. 5 EGBGB: Sonderregelungen für Flüchtlinge, Verschleppte und Vertriebene 1871

Anhang zu Art. 8 EGBGB: Haager Übereinkommen über den internationalen Schutz von Erwachsenen vom 13.1.2000 1930

Anhang zu Art. 12 EGBGB: Juristische Personen und Gesellschaften 2010

Anhang I zu Art. 13 EGBGB: Verlöbnis 2135

Anhang II zu Art. 13 EGBGB: Nichteheliche Lebensgemeinschaft 2138

Anhang zu Art. 14 EGBGB: Allgemeine Ehewirkungen (in der Fassung des IPRG v. 25.7.1986) 2165

Inhaltsübersicht

Anhang I zu Art. 22 EGBGB: AdWirkG 2289

Anhang II zu Art. 22 EGBGB: Haager AdÜ 2299

Anhang I zu Art. 24 EGBGB: KSÜ 2320

Anhang II zu Art. 24 EGBGB: MSA 2368

Anhang III zu Art. 24 EGBGB: HKÜ 2372

Anhang IV zu Art. 24 EGBGB: ESÜ 2427

Anhang V zu Art. 24 EGBGB: EuSorgeRÜ 2476

Anhang I zum III. Abschnitt EGBGB: EheVO 2003 2486

Anhang Ia zum III. Abschnitt EGBGB: EheVO 2019 2664

Anhang II zum III. Abschnitt EGBGB: Internationale Zuständigkeit in Ehesachen 2760

Anhang zu Art. 25, 26 EGBGB: Haager Testamentsformabkommen 2796

Anhang zu Art. 46 d EGBGB: Internationales Wertpapierrecht 2902

Autorenverzeichnis

Prof. Dr. Thomas Ackermann, LL.M.
Ludwig-Maximilians-Universität München, Lehrstuhl
für Bürgerliches Recht, Europäisches und
Internationales Wirtschaftsrecht

Prof. Dr. Marianne Andrae
Universität Potsdam

Dr. Moritz Beneke
Rechtsanwalt, Bonn

Prof. Dr. Christoph Benicke
Universität Gießen, Lehrstuhl für Bürgerliches Recht,
Internationales Privatrecht und Rechtsvergleichung

Dr. Kai Bischoff, Dipl.-Kfm, LL.M.
Notar, Köln-Rodenkirchen

Prof. Dr. Christine Budzikiewicz
Philipps-Universität Marburg, Lehrstuhl für
Bürgerliches Recht, Internationales und Europäisches
Privatrecht sowie Rechtsvergleichung

Dr. Ilse Dautert, MHMM
Rechtsanwältin, Fachanwältin für Medizinrecht und für
Sozialrecht, Oldenburg

Prof. Dr. Diederich Eckardt
Universität Trier, Lehrstuhl für Bürgerliches Recht und
Zivilprozessrecht

Martina Erb-Klünemann
Richterin am Amtsgericht, Hamm

Prof. Dr. Florian Faust, LL.M.
Bucerius Law School, Hamburg, Lehrstuhl für
Bürgerliches Recht, Handels- und Wirtschaftsrecht und
Rechtsvergleichung

Prof. Dr. Andreas Feuerborn
Heinrich-Heine-Universität Düsseldorf, Professur für
Bürgerliches Recht, Arbeitsrecht und
Rechtsvergleichung

Prof. Dr. Robert Freitag, Maître en droit (Bordeaux)
Friedrich-Alexander-Universität Erlangen-Nürnberg,
Lehrstuhl für Deutsches, Europäisches und
Internationales Privat- und Wirtschaftsrecht; Richter am
Oberlandesgericht Nürnberg

Manfred Fuchs
Richter am Oberlandesgericht München

Prof. Dr. Martin Gebauer
Eberhard-Karls-Universität Tübingen, Lehrstuhl für
Bürgerliches Recht, Internationales Privatrecht und
Rechtsvergleichung; Richter am Oberlandesgericht
Stuttgart

Prof. Dr. Urs Peter Gruber
Johannes Gutenberg Universität Mainz, Lehrstuhl für
Zivilrecht und Zivilprozessrecht

Dr. Thomas Heidel
Rechtsanwalt, Fachanwalt für Steuerrecht und für
Handels- und Gesellschaftsrecht, Bonn

Prof. Dr. Jochen Hoffmann
Friedrich-Alexander-Universität Erlangen-Nürnberg,
Lehrstuhl für Wirtschaftsprivatrecht

Prof. Dr. Peter Huber, LL.M.
Universität Mainz, Lehrstuhl für Bürgerliches Recht,
Internationales Privatrecht und Rechtsvergleichung

Dr. Rainer Hüßtege
Vorsitzender Richter am Oberlandesgericht a.D.,
München

Dr. Torben Illner
Rechtsanwalt, Bonn

Prof. Dr. Stefan Koos
Universität der Bundeswehr München, Professur für
Bürgerliches Recht, Handels- und Wirtschaftsrecht

Sascha Kremer
Rechtsanwalt und Fachanwalt für
Informationstechnologie-Recht, Köln

Prof. Dr. Ludwig Kroiß
Präsident des Landgerichts, Traunstein;
Honorarprofessor an der Universität Passau

Herbert Krumscheid
Rechtsanwalt und Fachanwalt für Versicherungsrecht,
Bonn

Dr. Lena Kunz, LL.M. (The University of Chicago)
Universität Heidelberg, Institut für geschichtliche
Rechtswissenschaft

Prof. Dr. Werner Langen
Rechtsanwalt und Fachanwalt für Bau- und
Architektenrecht, Mönchengladbach, Honorarprofessor
an der Universität zu Köln

Christoph Legerlotz
Rechtsanwalt und Fachanwalt für Arbeitsrecht, Köln

Prof. Dr. Stefan Leible
Universität Bayreuth, Lehrstuhl für Bürgerliches Recht,
Internationales Privatrecht und Rechtsvergleichung

Dr. Daniel Lochner
Rechtsanwalt und Fachanwalt für Handels- und
Gesellschaftsrecht, Bonn

Prof. Dr. Dirk Looschelders
Heinrich-Heine-Universität Düsseldorf, Lehrstuhl für
Bürgerliches Recht, Internationales Privatrecht und
Rechtsvergleichung sowie Privatversicherungsrecht

*Prof. Dr. Jan D. Lüttringhaus, LL.M. (Columbia),
Maître en droit*
Leibnitz Universität Hannover, Lehrstuhl für
Bürgerliches Recht und Versicherungsrecht

Prof. Dr. Robert Magnus
Universität Bayreuth, Lehrstuhl für Bürgerliches Recht,
deutsches und internationales Zivilverfahrensrecht

Prof. Dr. Mark Makowsky
Universität Mannheim, Lehrstuhl für Bürgerliches
Recht, Internationales Privatrecht, Medizinrecht sowie
Privatversicherungsrecht

Prof. Dr. Peter Mankowski
Universität Hamburg, Seminar für ausländisches und
internationales Privat- und Prozessrecht

Prof. Dr. Heinz-Peter Mansel
Universität zu Köln, Direktor des Instituts für
internationales und ausländisches Privatrecht

Prof. Dr. Ulrich Noack
Heinrich-Heine-Universität Düsseldorf, Lehrstuhl für
Bürgerliches Recht, Handels- und Wirtschaftsrecht

Prof. Dr. Dr. h.c. Thomas Pfeiffer
Universität Heidelberg, Institut für ausländisches und
internationales Privat- und Wirtschaftsrecht

Dr. Thomas von Plehwe
Rechtsanwalt beim BGH, Karlsruhe

Dr. Adam Polkowski
Rechtsanwalt, München Lehrbeauftragter der
Hochschule Deggendorf, Fachbereiche
Bauingenieurwesen sowie Ressourcen- und
Umweltmanagement

Matthias Pruns
Rechtsanwalt, Bonn

Prof. Dr. Thomas Raab
Universität Trier, Lehrstuhl für Bürgerliches Recht und
Arbeitsrecht

Dr. Lukas Rademacher, M.Jur. (Oxon.)
Universität zu Köln, Institut für internationales und
ausländisches Privatrecht

Prof. Dr. Gerhard Ring
Technische Universität Bergakademie Freiberg,
Lehrstuhl für Bürgerliches Recht, Deutsches und
Europäisches Wirtschaftsrecht

Dr. K. Jan Schiffer
Rechtsanwalt, Bonn

Prof. Dr. Hans Schulte-Nölke
Universität Osnabrück, Lehrstuhl für Bürgerliches
Recht, Europäisches Privat- und Wirtschaftsrecht,
Rechtsvergleichung und Europäische Rechtsgeschichte;
Direktor am European Legal Studies Institute

*Prof. Dr. Robert Sieghörtner, LL.M. (Sydney), EMBA
(Münster)*
Notar, Gräfenberg; Honorarprofessor an der Friedrich-
Alexander Universität Erlangen-Nürnberg

Dr. Andreas Staffhorst
Staatsanwalt, Baden-Baden

Dr. Jürgen vom Stein
Präsident des Landesarbeitsgerichts, Köln

Prof. Dr. Markus Stoffels
Ruprecht-Karls-Universität Heidelberg, Lehrstuhl für
Bürgerliches Recht, Arbeitsrecht und
Unternehmensrecht

Prof. Dr. Ulrich Wackerbarth
FernUniversität Hagen, Lehrstuhl für Bürgerliches
Recht, Unternehmensrecht und Rechtsvergleichung

Prof. Dr. Gerhard Wagner, LL.M.
Humboldt-Universität zu Berlin, Lehrstuhl für
Bürgerliches Recht, Wirtschaftsrecht und Ökonomik

Inga-Kristin Zillmer
Rechtsanwältin und Fachanwältin für Steuerrecht,
Ludwigsburg

Bearbeiterverzeichnis

Im Einzelnen haben bearbeitet:

Unionsprivatrecht und Zivilrechtspraxis – eine Einführung
Prof. Dr. Dr. h.c. Thomas Pfeiffer

BGB

§ 1
Prof. Dr. Gerhard Ring

§ 2
Dr. Lena Kunz

§§ 7–9, 11
Herbert Krumscheid

§ 12
Prof. Dr. Stefan Koos

§§ 13, 14
Prof. Dr. Gerhard Ring

Vor §§ 21 ff., §§ 21–40
Dr. Thomas Heidel/Dr. Daniel Lochner

Steuerlicher Anhang zu § 21: Gemeinnützigkeitsrecht des eingetragenen Vereins
Inga-Kristin Zillmer

§§ 41–54
Prof. Dr. Diederich Eckardt

Vor §§ 55–79, §§ 55–60, 64–73
Dr. Thomas Heidel/Dr. Daniel Lochner

§§ 74–76
Prof. Dr. Diederich Eckardt

§§ 77–79
Dr. Thomas Heidel/Dr. Daniel Lochner

Vor §§ 80 ff., §§ 80–89
Dr. K. Jan Schiffer/Matthias Pruns

Vor §§ 90–103, §§ 90–103
Prof. Dr. Gerhard Ring

§§ 104–113
Dr. Lena Kunz

Vor §§ 116–144, §§ 116–124
Prof. Dr. Andreas Feuerborn

§§ 125–129
Prof. Dr. Ulrich Noack/Sascha Kremer

Anhang zu § 128: Die Amtshaftung des Notars
Dr. Jürgen vom Stein

§§ 130–132
Prof. Dr. Florian Faust

§§ 133–138
Prof. Dr. Dirk Looschelders

Anhang zu § 133: Auslegung von Gesetzen und Rechtsfortbildung
Prof. Dr. Dirk Looschelders

Anhang zu § 138: Prostitutionsgesetz
Prof. Dr. Dirk Looschelders

§§ 139–141
Prof. Dr. Florian Faust

§§ 142–144
Prof. Dr. Andreas Feuerborn

Vor §§ 145–157, §§ 145–156
Dr. Lukas Rademacher

Anhang zu § 156: Internet-Versteigerungen
Sascha Kremer

§ 157
Prof. Dr. Dirk Looschelders

§§ 158–163
Prof. Dr. Ulrich Wackerbarth

§§ 164–166
Prof. Dr. Markus Stoffels

§§ 167–180
Prof. Dr. Thomas Ackermann

§ 181
Prof. Dr. Markus Stoffels

§§ 182–185
Dr. Andreas Staffhorst

§§ 186–193
Herbert Krumscheid

Vor §§ 194–218, §§ 194–202
Prof. Dr. Christine Budzikiewicz

Vor §§ 203–213, § 203
Prof. Dr. Christine Budzikiewicz

§ 204
Prof. Dr. Heinz-Peter Mansel

§§ 205–218
Prof. Dr. Christine Budzikiewicz

§§ 226–231, Vor §§ 232–240, 232–240
Manfred Fuchs

EGBGB

Art. 3, 4
Prof. Dr. Robert Freitag

Art. 5
Prof. Dr. Mark Makowsky

Anhang I zu Art. 5: New Yorker UN-Übereinkommen
über die Rechtsstellung der Staatenlosen

Anhang II zu Art. 5: Sonderregelungen für Flüchtlinge,
Verschleppte und Vertriebene
Prof. Dr. Mark Makowsky

Art. 6, 7
Prof. Dr. Mark Makowsky

Art. 8
Dr. Lukas Rademacher

Anhang zu Art. 8: Haager Übereinkommen über den
internationalen Schutz von Erwachsenen vom
13.1.2000
Dr. Lukas Rademacher

Art. 9
Prof. Dr. Mark Makowsky

Art. 10
Prof. Dr. Peter Mankowski

Art. 11-12
Dr. Kai Bischoff

Anhang zu Art. 12: Juristische Personen und
Gesellschaften
Prof. Dr. Jochen Hoffmann

Art. 13
Prof. Dr. Marianne Andrae

Anhänge I–III zu Art. 13: Verlöbnis, Nichteheliche
Lebensgemeinschaft, Haager
Eheschließungsübereinkommen
Prof. Dr. Marianne Andrae

Art. 14
Prof. Dr. Marianne Andrae

Anhang zu Art. 14: Allgemeine Ehewirkungen (in der
Fassung des IPRG v. 25.7.1986)
Prof. Dr. Marianne Andrae

Art. 17, 17 a
Prof. Dr. Urs Peter Gruber

Art. 17 b
Prof. Dr. Martin Gebauer

Art. 18
Prof. Dr. Urs Peter Gruber

Art. 19, 20
Dr. Kai Bischoff

Art. 21
Prof. Dr. Christoph Benicke

Art. 22-24
Prof. Dr. Robert Magnus

Anhang I zu Art. 22: AdWirkG
Prof. Dr. Robert Magnus

Anhang I zu Art. 24: KSÜ
Prof. Dr. Christoph Benicke

Anhang II zu Art. 24: MSA
Dr. Rainer Hüßtege

Anhang III zu Art. 24: HKÜ
Martina Erb-Klünemann

Anhang IV zu Art. 24: ESÜ
Prof. Dr. Christoph Benicke

Anhang V zu Art. 24: EuSorgeRÜ
Dr. Rainer Hüßtege

Anhang I zum III. Abschnitt: EheVO 2003

Vor EheVO 2003, Art. 1–20 EheVO 2003
Prof. Dr. Urs Peter Gruber

Art. 21–39 EheVO 2003
Prof. Dr. Marianne Andrae

Art. 40–45 EheVO 2003
Prof. Dr. Marianne Andrae

Art. 46–52 EheVO 2003
Prof. Dr. Marianne Andrae

Art. 53–58 EheVO 2003
Prof. Dr. Marianne Andrae

Art. 59–72 EheVO
Prof. Dr. Urs Peter Gruber

Anhang Ia zum III. Abschnitt: EheVO 2019
Prof. Dr. Urs Peter Gruber

Anhang II zum III. Abschnitt: Internationale
Zuständigkeit in Ehesachen

1. Teil: § 98 FamFG
Prof. Dr. Urs Peter Gruber

2. Teil: §§ 107, 108, 109 FamFG
Prof. Dr. Marianne Andrae

Vor Art. 25, 26, Art. 25, 26
Prof. Dr. Ludwig Kroiß

Anhang zu Art. 25, 26
Prof. Dr. Ludwig Kroiß

Art. 38, 39
Prof. Dr. Peter Huber

Art. 40–42
Prof. Dr. Gerhard Wagner

Art. 43–46 a
Dr. Thomas von Plehwe

Art. 46 b, 46 d
Prof. Dr. Stefan Leible

Anhang zu Art. 46 d: Internationales Wertpapierrecht
Dr. Jan D. Lüttringhaus

Art. 47, 48
Prof. Dr. Peter Mankowski

Art. 229 §§ 5, 6
Prof. Dr. Christine Budzikiewicz

Art. 229 §§ 9–11
Prof. Dr. Gerhard Ring

Art. 229 § 12
Prof. Dr. Christine Budzikiewicz

Art. 229 § 23
Prof. Dr. Christine Budzikiewicz

Art. 229 § 27
Prof. Dr. Gerhard Ring

Art. 229 § 32
Prof. Dr. Gerhard Ring

Art. 229 § 34
Prof. Dr. Hans Schulte-Nölke

Art. 229 § 36
Prof. Dr. Ludwig Kroiß

Art. 229 § 39
Prof. Dr. Werner Langen

Art. 229 § 41
Dr. Lukas Rademacher

Art. 240 §§ 1-4, Vor § 1
Dr. Moritz Beneke/Dr. Torben Illner

Art. 243
Prof. Dr. Gerhard Ring

Art. 244
Dr. Adam Polkowski

Art. 245, Vor Art. 246-246 c, Art. 246, 246 a §§ 1–4, 246 b §§ 1, 2, 246 c
Prof. Dr. Gerhard Ring

AGG
§§ 1–33
Christoph Legerlotz

TPG
§§ 1–26
Dr. Ilse Dautert

Abkürzungsverzeichnis

1. RBerGAV   Verordnung zur Ausführung des Rechtsberatungsgesetzes

2. RBerGAV   Zweite Verordnung zur Ausführung des Rechtsberatungsgesetzes

5. VermBG   Fünftes Gesetz zur Förderung der Vermögensbildung der Arbeitnehmer

7. StBÄndG   Gesetz zur Änderung von Vorschriften über die Tätigkeit der Steuerberater

aA   anderer Auffassung

aaO   am angegebenen Ort

AbfVerbrG   Abfallverbringungsgesetz

abgedr.   abgedruckt

ABl   Amtsblatt

abl.   ablehnend

ABl. EG/EU   Amtsblatt der Europäischen Gemeinschaften/Union

Abs.   Absatz

Abschn.   Abschnitt

Abt.   Abteilung

abw.   abweichend

A.C.   Appeal Cases (Entscheidungen des House of Lords)

AcP   Archiv für die civilistische Praxis (Band, Seite)

AdÜ   Adoptionsübereinkommen (Haager AdÜ – Haager Übereinkommen über den Schutz von Kindern und die Zusammenarbeit auf dem Gebiet der internationalen Adoption vom 29.5.1993)

AdVermG   Adoptionsvermittlungsgesetz

AdWirkG   Adoptionswirkungsgesetz

aE   am Ende

AEAO   Anwendungserlass zur Abgabenordnung

AEntG   Arbeitnehmer-Entsendegesetz

AErfG   Gesetz über Arbeitnehmererfindungen

AEVO   Arbeitserlaubnisverordnung

aF   alte Fassung

AfA   Absetzung bzw. Abschreibung für Abnutzung

AFG   Arbeitsförderungsgesetz (jetzt SGB III)

AfP   Archiv für Presserecht (Jahr, Seite)

AFRG   Arbeitsförderungsreformgesetz

AG   Die Aktiengesellschaft (Jahr, Seite)

AG   Aktiengesellschaft; Amtsgericht; Arbeitgeber; Auftraggeber; Ausführungsgesetz

AGB   Allgemeine Geschäftsbedingungen

AGBGB   Ausführungsgesetz zum Bürgerlichen Gesetzbuch

AGFGG   Ausführungsgesetz zum Gesetz über die Angelegenheiten der Freiwilligen Gerichtsbarkeit

AGGVG   Gesetz zur Ausführung des Gerichtsverfassungsgesetzes

AGH   Anwaltsgerichtshof

AgrarR   Zeitschrift für das Recht der Landwirtschaft, der Agrarmärkte und des ländlichen Raumes

AGS   Anwaltsgebühren Spezial (Jahr, Seite)

AIG   Auslandsinvestitionsgesetz

AKB   Allgemeine Bedingungen für die Kraftfahrtversicherung

AktG   Aktiengesetz

allg.   allgemein

allgM   allgemeine Meinung

ALR   Allgemeines Landrecht für die Preußischen Staaten von 1794

Alt.   Alternative

AlterstzG   Altersteilzeitgesetz

ALVB   Allgemeine Lebensversicherungs-Bedingungen

aM   anderer Meinung

AMG   Arzneimittelgesetz

Amtl. Anz.   Amtlicher Anzeiger

AN   Arbeitnehmer

ÄndG   Änderungsgesetz

AnfG   Anfechtungsgesetz

Angekl   Angeklagte(r)

Anh.   Anhang

Anm.   Anmerkung

AnwBl   Anwaltsblatt (Jahr, Seite)

AnwG   Anwaltsgericht

AnwGH   Anwaltsgerichtshof

AO   Abgabenordnung

AöR   Archiv des öffentlichen Rechts (bis 26.1910: für öffentliches Recht; Band, Seite)

AO-StB   Der AO-Steuerberater

AOW   Algemene Ouderdomswet (Allgemeines Altersversicherungsgesetz, niederl.)

AP   Arbeitsrechtliche Praxis (Nachschlagewerk des Bundesarbeitsgerichts – Gesetzesstelle und Entscheidungsnummer)

ArbG   Arbeitsgericht

ArbGG   Arbeitsgerichtsgesetz

AR-Blattei   Arbeitsrechts-Blattei

AR-Blattei SD	Arbeitsrecht-Blattei Systematische Darstellungen (Nummer, Randnummer)
ArbNErfG	Gesetz über Arbeitnehmererfindungen
ArbPlSchG	Arbeitsplatzschutzgesetz
ArbSchG	Arbeitsschutzgesetz
ArbSichG	Arbeitssicherstellungsgesetz
ArbZG	Arbeitszeitrechtsgesetz
ArchBürgR	Archiv für bürgerliches Recht (Band, Seite)
arg.	argumentum
ARGE	Arbeitsgemeinschaft
ARST	Arbeitsrecht in Stichworten (Jahr, Seite)
Art.	Artikel
ArVNG	Arbeiterrentenversicherungs-Neuregelungsgesetz
ArztR	Arztrecht (Jahr, Seite)
AStG	Außensteuergesetz
AT	Allgemeiner Teil
AuA	Arbeit und Arbeitsrecht (Jahr, Seite)
AUB	Allgemeine Unfallversicherungs-bedingungen
AufenthG/EWG	Gesetz über Einreise und Aufenthalt von Staatsangehörigen der Mitgliedstaaten der Europäischen Wirtschaftsgemeinschaft
Aufl.	Auflage
AÜG	Arbeitnehmerüberlassungsgesetz
AuR	Arbeit und Recht (Jahr, Seite; davor ArbuR)
ausdr.	ausdrücklich
ausf.	ausführlich
AusfG HZÜ/HBÜ	Gesetz über die Ausführung des Haager Übereinkommens vom 15. November 1965 über die Zustellung gerichtlicher und außergerichtlicher Schriftstücke im Ausland in Zivil- oder Handelssachen
AuslG	Ausländergesetz
AuslInvestmG	Gesetz über den Vertrieb ausländischer Investmentanteile und über die Besteuerung der Erträge aus ausländischen Investmentanteilen
AuslInvStG	Gesetz über steuerliche Maßnahmen bei Auslandsinvestitionen der deutschen Wirtschaft
AußenStG	Gesetz über die Besteuerung bei Auslandsbeziehungen
AV	Ausführungsverordnung
AVAG	Gesetz zur Ausführung zwischenstaatlicher Anerkennungs- und Vollstreckungsverträge in Zivil- und Handelssachen
AVAVG	Gesetz über Arbeitsvermittlung und Arbeitslosenversicherung
AVB	Allgemeine Versicherungsbedingungen, Allgemeine Versorgungsbedingungen
AVBl	Amts- und Verordnungsblatt
AVBV	Verordnung über Allgemeine Bedingungen für die Elektrizitätsversorgung – Fernwärmeversorgung – Gasversorgung – Wasserversorgung
AWD	Außenwirtschaftsdienst des Betriebsberaters (Jahr, Seite; siehe RIW)
AWG	Außenwirtschaftsgesetz
AW-Prax	Außenwirtschaftliche Praxis (Jahr, Seite)
Az.	Aktenzeichen
AZV	Arbeitszeitverordnung
BA	Bundesanstalt/Bundesagentur für Arbeit
BABl	Bundesarbeitsblatt
BadRpr	Badische Rechtspraxis
Bad-WürttAGBGB	Baden-Württembergisches Ausführungsgesetz zum Bürgerlichen Gesetzbuch
BaFin	Bundesanstalt für Finanzdienstleistungsaufsicht
BAföG	Bundesausbildungsförderungs-gesetz
BAG	Bundesarbeitsgericht
BAGE	Entscheidungen des Bundesarbeitsgerichts (Band, Seite)
BAnz	Bundesanzeiger
BAT	Bundes-Angestelltentarif
BauGB	Baugesetzbuch
BauNVO	Verordnung über die bauliche Nutzung der Grundstücke
BauO	Bauordnung
BauR	Zeitschrift für das gesamte öffentliche und private Baurecht
BausparkassenG	Gesetz über Bausparkassen
BAV	Bundesaufsichtsamt für das Versicherungswesen; Betriebliche Altersversorgung
BaWü	Baden-Württemberg
BayAGBGB	Bayerisches Ausführungsgesetz zum Bürgerlichen Gesetzbuch
BayAGGVG	Bayerisches Ausführungsgesetz zum Gerichtsverfassungsgesetz
BayJMBl	Justizministerialblatt für Bayern

BayObLG	Bayerisches Oberstes Landesgericht
BayObLGReport	Rechtsprechungsreport des BayObLG
BayObLGZ	Entscheidungen des Bayerischen Obersten Landesgerichts in Zivilsachen
BayRS	Bayerische Rechtssammlung
BayStaatsbank	Bayerische Staatsbank
BayVBl	Bayerische Verwaltungsblätter
BayVerfGH	Bayerischer Verfassungsgerichtshof
BayVerwG	Bayerischer Verwaltungsgerichtshof
BayVGH	Bayerischer Verwaltungsgerichtshof
BayZ	Zeitschrift für Rechtspflege in Bayern
BB	Der Betriebs-Berater (Jahr, Seite)
BBankG	Gesetz über die Deutsche Bundesbank
BBauG	Bundesbaugesetz
BBergG	Bundesberggesetz
BBesG	Bundesbesoldungsgesetz
BBG	Bundesbeamtengesetz
BBiG	Berufsbildungsgesetz
Bd.	Band
BDG	Bundesdisziplinargesetz
BDH	Bundesdisziplinarhof
BDI	Bundesverband der Deutschen Industrie
BDiG	Bundesdisziplinargericht
BDO	Bundesdisziplinarordnung
BDSG	Bundesdatenschutzgesetz
BeamtVG	Gesetz über die Versorgung der Beamten und Richter in Bund und Ländern
BeckRS	Beck-Rechtsprechungsservice
BEG	Bundesentschädigungsgesetz
Beil.	Beilage
Bekl	Beklagter
BerGesVR	Berichte der deutschen Gesellschaft für Völkerrecht
BerHG	Beratungshilfegesetz
BerlVerfGH	Berliner Verfassungsgerichtshof
BErzGG	Bundeserziehungsgeldgesetz
Beschl.	Beschluss
bestr.	bestritten
BetrAVG	Gesetz zur Verbesserung der betrieblichen Altersversorgung
BetrVG	Betriebsverfassungsgesetz
BeurkG	Beurkundungsgesetz
BewertG	Bewertungsgesetz
BezG	Bezirksgericht
BfA	Bundesversicherungsanstalt für Angestellte
BFH	Bundesfinanzhof

BFH/NV	Sammlung der (bis 1997 amtlich nicht veröffentlichten) Entscheidungen des Bundesfinanzhofs
BFHE	Sammlung der Entscheidungen des Bundesfinanzhofs
BG, die	Die Berufsgenossenschaft (Jahr, Seite)
BGB	Bürgerliches Gesetzbuch
BGB-E	Entwurf eines Gesetzes zur Modernisierung des Schuldrechts (Regierungsentwurf, Stand: 9.5.2001)
BGB-InfoV	BGB-Informationspflichten-Verordnung
BGB-KE	Konsolidierte Fassung des Diskussionsentwurfs des Gesetzes zur Modernisierung des Schuldrechts
BGBl. I, II, III	Bundesgesetzblatt, mit oder ohne Ziffer = Teil I; mit II = Teil II; mit III = Teil III
BGE	Entscheidungen des Schweizerischen Bundesgerichts
BGG	Behindertengleichstellungsgesetz
BGH	Bundesgerichtshof
BGHR	BGH-Rechtsprechung
BGHSt	Entscheidungen des Bundesgerichtshofes in Strafsachen
BGHZ	Entscheidungen des Bundesgerichtshofs in Zivilsachen
BGleiG	Bundesgleichstellungsgesetz
BImSchG	Bundes-Immissionsschutzgesetz
BinnSchG	Binnenschifffahrtsgesetz
BKartA	Bundeskartellamt
BKGG	Bundeskindergeldgesetz
BKleingG	Bundeskleingartengesetz
BKR	Zeitschrift für Bank- und Kapitalmarktrecht
Bl.	Blatt
BlGWB	Blätter für Grundstücks-, Bau- und Wohnungsrecht (Jahr, Seite)
BMA	Bundesministerium für Arbeit
BMF	Bundesminister der Finanzen
BMI	Bundesministerium des Innern
BMJ	Bundesministerium der Justiz
BNotO	Bundesnotarordnung
BORA	Berufsordnung für Rechtsanwälte
BörsG	Börsengesetz
BörsZulVO	Börsenzulassungsverordnung
BOStB	Berufsordnung für Steuerberater
BPatG	Bundespatentgericht
BPersVG	Bundespersonalvertretungsgesetz
BPflV	Verordnung zur Regelung der Krankenhauspflegesätze
BR	Bundesrat

BRAGO	Bundesgebührenordnung für Rechtsanwälte
BRAK	Bundesrechtsanwaltskammer
BRAK-Mitt.	Bundesrechtsanwaltskammer-Mitteilungen
BRAO	Bundesrechtsanwaltordnung
BR-Drucks	Bundesrats-Drucksache
BReg	Bundesregierung
BRKG	Gesetz über die Reisekostenvergütung für die Bundesbeamten, Richter im Bundesdienst und Soldaten
BRRG	Rahmengesetz zur Vereinheitlichung des Beamtenrechts
BSG	Bundessozialgericht
BSGE	Entscheidungen des Bundessozialgerichts
BSHG	Bundessozialhilfegesetz
bspw.	beispielsweise
BStBl	Bundessteuerblatt
BT	Besonderer Teil; Bundestag
BtÄndG	Betreuungsrechtsänderungsgesetz
BT-Drucks	Bundestags-Drucksache
BtG	Betreuungsgesetz
BtGB	Betreuungsbehördengesetz
BtMG	Betäubungsmittelgesetz
BtPrax	Betreuungsrechtliche Praxis
Buchholz	Sammel- und Nachschlagewerk der Rechtsprechung des Bundesverwaltungsgerichts, hrsg. v. K. Buchholz (Loseblatt; 1957 ff.)
BuchPrG	Gesetz über die Preisbindung für Bücher
Buchst.	Buchstabe
BUrlG	Bundesurlaubsgesetz
BV	Betriebsvereinbarung; Bestandsverzeichnis
BVerfG	Bundesverfassungsgericht
BVerfGE	Entscheidungen des Bundesverfassungsgerichts
BVerfGG	Gesetz über das Bundesverfassungsgericht
BVerwG	Bundesverwaltungsgericht
BVerwGE	Entscheidungen des Bundesverwaltungsgerichts
BVFG	Bundesvertriebenengesetz
BVG	Bundesversorgungsgesetz
BW	Baden-Württemberg
BWNotZ	Zeitschrift für das Notariat in Baden-Württemberg
bzgl.	bezüglich
BZRG	Bundeszentralregistergesetz
bzw.	beziehungsweise
C.	Codex Justinianus
ca.	circa
CHF	Schweizer Franken
c.i.c.	culpa in contrahendo
CIEC	Commission internationale de l'état civil
CIM	Internationales Übereinkommen v. 7.2.1970 über den Eisenbahnfrachtverkehr (Convention internationale concernant le transport des marchandises pa chemins de fer)
CISG	Convention on Contracts for the international Sale of Goods
CIV	Internationales Übereinkommen v. 7.2.1970 über den Eisenbahn-Personen- und -Gepäckverkehr (Convention internationale concernant le transport des voyageurs et des bagages par chemins de fer)
CMR	Übereinkommen v. 19.5.1956 über den Beförderungsvertrag im internationalen Straßengüterverkehr (Convention relative au Contrat e transport international de marchandises par route)
COTIF	Convention relative aux transports internationaux ferroviaires v. 9.5.1980
CR	Computer und Recht (Jahr, Seite)
DA	Dienstanweisung für die Standesbeamten und ihre Aufsichtsbehörden
DAngVers	Die Angestelltenversicherung (Jahr, Seite)
DAV	Deutscher Anwaltverein
DAVorm	Der Amtsvormund (Jahr, Seite)
DB	Der Betrieb (Jahr, Seite)
DBA	Doppelbesteuerungsabkommen
D.Col.	District of Colorado
DDR	Deutsche Demokratische Republik
DDR-ZGB	Zivilgesetzbuch der DDR
DENIC	Deutsches Network Information Center
DepotG	Depotgesetz
dergl.	dergleichen
ders.	derselbe
DeuFamR	Deutsches und europäisches Familienrecht (Jahr, Seite)
DFG	Deutsche Freiwillige Gerichtsbarkeit (Jahr, Seite)
DGVZ	Deutsche Gerichtsvollzieher-Zeitung
DGWR	Deutsches Gemein- und Wirtschaftsrecht
dh	das heißt
dies.	dieselbe, dieselben
DIJuF	Deutsches Institut für Jugendhilfe und Familienrecht

DIS	Deutsche Institution für Schiedsgerichtsbarkeit eV	DVR	Deutsche Verkehrsteuer-Rundschau
DiskE	Diskussionsentwurf eines Schuldrechtsmodernisierungs-gesetzes des Bundesministeriums der Justiz vom 4.8.2000	DWW	Deutsche Wohnungswirtschaft (Jahr, Seite)
Diss.	Dissertation	DZWiR	Deutsche Zeitschrift für Wirtschaftsrecht
DiszH	Disziplinarhof	ebd.	ebenda
DJ	Deutsche Justiz (Jahr, Seite)	ecolex	(Fachzeitschrift für Wirtschaftsrecht, Jahr, Seite)
DJT	Deutscher Juristentag		
DJZ	Deutsche Juristen-Zeitung	EFG	Entscheidungen der Finanzgerichte
DNotI	Deutsches Notarinstitut		
DNotIR	Informationsdienst des Deutschen-Notarinstituts-Report	EFZG	Entgeltfortzahlungsgesetz
		eG	eingetragene Genossenschaft
DNotV	Zeitschrift des Deutschen Notarvereins (1.1901–33.1933,5; dann Deutsche Notar-Zeitschrift)	EG	Europäische Gemeinschaft; Einführungsgesetz
		EGAmtshilfeG	Gesetz zur Durchführung der EG-Richtlinie über die gegenseitige Amtshilfe im Bereich der direkten und indirekten Steuern
DNotZ	Deutsche Notar-Zeitschrift		
DöD	Der öffentliche Dienst (Jahr, Seite)		
DONot	Dienstordnung für Notare	EGAO	Einführungsgesetz zur Abgabenordnung
DÖV	Die Öffentliche Verwaltung (Jahr, Seite)	EGBGB	Einführungsgesetz zum Bürgerlichen Gesetzbuch
DR	Deutsches Recht (Jahr, Seite)		
DRiG	Deutsches Richtergesetz	EGFamGB	Einführungsgesetz zum Familiengesetzbuch der DDR
DRiZ	Deutsche Richterzeitung		
DRpfl	Deutsche Rechtspflege (Jahr, Seite)	EGGVG	Einführungsgesetz zum Gerichtsverfassungsgesetz
DRS	Deutscher Rechnungslegungsstandard	EGH	Ehrengerichtshof der Rechtsanwaltskammer
DRspr.	Deutsche Rechtsprechung, Entscheidungssammlung und Aufsatzhinweise	EGHGB	Einführungsgesetz zum Handelsgesetzbuche
		EGInsO	Einführungsgesetz zur Insolvenzordnung
Drucks	Drucksache		
DRV	Deutsche Rentenversicherung (Jahr, Seite)	EGMR	Europäischer Gerichtshof für Menschenrechte
DRZ	Deutsche Rechtszeitschrift (ab 1946)	EGScheckG	Einführungsgesetz zum Scheckgesetz
DStJG	Deutsche Steuerjuristische Gesellschaft	EGV	Vertrag zur Gründung der Europäischen Gemeinschaft
DStR	Deutsches Steuerrecht (Jahr, Seite)	EGVVG	Einführungsgesetz zum Versicherungsvertragsgesetz
DStRE	Deutsches Steuerrecht – Entscheidungsdienst (Jahr, Seite)	EGZPO	Einführungsgesetz zur Zivilprozessordnung
DStZ	Deutsche Steuer-Zeitung, Ausgabe A und B	EGZVG	Einführungsgesetz zu dem Gesetz über die Zwangsversteigerung und die Zwangsverwaltung
DSWR	Datenverarbeitung in Steuer, Wirtschaft und Recht (Jahr, Seite)	EheG	Ehegesetz
DtZ	Deutsch-deutsche Rechtszeitschrift	EheVO 2000	Verordnung (EG) Nr. 1347/2000 v. 29.5.2000 über die Zuständigkeit und die Anerkennung und Vollstreckung von Entscheidungen in Ehesachen und in Verfahren betreffend die elterliche Verantwortung für die gemeinsamen Kinder der Ehegatten
DuD	Datenschutz und Datensicherheit (Jahr, Seite)		
DÜG	Diskontsatz-Überleitungs-Gesetz		
DVBl	Deutsches Verwaltungsblatt (Jahr, Seite)		
DVEV	Deutsche Vereinigung für Erbrecht und Vermögensnachfolge eV		
DVO	Durchführungsverordnung		

EheVO 2003	Europäische Ehe- und Sorgerechts-Verordnung (VO Nr. 2201/2003 v. 27.11.2003 über die Zuständigkeit und die Anerkennung und Vollstreckung von Entscheidungen in Ehesachen und in Verfahren betreffend die elterliche Verantwortung)
Einf.	Einführung
eingetr.	eingetragen
EinigungsV	Einigungsstellenverordnung; Einigungsvertrag
Einl.	Einleitung
einschl.	einschließlich
einschr.	einschränkend
EKG	Einheitliches Gesetz über den internationalen Kauf beweglicher Sachen
EKMR	Europäische Kommision für Menschenrechte
ElsLothZ	Juristische Zeitschrift für das Reichsland Elsaß-Lothringen
EMRK	Europäische Konvention zum Schutz der Menschenrechte und Grundfreiheiten
EMRKG	Gesetz über die Konvention zum Schutz der Menschenrechte und Grundfreiheiten
Entgelt-fortzahlungsG	Gesetz über die Zahlung des Arbeitsentgelts an Feiertagen und im Krankheitsfall
Entsch.	Entscheidung
Entschl.	Entschluss
entspr.	entsprechend
E	Entwurf
EnWG	Energiewirtschaftsgesetz
EPA	Europäisches Patentamt
EPÜ	Europäisches Patentübereinkommen
ERA-Forum	Europäische Rechtsakademie – Trier (Jahr, Seite)
ErbbauVO	Erbbaurechtsverordnung
ErbBstg	Erbfolgebesteuerung
ErbGleichG	Erbrechtsgleichstellungsgesetz
Erbinfo	Erbfolge, Erbrecht, Erbfolgebesteuerung, Unternehmensnachfolge
ErbPrax	Praxishandbuch Erbrecht
ErbStDVO	Erbschaftsteuer-Durchführungsverordnung
ErbStG	Erbschaftsteuer- und Schenkungsteuergesetz
ErfK	Erfurter Kommentar zum Arbeitsrecht
Erg.	Ergebnis
ERJuKoG	Gesetz über elektronische Register und Justizkosten für Telekommunikation
Erkl.	Erklärung
Erl.	Erlass; Erläuterung
ERVVOBGH	Elektronische Rechtsverkehrsverordnung
ES	Entscheidungssammlung
ESchG	Embryonenschutzgesetz
EStB	Der Ertragsteuerberater
EStDV	Einkommensteuer-Durchführungsverordnung
EStG	Einkommensteuergesetz
EStR	Einkommensteuer-Richtlinien
ESÜ	Europäisches Sorgerechtsübereinkommen (Übereinkommen vom 20.5.1980 über die Anerkennung und Vollstreckung von Entscheidungen über das Sorgerecht für Kinder und die Wiederherstellung des Sorgeverhältnisses)
etc.	et cetera
EU	Europäische Union
EuBVO	Verordnung (EG) über die Zusammenarbeit zwischen den Gerichten der Mitgliedsstaaten auf dem Gebiet der Beweisaufnahme in Zivil- und Handelssachen
EuG	Europäisches Gericht erster Instanz
EuGH	Europäischer Gerichtshof
EuGRZ	Europäische Grundrechte-Zeitschrift
EuGVÜ	Europäisches Gerichtsstands- und Vollstreckungsübereinkommen (Übereinkommen v. 27.9.1968 über die gerichtliche Zuständigkeit und die Vollstreckung gerichtlicher Entscheidungen in Zivil- und Handelssachen)
EuGVVO	Verordnung (EG) Nr. 44/2001 des Rates über die gerichtliche Zuständigkeit und die Anerkennung und Vollstreckung von Entscheidungen in Zivil- und Handelssachen
EuInSVO	EU-Verordnung Nr. 1346/2000 über Insolvenzverfahren
EuLF	The European Legal Forum (Jahr, Seite)
EuR	Europarecht (Jahr, Seite)
EUR	Euro
EuroEG	Euro-Einführungsgesetz
EuroSchVG	Gesetz zur Umstellung von Schuldverschreibungen auf Euro

EuUnthVO — Verordnung (EG) Nr. 4/2009 des Rates über die Zuständigkeit, das anwendbare Recht, die Anerkennung und Vollstreckung von Entscheidungen und die Zusammenarbeit in Unterhaltssachen vom 18.12.2008

EUV — Vertrag über die Europäische Union

EuVTVO — Verordnung (EG) Nr. 805/2004 des Europäischen Parlaments und des Rates zur Einführung eines europäischen Vollstreckungstitels für unbestrittene Forderungen vom 21.4.2004

EuZPR — Europäisches Zivilprozessrecht

EuZustVO — Verordnung (EG) Nr. 1348/2000 des Rates über die Zustellung gerichtlicher und außergerichtlicher Schriftstücke in Zivil- oder Handelssachen in den Mitgliedstaaten v. 9.5.2000

EuZW — Europäische Zeitschrift für Wirtschaftsrecht

EV — Eidesstattliche Versicherung

eV — eingetragener Verein

evtl. — eventuell

EVÜ — EG-Schuldvertrags-übereinkommen

EWG — Europäische Wirtschaftsgemeinschaft

EWGV — Vertrag zur Gründung der Europäischen Wirtschaftsgemeinschaft

EWiR — Entscheidungen zum Wirtschaftsrecht (Jahr, Seite)

EWIV — Europäische Wirtschaftliche Interessenvereinigung

EWS — Europäisches Wirtschafts- und Steuerrecht (Jahr, Seite)

EzA — Entscheidungssammlung zum Arbeitsrecht

EZB — Europäische Zentralbank

EzFamR — Entscheidungssammlung zum Familienrecht

f., ff. — folgende, fortfolgende

FA — Fachanwalt Arbeitsrecht (Jahr, Seite); Finanzamt

Fa. — Firma

Fam.D. — Family Division

Fam. L. Rep. — Family Law Reporter (USA)

Fam.Law — Family Law (Jahr, Seite)

FamG — Familiengericht

FamNamRG — Gesetz zur Neuordnung des Familiennamensrechts

FamR — Familienrecht

FamRÄndG — Familienrechtsänderungsgesetz

FamRB — Der Familienrechts-Berater (Jahr, Seite)

FamRZ — Zeitschrift für das gesamte Familienrecht

FAO — Fachanwaltsordnung

FARL — Fernabsatzrichtlinie

FAZ — Frankfurter Allgemeine Zeitung

FernUSG — Fernunterrichtsschutzgesetz

FeV — Fahrerlaubnis-Verordnung

FF — Forum Familien- und Erbrecht (Jahr, Seite)

FG — Finanzgericht; Festgabe; Freiwillige Gerichtsbarkeit

FGG — Gesetz über die Angelegenheiten der Freiwilligen Gerichtsbarkeit

FGO — Finanzgerichtsordnung

FGPrax — Praxis der Freiwilligen Gerichtsbarkeit (Jahr, Seite)

FinFARL — Richtlinie über den Fernabsatz von Finanzdienstleistungen

FK-InsO — Frankfurter Kommentar zur InsO

FlaggRG — Flaggenrechtsgesetz

FLR — Family Law Reports (Großbritannien)

Fn. — Fußnote

FördergebietsG — Gesetz über Sonderabschreibungen und Abzugsbeträge im Fördergebiet

FormVAnpG — Gesetz zur Anpassung der Formvorschriften des Privatrechts und anderer Vorschriften an den modernen Rechtsverkehr

FPR — Familie, Partnerschaft, Recht (Jahr, Seite)

FR — Finanz-Rundschau (Jahr, Seite)

FreizügG/EU — Freizügigkeitsgesetz/EU

FS — Festschrift

FStrG — Bundesfernstraßengesetz

F.Supp. 2 d — Federal Supplement, 2nd Series

FuR — Familie und Recht (Jahr, Seite)

G 10 — Gesetz zur Beschränkung des Brief-, Post- und Fernmeldegeheimnisses

G — Gericht, Gesetz, Gesellschaft

GA — Goltdammer's Archiv für Strafrecht (Jahr, Seite)

GastG — Gaststättengesetz

GazPal — La gazette du palais et du notariat

GBA — Grundbuchamt

GBBerG — Grundbuchbereinigungsgesetz

GBl — Gesetzblatt

GBO — Grundbuchordnung

GbR — Gesellschaft bürgerlichen Rechts

GdB — Grad der Behinderung

GE — Das Grundeigentum (Jahr, Seite)

geänd. — geändert

GebO — Gebührenordnung

GebrMG — Gebrauchsmustergesetz

gem. — gemäß

GenG	Gesetz betreffend die Erwerbs- und Wirtschaftsgenossenschaften
GenRegVO	Verordnung über das Genossenschaftsregister
GeschmMG	Geschmacksmustergesetz
GesO	Gesamtvollstreckungsordnung
GesR	Gesellschaftsrecht
GewArch	Gewerbearchiv (Jahr, Seite)
GewO	Gewerbeordnung
GewSchG	Gewaltschutzgesetz
GewStDV	Gewerbesteuer-Durchführungsverordnung
GewStG	Gewerbesteuergesetz
GewStR	Gewerbesteuer-Richtlinien
GFK	Genfer Flüchtlingskonvention (Genfer UN-Abkommen über die Rechtsstellung der Flüchtlinge vom 28.7.1951)
GG	Grundgesetz
ggf.	gegebenenfalls
GI	Gerling Informationen für wirtschaftsprüfende, rechts- und steuerberatende Berufe (Jahr, Seite)
GK-BetrVG	Gemeinschaftskommentar zum Betriebsverfassungsgesetz
GKG	Gerichtskostengesetz
Gl.	Gläubiger
GleichberG	Gesetz über die Gleichberechtigung von Mann und Frau auf dem Gebiet des bürgerlichen Rechts
GmbH	Gesellschaft mit beschränkter Haftung
GmbH i. Gr.	GmbH in Gründung
GmbHG	Gesetz betreffend die Gesellschaften mit beschränkter Haftung
GmbHR	GmbH-Rundschau (Jahr, Seite)
GMBl	Gemeinsames Ministerialblatt der Bundesministerien des Innern, für Wohnungsbau, für gesamtdeutsche Fragen, für Angelegenheiten des Bundesrats
GmS-OGB	Gemeinsamer Senat der obersten Gerichtshöfe des Bundes
GO	Gemeindeordnung
GoA	Geschäftsführung ohne Auftrag
GOÄ	Gebührenordnung für Ärzte
GoB	Grundsätze ordnungsgemäßer Buchführung
GOZ	Gebührenordnung für Zahnärzte
GPR	Zeitschrift für Gemeinschaftsprivatrecht
GPÜ	Gemeinschaftspatentübereinkommen
grds.	grundsätzlich
GrdstVG	Grundstückverkehrsgesetz
GrEStG	Grunderwerbsteuergesetz
GrS	Großer Senat
GRSSt	Großer Senat in Strafsachen
GrStG	Grundsteuergesetz
GrStVG	Grundstücksverkehrsgesetz
Gruchot	Beiträge zur Erläuterung des Deutschen Rechts
GrundE	Grundeigentum
GRUR	Gewerblicher Rechtsschutz und Urheberrecht (Jahr, Seite)
GRUR Int.	Gewerblicher Rechtsschutz und Urheberrecht, Internationaler Teil (Jahr, Seite)
GRUR-RR	Gewerblicher Rechtsschutz und Urheberrecht/Rechtsprechungs-Report (Jahr, Seite)
GRZS	Großer Senat in Zivilsachen
GS	Großer Senat; Gedächtnisschrift
GSiG	Grundsicherungsgesetz
GüKG	Güterkraftverkehrsgesetz
GüterstG	Gesetz über den ehelichen Güterstand von Vertriebenen und Flüchtlingen
GV	Gebührenverzeichnis
GV NW	Gesetz- und Verordnungsblatt für das Land Nordrhein-Westfalen
GVBl	Gesetz und Verordnungsblatt
GVG	Gerichtsverfassungsgesetz
GVGA	Geschäftsanweisung für Gerichtsvollzieher
GVKostG	Gesetz über Kosten der Gerichtsvollzieher
GWB	Gesetz gegen Wettbewerbsbeschränkungen
Haager ADÜ	Haager Adoptionsübereinkommen (Übereinkommen über den Schutz von Kindern und die Zusammenarbeit auf dem Gebiet der internationalen Adoption vom 29.5.1993)
Haager Protokoll	Haager Protokoll über das auf Unterhaltspflichten anzuwendende Recht vom 23.11.2007
Halbbd.	Halbband
HandwO	Handwerksordnung
HansRGZ	Hanseatische Rechts- und Gerichtszeitschrift
HausratV	Hausratsverordnung
HBÜ	Haager Übereinkommen über die Beweisaufnahme im Ausland in Zivil- und Handelssachen
HeimG	Heimgesetz

HeimsicherungsVO	Verordnung über die Pflichten der Träger von Altenheimen, Altenwohnheimen, und Pflegeheimen für Volljährige im Falle der Entgegennahme von Leistungen zum Zwecke der Unterbringung eines Bewohners oder Bewerbers
HessFGG	Hessisches Gesetz über die Freiwillige Gerichtsbarkeit
HessStGH	Hessischer Staatsgerichtshof
HEZ	Höchstrichterliche Entscheidungen. Slg v. Entscheidungen d. Oberlandesgerichte u. d. Obersten Gerichte in Zivilsachen
HGB	Handelsgesetzbuch
HintO	Hinterlegungsordnung
Hinw.	Hinweis(e)
HK-BGB	Handkommentar BGB
HKK	Historisch kritscher Kommentar zum BGB
HKÜ	Haager Übereinkommen über die zivilrechtlichen Aspekte internationaler Kindesentführung vom 25.10.1980
hL	herrschende Lehre
hM	herrschende Meinung
HOAI	Honorarordnung für Architekten und Ingenieure
HöfeO	Höfeordnung
HöfeVfO	Verfahrensordnung für Höfesachen
HpflG	Haftpflichtgesetz
HRefG	Handelsrechts-Reformgesetz
HReg	Handelsregister
HRR	Höchstrichterliche Rechtsprechung (Jahr, Nummer)
Hrsg.	Herausgeber
hrsg.	herausgegeben
HRV	Handelsregisterverordnung
Hs.	Halbsatz
HUntÜ	Haager Unterhaltsübereinkommen (Haager Übereinkommen über das auf Unterhaltspflichten anzuwendende Recht v. 2.10.1973)
HVA	Haager Abkommen zur Regelung der Vormundschaft über Minderjährige v. 12.6.1902
HwO	Gesetz zur Ordnung des Handwerks
HypBG	Hypothekenbankgesetz
HZPÜ	Haager Übereinkommen v. 1.3.1954 über den Zivilprozess

HZÜ	Haager Übereinkommen v. 15.11.1965 über die Zustellung gerichtlicher und außergerichtlicher Schriftstücke im Ausland in Zivil- und Handelssachen
iA	im Auftrag
ibid.	ibidem
I.C.L.Q.	International and Comparative Law Quarterly
idF	in der Fassung
idR	in der Regel
idS	in diesem Sinne
IDW	Institut der Wirtschaftsprüfer in Deutschland
iE	im Ergebnis
ieS	im engeren Sinne
IFR	Internationales Familienrecht
i.G.	in Gründung
IGH	Internationaler Gerichtshof
IHK	Industrie- und Handelskammer
IHKG	Gesetz über die Industrie- und Handelskammern
iHv	in Höhe von
i.L.	in Liquidation
INF	Die Information über Steuer und Wirtschaft (Jahr, Seite)
IngALG	Gesetz zur Regelung von Ingenieur- und Architektenleistungen
inkl.	inklusive
insbes.	insbesondere
insg.	insgesamt
InsO	Insolvenzordnung
InsVV	Insolvenzrechtliche Vergütungsverordnung
int.	international
IntFam.	International Family Law (Jahr, Seite)
IntFamRVG-E	Gesetz zur Aus- und Durchführung bestimmter Rechtsinstrumente auf dem Gebiet des internationalen Familienrechts (Internationales Familienrechtsverfahrensgesetz – IntFamRVG) – RegE
Int.GesR	Internationales Gesellschaftsrecht
Int.SachR	Internationales Sachenrecht
InvestmG	Investmentgesetz
InVo	Insolvenz und Vollstreckung (Jahr, Seite)
IPG	Gutachten zum internationalen und ausländischen Privatrecht von Ferid/Kegel/Zweigert (Jahr, Nummer)
IPR	Internationales Privatrecht
IPrax	Praxis des Internationalen Privat- und Verfahrensrechts (Jahr, Seite)

IPRNG	Gesetz zur Neuregelung des Internationalen Privatrechts
IPRspr.	Die deutsche Rechtsprechung auf dem Gebiete des internationalen Privatrechts (Jahr, Nummer)
i.R.d.	im Rahmen des/der
iSd	im Sinne des/der
ISO	International Standard Organization
IStR	Internationales Steuerrecht (Jahr, Seite)
iSv	im Sinne von
ITRB	Der IT-Rechtsberater (Jahr, Seite)
iÜ	im Übrigen
i.V.	in Vertretung
iVm	in Verbindung mit
i.Vorb.	in Vorbereitung
i.W.	in Worten
IWB	Internationale Wirtschafts-Briefe (Loseblatt)
iwS	im weiteren Sinne
IWPR	Internationales Wertpapierrecht
IZPR	Internationales Zivilprozessrecht
JA	Juristische Arbeitsblätter (Jahr, Seite)
JAmt	Das Jugendamt (Jahr, Seite)
JAO	Juristenausbildungsordnung
JArbSchG	Jugendarbeitsschutzgesetz
JBeitrO	Justizbeitreibungsordnung
JBItalR	Jahrbuch für italienisches Recht
JBl	Justizblatt
JbPraxSch	Jahrbuch für die Praxis der Schiedsgerichtsbarkeit (Band, Seite)
JCP	Juris classeur périodique. La Semaine juridique (Jahr, Seite)
JDI	Journal du droit international
JFG	Jahrbuch für Entscheidungen in Angelegenheiten der freiwilligen Gerichtsbarkeit und des Grundbuchrechts
Jg.	Jahrgang
JherJb	Jherings Jahrbücher für die Dogmatik des bürgerlichen Rechts (Band, Seite)
JJZ	Jahrbuch Junger Zivilrechtswissenschaftler (Jahr, Seite)
JMBl	Justizministerialblatt
JMBlNW	Justizministerialblatt Nordrhein-Westfalen
JP	Juristische Praxis (Jahr, Seite)
JR	Juristische Rundschau (Jahr, Seite)
JuMiG	Justizmitteilungsgesetz
Jura	Juristische Ausbildung
JurBüro	Das juristische Büro (Jahr, Seite)
JurPC	Internet-Zeitschrift für Rechtsinformatik
JuS	Juristische Schulung (Jahr, Seite)
Justiz	Die Justiz (ABl des Justizministeriums Baden-Württemberg)
JVBl	Justizverwaltungsblatt
JVEG	Justizvergütungs- und -entschädigungsgesetz
JVKostO	Verordnung über Kosten im Bereich der Justizverwaltung
JW	Juristische Wochenschrift (Jahr, Seite)
JZ	Juristenzeitung (Jahr, Seite)
K&R	Kommunikation und Recht (Jahr, Seite)
KA	Netzwerk Kulturarbeit (Lfg.-Jahr, Seite)
KAGG	Gesetz über Kapitalanlagegesellschaften
Kap.	Kapitel
KapErhStG	Gesetz über steuerrechtliche Maßnahmen bei Erhöhung des Nennkapitals aus Gesellschaftsmitteln
KfH	Kammer für Handelssachen
KG	Kommanditgesellschaft; Kammergericht
KGaA	Kommanditgesellschaft auf Aktien
KGJ	Jahrbuch für Entscheidungen des Kammergerichts in Sachen der freiwilligen Gerichtsbarkeit in Kosten-, Stempel- und Strafsachen
KG-Rp/KGR	Rechtsprechungsreport des Kammergerichts Berlin
Kind-Prax	Kindschaftsrechtliche Praxis (Jahr, Seite)
KindRG	Kindschaftsreformgesetz
KindUG	Gesetz zur Vereinheitlichung des Unterhaltsrechts minderjähriger Kinder
KJ	Kritische Justiz (Jahr, Seite)
KJHG	Gesetz zur Neuordnung des Kinder- und Jugendhilferechts
KKZ	Kommunal-Kassen-Zeitschrift
KO	Konkursordnung
KonsG	Konsulargesetz
KonTraG	Gesetz zur Kontrolle und Transparenz im Unternehmensbereich
KÖSDI	Kölner Steuerdialog
KostenRÄndG	Gesetz zur Änderung und Ergänzung kostenrechtlicher Vorschriften
KostO	Kostenordnung
krit.	kritisch
KSchG	Kündigungsschutzgesetz
KStDV	Körperschaftsteuer-Durchführungsverordnung

KStG	Körperschaftsteuergesetz
KStR	Körperschaftsteuer-Richtlinien
KSÜ	Kinderschutzübereinkommen (Haager Übereinkommen über die Zuständigkeit, das anzuwendende Recht, die Anerkennung, Vollstreckung und Zusammenarbeit auf dem Gebiet der elterlichen Verantwortung und der Maßnahmen zum Schutz von Kindern vom 19.10.1996)
KTS	Konkurs-, Treuhand- und Schiedsgerichtswesen (Jahr, Seite)
KUG	Gesetz betreffend das Urheberrecht an Werken der bildenden Künste und der Photographie
KuR	Kirche und Recht (Jahr, Seite)
KUR	Kunstrecht und Urheberrecht (Jahr, Seite)
KV	Kostenverzeichnis
KVLG	Gesetz über die Krankenversicherung der Landwirte
KWG	Kreditwesengesetz
LAG	Landesarbeitsgericht; Lastenausgleichsgesetz
LandPVerkG	Landpachtverkehrsgesetz
LCIA	London Court of International Arbitration
lfd.	laufend
LFGG	Landesgesetz über die freiwillige Gerichtsbarkeit
LFZG	Lohnfortzahlungsgesetz
LG	Landgericht
Lit.	Literatur
lit.	litera (Buchstabe)
LJV	Landesjustizverwaltung
LK	Leipziger Kommentar zum Strafgesetzbuch
LM	Nachschlagewerk des Bundesgerichtshofes, hrsg. v. Lindenmaier, Möhring ua
LMBG	Lebensmittel- und Bedarfsgegenständegesetz
LMK	Kommentierte BGH-Rechtsprechung Lindenmaier-Möhring
LoI	Letter of Intent
LPachtVG	Gesetz über die Anzeige und Beanstandung von Landpachtverträgen
LPartG	Lebenspartnerschaftsgesetz
LRiG	Landesrichtergesetz
Ls.	Leitsatz
LSchlG	Ladenschlussgesetz
LSG	Landessozialgericht

LStDV	Lohnsteuer-Durchführungsverordnung
LStR	Lohnsteuer-Richtlinien
LuftfzRG	Gesetz über Rechte an Luftfahrzeugen
LuftVG	Luftverkehrsgesetz
LuftVO	Luftverkehrs-Ordnung
LugÜ	Luganer Übereinkommen über die gerichtliche Zuständigkeit und die Vollstreckung gerichtlicher Entscheidungen in Zivil- und Handelssachen v. 16.9.1988
LVA	Landesversicherungsanstalt
LWG	Landwirtschaftsgericht
LwVfG	Gesetz über das gerichtliche Verfahren in Landwirtschaftssachen
LZ	Leipziger Zeitschrift für Deutsches Recht
MaBV	Makler- und Bauträgerverordnung
mAnm	mit Anmerkung
MarkenG	Markengesetz
m.a.W.	mit anderen Worten
MdE	Minderung der Erwerbsfähigkeit
MDP	Mitteilungen der deutschen Patentanwälte
MDR	Monatsschrift für Deutsches Recht (Jahr, Seite)
mE	meines Erachtens
MHRG	Gesetz zur Regelung der Miethöhe
MinBl	Ministerialblatt
mind.	mindestens
Mio.	Million
MitbestG	Mitbestimmungsgesetz
Mitt.	Mitteilungen
MittBayNot	Mitteilungen des Bayerischen Notarvereins, der Notarkasse und der Landesnotarkasse Bayern (Jahr, Seite)
MittRhNotK	Mitteilungen der Rheinischen Notarkammer (Jahr, Seite)
MiZi	Allgemeine Verfügung über Mitteilungen in Zivilsachen
MM	Mietrechtliche Mitteilungen (Jahr, Seite)
MMR	MultiMedia und Recht (Jahr, Seite)
mN	mit Nachweisen
MPU	Medizinisch-psychologische Untersuchung
MRVerbG	Gesetz zur Verbesserung des Mietrechts und zur Begrenzung des Mietanstiegs sowie zur Regelung von Ingenieur- und Architektenleistungen

MSA	Minderjährigenschutzabkommen (Übereinkommen über die Zuständigkeit der Behörden und das anzuwendende Recht auf dem Gebiet des Schutzes von Minderjährigen v. 5.10.1961)
MSchG	Mieterschutzgesetz
MüKo-InsO	Münchener Kommentar zur Insolvenzordnung
MüKo-ZPO	Münchener Kommentar zur Zivilprozessordnung
MünchArbR	Münchener Handbuch Arbeitsrecht
MuSchG	Mutterschutzgesetz
MuW	Markenschutz und Wettbewerb (Jahr, Seite)
m.w.H.	mit weiteren Hinweisen
mwN	mit weiteren Nachweisen
MwSt	Mehrwertsteuer
mWv	mit Wirkung vom
NachlG	Nachlassgericht
Nachw.	Nachweis
NachwG	Nachweisgesetz
NamÄndG	Gesetz über die Änderung von Familiennamen und Vornamen
Namens- änderungsDV	Erste Verordnung zur Durchführung des Gesetzes über die Änderung von Familiennamen und Vornamen
NaStraG	Namensaktiengesetz
NdsFGG	Niedersächsisches Gesetz über die freiwillige Gesetzbarkeit
NdsRpfl.	Niedersächsische Rechtspflege (Jahr, Seite)
NdsVBl	Niedersächsische Verwaltungsblätter
NDV	Nachrichtendienst des Deutschen Vereins für öffentliche und private Fürsorge
ne.	nichtehelich
NEhelG	Gesetz über die rechtliche Stellung der nichtehelichen Kinder
n.e.V.	nicht eingetragener Verein
nF	neue Fassung
NiemZ	Niemeyers Zeitschrift für internationales Recht
NIPR	Nederlands Internationaal Privaatrecht (Jahr, Seite)
NJ	Neue Justiz (Jahr, Seite)
NJB	Nederlands Juristenblad (Jahr, Seite)
NJOZ	Neue Juristische Online-Zeitschrift
NJW	Neue Juristische Wochenschrift
NJW-CoR	Computerreport der NJW
NJW-RR	NJW-Rechtsprechungs-Report
NJWE	NJW-Entscheidungsdienst

NJWE-FER	NJW-Entscheidungsdienst Familien- und Erbrecht
NJWE-MietR	NJW-Entscheidungsdienst Mietrecht
NJWE-VHR	NJW-Entscheidungsdienst Versicherungs- und Haftungsrecht
NJWE-WettbR	NJW-Entscheidungsdienst Wettbewerbsrecht
NMV	Neubaumietenverordnung
NotBZ	Zeitschrift für die notarielle Beratungs- und Beurkundungspraxis
Nr.	Nummer
nrkr	nicht rechtskräftig
NRW	Nordrhein-Westfalen
NStE	Neue Entscheidungssammlung für Strafrecht
NStZ	Neue Zeitschrift für Strafrecht
NStZ-RR	Neue Zeitschrift für Strafrecht – Rechtsprechungs-Report
NuR	Natur und Recht (Jahr, Seite)
NutzEV	Nutzungsentgeltverordnung
nv	nicht veröffentlicht
NVersZ	Neue Zeitschrift für Versicherung und Recht
NVwZ	Neue Zeitschrift für Verwaltungsrecht
NW	Nordrhein-Westfalen
NWB	Neue Wirtschaftsbriefe für Steuer- und Wirtschaftsrecht
NWBauKaG	Baukammerngesetz des Landes Nordrhein-Westfalen
NWVBl	Nordrhein-Westfälische Verwaltungsblätter
NZA	Neue Zeitschrift für Arbeitsrecht
NZA-RR	NZA – Rechtsprechungs-Report
NZBau	Neue Zeitschrift für Baurecht
NZG	Neue Zeitschrift für Gesellschaftsrecht
NZI	Neue Zeitschrift für Insolvenz- und Sanierungsrecht
NZM	Neue Zeitschrift für Miet- und Wohnungsrecht
NZS	Neue Zeitschrift für Sozialrecht
NZV	Neue Zeitschrift für Verkehrsrecht
NZWehrR	Neue Zeitschrift für Wehrrecht
o.a.	oben angegeben/angeführt
oÄ	oder Ähnliches
OBG-NW	Gesetz über Aufbau und Befugnisse der Ordnungsbehörden Nordrhein-Westfalen – Ordnungsbehördengesetz
OECD	Organization for Economic Cooperation and Development
OFD	Oberfinanzdirektion
OFH	Oberfinanzhof

og	oben genannt
OGH	Oberster Gerichtshof (Österreich)
OGHZ	Entscheidungen des Obersten Gerichtshofes für die Britische Zone in Zivilsachen
OHG	Offene Handelsgesellschaft
OJLS	Oxford Journal of Legal Studies
ÖJZ	Österreichische Juristen-Zeitung (Jahr, Seite)
öKSchG	Österreichisches Konsumentenschutzgesetz
OLG	Oberlandesgericht
OLG-NL	OLG-Rechtsprechung Neue Länder
OLG-VertrÄndG	OLG.Vertretungsänderungsgesetz
OLGE	Entscheidungssammlung der Oberlandesgerichte
OLGR	OLG-Report
OLGSt	Entscheidungen der Oberlandesgerichte zum Straf- und Strafverfahrensrecht
OLGZ	Entscheidungen der Oberlandesgerichte in Zivilsachen
ÖNotZ	Österreichische Notariats-Zeitung (Band, Seite)
Öst. JBl	Österreichische Juristische Blätter (Jahr, Seite)
OVG	Oberverwaltungsgericht
OWi	Ordnungswidrigkeit
OWiG	Ordnungswidrigkeitengesetz
p.a.	pro anno
PachtKrG	Pachtkreditgesetz
PACS	Pacte Civil de Solidarité
PAngG	Preisangaben- und Preisklauselgesetz
PAngV	Preisangabenverordnung
PaPkG	Preisangaben- und Preisklauselgesetz
PartG	Parteiengesetz
PartGG	Partnerschaftsgesellschaftsgesetz
PatAO	Patentanwaltsordnung
PatG	Patentgesetz
PBefG	Personenbeförderungsgesetz
PECL	Principles of European Contract Law
PEL	Principles of European Law
PersAG	Personalausweisgesetz
PersV	Die Personalvertretung (Jahr, Seite)
PfandbSchuldvG	Gesetz über die Pfandbriefe und verwandte Schuldverschreibungen öffentlich-rechtlicher Kreditanstalten
PflegeVG	Pflegeversicherungsgesetz
PflVG	Pflichtversicherungsgesetz
PKH	Prozesskostenhilfe
PKV	Prozesskostenvorschuss

PrAGBGB	Preußisches Ausführungsgesetz zum Bürgerlichen Gesetzbuch
PrFGG	Preußisches Gesetz betreffend die Angelegenheiten der Freiwilligen Gesetzbarkeit
PrKV	Preisklauselverordnung
ProdHaftG	Produkthaftungsgesetz
ProstG	Prostitutionsgesetz
Prot.	Protokolle; Protokolle der Kommission für die II. Lesung des Entwurfs des BGB
PRV	Partnerschaftsregisterverordnung
PStG	Personenstandsgesetz
PVÜ	Pariser Verbandsübereinkunft v. 20.3.1883 zum Schutze des gewerblichen Eigentums in der Stockholmer Fassung v. 14.7.1967
pVV	positive Vertragsverletzung
r+s	Recht und Schaden (Jahr, Seite)
RA	Rechtsanwalt
RabelsZ	Zeitschrift für ausländisches und internationales Privatrecht (Band, Seite)
RAG	Reichsarbeitsgericht
RAin	Rechtsanwältin
RAuN	Rechtsanwalt und Notar
RAuNin	Rechtsanwältin und Notarin
RBerG	Rechtsberatungsgesetz
RCDIP	Revue critique de droit international privé (Band, Seite)
RdA	Recht der Arbeit (Jahr, Seite)
RdC	Requeil des cours (Band, Seite)
RdErl.	Runderlass
RdL	Recht der Landwirtschaft (Jahr, Seite)
RdSchr	Rundschreiben
RDV	Recht der Datenverarbeitung (Jahr, Seite)
RdW	Das Recht der Wirtschaft (Jahr, Seite)
Re	In Sachen
Rec. des Cours	Recueil des Cours de l'Academie de droit international (Jahr, Seite)
Recht	Das Recht (Jahr, Nr./Seite)
rechtskr.	rechtskräftig
Red.	Redaktion
Reg.	Regierung; Register
RegBl	Regierungsblatt
RegelbetrVO	Regelbetrags-Verordnung
RegelsatzVO	Verordnung zur Durchführung des § 22 des Bundessozialhilfegesetzes
RegE	Regierungsentwurf
RegTP	Regulierungsbehörde für Telekommunikation und Post
Rev. crit. dr. int. priv.	Revue critique de droit international privé (Band o. Jahr, Seite)

Rev. trim. dr. fam. Revue trimestrielle de droit familial (Jahr, Seite)
RFH Reichsfinanzhof
RG Reichsgericht
RGBl Reichsgesetzblatt
RGRK (s. Allgemeines Literaturverzeichnis)
RGSt Entscheidungen des RG in Strafsachen
RGZ Entscheidungen des RG in Zivilsachen
RheinZ Rheinische Zeitschrift für Zivil- und Prozeßrecht des In- und Auslandes (Band, Seite)
RhPfAGBGB Rheinland-Pfälzisches Ausführungsgesetz zum Bürgerlichen Gesetzbuch
RhPfGerichtsOrgG Rheinland-Pfälzisches Gerichtsorganisationsgesetz
Ri Richter
RiA Das Recht im Amt
RiAG Richter am Amtsgericht
RIW Recht der internationalen Wirtschaft (Jahr, Seite; von 4.1958–20.1974: AWD)
RJA Entscheidungen in Angelegenheiten der freiwilligen Gerichtsbarkeit und des Grundbuchrechts
→ Rn. Randnummer
RNotZ Rheinische Notar-Zeitschrift (ab 2001, vorher: MittRhNotK)
ROW Recht in Ost und West
RPflAnpG Rechtspflegeanpassungsgesetz
Rpfleger Der deutsche Rechtspfleger (Jahr, Seite)
RPflG Rechtspflegergesetz
RpflJb Rechtspfleger-Jahrbuch
RpflStud Rechtspfleger-Studienhefte
RR Rechtsprechungsreport
RRa Reiserecht aktuell (Jahr, Seite)
Rs. Rechtssache
RSDA Schweizerische Zeitschrift für Wirtschaftsrecht
Rspr. Rechtsprechung
RsprEinhG Gesetz zur Wahrung der Einheitlichkeit der Rechtsprechung der obersten Gerichtshöfe des Bundes
RStBl Reichssteuerblatt
RÜ Rechtsprechungsübersicht
rückw. rückwirkend
RuS Recht und Sport (Jahr, Seite)
RuStAG Reichs- und Staatsangehörigkeitsgesetz
RVA Reichsversicherungsamt
RVG Rechtsanwaltsvergütungsgesetz
RVO Reichsversicherungsordnung
RWS Kommuniaktionsforum Recht-Wirtschaft-Steuern

S. Satz; Seite
s. siehe
sa siehe auch
SachBezV Verordnung über den Wert der Sachbezüge in der Sozialversicherung
SächsArch Sächsisches Archiv für Rechtspflege
SAE Sammlung Arbeitsrechtlicher Entscheidungen
SchiedsVfG Schiedsverfahrens-Neuregelungsgesetz
SchiedsVZ Die neue Zeitschrift für Schiedsverfahren
SchiffRegO Schiffsregisterordnung
SchiffsRG Gesetz über Rechte an eingetragenen Schiffen und Schiffsbauwerken
SchlHA Schleswig-Holsteinische Anzeigen (Jahr, Seite)
SchlHOLG Oberlandesgericht Schleswig-Holstein
SchlichtVerfVO Verordnung über das Verfahren der Schlichtungsstellen für Überweisungen
SchuldRÄndG Schuldrechtsänderungsgesetz
SchuldRAnpG Schuldrechtsanpassungsgesetz
SchuldRModG Schuldrechtsmodernisierungs-gesetz
SchwarzArbG Gesetz zur Bekämpfung der Schwarzarbeit
SeuffA Seufferts Archiv für Entscheidungen der obersten Gerichte in den deutschen Staaten (Band, Seite)
SG Sozialgericht; Soldatengesetz
SGB Sozialgesetzbuch
SGb Die Sozialgerichtsbarkeit (Jahr, Seite)
SGB AT Sozialgesetzbuch – Allgemeiner Teil
SGB III Sozialgesetzbuch Drittes Buch – Arbeitsförderung
SGB IV Sozialgesetzbuch Viertes Buch – Sozialversicherung
SGB V Sozialgesetzbuch Fünftes Buch – Gesetzliche Krankenversicherung
SGB VI Sozialgesetzbuch Sechstes Buch – Gesetzliche Rentenversicherung
SGB VII Sozialgesetzbuch Siebtes Buch – Gesetzliche Unfallversicherung
SGB VIII Sozialgesetzbuch Achtes Buch – Kinder- und Jugendhilfe
SGB IX Sozialgesetzbuch Neuntes Buch – Rehabilitation und Teilhabe behinderter Menschen

SGB X	Sozialgesetzbuch Zehntes Buch – Sozialverwaltungsverfahren und Sozialdatenschutz
SGB XI	Sozialgesetzbuch Elftes Buch – Soziale Pflegeversicherung
SGG	Sozialgerichtsgesetz
SGOBau	Schiedsgerichtsordnung für das Bauwesen
SigG	Signaturgesetz
SJZ	Schweizerische Juristen-Zeitung (Jahr, Seite)
Slg	Sammlung
s. o.	siehe oben
SoergelRspr.	Rechtsprechung zum BGB, EGBGB, CPO, KO, GBO und RFG
sog	sogenannte/r/s
SoldG	Gesetz über die Rechtsstellung der Soldaten
SorgeRÜbkAG	Gesetz zur Ausführung des Haager Übereinkommens v. 25.10.1980 über die zivilrechtlichen Aspekte internationaler Kindesentführung und des Europäischen Übereinkommens v. 20.5.1980 über die Anerkennung und Vollstreckung von Entscheidungen über das Sorgerecht für Kinder und die Wiederherstellung des Sorgeverhältnisses
SozR	Sozialrecht. Rechtsprechung und Schrifttum, bearb. v. d. Richtern des Bundessozialgerichts (Loseblatt)
SozSich	Soziale Sicherheit (Jahr, Seite)
SozVers	Die Sozialversicherung (Jahr, Seite)
SP	Schaden-Praxis (Jahr, Seite)
SprAuG	Sprecherausschussgesetz
SpuRt	Zeitschrift für Sport und Recht
st. Rspr.	ständige Rechtsprechung
StaatlÜbk	New Yorker UN-Übereinkommen über die Rechtsstellung der Staatenlosen v. 28.9.1954
StAG	Staatsangehörigkeitsgesetz
StAnz	Staatsanzeiger
StAZ	Das Standesamt (Jahr, Seite)
StB	Der Steuerberater (Jahr, Seite)
StBerG	Steuerberatungsgesetz
StBGebV	Steuerberatergebühren- verordnung
StBp	Die steuerliche Betriebsprüfung (Jahr, Seite)
StGB	Strafgesetzbuch
StGH	Staatsgerichtshof
StiftFördG	Gesetz zur weiteren steuerlichen Förderung von Stiftungen

StiftungsG	Stiftungsgesetz
StPO	Strafprozessordnung
str.	streitig
StraFo	Strafverteidiger Forum (Jahr, Seite)
StrÄndG	Strafrechtsänderungsgesetz
StSenkG	Gesetz zur Senkung der Steuersätze und zur Reform der Unternehmensbesteuerung
StuB	Steuern und Bilanzen (Jahr, Seite)
StudZR	Studentische Zeitschrift für Rechtswissenschaft
StuW	Steuer und Wirtschaft (Jahr, Seite)
StV	Strafverteidiger (Jahr, Seite)
StVj	Steuerliche Vierteljahresschrift
s. u.	siehe unten
SÜ	Sicherungsübereignung
SVG	Gesetz über die Versorgung für die ehemaligen Soldaten der Bundeswehr und ihre Hinterbliebenen
SZ	Süddeutsche Zeitung
SZIER	Schweizerische Zeitschrift für Internationales und Europäisches Recht
SZW	Schweizerische Zeitschrift für Wirtschaftsrecht
TDG	Teledienstegesetz
tlw.	teilweise
TPG	Transplantationsgesetz
TranspR	Transportrecht (Jahr, Seite)
TSG	Transsexuellengesetz
TV	Tarifvertrag
TVG	Tarifvertragsgesetz
Tz	Textziffer
TzBfG	Teilzeit- und Befristungsgesetz
TzWrG	Teilzeit-Wohnrechtegesetz
ua	unter anderem
uÄ	und Ähnliches
UÄndG	Unterhaltsänderungsgesetz
UBGG	Gesetz über Unternehmensbeteiligungsgesells chaften
UCC	Uniform Commercial Code
uE	unseres Erachtens
UFITA	Archiv für Urheber-, Film-, Funk- und Theaterrecht (Band, Seite)
UhVorschG	Gesetz zur Sicherung des Unterhalts von Kindern alleinstehender Mütter und Väter durch Unterhaltsvorschüsse oder -ausfalleistungen
UKlaG	Unterlassungsklagengesetz
ULR	Uniform Law Review (Band, Seite)

umstr.	umstritten
UmwBerG	Gesetz zur Bereinigung des Umwandlungsgesetzes
UmwG	Umwandlungsgesetz
UmwStErl.	Umwandlungssteuererlass
UmwStG	Gesetz über steuerliche Maßnahmen bei Änderungen der Unternehmensform
Univ.	Universität
unstr.	unstreitig
UntVorschG	Unterhaltsvorschussgesetz
unveröff.	unveröffentlicht
UR	Umsatzsteuer-Rundschau
UrhG	Urheberrechtsgesetz
urspr.	ursprünglich
Urt.	Urteil
usf.	und so fort
UStDV	Umsatzsteuer-Durchführungsverordnung
UStG	Umsatzsteuergesetz
UStR	Umsatzsteuerrichtlinien
usw.	und so weiter
uU	unter Umständen
uVm	und Vieles mehr
UVR	Umsatz- und Verkehrsteuer-Recht
UWG	Gesetz gegen den unlauteren Wettbewerb
UZwG	Gesetz über den unmittelbaren Zwang bei Ausübung öffentlicher Gewalt durch Vollzugsbeamte des Bundes
v.	von; vom; vor
VAG	Versicherungsaufsichtsgesetz
VAHRG	Gesetz zur Regelung von Härten im Versorgungsausgleich
VBl BW	Verwaltungsblätter Baden-Württemberg
VerBAV	Veröffentlichungen des Bundesaufsichtsamtes für das Versicherungswesen
VerbrKrG	Verbraucherkreditgesetz
VereinsG	Gesetz zur Regelung des öffentlichen Vereinsrechts
Verf.	Verfassung; Verfasser
VerfGH	Verfassungsgerichtshof
VerfGHG	Gesetz über den Verfassungsgerichtshof
VerfO	Verfahrensordnung
VerglO	Vergleichsordnung
VerjAnpG	Gesetz zur Anpassung von Verjährungsvorschriften an das Gesetz zur Modernisierung des Schuldrechts
VermG	Vermögensgesetz
Veröff.	Veröffentlichung
VerschG	Verschollenheitsgesetz
VersG	Gesetz über Versammlungen und Aufzüge
VersPrax	Versicherungspraxis

VersR	Versicherungsrecht (Jahr, Seite)
VerstVO	Versteigererverordnung
Verz.	Verzeichnis
Vfg.	Verfügung
VG	Verwaltungsgericht; Verwertungsgesellschaft
VGH	Verwaltungsgerichtshof; Verfassungsgerichtshof
vgl.	vergleiche
VglO	Vergleichsordnung
VGrS	Vereinigter Großer Senat
VgV	Vergabeverordnung
v.H.	vom Hundert
VHB	Allgemeine Hausratsversicherungs-bedingungen
VIZ	Zeitschrift für Vermögens- und Investitionsrecht (bis 6.1996); Zeitschrift für Vermögens- und Immobilienrecht (ab 7.1996)
VO	Verordnung
VOBl	Verordnungsblatt
VOL	Verdingungsordnung für Leistungen, ausgenommen Bauleistungen
Vorbem.	Vorbemerkung
vorl.	vorläufig
VormG	Vormundschaftsgericht
VRS	Verkehrsrechts-Sammlung
VRV	Vereinsregisterverordnung
VStG	Vermögensteuergesetz
VStR	Vermögensteuer-Richtlinien
VuR	Verbraucher und Recht (Jahr, Seite)
VVaG	Versicherungsverein auf Gegenseitigkeit
VVDStRL	Veröffentlichungen der Vereinigung der Deutschen Staatsrechtslehrer (Band, Seite)
VVG	Versicherungsvertragsgesetz
VW	Versicherungswirtschaft (Jahr, Seite)
VWG	Vereinigtes Wirtschaftsgebiet
VwGO	Verwaltungsgerichtsordnung
VwKostG	Verwaltungskostengesetz
VwVfG	Verwaltungsverfahrensgesetz
VwVG	Verwaltungsvollstreckungsgesetz
VwZG	Verwaltungszustellungsgesetz
VwZVG	Verwaltungszustellungs- und Vollstreckungsgesetz
VZ	Veranlagungszeitraum
WahrnG	Gesetz über die Wahrnehmung von Urheberrechten und verwandten Schutzrechten
WarnR	Warneyer, Die Rechtsprechung des Reichsgerichts (Jahr und Nummer der Entscheidung)
WBl.	Wirtschaftsrechtliche Blätter (Jahr, Seite)

WE	Wohnungseigentum
WEG	Wohnungseigentumsgesetz
WertErmVO	Wertermittlungsverordnung
WEZ	Zeitschrift für Wohnungseigentumsrecht
WG	Wechselgesetz
WHG	Wasserhaushaltsgesetz
WiB	Wirtschaftsrechtliche Beratung (Jahr, Seite)
WiKG, 1.	Erstes Gesetz zur Bekämpfung der Wirtschaftskriminalität
WiR	Wirtschaftsrecht (Jahr, Seite)
WiStG	Wirtschaftsstrafgesetz
wistra	Zeitschrift für Wirtschafts- und Steuerrecht
WM	Wertpapiermitteilungen (Jahr, Seite)
WoBindG	Wohnungsbindungsgesetz
WP	Wirtschaftsprüfer
WpG	Die Wirtschaftsprüfung (Jahr, Seite)
WpHG	Wertpapierhandelsgesetz
WPO	Wirtschaftsprüferordnung
WRP	Wettbewerb in Recht und Praxis (Jahr, Seite)
WRV	Weimarer Reichsverfassung
WuW	Wirtschaft und Wettbewerb (Band o. Jahr, Seite)
WZG	Warenzeichengesetz
ZAkDR	Zeitschrift der Akademie für Deutsches Recht
ZAP	Zeitschrift für die Anwaltspraxis
zB	zum Beispiel
ZBB	Zeitschrift für Bankrecht und Bankwirtschaft
ZBernJV	Zeitschrift des Bernischen Juristen-Vereins (Band, Seite)
ZblFG	Zentralblatt für Freiwillige Gerichtsbarkeit und Notariat
ZErB	Zeitschrift für die Steuer- und Erbrechtspraxis
ZEuP	Zeitschrift für Europäisches Privatrecht
ZEV	Zeitschrift für Erbrecht und Vermögensnachfolge
ZfA	Zeitschrift für Arbeitsrecht
ZfbF	Schmalenbachs Zeitschrift für betriebswirtschaftliche Forschung (Band, Seite)
ZfBR	Zeitschrift für deutsches und internationales Bau- und Vergaberecht
ZFE	Zeitschrift für Familien- und Erbrecht
ZfF	Zeitschrift für Fürsorgewesen
ZfIR	Zeitschrift für Immobilienrecht
ZfJ	Zentralblatt für Jugendrecht (Jahr, Seite)

ZfRV	Zeitschrift für Rechtsvergleichung
zfs	Zeitschrift für Schadensrecht
ZfSH/SGB	Zeitschrift für Sozialhilfe und Sozialgesetzbuch
ZfV	Zeitschrift für Versicherungswesen
ZGB	Schweizerisches Zivilgesetzbuch; Zivilgesetzbuch (DDR)
ZGR	Zeitschrift für Unternehmens- und Gesellschaftsrecht
ZGS	Zeitschrift für das gesamte Schuldrecht
ZHR	Zeitschrift für das gesamte Handelsrecht
Ziff.	Ziffer
ZInsO	Zeitschrift für das gesamte Insolvenzrecht
ZIP	Zeitschrift für Wirtschaftsrecht
zit.	zitiert
ZLW	Zeitschrift für Luftrecht und Weltraumrechtsfragen
ZMR	Zeitschrift für Miet- und Raumrecht
ZNotP	Zeitschrift für die Notarpraxis
ZNR	Zeitschrift für Neuere Rechtsgeschichte
ZPO	Zivilprozessordnung
ZRHO	Rechtshilfeordnung für Zivilsachen
ZRP	Zeitschrift für Rechtspolitik
ZSchwR	Zeitschrift für Schweizerisches Recht
ZSt	Zeitschrift für Stiftungswesen
zT	zum Teil
ZTR	Zeitschrift für Tarifrecht
ZUM	Zeitschrift für Urheber- und Medienrecht
zust.	zustimmend
ZustErgG	Zuständigkeitsergänzungsgesetz
zutr.	zutreffend
ZVersWiss	Zeitschrift für die gesamte Versicherungswirtschaft
ZVG	Gesetz über die Zwangsversteigerung und die Zwangsverwaltung
ZVglRWiss	Zeitschrift für Vergleichende Rechtswissenschaft
ZVI	Zeitschrift für Verbraucher-Insolvenzrecht
ZWE	Zeitschrift für Wohnungseigentum
zzgl.	zuzüglich
ZZP	Zeitschrift für Zivilprozess (Band, Seite)
ZZP Int.	Zeitschrift für Zivilprozess International (Band, Seite)
zzt.	zurzeit

Allgemeines Literaturverzeichnis

Kommentare

Alternativkommentar, Bürgerliches Recht, Band 1: Allgemeiner Teil (§§ 1–240), 1987; zitiert: AK/*Bearbeiter*

Bamberger/Roth/Hau/Poseck, Kommentar zum Bürgerlichen Gesetzbuch, 4. Auflage 2019; zitiert: Bamberger/Roth/Hau/Poseck/*Bearbeiter*

Baumbach/Hopt, Handelsgesetzbuch, 38. Auflage 2018

Baumbach/Lauterbach/Albers/Hartmann, Zivilprozessordnung, 77. Auflage 2019; zitiert: Baumbach/Lauterbach/Albers/Hartmann/*Bearbeiter*; BLAH/*Bearbeiter*

BeckOK-BGB, Beckscher Online-Kommentar zum BGB, hrsg. von Bamberger/Roth, 50./52. Auflage 2019; zitiert: BeckOK BGB/*Bearbeiter*

Bumiller/Harders/Schwamb, Freiwillige Gerichtsbarkeit FamFG, 12. Auflage 2019

Erman, Bürgerliches Gesetzbuch, 15. Auflage 2017; zitiert: Erman/*Bearbeiter*

Handkommentar BGB – Bürgerliches Gesetzbuch, Schulze (Schriftltg.)/Dörner/Ebert/ Hoeren/Kemper/Saenger/Schreiber/Schulte-Nölke/Staudinger, 10. Auflage 2019; zitiert: Hk-BGB/*Bearbeiter*

Heidel, Aktienrecht und Kapitalmarktrecht, 5. Auflage 2020, zitiert: *Bearbeiter* in: Heidel, AktG

Heidel/Schall, HGB, 3. Auflage 2019; zitiert: *Bearbeiter* in: Heidel/Schall, HGB

Historisch-kritischer Kommentar zum BGB, hrsg. von Schmoeckel/Rückert/Zimmermann, Band 1, Allgemeiner Teil §§ 1–240, 2003; zitiert: HKK/*Bearbeiter*

Jauernig, Bürgerliches Gesetzbuch, 17. Auflage 2018; zitiert: Jauernig/*Bearbeiter*

Juris PraxisKommentar BGB, hrsg. von Herberger/Martinek/Rüßmann/Weth, 7. Auflage 2014; zitiert: jurisPK-BGB/*Bearbeiter*

Koller/Kindler/Roth/Drüen, Handelsgesetzbuch, 9. Auflage 2019

Looschelders, Internationales Privatrecht – Artikel 3–46 EGBGB, 2004

Münchener Kommentar zum Bürgerlichen Gesetzbuch, hrsg. von Säcker/Rixecker/Oetker/Limperg, 8. Auflage 2018; zitiert: MüKoBGB/*Bearbeiter*

Münchener Kommentar zur Zivilprozessordnung, hrsg. von Krüger/Rauscher, 5. Auflage 2016; zitiert: MüKoZPO/*Bearbeiter*

Musielak/Voit, Zivilprozessordnung,16. Auflage 2019; zitiert: Musielak/Voit/*Bearbeiter*

Palandt, Bürgerliches Gesetzbuch, 78. Auflage 2019; zitiert: Palandt/*Bearbeiter*

Planck's Kommentar zum Bürgerlichen Gesetzbuch, Band 1, 4. Auflage 1913; zitiert: Planck/*Bearbeiter*

Prütting/Wegen/Weinreich, Bürgerliches Gesetzbuch, 14. Auflage 2019; zitiert: PWW/*Bearbeiter*

RGRK, Das Bürgerliche Gesetzbuch mit besonderer Berücksichtigung der Rechtsprechung des Reichsgerichts und des Bundesgerichtshofes, Kommentar, 12. Auflage 1974 ff.; zitiert: RGRK/*Bearbeiter*

Saenger, Zivilprozessordnung, 8. Auflage 2019; zitiert: Hk-ZPO/*Bearbeiter*

Soergel, Bürgerliches Gesetzbuch mit Einführungsgesetz und Nebengesetzen, 13. Auflage 1999 ff.; zitiert: Soergel/*Bearbeiter*

Staudinger, Kommentar zum Bürgerlichen Gesetzbuch; §§ 139–163 2015 neubearbeitet; zitiert: Staudinger/*Bearbeiter*; die Bände ab 2012 sind mit Angabe der Jahreszahl in Klammern zitiert

Stein/Jonas, Kommentar zur Zivilprozessordnung, 23. Auflage 2014; zitiert: Stein/Jonas/*Bearbeiter*

Thomas/Putzo, Zivilprozessordnung, 40. Auflage 2019; zitiert: Thomas/Putzo/*Bearbeiter*

Wieczorek/Schütze, Zivilprozeßordnung und Nebengesetze, begr. von Wieczorek, hrsg. von Schütze, 4. Auflage 2015; zitiert: Wieczorek/Schütze/*Bearbeiter*

Zöller, Zivilprozessordnung, 32. Auflage 2018; zitiert: Zöller/*Bearbeiter*

Lehr- und Handbücher, Monografien

v. Bar/Mankowski, Internationales Privatrecht, Band 1, 2. Auflage 2003; zitiert: *v. Bar/Mankowski*, IPR I

v. Bar/Mankowski, Internationales Privatrecht, Band 2, 2. Auflage 2019; zitiert: *v. Bar*, IPR II

Baumgärtel/Laumen/Prütting, Handbuch der Beweislast: BGB AT, §§ 1–240, 4. Auflage 2018

Brehm, Allgemeiner Teil des BGB, 6. Auflage 2007

Brödermann/Iversen, Europäisches Gemeinschaftsrecht und Internationales Privatrecht, 1994; zitiert: Brödermann/Iversen/*Bearbeiter*, IPR

Brox/Walker, Allgemeiner Teil des BGB, 43. Auflage 2019

Bydlinski, Bürgerliches Recht Band I, Allgemeiner Teil, 8. Auflage 2018

Enneccerus/Nipperdey, Allgemeiner Teil des Bürgerlichen Rechts, 2 Teilbände, 15. Auflage 1959/1960

Faust, Bürgerliches Gesetzbuch, Allgemeiner Teil, 6. Auflage 2018

Ferid, Internationales Privatrecht, 3. Auflage 1986

Flume, Allgemeiner Teil des Bürgerlichen Rechts, Band 1/1: Die Personengesellschaft, 1977; zitiert: *Flume*, BGB AT Bd. 1/1

Flume, Allgemeiner Teil des Bürgerlichen Rechts, Band 1/2: Die juristische Person, 1983; zitiert: *Flume*, BGB AT Bd. 1/2

Flume, Allgemeiner Teil des Bürgerlichen Rechts, Band 2: Das Rechtsgeschäft, 4. Auflage 1992; zitiert: *Flume*, BGB AT Bd. 2

Geimer, Internationales Zivilprozessrecht, 8. Auflage 2019

Giesen, BGB Allgemeiner Teil, Rechtsgeschäftslehre, 2. Auflage 1995

Griegoleit/Herresthal, BGB Allgemeiner Teil, 3. Auflage 2015

Henssler/von Westphalen, Praxis der Schuldrechtsreform, 2. Auflage 2003; zitiert: Henssler/von Westphalen/*Bearbeiter*

Hirsch, Der Allgemeine Teil des BGB, 10. Auflage 2019

v. Hoffmann/Thorn, Internationales Privatrecht, 9. Auflage 2007

Hübner, Allgemeiner Teil des Bürgerlichen Gesetzbuches, 2. Auflage 1996

Jayme/Hausmann, Internationales Privat- und Verfahrensrecht (Textsammlung), 18. Auflage 2018

Junker, Internationales Privatrecht, 3. Auflage 2019

Kegel/Schurig, Internationales Privatrecht, 9. Auflage 2004

Koch/Magnus/Winkler v. Mohrenfels, IPR und Rechtsvergleichung, 4. Auflage 2010

Köhler, BGB Allgemeiner Teil, 43. Auflage 2019

Kropholler, Internationales Privatrecht, 6. Auflage 2006

Kunz, Internationales Privatrecht, 4. Auflage 1998

Leipold, BGB I, Einführung und Allgemeiner Teil, 10. Auflage 2019

Linke/Hau, Internationales Zivilverfahrensrecht, 7. Auflage 2018

Löwisch/Neumann, Allgemeiner Teil des BGB, 7. Auflage 2004

Lüderitz, Internationales Privatrecht, 2. Auflage 1992

Medicus/Petersen, Allgemeiner Teil des BGB, 11. Auflage 2016

Medicus/Petersen, Bürgerliches Recht, 27. Auflage 2019

Nagel/Gottwald, Internationales Zivilprozessrecht, 7. Auflage 2013

Oertmann, Bürgerliches Gesetzbuch, Allgemeiner Teil (Nachdruck der 3. Auflage 1927), 2002

Pawlowski, Allgemeiner Teil des BGB, 7. Auflage 2003

Raape/Sturm, Internationales Privatrecht, Band 1, 6. Auflage 1977

Rauscher, Internationales Privatrecht, 5. Auflage 2017

Rosenberg/Schwab/Gottwald, Zivilprozessrecht, 18. Auflage 2018

Schack, BGB – Allgemeiner Teil, 16. Auflage 2019

Schack, Internationales Zivilverfahrensrecht, 7. Auflage 2017

Schloßhauer-Selbach, Internationales Privatrecht, 1989

Schnyder/Liatowitsch, Internationales Privat- und Zivilverfahrensrecht, 4. Auflage 2017

Schotten, Das Internationale Privatrecht in der notariellen Praxis, 2. Auflage 2007

Schwimann, Internationales Privatrecht, 3. Auflage 2001

Siehr, Internationales Privatrecht, 2001

Stadler, Allgemeiner Teil des BGB, 19. Auflage 2017

v. Tuhr, Der Allgemeine Teil des deutschen bürgerlichen Rechts, Bd. 1: Allgemeine Lehren und Personenrecht, 1910 (Nachdruck 1957); zitiert: *v. Tuhr*, BGB AT Bd. 1

v. Tuhr, Der Allgemeine Teil des deutschen bürgerlichen Rechts, Bd. 2 (in zwei Teilbänden): Die rechtserheblichen Tatsachen, insbesondere das Rechtsgeschäft, 1914/1918 (Nachdruck 1957); zitiert: *v. Tuhr*, BGB AT Bd. 2

Tonner/Willingmann/Tamm, Vertragsrecht, 2010; zitiert: TWT/*Bearbeiter*

Wolf/Neuner, Allgemeiner Teil des Bürgerlichen Rechts, 11. Auflage 2016

Formularbücher

Beck'sches Formularbuch Bürgerliches, Handels- und Wirtschaftsrecht, 13. Auflage 2019

Böhme/Fleck/Bayerlein/Kroiß, Formularsammlung für Rechtsprechung und Verwaltung, 16. Auflage 2003

Kroiß/Neurauter, Formularsammlung für Rechtspflege und Verwaltung, 27. Auflage 2019

Heidel/Pauly/Amend, AnwaltFormulare, Schriftsätze – Verträge – Erläuterungen, 9. Auflage 2018

Schulze/Grziwotz/Lauda, BGB, Kommentiertes Vertrags- und Prozessformularbuch, 2. Auflage 2014; zitiert: GF-BGB/*Bearbeiter*

Wurm/Wagner/Zartmann, Das Rechtsformularbuch, 17. Auflage 2015

Bürgerliches Gesetzbuch (BGB)

In der Fassung der Bekanntmachung vom 2. Januar 2002

(BGBl. I S. 42, ber. S. 2909 und 2003 I S. 738)
(FNA 400-2)

zuletzt geändert durch Art. 1 G über die Verteilung der Maklerkosten bei der Vermittlung von Kaufverträgen über Wohnungen und Einfamilienhäuser vom 12. Juni 2020 (BGBl. I S. 1245)

Unionsprivatrecht und Zivilrechtspraxis – eine Einführung

Literatur: *Ackermann*, Sektorielles EU-Recht und allgemeine Privatrechtssystematik, ZEuP 2018, 741; *Artz*, Die „vollständige Harmonisierung" des Europäischen Verbrauchervertragsrechts, GPR 2009, 171; *v. Bar*, Ein Gemeinsamer Referenzrahmen für das marktrelevante Privatrecht in der Europäischen Union, in: FS Jayme, 2004, S. 1217; *ders.*, Privatrecht europäisch denken, JZ 2014, 473; *Basedow*, Das BGB im künftigen europäischen Privatrecht: Der hybride Codex, AcP 200 (2000), 273; *ders.*, Freedom of Contract in the European Union, ERPL 2008, 901; *ders.*, The Court of Justice and Private Law, ERPL 2010, 443; *ders.*, Die Entwicklung des Eigentumsrechts in der Europäischen Union, ZEuP 2016, 573; *ders.*, Sektorielle Politiken und allgemeine Privatrechtssystematik, ZEuP 2018, 782; *Beitzke*, Probleme der Privatrechtsangleichung in der Europäischen Wirtschaftsgemeinschaft, ZfRV 1964, 80; *Betlem/Hondius*, European Private Law after the Treaty of Amsterdam, European Review of Private Law 2001, 3; *Bonell*, Verso un codice Europeo di contratti, Europa e diritto privato 1988, 171; *Brechmann*, Die richtlinienkonforme Auslegung, 1994; *Brenncke*, Europäisierung der Methodik richtlinienkonformer Rechtsfindung, EuR 2015, 440; *Brigola*, Der Grundsatz der Verhältnismäßigkeit im Gefüge der EU-Grundfreiheiten, EuZW 2017, 406; *ders.*, Art. 35 AEUV von Groenveld bis New Valmar, EuZW 2017, 5; *Bülow*, Harmonisierter Bereich und Verbindlichkeit europäischer Rechtsakte, WM 2013, 245; *Büscher*, Interdependenzen zwischen der Rechtsprechung der Gerichte der Europäischen Gemeinschaft und der nationalen Gerichte, GPR 2008, 210; *P. Bydlinski*, Richtlinienkonforme „gesetzesübersteigende" Rechtsfindung und ihre Grenzen – eine methodische Vergewisserung anlässlich 20 Jahre EU-Mitgliedschaft, JBl 2015, 2; *Canaris*, Drittwirkung der gemeinschaftsrechtlichen Grundfreiheiten, in: Bauer/Czybulka/Kahl/Vosskuhle, Umwelt, Wirtschaft und Recht, 2003, S. 29 ff; *Canaris*, Die richtlinienkonforme Auslegung und Rechtsfortbildung im System der juristischen Methodenlehre, in: FS Bydlinski 2002, S. 47 ff; *Coing*, Europäisierung der Rechtswissenschaft, NJW 1990, 937; *Comparato*, Public Policy through Private Law, European Law Journal 2016, 621; *Dagan*, Between Regulatory and Autonomy-Based Private Law, European Law Journal 2016, 644 *Ebers*, Rechte, Rechtsbehelfe und Sanktionen im Unionsprivatrecht, 2016; *Eidenmüller/Faust/Grigoleit/Jansen/Wagner/Zimmermann*, Der Gemeinsame Referenzrahmen für das Europäische Privatrecht, JZ 2008, 529; *Fleischer*, Europäische Methodenlehre: Stand und Perspektiven, RabelsZ 75 (2011), 700; *Flessner*, Juristische Methode und europäisches Privatrecht, JZ 2002, 14; *Franzen*, Privatrechtsangleichung durch die Europäische Gemeinschaft, 1999; *ders.*, „Heininger" und die Folgen: ein Lehrstück zum Gemeinschaftsprivatrecht, JZ 2003, 321; *Ganten*, Die Drittwirkung der Grundfreiheiten, 2000; *Gebauer*, Grundfragen der Europäisierung des Privatrechts, 1998; *ders.*, „Nationales" Europarecht: Zur Anwendung „ausländischen" Europarechts durch deutsche Gerichte, in: Jayme, Kulturelle Identität und Internationales Privatrecht, 2003, S. 187; *Gerken/Rieble/Roth/Stein/Streinz*, Mangold als ausbrechender Rechtsakt, 2009; *van Gerven*, Harmonization of Private Law: Do we need it?, Common Market Law Review 41 (2004), 505; *van Gestel/Micklitz*, European Integration through Standardization, CMLR 50 (2013), 145; *Grigoleit*, Der Verbraucheracquis und die Entwicklung des Europäischen Privatrechts, AcP 210 (2010), 354 *Grundmann*, Richtlinienkonforme Auslegung im Bereich des Privatrechts, ZEuP 1996, 399; *ders.*, Europäisches Schuldvertragsrecht, 1999; *ders.*, The Structure of European Contract Law, European Review of Private Law 2001, 505; *Gsell*, Zivilrechtsanwendung im Europäischen Mehrebenensystem, AcP 214 (2014), 99; *Gundel*, Neue Grenzlinien für die Direktwirkung nicht umgesetzter EU-Richtlinien unter Privaten – Zur Unanwendbarkeit richtlinienwidriger nationaler Verbotsgesetze im Konflikt unter Privaten, EuZW 2001, 143; *Guski*, The re-entry paradox: Abuse of EU law, European Law Journal 2018, 422; *Habersack/Mayer*, Die überschießende Umsetzung von Richtlinien, JZ 1999, 913; *Hakenberg/Seyr*, Gemeinschaftsrecht und Privatrecht – Zur Rechtsprechung des EuGH im Jahre 2004, ZEuP 2005, 832; *dies.*, Gemeinschaftsrecht und Privatrecht – Zur Rechtsprechung des EuGH im Jahre 2006, ZEuP 2007, 1035; *Heiderhoff*, Europäisches Privatrecht, 4. Aufl. 2016; *Herresthal*, Rechtsfortbildung im europarechtlichen Bezugsrahmen, 2006; *ders.*, Voraussetzungen und Grenzen der gemeinschaftskonformen Rechtsfortbildung, EuZW 2007, 396; *Hess*, Rechtsfragen des Vorabentscheidungsverfahrens, RabelsZ 66 (2002), 470; *Hesselink*, Private Law, Regulation, and Justice, European Law Journal 2016, 681; *Hirsch*, Die deutsche Arbeitsgerichtsbarkeit und der Europäische Gerichtshof, RdA 1999, 48; *ders.*, Erwartungen der gerichtlichen Praxis an einen gemeinsamen Referenzrahmen, ZIP 2007, 937; *Hommelhoff*, Zivilrecht unter dem Einfluß europäischer Rechtsangleichung, AcP 192 (1992), 71; *ders.*, Die Rolle der Gerichte bei der Europäisierung des Privatrechts, BGH-Festgabe Wissenschaft, Band II, 2000; *Howells/Schulze*, Modernising and Harmonising Consumer Contract Law, 2009; *Hwang*, Anwendungsvorrang statt Geltungsvorrang? Normlogische und institutionelle Überlegungen zum Vorrang des Unionsrechts, EuR 2016, 355; *Jarass*, Die Bedeutung der Unionsgrundrechte unter Privaten,ZEuP 2017, 310; *Jud*, Die Grenzen der richtlinienkonformen Auslegung, ÖJZ 2003, 521; *Junker*, Systembildung und Systemlücken in harmonisierten Arbeitsrecht, NZA 1999, 2; *ders.*, Die Bürgerlichen zum kleinbürgerlichen Gesetzbuch – Der Richtlinienvorschlag über den Verbrauchsgüterkauf, DZWiR 1997, 271; *Kainer*, Privatrecht zwischen Richtlinien und Grundrechten, GPR 2016, 262; *Kainer/Herzog*, Der Marktausgang im Konzept der Grundfreiheiten, EuR 2018, 405 *Kapnopoulou*, Das Recht der missbräuchlichen Klauseln in der EU, 1997; *Klauer*, Die Europäisierung des Privatrechts, 1998; *Kieninger*, Kodifikationsidee und Europäisches Privatrecht, RW 2012, 406; *Knütel*, Rechtseinheit und römisches Recht, ZEuP 1994, 244; *Kohler/Knapp*, Gemeinschaftsrecht und Privatrecht – Zur Rechtsprechung des EuGH im Jahre 2005, ZEuP 2007, 484; *dies.*, Gemeinschaftsrecht und Privatrecht – Zur Rechtsprechung des EuGH im Jahre 2008, ZEuP 2010, 620; *Kohler/Puffer-Mariette*, EuGH und Privatrecht – Ein Rückblick nach 60 Jahren, ZEuP 2014, 698; *Kropholler*, Internationales Einheitsrecht, 1975; *Kubitza*, Die Vorwirkung von Richtlinien – die richtlinienbezogene Auslegung und ihre Grenzen, EuZW 2016, 691; *Kuhn*, Überschießende Umsetzung bei mindest- und vollharmonisierenden Richtlinien: Einheitliche oder gespaltene Anwendung?, EuR 2015, 216; *Langenbucher* (Hrsg.), Europäisches Privat- und Wirtschaftsrecht, 4. Auflage 2017; *Lenaerts*, Die EU-Grundrechtecharta: Anwendbarkeit und Auslegung, EuR 2012, 3; *Lorenz*, Aus- und Einbaukosten bei der kaufrechtlichen Nacherfüllung zwischen Unternehmern – Zu den Grenzen „richtlinienorientierter" Auslegung, NJW 2013, 207; *Lurger*, Die Dominanz zwingenden Rechts – die vermeintlichen und tatsächlichen Schattenseiten des EU-Verbraucherschutzrechts, ZEuP 2018, 788; *Lutter*, Die Auslegung angeglichenen Rechts, JZ 1992, 593; *Legrand*, Antivonbar, Journal of Comparative Law 1 (2006), 13; *Mak*, Review of the Consumer Acquis, ERPL 2009, 55; *Mansel*, Rechtsvergleichung und europäische Rechtseinheit, JZ 1991, 529; *Martiny/Witzleb*, Auf dem Wege zu einem europäischen Zivilgesetzbuch, 1999; *Mayer/Schürnbrand*, Einheitlich oder gespalten? – Zur Auslegung nationalen Rechts bei überschießender Umsetzung von Richtlinien, JZ 2004, 545; *Metzger*, Allgemeine Rechtsgrundsätze in Europa, RabelsZ 75 (2011), 845; *Micklitz*, Europäisches Regulierungsprivatrecht, GPR 2009, 253; *ders.*, The Politics of Justice in European Private Law, 2018; *ders.*, The Transformation of Private Law Through Competition, European Law Journal 2016, 627; *Th. Möllers*, Working with Legal Principles – demonstrated using Private Autonomy and Freedom of Contract as Examples, ERCL 2018, 101; *Müller-Graff*, Gemeinsames Privatrecht in der Europäischen Gemeinschaft: Ebenen und gemeinschaftsprivatrechtliche Grundfragen, in: FS Börner 1992, S. 303; *ders.*, Gemeinsames Privatrecht in der Europäischen Gemeinschaft, 2. Auflage 1999; *ders.*, Unionsprivatrecht statt Gemeinschaftsprivatrecht?, GPR 2008, 105; *ders.*, Kodifikationsgewinn durch Inkorporation des Inhalts von Schuldrechtsrichtlinien der EG in das BGB?, GPR 2009, 106; *Perner*, Erweiternde Umsetzung von Richtlinien des Europäischen Verbraucherrechts, ZfRV 2011, 225; *Pfeiffer*, Keine Beschwerde gegen EuGH-Vorlagen?, NJW 1994, 1996; *ders.*, Umsetzungstreue und Harmonie der Richtliniengebung mit zivilrechtlicher Dogmatik, in: Hohloch, Richtlinien der EU und ihre Umsetzung in Deutschland und Frankreich, 2001; *ders.*, Auf dem Weg zu einem europäischen Vertragsrecht, EWS 2004, 98; *ders.*, Die richtlinienkonforme Auslegung im Privatrecht, StudZR 1 (2004), 171; *ders.*, Das Verhältnis zwischen dem Europäischen Gerichtshof und den nationalen Gerichten bei der Kontrolle missbräuchlicher Vertragsklauseln, FS Thode, 2005, S. 615; *ders.*, Methoden der Privatrechtsangleichung in der EU – Der gemeinsame Referenzrahmen für das Europäische Vertragsrecht, AcP 208 (2008), 227; *ders.*, Von den Principles of European Contract Law zum Draft Common Frame of Reference, ZEuP 2008, 679; *ders.*, Der Einfluss des EuGH auf die nationale Rechtsprechung, AnwBl 2009, 488; *ders.*, Fundamentalismus als juristische Methode?, NJW-Editorial 13/2011, https://rsw.beck.de/cms/?toc=NJW.040311. *Remien*, Ansätze für ein Europäisches Vertragsrecht, ZVglRWiss 1988, 105; *ders.*, Illusion und Realität eines europäischen Privatrechts, JZ 1992, 277; *ders.*, Über den Stil des Europäischen Privatrechts, RabelsZ 60 (1996), 1; *ders.*, Zwingendes Vertragsrecht und Grundfreiheiten des EG-Vertrags, 2003; *Repasi*, Die Reichweite des allgemeinen Gleichbehandlungssatzes bei der Umsetzung von Richtlinien, EuZW 2009, 756; *Riesenhuber*, Europäische Methodenlehre, 2. Aufl. 2010; *Rittner*, Das Gemeinschaftsprivatrecht und die europäische Integration, JZ 1995, 849; *Rösler*, Das Rechtsgespräch zwischen dem EuGH und den verschiedenen zivilgerichtlichen Instanzen über das Vertrags- und Deliktsrecht, EuZW 2014, 606; *Roth*, Generalklauseln im Europäischen Privatrecht, in: FS Drobnig 1998, S. 135; *ders.*, Europäisches Recht und nationales Recht, BGH-Festgabe Wissenschaft, Band II, 2000; *ders.*, Die Schuldrechtsmodernisierung im Kontext des Europarechts, in: Ernst/Zimmermann (Hrsg.), Zivilrechtswissenschaft und Schuldrechtsreform, 2001, S. 225; *Schmidt-Kessel*, Die Sprache (oder die Sprachen?) des Europäischen Privatrechts, FS Blaurock, 2013, S. 401; *Schroeter*, Europäischer Verfassungsvertrag und Unionsprivatrecht, ZEuP 2006, 515; *Schulte-Nölke*, Arbeiten an einem europäischen Vertragsrecht – Fakten und populäre Irrtümer, NJW 2009, 2161; *ders.*, Privatrecht und Europarecht, EuR 2018 – Beiheft 2, S. 21; *Schulte-Nölke/Tichý*, Perspectives for European Consumer Law, 2010; *Schulte-Nölke/Schulze*, Europäische Rechtsangleichung und nationale Privatrechte, 1999; *dies.*, Europäisches Vertragsrecht im Gemeinschaftsrecht, 2002; *dies.*, Die Schuldrechtsreform vor dem Hintergrund des Gemeinschaftsrechts, 2001; *Sirena*, Die Rolle wissenschaftlicher Entwürfe im europäischen Privatrecht, ZEuP 2018, 838; *Sørensen*, Abuse of Rights in Community Law, CMLR 43 (2006), 423; *Steindorff*, EG-Vertrag und Privatrecht, 1996; *Streinz/Leible*, Die unmittelbare Drittwirkung von Grundfreiheiten, EuZW 2000, 459; *Tamm/Tonner*, Vom Scheitern des Gemeinsamen Europäischen Kaufrechts zum Kaufrecht im Rahmen des digitalen Binnenmarktes, EWS 2015, 241; *Tomás*, Utile per inutile non vitiatur: can favor contractus be considered a European regula iuris?, European Review of Contract Law 12 (2016), 259; *Verbruggen*, The Impact of Primary EU Law on Private Law Relationships, ERPL 2014, 201; *Taupitz*, Europäische Rechtsvereinheitlichung heute und morgen, 1993; *Ulmer*, Vom deutschen zum europäischen Privatrecht, JZ 1992, 1; *Wagner*, Der Einfluss Europas auf das BGB, 2016; *ders.*, Zwingendes Vertragsrecht, ZEuP 2018, 821; *Weiss*, Gespalten oder einheitlich?, EuZW 2012, 733; *von Wilmowsky*, Europäisches Kreditsicherungsrecht, 1996; *Wilhelmsson*, Private Law in the EU: Harmonised of Fragmented Europeanisation, European Review of Private Law 2002, 74; *Zimmermann*, Konturen eines Europäischen Vertragsrechts, JZ 1995, 477; *ders.*, Das römisch-kanonische Recht als Grundlage europäischer Rechtseinheit, JZ 2002, 8; *ders.*, Textstufen in der modernen Entwicklung des europäischen Privatrechts, EuZW 2009, 319; *ders.*, Codification, ECRL 2012, 367; *ders.*, Die Rolle der wissenschaftlichen Entwürfe im europäischen Privatrecht, ZEuP 2018, 862.

A. Einleitung 1
B. Grundlagen 3
  I. Grundbegriffe 3
  II. Rechtsetzungskompetenzen auf dem Gebiet des allgemeinen Zivilrechts 6
C. Rechtsquellen des Unionsprivatrechts 10
  I. Primäres Unionsrecht 10
  II. Sekundäres (abgeleitetes) Unionsrecht 16
    1. Allgemeines 16
    2. Verordnungen 17
    3. Richtlinien 18
    4. Empfehlungen, Stellungnahmen und Normung 21
  III. Europäische Grundrechte 22

IV. Allgemeine Rechtsgrundsätze des Unionsrechts 23
V. Weitergehende Rechtsangleichung im Privatrecht 24
D. Geltung und Geltungsanspruch des Unionsprivatrechts 25
  I. Unmittelbare Geltung und Vorrang des Unionsrechts 25
    1. Unmittelbar geltendes Unionsrecht 25
      a) Unmittelbare Anwendung des primären Unionsrechts 25
      b) Unmittelbare Anwendung des Verordnungsprivatrechts 26
    2. Vorrang des unmittelbar geltenden Unionsprivatrechts 27

3. Geltungsanspruch des Richtlinienrechts .. 30
   a) Unmittelbare Geltung von Richtlinien
      für die Mitgliedstaaten als Adressaten   30
   b) Vertikale Direktwirkung von Richtli-
      nien nach Verstreichen der Umset-
      zungsfrist............................ 34
   c) Zum Problem der horizontalen Direkt-
      wirkung 38
4. Drittwirkung EU-rechtlicher Grundfreiheiten und des Diskriminierungsverbots in
   privaten Rechtsverhältnissen 40
5. Grundsatz der praktischen Wirksamkeit
   des Unionsrechts 44
6. Staatshaftung bei unzureichender Umsetzung 49

7. Eingeschränkter nationaler Grundrechts-
   schutz................................... 53
II. Unionsrechtskonforme Auslegung 54
   1. Allgemein 54
   2. Richtlinienkonforme Auslegung 56
      a) Grundsätze 56
      b) Überschießende Umsetzung 61
   III. Geltung in Schiedsverfahren 63
E. Auslegung des Unionsrechts 64
   I. Bedeutung der Auslegung des Unionsrechts .. 64
   II. Rechtserkenntnisquellen 65
   III. Auslegungsmethoden und Auslegungsregeln .. 66
   IV. Prozessrechtliche Konsequenzen: Vorabent-
      scheidungsverfahren..................... 73

A. Einleitung

Die **Europäisierung** des Privatrechts gehört zu den „großen" Rechtsentwicklungen dieser Zeit.[1] Die nach- **1**
stehenden Ausführungen zielen darauf, diejenigen allgemeinen und über einzelne Rechtsakte hinausgehenden Aspekte dieser Entwicklung darzustellen, bei denen Rechtswirkungen des EU-Rechts in einzelnen Privatrechtsverhältnissen hervortreten und die damit insbesondere – aber keineswegs nur – für in Rechtsberatung, Rechtsgestaltung und Prozessvertretung tätige Anwälte bedeutsam sind. Denn ungeachtet
weitergehender Bestrebungen zur Privatrechtsvereinheitlichung in der Europäischen Union[2] beeinflusst das
Unionsrecht vielfach die Auslegung und Anwendung privatrechtlicher Regelungen.[3] Das gilt nicht nur,
soweit Rechtssätze des europäischen Unionsrechts unmittelbar anwendbar sind, wie dies für das primäre
Unionsrecht und für EU-Verordnungen zu bejahen ist. Auch soweit das Unionsprivatrecht nicht unmittelbar
an den einzelnen Bürger adressiert ist, sondern sich – wie dies bei Richtlinien der Fall ist – an die Mitgliedstaaten richtet, entspricht es wegen der weitreichenden Wirkung der richtlinienkonformen Auslegung heute
vielfach nicht mehr den Regeln des juristischen Arbeitens, den Blick nur in das nationale Gesetz zu werfen.
Bewegt sich ein Sachverhalt im Anwendungsbereich von EU-Richtlinien, so wird dessen rechtliche Beurteilung wegen der vorrangigen und weitgehenden Wirkung des Gebots der richtlinienkonformen Auslegung
oft zu einem großen Teil durch EU-Recht determiniert. Geboten ist in diesen Fällen eine Perspektive, die
das nationale Recht insoweit als besondere Ausprägung des EU-Richtlinienrechts begreift und anwendet.
Begrifflich war es bis zum Vertrag von Lissabon üblich von **Gemeinschaftsprivatrecht** zu sprechen, weil
dessen Rechtsquellen dem Recht der Europäischen Gemeinschaft auf der Grundlage des EU-Vertrags ent-
stammten. Nunmehr ist mit dem Vertrag von Lissabon der Vertrag über die Arbeitsweise der Europäischen
Union (AEUV) an dessen Stelle getreten. Zwar wird für eine Weiterverwendung des Begriffs der Gemein-
schaftsprivatrechts angeführt, damit komme besser zum Ausdruck, dass es sich um ein gemeinschaftliches
Privatrecht der Mitgliedstaaten handele;[4] die Bezeichnung **Unionsprivatrecht** ist aber als die systematisch
korrektere nunmehr vorzuziehen.[5]

Die Lehren von der Europäisierung des Privatrechts betreffen dieses Rechtsgebiet als Ganzes. Rechtssyste- **2**
matisch gehören sie daher zum **Allgemeinen Teil des Bürgerlichen Rechts** und sind daher in diesen Band
aufgenommen.

B. Grundlagen

I. Grundbegriffe

Zu unterscheiden sind zunächst das Europäische Privatrecht einerseits und das Unionsprivatrecht anderer- **3**
seits. Von **Unionsprivatrecht** spricht man, soweit es um Rechtssätze geht, die ihren Geltungsgrund im
Recht der Europäischen Union haben, zu dem namentlich der **Vertrag über die Arbeitsweise der EU** und
das aufgrund des AEUV erlassene Recht (sog. **abgeleitetes** oder **sekundäres Unionsrecht**) gehören. Den
Gesamtbestand der geltenden Rechtsquellen des Unionsprivatrechts bezeichnet man auch als unionsprivat-

---

1 Nachgezeichnet etwa bei *Schulte-Nölke* EuR 2018 –
  Beiheft 2, S. 21 ff.
2 Zu den damit aufgeworfenen Grundsatzfragen etwa
  v. Bar JZ 2014, 473; *Kieninger* RW 2012, 406;
  Pfeiffer AcP 208 (2008), 227; *Zimmermann* ERCL
  2012, 367.

3 Überblick etwa bei *Basedow* ERPL 2010, 443; *Koh-
  ler/Puffer-Mariette* ZEuP 2014, 698; *Pfeiffer* AnwBl
  2008, 488.
4 *Müller-Graff* GPR 2008, 105.
5 *Schroeter* ZEuP 2006, 515 (521).

rechtlichen Acquis communautaire.[6] Der Begriff „**Europäisches Privatrecht**" geht weiter als derjenige des Unionsprivatrechts. Er umfasst über das Unionsprivatrecht hinaus auch alle diejenigen Prinzipien, die gleichsam als historisches (vor allem: römisch-rechtlich fundiertes)[7] und wieder zu belebendes oder auch als aktuell geltendes *ius commune* oder als *common core* den europäischen Privatrechtsordnungen innewohnen.

4 Dem (europäischen) **Konventionsprivatrecht** werden diejenigen Rechtsinstrumente zugerechnet, deren Grundlage ein völkerrechtlicher Vertrag zwischen den Mitgliedstaaten bildet.[8] Sie fanden sich aufgrund des Auftrags im früheren Art. 293 EGV einmal im Internationalen Privat- und Prozessrecht (EVÜ, EuGVÜ, LugÜbk); seit dem Inkrafttreten der kollisionsrechtlichen Rechtsetzungskompetenzen mit dem Vertrag von Amsterdam (nunmehr Art. 67 ff. und 81 ff. AEUV) werden diese Konventionen allerdings zunehmend durch Verordnungen ersetzt. Bezieht man die vielfältigen internationalen Übereinkommen mit ein, die durch andere Organisationen als die Union initiiert wurden und denen alle oder eine Mehrzahl der Mitgliedstaaten angehören, so ergibt sich ein breites Bild, das etwa das UN-Kaufrecht mit einschließt. In einem weiteren Sinne gehören auch sie zum Acquis communautaire.[9]

5 Der gegenwärtige Zustand des Unionsprivatrechts ist von einer **Primärzuständigkeit der Mitgliedstaaten** für die Kerngebiete des Privatrechts gekennzeichnet. Dementsprechend beruhen die Regeln des Unionsprivatrechts überwiegend auf **sektoriellen Regelungsansätzen**[10] und erfassen nur einzelne „Inseln"; der gegenwärtige Zustand des Unionsprivatrechts lässt sich daher auch als **fragmentarisch** beschreiben.[11] Die Dichte unionsprivatrechtlicher Regelungen ist in einzelnen Rechtsmaterien unterschiedlich. Neben den zivilrechtlichen Wirkungen des primären Unionsrechts sind die Rechtsakte des sekundären Unionsrechts bedeutsam. Bei dem das bürgerliche Recht berührenden Rechtsakten lässt sich die intensivste Rechtsetzungstätigkeit in den zahlreichen Richtlinien des europäischen Verbraucherrechts (oder doch mit verbraucherrechtlichem Einschlag) erkennen, deren Gegenstand missbräuchliche Klauseln, Haustürgeschäfte, Fernabsatz, Fernabsatz von Finanzdienstleistungen, Verbrauchsgüterkäufe, Reiseverträge, Zahlungsverkehr, Verbraucherkredite, Timesharing-Verträge und die Produkthaftung bilden, so dass zum Teil von einem Übergang zu einem „kleinbürgerlichen" Gesetzbuch[12] oder Verbrauchergesetzbuch gesprochen wird.[13] Bürgerlich-rechtlichen Einschlag weisen ferner auf: die auf den Handelsverkehr zielende Verzugs-Richtlinie, die E-Commerce-Richtlinie, die Signaturrichtlinie, die Anti-Diskriminierungsrichtlinien des allgemeinen Zivilrechts wie des Arbeitsrechts, innerhalb dessen ferner die Betriebsübergangsrichtlinie zu nennen ist. Außerhalb der Kerngebiete des Bürgerlichen Rechts ist hinzuweisen auf die weitgehende Europäisierung des internationalen Privat- und Prozessrechts, auf zahlreiche Rechtsakte des Europäischen Handels- und Gesellschaftsrechts, auf das sonstige Arbeitsrecht, das Wettbewerbsrecht, das Kartellrecht sowie den gewerblichen Rechtsschutz einschließlich des Urheberrechts. Schließlich ist das Unionsrecht durch sektorale Regulierung gekennzeichnet, die zum Teil keinen unmittelbar privatrechtlichen Gehalt hat, aber vielfach auf das Privatrecht und die zivilrechtliche Vertragspraxis einwirkt. Beispiele hierfür bilden das Telekommunikationsrecht, das Energierecht, das Transportrecht sowie Teile des Finanz- und Kapitalmarktrechts.[14]

II. Rechtsetzungskompetenzen auf dem Gebiet des allgemeinen Zivilrechts

6 Eine umfassende Rechtsetzungskompetenz der EU auf dem Gebiet des allgemeinen Zivilrechts besteht nicht. Maßgebend für die Rechtsetzungskompetenzen der EU sind in erster Linie dreierlei **Prinzipen** bzw. **Strukturmerkmale**:

– Erstens ist das heute in Art. 5 Abs. 1 und 2 EUV verankerte **Prinzip der beschränkten Einzelermächtigung** zu nennen, nach dem die EU nur im Rahmen der ihr durch den EU-Vertrag und den AEUV zugewiesenen Befugnisse tätig werden kann und mithin nur insoweit über Rechtsetzungskompetenzen verfügt, als die Kompetenzregeln des AEUV dies anordnen. Dabei besagt das Prinzip der beschränkten Einzelermächtigung allerdings nicht, dass diese Kompetenz im EU-Vertrag oder AEUV ausdrücklich

6 Eine Aufstellung des vertragsrechtlichen Acquis enthält die Mitteilung der Kommission an den Rat und das Europäische Parlament zum Europäischen Vertragsrecht v. 11.7.2001 KOM (2001) 398 endgültig – Anhang I.

7 ZB *Knütel* ZEuP 1994, 244.

8 Zur Begriffsbildung prägend *Müller-Graff* FS Börner 1992, S. 303, 309.

9 Vgl. dazu die Mitteilung der Kommission an den Rat und das Europäische Parlament zum Europäischen

Vertragsrecht v. 11.7.2001 KOM (2001) 398 endg. – Anhang I.

10 Etwa *Ackermann* ZEuP 2018, 741; *Basedow* ZEuP 2018, 782.

11 Betont kritische Analyse bei *Grigoleit* AcP 210 (2010), 354; zu den Möglichkeiten privatrechtssystematischer Durchdringung etwa *Ackermann* ZEuP 2018, 741.

12 *Junker* DZWiR 1997, 271.

13 *Achilles* JZ 2018, 953 (960).

14 *Micklitz* GPR 2009, 253.

Pfeiffer

angeordnet sein muss. Vielmehr können sich diese Kompetenzen zB auch aus der Auslegung des AEUV ergeben.[15]

– Zweitens ist das als Folge des Prinzips der beschränkten Einzelermächtigung entstandene Konzept der **sektoralen Rechtsetzung** hervorzuheben, nach dem die Rechtsetzungsmaßnahmen der EU sich auf einzelne Rechts- bzw. Lebensbereiche beschränken (zB den Verbraucherschutz oder die Lauterkeit des Handelsverkehrs), die allerdings einen Bezug zum allgemeinen Zivilrecht aufweisen können.[16]

– Drittens prägend ist die Umschreibung von Zuständigkeiten und Kompetenzen nach Maßgabe **politischer Zielsetzungen** anstelle der Maßgeblichkeit der Zugehörigkeit zu bestimmten Rechtsgebieten (zB: Art. 19 AEUV: Antidiskriminierungsmaßnahmen; Art. 46 AEUV: Arbeitnehmerfreizügigkeit; Art. 50 AEUV: Niederlassungsfreiheit; Art. 114 AEUV: Binnenmarkt; Art. 169 AEUV: Verbraucherschutz; Art. 352 AEUV: Annexkompetenz).

Der vorstehend geschilderten Ausgangslage entsprechend ist die **Reichweite der Rechtsetzungskompetenzen** der Union im allgemeinen Zivilrecht nicht abschließend geklärt. Die zugrunde liegende Problematik wird in erster Linie im Zusammenhang mit Überlegungen zu einer möglichen Rechtsgrundlage für eine Europäische Zivilrechtskodifikation diskutiert.[17] Sie hat aber auch im Zusammenhang mit dem gescheiterten Projekt eines Gemeinsamen Kaufrechts eine Rolle gespielt, weil umstritten war, ob Art. 114 AEUV die Schaffung eines nur optionalen Instruments abdeckt und zum Teil außerdem das Subsidiaritätsprinzip (Art. 5 Abs. 3 EU-Vertrag) angeführt wurde.[18] In der alltäglichen Rechtsanwendung kann sie in zwei Konstellationen relevant werden: erstens, wenn es auf die Gültigkeit unmittelbar anwendbaren sekundären Unionsrechts ankommt; zweitens, wenn die Gültigkeit des sekundären Unionsrechts für die Anwendung des nationalen Rechts auslegungsvorgreiflich ist. Dabei müssen die nationalen Gerichte von der Gültigkeit des Unionsrechts ausgehen; die Ungültigkeit kann nur der EuGH feststellen (→ Rn. 74). Im Rahmen der Vorabentscheidung über die Auslegung von Rechtsakten des abgeleiteten Unionsrechts wird die Gültigkeit dieser Rechtsakte im Übrigen allerdings nicht ohne Weiteres inzident mitgeprüft. Vielmehr muss die Gültigkeitsfrage dem EuGH – isoliert oder als Vorfrage einer Auslegungsfrage – vorgelegt werden;[19] in anwaltlicher Perspektive bedeutet dies, dass ggf. eine solche Vorlagefrage anzuregen oder zu beantragen ist.

Die für den Binnenmarkt wichtigste Kompetenznorm in Art. 114 AEUV setzt voraus, dass die zu erlassenden Regelungen die Errichtung und das Funktionieren des **Binnenmarktes** zum Gegenstand haben. Diese Vorschrift begründet keine allgemeine Kompetenz zur Regelung des Binnenmarktes. Dementsprechend ist das Bestehen von Rechtsunterschieden zwischen den Mitgliedstaaten alleine nicht ausreichend, um die Rechtsetzungskompetenz nach Art. 114 AEUV eingreifen zu lassen. Diese setzt vielmehr voraus, dass ein Rechtsakt tatsächlich den Zweck verfolgt, die Voraussetzungen für die Errichtung und das Funktionieren des Binnenmarktes zu verbessern.[20] Eine solche Verbesserung kann auf zweierlei Weise erreicht werden, nämlich erstens durch Beseitigung von Hindernissen für die Grundfreiheiten des AEUV oder durch die Beseitigung von Wettbewerbsverzerrungen. Der Beseitigung von Hindernissen kann es insbesondere dienen, wenn ein Rechtsakt den freien Verkehr solcher Güter oder Dienstleistungen sichert, die den Anforderungen dieses Rechtsaktes entsprechen. Hingegen führen bloße Unterschiede zwischen den Rechtsordnungen der Mitgliedstaaten lediglich dann zum Eingreifen der Kompetenznorm des Art. 114 AEUV, wenn infolge einer unterschiedlichen Rechtsentwicklung in den Mitgliedstaaten neue Hindernisse für den Binnenmarkt drohen. Hierfür muss aber das Entstehen solcher Hindernisse wahrscheinlich sein und die Maßnahme ihrer Vermeidung dienen.[21] Die für das allgemeine Zivilrecht praktisch am weitesten reichende Wirkung hat die auf den Binnenmarkt bezogene Rechtsetzungskompetenz bislang im Bereich des **Verbraucherrecht**s entfaltet (Art. 114 iVm Art. 169 Abs. 2 lit. a AEUV), wobei allerdings die Frage streitig ist, ob Art. 169 AEUV über eine Kompetenzklarstellung und politische Zielvorgabe hinaus eine Kompetenzerweiterung bewirkt.[22]

---

15 EuGH Urt. v. 5.10.2000 – Rs. C-376/98, Slg 2000, I-8419 – Deutschland ./. Europäisches Parlament und Rat der EU; EuGH Urt. v. 5.2.1963 – Rs. 26/62, Slg 1963, 1 – van Gend en Loos ./. Niederländische Finanzverwaltung.

16 Mitteilung der Kommission an das Europäische Parlament und den Rat: Ein kohärenteres Europäisches Vertragsrecht – ein Aktionsplan, ABl. C 63 v. 15.3.2003, S. 1, Rn. 3, 5, 13, 14, 55, 63 a.

17 *Pechstein* in Martiny/Witzleb, Auf dem Wege zu einem Europäischen Zivilgesetzbuch, S. 27 ff.

18 Zu beidem etwa *Tamm/Tonner* EWS 2015, 241 (244).

19 *Roth* in Ernst/Zimmermann, Zivilrechtswissenschaft und Schuldrechtsreform, S. 235.

20 EuGH Urt. v. 5.10.2000 – Rs. C-376/98, Slg 2000, I-8419, Rn. 84 – Deutschland ./. Europäisches Parlament und Rat der EU.

21 EuGH Urt. v. 5.10.2000 – Rs. C-376/98, Slg 2000, I-8419, Rn. 86 – Deutschland ./. Europäisches Parlament und Rat der EU.

22 In diesem Sinne etwa *Roth* in Ernst/Zimmermann, Zivilrechtswissenschaft und Schuldrechtsreform, S. 234 (Fn. 42); hiervon zu ex-Art. 129 a EGV ausgehend auch EuGH Urt. v. 7.3.1996 – Rs. C-192/94, Slg 1996, I-1281 – El Corte Inglés ./. Blázquez Rivero; ebenso sowie zusammenfassend zum Meinungsstand Grabitz/Hilf/*Pfeiffer* AEUV Art. 169 Rn. 32 ff.

9 Bei der Rechtsetzung durch die Union ist das **Subsidiaritätsprinzip** zu beachten, das freilich nur gilt, soweit die Union nicht ohnehin über eine ausschließliche Rechtsetzungskompetenz verfügt. Das Subsidiaritätsprinzip hat bislang vor allem als politisches Prinzip Wirkungen entfaltet; seine rechtliche Durchschlagskraft bleibt demgegenüber beschränkt. Es rechtfertigt jedenfalls keine Zurückhaltung der Union in Fällen, in denen ein Tätigwerden erforderlich ist, um die Verwirklichung der Grundfreiheiten des AEUV überhaupt erst zu ermöglichen.[23]

C. Rechtsquellen des Unionsprivatrechts

I. Primäres Unionsrecht

10 Einzelnen **Vorschriften des AEUV** kommt ein unmittelbar privatrechtsrelevanter Regelungsgehalt zu. So hat der EuGH entschieden, dass die Vorschriften der Art. 101 Abs. 1 und Art. 102 AEUV unmittelbar Rechtsfolgen in den Rechtsbeziehungen zwischen Bürgern begründen, die von den Gerichten der Mitgliedstaaten zu beachten sind.[24] Ebenso folgt aus der ausdrücklichen Anordnung in Art. 101 Abs. 2 AEUV, dass eine gegen Abs. 1 der Vorschrift verstoßende Vereinbarung keinerlei Wirkungen unter den Vertragspartnern erzeugt und auch Dritten nicht entgegengehalten werden kann.[25] Zu den unmittelbar geltenden Maßgaben zählt ferner der Grundsatz der Lohngleichheit bei Männern und Frauen im Arbeitsleben nach Art. 157 AEUV, den der EuGH nicht lediglich im Sinne eines die Mitgliedstaaten verpflichtenden und vor Gericht auslegungsleitenden Prinzips, sondern im Sinne einer Rechtsregel von grundsätzlicher Bedeutung versteht.[26]

11 Privatrechtsrelevant ist ferner das Verbot der **Diskriminierung** nach der Staatsangehörigkeit, auf das sich Angehörige der Mitgliedstaaten in Privatrechtsverhältnissen unmittelbar berufen können. Damit sind im Anwendungsbereich des AEUV alle zivilrechtlich nach der Staatsangehörigkeit diskriminierenden Vorschriften verboten und gegenüber EU-Ausländern unanwendbar. Reicht dies zur Beseitigung der Diskriminierung nicht aus, so können EU-Ausländer grundsätzlich Inländergleichbehandlung beanspruchen.[27]

12 Das Gleiche gilt für die **Grundfreiheiten** des AEUV, soweit ihnen unmittelbare Wirkung zukommt.[28] Auch für private Rechtsverhältnisse ist von der allgemeinen Dogmatik der Grundfreiheiten auszugehen, die hier allerdings nur kursorisch dargestellt werden kann. Rechtlich relevant werden die Grundfreiheiten in unserem Kontext vor allem insoweit, als **zwingendes nationales Privatrecht** als Einschränkung der Grundfreiheiten wirkt.[29] Dies kommt insbesondere deshalb in Betracht, weil auch diskriminierungsfrei angewandte nationale Privatrechtsvorschriften eine Maßnahme gleicher Wirkung wie eine mengenmäßige Beschränkung der Einfuhr darstellen können (Art. 34 AEUV).[30] Nach der für die Warenverkehrsfreiheit entwickelten Dassonville-Formel kommt dabei jede Maßnahme in Betracht, die „geeignet ist, unmittelbar oder mittelbar, tatsächlich oder potenziell den innergemeinschaftlichen Handel zu behindern".[31] Eine solche Einordnung kann sich entweder aus dem Beschränkungszweck einer Regelung, aus Vorschriften, die trotz ihrer diskriminierungsfreien Anwendung Erzeugnisse aus anderen Mitgliedstaaten ausschließen, oder aus sonstigen Marktzugangshindernissen ergeben.[32] Bei Regelungen des allgemeinen Zivilrechts verfolgt der EuGH insofern allerdings eine zurückhaltende Linie. Häufig fehlt es danach an spürbaren Beschränkungswirkungen

23 EuGH Urt. v. 15.12.1995 – Rs. C-415/93, Slg 1995, I-4921, Rn. 81 – Union royale belge de football association ./. Bosman.

24 EuGH Urt. v. 20.9.2001 – Rs. C-453/99, Slg 2001, I-6297, Rn. 23 – Courage Ltd. ./. Crehan.

25 EuGH Urt. v. 20.9.2001 – Rs. C-453/99, Slg 2001, I-6297, Rn. 22 – Courage Ltd. ./. Crehan.

26 EuGH Urt. v. 8.4.1976 – Rs. 43/75, Slg 1976, 455 – Defrenne ./. Sabena.

27 EuGH Urt. v. 20.10.1993 – Rs. C-92 u. 326/92, Slg 1993, 5145 – Phil Collins ./. Imtrat HandelsGmbH.

28 Etwa: zur unmittelbaren Wirkung seit Ende der Übergangszeit für die Dienstleistungsfreiheit EuGH Urt. v. 18.1.1979 – Rs. 110 u. 111/79, Slg 1979, 35, Rn. 26 – Ministère public ./. van Wesemael; für die

Arbeitnehmerfreizügigkeit EuGH Urt. v. 15.12.1995 – Rs. C-415/93, Slg 1995, I-4921, Rn. 93 – Union royale belge de football association ./. Bosman.

29 Eingehend jüngst *Remien*, Zwingendes Vertragsrecht und Grundfreiheiten des EU-Vertrags, passim.

30 Etwa EuGH Urt. v. 18.5.1993 – Rs. C-126/91, Slg 1993, I-2361, Rn. 10 – Schutzverband gegen Unwesen in der Wirtschaft ./. Yves Rocher GmbH; EuGH Urt. v. 7.3.1990 – Rs. C-362/88, Slg 1990, I-667 – GB-Inno-BM ./. Confédération du commerce luxembourgeois.

31 EuGH Urt. v. 11.7.1974 – Rs. 8/74, Slg 1974, 837 – Dassonville.

32 EuGH Urt. v. 10. 2. 2009 – Rs. C-110/05, Rn. 35 und 37 – Kommission ./. Italien.

einer allgemeinen Zivilrechtsregel im innerunionalen Wirtschaftsverkehr.[33] Zudem besteht eine Verbindungslinie zur Privat- und Parteiautonomie. Soweit die Parteien durch vertragliche Gestaltung von nationalen Vorschriften abweichen können, wird diesen keine Beschränkungswirkung zukommen können. Dies hat der EuGH für die freie Rechtswahl anerkannt;[34] für die sachrechtliche Vertragsfreiheit kann nichts anderes gelten. Nach der Cassis de Dijon-Rechtsprechung können Eingriffe in die Grundfreiheiten zudem durch zwingende Erfordernisse des Allgemeininteresses gerechtfertigt sein (→ Rn. 14).[35] Ferner scheiden aus dem Anwendungsbereich der Warenverkehrsfreiheit alle diskriminierungsfrei angewandten mitgliedstaatlichen Regelungen aus, deren Regelungsgegenstand bloße Verkaufsmodalitäten betrifft.[36] Ein abweichender Maßstab galt jedenfalls ursprünglich für die Einordnung rechtlicher Regeln als Maßnahmen gleicher Wirkung wie **Exportbeschränkungen** (Art. 35 AEUV). Beim Export ist mit verdeckten Beschränkungen wegen des natürlichen Interesses jedes Staates an der Ausfuhr weniger zu rechnen, was dafür spricht, nur zielgerichtete Ausfuhrbeschränkungen als Maßnahmen gleicher Wirkung anzusehen.[37] Indessen hat sich der EuGH neuerdings auch bei Ausfuhrbeschränkungen in der Sache an die Dassonville-Formel angelehnt.[38]

Im Bereich der **Dienstleistungsfreiheit** nach Art. 57 und Art. 58 AEUV hat sich die Rechtsprechung weitgehend parallel zur Warenverkehrsfreiheit entwickelt. Dabei können beide Aspekte der Dienstleistungsfreiheit – das hierin enthaltene Diskriminierungsverbot wie das Beschränkungsverbot – privatrechtliche Wirkungen entfalten. So hat der EuGH einen nach in- und ausländischem Wohnsitz unterschiedlichen Mindestlohn im Baugewerbe als mittelbare diskriminierende Beschränkung der Dienstleistungsfreiheit eingeordnet.[39] Auch ein Verstoß gegen das Beschränkungsverbot wurde bei arbeitsrechtlichen Schutzvorschriften für möglich gehalten.[40] Ebenso hat der EuGH durch urheberrechtliche Verwertungsverträge begründete Ausschließlichkeitsrechte am Maßstab der Dienstleistungsfreiheit geprüft.[41] Anhand der **Niederlassungsfreiheit** prüft der EuGH insbesondere Regelungen des Arbeitsrechts, die sich faktisch vor allem zulasten EU-ausländischer Arbeitnehmer auswirken. So hat er die Befristung der Arbeitsverträge von muttersprachigen Fremdsprachenlektoren aus dem EU-Ausland an deutschen Hochschulen als Verletzung der **Freizügigkeit** der Arbeitnehmer eingeordnet.[42] Die Personenfreizügigkeit kann aber auch Auswirkungen außerhalb wirtschaftsrechtsnaher Regelungen haben; insbesondere darf auch das **Personen- und Familienrecht** nicht so ausgestaltet sein, dass es an der Ausübung dieser Freizügigkeit hindert.[43] Im Bereich der **Niederlassungsfreiheit der Gesellschaften** manifestiert sich die privatrechtliche Relevanz beispielsweise in der Pflicht der Mitgliedstaaten zur Anerkennung EU-ausländischer Gesellschaften unabhängig von ihrem tatsächlichen Verwaltungssitz, sofern diese trotz Sitzverlegung nach ihrem Gründungsstatut wirksam bleiben.[44] Eine ausdrückliche Garantie der **Privatautonomie** ist in den Vorschriften des Unionsrechts zwar

13

---

33 EuGH Urt. v. 13.10.1993 – Rs. C-93/92, Slg 1993, I-5009 – CMC Motorradcenter ./. Baskiciogullari; EuGH Urt. v. 24.1.1991 – Rs. C-339/89, Slg 1991, I-124, Rn. 15 – Alsthom Atlantique SA ./. Sulzer SA; anders im Wettbewerbsrecht EuGH Urt. v. 18.5.1993 – Rs. C-126/91, Slg 1993, I-2361, Rn. 22 – Schutzverband gegen Unwesen in der Wirtschaft ./. Yves Rocher GmbH; vgl. auch EuGH Urt. v. 13.1.2000 – Rs. C-220/98, Slg 2000, I-117, Rn. 30 – Estée Lauder Cosmetics GmbH & Co. oHG ./. Lancaster Group GmbH.

34 EuGH Urt. v. 24.1.1991 – Rs. C-339/89, Slg 1991, I-124, Rn. 15 – Alsthom Atlantique SA ./. Sulzer SA.

35 Grundlegend EuGH Urt. v. 20.2.1979 – Rs. 120/78, Slg 1979, 649, Rn. 8 – Rewe-Zentral AG ./. Bundesmonopolverwaltung für Branntwein; ferner zB EuGH Urt. v. 18.5.1993 – Rs. C-126/91, Slg 1993, I-2361, Rn. 12 – Schutzverband gegen Unwesen in der Wirtschaft ./. Yves Rocher GmbH.

36 EuGH Urt. v. 24.11.1993 – Rs. C-267 u. 268/91, Slg 1993, I-6097 – Keck und Mithouard.

37 EuGH Urt. v. 24.1.1991 – Rs. C-339/89, Slg 1991, I-124, Rn. 14 – Alsthom Atlantique SA ./. Sulzer SA.

38 EuGH Urt. v. 16.12.2008 – Rs. C-205/07, Slg 2008, I-9947, Rn. 43 – Gysbrechts ./. Santurel Inter BVBA; EuGH Urt. v. 21.6.2016 – Rs. C-15/15, Rn. 36 ff. – New Valmar BVBA ./. Global Pharmacies Partner Health Srl); *Kohler/Knapp* ZEuP 2010, 620 (627); *Brigola* EuZW 2017, 5; *Kainer/Herzog* EuR 2018, 405.

39 EuGH Urt. v. 24.2.2002 – Rs. C-164/99, Slg 2002, I-787 – Portugaia Construções Lda.

40 EuGH Urt. v. 15.3.2001 – Rs. C-165/98, Slg 2001, I-2189 – Mazzoleni.

41 Im Ergebnis verneinend EuGH Urt. v. 18.3.1980 – Rs. 62/79, Slg 1980, 881 – Coditel ./. SA Cine Vog Films.

42 EuGH Urt. v. 20.10.1993 – Rs. C-272/92, Slg 1993, I-5185 – Spotti ./. Bayern.

43 EuGH Urt. v. 30.3.1993 – Rs. C-168/91, Slg 1993, I-01191 – Konstantinidis; EuGH, Urt. v. 2.10.2003, Rs. C-148/02 – Garcia Avello ./. Belgien; Urt. v. 14.10.2008, Rs. C-353/06, Slg 2008 I-07639 – Grunkin und Paul; EuGH Urt. v. 22.12.2010 – Rs.C-208/09, Slg 2010 I-13693 – Ilonka Sayn-Wittgenstein ./. Landeshauptmann Wien.

44 EuGH Urt. v. 9.3.1999 – Rs. C-212/97, Slg 1999, I-1459 – Centros Ltd. ./. Erhvervs-og Selskabsstyrelsen; EuGH Urt. v. 5.11.2002 – Rs. C-208/00, Slg 2002, I-9919 – Überseering BV ./. Nordic Construction Company; EuGH Urt. v. 30.9.2003 – Rs. C-167/01, Slg 2003, I-10155 – Kamer van Koophandel ./. Inspire Art Ltd.; EuGH Urt. v. 13.12.2005 – Rs. C-411/03, Slg 2005 I-1080 – Sevic; EuGH Urt. v. 12.7.2012 – Rs. C-378/10 – Vale; beschränkend zur „Wegzugsfreiheit" zwar noch EuGH Urt. v. 16.12.2008 – Rs. C-210/06, Slg 2008, I-9641 – Cartesio Oktató és Szolgáltató bt; s. aber zur grenzüberschreitenden Umwandlung nunmehr EuGH Urt. v. 25.10.2017 – Rs. C-106/16 – Polbud.

nicht niedergelegt. Allerdings ist mit Recht formuliert worden, dass die Grundfreiheiten auf „grenzüberschreitende Privatautonomie" angelegt sind und privatrechtliche Grundprinzipien wie den Grundsatz der Vertragsfreiheit jedenfalls im Sinne eines Prinzips voraussetzen.[45]

14 Soweit danach Grundfreiheiten beeinträchtigt werden, ist eine **Rechtfertigung** des Eingriffs möglich. Hierzu müssen die fraglichen nationalen Regeln einen berechtigten Zweck verfolgen und müssen aus zwingenden Gründen des Allgemeininteresses erforderlich sein. Als derartige zwingende Gründe kommen nach der für die Warenverkehrsfreiheit entwickelten Cassis de Dijon-Rechtsprechung insbesondere die Lauterkeit des Handelsverkehrs, der Verbraucherschutz und der Arbeitnehmerschutz in Betracht.[46] Eine Rechtfertigung nationaler Eingriffe durch Allgemeininteressen ist auch bei anderen Grundfreiheiten möglich.[47] Notwendig ist in allen Fällen ferner die Wahrung des **Verhältnismäßigkeitsprinzips**. Die betreffenden Regeln müssen geeignet sein und dürfen nicht über dasjenige hinausgehen, was zur Erreichung des fraglichen Regelungsziels erforderlich ist.[48] Die zentrale Frage nach der insoweit maßgebenden Prüfungsdichte wird in der EuGH-Rechtsprechung allerdings nicht einheitlich, sondern eher einzelfallbezogen gehandhabt.[49] Namentlich im verbraucherschützenden Wettbewerbsrecht hat der EuGH in der Regel angenommen, dass nach dem Leitbild des verständigen und informierten Verbrauchers ein Schutz durch zutreffende Information im Verhältnis zum Schutz durch zwingendes Recht idR als milderes Mittel ausreicht („Informationsmodell des Verbraucherschutzes"). Als ein wichtiges Instrument bei der Beurteilung dieser Fragen zieht die Rechtsprechung zudem den Vergleich mit entsprechenden Sachverhalten des innerstaatlichen Rechts- und Wirtschaftsverkehrs heran.[50]

15 Beeinträchtigungen der Grundfreiheiten können nicht nur durch „abschottende" Maßnahmen des **Ziellandes**, sondern auch durch solche des **Herkunftslandes** bewirkt werden. Die Niederlassungsfreiheit verbietet beispielsweise innerhalb der Union jedem Herkunftsstaat, seinen Staatsangehörigen oder den nach seinem Recht gegründeten Gesellschaften die Möglichkeit zur Niederlassung in einem anderen Mitgliedstaat zu beeinträchtigen.[51] Ebenso verbietet es die Freizügigkeit der Arbeitnehmer dem Herkunftsstaat, die Freiheit der Staatsangehörigen eines Mitgliedstaates zu beeinträchtigen, in einem anderen Mitgliedstaat eine unselbstständige Tätigkeit auszuüben.[52]

Eine Sonderrolle nimmt der in Art. 345 AEUV enthaltene Vorbehalt ein, wonach die europäischen Verträge die **nationale Eigentumsordnung** unberührt lassen. Diese nach ihrem Wortlaut unklare Vorschrift wird nicht im Sinne einer generellen Sperre für jegliche eigentumsrechtliche Regelungen und Wirkungen des Unionsrechts gedeutet. Vielmehr bezieht sie sich nach allgemeiner Lesart lediglich auf die Eigentumsordnung als Ganzes, insbesondere im wirtschaftsverfassungsrechtlichen Sinne. Namentlich die Überführung bestimmter Wirtschaftsbereiche oder Teile hiervon in Formen des Allgemeineigentums wird nach dieser Vorschrift unbeschadet anderer unionsrechtlicher Maßgaben durch den AEUV nicht ausgeschlossen.[53]

II. Sekundäres (abgeleitetes) Unionsrecht

16 **1. Allgemeines.** Von „abgeleitetem Unionsrecht" wird gesprochen, soweit der Union, insbesondere durch den AEUV, Rechtsetzungskompetenzen übertragen sind und sie selbst mithin Rechtsakte erlassen kann. Welche Rechtsakte bzw. Maßnahmen in Betracht kommen, regelt Art. 288 AEUV. Sie umfassen danach Verordnungen, Richtlinien und Beschlüsse sowie Empfehlungen und Stellungnahmen.

17 **2. Verordnungen.** Verordnungen entfalten nach Art. 288 Abs. 2 S. 1 AEUV allgemeine Geltung und sind gemäß S. 2 der Vorschrift in allen Teilen sowie in allen Mitgliedstaaten **unmittelbar anwendbar**. Das gilt auch, soweit sie unvollständige Regelungen enthalten und ihre Wirkungen erst im Zusammenwirken mit

---

45 ZB *Basedow* ERPL 2008, 901.

46 Grundlegend EuGH Urt. v. 20.2.1979 – Rs. 120/78, Slg 1979, 649, Rn. 8 – Rewe-Zentral AG ./. Bundesmonopolverwaltung für Branntwein.

47 Zur Dienstleistungsfreiheit: EuGH Urt. v. 18.1.1979 – Rs. 110 u. 111/78, Slg 1979, 35, Rn. 28 – Ministère public ./. van Wesemael; zur Niederlassungsfreiheit: EuGH Urt. v. 30.9.2003 – Rs. C-167/01, Slg 2003, I-10155 – Kamer van Koophandel ./. Inspire Art Ltd.

48 Zur Warenverkehrsfreiheit (Wettbewerbsrecht): EuGH Urt. v. 18.5.1993 – Rs. C-126/91, Slg 1993, I-2361, Rn. 15 – Schutzverband gegen Unwesen in der Wirtschaft ./. Yves Rocher GmbH; zur Dienstleistungsfreiheit: EuGH Urt. v. 18.1.1979 – Rs. 110 u. 111/78, Slg 1979, 35, Rn. 28 – Ministère public ./.

van Wesemael; zur Arbeitnehmerfreizügigkeit: EuGH Urt. v. 15.12.1995 – Rs. C-415/93, Slg 1995, I-4921, Rn. 104 – Union royale belge de football association ./. Bosman.

49 Eingehend etwa *Brigola* EuZW 2017, 406.

50 EuGH Urt. v. 15.12.1995 – Rs. C-415/93, Slg 1995, I-4921, Rn. 131, 135 – Union royale belge de football association ./. Bosman.

51 EuGH Urt. v. 27.9.1988 – Rs. 81/97, Slg 1988, 5483, Rn. 16 – Daily Mail.

52 EuGH Urt. v. 15.12.1995 – Rs. C-415/93, Slg 1995, I-4921, Rn. 97 – Union royale belge de football association ./. Bosman.

53 Überblick etwa bei *Basedow* ZEuP 2016, 573.

Vorschriften des nationalen Rechts entfalten, wie dies bei zahlreichen Verordnungen hinsichtlich einzelner Modalitäten der Geltendmachung von Rechten der Fall ist.

3. Richtlinien. Richtlinien sind nach Art. 288 Abs. 3 AEUV für jeden Mitgliedstaat, an den sie gerichtet sind, hinsichtlich des Ziels verbindlich. Sie überlassen den maßgebenden innerstaatlichen Stellen allerdings grundsätzlich die Wahl der Form und des Mittels, durch die das Ziel erreicht werden soll. Richtlinien gelten danach grundsätzlich **nicht unmittelbar** in den Mitgliedstaaten, sondern bedürfen der **Umsetzung** in nationales Recht. Richtlinien entfalten daher im Kern folgende vier Wirkungen:

– Sie verpflichten die nationalen Rechtsetzungsorgane zu einer zutreffenden Umsetzung in das nationale Recht (→ Rn. 20).
– Ihnen kommt unter bestimmten Voraussetzungen ausnahmsweise eine unmittelbare Wirkung zu (→ Rn. 34 ff.).
– Sie verpflichten die rechtsanwendenden Staatsorgane (Behörden, Gerichte) zur richtlinienkonformen Auslegung nationalen Rechts (→ Rn. 56 ff.).
– Die Verletzung der Umsetzungspflicht kann Schadensersatzansprüche gegen den betreffenden Mitgliedstaat auslösen (→ Rn. 49 ff.).

Das Prinzip der Vorgabe eines **Ziels** bei Wahlfreiheit hinsichtlich des Mittels kann dergestalt ausgefüllt werden, dass nur ein außerrechtliches Ziel vorgegeben wird. Möglich ist aber auch die Vorgabe bestimmter rechtlicher Ziele wie etwa dasjenige der Unverbindlichkeit missbräuchlicher Vertragsklauseln für den Verbraucher in Art. 6 der Richtlinie 93/13/EWG über missbräuchliche Klauseln in Verbraucherverträgen oder das Eingreifen bestimmter Rechtsbehelfe nach Art. 3 der Richtlinie 1999/44/EG über bestimmte Aspekte des Verbrauchsgüterkaufs. Je strikter die Zielbeschreibung dabei formuliert ist, desto mehr führt die Richtlinie im Ergebnis auch zu einer Vorgabe des Mittels.

Ihrem Inhalt nach können Richtlinien innerhalb ihres Anwendungsbereichs entweder eine **Vollharmonisierung** oder nur eine **Teilharmonisierung** bewirken. Bei einer Vollharmonisierung besteht innerhalb des Anwendungsbereichs der Richtlinie keinerlei Abweichungsmöglichkeit des nationalen Rechts von den Vorgaben der Richtlinie. Dagegen bleibt eine nationalrechtliche Ausdehnung auf Fälle, die nicht in den vollharmonisierten Bereich fallen, zulässig.[54] Von vornherein anders liegt es im Falle der Teilharmonisierung, die noch Raum für eigenständige Rechtsetzung der Mitgliedstaaten innerhalb der durch die Richtlinie erfassten Materie lässt. Handelt es sich um Richtlinien, die bestimmte Schutzzwecke verfolgen, was etwa im Arbeits- oder Verbraucherrecht der Fall sein kann, so erfolgt die Teilharmonisierung häufig in der Gestalt der **Mindestharmonisierung**. Die Mitgliedstaaten können von der Richtlinie nicht beliebig, sondern im Schutzniveau nur „nach oben" abweichen. Falls eine Abweichung „nach unten" zulässig sein soll, wird dies meist ausdrücklich geregelt und es werden hierfür zudem bestimmte Voraussetzungen sowie ein eigenes Verfahren vorgesehen (zB Art. 3 E-Commerce-RL 2000/31/EG). In diesem Sinne zielen die Rechtsangleichungsvorschläge der Kommission, namentlich im Bereich des Verbraucherrechts in jüngerer Zeit oft auf eine **Vollharmonisierung**.[55] Inwieweit freilich vor dem Hintergrund nicht vereinheitlichter Privatrechte eine wirkliche Vollharmonisierung durch Richtlinien erreichbar ist, wird man skeptisch beurteilen müssen. Auch wegen dieser verbreiteten Skepsis wird deshalb nunmehr eher von einer gemischten Vollharmonisierung („targeted harmonization") gesprochen, was auf einen bereichsspezifisch unterschiedlichen Harmonisierungsgrad zielt.[56] In allen Fällen gilt, dass Abweichungen nur im Rahmen des primären Unionsrechts zulässig sind. Welcher Grad der Harmonisierung gewollt ist, wird im Richtlinienrecht teilweise ausdrücklich ausgeführt. Soweit dies nicht der Fall ist, muss die Frage im Wege der Auslegung der betreffenden Richtlinie nach allgemeinen Auslegungsregeln geklärt werden.[57]

4. Empfehlungen, Stellungnahmen und Normung. Empfehlungen und Stellungnahmen sind nach Art. 288 Abs. 5 AEUV (ex-Art. 249 Abs. 5 EGV) nicht verbindlich. Sie können aber kraft ihrer Sachgerechtigkeit und den ihnen innewohnenden Vereinheitlichungsimpulses als **Rechtserkenntnisquelle** bei der Rechtsanwendung auslegungsleitend wirken. Eine EU-rechtliche Pflicht zur Umsetzung der in Empfehlungen und Stellungnahmen enthaltenen Maßgaben besteht nicht; eine solche Pflicht kann sich nur aus anderweitigen Rechtsquellen ergeben. Zunehmenden Einfluss auf die Entwicklung des EU-beeinflussten Privatrechts entfaltet auch die CEN-Normungstätigkeit.[58]

---

54 *Kuhn* EuR 2015, 216.
55 Etwa *Mak* ERPL 2009, 55.
56 *Artz* GPR 2009, 171; zur Diskussion über das derzeit verfolgte Kommissionsvorhaben einer horizontalen Querschnittsrichtlinie über Verbraucherrechte mit dem Ziel einer (begrenzten) Vollharmonisierung *Howells/Schulze*, Modernising and Harmonising

Consumer Contract Law, und in *Schulte-Nölke/Tichý*, Perspectives for European Consumer Law.
57 EuGH Urt. v. 25.4.2002 – Rs. C-52/00, Slg 2002, I-3827 – Kommission ./. Frankreich.
58 Vgl. *van Gestel/Micklitz* CMLR 50 (2013), 145; *Schulte-Nölke* EuR 2018 – Beiheft 2, 21, 37.

III. Europäische Grundrechte

22 Da es ursprünglich an einem normativ geltenden unionsrechtlichen Grundrechtskatalog fehlte, hat der EuGH auf der Grundlage der Europäischen Menschenrechtskonvention und der gemeinsamen Verfassungstradition der Mitgliedstaaten eine eigenständige Grundrechtsrechtsprechung entwickelt. Diese Rechtsprechung ist durch Art. 6 Abs. 2 EUV normativ anerkannt worden. Zu den privatrechtlich relevanten Grundrechten zählen die Vereinigungsfreiheit (Art. 11 EMRK)[59] oder das (prozessuale) Verbot der Pflicht zur Selbstbezichtigung.[60] Mit dem Vertrag von Lissabon ist auch die EU-**Grundrechtecharta (GRC)** in Kraft getreten.[61] Die Charta gilt einmal für die Organe der EU. Für das Privatrecht umfasst das insbesondere die Tätigkeit von Kommission, Parlament und Rat bei der Rechtsetzung. Vorschriften, die gegen die GRC verstoßen, sind ungültig.[62] Für die Mitgliedstaaten gilt die GRC, soweit sie im **Anwendungsbereich des Unionsrechts** handeln, also insbesondere Richtlinien umsetzen oder Begleitgesetze zum Verordnungsrecht erlassen. Die hieraus erwachsenden Grenzen sind noch nicht abschließend geklärt. In jedem Fall erfasst die GRC auch solche nationale Gesetzgebung, die nicht ausdrücklich der Umsetzung oder Durchführung von EU-Recht dient, sofern sie nur objektiv in dessen Anwendungsbereich fällt. Das führt namentlich im Verfahrensrecht zu einer großen Weite des Anwendungsbereichs der GRC. Sofern eine materiellrechtliche Regelung der prozessualen Umsetzung bedarf, sind die entsprechenden Verfahrensregeln an der GRC zu messen.[63] In diesem Rahmen müssen die mitgliedstaatlichen Gerichte alsdann die GRC, soweit sie gilt, beachten und dürfen mit der Charta nicht vereinbares nationales Recht – gegebenenfalls nach Vorlage an den EuGH – nicht anwenden.[64] Soweit es um eine **Drittwirkung von Grundrechten** in Rechtsverhältnissen zwischen Privaten geht, muss als normativer Ausgangspunkt dienen, dass Art. 51 GRC keinen Hinweis auf eine unmittelbare Bindung von Privaten an die Grundrechtecharta enthält.[65] Eine solche Drittwirkung scheidet zudem jedenfalls dann aus, wenn eine Vorschrift der GRC (wie zB Art. 27 GRC) gar kein subjektives Recht eines Einzelnen begründen soll.[66] Allerdings ergibt sich zumindest eine mittelbare Wirkung der GRC unter Privaten daraus, dass Vorschriften des Unionsrechts so auszulegen sind, dass sie den Vorschriften der GRC nicht zuwiderlaufen.[67] Außerdem kann die GRC zur Begründung allgemeiner Grundsätze des Unionsprivatrechts[68] herangezogen werden, die alsdann auch unter Privaten gelten.[69] Inwieweit generell von einer nur mittelbaren Drittwirkung von Grundrechten aus der Charta unter Privaten auszugehen ist, ist eine offene Frage.[70]

IV. Allgemeine Rechtsgrundsätze des Unionsrechts

23 Zu den Rechtsquellen des Unionsrechts zählen auch im Privatrecht allgemeine Rechtsgrundsätze.[71] Diese dienen ihrem Zweck nach vornehmlich der Korrektur und Ergänzung einzelner Ergebnisse der Auslegung des Unionsrechts. Die Rechtsprechung des EuGH zu den allgemeinen Rechtsgrundsätzen zielt demgemäß nicht auf die richterrechtliche Herausarbeitung eines gemeineuropäischen Privatrechts, sondern vielmehr auf Prinzipien, wie sie jeder entwickelten Privatrechtsordnung ungeschrieben innewohnen. Demgemäß gehört zu den allgemeinen Rechtsgrundsätzen etwa der Grundsatz der **Rechtssicherheit**[72] oder des **Rechtsmissbrauchsverbots**.[73] Allerdings sieht der EuGH in einer (unechten) Rückwirkung seiner Rechtsprechung

59 EuGH Urt. v. 15.12.1995 – Rs. C-415/93, Slg 1995, I-4921, Rn. 79 – Union royale belge de football association ./. Bosman.

60 EuGH Urt. v. 10.11.1993 – Rs. C-60/92, Slg 1993, I-5683 – Otto BV ./. Postbank BV.

61 ABl. C 83 v. 30.3.2010, S. 389.

62 EuGH, Urt. 9.11.2010, Rs. C-92/09 und C-93/09, Slg 2010 I-11063 – Schecke, Eifert ./. Hessen.

63 EuGH, Urt. v. 26.2.2013, Rs. C-617/10, Rn. 25 ff. – Åklagare ./. Åkerberg Fransson.

64 EuGH, Urt. v. 26.2.2013. Rs. C-617/10, Rn. 45 – Åklagare ./. Åkerberg Fransson.

65 *Lennaerts* EuR 2012, 3 (4) (dort Fn. 6); *Jarrass* ZEuP 2017, 310 (315).

66 EuGH Urt. v. 15.1.2014 – Rs. C-176/12 – AMS ./.Union locale des syndicats CGT.

67 EuGH Urt. v. 5.10.2010 – Rs. C-400/10 PPU Slg 2010 I-08965, Rn. 60 – J. McB. ./. L.E.

68 S. folgende Rn.

69 EuGH Urt. v. 19.10.2010 – Slg 2010 I-00365 – Kücükdeveci ./. Swedex.

70 *Jarrass* ZEuP 2017, 310 (330).

71 Etwa *Metzger* RabelsZ 75 (2011), 845; zum Teil skeptisch *Gsell* AcP 214 (2014), 99, 122 ff., 125 ff.

72 EuGH Urt. v. 9.9.2003 – Rs. C-198/01 – Consorzio Industrie Fiammiferi ./. Autorità Garante della Concorrenza ed el Mercato; EuGH Urt. v. 8.4.1976 – Rs. 43/75, Slg 1976, 455, Rn. 74/75 – Defrenne ./. Sabena („Defrenne II").

73 Etwa EuGH Urt. v. 12.5.1998 – Rs. C-367/96, Slg 1998. I-2843 – Kefalas ./. Elliniko Dimosio; EuGH Urt. v. 23.3.2000 – Rs. C-373/97, Slg 2000, I-1705 – Dionysios Diamantis ./. Elliniko Dimosio; EuGH Urt. v. 30.9.2003 – Rs. C-167/01, Slg 2003, I-10155, Rn. 136 – Kamer van Koophandel ./. Inspire Art Ltd.; vgl. auch EuGH Urt. v. 22.3.1990 – Rs. C-347/87, Slg 1990, I-1083, Rn. 14 ff. – Trivenata Zuccheri ./. Kommission; skeptisch freilich *Sørensen* CMLR 43 (2006), 423. Für den Bereich der Haftung der EU hat der EuGH ferner als gemeinsamen Rechtsgrundsatz das Bestehen einer bereicherungsrechtlichen Haftung für rechtsgrundlose Vermögensverschiebungen gesehen EuGH Urt. v. 16.12.2008 – Rs. 47/07 – Masdar ./. Kommission.

in der Regel keinen Verstoß gegen den aus dem Grundsatz der Rechtssicherheit folgenden Vertrauensschutz.[74] Jedenfalls gegenüber demjenigen, der das maßgebende Ausgangsverfahren für das Entstehen einer bestimmten EuGH-Rechtsprechung eingeleitet hat, kann kein Vertrauensschutz beansprucht werden.[75] Ferner hat der EuGH bei der Ausgestaltung des staatshaftungsrechtlichen Schadensersatzanspruchs bei unzureichender Richtlinienumsetzung das Prinzip der **Schadensersatzhaftung** für Unrecht und gewisse Grundstrukturen (Rechtsverletzung, Kausalität, Schaden) als hinreichend fundiertes gemeinsames Prinzip der Rechtsordnungen der Mitgliedstaaten angesehen.[76] Neben diesen spezifisch privatrechtlichen Grundsätzen hat der EuGH auch privatrechtliche Wirkungen von Grundsätzen anerkannt, die der Herkunft nach eher öffentlich-rechtlicher oder verfassungsrechtlicher Art sind, und etwa einen allgemeinen Grundsatz des Verbots der arbeitsrechtlichen Altersdiskriminierung postuliert.[77] Solche Grundsätze können aber dann nicht entwickelt werden, wenn ihre Geltung im Vorhinein festgelegte Regeln voraussetzt, wie sie nur der Gesetzgeber formulieren kann. Dementsprechend hat der EuGH die Existenz eines allgemeinen Grundsatzes der Gleichbehandlung von Aktionären verneint.[78] Bedenklich ist es, wenn im Einzelfall ein nur als Prinzip geltender Grundsatz verabsolutiert wird.[79]

V. Weitergehende Rechtsangleichung im Privatrecht

In ihrem Aktionsplan zum Europäischen Vertragsrecht im Jahre 2004 hatte die Kommission das Ziel formuliert, einen **Gemeinsamen Referenzrahmen zum Europäischen Vertragsrecht** (Common Frame of Reference) zu schaffen.[80] Zu den Vorarbeiten gehören insbesondere die Arbeiten der Study Group on a European Civil Code ("Study Group") und die Research Group on Existing European Private Law ("Acquis Group"). Ziel dieses Prozesses war ein Text, der erstens ein "Restatement" grundlegender Prinzipien des Vertragsrechts darstellt, zweitens Definitionen zentraler Begriffe des Vertragsrechts enthält sowie schließlich drittens – und vor allem – Musterregeln des Vertragsrechts umfasst, die nach ihrer Gestalt – nicht ihrem Verbindlichkeitsgrad – einem Vertragsgesetzbuch gleichen. Er liegt heute in der Form eines wissenschaftlichen gemeinsamen Entwurfes der Study Group und der Acquis Group als "Outline Edition" vor. Es ist allerdings nicht ersichtlich, dass gegenwärtig noch die Absicht bestünde, hieraus einen europäischen Rechtsakt zu entwickeln. Ungeachtet dessen können diese Texte eine – allerdings begrenzte – **praktische Relevanz** entfalten, weil sie als Rechtserkenntnisquellen bei der Ermittlung auslegungsleitender europäischer Rechtsgrundsätze fungieren können.[81] Darüber hinaus sollen sie sowohl für den europäischen wie für die nationalen Gesetzgeber als Fundus ("Toolbox") dienen und zu einer kohärenteren Rechtsetzung wie auch zu einer erleichterten Verständigung europäischer Juristen beitragen.[82] Der aufgrund dieser Vorarbeiten zunächst vorgelegte Entwurf eines Gemeinsamen Europäischen Kaufrechts wird derzeit nicht mehr weiterverfolgt. Stattdessen wurden Richtlinien zum Online-Warenhandel und zur Bereitstellung digitaler Inhalte verabschiedet.[83]

24

---

74 EuGH 19.4.2016 – Rs. C-441/14, Rn. 40 – Dansk Industri (DI) ./. Nachlass Rasmussen.

75 EuGH 19.4.2016 – Rs. C-441/14, Rn. 41 – Dansk Industri (DI) ./. Nachlass Rasmussen.

76 Analyse etwa bei *van Gerven* CMLR 41 (2004), 505, 516.

77 EuGH Urt. v. 22.11.2005 – Rs. C-144/04 – Slg 2005, I-9981 – Mangold ./. Helm; EuGH Urt. v. 19.10.2010 – Slg2010 I-00365 – Kücükdeveci ./. Swedex.

78 EuGH Urt. v. 15. 10. 2009 – C-101/08 Audiolux SA ua/Groupe Bruxelles Lambert SA.

79 So im Fall EuGH Urt. v. 1.3.2011 – Rs. C-236/09 – Association belge des Consommateurs Test-Achats ./. Rat; krit. etwa Pfeiffer NJW-Editorial 13/2011, https://rsw.beck.de/cms/?toc=NJW.040311.

80 Mitteilung der Kommission an das Europäische Parlament und den Rat, Europäisches Vertragsrecht und Überarbeitung des gemeinschaftlichen Besitzstands – weiteres Vorgehen, KOM(2004) 651 endg.

81 GA *Poiares Maduro*, Schlussanträge Rs. C-412, Rn. 24 (Fn. 8) – Hamilton ./. Volksbank Filderstadt; *Pfeiffer* ZEuP 2008, 679 (704 ff.).

82 Aus der Diskussion hierüber *v. Bar* FS Jayme, S. 1217; *Eidenmüller/Faust/Grigoleit/Jansen/Wagner/Zimmermann* JZ 2008, 529 *Ernst* AcP 208 (2008), 248; *Hirsch* ZIP 2007, 937; *Legrand*, Antivonbar, Journal of Comparative Law 1 (2006), 13; *Pfeiffer* AcP 208 (2008), 227; *ders., ZEuP* 2008, 679; *Schulte-Nölke* NJW 2009, 2161; *Sirena* ZEuP 2018, 838; *Zimmermann* EuZW 2009, 319; *ders., ZEuP* 2018, 862.

83 RICHTLINIE 2019/771 DES EUROPÄISCHEN PARLAMENTS UND DES RATES über bestimmte vertragsrechtliche Aspekte des Warenkauf und RICHTLINIE 2019/770 DES EUROPÄISCHEN PARLAMENTS UND DES RATES über bestimmte vertragsrechtliche Aspekte der Bereitstellung digitaler Inhalte.

D. Geltung und Geltungsanspruch des Unionsprivatrechts

I. Unmittelbare Geltung und Vorrang des Unionsrechts

25 **1. Unmittelbar geltendes Unionsrecht. a) Unmittelbare Anwendung des primären Unionsrechts.** Obschon der EU-Vertrag und der AEUV ihrer Provenienz nach Instrumente des Völkerrechts darstellen, dessen Rechtssubjekte nach tradierter Auffassung einzelne Staaten sind, hat der EuGH schon früh
entschieden, dass das Unionsrecht, insbesondere das primäre Unionsrecht, geeignet ist, **subjektive Rechte**
einzelner Bürger zu begründen.[84] Dabei ist insbesondere der in der Rechtsprechung des EuGH anerkannte
Grundsatz zu beachten, dass die Mitgliedstaaten – nicht nur der Gesetzgeber, sondern sämtliche Organe
oder Behörden des Staates, namentlich auch die Gerichte, aber auch die an Privatrechtsrechtsverhältnissen
beteiligten Verwaltungsbehörden[85] – dem unmittelbar geltenden Unionsrecht **volle Wirksamkeit** verschaffen müssen.[86] Das gilt für den gesamten räumlichen, zeitlichen, sachlichen und persönlichen Anwendungsbereich der unmittelbar anwendbaren Unionsrechtsregel. Aus diesem Grundsatz der vollen Wirksamkeit
kann sich beispielsweise eine Verpflichtung der nationalen Gesetzgeber ergeben, zusätzliche Vorschriften zu
erlassen, welche die Anwendung des unmittelbar geltenden EU-Rechts erst angemessen ermöglichen.[87]
Außerdem ergibt sich aus dem Prinzip der vollen Wirksamkeit die Regel vom Vorrang des Unionsrechts
(→ Rn. 44). Einschränkungen hat die Rechtsprechung im Einzelfall aus allgemeinen Grundsätzen des Unionsrechts hergeleitet, indem sie etwa die Rückwirkung von aus auslegungsbedürftigen Regeln des Unionsrechts hergeleiteten Rechtsfolgen begrenzt hat.[88] Dabei hat die Rechtsprechung allerdings stets eine Rückausnahme zugunsten derjenigen Personen vorgenommen, die rechtzeitig die erforderlichen Schritte zur
Wahrung ihrer unionsrechtlich begründeten Rechtspositionen vorgenommen haben.[89]

26 **b) Unmittelbare Anwendung des Verordnungsprivatrechts.** Die vorgenannten Grundsätze gelten für
alle Regeln des unmittelbar geltenden Unionsrechts, also nicht nur für das primäre, sondern auch für das
unmittelbar geltende abgeleitete Unionsrecht, dh für Verordnungen.[90]

27 **2. Vorrang des unmittelbar geltenden Unionsprivatrechts.** Soweit die Rechtssätze des Unionsprivatrechts unmittelbar anwendbar sind, kommt ihnen Vorrang vor den Rechtssätzen des nationalen Rechts zu.
Diese **Rangkollisionsregel** begründet nach der Rechtsprechung des EuGH zwar keinen Geltungsvorrang,
wohl aber einen **Anwendungsvorrang**.[91] Daraus ergeben sich folgende Konsequenzen:

- Erstens sind die Regeln des Unionsprivatrechts, soweit sie unmittelbare Geltung beanspruchen, auch
dann anwendbar, wenn sie dem nationalen Recht widersprechen.
- Zweitens sind Vorschriften des nationalen Rechts unanwendbar, soweit sie den Maßgaben des direkt
anwendbaren EU-Rechts widersprechen. Das gilt auch dann, wenn es sich um Regeln des nationalen
Rechts handelt, die zeitlich nach den maßgebenden Vorschriften des EU-Rechts erlassen wurden (keine
Geltung des Satzes „lex posterior derogat legi priori").[92]
- Drittens bleibt die Geltung der nationalen Norm als solche vom Anwendungsvorrang unberührt; sie ist
also nicht etwa generell nichtig oder unwirksam, sondern nur insoweit unanwendbar, als das nationale
Recht mit dem Unionsrecht unvereinbar ist.[93] Demgemäß bleibt die fragliche Regel des mitgliedstaatli-
chen Rechts in Fällen mangelnder Kollision mit dem EU-Recht beachtlich und anwendbar.
- Viertens ist der Vorrang des Unionsrechts unabhängig von der Wirkrichtung des unionsrechtlichen
Rechtssatzes, der mithin sowohl Ansprüche als auch Einwendungen begründen kann.
- Fünftens ist das betroffene Rechtsgebiet ohne Bedeutung. So kann es zB erforderlich sein, zur Verwirk-
lichung des materiellen Unionsrechts eine verfahrensrechtliche nationale Vorschrift nicht anzuwenden.
- Sechstens kommt es nicht darauf an, welcher Rechtsordnung der verdrängte nationale Rechtssatz ent-
stammt.

84 EuGH Urt. v. 5.2.1963 – Rs. 26/62, Slg 1963, 1 – van
Gend en Loos ./. Niederländische Finanzverwaltung.

85 EuGH Urt. v. 22.6.1989 – Rs. 103/88, Slg 1989,
1839, Rn. 29 – Fratelli Costanzo SpA ./. Stadt Mailand.

86 EuGH Urt. v. 9.3.1978 – Rs. 106/77, Slg 1978, 629 –
Staatliche Finanzverwaltung ./. Simmenthal.

87 EuGH Urt. v. 9.9.2003 – Rs. C-198/01, Rn. 49 –
Consorzio Industrie Fiammiferi ./. Autorità Garante
della Concorrenza e del Mercato.

88 EuGH Urt. v. 15.12.1995 – Rs. C-415/93, Slg 1995,
I-4921, Rn. 145 – Union royale belge de football
association ./. Bosman; EuGH Urt. v. 8.4.1976 –
Rs. 43/75, Slg 1976, 455, Rn. 74/75 – Defrenne ./.
Sabena („Defrenne II").

89 EuGH Urt. v. 15.12.1995 – Rs. C-415/93, Slg 1995,
I-4921, Rn. 145 – Union royale belge de football
association ./. Bosman; EuGH Urt. v. 8.4.1976 –
Rs. 43/75, Slg 1976, 455, Rn. 74/75 – Defrenne ./.
Sabena („Defrenne II").

90 EuGH Urt. v. 9.3.1978 – Rs. 106/77, Slg 1978, 629 –
Staatliche Finanzverwaltung ./. Simmenthal.

91 Hiervon ausgehend EuGH Urt. v. 9.3.1978 –
Rs. 106/77, Slg 1978, 629 – Staatliche Finanzverwaltung ./. Simmenthal; kritisch *Hwang* EuR 2016, 355.

92 EuGH Urt. v. 9.3.1978 – Rs. 106/77, Slg 1978, 629 –
Staatliche Finanzverwaltung ./. Simmenthal.

93 EuGH Urt. v. 9.3.1978 – Rs. 106/77, Slg 1978, 629,
Rn. 17/18 – Staatliche Finanzverwaltung ./. Simmenthal.

Das Prinzip des Anwendungsvorrangs gilt insbesondere auch in Fällen, in denen nach den Regeln des Internationalen Privatrechts ausländisches Recht, sei es das Recht eines anderen Mitgliedstaates oder eines Drittstaates, zur Anwendung berufen ist und mit dem EU-Recht nicht vereinbar ist. Eine solche Unvereinbarkeit kann allerdings nur vorliegen, wenn die fragliche Regel des Unionsrechts räumlich territorial anwendbar ist. Eine solche Anwendbarkeit ist vorstellbar, beispielsweise wenn Parteien aus verschiedenen Mitgliedstaaten die Anwendung eines drittstaatlichen „neutralen" Rechts vereinbaren oder wenn sonst bei Wahl drittstaatlichen Rechts der Schwerpunkt des Sachverhalts im Gebiet der Mitgliedstaaten liegt.[94] **28**

Die Regel über den Vorrang des Unionsrechts unterliegt der **Einschränkung** durch den unionsrechtlichen Grundsatz der Rechtssicherheit. Verstößt das Verhalten eines Bürgers gegen unmittelbar geltendes Unionsrecht, so darf es gleichwohl nicht durch nationale Behörden zum Anlass für Sanktionen genommen werden, wenn dieses Verhalten durch Vorschriften des nationalen Rechts vorgeschrieben (nicht nur: veranlasst oder erleichtert) wurde.[95] Anders liegt es, sobald die Unanwendbarkeit dieser nationalen Rechtssätze feststeht.[96] Die Anerkennung von Ausnahmen vom Vorrang des Unionsrechts nach dem Grundsatz der Rechtssicherheit hat sich der EuGH freilich selbst vorbehalten.[97] **29**

3. Geltungsanspruch des Richtlinienrechts. a) Unmittelbare Geltung von Richtlinien für die Mitgliedstaaten als Adressaten. Richtlinien sind nach Art. 288 Abs. 3 AEUV an die Mitgliedstaaten gerichtet. Die hieraus folgenden Gebote richten sich grundsätzlich an den Mitgliedstaat als Ganzen. Richtlinien begründen grundsätzlich für alle Staatsorgane die Pflicht, im Rahmen ihrer nach dem innerstaatlichen Recht bestehenden Zuständigkeit für die richtlinienkonforme Ausgestaltung und Handhabung des jeweils anwendbaren Rechts Sorge zu tragen.[98] Auch soweit die Mitgliedstaaten bei der Wahl von Form und Mittel der Umsetzung frei sind, muss die Umsetzung in einer Weise erfolgen, welche die volle Wirksamkeit der Richtlinien entsprechend ihrer Zielsetzung gewährleistet.[99] Im Rahmen der Rechtsetzung trifft diese Pflicht die nationalen Rechtsetzungsorgane, also in Deutschland den **Gesetz- und Verordnungsgeber**, und zwar sowohl auf Bundes- als auch auf Landesebene. Die Vorschriften des nationalen Rechts müssen, gleichviel um welche Art von Vorschrift es sich handelt, den Maßgaben des Richtlinienrechts entsprechen. Die Pflicht zur richtlinienkonformen Ausgestaltung des nationalen Rechts besteht ab demjenigen Zeitpunkt, zu dem die Umsetzungsfrist für die jeweilige Richtlinie abläuft. Bereits zuvor folgt aus dem in Art. 4 Abs. 3 EUV verankerten Prinzip der Unionstreue das sog., **Frustrationsverbot**. Es besagt, dass die Mitgliedstaaten den Erlass von Vorschriften zu unterlassen haben, welche die Erreichung des in der betreffenden Richtlinie niedergelegten Ziels gefährden.[100] Erlässt also ein Staat schon vorab Umsetzungsvorschriften, so kann sich eine Gefährdung von Richtlinienzielen dann ergeben, wenn die betreffende Gesetzgebung nicht als erster Teil einer schrittweisen Umsetzung, sondern als vorzeitige, aber endgültige Umsetzung gedacht ist und dadurch erkennen lässt, dass bei Verstreichen der Umsetzungsfrist nur eine unzureichende Umsetzung vorliegen wird.[101] Ebenso soll es liegen, wenn eine Richtlinie einem Mitgliedstaat eine Anpassungsfrist lässt, aber während dieser Anpassungsfrist Berichte über den „Fortschritt" bei der Umsetzung vorzulegen sind. In diesem Fall soll eine mit der Richtlinie unvereinbare Gesetzgebung unzulässig sein.[102] Zu beurteilen haben dies grundsätzlich die nationalen Gerichte;[103] unklar ist dabei, welche Konsequenzen sich ergeben, wenn das nationale Gericht eine solche Feststellung trifft. Diese Konsequenzen können jedenfalls nicht über die nach Verstreichen der Umsetzungsfrist eingreifenden Wirkungen unzureichender Umsetzung hinausgehen. **30**

Die Umsetzung der Richtlinie muss hinreichend **effektiv** sein. Hieraus hat der EuGH in den unterschiedlichsten Kontexten vor allem zwei Anforderungen hergeleitet:[104] Erstens darf die Rechtsfolge in den Fällen **31**

94 Vgl. etwa EuGH Urt. v. 9.11.2000 – Rs. C-381/98 – Ingmar GB Ltd. ./. Eaton Leonard Technologies Inc.

95 EuGH Urt. v. 9.9.2003 – Rs. C-198/01, Rn. 54 – Consorzio Industrie Fiammiferi ./. Autorità Garante della Concorrenza e del Mercato. Die Veranlassung oder Erleichterung durch das nationale Recht kann bei der Bemessung von Sanktionen berücksichtigt werden.

96 EuGH Urt. v. 9.9.2003 – Rs. C-198/01, Rn. 55 – Consorzio Industrie Fiammiferi ./. Autorità Garante della Concorrenza e del Mercato.

97 EuGH Urt. v. 15.12.1995 – Rs. C-415/93, Slg 1995, I-4921, Rn. 142 – Union royale belge de football association ./. Bosman.

98 EuGH Urt. v. 13.11.1990 – Rs. C-106/89, Slg 1990, I-4135, Rn. 8 – Marleasing ./. La Commercial Internacional de Alimentación SA; EuGH Urt. v. 10.4.1984 – Rs. 79/83, Slg 1984, 1921, Rn. 26 – Harz ./. Deutsche Tradax GmbH.

99 EuGH Urt. v. 10.4.1984 – Rs. 79/83, Slg 1984, 1921, Rn. 15 – Harz ./. Deutsche Tradax GmbH.

100 EuGH Urt. v. 18.12.1997 – Rs. C-129/96, Slg 1997, I-7411 – Inter-Evironnement Wallonie ASBL ./. Région wallone; *Kubitza* EuZW 2016, 691.

101 EuGH Urt. v. 18.12.1997 – Rs. C-129/96, Slg 1997, I-7411, Rn. 45 – Inter-Evironnement Wallonie ASBL ./. Région wallone.

102 EuGH 22.11.2005 – Rs. C-144/04 – Slg 2005, I-9981 – Mangold ./. Helm; zustimmend zB *Repasi* EuZW 2009, 756; kritisch etwa *Gerken/Rieble/Roth/Stein/ Streinz*, Mangold als ausbrechender Rechtsakt, durchgehend.

103 EuGH Urt. v. 18.12.1997 – Rs. C-129/96, Slg 1997, I-7411, Rn. 46 – Inter-Evironnement Wallonie ASBL ./. Région wallone.

104 Etwa EuGH Urt. v. 6.6.2002 – Rs. C-159/00, Slg 2002, I-5031, Rn. 53 – Sapod Audic ./. Eco-Emballages SA.

der Verletzung unionsrechtlich begründeter Rechte nicht weniger günstig sein als das, was in vergleichbaren Fällen im nationalen Recht vorgesehen ist. Zweitens muss das nationale Recht so ausgestaltet sein, dass die Ausübung unionsrechtlich begründeter Rechte nicht praktisch unmöglich ist (→ Rn. 44 ff.).

32 Die Umsetzung von Richtlinien erfolgt durch nationales **Transformationsrecht**. Dieses kann in unterschiedlichen Erscheinungsformen auftreten: als vereinzelte Regelung oder als unionsrechtlich vorgegebener Regelungsblock, als minimale oder als überschießende Umsetzung. In allen Fällen ist insbesondere das Gebot der richtlinienkonformen Auslegung, soweit es reicht, zu beachten (→ Rn. 56).

33 Eine **überschießende Umsetzung** ist in unterschiedlicher Weise möglich, wobei sich die nachstehenden Fallgruppen nicht stets trennscharf abgrenzen lassen und der Begriff der überschießenden Umsetzung auch nicht stets einheitlich verwandt wird.[105] Zunächst kann das nationale Recht den Anwendungsbereich der unionsrechtlich vorgegebenen Regel erweitern. Ferner kann es das Eingreifen der in einer Richtlinie vorgegebenen Regelung, namentlich die Begründung bestimmter subjektiver Rechte, von weniger strengen Voraussetzungen abhängig machen, als dies im Richtlinienrecht vorgesehen ist. Schließlich kann das mitgliedstaatliche Recht auf der Rechtsfolgenseite über die Vorgaben einer Richtlinie hinausgehen. In sämtlichen Fällen müssen die aus dem Unionsrecht erwachsenden Schranken beachtet werden. Solche Schranken können sich aus dem primären wie aus dem sekundären Unionsrecht ergeben. Im Einzelnen gilt: Bei der Erweiterung des Anwendungsbereichs der Maßgaben einer Richtlinie durch das Transformationsrecht ist zu unterscheiden. Grundsätzlich ist der Mitgliedstaat außerhalb des Anwendungsbereichs der Richtlinie in den Grenzen des AEUV frei. Der deutsche Gesetzgeber kann zB daher eine Inhaltskontrolle von AGB nach dem Maßstab von Treu und Glauben auch außerhalb der auf Verbraucherverträge beschränkten Klauselrichtlinie vorsehen. Etwas anderes kann nur gelten, wenn sich feststellen lässt, dass die Richtlinie eine Erweiterung auf Fälle außerhalb ihres Anwendungsbereichs sperren will. Hiervon zu unterscheiden sind Abweichungen innerhalb des harmonisierten Bereichs einer Richtlinie, namentlich Abweichungen bei den Voraussetzungen oder Rechtsfolgen innerhalb ihres Anwendungsbereichs.[106] Für deren Zulässigkeit kommt es auf den vorgegebenen Grad der Harmonisierung an. Enthält die betreffende Richtlinie, wie etwa im Verbraucherrecht verbreitet, nur eine **Mindestharmonisierung**, so sind Abweichungen „nach oben" zulässig. Keinerlei Abweichungen innerhalb des Anwendungsbereichs sind zulässig, soweit eine **Vollharmonisierung** vorgesehen ist.

34 **b) Vertikale Direktwirkung von Richtlinien nach Verstreichen der Umsetzungsfrist.** Von vertikalen Rechtsverhältnissen wird im Unionsrecht gesprochen, soweit es um Rechtsverhältnisse geht, an denen einerseits Bürger und andererseits der Staat oder seine Organe bzw. Behörden beteiligt sind. Grundsätzlich bedarf es auch in vertikalen Rechtsverhältnissen der Umsetzung von Richtlinien in nationales Recht. In Deutschland ist also typischerweise eine Umsetzung durch Gesetzes- oder Rechtsverordnungsrecht erforderlich. Ausnahmsweise kommt in vertikalen Rechtsverhältnissen auch eine unmittelbare Anwendung in Betracht. Grundlage einer solchen unmittelbaren Anwendung ist das gemeineuropäisch anerkannte Prinzip der Unzulässigkeit des **Rechtsmissbrauchs**, nach dem sich niemand auf sein eigenes rechtswidriges Verhalten berufen kann. Wird eine Richtlinie nicht, nicht rechtzeitig oder unzureichend umgesetzt, so verletzt der betreffende Mitgliedstaat seine EU-rechtliche Umsetzungspflicht und handelt mithin rechtswidrig. Soweit der Staat hierdurch die in Richtlinien vorgesehenen Rechtspositionen der Bürger beeinträchtigt, würde er in vertikalen Rechtsverhältnissen hieraus einen durch eigenes rechtswidriges Verhalten erlangten Vorteil ziehen. Dem steht das Verbot des Rechtsmissbrauchs entgegen, das insoweit zu einer unmittelbaren Anwendung des Richtlinienrechts führt.

35 Voraussetzungen einer unmittelbaren Anwendung von Richtlinien sind damit:

(1) das Vorliegen eines vertikalen Rechtsverhältnisses;
(2) die Begründung subjektiver Rechte zugunsten der Bürger als unbedingtes Ziel der Richtlinie;
(3) eine für die unmittelbare Anwendung hinreichende Bestimmtheit und Genauigkeit der Richtlinie;
(4) fehlende, nicht fristgemäße oder unzulängliche Umsetzung der Richtlinie in nationales Recht.

Dies gilt unabhängig von der Art des vertikalen Rechtsverhältnisses, also auch, wenn dieses nicht verwaltungsrechtlich, sondern – in deutscher Kategorisierung – privatrechtlich geprägt ist.[107]

36 Ein **vertikales Rechtsverhältnis** in diesem Sinne liegt zudem nicht nur dann vor, wenn der Staat beteiligt ist. Ausreichend ist es, dass ein Unternehmen beteiligt ist, das kraft staatlichen Rechtsakts unter staatlicher Aufsicht eine Dienstleistung im öffentlichen Interesse zu erbringen hat und hierzu mit besonderen, „gewöhnlichen" Privatpersonen nicht zustehenden Rechten ausgestattet ist.[108] Eine vertikale Direktwirkung

---

105 Etwa *Riesenhuber/Habersack/Mayer*, Europäische Methodenlehre, § 15 Rn. 13 ff.
106 Etwa *Bülow* WM 2013, 245.
107 EuGH Urt. v. 22.6.1989 – Rs. 103/88, Slg 1989, 1839, Rn. 29 – Fratelli Costanzo SpA ./. Stadt Mailand: Vergaben öffentlicher Aufträge; EuGH Urt. v.

26.2.1986 – Rs. 152/84, Slg 1986, 723 – Marshall ./. Southampton and South-West Hampshire Health Authority: Staat als Arbeitgeber.
108 EuGH Urt. v. 12.7.1990 – Rs. 188/89, Slg 1990, I-3313 – Foster ./. British Gas plc.

Pfeiffer

kann auch in Fällen eintreten, in denen nachteilige Auswirkungen auf private Dritte entstehen, ohne dass dies zu einem Einwand gegen eine solche Wirkung führen könnte.[109]

Die **hinreichende Bestimmtheit und Genauigkeit** muss grundsätzlich hinsichtlich sämtlicher Vorschriften und Voraussetzungen vorliegen, auf die es für die Begründung von Rechten nach der Richtlinie ankommt. Hat allerdings ein Mitgliedstaat hinsichtlich der in der Richtlinie nicht hinreichend genau ausgestalteten Regelungsgegenstände eine Bestimmung im nationalen Recht getroffen, so können andere Bestandteile der Richtlinie, die ihrerseits hinreichend bestimmt und genau sind, im Zusammenwirken mit der nationalen Konkretisierung der unbestimmten Bestandteile unmittelbar wirken.[110] **37**

c) Zum Problem der horizontalen Direktwirkung. Von horizontalen Rechtsverhältnissen wird insoweit **38** gesprochen, als es sich um Rechtsbeziehungen zwischen Privaten, also solche ohne Beteiligung des Staates, handelt. Hier bekennt sich der EuGH zu dem Grundsatz, dass auch unter den Voraussetzungen eines auf Begründung subjektiver Rechte zielenden Richtlinieninhalts, einer hinreichenden Bestimmtheit und eines Verstreichens der Umsetzungsfrist eine unmittelbare Wirkung von Richtlinien nicht anzuerkennen sei.[111] Dementsprechend nimmt der Gerichtshof an, das Unionsrecht enthalte auch keinen Mechanismus, der – außerhalb der Fälle der vertikalen Direktwirkung – zur Unanwendbarkeit des richtlinienwidrigen nationalen Rechts führe.[112] Das erklärt sich zunächst daraus, dass der für die vertikale Direktwirkung entscheidende Rechtsmissbrauchsgedanke sich im **Verhältnis Bürger/Bürger** nicht in gleicher Weise anwenden lässt. Allerdings spricht für die Anwendung des Rechtsmissbrauchsgedankens auch in horizontalen Rechtsverhältnissen, dass auch die für horizontale Rechtsverhältnisse anerkannte Geltung des Gebots der richtlinienkonformen Auslegung eine Wirkung von Richtlinien innerhalb dieser Rechtsverhältnisse voraussetzt.[113] Praktisch muss auch der Private heute wegen der weiterreichenden Wirkung des Gebots der richtlinienkonformen Auslegung ohnehin stets auch das Richtlinienrecht im Blick haben – was einen Grund dafür bildet, dass Richtlinien im Amtsblatt veröffentlicht werden. Deshalb steht die These des EuGH, die Anerkennung einer horizontalen Direktwirkung unzureichend umgesetzter Richtlinien verletze das Prinzip der Rechtssicherheit,[114] auf schwacher Grundlage. Damit steht es im Einklang, dass es der EuGH in den Fällen der durch ihn anerkannten vertikalen Direktwirkung ausdrücklich akzeptiert, wenn diese Direktwirkung nachteilige Auswirkungen auf private Dritte entfaltet.[115] Zudem ist es in hohem Maße zweifelhaft, ob es den Geboten redlichen Verhaltens entspricht, wenn ein Privater sich das rechtswidrige Verhalten eines mitgliedstaatlichen Gesetzgebers zunutze macht, indem er sich auf das von diesem rechtswidrig gestaltete nationale Recht beruft. Auch in horizontalen Rechtsverhältnissen besteht die auch die Gerichte bindende Pflicht zu unionsfreundlichem Verhalten (Art. 4 Abs. 3 EUV). Dabei wirkt das Europarecht als „höherrangige" Rechtsquelle stets auslegungsleitend auf das Recht der Mitgliedstaaten ein. Zu Recht kommt der EuGH deshalb im Wege der sog. richtlinienkonformen Auslegung oftmals zu Ergebnissen, die einer horizontalen Wirkung nahezu entsprechen. So hat er zur früheren Richtlinie 76/207/EWG (heute RL 2006/54/EG) angenommen: Wenn sich ein Mitgliedstaat für einen Schadensersatzanspruch als Rechtsfolge der Verletzung des Gleichbehandlungsgrundsatzes der entscheide, so seien richtlinienwidrige Einwendungen des nationalen Rechts unanwendbar.[116] Ebenso hat er für den Fall entschieden, dass eine Richtlinie einen ungeschriebenen Rechtssatz des (primären) Unionsrechts nur konkretisiert.[117] Und ganz allgemein sind nationale Rechtssätze auch in Privatrechtsverhältnissen unanwendbar, die unter verfahrensmäßigem Verstoß gegen das EU-Recht erlassen wurden.[118] Dementsprechend begründet der vom EuGH eingeschlagene Weg deshalb erhebliche Unsicherheiten, weil die von ihm bejahte richtlinienkonforme Auslegung sich von der abgelehnten horizon-

---

109 EuGH Urt. v. 7.1.2004 – Rs. C-201/02, Rn. 57 – Wells ./. Secretary of State for Transport.
110 EuGH Urt. v. 18.10.2001 – Rs. C-441/99, Slg 2001, I-7687 – Rikskatteverket ./. Gharehveran.
111 Etwa EuGH Urt. v. 4.12.1997 – Rs. C-97/96, Slg 1997, I-6843 – Verband deutscher Daihatsu Händler ./. Daihatsu Deutschland GmbH; EuGH Urt. v. 26.9.1996 – Rs. C-168/95, Slg 1996, I-4705, Rn. 40 – Arcaro; EuGH Urt. v. 14.7.1994 – Rs. C-91/92, Slg 1994, I-3325 – Faccini Dori ./. Recreb SRL.
112 EuGH Urt. v. 26.9.1996 – Rs. C-168/95, Slg 1996, I-4705, Rn. 40 – Arcaro.
113 *Pfeiffer* in Hohloch, Richtlinien der EU, S. 9, 21.
114 EuGH Urt. v. 7.1.2004 – Rs. C-201/02, Rn. 55 – Wells ./. Secretary of State for Transport.
115 EuGH Urt. v. 7.1.2004 – Rs. C-201/02, Rn. 57 – Wells ./. Secretary of State for Transport.
116 EuGH Urt. v. 8.11.1990 – Rs. C-177/88, Slg 1990, I-3941 – Dekker ./. Stichting VJV Centrum.

117 EuGH 22.11.2005 – Rs. C-144/04 – Slg 2005, I-9981 – Mangold ./. Helm; kritisch kann man in diesem Fall die Frage sehen, ob der durch den EuGH angenommene ungeschriebene Grundsatz denn existiert, aus der weitergehenden Kritik etwa noch *Rieble/Roth/Stein/Streinz*, Mangold als ausbrechender Rechtsakt, durchgehend; BVerfG Beschl. v. 6.7.2010 – 2 BvR 2661/06 – Mangold, verneint zwar das Vorliegen eines „ausbrechenden Rechtsaktes" im Sinne der Ultra-Vires-Lehre, lässt aber das EU-rechtliche Bestehen des vom EuGH behaupteten Grundsatzes offen, Rn. 78.
118 EuGH Urt. v. 30.4.1996 – Rs. C-194/94, Slg 1996, S. I-2201 – CIA Security International ./. Signalson; EuGH Urt. v. 26.9.2000 – Rs. C-443/98, Slg 2000, I-7535, Rn. 49 ff. – Unilever Italia ./.Central Food; BVerfG Beschl. v. 6.7.2010 – 2 BvR 2661/06, Rn. 77 – Mangold.

talen Direktwirkung nicht trennscharf abgrenzen lässt. Nicht überzeugend ist jedenfalls die Behauptung, die Anerkennung einer horizontalen Direktwirkung von Richtlinien verwische die Unterscheidung von Verordnung und Richtlinie. Zwar führte die Anerkennung einer horizontalen Direktwirkung in der Tat dazu, dass der Richtlinie eine Wirkung beigemessen würde, die sonst der Verordnung zukäme; vor diesem Hintergrund mag die Nichtanerkennung der horizontalen Direktwirkung von Richtlinien auch auf richterlicher Selbstbeschränkung beruhen. Eine Verwischung von Unterschieden zwischen Verordnung und Richtlinie drohte indessen keineswegs. Denn eine horizontale Direktwirkung von Richtlinien steht überhaupt nur ausnahmsweise in denjenigen Fällen in Rede, in denen eine Richtlinie nicht oder unzureichend in nationales Recht umgesetzt wurde. Anders als bei der Verordnung stünde es dem nationalen Gesetzgeber, auch wenn man eine unmittelbare Richtlinienwirkung anerkennen würde, stets frei, die Richtlinie selbst zutreffend umzusetzen und dabei alle von der Richtlinie eröffneten Gestaltungsspielräume zu nutzen. Trotz dieser weitreichenden Wirkung der richtlinienkonformen Auslegung bleibt sie allerdings an die Grenzen der nationalen Methode gebunden. Ist eine richtlinienkonforme Auslegung danach ausgeschlossen, bleibt richtlinienwidriges nationales Recht damit in horizontalen Rechtsverhältnissen anwendbar.[119]

39 Ob der EuGH durchweg an der Ablehnung einer horizontalen Direktwirkung festhalten kann, erscheint fraglich. Eine **Ausnahme** von der generellen Ablehnung einer „horizontalen" Direktwirkung erkennt die Rechtsprechung in denjenigen Fällen an, in denen es um die Anwendung nationaler Verbotsnormen geht, die ein Mitgliedstaat unter Missachtung EU-rechtlicher und der Verwirklichung des Binnenmarkts dienender Verfahrenspflichten (Überprüfung der Vorschriften durch die Kommission) erlassen hat.[120] Das nationale Gericht darf die unter Verletzung dieser Verfahrenspflichten erlassenen Vorschriften auch in horizontalen Rechtsverhältnissen nicht anwenden. Die Folgen der Unanwendbarkeit dieser Vorschriften ergeben sich aus dem nationalen Recht.[121] Die Rechtsfolgen dürfen aber nicht ungünstiger sein als in vergleichbaren Fällen und dürfen die Ausübung unionsrechtlich begründeter Rechte nicht praktisch unmöglich machen (→ Rn. 44). Zudem sollte jedenfalls in denjenigen Fällen eine direkte Richtlinienwirkung in horizontalen Rechtsverhältnissen anerkannt werden, in denen ansonsten zugleich eine Beeinträchtigung unmittelbar geltender vertraglicher Grundfreiheiten einträte.

40 **4. Drittwirkung EU-rechtlicher Grundfreiheiten und des Diskriminierungsverbots in privaten Rechtsverhältnissen.** Nach der Rechtsprechung des EuGH sind das Verbot der Diskriminierung nach der Staatsangehörigkeit und die Grundfreiheiten des AEUV auch in Privatrechtsverhältnissen **unmittelbar anwendbar.** Jedenfalls hat der EuGH in keinem Fall gezögert, nicht nur die staatlich gesetzten Normen des Privatrechts, sondern das private Verhalten selbst am Diskriminierungsverbot und an den Grundfreiheiten des AEUV zu messen. Eine Differenzierung, wie sie der deutschen Lehre von der mittelbaren **Drittwirkung** von Grundrechten in Privatrechtsverhältnissen zugrunde liegt, nimmt der EuGH dabei nicht vor. Dies erklärt sich einmal daraus, dass es im Rahmen der für die Grundfreiheiten prägenden zielorientierten Betrachtungsweise auf die Art der Einschränkung nicht ankommen kann. Diese faktische Betrachtungsweise zeigt sich etwa im Arbeitsrecht: Für die Anwendbarkeit der Vorschriften über die Arbeitnehmerfreizügigkeit kommt es nicht darauf an, ob der Arbeitgeber als Unternehmer tätig ist. Ausreichend ist vielmehr, dass ein Arbeitsverhältnis oder der Wille vorliegt, ein solches zu begründen.[122] Ebenso reicht der Anwendungsbereich über Arbeitsverträge hinaus. Maßgebend ist allein, ob die Beschäftigungsmöglichkeiten und die Bedingungen für die Ausübung der Freizügigkeit beeinträchtigt werden. Erfasst werden daher Abreden zwischen Arbeitgebern oder Verbandsregeln mit dem besagten Beeinträchtigungseffekt.[123]

41 Ein wesentlicher Grund für die besagte Rechtsprechung des EuGH liegt auch darin, dass die Grenzlinie zwischen dem öffentlichen und dem privaten Sektor in den Mitgliedstaaten unterschiedlich verläuft. Jede Einschränkung der Geltung von Grundfreiheiten in privaten Rechtsverhältnissen hätte daher unweigerlich eine ungleiche **Wirkkraft der Grundfreiheiten** in den Mitgliedstaaten zur Folge.[124] Deshalb hat der EuGH etwa die Transferregeln von Fußballsportverbänden[125] oder die Zertifizierungstätigkeit einer privaten Organisation[126] einer Prüfung anhand der Grundfreiheiten bzw. anhand des unionsrechtlichen Verbots der unmit-

---

119 *Brenncke* EuR 2015, 440 (444).

120 EuGH Urt. v. 26.9.2000 – Rs. C-443/98, Slg 2000, I-7535 – Unilever Italia SpA ./. Central Food SpA; EuGH Urt. v. 30.4.1996 – Rs. C-194/94, Slg 1996, I-2201 – CIA Security Internatonal SA ./. Signalson SA und Securitel SPRL; *Gundel* EuZW 2001, 143.

121 EuGH Urt. v. 6.6.2002 – Rs. C-159/00, Slg 2002, I-5031, Rn. 53 – Sapod Audic ./. Eco-Emballages SA.

122 EuGH Urt. v. 15.12.1995 – Rs. C-415/93, Slg 1995, I-4921, Rn. 74 – Union royale belge de football association ./. Bosman.

123 EuGH Urt. v. 15.12.1995 – Rs. C-415/93, Slg 1995, I-4921, Rn. 75 – Union royale belge de football association ./. Bosman.

124 EuGH Urt. v. 15.12.1995 – Rs. C-415/93, Slg 1995, I-4921, Rn. 84 – Union royale belge de football association ./. Bosman.

125 EuGH Urt. v. 15.12.1995 – Rs. C-415/93, Slg 1995, I-4921 – Union royale belge de football association ./. Bosman.

126 EuGH Urt. v. 12.7.2012 – C-171/11 – Fra.bo SpA ./. Deutsche Vereinigung des Gas- und Wasserfaches eV (DVGW).

telbaren oder mittelbaren Diskriminierung nach der Staatsangehörigkeit[127] unterworfen. Diese Rechtsprechung setzt sich auch auf der Ebene der Einschränkungen der Grundfreiheiten fort. Auch hier gilt, dass es für die Geltendmachung einer Rechtfertigung für Einschränkungen grundsätzlich nicht darauf ankommt, ob diese öffentliches oder privates Handeln zum Gegenstand haben.[128] Dieser Befund wirkt allerdings praktisch in erster Linie bei der Dienstleistungsfreiheit, nicht jedoch der Warenverkehrsfreiheit.[129]

Besonderheiten bei der Anwendung des Diskriminierungsverbots und der Grundfreiheiten im Rahmen von Privatrechtsverhältnissen sind erstens insofern zu konstatieren, als die Grundfreiheiten auf Sicherung privater Freiheiten gerichtet sind. Die privaten Freiheiten des Zivilrechts dienen daher in aller Regel gerade dazu, den effektiven Gebrauch der Grundfreiheiten zu ermöglichen und abzusichern.[130] Zweitens wird privates Verhalten oftmals nicht dieselbe Beeinträchtigungsintensität wie staatliches Handeln entfalten, so dass privates Handeln gleichsam weniger „anfällig" für eine Verletzung der Grundfreiheiten oder des Diskriminierungsverbotes ist.[131] Schließlich muss auch dem Privaten eine Rechtfertigung etwaiger Beeinträchtigungen ermöglicht werden. Zwar ist der Kritik an der Praxis des EuGH zur unmittelbaren Drittwirkung von Grundfreiheiten und Diskriminierungsverbot einzuräumen, dass die im AEUV vorgesehenen Rechtfertigungsgründe für Eingriffe in Grundfreiheiten primär die Rechtfertigung staatlichen Handelns und nicht diejenige privaten Handelns im Blick haben.[132] Indessen hat es der EuGH zur Rechtfertigung sowohl bei Benachteiligungen als auch bei Eingriffen in Grundfreiheiten regelmäßig ausreichen lassen, wenn die Maßnahme Zwecken dient, denen bei wertender Betrachtung jede benachteiligende oder beschränkende Tendenz fehlt. So führt beispielsweise das Auswahlkriterium „volljuristische Ausbildung in Deutschland" bei der Ausschreibung einer Stelle durch eine deutsche Rechtsanwaltskanzlei im Rahmen der (zwar nicht unangreifbaren, aber hier zugrunde zu legenden Dogmatik des EuGH) zu einer mittelbaren Benachteiligung nicht deutscher Bewerber aufgrund ihrer Staatsangehörigkeit (denn einen deutschen Abschluss haben typischerweise weitaus mehr Deutsche). Sie beruht aber auf Gründen, die „nichts mit einer Diskriminierung aufgrund der Staatsangehörigkeit zu tun haben" und ist sicher zulässig.

Soweit dies zur Verwirklichung der Grundfreiheiten oder des Diskriminierungsverbots ausreicht, kann sich deren unmittelbare Geltung für private Rechtsverhältnisse im Prinzip des **Anwendungsvorrangs** erschöpfen. Kündigt ein Vermieter einem EU-Ausländer den Mietvertrag über eine Garage allein wegen seiner Staatsangehörigkeit, so sperrt Art. 18 AEUV die Anwendung derjenigen Rechtssätze des deutschen Rechts, aus denen sich die Wirksamkeit der Kündigung im deutschen Recht ergeben würde (§§ 580 a, 542 Abs. 1 BGB). Da sich diese Rechtsfolge unmittelbar und ohne ein Weiteres aus dem Unionsrecht ergibt, bedarf es in solchen Fällen auch keiner Anwendung des § 134 BGB iVm Art. 18 AEUV als Verbotsgesetz. In anderen Fällen, namentlich wenn durch die Missachtung des EU-Rechts bereits ein Schaden eingetreten ist, kann das Unionsrecht auf ein **Zusammenwirken mit den Tatbeständen des nationalen Rechts** angewiesen sein, um seinen Vorgaben Geltung zu verschaffen. Welche hierfür in Betracht kommen (etwa § 823 Abs. 2 BGB iVm den Grundfreiheiten als Schutzgesetz) bestimmt sich nach den Voraussetzungen dieser jeweiligen Vorschriften im Rahmen des Prinzips der unionstreuen Anwendung. Dabei ist insbesondere das Prinzip der praktischen Wirksamkeit des Unionsrechts zu beachten. Die betreffenden Tatbestände des nationalen Rechts müssen so angewandt werden, dass sie keinen ungünstigeren Maßgaben unterliegen als diejenigen für vergleichbare nationale Sachverhalte (Äquivalenzprinzip), und ferner so, dass die Anwendung des Unionsrechts weder verhindert noch unzumutbar erschwert wird (→ Rn. 44 ff.).

5. Grundsatz der praktischen Wirksamkeit des Unionsrechts. Von erheblicher Bedeutung für das unmittelbar geltende Unionsrecht wie für das Richtlinienrecht und die hierauf fußenden Umsetzungsakte ist der Grundsatz der praktischen Wirksamkeit (effet utile) des Unionsrechts. Seine Grundlage bildet das in Art. 4 Abs. 3 EUV verankerte Prinzip der **Unionstreue**. Bedeutung erlangt dieser Grundsatz bei der Ausle-

42

43

44

---

127 Zu deren Geltung in Privatrechtsverhältnissen EuGH Urt. v. 6.6.2000 – Rs-C281/98, Slg 2000, I-4139, Rn. 32 – Angonese ./. Cassa di Risparmio Bolzano; vgl. auch EuGH Urt. v. 20.10.1993 – Rs. C-92 u. 326/92, Slg 1993, 5145 – Phil Collins ./. Imtrat HandelsGmbH; für eine nur mittelbare Wirkung *Canaris* in Bauer/Cybulka/Kahl/Vosskuhle, Umwelt, Wirtschaft und Recht, S. 29; *Streinz/Leible* EuZW 2000, 459.

128 Vgl. EuGH Urt. v. 15.12.1995 – Rs. C-415/93, Slg 1995, I-4921, Rn. 86 – Union royale belge de football association ./. Bosman.

129 Kritisch zu dieser Differenzierung *Verbruggen* ERPL 2014, 201.

130 EuGH Urt. v. 24.1.1991 – Rs. C-339/89, Slg 1991, I-124, Rn. 15 – Alsthom Atlantique SA ./. Sulzer SA.

131 Dies lässt sich sogar für die staatliche Zivilrechtsgesetzgebung zeigen, s. EuGH Urt. v. 13.10.1993 – Rs. C-93/92, Slg 1993, I-5009 – CMC Motorradcenter ./. Baskiciogullari; EuGH Urt. v. 24.1.1991 – Rs. C-339/89, Slg 1991, I-124, Rn. 15 – Alsthom Atlantique SA ./. Sulzer SA; anders im Wettbewerbsrecht EuGH Urt. v. 18.5.1993 – Rs. C-126/91, Slg 1993, I-2361, Rn. 22 – Schutzverband gegen Unwesen in der Wirtschaft ./. Yves Rocher GmbH; vgl. auch EuGH Urt. v. 13.1.2000 – Rs. C-220/98, Slg 2000, I-117, Rn. 30 – Estée Lauder Cosmetics GmbH & Co. oHG ./. Lancaster Group GmbH. Für das Handeln Privater muss dies erst recht gelten.

132 *Canaris* in Bauer/Cybulka/Kahl/Vosskuhle, Umwelt, Wirtschaft und Recht, S. 29.

gung des Unionsrechts selbst wie bei der Ausgestaltung des nationalen Richtlinientransformationsrechts (nähere Erläuterung im jeweiligen Sachzusammenhang). So kann aus dem Grundsatz der praktischen Wirksamkeit folgen, dass sich aus einem Rechtsakt des Unionsrechts unmittelbare Rechte des Einzelnen ergeben, die vor Gericht eingeklagt werden können, auch wenn dies in dem betreffenden Rechtsakt nicht ausdrücklich vorgesehen ist.[133]

45 Einen Schwerpunkt der Anwendung des Grundsatzes der praktischen Wirksamkeit bilden die Fälle des **Zusammenwirkens** des Unionsrechts mit dem nationalen Recht: namentlich, wenn unmittelbar geltendes Unionsrecht auf ergänzende nationale Regelungen (beispielsweise zu Einzelheiten der Rechtsfolgen oder ihrer Geltendmachung) oder (bei Richtlinien) auf Umsetzungsrecht angewiesen ist. Hier folgen aus dem Grundsatz der praktischen Wirksamkeit zwei Unterprinzipien.

46 Nach dem Grundsatz der **Effektivität** müssen die entsprechenden Regeln so ausgestaltet sein, dass die Ausübung der im Unionsrecht begründeten Rechte weder verhindert noch unzumutbar erschwert wird.[134] Das gilt beispielsweise für die Anwendung **allgemeiner Rechtsinstitute** des nationalen Rechts wie den Wegfall der Bereicherung. Zunächst ist in solchen Fällen zu prüfen, inwieweit der einzelne EU-rechtliche Rechtsakt für deren Anwendung noch Raum lässt.[135] Soweit dies zu bejahen ist, müssen nationale Rechtsinstitute im Einklang mit dem Grundsatz der Effektivität angewandt werden.[136] Hieraus kann sich etwa ergeben, dass bei einem Verstoß gegen unionsrechtliche Maßgaben hinreichend effektive Rechtsfolgen eingreifen müssen. Das kann zunächst umfassen, dass einzelne Regulierungsstandards des horizontal anwendbaren Verordnungsrechts[137] auch zivilprozessual durchsetzbar sein müssen.[138] Hieraus hat der EuGH beispielsweise bei Verstößen gegen Art. 101 Abs. 1 AEUV das Gebot der Gewährung von Schadensersatzansprüchen hergeleitet[139] oder bei arbeitsrechtlichen Verboten der Diskriminierung verlangt, dass einzelne Einwendungen des nationalen Rechts gegen einen Schadensersatzanspruch nicht eingreifen können.[140] Soweit dagegen einzelne Rechtsakte, insbesondere Richtlinien, den Mitgliedstaaten Spielräume hinsichtlich der Rechtsfolgen überlassen, sind diese im Rahmen des Effektivitätsgrundsatzes grundsätzlich zu beachten.[141] Zu beachten ist der Effektivitätsgrundsatz auch bei der grundsätzlich dem nationalen Recht überlassenen Ausgestaltung der **Darlegungs- oder Beweislast**.[142] „Anfällig" für Wirksamkeitshindernisse sind ferner **Ausschluss- oder Verjährungsfristen**. Grundsätzlich ist zwar auch die Geltung solcher Fristen unionsrechtlich nicht zu beanstanden, soweit sie der Rechtssicherheit dienen.[143] Handelt es sich um eine im Vergleich zum Recht anderer (nicht notwendig aller) Mitgliedstaaten kürzere Frist, so ist aber in besonderem Maße die Prüfung geboten, ob zwingende Gründe der Rechtssicherheit die Frist rechtfertigen.[144] Unionsrechtswidrig sind insbesondere Fristen, deren Geltung den Zweck der betreffenden unionsrechtlichen Regel vereitelt.[145] Der Grundsatz der praktischen Wirksamkeit gilt des Weiteren gegenüber dem nationalen **Verfahrensrecht**, auch soweit es um die Verfahrensvorschriften für die Vollstreckung oder Aufhebung von Schiedssprüchen geht.[146] Soweit der verfahrensrechtliche Rahmen in Frage steht, innerhalb dessen Rechte aus dem unionalen Privatrecht ausgeübt werden können, muss eine Verhinderung oder unzumutbare Erschwerung durch eine prozessuale Regel

133 EuGH Urt. v. 17.9.2002 – Rs. C-C253/00, Slg 2002, I-7289 – Muñoz y Cia SA ./. Frumar Ltd.

134 EuGH Urt. v. 3.10.2013 – Rs. C-32/12 – Soledad Duarte Hueros ./.Autociba SA, Rn. 34; EuGH Urt. v. 20.9.2001 – Rs. C-453/99, Slg 2001, I-6297 – Courage Ltd. ./. Crehan; EuGH Urt. v. 14.12.1995 – Rs. C-430 u. 431/93 Rn. 17 – van Schindel und van Veen ./. Stichtinjg Pensioenfonds voor Fysiotherapeuten.

135 S. EuGH Urt. v. 13.11.1990 – Rs. C-106/89, Slg 1990, I-4135 – Marleasing ./. La Commercial Internacional de Alimentación SA: Nichtigkeit von Gesellschaftsverträgen nach den causa-Vorschriften des spanischen Vertragsrechts auf die im Richtlinienrecht vorgesehenen Fälle beschränkend.

136 EuGH Urt. v. 21.9.1983 – Rs. 215/83, Slg 1983, 2633, Rn. 33 – Deutsche Milchkontor GmbH ./. Deutschland.

137 Auf diesen Aspekt hinweisend *Ackermann* ZEuP 2018, 741 (776).

138 EuGH Urt. v. 17.9.2002 – Rs. C-253/00, Slg 2002, I-07289 – Muñoz ./. Frumar.

139 EuGH Urt. v. 20.9.2001 – Rs. C-453/99, Slg 2001, I-6297, Rn. 26 – Courage Ltd. ./. Crehan.

140 EuGH Urt. v. 8.11.1990 – Rs. C-177/88, Slg 1990, I-03941 – Dekker ./. VJV-Centrum; vgl. auch. EuGH

19.4.2016 – Rs. C-441/14, Rn. 35 – Dansk Industri (DI) ./. Nachlass Rasmussen.

141 EuGH Urt. v. 30. 5. 2013 – C-604/11, Rn. 57 – Genil 48 SL ua ./. Bankinter SA; zustimmend *Lieder* LMK 2013, 349404; auch EuGH Urt. v. 16.2.2017 – C-219/15 – Schmitt ./. TÜV Rheinland.

142 EuGH Urt. v. 4.6.2015 – Rs. C-497/13, Rn. 37 und 64 – Faber ./. Autobedrijf Hazet Ochten; EuGH Urt. v. 17.7.1997 – Rs. C-242/95, Slg 1997, I-4449, Rn. 26 – GT-Link A/S ./. De Danske Staatsbahner; EuGH Urt. v. 21.9.1983 – Rs. 215/83, Slg 1983, 2633, Rn. 39 – Deutsche Milchkontor GmbH ./. Deutschland.

143 Etwa EuGH Urt. v. 24.3.2009 – Rs. C- 445/09 – Danske Slagterier ./. Deutschland; BGHZ 181, 199.

144 EuGH Urt. v. 18.9.2003 – Rs. C-125/01, Rn. 39 – Pflücke ./. Bundesanstalt für Arbeit.

145 EuGH, Urt. 18.9.2003, Rs. C-125/01, Rn. 37 – Pflücke ./. Bundesanstalt für Arbeit; EuGH Urt. v. 21.11.2002 – Rs. C-473/00, Slg 2002, I-10875 – Cofidis SA ./. Fredout; EuGH Urt. v. 11.2.1998 – Rs. C-326/96, Slg 1998, I-7835 – Levez ./. Jennings Ltd.

146 EuGH Urt. v. 1.6.1999 – Rs. C-126/97, Slg 1999, I-3055 – Eco Swiss China Time Ltd. ./. Benetton Internationl NV.

unter Berücksichtigung ihrer Stellung im gesamten Verfahren, des Verfahrensablaufs und der Besonderheiten des betreffenden Verfahrens geprüft werden.[147] Aus dem Grundsatz der Effektivität kann ferner beispielsweise folgen, dass ein nationales Gericht das Unionsrecht von Amts wegen zu berücksichtigen hat, etwa hinsichtlich der Verbrauchereigenschaft als Anwendungsvoraussetzung für zwingendes Verbraucherrecht.[148] Diese Pflicht kann allerdings auch Grenzen haben. Sie führt idR nicht zu einer Einschränkung der Parteiherrschaft über Streitgegenstand und Tatsachen, soweit diese im nationalen Prozessrecht verankert ist.[149] Das Gericht braucht daher grundsätzlich nicht, um dem Gebot der Effektivität zu genügen, von der prozessualen Bindung an Parteianträge abzuweichen oder außerhalb der im Prozessrecht vorgesehenen Fälle amtsermittelnd tätig zu werden. Allerdings muss ein nationales Gericht Rechtswirkungen eines Unionsrechtsakts grundsätzlich von Amts wegen beachten, wenn sonst der Schutzzweck dieses Rechtsakts verfehlt würde.[150] Falls eine unrichtige Auslegung von Unionsprivatrecht durch ein nationales Gericht Rechtskraft erlangt, stellt sich die Frage, ob dessen Vorrang sich auch gegenüber der Rechtskraft durchsetzt. Das ist nicht generell der Fall,[151] kann aber zu bejahen sein, wenn das nationale Recht eine derartige Möglichkeit nicht verbietet[152] oder wenn zugleich ein Verstoß gegen die ausschließliche Zuständigkeit eines Unionsorgans vorliegt[153] oder wenn nicht die Rechtskraft als solche, sondern nur eine gesetzlich angeordnete präjudizielle Wirkung für künftige Streitigkeiten in Frage steht.[154]

Nach dem Grundsatz der **Äquivalenz** darf das nationale Recht für die besagten Fälle des Zusammenwirkens mit dem Unionsrecht nicht ungünstiger ausgestaltet sein als in vergleichbaren Fällen im autonom gesetzten nationalen Recht.[155] Besondere Bedeutung hat dies im Zusammenhang mit allgemeinen privatrechtlichen Rechtsinstituten, die auf unionsrechtlich geregelte Sachverhalte, soweit sie anwendbar sind (→ Rn. 45), nicht in einer (im Vergleich zu ihren sonstigen Anwendungsfeldern) das Unionsrecht benachteiligenden Weise angewandt werden dürfen.[156]   **47**

In verfahrensrechtlicher Hinsicht sieht Art. 6 EMRK einen Anspruch auf ein **faires Verfahren** vor. In einigen Rechtsakten findet sich hierzu ferner die Maßgabe, dass die Mitgliedstaaten bei der Umsetzung die tatsächliche Wirksamkeit der ergriffenen Maßnahmen sicherstellen müssen und dafür Sorge zu tragen haben, dass der Einzelne sich vor Gericht auf diese Maßnahmen tatsächlich berufen kann.[157] Das gilt indessen im Rahmen des Effektivitätsgrundsatzes auch dann, wenn ein Unionsrechtsakt keine ausdrückliche Anordnung dieses Inhalts vorsieht.   **48**

6. Staatshaftung bei unzureichender Umsetzung. Obschon die Rechtsprechung des EuGH zur richtlinienkonformen Auslegung und zum Vorrang des Unionsrechts dem Ergebnis nach einer horizontalen Direktwirkung oftmals nahezu gleichkommt, hat dieser einen anderen Weg eingeschlagen, um der Umsetzungspflicht der Mitgliedstaaten auch im Privatrecht effektive Geltung zu verschaffen. Seit seiner Entscheidung im Fall Francovich haftet der jeweilige Mitgliedstaat nach einer ständigen Rechtsprechung auf Ersatz derjenigen Schäden, die der Einzelne durch mangelnde Umsetzung von Richtlinien erleidet.[158] Voraussetzungen für einen solchen Anspruch sind erstens die Verleihung subjektiver Rechte an Einzelne als Ziel der Richtlinie, zweitens die inhaltliche Bestimmbarkeit dieser subjektiven Rechte aufgrund der Richtlinie, drittens das Vorliegen eines qualifizierten Verstoßes des nationalen Rechts gegen die bzgl. dieser subjektiven   **49**

147 EuGH Urt. v. 3.10.2013 – Rs. C-32/12 – Soledad Duarte Hueros ./.Autociba SA.

148 EuGH Urt. v. 4.6.2015 – Rs. C-497/13, Rn. 45 – Faber ./. Autobedrijf Hazet Ochten.

149 EuGH, Urt.v. 14.12.1995, Rs. C-430 u. 431/93 Rn. 21 f. – van Schindel und van Veen ./. Stichting Pensioenfonds voor Fysiotherapeuten; anders liegt es, wenn sich aus dem maßgebenden Rechtsakt im Einzelfall etwas anderes ergibt: EuGH Urt. v. 9.11.2010 – C-137/08 - Pénzügyi Lízing Zrt. ./.Ferenc Schneider.

150 EuGH Urt. v. 21.11.2002 – Rs. C-473/00, Slg 2002, I-10875 – Cofidis SA ./. Fredout; EuGH Urt. v. 27.6.2000 – Rs. C-240 bis C-244/98, Slg 2000, I-4941 – Oceano Grupo Editorial ./. Rocio Murciano Quintero; *Bruder* ERPL 2007, 205, 216 ff.

151 EuGH Urt. v. 16.3.2006 – Rs. C-234/04, Slg 2006, I-2006, I-2585 – Kapferer ./. Schlank & Schick GmbH.

152 Vgl. EuGH Urt. v. 12.2.2008 – Slg 2008, I-411 – Kempter ./.Hauptzollamt Hamburg-Jonas.

153 EuGH Urt. v. 18.7.2007 – Rs. C-119/ 05, Slg 2007, I-6199 – Ministero dell'Industria, del Commercio e dell'Artigianato ./. Lucchini SpA Büscher GPR 2008, 210 (217).

154 EuGH Urt. v. 3.9.2009 – Rs. C-2/08, 2009, I-7501 – Amministrazione dell'Economia e delle Finanze ./. Fallimento Olimpiclub.

155 EuGH Urt. v. 20.9.2001 – Rs. C-453/99, Slg 2001, I-6297 – Courage Ltd. ./. Crehan; EuGH Urt. v. 14.12.1995 – Rs. C-430 u. 431/93 Rn. 17 – van Schindel und van Veen ./. Stichtinjg Pensioenfonds voor Fysiotherapeuten.

156 EuGH Urt. v. 21.9.1983 – Rs. 215/83, Slg 1983, 2633, Rn. 33 – Deutsche Milchkontor GmbH ./. Deutschland.

157 EuGH Urt. v. 22.4.1997 – Rs. C-180/95, Slg 1997, I-2195, Rn. 24 – Draempaehl ./. Urania Immobilienservice GmbH – zu Art. 6 Gleichbehandlungs-RL 76/207/EWG; ferner EuGH Urt. v. 21.11.2002 – Rs. C-473/00, Slg 2002, I-10875 – Cofidis SA ./. Fredout; EuGH Urt. v. 27.6.2000 – Rs. C-240 bis C-244/98, Slg 2000, I-4941 – Oceano Grupo Editorial ./. Rocio Murciano Quintero – zu Art. 6 der Klausel-RL 93/13/EWG.

158 Grundlegend EuGH Urt. v. 19.11.1991 – Rs. C-6 u. 9/90, Slg 1991, I-5403 – Francovich, Bonifaci ua ./. Italienische Republik.

Rechte bestehende Pflicht zur Umsetzung der Richtlinie und viertens die Kausalität zwischen dem staatlichen Verstoß gegen die Umsetzungspflicht und dem geltend gemachten Schaden.[159] Bei dem Merkmal des qualifizierten Verstoßes ist zu beachten, dass den Mitgliedstaaten bei der Umsetzung des Unionsrechts oftmals ein weiter Ermessensspielraum zustehen kann. Ein hinreichend qualifizierter Verstoß gegen das Unionsrecht liegt deshalb nur vor, wenn der Mitgliedstaat die Maßgaben des Unionsrechts offenkundig und in erheblichem Maße überschritten hat.[160] Dabei können insbesondere die Vorsätzlichkeit oder Nichtvorsätzlichkeit des Verstoßes und die Entschuldbarkeit eines etwaigen Rechtsirrtums der Organe des jeweiligen Mitgliedstaates bedeutsam sein.[161] Jedenfalls ist ein Verstoß dann hinreichend qualifiziert, wenn er trotz eines das Unionsrecht klärenden Urteils des EuGH aufrechterhalten wird.[162] Erforderlich ist aber eine vorhergehende Feststellung eines Unionsrechtsverstoßes durch den EuGH.[163] Im deutschen Recht sind zudem die weiteren Maßgaben der §§ 839 und 852 BGB grundsätzlich entsprechend anwendbar. Allerdings gilt die Obliegenheit zur Schadensvermeidung durch Rechtsmitteleinlegung nur im Rahmen des Zumutbaren.[164]

50 Welches Staatsorgan die unzureichende Umsetzung bewirkt hat, ist gleichgültig. Da die Umsetzungspflicht den Staat als ganzen, also **alle Staatsorgane** unter Einschluss der Gerichte, trifft,[165] kann diese Staatshaftung auch greifen, wenn die ungenügende Umsetzung auf einer unzureichenden Berücksichtigung des Europarechts bei der Auslegung des nationalen Transformationsrechts durch die Gerichte beruht.[166]

51 Der Staat kann versuchen, den Eintritt unionsrechtswidriger Ergebnisse durch eine **rückwirkende Umsetzung** wieder zu beseitigen. Erforderlich hierfür ist eine vollständige und ordnungsgemäße Umsetzung, welche die eingetretene Verletzung durch ihre Rückwirkung vollständig beseitigt. Gelingt dies, so greift der unionsrechtliche Schadensersatzanspruch nicht ein.[167] Es bleibt die Aufgabe der nationalen Gerichte, darüber zu wachen, ob etwaige Schadensfolgen hierdurch vollständig beseitigt werden. Verbleibende Restschäden sind zu ersetzen.[168]

52 Die Bestimmung der für die Geltendmachung des Schadensersatzanspruchs zuständigen Gerichte und die weitere Ausgestaltung der klageweisen Geltendmachung des Schadensersatzanspruchs bleiben mangels unionsrechtlicher Regelung den **mitgliedstaatlichen Rechten** überlassen. Diese Ausgestaltung muss allerdings nach dem Grundsatz der praktischen Wirksamkeit so beschaffen sein, dass sie erstens den vollen Schutz dieses unionsrechtlichen Anspruchs gewährleistet, dass sie zweitens hinsichtlich ihrer materiellen und formellen Voraussetzungen nicht ungünstiger beschaffen ist als vergleichbare Verfahren im nationalen Recht und drittens die Geltendmachung des Anspruchs nicht übermäßig erschwert oder gar unmöglich macht.[169] Zu den formellen Erfordernissen können auch solche zählen, die im Interesse der Rechtssicherheit geboten sind.[170] Hierzu wird man etwa im nationalen Recht vorgesehene Verjährungsregeln rechnen können. Diese Verweisung auf das mitgliedstaatliche Recht greift nicht, soweit eine Regelungsmaterie bereits durch die im Unionsrecht vorgesehenen Voraussetzungen erfasst wird. Ein über das Erfordernis eines qualifizierten Verstoßes hinausgehendes **Verschuldenserfordernis** darf das nationale Recht deshalb nicht anordnen.[171] Hingegen kann das nationale Recht das Erfordernis vorsehen, dass sich der Geschädigte hinreichend um die Vermeidung des Schadenseintritts bemüht hat.[172] Hieraus hat die deutsche Rechtsprechung den – wohl zutreffenden – Schluss gezogen, dass im deutschen Kontext eine Anwendung des § 839 Abs. 3 BGB möglich und geboten ist.[173] Soweit es um den **Umfang** des Schadensersatzes geht, folgt aus dem Gebot der

159 Zu den Voraussetzungen 1, 2 und 4 EuGH Urt. v. 19.11.1991 – Rs. C-6 u. 9/90, Slg 1991, I-5403, Rn. 40 – Francovich, Bonifaci ua ./. Italienische Republik.
160 EuGH Urt. v. 5.3.1996 – Rs. 46 u. 48/93, Slg 1996, I-1131 – Brasserie du Pêcheur SA ./. Bundesrepublik Deutschland.
161 EuGH Urt. v. 5.3.1996 – Rs. 46 u. 48/93, Slg 1996, I-1131, Rn. 56 – Brasserie du Pêcheur SA ./. Bundesrepublik Deutschland.
162 EuGH Urt. v. 5.3.1996 – Rs. 46 u. 48/93, Slg 1996, I-1131, Rn. 57 – Brasserie du Pêcheur SA ./. Bundesrepublik Deutschland.
163 EuGH Urt. v. 24.3.2009 – Rs. C- 445/09 – Danske Slagterier ./. Deutschland.
164 EuGH Urt. v. 24.3.2009 – Rs. C- 445/09 – Danske Slagterier ./. Deutschland; BGHZ 181, 199.
165 EuGH Urt. v. 9.3.1978 – Rs. 106/77, Slg 1978, 629 – Staatliche Finanzverwaltung ./. Simmenthal.
166 EuGH Urt. v. 30.9.2003 – Rs. C-224/01, Slg 2003 Seite I-10230 – Köbler ./. Republik Österreich; *Pfeiffer* EWiR 1993, § 1 HWiG 1/93, S. 273.

167 EuGH Urt. v. 3.10.2000 – Rs. C-371/97, Slg 2000, I-7881, Rn. 39 – Gozza ./. Unversità degli Studi di Pisa.
168 EuGH Urt. v. 3.10.2000 – Rs. C-371/97, Slg 2000, I-7881, Rn. 39 – Gozza ./. Unversità degli Studi di Pisa.
169 EuGH Urt. v. 19.11.1991 – Rs. C-6 u. 9/90, Slg 1991, I-5403, Rn. 42 f. – Francovich, Bonifaci ua ./. Italienische Republik.
170 EuGH Urt. v. 5.3.1996 – Rs. 46 u. 48/93, Slg 1996, I-1131, Rn. 97 – Brasserie du Pêcheur SA ./. Bundesrepublik Deutschland.
171 EuGH Urt. v. 5.3.1996 – Rs. 46 u. 48/93, Slg 1996, I-1131, Rn. 75 ff. – Brasserie du Pêcheur SA ./. Bundesrepublik Deutschland.
172 EuGH Urt. v. 5.3.1996 – Rs. 46 u. 48/93, Slg 1996, I-1131, Rn. 83 ff. – Brasserie du Pêcheur SA ./. Bundesrepublik Deutschland.
173 BGH NJW 2004, 1241.

Effektivität des Anspruchs, dass auch ein entgangener Gewinn zu ersetzen ist,[174] wohingegen besondere Schadensersatztatbestände des nationalen Rechts (etwa: exemplary damages nach englischem Recht) nur insoweit auf den unionsrechtlichen Ersatzanspruch angewandt werden müssen, als dies auch bei vergleichbaren Tatbeständen des nationalen Rechts der Fall ist.[175]

7. Eingeschränkter nationaler Grundrechtsschutz. Das sekundäre Unionsrecht, zu dem auch die nach Art. 288 EUV erlassenen Richtlinien zählen, ist nicht Gegenstand der verfassungsgerichtlichen Prüfung anhand der Vorschriften des Grundgesetzes, **solange** ein ausreichender europäischer Grundrechtsschutz gesichert ist.[176] **Verfassungsbeschwerden** sind insoweit grundsätzlich unzulässig.[177] Lediglich soweit der Inhalt des nationalen Gesetzes auf zwingenden EU-rechtlichen Vorgaben beruht, muss aber das nationale Verfassungsrecht weichen. Damit bleiben die Grundrechte prinzipiell gültig. Sie bleiben im Rahmen der Überprüfung anhand verfassungsrechtlicher Maßstäbe zunächst insoweit beachtlich, als das EU-Recht nicht zur Abweichung von den Maßstäben des Grundgesetzes zwingt. Im Übrigen bleibt das Gebot einer verfassungskonformen Auslegung des nationalen Transformationsrechts wirksam. Zwar hat das für diese Vorschriften geltende Prinzip der richtlinienkonformen Auslegung Vorrang vor dem Gebot der verfassungskonformen Auslegung;[178] auch dies kann aber lediglich insofern gelten, als keine europarechtlich mögliche Auslegung oder Gestaltung besteht, die zugleich den Maßstäben des Grundgesetzes genügt.[179] Außerdem bleibt jedenfalls der Vorbehalt der Prüfung der Einhaltung des europäischen Integrationsrahmens durch das BVerfG.[180] Dies umfasst nach der Ultra-vires-Doktrin „Grenzdurchbrechungen" bei der Inanspruchnahme von Kompetenzen durch die europäischen Organe sowie die Prüfung, ob infolge des Handelns europäischer Organe die nach Art. 79 Abs. 3 GG unantastbaren Grundsätze der Art. 1 und 20 GG verletzt werden. Unter welchen Voraussetzungen eine unzutreffende Rechtsfortbildung des EuGH wegen ihrer Konsequenzen für die wirtschaftliche Betätigungsfreiheit von Marktteilnehmern diesen Integrationsrahmen sprengt, ist bislang nicht hinreichend geklärt. Dass hieraus spürbare Schranken für die privatrechtliche Rechtsprechung des EuGH erwachsen, ist nicht zu erwarten.[181]

53

II. Unionsrechtskonforme Auslegung

1. Allgemein. Art. 4 Abs. 3 EUV verpflichtet die Mitgliedstaaten, untereinander wie mit den Organen der Union loyal zusammenzuarbeiten. Dieser Grundsatz der **Unionstreue** begründet echte Rechtspflichten der Mitgliedstaaten, zu denen auch die Pflicht gehört, das nationale Recht unionsfreundlich und damit europarechtskonform auszulegen. Vorschriften des nationalen Rechts sind, soweit möglich, so auszulegen, dass das Ergebnis dieser Auslegung den Vorgaben des EU-Rechts entspricht. In den Kanon der Methodenlehre lässt sich die europarechtskonforme Auslegung einordnen, indem man sie als Anwendungsfall der zu den systematischen Auslegungsgrundsätzen zählenden **normhierarchischen Auslegung** begreift. Das EU-Recht als höherrangiges Recht wirkt auslegungsbestimmend und auslegungsleitend auf das nationale Recht als Rechtsquelle niederen Ranges ein. Diese Einwirkung ist allerdings keine bloße Maßgabe der innerstaatlichen Methodenlehre, sondern ist aufgrund ihrer Verankerung im Gebot der Unionstreue unmittelbar unionsrechtlich verankert.

54

Im Bereich des **unmittelbar anwendbaren Unionsrechts** steht neben dem Gebot der unionsrechtskonformen Auslegung der bereits angesprochene Vorrang des Unionsrechts. Dabei ist es nach der Rechtsprechung des EuGH zwar Sache des nationalen Gerichts, das innerstaatliche Gesetz unter voller Ausschöpfung des Auslegungsspielraums, der nach nationalem Recht besteht, in Übereinstimmung mit den Anforderungen des Unionsrechts auszulegen und anzuwenden; nur soweit eine solche unionsrechtskonforme Auslegung nicht möglich ist, darf es entgegenstehende innerstaatliche Vorschriften nicht anwenden.[182] Durch diesen Anwendungsvorrang ist die Durchsetzung des Unionsrechts unabhängig von den Grenzen der unionsrechtskonformen Auslegung gesichert. Seine besondere Bedeutung erlangt der Grundsatz der unionsrechtskonformen Auslegung, namentlich für das Privatrecht, deshalb in denjenigen Fällen, in denen dem EU-Recht infolge fehlender Direktwirkung kein Anwendungsrang zukommen kann. Dies ist namentlich bei der Umsetzung von Richtlinien der Fall. Hier kann der Einfluss des Unionsrechts seine volle Wirkkraft durch korrekte Umsetzung in das nationale Recht und deren Flankierung durch unionsrechtskonforme Auslegung entfalten; hieraus resultiert die besondere Bedeutung der richtlinienkonformen Auslegung. Auch das unmittelbar gel-

55

---

174 EuGH Urt. v. 5.3.1996 – Rs. 46 u. 48/93, Slg 1996, I-1131, Rn. 87 – Brasserie du Pêcheur SA ./. Bundesrepublik Deutschland.

175 EuGH Urt. v. 5.3.1996 – Rs. 46 u. 48/93, Slg 1996, I-1131, Rn. 89 – Brasserie du Pêcheur SA ./. Bundesrepublik Deutschland.

176 BVerfGE 73, 339 – Solange II.

177 BVerfGE 102, 147 – Bananenmarkt.

178 Str., wie hier *Lutter* JZ 1992, 593 (605) mwN.

179 *Bleckmann*, Europarecht, Rn. 126 f.

180 BVerfGE 89, 355 – Maastricht; BVerfG 30.6.2009 – 2 BvB 2/08 ua – Lissabon.

181 BVerfG Beschl. v. 6.7.2010 – 2 BvR 2661/06 – Mangold.

182 EuGH Urt. v. 4.2.1988 – Rs. 157/86, Slg 1988, 673, Rn. 11 – Murphy ./. Bord Telecom Eireann.

tende Unionsrecht kann aber Anlass zur unionsrechtskonformen Auslegung geben, namentlich in den Fällen, in denen es seine Wirkungen erst durch hinzutretende Normen des nationalen Rechts herbeiführt.

56 **2. Richtlinienkonforme Auslegung. a) Grundsätze.** Das Gebot richtlinienkonformer Auslegung beruht in erster Linie auf unionsrechtlichen Vorgaben,[183] und zwar zunächst auf der Verpflichtung zur Umsetzung der Richtlinie in das nationale Recht nach Art. 288 AEUV,[184] darüber hinaus (und in seinen Wirkungen noch weiter reichend) auf der Pflicht zu unionstreuem Verhalten (Art. 4 Abs. 3 EUV). Danach ist zunächst das nationale Transformationsrecht im Sinne der zugrunde liegenden Richtlinie auszulegen.[185] Dieser Grundsatz gilt über das ausdrückliche Umsetzungsrecht hinaus aber für die **gesamte nationale Rechtsordnung**. Das schließt vor dem Erlass der Richtlinie in Kraft getretenes nationales Recht mit ein und erfasst insbesondere auch zivilrechtliche **Generalklauseln**,[186] die mithin grundsätzlich als Einfallstor für nicht ausdrücklich umgesetzte Inhalte des Unionsprivatrechts wirken können.[187]

57 Das Gebot richtlinienkonformer Auslegung greift ein, soweit ein Sachverhalt in den Anwendungsbereich einer Richtlinie fällt. Damit ist dieses Gebot maßgebend, wenn die räumlichen, zeitlichen, persönlichen und sachlichen Voraussetzungen für die Anwendbarkeit einer Richtlinie und ihrer Tatbestände vorliegen. In **zeitlicher Hinsicht** kommt es dabei nicht auf den Zeitpunkt des Inkrafttretens der Richtlinie, sondern denjenigen des Verstreichens der Umsetzungsfrist an. Das schließt es aber nicht aus, dass die nationalen Gerichte schon die Verabschiedung oder das Inkrafttreten als Ausdruck gewandelter Beurteilungen heranziehen und das nationale Recht schon vorab im Lichte der hieraus resultierenden Wertung also im Einklang mit einer zukünftig wirkenden Richtlinie auslegen.[188]

58 Zur richtlinienkonformen Auslegung gehört es insbesondere, dass die nationalen Gerichte ihre Auslegung des anwendbaren Rechts „soweit möglich" am Wortlaut und Zweck der jeweils anwendbaren Richtlinie ausrichten.[189] Mit der Maßgabe, dass die nationalen Gerichte „soweit möglich" richtlinienkonform auslegen müssen, ist gemeint, dass die Gerichte alle innerhalb des anwendbaren Rechts bestehenden Auslegungsspielräume in vollem Umfang zugunsten einer richtlinienkonformen Auslegung auszuschöpfen haben.[190] Das Gebot der richtlinienkonformen Auslegung ist somit soweit irgend möglich zu beachten.[191] Mit anderen Worten genießt die richtlinienkonforme Auslegung, soweit sie greift, bei der Klärung von Auslegungsfragen **interpretatorischen Vorrang** und enthält mithin regelmäßig das „Gewinnerargument".[192] Zu den weitreichenden Konsequenzen, die hieraus erwachsen, zählt in der Rechtsprechung des EuGH die Bezugnahme auf das nationale Methodenarsenal im Falle von Normkollisionen. Soweit es die nationale Methodenlehre im Falle von Normkollisionen gestattet, eine Norm durch einschränkende Auslegung oder durch Nichtanwendung zurücktreten zu lassen, muss das nationale Gericht hiervon auch im Falle einer Kollision des nationalen Gesetzes mit einer Richtlinie Gebrauch machen.[193] Insoweit wird das Richtlinienrecht im Rahmen der Auslegung mit unmittelbar geltenden Vorschriften auf eine Stufe gestellt.[194] Zudem führt dieser Rang der richtlinienkonformen Auslegung zwangsläufig zu Spannungen im Verhältnis zu den Geboten der nationalen Methodenlehre.[195]

59 Maßgebend für etwaige **Grenzen** der Pflicht zur richtlinienkonformen Auslegung ist nach alledem das nationale Recht nach Maßgabe der nationalen Methodenlehre. Für eine vollständige Verdrängung der nationalen Methodenlehre bietet das Unionsrecht keine Grundlage.[196] Es ist freilich nicht zu verkennen, dass die Rechtsprechung des EuGH zu den insoweit zu beachtenden Maßgaben inzwischen zu einer Teileuropäisierung der für die Bestimmung der Contra-legem-Grenze maßgebenden methodischen Grundsätze geführt hat.[197] Die im deutschen Recht danach geltenden Grenzen sind nicht abschließend geklärt; insbesondere ist fraglich, in welchem Maße die nationalen Gerichte möglicherweise sogar zur richtlinienkonformen Auslegung praeter bzw. extra oder gar „contra" legem nationalem verpflichtet sein können.[198] Der BGH hatte

183 AA *Hommelhoff*, Festgabe BGH II, S. 889, 892.
184 Diese besonders betonend etwa *Canaris* FS Bydlinski 2002, S. 47, 55 ff.
185 EuGH Urt. v. 10.4.1984 – Rs. 79/83, Slg 1984, 1921 – Harz ./. Deutsche Tradax GmbH.
186 EuGH Urt. v. 13.11.1990 – Rs. C-106/89, Slg 1990, I-4135 – Marleasing ./. La Commercial Internacional de Alimentación SA – zu den causa-Vorschriften des spanischen Vertragsrechts; BGHZ 138, 55: § 1 UWG.
187 JurisPK-BGB/*Pfeiffer* § 242 Rn. 8.
188 BGHZ 138, 55.
189 EuGH Urt. v. 26.9.1996 – Rs. C-168/95, Slg 1996, I-4705, Rn. 40 – Arcaro; EuGH Urt. v. 13.11.1990 – Rs. C-106/89, Slg 1990, I-4135, Rn. 8 – Marleasing ./. La Commercial Internacional de Alimentación SA.

190 EuGH Urt. v. 10.4.1984 – Rs. 14/83, Slg 1984, 1891, Rn. 28 – v. Colson und Kamman ./. Land NRW.
191 *Vogenauer* ZEuP 1997, 159 (162 ff.).
192 *Pfeiffer* LMK 2004, 17.
193 EuGH Urt. v. 5.10.2004 – verb. Rs. C-397/01 bis C-403/01, Slg 2004 I-8835 – Pfeiffer ua ./. Deutsches Rotes Kreuz, Kreisverband Waldshut eV.
194 *Riesenhuber/W.-H. Roth*, Europäische Methodenlehre, § 14 Rn. 31.
195 Vgl. etwa *Müller-Graff* GPR 2009, 106 (115).
196 *Brenncke* EuR 2015, 440 (445).
197 *Kainer* EuZW 2016, 262 (267); *Brenncke* EuR 2015, 440.
198 Zu dieser Begriffsbildung *Canaris* FS Bydlinski 2002, S. 47, 81 ff.

eine richtlinienkonforme Auslegung nationalen Rechts gegen den ausdrücklichen Wortlaut eines Transformationsgesetzes ursprünglich abgelehnt.[199] In der Rechtsprechung des BAG findet sich – in Anlehnung an die Rechtsprechung des BVerfG zu den Grenzen der verfassungskonformen Auslegung[200] – die Feststellung, die Grenze liege dort, wo Entscheidungen zu dem Wortlaut und dem klar erkennbaren Willen des Gesetzgebers in Widerspruch treten würde.[201] Die Geltung dieser Einschränkung ist freilich vor dem unionsrechtlichen Hintergrund zu sehen, dass das nationale Gericht im Hinblick auf das Umsetzungsgebot aus Art. 288 Abs. 3 AEUV grundsätzlich davon auszugehen hat, dass der nationale Gesetzgeber eine Richtlinie vollständig und richtig umsetzen wollte.[202] Bei der Handhabung dieser Maßgabe ist allerdings darauf zu achten, dass das methodische Instrumentarium vollständig ausgeschöpft wird. Anerkannt ist namentlich, dass eine richtlinienkonforme Auslegung nicht schon dadurch blockiert ist, dass – zB wenn der Gesetzgeber bestimmte Konsequenzen des Gesetzes nicht bedacht hat – eine bestimmte Auslegung dem Willen des Gesetzgebers eher entspreche.[203] Auch darüber hinaus müssen methodische Verengungen vermieden werden. Der Wortlaut alleine kann daher jedenfalls nicht in allen Fällen als starre Grenze für die Möglichkeit einer richtlinienkonformen Auslegung angesehen werden. Dies erkennt seit der Quelle-Folgeentscheidung auch der BGH an.[204] Eine den Wortlaut übersteigende Auslegung kann zulässig sein, wie dies insbesondere in den Fällen der teleologischen Reduktion, der teleologischen Extension, der Analogie oder der gesetzesübersteigenden Rechtsfortbildung anerkannt ist.[205] Hiermit steht es im Einklang, dass der EuGH ausdrücklich formuliert hat, dass auch eine bisherige ständige Rechtsprechung das nationale Gericht nicht an einer richtlinienkonformen Auslegung hindern könne.[206] Anders gesagt: Das nationale Gericht muss zu dem Ergebnis kommen, dass es aus Gründen seiner nationalen Methodenlehre, die außerhalb des Bestehens einer entgegenstehenden ständigen Rechtsprechung liegen, nicht richtlinienkonform auslegen kann. Insofern schließt das Gebot richtlinienkonformer Auslegung ein Gebot richtlinienkonformer Rechtsfortbildung ein, soweit dabei die hierfür geltenden methodischen Grenzen beachtet werden.[207] Nur in diesem Sinne besteht ein Verbot der richtlinienkonformen Auslegung „contra legem".[208] Dabei muss zudem bedacht werden, dass sämtliche Generalklauseln des Zivilrechts richtlinienkonform ausgelegt werden müssen und insofern grundsätzlich geeignet sind, die nicht ausdrücklich in das nationale Gesetzesrecht übernommenen Richtlinieninhalte ins nationale Recht zu transportieren. Zwar darf die Auslegung der Generalklauseln nicht zur Umwertung des Gesetzes führen, so dass die Maßgaben des Gesetzes auch hier beachtlich sind. Jedoch hat die Auslegung im Lichte der Gesamtrechtsordnung zu erfolgen, zu der auch das mit interpretatorischem Vorrang versehene EU-Recht zählt.[209] Kein Hindernis hierfür erwächst im Übrigen daraus, dass eine solche verstärkte Heranziehung der Generalklauseln für die richtlinienkonforme Auslegung einer horizontalen Direktwirkung von Richtlinien gleichkäme, die der EuGH nicht anerkennt. Aus der Praxis des EuGH (→ Rn. 38) folgt lediglich, dass eine solche EU-rechtlich nicht geboten ist; mitnichten folgt hieraus ein Verbot, dem Richtlinienrecht kraft autonomer nationaler Entscheidung praktisch eine der unmittelbaren Geltung gleichkommende Wirkung zu verschaffen. Vielmehr ist dies, soweit nach nationalem Recht möglich, sogar EU-rechtlich geboten.

60 Noch nicht zu entscheiden hatten die Gerichte, inwieweit das Gebot der richtlinienkonformen Auslegung gilt, wenn ein Sachverhalt nach Maßgabe des Internationalen Privatrechts nach **ausländischem Sachrecht** zu beurteilen ist. Indessen geht der Rechtsanwendungsbefehl auch in den Fällen der Verweisung auf ausländisches Recht vom eigenen nationalen Gesetzgeber aus. Dieser ist stets an das Gebot der Unionstreue in Art. 4 Abs. 3 EUV und damit an die Rechtsgrundlage der richtlinienkonformen Auslegung gebunden,

199 BGH NJW 2004, 154 = LMK 2004, 17 mAnm *Pfeiffer*.
200 Etwa BVerfGE 93, 37, 79 f.
201 BAGE 82, 211; BAGE 61, 209.
202 EuGH Urt. v. 5.10.2004 – verb. Rs. C-397/01 bis C-403/01, Slg 2004 I-8835, Rn. 112 – Pfeiffer ua ./. Deutsches Rotes Kreuz, Kreisverband Waldshut eV; das gilt auch, soweit der nationale Gesetzgeber davon ausgeht, dass es wegen bereits bestehender Gesetzgebung keiner Umsetzung bedarf EuGH Urt. v. 16. 12. 1993. Rs. C-334/92, Slg 1993, I-06911, Rn. 21 – Wagner Miret ./. Fondo Garantia Salarial.
203 BAGE 82, 211; erkennbar hiervon ausgehend BGHZ 150, 248; ebenso zum Parallelproblem bei der verfassungskonformen Auslegung BVerfGE 93, 37, 79 f.; zu eng daher etwa LG Ravensburg WM 2004, 1033.
204 BGHZ 179, 27; einschränkend LG Bonn 20.1.2014 – 9 O 307/13 Rn. 22.

205 *Canaris* FS Bydlinski 2002, S. 47, 81 ff.; *Herresthal* EuZW 2007, 396; *Lutter* JZ 1992, 593 (605 ff.); *Pfeiffer* NJW 2009, 412; *Roth*, Festgabe BGH II, S. 847, 876; *Jud* ÖJZ 2003, 524; skeptisch *Gsell* AcP 214 (2014), 99, 136 ff.
206 EuGH 19.4.2016 – Rs. C-441/14, Rn. 33 – Dansk Industri (DI) ./. Nachlass Rasmussen.
207 *Riesenhuber/W.-H. Roth*, Europäische Methodenlehre, § 14 Rn. 46; *Bydlinski* JBl 2015, 2 (5).
208 *Brenncke* EuR 2015, 440 (442).
209 Zwar mag rechtstechnisch mangels unmittelbarer Anwendbarkeit von Richtlinien keine Kollision vorliegen, so dass sich eine Rangfrage nicht stellt, *Roth*, Festgabe BGH II, S. 847, 875; doch spiegelt sich der im Falle der unmittelbaren Geltung bestehende Anwendungsvorrang des Unionsrechts in einem Wertungsvorrang des nicht unmittelbar anwendbaren Rechts bei der Auslegungsleitung wieder; zum Ganzen *Pfeiffer* StudZR 2004, 171 ff.

soweit sich der Rechtsanwendungsbefehl auf das Recht eines Mitgliedstaates bezieht. Die Gegenansicht, die nur einen nationalen Befehl zur richtlinienkonformen Auslegung anerkennen will, stellt allein auf den Umsetzungsbefehl an den Gesetzgeber ab, der sich nur auf das eigene Recht beziehe.[210] Das überzeugt nicht, weil es nicht hinreichend berücksichtigt, dass sich der Umsetzungsbefehl an den Staat als Ganzen und nicht nur an den nationalen Gesetzgeber richtet.[211] Dementsprechend hat der EuGH eine Überprüfung der Vereinbarkeit nationalen Rechts mit dem EU-Recht auch dann für möglich gehalten, wenn es sich aus der Sicht des vorlegenden Gerichts um ausländisches nationales Recht handelt und kein Fall des Missbrauchs vorliegt.[212] Soweit ein Sachverhalt in den sachlichen und räumlichen Anwendungsbereich einer Richtlinie fällt, ist das anwendbare Recht mithin auch als ausländisches nach Maßgabe der allgemeinen Regeln richtlinienkonform auszulegen.[213]

61 **b) Überschießende Umsetzung.** Das Gebot richtlinienkonformer Auslegung gilt, soweit ein Sachverhalt in den Anwendungsbereich einer Richtlinie fällt. Damit greift dieses Gebot nur ein, wenn die räumlichen, zeitlichen, persönlichen und sachlichen Voraussetzungen für die Anwendbarkeit einer Richtlinie und ihrer Tatbestände vorliegen. Dies schließt es nicht aus, dass das nationale Recht über den Anwendungsbereich einer Richtlinie hinausgeht (sog. überschießende Umsetzung, → Rn. 33).

62 Soweit es um die Bedeutung der richtlinienkonformen Auslegung in diesen Fällen geht, bildet den Ausgangspunkt der EU-rechtlichen Beurteilung die Feststellung, dass das unionsrechtliche Gebot der richtlinienkonformen Auslegung stets nur so weit reichen kann wie der Anwendungsbereich der betreffenden Richtlinie. Sieht ein Mitgliedstaat für sein Transformationsrecht einen weiteren Anwendungsbereich vor, als dies im Richtlinienrecht angelegt ist, stellt sich die Frage, ob die aus dem Unionsrecht folgenden Maßgaben auch über diesen Anwendungsbereich hinaus im Rahmen einer sog. **quasi richtlinienkonformen Auslegung** beachtlich sind.[214] Grundsätzlich ist das mitgliedstaatliche Recht insofern unionsrechtlich frei. Ob eine einheitliche oder „gespaltene" Auslegung des Umsetzungsaktes innerhalb und außerhalb des Richtlinienrechts geboten ist, muss daher im Wege der Auslegung des nationalen Umsetzungsrechts entschieden werden. Dabei spricht allerdings die Entscheidung des nationalen Gesetzgebers für eine einheitliche Regelung innerhalb und außerhalb des Richtlinienanwendungsbereichs zwar grundsätzlich dafür, eine solche quasi richtlinienkonforme Auslegung vorzunehmen.[215] Soweit allerdings eine Richtlinienregelung etwa auf spezifischen Maßgaben und Regelungs- oder Schutzzwecken eines bestimmten Rechtsbereichs (etwa: dem Verbraucherrecht) beruht und gerade eine Abweichung von Wortlaut und Systematik des nationalen Rechts erfordert, wird eine quasi-richtlinienkonforme Erstreckung des Richtlinieninhalts auf andere Rechtsbereiche vielfach ausscheiden.[216] Zur Zulässigkeit von Vorlagen im Rahmen des Vorabentscheidungsverfahrens → Rn. 78.

III. Geltung in Schiedsverfahren

63 Welches Recht im Schiedsverfahren anzuwenden ist, bestimmt sich zunächst nach dem anwendbaren Kollisionsrecht. Soweit dieses zur Geltung mitgliedstaatlichen Rechts führt, stellt sich die Frage nach der Anwendbarkeit des EU-Rechts im Kern so dar wie in Verfahren vor staatlichen Gerichten. EU-Recht ist im Rahmen seines Geltungsanspruchs grundsätzlich anwendbar. Führen die maßgebenden Kollisionsregeln zur Anwendung einer nichtstaatlichen Rechtsordnung, so gilt dies nicht ohne Weiteres. Vielmehr ist dann nach Maßgabe der von den Parteien bestimmten oder gesetzlich geltenden Kollisionsregeln zu entscheiden, inwieweit diese (auch) auf – insbesondere zwingendes – Unionsrecht verweisen. Allerdings können staatliche Gerichte mit der im Schiedsverfahren zugrunde gelegten Rechtsanwendung dann befasst werden, wenn sie über die Aufhebung eines Schiedsspruchs oder dessen Vollstreckbarerklärung zu entscheiden haben. In derartigen Fällen kommt es typischerweise auf die Vereinbarkeit des Schiedsspruchs mit der **öffentlichen Ordnung** an. Hierzu geht der EuGH davon aus, dass jedenfalls die zwingende Vorschrift des EU-Kartellrechts in Art. 101 Abs. 1 AEUV zu dem grundlegenden Bestand des für die Mitgliedstaaten zwingenden Rechts gehört; ein Schiedsspruch, der diese Vorschrift missachtet, muss daher von den Mitgliedstaaten als unvereinbar mit der öffentlichen Ordnung angesehen werden.[217] Welche Rückwirkung diese Rechtsprechung auf die Rechtsanwendungsfrage vor dem Schiedsgericht hat, muss nach Maßgabe des anwendbaren Kollisionsrechts wie der Schiedsabrede beurteilt werden. Im Zweifel wollen die Parteien, dass ein wirksa-

210 *Franzen*, Privatrechtsangleichung durch die Europäische Gemeinschaft, S. 297.

211 EuGH Urt. v. 30.9.2003 – Rs. C-224/01, NJW 2003, 3539 – Köbler ./. Republik Österreich.

212 EuGH Urt. v. 16.12.1981 – Rs. 244/88, Slg 1981, 3045, Rn. 31 – Foglia ./. Novello.

213 *Gebauer* in Jayme, Kulturelle Identität und Internationales Privatrecht, S. 187 ff.

214 Dazu *Hommelhoff*, Festgabe BGH II, S. 889, 913; *Mayer/Schürnbrand* JZ 2004, 545.

215 Vgl. zB BGH NJW 2003, 199.

216 Zutreffend BGHZ 195, 135; s. auch *Lorenz* NJW 2013, 207; *Kuhn* EuR 2016, 216.

217 EuGH Urt. v. 1.6.1999 – Rs. C-126/97, Slg 1999, I-3055 – Eco Swiss China Time Ltd. ./. Benetton Internationl NV.

mer Schiedsspruch erlassen werden kann. Ein **Vorabentscheidungsersuchen** von Schiedsgerichten an den EuGH wird derzeit (noch) nicht als zulässig angesehen, obschon hierfür Bedarf bestünde.

E. Auslegung des Unionsrechts

I. Bedeutung der Auslegung des Unionsrechts

Dass es auf die Auslegung des Unionsrechts stets ankommt, wenn die unmittelbare **Anwendung** des Unionsrechts in Rede steht, liegt auf der Hand. Die Auslegung des Unionsrechts ist aber – was nicht immer beachtet wird – auch dann bedeutsam, wenn es seine **auslegungsleitende Funktion** in Bezug auf das nationale Recht entfalten soll. Namentlich setzt jede richtlinienkonforme Auslegung voraus, dass zuvor der Inhalt der Richtlinie seinerseits im Wege der Auslegung ermittelt wurde.   **64**

II. Rechtserkenntnisquellen

Als Rechtserkenntnisquellen sind auch im Unionsrecht **Rechtsprechung**, **Schrifttum** und die zu Rechtsakten publizierten **Materialien** heranzuziehen. Allerdings zieht der EuGH Protokolle des Rates zur Auslegung des Unionsrechts nur insofern heran, als dessen Erwägungen in dem betreffenden Rechtsakt Ausdruck gefunden haben.[218] Besonderes Gewicht bei der Auslegung von Rechtsakten kommt den regelmäßig vorangestellten **Begründungserwägungen** (auch Erwägungsgründe genannt) zu, weil sie als Bestandteil des Rechtsaktes mit normähnlicher Autorität, freilich ohne eigenen Regelungsgehalt, insbesondere über den Sinn und Zweck desselben Auskunft geben können (insofern kann man sie auch den Rechtsquellen zuordnen). Der **Rechtsprechung des EuGH** kommt insofern hoher Rang zu, als erst sie es war, welche die ihrer Struktur nach als diplomatische Instrumente gefassten Römischen Verträge zu einer weitgehend konsistenten, unmittelbar geltenden und subjektive Rechte begründenden Rechtsordnung ausgebaut hat. Ein unmittelbarer umfassender und fruchtbarer Dialog zwischen Rechtsprechung und Schrifttum wird, anders als in der deutschen Urteilspraxis, in der Entscheidungspraxis des EuGH nicht oder jedenfalls nicht in gleicher Weise erkennbar. Deutlicher wird die Auseinandersetzung mit dem Schrifttum typischerweise in den Schlussanträgen des Generalanwalts; insoweit erreicht das Schrifttum den EuGH zumindest indirekt, wenngleich auch die Schlussanträge des Generalanwalts meist keine systematische Auseinandersetzung mit dem Schrifttum enthalten. Ohnehin kann das Schrifttum zum Europäischen Privatrecht nur kraft der Richtigkeit der jeweils vorgetragenen Ausführungen als Rechtserkenntnisquelle dienen. Inwieweit auch, namentlich bei Richtlinien, das nationale **Umsetzungsrecht** als Rechtserkenntnisquelle dienen kann, ist unsicher. Zwar ist es rechtssystematisch ausgeschlossen, das rangniedrigere nationale Recht unmittelbar zur Inhaltsbestimmung für das ranghöhere Unionsrecht heranzuziehen. Immerhin beruht aber die Setzung nationalen Umsetzungsrechts auf einer Auslegung des Unionsrechts durch den jeweiligen nationalen Gesetzgeber. Insofern kann eine ganz oder weitgehend übereinstimmende Umsetzungspraxis in den Mitgliedstaaten auf eine bestimmte Auslegung des Richtlinienrechts hindeuten.   **65**

III. Auslegungsmethoden und Auslegungsregeln

Bei der Auslegung des Unionsrechts gelten grundsätzlich die auch in den nationalen Rechten anerkannten und insofern gemeineuropäischen Methoden[219] der grammatikalisch-semantischen, der systematischen, der historisch-genetischen und der teleologischen Auslegung.[220] Allerdings muss bei der Auslegung des Unionsprivatrechts berücksichtigt werden, dass es sich um europäisches und damit internationales Einheitsrecht handelt, für dessen Auslegung Besonderheiten gelten.[221] Bei der grammatikalisch-**semantischen Auslegung** ist zunächst zu beachten, dass die Rechtsvorschriften des Unionsrechts in unterschiedlichen Sprachen verfasst sind und dass diese verschiedenen Sprachfassungen gleichermaßen verbindlich sind.[222] Methodisch erfordert die Auslegung des Unionsrechts also einen Vergleich der verschiedenen Sprachfassungen.[223] Dabei gilt etwa der Grundsatz, dass die verschiedenen Parallelbegriffe unterschiedlicher Sprachfassungen eines Rechtsakts die gleiche Bedeutung haben sollen.[224] Für praktische Zwecke können sich allerdings   **66**

---

218 EuGH Urt. v. 17.4.2008 – Rs. C-404/06, Rn. 33 – Quelle ./. Bundesverband der Verbraucherzentralen.

219 Etwa *Fleischer* RabelsZ 75 (2011), 700, 715; *Gsell* AcP 214 (2014), 99, 107, hält daher „eine gewisse Methodenpluralität" für unvermeidlich.

220 *Riesenhuber,* Europäische Methodenlehre, § 11 Rn. 13 ff.

221 Grundlegend nach wie vor *Kropholler*, Internationales Einheitsrecht, passim; umfassend aus jüngerer Zeit *Riesenhuber*, Europäische Methodenlehre, passim.

222 EuGH Urt. v. 6.10.1982 – Rs. 283/81, Slg 1982, 3415, Rn. 16 – C.I.L.F.I.T. ./. Ministero della Sanita.

223 EuGH Urt. v. 6.10.1982 – Rs. 283/81, Slg 1982, 3415, Rn. 16 – C.I.L.F.I.T. ./. Ministero della Sanita.

224 *Schmidt-Kessel* FS Blaurock, S. 401, 411.

Erleichterungen daraus ergeben, dass in aller Regel nur Englisch, Französisch und Deutsch als Arbeitssprachen in der Union verwandt werden. Bei weiteren Sprachfassungen handelt es sich mithin in der Regel um Übersetzungen aus jenen Sprachen, was im Rahmen der Verbindung einer grammatikalisch-semantischen mit einer historisch-genetischen Auslegung berücksichtigt werden kann. Ferner sind, zumal im Falle der Übereinstimmungen der verschiedenen Sprachfassungen, die Eigenständigkeit zahlreicher Begriffsbildungen des Unionsrechts zu berücksichtigen. Insbesondere ist zu beachten, dass Rechtsbegriffe in den Rechtsakten des Unionsrechts einen anderen Gehalt haben können als die identischen Begriffe des nationalen Rechts.[225]

67 Bei der **systematischen Auslegung** kommt es insbesondere auf den systematischen Zusammenhang der Vorschrift mit dem gesamten Unionsrecht an. Dazu gehören namentlich die Beachtung der allgemeinen Grundsätze des Unionsrechts und das Gebot der Auslegung des sekundären Unionsrechts in einer mit dem primären Unionsrecht konformen Weise. Im Einzelfall kommt auch eine den einzelnen Rechtsakt übergreifende systematisierende Begriffsbildung in Betracht.[226] Dabei spielt insbesondere der Entwicklungsstand des Acquis communautaire zum Zeitpunkt der Anwendung einer Vorschrift eine erhebliche Rolle, so dass sich der systematische Kontext einer Vorschrift mit der Fortentwicklung des Unionsrechts ändern kann.[227]

68 Bei der **teleologischen Auslegung** kommt es auf **die Ziele des Unionsrechts** an.[228] Damit ist zweierlei gemeint, nämlich einmal die in den Vorschriften des Unionsrechts verankerten inhaltlichen Ziele, aber zum anderen auch der im Unionsrecht angelegte Integrationsimpetus.[229]

69 Sowohl im Rahmen des systematischen wie auch der teleologischen Auslegung kann die **Rechtsvergleichung** eine erhebliche Bedeutung erlangen, namentlich dann, wenn das Unionsrecht auf Begriffe zurückgreift, die auch den nationalen Rechten bekannt sind. Im Rahmen des europäischen Zivilprozessrechts hat der EuGH im Rahmen der autonomen Auslegung des europäischen Rechts die Methode einer „ordnenden Zusammenfassung der in den meisten Mitgliedstaaten bereits anerkannten Lösungen" angewandt.[230] Diese Methode entspricht dem allgemein bei der Auslegung von Einheitsrecht geltenden Prinzip der größeren Bedeutung rechtsvergleichend gewonnenen Materials und lässt sich grundsätzlich auch für das materielle Unionsprivatrecht nutzbar machen.[231]

70 Die Grenzen der Auslegung ergeben sich aus allgemeinen europäischen Grundsätzen der Methodenlehre. Danach ist dem EuGH eine **Rechtsfortbildung**, soweit die hierfür erforderlichen Voraussetzungen vorliegen, möglich.[232] Das schließt etwa die Bildung von **Analogien** ein.[233]

71 Prägend für die **Auslegung der Grundfreiheiten** ist eine zielorientierte Betrachtungsweise. Ihr Anwendungsbereich ist daher nicht auf Fälle beschränkt, in denen ein zwingendes rechtliches Verbot die Nutzung der Grundfreiheiten hindert. Maßgebend sind auch unterhalb dieser Schwelle eingreifende rechtliche oder tatsächliche Beeinträchtigungen.[234]

72 Für die Auslegung des Richtlinienrechts kommt dem Grundsatz der **praktischen Wirksamkeit** besondere Bedeutung zu, dessen Grundlage das Prinzip der Unionstreue nach Art. 4 Abs. 3 EUV bildet (→ Rn. 44).[235] Das Richtlinienrecht ist so zu deuten, dass seine Ziele in der Praxis der Mitgliedstaaten auch erreicht werden. In bestimmten Fällen ist die Rechtsfolge einer unionsrechtlichen Regel in dem maßgebenden Rechtsakt ausdrücklich festgelegt oder diesem durch Auslegung zu entnehmen. Dies gilt beispielsweise für die Frage, ob von den Regelungen einer Richtlinie durch Vereinbarung abgewichen werden kann[236] und wer zur Geltendmachung der Maßgaben einer Richtlinie befugt ist.[237] Die Mitgliedstaaten müssen dies sowohl bei der

225 EuGH Urt. v. 6.10.1982 – Rs. 283/81, Slg 1982, 3415, Rn. 18 – C.I.L.F.I.T. ./. Ministero della Sanita.

226 ZB: EuGH Urt. 16.7.2009, C-5/08, Rn. 31 ff. – Infopaq International ./. Danske Dagblades Forening.

227 EuGH Urt. v. 6.10.1982 – Rs. 283/81, Slg 1982, 3415, Rn. 20 – C.I.L.F.I.T. ./. Ministero della Sanita.

228 EuGH Urt. v. 6.10.1982 – Rs. 283/81, Slg 1982, 3415, Rn. 20 – C.I.L.F.I.T. ./. Ministero della Sanita.

229 *Pfeiffer* EWS 2004, 98 (102).

230 Etwa EuGH Urt. v. 30.11.1976 – Rs. 21/76, Slg 1976, 1735 – Bier ./. Mines des Potasse d'Alsace.

231 *Pfeiffer* EWS 2004, 98 (102); eingehend noch *Riesenhuber/Schwartze*, Europäische Methodenlehre, § 4 Rn. 1 ff.

232 Eingehend *Franzen*, Privatrechtsangleichung durch die EG, S. 575 ff.

233 Beispiel: EuGH Urt. v. 19.11.2009 – C-402, 432/07 – Sturgeon ua/Condor.

234 Zur Arbeitnehmerfreizügigkeit: EuGH Urt. v. 15.12.1995 – Rs. C-415/93, Slg 1995, I-4921, Rn. 92 ff. – Union royale belge de football association ./. Bosman.

235 EuGH Urt. v. 7.1.2004 – Rs. C-201/02, Rn. 46 – Wells ./. Secretary of State for Transport; EuGH Urt. v. 21.9.1989 – Rs. 68/88, Rn. 23 – Kommission ./. Griechenland.

236 Etwa EuGH Urt. v. 7.12.1995 – Rs. C-473/92, Slg 1995, I-4321, Rn. 25 – Spano ./. Fiat Geotech SpA.

237 Etwa EuGH Urt. v. 4.12.1997 – Rs. C-97/96, Slg 1997, I-6843 – Verband deutscher Daihatsu Händler ./. Daihatsu Deutschland GmbH; vgl. auch EuGH Urt. v. 12.3.1998 – Rs. C-319/94, Slg 1998, I-1061, Rn. 33 ff. – Jules Dethier Équipement SA ./. Dassy: Kündigungsbefugnis des alten und des neuen Betriebsinhabers aus sonstigen Gründen beim Betriebsübergang.

gesetzgeberischen Umsetzung als auch bei der Handhabung des Umsetzungsrechts durch die Gerichte beachten. Auch wenn das Unionsrecht im Falle des Verstoßes gegen ein in einer Richtlinie verankertes Verbot keine ausdrückliche Sanktion vorsieht, gelten die aus Art. 4 Abs. 3 EUV herzuleitenden Anforderungen. Deshalb hat das nationale Umsetzungsrecht in solchen Fällen zwar die Wahl, welche Sanktion gelten soll. Doch muss die gewählte Sanktion erstens hinreichend effektiv sein und außerdem nach Verfahren und materieller Rechtsfolge dem entsprechen, was das nationale Recht in vergleichbaren Fällen vorsieht.[238] Entscheidet sich ein Mitgliedstaat für Schadensersatz als sanktionierende Rechtsfolge, so darf es sich nicht nur um eine symbolische Entschädigung handeln.[239] Vielmehr muss der Schadensersatz in einem angemessenen Verhältnis zum erlittenen Schaden stehen; in Fällen der Diskriminierung hat der EuGH zusätzlich das Vorliegen einer „wirklich abschreckenden Wirkung" verlangt.[240] Dass strafrechtliche Folgen eintreten müssen, kann sich aus diesem Grundsatz alleine indessen nicht ergeben.[241] Liegt der Unionsrechtsverstoß in einer Ungleichbehandlung, so hat der EuGH jedenfalls für die Fälle des Verstoßes gegen das Gebot der Lohngleichheit in Art. 157 AEUV und der für Staatsangehörigkeit geltenden GleichbehandlungsVO (EWG) Nr. 1612/68 angenommen, dass ein Anspruch auf die vorenthaltene Vergünstigung besteht.[242]

IV. Prozessrechtliche Konsequenzen: Vorabentscheidungsverfahren

Die Auslegung des europäischen Unionsrechts ist Aufgabe des EuGH in Luxemburg (Art. 251 ff. AEUV); seine Anwendung ist Aufgabe der nationalen Gerichte, die dabei in einem Kooperationsverhältnis zum EuGH stehen.[243] Dies gilt für das gesamte EU-Recht unter Einschluss des sekundären Unionsrechts, also auch für Richtlinien. Die Auslegungszuständigkeit des EuGH (Kognitionskompetenz) wirkt in die nationalen Gerichtsverfahren – auch in zivil- oder arbeitsgerichtliche Verfahren – hinein durch die Vorlagepflichten und -rechte der nationalen Gerichte gem. Art. 267 AEUV. Soweit danach eine vorrangige Zuständigkeit des EuGH besteht, muss sie von den Zivilgerichten beachtet werden. Das Recht zur Vorlage hat insbesondere auch Vorrang vor der Bindung der Untergerichte an Entscheidungen und Maßgaben eines instanzlich übergeordneten Gerichts.[244] Durch seine Zuständigkeit im Vorabentscheidungsverfahren ist der EuGH das höchste **Zivilgericht** der Union. Jede willkürliche Missachtung einer Vorlagepflicht verstößt gegen das Prinzip des gesetzlichen Richters in Art. 101 Abs. 1 S. 2 GG[245] und kann durch Verfassungsbeschwerde gerügt werden.[246]

73

Der EuGH entscheidet im Vorabentscheidungsverfahren über die Gültigkeit der Handlungen der Organe der Union und über die Auslegung des Unionsrechts. Aus dieser Kognitionszuständigkeit folgt nicht ohne Weiteres ein **Entscheidungsmonopol**, da Art. 267 AEUV die Pflicht zur Vorlage an den EuGH auf letztinstanzliche nationale Gerichte beschränkt. Auch das nationale Gericht ist zur Auslegung des Unionsrechts befugt und zu dessen Anwendung im Rahmen seiner Zuständigkeit und im Rahmen des Geltungsanspruchs des Unionsrechts auch verpflichtet. Der dem Status nach nationale Richter ist der Rechtsmaterie nach europäischer und nationaler Richter zugleich. Einschränkungen gelten für Entscheidungen über die Gültigkeit Europäischer Rechtsakte. Soweit in einem Verfahren vor einem nationalen Gericht die Gültigkeit eines Rechtsakts zweifelhaft ist, darf das nationale Gericht zwar die Gültigkeit prüfen und, wenn es die Gültigkeit bejahen will (und sofern nicht Art. 267 Abs. 3 AEUV eingreift), diese Gültigkeit seiner Entscheidung auch ohne Vorlage zugrunde legen.[247] Nationale Instanzgerichte können daher die Auffassung einer Partei, eine Verordnung oder Richtlinie der Union sei ungültig, zurückweisen. Demgegenüber ist die Feststellung der Unwirksamkeit eines unionsrechtlichen Rechtsakts dem EuGH vorbehalten, um die Aushöhlung seiner

74

---

238 EuGH Urt. v. 22.4.1997 – Rs. C-180/95, Slg 1997, I-2195, Rn. 29 – Draempaehl ./. Urania Immobilienservice GmbH- zu Art. 6 Gleichbehandlungs-RL 76/207/EWG; EuGH Urt. v. 21.9.1989 – Rs. 68/88, Rn. 24 – Kommission ./. Griechenland.

239 So im Zusammenhang mit der Gleichbehandlungsrichtlinie 76/207/EWG: EuGH Urt. v. 22.4.1997 – Rs. C-180/95, Slg 1997, I-2195, Rn. 24 – Draempaehl ./. Urania Immobilienservice GmbH; EuGH Urt. v. 10.4.1984 – Rs. 14/83, Slg 1984, 1891, Rn. 28 – v. Colson und Kamman ./. Land NRW; EuGH Urt. v. 10.4. 1984 – Rs. 79/83, Slg 1984, 1921 – Harz ./. Deutsche Tradax GmbH.

240 EuGH Urt. v. 22.4.1997 – Rs. C-180/95, Slg 1997, I-2195, Rn. 25 – Draempaehl ./. Urania Immobilienservice GmbH – zu Art. 6 Gleichbehandlungs-RL 76/207/EWG.

241 EuGH Urt. v. 7.1.2004 – Rs. C-60/02 – Strafverfahren gegen X.

242 EuGH Urt. v. 15.1.1998 – Rs. C-15/96, Slg 1998, I-47, Rn. 32 f. – Schöning-Kougebetopoulou ./. Hamburg.

243 Etwa *Hirsch*, RDA 1999, 48; *Rösler* EuZW 2014, 606.

244 EuGH Urt. v. 5.10.2010 – Rs. C-173/09 – Elchinov ./. Natsionalna zdravnoosiguritelna kasa; EuGH Urt. v. 16.12.2008 – C-210/06, Slg 2008, I-9641 – Cartesio Oktató és Szolgáltató bt. Insbesondere ein Rechtsmittel gegen Vorlagen oder Nichtvorlagen ist damit nach der neueren Rechtsprechung des EuGH ausgeschlossen; insofern anders noch *Pfeiffer* NJW 1994, 1996.

245 BVerfGE 73, 339 – Solange II.

246 BVerfG NJW 1997, 2512.

247 EuGH Urt. v. 22.10.1987 – Rs. 314/85, Slg 1987, 4199, Rn. 14 – Foto-Frost ./. Hauptzollamt Lübeck-Ost.

Zuständigkeit für Nichtigkeitsklagen zu vermeiden.[248] Meint ein nationales Gericht (auch ein Instanzgericht), eine Verordnung oder Richtlinie sei, beispielsweise mangels ausreichender Kompetenzgrundlage, unwirksam, so muss es nach Art. 267 AEUV dem EuGH die Gültigkeitsfrage vorlegen. Anders kann es in Verfahren des einstweiligen Rechtsschutzes liegen.[249] Hierfür gelten aber strenge Voraussetzungen:[250] Es müssen erhebliche Zweifel an der Gültigkeit des Unionsrechtsakts bestehen; das nationale Recht muss die Gültigkeitsfrage, wenn der EuGH noch nicht mit ihr befasst ist, vorlegen und in dieser Vorlage die Zweifel begründen; die Entscheidung muss dringlich sein; es muss dem Antragsteller im nationalen Verfahren ein schwerer, nicht wieder gutzumachender Schaden entstehen, wobei reine „Geldschäden" grundsätzlich als restituierbar anzusehen sind. Bei alledem muss das nationale Recht das unionsrechtliche Interesse am Vollzug berücksichtigen, so dass dessen Geltung keinesfalls voreilig außer Kraft gesetzt werden darf, namentlich dann, wenn die praktische Wirksamkeit des Rechtsakts dessen sofortige Geltung erfordert. Schließlich muss jede vorläufige Aussetzung dann beendet werden, wenn nach der Rechtsprechung des EuGH die Gültigkeit des Rechtsakts feststeht.

75 Eine Zuständigkeit des EuGH im Vorabentscheidungsverfahren kommt bei der Anwendung **unmittelbar anwendbaren Unionsrechts** wie bei der Anwendung nationaler **Transformationsvorschriften mit EU-rechtlicher Grundlage** in Betracht. Die letztgenannte Zuständigkeit besteht, wenn nach den vorstehenden Grundsätzen die Auslegung der jeweils einschlägigen Richtlinie ermittelt werden muss, um das deutsche Transformationsrecht auslegen zu können. Das gilt auch dann, wenn nationale Vorschriften ihrem Wortlaut nach zwar nicht an eine Richtlinie angelehnt sind, aber die maßgebenden nationalen Vorschriften der Umsetzung des Regelungskonzepts einer Richtlinie dienen.[251]

76 Der Gerichtshof entscheidet nicht über die Gültigkeit und Anwendbarkeit **nationaler Normen**. Fragt ein nationales Gericht nach der Vereinbarkeit einer nationalen Norm mit dem Unionsrecht, kann der Gerichtshof aber diejenigen Hinweise geben, die das nationale Recht zur Entscheidung über den ihm vorliegenden Fall benötigt.[252] Insbesondere kann der EuGH entscheiden, dass eine Regel, die (abstrakt) einen bestimmten Inhalt aufweist, mit dem Unionsrecht nicht vereinbar ist.

77 Eine Vorlagepflicht besteht stets für **letztinstanzliche Gerichte**. Damit soll eine einheitliche Auslegung und Anwendung des Unionsrechts in den Mitgliedstaaten sichergestellt werden. Die Vorlagepflicht besteht also insbesondere für den BGH und das BAG (Art. 267 Abs. 3 AEUV). Allerdings ist die Frage der Letztinstanzlichkeit nach herrschender Auffassung konkret zu beurteilen; dh, auch die Instanzgerichte müssen vorlegen, wenn kein Rechtsmittel gegen ihre Entscheidung mehr zulässig ist.[253] Der EuGH umschreibt die entsprechenden Anforderungen dahin, dass sich die zur Beurteilung des EuGH vorgelegte Frage bei einem Gericht stellen muss, dessen Entscheidungen nicht mehr mit innerstaatlichen Rechtsmitteln angefochten werden können.[254] Die nicht als letzte Instanz entscheidenden Gerichte sind zur Vorlage berechtigt, aber nicht verpflichtet (Art. 267 Abs. 2 AEUV). Dieses eigenständige Vorlagerecht der Instanzgerichte hat, auch im Falle der Zurückverweisung durch eine Rechtsmittelinstanz, Vorrang vor der Bindung an die Entscheidung des zurückverweisenden Rechtsmittelgerichts nach nationalem Prozessrecht.[255]

78 Die Auslegungszuständigkeit setzt zunächst die **Entscheidungserheblichkeit** der betreffenden unionsrechtlichen Frage in dem konkreten Ausgangsrechtsstreit voraus. Ist diese gegeben, so besteht die Zuständigkeit des EuGH unabhängig von der Schwere und grundsätzlichen Bedeutung der Frage. Maßgebend für die Beurteilung der Entscheidungserheblichkeit ist grundsätzlich allein die Auffassung des vorlegenden nationalen Gerichts. Deswegen wird eine Vermutung der Erheblichkeit anerkannt und die Zulässigkeit der Vorlage lediglich dann verneint, wenn offensichtlich ist, dass die Auslegung oder die Beurteilung der Gültigkeit derjenigen unionsrechtlichen Vorschrift, um die das vorlegende Gericht ersucht, in keinem Zusammenhang zum Sachverhalt und Gegenstand des Ausgangsrechtsstreits steht[256] oder wenn die Vorlagefrage hypothetischer Natur ist und die Vorlage dem Gerichtshof keine hinreichenden tatsächlichen und rechtlichen Anga-

248 EuGH Urt. v. 22.10.1987 – Rs. 314/85, Slg 1987, 4199, Rn. 15 ff. – Foto-Frost ./. Hauptzollamt Lübeck-Ost.

249 EuGH Urt. v. 22.10.1987 – Rs. 314/85, Slg 1987, 4199, Rn. 19 – Foto-Frost ./. Hauptzollamt Lübeck-Ost.

250 EuGH Urt. v. 9.11.1995 – Rs. C-465/93, Slg 1995, I-3761 – Altanta Fruchthandels-GmbH ./. Bundesamt für Ernährung.

251 EuGH Urt. v. 7.1.2003 – Rs. C-306/99, Slg 2003, I-1 – Banque internationale pour l'Afrique occidentale ./. Finanzamt für Großunternehmen Hamburg.

252 EuGH Urt. v. 20.10.1980 – Rs. 22/80, Slg 1980, 3427 – Boussac Saint-Frères SA ./. Gerstenmaier.

253 *Wohlfahrt* in Grabitz/Hilf Recht der EU, Loseblatt, Stand: 9/2004, Art. 177 EGV Rn. 49 mwN.

254 EuGH Urt. v. 6.10.1982 – Rs. C. 283/81, Slg 1982, 3415, Rn. 6, 8 – C.I.L.F.I.T. ./. Ministero della Sanita.

255 EuGH Urt. v. 16.1.1974 – Rs. 166/73, Slg 1974, 33 – Rheinmühlen ./. Einfuhr- und Vorratsstelle für Getreide II.

256 EuGH Urt. v. 6.6.2000 – Rs. C-281/98, Slg 2000, I-4139, Rn. 19 – Angonese ./. Cassa di Risparmio Bolzano.

ben zur Beantwortung der vorgelegten Fragen verschafft.[257] Vorlagen im Rahmen der sog. **quasi richtlinienkonformen Auslegung** (→ Rn. 62) sind nach dem Ermessen des vorlegenden Gerichts zulässig.[258] Ob eine Vorlage zur Klärung der zutreffenden Auslegung einer Richtlinie stets dann ausscheidet, wenn eine richtlinienkonforme Auslegung des nationalen Rechts von vornherein unmöglich ist,[259] erscheint zweifelhaft. Denn das Gewicht der aus dem Prinzip der richtlinienkonformen Auslegung folgenden unionsrechtlichen Vorgaben lässt sich erst nach Beantwortung einer Vorlage durch den EuGH abschließend beurteilen.

Entbehrlich ist die Vorlage durch die vorlageverpflichteten letztinstanzlichen Gerichte nach der Acte-clair-**Doktrin** lediglich dann, wenn die europarechtliche Frage schon entschieden ist oder ihre Beantwortung sich aus einer bereits vorliegenden und gesicherten Rechtsprechung des EuGH erschließen lässt oder sonst unzweifelhaft ist.[260] Für eine solche Annahme gelten aber strenge Maßstäbe.[261] Eine solche Gewissheit setzt nach der ausdrücklichen Rechtsprechung des EuGH voraus, dass die richtige Auslegung des Unionsrechts derart offenkundig ist, dass für vernünftige Zweifel keinerlei Raum besteht. Diese Gewissheit darf nur bejaht werden, wenn das nationale Gericht davon überzeugt ist, dass dieselbe Gewissheit – unter Berücksichtigung der Besonderheiten des Unionsrechts – auch für die Gerichte der anderen Mitgliedstaaten sowie für den EuGH selbst bestünde.[262] Bei Meinungsunterschieden innerhalb eines Spruchkörpers desselben Gerichts kann ein Acte clair schwerlich vorliegen.[263] Instanzgerichte haben hinsichtlich der Vorlage ein Ermessen. Danach können die folgenden Kriterien eine Rolle spielen: die Zeitverzögerung durch die Vorlage, das Gebot, den EuGH nicht zu überlasten, das Gebot klarer Fragestellungen, der Grad der Schwierigkeit und die Bedeutung der Rechtsfrage, die Kosten für die Parteien und die Wünsche der Parteien, wobei das Gebot klarer Fragestellungen eher das „Wie" als das „Ob" einer Vorlage betrifft.[264]

79

Die Instanzgerichte entscheiden hingegen über die Vorlage nach pflichtgemäßem Ermessen. Bindungswirkung entfaltet die Vorabentscheidung lediglich für das vorlegende Gericht im konkreten Verfahren;[265] im Übrigen gleicht ihre präjudizielle Wirkung denen anderer höchstrichterlicher Judikate. Für den Rechtsanwender ergibt sich hieraus vor allem die Notwendigkeit eines „Pendelblicks", der gleichermaßen die Rechtsprechung der nationalen Gerichte wie des EuGH berücksichtigt.[266]

80

Für die Aufgabenverteilung zwischen dem EuGH und den nationalen Gerichten der Mitgliedstaaten sind in rechtlicher Hinsicht zweierlei Aspekte maßgebend: Erstens ordnet Art. 267 AEUV im Hinblick auf die **prozessuale Kognitionskompetenz** an, dass dem EuGH insbesondere die Auslegung des AEUV sowie die Entscheidung über die Gültigkeit und die Auslegung des sekundären Unionsrechts übertragen sind. Zweitens ist von der Auslegung die Anwendung zu unterscheiden; diese fällt in den Aufgabenbereich der mitgliedstaatlichen Gerichte. Die Kognitionskompetenz des EuGH ist zudem eingebunden in ein **Mehrebenen-System der Rechtsquellen**. Auslegungszuständig ist der EuGH lediglich für das EU-Recht, nicht aber für das nationale Recht. Damit bedarf es zur Bestimmung der Aufgabenteilung zwischen dem EuGH und den nationalen Gerichten stets gleichermaßen der Abgrenzung zwischen Auslegung einerseits und Anwendung andererseits sowie zweitens einer Begrenzung auf die EU-rechtlich und nicht durch autonome Entscheidungen des nationalen Rechts geregelten Rechtsfragen. Praktisch darf nicht verkannt werden, dass die Möglichkeiten des EuGH beschränkt sind: quantitativ, weil die Fülle der zivilgerichtlichen Vorabentscheidungsverfahren den EuGH schon jetzt bis an die Belastungsgrenze (und möglicherweise darüber hinaus) fordert, und qualitativ, weil der EuGH schwerlich auf allen Rechtsgebieten die sich in sämtlichen mitgliedstaatlichen Rechtsordnungen ergebenden Konsequenzen EU-rechtlicher Maßgaben vollständig überblicken kann. Insofern mag die Nutzung des Vorabentscheidungsverfahrens durch die nationalen Gerichte zwar nicht rechtlich, wohl aber faktisch durch diese Beschränkungen beeinflusst sein.

81

---

257 Zusammenfassend etwa EuGH Urt. v. 15.12.1995 – Rs. C-415/93, Slg 1995, I-4921, Rn. 61 – Union royale belge de football association ./. Bosman; EuGH Urt. v. 23.5.2019 – Rs. C-52/18, Rn. 25 – Fülla ./. Toolport.

258 EuGH Urt. v. 8.11.1990 – Rs. C-231/89, Slg 1990, I-4003 – Gmurzynska-Bscher ./. OFD Köln; ausführlich zu dieser Frage *Heß* RabelsZ 66 (2002), 470, 484 ff.

259 BGH NJW 2004, 154 = LMK 2004, 17 mit insoweit krit. Anm. *Pfeiffer*; zur Zulässigkeit von Vorlagen in diesen Konstellationen auch OLG Bremen ZIP 2004, 1253.

260 EuGH Urt. v. 6.10.1982 – Rs. 283/81, Slg 1982, 3415, Rn. 6, 8 – C.I.L.F.I.T. ./. Ministero della Sanita.

261 Kritisch zur Praktikabilität etwa *Büscher* GPR 2008, 210 (216).

262 EuGH Urt. v. 6.10.1982 – Rs. 283/81, Slg 1982, 3415, Rn. 16 – C.I.L.F.I.T. ./. Ministero della Sanita.

263 Commissioners of Customs & Excise and HM Attorney General v. Federation of Technical Industries and 53 others [2004] 3 Common Market Law Reports (C.M.L.R.) 41; [2004] Court of Appeal, Civil Division (EWCA Civ) 1020, Court of Appeal (C.A.) = ZEuP 2007, 610 mit zustimmender Anm. *Pfeiffer*.

264 Bulmer Ltd. and Another v.J. Bollinger S.A. and Others, [1974] 1 Law Reports, Chancery Division (Ch.) 401, 431, C.A. – per Lord Stephenson; Pfeiffer ZEuP 2007, 610 (620).

265 EuGH Urt. v. 3.2.1977 – Rs. 52/76, Slg 1977, 163, Rn. 26 – Benedetti ./. Munari.

266 Zum europäischen Arbeitsrecht etwa *Junker* NZA 1999, 2 (6).

82 Die **Abgrenzung der Auslegung von der Anwendung** bereitet deswegen Schwierigkeiten, weil die Anwendung typischerweise ein Element der Normkonkretisierung einschließt und insofern zugleich einen Auslegungsakt darstellen kann. Diese Abgrenzungsschwierigkeiten beschreibt es treffend, wenn formuliert wird, die Auslegung sei im Verhältnis zur Anwendung ein „Vorher", das noch ein „Nachher" übrig lassen müsse.[267] Dies ändert freilich nichts daran, dass die Konkretisierung von Obersätzen hin auf konkrete Sachverhalte grundsätzlich einen Bestandteil der Auslegung bildet. Dies manifestiert sich auch darin, dass das nationale Gericht bei der Vorlage den Sachverhalt des Ausgangsfalles schildern muss.[268] Der EuGH konkretisiert das EU-Recht regelmäßig so weit, dass lediglich noch der letzte Subsumtionsschluss den nationalen Gerichten überlassen wird.[269] Die Antworten des EuGH auf ihm vorgelegte Fragen enthalten daher häufig die Maßgabe, dass ein bestimmter anonymisiert beschriebener Sachverhalt EU-rechtlich in einer bestimmten Weise zu behandeln ist (nach dem Muster, „ein abstrakter Sachverhalt, welcher das Element X aufweist, fällt unter das Merkmal Y des Rechtsaktes Z"). Die Aufgabe der Subsumtion eines konkreten Sachverhalts unter Regeln des Unionsrechts ist dem EuGH demgegenüber nicht übertragen.[270]

83 Im Mehrebenen-System der Rechtsquellen des europäischen Privatrechts kann die Frage, ob ein bestimmter Sachverhalt unter eine Vorschrift des Unionsprivatrechts fällt, von seinem **Zusammenwirken mit Vorschriften des autonom gesetzten nationalen Privatrechts** abhängen. Soweit dies der Fall ist, ist dem EuGH eine bis unmittelbar an die Subsumtion reichende Konkretisierung des Unionsrechts verwehrt. Deshalb hat der Gerichtshof es zB abgelehnt, über die Missbräuchlichkeit bestimmter Vertragsklauseltypen iSd Art. 3 der Klauselrichtlinie 93/13/EWG zu entscheiden, soweit es für die Beurteilung der Wirkungen der Klausel auf deren Zusammenwirken mit dem nationalen Recht ankommt.[271] Das schließt aber auch bei dieser Richtlinie Vorlagen nicht aus, die auf Klärung des Inhalts europäisch vorgegebener Kontrollkriterien zielen, wie sie insbesondere Art. 4 der Klauselrichtlinie vorgibt.[272]

---

267 *Pescatore*, Das Vorabentscheidungsverfahren nach Art. 177 EWG-Vertrag und die Zusammenarbeit zwischen dem Gerichtshof und den nationalen Gerichten BayVBl 1987, 33 (68).

268 *Pflicht zur Darlegung der Entscheidungserheblichkeit der Vorlagefrage, soweit diese nicht aus den Akten evident ist:* EuGH Urt. v. 16.12.1981 – Rs. 244/88, Slg 1981, 3045, Rn. 17 – Foglia ./. Novello.

269 *Bleckmann*, Europarecht, Rn. 950.

270 EuGH Urt. v. 3.2.1977 – Rs. 52/76, Slg 1977, 163, Rn. 19 – Benedetti ./. Munari.

271 EuGH Urt. v. 1.4.2004 – Rs. C-237/02 – Freiburger Kommunalbauten-GmbH ./. Hofstetter.

272 Dazu *Pfeiffer* FS Thode, S. 615; jetzt auch EuGH Urt. v. 9.11.2010 – C-137/08 - Pénzügyi Lízing Zrt. ./. Ferenc Schneider.

Buch 1
Allgemeiner Teil

Abschnitt 1
Personen

Titel 1 Natürliche Personen, Verbraucher, Unternehmer

§ 1 Beginn der Rechtsfähigkeit

Die Rechtsfähigkeit des Menschen beginnt mit der Vollendung der Geburt.

Literatur: *Adamietz*, Transgender ante portas?, KJ 2006, 368; *Ahrens*, Der Leichnam – rechtlich betrachtet, ErbR 2007, 146; *Armbruster/Witsch*, Die Rechtsfähigkeit der Gemeinschaft der Wohnungseigentümer – Rückblick und Ausblick, ZWE 2019, 386; *Bausch/Kohlmann*, Die erklärte Spendenbereitschaft als verfassungsrechtlich zulässiges Kriterium der Organallokation, NJW 2008, 1562; *Bentzien*, Gibt es eine zivilrechtliche Haftung für genetische Schäden?, VersR 1972, 1075; *Besold/Rittner*, Über die Alternativen zur Lebendspende im Transplantationsgesetz – Die Überkreuz-Lebendspende – warum nicht auch in Deutschland?, MedR 2005, 502; *Beuthien*, Zur Funktion und Verantwortung juristischer Personen im Privatrecht, JZ 2011, 124; *Buschmann*, Zur Fortwirkung des Persönlichkeitsrechts nach dem Tode, NJW 1970, 2081; *Clement*, Der Rechtsschutz der potentiellen Organempfänger nach dem Transplantationsgesetz, 2007; *Damm*, Persönlichkeitsschutz und medizinisch-technische Entwicklung, JZ 1998, 926; *Deutsch*, Das Transplantationsgesetz vom 5.11.1997, NJW 1998, 777; *Deynet*, Die Rechtsstellung des Nasciturus und der noch nicht erzeugten Personen im deutschen, französischen, englischen und schottischen bürgerlichen Recht, 1960; *Fabricius*, Relativität der Rechtsfähigkeit, 1963; *Fabricius*, Gedanken zur höchstrichterlichen Rechtsprechung betreffend den Nasciturus, FamRZ 1963, 403; *Fechner*, Nachtrag zu einer Abhandlung über Menschenwürde und generative Forschung und Technik, in: Günther/Keller (Hrsg.), Fortpflanzungsmedizin und Humangenetik – strafrechtliche Schranken?, 2. Auflage 1991; *Forkel*, Das Persönlichkeitsrecht am Körper, gesehen besonders im Lichte des Transplantationsgesetzes, Jura 2001, 73; *Geilen*, Medizinischer Fortschritt und juristischer Todesbegriff, in: FS Heinitz 1972, S. 373; *Geilen*, Der Deliktsschutz des Ungeborenen, JZ 1965, 593; *Gropp*, Der Embryo als Mensch – Überlegungen zum pränatalen Schutz des Lebens, GA 2000, 1; *Gutmann/Schroth*, Organlebendspende in Europa, 2002; *Hähnchen*, Der werdende Mensch – Die Stellung des Nasciturus im Recht, Jura 2008, 161; *Hasche*, Beginn des Lebens in der Abtreibungsdebatte, FoR 2019, 121; *Heger*, Erwiderung auf *Schroth*, Die strafrechtlichen Tatbestände des Transplantationsgesetzes, JZ 1998, 506; *Heldrich*, Der Persönlichkeitsschutz Verstorbener, in: FS Lange 1970, S. 173; *Herzberg/Herzberg*, Der Beginn des Menschseins im Strafrecht – Die Vollendung der Geburt, JZ 2001, 1106; *Hetterich*, Mensch und „Person" – Probleme einer allgemeinen Rechtsfähigkeit, 2016; *Hillgruber*, Das Vor- und Nachleben von Rechtssubjekten, JZ 1997, 975; *Hubmann*, Das Persönlichkeitsrecht, 1967; *Keller*, Beginn und Stufungen des strafrechtlichen Lebensschutzes, in: Günther/Keller (Hrsg.), aaO; *Keuter*, Entwicklungen im Statusrecht seit 2014, FamRZ 2015, 799; *Klinge*, Todesbegriff, Todesschutz und Verfahren, 1996; *Knoll*, Arbeitsunfall einer Leibesfrucht?, JR 1960, 403; *Laufs*, Haftung für Nachkommenschaftsschäden nach § 823 BGB, NJW 1965, 1053; *Löneke*, Zur Frage des Schutzes ungeborenen Lebens im Rahmen des Zivilrechtes, ZEuP 2010, 664; *v. Mutius*, Der Embryo als Grundrechtssubjekt, Jura 1987, 109; *Neft*, Die Überkreuz-Lebendspende im Lichte der Restriktionen des Transplantationsgesetzes, NZS 2004; *Neuner*, Zur Rechtsfähigkeit des Anencephalus, MedR 2013, 647; *Nickel/Preisigke*, Zulässigkeit einer Überkreuz-Lebendspende nach dem Transplantationsgesetz, MedR 2004, 307; *Pannenbecker*, Zur Anamnese für eine Gewebespende und zu den Zustimmungsanforderungen des nächsten Angehörigen bei toten Organspendern, StoffR 2008, 298; *Parzeller/Bratzke*, Gewebe- und Organtransplantation – Verfehlte und praxisferne Regelungen im Transplantationsgesetz, KritV 2004, 371; *Parzeller/Dettmeyer*, Der Nachweis des Todes bei der postmortalen Gewebespende: Unvollständige und praxisuntaugliche Vorgaben?, StoffR 2008, 288; *Petersen*, Die Rechtsfähigkeit des Menschen, Jura 2009, 669; *Rittner/Besold/Wandel*, Die anonymisierte Lebendspende nach § 9 Satz 1 TPG geeigneter Organe (§ 8 I 2 TPG lege ferenda) – ein Plädoyer pro vita und gegen ärztlichen und staatlichen Paternalismus, MedR 2001, 118; *Rixen*, Datenschutz im Transplantationsgesetz, DuD 1998, 75; *Rohwer-Kahlmann*, Die Rechtsstellung des Nasciturus in der Unfallversicherung, JuS 1961, 285; *Rolfs*, Pränatale Schädigungen beim Menschen, JR 2001, 140; *Roller*, Die Rechtsfähigkeit des Nasciturus, 2013; *Rotondo*, Transplantationsgesetz (TPG), BRJ 2009, 31; *Saerbeck*, Beginn und Ende des Lebens als Rechtsbegriffe, 1974; *Schenk*, Die Totensorge – ein immer kaum beachtetes Rechtsinstitut, ZfL 2007, 112; *Schirmer*, Rechtsfähige Roboter, JZ 2016, 660; *Schmidt*, Neues zur Organverteilung – Das Transplantationsgesetz und die Folgen, ZfGWiss 2002, 252; *Schreiber*, Die gesetzliche Regelung der Lebendspende von Organen in der Bundesrepublik Deutschland, 2004; *Schroth*, Die strafrechtlichen Tatbestände des Transplantationsgesetzes, JZ 1997, 1149; *Schroth*, Zulässigkeit einer Überkreuz-Lebendorganspende zwischen Ehepaaren – Begriff „die besonderer persönlicher Verbundenheit" – Organhandelsverbot, JZ 2004, 469; *Schroth/Schneewind/Gutmann/Fateh-Moghadam/Gross/Sedelmayer*, Patientenautonomie am Beispiel der Lebendorganspende, 2006; *Schwerdtner*, Das Persönlichkeitsrecht in der deutschen Zivilrechtsordnung: Offene Probleme einer juristischen Entdeckung, 1976; *Schwerdtner*, Beginn und Ende des Lebens unter zivilrechtlichen Gesichtspunkten, Jura 1987, 440; *Seifert*, Postmortaler Schutz des Persönlichkeitsrechts und Schadensersatz – Zugleich ein Streifzug durch die Geschichte des allgemeinen Persönlichkeitsrechts, NJW 1999, 1889; *Selb*, Schädigung des Menschen vor der Geburt – Ein Problem der Rechtsfähigkeit?, AcP 166 (1966), 76; *Sonnekus*, Beschneidung und Unmündigkeit, JR 2015, 1; *Stoll*, Zur Deliktshaftung für vorgeburtliche Gesundheitsschäden, in: FS Nipperdey I 1965, S. 793; *Strätz*, Zivilrechtliche Aspekte der Rechtsstellung des Toten unter besonderer Berücksichtigung der Transplantationen, 1971; *Thieme*, Das deutsche Personenrecht, 2003; *Weck*, Vom Mensch zur Sache?, 2003; *Weimar*, Haftpflichtansprüche des Kindes im Mutterleib?, MDR 1962, 780; *Westermann*, Das allgemeine Persönlichkeitsrecht nach dem Tode seines Trägers, FamRZ 1969,

561; *Wolber*, Unfallversicherungsschutz bei Organspenden nach dem Transplantationsgesetz, SozVers 1998, 147; *Wolf*, Das Erbrecht des ungeborenen Kindes, FS für v. Lübtow, 1991, 195; *Zillgens*, Die strafrechtlichen Grenzen der Lebendorganspende, 2004.

A. **Allgemeines**	1
B. **Regelungsgehalt**	7
I. Der Beginn der Rechtsfähigkeit	15
II. Das Ende der Rechtsfähigkeit	20
1. Der Tod des Menschen	20
a) Maßgeblicher Zeitpunkt	21
b) Organentnahme	24
2. Todeserklärung nach Verschollenheit	28
3. Die Rechtsstellung des Menschen nach dem Tode	31
III. Teilrechtsfähigkeit	35
1. Der Nasciturus	37

2. Der Nondum conceptus	47
3. Exkurs: Moderne Fortpflanzungsmedizin	54
a) Künstliche Insemination	55
b) Gametentransfer und künstliche Befruchtung	56
c) Klonen	57
IV. Das Geschlecht	58
1. Die Geschlechtszuordnung	58
2. Transsexuelle	61
a) Änderung der Feststellung der Geschlechtszugehörigkeit	63
b) Namensänderung	73

A. Allgemeines

1 Adressaten von Rechtsnormen des BGB sind (in einem rechtstechnischen Sinne) **Rechtssubjekte** mit Rechten und Pflichten in Gestalt **natürlicher** (§§ 1–20 – mithin Menschen) oder **juristischer Personen** (§§ 21–89, dh Vereine, Stiftungen und juristische Personen des öffentlichen Rechts – als Zweckschöpfungen des Gesetzgebers),[1] deren gemeinsames Merkmal nach der Konzeption des BGB die **Rechtsfähigkeit** ist (vgl. aber auch die Rechtsfortbildung des BGH bei Personengesellschaften – so der BGB-Außengesellschaft –, nach der auch dieser [Teil-]Rechtsfähigkeit zugebilligt wird).[2]

2 Titel 1 des Abschnitts 1 (Personen) des ersten Buches des BGB (Allgemeiner Teil) ist überschrieben mit „Natürliche Personen, Verbraucher, Unternehmer". Unter einer **natürlichen Person** ist jeder Mensch zu verstehen. Die **Rechtspersönlichkeit des Menschen** wird vom BGB als Selbstverständlichkeit vorausgesetzt. Sie wird dem Menschen nicht vom Gesetzgeber verliehen, sondern dem Gesetz vorgegeben.[3] Geregelt wird in § 1 nur, ab wann ein Mensch rechtsfähig ist (mithin der **Zeitpunkt des Beginns der Rechtsfähigkeit**) und damit als Person im Rechtssinne zu qualifizieren ist.[4]

3 Die Rechtsfähigkeit einer Person bestimmt sich international-privatrechtlich gemäß Art. 7 EGBGB grundsätzlich nach dem Recht des Staates, dem die Person angehört. Zur Frage der Anwendbarkeit von Art. 6 EGBGB für den Fall, dass das ausländische Recht einer natürlichen Person keine Rechtsfähigkeit zukommen lässt, → Rn. 5.

4 Die Rechtsfähigkeit (→ Rn. 12) als Frucht der Neuzeit (insbesondere der Aufklärung mit ihrem Naturrecht[5] sowie des deutschen Idealismus) und der Idee der Gleichheit aller[6] steht – ohne Unterschied, dh ohne Berücksichtigung von Abstammung, Beruf, Geschlecht, gesellschaftlicher Herkunft, Religion oder Weltanschauung[7] bzw. (deutscher) Staatsangehörigkeit, da die Rechtsfähigkeit dem Menschen nicht durch den Gesetzgeber, dh von der Rechtsordnung verliehen wird, sondern dem Gesetz vorgegeben ist[8] – **jedem geborenen und noch lebenden Menschen** zu (vgl. zur juristischen Person § 21) und kann diesem weder durch Gesetz[9] noch durch Urteil oder Verwaltungsakt aberkannt werden.[10] Ebenso wenig kann ein Mensch selbst durch Vertrag oder Verzicht seine Rechtsfähigkeit aufgeben oder beschränken.[11] Die Rechtsfähigkeit ist mit dem Wesen der Person untrennbar verbunden.

5 Sollte die Rechtsnorm eines anderen Staates einer natürlichen Person die Rechtsfähigkeit verweigern (im Extremfall eine Form von Sklaverei anerkennen), verstieße diese nach Art. 6 S. 1 EGBGB wegen Unverein-

---

1 BeckOK BGB/*Bamberger* § 1 Rn. 1.
2 BGHZ 146, 341; Hk-BGB/*Dörner* Vor §§ 1–2 Rn. 1; Hk-BGB/*ders.* Vor §§ 21–89 Rn. 6.
3 Palandt/*Ellenberger* BGB Vor § 1 Rn. 1.
4 Hk-BGB/*Dörner* § 1 Rn. 1.
5 Vgl. dazu *Christian Wolff*, Institutiones Juris Naturae et Gentium, 1750 – der Mensch als „persona moralis" und damit Subjekt bestimmter Rechte und Pflichten.
6 BeckOK BGB/*Bamberger* § 1 Rn. 1.
7 MüKoBGB/*Spickhoff* § 1 Rn. 12 f.; Staudinger/*Kannowski* BGB § 1 Rn. 1.

8 Palandt/*Ellenberger* BGB Vor § 1 Rn. 1. Die Rechtsfähigkeit war bereits schon vor der Rechtsordnung da – so BeckOK BGB/*Bamberger* § 1 Rn. 1: „Würde und Freiheit des Individuums sind nur gewährleistet, wenn die Person als Trägerin von Rechten und Pflichten anerkannt ist".
9 Arg.: Rechtsfähigkeit als Teil der durch Art. 1 GG geschützten Menschenwürde – so Erman/*Saenger* BGB Vor § 1 Rn. 1; MüKoBGB/*Spickhoff* § 1 Rn. 13.
10 MüKoBGB/*Spickhoff* § 1 Rn. 13; Soergel/*Fahse* BGB Vor § 1 Rn. 5.
11 Erman/*Saenger* BGB Vor § 1 Rn. 1; Hk-BGB/*Dörner* § 1 Rn. 3; MüKoBGB/*Spickhoff* § 1 Rn. 13.

barkeit mit Art. 1 GG gegen die öffentliche Ordnung (**ordre public**), da sie „mit wesentlichen Grundsätzen des deutschen Rechts offensichtlich unvereinbar" wäre. Damit wäre die Norm im Inland unanwendbar.[12]

Mit Inkrafttreten des Grundgesetzes im Jahre 1949 entspricht § 1, der von der Rechtsfähigkeit aller Menschen ausgeht, auch Art. 1 GG (Schutz der Menschenwürde) und bildet die Grundlage für eine freie Entfaltung der Persönlichkeit nach Art. 2 Abs. 1 GG.[13] Die Anerkennung der Rechtsfähigkeit **aller** Menschen ist zugleich Ausprägung des Gleichheitssatzes nach Art. 3 GG. Eine Differenzierung in der Rechtsfähigkeit aufgrund einer nationalen deutschen gesetzlichen Regelung wäre wegen Verstoßes gegen den der „Ewigkeitsgarantie" des Art. 79 Abs. 3 GG unterfallenden Art. 1 GG verfassungswidrig.[14]   6

B. Regelungsgehalt

§ 1 regelt unmittelbar nur den **Zeitpunkt des Beginns der Rechtsfähigkeit** des Menschen (nicht hingegen deren Ende, dazu → Rn. 20 ff.): Sie beginnt mit der Vollendung der Geburt.   7

Die Rechtsfähigkeit des Menschen entfaltet (in begrenztem Umfang) allerdings auch schon Wirkungen auf die Zeit vor der Geburt (→ Rn. 35 ff.) und nach dem Tod (→ Rn. 31 ff.) – **Vor- und Nachwirkungen der Rechtsfähigkeit**.   8

Rechtsfähigkeit kommt außer dem Menschen auch **juristischen Personen** aufgrund Anerkennung durch die Rechtsordnung zu.   9

Neben dem Antagonismus Rechtsfähigkeit und Nichtrechtsfähigkeit existiert als Zwischenform[15] die **Teilrechtsfähigkeit**. Teilrechtsfähigkeit ist sowohl der Leibesfrucht[16] (Nasciturus – → Rn. 37 ff.) als auch Personenvereinigungen des bürgerlichen Rechts (GbR nach §§ 705 ff. und nicht rechtsfähigen Vereinen gemäß § 54,[17] politischen Parteien und Gewerkschaften) und des Handelsrechts (vgl. § 124 HGB) oder der Wohnungseigentümergemeinschaft nach dem WEG[18] zuzuerkennen – nicht jedoch der Erbengemeinschaft[19] (§ 2032).[20]   10

Von der **allgemeinen Rechtsfähigkeit** zu unterscheiden ist die „**besondere Rechtsfähigkeit** im Hinblick auf den Erwerb bestimmter Einzelrechte", weil bestimmte Rechtsstellungen ein bestimmtes Alter, ein bestimmtes Geschlecht (dazu noch → Rn. 58 ff.) oder sonstige besondere Merkmale voraussetzen.[21]   11

Unter dem zentralen Begriff der „**Rechtsfähigkeit**" – den das BGB nicht definiert, sondern voraussetzt – ist in Abgrenzung zur **Handlungsfähigkeit** die Fähigkeit eines jeden Menschen zu verstehen, **Träger von Rechten und Pflichten** zu sein.[22] Handlungsfähigkeit als Fähigkeit, durch ein eigenes rechtlich relevantes Verhalten, sei es ein Tun oder ein Unterlassen, wirksam Rechte und Pflichten zu begründen,[23] setzt die   12

---

12   MüKoBGB/*Spickhoff* § 1 Rn. 13; Palandt/*Ellenberger* BGB § 1 Rn. 1.

13   So zutreffend BeckOK BGB/*Bamberger* § 1 Rn. 3.

14   BeckOK BGB/*Bamberger* § 1 Rn. 5.

15   Palandt/*Ellenberger* BGB Vor § 1 Rn. 2.

16   Für eine beschränkte (Teil-)Rechtsfähigkeit große Teile der Literatur, vgl. etwa: *Enneccerus/Nipperdey* BGB AT Bd. 2 § 84 II 3; *Fabricius* FamRZ 1963, 403 (410) – siehe auch BVerwG NJW 1962, 1459; aA hingegen BSG NJW 1963, 1078 (1079); Erman/*Saenger* BGB § 1 Rn. 2. Vom BGH offen gelassen, vgl. BGHZ 8, 243, 248 ff. = NJW 1953, 417; BGHZ 58, 48, 50 = NJW 1972, 1126. Vgl. aber auch BVerfG NJW 1975, 573, das ungeborenes menschliches Leben dem Schutz des Art. 2 Abs. 2 S. 1 GG unterstellt.

17   Der BGB-Außengesellschaft und dem nicht rechtsfähigen Verein (dazu Musielak/*Weth* ZPO § 50 Rn. 22) kommt insoweit Rechtsfähigkeit zu, als sie durch Teilnahme am Rechtsverkehr eigene Rechte und Pflichten begründen können, wobei ihnen in diesem Rahmen zivilprozessual auch aktive und passive Parteifähigkeit zukommt, vgl. BGHZ 146, 341, 344 = NJW 2001, 1056.

18   BGHZ 163,154 = NJW 2005, 2061 = ZIP 2005, 1233. Dazu *Armbrüster* ZWE 2005, 369; *Bauer* JR 2006, 244; *Bub/Petersen* NJW 2005, 2590; *Fischer* NZI 2005, 586; *Häublein* ZIP 2005, 1770; *ders.*

ZMR 2005, 557; *Hügel* DNotZ 2005, 753; *Krampen-Lietzke* RNotZ 2013, 575; *Lüke* ZflR 2005, 516; *Marolde* ZWE 2002, 387; *Ott* ZMR 2002, 97; *Pauly* WM 2002, 531; *Raiser* ZWE 2001, 173; *Rühlicke* ZWE 2007, 261. Kritisch *Bork* ZIP 2005, 1205.

19   BGH NJW 2006, 3715 = ZIP 2006, 2125 = WM 2006, 2257.

20   Palandt/*Ellenberger* BGB Vor § 1 Rn. 2.

21   Palandt/*Ellenberger* BGB Vor § 1 Rn. 2: Für den rechtsgeschäftlichen Verkehr ist gleichwohl der „Zugang aller Personen zu allen Rechtsinstitutionen die Regel – Ausnahmen gelten nur, soweit sie ausdrücklich angeordnet und mit dem Grundgesetz vereinbar sind".

22   Erman/*Saenger* BGB Vor § 1 Rn. 1; *Larenz/Wolf* BGB AT § 6 Rn. 6; *Medicus* BGB AT Rn. 1039; MüKoBGB/*Spickhoff* § 1 Rn. 6; Palandt/*Ellenberger* BGB Vor § 1 Rn. 1; Soergel/*Fahse* BGB Vor § 1 Rn. 1; Staudinger/*Kannowski* BGB § 1 Rn. 1; aA bspw. *Fabricius*, Relativität der Rechtsfähigkeit, 1963, S. 31 ff. und 43 ff.: Rechtsfähigkeit verstanden als die Fähigkeit des Zuordnungssubjekts, sich rechtserheblich zu verhalten (juristisches Verhaltensvermögen – Verbindung von Rechts- und Handlungsfähigkeit).

23   Palandt/*Ellenberger* BGB Vor § 1 Rn. 3; Staudinger/*Kannowski* BGB § 1 Rn. 2.

Fähigkeit zur natürlichen Willensbildung voraus.[24] Die Handlungsfähigkeit kann grundsätzlich unterschieden werden in die **Geschäftsfähigkeit** (als Fähigkeit, allgemein zulässige Rechtsgeschäfte selbstständig vorzunehmen, §§ 104 ff.) und die **Haftungs- oder Deliktsfähigkeit** (als Zurechnungsfähigkeit, §§ 827 f., vgl. zudem § 276 Abs. 1 S. 2 [Verantwortlichkeit für die Verletzung einer Verbindlichkeit]).[25] Die gesetzliche Regelung geht als Normalfall vom Bestehen der Geschäfts- und Deliktsfähigkeit aus und normiert nur, wann diese Fähigkeit im Einzelnen fehlt.

13 Prozessuales Gegenstück zur Rechtsfähigkeit ist die **Parteifähigkeit** (§ 50 Abs. 1 ZPO), mithin die Fähigkeit, in einem Rechtsstreit Prozesspartei, dh Subjekt eines Prozessrechtsverhältnisses, zu sein. Parteifähig ist, wer rechtsfähig ist, mit der Ausnahme nach § 50 Abs. 2 ZPO, der die passive Parteifähigkeit auch dem nicht rechtsfähigen Verein zubilligt.[26] IÜ sind auch eine Reihe teilrechtsfähiger Personenzusammenschlüsse parteifähig: OHG und KG (§ 124 iVm § 161 Abs. 2 HGB), die GbR nach § 124 HGB analog, die Partnerschaftsgesellschaft (§ 7 Abs. 2 PartGG), die Wohnungseigentümergemeinschaft und politische Parteien (§ 3 PartG).

14 Weiterhin ist von der Rechtsfähigkeit zu unterscheiden die **Beteiligtenfähigkeit** (als Fähigkeit im Verwaltungs- und Steuerrecht, Verfahrenshandlungen gegenüber Behörden vorzunehmen – zB § 11 VwVfG, § 61 VwGO bzw. § 78 AO) sowie die **Prozessfähigkeit** (als Fähigkeit, Prozesshandlungen selbst oder durch selbst bestellte Vertreter wirksam vorzunehmen oder entgegenzunehmen – §§ 51 f. ZPO) und die **Postulationsfähigkeit** (Verhandlungsfähigkeit als Fähigkeit einer Partei, im Prozess in rechtlich erheblicher Form zu handeln).

I. Der Beginn der Rechtsfähigkeit

15 Die Rechtsfähigkeit beginnt mit der **Vollendung der Geburt**.[27] Darunter ist der vollständige Austritt eines lebenden Kindes aus dem Mutterleib (iS einer auf natürlichem oder künstlichem Wege herbeigeführten Trennung) zu verstehen,[28] nachdem der historische Gesetzgeber der Ansicht war, dass „die Rechtspersönlichkeit ... ein selbstständiges von dem Mutterleibe getrenntes Dasein" voraussetzt.[29] Diesen Zeitpunkt des Beginns der Rechtsfähigkeit eröffnet dem Menschen relativ früh die Rechtsfähigkeit und ist verhältnismäßig einfach feststellbar.[30]

16 Zur Einräumung von Rechtspositionen durch Sondervorschriften bereits in einem vorgelagerten Zeitpunkt zugunsten des gezeugten, aber noch nicht geborenen Kindes (Nasciturus) → Rn. 37 ff. sowie des noch nicht gezeugten Kindes (Nondum conceptus) → Rn. 47 ff.

17 Alleinige Voraussetzung für die Rechtsfähigkeit ist, dass das Kind mit Vollendung der Geburt, dh im Zeitpunkt der Trennung vom Mutterleib – und wenn auch nur für kurze Zeit, da es auf eine generelle Lebensfähigkeit des Kindes nach allgemeiner Ansicht **nicht** ankommt[31] – **gelebt** hat[32] iSd Nachweises auch nur

---

24 BeckOK BGB/*Bamberger* § 1 Rn. 22: weshalb die Handlungsfähigkeit sowohl einem unmündigen Kind als auch einer juristischen Person als solcher fehlt (die nur mittels ihrer Organe, mithin natürlicher Personen, handeln kann).

25 MüKoBGB/*Schmitt* § 1 Rn. 8 f.

26 Auch die OHG und die KG (§ 124 HGB – iVm § 161 Abs. 2 HGB), politische Parteien (§ 3 PartG) und Gewerkschaften sind (passiv) parteifähig, obgleich sie nicht voll rechtsfähig sind (BeckOK BGB/*Bamberger* § 1 Rn. 17), gleichermaßen die Vor-GmbH, die sowohl aktiv wie passiv parteifähig ist BGH NJW 1998, 1079 (1080).

27 Wohingegen das Strafrecht auf den Beginn der Geburt abstellt, vgl. § 217 StGB alt, wodurch menschliches Leben auch schon während des Geburtsvorgangs strafrechtlich geschützt ist, vgl. BGHSt 10, 291, 292.

28 Staudinger/*Kannowski* BGB § 1 Rn. 4 f.; eine vorausgegangene Lösung von der Nabelschnur wird nicht verlangt, Motive I, S. 28. Nicht verlangt wird gleichermaßen die Austreibung der Nachgeburt – so MüKoBGB/*Spickhoff* § 1 Rn. 15.

29 Motive I, S. 28.

30 MüKoBGB/*Spickhoff* § 1 Rn. 2; Palandt/*Ellenberger* BGB § 1 Rn. 2; Staudinger/*Kannowski* BGB § 1 Rn. 8.

31 LSG Nds NJW 1987, 2328. Vgl. auch Palandt/*Ellenberger* BGB § 1 Rn. 2, womit selbstverständlich auch Missbildungen der Rechtsfähigkeit nicht entgegenstehen; Motive I, S. 28 f.: abnorm gebildete oder missgebildete menschliche Wesen.

32 Wenn der Tod auch gleich nach der Geburt eintritt: Palandt/*Ellenberger* BGB § 1 Rn. 2.

einer sicheren Lebensfunktion.[33] Es kommt also nicht auf das Gewicht des Kindes an – auch Frühgeburten sind rechtsfähig.[34]

Fehlt es gänzlich an einer der Lebensfunktionen, handelt es sich um eine **Totgeburt**, sofern das Kind vor (dh während der Schwangerschaft) oder während der Geburt stirbt und mehr als 500 Gramm wiegt. Bei einem geringeren Gewicht spricht § 29 Abs. 2 und 3 der AVO zum PStG von einer **Fehlgeburt**. 18

Beweislastpflichtig für die Tatsache einer Lebendgeburt (bzw. einer Reihenfolge bei mehreren Geburten) ist derjenige, der daraus Rechte herleitet.[35] Eine gesetzliche Vermutung besteht nicht.[36] Die Personenstandsbücher nach dem PStG (vgl. gemäß § 3 Abs. 1 Nr. 3 und 4 PStG das Geburtenregister [§ 21 PStG] und das Sterberegister [§ 31 PStG]) – insbesondere das **Geburtenbuch** (in das jede Geburt einschließlich Ort und Zeitpunkt [Tag, Stunde und Minute] nach § 21 Abs. 1 Nr. 2 PStG einzutragen ist) – erleichtern jedoch den Beweis, dass eine Person nach Vollendung der Geburt (noch) gelebt hat. Die Beweiserleichterung nach § 54 PStG (Beweiskraft der Personenstandsregister und -urkunden) iVm §§ 59, 21 PStG (Geburtsregister und Geburtsurkunde, ebenso beglaubigte Abschriften nach den §§ 56, 59, 60 PStG) durch das Geburtenbuch (Lebendgeburt) ist allerdings dem Gegenbeweis (Nachweis der Unrichtigkeit) zugänglich[37] – ebenso wie ein Eintrag im **Sterbebuch** gemäß § 31 PStG nach § 21 Abs. 2 PStG, dass ein Kind tot geboren oder in (während) der Geburt verstorben ist. Eine Berichtigung der Eintragung im Personenstandsregister (sowie in entsprechenden Urkunden) ist nach Maßgabe der §§ 46 ff. PStG zulässig. 19

II. Das Ende der Rechtsfähigkeit

1. Der Tod des Menschen. Die Rechtsfähigkeit jedes Menschen endet (ohne dass dies ausdrücklich im BGB eine Regelung erfahren hat)[38] mit dem **Tod** (Erbfall iSv § 1922 Abs. 1, mit dem alle Rechte und Rechtsgüter des Verstorbenen im Rahmen einer Universalsukzession auf den oder die Erben als neue[n] Berechtigte[n] übergehen und von diesem/diesen geltend gemacht werden können – da dem BGB der „**bürgerliche Tod**", bspw. durch den Eintritt in ein Kloster, unbekannt ist).[39] Die Rechtsfolge, dass mit dem Tod einer Person deren Vermögen auf einen anderen (den Erben) übergeht, beruht auf dem Umstand, dass der Tod die Rechtsfähigkeit des ursprünglichen Vermögensträgers beendet hat[40] (zur Anerkennung einer postmortalen Teilrechtsfähigkeit noch → Rn. 31 ff.). 20

a) Maßgeblicher Zeitpunkt. Umstritten ist in diesem Kontext die Frage nach dem **maßgeblichen Zeitpunkt des Todes,** der im BGB nicht näher behandelt wird, weil der historische Gesetzgeber diesen als wissenschaftlich feststehend und damit nicht für regelungsbedürftig erachtet hat.[41] 21

Ist dabei auf den **Herztod** oder auf den **(Gesamt-)Hirntod** abzustellen?[42] Der Herztod entspricht dem klassischen Todesbegriff (sog. **klinischer Tod**) iS eines Herz-, Kreislauf- und Atemstillstands. Der Hirntod meint den irreversiblen Funktionsverlust des Gehirns (Ausfall der Hirnfunktion) ohne Reanimationsmöglichkeit.[43] Diese Frage stellt sich aufgrund des medizinischen Fortschritts (Reanimation) auch der Transplantationsmedizin, welche die Aufrechterhaltung einzelner Körperfunktionen trotz Funktionsunfähigkeit lebenswichtiger Organe mittels Einsatzes von Herz-Lungen-Maschinen uA im Rahmen einer Reanimation 22

---

33 MüKoBGB/*Spickhoff* § 1 Rn. 16: geführt durch den Nachweis von Hirnströmen (oder jeder anderen sicheren Lebensfunktion, Erman/*Saenger* BGB § 1 Rn. 1; Staudinger/*Kannowski* BGB § 1 Rn. 7); ebenso Soergel/*Fahse* BGB § 1 Rn. 10. Entgegen § 29 Abs. 1 AVO des PStG v. 25.2.1977 (BGBl. I S. 377) – entsprechend einer Empfehlung der WHO aus dem Jahre 1974, wonach eine Lebendgeburt alternativ entweder einen Herzschlag des Kindes nach der Trennung vom Mutterleib, ein Pulsieren der Nabelschnur oder das Einsetzen der natürlichen Lungenatmung als Lebensäußerungen voraussetzt. Insoweit kommt einer von § 1 abweichenden Personenstandsbucheintragung lediglich Beweisfunktion zu – der Nachweis der Unrichtigkeit bleibt möglich (was insbesondere im Falle des Todes der Mutter bei der Geburt bedeutsam wird, da diese dann vom Kind beerbt wurde, sofern keine anderweitige testamentarische Vereinbarung getroffen worden ist), so zutreffend MüKoBGB/*Spickhoff* § 1 Rn. 16.
34 BeckOK BGB/*Bamberger* § 1 Rn. 28.
35 Palandt/*Ellenberger* BGB § 1 Rn. 2.
36 BeckOK BGB/*Bamberger* § 1 Rn. 34.

37 Palandt/*Ellenberger* BGB § 1 Rn. 2.
38 Da dem historischen Gesetzgeber der Zeitpunkt des Todes selbstverständlich erschien und dessen Feststellung zu Beginn des 20. Jahrhunderts noch als unproblematisch erachtet wurde, MüKoBGB/*Spickhoff* § 1 Rn. 3. Vgl. aber auch Prot. VIII, S. 110: Der Entwurfszusatz „und endigt mit dem Tode" wurde als überflüssig qualifiziert und gestrichen.
39 Palandt/*Ellenberger* BGB § 1 Rn. 3.
40 *Medicus* BGB AT Rn. 1051 – wenngleich Nicht-Vermögensrechte ggf. auch noch über den Tod hinaus fortbestehen können, vgl. etwa BGHZ 50, 133 = NJW 1968, 1773 – Mephisto; BGHZ 107, 384 – Emil Nolde. Zudem *Kehl*, Die Rechte der Toten, 1991.
41 Palandt/*Ellenberger* BGB § 1 Rn. 3.
42 Hk-BGB/*Dörner* § 1 Rn. 5.
43 So BayObLGZ 99, 1, 5; OLG Köln NJW-RR 1992, 1480 (1481); OLG Frankfurt/M. NJW 1997, 3099; zudem *Heun* JZ 1996, 213; *Walter* FamRZ 1998, 201 (205); *Weber/Lejeune* NJW 1994, 2392 (2393). Krit. hingegen *Bavastro* ZRP 1999, 114.

ermöglicht, aber auch aufgrund neuerer Erkenntnisse der Wissenschaft, die den Tod nicht als punktuelles Ereignis, sondern als Ende eines Sterbeprozesses qualifiziert.[44] Die Grenze zwischen Leben und Tod ist fließend geworden.[45] Bedeutung kommt der Beantwortung dieser Frage neben den Auswirkungen für die Erbfolge vor allem im Kontext mit Organentnahmen zu Transplantationszwecken zu.

23 Die heute **herrschende Ansicht**[46] plädiert zu Recht im Falle eines Auseinanderfallens beider Zeitpunkte, weil bspw. nach Eintritt des Hirntods (mithin dem Ende der Gehirntätigkeit) eine Herz-Lungen-Maschine eingesetzt wird (die Atmung und Kreislauf ggf. noch für längere Zeit künstlich aufrechterhält), im Interesse der Rechtssicherheit für die **Maßgeblichkeit des Hirntodes**,[47] dh den Zeitpunkt, zu dem die Hirnstromkurve des Elektroenzephalogramm (EEG) eine Nulllinie verzeichnet, mithin keine Hirnströme mehr feststellbar sind im Hinblick auf die Rechtsfähigkeit des Sterbenden (mit korrespondierendem Eintritt des Erbfalls). Der Mensch ist nach Ausfall der Hirnfunktionen tot, dh, wenn die Gesamtfunktion des Großhirns, des Kleinhirns und des Gehirnstammes endgültig und nicht mehr behebbar ausgefallen ist,[48] also eine Wiedererlangung des Bewusstseins ausgeschlossen ist.

b) Organentnahme

Literatur: *Ahrens*, Der Leichnam – rechtlich betrachtet, ErbR 2007, 146; *Bausch/Kohlmann*, Die erklärte Spendenbereitschaft als verfassungsrechtlich zulässiges Kriterium der Organallokation, NJW 2008, 1562; *Besold/Rittner*, Über die Alternativen zur Lebendspende im Transplantationsgesetz – Die Überkreuz-Lebendspende – warum nicht auch in Deutschland?, MedR 2005, 502; *Borowy*, Die postmortale Organentnahme und ihre zivilrechtlichen Folgen, 2000; *Clement*, Der Rechtsschutz der potenziellen Organempfänger nach dem Transplantationsgesetz, 2007; *Forkel*, Das Persönlichkeitsrecht am Körper, gesehen besonders im Lichte des Transplantationsgesetzes, Jura 2001, 73; *Geilen*, Medizinischer Fortschritt und juristischer Todesbegriff, in: FS Heinitz 1972, S. 373; *Heger*, Erwiderung auf *Schroth*, Die strafrechtlichen Tatbestände des Transplantationsgesetzes, JZ 1998, 506; *Höfling*, Organspende oder Organgewinnung?, ZRP 2019, 2; *Hufen*, Die Widerspruchslösung bei der Organtransplantation, NVwZ 2019, 1325; *Klein*, Selbstbestimmungsrecht bei Organtransplantationen, NJ 2019, 516; *Linck*, Vorschläge für ein Transplantationsgesetz, ZRP 1975, 249; *Neft*, Novellierung des Transplantationsgesetzes – eine herkulische Aufgabe, NZS 2010, 16; *Parzeller/Henze*, Richtlinienkompetenz zur Hirntod-Feststellung erneut bei Bundesärztekammer, ZRP 2006, 176; *Parzeller/Dettmeyer*, Der Nachweis des Todes bei der postmortalen Gewebespende: Unvollständige und praxisuntaugliche Vorgaben?, StoffR 2008, 288; *Rixen*, Impfpflicht und Organspende – Gesundheitspolitik ohne Grundrechte?, ZRP 2019, 93; *Schmidt-Recla*, Tote leben länger – Ist der Hirntod ein ausreichendes Kriterium für die Organspende?, MedR 2004, 672; *Schroth*, Die strafrechtlichen Tatbestände des Transplantationsgesetzes, JZ 1997, 1149; *Walter*, Organentnahme nach dem Transplantationsgesetz – Befugnisse der Angehörigen, FamRZ 1998, 201.

24 **Dem entsprechen** die **Vorgaben des Transplantationsgesetzes** (TPG) vom 5.11.1997,[49] nach dessen § 3 Abs. 2 Nr. 2 eine Organentnahme unzulässig ist, wenn nicht vor der Entnahme beim Organspender der endgültige, nicht behebbare Ausfall der Gesamtfunktion des Großhirns, des Kleinhirns und des Hirnstammes (**Gesamthirntodkriterien**)[50] nach Verfahrensregeln festgestellt wurde, die dem „Stand der Erkenntnisse der medizinischen Wissenschaft" entsprechen. Die entsprechenden Feststellungen sind nach § 5 Abs. 1 S. 1 TPG (Nachweisverfahren) durch jeweils zwei dafür qualifizierte Ärzte zu treffen, die den Organspender unabhängig voneinander untersucht haben – wenn auch die Untersuchung und Feststellung durch nur einen Arzt dann ausreicht, wenn der endgültige, nicht behebbare Stillstand von Herz und Kreislauf eingetreten ist und seitdem mehr als drei Stunden vergangen sind (so § 5 Abs. 1 S. 2 TPG).

Beachte: Durch Art. 24 des Gesetzes vom 20.11.2019[51] ist mit dem Ziel, die Zahl der Organspenden zu erhöhen (wozu die Spendenbereitschaft der Bevölkerung gestärkt werden soll), das TPG geändert worden (ohne dass sich an der bisherigen zwingenden Voraussetzung einer ausdrücklichen Zustimmung des Spenders zu einer Organspende etwas geändert hat).[52] Bürger werden danach künftig gemäß § 2 TPG regelmäßig

---

44 MüKoBGB/*Spickhoff* § 1 Rn. 23.

45 Palandt/*Ellenberger* BGB § 1 Rn. 3.

46 OLG Köln NJW-RR 1992, 1480 (1481), 1482; zudem Hk-BGB/*Dörner* § 1 Rn. 5; *Hoerster* JuS 1995, 192; MüKoBGB/*Schmitt* § 1 Rn. 21 f.

47 Ebenso MüKoBGB/*Leipold* § 1922 Rn. 12; *Medicus* BGB AT Rn. 1052.

48 OLG Köln NJW-RR 1992, 1480; OLG Frankfurt/M. NJW 1997, 3099; BayObLG NJW-RR 1999, 1309; *Geilen* JZ 1971, 41 (42); MüKoBGB/*Schmitt* § 1 Rn. 21; Palandt/*Ellenberger* BGB § 1 Rn. 3; Staudinger/*Weick/Habermann* Vor § 1 VerschG Rn. 6.

49 BGBl. I S. 2631; dazu näher *Deutsch* NJW 1998, 777.

50 Dazu auch *Gockel/Krieglstein/Dobis* DNotZ 2004, 597.

51 BGBl I S. 1620. Zum Gesetzesbeschluss des Bundestages BR-Drs. 30/20.

52 Damit konnte sich der alternative Gesetzgebungsvorschlag (Spahn/Lauterbach) der sog. doppelten Widerspruchslösung nicht durchsetzen, wonach jeder Einwohner potenzieller Spender geworden wäre, wenn er dem nicht aktiv widersprochen hätte.

(etwa bei Ämtern)[53] nach ihrer Organspendebereitschaft befragt. Zugleich soll ein bundesweites Online-Register errichtet werden (Transplantationsregisterstelle, vgl § 15 b TPG), das die Organspender dokumentiert und auf das die Krankenhäuser Zugriff haben sollen.[54]

Vor diesem Hintergrund erscheint es angemessen, die Vorgaben des TPG (→ Rn. 24) auch im Hinblick auf die **Bestimmung des Todeszeitpunkts** heranzuziehen.[55]   **25**

Der Eintrag im Sterbebuch (bzw. daraus erteilte beglaubigte Abschriften oder Auszüge aus dem Familienbuch) erbringt (widerleglich) Beweis dafür, dass eine bestimmte eingetragene Person an einem bestimmten Ort und zu einem bestimmten Zeitpunkt verstorben ist (§§ 60, 66, 61 a PStG).[56]   **26**

Zum rechtlichen Status einer **Leiche** → § 90 Rn. 39 ff.   **27**

2. Todeserklärung nach Verschollenheit. Eine Person, deren Aufenthalt (insbesondere in Kriegszeiten oder nach schweren Unglücksfällen) während längerer Zeit unbekannt ist, ohne dass Nachrichten darüber vorliegen, dass sie in dieser Zeit noch gelebt hat oder gestorben ist, und an deren Fortleben ernstliche Zweifel bestehen (**Fall der Verschollenheit** iS von § 1 Abs. 1 VerschG), kann nach Maßgabe der §§ 2 ff. VerschG auf Antrag des Staatsanwalts, des gesetzlichen Vertreters, des Ehegatten, der Abkömmlinge und Eltern des Verschollenen bzw. eines jeden, der ein rechtliches Interesse an der Todeserklärung hat (§ 16 VerschG), im Rahmen eines Aufgebotsverfahrens „für tot erklärt werden" (**Todeserklärung** als gerichtliche Feststellung des Todes und des Todeszeitpunkts). Das Verschollenheitsgesetz[57] differenziert zwischen Kriegsverschollenheit (§ 4), Seeverschollenheit (§ 5), Luftverschollenheit (§ 6) und Fällen der Lebensgefahr (§ 7).   **28**

Die §§ 39 ff. VerschG eröffnen die Möglichkeit, den **Todeszeitpunkt** gerichtlich feststellen zu lassen, wenn nach allgemeiner Lebenserfahrung vom Tod eines Menschen auszugehen ist, ohne dass dessen Tod (bislang) standesamtlich beurkundet wurde.   **29**

Die gerichtliche **Todeserklärung**, der ein Aufgebotsverfahren vorauszugehen hat, begründet nach § 9 Abs. 1 S. 1 VerschG lediglich eine (widerlegbare) Vermutung[58] dafür, dass die Person tot und zu einem bestimmten Zeitpunkt gestorben ist[59] (und umgekehrt, dass der für tot Erklärte bis zu dem festgestellten Zeitpunkt gelebt hat, §§ 10, 11 VerschG). Sie hat als rechtliche Vermutung jedoch für die Frage des Todeszeitpunkts im Hinblick auf die Rechtsfähigkeit nach § 1 keinen Einfluss.[60] Die Todeserklärung vermag also die Rechtsfähigkeit nicht zu beenden (**kein Rechtsverlust** durch die Todeserklärung). Dies bedeutet, dass nach einer Wiederkehr des „Verschollenen" dieser voll in seine Rechte wiedereintritt, womit eine Erbfolge nicht stattgefunden hat.[61]   **30**

3. Die Rechtsstellung des Menschen nach dem Tode. Fraglich ist, ob dem Menschen – dessen Rechtsfähigkeit mit dem Tod endet (→ Rn. 20 ff.) – im Nachgang noch eine beschränkte Rechtsfähigkeit (postmortale **Teilrechtsfähigkeit**)[62] zuzuerkennen ist. Diese Fragestellung hat insbesondere im Kontext mit dem Persönlichkeitsschutz (immaterielle Ausstrahlungen des allgemeinen Persönlichkeitsrechts über den Tod hinaus) Bedeutung.   **31**

Die verfassungsrechtliche Wertordnung des Grundgesetzes gebietet – so der BGH[63] – dass nach dem Tode einer Person auch das durch ihre Leistungen erworbene und teilweise viel nachhaltiger im Gedächtnis der Nachwelt fortlebende Ansehen Eingriffen Dritter nicht schutzlos preisgegeben werden darf. Wenn auch   **32**

---

53   Bei Ausweisstellen im Zusammenhang mit der Beantragung, Verlängerung oder Abholung von Personalausweisen, Pässen oder eID-Karten mit dem Hinweis, dass der Antragsteller eine Erklärung zur Organ- (bzw. Gewebe-) spende abgeben kann. Gleichermaßen sollen auch die Hausärzte ihre Patienten regelmäßig auf die Möglichkeit einer Organspende hinweisen.

54   Vgl. die Bekanntmachung des Vertrags über die Erstellung eines Gesamtsystems Transplantationsregisterstelle gemäß § 15 b Abs. 4 TPG vom 18.11.2019 – Az.: 312-4090-14/5 (1).

55   Ebenso MüKoBGB/*Spickhoff* § 1 Rn. 22; aA Erman/*Saenger* BGB § 1 Rn. 5, der für eine differenzierende Lösung plädiert, die für die Erbfolge andere Kriterien heranzieht als für Tatbestände, für die der Tod die rechtfertigende Voraussetzung für Handlungen oder Unterlassungen darstellt.

56   Allerdings ist eine neu eingegangene Ehe auch gegenüber dem gutgläubigen Ehepartner nach einem zu Unrecht angenommenen und im Sterbebuch ein-

getragenen Tod des anderen Ehegatten nicht geschützt, wenn sich nachträglich die Unrichtigkeit der Eintragung herausstellt (§§ 1306, 1316, Art. 3 § 1 VerschÄndG), BeckOK BGB/*Bamberger* § 1 Rn. 35.

57   Vom 4.7.1939 in der im BGBl. Teil III, Gliederungsnummer 401 – VI, veröffentlichten bereinigten Fassung, das zuletzt durch Art. 55 des Gesetzes vom 17.12.2008 (BGBl. I, S. 2586) geändert worden ist.

58   Beweispflichtig ist, wer sich darauf beruft, die Person lebe noch oder sei zu einem anderen Zeitpunkt gestorben: BeckOK BGB/*Bamberger* § 1 Rn. 32.

59   Palandt/*Ellenberger* BGB § 1 Rn. 4.

60   Palandt/*Ellenberger* BGB § 1 Rn. 4.

61   BeckOK BGB/*Bamberger* § 1 Rn. 32 – wobei für die familienrechtlichen Verhältnisse etwas anderes gilt.

62   So MüKoBGB/*Schmitt* § 1 Rn. 55; aA hingegen BeckOK BGB/*Bamberger* § 1 Rn. 56: „Die Annahme einer Rechtsfähigkeit ohne Person ist künstlich".

63   BGHZ 50, 133, 138.

Art. 1 Abs. 1 und Art. 2 Abs. 1 GG vorwiegend den Schutz von Persönlichkeitsbelangen des in der Rechtsgemeinschaft noch tätigen Bürgers gewährleisten wollen, besteht kein Anlass – entgegen den Anschauungen unseres Kulturkreises –, die Schutzgarantie für die Menschenwürde, die auch im Tode unantastbar bleibt, für Verstorbene entfallen zu lassen. Da die Wertentscheidung des Grundgesetzgebers im Grundrechtekatalog zugunsten eines umfassenden Schutzes der Menschenwürde keine zeitliche Begrenzung auf das Leben des Menschen erkennen lässt, ist nicht einzusehen, warum der Schutz des **allgemeinen Persönlichkeitsrechts**, das die höchstrichterliche Rechtsprechung als „sonstiges Recht" iSv § 823 Abs. 1 anerkannt hat,[64] zwangsläufig mit dem Tod sein Ende finden sollte. Vielmehr ist nach Anerkennung des allgemeinen Persönlichkeitsrechts (zu Lebzeiten) dieses auch nach dem Tode seines Inhabers von den Rechtsgenossen zu achten (wodurch eine Verunglimpfung des Verstorbenen bzw. eine Entstellung seines Persönlichkeits- und Lebensbildes verhindert wird), da anderenfalls die Wertentscheidung des Grundgesetzes nicht ausreichend zur Geltung käme[65] (Kontinuität des allgemeinen Persönlichkeitsrechts bzw. einiger seiner Ausgestaltungen über den Tod hinaus:[66] sog. **postmortales Persönlichkeitsrecht**, dazu näher → § 12 Rn. 128 ff.).

33   Das Persönlichkeitsrecht des Verstorbenen zeigt also auch über den Tod hinaus **Nachwirkungen** (Ausstrahlungen des allgemeinen Persönlichkeitsrechts) und zwar zum einen im Hinblick auf einen Schutz des Verstorbenen in seinem Ansehen und seiner Ehre (gegen Entstellungen und Verunglimpfungen) und zum anderen gegen einen Missbrauch (bspw. den unbefugten Gebrauch von Eigenschaften des Verstorbenen).[67]

34   Zur Wahrnehmung der Schutzrechte des Verstorbenen ist derjenige als **Sachwalter** berechtigt, dem der Verstorbene zu Lebzeiten (durch Willenserklärung, weshalb Geschäftsfähigkeit des Auftraggebers erforderlich ist)[68] oder durch letztwillige Verfügung dieses Recht übertragen hat.[69] Ist keine ausdrückliche Beauftragung erfolgt, werden die Rechte (subsidiär) von den nächsten Angehörigen[70] oder dem Verstorbenen sonst wie in besonderer Verbundenheit nahe stehende Personen wahrgenommen. Der Sachwalter hat die Schutzrechte des Verstorbenen nach dessen erkennbarem oder mutmaßlichem Willen auszuüben. Ist ein ausdrücklicher oder mutmaßlicher Wille des Verstorbenen nicht feststellbar, haben die Sachwalter nach pflichtgemäßem Ermessen[71] zu handeln – was gleichermaßen für das Totensorgerecht (→ BGB § 90 Rn. 46 ff.) gilt.[72]

III. Teilrechtsfähigkeit

35   Das BGB räumt auch dem Nasciturus (dh dem gezeugten, aber noch nicht geborenen Kind, → Rn. 37 ff.) – ja selbst dem Nondum conceptus (mithin dem noch nicht gezeugten Kind, 47 ff.) – gewisse Rechtspositionen ein (weshalb die hM in der Literatur eine **partielle Rechtsfähigkeit** bzw. **Teilrechtsfähigkeit** bejaht).[73] Daraus folgt, dass der Nasciturus vor seiner Geburt zwar berechtigt, nicht aber verpflichtet werden kann, weshalb der Abschluss eines ihn (auch) verpflichtenden Vertrags unzulässig ist.[74] Der Nasciturus ist zur

---

64   Entwickelt aus Art. 1 Abs. 1 iVm Art. 2 Abs. 1 GG, vgl. BGHZ 50, 133 = NJW 1968, 1773 – Mephisto; BGHZ 30, 7 = NJW 1959, 1269 – Catarina Valente; BGHZ 26, 349 = NJW 1958, 827 – Herrenreiter.

65   So BGHZ 50, 133, 139.

66   Zur dogmatischen Konstruktion näher MüKoBGB/*Spickhoff* § 1 Rn. 56 ff., der von einer der pränatalen Teilrechtsfähigkeit vergleichbaren postmortalen Teilrechtsfähigkeit des Verstorbenen im Hinblick auf das allgemeine Persönlichkeitsrecht ausgeht, wobei die daraus resultierenden Rechte des Toten entweder durch die vom Verstorbenen zu Lebzeiten selbst dazu berufenen Personen oder die nächsten Anverwandten ausgeübt werden (MüKoBGB/*Spickhoff* § 1 Rn. 58); aA *Westermann* (FamRZ 1969, 561): Verletzung der Angehörigen in ihrem (eigenen) Recht auf Totengedenken; bzw. BGHZ 15, 249, 259: subjektloses Recht; oder *Heldrich* (Das Persönlichkeitsrecht Verstorbener FS Lange 1970, S. 163, 170 f.): die Anerkennung der Angehörigen oder anderer vom Verstorbenen zu Lebzeiten berufener Personen als treuhänderische Träger des Persönlichkeitsrechts.

67   BeckOK BGB/*Bamberger* § 1 Rn. 56.

68   BeckOK BGB/*Bamberger* § 1 Rn. 59.

69   MüKoBGB/*Spickhoff* § 1 Rn. 56 ff.; Staudinger/*Kannowski* BGB Vor § 1 Rn. 29.

70   Vgl. BGHZ 50, 133, 137 = NJW 1968, 1773; BGH NJW 1974, 1371; MüKoBGB/*Spickhoff* § 1 Rn. 56 ff.; Staudinger/*Kannowski* BGB Vor § 1 Rn. 29.

71   BeckOK BGB/*Bamberger* § 1 Rn. 60.

72   KG FamRZ 1967, 414 (415); OLG Frankfurt/M. NJW-RR 1989, 1159 (1160); AG Grevenbroich NJW 1998, 2063.

73   Umstritten – so aber BeckOK BGB/*Bamberger* § 1 Rn. 41; Palandt/*Ellenberger* BGB § 1 Rn. 7; Soergel/*Fahse* BGB § 1 Rn. 13; Staudinger/*Kannowski* BGB § 1 Rn. 15; MüKoBGB/*Spickhoff* § 1 Rn. 31; aA OLG Hamm VersR 1973, 810 (811). Von BGHZ 58, 48, 50 = NJW 1972, 1126 offen gelassen.

74   So zutr. BeckOK BGB/*Bamberger* § 1 Rn. 42; aA OLG Celle VersR 1955, 408: Dienstvertrag zwischen einem ungeborenen Kind und dem Krankenhaus, in das die schwangere Mutter eingeliefert wird.

Geltendmachung dieser Rechte auch bereits schon (beschränkt) **parteifähig**,[75] wenngleich zunächst die Eltern (§ 1912 Abs. 2 iVm §§ 1626 ff.) bzw. ein Pfleger (§ 1912 Abs. 1)[76] für ihn handeln.[77]

Voraussetzung für den endgültigen Rechtserwerb ist die spätere **Lebendgeburt**.[78] Der Nasciturus genießt **36** Schutz über die Strafvorschriften des Embryonenschutzgesetzes (ESchG).[79] Danach ist insbesondere eine Geschlechtswahl (§ 3 ESchG), eine künstliche Veränderung menschlicher Keimbahnzellen (§ 5 ESchG), Klonen (§ 6 ESchG) und eine Chimären- und Hybridbildung (§ 7 ESchG) verboten.

1. Der Nasciturus. Der Nasciturus, dh die gezeugte (Zeitpunkt der Erzeugung ist spätestens die Nidation **37** des Eies in der Gebärmutter,[80] was gleichermaßen für eine In-vitro-Fertilisation gilt),[81] aber noch nicht geborene Leibesfrucht, ist nach der Definition des § 1 zwar nicht (voll) rechtsfähig, gleichwohl werden ihm unter der Voraussetzung seiner späteren Lebendgeburt bereits in einer Reihe von Vorschriften Rechtspositionen zugewiesen:[82]

– § 331 Abs. 2: Rechtliche Zulässigkeit eines Vertrags, in dem eine Leistung zugunsten des Nasciturus versprochen wird (Vertrag zugunsten Dritter). Der Nasciturus kann auch durch einen Vertrag mit Schutzwirkung zugunsten Dritter begünstigt sein – weshalb keine Bedenken bestehen, „von Fall zu Fall im Wege der Rechtsanalogie zu den bestehenden Vorschriften dem ungeborenen Kind auch für weiter gehende Bereiche Rechtsträgerschaft in der Form partieller Grundrechtsfähigkeit und Teilrechtsfähigkeit zuzuerkennen".[83]

– § 844 Abs. 2 S. 2: Wegen schuldhafter Tötung eines Unterhaltsverpflichteten können dem Nasciturus Ersatzansprüche gegen den Verletzer zustehen.

– §§ 1592 Nr. 2, 1594 Abs. 4, 1600 lit. b Abs. 2: Anerkennung der Vaterschaft gegenüber dem Nasciturus.

– § 1615 lit. o Abs. 1 S. 2: Zur Sicherung eines künftigen Unterhaltsanspruchs kann auch schon vor der Geburt eine einstweilige Verfügung erwirkt werden.

– § 1714: Beistandschaft zur Sicherstellung der Vaterschaftsfeststellung.[84]

– § 1923 Abs. 2: Der Nasciturus kann Erbe (bzw. Miterbe) sein – auch Nacherbe (§ 2108) oder Vermächtnisnehmer (§ 2178).[85] Nach § 2043 ist aber eine Auseinandersetzung der Erbengemeinschaft (soweit die

---

75 RGZ 65, 277, 281 (arg.: Bindung der Parteifähigkeit an die Rechtsfähigkeit, § 50 Abs. 1 ZPO bzw. § 1615 o, s. Rn. 13).

76 OLG Schleswig NJW 2000, 1271.

77 Hk-BGB/*Dörner* § 1 Rn. 4. Daher ist ein Rechtserwerb bereits durch den Nasciturus möglich, MüKo-BGB/*Spickhoff* § 1 Rn. 36, ebenso Schenkungen durch Vertrag, Staudinger/*Kannowski* BGB § 1 Rn. 16, Bestellung von Hypotheken zugunsten des Nasciturus RGZ 61, 355; 65, 277 (bereits für den Nondum conceptus) oder die Einleitung eines Zwangsversteigerungsverfahrens bzw. die Erhebung einer Drittwiderspruchsklage nach § 771 ZPO für den Nasciturus RGZ 65, 277. Die Leibesfrucht kann weiterhin nach § 1594 Abs. 4 anerkannt werden, OLG Karlsruhe OLGZ 75, 77, und bereits eine Vaterschaftsfeststellung betreiben, OLG Schleswig NJW 2000, 1271.

78 Palandt/*Ellenberger* BGB § 1 Rn. 7.

79 Gesetz über den Schutz von Embryonen (Embryonenschutzgesetz) vom 13.12.1990 – BGBl. I, 2746.

80 BVerfGE 39, 1, 37 = NJW 1975, 573; aA iS einer Vorverlagerung der Entstehung menschlichen Lebens auf den Zeitpunkt der Verschmelzung von Ei- und Samenzelle (Verschmelzung der Zellkerne): Staudinger/*Kannowski* BGB § 1 Rn. 23; ebenso BeckOK BGB/*Bamberger* § 1 Rn. 43: „Die Unterscheidung zwischen individuellem menschlichem Leben (nach der Einnistung) und artspezifischem menschlichem Leben (vor diesem Zeitpunkt) erscheint nach der Zweckrichtung des Art. 2 Abs. 2 S. 1 GG künstlich. ... Hiernach beginnt der Schutz der Grundrechte und Teilrechtsfähigkeit mit der Verschmelzung der Keimzellen."

81 So Palandt/*Ellenberger* BGB § 1 Rn. 8; Soergel/ *Fahse* BGB § 1 Rn. 27; aA Staudinger/*Kannowski* BGB § 1 Rn. 23: Entscheidend sei bereits der Zeitpunkt der extrakorporalen Verschmelzung der Eizelle.

82 Vgl. Motive I, S. 29: Das werdende Leben soll (außer durch das Strafrecht) „am geeignetsten durch besondere Bestimmungen" des Zivilrechts geschützt sein.

83 BeckOK BGB/*Bamberger* § 1 Rn. 44.

84 Vgl. dazu OLG München NJW-RR 2016, 902 = FamRZ 2016, 1793: Eine vorgeburtliche Beistandschaft des Jugendamts ist aus § 1714 S. 2 heraus zulässig und wirksam – und zwar allein aufgrund des Eingangs eines entsprechenden Antrags des allein sorgeberechtigten Elternteils beim Jugendamt (weshalb es keiner zusätzlichen behördlichen oder gerichtlichen Entscheidung bedarf). Der Leibesfrucht kommt nämlich eine beschränkte Rechtsfähigkeit zu, die ihr die Geltendmachung ihrer Rechte im Sinne einer Beteiligtenfähigkeit auch im Vaterschaftsfeststellungsverfahren ermöglicht. Zur Einbenennung auch OLG Karlsruhe OLGZ 1975, 77. Zum Betreiben der Vaterschaftsfeststellung OLG Schleswig NJW 2000, 1271.

85 Für die Erbfähigkeit der ungeborenen Leibesfrucht gemäß § 1923 ist anerkannt, dass, kommt es zum Erbfall vor der Geburt, in der Zeit zwischen Erbfall und Geburt ein Schwebezustand eintritt. Die Lebendgeburt ist nämlich Bedingung für den Rechtseintritt: OLG Celle ZIP 2018, 685 = NZG 2018, 303 = MDR 2018, 538, juris Rn. 10; Palandt/*Weidlich* BGB § 1923 Rn. 6. Die Schenkung eines Kommanditanteils an eine ungeborene Leibesfrucht kann allerdings nicht vor der Geburt ins Handelsregister eingetragen werden, so OLG Celle ZIP 2018, 685 Ls. 1.

Erbanteile unbestimmt sind) bis zur Geburt ausgeschlossen. Eine pränatale Erbschaftsausschlagung ist (anders als eine Erbschaftsannahme) zulässig.[86]

- § 1963 sorgt zugunsten des Nasciturus (der gesetzlicher oder gewillkürter Erbe sein muss, § 1923 Abs. 2) für dessen bedürftige Mutter beim Tod des Vaters.
- § 2141 gewährt der Mutter eines beim Nacherbfall bereits gezeugten Nasciturus einen Unterhaltsanspruch nach § 1963.

38 Auch außerhalb des BGB finden sich eine Reihe weiterer Rechte des Nasciturus – bspw. weitere Ersatzansprüche im Falle einer Tötung des Unterhaltsverpflichteten (nach § 10 Abs. 2 S. 2 StVG, § 35 Abs. 2 S. 2 LuftVG, § 5 Abs. 2 S. 2 HaftPflichtG bzw. § 28 Abs. 2 S. 2 AtomG) oder die Gleichstellung des Nasciturus mit einem Versicherten (§ 12 SGB VII) im Rahmen der gesetzlichen Unfallversicherung im Falle einer gesundheitlichen Schädigung infolge eines Versicherungsfalls der Mutter während der Schwangerschaft. Die Judikatur wendet auch sonstige versorgungs- und entschädigungsrechtliche Vorschriften – wie § 1 BVG,[87] §§ 11 f. LAG[88] bzw. § 1 Abs. 3 Nr. 3 und 4 BEG[89] – **analog** (im Wege einer Einzel- oder Rechtsanalogie)[90] auf das zum maßgeblichen Zeitpunkt bereits erzeugte, aber noch nicht geborene Kind an. Andererseits wird der Nasciturus noch nicht als Familienmitglied iSv § 4 Abs. 1 WohngeldG anerkannt.[91] Gleichermaßen soll eine analoge Anwendung des § 16 Abs. 2 AKB nicht in Betracht kommen.[92]

39 Daneben kommt dem Nasciturus auch eine (**partielle**) **Grundrechtsfähigkeit** zu.[93] Das Grundgesetz verpflichtet nämlich den Staat, menschliches Leben zu schützen, auch das ungeborene (unmittelbar ab der Nidation), da es sich dann bereits um individuelles in seiner genetischen Identität und damit Einmaligkeit und Unverwechselbarkeit festgelegtes und nicht mehr teilbares Leben handelt.[94] Diese Schutzpflicht resultiert aus dem Schutz der Menschenwürde nach Art. 1 Abs. 1 GG. Ihr Gegenstand und (von ihm her) ihr Maß werden durch Art. 2 Abs. 2 GG (Recht auf Leben und körperliche Unversehrtheit, in das nur aufgrund eines Gesetzes eingegriffen werden darf) näher bestimmt. Mithin kommt auch schon dem ungeborenen menschlichen Leben Menschenwürde zu, und die Rechtsordnung muss die rechtlichen Voraussetzungen seiner Entfaltung iS eines eigenen Lebensrechts des Ungeborenen gewährleisten. Dieses Lebensrecht wird nicht erst durch die Annahme seitens der Mutter begründet. Rechtlicher Schutz gebührt dem Ungeborenen auch gegenüber seiner Mutter. Der Schwangerschaftsabbruch muss daher für die ganze Dauer der Schwangerschaft **grundsätzlich als Unrecht** angesehen und demnach rechtlich verboten sein.[95]

40 Über die normierten Rechte zugunsten des Nasciturus hinaus (→ Rn. 37) erfolgt eine **analoge Anwendung** weiterer Vorschriften auf die Leibesfrucht, (insbesondere auch) um seiner verfassungsrechtlich gewährleisteten Position Rechnung zu tragen:[96]

41 Für **körperliche Schäden** stehen dem Nasciturus zwar keine vertraglichen Ansprüche zu,[97] wohl aber (im Falle der Erkennbarkeit der Schutzpflicht für den Vertragspartner) solche aus einem **Vertrag mit Schutzwirkung zugunsten Dritter**, da er von den Auswirkungen einer Vertragsverletzung ebenso betroffen sein kann wie der Leistungsgläubiger.

42 Die Judikatur gewährt im Übrigen einen **vorgeburtlichen Deliktsschutz** für Körperschäden nach § 823 Abs. 1 (Nasciturus als „anderer"): Wer die Leibesfrucht einer Schwangeren verletzt, haftet dem später mit einem Gesundheitsschaden zur Welt gekommenen Kind aus unerlaubter Handlung nach § 823 Abs. 1 auf Schadensersatz.[98]

43 Dh, der Schadensersatzanspruch erfasst den **Schaden des lebend geborenen Kindes**, nicht jedoch den Schaden, den zunächst der Nasciturus erleidet.[99] Pränatale Verletzungen werden damit erst mit einer

86 Palandt/*Ellenberger* BGB § 1 Rn. 6.
87 BSG NJW 1963, 1078 (1080); 1964, 470.
88 BVerwGE 14, 43.
89 BGH FamRZ 1968, 250.
90 Palandt/*Ellenberger* BGB § 1 Rn. 5.
91 OVG Münster NJW 2000, 1283.
92 OLG Hamm VersR 1973, 810 (811); aA BeckOK BGB/*Bamberger* § 1 Rn. 49: Die Teilrechtsfähigkeit (auch im Lichte der Bedeutung von Art. 1 Abs. 1 und Art. 2 Abs. 2 S. 1 GG) gebietet eine analoge Anwendung.
93 Vgl. BVerfG NJW 1993, 1751 – Entscheidung zur Neuregelung des Schwangerschaftsabbruchs; offen gelassen noch in BVerfGE 39, 44 = NJW 1975, 573 – Fristenlösungsvorteil. Ebenso *Laufs* NJW 1965, 1053 (1055); MüKoBGB/*Spickhoff* § 1 Rn. 27; Staudinger/*Kannowski* BGB § 1 Rn. 1 f.
94 MüKoBGB/*Spickhoff* § 1 Rn. 27: „das sich nicht erst zum Menschen, sondern als Mensch entwickelt".
95 So BVerfG NJW 1993, 1751 – Ls. 4, in Bestätigung von BVerfGE 39, 1, 44 = NJW 1975, 573 (576).
96 MüKoBGB/*Spickhoff* § 1 Rn. 34.
97 So zutr. MüKoBGB/*Spickhoff* § 1 Rn. 39; aA hingegen OLG Celle VersR 1955, 408.
98 BGHZ 58, 48 = NJW 1972, 1126.
99 AA MüKoBGB/*Spickhoff* § 1 Rn. 42: der Nasciturus sei als „anderer" iSv § 823 Abs. 1 zu qualifizieren und der Schadensersatzanspruch sei ihm (im Falle einer Lebendgeburt) wegen einer rechtswidrigen und schuldhaften „Einwirkung auf die reifende Frucht zuzugestehen". Ebenso BeckOK BGB/*Bamberger* § 1 Rn. 24. Folglich können der Leibesfrucht, falls erforderlich, auch schon (unabhängig von einer späteren Lebendgeburt) im Falle einer Gesundheitsgefährdung Unterlassungsansprüche zustehen, so *Larenz/Wolf* BGB AT § 5 Rn. 16.

Lebendgeburt zu Verletzungen im Rechtssinne – eine Auffassung, die schwerlich mit dem Schutzzweck des § 823 Abs. 1 im Lichte der Grundrechtsgewährleistung durch Art. 2 Abs. 2 GG (→ Rn. 39) vereinbar ist. Es spricht vieles dafür, bereits die Schädigung des Nasciturus als haftungsbegründend anzusehen.[100] Die unterschiedliche Bewertung hat auch Auswirkungen auf die Beweisfrage: Tritt der Schaden erst bei einer Lebendgeburt ein, gelangt § 286 ZPO zur Anwendung; erforderlich ist ein voller Beweis des Ursachenzusammenhangs zwischen Handlung und Erfolg. Hat hingegen der (teilrechtsfähige) Nasciturus schon den Schaden erlitten, gilt die Beweiserleichterung des § 287 ZPO.[101]

Eine **Schädigung der Mutter vor der Zeugung des Kindes** mit nachfolgender Schädigung des Nasciturus **44** begründet bei einer Lebendgeburt gleichermaßen einen Schadensersatzanspruch des Kindes gegen den Schädiger nach § 823 Abs. 1, sofern zwischen der Schädigung der Mutter und dem später mit der Geburt eintretenden Schaden des Kindes ein adäquater Ursachenzusammenhang besteht.[102] Erfolgte die Verletzungshandlung bei der Zeugung (reale Ursächlichkeit des Geschlechtsakts für den Schaden), ist ein Schadensersatzanspruch deshalb fraglich, weil dann die hypothetische Erwägung anzustellen ist, was wäre, wenn der Zeugungsakt entfiele und in diesem Fall das Kind gar nicht gezeugt worden wäre.[103]

Der Schädiger haftet grundsätzlich auch dann, wenn die Verletzung der Leibesfrucht durch einen Angriff **45** auf die Psyche der Schwangeren vermittelt wird (Schädigung der Leibesfrucht durch einen **Schockschaden der Mutter**), wobei ein Haftungszusammenhang zwischen einem Verkehrsunfall mit tödlichen oder lebensbedrohenden Verletzungen des Unfallopfers, dem Schock der Schwangeren bei der Nachricht hiervon und der durch ihre psychische Beeinträchtigung vermittelten Schädigung der Leibesfrucht jedenfalls dann besteht, wenn das Unfallopfer ein naher Angehöriger und wenn die Schädigung der Leibesfrucht schwer und nachhaltig ist.[104]

Gleichermaßen erleidet der Nasciturus einen Gesundheitsschaden im Falle einer **Keimzellenschädigung**[105] **46** eines der Elternteile bei einer schädigenden Behandlung zB durch Chemikalien oder Strahlen – und zwar unabhängig davon, dass sich entsprechende Schäden (nicht beim Kind selbst, sondern) erst bei den Abkömmlingen des Kindes auswirken.

2. Der Nondum conceptus. Auch der Nondum conceptus, dh ein noch nicht erzeugter Mensch, wird vom **47** BGB in einer Reihe von Vorschriften berücksichtigt, wenngleich seine Rechtsstellung weniger ausgeprägt ist als jene des Nasciturus (→ Rn. 37 ff.)[106] – vgl. etwa:

– § 331 Abs. 2: Er kann Berechtigter eines Vertrags zugunsten Dritter sein (→ Rn. 53).[107]
– § 2101 Abs. 1 S. 1: Ist eine zur Zeit des Erbfalls noch nicht erzeugte Person als Erbe eingesetzt, so ist im Zweifel anzunehmen, dass sie als Nacherbe eingesetzt ist.
– § 2106 Abs. 2 S. 1: Ist die Einsetzung einer noch nicht erzeugten Person als Erbe nach § 2101 Abs. 1 als Nacherbeneinsetzung anzusehen, so fällt die Erbschaft dem Nacherben mit dessen Geburt an. Vgl. auch § 2109 Abs. 1.
– § 2162 Abs. 2: Ist der Bedachte zur Zeit des Erbfalls noch nicht gezeugt, so wird ein Vermächtnis mit dem Ablauf von 30 Jahren nach dem Erbfall unwirksam, wenn nicht vorher der Bedachte erzeugt wird.
– § 2178: Vermächtnisanfall bei einem noch nicht erzeugten Bedachten.

Anders als beim Nasciturus fehlt beim Nondum conceptus jedoch ein Subjekt als Rechtsträger, dem Rechte **48** zugeordnet werden können, mit der Folge, dass es sich bei der Zuordnung von Rechten um eine „**fingierte Rechtspersönlichkeit**"[108] handelt oder aber – wie *Bamberger*[109] annimmt – um eine „**Vorwirkung der Rechtsfähigkeit**" (zunächst der sukzessive eintretenden Teilrechtsfähigkeit des Nasciturus, nachfolgend der Vollrechtsfähigkeit des geborenen Menschen). In jedem Fall werden die genannten Rechte erst dann wirksam, wenn der Nondum conceptus gezeugt und später lebend geboren wird.

Wenngleich der Nondum conceptus nicht Erbe sein kann (da § 1923 Abs. 2 nur für den Nasciturus gilt, **49** → Rn. 37), machen die vorgenannten Regelungen deutlich, dass er anderen Rechtssubjekten im Zusammenhang mit einem Rechtserwerb zu seinen Gunsten gleichgestellt ist.[110]

---

100 So auch *Heldrich* JZ 1965, 593; *Laufs* NJW 1965, 1053; *Selb* AcP 166 (1966), 76.
101 BeckOK BGB/*Bamberger* § 1 Rn. 45.
102 BGHZ 8, 243 = NJW 1953, 417.
103 BGHZ 8, 243 = NJW 1953, 417; aA hingegen MüKoBGB/*Spickhoff* § 1 Rn. 42: Infolge der mit der Zeugung verbundenen Schädigung wurde von Anfang an die Entstehung eines gesunden Kindes vereitelt, was zur Begründung eines Schadensersatzanspruchs ausreicht. „Nach allgemeinen Wertungsaspekten ist es gleich, ob eine Schädigung des später geborenen Kindes vor, bei oder nach der Zeugung erfolgt", BeckOK BGB/*Bamberger* § 1 Rn. 45 f.

104 BGHZ 93, 351.
105 BeckOK BGB/*Bamberger* § 1 Rn. 48; aA *Laufs* NJW 1965, 1053 (1057).
106 MüKoBGB/*Spickhoff* § 1 Rn. 46 ff.; Palandt/*Ellenberger* BGB § 1 Rn. 5; Soergel/*Fahse* BGB § 1 Rn. 22.
107 Nicht jedoch eines Vertrags mit Schutzwirkung zugunsten Dritter: MüKoBGB/*Spickhoff* § 1 Rn. 52.
108 So RGZ 65, 277, 281.
109 BeckOK § 1 Rn. 54.
110 MüKoBGB/*Spickhoff* § 1 Rn. 50.

50 Darüber hinaus ist anerkannt, dass zugunsten des noch nicht Erzeugten die Eintragung einer Hypothek möglich ist,[111] wohingegen er unfallversicherungsrechtlich keinen Schutz genießt.[112] Ebenso wenig ist er haftungsrechtlich dem Nasciturus (dazu → Rn. 38 u. 41 ff.) gleichgestellt,[113] da vor der Zeugung begrifflich weder eine Körperverletzung noch eine Gesundheitsbeschädigung möglich ist.[114]

51 Damit kommt auch dem Nondum conceptus eine **beschränkte Rechtsfähigkeit** zu, die allerdings gegenüber der Stellung des Nasciturus (→ Rn. 37 ff.) in verschiedener Hinsicht deutlich schwächer ausfällt.[115]

52 Die (aufschiebend bedingten) Rechte[116] des noch nicht Erzeugten können ggf. durch einen Pfleger nach § 1913 (Pflegschaft für unbekannte Beteiligte) wahrgenommen werden.

53 Da es allgemein anerkannt ist, dass dem noch nicht erzeugten Nachkommen für den Fall seiner Lebendgeburt Rechte zugewendet werden können, insbesondere auch durch einen **Vertrag zugunsten Dritter** (§ 328 Abs. 1),[117] hat bspw. der BGH[118] festgestellt, dass eine Vereinbarung zwischen Eheleuten, in der der Ehemann sein Einverständnis zu einer heterologen Insemination (→ Rn. 55) erteilt, regelmäßig zugleich einen von familienrechtlichen Besonderheiten geprägten berechtigenden Vertrag zugunsten des aus der heterologen Insemination hervorgehenden Kindes enthält, aus dem sich für den Ehemann dem Kind gegenüber die Pflicht ergibt, für dessen Unterhalt wie ein ehelicher Vater aufzukommen.

54 **3. Exkurs: Moderne Fortpflanzungsmedizin.** Den Schutz von Embryonen gewährleistet im Bereich der Fortpflanzungsmedizin (**Reproduktionsmedizin**)[119] das Gesetz zum Schutz von Embryonen (ESchG),[120] in dem bestimmte Verfahren bei der Erzeugung oder Verwendung menschlicher Embryonen sowie eine damit einhergehende Forschung unter Strafe gestellt wird.[121] Damit erfolgt allerdings keine Vorverlagerung der Rechtsfähigkeit.[122]

55 **a) Künstliche Insemination.** Der durch künstliche Insemination (ohne Geschlechtsverkehr) – homologe Insemination (Sperma des Ehemannes), quasi-homologe Insemination (Sperma des Lebensgefährten) bzw. heterologe Insemination (Sperma eines Dritten)[123] – sich entwickelnde Embryo ist dem auf natürliche Weise gezeugten in rechtlicher Hinsicht völlig gleichzustellen und genießt denselben rechtlichen Schutz[124] wie vorbeschrieben (→ Rn. 37 ff.).

56 **b) Gametentransfer und künstliche Befruchtung.** Bei künstlicher Befruchtung (dh Einpflanzung eines intrakorporal oder extrakorporal befruchteten Eies in den Körper einer anderen Frau [Tragemutter] oder der Frau, von der die Eizelle stammt [bei der sog. In-vitro-Fertilisation] und Gametentransfer (dh der instrumentellen Einbringung von Spermien und Eizellen in die Gebärmutter oder in den Eileiter zwecks natürlicher Befruchtung) ist die Frage der Teilrechtsfähigkeit des Embryos in der Zeitspanne zwischen Keimverschmelzung und Einnistung umstritten. Teilweise wird für den Beginn der Teilrechtsfähigkeit auf den Zeitpunkt der Verschmelzung der Keimzellen,[125] teilweise auf den Zeitpunkt der Einnistung (Nidation)[126] abgestellt. Im Hinblick auf den rechtlichen Status des Embryos darf es jedoch keinen Unterschied machen, ob eine intrakorporale oder extrakorporale Verschmelzung von Ei- und Samenzelle stattfindet.

57 **c) Klonen.** Durch einen extrakorporalen Zellkernaustausch wird beim Klonen die exakte Kopie eines Lebewesens geschaffen, was nach deutschem Recht gemäß § 6 Abs. 1 ESchG verboten ist. Danach ist es strafbar, wenn künstlich bewirkt wird, dass ein menschlicher Embryo mit der gleichen Erbinformation wie ein anderer Embryo, ein Fötus, ein Mensch oder ein Verstorbener entsteht. Wie *Bamberger*[127] zutreffend ausführt, muss der Embryo als menschliches Wesen mit Würde (Art. 1 GG) gegen jede Instrumentalisierung geschützt sein – „geschehe sie auch zwecks Heilung schwerwiegender Erkrankungen".

111 RGZ 61, 355, 356; 65, 277, 281.
112 BSG NJW 1986, 1569; BVerfG FamRZ 1987, 899.
113 MüKoBGB/*Spickhoff* § 1 Rn. 51.
114 BeckOK BGB/*Bamberger* § 1 Rn. 55.
115 MüKoBGB/*Spickhoff* § 1 Rn. 49.
116 Weshalb die Konstruktion einer „fingierten Rechtsfähigkeit" nicht erforderlich sei, so Palandt/*Ellenberger* BGB § 1 Rn. 9; aA *Avenarius* JR 1994, 267.
117 So MüKoBGB/*Spickhoff* § 1 Rn. 47; Palandt/*Ellenberger* BGB § 1 Rn. 8; Soergel/*Fahse* BGB § 1 Rn. 22.
118 BGHZ 129, 297.
119 *Damm* JZ 1998, 926; *Kirchmeier* FamRZ 1998, 1281; *Laufs* NJW 1990, 1505 (1512).

120 Embryonenschutzgesetz – ESchG idF der Bekanntmachung v. 13.12.1980 (BGBl. I S. 2746).
121 Dazu näher *Deutsch* NJW 1991, 721.
122 MüKoBGB/*Spickhoff* § 1 Rn. 48.
123 Zu den dabei entstehenden familienrechtlichen Fragen (Vater-Kind-Verhältnis) näher *Kirchmeier* FamRZ 1998, 1281 (1282); *Quantius* FamRZ 1998, 1145 (1147).
124 BeckOK BGB/*Bamberger* § 1 Rn. 51.
125 BeckOK BGB/*Bamberger* § 1 Rn. 52; MüKoBGB/*Leipold* § 1923 Rn. 16; Staudinger/*Kannowski* BGB § 1 Rn. 23.
126 Palandt/*Ellenberger* BGB § 1 Rn. 8; Soergel/*Fahse* BGB § 1 Rn. 27.
127 BeckOK BGB/*Bamberger* § 1 Rn. 53 zum Klonen.

IV. Das Geschlecht

Literatur: *Adamietz*, Transgender ante portas?, KJ 2006, 368; *Augstein*, Das Transsexuellengesetz, StAZ 1981, 10; *Augstein*, Zur Altersgrenze für Vornamensänderung und Personenstandsänderung Transsexueller, StAZ 1982, 173; *Augstein*, Entscheidungen zur Transsexualität und Intersexualität bis zum 31.12.1980, StAZ 1982, 240; *Augstein*, Zwei Jahre Transsexuellengesetz, StAZ 1983, 339; *Becker*, Das Transsexuellengesetz, ZfF 1981, 1; *Blankennagel*, Das Recht, ein „Anderer" zu sein, DÖV 1985, 953; *Boll*, Das Geschlecht im Personenstandsrecht – Rechtsstaatskritik in radikaldemokratischer und queerer Perspektiven, KJ 2015, 421; *Brachthäuser/Richarz*, Das Nicht-Geschlecht, FuR 2014, 41; *Breidenbach*, Personenstandsrechtliche Behandlung eines Transsexuellenfalles, StAZ 1986, 178; *Büttner*, Die Auswirkungen des Offenbarungsverbots nach § 5 Transsexuellengesetz auf das Insolvenzverfahren natürlicher Personen, NZI 2019, 569; *Corell*, Im falschen Körper, NJW 1999, 3372; *Cornils*, Sexuelle Selbstbestimmung und ihre Grenzen, ZJS 2009, 85; *Croon-Gestefeld*, Der Namenseintrag Transsexueller in öffentlichen Registern – Zum Verhältnis von Registerpublizität und Geheimhaltungsinteresse, StAZ 2016, 37; *Froese*, Männlich, weiblich oder „welche noch"? – Zur Deutungshoheit über das Geschlecht, AöR 140 (2015), 598; *Geisler*, Zur Anrede eines Transsexuellen nach Vornamensänderung, aber noch ausstehender Geschlechtsumwandlungsentscheidung, StAZ 1997, 272; *Gössl*, Abstammung und Geschlecht, ZRP 2018, 174; *Grünberger*, Zur Verfassungswidrigkeit von § 7 Abs. 1 Nr. 3 TSG, JZ 2006, 516; *Grünberger*, Ein Plädoyer für ein zeitgemäßes Transsexuellengesetz, StAZ 2007, 357; *Jäschke*, Überlegungen zur Abschaffung des Transsexuellengesetzes (TSG), NZFam 2019, 895; *Keuter*, Entwicklungen im Statusrecht seit 2014, FamRZ 2015, 799; *Keuter*, Entwicklungen im Statusrecht, FamRZ 2017, 769; *Keuter*, Entwicklung des Statusrechts 2017, FamRZ 2018, 969; *Kieck*, Der Schutz individueller Individualität als verfassungsrechtliche Aufgabe. Am Beispiel des geschlechtlichen Personenstands, 2019; *Koch*, Transsexualismus und Intersexualität – Rechtliche Aspekte, MedR 1986, 172; *Koch-Rein*, Mehr Geschlecht als Recht?, Streit 2006, 9; *Kraus*, Fortführung des Eheregisters bei Vorliegen einer Entscheidung gemäß § 8 TSG, StAZ 2011, 377; *Kraus*, Ausstellung einer Eheurkunde aus dem als Heiratseintrag fortgeführten Familienbuch, StAZ 2011, 159; *Krömer*, Anwendungsbereich des § 45 b PStG neu: was fällt unter denBegriff „Personen mit Varianten der Geschlechtsentwicklung"?, StAZ 2019, 280; *Linck*, Vorschläge für ein Transplantationsgesetz, ZRP 1975, 249; *Löser*, Wirksamkeit der Änderung der Vornamen und Feststellung nach dem Transsexuellengesetz, StAZ 1985, 54; *Mallmann*, Benachteiligungsverbot aufgrund Transsexualität und Intersexualität, PersR 2011, 20; *Marx*, Zur Einführung – Transsexuellenrecht, VR 1994, 152; *v. Mutius*, Entwurf eines Transsexuellengesetzes, Jura 1980, 112; *Nied*, Geschlechtsumwandlung eines Verheirateten, Verabschiedung des Transsexuellengesetzes, StAZ 1981, 120; *Niemeyer*, Die Verfassungsmäßigkeit der Altersgrenze zur Namensänderung eines Transsexuellen, FuR 1993, 153; *Pawlowski*, Antragsberechtigung zur Änderung des Vornamens und zur Feststellung der Geschlechtszugehörigkeit von ausländischen Transsexuellen, JZ 2007, 413; *Petersen*, Die Rechtsfähigkeit des Menschen, Jura 2009, 669; *Pfäfflin*, Fünf Jahre Transsexuellengesetz – eine Zwischenbilanz, StAZ 1986, 199; *Radde*, Grundzüge des Transsexuellenrechts, ZJS 2018, 122; *Rädler*, Das dritte Geschlecht. Rechtsfragen und Rechtsentwicklung, 2019; *Rixe*, Zur Verfassungswidrigkeit des TSG § 8 Abs. 1 Nr. 2, FF 2008, 451; *Röthel*, Inländerprivilegien und Grundrechtsschutz der Transsexualität, IPRax 2007, 204; *Roth*, Zur Anwendbarkeit des Transsexuellenrechts auf Ausländer, StAZ 2007, 17; *Rotondo*, Transplantationsgesetz (TPG), BRJ 2009, 31; *Sachs*, Altersgrenze für Vornamensänderung bei Transsexuellen (Anm. zu BVerfG vom 26.1.1993 -1 BvL 38/92), JuS 1993, 862; *Scherpe*, Antrag auf Namensänderung ausländischer Transsexueller, FamRZ 2007, 271; *Schneider*, Zu den Voraussetzungen einer Feststellung der Geschlechtszugehörigkeit nach § 8 Abs. 1 Nr. 3 und 4 TSG, MedR 1984, 141; *Schneider*, Zur Feststellung der Geschlechtszugehörigkeit nach dem Transsexuellengesetz, NJW 1992, 2940; *Siedenbiedel*, Selbstbestimmung über das eigene Geschlecht – Rechtliche Aspekte des Behandlungswunsches transsexueller Minderjähriger, 2015; *Sieberichs*, Die diversen Geschlechter, FamRZ 2019, 329; *Sieß*, Die Änderung der Geschlechtszugehörigkeit, 1996; *Sigusch*, Medizinischer Kommentar zum Transsexuellengesetz, NJW 1980, 2740; *Steinke*, Gerichte schauen nicht mehr auf Genitalien, KJ 2011, 313; *Theilen*, Der Schutz Transsexueller in der Rechtsprechung des Europäischen Gerichtshofs für Menschenrechte, ZEuS 2012, 363; *Theilen*, Intersexualität, Personenstandsrecht und Grundrechte, StAZ 2014, 1; *Thormeyer*, Mutter oder Vater? Abstammungs- und personenstandsrechtliche Fragen bei Kindern transsexueller Eltern – ein Überblick, jM 2018, 317; *Völzmann*, Postgender im Recht? Zur Kategorie „Geschlecht" im Personenstandsrecht, JZ 2019, 381; *Wacke*, Vom Hermaphroditen zum Transsexuellen, FS für Rebmann, 1989, 861; *Wall*, Beurkundung der Geburt eines von einem Transsexuellen geborenen Kindes, StAZ 2015, 117; *Weber*, Verfassungswidrigkeit der starren Altersgrenze für Personenstandsänderung eines Transsexuellen, JuS 1982, 936; *Wellenhofer*, Familienrecht: Frau-zu-Mann-Transsexueller als „Mutter", JuS 2018, 386; *Wielpütz*, Die neue große Lösung ist vor allem eins: klein – Die Reform des TSG durch das BVerfG, NVwZ 2011, 474; *Wielpütz*, Über das Recht, ein anderer zu werden und zu sein, 2012; *Wiggerich*, Rechtsvergleichende Impulse zur Reform des Transsexuellengesetzes, StAZ 2017, 8; *Wille/Kröhn*, Kleine und große Lösung im Transsexuellengesetz, ArztR 1981, 320. *Wille/Kröhn/Eicher*, Sexualmedizinische Anmerkungen zum Transsexuellengesetz, FamRZ 1981, 418; *Windel*, Transsexualität als Bewährungsprobe für die Dichotomie von Ehe und eingetragener Lebenspartnerschaft, JR 2006, 265.

1. Die Geschlechtszuordnung. Rechtslage bis 2018. Die Geschlechtszuordnung („männlich" oder „weiblich") – die im Ehe- und Familienrecht über Jahrzehnte hinweg erhebliche Bedeutung hatte[128] – beurteilte sich (nachdem das BGB keine entsprechenden Begriffsbestimmungen vorgegeben hat)[129] nach der **äußeren körperlichen Beschaffenheit** (vor allem den äußeren Geschlechtsmerkmalen) – nicht hingegen   58

---

128 Vgl. zum geschlechtsspezifischen Diskriminierungsverbot auch Art. 3 Abs. 2 und 3 GG, Art. 157 AEUV (Art. 141 EGV), die RL 75/117/EWG des Rates v. 10.2.1975 zur Angleichung der Rechtsvorschriften der Mitgliedstaaten über die Anwendung des Grundsatzes des gleichen Entgelts für Männer und Frauen, die RL 76/207/EWG des Rates v. 9.2.1976 – bzw. (einfachgesetzlich) § 1 iVm § 11 AGG (§ 611 a alt).

129 Vgl. MüKoBGB/*Spickhoff* § 1 Rn. 62 – da es nach dem Stand der Erkenntnisse des historischen Gesetzgebers als selbstverständlich galt, dass die Geschlechtszugehörigkeit mit der Geburt durch die äußeren Geschlechtsmerkmale festgelegt würde und unveränderlich sei.

nach der seelischen Einstellung.[130] Ließ sich kein überwiegendes Geschlecht feststellen, wurde angenommen, dass gesetzliche Regelungen, die ein bestimmtes Geschlecht voraussetzen, nicht angewendet werden können.[131]

59 Bei Zwittern (Intersexuellen) – bei denen eine Eintragung als „Zwitter" im Geburtenbuch nicht zulässig war[132] (vor allem dann nicht, wenn nach Chromosomensatz und Keimdrüsen eine Geschlechtszuordnung möglich ist)[133] – entschied das überwiegende Geschlecht,[134] wobei hier aber auch in Grenzfällen die psychische Einstellung mit berücksichtigt werden konnte.[135] War die (deklaratorische) Eintragung im Geburtenbuch (auf der Grundlage einer vom Arzt für das neugeborene Kind erstellten Bescheinigung) als männlich oder weiblich erfolgt, erwies sich diese Einordnung nachträglich aber als falsch, konnte eine nachträgliche Berichtigung nach Maßgabe von § 47 PStG erfolgen.[136]

60 **Die Entscheidung des BVerfG 2017.** Das BVerfG[137] hat am 10.10.2017 entschieden, dass § 21 Abs. 1 Nr. 3 iVm § 22 Abs. 3 PStG mit dem in Art. 2 Abs. 1 iVm Art. 1 GG normierten allgemeinen Persönlichkeitsrecht und dem in Art. 3 Abs. 3 S. 1 GG geregelten Diskriminierungsverbot unvereinbar ist: Das allgemeine Persönlichkeitsrecht nach Art. 2 Abs. 1 iVm Art. 1 Abs. 1 GG schütze die geschlechtliche Identität – auch die geschlechtliche Identität derjenigen, die sich dauerhaft weder dem männlichen noch dem weiblichen Geschlecht zuordnen lassen.[138] Art. 3 Abs. 3 S. 1 GG schütze auch Menschen, die sich dauerhaft weder dem männlichen noch dem weiblichen Geschlecht zuordnen lassen, vor Diskriminierungen wegen ihres Geschlechts.[139] Personen, die sich dauerhaft weder dem männlichen noch dem weiblichen Geschlecht zuordnen lassen, würden in beiden Grundrechten verletzt, wenn das Personenstandsrecht sie dazu zwingt, das Geschlecht zu registrieren, aber keinen anderen positiven Geschlechtseintrag als „weiblich" oder „männlich" zulasse.[140] Bestehe im Geburtenregister die Pflicht zur Angabe des Geschlechts, müsse neben den Möglichkeiten „männlich", „weiblich" sowie „Eintragung des Personenstandsfalls ohne eine solche Angabe" der Eintrag eines „positiven Geschlechtseintrags" für Personen mit Varianten der Geschlechtsentwicklung (das Gericht geht von etwa 160.000 in Deutschland lebenden Personen aus) vorgesehen werden (Eröffnung einer Möglichkeit der Eintragung eines „**dritten Geschlechts**" im Geburtsregister). Zur Umsetzung der Entscheidung wurde dem Gesetzgeber eine Frist bis zum 31.12.2018 gesetzt.

Die Neuregelung im GeRegÄndG. Mit dem Gesetz zur Änderung der in das Geburtenregister einzutragenden Angaben (GeRegÄndG) vom 18.12.2018[141] ist der Gesetzgeber diesen Vorgaben des BVerfG nachgekommen: An der Pflicht der personenstandsrechtlichen Registrierung des Geschlechts bei der Geburt wird in § 21 Abs. 1 Nr. 3 PStG festgehalten. § 22 Abs. 3 PStG räumt nunmehr aber die Möglichkeit ein, bei der Beurkundung der Geburt eines Neugeborenen neben den Angaben „weiblich" und „männlich" oder der „Eintragung des Personenstandsbehörde ohne eine solche Angabe", auch die Bezeichnung „divers" (als „**drittes Geschlecht**") zu wählen, wenn eine Zuordnung zu einem der beiden Geschlechter nicht möglich ist. Die nunmehr getroffene Regelung eröffnet eine weitere einheitliche Option, wobei „divers" als Sammelbegriff jeder betroffenen Person die Möglichkeit einer geschlechtlichen Identifikation geben soll – wohingegen nach Ansicht des Gesetzgebers sich aus der Verfassung kein Anspruch auf eine personenstandsrechtliche Eintragung beliebiger Identitätsmerkmale, die einen Bezug zum Geschlecht haben, ergibt.[142]

In Fällen, in denen auch die weitere Geschlechtsentwicklung nicht zu der Zuordnung zu einem der beiden Geschlechter führt, oder in denen die Zuordnung nach der Geburt unrichtig erfolgte, wird betroffenen Personen mit § 45 b PStG (Erklärung zur Geschlechtsangabe und Vornamensführung bei Personen mit Varianten der Geschlechtsentwicklung)[143] die Möglichkeit eröffnet, durch Erklärung gegenüber dem Standesamt die Zuordnung im Geburtseintrag ändern zu lassen (Harmonisierung der Geschlechtsidentität mit dem Geschlechtseintrag nach der Geburt). Es wird davon ausgegangen, dass ein Kind, das das 14. Lebensjahr vollendet hat, hinreichend entwickelt ist, um hierzu eine eigenständige Entscheidung zu treffen.[144] Durch Vorlage einer ärztlichen Bescheinigung ist nachzuweisen, dass eine Variante der Geschlechtsentwicklung vorliegt (wobei die Bescheinigung keine genaue Diagnose enthalten muss – ausreichend ist ein ärztliches

130 Vgl. KG NJW 1965, 1084; OLG Frankfurt/M. NJW 1976, 1800.
131 So KG JW 1931, 1495.
132 AG München NJW-RR 2001, 1586.
133 So LG München NJW-RR 2003, 1590.
134 Palandt/*Ellenberger* BGB § 1 Rn. 10 – iSd überwiegenden Geschlechtsmerkmale, Motive I, S. 26.
135 KG NJW 1965, 1084; LG Frankenthal FamRZ 1976, 214.
136 OLG Frankfurt/M. NJW 1966, 407; LG Frankenthal FamRZ 1976, 214.

137 BVerfGE 147, 1 = NJW 2017, 3643 = FamRZ 2017, 2046 = StAZ 2018, 15. Dazu *Bettinghausen* BB 2018, 372; *Froese* DÖV 2018, 315; *Wapler* jM 2018, 115; *Wiemers* DVBl 2018, 247.
138 BVerfGE 147, 1 – Ls. 1.
139 BVerfGE 147, 1 – Ls. 2.
140 BVerfGE 147, 1 – Ls. 3.
141 BGBl. I, S. 2635.
142 RegE, BT-Dr. 19/4669, S. 10.
143 Dazu OLG Nürnberg FamRB 2019, 1948 = StAZ 2019, 374 = MDR 2020, 40: zur Auslegung des Begriffs „Varianten der Geschlechtsentwicklung".
144 RegE, BT-Dr. 19/4669, S. 10.

Attest, dass die betroffene Person eine Variante der Geschlechtsentwicklung aufweist.[145] Wurde die Angabe zum Geschlecht im Geburtenregister durch eine Erklärung zur Geschlechtsidentität verändert, kann durch eine weitere Erklärung eine Anpassung der Vornamen erfolgen, was die Harmonisierung der Vornamen mit der neu beurkundeten Angabe zum Geschlecht ermöglicht. Beide Erklärungen bedürfen der öffentlichen Beglaubigung. Entsprechende Erklärungen können auch mehrfach abgegeben und damit kann eine einmal vorgenommene Eintragung wieder revidiert werden.[146]

2. Transsexuelle. Nachdem das BVerfG[147] im Jahre 1978 festgestellt hatte, dass Art. 2 Abs. 2 iVm Art. 1 Abs. 1 GG es gebieten, die Eintragung des männlichen Geschlechts eines Transsexuellen im Geburtenbuch jedenfalls dann zu berichtigen (was der BGH in der Ausgangsentscheidung verweigert hatte, → Rn. 62),[148] wenn es sich nach den medizinischen Erkenntnissen um einen irreversiblen Fall von Transsexualismus handelt (dh ein Mensch sich nach seiner seelischen Einstellung zwanghaft als Mann oder als Frau empfindet, obgleich er die Geschlechtsmerkmale des jeweils anderen Geschlechts aufweist) und eine geschlechtsanpassende Operation durchgeführt worden ist, hat der Gesetzgeber das Gesetz über die Änderung der Vornamen und die Feststellung der Geschlechtszugehörigkeit in besonderen Fällen[149] erlassen, das die **nachträgliche Änderung der Geschlechtszugehörigkeit** (sog. große Lösung bzw. eine **Namensänderung** (sog. kleine Lösung) regelt.[150]

61

Vorangegangen war eine Entscheidung des BGH im Jahre 1971, dass dem Antrag, eine Geschlechtsänderung (im Falle eines männlichen Transsexuellen nach genitalverändernder Operation) im Geburtenbuch einzutragen, mangels ausdrücklicher gesetzlicher Grundlage nicht entsprochen werden könne.[151] Am 10.9.1980 ist infolge dessen das Gesetz über die Änderung der Vornamen und die Feststellung der Geschlechtszugehörigkeit in besonderen Fällen (Transsexuellengesetz – fortan: TSG) in Kraft getreten.[152] Die geschlechtliche Identität einer Person ist nämlich Teil ihres allgemeinen Persönlichkeitsrechts (Art. 1 Abs. 1 iVm Art. 2 Abs. 1 GG, Rn. 60), weshalb die Anerkennung der Intersexualität grundrechtlich geschützt ist:[153] Das personenstandsrechtliche Geschlecht soll daher das empfundene Geschlecht widerspiegeln.

62

a) Änderung der Feststellung der Geschlechtszugehörigkeit. Nach § 8 TSG kann auf Antrag einer Person, die sich aufgrund ihrer sexuellen Prägung nicht mehr dem in ihrem Geburtseintrag angegebenen, sondern dem anderen Geschlecht zugehörig empfindet und die seit mindestens drei Jahren unter dem Zwang steht, ihre Vorstellungen zu leben, vom Amtsgericht im FamFG-Verfahren festgestellt werden, dass sie als dem anderen Geschlecht zugehörig anzusehen ist (**große Lösung** – Änderung der Feststellung der Zugehörigkeit zu einem Geschlecht).[154] Dazu müssen die Voraussetzungen des § 1 Abs. 1 bis 2 TSG erfüllt sein, dh die Person muss grundsätzlich Deutscher sein (nach einer BVerfG-Entscheidung im Jahre 2006 – dazu noch nachstehende → Rn. 70 – werden auch Ausländer mit unbefristeter Aufenthaltserlaubnis bzw. verlängerbarer Aufenthaltserlaubnis und dauerhaft rechtmäßigem Aufenthalt im Inland erfasst, vgl. § 1 Abs. 1 Nr. 3 d TSG) und es muss mit hoher Wahrscheinlichkeit anzunehmen sein, dass sich ihr Zugehörigkeitsempfinden zum anderen Geschlecht nicht mehr ändern wird – sog. **irreversibler Fall von Transsexualismus.**[155]

63

Die Person muss **volljährig** (→ Rn. 65) und zudem **dauernd fortpflanzungsunfähig** sein[156] und sich einem ihre äußeren Geschlechtsmerkmale verändernden operativen Eingriff unterzogen haben, durch den eine deutliche Annäherung an das Erscheinungsbild des anderen Geschlechts erreicht werden kann[157] (geschlechtsanpassende Operation nach dem Stand der medizinischen Wissenschaft gemäß § 8 Abs. 1 Nr. 3 und 4 TSG).[158] Das Erfordernis einer „geschlechtsumwandelnden Operation" hat das BVerfG zunehmend kritisch bewertet[159] (→ Rn. 65 b). Das frühere weitere Erfordernis, dass die Person **nicht verheiratet** sein

64

---

145 RegE, BT-Dr. 19/4669, S. 11.
146 RegE, BT-Dr. 19/4669, S. 11.
147 BVerfG NJW 1979, 595.
148 BGHZ 57, 63 = NJW 1972, 330.
149 Transsexuellengesetz – TSG v. 10.9.1980 (BGBl. I S. 1654).
150 Dazu näher *Schneider* NJW 1992, 2940; *Sigusch* NJW 1980, 2740; *Wille/Kröhn/Eicher* FamRZ 1981, 418.
151 BGHZ 57, 63 = NJW 1972, 330.
152 BGBl. I, S. 1654, zuletzt geändert durch Gesetz vom 17.7.2009 (BGBl. I, S. 1978). BVerfG 11.1.2011 – 1 BvR 3295107 (BGBl. I, S. 224).
153 OLG Celle StAZ 2018, 121.
154 MüKoBGB/*Spickhoff* § 1 Rn. 67.

155 Wofür ein Nachweis verlangt werden kann: Palandt/*Ellenberger* BGB § 1 Rn. 11.
156 Das Erfordernis der Fortpflanzungsunfähigkeit nach § 8 Abs. 1 Nr. 3 TSG ist selbst dann unverzichtbar, wenn die dafür notwendige Operation risikobehaftet ist, so OLG Hamm FamRZ 1983, 491.
157 Das Gesetz setzt aber weder eine künstliche Herstellung von männlichen Geschlechtsorganen noch einen Scheidenverschluss voraus, OLG Zweibrücken NJW 1992, 760; BayObLG NJW 1996, 791 (792).
158 BayObLG NJW 1996, 791: Es reicht aus, wenn durch den operativen Eingriff in die Geschlechtsmerkmale eine deutliche Anpassung an das Erscheinungsbild des anderen Geschlechts erreicht wird.
159 Vgl. BVerfGE 115, 1 = FamRZ 2006, 182. Dazu auch Palandt/*Ellenberger* BGB § 1 Rn. 11.

darf (§ 8 Abs. 1 Nr. 2 TSG alt), hat das BVerfG[160] im Jahre 2008 für verfassungswidrig erklärt: § 8 Abs. 1 Nr. 2 TSG alt ist mit Art. 2 Abs. 1 iVm Art. 1 Abs. 1 GG unvereinbar.[161] Dem verfassungsrechtlich nach Art. 2 Abs. 1 iVm Art. 1 Abs. 1 GG geschützten Recht auf Anerkennung der selbstbestimmten geschlechtlichen Identität trägt § 8 TSG grundsätzlich Rechnung, indem er die personenstandsrechtliche Anerkennung des durch operativen Eingriff geänderten Geschlechts eines Transsexuellen ermöglicht. § 8 Abs. 1 Nr. 2 TSG beschränkt dieses Recht allerdings substantiell, soweit er als Voraussetzung für die Personenstandsänderung verlangt, dass der Betroffene nicht verheiratet ist,[162] weil es einem verheirateten Transsexuellen (nachdem dieser sich einer geschlechtsändernden Operation unterzogen hat) die Möglichkeit, die personenstandsrechtliche Anerkennung seiner neuen Geschlechtszugehörigkeit zu erhalten, nur einräumte, wenn seine Ehe zuvor geschieden worden war.[163] Durch Gesetz vom 17.7.2009[164] ist § 8 Abs. 1 Nr. 2 TSG alt infolge dessen aufgehoben worden, mit der Konsequenz, dass eine bestehende Ehe einem Antrag nicht entgegensteht.[165] Über die Frage der „dauernden Fortpflanzungsunfähigkeit" und die erfolgte geschlechtsanpassende Operation ist im FamFG-Verfahren ein Sachverständigengutachten einzuholen. In dem Antrag auf Änderung der Feststellung der Geschlechtszugehörigkeit sind grundsätzlich die Vornamen anzugeben, die der Antragsteller künftig führen will.

65   Das BVerfG hat einen Verstoß der (Alt-)Regelung des § 8 Abs. 1 Nr. 1 (iVm § 1 Abs. 1 Nr. 3 TSG – zu letzterer Norm noch → Rn. 70) gegen Art. 3 Abs. 1 GG festgestellt (Erfordernis eines **Mindestalters** von 25 Jahren für eine Neufeststellung der Geschlechtszugehörigkeit), soweit einem Transsexuellen unter 25 Jahren trotz Durchführung einer geschlechtsumwandelnden Operation und Erfüllung der übrigen gesetzlichen Voraussetzungen wegen des Alterserfordernisses die personenstandsrechtliche Feststellung der Zugehörigkeit zum anderen Geschlecht verwehrt werden kann.[166] Die elterliche Sorge im Bereich der Gesundheitsfürsorge kann aus Kindeswohlgründen im einstweiligen Verfahren entzogen werden, wenn der allein sorgeberechtigte Elternteil eine gegengeschlechtliche Hormontherapie für sein Kind beabsichtigt, obwohl die Frage der Transsexualität des Kindes noch nicht hinreichend gutachterlich geklärt ist.[167]

66   Das Verhältnis der §§ 1 und 8 TSG ist zwar nicht zwingend ein solches von „kleiner" zu „großer" Lösung, weil entgegen den Erkenntnissen zur Zeit des Gesetzerlasses im Jahre 1980 für das Vorliegen der Transsexualität nicht mehr eine geschlechtsanpassende Operation für notwendig erachtet wird, sondern nach neuerer Forschung die Stabilität des transsexuellen Wunsches ausschlaggebend ist.[168] Angesichts der neueren wissenschaftlichen Erkenntnisse stehen dem Gesetzgeber mehrere Gestaltungsmöglichkeiten zur Verfügung, an welche Voraussetzungen er die Stabilität des transsexuellen Wunsches knüpfen kann: Diese reichen von Beratungs- und/oder Therapiepflichten bis zu Vorgaben hinsichtlich des Erscheinungsbildes, soweit nur ausnahmslos keine Operation verlangt wird, die die Geschlechtsmerkmale verändert und zur Zeugungsunfähigkeit führt.[169]

67   Am 11.1.2011 hat das BVerfG[170] entschieden, dass es gegen Art. 2 Abs. 1 und Abs. 2 iVm Art. 1 Abs. 1 GG verstößt, wenn ein Transsexueller, der die Voraussetzungen des § 1 Abs. 1 Nr. 1 bis 3 TSG erfüllt, zur rechtlichen Absicherung seiner gleichgeschlechtlichen Partnerschaft nur dann eine eingetragene Lebenspartnerschaft begründen kann, wenn er sich zuvor gemäß § 8 Abs. 1 Nr. 3 und Nr. 4 TSG einem seine äußeren Geschlechtsmerkmale verändernden operativen Eingriff unterzogen hat sowie dauernd fortpflanzungsunfähig ist und aufgrund dessen personenstandsrechtlich im empfundenen und gelebten Geschlecht Anerkennung gefunden hat. Zugleich weist das BVerfG[171] darauf hin, dass die Verfassungswidrigkeit von § 8 Abs. 1 Nr. 3 und 4 TSG nicht zur Nichtigkeit, sondern zur Unvereinbarkeit dieser Norm mit Art. 2 Abs. 1 und Abs. 2 iVm Art. 1 Abs. 1 GG führt, da der Gesetzgeber die Möglichkeit hat, in § 8 Abs. 1 TSG für die personenstandsrechtliche Anerkennung des empfundenen Geschlechts eines Transsexuellen spezifiziertere Voraussetzungen zum Nachweis der Ernsthaftigkeit des Bedürfnisses, im anderen Geschlecht zu leben, als in § 1 Abs. 1 TSG aufstellen oder eine Gesamtüberarbeitung des Transsexuellenrechts vornehmen kann, um einen verfassungsmäßigen Rechtszustand herbeizuführen.

68   Im Nachgang hat das AG Frankfurt/M.[172] entschieden, dass – wenn die in § 1 Abs. 1 Nr. 1 bis 3 TSG genannten Voraussetzungen für eine Namensänderung vorliegen – die in § 8 Abs. 1 Nr. 1 TSG vorgesehenen

---

160 BVerfGE 121, 175 = NJW 2008, 3117 mit Anmerkung *Rixe* FF 2008, 451; *Stüber* JZ 2009, 49.
161 Zum Schutz der engeren persönlichen Lebenssphäre aus Art. 2 Abs. 1 iVm Art. 1 Abs. 1 GG gehört nämlich auch der Sexualbereich, der die sexuelle Selbstbestimmung des Menschen und damit das Finden und Erkennen der eigenen geschlechtlichen Identität sowie der eigenen sexuellen Orientierung umfasst (so BVerfGE 115, 1, 14 f.; 49, 286, 298).
162 BVerfGE 121, 175 = NJW 2008, 3117 Rn. 40.
163 Dazu auch *Bräcklein* StAZ 2008, 297.
164 BGBl. I, S. 1978.
165 Palandt/*Ellenberger* BGB § 1 Rn. 11.
166 BVerfG NJW 1982, 2061.
167 OLG Dresden FamRZ 2018, 32.
168 AG Mannheim StAZ 2011, 246 – Ls. 1.
169 AG Mannheim StAZ 2011, 246 – Ls. 2.
170 BVerfGE 128, 109 = NJW 2011, 909 = EuGRZ 2011, 74.
171 BVerfGE 128, 109 – Tz. 79.
172 StAZ 2011, 372.

Anforderungen nicht mehr erforderlich sind, da § 8 Abs. 1 Nr. 3 und 4 TSG vom BVerfG als verfassungswidrig und bis zum Inkrafttreten einer Neuregelung für unanwendbar erklärt worden sind. Transsexuelle haben somit einen verfassungsrechtlichen Anspruch auf die rechtliche Anerkennung ihres empfundenen Geschlechts aus Art. 2 Abs. 1 iVm Art. 1 Abs. 1 GG. Daraus folgt, dass Transsexuelle nach vollzogener Vornamensänderung entsprechend ihrem neuen Rollenverständnis anzureden und anzuschreiben sind:[173] Die Achtung vor der in § 1 TSG vorgesehenen Rollenentscheidung verlange, eine Person ihrem in der rechtswirksamen Änderung des Vornamens zum Ausdruck gebrachten Selbstverständnis entsprechend anzureden und anzuschreiben.[174]

Nach Ansicht des BSG haben Versicherte keinen Anspruch darauf, im Wege der Krankenbehandlung einen regelwidrigen Körperzustand zu erlangen.[175] Transsexuelle Versicherte können zur Minderung ihres psychischen Leidensdrucks aber ggf. sehr wohl Anspruch auf chirurgische Eingriffe in gesunde Organe einschließlich Brustvergrößerungsoperationen ohne Genitalveränderung haben.[176] Rechtsgrundlage für eine Leistung der Krankenversicherung bei Transsexualität ist § 27 Abs. 1 SGB V, wobei zur Ausfüllung des Begriffs „Krankheit" auf § 116 b SGB V bzw. das TSG zurückgegriffen werden kann.[177] **69**

Von der Rechtskraft der Entscheidung an, dass der Antragsteller als dem anderen Geschlecht zugehörig anzusehen ist, richten sich nach § 10 TSG seine vom Geschlecht abhängigen Rechte und Pflichten nach dem (neuen) Geschlecht, soweit durch Gesetz nichts anderes bestimmt ist. Die Entscheidung lässt aber gemäß § 11 TSG das Rechtsverhältnis zwischen dem Antragsteller und seinen Kindern[178] (und seinen Eltern)[179] unberührt – bei angenommenen Kindern jedoch nur, soweit diese vor Rechtskraft der Entscheidung als Kind angenommen sind. Gleiches gilt im Verhältnis zu den Abkömmlingen dieser Kinder. **70**

Die Geschlechtsumwandlung nach § 8 TSG führt zu einer **Änderung des Geschlechts im rechtlichen Sinne**. Folglich kann die Person nach vollzogener Geschlechtsumwandlung eine Person des anderen (dh ihres eigenen früheren) Geschlechts auch heiraten.[180] **71**

Setzt ein ausländisches Recht für die Änderung des Vornamens eine geschlechtsumwandelnde Operation bzw. eine dauerhafte Fortpflanzungsunfähigkeit voraus, fehlt es an einer vergleichbaren Regelung iSd § 1 Abs. 1 Nr. 3 Buchst. d TSG – so dass in Deutschland lebende ausländische Transsexuelle mit einem unbefristeten Aufenthaltsrecht oder einer verlängerbaren Aufenthaltserlaubnis und einem dauerhaft rechtmäßigen Aufenthalt im Inland nach § 1 TSG antragsbefugt sind.[181]

Die Geschlechtsumwandlung eines ursprünglich männlichen Versicherungsnehmers berechtigt – so der BGH[182] – den privaten Krankenversicherer nicht, die versicherte Person abweichend vom vertraglich vereinbarten Männertarif in den Frauentarif einzustufen.

Der **stattgebende Beschluss über die Feststellung der Geschlechtsumwandlung** durch das Amtsgericht im FamFG-Verfahren nach § 9 TSG[183] entfaltet auch bei einem (nachträglich festgestellten) Fehlen einer Antragsvoraussetzung Wirksamkeit.[184] Ändert ein Beteiligter einer eingetragenen Lebenspartnerschaft seine personenstandsrechtliche Geschlechtszugehörigkeit und schließt er danach mit dem anderen Beteiligten dieser Lebenspartnerschaft eine Ehe, so erlischt die Lebenspartnerschaft, ohne dass es eines besonderen Aufhebungsverfahrens bedarf.[185] **72**

b) Namensänderung. Von der Änderung der Feststellung der Geschlechtszugehörigkeit (§§ 8 ff. TSG) zu unterscheiden ist die (bloße) der empfundenen Geschlechtszugehörigkeit entsprechende Änderung des Vornamens mit korrespondierendem Vermerk in den Personenstandsbüchern nach den §§ 1 ff. TSG (sog. **kleine** **73**

173 So BVerfG NJW 2012, 600 = FamRZ 2012, 188 = StAZ 2012, 80, juris Rn. 13.

174 BVerfG NJW 2012, 600, juris Rn. 13 unter Bezugnahme auf BVerfG NJW 1997, 1632 (1633).

175 BSG GesR 2011, 41 – Ls.

176 BSGE 111, 298 – Ls. 1.

177 LSG LSA MedR 2014, 441 – Ls. 1: Bei Transsexualität könne regelmäßig mit den Mitteln der Psychotherapie kein Behandlungserfolg erzielt werden. Diese medizinischen Grenzen der Psychotherapie bei Transsexuellen könnten es grundsätzlich rechtfertigen, einen Anspruch auf körperliche Eingriffe anders zu bewerten, als dies im Allgemeinen bei der Behandlung von psychischen Erkrankungen mittels Eingriffen in den ansonsten gesunden Körper der Fall ist (Ls. 2).

178 Insbes. im Hinblick auf das ihm zustehende Sorgerecht, OLG Schleswig FamRZ 1990, 433.

179 Palandt/*Ellenberger* BGB § 1 Rn. 11.

180 BeckOK BGB/*Bamberger* § 1 Rn. 74.

181 BGH NJW-RR 2018, 129 = FamRZ 2018, 387 – Ls. – zum Antrag eines in Deutschland lebenden türkischen Transsexuellen auf Änderung seines Vornamens. Vgl. auch BGH NJW-RR 2018, 131 = FamRZ 2018, 383 = StAZ 2018, 120 zum Antrag eines in Deutschland lebenden türkischen Transsexuellen auf Änderung des Personenstandes.

182 NJW 2012, 2733 = MDR 2012, 844 = VersR 2012, 980 – Ls.

183 Palandt/*Ellenberger* BGB § 1 Rn. 11.

184 Palandt/*Ellenberger* BGB § 1 Rn. 11: Ein Verstoß gegen das Kriterium des Unverheiratetseins lässt die Ehe allerdings fortbestehen.

185 OLG Nürnberg NJW 2016, 255 = FamRZ 2016, 154 = StAZ 2016, 84 – Ls.

Lösung).[186] Danach können – auch ohne geschlechtsanpassende Operation (iSv § 8 Abs. 1 Nr. 4 TSG) – die Vornamen einer Person, die sich aufgrund ihrer transsexuellen Prägung nicht mehr dem in ihrem Geburtseintrag angegebenen, sondern dem anderen Geschlecht als zugehörig empfindet und die seit mindestens drei Jahren unter dem Zwang steht, ihren Vorstellungen entsprechend zu leben, durch Antrag beim Amtsgericht geändert werden. Voraussetzung dafür ist, dass die antragstellende Person grundsätzlich Deutscher ist und mit hoher Wahrscheinlichkeit anzunehmen ist, dass sich ihr Zugehörigkeitsempfinden zum anderen Geschlecht nicht mehr ändern wird. Nach § 4 Abs. 3 TSG sind zwei Sachverständige zu hören.[187]

74   Das BVerfG hat das (ursprünglich) zusätzlich in § 1 Abs. 1 Nr. 3 TSG normierte Erfordernis eines Mindestalters von 25 Jahren für eine Vornamensänderung als Verstoß gegen Art. 3 Abs. 1 GG und damit als verfassungswidrig qualifiziert.[188] Im Jahre 2006 hat das BVerfG[189] festgestellt, dass die §§ 8 ff. TSG auch auf Ausländer zur Anwendung gelangen, sofern sie sich berechtigt und nicht nur vorübergehend in der Bundesrepublik aufhalten: § 1 Abs. 1 Nr. 1 TSG verstoße gegen das Gleichbehandlungsgebot nach Art. 3 Abs. 1 GG iVm dem allgemeinen Persönlichkeitsrecht (nach Art. 2 Abs. 1 iVm Art. 1 Abs. 1 GG), soweit es ausländische Transsexuelle (deren Heimatrecht den §§ 8 ff. TSG vergleichbare Regelungen nicht kennt) – die sich rechtmäßig und nicht nur vorübergehend in Deutschland aufhalten – von der Antragsberechtigung zur Feststellung der Geschlechtszugehörigkeit und zur Änderung des Vornamens (nach § 8 Abs. 1 Nr. TSG alt) ausnimmt.[190] Die Entscheidung des BVerfG hat in der Folge durch Art. 3 a des Gesetzes zur Änderung des Passgesetzes und weiterer Vorschriften vom 20.7.2007[191] mit Wirkung vom 1.11.2007 zu einer entsprechenden verfassungskonformen Änderung des § 1 Abs. 1 TSG geführt.[192]

75   Die entsprechende Namensänderung lässt zwar die Zugehörigkeit zu dem im Geburtseintrag angegebenen Geschlecht unberührt.[193] Im Geburtenregister sind nach § 5 Abs. 3 TSG aber die vor der Entscheidung nach § 1 TSG geführten Namen anzugeben, wobei eine Erfassung im Hinweisteil ausreicht – für die Grunddaten sind die aktuell geführten Namen zu verwenden.[194] Der Antrag einer betroffenen Person nach Eintragung der Änderung des Vornamens und der Feststellung der anderen Geschlechtszugehörigkeit aufgrund des TSG durch Folgebeurkundung im Geburtenregister, die ursprüngliche Eintragung und die Folgebeurkundung zu löschen und vollständig durch eine neue Eintragung zu ersetzen, muss zurückgewiesen werden:[195] Die erstrebte Änderung ist nämlich mit den gesetzlichen Vorschriften des PStG und der Systematik des Personenstandsregisters nicht zu vereinbaren – Änderungen und Berichtigungen sind dort nicht durch Löschung und Neueintragung vorzunehmen, sondern durch eine Folgebeurkundung, durch die der ursprüngliche Beurkundungsinhalt verändert wird. Nach Ansicht des OLG Frankfurt/M.[196] ist das nachvollziehbare Interesse der betroffenen Person, vor einer Offenbarung der nachträglichen Änderung der Vornamen und des Geschlechts aufgrund der Entscheidung nach dem TSG geschützt zu werden, hinreichend dadurch gesichert, dass die nach dem Geburtenregister zu erteilende Geburtsurkunde, die der Verwendung im Rechtsverkehr dient, nur noch die neuen Vornamen und die neue Geschlechtszugehörigkeit ausweist und damit die ursprüngliche Eintragung des Vornamens und Geschlechts nicht offenlegt.[197] Eine **Adelsbezeichnung** ist allerdings an das neue Geschlecht anzupassen.[198] Die Namensänderung kann auch von einem verheirateten Antragsteller beantragt werden.[199] Allerdings hat das BVerfG[200] im Jahre 2005 festgestellt, dass der Verlust des nach § 1 TSG geänderten Vornamens im Falle einer Eheschließung (so § 7 Abs. 1 Nr. 3 TSG) das von Art. 2 Abs. 1 iVm Art. 1 Abs. 1 GG geschützte Namensrecht eines homosexuell orientierten Transsexuellen sowie sein Recht auf Schutz seiner Intimsphäre, solange ihm eine rechtlich gesicherte Partnerschaft nicht ohne Verlust des geänderten, seinem empfundenen Geschlechts entsprechenden Vornamens eröffnet ist, verletzt.[201] Wenn bei Abschluss und Eintragung einer Lebenspartnerschaft noch Gleichgeschlechtlichkeit der Lebenspartner bestand, lässt die spätere Rechtskraft des Beschlusses über die Geschlechtsumwandlung die Wirksamkeit der Begründung der Lebenspartnerschaft sowie die Möglichkeit der Umwandlung in eine Ehe unberührt.[202]

---

186 MüKoBGB/*Spickhoff* § 1 Rn. 66; Palandt/*Ellenberger* BGB § 1 Rn. 12.
187 Dazu BVerfG NJW 2018, 222.
188 BVerfG NJW 1993, 1517, dazu *Sachs* JuS 1993, 862.
189 BVerfGE 116, 243 = NJW 2007, 900 mit Anmerkung *Roth* StAZ 2007, 17. Vgl. zudem *Pawlowski* JZ 2007, 413; *Scherpe* FamRZ 2007, 271.
190 Vgl. dazu auch *Röthel* IPrax 2007, 204.
191 BGBl. I, S. 1566.
192 Palandt/*Ellenberger* BGB § 1 Rn. 11.
193 MüKoBGB/*Spickhoff* § 1 Rn. 66; Palandt/*Ellenberger* BGB § 1 Rn. 12.
194 AG Münster FamRZ 2017, 1862 – Ls. 2.

195 OLG Frankfurt/M. StAZ 2016, 45, juris Rn. 16.
196 OLG Frankfurt/M. StAZ 2016, 45, juris Rn. 17.
197 OLG Frankfurt/M. StAZ 2016, 45, juris Rn. 16.
198 So BayObLG NJW-RR 2003, 289.
199 Palandt/*Ellenberger* BGB § 1 Rn. 12.
200 BVerfGE 115, 1 = FamRZ 2006, 182 mit Anmerkung *Adamietz* KJ 2006, 368; *Grünberger* StAZ 2007, 357.
201 Dazu auch *Grünberger* JZ 2006, 516; *Windel* JR 2006, 265.
202 OLG Köln FamRZ 2018, 216 = StAZ 2018, 382 = FF 2018, 216, juris Rn. 11.

Transsexuelle sind mit dem zu ihrem Vornamen passenden Geschlecht anzureden und anzuschreiben.[203] Der **76**
in § 7 Abs. 1 Nr. 3 TSG vorgesehene Verlust des geänderten Vornamens im Falle einer Heirat ist verfassungswidrig.[204] Antragsbefugt sind auch Ausländer mit unbefristeter Aufenthaltserlaubnis oder einer verlängerbaren Aufenthaltserlaubnis.[205] Die in einem Verfahren nach dem TSG durch die §§ 4 Abs. 4, 3 Abs. 2
Nr. 1 TSG gewährte Beschwerdebefugnis umfasst nicht den Austausch des ursprünglich gewählten und von
dem Personenstandsgericht antragsgemäß geänderten Vornamen gegen einen anderen Vornamen des gleichen Geschlechts.[206] Ein wichtiger Grund für eine Änderung des Vornamens kann verneint werden, wenn
die Änderung der Ordnungsfunktion des Vornamens widerspricht (im konkreten Fall: Hinzufügen eines
weiblichen zu einem männlichen Vornamen).[207]

Die Einholung von zwei Sachverständigengutachten ist für die Entscheidung nach § 8 TSG dann zwingend **77**
erforderlich, wenn in einem vorausgegangenen Verfahren nach § 1 TSG bereits eine Vornamensänderung
ausgesprochen und dort zu den inhaltsgleichen Voraussetzungen zwei Sachverständigengutachten eingeholt
worden sind.[208] Ohne sachverständige Begutachtung kann ein Gericht keine Namensänderung und keine
Veränderung der Geschlechtszugehörigkeit nach dem TSG aussprechen. Das vom TSG vorgeschriebene
Einholen von zwei Sachverständigengutachten ist nicht verfassungswidrig und mit der EMRK vereinbar.[209]

Beantragen Eltern für ihr Kind, einer Änderung des Vornamens nach § 1 TSG und des Personenstandes **78**
nach § 8 TSG zuzustimmen, ist die gesetzlich erforderliche Genehmigung durch das Familiengericht in § 3
Abs. 1 TSG lediglich für einen Antrag von geschäftsunfähigen Personen nach § 1 TSG vorgesehen. Eine
analoge Anwendung des § 3 Abs. 1 S. 1 TSG auf beschränkt geschäftsfähige Personen kommt nicht in
Betracht.[210] Wenn ein Elternteil sein Geschlecht und seinen Vornamen nach dem TSG hat ändern lassen,
sind diese Änderungen nur auf Antrag des Elternteils in den Geburtseintrag seines leiblichen Kindes zu
übernehmen.[211] Eine transsexuelle Person, deren Vorname gemäß § 1 TSG geändert wurde (sog. kleine
Lösung), ist im Geburtenregistereintrag ihres leiblichen Kindes mit dem vor der Namensänderung geführten
Vornamen zu beurkunden: Bedenken gegen die Verfassungsmäßigkeit der §§ 5 Abs. 3, 7 Abs. 1 Nr. 1, Abs. 2
Nr. 1 TSG bestünden insoweit nicht.[212] Der Geburtsregistereintrag ist nicht zu ändern, wenn nach der
Geburt der Vorname des transsexuellen Elternteils gemäß § 7 Abs. 3 TSG erneut geändert wird.[213]

Ein Frau-zu-Mann-Transsexueller, der nach der Änderung seines personenstandsrechtlichen Geschlechts ein **79**
Kind empfangen und geboren hat, ist in das Geburtenregister als Mutter des Kindes mit seinen (früheren)
weiblichen Vornamen einzutragen.[214] Der BGH[215] hat die Rechtsbeschwerde gegen den Beschluss des KG
zurückgewiesen: Ein Frau-zu-Mann-Transsexueller, der nach der rechtskräftigen Entscheidung über die
Änderung der Geschlechtszugehörigkeit ein Kind geboren hat, ist im Rechtssinne Mutter des Kindes.[216] Er
ist sowohl im Geburtenregister des Kindes als auch in den aus dem Geburtenregister erstellten Geburtsurkunden – sofern dort Angaben zu den Eltern aufzunehmen sind – als „Mutter" mit seinen früher geführten
weiblichen Vornamen einzutragen.[217] Im Nachgang hat der BGH[218] entschieden, dass eine Mann-zu-Frau-
Transsexuelle, mit deren konserviertem Spendersamen ein Kind gezeugt wurde, das nach rechtskräftiger
Entscheidung über die Änderung der Geschlechtszugehörigkeit geboren worden ist, abstammungsrechtlich
nur die Vater- und nicht die Mutterstellung erlangen kann.[219] Ein Frau-zu-Mann-Transsexueller kann die
Vaterschaft nicht gemäß § 1592 Nr. 2 anerkennen.[220]

Die geschiedene Ehefrau (die mit einem Mann eine Ehe eingegangen war, der sich jedoch im Verlauf des **80**
Ehescheidungsverfahrens einer Geschlechtsumwandlung zur Frau unterzogen hat) hat keinen Anspruch
darauf, dass das Rubrum eines Ehescheidungsbeschlusses klarstellend ergänzt wird. Wegen des Offenba-

203 BVerfG NJW 2012, 600.
204 BVerfG FamRZ 2006, 182.
205 BGH NJW-RR 2018, 129 (131).
206 LG Saarbrücken StAZ 2012, 89 – Ls.
207 BVerwG NJW 2016, 2761 = StAZ 2017, 80 – Ls.
208 OLG Hamm StAZ 2013, 218 = FamRZ 2013, 1770 –
209 OLG Hamm FamRZ 2017, 1185 = StAZ 2017, 274.
    Die hiergegen eingelegte Verfassungsbeschwerde hat
    das BVerfG (NJW 2018, 222 = FamRZ 2018, 133 =
    StAZ 2018, 49) nicht zur Entscheidung angenommen: Eine erneute Entscheidung über die Verfassungsmäßigkeit des Begutachtungserfordernisses
    nach § 4 Abs. 3 TSG sei nicht geboten (vgl. bereits
    BVerfGE 128, 109) – wenngleich eine Beschränkung
    der Begutachtung auf diejenigen Aspekte notwendig
    sei, die für die sachliche Aufklärung der in § 1 Abs. 1
    TSG normierten Voraussetzungen des Namens- und
    Personenstandswechsels notwendig sind.

210 OLG Brandenburg FamRZ 2017, 1014 mit Anm.
    Croon-Gestefeld, S. 1015 = NZFam 2017, 720.
211 AG Paderborn StAZ 2012, 272.
212 KG FamRZ 2019, 1177 = StAZ 2019, 211 – Ls. 1.
213 KG FamRZ 2019, 1177 = StAZ 2019, 211 – Ls. 2.
214 KG StAZ 2015, 80 = FamRZ 2015, 683 – Ls.
215 BGHZ 215, 318 = NJW 2017, 3379 = FamRZ 2017,
    1855 = StAZ 2017, 369.
216 BGHZ 215, 318 – Ls. 1.
217 BGHZ 215, 318 – Ls. 2.
218 BGH NJW 2018, 471 = FamRZ 2018, 290 = StAZ
    2018, 86 – Ls. 1. Eine gleichwohl erklärte Mutterschaftsanerkennung ist unwirksam (Ls. 2).
219 BGH NJW 2018, 471 – Ls. 1 – in Fortführung von
    BGH FamRZ 2017, 1855.
220 KG NJW 2019, 3598 = FamRZ 2020, 109 = StAZ
    2020, 39 = MDR 2019, 1317 – Ls.

rungsverbots des § 5 Abs. 1 TSG darf eine Veränderung des Geschlechts im Laufe des Verfahrens im Rubrum nicht mitgeteilt werden.[221]

Aus § 5 Abs. 1 TSG ergibt sich kein Anspruch auf die Ausstellung einer Eheurkunde ohne den bei der Eheschließung geführten Vornamen: § 57 Abs. 1 Nr. 1 PStG hat Vorrang.[222] § 5 Abs. 1 TSG begründet iÜ auch keinen Anspruch für Beamtinnen oder Beamte, nach der Änderung ihrer Vornamen den Inhalt ihrer Personalakte rückwirkend (auch für den Zeitraum vor der Namensänderung) der neuen Namensführung anzupassen.[223] Es ist nicht nach § 5 Abs. 1 TSG sowie im Hinblick auf das Grundrecht auf informationelle Selbstbestimmung nach Art. 2 Abs. 1 iVm Art. 1 Abs. 1 GG geboten, nachträglich einen abgeschlossenen Eintrag im Handelsregister zu verändern und jeden Hinweis auf die vor einer Geschlechtsangleichung geführten Vornamen einer Person aus dem Register zu beseitigen.[224] Auf die Rechtsbeschwerde hin hat der BGH diese Auffassung bestätigt: Aus § 5 Abs. 1 TSG folgt kein Anspruch des Geschäftsführers einer GmbH auf vollständige Löschung ihres vormals männlichen Vornamens im **Handelsregister**.[225] Wird der Vorname eines im **Grundbuch** eingetragenen Berechtigten gemäß §§ 1 ff. TSG geändert, ist bei der Berechtigung des Namenseintrags (§ 12 c Abs. 2 Nr. 4 GBO) kenntlich zu machen, dass es sich um eine bloße Namensänderung und nicht um einen Wechsel des Berechtigten handelt:[226] Klare und eindeutige Grundbucheintragungen sind durch besondere Gründe des öffentlichen Interesses iSv § 5 Abs. 1 TSG gefordert.

Beantragt eine im Grundbuch eingetragene Person gestützt auf einen nach §§ 1 ff. TSG ergangenen Beschluss die Richtigstellung ihres Namens, hat das Grundbuchamt die Namensänderung in dem bisherigen Grundbuchblatt zu vermerken. Anschließend ist das Grundbuch in entsprechender Anwendung der §§ 28 ff. GBO umzuschreiben, d.h. das bisherige Grundbuchblatt wird geschlossen und ein neues Grundbuchblatt wird eröffnet.[227] Die Einsicht in das wegen eines Offenbarungsverbots gemäß § 5 Abs. 1 TSG geschlossene Grundbuchblatt ist nur solchen Personen zu gestatten, die ein berechtigtes Interesse hieran, d.h. (auch) an den früheren Eintragungen, dargelegt haben.[228]

§ 2 Eintritt der Volljährigkeit

Die Volljährigkeit tritt mit der Vollendung des 18. Lebensjahres ein.

1   Die Norm dient der Ausfüllung aller Vorschriften, welche auf Voll- oder Minderjährigkeit Bezug nehmen. Namentlich treten mit der Volljährigkeit unbeschränkte Geschäftsfähigkeit (vgl. § 106), unbeschränkte Ehemündigkeit (§ 1303) und Testierfähigkeit (§ 2247 Abs. 4) ein. Anwendungsprobleme bestehen nicht; das 18. Lebensjahr ist vollendet am Geburtstag bereits um 0 Uhr, weil der erste Lebenstag mitgerechnet wird, § 187 Abs. 2 S. 2.

§§ 3 bis 6 (weggefallen)

§ 7 Wohnsitz; Begründung und Aufhebung

(1) Wer sich an einem Orte ständig niederlässt, begründet an diesem Orte seinen Wohnsitz.

(2) Der Wohnsitz kann gleichzeitig an mehreren Orten bestehen.

(3) Der Wohnsitz wird aufgehoben, wenn die Niederlassung mit dem Willen aufgehoben wird, sie aufzugeben.

221 KG NJW-RR 2019, 1222 = NZFam 2019, 505 – Ls.
222 OLG Nürnberg FamRZ 2019, 64 = StAZ 2018, 313 im Anschluss an OLG Rostock FamRZ 2017, 1340 = StAZ 2018, 161: Aus dem Ordnungsverbot gemäß § 5 Abs. 1 TSG folgt kein Anspruch auf Ausstellung einer Eheurkunde, welche entgegen §§ 55 Abs. 1 Nr. 2, 57 S. 1 Nr. 1 PStG, § 48 Abs. 1 S. 1 PStV iVm der dortigen Anlage 6 nur noch den nach einer Entscheidung nach § 1 TSG geführten Vornamen bzw. diesen auch bereits für den Zeitpunkt der Eheschließung aufweist.

223 Hamburgisches OVG NVwZ 2019, 1532 = ZBR 2020, 49 – Ls. 1.
224 OLG Schleswig-Holstein NZG 2014, 831 = ZIP 2014, 1629 = StAZ 2014, 342 – Ls.
225 BGH NJW 2015, 2116 = ZIP 2015, 1064 = NZG 2015, 685 = WM 2015, 1016 = StAZ 2015, 370.
226 KG NotBZ 2018, 380 = Grundeigentum 2018, 455.
227 BGH NJW 2019, 2541 = FamRZ 2019, 1173 = StAZ 2019, 298 = MDR 2019, 798 – Ls. 1.
228 BGH NJW 2019, 2541 – Ls. 2.

Literatur: *Breidenbach,* „Wohnsitz", „gewöhnlicher Aufenthalt" und „Wohnort", StAZ 1959, 296; *Laube,* Wohnsitz und Staatsangehörigkeit als Anknüpfungspunkt im Internationalen Privatrecht, 1961; *Zepf,* Zur Frage des dienstlichen Wohnsitzes von Wehrpflichtigen, NZWehrR 1970, 18.

A.	Allgemeines	1		1. Niederlassung	17
	I. Normzweck	1		2. Domizilwille	19
	II. Abgrenzungen	7		II. Mehrere Wohnsitze (Abs. 2)	23
B.	Regelungsgehalt	13		III. Aufhebung des Wohnsitzes (Abs. 3)	24
	I. Begründung des Wohnsitzes (Abs. 1)	14			

A. Allgemeines

I. Normzweck

Der Wohnsitz eines Menschen ist neben dem Namen und dem Alter ein Individualisierungsmerkmal. Der Wohnsitz ist örtlicher Anknüpfungspunkt zahlreicher rechtlicher Regelungen des materiellen und des Verfahrensrechts, sowohl im Zivilrecht als auch im öffentlichen Recht. **1**

Der Wohnsitz ist im **bürgerlichen Recht** von Bedeutung für: §§ 132 Abs. 2, 269, 270, 773 Abs. 1 Nr. 2, 1786 Abs. 1 Nr. 5, 1944 Abs. 3, 1954 Abs. 3 BGB; Art. 26 Abs. 1 S. 1 Nr. 3 EGBGB. **2**

Im **Handelsrecht** knüpfen die Vorschriften der §§ 106 Abs. 2, 162 Abs. 1 HGB an den Begriff des Wohnortes an, wobei Wohnort in diesem Falle dasselbe heißt wie Wohnsitz. **3**

Im **Verfahrensrecht** wird insbesondere der **allgemeine Gerichtsstand** einer Person durch ihren **Wohnsitz** bestimmt (vgl. § 13 ZPO). Auch weitere Vorschriften knüpfen für die Bestimmungen der Zuständigkeiten hieran an (vgl. §§ 15 f. ZPO, § 343 FamFG, §§ 8, 11 StPO, § 14 UWG,[1] § 57 SGG, § 4 PStG, § 15 VerschG und § 6 UKlaG). **4**

Im **öffentlichen Recht** knüpfen ebenfalls zahlreiche Regelungen, wie zB § 7 BVersG, § 11 LAG, §§ 1, 2 BVFG, § 2 Abs. 5 BKGG, § 218 Abs. 2 BEG, § 25 Abs. 1 StAG, § 6 SGB VIII, an den Wohnsitz iSd § 7 an. Vielfach wird, wie zB im Melderecht, Wahlrecht, Pass- und Ausweisrecht, auf den durch objektive Gesichtspunkte bestimmten Begriff des Hauptwohnsitzes abgestellt.[2] § 5 Abs. 1 BAföG ist entsprechend §§ 7, 8 BGB auszulegen, jedoch mit der Maßgabe, dass es auf einen Willen zur *ständigen* Niederlassung nicht ankommt.[3] **5**

Im **Steuer- und Abgabenrecht** sowie im **Sozialrecht** wird gemäß § 8 AO und § 30 Abs. 3 SGB I darauf abgestellt, wo jemand eine Wohnung unter Umständen inne hat, die darauf schließen lassen, dass er die Wohnung beibehalten und benutzen wird (vgl. § 30 Abs. 3 S. 1 SGB I). Bei beiden Bestimmungen kommt es, anders als bei § 7, **nicht auf den Willen** der Person zur Wohnsitzbegründung und Unterhaltung an, so dass auch der zu rechtsgeschäftsähnlichen Handlungen grundsätzlich nicht fähige Minderjährige einen steuerrechtlich relevanten Wohnsitz ohne Einwilligung seiner gesetzlichen Vertreter begründen kann.[4] **6**

II. Abgrenzungen

Vom Wohnsitz sind abzugrenzen in anderen Gesetzen geregelte Institute, die dem Wohnsitz ähnlich sind: **7**

Die **Wohnung** bzw. der **Wohnort**, vgl. §§ 178, 180, 181 ZPO bzw. Art. 2 Abs. 3, 4, 21, 22 Abs. 2, 76 Abs. 3 WG, Art. 8 ScheckG: Wohnung sind die Räume, in denen der Adressat tatsächlich wohnt. Wohnort ist der Ort, an dem jemand tatsächlich wohnt. In der Regel, aber nicht zwingend, sind der Wohnort und Wohnsitz identisch. Sie können auseinander fallen, wenn der Betroffene gegen seinen Willen (zB bei Strafgefangenen) an einem anderen Ort tatsächlich wohnt als dem Ort, an dem er den Willen zum Aufenthalt hat. **8**

Der **Aufenthalt**, vgl. zB § 132 Abs. 2 S. 2 BGB, Art. 5 Abs. 2 und 3 EGBGB, §§ 20, 606 ZPO, §§ 152 Abs. 2, 272 Abs. 1 Nr. 2 FamFG, § 30 Abs. 3 S. 2 SGB I, § 3 Nr. 3 a VwVfG, Art. 4, 21 Eu-ErbVO: Dieser ist ein rein tatsächliches Verhältnis, welches aber auch ein Verweilen von gewisser Dauer und Regelmäßigkeit voraussetzt. Aufenthalt kann dabei auch in einem räumlich weiter umfassten Gebiet (zB einem Kreis, Regierungsbezirk, Bundesland oder dem Staatsgebiet der Bundesrepublik) begründet sein.[5] Domizilwille ist dabei nicht erforderlich. **Gewöhnlicher, dauerhafter oder ständiger Aufenthalt** (vgl. § 5 Abs. 2 und 3 EGBGB, §§ 20, 606 ZPO, §§ 152 Abs. 2, 272 Abs. 2 Nr. 2 FamFG, § 9 AO, § 30 Abs. 3 S. 2 SGB I und § 3 Abs. 1 Nr. 3 a VwVfG) wird durch tatsächliches längeres Verweilen begründet.[6] Anders als bei der Begrün- **9**

---

1 UWG idF v. 9.7.2004 (BGBl. I S. 1414).
2 Palandt/*Ellenberger* BGB § 7 Rn. 5.
3 OVG Münster 27.8.2012 – 12 B 822/12, juris Rn. 6.
4 BFH 26.3.2012 – III B 218/11, juris Rn. 18; MüKo-BGB/*Schmitt* BGB § 7 Rn. 3; BeckOK BGB/*Bamberger* BGB § 7 Rn. 6.
5 BeckOK BGB/*Bamberger* BGB § 7 Rn. 4; MüKo-BGB/*Schmitt* BGB § 7 Rn. 13.
6 BGH NJW 1983, 2771.

dung eines Wohnsitzes ist zur Begründung eines gewöhnlichen oder dauernden Aufenthalts ein rechtsgeschäftlicher Begründungswille nicht erforderlich;[7] Ausnahme: die Begründung eines ständigen Aufenthaltes iSv § 1 WpflG, hier ist ein entsprechender Wille erforderlich.[8] Die vorübergehende Abwesenheit beseitigt einen gewöhnlichen oder ständigen Aufenthalt nicht,[9] auch nicht ein zweijähriger Klinikaufenthalt.[10] Ob eine zwangsweise Unterbringung, wie zB eine Strafhaft oder die Einweisung in eine Pflegeanstalt, einen gewöhnlichen Aufenthalt begründet, ist in Einzelfällen strittig und lässt sich nur aus dem Sinn und Zweck der jeweils einschlägigen Norm heraus entscheiden.

10 Der **dienstliche Wohnsitz** (Amtssitz) von Beamten, Soldaten und Notaren (vgl. zB § 10 Abs. 2 BNotO, §§ 9, 74 BBG) ist privatrechtlich nahezu bedeutungslos. Privatrechtliche Bedeutung hat insoweit nur noch der dienstliche Wohnsitz des Soldaten (vgl. dazu unten § 9).

11 Der **Sitz** und die **gewerbliche Niederlassung**: Juristische Personen und sonstige Personenvereinigungen haben keinen Wohnsitz, sondern einen **Sitz** (vgl. zB § 24 BGB, § 5 AktG, § 4a GmbHG). Dieser entspricht – abgesehen von der fehlenden Bestimmung zum Wohnen – dem Begriff des Wohnsitzes.

12 Die **gewerbliche Niederlassung** (vgl. zB §§ 269 Abs. 2, 270 Abs. 2 u. 3, 772 Abs. 1, 773 Abs. 1 Nr. 2 BGB, § 42 GewO, § 14 UWG, § 6 Abs. 1 UKlaG, § 21 ZPO) dient zur Verfolgung gewerblicher oder geschäftlicher Zwecke und setzt die auf eine gewisse Dauer ausgeführte Ausübung des Gewerbes oder Geschäftes in bestimmten Räumen voraus.[11]

B. Regelungsgehalt

13 Wohnsitz ist der Ort, an dem ein Mensch den räumlichen Schwerpunkt seiner Lebensverhältnisse hat. Die Begründung des Wohnsitzes geschieht durch tatsächliche Niederlassung, verbunden mit dem Willen, den Ort zum ständigen Schwerpunkt seiner Lebensverhältnisse zu machen.[12]

I. Begründung des Wohnsitzes (Abs. 1)

14 Zur Begründung eines Wohnsitzes ist die tatsächliche Niederlassung verbunden mit Domizilwillen erforderlich.

15 Beide Voraussetzungen müssen vorliegen. Die bloße Erklärung eines Niederlassungswillens genügt nicht, ebenso wenig genügt die reine tatsächliche Niederlassung, wenn sie ohne den Willen zur ständigen Niederlassung erfolgt.

16 Die Wohnsitzbegründung ist kein bloßer Realakt, da zu der tatsächlichen Niederlassung ein hierauf gerichteter Wille hinzutreten muss. Andererseits ist sie kein Rechtsgeschäft, weil der Wille sich nur auf die Niederlassung, nicht aber auch auf die Rechtsfolgen der Wohnsitzbegründung beziehen muss. Nach herrschender Auffassung ist die Wohnsitzbegründung daher als **rechtsgeschäftsähnliche Handlung** zu qualifizieren.[13]

17 **1. Niederlassung.** Die Niederlassung erfordert eine eigene Unterkunft, nicht notwendigerweise eine eigene Wohnung, vielmehr genügt auch das Bewohnen eines Hotelzimmers,[14] eines möblierten Zimmers oder einer behelfsmäßigen Unterkunft bei Verwandten oder Bekannten.[15] Die Mitbenutzung einer Wohnung genügt.[16] Ein Obdachloser hat jedoch mangels Unterkunft keinen Wohnsitz begründet.[17] Die Niederlassung muss „ständig", dh für eine gewisse Dauer angelegt sein. Sie darf nicht von vornherein nur vorübergehend sein. Insoweit entscheiden die Umstände des Einzelfalls. Einen Wohnsitz begründet auch, wer für eine Zeit den Mittelpunkt seiner Lebensverhältnisse an einen Ort verlegt, aber damit rechnet, seine Niederlassung bei Gelegenheit wieder aufgeben zu müssen. Der Aufenthalt an einem Ausbildungs- oder Studienort bedeutet jedoch in der Regel keine Wohnsitzbegründung.[18] Gleiches gilt für die Flucht in ein Frauenhaus oder einen Wechsel des Frauenhauses.[19]

7   BGH NJW 1993, 2047.
8   MüKoBGB/*Schmitt* BGB § 7 Rn. 15; BeckOK BGB/
    Bamberger BGB § 7 Rn. 4.
9   OLG Frankfurt NJW 1961, 1586.
10 BayObLG NJW 1993, 674.
11 MüKoBGB/*Schmitt* BGB § 7 Rn. 17.
12 BayObLGZ 1985, 161.
13 BGHZ 7, 104, 109; BeckOK BGB/*Bamberger* BGB
    § 7 Rn. 8; MüKoBGB/*Schmitt* BGB § 7 Rn. 18; aA
    Flume BGB AT Bd. 2 § 9 Anm. 2 a; *Larenz/Wolf*
    BGB AT § 7 II.

14 BVerwG RZW 59, 94.
15 BGH NJW 1984, 971; BVerwGE 1986, 673.
16 MüKoBGB/*Schmitt* BGB § 7 Rn. 10; BeckOK BGB/
    Bamberger BGB § 7 Rn. 21.
17 BayObLGZ 85, 161.
18 BVerfG NJW 1990, 2194.
19 BGH NJW 1995, 1224; NJW-RR 1993, 4; anders bei
    längerfristigem Aufenthalt im Frauenhaus, vgl. OLG
    Nürnberg FamRZ 1994, 1104 u. OLG Karlsruhe
    NJW-RR 1995, 1220.

Ort ist die polizeiliche Gemeinde, deren Grenzen nach dem jeweiligen Landesrecht zu bestimmen sind.[20] **18**
Bestehen in einer politischen Gemeinde mehrere Gerichtsbezirke, so ist die gerichtliche Zuständigkeit in
dem Bezirk gegeben, für den eine Niederlassung begründet wurde.[21]

2. Domizilwille. Der Betroffene muss den **rechtsgeschäftlichen Willen** haben, den Ort ständig zum **19**
Schwerpunkt seiner Lebensverhältnisse zu machen. Dieser sogenannte Domizilwille braucht nicht ausdrücklich erklärt zu sein, sondern kann sich aus den Umständen ergeben. Hierbei kann sich aus dem Verhalten der betreffenden Personen oder auch aus sonstigen Indizien auf einen entsprechenden Domizilwillen
schließen lassen, wie zB die polizeiliche Anmeldung. Nur eine Meldeanschrift ohne tatsächliche Niederlassung reicht jedoch nicht aus (→ Rn. 15).[22] Bei Niederlassung auf Dauer wird in der Regel der Wille gegeben sein, den Ort der Niederlassung zum Schwerpunkt der Lebensverhältnisse zu wählen; umgekehrt wird
in der Regel bei einem von vornherein nur vorübergehend – wenn auch für einen längeren Zeitraum –
geplanten Aufenthalt der Domizilwille fehlen, zB auch bei Aufenthalten zu Ausbildungszwecken.

Die Begründung des Wohnsitzes geschieht bei **Geschäftsunfähigen** und bei **beschränkt Geschäftsfähigen** **20**
durch den gesetzlichen Vertreter (vgl. hierzu auch §§ 8 und 11). Möglich ist aber auch die Wohnsitzbegründung durch einen rechtsgeschäftlichen Vertreter. Eine stillschweigende oder sich aus den Umständen ergebende Bevollmächtigung genügt dabei. Beispiele sind hierbei der Umzug der Ehefrau und der Kinder während der Kriegsgefangenschaft oder der Strafhaft des Ehemannes.[23]

Ordensangehörige begründen ihren Wohnsitz wie andere Personen auch. Entgegenstehende Ordenssatzun- **21**
gen sind für das staatliche Recht nicht bindend.[24] Ein gesetzliches Verbot, den Wohnsitz zu wechseln (wie
früher zB § 101 Abs. 1 KO), steht der Wirksamkeit der Wohnsitzbegründung nicht entgegen; da der Betroffene jedoch aus seinem rechtswidrigen Tun keine Vorteile erlangen darf, gilt der alte Wohnsitz als weiter
bestehend. **Ausländer** können nach § 7 AuslG in der Freizügigkeit eingeschränkt werden.

Für **Verschollene** gilt der zuletzt bekannte Wohnsitz als fortbestehend, sofern nicht der Wille, ihn aufzuge- **22**
ben, erwiesen ist.[25]

II. Mehrere Wohnsitze (Abs. 2)

Abs. 2 stellt klar, dass eine Person einen Wohnsitz auch an mehreren verschiedenen Orten begründen kann. **23**
Dann besteht ein allgemeiner Gerichtsstand an mehreren Orten. Für jeden dieser Orte müssen allerdings die
Voraussetzungen des Abs. 1 gegeben sein. Es muss also eine Niederlassung mit Domizilwillen für jeden
dieser mehrfachen Wohnsitze bestehen. Dies setzt voraus, dass an mehreren Orten dauernd Wohnungen
unterhalten werden und diese gleichermaßen den Schwerpunkt der Lebensverhältnisse darstellen.[26] An
einem solchen mehrfachen Domizilwillen wird es vielfach fehlen, wenn eine der Unterkünfte lediglich zu
Ausbildungszwecken oder zur Berufsausbildung an einem anderen Ort bezogen wird.[27]

III. Aufhebung des Wohnsitzes (Abs. 3)

Die Aufhebung des Wohnsitzes ist der *actus contrarius* zur Begründung des Wohnsitzes und ist wie diese **24**
nach hM[28] eine **rechtsgeschäftsähnliche Handlung**, so dass auch auf sie die für Willenserklärungen geltenden Vorschriften analoge Anwendung finden. Hiernach kann auch die Aufhebung des Wohnsitzes durch
Vertreter erfolgen. Voraussetzungen der Aufhebung des Wohnsitzes sind Aufgabewillen und tatsächliche
Aufhebung der Niederlassung. Wie beim Begründungswillen muss sich die Absicht, die Niederlassung aufzugeben, manifestieren und äußerlich feststellbar sein.[29] Schlüssiges Verhalten genügt, wenn es eindeutig
ist. Die bloß vorübergehende Abwesenheit reicht nicht aus.[30] Wer seinen Aufenthalt nur durch Zwang
ändert (zB Strafgefangene,[31] unter Betreuung Stehende), hat nicht den Willen, seinen Wohnsitz aufzugeben.
Die polizeiliche Abmeldung am bisherigen und die Anmeldung an einem anderen Ort sind für die Aufhebung eines Wohnsitzes weder erforderlich noch ausreichend,[32] sie können allerdings ein Beweisanzeichen
dafür sein.[33]

20 RGZ 67, 191, 194.
21 BVerwGE 5, 108.
22 OLG Sachsen-Anhalt 21.6.2013 – 10 U 49/12, juris
   Rn. 27.
23 KG NJW 1956, 264; BVerwG NJW 1959, 1053.
24 BayObLGZ 1960, 455.
25 Staudinger/*Kannowski* BGB § 7 Rn. 22.
26 AG Köln NZI 2008, 390.
27 BGH LM § 7 Nr. 3; BVerwG NJW 1986, 673.

28 BGHZ 7, 104, 109; BeckOK BGB/*Bamberger* BGB
   § 7 Rn. 8; MüKoBGB/*Schmitt* BGB § 7 Rn. 18; aA
   Flume BGB AT Bd. 2 § 9 Anm. 2 a; *Larenz/Wolf*
   BGB AT § 7 II.
29 BGH NJW 1988, 713; BGH WM 2010, 683.
30 BayObLGZ 12 (1906), 238.
31 BayObLGZ 1951, 261 ff.
32 OLG Hamm FamRZ 2006, 1460; BayObLG FamRZ
   1995, 346.
33 BVerfG NJW 1990, 2193/2194; BGH NJW-RR
   1990, 506.

25   Gesetzliche oder behördliche **Aufenthaltsgebote** führen nicht unmittelbar zu einer Aufhebung des Wohnsitzes; vielmehr endet der Wohnsitz erst dann, wenn infolge des Verbotes die Niederlassung tatsächlich aufgegeben wird. Der Aufhebungswille wird dabei durch das Verbot ersetzt.[34] Beides soll für eine Aufgabe der Niederlassung infolge von Ausweisung oder Abschiebung gelten.[35]

26   Die Aufhebung der Niederlassung ist ein tatsächliches Verhalten und damit unschwer feststellbar. Wer willentlich seine Niederlassung aufgibt, ohne eine neue zu begründen, wird **wohnsitzlos**. Anknüpfungspunkt ist dann der Aufenthalt (vgl. zB § 16 ZPO).

§ 8 Wohnsitz nicht voll Geschäftsfähiger

Wer geschäftsunfähig oder in der Geschäftsfähigkeit beschränkt ist, kann ohne den Willen seines gesetzlichen Vertreters einen Wohnsitz weder begründen noch aufheben.

A. Allgemeines 1
B. Regelungsgehalt 2
  I. Geschäftsunfähige oder in der Geschäftsfähig-
     keit beschränkte Personen (Abs. 1) 2
     1. Wohnsitzbegründung oder -aufhebung mit
        Willen des gesetzlichen Vertreters 3

  2. Wohnsitzbegründung oder -aufhebung
     durch die gesetzlichen Vertreter 5
  3. Wohnsitzbegründung oder -aufhebung bei
     Betreuung............................... 7
  II. Verheiratete Minderjährige (Abs. 2) 9

A. Allgemeines

1   § 8 ergänzt die Regelungen des § 7. Wer geschäftsunfähig oder in der Geschäftsfähigkeit beschränkt ist, kann grundsätzlich einen Wohnsitz weder begründen noch aufheben. Andere in der Geschäftsfähigkeit beschränkte Personen bedürfen der Zustimmung ihres gesetzlichen Vertreters.

B. Regelungsgehalt

I. Geschäftsunfähige oder in der Geschäftsfähigkeit beschränkte Personen (Abs. 1)

2   Gemeint sind hier nicht volljährige Personen, unabhängig davon, ob sie gemäß § 106 beschränkt geschäftsfähig sind, sowie alle wegen krankhafter Störung der Geistestätigkeit iSv § 104 Nr. 2 Geschäftsunfähigen.

3   **1. Wohnsitzbegründung oder -aufhebung mit Willen des gesetzlichen Vertreters.** Der in Abs. 1 unmittelbar geregelte Fall betrifft die Begründung oder Aufhebung des Wohnsitzes durch den nicht voll Geschäftsfähigen selbst. Da Wohnsitzbegründung und Wohnsitzaufhebung nach herrschender Meinung[1] als rechtsgeschäftsähnliche Handlungen eines darauf gerichteten und geäußerten Willens bedürfen, scheiden sie schon aus, wo der **Geschäftsunfähige** außerstande ist, einen entsprechenden (natürlichen) Willen zu bilden und auszuführen.[2] Dies gilt für nach dem Alter Geschäftsunfähige und für bestimmte Fälle von gemäß § 104 Nr. 2 BGB Geschäftsunfähigen.

4   Für **beschränkt Geschäftsfähige** ist im Einzelfall zu prüfen, ob die natürliche Handlungsfähigkeit vorliegt. Hinzukommen muss dann die Zustimmung des gesetzlichen Vertreters. Beim Minderjährigen steht sie dem Personensorgeberechtigten zu, idR also den Eltern, sonst dem Vormund, Pfleger oder Betreuer, zu dessen Aufgabenkreis die Wohnsitzbestimmung gehört (§§ 1696, 1629, 1793, 1896, 1902, 1909, 1915). Eine ausdrückliche Erklärung des gesetzlichen Vertreters ist nicht notwendig. Es genügt vielmehr auch eine konkludente Zustimmung.[3] Auf die Erklärung finden die §§ 182 ff. analoge Anwendung.

5   **2. Wohnsitzbegründung oder -aufhebung durch die gesetzlichen Vertreter.** In den Fällen, in denen der Geschäftsunfähige oder der in der Geschäftsfähigkeit Beschränkte **keine natürliche Handlungsfähigkeit** entwickeln kann, kann für ihn nur der gesetzliche Vertreter einen Wohnsitz begründen oder aufheben. Auch hier ist weitere Voraussetzung der Wille des gesetzlichen Vertreters zur Begründung einer ständigen Niederlassung und die Ausführung dieses Willens für den Vertretenen. Praktische Fälle sind die Begrün-

---

34   Staudinger/*Kannowski* BGB § 7 Rn. 24; MüKoBGB/
      Schmitt BGB § 7 Rn. 42.
35   Palandt/*Ellenberger* BGB § 7 Rn. 12; MüKoBGB/
      Schmitt BGB § 7 Rn. 42 unter Verweis auf RGZ 15,
      53, 60; aA BeckOK BGB/*Bamberger* BGB § 7
      Rn. 27.

1   BGHZ 7, 104, 109; BeckOK BGB/*Bamberger* BGB
     § 7 Rn. 17; MüKoBGB/*Schmitt* BGB § 7 Rn. 18; aA
     Flume BGB AT Bd. 2 § 9 Anm. 2 a; *Larenz/Wolf*
     BGB AT § 7 II.
2   MüKoBGB/*Schmitt* BGB § 8 Rn. 5; BeckOK BGB/
     Bamberger BGB § 8 Rn. 4.
3   BGHZ 7, 104 = NJW 1952, 1251; BayObLGZ 1984,
     95 u. 97.

dung des Wohnsitzes durch den gesetzlichen Vertreter für sich selber und zugleich die Wohnsitzbegründung in Bezug auf das minderjährige Kind durch ihn (vgl. hierzu auch § 11). Ob der Aufenthalt nur von vorübergehender Dauer oder dauerhaft sein soll, entscheidet sich nach dem Willen des gesetzlichen Vertreters. Bei Einweisung eines Geisteskranken auf unabsehbare Zeit in eine Heilanstalt wird nach dem Willen seines Vormundes/Betreuers in der Regel dort ein Wohnsitz begründet;[4] anders bei nur vorübergehendem Aufenthalt.

Für die Frage der gerichtlichen Zuständigkeit ist bei Zweifeln an der Geschäftsfähigkeit des Betroffenen von der wirksamen Begründung oder Aufhebung des Wohnsitzes durch diesen auszugehen.[5] **6**

3. Wohnsitzbegründung oder -aufhebung bei Betreuung. Ist der **Betreute geschäftsfähig**, gilt § 8 für **7** ihn **nicht**. Er kann dann selbstständig einen Wohnsitz begründen oder aufheben.

Besteht für den Betreuten ein Einwilligungsvorbehalt gemäß § 1903, bedarf er der Zustimmung des Betreuers. Ob der Betreuer bei der Wahl von Wohnsitzbegründung oder -aufhebung mitzuwirken hat, richtet sich **8** nach dessen Aufgabenkreis (§§ 1896, 1902). Soweit hierzu auch die Wohnsitzbegründung gehört, hat er insoweit Vertretungsmacht und es bedarf seiner Zustimmung.[6] Nach dem Bayerischen Obersten Landesgericht soll es hierbei ausreichen, wenn der Betreuer zur Aufenthaltsbestimmung des Betreuten befugt ist.[7]

II. Verheiratete Minderjährige (Abs. 2)

Die früher in § 8 Abs. 2 vorgesehene Ausnahme für verheiratete Minderjährige wurde mit Wirkung vom **9** 22.7.2017 aufgehoben. Da nach dem Gesetz zur Bekämpfung von Kinderehen vom 17.7.2017 (BGBl.I 2429) die Möglichkeit vor Vollendung des 18. Lebensjahres die Ehe einzugehen (§ 1303 Abs. 2 aF) abgeschafft wurde, hielt der Gesetzgeber die Sonderregelung des § 8 Abs. 2 für entbehrlich.[8]

Bei Ausländerehen, die nach § 13 EGBGB anzuerkennen sind, können Personen, die dem deutschen Eheschließungsrecht nicht unterliegen, gem. § 7 Abs. 1 S. 2 EGBGB nach ihrem Heimatrecht durch Heirat die Geschäftsfähigkeit erlangen und dann nach § 8 selbstständig einen Wohnsitz begründen.[9]

§ 9 Wohnsitz eines Soldaten

(1) [1]**Ein Soldat hat seinen Wohnsitz am Standort.** [2]**Als Wohnsitz eines Soldaten, der im Inland keinen Standort hat, gilt der letzte inländische Standort.**

(2) Diese Vorschriften finden keine Anwendung auf Soldaten, die nur auf Grund der Wehrpflicht Wehrdienst leisten oder die nicht selbständig einen Wohnsitz begründen können.

A. Allgemeines	1	1. Begriff des Soldaten	3
B. Regelungsgehalt	2	2. Standort	4
I. Wohnsitz am Standort (Abs. 1)	2	II. Ausnahmevorschrift des Abs. 2	6

A. Allgemeines

§ 9 begründet einen vom Willen des Betroffenen unabhängigen gesetzlichen Wohnsitz. Dieser schließt einen **1** ggf. daneben liegenden gewillkürten Wohnsitz nicht aus.[1] Abs. 1 ist gemäß Abs. 2 nicht auf Soldaten, die lediglich aufgrund der Wehrpflicht Wehrdienst leisten, sowie nicht auf nicht voll Geschäftsfähige anwendbar. Auf Mitglieder der NATO-Streitkräfte ist Abs. 1 analog anzuwenden, soweit sich deren Wohnsitz nach deutschem Recht richtet.[2]

4 OLG Karlsruhe Rpfleger 1970, 202; OLG Köln JMBl NRW 1960, 131.	8 BT-Drucks 18/12086, 21 f.
5 BGH NJW-RR 1988, 387.	9 MüKoBGB/*Spickhoff* BGB § 8 Rn. 13.
6 BayObLG NJW-RR 1993, 460 = Rpfleger 1992, 435 (Abweichung von BayObLGZ 1985, 158).	1 OVG NRW 27.8.2012 – 12 B 822/12, juris Rn. 20; Palandt/*Ellenberger* BGB § 9 Rn. 1.
7 BayObLGZ 1992, 123; ebenso *Klüsener/Rausch* NJW 1993, 617 (619); BeckOK BGB/*Bamberger* BGB § 8 Rn. 6; aA BayObLGZ 1985, 158.	2 Palandt/*Ellenberger* BGB § 9 Rn. 1; BeckOK BGB/*Bamberger* BGB § 9 Rn. 2.

B. Regelungsgehalt

I. Wohnsitz am Standort (Abs. 1)

2   Da die von § 9 umfassten Berufs- und Zeitsoldaten keine freie Wahl des dienstlichen Wohnsitzes haben, bestimmt Abs. 1, dass der Wohnsitz für diese Soldaten an ihrem Standort ist. Abs. 1 S. 2 schließt einen daneben bestehenden gewählten weiteren Wohnsitz nicht aus.[3]

3   **1. Begriff des Soldaten.** Soldat ist, wer in einem Wehrdienstverhältnis steht. Nicht zu den Soldaten gehören Beamte und Angestellte der Bundeswehr ebenso wenig wie Angehörige der Bundespolizei, da deren rechtliche Stellung derjenigen der Mitglieder der kasernierten Bereitschaftspolizei der Länder entspricht.[4]

4   **2. Standort.** Gesetzlicher Wohnsitz gemäß Abs. 1 ist der Standort, das heißt der Garnisonsort, in dem der Truppenteil, zu dem der Soldat gehört, seine regelmäßige Unterkunft hat.[5] Abkommandierungen führen lediglich zu einer vorübergehenden Dienstleistung bei einer anderen Einheit oder bei einem anderen Standort, so dass sie nicht zu einer Änderung des Wohnsitzes führen.[6] Soldaten, die keinem Truppenteil angehören, haben ihren Standort am Ort ihrer militärischen Dienststelle.

5   Fehlt ein inländischer Standort, wie zB bei Soldaten, die im Ausland eingesetzt sind, gilt als Wohnsitz der letzte inländische Standort (Abs. 1 S. 2). Bei Ausscheiden des Soldaten aus dem Dienstverhältnis endet auch der gesetzliche Wohnsitz nach § 9.[7]

II. Ausnahmevorschrift des Abs. 2

6   Abs. 1 gilt gemäß Abs. 2 nicht für Soldaten, die lediglich aufgrund der gesetzlich bestehenden Pflicht Wehrdienst leisten. Hierzu gehört gemäß § 1 Abs. 4 SoldG auch, wer im Rahmen der Reserve zu Wehrübungen einberufen ist.

7   Abs. 1 gilt ferner nicht für Soldaten, die gemäß § 8 – entweder wegen Minderjährigkeit oder aus sonstigen Gründen fehlender Geschäftsfähigkeit – selbstständig einen Wohnsitz nicht begründen können.

§ 10 (weggefallen)

§ 11 Wohnsitz des Kindes

[1]**Ein minderjähriges Kind teilt den Wohnsitz der Eltern; es teilt nicht den Wohnsitz eines Elternteils, dem das Recht fehlt, für die Person des Kindes zu sorgen.** [2]**Steht keinem Elternteil das Recht zu, für die Person des Kindes zu sorgen, so teilt das Kind den Wohnsitz desjenigen, dem dieses Recht zusteht.** [3]**Das Kind behält den Wohnsitz, bis es ihn rechtsgültig aufhebt.**

A. Allgemeines 1
B. Regelungsgehalt 2
   I. Wohnsitz des minderjährigen Kindes 2
     1. Wohnsitz bei den Eltern (S. 1) 2

    2. Wohnsitz bei sonstigen Personensorgebe-
      rechtigten (S. 2) 6
   II. Fortdauer des Wohnsitzes (S. 3) 8

A. Allgemeines

1   § 11 bestimmt für minderjährige Kinder – gleich, ob ehelich oder nichtehelich – einen vom Wohnsitz der sorgeberechtigten Eltern abgeleiteten **gesetzlichen Wohnsitz**. Haben die zusammenlebenden Eltern mehrere Wohnsitze, so sind auch für das Kind mehrere Wohnsitze begründet. Steht keinem Elternteil das Personensorgerecht zu, so teilt das Kind den Wohnsitz desjenigen, dem die Personensorge zusteht. Das für das Kind zuständige Vormundschaftsgericht bestimmt sich nach dem Wohnsitz des § 11. § 11 S. 1 ist jedoch

3   RGZ 126, 8, 12; BVerwG MDR 1960, 1041 Nr. 106; LVG Oldenburg MDR 1958, 875.
4   BeckOK BGB/*Bamberger* BGB § 9 Rn. 2; MüKo-BGB/*Schmitt* BGB § 9 Rn. 5 u. 6; Palandt/*Ellenberger* BGB § 9 Rn. 1; aA: Soergel/*Fahse* BGB § 9 Rn. 5; *Enneccerus/Nipperdey* BGB AT Bd. 1 § 96 Fn. 20.
5   Palandt/*Ellenberger* BGB § 9 Rn. 1; BeckOK BGB/*Bamberger* BGB § 9 Rn. 3.

6   BeckOK BGB/*Bamberger* BGB § 9 Rn. 3; RG JW 1938, 234; OLG Dresden SeuffA 69, 209; OLG Colmar OLGZ 33, 386; BayObLGZ 21, 188; aA (für längere Abkommandierungen) Palandt/*Ellenberger* BGB § 9 Rn. 1; Staudinger/*Kannowski* BGB § 9 Rn. 5.
7   BeckOK BGB/*Bamberger* BGB § 9 Rn. 3.

nicht zwingend.[1] Neben oder anstelle des gesetzlichen Wohnsitzes des § 11 kann gemäß §§ 7, 8 ein gewill-kürter Wohnsitz begründet werden, zB wenn das Kind ständig in einem Internat lebt,[2] oder wenn die Eltern es andauernd in eine Pflegefamilie geben,[3] oder es in einem Heim lebt.[4] In einem solchen Falle hat der gewillkürte Wohnsitz den Vorrang vor dem gesetzlichen Wohnsitz.[5] Die Bestimmung über den gesetzlichen Wohnsitz greift somit erst ein, wenn kein gewillkürter Wohnsitz nach §§ 7, 8 begründet worden ist.[6]

B. Regelungsgehalt

I. Wohnsitz des minderjährigen Kindes

1. Wohnsitz bei den Eltern (S. 1). Grundsätzlich teilt ein minderjähriges Kind gem. § 11 den Wohnsitz der Eltern. Sind beide Elternteile miteinander verheiratet oder aufgrund einer Sorgeerklärung gemäß § 1626a personensorgeberechtigt und leben sie zusammen, teilt das Kind den Wohnsitz der Eltern. Haben die gemeinschaftlich personensorgeberechtigten Eltern, weil sie geschieden sind oder getrennt leben, unter-schiedliche Wohnsitze, besteht für das Kind bis zu einer Entscheidung gemäß § 1671 ein doppelter Wohn-sitz.[7] Dies gilt auch dann, wenn das Kind erst nach der Trennung geboren wird.[8] Unerheblich ist, ob beide Elternteile einen früher bestehenden gemeinsamen Wohnsitz verlassen haben oder nur einer.[9] **2**

Zuständiges Vormundschaftsgericht für das Kind **war** bei einem Doppelwohnsitz das mit dem Fall zuerst **3** befasste Gericht (§ 36 FGG).[10] Seit der Geltung des FamFG mit Datum vom 1.9.2009 ist das Familienge-richt gemäß § 151 Nr. 4 FamFG für Vormundschaftssachen sachlich zuständig. Die örtliche Zuständigkeit knüpft nunmehr nicht mehr an den Wohnsitz des Kindes an, vielmehr ist gemäß § 152 Abs. 1 FamFG zunächst das Gericht örtlich zuständig, bei welchem eine Ehesache anhängig ist oder war. Ansonsten ist das Gericht örtlich zuständig, in dessen Bezirk das Kind seinen gewöhnlichen Aufenthalt hat (vgl. § 152 Abs. 2 FamFG). Geben die Eltern nach der Aufhebung ihres Wohnsitzes das Kind auf Dauer in die Obhut eines Dritten, ist dort gemäß §§ 7, 8 ein gewillkürter Wohnsitz des Kindes begründet.[11]

Ist **nur ein Elternteil personensorgeberechtigt**, so bestimmt sich der Wohnsitz des Kindes nur nach des- **4** sen Wohnsitz. Hierunter fallen folgende Fallgestaltungen:

– Kinder, deren Eltern bei Geburt nicht miteinander verheiratet waren und keine Sorgerechtserklärung gem. § 1626a abgegeben haben;
– Kinder von Eltern, bei denen einem Elternteil die Ausübung des Sorgerechts gemäß § 1666 Abs. 1 ent-zogen wurde;
– Kinder, bei denen einem Elternteil nach Trennung oder Scheidung durch einstweilige Anordnung gemäß § 620 Abs. 1 Nr. 1 ZPO die elterliche Sorge gemäß §§ 1671, 1672 übertragen wurde;
– nach Tod oder Todeserklärung eines Elternteiles (§§ 1680, 1681).

Ein gewillkürter Wohnsitz gemäß §§ 7, 8 kann begründet werden, wenn der Elternteil längere Zeit damit **5** einverstanden ist, dass das Kind bei dem anderen Elternteil wohnt. Hierfür genügt ein bloßes Dulden aller-dings nicht. Vielmehr muss ein entsprechender Wille unzweideutig zum Ausdruck kommen.[12]

2. Wohnsitz bei sonstigen Personensorgeberechtigten (S. 2). Steht keinem Elternteil das Recht der **6** Personensorge zu, teilt das Kind gem. S. 2 den Wohnsitz desjenigen, dem das Recht der Personensorge zusteht. Fälle sind die Entziehung oder Verwirkung des Rechts auf Personensorge gemäß § 1666 oder der Tod beider Elternteile. In diesen Fällen ist in der Regel die elterliche Sorge auf einen Vormund (§ 1773) oder von Teilen der Personensorge auf einen Pfleger (§§ 1909, 1672) übertragen. Das Kind leitet dann sei-nen Wohnsitz von dem Vormund oder Pfleger ab. Dies gilt unabhängig davon, wo das Kind tatsächlich seine Unterkunft hat, und selbst dann, wenn es bei seinen Eltern wohnt.[13]

Bei **Adoptivkindern** besteht der Wohnsitz des Kindes am Wohnsitz der Annehmenden (§ 1754). **Findel-** **7** **kinder** teilen den Wohnsitz ihres Vormundes (§§ 1791, 1800). Werden die Eltern des Findelkindes ermittelt,

1   OLG Brandenburg FamRZ 2009, 798.
2   BayObLG NJW-RR 1989, 262.
3   OLG Köln FamRZ 1996, 859; OLG München FamRZ 2012, 1071.
4   OVG Lüneburg OVGE MüLü 55, 482 = Nds VBl 2013, 317.
5   AG Garmisch-Partenkirchen 1 F 216/08; OLG Bran-denburg FamRZ 2009, 798.
6   AG Garmisch-Partenkirchen 1 F 216/08.
7   BGHZ 48, 228; BGH NJW 1967, 2253; 1984, 971; 1995, 1224.
8   KG NJW 1964, 1577.

9   BGH NJW-RR 1992, 258; OLG Karlsruhe FamRZ 2009, 1768.
10 BGH NJW 1984, 971; NJW-RR 1990, 1282; 1992, 258; OLG Karlsruhe FamRZ 2009, 1768.
11 OLG Zweibrücken DAVorm 1983, 862; OLG Düs-seldorf MDR 1957, 607; BayObLG NJW-RR 1989, 262.
12 BGH NJW-RR 1992, 578; 1994, 322; OLG Düssel-dorf FamRZ 1978, 621; OLG Karlsruhe NJW 1961, 271; BeckOK BGB/*Bamberger* BGB § 11 Rn. 2; Palandt/*Ellenberger* BGB § 11 Rn. 3.
13 BeckOK BGB/*Bamberger* BGB § 11 Rn. 6.

besteht ein Wohnsitz gemäß S. 1 am Wohnsitz der Eltern, allerdings ohne Rückwirkung.[14] Im Falle einer Adoption geht die elterliche Sorge gem. § 1754 auf den Annehmenden über, so dass das Kind dann den Wohnsitz des Annehmenden teilt.

II. Fortdauer des Wohnsitzes (S. 3)

8   Der vom Wohnsitz der Eltern abgeleitete Wohnsitz des Kindes bleibt bestehen, bis das Kind ihn rechtsgültig aufhebt. Erforderlich sind dazu gemäß § 7 Abs. 3 Aufgabewille und tatsächliche Aufhebung des Wohnsitzes.[15] Es genügt daher nicht, dass das Kind volljährig wird oder ein Elternteil stirbt.[16] Die Aufgabe des Wohnsitzes kann, wenn das Kind volljährig geworden ist, durch dieses selbst, in anderen Fällen nach § 8 durch den Personensorgeberechtigten erfolgen. Wird der Wohnsitz der Eltern ohne Begründung eines neuen aufgegeben, so bleibt gleichwohl der Wohnsitz des Kindes bestehen.[17] Gleiches gilt in den Fällen, in denen das Kind wegen verschiedener Wohnsitze der Elternteile einen Doppelwohnsitz hat und einer der Elternteile seinen Wohnsitz aufgibt, ohne einen neuen Wohnsitz zu begründen, oder stirbt.[18]

§ 12 Namensrecht

[1]Wird das Recht zum Gebrauch eines Namens dem Berechtigten von einem anderen bestritten oder wird das Interesse des Berechtigten dadurch verletzt, dass ein anderer unbefugt den gleichen Namen gebraucht, so kann der Berechtigte von dem anderen Beseitigung der Beeinträchtigung verlangen. [2]Sind weitere Beeinträchtigungen zu besorgen, so kann er auf Unterlassung klagen.

Literatur: *Ahrens*, Die Verwertung persönlichkeitsrechtlicher Positionen, 2002; *Ahrens*, Fragen der erbrechtlichen Gestaltung postmortaler Persönlichkeitsrechtsverwertungen, ZEV 2006, 237; *Baumbach/Hefermehl*, UWG, 22. Auflage 2001; *Bayreuther*, Gewerblicher und bürgerlicher Rechtsschutz des Vereinssymbols, WRP 1997, 820; *Becker*, Das Domainrecht als subjektives Recht, GRUR Int 2010, 940; *Beuter*, Die Kommerzialisierung des Persönlichkeitsrechts, 2000; *Beuthien/ Schmölz*, Persönlichkeitsschutz durch Persönlichkeitsgüterrechte, 1999; *Blankenagel*, Das Recht, ein „Anderer" zu sein, DÖV 1985, 953; *Brandi/Dohrn*, Sukzessionsschutz bei der Veräußerung von Schutzrechten, GRUR 1983, 146; *Dutta*, Reform des Namensrechts?, ZRP 2017, 47; *Ernst*, Verträge rund um die Domain, MMR 2002, 714; *Eusani*, Der Schutz von Immobiliennamen, MDR 2017, 1276; *Fabricius*, Extensive Anwendung des § 12 BGB?, JZ 1972, 15; *Fezer*, Markenrecht, 4. Auflage 2009; *ders.*, Anm. zu BGH GRUR 1976, 311, GRUR 1976, 312; *ders.*, Anm. zu BGH GRUR 1976, 644, GRUR 1976, 647; *ders.*, Anm. zu BGH GRUR 1979, 564, GRUR 1979, 566; *ders.*, Liberalisierung und Europäisierung des Firmenrechts, ZHR 161 (1997), 52; *ders.*, Grundprinzipien und Entwicklungslinien im europäischen und internationalen Markenrecht, WRP 1998, 1; *ders.* Die Kennzeichenfunktion von Domainnamen, WRP 2000, 669; *Forkel*, Gebundene Rechtsübertragung, 1977; *ders.*, Lizenzen an Persönlichkeitsrechten durch gebundene Rechtsübertragung, GRUR 1988, 491; *ders.*, Zur Zulässigkeit beschränkter Übertragungen des Namensrechtes, NJW 1993, 3181; *Fouquet*, Gewerblicher und bürgerlicher Rechtsschutz des Behördenlogos, GRUR 2002, 35; *Fritze*, Namensfunktion nicht aussprechbarer Buchstabenfolgen als besondere Geschäftsbezeichnungen nach § 16 UWG, GRUR 1993, 538; *v. Gierke*, Buchstabenkombinationen als Unternehmenskennzeichen, WRP 2000, 877; *Goldmann/Rau*, Der Schutz von Buchstabenkombinationen als Unternehmenskennzeichen, GRUR 1999, 216; *Götting*, Persönlichkeitsrechte als Vermögensrechte, 1995; *ders.*, Anmerkung zu BGH MMR 2003, 207, 170; *Hackbarth*, „Branchenübergreifende Gleichnamigkeit" bei Domainstreitigkeiten vor dem Hintergrund der „mho-de"-Entscheidung des BGH, WRP 2006, 519; *Hartig*, Die Domain als Verfügungsgegenstand, 2005; *ders.*, Die Rechtsnatur der Domain, GRUR 2006, 299; *Hefermehl*, Der namensrechtliche Schutz geschäftlicher Kennzeichen, in: FS Hueck 1959, S. 519; *Heuer*, Neue Entwicklungen im Namensrecht, 2006; *Hoeren*, Anm. zu BGH MMR 2002, 382 – shell.de, MMR 2002, 386; *Johannisbauer*, Verletzung der Namensrechte von Gebietskörperschaften, MMR 2015, 154; *Jonas/Schmitz*, Neue Möglichkeiten für den Kennzeichenmissbrauch? – Zur Einordnung von so genannten Vanity-Rufnummern, GRUR 2000, 183; *Kern*, Verwertung der Personalfirma im Insolvenzverfahren, BB 1999, 1717; *Kienemund*, Neuere Entwicklungen im Namensrecht, NZFam 2017, 1073; *Klaka/Krüger*, Zur Problematik örtlich begrenzter Kennzeichenrechte, in: FS Gaedertz 1992, S. 299; *Kleespies*, Die Domain als selbständiger Vermögensgegenstand in der Einzelzwangsvollstreckung, GRUR 2002, 764; *Klippel*, Der zivilrechtliche Schutz des Namens, 1985; *Köhler*, Namensrecht und Firmenrecht, in: FS Köhler 1998, S. 494; *Köhler/Bornkamm/Feddersen*, UWG, 37. Auflage 2019; *Koos*, Geldentschädigung bei Verletzung des postmortalen Würdeanspruchs, WRP 2003, 202; *ders.*, Der Name als Immaterialgut, GRUR 2004, 808; *ders.*, Die Domain als Vermögensgegenstand zwischen Sache und Immaterialgut, MMR 2004, 359; *ders.*, Zulässige Verwendung des Familiennamens des früheren Eigentümers eines Grundstücks („Landgut Borsig"), Anm. zu BGH Urt. v. 28.9.2011 – I ZR 188/09, LMK 2012, 332198; *ders.*, Yoko Ono vs. Yoko Mono, NJW-aktuell 2017, 15; *Koppensteiner*, Österreichisches und Europäisches Wettbewerbsrecht, 1997; *Koritz*, Namensrecht in den USA – Warum keine middle names in Deutschland?, FÜR 2010, 22; *dies.*, Namensrecht und Unionsbürgerschaft – Oder die Frage, ob ein Doppelname europaweit anzuerkennen ist, FPR 2008, 213; *Krebs/Becker*, Die Teilverdinglichung und

---

14 BeckOK BGB/*Bamberger* BGB § 11 Rn. 6; Palandt/ *Ellenberger* BGB § 11 Rn. 7.
15 BayObLGZ 1979, 142.
16 OLG Hamm OLGZ 1971, 243; BayObLGZ 1982, 374.

17 BGHZ 48, 228, 236, 237; BeckOK BGB/*Bamberger* BGB § 11 Rn. 7; aA MüKoBGB/*Schmitt* BGB § 11 Rn. 13; Palandt/*Ellenberger* BGB § 11 Rn. 6.
18 BayObLG Rpfleger 1982, 378; BeckOK BGB/*Bamberger* BGB § 11 Rn. 7; aA MüKoBGB/*Schmitt* BGB § 11 Rn. 13.

ihre Anwendung auf Internetdomains, JZ 2009, 932; *Krings*, Der Schutz von Buchstabenkennzeichen, WRP 1999, 50; *Krüger*, Der Schutz des Pseudonyms, unter besonderer Berücksichtigung des Vornamens, UFITA 30 (1960), 269; *Kur*, Namens- und Kennzeichenschutz im Cyberspace, CR 1996, 590; *Leyendecker-Langner*, Top-Level-Domains und Namensschutz aus § 12 BGB – Bisherige Praxis und Bedeutungswandel, MMR 2014, 288; *Loos*, Namensänderungsgesetz, 2. Auflage 1996; *Lukes*, Namens- und Kennzeichenschutz für Technische Überwachungsvereine, 1972; *von Metzler*, Namensnennung und Darstellung des Lebensbildes im Film und in literarischen Werken, Ufita 20 (1955), 38; *Müller*, Vererblichkeit vermögenswerter Bestandteile des Persönlichkeitsrechts, GRUR 2003, 31; *Müller-Graff*, Unterlassungshaftung bei Fremdkennzeichenbezugnahme in Fernsprechbüchern – Teil I, GRUR 1987, 493; *Nägele*, Das Verhältnis des Schutzes geschäftlicher Bezeichnungen nach § 15 MarkenG zum Namensschutz nach § 12 BGB, GRUR 2007, 1007; *Nauta*, Die Rechtsstellung des Lizenznehmers, ÖJZ 2003, 404; *Peukert*, Persönlichkeitsbezogene Immaterialgüterrechte?, ZUM 2000, 710; *Plaß*, Unternehmenskennzeichen im Wandel?, WRP 2001, 661; *Raschauer*, Namensrecht, 1978; *Reber*, Die Schutzdauer des postmortalen Persönlichkeitsrechts in Deutschland und den USA, GRUR Int 2007, 492; *Reich*, Selbständige und unselbständige Stiftungen des privaten Rechtes nach dem Bürgerlichen Gesetzbuch, 1923; *Renck*, Kennzeichenrechte versus Domain-Names – Eine Analyse der Rechtsprechung, NJW 1999, 3587; *Sack*, Der wettbewerbliche Schutz gegen den Gebrauch des Namens verstorbener Persönlichkeiten zu Wettbewerbszwecken, WRP 1982, 615; *ders.*, Die eigenmächtige Werbung mit fremden Namen als Delikt, WRP 1984, 521; *Schertz/Bunnenberg*, Das Namensrecht, in: Götting/Schertz/Seitz, Handbuch des Persönlichkeitsrechts, 2. Auflage 2019; *K. Schmidt*, Gesellschaftsrecht, 4. Auflage 2002; *Schmitt*, WiB 1997, 1116; *Schmitt-Gaedke/Arz*, Der Namensschutz politischer Parteien, NJW 2013, 2729; *dies.*, Das Recht der Gleichnamigen und seine Grenzen, GRUR 2012, 565; *Scholz*, Die Änderung der Gleichgewichtslage zwischen namensgleichen Unternehmen und das Recht auf die Namensmarke, GRUR 1996, 679; *Schricker*, Zum Schutz bildlicher Unternehmenskennzeichen, GRUR 1998, 310; *Siebert*, Persönlichkeitsrecht, Namensrecht, Zeichenrecht, Die Verwertbarkeit der Firma und der Marke in der Insolvenz, NZG 1999, 133; *Stieper*, Anm. zu BGH – kinski-klaus.de, MMR 2007, 108; *Ullmann*, Persönlichkeitsrechte in Lizenz?, AfP 1999, 209; *ders.*, Caroline v., Marlene D., Eheleute M. – ein fast geschlossener Kreis, WRP 2000, 1049; *Wachter*, Besprechung von Ebenroth/Boujong/Joost, Kommentar zum Handelsgesetzbuch, NotBZ 2002, 73; *Weber*, Namenserwerb und Namensänderung bei Kindern, NZFam 2015, 4; *Welzel*, Zwangsvollstreckung in Internet-Domains, MMR 2001, 131; *Wittneben*, Die Vermarktung von Stadion-Namensrechten, WRP 2011, 1093; *Wochner*, Die unselbständige Stiftung, ZEV 1999, 125; *Wulf*, Anm. zu OLG Frankfurt BB 2000, 320, GRUR 2000, 321; *Wüstenberg*, Das Namensrecht der Domainnamen, GRUR 2003, 109; *Zimmerling*, Anspruch auf Anrede mit dem Doktorgrad, MDR 1997, 224.

A. **Allgemeines** 1
  I. Begriff 1
  II. Funktionen des Namens 2
    1. Identitätsfunktion, Individualisierungsfunktion 2
    2. Zuordnungsfunktion 7
    3. Vermögensschützende Funktion 8
    4. Öffentliche Interessen 11
  III. Kennzeichenschutz außerhalb des BGB 12
    1. Markengesetz 12
    2. Firmenrecht 17
  IV. Rechtsnatur des Namensrechts 18
    1. Das Namensrecht als subjektives absolutes Recht 18
    2. Das Namensrecht als Persönlichkeits- und Immaterialgüterrecht 19
    3. Das Verhältnis des Namensrechts zum allgemeinen Persönlichkeitsrecht 27
  V. Pflicht zur Namensführung 28
  VI. Namensfeststellung, Namensberichtigung, Namensänderung 30
  VII. Räumliche Reichweite des Namensschutzes .. 47
B. **Regelungsgehalt** 49
  I. Schutzsubjekte 49
    1. Natürliche Personen 49
      a) Bürgerlicher Name 50
      b) Pseudonym, Künstlername, Spitzname 58
      c) Firma der Einzelkaufleute 66
    2. Juristische Personen, Rechtssubjekte ohne Rechtspersönlichkeit und Gebilde ohne Rechtsfähigkeit 67
      a) Ausdehnung des Anwendungsbereichs 67
      b) Juristische Personen 68
      c) Rechtssubjekte ohne Rechtspersönlichkeit und Gebilde ohne Rechtsfähigkeit 71
    3. Namensschutz von Ausländern 81

  II. Schutzobjekte 85
    1. Allgemeine Kriterien für den Schutz einer Bezeichnung als Name 85
      a) Unterscheidungskraft 85
      b) Verkehrsgeltung 88
      c) Freihaltebedürfnis 90
    2. Einzelfragen 91
      a) Bürgerlicher Name 91
      b) Firma und sonstige Geschäftsbezeichnungen, Verbandsnamen 92
      c) Fantasiebezeichnung 93
      d) Umgangssprachliche, Sach-, Tätigkeits- und Gattungsbezeichnungen 95
      e) Zahlenkombinationen, Buchstabenkombinationen 97
      f) Herkunfts- und Ortsbezeichnung 99
      g) Schlagworte, Abkürzungen, Teile von Namen 100
      h) Telefonnummern, Vanity-Nummern .. 106
      i) Domainnamen 107
      j) Bildzeichen 112
      k) Gebäudebezeichnungen, Liegenschaftsbezeichnungen 115
      l) Marken 117
      m) Wappen, Siegel, Embleme 118
      n) Werbeslogans 121
  III. Entstehung, Erlöschen und Verkehrsfähigkeit des Namensrechts 122
    1. Entstehung 122
      a) Bürgerlicher Name 123
      b) Pseudonym 124
      c) Firma und andere Unternehmenskennzeichen 125
    2. Erlöschen 127
      a) Bürgerlicher Name 127
      b) Pseudonym 139
      c) Firma und andere Unternehmenskennzeichen 143
    3. Verkehrsfähigkeit von Namensrechten 149
      a) Übertragbarkeit und Gestattungsvertrag 149

	aa)	Bürgerlicher Name	149		d)	Namensgebrauch zur Benennung	
	bb)	Firma, Unternehmenskennzeichen,				eines Dritten	212
		Vereinsname	150		e)	Unbefugter Namensgebrauch	215
	cc)	Domainnamen	151			aa) Allgemeines	215
	dd)	Gestattungsvertrag	156			bb) Prioritätsgrundsatz	220
	ee)	GmbH, OHG, KG	171			cc) Gleichnamigkeit	226
	b)	Eigene Auffassung zur Verkehrsfähig-				dd) Interessenverletzung	234
		keit von Namensrechten	172			(1) Allgemeines	234
	c)	Insolvenz und Pfändung	179			(2) Verwechslungsgefahr	244
	aa)	Firma	179			(3) Verwässerungsgefahr	250
	bb)	Domains	185	V.	Rechtsfolgen bei Verletzung des Namens-		
	cc)	Marken	187		rechts		255
IV.	Verletzungstatbestände		188		1.	Allgemeines	255
	1.	Allgemeines	188		2.	Beseitigungsanspruch	260
	2.	Namensbestreitung (Namensleugnung)	189		3.	Unterlassungsanspruch	265
	3.	Namensanmaßung	192		4.	Verwirkung	268
		a) Grundsatz	192	VI.	Verjährung		269
		b) Begriff des Namensgebrauchs	193	VII.	Schadensersatzanspruch		270
		c) Namensgebrauch zur Selbstbezeich-		VIII.	Bereicherungsanspruch		271
		nung	208				

A. Allgemeines

I. Begriff

1 Der Name ist ein **sprachliches Kennzeichen einer Person**, das dazu dient, die Person im Rechtsverkehr, geschäftlich als auch allgemein, ständig von anderen Personen zu unterscheiden.[1] Durch den Namen individualisiert sich eine Person in ihrer Umwelt. Der Name ist Kennzeichen der Persönlichkeit des Namensträgers im Verhältnis zu seiner Umwelt und ist Repräsentation der Identität und Individualität der Person gegenüber ihrer Umwelt.[2] Der Name ist im Gegensatz zu anderen Arten von Kennzeichen, etwa der Marke, unmittelbar **personenbezogen**. Als sprachliches Unterscheidungskennzeichen der Person, das Kennzeichen der Person, soll es nach hergebrachter Auffassung erforderlich sein, dass der Name aussprechbar, hörbar und schreibbar ist,[3] so dass durch seinen Klang eine bestimmte, unterscheidende Vorstellung von dem Namensträger erzeugt wird.[4] Auf nicht aussprechbare Buchstaben- oder Ziffernkombinationen und auf nicht wörtlich ausdrückbare Bildzeichen und Symbole kann § 12 unter Umständen analoge Anwendung finden (→ Rn. 96 f. zu Buchstaben- und Ziffernkombinationen und → Rn. 114 zu Bildzeichen).

II. Funktionen des Namens

2 **1. Identitätsfunktion, Individualisierungsfunktion.** In seiner **Identitätsfunktion** hat der Name die Funktion der Kennzeichnung und Unterscheidung der Person.[5] Der Name dient damit einerseits öffentlichen und gesellschaftlichen Interessen, das Individuum bzw. die Einheit benennen und unterscheiden zu können.

3 Andererseits dient der Name den Interessen des Namensträgers selbst, indem er ihm die Identifizierung seiner selbst gegenüber anderen ermöglicht. Der Eigenname hat insoweit eine kommunikative Funktion.[6] In dieser von der Person ausgehenden Ausprägung der Namensfunktion als **Individualisierungsfunktion** steht die Eigenindividualisierung der Person im Vordergrund.[7]

4 Eine weiter gehende Frage ist, inwieweit sich die Individualisierungsfunktion auch auf den Schutz der Persönlichkeit im Hinblick auf **Beeinträchtigungen des Eigenwerts** des Namensträgers oder im Hinblick auf eine Benutzung des Namens zum Zweck der **Persönlichkeitsausnutzung** bezieht. Falls dies zu verneinen wäre, würde der Schutz des § 12 nur dort eingreifen, wo die Gefahr besteht, dass eine Identitätstäuschung im Verhältnis zu anderen Personen eintritt (**Namensanmaßung**) oder wo dem Namensträger der Gebrauch seines Namens als äußeres personales Unterscheidungszeichen streitig gemacht wird (**Namensbestreitung**). Anderenfalls könnte der Schutz des § 12 auch den Missbrauch eines fremden Namens zu Werbezwecken oder die Darstellung einer existierenden Person unter ihrem Namen in Romanen oder sonstigen darstellenden Werken erfassen.[8] *Schwerdtner* hat insoweit auf den Charakter des Namens als äußeres Kennzeichen einer Person zur Unterscheidung von anderen Personen hingewiesen und eine Erstreckung des Namens-

---

1	Vgl. RGZ 91, 350, 352; 137, 213, 215; BGHZ 30, 7, 9 – *Caterina Valente*; 32, 103, 111.
2	BVerfG JZ 1982, 798; BVerfGE 97, 391; BVerfG NJW 2004, 1155; NJW 2007, 671 – maxem.de.
3	So *Hefermehl* FS Hueck, S. 519, 520.
4	*Fezer* MarkenR § 15 Rn. 52.
5	BeckOK BGB/*Bamberger* § 12 Rn. 3.
6	*Klippel*, S. 356.
7	Zur Unterscheidung zwischen Identitätsfunktion und Individualisierungsfunktion *Klippel*, S. 356.
8	Vgl. *Siebert* Rn. 4.

schutzes nach § 12 auf den Bereich des durch den Namen repräsentierten Eigenwertes der Person in der Öffentlichkeit abgelehnt, der ausschließlich durch den allgemeinen Persönlichkeitsschutz und durch die speziellen, die Persönlichkeit schützenden Normen abgedeckt werde.[9] Demgegenüber erkannte der BGH an, dass § 12 auch den durch den Namen repräsentierten Eigenwert der Person schützt,[10] und im Schrifttum wird der Namensschutz auch gegen die Namensbenutzung zum Zweck der Persönlichkeitsausnutzung herangezogen.[11]

Die Sichtweise, wonach der Namensschutz den Namensträger nicht auch gegen eine Namensbenutzung **5** zum Zwecke der Persönlichkeitsausnutzung oder gegen eine Beeinträchtigung des Eigenwerts schützt, ist zu eng. Sicher geht die Entwicklung des Namensschutzes historisch von einer eher öffentlich-rechtlichen Identitätsfunktion über eine auch von der Person selbst ausgehenden Eigenindividualisierungsfunktion aus. Er unterlag und unterliegt aber, wie andere Ausflüsse des Persönlichkeitsschutzes, etwa die Marke oder der allgemeine zivilrechtliche Ehrschutz, Wandlungen. Zum einen entwickelt sich der Namensschutz, wie der Schutz anderer Aspekte der Persönlichkeit hin zu einem umfassenden Immaterialgüterrechtsschutz, einhergehend mit einer Objektivierung des Rechtsguts (s. dazu → Rn. 25, 172 ff.). Zum anderen erlangt der Name in einer Welt der modernen Kommunikationsmedien, in der die körperliche Präsenz der Akteure im Zuge einer Virtualisierung zunehmend zurückgedrängt wird, neue Bedeutungen, die über die bloße Zuordnungsidentifikation zum Namensträger hinausgehen. Wo oft nur noch das sprachliche Kennzeichen der Person in rein virtuellen Kommunikationsbereichen präsent ist, nimmt dieses Stellvertreterfunktion für die körperliche Erscheinung des Namensträgers ein („Avatarfunktion"). Daraus folgt, dass sich Beeinträchtigungen des Namensrechts noch stärker auf die Person des Namensträgers, ihre Wertschätzung und Repräsentanz in der Gesellschaft auswirken, als dies zur Zeit der Entstehung des Namensschutzes im BGB der Fall war.

Der Namensschutz ist unter diesem Gesichtspunkt auch auf Aspekte über das bloße engere Identitäts- und **6** das Zuordnungsinteresse hinaus auf allgemeine Persönlichkeitsinteressen und wirtschaftliche Interessen auszudehnen (zu Letzteren näher → Rn. 9 f.).[12] Das stellt keine normfremde **Erweiterung des Anwendungsbereichs** des § 12 auf den **nicht rein zeichengemäßen Gebrauch des Namens** dar, weil der Wortlaut der Vorschrift weit genug zu verstehen ist und nicht auf den zeichenmäßigen Gebrauch beschränkt ist.[13] Angesichts tiefgreifender Wandlungen im gesellschaftlichen Verständnis des Verhältnisses von Persönlichkeit und kommerziellen Interessen sowie der Bedeutung des Namens wäre allerdings auch eine Ausweitung des Anwendungsbereichs über einen enger verstandenen Wortlaut des § 12 hinaus gerechtfertigt. Auch wenn ein hinreichender weiterer Namensschutz neben § 12 über das allgemeine Persönlichkeitsrecht möglich scheint, sollte auch berücksichtigt werden, dass der Name als spezielle Ausdrucksform der Persönlichkeit in besonderem Maße Element eines kommerzialisierten Persönlichkeitsbereichs sein kann. Die Verortung dieses Vermögensrechtsschutzes des Namens sollte systematisch nicht im allgemeinen Persönlichkeitsrecht erfolgen, sondern im Kennzeichenrecht.

2. Zuordnungsfunktion. Der Name der natürlichen Person dient der Zuordnung der Person zu einer **7** **Familie als sozialer Einheit**. Diese auch ordnungsrechtlich zu verstehende[14] Funktion des Namens steht im Spannungsfeld mit der Individualisierungsfunktion als persönlichkeitsrelevantem Selbstbestimmungsinteresse des Individuums. So führte die Eheschließung vor der Neuregelung durch das FamNamRG vom 16.12.1993[15] zum Verlust des Geburtsnamens eines Ehepartners. Durch die § 1355 Abs. 4 und die §§ 1617b, 1617c und 1618 im Hinblick auf den Kindesnamen und § 1355 Abs. 2, wonach auch der durch frühere Eheschließung erworbene Name eines Ehepartners zum neuen Ehenamen bestimmt werden kann,[16] ist die familiäre Zuordnungsfunktion erheblich zurückgedrängt worden.[17] Die Kennzeichnung der Blutsabstammung des Namensträgers ist heute im Hinblick auf die Zuordnung zur sozialen Einheit Familie irrelevant.[18]

3. Vermögensschützende Funktion. Der Handelsname des Kaufmanns (Firma) sowie andere geschäftliche **8** Bezeichnungen, wie Marken, Werktitel, Unternehmensbezeichnungen oder Sozietätsbezeichnungen,

9 MüKoBGB/*Schwerdtner* 4. Aufl. § 12 Rn. 5; s. auch Hk-BGB/*Dörner* § 12 Rn. 5; Staudinger/*Fritzsche* § 12 Rn. 15.

10 BGH NJW 1959, 525 – Gedenktafel.

11 *Sack* WRP 1982, 616 (616); *ders.* WRP 1984, 521 (531 ff.); Soergel/*Heinrich* BGB § 12 Rn. 172; Staudinger/*Fritzsche* BGB § 12 Rn. 15; *Siebert* Rn. 4 f. mwN auf die ältere Rechtsprechung.

12 Vgl. auch *Dutta* ZRP 2017, 47 (50), wonach der Gesetzgeber verstärkt die Selbstdarstellungsfunktion des Namens berücksichtigen sollte.

13 *Sack* WRP 1984, 521 (531); aA zur Frage der Ausnutzung des Familiennamens zu Reklamezwecken *Klippel*, S. 409.

14 Vgl. BVerfG NJW 1988, 1577; BeckOK BGB/*Bamberger* § 12 Rn. 8.

15 BGBl. I S. 2054; zur Verfassungswidrigkeit des vor der Gesetzesänderung bestehenden Zustands BVerfG NJW 1991, 1602.

16 Vgl. dazu BVerfG NJW 2004, 1155.

17 MüKoBGB/*Schwerdtner* 4. Aufl. § 12 Rn. 5; BeckOK BGB/*Bamberger* § 12 Rn. 8.

18 Vgl. MüKoBGB/*Schwerdtner* 4. Aufl. § 12 Rn. 4; Soergel/*Heinrich* BGB § 12 Rn. 3.

sind wirtschaftlich relevante Unternehmensbestandteile und werden als solche neben dem Schutz durch spezielle Vorschriften auch durch § 12 geschützt.

9   Darüber hinaus gibt es auch einen **vermögensschützenden Aspekt** des bürgerlichen Namens einer Privatperson. Der individuelle **Schutz der Persönlichkeit** hat allgemein zwei Seiten, eine **ideelle** und eine **kommerzielle**. Für das **allgemeine Persönlichkeitsrecht** wird dies zunehmend auch von der Rechtsprechung angenommen.[19] Insbesondere dem Entschädigungsanspruch bei Verletzung des allgemeinen Persönlichkeitsrechts kommt neben einer Genugtuungs- und einer Präventionsfunktion eine Kompensationsfunktion zu, die an den vermögensrechtlichen Bestandteil der Persönlichkeit anknüpft. Der vermögenswerte Bestandteil des Persönlichkeitsrechts ist von Todes wegen übertragbar[20] und könnte nach hier vertretener Auffassung darüber hinaus auch rechtsgeschäftlich übertragbar sein (→ Rn. 173). Das allgemeine Persönlichkeitsrecht würde sich im Zuge einer solchen **Kommerzialisierungstendenz**[21] zunehmend zu einem Immaterialgüterrecht entwickeln.[22] Das würde erst recht für das Namensrecht als spezielle abgrenzbare Ausprägung des Persönlichkeitsrechts gelten.[23]

10 Der BGH[24] und das herrschende Schrifttum gehen noch von der generellen **Unveräußerlichkeit** des Namensrechts aus (dazu näher → Rn. 149). Dies beruht vor allem auf der Vorstellung von der Höchstpersönlichkeit des Namens und der Rechte am Namen. Eine weiter gehende Kommerzialisierbarkeit des bürgerlichen Namens scheint demnach begrenzt.[25] Wenn aber anzuerkennen ist, dass das allgemeine Persönlichkeitsrecht neben einem rein ideellen einen kommerziellen Aspekt hat, der die Persönlichkeit partiell zu einem Wirtschaftsgut macht, dann ist dies auch auf das Namensrecht übertragbar. Auch der Name der Privatperson ist potenziell kommerziell verwertbar, nämlich dann, wenn ein Markt für die Namensverwertung existiert, insbesondere bei Personen, die im öffentlichen Interesse stehen (latentes Wirtschaftsgut, → Rn. 25). Das betrifft vor allem die Fallgruppe der **Ausnutzung des Reklamewerts** des Familiennamens. Ein anzunehmender kommerzieller Teilaspekt des Namens kann sich so zu einem neuen Immaterialgüterrecht entwickeln, das auch durch § 12 geschützt werden kann.

11 **4. Öffentliche Interessen.** Unterscheidungs- und Zuordnungsfunktion des Namens sind schließlich gesellschaftlich zu sehen.[26] Das führt dazu, dass keine vollständige Namensfreiheit herrscht.[27] Begründung, Beibehaltung und Führung des Namens berühren insoweit öffentliche Interessen.[28]

III. Kennzeichenschutz außerhalb des BGB

12 **1. Markengesetz.** Der Name ist eine Form des **Kennzeichens**. Das Kennzeichen im allgemeinen Sinne dient der Abgrenzung und Individualisierung nicht notwendig nur der Person, sondern auch seiner wirtschaftlichen Erscheinung oder der Produkte, die die Person oder ein Unternehmen im Wirtschaftsverkehr anbietet. Namens- und Kennzeichenbegriff überschneiden sich dabei. Die **Marke** ist als besonderes Kennzeichen zur Vermarktung eines Produktes im Wirtschaftsverkehr zum eigenständigen Wirtschaftsgut verselbstständigter Ausfluss des Persönlichkeitsrechts.[29] Mit der Marke verbindet die Umwelt wie mit dem Namen eine bestimmte Vorstellung von dem Produkt oder von dem Hersteller des Produktes. Sie ist deshalb wie der Name Manifestation des Standorts einer sozialen Einheit in ihrer Umwelt, allerdings als solche gelöst von der Person und über den bloßen hörbaren und schreibbaren Klang hinaus.[30] Eine mögliche Identifikation der Marke mit einem Unternehmen oder einer natürlichen oder juristischen Person ist Reflex der Identifikation der Marke mit dem Produkt, das unter der Marke vermarktet wird.

13 Marken, geschäftliche Bezeichnungen und geografische Herkunftsangaben werden durch das **Markengesetz** geregelt. Sie unterscheiden sich von Namen im Sinne des § 12 durch das Objekt der Bezeichnung: Während der Name eine Person bezeichnet, dienen solche Kennzeichen der Bezeichnung der Herkunft von Waren und Dienstleistungen und der Zuordnung zu einem bestimmten Unternehmen. Als reine Produkt-

19 Vgl. BGH NJW 2000, 2195 – Marlene Dietrich I; GRUR 2007, 168 Rn. 12 – Klaus Kinski; vgl. auch BGH GRUR 2006, 252 Rn. 15 ff. – Postmortaler Persönlichkeitsschutz; OLG München GRUR-RR 2002, 341 (342) – Marlene Dietrich nackt; zur Verfassungsmäßigkeit dieser Rechtsprechung BVerfG GRUR 2006, 1049 (1050 f.) – Werbekampagne mit blauem Engel.

20 BGH NJW 2000, 2195 (2197) – Marlene Dietrich I; GRUR 2007, 168 Rn. 12 – Klaus Kinski.

21 Vgl. dazu *Ullmann* WRP 2000, 1049 (1052 f.); *Beuter*, Die Kommerzialisierung des Persönlichkeitsrechts, 2000.

22 *Koos* WRP 2003, 202.

23 S. auch MüKoBGB/*Säcker* § 12 Rn. 4.

24 BGHZ 119, 237, 240 f. – Universitätsemblem.

25 Kritisch zum Namensmerchandising auch MüKo-BGB/*Säcker* § 12 Rn. 4.

26 BVerfG NJW 1988, 1577.

27 Vgl. Soergel/*Heinrich* BGB § 12 Rn. 3.

28 BeckOK BGB/*Bamberger* § 12 Rn. 10.

29 Vgl. zur persönlichkeitsrechtlichen Qualifikation in der frühen Rechtsprechung des Reichsgerichts RGZ 18, 28, 32 – Hoff; RGZ 51, 263, 267 – Mariani.

30 Vgl. auch *Fezer* WRP 1998, 1 (12).

kennzeichen fallen die durch das Markengesetz geschützten Kennzeichen grundsätzlich zunächst nicht in den Anwendungsbereich des § 12.

Das gilt jedoch nicht pauschal für alle Fälle solcher Kennzeichen. Soweit ein markenrechtlich relevantes **14** Kennzeichen **Namensfunktion** hat, weil der Verkehr es als Kennzeichen des Unternehmens oder der Person selbst ansieht,[31] ist der Namensschutz des § 12 mit seinen eigenen, vom Markenschutz abweichenden Tatbestandsvoraussetzungen tangiert. Der allgemeine Namensschutz ist auch berührt, wenn die Marke einen **Namen im Sinne des § 12** enthält oder aus Firmenbestandteilen oder Schlagworten mit Namensfunktion gebildet ist.[32]

Das **Verhältnis zwischen dem Namensschutz nach § 12 und dem markenrechtlichen Schutz** namensar- **15** tiger Kennzeichen, insbesondere nach §§ 5 und 15 MarkenG ist streitig. Während der BGH und die herrschende Meinung im Schrifttum annehmen, dass § 12 durch das Markengesetz in seinem Anwendungsbereich **verdrängt** wird,[33] wird teilweise von einem Nebeneinander des markenrechtlichen und namensrechtlichen Schutzes iS von **Anspruchskonkurrenz** ausgegangen.[34] Nach hM ist § 12 nur anzuwenden, wenn der Schutzbereich der Marke bzw. des Unternehmenskennzeichens nicht betroffen ist. Das betrifft den Namensgebrauch außerhalb des geschäftlichen Verkehrs. Grundsätzlich geht das MarkenG danach im Übrigen vor, auch, wenn lediglich einzelne Tatbestandsvoraussetzungen der markenrechtlichen Norm, etwa die Verwechslungsgefahr nach § 15 Abs. 2 MarkenG, bei einem Kennzeichengebrauch im geschäftlichen Verkehr nicht erfüllt sind.[35] Allerdings wird § 12 auch im geschäftlichen Verkehr angewendet, wenn die Beeinträchtigung einer Unternehmensbezeichnung außerhalb der Branche ohne jede Warenähnlichkeit erfolgt, so dass eine kennzeichenrechtliche Verwechslungsgefahr von vornherein entfällt.[36]

Eine Anwendbarkeit des namensrechtlichen Schutzes auch auf markenrechtlich relevante namensartige **16** Kennzeichen liegt nahe, weil die Funktionen des Namensschutzes umfassend und nicht etwa beschränkt auf eine engere Identifikationsfunktion aufzufassen sind. Der Name ist umfassender Ausdruck der Persönlichkeit des Namensträgers und dient als solcher auch zur Individualisierung und persönlichen Entfaltung des Namensträgers in seiner Umwelt. Im geschäftlichen Verkehr manifestiert sich das durch das Unternehmen.[37] Dem Markenrecht kommen gegenüber dem Namensrecht abweichende Funktionen zu. Ersteres ist nicht geeignet, bestimmte Schutzfunktionen des § 12, die insoweit auch im wirtschaftlichen Bereich bestehen, zu erfüllen. Deshalb ist insoweit **Anspruchskonkurrenz** anzunehmen. Das Namensrecht im geschäftlichen Verkehr hat eine zwar wirtschaftlich relevante, kommerziell bedeutsame Seite, die sich teilweise mit den Funktionen markenrechtlich erfasster Kennzeichen decken kann, etwa im Rahmen der Unterscheidungsfunktion, die sich über die Produktidentifizierung auf den hinter dem Produkt stehenden Hersteller erstrecken mag. Der eigentliche Persönlichkeitsschutz durch ein gegebenenfalls auch als Immaterialgüterrecht verstandenes Namensrecht (dazu → Rn. 25, 172) geht aber über die Funktionen der Marke als Herkunftsidentifikation und Produktidentifikation deutlich hinaus. Der Schutz der mit dem Namen verbundenen Persönlichkeit hat aber nicht nur im nicht geschäftlichen Verkehr seine Bedeutung, sondern gerade auch im Wirtschaftsverkehr.

2. Firmenrecht. Der namensrechtliche Schutz erfasst die Firma als Handelsnamen (§§ 17 ff. HGB), auch **17** soweit sie nicht vom bürgerlichen Namen des Firmeninhabers abgeleitet ist. Nach § 37 Abs. 2 S. 1 HGB besteht ein Unterlassungsanspruch desjenigen, der in seinen Rechten dadurch verletzt wird, dass ein anderer eine Firma unbefugt gebraucht. Gemäß S. 2 bleiben nach sonstigen Vorschriften begründete Schadensersatzansprüche unberührt. Damit soll im öffentlichen Interesse ein firmenrechtlich unzulässiger Gebrauch der Firma verhindert werden.[38] Die Vorschrift dient also nicht dem materiellen Schutz der Firma oder des Namens. Die Anwendung des § 12 wird hierdurch nicht ausgeschlossen.

IV. Rechtsnatur des Namensrechts

1. Das Namensrecht als subjektives absolutes Recht. Die Rechtsnatur des Namensrechts ist seit lan- **18** gem streitig. Einigkeit besteht darüber, dass der Namensträger ein **subjektives Recht** am Namen genießt.

31 BGH GRUR 1959, 25 (26) – Triumph.
32 Soergel/*Heinrich* BGB § 12 Rn. 153.
33 BGH NJW 2002, 2031 (2033) – shell.de; 2005, 1196 – mho.de; 2008, 3716 Rn. 10 – afilias.de; Palandt/ *Ellenberger* BGB § 12 Rn. 15; MüKoBGB/*Säcker* § 12 Rn. 197; Staudinger/*Fritzsche* BGB § 12 Rn. 9.
34 LG Düsseldorf NJW-RR 1998, 979 (984); *Hefermehl* FS Hueck, S. 519, 534; *Fezer* MarkenR § 15 Rn. 15; vgl. auch *Nägele* GRUR 2007, 1007 ff.
35 OLG Köln NJW-RR 2006, 1699 (1701) – Ecolab.

36 BGH NJW 2005, 1196 – mho.de; GRUR 2012, 304 Tz 32 – Basler Haar-Kosmetik; OLG Köln NJW-RR 2006, 1699 (1701) – Ecolab; Palandt/*Ellenberger* BGB § 12 Rn. 15; kritisch und auf die Besonderheiten des Domainrechts zurückführend MüKoBGB/ *Bayreuther*, 5. Aufl. BGB, § 12 Rn. 19 mit dogmatischen Bedenken hinsichtlich einer ergänzenden Anwendung des § 12 bei Fehlen einzelner Tatbestandsmerkmale der markenrechtlichen Norm.
37 *Hefermehl* FS Hueck, S. 519, 534.
38 Staudinger/*Fritzsche* BGB § 12 Rn. 376.

Dieses subjektive Recht am Namen steht dem Namensträger gegen jedermann zu und ist daher ein **absolutes Recht**.[39] Es wird durch die Abwehransprüche des § 12 sowie als „sonstiges Recht" im Sinne des § 823 Abs. 1 geschützt. Die **Ausschlusswirkung** des Namens ist allerdings durch das Bestehen von Rechten Gleichnamiger erheblich gemindert. Auch einen Exklusivitätsschutz besonderer angeborener, etwa adliger oder berühmter Namen, der sich gegen das Namensrecht eines infolge Heirat Gleichnamigen durchsetzen könnte, gibt es nicht.[40]

19 **2. Das Namensrecht als Persönlichkeits- und Immaterialgüterrecht.** Uneinheitlich wird die Frage beantwortet, inwieweit das Namensrecht reines Persönlichkeitsrecht oder Immaterialgüterrecht ist. Besonders durch die Ausdehnung des Namensschutzes über den bürgerlichen Namen der natürlichen Person hinaus auf Unternehmensbezeichnungen gestaltet sich die genaue Qualifikation des Namensrechts als schwierig.[41] Verschiedene Lösungen sind denkbar, so könnte das Namensrecht als reines Persönlichkeitsrecht,[42] als Persönlichkeitsrecht mit vermögensrechtlichem Einschlag, als Immaterialgüterrecht mit persönlichkeitsrechtlichem Einschlag oder allgemein als reines **Immaterialgüterrecht**[43] qualifiziert werden. Die eindeutige Einordnung eines „Standardnamensrechts" in eine einzige der möglichen Kategorien ist nicht sinnvoll, weil das Namensrecht, abhängig von der Kategorie des Namensträgers oder der konkreten durch die Stellung des Namensträgers in seiner Umwelt mitbestimmten Bedeutung seines Namens verschiedene Funktionen erfüllen kann, die entweder eher persönlicher oder eher vermögensrechtlicher Natur sind (→ Rn. 21). Die Beantwortung der Frage nach der Rechtsnatur des Namensrechts oder verschiedener namensrechtlicher Elemente ist aber jedenfalls insoweit bedeutsam, als sie Aufschluss über die **Reichweite der Verkehrsfähigkeit** des Namens[44] und über das Verhältnis des Namensrechts zum **allgemeinen Persönlichkeitsrecht** geben kann.

20 Bisher war die Auffassung vorherrschend, das Namensrecht sei, soweit es die Privatsphäre des Namensträgers betreffe, ein **reines Persönlichkeitsrecht**, während es als **Immaterialgüterrecht** zu qualifizieren sei, soweit der Name Unternehmensbezeichnung sei.[45] Für **geschäftliche Bezeichnungen** gilt jedenfalls, dass das Immaterialgüterrecht auch **persönlichkeitsrechtliche Elemente** enthält, soweit der Name auf die Person des Gewerbetreibenden hinweist.[46] Für die **Unternehmensbezeichnung** der juristischen Person wird der Charakter des Namensrechts als uneingeschränkt vermögensrechtlich angesehen.[47] Dasselbe muss jedenfalls für den teilweise unter Berücksichtigung eines Vermarktungsinteresses anerkannten Namensschutz für **Gebäudebezeichnungen** gelten (dazu → Rn. 115).

21 Erstens kann die rechtliche Qualifikation nicht für „das Namensrecht" einheitlich erfolgen. Die Rechtsnatur des Namensrechts in seinem konkreten Kontext wird bestimmt durch die Interessen, die durch § 12 geschützt werden, und damit durch die dem Namensrecht im Sinne des § 12 zukommenden möglichen Funktionen.[48] So spielt es eine Rolle, ob sich die Aufgaben des Namensrechts der natürlichen Person ausschließlich in einer Ordnungs- und Unterscheidungsfunktion erschöpfen[49] oder ob auch die Persönlichkeit in ihrer Individualität im gesellschaftlichen Leben und das Interesse der Person, seine Persönlichkeit wirtschaftlich zu verwerten oder nicht verwertet zu wissen, durch § 12 geschützt sind. Je nach den Interessen des Namensträgers kann das Namensrecht persönlichkeitsrechtlich oder vermögensrechtlich geprägt sein, eher höchstpersönliches Recht oder Immaterialgüterrecht mit mehr oder weniger starkem persönlichkeitsrechtlichem Einschlag sein.

22 Zweitens sollte die Diskussion über die Rechtsnatur oder die möglichen Elemente des Namensrechts nicht von einem strengen Gegensatz zwischen Persönlichkeitsrecht mit einem rein höchstpersönlichen, gleichsam ideellen Charakter und Immaterialgüterrecht mit einem rein vermögensrechtlichen, persönlichkeitsgelösten Charakter geprägt sein. Die Entwicklung des Persönlichkeitsrechts im bürgerlichen Recht hat sich längst den Wandlungen in der Gesellschaft angepasst. Die **Kommerzialisierung persönlicher Lebensbereiche** ist weithin akzeptiert. Hiervor kann sich in verfassungsrechtlich und ethisch vorgegebenen Grenzen auch die

39   BGHZ 8, 318, 319; GRUR 2006, 957 – Stadt Geldern.
40   BVerfG NJW 2004, 1155.
41   Vgl. Soergel/*Heinrich* BGB § 12 Rn. 22.
42   Vgl. *Larenz/Wolf* BGB AT § 8 Rn. 9: „Prototyp der Persönlichkeitsrechte".
43   *Fezer* MarkenR § 15 Rn. 58 f.
44   In diesem Sinne auch MüKoBGB/*Schwerdtner* 4. Aufl. § 12 Rn. 39, der die Qualifikation im Übrigen für nicht hilfreich hält, weil sie nicht sachproblembezogen sei; vgl. auch MüKoBGB/*Säcker* § 12 Rn. 2.

45   Vgl. Staudinger/*Fritzsche* BGB § 12 Rn. 19; MüKoBGB/*Schwerdtner*, 4. Aufl., § 12 Rn. 40; MüKoBGB/*Säcker* § 12 Rn. 2; vgl. ausgehend von seiner Theorie der Immaterialgüterrechte auch *Fezer* ZHR 161 (1997), 52, 55, 65. Danach ist das Firmenrecht ein Immaterialgüterrecht, das der Person als Wirtschaftssubjekt einen Freiheitsbereich zur wirtschaftlichen Betätigung zuordnet.
46   *Fezer* MarkenR § 15 Rn. 57.
47   KG NJW 1961, 833; vgl. Staudinger/*Fritzsche* BGB § 12 Rn. 22 mwN.
48   *Koos* GRUR 2004, 808 (813).
49   So MüKoBGB/*Schwerdtner* 4. Aufl. § 12 Rn. 39.

Rechtsentwicklung nicht verschließen.[50] Eine Abgrenzung des Namensrechts als Persönlichkeitsrecht oder Immaterialgüterrecht danach, ob kommerziell verwertete oder verwertbare Positionen der Person betroffen sind, erscheint vor diesem Hintergrund nicht möglich. Weder schließt das Bestehen von Vermögensinteressen die Qualifikation des Namensrechts als Persönlichkeitsrecht aus, noch schließt das Bestehen reiner höchstpersönlicher Interessen die kumulative Existenz von vermögensrechtlichen Interessen und damit die mögliche Qualifikation als Immaterialgüterrecht aus.[51] Der herrschenden Meinung ist insoweit Recht zu geben, als anerkannt wird, dass ein namensrechtliches Immaterialgüterrecht einen mehr oder weniger ausgeprägten persönlichkeitsrechtlichen Charakter hat.[52]

Andererseits spricht allein der **persönlichkeitsrechtliche Charakter des Namensrechts** der natürlichen Person nicht dagegen, dass das Namensrecht in nicht nur nicht unbedeutendem, sondern in gleichgewichtigem Maße vermögensrechtlich wie persönlichkeitsrechtlich geprägt ist. Soweit also traditionell von einem „höchstpersönlichen" Charakter oder allgemein von der Einordnung des Namensrechts in die Gruppe der Persönlichkeitsrechte auf seine mangelnde Verkehrsfähigkeit geschlossen wird,[53] ist diese Argumentation fragwürdig. „Das Namensrecht" als Ganzes ist nicht „höchstpersönlich"; es kann *insgesamt* nur ein gegebenenfalls mehr oder weniger kommerzialisierbares Persönlichkeitsrecht sein. Das schließt jedoch nicht aus, dass das Namensrecht höchstpersönliche Elemente enthalten kann, die einer gesonderten Beurteilung unterliegen. **23**

Es ist demnach nicht sachgerecht, dem Namensrecht der natürlichen Person außerhalb des Bereichs der Unternehmensbezeichnungen pauschal die mögliche Qualifikation als Immaterialgüterrecht abzusprechen. Da auch persönlichkeitsrechtliche Positionen der natürlichen Person außerhalb des engeren Firmenrechts kommerzialisierbar sind, kann das Namensrecht in den Grenzen der allgemein als möglich anerkannten Funktionen des Namensschutzes immaterialgüterrechtliche Züge tragen.[54] Die Unternehmensanhängigkeit des Namens ist daher für die Qualifikation nicht in erster Linie entscheidend, sondern der allgemeine vermögensrechtliche Kontext der Namensverwendbarkeit. Auch die natürliche Person kann über die firmenrechtliche Verwendung ihres Namens hinaus ihren Namen kommerziell verwerten; insoweit ist eine Verselbstständigung des Namensrechts von der Persönlichkeit der natürlichen Person und damit wenigstens teilweise ein Immaterialgüterrechtscharakter anzuerkennen. **24**

Das Namensrecht ist insoweit ein **latentes Immaterialgüterrecht** der Person. Ein *Immaterialgüterrecht* ist es, soweit es sich von der Person verselbstständigt hat und insoweit objektiviert ist.[55] *Latentes* Immaterialgüterrecht ist es, weil eine kommerzielle Verwertung des Namens der natürlichen Person nur dann in Betracht kommt, wenn hierfür ein Markt besteht: Der regelmäßig persönliche Name wird durch die Existenz eines Marktes für seine Verwertung zum Wirtschaftsgut.[56] Die Verselbstständigung des zumindest bei der natürlichen Person persönlichkeitsrechtlich geprägten Namensrechts erfolgt durch Verknüpfung mit einem Produkt des kommerziellen Interesses,[57] etwa einer Ware, einer Institution, eines Events oder namentlich von der Vermarktung zugänglichen persönlichen Ereignissen von Personen öffentlichen Interesses. Vom Kennzeichen der Person wird der Name im kommerziellen Rahmen zur **„Marke der Person"**. Der immaterialgüterrechtliche Aspekt des Namensrechts könnte entweder in ein einheitliches Namensrecht integriert werden oder als von dem persönlichkeitsrechtlichen Namensrecht (Namenspersönlichkeitsrecht) getrenntes Namensimmaterialgüterrecht konstruiert werden[58] (zu dieser Frage im Zusammenhang mit der Verkehrsfähigkeit des Namensrechts → Rn. 174 f.). **25**

Die beschriebene Entwicklung des Namensrechts zu einem Immaterialgüterrecht ist von besonderer Relevanz, soweit man den Schutzbereich des Namensrechts nach § 12 weit auffasst und den Namen insbesondere nicht nur auch als Ausdruck der Individualität des Namensträgers,[59] sondern in einem weiteren persönlichkeitsrechtlichen Sinne versteht, der über eine reine Unterscheidungsfunktion hinausgeht und auch weitere mit dem Namen verbundene Interessen erfasst. Vor allem wenn das Interesse des Namensträgers, dass **26**

---

50   *Koos* GRUR 2004, 808 (813); vgl. auch *Beuter*, S. 65 ff.; MüKoBGB/*Säcker* § 12 Rn. 4.
51   Vgl. *Klippel*, S. 496 f.; *Fezer* MarkenR § 15 Rn. 58.
52   *Koos* GRUR 2004, 808 (813 f.).
53   Vgl. BGHZ 119, 237, 240 – Universitätsemblem.
54   Ähnlich insoweit MüKoBGB/*Säcker* § 12 Rn. 4 („dualistisches Recht" mit iS der monistischen Theorie integrierten persönlichkeits- und wirtschaftsrechtlichen Komponenten).
55   Vgl. *Forkel* NJW 1993, 3181 (3182).
56   Ebenso *Fezer* MarkenR § 15 Rn. 58; für das allgemeine Persönlichkeitsrecht *Koos* WRP 2003, 202 (203); ähnlich zuvor *Ullmann* WRP 2000, 1049 (1052 f.).

57   Vgl. zur Verknüpfung der persönlichkeitsrechtlichen Position mit einem der Person gegenüberzustellenden Gegenstand oder Gebilde als Voraussetzung der Verselbstständigung *Forkel* GRUR 1988, 491 (499).
58   So *Klippel*, S. 497 ff.
59   So Soergel/*Heinrich* BGB § 12 Rn. 20, der allerdings den persönlichkeitsrechtlichen Aspekt gegenüber dem vermögensrechtlichen Aspekt im Hinblick auf einen von ihm angenommenen Vorrang der Identifikationsfunktion des Namens als „Kern des Namensrechts" in den Vordergrund stellt und keine immaterialgüterrechtliche Qualifikation des bürgerlichen Namens annimmt.

sein Name nicht unbefugt zu kommerziellen Zwecken, insbesondere zu Werbezwecken verwendet wird, zum Schutzbereich des § 12 gehört (dazu näher → Rn. 4),[60] gewinnt die Möglichkeit des Namensträgers, seinen Namen insoweit als Immaterialgüterrecht nutzen zu können, an Bedeutung.

27   **3. Das Verhältnis des Namensrechts zum allgemeinen Persönlichkeitsrecht.** Soweit der Schutzbereich des § 12 eröffnet ist, geht der Namensschutz nach dieser Vorschrift dem Schutz im Rahmen des allgemeinen Persönlichkeitsrechts nach § 823 Abs. 1 vor.[61] Das entspricht dem herrschenden Verständnis vom Verhältnis zwischen den besonderen Persönlichkeitsrechten, zu denen das Namensrecht nach § 12 gehört, und dem allgemeinen Persönlichkeitsrecht.[62] Im Schutzbereich des § 12 kann aus dem allgemeinen Persönlichkeitsrecht kein weiter gehender Schutz des Namens hergeleitet werden.[63] Allerdings kann das allgemeine Persönlichkeitsrecht als sonstiges Recht im Sinne des § 823 Abs. 1 durch eine Handlung verletzt sein, die zwar nicht unmittelbar das nach § 12 geschützte Namensrecht beeinträchtigt, aber persönlichkeitsrechtliche Positionen in einem weiteren Belang verletzt.[64] Der Schutz des Namens als Ausdruck der Individualität und eigenen Persönlichkeit seines Trägers über die engere Zuordnungsfunktion hinaus wird als Frage des allgemeinen Persönlichkeitsrechts gesehen, wobei letztlich nicht der Name als solcher als verletzt gilt, sondern vermittelt durch die Namensverwendung die allgemeinen Persönlichkeitsinteressen des Namensträgers. Die Abgrenzung hat unabhängig von der Frage einer weiteren Anwendung des § 12 (→ Rn. 4 ff.) an Bedeutung verloren, weil eine weitgehende Annäherung der Tatbestandsvoraussetzungen und Rechtsfolgen bei Eingriffen in das allgemeine Persönlichkeitsrecht und in das Namensrecht erfolgt ist.[65]

V. Pflicht zur Namensführung

28   Für den bürgerlichen Namen und den Handelsnamen besteht eine **öffentlich-rechtliche** Pflicht zur Namensführung. Diese Pflicht trifft gleichermaßen natürliche wie juristische Personen.[66] Nach § 111 Abs. 1 OWiG handelt ordnungswidrig, wer der zuständigen Behörde oder einem zuständigen Amtsträger gegenüber unrichtige Angaben über den **bürgerlichen Namen** macht, wobei sich die Verpflichtung auch auf die Vollständigkeit des Namens, einschließlich des zusammengesetzten Namens eines Ehegatten (vgl. § 1355 Abs. 4)[67] erstreckt, soweit es für eine zweifelsfreie behördliche Identitätsfeststellung auf die Vollständigkeit ankommt.[68] Eine öffentlich-rechtliche Namensführungspflicht folgt weiterhin aus dem PStG zur Namensbekundung in öffentlichen Registern[69] und aus dem Recht über die Änderung des Namens (→ Rn. 30 ff.). Für den **Handelsnamen** ergibt sich die Pflicht zur Namensführung aus §§ 17, 29, 37 a HGB und §§ 15 a, 15 b GewO. Das **Pseudonym** wird von der Namensführungspflicht nicht erfasst.[70] Ein Pseudonym darf wegen der Namensführungspflicht andererseits nicht verwendet werden, wenn eine Verwendung des bürgerlichen Namens nach öffentlich-rechtlichen Vorschriften vorgeschrieben ist.[71]

29   **Privatrechtlich** existiert **keine besondere Namensführungspflicht.** Grundsätzlich ist privatrechtlich niemand dazu verpflichtet, seine Identität bekannt zu geben.[72] Ausnahmsweise kann sich aus besonderen Vereinbarungen[73] oder aus Treu und Glauben die Pflicht ergeben, den Namen korrekt anzugeben. Ehegatten sind verpflichtet, den nach § 1355 Abs. 1 S. 1 einmal freiwillig bestimmten gemeinsamen **Ehenamen** zu führen. Ein Verstoß hiergegen soll ein Recht des anderen Ehegatten begründen, auf Herstellung der ehelichen Lebensgemeinschaft zu klagen.[74] Letzteres ist zweifelhaft, weil es sich bei § 1355 um eine Ordnungsvorschrift handelt, die nach der seit dem 1.4.1994 geltenden Neuregelung des Familiennamensrechts durch das FamNamRG zudem im Hinblick auf die Persönlichkeitsfreiheit der Ehegatten gelockert wurde. Aus dem noch vorhandenen Rest der ordnungsrechtlichen Beschränkung der Namensfreiheit der Ehegatten wird man ein entsprechendes subjektives Recht des Ehegatten nicht entnehmen können.[75] Der ordnungsrechtlichen Pflicht zur Führung des freiwilligen gemeinsamen Ehenamens entspricht die Pflicht der Kinder zur Führung des Ehenamens der Eltern (§ 1616).

60   Vgl. *Sack* WRP 1984, 521 (531 f.); Soergel/*Heinrich* BGB § 12 Rn. 171.
61   BGHZ 30, 7, 11 – Caterina Valente; MüKoBGB/ *Säcker* § 12 Rn. 5; Palandt/*Ellenberger* BGB § 12 Rn. 2.
62   Vgl. zu den verschiedenen Auffassungen *Klippel*, S. 512 f.
63   MüKoBGB/*Bayreuther* 5. Aufl., § 12 Rn. 5.
64   BGHZ 30, 7, 11 – Caterina Valente; OLG Köln GRUR 1967, 319 (322) – Killer; vgl. auch *Klippel*, S. 513.
65   MüKoBGB/*Bayreuther*, 5. Aufl., § 12 Rn. 5.

66   BVerfG NJW 1988, 1577 (1578); RGZ 158, 156, 163.
67   Soergel/*Heinrich* BGB § 12 Rn. 17.
68   Vgl. BVerfG NJW 1988, 1577 (1578).
69   Vgl. BGHZ 44, 121, 129.
70   Staudinger/*Fritzsche* BGB § 12 Rn. 141.
71   MüKoBGB/*Säcker* § 12 Rn. 6.
72   *Raschauer*, S. 248.
73   BVerfG NJW 1988, 1577 (1578); Soergel/*Heinrich* BGB § 12 Rn. 18.
74   Soergel/*Heinrich* BGB § 12 Rn. 18.
75   So zur Rechtslage vor dem FamNamRG *Raschauer*, S. 249.

VI. Namensfeststellung, Namensberichtigung, Namensänderung

Nach § 8 Abs. 1 NamÄndG erfolgt eine Feststellung des **Familiennamens** mit allgemeinverbindlicher Wirkung *ex tunc*[76] durch die oberste Landesbehörde. Die **Namensfeststellung** kann auf Antrag oder von Amts wegen erfolgen, wenn zweifelhaft ist, welchen Familiennamen der Betroffene berechtigterweise führt.[77] Ein bestehender Rechtsstreit über das Recht, den Namen zu führen, ist gem. § 8 Abs. 3 NamÄndG auf Verlangen der obersten Landesbehörde bis zur Feststellung des Namens auszusetzen. **30**

Wenn eine von Anfang an unrichtige Namenseintragung im Personenstandsregister vorliegt, kommt das von der Namensfeststellung zu unterscheidende **Namensberichtigungsverfahren** in Betracht.[78] **31**

Personennamen stehen nach dem ordnungsrechtlichen **Prinzip der Namensunveränderlichkeit** nicht zur freien Disposition des Namensträgers. Eine Änderung des Familiennamens wie des Vornamens ist deshalb nur durch Verwaltungsakt im Wege der **staatlichen Genehmigung** möglich. Maßgeblich sind für die Namensänderung und den Widerruf der Namensänderung die Bestimmungen des Gesetzes über die Änderung von Familiennamen und Vornamen (**NamÄndG**) vom 5.1.1938, zuletzt geändert durch Art. 54 Gesetz vom 17.12.2008.[79] **32**

Zu nennen ist schließlich die nur für die Verwaltung verbindliche, faktisch aber als Ausdruck der im Bereich des NamÄndG allgemeinverbindlichen Anschauung[80] auch darüber hinaus bei der Auslegung der Regelungen des NamÄndG bedeutsamen Allgemeinen Verwaltungsvorschriften zum Gesetz über die Änderung von Familiennamen und Vornamen (**NamÄndVwV**) vom 11.8.1980 idF vom 25.4.1986.[81] **33**

Kollisionsrechtlich ist das Recht des Staates anzuwenden, dem die Person angehört (**Heimatrecht**, vgl. Nr. 1 NamÄndVwV). Das NamÄndG ist auf **deutsche Staatsangehörige** und auf **Deutsche** iSd Art. 116 GG sowie auf **Staatenlose** und **heimatlose Ausländer**,[82] **ausländische Flüchtlinge und Berechtigte politischen Asyls** mit Wohnsitz oder gewöhnlichem Aufenthalt in der Bundesrepublik Deutschland anwendbar. **Namensänderungen** Deutscher **im Ausland** sind nach deutschem Recht unbeachtlich.[83] Der Name eines deutschen Staatsangehörigen – auch bei **Doppelstaatlichkeit** – [84] kann mit Wirkung für den deutschen Rechtskreis grundsätzlich nur durch Entscheidung einer inländischen Behörde geändert werden. Das gilt auch für die behördliche Namensänderung eines auch deutschen Staatsangehörigen in einem anderen EU-Mitgliedstaat.[85] Die ausländische Namensänderung ist zu beachten, wenn der Namensträger die Staatsangehörigkeit des fremden Staates unter Verlust der deutschen Staatsangehörigkeit erhält.[86] Nach Maßgabe des Istanbuler CIEC-Abkommens über die Änderung von Namen und Vornamen vom 4.9.1958[87] können allerdings in den Vertragsstaaten Behörden den Familiennamen eines Deutschen, der auch die Staatsangehörigkeit dieses Staates besitzt, in den Grenzen des ordre public ändern (Art. 3 des Abkommens, vgl. Nr. 5 NamÄndVwV).[88] Namensänderungen, die in der ehemaligen **DDR** vorgenommen wurden, sind in den Grenzen des ordre public gültig.[89] Erfolgt eine Namensänderung nach dem NamÄndG für einen Ausländer, auf den das Gesetz nicht anwendbar ist, so ist die Namensänderung nichtig.[90] **34**

Die Namensänderung ist ein mitwirkungsbedürftiger, rechtsgestaltender **Verwaltungsakt mit Doppelwirkung**, weil sie für den Antragsteller begünstigend wirkt, jedoch für unmittelbar betroffene Familienmitglieder eine Belastung sein kann.[91] Eine Rückänderung des durch Verwaltungsakt geänderten Namens ist nur ausnahmsweise möglich.[92] Da der Gebrauch des geänderten Namens keine unbefugte Verwendung darstellt, können andere Träger des Namens nicht auf Unterlassung des Namensgebrauchs klagen.[93] **35**

Der Verwaltungsakt der Namensänderung erfolgt nach § 1 NamÄndG nur auf **Antrag** zur unteren Verwaltungsbehörde (§ 5 NamÄndG). Die untere Verwaltungsbehörde ist für die Änderung lediglich des Vornamens **zuständig** (§ 11 NamÄndG), ansonsten ist die obere Verwaltungsbehörde (§ 6 NamÄndG) zuständig. **36**

---

76 Staudinger/*Fritzsche* BGB § 12 Rn. 244.

77 Zu den Einzelheiten Staudinger/*Fritzsche* BGB § 12 Rn. 244 mwN.

78 Siehe zu den Voraussetzungen BayObLG StAZ 1993, 387.

79 BGBl. I S. 2586.

80 MüKoBGB/*Säcker* § 12 Rn. 205 mwN.

81 Bundesanzeiger Nr. 78, abgedruckt bei *Loos*, S. 12 ff.

82 BVerwGE 40, 353.

83 BVerwGE 28, 29: vgl. LG Wiesbaden StAZ 1966, 87 zum Fehlen eines völkergewohnheitsrechtlichen Grundsatzes, dass fremde Hoheitsakte innerhalb der Grenzen eines fremden Staates anzuerkennen sind.

84 Soergel/*Heinrich* BGB § 12 Rn. 69 unter Verweis auf Art. 5 Abs. 1 S. 2 EGBGB, wonach die Rechtsstellung als Deutscher vorgeht.

85 OLG München NJW-RR 2012, 454 (kein Verstoß gegen Art. 21 AEUV).

86 OLG Hamm FamRZ 1976, 519 (520); Soergel/*Heinrich* BGB § 12 Rn. 69.

87 BGBl. 1961 II S. 1055, 1976; abgedruckt bei Staudinger/*Hausmann*, Anh. I zu Art. 10 EGBGB.

88 OLG München NJW-RR 2012, 454.

89 Soergel/*Heinrich* BGB § 12 Rn. 69.

90 AG Hamburg StAZ 1969, 43; Soergel/*Heinrich* BGB § 12 Rn. 69.

91 BVerwG NJW 1983, 1133; OVG Münster MDR 1970, 174; MüKoBGB/*Säcker* § 12 Rn. 209; Staudinger/*Fritzsche* BGB § 12 Rn. 219; Soergel/*Heinrich* BGB § 12 Rn. 88.

92 OVG Koblenz StAZ 1983, 32.

93 BVerwG NJW 1960, 450 (451).

Die örtliche Zuständigkeit bestimmt sich nach dem Wohnsitz oder dem gewöhnlichen Aufenthalt (Nr. 16 NamÄndVwV). Für die Änderung des Ehenamens ist der gemeinsame Antrag beider Ehegatten erforderlich.[94] Nach § 4 NamÄndG erstreckt sich die Namensänderung auch auf die unter elterlicher Sorge des Namensträgers stehenden Kinder.

37 Unter den **Begriff der Namensänderung** fällt neben dem vollständigen oder teilweisen Wechsel des Namens jede Änderung der Schreibweise des Namens, auch soweit sie nicht mit einer Änderung des Wortklangs verbunden ist.[95] Auch die „Eindeutschung" ausländischer Namen ist eine Namensänderung in diesem Sinne.[96] Die bloße Umschreibung des Namens in die lateinische Schreibweise (**Transkription** und **Transliteration**) ist keine Namensänderung. Auch die Hinzufügung von **Zusätzen** zur Vermeidung von Verwechslungen, etwa Ziffern oder Begriffen wie „senior" oder „geborene", ist keine Namensänderung.[97]

38 Für die Namensänderung muss im Zeitpunkt der letzten Verwaltungsentscheidung ein **wichtiger Grund** vorliegen (§ 3 Abs. 1 NamÄndG).[98] Der wichtige Grund ist ein verwaltungsgerichtlich voll überprüfbarer unbestimmter Rechtsbegriff.[99] Das Erfordernis des die freie Namensänderung einschränkenden Kriteriums eines wichtigen Grundes ist nach herrschender Auffassung **verfassungsgemäß**.[100] Die strenge Beschränkung freier Namensänderungen sollte angesichts der Zurückdrängung der Ordnungsfunktion des Namens zugunsten der Bedeutung des Namens als Ausdruck der persönlichen Individualität seines Trägers über eine großzügige Interessenabwägung bei der Entscheidung über Namensänderungsanträge gelockert werden.[101] Zum Teil ist dies in den Regelungen des NamÄndVwV umgesetzt worden (s. dazu auch → Rn. 40, 46).

39 Bei der **Interessenabwägung** zur Feststellung des wichtigen Grundes für eine Namensänderung stehen sich das schutzwürdige Interesse des Antragstellers und die Interessen der Allgemeinheit an der Beibehaltung des bisherigen Namens gegenüber. Überwiegt das persönliche schutzwürdige Interesse des Namensträgers die Ordnungs- und Sicherheitsinteressen der Allgemeinheit, dann liegt ein wichtiger Grund für die Namensänderung vor.[102] Die zu berücksichtigenden öffentlichen Interessen können von unterschiedlicher Intensität sein. Insbesondere wenn der Umfang der beantragten Namensänderung gering ist, können öffentliche Interessen im konkreten Fall zurücktreten.[103]

40 Der Begriff des wichtigen Grunds wird in Nr. 28 **NamÄndVwV** durch eine Begriffsbestimmung und in § 3 a NamÄndG sowie in den Nr. 33 ff. NamÄndVwV durch einen nicht abschließenden Katalog praktisch wichtiger Fallgruppen **konkretisiert**. Die Funktion des Familiennamens zur Kennzeichnung der Familienzugehörigkeit und das öffentliche Interesse an einer Namensbeibehaltung sind nach Nr. 30 NamÄndVwV bei der Anwendung der Fallgruppen immer zu berücksichtigen.

41 Ein **wichtiger Grund** liegt in einer nicht zu vernachlässigenden **Behinderung des Namensträgers** durch den Familiennamen. Das gilt etwa für ursprünglich ausländische Familiennamen, deren schwierige Schreibweise oder Aussprache den Namensträger behindern mag, so dass ein Interesse an einer Übertragung des Namens in eine deutsche Form bestehen kann.[104] Inwieweit der **ausländische Klang eines Familiennamens** darüber hinaus einen wichtigen Grund für eine Namensänderung darstellen kann, ist eine Frage des Einzelfalls. Der Umstand, dass ein in Deutschland geborener und aufgewachsener Antragsteller einen ausländisch klingenden Namen trägt, der in seinem persönlichen Umfeld zu ausländerfeindlich motivierten Belästigungen führt, ist kein ausreichender Grund für eine Namensänderung.[105] Grundsätzlich ist eine über die bloße Änderung der Schreibweise hinausgehende „Eindeutschung" eines ausländischen Namens allenfalls in extremen Fällen gerechtfertigt. Das einfache Interesse, einen deutschen Namen zu tragen, genügt nicht.

42 Ein wichtiger Grund ist es, wenn der Name seinen Träger nicht unerheblich in Ansehen und Ehre zu beeinträchtigen geeignet ist. Das kann etwa dann der Fall sein, wenn der Familienname **lächerlich** oder **anstößig**

94 BVerwG NJW 1983, 1133; Soergel/*Heinrich* BGB § 12 Rn. 156.

95 BVerwG StAZ 1981, 244; Staudinger/*Fritzsche* BGB § 12 Rn. 239.

96 Vgl. BayObLG NJW-RR 1987, 965 zur im zweiten Weltkrieg durch das damalige Reichsministerium des Inneren vorgenommenen „Eindeutschung" der Familiennamen sogenannter Volksdeutscher.

97 Staudinger/*Fritzsche* BGB § 12 Rn. 241.

98 Soergel/*Heinrich* BGB § 12 Rn. 87, auch zu dem Fall, dass die Namensänderung erst mit Unanfechtbarkeit des Bescheids wirksam wird.

99 Soergel/*Heinrich* BGB § 12 Rn. 87; BeckOK BGB/*Bamberger* § 12 Rn. 46.

100 BGHZ 30, 132, 138; MüKoBGB/*Säcker* § 12 Rn. 211.

101 So zu Recht Soergel/*Heinrich* BGB § 12 Rn. 73; vgl. auch *Blankenagel* DÖV 1985, 953 (957 ff.).

102 Vgl. BVerwGE 15, 183, 184; 31, 28, 33.

103 St. Rspr., vgl. BVerwGE 15, 26, 27; 183, 184; 22, 312, 313; BVerwG NJW 1981, 2713; MüKoBGB/*Säcker* § 12 Rn. 211; Soergel/*Heinrich* BGB § 12 Rn. 72.

104 Vgl. MüKoBGB/*Säcker* § 12 Rn. 214.

105 OVG Münster NJW 1990, 2216; vgl. auch VGH Kassel NJW-RR 1989, 771; VG Göttingen BeckRS 2012, 50831; MüKoBGB/*Säcker* § 12 Rn. 214; weiter dagegen BVerwGE 15, 183, 184; VGH Mannheim FamRZ 1989, 207; Soergel/*Heinrich* BGB § 12 Rn. 74.

ist, wenn der Name im Zusammenhang mit einer Medienberichterstattung über eine Straftat steht[106] oder wenn die Unterscheidungskraft des Namens nicht mehr gegeben ist, wie bei sog. **Sammelnamen** (Schmidt, Meier, Müller).[107] Im letzteren Fall wird zudem auch ein öffentliches Interesse an der Namensänderung aus dem Gesichtspunkt der Unterscheidungsfunktion angenommen.[108] Eine konkrete Verwechslungsgefahr braucht bei Sammelnamen nicht glaubhaft gemacht zu werden.[109] Ein wichtiger Grund kann in der langjährigen **gutgläubigen Führung des beantragten Namens** in der Vergangenheit liegen, so dass der beantragte Name bereits in öffentlichen Registern und Ausweispapieren und Zeugnissen erscheint.[110] Auch bei fehlender Gutgläubigkeit des Namensträgers kann die langjährige Führung des beantragten Namens im Einzelfall im Hinblick darauf bedeutsam sein, dass gegebenenfalls sogar ein öffentliches Interesse daran bestehen kann, dass der im offiziellen Verkehr verwendete Name weiterhin verwendet wird.[111] Ein Änderungsgrund ist die langjährige geringfügig unrichtige Schreibweise eines Familiennamens im Rechtsverkehr.[112] Im Übrigen kommt das Namensfeststellungsverfahren nach § 8 NamÄndG in Betracht, in dem der Vertrauensschutz unberücksichtigt bleibt.[113]

Nach Inkrafttreten des § 1618 in der Fassung des Kindschaftsreformgesetzes vom 16.12.1997 am 1.7.1998, **43** der die erweiterte Möglichkeit der Einbenennung eröffnet, haben die sog. **Stiefkinderfälle** an Bedeutung verloren.[114] Zuvor war es ein wichtiger Grund für eine Namensänderung, wenn eine sorgeberechtigte Mutter wieder heiratete und einen neuen Ehenamen annahm. § 1618 verdrängt die Möglichkeit der Namensänderung nach dem NamÄndG.[115] Für den Familiennamen sog. **Scheidungshalbwaisen** fehlt eine Regelung im BGB. Wenn der allein sorgeberechtigte Elternteil nach einer Scheidung seinen Geburtsnamen nach § 1355 Abs. 5 wieder angenommen hat,[116] ist § 1618 nicht anwendbar, ebenso, wenn der sorgeberechtigte Elternteil nach der Scheidung seinen Geburtsnamen wieder annimmt und das Kind zuvor nach § 1618 in die zweite Ehe des Elternteils einbenannt wurde[117] sowie wenn nach dem Tod eines Ehegatten der überlebende sorgeberechtigte Ehegatte seinen Geburtsnamen wieder annimmt.[118] In diesen Fällen ist die Möglichkeit einer Namensänderung nach dem NamÄndG gegeben.[119] Ein wichtiger Grund soll aber nach Auffassung des BVerwG nicht schon dann vorliegen, wenn die Namensänderung für das Kindswohl förderlich ist, sondern nur, wenn sie für das Kindswohl erforderlich ist, weil dem Kind ansonsten schwerwiegende Nachteile drohen.[120] Das Interesse der Namenskontinuität wird mit dem Interesse an der Namensänderung abgewogen und hat in dieser Abwägung erhebliches Gewicht. Liegt eine Einwilligung des nicht sorgeberechtigten Elternteils und des Kindes, soweit es das fünfte Lebensjahr vollendet hat, in die Namensänderung vor, so wird widerleglich vermutet, dass die Namensänderung dem Kindswohl entspricht.[121]

Kein wichtiger Grund für eine Namensänderung ist es, wenn dem Antragsteller sein bisheriger Name **44** unangenehm oder lästig ist.[122] Der Wunsch, durch eine Namensänderung eine Steigerung des eigenen gesellschaftlichen oder beruflichen Ansehens herbeizuführen,[123] ist ebenso wenig beachtlich wie das Interesse, einen Familiennamen vor dem Aussterben zu bewahren.[124]

Für die **Wahl des neuen Namens** ist maßgeblich, dass nicht eine neue Namensänderung zu erwarten ist. **45** Insbesondere müssen Irreführungen und Namensverwechslungen sowie ein falscher Eindruck über die familiären Verhältnisse des Namensträgers vermieden werden. Die Wahl eines **Künstlernamens** oder eines Adelsprädikats als neuer Name ist restriktiv zu handhaben. Künstlernamen können nur dann gewählt werden, wenn sie nach Klang und Schreibweise als Familiennamen geeignet sind.[125] Adelsprädikate sind regelmäßig nicht zulässig, um nicht Art. 109 Abs. 3 WRV zu umgehen, wonach keine Adelsbezeichnungen mehr verliehen werden dürfen.[126] Die Verleihung eines Adelsprädikats durch einen ausländischen Souverän ist deshalb kein wichtiger Grund für eine Namensänderung.[127] Auch Doppelnamen sind nur ausnahmsweise zu

106 VG Münster FamRZ 1967, 347; MüKoBGB/*Säcker* § 12 Rn. 216.
107 Zu nur regional häufig vorkommenden Sammelnamen BVerwG NJW 1973, 1057.
108 BVerwGE 40, 359, 360; MüKoBGB/*Säcker* § 12 Rn. 212; Soergel/*Heinrich* BGB § 12 Rn. 75 mwN.
109 Nr. 34 NamÄndVwV; vgl. BVerwG NJW 1973, 1057; anderes gilt auch nicht bei nur regional häufig vorkommenden Namen, MüKoBGB/*Säcker* § 12 Rn. 212; aA VG Münster StAZ 1978, 17 (18).
110 Vgl. Nr. 50 NamÄndVwV.
111 MüKoBGB/*Säcker* § 12 Rn. 213.
112 BVerwG StAZ 1981, 277 (279) – Strunk in Strunck.
113 Soergel/*Heinrich* BGB § 12 Rn. 77.
114 BeckOK BGB/*Bamberger* § 12 Rn. 48 mwN.
115 VG Düsseldorf NJW 1999, 1730.
116 BVerwG NJW 2002, 2406; 2002, 2410.

117 BGH NJW 2004, 1108 (1109).
118 MüKoBGB/*Säcker* § 12 Rn. 221.
119 BGH NJW 2004, 1108 (1109); vgl. zur Rechtsprechung Staudinger/*Fritzsche* BGB § 12 Rn. 225 ff.
120 BVerwG NJW 2002, 2406 (2407); OVG Bbg FamRZ 2004, 1399; OLG Stuttgart NJW-RR 2011, 222; ablehnend Staudinger/*Fritzsche* BGB § 12 Rn. 235.
121 BVerwG NJW 2002, 2410.
122 Nr. 30 Abs. 3 NamÄndVwV.
123 VGH Mannheim StAZ 1971, 115; VG Regensburg FamRZ 2003, 34.
124 MüKoBGB/*Säcker* § 12 Rn. 215; aA Staudinger/*Fritzsche* BGB § 12 Rn. 221.
125 MüKoBGB/*Säcker* § 12 Rn. 222.
126 Soergel/*Heinrich* BGB § 12 Rn. 74; MüKoBGB/*Säcker* § 12 Rn. 223.
127 BVerwG StAZ 60, 76.

gestatten.[128] Regelmäßig kann kein aus dem Namen der Eltern zusammengesetzter Doppelname gebildet werden.[129]

46 Die Grundsätze zur Änderung von Familiennamen gelten gem. § 11 NamÄndG entsprechend für die Änderung von **Vornamen**. Auch insoweit ist ein wichtiger Grund für die Namensänderung erforderlich. Für die Interessenabwägung ist zu beachten, dass das öffentliche Interesse an einer Beibehaltung des bisherigen Vornamens geringer ist als das öffentliche Interesse an einer Beibehaltung des Familiennamens. Ein wichtiger Grund kann sich im Hinblick auf Art. 4 Abs. 1 GG aus gewandelten religiösen Überzeugungen ergeben, zum Beispiel wenn nach Übertritt zum islamischen Glauben ein islamischer Vorname beigefügt werden soll.[130] Auch eine nach allgemeiner Verkehrsauffassung verständliche und begründete seelische Belastung ohne Krankheitswert durch das Tragen des bisherigen Vornamens genügt.[131] Umstände, die schon bei der ursprünglichen Namenswahl hätten berücksichtigt werden können, begründen keinen wichtigen Grund für die Änderung des Vornamens eines Kindes.[132]

VII. Räumliche Reichweite des Namensschutzes

47 Der Namensschutz nach § 12 erstreckt sich grundsätzlich ohne territoriale Beschränkung auf das **gesamte Bundesgebiet**.[133] Darin unterscheidet er sich vom Firmenschutz nach § 37 Abs. 2 HGB, der örtlichen Beschränkungen unterliegt. Der Schutz von Namens- und Kennzeichenrechten, die in der ehemaligen DDR und im Bundesgebiet vor der Wiedervereinigung bestanden haben, erstreckt sich seit dem 3.10.1990 jeweils auf das gesamte neue Bundesgebiet.[134] Deshalb sind vor der Wiedervereinigung bestehende Schutzrechte im Hinblick auf die räumliche Schutzwirkung so zu behandeln, als hätte keine Trennung Deutschlands bestanden. Hieraus entstehende Kollisionsfälle lösen sich nach den Grundsätzen, die zum Recht der Gleichnamigen entwickelt wurden (dazu → Rn. 226 ff.).[135]

48 Der räumliche Geltungsbereich des Namensschutzes nach § 12 wird **in tatsächlicher Hinsicht begrenzt** durch die Reichweite der Kennzeichnungskraft des Namens im Verkehr. Das gilt für geschäftliche Kennzeichen im Hinblick darauf, dass diese ihre namensmäßige Unterscheidungskraft erst durch **Verkehrsgeltung** erlangen; der räumliche Schutzbereich beschränkt sich auf die Reichweite der Verkehrsgeltung.[136] Der Schutz der Bezeichnung eines Unternehmens, das nach seinem Gegenstand und Zuschnitt nur lokal oder regional tätig ist und auch nicht auf Expansion angelegt ist, ist regional beschränkt.[137] Bedeutsam ist das insbesondere bei Hotel- oder Gaststättenbezeichnungen, deren Namensschutz regelmäßig, vorbehaltlich einer überörtlichen Bekanntheit etwa berühmter Gaststätten in Fremdenverkehrsorten,[138] auf den Ort der Niederlassung beschränkt ist.[139] Anderes gilt bei Filialketten.[140] Die Schutzbereichsbegrenzung entfällt, wenn das Unternehmen schon im Zeitpunkt des Aufeinandertreffens der Kollisionsbezeichnungen sichtbar die Absicht verwirklicht hat, überörtlich tätig zu werden.[141] Allein das Bestehen eines Internetauftritts genügt nicht, um Überörtlichkeit zu begründen.[142] Soweit die **Verwechslungsgefahr** nach § 15 Abs. 2 MarkenG nur mit Rücksicht auf den örtlichen Tätigkeitsbereich des Kennzeicheninhabers anzunehmen ist, folgt hieraus eine effektive Begrenzung des räumlichen Schutzbereichs.[143] Eine **potenzielle Ausdehnung** des wirtschaftlichen Tätigkeitsbereichs in sachlicher oder räumlicher Hinsicht ist aber zu berücksichtigen.[144] Entsprechend wird der räumliche Schutzbereich durch die Schutzvoraussetzungen eines **schutzwürdigen Interesses** nach § 12 begrenzt.

---

128 Soergel/*Heinrich* BGB § 12 Rn. 75.
129 VGH NJW 2015, 569.
130 BayVGH NJW 1993, 346 (347); vgl. auch BVerwG Buchholz 402.10 § 11 NÄG Nr. 1; ebenso zur Voranstellung eines „Taufnamens" vor den Vornamen aus religiöser Überzeugung BVerwG StAZ 2003, 240.
131 VG Ansbach BeckRS 2014, 52001.
132 VGH München NJW 2014, 3052 Tz 18.
133 St. Rspr., vgl. BGH GRUR 1955, 299 (300) – Koma; GRUR 1957, 550 (551) – tabu II; Soergel/*Heinrich* BGB § 12 Rn. 33; Staudinger/*Fritzsche* BGB § 12 Rn. 86.
134 *BGHZ* 130, 134, 140 – Altenburger Spielkartenfabrik; OLG Stuttgart BB 1993, 382 (384); Staudinger/*Habermann* BGB § 12 Rn. 392 f.

135 Vgl. auch OLG Brandenburg OLG-NL 1998, 45 (46 f.) – Templiner Puppenkiste, auch zur Nichtanwendbarkeit des kennzeichenrechtlichen Prioritätsgrundsatzes.
136 BGHZ 11, 214, 219 KfA; MüKoBGB/*Säcker* § 12 Rn. 65; *Fezer* MarkenR § 15 Rn. 86.
137 BGH GRUR 2005, 262 (263) – soco.de; 2007, 884, 886 – Cambridge Institute.
138 BGH GRUR 1957, 550 (552) – tabu II.
139 Vgl. BGH NJW 1970, 1365 – Zum Treppchen.
140 Vgl. RG JW 1935, 1521 – Nordsee; *Klaka/Krüger* FS Gaedertz S. 299, 300 f.
141 BGH NJW-RR 1993, 1065 – PicNic.
142 BGH GRUR 2007, 884 (886) – Cambridge Institute.
143 Soergel/*Heinrich* BGB § 12 Rn. 33.
144 BGHZ 8, 387, 392 – Fernsprechnummer; *Fezer* MarkenR § 15 Rn. 87.

B. Regelungsgehalt

I. Schutzsubjekte

1. Natürliche Personen. Schutzsubjekte des § 12 sind natürliche Personen als Namensträger. Jede **49** Bezeichnung mit namensmäßiger Funktion, die die natürliche Person führt, ist grundsätzlich geschützt. In Betracht kommt der bürgerliche Name, das Pseudonym, der Ordensname sowie die Firma eines Einzelkaufmanns.

a) Bürgerlicher Name. Unter den Namensschutz fällt zunächst vor allem der bürgerliche Name eines **50** Menschen. Darunter versteht man eine Personenbezeichnung, die einen Menschen in seinen bürgerlichen, rechtlichen und gesellschaftlichen Beziehungen zu kennzeichnen bestimmt ist.[145] Der bürgerliche Name ist gesetzlich vorgeschrieben (→ Rn. 28) und wird kraft Gesetzes erworben. Er besteht als zusammengesetzter Name aus einem oder mehreren Vornamen und dem Familiennamen. Die vollständige Individualisierungsfunktion hat nur der Gesamtname.[146]

Der **Familienname** dient der Zuordnung des Menschen zu einer bestimmten Familie und wird durch Geburt **51** (**Geburtsname** oder Abstammungsname) oder durch Eheschließung (**Ehename**) erworben. Gemäß § 1355 Abs. 1 S. 1 sollen die Ehegatten einen gemeinsamen Ehenamen bestimmen, den sie gem. § 1355 Abs. 1 S. 2 führen. Ein Zwang zur Bestimmung eines gemeinsamen Ehenamens besteht aber nach Inkrafttreten des FamNamRG am 1.4.1994 nicht mehr. Unterbleibt die Bestimmung des gemeinsamen Ehenamens, so bleibt es nach § 1355 Abs. 1 S. 3 bei den zum Zeitpunkt der Eheschließung bestehenden Familiennamen der Ehegatten. Der gemeinsame Ehename bleibt vorbehaltlich einer abweichenden Erklärung des Betroffenen gegenüber dem Standesbeamten nach dem Tod des Ehegatten oder nach einer Ehescheidung grundsätzlich bestehen. Die Regelung des § 1355 Abs. 2 aF, wonach der Ehename aus einer früheren Heirat nach der Ehescheidung in der neuen Ehe nicht zum Ehenamen bestimmt werden konnte, war verfassungswidrig, weil es kein Recht auf Namensexklusivität des Geburtsnamensträgers gegenüber dem aus Heirat erworbenen Namensrecht gibt.[147]

Nach § 1355 Abs. 5 S. 1 gilt bei Verwitwung oder Ehescheidung das **Prinzip der Namensfortführung.**[148] **52** Ein familienrechtliches Recht der Namensaberkennung (§§ 56, 57 EheG aF) ist mit dem Übergang zum Zerrüttungsprinzip 1976 weggefallen. Ein Recht des namensgebenden Ehegatten zur Untersagung der Weiterführung des Ehenamens durch den anderen Ehegatten nach der Scheidung gibt es grundsätzlich nicht, weil der Ehename des nicht namensgebenden Ehegatten nicht bloß ein abgeleiteter – „geliehener" – sondern ein zu eigenem Recht erworbener Name ist.[149] Nur in extremen Einzelfällen kommt ein **Untersagungsrecht** über § 242 aus dem Gesichtspunkt eines besonders gravierenden **Rechtsmissbrauchs** in Betracht. Dazu ist die Beurteilung erforderlich, dass aus Zumutbarkeits- und Verwirkungsgrundsätzen das persönlichkeitsrechtlich geschützte Recht auf Namensfortführung hinter den Schutz vor Namensmissbrauch zurücktritt.[150] Es muss ein Verhalten des anderen Ehegatten vorliegen, das den **Namenserwerb oder** die **Namensführung als solche betrifft** und in so hohem Maße zu missbilligen ist, dass dem anderen Ehegatten auch bei Berücksichtigung des allgemeinen Persönlichkeitsrechts an dem aus der Ehe erworbenen Namen die Fortführung des Namens gegen den Willen des früheren Ehegatten nach Treu und Glauben nicht länger gestattet werden kann.[151] Das ist nicht schon dann der Fall, wenn der andere Ehegatte unter dem Namen moralisch anstößige Taten oder Straftaten begeht,[152] die er auch ohne diesen Namen begehen könnte, denn der Rechtsmissbrauch ergibt sich nicht bereits aus der möglicherweise auf den Namen zurück fallenden Anstößigkeit des Handelns selbst. Auch ein verwerfliches Verhalten gegen den namensgebenden Ehegatten genügt allein nicht.[153] Ein Rechtsmissbrauch kann aber vorliegen, wenn der andere Ehegatte den Namensgeber gerade deswegen zur Eheeingehung bewogen hat, um den Namen als Ehenamen erwerben und sodann missbräuchlich nutzen zu können[154] oder wenn gerade dieser Name für die Begehung einer Straftat oder anstößigen Handlungsweise förderlich oder notwendig ist.[155] Daraus folgt, dass insbesondere bei Namen bekannter Persönlichkeiten mit hohem öffentlichem Ansehen die Gefahr des Rechtsmissbrauchs bestehen kann. Die **Vereinbarung** der Ehegatten, nach einer Scheidung den Ehenamen wieder abzulegen, ist nicht grundsätzlich unzulässig,[156] jedenfalls soweit sie nicht gegen Entgelt erfolgt.[157] Wird die Erfüllung der Vereinbarung,

145 Staudinger/*Fritzsche* BGB § 12 Rn. 3, 23.
146 BGH NJW 2003, 1120 (1120); MüKoBGB/*Säcker* § 12 Rn. 9 mwN.
147 BVerfG NJW 2004, 1155 (1156).
148 Vgl. zur Frage der Anwendung auf die Eheaufhebung s. AG Göttingen NJWE-FER 2001, 251 mwN.
149 BVerfG NJW 2004, 1155 (1156).
150 OLG Braunschweig NJW 1979, 1463 (1464); AG Göttingen NJWE-FER 2001, 251 (252); BeckOK BGB/*Hahn* § 1355 Rn. 23.

151 BGH NJW-RR 2005, 1521 (1522).
152 Vgl. OLG Celle NJW 1992, 245.
153 OLG Celle NJW 1992, 245 (Mord am Ehegatten).
154 OLG Braunschweig NJW 1979, 1463 (1464).
155 Vgl. BGH NJW-RR 2005, 1521 (1522).
156 BGH NJW 2008, 1528 Rn. 12 ff.; Staudinger/*Voppel* BGB § 1355 Rn. 110.
157 Offengelassen in BGH NJW 2008, 1528 Rn. 20; vgl. auch LG Bonn FamRZ 2008, 1183.

den Ehenamen nach der Scheidung abzulegen dadurch zu vereiteln gesucht, dass der bisherige Ehename noch vor Abschluss des namensrechtlichen Verfahrens von dem zur Namensaufgabe verpflichteten Ehegatten zum Familiennamen für seine neue Ehe bestimmt wird, so liegt insoweit Sittenwidrigkeit vor.[158] Die Berufung auf die Vereinbarung kann im Einzelfall **rechtsmissbräuchlich** sein, bzw. die **Geschäftsgrundlage** für die Vereinbarung kann entfallen sein, wenn etwa in Folge langer Ehedauer das persönlichkeitsrechtliche Interesse des Ehegatten an der Namensführung erheblich gesteigert ist.[159] Das ist aber dann nicht der Fall, wenn keine Anhaltspunkte dafür vorgelegen haben, dass die Ehegatten von einer kurzen Ehedauer ausgegangen sind.[160] Auch das Interesse daran, nach der Scheidung keinen von den gemeinsamen Kindern abweichenden Namen zu tragen, genügt regelmäßig nicht, jedenfalls, wenn die Ehegatten nicht von Kinderlosigkeit ausgegangen sind. Der Namensschutz bleibt auch nach Annahme des Namens des Ehegatten als gemeinsamer Ehename für den **Geburtsnamen** des annehmenden Ehegatten bestehen.

53 Kinder können unabhängig von einer ehelichen oder unehelichen Abstammung gemäß § 1618 durch **Einbenennung** den Familiennamen einer Stiefelternfamilie erwerben. Durch die Einbenennung wird der neue Geburtsname des Kindes im Interesse der Namenskontinuität grundsätzlich **unwandelbar** fixiert, so dass sich das Kind einer Namensänderung nicht anschließen kann, die der sorgeberechtigte Elternteil nach Scheidung seiner Ehe nach § 1355 Abs. 5 S. 2 vorgenommen hat.[161] Möglich bleiben nur eine weitere Einbenennung sowie eine Namensänderung nach dem NamÄndG (→ Rn. 43).

54 Entsprechendes wie für den Ehenamen galt für den **Partnerschaftsnamen** nach § 3 LPartG. Mit Neufassung des § 1353 Abs. 1 S. 1 durch Gesetz vom 20.7.2017[162] können auch gleichgeschlechtliche Partner die Ehe eingehen und einen Ehenamen bestimmen. Eingetragene Lebenspartnerschaften können seit dem 1.10.2017 nicht mehr neu begründet werden (§ 1 LPartG) und es kann gemäß § 20a Abs. 1 S. 1 LPartG nach Wahl der Lebenspartner eine Umwandlung einer eingetragenen Lebenspartnerschaft in eine Ehe stattfinden. Im Fall der Umwandlung kann kein neuer Ehename bestimmt werden, soweit zuvor ein Lebenspartnerschaftsname bestimmt worden ist (§ 20a Abs. 2 LPartG).

55 Der **Vorname** einer natürlichen Person ist in der Regel für sich allein nicht im Hinblick auf einen unbefugten Namensgebrauch geschützt. Er genießt den Schutz des § 12 grundsätzlich nur als Teil des Gesamtnamens, es sei denn, er ist so ausgefallen, dass er ausnahmsweise von sich aus kennzeichnungskräftig ist.[163] Es ist aber möglich, dass der Vorname eine eigenständige Individualisierungsfunktion erlangt hat, weil das Publikum mit dem Namen die Person des Trägers verbindet. Dann ist ein Schutz dieses Namens wie des Gesamtnamens zuzuerkennen.[164] Davon ist auch dann auszugehen, wenn der Vorname nicht für sich als Pseudonym oder Künstlername etabliert wird bzw. von dem Träger aktiv angenommen wurde, sondern von der Öffentlichkeit aufgrund eines dauerhaften Gebrauchs, etwa in den Medien, mit dem ansonsten unter dem Gesamtnamen bekannten Prominenten in Verbindung gebracht wird.[165] Auch dann ist aufgrund der **Verkehrsgeltung** eine faktische Individualisierungsfunktion des alleinigen Vornamens neben dem Gesamtnamen anzunehmen. Insoweit ist jedoch eine erhebliche Einprägung dieses Namensgebrauchs in der Öffentlichkeit zu fordern. Die gelegentliche Benennung des Trägers mit dem Vornamen in Medien dürfte nicht ausreichen. Es muss aber der Namensträger nicht notwendig ausschließlich unter dem Vornamen bekannt sein.[166] Die Rechtsprechung nimmt den alleinigen Schutz des Vornamens unabhängig von der Häufigkeit des Namens an, wenn der Namensträger ein besonders berühmter Träger des Vornamens ist und der Vorname von nicht unerheblichen Verkehrskreisen als individualisierender Hinweis auf den Träger verstanden wird.[167] Entsprechendes gilt für **Verkürzungen von Nachnamen**. So wäre der Name „Schumi" für den Rennfahrer Michael Schumacher geschützt.[168] Die Bezeichnung „Brangelina" für die Schauspieler Brad Pitt und Angelina Jolie dürfte ebenfalls namensrechtlichen Schutz genießen. Davon ist der Gebrauch des Vornamens als angenommenes **Pseudonym** oder als Künstlername zu unterscheiden (→ Rn. 58).

56 Zum Familiennamen gehören nach Art. 109 Abs. 3 Weimarer Reichsverfassung (vgl. zur Weitergeltung als einfaches Recht Art. 123 GG) grundsätzlich auch **Adelsbezeichnungen**, die allerdings nicht mehr durch Staatsakt im Wege der Verleihung erworben werden können.[169] Weibliche Namensträger können die Adels-

---

158 AG Hamburg NJW 2010, 1890 (1891).
159 Palandt/*Brudermüller* BGB 1355 Rn. 14.
160 BGH NJW 2008, 1528 Rn. 25 f.
161 BGH NJW 2004, 1108 (1108 f.).
162 BGBl. I 2787.
163 BGH GRUR 2009, 608 Tz 12 – raule.de; als nicht hinreichend kennzeichnungskräftig beurteilt: „Mauricius" OLG München BeckRS 2013, 14138.
164 Staudinger/*Fritzsche* BGB § 12 Rn. 255.

165 BGH NJW 1983, 1184 – Uwe; GRUR 2008, 1124 Rn. 12 – Zerknitterte Zigarettenschachtel (Ernst August); OLG München GRUR 1960, 394 – Romy; aA *Fabricius* JR 1972, 15 (16).
166 Enger wohl MüKoBGB/*Säcker* § 12 Rn. 101.
167 LG München I ZUM 2000, 526 (529).
168 Vgl. auch LG Hamburg NJW-RR 2004, 1121 (1122) – Schaumburg-Lippe.
169 Vgl. RGZ 109, 243, 253; zu den Einzelheiten BeckOK BGB/*Bamberger* § 12 Rn. 27; Staudinger/*Fritzsche* BGB § 12 Rn. 50 ff.

bezeichnung in der weiblichen Form führen. Nach Vornamensänderung eines transsexuellen Namensträgers wird die Adelsbezeichnung entsprechend angepasst.[170]

Der **Ordensname**, also ein vom eigentlichen Vornamen abweichender Vorname des Mitglieds eines geistli- **57** chen Ordens, ist nicht Bestandteil des bürgerlichen Namens,[171] kann jedoch in den Personalausweis und den Reisepass als zusätzlicher Name eingetragen werden.[172] Auch ein **Hofname**, der von einem Hofbesitzer seinem bürgerlichen Namen beigefügt wird, ist grundsätzlich nicht Bestandteil des bürgerlichen Namens. Im Wege der Namensänderung kann der Hofname unter bestimmten Voraussetzungen jedoch als Namensbestandteil dem bürgerlichen Namen hinzugefügt werden.[173] **Akademische Titel** und **Berufs- oder Dienstbezeichnungen** sind nicht Teil des bürgerlichen Namens.[174] Bis zum Inkrafttreten des neuen Personenstandsgesetzes vom 19.2.2007 am 1.1.2009[175] waren akademische Titel gemäß zu Gewohnheitsrechts erstarkter tatsächlicher Übung auf Verlangen in Personenstandsbücher und Personenstandsregister einzutragen. Nach der Reform des PStG gilt dieses Gewohnheitsrecht für das Personenstandsrecht nicht fort.[176] Für die Eintragung von Doktortiteln in das Partnerschaftsregister und das Handelsregister hat sich dagegen mit der Reform des Personenstandsgesetzes nichts geändert, so dass Doktortitel insoweit kraft Gewohnheitsrechts eintragungsfähig bleiben und auf Verlangen einzutragen sind.[177] Die Eintragung des Doktorgrads erfolgt nach § 5 Abs. 2 Nr. 3 PAuswG bzw. § 4 Abs. 1 Nr. 3 PassG. Der Träger eines Titels hat bei Bestreiten seines Rechts zur Führung des Titels ein auf § 12 analog gestütztes Klagerecht.[178] Es besteht jedoch kein Anspruch auf Anrede mit dem Doktortitel.[179]

b) Pseudonym, Künstlername, Spitzname. Das Pseudonym, also ein angenommener **Deckname** oder **58** ein angenommener Künstlername, wird grundsätzlich von § 12 geschützt.[180] Im künstlerischen Bereich entspricht die Verwendung von Künstlernamen einer jahrhundertealten Sitte. Bei entsprechender Unterscheidungskraft kann das Pseudonym die gleiche **Individualisierungsfunktion** wie der bürgerliche Name haben.[181] Auf die Form des Künstlernamens, insbesondere eine dem bürgerlichen Namen entsprechende Zweigliedrigkeit kommt es nicht an. Soweit auch der eingliedrige oder **abgekürzte Künstlername** hinreichende Unterscheidungskraft besitzt, ist er geschützt wie ein mehrgliedriges Pseudonym.[182] Grundsätzlich ist die Wahl des Pseudonyms frei. Den Namensschutz genießen gerade auch an sich als Namen für natürliche Personen unübliche Fantasienamen oder Fantasiebezeichnungen (dazu auch → Rn. 93). Die Unüblichkeit der Namensschöpfung intensiviert gerade die Unterscheidungskraft des Namens. Da das Pseudonym aufgrund der Funktionsentsprechung dem gleichen Schutz wie der bürgerliche Name unterfallen kann, genießt der Träger eines solchen Pseudonyms den Namensschutz auch gegenüber dem Träger eines gleich lautenden bürgerlichen Namens (zum Unterlassungsanspruch des Trägers eines Pseudonyms → Rn. 189).[183]

Während ein Teil des Schrifttums annahm, dass der Namensschutz des Pseudonyms regelmäßig keine **59** besondere **Verkehrsgeltung** erfordert,[184] geht die heute wohl herrschende Meinung von einem solchen Erfordernis aus.[185] Das Pseudonym muss danach als Wahlname den bürgerlichen Namen kraft der Verkehrsgeltung weitgehend verdrängt haben,[186] woraus das dem Schutz des bürgerlichen Namens entsprechende Schutzbedürfnis mit einer wenigstens analogen Anwendung des § 12 hergeleitet wird. Auch der **BGH** fordert eine Verkehrsgeltung des Pseudonyms. Der namensrechtliche Schutz setzt danach voraus, dass der Namensträger im Verkehr unter diesem Namen bekannt ist. Anderenfalls sei der Schutz gleich lautender bürgerlicher Namen beeinträchtigt, weil der Namensträger schon durch die einfache Ingebrauchnahme eines entsprechenden Pseudonyms die Grundsätze des Rechts der Gleichnamigen in Anspruch nehmen könne.

170 BayObLG NJW-RR 2003, 289.
171 Staudinger/*Fritzsche* BGB § 12 Rn. 48; Soergel/ *Heinrich* BGB § 12 Rn. 4.
172 Vgl. § 5 Abs. 2 Nr. 12 PAuswG und § 4 Abs. 1 Nr. 4 PassG.
173 Vgl. BVerwG StAZ 1970, 57 zum westfälischen Hofnamen; dazu Staudinger/*Fritzsche* BGB § 12 Rn. 41.
174 BGHZ 38, 380, 382; BVerwGE 5, 291, 293; BGH NJW 1958, 2112 – Dentist; NJW 2014, 387 Rn. 7; Staudinger/*Fritzsche* BGB § 12 Rn. 42; vgl. *Zimmerling* MDR 1997, 224.
175 BGBl. I 2007,122.
176 BGH NJW 2014, 387 Rn. 14 f.; OLG Karlsruhe NJW 2013, 1099 (1100); OLG Celle StAZ 2013, 142 (Ls.); BeckOK BGB/*Bamberger* § 12 Rn. 30.
177 BGH WM 2017, 1011 Rn. 23.
178 Palandt/*Ellenberger* BGB § 12 Rn. 41; BeckOK BGB/*Bamberger* § 12 Rn. 30.

179 *Zimmerling* MDR 1997, 224.
180 HM, vgl. BGH GRUR 2003, 897 (898) – maxem.de; Staudinger/*Fritzsche* BGB § 12 Rn. 31; MüKoBGB/ *Säcker* § 12 Rn. 10; aA *Raschauer*, S. 251; *Fabricius* JR 1972, 15 (16).
181 RGZ 101, 226, 228 – Üssems Meisterakrobaten; BGHZ 30, 7, 9 – Caterina Valente; Soergel/*Heinrich* BGB § 12 Rn. 119.
182 Soergel/*Heinrich* BGB § 12 Rn. 121.
183 OLG München GRUR 1961, 46 (47); OLG Düsseldorf GRUR-RR 2013, 384 (386) – Der Wendler; Staudinger/*Fritzsche* BGB § 12 Rn. 32.
184 Soergel/*Heinrich* BGB § 12 Rn. 120; RGRK/*Krüger-Nieland* BGB § 12 Rn. 31.
185 Staudinger/*Fritzsche* BGB § 12 Rn. 32; MüKoBGB/ *Säcker* § 12 Rn. 11; *Fezer* MarkenR § 15 Rn. 62.
186 MüKoBGB/*Schwerdtner*, 4. Aufl., § 12 Rn. 47.

Ein Nichtberechtigter könne so einem Unterlassungsanspruch des Trägers des entsprechenden bürgerlichen Namens durch die bloße Berufung auf den Aliasnamen ausweichen.[187]

60 Gerade beim Künstlernamen spielt über die Individualisierungsfunktion hinaus der hier vertretene Aspekt der Herausbildung des Namensrechts als **persönlichkeitsrechtliches Immaterialgüterrecht** eine große Rolle, weil der Künstlername gerade auch der **Vermarktung des Rufs als Künstler** auf den Kulturmärkten dient. Insoweit besteht zudem eine Parallele zur Firma des Einzelkaufmanns, denn dort wird die Bezeichnung (auch) zur Bezeichnung eines bestimmten Tätigkeitsbereichs der Person verwendet.[188] Ein Künstlername kann deshalb in besonderem Maße als „Marke der Person" seines Trägers fungieren (→ Rn. 25).

61 Zumindest faktisch erfordert der immaterialgüterrechtsartige Schutz des Künstlernamens die **wirtschaftliche Verwertbarkeit** des Namens. Diese setzt eine gewisse Verbreitung und Bekanntheit voraus. Aber auch im Hinblick auf die eigentliche Individualisierungsfunktion des Pseudonyms wird man eine gewisse **Verkehrsgeltung** für den namensrechtlichen Schutz verlangen müssen und zwar schon im Interesse der Träger gleichlautender bürgerlicher Namen, deren Abwehransprüchen ansonsten jederzeit mit dem Hinweis auf die Berechtigung der Verwendung eines Pseudonyms entkräftet werden könnten.[189] Erst recht erfordert die Bejahung eines schutzwürdigen Interesses für einen Abwehranspruch nach § 12 eine gewisse Bekanntheit des Künstlernamens.[190] Sie ist allgemein auch für die Entstehung einer verstärkten Anbindung an den Decknamensträger im Hinblick auf den ideellen Persönlichkeitsschutz von Bedeutung (s. auch → Rn. 142, 176).

62 Das Pseudonym kann auch bei Verwendung im **privaten Bereich** dem Schutz des § 12 unterfallen. Eine Trennung von beruflichem und privatem Bereich ist nicht sinnvoll.[191] Ein einmal erworbener Künstlername wird nach Beendigung der künstlerischen Tätigkeit seines Trägers weiterhin geschützt.[192] Ist eine geschiedene Frau unter ihrem Ehenamen als Schriftstellerin bekannt geworden, so kann sie diesen Namen auch nach der Scheidung und einer erneuten Eheschließung als Künstlernamen weiterführen.[193]

63 Das Pseudonym ist vom sog. **Inkognito** (Anonym) zu unterscheiden; das Inkognito wird nicht durch § 12 geschützt. Hierunter fallen vor allem Gattungsbezeichnungen, unter denen jemand agiert, um die Person zu verschleiern. Der Autor etwa, der unter einem Inkognito (iudex, medicus etc) Texte veröffentlicht, will gerade eine Individualisierung verhindern, somit kommt solchen Inkognitos keine Namensfunktion zu.[194] Das gleiche gilt für Agentendecknamen und die Decknamen inoffizieller Mitarbeiter des ehemaligen Ministeriums für Staatssicherheit der DDR.[195] Wenn ein Inkognito durch entsprechende Benutzung und Erwerb von Verkehrsgeltung zum Pseudonym wird, ist es als solches namensrechtlich geschützt.

64 Eine besondere Stellung nehmen sog. **Sammelpseudonyme** ein. Unter Sammelpseudonymen veröffentlichen verschiedene Autoren eines Verlags innerhalb einer bestimmten Romangattung (Verlagspseudonym). Da insoweit letztlich eine Kennzeichnung der Romangattung, also des vermarkteten Produktes, gegeben ist, nicht aber des einzelnen Autors, nähert sich das Sammelpseudonym der Marke an[196] und ist zumindest überwiegend immaterialgüterrechtlich zu beurteilen. Eine Individualisierungsfunktion hat das Sammelpseudonym nicht; es unterfällt damit nicht § 12.[197]

65 **Spitznamen**, die sich der Betroffene nicht selbst zugelegt hat, sondern die ihm vom Verkehr zugeordnet werden, sollen den Schutz des § 12 genießen, wenn zwischen dem Spitznamen und der mit dem Spitznamen bezeichneten Person ein Zuordnungszusammenhang besteht.[198] Eine besondere Verkehrsgeltung wird auch von der hM hier nicht geprüft, weil das Entstehen einer gewissen Verkehrsgeltung bereits mit der Herausbildung des Spitznamens angenommen wird.[199] Der namensrechtliche Schutz entsteht grundsätzlich, sobald der Spitzname in Gebrauch genommen wird.[200] Ein Namensschutz des Spitznamens ist abzulehnen, wenn sich der Betroffene mit dem Spitznamen selbst nicht identifiziert, insbesondere bei Spott- und Schimpfna-

---

187 BGH GRUR 2003, 897 (898) – maxem.de; vgl. auch BVerfG GRUR 2007, 79 (80) – maxem.de.

188 *Raschauer*, S. 251.

189 BGH GRUR 2003, 897 (898) – maxem.de; abweichend hier 2. Aufl.

190 Soergel/*Heinrich* BGB § 12 Rn. 120.

191 OLG München GRUR 1961, 46 (47) – Schriftstellername; Staudinger/*Fritzsche* BGB § 12 Rn. 38; vgl. Soergel/*Heinrich* BGB § 12 Rn. 120: für eine von der Verkehrsgeltung abhängige Differenzierung.

192 RGZ 101, 226, 231 – Üssems Meisterakrobaten.

193 OLG München GRUR 1961, 46 (47) – Schriftstellername.

194 OLG Jena JW 1925, 1659; Soergel/*Heinrich* BGB § 12 Rn. 122.

195 Staudinger/*Fritzsche* BGB § 12 Rn. 37; MüKoBGB/*Säcker* § 12 Rn. 12.

196 OLG Hamm GRUR 1967, 260 (261) – Irene von Velden.

197 HM, s. Wandtke/Bullinger/*Thum* UrhG § 10 Rn. 6; Staudinger/*Fritzsche* BGB § 12 Rn. 36; MüKoBGB/*Säcker* § 12 Rn. 12.

198 OLG Hamburg GRUR 2002, 450 (451) – Quick Nick; LG Frankfurt aM MMR 2004, 113 – mormonen.de; zweifelnd hinsichtl. der Spitznameneigenschaft der Bezeichnung „Mormonen" MüKoBGB/*Säcker* § 12 Rn. 11.

199 Staudinger/*Fritzsche* BGB § 12 Rn. 39; *Fezer* MarkenR § 15 Rn. 63; vgl. auch LG München I NJW-RR 2007, 921 (922) – Schweini; aA wohl Palandt/*Ellenberger* BGB § 12 Rn. 7.

200 OLG Hamburg GRUR 2002, 450 (451) – Quick Nick.

men. Anhaltspunkte für eine Identifizierung mit dem Spitznamen kann die Eintragung einer dem Spitznamen entsprechenden Marke sein.[201] Die aktive Ingebrauchnahme durch den Bezeichneten kann nach Auffassung des LG München I durch die Verwendung des Spitznamens und die Zuordnung des Namens zu einer bestimmten Person in den öffentlichen Medien ersetzt werden. Der Namensschutz entsteht dann auch, wenn der Träger des Spitznamens diesen selbst noch nicht aktiv aufgreift und benutzt und gegebenenfalls sogar dann, wenn er selbst nicht positiv hinter der Verwendung des für ihn verwendeten Spitznamens steht.[202]

c) Firma der Einzelkaufleute. Die Firma der Einzelkaufleute (§ 17 HGB) fällt immer unter den Schutz des § 12. Ihr registerrechtlich zulässiger Inhalt richtet sich nach § 19 Abs. 1 Nr. 1 HGB. Der namensrechtliche Schutz der Firma ist nicht davon abhängig, dass die Firma mit dem bürgerlichen Namen der natürlichen Person als Firmeninhaber übereinstimmt.[203] Vielmehr ist jede Firma, auch soweit sie als abgeleitete Firma den bürgerlichen Namen des Inhabers nicht enthält, Name im Sinne des § 12 (zum Verhältnis zum handelsrechtlichen Firmenschutz → Rn. 17).[204] Das Namensrecht der Einzelkaufleute und ihr Firmenrecht stehen selbstständig nebeneinander.[205] **66**

2. Juristische Personen, Rechtssubjekte ohne Rechtspersönlichkeit und Gebilde ohne Rechtsfähigkeit. a) Ausdehnung des Anwendungsbereichs. Ursprünglich sollte sich der Schutz des § 12 nur auf natürliche Personen beziehen. Neben der Ausdehnung des Schutzbereichs des § 12 auf sämtliche Firmen der Einzelkaufleute (→ Rn. 66) erfolgte bereits früh eine richterrechtliche **Erweiterung des Schutzbereichs** des § 12 auf Kennzeichen von juristischen Personen und Personenvereinigungen ohne Rechtspersönlichkeit, weil das Bedürfnis erkannt wurde, sämtliche Einheiten, die im Rechtsverkehr unter einem Namen oder einer Firma auftreten, im Hinblick auf ihr Unterscheidungsinteresse gleich zu behandeln.[206] Die Schutzbereichsausdehnung kann inzwischen als **gewohnheitsrechtlich** anerkannt angesehen werden.[207] § 12 ist damit zur „**Generalklausel des gesamten Bezeichnungsrechts**" geworden.[208] Auf das Vorliegen einer eigentlichen Verbandsstruktur dürfte es im Übrigen nicht ankommen. Der Namensschutz knüpft richtigerweise rein funktionell an die **Teilnahme einer Einheit am Rechtsverkehr** an. Deshalb ist der Namensschutz *zumindest* bei Zuerkennung von (Teil-)Rechtsfähigkeit an andere Einheiten auf diese ohne Weiteres in vollem Umfang auszudehnen (vgl. aber auch → Rn. 74). Nach herrschender Lehre handelt es sich bei der erweiternden Anwendung des § 12 um eine **Analogie**.[209] **67**

b) Juristische Personen. Juristische Personen genießen Namensschutz nach § 12, weil sie ohne eine Firma oder ein anderweitiges Kennzeichen als Name nicht im Rechtsverkehr handeln können. Namensschutz kommt daher dem **eingetragenen Verein** zu,[210] dessen grundsätzlich frei wählbarer[211] Name eine dem bürgerlichen Namen entsprechende Funktion hat.[212] Der Namensschutz nach § 12 erstreckt sich auf den vollen Vereinsnamen, der in der Vereinssatzung § 57 Abs. 1 bestimmt, in das Vereinsregister eingetragen wird und damit den Zusatz „eingetragener Verein" erhält (§ 65).[213] Daneben ist auch der aus dem Vereinsnamen abgeleitete für sich unterscheidungskräftige Kurzbezeichnung schutzfähig (s. zu Kurzbezeichnungen → Rn. 100 ff.). Namensschutz besteht für die Firma einer **Kapitalgesellschaft**, die Sach- oder Personenfirma sein kann. Der Namensschutz der Firma einer Kapitalgesellschaft besteht grundsätzlich so lange, wie die Gesellschaft als Rechtsperson existiert. Die Gesellschaft hat aus dem Gesichtspunkt einer unbefugten Benutzung des Namens durch Dritte allerdings keine kennzeichenrechtlichen Ansprüche, wenn sie kein Unternehmen mehr betreibt.[214] Ebenso genießt die **BGB-Stiftung** als juristische Person den Schutz des § 12.[215] **68**

Für die Anerkennung des Namensschutzes spielt es grundsätzlich keine Rolle, ob es sich um eine juristische Person des Privatrechts oder des **öffentlichen Rechts** handelt. Geschützt ist deshalb der Name von Gebiets- **69**

201 LG Frankfurt aM MMR 2004, 113 – mormonen.de.
202 LG München I NJW-RR 2007, 921 (922) – Schweini.
203 Anders noch RGZ 59, 284, 285 f.
204 BGHZ 11, 214 – KfA; 14, 155, 159 – Farina; Staudinger/*Fritzsche* BGB § 12 Rn. 24; *Fezer* MarkenR § 15 Rn. 64.
205 *Köhler* FS Fikentscher, S. 494, 496 f.
206 RGZ 74, 114, 115 – Verein für deutsche Schäferhunde; 78, 101, 102 – Gesangverein Germania; BGHZ 14, 155, 159 – Farina; BGH GRUR 1953, 446 – Verein der Steuerberater; MüKoBGB/*Schwerdtner*, 4. Aufl., § 12 Rn. 51 ff.; Soergel/*Heinrich* BGB § 12 Rn. 29 ff., jeweils mwN; aA jedoch *Fabricius* JR 1972, 15 (17).

207 MüKoBGB/*Schwerdtner*, 4. Aufl., § 12 Rn. 52; Soergel/*Heinrich* BGB § 12 Rn. 29.
208 *Fezer* MarkenR § 15 Rn. 53.
209 Vgl. Staudinger/*Fritzsche* BGB § 12 Rn. 65 mwN.
210 BGH NJW 1970, 1270; GRUR 2008, 1102 (1103) – Haus & Grund I.
211 Vgl. BayObLG NJW 1992, 2362 (2363).
212 RGZ 74, 114, 115 – Verein für deutsche Schäferhunde.
213 Ausf. zum Namen des eingetragenen Vereins Soergel/*Heinrich* BGB § 12 Rn. 123 ff.
214 BGH GRUR 1961, 420 (422) – Cuypers; *Fezer* MarkenR § 15 Rn. 67.
215 Soergel/*Heinrich* BGB § 12 Rn. 30.

körperschaften wie einer **Stadtgemeinde**,[216] wobei nach Auffassung älterer Rechtsprechung schon die Bezeichnung „Stadt" ohne Angabe des vollen Gemeindenamens Namensschutz nach § 12 genießen konnte.[217] So verstand die Rechtsprechung die Bezeichnung „Stadttheater" nicht nur örtlich, sondern als Namensverwendung dergestalt, dass damit das Theater der Stadt als Namensträgerin gemeint ist.[218] Das wurde auf andere Bezeichnungen übertragen, wie „Stadtapotheke",[219] „Kreisblatt"[220] sowie „Universität".[221] Als maßgeblich wird angenommen, dass nach der Verkehrsauffassung eine irgendwie geartete Beziehung der Bezeichnung zur politischen Körperschaft gegeben ist.[222] Deshalb erfasst der Schutz auch Bezeichnungen, die mittelbar auf die Gemeinde oder Stadt hinweisen.[223] Diese Auffassung kann heute nur noch eingeschränkt aufrechterhalten werden. Oft versteht der Verkehr nämlich unter einer Kombination mit dem Begriff „Stadt" keinen Hinweis auf die Rechtsträgerschaft der Gebietskörperschaft, sondern nur noch einen Ortshinweis. Wenn die bezeichnete Einrichtung jedoch typischerweise in Trägerschaft einer Gebietskörperschaft steht, besteht auch weiterhin entsprechender Namensschutz.[224] Das ist etwa bei den Bezeichnungen „Universitätsapotheke", „Universitätsklinik" oder „Stadttheater" anzunehmen, nicht dagegen bei „Stadtapotheke". Namensschutz steht auch ausländischen **Staaten** am Staatsnamen zu und zwar in der Form des im Inland üblichen Sprachgebrauchs also in ihrer deutschen Übersetzung.[225]

70 Namensschutz genießen auch Bezeichnungen von Behörden, Gerichten und anderen Funktionseinheiten der öffentlichen Verwaltung sowie Körperschaften.[226] Eine Gemeinde kann etwa Namensschutz an der **Bezeichnung einer ihrer Behörden** oder Einrichtungen haben. Voraussetzung ist aber eine sichere Zuordnung der Behördenbezeichnung zu der betroffenen Gemeinde. Es darf sich nicht um die Verwendung einer bloßen Sachbezeichnung handeln.[227] Eine entsprechende Zuordnung ist bei Verwendung der Behördenbezeichnung in einem örtlich gegliederten Telefonbuch immer der Fall, weil der Verkehr die entsprechende Zuordnung der dort aufgeführten Behördenbezeichnung zu der jeweiligen Gemeinde schon aufgrund des Standorts im Telefonbuch vornimmt.[228] Bei der Behördenbezeichnung einer Bundesbehörde kann man von einer grundsätzlichen Zuordnung zur Bundesrepublik Deutschland ausgehen.[229] Das Recht am Namen „BAG" für das Bundesarbeitsgericht steht der Bundesrepublik Deutschland zu.[230] Der Begriff „Polizei" ist den Polizeibehörden des Bundes und der Länder eindeutig zugeordnet.[231] Die Bezeichnung „Mahngericht" ist dagegen mangels Kennzeichnungs- und Namensfunktion nicht zugunsten eines Bundeslandes geschützt.[232] Die Bezeichnung „stadtwerke-*Gemeindename*" in einer Domain ist ausreichend kennzeichnungskräftig.[233] Einer Gemeinde kann **öffentlich-rechtlicher Namensschutz** *analog* § 12 zustehen, wenn ihr Name durch einen anderen öffentlichen Rechtsträger im Rahmen seines öffentlich-rechtlichen Wirkungsbereichs beeinträchtigt wird.[234]

71 **c) Rechtssubjekte ohne Rechtspersönlichkeit und Gebilde ohne Rechtsfähigkeit.** Rechtssubjekte, denen zwar Rechtsfähigkeit aber keine Rechtspersönlichkeit zukommt, genießen volle Namensrechtsfähigkeit. Die Begründung hierfür unterscheidet sich nicht von der Begründung der Namensrechtsfähigkeit juristischer Personen (→ Rn. 68). Geschützt ist deshalb die Firma der **OHG** und der **KG** und zwar unabhängig davon, ob die Firma den Familiennamen wenigstens eines der Gesellschafter enthält.[235] Die Firma, Personenfirma wie Sachfirma, ist dabei immer der Name der Handelsgesellschaft.[236] Entsprechendes gilt für die Firma einer **Vorgesellschaft**, also der Vorstufe einer AG oder GmbH zwischen Gründung und Erlangung der Rechtspersönlichkeit durch Eintragung in das Handelsregister. Die Rechtsfähigkeit der Vorgesellschaft ist als Ausfluss der bereits körperschaftlichen Struktur des als Gesellschaft *sui generis* angesehenen Gebil-

216 BGH GRUR 2007, 259 (260) – solingen.info; LG Mannheim NJW 1996, 2736 – heidelberg.de; SächsOVG-Anhalt B13.11.2009 – 4 M 217/09 – Oberharz; KG NJW-RR 2013, 1452 (1453) – berlin.com; LG Berlin MMR 2018, 119 Rn. 36 – berlin.com.

217 RGZ 101, 169, 171.

218 RGZ 101, 169, 171.

219 RG JW 1927, 117; vgl. Soergel/*Heinrich* BGB § 12 Rn. 135.

220 Erman/*H.P.Westermann* BGB § 12 Rn. 16.

221 Soergel/*Heinrich* BGB § 12 Rn. 135 mwN.

222 RGZ 101, 169, 171; Soergel/*Heinrich* BGB § 12 Rn. 135.

223 BGH GRUR 1964, 38 – „Dortmund grüßt".

224 MüKoBGB/*Säcker* § 12 Rn. 111.

225 KG GRUR-RR 2013, 490 (491) – aserbaidschan.de.

226 Zum Namensschutz einer Körperschaft des öffentlichen Rechts OLG München GRUR-RR 2007, 212 – Kloster Andechs.

227 OLG Hamm MMR 2016, 691 Rn. 29 – polizei (Namensfunktion angenommen); OLG Köln GRUR-RR 2006, 67 (68) – Mahngericht (Namensfunktion abgelehnt).

228 OLG Düsseldorf GRUR-RR 2003, 381 (381) – Straßenverkehrsamt.

229 Vgl. zu § 43 ABGB OGH GRUR Int. 2000, 470 (471) – bundesheer.at; GRUR Int. 2003, 182 (184) – bundesheer.at II.

230 LG Köln MMR 2014, 770 – bag.de.

231 OLG Hamm MMR 2016, 691 – polizei-jugendschutz.de.

232 OLG Köln GRUR-RR 2006, 67 (68) – Mahngericht.

233 OLG Hamburg K&R 2010, 195 – stadtwerke-u.de.

234 Vgl. BVerwGE 44, 351, 353 f.; MüKoBGB/*Säcker* § 12 Rn. 23; Staudinger/*Fritzsche* BGB § 12 Rn. 70.

235 RGZ 114, 90, 93 – Neuerburg; aA noch RG MuW 1929, 220.

236 *Fezer* MarkenR § 15 Rn. 65.

des anerkannt. Die Firma der Vorgesellschaft ist nach § 15 MarkenG und ihr Name nach § 12 geschützt.[237] Wird der Name der Vorgesellschaft in der Firma der später eingetragenen Kapitalgesellschaft verwendet, dann genießt diese die Kennzeichenpriorität der Vorgesellschaft.[238] Wegen der Irreführungsgefahr nach § 5 UWG ist es erforderlich, dass die Vorgesellschaft mit einem das Gründungsstadium anzeigenden Zusatz firmiert.[239]

Da es auf die Rechtsfähigkeit des Namensträgers für den Namensschutz einer Einheit nach Auffassung der Rechtsprechung nicht ankommt, es vielmehr ausreicht, dass es sich um eine hinreichend abgegrenzte und dauerhaft verselbstständigte **Organisationseinheit** handelt,[240] kommt geeigneten Einheiten auch ohne einen die (Teil-)Rechtsfähigkeit erreichenden Personifikationsgrad Namensschutz zu. Ob dabei räumliche und personelle Mittel zu einer besonderen Unternehmenseinheit zusammengefasst sind, ist unerheblich.[241] Erst recht ist der Bezeichnung einer **unselbstständigen Stiftung** im Sinne einer treuhänderisch hergestellten Verselbstständigung kennzeichnungsrechtlicher Schutz grundsätzlich zuzugestehen (vgl. aber auch → Rn. 74 f.). **72**

Inwieweit **nichtrechtsfähige Gebilde** nicht nur den Schutz nach § 15 MarkenG haben, sondern auch den **Schutz nach § 12**, ist **streitig**. Für früher als nicht rechtsfähig angesehene **Verbände** wurde ein namensrechtlicher Schutz nach § 12 mit der Begründung für möglich gehalten, dass man diesen schon aus den Namensrechtspositionen der Mitglieder des Verbands herleiten könne.[242] Nach § 12 geschützt ist danach der Name der **Gesellschaft bürgerlichen Rechts**.[243] Das gilt erst recht nach der höchstrichterlichen Anerkennung der Rechtsfähigkeit der BGB-Außengesellschaft.[244] **73**

Auch andere **Gesamthandsgemeinschaften** können Namensschutz genießen, etwa eine **Erbengemeinschaft**. Schließlich genießt auch ein **Verein ohne Rechtspersönlichkeit**[245] einschließlich einer **Gewerkschaft** den Namensschutz. Dieser erstreckt sich auch auf eine unterscheidungskräftige oder mit Verkehrsgeltung ausgestattete Namensabkürzung,[246] insbesondere einer politischen **Partei**.[247] Der Namensschutz politischer Parteien wird darüber hinaus durch § 4 Abs. 1 S. 1 PartG modifiziert und erweitert. Auf Wählervereinigungen ist § 4 PartG nicht anwendbar.[248] Der Name solcher Vereinigungen ist dann nach § 12 geschützt, wenn er unterscheidungskräftig ist. Das wurde für die Bezeichnung *„Freie Wähler"* angenommen, weil insoweit aus zwei für sich genommen beschreibenden Begriffen eine einprägsame Gesamtbezeichnung entsteht.[249] Der Name einer später gegründeten Partei muss sich danach von dem Namen einer bereits bestehenden Partei deutlich unterscheiden.[250] Dies gilt unabhängig davon, ob der Name der bestehenden Partei eine individualisierende Eigenheit oder Verkehrsgeltung hat.[251] Der Name einer **Stiftung ohne Rechtspersönlichkeit** wird teilweise aufgrund der Herleitung des Namensschutzes aus den namensrechtlichen Positionen der Mitglieder verbandsmäßiger Gebilde als nicht nach § 12 schutzfähig angesehen.[252] **74**

Für **unselbstständige Stiftungen** kann man einen Namensrechtsschutz auf der Grundlage der herrschenden Begründung für die Zuerkennung des Namensschutzes an nichtrechtsfähige Verbände aus den Namensrechtspositionen des Stifters oder des Stiftungsträgers ableiten. Das kommt jedenfalls in Betracht, falls man fiduziarisch verfasste stiftungshafte Gestaltungen als wenigstens verbandsähnliche Personifikationen auf- **75**

237 BGHZ 120, 103, 107 – Columbus; Soergel/*Heinrich* BGB § 12 Rn. 140; Staudinger/*Fritzsche* BGB § 12 Rn. 81.
238 *Fezer* MarkenR § 15 Rn. 68.
239 OLG Karlsruhe WRP 1993, 42 (43).
240 BGHZ 103, 171, 173 – Christophorus-Stiftung, zu § 16 UWG aF, dazu *K. Schmidt*, in: Hopt/Reuter (Hrsg.), Stiftungsrecht in Europa, 2001, S. 175, 186; OLG Brandenburg OLG-NL 1998, 45 – Templiner Puppenkiste; vgl. auch BGHZ 120, 103, 106; RGZ 78, 101, 102 – Gesangsverein Germania; Palandt/*Ellenberger* BGB § 12 Rn. 9; Soergel/*Heinrich* BGB § 12 Rn. 31.
241 BGHZ 103, 171, 173 – Christophorus-Stiftung, entgegen OLG Hamburg NJW-RR 1986, 1305 (1305) als Vorinstanz.
242 Vgl. OLG Hamburg NJW-RR 1986, 1305 – Christophorus-Stiftung.
243 Soergel/*Heinrich* BGB § 12 Rn. 31; MüKoBGB/*Säcker* § 12 Rn. 20; Staudinger/*Fritzsche* BGB § 12 Rn. 76 mwN.
244 BGH NJW 2001, 1056 – ARGE Weißes Ross; 2002, 368.

245 RGZ 78, 101, 102 – Gesangsverein Germania; Brandenburgisches OLG OLG-NL 1998, 45 – Templiner Puppenkiste.
246 BGHZ 43, 245, 257 – GdP.
247 OLG Frankfurt aM NJW 1952, 792 (794) – SPD; OLG Karlsruhe NJW 1972, 1810 – CDU; OLG Köln GRUR-RR 2018, 219 – Gründungsaufruf CDSU; LG Bielefeld GRUR-RR 2004, 400 (401) – Grün-Alternative-Liste; LG Hamburg GRUR-RR 2005, 67 (68) – Schill-Partei; LG Köln MMR 2018, 403 Tz. 16 – www.wir-sind-afd.de; vgl. zur verfassungsrechtlichen Frage BVerfG DtZ 1991, 27 – DSU.
248 BGH GRUR 2012, 529 Tz 9 – Freie Wähler.
249 BGH GRUR 2012, 529 Tz 12 – Freie Wähler.
250 S. näher MüKoBGB/*Säcker* § 12 Rn. 146.
251 BGHZ 79, 265, 269.
252 *Reich*, S. 122; *Wochner* ZEV 1999, 125 (130); offen gelassen von OLG Hamburg NJW-RR 1986, 1305 (1305) – Christophorus-Stiftung; aA OLG Jena GRUR-Prax 2013, 225; Schlüter/Stolte, Stiftungsrecht 3. Aufl. 2016, Kap. 4 Rn. 35 (besondere Geschäftsbezeichnung).

fasst.[253] Der Namensschutz nach § 12 BGB sollte unabhängig davon im Hinblick auf die wirtschaftliche und soziale Bedeutung des Namens für ein im gesellschaftlichen Leben als Einheit auftretendes Gebilde gesehen werden. Es ist danach nicht angemessen, ihn nur von der namensrechtlichen Position der Stiftungs-beteiligten abzuleiten. Wenn ein Gebilde als soziale Einheit auftritt, so folgt daraus, dass jedenfalls die Grundlage für die Anerkennung eines gewissen Personifikationsgrades besteht, der auch durch die Rechts-ordnung Anerkennung finden sollte.

76 Dabei ist der Schutz des Namens nicht als Ausfluss der Anerkennung als rechtsfähiges Gebilde zu sehen, sondern vielmehr bereits als Ausfluss der sozialen Realität eines Gebildes als einer der (begrenzten) juristi-schen Personifizierung zugänglichen Einheit. Die Gründe, die dazu führen, ein an sich nur natürlichen Per-sonen zustehendes Namensrecht aufgrund der sozialen Präsenz bestimmter anderer Gebilde zumindest ana-log auf juristische Personen zu erstrecken, gelten aufgrund der sozialen Realität unselbstständiger Stiftungs-gebilde auch für diese Gestaltungen. Der Namensschutz nach § 12 BGB ist allgemein allen mit persönlichen oder sachlichen Mitteln ausgestatteten Organisationseinheiten zuzugestehen, nicht nur Personenverbänden.

77 Weit darüber hinausgehend hat der BGH es sogar für möglich gehalten, dass nicht nur *personale* Einheiten und Verselbstständigungen, zu denen auch Stiftungen aufgrund ihrer Ableitung aus dem Stifterwillen letzt-lich gehören, sondern auch „tote" Einheiten, zB **Gebäude**, Träger eines nach § 12 schutzfähigen Namens sein können, soweit ein, nicht notwendig wirtschaftliches, schutzwürdiges Interesse an einem Namens-schutz gegeben ist (→ Rn. 115).[254] Dabei geht es offensichtlich nicht um eine Frage des **Schutzobjektes**, sondern um das Schutzsubjekt, die **Trägerschaft des Namens**, die wiederum von der **Trägerschaft des Namensrechts** zu unterscheiden ist. Letztere ist nach Auffassung des BGH nach den Umständen des Ein-zelfalls zu entscheiden.[255] Unter Verweis auf diese Rechtsprechung hat das LG Düsseldorf den Namens-schutz einer Fantasiebezeichnung einer Immobilie deshalb als nach § 12 geschützt angesehen, weil ein besonderes wirtschaftliches Interesse daran bestehe, eine Immobilie mit einer einprägsamen Bezeichnung zu versehen und sie unter dieser Bezeichnung zu vermarkten.[256] In der Entscheidung *„Landgut Borsig"*[257] hat der BGH unter Bezugnahme auf die *Sternhaus*-Entscheidung die Möglichkeit einer **Verselbststandi-gung eines Namens von seinem ursprünglichen Träger in Verbindung mit einer Liegenschaft** ange-nommen und einen Schutz des Namens der Liegenschaft analog § 12 bejaht. Träger des Namens*rechts* war in diesem Fall der jeweilige Eigentümer der Liegenschaft, weil der *Name* an dem Objekt haftet. Das Namensrecht ist also akzessorisch zum Eigentum an dem Objekt. Wird das Objekt veräußert, erwirbt der Erwerber auch die Befugnis, den Namen für das Objekt zu verwenden. Voraussetzung ist das Vorliegen eines ausreichenden schutzwürdigen Interesses an der Verbindung des Namens mit dem Objekt. Ein solches Interesse kann wirtschaftlicher aber etwa auch historischer Art sein. Weitere Voraussetzung ist nach dem BGH, dass die Bezeichnung gerade in Bezug auf die Liegenschaft Identitäts- und Unterscheidungsfunktion hat. Es muss festzustellen sein, dass die Verwendung des Namens für die Liegenschaft im allgemeinen Sprachgebrauch, vor allem im näheren örtlichen Umfeld oder in wissenschaftlichen oder amtlichen Veröf-fentlichungen üblich ist. Konsequenterweise könnten damit auch Namen anderer **materieller Gegenstände**, Namen von **Tierindividuen** und sogar Namen von **schöpferischen Leistungen** analog § 12 geschützt wer-den, soweit der den Namen tragende Gegenstand oder das Tier in seiner Außenwahrnehmung in ausreichen-der Weise durch einen personalen Namensträger mitgeprägt wird oder wurde.[258]

77a Diese **Ausweitung des Schutzbereichs von § 12** wird von der wohl herrschenden Auffassung im Schrift-tum mit Verweis auf die personenrechtliche Verwurzelung des Namensrechts nach § 12 abgelehnt.[259] Der Name „löse" sich hier nicht nur von der Person, wie dies etwa bei der Personenmarke der Fall war und auch bei der Firma der Fall ist. Er werde von vornherein nicht mehr personenbezogen gesehen. Nach hier vertre-tener Auffassung wird der Rechtsprechung dagegen zugestimmt. Soweit ein ausreichender, zumindest mit-telbarer personaler Bezug für den Namen besteht, ist die Namensträgerschaft von Gegenständen vertretbar. Der dazu notwendige personale Bezug könnte etwa durch die Schöpfereigenschaft, Entdeckereigenschaft oder durch langjähriges Eigentum einer Person begründet werden. So könnte beispielsweise die Personalität eines Erbauers fortwirken und dem losgelösten und mit dem Gebäude übertragenen Namensrecht seine per-sonale Substanz geben.[260]

78 Die Anerkennung einer darüberhinausgehenden (Teil-)Rechtsfähigkeit ist jedenfalls maßgeblich für die Frage der **Namensrechtsfähigkeit** solcher Gebilde, also die Frage, inwieweit die Einheit selbst Trägerin des

253 *Koos*, Fiduziarische Person und Widmung, S. 260 ff.;
     ablehnend Staudinger/*Hüttemann/Rawert* BGB Vor
     §§ 80 ff. Rn. 322.
254 BGH GRUR 1976, 311 (312) – Sternhaus.
255 BGH GRUR 1976, 311 (312) – Sternhaus.
256 LG Düsseldorf GRUR-RR 2001, 311 (312) – Sky-
     light.

257 BGH GRUR 2012, 534 (536 ff.) – Landgut Borsig.
258 *Koos* LMK 2012, 332198.
259 *Fezer* GRUR 1976, 312 (313); MüKoBGB/*Säcker*
     § 12 Rn. 36; Staudinger/*Fritzsche* BGB § 12 Rn. 105;
     ebenfalls ablehnend 2. Aufl. Rn. 77; zustimmend
     Eusani MDR 2017, 1276 (1279 ff.).
260 *Koos* LMK 2012, 332198.

Namensrechts sein kann und dieses Recht selbst geltend machen kann. Fehlt es an einer eigenen Rechtsfähigkeit des Namensträgers, ist zwar der **Name** der Einheit als solcher geschützt, das **Recht am Namen** steht aber dem jeweiligen Rechtsträger zu, dessen entsprechend abgegrenzte Organisationseinheit den Namen trägt.[261]

Infolge der Anerkennung der **Rechtsfähigkeit von Gesamthandsgesellschaften**, insbesondere der Außengesellschaft bürgerlichen Rechts und des Vereins ohne Rechtspersönlichkeit, sind solche Einheiten selbst Träger ihres Namensrechts. Das Namensrecht eines Rechtssubjekts ohne Rechtspersönlichkeit ist dabei nicht von den Namensrechtspositionen der Verbandsmitglieder abzuleiten, sondern allein mit der wirtschaftlichen und sozialen Bedeutung des Namens für das im gesellschaftlichen Leben als Einheit auftretende Gebilde zu erklären. Zwar können einer solchen Einheit Rechtspositionen nur insoweit zustehen, als sie mit dem Wesen des Rechtssubjektes vereinbar sind. Inwieweit einer rechtsfähigen Gesellschaft bürgerlichen Rechts oder einem Verein ohne Rechtspersönlichkeit selbst Persönlichkeitsrechte zustehen können, kann im Einzelnen fraglich sein. Gerade das Namensrecht ist aber ein Recht, das auch soweit es nicht ausschließlich im geschäftlichen Rahmen verwendet wird, mit der sozialen Realität der Einheit unmittelbar verbunden ist. Die Einheit bedarf aufgrund ihres Identitätsinteresses auch insoweit eines Namensrechts. **79**

Bestand der Namensträger ursprünglich als nichtrechtsfähige Organisationseinheit und stand das Namensrecht damit dem Rechtsträger der Organisationseinheit zu, dann geht das Namensrecht ohne Weiteres auf den Namensträger über, wenn dieser später Rechtsfähigkeit erlangt.[262] **80**

3. Namensschutz von Ausländern. Ausländer genießen den Namensschutz des § 12, unabhängig davon, ob ein inländischer Wohnsitz oder eine inländische Niederlassung besteht und ob die PVÜ Anwendung findet oder ob Gegenseitigkeit verbürgt ist.[263] Die Frage, ob ein Ausländer ein Namensrecht oder ein Recht auf eine Geschäftsbezeichnung hat, ist eine Frage des Internationalen Privatrechts. Das **Personalstatut** (Art. 10 Abs. 1 EGBGB) ist maßgeblich für den bürgerlichen Namen, das **Gesellschaftsstatut** für Kennzeichen und Firmen von Gesellschaften. Die **Reichweite des Namensschutzes** im Inland richtet sich bei Ingebrauchnahme im Inland jedoch nach **deutschem Recht**. Das ist Folge der Maßgeblichkeit des **Deliktsstatuts**.[264] Es gilt zumindest bei der Verletzung des bürgerlichen Namens ohne vermögensrechtliche Relevanz, bei der der rein persönlichkeitsrechtliche Aspekt im Vordergrund steht, **Art. 40 EGBGB**, nicht die Rom II-VO, da außervertragliche Schuldverhältnisse aus der Verletzung der Persönlichkeitsrechte nach Art. 1 Abs. 2 lit. g Rom II-VO vom Anwendungsbereich ausgenommen sind.[265] Anderes könnte gelten, wenn der vermögensrechtliche Aspekt im Vordergrund steht, etwa bei der Frage der Schutzreichweite von Namensrechten, die mit dem Eigentum eines Gegenstands auf den Erwerber übergehen können, wie bei Liegenschaftsnamen (→ Rn. 77 f.). Es ist möglich, dass ein Ausländer durch den Inlandsschutz des Namens besser gestellt ist als durch den Namensschutz in seinem Heimatstaat.[266] Die Schutzreichweite geht niemals über den Schutzbereich des inländischen Rechts nach § 30 HGB, § 12 hinaus.[267] Soweit Namensrechte als **Immaterialgüterrechte** zu qualifizieren sind, insbesondere im Fall der Kennzeichen nach §§ 5, 15 MarkenG, ist das Territorialitätsprinzip maßgeblich, so dass eine Verletzung des inländischen Rechts ausschließlich im Inland erfolgen kann. Kollisionsrechtlich ist dann nach dem gewohnheitsrechtlich anerkannten und für die außervertragliche Haftung im Zusammenhang mit der Verletzung eines als Recht des geistigen Eigentums zu qualifizierenden Namens- oder Kennzeichenrechts in **Art. 8 Abs. 1 Rom II-VO** normierten **Schutzlandprinzip** das Recht des Staates anwendbar, für den der Schutz begehrt wird.[268] **81**

Der Schutz der **Firma eines ausländischen Unternehmens** tritt ein, wenn das Unternehmen die Benutzung des Kennzeichens im Inland aufgenommen hat.[269] Eine dazu ausreichende **Benutzungsaufnahme** ist nicht schon bei Vorliegen der bloßen Absicht anzunehmen, das Kennzeichen im Inland zu benutzen. Das Kennzeichen muss andererseits nicht notwendig so in den inländischen Geschäftsverkehr eingedrungen sein, dass in den beteiligten Verkehrskreisen bereits eine gewisse Namensgeltung erlangt wurde[270] oder dass das Unternehmen bereits im Inland gegenüber der Marktgegenseite in Erscheinung getreten ist.[271] Es reicht aus, **82**

---

261 Etwas missverständlich Brandenburgisches OLG OLG-NL 1998, 45 (45) – Templiner Puppenkiste, s. aber auch 46; vgl. auch die Erörterung in OLG Hamburg NJW-RR 1986, 1305 (1305) – Christophorus-Stiftung.

262 Vgl. OLG Brandenburg OLG-NL 1998, 45 (46) – Templiner Puppenkiste.

263 RGZ 117, 215, 218 – Eskimo Pie; BGHZ 8, 318, 319 – Pazifist; NJW 1971, 1522 – SWOPS.

264 Vgl. dazu Staudinger/*Fritzsche* BGB § 12 Rn. 374 mwN.

265 MüKoBGB/*Säcker* § 12 Rn. 71; offengelassen in BGH GRUR 2016, 810 Tz. 35 – profit-bricks.es.

266 *Fezer* MarkenR § 15 Rn. 91.

267 BGHZ 8, 318, 319 – Pazifist; 39, 220, 233 – Koh-i-nor; 75, 172 – Concordia I; NJW 1971, 1522 – SWOPS.

268 BGH GRUR 2005, 431 (432) – HOTEL MARITIME mwN; MüKoBGB/*Heine* § 12 Rn. 298; s. näher dazu Staudinger/*Fezer/Koos* Internationales Wirtschaftsrecht Rn. 883 ff., 904 ff.

269 BGH GRUR 2013, 294 Rn. 15 – dlg.

270 BGHZ 75, 172 – Concordia I; GRUR 1969, 357 (359) – Siehl.

271 BGH NJW 1971, 1522 – SWOPS.

dass irgendeine, gegebenenfalls auch im Ausland erfolgende, Benutzungshandlung festzustellen ist, die auf eine dauerhafte **Ausdehnung der Geschäftstätigkeit** des bisher im Ausland tätigen Unternehmens auf das Inland schließen lässt.[272] Bei einem Streit um Domainnamen kann unabhängig von der Annahme eines inländischen Kennzeichenrechts des Domaininhabers ein berechtigtes Interesse dieses Domaininhabers an der Verwendung der Top-Level-Domain „.de" bestehen, wenn er unter diesem Domainnamen deutschsprachige Inhalte zugänglich machen möchte.[273] Auf eine weitere inländische Benutzungsaufnahme kommt es dabei nicht an. Andererseits kann eine Interessenbeeinträchtigung des deutschen Kennzeicheninhabers durch Domainverwendung des Namens unter einer fremden länderspezifischen Top-Level-Domain entfallen, wenn nicht festgestellt wird, dass seine konkreten schutzwürdigen Interessen an dem Gebrauch seines Kennzeichens gerade unter dieser fremden Top-Level-Domain beeinträchtigt werden.[274]

83   Eine Ausdehnung der Geschäftstätigkeit in das Inland kann sich insbesondere daraus ergeben, dass das Unternehmen im Inland **Warenlieferungen** vornimmt, aber auch bereits, wenn es nur **Wareneinkäufe** tätigt.[275] Dabei kommt es nicht darauf an, ob der Wareneinkauf eine besondere Öffentlichkeitswirkung hat, weil maßgeblich nicht die Bekanntheit der wirtschaftlichen Betätigung des Auslandsunternehmens im Inland ist, sondern nur die tatsächliche Aufnahme der Betätigung im Inland.[276] Eine Beschränkung des Firmenschutzes eines einkaufenden Auslandsunternehmens auf den Bestellbereich erfolgt aufgrund von Abgrenzungsproblemen, die sich hieraus ergeben würden, nicht.[277] Auch aus einer entsprechenden **Geschäftskorrespondenz** des Auslandsunternehmens kann sich die Benutzungsaufnahme im Inland ergeben.[278] Die Ingebrauchnahme des Kennzeichens durch ein **Tochterunternehmen** kann genügen. Mit dem Kennzeichen kann der Hinweis nur auf das Tochterunternehmen selbst verbunden sein; dann muss das Publikum den Namen aber jedenfalls auch auf das ausländische Mutterunternehmen beziehen.[279]

84   Nach Auffassung des EuGH stellt es keinen Verstoß gegen die Warenverkehrsfreiheit (Art. 34, 36 AEUV) dar, wenn sich ein inländischer Inhaber eines Kennzeichens gegenüber dem Unternehmen eines anderen Mitgliedstaates auf sein Kennzeichenrecht und auf eine bestehende Verwechslungsgefahr beruft und dadurch die Einfuhr von mit einem entsprechenden Kennzeichen versehenen Waren verhindert.[280] Voraussetzung ist jedoch das Fehlen von wettbewerbsbeschränkenden Absprachen und von rechtlichen oder wirtschaftlichen Abhängigkeiten der Unternehmen, und die Kennzeichenrechte müssen unabhängig voneinander begründet worden sein.[281] Auch dann kann im Einzelfall in der Rechtsausübung aber noch eine verschleierte Handelsbeschränkung oder eine willkürliche Diskriminierung zu sehen sein.[282]

II. Schutzobjekte

85   **1. Allgemeine Kriterien für den Schutz einer Bezeichnung als Name. a) Unterscheidungskraft.** Wegen der Kennzeichnungsfunktion des Namens muss nach hergebrachter Auffassung eine Bezeichnung, unabhängig von einer möglichen Schutzbereichsausweitung des bürgerlich-rechtlichen Namensschutzes, dazu geeignet sein, eine Person, ein Unternehmen, gegebenenfalls auch einen Gegenstand (s. zum Schutz von Gebäudenamen aber → Rn. 77, 115) zu **individualisieren**. Die Bezeichnung muss also auf einen Namensträger, sei es eine natürliche oder juristische Person, eine rechtsfähige Einheit, eine dauerhaft abgesonderte Organisationseinheit oder gegebenenfalls einen Gegenstand, hinweisen. Die herrschende Auffassung verlangt daher eine aus der Natur der Bezeichnung folgende ausreichende **Unterscheidungskraft** der Bezeichnung oder bei deren Fehlen eine bestehende **Verkehrsgeltung** (→ Rn. 88).[283]

86   Nach hier vertretener Ansicht dürfen die Anforderungen an die Verknüpfung zwischen dem Namenssubjekt und der Bezeichnung nicht zu streng formuliert werden. Der Namensschutz geht nämlich über die bloße Zuordnungsidentifikation und Individualisierung hinaus (→ Rn. 4 ff.). Der Name dient auch der **Verwirklichung der Persönlichkeit** und **wirtschaftlichen Interessen** im Zusammenhang mit der Kommerzialisierung von Persönlichkeitsaspekten. Daraus folgt zum einen, dass eine Bezeichnung auch nach dieser Auffassung auf den Namensträger in hinreichendem Maße hinweisen muss. Andererseits wird man bei Heranziehung dieser Auffassung zur Funktion des Namensschutzes die Voraussetzung einer Unterscheidbarkeit der Bezeichnung weniger streng zu fassen haben als bei Maßgeblichkeit der hergebrachten Auffassung.

---

272 BGH GRUR 1966, 267 (269) – White Horse; NJW 1971, 1522 (1524) – SWOPS; BGHZ 75, 172 – Concordia I.
273 BGH GRUR 2013, 294 Tz. 17 – dlg.
274 BGH GRUR 2016, 810 Tz. 45 – profit-bricks.es.
275 BGHZ 75, 172 – Concordia I; aA OLG Köln WRP 1978, 226 (228).
276 BGHZ 75, 172 – Concordia I.
277 BGHZ 75, 172 – Concordia I.
278 Soergel/*Heinrich* BGB § 12 Rn. 34.
279 OLG Karlsruhe NJW-RR 1992, 876 – McChinese.
280 EuGH NJW 1976, 1578; GRUR Int. 1990, 960 – HAG II; 1994, 614 – Ideal Standard II.
281 EuGH NJW 1976, 1578.
282 MüKoBGB/*Säcker* § 12 Rn. 75.
283 MüKoBGB/*Säcker* § 12 Rn. 44; Soergel/*Heinrich* BGB § 12 Rn. 118; Staudinger/*Fritzsche* BGB § 12 Rn. 84.

Der **Unterscheidungskraft** einer Bezeichnung kommt nach allgemeiner Auffassung zentrale Bedeutung für **87** die Zuerkennung des Namensschutzes zu, weil sie, konsequent im Hinblick auf die traditionell angenommenen Namensfunktionen, eine Bezeichnung zum individualisierenden und zuordnenden Kennzeichnungsmittel macht. So muss eine Bezeichnung in hinreichendem Ausmaß eine individualisierende Eigenart aufweisen, die die Verwirklichung der Namensfunktion ermöglicht.[284] Zur Feststellung der besonderen Eigenart der Bezeichnung ist auf den Sprachgebrauch abzustellen.[285] Wenn eine Bezeichnung im allgemeinen Sprachgebrauch nicht üblich oder in dem konkreten Zusammenhang, in dem sie verwendet wird, unüblich ist, ist eine hinreichend individualisierende Eigenart und damit die Unterscheidungskraft anzunehmen (vgl. zur Unterscheidungskraft bürgerlicher Sammelnamen → Rn. 91). Der Name muss seiner Art nach geeignet sein, Personen oder Gegenstände voneinander zu unterscheiden. Der Verkehr muss der Bezeichnung einen eindeutigen Hinweis auf den Namensträger entnehmen können.[286] Ist eine eindeutige Unterscheidungskraft aus der Natur der Bezeichnung gegeben, dann kommt es auf eine Verkehrsgeltung nicht an. Die **Verkehrsgeltung** ist aber Schutzvoraussetzung, wenn kein hinreichend unterscheidungskräftiges Kennzeichen vorliegt (zu den Einzelheiten im Folgenden → Rn. 88 ff.).

b) Verkehrsgeltung. Ist eine Bezeichnung nicht ihrer Art nach geeignet, zur namensmäßigen Individuali- **88** sierung zu dienen, vor allem, weil sie dem allgemeinen Sprachgebrauch entspricht, eine Gattungsbezeichnung darstellt oder aus anderen Gründen nicht als Name gewertet wird, etwa im Falle von unaussprechbaren Buchstabenkombinationen (vgl. aber → Rn. 97 f.), dann kann sie trotzdem dem Schutz des § 12 bzw. dem kennzeichenrechtlichen Schutz nach §§ 5, 15 MarkenG unterfallen, wenn sie sich im Verkehr als Bezeichnung mit namensmäßiger Funktion durchgesetzt hat. Die Bezeichnung wird dann wie ein Name behandelt. Zumeist wird dies für **Unternehmensbezeichnungen** bedeutsam sein.[287] Es kann aber auch eine Bezeichnung durch Verkehrsgeltung Namensfunktion im Sinne etwa eines **Pseudonyms** erlangen.[288] Wenn eine Bezeichnung Verkehrsgeltung hat, ist damit ihre individualisierende Unterscheidungskraft miteingeschlossen.[289] Verkehrsgeltung liegt vor, wenn die Bezeichnung von einem beachtlichen Teil der berührten Verkehrskreise als Hinweis auf ein bestimmtes Unternehmen oder allgemein auf einen bestimmten Namensträger verstanden wird. Die mit der Verkehrsgeltung verbundene Kennzeichnungskraft muss sich auf die Bezeichnung als solche beziehen, ohne dass es auf einen weiteren Zusatz ankommen darf.[290] Die Namensfunktion endet im Falle ihrer alleinigen Vermittlung durch eine Verkehrsgeltung wenn die Verkehrsgeltung verloren geht. Eine nur vorübergehende Nichtbenutzung ist unschädlich (näher → Rn. 146).[291]

Die Eintragung der Bezeichnung als Marke steht dem Namensschutz nicht entgegen.[292] Die namensmäßige **89** Verkehrsgeltung einer Bezeichnung kann sich aus ihrer **Verwendung als Marke** ergeben, auch wenn ihre Verkehrsdurchsetzung als Bezeichnung für eine bestimmte Ware allein nicht genügt.[293] Vielmehr muss ein nicht unbeträchtlicher Teil der maßgeblichen Verkehrskreise den Begriff als Bezeichnung nicht nur für eine bestimmte Ware, sondern als Hinweis auf ein bestimmtes Unternehmen verstehen.[294] Das Warenzeichen genießt dann zugleich Kennzeichenschutz nach §§ 12, 15 MarkenG, der sich nicht nur gegen die firmenmäßige Benutzung, sondern auch gegen die markenrechtliche Benutzung eines jüngeren Zeichens durchsetzt.[295]

c) Freihaltebedürfnis. Für die Frage des namensrechtlichen Schutzes einer Bezeichnung ist ein Freihalte- **90** bedürfnis des Verkehrs zu berücksichtigen. Der originäre Namensschutz von Begriffen, die dem **allgemeinen Sprachgebrauch** entsprechen oder eine allgemeine **Herkunftsbezeichnung** darstellen, würde zu einer unangemessenen Monopolisierung führen, für die wegen der mangelnden Individualisierungskraft solcher Bezeichnungen kein genügendes schutzwürdiges Interesse des Verwenders besteht. Das Freihaltebedürfnis stellt aber kein absolutes Hindernis des Namensschutzes dar. Soweit eine Bezeichnung unterscheidungskräftig ist, kann ihr die Namensschutzfähigkeit auch nicht unter Verweis auf ein besonderes, auch unter

---

284 BGHZ 43, 245, 252; 124, 173 – römisch-katholisch; GRUR 1991, 157 (158) – Johanniter-Bier.
285 BGH GRUR 1973, 265 (266) – Charme & Chic; 1976, 254, 255; vgl. LG Köln GRUR-Prax 2016, 408, wo das Kürzel „fc" als individualisierende Bezeichnung für den 1. FC Köln angenommen wurde und eine dem allgemeinen Sprachgebrauch für „Fußballclub" eigene Verwendung ausgeschlossen wurde; *Krieger* GRUR 1976, 255 (256). In OLG Frankfurt aM MMR 2016, 756 Tz. 14 wurde für das Unternehmenskennzeichen „KI" originäre Unterscheidungskraft angenommen und ein beschreibend abkürzender Sprachgebrauch für „Künstliche Intelligenz" abgelehnt.

286 *Fezer* MarkenR § 15 Rn. 78.
287 Vgl. etwa BGH GRUR 2004, 514 (515) – Telekom; 2007, 888, 889 – Euro Telekom.
288 Vgl. etwa BGH GRUR 2003, 897 (898) – Maxem.
289 *Fezer* MarkenR § 15 Rn. 84.
290 Baumbach/*Hefermehl*[22] UWG Allg. Rn. 187.
291 BGH GRUR 1957, 428 (429) – Bücherdienst.
292 BGH GRUR 1955, 299 (300) – Koma.
293 Staudinger/*Fritzsche* BGB § 12 Rn. 84.
294 BGH GRUR 1955, 299 (300) – Koma; 1959, 25, 27 – Triumph; zu den Anforderungen an den Bekanntheitsgrad BGH NJW 1997, 2379 (2380) – grau/magenta.
295 BGH GRUR 1959, 25 (26 f.) – Triumph.

Berücksichtigung der künftigen Entwicklung sperrendes Freihaltebedürfnis verweigert werden.[296] Für nicht unterscheidungskräftige Bezeichnungen aus dem allgemeinen Sprachgebrauch besteht andererseits regelmäßig ein Freihaltebedürfnis. Hier ist aber die mangelnde Unterscheidungskraft und nicht das Freihaltebedürfnis als solches der Grund für die Ablehnung eines originären Namensschutzes der Bezeichnung.[297] Das Freihaltebedürfnis wirkt sich dagegen unmittelbar auf die Anforderungen für die Bejahung einer ausreichenden Verkehrsgeltung aus. Ein höheres Freihaltebedürfnis des Verkehrs führt zu entsprechend strengeren Voraussetzungen für die Annahme und den Nachweis der Durchsetzung einer Bezeichnung im Verkehr.[298]

91 **2. Einzelfragen. a) Bürgerlicher Name.** Die Unterscheidungskraft und damit die Schutzreichweite sind im Bereich des bürgerlichen Namens vor allem bei **Sammelnamen** (Meier, Müller, Schmidt) problematisch. Hier ist eine eindeutige Zuordnung zum Namensträger nur anhand des Familiennamens nicht möglich.[299] Der aus Vornamen und Familiennamen zusammengesetzte bürgerliche Name hat dagegen als Kombination stärkere Unterscheidungskraft. Die Zugehörigkeit zu einer Adelsfamilie steigert die natürliche Unterscheidungskraft des verwendeten Namens nur, wenn er bei den beteiligten Verkehrskreisen einen erhöhten Bekanntheitsgrad erreicht hat.[300] Auch Sammelnamen haben jedoch eine wenn auch schwache Kennzeichnungskraft, so dass eine Geschäftsbezeichnung, die aus einem häufig vorkommenden Familiennamen gebildet ist, grundsätzlich schutzfähig sein kann.[301] Die geminderte Unterscheidungskraft eines Sammelnamens nimmt dem Namen zwar nicht die Namenseigenschaft, sie wirkt sich im Einzelfall aber auf die Reichweite des Namensschutzes aus, indem ein schutzwürdiges Interesse des Namensträgers mangels konkreter Verwechslungsgefahr bei Gebrauch eines Sammelnamens regelmäßig nicht verletzt ist.[302] Ein isolierter Schutz des Vornamens scheidet mangels Unterscheidungskraft grundsätzlich aus (→ Rn. 55).

92 **b) Firma und sonstige Geschäftsbezeichnungen, Verbandsnamen.** Schutzobjekt des § 12 ist die handelsrechtliche **Firma**, und zwar beim Einzelkaufmann nicht nur soweit sie mit dem bürgerlichen Namen übereinstimmt (s. dazu auch → Rn. 66). Der Schutz der Firma setzt zum einen voraus, dass sie registerrechtlich zulässig ist.[303] Zum anderen muss sie die allgemeinen Anforderungen des § 12 erfüllen, sie muss also genügend unterscheidungskräftig sein. Insoweit stimmen die Voraussetzung des Schutzes nach § 12 mit § 18 HGB überein, wonach die Firma zur Kennzeichnung der Kaufleute geeignet sein und Unterscheidungskraft besitzen muss. Diese Anforderungen können sowohl Sach- als auch Personenfirmen erfüllen. Wenn eine Bezeichnung für Unternehmen der entsprechenden Art üblich ist, ist die Unterscheidungskraft regelmäßig nicht ausreichend. Damit ist zum Beispiel die Bezeichnung „*Leasing Partner*" für ein Leasingunternehmen nicht schutzfähig.[304] Gleiches gilt für „*VIDEO-RENT*" für eine Videothek[305] und „*WetterOnline*" für einen Wetterinformationsdienst im Internet.[306] Andererseits schließt die thematische Nähe der Bezeichnung „*Rialto*" deren Kennzeichnungskraft nicht aus.[307] Auch die Bezeichnung „*Bye Bye*" hat für ein Unternehmen der Touristikbranche trotz eines entfernten Bezugs zum Verreisen ausreichende Kennzeichnungskraft.[308] Für ein Unternehmen, das Wirtschaftsinformationen, Firmenauskünfte und Kreditberichte anbietet, wurde das Firmenschlagwort „*Creditsafe*" als ausreichend unterscheidungskräftig angesehen.[309] Für **Verbandsnamen** wird vom BGH ein *großzügiger Maßstab* angelegt. Der Verkehr sei bei Verbandsnamen ähnlich wie bei **Zeitschriften- und Zeitungsnamen** an Bezeichnungen gewöhnt, die aus einem Sachbegriff gebildet sind und sich an den Tätigkeitsbereich des Verbands anlehnen. Deshalb werde diesen Bezeichnungen eher ein Herkunftshinweis entnommen.[310] Der Begriff „*Haus & Grund*" war nach diesen Grundsätzen schutzfähig für einen Dachverband der Wohnungswirtschaft.[311] Auch hier darf die Bezeichnung aber nicht allein konkret die satzungsmäßigen Aufgaben des Verbands beschreiben.[312] Allerdings folgte die Unterscheidungskraft in der Haus & Grund Entscheidung auch daraus, dass die verwendete Wortkombination

296 BGHZ 30, 357, 370 ff. – Nährbier; GRUR 1964, 381 (383) – WKS Möbel; *Fezer* MarkenR § 15 Rn. 92; anders noch BGHZ 8, 387, 389 – Fernsprechnummer; GRUR 1957, 547 (548) – tabu I; vgl. auch BGH GRUR 1963, 469 – Nola.

297 Vgl. BGH GRUR 1989, 449 (450) – Maritim.

298 BGHZ 30, 357, 371 – Nährbier; 34, 299, 305 – Almglocke; GRUR 1990, 681 (683) – Schwarzer Krauser; 1994, 905, 906 – Schwarzwald-Sprudel; MüKoBGB/*Säcker* § 12 Rn. 56; vgl. auch östOGH ÖBl. 1974, 139 – Wiener E-Mailmanufaktur.

299 Vgl. OLG Hamburg WRP 1955, 183.

300 OLG München NJW-RR 1996, 1005 – Frankenberg.

301 BGH GRUR 2008, 801 Rn. 15 – Hansen-Bau.

302 OLG Nürnberg NJW-RR 2006, 906 (907) – Süß; Palandt/*Ellenberger* BGB § 12 Rn. 31.

303 Soergel/*Heinrich* BGB § 12 Rn. 142.

304 BGH GRUR 1991, 556 (557) – Leasing Partner.

305 BGH GRUR 1988, 319 (320) – VIDEO-RENT.

306 BGH GRUR 2014, 393 Tz 19 – wetteronline.de.

307 BGH GRUR 1991, 155 (156) – Rialto.

308 LG Köln GRUR-RR 2013, 254 – Bye Bye.

309 OLG Hamburg MMR 2016, 252 – creditsafe.de.

310 BGH GRUR 2008, 1104 Tz 18 – Haus & Grund II; 2012, 539 Tz 12 – Freie Wähler; OLG Frankfurt aM GRUR 1980, 1002 (1003) – Saunabau.

311 BGH GRUR 2008, 1104 Tz 19 – Haus & Grund II.

312 BGH GRUR 2008, 1104 Tz 19 – Haus & Grund II; ablehnend MüKoBGB/*Säcker* § 12 Rn. 46 (keine Unterscheidungskraft, wenn die Bezeichnung nur aus umgangssprachlichen sachbeschreibenden Worten zusammengesetzt ist und einen Hinweis auf die Art der wahrgenommenen Interessen enthält, unabhängig davon, ob sie den satzungsmäßigen Aufgabenzweck beschreibt).

einen einprägsamen Gesamtbegriff bildete.[313] Der Bezeichnung „*Bundesverband Psychiatrie-Erfahrener e.V.*" wurde vom KG die Unterscheidungskraft abgesprochen, weil sie nur auf das dem Verband eigene Wesensmerkmal beschreibend hinweise.[314] Für die Bezeichnung „*Hochschulverband*" ohne Zusatz (etwa „deutscher", „hessischer") wurde ebenfalls Unterscheidungskraft abgelehnt,[315] ebenso für die Bezeichnung „*Palästinensische Ärzte- und Apothekervereinigung Deutschland* eV".[316] Nicht zutreffend, jedenfalls unter Heranziehung des großzügigeren Maßstabs des BGH für Verbände war die Ablehnung der Unterscheidungskraft der Bezeichnung „*Graue Panther*" für einen Seniorenschutzverein durch das OLG Bremen,[317] weil die Verwendung der an sich umgangssprachlichen Begriffe „grau" und „Panther" erstens in der Kombination hinreichende Eigenheit hat (Panther sind gewöhnlich schwarz) und zweitens als Bezeichnung für einen Verein ohne Weiteres Herkunftshinweisfunktion erfüllt. Die mögliche begriffliche Anlehnung an die Vereinszwecke („grau" für Senioren, „Panther" für kämpferisch) ändert daran nichts. Von Haus aus unterscheidungskräftig ist die Unternehmensbezeichnung „*Basler Haar-Kosmetik*", weil der Namensbestandteil „*Basler*" vom Verkehr auch als Eigenname und jedenfalls außerhalb der Stadt oder des Kantons Basel nicht nur als beschreibende Bezugname auf die Stadt Basel verstanden wird.[318] Unterscheidungskräftig ist auch die Bezeichnung „*U Trockenbausysteme*".[319]

c) Fantasiebezeichnung. Fantasiebezeichnungen, die ein **Unternehmen** oder als **Wahlname** eine Privatperson (→ Rn. 58) bezeichnen, können unterscheidungskräftig sein. Insoweit können sie Namensfunktion erfüllen und nach § 12 geschützt sein. Das gilt für **Wortschöpfungen**, die keinem Sprachgebrauch entsprechen sowie für als Bezeichnung verwendete, an sich nicht unterscheidungskräftige Begriffe, die im verwendeten Zusammenhang unüblich sind, aber unter Umständen auch für nicht frei erfundene Wörter, die in der Umgangssprache trotzdem nicht gebräuchlich sind.[320] Solche Bezeichnungen können für sich allein ausreichend unterscheidungskräftig sein, so dass es auf eine Verkehrsgeltung nicht mehr ankommt.[321] Auch soweit ein Begriff verwendet wird, der an sich keine Unterscheidungskraft hat und auch nicht in unüblichem äußerem Zusammenhang steht, kann ein Namensschutz gegeben sein, wenn er mit anderen Begriffen, Wortbestandteilen[322] oder Eigennamen[323] **kombiniert** wird und dadurch Eigenart erlangt[324] oder wenn er verfremdet wird. Das gilt auch für einen Begriff aus der **Umgangssprache**, der in unüblicher[325] oder verfremdender Weise oder in einer Wortzusammensetzung verwendet wird (vgl. aber auch → Rn. 96).[326] Die Wortzusammensetzung darf dabei aber nicht ihrerseits im umgangssprachlichen Rahmen bzw. als rein beschreibend geläufig sein.[327] Ebenso sind **fremdsprachliche Begriffe** und **Dialektbegriffe** als Namen geschützt, wenn sie im allgemeinen Sprachgebrauch nicht üblich sind oder in ungewöhnlichem Zusammenhang stehen.[328] Besonders bei Begriffen aus dem englischen Sprachraum muss man eine vordringende Anglisierung der Sprache berücksichtigen, so dass bestimmte Begriffe aus der englischen Sprache tendenziell geringere Unterscheidungskraft haben werden.[329]

Die **Namensschutzfähigkeit** eines zunächst wegen seiner Ungewöhnlichkeit schutzfähigen Fantasienamens kann infolge des Verlustes der Unterscheidungskraft **entfallen**, wenn die Bezeichnung zu allgemeinem Sprachgebrauch wird.[330] Das ist aber so lange nicht der Fall wie ein rechtlich beachtlicher Teil der Verkehrskreise den Begriff noch als Hinweis auf den Namensträger auffasst.[331] Der Verlust der Namensschutz-

93

94

313 BGH GRUR 2008, 1104 Tz 19 – Haus & Grund II.
314 KG GRUR-RR 2009, 317 (318) – Bundesverband Psychiatrie-Erfahrener.
315 LG Marburg NJW-RR 2000, 661.
316 KG NJOZ 2013, 1294 – Palästinensische Ärzte- und Apothekervereinigung.
317 OLG Bremen OLGZ 1984, 359 (360) – Graue Panther.
318 BGH GRUR 2012, 304 Tz 35 – Basler Haar-Kosmetik.
319 OLG Hamm MMR 2013, 791 (793).
320 Vgl. BGH GRUR 1991, 472 – Germania.
321 BGH GRUR 1954, 331 (332) – Altpa; 1957, 281 – karo-as; OLG Karlsruhe WRP 1976, 254 (255) – ESTA; Soergel/*Heinrich* BGB § 12 Rn. 145.
322 Vgl. OLG Hamm GRUR 1984, 890 – Chemitec.
323 OLG Köln WRP 1975, 373 (374) – Möbel-Franz; Soergel/*Heinrich* BGB § 12 Rn. 145.
324 BGH GRUR 1957, 561 (562) – REI-Chemie; 1973, 265, 266 – Charme & Chic; 1976, 643 – Interglas; 2008, 1104 Tz 19 -Haus & Grund; NJW 1977, 1587 – Terranova; OLG Köln WRP 1977, 733 – Transcommerce; OLG Frankfurt aM WRP 1982, 420 – Multicolor.

325 Vgl. BGH GRUR 1955, 481 (482) – Hamburger Kinderstube; BGHZ 21, 66 – Hausbücherei; GRUR 1957, 547 (548) – tabu I; 1973, 539, 540 – product-contact.
326 BGH GRUR 1957, 29 (31) – Spiegel; GRUR 2002, 176 – Automagazin; OLG Oldenburg WRP 1986, 508 – Video-Land; OLG Hamburg GRUR 1986, 475 – Blitz-Blank.
327 Vgl. EuGH GRUR 2004, 680 (681) Rn. 39 – BIOMILD; BGH GRUR 1966, 495 (497) – Uniplast; 1992, 865 – Volksbank; 2003, 1050 f. – Cityservice; 2005, 517 – Literaturhaus; OLG Frankfurt aM WRP 1982, 420 – Multicolor (im Fall Unterscheidungskraft bejaht).
328 BGH NJW 1985, 741 – Consilia; OLG Hamm GRUR 1979, 784 – Splenterkotten; 1990, 699 – petite fleur; vgl. auch BGH GRUR 1991, 472 – Germania.
329 Vgl. aber LG Köln MMR 2014, 770 (771) – bag.de zum englischen Begriff „bag".
330 BGH GRUR 1955, 95 (96) – Buchgemeinschaft; Soergel/*Heinrich* BGB § 12 Rn. 145.
331 BGH GRUR 1977, 226 (227) – Wach- und Schließ.

fähigkeit wird mit dem Verlust der Unterscheidungskraft oft auch deshalb nicht infrage kommen, weil inzwischen eine **Verkehrsgeltung** erlangt wurde.

95 **d) Umgangssprachliche, Sach-, Tätigkeits- und Gattungsbezeichnungen.** Die Unterscheidungskraft und damit die Namensschutzfähigkeit fehlt allgemein bei Begriffen, für die ein **Freihaltebedürfnis** des Verkehrs besteht (→ Rn. 90). Das Entfallen des Namensschutzes stellt eine namensrechtliche Parallele zu den absoluten Schutzhindernissen des § 8 Abs. 2 MarkenG dar. Der BGH beurteilt die Namensschutzfähigkeit von **Unternehmenskennzeichen** in entsprechender Heranziehung der Schutzvoraussetzungen nach § 8 Abs. 2 MarkenG.[332] Ein namensrechtlicher Schutz einer Bezeichnung scheidet aus, wenn es sich um eine **rein beschreibende Bezeichnung** handelt.

96 **Umgangssprachliche Wörter** können zwar durch ihre unübliche oder verfremdete Verwendung für sich unterscheidungskräftig sein (→ Rn. 93), an die Zuerkennung des Namensschutzes sind wegen des Freihaltebedürfnisses aber strenge Anforderungen zu stellen. Regelmäßig **fehlt** umgangssprachlichen Bezeichnungen die **Unterscheidungskraft** und zwar auch dann, wenn sie mit anderen umgangssprachlichen Begriffen in nicht unüblicher Weise kombiniert werden. Das gilt auch für in der deutschen Umgangssprache gebräuchliche fremdsprachliche Begriffe.[333] Für den Namen „BAG" für das Bundesarbeitsgericht ist das nicht anzunehmen, weil der englische Begriff „bag" in der deutschen Alltagssprache nicht hinreichend gebräuchlich ist.[334] Sprachübliche Wortkombinationen rein beschreibender Art haben keinen Namenscharakter.[335] Auch **Sachbezeichnungen** können ohne eine Verkehrsgeltung für sich nicht ohne Weiteres als Namen geschützt werden, weil hieran regelmäßig ein Freihaltebedürfnis besteht. Nicht unterscheidungskräftig sind regelmäßig **Gattungsbezeichnungen**,[336] auch in allgemein gebräuchlich abgekürzter Form,[337] und **Tätigkeits- und Beschaffenheitsbegriffe**.[338] Insoweit kommt es aber eine Verkehrsgeltung an, an die bei glatt beschreibenden Gattungsbezeichnungen erhöhte Anforderungen zu knüpfen sind.[339]

97 **e) Zahlenkombinationen, Buchstabenkombinationen.** Reine **Zahlenkombinationen** sollen nach hergebrachter Auffassung zu § 12 grundsätzlich nicht aus sich heraus als Namen schutzfähig sein, sie können dann aber jedenfalls entsprechende Verkehrsgeltung erlangen und vom Verkehr einem bestimmten Unternehmen zugeordnet werden (näher zum Namensschutz von Telefonnummern → Rn. 106).[340] Entsprechendes war früher von nicht als Wort aussprechbaren **Buchstabenkombinationen** angenommen worden, weil solche Kombinationen vom Verkehr allgemein nicht als Namen gewertet würden.[341] Die Abgrenzung zu den grundsätzlich originär als Namen geschützten Fantasiebezeichnungen wurde von der herrschenden Auffassung über die Unaussprechbarkeit der Buchstabenkombination vorgenommen (zu Namensabkürzungen auch → Rn. 100 ff.).[342] Dabei ist aber zunächst zwischen der als Wort möglichen Aussprechbarkeit und der möglichen lautlichen Umsetzung zu unterscheiden.[343] Buchstabenkombinationen sind immer lautlich umsetzbar, jedoch nicht unbedingt als im herkömmlichen Sinn tragendes Wort aussprechbar.

98 Die Möglichkeit einer originären namensrechtlichen Schutzfähigkeit auch von Buchstaben- und Zahlenfolgen oder Kombinationen aus Buchstaben und Zahlen sollte nicht ausgeschlossen werden. Die Aussprechbarkeit einer Buchstaben- oder Ziffernfolge *als Wort* ist kein sachgerechtes Kriterium zur Abgrenzung unterscheidungskräftiger und deshalb originär als Namen geschützter Bezeichnungen von nur bei Feststellung einer Verkehrsgeltung geschützten Bezeichnungen. Das ergibt sich vor allem daraus, dass der Verkehr im modernen Sprachgebrauch prägnanten Abkürzungen und Ziffernfolgen durchaus originäre Namensfunk-

332 BGH 26.10.2000 – I ZR 117/98 – Windsurfing Chiemsee; vgl. auch OLG Hamburg NJWE-WettbR 1999, 261 – Windsurfing Chiemsee.
333 OLG Frankfurt aM NJW-RR 1986, 535 (535) – alta moda/haute couture.
334 LG Köln MMR 2014, 770 – bag.de.
335 Vgl. RGZ 172, 129, 130 – Fettchemie; BGH GRUR 1966, 495 (497) – Uniplast; 1976, 254, 255 – Management-Seminare; 1988, 319, 320 – VIDEO-RENT; 1991, 556 – Leasing-Partner; 1992, 865 – Volksbank; OLG Hamburg GRUR 1987, 184 – Sicherheit + Technik.
336 RG MuW 1929, 343 – Deutsche Asbestwerke; BGHZ 11, 214, 217 – KfA; GRUR 1957, 428 – Bücherdienst; OLG Hamm BB 1972, 589 – Fundgrube; OLG Frankfurt aM GRUR 1991, 251 – Mitwohnzentrale; für die Bezeichnung „Dresdner Stollen" BGHZ 106, 101 – Dresdner Stollen I; GRUR 1990, 461 (462) – Dresdner Stollen II; anders zur

Bezeichnung „Dresdner Stollen" dagegen OLG München NJW 1986, 387 (388); LG Leipzig GRUR 1994, 379 – Dresdner Butterstollen.
337 MüKoBGB/*Schwerdtner*, 4. Aufl., § 12 Rn. 81.
338 BGH GRUR 1988, 319 (320) – Video-Rent; 1996, 68, 69 – Cotton Line; OLG Frankfurt aM GRUR 1991, 251 – Mitwohnzentrale; LG Frankental NJW-RR 2008, 480 – günstig; sehr zweifelhaft dagegen LG Köln NJW-RR 1999, 629 – Zivildienst.de.
339 Vgl. zum Markenrecht BGH NJW 2006, 3282 Rn. 20 – Lotto.
340 BGH GRUR 1990, 711 (713–4711); Staudinger/*Fritzsche* BGB § 12 Rn. 99.
341 BGHZ 43, 245, 253 – GdB; GRUR 1976, 379 (381) – KSB; 1998, 165, 166 – RBB; Soergel/*Heinrich* BGB § 12 Rn. 146.
342 MüKoBGB/*Schwerdtner*, 4. Aufl., § 12 Rn. 92.
343 MüKoBGB/*Bayreuther*, 5. Aufl., § 12 Rn. 46.

tion beilegt.[344] Es genügt die Aussprechbarkeit im Sinne einer bloßen Artikulierbarkeit.[345] Das gilt auch für das @-Zeichen als Bestandteil einer Bezeichnung.[346] Dieses ist lautlich als „at" umsetzbar (vgl. zur lautlichen Umsetzbarkeit auch → Rn. 114).

f) Herkunfts- und Ortsbezeichnung. Differenzierend sind geografische Bezeichnungen und Herkunftsbezeichnungen zu beurteilen. Bloße **Ortsbezeichnungen** sind für sich allein grundsätzlich nicht als Namen geschützt. Für solche Bezeichnungen besteht auch regelmäßig ein Freihaltebedürfnis des Verkehrs.[347] Die Hinzufügung von auf den räumlichen Tätigkeitsbereich oder den Sitz des Unternehmens hindeutenden Ortsbezeichnungen zu einer Tätigkeits- oder Sachbezeichnung führt grundsätzlich nicht dazu, dass der Sachbezeichnung eine Unterscheidungskraft zukommt.[348] Eine Ausnahme wird aber bei Unternehmen gemacht, die traditionell ortsverbunden sind und bei denen der Verkehr nur mit einem einzigen Unternehmen dieser Benennung rechnet.[349] Hier ergibt sich die Unterscheidungskraft der Bezeichnung schon aus dem örtlich begrenzten Tätigkeitsbereich des Unternehmens.[350] Das gilt für **Etablissements-Bezeichnungen**, wie insbesondere Hotel- und Gaststättennamen,[351] und Apothekenbezeichnungen[352] sowie für die Bezeichnungen von Lokalzeitungen.[353] In diesen Fällen kann die Verbindung einer für sich nicht unterscheidungskräftigen Sachbezeichnung mit einer für sich nicht unterscheidungskräftigen Ortsbezeichnung zu einer schutzfähigen Bezeichnung mit Namensfunktion führen (vgl. auch → Rn. 92). **99**

g) Schlagworte, Abkürzungen, Teile von Namen. Für die originäre Schutzfähigkeit von im Verkehr verwendeten Schlagworten, Abkürzungen oder Namensteilen kommt es wie bei Firmennamen auf die **Unterscheidungskraft** der Bezeichnung an. Grundsätzlich sind auch solche unabhängig von dem Namen oder der Firma verwendeten **besondere Geschäftsbezeichnungen** nach § 12 schutzfähig.[354] In der Regel ist für den Schutz von Gattungsbezeichnungen, umgangssprachlichen oder beschreibenden Begriffen, die als besondere Geschäftskennzeichen verwendet werden, eine besondere **Verkehrsgeltung** erforderlich. Insoweit gilt das zu diesen Bezeichnungen allgemein Gesagte (→ Rn. 95 f.).[355] **100**

Auch besonderen Geschäftsbezeichnungen in der Erscheinungsform nicht aussprechbarer den Namen oder die Firma abkürzender **Buchstabenkombinationen** (→ Rn. 97 f.) sollte nach früherer Rechtsprechung des BGH grundsätzlich mangels Unterscheidungskraft kein originärer Namensschutz zukommen. Sie waren danach aber jedenfalls dann geschützt, wenn der Verkehr die Abkürzung als Hinweis auf das Unternehmen verstand.[356] **101**

Entsprechendes gilt für aus Namens- bzw. Firmensilben zusammengestellte Schlagworte.[357] Ein in Alleinstellung herausgestellter **Namens-** oder **Firmenbestandteil** kann originären Namensschutz genießen, wenn der herausgestellte Namensteil Träger der Unterscheidungskraft und damit der Kennzeichenfunktion im Vergleich zu den nicht herausgestellten Namensteilen ist.[358] **102**

Einem **Schlagwort** kann, auch wenn es **nicht Bestandteil einer Firma oder eines Namens** ist, Namensschutz zukommen, wenn es für sich allein auf ein bestimmtes Unternehmen oder einen bestimmten Namensträger hinweist. Das betrifft beispielsweise aus einer Marke hergeleitete Schlagworte, die nicht Bestandteil der Firma sind und auch nicht originär als Namen aufgefasst werden können.[359] Hier kommt es darauf an, dass der Verkehr das Schlagwort als Hinweis nicht auf eine bestimmte Ware, sondern auf das **103**

344 BGH GRUR 2001, 344 (344 f.) – DB Immobilienfonds.
345 BGH NJW-RR 2009, 327 Tz 5 – HM&A (zu § 18 HGB nF); vgl. auch BGH GRUR 2001, 344,345 – DB Immobilienfonds; 2005, 430 – mho.de; 2014, 506 Rn. 11 – SR.de; OLG Düsseldorf MMR 2012, 2012 (563), 564 – w.de; LG Köln MMR 2014, 770 – bag.de; MüKoBGB/*Säcker* § 12 Rn. 31; aA Palandt/*Ellenberger* BGB § 12 Rn. 11.
346 *Wachter* NotBZ 2002, 73; vgl. MüKoBGB/*Säcker* § 12 Rn. 31 auch zum EUR-Zeichen; vgl. auch LG Berlin GRUR-RR 2004, 123 – T@S GmbH; aA BayObLG NJW 2001, 2337 (2338) – D@B; OLG Braunschweig MMR 2001, 522 – Met@box.
347 Vgl. OLG Jena GRUR 2000, 435 (436) -Wartburg.
348 BGH GRUR 1957, 426 (427) – Getränke Industrie; 1976, 254, 255 – Management-Seminare.
349 MüKoBGB/*Säcker* § 12 Rn. 27, 64.
350 Soergel/*Heinrich* BGB § 12 Rn. 146.
351 BGH GRUR 1977, 165 – Park-Hotel; 1995, 507, 508 – City-Hotel.
352 OLG Karlsruhe WRP 1974, 422 – Stadtapotheke.

353 Vgl. BGH NJW-RR 1992, 1128 – Berliner Morgenpost.
354 Eingehend *Fezer* MarkenR § 15 Rn. 230 ff.; Soergel/*Heinrich* BGB § 12 Rn. 143.
355 Beispiele sind etwa: RGZ 115, 401, 407; 171, 147, 154 – Salamander; 117, 215, 219 – Eskimo; BGH GRUR 1977, 503 (505) – Datenzentrale; GRUR 1990, 681 (683) – Schwarzer Krauser.
356 BGHZ 11, 214, 216 – KfA; GRUR 1976, 379 (380) – KSB; 1998, 165, 166 – RBB; vgl. auch *Fritze* GRUR 1993, 538 (539) zur tatrichterlichen Feststellung einer abweichenden Verkehrsauffassung.
357 BGH NJW-RR 1993, 1387 – Kowog; GRUR 1985, 461 (462) – Gefa/Gewa.
358 BGHZ 11, 214, 216 – KfA; 14, 155, 160 – Farina; GRUR 1957, 547 (548) – tabu I; 2006, 159, 160 – hufeland.de (Kennzeichnungskraft lag bei dem Schlagwort „Hufeland" gegenüber der Gesamtbezeichnung „Gabriele Wöppel Hufelandklinik für ganzheitliche immunbiologische Therapie").
359 RGZ 115, 401, 407; 171, 147, 154 – Salamander; 117, 215, 219 – Eskimo Pie; NJW 1956, 1713 – Meisterbrand; 1959, 2209 – Martinsberg.

Unternehmen auffasst.[360] Unter dem Schlagwort „Mormonen" versteht der Verkehr die *„Kirche Jesu Christi der Heiligen der letzten Tage"*, so dass an dem Schlagwort Namensschutz besteht.[361]

104   Der BGH hat die Auffassung aufgegeben, wonach nicht als Wort aussprechbaren Buchstabenkombinationen keine namensmäßige Unterscheidungskraft und damit kein originärer Kennzeichenschutz zukommt (→ Rn. 98). Er geht davon aus, dass die Verkehrsauffassung entsprechenden Kombinationen auch aufgrund der erheblichen Verbreitung solcher Bezeichnungen Namensfunktion beilegt.[362] Diese Beurteilung folgt auch aus einer zum Markenschutz kompatiblen Bewertung mit dem Erfordernis eines einheitlichen Kennzeichenschutzes und aus der Entwicklung der Firma zum vorwiegend vermögensrechtlich anzusehenden Immaterialgüterrecht.[363]

105   Der selbstständige Namensschutz von Schlagworten, Buchstaben- oder Ziffernkombinationen ist von dem **abgeleiteten Schutz** solcher Bezeichnungen zu unterscheiden. Dieser besteht ohne Verkehrsgeltung, wenn die Abkürzung oder das Schlagwort Bestandteil des Namens oder der Firma ist oder sich aus dem Namen oder der Firma ableitet.[364] Dann kommt der abgeleiteten Bezeichnung die Priorität der Gesamtbezeichnung zu.[365]

106   **h) Telefonnummern, Vanity-Nummern.** Telefon- und Faxnummern sind grundsätzlich nicht als Namen geschützt, weil sie nur im engen Telekommunikationsbereich im Hinblick auf eine Verbindungsherstellung Kennzeichnungsfunktion haben.[366] Es ist aber möglich, dass eine Fernsprechnummer als Ziffer für sich geeignet ist, auf ein bestimmtes Unternehmen zu verweisen, weil sie nicht nur als Telefonnummer verwendet wird, sondern zugleich als Schlagwort des Unternehmens. Wenn eine Ziffer insoweit Verkehrsgeltung besitzt, kann sie allgemein als besondere Geschäftsbezeichnung geschützt sein (→ Rn. 97, etwa „4711").[367] Sogenannte **Vanity-Rufnummern**, bei denen Kennzeichen alphanumerisch in Telefonnummern umgesetzt sind, werden als solche regelmäßig nicht namensrechtlich geschützt, weil ihnen in der Regel hinreichende Unterscheidungskraft fehlt.[368] Als Kombination zwischen Ziffern und Worten, kann ohne besondere Verkehrsgeltung eine Identifikationsfunktion bestehen, soweit aus der Vanity-Ziffern-Wort-Kombination originäre Unterscheidungskraft folgt, etwa bei Identifikation eines Mehrwertdiensteanbieters gerade über die Telefonnummer selbst.[369] Dies ist aber jedenfalls nicht der Fall bei rein beschreibenden Wortbestandteilen wie 0800RECHTSANWALT.[370] Nach Auffassung des LG Aachen kann durch die Verwendung einer Vanity-Nummer kein fremdes Namens- oder Markenrecht verletzt werden, weil es an der eindeutigen Zuordnung der Ziffern zu einzelnen Buchstaben fehlt.[371]

107   **i) Domainnamen.** Die Funktion des Domainnamens ist erstens im Sinne einer Internetadresse als technische **Registrierungs-** und **Adressierungsfunktion** zu sehen. Zweitens wird dem Domainnamen zumeist auch **Namens-** und **Kennzeichnungsfunktion** zugeschrieben, soweit er als alphanumerisches Zeichen den registrierten Inhaber der Internetadresse von anderen Internetteilnehmern abzugrenzen bestimmt ist.[372] Eine **originäre Namensfunktion** erfordert jedoch zumindest, dass der Domainname entweder vom Namen abgeleitet, mit dem Namen des Domaininhabers identisch ist oder dass er für sich geeignet ist, auf einen

360 BGH GRUR 1959, 25 (27) – Triumph; BGHZ 15, 107, 109 – Koma.
361 Vgl. LG Frankfurt aM MMR 2004, 113 (113) – mormonen, das „Mormonen" als Spitznamen ansieht; vgl. dazu MüKoBGB/*Säcker* § 12 Rn. 11.
362 BGH GRUR 2001, 344 (344 f.) – DB mwN zum Schrifttum; 2014, 506 Tz 11 – sr.de; LG Düsseldorf NJW-RR 1999, 629 (630) – JPNW; zu weitgehend LG Köln GRUR-Prax 2016, 408 („fc" verletzt als Second-Level-Domain das Namensrecht des 1. FC Köln).
363 *Fezer* MarkenR § 15 Rn. 81, 203, 225.
364 *Fezer* MarkenR § 15 Rn. 230.
365 BGH GRUR 1996, 68 (69) – COTTON LINE.
366 Vgl. BGHZ 8, 387, 388 f.
367 BGH GRUR 1990, 711 (713–4711); Soergel/*Heinrich* BGB § 12 Rn. 160; MüKoBGB/*Säcker* § 12 Rn. 32.
368 Vgl. VG Köln MMR 2001, 190 (191 f.).

369 MüKoBGB/*Säcker* § 12 Rn. 33.
370 Vgl. BGH NJW 2002, 2642 (2645) – Vanity-Nummer (kein der Verwendung als Vanity-Nummer entgegenstehendes Freihaltebedürfnis, da durch Verwendung der Vanity-Nummer keine Ausschließlichkeitsrechte begründet werden).
371 LG Aachen MMR 2001, 178 – Vanity-Nummern.
372 BGH NJW 2002, 2031 – shell.de; GRUR 2005, 871 (873) – Seicom; 2005, 262, 263 – soco.de; NJW 2008, 3716 (3717) – afilias.de; KG NJW 1997, 3321 (3322) – cc.de; OLG Hamm NJW-RR 1998, 909 (910) – krupp.de; KG GRUR-RR 2003, 370 (371) – Berlin Arena; OLG Karlsruhe CR 1999, 783 (784) – badwildbad.de; OLG München MMR 2001, 692 (693) – boos.de; aA LG Köln GRUR 1997, 377 – hürth.de; CR 1997, 291 – pulheim.de; Soergel/*Heinrich* BGB § 12 Rn. 152a; BeckOK BGB/*Bamberger* § 12 Rn. 36; Staudinger/*Fritzsche* BGB § 12 Rn. 101; MüKoBGB/*Heine* § 12 Rn. 242.

bestimmten Domaininhaber namensmäßig hinzuweisen,[373] also **Unterscheidungskraft** besitzt.[374] Dann kann der Namensschutz schon durch Aufnahme der Benutzung des alphanumerischen Zeichens als Domainname entstehen. Ansonsten kommt es auf Verkehrsgeltung an. Es kommt, wie allgemein für den Namensschutz von Buchstabenkombinationen, nicht darauf an, dass der Domainname als Wort aussprechbar ist (→ Rn. 98).[375] Kein Namensschutz besteht, wenn der Domainname allein zwecks **Adressierung im Netz** verwendet wird.[376] Das soll dann der Fall sein, wenn ein Unternehmen einen Namen letztlich aufgegeben hat und nur noch als Domainnamen aufrechterhält, um, ähnlich wie bei einer Nachsendeadresse, weiterhin unter dem alten Namen aufgefunden werden zu können und auf der betreffenden Internetseite auf den neuen Namen hinweist.[377] Letztlich handelt es sich bei Domainnamen insoweit um eine **besondere Verwendungsform** eines nach den jeweils einschlägigen Erwerbstatbeständen zustande gekommenen Namens- oder Unternehmenskennzeichenrechts und nicht um ein besonderes „virtuelles" Kennzeichenrecht. In diesem Sinne kann der Schutz des § 12 bzw. der §§ 5, 15 MarkenG nach verbreiteter Auffassung auch den Bereich des Domainnamens betreffen.[378]

Davon ist die Frage der **Rechtsnatur** eines von einem bestehenden Kennzeichenrecht **unabhängigen Domainnamens** zu unterscheiden. Hier ist streitig, ob der Domainname ein selbstständiges Vermögensrecht sui generis des Domaininhabers ist[379] oder ob insoweit ausschließlich eine relative Vertragsbeziehung zwischen dem Domaininhaber und dem DENIC (bzw. EURid für EU-Domains) vorliegt (zur Übertragung des Domainnamens nach dieser Lösung → Rn. 178).[380] Der **BGH** sieht im Domainnamen **kein absolutes Recht**, vielmehr erwerbe der Inhaber eines Domainnamens nur ein vertragliches Nutzungsrecht, jedoch keine dingliche Rechtsposition.[381] Das Bestehen eines Marktes handelbarer Domainnamen und der unter Umständen erhebliche Vermögenswert des Domainnamens sprechen aber dafür, in dem Domainnamen ein **selbstständiges subjektives Vermögensrecht** mit absoluter Wirkung zu sehen. Dieses Recht ist jedoch weder nach § 12 noch nach dem MarkenG geschützt, sondern als **sonstiges Recht nach § 823 Abs. 1**.[382] Dagegen spricht nicht, dass der Domaininhaber für die Domain-Innehabung auf die Mitwirkung seines Vertragspartners, des DENIC, angewiesen ist. Die aus der Vertragsbeziehung zwischen Domaininhaber und Registrierungsstelle folgende Einschränkung der Rechtsmachtposition des Domaininhabers im Verhältnis zum Domainnamen dadurch, dass das DENIC die Innehabung des Domainnamens als Vertragsleistung gewährleistet, ist rein formeller Natur.[383]

So ist aufgrund der technischen Monopolstellung des DENIC ein Kontrahierungszwang anzunehmen[384] und man wird im Fall der Übertragung des Domainnamens auf einen Dritten ebenso von einem Zwang des DENIC auszugehen haben, den Eintritt des Dritten in die Vertragsbeziehung hinzunehmen. Zudem ist das DENIC nicht berechtigt, den Domainvertrag ordentlich zu kündigen. Daher kann es für die Annahme eines absolut geschützten Rechts nicht ausschlaggebend sein, dass das DENIC für eine Umregistrierung im Fall einer Verfügung über den Domainnamen mitwirken muss.[385] Auch ein numerus clausus absoluter Herrschaftsrechte spielt in diesem Zusammenhang keine Rolle,[386] weil zumindest im Bereich der Immaterialgüterrechte kein Bedürfnis für das Unterbinden der Entstehung absoluter Herrschaftsrechte besteht.[387]

108

109

373 Vgl. den Fall in BGH GRUR 2005, 871 (873) – Seicom, in dem die Bezeichnung „Seicom" ausschließlich noch im Internet, nicht aber mehr anderweitig verwendet wurde (im Fall nur Adressfunktion angenommen).

374 BGH GRUR 2014, 506 Tz 10 f. – sr.de; KG NJW 1997, 3321 – cc.de; OLG Hamburg NJW-RR 1999, 625 (626) – emergency.de; LG Mannheim GRUR 1997, 377 – heidelberg.de; Soergel/*Heinrich* BGB § 12 Rn. 152 a; vgl. auch *Fezer* MarkenR Einl. G Rn. 24; vgl. auch *ders.* WRP 2000, 669 (673); *Kur* CR 1996, 590 (590 f.).

375 BGH GRUR 2014, 506 Tz 11 – sr-de.

376 BGH GRUR 2005, 262 (263) – soco.de; 871, 873 – Seicom; vgl. auch BGH GRUR 2009, 1055 Tz 40 – airdsl.

377 BGH GRUR 2005, 871 (873) – Seicom; *Fezer* MarkenR § 15 Rn. 77; MüKoBGB/*Heine* § 12 Rn. 242.

378 Vgl. auch *Welzel* MMR 2001, 321 (323); für ein besonderes eigenständiges Kennzeichenrecht im Falle der ausschließlich auf den virtuellen Bereich begrenzten, namensunabhängigen Verwendung der Domain *Kleespies* GRUR 2002, 764 (774).

379 *Fezer* MarkenR Einl. G (Domainrecht – Kennzeichen im Internet) Rn. 15 f.; *Koos* MMR 2004, 359 (362 ff.)

zu den Konsequenzen; vgl. auch *Krebs/Becker* JZ 2009, 932 ff. („rechtsfortbildende Teilverdinglichung" der Domain"); *Becker* GRUR Int 2010, 940 ff.

380 *Ingerl/Rohnke* Nach MarkenG § 15 Rn. 31; MüKoBGB/*Heine* § 12 Rn. 240; s. zum Streitstand auch Staudinger/*Fritzsche* BGB § 12 Rn. 100 a.

381 BGH GRUR 2012, 417 Tz 23 – gewinn.de; OLG Hamm MMR 2005, 381 (382); s. auch BVerfG GRUR 2005, 261 (261 f.) – ad-acta.de zum Eigentumsschutz nach Art. 14 GG bei Ablehnung eines absoluten Rechts; vgl. aber auch OLG Köln GRUR-RR 2006, 267 (268) – investment.de (Recht auf Nutzung einer Internetdomain als „sonstiges Recht" nach § 823 Abs. 1 BGB).

382 *Fezer* MarkenR § 3 Rn. 15 auch zur Unbeachtlichkeit eines Numerus clausus der Immaterialgüterrechte.

383 *Koos* MMR 2004, 359 (361).

384 *Ernst* MMR 2002, 714 (716).

385 *Koos* MMR 2004, 359 (361).

386 So aber *Kleespies* GRUR 2002, 764 (766).

387 Vgl. schon *Forkel*, Gebundene Rechtsübertragung, S. 67 ff.

110 Von der Rechtsprechung wird die **Registrierung** der Domain beim DENIC nicht als ausreichend für die Entstehung eines Ausschließlichkeitsrechts am Domainnamen angesehen.[388] Hierdurch wird kein Namensrecht einer als solchen nicht unterscheidungskräftigen Domainbezeichnung erzeugt. Daraus folgt, dass die Verwendung einer bloßen Gattungsbezeichnung in einer Domain einer Verwendung der Bezeichnung in einer anderen Internetadresse aus **namensrechtlichen Gründen** nicht entgegensteht.[389] Allerdings geht die Domainregistrierung mit der Entstehung der Internetpräsenz einher und markiert damit den Beginn der Namensbenutzung einer dem Namen entsprechenden Domainbezeichnung,[390] wenigstens wenn eine tatsächliche Nutzung des registrierten Domainnamens beabsichtigt ist.[391]

111 Der **kennzeichenrechtliche Schutz** nach den §§ 5, 15 MarkenG verdrängt nach Auffassung des BGH den namensrechtlichen Schutz des § 12 im geschäftlichen Verkehr.[392] Wenn ein registrierter Domainname noch nicht in einer Internetpräsenz verwendet wurde, ist § 12 anzuwenden, weil dann noch keine Benutzung im geschäftlichen Verkehr gegeben ist.[393]

112 **j) Bildzeichen.** Namensmäßiger Schutz kann zumindest Bildzeichen zukommen, die **als Wort ausgedrückt** werden können.[394] Voraussetzung für den namensmäßigen Schutz eines unterscheidungskräftigen Bildzeichens ist, dass es als solches namensmäßige **Hinweiskraft** auf eine bestimmte Person oder ein Unternehmen besitzt. Da Bildzeichen visuell wirken, wird teilweise ausgeschlossen, dass auch unterscheidungskräftige, sprachlich ausdrückbare Bildzeichen ohne **Verkehrsgeltung** Namensschutz genießen können.[395]

113 Dagegen sollen nach verbreiteter Auffassung Bildzeichen und auch Farbzusammenstellungen, die nicht als Wort ausgedrückt werden können, niemals nach § 12 schutzfähig sein können.[396] Teilweise wird auf solche Bildzeichen § 12 analog angewendet.[397] Überwiegend wird hierfür ein originärer Namensschutz von Bildzeichen abgelehnt und eine **Verkehrsgeltung** gefordert. Davon weicht der BGH im Fall besonders geschützter **Wahrzeichen** ab, an denen Namensschutz bereits durch Ingebrauchnahme entsteht.[398]

114 Die Frage, ob ein originärer Namensschutz von Bildzeichen auch **ohne besondere Verkehrsgeltung** möglich ist, stellt sich in ähnlicher Weise wie bei nicht aussprechbaren Buchstaben- und Ziffernkombinationen (dazu → Rn. 98). Soweit der BGH dort von der Differenzierung zwischen aussprechbaren und nicht aussprechbaren Buchstabenkombinationen aufgrund der starken Verbreitung von Abkürzungen und Buchstabenkombinationen als Unternehmenskennzeichen und der damit verbundenen Akzeptanz solcher Bezeichnungsformen als namensmäßige Bezeichnungen ausgeht,[399] kann fraglich sein, ob das mit der gleichen Begründung auch für Bildzeichen und Farbkombinationen gilt. Bildzeichen könnte es im Gegensatz zu Buchstabenkombinationen nämlich nicht nur an einer *Aussprechbarkeit als sinntragendes Wort* fehlen, sondern schon an einer generellen lautlichen Umsetzung. So wird das Bild eines roten Rosses zwar als „rotes Ross" umschrieben,[400] die Umschreibung ist aber nicht mit dem Bild identisch, insbesondere, weil dadurch nicht besondere Gestaltungsmerkmale erfasst werden, die dem Bild seine Eigenheit geben. Es handelt sich nicht um eine lautliche Umsetzung, sondern um eine mehr oder weniger ungenaue Beschreibung eines lautlich an sich nicht umsetzbaren Wahrnehmungsgegenstands, durch die bei rein sprachlicher Kommunikation die Identifikationsfunktion nicht vermittelt wird. Noch deutlicher wird das bei Farben. Man wird allerdings nicht ausschließen können, dass zumindest prägnanten **Bildzeichen** vom modernen an Piktogramme und visuelle Signale gewöhnten Verkehr **originäre Namensfunktion** beigelegt wird.[401] Stellt man allgemein für die Zuerkennung eines Unternehmenskennzeichenschutzes ohne besondere Verkehrsgeltung auf eine abstrakte kennzeichenrechtliche Unterscheidungseignung statt auf eine namensmäßige Unterscheidungskraft ab, dann kann allgemein ein Namensschutz nach bloßer Ingebrauchnahme nicht generell ausscheiden.[402] Für bloße **Farben** und **Farbkombinationen** bleibt das aber zweifelhaft. Hier sollte es bei dem Erfordernis einer Verkehrsgeltung bleiben.

---

388 Vgl. BGH NJW 2001, 2362 (2364) – mitwohnzentrale.de.
389 Palandt/*Ellenberger* BGB § 12 Rn. 14; vgl. zu Grenzen nach §§ 1, 3 UWG OLG München NJW 2002, 2113.
390 *Wüstenberg* GRUR 2003, 109 (113).
391 MüKoBGB/*Schwerdtner*, 4. Aufl., § 12 Rn. 202.
392 BGH NJW 2002, 2031 (2033) – shell.de.
393 BGH GRUR 2014, 506 Tz 8 – sr.de.
394 RGZ 171, 147, 155 – Salamander; GRUR 1957, 281 (282) – karo-as; 1957, 287, 288 f. – Plasticummännchen; 1958, 393, 394 f. – Ankerzeichen; Soergel/*Heinrich* BGB § 12 Rn. 154.
395 MüKoBGB/*Säcker* § 12 Rn. 29; Soergel/*Heinrich* BGB § 12 Rn. 154; aA Staudinger/*Fritzsche* BGB

§ 12 Rn. 107; *Schricker* GRUR 1998, 310 (314); vgl. auch BGH GRUR 2005, 419 (422) – Räucherkate.
396 BGHZ 14, 155, 160 – Farina; Soergel/*Heinrich* BGB § 12 Rn. 154; MüKoBGB/*Säcker* § 12 Rn. 29; Staudinger/*Fritzsche* BGB § 12 Rn. 107.
397 BeckOK BGB/*Bamberger* § 12 Rn. 42; Palandt/*Ellenberger* BGB § 12 Rn. 11, 41.
398 BGH NJW 1994, 2820 (2821) – Rotes Kreuz; vgl. zum besonderen Schutz des roten Kreuzes auch § 3 DRKG.
399 BGH GRUR 2001, 344 (344 f.) mwN zum Schrifttum.
400 Vgl. dazu MüKoBGB/*Säcker* § 12 Rn. 29.
401 *Schricker* GRUR 1998, 310 (314).
402 *Fezer* MarkenR § 15 Rn. 206.

k) Gebäudebezeichnungen, Liegenschaftsbezeichnungen. Der BGH[403] und ein Teil der instanzge- **115** richtlichen Rechtsprechung haben die Namensschutzfähigkeit von **Gebäudebezeichnungen** und **Liegen-schaftsnamen** für möglich gehalten. Dies geschieht ausdrücklich aufgrund der Annahme eines Bedürfnis-ses an der Vermarktung von Immobilien unter einem prägnanten Namen.[404] Der Name nähert sich insoweit der Marke als Produktkennzeichnung an und ist insoweit ein Immaterialgut (→ Rn. 77 a).

Soweit man die Schutzfähigkeit von Gebäudenamen anerkennt, ist auch ein **entgegenstehendes Interesse** **116** der auf die Nutzbarkeit des Begriffs als Herkunftsbezeichnung angewiesenen Verkehrskreise zu beachten, insbesondere, wenn die Gebäudebezeichnung mit einem Bauwerk verbunden ist, das als Wahrzeichen einer ganzen Region angesehen wird.[405]

l) Marken. Marken sind an sich nur Kennzeichen bestimmter Waren oder Dienstleistungen. Ihr Schutz **117** bestimmt sich nach den Vorschriften des MarkenG. In den Bereich des Namensschutzes fallen Marken nur, wenn sie sich im Verkehr zu Kennzeichen von Unternehmen entwickelt haben.[406] Ansonsten fehlt es an einer personalen Herkunftsfunktion. Die personale bzw. unternehmensbezogene Herkunftsfunktion einer Marke kann insbesondere dann fehlen, wenn der Markeninhaber eine Vielzahl von ähnlich bekannten Pro-dukten unter anderen Markenbezeichnungen vertreibt.[407]

m) Wappen, Siegel, Embleme. Unterscheidungskräftige Vereinsembleme,[408] Wappen und Siegel[409] **118** genießen zumindest analog § 12 originären Namensschutz, soweit sie Namensfunktion haben (vgl. zu Bild-zeichen auch → Rn. 114).[410] Auf eine Verkehrsgeltung kommt es nicht an.[411] Für **Vereinsembleme** wird für den originären Namensschutz verlangt, dass das Emblem von vornherein symbolisch für den Verein steht, weil eine allgemeine Monopolisierung etwa von Stadtsilhouetten, markanten Gebäuden oder die Tätigkeit eines Vereins charakterisierender Gegenstände vermieden werden soll.[412] Ein entgegenstehendes Interesse der auf die Nutzbarkeit des Begriffs als Herkunftsbezeichnung angewiesenen Verkehrskreise, insbesondere, wenn die Gebäudebezeichnung mit einem Bauwerk verbunden ist, das als Wahrzeichen einer ganzen Region angesehen wird,[413] ist zu berücksichtigen. Auch **Titelemblemen** von Presseorganen kann Namens-schutz nach § 12 zukommen.[414]

Wappen stehen als eigenständige gewohnheitsrechtlich anerkannte absolute Kennzeichnungsrechte einer **119** Person an sich neben dem Namen,[415] deshalb liegt methodisch eher eine analoge Anwendung des § 12 nahe.[416] Erfasst werden sowohl adelige als auch bürgerliche Wappen sowie Wappen von Körperschaften und Anstalten des öffentlichen Rechts.[417] Stadtwappen, die auf eine bestimmte Stadt als Wappenträger hin-weisen, genießen den gleichen Schutz wie der Name.[418] Nach Auffassung des BGH kommt dem Düsseldor-fer Stadtwappen aufgrund seiner konkreten charakteristischen Gestaltung originäre namensmäßige Unter-scheidungskraft zu.[419] Das wird man auf andere charakteristisch gestaltete Wappen übertragen können. Die Annahme eines Wappens ist mit Ausnahme der Landeswappen und der kommunalen Wappen nicht geregelt und frei.[420] Bundes- und Landeswappen sind anders als kommunale Wappen zudem nach § 124 OWiG gegen unbefugte Benutzung geschützt. Zudem ist die öffentliche Verunglimpfung des Bundeswappens und des Wappens eines Bundeslandes nach § 90 a StGB strafbar.

Das Wahrzeichen des **Roten Kreuzes** und das **Schweizer Wappen** sind nach § 125 OWiG geschützt (vgl. **120** zum Roten Kreuz auch § 3 DRKG). Die Rechtsprechung bezieht den Schutz nach § 12 nicht nur auf die Benutzung eines Wappens als eigenes Kennzeichen, sondern auch auf die Benutzung des Wappens zur

403 BGH GRUR 1976, 311 (312) – Sternhaus; 2012, 534 Tz 23 – Landgut Borsig; vgl. aber auch BGH GRUR 2005, 419 (421) – Räucherkate; s. dazu *Koos* LMK 2012, 332198.

404 LG Düsseldorf GRUR-RR 2001, 311 (312) – Sky-light; s. auch BGH GRUR 2012, 534 Tz 26 – Land-gut Borsig.

405 Vgl. OLG Jena GRUR 2000, 435 – Wartburg.

406 BGH GRUR 1957, 87 (88) – Meisterbrand; 1959, 25, 26 – Triumph.

407 OLG Hamm GRUR 2003, 722 (722) – www.castor.d e.

408 Dazu *Bayreuther* WRP 1997, 820 (821).

409 Staudinger/*Fritzsche* BGB § 12 Rn. 108.

410 BGH NJW 1994, 2820 (2821) – Rotes Kreuz.

411 Für Vereinsembleme BGH GRUR 1976, 644 (646) – Kyffhäuser, mAnm *Fezer*; zust. MüKoBGB/ *Schwerdtner*, 4. Aufl., § 12 Rn. 104; Staudinger/ *Fritzsche* BGB § 12 Rn. 111; aA Soergel/*Heinrich* BGB § 12 Rn. 154.

412 *Fezer*, Anm. zur Kyffhäuser-Entscheidung des BGH GRUR 1976, 647 (648); Staudinger/*Fritzsche* BGB § 12 Rn. 111; MüKoBGB/*Säcker* § 12 Rn. 34.

413 Vgl. OLG Jena GRUR 2000, 435 – Wartburg.

414 Vgl. BGH GRUR 1979, 564 (568) – Metall-Zeitung; vgl. dazu *Fezer* GRUR 1979, 566 (567 f.).

415 Vgl. *v. Gierke*, Deutsches Privatrecht I, 1895, S. 730 f.; Staudinger/*Fritzsche* BGB § 12 Rn. 109.

416 *Klippel*, S. 482.

417 RGZ 71, 262 – Aachener Stadtwappen; RG JW 1924, 1711; BGHZ 119, 237, 245 – Universitätsem-blem; BGH GRUR 2002, 917 (919) – Düsseldorfer Stadtwappen.

418 BGHZ 14, 15, 19 – Frankfurter Römer; LG Berlin GRUR 1952, 253 (254) – Berliner Stadtwappen.

419 BGH GRUR 2002, 917 (919) – Düsseldorfer Stadt-wappen.

420 Soergel/*Heinrich* BGB § 12 Rn. 155; Staudinger/ *Fritzsche* BGB § 12 Rn. 109.

Warenausstattung oder als Herkunftsbezeichnung durch einen Gewerbetreibenden.[421] Dabei ist erforderlich, dass der Eindruck erzeugt wird, der Träger des Wappens stehe selbst hinter der Verwendung des Wappens.[422] Der Schutz des § 12 scheidet aber aus, wenn die gewerbliche Wappenverwendung von ortsansässigen Unternehmen nur als Hinweis auf den Standort des Unternehmens oder als bloße Verzierung etwa von lokalen Andenken verstanden wird, ohne auf den Wappenträger hinzuweisen.[423]

121 **n) Werbeslogans.** Unterscheidungskräftige Werbeslogans können Namensfunktion haben und dem Schutz des § 12 unterfallen, wenn sie im Verkehr als namensmäßige Kennzeichnung eines Unternehmens verstanden werden. In der Regel werden Werbesprüche jedoch nicht als namensmäßige Kennzeichnung aufgefasst. Dann kommt unter der Voraussetzung von Unterscheidungskraft[424] und Verkehrsgeltung als zusätzliches Unternehmenskennzeichen nur ein Schutz nach §§ 5 Abs. 2 S. 2, 15 MarkenG oder dem UWG sowie subsidiär außerhalb des wettbewerblichen Bereichs nach den Grundsätzen über den eingerichteten und ausgeübten Gewerbebetrieb[425] (§§ 823 Abs. 1, 1004) in Betracht.[426]

III. Entstehung, Erlöschen und Verkehrsfähigkeit des Namensrechts

122 **1. Entstehung.** Namensschutz nach § 12 und nach dem MarkenG entsteht nur für Bezeichnungen, die weder gegen das Gesetz verstoßen noch sittenwidrig sind.[427] Die Ersitzung des Namensrechts ist ausgeschlossen (vgl. zur Vermutung der berechtigten Namensführung → Rn. 259).[428]

123 **a) Bürgerlicher Name.** Der Schutz des bürgerlichen Namens beginnt mit der Geburt (§ 1616), Eheschließung (§ 1355), Begründung der Lebenspartnerschaft (bis 30.9.2017 → Rn. 54), Einbenennung (§ 1618) oder Adoption (§§ 1757, 1767 Abs. 2) kraft Gesetzes.

124 **b) Pseudonym.** Der namensrechtliche Schutz eines von Natur aus unterscheidungskräftigen Pseudonyms beginnt mit seiner **Benutzung.** Eine besondere **Verkehrsgeltung** ist nur erforderlich, wenn die ursprüngliche Unterscheidungskraft fehlt (vgl. aber auch → Rn. 59).[429] Allerdings ist der Bekanntheitsgrad des Trägers eines Künstlernamens für die Frage von Bedeutung, inwieweit ein Abwehranspruch wegen der Verletzung schutzwürdiger Interessen anzunehmen ist.[430] Die Schutzentstehung für den Künstlernamen ist entweder beschränkt auf bestimmte Wirkungsbereiche des Künstlers oder erstreckt sich auf sämtliche Lebensbereiche, so dass das Pseudonym insoweit vollständig die Funktion des bürgerlichen Namens einnehmen kann. Die Verkehrsfähigkeit wirkt sich hierauf aus. So kann ein umfassender namensmäßiger Schutz, der dem bürgerlichen Namen entspricht, bei entsprechender Verkehrsgeltung aus einem zunächst nur im beruflichen Wirkungsbereich des Kunstschaffenden originär begründeten Namensschutz hervorgehen.

125 **c) Firma und andere Unternehmenskennzeichen.** Der namensrechtliche Schutz der Firma beginnt mit dem befugten **Gebrauch im geschäftlichen Verkehr.**[431] Die Firma einer **Vorgesellschaft** ist ebenfalls vom Zeitpunkt des Gebrauchs an geschützt,[432] die später eingetragene juristische Person kann sich dann auf die von der Vorgesellschaft erlangte Priorität berufen, soweit der Name auch in ihrer Firma verwendet wird.[433] Der Beginn des Schutzes mit Gebrauch der Bezeichnung muss entsprechend für den Schutz anderer unterscheidungskräftiger **Geschäftsbezeichnungen,** einschließlich Abkürzungen, nicht als Worte aussprechbarer **Buchstabenkombinationen** sowie **Bildzeichen** gelten (dazu → Rn. 100 ff., 112 ff.). Unerheblich ist, ob die Benutzung nach oder vor der Aufnahme des Geschäftsbetriebs, im Rahmen eines Vorbereitungsstadiums erfolgt.[434] Voraussetzung ist aber eine ausreichende **Unterscheidungskraft** der Bezeichnung. Fehlt diese, so beginnt der Schutz erst mit der Erlangung der entsprechenden **Verkehrsgeltung,** die vorliegt, wenn ein nicht unbeträchtlicher Teil des einschlägigen Geschäftsverkehrs in dem Zeichen das Kennzeichen eines bestimmten Unternehmens erblickt (allgemein zur Verkehrsgeltung → Rn. 88).[435]

421 RG JW 1924, 1711 (1712); anders noch RGZ 71, 262, 263 – Aachener Stadtwappen; vgl. BGHZ 119, 237, 244 f. – Universitätsemblem.

422 OLG Schleswig SchlHA 1972, 168; Soergel/*Heinrich* BGB § 12 Rn. 155.

423 Soergel/*Heinrich* BGB § 12 Rn. 155.

424 Vgl. zur Unterscheidungskraft BGH NJW-RR 2000, 706 (706) – Partner with the Best.

425 Vgl. zum deliktischen Unternehmensschutz bei Beeinträchtigung des Werbewerts eines berühmten Kennzeichens BGH GRUR 1990, 711 (712–4711).

426 Soergel/*Heinrich* BGB § 12 Rn. 159.

427 BGHZ 10, 197, 201.

428 Staudinger/*Fritzsche* BGB § 12 Rn. 357.

429 BVerfG NJW 1988, 1577 (1578); OLG Köln VersR 2001, 861; Soergel/*Heinrich* BGB § 12 Rn. 120; anders die hM: BGH NJW 2003, 2978 (2979) – maxem.de; MüKoBGB/*Säcker* § 12 Rn. 11; Palandt/*Ellenberger* BGB § 12 Rn. 7; Staudinger/*Fritzsche* BGB § 12 Rn. 32; *Klippel,* S. 467 f.

430 Soergel/*Heinrich* BGB § 12 Rn. 120.

431 BeckOK BGB/*Bamberger* § 12 Rn. 55.

432 BGH NJW 1993, 459 (460) – Columbus; OLG München GRUR 1990, 697 (698).

433 Staudinger/*Fritzsche* BGB § 12 Rn. 81.

434 BGH NJW 1980, 522 (523) – Concordia.

435 BGHZ 11, 214, 217 – KfA; 43, 245, 252 – GdP.

Es kommt nicht auf die im Handelsregister als Firma eingetragene Fassung einer Bezeichnung an sondern auf die tatsächlich verwendete Bezeichnungsfassung.[436] Da die Feststellung einer von Hause aus unterscheidungskräftigen Bezeichnung, bei der es ausschließlich auf die Ingebrauchnahme ankommt, insbesondere bei Bildzeichen und nicht als Wort aussprechbaren Buchstabenzusammenstellungen problematisch sein kann, ist es praktisch empfehlenswert, zudem eine Verkehrsgeltung vorzutragen und zu beweisen.[437] Voraussetzung für den Beginn des namensrechtlichen Schutzes geschäftlicher Kennzeichen ist regelmäßig der Gebrauch der Bezeichnung auf dem Territorium der Bundesrepublik Deutschland.[438] **126**

2. Erlöschen. a) Bürgerlicher Name. Der **Verlust** des bürgerlichen Namens ist zu Lebzeiten grundsätzlich ausgeschlossen. Das ergibt sich wohl nicht zwingend aus der Höchstpersönlichkeit des Namensrechts (s. dazu auch → Rn. 135), zumindest aber aus der Ordnungsfunktion des bürgerlichen Namens. Eine **Namensänderung** bleibt möglich; durch ihren Vollzug endet der Schutz des bisherigen Namens. **127**

Nach traditioneller Sichtweise wird davon ausgegangen, dass das **Namensrecht** des bürgerlichen Namens **mit dem Tod des Namensträgers erlischt**.[439] Ein subjektiv geprägtes Alleinbestimmungsrecht der Witwe eines Verstorbenen zur Nennung des Namens des Verstorbenen ist nicht anzuerkennen,[440] zumindest soweit der Name mit Vor- und Familiennamen verwendet wird, weil insoweit nicht der Namensschutz der Witwe betroffen ist. Die Rechtsprechung hat schon früher eine gewisse Fortwirkung des Namensrechts als Ausschnitt des allgemeinen Persönlichkeitsrechts im Rahmen eines **postmortalen** Persönlichkeitsschutzes für möglich gehalten, und zwar in seinem ideellen wie in seinem kommerziellen Aspekt.[441] **128**

Die **Durchsetzung** des nachwirkenden Namensrechts kommt den nahen Angehörigen des Namensträgers oder den von dem Namensträger dazu ermächtigten Personen zu. Da es insoweit an sich an einem existenten Rechtsträger fehlte,[442] nachdem höchstpersönliche Rechte als nicht vererbbar angesehen wurden, war zweifelhaft, ob es sich um eine Geltendmachung aus übergegangenem Recht des Verstorbenen oder um eine originäre Befugnis der Angehörigen handeln sollte. Zumeist wurde im Schrifttum eine **Wahrnehmungsberechtigung** nach §§ 189, 194, 77 Abs. 2 StGB oder analog § 22 S. 3 KUG angenommen.[443] Eine **Rechtsträgerschaft der Erben** wurde von der herrschenden Auffassung dagegen insgesamt ausgeschlossen.[444] Unberührt bleibt davon der indirekte Schutz im Zuge einer Geltendmachung von Verletzungen der eigenen mit dem Namensrecht des Verstorbenen deckungsgleichen Namensrechte der Hinterbliebenen.[445] **129**

Seit der Entscheidung „Marlene Dietrich" des BGH zeichnet sich eine Fortentwicklung des postmortalen Namensschutzes ab: Danach ist zwischen dem **ideellen** Bestandteil und dem **vermögensrechtlichen** Bestandteil des Persönlichkeitsrechts zu unterscheiden.[446] Der BGH sieht aus Gründen des Persönlichkeitsschutzes ein Schutzbedürfnis nicht nur hinsichtlich des ideellen Bestandteils des Persönlichkeitsrechts nach dem Tode des Rechtsträgers, das mit einem Abwehrrecht befriedigt werden könnte, sondern auch des vermögensrechtlichen Bestandteils. Der Eingriff in **vermögensrechtliche Persönlichkeitsbestandteile** kann nur durch einen **Schadensersatzanspruch** gegen den Verletzer hinreichend abgewehrt werden.[447] Die vermögensrechtliche Persönlichkeitsrechtsposition sieht der BGH nicht als untrennbar mit dem Träger des ideellen Persönlichkeitsrechtsbestandteils verbunden an. Er hält diese Rechtsposition grundsätzlich für **vererbbar**. Im Ergebnis stellt sich für diesen Bereich des postmortalen Persönlichkeitsschutzes die schwierige Problematik der **Rechtsträgerschaft** nicht. Die Erben, nicht etwa grundsätzlich die nahen Angehörigen,[448] sind als Rechtsnachfolger des Verstorbenen Träger des vermögensrechtlichen Persönlichkeitsrechtsberei- **130**

436 RGZ 171, 321, 323 – CHEMPHAR; MüKoBGB/ *Schwerdtner*, 4. Aufl., § 12 Rn. 114.
437 MüKoBGB/*Schwerdtner*, 4. Aufl., § 12 Rn. 115.
438 BGHZ 34, 91, 96; MüKoBGB/*Schwerdtner*, 4. Aufl., § 12 Rn. 117.
439 BGHZ 8, 318, 324 – Pazifist; GRUR 2007, 168 Rn. 8 – Klaus Kinski; vgl. für die Schweiz Art. 31 I schwZGB.
440 OLG München NJW-RR 2001, 42 – Wolfgang-Hairich-Gesellschaft eV; vgl. dagegen BGHZ 8, 318, 320 – Pazifist.
441 BGH NJW 1990, 1986 (1987) – Emil Nolde; OLG München WRP 1982, 660 (661) – Cellular-Therapie; vgl. allgemein zu Persönlichkeitsaspekten im postmortalen Schutzbereich OLG Hamburg GRUR 1990, 1995 (1995) – Heinz Erhardt.
442 Vgl. zur Rechtszuordnung eines postmortalen Persönlichkeitsrechts *Koos* ZHR 172 (2008), 214, 218 Fn. 35.

443 Staudinger/*Fritzsche* BGB § 12 Rn. 297; MüKoBGB/ *Schwerdtner*, 4. Aufl., § 12 Rn. 120; vgl. BGHZ 50, 133; 139 f. - Mephisto; OLG Bremen NJW-RR 1995, 84 (84); noch strenger hat das schweizerische Bundesgericht jeden postmortalen Persönlichkeitsschutz im Sinne einer von den Angehörigen geltend zu machenden Verletzung der Persönlichkeit des Verstorbenen abgelehnt, dazu BG sic! 2003, 888, 891 – Obduktion.
444 AA wohl *Deutsch/Ahrens*, Deliktsrecht, 4. Aufl. 2002, Rn. 208.
445 BGHZ 8, 318, 324 – Pazifist; NJW 1990, 1986 (1987) – Emil Nolde.
446 BGH NJW 2000, 2195 (2197) – Marlene Dietrich I; GRUR 2006, 252 Tz 15 f – Mordkommission Köln; 2007, 168 Tz 12 – kinski-klaus.de; vgl. auch LG München GRUR-RR 2001, 161 (163) – Marlene.
447 Vgl. BGH NJW 2000, 2196 (2198) und 2199 – Marlene Dietrich I.
448 BGH NJW 2000, 2195 (2199) – Marlene Dietrich I.

ches[449] (s. zur allgemeinen Frage der Übertragbarkeit auch unter Lebenden → Rn. 173). Diese Rechtsträgerschaft der Erben sieht der BGH zu Recht als konstruktive Voraussetzung für die Annahme eines ersatzfähigen Verletzungsschadens an.[450]

131 Trotzdem ist die **Bindung** des vermögensrechtlichen Persönlichkeitsrechtsbestandteils an den ursprünglichen Träger des Persönlichkeitsrechts nach Auffassung des BGH nicht ganz aufgehoben. Der vermögensrechtliche Persönlichkeitsrechtsbestandteil soll den Erben nur so lange zustehen, wie ein ideeller Schutz des postmortalen Persönlichkeitsrechts anzunehmen ist. Da dieser regelmäßig **zeitlichen Begrenzungen** unterliegt,[451] folgt aus dieser Verbindung der Untergang des vermögensrechtlichen Bestandteils mit dem Ende des Nachwirkens der Persönlichkeit des Verstorbenen. Es handelt sich um einen zeitlich versetzten Rechtsuntergang. Analog § 22 S. 3 KUG begrenzt der **BGH** die Schutzdauer des vermögenswerten Bestandteils des postmortalen Persönlichkeitsrechts auf **zehn Jahre**.[452] Daran wird zugleich deutlich, dass der BGH keine echte **vermögensrechtliche Verselbstständigung** von Persönlichkeitsrechten um ihrer selbst willen erzielen will, sondern eigentlich nur einen Schutz der auf den Verstorbenen bezogenen Persönlichkeitsinteressen mit dem Mittel der begrenzten Anerkennung einer Kommerzialisierung des Persönlichkeitsteilbereichs erreichen möchte. Es steht daher nicht die **Kompensation**, sondern die **Verletzungsabwehr durch vermögensrechtlichen Ausgleich**[453] und ähnlich wie im Bereich der Verletzung ideeller Persönlichkeitsinteressen Lebender[454] sicher die **Prävention** im Vordergrund.[455]

132 Eine freie Verwertbarkeit im Sinne eines unbeschränkten **positiven Benutzungsrechts** hinsichtlich des vererbten Bestandteils des Persönlichkeitsrechts besteht wegen der vom BGH angenommenen untrennbaren Bindung an die Interessen des Verstorbenen[456] nicht. Daher ist die BGH-Rechtsprechung nur in ihrem Reflex für eine immaterialgüterrechtliche Begründung des Namensrechts heranziehbar.

133 Der **ideelle Rechtsbestandteil** eines Persönlichkeitsrechts **endet** danach mit dem **Tod**. Insoweit ist nur eine Rechtsdurchsetzung in Prozessstandschaft durch die dazu berufenen Personen möglich.[457] Der **vermögensrechtliche Bestandteil** wird dagegen **zeitlich begrenzt** weiter **existent** gehalten. Seine Durchsetzung durch die Erben bewirkt unmittelbar einen postmortalen Schutz des vermögensrechtlichen Persönlichkeitsinteresses des Verstorbenen und mittelbar auch den Schutz seiner ideellen Persönlichkeits- und Würdeinteressen, soweit durch die Zwangskommerzialisierung auch der ideelle Bereich betroffen ist.

134 Über die Entscheidungen „Marlene Dietrich" und „Klaus Kinski" hinaus sollte man einen **vermögensrechtlichen** Bereich des Namensrechts als nach dem Tod des ursprünglichen Trägers grundsätzlich zeitlich **unbegrenzt fortbestehend** anerkennen. Der modernen Entwicklung eines nicht per se verwerflichen Marktes für gewisse persönlichkeitsrechtliche Rechtspositionen entspricht es, wenn man die Existenz von mehr oder weniger verkehrsfähigen, verobjektivierten **Persönlichkeitsimmaterialgüterrechten**[458] anerkennt. Ein vererbliches Persönlichkeitsvermögensrecht sollte danach von dem ideellen Bereich der Persönlichkeit des Verstorbenen grundsätzlich abgekoppelt werden (anders im Rahmen von Verfügungen unter Lebenden, dazu → Rn. 174 f.). Jedenfalls die aus einer Analogie zu § 22 S. 3 KUG hergeleitete Schutzhöchstdauer ist angesichts des modernen „**Marktes für Prominenz**" nicht angemessen.[459]

135 Die Notwendigkeit, den vermögensrechtlichen und grundsätzlich auch nach Auffassung des BGH begrenzt verkehrsfähigen Bestandteil des Persönlichkeitsrechts des Verstorbenen an den postmortalen ideellen Persönlichkeitsschutz zu binden, besteht nicht. Das gilt gerade auch für das **Namensrecht** und damit zusammenhängende Rechtspositionen. Denn die Verbindung des bürgerlichen Namens mit dem Namensträger ist durchaus nicht so fest, wie mit dem Hinweis auf eine Höchstpersönlichkeit, gleichsam eher tautologisch, behauptet wird. In erster Linie ergibt sich die fehlende Entäußerbarkeit des bürgerlichen Namens aus **Ordnungsgesichtspunkten**[460] und allenfalls noch aus dem Interesse, den Namensträger von anderen Personen

---

449 BGH NJW 2000, 2195 (2197) – Marlene Dietrich I; 2201, 2201 – Der blaue Engel; NJW 2002, 2317 (2318) – Marlene Dietrich II.
450 BGH NJW 2000, 2195 (2198) – Marlene Dietrich I.
451 BGH NJW 2000, 2195 (2199) – Marlene Dietrich I.
452 BGH GRUR 2007, 168 Tz 16 ff. – kinski-klaus.de.
453 Vgl. die Vermögenszuordnungserwägungen des BGH NJW 2000, 2195 (2198) im Anschluss an *Götting*, S. 281; zum Ausgleichsgedanken als schutzrechtlicher Aspekt *Ahrens*, S. 105.
454 Vgl. BGH NJW 1995, 224 (229) – erfundenes Exklusiv-Interview; 1996, 373, 374 – Caroline von Monaco.
455 *Koos* WRP 2003, 202 (203).
456 BGH NJW 2000, 2195 (2199) – Marlene Dietrich I.

457 Zum möglichen Konflikt zwischen den Erben des vermögensrechtlichen Bestandteils des Namensrechts und den Angehörigen, die den ideellen Rechtsbestandteil durchsetzen *Müller* GRUR 2003, 31 (33).
458 Vgl. zur Anerkennung von Persönlichkeitsimmaterialgüterrechten *Klippel*, S. 562; *Beuthien/Schmölz*, S. 32; *Ullmann* AfP 1999, 209 (210) (vorrangig zwecks Verstärkung des Schutzes gegen Verletzungen und weniger zwecks Schaffung eines verkehrsfähigen Wirtschaftsguts); dagegen etwa *Peukert* ZUM 2000, 710 (713 f.).
459 Ablehnend zu dieser Frist auch *Götting* GRUR 2007, 170 (171) (70 Jahre); MüKoBGB/*Rixecker* Anh. zu § 12 Rn. 45 (70 Jahre); *Reber* GRUR Int 2007, 492 (498); *Stieper* MMR 2007, 108 (109).
460 Vgl. *Götting*, S. 103 f.

unterscheiden zu können. Letzteres Interesse ist bei einem verstorbenen Namensträger schon nach der Natur der Sache nicht mehr betroffen, da die Unterscheidbarkeit schon dadurch gegeben ist, dass der Namensträger verstorben ist. Ersteres Interesse entfällt bei einer jedenfalls auch behördlich als verstorben bekannten Person ebenfalls. Die Gründe, die einer vollständigen Namensentäußerung zu Lebzeiten entgegenstehen, bestehen im postmortalen Bereich nicht.

Richtigerweise ist jedenfalls der vermögensrechtliche Bestandteil des Namensrechts als **Namensimmateri-** **136** **algüterrecht vererbbar.** Dieses Namensimmaterialgüterrecht endet nach hier vertretener Auffassung weder mit dem Tod des ursprünglichen Namensträgers, noch endet es zeitlich konform mit dem Verblassen des postmortalen Würdeanspruchs. Es umfasst ein positives Benutzungsrecht der Erben und kann insbesondere weiter übertragen bzw. durch die Erben lizenziert werden.[461] Wenn somit auch der ideelle Bereich des Namensrechts von dem kommerziellen Bereich abstrahiert ist, muss doch berücksichtigt werden, dass die Kommerzialisierung des Namensimmaterialgüterrechts nicht zur **Verletzung** der zeitlich begrenzt fortwirkenden **postmortalen Würdeinteressen** des Verstorbenen führen darf.

Während ein Namensimmaterialgüterrecht bei Lebenden auch bei Annahme einer gewissen Verkehrsfähig- **137** keit nach dem Modell der sogenannten gebundenen Rechtsübertragung mit einem „Mutterpersönlichkeitsrecht" verbunden bleiben könnte (näher → Rn. 175), liegt es bei Verstorbenen konstruktiv nahe, die Begrenzung der vermögensrechtlichen Verwertbarkeit des Namensimmaterialgüterrechts aus der **Überlagerung mit dem ideellen postmortalen Persönlichkeitsschutz** herzuleiten. Aus diesem Gesichtspunkt können die insoweit wahrnehmungsbefugten Personen in Prozessstandschaft gegen eine gegebenenfalls ausufernde, die ideellen Interessen des Persönlichkeitsschutzes verletzende Ausübung der vermögensrechtlichen Namensrechtsposition durch die Träger des Namensimmaterialgüterrechts vorgehen.

Sind Erben und Wahrnehmungsbefugte identisch, so kann sich allerdings aufgrund einer Konfusion eine **138** Schutzlücke ergeben, die aber auch dann gegeben ist, wenn man der „gemäßigten" Lösung des BGH nach der Entscheidung „Marlene Dietrich" folgt. Denn hier können die zur Wahrnehmung ideeller Persönlichkeitsinteressen des Toten befugten Personen jedenfalls nicht zur Durchsetzung des postmortalen Würdeanspruchs gezwungen werden.[462] Mit dem Verblassen **des postmortalen Schutzes** ideeller Persönlichkeitsrechte wird das Namensimmaterialgüterrecht zunehmend frei von Begrenzungen der Verwertbarkeit.

b) Pseudonym. Der Schutz des Pseudonyms in der Erscheinungsform des **Künstlernamens** erlischt nicht **139** automatisch mit dem Ende der Ausübung der künstlerischen Tätigkeit.[463] Wenn jedoch bei Annahme einer Trennbarkeit zwischen kunstschaffendem und privatem Bereich[464] (vgl. aber → Rn. 62) eine **erweiterte Verkehrsgeltung** erworben wurde, die den Schutz des Künstlernamens über den **kunstschaffenden Bereich** des Namensträgers hinaus auf sämtliche, auch weitere Lebensbereiche ausdehnt (vgl. zur grundsätzlichen originären Schutzfähigkeit → Rn. 58, 124), kann der erweiterte Schutz mit **Verlust dieser Verkehrsgeltung** entfallen. Es bleibt dann aber weiterhin zumindest ein **originärer Namensschutz** des Künstlernamens im eigentlichen kunstschaffenden Bereich, und zwar schon wegen der werksidentifizierenden Bedeutung des Künstlernamens (vgl. § 10 Abs. 1 UrhG).

Das Pseudonym kann mangels einer dem bürgerlichen Namen entsprechenden Pflicht zur Namensführung **140** vom Decknamensträger **aufgegeben** werden. Der Schutz des Pseudonyms endet damit.

Mit dem **Tod des Namensträgers** erlischt der den Schutz des bürgerlichen Namens ersetzende Schutz des **141** Pseudonyms regelmäßig, soweit er parallel zum bürgerlichen Namen den **ideellen Persönlichkeitsbereich** des Decknamensträgers betrifft (→ Rn. 133).[465] Zwar kann das Pseudonym jederzeit aufgegeben werden und ist daher in weitaus geringerem Ausmaß als der bürgerliche Name mit der Person seines Trägers verbunden. Im Falle des Todes ist von einer solchen Namensaufgabe und damit von einer Aufgabe der mit der Decknamensführung zusammenhängenden ideellen Interessen des Decknamensträgers und einer Vererbung aber grundsätzlich nicht auszugehen. Dann geht das entsprechend erweitert geschützte Pseudonym mit dem Tod seines Trägers unter.

Es erscheint aber möglich, dass der Namensträger in bestimmten Fällen über das Pseudonym **letztwillig** **142** **verfügt** (zur Übertragbarkeit des Pseudonyms in Abgrenzung zum bürgerlichen Namen → Rn. 176). Für die Fortgeltung und Vererbarkeit des **vermögensrechtlichen Bereichs** gilt Entsprechendes wie beim bürgerlichen Namen (→ Rn. 128 ff.). Eine Überlagerung des vermögensrechtlichen Namensbereichs durch einen postmortalen ideellen Persönlichkeitsschutz ist dabei anzunehmen, wenn der Deckname mit dem ide-

461 Vgl. in diesem Sinne österreichischer OGH v. 15.6.2000, 4 Ob 85/00 d JBl. 2001, 54 – Radetzki, wo eine von den Rechtsnachfolgern des ursprünglichen Namensträgers einem Dritten eingeräumte „dinglich" wirkende Befugnis zum Gebrauch des Namens eines bereits 1858 Verstorbenen angenom-

men wird; dazu *Nauta* ÖJZ 2003, 404 (406 f.); *Koos* GRUR 2004, 808 (811 f.).

462 So zu Recht das schweizerische BG sic! 2003, 888, 891.

463 RGZ 101, 226, 231 – Üssems Meisterakrobaten.

464 Soergel/*Heinrich* BGB § 12 Rn. 120.

465 Vgl. BGH GRUR 2007, 168 Tz 8 – kinski-klaus.de.

ellen Persönlichkeitsbereich des Trägers ausreichend eng verbunden ist. Dazu wird man eine verstärkte Verbindung des Decknamens mit dem Träger durch einen dauerhaften Gebrauch an Stelle des bürgerlichen Namens oder eine entsprechende Bekanntheit des Namensträgers unter dem Künstlernamen verlangen müssen (vgl. auch → Rn. 61).[466]

143   **c) Firma und andere Unternehmenskennzeichen.** Der namensrechtliche Schutz von Firmen und anderen Unternehmenskennzeichen juristischer Personen endet spätestens mit dem Ende der Rechtspersönlichkeit der juristischen Person. Der Schutz von Geschäftsbezeichnungen rechtsfähiger Einheiten ohne Rechtspersönlichkeit endet mit der Auflösung bzw. Beendigung der Einheit. Bei der Firma einer natürlichen Person endet der Namensschutz mit dem Tod des Trägers. Ausnahmsweise kann der Namensschutz unabhängig von dem Ende der Rechtssubjektseigenschaft bereits vorher entfallen, etwa wenn das Unternehmen untergeht (dazu im Folgenden).[467]

144   Die längere **Nichtausübung** oder **Stilllegung des Betriebs** eines Unternehmens kann sich auf die Frage der für einen Anspruch wegen Namensanmaßung erforderlichen Interessenbeeinträchtigung auswirken, weil hier die **Verwechslungsgefahr** regelmäßig entfällt.[468] Daneben kommt auch eine **Verwirkung** des Namensschutzes in Betracht.[469] Danach liegen die Voraussetzungen eines Namensschutzes vor, die Geltendmachung von Abwehransprüchen scheitert aber an § 242. Eine Verwirkung kann zumindest nicht immer geltend gemacht werden, wenn eine längere Nichtausübung vorliegt, sondern allenfalls dann, wenn eine länger andauernde redliche Namensverwendung bei gleichzeitigem Nichteinschreiten gegen die Namensverwendung gegeben ist.[470] Schließlich soll sich die Nichtbenutzung, etwa als Folge einer längeren Stilllegung des Unternehmens, auf die **Unterscheidungskraft** des Unternehmenskennzeichens auswirken. Der Verlust der Unterscheidungskraft führt dann zum Entfallen des namensrechtlichen Schutzes. Bei originär unterscheidungskräftigen Kennzeichen ist dies jedoch nicht der Fall, weil die unterbleibende Ausübung des Rechts nicht die Natur des Schutzobjekts ändern kann. Dann kann die Schutzfähigkeit aber entfallen, wenn das Kennzeichen nachträglich zu einer generischen Bezeichnung oder einer Beschaffenheitsangabe geworden ist.[471]

145   Entgegen der herrschenden Auffassung ist nicht auf die Unternehmensstilllegung oder -unterbrechung abzustellen, sondern auf die zu einem **Verblassen der Identifikation** des Unternehmens mit der Bezeichnung führende länger andauernde oder endgültige Nichtbenutzung des Kennzeichens, sei es infolge der Stilllegung oder infolge einer willkürlichen Nichtbenutzung des Kennzeichens bei fortdauernder Betriebsausübung im Sinne einer **Aufgabe des Kennzeichens.** Außerdem kommt es auf die Nichtbenutzung als Tatbestand des **Interessenwegfalls** für einen Abwehranspruch an. Die Unternehmensaufgabe ist danach lediglich ein Indiz für das Vorliegen eines Tatbestands mit der Folge des Schutzwegfalls.

146   Zur Feststellung eines Entfallens des Namensschutzes verbieten sich feste zeitliche Maßstäbe. Es kommt vielmehr auf den **Einzelfall** an. Eine nur **vorübergehende Nichtbenutzung** des Kennzeichens oder **vorübergehende Stilllegung** des Betriebs für absehbare Zeit genügt regelmäßig nicht für den Verlust der Schutzfähigkeit,[472] es sei denn, darin läge bereits die Aufgabe des Namensrechts. Da für eine Verwirkung des Namensrechts nicht in erster Linie die mangelnde Verwendung des Kennzeichens im Rahmen einer Unternehmensaktivität maßgeblich ist, sondern das dauerhafte Unterbleiben eines Einschreitens gegen eine Verwendung der Bezeichnung durch einen Dritten, spielt die Frage der Absehbarkeit einer Betriebswiederaufnahme insoweit jedenfalls keine Rolle. Sie ist aber bedeutsam für das Vorliegen einer Interessenbeeinträchtigung. Für die Frage, ob die Betriebsstilllegung nur vorübergehender Natur ist, kommt es auf die Verkehrsauffassung an.[473] Auch nach hier vertretener Auffassung ist eine freiwillige **endgültige Stilllegung** des Unternehmens als Hinweis auf eine Aufgabe des Unternehmenskennzeichens mit der Folge des Verlusts des Schutzobjektes des Namensschutzes anzusehen. Nach herkömmlicher Auffassung liegt in der freiwilligen Stilllegung jedenfalls ein Indiz für die Endgültigkeit der Betriebsaufgabe und damit für ein Entfallen der Verwechslungsgefahr.[474] Eine langjährige Betriebseinstellung, auch soweit sie nicht auf einer autonomen unternehmerischen Entscheidung, sondern auf **staatlichen Zwangsmaßnahmen** oder der Teilung Deutschlands beruhte, kann zum Verlust des Kennzeichenschutzes und der Priorität (dazu → Rn. 224) führen. Die Priorität kann aber wiederaufleben, wenn der Name des Unternehmens aufgrund seiner Geltung

---

466   Vgl. zur Verfestigung des Pseudonyms zu einem dem Familiennamen entsprechenden Namen *Klippel*, S. 474.

467   RGZ 170, 265, 273; RG GRUR 1943, 349 (350) – Wien-Berlin; BGH GRUR 1957, 428 (429) – Bücherdienst; 1961, 420, 422 – Cuypers.

468   BGH GRUR 1961, 420 (422) – Cuypers.

469   BGH GRUR 1960, 137 (142) – Astra; Staudinger/ *Fritzsche* BGB § 12 Rn. 358 ff.

470   BGH GRUR 1961, 420 (424 f.) – Cuypers; Staudinger/*Fritzsche* BGB § 12 Rn. 362.

471   BeckOK BGB/*Bamberger* § 12 Rn. 56.

472   RGZ 170, 265, 274; BGH GRUR 1961, 420 (422) – Cuypers; 2002, 972, 974 – FROMMIA; 2005, 871, 872 – Seicom; MüKoBGB/*Säcker* § 12 Rn. 60 mwN.

473   BGH GRUR 1961, 420 (422) – Cuypers mwN.

474   MüKoBGB/*Säcker* § 12 Rn. 58.

oder Berühmtheit dem Verkehr in Erinnerung geblieben ist und dem neu eröffneten Unternehmen wieder zugeordnet wird.[475]

Die **Unterscheidungskraft** des Kennzeichens und damit die **originäre Namensschutzfähigkeit** können entfallen, wenn die ursprünglich unterscheidungskräftige Bezeichnung nachträglich zu einer **Beschaffenheits-, Gattungsbezeichnung**, einem **Gattungsnamen** oder einer **Systembezeichnung** wird.[476] Dafür kommt es darauf an, ob ein rechtlich beachtlicher Teil der maßgeblichen Verkehrskreise den Namen nicht mehr als namensmäßigen Hinweis auf ein bestimmtes Unternehmen auffasst. Das kann insbesondere dadurch geschehen, dass ein bestimmtes Produkt eines Unternehmens eine solche Bekanntheit oder Verbreitung erlangt, dass der Verkehr die Unternehmenskennzeichen auf die gesamte Produktgattung anwendet.[477] Solange aber ein rechtlich beachtlicher Teil des Verkehrs die entstehende Gattungs- oder Beschaffenheitsbezeichnung auch noch als Herkunftsangabe versteht, ist eine Umwandlung mit einhergehendem Verlust der originären Schutzfähigkeit nicht anzunehmen.[478] Häufig wird in solchen Fällen zugleich eine **Verkehrsbekanntheit** entstanden sein, so dass für die Bezeichnung auch nach einer Umwandlung zur Gattungsbezeichnung Namensschutz besteht, doch beschränkt sich der Schutz dann auf die Unterbindung der Verwendung als **Namensbezeichnung** und erstreckt sich nicht auf die Verwendung zur Namens- oder Firmenbildung unter Hinzufügung unterscheidender Zusätze.[479]

147

Für den Namensschutz nicht unterscheidungskräftiger und damit nicht originär geschützter Bezeichnungen kommt es auf die **Verkehrsgeltung** an. Der ausschließlich auf der Verkehrsgeltung beruhende Namensschutz entfällt also, wenn die Verkehrsgeltung verloren geht.[480] Die lediglich **vorübergehend unterbleibende Verwendung der Bezeichnung** schadet dabei nach der Rechtsprechung nicht, wenn das Unternehmen in seinem wesentlichen Bestand erhalten bleibt und die Absicht und Möglichkeit besteht, sie innerhalb eines solchen Zeitraums fortzusetzen, dass die Einstellung noch als vorübergehende Unterbrechung erscheinen kann.[481] Richtigerweise muss es hier darauf ankommen, inwieweit die Unterbrechung oder Aufgabe der Verwendung einer Bezeichnung dazu geführt hat, dass kein wesentlicher Teil der maßgeblichen Verkehrskreise die Bezeichnung mehr mit dem ursprünglichen Namensträger in Verbindung bringt. Je stärker die Bezeichnung das Unternehmen geprägt hat und je intensiver die Bezeichnung in der Vergangenheit verwendet wurde, desto stärker **wirkt** die **Verkehrsgeltung** nach einer Unterbrechung oder Stilllegung **nach** und desto länger wird der Verkehr die Bezeichnung als Hinweis auf das Unternehmen auffassen.[482] Die **Beweislast** für einen Wegfall der Verkehrsgeltung trägt der Verletzer.[483]

148

3. Verkehrsfähigkeit von Namensrechten. a) Übertragbarkeit und Gestattungsvertrag. aa) Bürgerlicher Name. Der bürgerliche Name wird als grundsätzlich **nicht mit dinglicher Wirkung übertragbar** angesehen, weder zu Lebzeiten noch im Erbgang. Das wird zumeist aus der herkömmlich angenommenen Rechtsnatur des bürgerlichen Namens als höchstpersönliches Recht gefolgert,[484] teilweise aus der Ordnungsfunktion des bürgerlichen Namens, der nicht entäußerbar oder ohne Weiteres veränderbar sein soll.[485] Entsprechendes wird allgemein für das **Pseudonym** vertreten, weil auch dieses als Ausfluss des allgemeinen Persönlichkeitsrechts angesehen wird.[486] Anderes nimmt die herrschende Meinung nur beim **Sammelpseudonym** an (→ Rn. 64). Auch ein dinglich wirkender **Verzicht** auf den bürgerlichen Namen wird nicht für möglich gehalten. Für das Pseudonym wird das jedoch nicht uneingeschränkt gelten können, weil insoweit keine Namensführungspflicht besteht und das frei gewählte Pseudonym nicht untrennbar mit dem Persönlichkeitsbereich des Trägers verbunden ist.

149

bb) Firma, Unternehmenskennzeichen, Vereinsname. Die Firma ist wegen des Zurücktretens der persönlichkeitsrechtlichen Bindung infolge der rein geschäftlichen Verwendung als Immaterialgut anerkannt (→ Rn. 20) und **übertragbar und vererbbar**.[487] Wegen §§ 22, 23 HGB ist die Übertragung jedoch nur

150

475 BGH NJW 2002, 3332 (3333) – Hotel Adlon; vgl. auch BGH GRUR 1997, 749 (752) – L'Orange; *Fezer* MarkenR § 15 Rn. 130.

476 Staudinger/*Fritzsche* BGB § 12 Rn. 91.

477 Vgl. RGZ 69, 310, 311 – Liberty (ursprüngliches Unternehmenskennzeichen als Bezeichnung für eine bestimmte Gewebesorte); vgl. auch RGZ 56, 160 – Singer; 101, 407 – Simonsbrot; BGH GRUR 1959, 38 (40) – Buchgemeinschaft II.

478 Vgl. RGZ 100, 182, 184 – Gervais; BGH GRUR 1977, 226 (228) – Wach- und Schließ.

479 Soergel/*Heinrich* BGB § 12 Rn. 161; vgl. auch BGH GRUR 1955, 95 (96) – Buchgemeinschaft I.

480 MüKoBGB/*Säcker* § 12 Rn. 62; Soergel/*Heinrich* BGB § 12 Rn. 150.

481 BGH GRUR 1957, 428 (429) – Bücherdienst.

482 *Fezer* MarkenR § 15 Rn. 85; Soergel/*Heinrich* BGB § 12 Rn. 150; MüKoBGB/*Säcker* § 12 Rn. 60.

483 *Fezer* MarkenR § 15 Rn. 85.

484 RGZ 87, 147, 149; BGH GRUR 1960, 490 (493) – Vogeler; 119, 237, 240 – Universitätsemblem; NJW 1993, 2236 (2237) – Decker; MüKoBGB/*Säcker* § 12 Rn. 76; BeckOK BGB/*Bamberger* § 12 Rn. 61; BeckOGK/*Niebel* § 12 Rn. 66 f.

485 RG JW 1924, 164 (165); Staudinger/*Fritzsche* BGB § 12 Rn. 123.

486 Soergel/*Heinrich* BGB § 12 Rn. 197.

487 Vgl. BGHZ 1, 241 – Piekfein; GRUR 1970, 528 (531) – Migrol; Staudinger/*Fritzsche* BGB § 12 Rn. 127; MüKoBGB/*Säcker* § 12 Rn. 82.

zusammen mit dem Geschäftsbetrieb möglich (**Akzessorietätsprinzip**).[488] Wegen der auch allgemein bei im geschäftlichen Bereich verwendeten Namen gegebenen Ablösung von der Person ist eine der Firma entsprechende Verkehrsfähigkeit allgemein bei **Unternehmenskennzeichen** und auch bei **Sozietätsbezeichnungen** anzunehmen (dazu auch → Rn. 165). Dabei spielt es keine Rolle, ob die Bezeichnung einen Personennamen enthält.[489] Da bei nicht dem Firmenrecht unterfallenden **geschäftlichen Bezeichnungen** auch § 23 HGB nicht gilt, können solche Bezeichnungen ohne das Unternehmen übertragen werden. Wettbewerbsrechtlich ist dann im Einzelfall das mögliche Entstehen einer Irreführung nach §§ 5, 5 a UWG zu berücksichtigen.[490] Die freie Übertragbarkeit folgt auch aus einer Parallelbehandlung mit den unabhängig vom Unternehmen frei übertragbaren Marken.[491] **Vereinsnamen** sind frei übertragbar.[492]

151 **cc) Domainnamen.** Die Übertragbarkeit von Domainnamen ist streitig. Teilweise werden Domainnamen als frei übertragbare Rechte *sui generis* angesehen (→ Rn. 108 ff.).[493] Andere Entscheidungen stellen eine Namensfunktion der Domain in den Vordergrund und verneinen die Übertragbarkeit der Domain, und zwar sowohl bei Bildung aus dem Familiennamen als auch bei einer davon unabhängigen Bildung.[494]

152 Es ist zu unterscheiden: Die Verwendung von Domainnamen kann, soweit sie individualisierend sind (dazu → Rn. 107), eine **besondere Verwendungsform des Namens oder Kennzeichens** sein,[495] bzw. ihre Verwendung kann eine das Namensrecht zur Entstehung bringende Handlung sein. Es geht dann letztlich aber ohnehin nicht um eine Übertragbarkeit eines „Domainnamensrechts", sondern um eine das allgemeine Namensrecht betreffende Frage der Übertragbarkeit. Die „dingliche Übertragbarkeit" des Domainnamens bestimmt sich dann nach der Übertragbarkeit der Namensform oder des Kennzeichens, dem er entspricht.

153 Soweit der **Domainname dem bürgerlichen Namen entspricht** und nicht als Kennzeichen von der Person des Namensträgers abgelöst ist, könnte eine Übertragbarkeit wegen der persönlichkeitsrechtlichen Verbindung den gleichen Einschränkungen unterliegen wie allgemein beim bürgerlichen Namen. Da die Verwendung des Namens im Rahmen eines Internetdomainnamens jedoch allgemein nicht annähernd dieselbe Zuordnungswirkung zum Namensträger hat, sollte eine Übertragbarkeit des Domainnamens als von einem Namensrecht zu unterscheidendes absolutes Recht *sui generis* (dazu → Rn. 108) nicht wegen des Bestehens eines gleich lautenden Namensrechts beschränkt sein.

154 Anderenfalls kommt die Annahme einer „Übertragung" der Domain als besondere **schuldrechtliche Gestattung** (dazu → Rn. 156) der Verwendung des ihr entsprechenden Namens für die Verwendung im virtuellen Raum in Betracht. Das würde dann auch für Domains gelten, die Unternehmenskennzeichen entsprechen. Weil der Domainname kein besonderes, von dem Unternehmenskennzeichen abgelöstes Vermögensgut darstellen würde, wäre eine „Übertragung" des Domainnamens als schuldrechtliche Gestattung der Kennzeichenverwendung anzusehen. Davon ist die **Abtretung des Anspruchs gegen die Vergabestelle** zu unterscheiden.[496] Mit der Abtretung wird auf der Grundlage der hM die namensrechtliche Gestattung regelmäßig verbunden sein.

155 Vereinzelt wurde das strenge Dogma einer nicht möglichen Begründbarkeit dinglicher Rechtspositionen Dritter am bürgerlichen Namen kritisiert. Vor allem die Lehre von der **gebundenen Rechtsübertragbarkeit**[497] nimmt an, dass dinglich wirkende Rechtspositionen als an das Namensmutterrecht gebundene Tochterrechte begründet werden können. Es handelt sich dabei nicht um eine Übertragung unter Entäußerung von Teilbereichen des Namensrechts auf einen Dritten, sondern um eine gegenständlich wirkende beschränkte „Rechtsübertragung", die das Tochterrecht erst konstitutiv zur Entstehung bringt. Die fortbestehende Bindung des Tochterrechts an das Mutterrecht mit der Bindung an die konkreten Zwecke und Interessen der Beteiligten ermöglicht es, diese beschränkt immaterialgüterrechtliche Sichtweise mit der Notwendigkeit zu vereinen, dass zumindest der bürgerliche Name grundsätzlich unveräußerlich bleiben muss und dass Eingriffe eines dinglich berechtigten Dritten unveräußerliche Persönlichkeitsrechte des Namensträgers nicht einschränken dürfen. Die Auffassung hat sich bisher nicht durchsetzen können. Das Gleiche gilt für Auffas-

488 Soergel/*Heinrich* BGB § 12 Rn. 197 nahm auch insoweit an, dass dabei keine echte Rechtsübertragung vorliegt. Die Firma stelle kein selbstständiges Rechtsgut dar.

489 Staudinger/*Fritzsche* BGB § 12 Rn. 124; aA offenbar OLG Saarbrücken NJWE-WettbR 1999, 284 (285) – H&K.

490 BGH GRUR 1959, 87 (89) – Fischl; Staudinger/*Fritzsche* BGB § 12 Rn. 123.

491 MüKoBGB/*Säcker* § 12 Rn. 83.

492 MüKoBGB/*Säcker* § 12 Rn. 82.

493 LG Essen GRUR 2000, 453 – Pfändung einer Domain; vgl. auch LG Düsseldorf CR 2001, 468 f.; *Fezer* MarkenR Einl. G (Domainrecht – Kennzeichen im Internet) Rn. 15 f.; *Koos* MMR 2004, 359 (362).

494 LG München I MMR 2000, 565 (566) – familienname.de; MMR 2001, 319 (320).

495 Insoweit ähnlich *Ingerl/Rohnke* Nach § 15 Rn. 33; *Welzel* MMR 2001, 321 (323).

496 Vgl. BGH GRUR 2005, 969 – Domain-Pfändung; Palandt/*Ellenberger* BGB § 12 Rn. 19.

497 Grundlegend *Forkel*, aaO *bitte Hinweis wiederholen*; *ders.* NJW 1993, 2182 (2183); *Nauta* ÖJZ 2003, 404 (407).

sungen, wonach Namensrechte als Immaterialgüterrechte verstanden werden, die translativ übertragbar sind.[498]

dd) Gestattungsvertrag. Die hergebrachte Auffassung lässt nur eine **schuldrechtlich wirkende Gestat-** **tung der Ausübung der Namensrechte** zu.[499] Ein ausschließlich schuldrechtlich wirkender Gestattungsvertrag kommt auch in Betracht, soweit eine **Firma** nicht zusammen mit dem Geschäftsbetrieb übertragen wird.[500] Wenn das Recht am **Domainnamen** kein gesondert übertragbares Recht ist und die Domainverwendung nur eine besondere Verwendungsform des Gebrauchs eines Namensrechts ist (→ Rn. 154), liegt in der „Übertragung" der Domain nur eine auf den Internetverkehr beschränkte Gestattung des Namensrechts. **156**

Der Namensträger verpflichtet sich im Fall eines Gestattungsvertrags schuldrechtlich, gegenüber dem Gestattungsempfänger von seinen Rechten aus § 12 keinen Gebrauch zu machen. Es handelt sich dabei um den Fall einer **obligatorischen Lizenz** in der Gestalt eines Gestattungsvertrags.[501] Darin liegt mittelbar die schuldrechtliche positive Einräumung von Nutzungsrechten am Namen, nicht aber eine Verfügung über das Namensrecht. Die Gestattung begründet keine originären oder abgeleiteten dinglichen Namensrechte des Gestattungsempfängers.[502] **157**

Allerdings kann sich der Gestattungsempfänger auch Dritten gegenüber auf die **Namenspriorität** des Gestattenden berufen, ohne das Namensrecht zu erwerben. Das folgt nicht aus einer dinglichen Wirkung der Gestattung, sondern aus einer Analogie zu § 986 Abs. 1.[503] Eine **eigene** ältere **Priorität** des Gestattungsnehmers kann aber anzunehmen sein, wenn der Gestattungsnehmer eine Anwaltssozietät ist, der der frühere Sozius unwiderruflich die Namensbenutzung als Sozietätsbezeichnung gestattet hat. Benutzt der ausgeschiedene Sozius seinen Namen ebenfalls als Bezeichnung seiner Kanzlei, muss er die Gefahr einer Verwechslung durch geeignete Zusätze mildern, weil er die jüngere Priorität hat.[504] In diesem Fall wird man von einer **firmenähnlichen Ablösung des Namens vom Namensträger** und einer Verdinglichung auszugehen haben, so dass der Grundsatz, dass keine originären Namensrechte entstehen, wenigstens hier nicht gilt (vgl. auch → Rn. 165). Weiterhin können dem Gestattungsnehmer gegebenenfalls eigene **Bereicherungsansprüche** gegen einen unberechtigt die Verwertung des Namens betreibenden Dritten zustehen. Ein solcher Bereicherungsanspruch folgt nicht notwendig aus einer Übertragung des Persönlichkeitsrechts auf den Gestattungsnehmer, sondern aus dem wirtschaftlichen Zuweisungsgehalt einer rein schuldrechtlich wirkenden Exklusivgestattung, die auch die Befugnis des Gestattungsnehmers umfasst, Dritten die Benutzung gegen eine Vergütung zu gestatten.[505] **158**

Der schuldrechtliche Anspruch des Gestattungsempfängers gegen den Namensträger, ihm gegenüber auf die Ausübung von Unterlassungs- und Schadensersatzansprüchen zu verzichten, ist **nicht abtretbar**. Die Abtretung des Anspruchs könnte nicht ohne Veränderung ihres Inhalts erfolgen und scheidet deshalb nach § 399 aus.[506] Die Rechtsprechung und der überwiegende Teil des Schrifttums nehmen jedoch die Möglichkeit einer **gewillkürten Prozessstandschaft** an. Voraussetzung dafür ist eine wirksame Ermächtigung des Prozessstandschafters zur gerichtlichen Geltendmachung der Ansprüche des Rechtsinhabers. Zudem muss ein eigenes schutzwürdiges Interesse des Ermächtigten festzustellen sein, das auch durch ein wirtschaftliches Interesse begründet werden kann.[507] **159**

Sukzessionsschutz kommt dem schuldrechtlichen Gestattungsvertrag nach herrschender Auffassung nicht zu. Die schuldrechtliche Gestattung des Namensgebrauchs wirkt grundsätzlich nur zwischen den Vertragspartnern und bindet nicht den Rechtsnachfolger des Gestattenden. Im Bereich der einfachen Lizenz an gewerblichen Schutzrechten wurde insbesondere vor Inkrafttreten des § 30 Abs. 5 MarkenG ein gewisser Sukzessionsschutz teilweise mit dem Rechtsgedanken des § 566 Abs. 1 BGB begründet.[508] Dies wurde vom **160**

---

498 *Ullmann* AfP 1999, 209 (209), 212; *Beuthien/* *Schmölz*, S. 32 ff.; dagegen *Peukert* ZUM 2000, 710 (712).
499 BGHZ 119, 237, 242 – Universitätsemblem.
500 BGH GRUR 1970, 528 (531) – Migrol; vgl. dazu MüKoBGB/*Säcker* § 12 Rn. 83.
501 Vgl. zum Begriff auch Soergel/*Heinrich* BGB § 12 Rn. 197.
502 RGZ 87, 147, 149; BGHZ 119, 237, 242 – Universitätsemblem; vgl. auch OLG Zweibrücken GRUR 1978, 546; Staudinger/*Fritzsche* BGB § 12 Rn. 117; Palandt/*Ellenberger* BGB § 12 Rn. 20.

503 BGH GRUR 1957, 34 (35) – Hadef; 1985, 567, 567 – Hydair; NJW 1993, 2236 (2237) – Decker.
504 Vgl. BGH NJW 2002, 2093 (2095) – Vossius&Partner; Palandt/*Ellenberger* BGB § 12 Rn. 20.
505 IdS BGH GRUR 1987, 128 (128) – Nena.
506 BGHZ 119, 237, 240 – Universitätsemblem; MüKoBGB/*Schwerdtner*, 4. Aufl., § 12 Rn. 129.
507 St. Rspr., vgl. BGHZ 119, 237, 242 – Universitätsemblem; vgl. auch BeckOK BGB/*Bamberger* § 12 Rn. 67; MüKoBGB/*Säcker* § 12 Rn. 81.
508 Vgl. dazu *Fezer* MarkenR § 30 Rn. 7; vgl. auch *Brandi/Dohrn* GRUR 1983, 146 ff.

BGH abgelehnt.[509] Es ist daher ohne Annahme einer Verfügungsmöglichkeit über das Namensrecht ein Sukzessionsschutz nach der Rechtsprechung wohl nicht erzielbar.[510]

161 Der **österreichische OGH** hat dagegen im Hinblick auf ein Namensrecht angenommen, dass sich ein Gestattungsnehmer auch gegenüber den Erben des Gestattenden auf die Gestattung berufen kann. Diese können den Gebrauch des Namens, auf den sich die Gestattung bezieht, auch nicht aus eigenem Recht untersagen.[511] Das stellt eine **Verdinglichung** der im österreichischen wie im deutschen Recht traditionell als nur schuldrechtlich wirkend angesehenen namensrechtlichen Gestattung dar.

162 Ebenso wenig wie gegenüber Rechtsnachfolgern des Gestattenden soll die Namensgestattung allgemein Rechte des Gestattungsnehmers gegenüber **weiteren gleichnamigen Rechtsträgern** erzeugen können. Da nach herrschender Auffassung eine absolute Wirkung des Gestattungsvertrags ausscheidet, wäre eine solche Erweiterung der Rechtsposition bei einer rein schuldrechtlichen Sichtweise als unzulässiger Vertrag zulasten Dritter anzusehen. Deshalb hat der Gestattungsnehmer nach herrschender Auffassung keine Abwehrbeziehungsweise **Ausschließungsrechte** gegenüber Dritten. Damit fehlt es auch an einem Schutz gegenüber weiteren Gestattungsnehmern.[512] Davon ist die Frage zu unterscheiden, ob gleichnamige Dritte oder Rechtsnachfolger des Gestattenden dem Gestattungsnehmer die Benutzung des Namens untersagen können. Für die Beantwortung dieser Frage kommt es darauf an, inwieweit der Gestattungsnehmer als gegenüber Dritten **Benutzungsberechtigter**, wenn auch nicht Abwehrberechtigter anzusehen ist (→ Rn. 166).

163 Insoweit ist auf der Grundlage der herrschenden Ansicht zur Verkehrsfähigkeit des Namensrechts zu unterscheiden: Soweit die Gestattung des Namensgebrauchs den **kommerziellen Teil** des Persönlichkeitsrechts betrifft, könnte man im Einklang mit der *Marlene-Dietrich*-Rechtsprechung des BGH (dazu → Rn. 130) von einem Übergang der Rechte auf die Erben des Namensträgers auszugehen haben. Es ist dann aber zu fragen, ob die Übertragbarkeit im Erbgang nicht auch die Übertragbarkeit durch Rechtsgeschäft unter Lebenden im Sinne einer dinglich wirkenden Gestattung bedeutet. Der BGH lässt das in „Marlene Dietrich" ausdrücklich offen.[513] Es scheint aber so, dass der BGH im Ergebnis nicht zur Entwicklung eines echten vermögensrechtlichen Namensimmaterialguts kommen will (s. näher → Rn. 172 ff.). Bejaht man die Frage, so wäre ein Schutz gegenüber Dritten schon wegen der dinglichen Wirkung der Gestattung gegeben. Auch wenn die **Erben** der wirtschaftlichen Bestandteile des Namensrechts nicht aus eigenem Namensrecht berechtigt sind, können sie als Rechtsnachfolger in das obligatorische Gestattungsrechtsverhältnis die **Namensgestattung** wie der Gestattende selbst im Rahmen der konkreten vertraglichen Vereinbarung **widerrufen**. Eine Höchstpersönlichkeit des Namensrechts steht dem Übergang der schuldrechtlichen Rechte und Pflichten aus dem Gestattungsvertrag nicht entgegen. Spätestens mit Erlöschen des nach Auffassung des BGH zeitlich begrenzten wirtschaftlichen Namensrechtsbestandteils[514] entfiele jedoch das Gestattungsschuldverhältnis automatisch.

164 Wenigstens soweit die Namensgestattung den **ideellen Namensbereich** betrifft, geht das Namensrecht nach hergebrachter Auffassung nicht auf die Erben über. Der Erfolg einer gegen den Gestattungsnehmer gerichteten Geltendmachung im Wege der **Prozessstandschaft** durch **Wahrnehmungsbefugte** hängt davon ab, ob der Gestattungsnehmer auch nach dem Tod des Gestattenden weiterhin als zur Namensbenutzung berechtigt anzusehen ist. Da der Vertragspartner insoweit ohne Rechtsnachfolger im Namensrecht weggefallen ist, **endet** an sich auch die vertraglich begründete **Berechtigung** des Gestattungsnehmers zur Namensbenutzung. Mangels Anerkennung einer dinglichen Wirkung der Gestattung mit Begründung oder Erwerb eines eigenen Namens(teil)rechts beim Gestattungsnehmer wäre dieser nicht mehr zum Namensgebrauch berechtigt und könnte an der Benutzung des Namens gehindert werden. Zu denken ist aber an einen „Bestandsschutz" des Gestattungsnehmers, der gegebenenfalls über § 242 zur unzulässigen Rechtsausübung wenigstens der Rechtsnachfolger des Gestattenden und wenigstens bei Unwiderruflichkeit der Namensgestattung führen könnte. Praktisch dürfte allerdings nur die kommerzielle Seite des Namensrechts Gegenstand des Gestattungsvertrages sein, so dass die mangelnde Rechtsträgerschaft hinsichtlich des ideellen Namensbestandteils keine Rolle spielen wird. Solange keine übermäßigen Eingriffe in die ideellen Persönlichkeitsin-

509 BGH 1982, 411, 413 – Verankerungsteil; vgl. dazu *Hauser* GRUR Int. 1983, 858 (858); krit. *Forkel* NJW 1983, 1764.

510 Anders OLG Saarbrücken NJWE-WettbR 1999, 284 (286) – H&K mit dem Hinweis auf den Sukzessionsschutz als allg. für das Immaterialgüterrecht geltenden Rechtsgedanken; für Annahme von Sukzessionsschutz analog §§ 35 UrhG, 15 Abs. 3 PatG, 31 Abs. 5 DesignG MüKoBGB/*Säcker* § 12 Rn. 80.

511 Österreichischer OGH v. 15.6.2000 – 4 Ob 85/00 d JBl. 2001, 54 – Radetzki; s. dazu *Koos* GRUR 2004, 808 (811 f.).

512 Palandt/*Ellenberger* BGB § 12 Rn. 20; kritisch *Forkel* NJW 1983, 1764.

513 BGH NJW 2000, 2195 (2198) – Marlene Dietrich, vgl. schon BGH GRUR 1987, 128 (129) – Nena.

514 Vgl. BGH NJW 2000, 2195 (2199) – Marlene Dietrich; GRUR 2007, 168 Rn. 16 ff. – kinski-klaus.de; anders österreichischer OGH v. 15.6.2000, 4 Ob 85/00 d JBl. 2001, 54 – Radetzki, wo es um eine Gestattung hinsichtlich des Namensrechts eines im Jahre 1858 Verstorbenen ging.

teressen gegeben sind (→ Rn. 174), wird man von einer zunächst fortwirkenden Gestattung im Rahmen des kommerziellen Bereichs ausgehen können, die den Gestattungsnehmer Berechtigter bleiben lässt.

Der Sohn des namensgebenden ausgeschiedenen Sozius einer **Rechtsanwaltssozietät**, der der Namensge- **165** brauch in der Sozietätsbezeichnung für sämtliche Fälle des Ausscheidens aus der Sozietät unwiderruflich gestattet wurde, kann den Fortgebrauch des Namens nach dem Tod des ausgeschiedenen Sozius auch dann nicht untersagen, wenn er am selben Ort eine eigene Rechtsanwaltskanzlei unter seinem gleich lautenden Namen eröffnet.[515] Dieses Ergebnis kann schon damit begründet werden, dass sich der Name in der Sozietätsbezeichnung als Firmenschlagwort aufgrund seiner **Firmenähnlichkeit** wie eine Firma vom Namensträger abgelöst hat und so zu einem reinen **Immaterialgüterrecht** geworden ist, dessen dingliches Benutzungsrecht nach dem Ausscheiden des Namensträgers bei der Sozietät verbleibt[516] („**Anwaltsfirma**").[517] Damit besteht im Ergebnis ein dinglicher Sukzessionsschutz.

Jedenfalls zu Lebzeiten des gestattenden Namensträgers ist der Gestattungsnehmer, solange der Gestat- **166** tungsvertrag besteht, auch gegenüber gleichnamigen Dritten berechtigt. Der Gestattungsnehmer kann seinerseits diesen zwar nicht die Benutzung ihres Namens verbieten, muss sich die Benutzung aber auch nicht verbieten lassen. Bei der unwiderruflichen Gestattung der Namensbenutzung in einer Sozietätsbezeichnung durch einen Sozius kann eine firmenähnliche Verdinglichung des Benutzungsrechts (→ Rn. 165) in Betracht kommen, so dass sich auch eine entsprechende Prioritätsstellung des Gestattungsnehmers begründen lässt.[518]

Der Gestattungsvertrag ist **nicht formbedürftig**. Der Vertragsschluss kann insbesondere schlüssig erfol- **167** gen,[519] etwa durch Duldung der Namensführung.[520] Ein Vertragsabschluss im Voraus ist möglich.[521] Die **Unwirksamkeit** des Gestattungsvertrags ergibt sich aus allgemeinen Grundsätzen. Daneben kann sich die Unwirksamkeit insbesondere aus einem Verstoß gegen § 5 UWG iVm § 134 ergeben, wenn sich aus der Gestattung der Namensbenutzung eine Irreführungsgefahr ergibt.[522]

Sachliche, räumliche und zeitliche **Reichweite** des Gestattungsvertrags bestimmen sich nach seinem **168** Inhalt.[523] Das betrifft vor allem die wichtige Frage der **Übertragbarkeit** der sich für den Gestattungsnehmer aus dem Gestattungsvertrag ergebenden **Benutzungsrechte** auf einen Dritten (vgl. zur Abtretung der Unterlassungsansprüche gegen den Namensrechtsträger → Rn. 159). Grundsätzlich kann man ohne ausdrückliche anderweitige Vereinbarung keine freie Weiterübertragbarkeit annehmen und der Namensträger darf weitere Gestattungsverträge mit Dritten abschließen.[524] In der Gestattung kann nach je nach Abrede zugleich die Ermächtigung liegen, die Rechte des Namensträgers gerichtlich im Rahmen einer **Prozessstandschaft** geltend zu machen (→ Rn. 159). Auch wenn dies im Ergebnis eine dingliche Namensübertragung gleichsam simulieren mag, ist die mit der Gestattung kombinierte Ermächtigung doch eine zulässige Konstruktion.[525]

Der Gestattungsvertrag kann **auflösend bedingt** oder **zeitlich befristet** abgeschlossen werden. Auch eine **169** **unwiderrufliche** Gestattung ist möglich.[526] Ob eine **Befristung** vorliegt, ist durch Auslegung zu ermitteln. Die Gestattung der Verwendung des Familiennamens eines Sozius in der Bezeichnung einer Rechtsanwaltssozietät deutet vorbehaltlich einer gegenteiligen Absprache auf das Fehlen einer zeitlichen Begrenzung der Namensgestattung[527] hin. Ähnliches gilt für die Namensverwendung in der satzungsmäßigen Bezeichnung einer Partei.[528] Aus dem Zusammenhang der Gestattung mit einer bestimmten Beziehung der Vertragspartner zueinander kann sich nach Treu und Glauben eine zeitliche Befristung der Gestattung auf das Ende des Rechtsverhältnisses ergeben.[529]

Bei der Gestattung der Namensbenutzung in einer Firma oder einer Geschäftsbezeichnung im Übrigen ist **170** vorbehaltlich besonderer Vereinbarungen regelmäßig von einer **unwiderruflichen** Gestattung auszugehen.[530] Soweit eine unwiderrufliche Gestattung gegeben ist, kann der Gestattungsvertrag aber **aus wichti-**

515 MüKoBGB/*Säcker* § 12 Rn. 87 mwN; vgl. OLG München EWiR 1993, 225 mAnm *Ring*.
516 Vgl. *Ring* EWiR 1993, 225 (226).
517 Vgl. auch OLG Hamm NJW-RR 1998, 1073; *Ring* EWiR 1993, 226 (Goodwillerhalt für den Kanzleifortführer).
518 Vgl. BGH NJW 2002, 2093 (2095) – Vossius&Partner; Palandt/*Ellenberger* BGB § 12 Rn. 20.
519 BayObLGZ 1986, 370; OLG München DB 1992, 2078 (2079).
520 RG JW 1924, 164 (165).
521 RG JW 1921, 824 (825).
522 BGHZ 1, 241, 246 – Piekfein; BGH NJW 2002, 2093 (2094) – Vossius&Partner; MüKoBGB/*Säcker* § 12 Rn. 90.

523 RGZ 76, 263, 265; JW 36, 923, 924 – Iduna.
524 MüKoBGB/*Säcker* § 12 Rn. 86; vgl. RG Gruchot 45, 74.
525 AA MüKoBGB/*Schwerdtner*, 4. Aufl., § 12 Rn. 139.
526 RG JW 1924, 164 (165).
527 BGH NJW 2002, 2093 (2094) – Vossius&Partner.
528 Vgl. LG Hamburg NJW-RR 2005, 187 (188) – Schill-Partei.
529 RG JW 1936, 923 (924) – Iduna; BGH GRUR 1976, 644 (646) – Kyffhäuser; 2001, 1164, 1166 – buendgens.
530 Vgl. OLG München NZG 2000, 367 (Name in einer Sozietätsbezeichnung); BGH NJW 2002, 2093 (2094) – Vossius&Partner.

gem Grund widerrufen werden (§ 314).[531] Ein wichtiger Grund für einen Widerruf wird wegen des enge-ren Benutzungsrahmens bei einer Firmenfortführung unter strengeren Voraussetzungen vorliegen als bei der Gestattung der Benutzung des bürgerlichen Namens.[532] Dasselbe muss allgemein für den Widerruf der Gestattung einer Verwendung des bürgerlichen Namens als Bestandteil eines firmenartigen Unternehmens-kennzeichens gelten, weil an der Bezeichnung ein Immaterialgüterrecht entsteht, das insoweit zur Loslö-sung des Namens vom Träger des entsprechenden bürgerlichen Namens führt (s. schon → Rn. 158). Ein wichtiger Grund für den Widerruf einer ggf. auch über den Zeitpunkt des Ausscheidens fortgeltenden Namensgestattung wurde vom LG Hamburg im Fall eines Politikers angenommen, der einer Partei ursprünglich seinen Namen gegeben hatte, und aufgrund tiefgreifender Zerwürfnisse später aus der Partei ausgeschlossen wurde.[533]

171 **ee) GmbH, OHG, KG.** Eine GmbH ist berechtigt, den Namen eines **Gesellschafters**, der ihr die Führung seines Namens in der Firma gestattet hat, auch nach dem Ausscheiden weiterzuführen, soweit sich aus der Gestattung nichts anderes ergibt.[534] Für die OHG und die KG gilt das wegen § 24 Abs. 2 HGB nicht.[535]

172 **b) Eigene Auffassung zur Verkehrsfähigkeit von Namensrechten.** **Weiter gehend** als Rechtspre-chung und herrschende Auffassung im Schrifttum sollte die je nach Art des Namens abgestuft weitgehende Verkehrsfähigkeit aller Namenstypen anerkannt werden und so die **Anerkennung eines Immaterialgüter-rechtscharakters** der Persönlichkeitsrechte, insbesondere des Namensrechts erreicht werden. Den ersten Schritt in diese Richtung hat der BGH mit seiner Unterscheidung zwischen vermögensrechtlichem und ide-ellem Bestandteil des Persönlichkeitsrechts bereits getan, jedoch ohne zu einer richtigen Abspaltung eines eigentlichen Persönlichkeitsimmaterialgüterrechts zu kommen. Wenn man eine vermögensrechtliche Deu-tung der Persönlichkeitsrechte konsequent anerkennt, dann muss dies losgelöst von einem reinen Hilfscha-rakter einer solchen Deutung im Sinne einer „*Prävention durch Kommerzialisierung*" geschehen, die sich letztlich auf das Ziel eines ideellen Schutzes der Persönlichkeit beschränkt, aber nicht die Verkehrsfähigkeit eines persönlichkeitsrechtlichen Wirtschaftsguts bezweckt.

173 Für die Anerkennung eines Namensimmaterialgüterrechts bedeutet das: *Erstens* kann sich die Verkehrsfä-higkeit nicht auf die Vererbbarkeit beschränken. Der BGH benötigte die Vererbbarkeit nur, weil es ihm darum ging, den postmortalen Persönlichkeitsschutz zu stärken, aber nicht, um eine Vermögensnachfolge in ein Persönlichkeitsimmaterialgüterrecht anzuerkennen. Es ging ihm um den Schutz vermögenswerter Inter-essen der verstorbenen Person, die von den Erben geltend gemacht werden können. Darin liegt eine *treu-händerische Interessenwahrnehmung der Erben*, die ihre Befugnisse vom verstorbenen Träger des Persön-lichkeitsrechts ableiten und schon deshalb nicht als erworbenes eigenes Vermögensrecht ausüben, weil die Ausübung unter eine Vorbehalt des mutmaßlichen Willens des Verstorbenen steht.[536] Es sollte abweichend davon eine Übertragbarkeit durch Rechtsgeschäft unter Lebenden anerkannt werden. *Zweitens* kann ein vermögensrechtliches Persönlichkeitsrecht nicht abhängig von der zeitlichen Reichweite des ideellen postmortalen Persönlichkeitsschutzes sein. Es spricht nichts dagegen, ein verkehrsfähiges Persönlichkeits-immaterialgüterrecht auch nach dem Verblassen des ideellen Persönlichkeitsschutzinteresses als Wirt-schaftsgut, erst recht nach Ablauf einer starren Frist von zehn Jahren, bestehen zu lassen, zumal ideelle Beeinträchtigungen dann ohnehin keine vom Recht zu berücksichtigende Rolle mehr spielen. Wenn der Ver-storbene postmortal nicht mehr in seinen Persönlichkeitsinteressen geschützt ist, ist nicht nachzuvollziehen, warum ein ererbtes Wirtschaftsgut, etwa das kommerzielle Recht am Namen, untergehen sollte. Auch das entspricht nicht der Auffassung des BGH, der den Schutz der vermögenswerten Bestandteile des postmorta-len Persönlichkeitsrechts analog § 22 S. 3 KUG auf zehn Jahre begrenzt (s. dazu → Rn. 131 ff.).[537]

174 Erkennt man die Möglichkeit einer Abspaltung des Namensimmaterialgüterrechts von dem ideellen Namensrecht an, so muss doch gewährleistet sein, dass, solange ein von Schutzeter ideeller Persön-lichkeitsinteressenbereich besteht, dieser nicht missachtet wird. Dieser Aspekt und vor allem auch das Ord-nungsinteresse, das mit dem bürgerlichen Zwangsnamen verbunden ist, stehen gegen eine unbeschränkte Verkehrsfähigkeit des bürgerlichen Namens. Der Namensträger kann sich nicht vollständig seines Namens entledigen. In Betracht kommt also nur das Modell einer Abspaltung, bei der dem Namensträger sein Name erhalten bleibt, sonst wäre das Ordnungsinteresse verletzt. Sodann kann es dem lebenden Namensträger nicht verwehrt sein, seinen Namen weiterhin auch selbst kommerziell zu nutzen, weil dies Teil seines unveräußerlichen wirtschaftlichen Betätigungsrechts ist. Man kann also nicht von einer einfachen Abspal-

531 BGH GRUR 1970, 528 (533) – Migrol; NJW 2002, 2093 (2095) – Vossius&Partner; OLG München NZG 2000, 367 (368).
532 MüKoBGB/*Säcker* § 12 Rn. 89.
533 LG Hamburg NJW-RR 2005, 187 (188) – Schill-Par-tei.
534 BGHZ 58, 322, 326.

535 BeckOK BGB/*Bamberger* § 12 Rn. 70; vgl. *Kern* BB 1999, 1717 (1719), wonach § 24 Abs. 2 HGB auch auf Kapitalgesellschaften Anwendung finden soll.
536 BGH GRUR 2007, 168 Rn. 13 – kinski-klaus.de; BVerfG GRUR 2006, 1049 (1050 f.) – Werbekampa-gne mit blauem Engel.
537 BGH GRUR 2007, 168 Rn. 16 – kinski-klaus.de mwN.

tung eines kommerziellen Bereichs und einer restlosen Übertragung dieses Bereichs ausgehen. Schließlich muss der Namensträger davor geschützt werden, dass eine ausufernde Verwertung des Namensimmaterialgüterrechts durch den Erwerber oder durch einen Dritterwerber in seine schutzwürdigen ideellen Persönlichkeitsinteressen eingreift.

Hier sind **zwei Modelle** möglich: Entweder man nimmt eine Übertragung eines Namensimmaterialgüterrechts an,[538] dessen Ausübung mit dem verbliebenen Namensrechtsbereich beim Namensträger kollidieren kann. Hier kann der Namensträger aus eigenem Namenspersönlichkeitsrecht im Einzelfall gegen die Verwertung des übertragenen und nun fremden Namensimmaterialgüterrechts vorgehen. Oder man folgt dem Modell der von *Forkel* vorgeschlagenen gebundenen Rechtsübertragung[539] und versteht das Namensimmaterialgüterrecht als vom verbliebenen Namensrecht als Mutterrecht abhängiges Tochterrecht, das bei entsprechenden Überschreitungen über das Mutterrecht kontrollierbar bleibt. Beim **bürgerlichen Namen** ist diese Konstruktion vorzuziehen. Es ist weiter gehend davon auszugehen, dass sich das Namensimmaterialgüterrecht dann zu einem vollkommen unabhängigen Immaterialgüterrecht wandelt, wenn das Mutterrecht und sein postmortal nachwirkender Schutz entfallen. Denn hier fallen die Gründe für eine Bindung des Namensimmaterialgüterrechts weg, ohne dass Letzteres unterzugehen hätte (→ Rn. 135). **175**

Das **Pseudonym** kann im Gegensatz zum bürgerlichen Namen, auch soweit es sich nicht um ein Sammelpseudonym handelt, verkehrsfähig sein,[540] ohne dass eine Bindung an ein beim ursprünglichen Namensträger verbleibendes Recht erforderlich wäre.[541] Hier ist der maßgebliche Gesichtspunkt, dass ein Ordnungsinteresse beim Wahlnamen nicht besteht. Wenn das Pseudonym frei angenommen werden kann, so kann es auch wieder aufgegeben werden. Die Bindung an den Namensträger ist hier von vornherein weiter gehend aufgelöst als beim bürgerlichen Namen, schon dies spricht für eine erleichterte Verkehrsfähigkeit.[542] Hinzu kommt, dass der **Künstler- oder Autorenname** wie ein Unternehmenskennzeichen oft auf einen begrenzten beruflichen Lebensbereich beschränkt bleiben wird (→ Rn. 60), wenn dies auch nicht notwendig so sein muss. Dann liegt die Anerkennung einer Ablösbarkeit umso näher. Es kommt hier auf den Einzelfall an, insbesondere, wie stark das Pseudonym mit der Person des Trägers verbunden ist (s. bereits → Rn. 142). Bei **Pseudonymen von Urhebern veröffentlichter Werke** könnte man zudem eine mittelbare Persönlichkeitsbindung aus der auf das Urheberpersönlichkeitsrecht bezogenen Individualisierung annehmen, die auch bei solchen Pseudonymen nur eine gebundene Rechtsübertragung als angemessen erscheinen lassen würde. **176**

Bei **Unternehmenskennzeichen**, die nicht unter das gesetzlich festgelegte Akzessorietätsprinzip des § 23 HGB fallen, kann auf ein allgemeines Akzessorietätsprinzip verzichtet werden. Dies entspricht einer zustimmungswürdigen Tendenz, das Akzessorietätsprinzip zugunsten einer freien Übertragbarkeit von Zeichenrechten zu überwinden. So ist das Prinzip auch für Markenrechte abgeschafft worden. Eine Irreführungsgefahr kann über das Lauterkeitsrecht behandelt werden. **177**

Domainnamen sind im Sinne eines **subjektiven Rechts** *sui generis* nicht als besondere Kennzeichen- oder Namensrechte als solche frei **übertragbar** (vgl. aber → Rn. 107 ff.). Wird jedoch durch die Domainübertragung ein begrenzt übertragbarer Namensrechtsbereich berührt – das kann vor allem der Fall sein, wenn die Domain mit dem nicht gewerblich verwendeten bürgerlichen Namen gleichlautend ist – kann der nur begrenzt veräußerliche Bereich der Persönlichkeitsinteressen eine Übertragbarkeit tangieren. Diese Überlagerung sollte die Verkehrsfähigkeit des Domainnamens als besonderes, nicht kennzeichenrechtliches Immaterialgüterrecht letztlich jedoch nicht ausschließen, weil der Zuordnungsanschein bei Domainnamen zumindest nicht in derselben Intensität gegeben ist wie bei anderen Namensverwendungen, etwa in einer Firma oder einem sonstigen Unternehmenskennzeichen. **178**

c) Insolvenz und Pfändung. aa) Firma. Es ist streitig, ob der Insolvenzverwalter die nach § 22 HGB zur Firmenfortführung notwendige **Einwilligung** auch wirksam erteilen kann, wenn die Firma des Gemeinschuldners den Familiennamen des Einzelkaufmanns oder des Mitglieds der Personengesellschaft enthält. Zwar gehört die Firma nach Ansicht des BGH zur Insolvenzmasse. Dabei komme es nicht darauf an, dass die Firma wegen § 23 HGB nicht der Pfändung unterliegt.[543] Enthält die Firma des **Einzelkaufmanns** jedoch dessen Familiennamen, so war nach Ansicht der Rechtsprechung vor Inkrafttreten der Handelsrechtsnovelle von 1998 das persönlichkeitsrechtliche Interesse gegenüber den vermögensrechtlichen Interessen der Insolvenzgläubiger an der Verwertung der Firma höher zu bewerten.[544] Das Gleiche nahm die **179**

---

538 Vgl. dazu *Klippel*, S. 497 ff., 532 ff.
539 Grundlegend *Forkel* NJW 1983, 1764; *ders.* NJW 1993, 2182 (2183); *Nauta* ÖJZ 2003, 404 (407).
540 Vgl. schon *Raschauer*, S. 251, allerdings unter gänzlicher Herausnahme des Decknamens aus dem bürgerlich-rechtlichen Namensschutz.
541 *Koos* GRUR 2004, 808 (810); MüKoBGB/*Säcker* § 12 Rn. 82.

542 AA Soergel/*Heinrich* BGB § 12 Rn. 197, unter Hinweis darauf, dass der Verkehr den Künstlernamen als Hinweis auf den Künstler versteht.
543 BGHZ 85, 221, 223; NZI 2004, 626; MüKoBGB/*Säcker* § 12 Rn. 92 mwN.
544 BGH GRUR 1960, 490 (493) – Vogeler.

Rechtsprechung an, wenn die Firma einer **Personengesellschaft** Namen von Gesellschaftern enthielt.[545] Es war also in diesen Fällen immer erforderlich, dass eine Zustimmung des namensgebenden Einzelkaufmanns oder der namensgebenden Gesellschafter zur Firmenveräußerung vorlag.

180 Bei der insolvenzbedingten Veräußerung von **Kapitalgesellschaften** sowie der **GmbH & Co. KG** ging die Rechtsprechung dagegen davon aus, dass eine solche Zustimmung nicht erforderlich war.[546] Der Grund für diese Differenzierung lag zunächst darin, dass in der Firma einer juristischen Person anders als in der Firma des Einzelkaufmanns oder der Personengesellschaft die Verwendung des Namens des Kaufmanns oder Gesellschafters keiner gesetzlichen Anordnung unterlag. Hier war daher kein Schutz des seinen Namen freiwillig zur Verfügung stellenden Gesellschafters erforderlich (sog. Unausweichlichkeitstheorie).[547] Nach der Neufassung der §§ 18, 19 HGB könnte die maßgebliche Begründung für eine Differenzierung allenfalls noch in der Zwischenschaltung einer juristischen Person als Firmeninhaberin liegen.[548] Der namensgebende Gesellschafter kann allerdings die Zustimmung zur Verwendung seines Namens bei der Firmenbildung von seiner Zugehörigkeit zur Gesellschaft abhängig machen.

181 Die **Unterscheidung der Rechtsprechung** zwischen der Veräußerung der Firma des Einzelkaufmanns und der Personengesellschaft einerseits und der Firma juristischer Personen und der GmbH & Co. KG andererseits ist aus zwei Gründen **nicht aufrechtzuerhalten**:[549]

182 **Zum einen** ist zumal mit der Anerkennung der Rechtsfähigkeit der BGB-Außengesellschaft[550] auch von einer grundsätzlichen Rechtssubjektivität der Personenhandelsgesellschaften auszugehen, die nicht nur von der gesetzlichen Anordnung des § 124 HGB abhängt. Die Gesellschaft ist Trägerin des Unternehmens und des Firmenrechts. Der Name hat sich von dem Namensgeber insoweit abgelöst und wird einem anderen Rechtssubjekt zugeordnet. Eine gegenüber der Kapitalgesellschaft abweichende Behandlung könnte daher nur noch mit dem geringeren Verselbstständigungsgrad der rechtsfähigen Personenvereinigung, insbesondere einer wesensmäßigen Ausrichtung auf einen gegenüber der Kapitalgesellschaft eher kontinuierlichen Mitgliederbestand,[551] begründet werden. Dies bedeutete aber für die namensrechtliche Fragestellung eine **Überbewertung des strukturellen personenrechtlichen Einschlags** der Personengesellschaften, ohne dass ersichtlich wäre, warum der Gesellschafter hier im Hinblick auf das Namensrecht schutzwürdiger sein sollte als bei einem vollständig personifizierten Personenverband.[552]

183 Auch der BGH hatte den personenrechtlichen Bezug gerade aus dem mittlerweile entfallenen Zwang zur Namensfirma und weniger aus der Organisationsstruktur der Personengesellschaft hergeleitet.[553] Schon die **Freiwilligkeit der Namensverwendung** in der Firma hebt danach einen personenrechtlich relevanten Bezug auf. Daran ändert auch die Wertung des § 24 Abs. 2 HGB nichts:[554] Maßgeblich ist, dass der Gesellschafter nicht verpflichtet war, seinen Namen zur Firmenbildung zur Verfügung zu stellen. Die Wertung des § 24 Abs. 2 HGB ist nicht auf die Frage der Verwertbarkeit der Firma in der Insolvenz übertragbar. Im Gegensatz zur von § 24 Abs. 2 HGB erfassten Situation des freiwilligen Ausscheidens des namensgebenden Gesellschafters hat sich der namensgebende Gesellschafter in der Insolvenz gerade nicht vom Unternehmen gelöst, sondern gehört der Haftungsgesamtheit im weiteren Sinne an. Er muss sich daher die Verwertung der unter freiwilliger Verwendung seines Namens gebildeten Namensfirma gefallen lassen.

184 Bedeutender ist **zum anderen** die notwendige Auswirkung einer **immaterialgüterrechtlichen Qualifikation der Firma** auch des Einzelkaufmanns und der Personenhandelsgesellschaft, die nach der Zulassung von Sachfirmen auch dieser Rechtssubjekte durch das Handelsrechtsreformgesetz von 1998 verstärkt wurde. Die Firma hat sich durch die Zuordnung zum Unternehmen von der Person des Namensträgers ver-

545   OLG Düsseldorf NJW 1982, 1712 (1713); vgl. OLG Koblenz NJW 1992, 2101.
546   BGHZ 85, 221, 224; NJW 1990, 1605; 1606 f. – Brenner vgl. auch österreichischer OGH ÖBl. 2002, 240.
547   Vgl. MüKoBGB/*Säcker* § 12 Rn. 92 f. mwN.
548   Vgl. Staudinger/*Fritzsche* BGB § 12 Rn. 139.
549   Gegen die Rechtsprechung MüKoBGB/*Säcker* § 12 Rn. 93; Staudinger/*Habermann* BGB § 12 Rn. 137 f.; Palandt/*Ellenberger* BGB § 12 Rn. 17; BeckOK BGB/*Bamberger* § 12 Rn. 64; aA *Kern* BB 1999, 1717 (1718); *Wertenbruch* ZIP 2002, 1931.
550   BGHZ 146, 341 ff.
551   In diesem Sinne *Schmitt* WiB 1997, 1116 (1119); hiergegen *Steinbeck* NZG 1999, 133 (138).
552   Vgl. Soergel/*Heinrich* BGB § 12 Rn. 24, mit dem Hinweis darauf, dass von Seiten des „flüchtigen Verbrauchers" aus der Namensidentität weiterhin auf die Unternehmensbeteiligung des Namensgebers

geschlossen werde, woraus sich die Persönlichkeitsverletzung ergebe. Doch würde der „flüchtige Verbraucher" nicht zwischen den Rechtsformen und ihren Strukturunterschieden differenzieren und falls dem bei der Personengesellschaft so wäre, auch bei der juristischen Person auf eine weitere Beteiligung des namensgebenden Gesellschafters an dem Unternehmen schließen; gegen die Annahme einer beachtlichen Zurechnungskontinuität bei Firmenfortführung zu Recht MüKoBGB/*Schwerdtner*, 4. Aufl., § 12 Rn. 152.
553   Vgl. BGH NJW 1990, 1605 (1607) – Brenner.
554   AA *Kern* BB 1999, 1717 (1719), die aus der Möglichkeit der Sachfirmenbildung bei Personenhandelsgesellschaften auf eine Anwendung des § 24 Abs. 2 HGB auf Kapitalgesellschaften schließt und auch für diese eine Zustimmung des namensgebenden Gesellschafters verlangt.

selbstständigt und ist daher, gebunden an das Unternehmen, verkehrsfähig. Das Interesse des Gemeinschuldners an der erneuten Verwendung seines bürgerlichen Namens in einer verwechselbaren Firma tritt gegenüber den Gläubigerinteressen zurück.[555] Generell ist daher entgegen der früheren Rechtsprechung eine Zustimmung des Namensgebers zur Firmenveräußerung auch bei der Personengesellschaft und dem Einzelkaufmann nicht erforderlich. Eine vervielfältigte Namensverwendung in Firmen gesondert veräußerter Zweigniederlassungen muss der Namensinhaber jedoch ohne besondere Vereinbarung nicht akzeptieren.[556]

bb) Domains. Für Domains, die Personennamen entsprechen, ist anzunehmen, soweit man eine gesonderte Verkehrsfähigkeit anerkennt, dass die Verwendung im geschäftlichen Bereich zur Ablösung von der Person des Namensträgers führt. Damit stehen jedenfalls persönlichkeitsrechtliche Gründe einer Veräußerung in der Insolvenz nicht entgegen. Auch hier ist jedoch die Unterscheidung zwischen dem Namensrecht als solchem, dessen Benutzung die Verwendung des Domainnamens ist, und dem Domainnamen als selbstständigem Vermögensgegenstand, gegebenenfalls als subjektivem absolutem Recht *sui generis*, zu beachten (dazu → Rn. 107 ff.). Unabhängig davon, ob man das Recht am Domainnamen als von den Namens- und Kennzeichenrechten zu unterscheidendes subjektives Recht anerkennt oder nur als rein faktisch absolute Position des Domaininhabers im Rahmen einer relativen Rechtsbeziehung zum DENIC, ist der **Domainname in der Insolvenz grundsätzlich verwertbar.** Das sollte entsprechend der Situation bei den Namensfirmen auch für Namensdomains gelten, zumal die Zuordnungswirkung des Domainnamens aufgrund der besonderen Überlagerung mit einer rein technischen Adressfunktion zwar nicht völlig fehlt, aber doch gegenüber einer Verwendung etwa in Druckwerken geringer ist.

Der registrierte Domainname kann unabhängig von zugleich bestehenden Namensrechten als selbstständiger und übertragbarer Vermögensgegenstand nach § 857 ZPO **gepfändet** werden.[557] Nach Auffassung des BGH, der den Domainnamen nicht als absolutes Recht anerkennt, ist **Gegenstand der Pfändung** die Gesamtheit der schuldrechtlichen Ansprüche zwischen dem Domaininhaber und der Vergabestelle.[558] Es spielt nach richtiger Auffassung keine Rolle, ob der Domainname dem bürgerlichen Namen des Schuldners entspricht. Eine Verletzung des § 12 liegt in der Pfändung eines solchen Domainnamens nicht.[559] Der Namensträger kann sein Interesse an einer Domainverwendung unter Anlehnung oder Benutzung seines Namens leicht durch geringe Modifikationen oder Zusätze bei der Domainnamensgestaltung verwirklichen, auch wenn der Domainname in seiner ursprünglichen Zusammensetzung verwertet wurde. Das steht im Einklang mit der Rechtsprechung des BGH, nach der die Registrierung eines Domainnamens als solche keine Namensbestreitung darstellen soll.[560] An die daneben mögliche Annahme einer Zuordnungsverwirrung sollte man bei der Domainverwendung erhöhte Anforderungen stellen.

cc) Marken. Marken unterliegen auch dann der Verwertbarkeit in der Insolvenz des Markeninhabers sowie der Pfändbarkeit in der Einzelzwangsvollstreckung, wenn die Marke aus dem persönlichen Namen des Inhabers oder aus der Firma des Unternehmensinhabers gebildet ist.[561]

IV. Verletzungstatbestände

1. Allgemeines. Nach herkömmlicher Auffassung sind von § 12 nur die Namensbestreitung und die Namensanmaßung erfasst, während andere Beeinträchtigungen des Namensrechts vor allem unter die deliktischen Regeln zum Schutz des allgemeinen Persönlichkeitsrechts fallen (vgl. aber auch → Rn. 4 ff. zur funktionalen Erweiterung des Schutzbereichs des § 12).[562]

2. Namensbestreitung (Namensleugnung). Der Namensträger genießt Schutz des Gebrauchs seines Namens. Wird ihm sein Recht zum Namensgebrauch bestritten, steht ihm ein Anspruch auf Beseitigung der Beeinträchtigung und bei Wiederholungsgefahr auf Unterlassung zu. Das gilt auch für das Pseudonym. Nur dem Namensrechtsinhaber selbst, nicht dagegen den Familienangehörigen des Rechtsinhabers steht der Anspruch zu. Jedoch kann der **Ehegatte** einen eigenen Anspruch wegen Namensbestreitung auch gegen den anderen Ehegatten geltend machen, wenn die Beeinträchtigung in dem Bestreiten des Ehenamens oder in

185

186

187

188

189

555 MüKoBGB/*Säcker* § 12 Rn. 93.
556 BGH WM 1980, 1360; MüKoBGB/*Säcker* § 12 Rn. 93.
557 BGH GRUR 2005, 969 (970) – Domain-Pfändung; OLG München K&R 2004, 496 – sport.de; LG Essen GRUR 2000, 453; LG Mönchengladbach MMR 2005, 197 – Pfändung einer Internetdomain; *Welzel* MMR 2001, 131 (134); *Kleespies* GRUR 2002, 764 (773).

558 BGH GRUR 2005, 969 (970) – Domain-Pfändung.
559 AA LG München I MMR 2000, 565 (566) – familienname.de.
560 BGH NJW 2003, 2978 (2979) – maxem.de; ebenso OGH MMR 2002, 452 (455) – graz2003.at.
561 *Fezer* MarkenR § 29 Rn. 38.
562 BeckOK BGB/*Bamberger* § 12 Rn. 71.

dem Bestreiten der Beibehaltung des Geburtsnamens nach der Eheschließung liegt.[563] Der Anspruch kann auch **gegen eine Behörde** bestehen.[564]

190 „**Gebrauch**" ist die Namensverwendung zur Eigenkennzeichnung im allgemeinen Umgang oder die Benutzung des Namens im geschäftlichen Verkehr. Dazu gehört auch die Benutzung des eigenen Namens im Bereich des Internets als Domainname (→ Rn. 107).[565] Eine **Namensbestreitung** bzw. -**leugnung** ist das Absprechen des Rechts des Berechtigten zum Gebrauch des eigenen Namens, das Infragestellen des Bestands des Namensrechts.[566] Die Namensbestreitung kann **ausdrücklich**, aber auch **schlüssig** geschehen. Letzteres wird etwa angenommen, wenn der Berechtigte nachhaltig mit falschem Namen benannt wird oder hartnäckig eine falsche Namensschreibweise oder Form verwendet wird.[567] Nachhaltigkeit ist für ein Bestreiten jedoch nicht generell vorauszusetzen. Schon ein einmaliges Bestreiten des Namensrechts kann im Einzelfall ausreichen.[568] Eine Namensbestreitung liegt aber nicht schon in der satirischen oder herabsetzenden Abwandlung des Namens.[569] Auch die **Registrierung** eines dem Namen gleich lautenden **Domainnamens** ist keine Namensbestreitung, sondern nur eine Namensanmaßung.[570] Das Innehaben einer Marke oder einer geschäftlichen Bezeichnung ist keine Namensbestreitung.[571] Ausreichend ist das Bestreiten des Namensrechts gegenüber Dritten oder Behörden oder durch öffentliche Erklärung.[572]

191 Die Behauptung eines besonderen Interesses an der Durchsetzung des Anspruchs ist nicht erforderlich.[573] Es genügt bedingter Vorsatz, der Bestreitende muss keine kränkende Absicht haben.[574] Bei fahrlässiger Namensbestreitung kommt ein Anspruch auf Richtigstellung und Unterlassung aus dem allgemeinen Persönlichkeitsrecht in Frage.[575]

192 **3. Namensanmaßung. a) Grundsatz.** Benutzt ein anderer unbefugt den gleichen oder einen verwechslungsfähigen Namen wie der Namensträger und wird dadurch ein schutzwürdiges Interesse des Namensträgers verletzt, so hat der Namensträger, nicht dagegen ein Dritter, etwa der Ehegatte,[576] einen Anspruch auf Beseitigung der Beeinträchtigung und bei Wiederholungsgefahr auf Unterlassung. Die Führung des bürgerlichen Namens ist schon wegen der öffentlich-rechtlichen **Namensführungspflicht** grundsätzlich nicht unbefugt. Der Gebrauch des bürgerlichen Namens kann insoweit nicht über § 12 verhindert werden. Dagegen besteht für **geschäftliche Kennzeichen** nach geltendem Recht keine Pflicht zur Führung eines bestimmten Namens in der Firma eines Einzelkaufmanns oder einer Personengesellschaft, zulässig sind auch Sachfirmen. Soweit eine solche Pflicht ausscheidet, ist unter Heranziehung des **Prioritätsgrundsatzes** zu entscheiden: Das prioritätsjüngere gleiche oder verwechslungsfähige geschäftliche Kennzeichen hat bei Interessenverletzung des Inhabers des älteren Kennzeichens zu weichen. Voraussetzungen für eine Namensrechtsverletzung durch Namensanmaßung sind die Rechtmäßigkeit der Namensführung durch den Verletzten, die Unbefugtheit des Namensgebrauchs durch den Verletzenden und die Verletzung schutzwürdiger Interessen des Verletzten. Maßgeblich ist nach herkömmlicher auf einen engen Schutzbereich des § 12 ausgerichteten Auffassung (vgl. dazu → Rn. 4) die **Gefahr einer Zuordnungsverwirrung**, bzw. **Identitätsverwirrung** durch den Namensgebrauch.[577]

193 **b) Begriff des Namensgebrauchs.** Die nach herrschender Meinung notwendige Gefahr einer **Zuordnungsverwirrung** erfordert die Benutzung des gleichen Namens wie der berechtigte Namensträger. Dazu bedarf es einer Benutzung zur namens- oder kennzeichenmäßigen Bezeichnung einer Person, deren Leistungen oder Einrichtungen, eines Unternehmens oder dessen Produkte. Das ist dann der Fall, wenn die mit dem Namen benannte Person als die Person des Namensträgers angesehen wird.[578] Bei einer auf der Namensbenutzung beruhenden **fälschlichen Herkunftszuordnung** eines Produkts oder Einrichtung zum Namensträger liegt eine mittelbare Zuordnungsverwirrung im Verhältnis zum wahren Urheber des Produkts oder Einrichtungsbetreiber vor. Entspricht der bürgerliche Name einem **Gattungsbegriff**, besteht regelmäßig keine

563 RGZ 108, 230, 231; vgl. Soergel/*Heinrich* BGB § 12 Rn. 171; Staudinger/*Fritzsche* BGB § 12 Rn. 259.
564 Staudinger/*Fritzsche* BGB § 12 Rn. 260.
565 Vgl. BGH NJW 2003, 2978 (2979) – maxem.de.
566 OLG Köln MMR 2001, 170 (171) – maxem.de.
567 Vgl. BVerwGE 44, 351, 355; Palandt/*Ellenberger* BGB § 12 Rn. 21.
568 Staudinger/*Fritzsche* BGB § 12 Rn. 263.
569 OLG Frankfurt aM GRUR 1982, 319 (320) – Lusthansa; KG NJW-RR 1997, 937 (939) – Telekom.
570 BGH NJW 2003, 2978 (2979) – maxem.de; GRUR 2008, 1099 Tz 19 – afilias.de; 2012, 304 Tz 37 f. – Basler Haar-Kosmetik; ebenso österreichischer OGH MMR 2002, 452 (455) – graz2003.at; MüKoBGB/

Heine § 12 Rn. 250; aA OLG Düsseldorf NJW-RR 1999, 626 (628) – ufa.de; BeckOK BGB/*Bamberger* § 12 Rn. 72.
571 Vgl. OLG München NJW-RR 1996, 1005 – Frankenberg.
572 Staudinger/*Fritzsche* BGB § 12 Rn. 261.
573 Staudinger/*Fritzsche* BGB § 12 Rn. 263.
574 Staudinger/*Fritzsche* BGB § 12 Rn. 263.
575 MüKoBGB/*Säcker* § 12 Rn. 126.
576 RG JW 1923, 132.
577 BGHZ 91, 117, 120; NJW 1991, 1532 (1532); GRUR 2003, 897 (898) – maxem.de Staudinger/*Fritzsche* BGB § 12 Rn. 271.
578 OLG Düsseldorf NJW-RR 1990, 293 (293).

Zuordnungsverwirrung, weil auch Personen, die den Namensträger kennen, die Gattungsbezeichnung im Zweifel nicht mit dem Namensträger identifizieren.[579]

Es wird aber jedenfalls auch als ausreichend angesehen, dass der Namensträger allgemein aufgrund der Namensbenutzung mit Produkten oder Einrichtungen in Verbindung gebracht wird, mit denen er nichts zu tun hat,[580] insbesondere wenn der falsche Eindruck erzeugt wird, dass der Namensträger dem Gebrauch seines Namens zugestimmt hat.[581] Der Tatbestand der Namensanmaßung wird von der herrschenden Auffassung auf den **kennzeichenmäßigen Gebrauch** des Namens reduziert.[582] Gebrauchshandlung können sowohl die ausdrückliche Nennung als auch andere Handlungen sein, die die Zuordnung zum Namensträger bewirken. Eine tatsächliche Verwechslung mit dem Namensträger muss nicht stattfinden.[583] Ist nur eine geringfügige Zuordnungsverwirrung gegeben, so reicht diese aus, wenn die berechtigten Interessen des Namensträgers in besonderem Maße beeinträchtigt werden (näher → Rn. 234 ff.).[584] Das Registrieren und Verwalten eines Domainnamens durch DENIC ist kein Namensgebrauch.[585] **194**

Der verwendete Name muss nicht identisch mit dem Namen des Namensträgers sein. Kleine vom flüchtigen Beobachter nicht beachtete Abweichungen etwa in der Schreibweise beseitigen die Namensübereinstimmung nicht. Es genügt eine **Verwechslungsfähigkeit** (s. zum Verhältnis zur Verwechslungs*gefahr* → Rn. 244). Dafür wird darauf abgestellt, ob dem Namen eine schwache Kennzeichnungskraft und damit ein enger Schutzbereich oder ob ihm eine starke Kennzeichnungskraft und damit ein erweiterter Schutzbereich zukommt. Je stärker die Kennzeichnungskraft des Namens, umso eher wird eine Namensrechtsverletzung bei Benutzung nur ähnlicher Namen angenommen.[586] Bei Namensgebrauch in einer geschäftlichen Handlung gegenüber Verbrauchern ist in Übertragung der Grundsätze aus dem Lauterkeitsrecht (vgl. § 3 Abs. 2 UWG) das **Verbraucherleitbild des Unionsrechts** heranzuziehen. Maßgeblich ist die Sicht eines durchschnittlich informierten, situationsadäquat aufmerksamen, verständigen Durchschnittsverbrauchers.[587] **195**

Völlige Branchenunähnlichkeit schließt einen relevanten Namensgebrauch selbst bei Identität der Bezeichnung aus.[588] Es fehlt dann an einer Verwechslungsgefahr und damit an einer Interessenbeeinträchtigung. Das gilt, schon wegen der Maßgeblichkeit der Wertpapierkennnummern für die Identifizierung börsennotierter Unternehmen, auch, wenn sich zwei gleichnamige branchenverschiedene Unternehmen auf dem Kapitalmarkt begegnen oder die Gefahr einer künftigen Kollision auf dem Kapitalmarkt besteht.[589] **196**

Schon die Verwendung eines **schlagwortartigen Bestandteils** des Namens kann zum Namensgebrauch ausreichen.[590] Die Verwechslungsgefahr kann sich auch aus der bloßen **klanglichen Ähnlichkeit** ergeben, wobei auf die konkrete **Sprechweise** des Verkehrs abzustellen ist. Deshalb kann eine Verwechslungsgefahr zwischen unterschiedlich geschriebenen Kennzeichen bestehen, die aufgrund besonderer Sprachgewohnheiten des Verkehrs, welche insbesondere durch die besondere Bekanntheit des verletzten Kennzeichens geprägt sein können, ähnlich klingend ausgesprochen werden.[591] Bei **Verballhornungen** oder spielerischen Abwandlungen von Namen hängt es von den Einzelumständen ab, ob eine ausreichende Verwechslungsgefahr anzunehmen ist. So wäre ′Yoko Mono′ als Name für ein Szenelokal in dem Hamburger Stadtviertel, in dem die Beatles bekannt geworden sind, nicht gegenüber dem Namen der Witwe John Lennons *Yoko Ono* verwechslungsgefährlich, weil das Publikum hierin eine historische Bezugnahme und keine personale Verbindung mit Yoko Ono sehen wird.[592] **197**

Die Verwendung eines **Familiennamens** ohne einen Vornamen ist als Namensrechtsverletzung jedes Trägers des Familiennamens ausreichend, und zwar unabhängig davon, auf welchen konkreten Träger die **198**

579 OLG München GRUR-RR 2011, 228 (229) – sonntag.de.

580 BGH GRUR 1964, 38 (40) – Dortmund grüßt; OLG Nürnberg NJW-RR 2006, 906 (907) – Süß; Palandt/*Ellenberger* BGB § 12 Rn. 23.

581 RGZ 74, 309, 311 – Graf Zeppelin; BGHZ 119, 236, 246 – Universitätsemblem; 126, 209, 216 – Carrera; GRUR 2005, 357 (358) – Pro Fide Catholica; 2012, 534 Tz 12 – Landgut Borsig; 2016, 749 Tz. 24 – Landgut A. Borsig; OLG Koblenz NJW 2004, 605 (605) – Derrick; aA MüKoBGB/*Schwerdtner*, 4. Aufl., § 12 Rn. 188; keine Namensanmaßung, wenn nur der Eindruck eines namensrechtlichen Gestattungsvertrags erweckt wird.

582 Vgl. BGH GRUR 1958, 302 (302 f.) – Lego; 2012, 534 Tz 12 – Landgut Borsig; BeckOK BGB/*Bamberger* § 12 Rn. 75; Palandt/*Ellenberger* BGB § 12 Rn. 23.

583 Vgl. BGH NJW 1994, 245 (247) – römisch-katholisch.

584 BGH NJW 2003, 2978 (2979) – maxem.de.

585 BGH GRUR 2004, 619 (619) – kurt-biedenkopf.de.

586 BeckOK BGB/*Bamberger* § 12 Rn. 75; vgl. BGH GRUR 1952, 35 (36) – Widia/Ardia; 1957, 561, 562 – REI-Chemie; 1960, 296, 297 – Reiherstig.

587 MüKoBGB/*Säcker* § 12 Rn. 103 mwN.

588 BGH NJW 1993, 459 (460 f.) – Columbus-International; GRUR 2005, 430 (431) – mho.de; OLG Hamburg GRUR 1994, 71 (73 f.) – Appel; MüKoBGB/*Säcker* § 12 Rn. 109; Palandt/*Ellenberger* BGB § 12 Rn. 27.

589 OLG Frankfurt aM GRUR 2000, 517 (518) – Jost; vgl. dazu *Wulf* BB 2000, 321 (322 f.).

590 BGH GRUR 1960, 550 (552) – Promonta.

591 BGH MMR 2004, 158 (159) – DONLINE.

592 *Koos* NJW-aktuell 40/2017, 15; aA LG Hamburg, Az. 318 O 195/17.

Namensverwendung abzielt.[593] Der Träger eines Familiennamens ist nach Auffassung der Rechtsprechung auch gegen die Verwendung seines Familiennamens unter Hinzufügung des Vornamens eines anderen Familienmitglieds geschützt,[594] weil in der Namensverwendung mittelbar auch ein Hinweis zumindest auf den engeren Kreis der Familie als solcher liegt.[595] Enthält ein Familienname ein Adelsprädikat, dann kann ein Namensgebrauch auch unter Weglassung des Adelsprädikats vorliegen.[596]

199 Der bloße **Vornamensgebrauch** kann Namensgebrauch sein, wenn überragende Bekanntheit besteht oder wenn es sich um einen besonders ausgefallenen Vornamen handelt, der von sich aus kennzeichnungskräftig ist (→ Rn. 55).[597]

200 Die Reduktion des Schutzes des § 12 auf Fälle des zeichenmäßigen Gebrauchs des Namens ist zu eng. Die Funktionserweiterung und die zunehmende teilweise Wandlung auch des bürgerlichen Namens, erst recht gewisser Wahlnamen zu Vermögensgütern, aber auch der umfassende Schutz der namensmäßigen Persönlichkeitsrepräsentanz (→ Rn. 5), sollte sich auch auf den Begriff des Namensgebrauchs auswirken. Daher sind auch gewisse nicht-zeichenmäßige Verletzungshandlungen zu erfassen, insbesondere wenn der berechtigte berühmte Namensträger in der Werbung im Zusammenhang mit Produkten genannt wird, ohne dass daraus auf eine Urheberschaft oder tatsächlich erfolgende Identifikation des Namensträgers mit dem beworbenen Produkt zu schließen ist, weil der Werbende sich dadurch die Prominenz und ihren wirtschaftlichen Wert in der Werbung aneignet.[598]

201 Der nach herrschender Auffassung eine Zuordnungsverwirrung erfordernde Namensgebrauch wird von der **bloßen Namensnennung** unterschieden. Bei Letzterer fehlt eine Zuordnungsverwirrung. Eine danach für § 12 unbeachtliche Namensnennung liegt vor, wenn der Name des berechtigten Namensträgers im Zusammenhang mit **ehrverletzenden oder unrichtigen Sachaussagen** genannt wird.[599] Eine Namensnennung in einem Werk der Prominentenenthüllungsliteratur ist danach nicht von § 12 erfasst. Erst recht gilt das für die Namensnennung im Zusammenhang mit wahren Tatsachen, so für die Benennung einer Behandlungsmethode mit dem Namen ihres tatsächlichen Erfinders.[600] Es können aber Ansprüche wegen einer allgemeinen Persönlichkeitsverletzung gegeben sein.[601]

202 Deshalb werden die Namensnennung auf einer Gefallenentafel,[602] auf einem Grabstein, in einem Telefonbuch[603] oder einem Branchenverzeichnis,[604] die korrekte oder verballhornende Verwendung von Aufklebern mit dem Namen des Namensträgers,[605] in Presseberichten[606] oder auf Wahlplakaten[607] nicht als Namensgebrauch angesehen, ebenso wenig die Veröffentlichung des Praxisschilds eines Rechtsanwalts namens „Killer" im Zusammenhang mit einem Zeitungsartikel über Namensänderungen und -zusätze mit der Überschrift „*Hätten Sie Zutrauen zu einem Killer?*".[608] Als *Namensgebrauch* und nicht bloße Namensnennung wurde aber die Nennung eines ehemaligen Mitarbeiters einer Zeitschrift in deren Impressum beurteilt. Eine Zuordnungsverwirrung entstehe hier, weil der Anschein entstehe, der Namensträger habe der Aufnahme ins Impressum zugestimmt.[609]

203 Auch die bloße Nennung eines Namens in der **Werbung**, ohne den Eindruck zu erwecken, dem Namensträger sei das Produkt irgendwie zuzurechnen, wird als nach § 12 unbeachtliche Namensnennung angesehen.[610] In solchen Fällen kommt aber jedenfalls eine Verletzung des **allgemeinen Persönlichkeitsrechts**[611] oder eine Lauterkeitsrechtsverletzung[612] in Frage.

204 Die Verwendung eines namensmäßig geschützten **Titelemblems einer Tageszeitung**, um auf einen redaktionellen Inhalt im Innern einer Zeitschrift hinzuweisen, ohne als Herkunftshinweis zu erscheinen, wird ebenfalls nicht als Namensgebrauch angesehen.[613] Die private Verwendung von **veränderten Markenpro-**

---

593 RG JW 1925, 1632 (1633).
594 BGHZ 8, 318, 320 f. – Pazifist; BGH GRUR 1960, 490 (491); aA MüKoBGB/*Schwerdtner*, 4. Aufl., § 12 Rn. 180; vgl. auch OLG München NJW-RR 2001, 42 – Wolfgang-Hairich-Gesellschaft eV.
595 GRUR 2016, 749 Tz. 28 – Landgut A. Borsig.
596 BGH GRUR 2016, 749 Tz. 17 – Landgut A. Borsig.
597 BGH GRUR 2009, 608 Tz 12 – raule.de.
598 *Sack* WRP 1984, 521 (531 f.).
599 RGZ 91, 350 – Weberlied; *Sack* WRP 1984, 521 (529); Staudinger/*Fritzsche* BGB § 12 Rn. 271.
600 OLG Stuttgart NJW-RR 1991, 1326.
601 OLG Bremen GRUR 1986, 838 (839); Soergel/*Heinrich* BGB § 12 Rn. 178.
602 BGH NJW 1959, 525 – Gedenktafel.
603 *Müller-Graff* GRUR 1987, 493 (497).
604 Vgl. OLG Nürnberg NJW 1993, 796.

605 OLG Frankfurt aM NJW 1982, 648 (648) – Lusthansa; vgl. auch BGH GRUR 1986, 759 (760) – BMW.
606 Palandt/*Ellenberger* BGB § 12 Rn. 23.
607 Soergel/*Heinrich* BGB § 12 Rn. 178.
608 Staudinger/*Fritzsche* BGB § 12 Rn. 271; aA OLG Köln GRUR 1967, 319 (320) – Killer.
609 LG Düsseldorf GRUR-Prax 2013, 299.
610 BGHZ 30, 7, 10 – Caterina Valente.
611 Vgl. BGHZ 30, 7, 10 – Caterina Valente; GRUR 2008, 1124 Rn. 14 ff. – Zerknitterte Zigarettenschachtel.
612 BGHZ 125, 91, 101.
613 Vgl. BGH GRUR 1979, 564 (565 f.) – Metall-Zeitung (Verwendung ist „befugter Gebrauch"), dazu *Fezer* GRUR 1979, 566 (568); Soergel/*Heinrich* BGB § 12 Rn. 178; Palandt/*Ellenberger* BGB § 12 Rn. 23.

dukten begründet keinen namensmäßigen Gebrauch des berühmten Namens (s. auch → Rn. 207 a). Das Tragen einer nicht durch den Originalhersteller autorisiert veränderten originalen Rolex-Armbanduhr unter Belassung des Markennamens auf der Uhr, ist danach keine Namensanmaßung durch den Träger der Uhr.[614] Das gleiche gilt generell für die private Benutzung von **Markenfälschungen**.

Die Verwendung eines Namens in korrekter oder verballhornter Form im Rahmen von **Parodie oder Satire** wird grundsätzlich nicht als verbotener Namensgebrauch angesehen.[615] Eine bloße Namensnennung wurde deshalb in der Selbstbenennung des Sängers der Band „Die Toten Hosen" mit dem Namen des Sängers „Heino", der von ihm satirisch parodiert wurde, gesehen.[616]   **205**

Allgemein wird von der hM die **Grenze zwischen bloßer Namensnennung und Namensgebrauch** danach gezogen, ob bei der Namensverwendung der Eindruck entstehen kann, dass der Genannte dem Verwender in **irgendeiner Weise erlaubt hat, den Namen zu verwenden**. Nur dann soll eine Zuordnungsverwirrung vorliegen. Nach diesem Kriterium müsste die Nennung prominenter Namen in der Werbung abgesehen von Ausnahmen ein Namensgebrauch sein. In Zeiten von auch über den engeren Bereich des beruflichen Betätigungsfelds des Prominenten hinausgehender Kommerzialisierung der eigenen Bekanntheit wird der Verkehr nämlich regelmäßig davon ausgehen, dass die Verwertung der Prominenz in der kommerziellen Kommunikation nur gegen Gegenleistung erfolgt und dass der Prominente der Werbung somit zugestimmt hat. Die BGH-Entscheidung „*Caterina Valente*"[617] (Werbung für Zahnprothesenreiniger: „*Wenn ich auch nicht so berühmt wurde, wie meine große Kollegin Caterina Valente, so war doch die Bühne meine Welt ...*") ist danach wohl noch Namensnennung, weil die hier erfolgende einfache Erwähnung eines prominenten Namens keine Lizenzierung durch den Prominenten vermuten lässt.[618] Solche Bezugnahmen müssen in der Öffentlichkeit stehende Personen auch ohne Erlaubnis hinnehmen. Die bezugnehmende Nennung des Namens eines Schriftstellers im Zusammenhang mit der Veröffentlichung des Buchs eines anderen unbekannten Schriftstellers in einer Verlagsvorschau ist nur Namensnennung, weil ein Schriftsteller grundsätzlich damit rechnen muss, im Zusammenhang mit vergleichbaren Werken anderer Autoren genannt zu werden.[619] In anderen Fällen, auch in gewissen Fällen satirischer Verwendung von Namen, muss geprüft werden, ob aus der Sicht des angesprochenen Verkehrs eine Erlaubnis des Prominenten naheliegt. Das ist auf Fälle außerhalb der Werbung zu übertragen. Deshalb ist die Nennung eines ehemaligen Mitarbeiters im Impressum einer Zeitschrift unter Anwendung dieses Kriteriums ein Namensgebrauch.[620] Die Aufnahme des Namens eines Gewerbetreibenden in ein Gewerbeverzeichnis dürfte ebenfalls ein Namensgebrauch sein, weil der Eindruck entsteht, dass der Gewerbetreibende einen entsprechenden Aufnahmeantrag gestellt hat (vgl. aber → Rn. 202). Starre Grenzen je nach der Art der Namensverwendung gibt es nicht, es muss immer der Einzelfall betrachtet werden.   **205a**

Die herrschende Auffassung ist teilweise zu eng. Maßgeblich sollte sein, ob eine irgendwie geartete Identifikation mit anderen Personen, Unternehmen, mit Einrichtungen, auch immateriellen Produkten oder Umständen angenommen werden kann. Deshalb sollte jedenfalls dann ein Namensgebrauch nach § 12 angenommen werden, wenn der Eindruck erweckt wird, der in einer Werbung genannte Namensträger identifiziere sich mit dem beworbenen Produkt, auch soweit keine ausdrückliche Namensgestattung vorgetäuscht wird.   **206**

Auch nach dieser Auffassung kann allerdings die bloße Namensnennung im mittelbaren oder unmittelbaren Zusammenhang mit **wahren Tatsachen** keinen Verstoß gegen § 12 darstellen. Denn eine Zuordnungs*verwirrung* auch in dem hier gebrauchten allgemeineren Sinne entsteht in diesem Falle nicht. Auch die verballhornende oder satirische Verwendung des Namens ist, soweit nicht der falsche Eindruck einer von dem Namensträger autorisierten Verwertung des Namens in der Satire entstehen kann, für § 12 nicht relevant, weil hier gerade keine Verfälschung des Persönlichkeitsbilds aufgrund der Namensnennung anzunehmen ist, da der Verkehr die Satire gerade nicht mit der Person des Namensträgers in Verbindung bringt. Die Grenze für bloße Namensnennungen, insbesondere im Zusammenhang mit zutreffenden Tatsachen ergibt sich aus dem aus dem allgemeinen Persönlichkeitsrecht folgenden Recht des Betroffenen auf **Namensanonymität**.[621]   **207**

Problematisch sind bei Ablehnen des Erfordernisses eines namensmäßigen Gebrauchs die Fälle des Tragens von **Markenfälschungen** und unautorisiert veränderten Markenprodukten durch Privatpersonen. Es würde   **207a**

---

614 BGH GRUR 1998, 696 (697) – Rolex-Uhr mit Diamanten.
615 Vgl. Staudinger/*Fritzsche* BGB § 12 Rn. 284 ff.
616 LG Düsseldorf NJW 1987, 1413 (1414) – Heino; anders jedoch hinsichtlich der Werbung für die Konzerte der Band unter Nennung des Namens Heino.
617 BGHZ 30, 7, 10 – Caterina Valente.

618 Götting/Schertz/Seitz PersönlichkeitsR-HdB/*Schertz/Bunnenberg* § 13 Rn. 17.
619 LG Berlin ZUM 2011, 870 (871) – M.G. mit Titten.
620 LG Düsseldorf GRUR-Prax 2013, 299.
621 Vgl. BGH NJW 1994, 1281 (1282) und dazu BVerfG NJW 1994, 1784; NJW 1994, 1950; OLG Düsseldorf NJW-RR 1993, 1242; MüKoBGB/*Säcker* § 12 Rn. 124; Staudinger/*Fritzsche* BGB § 12 Rn. 272.

zu weit gehen, Markenherstellern in solchen Fällen einen Anspruch aus Verletzung ihrer Namensrechte gegen Private zu geben. Dies wäre aber nicht ausgeschlossen, wenn keine namensmäßige Verwendung verlangt wird (→ Rn. 204). Hier könnte man über eine Heranziehung des Gesichtspunkts der mangelnden Berührung des sozialen Geltungsanspruchs des Unternehmens in seinem Aufgabenbereich einen solchen Anspruch ausschalten. Ein auf den privaten Bereich beschränktes Verhalten führt dann nicht zu einer Zuordnungsverwirrung.[622]

208 **c) Namensgebrauch zur Selbstbezeichnung.** Wer sich selbst mit dem Namen einer anderen Person benennt, maßt sich den fremden Namen an. Dies kann durch aktive Selbstbezeichnung geschehen, aber auch durch bloße Duldung einer Benennung der eigenen Person mit dem fremden Namen durch andere. Dann muss der Verletzer die geduldete Benennung aber zurechenbar veranlasst haben.[623] Möglich ist ansonsten eine Namensverwendung für die Person des Dritten durch den Benennenden (→ Rn. 212). Eine Namensanmaßung des ursprünglichen Verletzers liegt nicht vor, wenn Suchmaschinen im Internet die ursprüngliche unberechtigte Namensnutzung weiter perpetuieren, indem sie Verweise aus dem Internet aufführen, die auf die Seite gerichtet sind, auf der die Namensverwendung inzwischen beseitigt wurde. Dies kann der ursprüngliche Verletzer mit zumutbarem Aufwand regelmäßig nicht verhindern, so dass kein aktiver Namensgebrauch anzunehmen ist.[624]

209 **Fälle** des Namensgebrauchs zur Selbstbezeichnung sind: Das Erscheinenlassen eigener Produkte, Leistungen oder Meinungen als diejenigen des berechtigten Namensträgers, etwa wenn auf ein Wahlplakat der Name einer anderen Partei gesetzt wird, um eine Zurechnung des Plakats zu dieser Partei zu bewirken.[625] Ein Namensgebrauch zur Selbstbezeichnung ist auch die Anmeldung der Firma einer Personengesellschaft zum **Handelsregister**, während es bei der AG und der GmbH auf die Eintragung ankommt.[626] Auch die Anmeldung für ein Telefonverzeichnis ist eine Selbstbezeichnung.[627] Die erkennbar zu Parodiezwecken erfolgende Selbstbenennung mit dem Namen eines vom Handelnden parodierten Künstlers ist mangels Zuordnungsverwirrung kein Namensgebrauch.[628]

210 Die **Registrierung** oder der **Gebrauch** eines **Domainnamens**, der mit einem fremden Namen gleich lautend oder zumindest verwechslungsfähig ist, ist ebenfalls Namensgebrauch in der Erscheinungsform der Selbstbezeichnung (zur Interessenverletzung in diesen Fällen → Rn. 239 f.).[629] Das gilt auch für die Verwendung eines **Städte- oder Gemeindenamens** als Domainname.[630] Namensgebrauch kann auch die Registrierung einer Domain sein, die sich nur durch einen Tippfehler von dem Namen unterscheidet (**Tippfehlerdomain**).[631] Nach Ansicht des BGH soll darin jedoch keine relevante Beeinträchtigung des Namensrechts des Trägers des richtig geschriebenen Domainnamens zu sehen sein, weil die Registrierung des falsch geschriebenen Domainnamens keine Sperrwirkung für den Gebrauch des Namens des Berechtigten erzeugt.[632] Das ist zweifelhaft. Durch die absichtliche Registrierung von namensähnlichen Domainnamen mit üblichen Tippfehlern können Nutzer auf eine nicht zu dem Namensträger gehörende Internetseite geleitet werden. Darin liegt eine Namensanmaßung, weil der fehlgeleitete Nutzer zunächst davon ausgeht, er rufe die Seite des Namensberechtigten oder eine mit diesem zusammenhängende Seite auf. Die Zuordnungsverwirrung ist bei der Namensverwendung als Domainname allgemein regelmäßig geringer, weil sich die Identität des Domaininhabers oft schon aus dem zu berücksichtigenden **Inhalt der zugehörigen Internetseite** ergibt.[633] Ein Namensselbstgebrauch ist auch die Verwendung eines fremden Namens in **Chaträumen**, Internet-Diskussionsforen und **sozialen Netzwerken**, des Weiteren in **E-Mail-Adressen**. Hier wird jedoch oft eine kaum beachtliche Zuordnungsverwirrung anzunehmen sein, so dass es maßgeblich auf die Verletzung eines besonderen schutzwürdigen Interesses des Namensträgers im Einzelfall ankommt (näher → Rn. 240 f.). Namensgebrauch ist auch die Verwendung eines Namens als **Meta-Tag**, wobei der Name

---

622 Vgl. BGH GRUR 1998, 696 (697) – Rolex-Uhr mit Diamanten; vgl. auch BGH GRUR 1976, 379 (380 f.) – KSB.

623 RG JW 1930, 1722 (1723).

624 LG Halle 18.1.2010 – 4 O 807/08.

625 OLG Karlsruhe NJW 1972, 1810 (1811) – CDU-Wahlplakate.

626 BGH GRUR 1957, 426 (428) – Getränke Industrie.

627 KG JW 1926, 2930.

628 LG Düsseldorf NJW 1987, 1413 (1414) – Heino.

629 BGH NJW 2002, 2031 (2033) – shell.de; GRUR 2003, 430 (431) – maxem.de; 2016, 814 Tz. 40 – profit-bricks.es; 2016, 1093 Tz. 13 – grit-lehmann.de.

630 BGH GRUR 2006, 158 Rn. 13 f. – segnitz.de; 2007, 259 Rn. 14 – solingen.info; LG Mannheim NJW 1996, 2736 (2737) – heidelberg.de; LG Braunschweig NJW 1997, 2687 (2687).

631 Vgl. LG Hamburg NJW-RR 2007, 338 – bundesliag.de.

632 BGH GRUR 2014, 393 Tz 22 – wetteronline.de (möglich aber Verletzung des § 4 Nr. 4 UWG).

633 BGH NJW 2003, 2978 (2979) – maxem.de; vgl. auch OGH 20.5.2003 – 4 Ob 47/03 w – adnet.at II; GRUR Int. 2003, 260 – galtuer.at; OLG Nürnberg NJW-RR 2006, 906 (907) – Süß; aber auch OLG Düsseldorf WRP 2003, 1254 (1255) – solingen.info, mit dem Hinweis auf die verbleibende durch die Ausschlusswirkung der Domainregistrierung vermittelte Interessenbeeinträchtigung.

versteckt in eine Internetseite integriert wird, um Anfragen über Suchmaschinen auf die betreffende Seite zu leiten.

Es genügt, dass der Eindruck erweckt wird, der Namensträger habe dem Gebrauch seines Namens zugestimmt oder sei Urheber eines Werks oder Produkts. Deshalb liegt ein Namensgebrauch vor, wenn der Name als Marke[634] oder Etablissementsbezeichnung,[635] in einem Werktitel[636] oder als Aufschrift auf Andenken verwendet wird. Bei Verwendung des Namens auf Andenken wird der Eindruck erweckt, dass der Namensträger der Produktion der Andenken mit seinem Namen zugestimmt hat.[637] Auch die Verwendung des Namens als Signatur eines Kunstwerks gehört hierhin.[638]   **211**

d) Namensgebrauch zur Benennung eines Dritten. Namensgebrauch ist es auch dann, wenn jemand mit dem fremden Namen eine dritte Person bezeichnet. Das wurde zum Beispiel angenommen, wenn der dem Ehegatten zustehende Name bei einer Hotelregistrierung durch den ein außereheliches Verhältnis verschleiernden Ehegatten dessen Begleitung beigelegt wurde.[639] Hier lag zugleich ein Namensgebrauch zur Selbstbezeichnung durch die begleitende Person vor.[640] Da Ehegatten nach heute geltendem Recht getrennte Namen führen können, hat sich dieses Problem erledigt. Namensgebrauch ist es, wenn ein nichteheliches Kind von der Mutter mit dem Namen des Vaters benannt wird.[641]   **212**

Inwieweit die Benennung einer **fiktiven Figur** mit dem Namen eines realen Namensträgers ein Namensgebrauch im Sinne des § 12 ist, wird nicht einheitlich beurteilt. Teilweise wird mangels Existenz einer am Rechtsleben teilnehmenden realen Person als Ziel der Namensbenennung eine Identitätstäuschung und Zuordnungsverwirrung abgelehnt.[642] In diesem Fall wird nur eine allgemeine Persönlichkeitsrechtsverletzung in Betracht gezogen. In der älteren Rechtsprechung und von einem Teil des Schrifttums wird dagegen angenommen, dass die Verwendung eines Namens zur Benennung einer Romanfigur oder einer in einem Theaterstück oder Filmwerk vorkommenden Figur eine Verletzung des § 12 darstellen kann, wenn der Eindruck erzeugt wird, dass die vom Autor des Werks dargestellte Persönlichkeit mit dem Namensträger identisch ist. Das setzt eine entsprechende Identifizierbarkeit voraus.[643]   **213**

Dieser Auffassung ist zuzustimmen, weil schon die Zuordnung des Namensträgers zu falschen Tatsachen, aber auch zu Lebens- und Persönlichkeitsbildern vom Schutz des § 12 erfasst werden sollte (→ Rn. 206). Ein Namensgebrauch wird jedoch auch von dieser Auffassung nur dann angenommen, wenn eine Identitätstäuschung im Verhältnis zu der fiktiven Figur gegeben sein kann.[644] Wenn dagegen eine reale Persönlichkeit unter Namensnennung oder Nennung eines ähnlichen Namens dargestellt wird, nimmt auch diese Auffassung nur eine Verletzung des allgemeinen Persönlichkeitsrechts an. Als maßgeblich wird es angesehen, dass sich die Beeinträchtigung des Namens hier nicht aus einer Namensnennung ergibt, sondern aus der Darstellung seiner Persönlichkeit oder von Tatsachen seines Lebensbildes.[645]   **214**

e) Unbefugter Namensgebrauch. aa) Allgemeines. Der Namensgebrauch ist nach herrschender Auffassung „unbefugt", wenn der Namensverwender weder Träger des Namens ist, noch aufgrund eines Gestattungsvertrages oder aufgrund anderer Umstände, etwa dem Eigentum an einem Anwesen, dessen Namensrecht dem jeweiligen Eigentümer zugeordnet ist (→ Rn. 77 ff.), berechtigt ist, den fremden Namen zu verwenden, ohne dass es auf Bösgläubigkeit ankommt.[646] Der Anspruchsteller muss den Namen seinerseits gegenüber dem Anspruchsgegner befugt gebrauchen. Die Benutzung des eigenen **bürgerlichen Zwangsnamens** ist, auch soweit er nach einer Namensänderung geführt wird, grundsätzlich nicht unbefugt.[647] Es können aber einzelne Benutzungshandlungen im Rahmen einer Interessenabwägung bei Kollision mit dem Namen eines anderen Trägers des gleichen Namens unbefugt sein (→ Rn. 226 ff.).   **215**

Auch die Verwendung des gesetzlich erworbenen **Handelsnamens** ist grundsätzlich kein unbefugter Namensgebrauch.[648] Die Verwendung des eigenen bürgerlichen Namens in einer Firma oder als Kennzeichen steht dem Namensträger grundsätzlich frei, und zwar, obwohl die Firmenbildung unter Verwendung   **216**

634 RGZ 74, 308, 310 – Graf Zeppelin.
635 RGZ 88, 421 ff.; LG Hamburg, 318 O 195/17 – Yoko Mono.
636 Vgl. RG JW 1927, 1584 (1585).
637 Vgl. BGHZ 119, 236, 246 – Universitätssymbol.
638 BGHZ 107, 384, 390.
639 HM, vgl. Staudinger/*Fritzsche* BGB § 12 Rn. 280; Soergel/*Heinrich* BGB § 12 Rn. 175; Palandt/*Ellenberger* BGB § 12 Rn. 26; aA RGZ 108, 230, 233; MüKoBGB/*Säcker* § 12 Rn. 97.
640 Staudinger/*Fritzsche* BGB § 12 Rn. 280.
641 Palandt/*Ellenberger* BGB § 12 Rn. 26.
642 MüKoBGB/*Säcker* § 12 Rn. 115; Palandt/*Ellenberger* BGB § 12 Rn. 26; vgl. auch Soergel/*Heinrich* BGB § 12 Rn. 177.

643 RG HRR 1938 Nr. 1583 – Großschieber; RG JW 1939, 153 (154); Staudinger/*Fritzsche* BGB § 12 Rn. 281.
644 Staudinger/*Fritzsche* BGB § 12 Rn. 282.
645 Vgl. Soergel/*Heinrich* BGB § 12 Rn. 177.
646 Staudinger/*Fritzsche* BGB § 12 Rn. 298.
647 BGH NJW 1959, 1029 (1031); GRUR 2002, 622 (624) – shell.de; vgl. auch OVG Münster NJW 1993, 2132 – kein Namensschutz gegen die Erweiterung des Kreises berechtigter Namensträger durch hoheitliche Namensänderung.
648 RGZ 165, 271, 283; 170, 265, 270; GRUR 1952, 511 (512) – Uräl'sch; 1957, 342, 346 – Underberg; NJW-RR 1993, 934 (935) – Römer-GmbH.

des bürgerlichen Namens auch beim Einzelkaufmann nicht mehr gesetzlich vorgeschrieben ist. Grenzen ergeben sich im geschäftlichen Verkehr aus dem **Lauterkeitsrecht**.[649] Aus der Überschreitung dieser Grenzen kann sich vor allem die Pflicht des Namensträgers ergeben, den Namen im Geschäftsverkehr unter Hinzufügung von unterscheidenden Zusätzen zu führen. Dies ist außerhalb des geschäftlichen Verkehrs aber grundsätzlich nicht anzunehmen, so dass der Namensträger nicht zur Beifügung seines Vornamens verpflichtet ist.[650]

217 Anderes kann sich für die Verwendung als **Domainname** auch in diesem Bereich, allerdings aus einer Interessenabwägung ergeben, weil die Registrierung eines Domainnamens zu einer wenigstens technischen Monopolisierung der konkreten Namensverwendung in der jeweiligen Schreibweise und Zusammensetzung im Internetverkehr führt. Dies, wie auch die Kollision einer Namensverwendung mit einem prioritätsälteren Wahlnamens- oder Kennzeichenrecht, bewirken die Unbefugtheit des Namensgebrauchs (zur Gleichnamigkeit → Rn. 229 ff.).

218 Gründe für eine mangelnde Befugnis können sich schließlich auch aus Irreführungsverboten des **Firmenrechts** (§ 18 Abs. 2 HGB) oder des **UWG** (→ Rn. 216), zum Beispiel wenn die Verwendung des Namens als Domainname, Marke oder Firma eine Marktführerschaft oder Alleinstellung vortäuscht,[651] und aus dem allgemeinen **Deliktsrecht** (§§ 823, 824, 826) ergeben. Auch ein nicht gegen gesetzliche Vorschriften verstoßender und damit nicht **absolut unbefugter** Namensgebrauch kann im Einzelfall **relativ unbefugt** sein, wenn sich dies aus einer **Verletzung schutzwürdiger Interessen** des berechtigten Namensträgers ergibt.[652]

218a Der Begriff „unbefugt" ist nach hM **gleichbedeutend mit dem Begriff „widerrechtlich" in § 823 Abs. 1**.[653]

219 Erkennt man ein **Domainrecht als Immaterialgüterrecht eigener Art** an (dazu → Rn. 108 f.), dann folgt daraus in einer Kollision zwischen einem Namensrecht und einem Domainnamen, der nicht einem eigenen Namens- oder Kennzeichenrecht seines Inhabers entspricht, dass dem Domaininhaber die Domain nicht ohne Weiteres mit dem Hinweis auf ein für den Kläger bestehendes Namensrecht streitig gemacht werden kann, weil der Domaininhaber selbst kein Namensrecht an der Domainbezeichnung besitzt. Registrierung und Gebrauch der Domain sind dann aus dem Recht an einem Domainimmaterialgüterrecht legitimiert.[654] Der Konflikt mit bestehenden Namens- und Kennzeichenrechten Dritter ist entsprechend den zur Gleichnamigenkollision entwickelten Interessenabwägungsregeln zu lösen (→ Rn. 229). Im Ergebnis führt das dazu, dass der Namensgebrauch im Internetverkehr in dieser Beziehung regelmäßig berechtigt ist. Die Verwendung eines registrierten Domainnamens führt vorbehaltlich einer Interessenabwägung regelmäßig nicht zu einem unberechtigten Namensgebrauch.

220 **bb) Prioritätsgrundsatz.** In der Konkurrenz zwischen zwei **Wahlnamen** ist der Gebrauch des im Zeitrang zurückstehenden Namens unbefugt (**Priorität**, vgl. § 6 MarkenG).[655] Für das Verhältnis zwischen Geburtsnamen gilt das Prioritätsprinzip nicht, der ältere Namensträger hat kein besseres Recht als der Jüngere. Priorität kommt einem Namen, einer Firma oder einer Geschäftsbezeichnung gegenüber einem identischen oder verwechslungsfähigen Namen oder Zeichen zu, wenn die Bezeichnung **zuerst in Gebrauch** genommen wurde oder wenn sie zuerst **Verkehrsgeltung** erlangt hat.[656] Das Prioritätsprinzip gilt auch für **Domainnamen**. Für **Parteiennamen** gilt das strenge Prioritätsprinzip nach § 4 Abs. 1 PartG, wonach das Namensrecht einer älteren politischen Partei unabhängig von seiner individualisierenden Eigenheit oder Verkehrsgeltung uneingeschränkten Vorrang hat. Der BGH wendet das Prioritätsprinzip nach § 4 Abs. 1 nicht auf Namen von Wählervereinigungen an.[657]

221 Handelt es sich um eine **ausländische Bezeichnung**, ist die Ingebrauchnahme im Inland maßgeblich.[658] Das gilt wegen Art. 36 S. 1 AEUV auch für Firmen von Unternehmen aus anderen EU-Staaten.[659] Ist die ausländische Bezeichnung von sich aus schutzfähig, bedarf es keiner Verkehrsgeltung im Inland.[660]

222 Der Prioritätsvorrang eines Handelsnamens fällt nicht durch den **Wechsel der Rechtsform** des Trägers weg. Es kommt nur darauf an, dass der identische Geschäftsbetrieb fortgeführt wird.[661] Bei einer **Umwand-**

---

649 BGHZ 10, 196, 201 – Dun-Europa.
650 RG JW 1911, 572.
651 Vgl. KG KUR 1998, 115; vgl. allgemein bei Domainnamen (keine Namensdomain) auch BGH NJW 2001, 3262 (3265) – mitwohnzentrale.de.
652 BGH GRUR 1960, 550 (552) – Promonta; *Fezer* MarkenR § 15 Rn. 131; Soergel/*Heinrich* BGB § 12 Rn. 179.
653 Vgl. Soergel/*Heinrich* BGB § 12 Rn. 179; MüKo-BGB/*Säcker* § 12 Rn. 129; Palandt/*Ellenberger* BGB § 12 Rn. 28; aA BeckOK BGB/*Bamberger* § 12 Rn. 81.

654 *Koos* MMR 2004, 359 (361 ff.).
655 BGH GRUR 1953, 252 (254); NJW 1993, 453 (460) – Columbus.
656 Vgl. BGH GRUR 1957, 29 (31).
657 BGH GRUR 2012, 539 Tz 9 – Freie Wähler.
658 BGH NJW 1971, 1522 (1524); GRUR 1973, 661 (662) – Metrix.
659 Soergel/*Heinrich* BGB § 12 Rn. 184; vgl. auch EuGH GRUR Int 1994, 168 (170) – Quattro/Quadra.
660 BGH NJW 1971, 1522 (1524).
661 BGH NJW 1993, 459 (460) – Columbus.

lung bleibt die Priorität deshalb erhalten, wenn die prägenden Firmenbestandteile beibehalten werden und wenn die Gesellschafter identisch bleiben und sich an den Umwandlungsmaßnahmen beteiligen.[662]
Wenn der **Name wesentlich geändert** wird, geht seine Priorität verloren.[663] **223**

Auch das **Ausscheiden des Namensträgers aus dem Konzern** soll zum Verlust der Priorität führen kön- **224** nen.[664] Schließlich kann die Priorität infolge einer **langjährigen Einstellung des Betriebs** verloren gehen (→ Rn. 146). Sie kann aber wieder **aufleben**, wenn die Betriebseinstellung nicht auf einer autonomen unternehmerischen Entscheidung, sondern auf staatlichen Zwangsmaßnahmen oder der Teilung Deutschlands beruhte und wenn der Name des Unternehmens aufgrund seiner Geltung oder Berühmtheit dem Verkehr in Erinnerung geblieben ist und dem neu eröffneten Unternehmen wieder zugeordnet wird („**Überbrückung der Priorität**").[665]

Auf die Priorität kann vertraglich verzichtet werden.[666] Der aus einem **Gestattungsvertrag** (→ Rn. 156 ff.) **225** Berechtigte kann sich auf die Priorität des Gestattenden berufen und zwar unabhängig davon, ob man nur eine rein schuldrechtlich wirkende Gestattung für möglich hält. Dies ergibt sich auch in letzterem Fall aus einer Anwendung des Rechtsgedankens des § 986 Abs. 1.[667] Im Übrigen kann sich der Rechtsnachfolger allgemein auf die Priorität berufen.[668]

cc) Gleichnamigkeit. Die Verwendung des eigenen Namens, die dem Namensträger grundsätzlich offen- **226** steht, ist unbefugt, wenn sie im Falle eines **Wahlnamens** mit einer prioritätsälteren Bezeichnung kollidiert. Ein unbefugter Gebrauch liegt auch vor, wenn ein **Missbrauch** durch Zurverfügungstellung des berühmten Namens zur Bildung einer verwechslungsfähigen Firma durch den Namensträger als Strohmann erfolgt.[669] Dasselbe gilt für den Gebrauch des eigenen Namens zwecks Ausnutzung des Rufs eines bekannten gleichnamigen Unternehmens.[670] In diesen Fällen kann auch dem an sich berechtigten Träger des Namens die entsprechende Namensbenutzung ganz untersagt werden, wenn aus der Namensverwendung auf eine Missbrauchsabsicht des Verwenders zu schließen ist, die eine einwandfreie Benutzung des Namens auch in Zukunft nicht erwarten lässt.[671]

Hat ein Unternehmen einen **geschützten Besitzstand** hinsichtlich einer Bezeichnung dadurch erworben, **227** dass es die Bezeichnung zunächst in einem geschäftlichen Wirkungsbereich benutzt hatte, der sich mit dem Wirkungsbereich einer später konkurrierenden prioritätsälteren Bezeichnung nicht überschnitten hatte, dann kann die prioritätsältere Bezeichnung diesen redlich erworbenen Besitzstand nicht ohne Weiteres verdrängen,[672] insbesondere, wenn der Träger der älteren Bezeichnung die spätere Kollision selbst durch eine Ausdehnung seines geschäftlichen Wirkungskreises hervorgerufen hat.[673] Eine räumliche Ausdehnung liegt aber noch nicht im bloßen Internetauftritt,[674] es sei denn, es gäbe weitere Anhaltspunkte für eine entsprechende räumliche Geschäftsausweitung gerade auf den Bereich, in dem eine Kollision möglich ist, beispielsweise eine auf das gesamte Bundesgebiet gerichtete Werbung[675] oder die Aufnahme des Vertriebs über das Internet. Grundsätzlich wird von dem Träger der prioritätsjüngeren Bezeichnung aus der **Pflicht zur Rücksichtnahme** verlangt, dass er erforderliche und zumutbare Maßnahmen, insbesondere durch Zusatz **unterscheidungskräftiger Zusätze**, ergreift, um eine **Verwechslungsgefahr zu mindern**.[676] Diese Pflicht kann im Einzelfall jedoch den prioritätsälteren Namensträger treffen, wenn er die spätere Kollision selbst erzeugt hat.[677] Gegebenenfalls muss er einen unvermeidlichen Rest von Verwechslungsgefahr hinnehmen.[678] Auf seine ältere Priorität kann sich ein Namensträger auch nicht berufen, wenn die Namensverwendung beider Namensträger über lange Zeit **unbeanstandet in Koexistenz** stattgefunden hat, weil der prioritätsjüngere Verwender auch damit redlich einen Besitzstand erworben hat (kennzeichenrechtliche

662 BGH GRUR 1983, 182 (183) – Concordia-Uhren.
663 BGH GRUR 1973, 661 (662) – Metrix.
664 OLG Karlsruhe GRUR 1989, 270 – Heinkel; krit. *Canaris* GRUR 1989, 711 (711).
665 BGH NJW 2002, 3332 (3333) – Hotel Adlon; vgl. auch BGH GRUR 1997, 749 (752) – L'Orange.
666 BGH GRUR 1958, 91 (92) – Hähnel.
667 BGH NJW 1993, 2236 (2237) – Decker; NJW-RR 1994, 1003 (1004) – Virion.
668 BGH GRUR 1984, 378 – Hotel Krone; 1991, 393, 394 – Ott International.
669 BGHZ 14, 155, 161 – Farina; 1966, 343, 345 – Kupferberg; OLG Köln GRUR 1983, 787 (788) – Tina Farina.
670 BGH GRUR 1952, 511 (513) – Urköl'sch; 1968, 212, 213 – Hellige.
671 BGH GRUR 1952, 511 (513) – Urköl'sch.

672 Vgl. BGH GRUR 1958, 90 – Hähnel; NJW 1985, 741 – Consilia; NJW-RR 1993, 1065 (1066) – Pic Nic; vgl. auch Staudinger/*Fritzsche* BGB § 12 Rn. 307.
673 BGH GRUR 1960, 33 (36) – Zamek; *Fezer* MarkenR § 15 Rn. 156.
674 BGH GRUR 2005, 431 (432 f.) – HOTEL MARITIME; 2005, 262, 263 f. – soco.de; 2006, 159, 160 – hufeland.de.
675 Vgl. BGH GRUR-Prax 2013, 135 – Peek & Cloppenburg III.
676 BGH NJW-RR 1993, 934 (935) – Römer GmbH; Staudinger/*Fritzsche* BGB § 12 Rn. 308.
677 Soergel/*Heinrich* BGB § 12 Rn. 183.
678 BGH GRUR 1960, 33 (36) – Zamek; 1968, 212, 214 – Hellige.

Gleichgewichtslage).[679] Wenn eine länger bestehende namensrechtliche Gleichgewichtslage von einem Unternehmen gestört wird, muss dieses Unternehmen aufklärende Hinweise vornehmen, um eine korrekte Zuordnung zu ermöglichen.

227a Entsprechende Grundsätze gelten auch bei der Kollision eines **Künstlernamens** mit einem gleichlauten bürgerlichen Namen. In einem vom OLG Düsseldorf entschiedenen Fall ging es um einen Namenskonflikt zwischen dem Träger des Künstlernamens „Michael Wendler" und dem Träger des bürgerlichen Namens „Frank Wendler".[680] Grundsätzlich ist ein Künstlername gegenüber einem Geburtsnamen nicht als minderes Recht zu behandeln, so dass dem Geburtsnamen keine Priorität vor dem erst später durch Verkehrsgeltung entstandenen Künstlernamen zusteht. Damit bestand eine Gleichnamigkeitslage zwischen dem Träger des durch Verkehrsgeltung begründeten Künstlernamens „Michael Wendler" und dem Träger des Geburtsnamens „Frank Wendler" und damit eine Gleichgewichtslage, die nicht einseitig dadurch gestört werden durfte, dass der Träger des bürgerlichen Namens ein Markenrecht „*Der Wendler*" begründete. Die Markenrechtsbegründung war wegen der damit verbundenen Zuordnungsverwirrung eine Namensanmaßung. Andererseits durfte der durch Medien bekannte Schlagersänger „Michael Wendler" nicht die Bezeichnungen „Der Wendler" und „Wendler" in Alleinstellung verwenden, weil darin aufgrund der Gefahr einer Zuordnungsverwirrung eine Namensrechtsverletzung des Trägers des bürgerlichen Namens „Frank Wendler" lag. Allein der Umstand einer gewissen Prominenz im Schlagerbereich führte in dem Fall des OLG Düsseldorf nicht zu einer **überragenden Bekanntheit** von Michael Wendler, so dass auch aus einer Interessenabwägung kein Vorrang des Prominenten vor dem Träger des bürgerlichen Namens Frank Wendler anzunehmen war. Grundsätzlich ist es im Einzelfall aber nicht ausgeschlossen, dass eine so umfängliche Prominenz gegeben sein kann, dass ein geschützter Besitzstand anzunehmen ist (vgl. auch → Rn. 231).

228 Die Berufung auf die Priorität kann insbesondere aufgrund **Verwirkung** scheitern, wenn die prioritätsjüngere Bezeichnung über lange Zeit unbeanstandet gebraucht wurde[681] und deshalb eine **Gleichgewichtslage** entstanden ist. Dann kommt es nur noch auf eine **Abwägung** zwischen den beiderseitigen schutzwürdigen **Interessen** an.[682] Solange die Verwechslungsgefahr nicht erhöht wird, darf der berechtigte Träger der prioritätsjüngeren Unternehmensbezeichnung diese aus sachlich zwingendem Anlass auch in eine andere, möglicherweise ebenfalls verwechslungsfähige Bezeichnung ändern.[683]

229 Diese Grundsätze gelten auch bei der Kollision von einem **Domainnamen** mit einem Namens- oder Kennzeichenrecht. Hier besteht jedoch eine besondere Interessenlage, weil ein Domainname technisch bedingt weltweit nur einmal vergeben werden kann. Grundsätzlich ist es kein unbefugter Namensgebrauch, wenn der Träger des Namens seinen eigenen Namen im Wege einer Domainregistrierung benutzt. Ein eigenes Namensrecht des Domaininhabers, das im Inland mit gleichlautenden Namensrechten kollidieren kann, kann grundsätzlich auch ein im **Ausland begründetes Recht** sein, wenn eine generische Top-Level-Domain „.com", „.org" oder „.net" verwendet wird. Bei Verwendung der länderspezifischen Top-Level-Domain „.de" verlangt der BGH aber die Begründung eines berechtigten Interesses des Trägers des entsprechenden ausländischen Namensrechts zur Verwendung des Namens mit der „.de"-Domain.[684] Bei der Kollision Gleichnamiger kommt es auch auf die **Priorität** als Gerechtigkeitsprinzip an,[685] und zwar unabhängig von der relativen Stärke der kollidierenden Rechte.[686] Maßgeblich ist der Zeitpunkt der Domainregistrierung.[687] Bei der Verwendung eines bürgerlichen Namens, eines Pseudonyms oder eines Handelsnamens in einem Domainnamen führt der frühere Zeitpunkt der **Namensbenutzung als Domainname** zur Priorität. Es gilt der Grundsatz „*first come, first serve*",[688] der Namensträger muss sich grundsätzlich damit abfinden, dass ein anderer Träger des gleichen Namens, sei es eines Handelsnamens oder eines bürgerlichen Namens, den Domainnamen in seiner konkreten Zusammensetzung und Schreibweise für sich „monopolisiert" hat. Es ist ihm dann zuzumuten, seine Domain unter Zusätzen oder anderen Modifikationen zu registrieren. Aus dieser das **schutzwürdige Interesse** des konkurrierenden Namensträgers betreffenden Monopolisierung folgt aber zugleich, dass das Ergebnis der Anwendung des Prioritätsgrundsatzes im Einzelfall durch eine auf Billigkeitserwägungen beruhende **Interessenabwägung** zu korrigieren sein kann. Daraus kann sich ergeben, dass der Inhaber einer vorher registrierten Domain einem anderen Namensträger weichen muss und die Domain zur Registrierung durch diesen Namensträger freigeben muss. Es bleibt ihm dann unbenommen, einen

679 OLG Hamm BeckRS 2013, 21344 = GRUR-RR
     2014, 184 – Die Grünen; vgl. BGH GRUR 2010, 738
     Tz 19 – Peek & Cloppenburg; *Fezer* MarkenR § 15
     Rn. 153.
680 OLG Düsseldorf GRUR-RR 2013, 384 (385) – Der
     Wendler.
681 BGH NJW 1985, 741 (742) – Consilia; NJW-RR
     1991, 934 (936) – Johanniter; vgl. auch LG Düssel-
     dorf MMR 2004, 111 – hudson.de.
682 Vgl. BGH GRUR 1971, 309 (311) – Zamek II.

683 BGH GRUR 1984, 378 – Hotel Krone.
684 BGH GRUR-Int 2013, 265 Tz 17 – dlg.de.
685 BGH NJW 2002, 2031 (2034) – shell.de; GRUR
     2016, 1093 Tz. 13 – grit-lehmann.de; vgl. aber OLG
     Oldenburg MMR 2004, 34 – schulenberg.de; dazu
     Koos MMR 2004, 359 (364).
686 Vgl. BGH NJW 2002, 2096 (2098) – Vossius.
687 S. dazu auch *Rohnke* NJW 2003, 2203 (2208)
     („Onlinepriorität").
688 *Hoeren* MMR 2002, 386 (387).

Domainnamen gegebenenfalls unter Verwendung seines Namens, jedoch mit unterscheidenden Modifikationen im Rahmen der technischen Verfügbarkeit zu registrieren.

Das Interesse des Inhabers eines **aus einem Pseudonym gebildeten Domainnamens** für eine private Internetseite musste nach Auffassung des BGH gegenüber dem Interesse des Trägers eines gleich lautenden bürgerlichen Namens an der Verwendung des Namens für eine Internetseite seiner Rechtsanwaltskanzlei schon deshalb weichen, weil der BGH für den Namensschutz eines Pseudonyms Verkehrsgeltung voraussetzt (s. dazu → Rn. 59), die im konkreten Fall fehlte. Der prioritätsältere Domainname war freizugeben.[689]   **230**

Aber auch, wenn dem Inhaber des zuvor registrierten Domainnamens ein **eigenes Namensrecht** an dem zur Domainbildung verwendeten – auch bürgerlichen – Namen zusteht, kann eine Interessenabwägung im Einzelfall dazu führen, dass der Gebrauch der Domain als Namensgebrauch trotz Priorität unbefugt ist. Das wird dann angenommen, wenn der konkurrierende Namensträger eine **überragende Bekanntheit** genießt und damit einen zu schützenden **Besitzstand** erworben hat, der die Priorität im Einzelfall zugunsten einer Interessenabwägung verdrängt.[690] Wenn der Verkehr aufgrund des überragenden Bekanntheitsgrads unter dem Domainnamen einen Internetauftritt des konkurrierenden Namensträgers erwartet, kann der Domaininhaber verpflichtet sein, seinen Namen als Domainnamen nur unter Hinzufügung unterscheidender Zusätze zu verwenden.[691] Das ist bei auf bestimmte Bereiche begrenzter **Prominenz** nicht anzunehmen. Es muss vielmehr im Einzelfall geprüft werden, ob eine die deutsche Bevölkerung in ihrer gesamten Breite erfassende Bekanntheit gegeben ist.[692]   **231**

Bei geringerem Interessenmissverhältnis kann in Erfüllung des Gebots der Rücksichtnahme zwischen Gleichnamigen auch bereits ein **klarstellender Hinweis** auf der entsprechenden Internetpräsenz ausreichen.[693] Im Einzelfall mag ein solcher Hinweis bei Verwechslungsgefahr eines Kennzeichens im Sinne des § 15 MarkenG als nicht ausreichend zu beurteilen sein, so dass auch von dem erstregistrierenden Domainbenutzer ein unterscheidungskräftiger Zusatz zu verlangen ist. Ein Umstand, der nach der Rechtsprechung eine entsprechende Beurteilung rechtfertigen kann, ist die lange Tradition des einem prioritätsneuen Unternehmenskennzeichen entsprechenden Domain kollidierenden Unternehmenskennzeichens.[694]   **232**

Kommt es nicht nur auf eine Zuordnungsverwirrung, sondern gerade darauf an, dem besser berechtigten Namensträger die Domainnutzung seines Namens in der konkreten, infolge der Vorregistrierung technisch gesperrten Art und Weise zu ermöglichen, so genügen bloße klarstellende Hinweise auf der Internetseite ebenfalls nicht. Der Domainnamensgebrauch unter Verletzung dieser Grundsätze ist unbefugt.   **233**

dd) Interessenverletzung. (1) Allgemeines. Der unbefugte Namens- oder Kennzeichengebrauch muss gegen die Interessen des Berechtigten verstoßen. Die Interessen des Berechtigten müssen **schutzwürdig** sein. Kollidieren verschiedene Interessen miteinander, muss eine **Interessenabwägung** erfolgen, deren Ergebnis das Zurücktreten eines der widerstreitenden Interessen ist.[695] Wenn eine besonders gravierende Interessenverletzung des Namensträgers festzustellen ist, reicht bereits eine nur geringe Zuordnungsverwirrung aus, um den Schutz des § 12 auszulösen.[696]   **234**

Bei **Sammelnamen und Allerweltsnamen** ist bei Fehlen weiterer identifizierender Hinweise regelmäßig keine Interessenverletzung gegeben, weil eine eindeutige Zuordnung zu einem bestimmten Namensträger nicht feststellbar ist.[697] Das Gleiche gilt bei Familiennamen die mit Wörtern des allgemeinen Sprachgebrauchs übereinstimmen.[698] Es sind **Interessen jeglicher Art** geschützt. Die Verletzung kann sich auf persönliche, ideelle, wirtschaftliche oder reine Affektionsinteressen beziehen.[699] Insbesondere eine Verwechslungsgefahr,[700] die Herstellung von Zusammenhängen familiärer, geschäftlicher oder sonstiger Art[701] oder die Identifizierung des Namensträgers mit ihm nicht genehmen Einrichtungen, politischen Aussagen oder Zielen[702] begründen eine Interessenverletzung. Ein öffentliches Interesse an der eindeutigen Zuordnung ist ausreichend.   **235**

Das kann sowohl bei einem unbefugten Gebrauch des bürgerlichen Namens als auch des **Pseudonyms** der Fall sein. Allerdings wird bei Pseudonymen, die ausschließlich im beruflichen Bereich geführt werden, ein   **236**

---

689 BGH NJW 2003, 2978 (2979) – maxem.de.
690 BGH NJW 2002, 2031 (2034) – shell.de; ebenso österreichischer OGH 25.3.2003, 4Ob 42/03 – rtl.at.
691 BGH NJW 2002, 2031 (2034) – shell.de.
692 Vgl. OLG Düsseldorf GRUR-RR 2013, 384 (387) – Der Wendler.
693 BGH NJW 2002, 2096 (2097) – Vossius.
694 OLG Hamburg MMR 2004, 107 (108) – Ho-Baube-ratung.de.
695 BGH GRUR 1958, 302 (303) – Lego; MüKoBGB/Säcker § 12 Rn. 145.
696 BGH NJW 2003, 2978 (2979) – maxem.de.

697 OLG Nürnberg NJW-RR 2006, 907 (907) – süß; Palandt/Ellenberger BGB § 12 Rn. 31.
698 OLG Nürnberg NJW-RR 2006, 906 (907) – Süß.
699 BGHZ 8, 318, 322 – Pazifist; 43, 245, 255 – GdP; 124; 173, 181; NJW 1994, 245 (247) – römisch-katholisch.
700 BGHZ 29, 256, 264.
701 BGHZ 124, 173, 181.
702 BGHZ 8, 318, 323 – Pazifist; vgl. auch OLG Nürnberg NJW-RR 2006, 906 (907) – Süß im Zusammenhang mit einem Erotikportal im Internet.

beschränkter Schutzbereich angenommen, der sich jedoch in dem Maße erweitert, wie das Pseudonym durch Verkehrsgeltung umfassende Namensfunktion erlangt (zum Schutzumfang → Rn. 62).

237   Auch der Namensschutz **juristischer Personen** ist im Hinblick auf mögliche Interessenverletzungen funktionell, daneben auch räumlich beschränkt.[703] **Vereine** müssen es nicht hinnehmen, dass ihr Name als Bezeichnung für eine in dem früheren Vereinshaus eröffnete Gaststätte verwendet wird.[704] Politische Parteien haben ein schutzwürdiges Interesse daran, nicht auf Plakaten ihrem Programm widersprechende Tendenzen untergeschoben zu bekommen.[705] Das gilt allgemein, also auch für Wirtschaftsunternehmen, die durch Namensgleichheit mit einer politischen Partei und deren politischen Zielen in Verbindung gebracht werden. Eine Filmschauspielerin hat ein schutzwürdiges Interesse daran, nicht mit einem bestimmten Film in Verbindung gebracht zu werden, in dem sie nicht mitgewirkt hat.[706]

238   Es gilt eine **Geringfügigkeitsgrenze**.[707] Einerseits sind ganz geringfügige Interessen nicht berücksichtigungsfähig, andererseits ist die Frage der Schutzwürdigkeit angesichts des Ausmaßes eines betroffenen Interesses in der Zusammenschau mit kollidierenden Interessen zu bewerten. Schutzwürdige Interessen sind umso eher verletzt, je größer die räumlich-zeitliche Nähe der Namensbenutzung ist.[708] Das Interesse des Trägers eines **Personennamens**, nicht mit anderen Personen verwechselt zu werden oder zu einer fremden Familie zugehörig betrachtet zu werden, ist regelmäßig ausreichend.

239   Liegt der störende Namensgebrauch in der Registrierung eines gleich lautenden **Domainnamens** durch einen nicht an der verwendeten Bezeichnung berechtigten Dritten, so kann sich eine Interessenverletzung auf Seiten des Namensträgers gerade aus der mit der Registrierung des Domainnamens verbundenen faktischen Monopolisierung begründen (→ Rn. 229), weil der Namensträger insoweit an der ihm zustehenden Nutzung seines Namens dauerhaft gehindert wird.[709] Das gilt ohne Weiteres bei Verwendung der Bezeichnung eines auf dem inländischen Markt tätigen Unternehmens unter der Top-Level-Domain „.de". Wird die Bezeichnung jedoch unter einer fremden länderspezifischen Top-Level-Domain registriert, dann muss konkret festgestellt und nachgewiesen werden, dass der Inhaber der Bezeichnung ein schutzwürdiges Interesse an der Verwendung der Bezeichnung gerade unter dieser fremden Top-Level-Domain hat, etwa weil er auf dem jeweiligen Markt tätig ist.[710] Umgekehrt gilt das auch für die Registrierung der Bezeichnung ausländischer Unternehmen unter der Top-Level-Domain „.de".[711]

240   Es ist allerdings fraglich, ob in Fällen der Domainkollisionen das Interesse eines Namensträgers an der Verwendung des Namens gerade in der konkreten Domaingestaltung schutzwürdig sein sollte. Bei einer Namensbenutzung als Forenname in **Internetdiskussionsräumen** und **Internetforen** ohne weitere ausdrückliche oder konkludente Behauptung der Namensträgerschaft wird eine Interessenverletzung zumeist ausfallen, weil erstens keine beachtliche Zuordnungsverwirrung erzeugt wird, da die Nutzer in solchen Foren nicht von einer Identität des Agierenden mit dem wahren Namensträger ausgehen und weil die Sperrwirkung der Forennamenregistrierung meist nur vorübergehender Natur ist. Anders kann es sein, wenn eine dauerhafte Registrierung des Nutzernamens stattfindet, weil auch dann eine Behinderung des rechtmäßigen Namensgebrauchs durch den Namensträger vorliegt.

241   Entsprechendes kann für die Registrierung des Namens als **E-Mail-Adresse** gelten. Wenigstens die Verwendung des zugunsten des Namensträgers freizugebenden Domainnamens in einer E-Mail-Adresse verletzt die Interessen des Namensträgers.[712] Eine Zuordnungsverwirrung ist bei der Namensverwendung als E-Mail-Adresse sehr gering. Gerade bei prominenten Namen kann sich jedoch eine faktische Sperrwirkung daraus ergeben, dass eine Vielzahl von Internetnutzern E-Mail-Adressen registrieren, die in unterschiedlichen Zusammensetzungen den Namen des Namensträgers enthalten, so dass dieser keine Möglichkeit mehr haben könnte, seinen Namen als E-Mail-Adresse zu verwenden. Hier wird man im Einzelfall darauf abzustellen haben, ob eine dem Namensträger zumutbare E-Mail-Verwendung seines Namens noch möglich ist. Jedenfalls wenn faktisch alle Nutzungswege versperrt sind, weil jede zumutbare E-Mail-Adressen-Gestaltung bereits von anderen Nutzern registriert wurde, wird man dem Namensträger gegenüber einem Nutzer, der nicht Träger dieses Namens ist, ein berechtigtes Interesse an der Freigabe der E-Mail-Adresse nicht absprechen können. Ohne diese Sperrwirkung wird dagegen eine beachtliche Verletzung in solchen Fällen regelmäßig ausscheiden, weil die Zuordnungsverwirrung zu gering ist.

---

703   BGH GRUR 1957, 547 (548 f.) – tabu I; Staudinger/ *Fritzsche* BGB § 12 Rn. 344.
704   BGH NJW 1970, 1270 – Weserklause.
705   OLG Karlsruhe NJW 1972, 1810 (1811).
706   OLG München UFITA 30, 110, 112 – Romy.
707   OLG München MDR 1974, 577; vgl. BGH NJW 1991, 1532 (1534).
708   BeckOK BGB/*Bamberger* § 12 Rn. 91.

709   BGH NJW 2003, 2978 (2979) – maxem.de; GRUR 2016, 810 Tz. 40 – profit-bricks.es; 2016, 1093 – grit-lehmann.de; vgl. auch OLG Düsseldorf WRP 2003, 1254 (1255) – solingen.info.
710   BGH GRUR 2016, 810 Tz. 45 – profit-bricks.es.
711   BGH GRUR 2013, 294 Tz. 18 – dlg.de.
712   BGH NJW 2003, 2978 (2979) – maxem.de.

Wenn im Hinblick auf einen Personennamen ein Namensgebrauch vorliegt, wird regelmäßig auch eine **242** Interessenverletzung festzustellen sein, so dass auch eine nur geringe Zuordnungsverwirrung ausreicht. Soweit die Verwendung eines **Familiennamens** ohne einen Vornamen ausreicht, um einen Namensgebrauch jedes Familienmitglieds, das den betreffenden Familiennamen trägt, darzustellen (dazu → Rn. 198), ist auch das Interesse jedes dieser Namensträger verletzt.[713] Der Träger eines Familiennamens ist nach Auffassung der Rechtsprechung auch gegen die Verwendung seines Familiennamens unter Hinzufügung eines anderen Vornamens geschützt, weil mit einer solchen Namensverwendung auch ein Hinweis auf die Familie als solche verbunden ist.[714] Die Anfügung eines Vornamens[715] oder eines Vornamensinitials[716] genügt in der Regel nicht, um die Kennzeichnung von dem kennzeichnungskräftigen Nachnamen ausreichend zu unterscheiden. Der bloße **Vornamensgebrauch** kann Namensgebrauch sein, wenn dem isolierten Vornamen ausnahmsweise Namensschutz zukommt. Dann ist regelmäßig auch eine Interessenverletzung anzunehmen.

Die Verletzung von im **Geschäftsverkehr** verwendeten Namen und Kennzeichen setzt eine regelmäßig allgemein **funktional beschränkte** Interessenverletzung voraus. Ausnahmsweise sollen nicht nur geschäftliche Interessen, sondern auch ideelle Interessen berücksichtigt werden können.[717] Des Weiteren ist die Interessenverletzung auch **örtlich beschränkt** auf den bei Unternehmensketten regelmäßig überörtlichen[718] räumlichen Wirkungsbereich des Unternehmens[719] sowie **sachlich beschränkt** auf den sachlichen geschäftlichen Wirkungsbereich, wobei auch zukünftige Ausdehnungen der Wirkungsbereiche berücksichtigt werden, soweit diese konkret beabsichtigt sind und der Namensschutz bereits besteht.[720] Nur ein lebendes Unternehmen ist geschützt.[721] In Betracht kommt ein Interesse, nicht mit einem anderen Unternehmen verwechselt zu werden, eine Verwässerung eines berühmten Kennzeichens zu verhindern und nicht einer Rufschädigung ausgesetzt zu werden.[722] **243**

(2) Verwechslungsgefahr. Während das Vorliegen einer Verwechslungs*fähigkeit* Tatbestandsmerkmal des **244** Namensgebrauchs ist (→ Rn. 195), ist die Verwechslungs*gefahr* ein Aspekt, der immer eine Interessenverletzung begründet.[723] Es ist zwischen der Verwechslungsgefahr **im engeren und im weiteren Sinne** zu unterscheiden.[724] Eine Verwechslungsgefahr im engeren Sinne ist gegeben, wenn die maßgeblichen Verkehrskreise eine **Identität** der betroffenen Unternehmen annehmen. Im weiteren Sinne besteht eine Verwechslungsgefahr, wenn die maßgeblichen Verkehrskreise **Zusammenhänge** rechtlicher, organisatorischer, wirtschaftlicher oder personeller Art oder das Bestehen eines Gestattungsvertrags zwischen dem Namensträger und dem Verletzer vermuten.[725]

Es kommt für die Prüfung einer Verwechslungsgefahr auf den **Gesamteindruck** an, den die maßgeblichen **245** Verkehrskreise im Verkehr nach Schriftbild, Klang und Sinngehalt haben.[726] Soweit eine Handlung gegenüber Verbrauchern vorliegt, ist auf das **unionsrechtliche Verbraucherleitbild** eines durchschnittlich informierten, aufmerksamen und verständigen Durchschnittsverbrauchers und im Übrigen auf ein durchschnittliches Mitglied der angesprochenen Verkehrskreise abzustellen (→ Rn. 195).

Verwechslungsgefahr ist gegeben, wenn nach dem Gesamteindruck eine Ähnlichkeit festzustellen ist.[727] Es **246** ist zu berücksichtigen, dass übereinstimmende Merkmale erfahrungsgemäß eher erinnert werden als unterscheidende Merkmale. Prägend sind regelmäßig die besonders kennzeichnungskräftigen Firmenbestandteile (zB Commerz, VOLKS,[728] Boss):[729] Auch nur durch einen Firmenbestandteil, der unterscheidungskräftig und geeignet ist, sich im Verkehr als schlagwortartige Unternehmensbezeichnung durchzusetzen, kann eine Verwechslungsgefahr begründet werden.[730] Eine besondere Fachkunde der angesprochenen Verkehrskreise

---

713 RG JW 1925, 1632.
714 BGH GRUR 1960, 490 (491); 2016, 749 Tz. 28 – Landgut A. Borsig; aA MüKoBGB/*Schwerdtner*, 4. Aufl., § 12 Rn. 180; BeckOK BGB/*Bamberger* § 12 Rn. 91 (keine Interessenverletzung).
715 BGH GRUR 1991, 457 (477) – Karen Pfleger.
716 BGH GRUR 2016, 749 Tz. 22 – Landgut A. Borsig.
717 BGH LM Nr. 42; Palandt/*Ellenberger* BGB § 12 Rn. 32; vgl. aber auch BGH GRUR 1976, 379 (381) – KSB.
718 BGHZ 24, 238.
719 RGZ 171, 30, 34; BGHZ 11, 214, 221; 24, 238, 243; vgl. auch BGH NJW 1970, 1365.
720 BGHZ 8, 387, 392; 11, 214, 219; vgl. auch OLG Frankfurt aM GRUR 1995, 154 (154) – Börsen-Order-Service-System.
721 BGHZ 21, 66, 69.
722 Palandt/*Ellenberger* BGB § 12 Rn. 32.
723 Palandt/*Ellenberger* BGB § 12 Rn. 33.

724 BGHZ 15, 107, 110.
725 BGH NJW-RR 1989, 1388 – Commerzbau; OLG Frankfurt aM GRUR 1989, 288 – Help.
726 EuGH GRUR Int. 1998, 56 (57 f.) Rn. 23 – Springende Raubkatze II; BGH GRUR 1998, 830 (835) – Les-Paul-Gitarren.
727 EuGH WRP 1999, 806 (809) Rn. 25 – Lloyd Schuhfabrik; BGHZ 28, 320, 322 – Quick/Glück; BGH NJW-RR 1989, 808 (809) – Maritim; NJW 1999, 360 (362) – Lions; BeckOK BGB/*Bamberger* § 12 Rn. 95.
728 Vgl. BGH GRUR 2013, 1239 – VOLKSWAGEN/Volks.Inspektion.
729 Soergel/*Heinrich* BGB § 12 Rn. 190.
730 BGH GRUR 1954, 457 (458) – Irus-Urus; 1988, 635, 635 – Grundcommerz; GRUR-Prax 2013, 466 – VOLKSWAGEN/Volks-Inspektion; vgl. auch OLG Köln GRUR 1995, 508 (509) – Sports Life.

kann die Verwechslungsgefahr ausschließen,[731] das gilt aber nicht, wenn zugleich auch die Allgemeinheit angesprochen wird. Der Annahme einer Verwechslungsgefahr im weiteren Sinne bei großer klanglicher Ähnlichkeit kann das Verständnis der maßgeblichen Verkehrskreise von der angegriffenen Bezeichnung als Familienname entgegenstehen.[732]

247 Die Verwechslungsgefahr ist umso eher zu verneinen, je entfernter die **sachlichen Geschäftsbereiche** der betroffenen Unternehmen voneinander sind und je größer der **örtliche Abstand**[733] der Unternehmen zueinander ist. Bei großer Nähe sind geringere Anforderungen an die Bejahung der Verwechslungsgefahr zu stellen als bei größerer, vor allem sachlicher Entfernung der betroffenen Unternehmen. Die Ähnlichkeit der Bezeichnungen darf umso größer sein, je entfernter die Branchen voneinander liegen, in denen sich die Namensträger betätigen.[734] Eine relativ große Branchenverschiedenheit schließt umgekehrt eine Verwechslungsgefahr nicht zwingend aus, wenn sich die Bezeichnungen besonders weitgehend decken. Insoweit besteht eine Wechselwirkung zwischen dem Abstand der Geschäftsbereiche und dem Ähnlichkeitsgrad der Bezeichnung.[735] Zu berücksichtigen ist auch die Existenz weiterer ähnlich lautender Unternehmensbezeichnungen im Geschäftsbereich der Namensträger.[736]

248 Eine größere **Unterscheidungskraft** einer Bezeichnung hat zur Folge, dass eine Verwechslungsgefahr eher anzunehmen ist. Bei geringer Unterscheidungskraft ist auch der Schutzbereich enger zu bemessen.[737] Wenn die Schutzfähigkeit der Bezeichnung nicht auf einer originären Unterscheidungskraft, sondern auf **Verkehrsgeltung** beruht, kommt es dementsprechend auf die Stärke der Verkehrsgeltung an.[738] Die Prüfung der Verwechslungsgefahr erstreckt sich dabei nur auf den Raum der Verkehrsgeltung.[739] Die Verwechslungsgefahr wird schließlich allgemein durch die Beifügung unterscheidungskräftiger Zusätze gemindert.[740]

249 Bei der Kollision eines **Domainnamens** mit einem Namen oder Kennzeichen kann die Verwechslungsgefahr durch unterscheidende Zusätze im Domainnamen,[741] klarstellende ausdrückliche Hinweise auf der Internetseite des Domaininhabers[742] oder auch allgemein durch den Inhalt der Internetseite[743] gemindert sein.

250 **(3) Verwässerungsgefahr. Berühmte Unternehmenskennzeichen** sind besonders gegen Verwässerungsgefahr, also jede Beeinträchtigung ihrer Alleinstellung und Werbekraft geschützt.[744] Das bedeutet, dass eine Verwechslungsgefahr insoweit nicht Schutzvoraussetzung ist, so dass der Schutz auch gegen einen völlig branchenentfernten Verletzer geltend gemacht werden kann.[745] Soweit ein Schutz berühmter Unternehmenskennzeichen im Falle der Benennung eines Dritten mit dem Kennzeichen nicht nach § 12 angenommen wird, kommt eine Herleitung nach den Grundsätzen des eingerichteten und ausgeübten Gewerbebetriebs (§ 823 Abs. 1) in Betracht.[746]

251 Die Verwässerungsgefahr begründet die erforderliche **Interessenverletzung**. Dem Kennzeichen muss eine nicht objektiv absolute **Alleinstellung** bzw. **Einmaligkeit** zukommen, die sich auf den infrage stehenden Kollisionsbereich erstrecken muss.[747] Zudem bedarf es einer hieraus begründeten hinreichenden **Berühmtheit des Kennzeichens**. Dazu muss das Kennzeichen mit überragender Kennzeichenkraft ausgestattet sein und durch lange Benutzung und umfassende Werbung eine **überragende Verkehrsgeltung** erlangt haben. Der BGH verlangt einen Bekanntheitsgrad von mehr als 80 % des Publikums,[748] während ein Bekanntheitsgrad von 68 % in der Rechtsprechung nicht als ausreichend angesehen wurde.[749]

252 Die **überragende Verkehrsgeltung kann fehlen**, wenn das Produkt, für das das Kennzeichen verwendet wird, nur einen sehr beschränkten Abnehmerkreis anspricht.[750] Verallgemeinerungsfähige Grenzen gibt es

---

731 Vgl. BGH GRUR 1958, 606 (608) – Kronenmarke; OLG Hamm GRUR 2003, 722 (722) – CASTOR; Soergel/*Heinrich* BGB § 12 Rn. 190.

732 BGH NJW 2003, 1044 (1046 f.) – Kellogg's/Kelly.

733 BGH GRUR 2005, 262 Rn. 6 f. – soco.de.

734 St. Rspr. vgl. nur BGH GRUR 1977, 167 (168) – WESTERNSHOP; 1993, 404, 405 – Columbus.

735 BGH GRUR 1992, 329 (332) – AjS-Schriftenreihe; Staudinger/*Fritzsche* BGB § 12 Rn. 311.

736 LG Hamburg BB 1969, 379 – Contitrade; Soergel/*Heinrich* BGB § 12 Rn. 190.

737 BGH GRUR 1973, 265 (266) – Charme & Chic; 1977, 503, 505 – Datenzentrale; 1988, 635, 636 – Grundcommerz.

738 Palandt/*Ellenberger* BGB § 12 Rn. 33.

739 Soergel/*Heinrich* BGB § 12 Rn. 190.

740 BGH GRUR 1993, 404 (405) – Columbus; OLG München GRUR 1993, 491 (492) – Personalhansa.

741 BGH NJW 2002, 2031 (2034) – shell.de.

742 BGH NJW 2002, 2096 (2097) – Vossius.

743 Vgl. OLG Nürnberg NJW-RR 2006, 906 (907) – Süß.

744 LG München GRUR 1992, 76 (76) – Allianz.

745 BGH NJW 1956, 591 – Magirus; GRUR 1966, 623 (624) – Kupferberg; GRUR 2013, 1239 – VOLKSWAGEN/Volks.Inspektion; OLG Frankfurt aM NJW-RR 1992, 940 (942) – Mercedes; Staudinger/*Fritzsche* BGB § 12 Rn. 325; BeckOK BGB/*Bamberger* § 12 Rn. 99 f.

746 *Fezer* MarkenR § 15 Rn. 128; MüKoBGB/*Säcker* § 12 Rn. 152.

747 BGH NJW-RR 1990, 1127 (1127–4711); OLG Frankfurt aM NJW-RR 1992, 940 (942) – Mercedes.

748 BGH NJW 1991, 3218 (3219) – Avon.

749 OLG Hamburg 1987, 400, 401 f. – Pirelli.

750 OLG Hamm GRUR 2003, 722 (723) – www.castor.de.

insoweit nicht. Es genügt, wenn überragende Verkehrsgeltung im Inland gegeben ist. Weltgeltung ist nicht erforderlich.[751] Weiterhin muss als Voraussetzung der den Verwässerungsschutz rechtfertigenden besonderen Werbekraft des Kennzeichens eine **allgemeine Wertschätzung** des betreffenden Unternehmens vorliegen, ohne dass es jedoch auf konkrete Vorstellungen über die Güte der von dem Unternehmen hergestellten Produkte ankommt.[752] Die für die Bejahung der Verwässerungsgefahr erforderliche ausreichende Berühmtheit des Kennzeichens kann fehlen, wenn das Kennzeichen für eine Vielzahl unterschiedlicher Produkte verwendet wird.[753]

Der Schutz **bekannter Marken** greift bei unlauterer Ausnutzung oder Beeinträchtigung der Unterscheidungskraft oder Wertschätzung einer Marke dagegen bereits bei Bekanntheit des Kennzeichens ein (§§ 9 Abs. 1 Nr. 3; 14 Abs. 2 Nr. 3, 15 Abs. 3 MarkenG).[754] Die Vorschriften des MarkenG zum Bekanntheitsschutz von Marken und geschäftlichen Kennzeichen verdrängen den namensrechtlichen Verwässerungsschutz nicht, soweit man das MarkenG nicht mit dem BGH als eine umfassende, in sich geschlossene, kennzeichenrechtliche Regelung sieht sondern wenigstens subsidiäre Normenkonkurrenz annimmt.[755] **253**

Bei einer **Kollision** zwischen einem Kennzeichen mit überragendem Bekanntheitsgrad und einem gleich lautenden Namens- oder Kennzeichenrecht eines anderen Trägers kann die überragende Bekanntheit das Überwiegen der Interessen im Rahmen der Interessenabwägung zwischen Gleichnamigen bewirken, so dass das kollidierende Zeichen oder der kollidierende Name als **Domainname** nur mit unterscheidenden Zusätzen gebraucht werden darf.[756] **254**

V. Rechtsfolgen bei Verletzung des Namensrechts

1. Allgemeines. Aus der Verletzung des Namensrechts ergeben sich Unterlassungs- und Beseitigungsansprüche, daneben auch Ansprüche auf Schadensersatz wegen der Verletzung des Namensrechts als sonstiges Recht iSd § 823 Abs. 1 sowie ausnahmsweise Bereicherungsansprüche nach § 812 Abs. 1 S. 1 Alt. 2. **Anspruchsinhaber** ist der Namensträger als **Verletzter**. **255**

Liegt die Verletzung in dem unbefugten Gebrauch eines **Familiennamens**, nimmt die Rechtsprechung eine Klagebefugnis jedes Trägers des betroffenen Familiennamens an, unabhängig davon, auf welches konkrete Familienmitglied die Verletzung abzielt oder ob der Vorname beigefügt wird (dazu → Rn. 198, 242). **256**

Der Ehepartner eines Verstorbenen kann gegen den unbefugten Gebrauch des Namens seines verstorbenen Ehepartners vorgehen, weil insoweit auch sein eigenes schutzwürdiges Interesse verletzt ist.[757] Wird einem Ehepartner das Recht bestritten, den gemeinsamen Ehenamen zu führen, dann ist nur der von dem Bestreiten betroffene Ehepartner klagebefugt.[758] Der Anspruch kann sich auch gegen den anderen Ehepartner richten, wenn die Namensleugnung von diesem ausgeht. Ein Ehepartner, der den gemeinsamen Ehenamen führt, kann gegen den unbefugten Namensgebrauch seines Geburtsnamens klagen.[759] **257**

Der schuldrechtlich aufgrund eines **Namensgestattungsvertrags** zum Namensgebrauch Berechtigte kann ermächtigt sein, das Namensrecht des Gestattenden in Prozessstandschaft geltend zu machen. Nach dem **Tod des Namensträgers** sind regelmäßig die nächsten Angehörigen des Verstorbenen hinsichtlich des aus dem postmortalen Persönlichkeitsschutz folgenden ideellen Namensschutzes wahrnehmungsbefugt. Der **vermögensrechtliche Bestandteil** des Namensrechts ist dagegen vererblich und kann von den Erben oder dem Testamentsvollstrecker im zeitlichen Rahmen der Nachwirkung des postmortalen Persönlichkeitsschutzes geltend gemacht werden (näher → Rn. 130 ff., 163 f.). **258**

Den **Kläger** trifft die **Darlegungs- und Beweislast** für das Bestehen seines Namens- beziehungsweise Kennzeichenrechts, gegebenenfalls für das Vorliegen von Verkehrsgeltung[760] sowie für die Tatsache der Verletzung des Rechts.[761] Der Nachweis eines lang andauernden unbeanstandeten Gebrauchs des Namens durch eine Familie führt zur Vermutung dafür, dass der Namensgebrauch rechtmäßig ist.[762] Der Beweis über das Recht zur Führung des bürgerlichen Namens wird durch die Personenstandsbücher (§§ 60, 66 PStG) geführt. Gegenbeweis ist zulässig. Wird auch auf Unterlassung geklagt, so muss der Kläger auch die **259**

751 BGH GRUR 1966, 623 (624) – Kupferberg.
752 BGH GRUR 1966, 623 (624) – Kupferberg; MüKo-BGB/*Säcker* § 12 Rn. 150 mwN zur Rechtsprechung.
753 OLG Hamm GRUR 2003, 722 (723) – www.castor.de.
754 MüKoBGB/*Säcker* § 12 Rn. 151; Palandt/*Ellenberger* BGB § 12 Rn. 34.
755 *Fezer* MarkenR § 15 Rn. 127; *Krings* GRUR 1996, 623 (624); vgl. auch BeckOK BGB/*Bamberger* § 12 Rn. 100; vgl. BGH NJW 1998, 3781 (3781) – Big Mac versus Mac Dog; aA MüKoBGB/*Säcker* § 12 Rn. 151; Staudinger/*Fritzsche* BGB § 12 Rn. 326.

756 BGH NJW 2002, 2031 (2034) – Shell; vgl. aber auch LG Düsseldorf MMR 2004, 111 – hudson.de.
757 BGHZ 8, 318, 320; Palandt/*Ellenberger* BGB § 12 Rn. 35.
758 MüKoBGB/*Säcker* § 12 Rn. 128.
759 OLG München WRP 1982, 660 (662) – Cellular-Therapie.
760 MüKoBGB/*Säcker* § 12 Rn. 188.
761 RG JW 1937, 390 Nr. 1.
762 BayObLGZ 32, 330; 42, 91.

insoweit erforderliche Wiederholungsgefahr beweisen.[763] Wird die Wiederholungsgefahr vermutet, dann muss der **Beklagte** beweisen, dass eine Wiederholungsgefahr ausnahmsweise nicht besteht. Der Beklagte muss seine Befugnis beweisen, den gleichen oder einen verwechslungsfähigen Namen zu führen, insbesondere auch im Konflikt Gleichnamiger.[764] Der Beweis der mangelnden Befugnis des Beklagten zum Gebrauch des Namens des Klägers ist Letzterem nicht zumutbar.[765] Der Beweis, dass das bewiesene ursprünglich bestehende Recht des Beklagten zur Namensführung nachträglich erloschen ist, obliegt dann dem Kläger.[766]

260   **2. Beseitigungsanspruch.** S. 1 gibt einen Anspruch auf Beseitigung der Beeinträchtigung des Namensrechts durch den Verletzer. Der Anspruch richtet sich gegebenenfalls auch gegen einen Störer.[767] Es ist also die Feststellung einer Beeinträchtigung als Folge der Namensbestreitung, der Namensanmaßung oder der diesen gegebenenfalls gleichzusetzenden Verletzungen des Namensrechts erforderlich. Diese Beeinträchtigung ist nicht mit der Interessenverletzung gleichzusetzen (dazu → Rn. 234 ff.). Maßgeblich ist der durch die Namensrechtsstörung herbeigeführte Zustand, auf dessen Beseitigung die Klage zu richten ist.[768]

261   Bei einer **Namensbestreitung** ist die Beseitigung durch **Widerruf** des Bestreitens und Anerkennung des Namensrechts in der gleichen Art und Weise wie das Bestreiten vorzunehmen (*actus contrarius*).[769] Ein öffentliches Bestreiten des Namensführungsrechts muss also ebenfalls öffentlich widerrufen werden, ein Bestreiten mittels Rundschreiben oder Rundmail auf dem entsprechenden Wege. Gegebenenfalls kann die Einwilligung in eine bestimmte Namensführung gegenüber der zuständigen Stelle verlangt werden.[770] Die Vollstreckung des Urteils erfolgt nach § 888 ZPO oder gegebenenfalls nach § 887 ZPO.

262   Im Falle des unbefugten **Namensgebrauchs** richtet sich eine Klage auf Beseitigung der rechtswidrigen Einwirkung für die Zukunft,[771] wobei nur die Untersagung des Namensgebrauchs in der konkret benutzten Form verlangt werden kann[772] und nicht weiter als nötig gehen darf.[773] Ein völliges Verbot der Namensführung kommt ausnahmsweise in Betracht, wenn der Verletzer den fremden Namen in der Absicht gewählt hat, Verwechslungen herbeizuführen und den fremden Ruf auszunutzen.[774] Es sind Zustände, die die Namensanmaßung manifestieren, zu beseitigen. Ansonsten liegt die Beseitigung in dem zukünftigen Nichtgebrauch des Namens, was einer Unterlassung entspricht.[775]

263   Die Registrierung einer unbefugt gebrauchten Firma im **Handelsregister** oder einer Marke im **Markenregister** ist zu löschen. Der Klageantrag geht auf **Einwilligung in die Löschung**. Firmenaufkleber, Firmenschilder oder Signaturen müssen entfernt werden.[776]

264   Erfolgt der Namensgebrauch durch **Registrierung** eines **Domainnamens** beim DENIC, so kann nach Auffassung des BGH der Verzicht des Domaininhabers gegenüber dem DENIC auf den Domainnamen bzw. die Einwilligung des Domaininhabers in die Löschung[777] verlangt werden, aber nicht die Übertragung des Domainnamens auf den Kläger.[778] Das folgt für § 12 schon aus der Beschränkung auf Unterlassung, Beseitigung und Schadensersatz. Eine Verbesserung der Rechtsposition des Verletzten schuldet der Verletzer nicht.[779] Der Namensträger ist jedenfalls nicht automatisch auch der Berechtigte an der konkreten Domain und zwar auch nicht, falls die Domain als solche als absolutes Recht zu qualifizieren wäre (dazu → Rn. 108). Da eine regional wirkende Löschung nicht möglich ist, kommt auch bei Verletzung eines lediglich regional tätigen Anbieters als Namensträger durch einen Nichtberechtigten nur ein uneingeschränkter Löschungsanspruch in Frage.[780] Nur eine Unterlassung, nicht aber ein Verzicht (Löschung) kommt in Betracht, wenn der Gebrauch des Domainnamens durch den Beklagten nur im geschäftlichen Bereich unbefugt ist.[781] Wenn die Interessenverletzung bereits durch Hinzufügung unterscheidender Zusätze beseitigt werden kann (dazu auch → Rn. 249), ist der Beseitigungsantrag hierauf zu richten.[782] Bei einem Namensgebrauch durch Verwendung eines Domainnamens kann auch schon die Aufnahme entsprechender Hinweise auf der Internetseite, die unter dem Domainnamen unterhalten wird, genügen.[783] Der Verletzer muss sich mit vom Grad der Verletzungsschwere abhängig zumutbarem Aufwand um die Beseitigung auch solcher Folgen eines unberechtigten Namensgebrauchs bemühen, die er unmittelbar nicht mehr selbst

763 MüKoBGB/*Säcker* § 12 Rn. 159.
764 BGH WM 1957, 1152 (1153); Staudinger/*Fritzsche* BGB § 12 Rn. 372.
765 Soergel/*Heinrich* BGB § 12 Rn. 198.
766 Staudinger/*Fritzsche* BGB § 12 Rn. 372.
767 Palandt/*Ellenberger* BGB § 12 Rn. 36.
768 Staudinger/*Fritzsche* BGB § 12 Rn. 348.
769 MüKoBGB/*Säcker* § 12 Rn. 164.
770 Palandt/*Ellenberger* BGB § 12 Rn. 36.
771 Palandt/*Ellenberger* BGB § 12 Rn. 36.
772 BGH GRUR 2003, 436 – Feldenkrais; MüKoBGB/ *Säcker* § 12 Rn. 162.
773 Soergel/*Heinrich* BGB § 12 Rn. 201.

774 BGHZ 4, 96, 102 – Urköl'sch; GRUR 1968, 212 (213) – Hellige; Soergel/*Heinrich* BGB § 12 Rn. 201.
775 Soergel/*Heinrich* BGB § 12 Rn. 201.
776 Vgl. BGHZ 107, 384, 390.
777 BGH GRUR 2014, 506 – sr.de.
778 BGH NJW 2002, 2031 (2035) – Shell.
779 OLG Hamm CR 1998, 241 (243) – krupp.de.
780 BGH GRUR 2014, 506 Tz 24 – sr.de.
781 BGH NJW 2002, 2096 (2098) – Vossius.
782 BGH LM Nr. 19; Palandt/*Ellenberger* BGB § 12 Rn. 37.
783 BGH NJW 2002, 2096 (2097) – Vossius.

beherrscht. So muss er sich darum bemühen, dass fortwirkende Spuren des Namensmissbrauchs in Internet-suchmaschinen vermindert werden.[784] Soweit eine Domain-Registrierungsstelle als **Störer** anzusehen ist, kann sie aus § 12 auf Löschung des Domainnamens verklagt werden, weil schon allein die Registrierung des Domainnamens die Störung infolge der ausschließenden Wirkung erzeugt.[785] Störer ist sie aber nur, wenn sie von Dritten auf eine offenkundige, von ihrem Sachbearbeiter einfach zu erkennende Namens-rechtsverletzung hingewiesen wird.[786] Die Verletzung ist jedenfalls offenkundig, wenn ein rechtskräftiger gerichtlicher Titel vorliegt. Das Vorliegen eines rechtskräftigen Titels ist aber keine formelle Vorausset-zung,[787] die Rechtsverletzung kann auch aus anderen Gründen so eindeutig sein, dass sie sich dem Sachbe-arbeiter aufdrängen muss. Es müssen generell **besondere gefahrerhöhende Umstände** für die Verletzung der Rechte Dritter vorliegen, ansonsten geht die Eigenverantwortung des Domainanmelders zur Vermei-dung möglicher Rechtsverletzungen durch die Anmeldung vor.[788] Es reicht nicht schon die abstrakte Gefahr aus der Registrierung einer Vielzahl von Domainnamen.[789] Entsprechendes gilt für die Störerhaftung von Host-Providern für Namensrechtsverletzungen durch Blog-Einträge.[790]

3. Unterlassungsanspruch. Voraussetzung für den Unterlassungsanspruch ist die **Wiederholungsge-fahr**: Es muss die Besorgnis weiterer Beeinträchtigungen bestehen. Die Beurteilung des Fortbestehens der Wiederholungsgefahr ist im Wesentlichen Tatfrage und der Revision nur im Hinblick auf die Nachprüfung zugänglich, ob von den richtigen rechtlichen Gesichtspunkten ausgegangen wurde und keine wesentlichen Tatumstände außer Acht gelassen wurden.[791] Bei Verwendung des Namens im geschäftlichen Verkehr besteht eine tatsächliche Vermutung der Wiederholungsgefahr.[792] Die Vermutung der Wiederholungsgefahr ist nur unter strengen Anforderungen widerlegbar.[793] **265**

Regelmäßig beseitigt die Abgabe einer **strafbewehrten Unterlassungserklärung** eine bestehende Wieder-holungsgefahr. Wiederholungsgefahr besteht immer, wenn der Verletzer bis zur letzten mündlichen Ver-handlung auf dem Standpunkt der Rechtmäßigkeit seines Handelns beharrt.[794] Die Besorgnis weiterer Beeinträchtigung braucht nicht besonders begründet zu werden, wenn die Namensanmaßung eine Beein-trächtigung zur Folge hatte, weil die Fortsetzung der Anmaßung hier als Grund weiterer Beeinträchtigungen anzusehen ist.[795] Schon die **Erstbegehungsgefahr** im Sinne einer hinreichend nahe bevorstehenden Beein-trächtigung genügt.[796] **266**

Die Führung des Namens kann grundsätzlich nur in der **konkret benutzten Form** untersagt werden.[797] Kann die Beeinträchtigung durch die Hinzufügung **unterscheidungskräftiger Zusätze** beseitigt werden, scheidet die Untersagung der Namensbenutzung aus. Die Unterlassungsklage ist dann auf die Verwendung eines solchen Zusatzes zu richten. Es bleibt grundsätzlich dem Verletzer überlassen, mit welchen geeigneten Zusätzen er die Verwechslungsgefahr beseitigen will.[798] Ein Verschulden ist nicht erforderlich. Die Straf-barkeit einer Handlung schließt den zivilrechtlichen Unterlassungsanspruch nicht aus.[799] Die Geltendma-chung eines Unterlassungsanspruchs gegen die Verwendung einer Bezeichnung in einer Domain als sog. **Schlechthinverbot** ist unbegründet, wenn nicht auszuschließen ist, dass der Beklagte die Domain in einer Weise nutzen kann, die das Namensrecht des Klägers nicht verletzt.[800] Beispielsweise kann die Verwendung des Städtenamens „Berlin" für eine ausländische touristische Informationsseite durch einen ausländischen Domaininhaber unter der Top-Level-Domain „.com" mangels Zuordnungsverwirrung nicht ohne weitere Begründung untersagt werden, wenn durch einen **Disclaimer** auf der Startseite klargestellt wird, dass die Internetseite in keinerlei Zusammenhang mit dem Land Berlin steht.[801] **267**

4. Verwirkung. Die Geltendmachung der Ansprüche aus § 12 kann an einem Verwirkungseinwand schei-tern. Die Verwirkung setzt voraus, dass zwischen der Geltendmachung des Anspruchs und dem erstmaligen **268**

784 LG Halle 18.1.2010 – 4 O 807/08.
785 BGH GRUR 2008, 1099 Tz 19 – afilias.de.
786 BGH GRUR 2001, 1038 (1039 f.) – ambiente.de; 2012, 651 Tz 23 ff. – regierung-oberfranken.de.
787 OLG Frankfurt aM GRUR-Prax 2014, 411.
788 BGH GRUR 2012, 304 Tz 53 – Basler-Haar-Kosme-tik.
789 BGH GRUR Int 2013, 265 Tz 23 – dlg.de.
790 BGH GRUR 2012, 311 Tz 22 und 26 – Blog-Eintrag.
791 BGH NJW-RR 1994, 1001 (1002); MüKoBGB/ *Säcker* § 12 Rn. 159.
792 MüKoBGB/*Säcker* § 12 Rn. 159; vgl. auch BGH WM 1973, 118 (119); DB 1964, 259; Soergel/*Hein-rich* BGB § 12 Rn. 203; Staudinger/*Fritzsche* BGB § 12 Rn. 354 (Handeln in Wettbewerbsabsicht).
793 BGH GRUR 1957, 342 (347) – Underberg; NJW-RR 1994, 1001 (1002); NJW 1994, 1281 (1283).

794 BGH GRUR 1957, 342 (345) – Underberg; BGHZ 14, 155, 162 – Farina; OLG Frankfurt aM WRP 1976, 700 (702).
795 Staudinger/*Fritzsche* BGB § 12 Rn. 352; Erman/ *Saenger* BGB § 12 Rn. 33.
796 Vgl. BGH NJW 1953, 843; GRUR 1993, 556 (558) – TRIANGLE; 2008, 912 Tz. 17 – Metrosex.
797 BGH GRUR 2010, 1020 Tz. 10 – Verbraucherzen-trale; Palandt/*Ellenberger* BGB § 12 Rn. 37.
798 BGH LM Nr. 19; Palandt/*Ellenberger* BGB § 12 Rn. 37.
799 Vgl. BGH GRUR 1970, 558 (560) – Sanatorium.
800 BGH GRUR 2010, 1020 Tz. 10 – Verbraucherzen-trale.
801 KG NJOZ 2019, 33 – berlin.com; der Disclaimer „*Berlin.com is run by top Berlin experts and is not a Government site*" wurde als nicht ausreichend zur Beseitigung der Zuordnungsverwirrung angesehen.

Gebrauch des Namens- oder Kennzeichenrechts ein längerer Zeitraum liegt. Hinzutreten müssen Umstände, aus denen sich im Hinblick auf die späte Geltendmachung des Anspruchs ein Verstoß gegen Treu und Glauben ergibt. Der Verwirkungseinwand ist bei Überlagerung der privaten Interessen durch überragende Interessen der Allgemeinheit, insbesondere bei einer Irreführung der Allgemeinheit, ausgeschlossen.[802]

VI. Verjährung

269 Der Anspruch aus der Verletzung des Namensrechts nach § 12 verjährt nach §§ 195, 199 Abs. 4 relativ nach drei Jahren und absolut nach zehn Jahren. Das Namensrecht selbst verjährt als absolutes Recht nicht.[803]

VII. Schadensersatzanspruch

270 Das Namensrecht ist als absolutes Recht „sonstiges Recht" im Sinne des § 823 Abs. 1. Daneben kann bei Verletzung von im Geschäftsverkehr verwendeten Bezeichnungen auch ein Eingriff in den eingerichteten und ausgeübten Gewerbebetrieb vorliegen.[804] Bei schuldhafter Verletzung kann daher ein Anspruch auf Schadensersatz gegeben sein. Der Verschuldensmaßstab folgt aus § 276. Der Schadensersatzanspruch richtet sich nach § 249 Abs. 1 auf Naturalrestitution, also regelmäßig auf Beseitigung der Beeinträchtigung. In Betracht kommt neben einer **konkreten Schadensberechnung** nach der Differenzhypothese auch eine **abstrakte Schadensberechnung**, die sich entweder an einer angemessenen entgangenen Lizenzgebühr oder an dem Verletzergewinn orientiert (**dreifache Schadensberechnung**).[805] Im Zusammenhang mit der abstrakten Schadensberechnungsmethode hat der Verletzte einen vorbereitenden **Anspruch auf Auskunftserteilung und Rechnungslegung**.[806] Bei schweren Verletzungen des Namensrechts als besonderes Persönlichkeitsrecht kommt auch ein Geldentschädigungsanspruch im Hinblick auf den immateriellen Schaden in Frage.[807]

VIII. Bereicherungsanspruch

271 Neben einem Anspruch auf Schadensersatz kommt ein Anspruch auf Herausgabe der Bereicherung (§ 812 Abs. 1 S. 1 Alt. 2) in Betracht, der vor allem dann bedeutsam wird, wenn kein Verschulden festgestellt werden kann. Eine Pflicht zur Herausgabe des durch einen Eingriff Erlangten ist insbesondere in Fällen gegeben, in denen ein fremder Name, insbesondere eines Prominenten, zu Werbezwecken ausgenutzt wurde. Insoweit liegt eine Bereicherung aus dem Gesichtspunkt eines Eingriffs in den Zuweisungsgehalt des Persönlichkeitsrechts vor. Das entspricht einer vermögensrechtlichen Deutung des Persönlichkeitsrechts. Die Rechtsprechung unterstreicht den Aspekt des Eingriffs in die Befugnis des Rechtsträgers, selbst über Art und Umfang des Namensgebrauchs zu bestimmen, und stellt damit das eher persönlichkeitsrechtliche Recht der geistigen und wirtschaftlichen Selbstbestimmung unter freier Entfaltung der Persönlichkeit in den Vordergrund,[808] und zwar auf der Grundlage des **allgemeinen Persönlichkeitsrechts**.[809]

272 Eine Beeinträchtigung der Wertschätzung des Namensträgers oder eine Zuordnungsverwirrung ist auch nach der Rechtsprechung für die Begründung des Bereicherungsanspruchs nicht erforderlich.[810] Der Anspruch richtet sich auf Herausgabe des erlangten Vermögensvorteils, der sich grundsätzlich nach der Vergütung bestimmt, die der Verletzer bei vertragsgemäßer Benutzungsgestattung an den Namensträger hätte zahlen müssen.[811]

§ 13 Verbraucher

Verbraucher ist jede natürliche Person, die ein Rechtsgeschäft zu Zwecken abschließt, die überwiegend weder ihrer gewerblichen noch ihrer selbständigen beruflichen Tätigkeit zugerechnet werden können.

802 BGH GRUR 1966, 267 (271) – White Horse; MüKo-BGB/*Säcker* § 12 Rn. 183.
803 Staudinger/*Fritzsche* BGB § 12 Rn. 356.
804 Soergel/*Heinrich* BGB § 12 Rn. 195.
805 *BGH GRUR 1973, 375 (377) – Miss Petite; NJW 2000, 2195 (2201) – Marlene Dietrich;* s. dazu im Einzelnen Fezer/*Koos*, UWG, § 9 Rn. 28 ff.
806 BGH GRUR 1973, 375 (377 f.) – Miss Petite; NJW 2000, 2195 (2201) – Marlene Dietrich.
807 BGH GRUR 1967, 319 (323) – Killer; Palandt/*Ellenberger* BGB § 12 Rn. 39.
808 Vgl. BGHZ 20, 345, 350 – Paul Dahlke; 81, 75, 80 – Carrera.
809 Vgl. schon BGHZ 30, 7, 11 f. – Caterina Valente; vgl. auch *Sack* WRP 1984, 521 (532).
810 BGHZ 81, 75, 80 – Carrera.
811 BGHZ 81, 75, 81 f. – Carrera; s. Fezer/*Koos* UWG § 9 Rn. 33.

§ 14 Unternehmer

(1) Unternehmer ist eine natürliche oder juristische Person oder eine rechtsfähige Personengesellschaft, die bei Abschluss eines Rechtsgeschäfts in Ausübung ihrer gewerblichen oder selbständigen beruflichen Tätigkeit handelt.

(2) Eine rechtsfähige Personengesellschaft ist eine Personengesellschaft, die mit der Fähigkeit ausgestattet ist, Rechte zu erwerben und Verbindlichkeiten einzugehen.

Literatur: *Achilles*, Vom Bürgerlichen Gesetzbuch zum Verbrauchergesetzbuch? – Zum Perspektivwechsel des Gesetzgebers im Kaufrecht, JZ 2018, 953; *Alexander*, Der Schutz des privaten Letztverbrauchers durch das Energie- und Vertragsrecht, EnWZ 2015, 490; *Armbrüster*, Kapitalanleger als Verbraucher?, ZIP 2006, 406; *Artz*, Verbrauchereigenschaft einer natürlichen Person wird im Zweifel bejaht, ZJS 2009, 719; *Beck*, Die Gesellschaft bürgerlichen Rechts unter Beteiligung einer GmbH als Verbraucher, VuR 2017, 370; *Becker*, Verbraucherwiderruf des Verwaltervertrages?, NZM 2016, 249; *Benecke/Pils*, Der Arbeitsvertrag als Verbrauchervertrag, ZIP 2005, 1956; *Bening*, Plädoyer für ein statusbezogenes Verständnis des prozessualen Unternehmerbegriffes, VuR 2019, 455; *Biernoth*, Bauen für Verbraucher – Änderungen durch das neue Bauvertragsrecht (BauVG), Der Bausachverständige 2019, 48; *Blaurock*, Verbraucherkredit und Verbraucherleitbild in der Europäischen Union, JZ 1999, 801; *Böttcher*, Verbrauchereigenschaft einer Wohnungseigentümergemeinschaft, NotBZ 2015, 340; *Brors*, Arbeitnehmer und Verbraucher – keine deckungsgleichen Begriffe, ZGS 2003, 34; Buchmann, Ausschluss der Verbrauchereigenschaft bei nur eindeutigem Hinweis, K&R 2010, 39; *Bülow*, Scheinselbständiger und Ich-AG als Verbraucher nach § 13 BGB, FS für Derleder, 2005, S. 27; *Bülow*, Aufklärungspflichten von Banken gegenüber Verbrauchern, NJ 2010, 221; *Bülow*, Beweislast für die Verbrauchereigenschaft nach § 13 BGB, WM 2011, 1349; *Bülow*, Ein neugefasster § 13 – überwiegende Zweckbestimmung, WM 2014, 1; *Bülow*, Der Verbraucher als Arbeitnehmer im europäischen Zahlungsverkehr, WM 2017, 457; *Dauner-Lieb*, Verbraucherschutz durch Ausbildung eines Sonderprivatrechts für Verbraucher, 1983; *Dauner-Lieb/Dötsch*, Ein „Kaufmann" als „Verbraucher"? – Zur Verbrauchereigenschaft des Personengesellschafters, DB 2003, 1666; *Dick*, Das Verbraucherleitbild der Rechtsprechung: Der Einfluß von Verbraucherschutzkonzeptionen auf die Rechtsprechung am Beispiel der Rechtsprechung zur Verbraucherverschuldung und zur Verbraucherinformation, 1995; *Drasdo*, Ist die Wohnungseigentümergemeinschaft „Verbraucher"?, NJW-Spezial 2015, 385; *Dreher*, Der Verbraucher – Das Phantom in der opera des europäischen und deutschen Rechts?, JZ 1997, 167; *Drexl*, Der Bürge als deutscher und europäischer Verbraucher, JZ 1998, 1046; *Drexl*, Die wirtschaftliche Selbstbestimmung des Verbrauchers: Eine Studie zum Privat- und Wirtschaftsrecht unter Berücksichtigung gemeinschaftsrechtlicher Bezüge, 1998; *Ebers*, Wer ist Verbraucher? – Neuere Entwicklungen in der Rechtsprechung des BGH und EuGH, VuR 2005, 361; *Elssner/Schirmbacher*, Die Gesellschaft bürgerlichen Rechts als Verbraucher? – Zur Verbrauchereigenschaft anderer natürlicher Personen, VuR 2003, 247; *Engel/Stark*, Verbraucherrecht ohne Verbraucher, ZEuP 2015, 32; *Erren*, Das Vorstandsmitglied einer AG als Arbeitnehmer?, 2015; *Faber*, Elemente verschiedener Verbraucherbegriffe in EG-Richtlinien, zwischenstaatlichen Übereinkommen und nationalen Zivil- und Kollisionsrecht, ZEuP 1998, 854; *Faust*, BGB AT: Begriffe des Verbrauchers, JuS 2010, 254; *Fehrenbacher/Herr*, Die BGB-Gesellschaft – eine natürliche Person im Sinne des Verbraucherschutzrechts?, BB 2002, 1006; *Fervers*, Der Vermieter als Unternehmer, NZM 2018, 640; *Fischer*, Umsetzung der EU-Verbraucherrechterichtlinie im deutschen Privatrecht – Überblick und Bewertung, ZAP 2015, 611; *Friesen/Frensing-Deutschmann*, Dual-Use expanded – Verbrauchervertrag bei Personenmehrheit, jM 2018, 51; *Goldkamp*, Die Verbrauchereigenschaft bei fahrzeugbezogenen Geschäften, DAR 2018, 531; *Grädler/Marquart*, Die Verbrauchereigenschaft eines Existenzgründers, ZGS 2008, 250; *Grunewald*, Klassifizierung der Gesellschaft bürgerlichen Rechts – Unternehmer, Verbraucher oder keines von beiden?, BB 2018, 2516; *Hanke/Adler*, Keine Gleichbehandlung von Unternehmern und Verbrauchern bei der Rückforderung von Bearbeitungsentgelten, WM 2015, 1313; *v. Hauff/Höfling*, BGH aktuell: WEG ist Verbraucher, FWW 2015, 38; *Helbach/Wirth*, BGH: Zur Verbrauchereigenschaft der Wohnungseigentümergemeinschaft, IR 2015, 180; *Herweg/Fürtjes*, Bearbeitungsentgeltklauseln von Banken gegenüber Unternehmen, ZIP 2015, 1261; *Hogenschurz*, Die WEG als Verbraucher, ZfIR 2017, 96; *Hommelhoff*, Verbraucherschutz im System des deutschen und europäischen Vertragsrechts, 1996; *Hümmerich/Holthausen*, Der Arbeitnehmer als Verbraucher, NZA 2002, 173; *Jauernig*, Verbraucherschutz in „Mischfällen"?, FS für Schlechtriem, 2003, S. 569; *Kellermann*, Der deutsche Verbraucherbegriff – eine Würdigung der streitigen Einzelfälle, JA 2005, 546; *Kellermann*, Arbeitsrecht – Schuldrecht – §§ 312, 355 BGB Aufhebungsvertrag und Widerrufsrecht – der Arbeitnehmer als Verbraucher, JA 2003, 834; *Kemper*, Verbraucherschutzinstrumente, 1994; *Kern*, Die Entwicklung des Verbraucherbegriffs, ZGS 2009, 456; *Kieselstein/Rückebeil*, Der Verbraucher im BGB, ZGS 2007, 54; *Kort*, Der Arbeitnehmer als Verbraucher, AL 2011, 252; *Koch/Friebel*, Inhalt, Reichweite und Auswirkungen des prozessrechtlichen Verbraucherbegriffs (§ 29c Abs. 2 ZPO), GPR 2019, 280; *Krebs*, Verbraucher, Unternehmer oder Zivilperson, DB 2002, 517; *Kunze/Kroll*, Wohnraummiete und Widerrufsrecht – der Mieter als Verbraucher, MietRB 2016, 329; *Lettl*, Der Schutz der Verbraucher nach der UWG-Reform, GRUR 2004, 449; *Lange/Werneburg*, Makler und Verbraucher im Internet, NJW 2015, 193; *Loacker*, Verbraucherverträge mit gemischter Zwecksetzung, JZ 2013, 234; *Lorenz*, Zur geschäftlichen Handlung und zum Handeln im geschäftlichen Verkehr bei Internetgeschäften, VuR 2013, 369; *Mankowski*, Der Nachweis der Unternehmereigenschaft, VuR 2004, 79; *Markert*, Anmerkung zum Urteil des BGH vom 25.3.2015 (VIII ZR 243/13) – Zur Wohnungseigentümergemeinschaft als Verbraucher im Rechtssinne, ZMR 2015, 569; *Medicus*, Wer ist Verbraucher?, FS für Kitagawa 1992, S. 471; *Medicus*, Schutzbedürfnisse (insbesondere der Verbraucherschutz) und das Privatrecht, JuS 1996, 761; *Meier*, Sportler als Unternehmer, Verbraucher und Kaufleute, SpuRt 2012, 229; *Meier*, Der Verbraucherbegriff nach der Umsetzung der Verbraucherrechterichtlinie, JuS 2014, 777; *Meier/Schmitz*, Verbraucher und Unternehmer – ein Dualismus?, NJW 2019, 2345; *Meyer*, Das Verbraucherleitbild der Europäischen Gerichtshofes, WRP 1993, 215; *Micklitz*, Ein neues Kaufrecht für Verbraucher in Europa?, EuZW 1997, 229; *Mülbert*, Außenhandelsgeschäfte – manchmal ein Verbraucher?, WM 2004, 905; *Najdecki*, Rollenwechsel beim Verbrauchsgüterkauf, ZGS 2009, 155; *Natzel*, Schutz des Arbeitnehmers als Verbraucher?, NZA 2002, 595; *Peintinger*, Der Verbraucherbegriff im Lichte der Richtlinie über die Rechte von Verbrauchern, GPR 2013, 24; *Peter*, PowerSeller als Unternehmer ITRB 2007, 18; *Pfeiffer*, Der Verbraucherbegriff als zentrales Merkmal im Europäischen Privatrecht, in: Schulte-Nölke/Schulze (Hrsg.), Europäische Rechtsangleichung und nationale Privatrechte, 1999, S. 21; *Piekenbrock/Ludwig*, Zum deutschen und europäischen Verbraucherbegriff, GPR 2010, 114; *Prasse*, Existenzgründer als Unternehmer oder Verbraucher? – Die neue Rechtsprechung des BGH, MDR 2005, 961; *Preis*, Der persönliche Anwendungsbereich der Sonderprivatrechte, ZHR 158 (1994), 567; *Purnhagen*, Auswirkungen der neuen EU-Richtlinie auf das deutsche Verbraucherrecht, ZRP 2012, 36; *Purnhagen*, Die Zurechnung von Unternehmer- und Verbraucherhandeln in den §§ 13 und 14 BGB im Spiegel der Rechtsprechung, VuR 2015, 3; *Reich*, Zur Theorie des Europäischen Verbraucherrechts, ZEuP 1994, 381; *Reich*, Das Phantom „Verbraucher" (endlich!?) im Gral des BGB!, VuR 2000, 261; *Reifner*, „Verbraucher und Recht" – Zur Logik von Verbraucherrecht und Verbraucherschutz, VuR 2018, 3; *Reinhart*, Zur Auslegung des Begriffs „Verbraucher" im Kollisionsrecht, FS für Trinkner, 1995, S. 657; *Riesenhuber*, Kein Zweifel für den Verbraucher, JZ 2005, 829; *Ritter*, Verbraucherschutz und Bestattung, VuR 2010, 99; *Roguhn*, Verband der Wohnungseigentümer als Verbraucher, ZWE 2015, 315; *Rohlfing*, Unternehmer qua Indizwirkung?, MMR 2006, 271; *Rosenkranz*, Der Widerruf von Kfz-finanzierten Verbraucherdarlehensverträgen, BKR 2019, 469; *Roth*, Europäischer Verbraucherschutz und BGB, JZ 2001, 475; *Scherer*, Abwehransprüche von Verbrauchern und sonstigen Marktbeteiligten gegen unzulässige geschäftliche Handlungen, GRUR 2019, 361; *K. Schmidt*, Unternehmer – Kaufmann – Verbraucher. Schnittstellen „Sonderprivatrecht" und Friktionen zwischen §§ 13, 14 BGB und §§ 1 ff. HGB, BB 2005, 837; *Schneider*, Der Begriff des Verbrauchers im Recht, BB 1974, 764; *Schünemann*, Mündigkeit versus Schutzbedürftigkeit – Legitimationsprobleme des Verbraucher-Leitbildes, in FS für Brandner 1976, S. 279; *Schünemann/Lohmeyer*, Existenzgründer: Unternehmer oder Verbraucher?, JZ 2010, 1156; *Schürnbrand*, Weitere Konturierung des europäischen Verbraucherbegriffs, GPR 2016, 19; *Schwab*, Die neuere LAG- und BAG-Rechtsprechung zum Arbeitnehmer-Verbraucher im Lichte der „Dietzinger-Entscheidung" des EuGH, FA 2004, 331; *Schwab*, Verbrauchereigenschaft einer GbR, JuS 2018, 287; *Schwaibold/Wirth*, BGH: Unternehmenseigenschaft einer Genossenschaft bei Abschluss eines Erdgasliefervertrages mit sog. HEL-Klauseln, IR 2015, 12; *Schwerdtner*, Widerrufsrecht und arbeitsrechtlicher Aufhebungsvertrag, FS für Honsell, 2002, S. 371; *Siemienowski*, Verbrauchereigenschaft einer GbR – Unternehmereigenschaft aufgrund der Option zur Umsatzsteuer, NZG 2018, 168; *Steding*, Landwirt oder/und Unternehmer?, NL-BzAR 2010, 347; *Szczesny/Holthusen*, Zur Unternehmereigenschaft und ihren zivilrechtlichen Folgen im Rahmen von Internetauktionen, K&R 2005, 302; *Stürner*, Grundstkuren des Verbrauchervertrags im BGB, Jura 2015, 30; *Tilmann*, Der „verständige Verbraucher", in FS für Piper 1996, S. 481; *Tonikidis/Bohinova*, Der Arbeitnehmer als Verbraucher i.S.d. § 13 BGB, HomFoR 2010, 177; *Tschöpe/Pirscher*, Der Arbeitnehmer als Verbraucher im Sinne des § 13 BGB, RdA 2004, 358; *Ultsch*, Der einheitliche Verbraucherbegriff, §§ 13, 14: Nationale Vereinheitlichung im Lichte europäischer Vorgaben, 2006; *Wagner*, Bauverträge mit Verbrauchern, BauR 2013, 393; *Weber*, Die BGB-Gesellschaft als Verbraucher?, JA 2018, 307; *Wertenbruch*, Rechtsfähigkeit und „Teilrechtsfähigkeit" von juristischen Personen und Personengesellschaften, Recht und Gesetz 2019, 1089; *Witt*, Unternehmereigenschaft einer GmbH beim Verbrauchsgüterkauf, NJW 2011, 3402; *Wolf/von Bismarck*, Kaufmann, Unternehmer, Verbraucher – Wann gilt das BGB, wann das HGB, wann Verbraucherrecht?, JA 2010, 841.

A. Allgemeines 1
B. Regelungsgehalt 9
　I. Vereinheitlichung der Begrifflichkeiten der
　　Verbraucherschutzvorschriften 9
　II. Der Verbraucherbegriff (§ 13) 10
　　1. Definition 10
　　　a) Verbraucher 10
　　　b) Abschluss eines Rechtsgeschäfts 12
　　　c) Gewerbliche Tätigkeit 17

　　2. Der bereichsspezifische Verbraucherbe-
　　　griff und das Gemeinschaftsrecht 20
　　3. Die private Sphäre 27
　　4. Dual use und Zweifelsfälle 31
　　5. Abschluss eines Rechtsgeschäfts 35
　III. Der Unternehmerbegriff (§ 14) 36
　IV. Die unmittelbare Anwendung der Schlüssel-
　　begriffe 46

A. Allgemeines

1　Die §§ 13 und 14 sind als Legaldefinition durch Art. 2 Nr. 1 des am 27.6.2000 verkündeten Gesetzes über Fernabsatzverträge und andere Fragen des Verbraucherschutzrechts sowie zur Umstellung von Vorschriften auf Euro[1] (FernAbsG) als zentrale Begrifflichkeiten des bürgerlichen Rechts in das BGB aufgenommen worden.[2] Der Gesetzgeber hat im Interesse einer **Einheit des Privatrechts** dadurch ua auch einen ersten wichtigen Schritt zu einer Integration des bisherigen Verbraucher-Sonderprivatrechts in das BGB[3] vollzogen, der sich mit dem SchuldRMoG fortgesetzt hat (**Verbraucherschutz als Teil des BGB**).[4] Das BGB wurde für Grundbegriffe des Verbraucherrechts[5] geöffnet. Der Verbraucherschutz ist somit zu einem wesentlichen Schutzprinzip des bürgerlichen Rechts geworden: Das Verbraucherschutzrecht ist nicht länger Sonderprivatrecht, sondern Teil des allgemeinen Privatrechts.[6] Vor diesem Hintergrund stellt der **Verbrauchervertrag** (als Vertrag zwischen einem Unternehmer und einem Verbraucher) die typische Erscheinungsform des schuldrechtlichen Vertrags und der Verbraucherschutz einen schuldrechtsimmanenten allgemeinen Schutzgedanken dar.[7] Als im Verhältnis zum Unternehmer (§ 14) typischerweise unterlegene Marktgruppe

1　BGBl. I S. 897.
2　Zur Gesetzgebungsgeschichte des Verbraucherrechts näher MüKoBGB/*Micklitz/Purnhagen* Vor §§ 13, 14 Rn. 65 ff.
3　Zur Integration des Verbraucherrechts in das BGB *Brüggemeier/Reich* BB 2001, 213.
4　MüKoBGB/*Micklitz* Vor §§ 13, 14 Rn. 65: „Obwohl das Verbraucherrecht damit Teil des BGB geworden ist, erfolgte dies ohne eine Vorarbeit zu den Grundlagen des modernen deutschen Verbraucherrechts. Der

Jurisprudenz und Wissenschaft bleibt es vorbehalten, das deutsche Verbraucherrecht theoretisch zu unterfüttern. Die durch das Europarecht motivierten nachfolgenden Änderungsgesetze änderten hieran nichts".
5　Zu den Funktionen des Verbraucherrechts eingehend MüKoBGB/*Micklitz* Vor §§ 13, 14 Rn. 36 ff.
6　So Palandt/*Grüneberg* Einl. BGB Rn. 1; aA *Bülow/Artz* NJW 2000, 2049.
7　Näher Palandt/*Ellenberger* BGB Vor § 145 Rn. 14 ff.

schützt das BGB den Verbraucher in einer Vielzahl verbraucherschutzrechtlicher Sonderbestimmungen (→ Rn. 6).

Die Legaldefinition der zentralen, wenngleich gegensätzlichen Begrifflichkeiten des „Verbrauchers" und des „Unternehmers"[8] und deren „Vor-die-Klammer-Ziehen" folgt dem aus dem HGB bekannten Muster, nach dem in den §§ 1 ff. HGB vorangestellt eine Differenzierung zwischen Kaufleuten und Nichtkaufleuten erfolgt. „Zwar ist der Unternehmer, da er auch privat Rechtsgeschäfte vornimmt, zugleich Verbraucher und umgekehrt kann der Verbraucher, wenn er auch geschäftlich tätig ist, zugleich Unternehmer sein. Das gilt aber für das handelsrechtliche Gegensatzpaar Kaufleute/Nichtkaufleute ebenso. §§ 13 und 14 sind allerdings im Titel natürliche Personen fehl am Platz ...; sie hätten in einem neuen 3. Titel eingeordnet werden müssen".[9]

Die Rechtsfigur des Verbrauchers nach § 13 folgt der **europäischen Verbraucherschutzkonzeption**,[10] wie **2** sie in Art. 2 erster Gedankenstrich Haustürgeschäfterichtlinie,[11] Art. 1 Abs. 2 lit. a Verbraucherkreditrichtlinie[12] und Art. 2 Nr. 2 Fernabsatzrichtlinie (FARL alt)[13] bzw. Art. 2 lit. b Missbräuchliche-Klauseln-Richtlinie[14] (HaustürgeschäfteRL und FARL sind nach Inkrafttreten der VerbrRRL am 12.12.2011 in dieser aufgegangen) sowie der TeilzeitNutzRL[15] und der VerbrGKRL[16] zum Ausdruck kommt, wonach sich der Verbraucherbegriff nicht an der individuellen Schutzbedürftigkeit eines Vertragsschließenden im Einzelfall, sondern am **Vertragszweck** selbst orientiert. Dieses Konzept gilt (wie es für den früheren § 24 a AGBG [Verbraucherverträge] bereits schon seit der Umsetzung der Missbräuchliche-Klauseln-Richtlinie galt) nach § 13 für alle verbraucherschutzrechtlichen Sondergesetze, mithin auch für solche, die nicht auf einer Transformation des europäischen Sekundärrechts in das nationale Recht beruhen. Damit korrespondiert zugleich die Notwendigkeit einer EU-konformen Auslegung des § 13.[17]

Mit Wirkung ab dem 13.6.2014 hat der Wortlaut des § 13 durch das Gesetz zur Umsetzung der VerbrRRL eine Änderung dahin gehend erfahren,[18] dass die Altfassung – „... Rechtsgeschäft zu einem Zwecke abschließt, der weder ..." – durch die Einfügung des Wortes „überwiegend" nunmehr folgende Fassung hat: „... Rechtsgeschäft zu Zwecken abschließt, die **überwiegend** weder ...". Für die Beurteilung der Frage, ob ein Geschäft „Verbrauchergeschäft" ist, kommt es jetzt – negativ – auf die „überwiegende Zurechenbarkeit" weder zu gewerblichen noch zu beruflichen Zwecken an.[19] Die klarstellende Änderung basiert auf Erwägungsgrund 17 der VerbrRRL. Danach sollte die Definition des „Verbrauchers" natürliche Personen erfassen, die außerhalb ihrer gewerblichen, geschäftlichen, handwerklichen oder beruflichen Tätigkeit handeln. Wird der Vertrag jedoch teilweise für gewerbliche und teilweise für nichtgewerbliche Zwecke abgeschlossen (Verträge mit doppeltem Zweck) und ist der gewerbliche Zweck im Gesamtzusammenhang des Vertrags nicht überwiegend, so sollte diese Person auch als Verbraucher betrachtet werden (so Erwägungsgrund 17 der VerbrRRL).

Aus der negativen Formulierung des zweiten Halbsatzes des § 13 wird deutlich, dass rechtsgeschäftliches Handeln einer natürlichen Person grundsätzlich als Verbraucherhandeln anzusehen ist.[20] Etwa verbleibende

8 Zum Wechselverhältnis von Verbraucher- und Unternehmerbegriff MüKoBGB/*Micklitz* Vor §§ 13, 14 Rn. 136.
9 Palandt/*Ellenberger* BGB § 13 Rn. 1 und § 14 Rn. 2.
10 Zum Verbraucherleitbild näher MüKoBGB/*Micklitz* Vor §§ 13, 14 Rn. 75 ff. wenngleich – im Unterschied zur FinFARL, Zur UGBR, zur ZahlungsdiensteRL und zur VerbrKrRL, die auf dem Prinzip der Vollharmonisierung (unter Einschluss des Verbraucher- und des Unternehmerbegriffs) basieren – der Verbraucher- und der Unternehmerbegriff in der Verbraucherrechterichtlinie 2011/83/EG vom 25.10.2011 weiter den Grundsätzen der Mindestharmonisierung folgt: MüKoBGB/*Micklitz* Vor §§ 13, 14 Rn. 32. Vgl. auch Erwägungsgrund 13 der VerbrRRL. Vgl. zur EU-Konformität von § 13 BeckOK BGB/*Bamberger* § 13 Rn. 4.
11 RL 85/577/EWG des Rates v. 20.12.1985 betreffend den Verbraucherschutz im Falle von außerhalb von Geschäftsräumen geschlossenen Verträgen (ABlEG Nr. L 372, S. 31).
12 RL 87/102/EWG des Rates v. 22.12.1986 zur Angleichung der Rechts- und Verwaltungsvorschriften der Mitgliedstaaten über den Verbraucherkredit (ABlEG Nr. L 42, S. 48), zuletzt geändert durch die

RL 98/7/EWG des Europäischen Parlaments und des Rates v. 16.2.1998 (ABlEG Nr. L 101, S. 17).
13 RL 97/7/EG des Europäischen Parlaments und des Rates über den Verbraucherschutz bei Vertragsabschlüssen im Fernabsatz v. 20.5.1997 (ABlEG. Nr. L 144, S. 19).
14 RL 93/13/EWG des Rates v. 5.4.1993 über missbräuchliche Klauseln in Verbraucherverträgen (ABlEG Nr. L 95 v. 21.4.1993, S. 29).
15 RL 94/47/EG des Europäischen Parlaments und des Rates v. 26.10.1994 zum Schutz der Erwerber im Hinblick auf bestimmte Aspekte von Verträgen über den Erwerb von Teilzeitnutzungsrechten an Immobilien (Teilnutzungsrechte-Richtlinie, ABlEG Nr. L 280, S. 83).
16 RL 1999/44/EG des Europäischen Parlaments und des Rates v. 25.5.1999 zu bestimmten Aspekten des Verbrauchsgüterkaufs und der Garantien für Verbrauchsgüter (Verbrauchsgüterkaufrichtlinie – ABlEG Nr. L 171, S. 12).
17 BeckOK BGB/*Bamberger* § 13 Rn. 3.
18 BR-Dr. 498/13.
19 JurisPK-BGB/*Martinek* § 13 Rn. 5.
20 BGH MDR 2017, 1434 = BB 2017, 2322 = DB 2017, 2286, juris Rn. 20 – Testkauf im Internet.

Zweifel, welcher Sphäre ein konkretes Handeln zuzurechnen ist, werden zugunsten der Verbrauchereigenschaft entschieden.[21] Der Wortlaut des § 13 lässt allerdings nicht erkennen, ob für die Abgrenzung von Verbraucher- und Unternehmerhandeln allein objektiv auf den von der handelnden Person verfolgten Zweck abzustellen ist – oder ob es auf die dem Vertragspartner erkennbaren Umstände ankommt.

Damit folgt der Gesetzeswortlaut der auch bereits früher schon praktizierten Rechtslage, nach der bei Verträgen, die sowohl zu gewerblichen als auch zu privaten Zwecken geschlossen worden sind (Stichwort: „dual use", → Rn. 31), auf den mit dem Vertrag verfolgten „überwiegenden Zweck" abgestellt wurde.[22]

3   Eine **Ausnahme** gilt nur für das Fernunterrichtsschutzgesetz (FernUSG).[23] Dort verbleibt es bei den alten Begrifflichkeiten des „Teilnehmers" und des „Veranstalters" als Vertragspartner. Dies liegt darin begründet, dass beim Fernunterrichtsvertrag zwar typischerweise, nicht aber notwendigerweise[24] der Teilnehmer auch zugleich Verbraucher ist.

4   Im Übrigen definiert § 13 zugleich auch den **persönlichen Anwendungsbereich** von Verbraucherschutzgesetzen, die keine eigenen entsprechenden Regelungen mehr enthalten, bspw. § 312 Abs. 1 (Anwendungsbereich und Grundsätze besonderer Verbraucherverträge), § 312 b (außerhalb von Geschäftsräumen geschlossene Verträge, vormals § 312 alt respektive § 1 Abs. 1 HaustürWG), § 312 c Abs. 1 (früher § 312 b alt respektive § 1 Abs. 1 FernAbsG), § 481 (Teilzeit-Wohnrechteverträge, früher § 1 Abs. 2 TzWrG) oder § 491 (Verbraucherdarlehensverträge, früher §§ 1 Abs. 1, 9 Abs. 2 VerbrKrG).

5   Im Rahmen der Verabschiedung des FernAbsG als Artikelgesetz hat sich der Gesetzgeber dafür entschieden, die zentralen Begriffe „Verbraucher" und „Unternehmer" im Allgemeinen Teil des BGB – im Ersten Abschnitt „Personen", Erster Titel „Natürliche Personen"[25] – in Gestalt einer **Legaldefinition** zu regeln (gesetzliche Definition des Verbraucher- und Unternehmerbegriffs als Zentralbegriffe des bürgerlichen Rechts).[26] Damit hat das Verbraucherrecht eine symbolische Anerkennung durch den Gesetzgeber erfahren.[27]

6   Die Begriffsbestimmungen der §§ 13 und 14 gelangen immer dann zur Anwendung, wenn in den verbraucherschutzrechtlichen Sondervorschriften auf den Terminus „Verbraucher" oder „Unternehmer" Bezug genommen wird, so in den §§ 241 a, 310 Abs. 3,[28] 312, 312 b ff., 355 (Widerrufsrecht bei Verbraucherverträgen), 356 (Widerrufsrecht bei außerhalb von Geschäftsräumen geschlossenen und Fernabsatzverträgen), 356 a (Widerrufsrecht bei Teilzeitwohnrechte-Verträgen ua), § 356 b (Widerrufsrecht bei Verbraucherdarlehensverträgen), § 356 c (Widerrufsrecht bei Ratenlieferungsverträgen), 356 d (Widerrufsrecht bei unentgeltlichen Darlehensverträgen und und unentgeltlichen Finanzierungshilfen), 356 e (Widerrufsrecht bei Ver-

21   BGH NJW 2009, 3780 Rn. 10.
22   Vgl. etwa OLG Celle NJW-RR 2004, 525; Palandt/*Ellenberger* BGB § 13 Rn. 1; Staudinger/*Kannowski* BGB § 13 Rn. 47.
23   V. 24.8.1976 (BGBl. I S. 2525), neugefasst durch Bekanntmachung v. 4.12.2000 (BGBl. I S. 1670).
24   Vgl. etwa das Beispiel von *Bülow/Artz* NJW 2000, 2049 (2050): Die Regelungen des FernUSG gelten etwa auch für den Vertrag des Arbeitgebers, der zugunsten seines Arbeitnehmers einen Fernunterrichtsvertrag abschließt (§ 328) mit der Folge, dass der Arbeitnehmer zwar nicht Teilnehmer, aber Lernender (§ 1 Abs. 1 Nr. 1 FernUSG) ist.
25   Wobei der Gesetzgeber bei Erlass des Fernabsatzgesetzes den bereits früher erfolgten Wegfall der Bestimmungen über die Todeserklärung in den §§ 13 ff. BGB aF nutzte, um die Definitionen „unterzubringen, als ob es sich bei dem Titel ‚Natürliche Personen' um einen Titel für die Sammlung von Definitionen handelte", so *Flume* ZIP 2000, 1427. Im Übrigen sind Unternehmen oftmals juristische Personen. Die Zuordnung der Regelungen zum Abschnitt „Personen" hätte zumindest einen eigenen Titel „Verbraucher, Unternehmer" erfordert, zutreffend Palandt/*Ellenberger* BGB § 13 Rn. 1: „neuen 3. Titel".
26   BeckOK BGB/*Bamberger* § 13 Rn. 1; Palandt/*Ellenberger* BGB § 13 Rn. 1; Soergel/*Pfeiffer* BGB § 13 Rn. 2; aA hingegen *K. Schmidt* JuS 2006, 1.

27   So zutr. *Tonner* BB 2000, 1413 (1414).
28   Ob ein Unternehmer iSv § 310 Abs. 1 S. 1 vorliegt, richtet sich nach § 14, dh ob er bei Vertragsabschluss in Ausübung seiner gewerblichen Tätigkeit gehandelt hat, so OLG Stuttgart IBR 2014, 326, juris Rn. 28: Dabei fielen auch „branchenfremde Nebengeschäfte" und nebenberufliche unternehmerische Tätigkeiten unter § 14 (Palandt/*Ellenberger* BGB § 14 Rn. 2). Bei Kaufleuten – wie einer GmbH – streite gemäß §§ 343, 344 HGB eine Vermutung für einen unmittelbaren Bezug des von der GmbH geschlossenen Vertrags zu ihrer gewerblichen Tätigkeit (vgl. BGH NJW 2011, 3435, juris Rn. 18). Zum Betrieb eines Handelsgewerbes iSv § 343 Abs. 1 HGB gehörten nicht nur die für dieses Handelsgewerbe üblichen, dafür typischen Geschäfte, sondern alle Geschäfte, die sich auch nur mittelbar auf das Handelsgewerbe beziehen, mit ihm in auch nur in einem entfernten, lockeren Zusammenhang stehen, auch wenn diese nicht Grundhandelsgewerbe sind. Es genüge zur Annahme eines Handelsgeschäfts, wenn das Geschäft dem Interesse des Handelsgewerbes, seinem Zweck, die Substanz zu erhalten und mit ihm Gewinn zu machen, dienen soll (BGH NJW 1960, 1852, juris Rn. 21; BGH WM 1976, 424, juris Rn. 28; 1997, 909, juris Rn. 9).

braucherbauverträgen), 474 (Verbrauchsgüterkauf),[29] 485, 495, 655 a und 661 a sowie bei außerhalb von Geschäftsräumen geschlossenen Verträgen (§ 312 b, vormals Haustürgeschäften), Fernabsatzverträgen (§ 312 c), Teilzeit-Wohnrechteverträgen (§ 481) oder Verbraucherdarlehensverträgen (§ 491) – nicht hingegen im Reisevertragsrecht (im Reisevertragsrecht ist der Leistungsempfänger zwar typischerweise auch ein Verbraucher, es gelangt aber auch dann zur Anwendung, wenn ausnahmsweise ein Unternehmer Reisender ist)[30] bzw. im FernUSG (→ § 4 Rn. 3). Bei Letzterem ist eine Verwendung des Verbraucherbegriffs entbehrlich, da hier der Leistungsempfänger regelmäßig Verbraucher ist. Weiterhin können die §§ 13 f. auch im Zusammenhang mit § 1 Abs. 1 S. 2 ProdHG hinsichtlich der Abgrenzung des privaten vom beruflichen Bereich herangezogen werden.[31] Im Übrigen gilt die Definition des § 13 (ebenso wie jene des Unternehmers nach § 14) für den Verbraucher(Unternehmer)begriff in den §§ 449 Abs. 1 S. 1, 451 a Abs. 2, 451 b Abs. 2 und 3, 451 g Abs. 1, 451 h Abs. 1, 455 Abs. 3, 466 Abs. 1, 468 Abs. 2 S. 1, 472 Abs. 1 S. 2 und 475 HGB, § 2 Abs. 2 UWG,[32] § 17 Abs. 2 a BeurkG, § 2 UKlaG, § 304 Abs. 1 InsO,[33] § 215 VVG[34] sowie § 1031 Abs. 5 ZPO bzw. § 34 Abs. 1 S. 3 RVG.[35] Die Vorschrift des § 19 FahrlehrerG stellt eine besondere Form der PAngVO dar, die jedem Fahrschüler als Verbraucher iSd § 13 die Marktübersicht erleichtern soll.[36]

Vgl. aber auch Art. 6 Abs. 1 Rom I-VO (Verbraucherverträge), der im Unterschied zu Art. 29 a EGBGB alt (Verbraucherschutz für besondere Gebiete – mit seinem Verweis auf die EG-Verbraucherschutzrichtlinien, allerdings ohne Verwendung des Verbraucherbegriffs) den Verbraucher und den Unternehmerbegriff autonom definiert (gleichwohl entsprechend der §§ 13 und 14).[37] **7**

Als Folgeänderung war in diesem Kontext erforderlich, auch die Definition der **rechtsfähigen Personengesellschaft** aus ihrem früheren Standort in § 1059 a Abs. 2 aF herauszunehmen und sie in die Definition des Unternehmers zu integrieren (§ 14 Abs. 2). **8**

29 Der Verkauf beweglicher Sachen durch eine GmbH an einen Verbraucher fällt – auch soweit es sich um branchenfremde Nebengeschäfte handelt – im Zweifel unter die Bestimmungen der §§ 474 ff. zum Verbrauchsgüterkauf: BGH NJW 2011, 3435 = WM 2011, 2152 = ZGS 2011, 405 – Ls. im Anschluss an BGHZ 179, 126 zum Verbraucherdarlehensvertrag. Die Frage, ob ein Verbrauchsgüterkauf vorliegt und ob es sich auf Seiten des Käufers um einen Verbraucher handelt, ist gemäß § 13 objektiv zu beurteilen und setzt insbesondere voraus, dass der Kauf zu privaten Zwecken abgeschlossen wurde: KG NJW-RR 2011, 1418 = MDR 2011, 590 – Ls. Dabei sei letztlich entscheidend, wie der Käufer gegenüber seinem Vertragspartner auftritt und wie dieses Auftreten vor dem Hintergrund der tatsächlichen Gegebenheiten vom Verkäufer unter Anlegung eines objektiven Maßstabes verstanden werden kann. Allein der Umstand, dass im Kaufvertrag über einen Gebrauchtwagen beim Beruf des Käufers „eingetragener Vollkaufmann" angegeben ist und der Käufer dem Erstbesichtigung eine Visitenkarte übergeben hat, die ihn als Mitarbeiter einer „Reisedienst" GmbH & Co. KG ausweist, lasse keine Rückschlüsse darauf zu, ob der Käufer hier als Verbraucher iSv § 13 oder als Unternehmer iSv § 14 gehandelt hat (KG NJW-RR 2011, 1418).
30 BGH NJW 2002, 2238.
31 Palandt/*Ellenberger* BGB § 13 Rn. 7.
32 Verbraucher iSv § 16 Abs. 2 iVm § 2 Abs. 2 UWG, § 13 ist nur jede natürliche Person, die im Geschäftsverkehr zu privaten und damit zu Zwecken handelt, die überwiegend weder ihrer gewerblichen noch ihrer selbstständigen beruflichen Tätigkeit zuzurechnen

sind. Privat ist alles, was dem privaten Konsum oder der sonstigen individuellen Bedarfsdeckung und der persönlichen Daseinsvorsorge dient. Nur diese Gruppe bedarf des besonderen Schutzes des UWG, da sie im Vergleich zu den beruflich oder gewerblich handelnden Vertragspartnern als wirtschaftlich schwächer und wenig erfahren anzusehen ist: so etwa OLG Hamm NStZ-RR 2009, 155 – Ls. Vgl. auch OLG Sachsen-Anhalt 18.11.2009 – 1 Ws 673/09: Die zur Teilnahme an einem progressiven Vertriebssystem geworbenen Personen unterfallen nicht dem eng auszulegenden Begriff des „Verbrauchers" nach § 16 Abs. 2 iVm § 2 UWG, § 13. Durch ihre auf den Aufbau eines selbstständigen, gewinnorientierten Gewerbes ausgerichtete Zielsetzung erhalten die Geworbenen den die Verbrauchereigenschaft ausschließenden Status von Existenzgründern. BGHSt 56, 174 = NJW 2011, 1236 = WPR 2011, 572 zum Verbraucherbegriff bei progressiver Kundenwerbung.
33 Zum insolvenzrechtlichen Verbraucherbegriff näher BGH NJW 2006, 917.
34 Nach Ansicht des LG Stuttgart (NJW-RR 2014, 214) kann ein Kläger, auch wenn er nicht Versicherungsnehmer (sondern nur versicherte Person oder Bezugsberechtigter) ist, analog § 215 VVG gegen die Versicherung am eigenen Wohnort klagen, sofern er Verbraucher iSv § 13 ist, da in diesem Fall § 215 VVG zur analogen Anwendung gelangt.
35 Wann ist ein Mandant Verbraucher? – dazu *Hümmerich/Bießk* AnwBl 2006, 749.
36 LG Braunschweig WRP 2013, 233 = MMR 2013, 520, juris Rn. 33.
37 Palandt/*Ellenberger* BGB § 13 Rn. 7.

B. Regelungsgehalt

I. Vereinheitlichung der Begrifflichkeiten der Verbraucherschutzvorschriften

9   Die §§ 13 und 14 vereinheitlichen durch die Vorgabe von Legaldefinitionen einige Schlüsselbegriffe verbraucherschutzrechtlicher Regelungen, die den Verbraucher als eine im Verhältnis zum Unternehmer typischerweise unterlegene Marktgruppe durch eine Vielzahl von unterschiedlichen Vorschriften und Maßnahmen schützen.[38]

II. Der Verbraucherbegriff (§ 13)

10 **1. Definition. a) Verbraucher.** Verbraucher ist – was objektiv zu bestimmen ist –[39] jede (aber auch ausschließlich[40] eine) natürliche Person[41] (ohne Rücksicht auf ihren intellektuellen oder ökonomischen Status),[42] die ein Rechtsgeschäft zu Zwecken abschließt, die überwiegend weder ihrer gewerblichen noch ihrer selbstständigen beruflichen Tätigkeit zugerechnet werden kann (§ 13). Auch ein Unternehmer ist dann und soweit „Verbraucher" iSv § 13, als er außerhalb seines gewerblichen oder beruflichen Tätigkeitskreises tätig wird – ebenso wie Personen, „die weder einer gewerblichen noch einer entgeltlichen Tätigkeit nachgehen".[43] Es muss sich also um ein zu privaten Zwecken vorgenommenes Rechtsgeschäft handeln (→ Rn. 27). Aus der negativen Formulierung des § 13 ergibt sich, dass das rechtsgeschäftliche Handeln einer natürlichen Person zunächst für ein Verbraucherhandeln spricht, weshalb der Unternehmer konkrete Umstände darzulegen (und ggf. zu beweisen) hat, die gegen diese Vermutung streiten.[44]

Auch eine **GbR** ist damit Verbraucher, sofern sie ein entsprechendes Rechtsgeschäft tätigt.[45] Der BGH[46] hat bereits 2001 entschieden, dass eine als Außengesellschaft rechtsfähige GbR einem Verbraucher iSv § 13 dann gleichzustellen ist, wenn **Gesellschafter ausschließlich natürliche Personen** sind. Als natürliche Person kann auch eine gesellschaftsrechtlich verbundene Gruppe von natürlichen Personen angesehen werden.[47]

Hingegen ist eine als Außengesellschaft rechtsfähige GbR, deren Gesellschafter eine natürliche Person und eine juristische Person (konkret: eine GmbH) sind, unabhängig davon, ob sie lediglich zu privaten Zwecken und nicht gewerblich oder selbstständig beruflich tätig ist, nicht „Verbraucher" iSd § 13 (in der bis zum 13.6.2014 geltenden Fassung).[48] Dies liegt darin begründet, dass wenn zu den Gesellschaftern neben natürlichen Personen auch juristische Personen gehören, das Handeln der GbR nicht mehr als gemeinschaftliches Handeln natürlicher Personen angesehen werden kann.[49] Schon aus der Systematik der §§ 13 und 14 ergeben sich nach Ansicht des BGH keine Anhaltspunkte dafür, dass der Verbraucherbegriff auch eine solche GbR umfassen soll.[50] Eine Bestimmung, nach der eine rechtsfähige Personengesellschaft, die bei Abschluss eines Rechtsgeschäfts nicht in Ausübung ihrer gewerblichen oder selbstständigen beruflichen Tätigkeit handelt, als „Verbraucher" zu qualifizieren ist, fehle. Gehörten zu den Gesellschaftern neben natürlichen Personen auch juristische Personen, könne das Handeln der GbR nicht mehr als gemeinschaftliches Handeln

38   Palandt/*Ellenberger* BGB § 13 Rn. 1 und 5.
39   KG MDR 2011, 590.
40   Hingegen nicht juristische Personen oder Idealvereine bzw. gemeinnützige Stiftungen: so EuGH NJW 2002, 205.
41   AG Köpenick MMR 2010, 753: Die negative Formulierung des § 13 spricht im Falle eines rechtsgeschäftlichen Handelns einer natürlichen Person für ein Verbraucherhandeln. Zum Verbraucher als natürlicher Person auch MüKoBGB/*Micklitz* § 13 Rn. 10 ff.
42   Palandt/*Ellenberger* BGB § 13 Rn. 2.
43   Palandt/*Ellenberger* BGB § 13 Rn. 2.
44   AG Köpenick MMR 2010, 753 – Ls.
45   So die hM, vgl. etwa BGH NJW 2002, 368; BeckOK BGB/*Bamberger* § 13 Rn. 6; Erman/*Saenger* BGB § 13 Rn. 6; Jauernig/*Mansel* BGB § 13 Rn. 2; MüKoBGB/*Schürnbrand* § 491 Rn. 16; Palandt/*Ellenberger* BGB § 13 Rn. 2 – sie ist keine juristische Person, „sondern, ohne juristische Person zu sein, als Gruppe rechtsfähig" (unter Bezugnahme auf BGH NJW 2001, 1056); aA hingegen *Fehrenbacher/Herr* BB 2002, 1006; *Dauner-Lieb/Dötsch* DB 2003, 1666; *Krebs* DB 2002, 517 (518); MüKoBGB/*Micklitz* § 13

Rn. 17 f.; *K. Schmidt* JuS 2006, 1 (4); Staudinger/*Kessal-Wulf* BGB § 13 Rn. 27.
46   BGHZ 149, 80, 83 ff. (zur Anwendung von § 1 Abs. 1 VerbrKrG alt).
47   BGHZ 146, 341: Da es maßgeblich auf den Schutzzweck der verbraucherschützenden Regelung ankommt, spielt es keine Rolle, wie eine GbR im Einzelfall intern strukturiert ist. Der Umstand, dass sich natürliche Personen zu einer GbR zusammenschließen, ändert an deren Schutzwürdigkeit nichts BGHZ 149, 80, 84 f.
48   BGH NJW 2017, 2752 = WM 2017, 868 = ZIP 2017, 917 = MDR 2017, 634 – Ls. Ebenso BeckOK-BGB/*Bamberger* § 13 Rn. 6; MüKoBGB/*Micklitz* § 13 Rn. 20; PWW/*Prütting* BGB § 13 Rn. 8; *Dauner-Lieb/Dötsch* DB 2003, 1066; *Elßner/Schirmbacher* VuR 2003, 247 (252); *Fehrenbacher/Herr* BB 2002, 1006 (1010); *Krebs* DB 2002, 517 (518); *Mülbert* WM 2004, 905 (912); *Mohrhauser*, Der Fernabsatz von Finanzdienstleistungen an Verbraucher, S. 38 f.
49   So auch BeckOK-BGB/*Bamberger* § 13 Rn. 6.
50   BGH NJW 2017, 2752, juris Rn. 30 unter Bezugnahme auf MüKoBGB/*Micklitz* § 13 Rn. 20.

natürlicher Personen qualifiziert werden.[51] Bereits der Wortlaut des § 13 spreche gegen die Annahme, dass auch eine als Außengesellschaft rechtsfähige GbR, deren Gesellschafter sowohl natürliche als auch juristische Personen sind, als „Verbraucher" anzusehen ist. „Verbraucher" ist nach § 13 jede natürliche Person, die ein Rechtsgeschäft zu einem Zweck abschließt, der weder ihrer gewerblichen noch ihrer selbstständigen beruflichen Tätigkeit zugerechnet werden kann. Der Verbraucherbegriff des § 13 sei auf natürliche Personen beschränkt. Die GbR sei keine natürliche Person. Als Außengesellschaft bilde sie vielmehr eine rechtsfähige Personengesellschaft.[52]

Nach der Rechtsprechung des EuGH ist der Begriff „Verbraucher", wie er in Art. 2 Buchst. b der Klauselrichtlinie definiert wird, dahin auszulegen, dass er sich ausschließlich auf natürliche Personen bezieht.[53] Entsprechendes hat für die gleichlautenden Definitionen in den übrigen Verbraucherschutzrichtlinien zu gelten. Für diese Auslegung sprechen auch die englischen und französischen Fassungen dieser Richtlinien, in denen der Begriff „*consumer*" bzw. „*consommateur*" definitionsgemäß als „*a natural person*" (Art. 2 erster Gedankenstrich HaustürgeschäfteRL bzw. Art. 1 Abs. 2 Buchst. a Verbraucherkreditrichtlinie) oder „*any natural person*" (Art. 2 Nr. 2 FARL oder Art. 1 Abs. 2 Buchst. a VerbrGKRL) bzw. „*toute personne physique*" bezeichnet. Die genannten Richtlinienbestimmungen führen jedoch nicht zu einem Gebot, § 13 dahin gehend auszulegen, dass eine GbR (in der eine juristische Person Gesellschafterin ist) als „Verbraucher" einzustufen sei.

Die Judikatur des BGH zur GbR ist – nach Ansicht von *Ellenberger*[54] – auf die **Wohnungseigentümergemeinschaft** übertragbar, nachdem deren Teilrechtsfähigkeit anerkannt worden ist.[55] Schließt eine Wohnungseigentümergesellschaft ein Rechtsgeschäft zu Zwecken ab, die weder ihrer gewerblichen noch ihrer selbstständigen beruflichen Tätigkeit zugerechnet werden kann, soll sie „Verbraucher" sein.[56] Der BGH[57] hat diese Auffassung bestätigt: „Die Wohnungseigentümergemeinschaft ist im Interesse des Verbraucherschutzes der in ihr zusammengeschlossenen, nicht gewerblich handelnden natürlichen Personen dann einem Verbraucher gemäß § 13 BGB gleichzustellen, wenn ihr wenigstens ein Verbraucher angehört und sie ein Rechtsgeschäft zu einem Zweck abschließt, der weder einer gewerblichen noch einer selbstständigen beruflichen Tätigkeit dient. Eine natürliche Person verliert ihre Schutzwürdigkeit als Verbraucher nicht dadurch,

---

51 BGH NJW 2017, 2752, juris Rn. 25.

52 BGH NJW 2017, 2752, juris Rn. 26 unter Bezugnahme auf BGHZ 146, 341.

53 EuGH NJW 2002, 305 Rn. 17. Dazu auch *Mülbert* WM 2004, 905 (907 ff.); *Elßner/Schirmbacher* VuR 2003, 247 (249).

54 Palandt/*Ellenberger* BGB § 13 Rn. 2.

55 Vgl. BGH NJW 2005, 2061. Dazu *Drasdo* NJW-Spezial 2011, 535.

56 Umstritten, so aber Palandt/*Ellenberger* BGB § 13 Rn. 2 (sofern die Voraussetzungen in Rn. 3 erfüllt sind); Erman/*Saenger* BGB § 13 Rn. 7 und 6; Staudinger/*Kannowski* BGB § 13 Rn. 37 und 35 f. Vgl. auch OLG München NJW 2008, 3574 und LG Nürnberg-Fürth ZMR 2008, 831: Eine teilrechtsfähige Wohnungseigentümergemeinschaft ist jedenfalls dann ein Verbraucher iSv § 13, wenn an dieser nicht ausschließlich Unternehmer beteiligt sind. Auch das Halten einer Wohnung oder Teileigentums, um über dauerhafte Vermietungen oder Verpachtungen erhebliche regelmäßig und dauerhafte Mieteinnahmen zu erzielen, ist Verwaltung eigenen Vermögens und stellt unabhängig von der Höhe der verwalteten Werte grundsätzlich keine „unternehmerische Tätigkeit" dar; aA hingegen LG Rostock NZM 2007, 370 = ZMR 2007, 73, juris Rn. 25: Die Wohnungseigentümergemeinschaft unterfalle aufgrund ihrer Teilrechtsfähigkeit (§ 10 Abs. 6 WEG) von vornherein nicht dem Anwendungsbereich des § 13, der nur für natürliche Personen gelte. Eine entsprechende Anwendung des Verbraucherbegriffs auf die Wohnungseigentümergemeinschaft sei aufgrund ihrer verbandsrechtlichen Organisationsstruktur nicht geboten (unter Bezugnahme auf LG Rostock ZMR 2007, 731;

MüKoBGB/*Micklitz* § 13 Rn. 19; PWW/*Prütting* BGB § 13 Rn. 8) und stelle eine unzulässige Rechtsfortbildung contra legem dar. Teilweise würde die Wohnungseigentümergemeinschaft insoweit als rechtsfähige Personengesellschaft iSd § 14 Abs. 2 angesehen (unter Bezugnahme auf PWW/*Prütting* BGB § 13 Rn. 6). Vereinzelt wurde auch vertreten, die Wohnungseigentümergemeinschaft könne weder als Verbraucher noch als Unternehmer eingestuft werden (LG Rostock NZM 2007, 370, juris Rn. 26 unter Bezugnahme auf *Kreuzer* ZWE 2010, 163 (165); *Krebs* DB 2002, 517 (520) – für die Einordnung von Verbänden ohne eigenes Gewerbe oder selbstständige berufliche Tätigkeit in die ungeregelte Kategorie der „Zivilperson").

57 BGHZ 204, 325 = NJW 2015, 3228 = ZIP 2015, 979 = MDR 2015, 575, juris Ls. 1 und 2. Vgl. auch LG Karlsruhe ZMR 2015, 817 = ZWE 2016, 25 – Ls. 1: Ein auf zehn Jahre ausgelegter Wärmedienstvertrag kann von der Wohnungseigentümergemeinschaft vor der vertraglichen Fest- oder Mindestlaufzeit gekündigt werden, da die Wohnungseigentümergemeinschaft als Verbraucher nicht durch Formularvertrag länger als zwei Jahre gebunden werden kann. Zudem LG Frankfurt/M. MDR 2018, 335 = ZMR 2016, 62: Verwaltervertrag unterliegt nach allgemeinen Grundsätzen der Vertragskontrolle (§§ 305 ff.); da die Wohnungseigentümergemeinschaft Verbraucher iSd § 13 ist, wenn ihr Verbraucher angehören, und die Verwalterin als Gesellschaft Unternehmerin iSd § 14 ist, sind die Erleichterungen des § 310 Abs. 3 anzuwenden. Ebenso BGH WuM 2020, 111 = ZfIR 2020, 142, juris Rn. 21: zum Verwaltervertrag einer Wohnungseigentümergemeinschaft.

dass sie Mitglied einer Wohnungseigentümergemeinschaft wird.[58] Beim Abschluss von Rechtsgeschäften mit Dritten – wie etwa einem Energielieferungsvertrag zur Deckung des eigenen Bedarfs – handelt die Wohnungseigentümergemeinschaft in der Regel zum Zwecke der privaten Vermögensverwaltung ihrer Mitglieder und damit nicht zu gewerblichen Zwecken". Etwas anderes folgt nach Ansicht des BGH[59] auch nicht aus der gebotenen europarechtskonformen Auslegung der §§ 13, 14: Hieraus lasse sich insbesondere nicht ableiten, dass aufgrund der Organisationsstruktur der Wohnungseigentümergemeinschaft zwingend von einer Anwendung des § 13 abzusehen wäre. Nach der Rechtsprechung des EuGH ist der Begriff des Verbrauchers zwar dahin gehend auszulegen, dass er sich ausschließlich auf natürliche Personen bezieht und die entsprechende Anwendung verbraucherschützender Vorschriften auf juristische Personen daher ausschließt.[60] Gleichwohl hindere dies aber nicht die entsprechende Anwendung des § 13 auf Personenmehrheiten, die – wie die Wohnungseigentümergemeinschaft – keine juristische Person sind.[61] Die einschlägigen verbraucherschützenden Richtlinien lassen nämlich ein höheres Schutzniveau für die Verbraucher durch die Mitgliedstaaten ausdrücklich zu.[62] Der Verbraucherbegriff entspricht damit der Definition im früheren § 24a S. 1 AGBG. Qualifizierte Einrichtungen iSv § 4 UKlaG in der Rechtsform eines eingetragenen Vereins sind hingegen keine „Verbraucher" iSv § 13.[63]

11 Handelt für einen Verbraucher ein Unternehmer als dessen **Vertreter**, so finden gleichermaßen die verbraucherschutzrechtlichen Vorschriften grundsätzlich Anwendung.[64] Etwas anderes gilt nur dann, wenn es auf die Person des Handelnden und nicht auf die des Vertragspartners ankommt.[65]

12 **b) Abschluss eines Rechtsgeschäfts.** Die Anwendung des Verbraucherschutzrechts setzt den Abschluss eines „Rechtsgeschäfts" voraus, mithin eines solchen über den Erwerb von Gütern oder Dienstleistungen. *Ellenberger*[66] erachtet die Beschränkung in § 13 auf **„abgeschlossene" Rechtsgeschäfte** mit Recht als zu eng und will den Schutz des Verbrauchers auch dann zum Tragen kommen lassen, wenn dieser nicht selbst rechtsgeschäftlich gehandelt hat (bspw. auch in den Fällen des § 241a, § 661a oder wenn der Verbraucher auf Informationen des Unternehmers angewiesen ist, etwa in den Fällen der §§ 312c, 482). Dienstleistungen sind in einem weiten (europarechtlichen) Sinne zu verstehen, womit vom Verbrauchervertrag (vgl. § 312 Abs. 1) auch Leistungen von Kreditgebern, Vermietern bzw. Versicherern davon erfasst werden.[67]

13 Damit fällt aber der **Arbeitsvertrag** (aufgrund der strukturellen Unterschiede, wonach der Arbeitnehmer seine Arbeitskraft anbietet, nicht jedoch Güter oder Dienstleistungen nachfragt) noch nicht allgemein aus dem Anwendungsbereich des Verbraucherschutzrechts heraus (mit der Folge, dass der Arbeitnehmerschutz allein durch das Arbeitsrecht als Sonderprivatrecht gewährleistet wird).

14 Das BAG[68] hat allerdings im Hinblick auf den **arbeitsrechtlichen Aufhebungsvertrag** die Nichtanwendbarkeit der §§ 312, 355 alt festgestellt.[69] Zum einen fehle das in § 312 alt geforderte Merkmal der Entgeltlichkeit (mithin die Begründung einer Schuld durch den Arbeitnehmer beim Abschluss des Aufhebungsvertrags). Zum anderen handele es sich bei den mündlichen Verhandlungen am Arbeitsplatz nicht um eine Haustürsituation.

---

58 Auch die organisatorisch in den Verband der Wohnungseigentümer verbundenen natürlichen Personen verlieren ihre Schutzwürdigkeit nicht durch eine Verbandszugehörigkeit, da mit dem dinglichen Rechtserwerb jeder Wohnungseigentümer kraft Gesetzes (zwingend) Mitglied der Gemeinschaft der Wohnungseigentümer wird: BGHZ 204, 325, juris Rn. 35 unter Bezugnahme auf BeckOK WEG/*Dötsch* § 10 Rn. 7. Dies liegt darin begründet, dass – anders als bei der GbR, die zur Verfolgung eines „gemeinsamen Zwecks" gegründet wird – bei den Wohnungseigentümern der individuelle Zweck der Wohnungsnutzung im Vordergrund steht, bei der die damit verbundene Einbindung in den Verband der Wohnungseigentümergemeinschaft als „notwendiges Übel" hingenommen werden muss: BGHZ163, 154 = NJW 2005, 2061.

59 BGHZ 204, 325, juris Rn. 46.

60 BGHZ 204, 325, juris Rn. 46 unter Bezugnahme auf EuGH NJW 2002, 205 – zu Art. 2 Buchst. b der

RL 93/13/EWG (Missbräuchliche-Klausel-Richtlinie).

61 BGHZ 204, 325, juris Rn. 47.

62 BGHZ 204, 325, juris Rn. 47 unter Bezugnahme auf BGHZ 192, 148 Rn. 44 und 179, 27 Rn. 19, 21 und 27.

63 BGH BB 2010, 513. Ebenso die Parallelentscheidung BGH NJW-RR 2010, 1712 = WM 2010, 647 = ZIP 2010, 667.

64 LG Rostock NZM 2007, 370; *Böher* RNotZ 2003, 281.

65 BGH NJW 2000, 2268; Palandt/*Ellenberger* BGB § 13 Rn. 5, § 312 Rn. 5.

66 Palandt/*Ellenberger* BGB § 13 Rn. 6.

67 Palandt/*Ellenberger* BGB § 13 Rn. 3; § 312 Rn. 2 ff.

68 BAG NJW 2004, 2401. Vgl. auch BAG NJW 2006, 938.

69 Ebenso bereits LAG Bbg DB 2003, 1447; LAG Hamm DB 2003, 1443.

Der **Arbeitsvertrag** ist nach neuerer Judikatur „Verbrauchervertrag" iSv § 310 Abs. 3,[70] wobei jedoch die **15** Besonderheiten des Arbeitsrechts nach § 310 Abs. 4 S. 2 Berücksichtigung finden müssen.[71] Der Wortlaut des § 13 erfasst auch den **Arbeitnehmer** bei Abschluss, Änderung oder Aufhebung des Arbeitsvertrags.[72] Damit ist die frühere Auffassung, ein Arbeitnehmer könne nicht Verbraucher sein, „weil arbeitsrechtlich Arbeitgeber und Arbeitnehmer *nicht* mit Unternehmer und Verbraucher deckungsgleich sind",[73] obsolet – ebenso die von *Hromadka* darauf gestützte Ansicht, der Arbeitsvertrag sei kein Verbrauchervertrag iSv § 310 Abs. 3.[74] Die neue Judikatur zum Arbeitsvertrag als Verbrauchervertrag argumentiert wie folgt:[75] Die gesetzliche Regelung des § 310 Abs. 3 nimmt eine negative Abgrenzung vor. Verbraucher ist jede Person, die ein Rechtsgeschäft zu einem Zweck abschließt, der weder ihrer gewerblichen noch ihrer selbstständigen beruflichen Tätigkeit zugerechnet werden kann (vgl. den Wortlaut des § 13). Der Arbeitsvertrag ist der unselbstständigen beruflichen Tätigkeit des Arbeitnehmers zuzuordnen. „Verbraucher" bezeichnet nur einen rechtstechnischen Oberbegriff. Einen konsumtiven Zweck, wie er für Kauf- oder Darlehensverträge typisch ist, verlangt das Gesetz hingegen nicht. Mit der Definition des Verbraucherbegriffs hat sich der Gesetzgeber vom allgemeinen Sprachgebrauch gelöst und eine eigenständige umfassende Begriffsbestimmung vorgenommen. Deren Sinn ergibt sich jeweils aus dem Zusammenhang der Normen, die auf die Eigenschaft als Verbraucher abstellen. Nach der systematischen Stellung im Allgemeinen Teil des BGB findet § 13 auf alle Arten von Rechtsgeschäften Anwendung.[76]

Für die Einordnung des Arbeitnehmers als „Verbraucher" spricht auch die Entstehungsgeschichte des § 13:[77] Die Übernahme des § 24a AGBG in § 13 und § 310 Abs. 3 steht einem engen Verbraucherbegriff entgegen. Der Verbraucherbegriff hat nämlich einen Bedeutungswandel erfahren, weil die Bereichsausnahme des § 23 Abs. 1 AGBG für das Gebiet des Arbeitsrechts nicht mehr besteht. Aufgrund von § 310 Abs. 4 sind die Einzelarbeitsverträge dem AGB-Recht unterstellt, das Verbraucherverträge gemäß § 310 Abs. 3 grundsätzlich mit einschließt. Diese Vorschrift ist, anders als zB § 305 Abs. 2 und 3, nicht ausgenommen worden. Schließlich hat der Gesetzgeber in § 15 UKlaG das Arbeitsrecht ausdrücklich ausgeschlossen, um die Herbeiführung einer abstrakten gerichtlichen Kontrolle vorformulierter Arbeitsverträge im Wege einer Unterlassungsklage durch Verbraucherverbände (aber auch durch Gewerkschaften) zu unterbinden.[78] Der Verbraucherbegriff des § 13 bietet eine breite Grundlage für die Anwendung der Verbraucherschutzvorschriften. Ihm kommt aber kein abstrakt zu bestimmender Sinn zu. Aufschluss können nur die weiteren Normen geben, die auf die Eigenschaft als Verbraucher abstellen. Dass die Erstreckung des Verbraucherbegriffs auf den Arbeitnehmer nicht zu unvertretbaren Ergebnissen führt, zeigt die zu § 312 alt ergangene Entscheidung des BAG vom 27.11.2003.[79] Entscheidend für das Widerrufsrecht ist in der Entscheidung die Annahme des Haustürgeschäfts und nicht die des Verbraucherbegriffs. Der Status des Arbeitnehmers als solcher steht der Anwendung des § 312 alt nicht entgegen. Außerdem erscheint der Zinssatz des § 288 Abs. 2 von 8 % Punkten über dem Basiszinssatz nicht auf Arbeitsverhältnisse zugeschnitten.[80] Ist danach die sachgerechte Anwendung der auf den Verbraucher bezogenen Schutzvorschriften nicht vornehmlich auf der Statusebene, sondern bei der konkret in Rede stehenden Norm vorzunehmen, steht der Einbeziehung des Arbeitnehmers in den Verbraucherbegriff nichts mehr entgegen. Nur dort, wo sich Kraft gesetzlicher Anordnung oder aus systematisch-teleologischen Gründen etwas anderes ergibt, lässt sich von der Anwendung der Verbraucherschutzregeln auf das Arbeitsverhältnis absehen.[81]

Beachte: Auch Verträge über eine **vorweggenommene Erbfolge** oder **Zuwendungen zwischen Ehegatten** **16** können idR **nicht** als Verbraucherverträge qualifiziert werden (selbst wenn einer der Vertragspartner Unternehmer iSv § 14 ist).[82]

c) Gewerbliche Tätigkeit. Unter einer gewerblichen Tätigkeit ist eine planmäßige[83] kaufmännische oder **17** sonstige selbstständige, auf Dauer angelegte entgeltliche Tätigkeit zu verstehen, die sich als Beteiligung am allgemeinen Wirtschaftsverkehr darstellt und keinen freiberuflichen Charakter hat,[84] wobei es auf eine

---

70 BVerfG NJW 2007, 286; BAG NJW 2005, 3305.
71 Palandt/*Grüneberg* BGB § 310 Rn. 51 – wobei „Besonderheiten des Arbeitsrechts" sowohl rechtliche als auch tatsächliche Besonderheiten umfassen: BAG ZIP 2011, 680; BAG NJW 2005, 3305.
72 Palandt/*Ellenberger* BGB § 13 Rn. 3; BeckOK BGB/*Bamberger* § 13 Rn. 11a; Erman/*Saenger* BGB § 13 Rn. 15; aA Soergel/*Pfeiffer* BGB § 13 Rn. 44. Einschränkend *Bauer/Kock* DB 2002, 42 (43 f.): Verbrauchereigenschaft fehle bei Abschluss eines Arbeitsvertrags oder eines Änderungsvertrags; aA aber PWW/*Prütting* BGB § 13 Rn. 10.
73 Jauernig/*Mansel* BGB § 310 Rn. 16.
74 *Hromadka* NJW 2002, 2524.
75 BAG NZA 2005, 694.
76 BAG NZA 2005, 694.
77 BAG NZA 2005, 694.
78 Dazu RegE, BT-Dr. 14/7052, S. 189 f.
79 BAG AP Nr. 1 zu § 312 BGB.
80 BAG NZA 2005, 694.
81 BAG NZA 2005, 694.
82 *Grziwotz* FamRZ 2002, 963.
83 OLG Koblenz MDR 2011, 531 = ZMR 2011, 547: nur bei planmäßigem Geschäftsbetrieb ist ein Vermieter Unternehmer.
84 Zum Begriff des „freien Berufs" näher *Ring*, Wettbewerbsrecht der freien Berufe, S. 41 ff.; *ders.*, Partnerschaftsgesellschaftsgesetz, § 1 PartGG Rn. 6 ff.

Gewinnerzielungsabsicht nicht ankommen soll.[85] Die Verwaltung eigenen Vermögens ist keine Teilnahme am freien Wirtschaftsverkehr und somit auch keine gewerbliche Tätigkeit.[86]

18 **Freiberufler** (zB Ärzte, Zahnärzte,[87] Tierärzte, Rechtsanwälte, Steuerberater, Wirtschaftsprüfer oder Architekten) üben eine **selbstständige berufliche Tätigkeit** aus, die nicht gewerblicher Natur ist und damit auch nicht dem Kaufmannsbegriff der §§ 1 ff. HGB unterfällt.[88] Sie sind aber wegen ihrer selbstständigen beruflichen Tätigkeit „Unternehmer" iSd § 14 Abs. 1.

19 **Juristische Personen** können nicht Verbraucher iSd § 13 sein,[89] ebenso wenig wie Idealvereine und gemeinnützige Stiftungen,[90] die keine gewerblichen oder freiberuflichen Zwecke verfolgen. Sie können sich nicht auf verbraucherschutzrechtliche Vorschriften berufen.[91]

20 **2. Der bereichsspezifische Verbraucherbegriff und das Gemeinschaftsrecht.** Der Gesetzgeber gibt einen bereichsspezifischen Verbraucherbegriff vor. Verbraucher ist also auch eine Person, die einer **gewerblichen** oder **selbstständigen beruflichen Tätigkeit** nachgeht, solange nicht das konkret in Rede stehende Rechtsgeschäft dieser Tätigkeit zuzurechnen ist.[92] Der Gesetzgeber verwirklicht mit dieser Begriffsbestimmung die Konzeption von Art. 2 Nr. 2 FARL, Art. 1 Abs. 2 lit. a Verbraucherkreditrichtlinie sowie Art. 2 Haustürgeschäfterichtlinie.

21 § 13 ist jedoch **nicht deckungsgleich mit** dem **Richtlinienrecht**. Letzteres ist umfassender und schließt jene natürlichen Personen vom Verbraucherbegriff aus, die zu einem Zweck handeln, der ihrer beruflichen Tätigkeit zuzurechnen ist: Eine jegliche berufliche Zweckbestimmung, nicht nur die selbstständig-berufliche (wie nach § 13), hindert damit also den persönlichen Anwendungsbereich. Infolgedessen ist der **Arbeitnehmer**, der zu abhängig-beruflichen (nicht zu selbstständig-beruflichen, → Rn. 22) Zwecken Güter oder Dienstleistungen erwirbt (zB Arbeitskleidung oder einen Pkw für die Fahrt zur Arbeit kauft), nach deutschem Recht Verbraucher, nach europäischem Sekundärrecht nicht.[93]

22 Nach dem Richtlinienrecht hebt also jeder Bezug zu einer beruflichen Tätigkeit die Verbrauchereigenschaft auf, während § 13 **nur Rechtsgeschäfte für selbstständige berufliche Zwecke** dem Verbraucherschutz entzieht.[94] Der deutsche Gesetzgeber schützt (über das Gemeinschaftsrecht hinausgehend) den Arbeitnehmer also auch dann, wenn er im Rahmen des Arbeitsverhältnisses tätig wird.[95] Der Verbraucherbegriff ist damit bewusst weit gefasst und nicht für bestimmte Vertragstypen reserviert – mithin ist auch der Arbeitnehmer „Verbraucher" iSv § 13.[96] Diese mit § 13 getroffene Regelung ist trotz dieser Abweichung vom

85 So *Baumbach/Hopt*, § 1 Rn. 15: auf die Absicht komme es an, nicht aber auf eine tatsächliche Gewinnerzielung; so auch BGHZ 95, 158; *Hopt* ZGR 1987, 145 (172 ff.); KKMR/*Roth* HGB § 1 Rn. 8 ff.; aA BGHZ 49, 258, 260; 33, 324; 57, 199; ebenso BGHZ 83, 382, 387; anders jedoch BGHZ 95, 155, 157 f.

86 *Härting* Einl. FernAbsG Rn. 50; *Pfeiffer* NJW 1999, 169 (172).

87 So ist ein Zahnarzt, der mit einem Kauf- und Kreditvertrag Laser für seine Praxis erworben hat, „Unternehmer": OLG München WM 2017, 1548.

88 So *Baumbach/Hopt* HGB § 1 Rn. 19; KKMR/*Roth* HGB § 1 Rn. 13 ff. Zudem *Michalski*, Das Gesellschafts- und Kartellrecht der freien Berufe, 1989; *Taupitz*, Die Standesordnungen der freien Berufe, 1991.

89 *Härting* Einl. FernAbsG Rn. 50; *Heinrichs* NJW 1996, 2190 (2191); Wolf/Horn/Lindacher/*Horn* AGBG § 24 a Rn. 19; Ulmer/Brandner/Hansen/*Ulmer* AGBG § 24 a Rn. 21.

90 EuGH NJW 2002, 205.

91 Palandt/*Heinrichs*, 60. Aufl. 2001, AGBG § 24 a Rn. 6.

92 *Lorenz* JuS 2000, 833 (839). *Flume* (ZIP 2000, 1427, 1428) weist zutreffend darauf hin, dass bei unbefangener Betrachtung des gesetzestechnisch „verunglückten" Wortlauts der Norm der „Verbraucher" offensichtlich eine Person ist, „die an sich eine gewerbliche oder selbstständige berufliche Tätigkeit ausübt und die nur Verbraucher ist, wenn sie ein Rechtsgeschäft zu einem Zweck abschließt, der weder ‚ihrer' gewerblichen noch ‚ihrer' selbstständi-

gen beruflichen Tätigkeit zugerechnet werden kann", wohingegen es in der überwiegenden Zahl der Verbraucherschutzvorschriften um „Verbraucher" gehe, die weder eine gewerbliche noch eine selbstständige berufliche Tätigkeit ausüben. Fazit nach *Flume*: „Die Definition des § 13 BGB ist nach ihrem Wortlaut barer Unsinn. Danach wäre jeder Beteiligte eines Rechtsgeschäfts, das nach dem von ihm verfolgten Zweck nicht für eine gewerbliche oder selbstständige berufliche Tätigkeit zugerechnet werden kann, ein Verbraucher. Auch der private Verkäufer, der Schenker wie der Beschenkte, der private Vermieter, der private Auftraggeber wie der Beauftragte, selbst der Bürge könnte nach dem Wortlaut von § 13 BGB ‚Verbraucher' sein. Wie sehr hatte doch *Javolen* Recht mit seiner Warnung: ‚Omnis definitio est periculosa'".

93 *Bülow/Artz* NJW 2000, 2049 (2050).

94 Palandt/*Ellenberger* BGB § 13 Rn. 3.

95 BeckOK BGB/*Bamberger* § 13 Rn. 11 a: „Die Erweiterung des Verbraucherschutzes ist im Ergebnis EU-rechtlich zulässig" (unter Bezugnahme auf Rn. 4); *Boemke* BB 2002, 96 (97); *Kern* ZGS 2009, 456 (460 f.); *Lütcke* § 312 b Rn. 17.

96 So *Däubler* NZA 2001, 1329 (1333 f.); ErfK/*Preis* BGB § 611 Rn. 182 (zum Streitstand *ders.* 7. Aufl. Rn. 208). Ebenso BAG NZA 2005, 1111; 2006, 1273. Vgl. zudem *Hümmerich/Holthausen* NZA 2002, 173; *Reinecke* DB 2002, 583 (587); aA *Bauer/Kock* DB 2002, 42 (44); *Berkowsky* AuA 2002, 11 (15); *Henssler* RdA 2002, 129 (133 ff.); *Lingemann* NZA 2002, 181.

Gemeinschaftsrecht statthaft, da die Richtlinienvorgaben nach Art. 15 Verbraucherkreditrichtlinie, Art. 8 Haustürgeschäfterichtlinie oder Art. 8 Missbräuchliche-Klauseln-Richtlinie dem nationalen Gesetzgeber im Rahmen der Umsetzung weiter gehende Regelungen im Verbraucherschutzinteresse zubilligen (Option für eine Ausdehnung des Verbraucherschutzes).[97] Nach *Ellenberger*[98] ist eine entsprechende Abweichung selbst im Anwendungsbereich der FinFARL zulässig, obgleich diese keine ausdrückliche Regelung beinhaltet.

Umstritten ist allerdings, ob ein **Arbeitnehmer** auch in seiner Eigenschaft als solcher „Verbraucher" ist, mithin die verbraucherschutzrechtlichen Regelungen (bspw. § 310 Abs. 3 oder § 288 Abs. 2)[99] auch im Arbeitsverhältnis anwendbar sind – er also beim Abschluss eines Arbeitsvertrags, dessen Änderung oder Aufhebung **Verbraucher**[100] (oder aber **Nichtverbraucher**)[101] ist. In der Literatur wird zwischen dem **absoluten** und dem **relativen Verbraucherbegriff** differenziert. Die Vertreter des absoluten Verbraucherbegriffs wollen jede Verbraucherschutznorm (losgelöst von ihrer Zweckrichtung) auf das Arbeitsverhältnis angewendet sehen,[102] wohingegen die Vertreter des relativen Verbraucherbegriffs Regelungen des Verbraucherschutzrechts nur auf Vertragsabschlüsse zwischen Arbeitnehmer und Arbeitgeber außerhalb des eigentlichen Arbeitsvertrages angewendet wissen wollen (bspw. im Falle eines Arbeitgeberdarlehens).[103] **23**

Diese Fragestellung ist wohl differenziert zu beantworten:[104] Auch wenn die Verbrauchereigenschaft des Arbeitnehmers nicht infrage zu stellen ist (→ Rn. 15), hat dies nicht zwingend zur Folge, dass im Arbeitsvertragsrecht auf jede Form eines Rechtsgeschäfts (das ein Arbeitnehmer eingeht) Verbraucherschutzrecht (in concreto § 312 alt – nunmehr § 312 b) zur Anwendung gelangt. Dies hat das BAG im Hinblick auf den Aufhebungsvertrag ausdrücklich konstatiert (→ Rn. 14). Im Übrigen soll wegen der strukturellen Unterschiede des Arbeitsvertrags mit Verträgen, die auf eine Güter- oder Dienstleistungsnachfrage zielen, arbeitsvertragliche Vereinbarungen weitgehend dem Anwendungsbereich des Verbraucherschutzrechts entzogen und dem Sonderprivatrecht „Arbeitsrecht" exklusiv zugewiesen sein[105] (→ Rn. 13). Auch *Preis*[106] vertritt die Auffassung, dass nur dort, wo kraft ausdrücklicher gesetzlicher Anordnung oder aus systematisch-teleologischen Gründen etwas anderes folgt, von einer Anwendung der Verbraucherschutzregeln im Arbeitsrecht abzusehen sei – weshalb „das Haustürwiderrufsrecht ... zB bei Aufhebungsverträgen deshalb keine Anwendung (findet), weil dieses Widerrufsrecht – ausweislich des Untertitels – nur für ‚besondere Vertriebsformen' gilt"[107] (zur zwischenzeitlich parallelen BAG-Judikatur → Rn. 14). Andererseits ist der Arbeitnehmer bei der Inanspruchnahme von Diensten oder dem Warenerwerb „Verbraucher",[108] ebenso auch beim Erwerb eines PKW für den täglichen Weg zur Arbeit oder von Arbeitskleidung.[109] **24**

Existenzgründer sind auch schon bei Aufnahme ihrer unternehmerischen Tätigkeit keine Verbraucher mehr[110] (arg. e contrario § 513 als Sondervorschrift, nach der Existenzgründer begrenzt auf Darlehen bis zur Höhe von 75.000 EUR ausdrücklich Verbrauchern gleichgestellt werden) – mithin im Hinblick auf Geschäfte, „die nach ihrer objektiven Zweckrichtung auf unternehmerisches Handeln ausgerichtet sind".[111] Existenzgründer sind nur dann Verbraucher iSv § 13, wenn sie Rechtsgeschäfte tätigen, die mit einer Entscheidung über die Existenzgründung zusammen hängen.[112] Dabei handelt es sich nur um solche Rechtsgeschäfte, die die Entscheidung, ob es überhaupt zu einer Existenzgründung kommen soll, lediglich vorberei- **25**

97 Palandt/*Ellenberger* (72. Aufl.) BGB § 13 Rn. 3.
98 Palandt/*Ellenberger* BGB § 13 Rn. 3.
99 Ablehnend Palandt/*Ellenberger* BGB § 13 Rn. 3; Ders. § 288 Rn. 9: „Da Arbeitsverträge grundsätzlich Verbraucherverträge sind ..., sind arbeitsrechtliche Ansprüche des Arbeitnehmers nur nach I zu verzinsen" (unter Bezugnahme auf BAG ZIP 2005, 873).
100 So *Däubler* NZA 2001, 1332; *Hümmerich* AnwBl 2002, 671; *Reim* DB 2002, 2434.
101 So *Annuß* NJW 2002, 2844; *Bauer/Kock* DB 2002, 42 (43 f.); *Rieble/Klumpp* ZIP 2002, 2153; Palandt/*Ellenberger* BGB § 13 Rn. 3.
102 Vgl. etwa *Däubler* NZA 2001, 1329 (1333); *Hümmerich/Holthausen* NZA 2002, 173.
103 *Henssler* RdA 2002, 129 (133 ff.).
104 Vgl. auch ErfK/*Preis* BGB § 611 a Rn. 182 unter Bezugnahme auf ErfK/*Preis* (7. Aufl.) BGB § 611 Rn. 208: „Die Differenzierung zwischen relativem und absolutem Verbraucherbegriff bringt keinen Erkenntnisfortschritt".
105 Umstritten, aA Palandt/*Ellenberger* BGB § 13 Rn. 3.
106 ErfK/*Preis* BGB § 611 a Rn. 182 unter Bezugnahme auf ErfK/*Preis* (7. Aufl.) BGB § 611 Rn. 208.
107 ErfK/*Preis* BGB § 611 a Rn. 182 unter Bezugnahme auf ErfK/*Preis* (7. Aufl.) BGB § 611 Rn. 208; im Erg. ebenso *Bauer* NZA 2002, 169 (171).
108 Palandt/*Ellenberger* BGB § 13 Rn. 3.
109 Palandt/*Ellenberger* BGB § 13 Rn. 3.
110 Umstr., so aber die hM, vgl. etwa BGH NJW 2008, 435: Zur Abgrenzung von Unternehmer- und Verbraucherhandeln und zu einer Haustürsituation bei einem Rechtsgeschäft, das der Vorbereitung einer Existenzgründung dient in Fortführung der Grundsätze von BGHZ 162, 253, 256 f. = NJW 2005, 1273; OLG Oldenburg NJW 2002, 641; OLG Düsseldorf NJW 2004, 3192 (3193); Erman/*Saenger* BGB § 14 Rn. 14; *Larenz/Wolf* BGB AT § 43 Rn. 47; Soergel/*Pfeiffer* BGB § 13 Rn. 55; Staudinger/*Weick* BGB § 13 Rn. 60; Staudinger/*Habermann* BGB § 14 Rn. 45; aA hingegen MüKoBGB/*Micklitz* § 13 Rn. 54; Palandt/*Heinrichs*, 69. Aufl., BGB § 13 Rn. 3; *Prasse* NZG 2002, 354.
111 Palandt/*Ellenberger* BGB § 13 Rn. 3.
112 BGH NJW 2008, 435: Existenzgründungsbericht.

ten – dh solche, durch die die betriebswirtschaftliche Grundlage dafür erst ermittelt wird:[113] Hierbei komme es allein auf den objektiven Zweck des Rechtsgeschäfts an, so dass es unerheblich ist, ob der Existenzgründer subjektiv bereits fest zu einer Existenzgründung entschlossen ist. Entscheidend sei vielmehr, dass die getroffene Maßnahme noch nicht Bestandteil der Existenzgründung selbst ist, sondern sich im Vorfeld einer solchen bewegt. Dabei liege ein Unternehmer- und kein Verbraucherhandeln vor, wenn das betreffende Geschäft im Zuge der Aufnahme einer gewerblichen oder selbstständigen beruflichen Tätigkeit (sog. **Existenzgründung**) geschlossen wird.[114] Entscheidend hierfür sei die – objektiv zu bestimmende – Zweckrichtung des Verhaltens. Das Gesetz stelle nicht auf ein Vorhandensein oder Nichtvorhandensein geschäftlicher Erfahrung, etwa aufgrund einer bereits ausgeübten gewerblichen oder selbstständigen beruflichen Tätigkeit ab. Vielmehr komme es darauf an, ob das Rechtsgeschäft dem privaten (dann Verbraucherhandeln) oder dem gewerblich-beruflichen Bereich (dann Unternehmertum) zuzuordnen ist. Rechtsgeschäfte im Zuge einer Existenzgründung (bspw. die Anmietung von Geschäftsräumen, der Abschluss eines Franchisevertrags oder der Kauf eines Anteils an einer freiberuflichen Gemeinschaftspraxis) seien nach den objektiven Umständen auf ein unternehmerisches Handeln ausgerichtet.[115] Danach ist bspw. auch der Kauf einer Ladeneinrichtung eine gewerbliche Tätigkeit eines Existenzgründers.[116]

Somit liegt zusammengefasst ein Unternehmer- (§ 14) und kein Verbraucherhandeln (§ 1031 Abs. 5 S. 1 ZPO iVm § 13) schon dann vor, wenn das betreffende Geschäft im Zuge der Aufnahme einer gewerblichen oder selbstständigen beruflichen Tätigkeit (sog. **Existenzgründung**)[117] geschlossen wird.[118] In Bezug auf Geschäfte, die nach ihrer objektiven Zweckrichtung hingegen aber lediglich eine Entscheidung über die Existenzgründung vorbereiten sollen, ist der Existenzgründer „Verbraucher".[119]

26   Unstreitig unterfällt dem Verbraucherbegriff nicht ein **Unternehmer**, der sein bestehendes Unternehmen erweitert bzw. ein neues Unternehmen gründet[120] – zumal diese (analog § 344 HGB) von ihm vorgenommenen Rechtsgeschäfte im Zweifelsfalle seinem Unternehmen zuzurechnen sind.

27   **3. Die private Sphäre.** Die Anwendbarkeit von Verbraucherschutzrecht setzt nach § 13 voraus, dass eine natürliche Person zu privaten Zwecken ein Rechtsgeschäft abschließt, Letzteres also weder mit einer gewerblichen noch mit einer selbstständigen beruflichen Tätigkeit in Verbindung steht (Bezogenheit auf die **private Sphäre**).[121] Zur privaten Sphäre zählen zB der private Haushalt, die Freizeit, der Urlaub, Sport oder die Gesundheitsvorsorge bzw. vergleichbare Vorsorgemaßnahmen (zB der Abschluss einer Unfall- oder Lebensversicherung),[122] darüber hinaus aber auch die Verwaltung oder Anlage des persönlichen Vermögens[123] (zB Geldanlage in Mietshäusern oder Wertpapieren[124] bzw. der Erwerb von Genossenschaftsanteilen),[125] wodurch der Verbraucher auch nicht Unternehmer wird[126] – ebenso wenig wie ein Verbraucher, der GmbH-Anteile hält, dadurch zum Unternehmer wird.[127] Letzteres gilt aber nur, soweit der Verbraucher Leistungen nachfragt. Tritt der Verbraucher hingegen als Anbieter (etwa als Vermieter einer Wohnung) in den Wettbewerb mit anderen unter Anbieten planmäßiger Leistungen gegen ein Entgelt ein, ist er „Unternehmer".[128]

Die **Verwaltung eigenen Vermögens** stellt grundsätzlich keine gewerbliche Tätigkeit dar.[129] Dazu gehört generell auch der Erwerb oder die Verwaltung einer Immobilie.[130] Die Aufnahme von Fremdmitteln kann vor allem beim Immobilienkauf der ordnungsgemäßen Verwaltung zugeordnet werden und lässt daher nicht

113 Thüringer OLG WRP 2014, 92 = GRUR-RR 2014, 182, juris Rn. 23.
114 Vgl. BGH NJW 2008, 435; BGHZ 162, 253.
115 Vgl. BGH NJW 2008, 435; BGHZ 162, 253.
116 Thüringer OLG WRP 2014, 92, juris Rn. 23.
117 Und ggf. eine Gewerbeanmeldung vorliegt: LG Stuttgart WM 2018, 2042, juris Rn. 29 – allerdings als Existenzgründer nach § 512 zu behandeln.
118 BGHZ 162, 253 = NJW 2005, 1273.
119 BGH NJW 2008, 435 – Existenzgründungsbericht; Palandt/*Ellenberger* BGB § 13 Rn. 3. Vgl. auch OLG Hamm NZV 2006, 421 (Anwendung der §§ 357 ff.): Finanzierung eines Autos für einen einem Verbraucher gleichstehenden Existenzgründer (kein Unternehmer iS von § 14).
120 Palandt/*Ellenberger* BGB § 13 Rn. 3.
121 *Härting* Einl. FernAbsG Rn. 51.
122 Palandt/*Heinrichs*, 60. Aufl. 2001, AGBG § 24 a Rn. 6; Palandt/*Ellenberger* BGB § 13 Rn. 3.
123 Ulmer/Brandner/Hansen/*Ulmer*, 8. Aufl. 1997, AGBG § 24 a Rn. 25. OLG Düsseldorf MDR 2010, 858 = ZEV 2010, 417: Testamentsvollstrecker einer

Erbengemeinschaft, der er selbst angehört, ist Verbraucher.
124 So *Pfeiffer* NJW 1999, 169 (172) (zum früheren § 24 a AGBG); Palandt/*Ellenberger* BGB § 14 Rn. 3. Vgl. zur Abgrenzung des Handelns als Privatperson (Verbraucher § 13) von gewerblicher selbstständiger Tätigkeit (Unternehmer § 14) bei privater Vermögensverwaltung in Gestalt einer Vermietung von Gewerbehallen auch OLG Stuttgart ZGS 2010, 380 = BauR 2010, 1599.
125 OLG Hamm ZIP 2010, 1665 = NZG 2010, 1225, juris Rn. 30.
126 BGH NJW 2002, 368.
127 BGH NJW 2007, 759 Rn. 13.
128 So BGH NJW 2006, 2250; Palandt/*Ellenberger* BGB § 14 Rn. 2; *Becker/Föhlisch* NJW 2005, 3377; aA Staudinger/*Schlosser* AGBG § 24 a Rn. 29.
129 BGH NJW 2018, 1812 = ZIP 2018, 821 = WM 2018, 782 = MDR 2018, 876, juris Rn. 21. Ebenso BGHZ 149, 80, 86; BGH WM 2011, 25.
130 BGHZ 149, 80, 86.

zwangsläufig auf ein Gewerbe schließen. Ausschlaggebendes Kriterium für die Abgrenzung der privaten von der berufsmäßigen Vermögensverwaltung ist vielmehr der Umfang der mit ihr verbundenen Geschäfte. Wenn diese einen planmäßigen Geschäftsbetrieb erfordern (wie bspw. die Unterhaltung eines Büros oder einer Organisation), liegt eine gewerbliche Betätigung vor.[131] Die Höhe der verwalteten Werte oder des Kreditbetrages ist nicht maßgeblich.[132] Wenn es sich um die Vermietung oder Verpachtung von Immobilien handelt, ist dementsprechend nicht deren Größe maßgeblich – sondern Umfang, Komplexität und Anzahl der damit verbundenen Vorgänge,[133] womit ein ausgedehntes oder sehr wertvolles Objekt an eine geringe Anzahl von Personen zu vermieten, sich grundsätzlich im Rahmen der privaten Vermögensverwaltung hält.[134] Hingegen spricht die Ausrichtung auf eine Vielzahl gleichartiger Geschäfte für ein professionelles Handeln. Ob der mit der Vermögensverwaltung verbundene organisatorische und zeitliche Aufwand danach insgesamt das Bild eines planmäßigen Geschäftsbetriebs vermittelt, bleibt eine im Einzelfall zu beurteilende Frage.[135] Ausschlaggebendes Kriterium für die Abgrenzung der privaten von der gewerblich-berufsmäßig betriebenen Vermögensverwaltung ist somit der Umfang der mit ihr verbundenen Geschäfte.[136]

Die Notwendigkeit einer Bezogenheit auf die private Sphäre hat zur Folge, dass Verträge eines **Kaufmanns** 28 in Ausübung seiner gewerblichen Tätigkeit wie auch solche eines **Freiberuflers** im Rahmen seiner Berufsausübung dem Verbraucherschutzrecht nicht unterfallen.[137] Unternehmer, die außerhalb ihres gewerblichen oder beruflichen Tätigkeitskreises handeln, sind allerdings Verbraucher.

Übernimmt ein **GmbH-Geschäftsführer** eine Schuld der GmbH oder verbürgt er sich für eine solche (auch 29 für ein Existenzgründungsdarlehen einer GmbH),[138] ist er Verbraucher.[139] Auch das bloße Halten von GmbH-Gesellschaftsanteilen steht einer Verbrauchereigenschaft nicht entgegen[140] (→ Rn. 27), selbst ein geschäftsführender Alleingesellschafter soll – wenn auch nach umstrittener Auffassung[141] – Verbraucher sein, obgleich er nicht Verbraucher iSv § 304 Abs. 1 InsO ist.[142] Ein GmbH-Geschäftsführer ist jedenfalls dann Verbraucher iSv § 13, wenn er nicht zugleich als Gesellschafter über zumindest eine Sperrminorität verfügt und Leitungsmacht über die Gesellschaft ausüben kann.[143] Die Aufnahme eines Darlehens zum Erwerb der Gesellschaftsanteile einer GmbH durch deren späteren Alleingesellschafter und Geschäftsführer

131 BGHZ 149, 80, 86.
132 BGH NJW 2018, 1812, juris Rn. 22.
133 BGH NJW 2018, 1812, juris Rn. 22; BGHZ 149, 80 = NJW 2002, 368; OLG Dresden WM 2017, 371 – Ls.; LG Berlin Grundeigentum 2016, 1028, juris Rn. 6.
134 BGH NJW 2018, 1812, juris Rn. 22.
135 BGH NJW 2018, 1812, juris Rn. 22; BGHZ 149, 80, 86 f. Wobei der BGH (NJW 2018, 1812, juris Rn. 28) im Falle, dass ein Darlehensnehmer neben einer (verpachteten) Immobilie, in der sich eine Gaststätte sowie zwei Wohnungen befinden, ein (vermietetes) Einfamilienhaus, ein Mehrfamilienhaus mit sechs fremdvermieteten Wohnungen sowie ein Apartmenthaus mit zwölf Wohnungen (von denen neun zur tageweisen Anmietung angeboten werden) besitzt, eine „gewerbliche Verwaltung eigenen Vermögens" angenommen hat, weil die Anzahl der einzelnen Vermietungs- und Verpachtungsobjekte (nämlich mindestens ein Pachtvertrag über eine Gaststätte nebst zwei Wohnungen, sieben Wohnraummietverträge und bis zu neun Kurzzeitmietverträge) aufgrund des Umfangs, der Komplexität und der Anzahl der damit verbundenen (Einzel-)Verträge das Bild eines planmäßigen Geschäftsbetriebs vermitteln.
136 OLG Dresden WM 2017, 371 – Ls. Ein Darlehensnehmer, der Darlehensverträge zum Erwerb von Mehrfamilienhäusern mit insgesamt 27 Wohneinheiten schließt, handelt nicht als Verbraucher, sondern als Unternehmer. Vgl. auch OLG Braunschweig MDR 2018, 1450 – Ls. 1 und juris Rn. 52.
137 *Heinrichs* NJW 1996, 2190 (2191); *Roth/Schulze* RIW 1999, 924.
138 BGH NJW-RR 2007, 1673 Rn. 16 ff.: Das VerbrKrG findet auf die Mithaftungsübernahme des geschäfts-

führenden Gesellschafters einer GmbH & Co KG auch dann entsprechende Anwendung, wenn die neu gegründete Gesellschaft das Darlehen zur Anschubfinanzierung aufgenommen hat (im Anschluss an BGH WM 1997, 663).
139 BGH NJW 2006, 431; BGHZ 133, 71; 220, 223: Nach der noch zum VerbrKrG entwickelten, gefestigten Judikatur des BGH finden die Verbraucherschutzvorschriften auch Anwendung, wenn der Kredit einer GmbH gewährt wird und der der Gesellschaftsschuld Beitretende deren geschäftsführender Gesellschafter ist (vgl. OLG Düsseldorf OLGR 2009, 265). Dies gilt sowohl für den Fall, dass der Beitretende Mehrheitsgesellschafter und Alleingesellschafter ist (vgl. BGHZ 165, 43; 133, 71, 77 f.; BGH NJW 2000, 3133; OLG Frankfurt/M. ZGS 2007, 240), als auch dass er Hauptgesellschafter und Mitgeschäftsführer der kreditnehmenden Hauptschuldnerin ist (vgl. BGHZ 165, 43; 144, 370, 380; 133, 71, 77 f.; BGH NJW 2000, 3133) oder auch dann, wenn es sich um den geschäftsführenden Alleingesellschafter handelt (BGHZ 165, 43; 144, 370, 380; BGH NJW 1997, 1443). BGH WM 2000, 1632 = NJW 2000, 3133; OLG Brandenburg NJ 2006, 274; aA *Hänlein* DB 2001, 1185, *Dauner-Lieb/Dötsch* DB 2003, 1666.
140 BGH NJW 2007, 759 – Rn. 13; Palandt/*Ellenberger* BGB § 13 Rn. 3.
141 So aber BGHZ 144, 370; BGH NJW 2006, 43.
142 BGH NJW 2006, 917; Palandt/*Ellenberger* BGB § 13 Rn. 3.
143 BAG NJW 2010, 2827 = ZIP 2010, 1816 – Tz 23: Anstellungsvertrag eines GmbH-Fremdgeschäftsführers.

sollen gleichermaßen keine „gewerbliche Tätigkeit" iSv § 14 darstellen.[144] Die Beurteilung, dass der Geschäftsführer oder Gesellschafter einer werbenden GmbH, der in Zusammenhang mit seiner Tätigkeit als GmbH-Geschäftsführer im eigenen Namen ein Rechtsgeschäft abschließt, nicht Unternehmer, sondern Verbraucher ist, gilt in gleicher Weise für die GmbH & Co KG.[145] Beim Abschluss eines Anstellungsvertrages für den Vorstand einer AG ist dieser als Verbraucher einzuordnen.[146] Für den Geschäftsführer einer GmbH hat der BGH wiederholt die Verbrauchereigenschaft bejaht.[147] Die Geschäftsführung einer GmbH sei keine selbstständige, sondern eine angestellte berufliche Tätigkeit. Diese Beurteilung gilt auch für das Vorstandsmitglied (oder Aufsichtsratsmitglied) einer AG.[148] Zwar ist die Rechtsstellung des Vorstandsmitglieds einer AG im Vergleich zu dem Geschäftsführer einer GmbH in größerem Maße mit Selbstständigkeit und Eigenverantwortung ausgestaltet. So ist er etwa keinem Weisungsrecht des Aufsichtsrats und der Hauptversammlung unterworfen (vgl. §§ 76, Abs. 1, 119 Abs. 2 AktG). Die Bestellung zum Vorstandsmitglied kann auch nur aus wichtigem Grund widerrufen werden, wobei jedoch ein auf sachliche Gründe gestützter Vertrauensentzug durch die Hauptversammlung genügt (§ 84 Abs. 3 AktG). Dieses größere Maß an Selbstständigkeit bei der Wahrnehmung der dem Vorstandsmitglied obliegenden Pflichten rechtfertigt es aber nicht, grundsätzlich von einer selbstständigen beruflichen Tätigkeit auszugehen. Maßgeblich für die Einordnung einer beruflichen Tätigkeit als „selbstständig" ist neben der weitgehenden Freiheit von Weisungen, dass die Tätigkeit im eigenen Namen, für eigene Rechnung und im eigenen Verantwortungsbereich ausgeübt wird, so dass das wirtschaftliche Risiko der Tätigkeit unmittelbar selbst getragen wird.[149] Da das Vorstandsmitglied typischer Weise nicht das unternehmerische Risiko seines Handelns trägt, liegen diese Voraussetzungen idR bei ihm nicht vor. Soweit sich die Vergütung zum Teil nach dem wirtschaftlichen Erfolg seiner Vorstandstätigkeit richtet, kann darin ein ausschlaggebendes Kriterium hingegen nicht gesehen werden. Ob die Verbrauchereigenschaft anders zu beurteilen ist, wenn das Vorstandsmitglied in erheblichem Umfang Aktien „seiner" AG hält,[150] konnte das OLG Hamm[151] dahin stehen lassen.

30   Ob die private oder die unternehmerische Sphäre betroffen wird (**Frage der Zuordnung**), entscheidet sich nicht subjektiv nach dem inneren Willen der Handelnden. Entscheidend ist der durch Auslegung zu ermittelnde Inhalt des in Rede stehenden Rechtsgeschäfts unter Berücksichtigung der Begleitumstände.[152] Entscheidend ist die **objektiv** zu bestimmende Zweckrichtung des Verhaltens.[153] Damit kommt (ausnahmsweise) nur dann eine Zurechnung entgegen dem mit dem rechtsgeschäftlichen Handeln objektiv verfolgten Zweck in Betracht, wenn die dem Vertragspartner erkennbaren Umstände zweifelsfrei darauf hinweisen, dass eine natürliche Person „in Verfolgung ihrer gewerblichen oder selbstständigen beruflichen Tätigkeit" handelt.[154]

31   **4. Dual use und Zweifelsfälle.** In Dual-use- sowie vergleichbaren Zweifelsfällen greift nach der Änderung des Gesetzeswortlauts im Jahre 2014 (→ Rn. 2) nunmehr eine Vermutung zugunsten eines Verbrauchsrhandelns.[155]

Beachte: Der EuGH[156] hat jedoch in seiner Entscheidung *Gruber/BayWa* entschieden, dass der Verbrauchergerichtsstand in enger Auslegung (als Ausnahme vom allgemeinen Gerichtsstand) bereits dann zu verneinen ist, wenn die Rechtssache auch einen Bezug zur beruflichen Tätigkeit der natürlichen Person hat.

Ob einer Person Verbraucher- oder Unternehmereigenschaft zukommt, entscheidet sich nach dem durch Auslegung zu ermittelnden Inhalt des in Rede stehenden Rechtsgeschäfts (ggf. unter Berücksichtigung der Begleitumstände) – nicht jedoch nach dem inneren Willen des Handelnden:[157] Zwar hat der BGH entschieden, dass Unternehmer- und Nichtverbraucherhandeln schon dann vorliegt, wenn das betreffende Geschäft im Zuge der Aufnahme einer gewerblichen oder selbstständigen beruflichen Tätigkeit (sog. **Existenzgründung**) geschlossen wird[158] (→ Rn. 25). Entscheidend hierfür ist die – objektiv zu bestimmende – Zweckrichtung des Verhaltens. Das Gesetz stellt nicht auf das Vorhandensein oder Nichtvorhandensein geschäftlicher Erfahrung, etwa aufgrund einer bereits ausgeübten gewerblichen oder selbstständigen beruflichen

---

144   OLG Celle DB 2010, 2160: Womit die Verjährung der Ansprüche der kreditgebenden Bank gegenüber dem Darlehensnehmer als Verbraucher nach § 13 gem. § 497 Abs. 3 S. 3 für bis zu zehn Jahre gehemmt sind.
145   OLG Hamm 29.10.2007 – 31 U 54/07.
146   OLG Hamm MDR 2007, 1438.
147   BGHZ 133, 71; BGH NJW 2004, 3039.
148   Ebenso MüKoBGB/*Micklitz* § 13 Rn. 60; differenzierend *Mülbert* FS Hadding, 2004, S. 575, 582. Vgl. auch OLG Hamm MDR 2007, 1438 zum Vorstand einer AG.
149   MüKoBGB/*Micklitz* § 14 Rn. 32.

150   Für eine selbstständige Tätigkeit bei Stimmrechtsmehrheit des Vorstandsmitglieds in der Hauptversammlung: *Mülbert* FS Hadding, 2004, S. 575, 583 f.
151   OLG Hamm MDR 2007, 1438.
152   BGH NJW 2008, 435 – Rn. 7; Palandt/*Ellenberger* BGB § 13 Rn. 4.
153   BGH NJW 2008, 435 = WM 2007, 2392 = ZIP 2008, 27, juris Rn. 6.
154   BGH NJW 2009, 3790 Rn. 11.
155   Zum „gemischten Zweck" näher auch BeckOK BGB/*Bamberger* § 13 Rn. 12 f.; MüKoBGB/*Micklitz* § 13 Rn. 51 ff.
156   Slg 2005-I, 458 = NJW 2005, 653 (654) Rn. 34 f.
157   BGH NJW 2008, 435.
158   Vgl. BGHZ 162, 253, 256 f.

Tätigkeit, ab. Vielmehr kommt es darauf an, ob das Verhalten der Sache nach dem privaten (dann Verbraucherhandeln) oder dem gewerblich-beruflichen Bereich (dann Unternehmertum) zuzuordnen ist.[159] Rechtsgeschäfte im Zuge einer Existenzgründung, zB die Miete von Geschäftsräumen, der Abschluss eines Franchisevertrags oder der Kauf eines Anteils an einer freiberuflichen Gemeinschaftspraxis, sind nach den objektiven Umständen klar auf unternehmerisches Handeln ausgerichtet. Schließt eine natürliche Person ein Rechtsgeschäft objektiv zu einem Zweck ab, der weder ihrer gewerblichen noch ihrer selbstständigen beruflichen Tätigkeit zugerechnet werden kann (im konkreten Fall: Lampenkauf einer Rechtsanwältin unter Angabe der Kanzlei- als Liefer- und Rechnungsadresse), so kommt eine Zurechnung entgegen dem mit dem rechtsgeschäftlichen Handeln objektiv verfolgten Zweck nur dann in Betracht, wenn die den Vertragspartner erkennbaren Umstände eindeutig und zweifelsfrei darauf hinweisen, dass die natürliche Person in Verfolgung ihrer gewerblichen oder selbstständigen beruflichen Interessen handelt.[160] Verbraucher iSd § 13 ist – wie ausgeführt (→ Rn. 10) – wer ein Geschäft überwiegend zu privaten Zwecken abschließt. Dafür ist der zeitliche Anteil der privaten Nutzung, nicht das Maß der Kostendeckung durch den anderen Nutzungsanteil entscheidend.[161] Andererseits entfällt die Verbrauchereigenschaft des Käufers eines PKW nicht deswegen, weil sich der Käufer im Zusammenhang mit dem Abschluss eines Kaufvertrags unbewusst an einem Schneeballsystem beteiligt hat, dessen Ziel es war, die finanzierende Bank zu überhöhten Darlehenszahlungen zu bewegen.[162]

Schwierig kann eine Abgrenzung zwischen privater und unternehmerischer Sphäre bei Vertragsabschlüssen von Kaufleuten oder Freiberuflern hinsichtlich Gegenständen sein, die – wie etwa Kraftfahrzeuge – **sowohl beruflich als auch privat** genutzt werden sollen (sog. dual use).[163] In Bezug auf diese Fragestellung ist es 2014 nun zur Klarstellung im Gesetzeswortlaut des § 13 gekommen: Vermutung zugunsten eines Verbraucherhandelns. Insoweit kann daher auch an der noch in der Vorauflage vertretenen Auffassung nicht mehr festgehalten werden: „Abzustellen ist auf die beabsichtigte überwiegende Nutzung.[164] Ist diese (bei ex ante-Betrachtung) privater Natur, sollen die verbraucherschutzrechtlichen Vorschriften zur Anwendung gelangen.[165] Auf jeden Fall soll in entsprechenden Konstellationen die Auslegungsregel des § 344 Abs. 1 HGB (die im Übrigen auch nur Kaufleute und nicht auch Freiberufler erfasst) **keine** Anwendung finden.[166] *Härting*[167] plädiert zutreffend dafür, in **Zweifelsfällen,** dh wenn nicht zweifelsfrei eine überwiegend private oder gewerbliche bzw. freiberufliche Nutzung des Vertragsgegenstandes feststellbar ist, im Interesse eines wirksamen Verbraucherschutzes den Kunden immer als „Verbraucher" zu behandeln:[168] Hat eine natürliche Person den veräußerten Gebrauchtwagen sowohl privat als auch für ihr (nebengewerbliches) Unternehmen genutzt (**dual use**), so ist entscheidend für die Einordnung als Verbrauchsgüterkauf iSv § 474, welche Benutzung überwiegt.[169] Wird eine Kaufsache somit sowohl gewerblich als auch privat genutzt, so ist für die Einordnung des Geschäfts als gewerbliches oder als Verbrauchsgüterkauf auf den erklärten Parteiwillen, also den durch Auslegung zu ermittelnden Inhalt des Vertrages abzustellen.[170] Entscheidend ist daher im Grundsatz, wie der Käufer gegenüber seinem Vertragspartner auftritt und wie dieses Auftreten vom Verkäufer unter Berücksichtigung der Lebens- und Berufssituation des Käufers objektiv verstanden werden kann.[171] Ob als Vermieter als Verwalter eigenen Vermögens als Verbraucher iSv § 13 oder im Hinblick auf den mit der Vermietung verbundenen organisatorischen und zeitlichen Aufwand und das dadurch vermittelte Bild eines planmäßigen Geschäftsbetriebs als Unternehmer iSv § 14 zu qualifizieren ist, soll nach den

159 BGH NJW 2008, 435.
160 BGH NJW 2009, 3780.
161 OLG Bremen ZGS 2004, 394.
162 OLG Düsseldorf VRR 2009, 322: In einer derartigen Fallgestaltung sind weder Kauf- noch der hiermit verbundene Darlehensvertrag wegen Sittenwidrigkeit nichtig.
163 Dazu näher *Härting* Einl. FernAbsG Rn. 54 ff.
164 IdS OLG Celle ZGS 2007, 354; NJW-RR 2004, 1645; Soergel/*Pfeiffer* BGB § 13 Rn. 38; Staudinger/*Weick* BGB § 13 Rn. 47; *Wendehorst* DStR 2000, 1311.
165 Str., so aber *Heinrichs* NJW 1996, 2190 (2191); Wolf/Horn/Lindacher/*Wolf* AGBG § 24 a Rn. 23; *Pfeiffer* NJW 1999, 169 (173): im Zweifel sei bei dual use kein Verbrauchergeschäft anzunehmen – ebenso Palandt/*Ellenberger* (Voraufl) BGB § 13 Rn. 4: „Bleiben Zweifel, sind die Schutzvorschriften

des Verbraucherrechts nicht anzuwenden"; vgl. auch Jauernig/*Mansel* BGB § 13 Rn. 3: bei dual use kein Verbrauchergeschäft; aA v. *Westphalen* BB 1996, 2101: Verbrauchergeschäft bei dual use.
166 Da die Regelung den Kaufmann in Zweifelsfällen zur Einhaltung der verschärften handelsrechtlichen Vorschriften verpflichten soll (*Baumbach/Hopt* HGB § 344 Rn. 1; KKRM HGB § 344 Rn. 4), mithin einen Zweck verfolgt, der auf das Verbraucherschutzrecht nicht übertragbar ist, so *Härting* Einl. FernAbsG Rn. 56.
167 Einl. FernAbsG Rn. 57.
168 AA *Heinrichs* NJW 1996, 2190 (2191); Palandt/*Ellenberger* (Vorauf) BGB § 13 Rn. 4; ebenso v. *Westphalen* BB 1996, 2101.
169 OLG Celle NJW-RR 2004, 1645.
170 BGH NJW 2005, 1273.
171 OLG Celle ZGS 2007, 384.

Umständen des Einzelfalls zu entscheiden sein."[172] Nach der Änderung des Gesetzeswortlauts ist diese Diskussion obsolet.

In Bezug auf die **Beweislast** gilt, dass wer sich auf eine Verbrauchereigenschaft beruft, dies auch darlegen und beweisen muss:[173] Dass nämlich mit dem Rechtsgeschäft tatsächlich objektiv ein privater Zweck verfolgt wird. Liegt objektiv ein Verbrauchergeschäft vor, muss der Vertragspartner die Umstände beweisen, aufgrund derer er ein Unternehmerhandeln annehmen durfte[174] – wobei insoweit Zweifel zulasten des Vertragspartners gehen sollen, da im Falle natürlicher Personen von einem Verbraucherhandeln auszugehen sein soll.[175]

32 **Beachte**: Formularmäßige Klauseln (**AGB**), in denen sich ein Unternehmer von seinem Vertragspartner bestätigen lässt, dieser sei gleichfalls „Unternehmer", sind nach § 309 Nr. 12 **unwirksam**.[176]

33 **Beachte weiterhin**: Sind an einem Vertrag als eine der Vertragsparteien zwei Personen (bspw. Ehegatten) beteiligt, von denen einer Verbraucher und der andere Unternehmer ist, steht allein dem Verbraucher gegenüber dem Vertragspartner (nicht jedoch weiteren Personen) bspw. das Widerrufsrecht nach § 312 g zu[177] – allerdings mit der Folge, dass nach § 139 die Ausübung des verbraucherrechtlichen Widerrufsrechts im Zweifelsfalle zur Rückabwicklung des ganzen Vertrags führt. Wer sich wahrheitswidrig im Zusammenhang mit einem Rechtsgeschäft als „Unternehmer" geriert, kann sich nicht im Nachgang auf seine Verbrauchereigenschaft berufen[178] – selbst dann nicht, wenn er sich später durch weitere widersprüchliche Angaben wieder als Verbraucher geriert.[179]

34 Die **Beweislast** dafür, dass die Voraussetzungen des § 13 vorliegen, trägt derjenige, der sich auf den Schutz einer (Verbraucherschutz-)Norm beruft.[180] Im Hinblick auf die Frage, ob ein Rechtsgeschäft durch eine Person als Verbraucher abgeschlossen wurde, trägt also derjenige die Beweislast, der sich auf die Verbrauchereigenschaft beruft.[181] Wird ein Leasingvertrag sowohl zu gewerblichen als auch zu privaten Zwecken abgeschlossen („dual use"), kommt es darauf an, welche Zweckbestimmung im Einzelfall überwiegt.[182] Maßgeblich für die Beurteilung ist der Zeitpunkt des Vertragsabschlusses. Entscheidend ist dabei nicht der Wille des Handelnden, sondern die (objektiv zu bestimmende) Zweckrichtung des Verhaltens, mithin der objektive, durch Auslegung zu ermittelnde Inhalt des Rechtsgeschäfts, weil sich nur auf diese Weise die Schutzbedürftigkeit des Handelnden bestimmen lässt.[183] Der Unternehmer, der sich für das konkrete Rechtsgeschäft auf die Schutzvorschriften des Verbraucherrechts beruft, genügt seiner Darlegungslast nicht, wenn er nur zu der inneren Tatsache des mit dem Rechtsgeschäft subjektiv verfolgten Zwecks ausführt.[184]

35 **5. Abschluss eines Rechtsgeschäfts.** § 13 beschränkt den Anwendungsbereich der Norm auf vom Verbraucher „abgeschlossene" Rechtsgeschäfte (dazu → Rn. 12). *Ellenberger*[185] hält diese Einschränkung für

---

172 OLG Düsseldorf ZEV 2010, 417 = MDR 2010, 858 – wobei im konkreten Fall eine Verbrauchereigenschaft für den Testamentsvollstrecker einer Erbengemeinschaft (der er selbst angehörte) bejaht wurde (Tz 5 ff.).

173 BGH NJW 2007, 2619 Rn. 13; Palandt/*Ellenberger* BGB § 13 Rn. 4. Vgl. aber auch OLG Karlsruhe NJW-RR 2006, 1438: Umkehr der Beweislast im Falle eines sog. Power-Sellers bei eBay.

174 Palandt/*Ellenberger* BGB § 13 Rn. 4.

175 BGH NJW 2009, 3780 Rn. 11; *Bülow* WM 2011, 1349; Palandt/*Ellenberger* BGB § 13 Rn. 4.

176 Umstritten – so aber Palandt/*Ellenberger* BGB § 13 Rn. 4; aA hingegen *Müller* NJW 2003, 1974.

177 BGH NJW 1996, 2156; 1997, 654, 655. So zutr. Auch BeckOK BGB/*Bamberger* § 13 Rn. 8; ebenso Erman/*Saenger* BGB § 13 Rn. 18.

178 So BGH NJW 2005, 1045: Dem Käufer, der dem Verkäufer einen gewerblichen Verwendungszweck der Kaufsache vortäuscht, ist die Berufung auf die Vorschriften über den Verbrauchsgüterkauf (§§ 474 ff.) verwehrt, wobei sich die Rechtfertigung für eine Beschränkung des Verbraucherschutzes auf den redlichen Verbraucher auch im Verbraucherschutz aus den Grundsätzen von Treu und Glauben (§ 242) ergibt. AA hingegen OLG Koblenz OLGR 2005, 193: Gibt sich ein Verbraucher gegenüber einem Gebrauchtwagenhändler, der nachweislich nur an einen Händler verkaufen will, bewusst wahrheits-

widrig als „Händler" aus und wird der Vertrag ausdrücklich als „Händlergeschäft" bezeichnet, liege kein Verbrauchsgüterkauf vor. Die Vorschriften zum Verbrauchsgüterkauf sollen den Verbraucher vor der Ausnutzung einer Marktposition durch den Unternehmer schützen, nicht aber dazu, den Verbraucher vor sich selbst zu schützen. Vgl. auch OLG Koblenz NJW-RR 2012, 289.

179 BGH GRUR 2017, 1140 Rn. 26.

180 BGH NJW 2007, 2619: Der Käufer, der sich auf die ihn günstige Beweislastumkehr gemäß § 476 beruft, muss im Streitfall darlegen und beweisen, dass die für die Anwendung dieser Vorschrift erforderlichen Voraussetzungen eines Verbrauchsgüterkaufs nach § 474 erfüllt sind, er insbesondere beim Abschluss des Kaufvertrages als „Verbraucher" iSd § 13 gehandelt hat; Palandt/*Ellenberger* BGB § 13 Rn. 4. Wobei *Szczesny/Holthusen* NJW 2007, 2586 für Beweiserleichterungen plädieren. Vgl. allerdings auch OLG Karlsruhe NJW-RR 2006, 1438: Beweislastumkehr für „Powerseller" bei eBay.

181 OLG Düsseldorf WM 2017, 2081, juris Rn. 4; Erman/*Saenger* BGB § 13 Rn. 20.

182 Erman/*Saenger* BGB § 13 Rn. 17.

183 OLG Düsseldorf WM 2017, 2081, juris Rn. 4; Erman/*Saenger* BGB § 13 Rn. 19.

184 OLG Frankfurt/M. ZIP 2016, 1626 = WM 2016, 2217.

185 Palandt/*Ellenberger* BGB § 13 Rn. 6.

„verfehlt", vielmehr werde der Verbraucher auch geschützt, wenn er selbst nicht rechtsgeschäftlich handelt, sondern ihm eine unbestellte Sache zugesandt wird (§ 241 a), ihm gegenüber der Eindruck einer Gewinnzusage vermittelt wird (§ 661 a) oder er auf Informationen des Unternehmers angewiesen ist (zB nach § 312 c bei Fernabsatzverträgen).

III. Der Unternehmerbegriff (§ 14)

Unternehmer ist – entsprechend dem EU-Recht als Gegenbegrifflichkeit zum Verbraucher (§ 13) ausge-   **36** staltet[186] – nach **§ 14 Abs. 1** jede **natürliche** oder (in Ausdifferenzierung des früher in der Unternehmensdefinition nur allgemein verwendeten Begriffs der „Person" auch) **juristische Person** bzw. eine **rechtsfähige Personengesellschaft**, die bei Abschluss eines Rechtsgeschäfts in Ausübung ihrer gewerblichen[187] oder selbstständigen beruflichen (bzw. freiberuflichen) Tätigkeit[188] (bspw. Rechtsanwälte, Steuerberater oder Wirtschaftsprüfer bzw. [Zahn-] Ärzte)[189] handelt.[190] Dh jede natürliche oder juristische Person, die am Markt planmäßig und dauerhaft gegen Entgelt arbeitet (Leistungen anbietet), ist Unternehmer[191] (mithin Freiberufler, Handwerker, Landwirte und im Handelsregister nicht eingetragene Kleingewerbetreibende)[192] – unabhängig davon, ob eine Gewinnerzielungsabsicht besteht oder nicht.[193] Damit ersetzt der Begriff des Unternehmers im Verbraucherrecht den Begriff des Kaufmanns (§§ 1 ff. HGB) und jenen des Gewerbebetriebs – woran das BGB allerdings noch in § 269 Abs. 1 (Leistungsort) festhält.[194] Praktisch deckungsgleich mit § 14 ist der Begriff des Erwerbsgeschäfts nach § 1822 Nr. 3 und der Unternehmerbegriff in § 84 HGB – wohingegen der Unternehmer iSd Werkvertragsrechts nach §§ 631 ff. der Hersteller (Auftragnehmer) ist, der auch Verbraucher iS von § 13 sein kann.[195]

Sowohl die gewerbliche als auch die selbstständige berufliche Tätigkeit setzen ein selbstständiges und planmäßiges, auf gewisse Dauer angelegtes Anbieten entgeltlicher Leistungen am Markt voraus, wobei eine Gewinnerzielungsabsicht nicht erforderlich ist.[196] Für die Abgrenzung zwischen Verbraucher- und Unternehmerhandeln ist grundsätzlich die objektiv zu bestimmende Zweckrichtung des Rechtsgeschäfts entscheidend.[197] Dabei kommt es maßgeblich auf die jeweiligen Umstände des Einzelfalles an, insbesondere auf das Verhalten der Parteien bei Vertragsschluss. Eine Vermutung dafür, dass alle vorgenommenen Rechtsgeschäfte eines Unternehmers „im Zweifel" seinem geschäftlichen Bereich zuzuordnen sind, besteht hingegen nicht.[198] Der BGH hat nur für den Fall einer GmbH (als Formkaufmann gemäß § 6 Abs. 1 HGB iVm § 13

186 Zur EU-Konzeption des Unternehmerbegriffs näher MüKoBGB/*Micklitz* Vor §§ 13, 14 Rn. 101 ff.
187 Die Aufnahme eines Darlehens zum Erwerb der Gesellschaftsanteile einer GmbH durch deren späteren Alleingesellschafter und Geschäftsführer stellt keine „gewerbliche Tätigkeit" iSv § 14 dar, so OLG Celle NZG 2010, 1428 = ZIP 2011, 70 = MDR 2011, 91 – Ls.: Die Verjährung der Ansprüche der kreditgebenden Bank gegenüber dem Darlehensnehmer Verbraucher gemäß § 13 sind damit gemäß § 497 Abs. 3 S. 3 für bis zu zehn Jahre gehemmt. LG Duisburg MDR 2016, 1322, juris Rn. 15: Brandschutzunternehmen als gewerbliche Tätigkeit.
188 Ein Zahnarzt, der mit einem Kauf- und Kreditvertrag Laser für seine Praxis erworben hat, ist „Unternehmer" iS von § 14 Abs. 1: OLG München WM 2017, 1548.
189 BGH NJW 2009, 3097 zum lauterkeitsrechtlichen Unternehmer-/Verbraucherbegriff.
190 Der Gesetzgeber verkennt, dass die §§ 631 ff. den Begriff „Unternehmer" auch für „Private" verwenden, die die Herstellung eines Werks versprechen, *Flume* ZIP 2000, 1427 (1428).
191 BGH NJW 2018, 146 Rn. 40 und BGH NJW 2018, 150 Rn. 30; BGHZ 167, 40 = BGH NJW 2006, 2250; OLG Frankfurt/M. NJW 2004, 3433; *Becker/Fröhlich* NJW 2005, 3377. Vgl. auch Palandt/*Ellenberger* BGB § 14 Rn. 2 unter Bezugnahme auf *K. Schmidt* Handelsrecht § 9 IV.
192 Auch derjenige, der auf eigene Rechnung und im eigenen Namen Geschäftsgebäude erstellt, um sie anschließend zu veräußern: BAGE 141, 299 = NZA

2012, 980 = MDR 2012, 1046, juris Rn. 14 – zum Unternehmerbegriff iSv § 1 a AEntG aF.
193 BGH NJW 2018, 150 Rn. 30; BGHZ 167, 40 Rn. 14 = NJW 2006, 2250 (allerdings nur im Hinblick auf den Verbrauchsgüterkauf): Beim Verbrauchsgüterkauf (§ 474) setzt das Vorliegen eines Gewerbes und damit die Unternehmerstellung des Verkäufers nicht voraus, dass dieser mit seiner Geschäftstätigkeit die Absicht verfolgt, Gewinn zu erzielen. Vgl. zudem BGH NJW 2013, 2107 Rn. 18; LG Mainz NJW 2006, 783; OLG Hamm RdL 2008, 37: Für die Unternehmereigenschaft iSd § 14 Abs. 1 komme es grundsätzlich nicht auf eine Gewinnerzielungsabsicht an – vielmehr setze die Unternehmereigenschaft in Abgrenzung zur privaten Ausübung von Hobbys bzw. reiner Vermögensverwaltung ein auf Dauer angelegtes planvolles Handeln am Markt im Wettbewerb mit anderen Unternehmern und mit einem planmäßigen Geschäftsbetrieb (der mit einem gewissen organisatorischen Aufwand verbunden ist) voraus. Zudem *Faber* ZEuP 1998, 854 (869); Palandt/*Ellenberger* BGB § 14 Rn. 2; Staudinger/*Habermas* BGB § 14 Rn. 35; *Ulmer/Brandner/Hensen* AGBG § 24 a Rn. 16.
194 Palandt/*Ellenberger* BGB § 14 Rn. 1.
195 Palandt/*Ellenberger* BGB § 14 Rn. 1.
196 BGH NJW 2013, 2107 Rn. 18; MüKoBGB/*Micklitz* § 14 Rn. 31.
197 BGHZ 162, 253, 256 f.; BGH NJW 2008, 435 Rn. 6 f.
198 BGH NJW 2018, 150 = WM 2018, 1801 = MDR 2018, 17, juris Rn. 37.

Abs. 3 GmbHG) entschieden, dass auch der Verkauf beweglicher Sachen durch diese an einen Verbraucher im Zweifel zum Betrieb ihres Handelsgewerbes (§ 344 Abs. 1 HGB) gehört, und damit, auch wenn es sich um ein branchenfremdes Nebengeschäft handelt, unter die Bestimmungen der §§ 474 ff. für den Verbrauchsgüterkauf fällt, sofern die gesetzliche Vermutung des § 344 Abs. 1 HGB nicht widerlegt ist.[199] Ein entsprechender allgemeiner, auf alle selbstständig Erwerbstätigen anzuwendender Rechtsgedanke ist § 344 Abs. 1 HGB jedoch nicht zu entnehmen, weil die auf Verbraucherschutz ausgerichteten Bestimmungen der §§ 13 und 14 ein anderes Regelungsziel verfolgen als der auf Publizität und Vertrauensschutz gerichtete § 344 HGB.[200] Ein Handeln „in Ausübung" der gewerblichen oder selbstständigen beruflichen Tätigkeit iS von § 14 Abs. 1 setzt vielmehr voraus, dass es gerade in einem hinreichend engen Zusammenhang mit eben dieser erfolgt. Ein solcher (tätigkeitsspezifischer) Zusammenhang besteht – nach Ansicht des BGH[201] – zwischen der Tätigkeit als Reitlehrer und Pferdetrainer auf der einen Seite und dem Verkauf eines Dressurpferdes auf der anderen Seite jedoch nicht ohne Weiteres.[202]

Für die Abgrenzung zwischen Verbraucher- und Unternehmerhandeln ist grundsätzlich die objektiv zu bestimmende Zweckrichtung des Rechtsgeschäfts entscheidend.[203] Dabei kommt es maßgeblich auf die jeweiligen Umstände des Einzelfalles, insbesondere auf das Verhalten der Parteien (oder etwaiger Vermittler) bei Vertragsschluss an.[204] In bestimmten Fällen kann es allerdings auch ausreichen, dass dem Käufer vor oder bei Vertragsschluss der Eindruck vermittelt wird, er erwerbe die Kaufsache von einem Unternehmer.[205] Die Veräußerung vom Verkäufer privat genutzter Fahrzeuge ist im Regelfall nicht als Unternehmergeschäft zu qualifizieren. Ob dies bei einer größeren Anzahl von Verkaufsfällen anders zu beurteilen wäre, hat der BGH bislang dahinstehen lassen.[206]

Im Hinblick auf die Unternehmereigenschaft einer **Wohnungsbaugenossenschaft** hat der BGH[207] festgestellt, dass sich ihre Unternehmereigenschaft bei Abschluss eines Gaslieferungsvertrages bereits aus ihrer Rechtsform als eingetragener Genossenschaft ergibt: Die Genossenschaft gilt kraft Gesetzes als Kaufmann (vgl. § 17 Abs. 2 GenG) mit der Folge, dass von ihr getätigte Geschäfte zumindest aufgrund der Vermutung des § 344 Abs. 1 HGB als Handelsgeschäfte iSd § 343 HGB zu gelten haben.[208] Bei Vorliegen eines solchen Handelsgeschäfts ergebe sich zugleich ein Unternehmergeschäft iSd § 14, zumal das Bestehen einer Unternehmerstellung nicht erfordert, dass mit der Geschäftstätigkeit die Absicht verfolgt wird, Gewinn zu erzielen,[209] bspw. wie im entschiedenen Fall das bezogene Gas mit Gewinnaufschlag weiterzugeben.

Nur bei planmäßigem Geschäftsbetrieb ist ein Vermieter Unternehmer – wohingegen der Verbraucher bleibt, der nur gelegentlich einen Standplatz für eine Werbetafel auf seinem Privatgrundstück vermietet.[210] Wird die Ehefrau eines Gewerbetreibenden in einen Finanzierungsleasingvertrag eingebunden, soll sie Verbraucherin iSv § 13 sein.[211]

Für die Abgrenzung zwischen Verbraucher- und Unternehmerhandeln kommt es nicht auf die subjektiven Vorstellungen des Vertragspartners bei Abschluss des Vertrages an – maßgeblich ist vielmehr eine **objektive Betrachtungsweise** (objektivierter Maßstab):[212] Es komme darauf an, welchem Zweck der Vertrag dienen sollte, wobei die Erklärungen der Parteien im Vertrag und die Umstände des Vertragsschlusses heranzuziehen seien. Maßgeblich sei bei dieser objektiven Betrachtungsweise, ob und inwieweit sich für den Verkäufer aus den Umständen und Erklärungen des Käufers bei Vertragsschluss ergab, dass dieser einerseits als Verbraucher oder andererseits als Unternehmer auftreten wollte.[213] Das bedeute, dass subjektive Vorstell-

199   BGH NJW 2011, 3435 Rn. 19; BGHZ 179, 126 Rn. 22.
200   BGH NJW 2018, 150 Rn. 37 unter Bezugnahme auf MüKoBGB/*Micklitz* § 14 Rn. 34; Erman/*Saenger* BGB § 14 Rn. 17; Staudinger/*Kannowski* BGB § 13 Rn. 46 und 67; Palandt/*Ellenberger* BGB § 14 Rn. 2.
201   BGH NJW 2018, 150, Rn. 38.
202   Die Veräußerung eines vom Verkäufer (hier: einem nicht im Bereich des Pferdehandels tätigen selbstständigen Reitlehrers und Pferdeausbilders) ausschließlich zu privaten Zwecken genutzten Pferdes ist daher regelmäßig nicht als Unternehmergeschäft zu qualifizieren: BGH NJW 2018, 150 – Ls. 3 im Anschluss an BGH NJW 2013, 2107 Rn. 18.
203   BGH NJW 2018, 146 = ZIP 2017, 2153 = WM 2018, 1474 = MDR 2017, 1411, juris Rn. 41; BGHZ 162, 253, 256 f.; BGH NJW 2008, 435 Rn. 6 f. Vgl. auch EuGH NJW 2017, 874 Rn. 32 (zur Auslegung des Begriffs „Verkäufer" iS von Art. 1 Abs. 2 Buchst. c der RL 1999/44/EG); EuGH ZIP 2015, 1882 Rn. 16 ff. (zur Auslegung der Begriffe „Verbraucher"

und „Gewerbetreibender" iS von Art. 2 Buchst. b und c der RL 93/13/EWG).
204   BGH NJW 2018,146, juris Rn. 41 unter Bezugnahme auf EuGH NJW 2017, 874 Rn. 34 ff.
205   BGH NJW 2018,146, juris Rn. 41 unter Bezugnahme auf EuGH NJW 2017, 874 Rn. 34 ff.
206   BGH NJW 2018,146, juris Rn. 44.
207   BGH CuR 2014, 135 = Versorgungswirtschaft 2015, 178, juris Rn. 3.
208   BGH CuR 2014, 135, juris Rn. 3 unter Bezugnahme auf BGH NJW 1960, 1852 (1853); BGHZ 66, 48, 50 f.; 189, 299 – Rn. 21; BGH WM 2011, 2152.
209   BGH CuR 2014, 135, juris Rn. 3 unter Bezugnahme auf BGHZ 167, 40 – Rn. 16.
210   OLG Koblenz NJW-RR 2011, 1203 = ZMR 2011, 547 = MDR 2011, 531 – Ls.
211   OLG Koblenz VersR 2012, 1578 – Ls.
212   OLG Karlsruhe NJW-RR 2012, 289 = MDR 2012, 334, juris Rn. 25.
213   BGH NJW 2005, 1273 (1274).

ungen des Käufers über den Vertragszweck dann keine Bedeutung haben können, wenn diese Vorstellungen nicht in irgendeiner Weise beim Vertragsschluss für den Verkäufer erkennbar geworden sind.[214] Eine solche an einer objektiven Betrachtungsweise orientierte Bestimmung des Unternehmer- bzw. Verbraucherbegriffs entspreche den Vorstellungen des Gesetzgebers bei der Einführung von § 13 und entspreche dem Verbraucherbegriff der Verbrauchsgüterkaufrichtlinie.[215]

Wie die Einordnung als Verbraucherhandeln hängt auch die Qualifikation eines Verhaltens als Unternehmerverhalten von der **Zweckrichtung** ab:[216] Maßgeblich sei nicht der innere Wille, sondern die objektive Qualität des Verhaltens.[217] So kann bspw. ein über Jahre hinweg ausgeübter An- und Verkauf von Pferden uU als unternehmerische Tätigkeit zu qualifizieren sein, wobei es keine Rolle spielt, dass die Verkäufe nicht zur Gewinnerzielung, sondern zur Minderung der Kosten eines von Familienangehörigen ausgeübten Springreitsports dienten.[218]

Für die Beurteilung der Frage, ob eine Person Unternehmer oder Verbraucher ist, ist auf den **Zeitpunkt des Vertragsschlusses** abzustellen[219] – womit Vorgänge nach Abgabe der entscheidenden Willenserklärungen ohne Belang sind.[220]

Zielt ein „**Rollenwechsel**" auf der Käuferseite (konkret: Einschaltung der als Unternehmerin tätigen Lebensgefährtin) darauf ab, dem Verkäufer (Unternehmer) einen rechtlich tolerierten Ausschluss der Sachmängelhaftung zu ermöglichen, so erlangt der private Käufer den Schutz aus dem Gesichtspunkt einer Umgehung der Vorschriften über den Verbrauchsgüterkauf (durch Vortäuschen eines gewerblichen Geschäftszwecks) nur, wenn ihm die Manipulation nicht zuzurechnen ist.[221]

Unternehmer iSd § 14 sind damit auch gesetzliche Vermögensverwalter (bspw. Insolvenz-, Zwangs- oder Nachlassverwalter bzw. Testamentsvollstrecker,[222] deren Aufgabe in der Verwaltung eines Unternehmens besteht); berufsmäßige Betreuer,[223] Handwerker[224] bzw. gemeinnützige Vereine.

37

214 OLG Celle OLGR 2008, 475.
215 OLG Karlsruhe NJW-RR 2012, 289, juris Rn. 25 unter Bezugnahme auf BGH NJW 2005, 1045 (1046).
216 OLG Düsseldorf NZV 2012, 432 = VRS 123 (2012), 193 juris Rn. 58.
217 Ein Geschäft könne – so das OLG Düsseldorf NZV 2012, 432 – allerdings analog § 344 HGB auch dann zum Unternehmen des Unternehmers gehören, wenn es nicht zum Zentralbereich seines Tätigkeitsfeldes gehört (vgl. BGHZ GS 2011, 406 (408)), So begründe allein der Umstand, dass ein Unternehmer einen Gebrauchtwagen verkauft, für sich genommen noch keinen Verbrauchsgüterverkauf iSv § 474 Abs. 1. Erforderlich sei darüber hinaus eine ursächliche Verknüpfung zwischen der unternehmerischen Tätigkeit als solcher und dem in Rede stehenden Geschäft (vgl. AG Hannover BeckRS 2010, 09050; OLG Karlsruhe NJW-RR 2012, 289). So könne etwa der Verkauf seines Berufs-PKW durch einen Rechtsanwalt unternehmerisches Handeln sein, auch wenn dies nicht die eigentliche Aufgabe des Rechtsanwalts ist, nicht indes, wenn der PKW zwar in den Büchern (etwa aus steuerlichen Gründen) als Praxisfahrzeug geführt, dazu aber nicht genutzt wird (vgl. LG Frankfurt/M. NJW-RR 2004, 1208). Unternehmer iSv § 14 Abs. 1 sei damit nur, wer bei dem rechtsgeschäftlichen Kontakt in dieser Rolle handelt (OLG Düsseldorf NZV 2012, 432, juris Rn. 58).
218 OLG Köln MDR 2015, 381.
219 Die Regelungen über Verbraucherkreditverträge sind dann auf Darlehensverträge anzuwenden, wenn der Kreditnehmer im Zeitpunkt des Abschlusses des Vertrags Verbraucher ist (LG Düsseldorf WuB 2011, 1990, juris Rn. 26 unter Bezugnahme auf BGHZ 128, 156): Zwar verstehe man unter dem Zeitpunkt des Vertragsschlusses grundsätzlich den Moment des Zugangs der Annahmeerklärung, wenn der Zugang nicht nach § 151 entbehrlich ist. Bei Darlehensverträ-

gen sei auch regelmäßig – soweit nicht besondere Umstände oder eine abweichende Abrede vorliegen – der Zugang der Annahmeerklärung für das Zustandekommen des Vertrags erforderlich. Für die Frage, ob ein Darlehensvertrag als Verbraucherkreditvertrag zu behandeln ist, müsse es aber entscheidend darauf ankommen, ob der Kreditnehmer im Zeitpunkt der Entäußerung seiner auf Abschluss des Vertrages gerichteten Willenserklärung als Verbraucher zu qualifizieren ist.
220 AG München VuR 2014, 275, juris Rn. 25.
221 OLG Düsseldorf NJW 2015, 2043 = DAR 2015, 207 – Ls. „Findet bei einem Kauf ein ´Rollenwechsel` auf Käuferseite statt, um die Vorschriften über Verbrauchsgüterkäufe auszuschließen, gilt, auch unter dem Gesichtspunkt des Umgehungsgeschäfts, der Grundsatz, dass nur der redliche (´gutgläubige`) Käufer den Schutz der §§ 474 ff. verdient, mithin dann, wenn die Manipulation vom Verkäufer ausgeht und der Käufer an ihr nicht mitwirkt": OLG Düsseldorf NJW 2015, 2043, juris Rn. 40 unter Bezugnahme auf Reinking/Eggert Der Autokauf Rn. 1993 ff. – vgl. auch BGH NJW 2005, 1045 in Bezug auf eine andere Sachlage.
222 Das OLG Düsseldorf (ZEV 2010, 417 = MDR 2010, 858 – Ls.) hat entgegen OLG Düsseldorf (WuM 2003, 621) die Verbrauchereigenschaft des Testamentsvollstreckers einer Erbengemeinschaft, der dieser selbst angehört, bei der Vermietung von Immobilien bejaht: Ob ein Vermieter als Verwalter eigenen Vermögens als Verbraucher oder im Hinblick auf den mit der Vermietung verbundenen organisatorischen und zeitlichen Aufwand und das dadurch vermittelte Bild eines planmäßigen Geschäftsbetriebs als Unternehmer anzusehen ist, müsse nach den Umständen des Einzelfalls entschieden werden.
223 BFH NJW 2005, 1006.
224 Palandt/Ellenberger BGB § 14 Rn. 2.

38 Dem Unternehmerbegriff unterfällt gleichermaßen ein **Strohmann**, der auf der Grundlage einer wirksamen Vereinbarung für einen Unternehmer tätig wird.[225]

39 Der Unternehmerbegriff entspricht der Definition im früheren § 24 S. 1 Nr. 1 AGBG[226] und ersetzt im Verbraucherrecht den Begriff des Kaufmanns[227] sowie jenen des Gewerbebetriebs (an dem das BGB anderenorts – zB in § 269 Abs. 2 – noch festhält).[228] Die Terminologie ist deckungsgleich mit dem Begriff des Erwerbsgeschäfts in § 1822 Nr. 3 und entspricht dem Unternehmensbegriff des § 84 HGB. Andererseits ist „Unternehmer" nach Maßgabe des Werkvertragsrechts (§§ 631 ff.) der Hersteller, dh der Auftragnehmer, der iSd §§ 13 f. auch Verbraucher sein kann.[229] Damit erfasst der **weite Unternehmerbegriff** des § 14 Abs. 1 im Hinblick auf natürliche Personen Kaufleute (unabhängig von ihrer Handelsregistereintragung, mithin auch Kleingewerbetreibende), sonstige (nicht kaufmännische Klein-)Gewerbetreibende, Angehörige der freien Berufe und Landwirte.

40 Folgt man dem Rechtsgedanken des § 344 HGB (→ Rn. 31), gelten Rechtsgeschäfte eines Unternehmers im Zweifelsfalle als unternehmerisch getätigt.[230] Nach *Ellenberger*[231] soll der Rechtsgedanke aber wegen des Vorrangs der negativen Formulierung in § 13 Hs. 2 bei einem als natürlicher Person handelnden Unternehmer grundsätzlich nicht anwendbar sein. Hingegen ist in Bezug auf eine GmbH als juristische Person (für die § 13 nicht gilt) § 344 HGB analog anzuwenden.[232] Sollten bei einem objektiven Verbrauchergeschäft Zweifel fortbestehen, sei „daher von einem Verbrauchergeschäft auszugehen".[233] Der Unternehmerbegriff umfasst auch eine **nebenberufliche unternehmerische Betätigung** (bspw. sog. Powerseller bei eBay[234] sowie Hilfs- und Nebengeschäfte, ungewöhnliche Verträge und vorbereitende bzw. abwickelnde Geschäfte[235] – ebenso **branchenfremde Nebengeschäfte**.[236]

Auf Dauer angelegt und damit planmäßig ist die Tätigkeit, wenn sie nicht bloß gelegentlich erfolgt, also sich nicht in gelegentlichen Geschäftsakten erschöpfen soll:[237] Verkäufe aus Privatvermögen, mögen sie auch einen gewissen Umfang erreichen (zB eine Haushaltsauflösung), begründen daher keine Unternehmereigenschaft. Diese Abgrenzung sei insbesondere beim **Verkauf über Internet-Plattformen** von Bedeutung, wobei die Umstände des Einzelfalls in einer Gesamtschau zu würdigen seien. Anhaltspunkte für eine unternehmerische Tätigkeit seien wiederholte, gleichartige Angebote (ggf. auch neuer Gegenstände), Angebote erst kurz zuvor erworbener Waren, eine ansonsten gewerbliche Tätigkeit des Anbieters, häufige Bewertungen (Feedbacks) und Verkaufsaktivitäten für Dritte.[238] Power-Seller sind Unternehmer.[239] Die

225 BGH NJW 2002, 2030: Der Strohmann ist nicht Verbraucher.

226 Allerdings werden in § 14 Abs. 1 – anders als im früheren § 24 S. 1 Nr. 1 AGBG – öffentlich-rechtliche Einrichtungen nur dann als „Unternehmer" qualifiziert, wenn sie rechtsfähig sind (was auf nichtrechtsfähige Eigenbetriebe kommunaler Gebietskörperschaften nicht zutrifft, weswegen diese folgerichtig auch nicht zur Einhaltung verbraucherschutzrechtlicher Bestimmungen verpflichtet sind): *Härting* Einl. FernAbsG Rn. 60.

227 Zum Verhältnis des Unternehmer- zum Kaufmannsbegriff näher MüKoBGB/*Micklitz* Vor §§ 13, 14 Rn. 115 ff.

228 Palandt/*Ellenberger* BGB § 14 Rn. 1.

229 Palandt/*Ellenberger* BGB § 14 Rn. 1.

230 Umstritten, so aber *Faber* ZEuP 1998, 854 (866); *Weyer* WM 2005, 490 (499); Wolf/Horn/Lindacher/ *Wolf* AGBG § 24 a Rn. 23; aA hingegen KG ZGS 2007, 78; *Herresthal* JZ 2006, 695; *Pfeiffer* NJW 1999, 169 (172).

231 Palandt/*Ellenberger* BGB § 14 Rn. 2 unter Bezugnahme auf *Osthus* NZM 2011, 792.

232 BGH WM 2009, 262 Rn. 22: Kreditvergabe an Verbraucher; BGH NJW 2011, 3435 Rn. 19 ff.: Kfz-Verkauf an Verbraucher.

233 Palandt/*Ellenberger* BGB § 14 Rn. 2 unter Bezugnahme auf BGH NJW 2009, 3780 Rn. 11 (Lampen); BGH WM 2011, 548 Rn. 25 (Termingeschäfte); KG ZGS 2007, 78; *Bülow* WM 2011, 1349; *Herresthal* JZ 2006, 695; aA hingegen *Faber* ZEuP 1998, 854, 866; *Weyer* WM 2005, 490 (499).

234 So LG Berlin MMR 2007, 401; LG Mainz NJW 2006, 783; OLG Frankfurt/M. NJW 2005, 1438; AG Bad Kissingen NJW 2005, 2463; AG Radolfzell NJW 2004, 3342. Vgl. auch OLG Koblenz jurisPR-ITR 4/2006 Anm. 4 *Heckmann*, wonach wer im Internet-Auktionshaus eBay als Powerseller auftritt, im Streit, ob ein Fernabsatzvertrag geschlossen wurde, beweisen müsse, dass er kein „Unternehmer" iSv § 14 ist. Die Besonderheiten derartiger Geschäfte würden eine Beweislastumkehr zugunsten des Verbrauchers rechtfertigen. Zudem OLG Frankfurt/M. MMR 2007, 378 zur Abgrenzung privater und gewerblicher Verkaufstätigkeit gleichermaßen auch der Handelsplattform eBay.

235 Palandt/*Ellenberger* BGB § 14 Rn. 2.

236 Umstritten, so aber BGH WM 2009, 262: Kreditvergabe; BGH NJW 2011, 3435 Rn. 19 f.: Verbrauchsgüterkauf. Vgl. auch MüKoBGB/*Micklitz* § 14 Rn. 28; Palandt/*Ellenberger* BGB § 14 Rn. 2; Soergel/*Pfeiffer* BGB § 14 Rn. 36; aA hingegen KG ZGS 2007, 78; AG Bad Hersfeld NJW-RR 2004, 435.

237 OLG Hamm MMR 2011, 537, juris Rn. 46.

238 OLG Hamm MMR 2011, 537, juris Rn. 46 unter Bezugnahme auf BGH GRUR 2008, 702 – Internet-Versteigerung III; BGH NJW 2007, 2636 – Internet-Versteigerung II.

239 OLG Frankfurt/M. NJOZ 2008, 836; OLG Zweibrücken MMR 2008, 135; MüKoBGB/*Micklitz* § 14 Rn. 29.

Darlegungs- und Beweislast für die Tatsache des gewerblichen Handelns trägt der Kläger, wobei diese aber dadurch gemildert sein kann, dass den Beklagten eine sekundäre Darlegungslast treffen kann.[240]

Ob ein Anbieter von Waren auf einer Internet-Plattform im geschäftlichen Verkehr oder im privaten Bereich handelt, ist somit aufgrund einer Gesamtschau der relevanten Umstände zu beurteilen. Dazu können wiederholte, gleichartige Angebote, ggf. auch von neuen Gegenständen, Angebote erst kurz zuvor erworbener Waren, eine ansonsten gewerbliche Tätigkeit des Anbieters, häufige sog. Feedbacks und Verkaufsaktivitäten für Dritte zählen.[241] Dies hat zur Folge, dass ein sog. **Powerseller**, der auf der Verkaufsplattform eBay auf Dauer angelegt unternehmerisch Waren anbietet, verpflichtet ist, den Verbraucher auch über das Bestehen und die Ausübung eines Widerrufs- und Rückgaberechts zu informieren sowie im Rahmen der Anbieterkennzeichnung seine Identität durch Angabe von Name und Adresse offenzulegen.[242] So ist Unternehmer iSd § 14 Abs. 1 auch, wer bei Abschluss eines Geschäfts eine selbstständige Tätigkeit im **Nebenberuf** ausübt. Entsprechendes gilt für gelegentliche Geschäfte im Zusammenhang mit einer hauptberuflichen selbstständigen Tätigkeit.[243] Diese Wertungen lassen sich in vergleichbarer Weise auf das Bereithalten von Computerspielen in digitaler Form zum Herunterladen durch Dritte über das Internet in Filesharing-Netzwerken anwenden[244] –jedenfalls dann, wenn das Zugänglichmachen umfangreicher Daten, die urheberrechtlich geschützte Werke enthalten, mit Blick auf Zahl und Häufigkeit der vom Anbieter vorgenommenen Angebote in Filesharing-Netzwerken eine dauerhafte, planmäßige Ausrichtung auf eine Vielzahl von derartigen Nutzungen ausgerichtet ist. Dann kann – nach den Umständen des konkret in Rede stehenden Einzelfalls – die Verbrauchereigenschaft (§ 13) des Anbietenden zu verneinen und von einer Einordnung als Unternehmer iS von § 14 auszugehen und damit das Handeln als gewerbliche Tätigkeit iS von § 104 a UrhG anzusehen sein.

Beachte: Die **Anlage** und **Verwaltung eigenen Vermögens**[245] (bspw. die Anlage von Geld in Mietshäusern, Wertpapieren oder Termingeschäften)[246] unterfällt hingegen grundsätzlich nicht dem Unternehmerbegriff.[247] Bspw. ist der Erwerb einer Photovoltaikanlage als Kapitalanlage nebst Abschluss eines Darlehensvertrages zur Finanzierung[248] private Vermögensverwaltung iSd § 13, so dass eine Verbrauchereigenschaft

---

240 So BGH GRUR 2008, 702 – Internet-Versteigerung III.

241 So BGH GRUR 2009, 871 = WRP 2009, 967 – Ohrclips. Vgl. OLG Hamburg WRP 2008, 522 – Ls. 1: Die Unternehmereigenschaft eines Verkäufers bei eBay ist bei Würdigung der Gesamtumstände des Einzelfalls anhand von Indizien zu bestimmen. Ebenso OLG Zweibrücken ZGS 2007, 357: Ein Verkäufer, der Verbrauchern über ein Internet-Auktionshaus Waren anbietet, handelt als Unternehmer, wenn die Gesamtumstände seines Internetauftritts den Eindruck eines professionellen Händlers erwecken – dann obliegen ihm die bei Fernabsatzverträgen vorgeschriebenen Informationspflichten.

242 OLG Karlsruhe WRP 2006, 1038: Wenn er dieses unterlässt, kann er auf Unterlassung in Anspruch genommen werden, wobei § 6 TDG sowie § 312 c Abs. 1 S. 1 iVm § 1 Abs. 1 Nr. 10 BGB-InfoVO alt Marktverhaltensregelungen darstellen, deren Verletzung geeignet ist, den Wettbewerb nicht unerheblich zu beeinträchtigen (im Anschluss an BGH GRUR 2002, 1085). Vgl. zudem OLG Frankfurt/M. K&R 2007, 585: Eine Verkaufstätigkeit über die elektronische Handelsplattform eBay ist idR als gewerblich einzustufen, wenn der Anbieter als Powerseller registriert ist. Die freiwillige Registrierung als Powerseller ist jedoch umgekehrt keine notwendige Voraussetzung für die Bewertung einer Internet-Verkaufstätigkeit als „unternehmerisch" – vielmehr kann diese Einstufung sich auch aus anderen Umständen des Einzelfalles ergeben, wobei Dauer und Umfang der Verkaufstätigkeit, aber auch ihrer geschäftsbezogenen Ausgestaltung wesentliche Bedeutung zukommt. Zudem OLG Koblenz MMR 2009, 199: Partner eines durch Vermittlung von eBay geschlossenen Rechtsgeschäfts wird der zum Zeitpunkt des Vertragsschlus-

ses angemeldete Nutzer. Dass der Nutzername neutral ist, indiziert nicht, dass es sich um einen privaten Teilnehmer handelt.

243 OLG Bremen ZGS 2004, 394. Vgl. aber OLG Hamm RdL 2009, 181: Der Verkauf von vier Fohlen in den Jahren 2005 bis 2008 geht über einen gelegentlichen Verkauf von gezogenen Pferden nicht hinaus, und reicht deswegen für die Annahme eines planmäßigen und dauerhaften Anbietens von Leistungen am Markt als Pferdezüchter nicht aus.

244 LG Köln ZUM-RD 2015, 752, juris Rn. 12: Gewerbliche Tätigkeit (auch in Form einer Nebentätigkeit ausübbar) sei anzunehmen, wenn die natürliche Person in einem gewissen Ausmaß gleiche Waren veräußert (vor allem, wenn sie neu und original verpackt sind), eine hohe Anzahl von Angeboten innerhalb eines kurzen Zeitraums tätigt und eine hohe Anzahl von Feedbacks feststellbar sind. Von einem „gewerblichen Ausmaß" sei auszugehen, wenn drei verschiedene Computerspiele in einem Zeitraum von etwas über drei Monaten über ein Filesharing-Netzwerk öffentlich zugänglich gemacht werden.

245 Zur Vermietung von Gewerbehallen als private Vermögensverwaltung: OLG Stuttgart ZGS 2010, 380 = BauR 2010, 1599.

246 Palandt/*Ellenberger* BGB § 14 Rn. 2.

247 BGH WM 2011, 548 Rn. 25: Geldanlagen (Termingeschäfte) durch eine als natürliche Person handelnden Unternehmer; das ist BGH NJW 2002, 368; 2000, 3497; 1996, 2156; Palandt/*Ellenberger* BGB § 14 Rn. 2; *Pfeiffer* NJW 1999, 169 (172). Der Kauf einer Immobilie mit acht Wohneinheiten kann ein Vorgang der privaten Vermögensverwaltung sein, LG Hamburg Grundeigentum 2018, 260, juris Rn. 31.

248 OLG München WM 2017, 1748.

zu bejahen ist, wenn die damit verbundenen Geschäfte keinen planmäßigen Geschäftsbetrieb (wie etwa die Unterhaltung eines Büros oder einer Organisation) erfordern.[249]

Regelmäßig ist die Verwaltung eigenen Vermögens eine private Tätigkeit[250] – und zwar auch dann, wenn es sich um die Anlage beträchtlichen Kapitals handelt.[251] Selbst das Halten eines GmbH-Anteils stellt keine gewerbliche Tätigkeit, sondern reine Vermögensverwaltung dar.[252]

Beachte aber: Kein Verbraucher ist, wer für den Betrieb seiner Photovoltaikanlage (1) ein Gewerbe nach der GewO angemeldet hat, (2) den erzeugten Strom ausschließlich ins öffentliche Versorgungsnetz einspeist, (3) die Einspeisevergütung als gewerbliche Einkünfte versteuert und (4) darauf Umsatzsteuer abführt, da der umsatzsteuerliche Unternehmerbegriff im Regelfall mit dem bürgerlich-rechtlichen Unternehmerbegriff übereinstimmt.[253] Nach *Ellenberger*[254] hält sich der Betrieb einer Photovoltaikanlage auf dem Dach eines selbstgenutzten Wohnhauses (auch eines Mietshauses) allerdings idR im Rahmen einer nichtgewerblichen Vermögensverwaltung.

Auch der **Beitritt** zu einer **Fondsgesellschaft** unterfällt nicht dem Unternehmerbegriff.[255] Etwas anderes gilt dann (mit korrespondierendem Unternehmerstatus iS von § 14), wenn unter Berücksichtigung der konkret in Rede stehenden Umstände des Einzelfalls der mit der Vermögensverwaltung zusammenhängende Aufwand in organisatorischer und zeitlicher Hinsicht als „planmäßiger Geschäftsbetrieb" qualifiziert werden kann.[256]

Wer GmbH-Geschäftsanteile hält, ist Verbraucher,[257] ebenso der GmbH-Geschäftsführer,[258] und zwar selbst dann, wenn er eine Schuld seiner GmbH mit übernimmt oder sich für sie verbürgt.[259] Diese Grundsätze gelten auch für den geschäftsführenden Alleingesellschafter.[260] Wer sich auf die Anwendung von Verbraucherschutzvorschriften beruft, trägt die Beweislast dafür, dass deren Voraussetzungen vorliegen.[261] Allein der Umstand, dass ein Darlehensnehmer bei Abschluss eines Darlehensvertrages (Mit-) Gesellschafter und (Mit-) Geschäftsführer einer GmbH und der Alleingesellschafter einer anderen GmbH war, begründet keine Unternehmereigenschaft des Darlehensnehmers iS von § 14.[262]

Im Falle einer maßgeblichen Gesellschafterbeteiligung und einer aktiven Mitarbeit in anderen Gesellschaften soll eine natürliche Person allerdings als Unternehmer iSv § 14 anzusehen sein.[263]

Entgegen dem von einem Kunden verfolgten Zweck ist dieser auch dann nicht Verbraucher, sondern Unternehmer, wenn die dem Vertragspartner erkennbaren Umstände eindeutig und zweifelsfrei darauf hinweisen,

---

249 BGH NJW 2002, 368; Palandt/*Ellenberger* BGB § 14 Rn. 2. Vgl. auch OLG Hamm MDR 2016, 39 = NZBau 2016, 362 – Ls.: Wer auf seinem eigenen, selbst bewohnten Privathaus eine Fotovoltaikanlage betreibt, ist unabhängig von der Größe der Anlage nicht deshalb Unternehmer iSd § 14.

250 BGH NJW 1992, 3242.

251 BGH BKR 2002, 26.

252 BGH NJW 2000, 3496. Vgl. auch OLG Hamm MMR 2017, 265, juris Rn. 66 (Immobilienmaklervertrag als Verbrauchervertrag nach altem Recht): Ausschlaggebendes Kriterium für die Abgrenzung der privaten von der berufsmäßig betriebenen Vermögensverwaltung ist der Umfang der für die Verwaltung notwendigen oder nützlichen Geschäfte. Berufs- oder gewerbsmäßig betriebene Vermögensverwaltung liegt erst dann vor, wenn der Umfang der Vermögensverwaltung einen planmäßigen Geschäftsbetrieb erfordert – wie etwa die Unterhaltung eines Büros oder einer Organisation zur Durchführung der Geschäfte (BGH BKR 2002, 26; BGH NJW 1992, 3242).

253 LG Kleve NJW-RR 2017, 1137 – Ls. und juris Rn. 17: Dass gemäß § 2 Abs. 1 S. 3 UStG keine Gewinnerzielungsabsicht erforderlich ist, stehe der Vergleichbarkeit nicht entgegen. Auch die Unternehmereigenschaft iS von § 14 Abs. 1 erfordere gerade keine Gewinnerzielungsabsicht (BGH NJW 2006, 2250 (2251)). Unternehmerhandeln iS von § 14 liege

daher vor, wenn zur Umsatzsteuerpflicht optiert werde (BGH NZBau 2016, 428 (431)).

254 Palandt/*Ellenberger* § 14 Rn. 2 unter Bezugnahme auf *Osthus* NZM 2011, 79.

255 Palandt/*Ellenberger* BGB § 14 Rn. 2: Wobei dann etwas anderes gelten soll, wenn eine unternehmerische Stellung erworben wird: so *Armbrüster* ZIP 2006, 406.

256 BGH NJW 2018, 1812 Rn. 21 f.; BGHZ 149, 80 = NJW 2002, 368: Wohnungsvermietung: OLG Düsseldorf NJW-RR 2005, 13 (17); OLG Koblenz NJW-RR 2011, 1203 – planmäßiger Geschäftsbetrieb.

257 BGH NJW 2007, 759.

258 OLG Brandenburg NJ 2018,154, juris Rn. 29: Der Geschäftsführer einer GmbH ist selbst dann nicht Unternehmer iS von § 14, wenn er im Besitz aller oder auch nur einiger GmbH-Anteile ist (ständige Judikatur, vgl. etwa BGHZ 165, 43). Die Geschäftsführung einer GmbH stellt für ihn keine gewerbliche Tätigkeit dar, weil er regelmäßig im Angestelltenverhältnis tätig wird.

259 BGHZ 133, 71; BGH NJW 2006, 431.

260 BGHZ 144, 370; BGH NJW 2006, 431.

261 BGH NJW 2007, 2619.

262 OLG Brandenburg NJ 2018, 154: Der Darlehensnehmer ist vielmehr Verbraucher iS von § 13.

263 OLG Schleswig-Holstein MDR 2014, 451, juris Rn. 5.

Ring

dass er in Ausübung der gewerblichen oder selbstständigen beruflichen Tätigkeit handelt.[264] Solche Umstände liegen bspw. vor, wenn als Kundenname eine Physiotherapie-Praxis angegeben wird.[265]

Schließt eine natürliche Person ein Rechtsgeschäft objektiv zu einem Zweck ab, der weder ihrer gewerblichen noch ihrer selbstständigen beruflichen Tätigkeit zugerechnet werden kann, so kommt eine Zurechnung entgegen dem mit dem rechtsgeschäftlichen Handeln objektiv verfolgten Zweck nur dann in Betracht, wenn die dem Vertragspartner erkennbaren Umstände eindeutig und zweifelsfrei darauf hinweisen, dass die natürliche Person in Verfolgung ihrer gewerblichen oder selbstständigen beruflichen Tätigkeit handelt.[266] Einem Käufer, der dem Verkäufer einen gewerblichen Verwendungszweck der Kaufsache vortäuscht, ist jedoch die Berufung auf die Vorschriften über den Verbrauchsgüterkauf (§§ 474 ff.) verwehrt.[267] Unternehmer- (§ 14) und Nichtverbraucherhandeln (§ 1031 Abs. 5 S. 1 ZPO iVm § 13) liegt schon dann vor, wenn das betreffende Geschäft im Zuge der Aufnahme einer gewerblichen oder selbstständigen beruflichen Tätigkeit (sog. **Existenzgründung**, vorstehend → § 13 Rn. 25) geschlossen wird.[268] Der BGH hält an seiner gefestigten Rechtsprechung[269] zur entsprechenden Anwendung des VerbrKrG auf die **Mithaftungsübernahme des geschäftsführenden Allein- oder Mehrheitsgesellschafters einer GmbH** fest[270] (vorstehend: → § 13 Rn. 29). Die in der Literatur zum Teil bejahte Gleichstellung dieser Geschäftsführungsorgane mit den Kaufleuten des HGB oder kaufmännischen Personen (mit einer damit korrespondierenden Unternehmereigenschaft iSv § 14) entspreche nicht der Vorstellung des Gesetzgebers und überschreite die Grenzen zulässiger Rechtsfortbildung.[271]

Zum Problem des **dual use** → Rn. 31. Hat eine natürliche Person den veräußerten Gebrauchtwagen sowohl privat als auch für ihr (nebengewerbliches) Unternehmen genutzt (**dual use**), so ist entscheidend für die Einordnung als Verbrauchsgüterkauf iSv §§ 474 f., welche Benutzung überwiegt.[272] **41**

Ein im Internet-Auktionshaus eBay als Powerseller auftretender Verkäufer (dazu bereits vorstehende → Rn. 40) trifft im Streitfalle, ob ein Fernabsatzvertrag geschlossen wurde oder nicht, die **Beweislast** dafür, dass er kein Unternehmer iSv § 14 ist.[273]

Juristische Personen des **öffentlichen Rechts** sind dann „Unternehmer" iSv § 14 Abs. 1, wenn sie sich gewerblich betätigen[274] und die Leistungsbeziehung nicht ausschließlich öffentlich-rechtlich organisiert ist. Damit sind **Einrichtungen des öffentlichen Rechts** (wie Eigenbetriebe der Gemeinden oder Schwimmbäder) Unternehmen iSv § 14, sofern sie eine Leistung an den Bürger gegen Entgelt erbringen (es sei denn, die Leistungsbeziehung vollzieht sich ausschließlich auf öffentlich-rechtlicher Grundlage).[275]

§ 14 Abs. 2 qualifiziert – tautologisch – eine Personengesellschaft, die mit der Fähigkeit ausgestattet ist, **42** Rechte zu erwerben und Verbindlichkeiten einzugehen, als **rechtsfähige Personengesellschaft**.[276] § 14 Abs. 1 erklärt auch die rechtsfähige Personengemeinschaft[277] zum „Unternehmer". Damit unterfallen dem Unternehmerbegriff auch die offene Handelsgesellschaft (§ 124 Abs. 1 HGB), die Kommanditgesellschaft (§ 161 Abs. 2 iVm § 124 Abs. 1 HGB), die Partnerschaftsgesellschaft (§ 7 Abs. 2 PartGG) sowie die Europäische Wirtschaftliche Interessenvereinigung (Art. 1 Abs. 2 EWIV-VO), die, obgleich sie keine juristischen Personen sind, Teilrechtsfähigkeit besitzen. Dies gilt gleichermaßen für die (Außen-)GbR, nachdem der BGH am 29.1.2001[278] – ohne dass sie juristische Person ist[279] – ihre (Teil-) Rechtsfähigkeit anerkannt hat

264 BGH NJW 2009, 3780 = ZIP 2010, 334 = MDR 2010, 71, juris Rn. 11.

265 AG München VuR 2014, 275, juris Rn. 23 – wobei allerdings die Angabe einer abweichenden Lieferadresse nicht zu Zweifeln daran führen soll, die eine Anwendung von § 13 rechtfertigen könnte (Rn. 24).

266 BGH NJW 2009, 3780.

267 BGH NJW 2005, 1045.

268 BGH NJW 2005, 1273 in Bestätigung von OLG Rostock OLGR 2003, 505 und OLG Oldenburg NJW-RR 2002, 641, aber entgegen OLG Koblenz NJW 1987, 74 und OLG Nürnberg OLGR 2003, 355 (jedoch in Fortführung von BGH NJW 1994, 2759).

269 BGHZ 133, 71 f.; 133, 220, 223; 144, 370, 380; BGH WM 1997, 710.

270 BGHZ 165, 43 = NJW 2006, 431.

271 Vgl. auch BGH NJW-RR 2007, 1673, wonach das VerbrKrG auf die Mithaftungsübernahme des geschäftsführenden Gesellschafters einer GmbH & Co KG auch dann entsprechende Anwendung findet, wenn die neu gegründete Gesellschaft das Darlehen zur Anschubfinanzierung aufgenommen hat (im Anschluss an BGH WM 1997, 663).

272 So OLG Celle NJW-RR 2004, 1645.

273 OLG Koblenz NJW 2006, 1438: Wegen der Besonderheit entsprechender Geschäfte sei eine Umkehr der Beweislast zugunsten des Verbrauchers gerechtfertigt.

274 Palandt/*Heinrichs*, 60. Aufl. 2001, AGBG § 24 Rn. 4.

275 Palandt/*Ellenberger* BGB § 14 Rn. 2.

276 *Flume* (ZIP 2000, 1427 (1428)) weist darauf hin, dass der Begriff der „Rechtsfähigkeit", wenn er für die Personengesellschaft verwendet wird, nicht mehr besagt, „als dass die Gesamthand, das heißt die Gruppe, und nicht jedes Mitglied derselben der Beziehungspunkt der Rechtsbeziehungen ist"; *ders.* BGB AT Bd. 1/1, S. 90: „Jede Personengemeinschaft ist mit dieser Fähigkeit ausgestattet, wenn die Gesellschafter dies wünschen".

277 Zur Diskussion über die Rechtsfähigkeit der Gesellschaft bürgerlichen Rechts (GbR) näher BGH NJW 1999, 3483; *Reiff* NZG 2000, 281; *Ulmer* ZGR 2000, 339.

278 BGH NJW 2001, 1056.

279 *Leipold* FS Canaris, 2007, S. 221, 227 f.

(§ 124 Abs. 2 HGB analog), soweit sie durch ihre Teilnahme am Rechtsverkehr eigene Rechte und Pflichten begründet.[280] Eine in einem EU-Mitgliedstaat (nach dortigem Recht wirksam) gegründete Gesellschaft gilt auch nach einer Sitzverlegung nach Deutschland kraft Gemeinschaftsrecht (Niederlassungsfreiheit, vgl. Art. 49, 54 AEUV, ex-Art. 43, 48 EGV) als **juristische Person ausländischen Rechts** fort.[281]

43 Der Gesetzgeber hat in § 14 Abs. 2 die Gesetzesformulierung des § 1059 a Abs. 3 aF übernommen, nach der einer juristischen Person eine Personengesellschaft gleichsteht, die mit der Fähigkeit ausgestattet ist, Rechte zu erwerben und Verbindlichkeiten einzugehen (Legaldefinition „rechtsfähige Personengesellschaft"). Die in § 14 Abs. 2 getroffene Definition steht im Einklang mit den verbraucherschutzrechtlichen Vorgaben des europäischen Richtlinienrechts:[282] Art. 2 Nr. 3 FARL, Art. 1 Abs. 2 lit. b Verbraucherkreditrichtlinie, Art. 2 zweiter Spiegelstrich Haustürgeschäfterichtlinie, Art. 2 lit. c Missbräuchliche-Klauseln-Richtlinie sowie Art. 2 dritter Spiegelstrich Time-Sharing-Richtlinie.

44 Erstaunlich ist allerdings die Positionierung der Legaldefinition „Unternehmer" im Abschnitt „Natürliche Personen". Dies ist systemwidrig[283] und auch nicht durch die Verortung des Parallelbegriffs „Verbraucher" in § 13 erklärlich, da Unternehmer – wie dargelegt (→ Rn. 36) – auch die juristische Person oder eine aus natürlichen wie juristischen Personen bestehende Personengemeinschaft sein kann.

45 § 14 beschränkt den Anwendungsbereich der Norm auf vom Unternehmer abgeschlossene Rechtsgeschäfte. *Ellenberger* hält diese Einschränkung für „zu eng"[284] (zum Parallelproblem im Kontext mit dem Verbraucherbegriff → Rn. 35) – dem Unternehmer werden nicht nur Verpflichtungen auferlegt, wenn er ein Rechtsgeschäft abschließt, sondern auch, wenn er ein solches vorbereitet (§ 241 a bzw. § 312 c bei Fernabsatzverträgen).

IV. Die unmittelbare Anwendung der Schlüsselbegriffe

46 Der Gesetzgeber sah davon ab, die Regelungen der §§ 13 und 14 Abs. 1 dergestalt als Verweisungsnormen auszugestalten, dass diese auf die Begriffsdefinitionen des Unternehmers im früheren § 24 S. 1 Nr. 1 AGBG und des Verbrauchers im früheren § 24 a S. 1 AGBG verwiesen. Obgleich diese Schlüsselbegriffe im BGB selbst bislang nicht eigenständig definiert waren, birgt die weitgehend inhalts- und wortgleiche Übernahme der früheren Definitionen des AGB-Gesetzes in die Regelung der §§ 13 und 14 Abs. 1 den Vorteil in sich, „dass in den einzelnen Verbraucherschutzgesetzen nicht auf andere Gesetze verwiesen werden (muss). Denn im BGB verwendete Schlüsselbegriffe können ohne derartige Verweisungen verwendet werden".[285] So gelangen die Begriffsdefinitionen der §§ 13 und 14 zB bei Haustürgeschäften (§ 312), Fernabsatzverträgen (§ 312 b), Teilzeit-Wohnrechteverträgen (§ 481) oder Verbraucherdarlehensverträgen (§ 491)[286] zur Anwendung. Wer Unternehmer iSv § 14 ist, wird regelmäßig auch **Mitbewerber** iSv § 2 UWG sein[287] – und (sofern er Marken verwendet) auch „im geschäftlichen Verkehr" iSv § 14 Abs. 2 MarkenG handeln. Der Begriff des „Handelns im geschäftlichen Verkehr" iSv § 14 Abs. 2 MarkenG entspricht nämlich dem Begriff der „gewerblichen Tätigkeit" iSv § 14.[288]

280　BGHZ 146, 341 = NJW 2001, 1056 (noch offen gelassen von BGHZ 142, 315), dazu *K. Schmidt* NJW 2001, 993; vgl. auch BGH NJW 2008, 1378 (1379); ebenso BGHZ 179, 102 = NJW 2009, 594 zur Grundbucheintragungsfähigkeit einer GbR: Die GbR kann unter der Bezeichnung in das Grundbuch eingetragen werden, die ihre Gesellschafter im Gesellschaftsvertrag für sie vorgesehen haben; *Gesmann-Nuissl* WM 2001, 973.

281　Vgl. EuGH NJW 2002, 3614; BGH NJW 2003, 1461; aA BGH NJW 2002, 3539: Die Gesellschaft sei rechtsfähige Gesellschaft deutschen Rechts.

282　*Bülow/Artz* NJW 2000, 2049 (2051).

283　*Flume* ZIP 2000, 1427: „Ungereimtheit".

284　Palandt/*Ellenberger* BGB § 13 Rn. 6.

285　RegE, BT-Drs. 14/2648, S. 48.

286　Vgl. BGHZ 179, 126 = ZGS 2009, 139: Darlehensgeber iSv § 491 Abs. 1 kann auch ein Unternehmer sein, dessen unternehmerische Tätigkeit sich nicht auf die Kreditvergabe bezieht. Notwendig ist nur, dass der Unternehmer bei Abschluss des Darlehensvertrages in Ausübung seiner gewerblichen oder selbstständigen beruflichen Tätigkeit handelt, wobei auch eine erstmalige Darlehensvergabe gelegentlich der gewerblichen Tätigkeit ausreichend ist.

287　*Peifer/Blank* Anm. zu OLG Frankfurt/M. jurisPR-WettbR 7/2007 Anm. 2.

288　So OLG Frankfurt/M. GRUR-RR 2005, 317 (318).

§§ 15 bis 20 [1](weggefallen)

Titel 2 Juristische Personen

Untertitel 1 [1]Vereine

Kapitel 1
Allgemeine Vorschriften

Vorbemerkungen zu §§ 21 ff.

Literatur: *Adams/Maßmann*, Vereinsreform in Deutschland, ZRP 2002, 128; *Arnold*, Die geplante Vereinsrechtsreform – Fortschritt oder Irrweg?, DB 2004, 2143; *Beuthien*, Zur Funktion und Verantwortung juristischer Personen im Privatrecht, JZ 2011, 124; *Bethge*, Die Grundrechtsberechtigung juristischer Personen nach Art. 19 Abs. 3 Grundgesetz, 1985; *Beuthien*, Was dem einen sein Ideal, ist dem anderen sein Geschäft, ZGR 2018, 1; *Blum/Ebeling*, Dynamische Verweisungen im Arbeits- und Verbandsrecht, in: FS Fenn 2000, S. 85; *Böckenförde*, Organ, Organisation, Juristische Person, in: FS H.-J. Wolff 1974, S. 269; *Büttner*, Identität und Kontinuität bei der Gründung juristischer Personen, 1967; *Fiedler*, Konzernhaftung beim eingetragenen Verein, 1998; *Flume*, Gesellschaft und Gesamthand, ZHR, 136 (1972), 177; *ders.*, Körperschaftliche juristische Person und Personenverband, in: FS Wieacker 1978, S. 340; *ders.*, Savigny und die Lehre von der juristischen Person, in: FS Kegel 1987, S. 147; *ders.*, Savigny und die Lehre von der juristischen Person, in: FS Kegel 1987, S. 147; *Grundmann/Terner*, Vereinsrecht – ein Überblick, JA 2002, 689; *Hadding*, Zur Durchgriffshaftung wegen Rechtsformverfehlung des e.V., WuB II N § 21 BGB 1.08; *Hüttemann*, Zur Durchgriffshaftung bei einem eingetragenen Verein – Anmerkung, LMK 2008, I, 74; *ders.*, Rechtsfragen der sozialen Verantwortung von Vereinen und Stiftungen, DB 2016, 429; *John*, Die organisierte Rechtsperson, 1977; *Kögler*, Arbeiterbewegung und Vereinsrecht, 1974; *Könen*, Die vereinsrechtliche Rechtsformkontrolle unter besonderer Berücksichtigung des § 43 BGB, ZGR 2018, 632; *Kort*, Bestandsschutz fehlerhafter Strukturänderungen im Kapitalgesellschaftsrecht, 1988; *Leist*, Untersuchungen zum inneren Vereinsrecht, 1904; *Müller-Freienfels*, Zur Lehre vom sogenannten Durchgriff bei juristischen Personen, AcP 156 (1957), 522; Münchener Handbuch des Gesellschaftsrecht Band 5, Verein, Stiftung bürgerlichen Rechts 4. Auflage, – hsg. von Beuthien und Gummert, 2016; *Mummenhoff*, Gründungssysteme und Rechtsfähigkeit, 1979; *Ott*, Reform des privaten Vereinsrechts, ZRP 2002, 433; *Neuefeind*, Der privatrechtliche Verein: Begriff und Status, JA 2019, 337; *Raiser*, Der Begriff der juristischen Person – Eine Neubesinnung, AcP 199 (1999), 104; *Reicher/Schimke/Dauernheim*, Handbuch des Vereins- und Verbandsrechts, 14. Auflage 2016; *Reuter*, Zur Abgrenzung von Vereins- und Gesellschaftsrecht, ZGR 1981, 364; *Rittner*, Die werdende juristische Person, 1973; *Sauter/Schweyer/Waldner*, Der eingetragene Verein, 20. Auflage 2016; *Schäfer*, Die Lehre vom fehlerhaften Verband, 2002; *K. Schmidt*, Der bürgerlich-rechtliche Verein mit wirtschaftlicher Tätigkeit, AcP 182 (1982), 1; *ders.*, Die Abgrenzung der beiden Vereinsklassen, Rpfleger 1972, 286; *ders.*, Systemfragen des Vereinsrechts, ZHR 147 (1983), 43; *ders.*, Ultra-vires-Doktrin: tot oder lebendig? AcP 184 (1984), 529; *ders.*, Verbandszweck und Rechtsfähigkeit im Vereinsrecht – Eine Studie über Erwerb und Verlust der Rechtsfähigkeit nichtwirtschaftlicher und wirtschaftlicher Vereine, 1984; *Segna*, Rechnungslegung und Prüfung von Vereinen – Reformbedarf im deutschen Recht, DStR 2006, 1568; *ders.*, Die rechtlichen Rahmenbedingungen für Non-Profit-Organisationen der Diskussion, JZ 2018, 834; *Seltmann*, Rechtsfolgen der wirtschaftlichen Betätigung von Idealvereinen, DStR 2008, 1443; *Stöber/Otto*, Handbuch zum Vereinsrecht, 11. Auflage 2016; *Vollmer*, Der Europäische Verein, ZHR 157 (1993), 373; *Vormbaum*, Die Rechtsfähigkeit der Vereine im 19. Jahrhundert, 1976; *Wagner*, Der Europäische Verein, 2000; *ders.*, Verein und Verband, 2018; *Westermann*, Reformüberlegungen zum BGB-Gesellschafts- und Vereinsrecht, NZG 2017, 921; *Wiedemann*, Juristische Personen und Gesamthand als Sondervermögen, WM 1975, Beilage 4; *Wilhelm*, Rechtsform und Haftung bei der juristischen Person, 1981.

A.	**Juristische Personen**	1	II. Vereinsfreiheit	13
	I. Begriff, Rechtsnatur und Arten juristischer Personen	1	III. Anwendungsbereich	15
			IV. Europäisches Vereinsrecht	20
	II. Erwerb und Umfang der Rechtsfähigkeit	3	V. Erscheinungsformen und wirtschaftliche Bedeutung	21
	1. Erwerb der Rechtsfähigkeit	3	VI. Hierarchisch gegliederte Vereine: Gesamtvereine und Verbandsvereine	24
	2. Umfang der Rechtsfähigkeit	4		
	3. Anerkennung ausländischer juristischer Personen	5	VII. Vereinsrechtsreform	27
	III. Handlungs- und Deliktsfähigkeit juristischer Personen	6	**C.**	**Die fehlerhafte Gesellschaft**	30
			I. Voraussetzungen der Anwendung	31
	IV. Trennungsgrundsatz – Zurechnungsdurchgriff, Haftungsbeschränkung, Durchgriffshaftung	7	II. Unanwendbarkeit der Grundsätze	34
B.	**Verein**	12	III. Rechtswirkungen und -folgen	36
	I. Begriff und Rechtsnatur	12		

---

[1] An die Stelle der weggefallenen §§ 15–20 ist jetzt das VerschollenheitsG getreten.

[1] Wegen des für das Gebiet der ehem. DDR geltenden Übergangsrechts zu §§ 21–79 beachte Art. 231 § 2 EGBGB.

A. Juristische Personen

I. Begriff, Rechtsnatur und Arten juristischer Personen

1 Bereits im Römischen Recht gab es Vereine als juristische Personen.[1] Das Verständnis der juristischen Person aus heutiger Sicht entwickelte sich im 19. Jahrhundert aus der Kontroverse romanistischer Fiktionstheorie und germanistischer Theorie von der realen Verbandspersönlichkeit.[2] Rechtsnatur und Begriff sind streitig.[3] Nach heute überwiegender Sicht ist sie eine zweckgebundene Organisation, in der Personen oder Sachen zusammengefasst sind, der die Rechtsordnung Rechtsfähigkeit verliehen und sie als Träger eigener Rechte und Pflichten verselbstständigt hat.[4] In der Praxis ist der Theorienstreit bedeutungslos.[5] Es gibt juristische Personen des öffentlichen und des privaten Rechts. Sie unterscheiden sich durch den Entstehungstatbestand (Rechtsgeschäft/Hoheitsakt)[6] sowie das maßgebende Recht. **Juristische Personen des öffentlichen Rechts** sind namentlich der Staat (Bund, Länder), die in ihn eingegliederten Gebietskörperschaften (Gemeinden, Kreise), die Kirchen sowie die sonstigen öffentlich-rechtlichen Körperschaften, Anstalten und Stiftungen.[7] Die §§ 21 ff. sind auf die juristischen Personen des öffentlichen Rechts grundsätzlich nicht anwendbar; eine Ausnahme gilt kraft ausdrücklicher gesetzlicher Anordnung in § 89 für den § 31. **Juristische Personen des Privatrechts** sind Vereine und Stiftungen sowie die in Spezialgesetzen geregelten AG, KGaA, SE, GmbH, eG und VVaG.

2 Juristische Personen sind abzugrenzen von **Gesamthandgemeinschaften**: Das sind die GbR, der sog. „nicht rechtsfähige" – richtiger: nicht eingetragene – Verein, OHG, KG, EWIV, eheliche Gütergemeinschaft, Erbengemeinschaft und Partnerschaftsgesellschaft. Bei diesen sind nach traditioneller Auffassung („Gesamthandtheorie") Träger der Rechte und Pflichten die Mitglieder der Gemeinschaft, nicht aber eine von ihnen begrifflich zu unterscheidende (juristische) Person; das Gesamthandsvermögen steht danach den Gesamthändern in gesamthänderischer Verbundenheit als Sondervermögen zu.[8] Die Gesamthänder können nicht über ihren Anteil an den einzelnen Vermögensgegenständen verfügen (§§ 719 Abs. 1, 1419 Abs. 1, 2033 Abs. 2). Demgegenüber sieht eine von *Flume* begründete Gegenansicht („Gruppenlehre") die Gesamthand als Zuordnungseinheit, die der juristischen Person angenähert und (teil-)rechtsfähig ist. Rechtsfähige Subjekte sind insofern die OHG (inkl. Partnerschaftsgesellschaft), KG und EWIV sowie die Außen-GbR. Gleiches gilt für den nicht eingetragenen Verein (→ § 54 Rn. 6 ff.). Keine rechtsfähigen Subjekte sind demgegenüber die eheliche Gütergemeinschaft und die Erbengemeinschaft (→ § 705 Rn. 7, 82, 84).[9]

II. Erwerb und Umfang der Rechtsfähigkeit

3 **1. Erwerb der Rechtsfähigkeit.** Drei Systeme des Erwerbs der Rechtsfähigkeit bzw. Entstehung juristischer Personen sind gängig: (a) Im System der **freien Körperschaftsbildung** entsteht das rechtsfähige Objekt, sobald die gesetzlichen Voraussetzungen für seine Gründung erfüllt sind; der Staat kontrolliert das nicht; Standardfälle sind der „nicht rechtsfähige" Verein und die GbR.[10] (b) Das für die Praxis wesentliche weitere System ist die **Erlangung der Rechtsfähigkeit durch Eintragung** (System der Normativbestimmungen): Die Rechtsfähigkeit wird dadurch anerkannt, dass bestimmte gesetzliche Anforderungen erfüllt sind und die Personen-Organisation in ein öffentliches Register eingetragen wird; das gilt zumal für den Idealverein (§ 21), AG (§§ 23 ff. AktG), GmbH (§§ 1 ff. GmbHG), Genossenschaft (§§ 1 ff. GenG), KGaA (§§ 278 ff. AktG) sowie (mit Abweichungen) für die Stiftung (→ § 80 Rn. 31 ff.). (c) Nach dem **Konzessionssystem** erwirbt die Körperschaft ihre Rechtsfähigkeit durch staatliche Verleihung bzw. Genehmigung,

---

1 *Kaser/Knütel*, Römisches Privatrecht, § 17 I Rn. 9.

2 Zum Theorienstreit im 19. Jahrhundert *Wolff*, Organschaft und juristische Person: Untersuchungen zur Rechtstheorie und zum öffentlichen Recht, 2 Bde., 1933/34, Neudruck 1968, S. 1–87; neuere Darstellung: *Wieacker* FS Huber 1973, S. 339, 361 f.; *Wiedemann* GesR II, § 2 II 1 b.

3 Vgl. die Überblicke bei Staudinger/*Weick* (2005) BGB Vor § 21 ff. Rn. 3 ff.; Staudinger/*Schwennicke* BGB Vor § 21 ff. Rn. 3 ff.; MüKoBGB/*Reuter* (7. Aufl.) Vor § 21 Rn. 1 ff.; *Flume* BGB AT, Bd. 1/1, § 1.

4 BGHZ 25, 134, 144 = DB 1957, 747 = NJW 1957, 1433; Palandt/*Ellenberger* Vor §§ 21 ff. Rn. 1; *Raiser* AcP 199 (1999), 104; BeckOK BGB/*Schöpflin* Vor § 21 Rn. 1.

5 *K. Schmidt* GesR § 8 II 1; Palandt/*Ellenberger* BGB Vor § 21 Rn. 1.

6 Ausnahmsweise kann eine juristische Person des Privatrechts auch auf einem Hoheitsakt beruhen, so die Deutsche Bundesstiftung Umwelt, Gesetz v. 18.7.1990 (BGBl. I S. 1448).

7 Vgl. Staudinger/*Weick* (2005) BGB Vor §§ 21 ff. Rn. 10 f.; Staudinger/*Schwennicke* BGB Vor §§ 21 ff. Rn. 17 f.

8 BGH DB 1988, 2560 = NJW 1988, 556; BAG DB 1989, 1973 = NJW 1989, 3034; BGH DB 1990, 1814 = NJW 1990, 1181; *Weber-Grellet* AcP 182 (1982), 316.

9 BayObLG DNotZ 2003, 454 = NJW-RR 2003, 899; BGH DB 2002, 2527 = NJW 2002, 3389; BGH NJW 2006, 3715 = ZIP 2006, 333.

10 Vgl. Staudinger/*Weick* (2005) BGB Vor §§ 21 ff. Rn. 60; Staudinger/*Schwennicke* BGB Vor §§ 21 ff. Rn. 66; BeckOK BGB/*Schöpflin* § 21 Rn. 7 f.

über die nach pflichtgemäßem Ermessen zu entscheiden ist; dieses System gilt für den wirtschaftlichen Verein (§ 22) sowie den VVaG (§ 15 VVaG).

2. Umfang der Rechtsfähigkeit. Die juristische Person des Privatrechts besitzt eine **umfassende, nicht auf Vermögensfähigkeit beschränkte Rechtsfähigkeit**; diese entspricht der der natürlichen Person, soweit das jeweilige Recht bzw. die jeweilige Pflicht nicht eine natürliche Person als Träger voraussetzt.[11] Die Rechtsfähigkeit ist insbesondere nicht auf die Zwecke beschränkt, die Gesetz oder Satzung festlegen (sog. ultra-vires-Lehre, die zB im amerikanischen Zivilrecht gilt).[12] **Beispiele**: Die juristische Person kann Trägerin sein von Vermögens- und Persönlichkeitsrechten (vgl. unten in dieser Rn. zum allg. Persönlichkeitsrecht) wie dem Recht auf Namen (s. u.),[13] von Firma, Zeichenrecht, Urheber- und Erfinderrechten; sie kann Vollmachtträgerin sein; sie kann Mitglied sein in einem eingetragenen oder wirtschaftlichen Verein (→ Rn. 24, → § 21 Rn. 24), einem „nicht rechtsfähigen" Verein, einer OHG[14] oder Genossenschaft; sie kann Besitzerin und Eigentümerin sein; sie ist aktiv und passiv parteifähig; sie ist insolvenzfähig; sie ist erb- und vermächtnisfähig; sie kann Anspruch auf Prozesskostenhilfe haben; sie kann die Stellung haben als persönlich haftender Gesellschafter,[15] Liquidator, Testamentsvollstrecker und Mitglied einer juristischen Person.[16] Demgegenüber kann sie nicht Trägerin von Rechten sein, die nach ihrem Sinn und Zweck nur einer natürlichen Person zustehen können: zB familienrechtliche Positionen, die Rolle als Schiedsrichter oder als Nachlasspfleger sowie die Übernahme von bestimmten Funktionen bei juristischen Personen (sie kann nicht Vorstands- und Aufsichtsratsmitglied einer AG sein, §§ 76 Abs. 3 S. 1, 100 Abs. 1 S. 1 AktG, wohl aber Liquidator, § 256 Abs. 2 S. 3 AktG; streitig Fähigkeit, besonderer Vertreter nach § 147 AktG zu sein;[17] vgl. zur Fähigkeit im Verein, Mitglied des Vereinsvorstands und Besonderer Vertreter zu sein → § 26 Rn. 3, § 30 Rn. 4). Die juristische Person hat gem. § 12 ein Recht am eigenen Namen.[18] Ihr steht – wenn auch beschränkt – ein allgemeines Persönlichkeitsrecht zu.[19] Sie kann beleidigen und beleidigt werden.;[20] Sie ist **grundrechtsfähig** gem. Art. 19 Abs. 3 GG: Grundrechte gelten für **inländische juristische Personen**, soweit sie ihrem Wesen nach auf diese anwendbar sind. Nach dem BVerfG sind die materiellen Grundrechte einschlägig, wenn Bildung und Betätigung der juristischen Person „Ausdruck der freien Entfaltung der natürlichen Personen sind".[21] Anerkannt ist zB die Anwendung folgender Grundrechte auf juristische Personen: Art. 2 Abs. 1, 3, 4, 12 und 14 GG[22] (für öffentlich-rechtliche Personen gelten insoweit Einschränkungen).[23] Zudem können sie sich auch auf Prozessgrundrechte berufen (Art. 101 Abs. 1 S. 2 und Art. 103 Abs. 1 GG).[24] Das BVerfG[25] hat mit Recht die Grundrechtsberechtigung nach Art. 19 Abs. 3 GG auch juris-

4

11 AllgM, vgl. BeckOK BGB/*Schöpflin* § 21 Rn. 6; Palandt/*Ellenberger* BGB Vor § 21 Rn. 8; Soergel/*Hadding* BGB Vor § 21 Rn. 22; MüKoBGB/*Reuter* (7. Aufl.) Vor § 21 Rn. 13 f.; MüKoBGB/*Leuschner* Vor § 21 Rn. 39 ff.; Staudinger/*Weick* (2005) BGB Vor § 21 ff. Rn. 23 ff.; Staudinger/*Schwennicke* BGB Vor §§ 21 ff. Rn. 54 ff.

12 Vgl. statt aller *K. Schmidt* AcP 184 (1984), 529.

13 Vgl. zum Namensrecht des Vereins und Fragen der Unterscheidbarkeit OLG Köln NJOZ 2001, 1763.

14 Vgl. Hk-HGB/*Heidel* § 105 Rn. 45.

15 Vgl. Hk-HGB/*Heidel* § 105 Rn. 45; vgl. zur Unternehmergesellschaft (haftungsbeschränkt) *Heidel* in Heidel/Pauly/Amend, Anwaltformulare, § 14 Rn. 86 f.

16 Vgl. Staudinger/*Weick* (2005) BGB Vor §§ 21 ff. Rn. 27 ff.; Staudinger/*Schwennicke* BGB Vor §§ 21 ff. Rn. 72 f.; MüKoBGB/*Reuter* (7. Aufl.) Vor § 21 Rn. 15; MüKoBGB/*Leuschner* Vor § 21 Rn. 42; BeckOK BGB/*Schöpflin* § 21 Rn. 11 f.

17 Vgl. *Lochner* in Heidel Aktienrecht AktG § 147 Rn. 24; vgl. aber zum österreichischen Aktienrecht MüKoAktG/*Csoklich* § 147 Rn. 121 ff.; Hk-HGB/*Heidel* § 105 Rn. 243 zum besonderen Vertreter in der Personengesellschaft.

18 Palandt/*Ellenberger* BGB Vor § 21 Rn. 9.

19 MüKoBGB/*Reuter* (7. Aufl.) Vor § 21 Rn. 17; MüKoBGB/*Leuschner* Vor § 21 Rn. 44;Staudinger/*Weick* (2005) BGB Vor §§ 21 ff. Rn. 31 ff.; Staudinger/*Schwennicke* BGB Vor §§ 21 ff. Rn. 72 ff.; vgl. zur Frage des Schmerzensgeldes zugunsten eines eV bei Verletzung des Persönlich-

keitsrechts OLG München AfP 2003, 359; vgl. auch LG Hamburg NJW-RR 2006, 844 = ZUM-RD 2005, 463.

20 Zu sagen, ein Verein sei ein anerkanntes Sprachrohr für Rassismus, Nationalismus und Fremdenfeindlichkeit, ist nach dem OLG Frankfurt eine die Grenze zur Schmähkritik nicht überschreitende Meinungsäußerung NJW-RR 2016, 681 = juris Rn. 29 ff.

21 BVerfGE 21, 362, 369; 61, 82, 101; vgl. Staudinger/*Weick* (2005) BGB Vor §§ 21 ff. Rn. 26; Staudinger/*Schwennicke* BGB Vor §§ 21 ff. Rn. 72; MüKoBGB/*Reuter* (7. Aufl.) Vor § 21 Rn. 16; MüKoBGB/*Leuschner* Vor § 21 Rn. 45; *Hesse*, Grundzüge des Verfassungsrechts des Bundesrepublik Deutschland, 20. Aufl. 1999, Rn. 286; *Rupp-von Brünneck* FS Arndt 1969, S. 349; *Ulsamer* FS Geiger 1974, S. 199 ff.; *Oechsle*, Zur wesensmäßigen Anwendung der Grundrechte auf juristische Personen des Zivilrechts, 1970; *Achterberg* GS Friedrich Klein 1977, S. 1 ff.

22 Erman/*Westermann* BGB Vor § 21 Rn. 9; Maunz/Dürig/*Remmert* GG Art. 19 Abs. 3 Rn. 101 f.; MüKoBGB/*Reuter* (7.Aufl.) Vor § 21 Rn. 16 sowie in MüKoBGB/*Leuschner* Vor § 21 Rn. 45 f. zum Grundrechtsschutz.

23 BVerfG NJW 1982, 2173 = BVerfGE 61, 82; *Hesse*, Grundzüge des Verfassungsrechts der Bundesrepublik Deutschland Rn. 286.

24 Maunz/Dürig/*Remmert* GG Art. 19 Abs. 3 Rn. 102 unter Verweis auf BVerfGE 3, 359; 12, 6; 18, 441; 19, 52; 21, 362; 64, 1; 75, 192.

25 BVerfG NJW 2011, 3428 = BVerfGE 129, 78.

tischer Personen aus EU-Mitgliedstaaten bestätigt. Es sieht dies als EU-vertraglich veranlasste Erweiterung des deutschen Grundrechtsschutzes aufgrund des Anwendungsvorrangs der Grundfreiheiten im Binnenmarkt (Art. 26 II AEUV) und des allgemeinen Diskriminierungsverbots wegen der Staatsangehörigkeit (Art. 18 AEUV). Die erweiternde Auslegung betrifft auch explizite Deutschenrechte wie Art. 9 Abs. 1 GG, wonach „alle Deutschen" das Recht haben „Vereine und Gesellschaften zu bilden" – also der sedes materiae der Vereinsfreiheit. Nach dem BVerfG ist den aus dem allgemeinen sowie den sich aus den Grundfreiheiten ergebenden speziellen Diskriminierungsverboten des Unionsrechts nicht schon dadurch Genüge getan, dass in jedem Einzelfall die Fachgerichte infolge des Anwendungsvorrangs des Unionsrechts sicherstellen, dass Diskriminierungen bei der Wahrnehmung von der juristischen Person zustehenden Interessen unterbleiben; wird eine solche juristische Person mit Sitz außerhalb Deutschlands im Inland und im Anwendungsbereich der unionsrechtlichen Diskriminierungsverbote tätig, bewirken diese kraft Anwendungsvorrangs, dass der juristischen Person Grundrechtsfähigkeit zukommt und sie sich auf wesensmäßig anwendbare materielle Grundrechte berufen könne.[26] Im Verhältnis zwischen Verein und Mitglied ist das Prinzip der **Drittwirkung der Grundrechte**[27] zu beachten; das hat das BVerfG im Hinblick auf ein von einem Verein verhängtes bundesweites Stadionverbots erneut bestätigt: Grundrechte entfalten auch auf die privatrechtlichen Rechtsbeziehungen Ausstrahlungswirkung. Sie sind von den Fachgerichten bei der Auslegung des Fachrechts (vorher sog. „einfaches Recht") zur Geltung zu bringen. Kollidierende Grundrechtspositionen sind nach dem Grundsatz der praktischen Konkordanz in Ausgleich zu bringen, so dass sie für alle Beteiligten möglichst weitgehend wirksam werden[28] (vgl. zu Vereinsstrafen → § 25 Rn. 53 ff.)

5   **3. Anerkennung ausländischer juristischer Personen.** Vgl. dazu → Rn. 17 sowie den Anhang zu → EGBGB Art. 12 Rn. 3 ff.

III. Handlungs- und Deliktsfähigkeit juristischer Personen

6   Die juristische Person kann nicht selbst, sondern nur durch natürliche Personen handeln. Bei der Frage des Handelns nach innen ist die innere Willensbildung einer juristischen Person angesprochen; diese vollzieht sich in den von Gesetz und Satzung vorgesehenen Gremien, beim Verein etwa Vorstand und Mitgliederversammlung. Handeln nach außen kann rechtsgeschäftlicher oder deliktischer Art sein. Insofern geht es um die Frage, welche Handlungen welcher Personen der juristischen Person zugerechnet werden – zB welche Erklärungen sie binden, welche Delikte sie ersatzpflichtig machen, welche Verfügungen über Gegenstände ihres Vermögens wirksam sind. Streitig ist, ob der „gesetzliche Vertreter" (§ 26 Abs. 2) die juristische Person wie einen Unmündigen vertritt und so die Handlungsfähigkeit begründet („**Vertretertheorie**"); oder ob nach der „**Organtheorie**" (auch „reale Verbandstheorie") die Vertreter mit den „Organen" eines Lebewesens zu vergleichen sind, in den Handlungen ihrer Organe stelle sich die juristische Person unmittelbar dar.[29] Der BGB-Gesetzgeber hat den Theorienstreit offen gelassen. Bedeutung in der Praxis hat er kaum erlangt. Unabhängig vom Theorienstreit ist der juristischen Person nicht nur das rechtmäßige, sondern auch das rechtswidrige Verhalten ihrer Organe, die innerhalb ihres Wirkungskreises handeln, als eigenes Verhalten zuzurechnen (§ 31).

IV. Trennungsgrundsatz – Zurechnungsdurchgriff, Haftungsbeschränkung, Durchgriffshaftung

7   Die juristische Person ist gegenüber ihren Mitgliedern verselbstständigt („**Trennungsgrundsatz**"). Dieser Grundsatz hat zwei Aspekte: Zum einen geht es um den sog. **Zurechnungsdurchgriff** – also etwa die Fragen der Zurechnung von Kenntnissen eines Alleingesellschafters zum Wissen der juristischen Person, der Bewilligung von Prozesskostenhilfe zugunsten einer juristischen Person auch nach Maßgabe der Leistungsfähigkeit der an dieser wirtschaftlich Beteiligten (§ 116 S. 1 Nr. 2 ZPO) sowie der Stimmverbote für Organ- bzw. Vereinsmitglieder, wenn diese einer juristischen Person zuzurechnen sind, deren Beziehung zur Gesellschaft oder dem Verein bei der Abstimmung in Rede steht (vgl. dazu → § 34 Rn. 4).[30] Zum anderen geht es

26   *Ludwigs* JZ 2013, 434.

27   Vgl. grundlegend BVerfGE 7, 198, 205 f.; 112, 332, 352, dazu *Hesse*, Grundzüge des Verfassungsrechts der Bundesrepublik Deutschland, § 11 Rn. 351 ff.

28   BVerfGE 148, 267 = NJW 2018, 1667, Rn. 32 ff.

29   Vgl. allg. Staudinger/*Weick* (2005) BGB Vor §§ 21 ff. Rn. 52; Staudinger/*Schwennicke* BGB Vor § 21 ff. Rn. 46; BeckOK BGB/*Schöpflin* Vor § 21 Rn. 2 f.; *Beuthien* NJW 1999, 1142; für die Organtheorie *Hübner* BGB AT, 1 Auflage, 1985, § 14 V 2 b;

MüKoBGB/*Reuter* (7. Aufl.) § 26 Rn. 11; MüKoBGB/*Leuschner* § 26 Rn. 4; *K. Schmidt* GesR § 10 I 2; *v. Gierke*, Die Genossenschaftstheorie und deutsche Rspr., 1887, S. 603 ff. und 620 ff.; *ders.*, Deutsches Privatrecht I 1899, § 67 I, S. 518 f.; für die Vertretertheorie: *v. Savigny*, System des heutigen Römischen Rechts, 1840, § 90, S. 282 f.; *Flume* BGB AT, Bd. 1/2, § 11 I, S. 398 ff.

30   Erman/*Westermann* Vor § 21 Rn. 4; MüKoBGB/*Reuter* (7. Aufl.) Vor § 21 Rn. 24 ff.

um den **Haftungsdurchgriff**. Die Verselbstständigung der juristischen Person gegenüber ihren Mitgliedern begründet für die juristische Person grundsätzlich deren beschränkte Haftung: Da das Verbandsvermögen von dem der Mitglieder unabhängig ist, haftet grundsätzlich nur dieses Vermögen. Die Rechtsgeschäfte, die die für die juristische Person handelnden gesetzlichen Vertreter eingehen, sind Geschäfte der juristischen Person. Sie sind nur dieser zuzurechnen und machen daher nur ihr Vermögen haftbar; die Mitglieder und Organe der juristischen Person haften grundsätzlich nicht mit dem eigenen Vermögen.[31] Sie haften grundsätzlich nur bei Vorliegen eines besonderen Rechtsgrundes, der ihre persönliche Haftung vorsieht (zB Bürgschaft, Delikt, c.i.c. oder eine satzungsmäßige, freiwillig übernommene Sonderpflicht); das gilt prinzipiell auch bei der Ein-Personen-Gesellschaft.[32]

Eine **Ausnahme gilt bei der sog. Durchgriffshaftung**: Der Gläubiger der juristischen Person kann unter besonderen Voraussetzungen durch diese durchgreifen und das Mitglied persönlich in Anspruch nehmen. Die ständige Rechtsprechung[33] bejaht den Durchgriff zumal (→ Rn. 9), wenn die Rechtsform der juristischen Person missbräuchlich verwendet wird oder wenn die Berufung auf die rechtliche Selbstständigkeit der juristischen Person gegen Treu und Glauben verstößt.[34] Einzelheiten der Durchgriffshaftung sind streitig.[35] Der BGH hat lange Zeit die Gesellschafterhaftung nach konzernrechtlichen Grundsätzen entwickelt.[36] Von diesem Konzept ist er inzwischen abgewichen.[37] Nunmehr bejaht er einen eigenständigen Anspruch der juristischen Person (in den entschiedenen Fällen einer GmbH) auf Gewährleistung ihres Bestandes: Die Gesellschafter haften, wenn sie in das **Eigeninteresse der juristischen Person auf Bestandswahrung** in existenzvernichtender Weise eingreifen; die Gesellschafter müssten bei Eingriffen in das Vermögen der abhängigen GmbH angemessene Rücksicht auf deren Belange nehmen. Diese seien der Dispositionsfreiheit der Gesellschafter entzogen. Die Gesellschafter dürften zwar in die Geschicke der juristischen Person eingreifen, aber dabei nicht in gläubigerschädigender Weise in ihren Bestand eingreifen. Alleingesellschafter oder einverständlich handelnde Gesellschafter haften den Gläubigern der juristischen Person für Nachteile, die dadurch entstehen, dass sie der GmbH das Vermögen entziehen, das diese zur Erfüllung ihrer Verbindlichkeiten benötigt. Grundlage der Haftung ist nach dem BGH § 826.[38] Diese Rspr. beschränkte sich in den bekannten Fällen bislang auf die GmbH. Wegen der gleichen Interessenlage hat sie aber uE für alle deutschen juristischen Personen entsprechend zu gelten.

Demgegenüber soll es nach der BGH-Entscheidung *Kolpingwerk* beim eingetragenen **Idealverein keine Durchgriffshaftung** geben, selbst wenn dessen Mitglieder die Rechtsform zu einer wirtschaftlichen Tätigkeit nutzen, die das Nebenzweckprivileg nicht deckt.[39] Die Vorinstanz OLG Dresden hatte die Durchgriffshaftung wegen des Missbrauchs der Rechtsform noch bejaht; denn die Vereinsmitglieder hätten die erhebliche, das Nebenzweckprivileg überschreitende wirtschaftliche Betätigung ihres Vereins nicht unterbunden.[40] Anders der BGH: Die Rechtsfähigkeit eines eV gewährleiste die strikte rechtliche **Trennung der Vermögenssphären** der Vereinsmitglieder einerseits und des Vereins andererseits; eine Durchbrechung dieses Trennungsgrundsatzes sei nur ausnahmsweise zulässig, wenn die Ausnutzung der rechtlichen Verschiedenheit zwischen der juristischen Person und den hinter ihr stehenden natürlichen Personen rechtsmissbräuchlich sei und Konzernstrukturen zulasten der Gläubiger ausgenutzt würden. Der gesetzlichen Sanktion der Amtslöschung und der behördlichen Entziehung der Rechtsfähigkeit (§ 43 Abs. 2) sowie der durch sie

8

9

31 Vgl. statt aller Staudinger/*Weick* (2005) BGB Vor §§ 21 ff. Rn. 8 und 61; Staudinger/*Schwennicke* BGB Vor §§ 21 ff. Rn. 8 und 75; BeckOK BGB/*Schöpflin* § 21 Rn. 18.

32 BGHZ 22, 226, 230 = DB 1957, 42 = NJW 1957, 181.

33 Grundsätzlich kritisch gegenüber Durchgriffshaftung in jeder Form *Wilhelm* Rechtsform und Haftung bei der juristischen Person, 1981, S. 285 (*Wilhelm* favorisiert stattdessen die Begründung von Pflichten der Mitglieder gegenüber der juristischen Personen, deren Nichtbeachtung Schadensersatzpflichten auslöst; vgl. jetzt die Rechtsprechung des BGH zum existenzgefährdenden Eingriff bei der GmbH, grundlegend BGHZ 149, 10).

34 BGHZ 22, 226 = DB 1957, 42 = NJW 1957, 181; BGHZ 26, 31 = DB 1957, 1197 = JZ 1958, 369; BGHZ 54, 222 = DB 1970, 1874 = NJW 1970, 2015; BGHZ 61, 380 = DB 1974, 181 = NJW 1974, 134; BGHZ 78, 318 = DB 1981, 574 = NJW 1981, 522.

35 Vgl. die Überblicke bei Staudinger/*Weick* (2005) BGB Vor §§ 21 ff. Rn. 37; Staudinger/*Schwennicke* BGB Vor §§ 21 ff. Rn. 75 ff.; MüKoBGB/*Reuter*

(7. Aufl.) Vor § 21 Rn. 21 ff.; *K. Schmidt* GesR § 24 VI 2; Allg. *Flume* BGB AT, Bd. 1/1, § 3.

36 BGHZ 122, 123 = DB 1993, 825 = NJW 1993, 1200 (TBB); BGHZ 115, 187 = DB 1991, 2176 = NJW 1991, 3142 (Video); BGHZ 107, 7 = DB 1989, 816 = NJW 1989, 1800 (Tiefbau); BGHZ 95, 330 = DB 1985, 2341 = NJW 1986, 188 (Autokran).

37 Begründet durch einen Beitrag des damaligen Vorsitzenden des BGH-Gesellschaftsrechtssenats *Röhricht* FS 50 Jahre BGH, 2000, S. 83 ff.

38 BGHZ 149, 10 = DB 2001, 2338 = NJW 2001, 3622 (Bremer Vulkan); BGH NJW 2002, 3024 = DB 2002, 1875 (KBV); BGH NJW 2005, 3137 (3140) = BB 2005; 2144; BGH NJW 2007, 2689 = ZIP 2007, 1552 (Trihotel).

39 BGHZ 175, 12 = JZ 2008, 516 = ZIP 2008, 354 – Kolpingwerk; vgl. dazu *Hofmeister* ZIP 2009, 161; *Reuter* NZG 2008, 650; *Hadding* WuB II N § 21 BGB 1.08; *Hüttemann* LMK 2008, 256400; *K. Schmidt* ZIP 2007, 605 (608); MüKoBGB/*Reuter* (7. Aufl.) Vor § 21 Rn. 47 f.

40 OLG Dresden ZIP 2005, 1680.

bewirkte mittelbare Zwang zur Auflösung oder Umwandlung des das Nebenzweckprivileg überschreitenden Idealvereins seien grundsätzlich (soweit keine rechtsmissbräuchliche Ausnutzung des Trennungsprinzips hinzukomme) zum Schutz des Rechtsverkehrs ausreichend.[41] *Grunewald* verteidigt die BGH-Sicht damit, dass eine Haftung der Mitglieder eine Art „Strafe" wäre; das sei als Legitimation für Haftung „stets fragwürdig"; zudem würde sie meist den Falschen treffen; denn die Mitglieder brauchten sich keine Gedanken zu machen, ob sich ihr Verein noch im Rahmen des Nebenzweckprivilegs halte.[42] Diese zutreffenden Gedanken kann man noch dahingehend erweitern, dass sich die Mitglieder generell keine Gedanken zu machen brauchen, ob der Verein ein nicht-wirtschaftlicher ist und bleibt; die Einhaltung der Grenze zum wirtschaftlichen Verein obliegt dem Vorstand; darauf darf das einzelne Mitglied vertrauen. Unbeeinträchtigt von der *Kolpingwerk*-Entscheidung des BGH bleiben die Grundsätze von BGHZ 54, 222. In dem Fall hatten die Mitglieder einen **Verein gegründet, der von Anfang an vermögenslos war und keine Aussicht hatte, Vermögen zu erwerben**, was die Mitglieder wussten. In solchen Fällen widerspricht es nach dem BGH Treu und Glauben, wenn die Vereinsmitglieder „die Vorteile aus der juristischen Konstruktion, der Zwischenschaltung des Vereins sich erhalten wollen, obgleich sie verpflichtet gewesen wären, dafür Sorge zu tragen, daß dem Verein ... die nötigen Mittel zur ... (Zahlung) zur Verfügung standen".[43] Eine solche Mitgliederhaftung muss grundsätzlich[44] auf krasse Ausnahmefälle beschränkt bleiben; denn sonst bestünde ständig die Gefahr, dass Vereinsmitglieder Gläubigeransprüchen ausgesetzt sind. Wer mit einem Verein kontrahiert, der weiß, dass der Verein kein Mindestkapital hat und die Mitglieder nicht persönlich für Verbindlichkeiten des Vereins in Anspruch genommen werden sollen; ein solcher Gläubiger muss daher grundsätzlich selbst dafür sorgen, seine wirtschaftlichen Interessen hinreichend zu sichern, er kann außer der in Ausnahmefällen möglichen persönlichen Haftung der Organmitglieder (zumal in Fällen des Delikts und in Insolvenzsituationen, → § 27 Rn. 20 a ff., 24) grundsätzlich nicht damit rechnen, dass er neben dem Verein einen weiteren Haftungsschuldner bekommt.

10 Mit Recht hat *Reuter* in Abgrenzung von Konstellationen nach → Rn. 9 herausgearbeitet, dass bei Vereinen mit nicht-wirtschaftlichen Zwecken eine Haftung des Dachverbandes in Betracht kommen kann, wenn solche Dachverbände, wie namentlich im Sport, „faktisch die Position einer ‚**Konzernmutter**' erreicht haben". In solchen **Gesamtvereinen**, die in Haupt- und Zweigverein gegliedert seien, habe der Hauptverein kraft Verfassung „in mehr oder weniger engen Grenzen eine beherrschende Stellung"; daher gebe es nicht nur eine Treuepflicht des Hauptvereins zum Zweigverein, der den Hauptverein zur Respektierung des Eigeninteresses des abhängigen Vereins verpflichte, sondern auch eine Verpflichtung des Hauptvereins zur Haftung, wenn der Hauptverein dem Zweigverein „durch nachhaltige Eingriffe in seinen ‚Haftungsfonds' (Vermögen) oder seine ‚Geschäftschancen' (Sponsorenakquisition uÄ) die Mittel entzieht, die er zur Begleichung seiner Verbindlichkeiten benötigt".[45] (vgl. zur Compliance im Vereins-Konzern → § 27 Rn. 25 d ff.)

Sehr streitig ist die Frage der Anwendung der Rechtsprechung zum Haftungsdurchgriff auf **ausländische juristische Personen**, die im Inland ihren Verwaltungssitz haben → § 705 Rn. 4.[46]

11 **Weitere Fälle der Haftung**: Vermögensvermengung (auch Sphärenvermischung oder Vermögenssphärenvermischung genannt) zwischen dem Vermögen der juristischen Person und dem ihrer Mitglieder;[47] Hervorrufen des Rechtsscheins persönlicher Haftung;[48] unlauteres Vorschieben der juristischen Person;[49] Rechtsform- bzw. Institutsmissbrauch und sonst unlauteres Verhalten der Mitglieder auch unterhalb der Schwelle

---

41 BGHZ 175, 12 = JZ 2008, 516 = ZIP 2008, 354 – Kolpingwerk.

42 *Grunewald*, Gesellschaftsrecht, § 8 Rn. 67; vgl. auch *K. Schmidt* ZIP 2007, 605 (609); *von Hippel* NZG 2996, 537.

43 BGHZ 54, 222 = NJW 1970, 2015 = WM 1970, 1106.

44 *Grunewald*, Gesellschaftsrecht, § 8 Rn. 66, hebt mit Recht hervor, dass von diesem Grundsatz Ausnahmen gelten zB, wenn Mitglieder die Dritten über die Finanzausstattung des Vereins täuschen; aber auch dann liegt lediglich eine individuelle Haftung des jeweiligen Mitglieds vor – nicht aber eine Haftung aller Mitglieder für alle Verbindlichkeiten des Vereins, sondern eine Haftung für eigenes Verschulden.

45 MüKoBGB/*Reuter* (7. Aufl.) Vor § 21 Rn. 46.

46 *Eidenmüller* ZIP 2002, 2233 (2242); *Paefgen* DB 2003, 487; *Schanze/Jüttner* AG 2003, 30 (34); *Forsthoff* DB 2002, 2471; *Zimmer* BB 2003, 1 = NJW 2006, 1631; *Möslein* NZG 2011, 174; OLG Hamm NZG 2006, 826; Hk-HGB/*Schall* Anh. zu Int. PersGesR Rn. 91 ff.

47 BGHZ 68, 312, 315 = DB 1977, 1246 = NJW 1977, 1449; BGHZ 125, 366, 368 = DB 1994, 1354 = NJW 1994, 1801; BGH NJW 2006, 1344 = DB 2006, 604 Rn. 14; vgl. dazu auch MüKoBGB/*Reuter* (7. Aufl.) Vor § 21 Rn. 34 ff.; *K. Schmidt* GesR § 9 IV 2; *ders.* ZIP 1994, 837 (840).

48 BGHZ 22, 226, 230 = DB 1957, 42 = NJW 1957, 181.

49 BGHZ 54, 222 = DB 1970, 1874 = NJW 1970, 2015; BGHZ 68, 312 = DB 1977, 1246 = NJW 1977, 1449.

des § 826 (→ Rn. 8).[50] **Nicht** zur Durchgriffshaftung führt nach ständiger Rspr. die bloße **Unterkapitalisierung** der juristischen Person[51] – und zwar selbst dann, wenn die Gründer/Gesellschafter/Mitglieder die juristische Person so eindeutig unzureichend mit Kapital ausgestattet haben, dass ein ökonomischer Misserfolg höchstwahrscheinlich ist.[52] Nur wenn zu der Unterkapitalisierung weitere Umstände hinzukommen, soll eine persönliche Haftung der Mitglieder denkbar sein[53] (vgl. auch die insolvenzrechtlichen Sicherungen durch §§ 39 Abs. 1 Nr. 5, 44 a, 135 sowie 143 InsO nebst der anfechtungsrechtlichen Ergänzung in §§ 6, 6 a AnfG; vgl. auch § 47 InsO; ob § 39 Abs. 1 Nr. 5 iVm Abs. 4 InsO auf den Verein anwendbar ist, ist streitig).[54] Nicht zur Haftung führt auch die bloße **Eingliederung** der juristischen Person in ihren Alleingesellschafter.[55]

Eine Facette des Trennungsprinzips ist die **Frage, ob eine Schädigung der juristischen Person gleichzeitig einen Eigenschaden des Gesellschafters begründet**. Der typische Fall ist die in § 317 Abs. 1 S. 1 und S. 2 AktG geregelte Konstellation, dass derjenige, der eine juristische Person (AG) als herrschendes Unternehmen geschädigt hat, deren Aktionären nur insoweit zum Ersatz verpflichtet ist, als ihnen der Schaden nicht (wirtschaftlich) durch eine Schädigung der Gesellschaft zugefügt worden ist (ähnlich § 117 Abs. 1 S. 2 AktG). Voraussetzung für Ersatzansprüche der Aktionäre ist grundsätzlich, dass ihnen im Schutzbereich ihrer Mitgliedschaft ein eigener Schaden entstanden ist. Dieser umfasst prinzipiell nur Schadenspositionen, die über den Reflexschaden als Folge des durch die Gesellschaft erlittenen Schadens hinausgehen und die deswegen auch durch die Schadenskompensation bei der Gesellschaft nicht entfallen.[56] Nur in begrenzten Ausnahmefällen kommt ein solcher Anspruch in Betracht, wenn ein Gesellschafter wegen der Schädigung des Gesellschaftsvermögens einen eigenen Schadensersatzanspruch geltend machen kann.[57]

11a

B. Verein

I. Begriff und Rechtsnatur

Der Verein ist ein auf Dauer angelegter, körperschaftlich organisierter Zusammenschluss von Personen mit einem gemeinsamen Zweck.[58] Drei Merkmale kennzeichnen die körperschaftliche Organisation: der **Vereinsname**, die Vertretung durch einen **Vorstand** und die **Unabhängigkeit des Vereins vom Wechsel seiner Mitglieder**.[59] Praktische Bedeutung hat die Frage des Vereinsbegriffs nicht beim eingetragenen Verein nach § 21, sondern beim sog. „nicht rechtsfähigen", nicht eingetragenen Verein gem. § 54 in Abgrenzung von der GbR (→ und § 54 § 705 Rn. 89). Der rechtsfähige eingetragene und der „nicht rechtsfähige", nicht eingetragene Verein sind nach heute ganz herrschender Auffassung wesensgleich, dagegen von der Personengesellschaft wesensverschieden.[60] Dennoch besteht zwischen dem nicht eingetragenen Verein und der GbR keine klare Trennungslinie. Die Abgrenzung knüpft an die obigen Begriffsmerkmale an, von denen die körper-

12

50 BGH WM 1979, 229; NJW-RR 1988, 1181;
    BGHZ 175, 12 = JZ 2008, 516 = ZIP 2008, 354 –
    Kolpingwerk; vgl. dazu *Hofmeister* ZIP 2009, 161;
    Reuter NZG 2008, 650; *Hadding* WuB II N § 21
    BGB 1.08; *Hüttemann* LMK 2008, 256400;
    K. Schmidt ZIP 2007, 605 (1680), BGHZ 54, 222 =
    NJW 1970, 2015 = WM 1970, 1106. Sehr zurückhaltend bei der Annahme von Durchgriffshaftung selbst
    bei Verstoß gegen gesetzliche Vorschriften sowie
    unzureichende Organisation der Buchhaltung bei
    deliktischer Veruntreuung öffentlicher Fördermittel,
    von denen der Vorstand nichts erkennen musste, VG
    Bremen 22.3.2018 – 5 K 343/17, nv juris Rn. 43 ff.
51 BGHZ 68, 312 = DB 1977, 1246 = NJW 1977, 1449;
    BGHZ 90, 390; BGHZ 176, 204 = NJW 2008, 2437
    – *Gamma*; BAG NJW 1999, 740 = DB 1998, 2532 =
    GmbHR 1998, 1221; Ausnahme in der Rspr. BSG
    NJW 1984, 2117; in der Lit. vielfach befürwortet,
    vgl. zB die Darstellungen bei Hachenburg/*Ulmer*,
    GmbHG, 8. Aufl. 1997, Anh. § 30 Rn. 1 ff., 35 ff.,
    50 ff.; Scholz/*Bitter*, GmbHG, 11. Aufl. 2012, § 13
    Rn. 138 ff.; Lutter/*Bayer*, GmbHG, 18. Aufl. 2012,
    § 13 Rn. 20 ff.
52 BGHZ 176, 204 = NJW 2008, 2437 – Gamma –
    Rn. 17 ff.
53 Palandt/*Ellenberger* BGB Vor § 21 ff. Rn. 13 im
    Anschluss an BAG NJW 1999, 740 = DB 1998,

    2532; BGHZ 176, 204 = BGH NJW 2008, 2437
    Rn. 21; *Altmeppen* ZIP 2008, 1201.
54 Uhlenbruck/*Hirte* InsO § 39 Rn. 58; *Hirte* FS Werner
    2009, 222, 232 f. bejaht für die Stiftung die analoge
    Anwendung.
55 BGHZ 68, 312 = DB 1977, 1246 = NJW 1977, 1449.
56 *Schatz/Schödel* in Heidel Aktienrecht AktG § 317
    Rn. 7 mwN.
57 Vgl. Erman/*Westermann* vor § 21 Rn. 7 unter Verweis auf BGH NJW 1977, 1283 = GmbHR 1977,
    274 (wird der geschäftsführende Alleingesellschafter
    einer Kapitalgesellschaft infolge einer Unfallverletzung arbeitsunfähig und entgeht seiner Gesellschaft
    dadurch ein geschäftlicher Gewinn, könne er diesen
    Verlust als eigenen Schaden von dem für den Unfall
    Verantwortlichen ersetzt verlangen); BGH ZIP 1989,
    98 = AG 1989, 170 (der ersatzfähige eigene Vermögensschaden umfasse auch die Einbußen der Kapitalgesellschaft, deren Alleingesellschafter der von einer
    Strafverfolgungsmaßnahme Betroffene ist.
58 Vgl. *K. Schmidt* GesR § 23 I 1 a; MüKoBGB/*Reuter*
    (7. Aufl.) §§ 21, 22 Rn. 1; MüKoBGB/*Leuschner*)
    Vor § 21 Rn. 110.
59 RGZ 60, 94, 96; 143, 212, 213; MüKoBGB/*Reuter*
    (7. Aufl.) §§ 21, 22 Rn. 1; MüKoBGB/*Leuschner* Vor
    § 21 Rn. 110; *Flume* BGB AT, Bd. 1/1, § 4 I.
60 *K. Schmidt* GesR § 25 I 2 a.

schaftliche Organisation und die Unabhängigkeit vom Mitgliederwechsel besonders wichtig sind. Die Abgrenzung kann man wegen der Möglichkeit von Mischformen und Überschneidungen[61] nicht begrifflich, sondern nur typologisch vornehmen.[62] Während die GbR ein Vertragsverhältnis unter bestimmten Personen ist, das grundsätzlich durch den Tod eines Gesellschafters endet (vgl. § 727 Abs. 1 BGB), ist der Verein auf die Veränderlichkeit des Personenstandes angelegt; er besitzt eine korporative Organisation. Deren Grundlage bildet die Mitgliederversammlung, die mit Mehrheitsprinzip abstimmt und einen Vorstand festlegt, der den Verein vertritt. Kein konstitutives Begriffs- und Abgrenzungsmerkmal des Vereins von der GbR ist die Rechtsfähigkeit, da nunmehr die ganz hM die Rechtsfähigkeit der Außen-GbR anerkennt (→ § 705 Rn. 6 ff.). Betreibt die Einheit ein Unternehmen, liegt eine Gesellschaft und kein Verein vor, und zwar auch bei körperschaftlicher Organisation.[63] Nicht maßgeblich für die Unterscheidung ist die Bezeichnung; es gibt viele Vereine, die sich als „Gesellschaft" bezeichnen (zur Namensgebung beim eV → § 57 Rn. 6 f.).

II. Vereinsfreiheit

13 Art. 9 Abs. 1 GG gewährleistet die Vereinsfreiheit, nach der „alle Deutschen das Recht (haben), Vereine und Gesellschaften zu bilden". Gem. Art. 9 Abs. 2 GG sind Vereinigungen verboten, „deren Zweck oder deren Tätigkeit den Strafgesetzen zuwiderlaufen oder die sich gegen die verfassungsmäßige Ordnung oder gegen den Gedanken der Völkerverständigung richten". Regelungen zum öffentlichen Vereinsrecht finden sich im Vereinsgesetz.[64] Art. 9 Abs. 1 GG hat eine mehrfache Schutzrichtung: Er schützt zunächst das Recht auf **freie Vereinsgründung** einschließlich des freien Beitritts zu einem Verein. Zudem schützt er iVm Art. 19 Abs. 3 GG mittelbar auch den Verein selbst (**kollektive Vereinigungsfreiheit**), und zwar hinsichtlich Entstehung (Gründungsfreiheit), Bestehen nach innen und außen (interne und externe Bestandsfreiheit) sowie autonomer Betätigung bzw. Gestaltung im Innen- und Außenverhältnis. Schließlich gewährleistet Art. 9 Abs. 1 GG auch die **negative Vereinigungsfreiheit**: das Recht, Vereinen fernzubleiben und aus ihnen auszutreten (→ § 25 Rn. 21 ff. und § 39).[65] Diese verbietet aber nicht grundsätzlich vertragliche, auch durch AGB begründete Verpflichtungen, einem Verein beizutreten.[66] In den Grenzen der Vereinsfreiheit kann auch eine **Pflicht zur Aufnahme in Vereine** (Kontrahierungszwang) bestehen; das wird neben Fällen ausdrücklicher gesetzlicher Anordnung (zB § 20 Abs. 5 GWB) insbes. im Hinblick auf die Aufnahmepflicht von Interessenverbänden und von sozial mächtigen Verbänden sowie solchen diskutiert, die staatliche Subventionen erhalten (→ § 25 Rn. 35 ff.).[67]

14 Wesentlich ist die **Vereinsautonomie**, dh das Recht des Vereins, sich in freier Selbstbestimmung seine innere Ordnung zu geben.[68] Diese bedeutet aber nicht, dass keine Unterordnung unter staatliche Gerichte bestände. Der Rechtsweg zum Gericht kann für Rechtsbeziehungen des Vereins zu den Mitgliedern und der Mitglieder untereinander nicht ausgeschlossen werden, falls nicht die Satzung ein Schiedsgericht bestimmt (→ § 25 Rn. 3). Satzungsbestimmungen sind nichtig, die den Rechtsweg gegen Beschlüsse der Mitglieder-

---

61 Vgl. *K. Schmidt* GesR § 25 I 2 b.

62 *K. Schmidt* GesR § 25 I 2 b; BeckOK BGB/*Schwarz* § 25 Rn. 5.

63 *K. Schmidt* GesR § 25 I 2 b; *Flume* BGB AT, Bd. 1/1, § 7 I; vgl. aber MüKoBGB/*Reuter* (7. Aufl.) § 54 Rn. 6 ff.; MüKoBGB/*Leuschner* § 54 Rn. 9 ff.

64 Gesetz zur Regelung des öffentlichen Vereinsrechts v. 5.8.1964 (BGBl. I 1964 S. 593 zuletzt geändert durch Art. 2 Abs. 29 des Gesetzes vom 1.4.2015); vgl. dazu *Schnorr*, Öffentliches Vereinsrecht, 1965; vgl. dazu den Kommentar Albrecht/*Roggenkamp*, Vereinsgesetz, 2014; Reichert/*Schiffbauer*, Kapitel 3 Rn. 1 ff., Scheidler NVwZ 2011, 1497. Vgl. exemplarisch BVerwG NVwZ-RR 2019, 512 = juris Rn. 18 ff. zum Verbot des Vereins Hells Angels Motorcycle-Club Bonn.

65 Vgl. BVerfGE 13, 174, 175 = NJW 1961, 2251; 30, 227, 241 = NJW 1971, 1123; 50, 290, 353 f. = NJW 1979, 679; Dreier/*Bauer* GG Art. 9 Rn. 46; v. Münch/Kunig/*Löwer* GG Art. 9 Rn. 27; Jarass/Pieroth/*Jarass* GG Art. 9 Rn. 7; v. Mangoldt/Klein/Starck/*Kemper*, Bonner GG, Art. 9 Rn. 130 f.; MüKoBGB/*Reuter* (7. Aufl.) Vor § 21 Rn. 91 ff., 97 ff.; MünchGesR/*Beuthien*, Bd. V § 1 Rn. 6.

66 BGH ZIP 2016, 1434 = NZG 2016, 1107 Rn. 23 ff. zur formularmäßigen Verpflichtung des Mieters in einem Einkaufszentrum, einer Werbegemeinschaft in Form eines eV beizutreten, dort auch zu § 305 c Abs. 1 sowie § 307 Abs. 1 S. 1 (Rn. 23 ff.) und zur Frage, welche Angaben im Hinblick auf das Transparenzgebot des § 307 Abs. 1 S. 2 über die Höhe der vom Mieter zu zahlenden Beiträge erforderlich sind, Rn. 28 ff.

67 Vgl. MüKoBGB/*Reuter* (7. Aufl.) Vor § 21 Rn. 109 ff.; *Bartodziej* ZGR 1991, 517; *Birk* JZ 1972, 343; *Edenfeld*, Die Rechtsbeziehung des bürgerrechtlichen Vereins zu Nichtmitgliedern, 1996, S. 151 ff.; *Grunewald* AcP 182 (1982), 181; *Grunewald* ZHR 152 (1988), 242; *Grunewald*, Gesellschaftsrecht, § 8 Rn. 86; *Lutter* AcP 180 (1980), 84; *Nicklisch* JZ 1976, 105; *Reuter* JZ 1985, 586; vgl. aus der Rspr. BGH NJW 1980, 186 (zum Aufnahmeanspruch in den Hamburgischen Anwaltverein; BGH NJW 1991, 485; BGHZ 29, 344, 348 ff.; BGHZ 37, 160, 163; BGHZ 63, 282, 285 = NJW 1975, 771; BGHZ 93, 151, 152 = NJW 1985, 1216; BGHZ 140, 74 = NJW 1999, 1326.

68 BVerfGE 50, 190, 354 = NJW 1979, 699; BVerfGE 80, 244 = NJW 1990, 37.

versammlung ausschließen, ohne zugleich ein Schiedsverfahren vorzusehen.[69] In jüngerer Zeit gewinnt die Frage an Bedeutung, inwieweit die Vereinsautonomie zugunsten mitglieder- und minderheitsschützender Erwägungen zu ergänzen ist bzw. diese umfasst (→ § 25 Rn. 16 ff.).

III. Anwendungsbereich

Die §§ 21–53 gelten für alle rechtsfähigen Vereine, zudem auch für die sog. „nicht rechtsfähigen" Vereine (→ § 54 Rn. 2). Für **Handelsgesellschaften**, Genossenschaften und den VVaG gelten die Sondergesetze AktG, GmbHG, GenG sowie VAG; nur soweit diese Lücken haben, kann man auf das Vereinsrecht zurückgreifen, etwa hinsichtlich der §§ 29, 30, 31 und 35 (nicht aber zB § 31 a). Beschränkt anwendbar sind die §§ 21 ff. auf die als Vereine organisierten politischen **Parteien**, für die das Parteiengesetz besondere Vorschriften normiert. Für die Abgrenzung ihres Anwendungsbereich ist § 2 Abs. 1 S. 1 ParteienG einschlägig: Eine Partei ist eine Vereinigung von Bürgern, „die … auf die politische Willensbildung Einfluss nehmen und an der Vertretung des Volkes im Deutschen Bundestag oder einem Landtag mitwirken wollen, wenn sie nach dem Gesamtbild der tatsächlichen Verhältnisse … eine ausreichende Gewähr für die Ernsthaftigkeit dieser Zielsetzung bieten".[70] Nur soweit das ParteienG keine speziellen Vorschriften enthält, ist ergänzend das BGB anzuwenden. **15**

Religiöse Vereine, die Religionsgemeinschaften gem. Art. 140 GG iVm Art. 137 WRV sind, können ihre Angelegenheiten grundsätzlich nach ihrem religiösen Selbstverständnis ordnen.[71] Die Religionsgemeinschaft wird als ein Personenverband definiert, der die Angehörigen eines Glaubensbekenntnisses (oder mehrerer verwandter Glaubensbekenntnisse) zu allseitiger Erfüllung der durch das gemeinsame Bekenntnis gestellten Aufgaben zusammenfasst.[72] Gem. Art. 140 GG iVm Art. 137 Abs. 4 WRV erwerben die Religionsgemeinschaften die Rechtsfähigkeit nach den allgemeinen Vorschriften des bürgerlichen Rechts; die Religionsgesellschaft ordnet und verwaltet gem. Art. 137 Abs. 3 WRV ihre Angelegenheiten „selbständig innerhalb der Schranken des für alle geltenden Gesetzes. Sie verleiht ihre Ämter ohne Mitwirkung des Staates oder der bürgerlichen Gemeinde". Nach ständiger Rspr. genießen als eV organisierte Religionsgemeinschaften besondere Freiheiten bei Satzungsänderung, Auflösung, Rechtsstellung der Mitglieder einschließlich ihres Ausschlusses und Entsendung von kirchlichen Funktionsträgern, die sonst nach der Vereinsautonomie nicht zulässig wären, da der religiöse Verein Teil einer Religionsgemeinschaft ist.[73] **16**

Art. 231 § 2 EGBGB bestimmt für **Altvereine der ehemaligen DDR** den Fortbestand rechtsfähiger Vereinigungen.[74] **17**

Für Altvereine für die Zeit vor dem 1.1.1900 sind Art. 163 ff. EGBGB zu beachten.[75] **18**

Ausländische Vereine, die ihren Verwaltungssitz im Ausland haben, sind in Deutschland ohne Weiteres rechtsfähig[76] (vgl. auch → § 23 Rn. 1). § 23 aF ermöglicht die Verleihung inländischer Rechtsfähigkeit (→ § 23 Rn. 1). Im Inland ipso iure anzuerkennen sind auch in der EU gegründete juristische Personen, die ihren Verwaltungssitz in das Inland verlegen, selbst wenn ihre Gründung nicht den deutschen Gründungsvorschriften entspricht.[77] Auch ein nach keiner staatlichen Rechtsordnung verfasster ausländischer Verein kann uU in einem Rechtsstreit beteiligungsfähig sein.[78] **19**

---

69 OLG Celle WM 1988, 495 mAnm *Grunewald* RGZ 55, 326; 80, 189; vgl. zum Rechtsschutz gegen Mitgliederbeschlüsse in Vereinen Gutachten von *Koch* und Referate von *Heidel* und *J. Schmidt* beim 72. DJT 2018.

70 Vgl. zu dem Begriff BVerfG NJW 1993, 3213; BVerwG NVwZ 1997, 66; BVerfGE 91, 262, 266 f.; vgl. dazu zB Reichert/*Wagner* Kapitel 2 Rn. 5973 ff.

71 BayObLGZ 1987, 161 (170); BVerfG NJW 1991, 2623.

72 BVerfGE 99, 1, 3 = NJW 1999, 43.

73 BVerfG NJW 1991, 2623 (2625); OLG Köln NJW 1992, 1048; OLG Frankfurt NJW-RR 1997, 482; Reichert/*Wagner*, Kapitel 2 Rn. 6269. Vgl. zur Eingliederung eines eingetragenen Vereins in einer reli-

giöse Körperschaft des öffentlichen Rechts, was in der Gründungsphase durch Kirchengesetz grundsätzlich möglich sein soll BGHZ 197, 61 = WM 2013, 989 Rn. 29 ff. (Zeugen Jehovas).

74 Vgl. allg. MüKoBGB/*Reuter* (7. Aufl.) Vor § 21 Rn. 163 ff., dort auch zu den nicht rechtsfähigen DDR-Altvereinen, vgl. auch Art. 231 § 2 Abs. 2 EGBGB; vgl. OLG Brandenburg NJ 2002, 371.

75 Vgl. auch Reichert/*Wagner*, Kapitel 2 Rn. 6353.

76 BGHZ 53, 181, 183 = DB 1970, 441 = NJW 1970, 998; RGZ 92, 73, 76; BayObLGZ 1986, 61 (67) = NJW 1986, 3029.

77 EuGH NJW 2002, 3614; BGH NJW 2003, 1461.

78 BVerwG NJW 2004, 2768 = NVwZ 2004, 887.

IV. Europäisches Vereinsrecht

20   Es gibt bislang keine Integration zum „**europäischen Verein**": Versuche der EU-Kommission sind nach den ersten Schritten der Vorlage einer Verordnung und einer Richtlinie versandet.[79] Allerdings beeinflusst das Recht der Europäischen Union Vereinsrecht etwa im Hinblick auf das EU-Kartellrecht und die Drittwirkung der Personenverkehrs- und Dienstleistungsfreiheit[80] (→ § 25 Rn. 33).

V. Erscheinungsformen und wirtschaftliche Bedeutung

21   In Deutschland gibt es mehr als 600.000 eingetragene Vereine[81] und eine unüberschaubare Zahl von nicht eingetragenen Vereinen. Die **politische Dimension des Vereinsrechts** verkennt, wer „nur an wirtschafts- und sozialpolitisch minderbelangvolle Vereinigungen wie Ruderclubs, Trachten-, Karnevals-, Pudel- oder Beagle-Vereine" denkt.[82] Einem ähnlichen Missverständnis unterlag schon der BGB-Gesetzgeber: Der SPD-Reichstagsabgeordnete *Stadthagen* bezeichnete das Vereinsrecht des BGB als das Recht der „Skat-, Kegel-, Sauf- und Rauchvereine".[83]

Keine besondere „Rechtsform" sind die **gemeinnützigen Vereine** (→ § 21 Rn. 36 sowie Anhang nach § 21).

22   *K. Schmidt* nennt **exemplarisch folgende Tätigkeitsbereiche rechtsfähiger Vereine**: politische Gruppierungen; Bürgerinitiativen;[84] karitative Vereinigungen; Stiftungsvereine; Natur- und Denkmalschutzvereine; Sportvereine; Dachverbände der Sportorganisation; Automobilclubs; Forschungsinstitute oder Förderverbände für Forschungsinstitute; Technische Überwachungsvereine; Volkshochschulen; kulturelle Institutionen; gesellige Clubs; Traditionsvereine; Gewerkschaften; Wirtschaftsverbände, Verbraucherverbände und sonstige Interessenverbände; genossenschaftsartige Vereinigungen wie Einkaufsgemeinschaften, Handelsketten, Werbegemeinschaften, landwirtschaftliche Maschinenringe, Erzeugergemeinschaften oder Siedlergemeinschaften; genossenschaftliche Prüfungsverbände; Sparkassen; privatärztliche Abrechnungsstellen; betriebliche Sozialeinrichtungen; Werkarztzentren und Lohnsteuerhilfevereine.[85] Die Liste ließe sich verlängern.

23   Zahlen, die die **wirtschaftliche Bedeutung von Vereinen** indizieren, sind zB bekannt für den ADAC und den FC Bayern eV: Der ADAC hat ca. 21 Mio. Mitglieder und Beitragseinnahmen von 813,7 Mio. EUR, der Jahresüberschuss betrug 760 Mio. EUR, der Gesamtumsatz der wirtschaftlichen Geschäftsbetriebe des ADAC betrug 2014 1,06 Mrd. EUR, der Jahresüberschuss 104 Mio. EUR.[86] Der FC Bayern München hat rund 291.000 Mitglieder und erzielte durch die FC Bayern München AG im Geschäftsjahr 2017/2018 einen Umsatz von 657,4 Mio. EUR und einen Jahresüberschuss von 29,5 Mio. EUR.[87]

VI. Hierarchisch gegliederte Vereine: Gesamtvereine und Verbandsvereine

24   In der Praxis zumal von Großvereinen sind hierarchische Verbandsstrukturen verbreitet. Vereine ordnet man typologisch häufig nach ihren Strukturen ein. Großvereine unterscheidet man in Gesamtvereine (Verein mit Untergliederungen, die ihrerseits selbstständige Vereine sein können) und Verbandsvereine (Verein als Vereinigung/Dachorganisation von anderen Vereinen oder sonstigen Personen),[88] vgl. auch → § 25 Rn. 30 a):

Mitglieder des **Gesamtvereins** sind typischerweise die Einzelmitglieder, nicht aber die Untergliederungen. Der Gesamtverein kann seinerseits eV oder nicht eingetragener Verein sein. Der Gesamtverein hat **Untergliederungen, die ihrerseits selbstständige (eingetragene oder nicht eingetragene) Vereine** sein können.

79   Vorschlag für eine Verordnung (EWG) des Rats über das Statut eines europäischen Vereins, KOM (91), 273 endg, ABlEG C 99 v. 21.4.1992, 1 ff.; Vorschlag der EG-Kommission vom 6.7.1993 für eine „Verordnung (EG) des Rats über das Statut des europäischen Vereins", KOM (93), 252 endg, ABlEG C 236 v. 31.8.1993, 1 ff., 14 ff. Richtlinien-Vorschlag; vgl. *Vollmer* ZHR 157 (1993), 373; *Wagner*, Der europäische Verein, 2000; *Weisbrod*, Europäisches Vereinsrecht, 1995; kritisch zur Aufgabe der Initiative *Terner* ZEuP 2007, 96. Der EuGH (3. Kammer) wies mit Beschluss vom 14.7.2016 in der Rechtssache T-595/16 eine Klage des Europäischen Tier- und Naturschutz eV als unzulässig zurück, die bewirken sollte, dass die EU-Kommission die Bemühungen für ein einheitliches Vereinsrecht in Europa weiterverfolgt.

80   Vgl. statt aller MüKoBGB/*Reuter* (7. Aufl.) Vor § 21 Rn. 170; BeckOK BGB/*Schöpflin* § 21 Rn. 75 f.
81   Vereinsstatistiken ab 2001 abrufbar unter www.regist eronline.de/vereinsstatistik.
82   *K. Schmidt* GesR § 23 I 2.
83   *Mugdan* I, S. 995.
84   Vgl. zur gemeinnützigen GmbH als Rechtsformalternative im Sport zum eV *Wengel/Kiel* StuB 2002, 952.
85   *K. Schmidt* GesR § 23 I 2.
86   Geschäftsbericht 2018; vgl. *Leuschner*, Das Konzernrecht des Vereins, S. 7 f.
87   Zahlen nach https://fcbayern.com/binaries/content/as sets/downloads/homepage/jhv/jahresabschluss _ag_17–18.pdf?v.=1543576589656.
88   Vgl. BeckOK BGB/*Schöpflin* § 21 Rn. 43 ff.; Palandt/*Ellenberger* BGB Vor § 21 Rn. 21 ff.

Beispiele für eine solche Struktur sind Untergliederungen nach sachlichen Erfordernissen (zB Abteilung eines Sportvereins) oder gebietsweise Gliederungen (zB Ortsvereine, Bezirksgruppen etc). Ob die Untergliederungen rechtlich unselbstständig sind oder Rechtsfähigkeit besitzen, ist durch Auslegung zu ermitteln: allgemein setzt die Rechtsfähigkeit der Untergliederungen als nicht-eingetragener Verein voraus, dass diese eigene Aufgaben selbstständig wahrnehmen, körperschaftlich verfasst und vom Wechsel der Mitglieder unabhängig sind und einen eigenen Namen führen; die Untergliederung braucht nicht über eine eigene Satzung zu verfügen, diese kann sich aus der Satzung des Gesamtvereins ergeben (→ § 54 Rn. 8 ff.). Gesamtverein und Untergliederungen haben **getrennte Vermögenssphären**.[89] Die hierarchische Prägung von Gesamtvereinen ist stärker ausgeprägt als die von Verbandsvereinen (→ Rn. 25). Sie kann so weit gehen, dass mangels anderer Satzungsbestimmungen der Hauptverein (der Gesamtverein) die Organe der Untergliederungen bestellt. Falls die Organe der Untergliederungen Vertretungsmacht haben, sind sie regelmäßig **besondere Vertreter iSd § 30**. Diese berechtigen und verpflichten durch ihre Geschäfte und Handlungen den Hauptverein insgesamt – nicht aber nur die Untergliederung.[90] *Leuschner* nennt als typisches Beispiel eines Gesamtvereins die CSU Bayern eV: Diese habe Bezirks-, Kreis- und Ortsverbände; wer der Partei beitrete, erwerbe neben der Mitgliedschaft im CSU eV auch Mitgliedschaften in dem jeweils für ihn zuständigen Bezirks-, Kreis- und Ortsverband.[91]

Im Unterschied zum Gesamtverein (→ Rn. 24) ist der **Verbandsverein** (Dachverband/Dachverein) ein Zusammenschluss von selbstständigen Vereinen zur Verfolgung eines gemeinsamen Zwecks.[92] Mitglieder des Vereinsverbands sind seine Untergliederungen. Der Vereinsverband kann selbst als eV oder nicht-eingetragener Verein organisiert sein; gleiches gilt für seine Mitglieder, die Mitgliedsvereine. Denkbar ist auch die Erscheinungsform, dass Einzelmitglieder der Mitgliedsvereine Mitglied des Vereinsverbands sind.[93] Der Verbandsverein ist also nicht Mitglied der nachfolgenden Vereinsebenen. Der Verbandsverein übt seinen Einfluss auf die nachgeordneten Ebenen nicht durch die Ausübung von Mitgliedschaftsrechten aus. Diese beruht vielmehr darauf, dass die „Rechtsträger der unteren Hierarchieebenen Mitglieder der Rechtsträger der nächsthöheren Hierarchieebenen sind und als solche an deren Satzung und Ordnungen gebunden sind".[94] So werden die Mitglieder der untersten Hierarchiestufe an die Vorgaben des Spitzenvereins gebunden. Ein typisches Beispiel einer solchen Struktur ist die Organisation des Fußballsports: Dieser besteht in der nationalen Organisation des DFB eV, deren Mitglieder Regionalverbände (jeweils eV) sind, Mitglieder der Regionalverbände sind Landesverbände (jeweils eV), deren Mitglied die einzelnen lokalen Sportvereine sind. Natürliche Personen sind nur die Mitglieder der lokalen Sportvereine. Auf diese Weise sind unter dem DFB-Dach mehr als 25.000 Sportvereine mit ca. 7 Mio. Mitgliedern organisiert.[95] Neben den klassischen Formen Vereinsverband/Gesamtverein gibt es in der Praxis vielfältige **Mischformen**.[96]

In der Praxis verbreitet sind **satzungsmäßige Beschränkungen des Selbstverwaltungsrechts in Untergliederungen zugunsten des Gesamtvereins**. Von der Mitgliederversammlung der Untergliederung beschlossene Satzungsänderungen etwa hinsichtlich des Rechts zur Namensgebung oder des Vereinsaustritts sollen nach verbreiteter Sicht nichtig sein können, wenn der Beschluss gegen die Satzung des Hauptvereins verstößt. Die Satzung soll auch Prüfungsrechte des Verbandes gegenüber seinen Mitgliedsvereinen vorsehen können; der Gesamtverein könne Prüfungsrechte gegenüber seinen Untergliederungen vorsehen. Umgekehrt sollen die Zweigvereine und Untergliederungen verpflichtet sein, solche Prüfungen zu dulden und deren Durchführung zu gewährleisten.[97] Die Zulässigkeit solcher Gestaltungen wird in der Literatur durch den Verweis auf § 55 GenG begründet.[98]

25

26

89 Vgl. Palandt/*Ellenberger* BGB Vor § 21 Rn. 24; Stöber/*Otto*, Rn. 1201 ff.; *Leuschner*, Das Konzernrecht des Vereins, S. 14; MüKoBGB/*Reuter* (7. Aufl.) Vor § 21 Rn. 138 ff.; MHdB GesR II/*Steinbeck* § 5 a Rn. 1 ff.

90 Stöber/*Otto* Rn. 1204.

91 Leuschner, Das Konzernrecht des Vereins, S. 42, auch unter Verweis auf OLG Bamberg NJW 1982, 895.

92 Vgl. Stöber/*Otto* Rn. 1191 ff.; *Leuschner*, Das Konzernrecht des Vereins, S. 12 f.; MüKoBGB/*Reuter* (7. Aufl.) Vor § 21 Rn. 129 ff.; Palandt/*Ellenberger* BGB Vor § 21 Rn. 22; MünchGesR/*Steinbeck*, Bd. V, § 5 Rn. 5 ff.

93 Stöber/*Otto*, Rn. 251, 1191; Palandt/*Ellenberger* BGB Vor § 21 Rn. 22; BGHZ 28, 131 = NJW 1958, 867; BGHZ 105, 306 = NJW 1989, 1724.

94 *Leuschner*, Konzernrecht des Vereins, S. 13.

95 *Leuschner*, Konzernrecht des Vereins, S. 13; aktuelle DFB-Statistik abrufbar unter www.dfb.de.

96 MüKoBGB/*Reuter* (7. Aufl.) Vor § 21 Rn. 128, der auf das Beispiel des Roten Kreuzes verweist: Mitglieder in dem Kreisverband des Deutschen Roten Kreuzes sind sowohl die Ortsvereine als auch deren natürliche Mitglieder.

97 *Wagner* NZG 2018, 330 (336).

98 *Wagner* NZG 2018, 330 (336) unter Verweis auf BGH NZG 2017, 390 = WM 2017, 474 = ZIP 2017, 566 Rn. 15. Danach kann die Satzung eines Prüfungsverbandes, die das privatrechtliche Mitgliedschaftsverhältnis regele, das Prüfungsrecht des Verbands unter Duldungspflicht der Genossenschaft in den durch das Vereins- und Genossenschaftsrecht gezogenen Grenzen näher ausgestalten; sei dies geschehen, sei für Voraussetzungen und Umfang des Prüfungsrechts sowie die korrespondierende Duldungspflicht die Satzung maßgebend.

VII. Vereinsrechtsreform

27　Das Vereinsrecht enthält zB in Bezug auf die Vorstandskontrolle in Großvereinen rechtspolitisch bedenkliche Lücken, die die Rspr. nicht allein schließen kann; der Gesetzgeber ist gefordert, zB im Hinblick auf Mitgliederversammlung, Rechnungslegung, Publizität und Abschlussprüfung.[99] Hintergrund des Reformbedarfs ist, dass die Großvereine (zumal Automobilclubs, Vereine der freien Wohlfahrtspflege, technische Vereine und Vereine der Fußballlizenzligen insbes. im Profi-Fußball) nicht mehr dem Leitbild des ideellen Vereins entsprechen, das der Gesetzgeber bei der Schaffung des Vereinsrechts vor Augen hatte (→ Rn. 19). Schon in den 1970er Jahren legte die FDP ein Verbändegesetz vor, um den Mängeln zu begegnen.[100] Die SPD forderte 1995 ein Gesetz „zur Verbesserung von Transparenz und Beschränkung von Machtkonzentration in der deutschen Wirtschaft" mit dem Ziel, Vereinsvorstände besser zu kontrollieren.[101] Die Regierungskommission Corporate Governance war 2001 nach eigenen Angaben aus Zeitgründen außerstande, zum Vereinsrecht Empfehlungen abzugeben, bestätigt aber immerhin den Diskussionsbedarf.[102]

28　2004 legte das Justizministerium des Bundes einen Referentenentwurf eines **„Gesetzes zur Änderung des Vereinsrechts"** vor; er sollte das Vereinsrecht moderner gestalten, vereinfachen und den „heutigen Bedürfnissen" anzupassen.[103] Das stieß auf (zT massive) Kritik.[104] Ua war vorgesehen, das Nebenzweckprivileg (→ § 21 Rn. 32 ff.) zu kodifizieren, die Vorschriften zum wirtschaftlichen und ausländischen Verein (§§ 22, 23) zu streichen und in § 54 für den nicht rechtsfähigen Verein anstatt auf das Recht der Gesellschaft (§§ 705 ff.) fortan auf das Recht des rechtsfähigen Vereins zu verweisen, soweit die Vorschriften nicht die Rechtsfähigkeit oder die Registereintragung des Vereins voraussetzen. Die vordringlich regelungsbedürftigen Probleme – Vorstandskontrolle, Publizität und Gläubigerschutz in Großvereinen – ließ der Entwurf jedoch unberücksichtigt. Daher war uE die Kritik berechtigt. Denn ohne solche Regelungen verfehlte eine Novelle das erklärte Ziel, das Recht an die heutigen Bedürfnisse anzupassen. Der Entwurf hat nicht das Stadium eines Regierungsentwurfs erreicht. 2017 legte die Bundesregierung einen Gesetzentwurf vor, der eine **grundlegende Neuerung für die Fragen des wirtschaftlichen Geschäftsbetriebs** eines Vereins normieren sollte; Idealvereine hätten sich danach nur in beschränktem Umfang wirtschaftlich betätigen dürfen, ansonsten wären sie nicht als eV eintragungsfähig.[105] Nach der sog. Kita-Rspr. des BGH zum wirtschaftlichen

99　*Segna* NZG 2002, 1048; *Adams/Maßmann* ZRP 2002, 128; dagegen: *Ott* ZRP 2002, 433; vgl. *Segna* DB 2003, 1311 zur Publizitätspflicht; dazu auch LG München I DB 2003, 1316.
100　RdA 1977, 235.
101　BT-Drs. 13/367, Gesetzentwurf v. 30.1.1995.
102　„Die Regierungskommission ist … der Auffassung, daß rechtspolitischer Diskussionsbedarf vor allem hinsichtlich solcher Vereine besteht, die steuerliche Privilegien in Anspruch nehmen, Spenden einsammeln oder als Idealvereine im Rahmen des sog. Nebenzweckprivilegs als Wirtschaftsunternehmen tätig sind", *Baums*, Bericht der Regierungskommission Corporate Governance 2001, S. 6.
103　BMJ-Referentenentwurf vom 25.8.2004, Allg. Begründung, S. 11 (abrufbar über www.gesmat.bund esgerichtshof.de/gesetzesmaterialien/15_wp/Vereinsr echt/refe_25_08_04.pdf.
104　Stellungnahme des DAV v. 6.10.2004, abrufbar unter: http://anwaltverein.de/downloads/Stellungnah men/2004-45.pfd; *Arnold* DB 2004, 2143; *Arnold* ZRP 2005, 170; *Beuthien* NZG 2005, 493; *Damas* ZRP 2005, 3; *Hadding* ZGR 2006, 137; *Mühlenkamp* DB 2004, 2737; *Reuter* NZG 2005, 738; *Senga* Rpfleger 2006, 449; *Terner* Rpfleger 2005, 296, *Terner* ZRP 2005, 169.
105　BT-Drs. 18/11506 S. 7, Begründung S. 20 ff., 24. Danach sollte § 22 lauten: „(1) Ein Verein, dessen Zweck auf einen wirtschaftlichen Geschäftsbetrieb gerichtet ist (wirtschaftlicher Verein), erlangt Rechtsfähigkeit durch staatliche Verleihung. Rechtsfähigkeit kann einem wirtschaftlichen Verein nur verliehen werden, wenn dies durch Gesetz bestimmt ist oder wenn es für den Verein unzumutbar ist, seinen Zweck in der Rechtsform einer Kapitalgesellschaft oder Genossen-

schaft zu verfolgen. Zuständig für die Verleihung ist das Land, in dessen Gebiet der Verein seinen Sitz hat. (2) Das Bundesministerium der Justiz und für Verbraucherschutz kann zur Förderung bürgerschaftlichen Engagements durch Rechtsverordnung mit Zustimmung des Bundesrates für wirtschaftliche Vereine, deren Zweck auf die Verfolgung eines wirtschaftlichen Geschäftsbetriebs von geringerem Umfang gerichtet ist, regeln, unter welchen Voraussetzungen regelmäßig davon auszugehen ist, dass die Verfolgung des Zwecks in einer anderen Rechtsform als unzumutbar anzusehen und dem Verein daher Rechtsfähigkeit zu verleihen ist. Als Voraus-setzungen für die Verleihung der Rechtsfähigkeit können zum Schutz von Mitgliedern und Dritten besondere Anforderungen an die Mitgliederstruktur, die Satzung und die Betätigung des Vereins in der Rechtsverordnung nach Satz 1 festgelegt werden. Insbesondere können auch Rechnungslegungspflichten begründet werden sowie Mitteilungspflichten gegenüber dem Land, das für die Verleihung zuständig ist."
Die Begründung des Entwurfs bringt nachhaltig die Kritik an der Möglichkeit wirtschaftlicher Betätigung von Vereinen auf den Punkt: Die Rechtsform des Idealvereins sei nicht für wirtschaftliche Zwecke zu öffnen. Denn „dies würde … dem Grundsatz widersprechen, dass eine wirtschaftliche Betätigung mit Haftungsbeschränkung nur gegen Einhaltung bestimmter gläubigerschützender Regeln zulässig ist (zB Kapitalvorschriften, Rechnungslegungs- und Offenlegungspflichten; Prüfungspflichten), und wäre insofern ein Eingriff in die Gesellschaftsrechtssystematik. Auch eine eingeschränkte Öffnung für wirtschaftliche Zwecke etwa durch eine gesetzliche Regelung, dass bis zu einem bestimmten Höchstbe-

Geschäftsbetrieb hat der Gesetzgeber dieses Vorhaben fallen gelassen (→ § 21 Rn. 23 ff.). Der Koalitionsvertrag zwischen CDU, CSU und SPD kündigte 2018 an, den rechtlichen Rahmen für ehrenamtliche Betätigung und soziales Unternehmertum sowie das Gemeinnützigkeitsrecht zu verbessern; generell strebe die
Koalition im Interesse von bürgerlichen Initiativen „Verbesserungen im Vereinsrecht" an.[106] 2018 war
auch aus anderen Gründen ein Meilenstein der Diskussionen um eine Reform: Der 72. Deutsche Juristentag
befasste sich mit der Frage, „Empfiehlt es sich, die rechtlichen Rahmenbedingungen für Gründung und
Tätigkeit von Non-Profit-Organisationen übergreifend zu regeln?"[107]

trag eine wirtschaftliche Betätigung als zulässiger
Nebenzweck gilt, ist nicht praktikabel. Umfang und
Grenzen des Nebenzweckprivilegs sind nur einzelfallbezogen mit Blick auf Zweck und Größe des
jeweiligen Vereins bestimmbar und eine solche Festlegung des Nebenzweckprivilegs für alle Vereine
würde der vielfältigen Vereinslandschaft nicht
gerecht werden können. Auch eine gesetzliche Regelung, nach der jeder steuerbegünstigte Zweck in der
Rechtsform des eingetragenen Vereins verfolgt werden kann, wäre nicht zweckmäßig. Das Merkmal der
Gemeinnützigkeit eignet sich nicht als Eintragungsvoraussetzung für Vereine, da es nicht verbindlich
festgestellt wird, sondern die Finanzämter im Rahmen jedes Besteuerverfahrens erneut prüfen, ob die
Satzung und die tatsächliche Tätigkeit des Vereins
den Anforderungen des Gemeinnützigkeitsrechts entsprechen. Im Übrigen ist das Gemeinnützigkeitsrecht
nicht speziell auf Vereine zugeschnitten, sondern gilt
für alle Körperschaften, insbesondere auch für Kapitalgesellschaften und Genossenschaften. Gemeinnützige Körperschaften sind nach den steuerrechtlichen
Vorschriften nicht daran gehindert, ihre gemeinnützigen Zwecke auch in erheblichem Umfang durch wirtschaftliche Tätigkeit zu verfolgen. Sie können neben
dem gemeinnützigen Bereich auch Zweckbetriebe
oder wirtschaftliche Geschäftsbetriebe unterhalten,
die nicht steuerbegünstigt sind. Ein gemeinnütziger
Verein kann dies aber nur insoweit, als das Nebenzweckprivileg dies ermöglicht. Denn die Rechtsform
des Idealvereins ist auf wirtschaftliche Tätigkeit, sei
es zur Verfolgung eines gemeinnützigen oder eines
anderen Zwecks, nicht zugeschnitten. Für Vereine
gibt es keine dafür ausreichenden Regelungen zum
Mitglieder- und Gläubigerschutz und keine Verpflichtung zur kaufmännischen Rechnungslegung.
Aus diesem Grund scheidet auch eine Weiterentwicklung des wirtschaftlichen Vereins, der als Auffang-
rechtsform nicht mit gläubigerschützenden Regeln
ausgestattet ist, zu einer Regelrechtsform aus. Es soll
vielmehr dabei bleiben, dass der wirtschaftliche Verein nur für solche Fälle in Betracht kommt, bei denen
eine andere Rechtsform nicht zumutbar ist." Kritik
am Entwurf zB bei *Hüttemann* DB 4/2017, M5 (der
Entwurf gehe „an den Bedürfnissen der Praxis vorbei" und bleibe „deutlich hinter dem Stand der
rechtspolitischen Diskussion zurück"; ausführlich
und kritisch *Mock/Mohamed* DStR 2017, 2232
(2288); vgl. auch Bundesnotarkammer npoR 2017,
147.

106 Koalitionsvertrag Februar 2018 Rn. 5547 ff.
107 Gutachten von *Hüttemann*, Verhandlungen des 72.
DJT, 2019, Bd. I, Gutachten G, S. G 72 ff. Vorschläge de lege ferenda (der Gesetzgeber sollte der
Kita Rechtsprechung des BGH folgend klarstellen,
dass die Rechtsform des eingetragenen Vereins unabhängig von der wirtschaftlichen Betätigung allen

Vereinen mit gemeinnützigen oder ideellen Zwecken
offenstehe; Gläubigerschutz sei durch insolvenzrechtliche Instrumente Rechnung zu tragen, nicht
über Rechtsformzwang; verpflichtende Governance-
Strukturen empfehlen sich nicht; bevor über weitergehende Rechnungslegungsvorschriften für große
Verein und Stiftungen nachgedacht werde, sollte
zunächst die geltende kaufmännisch Buchführungs-
pflicht für wirtschaftlich tätige Organisationen durchgesetzt werden; die anzustrebende verpflichtende
Offenlegung von Jahresberichten und Rechnungsle-
gungsdaten setze dringend zu entwickelnde verbindliche und einheitliche Standards voraus, da sie zur
Verbesserung der internen Governance und der externen Aufsicht beitragen könnten); Referate von *Helmig, Jakob, Leuschner und Schauhoff*, Verhandlungen des 72. DJT, 2019, Bd. II/1 S. P 9 ff., P 19 ff.,
P 65 ff., P 113 (*Helmig* setzt darauf, Governance-Pro-
blemen durch von Typ, Tätigkeit, und Größe der Vereinigung abhängenden verpflichtende Richtlinien
vorzugeben, wie Best Practices zB hinsichtlich Sit-
zungsturnus, Gremiengröße- und -zusammensetzung
aussehen sollten; die Professionalität der Kontrolle
könne durch Anforderungen an das Qualitätsniveau
verbessert werden. *Jakob* plädierte für eine stärkere
Rechtsaufsicht und Errichtung eines Registersystems
Hinblick auf Stiftungen; interne Kontrollorgane sollten nicht gesetzlich vorgeschrieben werden. *Leuschner* forderte die rechtsformübergreifende Existenzvernichtungshaftung; Vereinsvorstandsmitglieder
sollten in der Insolvenz einem Zahlungsverbot nach
dem Muster von § 92 Abs. 2 AktG mit Haftungsfolgen gemäß § 823 Abs. 2 BGB unterliegen; § 21 BGB
solle neu formuliert werden: Eintragungsfähig seien
Vereine, deren Zweck nicht auf Gewinnausschüttung
an Mitglieder gerichtet ist; die Steuerbehörden sollten die Registergerichte über verbotene Ausschüttungen informieren; Drittel-Beteiligungs- und Mitbe-
stimmungsgesetz sollten in ihren Anwendungsbereichen auf Vereine erweitert werden; Haftung von
Vorstandsmitgliedern für grobe Fahrlässigkeit müsse
unabdingbar sein; §§ 238 ff. HGB und §§ 11 ff. Publi-
zitätsgesetz sollten auf den Verein anwendbar sein;
Großvereine benötigten ein Sonderrecht: §§ 264 ff.
HGB seien sinngemäß anzuwenden, Vereine sollten
einer erweiterten Rechnungslegungs-, Prüfungs-und
Publizitätspflicht unterliegen, §§ 290 ff. HGB zur
Konzernrechnungslegung sinngemäß angewendet
werden; die insolvenzrechtliche Verantwortlichkeit
der Vereinsvorstandsmitglieder sollte an die in Kapitalgesellschaften angepasst, die Anwendung von
§ 31 a BGB ausgeschlossen und ein Aufsichtsrat nach
aktienrechtlichem Vorbild verpflichtend werden. Die
Beschlussempfehlungen des des 72. DJT (Verhandlungen des 72. DJT, 2019, Bd. II/1 S. P 131 ff.) lagen
auf der Linie des von Gutachter und Referenten Vorgezeichneten.

29 Nicht nur Forderungen und Entwürfe, sondern eine **Vereinsrechtsreform „light"** gab es 2009: Das Gesetz zur Erleichterung elektronischer Anmeldungen zum Vereinsregister und vereinsrechtlichen Änderungen vom 24.9.2009 („**Vereinsrechtsänderungsgesetz**")[108] hob § 23 ersatzlos auf und änderte insbes. §§ 26, 32, 33, 40, 41, 42, 43 f., 45, 48 sowie §§ 55 ff. Das Gesetz zur Begrenzung der Haftung von ehrenamtlich tätigen Vereinsvorständen vom 28.9.2009 („**Vereinsvorstandshaftungsbegrenzungsgesetz**")[109] fügte insbes. § 31 a ein; das Gesetz zur Stärkung des Ehrenamtes vom 21.3.2013 („Ehrenamtsstärkungsgesetz") normierte § 31 b.

C. Die fehlerhafte Gesellschaft

30 Im allgemeinen Vertragsrecht beseitigt die Nichtigkeit eines Vertrages dessen Rechtswirkungen. Das gilt nicht uneingeschränkt für Satzungen und Gesellschaftsverträge, wenn die Gesellschaft bzw. juristische Person aufgrund ihrer nichtigen Rechtsgrundlage – Satzung bzw. Gesellschaftsvertrag – vollzogen wurde. Nach der (grundsätzlich allgemein anerkannten) Lehre von der fehlerhaften Gesellschaft wird die Gesellschaft bzw. juristische Person wegen des Vertrauens des Rechtsverkehrs in ihre Existenz und der mit der Rückabwicklung verbundenen Schwierigkeiten als wirksam betrachtet, jedoch können die Gesellschafter sie jederzeit für die Zukunft beenden.[110] Hintergrund ist der Gedanke, dass **eine verbandsrechtliche Organisation, die umfassend in Erscheinung getreten ist, nicht als inexistent angesehen werden kann und darf**, wenn im Innenverhältnis Leistungen erbracht bzw. entgegengenommen worden sind und die fehlerhafte Gesellschaft/juristische Person im Außenverhältnis am Rechtsverkehr teilgenommen hat. Die Annahme der Nichtigkeit ex tunc geriete in Konflikt mit nach Treu und Glauben berechtigten Erwartungen, die der Rechtsverkehr der Wirksamkeit des Verbandes, ggf. über längere Zeit, entgegengebracht hat. Der Kern dieser Lehre ist gewohnheitsrechtlich anerkannt.[111]

I. Voraussetzungen der Anwendung

31 Zur Anwendung der Lehre von der fehlerhaften Gesellschaft bedarf es einer **auf einer fehlerhaften Rechtsgrundlage in Vollzug gesetzten Gesellschaft bzw. juristischen Person**: Auf die Art der Gesellschaft kommt es nicht an.[112] Ihr fehlerhafter Gesellschaftsvertrag bzw. Satzung müssen auf ernst gemeinten Willenserklärungen beruhen.[113] Es genügt nicht, dass Personen bloß in einer Weise zusammenarbeiten, die nicht mindestens einen konkludenten Vertragsschluss bedeutet; fehlt es an einem solchen Vertragsschluss bzw. an einem rechtsgeschäftlichen Handeln aller Beteiligten, besteht nur eine tatsächliche Gemeinschaft der Beteiligten, die ggf. nach Gemeinschaftsrecht zu beenden ist.[114] Die Abschlussmängel, für die die allgemeinen Unwirksamkeitsgründe gelten (vgl. → § 705 Rn. 131 ff., 159), müssen zur nicht nur teilweisen[115] anfänglichen Nichtigkeit der Rechtsgrundlage des Gründungsdokuments führen. Der Mangel darf nicht entfallen sein (zB gem. §§ 311 b Abs. 1 S. 2, 177 Abs. 1). Umdeutung (§ 140) muss ausscheiden.

108 BGBl. I 2009, 3145; vgl. dazu *Reuter* NZG 2009, 1368 (1371 ff.) und *Wörle-Himmel* DStR 2010, 759 (762 ff.).

109 BGBl. I, 2009, 3161, vgl. dazu *Reuter* NZG 2009, 1368 (1369 ff.); *Arnold* in Non Profit Law Yearbook 2009, 2010, S. 89.

110 Vgl. grundlegend *Weber*, Die Lehre von der fehlerhaften Gesellschaft, S. 94 ff.; *Wiesner*, Die Lehre von der fehlerhaften Gesellschaft, S. 103 ff.; *Ulmer* FS Flume 1978, S. 301 ff.; MüKoBGB/*Schäfer* § 705 Rn. 323 ff., Hk-HGB/*Heidel* § 105 Rn. 170 ff.; *Hueck* AcP 149 (1944), 1 ff.; *Goette* DStR 1996, 266; BGHZ 3, 285 = DB 1952, 1008 = NJW 1952, 97; BGHZ 8, 157 = DB 1953, 39 = NJW 1953, 818; BGHZ 11, 190 = DB 1954, 16 = NJW 1954, 231; BGHZ 17, 160 = DB 1955, 553 = NJW 1955, 1067; BGHZ 26, 330 = DB 1958, 277 = NJW 1958, 668; BGHZ 44, 235 = DB 1965, 1903 = NJW 1966, 107; BGHZ 55, 5 = DB 1971, 189 = NJW 1971, 375;

BGHZ 62, 20, 27 = DB 1974, 523 = NJW 1974, 498; BGHZ 62, 234, 241 = DB 1974, 1057 = NJW 1974, 1201; BGHZ 103, 1, 4 = DB 1988, 596 = NJW 1988, 1326; BGHZ 116, 37, 38 = DB 1992, 29 = NJW 1992, 505; BGH NJW 2002, 822.

111 Staudinger/*Habermeier* BGB § 705 Rn. 63; *Hartmann* FS Schiedermair 1976, S. 257, 259; vgl. zur Entwicklung der Lehre Hk-HGB/*Heidel* § 105 Rn. 171.

112 Hk-HGB/*Heidel* § 105 Rn. 172; *K. Schmidt* GesR § 6 II 1–3.

113 Staudinger/*Habermeier* BGB § 705 Rn. 64.

114 BGHZ 11, 190, 196 = DB 1954, 14; BGH NJW 1988, 1321; Palandt/*Sprau* BGB § 705 Rn. 18; BeckOK BGB/*Schöne* § 705 Rn. 84; Hk-HGB/*Heidel* § 105 Rn. 172.

115 BeckOK BGB/*Schöne* § 705 Rn. 84; MüKoBGB/*Schäfer* § 705 Rn. 330; Palandt/*Sprau* BGB § 705 Rn. 17 f.

Typische Anwendungsfälle der fehlerhaften Gesellschaft bei Gründungsfehlern sind zB:[116]   **32**
- Formnichtigkeit, § 125;[117]
- Verstoß gegen § 134;[118]
- Verstoß gegen § 138;[119]
- Dissens über eine wesentliche Bestimmung, §§ 154, 155;[120]
- Anfechtung wegen Irrtums, arglistiger Täuschung oder Drohung, §§ 119 ff.;[121]
- Fehlen oder Veränderung der Geschäftsgrundlage, § 313 Abs. 2;[122]
- Widerruf von Haustürgeschäften nach §§ 355, 358 Abs. 2;[123]
- uE regelmäßig nicht Vollmachtsüberschreitung,[124] da anderenfalls ein fremder Dritter den Inhalt des Gesellschaftsvertrages mit der Folge von Rechten und Pflichten für den nur scheinbar Vertretenen und alle anderen Gesellschafter begründen könnte.

Die so zustande gekommene Rechtsgrundlage muss Grundlage für das Invollzugsetzen der Gesellschaft/ juristischen Person gewesen sein. Voraussetzung hierfür ist das Setzen von Rechtstatsachen, „an denen die Rechtsordnung nicht vorbeigehen kann".[125] Ob tatsächlich in Vollzug gesetzt ist, lässt sich mitunter schwierig beantworten. Die Beteiligten müssen mit der Tätigkeit der Gesellschaft begonnen haben; Vorbereitungsgeschäfte genügen.[126] Vollzug ist jedenfalls zu bejahen, wenn die Gesellschaft **nach außen tätig** wurde, etwa durch Abschluss von Rechtsgeschäften mit Dritten.[127] Nach dem BGH genügt die bloße Eintragung im Handelsregister.[128] Zweifelhaft ist das Invollzugsetzen, wenn die Beteiligten Vertrag/Satzung lediglich im Innenverhältnis vollzogen haben, zB durch Leistung der Einlage.[129] UE wird man ein Invollzugsetzen nur verneinen können, wenn die Rückabwicklung noch leicht möglich ist, etwa weil Gesellschafterleistungen unverändert vorhanden sind.[130] **Vor Invollzugsetzen** richtet sich die Nichtigkeit nach den allgemeinen Regeln für schuldrechtliche Verträge. Es gelten daher §§ 104 ff., 119 ff., 138, 142, 143 und begründen die Nichtigkeit ex tunc (§ 142 Abs. 1) ohne Klageerfordernis.

In Einzelheiten streitig ist, ob bzw. in welchem Maß die Grundsätze der fehlerhaften Gesellschaft anwendbar sind auf **fehlerhafte Vertragsänderungen, Ein- und Austritte, Auflösung**[131] sowie **Anteilsübertragungen**.[132] In ständiger Rspr. wendet der BGH die Grundsätze an auf fehlerhafte **Gewinnabführungs- und/oder Beherrschungsverträge**[133] – einschließlich Teilgewinnabführungsverträgen/atypisch stillen Gesellschaftsverträgen,[134] auch bei der Aktiengesellschaft. Das ist uE zutreffend, und zwar entgegen der bisher hM[135] unabhängig von der Eintragung im Handelsregister und der Zustimmung der Hauptversammlung nach §§ 293 und 294 AktG mit der Folge der Haftung nach §§ 302 f. und §§ 304 f. AktG; denn die   **33**

116 Gruppierung im Wesentlichen auf der Grundlage von Baumbach/Hopt/*Roth* HGB § 105 Rn. 80; *Goette* DStR 1996, 266.

117 Vgl. zB BGHZ 8, 165; BGH DB 1977, 1250.

118 OLG Düsseldorf NZG 2010, 1106 = NJW Spezial 2010, 529, Revision zurückgewiesen, 19.7. und 3.11.2011, BGH – II ZR 87/10 nv.

119 BGH BB 1970, 897; DB 1976, 2106; ZIP 2003, 1442; BB 1975, 759.

120 BGHZ 11, 191; NJW 1992, 1501.

121 BGHZ 13, 324; 26, 335; 44, 235; 55, 10; 63, 346; BGH BB 1973, 1090; BGHZ 74, 1501.

122 BGHZ 62, 26; BGH BB 1959, 318; BGHZ 10, 51.

123 BGH NJW 2010, 3096 = ZIP 2010, 1540; BGH ZIP 2010, 1689 = NZG 2010, 1025; EuGH NJW 2010, 1511 = ZIP 2010, 772.

124 MüKoHGB/*K. Schmidt* HGB § 105 Rn. 234, mit Recht deutlich zurückhaltender BGH ZIP 2010, 1283 = WM 2010, 1218 = NJW 2011, 66 Rn. 12 ff., 19 ff., zur GbR.

125 Palandt/*Sprau* BGB § 705 Rn. 18.

126 BGH NJW 2000, 3558; BGHZ 3, 285, 288 = DB 1952, 1040 = NJW 1952, 97; Staudinger/*Habermeier* BGB § 705 Rn. 66.

127 RGZ 165, 193, 205; BGHZ 3, 285, 288 = NJW 1952, 97; BGHZ 13, 320 = NJW 1954, 1552; BGH NJW 1992, 1501 (1502) (Gesellschafter haben den Geschäftsführer unwidersprochen handeln lassen).

128 BGHZ 26, 330, 334 = WM 1958, 355; *Hueck* § 7 HGB II 6; Röhricht/ von Westfalen/*Haas* HGB § 105 Rn. 41; aA *K. Schmidt* AcP 186 (1986), 421, 440;

Ulmer FS Flume 1978, 301, 311; Ebenroth/*Wertenbruch* HGB § 105 Rn. 252; *Wiedemann* GesR II, § 2 V 3 a.

129 Bejahend BGHZ 13, 320, 321 f. = NJW 1954, 1562; BGH NJW 1992, 1501 (1502) = ZIP 1992, 247; BGH NZG 2005, 261 = ZIP 2005, 254.

130 Vgl. BGHZ 13, 320, 321 = DB 1954, 597 = NJW 1954, 1562; RGZ 166, 51, 59; *Flume* BGB AT, Bd. 1/1, § 2; *K. Schmidt* AcP 186 (1986), 441 (nach dessen Auffassung bereits das Ingangsetzen einer verfassten Organisation genügt); Hk-HGB/*Heidel* § 105 Rn. 173; einschr. Soergel/*Hadding/Kießling* BGB § 705 Rn. 75; *Hueck*, Das Recht der offenen Handelsgesellschaft, § 7 III 6; weiter gehend *Wiesner*, Die Lehre von der fehlerhaften Gesellschaft, S. 117 ff.

131 Hk-HGB/*Heidel* § 131 Rn. 49.

132 Vgl. BeckOK BGB/*Schöne* § 705 Rn. 93 ff.; Palandt/ *Sprau* BGB § 705 Rn. 19.

133 BGHZ 103, 1,4 = DB 1988, 596; BGHZ 116, 37, 38 = DB 1992, 29 = NJW 1992, 505.

134 OLG Braunschweig NZG 2004, 126 = AG 2003, 686; OLG Bamberg NZG 2004, 129; BayObLGR 2004, 152; OLG Hamm NZG 2003, 228 = AG 2003, 520; OLG Stuttgart DB 2003, 764 = AG 2003, 533; OLG Frankfurt NZG 2004, 136; ähnlich BFH BFH/NV 1998, 1339 (1340 f.); diff. OLG Jena NZG 2004, 131 = DB 2003, 766.

135 Vgl. statt aller MüKoAktG/*Altmeppen* § 291 Rn. 197 ff.

(wirtschaftliche, struktur-ändernde) Wirkung des nichtigen, aber praktizierten Beherrschungsvertrages entspricht der eines ordnungsgemäß zustande gekommenen; das ist für den Schutz der Gläubiger und Minderheitsaktionäre der beherrschten Gesellschaft entscheidend.[136] Die Grundsätze sollen auch für **typische stille Gesellschaften**[137] **sowie Treuhandverträge** gelten, obgleich diese gerade kein Gesellschaftsvertrag sind.[138] Der BGH wendet die Grundsätze auch an auf **mehrgliedrige stille Gesellschaften**, bei denen die Kapitalanleger, die sich mit ihrer Vermögensanlage still beteiligen, einer aus allen Stillen Gesellschaftern und dem Inhaber des Handelsgewerbes bestehen Publikumsgesellschaft beitreten. In einem solchen Falle habe der Stille bei vorvertraglichem Aufklärungsverschulden keinen (Schadensersatz-)Anspruch gegen den Inhaber des Handelsgewerbes auf Rückabwicklung seiner Beteiligung durch Rückgewähr der Einlage Zug um Zug gegen Übertragung seiner Rechte aus der stillen Beteiligung; vielmehr könne er nach den Regeln der fehlerhaften Gesellschaft lediglich ein etwaiges Abfindungsguthaben beanspruchen. Zudem habe er (je nach Vermögenslage des Handelsbetriebes und der hypothetischen Abfindungsansprüche der übrigen stillen Gesellschafter) einen Anspruch auf Ersatz seines durch den Abfindungsanspruch nicht ausgeglichenen Schadens.[139] Fehlerhafte **Umwandlung** (Spaltung, Verschmelzung, Formwechsel) regelt das Umwandlungsgesetz. Mängel lassen die Wirkungen der Eintragung unberührt (§§ 20 Abs. 2, 131 Abs. 2, 202 Abs. 3 UmwG). Differenziert behandelt werden Umwandlungsvorgänge außerhalb des Umwandlungsgesetzes.[140]

II. Unanwendbarkeit der Grundsätze

34 Die Grundsätze der fehlerhaften Gesellschaft sind unanwendbar, wenn der Anerkennung der fehlerhaften Gesellschaft gewichtige Interessen der Allgemeinheit oder besonders schutzwürdiger Personen entgegenstehen.[141] Ein klassischer Fall der Unanwendbarkeit ist der Verstoß von Gesellschaftsvertrag/Satzung gegen **§§ 134, 138**.[142] Auch in diesen Fällen soll die Nichtigkeit aber gegenüber gutgläubigen Dritten nicht geltend gemacht werden können; die Beteiligten sollen den Dritten gegenüber nach Rechtsscheingrundsätzen haften können.[143] Bei Unanwendbarkeit der Grundsätze der fehlerhaften Gesellschaft ist die gescheiterte Gesellschaft Im Innenverhältnis nach Bereicherungsrecht (§§ 812 ff.) abzuwickeln; dabei ist § 817 zu beachten, woran die Rückabwicklung häufig scheitern wird.[144] Unanwendbar sind die Grundsätze auch bei Beteiligung von **Geschäftsunfähigen und beschränkt Geschäftsfähigen** (bei diesen freilich mit der Möglichkeit der Genehmigung der schwebend unwirksamen Erklärungen, §§ 108 Abs. 1, 184 mit Wirkung ex tunc).[145]

---

136 Ähnlich OLG Hamm und Stuttgart sowie BFH, aaO; auf die Wirkung auf das Aktieneigentum stellte uE zu Recht ab BGHZ 153, 47 = ZIP 2003, 387 mAnm *Streit* = DB 2003, 544 mAnm *Heidel*, verfassungsrechtliche Begründung verworfen durch BVerfGE 132,99 = ZIP 2012, 1402 = WM 2012, 1378 (Delisting).

137 BGH WM 2013, 2309 = ZIP 2013, 2355 Rn. 11; BGH NJW 2005, 1784 = ZIP 2005, 759; BGH ZIP 2005, 753 = BB 2005, 1018; BGH ZIP 2005, 763 = AG 2005, 476; vgl. Erman/*Westermann* BGB § 705 Rn. 88; Palandt/*Sprau* BGB § 705 Rn. 19 a; *Konzen* FS Westermann S. 1133, 1144 ff.; *Wertenbruch* NJW 2005, 2823; ablehnend oder Zweifel bei *Schäfer*, Die Lehre vom fehlerhaften Verband, S. 145; *Schäfer* ZHR 170 (2006), 373, MüKoHGB/*K. Schmidt* § 230 Rn. 131 ff.

138 LG Bonn 3.9.2015 – 14 O 7/14 nv juris Rn. 46, BGHZ 148, 201, 207 = juris Rn. 18; Oetker/*Oetker* HGB § 161 Rn. 117; *Tebben* in VGR Gesellschaftsrecht in der Diskussion 2010, 2011, 161, 175 f.; kritisch *Haas/Mock* in Röhricht/Graf von Westfalen/ Haas HGB § 161 Rn. 211.

139 BGHZ 199, 104 = WM 2013, 2309 = ZIP 2013, 2355 Rn. 16 ff. (praktisch wortgleiche BGH-Entscheidung v. 19.11.2013 – II ZR 320/12, nv); vgl. dazu *Blaurock/Gimmler* NZG 2014, 371; *Mock* DStR 2014, 536 (598); *Schäfer* GWR 2014, 25 ff.; *K. Schmidt* ZHR 178 (2014), 10 ff.; *K. Schmidt* in Jahrbuch der Fachanwälte für Steuerrecht 2014/15 S. 370 (*Schmidt* sieht die Entscheidung als Bestätigung seiner Gedanken zur sog. Innenkommanditgesellschaft), vgl. *K. Schmidt* GesR § 62 II 2. c cc) sowie e); in BGH WM

2013, 2309 = ZIP 2013, 2355 Rn. 26 heißt es insoweit: „In diesem Gebilde hat die Beklagte eine einer Komplementärin einer KG vergleichbare Stellung inne, die stillen Gesellschafter sind Kommanditisten gleichgestellt."

140 MüKoHGB/*K. Schmidt* § 105 Rn. 253.

141 BGHZ 153, 214 = DB 2003, 268 = NJW 2003, 1252.

142 BGHZ 62, 234, 241 = DB 1974, 1057 = NJW 1974, 1201; BGHZ 75, 214 = DB 1979, 2478 =NJW 1980, 638; BGHZ 97, 243 = DB 1986, 1389 = NJW 1987, 65 = WM 1986, 1524; BGH NJW-RR 1988, 1379; BGH NJW 1967, 39.

143 BeckOK BGB/*Schöne* § 705 Rn. 87; Staudinger/ *Habermeier* BGB § 705 Rn. 68; Hk-HGB/*Heidel* § 105 Rn. 176; MüKoBGB/*Schäfer* § 705 Rn. 334, der bei Rn. 343 den Rückgriff auf Rechtsscheinsgrundsätze für entbehrlich hält, die Haftung beruhe auf der in Vollzug gesetzten Gesellschaft als rechtsfähigem Personenverband.

144 Staudinger/*Habermeier* BGB § 705 Rn. 68; MüKo-BGB/*Ulmer* § 705 Rn. 346; einschr. Soergel/*Hadding* BGB § 705 Rn. 81, der für Liquidation bei Fehlerhaftigkeit nach § 134 votiert, mit Ausnahme des Falls, dass Sinn und Zweck des Verbots durch die Liquidation/Abwicklung berührt würden.

145 AllgM, vgl. BeckOK BGB/*Schöne* § 705 Rn. 88; Palandt/*Sprau* BGB § 705 Rn. 18 a; Staudinger/ *Habermeier* BGB § 705 Rn. 69; Hk-HGB/*Heidel* § 105 Rn. 177; BGH NJW 1992, 1503; BGHZ 17, 160, 167 = NJW 1955, 1067; BGHZ 38, 26, 29 = DB 1962, 1500 = NJW 1962, 2348; BGH NJW 1983, 748.

Die Unanwendbarkeit der Grundsätze der fehlerhaften Gesellschaft gilt aber nur gegenüber dem Geschäftsunfähigen/beschränkt Geschäftsfähigen – im m Verhältnis der übrigen Gesellschafter untereinander bleibt es bei deren Regeln.[146] Der Geschäftsunfähige/beschränkt Geschäftsfähige kann zB erbrachte Einlagen nach §§ 812 ff. kondizieren bzw. nach § 985 herausverlangen; er nimmt nicht am Verlust teil.[147] Sehr streitig ist die Gewinnbeteiligung des Geschäftsunfähigen/beschränkt Geschäftsfähigen im Hinblick auf die regelmäßig ausschließlich vorteilhaften Wirkungen.[148]

Der Anwendbarkeit der Grundsätze der fehlerhaften Gesellschaft soll es nach hM nicht entgegenstehen, **35** wenn ein Gesellschafter gem. § 123 **anfechtbar den Gesellschaftsvertrag geschlossen** hat oder dieser gem. §§ 355, 358 Abs. 2 unwirksam ist. Gleiches soll im Fall der **sittenwidrigen Übervorteilung eines Gesellschafters** gelten, die grundsätzlich nur zur Unwirksamkeit der sittenwidrigen Klausel führen soll.[149] Insofern soll der betroffene Gesellschafter ausreichend geschützt sein durch die Beendigung bzw. den Austritt aus der Gesellschaft mit Wirkung ex nunc und Schadensersatzansprüche gem. §§ 826, 311 Abs. 2, 241 Abs. 2, 280[150] (vgl. zu diesen → Rn. 36 ff.). Wir halten diese Sichtweise für falsch.[151]

III. Rechtswirkungen und -folgen

Liegen die Voraussetzungen der fehlerhaften Gesellschaft vor, ist diese für Vergangenheit und Gegenwart **36** als voll wirksame Gesellschaft zu behandeln – sowohl für die Innen- als auch Außenbeziehungen.[152] Die Gesellschafter haben mithin alle Rechte und Pflichten, die sie bei einer wirksam gegründeten Gesellschaft/ juristischen Person hätten. Insbesondere müssen sie ihre Beiträge leisten[153] und die etwaige **Pflicht zum Verlustausgleich** erfüllen, angeblich selbst dann, wenn ihre Beteiligung auf arglistiger Täuschung beruht[154] – allerdings mit der Ausnahme, dass ihre Leistung „allein dem Betrüger zugutekommen würde".[155] Den Mangel der fehlerhaften Gesellschaft kann jederzeit jeder Gesellschafter gegen jeden Gesellschafter geltend machen, indem er die Gesellschaft zum Zwecke ihrer Auflösung für die Zukunft außerordentlich fristlos

146 BGH NJW 1983, 748; diff. *Hueck*, Das Recht der offenen Handelsgesellschaft, § 7 I 2; MüKoBGB/*Schäfer* § 705 Rn. 339, wonach es darauf ankommen soll, ob der Gesellschaftsvertrag trotz des Mangels Bestand haben soll, wofür insbesondere eine gesellschaftsvertragliche Fortsetzungsklausel spreche; nur anderenfalls gelten die Grundsätze der fehlerhaften Gesellschaft.

147 Erman/*Westermann* BGB § 705 Rn. 76; MüKoBGB/*Schäfer* § 705 Rn. 337; BeckOK BGB/*Schöne* § 705 Rn. 88; *Ganssmüller* DB 1955, 257 (260).

148 Vgl. einerseits *Ganssmüller* DB 1955, 257 (260); *Flume* BGB AT, Bd. 1/1, § 13, 7; *Hueck*, Das Recht der offenen Handelsgesellschaft, § 7 III 4 c; andererseits Soergel/*Hadding/Kießling* BGB § 705 Rn. 82; Erman/*Westermann* BGB § 705 Rn. 76; *Ulmer/Schäfer* § 705 Rn. 337; BeckOK BGB/*Schöne* § 705 Rn. 88.

149 BGH WM 1975, 512 (514); OLG Stuttgart ZIP 2001, 692 (697); MüKoBGB/*Schäfer* § 705 Rn. 340, BeckOK BGB/*Schöne* § 705 Rn. 90; BGH NJW 2001, 2718; anders noch BGHZ 13, 320, 323 = NJW 1954, 1562; BGHZ 26, 330, 335 = NJW 1958, 668; BGHZ 55, 5, 9 = NJW 1971, 375.

150 MüKoBGB/*Schäfer* § 705 Rn. 340; Soergel/*Hadding/Kießling* BGB § 705 Rn. 83; BeckOK BGB/*Schöne* § 705 Rn. 90; Staudinger/*Habermeier* BGB § 705 Rn. 70; Hk-HGB/*Heidel* § 105 Rn. 178; *Hueck*, Das Recht der offenen Handelsgesellschaft, § 7 III 4 d; *K. Schmidt* AcP 186 (1986), 421, 445 f.

151 Vgl. im Einzelnen Hk-HGB/*Heidel* § 105 Rn. 178 ff., 185 ff.

152 Ganz hM, vgl. BGH NJW 1969, 1483; Erman/*Westermann* BGB § 705 Rn. 73, 81; Soergel/*Hadding/Kießling* BGB § 705 Rn. 76; MüKoBGB/*Schäfer*

§ 705 Rn. 343 f.; BeckOK BGB/*Schöne* § 705 Rn. 91.

153 BGHZ 26, 330, 335 = DB 1958, 277.

154 Baumbach/Hopt/*Roth* HGB § 105 Rn. 86; vgl. ausführlich Hk-HGB/*Heidel* § 105 Rn. 179 ff., auch in Auseinandersetzung mit der Rspr. („Friz") zur Frage der Geltung der Grundsätze zur fehlerhaften Gesellschaft auf den Beitritt von Gesellschaftern zu Gesellschaften (meist Publikums-KG oder -GbR), die ihren Beitritt nach den – auf europarechtlicher Grundlage ergangenen Vorschriften – zu Haustürgeschäften widerrufen haben, vgl. EuGH NJW 2010, 1511 = ZIP 2010, 772 („Friz") mit Anm. *Habersack*, mit Anm. *Goette* DStR 2010, 881; ergangen auf Vorlageentscheidung des BGH ZIP 2008, 1018 = NZG 2008, 460 – Friz I, Endentscheidung des BGH NJW 2010, 3096 = ZIP 2010, 1540 – Friz II mit Anm. *Goette* DStR 2010, 1681.; vgl. auch die zT abweichende Sicht der Generalanwältin *Trstenjak* ZIP 2009, 1902 (1905 ff.), Rn. 60 ff. der Schlussanträge. Vgl. auch BGH ZIP 2018, 721 = NZG 2018, 539, Rn. 49 ff., 52 ff., wonach bei Widerruf des Beitritts zu einer Publikums-Personengesellschaft in einer sog. „Haustürsituation" nicht die Verpflichtung des Widerrufenden zur Leistung seiner bis dahin noch nicht vollständig erbrachten rückständigen Einlage einfalle; anders noch die Vorinstanz OLG Stuttgart ZIP 2016, 863 = WM 2016, 1731 = juris Rn. 58 ff., die annahm, dass der widerrufende Gesellschafter lediglich die bis zu diesem Zeitpunkt fällig gewordenen Einlageforderungen schulde. Vgl. auch die grundlegende Kritik von *Krämer* FS W. Meilicke, 2010, S. 341, 346 ff.

155 Baumbach/Hopt/*Roth* HGB § 105 Rn. 86 unter Verweis ua auf BGHZ 26, 330 335 = DB 1958, 277; BGHZ 63, 343; 69, 161; BGH NJW 1976, 894; BGH DB 1976, 142.

kündigt,[156] ggf. kommt auch eine Kündigung binnen angemessener Frist in Betracht.[157] Das bedeutet den Ausschluss des Bereicherungsrechts, an dessen Stelle die Abwicklung der Gesellschaft nach den jeweiligen Liquidationsregeln tritt. Ausnahmsweise soll dem Kündigungsrecht die Treuepflicht der Gesellschafter (→ § 705 Rn. 169 ff.) entgegenstehen können.[158] Die fehlerhafte Gesellschaft bleibt bis zur Vollbeendigung rechts- und parteifähig sowie insolvenz- und wechselfähig.[159]

37 Unberührt von der Anwendung der Grundsätze der fehlerhaften Gesellschaft bleiben grundsätzlich **Schadensersatzansprüche**, zB aus c.i.c. (§§ 280 Abs. 1, 311 Abs. 2, 241 BGB), der Verletzung der gesellschaftsrechtlichen Treuepflicht (§ 280 BGB), Prospekthaftung oder §§ 122, 823 Abs. 2 iVm einem Schutzgesetz (zB § 263 StGB), 826 BGB.[160]

38 Ersatzansprüche können sich zwar grundsätzlich **auch gegen die fehlerhafte Gesellschaft** als solche und/oder Gesellschafter richten, soweit diesen zB vorsätzliches schädigendes Verhalten des die Fehlerhaftigkeit zB des Beitritts verschuldenden Gesellschafters oder sonstiger Repräsentanten zurechnen ist[161] (→ § 31 Rn. 10 ff., 13). Der BGH unterstellt aber im Interesse einer geordneten Auseinandersetzung der fehlerhaften Gesellschaft eine **Durchsetzungssperre** (→ § 730 Rn. 15 f.) für Schadensersatzansprüche, zumal auf Rückgewähr der Einlage bis zur Kündigung oder anderweitigen Auflösung im Rahmen der Schlussabrechnung bei der Abwicklung.[162] Anders ist das nach dem BGH bei der fehlerhaften stillen Gesellschaft; dort bejaht er den Anspruch gegen den Inhaber des Geschäfts, mit Unterschieden zwischen zwei- und mehrgliedriger stiller Gesellschaft.[163] In der Lit. ist es insb. *Gehrlein*, der auch für sonstige Fälle der Annahme einer Durchsetzungssperre mit Recht gewichtige Argumente entgegenhält;[164] für seine Sicht sprechen insb. (1) die Weiterführung des etablierten Grundsatzes des BGH, dass keine Sperre besteht für Ansprüche bei gesellschaftsvertragswidriger Schädigung,[165] (→ § 730 Rn. 17 f.) sowie (2) die fehlende Überzeugungskraft der Erwägungen, ein sog. „Windhundrennen" zahlreicher Geschädigter um Gesellschaftskapital sei auszuschließen,[166] weil nämlich das Risiko des Kapitalabflusses wegen Ersatzansprüchen Geschädigter die wirksam beigetretenen Gesellschafter zu tragen haben, dieses aber nicht auf die Geschädigten abgewälzt werden darf; die zB durch Täuschung fehlerhaft einem Fonds beigetretenen Anleger sitzen nämlich gerade nicht mit den täuschenden Initiatoren/Gründungsgesellschaftern freiwillig „in einem Boot", sondern werden zwangsweise jedenfalls bis zur Höhe eines zu zahlenden negativen Auseinandersetzungsguthabens in diesem Boot festgehalten.[167]

---

156 BGHZ 3, 285, 290 = DB 1952, 1008 = NJW 1952, 97; MüKoBGB/*Schäfer* § 705 Rn. 339; Soergel/*Hadding/Kießling* BGB § 705 Rn. 78; *Hueck*, Das Recht der offenen Handelsgesellschaft, § 7 III 1 b.

157 Palandt/*Sprau* BGB § 705 Rn. 18.

158 Soergel/*Hadding/Kießling* BGB § 705 Rn. 78; Staudinger/*Habermeier* BGB § 705 Rn. 67; *Hueck*, Das Recht der offenen Handelsgesellschaft, § 7 III 1 b; Hk-HGB/*Heidel* § 105 Rn. 186; Erman/*Westermann* BGB § 705 Rn. 83; BeckOK BGB/*Schöne* § 705 Rn. 92.

159 EBJS/*Wertenbruch* HGB § 105 Rn. 270.

160 Vgl. zu den in Betracht kommenden Ersatzansprüchen *Gehrlein* WM 2005, 1489, 1492.

161 Vgl. zur Zurechnung allg. BGH ZIP 2004, 1706 =- WM 2004, 1823 = NZG 2004, 961 = juris Rn. 11.

162 BGH ZIP 2000, 1430 = NJW 2000, 3558 = juris Rn. 20 f.; BGH ZIP 1993, 1089 = NJW 1993, 2107 = juris Rn. 18.

163 BGH ZIP 2004, 1706 = NZG 2004, 961 = juris Rn. 12; BGH NZG 2005, 467 = ZIP 2005, 759 = NJW 2005, 1784 = juris Rn. 16 f.; Vgl. dazu *Wertenbruch* NJW 2005, 2823, 2824 f.; *Schäfer* ZHR 170 (2006), 373, 386 ff. Vgl. auch BGH NJW 1993, 2107 = juris Rn. 18. Zusammenfassend zur zweigliedrigen stillen Gesellschaft BGHZ 199, 104 Rn. 15: Der Schutz der Gläubiger gebiete keine Beschränkung, schon weil es bei der stillen Gesellschaft am Gesellschaftsvermögen fehle, das durch Kapitalaufbringungs- und -erhaltungsvorschriften geschützt sei; dass bei einer Vielzahl stiller Gesellschafter mit gleichartigen Ersatzansprüchen ein

Gläubigerwettlauf möglich sei, rechtfertige keine andere Beurteilung; dem Ersatzpflichtigen dürfe es nicht zugutekommen, dass er auch an dem mit dem Geschädigten geschlossenen Gesellschaftsvertrag beteiligt sei. Anders judiziert der BGH zur mehrgliedrigen stillen Gesellschaft: Der geschädigte Anleger habe gegen den Inhaber des Handelsgewerbes (in casu trotz des vorvertraglichen Aufklärungsverschuldens) keinen Schadensersatzanspruch auf Rückabwicklung seiner Beteiligung durch Rückgewähr seiner Einlage Zug um Zug gegen Übertragung seiner Rechte aus der Beteiligung; vielmehr könne er zweierlei beanspruchen: (1) ein (etwaiges) Abfindungsguthaben nach den Regeln der fehlerhaften Gesellschaft und (2) je nach Vermögenslage des Handelsbetriebs und der Höhe der hypothetischen Abfindungsansprüche der übrigen Gesellschafter, den Ersatz seines durch den Abfindungsanspruch nicht ausgeglichenen Schadens.

164 *Gehrlein* WM 2005, 1489, 1493 ff.; vgl. auch Baumbach/Hopt/*Roth* HGB § 105 Rn. 89; *Bälz*, FS Raiser (2005), S. 615, 620 ff.; EBJS/*Wertenbruch* HGB § 105 Rn. 264, 274; *Wertenbruch* NZG 2006, 408 (421); aA *Schäfer* ZHR 170 (2006), 373, 382 ff.

165 BGH NJW 1962, 859 = WM 1962, 390 = juris Rn. 16.

166 So aber zB *Armbrüster/Joos* ZIP 2004, 189, 199;. BGH ZIP 2008, 1018 = NZG 2008, 460 Rn. 20; vgl. auch *Goette* DStR 2010, 881 und *Habersack* ZIP 2010, 776 zu EuGH, RS C 215/08, ZIP 2010, 772, 773 f. (insb. dortige Rn. 26 ff.).

167 Vgl. auch *Krämer* FS Meilicke (2010), S. 342, 350 ff.

Heidel/Lochner

Der Geschädigte kann solche Ansprüche jedenfalls ohne Weiteres gegen **Repräsentanten oder Vertreter** **39** **der Gesellschaft persönlich** richten, die maßgebend den fehlerhaften Beitritt etc. verursacht haben;[168] denen (nicht aber reinen Treuhandanlegern) wird eine Täuschung durch Verhandlungsgehilfen zugerechnet.[169]

Der **Schaden** liegt insb. darin, dass die Einlage z.B. aufgrund von Verlusten der Gesellschaft überhaupt **40** nicht oder nicht vollständig zurückgezahlt werden kann.[170]

§ 21 Nicht wirtschaftlicher Verein

Ein Verein, dessen Zweck nicht auf einen wirtschaftlichen Geschäftsbetrieb gerichtet ist, erlangt Rechtsfähigkeit durch Eintragung in das Vereinsregister des zuständigen Amtsgerichts.

Literatur: *Ballerstedt*, Mitgliedschaft und Vermögen beim rechtsfähigen Verein, in: FS Knur 1972, S. 1; *Balzer*, Die Umwandlung von Vereinen der Fußball-Bundesligen in Kapitalgesellschaften zwischen Gesellschafts-, Vereins- und Verbandsrecht, ZIP 2001, 175; *Beuthien*, Die Vorgesellschaft im Privatrechtssystem (Teil II), ZIP 1996, 360; *ders.*, Wie ideell muss ein Idealverein sein?, NZG 2015, 449; *ders.*, Zur Funktion und Verantwortung juristischer Personen im Privatrecht, JZ 2011, 124; *ders.*, Was macht einen Verein wirtschaftlich, WM 2017, 645; *ders.*, Was ist ein wirtschaftlicher Verein, was ein nichtwirtschaftlicher?, Rpfleger 2016, 65; *Blum/Ebeling*, Dynamische Verweisungen im Arbeits- und Verbandsrecht, in: Sportler, Arbeit und Statuten, H. Fenn zum 65. Geburtstag, hrsg. von Bepler, 2000; *Doberenz*, Betriebswirtschaftliche Grundlagen zur Rechtsformgestaltung professioneller Fußballklubs, 1980; *Eyles*, Die Auslagerung unternehmensübergreifender Aktivitäten auf rechtsfähige Vereine, NJW 1996, 1994; *Fehrenbach*, Wege und Irrwege zur Vereinsklassenabgrenzung, ZHR 182 (2018), 191; *Füllgraf*, Wieviel wirtschaftliche Betätigung im Idealverein?, DB 1981, 2267; *Griep*, Hat der wirtschaftliche Verein ein Zukunft?, Sozialrecht aktuell 2015, 92; *Gubitz/Hildebrand*, Ist der Profifußball in Deutschland illegal?, NZG 2017, 495; *Hadding*, Zum Erlangen von Rechtsfähigkeit nach deutschem Zivilrecht, in: FS Kraft 1998, S. 137; *Heckelmann*, Der Idealverein als Unternehmer?, AcP 179 (1979), 1; *Hemmerich*, Möglichkeiten und Grenzen wirtschaftlicher Betätigung von Idealvereinen, Diss. Heidelberg 1982; *Henze*, Ein neuer Blick auf das ADAC-Urteil, Non Profit Law Yearbook 2004, S. 17; *Hornung*, Der wirtschaftliche Verein nach § 22 BGB, Diss. Göttingen 1972; *Hüttemann*, Wirtschaftliche Betätigung und steuerliche Gemeinnützigkeit, 1991; *ders.*, Zur Anerkennung eines Vereins als gemeinnützig im Sinne der §§ 51 ff. AO, JZ 2017, 897; *Knauth*, Die Ermittlung des Hauptzwecks bei eingetragenen Vereinen, JZ 1979, 339; *ders.*, Die Rechtsformverfehlung bei eingetragenen Vereinen mit wirtschaftlichem Geschäftsbetrieb, 1976; *Kögel*, Der Sturz des Gelben Engels oder über den Missbrauch des Idealvereins zu Wirtschaftszwecken, Rpfleger 2014, 569; *Korinek/Krejci* (Hrsg.), Der Verein als Unternehmer, 1988; *Kornblum*, Bemerkungen zum e.V., NJW 2003, 3671; *Küting/Strauß*, Konzern- und vereinsrechtliche Fragestellungen in Unternehmensverbindungen mit Idealvereinen am Beispiel der Fußball-Bundesliga, Der Konzern 2013, 390; *Lehmann*, Die wettbewerbs- und bürgerlich-rechtlichen Grenzen der wirtschaftlichen Betätigung von Vereinen, WRP 1986, 63; *Lettl*, Wirtschaftliche Betätigung und Umstrukturierung von Ideal-Vereinen, DB 2000, 1449; *Leuschner*, Ist der ADAC zu Recht ein eingetragener Verein?, *ders.*, Das Konzernrecht des Vereins 2011; ZIP 2015, 356; *Leuschner*, Der Zweck heiligt doch die Mittel! – Vereinsklassenabgrenzung nach dem Kita-Beschluss des BGH, NJW 2017, 2019; *ders.*, Die Registersache FC Bayern München e.V., NZG 2017, 16; *ders.*, Zwischen Gläubigerschutz und Corporate Governance: Reformperspektive des Vereinsrechts, npoR 2016, 99; *Lissner*, Die Erstanmeldung des eingetragenen Vereins, MDR 2012, 1209; *Märkle/Alber/Gölle*, Der Verein im Zivil- und Steuerrecht, 11. Auflage 2004; *Menke*, Die wirtschaftliche Betätigung nichtwirtschaftlicher Vereine, 1998; *Mock/Mohamed*, „Nein" zum (nicht) wirtschaftlichen Verein kraft Verordnungsermächtigung – Keine Neuordnung des Rechts der Idealvereine mit wirtschaftlichem Nebenzweck, DStR 2017, 2232, 2238; *Mock/Born*, Die Profifußball-Tochtergesellschaft, Jura 2020, 54; *Otto*, Zur zwecklosen Unterscheidung von Neben- und Selbstzweck, solange der wirtschaftliche im Hauptzweck gemeinnützig ist, NotBZ 2017, 286; *Petersen*, Das Vereinsrecht des BGB, Jura 2002, 683; *Punte*, Die Kapitalgesellschaft als (zwingende) Rechtsform im deutschen Profifußball, SpuRt 2017, 46; *Reinhardt*, Die Abgrenzung zwischen Vereinen mit und ohne „wirtschaftlichen Geschäftsbetrieb", in: FS Paulick 1973, S. 3; *Reuter*, 100 Bände BGHZ: Vereins- und Genossenschaftsrecht, ZHR 151 (1987), 355; *ders.*, Die Verbände in der Privatrechtsordnung, in: Festgabe BGH II 2000, S. 213; *ders.*, Konzernrecht des Vereins?, npoR 2012, 101; *ders.*, Rechtliche Grenzen ausgegliederter Wirtschaftstätigkeit von Idealvereinen, ZIP 1984, 1052; *ders.*, Verbandszweck und Rechtsfähigkeit im Vereinsrecht, ZHR 151 (1987), 237; *Rittner*, Die werdende juristische Person, 1973; *Röcken*, Die Entwicklung des Vereinsrechts, MDR 2018, 1097; *ders.*, Der Idealverein mit wirtschaftlichem Geschäftsbetrieb, MDR 2017, 1036; *Sachau*, Der nicht rechtsfähige Verein als Unternehmer eines Handelsgewerbes, ZHR 56 (1905), 444; *Sack*, Der „vollkaufmännische Idealverein", ZGR 1974, 147; *Schacherbauer*, Beherrschender Einfluss im deutschen Profi-Fußball aus vereinsrechtlicher Sicht – am Fall RasenBallsport Leipzig eV, SpuRt 2014, 143; *Schad*, Eingetragener Verein oder Wirtschaftsverein, NJW 1998, 2411; *Schauhoff/Kirchhain*, Der wirtschaftlich tätige gemeinnützige Verein – Zur Auslegung des § 21 BGB, ZIP 2016, 1857; *K. Schmidt*, Der bürgerlich-rechtliche Verein mit wirtschaftlicher Tätigkeit, AcP 182 (1982), 1; *ders.*, Die Abgrenzung der beiden Vereinsklassen, Rpfleger 1972, 286, 343; *ders.*, Sieben Leitsätze zum Verhältnis zwischen Vereinsrecht und Handelsrecht, ZGR 1975, 477; *ders.*, Systemfragen des Vereinsrechts, ZHR 147 (1983), 43; *ders.*, Verbandszweck und Rechtsfähigkeit im Vereinsrecht, 1984; *ders.*, Eintragung eines e.V. mit Geschäftsbetrieb im Vereinsregister, JuS 2017, 776; *Schnorr*, Öffentliches Vereinsrecht, 1965; *Schockenhoff*, Der wirtschaftlich tätige Idealverein, NZG 2017, 931; *Schwierkus*, Der rechtsfähige ideelle und wirtschaftliche Verein (§§ 21, 22 BGB), Diss. Berlin 1981; *Segna*, Publizitätspflicht eingetragener Vereine?, DB 2003, 1311;

---

168 BGH ZIP 2004, 1706 = juris Rn. 10 ff.; BGH ZIP 2005, 254 (256) = juris Rn. 18 ff.; BGH ZIP 2005, 763 = juris Rn. 10.
169 BGH NZG 2013, 980 = ZIP 2013, 1616 Rn. 26 ff.

170 BGH ZIP 2004, 1706 = juris Rn. 10 ff.; BGH ZIP 2005, 254 (256) = juris Rn. 18 ff.; BGH ZIP 2005, 763 = juris Rn. 10.

ders., Bundesligavereine und Börse, ZIP 1997, 1901; *ders.*, Die Registersache FC Bayern München, npoR 2017, 3; *ders.*, Vereinsklassenmanagement nach Art des Hauses, ZIP 2017, 1881; *Sprengel*, Vereinskonzernrecht. Die Beteiligung von Vereinen an Unternehmensverbindungen, 1998; *Steding*, Zulässigkeit und Begrenzung des Einsatzes der GbR und des Vereins für wirtschaftliche Tätigkeit, NZG 2001, 721; *Steinbeck*, Vereinsautonomie und Dritteinfluss, 1999; *Terner*, Zur Abgrenzung von wirtschaftlichen und nichtwirtschaftlichen Vereinen, RNotZ 2008, 94; *ders.*, ZNotP 2009, 132; *Ulmer*, Zu einer neuen Theorie der juristischen Person – zugleich Besprechung von: *Rittner*, Die werdende juristische Person, ZHR 140 (1976), 61. S.a. bei Vorbemerkungen zu §§ 21 ff; *von Hippel*, Grundprobleme von Nonprofit-Organisationen, 2007; *Wagner*, Die Entwicklungen im Vereinsrecht, NZG 2016, 1046, NZG 2017, 768, NZG 2018, 330, NZG 2019, 46, NZG 2020, 1417; *Weber/Küting/Strauß*, Rechtsformen und Beteiligungsbeschränkungen im europäischen Profifußball, Der Konzern 2014, 449; *Wettich/Vosse*, Aktuelle Entwicklungen zum eingetragenen Verein als Rechtsform für (Profi-)Sportvereine, SpuRt 2017, 229; *Winheller*, Idealverein oder Wirtschaftsverein? Kita-Vereine zwischen Eintragungsfähigkeit und Rechtsformverfehlung, DStR 2013, 2009.

A. Allgemeines 1
B. Regelungsgehalt 2
  I. Bestehen des Vereins 2
    1. Vereinsbegriff 3
    2. Vereinsgründung 4
      a) Voraussetzungen der Gründung 4
      b) Vorverein und Vorgründungsgesell-
         schaft 7
  II. Nicht auf einen wirtschaftlichen Geschäftsbe-
      trieb gerichteter Vereinszweck 15
    1. Vereinszweck 16
    2. Unzulässige Zweckrichtung – der wirt-
       schaftliche Geschäftbetrieb 22
       a) Die neue (Kita-)Rechtsprechung des
          BGH 23

  b) Die fortbestehende Berechtigung der
     typologischen Abgrenzung von Verei-
     nen 27
    aa) Volltypus des unternehmerisch täti-
        gen Vereins 28
    bb) Verein mit unternehmerischer Tätig-
        keit an den Binnenmarkt seiner Mit-
        glieder 34
    cc) Der genossenschaftlich tätige Verein 39
    c) Nebenzweckprivileg („Nebentätig-
       keitsprivileg") 41
  3. Beispiele 45
  III. Eintragung im Vereinsregister 46

A. Allgemeines

1 § 21 regelt die Voraussetzung, unter denen ein nicht wirtschaftlicher Verein Rechtsfähigkeit erlangt, während § 22 dies für den wirtschaftlichen Verein bestimmt. Maßgebendes Abgrenzungskriterium zwischen nicht wirtschaftlichem und wirtschaftlichem Verein ist, ob der Vereinszweck auf einen wirtschaftlichen Geschäftsbetrieb gerichtet ist (→ Rn. 15 ff.).

B. Regelungsgehalt

I. Bestehen des Vereins

2 Voraussetzung für die Eintragung ist das Bestehen eines Vereins.

3 **1. Vereinsbegriff.** Der Verein ist ein auf Dauer angelegter, körperschaftlich organisierter Zusammenschluss von Personen mit einem gemeinsamen Zweck (→ Vor § 21 Rn. 10).

4 **2. Vereinsgründung. a) Voraussetzungen der Gründung.** Zur Gründung (Errichtung) eines Vereins einigen sich die Gründer über den Inhalt der Satzung des Vereins (§ 25).

Gründer und damit Vereinsmitglied können unbeschränkt geschäftsfähige **natürliche Personen** sein, ungeachtet ihrer Staatsangehörigkeit und eines Wohnsitzes im Inland. Besonderheiten bestehen bei der Beteiligung von Geschäftsunfähigen, beschränkt Geschäftsfähigen und unter Betreuung stehenden Personen.[1] Gründer können auch sein: **juristische Personen, Personengesellschaften** einschließlich der Außen-GbR und der EWIV[2] sowie **„nicht rechtsfähige" Vereine** (diese können nach heute hM als Teilnehmer am Rechtsverkehr jede Rechtsposition einnehmen, soweit nicht spezielle rechtliche Gesichtspunkte entgegenstehen(→ § 54 Rn. 3 ff.).[3] Eheliche Gütergemeinschaft, Erbengemeinschaft und Bruchteilsgemeinschaft sollen nicht an der Gründung beteiligt sein können.[4] Die **Vereinsgründung ist nach hM ein Vertrag**, der die Satzung feststellt (also Vereinszweck, Name,[5] Sitz und Verfassung festlegt, vgl. § 57) und damit den Verein

1   Vgl. Reichert/*Wagner* Kapitel 2 Rn. 8 ff.; *Sauter/
    Schweyer/Waldner* Eingetragener Verein Rn. 10, vgl.
    OLG Jena 9.4.2013 – 9 W 140/13 (nv) zur (dort ver-
    neinten) Frage, ob einer Vereinsgründung bzw. der
    Eintragung des Vereins in das Vereinsregister die
    Mitgliedschaft einzelner Mitglieder in einer verbote-
    nen Organisation entgegenstehen kann.
2   Reichert/*Wagner* Kapitel 2 Rn. 13 f.; MHdB GesR II/
    Knof § 15 Rn. 11.

3   BGH FGPrax 2001, 251 = NJW 2001, 3121; BGH
    NJW 2002, 1207 (1208); *Sauter/Schweyer/Waldner*
    Eingetragener Verein Rn. 11; *Reichert* Rn. 76.
4   Soergel/*Hadding* BGB § 38 Rn. 5; *Sauter/Schweyer/
    Waldner* Eingetragener Verein Rn. 11.
5   Für den Namen gilt analog das Irreführungsverbot
    gem. § 18 Abs. 2 HGB, KG MDR 2012, 237 =
    FGPrax 2012, 32; Palandt/Ellenberger BGB § 57
    Rn. 2.

ins Leben ruft sowie die mitgliedschaftlichen Rechte und Pflichten für die Gründer entstehen lässt.[6] Nach dieser Feststellung, für die es keiner ausdrücklichen Gründungsvereinbarung bedarf,[7] können die Gründer die Satzung nur durch übereinstimmende Willenserklärung ändern.[8] Wollen die Gründer Rechtsfähigkeit durch Eintragung im Vereinsregister herbeiführen, müssen sie sich darüber einig sein.

Weitgehend ausgeschlossen ist die Entstehung von Vereinen nach dem **Umwandlungsgesetz**. Insbesondere scheiden zB Formwechsel von AG, KGaA, GmbH sowie Personenhandelsgesellschaft in einen Verein aus; Gleiches gilt für deren Spaltung in einen Verein. Auch Verschmelzungen von AG, KGaA, GmbH und Personenhandelsgesellschaft auf einen Verein sind ausgeschlossen. Möglich ist aber die Spaltung eines eingetragenen Vereins auf einen anderen (§§ 113–137, 149 UmwG) sowie die Verschmelzung eines eingetragenen Vereins auf einen anderen (§§ 2–38, 99–104 UmwG).[9]

An der Gründung müssen sich **mindestens zwei Personen** beteiligen. Soll der Verein in das Vereinsregister eingetragen werden, sind gem. §§ 56, 60 (→ § 56 Rn. 2) sieben Gründer erforderlich.[10]   **5**

Solange der Verein noch nicht nach außen aufgetreten ist, sind die Rechtsgeschäfte zur Gründung nach allgemein bürgerlich-rechtlichen Grundsätzen anfechtbar und nichtig.[11] Nach Eintragung des Vereins in das Vereinsregister bzw. nach seinem Tätigwerden nach außen können Anfechtungs- und Nichtigkeitsgründe nach den Grundsätzen der fehlerhaften Gesellschaft nur mit ex-nunc-Wirkung geltend gemacht werden (→ Vor § 21 Rn. 29).[12]   **6**

b) Vorverein und Vorgründungsgesellschaft. Mit Satzungsfeststellung und Wahl des ersten Vereinsvorstands entsteht ein **„Vorverein"** als körperschaftlich organisierter Personenverband.[13] Dieser ist mit dem eingetragenen eV identisch („Identitätstheorie"). Er kann gegen die Nichteintragung als eV Rechtsmittel einlegen[14] (dabei vertreten ihn die nach der Satzung zur Anmeldung befugten Vorstandsmitglieder).[15] Rechte und Pflichten des Vorvereins (nicht aber der Vorgründungsgesellschaft, → Rn. 14) gehen ipso iure auf den eV über; das gilt auch für Verbindlichkeiten aus unerlaubter Handlung.[16] Bei Grundstücken ist wegen der Identität keine Auflassung vom Vorverein an den eV erforderlich, sondern nur eine Grundbuchberichtigung.[17]   **7**

Kein Vorverein ist der „nicht rechtsfähige" Verein, der ohne Rechtsfähigkeit aufgrund Eintragung existiert hat und dessen Mitglieder nachträglich mit satzungsändernder Mehrheit den Erwerb der Rechtsfähigkeit beschließen („**unechter Vorverein**").[18]   **8**

Der Vorverein ist ein „nicht rechtsfähiger" Verein iSd § 54;[19] daher haften nur die Handelnden gem. § 54 S. 2.[20]   **9**

---

6   BeckOK BGB/*Schöpflin* § 21 Rn. 121; Staudinger/*Weick* (2005) § 21 Rn. 18; Staudinger/*Schwennicke* § 21 Rn. 86; Palandt/*Ellenberger* BGB § 25 Rn. 3; vgl. auch RGZ 153, 267, 270; 165, 140, 143; BGHZ 47, 172, 179 = DB 1967, 855 = MDR 1967, 564; BayOblGZ 1977, 9.

7   BeckOK BGB/*Schöpflin* § 21 Rn. 121; Soergel/*Hadding* BGB Vor § 21 Rn. 63.

8   OLG München NZG 1999, 780 (781).

9   Vgl. MHdB GesR II/*Pathe* §§ 52 ff.; OLG Bamberg NZG 2012, 1269 = ZStV 2012, 224; mangels abweichender Vorschriften in der Satzung soll der Verschmelzungsbeschluss der Mitgliederversammlung gem. § 103 UmwG lediglich einer Mehrheit von Dreiviertel der abgegebenen Stimmen bedürfen, § 33 Abs. 1 S. 2 BGB sowie § 275 UmwG sollen nicht (analog) anwendbar sein, OLG Hamm NZG 2013, 388 = AG 2013, 307.

10   Vgl. zu Besonderheiten, wenn juristische Personen als Gründer von natürlichen Personen beherrscht und repräsentiert werden, OLG Stuttgart Rpfleger 1983, 318 = MDR 1983, 840; OLG Köln NJW 1989, 173 (174).

11   BeckOK BGB/*Schöpflin* § 21 Rn. 123; BGHZ 47, 172, 180 = DB 1967, 855 = NJW 1967, 1268 (1271); MüKoBGB/*Reuter* (7. Aufl.) §§ 21, 22 Rn. 61.

12   BeckOK BGB/*Schöpflin* § 21 Rn. 123; Staudinger/*Weick* (2005) BGB § 21 Rn. 19, § 25 Rn. 47; Staudinger/*Schwennicke* BGB § 21 Rn. 86; Palandt/

Ellenberger BGB § 21 Rn. 11; Reichert/*Wagner* Kapitel 2 Rn. 29 ff.

13   Palandt/*Ellenberger* BGB § 21 Rn. 12; BeckOK BGB/*Schöpflin* § 21 Rn. 125; *Sauter/Schweyer/Waldner* Eingetragener Verein Rn. 14; MHdB GesR II/*Knof* § 13 Rn. 8; *Schiffer/Pruns* NWB 2011, 1258; *K. Schmidt* GesR § 24 II 1 c, erwähnt das Erfordernis der Feststellung des ersten Vorstands nicht.

14   KG DStR 2012, 1195; BayObLG NJW-RR 1991, 958 = BayObLGZ 1991, 52 (55); OLG Hamm OLG-RR 1995, 119; LG Bonn Rpfleger 2001, 432; Palandt/*Ellenberger* BGB § 21 Rn. 12; Reichert/*Wagner* Kapitel 2 Rn. 106.

15   KG DStR 2012, 1195; OLG Köln NJW-RR 1994, 1547 = Rpfleger 1994, 114.

16   RGZ 85, 256; BGHZ 17, 385, 387 = DB 1955, 664 = NJW 1955, 1229 (zur Genossenschaft); BGHZ 80, 129, 133 = DB 1981, 1032 = NJW 1981, 1373 (zur GmbH); Staudinger/*Weick* (2005) BGB § 21 Rn. 31 ff.; BeckOK BGB/*Schöpflin* § 21 Rn. 131; Palandt/*Ellenberger* BGB § 21 Rn. 12.

17   BGHZ 45, 338, 348 = DB 1966, 853 = NJW 1966, 1311 zur GmbH; MüKoBGB/*Leuschner* §§ 21, 22 Rn. 127 f.; Palandt/*Ellenberger* BGB § 21 Rn. 12.

18   MüKoBGB/*Reuter* (7. Aufl.) §§ 21, 22 Rn. 82.

19   BayObLGZ 1972, 29 = MDR 1972, 513; Schauhoff/*van Randenborgh*, § 2 Rn. 10.

20   Vgl. umfassend *Ehses*, Die Gründerhaftung in der Vorgesellschaft; Palandt/*Ellenberger* BGB § 21 Rn. 12 und § 54 Rn. 12.

10 Der Begriff des Handelnden ist eng auszulegen. Er erfasst nur den Vorstand, einen evtl. bestellten besonderen Vertreter (§ 30) sowie diejenigen Personen, die faktisch als solche Organmitglieder auftreten.[21] Nach hM **erlischt die Handelndenhaftung** wie im Recht der Kapitalgesellschaften grundsätzlich mit **Eintragung des eV im Vereinsregister**.[22] Das trifft zu. Denn Zweck der Haftung der Handelnden beim Vorverein ist, auf diese Druck zur raschen Anmeldung auszuüben. Wer mit einem Vorverein kontrahiert, kann nicht davon ausgehen, auf ewig Zugriff auf den Handelnden zu haben; vielmehr lässt er sich bewusst auf Geschäftskontakte zu einer werdenden juristischen Person ein, deren Handelnde erkennbar typischerweise nur in der Übergangszeit zwischen Satzungsfeststellung und der Eintragung persönlich zu haften bereit sind. Ist der Druck der persönlichen Haftung zur Erreichung der Eintragung erledigt, ist es nicht mehr gerechtfertigt, den Gläubigern des Vorvereins neben diesem bzw. eingetragenem eV ein zusätzliches Sicherungsmittel in Form der Handelndenhaftung zu geben.

11 Abzulehnen sind Versuche, für den Verein bzw. seine Gründer eine **Differenzhaftung bzw. Verlustdeckungshaftung** zu konstruieren, ähnlich den GmbH-Vorschriften zur Haftung der Gesellschafter für die Differenz zwischen Vorbelastungen und Wert des Stammkapitals.[23] Entsprechende Auffassungen vertritt zB (ausdrücklich als Mindermeinung bezeichnet) *Ellenberger*.[24] Anders als Kapitalgesellschaften hat der eV keine gesetzlichen Mindestkapitalvorschriften. Gläubiger, die mit einem werdenden eV kontrahieren, können daher nicht darauf vertrauen, dass der eV über ein bestimmtes gesetzliches Haftkapital verfügen wird.[25] Auch sonst sind in der Lit. vertretene Versuche abzulehnen, eine persönliche Haftung der Gründer für Verbindlichkeiten des Vorvereins zu konstruieren;[26] maßgebend für diese Sicht ist, dass auch die Mitglieder des „nicht rechtsfähigen" Vereins für dessen Schulden nicht persönlich haften; die Grundsätze der akzessorischen Gesellschafterhaftung bei der Außen-GbR gelten nicht für die Mitglieder des „nicht rechtsfähigen" Vereins (→ § 54 Rn. 17 ff.). Es wäre unsystematisch, dass Vereinsmitglieder, die sich an der Gründung eines einzutragenden Vereins beteiligen, nach außen stärker haften als Vereinsmitglieder, die wie beim „nicht rechtsfähigen" Verein von Anfang an keine Eintragung erstreben. Anderes gilt bei der Gründung eines auf Betrieb eines wirtschaftlichen Vereins gerichteten Vorvereins: Bei diesem haften die Gründer nach den Grundsätzen der GbR.[27] Dasselbe gilt, wenn der Vorverein ein Handelsgewerbe betreibt, das deutlich die Grenze zum bei Eintragung noch zulässigen Betrieb eines wirtschaftlichen Geschäftsbetriebs überschreitet (→ Rn. 15 ff.); in solchen Fällen ist der Grund für die persönliche Schutzwürdigkeit nicht einschlägig; stattdessen gilt der allgemeine Grundsatz, dass eine Haftungsbeschränkung für unternehmerisches Handeln nur durch die Eintragung zu erreichen ist, sofern ein Auftreten als juristische Person erfolgt.[28]

12 Der **Vorstand** vertritt den Vorverein. Seine Vertretungsmacht folgt aus § 26 iVm der Satzung. Er berechtigt und verpflichtet bei Handeln im Rahmen seiner Vertretungsmacht unmittelbar die Vorgesellschaft – unabhängig davon, ob er noch im Rahmen der Vorgesellschaft oder bereits im Namen der zukünftigen juristischen Person auftritt, da diese rechtlich identisch mit der Vorgesellschaft ist.[29] Seine Vertretungsmacht ist grundsätzlich auf gründungsnotwendige Geschäfte und das Verwalten des eingebrachten Vermögens

21 Soergel/*Hadding* BGB Vor § 21 Rn. 69; Reichert/ *Wagner* Kapitel 2 Rn. 48; BeckOK BGB/*Schöpflin* § 21 Rn. 129.

22 So iE die hM, vgl. Staudinger/*Weick* (2005) Rn. 70; Staudinger/*Schwennicke* BGB § Vor 21 Rn. 64; Palandt/*Ellenberger* BGB § 54 Rn. 13; MüKoBGB/ *Reuter* (7. Aufl.) §§ 21, 22 Rn. 105; Reichert/*Wagner* Kapitel 2 Rn. 52; OLG Celle NJW 1976, 806; diff. OLG Düsseldorf MDR 1984, 489 (Erlöschen nur, wenn bei Abschluss der Geschäfte die Eintragung bereits in die Wege geleitet war); für Fortbestehen der Haftung BeckOK BGB/*Schöpflin* § 21 Rn. 129; Soergel/*Hadding* BGB Vor § 21 Rn. 70, mit dem unzutr. Hinw. darauf, dass wegen der fehlenden Vorschriften beim Verein über Kapitalaufbringung und -erhaltung das Sicherungsinteresse des Gläubigers fortbestehe, „in der Person des Handelnden einen unbeschränkt haftenden Schuldner zu haben"; das verkennt, dass sich der Gläubiger gerade darauf einlässt, mit einer Person zu kontrahieren, die einen beschränkt haftenden Vertragspartner ohne Mindestkapital vertritt.

23 BGHZ 134, 333, 338 = DB 1997, 867 = NJW 1997, 1507 (1508); BGHZ 140, 35, 37 = NJW 1999, 283; BGHZ 165, 391 = WM 2006, 719.

24 Palandt/*Ellenberger* BGB § 21 Rn. 12; ebenso MüKoBGB/*Reuter* (7. Aufl.) §§ 21, 22 Rn. 85.

25 Vgl. Staudinger/*Weick* (2005) BGB § 21 Rn. 32; BeckOK BGB/*Schöpflin* § 21 Rn. 132; Reichert/*Wagner* Kapitel 2 Rn. 52; Soergel/*Hadding* BGB Vor § 21 Rn. 67, 74; OLG Hamm WM 1985, 644; vgl. auch BGHZ 146, 190 = NJW 2001, 748 (750 f.).

26 Vgl. insbes. MüKoBGB/*Reuter* (7. Aufl.) §§ 21, 22 Rn. 97 ff.; MüKoBGB/*Leuschner* §§ 21, 22 Rn. 135.

27 Palandt/*Ellenberger* BGB § 21 Rn. 12.

28 *Grunewald*, Gesellschaftsrecht, § 8 Rn. 31; weitergehend *K. Schmidt* GesR § 24 II 3 (die persönliche Haftung der Gründer trete schon dann ein, wenn der Vorverein ein Unternehmen betreibe).

29 MüKoBGB/*Reuter* (7. Aufl.) § 21, 22 Rn. 96; MüKoBGB/*Leuschner* § 21, 22 Rn. 134; *Lieb* DB 1970, 961 (963); aA noch BGHZ 53, 210 = NJW 1970, 806; BGHZ 65, 378 = NJW 1976, 419; BGH NJW 1973, 778; BGH NJW 1974, 1284.

begrenzt; seine Vertretungsmacht kann aber erweitert werden bis zur sofortigen Aufnahme der Vereinstätigkeit.[30]

Der Vorverein ist aktiv und passiv **parteifähig**.[31] Sein **Innenrecht** entspricht grundsätzlich dem des eV **13** Daher bestimmen sich zB seine Rechtsbeziehungen zu seinen Mitgliedern nach der Satzung. Bei entsprechender Vereinbarung kann er eine Mitgliederversammlung bilden die die Gründungssatzung mehrheitlich ändern kann. Das **Vermögen** des Vorvereins steht dessen Mitgliedern als Gesamthandsvermögen zu.[32] Seine Liquidation richtet sich nach den Regeln des Vereins.[33]

Der Vorverein ist von der **Vorgründungsgesellschaft** (→ § 705 Rn. 78 ff.) zu unterscheiden. Diese ist eine **14** GbR zur Vereinsgründung. Der Vorverein ist nicht identisch mit der Vorgründungsgesellschaft. Er ist nicht ihr Rechtsnachfolger, Rechte und Verbindlichkeiten der Vorgründungsgesellschaft gehen nicht auf den Vorverein über, es sei denn aufgrund ausdrücklicher Vereinbarung.[34]

II. Nicht auf einen wirtschaftlichen Geschäftsbetrieb gerichteter Vereinszweck

Der Vereinszweck eines nicht wirtschaftlichen Vereins darf nicht auf einen wirtschaftlichen Geschäftsbetrieb gerichtet sein. **15**

1. Vereinszweck. Der gemeinsame Zweck ist konstituierendes Merkmal jeder Personenvereinigung **16** (→ Vor § 21 Rn. 1 und 10; → § 705 Rn. 145).[35] **Vereinszweck kann grundsätzlich jeder erlaubte nicht wirtschaftliche Zweck sein** (vgl. zum wirtschaftlichen Zweck → Rn. 22 ff.). Die Gründer können den Vereinszweck frei bestimmen (Art. 9 Abs. 1 GG).[36] Diesen muss die Gründungssatzung angeben sein; diese ist der Anmeldung beizufügen (§§ 57 Abs. 1, 59 Abs. 2 Nr. 1). Der Vereinszweck ist nicht nur Zielsetzung der Gründer, den der Zusammenschluss erreichen soll, sondern auch oberster Leitsatz („Lebensgesetz") des Vereins für die praktische Tätigkeit.[37] Kein Vereinsorgan darf ohne Zustimmung aller Mitglieder vom Vereinszweck mangels abweichender Satzungsbestimmung (§ 40) abweichen (§ 33 Abs. 1 S. 2). Der Zweck kennzeichnet das Wesen und die Individualität des jeweiligen Vereins.[38]

Verbotene Vereinszwecke folgen aus Art. 9 Abs. 2 GG (Verstoß gegen verfassungsmäßige Ordnung oder **17** den Gedanken der Völkerverständigung) sowie §§ 134 und 138[39] (vgl. Vor § 21 Rn. 13). Hinsichtlich des Zwecks darf kein **Rechtsformzwang** für eine andere Vereinsform bestehen; die Verwendung der Vereinsform für den gesetzten Zweck und die beabsichtigte Tätigkeit dürfen gesetzlich nicht ausgeschlossen sein.[40]

Die **Ermittlung des Vereinszwecks** ist im Hinblick auf die Registereintragung Aufgabe des Registergerichts (§ 26 FamFG). Grundlage für die Zweckermittlung ist grundsätzlich der Inhalt der Satzung; das **18** Gericht darf jedoch die Eintragung versagen, wenn es zur Überzeugung gelangt, dass die Satzung den wahren Vereinszweck verschleiert und der Verein zB nicht auf einen idealen, sondern auf einen wirtschaftlichen Zweck gerichtet ist (§ 43 Abs. 2).[41] Dabei kann das Gericht aus Tatsachen (zB der Tätigkeit des Vereins) auf den eigentlichen Vereinszweck schließen; der **tatsächlich verfolgte (oder beabsichtigte) Zweck** ist der maßgebende Vereinszweck.[42]

Hat das Registergericht Zweifel am Vereinszweck, kann es im Wege einer Amtshilfe Stellungnahmen Dritter einholen (zB der Landesbehörden nach § 22 oder der IHK gem. § 9 Abs. 2 S. 2 VRV).[43] Werden die **19**

30   BeckOK BGB/*Schöpflin* § 21 Rn. 128; BGHZ 80, 129, 139 = DB 1981, 1032 = NJW 1981, 1373 (1375) zur Vor-GmbH; MüKoBGB/*Reuter* (7. Aufl.) §§ 21, 22 Rn. 91 ff.; MüKoBGB/*Leuschner* §§ 21, 22 Rn. 134; Reichert/*Wagner* Kapitel 2 Rn. 42 ff.

31   Reichert/*Wagner* Kapitel 2 Rn. 33.

32   Vgl. statt aller BeckOK BGB/*Schöpflin* § 21 Rn. 127.

33   MüKoBGB/*Reuter* (7. Aufl.) §§ 21, 22 Rn. 99.

34   Vgl. statt aller BeckOK BGB/*Schöpflin* § 21 Rn. 126; MüKoBGB/*Reuter* (7. Aufl.) §§ 21, 22 Rn. 91; Soergel/*Hadding* BGB Vor § 21 Rn. 64; BGHZ 91, 148, 151 = DB 1984, 1716 = NJW 1984, 2164 zur Vorgründungsgesellschaft einer Kapitalgesellschaft; aA *Kießling* Vorgründungs- und Vorgesellschaften (1999), S. 352 ff.

35   *K. Schmidt* GesR § 4 II I; BeckOK BGB/*Schöpflin* § 21 Rn. 87.

36   Reichert/*Wagner* Kapitel 2 Rn. 528 ff.; BeckOK BGB/*Schöpflin* § 21 Rn. 87; MHdB GesR II/*Knof* § 14 Rn. 12.

37   BGHZ 96, 245, 252 = DB 1986, 473 = NJW 1986, 1033; BayObLG NJW-RR 2001, 1261.

38   RGZ 119, 184, 186.

39   Vgl. zu Beispielen BeckOK BGB/*Schöpflin* § 21 Rn. 89; *Sauter/Schweyer/Waldner* Eingetragener Verein Rn. 51 ff.

40   Vgl. Reichert/*Wagner* Kapitel 2 Rn. 530.

41   Staudinger/*Weick* (2005) BGB § 21 Rn. 20.

42   BayObLGZ 1983, 45 (48); BayObLG Rpfleger 1977, 19 (20); BayObLGZ 1983, 45 (48); Palandt/*Ellenberger* BGB § 21 Rn. 8; KG NZG 2016, F 55, F 56 = ZIP 2016, 2418 = juris Rn. 9; BeckOK BGB/*Schöpflin* § 21 Rn. 88; Staudinger/*Weick* (2005), § 21 Rn. 20; allerdings ändert das nichts daran, dass die Frage nach dem Vorliegen eines Idealvereins grundsätzlich losgelöst von der steuerrechtlichen Frage der Anerkennung der Gemeinnützigkeit eines Vereins zu beantworten ist; KG Berlin Rpfleger 2014, 683 = FGPrax 2014, 270, nach BGHZ 215, 69 hat die Feststellung Indizwirkung, Rn. 22 a ff.

43   Vereinsregisterverordnung v. 10.2.1999 (BGBl. I S. 147).

Zweifel nicht ausgeräumt, tragen der Verein/seine Gründer die objektive Beweislast für die Voraussetzungen der Eintragung bzw. deren Beibehaltung.[44] Dies entbindet das Gericht freilich nicht von seiner Pflicht aus § 26 FamFG, ggf. zunächst von Amts wegen für eine weitere Sachaufklärung zu sorgen (→ § 60 Rn. 2). Die Anerkennung eines Vereins als steuerlich gemeinnützig[45] spricht nach der Rspr. jedenfalls als wesentliches Indiz gegen einen wirtschaftlichen Geschäftsbetrieb[46] (→ § 23 ff.).

20 Übt der Verein **mehrere Zwecke** (dh wirtschaftliche und nicht-wirtschaftliche) aus, kommt es für die Beurteilung des Zwecks darauf an, was Haupt- und was Nebenzweck ist (→ Rn. 32).

21 Übt der Verein einen unzulässigen Zweck aus, nimmt er etwa einen wirtschaftlichen Geschäftsbetrieb auf, droht eine **Amtslöschung** nach § 43.[47] Nach der „Scientology"-Entscheidung gibt es beim Entzug der Rechtsfähigkeit **kein Ermessen**.[48] Ein subjektives öffentlich-rechtliches Recht Dritter auf Einschreiten oder Löschung soll nicht bestehen.[49] Wettbewerbern sollen keine Unterlassungsansprüche zustehen.[50] Zur Frage, ob das Gericht die Eintragung gem. § 395 FamFG von Amts wegen löschen kann, wenn es nach der Eintragung den wahren Zweck erkennt, und zur Prüfungskompetenz → § 60 Rn. 2 ff.

22 **2. Unzulässige Zweckrichtung – der wirtschaftliche Geschäftsbetrieb.** Wie der wirtschaftliche Geschäftsbetrieb abzugrenzen ist, ist seit Inkrafttreten des BGB umstritten. Zur Bejahung eines Idealvereins reicht nicht die ideelle Natur des verfolgten Zwecks, zB können Inanspruchnahme von staatlichen Subventionen sowie entgeltliches Anbieten von Leistungen einen wirtschaftlichen Geschäftsbetrieb entstehen lassen.[51] Dem wirtschaftlichen Zweck steht nicht entgegen, dass der Verein bzw. seine Mitglieder keine Gewinnerzielungsabsicht verfolgen (→ Rn. 24); für die Verneinung der Wirtschaftlichkeit genügt auch nicht, dass ein Verein eventuelle Gewinne ausschließlich für ideelle Zwecke verwendet oder sonst sich durch christliche oder kulturelle Werte geleitet fühlt.[52] Zur Abgrenzung vertreten wurden objektive, subjektive und gemischte (subjektiv-objektive) Theorie.[53] Diese Theorien sind mehr und mehr obsolet geworden.[54] Eine von *K. Schmidt* entwickelte Abgrenzung einer **teleologisch begründeten Typenbildung**

44 BayObLGZ 1983, 45; BayObLGZ 1989, 126 (131) = juris Rn. 71; vgl. zu den (Erläuterungs-)Pflichten des gesetzlichen Vertreters des Vereins (zumal bei Zweifeln) im Eintragungsverfahren KG DNotZ 2011, 632 = juris Rn. 10; KG DNotZ 2011, 634 (636) = juris Rn. 10; OLG Düsseldorf NJW 1996, 989 (990); Palandt/*Ellenberger* BGB § 21 Rn. 8; Staudinger/*Weick* (2005) § 21 Rn. 21.

45 Vgl. allgemein zum Verhältnis der Abgrenzung wirtschaftlicher/nicht wirtschaftlicher Verein sowie den Grenzen wirtschaftlicher Betätigung nach dem Gemeinnützigkeitsrecht *Reuter* NZG 2008, 881; *Hüttemann*, Gemeinnützigkeits- und Spendenrecht, 3. Aufl. § 2 Rn. 27 ff.

46 OLG Hamm NJW-RR 2008, 350 = NZG 2008, 473; OLG Schleswig-Holstein ZStV 2013, 142; vgl. aber KG Rpfleger 2014, 683 = FGPrax 2014, 270; und KG DStR 2012, 1195; KG DNotZ 2011, 634, das hervorhebt, dass die Frage der wirtschaftlichen Zweckrichtung ungeachtet der steuerlichen Anerkennung zu prüfen ist.

47 Vgl. zu einem Fall der Löschung im Hinblick auf wirtschaftlichen Betrieb und damit verbundene Fragen der Beschwerdebefugnis LG Hanau NJW-RR 2002, 102, exemplarisch das Amtslöschungsverfahren über den ADAC eV, vgl. *Leuschner* ZIP 2015, 356.

48 BVerwG NJW 1998, 1166 (1168).

49 Dafür zB *Wagner* NZG 1999, 469 (470 f.); dagegen zB *K. Schmidt* AcP 182 (1982), 1, 50.

50 BGH NJW 1986, 3201.

51 KG DNotZ 2011, 634.

52 Vgl. MüKoBGB/*Reuter* (7. Aufl.) §§ 21, 22 Rn. 45 unter Hinweis auf abweichende Entscheidungen des OLG Hamm NJW-RR 2003, 898 = DB 2003, 1567. Dieses stufte den Vereinszweck der Durchführung von Reisen im In- und Ausland sowie von kulturellen Veranstaltungen deshalb als Idealverein ein, weil der Verein sich nach seiner Satzung zu den Zielen des

Kolpingwerks bekannte. Vgl. schon *Planck* BGB, 1903, § 21 Anm. 3: „Anders zu beurteilen ist das Verhältnis, wenn der wirtschaftliche Betrieb den Hauptzweck des Vereins bildet, mag auch das Motiv ein ideales sein, zB darin bestehen, das allgemeine Beste oder die Interessen gewisser Kreise zu fördern. So wird zB ein Verein, der im Interesse der Landwirtschaft Molkereianstalten oder Getreidespeicher anlegt oder der im Interesse einer Gemeinde ein Krankenhaus errichtet, in dem jeder gegen Entgelt, Arme aber vielleicht unentgeltlich Aufnahme finden, als ein Verein zu betrachten sein, dessen Zweck auf einen wirtschaftlichen Geschäftsbetrieb gerichtet ist. Die Grenze zwischen den Fällen dieser und der erstgedachten [nicht wirtschaftlich] Art wird oft zweifelhaft sein. In der Reichstagskommission wurde als Beispiel angeführt, daß ein Verein zur Beschaffung wohlfeiler Wohnungen für Arbeiter Häuser baut und an Arbeiter vermietet, dabei aber so verfährt, daß die Verzinsung des aufgewendeten Kapitals gesichert wird und der etwaige Überschuß in die Vereinskasse fließt oder als Dividende an diejenigen verteilt wird, welche das Kapital hergegeben haben. Als Zweck des Vereins dürfte in diesem Falle der Bau und die Vermietung der Häuser zu betrachten sein, während die Förderung des Interesses der Arbeiter nur das Motiv bildet, das für die Anwendung des § 21 ohne Bedeutung ist."

53 RGZ 83, 231; 88, 332; 133, 170; 154, 343; BGHZ 15, 315 = NJW 1955, 422; BGHZ 45, 395 = DB 1966, 1350 = NJW 1966, 2007. Vgl. dazu Staudinger/*Weick* (2005) § 21 Rn. 2 ff.; Staudinger/*Schwennike* BGB § 21 Rn. 38 ff.; MüKoBGB/*Reuter* (7. Aufl.) §§ 21, 22 Rn. 5; MüKoBGB/*Leuschner*, §§ 21, 22 Rn. 15 f.; *Schwierkus*, S. 8 ff.

54 Palandt/*Ellenberger* BGB § 21 Rn. 2 bezeichnet mit Recht die von der Rspr. früher vertretene gemischte Theorie als „überholt".

(→ Rn. 23 ff.) hatte in der Praxis die alten Theorien ersetzt[55] – bis zur Leitentscheidung BGHZ 215, 69 im Jahr 2017 (→ Rn. 22 a ff.) Entscheidendes Kriterium war nach der typologischen Abgrenzung, ob der Verein wie ein Unternehmer am Wirtschafts- und Rechtsverkehr teilnimmt. Der Schmidt'schen Abgrenzungsmethode hatte sich bis BGHZ 215, 69 die ganz hM angeschlossen,[56] wobei sie allerdings zum Teil bei sehr ähnlichen Sachverhalten zu unterschiedlichen Ergebnissen gelangte.[57]

a) Die neue (Kita-)Rechtsprechung des BGH. Der BGH hat seine neue Rechtsprechung in drei praktisch wortgleichen Entscheidungen vom 16.5.2017 entwickelt:[58] Die **Anerkennung eines Vereins als gemeinnützig (§§ 51 ff. AO) habe Indiz-Wirkung dafür, dass er nicht auf einen wirtschaftlichen Geschäftsbetrieb gerichtet sei** und in das Vereinsregister eingetragen werden könne.[59] Nach dem BGH sind die Voraussetzungen eines wirtschaftlichen Geschäftsbetriebs erfüllt, wenn der Verein „planmäßig, auf Dauer angelegt und nach außen gerichtet, dh über den vereinsinternen Bereich hinausgehend, eigene unternehmerische Tätigkeiten entfaltet, die auf die Verschaffung vermögenswerter Vorteile zugunsten des Vereins oder seiner Mitglieder abzielen."[60] Mit Zweck und Tätigkeit eines Idealvereins sei nach dem Schutzzweck von §§ 21 f. vereinbar, dass dieser im vorgenannten Umfang einen Geschäftsbetrieb führe; er könne auch nichtwirtschaftlich sein, wenn er zur Erreichung seiner ideellen Ziele unternehmerische Tätigkeiten entfalte, sofern diese „dem nichtwirtschaftlichen Hauptzweck zu- oder untergeordnet und Hilfsmittel zu dessen Erreichung sind (sogenanntes Nebenzweckprivileg)".[61] Entscheidend für die Einordnung seien Satzung und tatsächliches Tätigwerden. Der BGH stellt nicht in Abrede, dass die in seinem Fall vom Verein geführte Kita („entgeltlicher Betrieb von Kinderbetreuung") unternehmerische/wirtschaftliche Tätigkeit sei; denn der Verein erbringe am äußeren Markt der Kindertagesstätten planmäßig und dauerhaft Betreuungsleistungen gegen Entgelt. Diese sei aber dem nichtwirtschaftlichem Hauptzweck des Vereins zu- und untergeordnet und Hilfsmittel zu dessen Erreichung. Sie unterfalle dem Nebenzweckprivileg, sie mache den Verein nicht zum wirtschaftlichen. Für die Beurteilung dieser Frage sei die Anerkennung des Vereins als gemeinnützig „von entscheidender Bedeutung". Zwar seien die Voraussetzungen der Anerkennung als gemeinnützig nicht automatisch gleichbedeutend damit, ob der Verein auf einen Geschäftsbetrieb iSd § 21 ausgerichtet sei. Der Umstand habe aber Indizwirkung.[62] Für den Gesetzgeber sei der gemeinnützige Verein Regelfall des Idealvereins als Gegenstück zu den Gesellschaften AG, GmbH usw. Den Gegensatz habe er darin gesehen, dass bei Letzteren das Geschäftsinteresse ihr Handeln bestimme. Letzteres ziele ab auf Geschäftsgewinn und wirtschaftlichen Vorteil des Einzelnen. Darin unterscheide sich der gemeinnützige Verein:[63] Dieser dürfe nicht in erster Linie eigenwirtschaftliche Zwecke verfolgen. Mittel der Körperschaft dürfe er nur für satzungsmäßige Zwecke verwenden. Ihre Mitglieder dürften keine Gewinnanteile oder sonstige Zuwendungen aus Mitteln der Körperschaft erhalten; sie dürften bei Ausscheiden aus oder Auflösung des Vereins nicht mehr als ihre eingezahlten Kapitalanteile und den gemeinen Wert ihrer Sacheinlagen zurückerhalten. Der Verein müsse vorbehaltlich § 62 AO grundsätzlich seine Mittel zeitnah verwenden. Eine Kapitalanhäufung sei ausgeschlossen. Aufgrund des Ausschüttungsverbots sei die Erzielung eines wirtschaftlichen Vorteils für den Einzelnen im Wege von Gewinnausschüttungen nicht möglich.[64] Das **Verbot der Gewinnausschüttung** hat der BGH in einer späteren Entscheidung als zentrales Abgrenzungsmerkmal nachdrücklich bestätigt und Eintragungsfähigkeit beim Vereinszweck der Vermögensverwaltung

23

55 K. Schmidt Rpfleger 1972, 286 ff., 343 ff.; ders. ZGR 1975, 477; ders. AcP 182 (1982), 1; ders. Rpfleger 1988, 45; ders., Verbandszweck; ders. GesR § 23 III 2.

56 Ansätze schon bei BGHZ 45, 395 = DB 1966, 1350 = NJW 1966, 2007 (BGH hatte sich der Abgrenzung Schmidts nie ausdrücklich angeschlossen); vgl. Palandt/Ellenberger BGB § 21 Rn. 2 ff.; MüKoBGB/ Reuter (7. Aufl.) §§ 21, 22 Rn. 6 ff. (vgl. jetzt MüKo-BGB/Leuschner §§ 21, 22 Rn. 17 ff.); BeckOK BGB/ Schöpflin § 21 Rn. 94 ff.; Soergel/Hadding BGB § 21 Rn. 24 ff.; Staudinger/Weick (2005) BGB § 21 Rn. 5 ff. (vgl. jetzt Staudinger/Schwennicke BGB § 21 Rn. 38 ff.); BVerwG NJW 1979, 2261; BayObLG Rpfleger 1978, 249 f.; OLG Düsseldorf Rpfleger 1979, 259 f.; BGHZ 85, 84, 88 = NJW 1983, 569; BayObLGZ 1978, 91; BayObLGZ 1985, 284 = ZMR 1985, 389; BayObLG NZG 1998, 606; OLG Düsseldorf NZG 1998, 273; OLG Düsseldorf NJW 1983, 2574; OLG Düsseldorf NJW-RR 1996, 989; OLG Schleswig NJW-RR 2001, 1478; OLG Zweibrücken NZG 2014, 1349 = Rpfleger 2014, 214;

OLG Hamm NZG 2017, 625 = NJW-RR 2017, 743. Kritisch gegen die typologische Abgrenzung schon immer Beuthien Rpfleger 2016, 65.

57 Exemplarisch dafür ist die Kita- bzw. Kindergarten-Rspr. vor BGHZ 215, 69, die abwechselnd einen Geschäftsbetrieb mal bejaht, mal verneint.

58 BGHZ 215, 69 = NJW 2017, 1943, BGH 16.5.2017 – II ZB 6/16 nv; 16.5.2017 II ZB 9/16 nv.

59 BGHZ 215, 69 = NJW 2017, 1943 Rn. 19 ff.

60 BGHZ 215, 69 = NJW 2017, 1943 Rn. 49 ff., der BGH verweist insoweit auf BGHZ 15, 315, 319 f.; BGHZ 45, 395, 397 f.; BGHZ 85, 84, 92 f.

61 BGHZ 215, 69 = NJW 2017, 1943 Rn. 19 ff.; der BGH verweist auf RGZ 83, 232, 237; RGZ 133, 170, 176; RGZ 154, 343, 354; BGHZ 15, 315, 319; BGHZ 85, 84, 92; BVerwGE 105, 313, 316 f.; BVerwG NJW 1979, 2265.

62 BGHZ 215, 69 = NJW 2017, 1943 Rn. 23, wo der BGH ua auf OLG Frankfurt und KG verweist.

63 BGHZ 215, 69 = NJW 2017, 1943 Rn. 25.

64 BGHZ 215, 69 = NJW 2017, 1943 Rn. 25.

der Mitglieder verneint.[65] Gegen die Einordnung als Idealverein spricht nach dem BGH nicht der Umfang des Geschäftsbetriebs: Der Verein dürfe neben seinen ideellen Hauptzwecken ein wirtschaftliches Geschäft betreiben, um sich so die zur Erreichung seiner Zwecke erforderlichen Mittel zu verschaffen; das sei der Wille des historischen Gesetzgebers gewesen. Dieser habe die Begrenzung abgelehnt, dass der Verein bloß einen „kleinen" wirtschaftlichen Geschäftsbetrieb oder einen „unbedeutenden" Restaurationsbetrieb nebenbei haben könne. Größe und Umfang des Betriebs seien allein nicht aussagekräftig zur Beurteilung, ob er noch Nebenzweck sei.[66] Sinn und Zweck der §§ 21 f. verböten dem gemeinnützigen Verein nicht, seinen ideellen Zweck unmittelbar mit seinen wirtschaftlichen Aktivitäten zu erfüllen. Anderes geböten weder Gläubigerschutz noch Wettbewerbsrecht.[67]

24   Die neue Rspr. des BGH-Gesellschaftsrechtssenats hat eine **Parallele in Entscheidungen von zwei anderen BGH-Senaten**: (1) Zum einen der des 5. Zivilsenats des BGH zu Notarkosten; danach sind Kindergärten und Kindertageseinrichtungen, die zB Gemeinden oder Kirchen betreiben, keine wirtschaftlichen Unternehmen im Sinne des § 144 Abs. 1 S. 1 KostO.[68] (2) Aufschlussreich ist zum anderen die Entscheidung des Wettbewerbssenats zur **Deutschen Umwelthilfe**:[69] Dabei ging es um die Klagebefugnis gem. § 8 Abs. 3 Nr. 3 UWG und ob eine rechtsmissbräuchliche Anspruchsverfolgung vorliege: Nicht jedes Bestreben eines Verbands, durch die Gestaltung seines Vorgehens gegen Wettbewerbsverstöße auch Einnahmen in Form von Abmahnkostenerstattungen oder Vertragsstrafen zu erzielen, indiziere missbräuchliches Vorgehen. Überschüsse aus einer Marktverfolgungtätigkeit und ihre Verwendung (auch) für andere Zwecke als die Verfolgung von Wettbewerbsverstößen im Verbraucherinteresse („Querfinanzierung") seien solange kein Indiz für eine rechtsmissbräuchliche Geltendmachung von Ansprüchen. Genauso sei der Verbraucherschutz durch Marktüberwachung als Verbandszweck nicht lediglich vorgeschoben ist, diene aber tatsächlich nur dazu, Einnahmen zu erzielen und damit Projekte zu finanzieren, die nicht dem Verbraucherschutz durch die Verfolgung von Wettbewerbsverstößen dienten. Gäbe es eine Vielzahl von Verstößen gegen eine dem Verbraucherschutz dienende Pflicht (wie zB Pkw-Energieverbrauchskennzeichnung), setze die effektive Durchsetzung von Verbraucherinteressen eine damit korrespondierende Vielzahl von Abmahnungen voraus. Nehme ein Verbraucherverband seine Aufgabe ernst, ziehe eine Vielzahl von Verstößen zwangsläufig eine entsprechende Anzahl von Abmahnungen nach sich; daher könnten allein die Zahl von Abmahnungen sowie damit erzielte Überschüsse keinen Missbrauch begründen. Gewinnerzielungsabsicht folgt auch nicht aus der Höhe der Geschäftsführer-Vergütung: Personalkosten könnten nur dann Indiz für einen Missbrauch sein, wenn ihre Höhe den konkreten Verdacht rechtfertige, der eigentliche Zweck des Vereins liege nicht in der Verfolgung von Verbraucherinteressen, sondern der Generierung von Einnahmen für (überhöhte) Personalkosten. Dafür komme es nicht auf die absolute Höhe der Personalkosten an, sondern auf deren Verhältnis zu den Aufwendungen für satzungsgemäße Zwecke im Übrigen.[70]

---

65   BGH ZIP 2018, 2165 = NZG 2018, 1392 Rn. 14 ff. Dort verneinte er die Eintragungsfähigkeit eines Vereins, dessen alleiniger satzungsmäßiger Zweck darin besteht, das Vereinsvermögen nach den Regeln einer auf Dauer angelegten privaten Vermögensverwaltung zu bewirtschaften; das gelte jedenfalls, wenn die Satzung den Mitgliedern die Möglichkeit einräumt, die Auskehrung eines Überschusses aus der Vermögensverwaltung zu beschließen; der Hauptzweck des Vereins könne nicht auf einen ideellen Zweck gerichtet sein, wenn sein alleiniger Zweck die Verwaltung des Vereinsvermögens ist und diese auf die Verschaffung vermögenswerter Vorteile zugunsten der Mitglieder abzielt, weil die Möglichkeit besteht, Gewinnentnahmen zu beschließen. Offen lässt der BGH, ob einem Verein, dessen alleiniger Zweck in der Verwaltung seines Vermögens besteht, schon aus diesem Grund die Eintragung zu versagen sei (→ Rn. 18). Jedenfalls könne ein vermögensverwaltender Verein, der seinen Mitgliedern die Möglichkeit der Gewinnentnahme verschafft, kein Idealverein sein; gegen die Eintragung eines solchen Vereins sprechen nach dem BGH Rn. 21 auch Gläubigerinteressen; die Möglichkeit der Gewinnausschüttung erhöhe den Anreiz, erhebliche *unternehmerische* Risiken einzugehen, sie könne zu einer Verringerung der Eigenkapitalquote führen. Daher sähen die Gesetze für Kapitalgesellschaften etc Vorschriften über eine Mindestkapitalausstattung, Bilanzierungs-, Publizitäts- und Prü-

fungspflichten vor; all dies gebe es beim Verein nicht. Vgl. zur Entscheidung *Leuschner* NotBZ 2019, 31.
66   BGHZ 215, 69 = NJW 2017, 1943 Rn. 28 f.
67   BGHZ 215, 69 = NJW 2017, 1943 Rn. 31 ff., 34 f.
68   BGH WM 2018, 477 = NJW-RR 2017, 1016 Rn. 12 f. (kommunalrechtlich entspreche es einhelliger Ansicht, dass Bildungseinrichtungen und insbesondere Kindergärten regelmäßig keine wirtschaftlichen Unternehmen seien, weil Fürsorge, Erziehung und Bildungsvermittlung im Vordergrund stünden; gemeindliche Kindergärten dienten der Daseinsvorsorge; bei typisierender Betrachtung würden kirchliche wie staatliche Kindergärten in erster Linie nicht deshalb betrieben, um am Markt zum Zwecke der Gewinnerzielung mit privaten Anbietern zu konkurrieren, sondern um Kindern und Jugendlichen die erforderliche Erziehung, Bildung und Fürsorge angedeihen zu lassen; die Finanzierung durch öffentliche Zuschüsse und Elternbeiträge lasse nicht auf eine wirtschaftliche Betätigung am Markt schließen, und auch eine betriebswirtschaftliche Organisation spreche nicht für ein wirtschaftliches Unternehmen, da der „wirtschaftliche Geschäftsbetrieb … als notwendiges Hilfsmittel zur Erreichung der nicht wirtschaftlichen Ziele" anzusehen sei.
69   WM 2019, 1456.
70   BGH WM 2019, 1456 Rn. 35, 39 ff., 44 ff.

Der **Gesetzgeber bestätigte die Rspr.** mittelbar: Die Bundesregierung hatte 2017 einen Gesetzentwurf vor- **25** gelegt, der eine grundlegende Änderung von §§ 21 f. vorsah (→ Vor § 21 Rn. 26). Der Bundestag reagierte auf die Kita-Rechtsprechung prompt. Sein Rechtsausschuss empfahl, § 22 nicht zu ändern: Denn aufgrund der BGH-Entscheidung seien sowohl die Eintragungsfähigkeit gemeinnütziger Vereine sichergestellt als auch die von nicht als gemeinnützig anerkannten Initiativen, wenn diese „einen ideellen Hauptzweck verfolgen und nicht gewinnorientiert und auf Ausschüttung von Gewinnen gerichtet sind" wie zB Dorfläden.[71] Die Novelle von § 22 wurde danach nicht Gesetz.[72] Die **Literatur** sieht dies als eine legislative Billigung der Kita-Rechtsprechung.[73] Sie begrüßt weithin das Ergebnis der BGH-Entscheidungen, kritisiert aber die enge Bindung der vereinsrechtlichen Beurteilung an die Gemeinnützigkeit.[74]

Stellungnahme: Zwar ist es vom Ansatz her zu begrüßen, dass der BGH die Einheit der Zivil- und Steuer- **26** rechtsordnung bemüht, wenngleich er dem Steuerrecht lediglich „Indizwirkung" zubilligt. Doch fragt man sich aus Sicht des Vereinsrechts, ob nicht der *Schwanz mit dem Hund wedelt*. Hinzu kommt, worauf schon der Gesetzentwurf der Bundesregierung zu einer Novelle des § 22 im Jahr 2017 hinwies,[75] → Vor § 21 Rn. 26: Das Gemeinnützigkeitsrecht gilt nicht nur für den Verein, sondern zB auch für Kapitalgesellschaften. Die Gemeinnützigkeit eignet sich auch deshalb nicht als Eintragungsvoraussetzung, da das Steuerrecht diese nicht verbindlich feststellt, sondern die Finanzämter im Rahmen jedes Besteuerungsverfahrens erneut prüfen, ob Satzung und tatsächliche Tätigkeit des Vereins den Anforderungen des Gemeinnützigkeitsrechts entsprechen. Dass die Rechtsform des Idealvereins für eine wirtschaftliche Tätigkeit nicht zugeschnitten ist und es für Vereine keine dafür ausreichenden Regelungen zum Mitglieder- und Gläubigerschutz sowie zur kaufmännischen Rechnungslegung gibt, ist nicht von der Hand zu weisen.

b) Die fortbestehende Berechtigung der typologischen Abgrenzung von Vereinen. Nach der auf *K.* **27** *Schmidt* zurückgehenden typologischen Abgrenzung gibt es **drei Grundtypen von wirtschaftlichen Vereinen**, die dem § 22 zuzuordnen sind, da ihr Vereinszweck auf einen wirtschaftlichen Geschäftsbetrieb gerichtet ist (→ Rn. 24 ff.). Fällt ein Verein nicht unter einen Typ des wirtschaftlichen Vereins, ist er nicht wirtschaftlich und damit nach § 21 grundsätzlich eintragungsfähig. Ein idealistischer Vereinszweck ist für die Eintragung weder erforderlich noch ausreichend.[76] Die negative Ausgrenzung bedeutet nicht abschließend, dass der Verein nicht eintragungsfähig ist. Wirtschaftliche Zwecke schaden nämlich nicht, wenn sie nur **Nebenzweck** eines nicht wirtschaftlichen Vereins sind (→ Rn. 32 ff.).

aa) Volltypus des unternehmerisch tätigen Vereins. Solche Vereine weisen im Wesentlichen die **28** Merkmale des **handelsrechtlichen Unternehmensbegriffs** (vgl. § 14) aus: Sie sind planmäßig, auf Dauer angelegt und entgeltlich als Anbieter auf einem Markt tätig; auf ihre tatsächliche Gewinnerzielung oder **Gewinnerzielungsabsicht** kommt es nicht an.[77]

Als **Beispiele** hierfür werden genannt: Privatschulen, Bühnen, Reiseunternehmen, Sparkassen, gemeinsame **29** Vermietung von Wohnungen, Wohnungsvermittlung, als Hotelagentur oder Unternehmensvermittlung täti-

---

71 BT-Drs. 18/12998, S. 20.
72 Entscheidung des Bundestages vom 29.6.2017, vgl. BGBl. 2017 I, 2434.
73 MüKoBGB/*Leuschner* § 21, 22 Rn. 27; *Wagner* NZG 2019, 46; *Hüttemann* JZ 2017, 897 (901).
74 Vgl. MüKoBGB/*Leuschner*, §§ 21, 22 Rn. 29 ff.; *Beuthien* npoR 2017, 137; *Frey* NJ 2017, 291; *Hüttemann* JZ 2017, 897; *Könen* ZGR 2018, 632; *Leuschner* NJW 2017, 1919; *Mock/Mohamed* DStR 2017, 1280 (1281), 2232, 2288; *Röcken* MDR 2017, 1036; *K. Schmidt* JuS 2017, 776; *K. Schmidt* NJW 2017, 3350; *Schockenhoff* NZG 2017, 931; *Seulen/Scharf* DB 2017, 1575; *Wagner* NZG 2017, 768; *Westermann* NZG 2017, 921. Deutlich kritisch, auch im Hinblick auf das Ergebnis, *Segna* ZIP 2017, 1881 ff.
75 BT-Drs. 18/11506, S. 19 f.
76 *K. Schmidt* GesR § 23 III 2 c.
77 *K. Schmidt* GesR § 23 III 3 a; KG DNotZ 2011, 634 mAnm *Winheller* DStR 2012, 1562; OLG Brandenburg 8.7.2014 – 7 W 124/13 (nv); OLG Hamm NJW-RR 2003, 398; OLG Frankfurt NJW-RR 2006, 1698 = Rpfleger 2006, 545. Auch der BGH stellt in seiner Kita-Rechtsprechung auf diese Elemente ab, vgl. BGHZ 215, 69 = NJW 2017, 1943 Rn. 19, fraglich ist, welche Bedeutung für den BGH die tatsächliche Gewinnerzielung/Gewinnerzielungsabsicht hat: Er

definiert den wirtschaftlichen Betrieb nämlich in einem Halbsatz als die Tätigkeiten, „die auf die Verschaffung vermögenswerter Vorteile zugunsten des Vereins oder seiner Mitglieder abzielen", ohne dass dies durch die in Bezug genommene eigene ältere Rechtsprechung gedeckt wäre. MüKoBGB/*Leuschner* §§ 21, 22 Rn. 39 meint denn auch, die Passage „dürfte wohl auf einem Versehen beruhen". Das überzeugt nicht, da sich die Passage wörtlich in BGHZ 85, 84, 92 f. juris Rn. 21 findet. BGH ZIP 2018, 21 (65) = NZG 2018, 1392 hebt ausdrücklich darauf ab, dass bei einem Vereinszweck der privaten Vermögensverwaltung die Eintragung als eV jedenfalls ausscheidet, wenn die Satzung den Mitgliedern die Möglichkeit zur Auskehrung eines Überschusses aus der Vermögensverwaltung einräumt. Vgl. auch EuGH vom 3.12.2015 C-301/14 BeckRS 2015, 81859 Rn. 35, der das Vorliegen einer wirtschaftlichen Tätigkeit iSd Verordnung Nr. 1/2005 bejahte, weil *in casu* eine Tätigkeit vorlag, die darin bestehe, dass ein gemeinnütziger Verein herrenlose Hunde von einem Mitgliedstaat in einen anderen transportiere, um sie Personen anzuvertrauen, die sich verpflichteten, sie aufzunehmen; die als Gegenleistung dafür zu erbringende Zahlung deckte grundsätzlich bloß die dem Verein entstehenden Kosten deckt.

ger Fremdenverkehrsverein, Lotterien veranstaltender Gewinnspielverein, zu kostendeckenden Preisen Lehrgänge anbietender Verein,[78] Veranstalten von Konzerten und Veröffentlichen von Klaviermusik (zumal wenn Mitgliedsbeiträge kaum existent sind, und die Einnahmen fast ausschließlich durch das Veranstalten von Konzerten und die Veröffentlichung der Musik erzielt werden sollen),[79] Anbieten von Filmvorführungen gegen Entgelt,[80] Einrichtungen zur Tagesbetreuung von Kindern, Jugend- und Familienzentren,[81] Betrieb eines Fitnessstudios,[82] Abmahnvereine, Betrieb eines Krankenhauses, eines Altenwohnheimes oder anderer Pflegeeinrichtungen; entgeltliche Aufnahme in ein Erholungsheim auch von Nichtmitgliedern; Betrieb einer Schauspielbühne; Betrieb von Skiliften oder Seilbahnen; Angebot von Rettungsdiensten einschließlich Krankentransport; Betrieb einer Immobilienbörse; Bau von Wohnungen und Siedlerstellen für bedürftige Kreise; Dritte-Welt-Läden; betriebliche Unterstützungskasse der betrieblichen Altersversorgung, wenn neben dem sozialen Zweck eine wirtschaftliche Betätigung verfolgt wird, die an sich der Kontrolle durch das Bundesaufsichtsamt für das Versicherungswesen/BaFin unterliegt;[83] Totalisatorenunternehmen eines Rennvereins.[84]

30   In dieser Fallgruppe ist die Behandlung der **Fälle streitig, in denen der Verein das Unternehmen nicht selbst betreibt**, sondern sich an einer unternehmenstragenden Gesellschaft als Gesellschafter beteiligt, diese als Tochtergesellschaft für sich arbeiten lässt oder sich in den Dienst eines Unternehmens stellt. Standardbeispiele sind der ADAC eV (zur wirtschaftlichen Bedeutung des ADAC → Vor § 21 Rn. 23) und der Edeka-Verband.[85] Weitere exemplarische Fälle sind zahlreiche Vereine der Wohlfahrtspflege (zB Rotes Kreuz, Caritas) sowie Sachverständigenorganisationen (zB Dekra sowie TÜV).[86] All diese Vereine haben Tochtergesellschaften, die sie beherrschen. Verbreitet ist bei Sportvereinen auch die Ausgliederung der Lizenz-/Profisportabteilungen auf Kapitalgesellschaften[87] (Borussia Dortmund KGaA,[88] Bayern München Fußball AG).[89] Ganz hM entspricht es, dass die Beteiligung eines Vereins an einer gewerblich tätigen Personengesellschaft regelmäßig einen wirtschaftlichen Geschäftsbetrieb begründet (jedenfalls bei einer voll haftenden Beteiligung).[90] Sehr viel großzügiger verfährt die Praxis bei der Auslagerung des wirtschaftlichen Geschäftsbetriebs in eine juristisch und organisatorisch selbstständige Gesellschaft des Handelsrechts (AG, GmbH, Unternehmergesellschaft (haftungsbeschränkt), eingetragene Genossenschaft, KGaA). Unter Kritik der Literatur[91] entschied der

78   Beispiele nach *K. Schmidt* GesR § 23 III 3 a; vgl. auch Palandt/*Ellenberger* BGB § 21 Rn. 10.

79   KG DStR 2012, 1195.

80   KG DNotZ 2011, 634.

81   KG DNotZ 2011, 632 = ZStV 2012, 62; *Winheller* DStR 2013, 2009; aA OLG Schleswig ZStV 2013, 142 = SchlHA 2013, 231, vgl. aber jetzt BGHZ 215, 69, Rn. 22 a ff.

82   OLG Zweibrücken NZG 2014, 1349 = Rpfleger 2014, 214, dort auch in Abgrenzung zu einem Sportverein, dessen Charakter als Idealverein im Einzelfall nicht notwendig dadurch verloren gehe, dass dieser im Rahmen seines Nebenzweckprivilegs ein Fitnessstudio unterhalte, OLG Frankfurt SpuRt 2011, 125 mAnm *Terner* EWiR 2011, 365 (dort ging es um einen Alpenverein eV, der ein Kletterzentrum betrieb).

83   KG NZG 2016, 1352 = ZIP 2017, 424 = juris Rn. 12 ff., vgl. demgegenüber aber OLG München MDR 2013, 857 = NJW-RR 2013, 942 = juris Rn. 3 f.; VG Augsburg npoR 2019, 171 = juris Rn. 45 ff. verneint für die Verleihung der Rechtsfähigkeit als wirtschaftlicher Verein nach § 22, vgl. *Morgenroth* ZStV 2020, 25; ähnlich VG Berlin 21.11.2019 – 29 K 279.18, juris Rn. 26 ff.

84   Beispiele nach *Reichert/Wagner* Kapitel 2 Rn. 86; vgl. auch die Beispiele bei Staudinger/*Weick* (2005) BGB § 21 Rn. 16; Staudinger/*Schwennicke* BGB § 21 Rn. 77; MüKoBGB/*Reuter* (7. Aufl.), MüKoBGB/ *Wagner* §§ 21, 22 Rn. 111; Palandt/*Ellenberger* BGB § 21 Rn. 8; BeckOK BGB/*Schöpflin* § 21 Rn. 98.

85   Vgl. auch die Fälle der angeblich nicht wirtschaftlichen Familienvereine Spießhofer & Braun eV sowie Schickedanz eV als Konzernspitzen der Triumph International-Gruppe bzw. der Quelle-Gruppe *K. Schmidt* AcP 182 (1982), 1, 22.

86   Vgl. die reichhaltigen rechtstatsächlichen Nachweise bei *Leuschner*, Das Konzernrecht des Vereins, S. 6 ff.

87   Vgl. allg. Gubitz/Hildebrandt NZG 2017, 495. Vgl. zur Frage „KGaA – die ideale Rechtsform für die Bundesliga?" *Arnold*, in: Beiträge zum Sportrecht, hrsg. von Bepler, 2000, S. 9 ff.

88   *Koch* DB 2002, 1701 zur KGaA von Borussia Dortmund.

89   Vgl. zur „Registersache FC Bayern München e.V." *Leuschner* NZG 2017, 16 (17 ff.), *Segna* npoR 2017, 3; vgl. zur an das AG München adressierte Anregung, den Vereinsstatus des FC Bayern München zu überprüfen, dessen ablehnende Entscheidung GWR 2016, 403 (danach scheidet eine Löschung aus; der Verein halte zwar eine Mehrheitsbeteiligung an der Kapitalgesellschaft; er erfülle aber nach den konkreten wirtschaftlichen Verhältnissen die vom BGHZ 85, 84 aufgestellten Voraussetzungen des Nebenzweckprivilegs, der Verein verfolge nach der Satzung nämlich einen ideellen Zweck. Vgl. allg. *Mock/Born* Jura 2020, 54.

90   KG Rpfleger 2014, 683 = FGPrax 2014, 270; *Sauter/ Schweyer/Waldner* Eingetragener Verein Rn. 585; Stöber/*Otto* Rn. 73.

91   Vgl. statt aller *K. Schmidt* GesR § 23 III 3 a; *K. Schmidt* AcP 182 (1982), 1, 22 f.; *Kögel* Rpfleger 2014, 569 (571); vgl. auch *H.P. Westermann* zu kapitalgesellschaftsrechtlichen Problemen für Vereine in solcher Konstellation SpuRt 2001, 42; *Senga* ZIP 1997, 1901; *Lettl* DB 2000, 1449; *Habersack* in Scherrer, Sportkapitalgesellschaften 1998, S. 45, 52 f.; Soergel/*Hadding* BGB §§ 21, 22 Rn. 27; *Reuter* ZIP 1984, 1052; *Henze*, Non Profit Law Yearbook 2004, 17, 24 ff. *Flume* BGB AT, Band 1 Teil 2, Die juristische Person, § 4 II 2. (S. 112 ff.); *Wagner* NZG

Wettbewerbsrechtsenat des BGH[92] im exemplarischen Falle der ADAC-Rechtsschutzversicherungs-AG, die Beherrschung einer AG mache einen Verein nicht schon zu einem wirtschaftlichen; dem BGH genügte zur Verneinung der Wirtschaftlichkeit, dass die Tochtergesellschaft vom Verein organisatorisch getrennt ist; schon dann könne die Tätigkeit der Tochtergesellschaft dem Verein nicht zugerechnet werden; ein wirtschaftlicher Geschäftsbetrieb ist in einem solchen Fall nach dem BGH nicht einmal dann anzunehmen, wenn der Verein seine unternehmerische Tätigkeit auf eine neu gegründete Tochtergesellschaft ausgliedert und für diese alle ihm zur Verfügung stehenden Sicherheiten bietet.[93]

UE bejaht die **ADAC-Rechtsprechung** des BGH die Abschottung des Idealvereins vor einer Infizierung **31** durch den wirtschaftlichen Betrieb **zu großzügig**. Nach zutreffender Sicht von *Westermann* ist zB bei der Ausgliederung der Lizenzspielerabteilung der großen Sportvereine praktisch kaum vermeidbar, dass der Verein auf die Geschäftsführung seiner ausgegliederten Kapitalgesellschaft Einfluss nimmt.[94] Auf dieser Linie stellte das KG den Grundsatz auf, die Beteiligung des Vereins an einer anderen Körperschaft sei nur „so lange nicht zu beanstanden, solange nicht der Verein tatsächlich entscheidenden Einfluss auf die Geschäftsführung der Kapitalgesellschaft nimmt und damit durch sie unmittelbar selbst am allgemeinen wirtschaftlichen Geschäftsverkehr teilnimmt".[95] Damit nach dem Zweck des § 21 nicht der Verein am wirtschaftlichen Geschäftsverkehr teilnimmt, müssen solche **Einflussnahme effektiv ausgeschlossen** sein.[96] Der Ausschluss darf nicht nur auf dem Papier stehen, sondern ist zu praktizieren. Allein die Wahl der Rechtsform der Tochtergesellschaft als AG gewährleistet nicht, dass der tatsächliche Einfluss auf die

1999, 469 (474); *Menke*, Die wirtschaftliche Betätigung nicht wirtschaftlicher Vereine, S. 182 ff.; MHdB GesR II/*Knof* § 12 Rn. 42 ff. Dem BGH dem Grunde nach zustimmend Palandt/*Ellenberger* BGB § 21 Rn. 7; *Leuschner*, Das Konzernrecht des Vereins, 2011, S. 132 ff.; *Menke*, Die wirtschaftliche Betätigung nicht wirtschaftlicher Vereine 1998, S. 200. In der älteren Literatur war die Ausgliederung geradezu als Zaubermittel angesehen worden, Vereine vor einer Infizierung durch wirtschaftliche Tätigkeit zu bewahren, die über das Nebenzweckprivileg hinausgeht, vgl. exemplarisch *Heckelmann* ACP 179 (1979) 1, 48, 56; *Hemmerich* BB 1983, 26; *Nitschke*, Die körperschaftlich strukturierte Personengesellschaft, 1970, S. 125 ff. Die Kritik an der ADAC-Rechtsprechung des BGH hat im Wesentlichen folgende Kritikrichtungen: (1) Der Schutz der Mitglieder des Vereins wird vernachlässigt, diese hätten kein Mitspracherecht mehr, müssten aber die Risiken hinnehmen. (2) Die Gläubiger der abhängigen Kapitalgesellschaft seien nicht hinreichend geschützt; der vom BGHZ 85, 84, 91 angenommene Schutz durch die persönliche Haftung der Organmitglieder könne die Haftung des herrschenden Unternehmens nicht ausgleichen, *Flume*, aaO bezeichnete die Sicht des BGH mit Recht als eine zurückzuweisende „wunderliche Argumentation". (3) Der BGH vernachlässigt den Schutz der Gläubiger des herrschenden Vereins. Mangels gesetzlichen Mindestkapitals beim Verein schieden solche Ausgliederungskonstruktionen aus, der BGH verkenne, dass Konzernhaftung mangels Mindestkapitals ihren Zweck verfehle. (4) Für die ehrenamtlichen Vorstandsmitglieder sei die Übernahme der persönlichen Konzernhaftung faktisch anstelle des Vereins unzumutbar.

92 Vgl. zur Frage, warum die Sache zu diesem Senat, nicht aber dem Gesellschaftsrechtsenat gekommen ist, *Henze*, Non Profit Law Yearbook 2004, 17 (*Henze* war bis 2003 stellvertretender Vorsitzender des Gesellschaftsrechtsenats. Er bringt in seinem Beitrag, S. 24 ff., 28 ff., klar zum Ausdruck, dass nach seiner Sicht und der Rechtsprechung des Gesellschaftsrechtsenats, zumal angesichts der späteren Entwicklungen des ADAC, der sich wirtschaftlich extrem vergrößert hat, das Ergebnis anders aus-

fallen müsste („Das ADAC-Urteil des I. Zivilsenats wird zu Recht angegriffen. Die Wirtschaftlichkeit des Geschäftsbetriebs … ist zu Unrecht verneint worden. Der Tatbestand ist außerordentlich großzügig unter das Nebenzweckprivileg subsumiert worden. … Aus heutiger Sicht könnte das ADAC-Urteil keinen Bestand haben. Die externe wirtschaftliche Tätigkeit der ADAC-Rechtsschutzversicherung AG ist mit dem Regelungsziel der §§ 21, 22 BGB nicht vereinbar. Der Tatbestand ist in kaum haltbarer Form unter das Nebenzweckprivileg subsumiert worden.").

93 BGHZ 85, 84 = DB 1983, 491 = NJW 1983, 569.

94 Erman/*Westermann* BGB § 21 Rn. 6 (Auffassung nicht mehr enthalten in der aktuellen Auflage). So vertritt denn auch das KG, dass die Beteiligung des Vereins an einer anderen Körperschaft nur „so lange nicht zu beanstanden (ist), solange nicht der Verein tatsächlich entscheidenden Einfluss auf die Geschäftsführung der Kapitalgesellschaft nimmt und damit durch sie unmittelbar selbst am allgemeinen wirtschaftlichen Geschäftsverkehr teilnimmt". Vgl. *Steinbeck/Menke* NJW 1998, 2169; *Hermann* ZIP 1998, 1249 (mit der zutreffenden Anmerkung, ob nicht doch die Aktivitäten der abhängigen Gesellschaft dem Verein zugerechnet werden müssen und das Nichtwirtschaftlichkeitsprivileg nicht mehr greifen kann, wenn die aus dem Verein auf die Tochter ausgelagerten Aktivitäten die beim Mutterverein verbliebenen übertreffen; eine solche Gefahr bestehe „in hohem Maße", wenn der Idealverein praktisch kaum vermeidbar auf die Geschäftsführung einer ausgegliederten Kapitalgesellschaft Einfluss nehme.

95 KG Rpfleger 2014, 683 = FGPrax 2014, 270.

96 Mit Recht fordert *Flume* BGB AT, Band 1 Teil 2, Die juristische Person, § 4 III 2., dass die Verselbstständigung der wirtschaftlichen Betätigung des Vereins in einer Kapitalgesellschaft „auch wirklich durchgeführt werden muss. Es genügt nicht, daß die Betätigung in der Rechtsform einer Kapitalgesellschaft erfolgt. Vielmehr darf die Verselbstständigung nicht dadurch wieder aufgehoben werden, daß der Verein an der wirtschaftlichen Betätigung der Kapitalgesellschaft teilnimmt und insbesondere durch die Übernahme der Leitung der Haftung für das Geschehen in der Kapitalgesellschaft unterliegt."

Geschäftsführung und damit die Teilnahme am wirtschaftlichen Verkehr ausgeschlossen ist – wie die Vorschriften der §§ 311 ff. AktG zeigen.[97] Gesellschaftsrechtlich ist anerkannt, dass auch formale Minderheitsbeteiligungen wie eine Mehrheit wirken können, wenn die Beteiligung durch andere gesellschaftsrechtlich wirkende Mittel der Beherrschung verstärkt wird.[98] Selbst dass ein Verein keinen nach § 311 AktG schädlichen Einfluss auf seine Tochter-AG ausübt, ändert nichts an der nach § 21 auszuschließenden Einflussnahme auf das Geschäftsgebaren der Tochter-AG im allgemeinen Geschäftsverkehr.

32 Das bloße Verbot der schädigenden Einflussnahme durch das herrschende Unternehmen schließt die Haftung des Vereins im Falle der Überschreitung der im Abhängigkeitsverhältnis nach § 311 AktG zulässigen Einflussnahme selbstredend nicht aus. Typischerweise werden Regressansprüche des Vereins gegenüber den Vorstandsmitgliedern bei Verletzung der Grenzen der §§ 311 ff. AktG nicht so werthaltig sein, dass sie einen angemessenen Ausgleich für die Haftung des nichtwirtschaftlichen Vereins liefern.[99] Ohnehin geht es bei der Beurteilung der Ausgliederung wirtschaftlicher Tätigkeit nicht um einen internen Ausgleich von Nachteilen aus der Beherrschung der ausgegliederten Kapitalgesellschaft beim Verein; diese wird man typischerweise versichern können. Bei der Beantwortung der Frage, ob der Verein ein nichtwirtschaftlicher ist bzw. ob sein Zweck auf einen wirtschaftlichen Geschäftsbetrieb gerichtet ist, spielt die Frage des Schutzes des Vereinsvermögens keine Rolle; vielmehr geht es darum, ob die den Nebenzweck überschreitende Tätigkeit in der Tochtergesellschaft so bedeutsam ist, dass der Verein entgegen § 21 auf einen wirtschaftlichen Zweck gerichtet ist. Der Ausschluss der Einflussnahme auf die wirtschaftliche Geschäftsausübung nach § 21 ist ein aliud zu § 311 AktG. Die Zurechnung hat weniger mit der potenziellen Haftung des Vereins nach § 317 AktG zu tun[100] als vielmehr mit dem Erfordernis, die zulässigen Zwecke des nicht wirtschaftlichen Vereins abzugrenzen. Die Grenze für die nach diesen Grundsätzen zulässige Beteiligung ist eine solche, die unterhalb der Schwelle der Begründung von Abhängigkeit iSd § 17 AktG liegt: Der Verein darf uE auf ein gewerbliches Unternehmen weder mittelbar noch unmittelbar einen beherrschenden Einfluss ausüben können, will er seinen Status nach § 21 nicht gefährden.[101]

33 Die Beurteilung der Zurechnung (sowie die des Nebenzweckprivilegs, → Rn. 32 ff.) ändert sich bei der Ausgliederung der wirtschaftlichen Geschäftsaktivitäten auf eine Beteiligungsgesellschaft nicht dadurch, dass zwischen diese und den Verein eine **Zwischenholding** geschaltet wird; der Verein kann nämlich in diesem Fall über die von ihm beherrschte Zwischenholding bei der gewerblichen Beteiligungsgesellschaft den unternehmerischen Einfluss ausüben; das ist aber nach § 21 auszuschließen, und es wäre nur in den Grenzen des Nebenzweckprivilegs (→ Rn. 32 ff.) zulässig.[102] Insofern entspricht es einhelliger Auffassung im Gesellschaftsrecht, dass herrschendes Unternehmen der Enkelgesellschaft (auch) die Muttergesellschaft ist.[103]

34 **bb) Verein mit unternehmerischer Tätigkeit an den Binnenmarkt seiner Mitglieder.[104]** Ein solcher wirtschaftlicher Verein bietet einem aus seinen Mitgliedern bestehenden inneren Markt **planmäßig und dauerhaft Leistungen gegen Entgelt** an. Die Gleichstellung zwischen dem Angebot von Leistungen an den Binnenmarkt der Mitglieder und einem allgemeinen Angebot auf dem äußeren Markt gegenüber Mitgliedern beruht darauf, dass anderenfalls die Qualifikation als wirtschaftlicher Geschäftsbetrieb leicht zu

---

97 Aus dem veröffentlichten Inhalt der Entscheidung des AG München vom 17.1.2017, VR 304 Fall 12 nv ist nicht ersichtlich, ob dort tatsächlich eine beherrschende Einflussnahme ausgeschlossen wurde, das Registergericht (Rn. 29 a) stellt insoweit auf die Zwischenschaltung einer Holding und darauf ab, dass an dieser die eV weniger als 75 % halte, die anderen mehr als 25 % eine ADAC-Stiftung; über deren Entscheidungsmechanismen ist indessen aus der Entscheidung nichts bekannt.

98 Vgl. statt aller Hüffer/*Koch* AktG § 17 Rn. 9; *Peres/Walden* in Heidel Aktienrecht AktG § 17 Rn. 9 f.

99 Vgl. *Menke*, Die wirtschaftliche Betätigung nicht-wirtschaftlicher Vereine, 1998, S. 201.

100 *Habersack* in Scherrer, Sportkapitalgesellschaften 1998, S. 45, 51 f.; *Henze*, Non Profit Law Yearbook, 2004, S. 17, 37; *Segna* ZIP 1997, 11901 (1906).

101 So zB *K. Schmidt* GesR 4. Aufl. 2003, § 23 III 3 a („Wenn der Verein eine Tochtergesellschaft beherrscht (§ 17 AktG), ist ihm der Geschäftsbetrieb dieser Tochtergesellschaft zuzurechnen und es kann ihn – ganz wie bei einer eigenen Wirtschaftstätigkeit – nur das „Nebenzweckprivileg" von der Einordnung als Wirtschaftsverein befreien." *Ders.* AcP 182

(1982), 1, 23; derselbe NJW 1983, 543 (545); derselbe Verbandszweck, S. 122 ff. Demgegenüber wird in der Literatur eine höhere Schwelle der Beherrschung verlangt – zB konzernrechtliche Leitungsmacht iSd § 18 AktG (Soergel/*Hadding* BGB §§ 21, 22 Rn. 41 f.; Abschluss eines Gewinnabführungs- und/oder Beherrschungsvertrages; *Menke*, Die wirtschaftliche Betätigung nicht wirtschaftlicher Vereine 1998, 194 f.).

102 Im Ergebnis wie hier *Beuthien* NZG 2015, 449 (456).

103 Vgl. statt aller *Schatz/Schödel* in Heidel Aktienrecht AktG § 311 Rn. 30 zur mehrstufigen Abhängigkeit: Da § 17 AktG für Beherrschungsverhältnisse keine unmittelbare Beherrschung fordere, komme die Anwendung der §§ 311 ff. AktG nicht nur im Verhältnis von Mutter und Tochter sowie Tochter und Enkelgesellschaft in Betracht, sondern auch im Verhältnis von Mutter zur Enkelgesellschaft; liegen auf allen Stufen Mehrheitsbeteiligungen vor, begründe § 17 Abs. 2 AktG wegen der Zurechnungsvorschrift in § 16 Abs. 4 AktG eine Vermutung für die Abhängigkeit der Enkelgesellschaft von der Mutter.

104 *K. Schmidt* GesR, 4. Aufl. 2002 BGB § 21 III 3 b.

umgehen wäre: Man brauchte zB die Kundenbeziehung nur als Mitgliedsverhältnis zu organisieren, schon wäre ein Geschäftsbetrieb kein wirtschaftlicher im Sinne des § 21.[105] Der Mitgliedsbeitrag kann das Entgelt enthalten.[106]

Bei diesem Typus besteht die Hauptschwierigkeit in der Abgrenzung der typischen geldwerten Vorteile **35** einer Vereinsmitgliedschaft (Benutzung von Vereins-Sportanlagen etc) von der Angebotstätigkeit des Vereins an einen Binnenmarkt (Vermietung von Sportplätzen gegen Vorlage einer Mitgliedskarte).[107] Die angebotenen **Leistungen** müssen typischerweise auch in einem äußeren Markt gegen Entgelt erworben werden können, sie dürfen **keinen mitgliedschaftlichen Charakter** haben, das Mitgliedschaftsverhältnis muss sich faktisch auf den Austausch einer Ware oder Dienstleistung gegen ein Entgelt beschränken.[108] Plastisch formuliert, das Vereinsmitglied muss dem Verein als Kunden gegenübertreten.[109] Solches liegt typischerweise nur vor bei Vereinen mit einem anonymen Mitgliederkreis; der Verein muss wegen seiner Organisation und seines Umfangs seinen Mitgliedern als Unternehmer dergestalt gegenüberstehen, dass sich diese wie beliebige anonyme Marktteilnehmer fühlen müssen.[110] Derartige wirtschaftliche Zwecke sind abzugrenzen vom nichtwirtschaftlichen Verein, der seinen Mitgliedern Leistungen in Verwirklichung seines idealen, nichtwirtschaftlichen Zwecks anbietet. In einem solchen Fall liegt keine unternehmerische Tätigkeit vor. Das ist zB der Fall bei einem Tennisverein, der seinen Mitgliedern Tennisplätze stundenweise gegen Entgelt zur Verfügung stellt, oder wenn betriebliche Sozialeinrichtungen in der Rechtsform eines Vereins Werkskantinen, Pensions- oder Unterstützungskassen bzw. Büchereien zur Verfügung stellen.[111] *Leuschner* bringt folgende Faustformel: Das marktmäßige Anbieten von Leistungen sei zu verneinen, „wenn die Leistung wie im Fall sog. ‚Kinderläden' als eine Art Selbsthilfe organisiert ist"; solche Strukturen seien dadurch gekennzeichnet, dass die durch die Leistungen Begünstigten in erheblicher Weise auch an der Leistungserbringung beteiligt sind und Einfluss auf die Willensbildung des Vereins haben.[112]

Folgende **Beispiele**[113] **wirtschaftlicher Vereine** werden genannt: arbeitsmedizinische Zentren; Abrech- **36** nungsstellen für Angehörige von Heilberufen[114] etc; Auskunftsvereine;[115] Buchclubs; Antennenvermietungsvereine;[116] Gewinnsparvereine;[117] Internetvereine zur Förderung privat betriebener Datenkommunikation, die Mitgliedern kostengünstige Zugangsmöglichkeiten zum Internet anbieten;[118] Kapitalanlagevereine;[119] Vereine von zum Notfalldienst verpflichteten Kassenärzten, wenn durch Abendsprechstunden zusätzliche Patienten gewonnen werden;[120] zentrale Abrechnungsstelle, die Körperschaften zur Gehaltsabrechnung, als Buchungsstelle oder für ähnliche Tätigkeiten unterhalten; Wasserbeschaffungs-[121] und Entsorgungsvereine;[122] Bereitstellung von Garagen und der dazugehörigen Gemeinschaftsanlagen für Vereinsmitglieder;[123] Vermögensverwaltung für Vereinsmitglieder → Rn. 23; Werbegemeinschaften;[124] Wohnungsbauvereine;[125] Wohnungsvermittlungsvereine;[126] Car-Sharing-Vereine; Vereine zu Erwerb und Vermietung von Wohnungen an Mitglieder;[127] Saunaverein, der aufgrund vertraglicher Vereinbarungen mit einem Betreiber

---

105 MüKoBGB/*Leuschner* §§ 21, 22 Rn. 42.
106 *K. Schmidt* GesR § 23 III 3 b; *ders.* AcP 182 (1982), 17.
107 *K. Schmidt* GesR § 23 III 3 b.
108 Palandt/*Ellenberger* BGB § 21 Rn. 5; Soergel/*Hadding* BGB § 21 Rn. 28; BeckOK BGB/*Schöpflin* § 21 Rn. 112.
109 *K. Schmidt* AcP 182 (1982), 1, 17; *ders.* Rpfleger 1988, 45 (48); MHdB GesR II/*Schwarz van Berk* § 3 Rn. 23.
110 OLG Frankfurt FGPrax 2017, 212 = juris Rn. 36 f. (dort verneint, wenn die Vereinsmitglieder bei Vorträgen und Treffen sich gegenseitig unterstützten und ergänzten, jeweilige Erfahrung mit Produkten und Anbietern austauschten, in Arbeitsgruppen Angebote prüften und verglichen und einen Vortrag erarbeiteten, der gegenüber Mitgliedern des Vereins gehalten werden solle; aufgrund der für die Mitglieder vorgesehenen Einbindung in die Vereinstätigkeit könne nicht davon ausgegangen werden, dass sich die Mitglieder wie beliebige anonyme Marktteilnehmer gegenüber einem von ihnen losgelösten Unternehmer fühlen müssten.
111 BeckOK BGB/*Schöpflin* § 21 Rn. 113; Palandt/*Ellenberger* BGB § 21 Rn. 5.
112 MüKoBGB/*Leuschner* §§ 21, 22 Rn. 42.
113 Beispiele zB bei *Reichert/Wagner* Kapitel 2 Rn. 92 ff.
114 LG Bonn MDR 1986, 53.

115 *K. Schmidt* GesR § 23 III 3 b S. 678.
116 LG Mühlhausen DNotZ 1996, 245.
117 LG Stuttgart NJW 1952, 1139.
118 OFD Münster BB 1996, 676.
119 OLG Celle OLGR 2002, 29.
120 OLG Hamm NJW-RR 1997, 1530; vgl. demgegenüber, aber bei anderem Sachverhalt, LG Bonn Rpfleger 2001, 600.
121 BayOLG NJW-RR 1999, 765.
122 OLG Schleswig NJWE-MietR 1997, 40.
123 OLG Brandenburg 8.7.2014 – 7 W 124/13 (nv) ; OLG Brandenburg 8.7.2014 – 7 W 124/13, juris Rn. 9 ff, dazu *Segna*, Non Profit Law Yearbook 2014/2015, 47. Vgl. in Abgrenzung dazu OLG Brandenburg NZG 2020, 266 = juris Rn. 2 ff. zur Nicht-Wirtschaftlichkeit von gemeinsamer Pflege, Instandhalten, Restaurieren und Ausfahren von Fahrzeugen „in gegenseitigem, freundschaftlichem Austausch von Erfahrungen und Fertigkeiten an einem gemeinsam gehaltenen Ort"; vgl. auch LG Mühlhausen DNotZ 1996, 245.
124 OLG Bremen OLGZ 1989, 1.
125 OLG Köln OLGZ 1977, 68; aA BayObLGZ 1953, 309.
126 LG Lübeck WuM 1990, 601.
127 OLG Schleswig NZG 2013, 145 = Rpfleger 2012, 693.

eines Bades dulden muss, dass Nicht-Mitglieder gegen Zahlung eines Entgelts an den Badbetreiber die Sauna mitbenutzen.[128]

37 Immer wieder aktuell ist das Bespiel des ADAC eV (vgl. insoweit auch → Rn. 26 zur Ausgliederung von Geschäft in Tochtergesellschaften), wo die Fragen der zulässigen Abgrenzung am Beispiel der Pannenhilfe diskutiert werden: *Leuschner* gelangte zu dem „eindeutigen Ergebnis", es handele sich um eine wirtschaftliche Betätigung; mit Zahlung der Mitgliederbeiträge erwürben die Mitglieder einen Anspruch auf Hilfe im Pannenfall; der ADAC gewähre ihnen „auf diese Weise eine Art Versicherungsschutz"; dessen einzige Besonderheit sei, dass der Verein als Anbieter im Pannenfall kein Geld, sondern in Form der Pannenhilfe eine Naturalleistung erbringe. Die anerkannten Ausnahmefälle treffen nach *Leuschner* nicht zu; der ADAC trete seinen Mitgliedern anonym gegenüber. Für die ganz überwiegende Zahl der Mitglieder erschöpfe sich die Mitgliedschaft „ersichtlich" darin, im Gegenzug zum Mitgliedsbeitrag die Leistungen des ADAC in Anspruch nehmen zu können. Den Leistungen der Pannenhilfe fehle auch nicht die Marktgängigkeit, ähnliche Leistungen böten viele Automobilhersteller an.[129] Das AG München leitete ein Amtslöschungsverfahren nach § 395 FamFG zur Überprüfung des möglichen Vorliegens eines wirtschaftlichen Geschäftsbetriebs ein. Die Löschung lehnte das Gericht ab. Es stellte dabei wesentlich darauf ab, dass sich der ADAC 2016 reformiert habe und kommerzielle Aktivitäten, die nicht bereits den Beteiligungsgesellschaften zugeordnet und nicht mehr mit dem Nebenzweckprivileg vereinbar waren, in eine Aktiengesellschaft eingelagert worden sind. Eine Beherrschung der Beteiligungsgesellschaft durch den Verein sei ausgeschlossen. An der maßgebenden Gesellschaft sei der ADAC nur noch mit weniger als 75 % beteiligt; 25,1 % der Aktien halte eine „ADAC-Stiftung". Nach Ansicht des Amtsgerichts ist die Geschäftstätigkeit der Beteiligungsgesellschaften durch die rechtliche Trennung vom ADAC vereinsrechtlich keine Tätigkeit des Vereins. Soweit der ADAC wirtschaftliche Tätigkeiten ausübe, unterlägen diese dem Nebenzweckprivileg.

38 **Nicht wirtschaftlich** sollen sein:[130] Lohnsteuerhilfevereine gem. § 13 StBerG;[131] Haus- und Grundbesitzervereine; kassenärztliche Vereinigung; Warenhausverband; Vereine zum Betreiben von Werkskantinen; Vereine zum Betreiben eines Betriebsarztzentrums.

39 **cc) Der genossenschaftlich tätige Verein.** Eine genossenschaftliche Kooperation der Vereinsmitglieder liegt vor, wenn sie ihre eigene **Unternehmenstätigkeit** oder hierfür benötigte Einrichtungen ganz oder teilweise **auf einen Verein auslagern** und der so tätige genossenschaftsähnliche (wirtschaftliche) Verein mittelbar oder unmittelbar die Anbietertätigkeit der Mitglieder fördert, also aktiv in den Absatzprozess der Mitglieder eingeschaltet ist.[132] Der genossenschaftliche Verein braucht eigene Leistungen weder seinen Mitgliedern noch Außenstehenden anzubieten, es genügt, dass er gemeinschaftliche Einrichtungen zur Förderung der Geschäftsbetriebe seiner Mitglieder unterhält, ohne nach außen aufzutreten.[133] Demgegenüber sind Vereine nicht wirtschaftlich, die sich nicht an unternehmerischen Aktivitäten ihrer Mitglieder beteiligen, sondern deren Interessen wahrnehmen.[134]

40 Literatur und Rechtsprechung haben folgende **Beispiele** genossenschaftlicher (also wirtschaftlicher) Vereine behandelt: Funktaxizentralen zur Vermittlung von Beförderungsverträgen; Zusammenschluss von Taxiunternehmern zur Koordinierung und Förderung des gemeinsamen Betriebs von Taxiunternehmern; Abfallentsorgungsverband, dessen Mitglieder Unternehmer sind, und dem sie die ihnen obliegende Abfallentsorgung übertragen; Abrechnungsstellen für Angehörige der Heilberufe; Werbegemeinschaften von Gewerbetreibenden; Lotsengemeinschaften; Weide- und Landschaftspflegegemeinschaften zur Betreuung von Tieren der Mitglieder; Verbrauchereinkaufsringe; Vereine mit dem Hauptzweck, zugunsten seiner gewerblichen Mitglieder bei Herstellern günstige Einkaufskonditionen auszuhandeln; Vereine zur Verwaltung von Gebrauchsmustern; Rabattsparvereine; land- und forstwirtschaftliche Erzeugergemeinschaften.[135]

41 **c) Nebenzweckprivileg („Nebentätigkeitsprivileg").** Der Verein ist kein wirtschaftlicher, sondern ein nicht wirtschaftlicher Verein, wenn sein Geschäftsbetrieb im Rahmen der ideellen Zwecksetzung lediglich Nebenzweck ist.[136] Über dieses Prinzip herrscht Einigkeit. Das Bundesjustizministerium wollte ihn nach

128 OLG Schleswig FGPrax 2011, 34 = MDR 2011, 57.
129 *Leuschner* ZIP 2015, 356 (361); vgl. auch *Leuschner* NZG 2017, 16 f.
130 Beispiele nach BeckOK BGB/*Schöpflin* § 21 Rn. 115.
131 BGH WM 1976, 458 = BB 1976, 621.
132 MHdB GesR II/*Schwarz van Berk* § 3 Rn. 29.
133 *Reichert/Wagner* Kapitel 2 Rn. 96; BeckOK BGB/*Schöpflin* § 21 Rn. 116; MüKoBGB/*Reuter* (7. Aufl.) §§ 21, 22 Rn. 34 f.; undeutlich BGHZ 45, 395, 397 = NJW 1996, 2007, wo nicht klar wird, ob der BGH zusätz-

lich das Kriterium der Teilnahme am Rechtsverkehr mit Dritten verlangt.
134 Palandt/*Ellenberger* BGB § 21 Rn. 6; LG Frankfurt NJW 1996, 2039.
135 *Reichert/Wagner* Kapitel 2 Rn. 97; vgl. auch BeckOK BGB/*Schöpflin* § 21 Rn. 117; Staudinger/*Weick* (2005), § 21 Rn. 16; Staudinger/*Schwennicke* BGB § 22 Rn. 34; MüKoBGB/*Reuter* (7. Aufl.) §§ 21, 22 Rn. 46 ff.
136 Einhellige M., vgl. Palandt/*Ellenberger* BGB § 21 Rn. 7; RGZ 154, 351; BGHZ 85, 84, 93 = NJW 1983, 569; KG Rpfleger 2014, 683 = FGPrax 2014, 270; vgl. *Beuthien* NZG 2015, 449.

einem (gescheiterten) Reformentwurf kodifizieren (→ Vor § 21 Rn. 24).[137] Problematisch ist seine Konkretisierung. *K. Schmidt* bringt das Problem mit einem Beispiel auf den Punkt: Wenn ein Amateursportverein sonntags von den wenigen Schaulustigen ein Eintrittsgeld verlange, sträube sich das Rechtsgefühl nicht gegen die Eintragung als nicht wirtschaftlich; hieran ändere sich auch nichts, „wenn die Rückseite der Eintrittskarten als Werbefläche vermietet ist. Aber wie steht es, wenn derselbe Verein eine Lizenzsportabteilung mit Millionenumsätzen aufbaut, die außer den Eintrittskarten auch Fernsehrechte vergibt, Fanartikel verkauft usw?"[138]

Nach wohl hM genügt, dass die **wirtschaftliche Nebentätigkeit funktionell unter die nicht wirtschaftliche Haupttätigkeit (eindeutig) untergeordnet** und der wirtschaftliche Nebenzweck ein Hilfsmittel zur Erreichung des nicht wirtschaftlichen Zwecks ist.[139] Weitergehend verlangen manche Autoren, der wirtschaftliche Geschäftsbetrieb müsse unentbehrlich sein für die effektive Verfolgung des satzungsmäßigen nicht wirtschaftlichen Gesamtzwecks oder für ein funktionsfähiges Vereinsleben.[140] Eine derartig enge Auslegung widerspricht der Intention des BGB-Gesetzgebers: Er akzeptierte, dass Vereine, „die zweifellos als gemeinnützige, wohltätige, gesellige usw anzusehen sind, ... ganz nebenbei auch einen wirtschaftlichen Geschäftsbetrieb haben".[141] Unentbehrlichkeit zu verlangen ist also überzogen. Es genügt, die wirtschaftliche Nebentätigkeit „ganz nebenbei" zu betreiben,[142] diese der nicht wirtschaftlichen Haupttätigkeit des Vereins untergeordnet ist. Es genügt für die Erfüllung des Nebenzweckprivilegs, satzungsmäßig den übergeordneten Zweck eines Dachverbandes (→ Vor § 21 Rn. 24) zu fördern.[143] Die den nicht wirtschaftlichen Hauptzweck des Vereins fördernde Funktion des Geschäftsbetriebs darf sich aber nicht auf eine von der sonstigen Vereinstätigkeit isolierte Beschaffung von Mitteln beschränken.[144] Der wirtschaftliche Nebenzweck muss nicht unbedingt den nicht wirtschaftlichen Zweck des Vereins fördern. Beim ADAC soll das Nebenzweckprivileg nach der (unzutreffenden) BGH-Rspr. zur Ausgliederung noch gewahrt sein (→ Rn. 26, 29). Jedenfalls befreit allein die Verlagerung wirtschaftlicher Funktionen auf eine rechtliche und organisatorisch selbstständige Beteiligungsgesellschaft den Idealverein nicht von der damit verbundenen eigenen Wirtschaftlichkeit und daher nicht von den Grenzen des Nebenzweckprivilegs (→ Rn. 26).[145] Das Nebenzweckprivileg soll auch nicht verletzt sein bei Sportvereinen, die staatlich geförderte Kurse für Nichtmitglieder durchführen.[146]

42

Heiß diskutiert wird die Grenze des Nebenzweckprivilegs am Beispiel der **Lizenzsportabteilungen der Bundesligavereine.** Diese lassen nach Auffassung mancher Autoren den eV zum nur nach § 22 zulässigen wirtschaftlichen Verein werden; die Ausgliederung solcher Abteilungen als Kapitalgesellschaften betrachten (→ Rn. 26) andere Autoren als Gebot des Vereinsrechts.[147] Vgl. zur gebotenen Vereinsrechtsreform → Vor § 21 Rn. 26 f., auch zur Publizitätspflicht.

43

137 Entwurf, Art. 1 Nr. 2, S. 3 (unveröffentlicht); vgl. auch *Arnold* DB 2004, 2143 (2145).

138 *K. Schmidt* GesR, 4. Aufl. 2002 § 23 III 3 d; vgl. generell zum Nebenzweckprivileg *Reichert/Wagner* Kapitel 2 Rn. 98 ff.; Palandt/*Ellenberger* BGB § 21 Rn. 7; Soergel/*Hadding* BGB §§ 21, 22 Rn. 33 ff.; *Sauter/Schweyer/Waldner* Eingetragener Verein Rn. 47 ff.; Staudinger/*Weick* (2005) BGB § 21 Rn. 12 ff.; MüKoBGB/*Reuter* (7. Aufl.) §§ 21, 22 Rn. 19 ff.; MüKoBGB/*Leuscher* §§ 21, 22 Rn. 17; MHdB GesR II/*Schwarz van Berk* § 3 Rn. 37.

139 *K. Schmidt* GesR § 23 III 3 d; *Reichert/Wagner* Kapitel 2 Rn. 98; BVerwG NJW 1998, 1166 (1168); OLG Celle Rpfleger 1992, 66 (67); OLG Düsseldorf Rpfleger 1998, 251; Palandt/*Ellenberger* BGB § 21 Rn. 7; Soergel/*Hadding* BGB § 21 Rn. 36; Staudinger/*Weick* (2005) BGB § 21 Rn. 14; Staudinger/*Schwennicke* BGB § 21 Rn. 54 ff.; Erman/*Westermann* BGB § 21 Rn. 2; ähnlich BGHZ 85, 84, 93 = DB 1983, 491 = NJW 1983, 569: Der BGH stellt darauf ab, ob die unternehmerischen Tätigkeiten „dem nicht wirtschaftlichen Hauptzweck zu- und untergeordnet und Hilfsmittel zu dessen Erreichung sind."

140 So *Reichert/Wagner* Kapitel 2 Rn. 99; MüKoBGB/*Reuter* (7. Aufl.) §§ 21, 22 Rn. 19 a.; MüKoBGB/*Leuscher* §§ 21, 22 Rn. 18; vgl. *Beuthien* NZG 2015, 459 (451 ff.), wonach das Nebenzweckprivileg bereits dann überschritten ist, wenn die wirtschaftli-

che Nebentätigkeit den sachlichen Bezug zum Idealziel verliert oder wenn dauerhaft mehr Nebenwirtschaftsertrag erzielt wird, als für den nicht wirtschaftlichen Vereinshauptzweck erforderlich.

141 *Mugdan* I, S. 1997.

142 Bei *Planck,* 1903 BGB § 21 Anm. 3 hieß es, „Findet ein solcher (wirtschaftlicher Geschäftsbetrieb) nur nebenbei als Mittel zur Erreichung anderer Zwecke statt, so kommt die Regel, daß der Verein die Rechtsfähigkeit durch Eintragung erlangt, zur Anwendung."

143 OLG Hamm NZG 2003, 879 = NJW-RR 2003, 989 (Reisedienst des Kolpingwerks).

144 OLG Düsseldorf NJW-RR 1998, 683 = FG Prax 1998, 70 = NZG 1998, 273; insoweit aA Erman/*Westermann* BGB § 21 Rn. 4, wonach es genügt, dass die wirtschaftliche Betätigung „ohne unbedingt inhaltlichen Bezug zum Hauptzweck zu haben, für die Zielkonzeption des Vereins neben den ideellen Zwecken untergeordnete Bedeutung" hat.

145 *Beuthien* NZG 2015, 449 (456 ff.).

146 OLG Hamm NJW-RR 2008, 350 = NZG 2008, 473.

147 Vgl. *Flume* BGB AT, Bd. 1/1, § 4 II 2; *Heckelmann* AcP 179 (1979), 1 ff.; *Knauth* JZ 1978, 339 (341 ff.); Staudinger/*Weick* (2005) BGB § 21 Rn. 15; Staudinger/*Schwennicke* BGB § 21 Rn. 77; Palandt/*Ellenberger* BGB § 21 Rn. 7; Steinbeck/*Menke* NJW 1998, 2169; *dies.,* SpuRt 1998, 226; *Heermann* ZIP 1998, 1249 (1256 f.); *Wagner* NZG 1999, 469; *Lettl*

44 Die gezielte Verletzung des Nebenzweckprivilegs kann zur **Durchgriffshaftung der Mitglieder** führen (→ Vor § 21 Rn. 7 ff.). Folge eines dem Nebenzweckprivileg unterliegenden wirtschaftlichen Geschäftsbetriebs kann sein, dass dieser iSd § 1 Abs. 2 HGB nach Art und Umfang einen in kaufmännischer Weise eingerichteten Geschäftsbetrieb erfordert. Der Verein betreibt damit ein Handelsgewerbe nach § 1 Abs. 1 HGB mit der Folge, dass er selbst gem. § 33 Abs. 1 HGB als juristische Person der **Anmeldepflicht zum Handelsregister** unterliegt; anmelden müssen sämtliche Vorstandmitglieder.[148]

45 **3. Beispiele.** Die Rspr. zur Frage wirtschaftlich – nicht wirtschaftlich ist ausufernd.[149]

a) **Nicht-wirtschaftlicher Zweck:**

ADAC (→ Rn. 26, 29);[150] Ambulante Notfallversorgung;[151] Arbeitsmedizinische Betreuung;[152] Behindertensportverein, der Fördergelder von Sozialversicherungsträgern in Anspruch zu nehmen beabsichtigt;[153] Betriebsarztzentren;[154] Car-Sharing-Verein;[155] Erzeugergemeinschaften;[156] Förderung und Weiterentwicklung eines Kreditkartensystems;[157] Großvereine trotz weitgehend anonymer Mitgliedschaft;[158] überbetriebliche Gruppenunterstützungskasse;[159] Haus- und Grundbesitzverein;[160] Kletterhalle in Sortiment von sonst nicht wirtschaftlichem Verein;[161] Reisedienst des Kolpingwerks;[162] Altersvorsorge der Mitarbeiter der Vereinsmitglieder;[163] Saunaverein;[164] Verein „Kieler Hafenfest";[165] Warenhausverband;[166] Wasserbeschaffungsverein.[167]

b) **Wirtschaftlicher Geschäftsbetrieb:**

Abfallentsorgungsverbund;[168] Comedy-Filmverein";[169] Einkaufsverein für gewerblich tätige Mitglieder;[170] Ferienwohnrechte-Verein;[171] Gewerbliche Vermietung/Verpachtung zur Finanzierung eines ideellen Zwecks;[172] Interessengemeinschaft zur Errichtung und Erhaltung einer Antennenanlage;[173] Internetverein;[174] Kapitalanlageverein;[175] Kindergärten/Kindertagesstätten-Betreiberverein;[176] Kundenwerbung für Nichtmitglieder;[177] Garagenverpachtungsverein;[178] Scientology;[179] Tätigkeit an einem inneren Markt;[180] Treuhandverein zum Erwerb einer notfalls an Hausmeister zu vermietenden Wohnung;[181] Unterstützungskasse, die auch wirtschaftliche Zwecke verfolgt;[182] Vereinigung von Notfallärzten (sog. Notfallpraxis mit Abendsprechstunde);[183] Verwaltung von Wasserrechten für Tiefbrunnen;[184] Wasserentsorgungsverein;[185] Wasserversorgungsverein zur entgeltlichen Belieferung seiner Mitglieder;[186] Hei-

DB 2000, 1449; *Balzer* ZIP 2001, 175; *Segna* ZIP 1997, 1901; *Segna* NZG 2002, 1048 (1051); *Fuhrmann* SpuRt 1995, 12; MüKoBGB/*Reuter* (7. Aufl.), §§ 21, 22 Rn. 26 bezeichnet es als „erwägenswert", dem Profiverein die Organisation als Wirtschaftsverein zu ermöglichen. Vgl. (wohl zur verneinenden) Nichtwirtschaftlichkeit des Rasen Ballsport Leipzig eV (RB Leipzig), der zwischen 7 und 14 Mitglieder hat, die sämtlich Angestellte oder Beauftragte der Red Bull GmbH sind, die offensichtlich beim RB Leipzig Wirtschafts- und Marketingziele für ihre Produkte verfolgt und der als erster Marketingfußballclub bezeichnet wird, *Schacherbauer* SpuRt 2014, 143.

148 OLG Frankfurt npoR 2017, 250 = juris Rn. 34, 38 vgl. NK-HGB/*Lansa* § 33 Rn. 1; *Oetker/Schlingelhoff* HGB § 33 Rn. 1.
149 Vgl. zB die Übersicht bei Palandt/*Ellenberger* BGB § 21 Rn. 9 f.
150 LG München I DB 2003, 1316.
151 LG Bonn Rpfleger 2001, 600.
152 LG Gießen Rpfleger 2000, 24.
153 OLG Hamm NZG 2008, 473 = NJW-RR 2008, 350.
154 OLG Oldenburg Rpfleger 1976, 11.
155 LG Bremen Rpfleger 1992, 67.
156 Vgl. *Deselaers* Rpfleger 1990, 103.
157 LG Frankfurt aM NJW 1996, 2039 = WiB 1995, 751.
158 OLG Oldenburg Rpfleger 1976, 11 (12).
159 LG Münster Rpfleger 2008, 426; OLG München ZIP 2013, 2010 = WM 2013, 1478; aA LG Bielefeld NJW-RR 2001, 1259 = Rpfleger 2001,138; OLG Köln FGPrax 2009, 275; KG FGPrax 2017, 71 = juris Rn. 11 ff.
160 RGZ 88, 332, 333.
161 OLG Frankfurt 28.10.2010 – 20 W 254/10; *Terner* EWiR 2011, 365.

162 OLG Hamm NZG 2003, 879 = NJW-RR 2003, 998.
163 OLG Schleswig-Holstein MDR 2010, 1408 = Rpfleger 2010, 669.
164 OLG Schleswig-Holstein FG Prax 2011, 34.
165 OLG Schleswig-Holstein NJW-RR 2001, 1478 = NZG 2001, 768.
166 RGZ 95, 91, 94.
167 BayObLG NZG 1998, 606 = NJW-RR 1999, 765.
168 LG Bremen NJW-RR 2000, 1565 = Rpfleger 2000, 165.
169 KG DNotZ 2011, 634.
170 OLG Hamm NZG 2000, 441 = NJW-RR 2000, 698.
171 DNotZ 1990, 103 = BayObLGZ 1989, 124.
172 NZG 1998, 273 = NJW-RR 1998, 683.
173 LG Mühlhausen DtZ 1996, 245.
174 AG Passau Rpfleger 1999, 401.
175 OLGR Celle 2000, 29.
176 KG DNotZ 2012, 632 = ZStV 2012, 62; aA OLG-Brandenburg NZG 2015, 922 = MDR 2015, 902; vgl. auch *Winheller* DStR 2013, 2009; *ders.* DStR 2015, 1389, *Segna*, Non Profit Law Yearbook 2014/15, S. 47.
177 KG NZG 2005, 361 = NJW-RR 2005, 339.
178 LG Erfurt 18.7.2007 – 2 T 147/07 (nv).
179 BayOVG KirchE 47, 407; aA bei Untergliederung: VGH Mannheim NVwZ-RR 2004, 904 = KirchE 44, 378.
180 LG Saarbrücken RPfleger 2000, 25.
181 OLG Frankfurt NJW-RR 2006, 1698 = Rpfleger 2006, 545.
182 OLG Köln FGPrax 2009, 275.
183 DB 1997, 418 = NJW-RR 1997, 1530.
184 LG Freiburg 28.9.2010 – 4 T 241/09 (nv).
185 OLG Schleswig 1997, 12 = NJWE-MietR 1997, 40.
186 LG Lübeck RPfleger 2009, 29.

matverein, der örtliche dem Gemeinwohl dienende Einrichtungen ideell und wirtschaftlich unterstützen will und zur Finanzierung dieses Zwecks Grundstücke Betreibern von Windkraftanlagen für mehrere Jahrzehnte entgeltlich zur Verfügung stellt.[187]

III. Eintragung im Vereinsregister

Die Eintragung im Vereinsregister (§§ 55 f.) ist konstitutiv; mit ihr erlangt der Verein Rechtsfähigkeit – auch wenn wesentliche Eintragungsvoraussetzungen fehlen.[188] Bei wesentlichen Mängeln ist gem. § 395 FamFG ein Löschungsverfahren einzuleiten (→ Vor § 55 Rn. 4); bis zu dessen rechtskräftigen Abschluss besteht der Verein als rechtsfähiger fort.   **46**

Steuerlicher Anhang zu § 21: Gemeinnützigkeitsrecht des eingetragenen Vereins

Abgabenordnung (AO) – Auszug

Dritter Abschnitt:
Steuerbegünstigte Zwecke

§ 51 AO Allgemeines

(1) ¹Gewährt das Gesetz eine Steuervergünstigung, weil eine Körperschaft ausschließlich und unmittelbar gemeinnützige, mildtätige oder kirchliche Zwecke (steuerbegünstigte Zwecke) verfolgt, so gelten die folgenden Vorschriften. ²Unter Körperschaften sind die Körperschaften, Personenvereinigungen und Vermögensmassen im Sinne des Körperschaftsteuergesetzes zu verstehen. ³Funktionale Untergliederungen (Abteilungen) von Körperschaften gelten nicht als selbständige Steuersubjekte.

(2) Werden die steuerbegünstigten Zwecke im Ausland verwirklicht, setzt die Steuervergünstigung voraus, dass natürliche Personen, die ihren Wohnsitz oder ihren gewöhnlichen Aufenthalt im Geltungsbereich dieses Gesetzes haben, gefördert werden oder die Tätigkeit der Körperschaft neben der Verwirklichung der steuerbegünstigten Zwecke auch zum Ansehen der Bundesrepublik Deutschland im Ausland beitragen kann.

(3) ¹Eine Steuervergünstigung setzt zudem voraus, dass die Körperschaft nach ihrer Satzung und bei ihrer tatsächlichen Geschäftsführung keine Bestrebungen im Sinne des § 4 des Bundesverfassungsschutzgesetzes fördert und dem Gedanken der Völkerverständigung nicht zuwiderhandelt. ²Bei Körperschaften, die im Verfassungsschutzbericht des Bundes oder eines Landes als extremistische Organisation aufgeführt sind, ist widerlegbar davon auszugehen, dass die Voraussetzungen des Satzes 1 nicht erfüllt sind. ³Die Finanzbehörde teilt Tatsachen, die den Verdacht von Bestrebungen im Sinne des § 4 des Bundesverfassungsschutzgesetzes oder des Zuwiderhandelns gegen den Gedanken der Völkerverständigung begründen, der Verfassungsschutzbehörde mit.

§ 52 AO Gemeinnützige Zwecke

(1) ¹Eine Körperschaft verfolgt gemeinnützige Zwecke, wenn ihre Tätigkeit darauf gerichtet ist, die Allgemeinheit auf materiellem, geistigem oder sittlichem Gebiet selbstlos zu fördern. ²Eine Förderung der Allgemeinheit ist nicht gegeben, wenn der Kreis der Personen, dem die Förderung zugutekommt, fest abgeschlossen ist, zum Beispiel Zugehörigkeit zu einer Familie oder zur Belegschaft eines Unternehmens, oder infolge seiner Abgrenzung, insbesondere nach räumlichen oder beruflichen Merkmalen, dauernd nur klein sein kann. ³Eine Förderung der Allgemeinheit liegt nicht allein deswegen vor, weil eine Körperschaft ihre Mittel einer Körperschaft des öffentlichen Rechts zuführt.

---

187 OLG Thüringen 30.10.2012 – 9 W 415/12 (nv).
188 Vgl. Staudinger/*Weick* (2005) BGB § 21 Rn. 24 ff.;
      Staudinger/*Schwennicke* BGB § 55 Rn. 8, 13; § 64
      Rn. 1, 7 ff.; Palandt/*Ellenberger* BGB § 21 Rn. 13;

MüKoBGB/*Reuter* (7. Aufl.) §§ 21, 22 Rn. 65;
MüKoBGB/*Leuschner* §§ 21, 22 Rn. 83; RGZ 81,
210; BGH NJW 1983, 993; BGH MDR 1984, 816 =
WM 1984, 977 (979).

(2) [1]Unter den Voraussetzungen des Absatzes 1 sind als Förderung der Allgemeinheit anzuerkennen:

1. die Förderung von Wissenschaft und Forschung

2. die Förderung der Religion;

3. die Förderung des öffentlichen Gesundheitswesens und der öffentlichen Gesundheitspflege, insbesondere die Verhütung und Bekämpfung von übertragbaren Krankheiten, auch durch Krankenhäuser im Sinne des § 67, und von Tierseuchen;

4. die Förderung der Jugend- und Altenhilfe;

5. die Förderung von Kunst und Kultur;

6. die Förderung des Denkmalschutzes und der Denkmalpflege;

7. die Förderung der Erziehung, Volks- und Berufsbildung einschließlich der Studentenhilfe;

8. die Förderung des Naturschutzes und der Landschaftspflege im Sinne des Bundesnaturschutzgesetzes und der Naturschutzgesetze der Länder, des Umweltschutzes, des Küstenschutzes und des Hochwasserschutzes;

9. die Förderung des Wohlfahrtswesens, insbesondere der Zwecke der amtlich anerkannten Verbände der freien Wohlfahrtspflege (§ 23 der Umsatzsteuer-Durchführungsverordnung), ihrer Unterverbände und ihrer angeschlossenen Einrichtungen und Anstalten;

10. die Förderung der Hilfe für politisch, rassisch oder religiös Verfolgte, für Flüchtlinge, Vertriebene, Aussiedler, Spätaussiedler, Kriegsopfer, Kriegshinterbliebene, Kriegsbeschädigte und Kriegsgefangene, Zivilbeschädigte und Behinderte sowie Hilfe für Opfer von Straftaten; Förderung des Andenkens an Verfolgte, Kriegs- und Katastrophenopfer; Förderung des Suchdienstes für Vermisste;

11. die Förderung der Rettung aus Lebensgefahr;

12. die Förderung des Feuer-, Arbeits-, Katastrophen- und Zivilschutzes sowie der Unfallverhütung;

13. die Förderung internationaler Gesinnung, der Toleranz auf allen Gebieten der Kultur und des Völkerverständigungsgedankens;

14. die Förderung des Tierschutzes;

15. die Förderung der Entwicklungszusammenarbeit;

16. die Förderung von Verbraucherberatung und Verbraucherschutz;

17. die Förderung der Fürsorge für Strafgefangene und ehemalige Strafgefangene;

18. die Förderung der Gleichberechtigung von Frauen und Männern;

19. die Förderung des Schutzes von Ehe und Familie;

20. die Förderung der Kriminalprävention;

21. die Förderung des Sports (Schach gilt als Sport);

22. die Förderung der Heimatpflege und Heimatkunde;

23. die Förderung der Tierzucht, der Pflanzenzucht, der Kleingärtnerei, des traditionellen Brauchtums einschließlich des Karnevals, der Fastnacht und des Faschings, der Soldaten- und Reservistenbetreuung, des Amateurfunkens, des Modellflugs und des Hundesports;

24. die allgemeine Förderung des demokratischen Staatswesens im Geltungsbereich dieses Gesetzes; hierzu gehören nicht Bestrebungen, die nur bestimmte Einzelinteressen staatsbürgerlicher Art verfolgen oder die auf den kommunalpolitischen Bereich beschränkt sind;

25. die Förderung des bürgerschaftlichen Engagements zugunsten gemeinnütziger, mildtätiger und kirchlicher Zwecke.

[2]Sofern der von der Körperschaft verfolgte Zweck nicht unter Satz 1 fällt, aber die Allgemeinheit auf materiellem, geistigem oder sittlichem Gebiet entsprechend selbstlos gefördert wird, kann dieser Zweck für gemeinnützig erklärt werden. [3]Die obersten Finanzbehörden der Länder haben jeweils eine Finanzbehörde im Sinne des Finanzverwaltungsgesetzes zu bestimmen, die für Entscheidungen nach Satz 2 zuständig ist.

§ 53 AO Mildtätige Zwecke

Eine Körperschaft verfolgt mildtätige Zwecke, wenn ihre Tätigkeit darauf gerichtet ist, Personen selbstlos zu unterstützen,

1. die infolge ihres körperlichen, geistigen oder seelischen Zustands auf die Hilfe anderer angewiesen sind oder

2. deren Bezüge nicht höher sind als das Vierfache des Regelsatzes der Sozialhilfe im Sinne des § 28 des Zwölften Buches Sozialgesetzbuch; beim Alleinstehenden oder Alleinerziehenden tritt an die Stelle des Vierfachen das Fünffache des Regelsatzes. Dies gilt nicht für Personen, deren Vermögen zur nachhaltigen Verbesserung ihres Unterhalts ausreicht und denen zugemutet werden kann, es

dafür zu verwenden. Bei Personen, deren wirtschaftliche Lage aus besonderen Gründen zu einer Notlage geworden ist, dürfen die Bezüge oder das Vermögen die genannten Grenzen übersteigen. Bezüge im Sinne dieser Vorschrift sind

a) Einkünfte im Sinne des § 2 Abs. 1 des Einkommensteuergesetzes und
b) andere zur Bestreitung des Unterhalts bestimmte oder geeignete Bezüge,

aller Haushaltsangehörigen. Zu berücksichtigen sind auch gezahlte und empfangene Unterhaltsleistungen. Die wirtschaftliche Hilfebedürftigkeit im vorstehenden Sinne ist bei Empfängern von Leistungen nach dem Zweiten oder Zwölften Buch Sozialgesetzbuch, des Wohngeldgesetzes, bei Empfängern von Leistungen nach § 27 a des Bundesversorgungsgesetzes oder nach § 6 a des Bundeskindergeldgesetzes als nachgewiesen anzusehen. Die Körperschaft kann den Nachweis mithilfe des jeweiligen Leistungsbescheids, der für den Unterstützungszeitraum maßgeblich ist, oder mithilfe der Bestätigung des Sozialleistungsträgers führen. Auf Antrag der Körperschaft kann auf einen Nachweis der wirtschaftlichen Hilfebedürftigkeit verzichtet werden, wenn aufgrund der besonderen Art der gewährten Unterstützungsleistung sichergestellt ist, dass nur wirtschaftlich hilfebedürftige Personen im vorstehenden Sinne unterstützt werden; für den Bescheid über den Nachweisverzicht gilt § 60 a Absatz 3 bis 5 entsprechend.

§ 54 AO Kirchliche Zwecke

(1) Eine Körperschaft verfolgt kirchliche Zwecke, wenn ihre Tätigkeit darauf gerichtet ist, eine Religionsgemeinschaft, die Körperschaft des öffentlichen Rechts ist, selbstlos zu fördern.

(2) Zu diesen Zwecken gehören insbesondere die Errichtung, Ausschmückung und Unterhaltung von Gotteshäusern und kirchlichen Gemeindehäusern, die Abhaltung von Gottesdiensten, die Ausbildung von Geistlichen, die Erteilung von Religionsunterricht, die Beerdigung und die Pflege des Andenkens der Toten, ferner die Verwaltung des Kirchenvermögens, die Besoldung der Geistlichen, Kirchenbeamten und Kirchendiener, die Alters- und Behindertenversorgung für diese Personen und die Versorgung ihrer Witwen und Waisen.

§ 55 AO Selbstlosigkeit

(1) Eine Förderung oder Unterstützung geschieht selbstlos, wenn dadurch nicht in erster Linie eigenwirtschaftliche Zwecke – zum Beispiel gewerbliche Zwecke oder sonstige Erwerbszwecke – verfolgt werden und wenn die folgenden Voraussetzungen gegeben sind:

1. Mittel der Körperschaft dürfen nur für die satzungsmäßigen Zwecke verwendet werden. ²Die Mitglieder oder Gesellschafter (Mitglieder im Sinne dieser Vorschriften) dürfen keine Gewinnanteile und in ihrer Eigenschaft als Mitglieder auch keine sonstigen Zuwendungen aus Mitteln der Körperschaft erhalten. ³Die Körperschaft darf ihre Mittel weder für die unmittelbare noch für die mittelbare Unterstützung oder Förderung politischer Parteien verwenden.
2. Die Mitglieder dürfen bei ihrem Ausscheiden oder bei Auflösung oder Aufhebung der Körperschaft nicht mehr als ihre eingezahlten Kapitalanteile und den gemeinen Wert ihrer geleisteten Sacheinlagen zurückerhalten.
3. Die Körperschaft darf keine Person durch Ausgaben, die dem Zweck der Körperschaft fremd sind, oder durch unverhältnismäßig hohe Vergütungen begünstigen.
4. Bei Auflösung oder Aufhebung der Körperschaft oder bei Wegfall ihres bisherigen Zwecks darf das Vermögen der Körperschaft, soweit es die eingezahlten Kapitalanteile der Mitglieder und den gemeinen Wert der von den Mitgliedern geleisteten Sacheinlagen übersteigt, nur für steuerbegünstigte Zwecke verwendet werden (Grundsatz der Vermögensbindung). ²Diese Voraussetzung ist auch erfüllt, wenn das Vermögen einer anderen steuerbegünstigten Körperschaft oder einer juristischen Person des öffentlichen Rechts für steuerbegünstigte Zwecke übertragen werden soll.
5. Die Körperschaft muss ihre Mittel vorbehaltlich des § 62 grundsätzlich zeitnah für ihre steuerbegünstigten satzungsmäßigen Zwecke verwenden. Verwendung in diesem Sinne ist auch die Verwendung der Mittel für die Anschaffung oder Herstellung von Vermögensgegenständen, die satzungsmäßigen Zwecken dienen. ²Eine zeitnahe Mittelverwendung ist gegeben, wenn die Mittel spätestens in den auf den Zufluss folgenden zwei Kalender- oder Wirtschaftsjahr für die steuerbegünstigten satzungsmäßigen Zwecke verwendet werden.

(2) Bei der Ermittlung des gemeinen Werts (Absatz 1 Nr. 2 und 4) kommt es auf die Verhältnisse zu dem Zeitpunkt an, in dem die Sacheinlagen geleistet worden sind.

Zillmer   181

(3) Die Vorschriften, die die Mitglieder der Körperschaft betreffen (Absatz 1 Nr. 1, 2 und 4), gelten bei Stiftungen für die Stifter und ihre Erben, bei Betrieben gewerblicher Art von juristischen Personen des öffentlichen Rechts für die Körperschaft sinngemäß, jedoch mit der Maßgabe, dass bei Wirtschaftsgütern, die nach § 6 Absatz 1 Nummer 4 Satz 4 des Einkommensteuergesetzes aus einem Betriebsvermögen zum Buchwert entnommen worden sind, an die Stelle des gemeinen Werts der Buchwert der Entnahme tritt.

§ 56 AO Ausschließlichkeit

Ausschließlichkeit liegt vor, wenn eine Körperschaft nur ihre steuerbegünstigten satzungsmäßigen Zwecke verfolgt.

§ 57 AO Unmittelbarkeit

(1) [1]Eine Körperschaft verfolgt unmittelbar ihre steuerbegünstigten satzungsmäßigen Zwecke, wenn sie selbst diese Zwecke verwirklicht. [2]Das kann auch durch Hilfspersonen geschehen, wenn nach den Umständen des Falls, insbesondere nach den rechtlichen und tatsächlichen Beziehungen, die zwischen der Körperschaft und der Hilfsperson bestehen, das Wirken der Hilfsperson wie eigenes Wirken der Körperschaft anzusehen ist.

(2) Eine Körperschaft, in der steuerbegünstigte Körperschaften zusammengefasst sind, wird einer Körperschaft, die unmittelbar steuerbegünstigte Zwecke verfolgt, gleichgestellt.

§ 58 AO Steuerlich unschädliche Betätigungen

Die Steuervergünstigung wird nicht dadurch ausgeschlossen, dass

1. eine Körperschaft Mittel für die Verwirklichung der steuerbegünstigten Zwecke einer anderen Körperschaft oder für die Verwirklichung steuerbegünstigter Zwecke durch eine juristische Person des öffentlichen Rechts beschafft; die Beschaffung von Mitteln für eine unbeschränkt steuerpflichtige Körperschaft des privaten Rechts setzt voraus, dass diese selbst steuerbegünstigt ist,
2. eine Körperschaft ihre Mittel teilweise einer anderen, ebenfalls steuerbegünstigten Körperschaft oder einer juristischen Person des öffentlichen Rechts zur Verwendung zu steuerbegünstigten Zwecken zuwendet,
3. eine Körperschaft ihre Überschüsse der Einnahmen über die Ausgaben aus der Vermögensverwaltung, ihre Gewinne aus den wirtschaftlichen Geschäftsbetrieben ganz oder teilweise und darüber hinaus höchstens 15 Prozent ihrer sonstigen nach § 55 Absatz 1 Nummer 5 zeitnah zu verwendenden Mittel einer anderen steuerbegünstigten Körperschaft oder einer juristischen Person des öffentlichen Rechts zur Vermögensausstattung zuwendet. Die aus den Vermögenserträgen zu verwirklichenden steuerbegünstigten Zwecke müssen den steuerbegünstigten satzungsmäßigen Zwecken der zuwendenden Körperschaft entsprechen. Die nach dieser Nummer zugewandten Mittel und deren Erträge dürfen nicht für weitere Mittelweitergaben im Sinne des ersten Satzes verwendet werden,
4. eine Körperschaft ihre Arbeitskräfte anderen Personen, Unternehmen, Einrichtungen oder einer juristischen Person des öffentlichen Rechts für steuerbegünstigte Zwecke zur Verfügung stellt,
5. eine Körperschaft ihr gehörende Räume einer anderen, ebenfalls steuerbegünstigten Körperschaft oder einer juristischen Person des öffentlichen Rechts zur Nutzung zu steuerbegünstigten Zwecken überlässt,
6. eine Stiftung einen Teil, jedoch höchstens ein Drittel ihres Einkommens dazu verwendet, um in angemessener Weise den Stifter und seine nächsten Angehörigen zu unterhalten, ihre Gräber zu pflegen und ihr Andenken zu ehren,
7. eine Körperschaft gesellige Zusammenkünfte veranstaltet, die im Vergleich zu ihrer steuerbegünstigten Tätigkeit von untergeordneter Bedeutung sind,
8. ein Sportverein neben dem unbezahlten auch den bezahlten Sport fördert,
9. eine von einer Gebietskörperschaft errichtete Stiftung zur Erfüllung ihrer steuerbegünstigten Zwecke Zuschüsse an Wirtschaftsunternehmen vergibt,

10. eine Körperschaft Mittel zum Erwerb von Gesellschaftsrechten zur Erhaltung der prozentualen Beteiligung an Kapitalgesellschaften im Jahr des Zuflusses verwendet.

Dieser Erwerb mindert die Höhe der Rücklage nach § 62 Absatz 1 Nummer 3.

§ 59 AO Voraussetzung der Steuervergünstigung

Die Steuervergünstigung wird gewährt, wenn sich aus der Satzung, dem Stiftungsgeschäft oder der sonstigen Verfassung (Satzung im Sinne dieser Vorschriften) ergibt, welchen Zweck die Körperschaft verfolgt, dass dieser Zweck den Anforderungen der §§ 52 bis 55 entspricht und dass er ausschließlich und unmittelbar verfolgt wird; die tatsächliche Geschäftsführung muss diesen Satzungsbestimmungen entsprechen.

§ 60 AO Anforderungen an die Satzung

(1) [1]Die Satzungszwecke und die Art ihrer Verwirklichung müssen so genau bestimmt sein, dass aufgrund der Satzung geprüft werden kann, ob die satzungsmäßigen Voraussetzungen für Steuervergünstigungen gegeben sind. [2]Die Satzung muss die in der Anlage 1 bezeichneten Festlegungen enthalten.

(2) Die Satzung muss den vorgeschriebenen Erfordernissen bei der Körperschaftsteuer und bei der Gewerbesteuer während des ganzen Veranlagungs- oder Bemessungszeitraums, bei den anderen Steuern im Zeitpunkt der Entstehung der Steuer entsprechen.

§ 60 a AO Feststellung der satzungsmäßigen Voraussetzungen

(1) Die Einhaltung der satzungsmäßigen Voraussetzungen nach den §§ 51, 59, 60 und 61 wird gesondert festgestellt. Die Feststellung der Satzungsmäßigkeit ist für die Besteuerung der Körperschaft und der Steuerpflichtigen, die Zuwendungen in Form von Spenden und Mitgliedsbeiträgen an die Körperschaft erbringen, bindend.

(2) Die Feststellung der Satzungsmäßigkeit erfolgt

1. auf Antrag der Körperschaft oder
2. von Amts wegen bei der Veranlagung zur Körperschaftsteuer, wenn bisher noch keine Feststellung erfolgt ist.

(3) Die Bindungswirkung der Feststellung entfällt ab dem Zeitpunkt, in dem die Rechtsvorschriften, auf denen die Feststellung beruht, aufgehoben oder geändert werden.

(4) Tritt bei den für die Feststellung erheblichen Verhältnissen eine Änderung ein, ist die Feststellung mit Wirkung vom Zeitpunkt der Änderung der Verhältnisse aufzuheben.

(5) Materielle Fehler im Feststellungsbescheid über die Satzungsmäßigkeit können mit Wirkung ab dem Kalenderjahr beseitigt werden, das auf die Bekanntgabe der Aufhebung der Feststellung folgt. § 176 gilt entsprechend, außer es sind Kalenderjahre zu ändern, die nach der Verkündung der maßgeblichen Entscheidung eines obersten Gerichtshofes des Bundes beginnen.

§ 61 AO Satzungsmäßige Vermögensbindung

(1) Eine steuerlich ausreichende Vermögensbindung (§ 55 Abs. 1 Nr. 4) liegt vor, wenn der Zweck, für den das Vermögen bei Auflösung oder Aufhebung der Körperschaft oder bei Wegfall ihres bisherigen Zwecks verwendet werden soll, in der Satzung so genau bestimmt ist, dass aufgrund der Satzung geprüft werden kann, ob der Verwendungszweck steuerbegünstigt ist.

(2) (weggefallen)

(3) [1]Wird die Bestimmung über die Vermögensbindung nachträglich so geändert, dass sie den Anforderungen des § 55 Abs. 1 Nr. 4 nicht mehr entspricht, so gilt sie von Anfang an als steuerlich nicht ausreichend. [2]§ 175 Abs. 1 Satz 1 Nr. 2 ist mit der Maßgabe anzuwenden, dass Steuerbescheide erlassen, aufgehoben oder geändert werden können, soweit sie Steuern betreffen, die innerhalb der letzten zehn Kalenderjahre vor der Änderung der Bestimmung über die Vermögensbindung entstanden sind.

§ 62 AO Rücklagen und Vermögensbildung

(1) Körperschaften können ihre Mittel ganz oder teilweise

1. einer Rücklage zuführen, soweit dies erforderlich ist, um ihre steuerbegünstigten, satzungsmäßigen Zwecke nachhaltig zu erfüllen;

2. einer Rücklage für die beabsichtigte Wiederbeschaffung von Wirtschaftsgütern zuführen, die zur Verwirklichung der steuerbegünstigten, satzungsmäßigen Zwecke erforderlich sind (Rücklage für Wiederbeschaffung). Die Höhe der Zuführung bemisst sich nach der Höhe der regulären Absetzungen für Abnutzung eines zu ersetzenden Wirtschaftsguts. Die Voraussetzungen für eine höhere Zuführung sind nachzuweisen;

3. der freien Rücklage zuführen, jedoch höchstens ein Drittel des Überschusses aus der Vermögensverwaltung und darüber hinaus höchstens 10 Prozent der sonstigen nach § 55 Absatz 1 Nummer 5 zeitnah zu verwendenden Mittel. Ist der Höchstbetrag für die Bildung der freien Rücklage in einem Jahr nicht ausgeschöpft, kann diese unterbliebene Zuführung in den folgenden zwei Jahren nachgeholt werden;

4. einer Rücklage zum Erwerb von Gesellschaftsrechten zur Erhaltung der prozentualen Beteiligung an Kapitalgesellschaften zuführen, wobei die Höhe dieser Rücklage die Höhe der Rücklage nach Nummer 3 mindert.

(2) Die Bildung von Rücklagen nach Absatz 1 hat innerhalb der Frist des § 55 Absatz 1 Nummer 5 Satz 3 zu erfolgen. Rücklagen nach Absatz 1 Nummer 1, 2 und 4 sind unverzüglich aufzulösen, sobald der Grund für die Rücklagenbildung entfallen ist. Die freigewordenen Mittel sind innerhalb der Frist nach § 55 Absatz 1 Nummer 5 Satz 3 zu verwenden.

(3) Die folgenden Mittelzuführungen unterliegen nicht der zeitnahen Mittelverwendung nach § 55 Absatz 1 Nummer 5:

1. Zuwendungen von Todes wegen, wenn der Erblasser keine Verwendung für den laufenden Aufwand der Körperschaft vorgeschrieben hat;

2. Zuwendungen, bei denen der Zuwendende ausdrücklich erklärt, dass diese zur Ausstattung der Körperschaft mit Vermögen oder zur Erhöhung des Vermögens bestimmt sind;

3. Zuwendungen aufgrund eines Spendenaufrufs der Körperschaft, wenn aus dem Spendenaufruf ersichtlich ist, dass Beträge zur Aufstockung des Vermögens erbeten werden;

4. Sachzuwendungen, die ihrer Natur nach zum Vermögen gehören.

(4) Eine Stiftung kann im Jahr ihrer Errichtung und in den drei folgenden Kalenderjahren Überschüsse aus der Vermögensverwaltung und die Gewinne aus wirtschaftlichen Geschäftsbetrieben nach § 14 ganz oder teilweise ihrem Vermögen zuführen.

§ 63 AO Anforderungen an die tatsächliche Geschäftsführung

(1) Die tatsächliche Geschäftsführung der Körperschaft muss auf die ausschließliche und unmittelbare Erfüllung der steuerbegünstigten Zwecke gerichtet sein und den Bestimmungen entsprechen, die die Satzung über die Voraussetzungen für Steuervergünstigungen enthält.

(2) Für die tatsächliche Geschäftsführung gilt sinngemäß § 60 Abs. 2, für eine Verletzung der Vorschrift über die Vermögensbindung § 61 Abs. 3.

(3) Die Körperschaft hat den Nachweis, dass ihre tatsächliche Geschäftsführung den Erfordernissen des Absatzes 1 entspricht, durch ordnungsmäßige Aufzeichnungen über ihre Einnahmen und Ausgaben zu führen.

(4) [1]Hat die Körperschaft ohne Vorliegen der Voraussetzungen Mittel angesammelt, kann das Finanzamt ihr eine Frist für die Verwendung der Mittel setzen. [2]Die tatsächliche Geschäftsführung gilt als ordnungsgemäß im Sinne des Absatzes 1, wenn die Körperschaft die Mittel innerhalb der Frist für steuerbegünstigte Zwecke verwendet.

(5) Körperschaften im Sinne des § 10 b Absatz 1 Satz 2 Nummer 2 des Einkommensteuergesetzes dürfen Zuwendungsbestätigungen im Sinne des § 50 Absatz 1 der Einkommensteuer-Durchführungsverordnung nur ausstellen, wenn

1. das Datum der Anlage zum Körperschaftsteuerbescheid oder des Freistellungsbescheids nicht länger als fünf Jahre zurückliegt oder

2. die Feststellung der Satzungsmäßigkeit nach § 60 a Absatz 1 nicht länger als drei Kalenderjahre zurückliegt und bisher kein Freistellungsbescheid oder keine Anlage zum Körperschaftsteuerbescheid erteilt wurde.

Die Frist ist taggenau zu berechnen.

§ 64 AO Steuerpflichtige wirtschaftliche Geschäftsbetriebe

(1) Schließt das Gesetz die Steuervergünstigung insoweit aus, als ein wirtschaftlicher Geschäftsbetrieb (§ 14) unterhalten wird, so verliert die Körperschaft die Steuervergünstigung für die dem Geschäftsbetrieb zuzuordnenden Besteuerungsgrundlagen (Einkünfte, Umsätze, Vermögen), soweit der wirtschaftliche Geschäftsbetrieb kein Zweckbetrieb (§§ 65 bis 68) ist.

(2) Unterhält die Körperschaft mehrere wirtschaftliche Geschäftsbetriebe, die keine Zweckbetriebe (§§ 65 bis 68) sind, werden diese als ein wirtschaftlicher Geschäftsbetrieb behandelt.

(3) Übersteigen die Einnahmen einschließlich Umsatzsteuer aus wirtschaftlichen Geschäftsbetrieben, die keine Zweckbetriebe sind, insgesamt nicht 35.000 Euro im Jahr, so unterliegen die diesen Geschäftsbetrieben zuzuordnenden Besteuerungsgrundlagen nicht der Körperschaftsteuer und der Gewerbesteuer.

(4) Die Aufteilung einer Körperschaft in mehrere selbständige Körperschaften zum Zweck der mehrfachen Inanspruchnahme der Steuervergünstigung nach Absatz 3 gilt als Missbrauch von rechtlichen Gestaltungsmöglichkeiten im Sinne des § 42.

(5) Überschüsse aus der Verwertung unentgeltlich erworbenen Altmaterials außerhalb einer ständig dafür vorgehaltenen Verkaufsstelle, die der Körperschaftsteuer und der Gewerbesteuer unterliegen, können in Höhe des branchenüblichen Reingewinns geschätzt werden.

(6) Bei den folgenden steuerpflichtigen wirtschaftlichen Geschäftsbetrieben kann der Besteuerung ein Gewinn von 15 vom Hundert der Einnahmen zugrunde gelegt werden:
1. Werbung für Unternehmen, die im Zusammenhang mit der steuerbegünstigten Tätigkeit einschließlich Zweckbetrieben stattfindet,
2. Totalisatorbetriebe,
3. Zweite Fraktionierungsstufe der Blutspendedienste.

§ 65 AO Zweckbetrieb

¹Ein Zweckbetrieb ist gegeben, wenn
1. der wirtschaftliche Geschäftsbetrieb in seiner Gesamtrichtung dazu dient, die steuerbegünstigten satzungsmäßigen Zwecke der Körperschaft zu verwirklichen,
2. die Zwecke nur durch einen solchen Geschäftsbetrieb erreicht werden können und
3. der wirtschaftliche Geschäftsbetrieb zu nicht begünstigten Betrieben derselben oder ähnlicher Art nicht in größerem Umfang in Wettbewerb tritt, als es bei Erfüllung der steuerbegünstigten Zwecke unvermeidbar ist.

§ 66 AO Wohlfahrtspflege

(1) Eine Einrichtung der Wohlfahrtspflege ist ein Zweckbetrieb, wenn sie in besonderem Maß den in § 53 genannten Personen dient.

(2) ¹Wohlfahrtspflege ist die planmäßige, zum Wohle der Allgemeinheit und nicht des Erwerbs wegen ausgeübte Sorge für notleidende oder gefährdete Mitmenschen. ²Die Sorge kann sich auf das gesundheitliche, sittliche, erzieherische oder wirtschaftliche Wohl erstrecken und Vorbeugung oder Abhilfe bezwecken.

(3) ¹Eine Einrichtung der Wohlfahrtspflege dient in besonderem Maße den in § 53 genannten Personen, wenn diesen mindestens zwei Drittel ihrer Leistungen zugutekommen. ²Für Krankenhäuser gilt § 67.

§ 67 AO Krankenhäuser

(1) Ein Krankenhaus, das in den Anwendungsbereich des Krankenhausentgeltgesetzes oder der Bundespflegesatzverordnung fällt, ist ein Zweckbetrieb, wenn mindestens 40 vom Hundert der jährlichen Pflegetage auf Patienten entfallen, bei denen nur Entgelte für allgemeine Krankenhausleistungen (§§ 11, 13 und 26 der Bundespflegesatzverordnung) berechnet werden.

(2) Ein Krankenhaus, das nicht in den Anwendungsbereich des Krankenhausentgeltgesetzes oder der Bundespflegesatzverordnung fällt, ist ein Zweckbetrieb, wenn mindestens 40 vom Hundert der jährlichen Pflegetage auf Patienten entfallen, bei denen für die Krankenhausleistungen kein höheres Entgelt als nach Absatz 1 berechnet wird.

§ 67 a AO Sportliche Veranstaltungen

(1) [1]Sportliche Veranstaltungen eines Sportvereins sind ein Zweckbetrieb, wenn die Einnahmen einschließlich Umsatzsteuer insgesamt 45.000 Euro im Jahr nicht übersteigen. [2]Der Verkauf von Speisen und Getränken sowie die Werbung gehören nicht zu den sportlichen Veranstaltungen.

(2) [1]Der Sportverein kann dem Finanzamt bis zur Unanfechtbarkeit des Körperschaftsteuerbescheids erklären, dass er auf die Anwendung des Absatzes 1 Satz 1 verzichtet. [2]Die Erklärung bindet den Sportverein für mindestens fünf Veranlagungszeiträume.

(3) [1]Wird auf die Anwendung des Absatzes 1 Satz 1 verzichtet, sind sportliche Veranstaltungen eines Sportvereins ein Zweckbetrieb, wenn

1. kein Sportler des Vereins teilnimmt, der für seine sportliche Betätigung oder für die Benutzung seiner Person, seines Namens, seines Bildes oder seiner sportlichen Betätigung zu Werbezwecken von dem Verein oder einem Dritten über eine Aufwandsentschädigung hinaus Vergütungen oder andere Vorteile erhält und

2. kein anderer Sportler teilnimmt, der für die Teilnahme an der Veranstaltung von dem Verein oder einem Dritten im Zusammenwirken mit dem Verein über eine Aufwandsentschädigung hinaus Vergütungen oder andere Vorteile erhält.

[2]Andere sportliche Veranstaltungen sind ein steuerpflichtiger wirtschaftlicher Geschäftsbetrieb. [3]Dieser schließt die Steuervergünstigung nicht aus, wenn die Vergütungen oder andere Vorteile ausschließlich aus wirtschaftlichen Geschäftsbetrieben, die nicht Zweckbetriebe sind, oder von Dritten geleistet werden.

§ 68 AO Einzelne Zweckbetriebe

Zweckbetriebe sind auch:

1. a) Alten-, Altenwohn- und Pflegeheime, Erholungsheime, Mahlzeitendienste, wenn sie in besonderem Maß den in § 53 genannten Personen dienen (§ 66 Abs. 3),
   b) Kindergärten, Kinder-, Jugend- und Studentenheime, Schullandheime und Jugendherbergen,
2. a) landwirtschaftliche Betriebe und Gärtnereien, die der Selbstversorgung von Körperschaften dienen und dadurch die sachgemäße Ernährung und ausreichende Versorgung von Anstaltsangehörigen sichern,
   b) andere Einrichtungen, die für die Selbstversorgung von Körperschaften erforderlich sind, wie Tischlereien, Schlossereien,

wenn die Lieferungen und sonstigen Leistungen dieser Einrichtungen an Außenstehende dem Wert nach 20 Prozent der gesamten Lieferungen und sonstigen Leistungen des Betriebs – einschließlich der an die Körperschaften selbst bewirkten – nicht übersteigen,

3. a) Werkstätten für behinderte Menschen, die nach den Vorschriften des Dritten Buches Sozialgesetzbuch förderungsfähig sind und Personen Arbeitsplätze bieten, die wegen ihrer Behinderung nicht auf dem allgemeinen Arbeitsmarkt tätig sein können,
   b) Einrichtungen für Beschäftigungs- und Arbeitstherapie, in denen behinderte Menschen aufgrund ärztlicher Indikationen außerhalb eines Beschäftigungsverhältnisses zum Träger der Therapieeinrichtung mit dem Ziel behandelt werden, körperliche oder psychische Grundfunktionen zum Zwecke der Wiedereingliederung in das Alltagsleben wiederherzustellen oder die besonderen Fähigkeiten und Fertigkeiten auszubilden, zu fördern und zu trainieren, die für eine Teilnahme am Arbeitsleben erforderlich sind, und

c) **Integrationsprojekte im Sinne des § 132 Abs. 1 des Neunten Buches Sozialgesetzbuch, wenn mindestens 40 Prozent der Beschäftigten besonders betroffene schwerbehinderte Menschen im Sinne des § 132 Abs. 1 des Neunten Buches Sozialgesetzbuch sind,**

4. **Einrichtungen, die zur Durchführung der Blindenfürsorge und zur Durchführung der Fürsorge für Körperbehinderte unterhalten werden,**

5. **Einrichtungen der Fürsorgeerziehung und der freiwilligen Erziehungshilfe,**

6. **von den zuständigen Behörden genehmigte Lotterien und Ausspielungen, wenn der Reinertrag unmittelbar und ausschließlich zur Förderung mildtätiger, kirchlicher oder gemeinnütziger Zwecke verwendet wird,**

7. **kulturelle Einrichtungen, wie Museen, Theater, und kulturelle Veranstaltungen, wie Konzerte, Kunstausstellungen; dazu gehört nicht der Verkauf von Speisen und Getränken,**

8. **Volkshochschulen und andere Einrichtungen, soweit sie selbst Vorträge, Kurse und andere Veranstaltungen wissenschaftlicher oder belehrender Art durchführen; dies gilt auch, soweit die Einrichtungen den Teilnehmern dieser Veranstaltungen selbst Beherbergung und Beköstigung gewähren,**

9. **Wissenschafts- und Forschungseinrichtungen, deren Träger sich überwiegend aus Zuwendungen der öffentlichen Hand oder Dritter oder aus der Vermögensverwaltung finanziert. Der Wissenschaft und Forschung dient auch die Auftragsforschung. Nicht zum Zweckbetrieb gehören Tätigkeiten, die sich auf die Anwendung gesicherter wissenschaftlicher Erkenntnisse beschränken, die Übernahme von Projektträgerschaften sowie wirtschaftliche Tätigkeiten ohne Forschungsbezug.**

Literatur: *Buchna/Seeger/Brox*, Gemeinnützigkeit im Steuerrecht, 11. Aufl. 2015; *Hübschmann/Hepp/Spitaler*, Kommentar zur AO, Loseblatt, §§ 51–68; *Klein*, Abgabenordnung, 14. Aufl. 2018, §§ 51 ff; *Schmidt*, Einkommensteuergesetz, 33. Aufl. 2014; *Koenig* AO, 3. Aufl. 2014, §§ 51 ff; *Sauter/Schweyer/Waldner*, Der eingetragene Verein, 20. Aufl. 2016 S. 272 ff; *Schauhoff* (Hrsg.), Handbuch der Gemeinnützigkeit, 3. Aufl. 2010; *Sölch/Ringleb*, Umsatzsteuergesetz, 84. Aufl. 2018; *Tipke/Kruse*, Kommentar zur AO und FGO, Loseblatt, §§ 51 ff. Die Finanzverwaltungen einiger Länder stellen Broschüren zur Verfügung, die aus Sicht der Verwaltung die wichtigsten Fragen zur Gemeinnützigkeit beantworten.[1]

A. Einleitung 1
B. Übersicht über die gesetzlichen Regelungen ... 4
C. Vereinsgründung und Satzung 9
  I. Zivilrecht 9
  II. Die steuerbegünstigten Zwecke 10
  III. Formelle und materielle Anforderungen an die Satzung (§§ 59, 60 AO) 19
D. Anerkennung als gemeinnütziger eV 26
  I. Mustersatzung für Vereine 29
  II. Selbstlosigkeit und Mittelverwendung (§ 55 AO) 30
    1. Keine eigenwirtschaftlichen Zwecke 30
    2. Verwendung nur für satzungsmäßige Zwecke 33
    3. Vergütung, Aufwandsentschädigung und Zuwendungen 37

    4. Zeitnahe Mittelverwendung und Rücklagenbildung 45
  III. Ausschließlichkeit (§ 56 AO) 53
  IV. Unmittelbarkeit (§ 57 AO) und Organisationsstruktur 54
E. Tatsächliche Geschäftsführung (§ 59 letzter Hs. AO) 58
F. Haftung des Vorstandes 59
G. Die steuerliche Behandlung von Geschäftsbereichen 61
  I. Ideeller Bereich 63
  II. Wirtschaftlicher Geschäftsbetrieb (§ 64 AO) .. 64
  III. Zweckbetriebe (§ 65 AO) 70
  IV. Vermögensverwaltung 75
H. Mittelbeschaffung durch Spenden 76
I. Die Auflösung des gemeinnützigen eV 79

A. Einleitung

Der Gesetzgeber hat sich dafür entschieden, Einrichtungen, die dem Wohle der Allgemeinheit dienen, **steuerlich zu begünstigen**. Einrichtungen, die selbstlos das Gemeinwesen unterstützen, nehmen Aufgaben wahr, die sonst in der Regel aus Steuergeldern finanziert werden, und entlasten damit die öffentlichen Kassen. Ohne ehrenamtliches Engagement könnten diese Aufgaben gar nicht finanziert werden. Die Arbeit dieser Einrichtungen genauso wie eine eigenwirtschaftliche Betätigung zu besteuern, würde die zur Verfügung stehenden Mittel und die Bereitschaft, sich für das Gemeinwesen zu engagieren, schmälern. Eine Steuervergünstigung kommt also letztlich der Allgemeinheit zugute. Im Jahr 2007 brachte das „Gesetz zur weiteren Stärkung des bürgerschaftlichen Engagements"[2] einige spürbare Verbesserungen für die Ehrenamtlichen wie die Erhöhung der Übungsleiterpauschale, eine Vereinfachung des Spendenrechts und die Anhebung der Spendenabzugsbeträge. Das Gesetz zur Stärkung des Ehrenamtes (Ehrenamtsstärkungsgesetz) vom

1

---

1 ZB für Hessen: Steuerhinweise für Ehrenämter und Vereine, https://finanzen.hessen.de/steuern/steuerhinweise-fuer-ehrenaemter-und-vereine, abgerufen am 1.4.2019.

2 BGBl. I S. 2332, BStBl. I S. 815. Dazu *Fritz* BB 2007, 2546; *Melchior* DStR 2007, 1745.

21.3.2013[3] ging diesen Weg weiter und brachte darüber hinaus Verbesserungen ua im Verwaltungsverfahren bei den Finanzämtern sowie für die Rücklagen- und Vermögensbildung.

2   Die Normen zur Steuerbegünstigung gemeinnütziger Vereine sind **nicht in einem Gesetz zusammengefasst**; sie verteilen sich vielmehr auf die Abgabenordnung (AO), die die allgemeinen Voraussetzungen der Steuerbegünstigung regelt, sowie auf die Einzelsteuergesetze (insbes. KStG, GewStG, UStG), die regeln, wie sich die Steuerbegünstigung innerhalb der einzelnen Steuerarten auswirkt.

In der anwaltlichen Beratung, zB bei der Erstellung der Satzung, hat das Steuerrecht seinen festen Platz, weil der Rechtsanwalt die Rechtslage umfassend prüfen und zu allen relevanten Aspekten beraten und belehren muss.[4] Sollte die eigene Expertise des Rechtsanwalts nicht ausreichen und deshalb ein Haftungsfall drohen, sollte er dringend einen Kollegen oder Steuerberater mit entsprechendem Spezialwissen hinzuziehen. Mit einer Einschränkung der Mandatsvereinbarung auf das Zivilrecht wird vielleicht dem Rechtsanwalt, nicht jedoch dem ratsuchenden eV geholfen sein.

3   Die folgende Darstellung bietet einen Überblick über die wichtigsten Normen der Gemeinnützigkeit und orientiert sich am Lebenslauf eines eV von der Gründung über das Tagesgeschäft bis zur Auflösung.

B. Übersicht über die gesetzlichen Regelungen

4   Die Abgabenordnung (AO) normiert in den §§ 51 ff. die Voraussetzungen, unter denen eine Körperschaft eine in einem anderen Steuergesetz enthaltene Steuervergünstigung in Anspruch nehmen kann. Wenn ein einzelnes Steuergesetz eine Steuervergünstigung gewährt, weil eine Körperschaft ausschließlich und unmittelbar gemeinnützige, mildtätige oder kirchliche Zwecke (steuerbegünstigte Zwecke) verfolgt, gelten gem. § 51 Abs. 1 S. 1 AO die folgenden Vorschriften.

5   Die AO zählt die Körperschaften, denen eine Steuervergünstigung gewährt werden kann, nicht auf, sondern verweist auf die im KStG genannten Körperschaften, Personenvereinigungen und Vermögensmassen. Gem. § 1 Abs. 1 Nr. 4 KStG ist der eV als sonstige juristische Person des privaten Rechts eine solche Körperschaft.[5]

6   Der eV wird steuerlich in **vier Tätigkeitsbereiche** aufgeteilt, nämlich den ideellen Bereich, die Vermögensverwaltung, den wirtschaftlichen Geschäftsbetrieb und den Zweckbetrieb, der ein Unterfall des wirtschaftlichen Geschäftsbetriebs ist.

7   Während der ideelle Bereich der Besteuerung komplett entzogen ist und die Vermögensverwaltung und der Zweckbetrieb steuerbegünstigt werden, wird der wirtschaftliche Geschäftsbetrieb grundsätzlich wie andere dem Erwerb dienende Betriebe voll besteuert.

8   Im Steuerrecht ist die Auffassung des Bundesfinanzministeriums (BMF) und der Länderfinanzministerien, wie die gesetzlichen Normen auszulegen sind, von großer Bedeutung, da die Finanzämter an diese Weisungen gebunden sind. Der Anwendungserlass zur Abgabenordnung (AEAO) ist eine solche „Gesetzesanwendungsvorschrift", an die die Finanzgerichte nicht gebunden sind. Aber der Steuerpflichtige sollte den wie einen Kommentar aufgebauten AEAO unbedingt beachten, um eine möglichst unkomplizierte Prüfung der Gemeinnützigkeit zu gewährleisten.

C. Vereinsgründung und Satzung

I. Zivilrecht

9   Zivilrechtlich bestehen zwischen gemeinnützigem eV und anderen, nicht steuerbegünstigten eV keine Unterschiede. Es gelten ohne Einschränkung die zivilrechtlichen Normen über Gründung, Haftung, Geschäftsführung und Vertretung, Mitgliederrechte, Rechtsfähigkeit, Liquidation usw für den gemeinnützigen Verein ebenfalls. Um die Steuerbegünstigung zu erlangen, muss ein eV allerdings zusätzliche Anforderungen erfüllen, die sich vor allem in der Art der Betätigung sowie bei Satzung, Geschäftsführung und Vermögensverwendung auswirken.

---

3   BGBl. I S. 556. Dazu *Roth* SteuK 2013, 136; *Volland* ZEV 2013, 320; *Schütz/Runte* DStR 2013, 1261; *Krebbers* BB 2013, 2071.

4   *Klappstein* NK-BGB § 611 Rn. 16 f.

5   Die §§ 51 ff. AO gelten für Körperschaften, Personenvereinigungen und Vermögensmassen iSd § 1

Abs. 1 KStG. Dazu zählen ua Kapitalgesellschaften, Genossenschaften, andere juristische Personen des privaten Rechts, nicht rechtsfähige Vereine und Stiftungen, vgl. Klein/*Gersch* AO § 51 Rn. 4.

II. Die steuerbegünstigten Zwecke

Die steuerbegünstigten Zwecke werden in drei Gruppen eingeteilt: gemeinnützige Zwecke (§ 52 AO), mild- **10** tätige Zwecke (§ 53 AO) und kirchliche Zwecke (§ 54 AO). Häufig werden die drei Gruppen unter dem Oberbegriff der Gemeinnützigkeit zusammengefasst, da für alle dieselben steuerlichen Vorschriften gelten.

Gemeinnützig ist ein Zweck, wenn die Tätigkeit des eV die Allgemeinheit auf materiellem, geistigem oder **11** sittlichem Gebiet selbstlos fördern soll, § 52 Abs. 1 S. 1 AO. An die Stelle des bisher sehr kurzen Katalogs, der nur exemplarisch die wichtigsten gemeinnützigen Zwecke umriss, ist ein 25 Ziffern umfassender, abschließender[6] Katalog mit Zwecken getreten, die als gemeinnützig anerkannt sind.[7] Damit wurden die bislang in der Praxis als gemeinnützig anerkannten Zwecke kodifiziert.[8] Sollte der Vereinszweck nicht in dem Katalog enthalten sein, aber der eV trotzdem die Allgemeinheit auf materiellem, geistigen oder sittli- chem Gebiet entsprechend fördern, kann dieser Zweck für gemeinnützig erklärt werden, § 52 Abs. 2 S. 2 AO. Entgegen dem Wortlaut handelt es sich nicht um eine Ermessensvorschrift: Wenn die Vorausset- zungen vorliegen, muss das Finanzamt die Steuerbegünstigung gewähren.[9]

Die Öffnungsklausel des § 52 Abs. 2 S. 2 AO ermöglicht es auch, gesellschaftliche Entwicklungen nachzu- vollziehen und sie ohne Änderung des Gesetzes als gemeinnützig anzuerkennen.[10] Im Bereich des Sports beispielsweise hat der BFH das IPSC-Schießen[11] anerkannt. Auch wird darüber diskutiert, ob E-Sports – also Computerspiele, die im Rahmen von Wettbewerben vor Publikum gespielt werden – gemeinnützig wer- den soll.[12]

Um zu verhindern, dass extremistische Vereinigungen in den Genuss der Steuerbegünstigung kommen, wurde § 51 Abs. 3 AO eingefügt. Verfolgt beispielsweise ein eV unter dem Deckmantel der Förderung des Sports oder der Religion[13] extremistische politische Ziele und wird der eV daher im Verfassungsschutzbe- richt des Bundes oder eines Landes genannt, wird für steuerliche Zwecke widerlegbar vermutet, dass er tat- sächlich extremistische Ziele verfolgt.[14] Diese Vermutung kann nicht durch die Verfolgung anderer Ziele kompensiert werden, die als gemeinwohlfördernd zu qualifizieren sind.[15] Vielmehr muss der eV auf dem Verwaltungsrechtsweg gegen die Nennung vorgehen.[16]

Eine positive Definition des Begriffs **„Förderung der Allgemeinheit"** enthält die AO nicht. Finanzverwal- **12** tung und Finanzgerichten verbleibt bei der Auslegung ein Beurteilungsspielraum.[17] § 52 Abs. 1 S. 2 AO grenzt den Begriff „Allgemeinheit" lediglich zu fest abgeschlossenen Gruppen wie Familien oder Beleg- schaften ab sowie zu Gruppen, die wegen ihrer Merkmale dauernd nur klein sein können. Eine Beschrän- kung auf exklusive Kreise, zB Personen mit hohem Einkommen oder Vermögen, oder Sonderinteressen soll dadurch ausgeschlossen werden.[18] Schädlich sind dabei unter anderem Aufnahmeverfahren, die den Zugang zur Mitgliedschaft erschweren, zB das Erfordernis der einstimmigen Zustimmung der Mitgliederversamm- lung.[19] Auch hohe Aufnahmegebühren, Mitgliedsbeiträge und Umlagen sind kritisch zu überprüfen, da die obligatorischen Zahlungen verhindern können, dass die Mitgliederstruktur einen Querschnitt durch die Gesellschaft abbildet.[20] Daher kann von einer Förderung der Allgemeinheit nur gesprochen werden, wenn grundsätzlich jedermann Zutritt zu der Körperschaft hat und die Mitglieder dadurch zumindest einen Aus- schnitt aus der Gesamtbevölkerung repräsentieren.[21] Bei Vereinen, deren Leistungen vor allem ihren Mit- gliedern zugutekommen (Sportvereine, Golfclubs etc), sind Mitgliedsbeiträge und -umlagen von durch-

---

6   *Fritz* BB 2007, 2546 (2550); Tipke/Kruse/*Seer* AO § 52 Rn. 66 ff.; Klein/*Gersch* § 52 Rn. 15.

7   Gesetz zur weiteren Stärkung des bürgerschaftlichen Engagements v. 10.10.2007, BGBl. I S. 2332, rück- wirkend anzuwenden seit 1.1.2007. Überblick bei *Melchior* DStR 2007, 1745; *Fritz* BB 2007, 2546 (2550).

8   Tipke/Kruse/*Tipke* § 52 Rn. 13; *Fritz* BB 2007, 2546 (2550) mit Fn. 53; *Hüttemann* DB 2007, 127 (128).

9   *Schauhoff/Kirchhain* DStR 2007, 1985 (1990); *Hüt- temann* DB 2007, 2053 (2055); *Fritz* BB 2007, 2546 (2550).

10 Äußerst kritisch zu neuen Entwicklungen, was als gemeinnützig gelten soll, *Fischer* Gemeinnützigkeit und Zeitgeist DStR 2018, 1394.

11 IPSC-Schießen (International Practical Shooting Confederation): Der Schütze läuft durch einen Par- cours. BFH 27.9.2018 – V R 48/16, DStRE 2019, 165; zur praktischen Umsetzung des Urteils BMF, Schr. v. 12.12.2019, DStR 2019, 2703.

12 Koalitionsvertrag von CDU, CSU und SPD für die 19. Legislaturperiode v. 12.3.2018, Zeile 2167 ff.

13 BFH 11.4.2012 – I R 11/11, DStR 2012, 1222; 14.3.2018 – V R 36/16, BStBl. II 2018, 422.

14 Zu § 51 Abs. 3 AO und anderen Rechtsverstößen, wegen derer eine Körperschaft die steuerliche Begünstigung verlieren kann, *Jäschke* DStR 2009, 1669; *Becker* DStR 2010, 953.

15 BFH 14.3.2018 – V R 36/16, BStBl. II 2018, 422, Tz. II.4.a.

16 *Heuermann* DStR 2018, 955 (960); *Kohlhepp* DStR 2018, 129.

17 Hübschmann/Hepp/Spitaler/*Leisner-Egensperger* AO § 52 Rn. 25.

18 BFH BStBl II 1979 S. 482, 484; 1998 S. 711, 712 = NJW 1997, 1462; Tipke/Kruse/*Tipke* AO § 52 Rn. 9.

19 Klein/*Gersch* AO § 52 Rn. 7; BFH BStBl. II 1979, S. 482; FG Hamburg EFG 1998, 916.

20 *Patt/Patt* DStR 2005, 1509 (1514).

21 BFH BStBl 1997 II S. 794 = BB 1998, 33.

schnittlich 1.023 EUR pro Mitglied und Jahr sowie Aufnahmegebühren von durchschnittlich 1.534 EUR zu akzeptieren.[22]

13 Förderung der Allgemeinheit bedeutet nicht, dass jeder Bürger der Bundesrepublik tatsächlich gefördert wird; es genügt auch die Förderung einer kleineren Gruppe,[23] solange die Ausschlusskriterien des § 52 Abs. 1 S. 2 AO nicht eingreifen.[24] Besondere Aufmerksamkeit hat das Kriterium der Förderung der Allgemeinheit durch das Freimaurerlogen-Urteil des BFH erfahren.[25] Die klassische Freimaurer-Loge fördere die Allgemeinheit nicht, da Frauen nicht Mitglieder werden könnten und an dem zentralen Ritual in den Tempelarbeiten nicht teilnehmen dürften. Diese grundgesetzwidrige Diskriminierung schließe die Förderung der Allgemeinheit aus. Andererseits stellte das FG Baden-Württemberg fest, dass ein Verein zur Förderung des Islam auch dann die Allgemeinheit fördern könne, wenn er nur muslimische Mitglieder zulasse.[26] Es erscheint zweifelhaft, ob aus der Tatsache, dass nur Mitglieder mit bestimmten Merkmalen Mitglieder sein können, also die Allgemeinheit nicht zur Mitgliedschaft zugelassen ist, automatisch folgt, dass die Allgemeinheit nicht gefördert wird.[27]

Abzugrenzen ist die Förderung der Allgemeinheit von der allgemeinpolitischen Betätigung. Der BFH sprach Attac wegen unzulässiger allgemeinpolitischer Betätigung die Gemeinnützigkeit ab.[28] Attac ist nach eigenen Angaben Akteur im Rahmen der globalisierungskritischen Bewegung.[29] Satzungsmäßiger Zweck ist die Förderung der Volksbildung gem. § 52 Abs. 2 Nr. 7 AO, zu der grundsätzlich auch die politische Bildung zählt. Allerdings mangelt es Attac an der erforderlichen „geistigen Offenheit", die die Allgemeinheit durch Schaffung und Förderung politischer Wahrnehmungsfähigkeit und politischen Verantwortungsbewusstseins fördert (meta-politische Tätigkeit).[30] Einem gemeinnützigen Verein sei es verwehrt, mit Maßnahmen auf die politische Willensbildung Einfluss zu nehmen und die öffentliche Meinung zu beeinflussen, die über die politische Bildung hinausgehen. Allgemeinpolitische Betätigung ist den Parteien vorbehalten, die über die Parteienfinanzierung Unterstützung erhalten; die beiden Systeme müssen strikt getrennt werden.[31] Deshalb ist die Unterstützung von Parteipolitik stets gemeinnützigkeitsschädlich.[32] Es bleibt abzuwarten, ob die Rechtsprechung Äußerungen zu tagespolitischen Themen kritischer gegenübersteht. Zwei Jahre vor dem Attac-Urteil hielt der BFH es für zulässig, dass der BUND eV (Bund für Umwelt und Naturschutz Deutschland) eine Volksinitiative zur Rekommunalisierung der Energienetze durch die Stadt Hamburg unterstützte.[33] Ausschlaggebend war, dass die Äußerungen des BUND parteipolitisch neutral waren, dem Umweltschutz ein besonders hoher Stellenwert zukommt und in besonderer Weise durch staatliche Maßnahmen gefördert werden kann.[34]

14 Ebenfalls steuerbegünstigt ist die Verfolgung **mildtätiger Zwecke (§ 53 AO)**. Dadurch sollen Personen in Notlagen selbstlos dabei unterstützt werden, ihre Notsituation erträglicher zu gestalten oder zu beseitigen.[35] Durch diese Art der Förderung des Gemeinwohls entlasten nichtstaatliche Organisationen unmittelbar den (Sozial-)Staat.[36] Anders als bei gemeinnützigen Zwecken nach § 52 AO ist eine Unterstützung der Allgemeinheit nicht erforderlich, so dass auch die Förderung eines abgeschlossenen Personenkreises als mildtätig einzustufen sein kann.[37]

15 Der Kreis der möglichen Begünstigten besteht aus zwei Personengruppen:

– zum einen Personen, die wegen ihres **körperlichen, geistigen oder seelischen Zustandes auf die Hilfe anderer angewiesen** sind (§ 53 S. 1 Nr. 1 AO), die also die Verrichtungen des täglichen Lebens nicht selbst vornehmen können oder dies nur unter Inkaufnahme unzumutbarer Belastungen könnten. ZB sind Einrichtungen wie Pflegeheime, Essen auf Rädern, die Betreuung Krebskranker, die Hilfe in Katastrophenfällen oder die Betreuung von Suchtkranken als mildtätig anzusehen;[38]

22   AEAO zu § 52 Ziff. 1.1.
23   BFH DStR 2004, 1644: 125.000 Personen als Allgemeinheit. Dazu *Schiffer* DStR 2005, 508.
24   BFH BStBl 1979 II S. 482, 484.
25   BFH 17.5.2017 – V R 52/15, BStBl. II 2018, 218.
26   FG Baden-Württemberg 5.3.2018 – 10 K 3622/16, BeckRS 2018, 14376.
27   Kritisch ebenfalls *Kohlhepp* DStR 2019, 129 (130).
28   BFH 10.1.2019 – V R 60/17, DStR 2019, 439 mAnm *Heuermann*. Zu den praktischen Auswirkungen des Urteils OFD Karlsruhe Mitteilung v. 2.12.2019, DStR 2020, 661.
29   https://www.attac.de/was-ist-attac/selbstverstaendnis/?L=2 %27 %27A%3D0, abgerufen am 1.4.2019.
30   *Winheller/Vielwerth* DStR 2017, 2588 (2589).
31   BFH 10.1.2019 – V R 60/17, DStR 2019, 439, Tz. II.2.b. mwN aus der Rspr. des BVerfG. Zur „Poli-

tische[n] Betätigung auf dem Minenfeld des Gemeinnützigkeitsrechts" *Leisner-Egensperger* NJW 2019, 964.
32   BFH 20.3.2017 – X R 13/15, Tz. II.3.b)(bb)(1) mwN.
33   BFH 20.3.2017 – X R 13/15, BStBl. 2017, 1110; *Winheller/Vielwerth* DStR 2017, 2588; *Weitemeyer/Kamp* DStR 2016, 2623; *Bruschke* DStR 2017, 2146.
34   BFH 20.3.2017 – X R 13/15, BStBl. 2017, 1110 Tz. II.3.b).
35   *Reichert* Rn. 3210.
36   Tipke/Kruse/*Tipke* AO § 53 Rn. 1; Koenig/*König* § 53 Rn. 2; Tiedtke/Möllmann DStR 2007, 509.
37   *Hüttemann* FR 2002, 1337 (1338).
38   Weitere Beispiele bei *Reichert* Rn. 3212; *Buchna*, S. 87; Tipke/Kruse/*Tipke* AO § 53 Rn. 3.

– zum anderen **wirtschaftlich bedürftige** Personen, die nur über die in § 53 S. 1 Nr. 2 AO festgelegten – begrenzten – finanziellen Mittel verfügen. Obergrenze ist das Vierfache des Regelsatzes der Sozialhilfe iSd SGB XII; bei Alleinstehenden und Haushaltsvorständen erhöht sich die Grenze auf das Fünffache des Regelsatzes. Der Nachweis der Hilfsbedürftigkeit kann bspw. durch Leistungsbescheide nach SGB II oder SGB XII oder einen Wohngeldbescheid erbracht werden (§ 53 Nr. 2 AO).[39] Auch wenn nicht wie bei den gemeinnützigen Zwecken (§ 52 AO) die Allgemeinheit gefördert werden muss, ist Vorsicht geboten, wenn der Kreis der potenziell begünstigten Personen dauerhaft klein ist oder die Vereinsmitglieder und die Begünstigten in einem besonderen Näheverhältnis zueinander stehen. Die Finanzverwaltung erkennt nämlich die satzungsmäßige Unterstützung „hilfsbedürftiger Verwandter der Mitglieder, Gesellschafter, Genossen oder Stifter" nicht an, da dabei nicht die mildtätigen Zwecke im Vordergrund stünden und kein selbstloses Handeln vorliege (AEAO Nr. 3 zu § 53 AO). Nach anderer Ansicht ist die Steuerbegünstigung nur zu versagen, wenn durch die Tätigkeit des eV eigene Unterhaltspflichten abgewendet werden sollen, so dass im Einzelnen die tatsächlichen Unterhaltspflichten zu überprüfen seien.[40] Eine gerichtliche Entscheidung ist hierzu noch nicht veröffentlicht. Der Ansicht der Finanzverwaltung ist zu folgen, da Unterhaltsleistungen grundsätzlich nicht steuermindernd geltend gemacht werden dürfen (§ 12 Nr. 1 u. 2 EStG), und zwar unabhängig davon, ob die Unterhaltsleistungen wegen einer gesetzlichen Verpflichtung, freiwillig oder aufgrund eines Vertrages erbracht werden.[41] Eine Differenzierung zwischen gesetzlich geschuldeten und sonstigen Unterhaltsleistungen ist nicht vorgesehen. Die Ausnahmen von dem Grundsatz, dass Unterhaltsleistungen steuerlich nicht geltend gemacht werden können, sind im EStG abschließend aufgezählt; eine steuerliche Berücksichtigung als mildtätige Leistung, die über die im EStG vorgesehenen Abzugsmöglichkeiten hinaus gewährt wird, würde eine Umgehung des Abzugsverbots bedeuten bzw. eine doppelte Berücksichtigung ermöglichen.

Da es für die Gewährung der Steuerbegünstigung keinen Unterschied macht, ob eine Körperschaft sowohl **16** gemeinnützige als auch mildtätige Zwecke verfolgt bzw. welche Tätigkeit des eV welchem Zweck zuzuordnen ist, nehmen die Finanzämter die im Einzelfall oft schwierige Abgrenzung bei der Veranlagung in der Regel nicht vor.[42] Allerdings ist diese Abgrenzung in einigen steuerlichen Fragen, zB bei der Höchstgrenze des Abzugs von Zuwendungen als Sonderausgaben (§ 10 b Abs. 1 EStG),[43] von Bedeutung.

Nach § 54 AO ist auch die selbstlose Förderung **kirchlicher Zwecke** steuerlich begünstigt. Die Steuerbe-**17** günstigung wird nur für die Unterstützung von Religionsgemeinschaften in der Rechtsform einer öffentlich-rechtlichen Körperschaft gewährt (§ 54 Abs. 1 AO). Die kirchlichen Zwecke sind in § 54 Abs. 2 AO nur beispielhaft aufgezählt.[44] Daneben zählen unter anderem Missions- und Erweckungsvereine hierzu.[45] Private Religionsgemeinschaften können hingegen nur insoweit unterstützt werden, als sie die Religion iSd § 52 Abs. 2 Nr. 1 AO allgemein oder sonstige gemeinnützige Zwecke fördern.[46]

Der eV darf die steuerbegünstigten Zwecke auch im Ausland verfolgen.[47] Voraussetzung ist dann aller-**18** dings, dass im Inland ansässige Personen gefördert werden oder die Tätigkeit neben der Verwirklichung der steuerbegünstigten Zwecke auch zum Ansehen der Bundesrepublik Deutschland im Ausland beitragen kann, § 51 Abs. 2 AO (Inlandsbezug).[48]

III. Formelle und materielle Anforderungen an die Satzung (§§ 59, 60 AO)

Es genügt nicht, dass ein eV tatsächlich steuerbegünstigte Zwecke verfolgt, diese müssen bereits **in der** **19** **Satzung niedergelegt** sein. Die Satzung muss materiell (§ 59 AO) und formell (§ 60 AO) den besonderen steuerlichen Anforderungen entsprechen. Hieraus wird die zentrale Aufgabe der Satzung im Rahmen der Steuervergünstigung deutlich. Eine nachträgliche Anpassung der Satzung an die steuerlichen Vorgaben ist sehr aufwendig, da für eine Satzungsänderung eine Dreiviertelmehrheit der Mitgliederversammlung benötigt wird und eine Anpassung des Vereinszwecks sogar einstimmig beschlossen werden muss (→ § 33 Rn. 2 ff.). Die Gründungsmitglieder werden so dazu angehalten, sich schon vor Beginn der eigentlichen Arbeit über die Formulierung der genauen Ziele und die Durchführung ihrer steuerbegünstigten Tätigkeit klar zu werden.[49]

39　AEAO Nr. 11 zu § 53.
40　*Hüttemann* FR 2002, 1337 (1338); Schauhoff/*Schauhoff*, S. 226.
41　Blümich/Thürmer EStG § 12 Rn. 41, 51, 140.
42　Klein/*Gersch* AO § 53 Rn. 2.
43　*Schauhoff/Kirchhain* DStR 2007, 1985.
44　Tipke/Kruse/*Tipke* § 54 Rn. 3.
45　*Reichert* Rn. 3218.
46　AEAO zu § 54 S. 2: Tipke/Kruse/*Tipke* AO § 52 Rn. 2; Hübschmann/Hepp/Spitaler/*Leisner-Egensper-*

ger AO § 52 Rn. 1118 zur Förderung privater Religionsgemeinschaften.
47　Zum Einfluss des Europarechts auf die grenzüberschreitende Verfolgung steuerbegünstigter Zwecke *Jachmann/Meier-Behringer* BB 2006, 1823; *Jachmann* BB 2006, 2607; *Tiedtke/Möllmann* IStR 2007, 837; *Hüttemann/Helios* IStR 2008, 39; EuGH 27.1.2009 – C-318/07.
48　AEAO Nr. 7 zu § 51 Abs. 2.
49　Tipke/Kruse/*Tipke* AO § 59 Rn. 1.

Zillmer

20 **Materielle** Satzungsmäßigkeit bedeutet, dass die Satzung bestimmte Angaben zu den steuerbegünstigten Zwecken und der Art und Weise, wie der eV diese Zwecke verfolgt, enthalten muss. Die Satzung muss angeben, welchen Zweck die Körperschaft verfolgt, dass dieser Zweck einer der in den §§ 52–55 AO beschriebenen Zwecke ist und dass dieser Zweck **ausschließlich** (§ 56 AO) und **unmittelbar** (§ 57 AO) verfolgt wird. Ausschließlich die in der AO genannten steuerbegünstigten Zwecke kommen als Vereinszweck in Betracht, wenn der eV die Steuervergünstigung in Anspruch nimmt. Nicht begünstigte Nebenzwecke, auch wenn sie nur von untergeordneter Bedeutung sein sollten, verbieten sich. Zivilrechtlich sind hingegen alle erlaubten, nichtwirtschaftlichen Zwecke zulässig (→ § 21 Rn. 16). Zudem muss die **tatsächliche Geschäftsführung** mit der Satzung übereinstimmen (§ 59 Hs. 2 AO). Auch wenn zivilrechtlich eine Diskrepanz zwischen tatsächlicher und in der Satzung vorgesehener Geschäftsführung möglicherweise keine weiteren Folgen nach sich zieht, kann dies steuerlich schädlich sein. Deshalb müssen die beiden Bereiche Zivil- und Steuerrecht getrennt voneinander betrachtet werden.

21 Daneben muss die Satzung auch den **formellen** Anforderungen genügen (formelle Satzungsmäßigkeit).[50] Gem. § 60 AO müssen die Satzungszwecke sowie die Art der Verwirklichung so genau bestimmt sein, dass das FA alleine aufgrund der Satzung überprüfen kann, ob die satzungsmäßigen Voraussetzungen für die Steuerbefreiung vorliegen.[51] Der Verein muss den von ihm verfolgten steuerbegünstigten Zweck **konkret darstellen**. Ein Verweis auf die Rechtslage mit der Feststellung, dass „gemeinnützige Zwecke iSd § 52 AO verfolgt werden", oder eine einfache Aufzählung im Gesetz genannter steuerbegünstigter Zwecke genügt nicht.[52] Auch die Art und Weise, wie diese Zwecke verwirklicht werden sollen, muss möglichst konkret beschrieben werden. Besteht der Zweck zB in der Unterstützung der Krebsforschung, kann diese zB durch Vergabe von Forschungsstipendien oder Veranstaltung von Kongressen erfolgen; die Satzung müsste insoweit die Art der Unterstützung festlegen. Dabei sollte die Satzung klar trennen zwischen dem Zweck einerseits und der dafür zu ergreifenden Mittel andererseits, da sonst die Satzung nicht überprüft werden kann.[53] Bestehen nach der Auslegung der Satzung Unklarheiten, gehen diese zulasten des eV.[54] Der eV darf nur die Zwecke verfolgen, die in der Satzung ausdrücklich genannt sind. Dieses strenge organisationsgebundene Förderkonzept[55] hat das BMF für den Bereich der Flüchtlingshilfe aufgeweicht.[56] Nach Auffassung des BMF sollen alle gemeinnützigen Vereine unabhängig von ihrem Satzungszweck Spendensammelaktionen durchführen und sogar eigene Mittel, die nicht anderweitig gebunden sind, zur unmittelbaren Unterstützung von Flüchtlingen einsetzen dürfen. Diese Vereinfachung mag politisch wünschenswert erscheinen, findet aber keine Stütze im Gesetz. Deshalb ist zweifelhaft, ob die Gerichte im Streitfall ebenso großzügig sein werden wie das BMF. Möchte ein eV tatsächlich sein Tätigkeitsspektrum – egal ob für die Flüchtlingshilfe oder andere Ziele – erweitern, ist eine Satzungsänderung der sicherere Weg.

22 In der Rechtsprechung haben sich die folgenden Tendenzen entwickelt, die bei der Formulierung der Satzung berücksichtigt werden sollten, will man einen Streit mit der Finanzverwaltung vermeiden:[57] Je abstrakter und allgemeiner der Zweck beschrieben ist, desto konkreter muss die Art und Weise der Verwirklichung beschrieben werden.[58] Gerade der lange und detaillierte Katalog in § 52 AO kann die Gründungsmitglieder dazu verleiten, einfach den Gesetzestext zu wiederholen. Dann sollte die Satzung jedoch zumindest bei der Beschreibung, wie der Vereinszweck erreicht werden soll, möglichst konkret formuliert sein, um dem Vorwurf zu entgehen, nur formelhafte Wendungen abstrakten Inhalts zu gebrauchen. Dabei kann vom Verein nicht verlangt werden, dass er all diese Anforderung in der Satzung in einer Weise umsetzt, dass er seine zukünftige Tätigkeit schon bei der Gründung bis ins letzte Detail beschreibt. Es ist nicht nötig, dass das Vorliegen aller Voraussetzungen schon beim ersten Lesen abschließend beurteilt werden kann. Es genügt daher, dass sich diese aufgrund einer Auslegung aller Satzungsbestimmungen[59] bzw. einer „verständnisvollen Würdigung"[60] ermitteln lassen. Eine zu genaue Festlegung ist auch nicht sinnvoll, da sie den Handlungsspielraum des eV unnötig einschränkt. Sieht die Satzung beispielsweise einen abschließenden Katalog von Maßnahmen vor, derer sich der eV bedienen darf, führen diese aber nicht zum Ziel, darf der eV vor einer Erweiterung der Satzung keine anderen Maßnahmen ergreifen. Deshalb empfiehlt sich eine offene Formulierung, also eine Liste von Maßnahmen, die „insbesondere" in Frage kommen. Auch kann bereits die Satzung vorsehen, dass der eV sich zur Erfüllung seiner Aufgaben auch Einrichtungen anderer Rechts-

---

50   Zur Terminologie Klein/*Gersch* AO § 59 Rn. 1, § 60 Rn. 1.

51   BFH/NV 1999, 738; BFH/NV 2000, 298; AEAO zu § 60 Nr. 1.

52   *Osterkorn* DStR 2002, 16 (17).

53   Vgl. zu Abgrenzungsschwierigkeiten BFH BStBl II 2003 S. 384 = BB 2003, 1216.

54   BFH/NV 1992, 695 (696).

55   *Schunk* DStR 2017, 1748.

56   BMF, Schreiben v. 22.9.2015 – IV C 4 – S 2223/07/0015, BStBl. I 2015, 745.

57   *Osterkorn* DStR 2002, 16 (17).

58   FG Rhl.-Pf. EFG 1994, 594; FG Düsseldorf EFG 1990, 2; BFH/NV 1992, 695.

59   BFH BStBl II 1984 S. 844; 1994 S. 794, 795.

60   BFH BStBl II 1984 S. 844.

formen bedienen darf oder solche Einrichtungen, bspw. einen Nichtzweckbetrieb, schaffen kann.[61] Der eV kann so den Handlungsspielraum seines Vorstandes flexibel gestalten.

Die früher nur im Anhang zum AEAO enthaltene **Mustersatzung** wurde durch das JStG 2009 als Anlage 1   **23** zur AO hinzugefügt. Die Mustersatzung gilt auch für andere gemeinnützige Körperschaften wie Stiftungen. Gem. § 60 Abs. 1 S. 2 AO muss die Satzung eines eV die in der Mustersatzung bezeichneten Festlegungen enthalten. Vor Aufnahme in die AO war die wörtliche Verwendung der Mustersatzung nicht zwingend vorgeschrieben; Abweichungen vom Wortlaut zogen so lange keine Konsequenzen nach sich, wie inhaltlich die gesetzlichen Anforderungen erfüllt waren.[62] Da die Mustersatzung als Teil der AO nicht mehr nur Verwaltungsanweisung sondern Gesetz ist, war umstritten, ob Körperschaften in ihrer Satzung den Wortlaut der Mustersatzung wiederholen müssen.[63] Dieser Streit ist für die Verwaltungspraxis durch den AEAO sowie mehrere finanzgerichtliche Urteile[64] entschieden: Danach ist es nicht erforderlich, denselben Aufbau und dieselbe Reihenfolge der Bestimmungen zu verwenden (AEAO § 60 Nr. 2). Außerdem werden im AEAO Fälle aufgeführt und ausdrücklich als Beispiele gekennzeichnet, in denen eine Abweichung von der Mustersatzung unschädlich ist. Um Risiken zu vermeiden, sollte die Mustersatzung und ihre Formulierungen so weit wie möglich das **Gerüst** für die Vereinssatzung sein; die Platzhalter sind entsprechend den inhaltlichen Vorgaben der AO auszufüllen. Dem eV ist es unbenommen, über den Text der Mustersatzung hinaus weitere Klauseln frei zu formulieren, solange diese inhaltlich weder im Widerspruch zur AO noch zur Mustersatzung stehen.

Um ganz sicher zu gehen, dass die Satzung allen steuerrechtlichen Vorgaben genügt, können die Gründer   **24** den Entwurf der Satzung dem Finanzamt zur Prüfung im Rahmen einer verbindlichen Auskunft vorlegen, §§ 89 Abs. 2 AO. Die Satzung muss eingereicht werden, bevor sie beschlossen wird. Allerdings ist die verbindliche Auskunft inzwischen kostenpflichtig, § 89 Abs. 3–5 AO.[65] Die Gebühr wird in entsprechender Anwendung des § 34 GKG grundsätzlich nach dem Gegenstandswert ermittelt. Der Mindestgegenstandswert beträgt 5.000 EUR, was zu einer Gebühr von 121 EUR führt. Der Gegenstandswert bemisst sich nach der steuerlichen Auswirkung des vom Vorstand dargelegten Sachverhalts, Ziff. 4.2.2 AEAO zu § 89. Damit gemeint sind die Mehrsteuern, die entstehen, wenn dem (zukünftige) eV die steuerliche Begünstigung versagt wird. Einen konkreten Gegenstandswert zu schätzen, ist vor Gründung des eV sehr schwer, da kaum abzusehen ist, wie sich der eV entwickelt. Deshalb sollte der (zukünftige) Vorstand dem Finanzamt gem. § 89 Abs. 4 S. 4 AO eine Zeitgebühr vorschlagen.

Auch eine unverbindliche Anfrage bei der Finanzverwaltung kann sehr hilfreich sein. Einige Länder benennen   **25** in ihren Finanzämtern Ansprechpartner für die Besteuerung von Vereinen, die zunächst kostenfrei Hilfestellung leisten.[66]

D. Anerkennung als gemeinnütziger eV

Ein besonderes Anerkennungs*verfahren* ist in der AO **nicht vorgesehen**.[67] Das FA ist vielmehr an die allge-   **26** meinen Vorschriften der AO gebunden und kann deshalb keinen Feststellungsbescheid mit dem Inhalt erlassen, dass ein eV als gemeinnützig in allen Steuerarten (KSt, GewSt, USt) anerkannt wird. Ein solcher Feststellungsbescheid wäre für den eV äußerst praktisch, da er sofort für alle steuerlichen Belange Rechtssicherheit böte. Jedoch hat das Ehrenamtsstärkungsgesetz die verfahrensrechtliche Situation zumindest ein wenig verbessert: Der neu eingeführte § 60a AO sieht ein formalisiertes Verfahren vor, in dem die **satzungsmäßigen** Voraussetzungen für die Steuerbegünstigung gesondert festgestellt werden. Dieser Feststellungsbescheid ist als Grundlagenbescheid[68] für die Besteuerung des eV sowie für die Steuerpflichtigen, die Zuwendungen in Form von Spenden (→ Rn. 78) und Mitgliedsbeiträgen erbringen, bindend (§ 60a Abs. 1 AO). Der eV kann und sollte diese Feststellung bereits mit dem wirksamen Beschluss über die Satzung beantra-

---

61   BFH BStBl II 2003 S. 384 = BB 2003, 1216; Vorinstanz FG Berlin EFG 2002, 519 ff.

62   BFH/NV 1997, 732 (733).

63   Zum Streit *Ullrich* DStR 2009, 2471 (2472); *Tipke/Kruse* § 60 Rn. 2.

64   FG Düsseldorf 20.8.2019 – 6 K 481/19 AO, rkr., DStRE 2020, 77; FG Hessen 28.6.2017 – 4 K 917/16, ErbStB 2018, 9 (Ls).

65   Die Gebührenpflicht wird im Schrifttum häufig kritisiert, da der Steuergesetzgeber selbst durch immer komplexere Normen eine verbindliche Auskunft erforderlich mache, vgl. Tipke/Kruse/*Seer* § 89

Rn. 63; *Reiser/Lahme* BB 2007, 1361; *Kess/Zillmer* DStR 2008, 1466; *Blömer* DStR 2008, 1867.

66   Ansprechpartner zB für Baden-Württemberg abrufbar unter https://www.landesstelle.de/wp-content/uploads/2015/06/Ansprechpartner-Besteuerung-von-Vereinen.pdf (abgerufen am 20.5.2020). Broschüre „Steuertipps für gemeinnützige Vereine" abrufbar unter https://fm.baden-wuerttemberg.de/de/service/publikation/did/steuertipps-fuer-gemeinnuetzige-vereine-1/ (abgerufen am 20.05.2020).

67   AEAO zu § 59 Nr. 3; Klein/*Gersch* AO § 59 Rn. 3; Tipke/Kruse/*Tipke* AO Vor § 51 Rn. 6.

68   Koenig/*Koenig* AO § 60a Rn. 3.

gen.[69] Dadurch erhält der eV bereits zu einem frühen Zeitpunkt Gewissheit darüber, ob die Satzung alle Voraussetzungen erfüllt, und kann gegebenenfalls nachbessern. Stellt der eV keinen entsprechenden Antrag, prüft das FA von Amts wegen die satzungsmäßigen Voraussetzungen bei der Veranlagung zur KSt, § 60a Abs. 2 Nr. 2 AO.

27 Wurden die satzungsmäßigen Voraussetzungen festgestellt, prüft das FA bei Erlass des USt-, KSt- bzw. GewSt-Bescheides nur noch, ob die **tatsächliche Geschäftsführung** nicht gegen das Gemeinnützigkeitsrecht verstößt.[70] Verläuft die Prüfung positiv, erlässt das FA einen Steuerbescheid, aus dem die Steuerbegünstigung des eV hervorgeht.[71] Sollte der eV keinerlei steuerpflichtige Tätigkeit unterhalten, ergeht ein Freistellungsbescheid (§ 155 Abs. 1 S. 3 AO). Ergeht zB ein Körperschaftsteuerbescheid über „0 EUR", so bedeutet dies, dass das FA von einer Körperschaftsteuerpflicht ausgeht. Dies ist korrekt im Rahmen des wirtschaftlichen Geschäftsbetriebs; aus dem Bescheid muss sich auch ergeben, dass das Finanzamt die entsprechende Freigrenze aus § 64 Abs. 3 AO bzw. den Freibetrag aus § 24 KStG berücksichtigt hat. Bezieht sich dieser Bescheid jedoch auf einen Zweckbetrieb, ist er rechtswidrig, da Zweckbetriebe von der Körperschaftsteuer befreit sind. Gegen diesen Bescheid ist der Einspruch bzw. im Weiteren die Anfechtungsklage zulässig, da der Verein bereits durch die Feststellung der Steuerpflicht beschwert ist. Eine Beschwer in Form einer Zahlungsverpflichtung ist also nicht erforderlich.[72]

28 Das FA soll die Steuerbefreiung spätestens alle drei Jahre überprüfen, AEAO Nr. 3 S. 3 zu § 59. Es versendet in der Regel Fragebögen, um die tatsächliche Geschäftsführung zu überprüfen, und verlangt Aufzeichnungen über Einnahmen und Ausgaben sowie einen Geschäftsbericht.[73] Damit der eV belegen kann, dass er die Geschäfte in Übereinstimmung mit der Satzung führt, ist also eine **übersichtliche und vollständige Buchführung** unerlässlich, vgl. auch § 63 Abs. 3 AO. Der eV trägt nämlich die **Beweislast** für die tatsächlichen Voraussetzungen der Gemeinnützigkeit.[74] Wenn die Finanzverwaltung von sich aus (bei einer der regelmäßigen Prüfungen des eV) entdeckt, dass die Satzung nicht (mehr) allen steuerlichen Anforderungen gerecht wird, erkennt sie die Gemeinnützigkeit nicht direkt ab, wenn die tatsächliche Geschäftsführung gemeinnützigkeitsrechtlichen Grundsätzen entspricht und der eV die aufgedeckten Satzungsmängel innerhalb einer vom Finanzamt gesetzten Frist beseitigt.[75]

I. Mustersatzung für Vereine

29 **Mustersatzung für Vereine, Stiftungen, Betriebe gewerblicher Art von juristischen Personen des öffentlichen Rechts, geistliche Genossenschaften und Kapitalgesellschaften** (nur aus steuerlichen Gründen notwendige Bestimmungen)[76]

§ 1

Der /Die –… (Körperschaft) mit Sitz in … verfolgt ausschließlich und unmittelbar – gemeinnützige – mildtätige – kirchliche – Zwecke (nicht verfolgte Zwecke streichen) im Sinne des Abschnitts „Steuerbegünstigte Zwecke" der Abgabenordnung.

Zweck der Körperschaft ist … (zB die Förderung von Wissenschaft und Forschung, Jugend- und Altenhilfe, Erziehung, Volks- und Berufsbildung, Kunst und Kultur, Landschaftspflege, Umweltschutz, des öffentlichen Gesundheitswesens, des Sports, Unterstützung hilfsbedürftiger Personen).

Der Satzungszweck wird verwirklicht insbesondere durch … (zB Durchführung wissenschaftlicher Veranstaltungen und Forschungsvorhaben, Vergabe von Forschungsaufträgen, Unterhaltung einer Schule, einer Erziehungsberatungsstelle, Pflege von Kunstsammlungen, Pflege des Liedgutes und des Chorgesanges, Errichtung von Naturschutzgebieten, Unterhaltung eines Kindergartens, Kinder-, Jugendheimes, Unterhaltung eines Altenheimes, eines Erholungsheimes, Bekämpfung des Drogenmissbrauchs, des Lärms, Förderung sportlicher Übungen und Leistungen).

§ 2

Die Körperschaft ist selbstlos tätig; sie verfolgt nicht in erster Linie eigenwirtschaftliche Zwecke.

---

69 AEAO zu § 60a Nr. 4; *Kirchhain* DStR 2014, 289 (291).

70 Der AEAO vermengt die Prüfung der satzungsmäßigen Voraussetzungen mit der Prüfung der tatsächlichen Geschäftsführung AEAO Tz. 2 zu § 60a Abs. 1. Hierzu kritisch *Kirchhain* DStR 2014, 289 (292).

71 AEAO zu § 59 Rn. 3 S. 2; Tipke/Kruse/*Tipke* AO Vor § 51 Rn. 6; BFH BStBl. II 1986, S. 677 u. BStBl. II 1997, S. 189, 191.

72 BFH BStBl II 1995 S. 134 = BB 1995, 498; 2000, 325 = BB 2000, 599; FG Schleswig-Holstein EFG 2002, 739.

73 Tipke/Kruse/*Tipke* AO Vor § 51 Rn. 6.

74 Tipke/Kruse/*Tipke* AO Vor § 51 Rn. 6.

75 AEAO zu § 59 Nr. 4.

76 Anm. d. Verf. Die Vorschriften des BGB und sonstiger Gesetze werden **nicht** berücksichtigt. Bestimmungen, die für einen eV nicht relevant sind, werden nicht wiedergegeben.

§ 3

Mittel der Körperschaft dürfen nur für die satzungsmäßigen Zwecke verwendet werden. Die Mitglieder erhalten keine Zuwendungen aus Mitteln der Körperschaft.

§ 4

Es darf keine Person durch Ausgaben, die dem Zweck der Körperschaft fremd sind, oder durch unverhältnismäßig hohe Vergütungen begünstigt werden.

§ 5

Bei Auflösung oder Aufhebung der Körperschaft oder bei Wegfall steuerbegünstigter Zwecke fällt das Vermögen der Körperschaft

1. an – den/die/das … (Bezeichnung einer juristischen Person des öffentlichen Rechts oder einer anderen steuerbegünstigten Körperschaft), – der/die/das – es unmittelbar und ausschließlich für gemeinnützige, mildtätige oder kirchliche Zwecke zu verwenden hat,

oder

2. an eine juristische Person des öffentlichen Rechts oder eine andere steuerbegünstigte Körperschaft zwecks Verwendung für … (Angabe eines bestimmten gemeinnützigen, mildtätigen oder kirchlichen Zwecks, zB Förderung von Wissenschaft und Forschung, Erziehung, Volks- und Berufsbildung, der Unterstützung von Personen, die im Sinne von § 53 der Abgabenordnung wegen … bedürftig sind, Unterhaltung des Gotteshauses in …).

II. Selbstlosigkeit und Mittelverwendung (§ 55 AO)

1. Keine eigenwirtschaftlichen Zwecke. Alle steuerbegünstigten Zwecke müssen **selbstlos** verfolgt werden; die Satzung muss eine entsprechende Klausel enthalten (§ 59 S. 1 AO). Unter der Überschrift „Selbstlosigkeit" des § 55 AO sind verschiedene Vorschriften zur **Verwendung der Vereinsmittel** und der Begünstigung von Vereinsmitgliedern und Dritten zusammengefasst. Der Begriff „Mittel" umfasst sämtliche Vermögenswerte, die im Eigentum und in der Verfügungsmacht des eV stehen und zur Erfüllung des satzungsmäßigen Zwecks geeignet sind.[77] Dazu zählen alle erzielten Einkünfte, Zuschüsse, Beiträge, Spenden sowie die Wirtschaftsgüter aller Tätigkeitsbereiche.[78]   **30**

Der Verein darf **nicht in erster Linie eigenwirtschaftliche Zwecke** verfolgen. Er darf also nicht vorrangig seine eigenen wirtschaftlichen Interessen oder die seiner Mitglieder verfolgen, vgl. AEAO Nr. 1 zu § 55 Abs. 1 Nr. 1.[79] Letzteres darf nur eine Nebenfolge, eine untergeordnete Begleiterscheinung sein.[80] Das ist eine (wenn auch nicht als solche kenntlich gemachte) Durchbrechung des Ausschließlichkeitsgebotes in § 56 AO, wonach eine steuerbegünstigte Körperschaft **ausschließlich** ihre steuerbegünstigten Zwecke verfolgen darf.[81] Besonders Fördervereine, deren Tätigkeit darin besteht, Mittel für andere steuerbegünstigte Körperschaften zu sammeln, laufen Gefahr, wenn sie die Mittel vor allem in wirtschaftlichen Geschäftsbetrieben zusammentragen,[82] zB Fördervereine, die Basare oder gesellige Veranstaltungen durchführen).[83]   **31**

Kritisch ist häufig die Einhaltung des Gebots der Selbstlosigkeit, wenn der eV seine Tätigkeit praktisch ausschließlich seinen Mitgliedern zugutekommen lässt und er darüber hinaus keine nennenswerten Aktivitäten zur Verfolgung des steuerbegünstigten Zwecks entfaltet.[84]   **32**

Beispiel: Die Mitglieder eines „Vereins zur Förderung des Luftsports" mieteten Flugzeuge zum ermäßigten Umsatzsteuersatz von 7 % statt (damals) 16 % vom eV; der eV, der selbst keine Flugzeuge besaß, mietete die Flugzeuge seinerseits bei einem Charterunternehmen an. Weitere Aktivitäten zur Förderung des Luftsports (Nachwuchsförderung etc) fanden nicht statt.[85] Das Finanzgericht kam deshalb zu dem Schluss, dass letztlich die gesamte Aktivität des Vereins den Mitgliedern in Form des ermäßigten Mehrwertsteuersatzes zugutekommen sollte und der eV bzw. seine Mitglieder also eigennützige Zwecke verfolgten. Daher versagte das Finanzgericht die Gemeinnützigkeit und damit die Anwendung des ermäßigten Umsatzsteuersatzes.

---

77 BFH BStBl 1992 II S. 62; BFH/NV 1996, 383; BFH BStBl. II 1998, 711.

78 Klein/*Gersch* AO § 55 Rn. 4; BFH BStBl. II 1992, S 62.

79 BFH BStBl II 1979 S. 482; 1989 S. 670; 1992 S. 62; Klein/*Gersch* AO § 55 Rn. 2; Tipke/Kruse/*Tipke* AO § 55 Rn. 2.

80 Tipke/Kruse/*Tipke* AO § 55 Rn. 2.

81 Tipke/Kruse/*Tipke* AO § 55 Rn. 1. Ausführlich zur Systematik der §§ 55, 56 AO *Hüttemann* DStJG 26 (2003), 49 ff.

82 *Lehr* DStR 2010, 796 speziell zum Förderverein: Zweifelhaft, ob diese Auffassung mit der Rspr. des BFH vereinbar ist. Ebenfalls kritisch *Wallenhorst* DStR 2009, 717.

83 *Klein* AO § 56 Rn. 3.

84 Tipke/Kruse/*Tipke* AO § 55 Rn. 9; Klein/*Gersch* AO § 55 Rn. 3; AEAO Nr. 10 zu § 55 Abs. 1 Nr. 1 AO.

85 FG Köln EFG 2003, 422.

33   **2. Verwendung nur für satzungsmäßige Zwecke.** Der eV darf seine Mittel **nur** für die **in der Satzung genannten Zwecke** verwenden, § 55 Abs. 1 Nr. 1 S. 1 AO. Nach dem eindeutigen Wortlaut der Vorschrift reicht es für die Steuervergünstigung nicht aus, steuerbegünstigte Zwecke zu unterstützen, solange diese nicht in der Satzung festgehalten sind. Möchte ein Verein seinen Tätigkeitsbereich erweitern, muss er deshalb die Satzung überprüfen und ggf. erweitern.

34   Für die Steuervergünstigung ist nicht nur beachtlich, für welchen Zweck die Mittel verwendet werden, sondern auch, aus welchem Tätigkeitsbereich sie **stammen** und in welchem Tätigkeitsbereich sie **eingesetzt** werden (zur Definition der Tätigkeitsbereiche → Rn. 61 ff.). Alle Überschüsse, egal ob sie im ideellen Bereich, im wirtschaftlichen Geschäftsbetrieb oder in der Vermögensverwaltung anfallen, dürfen nur für die satzungsmäßigen Zwecke verwendet werden.[86] Grundsätzlich gilt, dass die im ideellen Bereich erwirtschafteten Mittel nur in diesem Bereich reinvestiert werden dürfen.[87] Die im steuerpflichtigen wirtschaftlichen Geschäftsbetrieb (→ Rn. 64 ff.) sowie bei der Vermögensverwaltung erzielten Gewinne dürfen entweder als Rücklage dort verbleiben (zur Bildung von Rücklagen → Rn. 45)[88] oder in den ideellen Bereich transferiert werden. Aus der Buchhaltung muss deshalb eindeutig hervorgehen, welche Mittel in welchem Vereinsbereich verwendet werden.

35   Der **Verlustausgleich** im wirtschaftlichen Geschäftsbetrieb mit Mitteln des ideellen Bereichs ist grundsätzlich steuerschädlich, AEAO Nr. 4 S. 1 zu § 55 Abs. 1 Nr. 1.[89] Bei der Ermittlung des Verlusts ist der einheitliche wirtschaftliche Geschäftsbetrieb im Sinne des § 64 Abs. 2 AO maßgeblich; unterhält der eV mehrere wirtschaftliche Geschäftsbetriebe, sind deren Ergebnisse zusammenzufassen, AEAO Nr. 4 S. 2 zu § 55 Abs. 1 Nr. 1. Nur unter engen Voraussetzungen ist der Verlustausgleich steuerunschädlich möglich. Gem. AEAO Nr. 6 zu § 55 Abs. 1 Nr. 1 muss der Verlust auf einer Fehlkalkulation beruhen, die Körperschaft innerhalb von zwölf Monaten die dem ideellen Bereich entnommenen Mittel wieder zuführen, und die Mittel dürfen nicht aus folgenden steuerbegünstigten Bereichen stammen: Zweckbetriebe, steuerbegünstigte Vermögensverwaltung oder andere Zuwendungen, die zur Förderung der steuerbegünstigten Zwecke der Körperschaft bestimmt sind.[90] Der Verlustausgleich kann auch durch die Gewährung eines betrieblichen Darlehens erfolgen, wobei Tilgung und Zinsen ausschließlich aus dem steuerpflichtigen wirtschaftlichen Geschäftsbetrieb stammen dürfen, vgl. AEAO Nr. 7 zu § 55 Abs. 1 Nr. 1. Ist der Verlust im wirtschaftlichen Geschäftsbetrieb durch Abschreibungen auf gemischt genutzte (im ideellen und wirtschaftlichen Bereich genutzte) Wirtschaftsgüter entstanden, ist dies unter den in AEAO Nr. 5 zu § 55 Abs. 1 Nr. 1 genannten Voraussetzungen ebenfalls steuerunschädlich.

36   Verluste können auch im Bereich der Vermögensverwaltung entstehen, wenn der eV (ähnlich wie eine Stiftung) über einen entsprechenden Kapitalstock verfügt.[91]

37   **3. Vergütung, Aufwandsentschädigung und Zuwendungen.** Dass auch die **Mitglieder keine finanziellen Vorteile** aus der Tätigkeit des eV ziehen dürfen, legt § 55 Abs. 1 Nr. 1 S. 2 AO fest.[92] Danach dürfen die Mitglieder weder Gewinnanteile noch sonstige Zuwendungen aus den Mitteln der Körperschaft erhalten. Unter den Begriff der Zuwendung fallen wirtschaftliche Vorteile aller Art, die die Körperschaft den Mitgliedern unentgeltlich oder verbilligt durch den Einsatz ihrer Vermögenswerte gewährt.[93]

38   Bei Ausscheiden oder Auflösung des eV darf jedes Mitglied maximal seine eingezahlten Kapitalanteile und den gemeinen Wert der geleisteten Sacheinlagen zurückerhalten, § 55 Abs. 1 Nr. 3 AO.

39   Das Verbot finanzieller Vorteile bedeutet nicht, dass Mitglieder für geleistete Tätigkeiten nicht entschädigt oder bezahlt werden dürfen; Vergütungen und Aufwandsentschädigungen sind grundsätzlich zulässig.

40   Vorstandsmitglieder von Vereinen dürfen jedoch nur dann eine Tätigkeitsvergütung erhalten, wenn dies in der Satzung ausdrücklich vorgesehen ist.[94] Falls ein eV ohne entsprechenden Passus in der Satzung die Tätigkeitsvergütung auszahlt, galt eine Übergangsfrist bis zum 31.12.2010. Die Aufwandsentschädigung muss eine **angemessene Höhe** haben. Übt ein Mitglied seine Tätigkeit laut Satzung ehrenamtlich aus, erhält es aber eine hohe sog. „Aufwandsentschädigung", die sich der Höhe nach an seiner (uU sehr gut bezahlten) beruflichen Tätigkeit orientiert, liegt ein Verstoß gegen das Gebot der Selbstlosigkeit vor.[95] Gleiches gilt, wenn ein Mitglied zwar eine der Satzung entsprechende Vergütung erhält, diese aber im Vergleich zur tat-

---

86   Tipke/Kruse/*Tipke* AO § 55 Rn. 8; AEAO Nr. 3 S. 1 und 2 zu § 55 Abs. 1 Nr. 1 AO.

87   AEAO Nr. 3 zu § 55 Abs. 1 Nr. 1; Tipke/Kruse/*Tipke* AO § 55 Rn. 8.

88   AEAO Nr. 3 S. 3 zu § 55.

89   Zum Verlustausgleich bei der Ausgliederung von Zweckbetrieben *Funnemann* DStR 2002, 2013 (2015).

90   BFH BStBl II 1998 S. 711 = NJW 1997, 1462.

91   *Orth* DStR 2009, 1397.

92   § 55 Abs. 1 Nr. 2 AO zur Rückzahlung von Kapitalanteilen gilt nur für Kapitalgesellschaften, vgl. Tipke/Kruse/*Tipke* AO § 55 Rn. 12.

93   Klein/*Gersch* AO § 55 Rn. 15; FG München EFG 1996, 938.

94   AEAO Nr. 24 zu § 55; BMF Schreiben vom 21.11.2014, BStBl. I S. 1581.

95   BFH/NV 2001, 1536 (1537 f.).

sächlich aufgewandten Zeit überhöht ist.[96] Zur Beurteilung der Angemessenheit der Vergütungen wird auf die Grundsätze der **Verdeckten Gewinnausschüttung** zurückgegriffen.[97] Der Begriff der Verdeckten Gewinnausschüttung ist gesetzlich nicht definiert. Nach allgemeiner Ansicht werden unter diesen Begriff Vermögensvorteile gefasst, die eine Kapitalgesellschaft ihren Gesellschaftern zuwendet, welche ein ordentlicher und gewissenhafter Geschäftsleiter einem Nichtgesellschafter unter sonst gleichen Voraussetzungen nicht zugewendet hätte.[98] Auf den eV übertragen bedeutet dies: Das Vorstandsmitglied erhält vom eV eine Vergütung, die höher ist als die Vergütung, die ein externer Dritter für die gleiche Dienstleistung erhalten hätte. Die Vergütung ist nur in Höhe des angemessenen Teils als Betriebsausgabe abzugsfähig. Die pauschale Vergütung ist in Höhe von 720 EUR pro Jahr steuerfrei, § 3 Nr. 26a EStG.[99]

Weist ein Mitglied oder Vorstand **Auslagen** für den eV konkret nach, zB Rechnungen für Telefon- oder **41** Fahrtkosten, können diese Auslagen auch ohne Passus in der Satzung erstattet werden. Gerade wenn zahlreiche Kleinbeträge abzurechnen sind, ist dies mit einem hohen Verwaltungsaufwand für beide Seiten verbunden. Deshalb empfiehlt sich eine pauschale Erstattung von Auslagen, die zulässig ist, wenn die Zahlung den tatsächlichen Aufwand offensichtlich nicht übersteigt. Allerdings darf durch die Pauschale kein verdeckter Ausgleich für Arbeitsaufwand stattfinden.[100] Der Auslagenersatz ist für das Mitglied bzw. den Vorstand steuerfrei.

Gemäß § 3 Nr. 26 EStG sind Einnahmen aus der nebenberuflichen Tätigkeit als Übungsleiter, Ausbilder etc **42** für eine steuerbegünstigte Körperschaft bis zur Höhe von 2.400 EUR pro Jahr steuerfrei (Übungsleiterpauschale).[101] Das FG Baden-Württemberg plädiert für eine weite Definition der begünstigten Personengruppe im Bereich der nebenberuflichen Pflege, um den gesetzgeberischen Zielsetzung, das bürgerschaftliche Engagement für alte Menschen zu stärken, Genüge zu tun.[102] Geht die Vergütung darüber hinaus, müssen die Bezüge versteuert werden. Der eV **ist dann als Arbeitgeber** dazu verpflichtet, den Lohnsteuerabzug für seine Arbeitnehmer vorzunehmen, also die Lohnsteuer einzubehalten und abzuführen, §§ 38 Abs. 3 S. 1, 41a Abs. 1 EStG. Kommt er dieser Verpflichtung nicht nach, kann das zum Verlust der Gemeinnützigkeit führen. Dies gilt auch dann, wenn der Vereinsvorstand von diesem Versäumnis nichts wusste und diese Unkenntnis auf einem Organisationsverschulden beruht.[103] Die Mitglieder des Vorstands können persönlich für die zu Unrecht nicht einbehaltene und abgeführte Lohnsteuer haftbar gemacht werden, §§ 69, 34 Abs. 1 AO.

Ebenso ist zu prüfen, ob für Übungsleiter und andere Mitarbeiter Sozialversicherungsbeiträge einzubehalten sind. Mitglieder des Vorstands sind in der Regel mit ihrer Vergütung nicht sozialversicherungspflichtig, weil ihre Tätigkeit Ausfluss der organschaftlichen Stellung ist, die nicht zu einer persönlichen Abhängigkeit führt.[104]

Verzichtet ein Vorstandsmitglied oder ein anderer Mitarbeiter auf eine ihm zustehende Vergütung oder Aufwendungsersatz, handelt es sich um eine Aufwandsspende. Diese ist auf Ebene des eV steuerfrei. Der Zuwendende kann in seiner Einkommensteuererklärung den Betrag bei Einhalten der Voraussetzungen in § 10b Abs. 3 S. 5–6 EStG als Zuwendung an eine steuerbegünstigte Körperschaft geltend machen.[105]

Auch **Zuwendungen und Vergütungen an Dritte** sind grundsätzlich zulässig, doch dürfen diese nicht **43** unverhältnismäßig hoch sein, § 55 Abs. 1 Nr. 3 Alt. 2 AO. Diese Vorschrift bezieht sich auf Nichtmitglieder sowie auf Mitglieder, die nicht in ihrer Eigenschaft als Mitglied tätig sind.[106] Für die Beurteilung der Angemessenheit gilt das zu § 55 Abs. 1 Nr. 1 S. 2 AO Gesagte entsprechend (→ Rn. 39 f.).[107]

Die vorgenannten Grundsätze sollen verhindern, dass der eV insbesondere für die Vorstände zum „Selbstbe- **44** dienungsladen aus Spendengeldern" wird und die Mittel zur Verfolgung des steuerbegünstigten Zwecks

---

96 Vgl. BFH/NV 2001, 1536 (1538) = DStRE 2001, 1301: 144.000 DM pro Jahr für 4 Tage Arbeit pro Monat!

97 BFH/NV 2001, 1536 (1538) mwN zur BFH-Rspr. zur verdeckten Gewinnausschüttung; Tipke/Kruse/ *Tipke* § 55 Rn. 10; Klein/*Gersch* AO § 55 Rn. 15.

98 Schmidt/*Heinicke* EStG § 20 Rn. 61.

99 *Kolbe* DStR 2009, 2465 zu Auslagenersatz, Aufwandsersatz und Vergütungen; *Brouwer* BB 2010, 865 speziell zu Berufsverbänden.

100 BMF Schreiben vom 14.10.2009, BStBl. I S. 1318.

101 Die Erhöhung der Übungsleiterpauschale gilt als politisches Zeichen, die gesellschaftlich wichtige Vereinsarbeit attraktiver zu gestalten, vgl. *Hüttemann* DB 2007, 127 (129).

102 FG Baden-Württemberg 8.3.2018 – 3 K 888/16, Rev. anh. BFH VI R 9/18, Fahrdienst für teilstationäre Tagespflege.

103 BFH BStBl II 2002 S. 169 = BB 2002, 289. Auch zu weiteren Fallgruppen, bei denen der Verlust der Gemeinnützigkeit wegen Verstoßes gegen die Rechtsordnung droht, *Jansen* FR 2002, 996; *Becker* DStR 2010, 953.

104 BSG 16.8.2017 – B 12 KR 14/16 R DStR 2018, 144, mit Wunsch an den Gesetzgeber, die sozialversicherungsrechtliche Einordnung des ehrenamtlichen Engagements gesetzlich zu regeln.

105 *Blümich/Brandl* EStG § 10b Rn. 130 ff.; BMF Schreiben v. 25.11.2014 – IV C 4 – S 2223/07/0010, BStBl. I 2014, 1584.

106 Tipke/Kruse/*Tipke* AO § 55 Rn. 10.

107 Klein/*Gersch* AO § 55 Rn. 22.

geschmälert werden.[108] § 55 Abs. 1 Nr. 3 AO überschneidet sich mit § 55 Abs. 1 Nr. 1 S. 1 AO, da auch hier die Verwendung von Vereinsmitteln – egal woher sie stammen – für nicht satzungsmäßige Zwecke untersagt wird.[109]

45 **4. Zeitnahe Mittelverwendung und Rücklagenbildung.** Der gemeinnützige eV ist keine „Spardose". Es gilt der Grundsatz der **zeitnahen Mittelverwendung**; **Rücklagen** darf der eV nur in den vom Gesetz ausdrücklich genannten Fällen bilden, § 55 Abs. 1 Nr. 5 AO iVm § 62 AO. Das Ehrenamtsstärkungsgesetz führte weitere Möglichkeiten der Rücklagenbildung ein, um die Leistungsfähigkeit steuerbegünstigter Körperschaften zu erhalten und zu steigern.[110] **Zeitnah** bedeutet, dass der eV die Mittel spätestens in den beiden auf das Jahr des Zuflusses der Mittel folgenden Kalenderjahre bzw. Wirtschaftsjahre verwenden muss, § 55 Abs. 1 Nr. 5 S. 3 AO. Der eV kann eine Verlängerung der Frist nicht mit der Begründung erreichen, dass die Überlegungen zur Mittelverwendung noch nicht abgeschlossen seien.[111] Er muss deshalb seine zukünftigen Projekte so planen und die Einnahmen so kalkulieren, dass für alle Mittel **rechtzeitig ein passender Verwendungszweck** gefunden wird. AEAO Nr. 28 zu § 55 sieht hierzu besondere Aufzeichnungspflichten vor. Aus der Bilanz[112] bzw. der Vermögensaufstellung des eV muss deutlich hervorgehen, wie am Ende des Wirtschaftsjahres noch vorhandene Mittel verwendet werden sollen.[113] Sie müssen entweder dem Vermögen oder einer zulässigen Rücklage zugeordnet werden oder sie müssen als Mittel ausgewiesen werden, die zeitnah für die satzungsmäßigen Zwecke verwendet werden. Falls Mittel nicht bereits im Jahr des Zuflusses verwendet werden, müssen sie gesondert in einer Nebenrechnung (Mittelverwendungsrechnung) aufgeführt werden.[114] Es ist laut BFH nicht erforderlich, dass der eV „jeden einzelnen Geldschein bzw. die einzelne Gutschrift auf einem Bankkonto" nachverfolgt, um deren zeitnahe Verwendung zu belegen, was praktisch ohnehin nicht möglich wäre.[115] Stattdessen muss eine Globalbetrachtung vorgenommen werden, „in die sämtliche vorhandenen – bzw. zeitnah zu verwendenden – Mittel, aber auch sämtliche Mittelverwendungen bzw. Investitionen einzubeziehen sind".[116] Der BFH ist der Auffassung, dass auch der AEAO diese bilanzielle Betrachtungsweise anwendet.[117]

46 Das Gesetz sieht in § 62 AO eine freie sowie gebundene Rücklagen vor. Um der Finanzverwaltung die Prüfung der Rücklagen zu ermöglichen, muss der eV, noch bevor er die Rücklage bildet, das zu finanzierende Projekt konkret bestimmen und einen Zeitplan zur Realisierung erstellen.[118] Auch sollte der eV in der Buchhaltung die Herkunft der Mittel und bei gebundenen Rücklagen zusätzlich die Begründung für die Rücklage und deren Höhe genau dokumentieren.[119] So kann der eV auch im Blick behalten, ob die gebildeten Rücklagen tatsächlich noch benötigt werden – wenn nicht, sind sie zwingend aufzulösen, sobald der Grund für die Rücklagenbildung entfallen ist. Der eV muss die dann freiwerdenden Mittel zeitnah iSd § 55 Abs. 1 Nr. 5 S. 3 AO verwenden, § 62 Abs. 2 S. 2 und 3 AO.

47 Die Bildung einer **freien Rücklage** ist nur bis zu den in § 62 Abs. 1 Nr. 3 AO genannten betragsmäßigen Höchstgrenzen möglich. Der eV darf demnach ein Drittel seiner Überschüsse aus der Vermögensverwaltung und darüber hinaus 10 % seiner sonstigen zeitnah zu verwendenden Mittel der freien Rücklage zuführen. Der Begriff der Mittel umfasst die Überschüsse bzw. Gewinne aus steuerpflichtigen wirtschaftlichen Geschäftsbetrieben und Zweckbetrieben sowie die Bruttoeinnahmen aus dem ideellen Bereich.[120] Schöpft der eV den Höchstbetrag nicht aus, kann er den nichtausgeschöpften Betrag in den folgenden beiden Jahren, entweder auf einmal oder auf die beiden Jahre verteilt, zusätzlich in die freie Rücklage einstellen.[121]

48 Der eV darf gem. § 62 Abs. 1 Nr. 1 AO eine Rücklage bilden, soweit dies zur nachhaltigen Erfüllung seiner satzungsmäßigen Zwecke erforderlich ist. Insbesondere Vereine, deren Arbeit größere Anschaffungen, wie zB die Errichtung oder den Kauf von Gebäuden erfordert, machen von dieser Möglichkeit der **projektbezo-**

108 Tipke/Kruse/*Tipke* AO § 55 Rn. 10; Beispiele zur „Mitgliedernützigkeit" Hübschmann/Hepp/Spitaler/ *Leisner-Egensperger* § 55 Rn. 186.

109 Tipke/Kruse/*Tipke* AO § 55 Rn. 10; Klein/*Gersch* AO § 55 Rn. 22.

110 BT-Drs. 17/11316 S. 14.

111 AEAO Nr. 2 zu § 62.

112 Ausf. Bilanz bei *Buchna*, S. 131.

113 Allgemein zur Rechnungslegung *Segna* DStR 2006, 1658; *Vogelbusch* DB 2006, 1967.

114 AEAO Nr. 28 zu § 55 Abs. 1 Nr. 5 AO. Weiterführend *Buchna*, S. 125; zur Mittelverwendungsrechnung ausf. *Thiel* DB 1992, 1900.

115 BFH 20.3.2017 – X R 13/15, BStBl. 2017, 1110, Tz. II.2.a.cc. *Wallenhorst* bezeichnet das Urteil in Anlehnung an die Formulierung des BFH als das Ende der „Geldscheintheorie", ausführliche Analyse in DStR 2018, 851.

116 BFH 20.3.2017 – X R 13/15, BStBl. 2017, 1110, Tz. II.2.a.bb.(1).

117 BFH 20.3.2017 – X R 13/15, BStBl. 2017, 1110, Tz. II.2.a.bb.(3).

118 Vgl. Koenig/*Koenig* AO § 62 Rn. 6.

119 BFH BStBl. II 1979, 496. Zur Dokumentation ausführlich OFD Frankfurt Verfügung vom 13.2.2014, DStR 2014, 803.

120 AEAO Nr. 10 zu § 62 Abs. 1 Nr. 3. Zu den Einzelheiten für die Rechtslage vor dem 1.1.2014 OFD Frankfurt Schreiben vom 17.2.2014, S 0181 A – 2 – St 53, BeckVerw 282749.

121 AEAO Nr. 11 zu § 62 Abs. 1 Nr. 3 mit Berechnungsbeispiel; *Kichhain* DStR 2014, 289 (294); *Roth* SteuK 2013, 136 (138); zur Herkunft der Mittel aus den verschiedenen Sphären der Körperschaft *Schütz/ Runte* DStR 2013, 1261 (1265).

genen konkreten Rücklage[122] Gebrauch. Möchte der eV zB ein Altenheim betreiben und zu diesem Zweck ein **Gebäude** anschaffen, darf er hierfür Rücklagen bilden, wenn auf andere Weise der steuerbegünstigte Zweck nachhaltig nicht erfüllt werden kann. Hierzu bedarf es eines Beschlusses der Mitgliederversammlung.[123] Die Rücklage kann dann beispielsweise als „Rücklage für den Bau eines Altenheims innerhalb der nächsten drei Jahre" bezeichnet werden. Auch darf der eV Betriebsmittelrücklagen für periodisch wiederkehrende Ausgaben bilden, wie zB für Löhne, Gehälter und Mieten.[124]

Erstmals zulässig ist die sogenannte **Rücklage für Wiederbeschaffung**, § 62 Abs. 1 Nr. 2 AO. Die Höhe bemisst sich nach der steuerlichen AfA. Möchte der eV darüber hinausgehen, muss er die Gründe dafür darlegen.[125] Schließlich darf der eV noch eine Rücklage bilden, um daraus Gesellschaftsrechte zur Erhaltung der prozentualen **Beteiligung an Kapitalgesellschaften** zu erwerben, § 62 Abs. 1 Nr. 4 AO. Diese Rücklage mindert den Höchstbetrag für die Zuführung in die freie Rücklage.[126] Eine Rücklage für ein Endowment nach § 58 Nr. 3 AO ist nach Auffassung der Finanzverwaltung unzulässig.[127]   **49**

Nach einem Urteil des BFH,[128] dem sich inzwischen auch die Finanzverwaltung angeschlossen hat, ist darüber hinaus die Rücklagenbildung innerhalb eines wirtschaftlichen Geschäftsbetriebes durch Zuführung des Gewinns zulässig – allerdings nur bei Vorliegen eines konkreten Anlasses, der aus objektiver unternehmerischer Sicht die Bildung einer Rücklage rechtfertigt.[129]   **50**

Bestimmte Arten von Zuwendungen darf der eV seinem Vermögen zuführen, ohne dass für sie das Gebot der zeitnahen Verwendung gilt. Sie sind in **§ 62 Abs. 3 AO** aufgeführt. Dazu zählen unter anderem Zuwendungen von Todes wegen, soweit der Erblasser keine Verwendung für den laufenden Betrieb vorgeschrieben hat, und Zuwendungen aufgrund eines Spendenaufrufs, wenn erkennbar ist, dass sie zur Aufstockung des Vermögens verwendet werden sollen.   **51**

S. → Rn. 79 ff. zum Grundsatz der Vermögensbindung bei Auflösung des eV (§ 55 Abs. 1 Nr. 4 AO).   **52**

III. Ausschließlichkeit (§ 56 AO)

Aus der Satzung muss sich gem. § 59 S. 1 AO auch ergeben, dass **ausschließlich steuerbegünstigte Zwecke verfolgt** werden. Dies ist unproblematisch, wenn der eV ausschließlich einen ideellen Bereich und eventuell zusätzlich einen oder mehrere Zweckbetriebe unterhält. Existieren daneben jedoch wirtschaftliche Geschäftsbetriebe, die nicht Zweckbetriebe sind, und/oder eine Vermögensverwaltung, sind diese zusätzlichen Tätigkeiten nur dann unschädlich, wenn sie dem steuerbegünstigten Zweck dienen, zB zur Beschaffung von Mitteln. Sie müssen dem steuerbegünstigten Zweck untergeordnet sein.[130]   **53**

IV. Unmittelbarkeit (§ 57 AO) und Organisationsstruktur

Gem. § 57 Abs. 1 S. 1 AO verfolgt der eV seine satzungsmäßigen Zwecke unmittelbar, wenn er sie selbst verwirklicht. Der eV muss also **selbst tätig werden**.[131] Das Gesetz gibt dem eV aber die Möglichkeit, außenstehende Dritte, sog. Hilfspersonen, für sich handeln zu lassen, § 57 Abs. 1 S. 2 AO.[132] Dies ist auch dann zulässig, wenn der eV die Handlungen durch seine Organe selbst ausführen könnte.[133] Der eV kann sich dritter, auch juristischer Personen, bedienen.[134] Damit dem eV das Handeln der Hilfsperson wie eigenes Handeln zugerechnet werden kann, muss der eV immer die Fäden in der Hand halten: Die Hilfsperson muss dem eV Rechenschaft über all ihre Tätigkeiten und die verwendeten Mittel ablegen, und der eV muss seinerseits die Einhaltung der Vereinbarung kontrollieren und dies dokumentieren.[135] Jedoch soll es laut AEAO und BFH gleichzeitig zulässig sein, dass die Hilfsperson ihren Beitrag im Außenverhältnis selbstständig und eigenverantwortlich erbringt, also einen eigenen Gestaltungsspielraum hat.[136] Dieser Wider-   **54**

122   Klein/*Gersch* AO § 62 Rn. 4.

123   *Stahlschmidt* FR 2002, 1109 (1110).

124   AEAO Nr. 4 zu § 62 Abs. 1 Nr. 1; *Reichert* Rn. 3263 mit Berechnungsvorschlag.

125   Zum Nachweis der Wiederbeschaffungsabsicht *Roth* SteuK 2013, 136 (138).

126   AEAO Nr. 13 zu § 62 Abs. 1 Nr. 4 mit Berechnungsbeispiel.

127   AEAO Nr. 4 S. 7 zu § 62 Abs. 1 Nr. 1.

128   BFH BStBl II 2002 S. 162, 163 = BB 1998, 2295, dazu *Stahlschmidt* FR 2002, 1109 (1112).

129   AEAO Nr. 1 S. 2 zu § 62.

130   AEAO Nr. 1 S. 2 zu § 56.

131   Hübschmann/Hepp/Spitaler/*Leisner-Egensperger* § 57 Rn. 6 f.

132   Tipke/Kruse/*Tipke* § 57 Rn. 1.

133   Tipke/Kruse/*Tipke* § 57 Rn. 1.

134   Zu aktuellen Problemen bei Holding-Strukturen s. *Scherff* DStR 2003, 727. Zur Ausgliederung von Zweckbetrieben *Funnemann* DStR 2002, 2013. Zur Angemessenheit von Vergütungen für Servicegesellschaften *Schienke-Ohletz/Kühn* DStR 2018, 2117.

135   *Funnemann* DStR 2002, 2013 (2014 f.) mwN; AEAO Nr. 2 S. 2 zu § 57.

136   AEAO Nr. 2 S. 9 zu § 57; so schon BFH 17.2.2010 – I R 2/08, BStBl. II 2010, 1006.

spruch ist nach str. Ansicht zugunsten größerer Flexibilität aufzulösen, da nach der Rspr. des BFH ein Auftragsverhältnis mit Weisungsgebundenheit nicht erforderlich sei.[137]

55   § 58 Nr. 2 AO sieht eine Ausnahme vom Gebot der Unmittelbarkeit vor. Danach ist es unschädlich, wenn der eV einen Teil seiner Mittel einer anderen steuerbegünstigten Körperschaft zuwendet. Ein steuerbegünstigter Zweck kann also auch dadurch verfolgt werden, dass eine andere steuerbegünstigte Körperschaft mit dem gleichen Ziel unterstützt wird. Eine komplette Zuwendung der eigenen Mittel an eine andere steuerbegünstigte Körperschaft (§ 58 Nr. 1 AO) ist hingegen nur möglich, wenn dies ausdrücklich in der Satzung vorgesehen ist (zB bei Fördervereinen oder Spendensammelvereinen).[138]

56   Nach dem bis 2014 geltenden Endowment-Verbot war es einer gemeinnützigen Körperschaft verwehrt, einer anderen gemeinnützigen Körperschaft zeitnah zu verwendende Mittel (§ 55 Abs. 1 Nr. 5 AO) zuzuwenden, um sie dauerhaft mit Vermögen auszustatten, zB für den Kapitalstock einer neuen gemeinnützigen Stiftung, die Kapitalausstattung einer Gesellschaft oder den Erwerb von Anteilen an anderen gemeinnützigen Körperschaften.[139] Der durch das Ehrenamtsstärkungsgesetz neu eingefügte § 58 Nr. 3 AO ermöglicht es gemeinnützigen Körperschaften seit dem 1.1.2014,[140] für diese Zwecke Einnahmenüberschüsse aus der Vermögensverwaltung, den Gewinn aus sämtlichen wirtschaftlichen Geschäftsbetrieben und 15 % der sonstigen zeitnah zu verwendenden Mittel zu verwenden. Damit soll insbesondere die Einrichtung von Stiftungsprofessuren und Stiftungslehrstühlen gefördert werden.[141] Weitere Voraussetzungen sind, dass die steuerbegünstigten Zwecke der Empfängerkörperschaft mit denen der gebenden Körperschaft übereinstimmen und die zugewandten Mittel sowie deren Erträge nicht für weitere Mittelweitergaben genutzt werden.[142]

57   Aus § 51 Abs. 1 S. 3 AO ergibt sich, dass die einzelnen funktionellen Untergliederungen (Abteilungen) des eV **keine selbstständigen Steuersubjekte** sind. Dies bedeutet, dass die Aktivitäten aller Abteilungen dem eV zugerechnet werden. Eine zivilrechtliche Verselbstständigung der Abteilungen mit dem Ziel, die in den Gesetzen gewährten Freibeträge mehrfach zu nutzen, verhindert die Zurechnung nicht. So ist es steuerlich unerheblich, wenn ein Sportverein seine unterschiedlichen Sparten wie Tennis, Fußball und Volleyball in zivilrechtlich selbstständige Vereine ausgliedert, soweit die ausgegliederte Abteilung weiter eng mit dem Hauptverein verzahnt bleibt und dem Hauptverein untergeordnet ist.[143] Durch **regionale Untergliederung** können mehrere Steuersubjekte entstehen, die jeweils die Freigrenzen und -beträge ausnutzen können. Die einzelnen Untergliederungen müssen unter anderem über eigene satzungsmäßige Organe verfügen, und ihre Satzungen müssen ebenfalls den gemeinnützigkeitsrechtlichen Vorschriften entsprechen.[144]

E. Tatsächliche Geschäftsführung (§ 59 letzter Hs. AO)

58   Die **tatsächliche Geschäftsführung** muss mit der Satzung übereinstimmen. Doch nicht nur für den eV kann eine Satzungsverletzung ernsthafte Konsequenzen haben: Ein Vorstandsmitglied kann sich wegen Untreue (§ 266 StGB) strafbar machen, wenn er ein gegen die Satzung verstoßendes Rechtsgeschäft abschließt.[145] Der Vermögensnachteil kann nach der Rechtsprechung in der Gefahr der Aberkennung der Gemeinnützigkeit liegen.

F. Haftung des Vorstandes

59   Der durch das „Gesetz zur Begrenzung der Haftung von ehrenamtlich tätigen Vereinsvorständen"[146] eingeführte § 31a Abs. 1 BGB bestimmt, dass ein Vereinsvorstand, dessen jährliche Tätigkeitsvergütung maximal 720 EUR beträgt, dem eV selbst sowie dessen Mitgliedern nur für Vorsatz und grobe Fahrlässigkeit haftet, wenn er bei der Wahrnehmung seiner Vorstandspflichten einen Schaden verursacht. Durch diese Haftungsbegrenzung sollen nebenberufliche Vereinsvorstände geschützt werden.[147] Die Vergütungsgrenze von 720 EUR entspricht der maximal steuerfreien Tätigkeitsvergütung des § 3 Nr. 26a EStG. Bei zivilrechtli-

---

137 *Kirchhain* DStR 2016, 505 (507); *Hüttemann* Rn. 4.48; FG Niedersachsen 8.4.2010 – 6 K 139/09, BeckRS 2010, 26030189.

138 *Reichert* Rn. 3253. Zum Gebot der Selbstlosigkeit bei Fördervereinen *Lehr* DStR 2010, 795.

139 *Kirchhain* DStR 2013, 2141 (2144); *Schütz/Runte* DStR 2013, 1261 (1262); *Volland* ZEV 2013, 320 (321).

140 Art. 12 Abs. 3 iVm Art. 2 Nr. 4 Ehrenamtsstärkungsgesetz; *Kirchhain* DStR 2014, 289 (290).

141 *Volland* ZEV 2013, 320 (321).

142 AEAO Nr. 3 zu § 58 Nr. 3.

143 Klein/*Gersch* AO § 64 Rn. 12; Tipke/Kruse/*Tipke* AO § 51 Rn. 5.

144 AEAO Nr. 2 zu § 51 Abs. 1.

145 *Lassmann* NStZ 2009, 473 allgemein zu Strafbarkeitsrisiken im Non-Profit-Bereich.

146 BGBl. I 2009 S. 3161. In Ausnahmefällen können auch Vereinsmitglieder für Verbindlichkeiten des eV haften, wenn dieser sich entgegen der Satzung wirtschaftlich betätigt: *Seltmann* DStR 2008, 1443 zur „Kolpingwerk-Entscheidung" des BGH 10.12.2007 – II ZR 239/05, DStR 2008, 363.

147 Vgl. *Unger* NJW 2009, 3269 (3270 f.).

chen Schadensersatzansprüchen mag das Gesetz eine Erleichterung für Vereinsvorstände bringen. Die in § 69 AO normierte Haftung des Vertreters für Ansprüche des Fiskus aus dem **Steuerschuldverhältnis** wurde jedoch **nicht eingeschränkt**.[148] Der Vereinsvorstand haftet insoweit für Vorsatz und grobe Fahrlässigkeit. Besonders relevant ist die Haftung für zu Unrecht nicht einbehaltene und abgeführte Lohnsteuer, zu Unrecht ausgestellte Spendenbescheinigungen und die Haftung für KSt, GewSt und USt, wenn sich herausstellt, dass der eV zu Unrecht die Vergünstigungen für steuerbefreite Körperschaften in Anspruch genommen hat.

Grundsätzlich kann sich ein einzelnes Vorstandsmitglied auch nicht dadurch exkulpieren, dass der Verstoß **60** gegen Steuergesetze sich nicht in seinem Zuständigkeitsbereich ereignete. Umso wichtiger ist es, die steuerlichen Vorgaben von Anfang an einzuhalten und während des laufenden Betriebs die Rechnungslegung im Blick zu halten. Insbesondere die einzelnen Bereiche des eV (ideeller Bereich, wirtschaftlicher Geschäftsbetrieb, Zweckbetrieb, Vermögensverwaltung, → Rn. 53 ff.) müssen in den Büchern strikt getrennt werden. Hier erfordern die steuerlichen Vorschriften wesentlich mehr Anstrengungen als die zivilrechtlichen Normen. Deshalb sollten bereits die Gründungsmitglieder darauf achten, entsprechende Funktionen zu verteilen und die Einhaltung der steuerrechtlichen Vorschriften laufend zu kontrollieren.[149]

G. Die steuerliche Behandlung von Geschäftsbereichen

Ob und wieweit eine bestimmte Tätigkeit eines Vereins steuerlich begünstigt ist, hängt von der Art der **61** Tätigkeit ab. Steuerlich unterscheidet man **vier Tätigkeitsbereiche**: den ideellen Bereich, die Vermögensverwaltung, den wirtschaftlichen Geschäftsbetrieb sowie dessen Teilbereich Zweckbetrieb. Gem. § 64 Abs. 1 AO kann der gemeinnützige Verein sowohl steuerpflichtige als auch steuerbegünstigte Tätigkeitsbereiche nebeneinander haben. Ist also ein Teilbereich steuerpflichtig, bedeutet dies nicht, dass die gesamte Tätigkeit des Vereins steuerpflichtig wird. Der AEAO erläutert für sportliche Veranstaltungen, welche Leistungen welchem Bereich zuzuordnen sind, zB das Vorhalten von Sportstätten für die Mitglieder, Sportunterricht, Verkauf von Speisen und Getränken und Bandenwerbung.[150] Die Einzelsteuergesetze sehen für die unterschiedlichen Geschäftsbereiche **verschiedene Besteuerungsformen** vor: In Betracht kommen eine Steuerbefreiung, Freigrenzen, eine Steuerbegünstigung in Form eines ermäßigten Steuersatzes oder eine volle Steuerpflicht. Die folgende Darstellung geht auf die wichtigsten Steuerarten ein, nämlich Körperschaftsteuer (KSt), Gewerbesteuer (GewSt) und Umsatzsteuer (USt).[151]

Steuerlich erheblich ist auch, zu welchem Zeitpunkt die Voraussetzungen für die Steuerbefreiung vorliegen **62** müssen. Dabei muss zwischen den einzelnen Steuerarten unterschieden werden: Um die Vergünstigungen bei KSt und GewSt zu erlangen, müssen die Voraussetzungen im **gesamten Veranlagungszeitraum** vorliegen.[152] Der eV muss also während des gesamten Veranlagungszeitraumes sicherstellen, dass sowohl seine Satzungsbestimmungen als auch seine tatsächliche Geschäftsführung den Anforderungen der AO entsprechen. Für die USt hingegen ist der Zeitpunkt der **Entstehung der Steuer** maßgeblich, also der Zeitpunkt der Lieferung bzw. sonstigen Leistung des Vereins.[153]

I. Ideeller Bereich

Der ideelle Bereich ist **komplett der Besteuerung entzogen**. Eine gesetzliche Definition des ideellen **63** Bereichs existiert nicht. Er lässt sich als „eigentlicher", engster Bereich der förderungswürdigen Tätigkeit umschreiben und muss zum wirtschaftlichen Geschäftsbetrieb (§ 64 AO) einschließlich Zweckbetrieb (§ 65 AO) und der Vermögensverwaltung abgegrenzt werden.[154] Im ideellen Bereich gilt die Befreiung von der KSt, § 5 Abs. 1 Nr. 9, § 1 Abs. 1 Nr. 4 KStG. Der eV ist kraft Rechtsform gewerbesteuerpflichtig, allerdings im ideellen Bereich von der GewSt befreit, § 3 Nr. 6, § 2 Abs. 3 GewStG. Der eV tritt im ideellen Bereich nicht als Unternehmer nach außen auf, so dass keine USt anfällt.[155] Folgende Einnahmen sind dem ideellen Bereich zuzuordnen: Mitgliedsbeiträge,[156] Spenden, Schenkungen, Erbschaften, Vermächtnisse, Zuschüsse aus öffentlichen Kassen wie Bund, Land und Gemeinden.[157]

---

148 *Möllmann* DStR 2009, 2125 (2131); vgl. zu den einzelnen Haftungsrisiken *Schießl/Küpperfahrenberg* DStR 2006, 445.

149 Vgl. *Kreutz* ZRP 2007, 50 zu Corporate-Governance-Systemen bei gemeinnützigen Körperschaften.

150 AEAO zu § 67 a.

151 Übersicht über weitere Steuern bei *Schauhoff* § 8 Rn. 2.

152 Klein/*Gersch*, AO § 60 Rn. 4.

153 *Buchna* S. 426.

154 Vgl. *Reichert* Rn. 3271; *Nolte* DStR 2016, 19 ff. mit Beispielen zur USt.

155 Sölch/Ringleb/*Klenk* UStG § 2 Rn. 185.

156 Vorsicht bei Golfclubs und ähnlich exklusiven Vereinen: Gefahr der Umsatzsteuerpflicht von Mitgliedsbeiträgen, *Klein* DStR 2008, 1016. *Becker/Kretzschmann* DStR 2008, 1985 zum EuGH-Urteil „Kennemer Golf & Country Club".

157 *Reichert* Rn. 3273; *Buchna*, S. 203 mit Übersicht über alle Tätigkeitsbereiche.

II. Wirtschaftlicher Geschäftsbetrieb (§ 64 AO)

64   Neben diesem steuerfreien Bereich unterhält praktisch jeder Verein einen steuerpflichtigen wirtschaftlichen Geschäftsbetrieb. Gem. § 64 Abs. 1 AO iVm § 14 S. 1 AO ist ein wirtschaftlicher Geschäftsbetrieb jede **„selbstständige nachhaltige Tätigkeit**, durch die **Einnahmen** oder andere wirtschaftliche Vorteile erzielt werden und die über den Rahmen einer **Vermögensverwaltung hinausgeht".** Eine Gewinnerzielungsabsicht ist nicht erforderlich (§ 14 S. 2 AO), so dass auch Tätigkeiten, die nur auf Kostendeckung gerichtet sind, zu diesem Bereich zählen.[158] Diese Definition gilt für alle Steuerarten.[159] Eine Unterart des wirtschaftlichen Geschäftsbetriebs ist der steuerfreie Zweckbetrieb (§§ 65–68 AO, → Rn. 70 ff.; zur Abgrenzung von der Vermögensverwaltung → Rn. 75). Beispiele für den steuerpflichtigen wirtschaftlichen Geschäftsbetrieb sind:[160] selbstbewirtschaftete Vereinsgaststätten, Verkauf von Speisen und Getränken, Bandenwerbung, Veranstaltung von Straßenfesten und geselligen Treffen, stundenweise Vermietung von Sportplätzen an Nichtmitglieder, Verkauf von Trikots, Beteiligung an einer gewerblich tätigen Personengesellschaft.[161]

65   Die **Einzelsteuergesetze** legen fest, welche steuerlichen Folgen die Unterhaltung eines wirtschaftlichen Geschäftsbetriebs hat. Entgegen dem allgemeinen Grundsatz, dass wirtschaftliche Geschäftsbetriebe steuerpflichtig sind, können sie auch dessen Steuerbefreiung vorsehen.[162]

66   Gem. § 5 Abs. 1 Nr. 9 S. 2 KStG, § 3 Nr. 6 S. 2 GewStG und § 12 Abs. 1 Nr. 8 a S. 2 UStG sind die wirtschaftlichen Geschäftsbetriebe von der **Steuerbefreiung bzw. -vergünstigung ausgeschlossen.** Dies bedeutet, dass im Bereich des wirtschaftlichen Geschäftsbetriebs **kein Unterschied** zu steuerpflichtigen Körperschaften besteht. Der Umsatzsteuersatz ist im Bereich des wirtschaftlichen Geschäftsbetriebs nicht ermäßigt, § 12 Abs. 2 Nr. 8 a S. 2 UStG. Allerdings sieht § 64 Abs. 3 AO eine Freigrenze für die KSt und GewSt vor. Überschreiten die **Einnahmen** im wirtschaftlichen Geschäftsbetrieb **35.000 EUR** pro Jahr (= Kalenderjahr, bei Körperschaften mit vom Kalenderjahr abweichenden Wirtschaftsjahr das Wirtschaftsjahr, AEAO Nr. 25 S. 1 zu § 64 Abs. 3) nicht, fällt keine KSt und GewSt an. Gem. § 64 Abs. 2 AO werden die Umsätze aller wirtschaftlichen Geschäftsbetriebe, die keine Zweckbetriebe (→ Rn. 70) sind, zusammengezählt. Wird diese Grenze überschritten, ist der **gesamte** wirtschaftliche Geschäftsbetrieb körperschaft- und gewerbesteuerpflichtig. Schöpft der eV in einem Geschäftsjahr die Freigrenze des § 64 Abs. 3 AO nicht aus, kann er den nicht genutzten Betrag nicht in das nächste Geschäftsjahr übertragen;[163] ein Rücktrag ist ebenfalls nicht möglich. Allerdings gilt für die KSt und GewSt jeweils ein Freibetrag in Höhe von jeweils 5.000 EUR gem. § 24 KStG bzw. § 11 Abs. 1 S. 3 Nr. 2 GewStG.

67   Ein eV kann die Freibeträge **nicht** dadurch mehrfach in Anspruch nehmen, dass er seine(n) wirtschaftliche(n) Geschäftsbetrieb(e) **auf mehrere selbstständige Körperschaften aufteilt**, da dies als Missbrauch rechtlicher Gestaltungsmöglichkeiten im Sinne des § 42 AO gewertet wird, § 64 Abs. 4 AO. Steuerrechtlich gelten die wirtschaftlichen Geschäftsbetriebe deshalb auch nach der Aufteilung als **ein wirtschaftlicher Geschäftsbetrieb**, so dass die Freigrenze des § 64 Abs. 3 AO sowie die genannten Freibeträge **nur einmal** zur Verfügung stehen, § 42 Abs. 1 S. 2 AO. Diese Auf- oder Abspaltung wird nur dann nicht als Missbrauch der Gestaltungsmöglichkeiten angesehen, wenn der eV sie aus anderen Gründen als zur mehrfachen Ausnutzung der Freigrenzen durchgeführt hat und diese auch belegen kann. Als mögliche steuerunschädliche Motive kommen zB die Verfolgung unterschiedlicher steuerbegünstigter Zwecke in getrennten Körperschaften oder die Regionalisierung in Betracht.[164]

68   Im Bereich des wirtschaftlichen Geschäftsbetriebs besteht ein Spannungsverhältnis zu den Geboten der Selbstlosigkeit und der Ausschließlichkeit (→ Rn. 30 ff., 33 ff.). Das **Gebot der Ausschließlichkeit** darf nicht so missverstanden werden, dass ein steuerpflichtiger wirtschaftlicher Geschäftsbetrieb immer die Steuervergünstigung des Vereins als Ganzes gefährdet. § 64 Abs. 1 AO sieht ausdrücklich vor, dass der Verein nur für den Bereich des wirtschaftlichen Geschäftsbetriebs (**„insoweit"**) seine Steuervergünstigung verliert. Dass der Verein steuerpflichtige Einnahmen und Umsätze hat, begründet keine zweckwidrige Verwendung der Mittel, die das Gebot der Selbstlosigkeit verletzt. Insofern können allerdings Probleme entstehen, wenn der steuerpflichtige Bereich dominierend wird. Dann kann der Eindruck entstehen, dass der Zweck des eV nicht mehr in der Verfolgung steuerbegünstigter Zwecke liegt, sondern dass der eV wie ein gewerbliches Unternehmen am Markt auftritt. Die Steuerbegünstigung entfällt dementsprechend, wenn die Tätigkeit **„in erster Linie auf die Mehrung ihres eigenen Vermögens gerichtet" ist**, AEAO Nr. 1 zu § 55 Abs. 1 Nr. 1. Der wirtschaftliche Geschäftsbetrieb darf in der Gesamtschau kein Selbstzweck sein und nicht gleichrangig neben die Verfolgung des steuerbegünstigten Zwecks treten, AEAO Nr. 1 S. 2 zu § 56. Aus-

---

158 Klein/*Gersch* AO § 14 Rn. 12; BFH/NV 1999, 1250; BFH/NV 2002, 1341.
159 Tipke/Kruse/*Tipke* AO § 14 Rn. 1; Hübschmann/Hepp/Spitaler/*Fischer* AO § 14 Rn. 23.
160 Weitere Beispiele bei Klein/*Gersch* AO § 14 Rn. 10.
161 BFH BStBl II 2001 S. 449 = DB 2001, 1231; *Arnold* DStR 2005, 581 (583 ff.).
162 Klein/*Gersch* AO § 64 Rn. 2.
163 FG Rheinland-Pfalz EFG 1997, 306; Tipke/Kruse/*Tipke* AO § 64 Rn. 18.
164 Klein/*Gersch* AO § 64 Rn. 10 ff.

schlaggebend ist, dass der eV seine Einnahmen aus dem wirtschaftlichen Geschäftsbetrieb (und aus der Vermögensverwaltung) ausschließlich für seine steuerbegünstigten Zwecke einsetzt.[165] Trotzdem ist Vorsicht geboten, wenn der eV einen erheblich Teil seiner personellen Ressourcen für die Beschaffung der erforderlichen Liquidität einsetzt, selbst wenn die Liquidität später tatsächlich für den gemeinnützigen Zweck verwendet wird.[166]

Bei der Ermittlung des zu versteuernden Einkommens sind die Einnahmen und Ausgaben zu berücksichtigen, die dem Geschäftsbetrieb zuzuordnen sind, also durch ihn **veranlasst** sind. Ausgaben sind jedoch dann nicht zu berücksichtigen, wenn und soweit sie auch ohne den wirtschaftlichen Geschäftsbetrieb entstanden wären.[167] Besondere Sorgfalt ist bei gemischt veranlassten Aufwendungen geboten. Das sind Aufwendungen, die zwei oder mehr Bereichen zuzuordnen sind. Eine anteilige Berücksichtigung ist möglich, wenn die gewerbliche Mitveranlassung durch objektivierbare zeitliche und quantitative Kriterien von den anderen Veranlassungszusammenhängen getrennt werden kann.[168] Eine Schätzung des Aufteilungsmaßstabes ist laut BFH unzulässig, obwohl derartige Schätzungen in anderen Zusammenhängen höchstrichterlich anerkannt werden.[169]

69

III. Zweckbetriebe (§ 65 AO)

Viele gemeinnützige Vereine sind auf wirtschaftliche Geschäftsbetriebe zur Verfolgung ihres satzungsmäßigen Zwecks angewiesen. Zum Beispiel sind der Betrieb einer Werkstatt, in der Behinderte im Handwerk ausgebildet werden, sowie der Verkauf der Erzeugnisse ein wirtschaftlicher Geschäftsbetrieb. Wäre dieser jetzt voll steuerpflichtig, hätte der eV praktisch keinen Nutzen von den steuerlichen Vergünstigungen; im Ergebnis wäre er ein normaler gewerblicher Betrieb. Da diese Rechtsfolge nicht der Zielvorstellung des Gesetzes entspräche, sieht die AO den besonderen Tätigkeitsbereich „Zweckbetrieb" als **Unterkategorie des wirtschaftlichen Geschäftsbetriebs** vor. Gem. § 64 Abs. 1 AO verliert der Verein die Steuerbegünstigung nicht, *soweit* es sich bei dem wirtschaftlichen Geschäftsbetrieb um einen Zweckbetrieb handelt. Die in den Steuergesetzen angeordnete Steuerpflicht für wirtschaftliche Geschäftsbetriebe gilt also für Zweckbetriebe nicht. Da gerade durch Zweckbetriebe der im öffentlichen Interesse liegende steuerbegünstigte Zweck gefördert wird, muss dieser Bereich steuerlich begünstigt werden. Ein eV verfolgt gemeinnützige Zwecke durch die Förderung der Entwicklung und Nutzung von Open Source-Software (Förderung der Volks- und Berufsbildung). Der eV veranstaltet jährlich Konferenzen mit Vorträgen, Diskussionen und Programmierworkshops; für diese begehrte er den ermäßigten Umsatzsteuersatz von 7 % (§ 12 Abs. 2 Nr. 8 lit. a UStG).[170] Der BFH entschied, dass die Veranstaltung grundsätzlich den erforderlichen belehrenden Charakter habe, konnte jedoch nicht durchscheiden, da die Vorinstanz keine Feststellung zu den weiteren Voraussetzungen des ermäßigten Steuersatzes gemacht hatte.[171] Über den eigentlichen Zweck hinaus erbrachte Übernachtungs- und Verpflegungsleistungen unterliegen jedoch dem Regelsteuersatz.[172]

70

Die in § 65 AO genannten **Eigenschaften eines Zweckbetriebs** lassen sich wie folgt zusammenfassen: Der Zweckbetrieb ist ein „unentbehrlicher Hilfsbetrieb"[173] des Vereins; die wirtschaftliche Tätigkeit selbst und nicht nur die dadurch erzielten Einnahmen dienen dem in der Satzung festgelegten steuerbegünstigten Zweck (§ 65 Nr. 1 und 2 AO).[174] Kumulativ darf die Tätigkeit nicht weiter in den Wettbewerb mit vergleichbaren, nicht steuerbegünstigten Unternehmen eingreifen, als es zur Erfüllung des begünstigten Zwecks unvermeidbar ist (§ 65 Nr. 3 AO). Diese drittschützende Norm[175] schützt schon den potenziellen Wettbewerb.[176] In den §§ 66–67a AO werden die Besonderheiten für Zweckbetriebe der Wohlfahrtspflege, Krankenhäuser und sportliche Veranstaltungen genannt. § 68 AO zählt dann einzelne Zweckbetriebe auf („Zweckbetriebe sind auch …").

71

In der Praxis ungeklärt war bis zu einer Entscheidung des BFH[177] das Verhältnis von § 68 AO zu § 65 Nr. 3 AO. Der BFH hat entschieden, dass § 68 AO dem § 65 AO vorgeht mit der Konsequenz, dass bei einem in

72

165 Aufgabe der Geprägetheorie, deren quantitative Betrachtungsweise in der Vergangenheit zu erheblichen Abgrenzungsschwierigkeiten führte. Dazu *Roth* SteuK 2012, 157 (158 f.).

166 FG Hessen 17.8.2018 – 4 V 1131/17, BeckRS 2018, 20110; kritisch *Kohlhepp* DStR 2019, 129 (131).

167 BFH/NV 2003, 1391 = DStR 2003, 1616.

168 BFH 15.1.2015 – I R 48/13, BStBl. 2015, II 713.

169 *Kirchhain* DStR 2016, 505 (511).

170 Auch ein gemeinnütziger e.V. ist für die Zwecke der Umsatzsteuer Unternehmer, vgl. FG Niedersachsen 4.7.2019 – 5 K 280/18, rkr., DStRE 2019, 1529.

171 BFH 21.6.2017 – V R 34/16, DB 2017, 2398. *Kochenbach/Schechner* DStRK 2017, 341; *Kohlhepp* 2019, 129 (136).

172 BFH 8.3.2012 – V R 14/11, BStBl. 2012, 630, instruktiv zum Verhältnis zwischen Gemeinnützigkeitsrecht der AO und den Begünstigungen im UStG; s. a. *Nolte* DStR 2016,19.

173 Vgl. Tipke/Kruse/*Tipke* AO § 65 Rn. 3.

174 BFH BStBl 1995 II S. 767.

175 BFH BStBl 1998 II S. 63 = DB 1998, 347.

176 BFH BStBl II 1998 S. 63; BMF BStBl I 2000 S. 1548.

177 BFH/NV 2003, 1458 = DB 2003, 2222 (Ls.).

§ 68 AO genannten Zweckbetrieb eine über das für die Erfüllung des steuerbegünstigten Zwecks erforderliche Maß hinausgehende **Wettbewerbsbeeinträchtigung hinzunehmen** ist. Das FG hatte diese Frage in der Vorinstanz[178] ausdrücklich offen gelassen. Seiner Entscheidung lag die auch nach der Revision noch gültige Überlegung zugrunde, dass der Staat grundsätzlich zur Wettbewerbsneutralität verpflichtet sei und eine steuerliche Bevorzugung einzelner Wettbewerber nur dann gerechtfertigt sei, wenn das Interesse der Allgemeinheit an der Förderung des steuerbegünstigten Zwecks überwiegt. Der Gesetzgeber hat also abschließend entschieden, dass dies für die in § 68 AO genannten Zweckbetriebe der Fall ist.

Im Bereich der Wohlfahrtspflege kann es leicht zur Konkurrenz mit gewerblichen Unternehmen kommen, zB beim Betrieb von Kindergärten, Altenheimen oder Gaststätten.[179] Diese Wettbewerbsbeeinträchtigung ist zwar grundsätzlich hinzunehmen – allerdings folgt daraus nicht, dass die Zweckbetriebe wie gewerbliche Unternehmen zum Zweck des Erwerbs, also zur Erwirtschaftung von Gewinnen, unterhalten werden dürfen (§ 66 Abs. 2 S. 1 AO). In seiner in vielfacher Hinsicht praxisrelevanten Entscheidung zum Rettungsdienst (→ Rn. 74) urteilte der BFH, dass der Träger der Einrichtung keiner schädlichen Erwerbstätigkeit nachgehe, wenn er aus der nämlichen Tätigkeit keine Gewinne anstrebe, die „den konkreten Finanzierungsbedarf des jeweiligen wirtschaftlichen Geschäftsbetriebs übersteigen".[180] Die Finanzverwaltung schloss sich diesem Urteil an und versteht den Begriff konkreten Finanzierungsbedarf so, dass „die Erzielung von Gewinnen in gewissem Umfang – zB zum Inflationsausgleich oder zur Finanzierung von betrieblichen Erhaltungs- und Modernisierungsmaßnahmen – geboten sein [kann, d. Verf.], ohne in Konflikt mit dem Zweck der steuerlichen Begünstigung zu stehen".[181] In der Praxis bietet es sich an, diesen Aspekt bei der betriebswirtschaftlichen Planung – zB in Kombination mit der zeitnahen Mittelverwendung und der Bildung von Rücklagen – frühzeitig zu berücksichtigen (→ Rn. 47 ff.).

73   Für die einzelnen Steuerarten ergeben sich folgende Konsequenzen: Sowohl Körperschaft- als auch Gewerbesteuer fallen in Zweckbetrieben **nicht** an. Umsätze sind nach allgemeinen Grundsätzen umsatzsteuerbar, allerdings nur mit dem **ermäßigten Steuersatz** von 7 %, § 12 Abs. 2 Nr. 8 a S. 1 UStG. Einige Arten von Zweckbetrieben sind sogar gänzlich von der USt befreit, zB Krankenanstalten und Pflegeheime, § 4 Nr. 16 UStG.[182]

74   Die Rspr. hat in den letzten Jahren eine zunehmend kritischere Position gegenüber gemeinnützigen Körperschaften eingenommen.[183] Insbesondere die Zweckbetriebe stehen im Fokus der Rspr. So verneinte der BFH in einem viel beachteten obiter dictum die Zweckbetriebseigenschaft von Krankentransporten und Rettungsdiensten[184] und bewertete die Veranstaltung von Trabrennen als wirtschaftlichen Geschäftsbetrieb.[185] Der Rettungsdienst kann allerdings steuerbegünstigt sein, wenn ein Landkreis in einer ihm gehörenden GmbH diese hoheitliche Pflichtaufgabe erfüllt.[186] Auch sog. Selbstversorgungsbetriebe wie Wäschereien in einem Krankenhaus sind in den Fokus des BFH geraten („Wäscherei-Urteil"):[187] Erbringt ein Zweckbetrieb dauerhaft Leistungen an fremde Dritte, soll dies zu einem steuerpflichtigen Geschäftsbetrieb führen, selbst wenn die 20 %-Grenze des § 68 Nr. 2 b AO nicht erreicht wird: Dies sei als planmäßiges Vorhalten von Überkapazitäten zu werten und widerspreche dem Grundsatz, dass der Zweckbetrieb vor allem der steuerbegünstigten Körperschaft selbst dienen müsse. Die steuerbegünstigte Körperschaft trete dauerhaft in den Wettbewerb mit normalen Gewerbebetrieben, so dass eine Steuerbefreiung insoweit nicht gerechtfertigt sei.[188] Die Entscheidung des BFH, dass die entgeltliche Schulspeisung umsatzsteuerbar und umsatzsteuerpflichtig sei, löste auch in der Tagespresse heftige Reaktionen aus.[189] Ein eV sollte sich deshalb frühzeitig mit dieser Problematik auseinandersetzen, wenn er Umsätze erzielt, mit denen er in Konkurrenz zu gewerblichen, steuerlich nicht begünstigten Unternehmen tritt.

178   FG Schleswig-Holstein EFG 2002, 739 (740).
179   BFH 23.7.2019 – XI R 2/17, DStR 2019, 2476: Bistro, das ein gemeinnütziger e.V. zur Förderung des Wohlfahrtswesens neben dem Zweckbetrieb Werkstatt betreibt.
180   BFH 27.11.2013 – I R 17/12, DStRE 2012, 1395, Rn. 44 f.
181   AEAO Nr. 2 S. 3 f. zu § 66; widerlegbare Vermutung bei drei aufeinanderfolgenden Veranlagungszeiträumen mit Gewinnen, die über den konkreten Finanzierungsbedarf hinausgehen.
182   Zum Verhältnis von Befreiung und Begünstigung Bunjes/*Heidner* § 12 Rn. 154.
183   *Schauhoff/Kirchhain* DStR 2008, 1713 mit Verweis auf BFH BStBl. II 2007, 628 = DStR 2007, 938 (Tätigkeit einer Hilfsperson); BFH BStBl. II 2007,

808 = DStR 2007, 1438 (Verlust der Gemeinnützigkeit einer insolventen Körperschaft im Abwicklungszeitraum). Zum letztgenannten Urteil vgl. AEAO Nr. 6 zu § 51; *Dehesselles* DStR 2008, 2050. Kritisch zur Entwicklung der Rspr. *Seeger/Brox* DStR 2009, 2459.
184   BFH 18.9.2007 – I R 30/06, DStR 2008, 920.
185   BFH, I R 15/07, DStR 2009, 1089.
186   BFH 27.11.2013 – I R 17/12, DStRE 2012, 1395; AEAO Nr. 2 S. 2 zu § 55 Abs. 1 Nr. 1.
187   BFH BStBl. II 1991, 157.
188   BFH, V R 46/06, BStBl. II 2009, 560. Dazu *Seeger/Brox* DStR 2009, 2459.
189   BFH, V R 47/07, DStRE 2009, 871. Dazu *Dorau* DStR 2009, 1570; *Dorau/Heidler* DStR 2008, 702.

IV. Vermögensverwaltung

§ 14 AO grenzt den wirtschaftlichen Geschäftsbetrieb von der Vermögensverwaltung ab. Dieser Bereich ist **75** **nicht steuerpflichtig**. Gem. § 14 S. 3 AO liegt eine Vermögensverwaltung in der Regel dann vor, „wenn Vermögen genutzt, zum Beispiel Kapitalvermögen **verzinslich angelegt** oder **unbewegliches Vermögen vermietet oder verpachtet** wird". Das Gesetz enthält nur typische Beispiele der Vermögensverwaltung. Die Vermögensverwaltung ist nach allgemeiner Auffassung die Nutzung von Wirtschaftsgütern durch Fruchtziehung und nicht durch Umschichtung.[190] Beispiele für die Vermögensverwaltung sind: Verpachtung der Vereinsgaststätte, Überlassung von Patenten, Lizenzen und Know-how sowie Werberechten, Erträge aus Sparguthaben sowie Veräußerung von Wertpapieren.[191] Besonders problematisch ist die Beteiligung an wirtschaftlich tätigen Gesellschaften, seien es Personen- oder Kapitalgesellschaften.[192] Verpachtet der Verein seine zuvor selbst betriebene Vereinsgaststätte, ist die Vereinsgaststätte nicht mehr wirtschaftlicher Geschäftsbetrieb, sondern Vermögensverwaltung. Ein solcher Schritt wird steuerlich als Betriebsaufgabe gesehen. Diese Überführung in einen steuerfreien Bereich hat die Versteuerung des Aufgabegewinns zur Folge, vgl. § 13 KStG.

H. Mittelbeschaffung durch Spenden

Spenden stellen neben den Mitgliedsbeiträgen in der Regel die wichtigste Einnahmequelle eines gemeinnüt- **76** zigen Vereins dar. Dabei haben Spenden sowohl für den Spender als auch für die bedachte Körperschaft Vorteile: Für den eV stellen Spenden **keine steuerpflichtige Einnahme** dar.[193] Der Spender kann Spenden an steuerbegünstigte Körperschaften unter den Voraussetzungen des § 10 b EStG in seiner Einkommensteuer als Sonderausgaben geltend machen. So sollen Steuerpflichtige zu privatem, uneigennützigem Handeln angeregt werden.[194] Seit 2007 gibt es beim Sonderausgabenabzug keine Unterscheidung mehr zwischen „besonders förderungswürdigen" und anderen steuerbegünstigten Körperschaften: Es kommt nur darauf an, dass der Spendenempfänger überhaupt als steuerbegünstigt anerkannt ist.[195]

Unter **Spenden** versteht man freiwillige und unentgeltliche Geld- und Sachzuwendungen (Ausgaben), die **77** das geldwerte Vermögen des Zuwendenden mindern; es muss sich also um ein freiwilliges Vermögensopfer handeln.[196] Die Spende muss unentgeltlich, also ohne Gegenleistung, erfolgen; eine Spende darf also nicht ein verstecktes Entgelt für eine Leistung des eV sein.[197] Sachspenden aus dem Privatvermögen werden dabei mit dem gemeinen Wert angesetzt.[198] Voraussetzung für den Spendenabzug ist weiterhin eine Spendenbestätigung, die die inhaltlichen und formellen Anforderungen des amtlichen Vordrucks erfüllen muss.[199] Der **gutgläubige** Spender genießt dabei Vertrauensschutz; auch wenn die Spendenbestätigung zu Unrecht ausgestellt wurde, zB weil der Spendenempfänger gar nicht steuerbegünstigt ist. Der eV haftet gem. § 10 b Abs. 4 S. 2 EStG, wenn er vorsätzlich oder grob fahrlässig eine falsche Spendenbestätigung ausgestellt hat.

Das Verfahren nach § 60 a AO (→ Rn. 26) ist für die Mittelbeschaffung gerade neu gegründeter Vereine **78** wichtig. Die Spenden dienen der Anschubfinanzierung, und die Spendenbeschaffung ist möglicherweise die einzige Möglichkeit des neu gegründeten Vereins, um überhaupt Mittel zu beschaffen. Jedoch dürften viele potenzielle Spender erst dann zur Unterstützung des Vereins bereit sein, wenn sie für ihre Zuwendung eine Bestätigung erhalten, die den steuerlichen Abzug der Spende ermöglicht (§ 10 b Abs. 1 EStG, § 50 Abs. 1 EStDV). Bislang konnte der eV eine sogenannte vorläufige Bescheinigung beantragen, die Voraussetzung für die Ausstellung einer Zuwendungsbestätigung war. Das Verfahren nach § 60 a AO löst die sogenannte vorläufige Bescheinigung ab.[200] Die Zuwendungsbestätigung darf der eV auch ohne Freistellungsbescheid ausstellen, wenn die Satzungsmäßigkeit gem. § 60 a Abs. 1 AO festgestellt wurde und nicht länger als drei Jahre zurückliegt, § 63 Abs. 5 AO.[201] Sollte sich bei der Veranlagung herausstellen, dass die Satzung des eV entgegen dem Feststellungsbescheid doch nicht den Anforderungen der Gemeinnützigkeit entspricht,

---

190　Klein/*Gersch* AO § 14 Rn. 13; Tipke/Kruse/*Tipke* AO § 14 Rn. 12; BFH BStBl. II 1980, 106; 88, 277; 91, 66; 92, 693.

191　Weitere Beispiele bei *Reichert* Rn. 3276 ff.; *Buchna*, S. 209; Tipke/Kruse/*Tipke* AO § 64 Rn. 11.

192　*Arnold* DStR 2005, 581 mit Gestaltungsbeispielen.

193　Insbesondere ist eine Spende an steuerbegünstigte Körperschaften nicht schenkungsteuerpflichtig, § 13 Abs. 1 Nr. 16 lit. b ErbStG. Zur Besteuerung von Spenden auch an nicht steuerbegünstigte Vereine *Eggers* DStR 2007, 1752.

194　BFH BStBl II 1993 S. 874 = NJW 1994, 1175.

195　Vgl. *Hüttemann* DB 2007, 2053 (2056).

196　BFH BStBl II 1989 S. 879; 1991 S. 690.

197　Schmidt/*Wacker* EStG § 10 b Rn. 15.

198　Schmidt/*Wacker* EStG § 10 b Rn. 2 auch zur Bewertung von Spenden aus Betriebsvermögen.

199　Zur Form der Zuwendungsbestätigung BMF Schreiben vom 7.11.2013, BStBl I 2013, 1333 und BMF Schreiben vom 26.3.2014, BStBl. I 2014, 791.

200　AEAO Tz. 1 zu § 60 a.

201　Vgl. auch *Schütz/Runte* DStR 2013, 1261 (1264).

genießt der eV insoweit Vertrauensschutz für die Vergangenheit und den laufenden Veranlagungszeitraum.[202]

I. Die Auflösung des gemeinnützigen eV

79 Die Vermögensverwendung für steuerbegünstigte Zwecke muss über den Bestand des Vereins hinaus in der Satzung geregelt werden. Gem. § 55 Abs. 1 Nr. 4 AO darf das Vermögen der Körperschaft nach ihrer Auflösung oder Aufhebung bzw. dem Wegfall des bisherigen Zwecks der steuerbegünstigten Körperschaft nur für steuerbegünstigte Zwecke verwendet werden. § 61 AO konkretisiert die Anforderungen an die **satzungsmäßige Vermögensbindung**. Die Satzung muss so genau bestimmt sein, dass aufgrund der Satzung überprüft werden kann, ob der beschlossene Verwendungszweck steuerbegünstigt ist, § 61 Abs. 1 AO. Die Satzung kann hierzu entweder den genauen Verwendungszweck festlegen **oder** an welche (genau zu benennende) steuerbegünstigte Körperschaft das Vermögen übertragen werden soll.[203] Wenn eine konkrete Körperschaft benannt wird, muss diese auch zum Zeitpunkt der Übertragung des Vermögens steuerbegünstigt sein.[204] Deshalb empfiehlt es sich, neben einer bestimmten Körperschaft auch einen allgemeinen Verwendungszweck zu nennen, der dann eingreift, wenn die genannte Körperschaft zum Zeitpunkt der Zuwendung nicht mehr existiert bzw. nicht mehr steuerlich begünstigt sein sollte.

80 Ein Verstoß gegen das Gebot der satzungsmäßigen Vermögensbindung zieht schwerwiegende Konsequenzen nach sich: Wegen einer nachträglichen Veränderung der Satzung mit der Folge, dass die Anforderungen an die satzungsmäßige Vermögensbindung nicht mehr erfüllt sind, gilt die Satzung **von Anfang an** als steuerlich nicht ausreichend, § 61 Abs. 3 S. 1 AO. Dadurch soll verhindert werden, dass steuerfrei angesammeltes Vermögen und Wertsteigerungen für nicht begünstigte Zwecke verwendet werden (zB durch Verteilung an die Mitglieder).[205] Es kommt zu einer **Nachversteuerung für die letzten zehn Jahre** vor der § 55 Abs. 1 Nr. 4 AO verletzenden Satzungsänderung.[206] Dabei gilt die Satzungsänderung erst ab Eintragung in das Vereinsregister als steuerschädlich.[207]

81 Nach dem Wortlaut des § 61 Abs. 1 AO muss die **Satzung für alle Fälle des § 55 Abs. 1 Nr. 4 AO** eine **Klausel zur Mittelverwendung** enthalten. Dies soll nach einer Entscheidung des FG Hamburg für diejenigen Varianten nicht gelten, deren Verwirklichung so fern liegt, dass die Gründungsmitglieder hiermit vernünftigerweise nicht rechnen mussten.[208] Das FA hatte in dem der Entscheidung zugrunde liegenden Fall die Steuerbegünstigung abgelehnt, da die Satzung keine Bestimmung über die Vermögensverwendung bei Wegfall des bisherigen Vereinszwecks enthielt. Da es im vorliegenden Fall sehr unwahrscheinlich sei, dass der Vereinszweck jemals tatsächlich objektiv entfällt (Förderung der Systematischen und Vergleichenden Musikwissenschaft im In- und Ausland), müssten diese Varianten in der Satzung nicht berücksichtigt werden. UE geht diese Entscheidung zu weit. Das Gebot der satzungsmäßigen Vermögensbindung wurzelt in der Überlegung, dass steuerbegünstigt erworbenes Vermögen nur steuerbegünstigt eingesetzt werden darf, auch wenn eine andere Körperschaft das Vermögen übernimmt.[209] Ob die Erreichung des steuerbegünstigten Vereinszwecks sehr unwahrscheinlich ist, hat hiermit in der Sache nichts zu tun. Zudem ist bei den meisten gemeinnützigen Zwecken sehr unwahrscheinlich, dass sie erreicht werden. Man kann schwerlich abstrakt festlegen, wann Zweckerreichung gegeben sein soll, zB wann es keiner Förderung der Kunst mehr bedarf, und welche Wahrscheinlichkeit genau genügen soll, damit die Zweckerreichung als unwahrscheinlich gilt. Deshalb sollte für jeden Fall Vorsorge getroffen sein. Der Einfachheit halber kann in jeder Fallgruppe dieselbe steuerbegünstigte Körperschaft bzw. derselbe Verwendungszweck genannt werden.

§ 22 Wirtschaftlicher Verein

[1]Ein Verein, dessen Zweck auf einen wirtschaftlichen Geschäftsbetrieb gerichtet ist, erlangt in Ermangelung besonderer bundesgesetzlicher Vorschriften Rechtsfähigkeit durch staatliche Verleihung. [2]Die Verleihung steht dem Land zu, in dessen Gebiet der Verein seinen Sitz hat.

Literatur: S. Vorbemerkungen zu §§ 21 ff. und § 21.

---

202 AEAO Tz. 4 zu § 59; *Kirchhain* DStR 2014, 289 (292).

203 Vgl. Klein/*Gersch* AO § 61 Rn. 1.

204 FG Nürnberg DStRE 2008, 524, Rev. anhängig BFH I B 186/07.

205 Tipke/Kruse/*Tipke* AO § 61 Rn. 3.

206 Folgen des Verlustes der Gemeinnützigkeit ausführlich bei *Becker* DStR 2010, 593.

207 BFH DB 2001, 1538.

208 FG Hamburg DStRE 2003, 634 rkr.

209 Vgl. Hübschmann/Hepp/Spitaler/*Fischer* AO § 61 Rn. 2.

A. Allgemeines 1
B. Regelungsgehalt 2
 I. Voraussetzungen der Verleihung der Rechtsfä-
    higkeit 2
II. Verfahren und Zuständigkeit 4

A. Allgemeines

Ist der Zweck eines Vereins auf einen wirtschaftlichen Geschäftsbetrieb gerichtet, erlangt er mangels Einschlägigkeit besonderer bundesgesetzlicher Vorschriften (AktG, GmbH, GenG, VAG) die Eintragung nur durch staatliche Verleihung. Diese ist nur zulässig, wenn es für die Vereinigung wegen besonderer Umstände unzumutbar ist, sich als AG, GmbH, VVaG oder Genossenschaft zu organisieren.[1] Mitunter wurde für eine Öffnung des § 22 für neue Anwendungsfälle plädiert; als solche sieht *Reuter* Profisportvereine und Wirtschaftsvereine, „deren Unternehmensgegenstand der ‚Dienst am Menschen' ist".[2] Hintergrund des Konzessionssystems ist, dass die §§ 21 ff. keine besonderen Schutzvorschriften zugunsten der Vereinsgläubiger und allgemein des Rechtsverkehrs enthalten, die (jedenfalls) für den wirtschaftlichen Verein unverzichtbar sind.[3] In der Praxis spielt die Konzessionierung eine ganz unbedeutende Rolle.[4] Daher wollte das Bundesjustizministerium im (gescheiterten) Reformentwurf § 22 streichen (→ Vor § 21 Rn. 24);[5] (→ Vor § 21 ff. Rn. 26 generell zur Vereinsrechtsform, insbes. im Hinblick auf Fragen des wirtschaftlichen Geschäftsbetriebs, dazu auch → § 21 ff. Rn. 15 ff.

1

B. Regelungsgehalt

I. Voraussetzungen der Verleihung der Rechtsfähigkeit

Der Verein (→ Vor § 21 Rn. 10) muss auf einen wirtschaftlichen Geschäftsbetrieb gerichtet sein (→ § 21 Rn. 22 ff.). Wirtschaftliche Vereine haben keinen Anspruch auf Verleihung der Rechtsfähigkeit, sondern nur auf **fehlerfrei ausgeübtes Ermessen**.[6] Mindestvoraussetzung für die Verleihung ist die ausnahmsweise Unzumutbarkeit, den Verein auf die Vereinsformen des Handelsrechts (AG, GmbH, etc), zu verweisen.[7]

2

In der Praxis (→ Rn. 1) spielt der wirtschaftliche Verein nur eine Rolle, wo Gesetz oder Erlasse Verleihungen nach § 22 vorsehen: bei Verwertungsgesellschaften und Lohnsteuerhilfevereinen, Rabattsparvereinen und bei den im Marktstrukturgesetz und im Bundeswaldgesetz geregelten Erzeugergemeinschaften und -zusammenschlüssen.[8]

3

II. Verfahren und Zuständigkeit

Zuständig für die Verleihung der Rechtsfähigkeit sind regelmäßig höhere Verwaltungsbehörden, was sich nach Landesrecht bestimmt (vgl. Art. 82 EGBGB).[9] Das Verfahren richtet sich nach den Verwaltungsverfahrensgesetzen der Länder. Die Verleihungsbehörde prüft ähnlich wie ein Registergericht sämtliche Voraussetzungen, von denen die Erlangung der Rechtsfähigkeit abhängt. Die Verleihung ist ein begünstigender Verwaltungsakt; nach hM sind Auflagen zulässig, ua zur Widerruflichkeit der Verleihung.[10] Die Verleihung ändert nicht die Identität des Vorvereins, dieser ist mit dem rechtsfähigen wirtschaftlichen Verein identisch ist (→ § 21 Rn. 7 ff.). Der Rechtsschutz richtet sich nach der VwGO.[11]

4

---

1 BVerwG NJW 1979, 2261 (2265) = MDR 1979, 959.
2 MüKoBGB/*Reuter* (7. Aufl.) §§ 21, 22 Rn. 54 f.
3 Palandt/*Ellenberger* BGB § 21 Rn. 1.
4 *K. Schmidt* GesR § 24 II 2 a.
5 Entwurf, Art. 1 Nr. 3, S. 3 (unveröffentlicht); vgl. auch *Arnold* DB 2004, 2143.
6 Staudinger/*Weick* (2005) BGB § 21 Rn. 3; Staudinger/*Schwennicke* BGB § 22 Rn. 5 ff.; *K. Schmidt* GesR § 24 II 2 b; diff. MüKoBGB/*Reuter* (7. Aufl.) §§ 21, 22 Rn. 74 f.; MüKoBGB/*Leuschner* §§ 21, 22 Rn. 90 f.
7 BVerwG NJW 1979, 2261 (2265) = MDR 1979, 959; BGHZ 85, 89 = WM 1983, 394; *K. Schmidt* NJW 1979, 2239.
8 *K. Schmidt* GesR § 24 II 2 b; BeckOK BGB/*Schöpflin* § 22 Rn. 7.

9 Vgl. die Übersichten bei Staudinger/*Weick* (2005) BGB § 22 Rn. 8; Staudinger/*Schwennicke* BGB § 22 Rn. 58; MüKoBGB/*Reuter* (7. Aufl.) §§ 21, 22 Rn. 72; MüKoBGB/*Leuschner* §§ 21, 22 Rn. 86; Soergel/*Hadding* BGB § 22 Rn. 48.
10 Reichert/*Wagner* Kapitel 2 Rn. 258 ff.; Staudinger/*Weick* (2005) BGB § 22 Rn. 6; Staudinger/*Schwennicke* BGB § 22 Rn. 62; MüKoBGB/*Reuter* (7. Aufl.) §§ 21, 22 Rn. 76; MüKoBGB/*Leuschner* §§ 21, 22 Rn. 109 f.; MHdB GesR II/*Schwarz van Berk* § 3 Rn. 73 f.
11 Vgl. zum Verfahren BeckOK BGB/*Schöpflin* § 22 Rn. 10; Staudinger/*Weick* (2005) BGB § 22 Rn. 5 f.; Staudinger/*Schwennicke* BGB § 22 Rn. 61; Reichert/*Wagner* Kapital 2 Rn. 266 ff. Vgl. exemplarisch VG Augsburg npoR 2019, 171 sowie VG Berlin 21.11.2019 – 29 K 279.18, nv juris Rn. 2 ff.

§ 23 (aufgehoben)

1 Das Vereinsrechtsänderungsgesetz hat § 23 mit Wirkung zum 30.9.2009 aufgehoben.[1] Damit entfiel die Möglichkeit, einem ausländischen Verein Rechtsfähigkeit zu verleihen – wobei es sich ohnehin um totes Recht handelte. Gem. Art. 229 § 12 EGBGB bleiben die Vereine, denen nach § 23 aF Rechtsfähigkeit verliehen wurde, auch zukünftig rechtsfähig. Auf sie sind § 33 Abs. 2 aF und § 44 aF weiter anzuwenden.

2 Der Gesetzesentwurf[2] begründete die Aufhebung damit, dass die nach ihrem Heimatrecht rechtsfähigen ausländischen Vereine auch in Deutschland nach den Grundsätzen des IPR rechtsfähig seien. § 23 aF vergleichbare Regelungen für juristische Personen habe es nur für die Stiftung gegeben. Auch für diese habe die Verleihung der Rechtsfähigkeit im Inland „nur geringe praktische Bedeutung". Da eine partielle Rechtsfähigkeit in Deutschland zu Wertungswidersprüchen mit dem Heimatrecht führen könne, sei § 23 aF aufzuheben.

3 Vgl. zu § 23 aF die 1. Aufl.

§ 24 Sitz

Als Sitz eines Vereins gilt, wenn nicht ein anderes bestimmt ist, der Ort, an welchem die Verwaltung geführt wird.

Literatur: *Grossfeld*, Die Anerkennung der Rechtsfähigkeit der juristischen Person, RabelsZ 31 (1967), 1; *Jaeger*, Die kollisionsrechtliche, fremdenrechtliche und europarechtliche Stellung der Idealvereine und ihrer Mitglieder, 1981; *v.d. Seipen*, Zur Bestimmung des effektiven Verwaltungssitzes im Internationalen Gesellschaftsrecht, IPRax 1986, 91. S.a. bei Vorbemerkungen zu §§ 21 ff.

A. Allgemeines

1 Der Sitz einer juristischen Person ist erheblich für den Gerichtsstand nach § 17 ZPO, die Zuständigkeit gem. §§ 21, 22, 23, 25, 44, 45 Abs. 3, 55 Abs. 1, die Reichweite des Namensschutzes gem. § 57 Abs. 2 und das auf den Verein anzuwendende Recht.[1] Vgl. zur Frage, ob für die Anknüpfung im IPR der tatsächliche Sitz der Hauptverwaltung maßgebend ist, Anhang zu → EGBGB Art. 12 Rn. 30 ff. Vom Sitz des Vereins im Sinne des BGB zu unterscheiden ist der im Steuerrecht maßgebende Ort der Geschäftsleitung gem. § 10 AO.[2]

B. Regelungsgehalt

2 § 24 bestätigt, dass der Grundsatz der freien Sitzwahl gilt („wenn nichts anderes bestimmt ist").[3] Bis zur Grenze des Missbrauchs (wofür ein Indiz ist, dass der Verein unter seinem satzungsmäßigen Sitz nicht erreichbar ist)[4] kann der Verein auch einen Satzungssitz wählen.[5]

3 Der Sitz muss bestimmt, also eindeutig festgelegt werden, zB nach dem Namen einer politischen Gemeinde. Daher scheidet es zB aus, den Vereinssitz nach dem jeweiligen Wohnort des 1. Vorsitzenden festzulegen.[6]

4 Sehr streitig, aber praktisch nicht besonders relevant ist die Frage, ob ein Verein einen **Doppelsitz** haben kann.[7]

5 Rechtsfähige nicht wirtschaftliche und wirtschaftliche Vereine müssen den **Sitz in der Satzung festlegen** (§ 57 Abs. 1 für den Idealverein).

6 Ist kein satzungsmäßiger Sitz festgelegt oder ist die Festlegung unwirksam, bestimmt § 24 den Verwaltungssitz als Vereinssitz. Als Sitz ist dann der Ort maßgebend, an dem Organe des Vereins, insbesondere der

---

1 BGBl. I 20009, 3145.

2 BT-Drs. 16/12813, S. 10.

1 BGHZ 53, 181, 183 = DB 1970, 441 = NJW 1970, 998.

2 Vgl. dazu Tipke/Kruse/*Drüen* AO § 10 Rn. 2; Klein/*Gersch* AO § 10 Rn. 2, § 11 Rn. 3.

3 RG JW 1918, 305; BayObLGZ 1930, 104; Palandt/*Ellenberger* BGB § 24 Rn. 2; BeckOK BGB/*Schöpflin* § 24 Rn. 4; MHdB GesR II/*Knof* § 17 Rn. 4.

4 BayObLGZ 1987, 267; OLG Köln BB 1983, 1065; Reichert/*Wagner* Kapitel 2 Rn. 503; BeckOK BGB/*Schöpflin* § 24 Rn. 4.

5 LG Berlin NZG 1998, 782 = NJW-RR 1999, 335.

6 Palandt/*Ellenberger* BGB § 24 Rn. 2; MüKoBGB/*Reuter* (7. Aufl.) § 24 Rn. 5; MüKoBGB/*Leuschner* § 24 Rn. 7; *Sauter/Schweyer/Waldner* Eingetragener Verein Rn. 66.

7 Für Erfordernis eines einzigen Sitzes: BeckOK BGB/*Schöpflin* § 24 Rn. 6; MüKoBGB/*Reuter* (7. Aufl.) § 24 Rn. 6 f.; MüKoBGB/*Leuschner* § 24 Rn. 9; Staudinger/*Weick* (2005) BGB § 24 Rn. 10; Staudinger/*Schwennicke* BGB § 24 Rn. 10; Reichert/*Wagner*, Kapitel 2, Rn. 505; vgl. OLG Hamburg MDR 1972, 417; aA für Doppelsitz Erman/*Westermann* BGB § 24 Rn. 2; *Katschinski* ZIP 1997, 629; *Pluskat* WM 2004, 601; für Doppelsitz bei schutzwürdigen Interessen des Vereins MüKoBGB/*Leuschner* § 24 Rn. 3.

Vorstand, überwiegend tätig werden (zB Vereinsgeschäftsstelle) – nicht ausschlaggebend ist das tatsächliche Vereinsgeschehen.[8]

Die **Verlegung des Vereinssitzes** bedarf einer Satzungsänderung und Eintragung/Genehmigung (vgl. §§ 71, 33 Abs. 2).[9] Anders als bei der AG in § 35 AktG und im Handelsrecht nach § 13 c HGB regelt das BGB-Vereinsrecht den verfahrensmäßigen Ablauf nicht ausdrücklich. Zutreffend geht § 6 VRV von einer entsprechenden Geltung der §§ 13 c HGB und 45 AktG aus: Danach ist die Verlegung beim Registergericht des bisherigen Sitzes anzumelden; dieses prüft lediglich die formelle Ordnungsmäßigkeit der Anmeldung, und es teilt die Anmeldung dem Registergericht des neuen Sitzes mit, das die Eintragung materiell prüft und vornimmt.[10] Vgl. zur Sitzverlegung eines deutschen Vereins ins Ausland und eines ausländischen Vereins ins Inland → Vor § 21 ff. Rn. 17.[11]

§ 25 Verfassung

Die Verfassung eines rechtsfähigen Vereins wird, soweit sie nicht auf den nachfolgenden Vorschriften beruht, durch die Vereinssatzung bestimmt.

Literatur: *Arnold*, Satzungsvorbehalt für Vorstandsvergütung bei Vereinen und Stiftungen?, FS Reuter 2010, S. 3 ff; *Ballerstedt*, Mitgliedschaft und Vermögen beim rechtsfähigen Verein, in: FS Knur 1972, S. 1; *Bartodziej*, Ansprüche aus Mitgliedschaft in Vereinen und Verbänden, ZGR 1991, 517; *Benecke*, Der Ausschluss aus dem Verein, WM 2000, 1173; *Beuthien*, Die richterliche Kontrolle von Vereinsstrafen und Vertragsstrafen, Beilage 12, BB 1968; *ders.*, Mehrheitsprinzip und Minderheitenschutz im Vereinsrecht, BB 1987, 6; *Beuthien/Gätsch*, Vereinsautonomie und Satzungsrechte Dritter, ZHR 156 (1992), 459; *Birk*, Der Aufnahmezwang bei Vereinen und Verbänden, JZ 1972, 343; *Bodmer*, Vereinsstrafe und Verbandsgerichtsbarkeit, 1989; *Buchberger*, Das Verbandsstrafverfahren deutscher Sportverbände, SpuRt 1996, 122 u. 157; *Engelsing/Lüke*, NWB Fach 3, 15101–15104 (26/2008); *Fischer*, Der Ausschluß aus dem Verein, 1985; *Flume*, Die Vereinsstrafe, in: FS Bötticher 1969, S. 101; *Fuchs*, Satzungsautonomie und Aufnahmezwang nach dem GWB, NJW 1965, 1509; *Galperin*, Vereinsautonomie und Kontrahierungszwang im Koalitionsrecht, DB 1969, 704; *Gaumann*, Gewerkschaftsausschluss wegen Betriebsratskandidatur auf konkurrierender Liste, NJW 2002, 2155; *Gehrlein*, Die BGH-Rechtsprechung zur Überprüfung von Vereins- und Parteiausschlüssen, ZIP 1997, 1912; *Gerhard*, Verfassungsrechtliche Fragen des kartellrechtlichen Aufnahmezwangs, 1994; *Grunewald*, Vereinsaufnahme und Kontrahierungszwang, AcP 182 (1982), 181; *ders.*, Der Ausschluß aus Gesellschaft und Verein, 1987; *ders.*, Vereinsordnungen, ZHR 152 (1988), 242; *Habersack*, Die Mitgliedschaft – subjektives und „sonstiges" Recht, 1996; *Hadding*, Korporationsrechtliche und rechtsgeschäftliche Grundlagen des Vereinsrechts, in: FS Rob. Fischer 1979, S. 165; *Haas*, Die Disziplinargewalt gegenüber nicht (mehr) regelgebundenen Sportlern, CaS 2009, 37; *Haas/Neumayer*, Die Tätigkeit von Vereinsgerichten, Rechtsprechung zwischen materiellem und Prozessrecht, NZG 2017, 881; *Hadding/van Look*, Zur Ausschließung aus Vereinen des bürgerlichen Rechts, ZGR 1988, 270; *Heermann*, Die Geltung von Verbandssatzungen gegenüber mittelbaren Mitgliedern und Nichtmitgliedern, NZG 1999, 325; *ders.*, Bindung von Vereinsmitgliedern und Nichtmitgliedern an die Sanktionsvorschriften übergeordneter (Sport-)Verbände, ZIP 2017, 253; *Hilpert*, Ungeschriebenes Verfahrensrecht der deutschen Sportverbände, insbesondere des DFB, SpuRt 2009, 147; *Graf Kerssenbrock*, Der Rechtsschutz der Parteimitglieder vor Parteischiedsgerichten, 1994; *König*, Der Verein im Verein, 1992; *Kohler*, Mitgliedschaftliche Regelungen in Vereinsordnungen, 1992; *Küttner*, Aufnahmezwang für Gewerkschaften?, NJW 1980, 968; *Leipold*, Richterliche Kontrolle vereinsrechtlicher Disziplinarmaßnahmen, ZGR 1985, 113; *Leuschner*, Das Konzernrecht des Vereins (Jus Privatum, Band 160), 2011; *Lohbeck*, Die Vereinsordnungen, MDR 1972, 381; *Lukes*, Der Satzungsinhalt beim e.V. und die Abgrenzung zu sonstigen Vereinsregelungen, NJW 1972, 112; *Meyer-Cording*, Die Vereinsstrafe, 1957, S. 46; *Möschel*, Monopolverband und Satzungskontrolle, 1978; *Müller-Eiselt*, Regelungsvorschlag zu dynamischen Verweisungen in Vereinssatzungen, SpuRt 2017, 178; *Nicklisch*, Der verbandsrechtliche Aufnahmezwang, JZ 1976, 105; *Nolte/Polzin*, Zum Aufnahmezwang für Verbände, NZG 2001, 980; *Ott*, Die Vereinssatzung, 1992; *Reichert*, Erstmalige Verhängung einer Vereinsstrafe durch ein Schiedsgericht als Vereinsorgan, SpuRt 2004, 50; *Reiling*, Übungsblätter Lernbeitrag Zivilrecht, Schadensersatz, Vertragsstrafe und Vereinsstrafe am Beispiel der Verletzung genossenschaftlicher Andienungspflichten, JA 2001, 866; *Reuter*, Die Verfassung des Vereins gemäß § 25 BGB, ZHR 148 (1984), 523; *ders.*, Grenzen der Verbandstrafgewalt, ZGR 1980, 101; *ders.*, Probleme der Transferentscheidung im Fußballsport, NJW 1983, 649; *ders.*, Probleme der Mitgliedschaft beim Idealverein, ZHR 145 (1981), 273; *ders.*, Der Ausschluß aus dem Verein, NJW 1987, 2401; *Rieble*, Verbandsstrafenregelungen oder Vertragsstrafenregelungen bei Ausgestaltung von Strafen in Verein, Gesellschaft oder Genossenschaft (f), LMK 2003, 60; *ders.* (Hrsg.), Sportgerichtsbarkeit, 1997; *ders.*, Verbandsrechtsprechung und staatl. Gerichtsbarkeit, Schriftenreihe Württembergischer Fußballverband e.V. Nr. 24 (1988), 82; *Röcken*, Entwicklung des Vereinsrechts, MDR 2014, 879; *Schödel*, Die Zuständigkeitsordnung im unverbundenen Verein und im Verein als Gruppenspitze: eine rechtsformverglei-

---

8 BeckOK BGB/*Schöpflin* § 24 Rn. 7; Soergel/*Hadding* BGB § 24 Rn. 2; MüKoBGB/*Reuter* (7. Aufl.) § 24 Rn. 2; MüKoBGB/*Leuschner* § 24 Rn. 10; MHdB GesR II/*Knof* § 17 Rn. 4; AG Paderborn 21.9.2018 – 58 C 181/18, nv, juris Rn. 28.

9 Vgl. MüKoBGB/*Reuter* (7. Aufl.) § 24 Rn. 8; MüKoBGB/*Leuschner* § 24 Rn. 11; Reichert/*Wagner* Kapitel 2 Rn. 506; Palandt/*Ellenberger* BGB § 24 Rn. 3; BeckOK BGB/*Schöpflin* § 24 Rn. 8, dort auch zu Fragen der Zuständigkeit der registerlichen Abwick-

lung sowie der Frage des Verlustes der Rechtsfähigkeit eines wirtschaftlichen Vereins bei Sitzverlegung in ein anderes Bundesland.

10 MüKoBGB/*Reuter* (7. Aufl.) § 24 Rn. 8; MüKoBGB/*Leuschner* § 24 Rn. 11; Palandt/*Ellenberger* BGB § 24 Rn. 3.

11 Vgl. auch Reichert/*Wagner* Kapitel 2 Rn. 508 f. und Reichert/*Schörnig* Kapitel 2 Rn. 6345; EuGH ZIP 2002, 2037 ff. = NJW 2002, 3614.

chende Untersuchung unter Einbeziehung von Aktiengesellschaft und GmbH mit praktischen Beispielen aus dem Bereich der Vereine der Fußballbundesligen, 2017; *Schödel*, Die Zuständigkeitsordnung im unverbundenen Verein und im Verein als Gruppenspitze, 2017; *Schlosser*, Rechtsprechungsübersicht – Anforderungen an einen Vereinsausschluss, JuS 1998, 266; *ders.*, Rechtsprechungsübersicht – Aufnahmezwang für Verbände mit überragender Machtstellung, JuS 1999, 1081; *ders.*, Vereins- und Verbandsgerichtsbarkeit, 1972; *ders.*, Vereins- und Verbandsstrafgewalt, ZGR 1980, 101; *Schmidt, Uwe*, Die Mitgliedschaft im Verein, 1989; *Schockenhoff*, Der Grundsatz der Vereinsautonomie, AcP 193 (1993), 35; *Scholz/Hoppe*, Das Recht auf Aufnahme in Wirtschafts- und Berufsvereinigungen, in: FS Pfeiffer 1988, S. 785; *Schulze*, Mitgliedsausschluß aus einem wirtschaftlichen Verein am Beispiel der GEMA, NJW 1991, 3264; *Steinbeck*, Der Anspruch auf Aufnahme in einen Verein – dargestellt am Beispiel der Sportverbände, WuW 1996, 91; *Stöber*, Die Umsetzung von Disziplinarmaßnahmen der FIFA gegen Fußballclubs durch nationale Dachverbände, NZG 2017, 95; *van Look*, Vereinsstrafen als Vertragsstrafen, 1990; *ders.*, Individualschutz im Vereinsrecht, in: WM-Festgabe Hellner (WM-Sonderheft), 1994, 46; *Vieweg*, Normsetzung und -anwendung deutscher und internationaler Verbände, 1990; *Vogel*, Die Vereinssatzung, 6. Auflage 1991; *Walker*, Verschuldensunabhängige Verbandssanktionen gegen Sportvereine für Zuschauerausschreitungen, NJW 2014, 119; *ders.*, Zur Bindung von Vereinsmitgliedern an Sanktionsvorschriften übergeordneter Verbände, NZG 2017, 1241; *Weitnauer*, Vereinsstrafe, Vertragsstrafe und Betriebsstrafe, in: FS Rheinhardt 1972, S. 179; *Weller/Benz/Wolf*, Vereinshaftung, Verbandsstrafen und Regress bei Zuschauerfehlverhalten, JZ 2017, 237; *Wendeling-Schröder*, Aktuelle Probleme der Rechtsprechung zum Gewerkschaftsausschluß, ZGR 1992, 107; *H.P. Westermann*, Die Verbandsgewalt und das allgemeine Recht, 1972; *ders.*, Zur Legitimität der Verbandsgerichtsbarkeit, JZ 1972, 537; *Wiedemann*, Richterliche Kontrolle privater Vereinsmacht, JZ 1968, 219; *Wolfrum*, Die innerparteiliche Ordnung nach dem Parteiengesetz, 1974; *Zöllner*, Zur Frage des Gewerkschaftsausschlusses, 1983. S.a. bei Vorbemerkungen zu §§ 21 ff.

A. **Allgemeines**	1	III. Vereinsstrafen 56
I. Grundsätze	1	1. Zulässigkeit und gerichtliche Überprüfung 56
II. Reichweite des Satzungsvorbehalts	3	2. Erscheinungsformen 66
III. Weitere Entscheidungskompetenzen der Vereinsmitglieder zumal in Geschäftsführungsfragen	19	3. Voraussetzungen von Vereinsstrafen 67
		a) Grundlage in der Satzung 67
IV. Vereinsordnungen unterhalb der Satzung	32	b) Verschulden 68
B. **Regelungsgehalt**	34	c) Grundsatz: Strafgewalt nur gegen Vereinsmitglieder 69
I. Satzung	34	4. Verfahren der Vereinsstrafenverhängung .. 70
1. Begriff und Inhalt	34	a) Zuständigkeit 70
2. Rechtsnatur und Auslegung der Satzung ..	36	b) Rechtliches Gehör und andere Grundsätze des Verfahrens 71
3. Satzungsmängel	40	5. Ersatzansprüche eines Mitglieds bei Vereinsstrafe 73
4. Die richterliche Inhaltskontrolle	43	IV. Vereinsausschluss 74
5. Vereinsgewohnheitsrecht	48	
II. Aufnahmeanspruch von Vereinsmitgliedern ...	49	

A. Allgemeines

I. Grundsätze

1 Die Verfassung des rechtsfähigen Vereins wird durch die §§ 26–39 bestimmt. Von diesen sind gem. § 40 die §§ 26 Abs. 2 S. 1, 27 Abs. 1 und 3, 28, 31 a Abs. 1 S. 2, 32, 33 sowie 38 dispositiv. **Zum zwingenden Recht gehören auch ungeschriebene Rechtsgrundsätze** wie zB der Gleichbehandlungsgrundsatz der Mitglieder (→ § 35 Rn. 3 sowie → § 38 Rn. 9)[1] oder die Treuepflicht (→ § 38 Rn. 2, 16; vgl. auch → § 705 Rn. 169 ff.). Die **Anwendung des BGB-Gesellschaftsrechts** neben dem Vereinsrecht kann nach dem BGH in seltenen Ausnahmefällen geboten sein; das gelte, wenn Vereinigungen sowohl körperschaftliche als auch personalistische Elemente haben; für solche Mischformen könne die alleinige Geltung von entweder Vereins- oder Gesellschaftsrecht unbefriedigend sein. In verschiedenen Regelungsbereichen der Vereinigung könnten teils Normen des Vereins-, teils des Gesellschaftsrechts besser passen und den Bedürfnissen der Organisation sowie den schützenswerten Interessen der Mitglieder am besten gerecht werden.[2] § 25 ist die positivrechtliche Verankerung der **Satzungsautonomie** (→ Rn. 16 sowie → Vor § 21 Rn. 12).

2 Was unter „Verfassung eines rechtsfähigen Vereins" zu verstehen ist, ist streitig: das ganze Organisationsrecht des Vereins (Gesamtordnung) oder nur dessen Grundordnung? Die hM sieht die Verfassung als die Grundordnung an.[3] Das BGB geht davon aus, dass der Verein das Vereinsleben im Rahmen der Gesetze

---

1 Vgl. auch Staudinger/*Weick* (2005) BGB § 35 Rn. 13 ff.; Staudinger/*Schwennicke* BGB § 35 Rn. 25 ff.; Reichert/*Wagner* Kapitel 2 Rn. 777 ff., 838 ff.

2 BGH NJW 1979, 2304 = MDR 1980, 122 = DB 1979, 2173.

3 BeckOK BGB/*Schöpflin* § 25 Rn. 2; BGHZ 17, 172, 177 = NJW 1967, 1268; BGHZ 105, 306, 314 = DB

1989, 617 = NJW 1989, 1724; BGHZ 47, 172, 175 = DB 1967, 855 = NJW 1967, 1268; MüKoBGB/*Reuter* (7. Aufl.) § 25 Rn. 9; *Reuter* ZHR 148 (1984), 525; *Grunewald* ZHR 152 (1988), 247; Staudinger/*Weick* (2005) BGB § 25 Rn. 2; Staudinger/*Schwennicke* BGB § 25 Rn. 3; aA früher die Rspr., RGZ 73, 187; Staudinger/*Coing*, 11. Aufl., BGB § 25 Rn. 1.

selbstständig ordnet.[4] Dieses „Ordnen" beruht auf Beschlüssen im Einzelfall, aber auch auf allgemeinen Regeln, die unterschiedlichen Rechtsrang und Bedeutung haben (ähnlich wie staatliche Normierungen). Typisch für den Verein sind neben der Vereinsverfassung besondere Ordnungen und Geschäftsordnungen[5] (→ Rn. 19 f.).

II. Reichweite des Satzungsvorbehalts

Die **entscheidende Frage ist, welche inhaltlichen Fragen die Mitglieder in der Satzung regeln müssen** 3 (vgl. zu sonstigen von den Mitgliedern zu entscheidenden Fragen → Rn. 18 a). Das sind das Vereinsleben bestimmende Leitprinzipien und Grundentscheidungen, die gem. §§ 57, 58 den Sollinhalt bzw. Mindestanforderungen der Satzung festlegen: die identitätsbestimmenden Regelungen (**Zweck**[6] **inkl. Zweckänderung,**[7] **Name, Sitz, Regelung zur Eintragung im Vereinsregister,** § 57 Abs. 1). Zudem sind dies Voraussetzungen und Folgen der **Mitgliedschaft** (→ Rn. 8 sowie § 58 Nr. 1) sowie grundlegende Regelungen über **Bildung, Bestellung und Wirkungskreis der Organe** (vgl. § 58 Nr. 3 und 4) – strittig hinsichtlich Zahl der Vorstandsmitglieder (→ § 58 Rn. 5) –,[8] ggf. der Ersatz einer Mitgliederversammlung (vgl. § 58 Nr. 4) durch eine Delegiertenversammlung.[9] Ggf. sind die Vorgaben für die Anerkennung als **steuerbegünstigte Körperschaft** (§ 60 AO) zu beachten.[10] Bei satzungsänderndem Beschluss mit schwerwiegendem Eingriff in Mitgliederrechte kann das Erfordernis der **Zustimmung aller Vereinsmitglieder** bestehen.[11]

Die **Rechtsprechung** geht mit gutem Grunde über diesen Kernbereich weit hinaus: So haben RG und BGH **zum Beispiel** in folgenden Angelegenheiten eine Regelung in der Satzung verlangt:

Zwangsweiser Ausschluss von Mitgliedern und jede sonstige **Vereinsstrafe** einschließlich (Kosten-)Regelung für deren Verfahren[12] (→ Rn. 28 ff.); eine satzungsmäßige Grundlage erfordert auch die Mitteilung über den **Ausschluss** im Vereinsblatt; das Verfahren im Einzelnen kann außerhalb der Satzung, zB in einer Ehrengerichtsordnung, bestimmt sein. 4

Schiedsklauseln (vgl. § 1066 ZPO, vgl. auch → Rn. 51, 43) sind nur wirksam, wenn alle wesentlichen 5 Punkte satzungsförmig geregelt sind, zumal die Zusammensetzung des Schiedsgerichts[13] und die Bestellung der Schiedsrichter.[14] Die nachträgliche Veränderung einer Satzung durch Einfügung einer Schiedsklausel binde uE nur die Mitglieder, die zugestimmt haben; ob sie auch dissentierende Mitglieder bindet (dafür soll sprechen, dass sie durch Nicht-Austritt auf den Schutz staatlicher Gerichte verzichtet haben), hat der BGH offen gelassen (abgesehen von dem Fall, dass Mitglieder auf die Mitgliedschaft angewiesen sind, vgl. sogleich). Das ist uE zu verneinen, da Vereinsmitglieder einen Anspruch auf rechtmäßige Behandlung haben, was staatlichen Rechtsschutz umfasst, auf den sie nur ausdrücklich verzichten können.[15] Jedenfalls wenn Mitglieder nicht austreten können, weil sie auf die Mitgliedschaft angewiesen sind (vgl. allg.

---

4 Vgl. die Motive in *Mugdan* I, S. 404, wonach § 25 den Grundsatz hervorhebt, dass „die Körperschaften ihren Rechtskreis durch eigene Satzung regeln können".

5 Staudinger/*Weick* (2005) BGB § 25 Rn. 2; Staudinger/*Schwennicke* BGB § 25 Rn. 3.

6 Die Satzung muss den Vereinszweck ausreichend konkret festschreiben; leistet sie dies nicht, muss das Vereinsregister dem Verein Gelegenheit geben, dies nachzubessern, vgl. OLG Düsseldorf NZG 2017, 1314 = Rechtspfleger 2018, 91 = juris Rn. 13 ff.

7 Mangels abweichender Satzungsregelungen ist für die Zweckänderung nach § 33 Abs. 1 S. 2 Einstimmigkeit erforderlich. Rspr. ist mitunter sehr (zu!) großzügig mit der Verneinung der Zweckänderung, → § 33 Rn. 5 f., vgl. OLG Zweibrücken 4.7.2013 – 3 W 68/13 nv: Danach soll keine Änderung des Vereinszwecks vorliegen, wenn dieser nach seinem ausdrücklichen ursprünglichen Zweck eine Innenrestaurierung einer bestimmten Pfarrkirche verfolgte und er nun die gesamte Pfarrkirche nebst Pfarrzentrum fördern soll. Zu Recht verneinte OLG Nürnberg Rpfleger 2016, 159 = juris Rn. 88 eine Änderung des Vereinszwecks bei Änderung der Satzung eines Schützenvereins, dass anstelle der Ausübung des „Schieß- und Bogensports" lediglich noch „Bogensport" Vereinszweck ist.

8 MüKoBGB/*Reuter* (7. Aufl.) § 25 Rn. 10 einerseits sowie andererseits MüKoBGB/*Leuschner* § 25 Rn. 23.

9 Vgl. *K. Schmidt* GesR § 24 III 1; MüKoBGB/*Reuter* (7. Aufl.) § 25 Rn. 4, 10; MüKoBGB/*Leuschner* § 25 Rn. 25; Soergel/*Hadding* BGB § 25 Rn. 5; BeckOK BGB/*Schöpflin* § 25 Rn. 5; MHdB GesR II/*Wagner* § 21 Rn. 52 ff.; OLG Frankfurt ZIP 1985, 213.

10 *Röcken* MDR 2014, 879.

11 OLG Frankfurt npoR 2018, 18 = ZStV 2018, 10 = juris Rn. 21 ff.

12 RGZ 46, 150, 154 f.; 125, 338; 151, 229, 232; BGHZ 13, 5 = DB 1954, 325 = NJW 1954, 833; BGHZ 21, 370 f. = DB 1956, 1056 = NJW 1956, 1793; BGHZ 28, 131 = DB 1958, 1163 = NJW 1958, 1867; BGHZ 29, 352 = DB 1959, 428 = NJW 1959, 982; BGHZ 36, 105 = DB 1962, 26; BGHZ 47, 172 = DB 1967, 855 = NJW 1967, 1268; BGHZ 88, 314, 316 = DB 1984, 500 = NJW 1984, 1355.

13 Zur Abgrenzung zwischen einem echten Schiedsgericht und Vereins- und Verbandsgerichten auch *Röcken* MDR 2014, 879 (881).

14 BGHZ 88, 314, 316 = DB 1984, 500 = NJW 1984, 1355; OLG Hamm NJW-RR 1993, 1535.

15 Vgl. gegen ähnliche Erwägungen im Aktienrecht nach dem Motto der Abstimmung mit den Füßen: „Wer seine Aktien nicht verkauft, verliert Anspruch auf Rechtsschutz", *Meilicke/Heidel* DB 2004, 1479 (1484).

→ Rn. 17 f.), bindet sie die ohne ihre Zustimmung eingeführte Schiedsklausel nicht.[16] Ein Mitglied unterwirft sich dem Vereinsschiedsgericht nicht schon abschließend dadurch, dass es einen verbandsrechtlich vorgeschriebenen Rechtsbehelf einlegt.[17]

6 Die Satzung von **Zuchtvereinen** muss den Inhalt das Zuchtprogramm regeln und unter welchen Voraussetzungen Tiere im Zuchtbuch eingetragen werden, wenn das nach den Zielen des Vereins für die Mitglieder entscheidend ist.[18]

7 Beim **Spitzenverband deutscher Kreditgenossenschaften** muss die Satzung Art und Höhe der Beitragspflicht und Regelungen dazu enthalten, welche Mitgliedsbanken einem Sicherungsfonds für den Fall der Krise von Mitgliedsinstituten welche Leistungen erbringen müssen („Feuerwehrfonds").[19]

8 Eine Satzungsregel erfordern die Regelungen zu **Begründung und Beendigung der Mitgliedschaft** einschließlich der Bestimmung des für die Feststellung des Tatbestands der Mitgliedschaft zuständigen Organs[20] (→ Rn. 3), daher ua eine Ermächtigung für Vorstand, beitragssäumige **Mitglieder aus der Mitgliederliste zu streichen**.[21] Möglich sind Satzungsvorschriften zur **automatischen Beendigung der Mitgliedschaft** in klaren Fällen bei Eintritt eines hinreichend bestimmten Tatbestands (zB Verlust der Anwaltseigenschaft bei Anwaltsvereinen; Erwerb bei Wohnungseigentum durch Mitglieder eines Mietervereins).[22]

9 **Dopingregeln**[23] (vgl. auch → Rn. 43 a).

10 Beschränkung der Teilnahmemöglichkeit an **Vereinsveranstaltungen**.[24]

11 Einführung einer **Listenwahl (Blockwahl) anstelle einer Mehrheitswahl der einzelnen Person**.[25]

12 – Seit der Novelle von § 27 Abs. 2 S. 3 ist geklärt, dass ein Satzungsvorbehalt für die Gewährung einer **Vorstandsvergütung** besteht (→ § 27 Rn. 18 a, b). Die Entgegennahme satzungswidriger Entgelte ist eine Pflichtverletzung.[26]

13 Erhebung eines **Sonderbeitrags** der Mitglieder in Form eines zinslosen Darlehens zur Steigerung der Attraktivität des Vereins: Die Verpflichtung bedarf der Zulassung in der Satzung dem Grunde nach sowie zur Bestimmung einer Obergrenze der Höhe nach.[27] Verpflichtung von Vereinsmitgliedern, in Hinblick auf ihre Mitgliedschaft im Verein erlangte **Vergütungen an Dritte abzuführen** (zB die Pflicht, Aufsichtsratsvergütungen von Gewerkschaftsmitgliedern an die Hans-Böckler-Stiftung abzuführen).[28]

14 Erhebung einer einmaligen **Umlage von Mitgliedern**; diese muss die Satzung nicht nur dem Grunde nach festlegen, sondern dabei auch einer Obergrenze der Höhe nach definieren – was (nach uE unrichtiger Auffassung des BGH) allerdings nicht erforderlich sein soll, wenn die Umlage für den Fortbestand des Vereins unabweisbar notwendig und dem einzelnen Mitglied unter Berücksichtigung seiner schutzwürdigen Belange zumutbar ist; der BGH gewährt bei einem solchen Beschluss dem Vereinsmitglied, das die Umlage

---

16   BGH NJW 2000, 1713 zu dem § 1066 ZPO entsprechenden früheren § 1048 ZPO; Palandt/*Ellenberger* BGB § 25 Rn. 21.

17   OLG München NJW-RR 2001, 711 = SpuRt 2001, 66.

18   BGHZ 88, 314, 316 = DB 1984, 500 = NJW 1984, 1355.

19   BGHZ 105, 306 = DB 1989, 619 = NJW 1989, 1724; vgl. auch OLG München NJW-RR 1998, 966.

20   OLG Brandenburg 3.7.2012 – 11 U 174/07 (nv), Rn. 50; wenn keine zwingenden Satzungsregeln entgegenstehen, kommt ein rückwirkender Vereinsbeitritt in Betracht BGH NZG 2015, 713 = ZIP 2015, 1067 = NJW-RR 2015, 1069.

21   BGH WM 1989, 1698 = NJW-RR 1989, 1515.

22   MHdB GesR II/*Schöpflin* § 38 Rn. 21; *Reichert/Wagner* Kapitel 2 Rn. 2897; OLG Brandenburg 3.7.2012 – 11 U 174/07 (nv) Rn. 50.

23   OLG München NJW 1996, 2382.

24   OLG Celle WM 1988, 495.

25   BGH WM 1989, 366 = NJW 1989, 1212; vgl. auch BGH NJW 1974, 183; KG Rpfleger 2012, 550 = NZG 2013, 147; BayObLG FGPrax 2001, 82 = Rpfleger 2001, 242 = NJW-RR 2001, 537; OLG Zweibrücken NZG 2013, 1236 = FGPrax 2013, 276.

26   BGH NJW-RR 1988, 745 = DB 1988, 1007 = ZIP 1988, 706; BGH NJW-RR 2008, 842 = WM 2008, 736 = ZIP 2008, 923.

27   BGH BB 2008, 2204 = NZG 2008, 2204 (Ausbau eines Golfplatzes von neun auf achtzehn Bahnen); BGH ZIP 2014, 1087 = NJW-RR 2014, 937 = juris Rn. 16 ff. zur Aufnahme nachrangiger Darlehen durch einen Schulverein zumal in Hinblick auf vorformulierte Vertragsklauseln. Vgl. allg. zur Darlehensaufnahme durch Verbände per Mehrheitsbeschluss (was auf eine Nachschusspflicht hinauslaufen kann) im Anschluss an die Entscheidung zur WEG BGHZ 207, 99 = NZG 2015, 1268 Rn. 10 ff. (die Aufnahme eines langfristigen, hohen Kredits durch die WEG könne ordnungsmäßiger Verwaltung entsprechen, das Risiko einer Nachschusspflicht der Wohnungseigentümer müsse aber vor der Beschlussfassung erörtert werden, was aus dem Protokoll der Eigentümerversammlung hervorgehen müsse. Ob sich ein Beschluss über eine Kreditaufnahme in den Grenzen des den Eigentümern zustehenden Gestaltungsermessens halte, könne nur anhand der konkreten Umstände des Einzelfalls unter Abwägung der allseitigen Interessen bestimmt werden) *Armbrüster* NZG 2016, 121; *Bode* NZG 2018, 287 (auch zu KWG-Fragen von Mitgliederdarlehen).

28   Vgl. OLG Frankfurt ZIP 2018, 1290 = NZG 2019, 945; dazu *Schäfer/Bachmaier* ZIP 2018, 2141; *Sura* EWiR 2018, 555.

nicht zahlen will, ein Recht zum Austritt aus dem Verein; das sei „im Interesse des Vereins in angemessener Zeit" auszuüben[29] (→ § 38 Rn. 15 und → § 39 Rn. 5).

– Die Satzung muss grundsätzlich **Beiträge** festlegen (vgl. § 58 Nr. 2, → § 58 Rn. 4) – auch sog. „Sonder- **15** mitgliedsbeiträge". Mitglieder können nicht darauf vertrauen, dass es niemals zu Satzungsänderungen zur Beitragshöhe kommt.[30] Allerdings bedürfen **regelmäßige Beiträge** keiner der Art und der Höhe nach bestimmten Satzungsregelung.[31] Die finanziellen Lasten aus der Mitgliedschaft müssen sich aber in einem aufgrund der Satzungsregelung überschaubaren und im Voraus zumindest ungefähr abschätz- baren Rahmen halten. Nach dem BGH erfordert es keine Satzungsregel, als Beitrag keinen von vornhe- rein festgelegten Betrag zu erheben, sondern ihn variabel, bezogen auf den Umsatz des Vorjahres zur ermitteln.[32] Die Satzung braucht nur zu bestimmen, dass und zu welchem Zweck die Beitragspflicht besteht; deren konkrete Höhe kann das von der Satzung berufene Organ in dem durch den Vereins- zweck gezogenen Rahmen einer Nebenordnung festlegen.[33] Unterschreitet eine langjährige Übung bei der Erhebung von Beiträgen den Rahmen der Satzung (deutlich), kann dem Verein die Durchsetzung von von der Übung abweichenden höheren Beiträgen verwehrt sein.[34] Der Vereinszweck ist Grenze jeder Beitragserhöhung. Deren weitere Grenze folgt aus der Treuepflicht; nach dieser ist auf die Leis- tungsfähigkeit der Mitglieder Rücksicht zu nehmen.[35]

Die Satzung muss **Benutzungsordnungen für Vereinseinrichtungen** zwar nicht detailliert festlegen, wohl **16** aber das Verfahren (incl. Zuständigkeit) für deren Erlass und deren Inhalt vorhersehbar machen.[36]

Grund (und damit Maßstab für das Erfordernis) der Satzungsregelung solcher für das Vereinsleben und die **17** Mitgliederrechte entscheidender Grundentscheidungen ist, dass § 25 und die Vereinssatzung dem **Schutz der Vereinsminderheit und der einzelnen Mitglieder** dienen; diese sollen im Hinblick auf die wesentli- chen Aspekte ihrer Rechtsstellung im Verein wissen, „was auf sie zukommt"; daher muss die Satzung diese wesentlichen Punkte festlegen (zB auch im Grundsatz die Tragung von Gründungsaufwand durch den Ver- ein vorsehen[37]) – mit der Folge ihrer erschwerten Änderbarkeit nur in formalisierten Verfahren unter Betei- ligung der Mitglieder.[38] Demgegenüber hält *Reuter* die Vereinsverfassung bzw. § 25 für ungeeignet zum Minderheitenschutz, da § 33 Abs. 1 S. 1 gem. § 40 dispositiv sei; für ihn ist die Vereinsverfassung bloße Grundordnung mit Integrationsfunktion, die „Offenheit für evolutionäre Tendenzen" erlangen müsse.[39] Dabei wertet er aber zu gering, dass Mitglieder sich durch ihren Beitritt bewusst für einen konkreten Verein mit bestimmter Satzung anschließen, um im Verein einen bestimmten Zweck zu erreichen. Das braucht nicht nur die Offenheit für „evolutionäre Tendenzen", sondern Klarheit über Vereinsziel und die Mittel der Erreichung. Davon abzuweichen betrifft die Grundlagen des Beitritts, die zum Schutz der Mitglieder nur unter den erschwerten Bedingungen der Satzungsänderung geändert werden können.

Die **Folge eines Verstoßes gegen den Satzungsvorbehalt** ist grundsätzlich die Unwirksamkeit der betref- **18** fenden Regelung; die Rspr. hält aber eine rückwirkende Heilung durch eine nachträgliche Satzungsregelung für möglich; soweit Mitglieder sich auf die Unwirksamkeit beriefen, könne die mitgliedschaftliche Treue- pflicht (vgl. allg. → § 38 Rn. 2) sie ausnahmsweise an der Ausnutzung ihrer sog. „formalen Rechtsposition" hindern und zur angemessenen Korrektur verpflichten.[40] Mit *Reuter* ist demgegenüber festzuhalten, „dass die Berufung ... auf die Nichtigkeit keineswegs stets oder auch nur regelmäßig gegen die Treuepflicht ver- stößt".[41] In vielen Fällen wird Rückwirkung auch deshalb ausscheiden, da zB rückwirkende Regelungen zu Ausschluss oder Vereinsstrafe dem Grundsatz nulla poena sine lege widersprechen (→ Rn. 43). Rückwir- kung scheidet auch aus, wenn Vereinsorgane ohne die nach § 25 erforderliche Satzungsgrundlage eingerich- tet sind.[42]

---

29 BGH ZIP 2007, 2264.
30 AG Hamburg Blankenese npoR 2018, 110 = juris Rn. 22 ff. – angeblich selbst in einem Fall, wo der Aufnahmeantrag einen einmaligen Beitrag (1.000 EUR) für eine lebenslange Mitgliedschaft nennt – was zweifelhaft erscheint.
31 BGHZ 130, 243, 246 = NJW 1995, 2981; BGHZ 105, 306, 313 f., 316 = NJW 1989, 1724 (Bei- tragssätze dürfen nicht je nach Bedarf geändert wer- den können).
32 BGH NJW 2010, 3521 = WM 2010, 1808 = ZIP 2010, 1793 mAnm *Vieweg/Werner* LMK 2011, 313895; vgl. auch BGHZ 130, 243 = ZIP 1995, 1508 zur Genossenschaft.
33 MüKoBGB/*Reuter* (7. Aufl.) § 25 Rn. 10; MüKo- BGB/*Leuschner* § 25 Rn. 21; Staudinger/*Weick* (2005) BGB § 25 Rn. 3; Staudinger/*Schwennicke*

BGB § 25 Rn. 149; BGH NZG 2013, 671, Rn. 10; BGH NJW 2010, 3521 = WM 2010, 1808 = ZIP 2010, 1793, Rn. 12.
34 Vgl. *Orth/Houf* SpuRt 2014, 226.
35 *Grunewald,* Gesellschaftsrecht, § 8 Rn. 6.
36 MüKoBGB/*Reuter* § 25 Rn. 10.
37 Vgl. *Hüttemann/Rawert* ZIP 2020, 245, 247 f.
38 *Grunewald* ZHR 152 (1988), 242, 247, unter Beru- fung auf BGH WM 1984, 552; RdL1983, 317 = LM § 25 BGB Nr. 22 sowie RG JW 1915, 1424; JW 1928, 2208; JW 1928, 2209; RGZ 73, 187; 125, 338, 340; 151, 229, 232; BGHZ 29, 352, 354; 36, 105, 114; BGH NJW 1956, 1793.
39 MüKoBGB/*Reuter* (7. Aufl.) § 25 Rn. 6 ff.
40 BGH MDR 1984, 119 = AgrarR 1983, 283.
41 MüKoBGB/*Reuter* § 25 Rn. 14.
42 MüKoBGB/*Reuter* (7. Aufl.) § 25 Rn. 15.

III. Weitere Entscheidungskompetenzen der Vereinsmitglieder zumal in Geschäftsführungsfragen

19 Die Entscheidungskompetenzen der Vereinsmitglieder in der Mitgliederversammlung sind nicht auf die Festlegungen in der Satzung beschränkt (vgl. dazu → Rn. 3 ff.). Das Vereinsrecht enthält darüber hinaus **ausdrücklich zahlreiche weitere Gegenstände, die die Mitglieder zu entscheiden haben**: Nach § 27 Abs. 1 bestellt die Mitgliederversammlung den Vorstand durch Beschluss; eine Alleinzuständigkeit der Mitgliederversammlung besteht nach §§ 125, 101 S. 1 UmwG bei Ausgliederung von Vereinsvermögen nach § 123 Abs. 3 UmwG auf einen anderen Rechtsträger. Analog § 293 Abs. 2 AktG muss die Mitgliederversammlung einem Beherrschungs- oder Gewinnabführungsvertrag mit dem Verein als Obergesellschaft zustimmen.[43] Gleiches gilt bei der Begründung eines Vertragskonzerns mit dem Verein als abhängigem Unternehmen.[44] UE erfordert auch die Vermögensübertragung als Ganzes entsprechend § 179a AktG die Zustimmung der Mitgliederversammlung.[45]

20 Außerhalb der Bereiche nach → Rn. 18a muss man uE differenzieren zwischen den gewöhnlichen Vereinen einerseits sowie andererseits den **Vereinen mit Aufnahmezwang** bzw. überragender wirtschaftlicher/sozialer Bedeutung (→ Rn. 31 f. sowie → Vor § 21 Rn. 13): Letztere müssen nach allgemeiner Auffassung ihre Verfassung im Wesentlichen demokratisch ausgestalten (→ Rn. 31). Daher ist die Kompetenz der Mitgliederversammlung nicht wie sonst grundsätzlich dispositiv (→ § 32 Rn. 7). Diese muss ausnahmslos oberstes Vereinsorgan sein; insbesondere Bestellung und Abberufung des Vorstands sowie Satzungsänderung können ihr keinesfalls entzogen werden (ggf. bei Übertragung von Kompetenzen auf eine Delegiertenversammlung, die die Mitgliederversammlung überwacht).[46]

21 Auch darüber hinaus bestehen mangels abweichender Satzungsregeln[47] **zwingende Rechte der Mitgliederversammlung, die der Geschäftsführungskompetenz des Vorstands Grenzen setzen**. In der Literatur

---

43 *Leuschner*, Das Konzernrecht des Vereins, S. 102 f.; *Leuschner*, Non Profit Law Yearbook 2012/13, 107, 115; Emmerich/*Habersack*, Konzernrecht, § 37 Rn. 18; vgl. zur Stiftung als herrschendem Unternehmen MHdB GesR II/*Gummert* § 114 II.2.

44 Emmerich/Habersack/*Emmerich*, Aktien- und GmbH-Konzernrecht, Vor § 291 Rn. 15; Emmerich/*Habersack*, Konzernrecht, § 37 Rn. 14; *Leuschner*, Konzernrecht, S 288 ff.; für die Zustimmung ist nach § 33 Abs. 1 S. 2 Einstimmigkeit erforderlich, da es sich um eine materielle Satzungsänderung handelt.

45 *Schödel*, S. 485 ff.; Schmidt/Lutter/*Seibt* AktG § 179a Rn. 4 („§ 179a AktG ist Ausdruck des allgemeinen verbandsrechtlichen Prinzips, dass die Übertragung des gesamten Gesellschaftsvermögens von der organschaftlichen Vertretungsbefugnis nicht gedeckt ist und deshalb eines Beschlusses der Gesellschafter bedarf."), so ua BGH NJW 1995, 596; ebenso MüKoBGB/*Stein* § 179 Rn. 14; *Wagner* in Heidel Aktienrecht AktG § 179a Rn. 20; differenzierend *Lettl* AcP 203 (2003), 149, 199 f. (Dieser votiert für einen Entscheid der Mitgliederversammlung mit einfacher Mehrheit). Analogie zu § 179a AktG ablehnend *Leuschner*, Das Konzernrecht des Vereins, S. 103 ff. Vgl. BGH NJW 2019, 1512 = ZIP 2019, 701 Rn. 11 ff., 36 ff. zur GmbH, wonach mangels Lücke § 179a AktG auf diese nicht analog anwendbar sei, aber die Verpflichtung zur Übertragung des ganzen Gesellschaftsvermögens ein besonders bedeutsames Geschäft sei, zu dessen Vornahme der Geschäftsführer einen zustimmenden Beschluss der Gesellschafterversammlung herbeiführen müsse, selbst wenn der Gesellschaftsvertrag einen entsprechenden Zustimmungsvorbehalt nicht enthalte.

46 Vgl. statt aller MüKoBGB/*Arnold* (7. Aufl.) § 32 Rn. 11.

47 Im Verein soll es zulässig sein, dass die Satzung eine „Vorstandsdiktatur" (Terminus nach MüKoBGB/ *Arnold* (7. Aufl.) § 27 Rn. 40) errichtet, wobei der Vorstand (mit Ausnahme der Auflösungskompetenz und der Satzungsänderungskompetenz) über alle ideellen, sportlichen, wirtschaftlichen und strategischen Belange entscheidet und ihm dabei die umfassende Entscheidungskompetenz über alle Belange des Vereins zugewiesen ist, die eine Weisungsbefugnis der Mitgliederversammlung ausschließt, LG Hannover SpuRt 2017, 208 = juris Rn. 33. Mit Recht fordert (freilich nur bezogen auf die Amtsdauer von Vorstandsmitgliedern, aber der Erwägungen sind uE verallgemeinerungsfähig) MüKoBGB/*Arnold* (7. Aufl.) § 27 Rn. 23, § 25 Rn. 15 (unabhängig von der Analogiefähigkeit des § 84 Abs. 1 S. 1 AktG), Anforderungen der Normativbedingungen für die Teilnahme von Vereinen an der Funktionserfüllung des politischen bzw. sozialen Systems zu beachten (→ Vor § 21 Rn. 71 ff.), die Interessenverbänden eine demokratische Organisation abverlangten; zur demokratischen Organisation gehörten auch begrenzte Amtsperioden für die Vereinsorgane; die Dauer der Amtsperiode werde durch die Satzung bestimmt, die ihrerseits der gerichtlichen Inhaltskontrolle unterliegt; als Orientierungsmaßstab für die Inhaltskontrolle könne die fünfjährige Wahlperiode dienen, die auch für die demokratischen Wahlen im öffentlichen Bereich repräsentativ ist; werde dieser Zeitraum ohne sachlichen Grund wesentlich überschritten, fehle dem Vorstand die erforderliche Satzungsgrundlage, die Konsequenz ist nach *Arnold* aaO, dass der Interessenverband nach § 395 FamFG gelöscht werden könne, wenn er den Fehler nicht in angemessener Frist korrigiert.

wurden die Fragen lange kaum erörtert[48] und im Anschluss an die aktienrechtliche Terminologie mitunter als solche von „Holzmüller im Verein" bezeichnet.[49] Diese Wortwahl verstellt aber schon durch die Fragestellung den Blick auf den maßgeblichen vereinsrechtlichen Ausgangspunkt: Der AG-Vorstand hat in Geschäftsführungsangelegenheiten dem Grundsatz nach eine ausschließliche Zuständigkeit; das folgt aus §§ 76 Abs. 1 und 119 AktG. Er leitet die AG aus eigenem Recht und weisungsfrei „unter eigener Verantwortung" (§ 76 Abs. 1 AktG); die AG-Hauptversammlung ist grundsätzlich von der Geschäftsführung ausgeschlossen – es sei denn, der Vorstand verlangt nach § 119 Abs. 2 AktG die Beschlussfassung.[50] Demgegenüber hat die **Vereins-Mitgliederversammlung eine Allzuständigkeit** (→ § 32 Rn. 4). Sie kann innerhalb der von der Satzung gesetzten Grenzen die Entscheidung jeder Angelegenheit an sich ziehen. Sie kann insbesondere auch in Fragen der Geschäftsführung mit bindender Wirkung für den Verein entscheiden; insbesondere kann sie den Vorstand in Geschäftsführungsangelegenheiten anweisen (§ 27 Abs. 1 iVm § 665). Damit hat sie auch und gerade in Fragen der Geschäftsführung ein „Letztentscheidungsrecht".[51]

Damit die Mitgliederversammlung ihr (Letztentscheidungs-)Recht in Geschäftsführungsangelegenheiten effektiv ausüben kann, hat sie in Vertretung des Vereins gegenüber dem regelmäßig besser informierten Vorstand nach § 27 Abs. 3 iVm § 666 Informationsansprüche. Für die Effektuierung der Entscheidungskompetenz der Mitgliederversammlung ist aus der Trias der Pflichten des § 666 (Pflicht zu Benachrichtigungen, Auskunft und Rechenschaftslegung) die **Benachrichtigungspflicht des Vorstands** von besonderer Bedeutung: Der Vorstand muss die Mitgliederversammlung nach § 666 auch **ohne Verlangen** und schon vor Ausführung von Maßnahmen unaufgefordert unterrichten. Zweck dieser Pflicht ist, die Mitgliederversammlung (den Verein als Auftraggeber iSd § 666) so detailliert über den Stand der Angelegenheiten des Vereins (den dem Vorstand erteilten Auftrag iSd § 666) zu unterrichten, dass der Verein durch seine Mitgliederversammlung seine Rechte zB zu Weisungen wahrnehmen und dabei sachgerechte Entscheidungen treffen kann[52] (→ § 666 Rn. 3). **Welche Informationen** über die Ausführung des Auftrags iSd § 666 – also die Angelegenheiten des Vereins in der konkreten Sache – konkret erforderlich sind, richtet sich nach den Umständen des Einzelfalls. Der Vorstand muss hinreichend ausführlich und verständlich benachrichtigen. Entscheidend für die Einschlägigkeit der Benachrichtigungspflicht und deren Umfang ist die objektive Lage des konkreten Geschäfts – nicht aber etwa ein Informationsverlangen des Auftraggebers (des Vereins bzw. der Mitgliederversammlung); denn der Auftraggeber wird häufig von der Entwicklung der Auftragsdurchführung nichts oder nicht genug wissen, um konkrete Auskünfte zu verlangen (→ § 666 Rn. 3).[53] Der Vorstand muss nach § 666 **unverzüglich und so rechtzeitig** benachrichtigen, dass der Entscheidungsbefugte (der Verein durch seine Mitgliederversammlung) noch rechtzeitig entscheiden kann, damit der Zweck der Benachrichtigungspflicht erreicht werden kann, dass der Auftraggeber (der Verein) seine Rechte wahrnehmen, Pflichten erfüllen und sachgerechte Entscheidungen (zu denen insbesondere die Weisungen gehören) treffen kann[54] (→ § 666 Rn. 3).

Da es nach dem auf die Geschäftsführung des Vereins entsprechend anwendbaren Auftragsrecht darum geht, dem Auftraggeber die Möglichkeit zur Erteilung von Weisungen zu geben (oder von vorherigen Weisungen abzuweichen und neue Weisungen zu erteilen), bestimmen sich hieraus auch die Fälle, in denen eine Benachrichtigungs- und damit Vorlagepflicht gegenüber der Mitgliederversammlung besteht. *Leuschner* stellt mit Recht fest, dass die **Vorlagepflicht ein „Ausfluss des Weisungsrechts"** sei.[55] Es könne „kein Zweifel daran bestehen", dass ein Leerlaufen der Befugnisse der Mitgliederversammlung nicht in Einklang

22

23

48 Thema angesprochen bei *Grunewald* ZIP 1989, 962 (965) („Die Mitgliederversammlung ist das oberste Organ des Vereins, dem ein Weisungsrecht gegenüber dem Vorstand zusteht. Daher ist der Vereinsvorstand verpflichtet, bei für das Vereinsleben bedeutsamen Maßnahmen … die Mitgliederversammlung zu befragen. Diese Vorlagepflicht ist, soweit sie sich auf für den Verein wesentliche Geschäfte bezieht, abhängig von dem Geschäftsumfang des jeweiligen Vereins …"; *Grunewald*, Gesellschaftsrecht, § 8 Rn. 57, votiert für eine Vorlagepflicht an die Mitgliederversammlung (jedenfalls?) „bei Geschäften von essentieller Bedeutung für den Verein"; ebenso *Terner* NJW 2008, 16 (20), jeweils in Auseinandersetzung mit BGH NJW 2008, 68 = WM 2007, 1932 = ZIP 2007, 1942; vgl. MüKoBGB/*Arnold* (7. Aufl.) § 27 Rn. 40; *Segna*, Vorstandskontrolle im Großverein S. 131 ff.; ausführlich *Schödel*, S. 512 ff.

49 *Leuschner*, Non Profit Law Yearbook 2012/13, 107; das nimmt Bezug auf die *Holzmüller-Gelatine-*

Rechtsprechung des BGH, vgl. BGHZ 83, 122 = NJW 1982, 1703; BGHZ 159, 30 = NJW 2004, 1860, vgl. dazu *Krenek/Pluta* in Heidel Aktienrecht AktG § 119 Rn. 34 ff.; MüKoBGB/*Arnold* (7. Aufl.) § 27 Rn. 40.

50 Vgl. statt aller *Krenek/Pluta* in Heidel Aktienrecht AktG § 119 Rn. 34 ff.; *Oltmanns* in Heidel Aktienrecht AktG § 76 Rn. 7; Hüffer/*Koch* AktG § 76 Rn. 25 ff. und § 119 Rn. 16 ff.

51 So der zutreffende Begriff bei *Leuschner*, Non Profit Law Yearbook 2012/13, 107, 110.

52 Vgl. allgemein zu § 666 Palandt/*Sprau* BGB § 666 Rn. 2.

53 Vgl. allgemein zu § 666 Palandt/*Sprau* BGB § 666 Rn. 2; MüKoBGB/*Schäfer* § 666 Rn. 5.

54 Vgl. allgemein zu § 666 Palandt/*Sprau* BGB § 666 Rn. 2.

55 Ähnlich bereits *Grunewald* ZIP 1989, 962 (965); s. a. *Schödel*, S. 523 ff.

mit der ihr vom Gesetzgeber zugedachten Rolle als oberstes Organ stehe; die Vorlagepflicht sei „rechtsfort-
bildend unmittelbar aus dem Weisungsrecht der Mitgliederversammlung abzuleiten"; sie folge aus der
Anerkennung der Mitgliederversammlung als oberstes Vereinsorgan: Der Gesetzgeber gehe unausgespro-
chen vom Vorliegen der tatsächlichen Voraussetzungen für die effektive Ausübung des Weisungsrechts aus;
die Vorlagepflicht greife ein, „sobald Anhaltspunkte für einen mutmaßlichen Willen der Mitgliederversammlung bestehen, eine Sachentscheidung zu treffen"; wann dies der Fall sei, hänge von den Wirkungen
einer Maßnahme des Vereins auf die Mitgliedschaft ab.[56]

24   Der Sicht *Leuschners* ist im Ansatzpunkt zuzustimmen. UE braucht man aber angesichts der Weisungsabhängigkeit und Informationspflicht des Vorstands nach §§ 27 Abs. 3 iVm §§ 665 f. (→ Rn. 18 d) nicht die
Rechtsfortbildung zu bemühen, sondern hat **das besondere Schuldrecht** anzuwenden; zudem erscheint ein
Anknüpfen an das subjektive Element nicht zielführend, und Bezugspunkt sind nicht lediglich die Auswirkungen auf die Mitgliedschaft, sondern auf den Verein als Berechtigten iSd §§ 664–670, auf die das Vereinsrecht verweist. Der Beauftragte ist nach § 665 weisungsgebunden. Das setzt voraus, dass der weisungs-
berechtigte Auftraggeber (der Verein durch die Mitgliederversammlung) überhaupt erst Weisungen erteilen
kann. § 27 Abs. 3 verweist auf das Auftragsrecht – nicht aber auf die Geschäftsführung ohne Auftrag, bei
der der Beauftragte gem. § 677 das Geschäft so führen dürfte „wie das Interesse des Geschäftsherrn mit
Rücksicht auf dessen wirklichen oder mutmaßlichen Willen es erfordert". Zwar sind nach § 27 Abs. 3 die
Vorschriften über den Auftrag nicht 1:1 anzuwenden, sondern nur „entsprechende Anwendung".
Zudem hat der Vorstand die Organ-Pflicht (und damit grundsätzlich das Recht) zur Besorgung aller zu sei-
ner grundsätzlichen Zuständigkeit gehörenden Geschäftsführungsangelegenheiten des Vereins. Er hat die
ihm nach Maßgabe der Satzung oder Beschlüsse der Mitgliederversammlung (oder eines anderen nach der
Satzung) zuständigen Vereinsorgans gegebenen Weisungen umzusetzen. Er ist im Rahmen von § 665 grund-
sätzlich nicht berechtigt, davon abzuweichen. Eine Ausnahme davon gilt nach § 665 S. 1 nur, wenn den
Umständen nach anzunehmen ist, dass die Mitgliederversammlung (oder sonst das Organ, das nach der Satzung die Anweisungen erteilt hat) bei Kenntnis der Sachlage mit der Abweichung einverstanden wäre; der
Vorstand hat aber auch in diesem Ausnahmefall der Mitgliederversammlung (oder dem sonst zuständigen
Organ) vor der (beabsichtigten) Abweichung Anzeige zu machen und deren Entschließung abzuwarten – es
sei denn, Gefahr ist im Verzuge (§ 665)[57] (→ § 665 Rn. 8); hinter § 665 steht der Grundsatz, dass der Auftraggeber (der Verein), weil es um seine Interessen geht, Herr des Geschäfts auch während der Ausführung
bleiben muss.[58] Ist also eine Maßnahme, die der Vorstand ergreifen will, nicht von vorigen Beschlussfassungen der Mitgliederversammlung oder hinreichend klaren Vorgaben der Satzung gedeckt, darf er sie grundsätzlich nicht umsetzen.

25   Da § 665 nur entsprechend anzuwenden ist, ist ein weiterer wesentlicher Unterschied in der Interessenlage
zwischen einem normalen Beauftragten nach Auftragsrecht und dem Vorstand als zur Geschäftsführung des
Vereins beauftragtem Organ zu beachten: § 665 sieht nur vor, dass der Beauftragte die Entschließung des
Auftraggebers abzuwarten hat. Es ist anerkannt, dass sich die angemessene Dauer der Wartepflicht von Fall
zu Fall entscheidet, es ist dem Beauftragten nicht zuzumuten, ewig abzuwarten; nach Verstreichen der Wartefrist darf er nach eigenem Ermessen handeln, unabhängig davon, ob der Auftraggeber dies billigt[59]
(→ § 665 Rn. 8). Abweichend dazu hat der Vorstand die Möglichkeit, durch die Einberufung einer Mitgliederversammlung eine Entscheidung des Vereins als Auftraggeber herbeizuführen (§ 36). § 36 statuiert die
Pflicht zur Einberufung der Mitgliederversammlung, „wenn das Interesse des Vereins es erfordert". Auf
diese Weise hat der Vorstand es in der Hand, eine Entscheidung des Auftraggebers iSd § 666 S. 2 herbeizuführen. Die Pflicht zur ordnungsgemäßen Geschäftsführung bringt es mit sich, dass der Vorstand von sich
aus handeln muss und nicht lediglich abwarten darf, ob eine Minderheit die Berufung einer Mitgliederversammlung nach § 37 erzwingt. Kehrseite davon ist, dass das Unterlassen der Einberufung einer Mitgliederversammlung und eine gleichwohl durchgeführte Ermessensentscheidung des Vorstands in der Geschäfts-
führungsangelegenheit pflichtwidrig sind, wenn er das gebotene Verfahren der Befassung der Mitgliederversammlung nicht eingehalten hat.

26   Inwieweit die Satzung und vorherige Beschlüsse des zuständigen Organs (regelmäßig der Mitgliederversammlung) dem Vorstand Vorgaben machen müssen, ohne die er nicht handeln darf, oder ob er auch ohne
solche handeln darf, ist eine Frage der Auslegung des Einzelfalls. Keinesfalls darf man dabei stehen bleiben, die nach hA bestehende Rechtslage zum Aktienrecht auf den Verein zu übertragen; denn den Verein
gekennzeichnet gerade nicht die autonome Position des (AG-)Vorstands in der Geschäftsführung

---

56   *Leuschner,* Non Profit Law Yearbook 2012/13, 107,
     116 ff., 124.

57   MüKoBGB/*Seiler* § 665 Rn. 1, hebt mit Recht her-
     vor, dass § 665 den Grundsatz der Weisungsgebun-
     denheit des Beauftragten betont, nicht aber den
     Grundsatz einer Abweichungsbefugnis; § 666 S. 1

     wird durch S. 2 weitgehend zurückgenommen und
     auf den Sonderfall der Gefahr beschränkt; ähnlich
     MüKoBGB/*Schäfer* § 665 Rn. 3.

58   Palandt/*Sprau* BGB § 665 Rn. 1.

59   MüKoBGB/*Seiler* § 665 Rn. 22 f.

(→ Rn. 18 c). Eine Richtschnur bildet uE das GmbH-Recht, zu dessen Wesen eine ähnlich starke Rolle der Gesellschafterversammlung gehört, wie sie die Mitgliederversammlung für den Verein zukommt. Angesichts der Allzuständigkeit der Mitgliederversammlung können für die Vorstandskompetenz keine großzügigeren Grenzen gelten als in der GmbH. Daher hat **der Vorstand bei grundlegenden Maßnahmen und Entscheidungen ebenso wie ein GmbH-Geschäftsführer die Entscheidung der Gesellschafterversammlung einzuholen.**[60] Wo diese Grenze der grundlegenden Entscheidungen bei der GmbH verläuft, ist streitig: *Hommelhoff* geht mit gutem Grund zum Schutz der Gesellschafter und der Gesellschaft davon aus, dass die Geschäftsführungsbefugnis des GmbH-Geschäftsführers alles nicht umfasst ist, was über den Rahmen von §§ 116 Abs. 1 und 2, 164 HGB hinausgeht;[61] dh der Geschäftsführung ist auf alle Maßnahmen beschränkt, die der gewöhnliche Betrieb des Handelsgewerbes der GmbH mit sich bringt. *Paefgen* steckt den Handlungsrahmen der GmbH-Geschäftsführer deutlich weiter: Er grenzt aus der Geschäftsführungsbefugnis nur unvorhergesehene Prinzipienfragen aus, denen aufgrund ihres Ausnahmecharakters besondere Bedeutung für die unternehmerische Risikoeinschätzung zukomme; den Geschäftsführern müssten sich ernsthafte Zweifel aufdrängen, ob die Gesellschafter ihnen ein Geschäft dieses Zuschnitts zur eigenverantwortlichen Entscheidung überlassen wollten.[62]

Stellungnahme: UE ist für den Verein der **Maßstab von §§ 116 Abs. 1, 2, 164 HGB** zu übertragen.[63] Das zeigt ein Blick darauf, welche strengen Anforderungen nach allgemeiner Ansicht dafür bestehen, was die Satzung regeln muss. Sie hat die das Vereinsleben bestimmenden Grundentscheidungen zu treffen und die grundlegenden Maßnahmen zu definieren (→ Rn. 3). Das bringt nach der Rechtsprechung zB ein so kleinteiliges Erfordernis mit sich, dass sie Kostenregelungen für Verfahren der Vereinsstrafe enthalten muss (→ Rn. 4). Das belegt den hohen Stellenwert, den nach der zutreffenden hM die Entscheidungsbefugnis der Mitglieder und die Funktion der Mitgliederversammlung als oberstes Organ mit Allzuständigkeit haben. Diese gesetzliche Wertung ist auch außerhalb des Satzungsvorbehalts zu beachten; zudem gibt es keinen Grundsatz der eigenverantwortlichen Leitung des Vereins durch den Vorstand nach AG-Vorbild. Die Mitglieder müssen nicht alles mit Satzungsrang regeln. Nach dem gesetzlichen Typus des Vereins geht der Bereich der der Entscheidungskompetenz der Mitglieder vorbehaltenen Gegenstände des Vereinslebens (und insoweit der Geschäftsführung) über die in der Satzung festzulegenden Angelegenheiten hinaus. Ein praktikabler Maßstab für die Abgrenzung ist der Rückgriff auf die etablierte Abgrenzung des HGB: Geschäftsführungsmaßnahmen, die entsprechend § 116 Abs. 1, 2 HGB über den gewöhnlichen Betrieb des *Handelsgewerbes* des Vereins hinausgehen, sind für die rechtlichen Interessen der Mitglieder und den Verein als solchen typischerweise ähnlich relevant wie die Kostenregelungen bei Vereinsstrafen. Was in den Bereich der Weisungsbefugnis der Mitglieder gehört, geht weit über das hinaus, was sie in der Satzung zu regeln haben. Daher indiziert das weitgehende Erfordernis zu Festlegungen in der Satzung, dass die Schwelle der den Mitgliedern vorbehaltenen Entscheidungen in Geschäftsführungsangelegenheiten nicht allzu hoch angesetzt werden darf und mit dem verallgemeinerungsfähigen Rechtsgrundsatz des § 116 Abs. 1 und 2 HGB richtig taxiert ist.

UE erfordern Entscheidungen der Mitgliederversammlung in Geschäftsführungsangelegenheiten **keine satzungsändernde Mehrheit**. Für sog. *Holzmüller*-Maßnahmen in der AG ist nach dem BGH neben der einfachen Stimmenmehrheit zwingend eine Dreiviertelmehrheit des vertretenen Grundkapitals erforderlich.[64] UE ist das Erfordernis der Dreiviertelmehrheit nicht auf das Vereinsrecht übertragbar; denn das hohe Mehrheitserfordernis bei der AG rechtfertigt sich dadurch, dass die dortige ausnahmsweise HV-Zuständigkeit die üblicherweise bei der AG bestehende Kompetenzordnung fundamental durchbricht; demgegenüber ist die Entscheidung der Mitgliederversammlung in Geschäftsführungsangelegenheiten „nur" die Umsetzung der im BGB vorgesehen Kompetenzen der Vereinsmitglieder zur Erteilung von Weisungen in Geschäftsführungsangelegenheiten.

27

28

---

60 BGH NJW 1973, 1039 = MDR 1973, 655; BGH NJW 1984, 1461 (1462) = MDR 1984, 646 (Geschäft, das nach seiner Größenordnung und Bedeutung über den bisherigen Geschäftsbetrieb der GmbH hinausging und deren Interessen im besonderen Maße berührte, weil mit ihm ein wesentlicher Geschäftszweig unter Aufwand erheblicher Gesellschaftsmittel auf eine neue tatsächliche und rechtliche Grundlage gestellt werden sollte; ein solches Vorhaben ist nach dem BGH nicht von der Geschäftsführungskompetenz umfasst und ist nach § 49 Abs. 2 GmbHG der Gesellschafterversammlung zu unterbreiten und deren Zustimmung einzuholen).

61 *Hommelhoff* ZGR 1978, 119 (123); ZIP 1983, 383 (385); ähnlich Lutter/Hommelhoff/*Kleindiek* § 37 Rn. 7 ff.

62 Ulmer/GroßKomm/*Paefgen* GmbHG § 37 Rn. 9; ähnlich Scholz/*U.H. Schneider/S.H. Schneider* GmbHG § 37 Rn. 15 ff.; Baumbach/Hueck/*Zöllner/Noack* GmbHG § 37 Rn. 6 ff.

63 Ähnlich auch *Schödel*, S. 526 ff.

64 BGHZ 159, 30, 45 f. = NJW 2004, 1860; vgl. dazu Hüffer/*Koch* AktG § 119 Rn. 29; *Krenek/Pluta* in Heidel Aktienrecht AktG § 119 Rn. 29.

29 Die Verletzung des der Mitgliederversammlung vorbehaltenen Bereichs begründet uE entsprechend den aktienrechtlichen Grundsätzen **klagbare Rechte der einzelnen Vereinsmitglieder.**[65]

30 Die Mitgliederversammlung kann den Vorstand **durch Beschluss nicht zu einem Tun oder Unterlassen bestimmen**, wenn die Satzung die diesbezügliche Entscheidung ausdrücklich dem Vorstand übertragen hat, zumal wenn eine Satzungsänderung zur Beschränkung der Befugnisse des Vorstands nicht die erforderliche Mehrheit gefunden hat.[66] Die Mitgliederversammlung kann also nach der Satzung anderen Vereinsorganen vorbehaltene Befugnisse nicht einfach an sich ziehen. Das erfordert eine vorherige Satzungsänderung. Auch eine mit satzungsändernder Mehrheit beschlossene punktuelle Satzungsdurchbrechung gibt der Mitgliederversammlung keine solche Befugnis.

31 Streitig, uE zu bejahen ist die Kompetenz des einzelnen Vereinsmitglieds, Eingriffe in die **Entscheidungskompetenz der Mitgliederversammlung gerichtlich (inkl. einstweiligem Rechtsschutz) abzuwehren**. Nach verbreiteter Sicht soll das Mitglied Maßnahmen des Vorstands (oder anderer Vereinsorgane), die die Kompetenz der Versammlung umgehen, nur in Ausnahmefällen gerichtlich abwehren können; nur wenn andere Organe eigenmächtig grundsätzliche Fragen oder solche, über die nach der Satzung die Mitgliederversammlung zu entscheiden habe, durchsetzten, komme eine gegen den Verein gerichtete Klage (inkl. vorläufigem Rechtsschutz) des Mitglieds Betracht; in anderen Fällen könne nur die Mehrheit der Mitglieder intervenieren.[67] Jedenfalls hat das Mitglied ein Recht auf gesetzes- und satzungsgemäße Behandlung durch den Verband: Der BGH hat im Aktienrecht in Sachen „Holzmüller"[68] entschieden, dass jeder Aktionär einen **verbandsrechtlichen Anspruch darauf hat, dass die Gesellschaft seine Mitgliedsrechte achtet und alles unterlässt, was sie über das durch Gesetz und Satzung gedeckte Maß hinaus beeinträchtigt.** Dieser Anspruch wird nach der Entscheidung *Holzmüller* verletzt, wenn der Vorstand die Hauptversammlung und damit auch die einzelnen Aktionäre bei einer Entscheidung von der gebotenen Mitwirkung ausschließt. Der Aktionär könne diesen Anspruch gegen die Gesellschaft geltend machen; diese habe dafür zu sorgen, dass die Organe die Mitgliedsrechte künftig nicht mehr verletzten. Daher bejaht der BGH die Aktionärsklage auf Unterlassung und ggf. Wiederherstellung. Das muss genauso im Vereinsrecht gelten. Die Grenzen dieses Anspruchs sind trotz langer Diskussion bis heute nicht geklärt.[69] *Leuschner* unterscheidet das Recht des Mitglieds vom Recht des Verbandes. Den Anspruch auf richtige Amtsführung gegen die Organmitglieder habe nicht das Mitglied, sondern der Verband. Das Recht auf gesetzes- und satzungsgemäße Behandlung durch den Verband beschränke sich grundsätzlich auf das Handeln der Mitgliederversammlung; der Anspruch bestehe nur beim Übergriff anderer Verbandsorgane in Zuständigkeiten der Mitgliederversammlung.[70]

---

65   Vgl. ausführlich zum Rechtsschutz bei Kompetenzverstößen im Vereinsrecht *Schödel*, S. 636 ff.; 644 ff.; *Grunewald* ZIP 1989, 962 (965 f.); MüKoBGB/*Reuter* § 38 Rn. 34; ebenso MüKoBGB/*Arnold* (7. Aufl.), § 38 Rn. 34; MüKoBGB/*Leuschner* § 38 Rn. 15; vgl. zum Aktienrecht *Heidel* in Heidel Aktienrecht AktG § 246 Rn. 61 ff.

66   OLG Celle NJW-RR 2017, 1186 = ZIP 2017, 2202 = juris Rn. 30; LG Hannover SpuRt 2017, 208 = juris Rn. 33 ff., jeweils zur sog. „50 + 1-Regelung" beim DFB, dem Dachverband des betroffenen Vereins Hannover 96.

67   OLG Celle npoR 2018, 164 = ZStV 2018, 178 = juris Rn. 60 ff. unter Verweis auf *Grunewald* ZIP 1989, S. 962 ff., 966: Das OLG verwirft mit Recht die Sicht von MüKoBGB/*Arnold* (7. Aufl.) § 38 Rn. 7 („Die Mitglieder sind grundsätzlich durch die Möglichkeit des jederzeitigen Austritts ausreichend geschützt"), das einzelne Mitglied sei in keinem Fall berechtigt, einen dem Verein zustehenden Anspruch geltend zu machen, dem Mitglied sei in der Regel ein Austritt aus dem Verein zumutbar. Nach dem OLG hat auch der Verein schützenswertes Interesse an einem rechtmäßigen Vorgehen. Daher sei nicht akzeptabel, dass ein Mitglied keine andere Möglichkeit als auszutreten habe, wenn der Verein rechtswidrig verfahre. Ein direkter Eingriff des Mitglieds in die Geschäftsführung des Vorstandes sei nach verbreiteter Auffassung

aber nur in außerordentlichen Ausnahmefällen als Ersatz- oder Notzuständigkeit des einzelnen Mitgliedes für die Geltendmachung von Rechten der Mitgliederversammlung zulässig. Das OLG verweist insoweit ua auf *Lutter* AcP 180, 85 ff., 132 f. sowie Soergel/*Hadding* BGB § 54 Rn. 11. Seine Sicht entspreche den Maßstäben des BGH in Sachen *Holzmüller* BGHZ 83, 122, zur Unterlassungsklage eines Aktionärs. Das Klagerecht der Mitglieder solle nur restriktiv bestehen. Jedem einzelnen Mitglied könne nicht in jedem Fall behaupteter nicht ordnungsgemäßer Geschäftsführung ein Anspruch auf Unterlassung oder Handlung zugebilligt werden. Anderenfalls würde der auf Mehrheitsentscheidungen angelegte Verein handlungsunfähig. Deshalb seien grundsätzlich andere Handlungsoptionen zu nutzen. Für ein Mitglied bestehe nicht nur die Möglichkeit des Austritts, sondern es könne auch eine Entscheidung des Vereins/der Mitgliederversammlung herbeiführen.

68   BGHZ 83, 122 = juris Rn. 35.

69   Vgl. grundlegend *Grunewald*, Die Gesellschafterklage in der Personengesellschaft und in der GmbH, 1990, 92 ff. Vgl. Baumbach/Hueck/*Fastrich* GmbHG § 13 Rn. 36 ff.

70   *Leuschner*, S. 183 ff.; MüKoBGB/*Leuschner* § 38 Rn. 16; dieser stützt sich ua auf *Knobbe-Keuk* FS Ballerstedt, 1975, S. 239, 251 ff. und *Zöllner* ZGR 1988, 392 (426 f.).

IV. Vereinsordnungen unterhalb der Satzung

Soweit Vereinsorgane **Vereinsordnungen unterhalb der Satzung** erlassen („Nebenordnungen" oder „Vereinsordnungen"), müssen diese von der Satzung gedeckt sein, sie müssen sich auf die Ausgestaltung des in der Satzung enthaltenen Rechts beschränken;[71] die Gerichte können solche Ordnungen auf Satzungskonformität und Billigkeit prüfen.[72] Voraussetzung für deren Erlass ist, dass die Satzung ihnen eine **eindeutige Rechtsgrundlage** bietet und das für den Erlass einzuhaltende **Verfahren** ordnet. Mindestvoraussetzung ist, dass alle Mitglieder von Vereinsordnungen Kenntnis nehmen können.[73] Vereinsordnungen unterhalb der Satzung können ohne Einhaltung der Vorschriften für die Satzungsänderung (§§ 33, 71) geändert werden.[74] Trifft der Verein in Vereinsordnungen Regeln, die nicht als Satzung erlassen sind, doch zu den in der Satzung zu regelnden Angelegenheiten gehören, oder verstoßen Regelungen in satzungsnachrangigen Vereinsordnungen gegen die Satzung, haben die nachrangigen Ordnungen keine Geltung.[75]

Von Vereinsordnungen außerhalb der Satzung abzugrenzen sind **Geschäftsordnungen**, die lediglich den Geschäftsgang von Vereinsorganen regeln.[76] Die Befugnis eines Organs, sich selbst eine Geschäftsordnung zu geben, bedarf keiner Grundlage in der Satzung. Jedes Organ hat seine Aufgaben selbstverantwortlich wahrzunehmen und die Befugnis, sich organisationsintern eine Geschäftsordnung zu geben.[77] Diese darf nicht der Satzung oder der Satzung vorbehaltenen Grundentscheidungen zuwiderlaufen.[78] Geschäftsordnungen geben den Vereinsmitgliedern einen Anspruch auf Gleichbehandlung. Die Vereinsmitglieder können die Verletzung der Geschäftsordnung nur unter dem Gesichtspunkt der Verletzung des Gleichheitssatzes rügen.[79] Das jeweilige Organ darf im Einzelfall seine Geschäftsordnung durchbrechen, wenn die Geschäftsordnung dem nicht entgegensteht und ein Beschluss mit der Mehrheit zustande kommt, die für den Erlass einer Geschäftsordnung erforderlich ist. Der Verstoß gegen die Geschäftsordnung ist keine Satzungsverletzung und begründet auch keine Mängel eines gleichwohl gefassten Beschlusses. Diese können sich aber dadurch ergeben, dass sich in der Durchbrechung der Geschäftsordnung ein Verstoß gegen das Teilnahme-, Rede- oder Auskunftsrecht widerspiegelt.[80] Geschäftsordnungen dürfen nicht in Mitgliederrechte eingreifen.[81]

B. Regelungsgehalt

I. Satzung

1. Begriff und Inhalt. Satzung ist die vom Verein im Rahmen des zwingenden Rechts verbindlich festgelegte materielle Verfassung (Satzung im materiellen Sinn); diese ist von der Satzungsurkunde (Satzung im formellen Sinn) zu unterscheiden, die vielfach Vorschriften ohne Satzungs- bzw. Verfassungscharakter enthält.[82] Zum Inhalt dessen, was materiell in die Satzung gehört, → Rn. 2 ff.

Die Satzung darf unstreitig sog. **statische Verweisungen** auf andere Satzungen und ähnliche Normen in einer bestimmten Fassung enthalten; unzulässig sollen **dynamische Verweisungen** auf die in Bezug genommene Norm in der jeweiligen Fassung sein.[83] Typische Fälle dafür sind Verweise auf übergeordnete Verbandssatzungen (vgl. allg. zu den Fragen mehrstufiger Vereinsstrukturen → Rn. 30 a und → Vor § 21 Rn. 24). UE ist der weit verbreiteten Auffassung von der Unzulässigkeit dynamischer Verweisungen nicht

32

33

34

35

71 Erman/*Westermann* BGB § 25 Rn. 3; *Lukes* NJW 1972, 121; MHdB GesR II/*Wagner* § 19 Rn. 6; Soergel/*Hadding* BGB § 25 Rn. 8.

72 *K. Schmidt* GesR § 23 III 1 a; Staudinger/*Weick* (2005) BGB § 25 Rn. 4; Staudinger/*Schwennicke* BGB § 25 Rn. 68; MüKoBGB/*Reuter* (7. Aufl.) § 25 Rn. 10 ff.

73 Palandt/*Ellenberger* BGB § 25 Rn. 6.

74 Palandt/*Ellenberger* BGB § 25 Rn. 6; Reichert/*Wagner* Kapitel 2 Rn. 413.

75 Reichert/*Wagner* Kapitel 2 Rn. 415, 409.

76 Vgl. Palandt/*Ellenberger* BGB § 25 Rn. 6; BeckOK BGB/*Schöpflin* § 25 Rn. 24; MHdB GesR II/*Wagner* § 19 Rn. 9 f.; Reichert/*Wagner* Kapitel 2 Rn. 431.

77 BGHZ 47, 172, 177 = DB 1967, 855 = NJW 1967, 1268; Palandt/*Ellenberger* BGB § 25 Rn. 6; BeckOK BGB/*Schöpflin* § 25 Rn. 24; Reichert/*Wagner* Kapitel 2 Rn. 431.

78 Erman/*Westermann* BGB § 25 Rn. 1.

79 BGHZ 47, 172, 177 = WM 1967, 606.

80 Reichert/*Wagner* Kapitel 2 Rn. 433.

81 BGHZ 47, 172, 178 = DB 1967, 855 = NJW 1967, 1268.

82 Palandt/*Ellenberger* BGB § 25 Rn. 2; BeckOK BGB/*Schöpflin* § 25 Rn. 11.

83 Palandt/*Ellenberger* BGB § 25 Rn. 2; BeckOK BGB/*Schöpflin* § 25 Rn. 6; MüKoBGB/*Reuter* (7. Aufl.), Vor § 21 Rn. 1; BGHZ 128, 93, 100 = NJW 1995, 283 (285); OLG Hamm OLGZ 1987, 397 = NJW-RR 1988, 134; BGH NJW-RR 1989, 376; vgl. BGHZ 212, 70 = NJW 2017, 402 Rn. 41 ff., wonach es möglich ist, Klauseln in die Satzung aufzunehmen, nach denen Regeln aus der Satzung des übergeordneten Verbands auch für Mitglieder der nachgeordneten Vereins gelten; das müsse, jedenfalls wenn die Vereinsdisziplinargewalt betroffen sei, ausdrücklich geschehen; nur so könne die nötige Transparenz hergestellt werden; einem Vereinsmitglied könne nicht angesonnen werden, nicht nur die Satzung seines Vereins zur Kenntnis zu nehmen, sondern auch noch die Satzung übergeordneter Verbände zu lesen.

zu folgen.[84] Für Unzulässigkeit spricht nicht das häufig angeführte Argument der Registereintragung (§§ 25, 71), da ja gerade auch die (dynamische) Verweisung in das Vereinsregister eingetragen wird. Auch das Gebot, die das Vereinsleben bestimmenden Grundentscheidungen in der Satzung zu regeln (→ Rn. 2), spricht nicht für Unzulässigkeit; denn gerade die (dynamische) Verweisung auf eine Einbindung eines Vereins in eine übergeordnete andere Organisation (zB des DFB – Deutscher Fußball Bund – gem. § 3.1 seiner Satzung in die FIFA) kann zu den den Verein kennzeichnenden Grundentscheidungen gehören, die die Vereinsmitglieder im Rahmen der Vereinsautonomie für den Verein in der Satzung festlegen. Grenze der zulässigen Verweisung ist uE lediglich, dass der Verein in seiner Satzung seine Regelungsmacht nicht vollständig auf den dritten Verfassungsgeber übertragen darf und dass er selbst in seiner eigenen Satzung das regeln muss, was einer ausdrücklichen satzungsmäßigen Grundlagen bedarf; ohne dynamische Verweisung feststehen müssen also der Mindestinhalt der Satzung (→ Rn. 2) sowie die Angelegenheiten, in denen der Verein gegenüber seinen Mitgliedern weiter gehende Befugnisse in Anspruch nehmen können soll, als nach den §§ 26 ff. vorgesehen, insbesondere für Vertragsstrafen (→ Rn. 3).

36　**2. Rechtsnatur und Auslegung der Satzung.** Die Rechtsnatur der Satzung ist schon seit Inkrafttreten des BGB streitig.[85] Mit der Eintragung der juristischen Person in das Register vollzieht sich eine Wandlung der Satzung, die der BGH im Anschluss an das RG so formuliert: „Sobald der Verein ins Leben getreten ist, gilt seine Satzung nicht mehr als Vertrag, sondern als seine Verfassung, der sich die Mitglieder unterworfen haben und die für sie kraft Korporationsrecht gilt."[86] Neben dieser sog. **modifizierten Normentheorie**, die Rechtsprechung und große Teile der Literatur vertreten,[87] werden vertreten die **Vertragstheorie** (wonach die Satzung rechtsgeschäftliche Qualität behält)[88] sowie die **Normentheorie** (nach der der Verein mit der Satzung objektives Recht setzt).[89] Die Bedeutung des Theorienstreits darf in der Praxis nicht überschätzt werden; das gilt jedenfalls für die Unterschiede zwischen der herrschenden modifizierten Normentheorie und der Normentheorie.[90] Nach allg. Meinung dürfen die Vorschriften über das Rechtsgeschäft nicht schematisch auf die Satzung angewendet werden, sondern bei der Auslegung ist deren normähnlicher Charakter zu berücksichtigen; dabei besteht Einverständnis, dass die Satzung keine Rechtsnorm ist, sondern lediglich eine eigenständige normartige Regelung für das Vereinsleben.[91]

37　Für den von den Vereinsgründern geschlossenen Vertrag bestehen **keine Formvorschriften**, in der Praxis ist aber im Hinblick auf § 59 Abs. 2 bzw. das Genehmigungsverfahren nach § 22 Schriftform bzw. Textform unentbehrlich (→ § 59 Rn. 4).

38　Die Satzung ist (nach der Erweiterung des Mitgliederkreises über die Gründungsmitglieder hinaus)[92] **objektiv aus sich heraus und einheitlich** auszulegen; außerhalb der Satzung liegende Umstände dürfen nur berücksichtigt werden, wenn deren Kenntnis allgemein bei allen Betroffenen zu erwarten ist.[93] Die **Auslegung** orientiert sich wesentlich am Zweck des Vereins und den berechtigten Interessen der Mitglieder –

84　So auch *Blum/Ebeling*, S. 85 ff., 109 ff.; vgl. auch *Heß*, Voraussetzungen und Grenzen eines autonomen Sportrechts, in Aktuelle Rechtsfragen des Sports, 1999, S. 1 ff.

85　Vgl. *Mugdan* I, S. 403 f., wo es heißt, dass die „Privatwillenserklärungen" über die Gründung und Verfassung der juristischen Person zwar „rechtsgeschäftlicher, aber eigentümlicher Natur" sind.

86　BGHZ 21, 370, 373 = DB 1956, 1056 = NJW 1956, 1793 im Anschluss an RGZ 165, 140, 142 ff.

87　BGHZ 21, 370, 373 = DB 1956, 1056 = NJW 1956, 1793; BGHZ 47, 172, 179 f. = DB 1967, 855 NJW 1967, 1268; BGHZ 49, 396, 398 = DB 1968, 1122 = NJW 1968, 1431; BGHZ 105, 306 = DB 1989, 619 = NJW 1989, 1724; Palandt/*Ellenberger* BGB § 25 Rn. 3; Staudinger/*Weick* (2005) BGB § 25 Rn. 15; Staudinger/*Schwennicke* BGB § 25 Rn. 29 ff.; vgl. auch *K. Schmidt* GesR § 5 I 1 c; *Flume* BGB AT Bd. 1/1, § 9 I.

88　Soergel/*Hadding* BGB § 25 Rn. 11, 17.

89　MüKoBGB/*Reuter* (7. Aufl.) § 25 Rn. 17 ff.; MüKoBGB/*Leuschner* § 25 Rn. 13 ff.; Erman/*Westermann* BGB § 25 Rn. 2.

90　Vgl. MüKoBGB/*Reuter* (7. Aufl.) § 25 Rn. 22; MüKoBGB/*Leuschner* § 25 Rn. 14; Schauhoff/*van Randenborgh* § 2 Rn. 27.

91　BGHZ 47, 172, 179 = WM 1967, 606; BGH NJW-RR 1986, 866 (867) = MDR 1986, 914. Dissens zB zwischen Palandt/*Ellenberger* BGB § 25 Rn. 3 und BeckOK BGB/*Schöpflin* § 25 Rn. 10, ob der Theorienstreit unergiebig ist oder praxisrelevant, das scheint mehr ein Streit um Worte zu sein, da iE der Rechtsanwendung weithin Einigkeit besteht.

92　Solange die Gründungsmitglieder unter sich sind, ist entsprechend den allgemeinen Auslegungskriterien nach §§ 133, 157 auszulegen, vgl. *Grunewald*, Gesellschaftsrecht, § 8 Rn. 15, die im Übrigen darauf hinweist, dass die Satzung bei der Eintragung des Vereins vorzulegen ist; daher komme nur ein Verständnis der Satzung infrage, dass der Eintragung nicht entgegenstehe.

93　BGHZ 47, 172, 180 = DB 1967, 855 = NJW 1967, 1268; BGHZ 63, 282, 290 = DB 1975, 592 = NJW 1975, 771; BGHZ 96, 245, 250 = DB 1986, 473 = NJW 1986, 1083; BGHZ 113, 237, 240 = DB 1991, 906 = NJW 1991, 1727; BGH NJW-RR 2013, 873 = NZG 2013, 713 = ZIP 2013, 1217 Rn. 24. Die Rspr. der Finanzgerichte folgt diesen Grundsätzen, vgl. zB BFH, BFH/NV 2018, 611, Rn. 23; FG München EFG 2019, 1421 (danach ist die Streitfrage, wie die Satzung zu verstehen ist, im Feststellungsverfahren nach § 60 a AO zu klären, wenn Finanzamt und Verein dessen Satzung unterschiedlich auslegen).

nicht aber an dem Willen oder den Interessen der Gründer.[94] Daher soll der Entstehungsgeschichte der Satzung keine Bedeutung zukommen.[95] Ergänzende Auslegung kann Lücken der Satzung schließen, wobei aber nur die in der Satzung selbst angelegten Regeln zu einem sinnvollen Ganzen ergänzt werden dürfen.[96] Für die Auslegung ist der Wortlaut von Satzungsbestimmungen maßgebend. Ausschlaggebend ist der allgemeine Sprachgebrauch, ggf. der durch die Fachsprache in einem bestimmten Lebensbereich festgelegte Sinn.[97] Gelten soll, was ein vernünftiger Mensch aus der jeweiligen Satzungsklausel entnehmen kann; was für das normale Vereinsmitglied nicht erkennbar ist, sondern erst durch juristische Beratung erschlossen werden muss, soll nicht Satzungsinhalt sein.[98] Die **teleologische Auslegung** muss an den objektiv bekannten Umständen anknüpfen. Einer **längeren vereinsinternen Übung** (vgl. auch → Rn. 34) kann, insbesondere hinsichtlich von Fragen der Kompetenzverteilung, Bedeutung zukommen, zumal wenn sie sich in Beschlüssen der Mitgliederversammlung manifestiert hat.[99]

Die Satzungsauslegung ist eine Rechtsfrage und daher **revisibel** bzw. der Rechtsbeschwerde nach FamFG zugänglich.[100]   **39**

3. Satzungsmängel. Selbst wenn Erklärungen von einzelnen Gründern unwirksam sind, ist die Satzung **40** wirksam, sofern mindestens zwei wirksame Gründungserklärungen vorliegen.[101] Willensmängel können entgegen § 142 nur mit ex-nunc-Wirkung geltend gemacht werden.[102] § 139 ist nicht anwendbar.[103] Ist eine einzelne Satzungsbestimmung nichtig, kommt es für die Frage, ob die Satzung im Übrigen gültig bleibt (Teilnichtigkeit), nicht auf den Willen der Gründer an; vielmehr ist der objektive Inhalt der Satzung zu beurteilen und die Restgültigkeit zu bejahen, wenn die verbleibenden Bestimmungen als Regelung für ein geordnetes Vereinsleben ausreichen und den Belangen der Mitglieder gerecht werden.[104] An die Stelle der nichtigen Bestimmung treten die dispositiven Vorschriften des BGB; fehlen solche, muss das für Satzungsänderungen zuständige Organ unverzüglich die Lücke schließen; für die Übergangszeit ist, ggf. in Anlehnung an die Grundsätze des § 157 zur ergänzenden Vertragsauslegung, eine provisorische Regelung zu entwickeln.[105] Gesamtnichtigkeit ist anzunehmen, wenn sich die verbleibenden Satzungsbestimmungen nicht zu einer sinnvollen Ordnung des Vereinslebens ergänzen lassen[106] oder der Vereinszweck sitten- oder gesetzwidrig ist.[107] Bei Gesamtnichtigkeit der Satzung gelten die Regeln über die fehlerhafte Gesellschaft (→ Vor § 21 Rn. 25 ff.). Ständige Übung kann die Nichtigkeit einer eingetragenen Satzungsbestimmung (einschließlich Satzungsänderung) nicht heilen (→ Rn. 34).[108] § 242 AktG und die ähnlichen Regelungen von § 20 Abs. 2, 202, Abs. 3 UmwG gelten nicht (analog); sie sind beschränkt auf den besonderen Verkehrsschutz für (börsennotierte) Aktiengesellschaften und Vorgänge des Umwandlungsrechts. Erwägungen zur Treuepflicht, wonach Vereinsmitglieder sich für die Vergangenheit nicht auf die Nichtigkeit einer Satzungsbestimmung berufen könnten, wenn diese längere Zeit praktiziert wurde, können allenfalls dann einschlägig sein, wenn das betreffende Vereinsmitglied sich aktiv an der Praktizierung der nichtigen Regelung beteiligt hat[109] (vgl. auch → Rn. 34).

---

94 Palandt/*Ellenberger* BGB § 25 Rn. 4; Staudinger/
 Weick (2005) BGB § 25 Rn. 16; Staudinger/*Schwennicke* BGB § 25 Rn. 54; BGHZ 47, 172, 180 = DB
 1967, 855 = NJW 1967, 1268.
95 BGHZ 47, 172, 180 = DB 1967, 855 = NJW 1967,
 1268; BGHZ 96, 245, 250 = DB 1986, 473 = NJW
 1986, 1083; Staudinger/*Weick* (2005) BGB § 25
 Rn. 16; Staudinger/*Schwennicke* BGB § 25 Rn. 54.
96 Vgl. BGH NJW-RR 1990, 226; OLG Düsseldorf
 GmbHR 1994, 245 (zur GmbH).
97 Staudinger/*Weick* (2005) BGB § 25 Rn. 16;
 Staudinger/*Schwennicke* BGB § 25 Rn. 54.
98 BGHZ 47, 172, 175 = DB 1967, 855 = NJW 1967,
 1268; BGH NJW-RR 2013, 873 = NZG 2013, 7013,
 = ZIP 2013, 1217 Rn. 24.
99 RG JW 1936, 2387; BAGE 93, 1 = NJW 2000, 1211;
 OLG Frankfurt WM 1985, 1466 (1468) = ZIP 1985,
 213 (215); vgl. *Cherkeh* SpuRt 2017, 208 sowie AG
 Helmstedt SpuRt 2017, 205 = juris Rn. 18 ff.
100 BGHZ 96, 245, 250 = DB 1986, 473 = NJW 1986,
 1033; BGH NJW 1997, 3368 (3369); BeckOK BGB/
 Schöpflin § 25 Rn. 14; Palandt/*Ellenberger* BGB § 25
 Rn. 4; Reichert/*Wagner* Kapitel 2 Rn. 392.
101 BeckOK BGB/*Schöpflin* § 25 Rn. 13; Soergel/*Hadding* BGB § 25 Rn. 29, 31.

102 BeckOK BGB/*Schöpflin* § 25 Rn. 13.
103 Staudinger/*Weick* (2005) BGB § 25 Rn. 16, 19;
 Staudinger/*Schwennicke* BGB § 25 Rn. 53, 64;
 BeckOK BGB/*Schöpflin* § 25 Rn. 13, Reichert/*Wagner* Kapitel 2 Rn. 394; vgl. für die AG auch *Braunfels* in Heidel Aktienrecht AktG § 23 Rn. 46.
104 BGHZ 47, 172, 180 = DB 1967, 855 = NJW 1967,
 1268; Staudinger/*Weick* (2005) BGB § 25 Rn. 19;
 Staudinger/*Schwennicke* BGB § 25 Rn. 64; Reichert/
 Wagner Kapitel 2 Rn. 394; BeckOK BGB/*Schöpflin*
 § 25 Rn. 13.
105 Palandt/*Ellenberger* BGB § 25 Rn. 5; BeckOK BGB/
 Schöpflin § 25 Rn. 13; vgl. auch BGH NJW-RR
 1990, 226 (227).
106 Palandt/*Ellenberger* BGB § 25 Rn. 5; BeckOK BGB/
 Schöpflin § 25 Rn. 13; KG NJW 1962, 1917;
 Staudinger/*Weick* (2005) BGB § 25 Rn. 19;
 Staudinger/*Schwennicke* BGB § 25 Rn. 62.
107 Beispiele aus der Rspr. bei Palandt/*Ellenberger* BGB
 § 25 Rn. 5.
108 So mit Recht MükoBGB/*Reuter* (7. Aufl.) § 25 Rn. 2
 gegen MHdB GesR II/*Wagner* § 19 Rn. 13 und § 24
 Rn. 23.
109 Vgl. auch MükoBGB/*Reuter* (7. Aufl.) § 25 Rn. 2.

41 Das von einer nichtigen Satzungsbestimmung betroffene Vereinsmitglied hat ein **Recht zum sofortigen Vereinsaustritt**, wenn die Unwirksamkeit für das Mitglied von so zentraler Bedeutung ist, dass ihm ein Verbleiben im Verein nicht zuzumuten ist.[110]

42 **Salvatorische Klauseln** ändern nichts daran, dass die Frage der Gesamtnichtigkeit einer Satzung nach den allgemeinen Grundsätzen zu prüfen ist.[111]

43 **4. Die richterliche Inhaltskontrolle.** Im Rahmen der **Satzungs- bzw. Vereinsautonomie** (→ Vor § 21 Rn. 11) hat der Verein weitestgehende Freiheit, sich seine innere Ordnung zu geben. Das Vereinsrecht ist weitgehend dispositiv (§§ 25, 40), Art. 9 Abs. 1 GG (→ Vor § 21 Rn. 13 f.) schützt sehr weitgehend die Gestaltungsfreiheit.[112] Schranken folgen aus den zwingenden Normen des Vereinsrechts (→ Rn. 1), den öffentlich-rechtlichen Vorschriften des Vereinsgesetzes (→ Vor § 21 Rn. 11) sowie §§ 134, 138, 242 (→ § 21 Rn. 17). Bei der Ausgestaltung der Organisation ist im Hinblick auf die Vereinsautonomie (→ Vor § 21 Rn. 13 f.) dem Verein weitgehend freie Hand gegeben. Es gibt grundsätzlich (vgl. aber → Rn. 17) **kein Gebot zur demokratischen Gestaltung der Vereinsverfassung.** Insbesondere soll es zulässig sein, dass die Satzung die Mitgliederversammlung zwar nicht abschafft, aber ihre Rechte weitgehend beschränkt, dem Vorstand eine übermächtige Stellung einräumt, Mehrfach-Stimmrechte vorsieht oder die Berufung von Vorstandsmitgliedern und Satzungsänderungen von der Zustimmung Dritter abhängig macht.[113] **Äußerste Grenzen**[114] sind, (a) dass über Angelegenheiten des Vereins nicht ausschließlich Personen entscheiden dürfen, auf deren Auswahl und Kontrolle die übrigen Vereinsmitglieder keinen Einfluss haben, (b) dass den Vereinsorganen keine Willkür ermöglicht werden darf und (c) dass die Satzung den Verein nicht so stark unter fremden Einfluss bringen darf, dass er zu einer eigenen Willensbildung nicht mehr in der Lage ist oder unselbstständiges Anhängsel eines außenstehenden Dritten wird.[115] Den Vereinsmitgliedern darf auch nicht die Befugnis grundsätzlich genommen werden, die Satzung zu ändern.[116]

44 Mit der Vereins- und Satzungsautonomie sind grundsätzlich Gestaltungen vereinbar, bei denen sich ein (regionaler) Zweigverein in einen Gesamtverein eingliedert (vgl. allg. zu solchen Modellen des Vereinsverbandes und in Abgrenzung davon des Gesamtvereins → Vor § 21 Rn. 24). Aufgrund der Vereinsautonomie sind die Vereine berechtigt, sich eine zweckgerechte Organisation zu geben und frei zu bestimmen, soweit nicht zwingende Vorschriften oder das Wesen des Vereins dem entgegenstehen. In den bei → Rn. 30 erläuterten Grenzen kann die Vereinsautonomie grundsätzlich so weit gehen, das Selbstverwaltungsrecht des Vereins satzungsmäßig zu beschränken.[117] Das lässt gestufte Verbände zu, bei denen (als eV oder als nicht eingetragener Verein) organisierte Vereine als Unterverbände in Abhängigkeit zu einem Oberverband stehen. Sie verlieren ihren Vereinscharakter nicht, solange sie auch eigenständige Aufgaben wahrnehmen. Sie dürfen lediglich nicht vollständig auf ihr Selbstverwaltungsrecht verzichten. Um eine solche Untergliederung als selbstständigen Verein zu behandeln, genügt es nach der Rspr., wenn sie auf Dauer Aufgaben nach außen im eigenen Namen durch eigene, handlungsfähige Organisationen wahrnimmt, eine körperschaftliche Struktur besitzt, einen Gesamtnamen führt, vom Wechsel der Mitglieder unabhängig ist und neben der

110 Reichert/*Wagner* Kapitel 2 Rn. 397; vgl. Hachenburg/*Ulmer* GmbHG § 2 Rn. 87.
111 Reichert/*Wagner* Kapitel 2 Rn. 398.
112 OLG Köln NJW 1992, 1048 = Rpfleger 1992, 112; OLG Celle NJW-RR 1995, 1273 = Nds. Rpfleger 1995, 48; OLG Karlsruhe NZG 2012, 1314 = FGPrax 2012, 210.
113 Palandt/*Ellenberger* BGB § 25 Rn. 8; ebenso Erman/*Westermann* § 25 Rn. 2; OLG Zweibrücken NZG 2013, 1271; OLGR Celle 1994, 322 = NJW-RR 1995, 1273; OLG Frankfurt NJW-RR 1997, 482 = FGPrax 1996, 193 (in casu nahm das Gericht allerdings die Beschränkungen hin unter Verweis auf die Besonderheiten religiöser Vereine).
114 Palandt/*Ellenberger* BGB § 25 Rn. 8.
115 Erman/*Westermann* BGB § 25 Rn. 2 a BVerfGE 83, 341, 360 = NJW 1991, 2623; OLG Hamm NJW-RR 1995, 119 = BauR 1995, 119; BayObLG NJW 1980, 1757 = RPfleger 1979, 416. Vgl. auch OLG Stuttgart NZG 2010, 753 = DStR 2010, 753. Vgl. OLG Karlsruhe FGPrax 2012, 210 = NZG 2012, 1314 hebt Folgendes hervor: „Bei der Prüfung des materiellen Rechts muss das Registergericht jedoch stets beachten, dass der Gesetzgeber das Vereinsrecht weitgehend dispositiv gestaltet hat (§§ 25, 40 BGB) und

dass die Gestaltungsfreiheit des Vereins durch Art. 9 Abs. 1 GG geschützt wird ... Das gilt insbesondere für die Prüfung der Frage, ob die Satzung mit dem ungeschriebenen Grundsatz der Vereinsautonomie vereinbar ist. Denn die Vereinsautonomie ist kein von der Rechtsordnung gefordertes oder vorausgesetztes Prinzip, das jegliche Einschränkung verbietet. Vielmehr können nur solche Beschränkungen der Autonomie als unzulässig angesehen werden, weil mit dem Wesen des Vereins nicht vereinbar, angesehen werden, bei denen der rechtliche Fremdeinfluss so stark ist, dass der Verein nicht mehr als vornehmlich von der Willensbildung und -betätigung seiner Mitglieder getragen angesehen werden kann, sondern als unselbständige Verwaltungsstelle einer anderen organisatorischen Einheit erscheint."
116 *Grunewald*, Gesellschaftsrecht, § 8 Rn. 20 f., fordert unter Verweis auf OLGZ Frankfurt 1981, 391, OLG Frankfurt NJW 1983, 2576 = DB 1982, 1616 mit Recht, dass diese Befugnis real und nicht nur theoretisch gegeben sein muss; etwa dürfen Satzungsänderungen nicht ein derart hohes Quorum haben, dass die Änderung gänzlich unrealistisch ist.
117 BVerfG NJW 1991, 2623 (2625) = DVBl 1991, 435.

unselbstständigen Tätigkeit für den Hauptverein Aufgaben auch eigenständig wahrnimmt.[118] Die verfassungsmäßige Ordnung solcher Vereine entspricht dem § 25 sowohl in Fällen, (1) in denen sich die regionalen Untergliederungen selbst zum Zentralverband zusammenschließen und deren Mitglieder sind, und (2) in denen die individuellen Mitglieder sowohl dem Gesamtverein als auch dem örtlichen Verein angehören (sog. „Doppelmitgliedschaft"). Bei solchen Zweigvereinen sind satzungsmäßige Beschränkungen des Selbstverwaltungsrechts zugunsten des Gesamtvereins nicht nur üblich, die Rspr. beanstandet sie nicht: Denn sie entsprechen dem Zweck des regional gegliederten, aber einheitlich organisierten Zusammenschlusses; zudem steht der Gesamtverein dem Zweigverein nicht wie ein fremder Dritter gegenüber, da seine Willensbildung gleichfalls von den gemeinsamen Mitgliedern bestimmt wird.[119]

Bei **Verbänden mit wirtschaftlicher oder sozialer Machtstellung** („Monopolvereine") muss als Ausnahme zu den allgemeinen Grundsätzen (→ Rn. 30) höchstes Organ die Mitglieder- oder Delegiertenversammlung sein; sie können zB nach § 20 Abs. 5 GWB einem Aufnahmezwang unterliegen (→ Rn. 36 f.) und müssen ihre Verfassung demokratisch ausgestalten.[120] Diese Grundsätze gehen auf das Reichsgericht zurück. Es hatte besondere Rechtsgrundsätze für Vereine entwickelt, deren Zugehörigkeit „geradezu eine Lebensfrage für die Mitglieder bildet".[121] Den Grundsatz hat es weiterentwickelt auf Vereine von sozialer, wirtschaftlicher oder kultureller Bedeutung im „Volksganzen" oder eines nicht unerheblichen Volksteils („jedenfalls ... ausreichend"), wenn der Ausschluss das Mitglied in wichtigen Lebensbeziehungen betreffe.[122] Der BGH hat diese Rechtsprechung erweitert und nicht nur auf „Monopolverbände" bezogen, sondern auch auf solche Vereine mit einer überragenden Machtstellung im wirtschaftlichen oder sozialen Bereich, bei dem die Mitgliedschaft für den Einzelnen aus beruflichen, wirtschaftlichen oder sozialen Gründen von erheblicher Bedeutung ist.[123] **45**

Satzungen solcher Vereine, die eine wirtschaftliche oder soziale Machtstellung innehaben und bei denen das Mitglied auf die Mitgliedschaft angewiesen ist, unterliegen einer **richterlichen Inhaltskontrolle**.[124] Die Inhaltskontrolle stützt sich auf die Generalklauseln des BGB, zumal §§ 138, 826, 242 und § 315. Diese Kontrolle gilt in besonderem Maße für die Vereine mit Monopol- oder mit überragender Machtstellung;[125] sie betrifft aber grundsätzlich sämtliche Vereine.[126] Prüfungsmaßstab ist gem. § 310 Abs. 4 nicht eine AGB-mäßige Kontrolle. Ein wichtiger Prüfungsmaßstab ist die Gleichbehandlung der Mitglieder und das Willkürverbot.[127] Vereinsrechtliche Regelungen, die gegen § 242 verstoßen, sind unwirksam. Ein Vereinsmitglied unterwirft sich der Gewalt des Vereins im Vertrauen darauf, dass er sie nur nach Treu und Glauben ausübt.[128] Entscheidend ist die **Angemessenheit der Regelung**; die Justiz prüft, ob die Regelung den Interessenkonflikt zwischen Verein und Mitglied einseitig zugunsten des Verbandes entschieden hat; dabei findet eine **umfassende Interessenabwägung** statt, bei der auch zu berücksichtigen ist, ob ein Mitglied jederzeit aus dem Verein austreten kann, ohne dass dieser Schritt seine Interessen erheblich beeinträchtigt, oder aber das Mitglied auf die Mitgliedschaft beispielsweise zur Ausübung seines Berufs wesentlich angewiesen ist.[129] **46**

In der Praxis wichtig sind Fälle der **Inhaltskontrolle im Verhältnis zu Nicht-Mitgliedern** vor allem im Berufssport.[130] Wichtige Pflöcke dafür setzte der EuGH am Beispiel des Sports: So sind beispielsweise gem. Art. 39 EGV/nunmehr Art. 45 AEUV unwirksam Regelungen, nach denen Vereine anderer Mitgliedstaaten Berufssportler nach Ablauf ihres Vertrages nur bei Transferentschädigung beschäftigen dürfen;[131] auch Vorschriften, nach denen Vereine nur eine begrenzte Zahl von Sportlern aus anderen EU- oder EWR- **47**

118 BGH NJW 1979, 1402 = BGHZ 73, 275; BGH NJW 1984, 223 = BB 1984, 656; BGH NJW 2008, 69 (73 f.) = WM 2007, 1932; OLG Karlsruhe NZG 2012, 1314, = FGPrax 2012, 210.

119 Vgl. OLG Frankfurt 27.2.2014 – 15 U 94/13 (nv) zur Frage, ob das Modell einer Doppelmitgliedschaft der Vereinsmitglieder vorliegt oder nur die Zweigvereine Mitglied des Hauptvereins sind.

120 Palandt/*Ellenberger* BGB § 25 Rn. 8; *Föhr* NJW 1975, 617; *K. Schmidt* ZRP 1977, 659; *Lessmann* NJW 1978, 1545; *Göhner* DVBl 1980, 1033.

121 RGZ 107, 386, 388.

122 RGZ 140, 23, 24; 147, 11, 15.

123 BGHZ 93, 151, 152 f. = DB 1985, 586 = NJW 1985, 1216; BGHZ 102, 265, 276 = DB 1988, 491 = NJW 1988, 552.

124 BGHZ 105, 306, 318 = DB 1989, 619 = NJW 1989, 1724.

125 BGHZ 63, 282, 290 = NJW 1975, 771; BGHZ 105, 306, 318 f. = DB 1989, 619 = NJW 1989, 1724.

126 Palandt/*Ellenberger* BGB § 25 Rn. 9; Reichert/*Wagner* Kapitel 2 Rn. 385 ff.; OLG Frankfurt OLGZ 1981, 391 (392) = Rpfleger 1981, 310; OLG Frankfurt ZIP 1984, 61 (63); OLG Celle NJW-RR 1989, 313 = FamRZ 1989, 313 (Kurzwiedergabe).

127 Reichert/*Wagner* Kapitel 2 Rn. 777 ff., OLG Celle NJW-RR 1995, 1273 = OLGR Celle 1994, 322.

128 OLG Düsseldorf NJW 2008, 1451 (1453).

129 BGHZ 105, 306 = DB 1989, 619 = NJW 1989, 1724 (1726); vgl. Palandt/*Ellenberger* BGB § 25 Rn. 9; BeckOK BGB/*Schöpflin* § 25 Rn. 30.

130 Palandt/*Ellenberger* BGB § 25 Rn. 10; BeckOK BGB/*Schöpflin* § 25 Rn. 31 f.; Reichert/*Behler* Kapitel 2 Rn. 3286 ff.; EuGH NJW 1996, 505; BGHZ 142, 304 = NJW 1999, 3552; BGH NJW 2000, 1028; BAG NJW 1996, 1916; LG Stuttgart NJW-RR 2004, 929 = SpuRt 2004, 116; OLG Düsseldorf NJW 2008, 1451.

131 EuGH NJW 1996, 505 = ZIP 1996, 42.

Staaten einsetzen dürfen, verstoßen gegen das EU-Recht.[132] Mittlerweile hat auch die deutsche Rspr. das Verbot von Transferzahlungen auf der Grundlage von Art. 12 GG und § 242 BGB bestätigt.[133] Die Gerichtspraxis geht deutlich über die Inhaltskontrolle der Satzungen hinaus. Sie verpflichtet zB Monopolverbände, die als einzige bestimmte Leistungen unter von ihnen selbst aufgestellten Kriterien an nicht Verbandsangehörige erbringen, ihre **Leistungen jedem zu gewähren, der die Voraussetzungen für die Gewährung erfüllt.**[134]

48 **5. Vereinsgewohnheitsrecht.** Die Verfassung des nicht rechtsfähigen Vereins kann sich zwar aus Gewohnheitsrecht ergeben, da er keine geschriebene Verfassung braucht. Anders beim eingetragenen Verein: Gewohnheitsrecht kann seine geschriebene Satzung nicht ändern, da bei der Satzungsänderung ein förmliches Verfahren einzuhalten ist (vgl. § 33 Abs. 1 bzw. 2 iVm § 71 Abs. 1).[135] Möglich ist aber ständige Übung (Observanz) bei der Auslegung der Satzung heranzuziehen, zumal zur Lückenfüllung (→ Rn. 25).[136]

II. Aufnahmeanspruch von Vereinsmitgliedern

49 Vereine sind grundsätzlich frei, Mitglieder aufzunehmen oder Bewerber abzuweisen (Art. 9 Abs. 1, 2 Abs. 1 GG) (vgl. allg. → Vor § 21 Rn. 13). Das gilt grundsätzlich auch, wenn der Bewerber die satzungsmäßigen Voraussetzungen der Aufnahme erfüllt.[137] § 18 Abs. 2 AGG untersagt eine gegen die Diskriminierungsverbote des AGG verstoßende Ablehnung einer Aufnahme (→ AGG § 18 Rn. 8).

50 Weithin unproblematische **Aufnahmeansprüche** können sich aber **aufgrund einer Selbstbindung des Vereins oder kraft Gesetzes** ergeben (vertragliche Bindung mit dem Bewerber; satzungsmäßige Bindung, bei bestimmten Voraussetzungen Mitglieder aufzunehmen; gesetzliche Verpflichtung zur Aufnahme zB gem. § 54 GenG iVm § 63 b Abs. 1 GenG oder gem. § 7 Abs. 1 Nr. 5 Tierzuchtgesetz). Darüber hinaus gibt es einen spezialgesetzlichen Aufnahmeanspruch für Wirtschafts- und Berufsvereinigungen sowie Gütezeichengemeinschaften gem. § 20 Abs. 5 GWB.[138] Der Aufnahmeanspruch ist vor den Zivilgerichten durch Leistungsklage auf Aufnahme in den Verein durchsetzbar.[139]

51 Darüber hinaus besteht bei **sozialmächtigen Vereinen** auch ohne Monopolstellung, (→ Rn. 17) eine Pflicht, Beitrittswilligen den Beitritt nicht ohne deren unbillige Benachteiligung und nur bei Vorliegen eines sachlich rechtfertigenden Grundes zu verwehren.[140] Die materiellen Voraussetzungen des Aufnahmezwangs folgen unmittelbar aus Art. 9 Abs. 1 GG. Sie setzen eine Abwägung der beiderseitigen Interessen voraus. Eine kritische Frage ist immer, ob der Verein eine im Sinne der Rechtsprechung ausreichende wirtschaftliche und soziale Machtstellung besitzt. Eine solche ist nicht nur bei Wirtschafts- oder Berufsvereinigungen denkbar, und der Beitrittswillige muss kein Unternehmen sein. Eine überragende Machtstellung kann auch einem Verein auf örtlicher Ebene zukommen, der im regionalen Bereich einzigartig ist.[141]

---

132 EuGH NJW 1996, 505; EuGH EuZW 2005, 337 = Slg 2005, I-2579.

133 BGHZ 142, 304 = NJW 1999, 3552; BGH NJW 2000, 1028; BAG NJW 1996, 1916; LG Stuttgart NJW-RR 2004, 929 = SpuRt 2004, 116; OLG Düsseldorf NJW 2008, 1451.

134 BGHZ 207, 144 = NZG 2015, 1282 = ZIP 2015, 2217, Rn. 22 ff. (solche Nominierungsrichtlinien von Sportverbänden – *in casu* des Deutschen Olympischen Sportbundes DOS – sind, auch wenn sie außerhalb der Satzung festgelegt sind wie das Satzungsrecht als von den beteiligten Personen losgelöstes Regelwerk aus sich selbst heraus objektiv auszulegen (Fall betraf den Dreispringer Charles Friedek, gegenüber dem der DOS nach der BGH-Entscheidung schadensersatzpflichtig ist, weil er ihn nicht für die Olympischen Spiele nominiert und damit schuldhaft den Nominierungsanspruch verletzt hatte.

135 Erman/*Westermann* BGB § 25 Rn. 3; OLG Oldenburg NZG 2009, 917 = Nds. Rpfleger 2009, 284.

136 Reichert/*Wagner* Kapitel 2 Rn. 444.

137 RGZ 60, 94, 103; BGHZ 101, 193, 200 = DB 1987, 328 = NJW 1987, 2503; BGH NJW 1999, 1326; AG Frankfurt NJ 2017, 466 = juris Rn. 10 zu einem Kleingartenverein („Der Kläger als eV hat ein Recht darauf zu entscheiden, welche Vertragspartner die

Parzellen seines Gartens nutzen. Wenn Dritte die Nutzung übernehmen, kann sich der Kläger den Vertragspartner nicht mehr aussuchen, was seinen Satzungszwecken, aber auch dem Sinn eines Gemeinschaftsverhältnisses einer Kleingartenanlage widersprechen würde. Ein Verein muss sich seine Mitglieder aussuchen können und muss auch entscheiden können, welche Personen die Vereinsparzellen nutzen."); *Sauter/Schweyer/Waldner* Eingetragener Verein Rn. 76; Reichert/*Wagner* Kapitel 2 Rn. 950; *K. Schmidt* GesR § 24 V 2.

138 Vgl. exemplarisch OLG Düsseldorf BB 2013, 848 = NZKart 2013, 125.

139 Vgl. zu allem aus der Rspr. BGHZ 29, 344 = NJW 1959, 880; BGHZ 127, 388 = DB 1995, 269 = NJW 1995, 462; *K. Schmidt* GesR § 24 V 2 a; Reichert/*Wagner* Kapitel 2 Rn. 1014 ff.

140 BGHZ 63, 282, 285 = NJW 1975, 771; BGHZ 93, 151, 153 f. = DB 1985, 586 = NJW 1985, 1216; BGH NJW-RR 1986, 583; BGHZ 140, 74 = DB 1999, 423 = NJW 1999, 1326; vgl. Reichert/*Wagner* Kapitel 2 Rn. 1014; BeckOK BGB/*Schöpflin* § 25 Rn. 35 f.; *K. Schmidt* GesR § 24 V 2; Palandt/*Ellenberger* BGB § 25 Rn. 11; MHdB GesR II/*Wagner* § 20 Rn. 20 ff.

141 BGH NJW 1999, 1326 = NZG 1999, 217; BGH NJW 1980, 186.

Besondere Probleme ergeben sich, wenn Vereine „**Außenseiter**" von sich **fern halten** wollen, wie zB in **52** den von der Rechtsprechung entschiedenen Fällen des Aufnahmeantrags eines NPD-Mitglieds zur Polizeigewerkschaft oder eines Maoisten zur IG-Metall.[142]

Der Bewerber macht seinen Aufnahmeanspruch durch **Leistungsklage** auf Aufnahme geltend **53** (→ Rn. 36).[143] Ausdrücklich vorgesehene vereinsinterne Rechtsschutzmittel muss er zuvor ausgeschöpft haben.[144] In dringenden Fällen ist eine **einstweilige Verfügung** auf vorläufige Mitgliedschaft denkbar.[145]

Beispiele: Die Rechtsprechung hat **Aufnahmeansprüche bejaht** bei dem Deutschen Sportbund;[146] Lan- **54** dessportverbänden gegenüber einem Sportfachverband;[147] Stadtjugendring;[148] örtlicher Sportdachverein;[149] Bergwacht des DRK;[150] grundsätzlich Gewerkschaften;[151] Arzt gegenüber einer Berufsorganisation der Ärzte, deren Mitgliedschaft Voraussetzung für die Zulassung bei Krankenkassen ist.[152]

Aufnahmeanspruch **verneint** bei politischer Partei,[153] örtlichem Anwaltsverein,[154] Mieterverein,[155] Landes- **55** pressekonferenz,[156] Universitätssportclub gegenüber Landessportbund,[157] Verband freier Berufe gegenüber einem Heilpraktikerverband,[158] Wohnungsbaugenossenschaft,[159] Verband der Zeitschriftengroßhändler gegenüber einem von einem Großverlag beherrschten Händler.[160, 161]

III. Vereinsstrafen

1. Zulässigkeit und gerichtliche Überprüfung. Vereinsautonomie umfasst nach hM die Befugnis zur **56** Vereinsstrafgewalt[162] Deren Zweck ist nicht Schutz von Gläubigern, sondern Aufrechterhaltung und Durchsetzung der Vereinsordnung.[163] Die Vereinsstrafe ist nach überwiegender Meinung keine Vertragsstrafe iSd §§ 339 ff., sondern ein **eigenständiges verbandsrechtliches Institut**.[164]

Die Vereinsstrafgewalt wird nachhaltig angegriffen, insbes. im Hinblick auf den von der früher hM vertrete- **57** nen Ausschluss der gerichtlichen Überprüfung der Strafgewalt.[165] Flume kritisierte, die Rechtsordnung kenne „keine ‚Unterwerfung' unter private Strafgewalt ... Was immer es mit der Vereinsstrafe auf sich hat, jedenfalls sind die Vereinsehrenstrafen darauf gerichtet, ein Unwerturteil über das Vereinsmitglied auszusprechen. Es ist eine bare Fiktion, dass sich das Mitglied durch den Beitritt zu dem Verein im Vorhinein betreffs seiner Ehre einer Vereinsgewalt unterwirft und dem Verein es überlässt, durch Ausübung der Vereinsgewalt über seine Ehre zu verfügen".[166] Aus Das sog. **Pechstein-Urteil** des OLG München hat auch kartellrechtliche und verfassungsrechtliche Bedenken gegen Vereinsstrafen und insbesondere Vereinsschiedsgerichtsbarkeit (→ Rn. 51) aufgeworfen – jedenfalls in deren konkreter Ausgestaltung:[167] Nach

142 BGH NJW 1973, 35; BGHZ 93, 151 = NJW 1985, 1216; vgl. auch BGHZ 102, 265 = DB 1988, 491 = NJW 1988, 552; BGH NJW 1997, 3368 (3370).

143 *K. Schmidt* GesR § 24 IV 2 c; Reichert/*Wagner* Kapitel 2 Rn. 1021 f.

144 RGZ 105, 127; BGHZ 47, 172, 174 = DB 1967, 855 = NJW 1967, 1268; BGHZ 101, 193, 1999 = DB 1988, 328 = NJW 1987, 2305.

145 OLG Düsseldorf NJW-RR 1998, 328.

146 BGHZ 62, 282, 283 = NJW 1975, 771.

147 BGH NJW 1986, 583; OLG Düsseldorf NJW-RR 1987, 503; OLG Stuttgart NZG 2001, 997.

148 LG Heidelberg MDR 1990, 625 = NJW 1991, 927.

149 BGH NJW 1999, 1326.

150 LG München NJW-RR 1993, 890.

151 BGHZ 93, 151, 152 = NJW 1985, 1216; BGHZ 102, 265, 267 = DB 1988, 491 = NJW 1988, 552; BGH NJW 1991, 485.

152 RGZ 106, 120.

153 BGHZ 101, 193, 200 f. = NJW 1987, 2305.

154 BGH NJW 1980, 186 = WM 1979, 1114.

155 LG Münster MDR 1974, 310.

156 OLG Stuttgart NJW 1972, 877.

157 BGH NJW 1969, 316 = GRUR 1969, 242.

158 OLG Düsseldorf VersR 1986, 196.

159 OLG Köln OLGZ 1966, 132.

160 BGH LM GWB § 27 Nr. 4 = GRUR 1970, 198.

161 Vgl. mit weiteren Beispielen BeckOK BGB/*Schöplin* § 25 Rn. 39; Reichert/*Wagner* Kapitel 2 Rn. 1015; Palandt/*Ellenberger* BGB § 25 Rn. 12.

162 RGZ 140, 23, 24; BGHZ 21, 370, 373 = NJW 1956, 1793; BGHZ 87, 337, 344 = NJW 1984, 918.

163 Palandt/*Ellenberger* BGB § 25 Rn. 13; Soergel/*Hadding* BGB § 25 Rn. 44.

164 BGHZ 21, 370, 373 = NJW 1956, 1793; BGHZ 87, 337, 345 = NJW 1984, 918; BGH WM 2003, 292 = DB 2003, 498 = ZIP 2003, 343; Palandt/*Ellenberger* § 25 Rn. 13; BeckOK BGB/*Schöplin* § 25 Rn. 43; MHdB GesR II/*Schöplin* § 36 Rn. 3; aA Soergel/*Hadding* BGB § 25 Rn. 38; *Grunewald*, Gesellschaftsrecht, § 8 Rn. 73; *Bötticher* ZFA 1970, 3 (45).

165 *Bötticher* ZFA 1980, 53; *Flume* BGB AT Bd. 1/1, § 9 IV.

166 *Flume* BGB AT, Bd. 1/1, § 9 IV; *Grunewald*, Gesellschaftsrecht, § 8 Rn. 74; *Weitnauer* FS Reinhardt, 1972, S. 179 ff.; Staudinger/*Weick* (2005) BGB Vor §§ 21 ff. Rn. 34.

167 OLG München JZ 2015, 355 = RIW 2015, 233 = SchiedsVZ 2015, 40; *Bleistein/Degenhart* NJW 2015, 1353, auch zum Referentenentwurf des Anti-Doping-Gesetzes, BT-Drs. 18/4898, nach dessen § 11 Sportverbände und Sportler als Voraussetzung der Teilnahme an der organisierten Sportausübung Schiedsvereinbarungen über die Beilegung von Rechtsstreitigkeiten schließen können, wenn diese Anti-Doping-Regeln umsetzen sollen; die Regierungsbegründung, S. 38 f., nimmt Bezug darauf, dass in letzter Zeit „vereinzelt" die Unwirksamkeit solcher Schiedsvereinbarungen vorgebracht worden sei, und bemerkt dazu, dass der Abschluss solcher Ver-

(vom BGH nicht geteilter, vgl. sogleich) Sicht des OLG München stellt das Verlangen einer Schiedsvereinbarung durch den Ausrichter internationaler Sportkämpfe zwar nicht schlechthin einen Missbrauch von Macht dar; ein solcher liege im Hinblick auf die unterlegene Stellung der Sportler jedoch vor, wenn ein marktbeherrschender (Sport)-Verband als Voraussetzung der Zulassung zu einem von ihm ausgerichteten Wettkampf den Sportlern die Unterwerfung unter die Schiedsgerichtsbarkeit aufzwingt; die Besetzung der Schiedsgerichte dürfe kein strukturelles Übergewicht der Verbände begründen, ein solches stelle die Neutralität der Schiedsgerichtsbarkeit grundlegend in Frage.[168] Anders sah es der BGH: Zwar sei *in casu* der internationale Sportverband hinsichtlich der Zulassung der Athleten zu seinen Sportwettbewerben marktbeherrschend; er missbrauche indes seine Marktmacht nicht, wenn er die Teilnahme eines Athleten von der Unterzeichnung einer Schiedsvereinbarung abhängig mache, in denen der Court of Arbitration for Sport (CAS) in Lausanne als Schiedsgericht vorgesehen sei. Der CAS-Verfahrensordnung mangelte es nicht an ausreichenden Garantien für die Wahrung der Rechte der Athleten, weil die Beteiligten die Schiedsrichter aus einer geschlossenen Liste auswählen müssten, die ein Gremium aufstelle, das mehrheitlich mit Vertretern der nationalen Sportverbände besetzt sei; Sportverbände und Athleten stünden sich bei der Bekämpfung des Doping nicht als von gegensätzlichen Interessen geleitete Lager gegenüber.[169]

58 Das Reichsgericht prüfte zunächst nur die **Einhaltung der Satzungsbestimmungen** zur Vereinsstrafe sowie der Frage, ob der Betroffene der **Ordnungsgewalt des Verbandes** unterliegt.[170] Später erweiterte es seine Prüfung auf eine **auf grobe Verstöße begrenzte Inhaltskontrolle** einschließlich Überprüfung der Sittenwidrigkeit, Unbilligkeit und sozialen Härte.[171] Der BGH hielt anfangs an diesen Grundsätzen fest; er überprüfte nur, ob eine (nicht gesetz- oder sittenwidrige) **satzungsmäßige Ermächtigung** besaß, in einem **satzungsmäßig vorgeschriebenen, fairen Verfahren** verhängt wurde und als solche **nicht gesetz- oder sittenwidrig, willkürlich oder offenbar/grob unbillig** ist.[172] Später stellte er auch die **Tatsachenermittlung** der vereinsrechtlichen Disziplinarverfahren unter die Nachprüfung der staatlichen Gerichte; der Verein muss die der Sanktion zugrundeliegenden Tatsachen fehlerfrei festgestellt haben.[173] Deutlich weiter geht die Überprüfung bei „**Monopolvereinen**" (→ Rn. 31 f.) Trotz berechtigter Forderungen in der Literatur nach voller gerichtlicher Überprüfung bei allen Vereinen[174] bleibt die Rspr. auf ihrer bisherigen Linie,[175] sie prüft insb. nicht die Verhältnismäßigkeit der Maßnahmen.[176]

59 Diese Rspr. soll die Erwägung legitimieren, „zur richtig verstandenen Vereinsautonomie" gehöre, dass die Vereine und nicht die staatliche Gewalt darüber entschieden, ob das Verhalten eines Mitglieds gegen die Ziele oder Interessen eines Vereins verstoße.[177] Derartige Auffassungen verkennen, dass die Mitgliedschaft im Verein ein Privatrechtsverhältnis ist, das nach allgemeinen Grundsätzen des effektiven Rechtsschutzes inkl. der Drittwirkung von Grundrechten grundsätzlich der Überprüfung durch Gerichte offen stehen muss;

einbarungen als Voraussetzung für die Teilnahme am organisierten Sport idR der Prüfung nach § 138 BGB auch unter Berücksichtigung der Grundrechte und der EMRK „vor dem Hintergrund der besonderen Umstände des Leistungssports" standhalte; eine trotz des grundsätzlich gleichwertigen Rechtsschutzes erwogene Beeinträchtigung der Rechte der Sportler durch den Abschluss von Schiedsvereinbarungen sei „aufgrund der sport-spezifischen Besonderheiten, die eine interessengerechte Organisation von Sport erst ermöglichen, gerechtfertigt; die Vorschrift diene dazu, die grundsätzlichen Zweifel an der Wirksamkeit des Abschlusses von Schiedsvereinbarungen zwischen Sportlern und Verband auszuräumen; ob die jeweiligen Schiedsvereinbarungen einer umfassenden Inhaltskontrolle standhielten, solle durch § 11 AntiDopG nicht entschieden werden; das Gesetz setze eine funktionierende Sportgerichtsbarkeit voraus, die allgemeinen rechtsstaatlichen Anforderungen entspreche und solche Verstöße ausschließe.

168 OLG München JZ 2015, 355 = SchiedsVZ 2015, 40; RIW, Rn. 85 ff.
169 BGH NZG 2016, 292 = NJW 2016, 2266 = WM 2016, 1251 Rn. 26 ff., 45 ff., 61 ff.
170 RGZ 49, 150, 154 f.; 80, 189, 191.
171 RGZ 107, 386, 387; 140, 23, 24; 147, 11, 14.
172 BGHZ 21, 370 = DB 1956, 1056.

173 BGHZ 87, 337, 344 = DB 1983, 2300 = NJW 1984, 918; ebenso BGH NJW 1997, 3368; OLG Hamm NJW-RR 2001, 1480; OLG Hamm NJW-RR 2002, 389; vgl. zusammenfassend zum Prüfungsmaßstab OLG Frankfurt SpuRt 2016, 217 = juris Rn. 12; BGHZ 212, 70 = NJW 2017, 402 Rn. 37.
174 Vgl. *Flume* BGB AT Bd. 1/1, § 9 IV; *Grunewald*, Gesellschaftsrecht, § 8 Rn. 76; *Wiedemann*, Gesellschaftsrecht, 6. Aufl. 2002, § 3 III 3; *Staudinger/Weick* (2005), Vor §§ 21 ff. Rn. 41; *Staudinger/Schwennicke* BGB § 38 ff. Rn. 194; *Beuthien* BB 1968, Beilage 12; *Gehrlein* ZIP 1997, 1915; *Hadding/van Look* ZGR 1988, 270; *Schlosser*, Vereins- und Verbandsgerichtsbarkeit, S. 99 ff.; *H.P. Westermann*, Verbandsstrafgewalt, S. 101 ff.; Erman/*Westermann* BGB § 25 Rn. 5; *K. Schmidt* GesR § 24 IV 3 f.
175 BGHZ 47, 381 = DB 1967, 1217 = NJW 1967, 1657; BGHZ 75, 158 = NJW 1980, 443; BGHZ 87, 337, 345 = DB 1983, 2300 = NJW 1984, 918; BGH NJW 1997, 3368.
176 Vgl. AG Blomberg 17.5.2018 – 4 C 336/17, nv, BeckRS 2018, 40579 Rn. 15 ff.; s. dazu *Röcken* ZStV 2019, 54.
177 Palandt/*Ellenberger* BGB § 25 Rn. 25; BeckOK BGB/*Schöpflin* § 25 Rn. 67; *Haas/Prokop* JR 1998, 45.

in **Privatrechtsverhältnissen kann es grundsätzlich keine gerichtsfreien Räume geben**.[178] Der BGH stellt in st. Rspr. fest, dass die Satzung des Vereins die gerichtliche Überprüfung der Vereinsmaßnahmen nicht ausschließen darf.[179] Ein wesentlicher Aspekt der Überprüfung ist häufig die **Drittwirkung der Grundrechte**. (→ Vor § 21 Rn. 5): Am Beispiel von Stadionverboten gegen Personen, die sich in Gruppen von Randalierern befanden, hat das BVerfG herausgearbeitet, dass Veranstalter ihre Entscheidungsmacht nicht dazu nutzen dürfen, bestimmte Personen ohne sachlichen Grund von einem Sportereignis auszuschließen, die sie grundsätzlich einem großen Publikum ohne Ansehen der Personen öffneten. Ein sachlicher Grund sei die begründete Besorgnis, dass von einer Person die Gefahr künftiger Störungen ausgehe; es bedürfe hierfür nicht der Erweislichkeit vorheriger Straftaten oder rechtswidrigen Handelns. Voraussetzungen für Maßnahmen sei, dass der Stadionbetreiber zumutbare Anstrengungen zur Aufklärung des Sachverhalts unternehme, er müsse den Betroffenen anhören und die Entscheidung auf Verlangen begründen[180] (→ Rn. 54, 58 a).

Bei der Überprüfung erscheinen allerdings **Beschränkungen erforderlich**. Sie betreffen zunächst Tatsachenentscheidungen des (Sport-)Schiedsrichters,[181] was unmittelbar einleuchtet: Hätte jedes Bundesliga-Fußballspiel für jede Schiedsrichter-Entscheidung ein Nachspiel im Gerichtssaal, blieben bald die Zuschauer aus und der Zweck des Spiels wäre verfehlt. Daher kann eine nachträgliche Korrektur einer Tatsachenentscheidung eines Schiedsrichters nur ganz ausnahmsweise zulässig sein, und zwar bei spielentscheidenden offenkundigen Fehlern eines **Schiedsrichters**, die das Spielergebnis mit hoher Wahrscheinlichkeit beeinflusst haben.[182] Darüber hinaus gilt auch bei der gerichtlichen Überprüfung im Vereinsrecht das Prinzip des Rechtsschutzbedürfnisses und der Grundsatz minima non curat praetor. **60**

Flume meinte mit gutem Grund, dass folgende **Ordnungsmaßnahmen** „im allgemeinen Recht nicht relevant (sind) und insoweit auch nicht gerichtlicher Kontrolle (unterliegen)": disziplinarmäßige Sanktionen ohne vermögenswirksame Auswirkung und ohne damit verbundenes Unwerturteil gegenüber Ordnungswidrigkeiten bei der Teilnahme am Vereinsleben (wie Mahnung, Verwarnung oder Verweis), Verweisung von einer Veranstaltung, Sperre hinsichtlich der Benutzung von Anlagen oder Teilnahme an Vereinsveranstaltungen, geringfügige Bußgelder; für eine gerichtliche Überprüfung bestehe nur Anlass, wenn der Verein gesetzwidrige, sittenwidrige oder offenbar unbillige Entscheidungen getroffen und den Betroffenen durch die Entscheidung in seinem Persönlichkeitsrecht verletzt habe.[183] **61**

Eine weitere Beschränkung betrifft die auf dem Grundsatz der Vereinsautonomie beruhende **Einschätzungsprärogative der Verbandsorgane**:[184] Die Vereinsstrafgewalt arbeitet vielfach mit ausfüllungsbedürftigen Begriffen wie „unsportliches Verhalten" (→ Rn. 39).[185] Insoweit ist zu berücksichtigen, dass bestimmte Entscheidungen von Vereinsorganen als Ausdruck einer ideellen Einstellung oder Anwendung spezieller Verhaltens- oder Spielregeln nicht ohne Weiteres mit den Maßstäben des BGB gemessen werden können. Dieses Bewertungsvorrecht zu respektieren, gebietet die Vereinsautonomie.

Bei „**Monopolvereinen**"/Vereinen mit Aufnahmepflicht ((→ Rn. 31 f.) haben die Gerichte die Strafe vollständig in Hinblick auf die Subsumtion des ordnungsgemäß festzustellenden Sachverhalts unter die vereinsrechtlichen Strafnormen zu prüfen und die Strafzumessung zu kontrollieren, insbes. ob ein angemessener Ausgleich der jeweiligen Interessen stattfand. Die Kontrollbefugnis des Gerichts erstreckt sich auch auf die inhaltliche Angemessenheit der angewandten Bestimmungen gem. § 242; diese müssen einen angemesse- **62**

---

178 Staudinger/*Weick* (2005), Vor §§ 21 ff. Rn. 41; Staudinger/*Schwennicke* BGB § 38 Rn. 194; MüKo-BGB/*Reuter* (7. Aufl.) § 25 Rn. 53 f.; *K. Schmidt* GesR § 24 V 3 f. (keine Rechtsschutzexklave).

179 BGHZ 29, 352, 354; BGHZ 47, 172, 174 f.; BGH NJW-RR 2013, 873 = NZG 2013, 7013 = ZIP 2013, 1217 Rn. 23 (dort stellt der BGH fest, dass dieser Grundsatz auch für den Verein gilt; er lässt offen, ob eine eindeutige Satzungsregelung die gerichtliche Überprüfung durch den Verein beschränken kann).

180 BVerfGE 148, 267 = NJW 2018, 1667 Rn. 41 ff.

181 Vgl. Reichert/*Wagner* Kapitel 2 Rn. 3075.

182 Reichert/*Wagner* Kapitel 2 Rn. 3083.

183 *Flume* BGB AT Bd. 1/1, § 9 IV.

184 Vgl. dazu, mit Unterschieden im Einzelnen, Erman/*Westermann* BGB § 25 Rn. 5; *K. Schmidt*

GesR§ 25 V 3 f.; *Hadding/van Look* ZGR 1988, 270 (276); *Kübler*, Gesellschaftsrecht, 5. Aufl. 1999, § 33 IV 3 d; *Gehrlein* ZIP 1994, 856 f.; BGHZ 102, 265 = DB 1988, 491 = NJW 1988, 552; BGH NJW 1991, 485; BGHZ 197, 162 = ZIP 2013, 1217 = NZG 2013, 713, Rn. 32 ff.; vgl. LG Köln SpuRt 2018, 220 = juris Rn. 39 ff.; OLG Frankfurt SpuRt 2016, 217 = juris Rn. 14; OLG Frankfurt NJW-RR 2000, 1117 (1120) = juris Rn. 42 ff.

185 Derartige Klauseln werden bislang noch als ausreichende Grundlagen für Strafen angesehen, vgl. Erman/*Westermann* BGB § 25 Rn. 8; vgl. zum „unsportlichen Verhalten" BGHZ 47, 381, 383 = DB 1967, 1217 = NJW 1967, 1657.

nen Ausgleich zwischen den berechtigten Interessen des Verbandes und derjenigen herstellen, die seiner Verbandsgewalt unterworfen sind.[186]

63 Die Klage gegen die Vereinsstrafe ist (wie generell gegenüber Vereinsmaßnahmen) regelmäßig auf **Feststellung der Unwirksamkeit** der Strafe nach §§ 253 ff., 256 ZPO zu richten (→ § 32 Rn. 27).[187] Vor gerichtlichem Rechtsschutz sind grundsätzlich die vereinsrechtlichen Rechtsschutzinstanzen auszuschöpfen (→ Rn. 58). **Gegenstand der gerichtlichen Nachprüfung** ist die Vereinsstrafe mit dem Inhalt, wie sie vor dem zuständigen Vereinsorgan zustande gekommen ist; das **Nachschieben von Gründen** ist unzulässig, der Verein darf weder die Strafe noch den Sachverhalt auswechseln.[188] Etwas anderes soll nach einer älteren BGH-Entscheidung gelten für die grobe Unbilligkeit eines Vereinsausschlusses, dazu könnten die Parteien im Prozess neuen Sachverhalt vortragen.[189] Diese Entscheidung ist zu kritisieren: Auf dem Prüfstand des staatlichen Gerichts steht die Entscheidung des Vereinsorgans. Dessen autonome Entscheidung über die Vereinsstrafe steht zur Überprüfung. Erhält die Vertragsstrafe im Zivilprozess eine andere rechtliche oder tatsächliche Grundlage als vor dem Vereinsorgan, beschneidet man die Möglichkeit des Betroffenen, sich vor den Vereinsorganen gegen die Maßnahme und die Vorwürfe zu wehren.[190]

64 Nach einer vereinzelt gebliebenen Entscheidung soll das Gericht die vom Verein verhängte Strafe „**zur Bewährung**" aussetzen können.[191]

65 Mittlerweile unstreitig zulässig ist grundsätzlich die Überprüfung von Vereinsstrafen statt durch ein staatliches durch ein **Schiedsgericht**[192] (vgl. auch → Rn. 43). Das Vereinsschiedsgericht bedarf jedenfalls einer umfassenden Regelung zur Zuständigkeit und Organisation durch die Satzung (→ Rn. 3). Es muss zudem von übrigen Vereinsorganen unabhängig und unparteilich sein, das Verfahren muss den Anforderungen von §§ 1025 ff. ZPO genügen.[193] Erhält ein sogenanntes Schiedsgericht die Kompetenz zur erstmaliger Verhängung von Vereinsstrafen, ist es kein Schiedsgericht nach §§ 1025 ff., 1066 ZPO, sondern ein normales Vereinsorgan, dem in Ausübung der autonomen Verbänden zustehenden Befugnis zur inneren Selbstorganisation eine Entscheidungszuständigkeit in bestimmten satzungsmäßig geregelten Bereichen zugewiesen ist.[194] Dies hat der BGH immer wieder bestätigt.[195] In Betracht kommt auch, dass die Satzung auf das Mitgliedschaftsverhältnis bezogene Streitigkeiten generell einem Schiedsgericht zuweist. Nach dem BGH ist in Anlehnung an § 1029 Abs. 1 ZPO ein solches Gremium aber nur dann ein Schiedsgericht iSv §§ 1025 ff. ZPO, wenn Rechtsstreitigkeiten unter Ausschluss des ordentlichen Rechtswegs der Entscheidung durch eine

186 BGHZ 102, 265, 277 = DB 1988, 491 = NJW 1988, 552; BGHZ 128, 93, 100 = NJW 1995, 583; ähnlich BGH NJW 1991, 485; BGH 1994, 43; BGH 1995, 583, 587; BGH WM 1990, 89; BGH NJW 1997, 3368; OLG Frankfurt NJW-RR 2000, 1117 (1120); LG München SpuRt 1995, 161; LG Köln SpuRt 2003, 162; OLG Düsseldorf NJOZ 2015, 858 = BeckRS 2015, 6789 Rn. 17; LG Frankfurt SpuRt 2019, 137 = juris Rn. 25 (Rechtswidrigkeit des Abzugs von Punkten für SV Waldhof Mannheim wegen pyrotechnischer Aktionen von „Fans"); vgl. allg. Staudinger/*Weick* (2005) BGB § 35 Rn. 54 f.; Staudinger/*Schwennicke* BGB § 38 Rn. 266 ff.

187 BGH NJW-RR 2013, 873 = NZG 2013, 7013, = ZIP 2013, 1217 Rn. 18, 27 ff.; BGH NJW-RR 2018, 1402 = WM 2019, 79 Rn. 11.

188 BGHZ 45, 314, 321 = NJW 1966, 1751; BGHZ 102, 265, 273 = DB 1988, 491 = NJW 1988, 552 (554); BGH NJW 1990, 40 (41); vgl. auch BGH ZIP 2017, 1065 = NZG 2017, 700 = juris Rn. 14 zum Zeitpunkt des erforderlichen Vorliegens eines wichtigen Grundes; BeckOK BGB/*Schöpflin* § 25 Rn. 71; Palandt/*Ellenberger* BGB § 25 Rn. 26; Reichert/*Behler* Kapitel 2 Rn. 3315.

189 BGHZ 47, 381, 387 = DB 1967, 1217 = NJW 1967, 1657; zust. BeckOK BGB/*Schöpflin* § 25 Rn. 71; Palandt/*Ellenberger* BGB § 25 Rn. 26.

190 Im Ergebnis ebenso Reichert/*Behler* Kapitel 2 Rn. 3318.

191 LG Köln SpuRt 2003, 162.

192 Palandt/*Ellenberger* BGB § 25 Rn. 21; Erman/*Westermann* BGB § 25 Rn. 6; Reichert/*Wagner* Kapitel 2 Rn. 5175 ff.; MüKoBGB/*Reuter* (7. Aufl.) § 25

Rn. 59; MüKoBGB/*Leuschner* § 25 Rn. 77 (dieser weist mit Recht darauf hin, eine Schiedsklausel könne nicht durch eine Mehrheitsentscheidung bei Gründung oder nachträglich durch mehrheitlichen Änderungsbeschluss in die Satzung eingefügt werden, da dies dem Entzug des gesetzlichen Richters gleichkomme; solches bedürfe einer Zustimmung aller Mitglieder (nach *Leuschner* sogar in Schriftform); vgl. auch *Röhricht*, Sportgerichtsbarkeit, S. 22 ff. Vgl. allg. zur Schiedsfähigkeit von Klagen im Gesellschaftsrecht inkl. des Vereinsrechts *Heidel* im Referat zum 72. Deutschen Juristentag 2018.

193 BGH NJW 2004, 2226 = BGHZ 159, 207.

194 So auch *Reichert* SpuRt 2004, 50, in Auseinandersetzung mit der Entscheidung des Sportschiedsgerichts Frankfurt SpuRt 2003, 212.

195 BGH DB 2004, 2097 (2098) = NJW 2004, 2226; BGH NJW 1995, 583; BGHZ 128, 93; BGH NJW-RR 2013, 873 = NZG 2013, 7013, = ZIP 2013, 1217 Rn. 17 f.; BGH NJW-RR 2018, 1402 = WM 2019, 79 Rn. 11 (Skatgericht – der BGH verneint zu Recht die Eigenschaft als ZPO-Schiedsgericht, da die Mitgliederversammlung des Vereins die Mitglieder des Verbandsgerichts wählt – also ein Vereinsorgan); eine Ausnahme von diesem Grundsatz ist auch nicht § 14 PartG, der die Parteien verpflichtet, „Schiedsgerichte" einzurichten; dabei handelt es sich trotz der undeutlichen Terminologie indessen nicht um Schiedsgerichte iSd §§ 1029 ff. ZPO, vgl. Haas/Neumayer NZG 2017, 881 (882). Vgl. allg. auch OLG Frankfurt NJW 1970, 2250; vgl. MüKoBGB/*Reuter* (7. Aufl.) § 25 Rn. 61; MüKoBGB/*Leuschner* § 25 Rn. 77.

unabhängige und unparteiliche Instanz unterworfen werden. Die Beteiligten müssen paritätisch Einfluss auf die Besetzung eines solchen Vereinsgerichts nehmen; die Satzung muss gewährleisten, dass das Vereinsgericht den Beteiligten als neutraler Dritter gegenübersteht, sonst ist eine solches Gremium kein Schiedsgericht iSd ZPO.[196]

2. Erscheinungsformen. In der Praxis übliche Mittel der Vereinsstrafgewalt sind die sog. Ehrenstrafen **66** (der förmliche Verweis), die Geldstrafe, die zeitweilige oder dauernde Entziehung von Nutzungsrechten sowie (str.) Ausschluss aus dem Verein (vgl. zu diesem → Rn. 45 ff.).[197] Sehr (fein) gesponnen sind Ordnungsmittel bei Sportverbänden: Sie beginnen bei den Ordnungsmaßnahmen eines Schiedsrichters[198] und umfassen zB: Verwarnung, Verweis, Geldbuße, Platzverbot, Verbot der Ämterbekleidung oder Tätigkeitsverbot im Verbandsbereich, Spielverbot auf Dauer oder Zeit, Lizenzentzug, Ausschluss von der Benutzung von Vereinseinrichtungen, Aberkennung von Punkten, Versetzung in eine niedrigere Spielklasse, Ausschluss (zweifelhaft ob dieser als Solcher eine zulässige Strafe sein kann, → Rn. 59) vom Verband auf Zeit oder auf Dauer, Entzug des aktiven oder passiven Wahlrechts für Vereinsämter, Verlust einer Organ- oder Ehrenstellung im Verein sowie Entzug des Stimmrechts.[199]

3. Voraussetzungen von Vereinsstrafen. a) Grundlage in der Satzung. Straftatbestände und ange- **67** drohte Strafe müssen in der Satzung festgelegt sein (→ Rn. 3).[200] Für die Satzungsregeln zur Strafandrohung gilt der **Bestimmtheitsgrundsatz** entsprechend Art. 103 Abs. 2 GG,[201] dem aber Generalklauseln nicht entgegenstehen sollen: Zulässig sein sollen Tatbestände wie „unsportliches Verhalten", „Schädigung des Ansehens des Vereins", „Handlungen der Vereinsmitglieder, die die Ehre des Standes, des Vereins oder eines Vereinsmitglieds verletzen können", „wenn das Mitglied in grober Weise gegen die Grundsätze der geschriebenen oder ungeschriebenen Sportgesetze verstößt" sowie „vereinsschädigendes Verhalten" (→ Rn. 34). Vereinsordnungen im Rang unterhalb der Satzung (→ Rn. 5) dürfen die Strafvorschriften konkretisieren, aber nicht erweitern oder zusätzliche Rechtsnachteile vorsehen.[202] Das strafbewehrte Verbot muss schon zum Zeitpunkt der Vornahme der Handlung bestanden haben.[203] Insofern sollen allerdings echte und unechte Rückwirkung zu unterscheiden sein und Besonderheiten bei der Anknüpfung an einen fortdauernden Zustand gelten.[204] Es gibt kein Verbot der doppelten Bestrafung mit Vereinsstrafe und öffentlicher Strafe.[205]

b) Verschulden. Eine Vereinsstrafe erfordert grundsätzlich Verschulden des betroffenen Mitglieds.[206] Ver- **68** schulden Dritter genügt nicht, § 278 ist nicht anwendbar.[207] Es gilt die Unschuldsvermutung[208] (→ Rn. 43). Dem Mitglied ist es aber zuzurechnen, wenn zB bei einer von ihm durchgeführten Veranstaltung einzelne seiner Teilnehmer sich verhalten, dass der Verein dem Mitglied eine Vereinsstrafe auferlegt (in casu: Zünden eines Knallkörpers im Stadion).[209]

c) Grundsatz: Strafgewalt nur gegen Vereinsmitglieder. Der Verein darf grundsätzlich Vereinsstrafen **69** nur gegen seine Mitglieder verhängen.[210] Nach seinem Ausscheiden aus dem Verein kann der Verein das

196 BGH NJW-RR 2018, 1402 = WM 2019, 79 Rn. 12.
197 *K. Schmidt* GesR § 24 IV 3 a.
198 Reichert/*Wagner*, Kapitel 2 Rn. 2865; gegen Strafcharakter: *Leipold* ZGR 1985, 113 (121); *van Look*, Vereinsstrafen, S. 123.
199 Reichert/*Wagner*, Kapitel 2 Rn. 2864.
200 RGZ 125, 340; 151, 232; BGHZ 47, 172, 175 ff. = DB 1967, 855 = NJW 1967, 1268; BGHZ 55, 381, 385 = DB 1971, 864 = NJW 1971, 879; BGH NJW 1984, 1355.
201 BeckOK BGB/*Schöpflin* § 25 Rn. 46.
202 BGHZ 47, 172, 178 = DB 1967, 855 = NJW 1967, 1268; vgl. zur Genossenschaft BGH-Hinweisebeschluss NZG 2017, 1270 = WM 2017, 2068 Rn. 14.
203 RGZ 125, 340; BGHZ 55, 381, 385 = NJW 1971, 379.
204 Vgl. BeckOK BGB/*Schöpflin* § 25 Rn. 47; RGZ 125, 338, 341 f.; BGH NJW 1971, 379 (881); OLG Celle NJW-RR 1989, 313 (315); Reichert/*Wagner*, Kapitel 2 Rn. 2839.
205 BGHZ 21, 370, 374 = NJW 1956, 1793; BGHZ 29, 352, 356 = DB 1959, 428 = NJW 1959, 982; dagegen Kritik bei *Reinhart* SpuRt 2001, 45.
206 RGZ 148, 225, 234; 163, 200; OLG Frankfurt NJW-RR 1986, 133 (135); 2000, 1117, 1120; OLG Hamm NJW-RR 2002, 389 (390); MüKoBGB/*Reuter*

(7. Aufl.) § 25 Rn. 46; MüKoBGB/*Leuschner* § 25 Rn. 69 (auch zu in Einzelfällen abweichender Rspr.); Palandt/*Ellenberger* BGB § 25 Rn. 15; Soergel/*Hadding*, § 25 Rn. 50; Reichert/*Wagner*, Kapitel 2 Rn. 2870 f.; BeckOK BGB/*Schöpflin* § 25 Rn. 48; MHdB GesR II/*Schöpflin*, § 36 Rn. 13; Erman/*Westermann* BGB § 25 Rn. 8, der darauf hinweist, dass das Verschulden im Hinblick auf die Wettkampfsperre wegen Dopingverstoßes gegen das im internationalen Bereich angewendete Prinzip der strict liability verstößt; vgl. auch zur Frage des Verstoßes gegen den ordre public, OLG Frankfurt OLGR 2001, 195 = SpuRt 2001, 159.
207 MüKoBGB/*Reuter* (7. Aufl.) § 25 Rn. 46; MüKoBGB/*Leuschner* § 25 Rn. 69; Erman/*Westermann* BGB § 25 Rn. 8; offengelassen in BGH NJW 1972, 1892.
208 *Petri*, Unschuldsvermutung im Verbandsstrafverfahren, in Bepler, Sportler, Arbeit und Statuten, 2000, S. 239 ff.
209 BGHZ 211, 375 Rn. 16 ff., vgl. dazu *Weller/Benz/Wolf* JZ 2017, 237.
210 RGZ 51, 66, 67; 122, 266, 268; 143, 2; BGHZ 28, 131, 133 f. = NJW 1958, 1867; BGHZ 29, 352, 359 = DB 1959, 428 = NJW 1959, 982; BGH WM 1980, 869 = DB 1980, 1687.

ehemalige Mitglied nicht mehr für Vergehen während seiner Mitgliedschaft bestrafen. Das gilt auch, wenn das Mitglied während des Verfahrens aus dem Verein ausscheidet.[211] Strafgewalt besteht aber in der Zeit zwischen Austrittserklärung und Ausscheiden.[212] Gegen Nichtmitglieder können sich Vereinsstrafen richten, soweit sie Organe des Vereins oder der Mitgliedsgesellschaft sind;[213] auch gegenüber Arbeitnehmern von Mitgliedern sind Vertragsstrafen möglich.[214] Die Umsetzung der von einem übergeordneten Dachverband vorgesehenen Disziplinarmaßnahme/Vereinsstrafe gegenüber dem Mitglied eines nachgeordneten Vereins, das nicht selbst Mitglied des Dachverbandes ist, bedarf grundsätzlich einer Grundlage in der Satzung des nachgeordneten Vereins.[215] Vereinsstrafen können sich auch (ggf. empfindlich) auf Dritte auswirken; diese können bei Verhängung einer rechtswidrigen Vertragsstrafe Ersatzansprüche gegen den Verein haben:[216] Möglich ist nämlich, dass **Nichtmitglieder sich durch Vertrag der Strafgewalt des Vereins unterwerfen**[217] – eine Methode, die zB im Sport sehr verbreitet ist[218] (→ Rn. 43). ZB erlangen so von Landes- und Spitzenverbänden des Sports aufgestellte Sportordnungen auch ohne Satzungsrang für solche Sportler Bedeutung, die nicht Mitglieder des jeweiligen Verbandes sind; das gilt auch für die in den Sportordnungen enthaltenen Sanktionskataloge für Regelverletzungen und der zu ihrer Durchsetzung unabdingbar erforderlichen inneren Disziplinargerichtsbarkeit; Voraussetzung dafür ist, dass sich die jeweiligen Sportler oder sonstigen Dritten, die nicht Mitglieder sind und dennoch der Sanktionsgewalt des Vereins unterliegen sollen, jeweils durch rechtsgeschäftlichen Einzelakt den Regelungen des Vereins unterwerfen. Dafür kommen nicht nur individuelle Vertragsschlüsse in Betracht. Es genügen nach der st. Rspr. schon (1) die Meldung des Dritten zB zu einem sportlichen Wettbewerb, der ausdrücklich nach der Disziplinarordnung des Vereins ausgeschrieben ist, (2) generelle Start- oder Spielerlaubnisse, bei deren Erhalt der Dritte (zB Sportler) verspricht, die vom Verein aufgestellten Regeln zu beachten und sich bei Verstoß den Sanktionen des Vereins zu unterwerfen,[219] oder (3) Regelungen in der Satzung eines untergeordneten Vereins, die die Befugnis zu Vertragsstrafen (Verbandsstrafen) auf den übergeordneten Verband übertragen.[220]

70 **4. Verfahren der Vereinsstrafenverhängung. a) Zuständigkeit.** Für die Verhängung der Vereinsstrafe zuständig ist gem. § 32 mangels abweichender Satzungsregelungen die **Mitgliederversammlung**.[221] Die Satzung kann gem. § 40 die Strafgewalt anderen Organen übertragen, zB einem speziellen „Vereinsgericht".[222] Offene Fragen gibt es bei dessen Besetzung,[223] der Verletzte darf jedenfalls nicht mitwirken.[224]

211 RGZ 122, 266, 268.
212 Palandt/*Ellenberger* BGB § 25 Rn. 16.
213 Erman/*Westermann* BGB § 25 Rn. 7.
214 Vgl. AG Düsseldorf 2.2.2016 – 11 cC 24/15 nv juris Rn. 3 für eine Taxigenossenschaft gegenüber ihre Einrichtung nutzenden Fahrern, die als Arbeitnehmer nicht Mitglied der Genossenschaft sind.
215 BGHZ 212, 70 = ZIP 2016, 2158 = NJW 2017, 402 Rn. 39 ff., 41 ff. (im Verfahren SV Wilhelmshaven eV, der gegen einen von der FIFA (der der eV nicht angehörte) in deren Statuten vorgesehenen Zwangsabstieg aus der Regionalliga Nord erfolgreich klagte, vgl. dazu auch *Wagner* NZG 2017, 768 (773), *Korff* EWiR 2017, 39; *Walker* NZG 2017, 1241.
216 BGH WM 1980, 869 = DB 1980, 1687 = MDR 1980, 736 zu einem Fall, in dem ein Verein eine Funktaxizentrale für seine Mitglieder betrieb; der Verein verhängte über ein Vereinsmitglied eine rechtswidrige Vermittlungssperre, der angestellte Taxifahrer des Vereinsmitglieds wurde daraufhin entlassen und arbeitslos; der BGH entschied, dass sich ein Nicht-Mitglied, auf das eine gegen ein Vereinsmitglied ausgesprochene Vereinsstrafe mittelbar in wirtschaftlich oder beruflich schwerwiegender Weise auswirke, nach § 826 BGB die Beseitigung der Diskriminierung im Berufs- und Wirtschaftsleben verlangen könne, wenn der Verein nicht nachweise, dass er angemessene Gründe hatte, die bei der Abwägung der berechtigten Interessen des Vereins und seiner Mitglieder sowie des Interesses des Betroffenen die Maßnahme als gerechtfertigt erscheinen lasse; sei die das Nicht-Mitglied mittelbar treffende Vereinsstrafe nicht einmal durch die Satzung gedeckt, sei im Regelfall die sittenwidrige Schädigung zu bejahen).
217 BGHZ 128, 93 = NJW 1995, 563; vgl. dazu *Haas* NJW 1995, 2146; *Pfister* JZ 1995, 464; *Haas/Adolphsen* NJW 1996, 2553; MüKoBGB/*Reuter* § 25 Rn. 29, 53; MHdB GesR II/*Schöpflin* § 36 Rn. 10.
218 BeckOK BGB/*Schöpflin* § 25 Rn. 50; BAG NJW 1980, 470 (Vorschriften über die Vertragsstrafe sind anwendbar); Reichert/*Wagner* Kapitel 2 Rn. 2855 f.; MükoBGB/*Reuter* (7. Aufl.) § 25 Rn. 31 (*Reuter* weist mit Recht auf den Hintergrund hin, dass Profisportler nicht Mitglieder der Vereine sind: Sonst würden die wichtigen Steuerprivilegien der Gemeinnützigkeit der Vereine gefährdet; die Profisportler sind daher regelmäßig Arbeitnehmer der Vereine).
219 BGHZ 128, 93 = NJW 1995, 583; OLG Hamm OLGR Hamm 2003, 100 = NJOZ 2003, 465; OLG München SpuRt 2001, 64 = NJW-RR 2001, 711.
220 BGHZ 28,131, 133 = NJW 1958, 1867; BGH DB 1980, 1687 = NJW 1980, 1514; BGHZ 128, 93 = ZIP 1995, 752; Erman/*Westermann* BGB § 25 Rn. 7; Stöber/*Otto* Rn. 972 ff.
221 OLG München 26.7.2016 – nv juris Rn. 3 f. Zuständig ist die Mitgliederversammlung des Vereins, dem das Mitglied tatsächlich angehört und dessen Mitglied betroffen ist; die klare Abgrenzung kann bedeutend sein bei mehrstufig organisierten Vereinen (vgl. allgemein → Rn. 30 a sowie → Vor § 21 Rn. 24); ein in der Hierarchie höher liegender Verband darf nicht in die Ausschlusskompetenz des jeweiligen Vereins eingreifen, vgl. OLG München aaO und OLG Frankfurt 16.9.2011 – 10 U 247/10 (nv), juris Rn. 54 f.
222 BGHZ 90, 92 = DB 1984, 1138 = NJW 1984, 1884; vgl. *Haas/Neumayer* NZG 2017, 881.
223 Vgl. BeckOK BGB/*Schöpflin* § 25 Rn. 55; Erman/*Westermann* BGB § 25 Rn. 9; Reichert/*Wagner* Kapitel 2 Rn. 2967 ff.
224 BGH NJW 1981, 744 = WM 1981, 8.

Einleitendes und entscheidendes Organ können teilweise personenidentisch sein. Sie dürfen sich derselben Sachbearbeiter zur Vorbereitung ihrer Entscheidungen bedienen.[225]

b) Rechtliches Gehör und andere Grundsätze des Verfahrens. Dem beschuldigten Vereinsmitglied **71** müssen die Vorwürfe so konkret angegeben werden, dass es sich dagegen angemessen verteidigen kann.[226] Es hat Anspruch auf umfassendes rechtliches Gehör, wofür die Gelegenheit zu schriftlicher Äußerung genügen soll.[227] Das für die Bestrafung zuständige Organ muss die Stellungnahme des beschuldigten Mitglieds zur Kenntnis nehmen und bei seiner Entscheidung in Erwägung ziehen.[228] Der Verein darf nur solche Tatsachen berücksichtigen, zu denen sich der Beschuldigte äußern konnte; dieser muss das belastende Material uneingeschränkt, auch durch Akteneinsicht, überprüfen können.[229] Gewährt der Verein das rechtliche Gehör nicht bzw. nicht ausreichend, ist die Vereinsstrafe nichtig.[230] Das beschuldigte Vereinsmitglied soll Anspruch auf Hinzuziehung eines (frei gewählten)[231] Rechtsanwalts nur haben, wenn der Verein anwaltlich vertreten ist.[232] Im Rahmen der dem Verein obliegenden Ermittlung der Grundlagen für eine zu verhängende Vereinsstrafe ist das betroffene Mitglied als Beschuldigter nicht zur Mitwirkung, insbesondere nicht zur Auskunft verpflichtet.[233] Ggf. bestehende Satzungsregeln oder in nachrangigen Verfahrensordnungen niedergelegte Regelungen zum Ablauf des vereinsgerichtlichen Verfahrens müssen eingehalten werden. Zumal bei schweren Vereinsstrafen bedarf es der vorherigen Abmahnung.[234] Der Beschuldigte ist nicht verpflichtet, sich selbst zu belasten.[235] Zudem gelten die Prinzipien ne bis in idem[236] (vgl. aber → Rn. 53) sowie nulla poena sine lege.[237] Das Prinzip der Gleichbehandlung von ähnlichen Verstößen anderer Mitglieder, ist zu beachten.[238] Das zuständige Vereinsorgan muss die der Vertragsstrafe zugrunde gelegten Tatsachen aufgrund einer objektiven und rechtsstaatlichen Grundsätzen genügenden Tatsachenermittlung zutreffend feststellen[239] (→ Rn. 58). Es muss die Strafe nachvollziehbar begründen.[240]

Bevor das Vereinsmitglied um gerichtlichen Rechtsschutz nachsucht (→ Rn. 44 ff.), muss es grundsätzlich **72** die **vereinsrechtlichen Instanzen** ausschöpfen (vgl. allg. → § 32 Rn. 27).[241] Das gilt aber nicht, wenn der Verein den vereinsinternen Instanzen-Zug unzumutbar verzögert. Wer diesen ausschöpft, läuft nicht Gefahr, dass die damit verbundene Verzögerung einem gerichtlichen Antrag auf **einstweiligen Rechtsschutz** vor den staatlichen Gerichten entgegensteht.[242] Einstweiliger Rechtsschutz vor den staatlichen Gerichten ist nach allgemeiner Auffassung auch während des vereinsinternen Verfahrens zulässig.[243] Wenn vereinsinterne Gremien innerhalb ihrer satzungsmäßigen Befugnis eine vom Vorstand gegen ein Vereinsmitglied verhängte Vereinsmaßnahme (Strafe) aufheben, steht für den Verein im Verhältnis zum Mitglied bindend fest, dass die Maßnahme entfallen ist.[244]

5. Ersatzansprüche eines Mitglieds bei Vereinsstrafe. Verhängt der Verein wirksam gegen sein Mit- **73** glied eine Vertragsstrafe, können diesem nach allgemeinen Grundsätzen Schadensersatzansprüche gegen Dritte (auch seine Mitglieder) zustehen, die die Verhängung der Strafe verursacht haben[245] (→ Rn. 45, 54).

225 BGH NJW 1967, 1657; OLG München MDR 1973, 405; BGHZ 102, 265, 271 = NJW 1988, 552.

226 BGH NJW 1990, 40 (41); OLG Karlsruhe NJW-RR 1998, 684; OLG Köln OLGZ 1994, 252 = NJW-RR 1993, 891.

227 BGHZ 29, 352, 355 = NJW 1959, 982.

228 OLG Köln NJW-RR 1993, 891 = WM 1981, 8.

229 BeckOK BGB/*Schöpflin* § 25 Rn. 54; *Reuter* ZGR 1980, 101 (117); Reichert/*Wagner* Kapitel 2 Rn. 3000.

230 RGZ 171, 205, 208; Reichert/*Wagner* Kapitel 2 Rn. 3000 ff. mit Beispielen der Verletzung.

231 Stöber/*Otto*, Rn. 991; *Kirberger* BB 1978, 1390 (1394) (nicht auf Vereinsmitglieder beschränkt); die Übernahme eines Mandats zur Vertretung des beschuldigten Vereinsmitglieds verletzt nicht Pflichten, die der Rechtsanwalt als Vereinsmitglied hat, OLG Hamm Anwaltsblatt 1973, 110.

232 BGHZ 55, 381, 390 = NJW 1971, 879; BGHZ 90, 92, 94 = DB 1984, 1138 = NJW 1984, 1884; mit gutem Grund weiter gehend *Reinicke* NJW 1975, 2048; *Kirberger* BB 1978, 1390.

233 BGH WM 2003, 292 = NZG 2003, 230.

234 LG Leipzig NZG 2002, 434.

235 BGH WM 2003, 292 = DB 2003, 498 = ZIP 2003, 343; MüKoBGB/*Reuter* (7. Aufl.) § 25 Rn. 46.

236 RGZ 51, 89.

237 MüKoBGB/*Reuter* (7. Aufl.) § 25 Rn. 44; ähnlich MüKoBGB/*Leuschner* § 25 Rn. 70; *Hadding/van Look* ZGR 1996, 326 (330); OLG Celle WM 1988, 495 mAnm *Grunewald* = WuB II L § 38 BGB 2.88 (Anm. *van Look*); RGZ 125, 388; 151, 232; BGHZ 47, 172, 178; BGHZ 55,381, 385.

238 BGHZ 47, 381, 385 = DB 1967, 1217 = NJW 1967, 1657.

239 BGH NJW 1997, 3368 = juris Rn. 6; BGHZ 87, 337, 345 = juris Rn. 19; LG Detmold SpuRt 2019, 42 = NZG 2019, 548 Rn. 5 ff.

240 RGZ 147, 11, 13; BGH NJW 1990, 40 (41); OLG Köln NJW-RR 1993, 891; OLG Düsseldorf MDR 1981, 843.

241 BGH NJW-RR 2013, 873 = NZG 2013, 7013 = ZIP 2013, 1217 Rn. 33; BGHZ 13, 5, 16; BGHZ 47, 172, 174 f.

242 Erman/*Westermann* BGB § 25 Rn. 9.

243 Palandt/*Ellenberger* BGB § 25 Rn. 20; Soergel/*Hadding* BGB § 25 Rn. 55.

244 BGH NJW-RR 2013, 873 = NZG 2013, 7013, = ZIP 2013, 1217 Rn. 30 ff.

245 Exemplarisch BGH SpuRt 2018, 35 = NJW 2018, 394 Rn. 8 ff., auch zur Höhe (im Fall ging es um Ersatzansprüche des Fußballvereins 1. FC Köln gegen Zuschauer, die während des Fußballspiels auf der Stadiontribüne Knallkörper gezündet hatten, wofür der DFB dem FC eine Strafe aufbrummte).

IV. Vereinsausschluss

74 Der Vereinsausschluss beendet die Vereinsmitgliedschaft auf Veranlassung des Vereins gegen den Willen des Mitglieds. Das BGB sieht den Ausschluss nicht vor, er ist aber allgemein anerkannt. Er wird häufig als Vereinsstrafe (→ Rn. 42 ff.) angesehen oder man differenziert zwischen den Varianten des Ausschlusses als Kündigung der Mitgliedschaft oder als einer Art der Vereinsstrafe.[246] *Flume* hat jedoch nachgewiesen, dass es keinen berechtigten Grund für den Verein gibt, ein Mitglied im Wege der Vereinsstrafe cum infamia aus dem Verein zu entfernen.[247] Diese Auffassung erscheint zutreffend. Die Befugnis jedes Verbandes, ein Mitglied aus wichtigem Grund auszuschließen, ist ein allgemein gesellschaftsrechtliches Institut, nicht aber ein Sonderinstitut der Vereinsstrafgewalt.

75 Ein Ausschluss aus dem Verein setzt einen (vollständig justitiablen)[248] **wichtigen Grund zum Ausschluss** voraus[249] (vgl. aber → Rn. 67). Dem Verein darf die weitere Fortsetzung der Mitgliedschaft mit dem betroffenen Vereinsmitglied nicht mehr zumutbar sein. Ausschließungsgründe der Satzung müssen jedenfalls durch sachliche Überlegungen gerechtfertigt sein.[250] Enthält die Satzung Ausschließungsgründe, ist deren tatsächliches Vorliegen festzustellen.[251] Eine im Verein gebildete, von allgemeinen gesellschaftlichen Wertvorstellungen abweichende Sondermoral soll in den Grenzen der Strafgesetze zu respektieren sein, bestimmte Diskriminierungen sollen zulässig sein;[252] jedenfalls bei einem Sportverein ohne überragende soziale etc Bedeutung (→ Rn. 17 f.) kann zB die Ausschließung eines NPD-Mitglieds zulässig sein.[253] Zulässig soll sogar sein, von der Meinungsfreiheit gedeckte Äußerungen in den Grenzen zu sanktionieren;[254] privates Verhalten soll bei Eignung, das Ansehen des Vereins in der Öffentlichkeit oder bei anderen Vereinen der gleichen Sparte herabzusetzen, ein wichtiger Grund sein können.[255] Fehlende Wiederholungsgefahr kann gegen den Ausschluss sprechen.[256] Verschulden des Mitglieds ist nicht erforderlich.[257] Solches kann aber ein Aspekt sein, der bei der Abwägung zu berücksichtigen ist, ob dem Verein die weitere Fortsetzung der Mitgliedschaft zuzumuten ist.[258] Der Ausschluss aus wichtigem Grund bedarf keiner ausdrücklichen satzungsmäßigen Grundlage.[259] Ist der Ausschluss als Vereinsstrafe vorgesehen (vgl. zur Zweifelhaftigkeit → Rn. 59), müssen Zulässigkeit und Voraussetzungen des Ausschlusses durch die Satzung eindeutig klar und zweifelsfrei geregelt sein; Analogie ist ausgeschlossen.[260] Der Ausschluss kann auch auf Umstände gestützt werden, die den Vereinsorganen längere Zeit bekannt waren und die sie geduldet haben.[261] Lit. und Rspr. halten eine Vertragsstrafe des Ausschlusses auf Zeit für möglich.[262]

76 Jedenfalls der Ausschluss aus einem Monopolverein oder einem Verein von überragender sozialer etc Bedeutung (→ Rn. 17 f.) setzt regelmäßig eine **Abmahnung** voraus.[263]

77 Für den Vereinsausschluss ist mangels anderer Satzungsbestimmungen die **Mitgliederversammlung** zuständig. Bei der Ausschließung aus wichtigem Grund soll der Vorstand im Rahmen seiner Geschäftsführungskompetenz eine **vorläufige Suspendierung** in der Art des Ruhens der Mitgliedschaft aussprechen können.[264] Der Ausschließungsbeschluss muss so begründet sein, dass er dem auszuschließenden Mitglied eine zuverlässige Unterrichtung über die Ausschließungsgründe und deren Überprüfung im gerichtlichen Verfahren ermöglicht.[265] Der Ausschluss unterliegt – einschließlich der Prüfung des Ausschlussgrundes in

---

246 Vgl. auch *Reuter* NJW 1987, 2401 (2404); Stöber/*Otto* Rn. 285, 298 ff., 301, 1005 ff.

247 *Flume* BGB AT, Bd. 1/1, § 9 IV; ihm zust. *K. Schmidt* GesR § 24 V III c.

248 OLG Frankfurt NJW-RR 1991, 1276 (1277); offengelassen bei BGH MDR 1990, 27 = ZIP 1989, 1321.

249 BGH NJW 1972, 1892; NJW 1990, 40; vgl. zum Vereinsausschluss und der Bedeutung der Religionsfreiheit LG Frankfurt NJW-RR 2003, 1436.

250 Stöber/*Otto* Rn. 299; Soergel/*Hadding* BGB § 39 Rn. 11.

251 AG Hannover SpuRt 2019, 87 = juris Rn. 18 ff.

252 OLG Celle NJW-RR 1989, 313, = FamRZ 1989, 50; BVerfG FamRZ 1989, 1047; Stöber/*Otto* Rn. 299.

253 LG Bremen NJW-RR 2013, 1125 = SpuRt 2013, 127.

254 OLG Koblenz, OLG Report 2003, 361; dagegen LG Bonn 8.1.2013 – 18 O 63/12, das einen Ausschluss aufgrund von Äußerungen, die der Interessenwahrnehmung dienten, für offenbar unbillig und daher nichtig erklärte.

255 Stöber/*Otto* Rn. 299.

256 OLG Frankfurt NJW-RR 1991, 1276.

257 BGHZ 29, 352, 359 = NJW 1959, 982; BGH NJW 1972, 1892 (189); BGH NJW 1973, 35 (36); Palandt/

Ellenberger BGB § 25 Rn. 28; BeckOK BGB/*Schöpflein* § 25 Rn. 79; Erman/*Westermann* BGB § 39 Rn. 4; differenzierend Reichert/*Wagner* Kapitel 2 Rn. 2907 ff.; Stöber/*Otto* Rn. 300.

258 Erman/*Westermann* BGB § 39 Rn. 4 im Anschluss an BGHZ 29, 352 = NJW 1959, 982.

259 Erman/*Westermann* BGB § 39 Rn. 7; Palandt/*Ellenberger* BGB § 25 Rn. 28; *K. Schmidt* GesR § 24 V 3 c; BGH NJW 1990, 40; *Reuter* NJW 1987, 2401; OLG Frankfurt NJW-RR 1991, 1276.

260 Stöber/*Otto* Rn. 1006: Definierte zB die Satzung als Strafe/Ausschlussgrund die „Nichtzahlung des Beitrags trotz Mahnung" oder „schwere Schädigung des Ansehens und der Belange des Vereins", ermögliche das keine Vereinsstrafe des Ausschlusses bei Rückstand mit anderen Verpflichtungen.

261 OLG Schleswig 18.4.2008 – 14 U 95/07 (nv).

262 Stöber/*Otto* Rn. 1007 mwN.

263 LG Leipzig NZG 2002, 434.

264 Stöber/*Otto* Rn. 287.

265 BGH NJW 1990, 40 = MDR 1990, 27; OLG Karlsruhe GmbHR 1997, 1068 = NJW 1998, 684; Stöber/*Otto* Rn. 293.

tatsächlicher und rechtlicher Hinsicht einschließlich der Einhaltung von Verfahrensgarantien[266] – der vollen **gerichtlichen Überprüfung**.[267] Vorläufiger Rechtsschutz ist denkbar.[268]

Schließt der Verein ein Mitglied als Strafe aus dem Verein aus und stellt sich zB im Laufe der gerichtlichen Überprüfung heraus, dass die Voraussetzungen für einen strafweisen Ausschluss nicht gegeben sind, wohl aber möglicherweise die für eine Kündigung aus wichtigem Grund, muss sich der Verein daran festhalten lassen, dass er sein Mitglied per Vereinsstrafe aus dem Verein hinauswerfen wollte; er kann nicht subsidiär auf die Kündigung aus wichtigem Grunde zurückgreifen.[269] Ausschlussgründe, die dem ausschließenden Vereinsorgan unbekannt waren, sind bei der richterlichen Nachprüfung ebenso wenig zu berücksichtigen wie solche, die im vereinsrechtlichen Ausschlussverfahren keine Rolle spielten, oder lange zurückliegen.[270] **78**

Bei Unwirksamkeit des Vereinsausschlusses hat das zu Unrecht ausgeschlossene Mitglied einen **Schadensersatzanspruch** gegen den Verein.[271] Ein unwirksamer Ausschluss führt nicht zum Verlust der Mitgliedschaft, zum Verlust des Vereinsamtes nur dann, wenn die Voraussetzungen für eine Abberufung von diesen erfüllt sind und sie ausdrücklich ausgesprochen wurde.[272] **79**

Fehlerhaft sind Beschlüsse, die die Mitgliederversammlung ohne das unwirksam ausgeschlossene Vereinsmitglied fasst (→ § 32 Rn. 23).[273] **80**

§§ 10, 14 PartG enthält Sonderregelungen für den Ausschluss aus einer politischen Partei. **81**

Nur unter sehr engen Voraussetzungen denkbar sind Regelungen zur **freien Ausschließung** (Kündigung) aus dem Verein.[274] Grundsätzlich setzt der Ausschluss einen wichtigen Grund voraus (→ Rn. 60). **82**

§ 26 Vorstand und Vertretung

(1) ¹Der Verein muss einen Vorstand haben. ²Der Vorstand vertritt den Verein gerichtlich und außergerichtlich; er hat die Stellung eines gesetzlichen Vertreters. ³Der Umfang der Vertretungsmacht kann durch die Satzung mit Wirkung gegen Dritte beschränkt werden.

(2) ¹Besteht der Vorstand aus mehreren Personen, so wird der Verein durch die Mehrheit der Vorstandsmitglieder vertreten. ²Ist eine Willenserklärung gegenüber einem Verein abzugeben, so genügt die Abgabe gegenüber einem Mitglied des Vorstands.

Literatur: *Aden*, Wissenszurechnung in der Körperschaft, NJW 1999, 3098; *Barner*, Die Entlastung als Institut des Verbandsrechts, Diss. Berlin 1989; *Baumann*, Die Kenntnis juristischer Personen des Privatrechts von rechtserheblichen Umständen, ZGR 1973, 284; *Beck*, Die Haftung des Vorstands und die D&O-Versicherung im Idealverein, VersR 2017, 855; *Beuthien*, Gibt es eine organschaftliche Stellvertretung?, NJW 1999, 1142; *Brouwer*, Organschaftliche Pflichtendelegation im Verein NZG 2017, 481; *Bruggemeier*, Organisationshaftung, AcP 191 (1991), 33; *Bruschke*, Die Haftung des Vorstands im gemeinnützigen Verein, StB 2007, 296; *Burghard/Heimann*, Haftungsrisiken von Stiftungsvorständen, ZStV 2019, 201; *Cranshaw/Hippeli*, Bestellung, Abberufung und Anstellungsverhältnis des Vorstands der rechtsfähigen Stiftung des bürgerlichen Rechts, ZIP 2018, 668; *Danckelmann*, Vertretung und Geschäftsführung des rechtsfähigen Vereins durch einen mehrköpfigen Vorstand, NJW 1973, 735; *Eckardt*, Die Beendigung der Vorstands- und Geschäftsführerstellung in Kapitalgesellschaften, 1989; *Faßbender/Rodenhausen*, Organhaftung im Verein, WM 2019, 951; *Gehrlein*, Zur Haftung der juristischen Person, FS Hüffer 2010, S. 205; *Graewe/von Harder*, Die Exkulpation von Vorstandsmitgliedern bei Einholung von Rechtsrat, npoR 2016, 146, *Grambow*, Haftung und Compliance in Vereinen und Stiftungen, Compliance-Berater 3/2017 S. 45; *Grigoleit*, Zivilrechtliche Grundlagen der Wissenszurechnung, ZHR 181 (2017), 160; *Grunewald*, Auskunfterteilung und Haftung des Vorstands im bürgerlich-rechtlichen Verein, ZIP 1989, 962; *ders.*, Wissenszurechnung bei juristischen Perso-

---

266 Exemplarisch LG Bonn 8.1.2013 – 18 O 63/12 (nv) zum zu fordernden Minimum an Unabhängigkeit und Unparteilichkeit der an der Entscheidung mitwirkenden Funktionsträger.
267 Erman/*Westermann* BGB § 25 Rn. 10; BeckOK BGB/*Schöpflin* § 25 Rn. 80; *K. Schmidt* GesR § 24 V 3 c; Palandt/*Ellenberger* BGB § 25 Rn. 28; vgl. BGH WM 2016, 96 Rn. 12 (der Streit um die Wirksamkeit des Ausschlusses aus einem Idealverein sei idR eine nicht vermögensrechtliche Streitigkeit; das Gericht habe sich bei der Festsetzung des Streitwerts an § 23 Abs. 3 S. 2 RVG zu orientieren.
268 LG Wiesbaden SpuRt 1994, 244; vgl. zum einstweiligen Rechtsschutz bei Ausschluss aus einem Monopol-Verein LG Leipzig NZG 2002, 434.
269 Erman/*Westermann* BGB § 25 Rn. 10; aA *Reuter* NJW 1987, 2401 (2406 f.).
270 Erman/*Westermann* BGB § 25 Rn. 10 mwN.
271 BGH NJW 1990, 2877.

272 BeckOK BGB/*Schöpflin* § 25 Rn. 83.
273 BeckOK BGB/*Schöpflin* § 25 Rn. 83; Reichert/*Wagner* Kapitel 2 Rn. 2934 ff.; vgl. zum GmbH-Recht Rowedder /*Koppensteiner/Gruber*, GmbHG § 48 Rn. 11; Scholz/*K. Schmidt*, GmbHG, Bd. 2, 9. Aufl. 2000/2002, § 45 Nr. 175; aA Soergel/*Hadding* BGB § 39 Rn. 15 unter Bezugnahme auf BGHZ 31, 192, 195 = NJW 1960, 193 zur Genossenschaft; Sauter/Schweyer/*Waldner/Wörle-Himmel* Rn. 383, im Anschluss an RG Recht 1910 Nr. 204 zur Genossenschaft, was aber nicht übertragbar ist, da die entsprechende Norm des § 68 Abs. 4 GenG eine Sonderregelung für Genossenschaften ist, die keinen allg. Grundsatz für juristische Personen zum Ausdruck bringt.
274 Reichert/*Wagner* Kapitel. 2 Rn. 2888; Stöber/*Otto* Rn. 299, vgl. davon abweichend zur Frage des automatischen Erlöschens der Mitgliedschaft Rn. 312 ff.

nen, in: FS Beusch 1993, S. 301; *Herrmann*, Beschränkung der persönlichen Haftung des Vereinsvorstands durch Ressort-verteilung, FS für Volker Röhricht, 2005, 1191; *Hippeli*, Weitreichende Haftungsbeschränkung von Stiftungsvorständen gegenüber der Stiftung qua Stiftungssatzung? ZStV 2016, 161; *Hornung*, Der wirtschaftliche Verein nach § 22 BGB, Diss. Göttingen 1972; *Hüttinger*, Zur Regelung der Stellvertretung des Vorstands und zur Bestimmung des Einberufungsquorums für die Mitgliederversammlung in der Vereinssatzung, NotBZ 2001, 268; *Kirberger*, Zur Vertretung des eingetragenen Vereins bei mehrgliedrigem Vereinsvorstand, Rpfleger 1975, 277; *Klamroth*, Geschäftsführung und Vertretung beim eingetragenen Verein, DB 1972, 1953; *Koch*, Die Ad-hoc-Publizität: Veröffentlichungs- oder Wissensorganisationspflicht?, AG 2019, 273; *Knittel*, Gemeinnütziger Sportverein und Tax Compliance, SpuRt 2019, 71; *Larisch/Hesberg*, Vorstandspflichten und Compliance-Anforderungen im eingetragenen Verein CCZ 2017, 17; *Lepke*, Zum Recht des Vereinsmitgliedes auf Auskunft außerhalb der Mitgliederversammlung, NJW 1966, 2099 *Liebscher*, Zurechnung als Rechtsproblem, ZIP 2019, 1837; *Linnenbrink*, Der Vorstand als Geschäftsführungsorgan des eingetragenen Vereins, SpuRt 2000, 55; *Lutter*, Zur Rechnungslegung und Publizität gemeinnütziger Spenden-Vereine, BB 1988, 489; *Melot de Beauregard*, Die D&O-Versicherung für Vereins- und Stiftungsvorstände, ZStV 2015, 143; *Michalski/Arends*, Zum Auskunftsrecht eines Vereinsmitglieds, NZG 1999, 780; *Mummenhoff*, Gründungssysteme und Rechtsfähigkeit, 1979; *Oestreich*, Der Vorstand und die fakultativen Organe im Verein, Rpfleger 2002, 67; *Pfeiffer*, Organwissen und Grenzen der sekundären Darlegungslast, ZIP 2017, 2077; *Plagemann/Plagemann/Hesse*, Vereinsvorstände – sozialversicherungspflichtig „beschäftigt"?, NJW 2015, 439; *Reuter*, Keine „Geschäftsführerhaftung" von Vereinsvorständen für masseschmälernde Zahlungen nach Eintritt der Insolvenzreife des Vereins, NZG 2010, 711; *Reuter*, Wissenszurechnung im Unternehmen, ZIP 2017, 310; *Röcken*, Der Rücktritt des Vorstandes, ZStV 2014, 236; *ders.*, Entwicklung des Vereinsrechts, MDR 2014, 879; *Säcker*, Probleme der Repräsentation von Großvereinen, 1986; *Röcken*, Die Kündigung des Vereinsgeschäftsführers, MDR 2018, 129; *ders.*, Entwicklungen im Vereinsrecht – Die einzelnen Organe und ihre Haftung, MDR 2016, 1067; Säcker/*Oetker*, Probleme der Repräsentation von Großvereinen, 1986; *Schäffer*, Embargorechtliches Compliance Management im Sport: ein Überblick, SpuRt 2019, 62;*Schilken*, Wissenszurechnung im Zivilrecht, 1983; *K. Schmidt*, Entlastung, Entlastungsrecht und Entlastungsklage des Geschäftsführers einer GmbH – Versuch einer Neuorientierung, ZGR 1978, 425; *ders.*, Rechtsprechungsübersicht – Entlastungsklage eines Vereinsvorstands, JuS 1997, 658; *Schockenhoff*, Compliance im Verein, NZG 2019, 281; *Schwarz*, Die Gesamtvertreterermächtigung, NZG 2001, 529; *ders.*, Die Mehrheitsvertretung des Vereinsvorstandes und deren Eintragung im Vereinsregister, Rpfleger 2003, 1; *ders.*, Die Publizität der Vertretungsmacht des Vorstands und der Liquidatoren eines Vereins, NZG 2002, 1033; *Schuhmacher/Schuhmacher*, Compliance-Management-Systeme im Sport, SpuRt 2018, 99 *Spindler*, Wissenszurechnung in der GmbH, der AG im Konzern, ZHR 181 (2017), 311; *Ulmer*, Begründung von Rechten für Dritte in der Satzung einer GmbH, in: FS Werner 1984, S. 911. S.a. bei Vorbemerkungen zu §§ 21 ff.; *Vielwerth*, Zur internen Stellvertretung des Stiftungsvorstands ZStV 2016, 2013; *Werner*, Die Abberufung und Kündigung des Vorstandsmitglieds einer Stiftung, NZA 2019, 238.

A.	Allgemeines	1	b) Satzungsmäßige Beschränkungen	
B.	Regelungsgehalt	2	(Abs. 1 S. 3), In-Sich-Geschäft	5
	I. Gesetzlicher Vorstand und seine Vertretungs-		c) Allgemeine Grenzen der Vertretungs-	
	macht (Abs. 1)	2	macht	8
	1. Vorstand als zwingend vorgeschriebenes		d) Vertretung des Vereins durch Bevoll-	
	Vertretungsorgan (Abs. 1 S. 1)	2	mächtigte – Faktischer Vorstand	9
	a) Grundsätze	2	II. Mehrgliedriger Vorstand (Abs. 2)	10
	b) Zusammensetzung des Vorstands –		1. Aktivvertretung (Abs. 2 S. 1)	10
	Vorstandsfähigkeit	3	2. Passivvertretung und Wissenszurechnung	
	2. Die Vertretungsmacht des Vorstands		(Abs. 2 S. 2)	14
	(Abs. 1 S. 2 und S. 3)	4	a) Entgegennahme von Willenserklärun-	
	a) Gesetzlicher Umfang der Vertretungs-		gen	14
	macht (Abs. 1 S. 2)	4	b) Wissenszurechnung	15

A. Allgemeines

1 Jeder Verein muss einen Vorstand als unentbehrliches Element der körperschaftlichen Organisation haben. Es gilt das Prinzip der **Drittorganschaft** – zum Gegensatz zur Selbstorganschaft, bei der Mitglieder einer Organisation in ihrer Gesamtheit Rechte und Pflichten für die Organisation begründen können (vgl. zur GbR → § 709 Rn. 3 f.). Dem Vorstand obliegen Vertretung (§ 26) und Geschäftsführung (§ 27) des Vereins. § 26 Abs. 1 S. 2 vermeidet eine Entscheidung im Streit zwischen Vertreter- und Organtheorie (→ Vor § 21 Rn. 6), indem er dem Vorstand „die Stellung eines gesetzlichen Vertreters" gibt, nicht aber ihn als „den gesetzlichen Vertreter" des Vereins definiert. Abs. 2 S. 1[1] bestätigt den gesetzlichen Grundsatz der **Mehrheitsvertretung**. Vereine können von hiervon durch Satzungsregeln abweichen. Mitglieder sollen keinen Anspruch gegen den Vorstand haben, bestimmte Handlungen vorzunehmen.[2]

---

1   Eingefügt durch das Vereinsrechtsänderungsgesetz BGBl. I 2009, 3145; Regierungsentwurf BT-Drs. 16/12813; Rechtsausschluss, Beschlussempfehlung und Bericht, BT-Drs. 16/13542, S. 14. Zur Begründung heißt es: Es sei umstritten gewesen, ob die wirksame Vertretung des Vereins durch einen mehrgliedrigen Vorstand davon abhänge, dass dieser ein wirksamer Beschluss zugrunde liege. Diese Unsi-

cherheit solle beseitigt werden. Die Vertretung solle entsprechend den allgemeinen Grundsätzen nicht von einem internen Beschlusserfordernis abhängig sein. Die Novelle realisiere die Trennung der Regelungen über Vertretung und Beschlussfassung. Die Vertretung regele ausschließlich gem. §§ 26, 28 die Beschlussfassung.

2   OLG Köln NZG 2020, 555.

B. Regelungsgehalt

I. Gesetzlicher Vorstand und seine Vertretungsmacht (Abs. 1)

1. Vorstand als zwingend vorgeschriebenes Vertretungsorgan (Abs. 1 S. 1). a) Grundsätze. Der 2
Verein „muss einen Vorstand haben". Vorstand ist das Vereinsorgan, dem die **Vertretung des Vereins** gem.
Abs. 1 S. 2 obliegt. Dem gesetzlichen Vorstand gehört nur an, wer zur Vertretung des Vereins befugt ist.[3]
Möglich sind Gestaltungen, wonach ein Verein einen „erweiterten" oder „**Gesamtvorstand**" und einen
engeren geschäftsführenden Vorstand mit der Funktion der Vertretung nach außen hat, der intern an die
Beschlüsse des Gesamtvorstands gebunden ist.[4] Die Satzung muss nicht nur in solchen Fällen eindeutig
festlegen, wer Vorstand iSd Gesetzes sein soll. Daher scheidet zB aus, eine bedingte Vertretungsmacht eines
Zweiten Vorsitzenden für den Fall der Verhinderung des Ersten Vorsitzenden vorzusehen.[5] Eine solche
Regelung ist nicht eintragungsfähig (→ § 67 Rn. 4). Sie kann aber ggf. so ausgelegt werden, dass beide Vorstandsmitglieder Einzelvertretungsbefugnis besitzen, die nach dem Innenverhältnis der Zweite nur bei Verhinderung des Ersten Vorsitzenden benutzen darf (→ § 27 Rn. 3).[6] Nur die vertretungsberechtigten Vorstandsmitglieder sind in das Vereinsregister einzutragen (→ § 67 Rn. 2).[7] Unvereinbar mit dem Prinzip
organschaftlicher Vertretung soll sein, einem Nichtvorstandsmitglied die allgemeine Befugnis einzuräumen,
den Verein gemeinsam mit einem Vorstandsmitglied zu vertreten.[8]

b) Zusammensetzung des Vorstands – Vorstandsfähigkeit. Die **Zusammensetzung des Vorstands,** 3
zumal die Zahl der Vorstandsmitglieder, regelt die Satzung (§ 58 Nr. 3). Sie muss deren Mindestzahl bestimmen, wenn der Vorstand aus mehreren Personen bestehen soll.[9] Enthält sie keine Vorschriften zum Mehr-
Personen-Vorstand, besteht dieser aus einer Person, was aus Abs. 2 S. 1 folgt. Die persönlichen Voraussetzungen der Vorstandsmitgliedschaft legt die Satzung fest. Enthält sie keine (ggf. konkludente) Regelung,
können auch Nichtmitglieder, beschränkt geschäftsfähige oder juristische Personen[10] Vorstandsmitglied sein

3   BayObLGZ 1971, 266 (271); 1972, 286, 287; KG
    OLGZ 1978, 274; OLG Celle NJW 1969, 326;
    MüKoBGB/*Arnold* (7. Aufl.) § 26 Rn. 8; MüKoBGB/
    Leuschner § 26 Rn. 8; Erman/*Westermann* BGB § 26
    Rn. 1.
4   BGHZ 69, 250 = DB 1977, 2090 = NJW 1977, 2310;
    Palandt/*Ellenberger* BGB § 26 Rn. 3 f. *Brouwer* NZG
    2017, 481 (483 f.) beschreibt ausführlich in der Pra-
    xis verbreitete Modelle: Begrifflichkeiten, Bedeutung
    und Aufgaben des erweiterten Vorstands variierten in
    der Praxis stark. Er sei strikt vom gesetzlichen Vor-
    stand zu trennen, zum Teil ergebe sich aber erst
    durch die Aufgabenbeschreibung der Satzung, ob es
    tatsächlich ein Zusatzorgan oder doch der gesetzliche
    Vorstand ist. So sei zB nach § 10 Nr. 2 der Satzung
    des Bundesverbands deutscher Banken das „Präsi-
    dium" Vorstand iSd § 26, während nach § 19 der Sat-
    zung des Verbands der Chemischen Industrie eV
    (VCI) das „Präsidium" ein rein fakultatives Leitungs-
    organ sei, das vom gesetzlichen Vorstand nach § 22
    der Satzung zu unterscheiden ist; demgegenüber sei
    beim Verband Deutscher Maschinen- und Anlagen-
    bau (VDMA) nach § 12 Abs. 2 der Satzung nur der
    Vorsitzende des Präsidiums (Präsident) der gesetzli-
    che Vorstand. Unterschieden werde auch zwischen
    „Vorstand" und „geschäftsführendem Vorstand",
    wobei zB nach § 12 DIHK-Satzung nur Letzterer
    Vorstand iSd § 26 sein soll. Theoretisch diene der
    erweiterte Vorstand der Ergänzung/Unterstützung des
    gesetzlichen Vorstands; in der Praxis sei es häufig
    umgekehrt. Häufig sei ein dreistufiger Leitungsauf-
    bau: (1) Der gesetzliche Vorstand als (reines) Vertre-
    tungs- und Repräsentativorgan, (2) der fakultative
    „erweiterte Vorstand" als Master-/Strategiegremium
    und (3) die fakultative, hauptamtliche Verbandsge-

    schäftsführung als Ausführungsorgan mit Zuständig-
    keit für die laufende Verwaltung. Geschäftsführern
    kämen vor in den (deutlich zu unterscheidenden)
    Varianten als „echte" Verbandsgeschäftsführer mit
    satzungsmäßiger Organfunktion iSd § 30 und ohne
    eine solche (diese rechtlich „unechten" Verbandsge-
    schäftsführer seien normale Vereinsmitarbeiter und
    stünden typischerweise in einem Arbeitsverhältnis
    zum Verein). Mitunter seien (echte) Geschäftsführer
    zugleich Mitglied in einem anderen Leitungsorgan:
    die Möglichkeit mehrerer Organämter in Personal-
    union, sei Folge der Vereinsautonomie und werde nur
    durch die Unvereinbarkeit von Geschäftsführung und
    ihrer Kontrolle begrenzt.
5   Staudinger/*Weick* (2005) BGB § 26 Rn. 2;
    Staudinger/*Schwennicke* BGB § 26 Rn. 9 f.; Palandt/
    Ellenberger BGB § 26 Rn. 4; BayObLG NJW-RR
    1992, 802; OLG Celle NJW 1969, 326.
6   BayObLG NJW-RR 1992, 802; OLG Celle NJW
    1969, 326; BayObLG NZG 2002, 438 = NJW-RR
    2002, 456.
7   Erman/*Westermann* BGB § 26 Rn. 1.
8   OLG Hamm DNotZ 1978, 292 und 295; Erman/*Wes-
    termann* BGB § 26 Rn. 1; Palandt/*Ellenberger* BGB
    § 26 Rn. 4; Schauhoff/*van Randenborgh* § 2 Rn. 125;
    aA *Kirberger* Rpfleger 1979, 5 und 48.
9   OLG Celle NotBZ 2011, 42.
10 Die hM schließt deren Vorstandsfähigkeit daraus,
    dass anders als § 76 Abs. 3 S. 1 AktG, § 6 Abs. 2 S. 1
    GmbHG das BGB-Vereinsrecht die Position nicht auf
    natürliche Personen beschränkt, vgl. LG München I
    MittBayNot 1975, 9; Palandt/*Ellenberger* BGB § 26
    Rn. 5; Soergel/*Hadding* BGB § 26 Rn. 5; BeckOK
    BGB/*Schöpflin* § 27 Rn. 3; MüKoBGB/*Leuschner*
    § 27 Rn. 5.

(Vorstandsfähigkeit).[11] Soweit die Satzung persönliche Voraussetzungen festlegt, genügt im Zweifel deren Vorliegen beim Amtsantritt.[12] Setzt sie Vereinsmitgliedschaft des Vorstandsmitglieds, endet dessen Vorstandsamt automatisch mit Wirksamkeit der Vereinsmitgliedschaft (zB der Wirksamkeit eines Ausschlussbeschlusses).[13] Die personengleiche Besetzung mehrerer Vorstandsämter (Personalunion) ist mangels entgegenstehender ausdrücklicher Satzungsbestimmungen zulässig.[14] Ausgeschlossen sind Satzungsregeln (und erst recht eine solche Vorgehensweise ohne Satzungsgrundlage), wonach sich Mitglieder eines mehrköpfigen Vorstandes gegenseitig vertreten,[15] → § 28 Rn. 3. Gem. § 6 Abs. 3 AGG sind dessen §§ 6 bis 18 auf Organmitglieder entsprechend anzuwenden, soweit es „die Bedingungen für den Zugang zur Erwerbstätigkeit sowie den beruflichen Aufstieg betrifft". UE bedeutet das, dass jedenfalls eine Erwerbstätigkeit vorliegen muss – dh entgegen dem Grundsatz von § 27 Abs. 3 S. 3 eine entgeltliche Beschäftigung, regelmäßig auf der Basis eines Anstellungsvertrages,[16] → AGG § 6 Rn. 12. Vgl. zu **Ressortaufteilungen** → § 27 Rn. 16.

4   **2. Die Vertretungsmacht des Vorstands (Abs. 1 S. 2 und S. 3). a) Gesetzlicher Umfang der Vertretungsmacht (Abs. 1 S. 2).** Die **Vertretungsmacht des Vorstands** ist grundsätzlich umfassend und unbeschränkt (Abs. 1 S. 2 Hs. 1 und S. 3).[17] Sie umfasst auch die prozessuale Vertretung nach § 51 ZPO.[18] Neben den durch die Satzung angeordneten weiteren Beschränkungen, → Rn. 5 umfasst sie von Gesetzes wegen insbes. Folgendes **nicht**: (1) die **Änderung der Vereinsverfassung**; (2) die Vornahme von in die Zuständigkeit der Mitgliederversammlung fallenden **Grundlagengeschäften**; zB darf der Vorstand den Verein nicht ohne deren Zustimmung zu Satzungsänderung, Vorstandsbestellung oder Vereinsauflösung verpflichten;[19] (3) die Übertragung wesentlicher Teile des Vereinsvermögens ohne vorherige Zustimmung der Mitgliederversammlung;[20] (4) **Geschäfte, die für den Dritten erkennbar völlig außerhalb des Vereinszwecks** liegen (anders als bei Kapitalgesellschaften hM);[21] nach aA bedeutet ein solches Handeln des Vorstands „nur" einen Missbrauch der Vertretungsmacht, so dass das Vorstandshandeln dem Verein nicht zugerechnet wird; die Voraussetzung des Missbrauchs ist nicht erst erfüllt, wenn Vorstand und Vertretungspartner einverständlich zum Schaden des Vereins zusammenwirken; es genügt, dass der Vertragspartner die Unvereinbarkeit des Vertreterhandelns mit der internen Befugnis kennt oder kennen musste, so dass ihm der Einwand der unzulässigen Rechtsausübung (§ 242) entgegenzuhalten ist.[22] Vorzugswürdig erscheint die hM: Wer mit einem Verein kontrahiert, kennt die beschränkte, nicht wirtschaftliche Zwecksetzung, die fehlende Kapitalausstattung und die Gebundenheit des Vereinsvermögens wirtschaftlich zugunsten der Mitglie-

11 *Röcken* MDR 2014, 879 (882); Palandt/*Ellenberger* BGB § 26 Rn. 5; MüKoBGB/*Arnold* (7. Aufl.) § 26 Rn. 6 f.; MüKoBGB/*Leuschner* § 26 Rn. 6 f.; Erman/*Westermann* BGB § 26 Rn. 3; Reichert/*Wagner* Kapitel 2 Rn. 2015 f., dort auch zur streitigen Frage der Vorstandsbestellung von Personen mit Wohnsitz im Ausland im Hinblick auf die Frage, ob Nachweise verlangt werden können, dass sie jederzeit zur Ausübung ihrer Vorstandstätigkeit nach Deutschland einreisen können; vgl. zur Frage der Mitgliedschaft OLG Düsseldorf 9.10.2016 I-3 Wx 5/16 nv juris Rn. 36; OLG Köln NJW 1992, 1048 (1049) = juris Rn. 30.

12 Palandt/*Ellenberger* BGB § 26 Rn. 5.

13 KG NJW-RR 2014, 1185 = FGPrax 2014, 215 = Rpfleger 2014, 381; undeutlich Palandt/*Ellenberger* § 27 Rn. 3.

14 BeckOK BGB/*Schöpflin* § 26 Rn. 9; Palandt/*Ellenberger* BGB § 26 Rn. 5; Soergel/*Hadding* BGB § 26 Rn. 7; Staudinger/*Weick* (2005) BGB § 26 Rn. 4; Staudinger/*Schwennicke* BGB § 26 Rn. 33; OLG Hamm NJW-RR 2011, 471; OLG Düsseldorf NJW 1989, 894; aA LG Darmstadt Rpfleger 1983, 445; vgl. auch Reichert/*Wagner* Kapitel 2 Rn. 1137 f. und 2020 zur Personalunion in verschiedenen Organen und zwischen Vorstand und Geschäftsführer.

15 OLG Celle Rpfleger 2010, 670 = FGPrax 2010, 303; Erman/*Westermann* BGB § 26 Rn. 4; vgl. zur Unwirksamkeit einer Generalermächtigung eines Gesamtvertreters durch die übrigen Gesamtvertreter, den Verein zu vertreten MüKoBGB/*Arnold* (7. Aufl.) § 26 Rn. 17; MüKoBGB/*Leuschner* § 26 Rn. 17; OLG München NJW-RR 1991, 893.

16 MüKoBGB/*Arnold* (7. Aufl.) § 27 Rn. 10; MüKoBGB/*Leuschner* § 27 Rn. 10; *Oetker* FS Eckert 2008, 619, 622; vgl. BGHZ 1993, 110 = ZIP 2012, 1291 = NJW 2012, 2346 Rn. 17 zur grundsätzlichen Anwendbarkeit des AGG auf Organmitglieder; vgl. auch *Mohr* ZHR 1978 (2014), 326 sowie die EuGH-Entscheidung *Danosa* NZA 2011, 143 = ZIP 2010, 2414 = NJW 2011, 2343.

17 Vgl. OLG Nürnberg MDR 2015, 961.

18 Vgl. zur Vertretungsmacht des Vorstands, wenn die Nichtigkeit der Wahl eines Vorstandsmitglieds durch Klage geltend gemacht wird, OLG Brandenburg 3.7.2012 – 11 U 174/07 (nv) juris Rn. 60 ff., unter Berufung auf BGH WM 1981, 138 = ZIP 1981, 182 = NJW 1981, 1041: Danach vertritt derjenige eine GmbH im Rechtsstreit, der im Fall des Obsiegens als deren Geschäftsführer anzunehmen ist.

19 BeckOK BGB/*Schöpflin* § 26 Rn. 12; Soergel/*Hadding* BGB § 26 Rn. 20.

20 *Terner* NJW 2008, 16.

21 RGZ 145, 314; BGH JZ 1953, 475 = BB 1953, 386; Palandt/*Ellenberger* BGB § 26 Rn. 6; *Wolf/Neuner* BGB AT § 17 Rn. 55 f.; Erman/*Westermann* BGB § 26 Rn. 4; offen gelassen in BGH NJW 1980, 2799 (2800).

22 MüKoBGB/*Arnold* (7. Aufl.) § 26 Rn. 25; MüKoBGB/*Leuschner* § 26 Rn. 26, 28; BeckOK BGB/*Schöpflin* § 26 Rn. 12; *Flume* BGB AT, Bd. 1/1, § 10 II 2 d; Staudinger/*Weick* (2005) BGB § 26 Rn. 9; Staudinger/*Schwennicke* BGB § 26 Rn. 117 ff.; Soergel/*Hadding* BGB § 26 Rn. 20.

der und weiß, dass der Vorstand nicht beliebig den Verein verpflichten darf, sondern nur im Interesse des Vereinszwecks. Wenn daher ein Geschäft außerhalb des Vereinszwecks liegt und der Vertragspartner das erkennen muss (§ 122 Abs. 2), darf er nicht auf den Bestand des Geschäfts vertrauen. Grundsätzlich unbeachtlich für die Reichweite der Vertretungsmacht ist die **Eintragung im Vereinsregister**, die lediglich deklaratorischen Charakter und Bedeutung für die negative Publizität des Handelsregisters hat (→ § 67 Rn. 1); die ganz hM macht davon analog § 121 Abs. 2 S. 2 AktG eine Ausnahme: Die im Vereinsregister als Vorstand Eingetragenen gelten als befugt, eine Mitgliederversammlung einzuberufen.[23] Vertretungsmacht und **Geschäftsführungsbefugnis** nach § 27 brauchen sich nicht notwendig zu decken (→ § 27 Rn. 14).

b) Satzungsmäßige Beschränkungen (Abs. 1 S. 3), In-Sich-Geschäft. Die Vertretungsmacht des Vor-   **5** stands ist durch die Satzung beschränkbar (Abs. 1 S. 3). Eine Beschränkung wirkt gegenüber einem Dritten nur, wenn sie diesem **bekannt oder im Vereinsregister eingetragen** ist (§§ 68, 70). Eine wirksame Beschränkung erfordert eindeutige und hinreichende Bestimmtheit. Sie darf nicht bloß intern die Geschäftsführungsbefugnis beschränken sollen, sondern muss sich eindeutig auf das Außenverhältnis beziehen.[24] Fehlt eine solche Regelung, ist die Vertretungsmacht im Außenverhältnis unbeschränkt.[25] In der **Gerichtspraxis** schwanken die **Anforderungen an die Beschränkung**: Schon aus der Eigenart des Vereinszwecks soll sich der Schluss auf die Unzulässigkeit bestimmter Rechtsgeschäfte ergeben (→ Rn. 4); Ressortabgrenzungen (→ § 27 Rn. 15) sollen im Zweifel darauf hindeuten, dass das jeweilige Vorstandsmitglied nur im Rahmen seines Ressorts Vertretungsmacht besitzt.[26] Demgegenüber bejahte der BGH die Wirksamkeit der Erklärung des Austritts aus einem Dachverband durch den Vorstand, obwohl die Vereinssatzung die Mitgliedschaft vorsah.[27] Ähnlich bejahte das BayObLG die Vertretungsmacht des Vorstands für die Eintragung einer Grundschuld auf einem Vereinsgrundstück, obgleich die Satzung den Vorstand bei Investitionsmaßnahmen über einem bestimmten Volumen an die vorherige Zustimmung der Mitgliederversammlung band und die Grundschuld das Limit übertraf[28] Keine satzungsmäßige Beschränkung ist ein nicht satzungsändernder Beschluss der Mitgliederversammlung, der den Vorstand aber gem. §§ 27 Abs. 3, 665 im Innenverhältnis bindet.[29] Voraussetzung einer wirksamen Beschränkung ist insbes., dass ein in der Satzung vorgesehener Ermächtigungsbeschluss zur Beschränkung nicht nichtig ist.[30] Unwirksam ist die Koppelung der Vertretungsmacht des Vorstands an die Mitwirkung einer Person, die nicht Vereinsorgan ist.[31]

Nach allgemeinen Grundsätzen ist Vertretungsmacht ausgeschlossen im Hinblick auf nach § 181 unzuläs-   **6** sige **In-Sich-Geschäfte** (→ § 181 Rn. 10). Für Letztere kann die Satzung allerdings allgemein oder für eine bestimmte Art von Geschäften oder das Bestellungsorgan für den Einzelfall (→ § 181 Rn. 41) Befreiung erteilen, wofür es einer Grundlage in der Satzung bedarf.[32] Das gilt zB auch für eine Befreiung bei einem vom Vorstand bestellten Geschäftsführer.[33] Das Verbot darf nicht dadurch umgangen werden, dass der Vorstand für den Einzelfall einen an seiner Stelle handelnden Vertreter bestellt.[34]

Überschreiten Vorstandsmitglieder die Vertretungsmacht (zB Vorstandsmitglieder handeln in nicht vertre-   **7** tungsberechtigter Zahl), ist der Verein nicht berechtigt und verpflichtet (§§ 177 f., 180), und das jeweilige Vorstandsmitglied trifft eine **Eigenhaftung** gem. § 179.

c) Allgemeine Grenzen der Vertretungsmacht. Der Verein wird nicht verpflichtet, wenn der Vorstand   **8** seine Vertretungsmacht missbraucht, indem er kollusiv mit dem Vertragspartner zusammenwirkt.[35] Solches

23 BayOLGZ 1985, 24 = OLGZ 1985, 496; KG WM 1972, 758 = OLG Brandenburg RNotZ 2007, 343 = OLGR Brandenburg 2007, 876; OLG Brandenburg 11.9.2012 – 11 U 80/09 (nv) juris, Rn. 150, dort mit Bedenken gegen die Anwendung dieses Grundsatzes auf Fälle, in denen die Einberufung einer Mitgliederversammlung durch einen abgewählten Vorstand nicht dazu dient, den Verein durch eine Vorstandsneuwahl wieder handlungsfähig zu machen, während ein vertretungsberechtigter beschlussfähiger Restvorstand vorhanden ist, der seinerseits Mitgliederversammlungen einberufen könne; in einem solchen Fall sei dem abgewählten Vorstand die Berufung auf die bloße Registereintragung verwehrt; vgl. MüKoBGB/*Arnold* (7. Aufl.) § 29 Rn. 12; MüKoBGB/*Leuschner* § 29 Rn. 12 vgl. auch BGHZ 18, 334, 340 = NJW 1955, 1917.

24 BGH NJW 1980, 2799 = MDR 1981, 26; BGH NJW-RR 1996, 866 = DStR 1996, 1334; Palandt/*Ellenberger* BGB § 26 Rn. 6; BeckOK BGB/*Schöpflin* § 26 Rn. 14; Staudinger/*Weick* (2005) BGB § 26 Rn. 11; Staudinger/*Schwennicke* BGB § 26 Rn. 86 ff.

25 OLG Nürnberg MDR 2015, 961 = NZG 2015, 958, unter Verweis auf BGH NJW 1980, 2799 und BGH NJW-RR 1996, 866.

26 RGRK/*Steffen* BGB § 26 Rn. 5.

27 BGH NJW 1980, 2799; vgl. auch BGH NJW-RR 1996, 866.

28 BayObLG NJW-RR 2000, 41, krit. dazu Erman/*Westermann* BGB § 26 Rn. 4.

29 Palandt/*Ellenberger* BGB § 26 Rn. 6.

30 Palandt/*Ellenberger* BGB § 26 Rn. 6; BGH NJW 2008, 69 Rn. 70 = ZIP 2007, 1942.

31 Erman/*Westermann* BGB § 26 Rn. 1.

32 BGHZ 33, 189, 191 = DB 1960, 1303 = NJW 1960, 2285; BGHZ 87, 59, 60 = DB 1983, 1192 = NJW 1983, 1676; BayObLGZ 1985, 189 (193), jeweils zur GmbH.

33 OLG Brandenburg NotBZ 2012, 35; Stöber/*Otto*, Rn. 449 f.

34 Stöber/*Otto*, Rn. 449; OLG Hamm MDR 1981, 140 = DNotZ 1981, 383; KG NJW-RR 1999, 168 = FGPrax 1998, 81.

35 Vgl. Reichert/*Wagner* Kapital 2 Rn. 2490 ff.

kann vorliegen, wenn der Vorstand die grundsätzlich nur im Innenverhältnis wirkenden Zustimmungsvorbehalte der Mitgliederversammlung missachtet und dies dem Vertragspartner bekannt sein muss (vgl. zu den Fragen der Vorlagepflicht → § 25 Rn. 18 a ff.).[36]

9 **d) Vertretung des Vereins durch Bevollmächtigte – Faktischer Vorstand.** Der Vorstand kann ohne Weiteres sowohl Dritte als auch Einzelne seiner Mitglieder für bestimmte Handlungen bevollmächtigen. Eine Vollmacht darf aber nicht auf eine **Übertragung der Organstellung** hinauslaufen; sie muss sachlich beschränkt sein auf ein bestimmtes Geschäft oder eine bestimmte Art von Geschäften; eine Generalvollmacht ist nicht zulässig, da sie einer Übertragung der Organstellung gleichkommt.[37] Generell – wie im privaten Rechtsverkehr – sind auf den Verein die Grundsätze der **Duldungs- und Anscheinsvollmacht** anzuwenden (→ § 167 Rn. 79).[38]

9a Für den **faktischen Vorstand** (dh ein Nicht-Organ, das wie ein Organ im Verein und für den Verein handelt, → § 26 Rn. 14) gelten die allgemeinen Grundsätze: Die Vorschriften, die die Verantwortlichkeit von Organmitgliedern regeln, sind analog auch auf faktische Organe anzuwenden. Auch § 31 und die Grundsätze über die Duldungs- und Anscheinsvollmacht finden Anwendung.[39]

II. Mehrgliedriger Vorstand (Abs. 2)

10 **1. Aktivvertretung (Abs. 2 S. 1).** Beim mehrgliedrigen Vorstand bestimmt die Satzung, ob dem jeweiligen Vorstandsmitglied Einzel- oder Gesamtvertretungsmacht zusteht. Enthält die Satzung keine Regelung, gilt nach der ausdrücklichen Normierung des Abs. 2 (→ Rn. 1) das Prinzip der **Mehrheitsvertretung (Mehrheitsprinzip)**, wonach der Verein durch die Mehrheit der Vorstandsmitglieder vertreten wird[40] (anders das Kapitalgesellschaftsrecht, wonach Gesamtvertretung gilt, vgl. § 78 Abs. 2 S. 1 AktG, § 35 Abs. 2 S. 2 GmbHG, § 25 Abs. 1 S. 1 GenG). Mehrheit ist nicht die einfache Mehrheit der der an der Beschlussfassung beteiligten, sondern der Gesamtzahl der Mitglieder des Vorstands.[41] Dessen interne Beschlussfassung soll für die Wirksamkeit der Mehrheitsvertretung irrelevant sein, selbst wenn intern das Mehrheitsprinzip gilt; erforderlich, aber auch ausreichend ist lediglich, dass an der Vertretung Vorstandsmitglieder in der erforderlichen Zahl mitwirken[42] (→ Rn. 1). Die Vorstandsmitglieder brauchen ihre Willenserklärungen nicht in der erforderlichen Zahl gleichzeitig abzugeben, sie können dies auch sukzessive tun, sofern sie dabei ihre Erklärung als gemeinsame Erklärung abgeben wollen.[43]

---

36 BGH NJW 1984, 1462 = ZIP 1984, 310 = DB 1984, 661 stellt zur GmbH fest, dass das Vertrauen des Vertragspartners auf die Vertretungsbefugnis „dann nicht mehr schutzwürdig (ist)", wenn er weiß oder es sich ihm geradezu aufdrängen muß, daß der Geschäftsführer seine Vertretungsmacht zum Schaden der Gesellschaft mißbraucht. In seinem solchen Fall kann er aus dem formal durch die Vertretungsmacht des Geschäftsführers gedeckten Geschäft keine vertraglichen Rechte oder Einwendungen herleiten." Ebenso BGH WM 1980, 953 (954). Auch die hL stellt darauf ab, dass für den Vertragspartner die Verletzung der Pflichtbindung durch den Geschäftsführer evident ist, vgl. Ulmer/GroßKomm/*Paefgen* GmbHG § 37 Rn. 34; Lutter/Hommelhoff/*Kleindiek* GmbHG § 35 Rn. 22 ff.; nach BGH NJW-RR 2004, 247 (248) = NZG 2004, 139 = MDR 2004, 497 genügt es aber zB schon, dass der Vertragspartner „grob fahrlässig die Augen davor verschlossen" hat, dass dem Geschäftsführer keine Vertretungsmacht zustand. Auf Seiten des GF ist nur erforderlich, dass das Vertretungsgeschäft objektiv pflichtwidrig ist; auf das Vorliegen einer fahrlässigen oder gar absichtlichen bzw. vorsätzlichen Pflichtverletzung kommt es bei ihm nicht an, vgl. BGH NZG 2006, 626 = ZIP 2006, 1391 = NJW 2006, 2776 (dort lässt der BGH im Übrigen eine bloße Erkennbarkeit des Missbrauchs für den Vertragspartner genügen).

37 BGHZ 34, 27, 31 = NJW 1961, 506; BGHZ 64, 72, 76 = DB 1975, 876 = NJW 1975, 1117, zur GmbH; OLG Hamm OLGZ 1978, 21 (24) = MDR 1978, 224; OLG München NJW-RR 1991, 893; Reichert/*Wagner* Kapitel 2 Rn. 2172; BeckOK BGB/*Schöpflin* § 26 Rn. 19; Palandt/*Ellenberger* BGB § 26 Rn. 9.

38 Vgl. zu einer erbrechtlichen Ausnahmekonstellation OLG Bremen NZG 2015, 83 = ErbR 2015, 449.

39 MüKoBGB/*Arnold* (7. Aufl.) § 27 Rn. 50; MüKoBGB/*Leuschner* § 27 Rn. 92.

40 *Flume* BGB AT, Bd. 1/1, § 10 II 2 a; Palandt/*Ellenberger* BGB § 26 Rn. 7; Soergel/*Hadding* BGB § 26 Rn. 16; BeckOK BGB/*Schöpflin* § 26 Rn. 16; Staudinger/*Weick* (2005) BGB § 26 Rn. 12; Staudinger/*Schwennicke* BGB § 26 Rn. 65; *K. Schmidt* GesR § 24 III 2; MüKoBGB/*Arnold* (7. Aufl.) § 26 Rn. 15 f.; MüKoBGB/*Leuschner* § 26 Rn. 18 ff.; *Sauter/Schweyer/Waldner* Eingetragener Verein Rn. 245 a, allerdings mit gewissen Unterschieden: Zum Teil wird vertreten, dass die interne Beschlussmehrheit genügt, zum Teil die Vertretung durch die Mehrheit der Gesamtzahl der Mitglieder verlangt.

41 BeckOK BGB/*Schöpflin* § 26 Rn. 16; *Schwarz* Rpfleger 2003, 1 (5 f.); Stöber/*Otto* Rn. 506 ff.

42 Palandt/*Ellenberger* BGB § 26 Rn. 7 unter Hinweis auf BT-Rechtsausschuss, BT-Drs. 16/13542, S. 18.

43 MüKoBGB/*Arnold* (7. Aufl.) § 26 Rn. 17; MüKoBGB/*Leuschner* § 26 Rn. 22 zur Gesamtvertretung.

Die Satzung kann gem. § 40 von der gesetzlichen Mehrheitsvertretung **abweichende Regeln** vorsehen, insbesondere Gesamtvertretung durch sämtliche[44] oder mehrere (bestimmte oder unbestimmte) Vorstandsmitglieder, Bestimmung der Mehrheit aufgrund der Vorstandsmitglieder sowie Einzelvertretung durch ein, mehrere oder alle Vorstandsmitglieder. Solche Regeln sind in das Vereinsregister einzutragen (§ 64). Sieht die Satzung Gesamtvertretung vor, darf der Vorstand keine Ermächtigung zur Alleinvertretung erteilen.[45] Ausgeschlossen ist **unechte Gesamtvertretung**, bei der nach dem Vorbild des Rechts der Handelsgesellschaften Vorstandsmitglieder gemeinsam mit einem nicht dem Vorstand angehörenden Geschäftsführer (Prokurist) zur Vertretung berufen sind, wofür maßgebend ua die fehlende Registerpublizität ist.[46] Möglich und verbreitet ist eine unterschiedliche Regelung von Vertretungs- und Geschäftsführungsbefugnis (→ § 27 Rn. 14 f.; vgl. zur GbR → § 714 Rn. 5). Ohne Weiteres zulässig ist, Vorstand durch die Satzung intern an Beschlüsse eines anderen Gremiums zu binden (→ Rn. 5). **11**

Die Mehrheitsvertretung gilt gem. § 77 S. 1 auch für **Anmeldungen zum Vereinsregister**. **12**

Die Mehrheitsvertretung gilt **nicht für mehrere Liquidatoren**; gem. § 48 Abs. 3 sind diese nur gemeinschaftlich zur Vertretung befugt, sofern nicht ein anderes bestimmt ist. **13**

2. Passivvertretung und Wissenszurechnung (Abs. 2 S. 2). a) Entgegennahme von Willenserklärungen. Gem. Abs. 2 S. 2 ist jedes Vorstandsmitglied zwingend (§ 40) für die Entgegennahme von Willenserklärungen einzeln empfangsvertretungsberechtigt. Das entspricht § 78 Abs. 2 S. 2 AktG und § 35 Abs. 2 S. 3 GmbHG sowie § 170 Abs. 3 ZPO zum Prozessrecht. Da Abs. 2 S. 2 zwingend ist, gilt er zB auch, wenn der Vorstand im Außenverhältnis nicht aktiv vertretungsberechtigt ist.[47] **14**

Die **Kenntnis anderer Mitglieder** (oder gar aller) von der Willenserklärung ist nicht erforderlich, selbst wenn das Vorstandsmitglied die Erklärung vorsätzlich unterdrückt;[48] Wissenszurechnung ist auch dann geboten, wenn das Vorstandsmitglied die ihm zugegangene Information zB infolge einer Organisationspflichtverletzung nicht weiterleitet.[49] Abs. 2 S. 2 enthält einen allgemeinen Rechtsgrundsatz, der immer gilt, wenn mehrere Personen zur Vertretung bestellt sind (→ § 166 Rn. 4, → § 167 Rn. 60). Von Abs. 2 S. 2 ist aber nicht gedeckt, dass ein Vorstandsmitglied sich selbst eine Willenserklärung zugehen lässt, die dem Verein zugehen muss, was auf demselben Rechtsgedanken wie das Verbot des In-sich-Geschäfts (→ Rn. 6) beruht (vgl. § 181, → Rn. 17 f.). ZB kann das Vorstandsmitglied nicht die von ihm gegen den Verein erhobene Klage sich selbst zustellen lassen.[50] Nach einheitlicher Auffassung gilt Abs. 2 S. 2 entsprechend für gegenüber dem Verein abgegebene **geschäftsähnliche Handlungen** (zB Mahnung, Fristsetzung, Mängelrüge).[51] Nach der Rspr. der Finanzgerichte können einen Verein betreffende Steuerbescheide wirksam einer Person bekanntgegeben werden, die als **faktischer Vorstand** (→ Rn. 9 a) und Empfangsbevollmächtigte für den Verein aufgetreten ist, wenn diese „ua die zentrale und lenkende Figur innerhalb des Vereins war, alle wesentlichen Entscheidungen selbst getroffen oder daran zumindest mitgewirkt hat, den Verein nach außen vertreten hat, und wenn die sonstigen Vorstände nach dem Gesamtbild der Verhältnisse nur vorgeschoben waren, ihre Position nur pro forma bekleidet haben".[52]

b) Wissenszurechnung. Die hM wendet die Grundsätze des Abs. 2 S. 2 auf **Wissenszustände aller Art** an: Soweit der subjektive Tatbestand einer gesetzlichen Vorschrift in der Person eines Vorstandsmitglieds erfüllt ist, gilt sie zugleich als in der Person des Vereins als erfüllt – unabhängig davon, ob das Vorstandsmitglied die Kenntnis in amtlicher oder privater Eigenschaft erlangt hat (vgl. näher → Rn. 15), ob es an der **15**

---

44 MüKoBGB/*Arnold* (7. Aufl.) § 26 Rn. 17; MüKoBGB/*Leuschner* § 26 Rn. 22 vertritt mit gutem Grund, dass entgegen BGHZ 64, 72,75 die Ermächtigung eines Gesamtvertreters durch den anderen zur Einzelvertretung ausgeschlossen ist.

45 KG NZG 2015, 1241 = NJW-RR 2015, 1448 = juris Rn. 14.

46 MüKoBGB/*Arnold* (7. Aufl.) § 26 Rn. 18; MüKoBGB/*Leuschner* § 26 Rn. 23 im Anschluss an OLG Hamm OLGZ 1978, 21 (26) = MDR 1978, 224 = DNotZ 1978, 292.

47 MüKoBGB/*Arnold* (7. Aufl.) § 26 Rn. 20; MüKoBGB/*Leuschner* § 26 Rn. 40 f.

48 BGHZ 20, 149, 153 = NJW 1956, 869; Erman/*Westermann* BGB § 26 Rn. 5; BeckOK BGB/*Schöpflin* § 26 Rn. 20; MüKoBGB/*Arnold* (7. Aufl.) § 26 Rn. 20; MüKoBGB/*Leuschner* § 26 Rn. 41 MHdB GesR II/*Waldner* § 28 Rn. 19.

49 BGH NJW 1999, 284 (286) = BGHZ 140, 54.

50 Staudinger/*Weick* (2005) BGB § 28 Rn. 13; Staudinger/*Schwennicke* BGB § 26 Rn. 83 ff. allg. zur Passivvertretung; RGZ 7, 404; vgl. zu ähnlicher Problematik bei der GmbH § 46 Nr. 8 GmbHG (Bestellung eines Vertreters der Gesellschaft in Prozessen, welche sie gegen den Geschäftsführer – aktiv oder passiv – zu führen hat); vgl. dazu OLG München GmbHR 2004, 584, wonach eine Klagezustellung bei unrichtiger Vertretung und deren Angabe auch keine Fristen wahrt, dort auch zu Heilungsmöglichkeiten.

51 MüKoBGB/*Arnold* (7. Aufl.) § 26 Rn. 19; MüKoBGB/*Leuschner* § 26 Rn. 40; BeckOK BGB/*Schöpflin* § 26 Rn. 20.

52 FG Berlin-Brandenburg 14.10.2008 – 6 K 2204/04, wegen eines Verfahrensfehlers (Verletzung des Grundsatzes der Unmittelbarkeit der Beweisaufnahme) aufgehoben vom BFH BFH/NV 2010, 45.

maßgebenden Rechtshandlung beteiligt gewesen ist oder von ihr gewusst hat,[53] ob es das Wissen vorsätzlich unterdrückt oder sonst nicht weitergegeben hat (→ Rn. 14) oder ob es inzwischen aus dem Verein ausgeschieden ist.[54] Das **(Teil-)Wissen mehrerer Vorstandsmitglieder ist zusammenzurechnen**.[55] Das darf nach dem BGH aber (in Hinblick auf den Vorwurf der sittenwidrigen Schädigung nach § 826) nicht so weit gehen, dass nach den Grundsätzen der Wissenszu- und -zusammenrechnung auf die „im Hause" der juristischen Person vorhandenen Kenntnisse abgestellt werde; eine Sittenwidrigkeit begründende bewusste Täuschung lasse sich nicht dadurch konstruieren, dass bei Mitarbeitern einer juristischen Person vorhandene kognitive Elemente mosaikartig zusammengesetzt würden.[56] Diese Rspr. darf uE nicht dahin gehend fehlinterpretiert werden, dass eine juristische Person ihr Wissen so kleinteilig auf verschiedene unkoordiniert handelnde Informationsträger splitten darf, dass faktisch die Wissenszusammenrechnung leerläuft; denn zur Organisationsverantwortung der Organe gehört, Wissen verfügbar zu halten. Wissen ist abgesehen von diesen Grenzen auch sonst weithin zuzurechnen, soweit bei juristischen Personen (und sonstigen am Rechtsverkehr teilnehmenden Organisationen) aufgrund ihrer **arbeitsteiligen Organisationsform** typischerweise Wissen bei verschiedenen Personen oder Abteilungen aufgespalten ist.[57] Eine **Einschränkung** von diesen Grundsätzen gilt, wenn für das Außenhandeln des Vereins ausnahmsweise statt des Vorstands ein anderes Organ (Mitgliederversammlung, Aufsichtsrat) zuständig ist. Dann ist das Wissen des Vereins erst anzunehmen, wenn der maßgebende Sachverhalt in einer Versammlung vorgetragen, die Mitglieder ordnungsgemäß geladen und in einer die Beschlussfähigkeit begründenden Zahl zusammengetreten sind.[58] Trotz dieser Einschränkungen sehen einzelne Autoren die umfassende Wissenszurechnung kritisch.[59] Die Kritik wertet aber zu gering, dass der Verein wie jede juristische Person „die durch ihren Organteil vorhandene Kenntnis nicht bei einem Einzelgeschäft nach Belieben oder Zufall abstreifen" kann, da das Wissen eines Organs „das Wissen der Gesellschaft" ist.[60] Zudem kann der Inhalt eines Rechtsverhältnisses zwischen zwei Personen nicht davon abhängen kann, wie viele Menschen auf welcher Seite gehandelt haben; schließlich ist nicht einzusehen, warum sich die durch ein Organ vertretene juristische Person nicht anrechnen lassen soll, wenn eines ihrer Organmitglieder in Kenntnis bestimmter Umstände ein Geschäft abgeschlossen oder nicht verhindert hat.

16 Das OLG Celle löste im Fall *Piech/VW/Porsche*[61] eine intensive Diskussion aus über die Grenze von **Wissenszurechnungen, zumal in Konzernverhältnissen** und Situationen, in denen der Wissensträger seine Informationen zB als Organmitglied eines anderen Unternehmens erlangt hat, in dem er Pflichten zur Geheimhaltung unterliegt: Nach dem OLG darf ein AR-Mitglied, das bei mehreren Gesellschaften Organvertreter ist, vertrauliche Informationen nicht an eine andere Gesellschaft weitergeben, so dass ein persönliches Wissen der anderen Gesellschaft nicht zuzurechnen sei. Die Lit. äußerte sich dazu äußerst kontro-

53 RG JW 1985, 2044; RGZ 81, 433; BGH WM 1959, 81 (84); BGHZ 41, 282, 287 = WM 1964, 1367; BGHZ 109, 327, 331 = DB 1990, 931 = NJW 1990, 375; BGH NJW 1988, 1200; 1984, 1953, 1954; BGH BJW 1995, 2159 (2160); BAG WM 1985, 305 (307) = DB 1985, 237; BayObLG NJW-RR 1989, 910; OLG Köln NJW-RR 2000, 470 = OLGR Köln 1999, 373; ebenso Staudinger/*Weick* (2005) BGB § 28 Rn. 14; BeckOK BGB/*Schöpflin* § 26 Rn. 21; Palandt/*Ellenberger* BGB § 26 Rn. 8.

54 BGHZ 109, 327 = NJW 1990, 975.

55 Palandt/*Ellenberger* BGB § 26 Rn. 8. Ausführlich zur Wissensrechnung Staudinger/*Schwennicke* BGB § 26 Rn. 124 ff.

56 BGH ZIP 2016, 2023 = NJW 2017, 250 = juris Rn. 23.

57 BGHZ 132, 30 = NJW 1996, 1339 = ZIP 1996, 458 (die Wissenszurechnung gründe sich nicht in der Organstellung oder einer vergleichbaren Position des Wissensvermittlers, sondern im Gedanken des Verkehrsschutzes und der daran geknüpften Pflicht zu ordnungsgemäßer Organisation der gesellschaftsinternen Kommunikation); Rspr. weitergeführt in BGH NJW 2001, 359 = ZIP 2001, 26 = WM 2000, 2515 (Zurechnung der Kenntnis von Mitarbeitern einer juristischen Person ist nur zu deren Lasten, nicht aber zulasten der Organe oder Mitglieder zulässig).

58 BGHZ NJW 1981, 166 für Aufsichtsrat; ebenso für Gesellschafterversammlung der GmbH BGH ZIP 1998, 1269; eine Ausnahme gilt freilich, wenn unabhängig davon alle Organmitglieder über die Kenntnis verfügen BGH NJW 1990, 2411 (für Gesellschafterversammlung der GmbH).

59 Vgl. statt aller MüKoBGB/*Arnold* (7. Aufl.) § 26 Rn. 21 ff.; MüKoBGB/*Leuschner* § 26 Rn. 25 ff.; Erman/*Westermann* BGB § 26 Rn. 5; *Buck*, Wissen und juristische Person, Wissenszurechnung und Herausbildung zivilrechtlicher Organisationspflichten, 2001, S. 393 ff.

60 RG JW 1935, 2044.

61 OLG Celle 24.8.2011 – 9 U 41/11, nv BeckRS 2011, 141384 Rn. 14 („Wie der Vorstand und der Aufsichtsrat den Vorwurf der Marktmanipulation hätten aufklären sollen, ist ebenfalls nicht ersichtlich, da nicht erkennbar ist, welche erfolgreichen Aufklärungsmittel … zur Verfügung gestanden haben sollen. Soweit einzelne Aufsichtsratsmitglieder der Beklagten auch bei P … eine Organstellung haben, ist es ihnen gerade im Hinblick auf den bestehenden Interessenkonflikt versagt, Informationen bezüglich des Unternehmens P … der Beklagten zu offenbaren.").

vers.[62] Mit ähnlichen Fragen wie das OLG Celle befassten sich die Münchener Gerichte:[63] Die Kläger verlangten von der beklagten Depotbank Schadensersatz wegen Aufklärungspflichtverletzungen durch die die Anlageberatung durchführende Beratungsbank (eine Aktiengesellschaft, die die Depotbank in die Geschäftsabwicklung einbezogen hatte und die mittlerweile insolvent war). Entscheidend für die Pflichtverletzung war, ob die Depotbank Warnpflichten verletzt hatte; die sollten darauf beruhen, dass ihr Prokurist als Mitglied des Aufsichtsrats der Beratungsbank Kenntnis von deren systematischer Fehlanlageberatung hatte und die entsprechende Kenntnis des Prokuristen trotz unstreitig unterbliebener Weiterleitung der Depotbank zuzurechnen sei. Der BGH entschied, dass der Depotbank Kenntnisse, die ihr Prokurist als Mitglied des Aufsichtsrats einer Aktiengesellschaft (der Beratungsbank) erlangt hat und infolge dessen der Verschwiegenheitspflicht nach §§ 116 S. 1, 93 Abs. 1 S. 3 AktG unterliegt, nicht zugerechnet werden könne; der BGH verneint auch eine ausnahmsweise Durchbrechung der Verschwiegenheitspflicht im Hinblick auf die Kollision der Pflichten als Aufsichtsratsmitglied gegenüber seinem Arbeitgeber (Depotbank) und der Gesellschaft, in deren Aufsichtsrat er gewählt oder entsandt worden sei (die Beratungsbank). Denn eine solche Pflichtenkollision sei „wegen der meist nebenberuflichen Tätigkeit als Aufsichtsrat ganz bewusst im System angelegt." Dieses Spannungsfeld sehe der Gesetzgeber, er habe es zugunsten der vor Schweigepflicht geschützten Gesellschaft entschieden.[64] Die Sichtweise vermag nicht zu überzeugen: Maßgebend dafür ist nicht, ob man eine Weitergabepflicht des AR-Mitglieds in der konkreten Situation bejaht (wofür einiges spricht, denn gerade auch für die Beratungsbank war von Anfang an offensichtlich, dass die Depotbank das AR-Mitglied im Hinblick auf die arbeitsteilige Organisation des Geschäfts in den Aufsichtsrat gebracht hat). Maßgebend ist vielmehr, dass die Depotbank bewusst ein System in die Welt gesetzt hat, bei dem sie die Beratungsbank eingeschaltet hat, die die flächendeckende Falschberatung vorgenommen hat. Dann sind ihr auch deren offensichtlich schuldhafte Versäumnisse als eigene Pflichtverletzungen zuzurechnen. Der BGH hatte 1984 sogar bei Unzuständigkeit eines Aufsichtsrats dessen Wissen der Gesellschaft zugerechnet und gefordert, dass dessen Mitglied Wissen in angemessen kurzer Zeit weitergeben müsse.[65]

§ 27 Bestellung und Geschäftsführung des Vorstands

(1) Die Bestellung des Vorstands erfolgt durch Beschluss der Mitgliederversammlung.

(2) [1]Die Bestellung ist jederzeit widerruflich, unbeschadet des Anspruchs auf die vertragsmäßige Vergütung. [2]Die Widerruflichkeit kann durch die Satzung auf den Fall beschränkt werden, dass ein

---

62 Vgl. *Schwintowski* ZIP 2015, 617, der für eine konzernweite wechselseitige Wissenszurechnung votiert; dazu pauschal ablehnend *Verse* AG 2015, 413; vgl. auch *Koch* ZIP 2015, 617 (danach kommt eine Zurechnung von Wissen aus dem AR nur in Betracht, wenn dieser für die Maßnahme selbst vertretungs- und/oder geschäftsführungsbefugt ist; über das zuständige Organ hinaus könne Wissen der Gesellschaft abgesehen von Fällen des § 242 nur zugerechnet werden, wenn es seine Pflichten zur Wissensorganisation vorwerfbar verletze, was voraussetze, dass das zuständige Organ Zugriff auf das Wissen habe; das sei gegenüber AR-Mitgliedern nicht der Fall, zumal wenn diesen die Preisgabe des Wissens durch Verschwiegenheitspflichten verwehrt ist); vgl. auch *Schirmer* AG 2015, 666 (dieser stellt darauf ab, ob eine Zurechnung von der Kenntnisnorm gewollt ist, und verneint das bei Insider-Informationen nach § 15 Abs. 1 WpHG aF/17 MAR); vgl. auch *Buck-Heeb* AG 2015, 801 (es gebe keine Pflicht eines unzuständigen Organs, sein Wissen an andere Organe weiterzuleiten; eine Wissensweiterleitung könne nicht erwartet werden, wo der Wissende bei der Weiterleitung gesetzliche Schranken überschreiten würde wie etwa bei ad-hoc-Pflichten); vgl. auch *Sajnovits* WM 2016, 765 (zwar bestehe eine Pflicht zur Wissensorganisation mit Informationsweitergabe für ad-hoc-mitteilungspflichtige Muttergesellschaften auch für die Gremien der Gesellschaften im Konzern; eine Zurechnung ohne Wissen komme auch in Betracht,

wenn ein Organmitglied oder Mitarbeiter eine Informationsweiterleitungspflicht verletzt haben; die Wissenszurechnung stoße an Schranken, wenn die Informationsweitergabe gesetzlich verboten ist: Die Rechtsordnung würde in einen Selbstwiderspruch geraten, wenn sie einerseits eine Informationsweitergabe verbietet, andererseits an die Nichtweitergabe Rechtsnachteile knüpfe); vgl. auch *Gasteyer/Goldschmidt* AG 2016, 116 (maßgebend sei, ob die handelnde Person im Schuldvorwurf gemacht werden könne, weil sie schuldhaft die Augen vor relevanten Informationen verschlossen habe; um dem Schuldvorwurf zu entgehen, müsste ein arbeitsteilig handelnder Geschäftsherr die interne Kommunikation so organisieren, dass ihm alle rechtlich relevanten Informationen zur Verfügung stehen, und bei Bedarf das relevante Wissen abfragen); vgl. auch *Werner* WM 2016, 1474 (eine Zurechnung von Wissen im Aufsichtsrat komme nur in Betracht, soweit dieser vertretungsberechtigt sei).

63 OLG München 24.2.2015 – 5 U 119/14 nv; LG München I 32 O 5014/13; BeckRS 2016, 9523; das Berufungsgericht hatte der Klage in wesentlichen Teilen stattgegeben.

64 BGH ZIP 2016, 1036 = NJW 2016, 2569 Rn. 31 ff., vgl. zum Urt. *Mülbert/Sajnovits* NJW 2016, 2540; *Buck-Heeb* WM 2016, 1469; *Habersack* DB 2016, 1551; *Wettich* AG 2017, 60; *Wilsing/Roth* DB 2016 Beilage Nr. 6,17.

65 BGH NJW 1984, 2689 (2609) = juris Rn. 21.

wichtiger Grund für den Widerruf vorliegt; ein solcher Grund ist insbesondere grobe Pflichtverletzung oder Unfähigkeit zur ordnungsmäßigen Geschäftsführung.

(3) [1]Auf die Geschäftsführung des Vorstands finden die für den Auftrag geltenden Vorschriften der §§ 664 bis 670 entsprechende Anwendung. [2]Die Mitglieder des Vorstands sind unentgeltlich tätig.

Literatur: Vgl § 26 und Vorbemerkungen zu §§ 21 ff.

A. Allgemeines	1	aa) Pflichten	22
B. Regelungsgehalt	2	bb) Haftung	25
I. Bestellung zum Vorstand (Abs. 1)	2	b) Haftung gegenüber Dritten	36
II. Widerruf der Bestellung (Abs. 2)	8	c) Haftung gegenüber Vereinsmitgliedern	41
III. Geschäftsführung (Abs. 3)	15	d) Exkurs: Haftung in den Bereichen Sozialabgaben und Steuern	42
1. Vorstand als geschäftsführendes Organ – Möglichkeit satzungsmäßiger Abweichung/Ressortaufteilung	15	e) Haftung in der Krise, Insolvenzantragspflicht und Insolvenzverschleppungshaftung – Zahlungsverbot bei Insolvenzreife?	46
2. Anwendung der §§ 664–670, Informationsanspruch der Mitglieder	17	f) Exkurs: Straf- und ordnungswidrigkeitsrechtliche Verantwortung	47
3. Vergütung	20	g) Compliance-Pflicht im Verein	50
4. Pflichten des Vorstands und Haftung für pflichtwidrige Geschäftsführung	22	IV. Entlastung	58
a) Pflichten und Haftung gegenüber dem Verein	22		

A. Allgemeines

1 § 27 behandelt die Bestellung zum Vorstand (Abs. 1) sowie deren Widerruf (Abs. 2) und enthält Grundlegendes zur Geschäftsführung (Abs. 3). Er ist **anwendbar** auf den eingetragenen Verein nach § 21, den wirtschaftlichen Vereinen nach § 22 sowie den nicht eingetragenen Verein nach § 54. Gem. § 86 ist auf die Stiftung nur § 27 Abs. 3 entsprechend anwendbar, soweit sich nicht aus deren Verfassung etwas anderes ergibt (→ § 86 Rn. 7).

B. Regelungsgehalt

I. Bestellung zum Vorstand (Abs. 1)

2 Bestellungsorgan der Vorstandsmitglieder ist die Mitgliederversammlung – es sei denn, die Satzung (§ 40) sieht etwas anderes vo, zB Vorstandsergänzung durch Kooptation, Wahl durch ein Kuratorium, Bestellung durch einen Dritten oder Personalunion mit einer anderen juristischen Person.[1] Das darf aber, mit Ausnahme von religiösen Vereinen (→ Vor § 21 Rn. 16), nicht so weit gehen, dass dem Verein als Personenverband gar keine eigene Bedeutung mehr zukommt, er vielmehr nur noch eine Sonderabteilung eines Dritten ist. Der **Einfluss der Mitgliederversammlung** darf nicht völlig ausgeschaltet werden, ihr müssen zumindest wirksame Kontrollrechte verbleiben (→ § 25 Rn. 30 f.).[2] Vgl. zur Vorstandsfähigkeit → § 26 Rn. 3. Der Beginn der Organstellung erfordert als Rechtsgeschäft (§ 130 BGB) jedenfalls die (ggf. konkludente) **Annahme der Bestellung**[3] (→ Rn. 3). Die Eintragung im Vereinsregister (§§ 59 Abs. 2, 64, 67 BGB) ist nur deklaratorisch, nicht konstitutiv, die Anmeldung der Bestellung aber verpflichtend → § 67 Rn. 1.

3 Die Bestellung ist ein **einseitiges empfangsbedürftiges Rechtsgeschäft** des bestellenden Organs gegenüber dem Bestellten;[4] einer besonderen Mitteilung bedarf es jedenfalls nicht, wenn der Bestellte anwesend ist.[5] Voraussetzung für die Bestellung ist die **Annahme** durch den Bestellten.[6] Bedingte Bestellung ist nicht

1   Palandt/*Ellenberger* BGB § 27 Rn. 1; Staudinger/*Weick* (2005) BGB § 27 Rn. 3 f.; Soergel/*Hadding* BGB § 27 Rn. 7; OLG Köln NJW 1982, 1048 (1049).

2   Staudinger/*Weick* (2005) BGB § 27 Rn. 4; Staudinger/*Schwennicke* BGB § 27 Rn. 7; Palandt/*Ellenberger* BGB § 27 Rn. 1; etwas weiter gehend MüKoBGB/*Arnold* (7. Aufl.) § 27 Rn. 16 ff.; MüKoBGB/*Leuschner* (7. Aufl.) § 27 Rn. 13 ff.; vgl. auch BVerfGE 83, 341 = NJW 1991, 2623; noch kritischer Erman/*Westermann* BGB § 27 Rn. 2 in der Auseinandersetzung mit OLG Frankfurt OLGZ 1981, 391 (392) = Rpfleger 1981, 310, da der Verein nicht zum Mittel der Durchsetzung der Sonderinteressen eines Dritten gemacht werden dürfe.

3   BGHZ 52, 316, 321 = NJW 1970, 33 (zur GmbH); MüKoBGB/*Leuschner* § 27 Rn. 13 f.); Staudinger/*Schwennicke* BGB § 27 Rn. 15 f.

4   Erman/*Westermann* BGB § 27 Rn 1; Palandt/*Ellenberger* BGB § 27 Rn 1; zT differenzierend MüKoBGB/*Leuschner* § 27 Rn. 13 f.; Staudinger/*Schwennicke* BGB § 27 Rn. 15 f.

5   BGHZ 52, 316, 321 = NJW 1970, 33 = juris Rn. 16 (zur Bestellung eines Liquidators bei der GmbH).

6   BGH NJW 1975, 2101; BayObLGZ 1981, 270 (277); Erman/*Westermann* BGB § 27 Rn. 9; Soergel/*Hadding* BGB § 27 Rn. 1; Staudinger/*Weick* (2005) BGB § 27 Rn. 10; Staudinger/*Schwennicke* BGB § 27 Rn. 16; Schauhoff/*van Randenborgh* § 2 Rn. 152.

zulässig – wohl aber zB eine Verpflichtung des Bestellten im Innenverhältnis, nur zu handeln, wenn der erste Vorsitzende verhindert ist (→ Rn. 16, → § 26 Rn. 2).

Zum **Wahlverfahren** sagt das Gesetz nichts Ausdrückliches. Die Satzung kann dies regeln. Mangels Regelung gilt der Grundsatz, dass jedes Vorstandsmitglied einzeln zu wählen ist.[7] Sind mehrere Vorstandsposten vakant, ist mangels Satzungsregel **Blockwahl** uE nur zulässig, wenn kein Mitglied widerspricht.[8]

Spezielle Probleme gibt es bei **faktischen bzw. fehlerhaft bestellten Vorstandsmitgliedern**. (Erste sind **4** nicht immer Strohmann.)[9] Diese haften wie ordnungsgemäß bestellte Vorstandsmitglieder.[10] Da sie mit Vertretungsmacht nach außen handeln, kann die Rechtswidrigkeit/Nichtigkeit der fehlerhaften Bestellung uE wie sonst beim faktischen Organ nur mit Wirkung für die Zukunft geltend gemacht werden.[11]

Zu unterscheiden von der organschaftlichen Bestellung zum Vorstand ist der Abschluss eines schuldrechtli- **5** chen Dienst- und insbesondere **Anstellungsvertrages**. Eines solchen bedarf es nur, wenn das schuldrechtliche Rechtsverhältnis nicht gem. Abs. 3 ausschließlich nach Auftragsrecht geregelt sein soll.[12] Zuständig für den Abschluss des Dienstvertrages ist dasjenige Organ, das die Bestellung vornimmt, regelmäßig die Mitgliederversammlung.[13] Vgl. zum Satzungsvorbehalt für die Vorstandsvergütung → Rn. 20 f. Vorstandsmitglieder sind keine Arbeitnehmer des Vereins. Das Arbeitsverhältnis eines Arbeitnehmers endet im Zweifel, wenn dieser unter Abschluss eines neuen Dienstvertrages zum Vorstandsmitglied wird.[14]

Die **Zeitdauer der Bestellung** richtet sich nach der Satzung[15] oder durch den Beschluss des bestellenden **6** Organs Bestellungen auf Lebenszeit sollen grundsätzlich zulässig sein (Ausnahme Groß-/Monopolverbände, → Vor § 21 Rn. 24, vgl. auch → § 25 Rn. 18 c).[16] Auch in solchen Fällen kann der Verein die Bestellung aber grundsätzlich widerrufen, auch bei entgegenstehenden Satzungsregeln.[17] Möglich sind satzungsmäßige Festlegungen zur Beendigung (zB Fortbestehen der Vereinsmitgliedschaft, Zugehörigkeit zu einem Beruf). Die Amtszeit endet auch mit Tod und Geschäftsunfähigkeit. Regelt Satzung Dauer der Bestellung nicht, soll sie nach dem OLG Hamm unbegrenzt sein.[18] Das liegt auf der Linie der hM, wonach die Satzung die Dauer bestimmen kann, aber nicht muss;[19] die Bestellung gilt in einem solchen Fall auf unbestimmte Zeit bis auf Widerruf, der jederzeit möglich ist (→ Rn. 8). Bleibt nach der Satzung ein Vorstand nach Ablauf seiner Amtszeit bis zur Wahl eines neuen Vorstands im Amt, verringert das weder seine Befugnisse noch seine Vertretungsmacht;[20] denn die Vertretungsmacht des Vorstands ist grundsätzlich unbeschränkt (§ 26 Abs. 2 S 2 BGB); eine eventuelle Beschränkung für die Amtsfortdauer nach Ablauf der zunächst bestimmten Zeit muss die Satzung vorsehen, sie ergibt sich nicht schon aus dem Wesen der Fortdauer.[21]

7 OLG Bremen NZG 2016, 1192 = juris Rn. 4; MüKoBGB/*Leuschner* § 27 Rn. 15.

8 *Heidel* in Heidel Aktienrecht AktG Vor § 129 ff. Rn. 7; MüKoBGB/*Leuschner* § 27 Rn. 15; OLG Zweibrücken NZG 2013, 1236 (1237); KG NZG 2013, 147; OLG Bremen NZG 2016, 1192 = juris Rn. 5 hält mit Recht bei einhelliger Zustimmung zur Wahl einen Verstoß gegen den Grundsatz für irrelevant.

9 Vgl. BeckOK BGB/*Schöpflin* § 27 Rn. 7; Reichert/*Wagner* Kapitel 2 Rn. 2172 ff.; *Stein*, Das faktische Organ, S. 97 ff., 119 ff.; vgl. zur strafrechtlichen Verantwortlichkeit des faktischen GmbH-Geschäftsführers BGH NJW 2000, 2285; BayObLG NJW 1997, 1936; vgl. auch zur Pflicht zur Stellung eines Insolvenzantrags BGHSt 31, 118, 121 = NJW 1983, 240 (zur GmbH); BGH NJW 1988, 1789 (zur GmbH).

10 MüKoBGB/*Leuschner* § 27 Rn. 91 f., § 31 Rn. 14 ff.

11 Vgl. die Kommentierungen zum Aktienrecht, zB Wilsing/von der Linden in Heidel Aktienrecht AktG § 142 Rn. 12; zu den Sonderproblemen beim Aufsichtsrat *Heidel* in Heidel Aktienrecht AktG § 250 Rn. 9 ff.

12 Vgl. zum Anstellungsvertrag Reichert/*Wagner* Kapitel 2 Rn. 2057 ff.; MüKoBGB/*Arnold* (7. Aufl.) § 27 Rn. 2 ff., der den Anstellungsvertrag als „Amtsführungsvertrag" ansieht, der für das Vorstandsmitglied die Pflicht zur Übernahme und Beibehaltung der Organstellung und für den Verein die Obliegenheit

begründe, dem Vorstandsmitglied die Organstellung zu verschaffen und zu belassen.

13 BGHZ 113, 237 = NJW 1991, 1727 (1728); *Grunewald*, Gesellschaftsrecht, § 8 Rn. 35; MüKoBGB/*Arnold* (7. Aufl.) § 27 Rn. 9; MüKoBGB/*Leuschner* § 27 Rn. 17; *Baums* ZGR 1983, 141 (143); aA MüKoBGB/*Reuter* (7. Aufl.) § 27 Rn. 9.

14 BAG NJW 1996, 614.

15 *Wagner* NZG 2016, 1046 (1053), hält folgende Varianten der Regelung für möglich: Wahl auf Lebenszeit (meist als Sonderrecht nach § 35 BGB); befristete Bestellung; unterschiedliche Bestelldauer von einzelnen Vorstandsmitgliedern mit der Konsequenz rollierender Wahlen; Beschränkung der Amtsdauer, zB auf zwei Wahlperioden; altersmäßige Mindest- und Höchstgrenze.

16 Staudinger/*Weick* (2005) BGB § 27 Rn. 13; Soergel/*Hadding* § 27 Rn. 15; MüKoBGB/*Leuschner* (8. Aufl.), § 27 Rn. 21; einschränkend MüKoBGB/*Arnold* (7. Aufl.) § 27 Rn. 22 ff.

17 Vgl. *Wagner* NZG 2019, 46 (48).

18 OLG Hamm NJW-RR 2008, 350 = NZG 2008, 473 = Rpfleger 2008, 141.

19 Staudinger/*Weick* (2005) BGB § 27 Rn. 7; Staudinger/*Schwennicke* BGB § 27 Rn. 33; Soergel/*Hadding* BGB § 27 Rn. 7.

20 KG KGR Berlin 2006, 615.

21 KG KGR Berlin 2006, 615.

7 Das Vorstandsmitglied kann sein Amt durch **Amtsniederlegung (Rücktritt)** beenden. Diese ist eine einseitige empfangsbedürftige Willenserklärung und gegenüber dem zuständigen Bestellungs- bzw. Abberufungsorgan zu erklären.[22] Mangels satzungsmäßiger Vorgaben ist die Niederlegung formfrei; eine Anmeldung nach § 67 Abs. 1 S. 2 erfordert allerdings einen Beleg über die Änderung.[23] Das aufgrund eines Dienstvertrages tätige Vorstandsmitglied kann nach hM sein Mandat nur aus wichtigem Grund niederlegen, während das ehrenamtlich Tätige grundsätzlich jederzeit niederlegen kann.[24] Eine Niederlegung zur Unzeit kann das Mitglied schadensersatzpflichtig machen.[25] Rechtsmissbrauch hindert aber uE nicht die Wirksamkeit der Niederlegung: Sonst kann es nämlich eine geradezu unendliche Geschichte darüber geben, ob die Niederlegung wirksam ist oder das Vorstandsmitglied an seinem Amt festgehalten werden kann. Die Vertretung des Vereins erfordert aber klare Verhältnisse.[26] Die Niederlegung ist aus wichtigem Grund immer fristlos möglich, sonst unter Beachtung der in der Satzung festgelegten Niederlegungsfrist; Verein (vertreten durch die Person, die die Satzung als für die Niederlegungserklärung empfangszuständig bezeichnet) und Vorstandsmitglied können sich auf eine einvernehmliche Abkürzung der Frist zur Niederlegung bis zu deren sofortiger Wirksamkeit verständigen.[27] Die kollektive Niederlegung der Ämter aller Vorstandsmitglieder außerhalb der Mitgliederversammlung soll treuwidrig sein und zur Versagung der Eintragung im Vereinsregister führen können.[28]

II. Widerruf der Bestellung (Abs. 2)

8 Die Regelungen des Abs. 2 zum Widerruf der Bestellung sind gem. § 40 **nicht dispositiv**. **Zuständig** für den Widerruf das Organ, das das Vorstandsmitglied bestellt hat, es sei denn, die Satzung sieht etwas anderes vor. Die Mitgliederversammlung kann die Vorstandsmitgliedschaft auch widerrufen, wenn nach der Satzung ein anderes Organ oder ein Dritter für die Bestellung und den Widerruf zuständig ist.[29]

9 Grundsatz ist die jederzeitige **freie Widerruflichkeit** (Abs. 2 S. 1, anders bei der Stiftung, § 86 S. 1).[30] Die Satzung kann den Widerruf davon abweichend gem. Abs. 2 S. 2 auf das **Vorliegen eines wichtigen Grundes** beschränken. Aus dem „insbesondere"-Teil von S. 2 („ein solcher Grund ist insbesondere grobe Pflichtverletzung oder Unfähigkeit zur ordnungsmäßigen Geschäftsführung") folgt, dass der wichtige Grund so schwerwiegend sein muss, dass die weitere Tätigkeit des Vorstandsmitglieds für den Verein unzumutbar ist. Die Rechtsprechung formuliert, der Grund müsse von einigem Gewicht sein und eine ordnungsgemäße, das Wohl des Vereins fördernde Amtsführung unmöglich machen oder zumindest gefährden.[31] Die Unfähigkeit nach Abs. 2 S. 2 braucht **keine dauernde** zu sein; sie darf aber nicht absehbar nur vorübergehend sein. Der wichtige Grund braucht nicht in der Person des Vorstandsmitglieds zu liegen, insbesondere braucht dieses nicht pflichtwidrig oder schuldhaft gehandelt zu haben, und der Verein braucht keinen Schaden erlitten zu haben. Ein wichtiger Grund in der Sphäre des Vereins kann zB sein, den Vorstand zu verkleinern.[32] Die Rechtsprechung hatte mit folgenden **Beispielsfällen** zu tun:[33] strafbares Verhalten zum Nachteil des Vereins unabhängig vom Schaden; Steuerhinterziehung; Bestechlichkeit; unberechtigte Entnahme aus der Vereins-

22   OLG Frankfurt Rpfleger 1978, 134; LG Flensburg NZG 2004, 582 = DB 2004, 1255 (zur AG – Mobil-Com); Soergel/*Hadding* BGB § 27 Rn. 16; MüKo-BGB/*Arnold* (7. Aufl.) § 27 Rn. 36 ff.; MüKoBGB/*Leuschner* § 27 Rn. 28 f.; MHdB GesR II/*Waldner* BGB § 27 Rn. 44; vgl. auch allgemein zum Rücktritt *Röcken* ZStV 2014, 236.

23   OLG Frankfurt NZG 2016, 155 = NJW-RR 2016, 360 = juris Rn. 17 ff., 25 ff.

24   Palandt/*Ellenberger* BGB § 27 Rn. 3 im Anschluss an OLG Frankfurt Rpfleger 1978, 134.

25   Palandt/*Ellenberger* BGB § 27 Rn. 3.

26   Etwas anderes ergibt sich nicht aus BGH NJW-RR 2007, 185 = WM 2007, 80, da dort lediglich ausgesprochen wurde, dass sich der Verein im Zwangsvollstreckungsverfahren nicht auf die Amtsniederlegung des Vorstands berufen kann, da diese den alleinigen Zweck verfolgte, sich der Zwangsvollstreckung zu entziehen; weitergehend für Rechtsmissbrauch OLG München FGPrax 2010, 205 = DNotZ 2011, 148; BGH NJW-RR 2007, 185 = Rpfleger 2007, 86 = WM 2007, 80 Rn. 18 ff. (danach ist das einzige Vorstandsmitglied eines eV, das sein Amt nach Ladung zur Abgabe der eidesstattlichen Versicherung niedergelegt hat, ohne dass ein neuer

gesetzlicher Vertreter bestellt wurde, nach wie vor verpflichtet, für den eV die eidesstattliche Versicherung abzugeben, wenn die Berufung auf die Amtsniederlegung rechtsmissbräuchlich ist); OLG München FGPrax 2010, 205 = DNotZ 2011, 148.

27   Vgl. OLG Schleswig WM 2006, 231 = AG 2006, 120.

28   OLG München FGPrax 2010, 205 = DNotZ 2011, 148.

29   Palandt/*Ellenberger* BGB § 27 Rn. 2; differenzierend MHdB GesR II/*Waldner* § 27 Rn. 29.

30   Vgl. exemplarisch OLG Hamm NJW-Spezial 2017, 432 = NZG 2017, 864 = juris Rn. 50 ff.

31   OLG Karlsruhe NJW-RR 1998, 684.

32   OLG Düsseldorf NJW 1989, 172 zur GmbH; Reichert/*Wagner* Kapitel 2 Rn. 2200; anders bei der AG im Hinblick auf die dort noch größere Eigenständigkeit des Vorstands OLG Frankfurt ZIP 2015, 519 = DB 2015, 730 = NZG 2015, 514; ebenso die Vorinstanz LG Frankfurt ZIP 2014, 921 = NZG 2014, 706 (Nichtzulassungsbeschwerde BGH II ZR 73/15), zuvor schon wie AG und LG *Heidel* AG Report 2013, R 341.

33   Vgl. die Nachw. bei Reichert/*Wagner* Kapitel 2 Rn. 2206.

kasse; Falschbuchung; Fälschung von Abrechnungsbelegen; unrichtige Bilanzerstellung; Ausnutzung der Vorstandsposition zu eigenen Zwecken; Geheimhaltung mitteilungsbedürftiger Tatsachen; fortlaufende Verletzung der Aufsichtspflicht; Unverträglichkeit bzw. persönliche Zerwürfnisse der Vorstandsmitglieder untereinander; Missachtung der Kompetenzordnung für Vorstandsmitglieder.

Strafbares Verhalten im privaten Bereich begründet einen wichtigen Grund regelmäßig nur, wenn es Rückschlüsse auf charakterliche Unzuverlässigkeit erlaubt oder das Ansehen des Vereins erheblich schädigen kann.[34] **Vertrauensentzug durch die Mitgliederversammlung** soll kein wichtiger Grund sein; uE gilt indes der Erst-recht-Schluss zu § 84 Abs. 3 S. 2 AktG: Wenn schon ein mit der aktienrechtlichen Unabhängigkeit ausgestatteter Vorstand bei Vertrauensentzug abberufen werden kann, gilt dies erst recht für den Vereinsvorstand, der keine derart selbstständige Position wie der Vorstand einer AG innehat.[35]
10

Liegt kein wichtiger Grund vor, ist der Widerruf unwirksam. **§ 84 Abs. 3 S. 4 AktG**, dass der Widerruf bis zur rechtskräftigen Feststellung des Gegenteils wirksam ist, soll nach bisher hM nicht entsprechend gelten:[36] uE erscheint es nicht nur bei größeren Vereinen und Großvereinen sowie Vereinen mit vom Nebenzweckprivileg (→ § 21 Rn. 32) gedecktem wirtschaftlichem Geschäftsbetrieb unerträglich, wenn uU jahrelang ungewiss ist, ob das abberufene Vorstandsmitglied tatsächlich noch im Amt ist. Kautelarjuristisch kann in solchen Fällen nur eine Satzungsregelung nach dem Muster von § 84 Abs. 3 S. 4 AktG Rechtssicherheit schaffen und den in der Praxis unerträglichen Schwebezustand vermeiden.
11

Als milderes Mittel gegenüber dem Widerruf ist die **Suspendierung** (vorläufige Amtsenthebung) nach allgemeiner Auffassung zulässig.[37]
12

Mit Zugang der (wirksamen) Widerrufserklärung **endet das Vorstandsamt** und damit die Geschäftsführungs- und Vertretungsbefugnis. Der **Anstellungsvertrag** des Vorstandsmitglieds (→ Rn. 5) und sein Vergütungsanspruch bleiben gem. Abs. 2 S. 1 davon nach ganz hM grundsätzlich unberührt, es sei denn, die Voraussetzungen für eine Kündigung des Anstellungsverhältnisses aus wichtigem Grund nach § 626 liegen vor oder § 627 ist anzuwenden.[38] Trotz des Widerrufs bedarf es nach hM einer ausdrücklichen Kündigung des Anstellungsverhältnisses, wenn nichts anderes vereinbart ist.[39] Die Kündigung des Anstellungsvertrages obliegt dem Organ, das für den Widerruf der Bestellung zuständig ist.[40]
13

Gegen die Abberufung ist **einstweiliger Rechtsschutz** zulässig (uE entsprechend der hM zu § 84 Abs. 3 S. 4 AktG – → Rn. 11 – grundsätzlich nicht zur Frage des Vorliegens des wichtigen Grundes);[41] die Beschlussfassung der Mitgliederversammlung kann aber nicht verhindert werden.[42]
14

III. Geschäftsführung (Abs. 3)

1. Vorstand als geschäftsführendes Organ – Möglichkeit satzungsmäßiger Abweichung/Ressortaufteilung.
15
Der Vorstand ist das geschäftsführende Organ des Vereins, sofern die Satzung nichts anderes bestimmt (§ 40). Sie kann die Geschäftsführung einem anderen Organ übertragen, zB einem Gesamtvor-

34 Reichert/*Wagner* Kapitel 2 Rn. 2206.
35 AA BeckOK BGB/*Schöpflin* § 27 Rn. 13 im Anschluss an OLG Köln GmbHR 1989, 79 zur GmbH.
36 BGH DB 1977, 84 = BB 1977, 273; Palandt/*Ellenberger* BGB § 27 Rn. 2; Soergel/*Hadding* BGB § 27 Rn. 19; aA *Sauter/Schweyer/Waldner* Eingetragener Verein Rn. 270. Zweifel auch bei MüKoBGB/*Arnold* (7. Aufl.) § 27 Rn. 31; MüKoBGB/*Leuschner* § 27 Rn. 30.
37 BeckOK BGB/*Schöpflin* § 27 Rn. 13; BGHZ 90, 92 = NJW 1984, 1884; BayObLG OLGE 32, 330.
38 Palandt/*Ellenberger* BGB § 27 Rn. 2; BeckOK BGB/ *Schöpflin* § 27 Rn. 15; Schauhoff/*van Randenborgh* § 2 Rn. 154; diff. MüKoBGB/*Arnold* (7. Aufl.) § 27 Rn. 10 ff., MüKoBGB/*Leuschner* § 27 Rn. 8 ff. der von einer Akzessorietät der Anstellung ausgeht.
39 BGH WM 1966, 968; aA MüKoBGB/*Reuter* (6. Aufl.) § 27 Rn. 13 f.; wie hM MüKoBGB/*Arnold* (7. Aufl.) § 27 Rn. 32; vgl. auch MüKoBGB/*Leuschner* § 27 Rn. 33, der bei Amtsniederlegung Erfordernis der Kündigung für möglich hält.

40 BGHZ 113, 237 = DB 1991, 906 = NJW 1991, 1727 unter Verweis auf BGH WM 1990, 630 = NJW-RR 1990, 739 (Jacubowski) unter Aufgabe von BGHZ 47, 341, 344 = NJW 1967, 1711.
41 Vgl. statt aller *Hüffer/Koch* AktG § 84, Rn. 40, 42; *Oltmanns* in Heidel Aktienrecht AktG § 84 Rn. 28; vgl. *Heidel* AG Report 2013, R 341 am Beispiel der nach LG Frankfurt (ZIP 2014, 921 = NZG 2014, 706) und OLG Frankfurt (ZIP 2015, 519 = DB 2015, 730 = NZG 2015, 514) (Nichtzulassungsbeschwerde BGH II ZR 73/15) nach § 84 Abs. 3 AktG rechtswidrigen Abberufung von Vorstandsmitgliedern zum alleinigen Zwecke der Vorstandsverkleinerung, dass bei Evidenz des Fehlens des wichtigen Grundes auch insoweit vorläufiger Rechtsschutz möglich ist.
42 OLG Düsseldorf NJW 1989, 172; OLG Celle GmbHR 1981, 264; OLG Frankfurt WM 1982, 282, jeweils zur GmbH; zum Verein BeckOK BGB/ *Schöpflin* § 27 Rn. 15; Reichert/*Wagner* Kapitel 2 Rn. 3371 f.

stand (→ § 26 Rn. 2).[43] Sie kann diese als Minus zur Vertretungsmacht ausgestalten. Sie kann dem Vorstand die Entscheidung bei Angelegenheiten der Vertretung aber nicht entziehen (→ § 26 Rn. 9). **Falls die Satzung nichts anders bestimmt, entsprechen sich Umfang von Geschäftsführungsbefugnis und Vertretungsmacht.**[44] Dieser Gleichlauf ist in der Praxis in vielen Fällen **aufgrund Satzungsregeln deutlich verändert**. Je nach deren Ausgestaltung führt dies zu einer Verkürzung (auf Seiten des Vorstands) oder einer Erweiterung der inneren Geschäftsführungsbefugnis (auf Seiten des fakultativen Verbandsorgans) bei weiterhin unbeschränkter Vertretungsmacht des gesetzlichen Vorstands oder aber auch zu einer Einschränkung der Vertretungsmacht des gesetzlichen Vorstands; dabei kann dem Vorstand die Geschäftsführungsbefugnis insgesamt genommen werden (bis auf wenige, gesetzlich angeordnete höchstpersönliche Vorstandspflichten, nämlich die Insolvenzanmeldepflicht nach § 42 Abs. 2 sowie die Anmeldepflichten zum Vereinsregister nach §§ 59, 67), die Vertretungsmacht kann nur beschränkt, keineswegs vollständig entzogen werden.[45] Eine solche Übertragung der Geschäftsführungsbefugnis muss die Satzung nicht zwingend auf andere, ggf. fakultative Organe vorsehen, sie kann zB auch ein Mitglied des gesetzlichen Vorstands mit besonderen Aufgaben und Befugnissen auszustatten und ihm neben seiner Vorstandsrolle zusätzlich zB die Funktion eines besonderen Vertreters nach § 30 einzuräumen – mit idR einschränkenden Auswirkungen auf den verbleibenden Verantwortungsbereich der übrigen Vorstandskollegen.[46] Ein Vorstandsmitglied mit Einzelvertretungsmacht handelt nicht ohne Weiteres pflichtwidrig, wenn es einen in der Satzung vorgesehenen Vorstandsbeschluss nicht befolgt, wonach sämtliche Geschäfte der Zustimmung weiterer Vorstandsmitglieder bedürfen.[47] Der Vorstand darf nämlich nicht über die satzungsmäßigen Vorstandsregeln hinweggehen; diese müssen zumindest eine Ermächtigung enthalten. Gegen die Satzung verstoßendes materiell pflichtwidriges Handeln eines Vorstandsmitglieds begründet auch bei Handeln im Rahmen der satzungsmäßigen Vertretungsmacht seine Haftung.[48]

16 Verbreitet sind **Ressortaufteilungen**. Diese bedürfen einer satzungsmäßigen Grundlage, um die nicht für das Ressort zuständigen Vorstandsmitglieder im Verhältnis zum Verein von einer Haftung zu entlasten; ohne satzungsmäßige Ressortaufteilung bleibt es bei der Gesamtverantwortung der Vorstandsmitglieder.[49] Ob ein Vorstand Gesamtverantwortung trägt oder ob das einzelne Vorstandsmitglied nur für sein Ressort zuständig ist und lediglich **Überwachungspflichten für die anderen Ressorts** (→ Rn. 42, 43 zur Überwachungspflicht insb. im steuerlichen Bereich) zu erfüllen hat, berührt entscheidend die Grundstruktur der Verantwortlichkeit des Vorstands gegenüber den Mitgliedern und damit die Grundfeste der Vereinsorganisation.[50] Diese Frage hat nichts Erhebliches mit der anderen Frage zu tun, dass ein mehrköpfiger Vorstand sein internes Zusammenwirken nach pflichtgemäßem Ermessen ordnen muss; diese Ordnungsfunktion lässt die Verantwortlichkeit der Vorstandsmitglieder gegenüber dem Verein und seinen Mitgliedern grundsätzlich unberührt.[51] Die interne Ressortaufteilung kann aber Einfluss auf die (deliktische) Verantwortlichkeit der Vorstandsmitglieder haben; in jedem Fall verbleiben dem nach der Ressortaufteilung nicht zuständigen Vorstandsmitglied Überwachungspflichten, die zum Eingreifen verpflichten können und insbesondere in finanziellen Krisensituationen zum Tragen kommen.[52] Die **Wirksamkeit** einer Ressortauf- oder anderen Geschäftsverteilung setzt nach dem BGH eine klare und eindeutige Abgrenzung der Geschäftsführungsaufgaben voraus; diese bedinge eine von allen Mitgliedern des Organs mitgetragene Aufgabenzuweisung; alle Geschäftsführungsaufgaben seien vollständig durch fachlich und persönlich geeignete Personen sicherzustellen; ungeachtet der Ressortzuständigkeit eines einzelnen Geschäftsführers sei die Zuständigkeit des

---

43 *Brouwer* NZG 2017, 481 (482), begründet die Kompetenz zur auch umfassenden Übertragung entsprechend der hM mit der Zusammenschau von § 26 Abs. 2 S. 1 mit §§ 28 Abs. 1, 64, 68, 70 und 68: Danach hänge die Vertretungsmacht des Vorstands nicht von einem vorherigen Beschluss ab; das lasse darauf schließen, dass die Beschlussfassung unabhängig von der Vertretungsmacht einem anderen Organ als dem Vorstand übertragen werden kann, vgl. BGHZ 69, 250, 252 f. = NJW 1977, 2310 = juris Rn. 14 ff. (danach kann ein Verein, der durch seine Satzung den Vorstandsmitgliedern Einzelvertretungsmacht eingeräumt hat, darin die interne Beschlussfassung (Geschäftsführung) einem anderen Organ als dem Vorstand iSd § 26 Abs. 2 übertragen).

44 BGHZ 119, 379, 381 = DB 1993, 219 = NJW 1993, 191; mit Recht widerspricht MüKoBGB/*Arnold* (7. Aufl.) § 26 Rn. 4; MüKoBGB/*Leuschner* § 26

Rn. 10 einer notwendigen Identität von Vertretungs- und Geschäftsführungsmacht.

45 *Brouwer* NZG 2017, 481 (482).

46 *Brouwer* NZG 2017, 481 (482).

47 BGHZ 119, 379, 381 = DB 1993, 219 = NJW 1993, 191.

48 BGHZ 119, 379, 386 = DB 1993, 219 = NJW 1993, 191, bestätigt in BGH NJW 2008, 1589 = ZIP 2008, 453 = WM 2008, 448 Rn. 9.

49 RGZ 98, 98, 100 zur GmbH.

50 Wie hier im Ergebnis Reichert/*Wagner* Kapitel 2 Rn. 2563.

51 MüKoBGB/*Leuschner* § 27 Rn. 73 ff. Vgl. RGZ 98, 98, 100, das die Verbindlichkeit einer internen Arbeitsteilung von Geschäftsführern ohne Satzungsgrundlage im Verhältnis zur GmbH verneint.

52 Vgl. BGHZ 133, 370, 376 ff. = NJW 1997, 130 (131) (zur GmbH).

Gesamtorgans für nicht delegierbare Angelegenheiten der Geschäftsführung zu wahren; die schriftliche Dokumentation der Aufgabenzuweisung sei nicht zwingend.[53]

2. Anwendung der §§ 664–670, Informationsanspruch der Mitglieder. Ebenso wie für die GbR **17** (→ § 713 Rn. 16 ff., dort allerdings mit dem ausdrücklichen Vorbehalt „soweit sich nicht aus dem Gesellschaftsverhältnis ein anderes ergibt") erklärt das Gesetz für den Verein die §§ 664–670 für entsprechend anwendbar. Daraus folgt insbesondere (a) die Pflicht zur persönlichen Ausführung der Geschäftsführung gem. **§ 664 Abs. 1 S. 1**, was die generelle Delegation von Geschäftsführung und Vertretung auf außenstehende Dritte ausschließt,[54] aber konkrete Aufträge und Vollmachten, auch an einzelne Vorstandsmitglieder, nicht ausschließt, (b) das Weisungsrecht der Mitgliederversammlung gegenüber dem Vorstand und seinen einzelnen Mitgliedern gem. **§ 665** (dem Vorstand obliegt aber die Prüfung der formellen und materiellen Wirksamkeit der Beschlüsse vor ihrer Ausführung, vgl. auch → § 25 Rn. 18 ff.),[55] (c) die Benachrichtigungs-, Auskunfts- und Rechenschaftsverpflichtung der Mitgliederversammlung gem. **§§ 666, 259**;[56] (dazu gehört neben der Berichtspflicht auch die Pflicht zu Buchführung und nachvollziehbarer Rechenschaft/ Rechnungslegung)[57] vgl. auch → § 25 Rn. 18c ff. zur Benachrichtigungspflicht vor Maßnahmen der Geschäftsführung[58] und (d) gem. **§ 670** der Aufwendungsersatzanspruch (ein Entgelt für seine Tätigkeit kann der Vorstand nur auf Basis eines Dienstvertrages verlangen und wenn die Satzung das vorsieht, vgl. Abs. 3 S. 2, → Rn. 20 f. und → § 31 a Rn. 21).[59]

Neben dem Informationsanspruch des Vereins gegenüber dem Vorstand nach Abs. 3 iVm § 666 (→ Rn. 17) **18** besteht ein **Informationsrecht jedes Vereinsmitglieds** gegen den Verein.[60] Der Vorstand ist insbesondere in der Mitgliederversammlung **auf Verlangen eines jeden einzelnen Mitglieds auskunftspflichtig**, jedenfalls sofern dies zur sachgemäßen Erledigung von Tagesordnungspunkten notwendig ist, das gilt zB auch für den Vorstand eines Dachverbandes. Darüber hinaus steht den Vereinsmitgliedern nach der BGH-Rechtsprechung gem. §§ 27 Abs. 3, 666 ein umfassendes Auskunftsrecht in der Mitgliederversammlung „über alle wesentlichen tatsächlichen und rechtlichen Verhältnisse des Vereins zu"; dieses umfasst nicht nur iSd § 131 Abs. 1 S. 2 AktG die „Beziehungen" zu verbundenen Unternehmen, sondern generell die Auskunft über Angelegenheiten von Tochtergesellschaften des Vereins, soweit diese „objektiv von so erheblicher wirtschaftlicher Bedeutung [sind], dass sie … auch Angelegenheiten … [des Vereins] selbst sind";[61] dieses umfassende Informationsrecht der Mitglieder findet seine Grenze nur an etwaigen vorrangigen berechtigten Geheimhaltungsinteressen entsprechend § 51 a Abs. 2 GmbHG.[62] Wie bei der GbR (→ § 716 Rn. 8) haben Vereinsmitglieder einen **Anspruch auf Einsicht in die Mitgliederliste** des Vereins und Herausgabe einer Abschrift mit den Anschriften der Mitglieder.[63] Ein berechtigtes Interesse am Erhalt der Mitgliederliste besteht regelmäßig schon deshalb, da ohne Kenntnis von Namen und Anschriften der anderen Vereinsmit-

53 BGHZ 220, 162 Rn. 17 ff. = NZG 2019, 225 (zur GmbH; hinsichtlich der Dokumentationspflicht differenzierend zur BFH-Entscheidung in Hinblick auf § 34 AO BFH 141, 443, BStBl II 1984, 776); vgl. dazu *Buck-Heeb* BB 2019, 584; *Fleischer* DB 2019, 472; *Schockenhoff* GmbHR 2019, 514.

54 MüKoBGB/*Arnold* (7. Aufl.) § 27 Rn. 43 unter Hinweis auf BGHZ 119, 379 = NJW 1993, 191 (192) sowie Soergel/*Hadding* BGB § 27 Rn. 22.

55 BGHZ 119, 379, 381 = DB 1993, 219 = NJW 1993, 191; BeckOK BGB/*Schöpflin* § 27 Rn. 19; Soergel/ *Hadding* BGB § 27 Rn. 22 a; Reichert/*Wagner* Kapitel 2 Rn. 2579 ff.

56 BGH NJW 1960, 1151; NJW 1962, 104; Staudinger/ *Weick* (2005) BGB § 27 Rn. 25; Staudinger/*Schwennicke* BGB § 27 Rn. 77; MüKoBGB/*Arnold* (7. Aufl.) § 27 Rn. 39 f.; MüKoBGB/*Leuschner* § 27 Rn. 51 f.; *Grunewald* ZIP 1989, 962.

57 *Sauter/Schweyer/Waldner* Eingetragener Verein Rn. 279.

58 MüKoBGB/*Arnold* (7. Aufl.) § 27 Rn. 39 f.; KG NZG 1999, 779; *Lutter* BB 1988, 489 (490 f.); vgl. zur Publizitätspflicht LG München I DB 2003, 1316 mAnm *Segna* DB 2003, 1311.

59 BGH NJW-RR 1988, 745.

60 *K. Schmidt* GesR, 4. Aufl., § 21 III.1.a; *K. Schmidt*, Informationsrechte in Gesellschaften und Vereinen, S. 15 ff., 53 ff., 56 f.; *Grunewald* ZIP 1989, 962 (963 f.); *Stöber/Otto* Rn. 342; *Haas* FS Hadding 2005, S. 365.

61 BGHZ 152, 339 = NJW-RR 2008, 830; vgl. dazu kritisch *Grunewald*, Gesellschaftsrecht § 8 Rn. 62 (allerdings mit der zweifelhaften Erwägung, dass ein GmbH-Gesellschafter Informationen, die ihm die GmbH zugänglich macht, regelmäßig nicht weitergeben dürfe; das mag zwar im Ausgangspunkt zutreffen, verstellt aber den Blick auf den Aspekt, dass eine Erteilung von Informationen über eine Beteiligungsgesellschaft des Vereins nicht eine Weitergabe von als GmbH-Gesellschafter erlangten Informationen an Dritte ist, sondern eine Information zur Ausübung in Hinblick auf Mitgliedsrechte im Verein; wenn eine GmbH einen Verein oder sonst eine Personenvereinigung als Mitglied aufnimmt, muss sie damit rechnen und stimmt bei der Aufnahme zu, dass das Vertretungsorgan des Gesellschafters die in der GmbH erlangten Informationen auch an seine Mitglieder weitergibt).

62 LG Stuttgart NJW-RR 2001, 1478; BGHZ 152, 339 = NJW-RR 2003, 830; BGHZ 152, 339 = DB 2003, 442 = DStR 2003, 847 = NJW-RR 2003, 830; MüKoBGB/*Arnold* (7. Aufl.) § 27 Rn. 39; MüKo-BGB/*Leuschner* § 27 Rn. 51 ff.; Reichert/*Wagner* Kapitel 2 Rn. 1417.

63 LG Köln NZG 2011, 1193; BGH NZG 2013, 789 = WM 2013, 1217 = ZIP 2013, 1278 Rn. 13 ff.; BGH NZG 2010, 1430 = WM 2010, 2360 = ZIP 2010, 2367 Rn. 4 ff.

glieder ein Vereinsmitglied sein aus der Mitgliedschaft folgendes Recht auf Mitwirkung an der vereinsrechtlichen Willensbildung nicht wirkungsvoll ausüben kann.[64] Bei berechtigtem Interesse hat jedes Vereinsmitglied auch das Recht auf Einsicht in die Bücher und Urkunden des Vereins; dem kann der Vorstand nur in seltenen Ausnahmefällen überwiegende Geheimhaltungsinteressen des Vereins oder ausnahmsweise berechtigte Belange anderer Vereinsmitglieder entgegenhalten.[65]

19 Der Vorstand sollte nach früher sehr verbreiteter Sicht **Auskunftsbegehren einzelner Mitglieder außerhalb der Mitgliederversammlung** zurückweisen dürfen.[66] Daran wird aber mit gutem Grund Kritik geübt.[67] Denn § 131 AktG, auf den man sich in diesem Zusammenhang vielfach stützt, ist nicht die einzige Vorschrift im Gesellschaftsrecht, die Auskunftsrechte regelt, so dass die Übertragbarkeit der zu dieser Norm vertretenen Grundsätze[68] zweifelhaft ist; beispielsweise garantiert § 51 a GmbHG eine Pflicht zur unverzüglichen Auskunft über Angelegenheiten der Gesellschaft einschließlich Einsichtsrechten in Bücher und Schriften; auch das Auskunftsrecht des GbR-Gesellschafters geht weit über den § 131 AktG hinaus (→ § 713 Rn. 18 f. und → § 716 Rn. 2 ff.). Die Beschränkung des Auskunftsrechts der Mitglieder in § 131 AktG erklärt sich aus der Verfassung der AG, die der Hauptversammlung keine umfassende Kompetenz einräumt, sondern den drei regulären Organen Hauptversammlung, Vorstand und Aufsichtsrat jeweils wohltarierte Bereiche der Eigenverantwortung gibt. Daher ist § 131 AktG nicht eins zu eins auf den Verein zu übertragen (→ § 38 Rn. 11). Zudem gibt es für Aktiengesellschaften kapitalmarktrechtliche Informationspflichten (vgl. insbesondere §§ 15, 21 f. WpHG aF, nunmehr Art. 17, 38 ff. MAR).[69] Vereinsmitglieder sind in zahlreichen Fällen auf Informationen des Vereins zur Wahrnehmung ihrer Mitgliederrechte angewiesen, und diese können für die Wahrnehmung ihrer rechtlichen und wirtschaftlichen Interessen unentbehrlich sein. Die verbreitete Vereinspraxis steht der Meinung entgegen, dass außerhalb von Mitgliederversammlungen keine Auskunft zu erteilen ist: Zahlreiche Vereine unterrichten ihre Mitglieder regelmäßig durch Rundschreiben und beantworten ganz bereitwillig auch außerhalb von Mitgliederversammlungen Auskunftsverlangen.[70]

20 **3. Vergütung.** Seit 2015 regelt Abs. 3 S. 2, dass die Mitglieder des Vorstands unentgeltlich tätig sind.[71] Nach § 40 S. 1 können Vereine **von Abs. 3 S. 2 durch die Satzung abweichen** und die Möglichkeit der Vergütung vorsehen: Wenn dies nicht vorgesehen ist, darf keine Vergütung vereinbart werden.[72] Die **Entgegennahme satzungswidriger Entgelte ist eine Pflichtverletzung** (→ § 25 Rn. 12).

21 Vergütung ist es zB, wenn der Verein Entschädigung für Arbeitszeit oder Arbeitskraft des Vorstandsmitglieds leistet oder ihm einen Vertreter finanziert, der die sonst von ihm in der Zeit der Wahrnehmung seiner Vorstandstätigkeit erledigten Aufgaben übernimmt.[73] Zulässig ist aber, – auch durch am konkreten Aufwand orientierte Pauschalen – Fahrt-, Telefon-, Porto- und sonstigen Kosten zu erstatten sowie einen Ausgleich unverschuldeter risikotypischer Begleitschäden zu erbringen.[74] Der Abschluss einer D&O-Versicherung zugunsten eines Vorstandsmitglieds ist keine Vergütung (→ Rn. 34).

---

64   BGH ZIP 2010, 2397 = WM 2010, 2360 = NZG 2010, 1430 Rn. 6; OLG München 15.11.1990 – 19 U 3483/90 (nv juris Rn. 6 f.: Das Wesensmerkmal eines Vereins – der auf Dauer angelegte Zusammenschluss von Personen zur Verwirklichung eines gemeinsamen Zwecks – bedinge ein grundsätzliches Interesse der Mitglieder, auch unmittelbar miteinander in Verbindung treten zu können; eine Folge der durch die Aufnahme als Mitglied geschaffenen Beziehung müsse es sein, dem Anliegen des einzelnen Mitglieds Rechnung zu tragen, an andere Mitglieder herantreten zu können, wofür es den Zugang zur Mitgliederliste benötige).

65   BGH ZIP 2010, 2397 = WM 2010, 2360; allgemeine Vermögensinteressen des Mitglieds sollen für den Einsichtsanspruch nicht ausreichen, Stöber/*Otto* Rn. 342 unter Verweis auf OLG Nürnberg 31.1.2011 – 4 U 1639/10 (nv); der Anspruch besteht aber jedenfalls dann, wenn das Mitglied unmittelbar Leistungsansprüche aus der Mitgliedschaft verfolgen will, Stöber/*Otto* Rn. 342 unter Verweis auf OVG Magdeburg 14.4.2011 – 2 L 118/09 (nv).

66   BGHZ NJW 1960, 1151; 1962, 104; OLG Nürnberg 31.1.2011 – 4 U 1639/10; *Lepke* NJW 1966, 2099; *Lutter* BB 1988, 489 (490); *Grunewald* ZIP 1989, 962 (983); MüKoBGB/*Arnold* (7. Aufl.) § 27 Rn. 39; MüKoBGB/*Leuschner* § 27 Rn. 53.

67   Siehe MüKoBGB/*Arnold* (7. Aufl.) § 38 Rn. 33; MüKoBGB/*Leuschner* § 38 Rn. 23; Reichert/*Wagner* Kapitel 2 Rn. 1418 ff. bezeichnet die Gegenansicht als überholt.

68   Vgl. *Hüffer/Koch* AktG § 131 Rn. 8; *Heidel* in Heidel Aktienrecht AktG § 131 Rn. 2.

69   Vgl. zu diesen zB in Assmann/Schneider/*Assmann* (6. Aufl.) WpHG § 15 Rn. 40 ff. und *Sohbi/Heinrich* in Heidel Aktienrecht WpHG §§ 21 ff.

70   Reichert/*Wagner* Kapitel 2 Rn. 1418 ff.

71   Eingeführt durch Art. 6 des Ehrenamtsstärkungsgesetz (EhrAStG) vom 21.3. 2013, BGBl. I 2013, 556. Nach der Begründung des Gesetzentwurfs der Bundesregierung (BR-Drs. 663/12, S. 23) solle die Novelle die Unentgeltlichkeit lediglich klarstellen; nach überwiegender Auffassung habe sich diese auch für die Vergangenheit bereits aus dem Verweis von Abs. 3 S. 1 auf das Auftragsrecht ergeben, wonach den Vorstandsmitgliedern nur Aufwendungsersatz zustehe und ein Vergütungsanspruch nicht vorgesehen sei; dies sei aber nicht unbestritten gewesen (vgl. NK-BGB 3. Aufl. § 25 Rn. 12).

72   BR-Drs. 663/12, S. 23.

73   BGH ZIP 1988, 706 = MDR 1988, 644 = NJW-RR 1988, 745.

74   Palandt/*Ellenberger* BGB § 27 Rn. 5.

4. Pflichten des Vorstands und Haftung für pflichtwidrige Geschäftsführung. a) Pflichten und **22** **Haftung gegenüber dem Verein. aa) Pflichten.** Seine Bestellung verpflichtet das Vorstandsmitglied organschaftlich zu **ordnungsgemäßem Handeln für den Verein**. Zusätzliche und parallele Pflichten können sich auch aus einem eventuellen **Anstellungsverhältnis** (→ Rn. 5) ergeben; dieses kann die Organpflichten aber nicht beschränken. Dem Grunde nach schuldet der Vorstand (ggf. aufgrund beider Rechtsverhältnisse) die Vornahme für den Verein nützlicher Geschäftsführungsmaßnahmen und die Unterlassung für ihn schädlicher Maßnahmen.[75] Die Pflicht zur ordnungsgemäßen Geschäftsführung hat zwei zentrale Aspekte:[76] Zum einen die **Legalitätspflicht**: Der Vorstand muss alle an ihn und an den Verein gerichteten Gesetze beachten (daher sind auch für den Verein nützliche Rechtsverstöße pflichtwidrig),[77] außerdem die Satzung, Vereins- und Geschäftsordnungen sowie die Beschlüsse der Mitgliederversammlung. Zum anderen die **Sorgfaltspflicht**: Der Vorstand muss unter Beachtung der Legalitätspflicht den Vereinszweck bestmöglich verwirklichen; er muss Schaden vom Verein abwenden. Ein Teilaspekt jeder Geschäftsführungstätigkeit ist die Pflicht zur **ordnungsgemäßen Buchführung**, was auch aus § 259 folgt; der Vorstand muss für jede Rechnungsposition grundsätzlich einen aussagekräftigen Beleg vorlegen können; er muss schon im Hinblick auf § 42 Abs. 2 jederzeit einen hinreichenden Überblick über die finanzielle Lage des Vereins haben.[78] Vgl. zu Compliance-Pflichten → Rn. 50 ff.

Welche **Pflichten im Einzelnen** der Vorstand bei der Erfüllung seiner Geschäftsführungspflicht hat, richtet **23** sich nach Gegenstand, Zweck und Größe[79] des Vereins. Jedenfalls haben Vorstandsmitglieder keine Pflicht, ihren Verein finanziell zu unterstützen.[80] Zur Ausfüllung des Pflichtenmaßstabs bietet sich eine Übertragung der Rechtsgrundsätze von § 93 Abs. 1 und 2 AktG (entsprechend § 43 Abs. 1 GmbHG) an, wonach Vorstandsmitglieder bei ihrer Geschäftsführung die **Sorgfalt eines ordentlichen und gewissenhaften Geschäftsleiters** anzuwenden haben. Exemplarisch für **Vorstandspflichten und Haftungsgefahren** ist eine Entscheidung des OLG Oldenburg zu einem Stiftungsvorstand: Dieser hatte die Vermögensbewirtschaftung[81] ausgelagert und schloss Portfoliomanagementverträge über wesentliche Teile des Stiftungsvermögens ab, wonach der Aktienanteil bis zu 80 % des Depotvolumens ausmachen durfte; eine solche Anlage sah das OLG Oldenburg hoch spekulativ und als Pflichtverletzung an, empfahl ein „professionelles Wertpapiermanagement" (was nicht lediglich eine Empfehlung sein kann, sondern zum Pflichtenmaßstab gehört) und warf dem Vorstand mit Recht vor, dass er sich nicht regelmäßig um die Entwicklung der Geldanlage gekümmert hat.[82] Die Vorstandspflichten können etwa auch die Einrichtung eines Dokumentations- und eines internen Kontrollsystems umfassen.[83]

Vorstandsmitglieder haben aufgrund ihrer Organstellung eine **Treuepflicht zum Verein**.[84] Ihre Grundlage **24** liegt in der Funktion des Vorstands, fremde (Vermögens-)Interessen wahrzunehmen. Der Vorstand muss in Angelegenheiten des Vereins dessen Wohl über den persönlichen Vorteil stellen, auch den einzelner Mitglie-

75 Vgl. statt aller *Grunewald* ZIP 1989, 962 (964).
76 Vgl. statt aller MüKoBGB/*Leuschner* § 27 Rn. 39.
77 Vgl. *Fleischer* ZIP 2005, 141 ff.
78 Vgl. *Sauter/Schweyer/Waldner* Eingetragener Verein Rn. 279 (dort auch zur – generell zulässigen – Haftung bei Überlassung der Buchführung an Dritte.
79 MüKoBGB/*Leuschner* § 27 Rn. 40, weist mit Recht darauf hin, dass Vorstände von Großvereinen strengeren Sorgfaltsanforderungen unterliegen als solche kleiner lokaler Vereine.
80 OLG Koblenz npoR 2018, 113 = juris Rn. 73 ff. (eine Grundlage für Haftung kann sich aber dadurch ergeben, dass ein Vereinsvorstand keine Verträge für den Verein abschließen darf in Kenntnis oder grob fahrlässiger Unkenntnis der Finanzierbarkeit, Rn. 74).
81 In der Vergangenheit sahen die Stiftungsgesetze der Länder für Stiftung die Pflicht zu sog. „mündelsicherer Anlage" vor; mittlerweile wird den Stiftungsvorständen überwiegend die Befugnis eingeräumt, nicht notwendig den „sichersten Weg" gehen zu müssen, sondern die Ertragskraft des Stiftungsvermögens zu erhalten, vgl. *Hüttemann* WM 2016, 625 ff., 673 ff. zu den stiftungs- und gemeinnützigkeitsrechtlichen Rahmenbedingungen der Vermögensanlage steuerbegünstigter Stiftungen (*Hüttemann* vertritt ua, Vermögensanlagen entsprechend den Anforderungen von KAGB und VAG seien im Zweifel auch stiftungs-

rechtlich erlaubt). Vgl. auch OLG Frankfurt BKR 2017, 380 = npoR 2018, 230 = juris Rn. 37 ff. (mit Anm. *Roth* npoR 2018, 230 und *Zimmermann/Raddatz* NJW 2018, 516) zur anleger- und anlagerechten Beratung gegenüber einer gemeinnützigen Stiftung.
82 OLG Oldenburg BB 2014, 724 = NZG 2014, 1272 (Johannes a Lasco-Stiftung); vgl. auch die Revisionsentscheidung (die nicht diesen Punkt betraf, insoweit wurde die Revision nicht zugelassen, vgl. dazu → Rn. 19 a) BGH NZG 2015, 38 = ZIP 2015, 166. Vgl. auch LG Bremen NZG 2020, 423 = juris Rn. 58 ff.(„Keine Haftung des Vorstandes einer Stiftung, wenn nur ein kleiner Teil des Vermögens der Stiftung betroffen ist, das Anlagegeschäft zwar nicht risikolos ist, das Konzept aber durch namhafte Mitdarlehensgeber geprüft wurde und das durch ein Darlehen zu fördernde Projekt mit den Stiftungszielen überein geht."
83 *Lange* JZ 2015, 627 (630), 632 zur Stiftung.
84 Unstreitig, vgl. statt aller MüKoBGB/*Leuschner* § 27 Rn. 41; Krieger/Schneider Managerhaftung-HdB/*Burgard* § 6 Rn. 6.22 ff.; Stöber/*Otto*, Vereinsrecht, Rn. 469; Reichert/*Wagner* Kapitel 2 Rn. 934;.vgl. zur Aktiengesellschaft MüKoAktG/*Spindler* § 84 Rn. 110 f., AktG § 93 Rn. 125 ff.

der oder Dritter.[85] Teilaspekte sind Pflicht zur Verschwiegenheit[86] sowie zu loyaler/kollegialer Zusammenarbeit im Vorstand[87] und (jedenfalls bei wirtschaftlich aktivem Verein) Wettbewerbsverbot.[88]

25 **bb) Haftung.** Bei **nicht pflichtgemäßem Verhalten** haften Vorstandsmitglieder dem Verein wegen Verletzung der sich aus dem Bestellungsverhältnis ergebenden Verpflichtungen sowie ggf. nach § 280 wegen Verletzung des Anstellungsvertrages (→ Rn. 5) auf Schadensersatz. Das Vereinsrecht enthält keinen ausdrücklichen Haftungstatbestand nach dem Muster von §§ 43, 52 GmbHG, §§ 93, 116 AktG. Vorstandsmitglieder haften nach den allgemein geltenden schuldrechtlichen Haftungsprinzipien – nämlich im Hinblick auf ihre Organstellung nach §§ 27 Abs. 3, 664 ff. iVm § 280; darüber hinaus haften sie auch deliktisch zB nach § 823 Abs. 1 oder § 823 Abs. 2 iVm § 266 StGB (→ Rn. 47). Schließlich kommt eine Haftung wegen Verletzung eines Anstellungsvertrags in Betracht.[89] Die Vorstandsmitglieder haften grundsätzlich gem. § 280 gegenüber dem Verein (vgl. zur Haftung gegenüber dem Mitglied, → Rn. 41) auf Schadensersatz für jede Pflichtverletzung bei allen Verschuldensarten (vgl. zur Möglichkeit der satzungsmäßigen Beschränkung → Rn. 27). § 708 gilt nicht.[90]

26 Tatbestandsmäßig sind sowohl aktives **Tun wie Unterlassen** – wie zB die Nichterfüllung einer Verkehrssicherungspflicht (→ § 31 Rn. 8).[91] Haftungsbegründend kann auch die Verletzung von Organisationspflichten sein.[92] Diese bestehen aber nur im Innenverhältnis, ihre Verletzung begründet keine Garantenstellung im Außenverhältnis,[93] (vgl. näher → Rn. 36 ff.). Der BGH leitet aus § 31 a eine über diesen hinausgehende „eindeutige Sprache (des Gesetzgebers) **gegen eine Ausdehnung der Haftung** von Vereinsvorständen" ab.[94]

27 Vorstandsmitglieder müssen einstehen für die Kenntnisse und **Fähigkeiten, die die übernommene Aufgabe regelmäßig erfordert**.[95]

Grundsätzlich haften sie für **jede Pflichtverletzung** bei allen Verschuldensarten. Zulässig sind nach hM **Beschlüsse der Mitgliederversammlung zur** Haftungsbegrenzung **in Einzelfällen**.[96] Das ist konsequent und richtig, da auch rechtmäßige Beschlüsse der Mitgliederversammlung zur Durchführung einer bestimmten Maßnahme haftungsbefreiend wirken (→ § 27 Rn. 19 h). Für die Haftung reicht nach Abs. 3 iVm §§ 664 ff., 280, 276 Abs. 1, Abs. 2 leichte („einfache") Fahrlässigkeit.[97] **Satzungsmäßige Beschränkungen** des Haftungsmaßstabs sind in Grenzen zulässig: Die Satzung kann die Haftung für **leichte Fahrlässigkeit** ausschließen; das ist allgemein anerkannt und seit Langem gängige Praxis.[98] Die Sicht trifft zu: Im Vereinsrecht gibt es anders als im Recht der Aktiengesellschaft dem Gesetzeswortlaut nach grundsätzlich keine zwingende Haftungsverfassung (sieht man ab von § 40 S. 1); für die Aktiengesellschaft entspricht demgegenüber die Unzulässigkeit satzungsmäßiger Begrenzungen des Haftungsmaßstabs des § 93 Abs. 2 AktG zugunsten des Vorstandsmitglieds vor dem Hintergrund des § 23 Abs. 5 AktG der ganz hM[99] Beim Verein folgt demgegenüber aus § 31 a die gesetzgeberische Wertung, dass Organmitglieder nicht bei jeder Fahrlässigkeit haften müssen. Die Hürde zur leichten Fahrlässigkeit ist sehr schnell umgeworfen. Zumal angesichts

85　MüKoBGB/*Leuschner* § 27 Rn. 41; Krieger/Schneider Managerhaftung-HdB/*Burgard* § 6 Rn. 6.26. Vgl. zum Aktienrecht MüKoAktG/*Spindler* § 93 Rn. 125.

86　*Sauter/Schweyer/Waldner* Eingetragener Verein Rn. 285; Krieger/Schneider Managerhaftung-HdB/*Burgard* § 6 Rn. 6.24.

87　Krieger/Schneider Managerhaftung-HdB/*Burgard* § 6 Rn. 6.23.

88　MüKoBGB/*Leuschner* § 27 Rn. 41; Krieger/Schneider Managerhaftung-HdB/*Burgard* § 6 Rn. 6.25.

89　Vgl. allgemein zur Innenhaftung Krieger/Schneider Managerhaftung-HdB/*Burgard* § 6 Rn. 6.6 ff.

90　BGH NJW-RR 1986, 572 (574).

91　*Roth* npoR 2010, 3; *Röcken* MDR 2014, 879 (880).

92　Stöber/*Otto* Rn. 610.

93　*Lutter* ZHR 157 (1993), 464, 475 ff.

94　ZIP 2010, 1080 = NZG 2010, 711 = NJW-RR 2010, 978; der BGH verweist auf *Klasen* BB 2009, 690; *Hangebrauck* EWiR 2009, 699; vgl. zu der Entscheidung *Roth* EWiR 2010, 555 und *Reuter* NZG 2010, 808.

95　MHdB GesR II/*Waldner* § 30 Rn. 1.

96　*Arnold*, Non Profit Law Yearbook 2009/2010, S. 95.

97　Staudinger/*Schwennicke* BGB § 27 Rn. 98; Staudinger/*Weick* (2005) BGB § 26 Rn. 25; MüKoBGB/*Leuschner* § 27 Rn. 63, 76; Soergel/*Hadding* BGB § 27 Rn. 23; Reichert/*Achenbach* Kapitel 2

Rn. 3616. Vgl. Gesetzentwurf des Bundesrats, BT-Drs. 16/10120 S. 6.

98　Palandt/*Ellenberger* BGB § 27 Rn. 4; *Unger* NJW 2009, 3269 (3270), *Arnold*, Non Profit Law Yearbook 2009/2010, S. 93; MüKoBGB/*Reuter* (6. Aufl.) § 31 a Rn. 2; *Reuter* NZG 2009, 1368 (1369); *Burgard* ZIP 2010, 358 (364 f.) *Sauter/Schweyer/Waldner* Eingetragener Verein Rn. 278; *Unger* NJW 2009, 3269 (3270); Staudinger/*Weick* (2005) BGB § 26 Rn. 25. Vgl. auch Gesetzentwurf des Bundesrats, BT-Drs. 16/10120 S. 6. *Schall* JZ 2015, 455 will die Risiken von ihm als übermäßig angesehener Organhaftung durch einen Anspruch auf Haftungsfreistellung nach § 670 BGB abmildern – das mE ausschlaggebende Gegenargument nennt er selbst (S. 457): Die Haftung des Beauftragten für Pflichtverletzung darf nicht durch gegenläufige Ersatzansprüche konterkariert werden.

99　Vgl. statt aller WpHG/*U. Schmidt* AktG § 93 Rn. 5; *Hüffer/Koch* AktG § 93 Rn. 2; KK-AktG/*Mertens/Cahn* § 93 Rn. 8; Schmidt/Lutter/*Krieger/Sailer-Coceani* § 93 Rn. 3; *Fleischer* ZIP 2014, 1305 f.; *Habersack* ZHR 177 [2013], 782, 794; *U.H. Schneider* FS Werner, 1984, S. 795, 803 f.; *E. Vetter* NZG 2014, 921 (922 f.); aA *Grunewald* AG 2013, 813 (815 ff.).

der ausdrücklichen Erwähnung der Möglichkeit der Ausgrenzung der leichten Fahrlässigkeit aus dem Haftungsmaßstab im Entwurf des § 31 a[100] ist geradezu von einer gesetzgeberischen Billigung der Haftungsbeschränkung auszugehen. Unstreitig ist, dass die Haftung wegen **Vorsatzes** nicht im Voraus erlassen werden kann.[101] Das folgt aus Abs. 3 S. 1 iVm §§ 276 Abs. 3, 280, 664 ff. Problematisch ist die Zulässigkeit eines Ausschlusses der Haftung bei **grober Fahrlässigkeit**. Dieser wird ganz überwiegend für zulässig gehalten, und zwar auch in Hinblick auf § 31 a Abs. 1 S. 1 iVm § 40 S. 1.[102] *Leuschner* hält insoweit dessen teleologische Korrektur für erforderlich: Es scheint ihm „offensichtlich", dass § 31 a die Situation von Organmitgliedern ausschließlich verbessern sollte, nicht aber verschlechtern; die gegenteilige Sichtweise würde zu dem „eigenartigen" Ergebnis führen, dass vergütete Hauptamtliche gegenüber ehrenamtlichen Organmitgliedern bessergestellt wären, da für Erstere mangels Anwendbarkeit des § 31 a die Haftung in der Satzung weitergehend eingeschränkt werden könne.[103] Das geht aber allzu schnell über die Frage hinweg, ob für die Hauptamtlichen, also nicht auf der Basis des § 31 a Tätigen, tatsächlich weitergehende Haftungsbegrenzungen zulässig sind. Aus der Gesetzesgeschichte des § 31 a und der Festlegung dessen zwingenden Charakters in § 40 S. 1[104] kann man nämlich ablesen, wovon der Gesetzgeber ausging: dass der Haftungsausschluss bei leichter Fahrlässigkeit zwar unbedenklich möglich und gängige Praxis ist, dass aber demgegenüber das Mindestmaß an Haftung gerade auch bei ehrenamtlicher Tätigkeit die Haftung bei grober Fahrlässigkeit sein sollte. Es führt kein Weg daran vorbei, dass Organmitglieder fremdes Vermögen verwalten. Das betreute Vermögen/die Vereinsmitglieder haben ein legitimes Interesse daran, dass die umfassenden Vorstandspflichten in Fällen grob fahrlässigen Vorgehens auch schadensersatzbewehrt sind. Sonst haben die den Organmitgliedern auferlegten Pflichten keine effektiv verhaltensleitende Wirkung, da die Organmitglieder leichtfertig über die ihnen auferlegten Bindungen hinweggehen können. UE ist daher eine satzungsmäßige Haftungsbeschränkung auf Vorsatz ausgeschlossen; Organmitglieder haften auch bei grober Fahrlässigkeit.

Die Möglichkeit weitergehender Haftungsabschirmung soll eine **organschaftliche Pflichtendelegation** 28 begründen, ua in Hinblick auf die Figur des besonderen Vertreters.[105] Abgesehen von solchen Gestaltungen wirkt es haftungsbegründend zB, dass ein Vorstandsmitglied gegen im Innenverhältnis wirkende satzungsmäßige Beschränkungen seiner Vertretungsmacht (→ § 26 Rn. 5)[106] handelt. Keine Haftung als solches löst es aber aus, dass ein (einzelvertretungsberechtigtes) Vorstandsmitglied einem in der Satzung nicht vorgesehenen internen Vorstandsbeschluss zuwider handelt, wonach sämtliche Geschäfte ab einer bestimmten wirtschaftlichen Größenordnung nur mit interner Zustimmung weiterer Vorstandsmitglieder vorgenommen werden dürfen.[107] Denn der Vorstand kann sich ohne entsprechende Satzungsermächtigung nicht wirksam selbst Beschränkungen gegen die Vornahme bestimmter Geschäfte auferlegen.

Ein Vorstandsmitglied kann es entlasten, dass eine Maßnahme, die zum Schaden des Vereins geführt hat, 29 auf einem **Beschluss der Mitgliederversammlung** (Weisung oder Zustimmung) beruht; § 93 Abs. 4 S. 1 AktG enthält einen verallgemeinerungsfähigen Grundsatz.[108] Selbst ein solcher Beschluss entlastet aber

100 Gesetzentwurf des Bundesrats, BT-Drs. 16/10120 S. 6.

101 Vgl. statt aller MüKoBGB/*Leuschner* § 27 Rn. 88.

102 Staudinger/*Schwennicke* BGB § 27 Rn. 100, BGB § 31 a Rn. 27; MüKoBGB/*Leuschner* § 27 Rn. 88, § 31 a Rn. 21; OLG Nürnberg ZIP 2016, 573 = NZG 2016, 112 = juris Rn. 42 ff.; Palandt/Ellenberger § 31 a Rn. 4; entgegen Staudinger/*Schwennicke* BGB § 31 a Rn. 27 handelt es sich bei Reichert/Achenbach Kapitel 2 Rn. 3479 nicht um eine abweichende Ansicht, da es dort um die Frage eines (unzulässigen) Ausschlusses der Haftungsübernahme durch den Verein nach § 31 geht. Ähnlich wie hier *Roth* npoR 2010, 5; *Wörle-Himmel/Endres* DStR 2010, 759 (761); *Beck* EWiR 2016, 165.

103 MüKoBGB/*Leuschner* § 31 a Rn. 21.

104 Vgl. insoweit erneut BT-Drs. 16/10120 S. 6.

105 *Brouwer* NZG 2017, 481 (486 ff.); *Schockenhoff* NZG 2019, 281 (284 ff.) (zur Compliance) – es sei zB zulässig, Geschäftsführer als besondere Vertreter auch mit der Erledigung des gesamten Tagesgeschäfts des Vereins wirksam zu betrauen; bei solcher organschaftlichen Delegation bestimme die Satzung „ein anderes" iSd § 40 S. 1: Nicht mehr der gesetzliche Vorstand, sondern das verfassungsmäßig berufene Sonderorgan sei fortan für den auf ihn übertra-

genen Geschäftskreis zuständig und verantwortlich; es könne aber auch außerhalb der nicht-übertragbaren eigenen Pflichten des gesetzlichen Vorstands (zB nach § 42 Abs. 2) dessen Restverantwortung geben.

106 BGH NJW 1997, 314 = ZIP 1996, 2164 = WM 1996, 2340.

107 BGHZ 119, 379 = NJW 1993, 191 = ZIP 1993, 35; nach Auffassung von *Grunewald,* Gesellschaftsrecht § 8 Rn. 34, kann man dem Urteil nur „im Grundsatz" folgen; man werde „wohl anders" entscheiden müssen bei der Festlegung auf eine nicht unerhebliche Summe (im BGH-Fall war die Grenze 5.000 DM) ab etwa 50.000 EUR bei einem nicht gerade großen Verein; dann lasse sich nicht mehr sagen, dass die Einzelvertretungsmacht rein faktisch aufgehoben sei, vielmehr diene eine solche Klausel dazu, dem nicht am Geschäft beteiligten Vorstandsmitglied Einblick in alle bedeutsamen Geschäfte des Vereins zu verschaffen, was schon deshalb wichtig sei, weil das Vorstandsmitglied eine generelle Kontrollpflicht bezüglich aller maßgeblichen Vereinsaktivitäten habe; all dies mag zutreffen – kann aber nicht begründen, warum das Vorstandsmitglied, das die Grenze missachtet, dem Verein haften soll.

108 *Grunewald* ZHR 1993, 451 (462).

nicht bei unzureichender (unrichtiger oder unvollständiger) Information der Mitgliederversammlung über die Sachlage – etwa bei Unterlassen eines Hinweises auf dem Vorstand bekannte mögliche schädliche Folgen der zu beschließenden Maßnahme.[109]

Die Haftung des handelnden Vorstandsmitglieds entfällt nicht dadurch, dass der gesamte Vorstand bestimmte Maßnahmen gebilligt hat und die **Stimme des Handelnden für den Beschlussfassung nicht ausschlaggebend** war. Vorstandsmitglieder müssen gegen rechtswidrige Beschlüsse ggf. aktiv einschreiten – so im Fall des OLG Frankfurt, wo der Vorstandsvorsitzende Bargeld statt es satzungsmäßig bei einer Bank zu deponieren in schwarze Kassen übertrug.[110] Vgl. zum (ausgeschlossenen) Einwand des Mitverschuldens → Rn. 33.

30 Hat der Vorstand ein **Ermessen** bei der Durchführung von nicht gebundenen Geschäftsführungsmaßnahmen (entsprechend unternehmerischen Entscheidungen iSd § 93 Abs. 1 S. 2 AktG),[111] gelten die Haftungsbegrenzungen nach § 93 Abs. 1 S. 2 AktG entsprechend: Es genügt, dass das Vorstandsmitglied vernünftigerweise annehmen durfte, auf der Grundlage angemessener Informationen zum Wohle des Vereins Gesellschaft zu handeln (sog. Business Judgement Rule).[112]

31 Die Rechtsprechung bestimmt die persönliche Verantwortung jedes (auch eines ehrenamtlich und unentgeltlich tätigen) Vorstandsmitglieds etwa für die Abführung der vom Verein geschuldeten **Steuern** (→ Rn. 42) wie die Haftung eines GmbH-Geschäftsführers und wendet § 43 GmbHG einschließlich der **gegenseitigen Überwachungspflicht mehrerer Vorstandsmitglieder** entsprechend an[113] (→ Rn. 42 ff.).

32 Gegen diese rigide Haftung wurde schon lange vor der Novelle des § 31 a zu Recht angeführt, dass sie für **ehrenamtlich tätige Vorstandsmitglieder** nicht interessengerecht. Die Rechtsprechung bejahte vor Inkrafttreten des § 31 a bei ehrenamtlich tätigen **Vereinsmitgliedern** außerhalb der Vorstandstätigkeit eine Begrenzung der Verschuldenshaftung im Innenverhältnis nach den Grundsätzen des innerbetrieblichen Schadensausgleichs, wonach bei leichtester Fahrlässigkeit des Arbeitnehmers der Arbeitgeber den Schaden allein trägt, dieser bei mittlerer Fahrlässigkeit geteilt wird und nur bei grober Fahrlässigkeit und Vorsatz die Entlastung des Arbeitnehmers regelmäßig ausscheidet.[114] Der BGH begründet die Haftungsbeschränkung ehrenamtlich tätiger Vereinsmitglieder mit der Erwägung, dass die Begrenzung der Schadensersatzpflicht im Interesse nicht nur betroffener Vereinsmitglieder, sondern auch der Vereine liege, die auf die Einsatzbereitschaft Ehrenamtlicher angewiesen seien.[115] Der Abschluss einer Haftpflichtversicherung durch den Verein schließt den Freistellungsanspruch des Mitglieds nicht aus.[116] Diese Rechtsprechung zur Haftungsbegrenzung für „einfache" Vereinsmitglieder gilt auch nach der Einführung des § 31 b (vgl. dort) fort, soweit diese im Ausnahmefall weitergehen sollte als nach § 31 b. Demgegenüber entsprach die Haftungsbegrenzung für Vorstandsmitglieder bis zur Novelle des § 31 a nicht der Rechtspraxis, obwohl sie interessengerecht ist und in der Literatur viele Befürworter fand.[117]

33 Mehrere auf Schadensersatz in Anspruch genommene Vorstandsmitglieder haften als **Gesamtschuldner** (vgl. § 93 Abs. 2 S. 1 AktG, auch → § 31 a Rn. 29 zu Fragen der gestörten Gesamtschuld). Die Mitverantwortlichkeit anderer Vorstandsmitglieder führt nicht zu einer **Haftungsmilderung gem. § 254** gegenüber der juristischen Person[118] (→ Rn. 29). Vorstandsmitglieder können nach zutreffender Sicht des BGH auch nicht einwenden, dass für den von Ihnen herbeigeführten Schaden ein anderes Vereinsorgan mitverantwortlich ist: Insoweit gilt der Grundsatz, dass kein Gesellschaftsorgan der Gesellschaft gegenüber einwenden kann, seine Ersatzpflicht sei gemindert, weil ein anderes Gesellschaftsorgan für den Schaden mitverantwortlich sei; Gesellschaftsorgane vertreten im Innenverhältnis nicht die Gesellschaft gegenüber den anderen Organen; beispielsweise kann der Geschäftsführer einer GmbH, den die Gesellschaft wegen einer Pflicht-

---

109 Vgl. zum Verein MHdB GesR II/*Waldner* § 30 Rn. 2; entsprechend zum Aktienrecht die allgM zu § 93 Abs. 4 S. 1 AktG; vgl. statt aller *U. Schmidt* in Heidel Aktienrecht AktG § 93 Rn. 130.

110 OLGR Frankfurt 2003, 78.

111 Zur Definition *U. Schmidt* in Heidel Aktienrecht AktG § 93 Rn. 83 f.; *Hüffer/Koch* AktG § 93 Rn. 16 ff.

112 Vgl. MüKoBGB/*Arnold* (7. Aufl.) § 27 Rn. 41; MüKoBGB/*Leuschner* § 27 Rn. 39 f.; Krieger/Schneider Managerhaftung-HdB/*Burgard* § 6 Rn. 6.26 f.; *Hüttemann/Herzog*, Non Profit Law Yearbook 2006/2007, S. 33, 37 ff.; *Lutter* ZIP 2007, 841 (848).

113 BFH BB 1998, 1934 = NJW 1998, 3374 = BStBl II 1998, 761; BFH NZG 2003, 734 zur Haftung nach der AO; vgl. BGHZ 133, 370, 376 = NJW 1997, 130

und BGH ZIP 2002, 261 zur Abführung von Sozialversicherungsbeiträgen bei der GmbH.

114 BGHZ 89, 153 = DB 1984, 552 = NJW 1984, 789; BGH NJW 2005, 981 = ZIP 2005, 345 = NZG 2005, 357; BGH ZIP 2012, 31 = NZG 2012, 113; vgl. OLG Schleswig NJW-RR 2010, 957 = SchlHA 2010, 194; vgl. zum Arbeitsrecht BAG NJW 1995, 210; 1996, 1532; BAG AP Nr. 33, 42, 53, 61, 69, 74, 78, 80, 92, 93, 109 zu § 611.

115 BGHZ 89, 153 = DB 1984, 552 = NJW 1984, 789.

116 BGH NJW-RR 2005, 981.

117 *K. Schmidt* GesR § 24 III 2 d; BeckOK BGB/*Schöpflin* § 27 Rn. 20; Soergel/*Hadding* BGB § 27 Rn. 23; aA MüKoBGB/*Arnold* (7. Aufl.) § 27 Rn. 42; § 31 a Rn. 4; § 31 b Rn. 1; Palandt/*Ellenberger* BGB § 27 Rn. 7; *Brox/Walker* DB 1985, 1469.

118 Vgl. statt aller *U. Schmidt* in Heidel Aktienrecht AktG § 93 Rn. 115.

widrigkeit in Anspruch nimmt, nicht einwenden, ein Mitgeschäftsführer oder ein Mitglied des Aufsichtsrats sei für den von ihm herbeigeführten Schaden mitverantwortlich, so dass seine eigene Ersatzpflicht nach § 254 gemindert sei; ebenso kann ein Geschäftsführer auch nicht geltend machen, er sei von der Gesellschafterversammlung schlecht ausgewählt oder nachlässig überwacht worden; wenn zwei Organe die juristische Person schädigen, haften sie gleichstufig für den durch sie entstandenen Schaden und damit als Gesamtschuldner; sie können sich nicht auf das Mitverschulden des anderen Gesamtschuldners zur eigenen Haftungsverminderung berufen, sondern müssen ggf., bei dem anderen Gesamtschuldner (dem anderen haftenden Organ) Rückgriff nehmen.[119]

Entsprechend § 93 Abs. 2 S. 3 AktG bestehen im Grundsatz[120] keine Bedenken gegen den Abschluss einer **D&O-Versicherung** für Vorstandsmitglieder. Eine spezielle satzungsmäßige Grundlage für deren Abschluss ist nicht erforderlich; denn die Versicherung ist keine Vergütung iSd Abs. 3 S. 2.[121] Der Verein schließt die Versicherung als Versicherungsnehmer; das Organmitglied ist die versicherte Person; dem Organmitglied (nicht aber dem Verein) stehen daher die Rechte aus der Versicherung zu. Wie in der AG liegt es in der Kompetenz des Vereins und in dessen (unternehmerischem) Ermessen, über Abschluss und Höhe des abzusichernden Risikos zu entscheiden. Mangels Satzungsregelungen ist die Mitgliederversammlung für die Entscheidung zum Abschluss der Versicherung zuständig.[122] Es gibt keine etwa aus der Treuepflicht zum Vorstandsmitglied begründete Pflicht zum Abschluss einer solchen Versicherung; der Verein kann nämlich mit guten Gründen Wert darauf legen, dass der Vorstand tatsächlich einem eigenem Haftungsrisiko ausgesetzt bleibt.[123] Der Zweck der D&O besteht im Schutz der Gesellschaft (des Vereins) gegen eine nicht hinreichende Zahlungsfähigkeit des haftenden Organs. Die damit wirtschaftlich verbundene (ggf. partielle) Haftungsfreistellung ist lediglich ein Reflex der D&O.[124] Daher ist die D&O auch keine Vergütung,[125] für die der Satzungsvorbehalt nach § 27 Abs. 3 S. 2 gilt (vgl. allgemein → Rn. 21). Keine Veranlassung besteht, den Selbstbehalt nach § 93 Abs. 3 S. 2 AktG analog auf den Verein anzuwenden; der Gesetzgeber hat diesen speziell für das Aktienrecht eingeführt; draus lässt sich keine für alle Rechtsformen gleichermaßen geltende Rechtsgrundsätzlichkeit einer solchen Beschränkung ableiten. **34**

Wie in anderen Gesellschaftsformen ist die **Durchsetzung der Haftung gegenüber dem Verein** problematisch. Denn dessen Ansprüche müssen grundsätzlich seine zur Vertretung berechtigten Personen durchzusetzen – dh der Vorstand. Dieser wird nicht gegen sich selbst Ansprüche durchsetzen; es ist zudem kaum anzunehmen, dass ein Mitglied des Vorstands in Vertretung des Vereins eine besondere Neigung hat, Co-Mitglieder auf Haftung in Anspruch zu nehmen (nicht zuletzt weil sich immer die Frage stellen wird, ob das klagende Vorstandsmitglied nicht eigene Überwachungspflichten gegenüber den Handelnden verletzt hat). Ein besonderes ausdrücklich geregeltes Institut zur Geltendmachung von Ersatzansprüchen nach den Mus- **35**

119 BGH NZG 2015, 38 = ZIP 2015, 166 = JZ 2015, 627 mAnm *Lange*(in casu zur Stiftung).

120 Vgl. aber zur Frage, ob das bei gemeinnützigen Vereinen anders sein kann und die Ausgaben für D&O im Verhältnis zu den sonstigen Ausgaben des Vereins für satzungsmäßige Zwecke nur eine untergeordnete Rolle spielen dürfen, *Grambow*, Compliance-Berater 3/2017, 45, 47.

121 MüKoBGB/*Leuschner* § 27 Rn. 90; *Schockenhoff* NZG 2019, 281 (290); Zweifel bei *Unger* NJW 2009, 3269 (3272).

122 Krieger/Schneider Managerhaftung-HdB/*Burgard* § 6 Rn. 6.68; *Schockenhoff* NZG 2019, 281 (290); BeckOK BGB/*Segna* § 27 Rn. 118; MüKoBGB/*Leuschner* § 27 Rn. 25; MüKoBGB/*Arnold* (7. Aufl.) § 27 Rn. 42 (der aber zumindest missverständlich auf eine „dementsprechende Absprache" zwischen Verein und Vorstandsmitglied abstellt; entscheidungsbefugt ist ausschließlich die Mitgliederversammlung, der Vorstand kann den Abschluss der Versicherung nicht etwa verweigern); *Kreutz* ZStV 2011, 46 (47 ff.); *Hüttemann/Herzog*, Non-Profit Law Yearbook 2006, 33, 54; aA *Schießl/Küpperfahrenberg* DStR 2006, 445 (449); *Melot de Beauregard* ZStV 2015, 143; BeckOK BGB/*Schöpflin* § 27 Rn. 25

(jedenfalls bei Großverbänden Vorstandszuständigkeit).

123 Vgl. zu allem mwN *U. Schmidt* in Heidel Aktienrecht AktG § 93 Rn. 184 ff.

124 *U. Schmidt* in Heidel Aktienrecht AktG § 93 Rn. 188; Spindler/Stilz/*Fleischer* AktG § 93 Rn. 234; Hölters/*Hölters* AktG § 93 Rn. 401; aA wohl *Hüttemann/Herzog*, Non Profit Law Yearbook, 36, 54, die in der Versicherung eine Haftungsmilderung sieht, die eine Satzungsbestimmung erforderlich mache; differenzierend MüKoAktG/*Spindler* § 87 Rn. 26 ff.

125 Vgl. zur parallelen Frage im Aktienrecht *Oltmanns* in Heidel Aktienrecht AktG § 87 Rn. 2; *Hüffer/Koch* AktG § 87 Rn. 2; differenzierend MüKoAktG/*Spindler* § 87 Rn. 26 ff.: Der Zweck der D&O Versicherung besteht nämlich im Schutz der Gesellschaft gegen die Zahlungsunfähigkeit des haftenden Organs. Nach Auffassung der Finanzverwaltung führt der Abschluss einer D&O-Versicherung grundsätzlich nicht zur Zuwendung von Lohn an das Vorstandsmitglied, Finanzministerium Niedersachsen DStR 2002, 678; weitergehend *Dreher* DB 2001, 996; *Küppers* ua DStR 2002, 199; Schmidt/*Krüger* EStG § 19 Rn. 400 Stichwort D&O.

tern der § 147 AktG, § 46 Nr. 8 GmbHG[126] gibt es im Vereinsrecht nicht. Es spricht aber nichts dagegen, im Verein mit dieser Aufgabe wie in AG und GmbH sowie analog in der Personengesellschaft[127] mit dieser Aufgabe einen besonderen Vertreter zu betrauen. Eine satzungsmäßige Grundlage für diese Person mit Organqualität ist nicht erforderlich, § 30 hat anderes im Blick. Wie im Aktienrecht verdrängt der Besondere Vertreter die sonst zur Vertretung berufenen Organe aus ihren Funktionen, er tritt an ihre Stelle mit entsprechenden Kompetenzen.[128]

36   **b) Haftung gegenüber Dritten. Organpflichten bestehen grundsätzlich nur gegenüber dem Verein.**[129] Daher kann eine Außenhaftung nur aus anderen Rechtsgründen bestehen. In Betracht kommt insbes. eine **vertragliche und vertragsähnliche Haftung** (selbstständiges Vertragsverhältnis, Vertreter ohne Vertretungsmacht; Rechtsscheinhaftung bei fehlendem Vertreterzusatz; culpa in contrahendo; Durchgriffshaftung → Vor § 21 ff. Rn. 7 ff.).[130] Darüber hinaus kommt auch **deliktische Haftung** in Betracht, wenn das Organmitglied selbst aktiv handelt.[131] So haften Vorstandsmitglieder (ebenso wie Geschäftsführer und faktische Geschäftsleiter) auf Schadensersatz, wenn das von ihnen in Werk gesetzte Geschäftsmodell einer Gesellschaft von vorherein von Täuschung und Schädigung der Kunden angelegt ist, es sich mithin um ein Schwindelunternehmen handelt;[132] ebenso haftet zB der Finanzvorstand eines Vereins, wenn er planmäßig Darlehen von Mitgliedern oder Dritten für den Verein entgegennimmt, um damit Verbindlichkeiten des Vereins zu begleichen oder den laufenden Geschäftsbetrieb zu finanzieren; denn das ist ein unerlaubtes Betreiben von erlaubnispflichtigen Bankgeschäften gem. § 32 KWG, worauf sich iVm § 823 Abs. 2 eine Außenhaftung ergeben kann.[133] Die persönliche Haftung der Organmitglieder wird nicht etwa verdrängt durch die Haftung des Vereins nach § 31, für Organmitglieder juristischer Personen gibt es keine Vorschrift wie die für die Beamtenhaftung gem. § 839 BGB iVm Art. 34 GG.

37   Sehr streitig sind die Fragen der deliktischen Haftung durch **Unterlassung**, insbesondere bei der Verletzung von Verkehrssicherungspflichten: Der VI. Zivilsenat des BGH bejahte seit dem *Baustoff*-Urteil 1989 eine persönliche Geschäftsleiterhaftung wegen Verkehrssicherungspflichtverletzung der juristischen Person; das Organmitglied übernehme zugleich mit den der Gesellschaft gegenüber bestehenden Organpflichten auch eine **Garantenstellung** zum Schutz fremder, der Gesellschaft anvertrauter Schutzgüter iSd § 823 Abs. 1; das sei anzunehmen, wenn der entsprechende Kompetenzbereich dem Geschäftsleiter als Aufgabe zugewiesen sei, er sei infolge dieser Kompetenz persönlich für die Gefahrenabwehr zuständig; diese Verpflichtung treffe ihn auch im Verhältnis zu Außenstehenden.[134] Gegenüber den Entscheidungen des VI. Zivilsenats äußerte sich der Gesellschaftsrechtssenat bei erster Gelegenheit 1994 *obiter* kritisch: Organpflichten bestänenden grundsätzlich nur gegenüber der Gesellschaft.[135] Ähnlich judiziert mittlerweile der Wettbewerbssenat in Abweichung von seiner älteren Rechtsprechung: Ein Geschäftsführer hafte für unlautere Wettbewerbshandlungen seiner Gesellschaft persönlich nur, „wenn er daran entweder durch positives Tun beteiligt war oder wenn er die Wettbewerbsverstöße aufgrund einer nach allgemeinen Grundsätzen des Deliktsrechts begründeten Garantenstellung hätte verhindern müssen". Alleine die Organstellung und die allgemeine Verantwortlichkeit für den Geschäftsbetrieb begründeten keine Garantenstellung; der Geschäftsführer habe keine Verpflichtung gegenüber außenstehenden Dritten, Wettbewerbsverstöße seiner Gesellschaft zu verhindern;

126 Vgl. exemplarisch die Kommentierungen zu § 147 AktG zum Besonderen Vertreter, zB *Lochner* in Heidel Aktienrecht AktG § 147; vgl. auch zur OHG/KG und entsprechend zur GbR die Erörterungen zur actio pro socio, vgl. exemplarisch Hk-HGB/*Heidel* § 105 Rn. 241 ff., auch dort mit der Möglichkeit zur Bestellung eines Besonderen Vertreters Rn. 242, was der BGH bestätigt, vgl. BGH WM 2010, 2311 = ZIP 2010, 2345 Rn. 13 ff.

127 Vgl. Hk-HGB/*Heidel* § 105 Rn. 241 ff.; BGH WM 2010, 2311 = ZIP 2010, 2345 Rn. 13 ff.

128 Vgl. allg. *Grunewald*, Gesellschaftsrecht § 8 Rn. 38 FF; *Grunewald* ZIP 1989, 962 (966); MüKoBGB/*Arnold* (7. Aufl.) § 27 Rn. 42; MüKoBGB/*Leuschner* § 30 Rn. 1 f.

129 *Lutter* ZHR 157 (1993), 464, 467 ff.; Soergel/*Hadding* BGB § 27 Rn. 23. Vgl. aus der jüngeren Rspr. (zur GmbH) BGH WM 2019, 1262 = NJW 2019, 2164 = juris Rn. 10: Die Verpflichtung aus § 43 Abs. 1 GmbHG, dafür zu sorgen, dass sich die Gesellschaft rechtmäßig verhält und ihren gesetzlichen Verpflichtungen nachkomme, besteht grundsätzlich nur gegenüber der Gesellschaft, nicht hinge-

gen im Verhältnis zu außenstehenden Dritten; BGHZ 194, 26 Rn. 22 f.; BGHZ 201, 344 Rn. 23.

130 Vgl. statt aller Krieger/Schneider Managerhaftung-HdB/*Altmeppen* § 7 Rn. 7.5 ff.

131 Vgl. statt aller Krieger/Schneider Managerhaftung-HdB/*Altmeppen* § 7 Rn. 7.29 ff.

132 BGH ZIP 2015, 2169 = WM 2015, 2112, Rn. 24 unter Verweis auf BGH WM 1989, 1047 (1048) = juris Rn. 14 ff.; BGH WM 2015, 819 = ZIP 2015, 879 = NZG 2015, 714, Rn. 26 ff.

133 OLG Stuttgart CaS 2010, 154 = juris Rn. 25 ff.

134 BGHZ 61, 380 = NJW 1974, 134; ähnlich die Kindertee-Entscheidung BGH NJW 2001, 964 (965) = ZIP 2001, 379; deliktisch haften soll zB auch ein Organmitglied einer juristischen Person, wenn diese einen verlängerten Eigentumsvorbehalt verletzt hat, auch wenn das betreffende Organ den entsprechenden Vertrag weder abgeschlossen hat noch die den Eigentumsvorbehalt verletzende Handlung selbst vorgenommen oder veranlasst hat BGH NJW 1990, 976 = ZIP 1990, 35 = BGHZ 109, 297, vgl. dazu kritisch *Lutter* ZHR 157 (1993), 464, 476 ff.; *Grunewald* ZHR 157 (1993), 451, 456 ff.

135 BGHZ 125, 366, 375 ff. = GmbHR 1994, 390.

er hafte aufgrund einer eigenen wettbewerbsrechtlichen Verkehrspflicht nur, „wenn er ein auf Rechtsverletzungen angelegtes Geschäftsmodell selbst ins Werk gesetzt habe."[136] Demgegenüber sind die BGH-Strafsenate tendenziell geneigt, sehr (vor-)schnell eine Garantenstellung anzunehmen.[137] In der Literatur stieß die *Baustoff*-Rechtsprechung des BGH schon immer weithin auf Ablehnung[138] (→ § 823 Rn. 160 ff., 303 ff.).

Inzwischen hat auch der VI. Zivilsenat eingesehen, dass sich „allein aus der Stellung als Geschäftsführer einer GmbH bzw. Mitglied des Vorstands einer Aktiengesellschaft … keine Garantenpflicht gegenüber außenstehenden Dritten (ergibt), eine Schädigung ihres Vermögens zu verhindern"; zu den Pflichten aus der Organstellung zur ordnungsgemäßen Führung der Geschäfte gehöre zwar auch, für die Rechtmäßigkeit des Handelns der Gesellschaft zu sorgen, die Pflichten bestünden aber grundsätzlich nur gegenüber der Gesellschaft, sie begründeten bei ihrer Verletzung Schadensersatzansprüche grundsätzlich nur der Gesellschaft.[139] Diese neue Rechtsprechung ist der Sache nach **Aufgabe der Baustoff-Rechtsprechung**.[140] **38**

UE ist der neueren Rechtsprechung des VI. und der anderen BGH-Senate sowie der ganz hL Literatur zuzustimmen: Für die Haftung ist ausschlaggebend, dass das Organmitglied selbst eine Schädigung ins Werk setzt oder eigenhändig vornimmt. Ein Vorstand haftet zB, wenn er von der schädigenden Handlung seines Unternehmens weiß und pflichtwidrig und bewusst nicht einschreitet, wodurch er zum (Mit-)Täter wird. Ein **lediglich fahrlässiges Nichteinschreiten mangels Kenntnis berührt nur das Innenverhältnis.** Denn das Organmitglied schuldet nach außen nicht, dass Dritte durch die Gesellschaft/den Verein nicht geschädigt werden. Dafür hat der Verein nach § 31 geradezustehen. **39**

Eine **Außenhaftung des Vorstands nach § 831** scheidet aus, da Geschäftsherr im Sinne dieser Vorschrift der Verein, nicht aber das Organmitglied ist.[141] **40**

c) Haftung gegenüber Vereinsmitgliedern. Entsprechend den Grundsätzen zB zum Aktienrecht sind Ansprüche der Vereinsmitglieder gegen den Vorstand möglich.[142] Deren Mitgliedschaftsrecht ist nach dem BGH ein sonstiges Recht gem. § 823 Abs. 1.[143] Daher kommen deliktische Ersatzansprüche in Betracht (→ § 823 Rn. 78). **41**

UE ist auch ein klagbarer (auch im Wege vorläufigen Rechtsschutzes durchsetzbarer) Anspruch der Vereinsmitglieder auf Unterlassung rechtswidriger Geschäftsführungsmaßnahmen zu bejahen.[144]

d) Exkurs: Haftung in den Bereichen Sozialabgaben und Steuern. Besonders schwer kann – zumal ehrenamtlich tätige – Vorstandsmitglieder die persönliche Haftung für Steuerschulden (und ebenso für Sozialabgaben) treffen. In der Literatur ist von der „Haftungsfalle Ehrenamt" die Rede.[145] An der hat § 31 a nichts geändert hat (→ Rn. 32 und → § 31 a Rn. 1). Die Verletzung zumal steuerlicher Pflichten des Vorstands kann zudem für den Verein dazu führen, dass er ggf. existenzgefährdende Steuernachzahlungen leisten muss und zB die steuerliche Gemeinnützigkeit in Gefahr gerät. Daher ist Compliance gerade im Bereich Steuern dringlich (→ Rn. 50 ff.). **42**

Gem. § 34 Abs. 1 AO müssen die gesetzlichen Vertreter juristischer Personen deren steuerliche Pflichten erfüllen; insbes. haben sie Steuererklärungen rechtzeitig und vollständig korrekt[146] abzugeben (§ 149 AO) und dafür zu sorgen, dass der Verein die Steuern aus den Mitteln entrichtet, die sie verwalten (§§ 34 Abs. 1 S. 2, 37 Abs. 1 AO), oder zumindest für eine möglichst gleichmäßige Befriedigung sämtlicher Gläubiger zu **43**

---

136 BGHZ 201, 344 = ZIP 2014, 1475 = NZG 2014, 991 Rn. 17 ff., 23 ff., 31.

137 BGHSt 54, 44; *Raum* CCZ 2012, 197 (dort meint das Mitglied des V. Strafsenats des BGH, die Unternehmensleitung habe kraft ihrer Organstellung die Pflicht, Straftaten aus dem von ihr repräsentierten Unternehmen zu verhindern; der Vorstand hafte, wenn er von Straftaten seiner Mitarbeiter Kenntnis erlange und sie nicht verhindere).

138 *Lutter* ZHR 157 (1993), 464, 469 ff.; Spindler/Stilz/ *Fleischer* AktG § 93 Rn. 272 f.; Lutter/Hommelhoff/ *Kleindiek* GmbHG § 43 Rn. 73 ff.; *U. Schmidt* in Heidel Aktienrecht AktG § 93 Rn. 174 f.; dem BGH zustimmend Schmidt/Lutter/*Krieger/Sailer-Coceani*, AktG § 94 Rn. 83; Krieger/Schneider Managerhaftung-HdB/*Altmeppen* § 7 Rn. 7.43 ff.

139 BGHZ 194, 26 Rn. 22 ff. = ZIP 2012, 1552 = WM 2012, 1591; BGH BB 2019, 1549 Rn. 10.

140 *Gottschalk* GmbHR 2015, 8 (11) mwN; *U. Schmidt* in Heidel Aktienrecht AktG § 93 Rn. 174.

141 BGH NJW 1974, 1371 (1372) = GmbHR 1974, 184.

142 Vgl. statt aller zum Aktienrecht *U. Schmidt* in Heidel Aktienrecht AktG § 93 Rn. 162 ff.; zum Vereinsrecht *Grunewald* ZIP 1989, 962 (965 f.); *Grunewald*, Gesellschaftsrecht § 8 Rn. 42, 82 ff., bei Rn. 78 f. kritisch zur Einordnung des Mitgliedsrechts als sonstiges Recht nach § 823 Abs. 1, vgl. dazu auch *Hadding* FS Kellermann 1991, S. 98 ff.; *K. Schmidt* JZ 1991,157 ff.; *Habersack*, Die Mitgliedsrecht – subjektives und sonstiges Recht, S. 272; *Gehrlein* FS Hüffer 2010, S. 205, 210 f. (Haftung nur, wenn in den Bestand der Mitgliedschaft eingegriffen und der Entzug des Mitgliedschaftsrechts bewirkt wird).

143 BGHZ 110, 323, 327 f., 334 = NJW 1990, 2877 (2878 f.) – Schärenkreuzer.

144 Str., vgl. *Grunewald* ZIP 1989, 962 (966 f.).

145 *Möllmann* DStR 2009, 2125; *Lorenz* ZStV 2013, 222 steuerliche Haftung als „persönliche Existenzbedrohung".

146 BFH/NV 2019, 6 = ZInsO 2018, 2827 = juris Rn. 13 unter Verweis auf BFHE 153, 199, BStBl II 1988, 742.

sorgen.[147] Vorstände von Vereinen zählen (ebenso wie deren Liquidatoren und Abwickler) ohne Weiteres zum Adressatenkreis der Pflicht des § 34 AO.[148] Vorstandsmitglieder gemeinnütziger Vereine müssen zB fortlaufend prüfen, ob die Voraussetzungen der Gemeinnützigkeit (§§ 51 ff. AO) fortbestehen.[149] Der BFH entschied schon 1989, „ein ehrenamtlich und unentgeltlich tätiger Vorsitzender eines Vereins … haftet … wie ein Geschäftsführer einer GmbH".[150] Das gilt auch für einen zweiten Vorsitzenden.[151] Die **steuerliche Haftung** stellt ein großes Haftungsrisiko dar. Gem. § 69 iVm § 34 AO haften die Vorstandsmitglieder, soweit Ansprüche aus dem Steuerschuldverhältnis infolge vorsätzlicher oder grob fahrlässiger Verletzung der den Vorstandsmitgliedern auferlegten Pflichten nicht oder nicht rechtzeitig festgesetzt oder erfüllt werden oder soweit infolgedessen Steuervergütungen und Steuererstattungen ohne rechtlichen Grund gezahlt werden. Die Haftung umfasst auch Säumniszuschläge. In der Praxis wichtig ist insoweit die Anmeldung und Abführung der Lohnsteuer nach § 41 a EStG, für die der Vorstand verantwortlich ist. Denkbar ist drüber hinaus auch die Verletzung zahlreicher sonstiger steuerlicher Pflichten und entsprechende Haftung, zB Haftung für falsche Spendenbescheinigungen (§ 10 b Abs. 4 EStG, § 9 Abs. 3 KStG, § 9 Nr. 5 GewStG). Nach der st. Rspr. des BFH bleibt es auch bei einem mehrgliedrigen Vorstand mit Ressortverteilung beim Grundsatz der **Gesamtverantwortlichkeit aller Organmitglieder** nach § 34 Abs. 1 AO.[152] Zwar kann die Haftung durch eine schriftliche und eindeutige **Ressort-/Geschäftsverteilung** begrenzt werden. Eine solche mindert nicht nur die Verantwortlichkeit, sondern die Finanzbehörden müssen sie auch bei der Beurteilung berücksichtigen, in welchem Verhältnis sie mehrere grundsätzlich nach § 69 AO haftende Vorstandsmitglieder für die Steuerschulden des Vereins in Anspruch nehmen.[153] Die Ressortverantwortung bedeutet keine Aufhebung der Verantwortlichkeit für andere Ressorts: Vorstandsmitglieder sind zur **Überwachung** verpflichtet; sie müssen eingreifen, wenn Anhaltspunkte für eine mangelhafte Aufgabenerfüllung des an sich zuständigen Vorstandsmitglieds bestehen; sie müssen zB Stichproben machen, beim Verdacht nicht ordnungsgemäßer Geschäftsführung intensivere Kontrollen vornehmen und notfalls selbst Aufgaben wahrnehmen.[154] Nach der Rspr. indiziert die Verletzung steuerrechtlicher Pflichten im Allgemeinen **grobe Fahrlässigkeit**; Ehrenamt entlastet nicht;[155] auch der Verschuldensmaßstab ist nicht wegen der ehrenamtlichen Tätigkeit ein anderer, allenfalls soll das subjektive Unvermögen zu berücksichtigen sein (wenn die Übernahme des Vorsitzes trotz mangelhafter Kenntnisse und Fähigkeiten nicht als solche Verschulden begründet); ebenso wenig soll ein Absehen von der Inanspruchnahme aus diesem Grunde eine zweckgerechte Ermessensausübung sein.[156]

44 Auch für **nicht abgeführte Sozialabgaben** müssen Vorstandsmitglieder ggf. haften – § 823 Abs. 2 BGB iVm § 266 a StGB. Nach der st. Rspr. sind Sozialversicherungsbeiträge der Arbeitnehmer auch in der Krise vorrangig abzuführen, ohne dass es auf eine tatsächliche Lohnzahlung an sie in dem betreffenden Zeitraum ankommt.[157] Die Rspr. zur (auf Vorsatz beschränkten) Haftung ist streng: Wie bei der Haftung für Steuern (→ Rn. 42) müssen die nach interner Kompetenzverteilung an sich nicht zuständigen Vorstandsmitglieder die Abführung der Arbeitnehmeranteile der Sozialversicherungsbeiträge überwachen, sie müssen auf diese hinwirken, insbes. sobald eine finanzielle Krisensituation des Vereins erkennbar wird; nach der Rspr. sollen

147 BFH/NV 2019, 6 = ZInsO 2018, 2827 = juris Rn. 13 unter Verweis auf BFH/NV 2016, 372 sowie BFH/NV 2016, 1672.
148 Klein/*Rüsken* AO § 34 Rn. 6 ff.
149 BFH/NV 2019, 6 = ZInsO 2018, 2827 = juris Rn. 14.
150 BFH BB 1998, 1934 = NJW 1998, 3374 = BStBl II 1998, 761; vgl. auch BGH/NV 1998, 814 = DStRE 1998, 605 = juris Rn. 13 ff. (danach muss der Vereinsvorsitzende notfalls auszuzahlende Löhne kürzen, um das Finanzamt wegen Lohnsteuer anteilig befriedigen zu können); BFH NZG 2003, 734 zur Haftung nach der AO; vgl. BGHZ 133, 370, 376 = NJW 1997, 130 und BGH ZIP 2002, 261 zur Abführung von Sozialversicherungsbeiträgen bei der GmbH.
151 BFH/NV 2001, 413 = juris Rn. 6 ff. (sei einem Zweiten Vorsitzenden eines Vereins dessen Liquiditätsschwierigkeiten bekannt, werde eine von vornherein schriftlich vereinbarte Aufgabenverteilung dahin gehend, dass die steuerlichen Verpflichtungen der *Erste* Vorsitzende wahrnehme, hinfällig und es gelte der Grundsatz der Gesamtverantwortlichkeit; der Zweite Vorsitzende müsse dann die Einhaltung der steuerlichen Verpflichtung des Vereins durch den Ersten Vorsitzenden überwachen und nachprüfen).

152 BFH BB 1998, 1934 = NJW 1998, 3374 = BStBl II 1998, 761.
153 BT-Drs. 16/13537 S. 4 unter Verweis auf BFH BB 1998, 1934 = NJW 1998, 3374 = BStBl II 1998, 761; nach der Rechtsprechung der Finanzgerichte gelten die Grundsätze zur Begrenzung der Verantwortlichkeit des gesetzlichen Vertreters einer juristischen Person durch Aufgabenverteilung auch für die Übertragung steuerlicher Pflichten einer juristischen Person (im entschiedenen Fall eines Vereins) auf deren Abteilungen, BFH BStBl II 2003, 556 = BFHE 202, 22 = NZG 2003, 734.
154 BFH BStBl II 2003, 556, 560 = NZG 2003, 734 = NJW-RR 2003, 1117.
155 *Burgard* ZIP 2010, 358 (360); BFH DStR 2000, 3022 = NJW-RR 2003, 1117 (1119); BFH BStBl II 2003, 556 = NZG 2003, 734 = NJW-RR 2003, 1117; FG Münster EFG 2002, 1134 = DStRE 2003, 47 (bestätigt durch BFHE 202, 22).
156 Klein/*Rüsken* AO § 34 Rn. 6 b.
157 BGHZ 133, 370, 374 f.; BGHZ 134, 304, 307 ff.; BGH NZG 2002, 721 (722 f.) = BGHSt 47, 318; BGH NJW 2003, 3787 (3788 f.) = BGHSt 48, 307; BGH NJW 2005, 3650 (3651) = ZIP 2005, 1678.

sie die Nicht-Abführung regelmäßig billigend in Kauf nehmen, wenn sie in einer solchen Situation nichts unternehmen.[158]

In der Lit. wird zT die Pflichten ausschließende bzw. mindernde **Delegation der steuerlichen Pflichten** des **45** Vorstands (und wohl auch seiner sozialrechtliche Pflichten) auf besondere Vertreter für zulässig gehalten.[159]

e) Haftung in der Krise, Insolvenzantragspflicht und Insolvenzverschleppungshaftung – Zah- 46 lungsverbot bei Insolvenzreife? Bei Verstoß gegen die Pflicht zur Beantragung des Insolvenzverfahrens nach § 42 Abs. 2 S. 1[160] haften die Vorstandsmitglieder als Gesamtschuldner (→ § 42 Rn. 6 ff., 45 ff.).[161]

Darüber hinaus wird diskutiert, ob die Vorstände bei Insolvenzreife auch ein Zahlungsverbot analog § 92 Abs. 2 S. 1 oder S. 3 AktG bzw. § 64 S. 1 oder 3 GmbHG mit entsprechender Haftung trifft.[162] Der BGH verneint die Analogie für **masseschmälernde Zahlungen nach Insolvenzreife** schon mangels planwidriger Regelungslücke und da die Haftung des Vorstands nicht ausgeweitet werden dürfe[163] (→ Rn. 22).

f) Exkurs: Straf- und ordnungswidrigkeitsrechtliche Verantwortung. Vorstandsmitglieder sind auch **47** strafrechtlich verantwortlich, zumal wegen Untreue.[164] Der Missbrauchstatbestand des § 266 Abs. 1 StGB ist auch dann erfüllt, wenn die Mitgliederversammlung des Vereins das vom Vorstand vorgenommene Rechtsgeschäft genehmigt hat (vgl. aber zur zivilrechtlichen Haftung → Rn. 29). Zwar kann die **Zustim-mung des Geschäftsherrn (dh der Mitgliederversammlung)** den Tatbestand des Missbrauchs ausschlie-ßen. Eine solche Zustimmung ist indes bei juristischen Personen wegen des beabsichtigten Schutzes der eigenen Rechtspersönlichkeit nur beschränkt möglich. Strafrechtlich wirkungslos ist insbes. eine Zustim-mung, die selbst gesetzwidrig oder untreu ist. Ein zustimmender Beschluss der Mitgliederversammlung, der Auswirkungen auf das Vermögen hat, muss selbst an Satzung und Gesetz gemessen werden. Verstößt er gegen diese, ist er nicht nur zivilrechtlich nichtig. Er steht auch der Annahme pflichtwidrigen Handelns aus-führender Organe nicht entgegen.[165] So hatte in einem Fall des OLG Hamm die Mitgliederversammlung eines Vereins die Zustimmung zum Erwerb eines Grundstücks durch den Verein erteilt, dafür sollte mit dem Geschäftsführer des Vereins ein Erbbaurechtsvertrag geschlossen werden, um ihm darauf die Errichtung eines privaten Wohnhauses zu ermöglichen. Diesen Beschluss hielt das OLG mit Recht für nichtig und den Geschäftsführer der Untreue für strafbar: Den Vermögensnachteil iSd § 266 Abs. 1 StGB könne schon die sich aus dem Geschäfts ergebende Gefahr der Aberkennung der Gemeinnützigkeit begründen.[166] Nach dem BGH verletzt ein Vorstandsmitglied schon dann seine Vermögensbetreuungspflicht und sein Verhalten führt zu einem Vermögensnachteil im Sinne des § 266 StGB, wenn die Entscheidung (in casu über eine Gehalts-erhöhung eines angestellten Vereinsgeschäftsführers) im freien Ermessen eines übergangenen Dritten oder eines nicht beteiligten Gremiums (Mitgliederversammlung) gestanden hätte.[167] Pflichtwidriges **Verschwei-gen von Ansprüchen** durch den Vorstand soll erst dann zu einem Untreuenachteil führen, sofern der Bestand des Anspruchs infrage steht; das **Verschleiern von Ansprüchen** begründet Strafbarkeit wegen ver-suchten Betrugs.[168]

§ 130 OWiG normiert eine Ordnungswidrigkeit des Inhabers, der vorsätzlich oder fahrlässig die erforderli- **48** chen Aufsichtsmaßnahmen unterlässt, um in seinem Betrieb oder Unternehmen Ordnungswidrigkeiten und Straftaten zu verhindern. Das begründet die allgemeine Pflicht des Inhabers, dafür zu sorgen, dass mit Buß-geld oder Strafe bedrohte Verstöße gegen Gesetze unterbleiben. Dies beruht auf dem Gedanken, dass Inha-

---

158 Vgl. BGH NJW 1997, 130 (132) = BGHZ 133, 370; Bundestag Rechtsausschuss BT-Drs. 16/13537, S. 4; vgl. *Burgard* ZIP 2010, 358 (360); *Frings* NWB 2009, 3662 (3666).

159 Vgl. *Schockenhoff* NZG 2019, 281 (287 ff.); vgl. demgegenüber BFHE 186, 132 = NZG 1998, 861, wonach steuerliche Pflichten nicht delegiert werden können – wobei sich der BFH aber nicht mit der Rechtsfigur des besonderen Vertreters nach § 30 befasst.

160 Die Spezialnorm verdrängt die allgemeine Antrags-pflicht juristischer Personen nach § 15 a Abs. 1 S. 1 InsO gem. § 15 a Abs. 6 InsO; Grund für die Ungleichbehandlung ist, dass der Gesetzgeber die strafrechtliche Sanktion des § 15 a für die Vorstände von Vereinen (und Stiftungen) als unangemessen ansah, vgl. Uhlenbruck/*Hirte* InsO § 15 a Rn. 2 und § 11 Rn. 219 f.

161 Vgl. *Arnold*, Non Profit Law Yearbook 2009, 2010, S. 89, 97 ff.

162 Vgl. *Arnold*, Non Profit Law Yearbook 2009, 2010, S. 89, 99 ff., 101 f.; OLG Hamburg ZIP 2009, 757 =

NZG 2009, 1036, vgl. dazu *Roth* EWiR 2009, 331; OLG Karlsruhe ZIP 2009, 1716 = NZG 2009, 995.

163 BGH ZIP 2010, 1080 = NZG 2010, 711 = NJW-RR 2010, 978; BGH ZIP 2010, 985 = NJW-RR 2010, 1047 = NZG 2010, 625; ebenso OLG Hamburg BB 2009, 690 = ZIP 2009, 757; ebenso *Westermann* FS von Westphalen 2010, S. 755, 765 ff.; *Grunewald/ Henrichs* FS Hopt 2010, S. 93, 105; *Sauter/ Schweyer/Waldner* Eingetragener Verein Rn. 280 b; Kritik daran zB bei *Hirte* FS Werner 2009, S. 222, 228 f.; *Hirte* NJW 2011, 656 (659); *Leuschner* ZHR 175 (2011), 787, 800 ff.; *Roth* EWiR 2010, 555; *Roth/Knof* KTS 2009, 163 (178).

164 Vgl. zur parallelen Frage der strafrechtlichen Verant-wortlichkeit von Vorstandsmitgliedern einer Aktien-gesellschaft nach § 266 StGB *U. Schmidt* in Heidel Aktienrecht; nach § 93 AktG: StGB § 266 Rn. 22.

165 OLG Hamm wistra 1999, 350 = NStZ 2000, 525.

166 OLG Hamm wistra 1999, 350 = NStZ 2000, 525.

167 BGH wistra 2014, 186 = NStZ 2015, 220 Rn. 19.

168 BGH wistra 2014, 186 = NStZ 2015, 220 Rn. 14 f.

ber wirtschaftlich tätiger Verbände Normverstößen entgegenwirken müssen, die ihrem Organisationskreis entstammen.[169] § 130 OWiG hat eine Auffangfunktion: Er greift nur, wenn seine Normadressaten nicht bereits Täter oder Beteiligte aufgrund anderer Vorschriften des Ordnungswidrigkeitenrechts verantwortlich ist.[170] Er begründet eine allgemeine Pflicht eines jeden Inhabers zur Vorbeugung gegen straf- oder bußgeld-bewährte Gesetzesbestimmungen.[171] Auch Vereine können Betriebe/Unternehmen haben.[172] § 9 Abs. 1 Nr. 1 OWiG bestimmt die vertretungsberechtigten Organe von juristischen Personen sowie Mitglieder solcher Organe als Inhaber iSd § 130 Abs. 1 OWiG. Das bedeutet, dass die Organe die generelle Aufsichtspflicht nach § 130 Abs. 1 OWiG wahrnehmen müssen. Verstoßen sie Organe/ihre Mitglieder hiergegen, können gegen sie selbst gem. § 130 Abs. 3 OWiG sowie zusätzlich auch gegen den Verein (§§ 9 Abs. 1 Nr. 1, 30 Abs. 1 Nr. 1 und Nr. 2 OWiG) Geldbußen festgesetzt werden.[173] In der Lit. wird zT die Pflichten ausschlie-ßende bzw. -mindernde **Delegation der (Compliance-)Pflichten** des Vorstands in Hinblick auf § 30 OWiG auf besondere Vertreter für zulässig gehalten.[174]

49 **Spezialgesetzliche** Organisations- und Aufsichtspflichten, die auch für den Verein einschlägig sein können, sind zB §§ 14 ff. GwG, § 25 a KWG, § 23 VAG sowie § 80 WpHG.

50 **g) Compliance-Pflicht im Verein.** Die **Pflicht zu Compliance für Wirtschaftsunternehmen**, insbes. Kapitalgesellschaften, ist seit einigen Jahren in Lit.[175] und Rspr.[176] allgemein anerkannt. Eine gesetzliche Ausprägung ist § 91 Abs. 2 AktG. Ein früher Vorläufer sind Entscheidungen der Rspr. in der 1. Hälfte des 19. Jahrhunderts, die aus der Existenz des § 30 Organisationspflichten ableitete, für Tätigkeitsbereiche zumal wirtschaftlicher Art, die der Vorstand typischerweise allein nicht vollständig übersehen kann, ein besonderes Organ zu schaffen (→ § 30 Rn. 1). Wörtlich übersetzt bedeutet Compliance nur „**Gesetzesbefol-gung**" und ist damit an sich nichts Neues; ihr Inhalt geht aber über diesen traditionellen Gehalt hinaus: Es geht dabei zunächst um die Sicherstellung der Regelbefolgung durch das Unternehmen, Vermeidung von wirtschaftlichen Schäden aufgrund von Bußgeldern, Schadenersatzansprüchen Dritter, Vertrauens- und sonstigen Reputationsschäden.[177] Sie gewinnt ihre Bedeutung dadurch, dass Unternehmensleiter nicht nur selbst die Gesetze einhalten müssen; vielmehr müssen sie dafür sorgen, dass ihr **Unternehmen/seine Beleg-schaft die (Gesetzes-)Bindung beachtet.** Darüber hinaus erfasst Compliance nicht nur Rechtsnormen, son-

169 KK-OWiG/*Rogall* OWiG § 130 Rn. 1.
170 Vgl. KK-OWiG/*Rogall* OWiG § 130 Rn. 124 (*Rogall* selbst spricht nicht von einem Auffangtatbestand, sondern einen subsidiären Tatbestand).
171 *Schockenhoff* NZG 2019, 281 (286).
172 *Schockenhoff* NZG 2019, 281 (286); ob eine GbR oder ein sog. nicht rechtsfähiger Verein Inhaber eines Betriebs oder eines Unternehmen sein kann, war umstritten; seitdem im Gesellschaftsrecht bei diesen Verbandsformen die Fähigkeit zur Rechtsträgerschaft anerkannt ist und der Gesetzgeber dieser Entwick-lung durch die Neufassung des § 9 Abs. 1 OWiG Rechnung getragen hat, ist diese Frage jedenfalls zu bejahen, und die Haftung der in § 9 Abs. 2 OWiG genannten Personen kommt für den nicht rechtsfähi-gen Verein in Betracht; die Vereinsmitglieder selbst können keine tauglichen Täter der Aufsichtsverlet-zung sein; ob beim nicht rechtsfähigen Verein Inha-ber nur satzungsmäßige Vertreter sind, ist zweifel-haft, vgl. KK-OWiG/*Rogall* § 130, Rn. 25.
173 *Schockenhoff* NZG 2019, 281 (286).
174 *Schockenhoff* NZG 2019, 281 (286 f.).
175 Vgl. aus der reichhaltigen Lit. Park, Kapitalmarkt-strafrecht, Kap. 2.1 (Criminal Compliance, *Bott-mann*) und Kap. 2.2. (Compliance-Organisation im Wertpapierbereich, *Schäfer*); MüKoGmbHG/*Flei-scher* § 43 Rn. 142; Spindler/Stilz/*Fleischer* AktG § 91 Rn. 47 ff.; *Arnold* ZGR 2014, 76 (78 f.)); *Bach-mann* in VGR, Gesellschaftsrecht in der Diskussion 2007, 2008, 65, 68; *Bürgers* ZHR 179 (2015), 173, 175 ff.; *Fleischer* AG 2003, 291 (299); *Fleischer* NZG 2014, 321 (322 ff.); *Goette* ZHR 175 (2011), 388, 392 ff.; *Lutter* FS Goette, 2011, 289, (291; *Verse* ZHR 175 (2011), 401 403 ff. Vgl. auch die Compli-ance-Handbücher, zB: *Schulz*, Compliance-Manage-

ment im Unternehmen; *Ghassei-Tabar/Pauthner/ Wilsing*, Corporate Compliance.
176 Wegweisend ist das sog. Siemens/Neubürger-Urteil des LG München I in Hinblick auf einen Fall aus dem Jahr 2003 (was zeigt, dass Compliance keine Neu-Erfindung ist, AG 2014, 332 = juris Rn. 89 ff. (im Rahmen seiner Legalitätspflicht müsse ein AG-Vorstandsmitglied dafür sorgen, das Unternehmen so zu organisieren und beaufsichtigen, dass keine Geset-zesverstöße [wie in casu Schmiergeldzahlungen an Amtsträger eines ausländischen Staates oder an aus-ländische Privatpersonen] vorkämen; ein Vorstands-mitglied genüge seiner Organisationspflicht bei ent-sprechender Gefährdungslage nur, wenn es „eine auf Schadensprävention und Risikokontrolle angelegte Compliance-Organisation einrichtet. Entscheidend für den Umfang im Einzelnen sind dabei Art, Größe und Organisation des Unternehmens, die zu beach-tenden Vorschriften, die geografische Präsenz wie auch Verdachtsfälle aus der Vergangenheit."; die Ein-haltung des Legalitätsprinzips und Einrichtung eines funktionierenden Compliance-Systems gehöre zur Gesamtverantwortung des Vorstands). Vgl. auch BGH 1. Strafsenat wistra 2017, 390 = juris Rn. 118, wonach die Installation eines effektiven, auf die Ver-meidung von Rechtsverstößen ausgelegten Compli-ance-Systems zu einer Minderung einer Geldbuße gegen eine Leitungsperson nach § 30 a OWiG führen kann;.dabei könne auch eine Rolle spielen, ob die Person infolge dieses Verfahrens entsprechende Regelungen optimiert und ihre betriebsinternen Abläufe so gestaltet hat, dass vergleichbare Norm-verletzungen zukünftig deutlich erschwert werden.
177 *Vetter* ZGR 2018, 338 (359).

dern auch von Unternehmen selbst gesetzte Normen und Standards sowie Ethik-Grundsätze.[178] *Vetter* stellt unter Verweis auf Verhaltenskodizes großer deutscher Aktiengesellschaften mit Recht fest, dass der Compliance-Gedanke darüber hinausreicht: Unternehmen trifft Verantwortung für ihr Verhalten unabhängig von gesetzlichen Verboten; hinausgehend über bloße Regelbefolgung und Legalitätspflicht wird eine **Integritätskultur** betont; dabei geht es um Werte wie Integrität, Verantwortung, Moral, Anstand, Redlichkeit und Fairness; der Geschäftserfolg stehe nicht über Recht und Gesetz und auch nicht über Moral und Integrität; wie Geschäftserfolge erzielt werde, sei genauso wichtig wie der Geschäftserfolg selbst.[179] Der Deutsche Corporate Governance Kodex (ähnliche Vorgaben macht der Public Corporate Governance Kodex des Bundes in Ziff. 3.1.3 und 4.1.2)) verpflichtet börsennotierte Gesellschaften umfassend zur Compliance: Dort heißt es in Ziff. 4.1.3, der Vorstand müsse „für die **Einhaltung der gesetzlichen Bestimmungen und der unternehmensinternen Richtlinien ... sorgen und ... auf deren Beachtung durch die Konzernunternehmen hin(wirken)** (Compliance)"; er solle sorgen für „angemessene, an der Risikolage des Unternehmens ausgerichtete Maßnahmen (**Compliance Management System**)[180] und deren Grundzüge offenlegen; Beschäftigte und Dritten sollte die Möglichkeit eingeräumt werden, geschützt Hinweise auf Rechtsverstöße im Unternehmen zu geben; nach Ziff. 3.4 Abs. 2 des Kodex muss der AG-Vorstand den AR regelmäßig, zeitnah und umfassend über alle für das Unternehmen relevanten Fragen der Compliance unterrichten. Für den Einsatz von für Compliance Management Systemen gibt es eine **ISO (19600)**[181] für Unternehmen und andere Organisationen mit Richtlinien, Risiken regelwidrigen Verhaltens zu erkennen, zu verstehen und richtig darauf zu reagieren. Für die Abschlussprüfung hatte das IDW bereits 2011 einen Prüfungsstandard zur ordnungsgemäßen Prüfung von Compliance Management Systemen verabschiedet (**IDW PS 980**).[182] Die Einrichtung und Unterhaltung eines funktionsfähigen Compliance-Systems kann **bußgeldmindernd** sein.[183]

Eine ausdrückliche Pflicht zur allgemeinen Compliance sehen die Gesetze nicht vor, Spezialgesetze enthalten konkrete Vorgaben (vgl. §§ 10 ff. GwG, § 25a KWG, § 23 VAG, § 80 WpHG); einen Grundstock an Vorgaben mit beabsichtigter Ausstrahlungswirkung auf andere Gesellschaftsformen[184] normierte der Gesetzgeber durch das KonTraG in § 91 Abs. 2 AktG. Die Compliance-Pflicht beruht auf der **Legalitätspflicht** der Geschäftsleitung. Diese muss bei der Unternehmensleitung auf die Einhaltung der Gesetze in der Gesellschaft hinwirken. Die Legalitätspflicht gilt nicht nur in der Handelsgesellschaft, sondern auch im Verein (→ Rn. 22). Sie umfasst die **Legalitätskontrollpflicht**: Vorstandsmitglieder müssen sich nicht nur selbst legal verhalten, sie müssen grundsätzlich auch für rechtmäßiges Verhalten der für den Verein Handelnden sorgen; sie müssen künftigen Gesetzesverletzungen vorbeugen und bekannt gewordene Verletzungen ange-

51

---

178 *Schulz* in Schulz, Compliance-Management im Unternehmen, Teil I 1. Kap. Rn. 2.

179 *Vetter* ZGR 2018, 338 (359); vgl. auch *Hüttemann* DB 2016, 429 zu „Rechtsfragen der sozialen Verantwortung von Vereinen und Stiftungen", der dabei in Hinblick der Corporate Social Responsibility und das BMF-Schreiben vom 22.9.2015 (DB 2015, 2302) die Möglichkeit bejaht dass sich auch gemeinnützige Körperschaften in einem angemessenen Umfang für Gemeinwohlbelange einsetzen dürfen, ohne dass darin eine verdeckte Zweckänderung oder eine satzungsfremde Betätigung zu sehen wäre. Vgl. auch *Schulz* in Schulz, Compliance-Management im Unternehmen, Teil I 1. Kap. Rn. 2, der für ein umfassendes Verständnis von Compliance als Bestandteil einer werteorientierten Geschäftsleitung spricht („Compliance Kultur").

180 Ob es für (börsennotierte) AG tatsächlich nach dem Gesetz eine Pflicht zur Einrichtung einer umfassenden institutionalisierten Compliance-Organisation gibt, ist streitig, und verneint hM, unbestritten ist, dass Geschäftsleitung grundsätzlich verpflichtet ist, rechtswidriges Verhalten innerhalb eines Unternehmens auch durch entsprechende organisatorische Vorkehrungen zu unterbinden, vgl. statt aller *Hüffer/ Koch* AktG, § 76 Rn. 14 ff.; *U. Schmidt* in Heidel Aktienrecht AktG § 93 Rn. 11 ff.; *Holle*, Legalitätskontrolle, 2014, S. 36 ff.; *DAV-Handelsrechtsausschuss* NZG 2017, 57 (58); *Baur/Holle* NZG 2017, 170 f.

181 „Compliance Management System – Guidelines", Dezember 2014 veröffentlicht. Vgl. dazu *Grambow* Compliance-Berater 3/2017, 45, 51. Vgl. auch die US-Leitlinien u.a. des US Department of Justice zur Bewertung solcher Systeme, dazu *Federmann* DB 2019, 2570.

182 Vgl. *Withus* in Schulz, Compliance-Management im Unternehmen, Teil I 16. Kap. zu Auswirkungen des ISO-Standards auf die Prüfung nach IDW PS 980.

183 BGH wistra 2017, 390 = AG 2018, 39 = juris Rn. 118 („Bei der Verhängung einer Geldbuße gegen eine sog. Leitungsperson kann die Installation eines effektiven, auf die Vermeidung von Rechtsverstößen ausgelegten Compliance-Systems zu einer Minderung der Geldbuße führen. Dabei kann auch eine Rolle spielen, ob die Leitungsperson in der Folge dieses Verfahrens entsprechende Regelungen optimiert und ihre betriebsinternen Abläufe so gestaltet hat, dass vergleichbare Normverletzungen zukünftig jedenfalls deutlich erschwert werden.").

184 Vgl. BT-Drs. 13/9712 S. 15 (In das GmbHG solle keine § 91 Abs. 2 AktG entsprechende Regelung aufgenommen werden. Es sei davon auszugehen, dass für GmbH „je nach ihrer Größe, Komplexität, Struktur usw nichts anderes gilt und die Neuregelung „Ausstrahlungswirkung auf den Pflichtenrahmen der Geschäftsführer auch anderer Gesellschaftsformen hat").

messen ahnden und effektiv abstellen (**präventive und repressive Kontrolle**).[185] Die Organe müssen bei der repressiven Kontrolle stets die Interessen ihrer Gesellschaft im Auge haben. Zweifelhaft sind indes Ratschläge, im Einzelfall könne eine verfrühte Ausdehnung der Aufklärung ihren Erfolg gefährden, unbeteiligte Mitarbeiter irritieren oder die Reputation der Gesellschaft schädigen; in eng begrenzten Ausnahmefällen könne Aufklärung völlig unterbleiben (zB wenn Verstöße weit zurückliegen, keinen oder nur geringen Schaden angerichtet haben und keine Wiederholung/Fortsetzung der Verstöße drohe; wenn in solchen Fällen ein Bekanntwerden der Verstöße zu behördlichen Ermittlungen oder einer Schädigung des Rufs in der Öffentlichkeit führen könnte, könne es vorzuziehen sein, die Sache auf sich beruhen zu lassen).[186] Denn erst einmal muss (mit der erforderlichen Diskretion) der Vorstand aufklären. Das liegt immer im Interesse der Gesellschaft. Erst gesicherte Erkenntnisse der Aufklärung geben die Basis für die Entscheidung, welche repressiven Maßnahmen auch zur Prävention geboten sind.

52 Die Compliance-Pflicht ist **Annex der Legalitätspflicht**.[187] Sie gilt grundsätzlich auch im Verein.[188] Ihre Rechtsgrundlage ist die Pflicht des Vorstands zur Geschäftsführung nach dem Maßstab der im Verkehr erforderlichen Sorgfalt (§ 27 Abs. 3 iVm §§ 664 ff., 276, 280)[189] (vgl. zu den Anforderungen an die Sorgfalt abhängig von Größe etc des Vereins → Rn. 122.

53 Während die Pflicht zu Compliance im Verein im Grundsatz unstreitig ist, ist wie bei Aktiengesellschaften (→ Rn. 50) im Verein erst recht streitig, ob Vorstände zwingend ein **Compliance-System** installieren müssen: Mit *Leuschner* ist das in kleinen, gut überschaubaren Vereinen zu verneinen, der Vorstand kann bei ihnen seiner Verantwortung anders als durch Installierung eines Compliance-Systems nachkommen.[190] Es System ist aber unentbehrlich bei Vereinen, die ein entsprechendes **Gefahrenpotential** haben; dieses kann sich insbes. aus der Größe des Vereins, Komplexität seines Geschäfts und der Art seiner Tätigkeit ergeben.[191] Voraussetzung für eine angemessene Entscheidung des Vorstands zur (Nicht-)Einrichtung eines Compliance-Systems ist eine genaue Ermittlung der konkreten Risikolage des Vereins; aufbauend hierauf muss der Vorstand für eine ordnungsgemäße Organisation sorgen, die Verantwortungsbereiche klar beschreiben und abgrenzen sein und den Aufwand für Compliance muss angemessen budgetieren.[192] Er hat bei seiner Entscheidung zur Organisation der Compliance nach hM einen weiten Ermessensspielraum, für den die Business Judgement Rule des § 93 Abs. 1 AktG gelte.[193]

---

185 LG München I AG 2014, 345 = juris Rn. 89; *Fleischer* NZG 2014, 321 (324); *Arnold* ZGR 2014, 76 (81).

186 *Schockenhoff* NZG 2019, 281 (283).

187 Sedes materiae zB bei der AG §§ 76, 93 AktG; *Hüffer/Koch* AktG § 76 Rn. 14; MüKoBGB/*Leuschner* § 27 Rn. 42 unter Verweis auf *Verse* ZHR 175 (2011), 401, 404; zT wird die Compliance-Pflicht aus der Pflicht zur Unternehmensleitung abgeleitet; zT wird die Pflicht in erster Linie als Mittel der Schadensabwehr gesehen, vgl. *Brouwer* CCZ 2009, 161 (162); *Cherkeh* npoR 2014, 101 (102); *Schneider* ZIP 2003, 645 (648).leitet die Compliance-Pflicht im Wege einer Gesamt-Analogie aus den in Rn. 25 e genannten Spezialvorschriften ab.

188 MüKoBGB/*Leuschner* § 27 Rn. 39; *Schockenhoff* NZG 2019, 281 (282); *Wagner* NZG 2017, 769; *Longrée/Loos* ZStV 2016, 34; *Schumacher/Schumacher* spuRt 2018, 51.

189 *Schockenhoff* NZG 2019, 281 (282).

190 MüKoBGB/*Leuschner* § 27 Rn. 43; *Schockenhoff* NZG 2019, 281 (283 f.) (der – grundsätzlich mit Recht – feststellt, eine Pflicht zu standardisierten Maßnahmen schieße weit über das Ziel hinaus; bei der weitaus größten Zahl der Idealvereine dürften institutionelle Compliance-Maßnahmen wie beispielsweise die Ernennung eines – möglicherweise sogar hauptamtlichen – Compliance-Beauftragten, Compliance-Schulungen uÄ die personellen und finanziellen Mittel des Vereins bei Weitem übersteigen; sie könnten deshalb auch nicht geboten sein; in dem Maß, in dem Größe, Umfang der Tätigkeit und Risikoexposition des Vereins zunehmen, verdichteten sich die Compliance-Pflichten; ab einem bestimmten

Maß seien systematische organisatorische Vorkehrungen bis hin zur Einführung einer institutionalisierten Compliance-Organisation unverzichtbar) – was nur mit der Maßgabe gelten kann, dass Vereine, die nicht über die hinreichenden Mittel für Compliance verfügen, Risiko-affines Geschäft nur in dem Maße aufnehmen dürfen, wie sie das auch organisatorisch bewältigen können. Zur Aktiengesellschaft verweist *Hüffer/Koch* AktG § 76 Rn. 15 mit gutem Grund darauf hin – was auf den Verein übertragbar ist –, die Geschäftsleitung müsse sich des Risikos bewusst sein, dass gebotene Präventionsmaßnahmen im Fall eines Gesetzesverstoßes von den Gerichten uU an herkömmlichen Standards der Unternehmenspraxis gemessen werden; standardisierte Compliance-Strukturen nach einheitlichem Schema seien derart etabliert, dass Vorstand aus Vorsichtsgründen nur geraten werden könne, zur Reduzierung seines Haftungsrisikos ähnliche Maßnahmen zu ergreifen. Ähnlich zum Verein *Grambow*, Compliance-Berater 3/2017, 45, 51, es liege im eigenen Interesse des Vereins, mit einem maßgeschneiderten Compliance Management-System „den konkreten vereinstypischen Risiken zu begegnen".

191 MüKoBGB/*Leuschner* § 27 Rn. 43 mwN.

192 *Schockenhoff* NZG 2019, 281 (283).

193 *Schockenhoff* NZG 2019, 281 (284) unter Verweis ua auf *Hoffmann/Schieffer* NZG 2017, 401 (403); *Paefgen* WM 2016, 433 (437 f.); *Reichert/Ott* ZIP 2009, 2173 (2174); *Hüffer/Koch* AktG § 76 Rn. 14; MüKoAktG/*Spindler* § 91 Rn. 67; Spindler/Stilz/ *Fleischer* AktG § 91 Rn. 56; aA *Altmeppen* ZIP 2016, 97.

Streitig ist, ob bzw. inwieweit den Vorstand eine **Compliance-Verantwortung für Tochtergesellschaften** 54
trifft; das ist insbes. in Hinblick auf die Ausgliederung von Geschäft in wirtschaftliche Geschäftsbetriebe
(ggf. über eine Zwischengesellschaft, eine Beteiligungs-Holding) bedeutsam (→ § 21 Rn. 26), wodurch ein
Vereins-Konzern entsteht. Entsprechende Diskussionen gibt es im Recht der Kapitalgesellschaften.[194] ZT
erfordern branchenspezifische Sonderregeln (zB §§ 25 a KWG, 23 VAG) Compliance-Maßnahmen bei
Tochter- und Enkelgesellschaften. Wegen des Trennungsprinzips (→ Vor § 21 Rn. 7 ff., vgl. aber zur Haftung → Rn. 10) gibt es aber keine generelle Compliance-Pflicht des Vorstands von Muttergesellschaft/-ver-
ein gegenüber Tochter-/Enkelgesellschaften; dieser muss aber aufgrund seiner Sorgfaltspflicht Vermögens-
und Reputationsschäden von seinem (Mutter-)Verein abwenden, die auf Rechtsverletzungen der Konzernge-
sellschaften beruhen.[195] Dieser Pflicht kann der Vorstand zB dadurch nachkommen, dass er auf die
Einrichtung einer funktionsfähigen Compliance-Organisation im gesamten Konzern hinwirkt, wobei er die
ihm zur Verfügung stehenden rechtlichen und tatsächlichen Möglichkeiten des Einflusses ausnutzen
muss.[196]

Ähnliche Fragen stellen sich bei der **Organisation als Gesamtverein oder als Dachverband** (→ Vor § 21 55
Rn. 24 und Rn. 25): Erstreckt sich die Compliance-Pflicht von deren Vorständen auch auf die Untergliederung? Soweit die Untergliederungen wie beim Gesamtverein selbst eV oder sog. nicht-rechtsfähiger Verein
sind, sind deren Vorstände für Legalitätskontrolle incl. Compliance in ihrem Verein verantwortlich. Entsprechend der Rechtslage im Vereins-Konzern (→ Rn. 25 h) gibt es keine generelle, aus der Legalitätspflicht
abzuleitende Compliance-Pflicht des Vorstands des Gesamtvereins gegenüber den rechtlich selbstständigen
Zweigvereinen; aber der Vorstand hat die Pflicht, (Vermögens- und Reputations-)Schäden vom Dachverein
abzuwenden, die aus Rechtsverletzungen der Untergliederungen entstehen, woraus sich Compliance-Pflichten ergeben; dieser Pflicht genügt der Vorstand, wenn er auf eine angemessene Compliance-Organisation
bei den Zweigvereinen hingewirkt, soweit er dazu rechtlich oder faktisch in der Lage ist.[197] Der Sache nach
ebenso ist es bei Dachverbänden; die Legalitäts(kontroll)pflicht ihrer Vorstände bezieht sich grundsätzlich
nur auf den eigenen Verein, nicht aber die Mitgliedsvereine; typischerweise sind die Einflussmöglichkeiten
von Dachverbänden auf ihre Mitgliedsvereine schwächer als die des Gesamtvereins gegenüber seinen
Zweigvereinen; mit Recht nimmt *Leuschner* an, dass die Erfüllung bestimmter Anforderungen an die Compliance-Organisation der Mitgliedsvereine Voraussetzung des Beitritts zum Dachverein sein kann.[198]

---

194 Vgl. statt aller *Hüffer/Koch* AktG § 76 Rn. 20 ff.; vgl.
zu § 130 OWiG OLG München Der Konzern 2015,
518 = juris Rn. 16 ff., wonach dessen Anwendbarkeit
bei Konzernen vom konkreten Sachverhalt abhängt:
Nähmen Geschäftsleiter der Obergesellschaft rechtlich legitimiert oder faktisch Einfluss auf ein verbundenes Unternehmen (unterbänden sie zB die Aufklärung von Straftaten), droht ihnen Haftung aus § 130
OWiG; die Konzernmutter sei nicht generell
Betriebsinhaberin des Tochterunternehmens, weil
§ 130 OWiG dessen Verantwortliche selbst erfasse
und die Verantwortlichen der Mutter über § 9 OWiG
sanktioniert werden können; daher bestehe keine
Sanktionslücke; soweit die Tochter in Willensbildung
und Handlungsfreiheit nicht durch Weisungen der
Konzernmutter beeinflusst werde, verbleibe die ordnungswidrigkeitenrechtliche Verantwortlichkeit zur
Einhaltung der betriebsbezogenen Pflichten und die
damit korrespondierende besondere Aufsichtspflicht
iSd § 130 OWiG trotz der Einbettung in den Konzern
bei den Leitungspersonen der rechtlich selbstständigen Tochtergesellschaft; liege kein konzernrechtli-
cher Vertrag zwischen Mutter und Tochter vor, sei
auf eine tatsächliche Einflussnahme der Mutter im
Einzelfall abzustellen.
195 MüKoBGB/*Leuschner* § 27 Rn. 45; vgl. auch *Schockenhoff* NZG 2019, 281 (284). Vgl. von einem ähn-

lichen Ansatz zum Aktienkonzern *Hüffer/Koch* AktG
§ 76 Rn. 23, wonach Vorstand des herrschenden
Unternehmens nicht jeder Pflichtwidrigkeit in Tochtergesellschaften entgegenzuwirken habe, sondern
nur insofern, als drohende Schäden durch Sanktionierung den Aufwand einer konzernweiten Compliance-
Organisation überstiegen; dabei habe er Organisati-
onsermessen; das beachtliche Schadenspotenzial von
Compliance-Verstößen bei Töchtern mache aber ein
„gewisses Maß an konzernweiten Compliance-Maßnahmen … erforderlich"; enger Autoren, die Legalitätspflicht der Konzernleitung für Töchter verneinen,
zB *Verse* ZHR 175 (2011), 401, 411; *Harbarth* ZHR
179 (2015), 136, 151; *Habersack* FS Möschel 2011,
S. 1175, 1182; weitergehend Autoren, die eine
umfassende Konzernleitungspflicht annehmen, zB
Schneider/Schneider AG 2005, 57 (59); *Altmeppen*
ZHR 164 (2000), 556, 561) im Ergebnis, aber von
einem Ansatz aus auch *Lutter* FS Goette 2011,
S. 289, 291 ff., sowie *Immenga* FS Schwark 2009,
199, 204; vgl. auch *Kersting* Konzern 2011, 445,
449 f., der zu ähnlichen Ergebnissen über die Konstruktion des Unterordnungs-Konzerns als Außen-
GbR mit der Haftungsfolge des § 128 HGB gelangt.
196 MüKoBGB/*Leuschner* § 27 Rn. 45.
197 MüKoBGB/*Leuschner* § 27 Rn. 47.
198 MüKoBGB/*Leuschner* § 27 Rn. 48.

56 **Zentrale Gegenstände** der Compliance im Verein[199] sind die Fragen der **Rechtsformwahl** und ob diese angesichts der Entwicklung des Vereins noch tragfähig ist (vgl. → § 21 Rn. 22 ff. zu den Grenzen des Idealvereins), **arbeits- und sozialversicherungsrechtliche** Fragen insbes. in Hinblick auf die Beschäftigung von selbstständigen Mitarbeitern,[200] die Einhaltung der **Grenzen der Gemeinnützigkeit** (vgl. → Rn 42 sowie § 21 Rn. 10 ff., 26 ff., 58) und **sonst steuerliche** Fragen, zB auch beim Sponsoring und dem Spendenwesen. Immer wichtiger werden – zumal bei sportlichen Großveranstaltungen – die Vereine ausrichten – auch Aspekte der Vermeidung der Haftung für schädigendes Verhalten von „Fans"[201] (→ § 25 Rn. 45, 54, 58 a).

57 **Vertöße gegen die Compliance-Verantwortung** des Vorstands können zB Schadensersatzpflichten der Vorstandsmitglieder nach sich ziehen[202] oder (in schwerwiegenden Fällen auch ohne Abmahnung) auch beim Erfordernis eines wichtigen Grunds zur Abberufung (→ Rn. 8 f.) einen Widerruf der Vorstandsposition und Kündigung des Anstellungsvertrags begründen.[203] **Mildern lässt sich die Compliance-Verantwortung** des Vorstands auf zweierlei Weise: zum einen durch Ressortverteilung, bei der die Compliance-Pflichten auf ein/einzelne Vorstandsmitglied/er verteilt werden (vgl. allg. zur Ressortverteilung → Rn. 16); zum anderen durch Übertragung der Aufgaben auf einen besonderen Vertreter nach § 30.[204]

IV. Entlastung

58 Anders als im Aktien- (§ 120 Abs. 1 AktG) und ebenso wie im GmbH-Recht[205] bedeutet nach (uE unzutreffender → Rn. 59) Rspr.[206] und ganz hM[207] die Entlastung beim Verein neben der Billigung des Vorstandshandelns für die Dauer der Entlastungsperiode den **Verzicht auf alle bekannten oder erkennbaren Schadensersatzansprüche und Bereicherungsansprüche** (bzw. den Ausschluss deren Geltendmachung), soweit diese den Entlastenden bei sorgfältiger Prüfung erkennbar waren. Kenntnismöglichkeiten von Rechnungsprüfern (Kassenprüfern) braucht sich die Mitgliederversammlung nicht zurechnen zu lassen.[208] Die Verzichtswirkung umfasst nicht solche Ansprüche, die aus den Rechenschaftsberichten und der Mitgliederversammlung zugänglich gemachten sonstigen Unterlagen nicht oder nur so unvollständig erkennbar sind, dass die Mitglieder die Tragweite der Entlastung nicht beurteilen können.[209] Zudem verliert der Verein durch die Entlastung nach hM etwaige Kündigungsgründe wegen Pflichtverletzung des Vorstands.[210] Hat

199 Vgl. allg. zur Compliance im Unternehmen *Ghassei-Tabar/Pauthner/Wilsing*, Corporate Compliance, §§ 13–20 zu deren wichtigsten Anwendungsbereichen: Korruption, Kartellrecht, Steuerrecht, Arbeitsrecht, Unternehmenskauf, Datenschutz, Geldwäsche sowie Umweltschutz und Arbeitssicherheit; vgl. zu ähnlichen Themen Beiträge in Schulz, Compliance-Management im Unternehmen, Teil II 12. Kapitel zur Compliance im Kontext nachhaltigen Lieferantenmanagements sowie Teil III 16.-25. Kapitel (dort auch zu IT und Software Management/Cyber-Security sowie Exportkontrolle.

200 *Grambow,* Compliance-Berater 3/2017, 45, 49 f.

201 BGHZ 211, 375 Rn. 13 ff.; vgl. dazu *Weller/Benz/Wolff* JZ 2017, 237; *Meier/Lenze* MDR 2017, 6; *Krüger/Saberzadeh* npoR 2017, 152.

202 Vgl. aus dem Aktienrecht das Siemens/Neubürger-Urteil des LG München I, AG 2014, 332 = juris Rn. 89 ff.

203 OLG Hamm GmbHR 2019, 1060 = juris Rn. 49 ff., 67 ff.

204 Vgl. *Schockenhoff* NZG 2019, 281 (284 ff.) (dieser hält es bei entsprechender Satzungsgestaltung sogar für möglich, den Vorstand von der Compliance-Verpflichtung vollständig zu entlasten); ähnlich MüKoBGB/*Leuschner* § 27 Rn. 45, allg. Rn. 75 (eine weitgehende Haftungsbeschränkung lasse sich erreichen, wenn die Satzung bestimmte Bereiche der Geschäftsführung (ggf. sogar die Geschäftsführung insgesamt) mit Ausnahme der Amtspflichten wie § 42 Abs. 2 auf ein besonderes Vereinsorgan übertrage; eine solche Delegation führe dazu, die Pflichten der Vorstandsmitglieder von vornherein zu begrenzen, sie könnten insofern nicht pflichtwidrig handeln; die Gesamtverantwortung des Vorstands werde so außer Kraft

gesetzt mit der Folge, dass der Anknüpfungspunkt für eine Informations- und Kontrollpflicht entfalle; die Vorstandsmitglieder brauchten nur bei Kenntnis von einem konkret drohenden Schaden einzuschreiten; (nur) wenn der Vorstand für die Bestellung des Sonderorgans zuständig sei, treffe ihn die Verantwortung für die Auswahl verbunden mit der Pflicht, das Organ zu ersetzen bzw. ihm die übertragenen Geschäftsführungsaufgaben zu entziehen, wenn es die Aufgaben nicht ordnungsgemäß erfülle.

205 BGH NJW 1959, 192 = GmbHR 1959, 69; BGHZ 97, 382 = DB 1986, 1449 = NJW 1986, 2250; Scholz/*K. Schmidt* Bd. 2, 11. Aufl. 2014, GmbHG § 46 Rn. 89 ff.

206 BGHZ 24, 47, 54 = NJW 1957, 832; BGHZ 97, 382, 386 = DB 1986, 1449 = NJW 1986, 2250; BGH NJW 1957, 832 (833); BGH NJW 1987, 2430 (2431); BGH NJW-RR 1988, 745 (748).

207 BeckOK BGB/*Schöpflin* § 27 Rn. 27; Palandt/*Ellenberger* BGB § 27 Rn. 8; MüKoBGB/*Arnold* (7. Aufl.) § 27 Rn. 46 f.; MüKoBGB/*Leuschner* § 27 Rn. 61; Staudinger/*Weick* (2005) BGB § 27 Rn. 27; Staudinger/*Schwennicke* BGB § 27 Rn. 129; Reichert/*Wagner* Kapitel 2 Rn. 2614; differenzierend vgl. MüKoBGB/*Leuschner* § 27 Rn. 61; *Flume* BGB AT, Bd. 1/1, § 10 I 4; *K. Schmidt* GesR § 14 IV 2 (Präklusionsfolge der Vertrauenskundgebung); *Tellis* ZHR 156 (1992), 256; *Nägele/Nestel* BB 2000, 1253 (1256); *Schönle* ZHR 126 (1964), 199 ff.; *Sauter/Schweyer/Waldner* Eingetragener Verein Rn. 289; Schauhoff/*van Randenborgh* § 2 Rn. 146.

208 BGH NJW-RR 1988, 745 (749).

209 BGH NJW-RR 1988, 745 (748).

210 MüKoBGB/*Leuschner* § 27 Rn. 61.

die Mitgliederversammlung die Entlastung in Unkenntnis entgegenstehender Umstände beschlossen, entfallen die Entlastungswirkungen.[211] Die Entlastung bezieht sich auf das einzelne Vorstandsmitglied; ein Vorstand kann daher zum Teil entlastet, zum anderen Teil nicht entlastet werden.[212] Die Mitgliederversammlung kann auch hinsichtlich einzelner Geschäfte oder Geschäftsbereiche oder bestimmter Zeiträume, dh teilweise entlasten.[213]

Die **Richtigkeit der hM ist sehr zweifelhaft,** in der Literatur ist sie aber nahezu ganz ohne Widerspruch.[214] **59**
Es gibt keine ausdrückliche gesetzliche Normierung der vermeintlichen Verzichtsfolge der Entlastung im Vereinsrecht; schon daher ist fragwürdig, mit der ihr nur aufgrund Richterrechts so weitgehende Folgen zu verbinden wie den völligen Verzicht auf Schadensersatzansprüche – selbst in krassen Fällen der Schädigung nach § 826 oder § 823 Abs. 2 BGB iVm § 266 StGB. Es ist ein uE geradezu unerträglicher Wertungswiderspruch, ein entlastetes Vorstandsmitglied wegen Untreue für bis zu 5 Jahren ins Gefängnis stecken zu können (die Entlastung beseitigt den Strafvorwurf nämlich nicht),[215] es aber zivilrechtlich nicht zur Schadenswiedergutmachung zwingen zu können. Zudem ist § 120 Abs. 2 S. 2 AktG die einzige Norm, die sich materiell mit der Entlastung befasst; dieser schließt alle Erwägungen von Verzicht, Präklusion und sonstigen Schadensersatz beschränkenden Wirkungen nach seinem nicht fehlzuinterpretierenden Wortlaut aus. Nichts in den Gesetzesmaterialien deutet darauf hin, dass der Gesetzgeber des Aktiengesetzes nur eine Spezialregelung für das Aktienrecht treffen wollte, vielmehr ist die dortige Interessenlage auch auf den Verein übertragbar, die Regelung verallgemeinerungsfähig.[216] Gegen Verzichtswirkungen der Entlastung spricht auch der Verweis von Abs. 3 auf das Auftragsrecht: Will man dort einen Verzicht begründen, bedarf es eines Verzichtsvertrages (§ 297), den man im Entlastungsbeschluss aber gerade nicht sehen kann, wie weithin anerkannt.[217] Darum kann in den Entlastungsbeschluss auch nicht ein Verzicht auf Ansprüche hineingelesen werden.

Auch die in der Literatur bemühten Konstruktionen einer Verzichts- bzw. Präklusionswirkung der Entlastung im Hinblick auf Schadensersatzansprüche (venire contra factum proprium, Verwirkung; Gewohnheitsrecht) sind nicht tragfähig: Denn dass Vereinsmitglieder den Vorstand mit der zufällig in der beschlussfassenden Mitgliederversammlung zusammengekommenen Mehrheit entlastet haben, bedeutet nicht, dass ein objektiv urteilendes Vereinsmitglied – auf das es als Beurteilungsmaßstab allenfalls ankommen könnte[218] – den Vorstand entlastet hätte; dieses objektive Mitglied hätte nämlich nur dann entlastet, wenn keine greifbaren Anhaltspunkte für Ersatzansprüche gegen das zu entlastende Organmitglied bestehen. Aus dem zufälligen Beschluss lassen sich daher uE nach Treu und Glauben keine Schlüsse zulasten des Vereinsinteresses und -vermögens (und mittelbar zulasten des Interesses von Gläubigern des Vereins) und zugunsten eines Vorstandsmitglieds ziehen, das den Verein geschädigt hat. Daher können uE grundsätzlich keine Verzichtswirkungen in den Entlastungsbeschluss hineininterpretiert werden. **60**

Ob der Vorstand einen Anspruch auf Entlastung hat, ist streitig.[219] Einen solchen, auch klageweise durchsetzbaren Anspruch können Satzung und Vereinsbrauch begründen.[220] **61**

---

211 BGH NJW-RR 1988, 745 (748); LG Frankfurt NJW-RR 1998, 396 (397); MüKoBGB/*Arnold* (7. Aufl.) § 27 Rn. 46 f.; MüKoBGB/*Leuschner* § 27 Rn. 61.
212 MüKoBGB/*Leuschner* § 27 Rn. 61.
213 OLG Celle NJW-RR 1994, 1545 = juris Rn. 11.
214 Ausnahme *Barner*, Die Entlastung als Institut des Verbandsrechts, insbes. S. 44 ff., 71 ff.; 121; *Lange* JZ 2015, 627 (630), 631 f. bedauert in seiner Anmerkung zu BGH NZG 2015, 38 = ZIP 2015, 166, dass die Vorinstanz OLG Oldenburg BB 2014, 724 = NZG 2014, 1272 die Revision nicht zugelassen hat, ohne etwas dazu zu schreiben, dass die hM unrichtig ist; vgl. nunmehr *Burgard/Heimann* NZG 2016, 166 (168) zur Stiftung (diese vertreten, Wirkung entfaltet ein pflichtwidriger Entlastungsbeschluss nur, wenn die Mitglieder des beschlussfassenden Organs nicht vorsätzlich gehandelt haben und die Mitglieder des entlasteten Vorstands die Pflichtwidrigkeit des Entlastungsbeschlusses nicht erkennen konnten; bei pflichtwidriger Entlastung bestünden Ansprüche gegen die Mitglieder des Aufsichtsorgans, die dem pflichtwidrigen Entlastungsbeschluss schuldhaft zugestimmt haben bzw. ihm nicht entgegengetreten sind, wenn der Stiftung infolge des Beschlusses ein Schaden entstanden ist. Der Schaden könne in der Präklusion der Ansprüche oder darin bestehen, dass diese nicht (rechtzeitig) geltend gemacht werden.).
215 OLG Hamm wistra 1999, 350 = NStZ 2000, 525.
216 Vgl. *Kropff*, Aktiengesetz, 1965, S. 167 f.
217 So aber der BGH, vgl. BGHZ 94, 324, 326 = DB 1995, 2290 = NJW 1986, 2250; BGHZ 97, 382, 384 = DB 1986, 1449 = NJW 1986, 2430; gegen Verzicht zB *K. Schmidt* GesR § 14 VI 2 b; *Tellis* ZHR 156 (1992), 256, 257.
218 Vgl. zum Aktienrecht *Hüffer*/Koch AktG § 131 Rn. 33, und *Heidel* in Heidel Aktienrecht AktG § 131 Rn. 34.
219 Bejahend *Flume* BGB AT, Bd. 1/1, § 10 I 4; Erman/*Westermann* BGB § 27 Rn. 9; aA BGHZ 94, 324 = NJW 1986, 129; OLG Celle NJW-RR 1994, 1545; OLG Köln NJW-RR 1997, 483; *K. Schmidt* ZGR 1978, 425 (440); MüKoBGB/*Arnold* (7. Aufl.) § 27 Rn. 47; MüKoBGB/*Leuschner* § 27 Rn. 61; Staudinger/*Weick* (2005) BGB § 27 Rn. 27; Staudinger/*Schwennicke* BGB § 27 Rn. 132.
220 Staudinger/*Weick* (2005) BGB § 27 Rn. 27; Palandt/*Ellenberger* BGB § 27 Rn. 8; Reichert/*Wagner* Kapitel 2 Rn. 2664 ff.

§ 28 Beschlussfassung des Vorstands

Bei einem Vorstand, der aus mehreren Personen besteht, erfolgt die Beschlussfassung nach den für die Beschlüsse der Mitglieder des Vereins geltenden Vorschriften der §§ 32 und 34.

Literatur: S. § 26 und Vorbemerkungen zu §§ 21 ff.

A. Allgemeines

1   § 28 regelt die Willensbildung im mehrgliedrigen Vorstand – nicht mehr wie bis 2009 auch die nun in § 26 Abs. 2 behandelte Passivvertretung, die Rückschlüsse auf die Wissenszurechnung zulässt, → § 26 Rn. 1, 14 f. § 28 gilt für den eV (§ 21) und den wirtschaftlichen Verein (§ 22) sowie für den nicht-eingetragenen Verein (§ 54); unanwendbar ist er nach hM für juristische Personen des öffentlichen Rechts.[1] Verfügt der Verein über einen sog. „erweiterten Vorstand" (→ § 26 Rn. 2), gilt er für diesen entsprechend.[2] § 86 S. 1 erklärt ihn für die Stiftung entsprechend anwendbar (→ § 86 Rn. 8).

B. Regelungsgehalt

2   Die Regelung zur Beschlussfassung gilt für **jede Art der Willensbildung** im mehrgliedrigen Vorstand. Mangels abweichender Satzungsregeln (§ 40) gelten die Vorschriften über die Mitgliederversammlung (§§ 32, 34) entsprechend; enthält die Satzung von §§ 32, 34 abweichende Regelungen, entscheidet die Auslegung, ob diese entsprechend für den Vorstand gelten. Rechtmäßige (ansonsten Nichtigkeit) Beschlüsse erfordern die Einhaltung folgender Grundsätze: Beschlüsse sind in **Zusammenkünften** zu fassen. Davon bestehen zwei Ausnahmen: Eine sog. schriftliche Beschlussfassung ist bei (vorbehaltlich der streitigen Anwendbarkeit der ohnehin zeitlich begrenzten Regelung in § 5 Abs. 3 COVMG)[3] einstimmiger Zustimmung aller[4] gem. § 32 Abs. 2 (soweit danach eine „schriftliche" Zustimmung für ein solches Vorgehen bei der Mitgliederversammlung erforderlich ist, ist diese Förmlichkeit beim Vorstand entbehrlich, solange die Zustimmung unzweifelhaft festgehalten ist, zB per Telefax oder in einem Protokoll) ebenso wirksam möglich wie Beschlussfassung in einer Sitzung ohne Präsenz (Telefon- bzw. Videokonferenz). Es besteht Ladungspflicht unter Bezeichnung der **Beschlussgegenstände** (§ 32 Abs. 1 S. 2). **Ladungsfristen** sind einzuhalten; sehen Satzung oder Geschäftsordnung keine Frist vor, genügt eine angemessene Frist.[5] (Nur) bei entsprechenden Satzungsvorschriften muss **Beschlussfähigkeit** gegeben sein; diese setzt vorbehaltlich besonderer Regelungen in Satzung oder Geschäftsordnung keine vollständige Besetzung aller Vorstandssitze voraus, jedenfalls solange das erforderliche Mindest-Quorum für die Beschlussfassung erfüllt ist.[6] Sind alle Vorstandsmitglieder erschienen und widersprechen sie der Beschlussfassung nicht, sind Einberufungsmängel unschädlich.[7]

1   MüKoBGB/*Leuschner* § 28 Rn. 1.
2   MüKoBGB/*Leuschner* § 28 Rn. 2.
3   Vgl. dazu (Übertragbarkeit bejahend) *Schmidt* in Schmidt, COVID-19, Rechtsfragen zur Corona-Krise, § 8 Rn. 21; *Segna* npoR 2020, 147 [152]; *Schwenn/Blacher* npoR 2020, 153 [158]; BeckOGK/*Segna* BGB § 28 Rn. 17; mit überzeugenden Gründen gegen Übertragbarkeit MüKoBGB/*Leuschner* § 28 Rn. 4 a, 4 b (gegen die spricht insb. die typischerweise geringe Mitgliederzahl von Vorständen, die leicht handhabbare Möglichkeit der Beschlussfassung außerhalb von Sitzungen sowie das Fehlen jeglicher Anhaltspunkte dafür, dass der Gesetzgeber mit § 5 Abs. 3 COVMG anderes als die Mitgliederversammlung regeln wollte).
4   Vgl. dazu OVG Schleswig AUR 2008, 380 = juris Rn. 17: „Auch bei einer nicht-förmlichen Beschlussfassung eines … Vorstandes (zB im ‚Umlaufverfahren') sind alle mitwirkungsberechtigten Vorstands-

mitglieder zu informieren und zu beteiligen. Unterbleibt dies und nimmt ein Vorstandsmitglied (deshalb) an der Beschlussfassung nicht teil, kann kein wirksamer Beschluss erfolgen. Ob die Stimme des nicht beteiligten Vorstandsmitgliedes das Ergebnis der Beschlussfassung beeinflusst hätte oder hätte beeinflussen können, ist nicht erheblich. Ein die Vollmachtserteilung betreffender (konkludent gefasster) Beschluss ist – mit anderen Worten – nur wirksam, wenn alle Vorstandsmitglieder daran beteiligt waren, unabhängig davon, ob er einstimmig oder mehrheitlich gefasst worden ist."
5   MüKoBGB/*Leuschner* § 28 Rn. 5.
6   Str., vgl. wie hier MüKoBGB/*Leuschner* § 28 Rn. 4; SächsLAG 16.7.2015 – 9 Sa 15/15 nv juris Rn. 50 ff.; vgl. auch BayObLGZ 1985, 24 (29 f.) = juris Rn. 42 ff.
7   MüKoBGB/*Leuschner* § 28 Rn. 4.

Ausgeschlossen ist im Vorstand jedenfalls eine Vertretung durch Dritte[8] und uE auch eine **wechselseitige** **3** **Vertretung** seiner Mitglieder[9] (→ § 26 Rn. 3): Nach §§ 32 Abs. 1 S. 3, 38 S. 2 gilt der Grundsatz der persönlichen Ausübung des Stimmrechts, sofern die Satzung nicht die Abstimmung durch Bevollmächtigte gestattet (→ § 38 Rn. 14).Solches kommt für eine wechselseitige Vertretung von Vorstandsmitgliedern nicht in Betracht. Vorstandsmitglieder üben ihr Amt treuhänderisch für die Vereinsmitglieder bzw. den Verein aus. Das Organmitglied wird gewählt, um im Interesse des Vereins sein Amt auszuüben. Eine solche Funktion bedingt die Höchstpersönlichkeit der Stimmrechtsausübung als Element der Organstellung. Die interne Willensbildung (anders als bei der Außenvertretung) einem anderen Vorstandsmitglied zu überlassen bedeutete bei Mehrgliedrigkeit, den durch deren Festlegung bezweckten Schutz der Gesellschaft durch die Beteiligung einer Vielzahl von Mitgliedern abzuschneiden. Dementsprechend gilt im Aktienrecht für den Aufsichtsrat ausdrücklich das Verbot der Vertretung, dort sind nur Stimmboten möglich (§ 108 Abs. 3 AktG); beim AG-Vorstand entspricht das Vertretungsverbot allgemeiner Meinung.[10] Ohnehin besteht für Vertretung kein legitimes Bedürfnis: Ist ein Vorstandsmitglied lange krank oder dauerhaft verhindert, hilft die Notbestellung nach § 29. Bei der Frage der **Auswirkung eines solchen Fehlers** bei der Beschlussfassung hat man uE nach Grundsätzen der Relevanz des Verfahrensfehlers für das Ergebnis zu entscheiden; der BGH hatte zum Aktienrecht in Sachen *Sachsenmilch* festgestellt, dass es ein Anfechtungsgrund für HV-Beschlüsse wegen nicht ordnungsgemäßer Unterbreitung der Beschlussvorschläge des Vorstands nach § 124 Abs. 3 S. 1 AktG sei, wenn ein unterbesetzter Vorstand solche Beschlussvorschläge fasse.[11] Eine strikte Regelung wie § 124 Abs. 4 S. 1 AktG (über Gegenstände der Tagesordnung, die nicht ordnungsgemäß bekannt gemacht sind, darf die Hauptversammlung keine Beschlüsse fassen), gibt es im Vereinsrecht nicht; es gibt auch keine Verpflichtung des Vorstands zur Verbreitung von Beschlussvorschlägen, sondern es steht nur zu beurteilen, ob eine Mitgliederversammlung als oberstes Willensbildungsorgan ordnungsgemäß einberufen ist. Sind die Formalien der Einberufung ansonsten in Ordnung, kann es für die Ordnungsgemäßheit keine Rolle spielen, ob sich der Vorstand bei der Einberufungsentscheidung ordnungsgemäß verhalten hat.

Abweichungen der Satzung von § 28 müssen den Verweis auf das **Stimmverbot** des zwingenden § 34 unberührt lassen; sie darf kein Mitstimmen in eigener Sache zulassen.[12] **4**

Bei der Beschlussfassung entscheidet gem. § 28 iVm § 32 Abs. 1 S. 3 die **Mehrheit der abgegebenen** **5** **Stimmen (einfache Mehrheit)** – nicht die der erschienenen Mitglieder bzw. der an der Beschlussfassung Teilnehmenden. Dabei werden Stimmenthaltungen und ungültige Stimmabgaben sowie Stimmverboten unterliegende Stimmen nicht berücksichtigt. Diese Mehrheit ist also erreicht, wenn die Zahl der gültigen Ja-Stimmen die der gültigen Nein-Stimmen um wenigstens eine Stimme übertrifft. Die Satzung oder aufgrund einer satzungsmäßigen Ermächtigung in der Geschäftsordnung des Vorstands kann **andere Verfahren der Entscheidungsbildung vorsehen** – zB Ressortprinzip, Einstimmigkeitsprinzip oder Mehrheitsprinzip mit Vetorechten der für das jeweilige Ressort verantwortlichen Vorstandsmitglieder; dem Vorsitzenden des Vorstands kann die Satzung bei Stimmengleichheit einen Stichentscheid einräumen.[13]

Ein ordnungsgemäßer **Vorstandsbeschluss** ist nach § 26 Abs. 2 S. 1 keine Voraussetzung für eine wirksame **6** Vertretungshandlung im Außenverhältnis, sofern nach außen Vorstandsmitglieder in der für die gesetzliche Vertretung erforderlichen Zahl handeln.

---

8   Palandt/*Ellenberger* BGB § 28 Rn. 2; OLG Hamm DNotZ 1978, 295 = juris Rn. 13 ff.; BeckOK BGB/ *Schöpflin* § 28 Rn. 3; Staudinger/*Schwennicke* BGB § 28 Rn. 8.

9   Str., aA (ohne Begründungen) Staudinger/*Schwennicke* BGB § 28 Rn. 8;) sowie Erman/*Westermann* BGB § 28 Rn. 1. Zweifel an der Übertragbarkeit dieses Grundsatzes auf die Stiftung VG Schleswig-Holstein ZStV 2016, 208 = npoR 2017, 70, juris Rn. 90 ff.; ebenso OVG Schleswig npoR 2018, 262 = ZStV 2018, 170 = juris Rn. 97 (die Vertretung eines Vorstandsmitglieds durch ein anderes bei Beschlussfassung des Stiftungsvorstands über eine Satzungsänderung widerspreche nicht zwingenden gesetzlichen Vorgaben); deutlich einschränkend BVerwG NZG 2019, 867 = juris Rn. 25 ff.(in Einzelfällen könne sich ein Vorstandsmitglied einer Stiftung für Beschlussfassungen des Vorstands durch ein anderes

     Vorstandsmitglied vertreten lassen; für diese Möglichkeit bedürfe es keiner ausdrücklichen Gestattung in der Satzung, vielmehr reiche es aus, wenn sich der Satzung eine entsprechende Ermächtigung im Wege der Auslegung entnehmen lasse).

10   Hölters/*Weber* AktG § 77 Rn. 24; GroßKomm AktG/ *Kort* § 77 Rn. 16; KölnKommAktG/*Mertens/Cahn* § 77 Rn. 36; MüKoAktG/*Spindler* § 77 Rn. 20; *Oltmanns* in Heidel Aktienrecht AktG § 77 Rn. 4.

11   BGHZ 149, 158 = WM 2002, 179 = ZIP 2002, 172 = NJW 2002, 1128.

12   BeckOK BGB/*Schöpflin* § 28 Rn. 4; Palandt/*Ellenberger* BGB § 28 Rn. 2; MüKoBGB/*Arnold* (7. Aufl.) § 28 Rn. 2; MüKoBGB/*Leuschner* §§ 21, 22 Rn. 3; Staudinger/*Weick* (2005) BGB § 28 Rn. 6; Staudinger/*Schwennicke* BGB § 28 Rn. 19; Soergel/ *Hadding* BGB § 28 Rn. 1.

13   MüKoBGB/*Leuschner* § 28 Rn. 6.

7 **Mängel** der Beschlussfassung machen den Beschluss nichtig; bei Verfahrensfehlern ist Voraussetzung der Nichtigkeit die Kausalität bzw. Relevanz des Fehlers für das Beschlussergebnis.[14]

§ 29 Notbestellung durch Amtsgericht

Soweit die erforderlichen Mitglieder des Vorstands fehlen, sind sie in dringenden Fällen für die Zeit bis zur Behebung des Mangels auf Antrag eines Beteiligten von dem Amtsgericht zu bestellen, das für den Bezirk, in dem der Verein seinen Sitz hat, das Vereinsregister führt.

Literatur: *Halm*, Bestellung eines Notvorstandes für politische Parteien nach § 29 BGB?, NJW 1973, 2012; *Kirberger*, Die Notwendigkeit der gerichtlichen Liquidatorenbestellung im Falle der Nachtragsliquidation einer wegen Vermögenslosigkeit gelöschten Gesellschaft oder Genossenschaft, Rpfleger 1975, 341; *Reiff*, Entziehung der Vertretungsbefugnis des einzigen Komplementärs einer KG, NJW 1964, 1940. S.a. Vorbemerkungen zu §§ 21 ff.

A. Allgemeines	1	II. Bestellungsverfahren	5
B. Regelungsgehalt	3	III. Wirkungen der Notbestellung	7
I. Voraussetzungen der Notbestellung	3		

A. Allgemeines

1 § 29 ermöglicht die Wiederherstellung der Handlungsfähigkeit des Vereins durch staatlichen Eingriff. Regelungsgrund ist die Stellung des Vorstands als zwingend notwendiges Vereinsorgan (→ § 26 Rn. 1), dem nach der Satzung zur Beschlussfähigkeit ggf. mehrere Mitglieder angehören müssen (→ § 28 Rn. 2). Ohne einen (beschlussfähigen) Vorstand kann der Verein nicht handlungsfähig sein und daher nicht am Rechtsverkehr teilnehmen. Andere Gesetze (zB Pfleger nach § 57 ZPO) sehen andere Institute zur Ermöglichung der Teilnahme des Vereins am Rechtsverkehr vor. Daher ist ggf. zu prüfen, ob tatsächlich Handlungsunfähigkeit vorliegt oder diese nach dem Gesetz auf andere Weise als gerade durch die Bestellung eines Notvorstands zu beheben ist. Zweifeln begegnet daher zB eine Entscheidung des BGH, wonach die Niederlegung des Mandats durch den einzigen Geschäftsführer einer GmbH mangels gesetzlicher Vertretung zur Unzulässigkeit einer Klage gegen die GmbH führen soll;[1] denn § 246 Abs. 1 ZPO sichert bei Vertretung der GmbH durch einen Anwalt die Möglichkeit der Fortführung des Prozesses, was entsprechend für den Verein gilt.

2 Soweit nicht Sondervorschriften (§§ 85, 104 AktG) gelten, ist § 29 nach hM **auf alle juristischen Personen des Privatrechts anwendbar**.[2] Er gilt gem. § 48 beim Verein (nicht aber zB bei der GmbH, § 66 Abs. 2 GmbHG)[3] auch bei fehlenden Liquidatoren.[4] Analog anwendbar ist er auf die Bestellung von Nachtragsliquidatoren als Notabwicklern.[5] Nach hM ist er auf die sog. „nicht rechtsfähigen" Vereine analog anzuwenden,[6] nicht aber auf juristische Personen des öffentlichen Rechts und auf Parteien (insoweit streitig).[7] Auf

---

14 BeckOK BGB/*Schöpflin* § 28 Rn. 7; Soergel/*Hadding* BGB § 28 Rn. 10; vgl. zum Aktienrecht *Hüffer/Koch* AktG § 243 Rn. 12 ff.; *Heidel* in Heidel Aktienrecht AktG § 243 Rn. 9 f.

1 BGH NJW-RR 2011, 115 = WM 2010, 2362 = ZIP 2010, 2444; vgl. dazu *K. Schmidt* GmbHR 2011, 113.

2 Palandt/*Ellenberger* BGB § 29 Rn. 1; MüKoBGB/*Arnold* (7. Aufl.) § 29 Rn. 1, dort differenzierend zur Anwendung auf die KGaA in Hinblick auf das Prinzip der Selbstorganschaft, vgl. demgegenüber aber RGZ 74, 297 (301) sowie OLG Saarbrücken OLGZ 1977, 291 (293); MüKoBGB/*Leuschner* § 29 Rn. 22; Soergel/*Hadding* BGB § 29 Rn. 2; RG JW 1936, 2311 und BGHZ 18, 334, 337 = WM 1955, 1545 bejahen Anwendung auf die Genossenschaft, demgegenüber nunmehr OLG Stuttgart NJW-RR 2019, 483 = FGPrax 2019, 77 = juris Rn. 8 ff. für Anwendbarkeit der aktienrechtlichen Regelungen.

3 Exemplarisch OLG Düsseldorf ZIP 2019, 659 = NZG 2019, 580 = juris Rn. 18 ff.

4 Palandt/*Ellenberger* BGB § 29 Rn. 1; MüKoBGB/*Arnold* (7. Aufl.) § 29 Rn. 1; MüKoBGB/*Leuschner* § 29 Rn. 17; vgl. BGHZ 18, 334; BayObLG BB 1976, 998 = BayObLG ZIP 1976, 121.

5 OLG Saarbrücken NZG 2019, 152 = ZIP 2019, 924 = juris Rn. 10, zu einem Fall, in dem ein seit Jahren im Vereinsregister als erloschen verzeichneter Verein im Grundbuch noch als Eigentümer mehrerer Grundstücke eingetragen war; das Gericht verneinte die begehrte, damit begründete Bestellung, dass der Antragsteller Kontakt zu dem Verein herstellen wollte, um herauszufinden, ob er zur Veräußerung eines Grundstücks bereit wäre.

6 Palandt/*Ellenberger* BGB § 29 Rn. 1; Soergel/*Hadding* BGB § 29 Rn. 2; MüKoBGB/*Arnold* (7. Aufl.) § 29 Rn. 2; MüKoBGB/*Leuschner* §§ 21, 22 Rn. 3; aA RGZ 147, 121, 124.

7 MüKoBGB/*Arnold* (7. Aufl.) § 29 Rn. 7; MüKoBGB/*Leuschner* § 29 Rn. 6; OLG Hamm NJW-RR 1989, 1532; Soergel/*Hadding* BGB § 29 Rn. 4; KG NJW 1960, 151; BayObLG NJW 1962, 2253; Erman/*Westermann* BGB § 29 Rn. 1.

Personengesellschaften ist § 29 grundsätzlich nicht anwendbar;[8] eine Ausnahme gilt nach hM für körperschaftlich strukturierte Personengesellschaften wie die Publikumspersonengesellschaft.[9] Streitig ist die Anwendbarkeit auf die GmbH & Co. KG.[10]

B. Regelungsgehalt

I. Voraussetzungen der Notbestellung

Für das Fehlen der zur wirksamen Beschlussfassung oder Vertretung erforderlichen Vorstandsmitglieder 3 genügen auf §§ 28, 34 oder 181 beruhende **Verhinderungsgründe.** Typische Gründe sind: Tod, Geschäfts-unfähigkeit, wirksame Absetzung,[11] Amtsniederlegung,[12] Ablauf der Amtsdauer, Entziehung der Vertretungsbefugnis durch einstweilige Verfügung ohne vorläufige Bestellung eines anderen Vorstandsmitglieds, längere Krankheit oder Abwesenheit, grundsätzliche Verweigerung der Geschäftsführung – nicht aber Weigerung, in einer bestimmten Angelegenheit tätig zu werden, und sonst Differenzen zwischen Vorstandsmitgliedern.[13] Zwar erlauben nach ganz hM[14] Streit zwischen Vereinsmitgliedern und Vorstandsmitgliedern oder Differenzen im Vorstand kein Einschreiten des Gerichts. Anderes ist es aber, wenn den Vorstand rivalisierende Vorstandsmitglieder blockieren und er nicht handlungsfähig ist.[15] Das gilt zB auch dann, wenn sämtliche Vorstandsmitglieder sich entweder darauf berufen, sie hätten ihre Ämter wirksam niedergelegt, oder faktisch jegliche Vorstandstätigkeit verweigern.[16] Ebenso ist es bei Unklarheit (was entsprechend für den Verein gilt), ob eine GmbH über ein oder mehrere Geschäftsführer verfügt; dabei ist ohne Belang, ob ein Gesellschafter rechtlich in der Lage und tatsächlich bereit ist, an Handlungen der Geschäftsführung und der Vertretung der betroffenen Gesellschaft mitzuwirken.[17] Die Bestellung eines Notvorstands scheidet zB aus, wenn dem Amtsinhaber unzweckmäßige oder treuwidrige Handlungen vorzuwerfen sind; der Verein muss sich in solchen Situationen durch Beschlüsse der Mitgliederversammlung selbst helfen[18] oder vorläufigen Rechtsschutz zur Entziehung der Geschäftsführungs- und Vertretungsbefugnis erwirken.[19]

Das Gericht darf nur im **dringenden Fall** einschreiten. Dieser ist eng auszulegen; das gebietet die Achtung 4 vor der Privatautonomie des Vereins; der hoheitliche Eingriff der Notbestellung ist nur gerechtfertigt, wenn Handlungsunfähigkeit des Vereins wegen eines dringenden Handlungsbedarfs zur unmittelbar drohenden Schädigung des Vereins (zB wegen Wegfalls der nach der Satzung erforderlichen Vorstandsmitglieder bei gleichzeitigem Beschluss nach § 73 über die Entziehung der Rechtsfähigkeit)[20] oder eines außenstehenden

---

8 BGH ZIP 2014, 2344 = WM 2014, 2167 = NJW 2014, 3779 Rn. 12 ff. zur GbR; Palandt/*Ellenberger* BGB § 29 Rn. 1; MüKoBGB/*Arnold* (7. Aufl.) § 29 Rn. 4; MüKoBGB/*Leuschner* § 29 Rn. 5; MüKo-BGB/*Schäfer* § 709 Rn. 5; Ausnahmen mögen gelten für die Dauer einer Ausschließungs- oder Entziehungsklage gegen den einzigen vertretungsberechtigten Gesellschafter-Geschäftsführer, vgl. BGH NJW 1960, 1997, sowie für Fälle der Abwicklung der Gesellschaft und der Handlungsunfähigkeit des einzigen Komplementärs einer KG, vgl. *Schodder* EWiR 2014, 549 (550); vgl. auch OLG Frankfurt ZIP 2014, 875 = NZG 2014, 418; Erman/*Westermann* BGB § 29 Rn. 4; MüKoBGB/*Arnold* (7. Aufl.) § 29 Rn. 4; MüKoBGB/*Leuschner* § 29 Rn. 5.

9 Palandt/*Ellenberger* BGB § 29 Rn. 1; Soergel/*Hadding* BGB § 29 Rn. 3; MüKoBGB/*Arnold* (7. Aufl.) § 29 Rn. 4 ff.; MüKoBGB/*Leuschner* § 29 Rn. 5.

10 Entsprechende Anwendung bejahend Palandt/*Ellenberger* BGB § 29 Rn. 1; OLG Saarbrücken; OLGZ 1977, 291 (293 f.); BayObLG WM 1977, 408 = BB 1976, 998; Soergel/*Hadding* BGB § 29 Rn. 3; MüKoBGB/*Leuschner* § 29 Rn. 5; aA MüKoBGB/*Arnold* (7. Aufl.) § 29 Rn. 6 unter Hinweis darauf, dass bei Wegfall der GmbH als einziger Komplementärin die KG aufgelöst werde; vgl. dazu HK-HGB/*Heidel* HGB § 131 Rn. 11, HGB § 105 Rn. 34.

11 Also dann nicht, wenn die Abberufung eines Vorstandsmitglieds nichtig ist, BayObLG DB 1999, 2357.

12 Beruht die Amtsniederlegung auf sogenanntem Missbrauch etwa wenn der Alleingeschäftsführer einer

GmbH sein Amt als einziger Geschäftsführer ohne Bestellung eines neuen Geschäftsführers niederlegt, soll eine Notbestellung nicht nötig sein, vgl. OLG Zweibrücken BB 2006, 1179 = ZIP 2006, 950.

13 Palandt/*Ellenberger* BGB § 29 Rn. 2 unter Hinweis auf OLG Frankfurt NJW 1966, 506 sowie BayObLG Rpfleger 1983, 74; MHdB GesR II/*Waldner* § 31 Rn. 27; OLG Zweibrücken NZG 2014, 586 = NJW-RR 2014, 725.

14 BayObLG Rpfleger 1983, 74; BayObLGZ 1998, 179 (184); OLG Frankfurt NJW 1966, 504; OLG Frankfurt OLGR 2001, 82; OLG Köln FGPrax 2002, 264 (265).

15 OLG Köln FGPrax 2002, 264 (266) (zum Fall einer Gewerkschaft); BayObLG Rpfleger 1983, 74; NJW-RR 1999, 1259 (1261).

16 OLG Schleswig Rpfleger 2013, 272 = FGPrax 2013, 127.

17 OLG Düsseldorf GmbHR 2016, 1032 = NJW-RR 2016, 1183 = juris Rn. 26 ff. mit Anm. *Paefgen*/*Schneider* EWiR 2016, 721 (die kritisieren, das OLG hätte prüfen müssen, ob die GmbH von einem GF alleine hätte vertreten werden können, da der GmbH dann kein notwendiger Geschäftsführer gefehlt hätte) sowie *Gesell*/*Hauschild* DB 2016, 2716.

18 Vgl. zur GmbH OLG Frankfurt BB 1986, 1601.

19 Vgl. zum GmbH-Recht Baumbach/Hueck/*Zöllner*/*Noack* GmbHG § 38 Rn. 69 ff.

20 OLG Schleswig Rpfleger 2013, 272 = FGPrax 2013, 127.

Dritten führen kann".[21] Nicht dringend ist zB, wenn entsprechend § 121 Abs. 2 S. 2 AktG ein eingetragener Vorstand eine Mitgliederversammlung zur Neuwahl des Vorstands einberufen oder das Bestellungsorgan den Vorstand von § 181 befreien kann.[22] Der Verein darf durch eigene Maßnahmen das fehlende Vorstandsmitglied nicht rechtzeitig ersetzen können.[23] Daran fehlt es zB, wenn eine nach der Satzung vorgesehene Bestimmung des Vorstands durch einen Dritten nicht mehr durchführbar ist; die Mitgliederversammlung hat in einem solchen Fall selbst den Vorstand zu wählen.[24] An erster Stelle ist der Versuch der Lösung des Problems auf der Ebene der zuständigen Gesellschaftsorgane zu machen; zB ist bei einer massiven Zerrüttung einer Zwei-Personen-GmbH zwar grundsätzlich die Bestellung des Notgeschäftsführers möglich, wenn mit keiner baldigen einverständlichen Bestellung eines Geschäftsführers zu rechnen ist; nur wenn der Versuch zur Bestellung aus tatsächlichen oder rechtlichen Gründen entweder von vornherein nicht zur Verfügung steht oder nach entsprechenden Initiativen erfolglos bleibt, kommt der hoheitliche Eingriff in Betracht.[25]

Streitig ist die Dringlichkeit, wenn nach § 57 ZPO ein Prozesspfleger bestellt werden kann. UE ist Dringlichkeit in dem Fall zu verneinen;[26] denn die Bestellung eines Notvorstands greift sehr viel tiefer in die Vereinsautonomie (→ § 21 Rn. 11) ein als bloß den Pfleger zu bestellen. Daher ist keine Bestellung eines Notvorstandes erforderlich, wenn es nur um die Führung eines Prozesses geht. Jedenfalls besteht kein Erfordernis eines Notvorstands, wenn ein Pfleger nach § 57 ZPO bestellt ist. Das gilt auch für das Insolvenzverfahren, jedenfalls wenn die Maßnahme genügt, ggf. in Verbindung mit anderen gerichtlichen Verfügungen (zB Verfügungsverbot nach § 21 Abs. 2 Nr. 2 InsO), Schäden vom Verein abzuwenden.[27]

II. Bestellungsverfahren

5   Bestellung erfordert einen „**Antrag eines Beteiligten**". Beteiligter ist jeder, dessen Rechte oder Pflichten die Bestellung eines Notvorstands unmittelbar beeinflusst bzw. der ein schutzwürdiges rechtliches Interesse an der Bestellung hat.[28] Zu den Beteiligten gehören jedes Vereins-[29] sowie Vorstandsmitglied und jeder Gläubiger des Vereins und die vom Verein Verklagten (BayObLG).[30] Nicht antragsberechtigt ist die Staatsanwaltschaft,[31] angeblich auch nicht ein (Stiftungs-)Beirat,[32] wohl aber die zuständige Stiftungsbehörde.[33] Die Beteiligteneigenschaft muss bis zur letzten Entscheidung im Verfahren fortbestehen.[34] Ausnahmsweise soll das Gericht den Vorstand ohne Antrag **von Amts wegen** bestellen können – [35] was abzulehnen ist, da die Notbestellung ein massiver Eingriff in die Vereinsautonomie ist (→ § 21 Rn. 11), der nur in den gesetzlich vorgesehenen klaren Fällen zulässig ist, dh „auf Antrag eines Beteiligten"; wenn keiner der zahlreichen in Betracht kommenden Antragsteller ein Bedürfnis für den Antrag sieht, indiziert das ohnehin das Fehlen eines dringenden Falls (→ Rn. 4). Eine derart weite Auslegung *contra legem* zur angeblich von Amts wegen zulässigen Bestellung ist auch nicht mit der gesetzlichen Regelung der Zuständigkeit des Rechtspflegers, nicht aber des Richters, (→ Rn. 6) vereinbar.

21   OLG München NotBZ 2010, 423; vgl. auch OLG München Rpfleger 2008, 140 = BB 2007, 2311 = FGPrax 2007, 281.

22   *Reichert/Wagner* Kapitel 2 Rn. 2135; BayObLGZ 1985, 24 = OLGZ 1985, 496.

23   OLG Frankfurt DB 2001, 472; BayObLG DB 1995, 2364.

24   KG FGPrax 2007, 30 = RPfleger 2007, 82.

25   OLG Frankfurt GmbHR 2011, 1151 = NZG 2011, 1277 mit Anm. *Schodder* EWiR 2012, 273; ähnlich OLG Zweibrücken NZG 2012, 424 = GmbHR 2012, 691.

26   Ebenso *Kutzer* ZIP 2000, 654; Erman/*Westermann* BGB § 29 Rn. 2; OLG München NZG 2008, 160 = GmbHR 2007, 1108; vgl. die Motive zum BGB, dazu Staudinger/*Schwennicke* BGB § 29 Rn. 15; aA Staudinger/*Weick* (2005) BGB § 29 Rn. 7; Palandt/ *Ellenberger* BGB § 29 Rn. 3; BayObLG NJW-RR 1999, 1259; OLG Zweibrücken ZIP 2001, 973 = NJW-RR 2001, 1057; BeckOK BGB/*Schöpflin* § 29 Rn. 6.

27   OLG Zweibrücken ZIP 2001, 973 = NJW-RR 2001, 1057 (zur GmbH).

28   OLG Frankfurt GmbHR 2014, 929 (930) = ZIP 2014, 1226 = NZG 2014, 391.

29   OLG Schleswig Rpfleger 2013, 272 = FGPrax 2013, 127; KG NZG 2013, 262 = FGPrax 2012, 207 =

Rpfleger 2012, 634; auch eine ruhende Vereinsmitgliedschaft begründet Antragsberechtigung, OLG Düsseldorf NZG 2012, 272 = Rpfleger 2012, 213; vgl. auch zu § 21 Abs. 4 WEG, wonach jeder Wohnungseigentümer die Abberufung eines untauglichen Verwalters und die Bestellung eines tauglichen Verwalters verlangen kann BGH WM 2011, 2385 = NJW 2011, 3025.

30   Palandt/*Ellenberger* BGB § 29 Rn. 4; BeckOK BGB/ *Schöpflin* § 29 Rn. 7; MüKoBGB/*Arnold* (7. Aufl.) § 29 Rn. 13; MüKoBGB/*Leuschner* § 29 Rn. 13; Staudinger/*Weick* (2005) BGB § 29 Rn. 8; Staudinger/*Schwennicke* BGB § 29 Rn. 22; MHdB GesR II/*Waldner* § 31 Rn. 32.

31   OLG Frankfurt GmbHR 2014, 929 (931) = ZIP 2014, 1226 = NZG 2014, 391.

32   BayObLG NJW-RR 2000, 1198 = KirchF 38, 972.

33   OLG Hamm NZG 2014, 271 (272) = Rpfleger 2014, 270.

34   BayObLG 1993, 348 = NJW-RR 1994, 832.

35   BayObLG NJW 1989, 265 = BayObLGZ 1988, 410 (413); Soergel/*Hadding* BGB § 29 Rn. 9; MüKoBGB/*Arnold* (7. Aufl.) § 29 Rn. 14; MüKoBGB/*Leuschner* § 29 Rn. 14; BeckOK BGB/*Schöpflin* § 29 Rn. 8; MHdB GesR II/*Waldner* § 31 Rn. 31.

Das **Bestellungsverfahren** richtet sich nach dem FamFG. Zuständig ist das gem. § 55 für den Bezirk des **6** Sitzes des Vereins zuständige Amtsgericht. Funktionell zuständig ist gem. § 3 Abs. 1 Nr. 1 a RPflG der Rechtspfleger. Das Gericht prüft von Amts wegen, ob die Voraussetzungen des § 29 glaubhaft gemacht sind.[36] Es hört ggf. noch vorhandene Vorstandsmitglieder sowie weitere Beteiligte nach § 26 FamFG an. Es wählt nach **Ermessen** den Notvorstand aus.[37] Das Gericht ist nicht an Bestellungsvorschläge gebunden und grundsätzlich verpflichtet, eine unparteiische Person zu bestellen.[38] In der Satzung vorgeschriebene Qualifikationen soll auch der Notvorstand erfüllen;[39] nicht erforderlich ist aber zB, dass diese Vereinsmitglied ist.[40] Findet das Gericht keine geeignete und zur Übernahme des Amtes bereite Person, soll es den Antrag ablehnen können.[41] Mitglieder des Vereins haben keine Pflicht zur Übernahme des Amtes.[42] Das Gericht hat so viele Vorstandsmitglieder zu bestellen, wie nach der Satzung zur Vertretung des Vereins erforderlich sind[43] – zB bei in der Satzung vorgesehener Gesamtvertretung durch zwei Vorstandsmitglieder die Bestellung so vieler Mitglieder, wie nach der Satzung des Vereins erforderlich sind, da anderenfalls ein gerichtlich bestelltes Vorstandsmitglied mehr Befugnisse hätte als das von der Mitgliederversammlung des Vereins gewählte.[44] Die vom Gericht als Notvorstand bestellte Person ist erst im Amt, wenn sie die **Bestellung annimmt**; dazu ist sie nicht verpflichtet, auch nicht, wenn sie Mitglied der juristischen Person ist.[45] Der Notvorstand hat keinen **Vergütungsanspruch** gegen den Staat oder den Antragsteller.[46] Gegen den Verein hat er Anspruch auf die angemessene, übliche Vergütung, wenn seine Dienstleistung nach den Umständen nur gegen Vergütung zu erwarten ist (§ 612); das ist regelmäßig der Fall, wenn auch das fehlende Vorstandsmitglied nur gegen Vergütung tätig war, oder wenn das Gericht ein Nichtmitglied bestellt; dass der von der Mitgliederversammlung berufene Vorstand unentgeltlich tätig sein soll, bedeutet für sich genommen nicht, dass auch ein gerichtliches Vorstandsmitglied ohne Vergütung zu arbeiten hat.[47] Die gerichtliche Bestellung **endet mit dem Wegfall des Hinderungsgrundes**, wenn der Vorstand also wieder handlungsfähig ist. Das Gericht kann **den Bestellten abberufen** und durch eine andere Person ersetzen.[48] Die Bestellung ist dem Bestellten **bekanntzumachen**, wodurch sie wirksam wird (§ 40 Abs. 1 FamFG); darüber hinaus ist sie auch dem Antragsteller und dem Verein zuzustellen (§§ 7, 8 FamFG), was nur Bedeutung für den Lauf der Beschwerdefrist hat.[49] **Beschwerdeberechtigt** gegen die Bestellung sind der Verein, seine Mitglieder und die Vorstandsmitglieder.[50]

III. Wirkungen der Notbestellung

Der Umfang der Vertretungsmacht und die Dauer (Befristung möglich)[51] des Amtes richten sich nach dem **7** Bestellungsbeschluss; dabei muss das Gericht die **satzungsmäßigen Anforderungen** beachten; sehen diese zB Gesamtvertretung vor, darf uE das Gericht dem von ihm Bestellten keine Einzelvertretungsmacht verlei-

36 RGZ 105, 401; Soergel/*Hadding* BGB § 29 Rn. 10; BeckOK BGB/*Schöpflin* § 29 Rn. 9; aA *Reichert*, 9. Aufl., Rn. 1268, der Darlegung von Tatsachen genügen lässt.

37 BayObLGZ 1978, 248; 1980, 306, 309; BayObLG Rpfleger 1992, 1114.

38 OLG Schleswig Rpfleger 2013, 272 = FGPrax 2013, 127; OLG München FGPrax 2007, 281 = GmbHR 2007, 1271 = Rpfleger 2008, 140; nach OLG Düsseldorf NZG 2016, 1068 = GmbHR 2016, 1032 = juris Rn. 34 ist die Auswahl nicht schon deshalb fehlerhaft, weil der Bestellte in einer nicht über gesellschaftliche Kontakte hinausgehenden persönlichen Nähe zu einem der Gesellschafter und dessen Ehegatten steht.

39 BayObLG NJW 1981, 995 = WM 1981, 75; BayObLG 1998, 179, 183 = NJW-RR 1999, 1259.

40 *Stöber/Otto* HdB VereinsR Rn. 532; demgegenüber vertritt KG NZG 2013, 262 = FGPrax 2012, 207 = Rpfleger 2012, 634, dass bei entsprechender Satzungsvorgabe auch der Notvorstand Vereinsmitglied sein müsse.

41 OLG Hamm NJW-RR 1996, 996; OLG Frankfurt FGPrax 2006, 81 = GmbHR 2006, 204.

42 KG NJW-RR 2001, 900 zum GmbH-Gesellschafter.

43 BayObLGZ 1989, 298 = NJW-RR 1999, 1259 (1261) = NZG 1998, 944.

44 OLG Schleswig Rpfleger 2013, 272 = FGPrax 2013, 127; insoweit aA BayObLGZ 1989, 298 = NJW-RR 1999, 1259 (1261) = NZG 1998, 944.

45 *Stöber/Otto* HdB VereinsR Rn. 537; Palandt/*Ellenberger* BGB § 29 Rn. 5 wegen der Möglichkeit der Nicht-Annahme der Bestellung ist die bestellte Person nicht beschwerdebefugt gegen ihre Bestellung, selbst wenn sie dazu zuvor ihr Einverständnis erteilte, vgl. OLG Düsseldorf NJW-RR 2016, 865 = Rpfleger 2016, 482 = juris Rn. 6.

46 *Stöber/Otto* HdB VereinsR Rn. 541; BayObLGZ 1975, 260 = MDR 1976, 140 = Rpfleger 1975, 354; OLG Schleswig FGPrax 2013, 127 (129) = juris Rn. 51.

47 *Stöber/Otto* HdB VereinsR Rn. 541; vgl. allg. Reichert/*Wagner* Kapitel 2 Rn. 2149.

48 *Stöber/Otto* HdB VereinsR Rn. 543; MHdB GesR II/*Waldner* § 31 Rn. 48.

49 MüKoBGB/*Arnold* (7. Aufl.) § 29 Rn. 16 unter Verweis auf OLG Hamm NJW-RR 2002, 1477 (1478) = BKR 2002, 369; MüKoBGB/*Leuschner* § 29 Rn. 17.

50 OLG Karlsruhe NZG 2014, 271 = Rpfleger 2014, 270; BayObLG NZG 1997, 289; OLG Schleswig NZG 2004, 669 = DB 2004, 1306 zur AG.

51 *Stöber/Otto* HdB VereinsR Rn. 533.

hen (→ Rn. 6).[52] Nach der Rspr. ist der Aufgabenkreis eines Vorstands (im entschiedenen Fall GmbH-Liquidator) auf die Angelegenheiten zu beschränken, „in denen konkret ein dringendes Bedürfnis für eine Vertretung der Gesellschaft besteht".[53] UE verkennt dies, dass das Gesetz für die Vereine des Handelsrechts sachliche Beschränkungen der Vertretungsmacht ausschließt; dann kann für den Notvorstand eines Vereins des Handelsrechts nichts anderes gelten. Bei Vereinen nach §§ 21 ff. kann nur die Satzung den Umfang der Vertretungsmacht mit Wirkung gegen Dritte beschränken; daher hat uE auch das Gericht keine Kompetenz, die Vertretungsmacht zu beschränken.

8 Das Gericht soll den Bestellten von den **Beschränkungen des § 181** befreien dürfen, wenn die Satzung dieses ermöglicht.[54] UE fehlt für eine solche Anordnung die gesetzliche Grundlage; gem. § 29 darf das Gericht Vorstandsmitglieder nur „bestellen". Die Befreiung vom § 181 ist kein Teil der Bestellung, sondern ein darüber hinausgehender Rechtsakt[55] und damit ein Eingriff in die Autonomie des Vereins; ein solcher bedürfte einer gesetzlichen ausdrücklichen Grundlage. Zudem bedeutet die Befreiung vom § 181 eine Gefährdung des Vereinsinteresses, da das befreite Organ unweigerlich Interessenkonflikten ausgesetzt ist; somit löste die gerichtliche Befreiung die latente Gefahr der Schädigung der Gesellschaft aus. Eine solche dürfen allein die Vereinsmitglieder ermöglichen.

9 § 29 ist keine Grundlage für eine **isolierte Befreiung vom Wettbewerbsverbot** oder gar isolierte Einzelbefreiung vorhandener Vorstandsmitglieder vom Verbot des In Sich-Geschäfts oder des Wettbewerbsverbots.[56]

10 Die Bestellung wird erst wirksam, wenn der Bestellte **das Amt annimmt**.[57] Sie kann **befristet** sein; üblicherweise ist Befristung bis zur nächsten Mitgliederversammlung angezeigt. Ist der Notvorstand nur für bestimmte Aufgaben wie zB eine Anmeldung zum Vereinsregister bestellt (→ Rn. 7), endet sein Amt mit der Erfüllung dieser Aufgabe.[58] Sonst endet die Bestellung mit der Behebung des Mangels, wenn also die Mitgliederversammlung oder das sonstige Bestellungsorgan die erforderlichen Mitglieder des Vorstands selbst bestellt. Das Gericht kann den Notvorstand aus wichtigem Grund **abberufen**.[59] Die Bestellung wird gem. §§ 67 Abs. 2, 64, 70, 68 (analog) von Amts wegen im Vereinsregister eingetragen.

11 Die Bestellung begründet zunächst nur das Bestellungsverhältnis (Organstellung). Mit der Annahme des Amts als Notvorstand kann aber ein honorierungspflichtiges (§ 612) Dienstvertragsverhältnis mit dem Verein zustande kommen. Für dessen Regelung ist nicht das den Notvorstand bestellende Gericht zuständig, sondern das übliche Prozessgericht; der Bestellungsbeschluss darf mangels einer gesetzlichen Ermächtigung nicht die Anstellung regeln.[60]

52 BayObLG Rpfleger 1992, 114; KG OLGZ 1965, 332; KG OLGZ 1968, 200 (207); MüKoBGB/*Arnold* (7. Aufl.) § 29 Rn. 18; MüKoBGB/*Leuschner* § 29 Rn. 15; Palandt/*Ellenberger* BGB § 29 Rn. 7.

53 OLGR München 2005, 661 = DB 2005, 1985 = GmbHR 2005, 1431: „Im Rahmen der Bestellung eines Notliquidators als einer vorläufigen Maßnahme kann weder unmittelbar noch mittelbar eine dauerhafte, uneingeschränkte Regelung der gesetzlichen Vertretung der Gesellschaft herbeigeführt werden. Diese ist vielmehr nur beschränkt auf die Angelegenheiten sicherzustellen, in denen ein dringendes Bedürfnis für eine Vertretung der Gesellschaft besteht, sei es, weil Rechte Dritter gefährdet sind, sei es, weil die Gesellschaft selbst ihr zustehende Rechte andernfalls nicht wahrnehmen kann." Ebenso BayObLG NJW-RR 1999, 1259 (1261) = NZG 1998, 944; OLG Köln FGPrax 2019, 219 = GmbHR 2020, 274 = juris Rn. 7 ff. (Beschränkung des Aufgabenkreises darauf, die Voraussetzungen für die Bestellung eines Geschäftsführers durch die Gesellschafter (Einberufung einer Gesellschafterversammlung und Änderung der Gesellschafterliste) zu schaffen; *Stöber/Otto* HdB VereinsR Rn. 533 (zB Anordnung, dass der Bestellte lediglich eine Mitgliederversammlung zur satzungsmäßigen Neuwahl eines Vorstands einzuberufen und zu leiten habe).

54 Palandt/*Ellenberger* BGB § 29 Rn. 7; MHdB GesR II/*Waldner* § 31 Rn. 38; OLG Düsseldorf ZIP 2002, 481 (483) zur GmbH.

55 *Stöber/Otto* HdB VereinsR Rn. 449. Dabei ist zu differenzieren, ob die Satzung selbst den Vorstand von § 181 befreit (dann liegt schon keine Befreiung durch das Gericht vor), oder die Satzung einen Beschluss der Mitgliederversammlung vorschreibt, in dem ein weiterer Rechtsakt zu sehen ist.

56 AA im Einzelfall *Reichert*, 9. Aufl., Rn. 1260 mit Verweis auf BayObLG OLGE 44, 116; ebenso BeckOK BGB/*Schöpflin* § 29 Rn. 4; MüKoBGB/*Arnold* (7. Aufl.) § 29 Rn. 8 mwN; MüKoBGB/*Leuschner* § 29 Rn. 8 mwN.

57 BeckOK BGB/*Schöpflin* § 29 Rn. 11; Palandt/*Ellenberger* BGB § 29 Rn. 6; Staudinger/*Weick* (2005) BGB § 27 Rn. 11 lässt für die Wirksamkeit schon die Bekanntgabe an den Bestellten genügen; Staudinger/*Schwennicke* BGB § 27 Rn. 15.

58 BayObLG 9.7.2004 – 3Z BR 012/04 (nv).

59 OLG Düsseldorf NJW-RR 1997, 1398; OLG Düsseldorf ZIP 2002, 481.

60 Sehr str., vgl. einerseits BayObLGZ 1973, 59 (62 f.); LG Hamburg MDR 1971, 298; aA MüKoBGB/*Arnold* (7. Aufl.) § 29 Rn. 19; MüKoBGB/*Leuschner* § 29 Rn. 16; BeckOK BGB/*Schöpflin* § 29 Rn. 13; Palandt/*Ellenberger* BGB § 29 Rn. 9; BayObLG NJW-RR 1988, 1500; *Reichert/Wagner* Kapitel 2 Rn. 2149.

§ 30 Besondere Vertreter

[1]Durch die Satzung kann bestimmt werden, dass neben dem Vorstand für gewisse Geschäfte besondere Vertreter zu bestellen sind. [2]Die Vertretungsmacht eines solchen Vertreters erstreckt sich im Zweifel auf alle Rechtsgeschäfte, die der ihm zugewiesene Geschäftskreis gewöhnlich mit sich bringt.

Literatur: *Barfuß*, Die Stellung besonderer Vertreter gem. § 30 BGB in der zivilprozessualen Beweisaufnahme, NJW 1977, 1273; *Brouwer*, Organschaftliche Pflichtendelegation im Verein, NZG 2017, 481; *Lochenfeldt*, Der Kündigungs-schutz des Besonderen Vertreters im Verein, 2019. S.a. Vorbemerkungen zu §§ 21 ff.

A. Allgemeines

§ 30 soll insbes. größeren Vereinen ermöglichen, sich eine differenzierte Vertretungsorganisation zu geben. Diese sollen unterhalb des Vorstands ein zusätzliches Vereinsorgan schaffen können, das nur beschränkte Zuständigkeiten hat, für das der Verein aber nach § 31 haftungsrechtlich verantwortlich ist. § 30 ist (analog) anwendbar auf den sog. nicht-rechtsfähigen Verein, die Stiftung (§ 86 S. 1), die juristische Person des öffentlichen Rechts, die Genossenschaft und die GmbH[1] – nicht aber die AG[2] und die HGB-Handelsgesellschaften.[3] Die Rechtsprechung in der 1. Hälfte des 19. Jahrhunderts schloss aus der Möglichkeit der Einrichtung des besonderen Vertreters die **Organisationspflicht** juristischer Personen (und Organisationsmangel/Verschulden ihres Vorstands bei Unterlassung, → § 31 Rn. 9), für Tätigkeitsbereiche, die der Vorstand alleine nicht übersehen kann, ein besonderes Organ zu schaffen.[4] (vgl. zur heutigen Idee der Compliance-Verantwortung des Vorstands → § 27 Rn. 50 ff.).

1

B. Regelungsgehalt

Voraussetzung der Bestellung eines besonderen Vertreters ist eine satzungsmäßige Grundlage. Nach streitiger, aber zutreffender Auffassung erfordert dies eine **formelle Satzungsvorschrift**, da der besondere Vertreter aufgrund bewusster Entscheidung des Satzungsgebers seinen Platz im Organgefüge bekommen soll. Zudem scheitern beim eV materielle Satzungserweiterungen, die nicht formell etabliert sind, am konstitutiven Eintragungserfordernis des § 71.[5] Die Notwendigkeit eines besonderen Vertreters kann sich ergeben aus dem Gesamtinhalt der Satzung und der daraus ersichtlichen Bezeichnung eines nicht schon durch den Vorstand zu erledigenden Geschäftskreises.[6] Die ausdrückliche Bezeichnung als „besonderer Vertreter" ist nicht erforderlich, es kommt entscheidend auf die Aufnahme in der Satzung und die dortige Funktionsbeschreibung an.[7] Der besondere Vertreter ist nach dem Wortlaut des Gesetzes für „gewisse Geschäfte" zu bestellen. Was darunter zu verstehen ist, ist noch nicht ausdiskutiert. Nach verbreiteter Meinung ist ausgeschlossen, ihm **alle Vorstandsangelegenheiten** zu übertragen.[8] Dem ist jüngst das OLG München *obiter* entgegengetreten: Aus dem Wörtchen „gewisse" leitet es ab, dass die Geschäfte, für die der Vertreter bestellt werden könne, lediglich bestimmt sein müssten; das schließe es nicht aus, einen Vertreter für alle Geschäfte zu bestellen, denn auch dies ist nach dem OLG eine Bestellung für „gewisse" Geschäfte, nämlich für alle Geschäfte des Vereins.[9] Das verkennt aber uE den Sinn und Zweck von § 30, ein Sonderorgan für bestimmte Geschäfte unterhalb des Vorstands einzurichten: Wer für „alle" Geschäfte eingesetzt ist, ist eben nicht mehr für „bestimmte" Geschäfte zuständig, sondern für alle Geschäfte. Das erlaubt das Gesetz indes nicht. Diese Sicht bestätigte die historische Interpretation des § 30: Ein besonderer Vertreter war im Entwurf

2

---

1   Palandt/*Ellenberger* BGB § 30 Rn. 2; Soergel/*Had-ding* BGB § 30 Rn. 2; MüKoBGB/*Arnold* (7. Aufl.) § 30 Rn. 16; zT aA MüKoBGB/*Leuschner* § 30 Rn. 3.

2   Palandt/*Ellenberger* BGB § 30 Rn. 23; MüKoBGB/*Arnold* (7. Aufl.) § 30 Rn. 16; MüKoBGB/*Leuschner* § 30 Rn. 2.

3   MüKoBGB/*Leuschner* § 30 Rn. 3.

4   RGZ 89, 136; RGZ 157, 229, 235; RGZ 162, 166; RG JW 1932, 2076; RG JW 1932, 3702; RG JW 1938, 3126; RG DR 1944, 287.

5   MüKoBGB/*Arnold* (7. Aufl.) § 30 Rn. 6; MüKo-BGB/*Leuschner* § 30 Rn. 4; Erman/*Westermann* BGB § 30 Rn. 2; Soergel/*Hadding* BGB § 30 Rn. 5; aA RGRK/*Steffen* BGB § 30 Rn. 5, der eine auf langer Übung oder betrieblicher Anordnung beruhende Stellung ausreichend sein lässt.

6   RGZ 117, 64; BGH NJW 1977, 2259; Erman/*Westermann* BGB § 30 Rn. 2; Staudinger/*Weick* (2005) BGB § 30 Rn. 3; Staudinger/*Schwennicke* BGB § 30 Rn. 25 ff.

7   *K. Schmidt* EWiR 1989, 295 unter Verweis auf BGH wistra 1989, 144 = juris Rn. 8 ff. (Ltd zu OWiG).

8   OLG Hamm OLGZ 78, 21, 24 = MDR 1978, 224; MüKoBGB/*Arnold* (7. Aufl.) § 30 Rn. 6; *Sauter/Schweyer/Waldner* Eingetragener Verein Rn. 313. Vgl. bereits *Thur*, BGB Allg. Teil (1910), § 37 VII: Die Vertretungsmacht sei grundsätzlich „auf ein bestimmtes Gebiet beschränkt", die allgemeinen Funktionen des Vorstands (zB Berufung der Mitgliederversammlung, Anmeldung zum Register) ständen ihm nicht zu.

9   OLG München NZG 2013, 32 = MDR 2013, 46 = FGPrax 2013, 35, dem OLG zustimmend MüKoBGB/*Leuschner* § 30 Rn. 7, *Brouwer* NZG 2017, 481 (486 f.), *Wagner* NZG 2016, 1046 (1053).

des Bürgerlichen Gesetzbuches nicht vorgesehen; erst in der zweiten Lesung wurde die Einführung erwogen und dabei hervorgehoben, dass die Bestellung besonderer Personen als Organe des Vereins für einen begrenzten Geschäftskreis neben dem Vorstand bei Vereinen von großem Umfang häufig und unentbehrlich sei.[10] Die Satzung kann dem Vertreter aber zB Zuständigkeit für alle wirtschaftlichen, verwaltungsmäßigen und personellen Angelegenheiten des Vereins verleihen.[11]

3 Die **Vertretungsmacht** des besonderen Vertreters ist beschränkt auf die Geschäfte, die für den ihm übertragenen Geschäftskreis gewöhnlich sind; für den Kreis wird er grundsätzlich umfassend zuständig; Einschränkungen seiner Vertretungsmacht bis hin zu ihrem Ausschluss sind durch die Satzung möglich.[12] Der besondere Vertreter ist ein **Organ mit beschränkter Zuständigkeit**; seine Kompetenz verdrängt grundsätzlich die des Vorstands; er tritt also **neben**, nicht aber **unter** den Vorstand;[13] das gilt nicht für die Passivvertretung, da § 26 Abs. 2 S. 2 zwingend ist[14] (→ § 26 Rn. 14). Da er gesetzlicher Vertreter ist, ist für ihn der Anwendungsbereich des **Kündigungsschutzgesetzes** gem. § 14 Abs. 1 KSchG nicht eröffnet.[15] Beruht seine Vertretungsmacht auf der Satzung, ist er **nicht Arbeitnehmer** im Sinne des ArbGG.[16] Arbeitnehmereigenschaft ist aber begründet, wenn eine Person nicht tatsächlich verfassungsmäßig berufen ist, sondern nur aufgrund der extensiven Auslegung der §§ 30, 31 durch die Rspr. in haftungsrechtlicher Hinsicht im Wege der Repräsentantenhaftung (→ § 31 Rn. 6 f.) wie ein besonderer Vertreter behandelt wird.[17]

4 Für die Bestellung des besonderen Vertreters ist die **Mitgliederversammlung** zuständig. Denkbar ist bei satzungsmäßiger Grundlage eine Bestellung durch den Vorstand.[18] Da für den Verein das Prinzip der Drittorganschaft gilt (→ § 26 Rn. 1), kann auch ein Nicht-Vereinsmitglied besonderer Vertreter sein. Nicht nur natürliche, auch juristische Personen können wie beim Vorstand (→ § 26 Rn. 3) besonderer Vertreter sein.[19]

5 Der besondere Vertreter ist nach hM entsprechend § 64 im Vereinsregister einzutragen.[20]

6 Im Prozess ist der besondere Vertreter **Zeuge**, nicht Partei.[21]

§ 31 Haftung des Vereins für Organe

Der Verein ist für den Schaden verantwortlich, den der Vorstand, ein Mitglied des Vorstands oder ein anderer verfassungsmäßig berufener Vertreter durch eine in Ausführung der ihm zustehenden Verrichtungen begangene, zum Schadensersatz verpflichtende Handlung einem Dritten zufügt.

Literatur: *V. Bar*, Zur Struktur der Deliktshaftung von juristischen Personen, ihren Organen und ihren Verrichtungsgehilfen, in: FS Kitagawa 1992, S. 279; *v. Caemmerer*, Objektive Haftung, Zurechnungsfähigkeit und Organhaftung, in: FS Flume I 1978, S. 359; *Coing*, Die Vertretungsordnung juristischer Personen und deren Haftung gemäß § 31 BGB, in: FS R. Fischer 1979, S. 65; *Dickmann*, Versicherungsschutz und Haftung für ehrenamtliche Tätigkeit, VersR 2016, 489; *Eisele*, Haftungsfreistellung von Vereinsmitgliedern und Vereinsorganen in nichtwirtschaftlichen Vereinen, 1998; *Franzke/Hansen*, Der Belegarzt – Stellung und Haftung im Verhältnis zum Krankenhausträger, NJW 1996, 737; *Helms*, Schadensersatzansprüche wegen Beeinträchtigung der Vereinsmitgliedschaft, 1998, 150; *Kleindiek*, Deliktshaftung und juristische Person, 1997; *Martinek*, Die Organhaftung nach § 31 BGB als allgemeines Prinzip der Haftung von Personenverbänden für ihre Repräsentanten, Diss. Berlin 1978; *ders.*, Repräsentantenhaftung, 1979; *Medicus*, Die Außenhaftung des Führungspersonals juristischer Personen im Zusammenhang mit Produktionsmängeln, GmbHR 2002, 809; *Nitschke*, Die Anwendbarkeit des im § 31 BGB enthaltenen Rechtsgedankens auf alle Unternehmensträger, NJW 1969, 1737; *Röckrath*, Die Haftung des Sportvereins als Veranstalter unter besonderer Berücksichtigung des Bergsports, SpuRt 2003, 189; *Röcken*, Entwicklungen im Vereinsrecht – Die einzelnen Organe und ihre Haftung, MDR 2016, 1067; *Schall*, Die Mutter-Verantwortlichkeit für Menschenrechtsverletzungen ihrer Auslandstöchter, ZGR 2018, 479; *Schmiedel*, Die sogenannte Organhaftung und die Gesellschaft bürgerlichen Rechts, in: FS Rödig 1978, S. 261; *Sellert*, Zur Anwendung der §§ 831, 31 BGB auf die Gesellschaft bürgerlichen Rechts, AcP 175 (1975), 77; *Ulmer*, Unbeschränkte Gesellschafterhaftung in

---

10   Prot. I S. 521; vgl. auch RGZ 157, 229, 235.

11   OLG München NZG 2013, 32 = FGPrax 2013, 35 = juris Rn. 10 ff.

12   Erman/*Westermann* BGB § 30 Rn. 3.

13   MüKoBGB/*Arnold* (7. Aufl.) § 30 Rn. 13; MüKo-BGB/*Leuschner* § 30 Rn. 11.

14   MüKo/*Leuschner* § 30 Rn. 11.

15   LAG Hamm 7.3.2013 – Sa 1523/12 (Erledigung durch Vergleich beim BAG – 2 AZR 544/13).

16   BAG NZA 1997, 959 = DB 1997, 1984; LAG Hamm LAGE § 5 ArbGG 1979 Nr. 22 = juris Rn. 29 f.

17   BAG NJW 1997, 3261 (3262) = juris Rn. 20 ff.; Soergel/*Hadding* BGB § 30 Rn. 1; BeckOGK/*Kling* BGB § 30 Rn. 64 ff.; MüKoBGB/*Leuschner* § 30 Rn. 14.

18   BayObLG Rpfleger 1999, 3332.

19   BeckOK BGB/*Schöpflin* § 30 Rn. 10 unter Verweis auf § 27 Rn. 3.

20   BayObLGZ 1981, 71 = NJW 1981, 2068; OLG Zweibrücken NZG 2013, 907; OLG München MDR 2013, 46 = NZG 2013, 32 = FGPrax 2013, 35; vgl. auch OLG Hamm OLGZ 1978, 21 (26) = MDR 1978, 224; MüKoBGB/*Arnold* (7. Aufl.) § 30 Rn. 14; MüKoBGB/*Leuschner* § 30 Rn. 12; aA Soergel/*Hadding* BGB § 30 Rn. 14; Erman/*Westermann* BGB § 30 Rn. 3; *Stöber/Otto* Rn. 578.

21   Palandt/*Ellenberger* BGB § 30 Rn. 6; BeckOK BGB/*Schöpflin* § 30 Rn. 11; *Barfuß* NJW 1977, 1273 f.; Soergel/*Hadding* BGB § 30 Rn. 11; aA MüKoBGB/*Arnold* (7. Aufl.) § 30 Rn. 15; MüKoBGB/*Leuschner* § 30 Rn. 13; Reichert/*Wagner* Kapitel 2 Rn. 2800.

der Gesellschaft bürgerlichen Rechts, ZGR 2000, 339; *Waldner*, Anwendung des § 31 BGB auf die GbR – der vorletzte Schritt auf dem Weg zur oHG, NZG 2003, 620; *Westermann*, Haftung für fremdes Handeln, JuS 1961, 333, 382; *Wilhelm*, Rechtsform und Haftung bei der juristischen Person, 1981.

A. Allgemeines 1
B. Regelungsgehalt 4
  I. Vorstand und anderer „verfassungsmäßig
    berufener Vertreter" 4
  II. Wofür haftet der Verein? Die „zum Schadens-
    ersatz verpflichtende Handlung" 8

III. „In Ausführung der ihm zustehenden Verrich-
    tungen" 10
IV. Wer ist „Dritter"? 13
V. Gesamtschuld von Verein und Vertreter 14
VI. Darlegungs- und Beweislast 15

A. Allgemeines

§ 31 soll verhindern, dass sich juristische Personen außerhalb vertraglicher Verhältnisse immer auf die Entlastungsmöglichkeit des § 831 berufen können. Ihnen sind die Handlungen ihrer Organe als eigene Handlungen zuzurechnen, unabhängig von der Einordnung der Handelnden als Organ nach der Organtheorie oder als Vertreter nach der Vertretungstheorie (→ Vor § 21 Rn. 6, → § 26 Rn. 1). § 31 ist keine haftungsbegründende, sondern eine **haftungszuweisende Norm**.[1] Die Motive zum BGB begründen die Haftung des Vereins für seine Vertreter damit, „daß wenn eine Körperschaft durch die Vertretung die Möglichkeit gewinnt, im Rechtsverkehr handelnd aufzutreten, ihr auch angesonnen werden müsse, die Nachteile zu tragen, welche die künstlich gewährte Vertretung mit sich bringe, ohne daß sie in der Lage sei, Dritte auf den häufig unergiebigen Weg der Belangung des Vertreters zu verweisen"; daher sei die Körperschaft „für alle widerrechtlichen, zum Schadensersatz verpflichtenden Handlungen des Vertreters verantwortlich zu machen, sofern nur dieselben in Ausübung der Vertretungsmacht begangen sind".[2] § 31 ist ein Anknüpfungspunkt für eine über seinen Wortlaut hinausgehende allgemeine **Repräsentantenhaftung**[3] (→ Rn. 6). **1**

Die Satzung kann gem. § 40 die **Haftung nach § 31 nicht abbedingen**. In Vertragsverhältnissen kann sich der Verein im Rahmen des gesetzlich Zulässigen von § 31 freizeichnen: Möglich ist ein **vertraglicher Haftungsausschluss** für Fahrlässigkeit, nicht aber für Vorsatz, da die Haftung auf § 276 Abs. 3, nicht aber auf § 278 S. 2 beruht.[4] Für formularmäßige Haftungsbeschränkungen gelten die §§ 307, 309 Nr. 7 und 8[5] sowie ggf. § 475. **2**

§ 31 hat einen **umfassenden Anwendungsbereich**. Unmittelbar bzw. kraft ausdrücklicher Verweisung ist er anwendbar auf den eingetragenen, den wirtschaftlichen und den ausländischen Verein, gem. §§ 86 S. 1 und 89 Abs. 1 auf rechtsfähige Stiftungen des Privatrechts sowie juristischen Personen des öffentlichen Rechts. Anwendbar ist er auch bei Delikten ausländischer Gesellschaften im Inland.[6] Zudem gilt er für alle juristischen Personen (einschließlich Vor-Verein, Vor-GmbH etc), analog für OHG, KG, Partnerschaftsgesellschaft[7] und Außen-GbR (→ § 705 Rn. 19 und → § 714 Rn. 11), den sog. nicht rechtsfähigen Verein (→ § 54 Rn. 16) sowie (str.) für Sondervermögen unter Sonderverwaltung (wie Nachlass unter Testamentsvollstreckung und Insolvenzmasse hinsichtlich Handlungen des Insolvenzverwalters),[8] nicht aber für die Erbengemeinschaft (str.), Eigentümergemeinschaft nach dem WEG sowie (str.) einzelkaufmännische Unternehmen.[9] **3**

Ein ähnliches Haftungskonzept wie nach § 31 gibt es im Recht des unlauteren Wettbewerbs in § 8 Abs. 2 UWG.[10]

1 BGHZ 99, 298, 302 = NJW 1987, 1193 (1194); Palandt/*Ellenberger* BGB § 31 Rn. 2; Erman/*Westermann* BGB § 31 Rn. 1.

2 Motive I, S. 103 = *Mugdan* I, S. 409.

3 Vgl. MüKoBGB/*Leuschner* § 31 Rn. 1, 14 ff.

4 RGZ 157, 232; BGHZ 13, 198, 203 = NJW 1954; BGH NJW 1973, 456; 1193; BeckOK BGB/*Schöpflin* § 31 Rn. 26; Palandt/*Ellenberger* BGB § 31 Rn. 4; Erman/*Westermann* BGB § 31 Rn. 1.

5 Vgl. auch Staudinger/*Weick* (2005) BGB § 31 Rn. 50.

6 OLG Köln NJW-RR 1998, 756.

7 *Henssler* FS Vieregge 1995, 361, 362; Meilicke/*von Westphalen* PartGG § 8 Rn. 54.

8 BGH NZI 2006, 592.

9 Vgl., jeweils mit zahlr. Nachw. aus Rspr. und Lit., Palandt/*Ellenberger* BGB § 31 Rn. 3; Erman/*Westermann* BGB § 31 Rn. 2; BeckOK BGB/*Schöpflin* § 31

Rn. 3; MüKoBGB/*Arnold* (7. Aufl.) § 31 Rn. 11 ff.; MüKoBGB/*Leuschner* § 31 Rn. 3 ff.; Staudinger/*Weick* (2005) BGB § 31 Rn. 42 ff.; Staudinger/*Schwennicke* BGB § 31 Rn. 101 ff.; Jauernig/*Mansel* BGB § 31 Rn. 2.

10 Vgl. dazu die Kommentierung zum UWG, zBKöhler/ Bornkamm *Köhler/Feddersen* UWG § 8 Rn. 2.32 ff.; exemplarische jüngst LG Freiburg GRUR-RR 2014, 256 = WRP 2014, 555 zur Haftung eines Autohauses, dessen im Verkauf tätiger Mitarbeiter auf seiner privaten Facebook-Seite unter Verstoß gegen Vorschriften des UWG bei namentlicher Nennung des Autohauses unter einem Hinweis auf seine dortige Telefonnummer für den Kauf von Kfz warb, ohne dass das Autohaus Kenntnis von der Werbung des Mitarbeiters hatte.

B. Regelungsgehalt

I. Vorstand und anderer „verfassungsmäßig berufener Vertreter"

4 Der Verein ist verantwortlich für den Schaden, den „der Vorstand, ein Mitglied des Vorstands oder ein anderer verfassungsmäßig berufener Vertreter" dem Dritten zufügt. Zum **„Vorstand"** und seinen Mitgliedern gehört neben dem Vertretungsorgan Vorstand gem. § 26 auch ggf. in seiner Vertretungsmacht beschränkter „Gesamtvorstand" (→ § 26 Rn. 2); auch Notvorstand bzw. Notvorstands-Mitglied (§ 29) und besonderer Vertreter (§ 30) sind Vorstand iSd § 31.[11] Auf andere Organe (zB Mitgliederversammlung, Aufsichtsrat oder Disziplinarausschuss) ist nach hM der Begriff „Vorstand" (analog) anzuwenden.[12] (→ Rn. 7) Bei Gesamtvertretung des Vorstands genügt das Verhalten eines Vertreters.[13]

5 Was „ein anderer verfassungsmäßig berufener Vertreter" ist, beantworten ständige Rspr. und hL nicht nur mit Blick auf § 30, sondern legen § 31 sehr weit und mit Analogieschlüssen aus, sie erstrecken die Vorschrift analog auf andere Körperschaften. Der Vertreter braucht weder Vertretungsmacht zu besitzen, noch braucht seine Bestellung eine satzungsmäßige Grundlage zu haben. Der Verein soll nämlich nicht entscheiden können, für wen er gem. § 31, dh insbes. ohne Entlastungsmöglichkeit nach § 831 Abs. 1 S. 2, haften soll. In der Leitentscheidung des BGH heißt es: „Verfassungsmäßig berufene Vertreter ... sind nicht nur Personen, deren Tätigkeit in der Satzung der juristischen Person vorgesehen ist; auch brauchen sie nicht mit rechtsgeschäftlicher Vertretungsmacht ausgestattet zu sein. Es braucht sich auch nicht um einen Aufgabenbereich innerhalb der geschäftsführenden Verwaltungstätigkeit der juristischen Person zu handeln. Vielmehr genügt es, daß dem Vertreter durch die allgemeine Betriebsregelung und Handhabung **bedeutsame, wesensmäßige Funktionen der juristischen Person zur selbstständigen, eigenverantwortlichen Erfüllung zugewiesen** sind, daß er also die juristische Person auf diese Weise repräsentiert".[14] Weisungsgebundenheit des Vertreters im Innenverhältnis ist unschädlich; es genügt das selbstständige Auftreten des Vertreters nach außen.[15]

6 Teile von Lit. und Rspr. sind bei der weiten Auslegung des Begriffs des „verfassungsmäßig berufenen Vertreters" nicht stehen geblieben. Sie wenden § 31 entsprechend an auf das schädigende Verhalten **anderer Vereinsorgane wie Mitgliederversammlung, Aufsichtsrat oder Disziplinarausschuss** – nicht aber auf Verein-Schiedsgericht und -Schiedsrichter(→ Rn. 4).[16] Der Personenkreis, für den zu haften ist, ist immer mehr von dem Begriff des verfassungsmäßig berufenen Vertreters gelöst und zu einer **Repräsentantenhaftung** entwickelt worden: Wer die juristische Person nach äußerem Eindruck eigenverantwortlich repräsentiert[17] (→ Rn. 5), für den muss diese/der Verein haften; der Verein soll die Verantwortung für die selbstständige Wahrnehmung seiner Aufgaben durch die dazu in Verfolgung des satzungsmäßigen Zwecks ordnungsgemäß eingesetzte Person tragen.[18] Es gibt aber (selbstverständlich) keine allgemeine Haftung des Vereins für seine Mitglieder.[19]

7 **Beispiele[20] anerkannter Vertreter:** Leiter einer Zweigwerft einer AG; technischer Betriebsleiter einer von einer AG betriebenen Fabrik; Leiter einer Warenhausfiliale einer GmbH;[21] Filialleiter einer Kreditauskunftei;[22] Vorsteher einer Weidgenossenschaft; weitgehend selbstständiger und eigenverantwortlicher Leiter des

11   Palandt/*Ellenberger* BGB § 31 Rn. 5.
12   Palandt/*Ellenberger* BGB § 31 Rn. 5; Soergel/*Hadding* BGB § 31 Rn. 11; *Grunewald* Gesellschaftsrecht § 8 Rn. 33 (für die Mitgliederversammlung).
13   BGHZ 98, 148 = DB 1986, 2275 = NJW 1986, 2941.
14   BGHZ 49, 19, 21 = NJW 1968, 391; ähnlich BGH VersR 1997, 664; BAG NJW 1997, 3261; BGH NJW 1977, 2259; vgl. auch RGZ 91, 1, 3; RGZ 163, 21, 30; BGH NJW 1972, 334; 1998, 1854, 1856.
15   BGH NJW 1977, 2260; KG DB 1996, 2381.
16   KG BB 1996, 2426 (2427) = DB 1996, 2381 (Zurechnung des Verschuldens intern weisungsberechtigter Organe einer herrschenden Gesellschaft); BeckOK BGB/*Schöpflin* § 31 Rn. 9; Staudinger/*Weick* (2005) BGB § 31 Rn. 38; Palandt/*Ellenberger* BGB § 31 Rn. 5; Soergel/*Hadding* BGB § 31 Rn. 11; *Flume* BGB AT Bd. I 2, § 11 III 2; *Schürnbrand*, Organschaft im Recht der privaten Verbände, 2007, S. 99 ff., 105 ff.; offengelassen in BGHZ 36, 296 = NJW 1962, 864; zu Recht krit., soweit die Organe nicht nach außen auftreten, MüKoBGB/*Arnold*

(7. Aufl.) § 31 Rn. 24; MüKoBGB/*Leuschner* § 31 Rn. 19; Staudinger/*Schwennicke* BGB § 30 Rn. 40.
17   BGHZ 49, 19, 21 = NJW 1968, 391.
18   BGHZ 49, 19, 21 = NJW 1968, 391; BGH NJW 1977, 2259; 1984, 922; BGH NJW 1998, 1854 (1856) = WM 1998, 819; BGH NJW 2005, 756 = WM 2005, 701 (704); BGH NJW 2013, 3366 = ZIP 2013, 729 Rn. 12; OLG Nürnberg WM 1988, 120; vgl. zum Gedanken der Repräsentantenhaftung auch *Martinek*, Repräsentantenhaftung, S. 196 ff.; MüKoBGB/*Arnold* (7. Aufl.) § 31 Rn. 3 ff.; MüKoBGB/*Leuschner* § 31 Rn. 3 ff.; Erman/*Westermann* BGB § 31 Rn. 1.
19   Vgl. *Röcken* MDR 2014, 879 (880) mwN.
20   Beispiele im Wesentlichen nach Staudinger/*Weick* (2005) BGB § 31 Rn. 51 ff.; Staudinger/*Schwennicke* BGB § 31 Rn. 25; BeckOK BGB/*Schöpflin* § 31 Rn. 8; MüKoBGB/*Arnold* (7. Aufl.) § 31 Rn. 20 ff.; MüKoBGB/*Leuschner* § 31 Rn. 8 f.; Palandt/*Ellenberger* BGB § 31 Rn. 9, dort jeweils mwN.
21   RG JW 1936, 915; BGH BB 1956, 941.
22   BGHZ 49, 19 = BGH NJW 1968, 391.

innerbetrieblichen Transportwesens einer größeren KG;[23] Grubenvorstand einer bergrechtlichen Gewerkschaft;[24] Hauswirtschaftsleiter eines Altenheims;[25] örtlicher Streikleiter einer Gewerkschaft;[26] Chefarzt eines Krankenhauses;[27] als Vertreter des Chefarztes eingesetzter Oberarzt;[28] Filialleiter einer Bank oder Sparkasse;[29] der Vorsitzende eines unselbstständigen Bezirksverbandes;[30] der Leiter der Rechtsabteilung eines Presseverlages;[31] Betriebsdirektor einer Kleinbahn;[32] Filialleiter eines Selbstbedienungsladens oder eines Warenhauses;[33] Sachbearbeiter, dem wichtige Angelegenheiten zur eigenverantwortlichen Erledigung übertragen sind;[34] selbstständiger Handelsvertreter im Außendienst, dem übergeordnete Aufgaben übertragen sind;[35] Mitarbeiter der Presse, die über Veröffentlichungen zu entscheiden haben, die die Rechte Dritter verletzen können, auch bei Anzeigengeschäft;[36] Prokurist, dem die selbstständige Durchführung einer Baumaßnahme übertragen ist.[37]

II. Wofür haftet der Verein? Die „zum Schadensersatz verpflichtende Handlung"

Grundsätzliche Haftungsvoraussetzung ist, dass der „Vertreter" (→ Rn. 4 ff.) eine „zum Schadensersatz verpflichtende Handlung" begangen hat. Der **Rechtsgrund der Ersatzpflicht ist unbeachtlich**: § 31 ist einschlägig bei Verletzung von (vor-)vertraglichen Pflichten (§§ 280 ff., 311), schuldlos zum Schadensersatz verpflichtenden Handlungen (§§ 228, 231, 904), unerlaubten Handlungen (§§ 823 ff.) und Gefährdungshaftung (zB § 7 StVG). In Betracht kommen alle Rechtsgründe, aus denen eine Schadensersatzpflicht erwachsen kann. Gehaftet wird nicht nur für aktives Tun, sondern auch für Unterlassen, wenn eine Rechtspflicht zum Handeln besteht (zB Verkehrssicherungspflicht oder Aufsichtspflicht).[38] Einen Fall des Verstoßes gegen **Verkehrssicherungspflichten** behandelt zB der BGH-Fall eines Sportvereins, der einem verletzten Kind haftet, wenn der Vorstandsvorsitzende den Sportplatz mähen lässt und damit jemanden betraut, der den eingesetzten Rasenmäher nicht bedienen darf.[39] **8**

Der Verein hat auch für **Organisationsmängel** einzustehen (vgl. auch (→ § 30 Rn. 1). Die juristische Person muss sich nach der Rspr. so organisieren, dass für alle wichtigen Aufgabengebiete ein verfassungsmäßiger Vertreter zuständig ist, der die wesentlichen Entscheidungen selbst trifft; entspricht die Organisation diesen Anforderungen nicht, müsse sich die juristische Person so behandeln lassen, als wäre der tatsächlich eingesetzte Verrichtungsgehilfe ein verfassungsmäßiger Vertreter.[40] Die Literatur kommt zu ähnlichen Ergebnissen, votiert aber für eine analoge Anwendung des § 31.[41] **9**

III. „In Ausführung der ihm zustehenden Verrichtungen"

In Ausführung der ihm zustehenden Verrichtungen handelt der Vertreter (→ Rn. 4 ff.) nur schadensverursachend, wenn ein innerer **sachlicher, objektiver, nicht nur rein zufälliger und örtlicher Zusammenhang** zwischen seinem Aufgabenkreis (seiner „amtlichen" Eigenschaft)[42] und der Handlung besteht.[43] Nicht maßgebend ist, ob das Organ seine Vertretungsmacht überschritten hat. Fälle des Überschreitens sind vielmehr Standardfälle der Haftung nach § 31; der Vertreter handelt erst außerhalb der ihm zustehenden Verrichtun- **10**

23 BGH VersR 1962, 664.
24 RG JW 28, 964.
25 OLG Frankfurt NJW-RR 419 = MDR 1989, 355.
26 BAG NJW 1989, 57 = BB 1988, 2461.
27 BGHZ 77, 74 = NJW 1980, 1901; BGHZ 101, 215 = NJW 1987, 2925.
28 OLG München NJW 1977, 2123 = VersR 1977, 578.
29 BGHZ 13, 198; BGH NJW 1977, 2259 = DB 1977, 2135; OLG Nürnberg NJW-RR 1988, 1319.
30 BGH NJW-RR 1986, 281 = WM 1985, 570.
31 BGHZ 24, 200.
32 RG JW 1938, 1651.
33 RG JW 1936, 915; OLG München VersR 1974, 269.
34 RGZ 162, 166.
35 BGHZ 49, 19, 21 f. = NJW 1968, 391; BGH NJW 1998, 1854 (1856) = WM 1998, 819; BGH NJW 2005, 756 = WM 2005, 701 (704); BGHZ 196, 340 = NJW 2013, 3366 = ZIP 2013, 729 Rn. 12 ff.
36 BGHZ 49, 124 = NJW 1963, 902; BGH NJW 1980, 2180 = DB 1980, 2237; OLG Köln NJW-RR 1993, 31.
37 OLG Düsseldorf DB 2001, 140.
38 MüKoBGB/*Arnold* (7. Aufl.) § 31 Rn. 30; MüKo-BGB/*Leuschner* § 31 Rn. 20 f.; Soergel/*Hadding*

BGB § 31 Rn. 14; Staudinger/*Weick* (2005) BGB § 31 Rn. 4 ff.; Staudinger/*Schwennicke* BGB § 31 Rn. 42 ff.; BeckOK BGB/*Schöpflin* § 31 Rn. 10 f.
39 BGH BB 1991, 1453 = NJW-RR 1991, 668; vgl. auch BGH NJW-RR 1991, 281 zu Pflichten des Luftsportvereins gegenüber seinen Mitgliedern.
40 Zusammenfassung der Rspr. bei Palandt/*Ellenberger* BGB § 31 Rn. 7; vgl. aus der Rspr. BGHZ 24, 200, 213 = NJW 1957, 315; BGH NJW 1980, 2810; RGZ 157, 235; BGHZ 13, 198, 203; 39, 124, 129 f. = DB 1963, 478 = NJW 1963, 902.
41 *Larenz* BGB AT, 7. Aufl. 1989, S. 164 ff.; *Larenz/Wolf* BGB AT, § 10 Rn. 92; Soergel/*Hadding* BGB § 31 Rn. 18; MüKoBGB/*Arnold* (7. Aufl.) § 31 Rn. 7 f.; MüKoBGB/*Leuschner* § 31 Rn. 33 f.; *Hassold* JuS 1982, 583.
42 BGH NJW 1980, 115 = WM 1979, 1184.
43 BGHZ 196, 340 = NJW 2013, 3366 = ZIP 2013, 729 Rn. 17; BGHZ 49, 19, 23 = NJW 1968, 391; BGHZ 98, 148, 151 f. = DB 1986, 2275 = NJW 1986, 2941; BGH NJW 1972, 335; BGH NJW 1977, 2259 (2260); BGH NJW 1980, 115 (116); vgl. schon RGZ 94, 318, 320; 104, 286, 288; 117, 61, 65.

gen, wenn er für einen Außenstehenden erkennbar außerhalb des Rahmens der ihm übertragenen Aufgaben handelt.[44]

11 Handelt **ein Vertreter für mehrere Vereine** oder sonstige Haftungsträger, haftet der Haftungsträger, für den der Vertreter nach der objektiven Sicht eines Außenstehenden gehandelt hat.[45] Über die Zuordnung wird man oft streiten können: Nach dem BGH soll zB eine juristische Person JP1, die ihr Vorstandsmitglied V in den Aufsichtsrat einer (nicht konzernierten) juristischen Person JP2 entsendet, nicht für das Verhalten von V nach § 31 haften, obwohl V im Aufsichtsrat dafür sorgt, die Interessen der JP1 zu bevorzugen und die JP2 zu schädigen; eine solche Haftung für eine „pflichtmäßige Wahrnehmung" des Amtes im Aufsichtsrat sei unvereinbar mit der unabhängigen und eigenverantwortlichen Rechtsstellung eines Aufsichtsratsmitglieds.[46] Diese Sichtweise wertet zu gering, dass V aufgrund der Entsendung durch JP1 in den Aufsichtsrat der JP2 erkennbar in Erfüllung seiner „Verrichtungen" gegenüber JP1 handelt; JP1 muss daher uE für das Fehlverhalten des V einstehen. Dass eine solche Zurechnung geboten ist, ist evident in **Konzernsachverhalten** bei Organverflechtung, wenn Organmitglieder des herrschenden Unternehmens (unabhängig vom Bestehen eines Beherrschungs- und/oder Gewinnabführungsvertrages) bei dem beherrschten Unternehmen als Aufsichtsratsmitglied tätig sind.[47] *Uwe H. Schneider* begründet die Haftung mit Recht damit, dass nicht nur im Vertragskonzern, sondern auch im faktischen Konzern Organmitglieder des herrschenden Unternehmens in Organen des beherrschten Unternehmens tätig sind, um breitflächig und dauerhaft die Konzernleitung zu verwirklichen. Auch wenn eine Haftung nach § 31 ausscheidet, kommt eine Haftung nach den Grundsätzen der **culpa in contrahendo** (§ 241 Abs. 2) in Betracht.[48]

12 Weitere **Beispiele** zur Ausführung der dem Vertreter „zustehenden Verrichtungen": Ein Bankfilialleiter nimmt unter Ausnutzung seiner Stellung betrügerische Handlungen zum Nachteil eines Kunden vor[49] oder verleitet einen Kunden durch Täuschung zur Darlehensgewährung an einen anderen Kunden, um dessen Schulden bei der Bank zu verringern;[50] ein Bürgermeister erschwindelt unter Vorlage gefälschter städtischer Unterlagen einen Kredit und verbraucht ihn für sich selbst;[51] ein Gesamtvertreter tritt als alleinvertretungsberechtigt auf und begeht unerlaubte Handlungen,[52] oder er täuscht die Verbindlichkeit einer allein von ihm abgegebenen Willenserklärung vor;[53] der Vorsitzende einer Taxivereinigung eV begeht Untreue in Zusammenhang mit der Übertragung einer Taxikonzession;[54] ein AG-Vorstandsmitglied verbreitet bewusst fehlerhafte kursrelevante ad hoc-Meldungen.[55] **Keine** Ausführung von Verrichtungen soll es sein, wenn ein Handelsvertreter für ein Vermögensberatungs- oder Kapitalanlagevermittlungsunternehmen beim Abschluss von Anlageverträgen im eigenen Namen mit eigener Haftung und mit freier Hand bei der Geldanlage handelt (Eigengeschäft des Vermögensberaters).[56]

IV. Wer ist „Dritter"?

13 Dritter kann jede außerhalb des Vereins stehende Person oder Personengemeinschaft sowie jedes Vereinsmitglied oder Mitglied eines Vereinsorgans sein, nicht hingegen ein Vereinsorgan als solches. Vereinsmitglieder können den Verein nach § 31 zB haftbar machen, wenn dieser durch seine Vertreter gegenüber dem Mitglied eine sich aus Satzung oder Mitgliedschaftsverhältnis ergebende Pflicht schuldhaft verletzt hat,[57] (vgl. Beispiele → Rn. 8) Schadensersatzansprüche können den Vereinsmitgliedern gegen den Verein auch

44 BGHZ 196, 340 = NJW 2013, 3366 = ZIP 2013, 729 Rn. 17; BGHZ 98, 148 = DB 1986, 2275 = NJW 1986, 2941; BGHZ 99, 298 = NJW 1987, 1193; BGH NJW 1980, 115; LG München I AG 2013, 473 = ZIP 2013, 674 = NZG 2013, 260 (AR-Mitglied weist bei Verhandlungen mit einem Bewerber für ein Vorstandsamt auf das Fehlen eines AR-Beschlusses für dessen Bestellung hin, stellt das Zustandekommen des entsprechenden AR-Beschlusses nur als bloße Formalität hin; wegen des offengelegten Fehlens des AR-Beschlusses ist das Vertrauen des Verhandlungspartners nicht schutzwürdig; vgl. auch *Fleischer* NJW 2006, 3239.

45 OLG Frankfurt OLGZ 1985, 112 = WRP 1985, 33; *Palandt/Ellenberger* BGB § 31 Rn. 10; zB haftet ein Bundesland auch dann für die Verletzung der Verkehrssicherungspflicht durch einen Vertreter, wenn dieser aufgrund Organleihe für den Bund tätig war BGH NVwZ 2006, 1084 = ZfSch 2006, 437 = VersR 2006, 803.

46 BGHZ 90, 381, 398 = DB 1984, 1188 = NJW 1984, 1893.

47 Scholz/*U.H. Schneider* GmbHG § 52 Rn. 544; anders BGHZ 36, 296, 309 ff. = WM 1962, 236.

48 BGHZ 196, 340 = NJW 2013, 3366 = ZIP 2013, 729 Rn. 19 ff.

49 BGH NJW 1977, 2259 = WM 1977, 994.

50 BGH NJW-RR 1990, 484.

51 BGH NJW 1980, 115.

52 BGH NJW 1952, 537 (538).

53 BGHZ 98, 148 = DB 1986, 2275 = NJW 1986, 2941.

54 OLG Frankfurt zfs 2002, 272.

55 BGH NJW 2005, 2450 = NZG 2005, 672; BGH NJW 2008, 76 = ZIP 2007, 1560.

56 BGHZ 196, 340 = NJW 2013, 3366 = ZIP 2013, 729 Rn. 18.

57 BGH 90, 92, 95 = DB 1984, 1138 = NJW 1984, 1884; BGHZ 110, 323 = NJW 1990, 2877 (2878); BGH NJW-RR 2000, 758 = DStR 2000, 289; vgl. auch OLG München NJW 1988, 1030; OLG Hamm NJW-RR 1993, 1179.

nach § 823 Abs. 1, § 826 iVm § 31 zustehen, wenn der Verein einem Mitglied gegenüber schuldhaft eine sich aus der Satzung oder dem Mitgliedschaftsverhältnis ergebende Pflicht verletzt.[58]

V. Gesamtschuld von Verein und Vertreter

Der Vertreter (→ Rn. 4 ff.) kann häufig persönlich in die Verantwortung genommen werden[59] und haftet **14** dann neben dem Verein als Gesamtschuldner (§ 840) mit wechselseitigen Ausgleichspflichten nach § 426.[60] Regelmäßig wird der Vertreter im Innenverhältnis analog § 840 Abs. 2 allein einzustehen haben.[61] Seit der Einführung des § 31 a ist klargestellt, dass dies nicht gilt, wenn das Vorstandsmitglied ehrenamtlich bzw. gering vergütet tätig ist (→ § 31 a Rn. 28).[62] Hat der Verein das Risiko versichert (allg. → § 27 Rn. 20 b), kann er uE verpflichtet sein, zunächst den Versicherer in Anspruch zu nehmen und in Höhe der Versicherungsleistung das Organmitglied freizustellen.[63] Nach dem BGH soll nach den Regeln über den gestörten Gesamtschuldnerausgleich die Organisation ebenfalls nicht haften;[64] die Sicht des BGH scheint jedenfalls in Hinblick auf § 31 a nicht übertragbar, da sonst dem Geschädigten überhaupt kein Haftungsschuldner zur Verfügung stände. Man wird daher nach dem Schutzzweck der begünstigenden Norm zu entscheiden haben, ob diese auch dem Verein zugute kommen soll.

VI. Darlegungs- und Beweislast

Der geschädigte Dritte muss grundsätzlich darlegen und beweisen, dass er durch den Vertreter geschädigt **15** worden ist (diesen braucht er ggf. nicht namentlich zu benennen).[65] Nimmt der Verein ein Organmitglied in Anspruch, muss er dessen objektive Pflichtverletzung und den Schaden darlegen und beweisen. Das Organmitglied muss demgegenüber darlegen und beweisen, dass ihn kein Verschulden trifft oder dass der Schaden auch bei pflichtgemäßem Alternativverhalten eingetreten wäre (vgl. § 93 Abs. 2 AktG).

§ 31 a Haftung von Organmitgliedern und besonderen Vertretern

(1) ¹Sind Organmitglieder oder besondere Vertreter unentgeltlich tätig oder erhalten sie für ihre Tätigkeit eine Vergütung, die 720 Euro jährlich nicht übersteigt, haften sie dem Verein für einen bei der Wahrnehmung ihrer Pflichten verursachten Schaden nur bei Vorliegen von Vorsatz oder grober Fahrlässigkeit. ²Satz 1 gilt auch für die Haftung gegenüber den Mitgliedern des Vereins. ³Ist streitig, ob ein Organmitglied oder ein besonderer Vertreter einen Schaden vorsätzlich oder grob fahrlässig verursacht hat, trägt der Verein oder das Vereinsmitglied die Beweislast.

(2) ¹Sind Organmitglieder oder besondere Vertreter nach Absatz 1 Satz 1 einem anderen zum Ersatz eines Schadens verpflichtet, den sie bei der Wahrnehmung ihrer Pflichten verursacht haben, so können sie von dem Verein die Befreiung von der Verbindlichkeit verlangen. ²Satz 1 gilt nicht, wenn der Schaden vorsätzlich oder grob fahrlässig verursacht wurde.

Literatur: *Arnold*, Die Organhaftung in Verein und Stiftung unter besonderer Berücksichtigung des neuen § 31 a BGB, in Hüttemann/Rawert/Schmidt/Weitemeyer (Hrsg.), Non Profit Law Yearbook 2009, 2010, S. 89; *Augsten/Walter*, Zur Neuregelung der Haftung von Mitgliedern von Vereins- und Stiftungsvorständen, DStZ 2010, 148; *Bruschke*, Die Haftung des Vorstandes im Idealverein, ZSteu 2010, 285; *Burgard*, Das Gesetz zur Begrenzung der Haftung von ehrenamtlich tätigen Vereinsvorständen, ZIP 2010, 358; *Burgard*, Ist § 31 a BGB im Stiftungsrecht zwingend oder dispositiv?, FS Reuter, 2010, S. 43; *Ehlers*, Die persönliche Haftung von ehrenamtlichen Vereinsvorständen, NJW 2011, 2689; *Frings*, Neuregelung der Haftung für Vereins- und Stiftungsvorstände, NWB 2009, 3662; *Grigoleit*, Unentgeltliche Verträge und Gefälligkeitsver-

58 Vgl. BGHZ 90, 92 = DB 1984, 1138 = NJW 1984, 1884; BGHZ 110, 323 = NJW 1990, 2877; vgl. anschaulich SchlHOLG SchlHA 2002, 258; OLG Hamm SpuRt 2003, 166.

59 Nach BGH ZIP 2014, 382 = BB 2014, 1601 = NZG 2014, 1036 regelmäßig beim Verstoß gegen eine strafbewehrte Unterlassungserklärung durch eine juristische Person nur *eine* Vertragsstrafe, für die Gesellschaft und Organ als Gesamtschuldner haften, vgl. *Wackerbarth* EWiR 2014, 641.

60 Vgl. MüKoBGB/*Arnold* (7. Aufl.) § 31 Rn. 45 f.; MüKoBGB/*Leuschner* § 31 Rn. 35 f.; BeckOK BGB/*Schöpflin* § 31 Rn. 27; Staudinger/*Weick* (2005) BGB § 31 Rn. 49; Staudinger/*Schwennicke* BGB § 31 Rn. 94; Palandt/*Ellenberger* BGB § 31 Rn. 13;

Erman/*Westermann* BGB § 31 Rn. 8; *Hellgardt* WM 2006, 1514; BGH NJW 1996, 1535 = ZIP 1996, 786; BGHZ 166, 84 = NJW 2006, 830 (842) = Kirch/Breuer/Deutsche Bank.

61 MüKoBGB/*Arnold* (7. Aufl.) § 31 Rn. 45; MüKoBGB/*Leuschner* § 31 Rn. 35; Soergel/*Hadding* BGB § 31 Rn. 28; vgl. RGJW 1924, 1155.

62 Vgl. zu einem ähnlichen Haftungsprivileg des Repräsentanten § 106 SGB VII.

63 Palandt/*Ellenberger* § 31 Rn. 13 unter Hinweis auf LG Bonn NJW-RR 1995, 1435 (1436).

64 BGH NJW 2003, 2984 (2986) = BGHZ 155, 205; krit. dazu Staudinger/*Weick* (2005) BGB § 31 Rn. 11.

65 BeckOK BGB/*Schöpflin* § 31 Rn. 30; MüKoBGB/*Arnold* (7. Aufl.) § 31 Rn. 44.

hältnisse, VersR 2018, 769; *Griep*, Haftung ehrenamtlicher Vereins- und Stiftungsvorstände, Sozialrecht aktuell 2010, 161; *Hüttemann*, Bessere Rahmenbedingungen für den Dritten Sektor, DB 2012, 2592; *ders.*, Das Gesetz zur Stärkung des Ehrenamtes, DB 2013, 774; *Kreutz*, Der Idealverein in der Insolvenz – zur Auswirkung von § 31 a BGB im Vereinsinsolvenzrecht, DZWIR 2013, 497; *Leuschner*, Das Haftungsprivileg der §§ 31 a, 31 b BGB, NZG 2014, 281; *Noack*, Haftungsmilderung für ehrenamtliche GmbH-Geschäftsführer?, GmbHR 2010, R 81; *Orth*, Entlastung ehrenamtlicher Vereinsvorstände durch 31 a BGB, SpuRt 2010, 2; *Piper*, Haftung von ehrenamtlich tätigen Vereinsmitgliedern, NJ 2012, 236; *Reschke*, § 31 a BGB – ein neuer Anwendungsfall der gestörten Gesamtschuld, DZWIR 2011, 403; *Reuter*, Änderungen des Vereins- und Stiftungsrechts durch das Ehrenamtsstärkungsgesetz, npoR 2013, 41; *ders.*, Zur Vereinsrechtsreform 2009, NZG 2009, 1368; *Roth*, Die Haftung im Ehrenamt gemäß § 31 a BGB, npoR 2010, 1; *Saenger/Al-Wraikat*, Zivilrechtliche Neuregelungen aufgrund des Gesetzes zur Stärkung des Ehrenamtes, ZStV 2013, 128; *Sauerwein*, Strafbarkeitsrisiken für Trainer und Übungsleiter, SpuRt 2017, 55; *Schöpflin*, Neuerungen im Vereinsrecht, Rpfleger 2010, 349; *Schütz/Runte*, Das Ehrenamtsstärkungsgesetz – neue Impulse für den Non-Profit-Bereich?, DStR 2013, 1261; *Sobotta/von Cube*, Die Haftung des Vorstands für das Stiftungsvermögen, DB 2009, 2082; *Unger*, Neue Haftungsbegrenzungen für ehrenamtlich tätige Vereins- und Stiftungsvorstände, NJW 2009, 3269; *Wörle-Himmel/Endres*, Neue gesetzliche Regelungen im Vereinsrecht, DStR 2010, 759.

A. Allgemeines	1	b) Höchstens 720 EUR jährlich Vergütung 16
I. Gesetzesgeschichte, Zweck, Inkrafttreten	1	2. Wahrnehmung von Organpflichten 22
1. Gesetzesgeschichte	1	3. Die erfassten Ansprüche 24
2. Zweck	3	4. Haftung nur bei Schadensverursachung mit Vorsatz oder grober Fahrlässigkeit 25
3. Zeitlicher Anwendungsbereich	8	
4. Zwingendes Recht in den Grenzen von § 40	9	5. Begrenzung auch der Haftung gegenüber Vereinsmitgliedern gem. Abs. 1 S. 2 28
II. Anwendungsbereich	10	6. Gesamtschuldnerausgleich 29
B. Regelungsgehalt	12	7. Beweislast 29
I. Begrenzung der Innenhaftung gegenüber Verein und Mitgliedern (Abs. 1)	12	II. Freistellungsanspruch (Abs. 2) 30
1. Begünstigter Personenkreis	12	III. Darlegungs- und Beweislast Abs. 1 S. 3 33
a) Organmitglieder oder besondere Vertreter	12	**C. Weitere praktische Hinweise** 34

A. Allgemeines

I. Gesetzesgeschichte, Zweck, Inkrafttreten

1 1. Gesetzesgeschichte. § 31 a beruht auf dem Gesetz zur Begrenzung der Haftung von ehrenamtlich tätigen Vereinsvorständen (**Vereinsvorstandshaftungsbegrenzungsgesetz;** vgl. zur Gesetzesgeschichte 2. Aufl. → § 31 a Rn. 1).[1] Das Ehrenamtsverstärkungsgesetz[2] erstreckte die Begrenzung der Haftung auf alle Organmitglieder sowie besondere Vertreter und ergänzte das Haftungsregime um § 31 b zur Begrenzung der Haftung von Vereinsmitgliedern. Zudem erhöhte es die Verdienstgrenze (von zuvor 500 EUR) auf 720 EUR jährlich entsprechend der Ehrenamtspauschale gem. § 3 Nr. 26 a EStG; außerdem normierte es die Beweislast im Abs. 1 S. 3.

2 Die **Norm begrenzt nur die zivilrechtliche Haftung,** entgegen berechtigten Forderungen zB des Bundesrats[3] nicht aber die für die Verletzung der Pflicht zur Abführung von Sozialversicherungsbeiträgen nach § 28 e SGB IV und steuerrechtlicher Pflichten nach § 34 AO (→ § 27 Rn. 21 ff.). Nicht aufgegriffen hat der Gesetzgeber auch Forderungen zur Abmilderung der **Insolvenzverschleppungshaftung.**[4]

3 2. Zweck. Erklärter Gesetzeszweck ist die **Förderung des ehrenamtlichen Engagements**. Die Übernahme von Leitungsfunktionen in Vereinen sei mit derart erheblichen Haftungsrisiken verbunden, „die für ehrenamtlich und unentgeltlich tätige Vorstandsmitglieder in bestimmten Bereichen nicht mehr zumutbar erscheinen und zu unbilligen Ergebnissen führen" könnten.[5]

4 Aufgrund der Regelung haften Organmitglieder einschließlich besonderer Vertreter nach § 30, die für ihre Tätigkeit höchstens 720 EUR p.a. Vergütung erhalten, abweichend von der allgemeinen Regelung des § 27

---

1   Vom 28.9.2009, BGBl. I 2009, 3161, Art. 1 Nr. 2.

2   Vom 21.3.2013, BGBl. I 2013, 556.

3   BR-Drs. 399/08 vom 2.6.2008. Vgl. zur vorherigen Gesetzesinitiative diverser Länder BR-Drs. 99/06; sehr kritisch *Heermann* ZHR 170 (2006), 247, 279 ff.; *Lepsius* JZ 2006, 998 (999 ff.) Der Bericht des BT-Rechtsausschusses nimmt zwar Bezug auf einen – angeblichen – Gesetzentwurf der Fraktionen CDU/CSU und SPD, BT-Drs. 16/13537, S. 3; ein solcher Entwurf lässt sich allerdings nicht in den BT-Drs. finden. Nach einer Mitteilung des Sekretariats des Rechtsausschusses gegenüber den Verf. wird in

der BT-Drs. „offenbar irrtümlich" auf einen solchen Gesetzentwurf der Fraktionen der CDU/CSU und SPD verwiesen; auch eine Konsultation der einschlägigen Gesetzgebungsmaterialien habe bestätigt, dass es einen solchen Entwurf der damaligen Regierungskoalition nicht gab; es sei davon auszugehen, dass der Bundesratsentwurf gemeint sei.

4   Vgl. Art. 1 Nr. 4 des Gesetzentwurfs, BR-Drs. 399/08 und BR-Rechtsausschuss, BR-Drs. 399/1/08, S. 3 f.

5   Beschlussempfehlung und Bericht des Rechtsausschusses, BT-Drs. 16/13537, S. 1.

für bei Wahrnehmung von Pflichten verursachten Schäden **im Innenverhältnis** gegenüber dem Verein und seinen Mitgliedern nur bei Vorsatz oder grober Fahrlässigkeit (Abs. 1). Im Außenverhältnis bleibt es demgegenüber bei dem Grundsatz, dass diese Personen auch bei leichtester Fahrlässigkeit (§ 276 Abs. 2) unbeschränkt persönlich haften. Für solche Fälle gewährt das Gesetz nunmehr einen vereinsinternen Ausgleich: Wenn sich die Organmitglieder Dritten gegenüber ohne Vorsatz oder grobe Fahrlässigkeit in Wahrnehmung ihrer Pflichten schadensersatzpflichtig gemacht haben, haben sie einen **Freistellungsanspruch gegen den Verein** (Abs. 2).

Das Regelungsziel ist kritisiert worden. *Reuter* meinte: „Niemand ist gezwungen, Vereinsvorstand zu werden." Zwar sei die Förderung ehrenamtlicher Tätigkeit löblich; aber der Vorstand habe eine treuhänderische Position, die sonst unabhängig von ihrer Entgeltlichkeit mit der Haftung für Vorsatz und Fahrlässigkeit verbunden sei; soweit § 31a über § 86 anzuwenden sei (→ Rn. 10), laufe er einem der Hauptanliegen des Stiftungsrechts, dem Schutz „des ‚eigentümerlosen' Stiftungsvermögens vor fehlerhafter Verwaltung durch den Vorstand, diametral zuwider."[6] **5**

Solche Kritik ist uE überzogen. Die Interessen derjenigen, die ein Ehrenamt übernehmen, sind nämlich mit den Interessen des Vereins und seiner Mitglieder in ein ausgewogenes Verhältnis zu bringen. Auch sonst ist die Organhaftung nicht unbeschränkt (vgl. zB die Business Judgement Rule bei § 93 AktG). Und auch sonst im Zivilrecht ist die Haftung unentgeltlich Tätiger häufig privilegiert (vgl. §§ 521, 529, 690, 708, 1359, 1664, 2131).[7] Wenn ein Verein ein Organmitglied mit einer Jahresvergütung von weniger als 720 EUR einsetzt, kann er von diesem auch nur eine begrenzte Haftung bei fahrlässigen Fehlern erwarten. Dass niemand ein Amt übernehmen muss (→ Rn. 5), ist ein falscher Ansatzpunkt: Unentgeltliche Tätigkeit im **Ehrenamt ist im Verhältnis zur Haftung in ein vernünftiges Maß** – in praktische Konkordanz – zu bringen. Erwartet der Verein ein Mehr an Haftung, muss er den Vorstand angemessen zum Haftungsrisiko vergüten oder entsprechend der Empfehlung der Bundesregierung (→ Rn. 1 in der Fn.) für angemessene Versicherungen sorgen. **6**

Der BGH leitet aus § 31a eine über diesen hinausgehende „eindeutige Sprache (des Gesetzgebers) **gegen eine Ausdehnung der Haftung** von Vereinsvorständen" ab.[8] **7**

3. Zeitlicher Anwendungsbereich. § 31a aF (→ Rn. 1) trat 2009 in Kraft,[9] die Novelle 2013 (→ Rn. 1) im Anfang 2013.[10] Zu Fragen der Anwendung auf Altfälle vgl. 3. Aufl. § 31a Rn. 8, insbes. auch dazu, dass der Gesetzgeber die gesetzliche Haftungsbegrenzung nicht als eine inhaltliche Änderung des Rechts ansah, ihm ging es vielmehr nur um eine „Klarstellung" der bestehenden Rechtslage – so wie wir diese seit der ersten Auflage vertreten haben (vgl. 1. Aufl. § 27 Rn. 27). UE bestätigt § 31a Abs. 2 daher nur, was schon zuvor galt: den internen Freistellungsanspruch ehrenamtlich tätiger Vorstandsmitglieder. **8**

4. Zwingendes Recht in den Grenzen von § 40. § 31a ist gem. § 40 S. 1 mit der Ausnahme von Abs. 1 S. 2 zwingend.[11] UE ist aus § 40 zu schließen, dass die Satzung im Verhältnis zum Mitglied keinen Haftungsausschluss bei grober Fahrlässigkeit enthalten darf[12] ist (→ § 27 Rn. 19 f). Der zwingende Charakter **9**

---

6   *Reuter* NZG 2009, 1368 (1369); vgl. auch *Burgard* ZIP 2010, 58 (362 f.). An der Haftungsbegrenzung gab es schon im Gesetzgebungsverfahren deutliche Kritik: Die Bundesregierung kritisierte ua, dass die Haftungsbeschränkung zulasten der Vereine und der Vereinsmitglieder gehe (Stellungnahme der Bundesregierung, BT-Drs. 16/10120, S. 10; ähnlich *Burgard* ZIP 2010, 358, Fn. 40). Erhebliche Haftungsrisiken bestünden zudem nicht nur für unentgeltlich tätige Vorstandsmitglieder von Vereinen, sondern in vergleichbarer Weise auch bei der unentgeltlichen Ausübung anderer privater Ämter wie Vormund, Betreuer und Pfleger. Die Bundesregierung schlug vor, das Haftungsrisiko durch eine angemessene Versicherung auf Kosten des Vereins nach dem Vorbild von § 1835 Abs. 2 abzudecken, wozu die Vereine zu verpflichten seien (Stellungnahme der Bundesregierung, BT-Drs. 16/10120, S. 10).

7   Hierauf weist BeckOK BGB/*Schöpflin* Rn. 1 zutreffend hin.

8   BGH ZIP 2010, 1080 = NZG 2010, 711 = NJW-RR 2010, 978; der BGH verweist auf *Klasen* BB 2009, 690; *Hangebrauck* EWiR 2009, 699; vgl. zu der Entscheidung *Roth* EWiR 2010, 555 und *Reuter* NZG 2010, 808.

9   Art. 2, BGBl. I 2009, 3361.

10   Art. 12 Abs. 1 EhrAStG BGBl. I 2013, 656.

11   *Arnold*, S. 107. Der Gesetzesentwurf des Bundesrats weist zur Begründung darauf hin, dass eine Abweichung von Abs. 1 S. 2 „im Einzelfall zum Schutz der Vereinsmitglieder erforderlich sein" könne, BT-Drs. 16/10120, S. 7. Massive Kritik am zwingendem Charakter von *Burgard* ZIP 2010, 358 (364); dagegen *Leuschner* NZG 2014, 281 (284); zweifelhaft die Erwägung von *Pieper* WM 2011, 2211 (2212) zur Abbedingung in einem Vorstandsanstellungsvertrag; satzungsmäßige Beschränkung der Haftung von Organmitgliedern, die unter § 31a fallen, auf Vorsatz soll möglich sein, vgl. Palandt/*Ellenberger* BGB § 31a Rn. 4; OLG Nürnberg NJW-RR 2016, 153 = ZIP 2016, 573 = juris Rn. 43 ff.

12   So auch *Roth* npoR 2010, 5 und *Wörle-Himmel/Endres* DStR 2010, 759 (761); ähnlich *Beck* EWiR 2016, 165; aA die hM, die für eine teleologische Reduktion des § 40 votiert, juris PK-BGB/*Otto* Rn. 5; *Unger* NJW 2009, 3269; *Piper* WM 2011, 2211 (2212)); *Schöpflin* Rpfleger 2010, 349 (355); Palandt/*Ellenberger* BGB § 31a Rn. 4; MüKoBGB/*Leuschner* § 31a Rn. 21; OLG Nürnberg NJW-RR 2016, 153 = ZIP 2016, 573 = juris Rn. 43 ff.

gilt nicht für die Stiftung, auf die 31 a grundsätzlich anwendbar ist (→ Rn. 10), da § 86 S. 1 nicht auf § 40 verweist.[13]

II. Anwendungsbereich

10 § 31 a ist anwendbar auf den **rechtsfähigen Verein** und iVm § 86 auf die **rechtsfähige Stiftung**, uE auch auf den **nicht eingetragenen, nicht wirtschaftlichen Verein** – und zwar ungeachtet des Verweises von § 54 S. 1 nicht auf das Vereins-, sondern das GbR-Recht.[14] Voraussetzung für die Anwendung ist nicht die **Gemeinnützigkeit** oder sonst der Vereinszweck.[15] Angesichts der ausdrücklichen Regelungsabsicht scheidet eine teleologische Reduktion im Hinblick auf wirtschaftliche Vereine[16] aus. Gleiches gilt für den Zweck von Stiftungen; daher können Stiftungsvorstände unabhängig von Gemein- oder Privatnützigkeit des Stiftungszwecks in den Vorzug der beschränkten Haftung kommen.[17]

11 § 31 a ist Sonderrecht für Verein und Stiftung. Daher kommt seine Anwendung auf **sonstige Rechtsformen** nicht in Betracht wie zB die gemeinnützige GmbH.[18] Nicht anzuwenden ist § 31 a auch auf die unselbstständige Stiftung;[19] die ganz hM lehnt ohnehin die analoge Anwendung der §§ 80 ff. auf diese ab (vgl. auch → § 80 Rn. 119).

B. Regelungsgehalt

I. Begrenzung der Innenhaftung gegenüber Verein und Mitgliedern (Abs. 1)

12 **1. Begünstigter Personenkreis. a) Organmitglieder oder besondere Vertreter.** Gem. Abs. 1 S. 1 aF haftete „ein Vorstand" nur beschränkt. UE war der **Begriff „Vorstand"** von vornherein **weit auszulegen auf alle in die Vereinsleitung einbezogenen** Organmitglieder: Gem. § 26 ist Vorstand nur der gesetzliche Vertreter des Vereins. Darüber hinaus gibt es insbes. in größeren Vereinen und in vielen Stiftungen weitere Organe (**Gesamtvorstand, Kuratorien, Aufsichtsratsmitglieder, Verwaltungsräte, Besondere Vertreter**), die graduell abgestuft an der Leitung des Vereins mitwirken (→ § 26 Rn. 2). UE waren von vorneherein alle Mitglieder dieser Organe nach § 31 a zu behandeln. (Vgl. im einzelnen 2. Aufl. → Rn. 12 ff.).

13 Das Ehrenamtsverstärkungsgesetz (→ Rn. 1) hat den Anwendungsbereich des § 31 a ausdrücklich generell erweitert auf „**Organmitglieder oder besondere Vertreter**". Das Gesetz definiert nicht, was ein „Organmitglied" ist. Die Intention des Gesetzgebers macht die Regierungsbegründung deutlich: Es geht nicht etwa nur um die Vorstandsmitglieder im engen Sinne, sondern „die Mitglieder anderer durch die Satzung geschaffener Vereinsorgane". Für diese gelte ebenso wie für den Vorstand, dass sie erhebliche Haftungsrisiken treffen können, zumal wenn sie auch nach außen tätig werden.[20] Der von Abs. 1 gemeinte Organbegriff entspricht daher nicht dem des § 31 der verfassungsmäßig berufenen Vertreter[21] Dessen ungeachtet ist uE im Einklang mit dem in Rspr. und Lit. zu § 31 entwickelten Organbegriff eine weite Auslegung geboten. Was ein Organ ist, wird unterschiedlich definiert; die Rspr. hat sich mit dem Thema nicht detailliert auseinandergesetzt, sondern in Einzelfällen Tatbestandsvoraussetzungen aufgestellt – so etwa beim Abschlussprüfer, der in die Organisation einer Gesellschaft eingegliedert sei und seine Tätigkeit unabhängig von Vorstand, Aufsichtsrat und Hauptversammlung ausübe;[22] *Schürnbrand* stellte darauf ab, dass Organe in eine Gesellschaft organisatorisch eingegliedert und nötig sein müssten, um deren Willens- und Handlungsfähigkeit herzustellen.[23] Bei Verein zieht *Leuschner* mit Recht einen weiten Begriff des Organs (→ Rn. 12).

13   Ebenso *Burgard* ZIP 2010, 358 (364); aA *Arnold*,
      S. 107 f.; *Pieper* WM 2011, 2211 (2213).
14   *Reuter* NZG 2009, 1368 (1369); *Wörle-Himmel/*
      Endres DStR 2010, 759 (760); BeckOK BGB/
      Schöpflin § 31 a Rn. 2; *Arnold*, S. 105; *Roth* npoR
      2010, 2; Erman/*Westermann* BGB § 31 a Rn. 1;
      MüKoBGB/*Arnold* (7. Aufl.) § 31 a, Rn. 3; MüKo-
      BGB/*Leuschner* § 31 a Rn. 2; *Pieper* WM 2011, 2211
      (2213); *Leuschner* NZG 2014, 281 (287).
15   So ausdrücklich der Gesetzesentwurf des Bundesrats,
      BT-Drs. 16/10120, S. 7 („Die vorgeschlagene Haf-
      tungsbegrenzung gegenüber dem Verein greift unab-
      hängig von dem durch den Verein verfolgten Zweck
      ein, also auch dann, wenn dieser keine gemeinnützi-
      gen oder mildtätigen Zwecke verfolgt."; ebenso *Reu-*
      ter NZG 2009, 1368 (1369).
16   *Leuschner* NZG 2014, 281 (287); *Pieper* WM 2011,
      2211 (2213).

17   *Reuter* NZG 2009, 1368 (1370); *Leuschner* NZG
      2014, 281 (287); *Pieper* WM 2011, 2211 (2213), dort
      auch zur Kollision mit abweichendem Landesrecht.
18   *Reuter* NZG 2009, 1368 (1370); *Noack*
      GmbHR 2010, R 81; *Wörle-Himmel/Endres* DStR
      2010, 759 (760); BeckOK BGB/*Schöpflin* § 31 a Rn.
      3; *Arnold*, S. 105; *Roth* npoR 2010, 2.
19   Staudinger/*Hüttemann/Rawert* BGB Vor § 80
      Rn. 319; *Reuter* NZG 2009, 1368 (1370); *Arnold*,
      S. 105 f.; *Roth* npoR 2010, 2; BeckOK BGB/*Schöpf-*
      lin Rn. 3; jedenfalls de lege ferenda für Einbeziehung
      Sobotta/Cube DB 2009, 2082 f.
20   Regierungsbegründung BR Drs. 663/12.
21   *Leuschner* NZG 2014, 281 (285).
22   BGHZ 16, 17, 25 = WM 1955, 150.
23   *Schürnbrand*, Organschaft im Recht der privaten
      Verbände, S. 36 ff.

Neben dem Vorstand iSd § 27 sind sämtliche in der Satzung mit Geschäftsführungsaufgaben betraute Organisationeinheiten unabhängig von ihrer Bezeichnung (etwa geschäftsführender Vorstand, Präsidium, Direktorium) vom Organbegriff umfasst; gleiches gilt für in der Satzung festgelegte Beratungs- und Überwachungsgremien (etwa Beiräte, Verwaltungsräte, Kuratorien); auch vereinsinterne Schiedsstellen haben regelmäßig Organqualität.[24]

Der besondere Vertreter ist in § 30 definiert. **14**

Durch § 31 b ist die Frage erledigt, ob § 31 a auf „einfache" Vereinsmitglieder anwendbar ist (vgl. 2. Aufl. **15** § 27 Rn. 20).

b) Höchstens 720 EUR jährlich Vergütung. Gem. Abs. 1 S. 1 kommen in den Vorzug der Begünstigung **16** nur Organmitglieder etc (→ Rn. 12 ff.), „die unentgeltlich tätig sind oder für ihre Tätigkeit eine Vergütung erhalten, die 720 EUR[25] jährlich nicht übersteigt". Maßgebend ist die Vergütung des jeweiligen einzelnen Organmitglieds.[26] Daher kann es in einem Verein gleichzeitig Organmitglieder geben, die unbeschränkt und die nach § 31 a beschränkt haften.

Nach der Gesetzesbegründung[27] sind Vergütung „**alle Geld- oder Sachleistungen sowie die Gewährung 17 geldwerter Vorteile** (darunter könne eine Befreiung von Mitgliedsbeiträgen fallen), die die Arbeit für den Verein abgelten solle; Leistungen, die nicht Arbeit vergüten, sind nach dem Willen des Gesetzgebers kein Entgelt. Das gilt insbes. für Aufwendungsersatz (→ Rn. 21 sowie zu ähnlichen Themen im Rahmen des § 27 Abs. 3 → § 27 Rn. 18 a f.).

Die Privilegierung orientiert sich zwar an dem Steuerfreibetrag nach § 3 Nr. 26 a EStG (→ Rn. 1), setzt aber **18** keine Begünstigung der konkreten Vergütung voraus.[28]

Gewährt der Verein als Vergütung **Sachleistungen oder sonstige geldwerte Vorteile** (→ Rn. 17), bemisst **19** sich ihr Wert nach dem Verkehrswert, mindestens aber nach den Selbstkosten des Vereins.

Maßgebend für die 720-EUR-Grenze ist die als **Gegenleistung für die Tätigkeit im konkreten Verein 20** gezahlte Vergütung. Denn für die Privilegierung ist entscheidend, was das Organmitglied für „seine Tätigkeit" – und das ist die Tätigkeit als Organmitglied im konkreten Verein – an Vergütung erhält. Nach dem insoweit klaren Gesetzeswortlaut ist nicht maßgebend, dass der jeweilige Verein die Vergütung zahlt, sondern dass (quasi im Passiv formuliert) das Organmitglied „eine Vergütung erhält". ZB ist Unentgeltlichkeit im O eV zu bejahen, wenn dessen Vorstandsmitglied V zwar für Vorstandstätigkeit im Dachverband D eV eine Vergütung von mehr als 720 EUR erhält und gleichzeitig im Ortsverband O eV unentgeltlich als Vorstandsmitglied tätig ist, wenn die von D gezahlte Vergütung nicht gleichzeitig als Vergütung für die Tätigkeit von V bei O bestimmt ist. Ebenso ist V als Vorstand bei O unentgeltlich tätig, wenn er bei O neben seiner Position als Vorstand zB als auf Stundenbasis p.a. mit mehr als 720 EUR vergüteter Trainer tätig ist.[29] Bekleidet eine Person eine Organstellung in mehreren Vereinen, ist die 720-EUR-Grenze für jeden Verein einzeln anzuwenden.

Aufwendungsersatz bleibt bei der 720 EUR-Grenze außer Betracht (→ Rn. 17). Zulässig ist, Aufwen- **21** dungsersatz pauschal zu zahlen ohne Einzelabrechnung (vgl. allg. → § 27 Rn. 16).[30] Das darf jedoch nicht dazu führen, dass die Aufwandsentschädigung eine verkappte Vergütung ist, die Zeitversäumnis ersetzt. Vielmehr dürfen lediglich die typischerweise tatsächlich entstehenden Aufwendungen pauschal erstattet werden; die Erstattung muss sich eng am tatsächlichen Aufwand orientieren.[31] Entscheidend ist der **Anspruch** auf Vergütung. Maßgebend ist der Anspruch in dem Kalenderjahr, in dem das Organmitglied die schädigende Handlung oder Unterlassung begangen hat.[32] Entgegen *Burgard*[33] begründet eine nicht satzungsmäßig oder sonst vereinbarte **Übung** keinen Anspruch auf Vergütung iSd § 31 a, da die entsprechenden Grundsätze nur durch die Besonderheiten des Arbeitsverhältnisses bedingt sind. Ein **nachträglicher Verzicht** kann das Organmitglied nicht in den Genuss des § 31 a bringen.[34] Kein Entgelt ist der Ausgleich unverschuldeter oder iSd von § 31 a Abs. 2 nicht grobfahrlässig/vorsätzlich herbeigeführter Schäden (bloßer Aufwendungsersatz)[35] oder der Abschluss einer D&O-Versicherung (vgl. allg. → § 27 Rn. 16).

---

24 *Leuschner* NZG 2014, 281 (285).
25 Bis zur Novelle 2013 500 EUR.
26 Juris PK-BGB/*Otto* Rn. 9; *Terner* DNotZ 2010, 5 (22).
27 BT-Drs. 16/10120, S. 7.
28 *Arnold*, S. 108.
29 Tendenziell aA („viel spricht dafür") *Roth* npoR 2010, 3.
30 Palandt/*Ellenberger* BGB § 31 a Rn. 2; Erman/*Westermann* BGB § 31 a Rn. 2.

31 Vgl. *Burgard* ZIP 2010, 358 (361) unter Verweis auf BGH ZIP 1988, 706 (707 ff.) = NJW-RR 1988, 745; vgl. auch Lohnsteuerrichtlinien zu § 3 Nr. 12, S 2 und § 3 Nr. 26 a EStG.
32 Juris PK-BGB/*Otto* Rn. 9.
33 ZIP 2010, 358 (362).
34 *Burgard* ZIP 2010, 358 (362); juris PK-BGB/*Otto* Rn. 7 f.
35 Vgl. Palandt/*Ellenberger* BGB § 27 Rn. 5 und Soergel/*Hadding* BGB § 27 Rn. 22 a.

22   **2. Wahrnehmung von Organpflichten.** Privilegiert ist nur eine Schadensverursachung eines Organmitglieds/Vertreters „bei der Wahrnehmung seiner Vorstandspflichten". Den Materialien (→ Rn. 1 f.) ist kein Hinweis zu entnehmen, dass der Gesetzgeber mit dem Begriff der Wahrnehmung der Pflichten etwas anderes zum Ausdruck bringen wollte als § 31 mit dem (leicht antiquierten) Begriff der „Ausführung der … zustehenden Verrichtungen" (vgl. zur Auslegung → § 31 Rn. 10 ff.). Daher sind beide Begriffe gleich auszulegen.[36] Demgemäß greift die Haftungsprivilegierung nur bei einer Tätigkeit des Organmitglieds/Vertreters im Rahmen der ihm bei der Organ- bzw. Vertretertätigkeit übertragenen Aufgaben.[37]

23   Ebenso wie bei § 31 ist die das Tatbestandsmerkmal der Wahrnehmung der Pflichten erfüllt, wenn das Organmitglied in einem objektiven Zusammenhang damit Schäden verursacht; eine Schädigung bloß „bei Gelegenheit" der Organtätigkeit ist ebenso wie nach § 31 nicht tatbestandsmäßig.[38] Das Haftungsprivileg greift aber zB nicht ein, wenn das Organmitglied eines Sportvereins als Übungsleiter tätig ist und dabei Schäden verursacht.[39] Im Einzelfall mag die **Abgrenzung** schwierig sein. Entscheidend ist uE die objektive Perspektive und wie der Verein/das Mitglied das Verhalten des Organmitglieds verstehen musste.

24   **3. Die erfassten Ansprüche.** Erfasst werden **Ansprüche aller Art** des Vereins und seiner Mitglieder (→ Rn. 28 f.) gegen das Organmitglied (→ Rn. 12 f.), einschließlich von Regressansprüchen sowie deliktischen und insolvenzrechtlichen Ansprüchen.[40] Aus der Streichung der im Gesetzgebungsverfahren zunächst eingebrachten Regelungen zur abgaben- und sozialversicherungsrechtlichen Haftung und zur Insolvenzverschleppung (→ Rn. 1) folgt nicht, dass solche Ansprüche nicht von der Privilegierung nach § 31 a umfasst sind; denn die Streichung betraf nur die angedachten Regelungen im Außenverhältnis. In der Praxis wird der Freistellungsanspruch bei Vereinsinsolvenz regelmäßig faktisch ohne Wert sein.[41]

25   **4. Haftung nur bei Schadensverursachung mit Vorsatz oder grober Fahrlässigkeit.** Grundsätzlich haften Vorstandsmitglieder gem. §§ 27 Abs. 3, 664 ff., 280 für jede Pflichtverletzung bei allen Verschuldensarten (→ § 27 Rn. 19 zum grundsätzlichen Haftungsmaßstab). Tatbestandsmäßig sind sowohl aktives Tun wie Unterlassen – wie zB die Nichterfüllung einer Verkehrssicherungspflicht (→ § 31 Rn. 8).[42] Grundsätzlich reicht für die Haftung leichte („einfache") Fahrlässigkeit. Die Satzung kann die Haftung für leicht fahrlässiges Verhalten des Vorstandsmitglieds ausschließen.[43] Denkbar sind auch Beschlüsse der Mitgliederversammlung zur Haftungsbegrenzung in Einzelfällen.[44] Unabhängig von die Haftung beschränkenden Satzungsregelungen bzw. Beschlüssen (→ § 27 Rn. 19) haften die durch § 31 a Abs. 1 Begünstigten (→ Rn. 12 ff. und 16 ff.) nicht bei leicht fahrlässigem Verhalten (vgl. allg. → § 276 Rn. 11 ff.). Gem. § 276 Abs. 2 handelt fahrlässig, wer die im Verkehr erforderliche Sorgfalt außer Acht lässt. **Grob fahrlässig** ist nach der Definition des BGH ein Handeln, bei dem der Handelnde die erforderliche Sorgfalt nach dem gesamten Umständen in ungewöhnlich großem Maße verletzt und dasjenige unbeachtet gelassen hat, „was im gegebenen Fall jedem hätte einleuchten müssen";[45] grobe Fahrlässigkeit liegt nur vor, wenn dem Handelnden auch in subjektiver Hinsicht ein schwerer Vorwurf zu machen ist[46] (→ § 276 Rn. 13). Der Sorgfaltsmaßstab ist nach den jeweiligen Verkehrskreisen zu bestimmen; daher ist „von dem Vorstand eines Großvereins mit wirtschaftlicher Betätigung wie dem ADAC eine höhere Sorgfalt zu fordern als von dem Vorstand eines kleinen Chores".[47] **Vorsatz** ist gesetzlich nicht definiert; nach allg. Auffassung handelt es sich dabei um das Wissen und Wollen der Erfüllung der nach dem objektiven gesetzlichen Tatbestand maßgebenden Umstände (→ § 276 Rn. 10). Fehlen Vorsatz und grobe Fahrlässigkeit, haftet das Organmitglied gem. Abs. 1 S. 1 nicht gegenüber dem Verein (→ Rn. 28 f. zur Haftung gegenüber Mitgliedern).

26   § 31 a **begrenzt nur den Haftungsmaßstab – nicht aber den Pflichtenkreis** des jeweiligen Vorstandsmitglieds; Bedeutung hat dies insbesondere für die Verantwortlichkeit im mehrköpfigen Vorstand bei Ressortverteilung (vgl. zu dieser § → § 27 Rn. 15, 22, 23); § 31 a lässt die Überwachungspflicht als solche unberührt; es stellt sich nur die Frage, ob das Organmitglied die Überwachungspflicht grob fahrlässig oder vorsätzlich verletzt hat.[48]

27   Vgl. zur **Beweislast** → Rn. 33 f.

---

36   Ebenso Palandt/*Ellenberger* BGB § 31 a Rn. 3; Erman/*Westermann* BGB § 31 a Rn. 2; MüKoBGB/*Arnold* (7. Aufl.) § 31 a Rn. 6; MüKoBGB/*Leuschner* § 31 a Rn. 8.

37   Ebenso Palandt/*Ellenberger* BGB § 31 a Rn. 3.

38   *Roth* npoR 2010, 3; Palandt/*Ellenberger* BGB § 31 a Rn. 3.

39   So das zutreffende Beispiel bei *Wörle-Himmel/ Endres* DStR 2010, 759 (761); dies übersieht *Burgard* ZIP 2010, 358 (363).

40   *Burgard* ZIP 2010, 358 (362 f.).

41   Wie hier *Arnold*, S. 109 f.; aA *Roth* npoR 2010, 3.

42   *Roth* npoR 2010, 3.

43   Palandt/*Ellenberger* BGB § 31 a Rn. 4; *Unger* NJW 2009, 3269 (3270), *Arnold*, S. 93; *Sauter/Schweyer/ Waldner* Eingetragener Verein Rn. 278; *Unger* NJW 2009, 3269 (3270).

44   *Arnold*, S. 95.

45   BGH NJW 1984, 789 (791) = BGHZ 89, 153; BGH NJW-RR 2002, 1108 = WM 2002, 2062.

46   BGHZ 10, 14, 17; BGHZ 119, 147, 149 ff. = NJW 1992, 2418.

47   BeckOK BGB/*Schöpflin* § 31 a Rn. 8.

48   *Arnold*, S. 109.

5. Begrenzung auch der Haftung gegenüber Vereinsmitgliedern gem. Abs. 1 S. 2. Gemäß Abs. 1 **28**
S. 2 gilt S. 1 auch für die Haftung des Vorstands gegenüber den Mitgliedern des Vereins. Die Begünstigung
ist nicht zwingend (→ Rn. 9). In der Literatur wird diskutiert, ob sie einschlägig ist, wenn das **Mitglied
dem Verein wie ein Dritter gegenübertritt** und dabei geschädigt wird.[49] Maßgebend ist uE, dass nach dem
Gesetzeswortlaut die Haftung generell beschränkt werden sollte und dass der Gesetzgeber diese generelle
Haftungsbeschränkung wollte. Er sah es als ausreichend an, dass Vereine durch Satzungsregelung eine
andere Regelung treffen können (→ Rn. 9). UE bleibt es daher bei dem allgemeinen Grundsatz, dass mangels abweichender Satzungsregelung die Privilegierung auch gilt, wenn das Mitglied dem Verein wie ein
Dritter gegenübertritt.

6. Gesamtschuldnerausgleich. Mehrere Organmitglieder – zumal Vorstandsmitglieder – (→ Rn. 12) **29**
haften als Gesamtschuldner (§ 421). Wesentliches Kriterium für den Innenausgleich nach § 426 Abs. 1 S. 1
wird das **Maß der Verursachung und der Pflichtverletzung** sein. (vgl. allg. → § 426 Rn. 10 f.)[50] Fragen
der sogenannten **gestörten Gesamtschuld** stellen sich, wenn die Haftung eines nach § 31 a (oder § 31 b)
privilegiert haftenden Schuldners mit der eines unbegrenzt haftenden Schuldners zusammentrifft. (vgl. allg.
→ § 426 Rn. 20 ff.)[51] UE kommen in solchen Fällen die nicht privilegiert haftenden Organmitglieder bei der
Haftung gegenüber dem Verein[52] und den Mitgliedern in den Vorzug einer Haftungsbegrenzung im Außenverhältnis; auch im Innenverhältnis zu anderen, über 720 EUR entgeltlich tätigen Vorstandsmitgliedern
greift die Haftungsbegrenzung durch: Dem Gesetzgeber ging es um die Privilegierung des Ehrenamts; wer
ehrenamtlich als Organmitglied des Vereins (→ Rn. 16) tätig ist, soll nur bei Vorsatz und grober Fahrlässigkeit haften. Er sitzt nicht mit den höher vergüteten Vorständen „in einem Boot". Daher kann seine persönliche Haftungsbegrenzung weder den anderen Organmitgliedern zugutekommen[53] noch darf sie durch den
internen Innenausgleich (zu dem es bei Lichte besehen schon definitionsgemäß nicht kommt, denn das privilegierte Organmitglied haftet nach außen bei leichter Fahrlässigkeit überhaupt nicht, so dass es schon an
der Voraussetzung des § 421 fehlt) wieder ausgehebelt werden. § 31 a geht insoweit zulasten des nicht privilegierten Zweitschädigers, dessen volle Haftung § 31 a nicht berührt.[54] Bei der **Schädigung eines Dritten**
durch privilegiert und nicht privilegiert haftende Organ- und Vereinsmitglieder haften diese im Außenverhältnis ungeachtet der Privilegierung nach §§ 31 a, 31 b unbeschränkt nach außen als Gesamtschuldner.
Beim Gesamtschuldnerausgleich nach § 426 besteht eine Pflicht des Vereins, den Privilegierten von dessen
Ausgleichsanspruch freizustellen.[55] Darüber hinaus wird man uE für den nicht privilegiert Haftenden auch
eine Durchsetzungssperre annehmen müssen, da anderenfalls die gesetzliche Begünstigung des mit unter
720 EUR Vergüteten leerliefe.

7. Beweislast. Vgl. zur Beweislast → Rn. 33.

II. Freistellungsanspruch (Abs. 2)

Nach Abs. 2 hat das gem. Abs. 1 S. 1 mit höchstens 720 EUR jährlich vergütete Organmitglied **30**
(→ Rn. 12 ff. und 16 ff.) gegenüber dem Verein einen Freistellungsanspruch, wenn es einem Dritten wegen
eines nur leicht fahrlässigen Verhaltens zum Schadensersatz verpflichtet ist und hierfür persönlich in
Anspruch genommen wird. Nach dem Gesetzeswortlaut kann das Organmitglied vom Verein „die Befreiung
von der Verbindlichkeit verlangen" (Abs. 2 S. 1). Dieser **Freistellungsanspruch wandelt sich in einen
Erstattungsanspruch** um, wenn das Organmitglied den Schadensersatz geleistet hat.[56]

Der Freistellungsanspruch (vgl. zur ähnlichen Regelung § 670 iVm § 257 S. 1) verpflichtet den Verein, das **31**
Organmitglied von dessen Haftung gegenüber dem Dritten **rechtzeitig durch eine eigene Leistung freizu-
stellen**. Das Organmitglied kann (entsprechend dem Freistellungsanspruch des Arbeitnehmers gegen den
Arbeitgeber) den Freistellungsanspruch an den Gläubiger **abtreten**, und der Gläubiger kann den Freistel-
lungsanspruch **pfänden**, wodurch sich der Freistellungsanspruch in einen unmittelbaren Anspruch des
Geschädigten auf Zahlung gegen den Verein verwandelt (vgl. → § 619 a Rn. 17 sowie → § 257 Rn. 5).

Vgl. zur **Beweislast** → Rn. 34. **32**

---

49   Ausführlich *Roth* npoR 2010, 3 f.
50   Vgl. zu entsprechenden Fragen bei *U. Schmidt* in
    Heidel Aktienrecht AktG § 93 Rn. 115 ff.; Großkom-
    mAktG/*Hopt/Roth* § 93 Rn. 465.
51   Vgl. die „Segelanleitung" des BGH im Fall einer
    Genossenschaft mit einem ehrenamtlichen und ande-
    ren beruflich tätigen Vorstandsmitgliedern BGH ZIP

2004, 407 = DB 2004, 534 = WM 2004, 486; vgl.
auch *Reschke* DZWiR 2011, 403.
52   Insoweit aA *Roth* npoR 2010, 4.
53   So aber *Vogel* NJ 2015, 165.
54   Anderer Ansicht *Leuschner* NZG 2014, 281 (286).
55   *Leuschner* NZG 2014, 281 (285).
56   Palandt/*Ellenberger* BGB § 31 a Rn. 5; Erman/*Wes-
    termann* BGB § 31 a Rn. 3.

III. Darlegungs- und Beweislast Abs. 1 S. 3

33 Das Ehrenamtstärkungsgesetz (→ Rn. 1) hat eine gesetzliche Regelung zur Beweislast eingeführt: Ist streitig, ob ein Organmitglied oder ein besonderer Vertreter einen Schaden vorsätzlich oder grob fahrlässig verursacht hat, trägt der Verein bzw. das Vereinsmitglied die Beweislast. Die Norm beruht auf einer Empfehlung des Finanzausschusses des Bundestages. Danach sollen die Haftungsbeschränkungen von § 31 a Abs. 1 und 2 bei allen Schadensersatzansprüchen umfassend zugunsten des Organmitglieds /Vertreters wirken, insbes. auch bei Ersatzansprüchen nach § 280 Abs. 1. Ohne die besondere Beweislastregelung müssten Organmitglieder /Vertreter bei Ansprüchen nach § 280 Abs. 1 beweisen, dass sie den Schaden nicht vorsätzlich und nicht grob fahrlässig verursacht haben.[57] Daher kommt der nach § 31 a Begünstigte immer in den Genuss der Haftungsbegrenzung bzw. der Freistellung, wenn der Verein ihm nicht Vorsatz oder grobe Fahrlässigkeit nachweist. Im Übrigen bleibt es bei dem allgemeinen Grundsatz, dass zunächst der Gläubiger die objektive Pflichtverletzung iSd Abs. 1 S. 1 darlegen und ggf. beweisen muss (vgl. allg. → § 280 Rn. 43).

C. Weitere praktische Hinweise

34 Es sind zahlreiche Möglichkeiten denkbar, die **Haftungsrisiken von Vorstandsmitgliedern/besonderen Vertretern zu begrenzen**. In Betracht kommen zB die Übertragung von Aufgaben auf Besondere Vertreter sowie Ressortverteilungen; eine wichtige Maßnahme ist auch der Abschluss einer D&O-Versicherung (die die Bundesregierung im Gesetzgebungsverfahren zwingend ausgestalten wollte, → Rn. 1 sowie → § 27 Rn. 20 b).[58]

§ 31 b Haftung von Vereinsmitgliedern

(1) [1]Sind Vereinsmitglieder unentgeltlich für den Verein tätig oder erhalten sie für ihre Tätigkeit eine Vergütung, die 720 Euro jährlich nicht übersteigt, haften sie dem Verein für einen Schaden, den sie bei der Wahrnehmung der ihnen übertragenen satzungsgemäßen Vereinsaufgaben verursachen, nur bei Vorliegen von Vorsatz oder grober Fahrlässigkeit. [2]§ 31 a Absatz 1 Satz 3 ist entsprechend anzuwenden.

(2) [1]Sind Vereinsmitglieder nach Absatz 1 Satz 1 einem anderen zum Ersatz eines Schadens verpflichtet, den sie bei der Wahrnehmung der ihnen übertragenen satzungsgemäßen Vereinsaufgaben verursacht haben, so können sie von dem Verein die Befreiung von der Verbindlichkeit verlangen. [2]Satz 1 gilt nicht, wenn die Vereinsmitglieder den Schaden vorsätzlich oder grob fahrlässig verursacht haben.

Literatur: S. § 31 a.

A. Allgemeines 1
  I. Gesetzesgeschichte, Zweck, Inkrafttreten 1
  II. Anwendungsbereich 5
  III. Zwingendes Recht 6
B. Regelungsgehalt 7
  I. Begrenzung der Innenhaftung gegenüber dem Verein (Abs. 1 S. 1) 7
    1. Begünstigter Personenkreis unentgeltlich oder höchstens mit 720 EUR jährlich vergütete Vereinsmitglieder 7
      a) Vereinsmitglied 7

      b) Höchstens 720 EUR jährlich Vergütung 8
    2. Wahrnehmung der übertragenen satzungsmäßigen Vereinsaufgaben 9
    3. Haftung nur bei Schadensverursachung mit Vorsatz oder grober Fahrlässigkeit 12
    4. Die erfassten Ansprüche 13
    5. Gesamtschuldnerausgleich 15
  II. Freistellungsanspruch (Abs. 2) 16
  III. Darlegungs- und Beweislast 17

A. Allgemeines

I. Gesetzesgeschichte, Zweck, Inkrafttreten

1 Bei der Einführung des § 31 a aF 2009 (→ § 31 a Rn. 1) war mit Recht kritisiert worden, dass die Haftungsprivilegierung auf Vorstandsmitglieder beschränkt war. *Reuter* hatte gemahnt, die Förderung ehrenamtlicher Tätigkeit sei zwar eine löbliche Absicht; es sei aber unten anzusetzen, bei den ehrenamtlichen Mitarbeitern, die sich ohne Belohnung durch ein besonderes Sozialprestige engagierten, es „fehlt nicht an Häuptlingen, sondern an Indianern".[1] Auf Kritik solcher Art reagierte der Gesetzgeber 2013 mit dem durch das Ehren-

---

57 BT-Drs. 17/12123, S. 22 f.

58 Vgl. zu solchen Möglichkeiten *Unger* NJW 2009, 3269 (3272).

1 *Reuter* NZG 2009, 1368 (1369).

amtsstärkungsG[2] eingefügten § 31 b. Dieser realisiert eine **weitgehende haftungsrechtliche Gleichstellung von unentgeltlich tätigen Vereinsmitgliedern mit Organmitgliedern** nach § 31 a.[3]

Erklärter Grund der Regelung ist, dass oftmals Vereinsmitglieder Aufgaben des Vereins wahrnehmen.[4] 2
Nach der Gesetzesbegründung[5] sollen durch § 31 b Vereinsmitglieder, die im Wesentlichen unentgeltlich Aufgaben des Vereins wahrnehmen, den Vorstandsmitgliedern nach § 31 a haftungsrechtlich gleichgestellt werden: Ihre Haftung gegenüber dem Verein solle im gleichen Umfange wie die der Vorstandsmitglieder beschränkt werden; die Beschränkung solle aber nur gegenüber dem Verein wirken, nicht entsprechend § 31 a Abs. 1 S. 2 gegenüber Vereinsmitgliedern. Für deren Schädigung solle dasselbe gelten wie für die Schädigung Dritter (vgl. § 31 a Abs. 2). Bei einer solchen Schädigung soll das Vereinsmitglied im gleichen Umfang wie ein Vorstandsmitglied einen Anspruch gegen den Verein auf Freistellung von der Haftung haben.[6]

Abs. 1 S. 2 normiert die **Beweislast**. In der Begründung heißt es: Sei streitig, ob das Mitglied grob fahrläs- 3
sig oder vorsätzlich gehandelt habe, müsse der Verein bei allen Schadensersatzansprüchen das Vorliegen von grob fahrlässigem oder vorsätzlichem Handeln beweisen; könne der Verein das nicht, gehe dies immer zulasten des Vereins; die Haftungsbeschränkung nach Abs. 1 S. 2 solle bei allen Schadensersatzansprüchen umfassend zugunsten der Mitglieder wirken – insbesondere auch bei Ansprüchen wegen Pflichtverletzung nach § 280. Deshalb treffe Abs. 1 S. 2 eine besondere Beweislastregelung zugunsten der Mitglieder, die § 31 a Abs. 1 S. 3 entspreche (vgl. dazu → § 31 a Rn. 1 und 33); ohne diese Regelung müssten die Mitglieder bei Ansprüchen nach § 280 Abs. 1 im Streitfall beweisen, dass sie einen Schaden weder vorsätzlich noch grob fahrlässig verursacht haben.[7]

Die Novelle ist am **1.1.2015 in Kraft getreten**.[8] 4

II. Anwendungsbereich

§ 31 b ist wie § 31 a auf **rechtsfähige Vereine** ungeachtet ihrer Gemeinnützigkeit anzuwenden. Auf die **Stif-** 5
tung ist er angesichts der klaren Regelung von § 86, dessen Verweis den § 31 b ausspart, nicht anwendbar. Ein Redaktionsversehen scheint fernliegend, da der Gesetzgeber im Rahmen der Einführung des Ehrenamtsstärkungsgesetzes auch im Stiftungsrecht geändert hat (§§ 80, 81). Anwendbar ist § 31 b auf den nicht **rechtsfähigen nicht wirtschaftlichen Verein** (→ § 31 a Rn. 10) – ebenso wie § 31 a (→ § 31 a Rn. 11) nicht aber auf ehrenamtliche bzw. gering vergütete Tätigkeiten in **anderen zB gemeinnützigen Organisationen**.[9]

III. Zwingendes Recht

§ 31 b ist – anders als § 31 a Abs. 1 S. 2 (→ § 31 a Rn. 9) – **zwingend**, die Abweichung in der Satzung ist 6
unzulässig (§ 40).[10] Mit *Leuschner* ist festzustellen,[11] dass Haftungsverschärfungen vertraglich möglich sind, da § 40 S. 1 nur die Satzungsdisponibilität regelt; derartige formularmäßige Vereinbarung wären gem. § 307 Abs. 1 S. 1, Abs. 2 Nr. 1 unwirksam; ausgeschlossen ist eine Haftungsprivilegierung entsprechend § 31 a Abs. 1 S. 2 in einer Vereinbarung zwischen dem Ehrenamtlichen und dem Verein, da Solches ein unzulässiger Vertrag zulasten der anderen Vereinsmitglieder wäre.

---

2 Gesetz vom 21.3.2013, BGBl. 2013 I 556, Art. 6 Nr. 2.

3 BeckOK BGB/*Schöpflin* § 31 b Rn. 1; vgl. Gesetzentwurf BT-Drs. 17/11316 S. 17 und BR-Drs. 663/12.

4 BT-Drs. 17/11316 S. 16.

5 BT-Drs. 17/11316 S. 16 ff. Hingewiesen wird darauf, bisher habe die Rspr. die Haftung des unentgeltlich tätigen Vereinsmitglieds gegenüber dem Verein durch die Anwendung der Grundsätze der Arbeitnehmerhaftung beschränkt (vgl. zum vorherigen Rechtszustand → § 27 Rn. 20 sowie 2. Aufl. § 31 a Rn. 28), bei fahrlässiger Schädigung von Dritten sei dem Mitglied ein Anspruch auf Befreiung von der Haftung gegen den Verein gewährt worden; bei mittlerer Fahrlässigkeit ordneten die Grundsätze der Arbeitnehmerhaftung indes eine anteilige Haftung an, diese

seien somit strenger als die Haftungsregelungen des § 31 a für Vorstandsmitglieder.

6 BT-Drs. 17/11316 S. 17.

7 BT-Drs. 17/12123 S. 23.

8 Art. 12 Abs. 1, BGBl. 2013 I, 556.

9 MüKoBGB/*Arnold* (7. Aufl.) § 31 b Rn. 3; MüKoBGB/*Leuschner* § 31 b Rn. 2; *Leuschner* NZG 2014, 281 (287).

10 BT-Drs. 17/11316 S. 17; Palandt/*Ellenberger* BGB § 31 b Rn. 3; für die Aufnahme der Haftung der Vereinsmitglieder untereinander in den Katalog des § 40 BGB, hatten sich während des Gesetzgebungsverfahrens Teile der Literatur ausgesprochen, so zB *Pusch* SpuRt 2012, 13.

11 MüKoBGB/*Leuschner* § 31 b Rn. 14.

B. Regelungsgehalt

I. Begrenzung der Innenhaftung gegenüber dem Verein (Abs. 1 S. 1)

7 **1. Begünstigter Personenkreis unentgeltlich oder höchstens mit 720 EUR jährlich vergütete Vereinsmitglieder. a) Vereinsmitglied.** Um in der Haftung privilegiert zu sein, muss man Mitglied des Vereins sein. Mitglied sind die dem Verein angehörigen Personen, die sich mit dem Eintritt der Satzung des Vereins unterwerfen und dadurch Mitgliedsrechte und -pflichten erworben haben. **Beginn und Ende der Mitgliedschaft regelt die Satzung** (§ 58 Nr. 1). Ausgeschlossen ist eine erweiternde Auslegung auf **andere Ehrenamtliche**, die ohne Mitgliedschaft oder Organstellung in einem Verein mitwirken; möglich ist insoweit die Anwendung der Grundsätze zur Arbeitnehmerhaftung (→ Rn. 2).[12] Auch wenn die Satzung unterschiedliche Arten der Mitgliedschaft ermöglicht,[13] kann grundsätzlich jedes Mitglied in den Genuss der Haftungsprivilegierung kommen; denn das Gesetz sagt nichts zu Differenzierungsmöglichkeiten.

8 **b) Höchstens 720 EUR jährlich Vergütung.** Das Mitglied muss unentgeltlich oder gegen Entgelt von höchstens 720 EUR jährlich tätig sein. Der Gesetzgeber hat ein längerfristiges Tätigwerden für den Verein im Blick, für die als Anerkennung allenfalls ein solches geringfügiges jährliches Entgelt gewährt wird. Das Mitglied müsse primär im Interesse des Vereins tätig werden, nicht aber zu eigenen Erwerbsinteressen: Werde ein Mitglied im Rahmen seiner gewerblichen oder beruflichen Tätigkeit aufgrund eines Vertrages zu einer im Wesentlichen marktüblichen Vergütung für den Verein tätig, nehme es die Aufgaben nicht primär im Interesse des Vereins wahr, sondern vorrangig nur zu eigenen Erwerbszwecken.[14] *H.P. Westermann* will die Privilegierung ausschließen, wenn das Mitglied nicht laufend mitwirkt, sondern nur einmalig oder punktuell.[15] Demgegenüber stellt *Leuschner* keine hohen Anforderungen an die Langfristigkeit.[16] UE überstrapazieren alle **Erwägungen zur Langfristigkeit** den Gesetzesinhalt: Das Tatbestandsmerkmal lautet nun mal nur, dass Mitglieder „unentgeltlich … tätig (sind) oder … eine Vergütung (erhalten), die 720 EUR jährlich nicht übersteigt". Eine Vergütung von 720 EUR jährlich ist eine auf das Kalenderjahr bezogene Vergütung, nicht etwa eine Vergütung, die eine Mindestdauer von ein, zwei, fünf oder gar zehn Jahren voraussetzt, bei der jährlich durchschnittlich höchstens der Betrag erzielt wird. Aus dem Gesetz lassen sich keine Kriterien für eine Dauer ableiten. UE muss bei dem bleiben, was der Gesetzgeber ausdrücklich angeordnet hat, eine Einschränkung nach einem (angeblichen) Gesetzeszweck scheidet aus, zumal dieser im Wortlaut des Gesetzes keinen Niederschlag gefunden hat: Die Jahresvergütung ist maßgeblich – unabhängig davon, ob diese eine oder einzelne oder eine Dauerleistung honoriert. Dass nur diese Interpretation dem gesetzgeberischen Willen entsprechen kann, zeigt die Parallele zu § 31 a, wo mit Recht kein Gedanke daran verschwendet wird, nach welchen Zeitabschnitten die Vergütung bemessen ist. Die Abgrenzung zur unerwünschten Privilegierung von gewerblicher Tätigkeit für einen Verein muss nicht bei der Höhe der Vergütung ansetzen, sondern bei der Wahrnehmung der den Mitgliedern übertragenen satzungsmäßigen Vereinsaufgaben (→ Rn. 9 ff.). Es soll möglich sein, dass ein teils ehrenamtlich und teils gewerblich tätiges Mitglied nach § 31 b privilegiert ist.[17]

9 **2. Wahrnehmung der übertragenen satzungsmäßigen Vereinsaufgaben.** Der Verein muss dem Mitglied satzungsmäßige Aufgaben übertragen haben. Der Schaden muss nach der Gesetzesbegründung in Wahrnehmung einer satzungsgemäß übertragenen Vereinsaufgabe verursacht worden sein. Solches sind alle **Verrichtungen im Rahmen des Vereinszwecks**, die dem Verein obliegen.[18] Die Satzung braucht das Mitglied zur Tätigkeit aber nicht zu verpflichten.[19] Übt ein Mitglied **eigene Mitgliedsrechte** oder -pflichten innerhalb oder außerhalb der Mitgliederversammlung aus, nimmt es eigene Interessen wahr.[20] Der Verein muss dem Mitglied die Aufgabe im Rahmen eines Auftrags o.ä. übertragen haben,[21] und zwar durch das

---

12   MüKoBGB/*Arnold* (7. Aufl.) § 31 b Rn. 4; MüKo-BGB/*Leuschner* § 31 b Rn. 3. Kritik an der Beschränkung der Privilegierung auf Mitglieder bei *Pusch* SpuRt 2012, 13.

13   Vgl. *Stöber/Otto* HdB VereinsR Rn. 204 ff.

14   BT-Drs. 17/11316 S. 17.

15   Erman/*Westermann* § 31 b Rn. 2; mit Recht kritisch dagegen auch MüKoBGB/*Arnold* (7. Aufl.) § 31 b Rn. 7; MüKoBGB/*Leuschner* § 31 b Rn. 4.

16   *Leuschner* NZG 2014, 281 (286).

17   In casu Freistellung von den Kosten einer Inanspruchnahme durch Dritte, LG Osnabrück 5.12.2018 – 3 O 1628/18 nv, juris Rn. 21 ff. (dieselbe Person könne teils ehrenamtlich und teils gewerblich tätig werden; selbst wenn die dadurch insgesamt bezogene Vergütung EUR 720 übersteige, bleibt die ehrenamt-

liche Tätigkeit, für die die geringere Vergütung gezahlt werde, privilegiert; die Abgrenzung ehrenamtlicher und nicht-ehrenamtlicher Tätigkeiten sei auch nicht ausgeschlossen, wenn die Tätigkeitskomplexe grob dasselbe Aufgabenfeld betreffen; eine Unklarheit in der Abgrenzung könne nach dem Grundsatz von Treu und Glauben zulasten des Vereins gehen.

18   BT-Drs. 17/11316 S. 17.

19   MüKoBGB/*Arnold* (7. Aufl.) § 31 b Rn. 6; MüKoBGB/*Leuschner* § 31 b Rn. 6; *Leuschner* NZG 2014, 281 (286).

20   BT-Drs. 17/11316 S. 17.

21   BT-Drs. 17/11316 S. 17; diff. *Leuschner* NZG 2014, 286.

vertretungsberechtigte Organ.[22] Nimmt das Mitglied Aufgaben des Vereins ohne dessen Wissen wahr, greift das Haftungsprivileg nicht.[23] Wann Wissen des Vereins vorliegt, beantwortet sich nach den Grundsätzen der Wissenszurechnung für juristische Personen[24] (→ § 26 Rn. 15). Eine ausdrückliche oder gar schriftliche Beauftragung durch den Verein ist nicht erforderlich; seine Duldung der Wahrnehmung der satzungsgemäßen Aufgabe durch das Vereinsmitglied genügt.[25]

Keine Übertragung soll es nach der Gesetzesbegründung sein, wenn das Mitglied nicht vorrangig im Interesse des Vereins, sondern **zu eigenen Erwerbszwecken** handelt, dann nehme es eigene Aufgaben wahr.[26] Eine solche Abgrenzung nach der Gesinnung scheidet uE aus. Wenn der Verein dem Mitglied satzungsmäßige Aufgaben überträgt und das Mitglied dafür das geringe Honorar von 720 EUR pro Jahr erhält, kann es keine Rolle spielen, wenn es dabei auch eigene Erwerbsinteressen verfolgt. Exemplifiziert an einem Beispiel: Der Fußballverein F eV lässt die Spieler seiner E-Jugend mit einem vereinseigenen Kleinbus jedes Wochenende aufs Land zu den Auswärtsspielen fahren, damit die Jungs an Meisterschaftsspielen teilnehmen können; es fallen pro Kalenderjahr 18 Fahrten an; der Zeitaufwand beträgt pro Spiel fünf Stunden; der F vergütet das mit 600 EUR pro Kalenderjahr. Als Fahrer wechseln sich jedes Wochenende ab ein Jura-Professor P, der leidenschaftlich Pkw fährt, und ein Taxifahrer T. Infolge leichter Fahrlässigkeit beschädigen P und T jeweils den Vereinsbus. Welchen Unterschied sollte die Profession des Fahrers iSd § 31b machen? Entscheidend ist allein, dass P und T jeweils weniger als die im Gesetz vorgesehenen 720 EUR bekommen. **10**

Ebenso wie nach § 31a sind nur solche Schädigungen privilegiert, die in Wahrnehmung der dem Mitglied **konkret übertragenen Aufgaben und nicht bloß „bei Gelegenheit"** verursacht werden (→ § 31a Rn. 23).[27] **11**

3. Haftung nur bei Schadensverursachung mit Vorsatz oder grober Fahrlässigkeit. § 31b greift nur, wenn das Vorstandsmitglied nicht vorsätzlich oder grob fahrlässig gehandelt hat (→ § 31a Rn. 25ff.). **12**

4. Die erfassten Ansprüche. Wie § 31a Abs. 1 erfasst § 31b Abs. 1 **Ansprüche aller Art des Vereins** gegen das Mitglied (vgl. § 31a → Rn. 24). **13**

Anders als in § 31a Abs. 1 S. 2 begrenzt § 31b nicht die **Haftung gegenüber Vereinsmitgliedern**. Grund ist das Ziel des Gesetzes, die haftungsrechtliche Stellung des Mitglieds gegenüber dem Verein zu stärken, nicht aber die Stellung geschädigter Mitglieder zu schwächen.[28] Daher bleibt bei Schädigung anderer Vereinsmitglieder oder Dritter die Haftung des Mitglieds im Außenverhältnis bestehen.[29] **14**

5. Gesamtschuldnerausgleich. Mehrere privilegiert und nicht privilegiert haftende Vereinsmitglieder und andere privilegiert und nicht privilegiert Haftende können Gesamtschuldner sein. Insoweit stellen sich dieselben Fragen des Gesamtschuldnerausgleichs wie nach § 31a (→ § 31a Rn. 29). **15**

II. Freistellungsanspruch (Abs. 2)

Bei **Schädigung anderer Vereinsmitglieder oder Dritter** kann dem Vereinsmitglied ein Freistellungsanspruch nach § 31b Abs. 2 S. 1 gegen den Verein zustehen. Der Umfang entspricht dem Verhältnis zwischen Organmitglied und Verein[30] (→ § 31a Rn. 30). Der Anspruch entfällt, wenn das Mitglied vorsätzlich oder grob fahrlässig gehandelt hat. Nach den allgemeinen Beweislastregeln trägt der Verein die Beweislast für den Vorsatz oder die grobe Fahrlässigkeit.[31] **16**

III. Darlegungs- und Beweislast

Die Effektivität der Haftungsprivilegierung soll die entsprechende Anwendung des § 31a Abs. 1 S. 3 nach Abs. 1 S. 2 sichern[32] (→ Rn. 3). Somit trägt der Verein die Beweislast dafür, dass sein Mitglied einen Schaden des Vereins vorsätzlich oder grob fahrlässig verursacht hat (vgl. § 31a → Rn. 33). **17**

22 Erman/*Westermann* BGB § 31b Rn. 3.
23 BT-Drs. 17/11316 S. 17.
24 Vgl. *Leuschner* NZG 2014, 286.
25 MüKoBGB/*Arnold* (7. Aufl.) § 31b Rn. 7; MüKo-BGB/*Leuschner* § 31b Rn. 10.
26 BT-Drs. 17/11316 S. 17; ebenso *Leuschner* NZG 2014, 281 (286); MüKoBGB/*Leuschner* § 31b Rn. 8; BeckOK BGB/*Schöpflin* § 31b Rn. 2.

27 JurisPK-BGB/*Otto* § 31b Rn. 12.
28 BT-Drs. 17/5713 S. 6 f.
29 JurisPK-BGB/*Otto* § 31b Rn. 3.
30 BT-Drs. 17/11316 S. 7.
31 JurisPK-BGB/*Otto* § 31b Rn. 16; BeckOK BGB/*Schöpflin* § 31b Rn. 4.
32 BeckOK BGB/*Schöpflin* § 31b Rn. 3.

§ 32 Mitgliederversammlung; Beschlussfassung

(1) [1]Die Angelegenheiten des Vereins werden, soweit sie nicht von dem Vorstand oder einem anderen Vereinsorgan zu besorgen sind, durch Beschlussfassung in einer Versammlung der Mitglieder geordnet. [2]Zur Gültigkeit des Beschlusses ist erforderlich, dass der Gegenstand bei der Berufung bezeichnet wird. [3]Bei der Beschlussfassung entscheidet die Mehrheit der abgegebenen Stimmen.

(2) Auch ohne Versammlung der Mitglieder ist ein Beschluss gültig, wenn alle Mitglieder ihre Zustimmung zu dem Beschluss schriftlich erklären.

Literatur: *Adams/Maßmann*, Vereinsreform in Deutschland, ZRP 2002, 128; *Beuthien*, Müssen Sonderrechte unentziehbar sein?, ZGR 2014, 24; *Eichler*, Probleme des Vereinsrechts aus Sicht der Registergerichte, Rpfleger 2004, 196; *Fleck*, Die virtuelle Mitgliederversammlung im eingetragenen Verein, DNotZ 2008, 245 ff; *Happ*, Stimmbindungsverträge und Beschlußfassung, ZGR 1984, 168; *Keilbach*, Das Erfordernis einfacher Mehrheit in Vereinssatzungen, DNotZ 1998, 597; *ders.*, Fragen des Vereinsregisters, DNotZ 2001, 671; *Kölsch*, Die Form der Einberufung der Mitgliederversammlung eines eingetragenen Vereins, Rpfleger 1985, 137; *Morlok*, Mitgliederentscheid und Mitgliederbefragung, ZRP 1996, 447; *Noack*, Fehlerhafte Beschlüsse in Gesellschaften und Vereinen, 1989; *ders.*, Mitgliederversammlung bei Großvereinen und digitale Teilhabe, NJW 2018, 1345; *Ott*, Reform des privaten Vereinsrechts?, ZRP 2002, 433; *Pauli*, Wesen und Aufgaben der Mitgliederversammlung eines Vereins, ZStV 2010, 167; *Piper*, Virtuelle Mitgliederversammlungen bei Vereinen, NZG 2012, 735; *Reichert*, Handbuch des Vereins- und Verbandsrecht, 14. Aufl. 2018; *Reuter*, Die Verfassung des Vereins gem. § 25 BGB, ZHR 148 (1984), 523; *Roßnagel/Gitter/Opitz-Talidou*, Telemedienwahlen im Verein, MMR 2009, 383; *Säcker/Oetker*, Probleme der Repräsentation von Großvereinen, 1986; *Sauter/Schweyer/Waldner*, Der eingetragene Verein, 20. Aufl. 2016; *Scheffer*, Vereinsrecht: Fallstricke bei der Einberufung und Durchführung von Mitgliederversammlungen, DStR 2011, 2053; *K. Schmidt*, Die Beschlußanfechtungsklage bei Vereinen und Personengesellschaften, in: FS Stimpel 1985, S. 217; *Schödel*, Die Zuständigkeitsordnung im unverbundenen Verein und im Verein als Gruppenspitze, 2017; *Schwarz*, Die Mehrheitsvertretung des Vereinsvorstandes und deren Eintragung im Vereinsregister, Rpfleger 2003, 1; *Segna*, Vereinsreform, NZG 2002, 1048; *Stöber/Otto*, Handbuch des Vereinsrecht, 11. Aufl. 2016; *Stefanik/Punkte*, Das Minderheitsverlangen auf Ergänzung der Tagesordnung im BGB – Vereinsrecht, NZG 2017, 1161; *Terner*, Neues zum Vereinsrecht, NJW 2008, 16 ff; *Trouet*, Auswirkungen der BGH-Rechtsprechung auf die Stimmenmehrheit nach Vereinsrecht, NJW 1983, 2865. Siehe auch bei Vorbemerkungen zu §§ 21 ff.

A.	Allgemeines	1	III. Beschlussfassung der Mitgliederversammlung	18
B.	Regelungsgehalt	2	1. Versammlungsleitung	19
	I. Zuständigkeit der Mitgliederversammlung		2. Beschlussfähigkeit	20
	(Abs. 1)	4	3. Stimmabgabe	21
	1. Gesetzliche Regelung	4	4. Mehrheit	22
	2. Abweichende Gestaltung	7	IV. Beschlussmängel	24
	II. Einberufung	9	1. Vorliegen eines Mangels	24
	1. Zuständigkeit	10	2. Relevanz	26
	2. Form	13	3. Verfahrensrechtliche Geltendmachung	27
	3. Ort und Zeit	14	V. Beschlussfassung ohne Versammlung (Abs. 2)	28
	4. Tagesordnung	15		

A. Allgemeines

1 § 32 ist die zentrale Norm für die Willensbildung im Verein. Abs. 1 S. 1 regelt die Zuständigkeit der Mitgliederversammlung und deren grundsätzliches Verhältnis zu den anderen Vereinsorganen. Abs. 1 S. 2 und 3 befassen sich mit der Einberufung der Mitgliederversammlung und der für die Beschlussfassung grundsätzlich erforderlichen Abstimmungsmehrheit. Gegenstand von Abs. 2 ist die Wirksamkeit von Beschlussfassungen außerhalb der Mitgliederversammlung; Abs. 2 wurde 2009 klarstellend im Sinne der Rechtsprechung des BGH[1] dahin gehend bereinigt, dass es bei der Beschlussfassung auf die Mehrheit der abgegebenen gültigen Stimmen ankommt.[2] 2020 hat der Gesetzgeber durch § 5 Abs. 2 des Gesetzes zur Abmilderung der Folgen der COVID-19-Pandemie im Zivil-, Insolvenz- und Strafverfahrensrecht Sonderregelungen eingeführt, die aber nach § 7 Abs. 5 dieses Gesetzes nur auf im Jahr 2020 stattfindende Mitgliederversammlungen Anwendung finden,[3] → Rn. 28.

1	BGHZ 82, 83, 85.
2	BGBl. I 2009, 3145 ff.; Gesetzentwurf zum Gesetz zur Erleichterung elektronischer Anmeldungen zum Vereinsregister und anderer vereinsrechtlicher Änderungen, BT-Drs. 16/12813, S. 10 f.; *Reuter* NZG

2009, 1368 (1371); vgl. auch die entsprechenden Regelungen im § 133 Abs. 1 AktG, § 47 Abs. 1 GmbHG, § 43 Abs. 2 S. 1 GenG.

3   BT-Drs. 19/18110, S. 11.

B. Regelungsgehalt

Die Mitgliederversammlung (auch Haupt-, General-, Vollversammlung oder Konvent) ist nicht die Summe der Vereinsmitglieder; sie ist die Gesamtheit derjenigen Mitglieder, die auf eine ordnungsgemäße Einberufung[4] hin erschienen sind. **2**

Aus dem Mitgliedschaftsrecht erwächst zugleich das **Recht zur Teilnahme** an sowie das **Rede- und Auskunftsrecht** in der Mitgliederversammlung.[5] Nichtmitglieder können vom Versammlungsleiter als Gäste zur Versammlung zugelassen werden.[6] Das OLG Zweibrücken verneint mangels entsprechender gesetzlicher Regelung ein Teilnahmerecht von sog. **Fremdorganen**, dh von Organen bzw. Organmitgliedern, die selbst nicht Vereinsmitglied sind.[7] Dies vermag aber nicht zu überzeugen. Richtigerweise besteht eine planwidrige Regelungslücke, die durch analoge Anwendung von § 118 Abs. 2 S. 1 AktG zu schließen ist. Alle Organmitglieder sind für die Mitgliederversammlung zur Ermöglichung einer Willensbildung auf angemessener Informationsgrundlage potenziell wichtige Auskunftspersonen, so dass wie im Aktienrecht eine grundsätzliche Anwesenheitspflicht aller Organmitglieder, und als Minus dazu auch ein Anwesenheitsrecht, bestehen muss. **3**

I. Zuständigkeit der Mitgliederversammlung (Abs. 1)

1. Gesetzliche Regelung. Nach Abs. 1 S. 1 hat grundsätzlich die Mitgliederversammlung die Angelegenheiten des Vereins zu besorgen. Das Gesetz postuliert die Mitgliederversammlung damit als das oberste Entscheidungsorgan des Vereins.[8] Die Entscheidungen werden durch Beschlussfassung des Plenums getroffen. **4**

Der Mitgliederversammlung kommt grundsätzlich eine **Allzuständigkeit** für die innere Organisation des Vereins zu; ihre Zuständigkeit wird gesetzlich vermutet.[9] Ausdrücklich zugewiesene Aufgaben sind die Bestellung und Kontrolle des Vorstandes sowie etwaiger anderer Vereinsorgane (§ 27), Satzungsänderungen (§ 33), die Entscheidung über die Vereinsauflösung (§ 41) sowie die Bestimmung von Anfallberechtigten (§ 45) und Liquidatoren (§ 48). **Ausnahmen** bestehen, wenn diese gesetzlich oder durch die Satzung angeordnet sind.[10] Hat die Satzung Angelegenheiten anderen Organen zugewiesen, kann die Mitgliederversammlung diese nicht beliebig an sich ziehen.[11] So obliegt etwa nach § 26 Abs. 2 dem Vorstand die Vertretung des Vereins nach außen. Die Vertretungsbefugnis des Vorstands wird durch § 32 nicht berührt;[12] die Mitgliederversammlung kann gegenüber dem Vorstand bzgl. der Geschäftsführung aber gemäß §§ 27 Abs. 3, 665, 666 Auskunfts- und Rechenschaftsrechte ausüben und Weisungen erteilen. **5**

Ferner kann die Mitgliederversammlung durch Satzungsregelung neue Organe schaffen (zB Delegiertenversammlung, Beirat, Verwaltungsrat, Aufsichtsrat, Vereinsrevisor) und ihnen Funktionen zuweisen (sog. **Kompetenz-Kompetenz**).[13] Sind diese handlungsunfähig, ist die Mitgliederversammlung ersatzweise zuständig; das gilt gemäß § 29 indes nicht bei Handlungsunfähigkeit des Vorstands; bei Fehlen erforderlicher Vorstandsmitglieder hat bis zur Behebung des Mangels eine gerichtliche Notbestellung zu erfolgen. **6**

2. Abweichende Gestaltung. Nach § 40 ist § 32 dispositiv; die Aufgabenbereiche der Mitgliederversammlung können daher durch Satzungsregelung sowohl erweitert als auch beschnitten werden. Eine Abschaffung der Mitgliederversammlung ist jedoch unzulässig,[14] zumal die zwingenden Vorschriften der §§ 36, 37, 41 ihre Existenz voraussetzen. Indes ist es nach allgemeiner Ansicht zulässig, durch Satzungsregelung die Mitgliederversammlung durch eine **Vertreterversammlung** bzw. Delegiertenversammlung zu ersetzen. Von dieser Möglichkeit wird in Großvereinen regelmäßig Gebrauch gemacht.[15] Voraussetzung dafür ist, dass die Satzung eindeutig die Bestellung und Zusammensetzung der Delegiertenversammlung **7**

4 BGHZ 59, 369, 373 = NJW 1973, 235; Staudinger/*Weick* BGB § 32 Rn. 7; ähnlich BeckOK BGB/*Schöpflin* § 32 Rn. 2.

5 Vgl. OLG Zweibrücken FGPrax 2006, 229 (230) = Rpfleger 2006, 658; LG Bremen Rpfleger 1990, 262 jeweils zum Teilnahmerecht.

6 Ebenso *Sauter/Schweyer/Waldner* Eingetragener Verein Rn. 196; aA Reichert/*Wagner* Kapitel 2 Rn. 1570: Zuständigkeit der Mitgliederversammlung.

7 OLG Zweibrücken FGPrax 2006, 229 (230) = Rpfleger 2006, 658.

8 Palandt/*Ellenberger*; § 32 Rn. 1; aA wohl *K. Schmidt* GesR § 24 III 3 a: die Gesamtheit der Mitglieder, da diese gemäß § 32 Abs. 2 auch ohne Versammlung Beschlüsse fassen kann.

9 Staudinger/*Schwennicke* BGB § 32 Rn. 9.

10 OLG Celle SpuRt 2017, 2354 = ZIP 2017, 2202; Stöber/Otto Rn. 633.

11 OLG Celle SpuRt 2017, 254 = ZIP 2017, 2202; Stöber/Otto Rn. 632.

12 LG Frankfurt Rpfleger 1970, 103; Staudinger/*Weick* BGB § 32 Rn. 2.

13 BGHZ 84, 209, 213 f. = DB 1982, 2025 = NJW 1984, 1038; Soergel/*Hadding* BGB § 32 Rn. 5; BeckOK BGB/*Schöpflin* § 32 Rn. 4; Reichert/*Wagner* Kapitel 2 Rn. 1144.

14 Vgl. RGZ 137, 308 f. zur Gesellschafterversammlung der GmbH; Erman/*Westermann* BGB § 32 Rn. 1; MüKoBGB/*Leuschner* § 32 Rn. 1; Schauhoff Gemeinnützigkeits-HdB § 2 Rn. 80.

15 Erman/*Westermann* BGB § 32 Rn. 1; vgl. OLG Frankfurt WM 1985, 1466 (Gewerkschaftstag).

regel.[16] Für den nichtrechtsfähigen Verein ist allerdings anerkannt, dass diesbezügliche Satzungslücken durch Gewohnheitsrecht oder entsprechende Anwendung der gesetzlichen Vorschriften zur Mitgliederversammlung geschlossen werden können.[17] Die Satzung kann regeln, dass insbesondere die Wahl von Organmitgliedern statt oder alternativ zur Stimmabgabe in der Präsenzversammlung durch Briefwahl oder elektronisch über sog. Telemedienwahlen erfolgt, was gerade bei bundesweit tätigen Großvereinen zu einer höheren Beteiligungsquote am Wahlvorgang führen kann.[18] Anstelle der Mitgliederversammlung kann stets die Gesamtheit der Mitglieder beschließen (Abs. 2).

8   Die allgemeine Zuständigkeit der Mitgliederversammlung für Vereinsangelegenheiten umfasst auch **vereinsinterne Streitigkeiten** zwischen anderen Organträgern. Das hat zur Folge, dass Vereinsmitglieder zur Rüge der Satzungsverletzung durch ein Organ nicht ohne Weiteres Feststellungsklage gegen den Verein erheben können. Zuvor ist mit Rücksicht auf das Selbstverwaltungsrecht des Vereins die Mitgliederversammlung zu befassen und ein Beschluss herbeizuführen.[19]

II. Einberufung

9   Die ordnungsgemäße Beschlussfassung der Mitgliederversammlung setzt nach Abs. 1 S. 2 voraus, dass diese zuvor unter Bezeichnung der Tagesordnungsgegenstände einberufen wurde. Bis auf das Erfordernis der Bekanntgabe der Tagesordnung sind die verfahrensmäßigen und inhaltlichen Anforderungen an eine wirksame Einberufung gesetzlich nicht geregelt. Zu den Folgen eines Einberufungsmangels, → Rn. 22 ff.

10 **1. Zuständigkeit.** Die Einberufung erfolgt grds. durch den **Vorstand**, sofern die Satzung kein anderes Einberufungsorgan bestimmt (§ 58 Nr. 4). Die Einberufung bedarf eines ordnungsgemäßen Vorstandsbeschlusses[20] oder jedenfalls eines Tätigwerdens von Vorstandsmitgliedern in der für die gesetzliche Vertretung erforderlichen Zahl.[21] Zuständig ist der Vorstand iSv § 26, nicht der erweiterte Vorstand.[22] Beim eV ist der eingetragene Vorstand auch noch nach Ablauf seiner Amtszeit zuständig;[23] dies folgt aus dem Rechtsgedanken von § 68 bzw. aus § 121 Abs. 2 S. 2 AktG analog. In der Liquidation sind die Liquidatoren gemäß § 48 Abs. 2 für die Einberufung zuständig.

11 Unter den Voraussetzungen von § 37 Abs. 2 S. 1 kann auch eine **Einberufung durch Vereinsmitglieder** erfolgen (→ § 37 Rn. 6). Nach der wohl herrschenden Meinung bleibt das Einberufungsrecht des Vorstands jedoch durch eine gerichtliche Ermächtigung der Minderheit zur Einberufung nach § 37 Abs. 2 unberührt.[24] Die Kollision von Einberufungen des Vorstandes und der gerichtlich zur Einberufung ermächtigten Vereinsmitglieder soll wegen der damit verbundenen Verwirrung der Vereinsmitglieder zur Unwirksamkeit beider Einladungen führen.[25] Diese Sichtweise ist jedoch mit Sinn und Zweck von § 37 Abs. 2 und insbesondere dem bezweckten Minderheitsschutz unvereinbar.[26] Der Vorstand kann den Vereinsmitgliedern zwar zuvorkommen, indem er noch vor einer Ausübung des Einberufungsrechts durch diese eine Mitgliederversammlung mit der gewünschten Tagesordnung einberuft.[27] Richtigerweise verliert der Vorstand aber nach Ausübung der gerichtlichen Ermächtigung gemäß § 37 Abs. 2 sein Einberufungsrecht, zumal er davon zuvor weder auf die Aufforderung der Minderheit gemäß § 37 Abs. 1 hin noch während des gerichtlichen Verfahrens nach § 37 Abs. 2 Gebrauch gemacht hat. Ist zweifelhaft, wer zuerst eingeladen hat, kommt der Einberufung durch die Vereinsmitglieder Vorrang zu. Die herrschende Meinung, wonach ein Vorstand, der in

---

16   *Sauter/Schweyer/Waldner* Eingetragener Verein Rn. 216 ff.; *Segna* NZG 2002, 1048 (1049); Palandt/*Ellenberger* BGB § 32 Rn. 1; MüKoBGB/*Leuschner* § 32 Rn. 70 ff.

17   BGH WM 1985, 1468; OLG Frankfurt Rpfleger 1973, 54; Palandt/*Ellenberger* BGB § 32 Rn. 1.

18   *Roßnagel/Gitter/Opitz-Talidou* MMR 2009, 383 ff.; *Fleck* DNotZ 2008, 245 (248 ff.); Palandt/*Ellenberger* BGB § 32 Rn. 1; *Erdmann* MMR 2000, 526 ff.

19   BGHZ 49, 396, 398 = WM 1968, 532; Palandt/*Ellenberger* BGB § 32 Rn. 1; MHdB GesR II/*Waldner* § 25 Rn. 6.

20   BayObLGZ 1963, 15 (18); OLG Schleswig NJW 1960, 1862; KG OLGZ 1978, 272 (276); Palandt/*Ellenberger* BGB § 32 Rn. 2; aA BeckOK BGB/*Schöpflin* § 32 Rn. 9.

21   KG OLGZ 1978, 272; *Sauter/Schweyer/Waldner* Eingetragener Verein Rn. 157; BeckOK BGB/*Schöpflin* § 32 Rn. 9; Soergel/*Hadding* BGB § 32 Rn. 8; MHdB GesR II/*Waldner* § 25 Rn. 7 a; einschränkend OLG Brandenburg 11.9.2012 – 11 U 80/09, juris

Rn. 150 ff. für den Fall, dass ein beschlussfähiger Restvorstand vorhanden ist.

22   KG OLGZ 1978, 272; Palandt/*Ellenberger* BGB § 32 Rn. 2.

23   BayObLGZ 1985, 24 (26 f.); 1988, 410, 412; BayObLG Rpfleger 1995, 465 = NJW-RR 1996, 991; LG Aurich Rpfleger 1987, 116; Palandt/*Ellenberger* BGB § 32 Rn. 2; BeckOK BGB/*Schöpflin* § 32 Rn. 9; Soergel/*Hadding* BGB § 32 Rn. 8.

24   OLG Stuttgart NZG 2004, 1020 = Rpfleger 2004, 106 (107); BayObLG NZG 2004, 1017 (1018); Palandt/*Ellenberger* BGB § 37 Rn. 3; Hk-BGB/*Dörner* § 37 Rn. 2; Prütting/*Schöpflin* BGB § 32 Rn. 4; Reichert/*Wagner* Kapitel 2 Rn. 1931.

25   OLG Stuttgart Rpfleger 2004, 106 (107); Palandt/*Ellenberger* BGB § 37 Rn. 3; Reichert/*Wagner* Kapitel 2 Rn. 1194.

26   Vgl. auch *Waldner* Rpfleger 2004, 108 (109); wohl auch Staudinger/*Weick* BGB § 37 Rn. 14.

27   Vgl. zu § 122 Abs. 3 AktG KölnKommAktG/*Noack/ Zetzsche* AktG § 122 Rn. 110 mwN.

einem gerichtlichen Verfahren nach § 37 Abs. 2 unterlegen war, gleichwohl stets einberufen könne und kollidierende Einberufungen zur Unwirksamkeit beider Einberufungen führten, eröffnet dem Vorstand Möglichkeiten, die dem Minderheitsschutz dienende und im Einzelfall womöglich sogar von der Mehrheit der Mitglieder herbeigeführte gerichtliche Entscheidung nach § 37 Abs. 2 bewusst durch eine kollidierende Einberufung zu unterlaufen und so eine von ihm nicht gewünschte Mitgliederversammlung zu verhindern.[28] Die von *Waldner*[29] und dem OLG Stuttgart[30] vorgeschlagene Lösung einer Kollision von Einberufungen, wonach die zeitlich früher zugehende Einberufung wirksam sei, ist nicht praktikabel. Zwar wird dies in Teilen der aktienrechtlichen Literatur vertreten.[31] Die Priorität nach dem Zeitpunkt des Zugangs ist etwa bei einer Verschickung von Einladungen per Post nicht stets eindeutig bestimmbar, da denkbar ist, dass einigen Vereinsmitgliedern die eine und anderen die andere Einberufung zuerst zugeht.[32] *Weick*[33] weist mit Recht darauf hin, dass es nicht zu einem „Wettlauf" von Einberufungen kommen dürfe, zumal der Vorstand selbst durch seine Untätigkeit bzw. Verweigerung einer Einberufung die Voraussetzungen für die Ermächtigung der Minderheit geschaffen hat; er dürfe nicht die Möglichkeit haben, das Minderheitenrecht zu unterlaufen, da er sich dadurch in Widerspruch zu seinem früheren Verhalten setzen würde. Zu berücksichtigen ist auch, dass es der Vorstand regelmäßig in der Hand hat, die Einberufung der gerichtlich ermächtigten Mitglieder bewusst zu torpedieren, da diese zur Durchführung der Einberufung auf eine Mitteilung der Mitgliederliste durch den Vorstand angewiesen sein dürften (s. dazu → § 37 Rn. 6 ff.). Eine praktikable, eindeutige und der ratio legis des § 37 gerecht werdenden Lösung kann daher nur darin bestehen, dass der Einberufung durch die ermächtigten Vereinsmitglieder im Falle einer früheren Ausübung und in Zweifelsfällen Priorität zukommt.[34] Dadurch wird zugleich gewährleistet, dass der Vorstand mit seiner Einberufung etwaige Anordnungen des Gerichts gemäß § 37 Abs. 2, S. 1 Hs. 2 hinsichtlich der Führung des Vorsitzes der Versammlung nicht unterminiert.

Eine **Pflicht zur Einberufung** besteht in den durch die Satzung bestimmten Fällen ferner, wenn das Interesse des Vereins dies erfordert oder auf Verlangen einer qualifizierten Minderheit (→ § 36 Rn. 2 f.; → § 37 Rn. 5). Mit dem Recht zur Einberufung ist das Recht verbunden, die Versammlung zu verschieben oder abzusagen.[35] In letzterem Falle sind die Beschlüsse einer gleichwohl abgehaltenen Mitgliederversammlung unwirksam.[36] **12**

2. Form. Die Satzung soll gemäß § 58 Nr. 4 die Form der Einberufung regeln, wobei die vorgesehenen Ladungsformen eindeutig zu bezeichnen sind.[37] Anerkannte **Einberufungsformen** sind Rundschreiben, Zeitungsveröffentlichungen (zB in einem Vereinsblatt) oder Aushänge (zB in einem dafür vorgesehenen Aushangkasten im Vereinsheim);[38] grundsätzlich zulässig sind auch mündliche Einladungen. Entscheidend ist, dass für die Mitglieder die Möglichkeit rechtzeitiger Kenntnisnahme gewährleistet ist.[39] Die Satzung darf auch alternative Einberufungsformen vorsehen, wenn das die Kenntnisnahmemöglichkeit nicht erschwert,[40] wie zB die Einberufung per Telefax oder E-Mail.[41] **Notwendige Adressaten** sind sämtliche Mitglieder des Vereins, auch die nur fördernden Mitglieder.[42] Soll die Einberufung durch eine Tageszeitung verbreitet werden, hat die Satzung diese konkret zu benennen[43] oder jedenfalls bestimmbar zu bezeichnen;[44] „ortsüblichen Bekanntmachung" als Einberufungsform oder eine Einberufung „durch Presseveröffentli- **13**

28 Diese Gefahr sieht auch *Waldner* Rpfleger 2004, 108.
29 *Waldner* Rpfleger 2004, 108.
30 OLG Stuttgart NZG 2004, 1020 = Rpfleger 2004, 106 (107), ebenso Reichert/*Wagner* Kapitel 2 Rn. 1195.
31 *Butzke* in GroßKomm AktG § 121 Rn. 43; KölnKommAktG/*Noack/Zetzsche* § 121 Rn. 61.
32 Darauf weist mit Recht auch Staudinger/*Weick* BGB § 37 Rn. 14 hin.
33 Staudinger/*Weick* BGB § 37 Rn. 14.
34 So wohl auch Staudinger/*Weick* BGB § 37 Rn. 14; *Sauter/Schweyer/Waldner* Eingetragener Verein Rn. 169; vgl. im Ansatz auch *Waldner* Rpfleger 2004, 108 f.
35 RGZ 166, 129, 133; OLG Hamm OLGZ 1981, 24 (25); Palandt/*Ellenberger* BGB § 32 Rn. 2; BeckOK BGB/*Schöpflin* § 32 Rn. 10.
36 KG NJW 1988, 3159 (3161); BeckOK BGB/*Schöpflin* § 32 Rn. 10.
37 OLG Hamm 23.11.2010 – 15 W 419/10, OLG Hamm OLGZ 1965, 65; OLG Stuttgart NJW-RR 1986, 995; Palandt/*Ellenberger* BGB § 32 Rn. 3.

38 OLG Celle Rpfleger 2010, 670 = NZG 2010, 154 jedenfalls bei ganz überwiegend örtlich ausgerichtetem Tätigkeitsschwerpunkt des Vereins.
39 *Kölsch* Rpfleger 1985, 137; Palandt/*Ellenberger* BGB § 32 Rn. 3; BeckOK BGB/*Schöpflin* § 32 Rn. 11 f.
40 OLG Oldenburg NdsRpfl 2017, 308; OLG Stuttgart Rpfleger 1978, 578; NJW-RR 1986, 995; *Kölsch* Rpfleger 1985, 137.
41 OLG Hamburg Rpfleger 2013, 457; OLG Jena GmbHR 1996, 536 (537); MüKoBGB/*Leuschner* § 32 Rn. 15; *Fleck* DNotZ 2008, 245 (257 f.); Stöber/Otto Rn. 683.
42 LG Bremen Rpfleger 1990, 262; Reichert/Wagner Kapitel 2 Rn. 1305; BeckOK BGB/*Schöpflin* § 32 Rn. 11.
43 OLG Stuttgart NZG 2017, 996; OLG Hamm OLGZ 1965, 65; LG Bremen Rpfleger 1992, 304; Palandt/*Ellenberger* BGB § 32 Rn. 3.
44 Vgl. OLG Celle FGPrax 2012, 35 = Rpfleger 2012, 261.

chung" ist zu unbestimmt.[45] Die tatsächlich gewählte Ladungsart hat der in der Satzung vorgesehenen Form genau zu entsprechen; eine Abweichung führt zur Nichtigkeit der Einberufung und damit auch zur Nichtigkeit der gefassten Mitgliederversammlungsbeschlüsse (→ Rn. 25). Die in der Satzung vorgesehene schriftliche Einladung wird nicht gewahrt durch Bekanntmachung in den „Vereins-News" oder per einfache E-Mail.[46] Gemäß § 126a wird die Schriftform aber gewahrt durch E-Mail mit elektrischer Signatur. Sieht die Satzung eine Einberufung allein durch Veröffentlichung in der Vereinszeitschrift vor, ist eine Einladung durch persönliches Einladungsschreiben unzulässig.[47] Wenn die Satzung die Einberufung durch ein konkret bezeichnetes Presseorgan vorsieht, gilt dies auch für die Einberufung einer außerordentlichen Mitgliederversammlung, sofern die Satzung dafür nicht abweichende Regelungen trifft.[48] Individuelle Einladungen gelten als wirksam, wenn sie an die letztbekannte Postanschrift gerichtet sind, auch wenn der Adressat unbekannt verzogen ist.[49]

14 **3. Ort und Zeit.** Die Einberufung muss Ort und Zeit der Mitgliederversammlung eindeutig[50] und rechtzeitig ankündigen. Soll vor einer ordentlichen Mitgliederversammlung eine außerordentliche Mitgliederversammlung abgehalten werden, können diese auch in der Weise wirksam einberufen werden, dass beide Mitgliederversammlungen am selben Tag nacheinander stattfinden.[51] Es ist die satzungsgemäß vorgesehene Frist bzw. bei Fehlen einer Fristbestimmung in der Satzung eine angemessene Ladungsfrist einzuhalten.[52] Weder die Frist aus § 123 Abs. 1 AktG (ein Monat) noch die aus § 51 Abs. 1 S. 2 GmbHG (eine Woche) sind entsprechend anzuwenden; die angemessene Frist bestimmt sich nach den Umständen des Einzelfalls.[53] Sie beginnt, wenn mit der Kenntnismöglichkeit aller, dh auch des letzten geladenen Mitglieds, zu rechnen ist.[54] Auf den tatsächlichen Zugang bei jedem einzelnen Mitglied kommt es nicht an. Versammlungsort und -zeit stehen mangels Satzungsbestimmung im Ermessen des einberufenden Organs, solange es eine zumutbare Wahl trifft.[55] Die Versammlung braucht nicht am Vereinssitz stattzufinden,[56] auch wenn dies regelmäßig der geeignete Ort ist.[57] Versammlungszeit und -ort dürfen nicht so bestimmt sein, dass damit zu rechnen ist, dass ein Großteil der Mitglieder verhindert sein wird. Ist die Versammlungszeit auf einen Sonn- oder Feiertag bestimmt, darf daher der Versammlungsbeginn nicht vor 11.00 Uhr liegen.[58] Ein Versammlungstermin in der Hauptferienzeit kann unangemessen sein und damit zur Nichtigkeit der gefassten Beschlüsse führen, wenn dieser Termin ohne besondere Dringlichkeit angesetzt wurde und der Vorstandsvorsitzende zuvor schriftlich erklärt hatte, grundsätzlich keine Mitgliederversammlungen in den Schulferien abzuhalten.[59] Gleiches gilt zB auch für die Bestimmung des Versammlungstermins auf die Zeit zwischen Weihnachten und Neujahr[60] oder regional bezogen auf einen im Rheinland beheimateten Verein für die Bestimmung des Versammlungstermins auf Rosenmontag. Unzumutbar kann die Bestimmung des Versammlungsorts an einem weit vom Vereinssitz entfernten Ort sein, wenn die überwiegende Zahl der Mitglieder in der Region des Vereinssitzes wohnhaft ist. Eine Eventualeinberufung ist nur auf Grundlage einer entsprechenden Satzungsbestimmung zulässig (dazu → Rn. 18, 23).

15 **4. Tagesordnung.** Die Einberufung hat die Tagesordnung und insbesondere den Gegenstand der anstehenden Beschlussfassung zu bezeichnen, Abs. 1 S. 2. Das zur Einberufung zuständige Organ legt die Tagesordnung fest. Die Ankündigung der Tagesordnung in der Einberufung ist ein **Wirksamkeitserfordernis** der Beschlüsse der Mitgliederversammlung. Obgleich § 32 gemäß § 40 grundsätzlich abbedungen werden kann, ist eine Tagesordnung in der Einberufung gemäß Abs. 1 S. 2 stets zwingend. Die Bekanntmachungspflicht dient dem Informationsinteresse der Mitglieder. Daher muss die Tagesordnung hinreichend konkret gefasst

45   OLG Zweibrücken Rpfleger 1985, 31; OLG Hamm NJW-RR 2011, 395; Palandt/*Ellenberger* BGB § 32 Rn. 3 und § 58 Rn. 4; BeckOK BGB/*Schöpflin* § 32 Rn. 11.

46   AG Elmshorn NJW-RR 2001, 25; Palandt/*Ellenberger* BGB § 32 Rn. 3; *Stöber/Otto*, Handbuch des Vereinsrecht, Rn. 683; Reichert/Wagner Kapitel 2, Rn. 1361; *Sauter/Schweyer/Waldner* Eingetragener Verein Rn. 171 a; aA OLG Hamm ZIP 2015, 2273 = DStR 2016, 487; OLG Zweibrücken Rpfleger 2013, 537: Einladung per email wahrt satzungsgemäß Schriftformerfordernis; OLG Zweibrücken NZG 2014, 1020 = NJW-RR 2014, 1128: Einladung im Rahmen einer Sonderausgabe der Vereinszeitung wahrt Schriftform; vgl. auch *Scheffer* DStR 2011, 2053 f.; Reichert/*Wagner* Kapitel 2 Rn. 1304 f.

47   OLG Hamm NZG 2014, 510 = MDR 2014, 482.

48   OLG Stuttgart NZG 2017, 996.

49   BayObLGZ 1988, 170 (177); Reichert/Wagner Kapitel 2 Rn. 1305.

50   Reichert/Wagner Kapitel 2 Rn. 1288 ff.

51   LG Hamburg 3.1.2008 – 319 O 135/07.

52   *K. Schmidt* GesR § 24 III 3 b; *Sauter/Schweyer/Waldner* Eingetragener Verein Rn. 172.

53   BeckOK BGB/*Schöpflin* § 32 Rn. 13.

54   BGHZ 100, 264, 267 = DB 1987, 1829 = NJW 1987, 2580 (zur GmbH); OLG München NZG 2016, 387; OLG Frankfurt NJW 1974, 189; Palandt/*Ellenberger* BGB § 32 Rn. 3.

55   OLG Frankfurt OLGZ 1982, 418 = NJW 1983, 398 zur WEG.

56   OLG Frankfurt OLGZ 1984, 333; BeckOK BGB/*Schöpflin* § 32 Rn. 14.

57   *Sauter/Schweyer/Waldner* Eingetragener Verein Rn. 173; *K. Schmidt* GesR § 24 III 3 b.

58   BayObLG NJW-RR 1987, 1362; OLG Schleswig NJW-RR 1987, 1362.

59   BayObLGZ 2004, Nr. 37 = NZG 2004, 1017; MüKoBGB/*Leuschner* § 32 Rn. 23.

60   MüKoBGB/*Leuschner* § 32 Rn. 23.

sein, um den Mitgliedern die Entscheidung über ihre Teilnahme und die notwendigen Vorbereitungen zu ermöglichen.[61] Der Wortlaut von Beschlussanträgen muss aber grundsätzlich nicht vorab mitgeteilt werden.[62] Die Tagesordnung kann auf Verlangen einer qualifizierten Minderheit unter den nach § 37 für ein Einberufungsverlangen geltenden Voraussetzungen ergänzt werden, dazu → § 37 Rn. 1.

Ist eine **Satzungsänderung** vorgesehen, muss diese in der Einberufung genau bezeichnet oder ein Änderungsentwurf beigefügt werden;[63] zumindest muss sich aus der Einberufung die geplante Änderung konkret erschließen lassen.[64] Ein Tagesordnungspunkt „Feststellung des Kassenvoranschlags" ermöglicht nicht die Beschlussfassung über eine Beitragsfestsetzung; die „Ergänzungswahl zum Vorstand" eröffnet nicht dessen Abwahl.[65] Sieht die Tagesordnung allgemein gehaltene Punkte wie „Verschiedenes" oder „Antrag" vor, ist eine Beschlussfassung ausgeschlossen, wenn nicht alle Mitglieder zustimmen.[66] **16**

Wenn die Satzung dies vorsieht, ist die **nachträgliche Ergänzung** der Tagesordnung um Dringlichkeitsanträge grundsätzlich möglich. Eine derartige, von Abs. 1 S. 2 abweichende Satzungsgestaltung setzt stets voraus, dass hinreichend bestimmt ist, unter welchen Voraussetzungen und bis zu welchem Zeitpunkt Dringlichkeitsanträge zulässig sind. Dies gilt in besonderem Maße, wenn der Dringlichkeitsantrag eine Satzungsänderung betrifft.[67] Obwohl § 32 gemäß § 40 dispositiv ist, gebietet der Schutzgedanke des Gesetzes, dass die geplante Satzungsänderung den Mitgliedern so rechtzeitig vor der Versammlung mitgeteilt wird, dass ihnen genügend Zeit bleibt, sich auf den neuen Beratungsstoff sachgerecht vorzubereiten. Reicht die Zeit für die Wahrung einer solchen Nachfrist, deren Länge sich nach den Umständen des Einzelfalles richtet, nicht aus, ist die Satzungsänderung auf einer gesonderten Mitgliederversammlung zu beraten.[68] Eine verspätete Unterrichtung ist nur dann unschädlich, wenn bei Erscheinen sämtlicher Mitglieder diese stillschweigend auf eine Rüge verzichten.[69] Eine Heilung tritt dagegen nicht ein, wenn die Mitglieder nur zufällig, inoffiziell oder gerüchteweise von dem neuen Tagesordnungspunkt erfahren.[70] **17**

III. Beschlussfassung der Mitgliederversammlung

Die Beschlussfassung hat in einer Versammlung der Mitglieder zu erfolgen, Abs. 1 S. 1. Der Beschluss ist nach richtiger Auffassung kein Vertrag, sondern ein **Akt körperschaftlicher Willensbildung**.[71] **18**

1. Versammlungsleitung. Die Mitgliederversammlung leitet der **Vorstandsvorsitzende** oder die in der Satzung bestimmte Person. Bei deren Nichterscheinen kann die Versammlung einen anderen Versammlungsleiter bestimmen.[72] Die Mitgliederversammlung kann ad hoc einen anderen zum Versammlungsleiter wählen, insbesondere wenn die Besorgnis der Befangenheit des Versammlungsleiters besteht.[73] Der Versammlungsleiter wahrt die Ordnung und den geordneten Versammlungsablauf; er bestimmt die Reihenfolge der Erledigung der Tagesordnung, übt das Hausrecht aus, kann die Redezeit begrenzen, (als ultima ratio) störende Mitglieder oder Gäste der Versammlung verweisen und die Versammlung schließen;[74] die Schließung ist auch dann bindend, wenn die Tagesordnung noch nicht vollständig abgehandelt ist.[75] **19**

2. Beschlussfähigkeit. Der Versammlungsleiter stellt die Beschlussfähigkeit der Versammlung fest. Das **notwendige Quorum** folgt aus der Satzung; enthält diese keine Regelungen, ist die Mitgliederversammlung – vorbehaltlich einer ordnungsgemäßen Einberufung – schon bei Anwesenheit eines Mitglieds beschlussfähig.[76] Die Satzung kann vorsehen, dass nach Feststellung der Beschlussunfähigkeit in der folgenden Versammlung ein geringeres oder gar kein Quorum gelten soll. Die Einladung zur 2. Versammlung **20**

61 BGH NJW 2008, 69 ff. = ZIP 2007, 1942 (1945); BGHZ 64, 301, 304 f. = NJW 1975, 1559; BGHZ 88, 119 = NJW 1987, 1811 (1812); BayObLG NJW 1973, 1086; OLG Köln WM 1990, 1068 (1070); OLG Zweibrücken Rpfleger 2002, 314.

62 BayObLG NJW 1973, 1086; BeckOK BGB/*Schöpflin* § 32 Rn. 15.

63 OLG Zweibrücken Rpfleger 2013, 537 = FGPrax 2013, 223; OLG Celle FGPrax 2012, 34; OLG Schleswig NJW-RR 2002, 760 = NZG 2002, 438; *Röcken* MDR 2013, 817 (819).

64 BayObLGZ 1972, 29 = Rpfleger 1972, 132.

65 OLG Köln OLGZ 1984, 401 = Rpfleger 1984, 470.

66 KG OLGZ 1974, 400.

67 OLG Celle FGPrax 2014, 34 (35).

68 BGHZ 99, 119, 122 ff. = NJW 1987, 1811.

69 BGH NJW 1973, 235; OLG Frankfurt ZIP 1985, 221.

70 OLG Frankfurt ZIP 1985, 221.

71 BGHZ 52, 316, 318 = DB 1969, 2028 = NJW 1970, 33; OLG Frankfurt WM 1985, 1466 (1488); BeckOK BGB/*Schöpflin* § 32 Rn. 21; Erman/*Westermann* BGB § 32 Rn. 2; *K. Schmidt* GesR § 15 I 2.

72 BayObLGZ 1972, 329 = Rpfleger 1973, 20.

73 OLG Köln Rpfleger 1985, 447; MüKoBGB/*Leuschner* § 32 Rn. 24; Schauhoff Gemeinnützigkeits-HdB § 2 Rn. 93; vgl. zum Aktienrecht *Heidel* in Heidel Aktienrecht AktG Vor § 129 Rn. 6 ff.

74 MüKoBGB/*Leuschner* § 32 Rn. 25; *Sauter/Schweyer/Waldner* Eingetragener Verein Rn. 185 ff.

75 BayObLGZ 1989, 298; KG OLGZ 1990, 316.

76 RGZ 82, 388; Soergel/*Hadding* BGB § 32 Rn. 29; Palandt/*Ellenberger* BGB § 32 Rn. 6.

kann mit Hinweis auf die betreffende Satzungsbestimmung bereits als Eventualeinladung mit der zur 1. Versammlung verbunden werden.[77]

21 **3. Stimmabgabe.** Die Stimmabgabe des Mitglieds ist eine **empfangsbedürftige Willenserklärung** unter Anwesenden,[78] die mit der Wahrnehmung durch den Versammlungsleiter oder die anderen Mitglieder wirksam wird.[79] Gemäß §§ 32 Abs. 1 S. 3, 38 S. 2 ist das Stimmrecht persönlich auszuüben; bei juristischen Personen geschieht dies durch das zuständige Organ, sofern die Satzung nicht die Abstimmung durch Bevollmächtigte gestattet.[80] Hat ein Mitglied mehrere Stimmen, kann es sie nach hM auch uneinheitlich abgeben.[81] Ein Teil der Literatur hält dies hingegen nur dann für zulässig, wenn das Mitglied die Stimmen aufgrund von Stimmrechtsvollmachten für andere Mitglieder abgibt und unterschiedlichen Bindungen unterliegt.[82] Die **Nichtigkeit oder Anfechtung** der Stimmabgabe bestimmt sich nach den allgemeinen Regeln über die Wirksamkeit von Willenserklärungen. Deshalb ist die Stimmabgabe eines Geschäftsunfähigen nach § 105 nichtig; ein Minderjähriger kann hingegen regelmäßig wirksam abstimmen, wenn dessen Erziehungsberechtigte ihre Einwilligung zur Mitgliedschaft erteilt haben.[83] Eine unwirksam abgegebene Stimme ist wie eine Stimmenthaltung zu behandeln, dh die gilt als nicht abgegeben. Der Verstoß gegen eine grundsätzlich zulässige Stimmrechtsabsprache führt nicht zur Unwirksamkeit der abredewidrig abgegebenen Stimme.[84]

22 **4. Mehrheit.** Für die Beschlussfassung genügt grundsätzlich die **Mehrheit der abgegebenen Stimmen;** Abs. 1 S. 3, der bis 2009 noch auf die Mehrheit der erschienenen Mitglieder abstellte, wurde redaktionell der Auslegung durch die Rechtsprechung des BGH angepasst, wonach Stimmenthaltungen und ungültige Stimmen ebenso wie die Stimmen nicht erschienener Mitglieder nicht zu berücksichtigen sind.[85] Zur Änderung der Satzung oder zur Vereinsauflösung bedarf es gemäß §§ 33 Abs. 1 S. 1, 41 S. 2 einer 3/4-Mehrheit der abgegebenen Stimmen, zur Änderung des Vereinszwecks der Zustimmung aller Mitglieder, § 33 Abs. 1 S. 2. Diese Regelungen sind gemäß §§ 40, 41 S. 2 dispositiv und daher abweichenden Gestaltungen durch die Satzung zugänglich. Einer absoluten Mehrheit bedarf es jedoch auch dann, wenn die Satzung eine Beschlussfassung durch „einfache" Mehrheit vorsieht.[86] Mögliche abweichende Gestaltungen der Abstimmungsart durch die Satzung sind zB die Gestattung von Stimmhäufungen,[87] von Block- oder von Listenwahl.[88]

23 Stets muss bei Wahlen von Organmitgliedern eine Chancengleichheit aller Bewerber sichergestellt werden; sie kann durch einen parteiischen Versammlungsleiter oder durch die Gestaltung der Stimmzettel verletzt sein.[89] Der Versammlungsleiter entscheidet in Ermangelung einer Satzungsbestimmung über den **Abstimmungsmodus.** Durch Widerspruch kann die Mitgliederversammlung die Entscheidung über die Abstimmungsart an sich ziehen. Eine Pflicht zur geheimen Abstimmung besteht grundsätzlich auch auf Antrag nicht.[90] Die Verweigerung einer geheimen Abstimmung kann aber dann fehlerhaft sein, wenn die Offenlegung der Person des Abstimmenden die unbeeinflusste Abstimmung hindern würde.[91] Bei der Stimmenzählung darf der Versammlungsleiter die sog. Subtraktionsmethode[92] verwenden, wenn diese nach den Umständen des Einzelfalls geeignet erscheint.[93] Ob die Beschlussfassung ggf. zu protokollieren ist, bleibt

---

77 BGH NJW-RR 1989, 376; BayObLG NJW-RR 2002, 1612 = NZG 2002, 1069; LG Bremen Rpfleger 1999, 132; AG Elmshorn NJW-RR 2001, 25; *Kölsch* Rpfleger 1985, 137.
78 BGHZ 14, 264, 267 = NJW 1954, 1563; BGH NJW 2002, 3629.
79 BayObLGZ 1995, 407 = NJW-RR 1996, 524.
80 OLG Hamm NJW-RR 1990, 532.
81 RGZ 137, 305, 319 zur GmbH; Palandt/*Ellenberger* BGB § 32 Rn. 8; Scholz/*K. Schmidt* GmbHG § 47 Rn. 68; Spindler/Stilz/*Rieckers* AktG § 133 Rn. 22 mwN.
82 Staudinger/*Weick* BGB § 32 Rn. 20; MüKoBGB/*Leuschner* § 32 Rn. 36 f.; *Sauter/Schweyer/Waldner* Eingetragener Verein Rn. 200; Reichert/Wagner Kapitel 2 Rn. 1733 ff.; Schauhoff Gemeinnützigkeits-HdB § 2 Rn. 100.
83 KG OLG 15, 324; Soergel/*Hadding* BGB § 32 Rn. 26.
84 RGZ 165, 78 zur AG; Palandt/*Ellenberger* BGB § 32 Rn. 8.
85 BT-Drs. 16/12813, S. 10 f.; BGHZ 83, 35, 36 = DB 1982, 1051 = NJW 1982, 1585; OLG Köln NJW-RR 1994, 1547 = SpuRt 1994, 241; *Reuter* NZG 2009, 1368 (1371); vgl. auch §§ 133 Abs. 1 AktG, 47

Abs. 1 GmbHG, 43 Abs. 2 S. 1 GenG; zum Erfordernis einer absoluten Mehrheit BGH NJW 1974, 183; WM 1975, 1041; *Keilbach* DNotZ 1997, 846 (864).
86 OLG München NZG 2008, 351; BayObLG FGPrax 1996, 73 = DB 1996, 386; Palandt/*Ellenberger* BGB § 32 Rn. 7; krit. *Keilbach* DNotZ 1998, 597.
87 BGHZ 106, 67, 72 f. = NJW 1989, 1090.
88 BGHZ 106, 193 = NJW 1989, 1150; BGH NJW 1989, 1213; OLG Zweibrücken NZG 2013, 1236; BayObLG NJW-RR 2001, 537 = Rpfleger 2001, 242; OLG Rostock 25.6.2012 – 1W 16/12, juris, Rn. 16 ff.; KG Rpfleger 2012, 550;OLG Bremen NZG 2011, 1192 = NJW-RR 2011, 1487.
89 BGH WM 1985, 1474; OLG Frankfurt ZIP 1985, 225.
90 BGH NJW 1970, 46; Palandt/*Ellenberger* BGB § 32 Rn. 7.
91 OLG Frankfurt 6.7.2018 – 3 U 22/17 Rn. 100; Reichert/*Wagner* Rn. 1782.
92 Ermittlung der Ja-Stimmen durch Subtraktion der ausgezählten Nein-Stimmen und Enthaltungen von der Zahl der präsenten Vereinsmitglieder
93 BGHZ 152, 63 = DB 2003, 1169 = ZIP 2003, 437 zur Wohnungseigentümerversammlung.

nach § 58 Nr. 4 grundsätzlich der Satzung überlassen. Für den eV ist jedoch nach richtiger Ansicht aufgrund der Vorschriften über die Eintragung zum Vereinsregister für zahlreiche Fälle eine **schriftliche Dokumentation** der Beschlussfassung zu fordern (dazu → § 58 Rn. 7).

IV. Beschlussmängel

1. Vorliegen eines Mangels. Das Beschlussmängelrecht ist beim Verein nicht gesetzlich geregelt. Es gelten andere Regeln als im Aktien- oder Genossenschaftsrecht. Deren Sonderregelungen in §§ 241 ff. AktG, § 51 GenG sind weder direkt noch analog anzuwenden.[94] Die Differenzierung zwischen Anfechtbarkeit und **Nichtigkeit** kennt das Vereinsrecht nicht. Auch finden teilweise vertretene[95] Differenzierungen zwischen angeblich sanktionslosen Ordnungsverstößen und Normverletzungen mit der Folge der Nichtigkeit keine Grundlage im Gesetz, führen nur zu Abgrenzungsschwierigkeiten und sind daher abzulehnen.[96] Auch de lege ferenda ist dies beizubehalten. Ein Beschluss, der an einem erheblichen Fehler leidet, ist stets nichtig. Das ist grundsätzlich bei Verstoß gegen eine zwingende Gesetzesvorschrift oder gegen die Satzung der Fall.[97] Bei Verletzung nur untergeordneter Verfahrensvorschriften bedarf es zur Nichtigkeit des Widerspruchs eines betroffenen Mitglieds binnen angemessener Frist.[98]

Ein **Beschluss ist grundsätzlich nichtig**: bei fehlerhafter Einberufung, wenn sie ohne ordnungsgemäßen Vorstandsbeschluss,[99] von einem unzuständigen Organ,[100] von einem abgewählten oder nicht im Vereinsregister eingetragenen Vorstand[101] ausgesprochen wurde oder wenn die Mitgliederversammlung zu einer unzumutbaren Zeit, nicht auf satzungskonforme Weise[102] oder zu einem unzumutbaren Ort einberufen wurde, → Rn. 12.[103] Das Gleiche gilt bei unterlassener Mitteilung von Satzungsänderungsvorschlägen im Rahmen der Einberufung[104] oder bei Nichteinladung von Mitgliedern,[105] ggf. bei verwirrender Kollision mit einer zeitgleichen weiteren Einberufung,[106] vgl. dazu auch → Rn. 11, oder mangels ordnungsgemäßer Mitteilung der Tagesordnung nach Abs. 1 S. 2.[107] Ebenfalls ohne Widerspruch nichtig sind die auf eine unzulässige Eventualeinberufung hin gefassten Beschlüsse[108] oder solche, die ohne ein unwirksam ausgeschlossenes Mitglied gefasst wurden[109] (→ § 25 Rn. 59 ff.) oder bei denen Nichtmitglieder mitgestimmt haben.[110] Wird Letzteres durch ein Mitglied im Prozess behauptet, so hat der Verein darzulegen und ggf. zu beweisen, dass kein Nichtberechtigter mitgestimmt hat.[111] Nichtig ist die Beschlussfassung im Wege der Blockwahl, wenn diese in der Satzung nicht vorgesehen ist.[112] Nichtig ist auch der ein Sonderrecht iSv § 35 beeinträchtigende Beschluss, sofern der Rechtsinhaber nicht zumindest konkludent seine Zustimmung

24

25

94 BGH ZIP 2007, 1942 (1945); BGHZ 59, 369, 371 f. = NJW 1973, 235; BGH NJW 1971, 879 f.; BGH NJW 1975, 2101; OLG Hamm NZG 2014, 510; OLG Saarbrücken NZG 2008, 677; OLG Hamm NJW-RR 1997, 989 = SpuRt 1999, 67; Palandt/*Ellenberger* BGB § 32 Rn. 9; Soergel/*Hadding* BGB § 32 Rn. 14; Reichert/Wagner Kapitel 2 Rn. 1977; *Keilbach* DNotZ 2001, 671 (680 f.); aA *K. Schmidt* GesR § 15 II 3; MüKoBGB/*Leuschner* § 32 Rn. 54 ff.; *Terner* NJW 2008, 16 (18 f.); *Richert* NJW 1957, 1543 ff.

95 MüKoBGB/*Leuschner* § 32 Rn. 51 mwN.

96 Heidel, Referat zum 72. Deutschen Juristentag, Verhandlungen des 72. Deutschen Jahrestages, Band II/1, S. O 79 f.

97 BGHZ 59, 369, 372 = DB 1973, 178 = NJW 1973, 235; BGH NJW 1971, 679; BGH NJW 1975, 2101.

98 KG OLGZ 1971, 480 (483 f.) = Rpfleger 1971, 396; LG Bremen Rpfleger 1990, 466; Staudinger/*Weick* BGB § 32 Rn. 143; Soergel/*Hadding* BGB § 32 Rn. 18; *Sauter/Schweyer/Waldner* Eingetragener Verein Rn. 214; *Keilbach* DNotZ 2001, 671 (681).

99 BayObLGZ 1963, 15 (18); OLG Schleswig NJW 1960, 1862; KG OLGZ 1978, 272 (276), krit. Reichert/Wagner Kapitel 2 Rn. 1184.

100 BayObLGZ 1989, 298; vgl. auch BGHZ 18, 334, 335 f. = NJW 1955, 1917 zur Genossenschaft; BGHZ 87, 1, 2 ff. = DB 1983, 1248 = NJW 1983, 1677 zur GmbH.

101 OLG Brandenburg RNotZ 2007, 343 = OLGR 2007, 876.

102 OLG Hamm NZG 2014, 510 = MDR 2014, 482.

103 OLG Frankfurt OLG 282 418 = NJW 1982, 398 (WEG); BayObLG NZG 2004, 1017 = BayObLGZ 2004, Nr. 37; Palandt/*Ellenberger* BGB § 32 Rn. 9; aA wohl Staudinger/*Schwennicke* BGB § 32 Rn. 143.

104 BayObLG Rpfleger 1979, 196; OLG Zweibrücken Rpfleger 2013, 537 = FGPrax 2013, 223.

105 BGH NJW-RR 2006, 831; BGHZ 59, 369, 373 = NJW 1973, 235; BayObLG NJW-RR 1997, 289 = FGPrax 1996, 232; OLG Brandenburg 3.7.2012 – 11 U 174/07, juris Rn. 65 f.; Palandt/*Ellenberger* BGB § 32 Rn. 9.

106 OLG Stuttgart Rpfleger 2004, 106 (107); Reichert/Wagner Kapitel 2 Rn. 1194.

107 BGH NJW 2008, 69 ff. = ZIP 2007, 1942 (1945); BGH ZIP 1987, 446; BayObLG Rpfleger 1979, 196; OLG Zweibrücken FGPrax 2002, 80 = NZG 2002, 436.

108 BayObLG NJW-RR 2002, 1612 = Rpfleger 2003, 90.

109 BeckOK BGB/*Schöpflin* § 25 Rn. 83.

110 BGHZ 49, 209, 211 = DB 1968, 1406 = NJW 1968, 543.

111 BGHZ 49, 209, 211 = DB 1968, 1406 = NJW 1968, 543.

112 BGH NJW 1974, 138; OLG Zweibrücken NZG 2013, 1236; OLG Rostock 25.6.2012 – 1 W 16/12, juris Rn. 16; OLG Bremen NZG 2011, 1192; OLG Frankfurt Rpfleger 1984, 360; Erman/*Westermann* BGB § 32 Rn. 2.

erklärt. Ein Beschluss ist **nur auf Widerspruch in der Mitgliederversammlung hin nichtig** bei Nichteinladung eines einzelnen Mitglieds[113] oder bei Verletzung der satzungsmäßigen Ladungsfrist.[114]

26 **2. Relevanz.** In allen Fällen tritt jedoch dann keine Nichtigkeit ein, wenn es an der Relevanz fehlt, dh wenn der Fehler für die Ausübung der Mitgliedschaftsrechte eines objektiv urteilenden Vereinsmitglieds nicht relevant ist.[115] Nach der früheren Rechtsprechung des BGH führte es dagegen nur dann zur Nichtigkeit, wenn der Beschluss auf dem Fehler beruhte.[116] Der Verein, der sich auf die Wirksamkeit und Satzungsmäßigkeit des Beschlusses beruft, ist hinsichtlich der streitigen Tatsachen darlegungs- und beweisbelastet.[117] Ein nichtiger Beschluss wird gemäß § 141 geheilt durch Bestätigung der Beschlussfassung in ordnungsgemäßer Form.[118] Betrifft die verletzte Gesetzes- oder Satzungsbestimmung nur den Schutz einzelner Mitglieder, wird der Mangel geheilt, wenn die betroffenen Mitglieder zustimmen.[119]

27 **3. Verfahrensrechtliche Geltendmachung.** Vereinsmitglieder haben den nach ihrer Ansicht zur Nichtigkeit führenden Verstoß zunächst erschöpfend durch etwaige **vereinsinterne Rechtsbehelfe** geltend zu machen;[120] diese haben regelmäßig aufschiebende Wirkung.[121] Eine Klage kann, wenn vorrangig geltend zu machende vereinsinterne Rechtsbehelfe vorgesehen sind, nur in Ausnahmefällen entsprechend § 315 Abs. 3 S. 2 sofort erhoben werden, etwa wegen lebenswichtiger Interessen.[122] Antrags- bzw. klagebefugt sind neben Vereinsmitgliedern auch ein Organmitglied,[123] das selbst nicht Vereinsmitglied ist (sog. Fremdorgan), sofern seine Organstellung bzw. sein Organhandeln Gegenstand des anzugreifenden Beschluss ist. Das Recht zur Geltendmachung des Mangels kann nach sechs Monaten verwirkt sein.[124] Nach Erschöpfung des vereinsinternen Rechtsweges kann die Nichtigkeit durch **Feststellungsklage** gemäß § 256 ZPO geltend gemacht werden,[125] die gegen den Verein zu richten ist.[126] Die Aktivlegitimation setzt grundsätzlich voraus, dass der Kläger bei Beschlussfassung und bei Rechtshängigkeit Vereinsmitglied ist,[127] es sei denn, Gegenstand der Nichtigkeitsklage ist ein Beschluss über den Vereinsausschluss des Klägers oder es handelt sich um eine Klage eines Fremdorgans. Das Feststellungsinteresse besteht ausnahmsweise nicht, wenn ein objektives Bedürfnis an der Nichtigkeitserklärung fehlt, zB weil der Beschluss überholt ist und keine Wirkung mehr entfaltet.[128] Die Klage kann wegen Rechtsmissbrauchs unzulässig sein, wenn das klagende Mitglied dem Beschluss in Kenntnis des Verstoßes zugestimmt hat.[129] Der Kläger trägt die Beweislast für den behaupteten Nichtigkeitsgrund;[130] der Verein ist hingegen bzgl. der Nichtberuhensfrage beweisbelastet (→ Rn. 24). Die Wirkung des Urteils hängt von der Art des Ausspruchs ab. Ein abweisendes Urteil wirkt nur inter partes, während die Feststellung der Nichtigkeit neben dem Verein für und gegen alle Mitglieder wirkt.[131] Neben der Feststellungsklage kann ggf. auch **einstweiliger Rechtsschutz** eröffnet sein. Zwar ist die Vorwegnahme der Feststellung der Nichtigkeit durch einstweilige Verfügung nicht möglich,[132] jedoch kann ein Vereinsmitglied gegen den Verein einen im Wege der einstweiligen Verfügung durchsetzbaren Anspruch auf Unterlassung der Ausführung eines nichtigen Beschlusses haben.[133]

113　KG OLGZ 1971, 480; LG Gießen Rpfleger 1998, 523.

114　KG OLGZ 1971, 480; LG Gießen Rpfleger 1998, 523; BayObLG NJW-RR 1997, 289 = FGPrax 1996, 232.

115　BGH ZIP 2007, 1942 (1946) = NJW 2008, 69 ff.; BGHZ 160, 385, 391 f. = ZIP 2004, 2428; BGHZ 153, 32, 37 = ZIP 2003, 290 (292); MüKoBGB/*Arnold* § 32 Rn. 52.

116　BGHZ 59, 369, 374.

117　BGH ZIP 2007, 1942 (1946); BGHZ 49, 209, 211 = NJW 1968, 543; BGHZ 59, 369, 375 = DB 1973, 178 = NJW 1973, 235; BGH DB 1998, 124 = NJW 1998, 684; BayObLG NJW-RR 1997, 289 = FGPrax 1996, 232; OLG Köln OLGZ 1984, 401 (403); OLG Zweibrücken NZG 2002, 436 (437) = Rpfleger 2002, 315.

118　BGHZ 49, 209 = DB 1968, 1406 = NJW 1968, 543; BGHZ 59, 369, 373 = DB 1973, 178 = NJW 1973, 235; OLG Zweibrücken NZG 2002, 436 (437) = Rpfleger 2002, 315; Soergel/*Hadding* BGB § 32 Rn. 16.

119　OLG Frankfurt OLGZ 1984, 11 zur GmbH; Palandt/*Ellenberger* BGB § 32 Rn. 10; *Keilbach* DNotZ 2001, 671 (682).

120　KG NJW 1988, 3159; vgl. auch BGHZ 47, 172 = NJW 1967, 1268; BGHZ 49, 396 = NJW 1968, 1131.

121　BayObLGZ 1988, 170.

122　Palandt/*Ellenberger* BGB § 25 Rn. 20.

123　Staudinger/*Schwennicke* BGB § 32 Rn. 150 (zur Klagebefugnis des geschäftsführenden Vereinsorgans mit Verweis auf BGH NJW 1975, 2101).

124　OLG Hamm NJW-RR 1997, 989; aA OLG Saarbrücken NZG 2008, 677 = NJW-Spezial 2008, 497: Verwirkung bereits nach einem Monat.

125　BGH NJW 2008, 69 = NZG 2007, 826; OLG Hamm NZG 2014, 510; OLG Saarbrücken NZG 2008, 677 = DStR 2008, 1746; OLG Celle NJW-RR 1994, 1547 = SpuRt 1994, 241.

126　LG Frankfurt NJW-RR 1998, 28.

127　BGH NJW 2008, 69 = ZIP 2007, 1942 (1948); OLG Brandenburg 3.7.2012 – 11 U 174/07, juris Rn. 42; Palandt/*Ellenberger* BGB § 32 Rn. 11; *Röcken* MDR 2013, 817 (819).

128　OLG Hamm NZG 2016, 696; *Wagner* NZG 2016, 1046 (1049).

129　Vgl. BayObLG NJW-RR 1992, 910 zu § 25 WEG.

130　BGHZ 49, 209, 212 f. = DB 1968, 1406 = NJW 1968, 543.

131　BGH NJW-RR 1992, 1209.

132　Zöller/*Vollkommer* ZPO § 940 Rn. 8 Stichwort „Gesellschaftsrecht".

133　KG GRUR-RR 2011, 280.

V. Beschlussfassung ohne Versammlung (Abs. 2)

Nach Abs. 2 ist ein Beschluss bei schriftlicher Zustimmung aller Mitglieder auch dann wirksam, wenn er **28** ohne Mitgliederversammlung zustande gekommen ist. Daraus ist abzuleiten, dass an Stelle der Mitgliederversammlung stets die Gesamtheit der Mitglieder tätig werden kann. Dies kann zB durch sog. **Online-Versammlungen** geschehen.[134] Die Möglichkeit von Online-Versammlungen kann – unabhängig von den Voraussetzungen des Abs. 2 – durch Satzungsbestimmungen eröffnet werden.[135] Analog Abs. 2 besteht die Möglichkeit aber auch ohne satzungsrechtliche Grundlage, sofern alle Mitglieder ihre Zustimmung erklären. Für im Jahr 2020 stattfindende Mitgliederversammlungen gilt ferner als Reaktion auf die Corona-Krise und die insofern verhängten Einschränkungen der Versammlungsfreiheit eine Reihe von Ausnahmeregelungen;äää so kann der Vorstand abweichend von Abs. 1 S. 1 auch ohne Ermächtigung in der Satzung Vereinsmitgliedern ermöglichen, an der Mitgliederversammlung ohne Anwesenheit am Versammlungsort teilzunehmen und Mitgliederrechte im Wege der elektronischen Kommunikation auszuüben; zudem kann der Vorstand ohne Satzungsermächtigung den Mitgliedern ermöglichen, ohne Teilnahme an der Mitgliederversammlung ihre Stimmen vor der Durchführung der Mitgliederversammlung schriftlich abzugeben; abweichend von Abs. 2 gilt, dass ein Beschluss ohne Versammlung der Mitglieder gültig ist, wenn alle Mitglieder beteiligt wurden, bis zu dem vom Verein gesetzten Termin mindestens die Hälfte der Mitglieder ihre Stimmen in Textform abgegeben haben und der Beschluss mit der erforderlichen Mehrheit gefasst wurde.[136]

§ 33 Satzungsänderung

(1) ¹Zu einem Beschluss, der eine Änderung der Satzung enthält, ist eine Mehrheit von drei Vierteln der abgegebenen Stimmen erforderlich. ²Zur Änderung des Zweckes des Vereins ist die Zustimmung aller Mitglieder erforderlich; die Zustimmung der nicht erschienenen Mitglieder muss schriftlich erfolgen.

(2) Beruht die Rechtsfähigkeit des Vereins auf Verleihung, so ist zu jeder Änderung der Satzung die Genehmigung der zuständigen Behörde erforderlich.

Literatur: *Beuthien*, Mehrheitsprinzip und Minderheitenschutz im Vereinsrecht, BB 1987, 6; *ders.*, Besonderer Minderheitenschutz in genossenschaftlichen Prüfungs- und Interessenverbänden, DB 1997, 361; *Beuthien/Gätsch*, Vereinsautonomie und Satzungsrechte Dritter, ZHR 156 (1992), 459; *Flume*, Vereinsautonomie und kirchliche oder religiöse Vereinsfreiheit und das Vereinsrecht, JZ 1992, 238; *Haas*, Zur Einführung von Schiedsklauseln durch Satzungsänderungen in Vereinen, ZGR 2001, 325; *Häuser/van Look*, Zur Änderung des Zwecks beim eingetragenen Verein, ZIP 1986, 749; *Heermann*, Die Ausgliederung von Vereinen auf Kapitalgesellschaften, ZIP 1998, 1249; *Lindemeyer*, Zur Unwirksamkeit eines durch die Mitgliederversammlung eines Vereins gefaßten Beitragserhöhungsbeschlusses und zur gerichtlichen Geltendmachung der Unwirksamkeit, BB 1997, 227; *Steinbeck*, Vereinsautonomie und Dritteinfluss, 1999. Siehe auch Vorbemerkungen zu §§ 21 ff.

A. Allgemeines	1	2. Abgrenzung	3
B. Regelungsgehalt	2	3. Änderungsmehrheit	4
I. Satzungsänderung	2	II. Änderung des Vereinszwecks	5
1. Anwendungsbereich	2	III. Wirksamwerden	7

A. Allgemeines

Das Erfordernis einer qualifizierten Mehrheit für Satzungsänderungen gemäß Abs. 1 S. 1 schützt das Mit- **1** spracherecht der Minderheit bei substanziellen Veränderungen des Vereins.[1] Noch stärker kommt der **Minderheitenschutz** in Abs. 1 S. 2 zum Ausdruck, der zur Änderung des Vereinszwecks, dh des Wesens des Vereins, eine Zustimmung aller Mitglieder verlangt. Abs. 2 trägt dem Konzessionssystem Rechnung (s. dazu → Vor § 21 Rn. 3), so dass Satzungsänderungen erst ex nunc mit der staatlichen Genehmigung wirk-

---

134 *Roßnagel/Gitter/Opitz-Talidou* MMR 2009, 383 ff.; *Fleck* DNotZ 2008, 245 (248 ff.); Palandt/*Ellenberger* BGB § 32 Rn. 1; *Piper* NZG 2012, 735; *Erdmann* MMR 2000, 526.

135 OLG Hamm NZG 2012, 189 = NJW 2012, 940; *Roßnagel/Gitter/Opitz-Talidou* MMR 2009, 383 ff.; *Fleck* DNotZ 2008, 245 (248 ff.); *Schwarz* MMR 2003, 23; dieser auch zur Möglichkeit einer Online-Präsenz-Hauptversammlung im Aktienrecht; vgl. dazu auch *Noack* NZG 2003, 241 (247 ff.); ders., NJW 2018,

1345 ff.; *Piper* NZG 2012, 735 (736) hält Online-Mitgliederversammlungen sogar ohne entsprechende Satzungsgrundlage für zulässig; aA *Stöber/Otto*, 11. Aufl., Rn. 638 (generelle Unzulässigkeit).

136 §§ 5 Abs. 2 und 3, 7 Abs. 5 des Gesetzes zur Abmilderung der Folgen der COVID-19-Pandemie im Zivil-, Insolvenz- und Strafverfahrensrecht, BT-Drucks 19/18110, 11.

1 MüKoBGB/*Leuschner* § 33 Rn. 1; BeckOK BGB/ *Schöpflin* § 33 Rn. 1.

sam werden.[2] Abs. 2 sollte nach einem Reformentwurf des Bundesjustizministeriums als Folge der geplanten Streichung der §§ 22, 23 ganz aufgehoben werden;[3] es kam jedoch in Abs. 2 nur zu einer Folgeänderung der Aufhebung des § 23 sowie zu einer redaktionellen Änderung in Abs. 1.[4]

B. Regelungsgehalt

I. Satzungsänderung

2 **1. Anwendungsbereich.** Das Quorum von drei Vierteln der erschienenen Mitglieder nach Abs. 1 S. 1 gilt für **jede Änderung** der Satzung, gleich, ob sie materieller oder rein formeller Natur ist. Das folgt aus dem Gesetzeswortlaut, der das Quorum ohne Differenzierung nach der Qualität der Änderung verlangt. Änderung iSd Vorschrift ist nach richtiger Ansicht daher jede Abänderung des Satzungstexts.[5] Bei nicht beurkundeten Satzungen ist bei jeder Beschlussfassung auf eine Satzungsberührung zu achten. Als Änderungen der Satzung gelten auch Ergänzungen wie etwa die Einführung einer Schiedsgerichtsordnung[6] oder von Vereinsstrafen.[7] Auch redaktionelle Bereinigungen sind als Satzungsänderungen einzustufen, zumal sie im Einzelfall kaum von Sinnveränderungen abzugrenzen sind.[8] Anderes gilt im Aktienrecht, wo die Hauptversammlung dem Aufsichtsrat die Befugnis zu redaktionellen Bereinigungen bzw. Fassungsänderungen der Satzung gemäß § 179 Abs. 1 S. 2 AktG übertragen kann.

3 **2. Abgrenzung.** Satzungsänderungen sind von sog. Satzungsdurchbrechungen und faktischen Satzungsänderungen zu unterscheiden. **Satzungsdurchbrechungen** sind satzungswidrige Einzelfallbeschlüsse, dh Beschlüsse der Mitgliederversammlung, die für eine bestimmte Einzelmaßnahme die satzungsmäßigen Anforderungen missachten, ohne die Satzung selbst zu ändern.[9] Eine solche Ausnahme von der Regel ist selbst dann unzulässig, wenn sie mit satzungsändernder 3/4-Mehrheit beschlossen wird.[10] **Faktische Satzungsänderungen** sind, anders als Satzungsdurchbrechungen, keine Mitgliederversammlungsbeschlüsse, sondern Kompetenzüberschreitungen anderer Organe, etwa des Vorstands, durch die faktisch satzungswidrige Zustände geschaffen werden.[11] Auch wenn die geschaffenen Zustände in der Regel nach außen hin gemäß §§ 26 Abs. 2, 31 den Verein binden, sind sie keine Satzungsänderungen.

4 **3. Änderungsmehrheit.** Die Satzungsänderung bedarf gemäß Abs. 1 S. 1 einer 3/4-Mehrheit der abgegebenen Stimmen; die Bestimmung der Mehrheit und der Begriff der abgegebenen Stimmen richten sich nach den allgemeinen Grundsätzen (→ § 32 Rn. 20). Gemäß § 40 kann die Satzung **abweichende Regelungen** zur Satzungsänderung treffen. Die Satzung kann daher abweichende Mehrheiten vorsehen oder die Kompetenz zu Satzungsänderungen einem anderen Organ zuschreiben.[12] Erhöhte Voraussetzungen der Satzung an eine Satzungsänderung sind aber dann unbeachtlich, wenn die tatsächlichen Verhältnisse des Vereins dazu führen, dass die Satzung faktisch dauerhaft unveränderlich ist; dann gelten die gesetzlichen Vorschriften.[13] Die Satzung kann Satzungsänderungen auch von der Zustimmung einzelner Mitglieder[14] oder eines Dritten abhängig machen. Letzteres gilt insbesondere für religiös ausgerichtete Vereine.[15] Ihre Grenze findet die

2   BeckOK BGB/*Schöpflin* § 33 Rn. 1; MüKoBGB/
    Leuschner § 33 Rn. 9.
3   Entwurf, Art. 1 Nr. 5 b), S. 3 (unveröffentlicht).
4   Vgl. BT-Drs. 16/12813, S. 11 zu Art. 1 Nr. 5 b; *Reuter* NZG 2009, 1368 (1371).
5   BayObLG Rpfleger 1976, 56; Palandt/*Ellenberger* BGB § 33 Rn. 1; BeckOK BGB/*Schöpflin* § 33 Rn. 3; Staudinger/*Weick* BGB § 33 Rn. 6; *K. Schmidt* BB 1987, 556 (559); vgl. auch BGHZ 18, 205, 207 = NJW 1955, 1717 zur GmbH; Reichert/Wagner Kapitel 2 Rn. 535 ff.; aA *Sauter/Schweyer/Waldner* Eingetragener Verein Rn. 133, 135; Soergel/*Hadding* BGB § 33 Rn. 3: nur bei materiellen Änderungen.
6   RGZ 88, 395, 401; Staudinger/*Habermann* § 71 Rn. 2, § 33 Rn. 12; *Haas* SchiedsVZ 2007, 1 (5 ff.); *ders.*, ZGR 2001, 325 (338 ff.).
7   BGHZ 47, 172 = DB 1967, 855 = NJW 1967, 1268; BeckOK BGB/*Schöpflin* § 33 Rn. 3; vgl. auch OLG Hamm NJW-RR 2002, 389 ff. = SpuRt 2002, 115.
8   So BayObLGZ 1975, 435 (438); 1978, 282, 286; Staudinger/*Weick* BGB § 33 Rn. 6; MüKoBGB/*Leuschner* § 33 Rn. 4; MHdB GesR II/*Wagner* § 23 Rn. 1; aA RGRK/*Steffen* BGB § 33 Rn. 1.
9   Vgl. BGHZ 32, 17, 19 = NJW 1960, 866; BGHZ 123, 15, 19 = DB 1993, 1713 = NJW 1993, 2246

jeweils zur GmbH; Staudinger/*Schwennicke* BGB § 33 Rn. 56 ff.; MüKoBGB/*Leuschner* § 33 Rn. 18; *Sauter/Schweyer/Waldner* Eingetragener Verein Rn. 134.
10   *Sauter/Schweyer/Waldner* Eingetragener Verein Rn. 134; Palandt/*Ellenberger* BGB § 33 Rn. 1; offengelassen durch OLG Hamburg NZG 2011, 1192 = NJW-RR 2011, 1487.
11   Vgl. BGHZ 83, 122, 130 = NJW 1982, 1703 zur AG; ebenso: BeckOK BGB/*Schöpflin* § 33 Rn. 16.
12   BayObLGZ 1987, 161 (170); Palandt/*Ellenberger* BGB § 33 Rn. 2; Soergel/*Hadding* BGB § 33 Rn. 6, 16; *Sauter/Schweyer/Waldner* Eingetragener Verein Rn. 135; aA *K. Schmidt* GesR § 5 I 3 b; differenzierend Reichert/Wagner Kapitel 2 Rn. 558 f.; BeckOK BGB/*Schöpflin* § 33 Rn. 5: Übertragung muss stets widerruflich sein.
13   OLG München NZG 2020, 314, 315; OLG Frankfurt DNotZ 1979, 620; BeckOK BGB/Notz, § 32 Rn. 180; Staudinger/*Schwennicke* BGB § 33 Rn. 32 f.
14   BayObLGZ 1975, 435.
15   BVerfGE 83, 341, 359 f. = NJW 1991, 2623; OLG Frankfurt OLGZ 1982, 309; KG OLGZ 1974, 385; Staudinger/*Weick* BGB § 33 Rn. 8 f.; Reichert/Wagner Kapitel 2 Rn. 1911.

Gestaltungsfreiheit, wo die Satzungsautonomie aufgegeben wird. Unzulässig ist es daher selbst bei religiösen Vereinen, über ein bloßes Vetorecht hinaus einem außenstehenden Dritten die Satzungsänderungskompetenz zu übertragen.[16] Streitig ist, ob eine mit entsprechender Mehrheit im Wege der Satzungsänderung eingefügte Schiedsklausel auch Mitglieder bindet, die dagegen gestimmt haben, wenn ein Vereinsaustritt nach den Umständen nicht zumutbar ist (→ § 25 Rn. 5).[17]

II. Änderung des Vereinszwecks

Der Zweck des Vereins kann nach Abs. 1 S. 2 nur mit Zustimmung aller Vereinsmitglieder geändert werden. **5** Der Vereinszweck ist der in der Satzung zum Ausdruck kommende **oberste Leitsatz** der Vereinstätigkeit.[18] Eine Änderung ist nur die grundsätzliche Neuorientierung der Vereinsziele. Gleichgültig ist, ob dies geschieht, weil dem ursprünglichen Vereinszweck die Grundlage entzogen wurde.[19] Keine Änderungen sind hingegen Zweckergänzungen, Zweckeinschränkungen,[20] redaktionelle Änderungen[21] oder die Anpassung der Ziele an den Wandel der Zeit,[22] solange die grundlegende Leitidee beibehalten wird. Keine bloße Zweckergänzung, sondern eine Änderung des Vereinszwecks liegt zB vor, wenn der Zweck statt wie bisher nur in der Ausübung einer einzelnen Sportart nunmehr in einer umfassenden sportlichen Beteiligung liegen soll;[23] fällt dagegen bei einem Verein mit dem allgemeinen Zweck der Pflege des Sports zur körperlichen Ertüchtigung eine einzelne Sportart weg, soll darin keine Änderung des Vereinszwecks liegen.[24] Gleichwohl bedürfen solche Änderungen einer Anpassung der Satzung mit dem dafür notwendigen Quorum. Zur Gemeinnützigkeit des Vereins und der damit verbundenen steuerrechtlichen Problematik s. Anhang zu § 21.

Die zur Zweckänderung notwendige **Zustimmung** aller Mitglieder kann auch **konkludent** erklärt werden, **6** etwa durch Hinnahme einer mehrheitlich beschlossenen Änderung.[25] Das Einstimmigkeitserfordernis kann gemäß § 40 durch Satzungsbestimmung abbedungen werden; eine Satzungsänderung, wonach die Änderung des Vereinszwecks nicht der Zustimmung aller Mitglieder bedürfe, erfordert aber ihrerseits die Zustimmung aller Mitglieder.[26] Es bleibt indes bei der Regelung des Abs. 1 S. 2, wenn die Satzung nur für Satzungsänderungen ein geringeres als das gesetzliche Quorum vorschreibt.[27] Einer einstimmigen Zustimmung sämtlicher Mitglieder bedarf es auch bei einem **Rechtsformwechsel** gemäß § 275 UmwG oder wenn unter Beibehaltung des Vereinszwecks sämtliche Mitglieder ausgewechselt werden.[28] § 275 UmwG, § 33 Abs. 1 S. 2 sind mangels Regelungslücke nicht analog auf die Verschmelzung von Vereinen anzuwenden.[29] Vorbehaltlich einer abweichenden Satzungsbestimmung müssen grundsätzlich auch bei der Schaffung von Sonderrechten iSv § 35 alle Mitglieder zustimmen, da dies in das Recht auf mitgliedschaftliche Gleichbehandlung einschneidet (→ § 35 Rn. 3 und → § 38 Rn. 9).

III. Wirksamwerden

Sowohl Satzungs- als auch Zweckänderung bedürfen gemäß Abs. 2 zu ihrer Wirksamkeit **staatlicher** **7** **Genehmigung**, sofern die Rechtsfähigkeit des Vereins auf staatlicher Verleihung beruht. Diese Regelung gilt folglich für wirtschaftliche Vereine nach § 22 (→ § 22 Rn. 2 ff.) sowie uU für altrechtliche Vereine;[30] durch Abschaffung von § 23 sind ausländische Vereine im Sinne von § 23 aF jedenfalls für die Zukunft aus dem Anwendungsbereich der Norm herausgefallen; ausländische Vereine, denen in der Vergangenheit nach § 23 aF Rechtsfähigkeit verliehen wurde, bleiben rechtsfähig und daher im Anwendungsbereich von § 33

---

16 BVerfGE 83, 341, 360 = NJW 1991, 2623; OLG Frankfurt NJW 1983, 2576; Palandt/*Ellenberger* BGB § 33 Rn. 2; Soergel/*Hadding* BGB § 33 Rn. 7.

17 Gegen eine Verbindlichkeit der Schiedsklausel BGH NJW 2000, 1713; Palandt/*Ellenberger* BGB § 33 Rn. 2; aA *Haas* SchiedsVZ 2007, 1 (5 f.).

18 BGHZ 96, 245, 251 f. = DB 1986, 473 = NJW 1986, 1083; BayObLG Rpfleger 2001, 307 = NJW-RR 2001, 1260; OLG Zweibrücken 4.7.2013 – 3 W 68/13, juris Rn. 7; ähnlich Palandt/*Ellenberger* BGB § 33 Rn. 3; BeckOK BGB/*Schöpflin* § 33 Rn. 7; *Häuser/van Look* ZIP 1986, 749 (754).

19 BGHZ 49, 175, 179 = DB 1968, 391 = NJW 1968, 545; BayObLG NJW-RR 2001, 307 = NJW-RR 2001, 1260; Soergel/*Hadding* BGB § 33 Rn. 9.

20 OLG Zweibrücken 4.7.2013 – 3 W 68/13, juris Rn. 7; LG Bremen Rpfleger 1989, 415; BeckOK BGB/*Schöpflin* § 33 Rn. 7.

21 OLG Zweibrücken NZG 2013, 907.

22 BayObLG NJW-RR 2001, 1260 = Rpfleger 2001, 307; Palandt/*Ellenberger* BGB § 33 Rn. 3; *K. Schmidt* BB 1987, 556 (558).

23 OLG Hamm Rpfleger 2012, 86 = FGPrax 2012, 36.

24 BGH ZIP 2013, 875 (876) = WM 2013, 767 = NZG 2013 = 466.

25 BGHZ 16, 143, 150 f. = NJW 1955, 457; BGHZ 23, 122, 129 = NJW 1957, 497; BGHZ 25, 311, 316 = DB 1957, 1097 = NJW 1957, 1800.

26 OLG München NZG 2011, 994 = FGPrax 2011, 249; Erman/*Westermann* BGB § 33 Rn. 2; Staudinger/*Schwennicke* BGB § 33 Rn. 50 f.

27 OLG Köln NJW-RR 1996, 1180; BeckOK BGB/*Schöpflin* § 33 Rn. 12.

28 BGH NJW 1980, 2707; vgl. bereits BGH NJW 1955, 381 (386); Soergel/*Hadding* BGB § 33 Rn. 10; Reichert/Schörnig Kapitel 2 Rn. 4478 ff.

29 OLG Hamm NZG 2013, 388 = AG 2013, 307.

30 KG Rpfleger 2004, 417 = OLG-NL 2004, 101.

Abs. 2.[31] Für den eV sind die Änderungen hingegen nach § 71 Abs. 1 S. 1 in das Vereinsregister einzutragen; die **Eintragung** wirkt sowohl im Verhältnis zu Dritten als auch zu den Mitgliedern **konstitutiv**.[32] Für die Eintragung gelten die allgemeinen Regeln (s. dazu → § 71 Rn. 2 ff.). Beim nichtrechtsfähigen Verein, für den der Abs. 1 analog gilt, ist die Satzungsänderung unmittelbar mit Beschlussfassung wirksam.[33]

§ 34 Ausschluss vom Stimmrecht

Ein Mitglied ist nicht stimmberechtigt, wenn die Beschlussfassung die Vornahme eines Rechtsgeschäfts mit ihm oder die Einleitung oder Erledigung eines Rechtsstreits zwischen ihm und dem Verein betrifft.

Literatur: Siehe Vorbemerkungen zu §§ 21 ff sowie § 32.

A. Allgemeines 1
B. Regelungsgehalt 2
   I. Reichweite des Verbots 2
    1. Subjektiver Anwendungsbereich 3
    2. Objektiver Anwendungsbereich 4
   II. Rechtsfolgen 5

A. Allgemeines

1   Der Stimmrechtsausschluss nach § 34 dient zum einen der Vermeidung von **Interessenkollisionen** der betroffenen Mitglieder bei der Stimmabgabe und zum anderen dem Schutz des Vereins sowie der anderen Mitglieder vor einer treuwidrigen Stimmrechtsausübung des betroffenen Mitglieds. Der Stimmrechtsausschluss ist gemäß § 40 **zwingend** und kann durch die Satzung erweitert,[1] nicht aber eingeschränkt werden.

B. Regelungsgehalt

I. Reichweite des Verbots

2   Das Verbot betrifft seinem Wortlaut nach einerseits Rechtsgeschäfte und Rechtsstreite zwischen Mitglied und Verein und andererseits die Einleitung oder Erledigung von Rechtsstreiten zwischen Mitglied und Verein. Ein Mitstimmen des betroffenen Mitglieds wäre bezogen auf die Vornahme eines Rechtsgeschäfts ein **Insichgeschäft** oder jedenfalls eine vergleichbare Konstellation. Bezogen auf Rechtsstreite zwischen Vereinsmitglied und Verein wäre dies ein „Richten in eigener Sache" und soll daher vermieden werden.

3   **1. Subjektiver Anwendungsbereich.** Der Ausschluss gilt unmittelbar für die Stimmabgabe in der Mitgliederversammlung im eV sowie analog für den nichtrechtsfähigen Verein.[2] Die Vorschrift wird auf die Mitglieder anderer Vereinsorgane, insbesondere des Vorstands, entsprechend angewendet.[3] Vergleichbare Wertungen wie in § 34 finden sich auch in anderen gesellschaftsrechtlichen Vorschriften, vgl. § 136 Abs. 1 AktG, § 47 Abs. 4 GmbHG, § 43 Abs. 6 GenG, § 25 Abs. 5 WEG. Analog wird § 34 auf die GbR, OHG und KG,[4] die Erben- und Bruchteilsgemeinschaft,[5] den Gläubigerausschuss,[6] auf öffentlich-rechtliche Körperschaften[7] sowie auf die Mitglieder des Aufsichtsrates der AG[8] angewendet. Trotz der vielfach analogen Anwendung des § 34 und ähnlicher Sondervorschriften besteht **kein allgemeiner Rechtsgrundsatz**, wonach ein Interessenwiderstreit im Gesellschaftsrecht stets zum Stimmrechtsverlust führt.[9]

4   **2. Objektiver Anwendungsbereich.** Das Verbot betrifft sowohl alle **Rechtsgeschäfte** zwischen Mitglied und Verein als auch geschäftsähnliche Handlungen (zB Mahnung, Fristsetzung).[10] Zudem hat das Mitglied

---

31   Vgl. BT-Drs. 16/12813, S. 10 f.
32   BGHZ 23, 122, 128 = NJW 1957, 497; BFH BStBl II 2001 S. 518 = NJW-RR 2002, 318; OLG Köln NJW 1964, 1575; Staudinger/*Habermann* BGB § 71 Rn. 1.
33   MüKoBGB/*Leuschner* § 33 Rn. 9.
1   Soergel/*Hadding* BGB § 34 Rn. 10; BeckOK BGB/*Schöpflin* § 34 Rn. 12; MHdB GesR II/*Waldner* § 29 Rn. 8; Reichert/Wagner Kapitel 2 Rn. 362 mit Beispielen.
2   ArbG Kiel ZStV 2014, 228; MüKoBGB/*Leuschner* § 34 Rn. 1 f.; Soergel/*Hadding* BGB § 34 Rn. 2; BeckOK BGB/*Schöpflin* § 34 Rn. 2.
3   Palandt/*Ellenberger* BGB § 34 Rn. 1; MüKoBGB/*Leuschner* § 34 Rn. 2; Soergel/*Hadding* BGB § 34 Rn. 2; *Ulmer* NJW 1982, 2288 (2289).

4   RGZ 136, 236, 245; 162, 370, 372; BeckOK BGB/*Schöpflin* § 34 Rn. 2.
5   BGHZ 34, 367, 371 = NJW 1961, 1299; BGHZ 56, 47, 52 = DB 1971, 910 = NJW 1971, 1265 (1267); OLG München 14.6.2018 – 32 U 2516/16, Rn. 261.
6   BGH ZIP 1985, 423.
7   BVerwG DÖV 1970, 353.
8   BGH ZIP 2007, 1056 f.
9   BGHZ 56, 47, 53 = NJW 1971, 1265; BGHZ 68, 107, 109 = DB 1977, 715 = NJW 1977, 850; BGHZ 80, 69, 71 = NJW 1981, 1512; BGHZ 97, 28 = DB 1986, 853 = NJW 1986, 2051; Palandt/*Ellenberger* BGB § 34 Rn. 3; Soergel/*Hadding* BGB § 34 Rn. 2.
10   BGH NJW 1991, 172 (173); ArbG Kiel ZStV 2014, 228.

auch kein Stimmrecht in Fällen des „**Richtens in eigener Sache**". Das sind etwa Beschlüsse über seine Inanspruchnahme auf Schadensersatz[11] oder die Verhängung einer Vereinsstrafe,[12] über das Mitglied betreffende Weisungen an den Vorstand;[13] über seinen Vereinsausschluss aus wichtigem Grund[14] oder seine Abberufung als Organmitglied aus wichtigem Grund.[15] Keinem Stimmrechtsausschluss unterliegt das Mitglied bei seiner eigenen Bestellung zum Organmitglied[16] oder seiner Abwahl ohne besonderen Grund.[17] Das Stimmverbot gilt grundsätzlich nicht bei Rechtsgeschäften mit nahen Angehörigen oder mit Gesellschaften, an denen das Mitglied beteiligt ist,[18] es sei denn, das Mitglied ist mit der Gesellschaft wirtschaftlich identisch oder beherrscht diese.[19]

II. Rechtsfolgen

Der Ausschluss gemäß § 34 bewirkt nur ein Verbot, bei den betreffenden Beschlussfassungen **mitzustimmen**. Eine Teilnahme an der Versammlung und der dem Beschluss vorangehenden Diskussion ist dem Mitglied jedoch unbenommen; wird das teilnahmeberechtigte und von einem Stimmverbot betroffene Vereinsmitglied nicht zur Mitgliederversammlung geladen, führt dies zur Nichtigkeit des gefassten Beschlusses, → § 32 Rn. 25.[20] Ein Verstoß gegen § 34 führt nicht zur Nichtigkeit des Beschlusses, wenn der Verein beweist, dass die ungültige Stimme keinen Einfluss auf das Abstimmungsergebnis gehabt hat,[21] vgl. zur Nichtigkeit von Mitgliederversammlungsbeschlüssen → § 32 Rn. 22 ff.

5

§ 35 Sonderrechte

Sonderrechte eines Mitglieds können nicht ohne dessen Zustimmung durch Beschluss der Mitgliederversammlung beeinträchtigt werden.

Literatur: Siehe bei Vorbemerkungen zu §§ 21 ff und § 32.

A. Allgemeines 1
B. Regelungsgehalt 2
   I. Sonderrechte 2
     1. Begriff 2

2. Rechtsinhaber 3
3. Beispiele 4
II. Beeinträchtigung 5

A. Allgemeines

§ 35 schützt den Sonderrechtsinhaber vor **unfreiwilligen Rechtsbeeinträchtigungen** durch die Versammlungsmehrheit.[1] Die Vorschrift bietet einen nachhaltigen Schutz, da gemäß § 40 abweichende Satzungsbe-

1

11   BGHZ 97, 28 = DB 1986, 853 = NJW 1986, 2051; BGHZ 108, 21 = NJW 1989, 2694, jeweils zur GmbH; Palandt/*Ellenberger* BGB § 34 Rn. 2.

12   *K. Schmidt* GesR § 21 II 2 a bb; MüKoBGB/*Leuschner* § 34 Rn. 7; Soergel/*Hadding* BGB § 34 Rn. 7; BeckOK BGB/*Schöpflin* § 34 Rn. 8; aA Palandt/*Ellenberger* BGB § 34 Rn. 3.

13   BGHZ 68, 107, 112 = DB 1977, 715 = NJW 1977, 850 (zur GmbH); Soergel/*Hadding* BGB § 34 Rn. 4.

14   BGHZ 86, 177, 179 = DB 1983, 381 = NJW 1983, 938; BayObLG NJW-RR 1986, 1499 (1500); OLG Düsseldorf GmbHR 1989, 468 (469), jeweils zur GmbH; BeckOK BGB/*Schöpflin* § 34 Rn. 8; aA KG Rpfleger 2014, 381 = NJW-RR 2014, 1185: Vereinsausschluss tatbestandlich nicht von § 34 erfasst.

15   BGHZ 9, 157, 178 = NJW 1953, 780; BGH WM 1990, 677 (678) jeweils zur GmbH; MüKoBGB/*Leuschner* § 34 Rn. 7; BeckOK BGB/*Schöpflin* § 34 Rn. 8; Reichert/Wagner Kapitel 2 Rn. 362; aA OLG

Köln NJW 1968, 992; Palandt/*Ellenberger* BGB § 34 Rn. 3; Staudinger/*Weick* BGB § 34 Rn. 15; *Sauter/Schweyer/Waldner* Eingetragener Verein Rn. 202 a.

16   BGHZ 18, 205, 210 = NJW 1955, 1717; BGHZ 51, 209, 215 = DB 1969, 299 = NJW 1969, 841 zur GmbH; BGH NJW 2002, 3704 (3707) zur WEG; aA Soergel/*Hadding* BGB § 34 Rn. 5.

17   BayObLG NJW-RR 1986, 1499; OLG Düsseldorf GmbHR 1989, 468 (469).

18   Vgl. jedoch Reichert/Wagner Kapitel 2 Rn. 1522 f. zu satzungsmäßig erweiterten Stimmverboten.

19   BGHZ 56, 47, 53 f. = NJW 1971, 1265 (1267); BGHZ 68, 107, 110 = NJW 1977, 850; BGHZ 80, 69, 71 = DB 1981, 931 = NJW 1981, 1512; Soergel/*Hadding* BGB § 34 Rn. 8.

20   AG Königswinter 1.2.2012 – 3 C 82/11, juris, Rn. 13.

21   RGZ 106, 263; Palandt/*Ellenberger* BGB § 34 Rn. 2.

1   Grundlegend zu Begriff, Zweck und Schutz von Sonderrechten *Beuthien* ZGR 2014, 24.

stimmungen unzulässig sind.[2] § 35 bildet einen **allgemeinen gesellschaftsrechtlichen Grundsatz** und gilt daher auch für andere juristische Personen des Privatrechts[3] sowie für Personengesellschaften.[4]

B. Regelungsgehalt

I. Sonderrechte

2 **1. Begriff.** Ein Sonderrecht ist eine auf der Vereinsmitgliedschaft beruhende, über die allgemeine Rechtsstellung der Mitglieder hinausreichende Rechtsposition, die auf satzungsmäßiger Grundlage als **unentziehbares Recht** ausgestaltet ist.[5] Maßgeblich dafür, insbesondere für die unentziehbare Ausgestaltung des zuerkannten Rechts, ist die Auslegung der Satzung.[6] Abzugrenzen sind Sonderrechte zum einen von Drittgläubigerrechten, die dem Mitglied unabhängig von seiner Mitgliedschaft aus einem Rechtsgeschäft mit dem Verein zustehen. Zum anderen sind Rechtspositionen keine Sonderrechte, die ohnehin Bestandteil der allgemeinen Mitgliedschaft sind, auch wenn sie durch die Satzung unentziehbar ausgestaltet sind.[7]

3 **2. Rechtsinhaber.** Träger eines Sonderrechts iSd § 35 können nur ein **Vereinsmitglied** oder eine Gruppe von Mitgliedern sein. Das Recht wird durch eine entsprechende Satzungsbestimmung begründet; wegen der Abweichung vom Grundsatz der mitgliedschaftlichen Gleichbehandlung[8] müssen grundsätzlich alle Vereinsmitglieder zustimmen. Der Zustimmung aller Mitglieder bedarf es etwa nicht, wenn die Gründungssatzung die Schaffung von Sonderrechten mit satzungsändernder Mehrheit vorsieht[9] oder das Sonderrecht seiner Natur nach ungeeignet ist, die Rechte anderer Mitglieder zu beeinträchtigen, wie zB die Ernennung zum Ehrenvorsitzenden.[10] Vorbehaltlich einer abweichenden satzungsmäßigen Gestaltung erlischt das Recht mit dem Ende der Mitgliedschaft.

4 **3. Beispiele.** Beispiele für Sonderrechte sind ein unentziehbares oder vererbliches Mitgliedschaftsrecht,[11] ein Mehrfachstimmrecht, die Mitgliedschaft im Vorstand,[12] ein Ehrenvorsitz, ein Vorschlags- oder Bestellungsrecht für ein Vereinsorgan,[13] ein Vetorecht- oder Zustimmungsvorbehalt bei Mitgliederversammlungsbeschlüssen,[14] ein besonderes Nutzungsrecht für Vereinseinrichtungen,[15] ein Recht auf Beitragsbefreiung bzw. Ermäßigung[16] oder auf bevorzugte Teilhabe am Liquidationserlös.[17] Eine Satzungsbestimmung, die den Zustimmungsvorbehalt eines (Gründungs-)Mitglieds zu Mitgliederbeschlüssen über Satzungsänderungen vorsieht, ist mit Rücksicht auf die Vereinsautonomie im Zweifel dahin gehend auszulegen, dass die Regelung nur für die Dauer seiner Vereinsmitgliedschaft gilt.[18]

II. Beeinträchtigung

5 § 35 verbietet jede auch nur mittelbar nachteilige Einwirkung des Vereins auf das Sonderrecht oder dessen Ausübung.[19] Contra legem nimmt dagegen ein Teil der Literatur an, dass ein Sonderrecht ohne Zustimmung des Betroffenen aus wichtigem Grund entzogen werden könne;[20] richtigerweise ist ein beeinträchtigender Beschluss, dem der Sonderrechtsinhaber nicht zustimmt, unwirksam.[21] § 35 schützt jedoch nicht vor der bloßen Möglichkeit einer Beeinträchtigung; sie muss die **zwangsläufige Folge** der Vereinsmaßnahme sein.

2   Ebenso Erman/*Westermann* BGB § 35 Rn. 1.

3   RGZ 165, 129; BGH NJW-RR 1989, 542 für die GmbH; BGHZ 15, 177, 181 = NJW 1955, 178 zur eG; Soergel/*Hadding* BGB § 35 Rn. 2; Palandt/*Ellenberger* BGB § 35 Rn. 4; BeckOK BGB/*Schöpflin* § 35 Rn. 2; teilweise aA MüKoBGB/*Leuschner* § 35 Rn. 2 f.

4   Soergel/*Hadding* BGB § 35 Rn. 2; Palandt/*Ellenberger* BGB § 35 Rn. 4; BeckOK BGB/*Schöpflin* § 35 Rn. 2.

5   RGZ 104, 255; BGH NJW 1969, 131; BGH NJW 1974, 1996 (1997).

6   OLG Hamm ZIP 2001, 1916; vgl. auch BGH NJW 1969, 131; BGH WM 1981, 438 f., jeweils zur GmbH.

7   BGHZ 84, 209, 218 = NJW 1984, 1038; KG NJW 1962, 1917; Soergel/*Hadding* BGB § 35 Rn. 6.

8   Dazu BGHZ 47, 381, 386; BGH NJW 1954, 953; BGH NJW 1960, 2142.

9   BeckOK BGB/*Schöpflin* § 35 Rn. 5; vgl. auch Hachenburg/*Ulmer* GmbHG § 5 Rn. 163.

10 Soergel/*Hadding* BGB § 35 Rn. 9; BeckOK BGB/*Schöpflin* § 35 Rn. 5; Reichert/Wagner Kapitel 2 Rn. 791 ff.

11 BeckOK BGB/*Schöpflin* § 35 Rn. 7.

12 BGH NJW 1969, 131 zur GmbH.

13 BGH NJW-RR 1989, 542; Erman/*Westermann* BGB § 35 Rn. 2.

14 OLG Zweibrücken NZG 2013, 1271; BayObLGZ 1975, 435 (439); BayObLG NJW 1980, 1756.

15 RG HRR 1931 Nr. 98; Palandt/*Ellenberger* BGB § 35 Rn. 1; Schauhoff Gemeinnützigkeits-HdB § 2 Rn. 57.

16 LG Wiesbaden NJW 1975, 1033.

17 RGZ 136, 185, 190; BeckOK BGB/*Schöpflin* § 35 Rn. 7.

18 OLG Zweibrücken NZG 2013, 1271 (1272).

19 RG Warneyer 1918, Nr. 133; Palandt/*Ellenberger* BGB § 35 Rn. 5; BeckOK BGB/*Schöpflin* § 35 Rn. 8; Soergel/*Hadding* BGB § 35 Rn. 16.

20 *K. Schmidt* GesR § 16 III 3 b aa; MüKoBGB/*Leuschner* § 35 Rn. 13; *Grunewald* EWiR 2005, 25 (26).

21 Palandt/*Ellenberger* BGB § 35 Rn. 5; Erman/*Westermann* BGB § 35 Rn. 3.

Beeinträchtigende Maßnahmen können ein Mitgliederversammlungsbeschluss oder zB auch ein Handeln des Vorstands sein.

§ 35 führt zur **Unwirksamkeit eines beeinträchtigenden Beschlusses**, wenn der Rechtsinhaber dem 6
Beschluss nicht ausdrücklich oder durch schlüssiges Verhalten zustimmt oder den Beschluss nicht nachträglich gemäß §§ 184 Abs. 1, 182 Abs. 1 genehmigt. Verweigert das sonderberechtigte Mitglied seine Zustimmung, hat es bei schuldhafter Rechtsverletzung einen **Schadensersatzanspruch** gegen den Verein, wobei § 278 Anwendung findet.[22] Daneben kann der Sonderrechtsinhaber auf Feststellung der Nichtigkeit eines beeinträchtigenden Mitgliederversammlungsbeschlusses (→ § 32 Rn. 23) und des uneingeschränkten Weiterbestehens seines Rechts klagen.[23]

§ 36 Berufung der Mitgliederversammlung

Die Mitgliederversammlung ist in den durch die Satzung bestimmten Fällen sowie dann zu berufen, wenn das Interesse des Vereins es erfordert.

Literatur: Siehe Vorbemerkungen zu §§ 21 ff und § 32.

A. Allgemeines

§ 36 befasst sich neben §§ 32, 37, 58 Nr. 4 mit der Einberufung der Mitgliederversammlung und deren 1
Anlass. § 40 legt den zwingenden Charakter der Vorschrift fest. Da § 36 als unabdingbare Norm die **Existenz der Mitgliederversammlung** voraussetzt, kann die Satzung diese nicht abschaffen.[1] Gleichwohl ist die Ersetzung der Mitgliederversammlung durch eine Delegiertenversammlung bzw. Vertreterversammlung möglich und insbesondere bei Großvereinen auch sinnvoll (→ § 32 Rn. 6).

B. Regelungsgehalt

§ 36 begründet die Pflicht des zuständigen Organs zur Einberufung der Mitgliederversammlung. Das ver- 2
pflichtete Einberufungsorgan ist regelmäßig der Vorstand (→ § 32 Rn. 9). Die Einberufungspflicht besteht in den gemäß § 58 Nr. 4 in der Satzung bezeichneten Fällen.[2] Daneben muss das zuständige Organ eine **außerordentliche Mitgliederversammlung** einberufen, wenn das Vereinsinteresse dies erfordert, dh wenn eine für den Verein grundlegende Entscheidung ansteht.[3] Da § 36 gemäß § 40 unabdingbar ist, darf die Satzung die Möglichkeit außerordentlicher Mitgliederversammlungen nicht durch Eingrenzung des dafür notwendigen Vereinsinteresses einschränken.

Die Einberufungspflicht besteht gegenüber dem Verein, nicht gegenüber den einzelnen Mitgliedern; das hat 3
zur Folge, dass Mitglieder eine nach § 36 notwendige Einberufung grundsätzlich nicht einklagen können.[4]
Sie können die Einberufung nur nach § 37 Abs. 1 u. 2 dann gerichtlich durchsetzen, wenn sie die Voraussetzungen eines Minderheitsverlangens erfüllen (→ § 37 Rn. 2 f.). Etwas anderes gilt, wenn die Satzung den einzelnen Mitgliedern ausdrücklich einen klagbaren Anspruch auf Einberufung der Mitgliederversammlung gewährt.[5] Aus einer schuldhaften Pflichtverletzung der Einberufungspflicht kann dem Verein gegenüber dem Einberufungsorgan ein **Schadensersatzanspruch** erwachsen; da die Einberufungspflicht nur gegenüber dem Verein besteht, ist daneben ein eigener Schadensersatzanspruch einzelner Mitglieder nach hM ausgeschlossen.[6]

22 RG JW 1930, 3473 (1938), 1329; Palandt/*Ellenberger* BGB § 35 Rn. 5.
    Palandt/*Ellenberger* BGB § 35 Rn. 5; BeckOK BGB/*Schöpflin* § 35 Rn. 10.
23 RG Warneyer 1918, Nr. 133; BeckOK BGB/*Schöpflin* § 35 Rn. 10.
1   Vgl. RGZ 137, 308 f. zur Gesellschafterversammlung der GmbH; Erman/*Westermann* BGB § 36 Rn. 1; MüKoBGB/*Leuschner* § 32 Rn. 1.
2   Dazu eingehend Reichert/Wagner Kapitel 2 Rn. 1114 ff.

3   BGHZ 99, 119 = NJW 1987, 1811; Soergel/*Hadding* BGB § 36 Rn. 4; Reichert/Wagner Kapitel 2 Rn. 1200.
4   Palandt/*Ellenberger* BGB § 36 Rn. 1; MüKoBGB/*Leuschner* § 36 Rn. 7; RGRK/*Steffen* BGB § 36 Rn. 3; aA früher RGZ 79, 409, 411.
5   MüKoBGB/*Leuschner* § 36 Rn. 7; RGRK/*Steffen* BGB § 36 Rn. 3.
6   Palandt/*Ellenberger* BGB § 36 Rn. 1.

§ 37 Berufung auf Verlangen einer Minderheit

(1) Die Mitgliederversammlung ist zu berufen, wenn der durch die Satzung bestimmte Teil oder in Ermangelung einer Bestimmung der zehnte Teil der Mitglieder die Berufung schriftlich unter Angabe des Zweckes und der Gründe verlangt.

(2) ¹Wird dem Verlangen nicht entsprochen, so kann das Amtsgericht die Mitglieder, die das Verlangen gestellt haben, zur Berufung der Versammlung ermächtigen; es kann Anordnungen über die Führung des Vorsitzes in der Versammlung treffen. ²Zuständig ist das Amtsgericht, das für den Bezirk, in dem der Verein seinen Sitz hat, das Vereinsregister führt. ³Auf die Ermächtigung muss bei der Berufung der Versammlung Bezug genommen werden.

Literatur: Siehe Vorbemerkungen zu §§ 21 ff, § 32 sowie § 38.

A. Allgemeines 1
B. Regelungsgehalt 2
   I. Voraussetzungen 2
     1. Formelle Anforderungen 2
   2. Quorum.................................... 3
  II. Einberufungspflicht 5
  III. Gerichtliche Durchsetzung 6

A. Allgemeines

1 § 37 regelt das **Minderheitsrecht** auf Einberufung der Mitgliederversammlung. Es dient dem Schutz der Minderheit und ist gemäß § 40 unabdingbar; nach Abs. 1 kann die Satzung jedoch das für das Initiativrecht notwendige Quorum festlegen (→ Rn. 3 f.). Parallelvorschriften finden sich für AG, GmbH und Genossenschaft in § 122 Abs. 1 S. 1 AktG, § 50 Abs. 1 GmbHG und § 45 Abs. 1 S. 1 GenG. Da § 37 einen **allgemeinen Grundsatz** des Vereinsrechts bildet, ist die Vorschrift auf eine statt der Mitgliederversammlung eingerichtete Delegiertenversammlung entsprechend anzuwenden.[1] § 37 gilt analog für den nicht rechtsfähigen Verein[2] und die Wohnungseigentümerversammlung.[3] Aus § 37 ist abzuleiten, dass eine qualifizierte Minderheit iSv Abs. 1 als Minus zur Einberufung die Ergänzung der Tagesordnung einer einberufenen bzw. einzuberufenden Mitgliederversammlung verlangen kann.[4]

B. Regelungsgehalt

I. Voraussetzungen

2 **1. Formelle Anforderungen.** Gemäß Abs. 1 müssen die einberufungswilligen Mitglieder ihr Verlangen schriftlich sowie unter Angabe des Einberufungszwecks und der Gründe stellen. Sie brauchen ihr Verlangen zur Wahrung der **Schriftform** nicht mit einem gemeinsamen Schriftsatz geltend zu machen; einzelne gleich lautende Erklärungen sind ausreichend[5] und können gemäß § 126 Abs. 3 grundsätzlich auch in elektronischer Form abgegeben werden. Obwohl § 37 gemäß § 40 nicht dispositiv ist, kann die Satzung eine einfachere Form als die Schriftform vorsehen.[6] Die notwendige **Angabe des Zwecks** entspricht der Bekanntgabe der Tagesordnung durch das Einberufungsorgan nach § 32 Abs. 1 S. 2 (→ § 32 Rn. 13 ff.). Etwaige Beschlussanträge müssen noch nicht ausformuliert sein.[7] Das Minderheitsverlangen kann analog § 37 auch auf **Ergänzung der Tagesordnung** gerichtet sein, dh darauf, einen bestimmten Tagesordnungspunkt auf die Tagesordnung einer schon einberufenen oder auf die nächste einzuberufende Mitgliederversammlung zu setzen.[8] Als **Gründe** sind die tatsächlichen und rechtlichen Erwägungen anzugeben, die die Einberufung geboten erscheinen lassen.[9] Schreibt die Satzung eine Einberufung vor, bedarf es außer dem Verweis auf die einschlägige Satzungsbestimmung keiner weiteren Begründung. Bei der Einberufung einer außerordentli-

1   KG JW 1930, 1224; OLG Frankfurt OLGZ 1973, 137 (139); MüKoBGB/*Leuschner* § 37 Rn. 12.

2   KG OLGZ 1971, 480; LG Heidelberg NJW 1975, 1661; Soergel/*Hadding* BGB § 37 Rn. 2; MüKoBGB/*Leuschner* § 37 Rn. 1.

3   AG Idstein ZMR 2013, 667.

4   OLG Frankfurt 24.3.2011 – 20 W 147/11, Beck RS 2013, 22812 Rn. 6; OLG Hamm MDR 1973, 929; Stöber/*Otto* Rn. 658; Reichert/*Wagner*, Rn. 1281; *Stefanik/Punte* NZG 2017, 1161 (1162).

5   OLG Frankfurt OLGZ 1979, 137 (140); BeckOK BGB/*Schöpflin* § 37 Rn. 5; MüKoBGB/*Leuschner* § 37 Rn. 5.

6   OLG Frankfurt SpuRt 2013, 35.

7   Vgl. OLG Köln WM 1959, 1402 f. zur AG; Soergel/*Hadding* BGB § 37 Rn. 8; BeckOK BGB/*Schöpflin* § 37 Rn. 3.

8   OLG Frankfurt 24.3.2011 – 20 W 147/11, juris Rn. 6; OLG Hamm MDR 1973, 929; Palandt/*Ellenberger* BGB § 37 Rn. 2; Erman/*Westermann* BGB § 37 Rn. 4; Staudinger/*Schwennicke* BGB § 37 Rn. 27; die Parallelvorschriften § 50 Abs. 2 GmbHG und § 122 Abs. 2 AktG regeln diese Möglichkeit ausdrücklich.

9   Soergel/*Hadding* BGB § 37 Rn. 8; Staudinger/*Schwennicke* BGB § 37 Rn. 4, 14 ff.; BeckOK BGB/*Schöpflin* § 37 Rn. 5.

chen Mitgliederversammlung haben die Mitglieder das besondere Interesse des Vereins nach § 36 Alt. 2 konkret zu begründen.[10]

2. Quorum. Das Verlangen nach Abs. 1 hat nur dann verbindlichen Charakter, wenn es von der **erforderli- 3 chen Mitgliederzahl** erhoben worden ist. Nach Abs. 1 folgt das notwendige Quorum aus der Satzung oder liegt mangels Satzungsbestimmung bei 10 % der Mitglieder (ebenso § 50 Abs. 1 GmbHG). Der Minderheitenschutz gebietet es, der **satzungsmäßigen Ausgestaltung** des Quorums Grenzen zu setzen. Eine Verringerung des notwendigen Quorums unter 10 % ist ohne Weiteres zulässig. Der Schutzzweck der Norm verbietet es hingegen, das Quorum auf 50 % oder einen noch höheren Mitgliederanteil anzuheben, da das Minderheitenrecht aus § 37 sonst zum Mehrheitsverlangen umgestaltet würde.[11] Die Festlegung des Quorums durch absolute Zahlen statt durch Prozentsätze oder Bruchteile ist dann unzulässig, wenn nach den Umständen des Einzelfalls die Gefahr bestünde, dass bei sinkenden Mitgliederzahlen die Mehrheitsgrenze überschritten werden könnte.[12] K. Schmidt vertritt zur Parallelvorschrift des § 50 GmbHG, dass unabhängig von dem gesetzlich vorgesehenen Quorum ein Individualrecht eines jeden Gesellschafters/Mitglieds bestehe, wenn Gesetz oder Satzung eine Einberufung verlangen.[13]

Streitig ist, ob nicht schon die gesetzliche Schwelle von 10 % die **Obergrenze** eines zulässigen Quorums 4 bildet, wie dies ausdrücklich bei den Parallelvorschriften in § 122 Abs. 1 AktG, § 50 Abs. 1 GmbHG, § 45 Abs. 1 GenG der Fall ist.[14] Zwar definiert Abs. 1 im Gegensatz zu den Parallelnormen die gesetzliche Quote nicht ausdrücklich als Maximalquorum, und die Protokolle zum BGB betonen die Abweichung vom Genossenschaftsrecht.[15] Ua daraus leitet die wohl hM ab, dass eine satzungsmäßige Erschwerung des Verlangens zulässig sei, sofern das festgesetzte Quorum das Minderheitenrecht nicht aushöhle,[16] weshalb teilweise die Festsetzung der erforderlichen Mitgliederzahl auf 20 % noch für zulässig gehalten wird.[17] Ein höheres Quorum als 10 % ist hingegen uE angesichts des Schutzzwecks der Norm unzulässig, der identisch ist mit dem Schutzzweck der Parallelvorschriften in §§ 122 Abs. 1 AktG, § 50 Abs. 1 GmbH.

II. Einberufungspflicht

Das ordnungsgemäß erhobene Einberufungsverlangen verpflichtet das satzungsmäßige Einberufungsorgan 5 zur Einberufung einer Mitgliederversammlung. Das Einberufungsorgan, in der Regel der Vorstand (→ § 32 Rn. 9), hat ein **formelles Prüfungsrecht** hinsichtlich der Voraussetzungen von Abs. 1. Ein materielles Prüfungsrecht steht ihm indes grundsätzlich nicht zu. So darf der Vorstand zB prüfen, ob das Verlangen auf Einberufung einer außerordentlichen Mitgliederversammlung als Grund ein angebliches Vereinsinteresse (§ 36 Alt. 2) vorträgt, nicht aber, ob der vorgetragene Grund das Begehren einer Einberufung der Mitgliederversammlung auch rechtfertigt. Aus sachlichen Gesichtspunkten kann der Vorstand die Einberufung nur verweigern, wenn das Verlangen **offensichtlich rechtsmissbräuchlich** ist.[18]

III. Gerichtliche Durchsetzung

Die Mitglieder können ihr Verlangen erst gerichtlich durchsetzen, wenn sie zuvor den **vereinsinternen Weg** 6 beschritten haben und das Einberufungsorgan das Verlangen zurückgewiesen hat oder diesem nicht unverzüglich iSv § 121, dh ohne schuldhaftes Zögern, nachgekommen ist.[19] Indes kann nur ein effektiver vereinsinterner Rechtschutz den staatlichen Rechtschutz für eine bestimmte Zeit ausschließen.[20] Die gerichtliche

---

10 Staudinger/*Weick* BGB § 37 Rn. 4.
11 BayObLG NJW-RR 2001, 1479; KG NJW 1962, 1917; OLG Stuttgart NJW-RR 1986, 995; *Sauter/ Schweyer/Waldner* Eingetragener Verein Rn. 159; Staudinger/*Schwennicke* BGB § 37 Rn. 7; MHdB GesR II/*Wagner* § 20 Rn. 32.
12 OLG Stuttgart NJW-RR 1986, 995; Palandt/*Ellenberger* BGB § 37 Rn. 1; MüKoBGB/*Leuschner* § 37 Rn. 3.
13 Scholz/*K. Schmidt/Seibt* GmbHG § 50 Rn. 5; aA Rowedder/Schmidt-Leithoff/*Ganzer* GmbHG § 50 Rn. 3; vgl. dazu an *Heidel* in Heidel/Pauly/Amend, Anwaltformulare § 14 Rn. 159.
14 So Soergel/*Hadding* BGB § 37 Rn. 5; MüKoBGB/ *Leuschner* § 37 Rn. 3; wohl auch BeckOK BGB/ *Schöpflin* § 37 Rn. 4.
15 Prot. I, S. 534.
16 BayObLG NJW-RR 2001, 1479 = MDR 2001, 948; OLG Stuttgart NJW-RR 1986, 995; Reichert/Wagner

Kapitel 2 Rn. 1212; *Wagner* ZZP 105 (1992), 294, 297; so bereits *v. Tuhr* BGB AT Bd. 1, S. 507; *Oertmann* BGB, 1908, BGB § 37 Anm. 5; so auch noch in der Vorauflage Rn. 4.
17 BayObLG NJW-RR 2001, 1479 = MDR 2001, 948; Palandt/*Ellenberger* BGB § 37 Rn. 1.
18 Soergel/*Hadding* BGB § 37 Rn. 10; *Sauter/Schweyer/ Waldner* Eingetragener Verein Rn. 163; Reichert/ Wagner Kapitel 2 Rn. 1222; *Wagner* ZZP 105 (1992), 294, 297; BGB § 37 Rn. 22; aA Staudinger/*Weick* BGB § 37 Rn. 5: die Frage des Rechtsmissbrauchs sei der gerichtlichen Entscheidung nach § 37 Abs. 2 vorbehalten.
19 Soergel/*Hadding* BGB § 37 Rn. 15; BeckOK BGB/ *Schöpflin* § 37 Rn. 9.
20 OLG Frankfurt SpuRt 2013, 35; OLG Frankfurt 24.3.2011 – 20 W 147/11, juris Rn. 7; OLG Frankfurt NJW-RR 2000, 1117.

Geltendmachung geschieht nicht durch zivilprozessuale Klage, sondern im **FamFG-Verfahren**. Sachlich und örtlich zuständig ist nach Abs. 2 S. 2 das Amtsgericht, das für den Bezirk des Vereinssitzes das Vereinsregister führt. Funktionell zuständig ist der Rechtspfleger, § 3 Nr. 1 a RPflG. Im WEG-Verfahren ist dagegen der Richter für eine Ermächtigung zur Einberufung einer Wohnungseigentümerversammlung analog § 37 Abs. 2 zuständig.[21] Der Antrag kann nach § 25 Abs. 2 FamFG schriftlich oder zur Niederschrift der Geschäftsstelle gestellt werden und ist gegen den Verein, nicht gegen das sich verweigernde Organ, zu richten.[22] Das Gericht prüft, ob die formellen Voraussetzungen des Verlangens vorliegen und ob dieses nicht ausnahmsweise rechtsmissbräuchlich ist.[23] Eine weiter gehende sachliche Prüfung findet nicht statt. Das Gericht hat, sofern dies nicht ausnahmsweise untunlich ist, den Vorstand anzuhören und entscheidet durch Beschluss. Dabei steht dem Gericht trotz der Formulierung „kann" in Abs. 2 S. 1 **kein Ermessen** zu.[24]

7 Ein stattgebender Beschluss ermächtigt die antragstellenden Mitglieder an Stelle des sonst zuständigen Vereinsorgans zur begehrten Einberufung der Mitgliederversammlung. Im Interesse der Durchführbarkeit der Ermächtigung haben die Mitglieder gegen den Verein **Einsichts- und Auskunftsrechte**; insbesondere bei einer satzungsmäßig vorgesehenen Einberufung durch persönliche Einladung der Mitglieder haben sie einen Anspruch auf Offenlegung der Namen und Anschriften der übrigen Mitglieder,[25] → § 38 Rn. 11 f. Datenschutzrechtliche Belange stehen dem nicht entgegen.[26] Ein solcher Anspruch kann bei berechtigtem Interesse auch außerhalb des unmittelbaren Anwendungsbereichs des § 37 bestehen.[27] Zur Frage der Kollision von Einberufungen des Vorstands und der Minderheit, → § 32 Rn. 10 a.

8 Die gerichtliche Entscheidung kann durch sofortige Beschwerde gemäß §§ 58 ff. FamFG iVm § 11 RPflG angegriffen werden. Die Beschwerde hat keine aufschiebende Wirkung,[28] so dass die erfolgreichen Antragsteller durch die Rechtsmitteleinlegung nicht an der Einberufung und Durchführung der Versammlung gehindert sind. Etwas anderes gilt jedoch, wenn das Beschwerdegericht gemäß § 64 Abs. 3 FamFG im Wege der einstweiligen Anordnung die Vollziehung der angefochtenen Entscheidung aussetzt. Beschlüsse, die während des laufenden Beschwerdeverfahrens in einer nach Abs. 2 einberufenen Mitgliederversammlung gefasst werden, bleiben auch dann wirksam, wenn die Ermächtigung infolge der Beschwerde später aufgehoben wird. Die Kosten der infolge des Verlangens bzw. der Ermächtigung durchgeführten Mitgliederversammlung trägt der Verein.[29] Dies gilt auch im Falle einer späteren Aufhebung der Ermächtigung durch das Beschwerdegericht.

§ 38 Mitgliedschaft

¹Die Mitgliedschaft ist nicht übertragbar und nicht vererblich. ²Die Ausübung der Mitgliedschaftsrechte kann nicht einem anderen überlassen werden.

Literatur: *Beuthien/Ernst*, Die Gesellschaft des bürgerlichen Rechts als Mitglied einer eingetragenen Genossenschaft, ZHR 156 (1992), 227; *Eisele*, Haftungsfreistellung von Vereinsmitgliedern und Vereinsorganen in nichtrechtsfähigen Vereinen, 1998; *Götz/Götz*, Die Haftung des Vereins gegenüber dem Mitglied, JuS 1995, 106; *Habersack*, Die Mitgliedschaft – subjektives oder „sonstiges" Recht, 1996; *Hadding*, Verfügungen über Mitgliedschaftsrechte, in: FS Steindorff 1990, S. 31; *Helms*, Schadensersatzansprüche wegen Beeinträchtigung der Vereinsmitgliedschaft, 1998; *Kemper/Hey*, Folgen einer Gesamtrechtsnachfolge für das Trägerunternehmen einer Unterstützungskasse, BB 2009, 720 ff; *Lettl*, Der vermögensrechtliche Zuweisungsgehalt der Mitgliedschaft beim Ideal-Verein, AcP 203 (2003), 149; *Michalski/Arends*, Zum Auskunftsrecht eines Vereinsmitglieds, NZG 1999, 780; *Orth/Houf*, Mitgliedschaft und Beiträge in Vereinen und Verbänden, SpuRt 2014, 226; *Reuter*, Ausschluß des Vereinsmitglieds als vereinsrechtliche Disziplinarmaßnahme – „Hansa-Art", EWiR 1997, 1063; *K. Schmidt*, Die Vereinsmitgliedschaft als Grundlage von Schadensersatzansprüchen, JZ 1991, 157. Siehe auch § 21 und § 25.

---

21 LG München I ZMR 2013, 748; LG München ZWE 2013, 417.

22 BayObLG NJW-RR 1986, 1499; Palandt/*Ellenberger* BGB § 37 Rn. 4; MüKoBGB/*Leuschner* § 37 Rn. 6.

23 KG JW 1935, 3636; Palandt/*Ellenberger* BGB § 37 Rn. 4; BeckOK BGB/*Schöpflin* § 37 Rn. 9.

24 Staudinger/*Schwennicke* BGB § 37 Rn. 30; Erman/*Westermann* BGB § 37 Rn. 3.

25 BGH ZIP 2010, 2399 = DStR 2011, 180; BGH WM 2010, 2360 = NZG 2010, 1430; OLG München ZD 2016, 330; OLG Hamm 30.7.2014 – I-8 U 10/14, juris Rn. 37; OLG Saarbrücken NZG 2008, 677; LG

Köln SpuRt 2012, 115; AG Hannover SpuRt 2019, 179, *Röwemann* NZG 2011, 56 ff.; *Röcken* MDR 2013, 817 (819).

26 OLG München ZD 2016, 330; vgl. auch BGH NZG 2010, 1430 (1431); *Wagner* NZG 2016, 1046 (1050).

27 BGH ZIP 2010, 2399 = DStR 2011, 180; BGH WM 2010, 2360 = NZG 2010, 1430; aA AG Bremen 28.11.2005 – 1 C 61/05.

28 Prütting/Helms/*Abramenko* FamFG § 64 Rn. 20.

29 Reichert/Wagner Kapitel 2 Rn. 1275; *Wagner* ZZP 105 (1992), 294, 305.

A. Allgemeines 1
B. Regelungsgehalt 2
   I. Mitgliedschaft 2
      1. Mitgliedsfähigkeit 3
      2. Erwerb der Mitgliedschaft 4
         a) Beitrittsmängel 5
         b) Eintritt ohne Vertragsschluss 6
      3. Übertragbarkeit 7

      4. Ende der Mitgliedschaft 8
   II. Mitgliederrechte 9
      1. Gleichbehandlungsgrundsatz 9
      2. Mitverwaltungsrechte 10
      3. Auskunftsrecht 11
      4. Vorteilsrechte 13
      5. Rechtsausübung 14
   III. Mitgliederpflichten 15

A. Allgemeines

§ 38 regelt die Mitgliedschaft im Verein. Aus der Vorschrift folgt die dem Grunde nach **höchstpersönliche** **1** **Rechtsnatur**[1] der Mitgliedschaft. Sie ist nach S. 1 weder übertragbar noch vererblich, und gemäß S. 2 kann auch die Ausübung der Mitgliedschaftsrechte nicht übertragen werden. Abweichende Gestaltungen der Mitgliedschaft und der Rechtsausübung sind durch die Satzung aber möglich, da § 38 nach § 40 abbedungen werden kann.

B. Regelungsgehalt

I. Mitgliedschaft

Die Mitgliedschaft ist die **Gesamtrechtsstellung** einer Person infolge der organisatorischen Eingliederung **2** in den Verband und umfasst die **Summe der Rechte und Pflichten** des Mitglieds gegenüber dem Verein. Aus § 38 folgt die persönliche Rechtsnatur der Mitgliedschaft, was sie zum subjektiven Recht[2] sowie zum sonstigen Recht iSv § 823 Abs. 1 macht.[3] Aus der Mitgliedschaft folgt ein **wechselseitiges Treueverhältnis** zwischen Verein und Mitglied, dessen Intensität je nach Struktur und Zweck des Vereins variiert[4] (dazu → Rn. 16).

1. Mitgliedsfähigkeit. Vereinsmitglied können natürliche und juristische Personen sein. Daneben sind **3** auch eine OHG oder KG mitgliedsfähig, da diese Personengesellschaften nach §§ 105, 124, 161 HGB im Außenverhältnis wie juristische Personen behandelt werden. Das Gleiche gilt auch für die **Außen-GbR**[5] (vgl. NK-BGB/*Heidel*, → § 705 Rn. 21). Ebenfalls mitgliedsfähig ist der nichtrechtsfähige Verein,[6] nicht aber die Erbengemeinschaft, eheliche Gütergemeinschaft oder die Bruchteilsgemeinschaft, denen es an der notwendigen rechtlichen Selbstständigkeit fehlt.[7]

2. Erwerb der Mitgliedschaft. Die Mitgliedschaft wird durch Teilnahme an der Gründung oder später **4** durch Beitritt erworben (zur Gründung → § 21 Rn. 4 ff.). Der Beitritt ist ein **Vertrag** zwischen Verein und künftigem Mitglied, der gemäß §§ 145 ff. durch die Beitrittserklärung und deren Annahme in Form der Vereinsaufnahme geschlossen wird.[8] Die Satzung soll nach § 58 Nr. 1 Bestimmungen über den Ein- und Austritt von Mitgliedern enthalten. Sie kann die Aufnahme über die bloße Annahmeerklärung hinaus von nachfolgenden Formalitäten wie der Aushändigung einer Mitgliedskarte abhängig machen.[9] Wenn die Satzung eine sog. Probemitgliedschaft vorsieht, muss sie neben dem Ein- und Austritt der Probemitglieder auch deren Beitragspflicht regeln.[10] Das bloße Weiterzahlen von Mitgliedsbeiträgen eines verstorbenen Mitglieds

1 Reichert/Wagner Kapitel 2 Rn. 662 ff.; Palandt/*Ellenberger* BGB § 38 Rn. 3; Schauhoff Gemeinnützigkeits-HdB § 2 Rn. 59 f.
2 BeckOK BGB/*Schöpflin* § 38 Rn. 2; Reichert/Wagner Kapitel 2 Rn. 658 ff.; *K. Schmidt* GesR, § 19 I 3 b; *Lutter* AcP 180 (1980), 84, 101 f.; *Habersack*, Die Mitgliedschaft, S. 21 ff.
3 BGHZ 110, 323, 327 = NJW 1990, 2877; MüKo-BGB/*Leuschner* § 38 Rn. 5 ff.; MHdB GesR II/*Schöpflin* BGB § 32 Rn. 2; Reichert/Wagner Kapitel 2 Rn. 659; *K. Schmidt* JZ 1991, 157 ff.; Schauhoff Gemeinnützigkeits-HdB § 2 Rn. 62.
4 BGHZ 110, 323 ff. = NJW 1990, 2877 (2878 f.); *Lutter* AcP 180 (1980), 84, 110; Erman/*Westermann* BGB § 38 Rn. 1; Soergel/*Hadding* BGB § 38 Rn. 19; Palandt/*Ellenberger* BGB § 38 Rn. 1; Schauhoff Gemeinnützigkeits-HdB § 2 Rn. 67.
5 BGHZ 146, 341 = DB 2001, 423 = NJW 2001, 1056; Reichert/Wagner Kapitel 2 Rn. 944, 7 ff.; Erman/

Westermann BGB § 38 Rn. 5; BeckOK BGB/*Schöpflin* § 38 Rn. 6; aA zur Mitgliedsfähigkeit der GbR noch OLG Köln NJW 1988, 173; LG Bonn NJW 1988, 1596.
6 BGHZ 148, 291 = DB 2001, 1983 = NJW 2001, 3121 = FGPrax 2001, 251; BGH NJW 2002, 1207 (1208) = ZIP 2002, 614; Reichert/Wagner Kapitel 2 Rn. 14.
7 BeckOK BGB/*Schöpflin* § 38 Rn. 6; Soergel/*Hadding* BGB § 38 Rn. 5; vgl. auch *Sauter/Schweyer/Waldner* Eingetragener Verein Rn. 11.
8 BGHZ 28, 131, 134 = NJW 1958, 1867; BGHZ 101, 193, 196 = NJW 1987, 2503; BayObLG NJW 1972, 1323.
9 BGHZ 101, 193, 197 = DB 1988, 328 = NJW 1987, 2503; AG Duisburg NZG 2002, 1072; Erman/*Westermann* BGB § 38 Rn. 4; Palandt/*Ellenberger* BGB § 38 Rn. 4.
10 BayObLG NJW-RR 2001, 326 (327).

durch den Erben begründet allein noch keine konkludente Willenserklärung auf Fortführung der Mitgliedschaft.[11]

5 **a) Beitrittsmängel.** Die allgemeinen Vorschriften über die **Wirksamkeit** von Willenserklärungen und Rechtsgeschäften sind auf den Vereinsbeitritt teilweise modifiziert anzuwenden. Sowohl das potenzielle Mitglied als auch der Verein können die Mitgliedschaft gemäß § 158 an Bedingungen knüpfen. Das kann seitens des Mitglieds etwa die Einräumung eines Sonderrechts oder einer Organstellung sein[12] oder zB seitens eines religiösen Vereins die Zustimmung einer kirchlichen Stelle.[13] Der Beitrittswillige darf nicht gemäß § 104 geschäftsunfähig sein. Minderjährige bedürfen zum Beitritt gemäß §§ 107, 108 der Zustimmung ihrer Erziehungsberechtigten.[14] Der Vertrag kann grundsätzlich durch **schlüssiges Verhalten** zustande kommen;[15] dies ist jedoch nur zulässig, solange die Satzung keine Form für den Mitgliedschaftserwerb bezeichnet hat.[16] Eine Annahme der Beitrittserklärung ohne Erklärung gegenüber dem Antragenden nach § 151 S. 1 ist hingegen nicht möglich.[17] Die Aufnahme eines **Minderjährigen** kann von einer Mithaftung der gesetzlichen Vertreter für die Beitragspflicht abhängig gemacht werden, wenn deren Kenntnisnahme von der Übernahme einer eigenen Verpflichtung sichergestellt ist.[18] Nichtigkeits- oder Anfechtungsgründe können wie beim Gesellschaftsverhältnis grundsätzlich nur mit **ex-nunc-Wirkung** geltend gemacht werden.[19] Die Anfechtungserklärung oder das Berufen auf einen Dissens haben daher die Wirkung einer Austrittserklärung nach § 39.[20] Die Gültigkeit der Stimmabgabe des Mitglieds bei Beschlüssen und sonstigen Abstimmungen bleibt von dem fehlerhaften Beitritt unberührt, sofern ihr nicht derselbe Fehler anhaftet.[21]

6 **b) Eintritt ohne Vertragsschluss.** Die Satzung kann abweichend von S. 1 vorsehen, dass die Mitgliedschaft durch **Erbfolge** auf die Rechtsnachfolger der verstorbenen Mitglieder übergeht, wobei es jedoch der Ausübung eines Eintrittsrechts bedarf;[22] die Vererblichkeit der Mitgliedschaft kann auch als Sonderrecht gemäß § 35 eingeräumt werden (→ § 35 Rn. 4). Für religiöse Vereine ist zudem anerkannt, dass die Satzung bestimmte kirchliche Funktionsträger als „geborene" **Vereinsmitglieder** einsetzen kann, ohne dass es ihrer Beitrittserklärung bedarf.[23] Die Mitgliedschaft in einem Verein geht aber automatisch auf einen Rechts- oder Funktionsnachfolger über.[24] Die Mitgliedschaft kann schließlich durch **Umwandlungsvorgänge** entstehen. Bei einer Verschmelzung durch Aufnahme oder durch Neugründung werden die Mitglieder des übertragenden Vereins mit Registereintragung gemäß §§ 20 Abs. 1 Nr. 3 Hs. 1, 38 Abs. 2 UmwG zu Mitgliedern des aufnehmenden bzw. des neuen Vereins. Ist jedoch auf eine Verschmelzung das UmwG nicht anwendbar wie zB beim nichtrechtsfähigen Verein,[25] muss die Mitgliedschaft im aufnehmenden oder neuen Verein durch Aufnahmevertrag begründet werden.[26]

7 **3. Übertragbarkeit.** S. 1 schließt eine Übertragbarkeit der Mitgliedschaft aus. Damit sind zugleich nach §§ 851, 857 ZPO die **Pfändbarkeit** sowie die **Verpfändbarkeit** (§§ 1273 Abs. 1, 1274 Abs. 2) und die Bestellung eines **Nießbrauchrechts** (§§ 1068 Abs. 1, 1069 Abs. 2) ausgeschlossen. Ebenso wie die Vererblichkeit (dazu → Rn. 6) kann die Satzung abweichend von § 36 S. 1 die Mitgliedschaft übertragbar ausgestalten.[27] Dabei kann der Kreis der zulässigen Erwerber eingegrenzt werden.[28] Wird die Mitgliedschaft übertragen, so gehen sämtliche damit verbundene Rechte und Pflichten, auch etwaige Sonderrechte nach

11   AG München ZStV 2017, 87.
12   RG JW 1938, 3229; BayObLG DB 1973, 2518; Soergel/*Hadding* BGB § 38 Rn. 9; BeckOK BGB/*Schöpflin* § 38 Rn. 11.
13   OLG Köln NJW 1992, 1048; Palandt/*Ellenberger* BGB § 38 Rn. 4.
14   Zu satzungsmäßigen Anforderungen an die Aufnahme Minderjähriger OLG Hamm NJW-RR 2000, 42.
15   BGHZ 105, 306, 312 = DB 1989, 619 = NJW 1989, 1724; Palandt/*Ellenberger* BGB § 38 Rn. 4; Schauhoff Gemeinnützigkeits-HdB § 2 Rn. 42.
16   AG Duisburg NZG 2002, 1072.
17   BGHZ 101, 193, 196 = DB 1988, 328 = NJW 1987, 2503; BeckOK BGB/*Schöpflin* § 38 Rn. 11; Reichert/Wagner Kapitel 2 Rn. 26 ff.
18   OLG Hamm NJW-RR 2000, 42 = Rpfleger 2000, 70; Palandt/*Ellenberger* BGB § 58 Rn. 2; MHdB GesR II/*Schöpflin* BGB § 32 Rn. 33.
19   MüKoBGB/*Leuschner* § 38 Rn. 39; Soergel/*Hadding* BGB § 38 Rn. 10; Palandt/*Ellenberger* BGB § 38 Rn. 4; *Walter* NJW 1975, 1033; zu den Ausnahmen s. Reichert/Wagner Kapitel 2 Rn. 30.

20   BeckOK BGB/*Schöpflin* § 38 Rn. 12; Erman/*Westermann* BGB § 38 Rn. 3; Staudinger/*Weick* BGB § 25 Rn. 50; RGRK/*Steffen* BGB § 25 Rn. 8.
21   Erman/*Westermann* BGB § 38 Rn. 3.
22   BGH WM 1980, 1286; Staudinger/*Schwennicke* BGB § 38 Rn. 132.
23   OLG Hamm NJW-RR 1995, 119 = FGPrax 1995, 86; Erman/*Westermann* BGB § 38 Rn. 3; Palandt/*Ellenberger* Einf. v. § 21 Rn. 18; unzulässig aber für weltliche Vereine: BayObLG DB 1973, 2518; Reichert/Wagner Kapitel 1 Rn. 39; Reichert/Schörnig Kapitel 2 Rn. 6252.
24   OLG Hamm NZG 2011, 35; ArbG Hagen 22.2.2007 – 3 BV 68/06.
25   Zur Anwendbarkeit des UmwG eingehend Reichert/Schörnig Kapitel 2 Rn. 4382.
26   Vgl. BAG ZIP 1989, 1012 (1019); BeckOK BGB/*Schöpflin* § 38 Rn. 9; Reichert/Schörnig Kapitel 2 Rn. 4385.
27   RGZ 100, 2; BeckOK BGB/*Schöpflin* § 38 Rn. 33; Erman/*Westermann* BGB § 38 Rn. 2.
28   BeckOK BGB/*Schöpflin* § 38 Rn. 33; Soergel/*Hadding* BGB § 38 Rn. 27.

§ 35, mit über.[29] Das gilt jedoch nicht für die **Organstellung** des Übertragenden[30] oder etwa auch für einen Ehrenvorsitz aufgrund der Höchstpersönlichkeit dieser Stellung. Einzelne Rechte und Pflichten können wegen der Personenbezogenheit der Mitgliedschaft und dem damit verbundenen Abspaltungsverbot vorbehaltlich einer abweichenden Satzungsbestimmung nicht isoliert übertragen werden.[31] Liegt in einer entsprechenden Satzungsbestimmung indes ein Verstoß gegen das Abspaltungsverbot wie zB bei der Regelung einer isolierten Übertragbarkeit von Stimm- und Wahlrechten, ist diese Satzungsregelung nichtig.[32]

4. Ende der Mitgliedschaft. Nach § 38 endet die Mitgliedschaft als personenbezogene Rechtsstellung grundsätzlich mit dem Tod des Mitglieds (zur vererblichen Ausgestaltung → Rn. 6). Daneben endet die Mitgliedschaft durch Austritt gemäß § 39 oder durch Ausschluss (dazu → § 25 Rn. 45 ff.). Auch wenn das Mitglied eine satzungsmäßig geforderte Eigenschaft verliert, kann die Mitgliedschaft je nach Satzungsgestaltung enden[33] oder zumindest ruhen.[34]   8

II. Mitgliederrechte

1. Gleichbehandlungsgrundsatz. Alle Mitglieder haben grundsätzlich gemäß dem vereinsrechtlichen Gleichbehandlungsgebot die gleichen Rechte und Pflichten.[35] Jedes Mitglied hat gegenüber dem Verein das Recht, gemäß der geltenden vereinsrechtlichen Bestimmungen behandelt[36] und nicht ohne sachlichen Grund ungünstiger gestellt zu werden als die anderen Mitglieder.[37] Für Verletzungen des Gleichbehandlungsgebots durch den Vorstand haftet der Verein gegenüber den betroffenen Mitgliedern nach § 31[38] (s. auch → § 31 Rn. 13). Das Gleichbehandlungsgebot ist nicht berührt, wenn ordnungsgemäß verliehene **Sonderrechte** ausgeübt werden (→ § 35 Rn. 3).   9

2. Mitverwaltungsrechte. Die allgemeinen Mitgliedschaftsrechte ergeben sich aus dem Gesetz, der Satzung oder aus Mitgliederversammlungsbeschlüssen. Dazu gehören zunächst die aus §§ 32 Abs. 1, 38 folgenden Organschafts- oder Mitverwaltungsrechte, die das Mitglied zur Teilnahme an Mitgliederversammlungen, zur Ausübung des Rede- und Stimmrechts sowie zur aktiven wie passiven Teilnahme an Vereinswahlen berechtigen. Siehe zum Teilnahme- und Rederecht in der Mitgliederversammlung auch → § 32 Rn. 2. Leitet das Registergericht auf Anregung eines Vereinsmitglieds ein Löschungsverfahren ein und lehnt es die Beanstandungen durch Beschluss ab, so ist das betreffende Vereinsmitglied beschwerdebefugt.[39] Hinsichtlich der Bestellung eines Notvorstands nach § 29 ist jedes Vereinsmitglied antrags- und bei Zurückweisung des Antrags auch beschwerdeberechtigt, → § 29 Rn. 5 f.[40]   10

3. Auskunftsrecht. Zur Wahrnehmung der Mitverwaltungsrechte hat das Mitglied gegen den Verein bei Darlegung eines berechtigten Interesses jedenfalls in der Mitgliederversammlung ein Auskunftsrecht (→ § 27 Rn. 17 f.).[41] Zur Gewährleistung der Effektivität des Auskunftsrechts ist eine grundsätzliche Teilnahmepflicht aller Organmitglieder – auch von Fremdorganen – zwingend erforderlich (s. zu dieser streitigen Frage → § 32 Rn. 2). Nach richtiger Ansicht können Mitglieder unter Umständen auch **außerhalb der Mitgliederversammlung** einen Auskunftsanspruch haben (→ § 27 Rn. 17 f.).[42] Zwar sind die Auskunftsansprüche aus §§ 131, 132 AktG, §§ 51 a, 51 b GmbHG wegen des grundsätzlich anders gelagerten vermögensrechtlichen Hintergrunds nicht auf den Verein übertragbar, sieht man von wirtschaftlich orientierten Großvereinen wie etwa Fußballbundesliga-Vereinen ab. Ein besonderes schützenswertes Informationsinter-   11

29   Reichert/Wagner Kapitel 2 Rn. 669; vgl. auch Hachenburg/*Raiser* GmbHG § 14 Rn. 22.

30   Reichert/Wagner Kapitel 2 Rn. 669.

31   Soergel/*Hadding* BGB § 38 Rn. 28; *K. Schmidt* GesR § 19 III 4, S. 560 ff.; Reichert/Wagner Kapitel 2 Rn. 663.

32   OLG Stuttgart NZG 2010, 753 = DStR 2010, 1249; Palandt/*Ellenberger* BGB § 38 Rn. 3; MüKoBGB/*Leuschner* § 38 Rn. 47.

33   BVerfG FamRZ 1989, 1047; BGH LM § 25 Nr. 17; OLG Celle NJW-RR 1989, 313; BeckOK BGB/*Schöpflin* § 38 Rn. 16.

34   BayObLG Rpfleger 1980, 15; Palandt/*Ellenberger* BGB § 38 Rn. 5; Reichert/Wagner Kapitel 2 Rn. 1103 ff.

35   RGZ 73, 191.

36   BGHZ 110, 323, 327 = NJW 1990, 2877; BeckOK BGB/*Schöpflin* § 38 Rn. 18.

37   RGZ 49, 198; 112, 124; *Sauter/Schweyer/Waldner* Eingetragener Verein Rn. 335.

38   BGHZ 90, 92, 95 = DB 1984, 1138 = NJW 1984, 1884; BGHZ 110, 323, 327 = NJW 1990, 2877; *Sau-*

ter/Schweyer/Waldner Eingetragener Verein Rn. 335 a; krit. *K. Schmidt* JZ 1991, 157 (160); *Götz/Götz* JuS 1995, 106.

39   BGH NZG 2012, 633 (634).

40   OLG Schleswig Rpfleger 2013, 272 = FGPrax 2013, 127; OLG Düsseldorf Rpfleger 2012, 213; Palandt/*Ellenberger* BGB § 29 Rn. 4.

41   BayObLG NJW 1972, 1377 (1378); KG NJW-RR 1999, 1486 = NZG 1999, 779; *Grunewald* ZIP 1989, 962 (963); Soergel/*Hadding* BGB § 38 Rn. 17; Schauhoff Gemeinnützigkeits-HdB § 2 Rn. 52.

42   BGH ZIP 2010, 2399 = DStR 2011, 180; BGH WM 2010, 2360 = NZG 2010, 1430; diff. Reichert/Wagner Kapitel 2 Rn. 1418 ff.; *Michalski/Arends* NZG 1999, 780; vgl. auch BGHZ 152, 339 = DB 2003, 442 = ZIP 2003, 345; aA insbes. KG NJW-RR 1999, 1486 = NZG 1999, 779; LG Stuttgart NJW-RR 2001, 1478; MHdB GesR II/*Schöpflin* § 34 Rn. 18; Schauhoff Gemeinnützigkeits-HdB § 2 Rn. 52.

esse kann aber gerade auch außerhalb einer Versammlung bestehen, zB wenn eine Vereinsminderheit nach § 37 eine außerordentliche Mitgliederversammlung herbeiführen will, aber die zur Berechnung des Quorums notwendige Mitgliederzahl nicht kennt[43] oder im Falle des § 37 ein berechtigtes Interesse an der Kenntnisnahme der Mitgliederliste hat, um einberufen zu können[44] (→ § 37 Rn. 3 f., 6).

12 Neben dem Auskunftsrecht steht den Mitgliedern das Recht auf **Einsicht** in die Vereinsunterlagen zu, wenn sie gegenüber dem Verein ein berechtigtes Interesse darlegen.[45] Ferner kann das Mitglied die Aushändigung eines Satzungsexemplars verlangen und braucht sich nicht auf die beim Registergericht hinterlegte Satzung verweisen zu lassen.[46] Das Stimmrecht, nicht aber das Recht auf Teilnahme an der Versammlung, kann für bestimmte Beschlussfassungen nach § 34 ausgeschlossen sein (→ § 34 Rn. 5). Das Mitglied hat nach Maßgabe von § 37 ein Recht auf Beteiligung an einem Minderheitsverlangen (dazu → § 37 Rn. 2 ff.).

13 **4. Vorteilsrechte.** Die Mitgliedschaft umfasst daneben auch Wert- oder Vorteilsrechte, dh eine Berechtigung auf bestimmungsgemäße Benutzung der Vereinseinrichtungen und Teilhabe an den Vorteilen aus der Verfolgung des Vereinszwecks. Die **Nutzungsrechte** können durch die Satzung selbst oder eine Benutzungsordnung des Vereins beschränkt sein.[47] Die Mitgliedschaft umfasst jedoch weder einen Anteil am Vereinsvermögen noch eine Beteiligung am Gewinn.[48]

14 **5. Rechtsausübung.** Gemäß S. 2 kann das Mitglied die Ausübung der mit der Mitgliedschaft verbundenen Rechte nicht übertragen. Die Rechte sind persönlich auszuüben, und eine **Stellvertretung** ist dem Grunde nach unzulässig. Handelt es sich bei dem Mitglied um eine juristische Person oder eine Personengesellschaft, übt es seine Rechte durch die zuständigen Vertretungsorgane aus (→ § 32 Rn. 19). Dies gilt als eigenständige Ausübung iSv S. 2.[49] Der Grundsatz persönlicher Rechtsausübung gilt auch für **Minderjährige**, insbesondere für ihr Stimmrecht. Zur Rechtsausübung bedürfen sie regelmäßig nicht der Zustimmung ihrer Erziehungsberechtigten, da ihnen im Zweifel mit der Zustimmung zum Vereinsbeitritt zugleich auch die Zustimmung zur Ausübung der Mitgliedschaftsrechte erteilt wurde.[50] Die Erziehungsberechtigten können diese Einwilligung jedoch widerrufen und das Stimmrecht für den Minderjährigen ausüben. Dem steht S. 2 nicht entgegen, da die Stimmrechtsausübung durch gesetzliche Vertreter regelmäßig zulässig ist, soweit sich nicht aus der Satzung oder dem Vereinszweck etwas anderes ergibt.[51] Für die Rechtsausübung durch einen **Bevollmächtigten**, insbesondere durch ein Nichtmitglied, gilt das nicht. Sie muss ausdrücklich durch die Satzung zugelassen sein;[52] die Satzung kann die Möglichkeit der Bevollmächtigung nach hM grundsätzlich auf eine Vertretung durch andere Vereinsmitglieder beschränken.[53]

III. Mitgliederpflichten

15 Die aus der Mitgliedschaft erwachsenden Pflichten sind gesetzlich nicht geregelt. Sie sind durch die Satzung auszugestalten. Nach § 58 Nr. 2 ist die Festlegung der **Beitragspflicht** Soll-Inhalt der Satzung (zur Beitragspflicht → § 58 Rn. 4). Neben Geldleistungen kann die Satzung den Mitgliedern als besondere Form der Beitragspflicht auch auferlegen, zur Förderung des Vereinszwecks bestimmte Handlungen zu tun oder zu unterlassen, Dienstleistungen zu erbringen[54] oder in bestimmtem Umfang für die Vereinsschulden zu

---

43 Reichert/Wagner Kapitel 2 Rn. 1419 f.
44 BGH ZIP 2010, 2399 = DStR 2011, 180; OLG Hamm 30.7.2014 – I-8 U 10/14, juris Rn. 37 ff.; OLG Saarbrücken NZG 2008, 677.
45 BGH ZIP 2010, 2399 = DStR 2011, 180; BGH WM 2010, 2360 = NZG 2010, 1430; LG Mainz BB 1989, 812; Palandt/*Ellenberger* BGB § 38 Rn. 1 a; *Sauter/Schweyer/Waldner* Eingetragener Verein Rn. 336.
46 LG Karlsruhe Rpfleger 1987, 164; *Sauter/Schweyer/Waldner* Eingetragener Verein Rn. 336; Schauhoff Gemeinnützigkeits-HdB § 2 Rn. 52.
47 BGH NJW-RR 1992, 507; *Sauter/Schweyer/Waldner* Eingetragener Verein Rn. 337; MHdB GesR II/*Schöpflin* BGB § 34 Rn. 5.
48 OLG Brandenburg MDR 2005, 640; Palandt/*Ellenberger* BGB § 38 Rn. 1 a; BeckOK BGB/*Schöpflin* § 38 Rn. 20; *Sauter/Schweyer/Waldner* Eingetragener Verein Rn. 338; *Lettl* AcP 203 (2003), 149.
49 OLG Hamm NJW-RR 1990, 532 (533) = Rpfleger 1991, 24; Staudinger/*Schwennicke* BGB § 38 Rn. 123 f.
50 KG OLGE 1915, 324; Staudinger/*Schwennicke* BGB § 38 Rn. 99; Soergel/*Hadding* BGB § 38 Rn. 26; *Sau-*

ter/Schweyer/Waldner Eingetragener Verein Rn. 345; Reichert/Wagner Kapitel 2 Rn. 1455; aA *Braun* NJW 1962, 92.
51 Soergel/*Hadding* BGB § 38 Rn. 20; Palandt/*Ellenberger* BGB § 38 Rn. 3; *Sauter/Schweyer/Waldner* Eingetragener Verein Rn. 345; Reichert/Wagner Kapitel 2 Rn. 1386.
52 OLG Hamm NJW-RR 1990, 532 (533) = Rpfleger 1991, 24; MüKoBGB/*Leuschner* § 38 Rn. 50; Soergel/*Hadding* BGB § 38 Rn. 20; Erman/*Westermann* BGB § 38 Rn. 2; BeckOK BGB/*Schöpflin* § 38 Rn. 23; aA Palandt/*Ellenberger* BGB § 38 Rn. 3, wonach eine derartige Regelung mit dem Charakter des Idealvereins unvereinbar sei.
53 Vgl. BGHZ 52, 316, 318 = DB 1969, 2028 zur GmbH; Soergel/*Hadding* BGB § 38 Rn. 28; Reichert/Wagner Kapitel 2 Rn. 1462; Schauhoff Gemeinnützigkeits-HdB § 2 Rn. 59.
54 *K. Schmidt* GesR § 20 II 1 b bb; Soergel/*Hadding* BGB § 38 Rn. 21 a; Reichert/Wagner Kapitel 2 Rn. 875; MHdB GesR II/*Schöpflin* BGB § 35 Rn. 3; Schauhoff Gemeinnützigkeits-HdB § 2 Rn. 65.

haften.[55] Hier gilt ebenso wie bei den Mitgliederrechten der Grundsatz der **Gleichbehandlung** aller Mitglieder. Eine Satzungsbestimmung, die eine periodisch zu erfüllende Beitragspflicht der Mitglieder festschreibt, ist keine Rechtsgrundlage für die Erhebung von **Umlagen**; eine derartige Nachschussverpflichtung zur Abdeckung eines besonderen Finanzbedarfs des Vereins besteht nur auf hinreichend bestimmter Satzungsgrundlage (→ § 25 Rn. 13 ff.).[56] Die Satzungsbestimmung muss – abgesehen von existenzbedrohlichen Sondersituationen – nicht nur dem Grunde nach die Erhebung von Umlagen vorsehen, sondern zumindest in Gestalt einer Obergrenze auch ihre Höhe bestimmen.[57] Aufgrund der Mitgliedschaft geschuldete Geldleistungen dürfen nicht mit der Begründung verweigert werden, der Vorstand oder sonstige Vereinsorgane hätten ihre Pflichten nicht erfüllt.[58] Eine hinreichend bestimmte Satzungsgrundlage ist erforderlich für die Erhebung eines Sonderbeitrags zB durch Verpflichtung eines Vereinsmitglieds zur Gewährung eines zinslosen Darlehens.[59] Sonderpflichten können daher grundsätzlich nur mit Zustimmung des Mitglieds eingefordert werden. Die Satzung kann den Mitgliedern auch **Mitverwaltungspflichten** auferlegen.[60] Solche können sich auch aus dem Vereinszweck ergeben.[61]

Aus der Mitgliedschaft entstehen wechselseitige **Treuepflichten** sowohl zwischen dem Mitglied und dem **16** Verein als auch zwischen den einzelnen Mitgliedern.[62] Diese auch als passive Förderungspflicht oder Loyalitätspflicht bezeichnete Verpflichtung ist weitreichender als der allgemeine Grundsatz von Treu und Glauben aus § 242 und richtet sich nach dem Vereinszweck, der inneren Geschlossenheit des Vereins und dem Grad der persönlichen Bindung durch die Mitgliedschaft. Das Mitglied ist jedenfalls verpflichtet, alles zu unterlassen, was dem Vereinszweck schadet; bloße Kritik an der Vereinspolitik oder den Vereinsorganen begründet jedoch nie einen Treuepflichtverstoß.[63] Die vereinsrechtliche Treuepflicht gibt dem Verein die Berechtigung zu Sanktionen gegenüber dem Mitglied, etwa zu Vereinsstrafen oder zum Ausschluss.

Die **Haftung** des Mitglieds gegenüber dem Verein für Verletzungen seiner Mitgliedschaftspflichten ist **17** gerichtet auf Schadensersatz wegen Pflichtverletzung nach § 280 Abs. 1.[64] Eine Haftungsbeschränkung ergibt sich ggf. aus § 31 b, wenn das Vereinsmitglied einen Schaden bei der Wahrnehmung von ehrenamtlich übernommenen Vereinsaufgaben verursacht hat. Umgekehrt haftet der Verein dem Mitglied für Pflichtverletzungen über § 31 (s. dazu → § 31 Rn. 13 und → § 27 Rn. 19 ff.). Schäden, die bei Ausübung von Vorteilsrechten an Vereinseinrichtungen entstehen, hat das Mitglied nur dann zu ersetzen, wenn die Benutzungsordnung das festlegt; dabei gehen Unklarheiten zulasten des Vereins.[65]

§ 39 Austritt aus dem Verein

(1) Die Mitglieder sind zum Austritt aus dem Verein berechtigt.

(2) Durch die Satzung kann bestimmt werden, dass der Austritt nur am Schluss eines Geschäftsjahrs oder erst nach dem Ablauf einer Kündigungsfrist zulässig ist; die Kündigungsfrist kann höchstens zwei Jahre betragen.

Literatur: *v. Bernuth*, Austritt aus dem Arbeitgeberverband, NJW 2003, 2215; *Oetker*, Das private Vereinsrecht als Ausgestaltung der Koalitionsfreiheit, RdA 1999, 96; *Reize*, Der Austritt aus Gewerkschaft und Arbeitgeberverband, NZA 1999, 70; *K. Schmidt*, Rechtsprechungsübersicht – Anforderungen an den Vereinsausschluss, JuS 1998, 266. Siehe auch § 21 sowie § 25.

A. Allgemeines 1
B. Regelungsgehalt 2
  I. Austritt 2
    1. Anforderungen an die Austrittserklärung . 3

    2. Austrittsfrist 4
    3. Fristlose Kündigung 5
  II. Rechtsfolgen des Austritts 6

55   RGRK/*Steffen* BGB § 38 Rn. 10; *Sauter/Schweyer/Waldner* Eingetragener Verein Rn. 347; BAG DB 2003, 47 = NJW 2003, 161.

56   OLG München NJW-RR 1998, 966 = SpuRT 1999, 206; Reichert/Wagner Kapitel 2 Rn. 875; Staudinger/*Habermann* BGB § 58 Rn. 3; *Müller* MDR 1992, 924 f.; *Beuthien* BB 1987, 6 (10).

57   BGH ZIP 2007, 2264 (2265); OLG München NJW-RR 1998, 966.

58   OLG Brandenburg 1.7.2011 – 3 U 147/09, juris Rn. 21 ff.

59   BGH ZIP 2008, 1423 (1425) = WM 2008, 1499.

60   Dazu Reichert/Wagner Kapitel 2 Rn. 882.; Soergel/*Hadding* BGB § 38 Rn. 22.

61   Reichert/Wagner Kapitel 2 Rn. 883; Schauhoff Gemeinnützigkeits-HdB § 2 Rn. 66.

62   *K. Schmidt* GesR § 20 IV 1; BeckOK BGB/*Schöpflin* § 38 Rn. 27 f.; *Sauter/Schweyer/Waldner* Eingetragener Verein Rn. 348; *Lutter* ZHR 162 (1998), 164 ff.

63   Eingehend *Sauter/Schweyer/Waldner* Eingetragener Verein Rn. 348; Reichert/Wagner Kapitel 2 Rn. 904.

64   BGH LM GG 9 Nr. 6; Palandt/*Ellenberger* BGB § 38 Rn. 1 b; BeckOK BGB/*Schöpflin* § 38 Rn. 29.

65   KG MDR 1985, 230; Palandt/*Ellenberger* BGB § 38 Rn. 1 b; BeckOK BGB/*Schöpflin* § 38 Rn. 20.

A. Allgemeines

1 Abs. 1 sichert dem Mitglied das Recht, die Mitgliedschaft zu beenden. Als Ausgleich des Mehrheitsprinzips soll sich das Mitglied durch rechtsgestaltenden Akt kurzfristig der Einwirkung der Vereinsmehrheit entziehen können.[1] § 40 bestimmt die **zwingende Natur** der Vorschrift. Über Abs. 2 hinaus ist eine satzungsmäßige Beschränkung oder Erschwerung des Austrittsrechts unzulässig;[2] Gleiches gilt für den Ausschluss durch einen gesonderten Vertrag.[3] Dessen ungeachtet kann § 39 im Einzelfall aber unanwendbar und ein Austritt ohne wichtigen Grund ausgeschlossen sein, wenn der Verein Elemente einer Personengesellschaft in sich trägt wie zB bei einer in der Rechtsform des Vereins organisierten, an das Grundeigentum der Mitglieder anknüpfenden Grundeigentümergemeinschaft.[4] § 39 ist entsprechend auf körperschaftlich organisierte nichtrechtsfähige Vereine anzuwenden.[5] Beim Versicherungsverein auf Gegenseitigkeit wird § 39 durch die Sondervorschriften der §§ 211, 168 VVG eingeschränkt.[6] Nicht gesetzlich geregelt ist das Recht des Vereins, ein Mitglied auszuschließen (dazu → § 25 Rn. 45 ff.).

B. Regelungsgehalt

I. Austritt

2 Der Austritt bedarf einer **Austrittserklärung**, dh einer einseitigen empfangsbedürftigen Willenserklärung des Mitglieds. Die Austrittserklärung wird gemäß §§ 130, 28 Abs. 2 wirksam durch Zugang bei einem Mitglied des Vereinsvorstands oder bei dem in der Satzung bestimmten sonstigen Vereinsorgan. Die Erklärung ist unwiderruflich,[7] kann aber mit Zustimmung des Vereins zurückgenommen werden, wenn der Austritt zB wegen einzuhaltender Fristen noch nicht wirksam ist.[8]

3 **1. Anforderungen an die Austrittserklärung.** Die Austrittserklärung ist grundsätzlich **formlos**[9] und kann daher auch konkludent, etwa durch Rückgabe des Mitgliedsbuchs, erklärt werden.[10] Gemäß § 58 Nr. 1 soll die Satzung Bestimmungen über den Austritt enthalten (→ § 58 Rn. 3). Die Satzung kann für die Austrittserklärung die einfache **Schriftform** vorsehen, für die im Zweifel § 127 gilt.[11] Strengere Formanforderungen wie zB der Austritt durch eingeschriebenen Brief oder ein Begründungszwang[12] sind unzulässig und binden das Mitglied nicht.[13] Ist Schriftform gefordert, so wird diese gemäß § 127 Abs. 2 S. 1 auch durch ein Telefax gewahrt[14] (s. ferner → § 127 Rn. 16 ff.). **Sachliche Erschwerungen** des Austritts durch die Satzung sind ebenfalls unwirksam. Dies gilt etwa für ein Austrittsverbot nach Einleitung eines Vereinsstrafverfahrens[15] oder solange fällige Beiträge oder Schulden nicht gezahlt sind.[16] Ein Austrittsrecht besteht auch bei einer Mitgliedschaft auf Lebenszeit.[17]

4 **2. Austrittsfrist.** Die Satzung kann **Kündigungsfristen** vorsehen. Gemäß Abs. 2 sind Satzungsregelungen zulässig, die den Austritt nur am Schluss eines Geschäftsjahres oder nach Ablauf einer Kündigungsfrist von maximal zwei Jahren zulassen.[18] Weitergehende Satzungsgestaltungen sind unwirksam.[19] Sie führen jedoch nicht zum ersatzlosen Wegfall der zu lang bemessenen Frist; vielmehr gilt in diesen Fällen die gesetzlich

1   BGHZ 48, 207, 210 = DB 1967, 1498 = NJW 1967, 2303; Erman/*Westermann* BGB § 39 Rn. 1; Staudinger/*Schwennicke* BGB § 39 Rn. 1.

2   BGH LM § 39 BGB Nr. 2; LG München I NJW 1987, 847.

3   RGZ 71, 388, 390; 88, 395, 398; BeckOK BGB/*Schöpflin* § 39 Rn. 1; Reichert/Wagner Kapitel 2 Rn. 1050.

4   BGH GuT-W 2014, 155, auch veröffentlicht bei juris.

5   BGH NJW 1979, 2304; MüKoBGB/*Leuschner* § 39 Rn. 2.; BeckOK BGB/*Schöpflin* § 39 Rn. 1.

6   BAG ZIP 1998, 1451 = DB 1998, 213 (zu § 189, 165 VVG aF); BeckOK BGB/*Schöpflin* § 39 Rn. 1; Palandt/*Ellenberger* BGB § 39 Rn. 1.

7   OLG Hamm NJW 2000, 523 = NVwZ 2000, 352; Palandt/*Ellenberger* BGB § 39 Rn. 2.

8   *Sauter/Schweyer/Waldner* Eingetragener Verein Rn. 97.

9   RGZ 78, 134, 137; BayObLGZ 1986, 528 (533).

10 OLG Hamm NJW 2000, 523 = NVwZ 2000, 352; bereits RG Recht 1912, Nr. 541.

11 BGH NJW-RR 1996, 866; BayObLGZ 1986, 528.

12 Ein wichtiger Grund kann indes bei Mischformen zwischen nichtrechtsfähigem Verein und Gesellschaft

gefordert werden BGH LM § 39 BGB Nr. 11; Palandt/*Ellenberger* BGB § 39 Rn. 2; auch notarielle Beurkundung oder öffentliche Beglaubigung der Austrittserklärung sind unzulässig, Schauhoff Gemeinnützigkeits-HdB § 2 Rn. 74.

13 BGH NJW-RR 1996, 866; BayObLGZ 9, 39, 42; Palandt/*Ellenberger* BGB § 39 Rn. 2; Reichert/Wagner Kapitel 2 Rn. 1036 hält Einschreiben für zulässige Beschränkung.

14 BGH NJW-RR 1996, 866; Reichert/Wagner Kapitel 2 Rn. 1036.

15 RGZ 108, 160; 122, 268; Soergel/*Hadding* BGB § 39 Rn. 6; Palandt/*Ellenberger* BGB § 39 Rn. 2.

16 BeckOK BGB/*Schöpflin* § 39 Rn. 5; Reichert/Wagner Kapitel 2 Rn. 1038.

17 RGZ 78, 134, 136; Soergel/*Hadding* BGB § 39 Rn. 2; Reichert/Wagner Kapitel 2 Rn. 1036.

18 BGH NJW-RR 2017, 1249; Hk-BGB/*Dörner* § 39 Rn. 5; Prütting/*Schöpflin* BGB § 39 Rn. 3; MüKo-BGB/*Leuschner* § 39 Rn. 4.

19 RGZ 108, 160, 162; BeckOK BGB/*Schöpflin* § 39 Rn. 4; Hk-BGB/*Dörner* § 39 Rn. 5.

vorgesehene Zweijahresfrist aus Abs. 2 S. 2.[20] Der nicht fristgerecht erklärte Austritt ist als Austritt zum nächstzulässigen Termin zu werten, ohne dass es einer wiederholten Austrittserklärung bedarf.[21] Ausnahmen von Abs. 2 gelten für **Gewerkschaften**. Wegen Art. 9 Abs. 3 GG ist eine Kündigungsfrist von zwei Jahren unwirksam. Abweichend von Abs. 2 S. 2 darf die Frist maximal sechs Monate betragen.[22] § 10 Abs. 2 S. 3 PartG, wonach Mitglieder politischer Parteien jederzeit zum sofortigen Austritt berechtigt sind, ist auf Gewerkschaften und Arbeitgeberverbände nicht analog anzuwenden.[23]

3. Fristlose Kündigung. Ungeachtet einer Fristbestimmung für die ordentliche Kündigung kann die Mitgliedschaft im Verein wie jedes Dauerschuldverhältnis aus wichtigem Grund stets mit sofortiger Wirkung gekündigt werden.[24] Ein **wichtiger Grund** ist anzunehmen, wenn die Einhaltung der satzungsmäßigen Kündigungsfrist unter Berücksichtigung aller Umstände des Einzelfalls für das austrittswillige Mitglied als unzumutbar erscheint. Dies ist zB zu bejahen bei einer erheblichen Verletzung der satzungsmäßigen Rechte des Mitglieds, zumal wenn der Vorstand Satzungsverstöße nicht anerkennt und die satzungsmäßigen Rechte der Mitglieder nicht schützt,[25] bei einer rückwirkenden Beitragserhöhung um 300 %,[26] einer nicht nachvollziehbar begründeten Beitragserhöhung um 25 %[27] oder der Aufbürdung einer in der Satzung nicht vorgesehenen Umlagelast.[28] An sich ist eine ordnungsgemäß beschlossene Beitragserhöhung oder eine maßvolle Kostenumlage[29] aber kein wichtiger Grund.[30] Ebenso wenig kann zB ein Mitglied des Mietervereins wegen Erwerbs der zuvor gemieteten Wohnung außerordentlich kündigen, da der Grund aus dem Risikobereich des Kündigenden stammt[31] (vgl. allgemein → § 314 Rn. 22). 5

II. Rechtsfolgen des Austritts

Der Austritt beendet die Mitgliedschaft im Verein. Die Beendigung tritt mit dem Wirksamwerden der Austrittserklärung ein. Wenn keine Kündigungsfrist bestimmt ist oder bei außerordentlicher Kündigung wird die Austrittserklärung bereits mit ihrem Zugang wirksam. Im Übrigen scheidet das Mitglied durch ordentliche Kündigung mit Ablauf der in der Satzung vorgesehenen Frist aus dem Verein aus. Ein Abfindungsanspruch steht dem ausscheidenden Mitglied nicht zu.[32] Auch kann es einen Aufnahmebetrag nicht zurückverlangen.[33] Die vor dem Austritt entstandenen und fällig gewordenen Ansprüche und Pflichten bleiben weiterhin bestehen. Werden vor dem Austritt entstandene Beitragspflichten erst nach Austritt fällig, braucht das ausscheidende Mitglied diese nicht mehr zu bezahlen.[34] Von der Beendigung ist das **Ruhen der Mitgliedschaft** abzugrenzen. Bei ruhender Mitgliedschaft kann das Mitglied seine Mitgliedschaftsrechte nicht ausüben oder wegen Vereinspflichten in Anspruch genommen werden. Gleichwohl ist es aber aufgrund der fortbestehenden Mitgliedschaft zur gerichtlichen Geltendmachung der Unwirksamkeit von Satzungsbestimmungen oder Mitgliederversammlungsbeschlüssen berechtigt.[35] 6

20 RG JW 1937, 3236; MüKoBGB/*Leuschner* § 39 Rn. 4; Soergel/*Hadding* BGB § 39 Rn. 4.
21 BeckOK BGB/*Schöpflin* § 39 Rn. 4; Reichert/Wagner Kapitel 2 Rn. 1065.
22 BGH NJW 2014, 3239 = ZIP 2014, 2025 = DB 2014, 2341; BGH NJW 1981, 340; AG Hamburg NJW 1987, 2380; Palandt/*Ellenberger* BGB § 39 Rn. 3; MüKoBGB/*Leuschner* § 39 Rn. 6; Prütting/*Schöpflin* BGB § 39 Rn. 3; *Reize* NZA 1999, 70.
23 BGH NJW 2014, 3239; Palandt/*Ellenberger* BGB § 39 Rn. 3; Soergel/*Hadding* BGB § 39 Rn. 3; BeckOK BGB/*Schöpflin* § 39 Rn. 4; aA AG Ettenheim NJW 1985, 979.
24 RGZ 130, 375, 378; BGHZ 9, 157, 162 = NJW 1953, 780; BGH NJW 1954, 953; BGH LM § 39 Nr. 2; LG Itzehoe NJW-RR 1989, 1531; LG Ulm SpuRt 2013, 169; Palandt/*Ellenberger* BGB § 39 Rn. 3; MHdB GesR II/*Schöpflin* BGB § 38 Rn. 13; Schauhoff Gemeinnützigkeits-HdB § 2 Rn. 75.
25 LG Ulm SpuRt 2013, 169 (170).
26 LG Hamburg NJW-RR 1999, 1708; Palandt/*Ellenberger* BGB § 39 Rn. 3.
27 AG Nürnberg Rpfleger 1988, 109; BeckOK BGB/*Schöpflin* § 39 Rn. 7.
28 AG Erfurt 26.3.2008 – 11 C 894/07.
29 Eine Umlage darf nur auf hinreichend bestimmter Satzungsgrundlage erhoben werden, Reichert/Wagner Kapitel 2 Rn. 875.
30 LG Aurich Rpfleger 1987, 115 (116); AG Essen DWW 1961, 119; Soergel/*Hadding* BGB § 39 Rn. 5.
31 Palandt/*Ellenberger* BGB § 39 Rn. 3; BeckOK BGB/*Schöpflin* § 39 Rn. 7; aA AG Wiesbaden NJW-RR 1999, 1242.
32 OLG Hamburg BB 1980, 122; Palandt/*Ellenberger* BGB § 39 Rn. 4; *Lettl* AcP 203 (2003), 149.
33 OLG Brandenburg MDR 2005, 641; Prütting/*Schöpflin* BGB § 39 Rn. 5; Palandt/*Ellenberger* BGB § 39 Rn. 4; Erman/*Westermann* BGB § 39 Rn. 1.
34 BGHZ 48, 207, 211 = DB 1967, 1498 = NJW 1967, 2303; BGH NJW 1984, 489 (490) zur GmbH; OLG Schleswig NJW-RR 2004, 609; Soergel/*Hadding* BGB § 39 Rn. 8; Prütting/*Schöpflin* BGB § 39 Rn. 5; vgl. auch Reichert/Wagner Kapitel 2 Rn. 1087 ff.
35 BayObLGZ 1979, 351 (357); LG Hamburg NJW 1992, 440; BeckOK BGB/*Schöpflin* § 39 Rn. 8; Reichert/*Wagner* Kapitel 2 Rn. 1103 ff.

§ 40 Nachgiebige Vorschriften

[1]Die Vorschriften des § 26 Absatz 2 Satz 1, des § 27 Absatz 1 und 3, ,[1] der §§ 28, 31 a Abs. 1 Satz 2 sowie der §§ 32, 33 und 38 finden insoweit keine Anwendung als die Satzung ein anderes bestimmt. [2]Von § 34 kann auch für die Beschlussfassung des Vorstands durch die Satzung nicht abgewichen werden.

1 § 40 legt die Grenzen der **Satzungsautonomie** fest. Die bezeichneten Vorschriften sind dispositiv. Zu den jeweils zulässigen Gestaltungsmöglichkeiten → § 26 Rn. 2 ff., → § 27 Rn. 2, 14 f., → § 28 Rn. 2; § 31 a, → § 32 Rn. 6 f., → § 33 Rn. 4 ff. und → § 38 Rn. 4 ff. Die nicht aufgeführten vereinsrechtlichen Vorschriften sind zwingendes Recht und daher keiner abweichenden Satzungsgestaltung zugänglich. Jedoch sehen etliche der zwingenden Vorschriften einen satzungsmäßigen **Gestaltungsrahmen** vor, wie etwa §§ 26 Abs. 2 S. 2, 27 Abs. 2 S. 2, 30 S. 1, 37 Abs. 1, 39 Abs. 2.

§ 41 Auflösung des Vereins

[1]Der Verein kann durch Beschluss der Mitgliederversammlung aufgelöst werden. [2]Zu dem Beschluss ist eine Mehrheit von drei Vierteln der abgegebenen Stimmen erforderlich, wenn nicht die Satzung ein anderes bestimmt.

Literatur: *Balzer*, Die Umwandlung von Vereinen der Fußball-Bundesligen in Kapitalgesellschaften zwischen Gesellschafts-, Vereins- und Verbandsrecht, ZIP 2001, 175; *Bayer*, Die liquidationslose Fortsetzung rechtsfähiger Idealvereine, Diss. Mainz 1984; *Böttcher*, Die Beendigung des rechtsfähigen Vereins, Rpfleger 1988, 169; *Busekist*, Der Formwechsel des Vereins in die Aktiengesellschaft nach den §§ 190 ff, 272 ff. UmwG 1994, 2004; *Discher*, Die Mitgliederhaftung im Idealverein, 2013; *Grziwotz*, Die Liquidation von Kapitalgesellschaften, Genossenschaften und Vereinen, DStR 1992, 1404; *Grunewald*, Austrittsrechte als Folge von Mischverschmelzungen, in: FS Boujong 1996, S. 175; *Hadding/Hennrichs*, Zur Verschmelzung unter Beteiligung rechtsfähiger Vereine nach dem neuen Umwandlungsgesetz, in: FS Boujong 1996, S. 203; *Hager*, Die Verschmelzung von eingetragenen Vereinen miteinander aus notarieller Sicht, RNotZ 2011, 565; *Heermann*, Die Ausgliederung von Vereinen auf Kapitalgesellschaften, ZIP 1998, 1249; *Heinrich*, Vereinigungsfreiheit und Vereinigungsverbot – Dogmatik und Praxis des Art. 9 Abs. 2 GG, 2005; *Hemmerich*, Die Ausgliederung bei Idealvereinen, BB 1983, 26; *Hennrichs*, Formwechsel und Gesamtrechtsnachfolge bei Umwandlungen, 1996; *Hofmeister*, Zivilrechtliche Sanktionen bei unrechtmäßig eingetragenen Wirtschaftsvereinen – Durchgriffshaftung und/oder wettbewerbsrechtliche Abmahnung, ZIP 2009, 161; *Katschinski*, Die Verschmelzung von Vereinen, 1999; *Kollhosser*, Der Verzicht des rechtsfähigen Vereins auf seine Rechtsfähigkeit, ZIP 1984, 1434; *Lettl*, Das Wertrecht der Mitgliedschaft beim Idealverein, 1999; *Leuschner*, Das Konzernrecht des Vereins, 2011; *Lieder*, Der mitgliederlose Verein, ZSt 2004, 330; 2005, 16; *Linge*, Gläubigerschutz im Vereinsrecht – Eine Untersuchung zum nicht rechtsfähigen wirtschaftlichen Verein und zum eingetragenen Verein, 2011; *Mayer*, Die Umstrukturierung von Bundesligavereinen zur Vorbereitung des Börsengangs, in: FS Widmann 2000, S. 67; Münchener Handbuch des Gesellschaftsrechts (MHdB GesR V, hrsg. von Beuthien/Gummert/Schöpflin), Band 5: Verein, Stiftung bürgerlichen Rechts, 4. Aufl. 2016; *Neumayer-Schulz*, Die Verschmelzung von rechtsfähigen Vereinen, DStR 1996, 872; *Oetker*, Der Wandel vom Ideal- zum Wirtschaftsverein, NJW 1991, 385; *Pauli*, Wesen und Aufgaben der Mitgliederversammlung eines Vereins, ZStV 2010, 167; *Planker*, Das Vereinsverbot in der verwaltungsgerichtlichen Rechtsprechung, NVwZ 1998, 113; *Reichert/Schimke/Dauernheim*, Handbuch Vereins- und Verbandsrecht, 14. Aufl. 2018; *Reuter*, Probleme der Mitgliedschaft beim Idealverein, ZHR 145 (1981), 273; *Reuter*, Verbandszweck und Rechtsfähigkeit im Vereinsrecht, ZHR 151 (1987), 237; *Reuter*, (Keine) Durchgriffshaftung der Vereinsmitglieder wegen Rechtsformverfehlung, NZG 2008, 650; *Rücker*, Die Vereinsklassenabgrenzung – Eine Standortbestimmung unter Berücksichtigung der Pfadabhängigkeit des (Gesellschafts-)Rechts, 2011; *Sauter/Schweyer/Waldner*, Der eingetragene Verein, 20. Aufl. 2016; *Schäfer*, Der Verzicht auf die Rechtsfähigkeit des eingetragenen Vereins, RNotZ 2008, 22; *H. Schmidt*, Zur Vollbeendigung juristischer Personen, 1989; *K. Schmidt*, Gesellschaftsrecht, 4. Aufl. 2002; *K. Schmidt*, Verbandszweck und Rechtsfähigkeit im Vereinsrecht, 1984; *K. Schmidt*, Ultra-vires-Doktrin: tot oder lebendig?, AcP 184 (1984), 529; *K. Schmidt*, Zur Löschung unrechtmäßig eingetragener Vereine, JR 1987, 117; *K. Schmidt*, Erlöschen eines eingetragenen Vereins durch Fortfall aller Mitglieder?, JZ 1987, 394; *K. Schmidt*, Entziehung der Rechtsfähigkeit bei unrechtmäßig eingetragenen Wirtschaftsvereinen, NJW 1998, 1124; *R. Schmidt*, Das Verbot von Religions- und Weltanschauungsgemeinschaften nach Grundgesetz und Vereinsgesetz nach Fall des Religionsprivilegs, 2012; *Seltmann*, Rechtsfolgen der wirtschaftlichen Betätigung von Idealvereinen, DStR 2008, 444; *Steinbeck*, Vereinsautonomie und Dritteinfluss – dargestellt an den Verbänden des Sports, 1999; *Stöber/Otto*, Handbuch zum Vereinsrecht, 11. Aufl. 2016; *Wieprecht*, Vereinsgläubigerschutz bei sog. verdeckter Rechtsformverfehlung eingetragener Vereine, 2012.

A. Allgemeines 1
  I. Die Beendigung des Vereins im Überblick 1
    1. Auflösung 2
    2. Verlust der Eigenschaft als juristische Person 3

    3. Sofortige Vollbeendigung (Erlöschen des Vereins) 5
  II. Auflösung 6
    1. Beschluss der Mitgliederversammlung, § 41 6
    2. Eröffnung des Insolvenzverfahrens, § 42 . 7

---

1   Zeichensetzung amtlich.

3. Sitzverlegung ins Ausland 8
4. Ablauf der satzungsmäßig bestimmten
   Zeit 9
5. Eintritt eines satzungsmäßig bestimmten
   Ereignisses 10
6. Auflösung durch Hoheitsakt aufgrund des
   öffentlichen Vereinsrechts,
   § 3 VereinsG, Art. 9 Abs. 2 GG 11
7. Auflösung wegen Grundrechtsverwirkung
   durch Entscheidung des BVerfG,
   § 39 Abs. 2 BVerfGG 12
8. Verlust aller Mitglieder bzw. Untätigkeit
   des Vereins 13
III. Entziehung der Rechtsfähigkeit (Wegfall der
   Eigenschaft als juristische Person) 14
   1. Entziehung der Rechtsfähigkeit durch
      Verwaltungsakt, § 43 14
   2. Verzicht auf die Rechtsfähigkeit 15
   3. Amtslöschung des Vereins im Vereinsre-
      gister, § 395 FamFG 16
   4. Entziehung der Rechtsfähigkeit wegen
      Unterschreitung der Mindestmitglieder-
      zahl, § 73 17

IV. Vollbeendigung (Erlöschen) 18
   1. Abschluss der Liquidation, §§ 47, 49 19
   2. Anfall des Vereinsvermögens an den Fis-
      kus, § 46 20
   3. Verlust aller Mitglieder 21
   4. Aufgabe der Vereinstätigkeit 23
   5. Umwandlung (Verschmelzung, Spaltung,
      Rechtsformwechsel) 24
      a) Verschmelzung 25
      b) Spaltung, Formwechsel 27
B. Regelungsgehalt 28
   I. Auflösung durch Beschluss der Mitgliederver-
      sammlung (S. 1) 28
      1. Recht der Mitglieder zur Selbstauflösung 28
      2. Kompetenz 29
   II. Beschlussfassung (S. 2) 30
   III. Wirkung 31
C. Weitere praktische Hinweise 32

A. Allgemeines

I. Die Beendigung des Vereins im Überblick

Die §§ 41–53 regeln die Beendigung des eV Sowohl begrifflich als auch hinsichtlich der Rechtsfolgen sind **1** dabei **drei Erscheinungsformen der Beendigung** zu unterscheiden: Zunächst die **Auflösung** (vgl. §§ 41, 42, dazu → Rn. 2, 6 ff.), die nach ihrem Zweck auf die vollständige Beendigung der Existenz des Vereins abzielt, und die **„Entziehung der Rechtsfähigkeit"** (vgl. §§ 43, 73, dazu → Rn. 3, 14 ff.), die nach ihrem Zweck nur die Eigenschaft des Vereins als juristische Person beenden soll. Gemeinsam haben die Auflösung und die Entziehung der Eigenschaft als juristische Person aber die beiden wichtigsten Beendigungsfolgen: Sie führen nur im Fall des Anfalls an den Fiskus (§ 46) die Existenz des Vereins sogleich zu einem vollständigen Ende, lassen im Übrigen aber übereinstimmend die Existenz des Vereins als Rechtssubjekt (dh als juristische Person im Fall der Auflösung, als nichtrechtsfähige Personenvereinigung iSv § 54 im Fall der „Entziehung der Rechtsfähigkeit") zunächst unberührt; zugleich überführen beide Beendigungsformen den eV ex lege in das Liquidationsstadium (§§ 47 ff.), aus dem nur – oder immerhin – ein Fortsetzungsbe-schluss der Mitglieder wieder herausführt. Unter beiden Aspekten unterscheiden sich Auflösung und Entziehung der Eigenschaft als juristische Person damit von dem **Erlöschen (der Vollbeendigung) des Vereins** (dazu → Rn. 5), das jegliche Existenz der Personenvereinigung beendet.

1. Auflösung. Aufgelöst wird der Verein nach dem Gesetz durch Beschluss der Mitgliederversammlung **2** (§ 41) und durch Eröffnung des Insolvenzverfahrens (§ 42, → Rn. 7, → § 42 Rn. 34). Dem steht der Eintritt bestimmter Umstände gleich, an die die Satzung die Auflösungsfolge geknüpft hat (insbesondere Zeitab-lauf, → Rn. 9), die Sitzverlegung ins Ausland (→ Rn. 8) sowie die Auflösung durch Hoheitsakt aufgrund des öffentlichen Vereinsrechts (→ Rn. 11) oder durch Beschluss des BVerfG (→ Rn. 12). Die Auflösung des Vereins führt in der Regel dazu, dass die Personenvereinigung als werbender Verein endet. Fällt das Vermö-gen ausnahmsweise an den Fiskus (§ 46), so erlischt der Verein sogleich; andernfalls findet regelmäßig (nicht zwingend, → § 47 Rn. 8 f.) die Liquidation statt (§§ 47 ff.). Während der Dauer des sich an die Auf-lösung eines eingetragenen Vereins anschließenden Liquidationsverfahrens und für dessen Zwecke bleibt die Identität des Verbands unberührt; es entsteht der sog. **Liquidationsverein**, der nach wie vor **juristische Person** ist und sich vom werbenden Verein allein durch den nunmehr auf Abwicklung gerichteten Vereins-zweck unterscheidet (→ § 47 Rn. 12). Während des Liquidationsverfahrens kann die Auflösung grundsätz-lich rückgängig gemacht werden, indem die Fortsetzung des Vereins beschlossen wird (→ § 47 Rn. 15 ff.); damit findet zugleich das Liquidationsverfahren sein Ende. Einen Sonderfall bildet die Auflösung durch Eröffnung des Insolvenzverfahrens (§ 42): Auch hier bleibt der Verein als juristische Person zunächst beste-hen (→ § 42 Rn. 34); jedoch findet die Liquidation nach Maßgabe des Insolvenzrechts statt und nicht nach §§ 47 ff.

2. Verlust der Eigenschaft als juristische Person. Durch die „Entziehung der Rechtsfähigkeit" des eV **3** in den Fällen der §§ 43, 44 Abs. 2 (→ Rn. 14, → § 43 Rn. 2 ff.) **entfällt** mit der Bestandskraft des die Rechtsfähigkeit entziehenden Verwaltungsakts (→ § 44 Rn. 2) entgegen der missverständlichen Begrifflich-keit des Gesetzes nicht die dem Verein als Verband zukommende Rechtssubjektivität, sondern – mit Wirkung ex nunc – nur die nach §§ 21 f. erlangte **Eigenschaft als juristische Person** (→ § 43 Rn. 6, → § 47 Rn. 16). Das Gleiche gilt, wenn der Verein „auf die Rechtsfähigkeit verzichtet" (→ Rn. 15), wenn der Verein gemäß § 395 FamFG von Amts wegen im Vereinsregister gelöscht wird (→ Rn. 16) oder wenn die „Rechtsfähigkeit" gem. § 73 BGB iVm § 401 FamFG wegen Unterschreitung der Mindestmitgliederzahl entzogen wird (→ Rn. 17, → § 73 Rn. 2). Anders als im Fall der Auflösung (→ Rn. 2, → § 47 Rn. 13) bleibt ein eV, der seine Eigenschaft als juristische Person durch Entziehung der Rechtsfähigkeit oder Verzicht auf dieselbe verloren hat, also nicht bis zur Beendigung der Liquidation mit verändertem Zweck als ieS rechtsfähiger Liquidationsverein bestehen; er hat die Eigenschaft als juristische Person vielmehr auf Dauer eingebüßt und behält diese Eigenschaft auch nicht für die Dauer des Liquidationsverfahrens und für dessen Zwecke.[1] Das Vereinsvermögen fällt mit der Erfüllung des jeweiligen Tatbestands dem oder den Anfallberechtigten an (§ 45 Abs. 1). Sofern das Vereinsvermögen an den Fiskus fällt (§ 46), ist der Verein sogleich erloschen; andernfalls tritt die an sich mit dem ursprünglichen Vereinszweck fortbestehende und nur ihre Rechtsform ändernde Personenvereinigung grundsätzlich (nicht zwingend, → § 47 Rn. 8 ff.) in die Liquidation (→ § 47 Rn. 4). Der Verband bleibt dabei unter Wahrung seiner Identität und Rechtssubjektivität (→ § 54 Rn. 3 zur Rechtssubjektivität des nicht eingetragenen Vereins) zunächst als **nichtrechtsfähiger Verein iSv § 54** bestehen, dh alle Vereinsmitgliedschaften und die Rechtsträgerschaft am Vermögen und den Verbindlichkeiten des Vereins bleiben unberührt.[2] Auch als iSv § 54 „nichtrechtsfähiger", dh nicht mehr als juristische Person anzusehender Verein, ist der Vereinszweck nach der Entziehung der Rechtsfähigkeit nach zutreffender Ansicht notwendig **allein auf Liquidation gerichtet**;[3] denn es ist nicht zu rechtfertigen, den eV ohne Weiteres, insbesondere ohne Willensbekundung der Mitglieder, als werbenden nichtrechtsfähigen (Dauer-)Verein iSv § 54 mit all seinen vor allem haftungsrechtlichen Unterschieden (→ § 54 Rn. 16 ff., insbes. → Rn. 19 zur Mitgliederhaftung beim wirtschaftlichen Verein) fortbestehen zu lassen. Der entstandene nichtrechtsfähige Liquidationsverein kann also nur durch Fortsetzungsbeschluss (→ Rn. 4) wieder in den werbenden Zustand zurückversetzt werden.

4 Wiederum im Unterschied zur Situation bei der Auflösung kann der Verein sich nach dem Wegfall der Eigenschaft als juristische Person auch nicht mehr als rechtsfähiger Verein iSv §§ 21 f. **fortsetzen** (→ § 47 Rn. 16); hierfür bedürfte es vielmehr der erneuten Eintragung im Vereinsregister bzw. der erneuten Verleihung der Rechtsfähigkeit. Gelingt es, den Entziehungsgrund zu beseitigen und die Aufhebung der Entziehungsverfügung zu erwirken, so können die Mitglieder den Verein jedoch in einen werbenden eV zurückverwandeln, indem sie seine Fortsetzung beschließen; in gleicher Weise kann die Umwandlung in eine andere Gesellschaftsform oder das Fortbestehen des Vereins als werbender nichtrechtsfähiger Verein iSv § 54 beschlossen werden.[4]

5 **3. Sofortige Vollbeendigung (Erlöschen des Vereins).** Sofortiges Erlöschen des Vereins ohne Liquidation tritt ein, wenn gem. § 46 das **Vermögen dem Fiskus anfällt** (→ Rn. 19, → § 46 Rn. 2), sei es gemäß Satzung, Vereinsbeschluss oder Gesetz. Das Gleiche gilt nach Ansicht der Rechtsprechung, wenn **alle Mitglieder fortfallen** (→ Rn. 21) oder wenn die Vereinstätigkeit tatsächlich aufgegeben wird (→ Rn. 22). Zum sofortigen liquidationslosen Erlöschen des Vereins führen schließlich die Einziehung des Vermögens eines kraft Hoheitsakts aufgelösten Vereins (→ Rn. 11) und die Verschmelzung nach Maßgabe des UmwG (→ Rn. 17). Von der sofortigen (und deshalb „liquidationslosen") Vollbeendigung des Vereins ist die Vollbeendigung nach Durchführung und Abschluss der Liquidation (→ Rn. 18, → § 47 Rn. 21) zu unterscheiden.

---

1   BGHZ 197, 61 = npoR 2013, 152 Rn. 21 (zum Verzicht auf die Rechtsfähigkeit); BeckOK BGB/*Schöpflin* § 41 Rn. 6; Erman/*Westermann* BGB § 41 Rn. 1, 7, § 43 Rn. 3, § 47 Rn. 1, § 49 Rn. 4; Palandt/*Ellenberger* BGB § 43 Rn. 1; *K. Schmidt* GesR § 24 VII 2 b; *ders.*, Verbandszweck, S. 14 ff., 291, 301 f., 303; s. insoweit auch MüKoBGB/*Leuschner* Vor § 21 Rn. 112, §§ 21, 22 Rn. 105, Vor § 41 Rn. 3, § 43 Rn. 3; aA (Fortbestand der juristischen Person als Liquidationsverein) OLG Frankfurt aM GRUR-RR 2018, 345 (346) (zur Löschung gem. § 395 FamFG); jurisPK/*Otto* BGB § 43 Rn. 7; Reichert/Schimke/Dauernheim/*Schörnig* Kap. 2 Rn. 3949; Soergel/*Hadding* BGB Vor § 41 Rn. 4, 8, § 43 Rn. 2, 7, § 47 Rn. 1; s. auch (zu § 42 aF) BGH NZI 2001, 360 (361).

2   BeckOGK/*Könen* BGB § 43 Rn. 28; BeckOK BGB/*Schöpflin* § 41 Rn. 6; Erman/*Westermann* BGB § 43 Rn. 3.

3   BeckOGK/*Könen* BGB § 43 Rn. 27; BeckOK BGB/*Schöpflin* § 41 Rn. 6, 12; MHdB GesR V/*Korte* § 63 Rn. 22; *K. Schmidt* GesR § 24 VII 2 b; *ders.*, Verbandszweck, S. 291 f., 299 ff., 312 ff.; aA *Bayer*, S. 71 ff., 75 ff., 207 f., 212 ff.; MHdB GesR V/*Gummert* § 74 Rn. 9 f.; MüKoBGB/*Leuschner* § 21, 22 Rn. 105, Vor § 41 Rn. 3, 13, § 43 Rn. 3; *Leuschner*, S. 179; *Linge*, S. 164 ff.: identitätswahrende Umwandlung in einen nichtrechtsfähigen (Dauer-)Verein.

4   Soergel/*Hadding* BGB § 43 Rn. 7.

II. Auflösung

1. Beschluss der Mitgliederversammlung, § 41. Den wichtigsten Auflösungstatbestand bildet der in 6 § 41 geregelte Auflösungsbeschluss der Mitgliederversammlung. Hierdurch wird der Verein aufgelöst und tritt, soweit nicht das Vermögen an den Fiskus fällt (§ 46), in das Liquidationsstadium ein (§§ 47 ff.). Siehe im Einzelnen unten → Rn. 28 ff.

2. Eröffnung des Insolvenzverfahrens, § 42. Durch die Eröffnung des Insolvenzverfahrens wird der 7 Verein aufgelöst, besteht jedoch als juristische Person weiter und wird – abweichend von den §§ 47 ff. – nach Maßgabe der besonderen Bestimmungen des Insolvenzrechts liquidiert. Vgl. im Einzelnen → § 42 Rn. 1, 34, → § 47 Rn. 6, 31.

3. Sitzverlegung ins Ausland. Die Verlegung des Satzungssitzes ins Ausland führt nicht nur (ipso iure) 8 zum Verlust der „Rechtsfähigkeit", also der Eigenschaft als juristische Person nach deutschem Recht,[5] sondern ist nach hM[6] zugleich als Auflösungsbeschluss gem. § 41 für das Inland auszulegen und als solcher in das Vereinsregister einzutragen, § 6 Abs. 3 VRV. Damit verbunden ist ggf. eine Neugründung im Ausland unter dortigem Recht;[7] dies zieht – in Ermangelung einer satzungsmäßigen Vermögensübertragung an den Auslandsverein – am alten Sitzort Anfall (§§ 45 f.) und Liquidation (§§ 47 ff.) nach sich. Dies gilt auch, wenn es sich um eine grenzüberschreitende Sitzverlegung in einen anderen EU-Mitgliedstaat handelt, da die Art. 49, 54 AEUV dem Wegzugsstaat nicht die Gestaltung der rechtsformwahrenden Sitzverlegung aufgeben;[8] zudem fällt der nicht erwerbsorientierte Verein zumindest dann nicht unter die Niederlassungsfreiheit der Art. 49, 54 AEUV, wenn er eine rein unentgeltliche karitative, kulturelle oder politische Tätigkeit ausübt.[9]

4. Ablauf der satzungsmäßig bestimmten Zeit. Die Vereinssatzung kann einen Endtermin des Vereins 9 bestimmen (vgl. § 74 Abs. 2 S. 1). Mit Zeitablauf ist der Verein aufgelöst und tritt, soweit nicht das Vermögen an den Fiskus fällt (§ 46), in das Liquidationsstadium ein (§§ 47 ff.).

5. Eintritt eines satzungsmäßig bestimmten Ereignisses. Auch eine satzungsmäßige auflösende 10 Bedingung (§ 158 Abs. 2) wird für zulässig gehalten,[10] ebenso eine Satzungsklausel des Inhalts, dass der Verein unter bestimmten Voraussetzungen automatisch aufgelöst ist, ohne dass es noch eines Auflösungsbeschlusses nach § 41 bedarf.[11] Mit Bedingungseintritt ist der Verein aufgelöst und tritt, soweit nicht Vermögensanfall an den Fiskus erfolgt (§ 46), in das Liquidationsstadium ein (§§ 47 ff.).

6. Auflösung durch Hoheitsakt aufgrund des öffentlichen Vereinsrechts, § 3 VereinsG, Art. 9 Abs. 11 **2 GG.** Ein Vereinsverbot nach öffentlichem Vereinsrecht wird durch Verwaltungsakt (§ 35 VwVfG) verhängt, wenn der Verein den Tatbestand des Art. 9 Abs. 2 GG erfüllt, dh nach seinem Zweck oder nach seiner Tätigkeit den Strafgesetzen zuwiderläuft oder sich gegen die Verfassung oder den Gedanken der Völkerverständigung richtet (§ 3 VereinsG).[12] Das Verbot führt zur Auflösung des Vereins, darüber hinaus aber, wenn die Verbotsbehörde – wie nach dem gesetzlichen Regelfall – die Einziehung des Vereinsvermögens anordnet, unmittelbar zum Erlöschen des Vereins (§§ 3 Abs. 1 S. 2, 11 Abs. 2 S. 3 VereinsG).[13] Mit der Unanfechtbarkeit der Anordnung erwirbt der Einziehungsbegünstigte (Bund oder Land) das Vereinsvermögen als Sondervermögen (§ 11 VereinsG), aus dem in erster Linie die Vereinsgläubiger zu befriedigen sind (§ 13 VereinsG). Soweit ausnahmsweise von der Einziehungsanordnung abgesehen wird, ist der Verein zu

---

5 Vgl. BeckOK BGB/*Schöpflin* § 24 Rn. 9, § 41 Rn. 8; MHdB GesR V/*Korte* § 61 Rn. 50; Palandt/*Ellenberger* BGB § 24 Rn. 3; Sauter/Schweyer/Waldner Eingetragener Verein Rn. 399; *Stöber/Otto* Rn. 161.

6 BeckOK BGB/*Schöpflin* § 24 Rn. 9; MHdB GesR V/*Knof* § 17 Rn. 32; MHdB GesR V/*Korte* § 61 Rn. 45 ff., 49; Soergel/*Hadding* BGB § Vor § 41 Rn. 6; Staudinger/*Weick* BGB § 41 Rn. 8; differenzierend MüKoBGB/*Leuschner* § Vor § 21 Rn. 192, § 41 Rn. 12; aA *Stöber/Otto* Rn. 1388 ff.; Sauter/Schweyer/Waldner Eingetragener Verein Rn. 399.

7 Vgl. zur umgekehrten Konstellation OLG Zweibrücken NJW-RR 2006, 42 (43); krit. *Behrens* ZEuP 2007, 327.

8 OLG Zweibrücken NJW-RR 2006, 42 (43 f.); MüKoBGB/*Leuschner* Vor § 21 Rn. 191 ff.; MHdB GesR V/*Knof* § 17 Rn. 31; MHdB GesR V/*Korte* § 61 Rn. 52 ff.; eingehend *Wesiak*, Europäisches Internationales Vereinsrecht, S. 186 ff.

9 OLG Zweibrücken NJW-RR 2006, 42 (43); BeckOK BGB/*Schöpflin* § 24 Rn. 9; MüKoBGB/*Leuschner* Vor § 21 Rn. 193; MHdB GesR V/*Korte*, § 61 Rn. 54; *Wesiak*, Europäisches Internationales Vereinsrecht, S. 186 f. mwN.

10 Soergel/*Hadding* BGB Vor § 41 Rn. 9; Staudinger/*Weick* BGB § 41 Rn. 6; sa BGH WM 1980, 1286 f.; aA *Reuter* ZHR 145 (1981), 273, 282 ff.

11 LG Bremen Rpfleger 1996, 72; MüKoBGB/*Leuschner* Vor § 41 Rn. 7, § 41 Rn. 21; Soergel/*Hadding* BGB Vor § 41 Rn. 9; aA Erman/*Westermann* BGB § 41 Rn. 5; Staudinger/*Weick* BGB § 41 Rn. 7: zusätzlich Beschluss der Mitgliederversammlung erforderlich.

12 Vgl. BVerwG NVwZ 2003, 986 u. 990; BVerwG NVwZ 2005, 1435; OVG Münster NVwZ-RR 2003, 113.

13 Vgl. BVerwG NJW 1989, 993; *Planker* NVwZ 1998, 113 ff.

liquidieren (§§ 47 ff.); in diesem Fall kann die Verbotsbehörde abweichend von § 48 Abs. 1 selbst die Liquidatoren ernennen (§ 11 Abs. 4 VereinsG).

12 **7. Auflösung wegen Grundrechtsverwirkung durch Entscheidung des BVerfG, § 39 Abs. 2 BVerfGG.** Der Verein kann aufgelöst werden, wenn ein Spruch des BVerfG die Grundrechtsverwirkung gem. Art. 18 GG feststellt (§ 39 Abs. 2 BVerfGG). Für das Verfahren gelten §§ 13 Nr. 1, 36–41 BVerfGG. Wird das Vermögen des Vereins in diesem Fall zugunsten gemeinnütziger Einrichtungen eingezogen, so erlischt der Verein ohne Weiteres, insbesondere ohne Liquidation.[14] Zur Auflösung politischer Parteien vgl. Art. 21 Abs. 2 GG, §§ 13 Nr. 2, 43–47 BVerfGG, §§ 32 ff. PartG.

13 **8. Verlust aller Mitglieder bzw. Untätigkeit des Vereins.** Entgegen der Auffassung der bisherigen Praxis ist in Übereinstimmung mit der im Vordringen begriffenen Lehre auch in den Fällen des Wegfalls aller Vereinsmitglieder sowie der andauernden Einstellung der Vereinstätigkeit anzunehmen, dass dies lediglich die Auflösung des Vereins zur Folge hat und nicht dessen sofortige Vollbeendigung (→ Rn. 21).

III. Entziehung der Rechtsfähigkeit (Wegfall der Eigenschaft als juristische Person)

14 **1. Entziehung der Rechtsfähigkeit durch Verwaltungsakt, § 43.** Der durch staatliche Verleihung rechtsfähige Wirtschaftsverein (§ 22) verliert seine Rechtsfähigkeit durch deren Widerruf (§§ 48 f. VwVfG) sowie deren Entziehung (§ 43). Zu den Voraussetzungen der Entziehung im Einzelnen s. Kommentierung zu § 43, zu den Rechtsfolgen → Rn. 3.

15 **2. Verzicht auf die Rechtsfähigkeit.** Ein Verzicht des Vereins auf die Rechtsfähigkeit, dh auf die Eigenschaft als juristische Person, ist als Minus zum Auflösungsbeschluss möglich. Für den Verzichtsbeschluss gelten, wenn die Satzung hierfür keine besonderen Bestimmungen enthält, im Hinblick auf den gebotenen Minderheitenschutz die gesetzlichen und satzungsmäßigen Voraussetzungen für die Auflösung (§ 41) entsprechend.[15] Rechtsfolge des Verzichts auf die Eigenschaft als juristische Person ist nach nunmehr hM gerade nicht die Auflösung (mit den weiteren Folgen Anfall, § 45, und Liquidation, §§ 47 ff.), sondern die identitätswahrende Umwandlung in einen nichtrechtsfähigen Verein iSv § 54.[16] Auch die Regelung der inneren Organisation des Vereins, insbesondere die Satzung, gelten für den Verein in diesem Fall weiter.[17]

16 **3. Amtslöschung des Vereins im Vereinsregister, § 395 FamFG.** Die Amtslöschung eines Vereins gem. § 395 FamFG kommt in Betracht, wenn eine **Eintragung wegen Mangels einer wesentlichen Voraussetzung unzulässig** ist. Erforderlich ist eine Verletzung zwingenden Rechts; die Verletzung von reinen Sollvorschriften ist unschädlich. Eine Amtslöschung findet ebenfalls statt im Fall von **Gründungsmängeln**, die einen (wirksamen) fehlerhaften Verein (→ § 21 Rn. 6) entstehen lassen.[18] Das Löschungsverfahren nach § 395 FamFG ist aber auch zulässig, wenn die Eintragung erst **nachträglich unzulässig geworden** ist; dies war früher streitig, ist nunmehr aber durch die Änderung der Formulierung des § 395 Abs. 1 FamFG gegenüber § 142 Abs. 1 FGG klargestellt worden.[19] Da es die in diesem Fall früher überwiegend als vorrangig angesehene Entziehung der Rechtsfähigkeit gem. § 43 Abs. 2 aF nicht mehr gibt (→ § 43 Rn. 3), kann[20] deshalb insbesondere ein eV, der nach seiner Satzung Idealverein ist, von Amts wegen aus dem Vereinsregister gelöscht werden, wenn er als Hauptzweck im Laufe der Zeit einen **wirtschaftlichen Zweck** (→ § 21

14 Soergel/*Hadding* BGB Vor § 41 Rn. 17.

15 Vgl. RG JW 1936, 2063; BayObLGZ 1959, 152 (158 f.); BeckOK BGB/*Schöpflin* § 41 Rn. 13; *Bayer*, S. 42 ff.; Erman/*Westermann* BGB § 41 Rn. 7; *Kollhosser* ZIP 1984, 1434 (1436); *Stöber/Otto* Rn. 177 f.; Soergel/*Hadding* BGB Vor § 41 Rn. 8; aA *Schäfer* RNotZ 2008, 22 (24); Sauter/Schweyer/Waldner Eingetragener Verein Rn. 401: beim nichtwirtschaftlichen Verein satzungsändernde Mehrheit analog § 33 ausreichend.

16 BGHZ 197, 61 = npoR 2013, 152 Rn. 21; BeckOGK/*Könen* BGB § 47 Rn. 5; BeckOK BGB/*Schöpflin* § 41 Rn. 13; *Bayer*, S. 208 ff.; *Kollhosser* ZIP 1984, 1434 f., 1437 ff.; Reichert/Schimke/Dauernheim/*Schörnig* Kap. 2 Rn. 4053; *Schäfer* RNotZ 2008, 22 f.; Soergel/*Hadding* BGB Vor § 41 Rn. 8; aA Sauter/Schweyer/Waldner Eingetragener Verein Rn. 401; Staudinger/*Weick* BGB § 41 Rn. 19: Liquidation erforderlich.

17 *Bayer*, S. 167 ff.; *Schäfer* RNotZ 2008, 22 f.; Soergel/*Hadding* BGB Vor § 41 Rn. 8.

18 In diesem Fall ist die Auflösung und Liquidation allerdings zwingend, vgl. BeckOK BGB/*Schöpflin* § 41 Rn. 9, Vor § 55 Rn. 6 f.

19 Vgl. Begr. RegE FamFG, BT-Drs. 16/6308, S. 288; ferner etwa Bumiller/Harders/Schwamb/*Bumiller/Harders* FamFG § 395 Rn. 10 f.; MüKoFamFG/*Krafka* FamFG § 395 Rn. 6 f.; *Terner* DNotZ 2010, 5 (13).

20 Insoweit besteht ein Ermessensspielraum, vgl. OLG Brandenburg BeckRS 2014, 18675 u BeckRS 2014, 22210; KG DStR 2016, 2120 (2125); KG FGPrax 2016, 115 (117); BeckOGK/*Könen* BGB § 43 Rn. 68; Keidel/*Heinemann* FamFG § 395 Rn. 23; MüKoFamFG/*Krafka* FamFG § 395 Rn. 12; aA *Rücker*, Die Vereinsklassenabgrenzung, S. 113 ff.

Rn. 22 ff.) verfolgt (sog. verdeckte **Rechtsformverfehlung**).[21] Da die Bestimmungen über Idealvereine nur in vergleichsweise geringem Maße auf die Belange der Vereinsgläubiger Rücksicht nehmen, muss der Staat – unabhängig von der damit nicht zwingend präjudizierten Frage des haftungsrechtlichen **Durchgriffs** auf die Mitglieder[22] – darüber wachen, dass ein Verein sich nicht unter der Tarnung als Idealverein in einen wirtschaftlichen Verein verwandelt, als welcher er die Rechtsfähigkeit nur durch Konzessionierung hätte erlangen können. **Voraussetzung** hierfür ist, dass sich der Verein entgegen seiner überwiegend idealen satzungsmäßigen Zwecksetzung nach seinem gesamten Gebaren und tatsächlichen Erscheinungsbild unternehmerisch betätigt und die mit einer solchen Tätigkeit typischerweise verbundenen Risiken eingeht. Die Entziehung der Rechtsfähigkeit kommt deshalb insbesondere auch dann in Betracht, wenn religiöse oder weltanschauliche Lehren zum Vorwand für die Verfolgung rein wirtschaftlicher Zwecke dienen.[23] Leistungen, die der Verein in Verfolgung seines satzungsgemäßen nicht wirtschaftlichen Zweckes, jedoch in entgeltlicher Form seinen Mitgliedern gegenüber erbringt, rechtfertigen nur dann die Annahme eines wirtschaftlichen Geschäftsbetriebs, wenn diese Leistungen unabhängig von mitgliedschaftlichen Beziehungen üblicherweise auch von anderen angeboten werden.[24] Der Verein muss seinen Zweck jedoch in einen wirtschaftlichen Zweck ändern; die Verfolgung eines anderen als des satzungsmäßig vorgesehenen idealen Zwecks genügt nicht.[25] Ebenso wenig schädlich ist die Verfolgung eines wirtschaftlichen Nebenzwecks (sog. **Nebenzweckprivileg**); die wirtschaftliche Betätigung muss vielmehr den Hauptzweck des Vereins ausmachen, was bei steuerlicher Anerkennung eines Vereins als gemeinnützig iSv §§ 51 ff. AO aber idR nicht der Fall ist.[26] Sachlich und örtlich **zuständig** ist das Registergericht, in dessen Bezirk sich die Niederlassung des Vereins befindet (§ 377 Abs. 1 FamFG). Das Gericht hat die Löschung mit angemessener Frist zur Geltendmachung eines Widerspruchs, die sich an der Beschwerdefrist des § 63 Abs. 1 FamFG zu orientieren hat, gegenüber dem Verein sowie dessen gesetzlichen Vertretern (§ 394 Abs. 2 S. 1 FamFG) anzukündigen.[27] **Folge der Amtslöschung** ist jedenfalls der Wegfall der für die Eigenschaft als juristische Person konstitutiven Registereintragung und damit der **Verlust des Status als juristische Person**.[28] Nach zutreffender Ansicht führt dies zunächst zur identitätswahrenden Umwandlung in einen nichtrechtsfähigen Liquidationsverein iSv § 54 (→ Rn. 3, → § 47 Rn. 10 aE); erst die nach Abschluss der Liquidation eintretende Vollbeendigung führt zum Erlöschen des Verbands (→ Rn. 1, 5, 18 f., → § 47 Rn. 21).[29]

4. Entziehung der Rechtsfähigkeit wegen Unterschreitung der Mindestmitgliederzahl, § 73. Die **17** für die Eintragung erforderliche Mindestmitgliederzahl von sieben (§ 56) braucht nicht auf Dauer vorzuliegen. Hat der Verein jedoch nur noch ein oder zwei Mitglieder, so hat das Registergericht nach Maßgabe von § 73 BGB iVm § 401 FamFG auf Antrag, notfalls von Amts wegen einzuschreiten und dem Verein die „Rechtsfähigkeit", dh die Eigenschaft als juristische Person zu entziehen. Die Entziehung führt zum Anfall

21 BGHZ 215, 69 = NJW 2017, 1943 Rn. 17; BGH ZIP 2017, 1881 Rn. 15; BGH BeckRS 2017, 114911 Rn. 20; OLG Frankfurt aM BeckRS 2011, 00377; OLG Brandenburg BeckRS 2014, 18675 u BeckRS 2014, 22210; KG FGPrax 2016, 115 (118); BeckOGK/*Könen* BGB § 43 Rn. 4 f., 67 ff.; BeckOK BGB/*Schöpflin* § 43 Rn. 5; Bumiller/Harders/ Schwamb/*Bumiller/Harders* FamFG § 395 Rn. 10; Palandt/*Ellenberger* BGB § 43 Rn. 3; Keidel/*Heinemann* FamFG § 395 Rn. 21; *Reuter* NZG 2009, 1368 (1372); *Rücker*, S. 111 ff.; *Schöpflin* Rpfleger 2010, 349 (350); *Terner* DNotZ 2010, 5 (13); *Wieprecht*, S. 84 ff.; so auch ausdrücklich die Beschlussempfehlung und der Bericht des Rechtsausschusses, auf den die Streichung des § 43 Abs. 2 aF zurückgeht, vgl. BT-Drs. 16/13542, S. 14.

22 Diesen Durchgriff wegen Vorrangs der Amtslöschung und der Entziehung der Rechtsfähigkeit nach § 43 Abs. 2 aF ablehnend BGHZ 175, 12 = NZG 2008, 670 („Kolpingwerk"); iE ebenso BeckOK BGB/*Schöpflin* § 43 Rn. 7; *von Hippel* NZG 2006, 537 ff.; *Hofmeister* ZIP 2009, 160 ff.; *Reuter* NZG 2008, 650 ff.; *K. Schmidt* ZIP 2007, 605 ff.; anders *Seltmann* DStR 2008, 1443 ff.; *Hüttemann/Meyer* LMK 2008, 256400 sowie als Vorinstanz zu BGHZ 175, 12 noch OLG Dresden ZIP 2005, 1680 (1687); ausf. hierzu jetzt *Discher*, S. 181 ff.; *Rücker*, S. 127 ff.

23 Vgl. BGHZ 197, 61 Rn. 17; BeckOK BGB/*Schöpflin* § 43 Rn. 6 f.; s. ferner (zu § 43 Abs. 2 aF) BVerwG NJW 1993, 2496; BVerwG NJW 1998, 1166; VGH Mannheim NJW 1996, 3358 (alle zu „Scientology"); enger aber jetzt VGH München NVwZ-RR 2006, 297; dazu *Abel* NJW 1997, 426; *ders.* NJW 2001, 410; *K. Schmidt* NJW 1998, 1124; *Müller-Laube* JZ 1998, 788; vgl. zum Problem des Profisports in Idealvereinen noch *Balzer* ZIP 2001, 175 ff.

24 Vgl. (zu § 43 Abs. 2 aF) BVerwG NJW 1998, 1166 (zu „Scientology"); zust. Soergel/*Hadding* BGB § 43 Rn. 4.

25 Vgl. (zu § 43 Abs. 2 aF) Staudinger/*Weick* BGB § 43 Rn. 8.

26 Vgl. BGHZ 215, 69 = NJW 2017, 1943 Rn. 19 ff. (dazu *Hüttemann* JZ 2017, 897; *Könen* ZGR 2018, 632; *Leuschner* NJW 2017, 1919; *Schöpflin* ZStV 2018, 6; *Segna* ZIP 2017, 1881; *Terner* RNotZ 2018, 508); BGH NJW-RR 2018, 1376 Rn. 15 ff.; BeckOK BGB/*Schöpflin* § 21 Rn. 93 ff., § 43 Rn. 5; *Schockenhoff* NZG 2017, 931 ff.; s. ferner (zu § 43 Abs. 2 aF) *K. Schmidt*, Verbandszweck, S. 270 ff., 276.

27 MüKoFamFG/*Krafka* FamFG § 395 Rn. 12.

28 BeckOGK/*Könen* BGB § 43 Rn. 64; MüKoBGB/ *Leuschner* Vor § 21 Rn. 112, §§ 21, 22 Rn. 105.

29 BeckOGK/*Könen* BGB § 43 Rn. 65, § 49 Rn. 12 ff.; MüKoBGB/*Leuschner* Vor § 41 Rn. 33 f., § 76 Rn. 11.

des Vereinsvermögens gem. § 45 und, sofern Anfallberechtigter nicht der Fiskus ist, zur Liquidation (§ 47). Siehe dazu weiter → § 73 Rn. 2 f.; zum Verlust aller Mitglieder → Rn. 21.

IV. Vollbeendigung (Erlöschen)

18   Mit dem Begriff der Vollbeendigung wird das vollständige Ende der rechtlichen Existenz des Verbandes bezeichnet (→ Rn. 1, 5, → § 47 Rn. 21). Sie kommt nur bzw. erst dann in Betracht, wenn es kein Vereinsvermögen (mehr) gibt, das im Interesse der Anfallberechtigten der geordneten Abwicklung durch Liquidation gem. §§ 47 ff. zuzuführen wäre.

19   **1. Abschluss der Liquidation, §§ 47, 49.** Der regelmäßige Fall der Vollbeendigung des Vereins ist der nach ordnungsgemäßer Durchführung der Liquidation und durchgeführter Schlussverteilung erreichte Zustand (→ § 47 Rn. 21): Ist das liquidierbare Vermögen restlos verteilt und bestehen weder realisierbare Außenstände noch ein sonstiges (vermögensbezogenes) Abwicklungsbedürfnis, so erlischt der Verband, und zwar nach hM schon vor der (als rein deklaratorisch verstandenen) Eintragung im Vereinsregister (→ § 47 Rn. 20).

20   **2. Anfall des Vereinsvermögens an den Fiskus, § 46.** Gehört der Beendigungstatbestand zwar zu denjenigen, in denen ein Anfall des Vereinsvermögens stattfindet (§ 45 Abs. 1), erfolgt der Anfall jedoch gem. § 45 Abs. 3 an den Fiskus, so erwirbt dieser das Vereinsvermögen im Ganzen aufgrund Gesamtrechtsnachfolge (§ 46). Der Verein wird hierdurch sogleich vermögenslos, so dass es der Durchführung eines Liquidationsverfahrens gleichfalls nicht mehr bedarf.

21   **3. Verlust aller Mitglieder.** Verliert der (werbende) Verein durch Tod, Austritt oder aus anderen Gründen alle seine Mitglieder, so hat dies nach der Rechtsprechung dessen **sofortiges Erlöschen ohne Liquidation** zur Folge. Die Abwicklung des vorhandenen Vermögens obliegt dann nicht einem (ggf. nach § 29 bestellten) Liquidator; vielmehr muss vom Gericht ein Pfleger (§ 1913) bestellt werden, der folgerichtig im Interesse der an der Vermögensabwicklung Beteiligten handelt, nicht als Vertreter des Vereins. § 49 Abs. 2 gelte nicht, der Verein sei weder vermögens- noch insolvenzfähig und könne auch nicht durch Fortsetzungsbeschluss fortgesetzt werden.[30] Dies überzeugt jedoch nicht: Wenngleich der Ausfall der Mitgliederversammlung ein dauerhaftes Dasein nach körperschaftsrechtlichen Grundsätzen zweifellos ausschließt, hindert er jedoch – wie das Beispiel der Kapitalgesellschaft zeigt – nicht das vorübergehende Dasein zum Zweck der Liquidation. Im Hinblick auf die nach der Rechtsprechung ermöglichte willkürliche Vollbeendigung unter Umgehung eines Insolvenzverfahrens erscheint deshalb die Auffassung vorzugswürdig, dass der Austritt aller Mitglieder zwar als **Auflösungstatbestand**, aber nicht als Beseitigung des Rechtssubjekts aufzufassen ist. Die Abwicklung erfolgt danach, sofern ein Insolvenzgrund vorliegt, im Insolvenzverfahren, im Übrigen im Wege der gewöhnlichen Liquidation durch den Vorstand als den geborenen Liquidator; gibt es auch kein Vorstandsmitglied mehr, so greift § 29 ein.[31]

22   Der Verein bleibt auch nach hM jedenfalls so lange existent, wie wenigstens ein Mitglied an der Mitgliedschaft festhält.[32] In solchen Fällen ist in der Regel nach § 73 BGB zu verfahren; nach dieser Vorschrift kann das Registergericht dem Verein auf Antrag des Vorstands oder auch von Amts wegen die Rechtsfähigkeit entziehen. Nach Rechtskraft einer solchen Entscheidung ist sodann die Liquidation nach §§ 47 ff. BGB durchzuführen. Das mit dem Antrag auf Löschung eines Vereins wegen Wegfalls sämtlicher Mitglieder befasste Gericht hat nach § 26 FamFG die zur Feststellung der Tatsachen erforderlichen Ermittlungen von Amts wegen vorzunehmen. Kann aufgrund der vom Registergericht angestellten Ermittlungen nicht mit der erforderlichen Sicherheit festgestellt werden, dass sämtliche Mitglieder des Vereins – sei es durch Austritt oder auf andere Weise – weggefallen sind oder dass die Zahl der Mitglieder unter drei herabgesunken ist, muss die Anmeldung der Auflösung des Vereins sowie der Löschungsantrag des Vereinsvorstandes zurückgewiesen werden.[33] Verliert der Verein das letzte Mitglied erst während des Liquidationsverfahrens, so geht auch die hM von einem Fortbestand des Vereins aus.[34]

23   **4. Aufgabe der Vereinstätigkeit.** Wenn der Verein sich über einen längeren Zeitraum aus Interesselosigkeit der Mitglieder nicht mehr betätigt oder den **Vereinszweck tatsächlich aufgegeben** hat, gilt das Gleiche wie im Fall des Wegfalls aller Mitglieder (→ Rn. 21); ebenso wie dort ist deshalb streitig, ob der Verein

30 BGHZ 19, 51, 57; BGH NZM 2005, 475 Rn. 30; BAG ZIP 1986, 1482; BVerwG NJW 1997, 474 (476); OLG Köln NJW-RR 1999, 336 (337); KG Rpfleger 2004, 497; OLG Jena BeckRS 2016, 19873; *Palandt/Ellenberger* BGB § 41 Rn. 3; *Staudinger/Weick* BGB § 41 Rn. 16; ebenso § 4 Abs. 2 Nr. 1 VRV.

31 BeckOGK/*Könen* BGB § 47 Rn. 8; MüKoBGB/*Leuschner* Vor § 41 Rn. 8, 31 f.; *Lieder* ZSt 2002, 246 ff.;

2004, 330, 332 ff.; Erman/*Westermann* BGB § 41 Rn. 6; *H. Schmidt*, S. 25 ff.,51; Reichert/Schimke/Dauernheim/*Schörnig* Kap. 2 Rn. 3995; *Reuter* ZHR 151 (1987), 355, 391.

32 OLG Jena BeckRS 2016, 19873.

33 OLG Frankfurt aM Rpfleger 1992, 28 f.

34 Vgl. KG WM 1968, 738.

sofort erlischt oder lediglich aufgelöst ist.[35] Weder Erlöschen noch Auflösung tritt allerdings bei **Erreichen oder Unmöglichwerden des Vereinszwecks** ein; vielmehr kann die Mitgliederversammlung sich auch für eine Zweckänderung entscheiden.[36] Bis zu einem Beschluss darüber reduziert sich der Vereinszweck auf die Verwaltung des vorhandenen Vermögens.[37] Selbst wenn die Satzung die Zweckerreichung als auflösende Bedingung formuliert, ist aus Gründen der Rechtssicherheit ein (feststellender) Auflösungsbeschluss erforderlich.[38] In diesem Fall wird man aber grundsätzlich die Mitglieder für verpflichtet halten müssen, einer Auflösung zuzustimmen.

5. Umwandlung (Verschmelzung, Spaltung, Rechtsformwechsel). Seit Inkrafttreten des UmwG 1995   **24** stehen auch für den (eingetragenen)[39] Verein verschiedene Formen der Umwandlung – dh der Verschmelzung (§§ 2–122 UmwG), des Formwechsels (§§ 190–304 UmwG) und der Spaltung (§§ 123–173 UmwG) unter vollständiger oder teilweiser Gesamtrechtsnachfolge und einer identitätswahrenden Umwandlung – zur Verfügung (nicht aber gem. § 175 UmwG die Vermögensübertragung iSv §§ 17–189 UmwG).[40]

a) Verschmelzung. So kann ein eV nach § 3 Abs. 1 Nr. 4 UmwG sowohl übertragender als auch aufneh-   **25** mender Rechtsträger im Rahmen einer Verschmelzung sein; möglich ist hiernach auch die Verschmelzung mehrerer bestehender Vereine auf einen hierdurch neu zu gründenden eV Erforderlich sind ein notariell beurkundeter Verschmelzungsvertrag, den die beteiligten Vorstände für ihre Vereine abschließen (§§ 4–6 UmwG), die rechtliche und wirtschaftliche Erläuterung des Vorhabens und seiner Folgen durch die beteiligten Vorstände (Verschmelzungsbericht, § 8 UmwG), eine Verschmelzungsprüfung (beim eingetragenen Verein nur auf schriftliches Verlangen von zehn Prozent der Mitglieder, §§ 100, 9–12 UmwG) und schließlich ein notariell beurkundeter Umwandlungsbeschluss der Mitgliederversammlungen. Die Mitgliederversammlungen entscheiden grundsätzlich mit Dreiviertelmehrheit (§§ 103 UmwG, 41 BGB); das Einstimmigkeitserfordernis gemäß § 33 Abs. 1 S. 2 BGB gilt selbst dann nicht, wenn mit der Verschmelzung die Änderung des Vereinszwecks einhergeht.[41] Aus der Vereinssatzung kann sich ein strengeres Mehrheitserfordernis ergeben; so gelten etwa Regelungen in der Satzung des übertragenden Vereins, die qualifizierte Anforderungen für die Auflösung des Vereins vorsehen, grundsätzlich entsprechend für die Verschmelzung.[42] Für die Abhaltung der Mitgliederversammlung gelten die allgemeinen Regeln, daneben bestehen spezielle Informationspflichten (vgl. §§ 101 f. UmwG). Es gilt die allgemeine satzungsmäßige Einberufungsfrist. Eine längere Frist für die Umwandlungsfälle (etwa dreißig Tage analog § 123 Abs. 1 AktG) kommt allenfalls in Betracht, wenn die Satzung gar keine Ladungsfrist bestimmt.[43] Die Verschmelzung wird – nach Anmeldung bei allen beteiligten Rechtsträgern[44] – wirksam mit Eintragung im Register des übernehmenden Rechtsträgers (§§ 16, 19 f. UmwG). Sie führt zum liquidationslosen Erlöschen des übertragenden Vereins; der übernehmende Rechtsträger tritt im Wege der Gesamtrechtsnachfolge in sämtliche Rechtsbeziehungen des übertragenden Vereins ein (vgl. §§ 2, 20 Abs. 1 Nr. 1, 2 UmwG).[45] Die Einzelübertragung aller Vermögenswerte und Verbindlichkeiten, wie sie nach früherem Recht erforderlich war, ist nunmehr entbehrlich. Problematischer ist die Verschmelzung eines eV auf Kapitalgesellschaften oder Personenhandelsgesellschaften, da der Verein hier nur als übertragender Rechtsträger in Betracht kommt und unter dem Aspekt des Formwechsels nur der Weg in eine Kapitalgesellschaft oder Genossenschaft möglich ist (§§ 99 Abs. 2, 149 Abs. 2, 272 Abs. 1 UmwG).[46]

---

35 Für Erlöschen des Vereins etwa BGH WM 1965, 1132; 1976, 686; Soergel/*Hadding* BGB Vor § 41 Rn. 12; Staudinger/*Weick* BGB § 41 Rn. 12; für Auflösung dagegen Reichert/Schimke/Dauernheim/ *Schörnig* Kap. 2 Rn. 4000; MüKoBGB/*Leuschner* Vor § 41 Rn. 8, 31 ff.

36 Soergel/*Hadding* BGB Vor § 41 Rn. 21.

37 BGHZ 49, 175, 179.

38 Soergel/*Hadding* BGB Vor § 41 Rn. 21; Staudinger/ *Weick* BGB § 41 Rn. 7; abw. *Flume* BGB AT Bd. 1/2 S. 1979 f.

39 Nicht für den nicht eingetragenen Verein iSv § 54, Reichert/Schimke/Dauernheim/*Schörnig* Kap. 2 Rn. 4382 f.

40 S. zum Folgenden etwa MHdB GesR V/*Pathe* §§ 52 ff.; *Hager* RNotZ 2011, 565 ff. mwN; eingehend dazu die Kommentarliteratur zu §§ 99 ff. UmwG etwa Lutter/*Hennrichs* UmwG, Semler/Stengel/*Katschinski* UmwG.

41 OLG Hamm NZG 2013, 388 (389); *Hager* RNotZ 2011, 565 (584); MHdB GesR V/*Pathe* § 52 Rn. 72, 74; differenzierend Lutter/*Hennrichs* UmwG § 103

Rn. 11; Semler/Stengel/*Katschinski* UmwG § 103 Rn. 17, 19; *Krähe* SpuRt 2005, 237 ff.

42 Zutr. OLG Stuttgart BeckRS 2012, 05372; MHdB GesR V/*Pathe* § 52 Rn. 72, 75; *Hager* RNotZ 2011, 565 (584) mwN; aA Sauter/Schweyer/Waldner Eingetragener Verein Rn. 397. Zu satzungsmäßigen Beschränkungen der Verschmelzung s. OLG Düsseldorf ZIP 2020, 27 Rn. 13 ff.

43 LG Frankenthal RNotZ 2007, 478 m. zust. Anm. *Terner*; weitergehend MHdB GesR V/*Pathe* § 52 Rn. 56 mwN.

44 Hierfür sind die Verschmelzungsberichte nicht mit den Unterschriften aller Vorstandsmitglieder vorzulegen, vielmehr genügt eine Unterzeichnung durch Organmitglieder (nur) in vertretungsberechtigter Zahl, OLG Stuttgart BeckRS 2012, 05372.

45 Vgl. *Hadding/Hennrichs* FS Boujong 1996, S. 203 ff.; Reichert/Schimke/Dauernheim/*Schörnig* Kap. 2 Rn. 4458; ausf. *Hennrichs*, Formwechsel und Gesamtrechtsnachfolge bei Umwandlungen, S. 44 ff.

46 Vgl. *Katschinski*, S. 88 ff.; Lutter/*Hennrichs* UmwG § 99 Rn. 20; Reichert/Schimke/Dauernheim/*Schörnig* Kap. 2 Rn. 4475.

26 Zu unterscheiden ist die Verschmelzung nach dem UmwG von der **vereinsrechtlichen Verschmelzung**, die vor dem Inkrafttreten des UmwG 1995 die alleinige Möglichkeit zur Fusion von Vereinen bildete und auch danach als Option zulässig geblieben ist. Hiernach geschieht die Fusion durch Einzelrechtsübertragungen unter genehmigter Schuldübernahme (§ 415 BGB) sowie anschließender Auflösung der übertragenden Vereine bzw. Bestimmung des neuen Vereins als Anfallberechtigten und Liquidation des übertragenden Vereins.[47] Die vereinsrechtliche Verschmelzung steht insbesondere allen Vereinen offen, denen die Verschmelzung nach dem UmwG verschlossen ist, also vor allem dem nichtrechtsfähigen (Dauer-)Verein iSv § 54, dem Vorverein als nichtrechtsfähigen Verein auf Zeit, dem aufgelösten nichtrechtsfähigen Verein, jedoch kaum auch dem rechtsfähigen Wirtschaftsverein; aber auch für kleinere eV kann er einfacher abzuwickeln sein als das Verfahren nach dem UmwG. Eine Religionsgemeinschaft, die den Status einer Körperschaft des öffentlichen Rechts erlangt hat, kann durch **Kirchengesetz** einen zu der Gemeinschaft gehörenden eV eingliedern und damit dessen eigenständige rechtliche Existenz beenden; sie hat dies in entsprechender Anwendung von § 278 Abs. 1, § 198 Abs. 2 S. 3 UmwG zur Eintragung in das Vereinsregister anzumelden.[48]

27 **b) Spaltung, Formwechsel.** § 123 UmwG erlaubt schließlich die **Spaltung** eines eV auf mehrere übernehmende oder hierbei neu zu gründende Rechtsträger,[49] sei es durch **Aufspaltung** in neue Rechtsträger unter liquidationslosem Erlöschen des ursprünglichen Vereins (§ 131 UmwG), als **Abspaltung** durch Übertragung von Teilen des Vereinsvermögens auf eine oder mehrere aufnehmende oder neu gegründete Rechtsträger unter Bestehenbleiben des übertragenden eV sowie schließlich als **Ausgliederung** durch Übertragung von Vermögensteilen auf bestehende oder neu gegründete Rechtsträger. Bei der Abspaltung erhalten die Vereinsmitglieder als Ausgleich eine Beteiligung am neuen Rechtsträger, bei der Ausgliederung der übertragende Verein selbst. Ein eV kann – soweit die Satzung es zulässt – übertragen oder von anderen Vereinen aufnehmen (§§ 124, 149 UmwG), der wirtschaftliche Verein kann nur übertragen (§ 124 UmwG). Ohne Änderung der Vermögenszuordnung wechselt die Rechtsform des Vereins bei einem **Formwechsel** (§§ 190 ff., 272 ff. UmwG).[50] Ein eV und ein wirtschaftlicher Verein kann unmittelbar ohne Auflösung und Einzelrechtsübertragungen in die Rechtsformen der Kapitalgesellschaft oder eingetragenen Genossenschaft wechseln (§ 272 UmwG). Nach Eintragung der Umwandlung wird das Registerblatt des übertragenden, aufgespaltenen bzw. formgewandelten Vereins geschlossen (§ 6 Abs. 4 VRV), als Verein ist er nicht mehr existent.

B. Regelungsgehalt

I. Auflösung durch Beschluss der Mitgliederversammlung (S. 1)

28 **1. Recht der Mitglieder zur Selbstauflösung.** Der grundgesetzlich geschützten Freiheit der Vereinsbildung korrespondiert ein gleichfalls in Art. 9 Abs. 1 GG verfassungsrechtlich verankertes Recht der Mitglieder zur Vereinsauflösung. Vor diesem Hintergrund regelt S. 1 das Selbstauflösungsrecht des Vereins durch einen Beschluss der Mitgliederversammlung als **Akt der Vereinsautonomie**. Selbst wenn die Satzung vorsieht, dass der Verein bei Erreichen oder Unmöglichwerden des Vereinszwecks ohne Weiteres aufgelöst wird, bedarf es für den Eintritt dieser Wirkung noch eines besonderen Beschlusses der Mitgliederversammlung (→ Rn. 23).

29 **2. Kompetenz.** Als Akt der Vereinsautonomie ist die **Zuständigkeit der Mitgliederversammlung** für den Auflösungsbeschluss zwingend, wobei die Einzelheiten durch die Satzung zu regeln sind.[51] Die satzungsmäßige **Bindung des Auflösungsbeschlusses an zusätzliche Erfordernisse**, insbesondere die Zustimmung bestimmter Mitglieder, ist als eine besondere Form der Stimmrechtsgestaltung grundsätzlich zulässig, wenn und soweit das Selbstauflösungsrecht der Mitglieder und die Selbstständigkeit des Vereins im Kern unberührt bleiben. **Kumulative Zustimmungsvorbehalte** zugunsten einzelner Mitglieder als deren Sonderrecht (§ 35),[52] anderer Vereinsorgane (insbesondere des Vorstands)[53] wie auch zugunsten Dritter[54] sind danach

---

47 Vgl. im Einzelnen Reichert/Schimke/Dauernheim/ *Schörnig* Kap. 2 Rn. 4385 ff.

48 BGHZ 197, 61 Rn. 29 ff.

49 Vgl. MHdB GesR V/*Pathe* §§ 55, 56.

50 Vgl. MHdB GesR V/*Pathe* §§ 57, 58.

51 Vgl. BayObLG NJW 1980, 1756 (1757); OLG Stuttgart NJW-RR 1986, 995 (996); *Flume* FS Coing II 1982, S. 97, 106 f.; *Pauli* ZStV 2010, 167 ff.; Reichert/Schimke/Dauernheim/*Schörnig* Kap. 2 Rn. 3952; Soergel/*Hadding* BGB § 41 Rn. 3; *Steinbeck*, S. 119.

52 BayObLG NJW 1980, 1756; Soergel/*Hadding* BGB § 41 Rn. 3.

53 KG OLGZ 1968, 200 (206).

54 *Böttcher* Rpfleger 1988, 1988 (169), 171; s. auch (für Genehmigung der Kirche bei kirchlichen Vereinen) BVerfGE 83, 341, 360; BayObLG NJW 1980, 1756; MüKoBGB/*Leuschner* § 41 Rn. 5; Reichert/Schimke/Dauernheim/*Schörnig*, Kap. 2 Rn. 3956; *Steinbeck*, S. 121 ff.; aA OLG Stuttgart NJW-RR 1986, 995 (996); Soergel/*Hadding* BGB § 41 Rn. 3; *Staudinger/Weick* BGB § 41 Rn. 6.

unproblematisch, weil die entscheidende Initiative zur Auflösung bei der Mitgliederversammlung bleibt und notfalls immer noch durch Satzungsänderung das dem Willen der Mitgliederversammlung entgegenstehende Hindernis beseitigt werden kann. Bedenken begegnet jedoch die **Schaffung alternativer Auflösungskompetenzen**, die eine Auflösung an der Mitgliederversammlung vorbei möglich machen: Wenngleich auch hier die Mitgliederversammlung ihr Auflösungsmonopol durch Satzungsänderung wiederherstellen kann, könnte sie doch – anders als beim bloßen Zustimmungsvorbehalt zugunsten Dritter – womöglich vor vollendete Tatsachen gestellt werden. Dies darf deshalb weder zugunsten anderer Vereinsorgane noch für Außenstehende zugelassen werden.[55]

II. Beschlussfassung (S. 2)

Für die Beschlussfassung durch die Mitgliederversammlung gelten grundsätzlich keine Besonderheiten **30** gegenüber den allgemeinen Grundsätzen (→ § 32 Rn. 16 ff.). Die Versammlung muss ordnungsgemäß einberufen worden sein (→ § 32 Rn. 8 ff.); hierbei ist die Vereinsauflösung als Gegenstand der Beratung und Beschlussfassung besonders anzukündigen (→ § 32 Rn. 13 ff.). Die Satzung kann den Modus der Stimmenberechnung wie auch das zu erreichende Quorum frei bestimmen;[56] fehlt eine Satzungsbestimmung, gilt die **Dreiviertelmehrheit** nach S. 2 (nach nunmehr ausdrücklicher gesetzlicher Regelung wie bei §§ 32 Abs. 1 S. 3, 33 Abs. 1 S. 1 bezogen auf die **abgegebenen gültigen Stimmen unter Ausschluss der Enthaltungen**).[57] Als deren Sonderrecht (§ 35) kann die Wirksamkeit von der Zustimmung bestimmter Mitglieder abhängig gemacht werden. Der Auflösungsbeschluss muss die Anforderungen an eine Satzungsänderung erfüllen (einschließlich der Registereintragung, § 71), wenn er einen in der Satzung vorgesehenen Endtermin ändert.

III. Wirkung

Das Wirksamwerden des Auflösungsbeschlusses führt in der Regel dazu, dass die Personenvereinigung als **31** werbender Verein endet. Fällt das Vermögen ausnahmsweise an den Fiskus (§ 46), so erlischt der Verein sogleich; andernfalls findet regelmäßig (nicht zwingend, insbesondere nicht bei Vermögenslosigkeit, → § 47 Rn. 8 ff.) die Liquidation statt (§§ 47 ff.). Während der Dauer des sich an die Auflösung eines eV anschließenden Liquidationsverfahrens und für dessen Zwecke bleibt die Identität des Verbands unberührt; es entsteht der sog. Liquidationsverein, der nach wie vor juristische Person ist und sich vom werbenden Verein allein durch den nurmehr auf Abwicklung gerichteten Vereinszweck unterscheidet (→ § 47 Rn. 12). Während des Liquidationsverfahrens kann die Auflösung grundsätzlich rückgängig gemacht werden, indem die Fortsetzung des Vereins beschlossen wird (→ § 47 Rn. 10, 15 ff.); damit findet zugleich das Liquidationsverfahren sein Ende.

C. Weitere praktische Hinweise

Die Auflösung ist nach § 74 Abs. 1 in das Vereinsregister einzutragen (→ § 74 Rn. 1, 5), doch wirkt die Ein- **32** tragung, soweit der Beschluss nicht mit einer Satzungsänderung (§ 71) verbunden ist (zB weil er mit der satzungsmäßigen Mindestlebensdauer kollidiert), lediglich deklaratorisch.[58] Ein kraft Verleihung rechtsfähiger Verein bedarf zur Auflösung keiner Zustimmung durch die Konzessionsbehörde; die Auflösung ist ihr jedoch anzuzeigen. Eine Anzeigepflicht des Vorstands besteht auch gegenüber der Finanzbehörde (§§ 137, 34 Abs. 1 AO).

§ 42 Insolvenz

(1) [1]Der Verein wird durch die Eröffnung des Insolvenzverfahrens und mit Rechtskraft des Beschlusses, durch den die Eröffnung des Insolvenzverfahrens mangels Masse abgewiesen worden ist, aufgelöst. [2]Wird das Verfahren auf Antrag des Schuldners eingestellt oder nach der Bestätigung eines Insolvenzplans, der den Fortbestand des Vereins vorsieht, aufgehoben, so kann die Mitgliederversammlung die Fortsetzung des Vereins beschließen. [3]Durch die Satzung kann bestimmt werden, dass der Verein im Falle der Eröffnung des Insolvenzverfahrens als nicht rechtsfähiger Verein fortbesteht;

55 OLG Stuttgart NJW-RR 1986, 995 f.
56 Soergel/*Hadding* BGB § 41 Rn. 4.
57 Vgl. insoweit die Begründung des VereinsRÄndG 2009, BT-Drs. 16/12813, S. 11.
58 Zur Anmeldung und Eintragung der Auflösung vgl. *Böttcher* Rpfleger 1988, 169 (171).

auch in diesem Falle kann unter den Voraussetzungen des Satzes 2 die Fortsetzung als rechtsfähiger Verein beschlossen werden.

(2) ¹Der Vorstand hat im Falle der Zahlungsunfähigkeit oder der Überschuldung die Eröffnung des Insolvenzverfahrens zu beantragen. ²Wird die Stellung des Antrags verzögert, so sind die Vorstandsmitglieder, denen ein Verschulden zur Last fällt, den Gläubigern für den daraus entstehenden Schaden verantwortlich; sie haften als Gesamtschuldner.

Literatur: *Adolphsen*, Lizenz und Insolvenz von Sportvereinen, KTS 2005, 53; *Andres*, Die rechtlichen Auswirkungen der Insolvenz des Vereins auf den Spielbetrieb und den Spieler, in: Grunsky (Hrsg.), Der Sportverein in der wirtschaftlichen Krise, 1990, S. 35; *Arnold*, Die Organhaftung in Verein und Stiftung (unter besonderer Berücksichtigung des neuen § 31a BGB), Non Profit Law Yearbook 2009, S. 89; *Bach*, Die Insolvenz der Stiftung, Diss Jena 2002; *Bienwald*, Zur Insolvenz eines Betreuungsvereins, BtPrax 2017, 224; *Brand/Reschke*, Insolvenzverschleppung – künftig auch im eingetragenen Verein strafbar?, NJW 2009, 2343; *Burgard*, Das Gesetz zur Begrenzung der Haftung von ehrenamtlich tätigen Vereinsvorständen, ZIP 2010, 358; *Calise*, Ist die Haftung wegen existenzvernichtenden Eingriffs auch auf andere juristische Personen als die GmbH anwendbar?, Diss. Köln 2006; *Cherkeh*, Compliance – Strategien des Vereinsvorstands zur Haftungsvermeidung, npoR 2014, 101; *Dälken*, Insolvenzen im Amateursport, InsbürO 2018, 267; *Dehesselles*, Gemeinnützige Körperschaften in der Insolvenz, DStR 2008, 2050; *ders.*, Insolvenz, Liquidation und Gemeinnützigkeit – Vertragsgestaltung im Zivil- und Steuerrecht, in: FS Spiegelberger 2009, S. 1255; *Dibbert*, Der Sportverein im Vereins- und Steuerrecht, 2015; *Ehlers*, Die persönliche Haftung von ehrenamtlichen Vereinsvorständen, NJW 2011, 2689; *Englisch*, Die Insolvenzklausel des DFB und die bisherigen Insolvenzfälle im Fußball, in: Wirtschaftliche Kontrollmaßnahmen und verbandsrechtliche Sanktionen zur Sicherung des sportlichen Wettbewerbs im Fußball, 2003, S. 25; *Freitag*, Insolvenzverschleppungshaftung als ausschließliche Außenhaftung, NZG 2014, 447; *Gottwald* (Hrsg.), Insolvenzrechts-Handbuch, 5. Aufl. 2015; *Grunewald*, Die Haftung der Mitglieder bei Einflussnahmen auf abhängige eingetragene Vereine, in: FS Raiser 2005, S. 99; *Grunewald/Hennrichs*, Haftungsrisiken für Vorstandsmitglieder insolvenzgefährdeter Vereine, in: FS Hopt 2010, S. 93; *Grunsky* (Hrsg.), Der Sportverein in der wirtschaftlichen Krise, 1990; *Gutsche*, Die Organkompetenzen im Insolvenzverfahren, 2003; *Gutzeit*, Die Vereinsinsolvenz unter besonderer Berücksichtigung des Sportvereins, Diss. Bonn 2003; *Haas*, Die Haftung des Vereinsvorstandes bei Insolvenzverschleppung, SpuRt 1999, 1; *ders.*, Die Auswirkungen der Insolvenz auf die Teilnahmeberechtigung des Sportvereine am Spiel- und Wettkampfbetrieb, NZI 2003, 177; *Haas/Prokop*, Der eingetragene nichtwirtschaftliche Verein und das Kapitalersatzrecht, in: FS Röhricht 2005, S. 1149; *Habl/Kropf*, Rechtsfolgen der Insolvenz von Fußballvereinen für den Profifußballspieler vor dem Hintergrund der Einführung des „financial fairplay", ZInsO 2012, 430; *Haushalter*, ADAC – Der Verein im Lichte des Insolvenzrechts, InsbürO 2016, 400; *Heermann*, Beschränkung der persönlichen Haftung des Vereinsvorstands durch Ressortverteilung, in: FS Röhricht 2005, S. 1191; *Hientzsch*, Die politische Partei in der Insolvenz, 2010; *ders.*, Die politische Partei in der Insolvenz, NVwZ 2009, 1135; *Hirte*, Stiftung und Insolvenz, in: FS Werner 2009, S. 222; *Hörnig/Knauth*, Die Insolvenzantragspflicht von Stiftungen und Vereinen, NZI 2017, 785; *dies.*, Der Ruf nach härteren Verbandsstrafen für insolvente Fußballklubs am Beispiel der 3. Liga – Grenzen des (insolvenz-)rechtlich Zulässigen, ZInsO 2018, 1596; *Kaiser*, Die Behandlung von Spielerwerten in der Handelsbilanz und im Überschuldungsstatus im Profifußball, DB 2004, 1109; *Kliebisch*, Die Vereinsvorstandshaftung in Insolvenzfällen: Quo Vadis?, ZStV 2010, 48; *ders.*, Zur persönlichen Haftung von Vereinsvorständen, ZStV 2010, 152; *Koch*, Die Ersatzpflicht des Stiftungsvorstands für Zahlungen nach Eintritt der Zahlungsunfähigkeit oder Feststellung der Überschuldung, ZStV 2010, 92; *Kölner Schrift* zur Insolvenzordnung, 3. Aufl. 2009; *König/de Vries*, Nach dem Spiel ist vor dem Spiel?, SpuRt 2006, 96; *Korff*, Insolvenz- und Lösungsklauseln im professionellen Mannschaftssport, 2012; *ders.*, Der Fall Alemannia Aachen – Die Rechtswirksamkeit der Lösungs- und Insolvenzklauseln in den DFB-Regelwerken, ZInsO 2013, 1277; *Koza*, Haften Vereinsvorstände analog §§ 64 Abs. 2 GmbHG, 93 Abs. 3 Nr. 6 AktG, 34 Abs. 3 Nr. 4 GenG auf Ersatz aller Zahlungen nach Insolvenzreife?, DZWIR 2008, 98; *Kreißig*, Der Sportverein in Krise und Insolvenz, 2004; *Kreutz*, Der Idealverein in der Insolvenz – zur Auswirkung von § 31a BGB im Vereinsinsolvenzrecht, DZWIR 2013, 497; *Küpperfahrenberg*, Haftungsbeschränkungen für Verein und Vorstand – unter besonderer Berücksichtigung von Sportvereinen, 2005; *Leichtle*, Auswirkungen der Insolvenz auf die Rechtsverhältnisse von Profisportclubs, 2008; *Lenger/Finsterer*, Die Insolvenzantragspflicht von Stiftungen und Vereinen – Schlechterstellung durch Privilegierung?!, NZI 2016, 571; *Leuschner*, Das Konzernrecht des Vereins, 2011; *Linge*, Gläubigerschutz im Vereinsrecht – Eine Untersuchung zum nicht rechtsfähigen wirtschaftlichen Verein und zum eingetragenen Verein, 2011; *Matzke*, Der steuerbefreiende Gemeinnützigkeitsstatus in der Insolvenz, ZInsO 2010, 2314; *H.F. Müller*, Der Verband in der Insolvenz, 2002; *ders.*, Haftung des Stiftungsvorstands wegen Insolvenzverschleppung, ZIP 2010, 153; *Nerlich/Kreplin*, Münchener Anwaltshandbuch Insolvenz und Sanierung, 3. Auflage 2019; *Neuhoff*, Nonprofit-Insolvenzen (bei so genannten Idealvereinen), NZI 2004, 486; *Nitsche*, Der existenzvernichtende Eingriff im Vereinsrecht, 2008; *Noack*, Gesellschaftsrecht (Sonderband I zu Kübler/Prütting, Kommentar zur Insolvenzordnung), 1999; *Passarge*, Haftung des Vereinsvorstandes für in der Krise geleistete Zahlungen gem. §§ 92 Abs. 3, 93 Abs. 3 Nr. 6 AktG analog, ZInsO 2005, 176; *ders.*, Zur Haftung des Stiftungsvorstands für in der Krise geleistete Zahlungen gem. §§ 92 III, 93 III Nr. 6 AktG analog, NZG 2008, 605; *Pfister*, Auswirkungen des Insolvenzverfahrens auf die Verbandsmitgliedschaft, SpuRt 2002, 103; *Piper*, Die Haftung von ehrenamtlich tätigen Organen und § 31a BGB, WM 2011, 2211; *Poertzgen*, Organhaftung wegen Insolvenzverschleppung, 2006; *ders.*, Vorstandshaftung wegen Insolvenzverschleppung (§ 42 II BGB), NZG 2010, 772; *ders.*, (K)Eine „neue" Insolvenzverschleppungshaftung für Vereinsvorstände?, ZInsO 2012, 1697; *ders.*, Organhaftung wegen Insolvenzverschleppung, KSzW 2012, 310; *Reichert*, Rechtsfragen beim Konkurs von Sportvereinen mit Profi- und Amateurabteilungen, in: Grunsky (Hrsg.), Der Sportverein in der wirtschaftlichen Krise, 1990, S. 16; *Reschke*, Untreue, Bankrott und Insolvenzverschleppung im eingetragenen Verein, 2015; *Reuter*, Verein und Stiftung in Krise und Insolvenz, InsVZ 2010, 190; *ders.*, Keine Vorstandshaftung für masseschmälernde Leistungen nach Eintritt der Insolvenzreife des Vereins?, NZG 2010, 808; *Roth/Knof*, Die Stiftung in Krise und Insolvenz, KTS 2009, 163; *Rugullis*, Die Insolvenzantragspflicht beim Verein – Eine Interpretation des § 42 II BGB, NZI 2007, 323; *ders.*, Die Insolvenzgründe des Vereins, DZWIR 2008, 404; *Sommer*, Die Stiftung in der Krise und in der Insolvenz, ZInsO 2013, 1715; *Stingl*, Vermögensverfall und Insolvenzverfahren im Stiftungswesen, Diss. Bielefeld 2006; *Szabó*, Insolvenz und Sanierung von Sportclubs nach dem ESUG, 2016; *Uhlenbruck*, Konkursrechtliche Probleme des Sportvereins, in: FS Merz 1992, S. 581; *Unger*, Neue Haftungsbegrenzungen für ehrenamtlich tätige Vereins- und Stiftungsvorstände, NJW 2009, 3269; *Uwer*, Der rechtliche Rahmen der Insolvenz von Krankenkassen, GesR 2009, 113; *Walker*, Zur Zulässigkeit von Insolvenzklauseln in den Satzungen der Sportverbände, KTS 2003, 169; *ders.*, Die Anwendung der Insolvenzordnung im Falle der Insolvenz von Sportvereinen, in: Wirtschaftliche Kontrollmaßnahmen und verbandsrechtliche Sanktionen zur Sicherung des sportlichen Wettbewerbs im Fußball, 2003, S. 45; *Weber*, Die Verbandsstatuten zur Insolvenz eines deutschen Fußballclubs, NZI 2013, 476; *Wentzel*, Auswirkungen des Insolvenzverfahrens auf das Vereinsregister, Rpfleger 2001, 334; *Werner*, Die Haftung des Stiftungsvorstands, ZEV 2009, 366; *Wertenbruch*, Der Lizenzspieler als Gläubigersicherheit im Konkurs des Vereins der Fußball-Bundesliga, ZIP 1993, 1292; *Westermann*, Insolvenzrechtliche Haftung der Vorstände von Idealvereinen, in: FS Graf v. Westphalen 2010, S. 755; *Wischemeyer*, Die Vorstandshaftung wegen Insolvenzverschleppung in der Insolvenz des Vereins, DZWIR 2005, 230; *Zeuner/Nauen*, Der Lizenzligaverein in der Krise – Auswirkungen und Lösungsansätze in sportlicher und wirtschaftlicher Hinsicht, NZI 2009, 213.

Kommentare zur InsO: *Ahrens/Gehrlein/Ringstmeier*, 3. Aufl. 2017; *Andres/Leithaus*, 4. Aufl. 2018; *Berliner Kommentar*, Loseblatt, Stand 4/2020; *Braun*, 7. Aufl. 2017; Frankfurter Kommentar (FK-InsO), 9. Aufl. 2018; *Graf-Schlicker*, 5. Aufl. 2017; *Hamburger Kommentar* (HambKomm), 7. Aufl. 2019; *Heidelberger Kommentar* (HK-InsO), 9. Aufl. 2018; *Jaeger*, 1. Aufl. 2004 ff; *Kübler/Prütting/Bork*, Loseblatt, Stand 4/2020; *Rattunde/Smid/Zeuner*, 4. Aufl. 2018; *Münchener Kommentar* (MüKo-InsO), 3. Aufl. 2013; *Nerlich/Römermann*, Loseblatt, Stand 4/2020; *Pape/Uhländer*, 2013; *Karsten Schmidt*, 19. Aufl. 2016; *Uhlenbruck*, 15. Aufl. 2019.

Siehe auch die Literatur bei § 41.

A. **Allgemeines** 1
  I. Zur neueren Gesetzgebungshistorie 1
  II. Überblick zum Vereinsinsolvenzrecht 4
    1. Die Insolvenzfähigkeit 4
    2. Der Verein als Insolvenzschuldner 5
    3. Die Insolvenzgründe 6
    4. Der Eröffnungsantrag 10
    5. Das Eröffnungsverfahren 11
    6. Die Eröffnung des Insolvenzverfahrens ... 12
      a) Der Eröffnungsbeschluss 12
      b) Wirkungen der Eröffnung des Insolvenzverfahrens für das Vereinsvermögen (Insolvenzmasse) 13
      c) Die Rechtsstellung des Insolvenzverwalters 16
      d) Die Rechtsstellung der Vereinsgläubiger im Insolvenzverfahren 18
    7. Die Rechtsstellung des Vereins im Insolvenzverfahren 20
      a) Auflösung des Vereins 20
      b) Stellung der Vereinsorgane 21
      c) Wirkungen der Eröffnung des Insolvenzverfahrens auf die Mitgliedschaft 26
    8. Die Beendigung des Insolvenzverfahrens 27
    9. Die Insolvenz des Profisportvereins 29
B. **Regelungsgehalt** 34
  I. Auflösung des Vereins durch Eröffnung des Insolvenzverfahrens (Abs. 1 S. 1) 34

  II. Fortsetzung des Vereins trotz Eröffnung des Insolvenzverfahrens (Abs. 1 S. 2, 3) 37
    1. Fortsetzung als rechtsfähiger Verein kraft Beschlusses der Mitgliederversammlung (Abs. 1 S. 2) 38
    2. Fortsetzung als nichtrechtsfähiger Verein kraft Satzungsbestimmung (Abs. 1 S. 3) ... 39
  III. Antragspflicht (Abs. 2 S. 1) 43
  IV. Schadensersatzpflicht wegen Insolvenzverschleppung (Abs. 2 S. 2) 45
    1. Haftung des Vorstands 45
    2. Umfang der Haftung 46
    3. Konkurrierende Anspruchsgrundlagen, Strafbarkeit 47
    4. Schadensersatzpflicht gegenüber dem Verein (Innenhaftung) 48
C. **Weitere praktische Hinweise** 50
  I. Zivilprozessuale Fragen der Vereinsinsolvenz 50
    1. Prozessführung durch den Insolvenzverwalter 50
    2. Bei Verfahrenseröffnung anhängige Prozesse 51
  II. Zwangsvollstreckungsmaßnahmen durch Vereinsgläubiger 53

A. Allgemeines

I. Zur neueren Gesetzgebungshistorie

Die gesetzliche Bestimmung des § 42 über die Rechtsfolgen der – in der Praxis gar nicht so selten[1] – Vereinsinsolvenz wurde im Zuge der Insolvenzrechtsreform zum 1.1.1999 geändert. Seitdem führt die Eröffnung des Insolvenzverfahrens, die auch noch während der Liquidation des Vereins zulässig und ggf. geboten ist (→ § 47 Rn. 30), gemäß Abs. 1 S. 1 der Vorschrift zur **Auflösung des eV** (vgl. für die übrigen Personen- und Kapitalgesellschaften die Parallelvorschriften des § 131 Abs. 1 Nr. 3 HGB, § 262 Abs. 1 Nr. 3 AktG, § 60 Abs. 1 Nr. 4 GmbHG, § 101 GenG, § 728 BGB, zum nichtrechtsfähigen Verein iSv § 54 → Rn. 4, → § 54 Rn. 43, für die Stiftung gilt gem. § 86 S. 1 kraft Verweisung ebenfalls § 42, → § 86 Rn. 10 ff.)[2] und damit nicht mehr – wie jedenfalls nach dem früheren Wortlaut der Bestimmung – zum Verlust der „Rechtsfähigkeit", dh der Eigenschaft als juristische Person (→ Rn. 34). Das Insolvenzverfahren ist ein **Liquidationsverfahren eigener Art** mit dem Ziel der Vollabwicklung des Vereinsvermögens; § 47

1

---

1 Pro Jahr stellen ca. 150 eV Insolvenzantrag, vgl. *Creditreform*, Insolvenzen in Deutschland 2019, S. 9.

2 S. dazu monographisch *Bach* u. *Stingl* passim; ferner *Hirte* FS Werner 2009, S. 222; *H.F. Müller* ZIP 2010,

153; *Passarge* NZG 2008, 605; *Roth/Knof* KTS 2009, 163; *dies.* InsVZ 2010, 190; *Werner* ZEV 2009, 366.

Hs. 2 stellt deshalb klar, dass sich das Insolvenzverfahren und die vereinsrechtliche Liquidation nach §§ 47 ff. ausschließen und dass das Insolvenzverfahren als das speziellere Verfahren den Vorrang genießt. Die insolvenzmäßige Abwicklung wird ausschließlich von dem Insolvenzverwalter betrieben (→ Rn. 16, → § 47 Rn. 31), und zwar zunächst durch Verwertung des bei Verfahrenseröffnung vorhandenen Aktivvermögens und die Verteilung der dadurch erzielten baren Masse an die Insolvenzgläubiger. Sofern der Verein nach Abschluss des Insolvenzverfahrens noch Vermögen hat, beendet der Verwalter die Liquidation nach Maßgabe des § 199 Abs. 2 InsO (→ Rn. 27, → § 47 Rn. 6, 31). Durch das VereinsRÄndG 2009 wurde Abs. 1 S. 1 ferner um einen Einschub ergänzt, der die zuvor allenfalls durch Analogie zu den handelsgesellschafts- und handelsvereinsrechtlichen Parallelvorschriften begründbare Gleichsetzung der Eröffnung des Insolvenzverfahrens mit der rechtskräftigen **Abweisung des Insolvenzantrags mangels Masse** unmittelbar zum Ausdruck bringt (→ Rn. 35). Im Jahr 2014 wurde schließlich im Sinne der schon vorher ganz hM gesetzlich klargestellt, dass § 15 a InsO auf Vereine insgesamt keine Anwendung findet (§ 15 a Abs. 7 InsO);[3] praktisch bedeutsam ist dies insbesondere für die die Antragspflicht bei Führungslosigkeit (§ 15 a Abs. 3 InsO, → Rn. 44) und die Strafbarkeit nach § 15 a Abs. 4–6 InsO (→ Rn. 47). Durch § 1 des Gesetzes zur vorübergehenden Aussetzung der Insolvenzantragspflicht und zur Begrenzung der Organhaftung bei einer durch die COVID-19-Pandemie bedingten Insolvenz (COVID-19-Insolvenzaussetzungsgesetz – COVInsAG) wurde auch die Insolvenzantragspflicht beim eV vom 1.3. bis zum 30.9. 2020 ausgesetzt, es sei denn, die Insolvenzreife beruhte nicht auf den Folgen der COVID-19-Pandemie oder es bestanden keine Aussichten darauf, eine bestehende Zahlungsunfähigkeit zu beseitigen. Kongruente Deckungen aus diesem Zeitraum sind nach § 2 Abs. 1 Nr. 4 des Gesetzes grundsätzlich nicht anfechtbar.

2 Für die Fälle der Einstellung des Insolvenzverfahrens auf Antrag des Insolvenzschuldners (§§ 212, 213 InsO) und der Aufhebung des Insolvenzverfahrens nach der Bestätigung eines Insolvenzplans, der den Fortbestand des Vereins vorsieht (§ 258 InsO), räumt **Abs. 1 S. 2** (→ Rn. 38) der Mitgliederversammlung das Recht ein, die **Fortsetzung des Vereins** zu beschließen (wiederum entsprechend der Rechtslage bei den Handelsgesellschaften, vgl. § 144 HGB, § 274 Abs. 2 AktG, § 60 Abs. 1 Nr. 4 GmbHG, § 117 GenG). Durch die Vereinssatzung kann zudem bestimmt werden, dass der Verein im Fall der Eröffnung des Insolvenzverfahrens als nichtrechtsfähiger Verein iSv § 54 fortbesteht (§ 42 Abs. 1 S. 3 Hs. 1, → Rn. 39); unter den Voraussetzungen des S. 2 kann aber in diesem Fall sogar die Fortsetzung als eV beschlossen werden. Diese Vorschrift gewährleistet mithin in ihren beiden Alternativen, dass die Vereinsmitglieder nach ihrer freien Entscheidung in anderer Rechtsform die Vereinsziele fortsetzen und die Vereinstraditionen aufrechterhalten können;[4] sie schützt damit zugleich die Vereinsautonomie (Art. 9 GG). Die Fortsetzung ist anzumelden (§ 75 Abs. 2).

3 In **Abs. 2 S. 1** wird nunmehr – entsprechend der Rechtslage bei den Handelsgesellschaften, bei denen kein persönlich haftender Gesellschafter eine natürliche Person ist (vgl. § 15 a Abs. 1 InsO) – ausdrücklich klargestellt, dass der Vorstand nicht nur im Falle der Überschuldung, sondern auch bei Zahlungsunfähigkeit eine **Verpflichtung zur Stellung des Insolvenzantrags** trifft; damit ist der Vereinsvorstand einem deutlich erhöhten Risiko ausgesetzt, Schadensersatz leisten zu müssen, da er nach der unverändert gebliebenen Regelung des § 42 Abs. 2 S. 2 den Gläubigern gegenüber für die schuldhafte Verzögerung der Antragsstellung verantwortlich ist.

II. Überblick zum Vereinsinsolvenzrecht

4 **1. Die Insolvenzfähigkeit.** Der **rechtsfähige Verein** ist als juristische Person nach § 11 Abs. 1 S. 1 InsO **insolvenzfähig**. Das Gleiche gilt gem. § 11 Abs. 1 S. 2 InsO für den **nichtrechtsfähigen Verein iSv § 54** (→ § 54 Rn. 43); haben Sparten bzw. Abteilungen innerhalb eines (Haupt-)Vereins die Qualität eines nichtrechtsfähigen Vereins (→ § 54 Rn. 9), so sind deshalb auch die Abteilungen bzw. Sparten insolvenzfähig.[5] Da auf diese ebenfalls das Recht des nichtrechtsfähigen Vereins (§ 54) Anwendung findet, gilt dies auch für den **fehlerhaften Verein** und den **Vorverein**.[6] Ebenso wie bei der fehlerhaften Gesellschaft hängt die Insolvenzfähigkeit des fehlerhaften Vereins allerdings im Einzelfall von seinem Außenverhältnis, das heißt seiner Eintragung im Vereinsregister, seiner Invollzugsetzung sowie seiner Bildung von Vereinsvermögen ab.[7]

3   Gesetz zur Verkürzung des Restschuldbefreiungsverfahrens und zur Stärkung der Gläubigerrechte vom 15.7.2013 (BGBl. I S. 2379), dort ursprünglich in § 15 a Abs. 6 InsO geregelt und durch Gesetz v. 5.6.2017 (BGBl. I S. 1476) mWv 26.6.2017 in Abs. 7 verschoben. Vgl. dazu *Hörnig/Knauth* NZI 2017, 785 ff.; *Lenger/Finsterer* NZI 2016, 571 ff.

4   Stellungnahme BRat, BT-Drs. 12/3803, S. 124 Nr. 15.

5   Gottwald InsR-HdB/*Haas/Mock* § 93 Rn. 185, 194; MHdB GesR V/*Haas/Leuschner* § 60 Rn. 5, 10, 68; *Kreißig*, S. 160; vgl. zu den vermögensrechtlichen Grundlagen BGH NZG 2007, 826 (828).

6   MHdB GesR V/*Haas/Leuschner* § 60 Rn. 7 ff.; *Kreißig*, S. 76 f.

7   Gottwald InsR-HdB/*Haas/Mock* § 93 Rn. 168; *Kreißig*, S. 77.

Grundsätzlich kann und muss auch über das Vermögen des **nicht (mehr) werbenden Vereins** das Insolvenzverfahren eröffnet werden, wenn ein Insolvenzgrund vorliegt: Befindet sich der Verein im **Abwicklungsstadium**, so bleibt die Insolvenzeröffnung gem. § 11 Abs. 3 InsO zulässig, solange die Verteilung des Vereinsvermögens noch nicht abgeschlossen ist (→ § 47 Rn. 30).[8]

2. Der Verein als Insolvenzschuldner. Insolvenzschuldner ist der Verein als solcher, dh ihm und nicht 5
seinen Mitgliedern kommen die im Gesetz dem Insolvenzschuldner zugewiesenen Rechte und Pflichten zu, die von seinen Organen (Vorstand bzw. Liquidatoren) wahrgenommen werden (→ Rn. 22).

3. Die Insolvenzgründe. Für das Insolvenzverfahren über das Vermögen eines Vereins gelten alle Eröff- 6
nungsgründe der §§ 16 ff. InsO.[9] Gemäß § 17 Abs. 2 S. 1 InsO liegt **Zahlungsunfähigkeit** vor, wenn der Verein nicht mehr in der Lage ist, die fälligen Zahlungsverpflichtungen zu erfüllen. Auf das Merkmal der Dauerhaftigkeit hat der Gesetzgeber bei dieser Legaldefinition bewusst verzichtet, doch ist nach der Rechtsprechung keine Zahlungsunfähigkeit, sondern lediglich eine vorübergehende Zahlungsstockung gegeben, wenn der Schuldner voraussichtlich in der Lage ist, sich innerhalb von drei Wochen die zur Begleichung der fälligen Verbindlichkeiten notwendigen Mittel zu beschaffen. In die zur Feststellung der Zahlungsunfähigkeit aufzustellende Liquiditätsbilanz sind auf der Aktivseite neben den verfügbaren Zahlungsmitteln (sogenannte Aktiva I) die innerhalb von drei Wochen flüssig zu machenden Mittel (sogenannte Aktiva II) einzubeziehen und zu den am Stichtag fälligen und eingeforderten Verbindlichkeiten (sogenannte Passiva I) sowie den innerhalb von drei Wochen fällig werdenden und eingeforderten Verbindlichkeiten (sogenannte Passiva II) in Beziehung zu setzen. Ferner darf der Anteil der offenen Verbindlichkeiten nicht ganz unwesentlich sein; der BGH toleriert insoweit regelmäßig eine im Drei-Wochen-Zeitraum nicht zu beseitigende Liquiditätslücke von bis zu 10 % der fälligen Gesamtschulden.[10] Nach § 17 Abs. 2 S. 2 InsO wird die Zahlungsunfähigkeit dann widerleglich vermutet, wenn der Verein seine **Zahlungen eingestellt** hat. Zahlungseinstellung ist jedes nach außen hervortretende Verhalten des Schuldners, in dem sich nach der Verkehrsanschauung die Tatsache dokumentiert, dass er nicht in der Lage ist, seine fälligen Zahlungsverpflichtungen zu erfüllen; hierfür kann bereits die Nichterfüllung einer einzigen Forderung genügen, wenn diese der Höhe nach nicht unerheblich ist.[11] Das Antragsrecht wegen Zahlungsunfähigkeit steht jedem Vorstandsmitglied zu, ungeachtet einer Beschränkung seiner Vertretungsmacht iSd § 26 Abs. 2 S. 2 bzw. einer internen Ressortverteilung.

Der nur im Falle eines Eigenantrags eingreifende Insolvenzgrund der **drohenden Zahlungsunfähigkeit** 7
nach § 18 InsO liegt vor, wenn der Verein voraussichtlich nicht in der Lage sein wird, die bestehenden Zahlungspflichten im Zeitpunkt der Fälligkeit zu erfüllen.[12] Die Beurteilung dieser Frage verlangt eine zeitraumbezogene Prognose der künftigen Zahlungsfähigkeit, wobei sich der Zeitraum bis zum Ablauf des folgenden (Geschäfts-)Jahres als maßgeblicher Beurteilungsgegenstand zu etablieren scheint.[13] Grundlage der Prognose ist ein Finanz- oder Liquiditätsplan, in dem die Entwicklung der finanziellen Lage in dem genannten Zeitraum abzubilden ist und dessen Vorlage das Insolvenzgericht nach Zulassung des Eröffnungsantrags ggf. von dem Antragsteller verlangen wird.[14] Hierbei sind auch Zahlungspflichten einzubeziehen, deren Fälligkeit im Prognosezeitraum nicht sicher, aber überwiegend wahrscheinlich ist.[15] Eine **Antragspflicht** hat der Gesetzgeber für diese Fälle nicht vorgesehen, um eine freie Sanierung im Vorfeld der Überschuldung und Zahlungsunfähigkeit nicht unnötig zu erschweren.[16] Damit die Insolvenzgläubiger den Verein nicht unter Druck setzen, kann die „drohende Zahlungsunfähigkeit" nur von diesem selbst geltend gemacht werden, nicht dagegen von einem Gläubiger. Nach § 18 Abs. 3 InsO kann ein Mitglied eines mehrgliedrigen Vereinsvorstands den Antrag auf Eröffnung des Insolvenzverfahrens wegen drohender Zahlungsunfähigkeit nur dann allein stellen, wenn ihm eine alleinige Vertretungsbefugnis zukommt.

Der Eröffnungsgrund der **Überschuldung** liegt nach § 19 Abs. 2 S. 1 InsO (in der – mittlerweile unbefristet 8
geltenden – Fassung durch das Finanzmarktstabilisierungsgesetz vom 17.10. 2008) vor, „wenn das Vermö-

---

8 FK-InsO/*Schmerbach* InsO § 11 Rn. 29; Nerlich/Römermann/*Mönning* InsO § 11 Rn. 101; aA MHdB GesR V/*Haas/Leuschner* § 60 Rn. 6.

9 Dies ist unzweifelhaft, vgl. nur *Rugullis* NZI 2007, 323 f.; *ders.* DZWIR 2008, 404 ff.

10 Vgl. mwN zuletzt BGH NZI 2018, 204 Rn. 8 ff., 32 ff. (dazu *Ampferl/Kilper* NZI 2018, 191 ff.; *Kuna* DStR 2018, 693 ff.); BGH NZI 2018, 764 Rn. 3 ff.; BGH NZI 2019, 247 Rn. 10 ff.; BGH ZInsO 2019, 2461 Rn. 16 ff.

11 Vgl. mwN zuletzt etwa BGH NZI 2018, 34 Rn. 12 f.; BGH NZI 2018, 264 Rn. 13 ff., 18 ff.; BGH ZInsO 2019, 192 Rn. 3 ff.

12 Vgl. mwN zuletzt etwa BGH NZI 2014, 259 Rn. 10; BGH NZI 2014, 698 Rn. 33; BGH NZI 2018, 204 Rn. 45 f.; Jaeger/*Müller* InsO § 18 Rn. 8 ff.

13 Vgl. mwN etwa MHdB GesR V/*Haas/Leuschner* § 60 Rn. 21 f.; Uhlenbruck/*Mock* InsO § 18 Rn. 18 f.; offen bislang der BGH, s. BGH NZI 2014, 698 Rn. 33.

14 Vgl. im Einzelnen Jaeger/*H.F. Müller* InsO § 18 Rn. 26 f.; MüKoInsO/*Drukarczyk* § 18 Rn. 44 ff.; s. auch BGH NZI 2014, 259 Rn. 10; BGH NZI 2014, 698 Rn. 33.

15 BGH NZI 2014, 259 Rn. 10; BGH NZI 2014, 698 Rn. 33.

16 Vgl. *Rugullis* NZI 2007, 323 f. mwN; *ders.* DZWIR 2008, 404 (406).

gen des Schuldners die bestehenden Verbindlichkeiten nicht mehr deckt, es sei denn, die Fortführung des Unternehmens ist nach den Umständen überwiegend wahrscheinlich." Bei einem (rechtsfähigen) **nichtwirtschaftlichen Verein,** wie zB dem eingetragenen Sportverein ohne wirtschaftliche Nebentätigkeit, tritt Überschuldung danach bereits im Falle einer einfachen rechnerischen Überschuldung ein.[17] Denn die Regelung des zweiten Halbsatzes des § 19 Abs. 2 S. 1 InsO, wonach die positive Fortführungsprognose die Annahme einer Überschuldung ohne Weiteres ausschließt, kommt bei einem Verein, der ausschließlich nichtwirtschaftliche Zwecke verfolgt, nicht in Betracht. Danach ist der Verein ohne wirtschaftliche Nebentätigkeit insolvent, wenn der Zeitwert des Aktivvermögens die Verbindlichkeiten nicht mehr deckt. Die Feststellung der rechnerischen Überschuldung erfolgt aufgrund der Überschuldungsbilanz, einer einfachen Gegenüberstellung der Aktiva und Passiva unter Ansatz der Liquidationswerte, also derjenigen Werte, die sich bei einer Veräußerung im Zuge einer Zerschlagung des Unternehmens erzielen ließen.[18] Ob für den Vorverein der Überschuldungstatbestand eingreift, ist streitig.[19]

9　Beim (rechtsfähigen) **wirtschaftlichen Verein** im Sinne des § 22, der Inhaber eines Unternehmens ist, sowie demjenigen nichtwirtschaftlichen Verein nach § 21, der im Rahmen des Nebentätigkeitsprivilegs ein Unternehmen betreibt (zB dem Profisportverein), schreibt das Gesetz nunmehr (→ Rn. 8) wieder eine „modifizierte zweistufige Überschuldungsprüfung" vor: In einer Überschuldungsbilanz wird durch eine Gegenüberstellung der Aktiv- und Passivvermögens ermittelt, ob das schuldnerische Unternehmen rechnerisch überschuldet ist. Als Aktiva setzt man hierbei die jeweiligen Liquidationswerte an (→ Rn. 8 aE).[20] Die bei Sportvereinen oftmals bestehenden Spielerwerte können in der Überschuldungsbilanz nur aktiviert werden, wenn wenigstens vorvertragliche Vereinbarungen oder vergleichbare Bedingungen existieren und diese auch insolvenzfest sind; die bloße Möglichkeit der Erzielung eines Erlöses auf dem Transfermarkt reicht nicht aus.[21] Ergibt sich hierbei eine rechnerische Überschuldung, so ist nach dem zweiten Halbsatz des § 19 Abs. 2 S. 1 InsO eine **Fortführungsprognose** anzustellen, dh zu fragen, ob eine Fortführung des Unternehmens überwiegend wahrscheinlich ist (Überlebensfähigkeit des Betriebs); ist dies der Fall – was im Streit um die Insolvenzverschleppungshaftung ggf. von den Vereinsorganen darzutun und zu beweisen ist – scheidet eine Überschuldung aus; wN zur Bedeutung der Fortführungsprognose → Rn. 8.[22] Die Beurteilung der Fortführungswahrscheinlichkeit verlangt wiederum – dh nicht anders als der Begriff der drohenden Zahlungsunfähigkeit – eine zeitraumbezogene Betrachtung der künftigen Liquiditätslage, wobei sich auch insoweit der Zeitraum bis zum Ablauf des folgenden (Geschäfts-)Jahres als maßgeblicher Beurteilungsgegenstand zu etablieren scheint. Grundlage der hierzu erforderlichen Prognose ist wiederum ein Finanz- oder Liquiditätsplan, in dem die Entwicklung der finanziellen Lage in dem genannten Zeitraum abzubilden ist.

10　**4. Der Eröffnungsantrag.** Gem. § 13 Abs. 1 InsO wird das Insolvenzverfahren nicht von Amts wegen, sondern nur auf einen formlosen, aber kostenpflichtigen (vgl. § 61 GKG) Antrag hin eröffnet. **Antragsberechtigt** sind nach § 13 Abs. 1 S. 2 InsO der Insolvenzschuldner (sog. Eigenantrag) und alle Insolvenzgläubiger iSv §§ 38, 39 InsO (sog. Fremdantrag). Gemäß § 15 Abs. 1 Hs. 1 InsO ist zur Stellung des Eigenantrags einer juristischen Person grundsätzlich[23] **jedes Mitglied des Vertretungsorgans** berechtigt. Antragsberechtigt ist danach jedes Mitglied des Vereinsvorstands bzw. jeder Liquidator des Vereins ungeachtet der konkreten Ausgestaltung der Vertretungsbefugnis im Kollegialorgan (§ 26 Abs. 2 S. 1 BGB).[24] Auch dem faktischen Vorstand steht ein Insolvenzantragsrecht zu, wenn der Verein führungslos ist (§ 10 Abs. 2 S. 2 InsO).[25] Kein Antragsrecht haben die Vereinsmitglieder als solche, auch nicht bei Führungslosigkeit des Vereins.[26] Sofern nicht ein Eigenantrag vorliegt (bzw. die Vorstandsmitglieder eines mehrgliedrigen Ver-

17　Erman/*Westermann*BGB § 42 Rn. 4; MüKoBGB/ *Leuschner*§ 42 Rn. 3; MHdB GesR V/*Haas/Leuschner* § 60 Rn. 18; *Gutzeit*, S. 27 f.; aA *Roth/Knof* KTS 2009, 163 (167).

18　Vgl. etwa *Drukarczyk/Schüler*, Kölner Schrift zur Insolvenzordnung, Kap. 2 Rn. 74 ff.; Uhlenbruck/ *Mock* InsO § 19 Rn. 18, 39 ff.

19　Bejahend mwN MHdB GesR V/*Haas/Leuschner* § 60 Rn. 12; *Kreißig*, S. 94.

20　Zur Bedeutung einer etwa vorhandenen handelsrechtlichen Bilanz für die Darlegungslast vgl. mwN zuletzt BGH ZIP 2014, 168 Rn. 16 ff.; BGH NJW 2017, 1611 Rn. 33 ff.

21　Vgl. Gottwald InsR-HdB/*Haas/Mock* § 93 Rn. 171; *König/de Vries* SpuRt 2006, 96 (97).

22　Vgl. *Ganter* NZI 2014, 673 ff.; *Kühne/Nickert* ZInsO 2014, 2297 ff.; *K. Schmidt* ZIP 2013, 485 ff.

23　Anders, wenn der Antrag auf drohende Zahlungsfähigkeit gestützt wird, § 18 Abs. 3 InsO; dann kann

ein Vorstandsmitglied oder Liquidator nur dann selbstständig Insolvenzantrag stellen, wenn ihm Einzelvertretungsbefugnis zukommt, vgl. MHdB GesR V/*Haas/Leuschner* § 60 Rn. 29.

24　AG Göttingen ZInsO 2011, 1114; MüKoBGB/*Leuschner* § 42 Rn. 4; MHdB GesR V/*Haas/Leuschner* § 60 Rn. 25.

25　AG Göttingen NZI 2012, 144 (145); *Brand/Brand* NZI 2010, 712 (713 f.); *Cranshaw* jurisPR-InsR 10/2012 Anm. 5; Reichert/Schimke/Dauernheim/ *Dauernheim* Kap. 2 Rn. 3839; einschr. Gottwald InsR-HdB/*Haas/Mock* § 93 Rn. 173; MHdB GesR V/ *Haas/Leuschner* § 60 Rn. 26 f., 38 mwN: Antragsrecht des faktischen Vorstands nur bei fehlerhafter Bestellung.

26　MHdB GesR V/*Haas/Leuschner* § 60 Rn. 28; *Cranshaw* jurisPR-InsR 10/2012 Anm. 5.

einsvorstands den Eröffnungsantrag nicht gemeinschaftlich stellen, § 15 Abs. 2 S. 2 InsO),[27] ist das Vorliegen des Eröffnungsgrunds sowie ggf. der Forderung des Antragstellers **glaubhaft zu machen**.[28] Ist der Verein zahlungsunfähig oder überschuldet, so sind die Vorstandsmitglieder (bzw. Liquidatoren, §§ 48 Abs. 2, 53) zur Vermeidung einer persönlichen Haftung **zur Antragstellung verpflichtet**, § 42 Abs. 2 (→ Rn. 43). Der Eröffnungsantrag kann durch eine Erklärung gegenüber dem Insolvenzgericht so lange **zurückgenommen** werden, wie der Eröffnungsbeschluss noch nicht wirksam geworden oder der Antrag noch nicht rechtskräftig abgewiesen worden ist. Die Rücknahme ist grundsätzlich (anders im Fall des Antrags wegen drohender Zahlungsunfähigkeit, § 18 Abs. 3 InsO) nur durch diejenige Person möglich, die den Antrag gestellt hatte.[29]

5. Das Eröffnungsverfahren. Der Eröffnungsantrag leitet das sog. Insolvenzeröffnungsverfahren ein, in **11** dem das Insolvenzgericht **prüft**, ob ein zulässiger Eröffnungsantrag (→ Rn. 10) vorliegt, ob ein Eröffnungsgrund (→ Rn. 6 ff.) gegeben ist und ob genügend Insolvenzmasse (§ 35 InsO) vorhanden ist, um die Verfahrenskosten zu decken (→ Rn. 12). Sofern nicht ein Eigenantrag vorliegt (bzw. die Vorstandsmitglieder eines mehrgliedrigen Vereinsvorstands den Eröffnungsantrag nicht gemeinschaftlich stellen, § 15 Abs. 2 S. 2 InsO),[30] sind die (übrigen) Vorstandsmitglieder anzuhören. Da die Prüfung der Eröffnungsvoraussetzungen einige Zeit in Anspruch nehmen kann, sieht das Gesetz vor, dass das Insolvenzgericht **vorläufige Sicherungsmaßnahmen** (§§ 21 ff. InsO) anordnen kann, um dadurch eine Schmälerung der Insolvenzmasse durch den Insolvenzschuldner, die Insolvenzgläubiger oder Dritte zu verhindern; in Betracht kommt vor allem die Bestellung eines **vorläufigen Insolvenzverwalters** (§§ 21 Abs. 2 Nr. 1, 22 Abs. 1 InsO) unter gleichzeitiger Anordnung eines allgemeinen Verfügungsverbots (§§ 21 Abs. 2 Nr. 2, 24 Abs. 1 InsO). Die Anordnung solcher Sicherungsmaßnahmen führt, wie ein Umkehrschluss aus § 42 ergibt, noch nicht zur Auflösung des Vereins, lässt also sein Fortbestehen als werbender Verein unberührt.

6. Die Eröffnung des Insolvenzverfahrens. a) Der Eröffnungsbeschluss. Ist der Eröffnungsantrag **12** zulässig, liegt ein Eröffnungsgrund vor und reicht das Vermögen des Vereins voraussichtlich aus, um die Verfahrenskosten zu decken, so beschließt das Insolvenzgericht die **Eröffnung des Insolvenzverfahrens** (§§ 27 ff. InsO). Im Eröffnungsbeschluss ernennt das Insolvenzgericht zugleich den Insolvenzverwalter (§§ 27 Abs. 1, 56 ff. InsO) und bestimmt sowohl den Berichts- als auch den Prüfungstermin (§ 29 InsO). Der Eröffnungsbeschluss ist sofort öffentlich bekannt zu machen und dem Insolvenzschuldner sowie dessen Gläubigern (Insolvenzgläubigern) und Schuldnern besonders zuzustellen (§ 30 Abs. 1 S. 1, Abs. 2 InsO). Die Geschäftsstelle des Insolvenzgerichts übermittelt dem Vereinsregistergericht eine Ausfertigung des Eröffnungsbeschlusses (§ 31 Nr. 1 InsO), damit dieses die Eröffnung des Insolvenzverfahrens von Amts wegen in das **Vereinsregister** eintragen kann (→ § 75 Rn. 1, 3). Gegen den Eröffnungsbeschluss kann der Verein, vertreten durch den Vorstand bzw. den Liquidator, mit sofortiger Beschwerde vorgehen. Reicht das Vereinsvermögen voraussichtlich nicht aus, um die Kosten des Insolvenzverfahrens (§ 54 InsO) zu decken und wird auch nicht ein entsprechender Geldbetrag vorgeschossen, so wird der Eröffnungsantrag von Amts wegen **mangels Masse abgewiesen** (§ 26 Abs. 1 InsO).

b) Wirkungen der Eröffnung des Insolvenzverfahrens für das Vereinsvermögen (Insolvenz- **13** **masse).** Die Eröffnung des Insolvenzverfahrens führt nicht zum Verlust der Rechts-, Geschäfts-, Partei- und Prozessfähigkeit; der Verein als Insolvenzschuldner bleibt zudem auch weiterhin Rechtsträger seines Vermögens, der nunmehrigen Insolvenzmasse (→ Rn. 14), und Schuldner seiner Verbindlichkeiten. Die **Verwaltungs- und Verfügungsbefugnis** über das insolvenzbefangene Vermögen des Vereins und damit prozessual auch die **Prozessführungsbefugnis** (→ Rn. 50) geht jedoch auf den **Insolvenzverwalter** über (→ Rn. 16). Verfügungen der Vereinsorgane über Gegenstände der Insolvenzmasse sind dieser gegenüber grundsätzlich absolut **unwirksam** (§ 81 Abs. 1 S. 1 InsO), Rechte an den Gegenständen der Insolvenzmasse können ohne Mitwirkung des Insolvenzverwalters grundsätzlich nicht mehr wirksam erworben werden (§ 91 Abs. 1 InsO) und Leistungen an den Verein befreien dessen (Dritt-)Schuldner nur dann, wenn dieser zur Zeit der Leistung von der Eröffnung des Insolvenzverfahrens keine positive Kenntnis hatte (§ 82 S. 1 InsO). Wurde dem Verein bereits in der Eröffnungsphase ein allgemeines Verfügungsverbot auferlegt und ein vorläufiger Insolvenzverwalter bestellt (→ Rn. 11), so treten die beschriebenen Wirkungen bereits zu diesem Zeitpunkt ein (§§ 22 Abs. 1 S. 1, 24 Abs. 2 InsO).

Zur **Insolvenzmasse** eines Vereins iSd § 35 InsO zählt nicht nur das gesamte Vermögen, das diesem zur **14** Zeit der Eröffnung des Verfahrens gehörte, sondern auch das sog. Neuvermögen, das der Verein während des Verfahrens erlangt. Eine Ausnahme nach § 36 Abs. 1 InsO für Vermögensgegenstände, die nicht der

---

27 AG Göttingen ZInsO 2011, 1114 mwN.
28 S. hierzu etwa BGHZ 156, 139, 141 f.; BGH ZIP 2006, 1457 Rn. 6; zuletzt BGH ZIP 2013, 1086 Rn. 10; BGH ZIP 2015, 329 Rn. 6 ff.
29 So die hM, vgl. – auch zu den Einschränkungen – mwN BGH NZG 2008, 709 Rn. 5 ff. (zur GmbH);

HambKomm/Wehr InsO § 15 a Rn. 13; MüKoInsO/ Klöhn § 15 Rn. 83 ff.; MHdB GesR V/*Haas/Leuschner* § 60 Rn. 46; Stahlschmidt, S. 27 ff.
30 AG Göttingen ZInsO 2011, 1114 mwN.

Zwangsvollstreckung unterliegen, ist nach richtiger, wenngleich sehr umstrittener Auffassung bei juristischen Personen nicht gegeben.[31] Entgegen der hM kann in der Insolvenz der juristischen Personen auch nicht durch **Freigabe von Massegegenständen** insolvenzfreies Vermögen geschaffen werden; für die Anerkennung sog. massefreien Vermögens eines insolventen Verbands, das den Anteilseignern oder Mitgliedern zur Disposition verbleibt, ist unter der Geltung der InsO kein Raum.[32] Besteht der Verein aus mehreren selbstständigen (in Form nichtrechtsfähiger Vereine organisierten) **Abteilungen**, so betrifft die Insolvenzmasse nur aus dem Vermögen desjenigen Rechtsträgers, über dessen Vermögen das Insolvenzverfahren eröffnet wurde (→ Rn. 4); uU bleibt also das Vermögen des Vereins als Ganzes bzw. der anderen wirtschaftlich gesunden Abteilungen von dem Insolvenzverfahren unberührt. Sind die Vereinsabteilungen dagegen nicht hinreichend verselbstständigt, unterliegen dem Insolvenzbeschlag alle Vermögenswerte auch dann, wenn sie haushaltsmäßig einer „gesunden Abteilung" zugeordnet sind.[33]

15 Zweifellos fallen sämtliche nach Verfahrenseröffnung entrichteten **Mitgliedsbeiträge** als Neuerwerb (§ 35 Alt. 2 InsO) in die Insolvenzmasse.[34] Unproblematisch ist die Zahlungspflicht der Vereinsmitglieder jedoch nur für rückständige Beiträge aus der Zeit vor Eröffnung des Insolvenzverfahrens. Umstritten ist, ob die Beitragspflicht auch nach Eröffnung des Insolvenzverfahrens fortbesteht, da die Beiträge nicht zur Finanzierung der werbenden Vereinstätigkeit zur Verfügung stehen; die hM verneint dies zu Recht, sofern nicht die Satzung ausdrücklich Gegenteiliges bestimmt.[35]

16 **c) Die Rechtsstellung des Insolvenzverwalters.** Der Insolvenzverwalter erlangt mit der Eröffnung des Insolvenzverfahrens die **Verwaltungs- und Verfügungsbefugnis** über das schuldnerische Vermögen, die jetzige Insolvenzmasse iSd § 35 InsO (→ Rn. 14). Dieses Verfügungsrecht über die zur Insolvenzmasse gehörenden Vermögensgegenstände soll ihn in die Lage versetzen, den Insolvenzzweck, nämlich die gleichmäßige Befriedigung aller Gläubiger des Insolvenzschuldners, zu verwirklichen. Zu seinen Hauptpflichten zählt in diesem Zusammenhang, das Vermögen, das er bei der Eröffnung des Insolvenzverfahrens vorfindet (sog. **Ist-Masse**), in die Insolvenzmasse iSd § 35 InsO (sog. **Soll-Masse**) zu überführen, indem er die Ist-Masse von schuldnerfremden Vermögensgegenständen bereinigt, im Gegenzug aber durch die Gegenstände komplettiert, die sich im Zeitpunkt der Verfahrenseröffnung noch nicht in der Ist-Masse befanden, rechtlich aber zur Soll-Masse gehören; hierzu gehört auch die Geltendmachung von Anfechtungsansprüchen gem. §§ 129 ff. InsO. Der Insolvenzverwalter **haftet** nach §§ 60 f. InsO allen Beteiligten persönlich für die ordnungsgemäße Erfüllung seiner Amtspflichten und die Erfüllung der von ihm für die Masse eingegangenen Verbindlichkeiten. Für amtsbezogene Delikte des Insolvenzverwalters haftet analog § 31 BGB auch die Insolvenzmasse.[36]

17 Im Gegensatz zum Regelinsolvenzverfahren, bei dem die Verwaltungs- und Verfügungsbefugnis mit der Verfahrenseröffnung nach § 80 Abs. 1 InsO vom Verein auf den Insolvenzverwalter übergeht (→ Rn. 16, 21), bleibt der Vereinsvorstand im Fall der **Eigenverwaltung** selbst verwaltungs- und verfügungsbefugt (vgl. § 270 Abs. 1 S. 1 InsO). An die Stelle des Insolvenzverwalters tritt ein Sachwalter, dessen Hauptaufgabe in der Beaufsichtigung der Vereinsorgane besteht (vgl. § 270 Abs. 3 S. 1 InsO). Die gerichtliche Anordnung der Eigenverwaltung wird in Betracht kommen, wenn in besonders gelagerten Fällen die speziellen Kenntnisse und Fähigkeiten der Vereinsorgane für die Abwicklung des Vereinsvermögens unentbehrlich sind und diese besonderen Kenntnisse und Fähigkeiten weder durch Dritte noch durch den Vereinsvorstand im Wege seiner Auskunfts- und Mitwirkungspflichten (→ Rn. 22 f.) ausreichend vermittelt werden können und zugleich anzunehmen ist, dass die Vereinsorgane keine wesentliche Schuld am Eintritt der

---

31　So aber Nerlich/Römermann/*Andres* InsO § 35 Rn. 3; Soergel/*Hadding* BGB § 42 Rn. 8 f.; vgl. auch BGH ZIP 1996, 842; wie hier *Henckel* ZIP 1991, 133 (135); *H.F. Müller*, S. 29 ff.; *K. Schmidt*, Wege zum Insolvenzrecht der Unternehmen, S. 75 f.

32　So namentlich *K. Schmidt* GesR § 11 VI 4 b bb; *ders.* ZGR 1998, 633 (637 f.); *ders.* ZIP 2000, 1913 (1920); ferner *H.F. Müller*, S. 25 ff., 38 f., 45; Jaeger/*H.F. Müller* InsO § 35 Rn. 148; aA aber die hM, vgl. BGHZ 163, 32 = NJW 2005, 2015 (2016); *Henckel* FS Kreft, 2004, S. 291, 300 ff.; *Henssler* ZInsO 1999, 121 (127); Jaeger/*Windel* § InsO 80 Rn. 30; Kübler/Prütting/Bork/*Lüke* InsO § 80 Rn. 93; MüKo-InsO/*Lwowski/Peters* § 35 Rn. 113; *Noack* Rn. 281; *Runkel* FS Uhlenbruck, 2000, S. 315, 317.

33　Gottwald InsR-HdB/*Haas/Mock* § 93 Rn. 185, 194; aA Reichert/Schimke/Dauernheim/*Dauernheim* Kap. 2 Rn. 3885; *Grunsky*, S. 1, 16.

34　MHdB GesR V/*Haas/Leuschner* § 60 Rn. 93; Gottwald InsR-HdB/*Haas/Mock* § 93 Rn. 196.

35　BGH NZI 2007, 542 (ausdrücklich auch für den wirtschaftlichen Verein); BGHZ 96, 253, 255 = NJW 1986, 1604 (für den nichtwirtschaftlichen Verein, zur KO); *Grunsky*, S. 49; *Gutzeit*, S. 117 ff.; *Stöber/Otto* Rn. 370; Uhlenbruck/*Hirte* InsO § 11 Rn. 221, § 35 Rn. 372; differenzierend Reichert/Schimke/Dauernheim/*Dauernheim* Kap. 2 Rn. 3890: Fortbestehen der Beitragspflicht (nur) für „Mehrspartenverein"; MüKoBGB/*Leuschner* § 42 Rn. 8; MHdB GesR V/*Haas/Leuschner* § 60 Rn. 93; Gottwald InsR-HdB/*Haas/Mock* § 93 Rn. 196; *Kreißig*, S. 202 f.: Fortbestehen der Beitragspflicht, solange die Mitglieder Vorteils- und Genussrechte in Anspruch nehmen.

36　BGH NZI 2006, 169 Rn. 16; BGH NZI 2006, 592 Rn. 2 f.; Jaeger/*Gerhardt* InsO § 60 Rn. 151 ff.; ausf. *Eckardt* KTS 1997, 411 ff., 430.

Insolvenz tragen. Gem. § 270 Abs. 1 S. 2 InsO gelten für das Verfahren der Eigenverwaltung die Vorschriften über das Regelinsolvenzverfahren, soweit nicht der Umstand, dass dem Insolvenzschuldner die Verwaltungs- und Verfügungsbefugnis über die Insolvenzmasse belassen wird, eine abweichende Regelung erfordert.

d) Die Rechtsstellung der Vereinsgläubiger im Insolvenzverfahren. Entsprechend dem das gesamte Insolvenzverfahren beherrschenden **Grundsatz der gleichmäßigen Gläubigerbefriedigung** (par condicio creditorum) dient die Insolvenzmasse (→ Rn. 14) der gemeinschaftlichen Befriedigung der Insolvenzgläubiger (§ 38 InsO), denen die Insolvenzmasse deshalb haftungsrechtlich zugewiesen ist. Nach der Legaldefinition des § 38 InsO sind alle diejenigen Personen Insolvenzgläubiger, die einen zur Zeit der Eröffnung des Insolvenzverfahrens begründeten persönlichen Vermögensanspruch gegen den Schuldner haben. Die Insolvenzgläubiger können ihre Insolvenzforderungen nur noch nach den Vorschriften des Insolvenzverfahrens verfolgen (§§ 87, 174 ff. InsO); etwa bereits anhängige Prozesse werden unterbrochen (→ Rn. 51). Vollstreckungshandlungen eines Insolvenzgläubigers werden mit der Verfahrenseröffnung unwirksam, wenn sie im letzten Monat vor dem Antrag auf Eröffnung des Insolvenzverfahrens erfolgt sind (→ Rn. 54), und sind während der Dauer des Insolvenzverfahrens weder in die Insolvenzmasse noch in das sonstige Vermögen des Insolvenzschuldners zulässig (→ Rn. 54). **18**

Ansprüche der Vereinsmitglieder, die aus einem von der Mitgliedschaft unabhängigen Verkehrsgeschäft entstehen, die sog. Drittforderungen, sind im Insolvenzverfahren grundsätzlich zu behandeln wie die übrigen Vereinsverbindlichkeiten.[37] Richtiger Ansicht nach gilt dies auch für Forderungen eines Vereinsmitgliedes gegen seinen Verein, die aus der Verletzung eines Mitgliedschaftsrechts durch den Verein bzw. durch ein Vereinsorgan resultieren.[38] Dagegen können Ansprüche aus einem Darlehen, das ein Mitglied gewährt oder besichert hat (**„Mitgliederdarlehen"**), analog zu den insolvenzrechtlichen Regelungen über Gesellschafterdarlehen (vgl. §§ 39, 44 a, 135 InsO) zurückgestuft sein bzw. Rückgewähransprüche auslösen.[39] **19**

7. Die Rechtsstellung des Vereins im Insolvenzverfahren. a) Auflösung des Vereins. Nach Abs. 1 S. 1 führt die Eröffnung des Insolvenzverfahrens, die auch noch während der Liquidation des Vereins zulässig ist, zur **Auflösung** (auch) des rechtsfähigen Vereins und damit **nicht mehr** – wie jedenfalls nach dem früheren Wortlaut der Bestimmung – **zum Verlust der „Rechtsfähigkeit"**, dh der Eigenschaft als juristische Person (→ Rn. 34, s. allg. → § 41 Rn. 2 f.). Ausdrücklich gleichgestellt ist seit der Vereinsrechtsreform 2009 auch die Abweisung des Eröffnungsantrags mangels Masse (→ Rn. 35). Besteht der Verein aus mehreren selbstständigen (in Form nichtrechtsfähiger Vereine organisierten) Abteilungen, so tritt die Auflösungsrechtsfolge nur hinsichtlich desjenigen Rechtsträgers ein, über dessen Vermögen das Insolvenzverfahren eröffnet wurde (→ Rn. 4); uU bleibt also der Verein als Ganzes bzw. andere wirtschaftlich gesunde Abteilungen von der Insolvenzeröffnung unberührt. Zur Möglichkeit eines **Fortsetzungsbeschlusses** → Rn. 37. **20**

b) Stellung der Vereinsorgane. Die Eröffnung des Insolvenzverfahrens lässt die Organisationsverfassung des Vereins und damit auch organschaftliche Stellung des im Zeitpunkt der Eröffnung des Insolvenzverfahrens im Amt befindlichen **Vorstands** unberührt.[40] Eine wichtige Einschränkung seiner Tätigkeit erfährt der Vereinsvorstand durch den **Übergang der Verwaltungs- und Verfügungsbefugnis** nach § 80 Abs. 1 InsO auf den Insolvenzverwalter (→ Rn. 16), da der Vorstand jetzt den Verein nicht mehr bei Angelegenheiten der Vermögensverwaltung vertreten kann. Der Vereinsvorstand behält allerdings seine alleinige Entscheidungskompetenz im sog. insolvenzfreien Bereich, in den die internen Maßnahmen der Vereinsverwaltung fallen;[41] dazu gehören etwa der Ausschluss von Vereinsmitgliedern und die Vorbereitung und Durchführung von Mitgliederversammlungen. Der Vorstand vertritt den Verein in vereinsinternen Angelegenheiten sowohl außergerichtlich als auch gerichtlich. Die Erteilung einer Generalvollmacht an den Insolvenzverwalter in der Form, dass dieser sämtliche mitgliedschaftlichen bzw. organschaftlichen Angelegenheiten regeln kann, ist nicht möglich.[42] **21**

Das Fortbestehen des Vorstandsamts hat zur Folge, dass die Vorstandsmitglieder – dh sofern die Vereinssatzung die Gesamtvertretung anordnet, jedes einzelne Vorstandsmitglied – als gesetzliche Vertreter des Vereins die **dem Verein als Insolvenzschuldner obliegenden Rechte und Pflichten im Insolvenzverfahren** wahrzunehmen haben. So ist im Falle einer Anhörung des Schuldners nach § 10 Abs. 2 InsO der Vereins- **22**

---

37 Vgl. Soergel/*Hadding* BGB § 42 Rn. 3.
38 *Gutzeit*, S. 123 f.; *Habersack*, S. 219 f.
39 Vgl. *Haas/Prokop* FS Röhricht, S. 1149, 1159 ff., 1171 f.; Gottwald InsR-HdB/*Haas/Mock* § 93 Rn. 212; MHdB GesR V/*Haas/Leuschner* § 60 Rn. 112 ff.; *Reuter* NZG 2004, 217 (218 f.); Staudinger/*Weick* BGB § 42 Rn. 16; ausf. *Kreißig*, S. 223 ff.
40 OLG Köln ZInsO 2002, 834 (835); MüKoBGB/*Leuschner* § 42 Rn. 8; MHdB GesR V/*Haas/Leuschner*

§ 60 Rn. 69 ff.; *Grunsky*, S. 1, 7, 19; *Walker* KTS 2003, 169 (170); Gottwald InsR-HdB/*Haas/Mock* § 93 Rn. 183; Reichert/Schimke/Dauernheim/*Dauernheim* Kap. 2 Rn. 3903; ausf. *Kreißig*, S. 162 ff.
41 Gottwald InsR-HdB/*Haas/Mock* § 93 Rn. 183; Reichert/Schimke/Dauernheim/*Dauernheim* Kap. 2 Rn. 3904.
42 Vgl. BGHZ 64, 72, 74.

vorstand zu hören. Des Weiteren hat der Vorstand im Prüfungstermin zu den angemeldeten Forderungen Stellung zu nehmen und sie eventuell zu bestreiten, § 176 InsO. Er nimmt für den Verein nach § 4 InsO iVm § 171 ZPO sämtliche Zustellungen entgegen. Er hat gemäß § 74 Abs. 1 S. 2 InsO an Gläubigerversammlungen teilzunehmen, kann für den Schuldner einen Insolvenzplan nach § 218 Abs. 1 S. 1 InsO vorlegen bzw. ist zur beratenden Mitwirkung nach § 218 Abs. 3 InsO berechtigt, sofern der Insolvenzverwalter den Insolvenzplan aufstellt. Der Vorstand vertritt den Verein als Schuldner bei sämtlichen Rechtsbehelfen, welche nach der Insolvenzordnung möglich sind. Er kann zB die sofortige Beschwerde gegen die Abweisung der Verfahrenseröffnung mangels Masse nach § 34 Abs. 1 InsO, gegen die Eröffnung des Insolvenzverfahrens nach § 34 Abs. 2 InsO oder die Verfahrenseinstellung mangels Masse nach § 216 Abs. 1 InsO iVm § 207 InsO einlegen. Nach § 270 Abs. 1 InsO ist er schließlich berechtigt, unter der Aufsicht eines Sachwalters die Insolvenzmasse zu verwalten und zu verfügen, wenn das Insolvenzgericht in dem Beschluss über die Eröffnung des Insolvenzverfahrens die Eigenverwaltung anordnet (→ Rn. 17).

23 Besondere Bedeutung hat in diesem Zusammenhang die Verpflichtung des Vorstands, sämtliche **Auskunfts- und Mitwirkungspflichten des Vereins** im Insolvenzverfahren nach den §§ 97, 101 Abs. 1 S. 1 InsO wahrzunehmen.[43] Der Verein ist nach § 97 Abs. 1 S. 1 InsO verpflichtet, dem Insolvenzgericht, dem Insolvenzverwalter, dem Gläubigerausschuss und auf Anordnung des Insolvenzgerichts auch der Gläubigerversammlung über alle das Verfahren betreffenden Verhältnisse Auskunft zu geben. Die Auskunftspflicht erstreckt sich auf seine Vermögensverhältnisse, das Gläubiger und Schuldnerverzeichnis, die Ursachen der Krise, evtl. Anfechtungsklagen, etwaiges Auslandsvermögen und sonstige Sachverhalte, die direkt oder indirekt die Vermögensverhältnisse betreffen. Erfüllt wird die Auskunftspflicht nach § 101 Abs. 1 S. 1, 2, Abs. 2 InsO durch die Mitglieder des Vorstands, soweit sie nicht früher als zwei Jahre vor dem Antrag auf Eröffnung des Insolvenzverfahrens aus ihrer Stellung ausgeschieden sind (§ 101 Abs. 1 S. 2, Abs. 2 InsO). Eine inhaltsgleiche Auskunftpflicht besteht gem. § 22 Abs. 2 S. 3 InsO dem vorläufigen Insolvenzverwalter im Insolvenzeröffnungsverfahren (→ Rn. 11) gegenüber; die Vorschriften der §§ 97, 98, 101 Abs. 1 S. 1 u.S. 2, Abs. 2 InsO sind insoweit analog anwendbar.

24 Ebenso wie der Vereinsvorstand bleibt auch die **Mitgliederversammlung** nach Eröffnung des Insolvenzverfahrens für die vereinsinternen Angelegenheiten entscheidungsbefugt, sofern diese nicht als Maßnahmen der Vermögensverwaltung vom Insolvenzverwalter zu besorgen oder im Insolvenzverfahren abzuwickeln sind.[44] In diesen Grenzen kann die Mitgliederversammlung zB auch noch nach Eröffnung des Insolvenzverfahrens die Satzung ändern, etwa betreffend die Person des Anfallberechtigten § 45 oder die Vereinsfortsetzung nach § 42 Abs. 2 S. 3. Als vereinsinterne Maßnahmen bleibt die Mitgliederversammlung auch für Angelegenheiten des Vereinsordnungsrechts zuständig, also zB den Ausschluss von Vereinsmitgliedern und die Verhängung der in der Satzung vorgesehenen Sanktionen.[45] Ein **Insolvenzplan** bedarf zu seiner Wirksamkeit grundsätzlich nicht der Zustimmung der Mitgliederversammlung;[46] wohl aber müssen die Mitglieder in ihrer Gruppe (§ 222 Abs. 1 S. 2 Nr. 4) mehrheitlich[47] zustimmen, wenn der Insolvenzplan gemäß §§ 217, 225 a InsO in ihre Mitgliedschaftsrechte eingreift.[48]

25 Die Eröffnung des Insolvenzverfahrens berührt an sich die Zuständigkeit der Mitgliederversammlung für die **Entlastung des Vorstands** nicht. Da der Verein nach § 80 Abs. 1 InsO jedoch nicht mehr über die ihm zustehenden Ansprüche verfügen kann, muss der Insolvenzverwalter den Verzicht nicht gegen sich gelten lassen. Die Entscheidung über die Entlastung der Vorstände kann somit zumindest nicht ohne Billigung des Verwalters erfolgen; sofern der Insolvenzverwalter der Entlastung nicht zustimmt, ist er durch einen gegenteiligen Entlastungsbeschluss der Mitgliederversammlung nicht daran gehindert, die Ansprüche gegen die Organe geltend zu machen.[49]

26 **c) Wirkungen der Eröffnung des Insolvenzverfahrens auf die Mitgliedschaft.** Auch die Vereinsmitgliedschaft bleibt von der Eröffnung des Insolvenzverfahrens unberührt,[50] sofern nicht die Vereinssatzung etwas anders regelt, § 58 Nr. 1. Sieht die Satzung für den Fall der Insolvenzeröffnung die Fortsetzung des

---

43   Vgl. OLG Köln ZInsO 2002, 834 (835); LG Düsseldorf KTS 1961, 191; MHdB GesR V/*Haas/Leuschner* § 60 Rn. 73; Gottwald InsR-HdB/*Haas/Mock* § 93 Rn. 183; *Kreißig*, S. 157 ff.; Reichert/Schimke/Dauernheim Kap. 2 Rn. 3909.

44   *Stöber/Otto* Rn. 1165.

45   Reichert/Schimke/Dauernheim/*Dauernheim* Kap. 2 Rn. 3896; s. auch OLG Köln ZInsO 2002, 834 (835); MHdB GesR V/*Haas/Leuschner* § 60 Rn. 69 ff.; Gottwald InsR-HdB/*Haas/Mock* § 93 Rn. 183.

46   LG Potsdam NZI 2014, 221 mAnm *Deutschbein*; Uhlenbruck/*Hirte* InsO § 11 Rn. 221 aE.

47   Hier ist – abweichend von § 238 a Abs. 1 InsO – nach Köpfen (§ 32 BGB) abzustimmen, Andres/Leithaus/*Andres* InsO § 238 a Rn. 19; HambKomm/*Thies* InsO § 238 a Rn. 8 aE; MüKoBGB/*Madaus* InsO § 238 a Rn. 12.

48   Zur Anwendbarkeit auf den eV s. Andres/Leithaus/*Andres* InsO § 225 a Rn. 2; Gottwald InsR-HdB/*Haas/Mock* § 93 Rn. 213; sa § 230 Abs. 2 InsO.

49   *Grunsky*, S. 20; Reichert/Schimke/Dauernheim/*Dauernheim* Kap. 2 Rn. 3896.

50   BGHZ 96, 253, 255 ff.; OLG Köln ZInsO 2002, 834 (835); Gottwald InsR-HdB/*Haas/Mock* § 93 Rn. 192; *Kreißig*, S. 181 ff.; *Stöber/Otto* Rn. 1164.

Vereins in nichtrechtsfähiger Form vor, wandelt sich die Mitgliedschaft erst mit Abschluss des Insolvenzverfahrens (automatisch) in eine solche im nichtrechtsfähigen Verein um (→ Rn. 39). Auch nach Eröffnung des Insolvenzverfahrens kann das Vereinsmitglied – soweit die Satzung nichts anderes bestimmt – jederzeit aus dem Verein austreten (§ 39 Abs. 1), im Übrigen aber entsprechend den satzungsrechtlichen Vorgaben ordentlich (§ 39 Abs. 2) bzw. bei Vorliegen eines wichtigen Grundes außerordentlich kündigen, wobei die Eröffnung des Insolvenzverfahrens als solche keinen wichtigen Grund darstellt.[51] Grundsätzlich kann der insolvente Verein jedoch nach Eröffnung des Insolvenzverfahrens keine neuen Mitgliedschaften mehr begründen (s. allg. zum Liquidationsstadium → § 47 Rn. 8, 14).[52] Zur Beitragspflicht → Rn. 15.

8. Die Beendigung des Insolvenzverfahrens. Mit dem Vollzug der Schlussverteilung beschließt das **27** Insolvenzgericht die **Aufhebung des Verfahrens**, § 200 Abs. 1 InsO. Der Insolvenzverwalter hat die etwa vorhandene restliche Masse nach § 199 S. 2 InsO an die Anfallberechtigten iSd §§ 45, 46[53] herauszugeben. Dem Grundsatz der Vollliquidation entsprechend, dauert das Amt des Insolvenzverwalters regelmäßig so lange an, wie nach § 199 S. 2 InsO noch Vereinsvermögen zu verteilen ist und die Existenz des Vereins noch nicht beendet ist. Ist die Fortsetzung des Vereins nach § 42 Abs. 1 S. 3 Hs. 1 beschlossen worden (→ Rn. 39), so endet das Amt des Insolvenzverwalters bereits mit der Befriedigung der Gläubiger. Ein **Liquidationsverfahren** schließt sich in keinem Fall mehr an das Insolvenzverfahren an: In § 47 Hs. 2 ist nunmehr ausdrücklich geregelt, dass das Vereinsvermögen, welches nicht an den Fiskus fällt, einer Liquidation nur dann unterliegt, „soweit" nicht das Insolvenzverfahren eröffnet ist; dadurch wird klargestellt, dass sich das Insolvenzverfahren und die vereinsrechtliche Liquidation nach §§ 47 ff. im Grundsatz ausschließen und dass das Insolvenzverfahren als das speziellere Verfahren den Vorrang genießt (→ Rn. 1, → § 47 Rn. 6, 31). Die Aufhebung des Verfahrens ist von Amts wegen im **Vereinsregister** einzutragen (§ 75 Abs. 1 S. 2 Nr. 4, → § 75 Rn. 7). Zugleich ist der Verein von Amts wegen im Register zu löschen;[54] das Abwarten des Sperrjahres ist im Hinblick auf Sinn und Zweck der gläubigerschützenden Vorschrift des § 51 nicht erforderlich, wenn kein verteilungsfähiges Vermögen mehr vorhanden ist.[55]

Die **Einstellung mangels Masse** gemäß § 207 Abs. 1 S. 1 InsO erfolgt, wenn sich nach der Eröffnung des **28** Verfahrens herausstellt, dass die Masse nicht ausreicht, um die Kosten des Verfahrens zu decken. Sie führt nicht zu einer Rückumwandlung des aufgelösten in den werbenden Verein; vielmehr bleibt der Verein infolge der Eröffnung des Insolvenzverfahrens aufgelöst.[56] Die Fortsetzungsregelung des § 42 Abs. 1 S. 2 setzt eine Einstellung wegen Wegfalls des Eröffnungsgrunds iSd §§ 212 f. InsO voraus; sie gilt also für die Einstellung mangels Masse nicht. Dass die Fortsetzung des masselosen Vereins auch nicht nach § 42 Abs. 1 S. 3 möglich ist, ergibt sich aus dem Verweis des § 42 Abs. 1 S. 3 Hs. 2 auf § 42 Abs. 1 S. 2 und damit auf die Regelungen nach §§ 212 f. InsO. Weil von der Masselosigkeit nicht ohne Weiteres auf die Vermögenslosigkeit des Vereins geschlossen werden kann, bedarf es hier vor der Löschung ggf. noch der Liquidation nach §§ 47 ff.[57]

9. Die Insolvenz des Profisportvereins. Auf die Besonderheiten, die sich bei der praktisch immer **29** bedeutsamer werdenden Insolvenz des Profisportvereins ergeben, kann hier nicht ausführlich eingegangen werden.[58] Prinzipiell wird der Spielbetrieb des Profisportvereins insolvenzrechtlich nicht anders behandelt als jedes andere von einem unternehmerisch tätigen Insolvenzschuldner betriebene Unternehmen; die Entscheidung über Fortsetzung oder Einstellung des **Spielbetriebs** obliegt daher dem (vorläufigen wie endgültigen) Insolvenzverwalter und nicht mehr dem Vereinsvorstand.[59] Ebenso hat der Verwalter die alleinige Entscheidungskompetenz über die mit dem **Transfer** einzelner Spieler zusammenhängenden Fragen.[60] Zu

---

51 Gottwald InsR-HdB/*Haas/Mock* § 93 Rn. 192; Reichert/Schimke/Dauernheim/*Dauernheim* Kap. 2 Rn. 3892.

52 Reichert/Schimke/Dauernheim/*Dauernheim* Kap. 2 Rn. 3891; aA *Stöber/Otto* Rn. 1164 (es können weiterhin Mitglieder beitreten, wenn der Verein als n.eV iSv § 54 fortbesteht).

53 Nicht, wie der insoweit missverständliche Wortlaut des § 199 S. 2 InsO vermuten lassen würde, an die Mitglieder, vgl. Begr. RegE-InsO, BT-Drs. 12/2443, S. 187.

54 Gottwald InsR-HdB/*Haas/Mock* § 93 Rn. 215.

55 *Böttcher* Rpfleger 1988, 169 (175); Gottwald InsR-HdB/*Haas/Mock* § 93 Rn. 215; s. auch OLG Naumburg ZIP 2002, 1529 (1530) (zu § 73 GmbHG).

56 Vgl. MüKoBGB/*Leuschner* § 42 Rn. 16; MHdB GesR V/*Haas/Leuschner* § 60 Rn. 114; Uhlenbruck/ *Ries* InsO § 207 Rn. 54 f.

57 MüKoBGB/*Leuschner* § 42 Rn. 16; MHdB GesR V/ *Haas/Leuschner* § 60 Rn. 114.

58 Dazu monographisch *Gutzeit, Kreißig, Leichtle* und *Szabó,* passim; s. ferner *Adolphsen* KTS 2005, 53; *Grunsky,* S. 16 bzw. S. 35; *Dälken* InsbürO 2018, 267 ff.; *Haas* SpuRt 1999, 1; *ders.* NZI 2003, 177; *Habl/Kropf* ZInsO 2012, 430; *Hörnig/Knauth* ZInsO 2018, 1596; *Kaiser* DB 2004, 1109; *Pfister* SpuRt 2002, 103; *Uhlenbruck* FS Merz 1992, S. 581; *Walker* KTS 2003, 169; *Weber* NZI 2013, 476; *Wertenbruch* ZIP 1993, 1292; *Zeuner/Nauen* NZI 2009, 213.

59 Vgl. BGH NZI 2001, 360 (361); *Adolphsen* KTS 2005, 53 (63 f.); *Leichtle,* S. 26 ff.; *Grunsky,* S. 19; *Uhlenbruck* FS Merz 1992, S. 581, 588 f.

60 *Grunsky,* S. 39; *Gutzeit,* S. 224 ff.; s. dazu aber relativierend *Leichtle,* S. 112 ff., der auf die Kündigungsmöglichkeit nach § 113 InsO verweist; zu dieser ausf. *Habl/Kropf* ZInsO 2012, 430 (433 ff.).

einer Verdrängung der Entscheidungskompetenz des Vorstands kommt es schließlich auch im Bereich des reinen **Amateursports**, in dem die Spieler ausschließlich in ihrer Eigenschaft als Vereinsmitglieder am Spielbetrieb teilnehmen.[61] Der Insolvenzverwalter kann zwar den Spielbetrieb der Amateure nicht dem Grunde nach verbieten, weil er den Amateuren gegenüber nicht in der Position eines Arbeitgebers auftreten kann. Er kann jedoch die Durchführung des Amateursportbetriebes insoweit unterbinden, als er eine notwendige finanzielle Unterstützung verweigert. Dass nur die Profiabteilung und nicht die Amateurabteilung vom Insolvenzbeschlag erfasst wird, wie gelegentlich vertreten wird,[62] ist mit dem geltenden Insolvenzrecht, das das Vermögen eines Rechtsträgers grundsätzlich einheitlich erfasst, unvereinbar; auch über die Fortsetzung des Vereins nach § 42 Abs. 1 S. 2 und 3 kann nur in seiner Gesamtheit beschlossen werden.[63]

30 Wenn dem **vorläufigen Insolvenzverwalter** die Verwaltungs- und Verfügungsbefugnis über das Vereinsvermögen eingeräumt wurde (→ Rn. 11), ist er nach § 22 Abs. 1 S. 2 Nr. 2 InsO allerdings grundsätzlich verpflichtet, den Spielbetrieb bis zur Entscheidung über die Eröffnung des Insolvenzverfahrens fortzuführen. Eine Ausnahme besteht nur dann, wenn das Insolvenzgericht die Stilllegung des Spielbetriebs verfügt, um eine erhebliche Minderung der Masse zu vermeiden. Auch nach erfolgter Verfahrenseröffnung hat der **Insolvenzverwalter** den Spielbetrieb nach § 80 InsO fortzusetzen, und zwar bis zur Gläubigerversammlung.[64] Der Vereinsvorstand kann die Fortführung des Spielbetriebes nur insofern beeinflussen, als er nach § 158 Abs. 2 S. 2 InsO die Stilllegung des Unternehmens vor dem Berichtstermin per Antrag verhindern kann.[65] Im Berichtstermin entscheidet die **Gläubigerversammlung** dann nach § 157 InsO, ob der Spielbetrieb fortgeführt oder eingestellt werden soll, bzw. alternativ auf Grundlage eines Insolvenzplans, ob der Verein als Schuldner den Spielbetrieb selbst fortführt, § 230 Abs. 1 S. 1 InsO.[66]

31 War der Verein – etwa als Sportverein – in eine Verbandsstruktur eingegliedert, dh selbst wiederum Mitglied in einem übergeordneten (Verbands-)Verein, so bleibt der infolge der Insolvenzeröffnung aufgelöste Verein – grundsätzlich – für die Dauer des Insolvenzverfahrens **Mitglied in dem übergeordneten (Verbands-)Verein**.[67] Das Recht zur **Teilnahme der Mannschaften am sportlichen Wettbewerb** ist grundsätzlich pfändbar und unterfällt dem Insolvenzbeschlag, weil und soweit es von Rechts wegen übertragbar ist und für die Übertragung üblicherweise Geldbeträge gezahlt werden.[68] Die uU erforderlichen **Mannschaftslizenzen** zur Teilnahme am Sportwettbewerb bestehen in der Regel trotz Insolvenz des Vereins fort. Sofern die Statuten keine „Insolvenzklausel" enthalten, dh Bestimmungen, welche die Konsequenzen der Eröffnung des Insolvenzverfahrens für die Mannschaftslizenz regeln, bedeutet dies, dass die Mannschaftslizenzen von der Insolvenzeröffnung unberührt bleiben. Die Insolvenz des Vereins beendet also der Zugehörigkeit zu einer bestimmten Verbandsklasse nicht automatisch, so dass der Insolvenzverein unter der Leitung des Insolvenzverwalters als Ligamitglied zeitweise fortgeführt werden kann.[69] Dies gilt auch, wenn nach der Verbandssatzung nur rechtsfähige Vereine Mitglieder des Verbandes sein können. Soweit in der Literatur ohne Begründung die Ansicht vertreten wurde, wenn die Verbandssatzung vorsehe, dass Verbandsmitglieder nur rechtsfähige Vereine sein könnten, so erlösche die sportliche Qualifikation mit der Verfahrenseröffnung,[70] wurden hierbei bereits nach der früheren Gesetzesfassung (→ Rn. 34) die Rechtswirkungen des § 49 Abs. 2 nicht berücksichtigt;[71] dies gilt erst recht, seitdem der Verein durch die Eröffnung des Insolvenzverfahrens nurmehr aufgelöst wird und seine „Rechtsfähigkeit" und damit die Eigenschaft als juristische Person behält (→ Rn. 1, 34).

32 Der Verlust der Mannschaftslizenz kann sich deshalb allenfalls als Folge von speziellen **„Insolvenzklauseln"** ergeben, die mittlerweile ganz überwiegend Einzug in die Verbandsstatuten erhalten haben; danach kann der Verband entweder den Lizenzvertrag aus wichtigem Grunde mit sofortiger Wirkung kündigen, wenn über das Vermögen eines Bundesligisten das Insolvenzverfahren eröffnet oder ein Antrag auf Einleitung des Insolvenzverfahrens mangels Masse abgelehnt wurde, oder die Lizenz erlischt sogar *ipso iure*, wenn der Verein sich auflöst oder seine Rechtsfähigkeit, aus welchen Gründen auch immer, verliert. Richti-

61 Ebenso Grunsky, S. 39.
62 *Grunsky*, S. 37 f., S. 16.
63 Vgl. Staudinger/*Weick* BGB § 42 Rn. 6; *Gutzeit*, S. 183; *Leichtle*, S. 12 f.; *Uhlenbruck* FS Merz 1992, S. 581, 588 m. Fn. 27.
64 *Grunsky*, S. 38; Uhlenbruck/*Hirte* InsO § 11 Rn. 221; *Uhlenbruck* FS Merz 1992, S. 581, 588.
65 *Noack* Rn. 692; Uhlenbruck/*Hirte* InsO § 11 Rn. 221; *Haas* NZI 2003, 177 (179).
66 S. hierzu zuletzt *Szabó*, S. 185 ff.

67 Gottwald InsR-HdB/*Haas/Mock* § 93 Rn. 186 ff., 200 ff.; *Adolphsen* KTS 2005, 53 (56); *Haas* NZI 2003, 177 (178); Reichert/Schimke/Dauernheim/*Dauernheim* Kap. 2 Rn. 3893.
68 BGH NZI 2001, 360 (361); *Haas* NZI 2003, 177 ff.; Jaeger/*Henckel* InsO § 35 Rn. 63; *Leichtle*, S. 128 ff.
69 BGH NZI 2001, 360 (361).
70 *Grunsky*, S. 24; *Uhlenbruck* FS Merz 1992, S. 581, 587.
71 BGH NZI 2001, 360 (361).

D. Eckardt

ger Ansicht nach[72] sind entsprechende Verbandsregelungen nach dem Inkrafttreten der Insolvenzordnung allerdings für unwirksam zu erachten, weil dies dem grundlegenden gesetzgeberischen Zweck des Insolvenzverfahrens, die Möglichkeit der Erhaltung des Unternehmens zu schaffen, völlig zuwiderliefe. Dies dürfte jedenfalls im Ergebnis auch die Auffassung des BGH[73] sein, der im Jahr 2001 im Hinblick auf § 119 InsO Bedenken gegen die Zulässigkeit der entsprechenden Verbandsregelungen der Zweiten Basketball-Bundesliga geäußert hat, allerdings ohne diese näher zu begründen. Bedenklich sind danach auch Sanktionen wie Punktabzug oder Zwangsabstieg, weil und soweit sie mit dem insolvenzrechtlichen Sanierungsziel kollidieren.[74]

Die Geltendmachung einer „Aus- und Weiterbildungsentschädigung" (**Transferzahlung**) ist auch für einen Insolvenzverein unproblematisch möglich und führt dazu, dass die Aus- und Weiterbildungsentschädigung Bestandteil der Insolvenzmasse wird; dies gilt richtiger Ansicht nach unabhängig davon, ob der Insolvenzverein den Spielbetrieb fortsetzt.[75] 33

B. Regelungsgehalt

I. Auflösung des Vereins durch Eröffnung des Insolvenzverfahrens (Abs. 1 S. 1)

Die Eröffnung des Insolvenzverfahrens löst den Verein auf (Abs. 1 S. 1) und versetzt den Verein in den Abwicklungszustand[76] (und führt deshalb zB zum Verlust einer etwaigen Körperschaftsteuerbefreiung),[77] bringt aber nicht mehr – wie nach dem bis zum 1.1.1999 geltenden Wortlaut der Bestimmung – den Verlust der „Rechtsfähigkeit", dh der Eigenschaft als juristischer Person mit sich.[78] Bereits zur früheren Fassung der Bestimmung wurde allerdings verbreitet angenommen, dass die Eröffnung des Konkursverfahrens nicht zum Verlust der Rechtsfähigkeit, sondern nur zur Auflösung des Vereins führe; der gegenteilige Wortlaut sei als bloßes Redaktionsversehen unbeachtlich.[79] Die Praxis kam zu demselben Ergebnis, in dem sie über eine analoge Anwendung des § 49 Abs. 2 die Rechtsfähigkeit des Vereins als fortbestehend ansah, soweit der Abwicklungszweck dies erfordere; zudem sei davon auszugehen, dass die Rechtsfolgen des Verlustes der Rechtsfähigkeit nach § 42 aF und der Auflösung des Vereins nach § 41 dieselben seien, mithin dass das Vereinsvermögen nach § 49 Abs. 1 an die in der Satzung bestimmte Person falle bzw. die Personenvereinigung nach § 47 zu liquidieren sei.[80] Die „Rechtsfähigkeit", verstanden iSd Eigenschaft als juristische Person, verliert der Verein erst mit seinem Erlöschen, dh wenn die Verteilung des Vereinsvermögens beendet ist (→ § 47 Rn. 21). Die Verfahrenseröffnung und die damit verbundene Auflösung sind gemäß § 75 S. 1 von Amts wegen in das Vereinsregister einzutragen (→ § 74 Rn. 4, → § 75 Rn. 3). 34

---

72 Vgl. LG Berlin ZInsO 2015, 572; *König/de Vries* SpuRt 2006, 96 (98 f.); *Pfister* SpuRt 2002, 103 f.; *Walker* KTS 2003, 169 (184); aA OLG Köln BeckRS 2010, 09020 = SpuRt 2004, 110 (111); Uhlenbruck/ *Hirte* InsO § 11 Rn. 221; Gottwald InsR-HdB/*Haas/ Mock* § 93 Rn. 187 ff.; *Haas* NZI 2003, 177 ff.; *Walker* KTS 2003, 169 ff.; *Weber* NZI 2013, 476 (478 ff.); *Wertenbruch* ZIP 1993, 1292 (1293); *Zeu- ner/Nauen* NZI 2009, 213 (215); dazu ausf. MHdB GesR V/*Haas/Leuschner* § 60 Rn. 102 ff.; *Gutzeit*, S. 213 ff.; *Korff*, S. 135 ff., 153 ff.; *ders.* ZInsO 2013, 1277 ff.; *Leichtle*, S. 31 ff., 44 ff., 66 ff., 78 ff.; *Szabó*, S. 153 ff.

73 BGH NZI 2001, 360 (361); s. allg. zu Lösungsklauseln für den Insolvenzfall auch BGHZ 195, 348 = NZI 2013, 178; dazu *Huber* ZIP 2013, 493 u. NZI 2014, 49; *Jacoby* ZIP 2014, 649; *v. Wilmowsky* JZ 2013, 998; umfassend *Wöllner*, Die Wirksamkeit vertraglicher Lösungsklauseln im Insolvenzfall, S. 92 ff.

74 Uhlenbruck/*Hirte* InsO § 11 Rn. 221; *Hörnig/Knauth* ZInsO 2018, 1596 (1697 ff.), 1601; *Weber* NZI 2013, 476 (478 ff.); s. auch LG Berlin ZInsO 2015, 572.

75 *Grunsky*, S. 47; *Leichtle*, S. 112 ff.; *Wertenbruch* ZIP 1993, 1294.

76 MüKoBGB/*Leuschner* § 42 Rn. 7; MHdB GesR V/ *Haas/Leuschner* § 60 Rn. 67; Reichert/Schimke/ Dauernheim/*Dauernheim* Kap. 2 Rn. 3887; allg. zu

juristischen Personen Jaeger/*Ehricke* InsO § 11 Rn. 11 ff.; *K. Schmidt* GesR § 11 V 4; zur Auflösung im Falle der Insolvenz einer politischen Partei s. *Hientzsch* NVwZ 2009, 1135 (1136).

77 So zumindest BFHE 217, 381 = DStR 2007, 1438 f.; s. eingehend hierzu MHdB GesR V/*Haas/Leuschner* § 60 Rn. 78 f.; *Deheselles* DStR 2008, 2050 ff.; *ders.* FS Spiegelberger 2009, S. 1255 ff.; *Denkhaus/ Mühlenkamp* ZInsO 2002, 956 ff.; *Kahlert* ZIP 2010, 260 ff.; *Matzke* ZInsO 2010, 2314 ff.; *G. Roth/Knof* InsVZ 2010, 190, 193 f.; *Sommer* ZInsO 2013, 1715 (1718) u ZInsO 2014, 1642 ff.

78 OLG Köln ZInsO 2002, 834 (835); OVG Koblenz NVwZ-RR 2014, 906; Soergel/*Hadding* BGB § 42 Rn. 1; Staudinger/*Weick* BGB 49 Rn. 16 f.; Uhlenbruck/*Hirte* InsO § 11 Rn. 219; Gottwald/*Haas/Mock* § 93 Rn. 183; *Walker* KTS 2003, 169 (170).

79 *Böttcher* Rpfleger 1988, 169 (172); Erman/*Westermann*, 9. Aufl., BGB § 42 Rn. 1; Jaeger/*Weber*, 8. Aufl. 1973, KO § 213 Rn. 19; *K. Schmidt* KTS 1984, 345 (368 f.); MüKoBGB/*Reuter*, 3. Aufl., § 42 Rn. 1; Soergel/*Hadding*, 12. Aufl., BGB § 49 Rn. 11; wohl auch Staudinger/*Weick*, 13. Bearb., BGB § 49 Rn. 17.

80 BGHZ 96, 253, 254; BGH NZI 2001, 360 (361); BAG ZIP 2001, 129 mAnm *Reuter* DZWiR 2001, 242; ebenso RGRK/*Steffen* BGB § 42 Rn. 3.

35   In Anlehnung an die Bestimmungen für die Handelsgesellschaften, bei denen kein persönlich haftender Gesellschafter eine natürliche Person ist,[81] regelt § 42 Abs. 1 S. 1 seit der Vereinsrechtsreform 2009 auch die **Auflösung** des eingetragenen Vereins durch die **Abweisung des Insolvenzantrags mangels Masse** nach § 26 Abs. 1 InsO.[82] Grund dieser Änderung war die Beseitigung des Wertungswiderspruchs, der sich daraus ergab, dass ein insolventer Verein, dessen Restvermögen nicht einmal zur Deckung der Verfahrenskosten ausreicht, nach früherer Rechtslage nicht aufgelöst wurde, wohl aber ein Verein, der noch über genügend Vermögen zur Deckung der Verfahrenskosten verfügt.[83] Die Gläubiger können die Ablehnung der Insolvenzeröffnung mangels Masse durch Vorschussleistung auf die Verfahrenskosten abwenden (§ 26 Abs. 1 S. 2 InsO) und ihre **Vorschusszahlung von den** gemäß § 42 Abs. 2 S. 2 verpflichteten **Vorstandsmitgliedern persönlich erstattet** verlangen, § 26 Abs. 3 S. 1 InsO (→ Rn. 49). Die rechtskräftige Abweisung eines Eröffnungsantrags mangels kostendeckender Masse hindert einen neuen Eröffnungsantrag des Gläubigers nicht, wenn glaubhaft gemacht wird, dass nunmehr ausreichende Vermögenswerte vorhanden sind. Eine erneute Antragspflicht des Vorstands entsteht in einem solchen Fall jedoch nicht.[84] Die Abweisung des Eröffnungsantrags mangels Masse wird dem Registergericht nach § 31 Nr. 2 InsO mitgeteilt und von diesem nach dem ebenfalls reformierten § 75 Abs. 1 im Vereinsregister eingetragen. Die Ablehnung des Insolvenzantrags mangels Masse und die damit verbundene Auflösung sind von Amts wegen in das Vereinsregister einzutragen (→ § 74 Rn. 4, → § 75 Rn. 3).

36   Eine **Einstellung des (eröffneten) Verfahrens mangels Masse** ändert nichts an der bereits eingetretenen Auflösungswirkung (→ Rn. 28). Wird der Eröffnungsbeschluss jedoch **aufgehoben**, so gilt die Auflösung des Vereins als nicht eingetreten;[85] gem. § 34 Abs. 3 S. 3 InsO bleiben die bereits erfolgten Rechtshandlungen des Insolvenzverwalters allerdings wirksam.

II. Fortsetzung des Vereins trotz Eröffnung des Insolvenzverfahrens (Abs. 1 S. 2, 3)

37   Der aufgelöste Verein kann grundsätzlich nicht mehr in werbender Tätigkeit fortgesetzt werden;[86] dies gilt insbesondere uneingeschränkt im Fall der rechtskräftigen Abweisung des Eröffnungsantrags mangels Masse (§ 42 Abs. 1 S. 1 aE, → Rn. 35).[87] Im Fall der Auflösung des Vereins durch die Eröffnung des Insolvenzverfahrens (§ 42 Abs. 1 S. 1) ermöglichen jedoch § 42 Abs. 1 S. 2 und 3 unter bestimmten Voraussetzungen die Fortsetzung des Vereins und damit auch die Weiterführung der Vereinstradition. Die Regelung des § 42 Abs. 1 S. 2 ist abschließend, so dass ein wirksamer Fortsetzungsbeschluss unter anderen als den geregelten Umständen ausgeschlossen ist.[88] Dies gilt sogar dann, wenn im Rahmen des Insolvenzverfahrens alle Gläubiger vollständig befriedigt wurden, denn in diesem Fall wäre vor Abschluss des Verfahrens ein Antrag auf Einstellung gem. § 212 InsO statthaft, und somit auch eine Fortsetzung unter den Voraussetzungen des § 42 Abs. 1 S. 2 möglich gewesen. Wird die Antragstellung nach § 212 InsO versäumt, ist mithin auch die Möglichkeit einer Fortsetzung als rechtsfähiger Verein verstrichen.[89]

38   **1. Fortsetzung als rechtsfähiger Verein kraft Beschlusses der Mitgliederversammlung (Abs. 1 S. 2).** Die Mitgliederversammlung kann nach § 42 Abs. 1 S. 2 die **Fortsetzung als rechtsfähiger Verein** beschließen, wenn entweder das Insolvenzverfahren auf Antrag des Vereins als Insolvenzschuldner wirksam **eingestellt** worden ist (nachdem der Verein den Wegfall des Eröffnungsgrundes glaubhaft gemacht hat, § 212 InsO, oder die Zustimmung sämtlicher Insolvenzgläubiger beigebracht hat, die ihre Forderungen angemeldet haben, § 213 InsO) oder das Insolvenzverfahren nach Bestätigung eines Insolvenzplans, der den Fortbestand des Vereins vorsieht, wirksam **aufgehoben** worden ist (§ 258 InsO). Der Insolvenzplan als solcher bedarf zu seiner Wirksamkeit aber nicht der Zustimmung der Mitgliederversammlung (→ Rn. 24). Eine Satzungsregelung, die im Falle der Eröffnung des Insolvenzverfahrens die Fortsetzung des Vereins als nichtrechtsfähiger Verein iSv § 54 bestimmt, hindert die Vereinsorgane nicht daran, im Falle der Aufhebung oder Einstellung des Insolvenzverfahrens gleichwohl die Fortsetzung als eV zu beschließen (§ 42 Abs. 1 S. 3 Hs. 2). Gemäß § 32 Abs. 1 S. 3 reicht für einen Fortsetzungsbeschluss der Mitgliederversammlung die einfache Mehrheit aus, weil und soweit sich hier keine hiervon abweichende Regelung aus dem Gesetz

---

81   Vgl. § 262 Abs. 1 Nr. 4 AktG, § 60 Abs. 1 S. 5 GmbHG, § 131 Abs. 2 Nr. 1 HGB, § 81 a Nr. 1 GenG.
82   Zuvor nahm die wohl hM an, es sei mangels Auflösungstatbestandes vom Fortbestand des eingetragenen Vereins auszugehen, vgl. NK-BGB/*Eckardt*, 2. Aufl., § 42 Rn. 35 mwN.
83   Begr. zum VereinsRÄndG 2009, BT-Drs. 16/12813, S. 11.
84   Gottwald InsR-HdB/*Haas/Mock* § 93 Rn. 182.

85   Soergel/*Hadding* BGB § 42 Rn. 6; Staudinger/*Weick* BGB § 42 Rn. 10.
86   MüKoBGB/*Leuschner* § 42 Rn. 7; MHdB GesR V/*Haas/Leuschner* § 60 Rn. 67.
87   Ebenso die hM zur GmbH, vgl. mwN OLG Köln ZIP 2010, 1183 (1184); aA *Kallweit* NZG 2009, 1416 ff.
88   BGH NZI 2015, 775 Rn. 7 ff. zum wortgleichen § 60 Abs. 1 Nr. 4 GmbHG.
89   BGH NZI 2015, 775 Rn. 7 ff.

(§ 42 Abs. 1 S. 2) bzw. der Satzung ergibt.[90] Der Fortsetzungsbeschluss nach Abs. 1 S. 2 bedarf gemäß § 75 Abs. 2 nF der (deklaratorischen) **Eintragung in das Vereinsregister** (→ § 75 Rn. 9).

2. Fortsetzung als nichtrechtsfähiger Verein kraft Satzungsbestimmung (Abs. 1 S. 3). Nach § 42 Abs. 1 S. 3 kann der rechtsfähige Verein nach Beendigung des Insolvenzverfahrens unter den Voraussetzungen des S. 2 (iVm §§ 212 f. InsO, → Rn. 38) auch als nichtrechtsfähiger Verein iSv § 54 fortbestehen, sofern dies die Vereinssatzung vorsieht; eines zusätzlichen Beschlusses durch die Mitgliederversammlung bedarf es in diesem Fall nicht.[91] Im Falle einer Fortsetzungsklausel beginnt die werbende Existenz des Vereins als nichtrechtsfähiger Fortsetzungsverein iSv § 54 nicht schon mit der Eröffnung des Insolvenzverfahrens,[92] sondern erst mit der Aufhebung des Insolvenzverfahrens und der Löschung des eV im Vereinsregister.[93] § 42 Abs. 1 S. 3 l. Hs. ist also nicht in dem Sinne zu verstehen, dass der Verein mit Eröffnung des Insolvenzverfahrens als nichtrechtsfähiger Verein fortbesteht; vielmehr muss die Bestimmung so verstanden werden, dass für den Fall der Eröffnung des Insolvenzverfahrens schon in der Satzung Vorsorge für die Zeit nach Abschluss des Verfahrens getroffen werden kann, nämlich diesen in der Rechtsform eines nichtrechtsfähigen Vereins weiter zu führen. Es kommt also auch in diesem Fall (s. allg. → § 47 Rn. 8 f.) nicht ohne Weiteres zu einer „Doppelexistenz" des Vereins.

Der nichtrechtsfähige Fortsetzungsverein ist mit dem rechtsfähigen Insolvenzverein **identisch**.[94] Dies bedeutet nicht nur, dass das Vereinsvermögen ohne gesonderten Übertragungsakt zum Vermögen des nichtrechtsfähigen Fortsetzungsvereins wird, sondern auch, dass die Vereinsmitglieder ohne Weiteres Mitglieder des nichtrechtsfähigen Fortsetzungsvereins werden und die Organmitglieder, insbesondere die Mitglieder des Vorstands, ihre Funktionen im nichtrechtsfähigen Fortsetzungsverein behalten. Nach Beendigung des Insolvenzverfahrens hat der Insolvenzverwalter dem nichtrechtsfähigen Fortsetzungsverein das Restvermögen analog § 199 S. 2 InsO herauszugeben (→ Rn. 27). Infolge der Rechtsidentität ist der nichtrechtsfähige Fortsetzungsverein allerdings bereits Inhaber der Vermögensgegenstände, so dass es einer Rechtsübertragung nicht mehr bedarf.

Die Rechtsidentität führt außerdem dazu, dass die vormals gegen den rechtsfähigen Verein gerichteten **Ansprüche** bestehen bleiben und sich nunmehr gegen den nichtrechtsfähigen Fortsetzungsverein richten.[95] Die Gläubiger können nach der Aufhebung des Insolvenzverfahrens gemäß § 202 Abs. 1 InsO wegen ihrer restlichen, nicht befriedigten Forderungen im Wege der Einzelvollstreckung auf das Vermögen des Fortsetzungsvereins zurückgreifen. Vor dem Hintergrund der gesetzgeberischen Absicht, mit der InsO das Modell einer Vollliquidation der juristischen Person im Wege des Insolvenzverfahrens zur Geltung zu bringen (→ Rn. 1, → § 47 Rn. 6, 31), erscheint die Vorschrift des § 42 Abs. 1 S. 3 inkonsequent. Die Vereinsmitglieder müssen sich bei dem Fortsetzungsbeschluss darüber im Klaren sein, dass sich die Fortsetzung zumindest in finanzieller Hinsicht nur lohnt, wenn zu erwarten ist, dass sämtliche Gläubiger des vormals rechtsfähigen Vereins bereits im Insolvenzverfahren befriedigt worden sind bzw. auf die Einzelvollstreckung in das Vermögen des Fortsetzungsvereins verzichten werden. Andernfalls wird auch bei dem nichtrechtsfähigen Fortsetzungsverein sogleich Überschuldung eintreten und zur Vermeidung der persönlichen Inanspruchnahme nach § 54 S. 2 (→ § 54 Rn. 20 ff.) zu einem Antrag auf Eröffnung des Insolvenzverfahrens zwingen. Meist wird deshalb eine Neugründung die bessere Lösung sein.[96]

Von der Fortsetzungsregelung des § 42 Abs. 1 S. 3 Hs. 1 sind die **wirtschaftlichen Vereine iSd § 22 ausgeschlossen**, da der wirtschaftliche Verein im Gegensatz zum nichtwirtschaftlichen Verein über kein nichtrechtsfähiges Korrelat verfügt;[97] möchten die Mitglieder des wirtschaftlichen Vereins also ihre Vereinstradition fortführen, sind sie zu einer Neugründung gezwungen, mithin der erneuten Prüfung im Konzessionsverfahren unterworfen. Für den insolventen eV ist die Fortsetzung als nichtrechtsfähiger Verein iSv § 54 ausgeschlossen, sofern die Eigenschaft als juristische Person nach der Satzung die notwendige Vorausset-

39

40

41

42

90 BeckOK BGB/*Schöpflin* § 42 Rn. 5; Erman/*Westermann* BGB § 42 Rn. 2; Palandt/*Ellenberger* BGB § 42 Rn. 2; Soergel/*Hadding* BGB § 42 Rn. 10 b; *Stöber/Otto* Rn. 1169; aA (Dreiviertelmehrheit analog zur Auflösung) Gottwald InsR-HdB/*Haas/Mock* § 93 Rn. 220; MüKoBGB/*Leuschner* § 42 Rn. 19; MHdB GesR V/*Haas/Leuschner* § 60 Rn. 120; *Gutzeit*, S. 93 ff.; *K. Schmidt* GesR § 11 V 5; *Grunsky*, S. 1, 23.

91 BeckOK BGB/*Schöpflin* § 42 Rn. 6; aA Erman/*Westermann* BGB § 42 Rn. 2; Palandt/*Ellenberger* BGB § 42 Rn. 3.

92 So aber *Gutzeit*, S. 98 ff.; Reichert/Schimke/Dauernheim/*Schörnig* Kap. 2 Rn. 4364, im Anschluss an die

hM zum alten Recht, vgl. BGHZ 64, 72, 74; BGHZ 96, 254, 257.

93 Zutr. Gottwald InsR-HdB/*Haas/Mock* § 93 Rn. 184; *Stöber/Otto* Rn. 1171 f.; *Wentzel* Rpfleger 2001, 334 (336); ausf. *Kreißig*, S. 154 ff.

94 BeckOK BGB/*Schöpflin* § 42 Rn. 6; MüKoBGB/*Leuschner* § 42 Rn. 23; MHdB GesR V/*Haas/Leuschner* § 60 Rn. 122; Reichert/Schimke/Dauernheim/*Schörnig* Kap. 2 Rn. 4364.

95 BeckOK BGB/*Schöpflin* § 42 Rn. 6; MüKoBGB/*Leuschner* § 42 Rn. 24; Reichert/Schimke/Dauernheim/*Schörnig* Kap. 2 Rn. 4365.

96 MüKoBGB/*Leuschner* § 42 Rn. 24.

97 Vgl. *Bayer*, S. 22.

zung für den Zusammenschluss und die Zweckverfolgung des Vereins ist und der Verein auch nicht seinen Satzungszweck durch gesonderten Beschluss iSd § 33 Abs. S. 2 anpasst.[98]

III. Antragspflicht (Abs. 2 S. 1)

43 Gemäß § 15 Abs. 1 Hs. 1 InsO ist zur Stellung des Eigenantrags einer juristischen Person jedes Mitglied des Vertretungsorgans berechtigt (→ Rn. 10). Ebenso wie bei allen anderen juristischen Personen und Gesellschaften ohne Rechtspersönlichkeit, bei denen kein persönlich haftender Gesellschafter eine natürliche Person ist, ist nach § 42 Abs. 2 S. 1 auch der Vorstand eines Vereins im Falle der Zahlungsunfähigkeit bzw. Überschuldung des Vereins **zur rechtzeitigen Stellung des Insolvenzantrags verpflichtet;** nach § 42 Abs. 2 S. 2 (→ Rn. 45) kann die Verletzung dieser Verpflichtung den Gläubigern gegenüber zum Schadensersatz verpflichten. Die beibehaltene Bestimmung des Vereinsinsolvenzrechts stellt – wie § 15 a Abs. 7 InsO (→ Rn. 1) nunmehr ausdrücklich klarstellt – insoweit eine die im Jahre 2008 neu eingeführte allgemeine Regelung des § 15 a InsO verdrängende Sonderregelung dar. Wie sich mittelbar aus der Formulierung der Haftungsvoraussetzungen in § 42 Abs. 2 S. 2 ergibt, ist der Antrag des Vereinsvorstands gleichwohl auch hier ohne schuldhafte Verzögerung, also **unverzüglich** (§ 121 Abs. 1 S. 1) zu stellen; dies schließt eine sinnvollerweise zu gewährende Schonfrist – die ggf. auch länger sein kann als drei Wochen[99] – für aussichtsreiche Sanierungsbemühungen nicht aus.[100] Ebenso wie nach § 15 a InsO (vgl. dessen Abs. 4) stellt auch die Stellung eines inhaltlich unzureichenden und deshalb unzulässigen Insolvenzantrags eine Pflichtverletzung dar.[101] Eine inhaltsgleiche Verpflichtung zur Antragstellung besteht im **Innenverhältnis zum Verein;**[102] ihre Verletzung kann ebenfalls Schadensersatzansprüche nach sich ziehen (→ Rn. 45). Zur Aussetzung der Antragspflicht durch das COVID-19-Insolvenzaussetzungsgesetz 2020 → Rn. 1.

44 Die Antragspflicht als solche trifft jedes einzelne **Vorstandsmitglied** ungeachtet der Ressortverteilung innerhalb des Vereinsvorstands. Eine bei mehrköpfiger Vertretung vereinbarte interne Geschäftsaufteilung bzgl. der Zuständigkeit für die Vereinsfinanzen entbindet die einzelnen Vorstandsmitglieder also nicht von der eigenen Verantwortung für die rechtzeitige Antragstellung.[103] Dagegen versteht sich die Feststellung des notwendigen Verschuldens (→ Rn. 45) nicht von selbst und ermöglicht im Ansatz gewisse haftungserleichternde Differenzierungen.[104] Auch wenn das Finanzressort in zulässiger Weise auf andere Mitglieder des Vereinsvorstands übertragen wurde, trifft aber jedes einzelne Vorstandsmitglied die Verpflichtung, notfalls Einblick in die Belange des fremden Ressorts zu nehmen und im Falle einer erkennbaren krisenhaften Entwicklung darauf hinzuwirken, dass die erforderliche wirtschaftliche Selbstprüfung (→ Rn. 45) in die Gesamtverantwortung zurückgeholt wird.[105] Jede Ressortaufteilung setzt zudem eine klare und eindeutige Abgrenzung der Geschäftsführungsaufgaben aufgrund einer von allen Mitgliedern des Vorstands mitgetragenen Aufgabenzuweisung voraus, die die vollständige Wahrnehmung der Geschäftsführungsaufgaben durch hierfür fachlich und persönlich geeignete Personen sicherstellt und die Zuständigkeit des Gesamtvorstands insbesondere für nicht delegierbare Angelegenheiten wahrt.[106] Befindet sich der Verein in der Liquidation, sind die Liquidatoren nach §§ 48 Abs. 2, 42 Abs. 2, 53 anstelle der Vorstandsmitglieder zur Stellung

98 Soergel/*Hadding* BGB § 42 Rn. 9.

99 MüKoBGB/*Leuschner* § 42 Rn. 27; MHdB GesR V/ *Haas/Leuschner* § 60 Rn. 41; *Arnold*, Non Profit Law Yearbook 2009, 89, 97; *Kreißig*, S. 108 ff.; *Lenger/ Finsterer* NZI 2016, 571 (572); *Leuschner* ZHR 175 (2011), 787, 796 ff.; *H.F. Müller* ZIP 2010, 153 (156); aA Soergel/*Hadding* BGB § 42 Rn. 12; *Haas* SpuRt 1999, 1 (3); *Grunewald/Hennrichs* FS Hopt 2010, S. 93, 96.

100 Vgl. Uhlenbruck/*Hirte* InsO § 11 Rn. 220; Gottwald InsR-HdB/*Haas/Mock* § 93 Rn. 176; *Arnold*, Non Profit Law Yearbook 2009, 89, 97 f.; *Kreißig*, S. 108 ff.; *Leuschner* ZHR 175 (2011), 787, 797 f.; *H.F. Müller* ZIP 2010, 153 (156); *Poertzgen* ZInsO 2012, 1697 (1707); *G. Roth/Knof* InsVZ 2010, 190, 196; *Rugullis* NZI 2007, 323 (325 ff.); *Szabó*, S. 122 ff.; *Stöber/Otto* Rn. 1041; *Wischemeyer* DZWIR 2005, 230 (231).

101 Zutr. MHdB GesR V/*Haas/Leuschner* § 60 Rn. 42 mwN.

102 Soergel/*Hadding* BGB § 42 Rn. 9.

103 Vgl. Erman/*Westermann*BGB § 42 Rn. 5; *Arnold*, Non Profit Law Yearbook 2009, S. 89, 98; *Grune-*

wald/Hennrichs FS Hopt 2010, S. 93, 99 ff.; *Haas* SpuRt 1999, 1 (2); *Heermann* FS Röhricht 2005, S. 1191, 1193 ff., 1196; Gottwald InsR-HdB/*Haas/ Mock* § 93 Rn. 176; MHdB GesR V/*Haas/Leuschner* § 60 Rn. 37; *Linge*, S. 228 ff.; *Rugullis* NZI 2007, 323 (324); Soergel/*Hadding* BGB § 42 Rn. 11; ebenso zur Stiftung *H.F. Müller* ZIP 2010, 153 (156). Anders der ursprüngliche Vorschlag des Gesetzes zur Begrenzung der Haftung von ehrenamtlich tätigen Vereinsvorständen, s. BR-Drs. 399/08, S. 3; zur Ablehnung dieses Vorschlags im Rechtsausschuss des Bundesrats s. BR-Drs. 399/1/08, S. 3 f.

104 *Grunewald/Hennrichs* FS Hopt 2010, S. 93, 100 ff.

105 Vgl. *Cherkeh* npoR 2014, 101 ff.; *Haas* SpuRt 1999, 1 (2 f.); Soergel/*Hadding* BGB § 42 Rn. 11; allgemein BGH NJW 1994, 2149 (2150); BGHZ 133, 370, 378 f. = NJW 1997, 130; BGH NJW 2019, 1067 Rn. 15 (jew. zur GmbH); *Arnold*, Non Profit Law Yearbook 2009, S. 89, 96; *Heermann* FS Röhricht, S. 1191, 1196 f., 1201 f.; *Hüttemann/Herzog* Non Profit Law Yearbook 2006, S. 33, 40; *Küpperfahrenberg*, S. 180 ff.; *Unger* NJW 2009, 3269 (3271 f.).

106 BGH NJW 2019, 1067 Rn. 17 (zur GmbH).

des Insolvenzantrags verpflichtet. Das Gleiche gilt für einen faktischen Vereinsvorstand, sei es, dass er aufgrund eines tatbestandlich vorliegenden, aber unwirksamen Bestellungsakts mit Duldung der übrigen Vereinsorgane die Aufgaben und Befugnisse des Vorstands ausübt,[107] sei es, dass er ohne fehlerhaften Bestellungsakt lediglich faktisch die Aufgaben der Geschäftsleitung übernimmt.[108] Der nach Eintritt der Insolvenzreife ausgeschiedene Vorstand hat zwar kein Recht mehr, den Antrag auf Insolvenzeröffnung zu stellen, kann sich andererseits durch die Amtsniederlegung aber auch nicht gänzlich den sich aus § 42 Abs. 2 ergebenden Pflichten entziehen; vielmehr ist er regelmäßig verpflichtet, entweder vor seinem Ausscheiden den Antrag zu stellen oder zumindest darauf hinzuwirken, dass sein Nachfolger den Antrag stellt.[109] Eine Antragspflicht einfacher Vereinsmitglieder im Falle der Führungslosigkeit (wie nach § 15 a Abs. 3 InsO für GmbH-Gesellschafter) besteht nicht, § 15 a Abs. 7 InsO.[110]

IV. Schadensersatzpflicht wegen Insolvenzverschleppung (Abs. 2 S. 2)

1. Haftung des Vorstands. Wird die Stellung des Antrags **versäumt** bzw. **verzögert**,[111] so haftet der Vorstand gemäß § 42 Abs. 2 S. 2 den Vereinsgläubigern gegenüber auf **Schadensersatz**. Es handelt sich hierbei um eine eigenständige Anspruchsgrundlage und nicht lediglich um ein Schutzgesetz iSv § 823 Abs. 2 BGB.[112] Der Schadensersatzanspruch nach § 42 Abs. 2 S. 2 stellt einen gewissen Ausgleich dafür dar, dass die Vereinsgläubiger wegen fehlender Buchführungs- und Bilanzierungspflichten sowie fehlenden Haftungskapitals der Insolvenz des Vereins vergleichsweise schutzlos ausgeliefert sind. Er setzt unzweifelhaft ein (leicht fahrlässiges) **Verschulden** des säumigen Vorstands voraus.[113] Fahrlässige Unkenntnis der objektiven Insolvenzreife kann sich insbesondere darin äußern, dass der Vereinsvorstand die Erstellung einer Überschuldungsbilanz trotz deutlicher Anhaltspunkte für den Eintritt einer wirtschaftlichen Krise versäumt. Denn der Vereinsvorstand ist genauso wie der Geschäftsführer einer GmbH zur regelmäßigen Überprüfung der finanziellen Lage des Vereins verpflichtet und hat sich bei Anzeichen einer krisenhaften Entwicklung einen Überblick über den Vermögensstand zu verschaffen.[114] Unkenntnis eines Vorstandsmitglieds wegen fehlenden Einblicks in die Geschäftsführung anderer Ressorts befreit dabei grundsätzlich nicht (→ Rn. 44). Die **Beweislast** für das persönliche Verschulden des aus § 42 Abs. 2 in Anspruch genommenen Vorstandsmitglieds trifft nach der klaren Gesetzesfassung den Geschädigten.[115] Die **Haftungsbeschränkung für ehrenamtliche Vorstände** nach § 31 a greift hier, da es sich insoweit (anders im Hinblick auf die Verletzung der dem Verein gegenüber bestehenden Handlungspflicht, → Rn. 48) nicht iSv § 31 a Abs. 1 S. 1 um eine Innenhaftung gegenüber dem Verein oder seinen Mitgliedern handelt, nur auf dem „Umweg" des gegen den Verein gerichteten Freistellungsanspruchs nach § 31 a Abs. 2 ein;[116] indessen ist dieser Anspruch als bloße Insolvenzforderung (§ 38 InsO) in der Insolvenz des Vereins naturgemäß nahezu wertlos.[117]

45

107 Insofern auch MHdB GesR V/*Haas/Leuschner* § 60 Rn. 38; *Haas* SpuRt 1999, 1 (2).

108 *Cranshaw* jurisPR-InsR 10/2012 Anm. 5; Reichert/Schimke/Dauernheim/*Wagner* Kap. 2 Rn. 2686; Reichert/Schimke/Dauernheim/*Achenbach* Kap. 2 Rn. 3676; s. zur Stiftung auch *H.F. Müller* ZIP 2010, 153 (154); *Stingl*, S. 155; zur GmbH BGHZ 104, 44, 46 ff. = ZIP 1988, 905; BGH ZIP 2000, 1390; BGH NZI 2015, 186; *Bergmann* NZWiSt 2014, 81; aA *Gutzeit*, S. 34 ff.; MHdB GesR V/*Haas/Leuschner* § 60 Rn. 38; *Haas* SpuRt 1999, 1 (3).

109 Vgl. zur GmbH ferner BGH NJW 1952, 554; Scholz/*K.Schmidt* GmbHG § 64 Rn. 7.

110 Gottwald InsR-HdB/*Haas/Mock* § 93 Rn. 174.

111 Beantragt der Vorstand die Insolvenzeröffnung zu früh, ohne Erfolg versprechende Alternativen geprüft zu haben, kommt allenfalls eine Haftung gegenüber dem Verein (Rn. 48), nicht dagegen gegenüber den Gläubigern in Betracht.

112 BeckOK BGB/*Schöpflin* § 42 Rn. 13; MüKoBGB/*Leuschner* § 42 Rn. 25; Staudinger/*Weick* BGB § 42 Rn. 17; Erman/*Westermann* BGB § 42 Rn. 6; aA OLG Hamm BeckRS 2000, 01641; Soergel/*Hadding* BGB § 42 Rn. 12.

113 OLG Köln WM 1998, 1043; Erman/*Westermann* BGB § 42 Rn. 5; MüKoBGB/*Leuschner* § 42 Rn. 28; *Haas* SpuRt 1999, 1 (4); Reichert/Schimke/Dauern-

heim/*Achenbach*, Kap. 2 Rn. 3685; Soergel/*Hadding* BGB § 42 Rn. 12; Staudinger/*Weick* BGB § 42 Rn. 13.

114 *Grunewald/Hennrichs* FS Hopt 2010, S. 93, 98 f.; *Haas* SpuRt 1999, 1 (3); Soergel/*Hadding* BGB § 42 Rn. 12; zur GmbH etwa BGH GmbHR 1994, 539 (545); BGH NJW-RR 1995, 669.

115 Uhlenbruck/*Hirte* InsO § 11 Rn. 220; aA (unter Hinweis auf die Rechtslage im Kapitalgesellschaftsrecht, das allerdings eine explizite Beweislastumkehr kennt) Baumgärtel/*Kessen*, Beweislast, § 42 Rn. 2; BeckOK BGB/*Schöpflin* § 42 Rn. 14; zur Stiftung auch *Müller* ZIP 2010, 153 (156); *Stingl*, S. 156.

116 Vgl. *Arnold*, Non Profit Law Yearbook 2009, 89, 110; *Burgard* ZIP 2010, 358 (362 f.); *Ehlers* NJW 2011, 2689 (2693 f.); Gottwald InsR-HdB/*Haas/Mock* § 93 Rn. 178; *Kreutz* DZWIR 2013, 497 (502 ff.); *H.F. Müller* ZIP 2010, 153 (156 f.); *Poertzgen* ZInsO 2012, 1697 (1699); *Reschke* DZWIR 2011, 403 (404); *Piper* WM 2011, 2211 (2212); Uhlenbruck/*Hirte* InsO § 11 Rn. 220; aA MüKoBGB/*Leuschner* § 42 Rn. 28; *Grunewald/Hennrichs* FS Hopt 2010, S. 93, 106 ff.

117 Den Anspruch in teleologischer Reduktion des § 31 a Abs. 2 ganz ablehnend MHdB GesR V/*Haas/Leuschner* § 60 Rn. 52.

46   **2. Umfang der Haftung.** Der Umfang der Insolvenzverschleppungshaftung aus § 42 Abs. 2 S. 2 entspricht trotz ihrer eigenständigen Rechtsnatur (→ Rn. 45) grundsätzlich dem Umfang der Haftung des GmbH-Geschäftsführers und des AG-Vorstands (§ 15 a Abs. 1 InsO iVm § 823 Abs. 2 BGB).[118] Die Schadensersatzverpflichtung besteht dem Grunde nach gegenüber sämtlichen Gläubigern, und zwar unabhängig davon, ob sie ihre Forderung vor oder nach Eintritt der Überschuldung bzw. Zahlungsunfähigkeit des Vereins erworben haben.[119] Der Höhe nach wird jedoch – analog zur Rechtsprechung des BGH zur GmbH[120] – zwischen den vertraglich mit dem Verein verbundenen Gläubigern differenziert: Den sog. **Altgläubigern**, die ihre vertragliche Forderung vor Eintritt der Insolvenzreife erworben haben,[121] ist lediglich derjenige Schaden zu ersetzen, der durch die Reduzierung der Haftungsmasse (bzw. die Erhöhung der Schuldenmasse) nach Eintritt der Insolvenzreife verursacht wurde. Dieser Schaden errechnet sich aus der Differenz zwischen der Quote, die dem Altgläubiger zustehen würde, sofern der Vorstand den Eröffnungsantrag rechtzeitig gestellt hätte, und der im Insolvenzverfahren tatsächlich erzielten Quote (Quotenschaden);[122] in der Praxis ist das kaum zu berechnen, weshalb der Anspruch auch kaum je geltend gemacht wird.[123] Zudem kann dieser Anspruch gemäß § 92 InsO während der Dauer des Insolvenzverfahrens von dem einzelnen Gläubiger nicht geltend gemacht werden (Sperrwirkung); vielmehr ist die Einziehung der Forderung dem Insolvenzverwalter übertragen (Konzentrations- bzw. Ermächtigungswirkung).[124] Die sog. **Neugläubiger** haben demgegenüber einen Anspruch auf Ersatz des vollen Schadens, den sie dadurch erlitten haben, dass sie bei Vertragsabschluss auf die Solvenz des Vereins vertraut haben; dieser Anspruch unterfällt auch nicht der Sperr- und Ermächtigungswirkung des § 92 InsO, weil er nicht auf einer Schmälerung der Insolvenzmasse beruht.[125] Schließt ein Vertragspartner in Kenntnis der finanziellen Situation eines zum Vertragsabschlusszeitpunkt insolvenzreifen Vereins mit diesem Verein einen Vertrag ab, so fällt er allerdings nicht in den Schutzbereich des Abs. 2 S. 2 Hs. 1: Er ist bewusst das finanzielle Risiko eingegangen und hat somit kein schutzwürdiges Vertrauen in Anspruch genommen.[126] Das Gleiche gilt richtiger Ansicht nach für Gläubiger, deren Anspruch auf einem ebenfalls nicht auf gewährtem Vertrauen beruhenden gesetzlichen Schuldverhältnis beruht, also zB Deliktsgläubiger.[127] Mehrere Antragspflichtige haften als **Gesamtschuldner** (§ 840 BGB); eine abweichende interne Aufgabenverteilung entlastet den einzelnen Organwalter nicht (→ Rn. 44 f.).

47   **3. Konkurrierende Anspruchsgrundlagen, Strafbarkeit.** Die Bestimmung des § 42 Abs. 2 S. 1 stellt nach zutreffender Ansicht **kein Schutzgesetz** iSv § 823 Abs. 2 dar, so dass dem Anspruch nach Abs. 2 S. 2 kein konkurrierender Schadensersatzanspruch gem. § 823 Abs. 2 iVm § 42 Abs. 2 S. 1 einhergeht; vielmehr haftet der Vorstand den Gläubigern ausschließlich und unmittelbar aus der eigenständigen deliktsähnlichen Anspruchsgrundlage des § 42 Abs. 2 S. 2.[128] Neben § 42 Abs. 2 S. 2 kommt zwar eine persönliche Haftung des Vereinsvorstands ebenso wie bei einem GmbH-Geschäftsführer in der Form der Vertreter-Eigenhaftung

118   OLG Köln NJW-RR 1998, 686 ff.; OLG Hamm OLG-Report 2001, 265 f.; OLG Köln WM 2006, 2006 f.; Erman/*Westermann* BGB § 42 Rn. 6; *Arnold*, Non Profit Law Yearbook 2009, S. 89, 98 f.; *Grunewald/Hennrichs* FS Hopt 2010, S. 93, 106; *Haas* SpuRt 1999, 1 (4); *Noack* Rn. 687; *Poertzgen* ZInsO 2012, 1697 (1700 ff.); *Rugullis* NZI 2007, 323 (328).

119   Staudinger/*Weick* BGB § 42 Rn. 13; vgl. zur GmbH auch BGHZ 29, 100, 104.

120   BGHZ 126, 181, 194; BGHZ 138, 211, 214 ff.; BGH NZG 2010, 625 (626); dazu etwa *G. Wagner* FS K. Schmidt, 2009, S. 1365, 1672 f., 1678 ff.; ausf. *Poertzgen*, S. 259 ff., 308 ff.; zur Kritik an dieser Auffassung s. *K. Schmidt* NZI 1998, 9 (13 ff.); *ders.* ZGR 1998, 634 (665 ff.); *Poertzgen*, S. 322 ff., 327 ff., 332 ff., 341 ff.

121   Zur Abgrenzung vgl. MHdB GesR V/*Haas/Leuschner* § 60 Rn. 55.

122   Vgl. BGH NZG 2010, 625 (Rn. 9); Erman/*Westermann* BGB § 42 Rn. 6; *Arnold*, Non Profit Law Yearbook 2009, S. 89, 98 f.; *Grunewald/Hennrichs* FS Hopt 2010, S. 93, 109; Gottwald InsR-HdB/*Haas/Mock* § 93 Rn. 177; *Haas* SpuRt 1999, 1 (4); Soergel/*Hadding* BGB § 42 Rn. 12; ausf. *Linge*, S. 230 ff.; *Poertzgen*, S. 274 ff.; zu den insoweit bestehenden Darlegungserfordernissen vgl. BGHZ 138, 211, 221 (zur GmbH).

123   Vgl. *K. Schmidt* ZHR 168 (2004), 637, 639 ff.

124   Vgl. *Freitag* NZG 2014, 447 ff.; Gottwald InsR-HdB/*Haas/Mock* § 93 Rn. 177.

125   So für den Verein auch OLG Köln NJW-RR 1998, 686 ff.; OLG Hamm OLG-Report 2001, 265 f.; OLG Köln WM 2006, 2006; BeckOK BGB/*Schöpflin* § 42 Rn. 10; Erman/*Westermann* BGB § 42 Rn. 6; *Arnold*, Non Profit Law Yearbook 2009, S. 89, 99; *Haas* SpuRt 1999, 1 (4); Palandt/*Ellenberger* BGB § 42 Rn. 4; Reichert/Schimke/Dauernheim/*Achenbach* Kap. 2 Rn. 3682 ff.; Soergel/*Hadding* BGB § 42 Rn. 12.

126   OLG Hamm OLG-Report 2001, 265 f.; OLG Köln WM 2006, 2006 f.; LG Duisburg BeckRS 2008, 10718.

127   Vgl. *Grunewald/Hennrichs* FS Hopt 2010, S. 93, 110 f.

128   So BeckOK BGB/*Schöpflin* § 42 Rn. 13; Erman/*Westermann* BGB § 42 Rn. 5; *Grunewald/Hennrichs* FS Hopt 2010, S. 93, 106; Staudinger/*Weick* BGB § 42 Rn. 13; *Gutzeit*, S. 45 f.; *Poertzgen*, S. 269; *ders.* NZG 2010, 772 f.; ebenso zur Stiftung *H.F. Müller* ZIP 2010, 153 (154); für deliktische Qualifikation und damit einen konkurrierenden Anspruch aus § 823 Abs. 2 dagegen OLG Köln WM 1998, 1043; Soergel/*Hadding* BGB § 42 Rn. 12; *Haas* SpuRt 1999, 1 (4); Reichert/Schimke/Dauernheim/*Achenbach* Kap. 2 Rn. 3677 f.; *Werner* ZEV 2009, 366 (369); *Wischemeyer* DZWIR 2005, 230 (231).

aus **culpa in contrahendo** – jetzt § 311 Abs. 2 u. Abs. 3 – wegen der mangelnden Aufklärung über die Insolvenzreife in Betracht,[129] wird allerdings wegen der zuletzt wieder strengeren Interpretation der Haftungsvoraussetzungen durch den BGH[130] im Ergebnis zumeist scheitern. Die unterlassene Aufklärung der Vertragspartner über die Insolvenzreife des Vereins kann zudem eine **deliktische Haftung** des Vereinsvorstands nach § 826 und § 823 Abs. 2 iVm § 263 StGB begründen, sofern der Vereinsvorstand mit einer besonderen Schädigungsabsicht gehandelt hat. Überdies trifft den Vorstand die Pflicht zur **Erstattung** eines von einem Gläubiger geleisteten **Vorschusses auf die Kosten des Insolvenzverfahrens** (§ 26 Abs. 3 InsO);[131] hier ergibt sich eine Beweislastumkehr zulasten des Vorstands unmittelbar aus dem Gesetz (§ 26 Abs. 3 S. 2 InsO). Für ausstehende Steuern und Sozialabgaben kommen überdies die speziellen Haftungsgrundlagen der §§ 34, 69 AO und § 823 Abs. 2 iVm § 266 a StGB in Betracht.[132] Die **Strafbarkeit** wegen vorsätzlicher oder fahrlässiger Insolvenzverschleppung (§ 15 a Abs. 4–6 InsO) gilt für den Vereinsvorstand nicht (§ 15 a Abs. 7 InsO, → Rn. 1 aE).[133]

4. Schadensersatzpflicht gegenüber dem Verein (Innenhaftung). § 42 Abs. 2 S. 2 regelt nur die   **48** Insolvenzverschleppungshaftung gegenüber den Vereinsgläubigern (Außenhaftung), nicht die Haftung gegenüber dem Verein (Innenhaftung). Sofern der Vereinsvorstand die Stellung des Eröffnungsantrags trotz bestehender Insolvenzreife versäumt, kann er aber – unbeschadet des § 31 a Abs. 1 S. 1, der zwar insoweit (anders als für § 42 Abs. 2 S. 2, → Rn. 45) durchaus eingreift,[134] aber keineswegs eine grundsätzliche Wertentscheidung des Gesetzgebers zugunsten einer Limitierung jeglicher Vorstandshaftung darstellt[135] – auch **gegenüber dem Verein** schadensersatzpflichtig werden. Zu denken ist im Hinblick auf die übereinstimmende Teleologie insbesondere an eine **Haftung für die nach Insolvenzreife geleisteten Zahlungen analog §§ 64 S. 1, 3 GmbHG**, 92 Abs. 2 S. 1, 3 iVm 93 Abs. 3 Nr. 6 AktG, 34 Abs. 3 Nr. 4 GenG;[136] die mittlerweile ganz herrschende Gegenauffassung[137] – es fehle schon an einer planwidrigen Regelungslücke, weil angesichts der an sich sehr sorgfältigen Anpassung des Vereinsrechts an das Recht der Kapitalgesellschaften die Nichtnormierung eines vereinsrechtlichen Zahlungsverbots nicht als unbeabsichtigtes Versehen qualifiziert werden könne – überzeugt methodisch nicht.[138] Neben einer deliktischen Haftung des Vereinsvorstands aus § 826, die über die objektive Verletzung der Verpflichtung zur Insolvenzantragstellung hinaus den Schädigungsvorsatz voraussetzt, kommt ferner – wiederum unbeschadet des § 31 a Abs. 1 S. 1 (s. o.) – eine Haftung wegen schuldhafter Verletzung der Pflichten aus dem korporationsrechtlichen Organverhältnis wie auch aus dem Anstellungsverhältnis gem. § 27 Abs. 3 iVm §§ 280 Abs. 1, 311 Abs. 1 in Betracht;[139] sie greift ein, wenn der Verein durch die Verletzung der Antragspflicht einen Schaden erleidet, indem zB eine Sanierungschance vertan wird oder die Sanierungsbedingungen sich verschlechtern. Zu denken ist aber

---

129 *Uhlenbruck* FS Merz 1992, S. 581, 583 Fn. 9; differenzierend *Gutzeit*, S. 73 ff.

130 Vgl. BGH NJW-RR 2002, 1309 mwN; s. dazu die Kommentierung zu § 311.

131 Zur Anwendbarkeit auf den Vereinsvorstand s. HK-InsO/*Kirchhof* § 26 Rn. 42.

132 Vgl. mwN *Arnold*, Non Profit Law Yearbook 2009, 89, 102 f.

133 Zur früheren Rechtslage und zur Bewertung der Neuregelung s. etwa *Roth* ZInsO 2012, 678 ff.; ausf. *Reschke*, S. 326 ff. (s. auch dort S. 40 ff., 281 ff. zur Untreue- und Bankrottstrafbarkeit).

134 Vgl. Uhlenbruck/*Hirte* InsO § 11 Rn. 220; *Burgard* ZIP 2010, 358 (362 f.); *Poertzgen* ZInsO 2012, 1697 (1699).

135 Vgl. *Burgard* ZIP 2010, 358 (362 f.); anders möglicherweise BGH NZG 2010, 625 Rn. 5; BGH NZG 2010, 711 Rn. 5.

136 Uhlenbruck/*Hirte* InsO § 11 Rn. 220; *Hirte* FS Werner 2009, S. 222, 228 f.; *Leuschner* ZHR 175 (2011), 787, 800 ff.; *Reuter* NZG 2010, 808 ff.; *Passarge* ZInsO 2005, 176 (179); *ders.* NZG 2008, 605 ff.; *G. Roth/Knof* KTS 2009, 163 (178 ff.); *Werner* ZEV 2009, 366 (369 f.); *Wischemeyer* DZWIR 2005, 230 (233); krit. auch *K. Schmidt* ZHR 168 (2004), 637, 638 f.; differenzierend *Kliebisch* ZStV 2010, 48 ff., 152 f.: nur, wenn der Verein wirtschaftliche Zwecke verfolge.

137 So BGH NZG 2010, 625; BGH NZG 2010, 711; ebenso OLG Hamburg ZIP 2009, 757; OLG Karls-

ruhe ZIP 2009, 1717; OLG Düsseldorf BeckRS 2010, 15515; BeckOK BGB/*Schöpflin* § 42 Rn. 9; Erman/*Westermann* BGB § 42 Rn. 6; Palandt/*Ellenberger* BGB § 42 Rn. 4; *Arnold*, Non Profit Law Yearbook 2009, 89, 100 f., 102; *Grunewald/Hennrichs* FS Hopt 2010, S. 93, 105 f.; *H.P. Westermann* FS Graf v. Westphalen 2010, S. 755 ff.; Gottwald InsR-HdB/*Haas/Mock* § 93 Rn. 179; *Brand/Reschke* NJW 2009, 2343 (2346); *Klasen* BB 2009, 690; *Koch* ZStV 2010, 92 ff.; *Koza* DZWIR 2008, 98 ff.; *Poertzgen* NZG 2010, 772 (773); *ders.* ZInsO 2012, 1697 (1700 ff.).

138 Vgl. zudem MüKoBGB/*Leuschner* § 42 Rn. 33 f.; MHdB GesR V/*Haas/Leuschner* § 60 Rn. 58 ff.; *Leuschner* ZHR 175 (2011), 787, 800 ff., die zwar die analoge Anwendung der Haftungsbestimmungen verneinen, das Zahlungsverbot in Verbindung hiermit einen Schadensersatzanspruch wegen Schutzgesetzverletzung aber bejahen.

139 Vgl. MüKoBGB/*Leuschner* § 42 Rn. 37; MHdB GesR V/ *Haas/Leuschner* § 60 Rn. 34; RGRK/*Steffen* BGB § 42 Rn. 4; Soergel/*Hadding* § 42 Rn. 11 f.; Staudinger/*Weick* BGB § 42 Rn. 12; Uhlenbruck/*Hirte* InsO § 11 Rn. 220; MHdB GesR V/ *Haas/Leuschner* § 60 Rn. 34; s. auch OLG Düsseldorf BeckRS 2010, 15515 zur Schadensersatzpflicht unter dem Aspekt der pflichtwidrigen Mittelverwendung.

---

auch an eine **Haftung aus § 826 wegen existenzvernichtenden Eingriffs**.[140] Der Vereinsvorstand kann dem Verein überdies aufgrund einer **verfrühten Insolvenzantragstellung** aus §§ 280 Abs. 1, 27 Abs. 3 zum Schadensersatz verpflichtet sein.[141]

49   In allen Fällen kann der Vorstand sich nicht zu seiner Entlastung auf mangelnde Kontrolle oder Mitverschulden seitens eines anderen Vereinsorgans berufen.[142] Sämtlichen Schadensersatzansprüchen gegen den Vereinsvorstand ist gemein, dass sie als interne Schadensersatzansprüche des Vereins in die Insolvenzmasse fallen und damit die Insolvenzmasse vergrößern.[143]

C. Weitere praktische Hinweise

I. Zivilprozessuale Fragen der Vereinsinsolvenz

50   **1. Prozessführung durch den Insolvenzverwalter.** Der Verein hat mit dem Verwaltungs- und Verfügungsrecht (→ Rn. 13, 16) auch die Prozessführungsbefugnis hinsichtlich des zur Insolvenzmasse gewordenen Vereinsvermögens verloren. Klagen mit Bezug zur Insolvenzmasse sind deshalb nicht mehr gegen den (durch seinen Vorstand vertretenen) Verein, sondern gegen den insoweit in gesetzlicher Prozessstandschaft für die Insolvenzmasse handelnden Insolvenzverwalter („Rechtsanwalt X als Verwalter im Insolvenzverfahren über das Vermögen des Y eV") zu richten.[144] Trotzdem ist der allgemeine Gerichtsstand des Insolvenzverwalters in dieser Eigenschaft nach § 19a ZPO nicht sein Wohnsitz, sondern der Sitz des Insolvenzgerichts. Insolvenzgläubiger (→ Rn. 18) können allerdings überhaupt nicht mehr Klage erheben (§ 87 InsO), sondern sind auf das Feststellungsverfahren nach §§ 174 ff. InsO verwiesen; insoweit kann es erst und nur dann zu einem Prozess über das Bestehen der Insolvenzforderung kommen, wenn sie im Feststellungsverfahren durch den Verwalter oder einen Mitgläubiger bestritten worden ist.

51   **2. Bei Verfahrenseröffnung anhängige Prozesse.** Gem. § 240 S. 1 ZPO wird ein durch oder gegen den Verein mit Bezug zur Insolvenzmasse geführter Prozess mit Eröffnung des Insolvenzverfahrens über das Vermögen des Vereins unterbrochen. Entsprechendes gilt nach § 240 S. 2 InsO, wenn die Verwaltungs- und Verfügungsbefugnis über das Vermögen des Vereins auf einen („starken" oder „alleinbestimmenden") vorläufigen Insolvenzverwalter nach den §§ 21 Abs. 2 Nr. 1, 2, 22 Abs. 1 S. 1, 24 Abs. 2 InsO übergeht.[145] Die Unterbrechungswirkung betrifft jedes anhängige Klageverfahren einschließlich des Mahn-, Arrest-, Kostenfestsetzungs- und Beschwerdeverfahrens sowie des Verfahrens betreffend eine einstweilige Verfügung, das steuerrechtliche Streitverfahren und den Verwaltungsprozess. Nicht erfasst wird dagegen das selbstständige Beweisverfahren, das Streitwertfestsetzungsverfahren, das Verfahren betreffend die Prozesskostenhilfe, das Zwangsvollstreckungsverfahren, das schiedsrichterliche Verfahren und grundsätzlich auch die Verfahren der freiwilligen Gerichtsbarkeit.[146]

52   Die Unterbrechung währt so lange, bis das Verfahren nach den für das Insolvenzverfahren geltenden Vorschriften entweder aufgenommen oder beendet wird. Hinsichtlich der (Wieder-)Aufnahme des Verfahrens differenziert das Gesetz danach, ob der Rechtsstreit für oder gegen den Verein anhängig war:[147] § 85 InsO bestimmt, dass anhängige Aktivprozesse des Vereins über das zur Insolvenzmasse gehörende Vermögen vom Insolvenzverwalter oder, wenn dieser ablehnt, vom Insolvenzschuldner bzw. dessen Gegner aufgenommen werden können. Passivprozesse des Vereins können dagegen sowohl vom Insolvenzverwalter als auch vom Gegner aufgenommen werden, wenn sie bei Erfolg des Gegners eine Verminderung der Insolvenzmasse zur Folge hätten (§ 86 InsO), also vor allem im Fall der Aussonderung eines Gegenstandes aus der Insolvenzmasse (§ 47 InsO). Außer den in § 86 InsO genannten Passivprozessen werden auch diejenigen Gerichtsverfahren durch die Eröffnung des Insolvenzverfahrens unterbrochen, die eine Insolvenzforderung iSv §§ 38 f. zum Gegenstand haben. Ein solcher Prozess kann aber, wie sich aus §§ 87, 174 ff. InsO ergibt, nicht wieder aufgenommen werden; meldet der Insolvenzgläubiger seine Forderung aber zur Tabelle an und wird sie im Prüfungstermin bestritten, so kann der Insolvenzgläubiger den Klageantrag auf Feststellung des Anspruchs zur Tabelle ändern und den unterbrochenen Rechtsstreit gegen den Widersprechenden aufnehmen (§ 184 S. 2 InsO).[148]

---

140   Vgl. *Grunewald* FS Raiser 2005, S. 99, 105 f.; *Calise*, S. 111 ff.; *Discher*, S. 213 ff.; *Leuschner*, S. 344 ff.; *Linge*, S. 337 ff., 351 ff.; *Nitsche*, S. 87 ff.
141   MHdB GesR V/*Haas/Leuschner* § 60 Rn. 44 f.; *Noack* Rn. 688.
142   BGH NZG 2015, 38 (zur Stiftung).
143   Vgl. *Uhlenbruck* FS Merz 1992, S. 581, 583 m. Fn. 9.
144   Vgl. dazu Gottwald InsR-HdB/*Eckardt* § 32 Rn. 1 ff., 18 ff.
145   Die Anordnung eines Zustimmungsvorbehalts gem. § 21 Abs. 2 Nr. 2, 2. Alt. InsO reicht für sich genom

men nicht aus. Bei einem Wechsel der Prozessführungsbefugnis aufgrund einer wirksamen Einzelermächtigung des („mitbestimmenden") vorläufigen Insolvenzverwalters greift die Prozesssperre jedoch ebenfalls ein, vgl. BGH NZI 2013, 747 Rn. 13 ff.; Gottwald InsR-HdB/*Eckardt* § 32 Rn. 97.
146   Vgl. Gottwald InsR-HdB/*Eckardt* § 32 Rn. 109 ff.
147   Vgl. Gottwald InsR-HdB/*Eckardt* § 32 Rn. 136 ff.
148   Vgl. Gottwald InsR-HdB/*Eckardt* § 32 Rn. 179 ff.

II. Zwangsvollstreckungsmaßnahmen durch Vereinsgläubiger

Im **Insolvenzeröffnungsverfahren** gibt § 21 Abs. 2 Nr. 3 InsO dem Insolvenzgericht, das den Antrag auf **53** Eröffnung des Insolvenzverfahrens zugelassen hat, die Möglichkeit, Maßnahmen der Zwangsvollstreckung gegen den Insolvenzschuldner zu untersagen oder einstweilen einzustellen, soweit nicht unbewegliche Gegenstände betroffen sind. Die Anordnung eines Vollstreckungsverbots bezüglich unbeweglicher Vermögensgegenstände fällt demgegenüber in den Zuständigkeitsbereich des Vollstreckungsgerichts, das nach § 30 d Abs. 4 ZVG die Zwangsversteigerung eines Grundstücks auf Antrag des vorläufigen Insolvenzverwalters einzustellen hat, wenn dieser glaubhaft macht, dass die einstweilige Einstellung zur Verhütung nachteiliger Veränderungen in der Vermögenslage des Insolvenzschuldners erforderlich ist.

Das **eröffnete Insolvenzverfahren** verdrängt demgegenüber als Verfahren der Gesamtvollstreckung *ipso* **54** *iure* die Einzelvollstreckung. Die Vereinsgläubiger dürfen deshalb, soweit sie Insolvenzgläubiger sind, während der Verfahrensdauer weder in die Insolvenzmasse noch in das sonstige Vermögen des Schuldners vollstrecken (§ 89 Abs. 1 InsO).[149] Die Wirksamkeit eines bereits vor der Eröffnung des Verfahrens durch Zwangsvollstreckung erlangten Pfändungspfandrechts an einer beweglichen Sache oder einer Zwangshypothek an einem Grundstück bleibt vom Verbot der Vollstreckung während des Verfahrens (§ 89 Abs. 1 InsO) unberührt. Das Pfändungspfandrecht oder die Zwangshypothek geben dem Gläubiger im Verfahren die Stellung eines absonderungsberechtigten Gläubigers (§§ 50 Abs. 1, 165 ff. InsO). Gläubiger von Forderungen, die nach der Verfahrenseröffnung durch eine Rechtshandlung des Insolvenzverwalters begründet worden sind (Massegläubiger, §§ 53, 55 Abs. 1 Nr. 1 Abs. 2 InsO), werden durch das Insolvenzverfahren selbstverständlich weder an einer Klage gegen den Insolvenzverwalter noch an einer Vollstreckung in die Insolvenzmasse gehindert (vorbehaltlich der §§ 90, 210 InsO).[150]

§ 43 Entziehung der Rechtsfähigkeit

Einem Verein, dessen Rechtsfähigkeit auf Verleihung beruht, kann die Rechtsfähigkeit entzogen werden, wenn er einen anderen als den in der Satzung bestimmten Zweck verfolgt.

Literatur: *Hofmeister*, Zivilrechtliche Sanktionen bei unrechtmäßig eingetragenen Wirtschaftsvereinen – Durchgriffshaftung und/oder wettbewerbsrechtliche Abmahnung, ZIP 2009, 161; *Könen*, Die vereinsrechtliche Rechtsformkontrolle unter besonderer Berücksichtigung des § 43 BGB, ZGR 2018, 632; *Reuter*, Zur Vereinsrechtsreform 2009, NZG 2009, 1368; *Schöpflin*, Neuerungen im Vereinsrecht, Rpfleger 2010, 369; *K. Schmidt*, Entziehung der Rechtsfähigkeit bei unrechtmäßig eingetragenen Wirtschaftsvereinen, NJW 1998, 1124; *Terner*, Vereinsrechtsreform(en), DNotZ 2010, 5. Siehe auch die Literatur bei § 41.

A. Allgemeines	1	C. Folgen der Entziehung der Rechtsfähigkeit	6
B. Regelungsgehalt	4	D. Weitere praktische Hinweise	7

A. Allgemeines

Durch das VereinsRÄndG 2009 wurde die Vorschrift des § 43 wesentlich gestrafft, indem die zuvor in **1** Abs. 1 (Entziehung wegen Gefährdung des Gemeinwohls) und Abs. 2 (Entziehung wegen Verfolgung eines wirtschaftlichen Zwecks) genannten Gründe zur Entziehung der Rechtsfähigkeit gestrichen wurden; Abs. 3 (Entziehung der Rechtsfähigkeit im Falle satzungswidriger Verfolgung eines politischen, sozialpolitischen oder religiösen Zwecks) war bereits durch Art. 124 Abs. 2 S. 2 der Weimarer Reichsverfassung aufgehoben worden. An dieser Stelle erhalten geblieben ist lediglich der praktisch wenig bedeutsame Entziehungsgrund des früheren Abs. 4, die Entziehung der Rechtsfähigkeit von konzessionierten **Wirtschaftsvereinen** iSv § 22 wegen der **Verfolgung anderer als der in der Satzung bestimmten Zwecke**.

Die Anwendbarkeit des § 43 auf Idealvereine ist damit gänzlich entfallen. Der Gesetzesbegründung zufolge **2** ist die Entziehung der Rechtsfähigkeit kein geeignetes Mittel, um **Gemeinwohlgefährdungen (Abs. 1 aF)** durch Vereine wirksam entgegenzutreten, da für einen Verein stets die Möglichkeit besteht, durch Beschluss als nichtrechtsfähiger Verein fortzubestehen und so das Gemeinwohl gefährdende Handeln weiter zu betreiben; insoweit wird vielmehr die Anwendung des öffentlichen Vereinsrechts – Vereinsverbot gem. § 3 VereinsG (→ § 41 Rn. 11) – als geboten angesehen.[1] Der Gesetzgeber ist damit einer bereits mehrfach erhobenen Forderung nachgekommen.[2]

---

149 Vgl. Gottwald InsR-HdB/*Eckardt* § 33 Rn. 11 ff.
150 Vgl. Gottwald InsR-HdB/*Eckardt* § 33 Rn. 66 ff.
  1 Begr. aaO BT-Drs. 16/12813, S. 11; s. dazu auch *Terner* DNotZ 2010, 5 (12 f.).

2 Vgl. *K. Schmidt*, Verbandszweck, § 13 III 1 a; *Terner* Rpfleger 2005, 296 (303).

3 Die Entziehung der Rechtsfähigkeit eines Idealvereins wegen **Verfolgung eines wirtschaftlichen Zwecks (§ 43 Abs. 2 aF)** diente dem Zweck, eine Umgehung des § 22 zu verhindern und den Interessen der Gläubiger Rechnung zu tragen.[3] Sah der ursprüngliche Gesetzentwurf noch vor, Abs. 2 beizubehalten, liegt der später Gesetz gewordenen Fassung die Ansicht des Gesetzgebers zugrunde, ein effektiver Schutz vor missbräuchlich agierenden Idealvereinen könne – unabhängig von der damit nicht zwingend präjudizierten Frage des haftungsrechtlichen Durchgriffs auf die Mitglieder (→ § 41 Rn. 16) – besser mit den Mitteln des Registerrechts gewährleistet werden.[4] Die Neuregelung beseitigt damit zugleich einen nach früherem Recht bestehenden Systembruch, da richtiger actus contrarius zur Eintragung des Vereins in das Vereinsregister allein die Löschung aus dem Register, nicht aber der in § 43 Abs. 2 aF vorgesehene Entzug der Rechtsfähigkeit ist.[5] Mit der neuen Regelung entfällt auch die Problematik des unklaren Konkurrenzverhältnisses des Abs. 2 aF zur Amtslöschung nach § 395 FamFG einerseits, den öffentlich-rechtlichen Bestimmungen des VereinsG über das Vereinsverbot andererseits.[6] Als Folge der Aufhebung der Vorschrift ist die Löschung wegen Überschreitung des Nebenzweckprivilegs gänzlich den Registergerichten nach der allgemeinen verfahrensrechtlichen Vorschrift des § 395 FamFG überlassen (s. eingehend → § 41 Rn. 16). Die Löschung im Register führt nach allgemeinen Grundsätzen nicht zum Erlöschen des Vereins, sondern bei Fortsetzung der Tätigkeit zur Umwandlung in einen nichtrechtsfähigen wirtschaftlichen Verein iSv § 54 mit der Folge einer unbeschränkten Mitgliederhaftung (→ § 41 Rn. 16 aE, → § 54 Rn. 19).

B. Regelungsgehalt

4 § 43 gilt in der neuen Fassung nur noch für Vereine, die eine Konzession erhalten haben, dh diejenigen inländischen Vereine, deren satzungsmäßiger Zweck auf einen **wirtschaftlichen Geschäftsbetrieb** gerichtet ist (§ 22); bei diesen gilt die Verleihung der Rechtsfähigkeit als juristische Person – vorbehaltlich dessen nur mit Zustimmung der Aufsichtsbehörde (§ 33 Abs. 2) zulässiger Änderung – nur für den in der Satzung bestimmten Zweck. Da die Konzession nach § 22 nur nach Bedürfnis erteilt wird, muss verhindert werden, dass die tatsächliche Aktivität des Vereins von der bei der Prüfung zugrunde gelegten Tätigkeit abweicht; andernfalls droht die Bedürfniskontrolle leer zu laufen. Durch § 43 wird die Beschränkung der Vereinstätigkeit auf den im Verwaltungsverfahren festgelegten Zweck gewährleistet; deshalb bildet jede Änderung der Zweckverfolgung, auch durch bloß tatsächliche Änderung der wirtschaftlichen Betätigung, einen Grund für die Entziehung der Rechtsfähigkeit.[7]

5 Unter den Voraussetzungen des § 43 verliert der Verein die Rechtsfähigkeit nicht ipso iure, es bedarf vielmehr des konstitutiven staatlichen Akts der Entziehung (→ § 44 Rn. 2).[8] Nach der hM zu § 43 Abs. 2 aF sollte der Verwaltungsbehörde – dem Wortlaut („kann") der Vorschrift entsprechend – einen **Ermessensspielraum** iSv § 22 S. 1 VwVfG bei der Frage zustehen, ob im Einzelfall der Entzug der Rechtsfähigkeit mit der Folge der Liquidation geboten ist.[9] Die Behörde habe deshalb das Interesse der Allgemeinheit, insbesondere der Gläubiger, an der Entziehung der Rechtsfähigkeit gegen das Interesse des Vereins und seiner Mitglieder am Fortbestehen des Vereins abzuwägen; zugleich ist insbesondere das Verhältnismäßigkeitsgebot zu beachten.[10] Trotz des unveränderten Wortlauts der Vorschrift sollte hieran nach der Beschränkung ihres Anwendungsbereichs durch die Vereinsrechtsreform 2009 (→ Rn. 1 ff.) nicht mehr festgehalten werden; vielmehr sind insoweit keine Sachverhalte vorstellbar, unter denen die Entziehung der Rechtsfähigkeit, wenn ihre tatbestandlichen Voraussetzungen vorliegen, hinter überwiegende Verbandsinteressen zurücktreten müsste.[11]

3   S. hierzu noch ausf. BeckOGK/*Könen* BGB § 43 Rn. 2 ff.

4   Beschlussempfehlung des Rechtsausschusses zum VereinsRÄndG 2009, BT-Drs. 16/13542, S. 14; s. dazu BeckOK BGB/*Könen* § 43 Rn. 6; BeckOK BGB/*Schöpflin* § 43 Rn. 1; *Reuter* NZG 2009, 1368 (1372); *Terner* DNotZ 2010, 5 (12 f.); *Wörle-Himmel/Endres* DStR 2010, 759 (762).

5   Vgl. *Terner* DNotZ 2010, 5 (13).

6   Krit. zur damit bewirkten Monopolisierung der Rechtsformkontrolle bei den Registergerichten BeckOGK/*Könen* BGB § 43 Rn. 4 f., 67 ff.

7   BeckOGK/*Könen* BGB § 43 Rn. 6; Soergel/*Hadding* BGB § 43 Rn. 6.

8   BeckOGK/*Könen* BGB § 43 Rn. 19; MüKoBGB/*Leuschner* §§ 21, 22 Rn. 105 Vor § 41 Rn. 3.

9   Vgl. BayVGH NJW-RR 1987, 830; BayObLG Rpfleger 1986, 528; VG Hamburg NJW 1996, 3363; *Böttcher* Rpfleger 1988, 169 (170); Soergel/*Hadding* BGB § 43 Rn. 6; Staudinger/*Weick* BGB § 43 Rn. 13; aA (Rechtsfähigkeit grds. zu entziehen; Ermessenserwägungen nur in atypischen Fällen geboten) BVerwG NJW 1998, 1166 (1168); *K. Schmidt* AcP 182 (1982), 1, 47 ff.; *ders.* NJW 1993, 1225 (1227); *ders.* NJW 1998, 1124 (1125).

10 Vgl. (zu § 43 Abs. 2 aF) Soergel/*Hadding* BGB § 43 Rn. 6.

11 Zutr. BeckOGK/*Könen* BGB § 43 Rn. 17 f.; MüKo-BGB/*Leuschner* §§ 21, 22 Rn. 102, § 43 Rn. 2; einschr. Voraufl. im Anschluss an BeckOK BGB/*Schöpflin* § 43 Rn. 5: Ermessensspielraum (nur) für atypische Fälle; aA Erman/*Westermann* BGB § 43 Rn. 2.

C. Folgen der Entziehung der Rechtsfähigkeit

Durch die Entziehung der Rechtsfähigkeit des eV in den Fällen der §§ 43, 44 Abs. 2 (→ Rn. 14, → § 43 **6** Rn. 2 ff.) **entfällt** mit der Bestandskraft des die Rechtsfähigkeit entziehenden Verwaltungsakts (→ § 44 Rn. 2) entgegen der missverständlichen Begrifflichkeit des Gesetzes nicht die dem Verein als Verband zukommende Rechtssubjektivität (→ § 54 Rn. 3 ff.), sondern – mit Wirkung ex nunc – nur die nach §§ 21 f. erlangte **Eigenschaft als juristische Person** (→ § 41 Rn. 3, → § 47 Rn. 16).[12] Das Vereinsvermögen fällt mit der Erfüllung des jeweiligen Tatbestands dem oder den Anfallberechtigten an (§ 45 Abs. 1). Sofern das Vereinsvermögen an den Fiskus fällt (§ 46), ist der Verein sogleich erloschen; andernfalls bleibt der Verband unter Wahrung seiner Identität zunächst als **„nichtrechtsfähiger" Verein iSv § 54** bestehen, dh alle Vereinsmitgliedschaften und die Rechtsträgerschaft am Vermögen und den Verbindlichkeiten des Vereins bleiben unberührt (→ § 54 Rn. 3 ff. zur Rechtssubjektivität des „nichtrechtsfähigen" Vereins).[13] Auch als iSv § 54 „nichtrechtsfähiger", dh nicht mehr als juristische Person anzusehender Verein ist der Vereinszweck nach der Entziehung der Rechtsfähigkeit nach zutreffender Ansicht notwendig allein auf Liquidation gerichtet (→ § 41 Rn. 3).[14] Im Unterschied zur Situation bei der Auflösung kann der Verein sich nach dem Wegfall der Eigenschaft als juristische Person auch nicht mehr als rechtsfähiger Verein fortsetzen (→ § 47 Rn. 16); hierfür bedürfte es vielmehr der erneuten Eintragung im Vereinsregister bzw. der erneuten Verleihung der Rechtsfähigkeit. Gelingt es, den Entziehungsgrund zu beseitigen und die Aufhebung der Entziehungsverfügung zu erwirken, so können die Mitglieder den Verein jedoch in einen werbenden eV zurückverwandeln, indem sie seine Fortsetzung beschließen (→ § 41 Rn. 4, → § 47 Rn. 8 ff., 16).

D. Weitere praktische Hinweise

Die Entziehung der Rechtsfähigkeit ist nach § 74 Abs. 1 S. 1 **von Amts wegen in das Vereinsregister ein-** **7** **zutragen**, wenngleich eine Anzeige der nach § 44 tätigen Behörde trotz Aufhebung des § 74 Abs. 3 aF nach wie vor sinnvoll erscheint (→ § 74 Rn. 8). Neben der Entziehung nach § 43 kann bei einem inländischen wirtschaftlichen Verein (§ 22) unter den Voraussetzungen des § 49 Abs. 2 VwVfG auch die Verleihung der Rechtsfähigkeit **widerrufen** werden.[15]

§ 44 Zuständigkeit und Verfahren

Die Zuständigkeit und das Verfahren für die Entziehung der Rechtsfähigkeit nach § 43 bestimmen sich nach dem Recht des Landes, in dem der Verein seinen Sitz hat.

A. Allgemeines

§ 44 regelt als Begleitvorschrift zu § 43 das bei der Entziehung der Rechtsfähigkeit zu beobachtende **Ver-** **1** **fahren**; ebenso wie bei jener Bestimmung beschränkt sich der Anwendungsbereich der Vorschrift daher nunmehr auf die **Entziehung der Rechtsfähigkeit von konzessionierten Wirtschaftsvereinen** aus dem speziellen Grund der **Verfolgung anderer als der satzungsgemäßen Zwecke**.

B. Regelungsgehalt

I. Zuständigkeit und Verfahren

Unter den Voraussetzungen des § 43 verliert der Verein die Rechtsfähigkeit nicht *ipso iure*, es bedarf viel- **2** mehr des konstitutiven staatlichen Akts der Entziehung; hierbei handelt es sich um einen **(privatrechtsge-**

---

12 BeckOGK/*Könen* BGB § 43 Rn. 23 ff., 64; BeckOK BGB/*Schöpflin* § 41 Rn. 6; Erman/*Westermann* BGB § 41 Rn. 1, 7, § 43 Rn. 3, § 47 Rn. 1, § 49 Rn. 4; Palandt/*Ellenberger* BGB § 43 Rn. 1; *K. Schmidt*, Verbandszweck, S. 14 ff.; s. insoweit auch MüKo-BGB/*Leuschner* Vor § 21 Rn. 112, §§ 21, 22 Rn. 105, Vor § 41 Rn. 3, § 43 Rn. 3; aA jurisPK/*Otto* BGB § 43 Rn. 7; Soergel/*Hadding* BGB § 43 Rn. 2, 7: Erhalt des Status als juristische Person, wenngleich beschränkt auf die Zwecke der Liquidation.

13 BeckOGK/*Könen* BGB § 43 Rn. 28; BeckOK BGB/ *Schöpflin* § 41 Rn. 6; Erman/*Westermann* BGB § 43 Rn. 3.

14 BeckOGK/*Könen* BGB § 43 Rn. 27, 29 ff.; BeckOK BGB/*Schöpflin* § 41 Rn. 6, 12, § 43 Rn. 4; *K. Schmidt*, Verbandszweck, S. 291; aA insoweit MüKoBGB/*Leuschner* §§ 21, 22 Rn. 105, 112, Vor § 41 Rn. 3, § 43 Rn. 3.

15 BeckOK BGB/*Schöpflin* § 43 Rn. 4; Reichert/ Schimke/Dauernheim/*Schörnig* Kap. 2 Rn. 4025 ff.

staltenden) **Verwaltungsakt** iSv § 35 S. 1 VwVfG.[1] Zur Entziehung der Rechtsfähigkeit befugt ist allein die **durch das Landesrecht bestimmte Verwaltungsbehörde**.[2] Für das Verfahren gilt das Verwaltungsverfahrensrecht des jeweiligen Bundeslands. Örtlich zuständig ist gemäß § 44 iVm § 3 Abs. 1 Nr. 3 b VwVfG der Länder die Behörde, in deren Bezirk der Verein seinen Sitz (vgl. § 24) hat.[3] Die Behörde **ermittelt den Sachverhalt von Amts wegen** (§ 24 VwVfG); hierbei muss sie den Verein, vertreten durch den Vorstand (§ 12 Abs. 1 Nr. 3 VwVfG), vor Erlass der Entziehungsverfügung **anhören** (§ 28 VwVfG).[4] Die Entziehungsverfügung kann, soweit das Landesrecht dies nicht ausschließt, mit aufschiebender Wirkung durch Widerspruch und Anfechtungsklage vor dem Verwaltungsgericht angegriffen werden (§ 80 VwGO).

II. Entziehung der Rechtsfähigkeit bei Auslandsverein (Abs. 2 aF)

3   § 44 Abs. 2 aF betraf die Zuständigkeit für die Entziehung der Rechtsfähigkeit bei einem ausländischen Verein iSv § 23 aF; durch das VereinsRÄndG 2009 wurde mit der Aufhebung des § 23 aF auch die besondere Zuständigkeitsregelung nach Abs. 2 gestrichen.[5] Dies gilt für solche ausländischen Vereine, denen vor dem 30.9. 2009 die Rechtsfähigkeit im Inland verliehen wurde, auch nach diesem Tag fort (Art. 229 § 24 EGBGB). An die Stelle des in Abs. 2 aF für zuständig erklärten Bundesrats ist gemäß Art. 125, 129 GG der Bundesminister des Innern getreten.[6]

§ 45 Anfall des Vereinsvermögens

(1) Mit der Auflösung des Vereins oder der Entziehung der Rechtsfähigkeit fällt das Vermögen an die in der Satzung bestimmten Personen.

(2) ¹Durch die Satzung kann vorgeschrieben werden, dass die Anfallberechtigten durch Beschluss der Mitgliederversammlung oder eines anderen Vereinsorgans bestimmt werden. ²Ist der Zweck des Vereins nicht auf einen wirtschaftlichen Geschäftsbetrieb gerichtet, so kann die Mitgliederversammlung auch ohne eine solche Vorschrift das Vermögen einer öffentlichen Stiftung oder Anstalt zuweisen.

(3) Fehlt es an einer Bestimmung der Anfallberechtigten, so fällt das Vermögen, wenn der Verein nach der Satzung ausschließlich den Interessen seiner Mitglieder diente, an die zur Zeit der Auflösung oder der Entziehung der Rechtsfähigkeit vorhandenen Mitglieder zu gleichen Teilen, anderenfalls an den Fiskus des Landes, in dessen Gebiet der Verein seinen Sitz hatte.

Literatur: *Dreyer*, Rechtsnachfolge in höchstpersönliche Rechte von Verbänden, JZ 2007, 606; *Plottek*, Vermögensanfall bei Verein und Stiftung, 2014; *Scherl*, Die Auseinandersetzung bei Sparkassenzweckverbänden, 1998; *Steinbeck*, Vereinsautonomie und Dritteinfluss – dargestellt an den Verbänden des Sports, 1999; *Tysper*, Konfliktlösung im Umlegungsrecht – Aktuelle Rechtsprechung und Umlegungsmediation, ZfIR 2006, 781. Siehe auch die Literatur bei § 41.

A. Allgemeines	1	1. Bestimmung durch Satzung (Abs. 1) 10
B. Regelungsgehalt	3	2. Bestimmung durch die Mitgliederver-
I. Anfallstatbestände: Auflösung oder Entzie-		sammlung (Abs. 2) 11
hung der Rechtsfähigkeit (Abs. 1)	3	3. Bestimmung durch das Gesetz (Abs. 3) ... 12
II. Anfall des Vermögens	6	a) Selbstnütziger Verein 12
1. Vermögens- und Persönlichkeitsrechte	6	b) Fremdnütziger Verein 13
2. Rechtswirkungen des Anfalls	7	IV. Ablehnung des Anfalls und Wegfall der
a) Gesamtrechtsnachfolge	8	Anfallberechtigten 14
b) Schuldrechtlicher Anspruch auf den		V. Änderung der Bestimmung des Anfallberech-
Liquidationsüberschuss	9	tigten 15
III. Die Bestimmung des Anfallberechtigten	10	

A. Allgemeines

1   Die Vorschrift trifft Bestimmungen über den **Anfall** des Vereinsvermögens nach Auflösung (→ § 41 Rn. 2, 6 ff.) oder der Entziehung der Rechtsfähigkeit (§§ 43, 73, → § 41 Rn. 3, 14 ff., → § 43 Rn. 2 ff.) und die

1	BeckOGK/*Könen* BGB § 44 Rn. 5; Soergel/*Hadding* BGB § 43 Rn. 2.	3	BeckOGK/*Könen* BGB § 44 Rn. 6; jurisPK/*Otto* BGB § 44 Rn. 1.
2	BeckOGK/*Könen* BGB § 44 Rn. 5. Übersicht über die in den Ländern zuständigen Behörden bei Müko/*Leuschner* § 44 Rn. 2; jurisPK/*Otto* BGB § 44 Rn. 4 f.; Reichert/Schimke/Dauernheim/*Schörnig* Kap. 2 Rn. 4014 f.; Staudinger/*Weick* BGB § 44 Rn. 3.	4	BeckOGK/*Könen* BGB § 44 Rn. 7.
		5	Begr. zum VereinsRÄndG 2009, BT-Drs. 16/12813, S. 11; s. dazu noch ausf. BeckOGK/*Könen* BGB § 44 Rn. 2 f., 8.
		6	Vgl. die Entscheidung der Bundesregierung v. 17.2.1953 zu Art. 10 EGBGB (BGBl. I S. 43).

Bestimmung des **Anfallberechtigten**. Sie regelt damit eine wichtige **Prämisse für den Übergang des Vereins in das Liquidationsstadium**; denn die Liquidation ist gem. § 47 (nur) unter der Voraussetzung durchzuführen, dass ein Anfall des Vereinsvermögens stattfindet, und zwar bei einer anderen Person als dem Fiskus. Insofern besteht ein **unauflöslicher Zusammenhang zwischen § 45 und § 47**: Die Liquidation ist nur eine Einrichtung zur Bewältigung der Probleme des Anfalls iSv § 45 (→ § 47 Rn. 1) und scheidet jedenfalls aus, wenn kein Anfall stattfindet; allenfalls mag man umgekehrt trotz des Anfalls die liquidationslose Fortsetzung des Vereins für zulässig halten, sei es ex lege, sei es aufgrund entsprechenden Fortsetzungsbeschlusses (→ § 47 Rn. 8 ff.).[1]

Unter dem Anfall des Vereinsvermögens versteht das Gesetz grundsätzlich – anders als im Sonderfall des § 46 (→ Rn. 8, → § 46 Rn. 2) – nicht den Erwerb des Vereinsvermögens im Wege der Gesamtrechtsnachfolge; vielmehr wird lediglich ein **Anspruch des Berechtigten gegen den Verein** auf Verschaffung des Überschusses nach Bezahlung der Schulden begründet (→ Rn. 9). Anfallberechtigt ist diejenige Person, der das Vermögen des Vereins nach dessen Auflösung oder Entziehung der Rechtsfähigkeit zusteht. Der Anfallberechtigte wird vorrangig durch die Satzung bestimmt, hilfsweise durch ein Vereinsorgan, insbesondere die Mitgliederversammlung, oder durch das Gesetz. Wenn der Verein als nichtrechtsfähiger Verein iSv § 54 fortgesetzt wird, tritt er an die Stelle der Mitglieder; wegen der Identität des Vermögensträgers erübrigt sich ein Anfall (→ Rn. 4). 2

B. Regelungsgehalt

I. Anfallstatbestände: Auflösung oder Entziehung der Rechtsfähigkeit (Abs. 1)

Nach dem Wortlaut der Bestimmung setzt der Anfall des Vereinsvermögens voraus, dass der Verein durch Beschluss der Mitgliederversammlung **aufgelöst** (→ § 41 Rn. 2, 6, 28 ff.) oder ihm die **Rechtsfähigkeit entzogen** (→ § 41 Rn. 3, 14 ff., → § 43 Rn. 2 ff.) worden ist. Die Vorschrift ist zudem analog auf diejenigen Beendigungstatbestände anzuwenden, die zwar auf die Vollbeendigung des Vereins abzielen, diese aber nicht sogleich herbeiführen (zB **Zeitablauf**, → § 41 Rn. 10, **Bedingungseintritt**, → § 41 Rn. 9 oder **Gründungsmängel**, → § 41 Rn. 16); denn in diesen Fällen bedarf es gleichfalls einer Liquidation des Vereinsvermögens. Darüber hinaus ist § 45 jedoch nach hM im Fall der Auflösung des Vereins durch **Wegfall aller Mitglieder** – hier findet keine Liquidation nach § 47 statt, vielmehr wird der Verein durch einen nach § 1913 zu bestellenden Pfleger abgewickelt (→ § 41 Rn. 13, 20) – entsprechend anwendbar.[2] 3

Die Vorschrift ist jedoch **nicht anwendbar** aufgrund ausdrücklicher Regelung bei einer Insolvenz (§ 42) sowie in denjenigen Fällen, in denen der Verein zwar seine Eigenschaft als juristische Person verliert, jedoch als werbender nichtrechtsfähiger Verein iSv § 54 unter Wahrung seiner Identität fortbesteht, wie zB beim Verzicht auf die Rechtsfähigkeit (→ § 41 Rn. 15) oder bei einer Fortsetzungsklausel bzw. einem Fortsetzungsbeschluss (→ § 47 Rn. 8 ff., 15 ff.).[3] 4

Die Vorschrift gilt entsprechend für den **nicht eingetragenen Verein**.[4] Ebenso sind in Ermangelung einer anderweitigen Regelung die §§ 45–47 entsprechend anwendbar, wenn eine **juristische Person des öffentlichen Rechts** aufgelöst wird; jedoch trifft den Fiskus in diesen Fällen eine unbeschränkte und unbeschränkbare Haftung.[5] 5

II. Anfall des Vermögens

1. Vermögens- und Persönlichkeitsrechte. § 45 regelt an sich nur den Anfall des **Vermögens** des Vereins, nicht das rechtliche Schicksal der dem Verein zustehenden **Persönlichkeitsrechte** (insbes. Namen, Firma). Diese Persönlichkeitsrechte gehen mit dem Verein unter, sofern sie mit dem Vereinsvermögen in keinerlei Zusammenhang stehen oder ihnen kein messbarer wirtschaftlicher Wert zukommt; andernfalls stehen sie wie das Vermögen dem Anfallberechtigten zu.[6] Wenn die Fortsetzung des Vereins als nichtrechtsfä- 6

---

1 Zust. BeckOGK/*Könen* BGB § 43 Rn. 19, § 45 Rn. 2.
2 BGHZ 19, 51, 57; OLG Köln NJW-RR 1996, 989; BAG ZIP 1986, 1482 = JZ 1986, 421 mAnm *K. Schmidt* JZ 1987, 394; BeckOGK/*Könen* BGB § 45 Rn. 4; Erman/*Westermann* BGB § 45 Rn. 1.
3 BeckOGK/*Könen* BGB § 45 Rn. 2; Soergel/*Hadding* BGB § 45 Rn. 3; Staudinger/*Weick* BGB § 45 Rn. 16; Reichert/Schimke/Dauernheim/*Schörnig* Kap. 2 Rn. 4257; abw. MüKoBGB/*Leuschner* §§ 21, 22 Rn. 105 ff., 112, § 47 Rn. 3 (Liquidation nur bei Auflösungsbeschluss).

4 BeckOK BGB/*Schöpflin* § 45 Rn. 2; Soergel/*Hadding* BGB § 45 Rn. 1.
5 RGZ 130, 169, 177 f.; BGH WM 1996, 1968 (1970); BeckOGK/*Könen* BGB § 45 Rn. 7.1, § 46 Rn. 3; Erman/*Westermann* BGB § 45 Rn. 1; Soergel/*Hadding* BGB § 45 Rn. 1; Reichert/Schimke/Dauernheim/*Schörnig*, Kap. 2 Rn. 4259.
6 Vgl. Soergel/*Hadding* BGB § 45 Rn. 4; Staudinger/*Weick* BGB § 45 Rn. 1; sa BGHZ 85, 221, 223 (zur Veräußerung der Namensfirma einer GmbH durch den Insolvenzverwalter); Differenzierungen bei *Dreyer* JZ 2007, 606 ff.

higer Verein iSv § 54 beschlossen wird, gehen die Persönlichkeitsrechte in jedem Fall ohne Weiteres auf den fortgesetzten n.eV über.[7]

7 **2. Rechtswirkungen des Anfalls.** Die Art und Weise des „Anfalls" **unterscheidet sich grundlegend** danach, wer anfallberechtigt ist.

8 **a) Gesamtrechtsnachfolge.** Fällt das Vereinsvermögen an den **Fiskus** (§ 46), tritt *ipso iure* ein sofortiger und vollständiger Übergang aller Rechte und Pflichten auf den Fiskus ein und der Verein wird sogleich vollbeendet (s. dazu → § 41 Rn. 5, 19, → § 47 Rn. 21); insoweit bezeichnet „Anfall" eine **Gesamtrechtsnachfolge** nach dem Modell des Erbrechts (→ § 46 Rn. 2). Unerheblich ist in diesem Fall, ob der Fiskus sein Anfallrecht auf eine entsprechende Satzungsbestimmung (Abs. 1), einen Beschluss der Mitgliederversammlung (Abs. 2) oder auf Gesetz (Abs. 3) stützt. Gleichgestellt sind die Körperschaften, Stiftungen und Anstalten des öffentlichen Rechts, aber nur für den Fall, dass sie über Art. 85 EGBGB kraft Landesrechts im Rahmen des Abs. 3 an die Stelle des Fiskus treten und nicht, wenn ihre Anfallberechtigung auf Abs. 1 oder 2 beruht.

9 **b) Schuldrechtlicher Anspruch auf den Liquidationsüberschuss.** In **allen anderen Fällen** – also auch dann, wenn eine Körperschaft, Stiftung oder Anstalt des öffentlichen Rechts nicht über Art. 85 EGBGB in Verbindung mit Landesrecht, sondern durch die Satzung oder nach § 45 Abs. 2 durch die Mitgliederversammlung bzw. ein anderes Vereinsorgan zum Anfallberechtigten bestimmt worden ist – erfolgt zunächst die Liquidation (§§ 47 ff.) des Vereinsvermögens; „Anfall" bezeichnet hier lediglich einen Anspruch auf „Ausantwortung" des Vermögensrestes, der nach der Befriedigung der Gläubiger aus dem durch die Liquidatoren „versilberten" Vereinsvermögen noch verbleibt (vgl. §§ 49 Abs. 1 S. 1, 53). Eine Gesamtrechtsnachfolge findet also in diesem Fall nicht statt; der Anfallberechtigte hat einen **schuldrechtlichen Anspruch** gegen den (durch die Liquidatoren vertretenen) Liquidationsverein auf Übertragung des Liquidationsüberschusses.[8] Der Anfallberechtigte haftet als solcher den Vereinsgläubigern nicht für die Vereinsverbindlichkeiten, da die Vorschriften über die Liquidation eine abschließende Regelung zur Sicherstellung der Ansprüche der Gläubiger darstellen.[9] Der **Anspruch auf den Liquidationsüberschuss entsteht erst,** wenn die nach Ablauf des Sperrjahres (§ 51) bekannten Gläubiger befriedigt oder sichergestellt sind (§ 52). Siehe dazu im Einzelnen → § 49 Rn. 8.

III. Die Bestimmung des Anfallberechtigten

10 **1. Bestimmung durch Satzung (Abs. 1).** Die Bestimmung des Anfallberechtigten ist grundsätzlich Sache des Vereins, namentlich im Wege einer ausdrücklichen Satzungsbestimmung. Die Satzung kann selbst unmittelbar festlegen, welchen konkreten Personen das Vereinsvermögen bei Auflösung oder Entziehung der Rechtsfähigkeit anfällt. Sie kann auch für den Fall, dass ein Anfallberechtigter wegfällt oder den Anfall zurückweist (→ Rn. 14), einen Ersatzanfallberechtigten bestimmen. Die Satzung kann die Bestimmung ferner der Mitgliederversammlung überlassen (Abs. 2, → Rn. 11).

11 **2. Bestimmung durch die Mitgliederversammlung (Abs. 2).** Die Satzung kann aber auch der Mitgliederversammlung – oder einem anderen Vereinsorgan, nicht aber einem außenstehenden Dritten – das Bestimmungsrecht einräumen (Abs. 2 S. 1)[10] oder das Vermögen unmittelbar dem als nichtrechtsfähigen Verein iSv § 54 fortlebenden Verband zuweisen.[11] Eine Satzungsregelung gemäß Abs. 2 ist im Hinblick auf den steuerrechtlichen Grundsatz der Vermögensbindung zwingend erforderlich, falls der Verein einen steuerbegünstigten Zweck verfolgt (§§ 55 Abs. 1 Nr. 4, 61 AO).[12] Schweigt die Satzung, so entspricht es dem überpersönlichen Zweck eines Idealvereins, dass die Mitgliederversammlung das Vereinsvermögen durch Beschluss einer öffentlichen Stiftung oder Anstalt zuweisen kann, wenn diese Verwendung des Vereinsvermögens nach Ansicht der Mitgliederversammlung dem Vereinszweck am besten gerecht wird; der Idealverein kann demgemäß auch ohne satzungsmäßige Ermächtigung einen entsprechenden Beschluss fassen (Abs. 2 S. 2).[13] Die Mitgliederversammlung kann aber in Ermangelung einer weiter gehenden satzungsmäßigen Ermächtigung nur eine öffentliche Stiftung oder Anstalt zum Anfallberechtigten bestimmen; hierzu

7   BeckOK BGB/*Schöpflin* § 45 Rn. 4.
8   BGH NZM 2005, 475 Rn. 29; KG OLGZ 1968, 200; BeckOGK/Könen BGB § 45 Rn. 20, 24; Erman/*Westermann* BGB § 45 Rn. 1; MüKoBGB/*Leuschner* § 45 Rn. 6; Soergel/*Hadding* BGB § 45 Rn. 3; Staudinger/*Weick* BGB § 45 Rn. 5; ausf. *Plottek*, S. 77 ff.
9   Vgl. RGZ 92, 77, 82; BeckOGK/*Könen* BGB § 45 Rn. 26 f.; BeckOK BGB/*Schöpflin* § 45 Rn. 11; Erman/*Westermann* BGB § 45 Rn. 1; MüKoBGB/*Leuschner* § 45 Rn. 7; Soergel/*Hadding* BGB § 45 Rn. 11.

10   BeckOGK/*Könen* BGB § 45 Rn. 13 f.; Soergel/*Hadding* BGB § 45 Rn. 5; jurisPK/*Otto* BGB § 45 Rn. 5; Staudinger/*Weick* BGB § 45 Rn. 11; ausf. *Steinbeck*, S. 118 ff.
11   Erman/*Westermann* BGB § 45 Rn. 3, § 47 Rn. 2.
12   Vgl. BeckOGK/*Könen* BGB § 45 Rn. 12.1; Reichert/Schimke/Dauernheim/*Schörnig* Kap. 2 Rn. 4247 ff.; jurisPK/*Otto* BGB § 45 Rn. 5.
13   Vgl. BeckOGK/*Könen* BGB § 45 Rn. 14; Erman/*Westermann* BGB § 45 Rn. 4.

gehören alle Arten von juristischen Personen des öffentlichen Rechts einschließlich der Körperschaften.[14] Die gleiche Befugnis hat die Mitgliederversammlung auch dann, wenn die statuarisch bestimmten Anfallberechtigten vor dem Anfall wegfallen oder den Anfall zurückweisen (→ Rn. 14).[15] Beim konzessionierten Verein ist das Erfordernis einer satzungsmäßigen Ermächtigung jedoch zwingend. Liegt eine statuarische Bestimmung vor, so kommt eine Bestimmung des Anfallberechtigten durch die Mitgliederversammlung nicht in Betracht.

3. Bestimmung durch das Gesetz (Abs. 3). a) Selbstnütziger Verein. Sofern weder eine entsprechende Satzungsbestimmung (Abs. 1) vorliegt noch die Möglichkeit besteht, den Anfallberechtigten durch Beschluss der Mitgliederversammlung zu bestimmen (Abs. 2), so unterscheidet das Gesetz für die weiteren Rechtsfolgen danach, ob es sich um einen „selbstnützigen" Verein handelt, der nach der Satzung allein den Interessen seiner Mitglieder zu dienen bestimmt ist, oder um einen fremdnützigen Verein. „Selbstnützig" sind zunächst die wirtschaftlichen Vereine iSv § 22,[16] ferner solche nichtwirtschaftlichen Vereine, deren Vermögen allein der Zweckverfolgung im Interesse der einzelnen Mitglieder zu dienen bestimmt ist; hiervon ist idR auszugehen, wenn der Verein keine gemeinnützigen, mildtätigen oder kirchlichen Zwecke iSv § 51 ff. AO verfolgt.[17] Bei selbstnützigen Vereinen fällt das Vermögen zu gleichen Teilen an die im Zeitpunkt der Auflösung oder Entziehung der Rechtsfähigkeit vorhandenen Vereinsmitglieder (Abs. 3 Fall 1). Bei unbekanntem Mitgliederbestand sind die Mitglieder gemäß § 50 Abs. 1 zu ermitteln (→ § 50 Rn. 7). Wenn die Mitglieder nicht zu ermitteln sind oder wenn sämtliche Mitglieder wegfallen oder den Anfall zurückweisen (→ Rn. 14), ist entsprechend der für fremdnützige Vereine angeordneten Rechtsfolge (→ Rn. 13) die Staatskasse anfallberechtigt, damit das Vereinsvermögen nicht herrenlos wird.[18]   **12**

b) Fremdnütziger Verein. Bei einem nach dem Vorgesagten nicht selbstnützigen, insbesondere fremdnützigen Verein fällt das Vereinsvermögen an den Fiskus desjenigen Bundeslandes, in dem der Verein seinen Sitz (§ 24) hatte (Abs. 3 Fall 2). Das Landesrecht kann anstelle des Fiskus eine Körperschaft, Stiftung oder Anstalt des öffentlichen Rechts als Anfallberechtigten bestimmen (Art. 85 EGBGB). Hat der Verein Sitze in mehreren Bundesländern (→ § 24 Rn. 4), so fällt das Vermögen den entsprechenden Ländern zu gleichen Teilen an (§§ 46, 1936 S. 1).   **13**

IV. Ablehnung des Anfalls und Wegfall der Anfallberechtigten

Der Anfallberechtigte kann, sofern es sich nicht um den Fiskus handelt (→ § 46 Rn. 2), den Anfall ablehnen;[19] es gilt dann das Gleiche wie beim fremdnützigen Verein (→ Rn. 13).[20] Diese Rechtsfolgen (→ Rn. 13) treten auch ein, wenn sämtliche anfallberechtigten Mitglieder wegfallen,[21] nicht aber im Fall der Auflösung wegen langer Untätigkeit.[22]   **14**

V. Änderung der Bestimmung des Anfallberechtigten

Durch eine anderweitige Bestimmung der Person des Anfallberechtigten kann dem zunächst bestimmten Anfallberechtigten sein Recht jederzeit wieder entzogen werden, auch noch nach Eintritt ins Liquidationsverfahren bis zum Abschluss der Verteilung.[23] Ebenso kann eine zunächst unterbliebene Bestimmung nachgeholt werden.[24]   **15**

---

14 BeckOK BGB/*Schöpflin* § 45 Rn. 7; Palandt/*Ellenberger* BGB § 45 Rn. 3; Staudinger/*Weick* BGB § 45 Rn. 13; aA BeckOGK/*Könen* BGB § 45 Rn. 14; Soergel/*Hadding* BGB § 45 Rn. 6: auch privatrechtliche juristische Personen, die öffentliche Aufgaben wahrnehmen; s. ferner MüKoBGB/*Leuschner* § 45 Rn. 11, der die Ausdehnung auf Körperschaften kritisch sieht, während es auf die öffentlich-rechtliche oder privatrechtliche Qualifikation nicht ankomme.

15 BeckOGK/*Könen* BGB § 45 Rn. 14; Reichert/Schimke/Dauernheim/*Schörnig* Kap. 2 Rn. 4254; Staudinger/*Weick* BGB § 45 Rn. 17.

16 Dies gilt auch nach der Neuorientierung des BGH zur Vereinsklassenabgrenzung, zutr. BeckOGK/*Könen* BGB § 45 Rn. 16; sa Reichert/Schimke/Dauernheim/*Schörnig* Kap. 2 Rn. 4256; jurisPK/*Otto* BGB § 45 Rn. 8.

17 BeckOGK/*Könen* BGB § 45 Rn. 16; Reichert/Schimke/Dauernheim/*Schörnig* Kap. 2 Rn. 4256; Staudinger/*Weick* BGB § 45 Rn. 16.

18 MüKoBGB/*Leuschner* § 45 Rn. 14; Soergel/*Hadding* BGB § 45 Rn. 8; Staudinger/*Weick* BGB § 45 Rn. 17; Reichert/Schimke/Dauernheim/*Schörnig* Kap. 2 Rn. 4258.

19 BeckOGK/*Könen* BGB § 45 Rn. 25; Erman/*Westermann* BGB § 45 Rn. 2; Soergel/*Hadding* BGB § 45 Rn. 11; Staudinger/*Weick* BGB § 45 Rn. 17.

20 BeckOGK/*Könen* BGB § 45 Rn. 17; MüKoBGB/*Leuschner* § 45 Rn. 14.

21 BeckOGK/*Könen* BGB § 45 Rn. 17.

22 BeckOGK/*Könen* BGB § 45 Rn. 18; MüKoBGB/*Leuschner* § 45 Rn. 14.

23 RGZ 169, 65, 82; KG JW 1935, 3636 (3638); BeckOGK/*Könen* BGB § 45 Rn. 19; Erman/*Westermann* BGB § 45 Rn. 2; Reichert/Schimke/Dauernheim/*Schörnig*, Kap. 2 Rn. 4261; Soergel/*Hadding* BGB § 45 Rn. 9; Staudinger/*Weick* BGB § 45 Rn. 8, 14.

24 Soergel/*Hadding* BGB § 45 Rn. 9.

§ 46 Anfall an den Fiskus

[1]Fällt das Vereinsvermögen an den Fiskus, so finden die Vorschriften über eine dem Fiskus als gesetzlichem Erben anfallende Erbschaft entsprechende Anwendung. [2]Der Fiskus hat das Vermögen tunlichst in einer den Zwecken des Vereins entsprechenden Weise zu verwenden.

Literatur: Siehe bei §§ 41, 45.

A. Allgemeines 1
B. Regelungsgehalt 2
   I. Gesamtrechtsnachfolge des Staates in das Vereinsvermögen (S. 1) 2
II. Feststellung des Anfalls 3
III. Verwendung des angefallenen Vermögens
   (S. 2) 4

A. Allgemeines

1 Die Vorschrift regelt die **Rechtsfolgen des Anfalls beim Fiskus.**[1] Die Anfallberechtigung des Fiskus kann sich aus einer Bestimmung der Vereinssatzung (§ 45 Abs. 1), aufgrund eines Beschlusses der Mitgliederversammlung (§ 45 Abs. 2) oder aufgrund Gesetzes (§ 45 Abs. 3) ergeben; ob der Bundes- oder Landesfiskus berufen ist, ergibt sich aus der jeweiligen Rechtsgrundlage (zu § 45 Abs. 3 s. insoweit → § 45 Rn. 13). Gleichgestellt sind die Körperschaften, Stiftungen und Anstalten des öffentlichen Rechts, die über Art. 85 EGBGB kraft Landesrechts im Rahmen des § 45 Abs. 3 an die Stelle des Fiskus treten; jedoch ist in diesen Fällen stattdessen ein Liquidationsverfahren durchzuführen, wenn solche Einrichtungen aufgrund der Satzung oder eines Beschlusses der Mitgliederversammlung als Anfallberechtigter eingesetzt werden.[2] Die §§ 45, 46 sind zudem entsprechend anwendbar, wenn eine juristische Person des öffentlichen Rechts aufgelöst wird (→ § 45 Rn. 5).

B. Regelungsgehalt

I. Gesamtrechtsnachfolge des Staates in das Vereinsvermögen (S. 1)

2 Unabhängig vom Grund des Anfalls wird der Fiskus in materieller und formeller Hinsicht als Gesamtrechtsnachfolger in das Vereinsvermögen behandelt (→ § 45 Rn. 8), der damit zugleich in die Schulden des Vereins einzutreten hat (§§ 46 S. 1, 1936 Abs. 1 S. 1, 1922, 1967).[3] Die Haftung des Fiskus ist grundsätzlich unbeschränkt (§ 1967), wenngleich nach erbrechtlichen Vorschriften (zB §§ 1975 ff.) auf das angefallene Vereinsvermögen beschränkbar.[4] Der Fiskus hat aber keine Möglichkeit zur Ausschlagung gem. § 1942 Abs. 2.[5] Eines Liquidationsverfahrens bedarf es daher in den Fällen, in denen der Anfall an den Fiskus stattfindet, nicht mehr; die Existenz des Vereins endet vielmehr ohne Weiteres mit dem Anfall an den Fiskus (Vollbeendigung). Ansprüche gegen den Fiskus können erst nach Feststellung seines Anfallrechts durch das Nachlassgericht (→ Rn. 3) geltend gemacht werden (§§ 1966, 1964). Gegenüber dem Grundbuchamt hat der Fiskus den Anfall des Vereinsvermögens durch Erbschein (→ Rn. 3) nachzuweisen.

II. Feststellung des Anfalls

3 Da der Fiskus auch formell als Erbe zu behandeln ist, erfolgt die Feststellung seines Anfallrechts durch das Nachlassgericht (§ 1964).[6] Der Nachweis des Anfallrechts, insbesondere gegenüber dem Grundbuchamt, erfolgt demgemäß durch Erbschein.[7] Zuständig für die Feststellung des Anfallrechts ist das Amtsgericht

1   Zur rechtspolitischen Kritik s. *Lieder* ZSt 2005, 16 ff. (zum mitgliederlosen Verein).

2   BeckOGK/*Könen* BGB § 46 Rn. 3; MüKoBGB/*Leuschner* § 46 Rn. 2; Staudinger/*Weick* BGB § 46 Rn. 2 f.

3   Prot. I, S. 547; BeckOGK/*Könen* BGB § 45 Rn. 20, § 46 Rn. 8; jurisPK/*Otto* BGB § 46 Rn. 5; MüKoBGB/*Leuschner* § 46 Rn. 3 f.; Staudinger/*Weick* BGB § 46 Rn. 1; ausf. *Plottek*, S. 73 ff.

4   BeckOGK/*Könen* BGB § 46 Rn. 9; BeckOK BGB/*Schöpflin* § 46 Rn. 3; MüKoBGB/*Leuschner* § 46 Rn. 3; Soergel/*Hadding* BGB § 46 Rn. 2; aA (wegen §§ 2011, 1994 Abs. 1 S. 2 BGB bzw. § 780 Abs. 2 ZPO hafte der Fiskus ohnehin stets nur mit dem übernommenen Vermögen) Sauter/Schweyer/Wald-

ner Eingetragener Verein Rn. 407; Palandt/*Ellenberger* BGB § 46 Rn. 1; Reichert/Schimke/Dauernheim/*Schörnig* Kap. 2 Rn. 4074, 4259.

5   Prot. I, S. 547; BGH WM 1996, 1968; Erman/*Westermann* BGB § 46 Rn. 1; Reichert/Schimke/Dauernheim/*Schörnig* Kap. 2 Rn. 4074, 4259; Staudinger/*Weick* BGB § 46 Rn. 1.

6   KG NZG 2011, 995; BeckOGK/*Könen* BGB § 46 Rn. 7; BeckOK BGB/*Schöpflin* § 46 Rn. 3; MüKoBGB/*Leuschner* § 46 Rn. 4; Staudinger/*Weick* BGB § 46 Rn. 4.

7   Vgl. OLG Hamm OLGZ 1966, 109; BeckOK BGB/*Schöpflin* § 46 Rn. 3; Soergel/*Hadding* BGB § 46 Rn. 2; Staudinger/*Weick* BGB § 46 Rn. 4.

desjenigen Ortes, an dem der eV seinen Sitz hatte (§ 343 FamFG).[8] Hierbei ist grundsätzlich ohne erneute Prüfung von den Umständen auszugehen, mit denen die Registerlöschung begründet worden ist.[9] Jedoch hat das Nachlassgericht zu prüfen, ob der Verein als ursprünglicher Rechtsträger nicht doch verbandsidentisch in anderer Rechtsform fortbesteht.[10] Ist das Anfallrecht des Fiskus zweifelhaft, kann das Nachlassgericht gem. § 1960 die notwendigen Maßnahmen zur Sicherung des Vereinsvermögens veranlassen, insbesondere einen Pfleger bestellen.

III. Verwendung des angefallenen Vermögens (S. 2)

Der Fiskus und die anfallberechtigten juristischen Personen des öffentlichen Rechts haben das Vereinsver- **4** mögen gem. S. 2 „tunlichst" in einer den Zwecken des Vereins entsprechenden Weise zu verwenden. Als öffentlich-rechtliche Auflage[11] löst die Verwendungspflicht des S. 2 keine Klagemöglichkeit für Privatpersonen aus, die an einer Verwendung des Vereinsvermögens in einer den Zwecken des Vereins entsprechenden Weise ein persönliches Interesse haben.[12]

§ 47 Liquidation

Fällt das Vereinsvermögen nicht an den Fiskus, so muss eine Liquidation stattfinden, sofern nicht über das Vermögen des Vereins das Insolvenzverfahren eröffnet ist.

Literatur: *Bayer*, Die liquidationslose Fortsetzung rechtsfähiger Idealvereine, Diss. Mainz 1984; *Böttcher*, Die Beendigung des rechtsfähigen Vereins, Rpfleger 1988, 169; *Grziwotz*, Die Liquidation von Kapitalgesellschaften, Genossenschaften und Vereinen, DStR 1992, 1404; *Heller*, Die vermögenslose GmbH, 1989; *Hönn*, Die konstitutive Wirkung der Löschung von Kapitalgesellschaften, ZHR 138 (1974), 50; *Hüffer*, Das Ende der Rechtspersönlichkeit von Kapitalgesellschaften, in: GS Schultz 1987, S. 99; *Lieder*, Der mitgliederlose Verein, ZSt 2004, 330; 2005, 15; *Reuter*, Verbandszweck und Rechtsfähigkeit im Vereinsrecht, ZHR 151 (1987), 237; *Scherl*, Die Auseinandersetzung bei Sparkassenzweckverbänden, 1998; *H. Schmidt*, Zur Vollbeendigung juristischer Personen, 1989; *K. Schmidt*, Liquidationszweck und Vertretungsmacht der Liquidatoren, AcP 174 (1974), 55; *K. Schmidt*, Zur Gläubigersicherung im Liquidationsrecht der Kapitalgesellschaften, Genossenschaften und Vereine, ZIP 1981, 1; *K. Schmidt*, Ultra-vires-Doktrin: tot oder lebendig? – Bemerkungen zur Organvertretungsmacht, AcP 184 (1984), 529.
Siehe auch die Literatur bei § 41 und § 42.

A. Allgemeines 1
B. Regelungsgehalt 2
  I. Bedeutung der Liquidation 2
  II. Stattfinden der Liquidation 4
    1. Liquidationsauslösungstatbestände (Hs. 1) 4
    2. Liquidation nach durchgeführtem Insolvenzverfahren (Hs. 2) 6
    3. Liquidationszwang als Folge der Auflösung und der Entziehung der Rechtsfähigkeit? 8
    4. Die Abwicklung des nichtrechtsfähigen Vereins iSv § 54 11
  III. Der Liquidationsverein 12
    1. Identität zwischen werbendem Verein und Liquidationsverein 12
    2. Das Organisationsrecht des Liquidationsvereins 14
  IV. Die Fortsetzung des werbenden Vereins 15
    1. Die Fortsetzungsmöglichkeit 15
    2. Beseitigung des Beendigungsgrunds 16
    3. Fortsetzung aufgrund Beschlusses der Mitgliederversammlung 17
    4. Fortsetzung aufgrund Satzungsbestimmung 18
  V. Die Vollbeendigung des Vereins nach durchgeführter Liquidation 19
    1. Beendigung der Liquidation 19
    2. Konstitutive oder deklaratorische Löschung im Vereinsregister nach erfolgter Liquidation? 20
    3. Wirkungen der Vollbeendigung 21
  VI. Die Nachtragsliquidation 22
C. Weitere praktische Hinweise 23
  I. Auf die Liquidation bezogene Registeranmeldungen 23
  II. Der Liquidationsverein im Zivilprozess 24
    1. Prozessführung während des Liquidationsverfahrens 24
    2. Prozessführung nach Abschluss der Liquidation 26
  III. Liquidation und Zwangsvollstreckung 29

---

8 Vgl. Staudinger/*Weick* BGB § 46 Rn. 4.
9 KG NZG 2011, 995 f.; BeckOK BGB/*Schöpflin* § 46 Rn. 3.
10 KG NZG 2011, 995 f.; BeckOGK/*Könen* BGB § 46 Rn. 7; Stöber/*Otto*, Rn. 1126.
11 KG OLGZ 1969, 224 (229); BeckOGK/*Könen* BGB § 46 Rn. 13; BeckOK BGB/*Schöpflin* § 46 Rn. 4; Soergel/*Hadding* BGB § 46 Rn. 3; Staudinger/*Weick* BGB § 46 Rn. 5; aA MüKoBGB/*Leuschner* § 46 Rn. 5; Reichert/Schimke/Dauernheim/*Schörnig* Kap. 2 Rn. 4080.

12 BeckOGK/*Könen* BGB § 46 Rn. 13 f.; Erman/*Westermann* BGB § 46 Rn. 2; Palandt/*Ellenberger* BGB § 46 Rn. 1; Soergel/*Hadding* BGB § 46 Rn. 3; iE auch BeckOK BGB/*Schöpflin* § 46 Rn. 4: ungenügende Bestimmtheit der gesetzlichen Verpflichtung; aA MüKoBGB/*Leuschner* § 46 Rn. 5; Staudinger/*Weick* BGB § 46 Rn. 2: verwaltungsgerichtlich durchsetzbarer Anspruch auf fehlerfreie Ermessensausübung.

IV. Zum Verhältnis von Liquidation und Insol-   2. Verdrängung des Liquidationsverfahrens
    venzverfahren   30   durch die insolvenzmäßige Abwicklung ..   31
    1. Die Insolvenz des Liquidationsvereins   30

A. Allgemeines

1 Mit dem Ziel, die Rechte der Vereinsgläubiger zu sichern und die Gewähr für eine angemessene Überleitung des Vermögens auf die Anfallberechtigten zu schaffen,[1] untersagt § 47 (iVm §§ 49 ff.) die ungeordnete Verteilung des Vereinsvermögens an die anfallberechtigten Privatpersonen iSv § 45 Abs. 1 und verpflichtet den Verein zur Durchführung eines geregelten Abwicklungsverfahrens, sofern nicht die Fortsetzung des Vereins beschlossen wird.

B. Regelungsgehalt

I. Bedeutung der Liquidation

2 Als Liquidation bezeichnet das Gesetz die Abwicklung des Vereinsvermögens. Sie wird durch eine grundlegende **Änderung des Vereinszwecks** gekennzeichnet: Vereinszweck ist nunmehr kraft Gesetzes die Liquidation, dh die Beendigung der laufenden Geschäfte, die Verwertung des Vermögens, die Erfüllung der bestehenden Verpflichtungen des Vereins und die Übertragung des Restvermögens an die Anfallberechtigten (§ 49 Abs. 1).[2] Nach dem Gesetz ist die Liquidation ausschließlich auf das **Vereinsvermögen** bezogen; soweit die Abwicklung einer komplexen Vereinsorganisation eine über die Liquidation des Vermögens hinausgehende Tätigkeit erfordert, ist dies – wenngleich es in der Praxis häufig von den Liquidatoren mit erledigt wird – nicht eigentlich Aufgabe der Liquidatoren. Hieraus folgt zugleich, dass die Liquidation unterbleibt bzw. endet, wenn verwertbares Vermögen nicht vorhanden ist (→ Rn. 19, → § 51 Rn. 5); denn die organisatorische Abwicklung allein rechtfertigt das Stattfinden des Liquidationsverfahrens nicht.[3]

3 Die Vorschrift gilt entsprechend für den **nichtrechtsfähigen Verein iSv § 54** (→ Rn. 11). Ebenso sind in Ermangelung einer anderweitigen Regelung die §§ 45–47 entsprechend anwendbar, wenn eine **juristische Person des öffentlichen Rechts** aufgelöst wird.[4]

II. Stattfinden der Liquidation

4 **1. Liquidationsauslösungstatbestände (Hs. 1).** Nach dem Gesetz findet die Liquidation statt, wenn das Vermögen des Vereins gem. § 45 Abs. 1 „angefallen" ist, und zwar gerade nicht dem Fiskus – weil anderenfalls der Fiskus gem. § 46 im Wege der Gesamtrechtsnachfolge Rechte und Verbindlichkeiten des Vereins übernähme (→ § 45 Rn. 8, → § 46 Rn. 2) und für eine Liquidation weder Anlass noch Raum wäre –, sondern einer oder mehreren anderen (privaten) Personen (§ 47 Hs. 1). Ein einschlägiger, den Anfall auslösender **Beendigungstatbestand** ist nach dem Gesetzeswortlaut nur in zwei Fällen gegeben, nämlich im Fall der Auflösung durch Beschluss seiner Mitglieder (§ 41) sowie im Fall der Entziehung der Rechtsfähigkeit (§§ 43, 73). §§ 45, 47 ff. sind zudem analog auf diejenigen Beendigungstatbestände anzuwenden, die zwar auf die Vollbeendigung des Vereins abzielen, diese aber nicht sogleich herbeiführen (zB Zeitablauf, → § 41 Rn. 9, Bedingungseintritt, → § 41 Rn. 10, oder Gründungsmängel, → § 41 Rn. 16); denn in diesen Fällen bedarf es gleichfalls einer Liquidation des Vereinsvermögens. Über den Gesetzeswortlaut hinaus muss nach seinem Sinn und Zweck das Liquidationsverfahren ferner eröffnet sein, wenn der Verein seine aktive Tätigkeit einstellt (→ § 41 Rn. 13), wenn der Verein seinen Sitz ins Ausland verlegt (→ § 41 Rn. 8) oder wenn der Verein im Verfahren nach § 395 FamFG von Amts wegen gelöscht wird (→ § 41 Rn. 16). In allen diesen Fällen kommt es zum Anfall des Vereinsvermögens bei dem oder den Anfallberechtigten, und es hängt von der **Person des Anfallberechtigten** ab, ob ein Liquidationsverfahren nachfolgen muss: Fällt das Vereinsvermögen dem **Fiskus** an (§§ 45 Abs. 3), so gewährleistet § 46 eine den Interessen der Gläubiger gerecht werdende Abwicklung. Handelt es sich jedoch um eine oder mehrere Privatpersonen, so bedarf es besonderer Vorkehrungen sowohl zum Schutz der Gläubiger als auch zur Wahrung der berechtigten Interessen der

1   Motive I, S. 112 f.; sa BeckOGK/*Könen* BGB § 47
    Rn. 2; Staudinger/*Weick* BGB § 47 Rn. 5.
2   Vgl. BGHZ 96, 253, 255; BeckOK BGB/*Schöpflin*
    § 49 Rn. 3; Soergel/*Hadding* BGB § 49 Rn. 1.
3   OLG Düsseldorf NZG 2013, 1185; MüKoBGB/*Leu-
    schner* § 47 Rn. 5; Reichert/Schimke/Dauernheim/
    Schörnig*, Kap. 2 Rn. 4082; Stöber/*Otto* Rn. 1129;

nur im Grundsatz auch BeckOGK/*Könen* BGB § 47
Rn. 17, 19, 28: nichtvermögensrechtlicher Abwick-
lungsbedarf rechtfertigt die Liquidation, sofern
schützenswerte Drittbelange betroffen sind.
4   RGZ 130, 169, 177 f.; BGH WM 1996, 1968 (1970);
    Erman/*Westermann* BGB § 45 Rn. 1; Soergel/*Had-
    ding* BGB § 45 Rn. 1.

Anfallberechtigten. Diese Vorkehrungen werden durch die Ausgestaltung des Abwicklungsverfahrens gem. §§ 47 ff. getroffen.

Im Fall der Auflösung des Vereins durch **Wegfall aller Mitglieder** findet nach hM **keine Liquidation** nach **5** § 47 statt, vielmehr wird der Verein durch einen entsprechend § 1913 zu bestellenden Pfleger abgewickelt (→ § 41 Rn. 21). Eine Liquidation nach §§ 47 ff. findet ebenso wenig statt aufgrund ausdrücklicher Regelung im Fall der Insolvenz (→ Rn. 6) sowie in denjenigen Fällen, in denen der Verein zwar seine Eigenschaft als juristische Person verliert, jedoch als werbender nichtrechtsfähiger Verein iSv § 54 unter Wahrung seiner Identität fortbesteht, wie zB beim Verzicht auf die Rechtsfähigkeit (→ § 41 Rn. 15) oder bei einer Fortsetzungsklausel bzw. einem Fortsetzungsbeschluss (→ Rn. 15 ff., → § 41 Rn. 4).

2. Liquidation nach durchgeführtem Insolvenzverfahren (Hs. 2). Nach durchgeführtem Insolvenzver- **6** fahren schließt sich in keinem Fall mehr ein Liquidationsverfahren an: Das Insolvenzverfahren ist ein **Liquidationsverfahren eigener Art** mit dem Ziel der Vollabwicklung des Vereinsvermögens.[5] Folgerichtig ist in § 47 Hs. 2 nunmehr ausdrücklich geregelt, dass das Vereinsvermögen einer Liquidation nur unterliegt, „soweit" nicht das Insolvenzverfahren eröffnet ist; dadurch wird klargestellt, dass sich das Insolvenzverfahren und die vereinsrechtliche Liquidation nach §§ 47 ff. ausschließen und dass das Insolvenzverfahren als das speziellere Verfahren den Vorrang genießt.[6] Die insolvenzmäßige Abwicklung wird ausschließlich von dem Insolvenzverwalter betrieben (→ § 42 Rn. 27), und zwar zunächst durch Verwertung des bei Verfahrenseröffnung vorhandenen Aktivvermögens und die Verteilung der dadurch erzielten baren Masse an die Insolvenzgläubiger. Rechte und Pflichten des Insolvenzschuldners nimmt der Vorstand, in einem erst während der Liquidation eröffneten Insolvenzverfahren die Liquidatoren wahr. Sofern der Verein nach Abschluss des Insolvenzverfahrens noch Vermögen hat, beendet der Verwalter die Liquidation nach Maßgabe des § 199 Abs. 2 InsO (→ Rn. 7, → § 42 Rn. 27).

Entgegen einer verbreiteten Ansicht[7] bedeutet dies, dass der **Insolvenzverwalter** den Verein nach Maßgabe **7** von § 199 S. 2 InsO **bis zur Löschungsreife abzuwickeln hat**, nicht etwa muss im Anschluss an das Insolvenzverfahren bzw. parallel dazu eine außergerichtliche Liquidation stattfinden.[8] Insolvenzfreies Vermögen, das der Verfügungsmacht des Insolvenzverwalters entzogen ist, kann es nach richtiger Ansicht beim Verein nicht geben (→ § 42 Rn. 14). Zwar gibt es für den Verein, anders als für Kapitalgesellschaften (§ 394 FamFG), keine Bestimmung über die Zwangslöschung für den Fall, dass das Insolvenzverfahren durchgeführt worden ist und keine Anhaltspunkte für das Vorliegen von Restvermögen gegeben sind; dies aber wohl nur, weil der Gesetzgeber die hM zugrunde legte, wonach hier – anders als bei Kapitalgesellschaften, für die die Lehre vom Doppeltatbestand vorherrscht – mit Abschluss der Liquidation die Vollbeendigung des Vereins auch ohne Eintragung im Register eintrete (s. dazu → Rn. 20). Für die nach § 199 S. 2 vorzunehmende Verteilung gelten allerdings grundsätzlich die gleichen Regeln, nach denen sich die Überschussverteilung im vereinsrechtlichen Liquidationsverfahren richtet, also insbesondere §§ 45, 49 Abs. 1 S. 1, 50, 51.[9] Aufgabe des Insolvenzverwalters ist es aber nicht, Streitigkeiten über die Verteilung unter den potenziell Anfallberechtigten zu entscheiden; ggf. muss er die Beträge beim Amtsgericht hinterlegen.

3. Liquidationszwang als Folge der Auflösung und der Entziehung der Rechtsfähigkeit? Die Auf- **8** lösung des eV und der Verlust der Eigenschaft als juristische Person bewirkten, wenn nicht das Vereinsvermögen an den Fiskus falle oder aus einem anderen Grund sofortige Vollbeendigung eintrete (s. zu diesen Fällen → § 41 Rn. 5, 18 ff.), nach früher hM **zwingend den Eintritt des Vereins in das Liquidationsverfahren**;[10] bestritten war lediglich, ob sich zu diesem Zweck ipso iure ein besonderer „Liquidationsverein" (mit für die Zwecke des Abwicklungsverfahrens fortbestehender Rechtsfähigkeit)[11] von dem als nichtrechtsfähigem Verein iSv § 54 fortbestehenden ursprünglichen eV abspalte oder ob die Fortsetzung des nach Abspaltung des Liquidationsvereins verbliebenen nichtrechtsfähigen Vereins einen Fortsetzungsbeschluss

---

5 Vgl. *K. Schmidt* GesR § 24 VII 3 b cc.
6 So auch die Gesetzesbegründung, BT-Drs. 12/3803, S. 76.
7 Staudinger/*Weick* BGB § 47 Rn. 3; *Gutzeit*, S. 132 ff.; vermittelnd BeckOGK/*Könen* BGB § 47 Rn. 20 (Liquidation nach §§ 45 ff., jedoch durch den Insolvenzverwalter).
8 Zutr. MüKoBGB/*Leuschner* § 42 Rn. 15; Soergel/ *Hadding* BGB § 42 Rn. 9; Gottwald InsR-HdB/*Haas/ Mock* BGB § 93 Rn. 216 f.; allg. zu juristischen Personen *H.F. Müller*, Der Verband in der Insolvenz, S. 13 ff.; *K. Schmidt*, Wege zum Insolvenzrecht der

Unternehmen, S. 99 ff., *ders.* GmbHR 1994, 829 (830 f.); Uhlenbruck/*Hirte* InsO § 11 Rn. 148 ff.; sa die Gesetzesbegründung zur InsO, BT-Drs. 12/2443, S. 10, 109, u. BT-Drs. 12/7302, S. 155.
9 Vgl. MüKoBGB/*Leuschner* § 42 Rn. 15; Jaeger/ *Meller-Hannich* InsO § 199 Rn. 2, 4; Uhlenbruck/ *Hirte* InsO § 11 Rn. 150 (der die Anwendung des § 50 allerdings ausnimmt); Uhlenbruck/*Wegener* InsO § 199 Rn. 5 f.
10 Vgl. zuletzt noch (*obiter*) BGHZ 96, 253, 256; ausf. dazu *Reuter* ZHR 151 (1987), 237, 238 f., 255 f.
11 BGH MDR 1958, 756.

voraussetze.[12] Eine Ausnahme vom Liquidationszwang sollte danach nur dann in Betracht kommen, wenn der Verein nach der Auflösung oder der Entziehung der Rechtsfähigkeit kraft Satzungsbestimmung oder Beschlusses der Mitgliederversammlung als nichtrechtsfähiger Idealverein iSv § 54 weiter bestehe.[13]

9   Heute wird jedoch mit Recht überwiegend angenommen, § 47 enthalte nur das Gebot, im Falle der Verteilung des Vereinsvermögens nach Liquidationsregeln vorzugehen, dagegen **keinen Liquidationszwang**; der Gesetzgeber habe damit lediglich ausgesprochen, dass jede Verteilung des Vereinsvermögens an andere Personen als den Fiskus (also an Vereinsmitglieder oder Dritte) nur im Wege eines Liquidationsverfahrens stattfinde.[14] Ein Liquidationsverfahren ist deshalb insbesondere dann entbehrlich, wenn der Verein **vermögenslos** ist; in diesem Fall tritt auch in den Fällen, in denen an sich eine Liquidation vorgeschrieben ist, die sofortige Vollbeendigung ein.[15] Auch in diesem Fall bedarf es aber der Anmeldung von Liquidatoren (→ § 76 Rn. 2 aE).

10   Die weiteren Konsequenzen dieser Konzeption unterscheiden sich danach, ob der Anfall iSv § 45 infolge Auflösung oder infolge Entziehung der Rechtsfähigkeit eingetreten ist: Der aufgelöste Verein (→ § 41 Rn. 2, 6 ff.) behält bis zum Abschluss der Liquidation seine Rechtsfähigkeit; er kann durch Fortsetzungsbeschluss wieder in einen werbenden eV (→ Rn. 15) oder durch Umwandlungsbeschluss in einen wirtschaftlichen Verein, eine GmbH uÄ verwandelt werden.[16] Ist dem Verein die „Rechtsfähigkeit", also die Eigenschaft als juristische Person entzogen worden (→ § 41 Rn. 3, 14 ff.), so führt dies nach zutreffender Auffassung ipso iure zur (identitätswahrenden) Umwandlung in einen nichtrechtsfähigen Liquidationsverein iSv § 54, der allerdings durch Fortsetzungsbeschluss ebenfalls wieder in den werbenden Zustand zurückversetzt werden kann (→ § 41 Rn. 3, (→ § 43 Rn. 6).[17]

11   **4. Die Abwicklung des nichtrechtsfähigen Vereins iSv § 54.** Beim nichtrechtsfähigen Verein iSv § 54 (n.eV) ist streitig, ob die Abwicklung nach den vereinsrechtlichen Vorschriften durch zwingende Liquidation analog §§ 47 ff.[18] oder aber nach den Regeln über die Auseinandersetzung der GbR analog § 730[19] zu erfolgen hat. Der wesentliche Unterschied zwischen den Abwicklungsregeln besteht darin, dass die vereinsrechtliche Liquidation grundsätzlich zwingend (→ Rn. 8 ff.), die gesellschaftsrechtliche Abwicklung dagegen satzungsdispositiv ist; zudem erhalten nach §§ 731, 734 regelmäßig die Vereinsmitglieder den Überschuss, ohne dass es auf eine entsprechende Satzungsregelung oder auf den Vereinszweck iSd § 45 Abs. 3 ankäme. Richtigerweise muss die entsprechende Anwendung der Vereinsvorschriften auf den n.eV (→ § 54 Rn. 2) auch den Liquidationszwang einschließen: Da den Gläubigern auch beim n.eV, abgesehen von § 54 S. 2, in der Regel nur das Vereinsvermögen haftet (→ § 54 Rn. 16 f.), besteht zum Schutz der Gläubiger das gleiche Bedürfnis für die Liquidation wie beim eV (sa → § 54 Rn. 29 f.). Die Verteilung des Liquidationsüberschusses einer GbR und eines n.eV sind zudem nicht vergleichbar: Die Gesellschafter können mit unterschiedlichen Anteilen an dem Vermögen der Gesellschaft beteiligt sein und erhalten folglich nach § 734 den Überschuss entsprechend ihrem verhältnismäßigen Anteil am Gewinn. Die Vereinsmitglieder bilden das Vermögen hingegen durch Zahlung von Beiträgen, die nicht zur Erwirtschaftung eines Gewinns, sondern zur Verwirklichung des Vereinszwecks erbracht werden. Die Verteilung eines evtl. Überschusses erfolgt zu gleichen Teilen, sofern die Satzung nichts Abweichendes bestimmt.

---

12   Vgl. zu dieser „Abspaltungstheorie" etwa Erman/*Westermann* BGB § 41 Rn. 7; *Flume* BGB AT Bd. 1/2, § 6 I, S. 181 f.; Sauter/Schweyer/Waldner Eingetragener Verein Rn. 408; Staudinger/*Weick* BGB § 47 Rn. 2.

13   Vgl. Staudinger/*Weick* BGB § 47 Rn. 2.

14   Grundlegend *Bayer*, S. 181 ff., 220 ff.; *K. Schmidt*, Verbandszweck, S. 293 ff., 296; *ders.* GesR § 24 VII 3 b bb; zust. BeckOGK/*Könen* BGB § 43 Rn. 41, § 47 Rn. 23; BeckOK BGB/*Schöpflin* § 41 Rn. 3 f., § 47 Rn. 1; MüKoBGB/*Leuschner* Vor § 41 Rn. 17; Soergel/*Hadding* BGB Vor § 41 Rn. 4, § 47 Rn. 1.

15   OLG Düsseldorf NZG 2013, 1185; Reichert/Schimke/Dauernheim/*Schörnig* Kap. 2 Rn. 4086 f.; *Stöber/Otto* Rn. 1129.

16   *K. Schmidt*, Verbandszweck, S. 303 ff.; Soergel/*Hadding* BGB Vor § 41 Rn. 4.

17   BeckOGK/*Könen* BGB § 43 Rn. 27, 29 ff., 35 f.; Soergel/*Hadding* BGB Vor § 41 Rn. 4; *K. Schmidt*, Verbandszweck, S. 291, 299 ff., 305; differenzierend (Liquidationszwang [nur] bei wirtschaftlichem Verein) BeckOK BGB/*Schöpflin* § 41 Rn. 4 aE, 6, 12; aA insoweit MüKoBGB/*Leuschner* §§ 21, 22 Rn. 105, 112, Vor § 41 Rn. 3, § 43 Rn. 3.

18   BeckOGK/*Könen* BGB § 47 Rn. 13 f.; BeckOK BGB/*Schöpflin* § 54 Rn. 33 f.; MüKoBGB/*Leuschner* § 54 Rn. 69; MHdB GesR V/*Gummert* § 76 Rn. 7; Palandt/*Ellenberger* BGB § 54 Rn. 14; *K. Schmidt* GesR § 25 II 2 c; *Schöpflin*, Der nichtrechtsfähige Verein, 2003, S. 512; Staudinger/*Weick* BGB § 54 Rn. 85; sympathisierend auch BGHZ 50, 325, 329; einschränkend Erman/*Westermann* BGB § 54 Rn. 14; Reichert/Schimke/Dauernheim/*Wagner*, Kap. 2 Rn. 5165: lediglich dispositive Geltung der §§ 47 ff.

19   Soergel/*Hadding* BGB § 54 Rn. 9 (dispositive Geltung).

III. Der Liquidationsverein

1. Identität zwischen werbendem Verein und Liquidationsverein. Der Liquidationsverein ist als **12** Rechtssubjekt mit dem werbenden Verein identisch; diese Aussage des § 49 Abs. 2 ist trotz dessen missverständlichen Wortlauts keine Fiktion, sondern gesetzliche Anordnung der Rechtsfolge, dass der Liquidationsverein keiner Neugründung bedarf, vielmehr die Grundlage seines Daseins und seine Organisation ohne Weiteres dem aufgehobenen Verband zu entnehmen hat.[20] Geändert hat sich lediglich der **Vereinszweck**, der unter Verdrängung des ursprünglichen satzungsmäßigen Zwecks des werbenden Verbands nunmehr allein in der Abwicklung des Vereinsvermögens besteht.[21] Entsprechend beschränkt ist folglich auch der Aufgabenkreis und damit die **Geschäftsführungsbefugnis der Liquidatoren** (§ 48 Abs. 2 Hs. 2),[22] nicht aber ihre Vertretungsmacht (→ § 49 Rn. 8).

Demgemäß ist der aus einem eV entstandene Liquidationsverein nicht nur, wie eine lange herrschende Mei- **13** nung[23] unter Hinweis auf den Wortlaut des § 49 Abs. 2 annahm, „teilrechtsfähig" – dh nur insoweit fähig, Träger von Rechten und Pflichten zu sein, als diese dem Liquidationszweck dienen[24] –, sondern **uneingeschränkt rechtsfähig**,[25] und zwar als „nichtrechtsfähiger" Verein iSv § 54 in den Fällen der Entziehung der Rechtsfähigkeit (→ Rn. 8 ff., → § 41 Rn. 3, 14 ff.), als fortbestehende juristische Person in den Fällen der Auflösung (→ Rn. 8 ff., → § 41 Rn. 2, 6 ff.). Dieses Ergebnis ist nicht nur – da das deutsche Recht eine „ultra-vires-Lehre" nicht kennt – dogmatisch konsistent, sondern entspricht auch allein praktischen Notwendigkeiten, da infolge der Vielzahl potenzieller Abwicklungsgeschäfte nicht immer wieder geprüft werden kann, ob das einzelne Geschäft vom Liquidationszweck noch gedeckt ist oder nicht. Dem an sich gerechtfertigten Anliegen, eine weitere werbende Tätigkeit des Vereins zu verhindern, kann besser dadurch Rechnung getragen werden, dass man einem offensichtlich liquidationsfremden Rechtsgeschäft nach den Grundsätzen über den Missbrauch der Vertretungsmacht (→ § 48 Rn. 8) die Anerkennung versagt.[26]

2. Das Organisationsrecht des Liquidationsvereins. Da der Eintritt in das Liquidationsverfahren an **14** der Identität des Vereins nichts ändert, gilt auch die dem werbenden Verein gegebene Organisationsverfassung fort, insbesondere seine Satzung.[27] Durch den Liquidationszweck verdrängt werden jedoch alle Bestimmungen, die die Verfolgung des ursprünglichen Vereinszwecks voraussetzen und regeln. Dies wird insbesondere für einen Großteil der den Mitgliedern eingeräumten Rechte gelten, während die aus der Mitgliedschaft folgenden Verpflichtungen grundsätzlich fortbestehen; jedoch haben die Mitglieder – ebenso wie die Organe (vgl. zu den Vorstandsmitgliedern/Liquidatoren → § 49 Rn. 1 f.) – statt des ursprünglichen werbenden Zwecks nunmehr den Liquidationszweck zu fördern. Die Beitragspflicht erlischt mit Eintritt in das Liquidationsverfahren,[28] selbstverständlich unbeschadet der Verpflichtung, rückständige Beiträge zu erbringen;[29] auch kann die Satzung vorsehen, dass die Mitglieder noch die Abwicklung mit Beiträgen zu fördern haben.[30] Gegenstandslos werden auch die Bestimmungen der Satzung über den Eintritt neuer Mit-

---

20 Staudinger/*Weick* BGB § 49 Rn. 16.
21 Vgl. BGHZ 96, 253, 255 = NJW 1986, 1604; BeckOK BGB/*Schöpflin* § 49 Rn. 3; MüKoBGB/*Leuschner* Vor § 41 Rn. 14 f.; *Lieder* ZSt 2005, 16 (18 f.); Reichert/Schimke/Dauernheim/*Schörnig* Kap. 2 Rn. 4099; Soergel/*Hadding* BGB § 49 Rn. 1; aA BeckOGK/*Könen* BGB § 43 Rn. 42 f., § 47 Rn. 25; *K. Schmidt* GesR § 11 V 4 c: der Zweck des werbenden Verbands werde durch den Liquidationszweck lediglich überlagert.
22 BeckOGK/*Könen* BGB § 48 Rn. 16, 18, § 49 Rn. 24 ff.; Soergel/*Hadding* BGB § 48 Rn. 2, 5; MüKoBGB/*Leuschner* BGB § 48 Rn. 12, § 49 Rn. 2 f.; Staudinger/*Weick* BGB § 48 Rn. 4; Sauter/Schweyer/Waldner Eingetragener Verein Rn. 413; sa (zur KG) BGH NJW 1984, 982.
23 Vgl. BGHZ 96, 253, 254 = NJW 1986, 1604; BGH NZI 2001, 360 (361); Palandt/*Ellenberger* BGB § 49 Rn. 2; RGRK/*Steffen* BGB § 49 Rn. 4; sa OVG Koblenz NVwZ-RR 2014, 906; BAGE 125, 314 = NZA 2008, 771 Rn. 23; BAGE 146, 333 = BeckRS 2014, 69409 Rn. 44; LAG Hessen NZA-RR 2019, 537 Rn. 27.
24 Dies sollte zur Folge haben, dass der Liquidationsverein zB nicht mehr Erbe werden könne

(BayObLGZ 1918/19, 192, 196), dass ihm kein Unterlassungsanspruch wegen Ehrverletzung und Kreditgefährdung mehr zustehen könne (RG JW 1936, 2351) oder dass seine tarifvertraglichen Bindungen erlöschen würden (BAGE 23, 46; 53, 179; hiergegen jetzt BAGE 125, 314 = NZA 2008, 771 Rn. 23).
25 BeckOGK/*Könen* BGB § 43 Rn. 28 f., § 47 Rn. 23 f., 26.1, § 49 Rn. 4 f.; BeckOK BGB/*Schöpflin* § 41 Rn. 5, 18 ff.; MüKoBGB/*Leuschner* § 49 Rn. 17; Reichert/Schimke/Dauernheim/*Schörnig* Kap. 2 Rn. 4092; *K. Schmidt* AcP 174 (1974), 55, 67 f.; *ders.*, Verbandszweck, S. 294 f., 298 f.; *ders.* AcP 184 (1984), 529, 533 ff.; Staudinger/*Weick* BGB § 49 Rn. 17; Soergel/*Hadding* BGB § 49 Rn. 11.
26 BeckOGK/*Könen* BGB § 47 Rn. 24 aE; Reichert/Schimke/Dauernheim/*Schörnig* Kap. 2 Rn. 4092; Soergel/*Hadding* BGB § 49 Rn. 13.
27 BeckOGK/*Könen* BGB § 47 Rn. 27; Reichert/Schimke/Dauernheim/*Schörnig* Kap. 2 Rn. 4096.
28 Vgl. RG HRR 1937, Nr. 429; BGHZ 96, 253, 255 ff.; Reichert/Schimke/Dauernheim/*Schörnig* Kap. 2 Rn. 4101.
29 BGHZ 96, 253, 255 ff.
30 BGHZ 96, 253, 255 ff.

glieder, da der Liquidationsverein keine neuen Mitglieder mehr aufnehmen kann (→ Rn. 8).[31] Der Austritt von Mitgliedern bleibt möglich, selbst wenn der Verein dadurch alle Mitglieder verliert; anders als jedenfalls nach der Praxis beim werbenden Verein (→ § 41 Rn. 20) führt dies im Hinblick auf § 49 Abs. 2 auch nicht zum sofortigen Erlöschen des Vereins.[32]

IV. Die Fortsetzung des werbenden Vereins

15 **1. Die Fortsetzungsmöglichkeit.** Solange die Liquidation nicht durch vollständige Verteilung des Vereinsvermögens ihren Abschluss gefunden hat, kann der aufgelöste Verein durch einen Fortsetzungsbeschluss in den werbenden Zustand zurückversetzt werden, sofern auch der Eintritt in das Liquidationsstadium auf einem Entschluss der Vereinsorgane beruht (also nicht, wenn die Liquidation gegen den Willen des Vereins – etwa durch Verbot von staatlicher Seite – herbeigeführt worden ist).[33] Diese Option ist zwar nur in § 42 Abs. 1 S. 2 und 3 ausdrücklich ausgesprochen (→ § 42 Rn. 37); sie besteht jedoch immer dann, wenn und solange der Verein sich im Liquidationsstadium befindet, also nicht bei sofortiger Vollbeendigung ohne Liquidation oder bei Anfall an den Fiskus. Die Wiederaufnahme der werbenden Tätigkeit kann ungeachtet der bisherigen Rechtsform grundsätzlich sowohl als rechtsfähiger (eingetragener) oder als iSv § 54 nichtrechtsfähiger Verein geschehen. Der wirtschaftliche Verein iSv § 22 nimmt allerdings im Fall der Fortsetzung zwingend eine handelsrechtliche Gesellschaftsform an. Die Fortsetzung eines eV ist entsprechend § 75 Abs. 2 stets zur Eintragung im Handelsregister anzumelden.

16 **2. Beseitigung des Beendigungsgrunds.** Der Grund, der zur Liquidation geführt hat, muss für die Fortsetzung beseitigt werden, widrigenfalls entfällt die Fortsetzungsoption. Wurde also die Rechtsfähigkeit entzogen und ist die Einziehung des Vereinsvermögens nicht aufgehoben bzw. zurückgenommen, so kommt nur eine Fortsetzung als nichtrechtsfähiger Verein iSv § 54 infrage; erst mit einer Löschung von Amts wegen kann der aus diesem Grunde in Liquidation befindliche Verein als eingetragener Verein reaktiviert werden. Der nach Maßgabe des VereinsG verbotene Verein darf auch dann nicht fortgesetzt werden, wenn von einer Vermögenseinziehung abgesehen wurde (vgl. § 8 VereinsG, §§ 13 Nr. 1, 36 ff. BVerfGG). War die Rechtsfähigkeit wegen gesetzwidrigen Verhaltens entzogen, darf der Verein auch nicht als nicht eingetragener Verein iSv § 54 die verbotene Tätigkeit fortführen.

17 **3. Fortsetzung aufgrund Beschlusses der Mitgliederversammlung.** Die Fortsetzung, die den Verein aus einem Liquidationsverein wieder in den werbenden Verein zurückverwandelt, muss grundsätzlich durch die Mitgliederversammlung beschlossen werden. Die für die Fortsetzung erforderliche Beschlussmehrheit ist umstritten. Richtigerweise ist nach dem Beendigungsgrund zu differenzieren: Ergab sich der Beendigungsgrund aus der Satzung, so liegt in dem Fortsetzungsbeschluss zugleich eine Satzungsänderung, so dass die satzungsändernde Mehrheit (regelmäßig also eine Dreiviertelmehrheit, § 33 Abs. 1 S. 1) erforderlich ist; beruhte die Beendigung dagegen auf einem Beschluss der Mitgliederversammlung, so gilt die hierfür erforderliche Mehrheit auch für den Fortsetzungsbeschluss als actus contrarius (was in Ermangelung einer anderweitigen Regelung aber wiederum die Dreiviertelmehrheit ist, § 41 S. 2).[34] Wird mit dem Fortsetzungsbeschluss zugleich der ursprüngliche Vereinszweck geändert, so bedarf es der Einstimmigkeit (§ 33 Abs. 1 S. 2). Mitgliedern, die mit der Fortsetzung nicht einverstanden sind, steht ein außerordentliches Austrittsrecht zu, soweit mit der Fortsetzung als nicht eingetragener Verein die persönliche Haftung verbunden wäre (→ § 54 Rn. 19 zur Mitgliederhaftung beim wirtschaftlichen Verein).

18 **4. Fortsetzung aufgrund Satzungsbestimmung.** Die Entscheidung, den Verein bei Verlust der Rechtsfähigkeit fortzusetzen, kann auch bereits in der Satzung getroffen sein, vgl. § 42 Abs. 1 S. 3. Diese Satzungsbestimmung greift dann ein, sobald die Fortsetzung zulässig ist. Sie kann die Mitglieder zur Zustim-

---

31   BGH NJW-RR 1995, 1237; Reichert/Schimke/ Dauernheim/*Schörnig* Kap. 2 Rn. 4102; Soergel/ *Hadding* BGB § 49 Rn. 9; aA BeckOGK/*Könen* BGB § 47 Rn. 8, 25; MüKoBGB/*Leuschner* Vor § 41 Rn. 8, 31 f.: der lediglich überlagerte ursprüngliche Vereinszweck könne dies uU ermöglichen.

32   OLG Köln OLGZ 1968, 200 (206 f.); Reichert/ Schimke/Dauernheim/*Schörnig* Kap. 2 Rn. 4112; Staudinger/*Weick* BGB § 49 Rn. 16; anders BGH DB 1965, 1665.

33   Soergel/Hadding BGB Vor § 41 Rn. 22, § 43 Rn. 7; sa BeckOGK/*Könen* BGB § 43 Rn. 44 ff., 45.1, § 45 Rn. 5, § 47 Rn. 30; *K. Schmidt*, Verbandszweck, S. 299 ff., 307, die jedoch verlangen, dass mit der Vermögensverteilung noch nicht begonnen wurde; so

auch (zur AG) MüKoBGB/*Koch* AktG § 274 Rn. 20 f. mwN; aA (zur GmbH) aA Roth/Altmeppen/ *Altmeppen* GmbHG § 60 Rn. 42 ff.; MüKoBGB/*Berner* GmbHG § 60 Rn. 244 f.

34   Vgl. jurisPK/*Otto* BGB § 41 Rn. 46; Soergel/*Hadding* BGB Vor § 41 Rn. 23; Staudinger/*Weick* BGB § 49 Rn. 21; aA (immer Dreiviertelmehrheit) KG JW 1935, 3636; BeckOGK/*Könen* BGB § 43 Rn. 62, § 45 Rn. 5, § 47 Rn. 31; Palandt/*Ellenberger* BGB § 41 Rn. 7; MüKoBGB/*Leuschner* Vor § 41 Rn. 21 f.; Reichert/Schimke/Dauernheim/*Schörnig* Kap. 2 Rn. 4355; aA auch (stets satzungsändernde Mehrheit) *K. Schmidt*, Verbandszweck, S. 305 ff.; Erman/*Westermann* BGB § 41 Rn. 7.

mung zu einem ausdrücklichen (zB von der Finanzbehörde zur Klärung verlangten) Fortsetzungsbeschluss verpflichten.

V. Die Vollbeendigung des Vereins nach durchgeführter Liquidation

1. Beendigung der Liquidation. Die Bestimmungen der § 47 ff. sind allein auf Vermögensliquidation **19** ausgerichtet. Daher ist die Liquidation beendet, wenn der Verein **vermögenslos** ist, dh vor allem nach der Schlussverteilung des verwertbaren Aktivvermögens an die Anfallberechtigten (→ § 49 Rn. 7). Danach kann die Liquidation auch ganz entfallen[35] bzw. vor Ablauf der Jahresfrist des § 51 enden, wenn kein verteilungsfähiges Vermögen mehr vorhanden ist (→ Rn. 2, → § 51 Rn. 5). Das Vorhandensein von Vermögensgegenständen ohne geldwerte Verwertungsmöglichkeit (zB Geschäftspapieren) hindert die Beendigung der Liquidation nicht,[36] auch nicht das Vorhandensein nichtvermögensrechtlicher Ansprüche.[37] Umgekehrt führt die Verteilung des (restlichen) Vereinsvermögens an die Anfallberechtigten dann nicht die Vermögenslosigkeit (und mit ihr die Beendigung der Liquidation und das Erlöschen des Vereins) herbei, wenn die Verteilung einen bekannten Gläubiger übergangen hat oder unter Verstoß gegen §§ 50–52 erfolgte; denn in diesem Fall erwachsen dem Verein verwertbare Bereicherungsansprüche auf Rückgewähr gegen die Anfallberechtigten, so dass die Vermögenslosigkeit eine lediglich scheinbare ist (→ § 51 Rn. 5, → § 53 Rn. 3).

2. Konstitutive oder deklaratorische Löschung im Vereinsregister nach erfolgter Liquidation? 20 Die Beendigung der Liquidation und damit die Vollbeendigung des rechtsfähigen Vereins ist seit der Vereinsrechtsreform 2009 im Vereinsregister einzutragen (vgl. § 76 Abs. 1 S. 2 sowie §§ 3, 4 Abs. 2 Nr. 2 VRV, → § 76 Rn. 3, 7). Nach traditioneller und immer noch herrschender Auffassung[38] soll jedoch bereits der Abschluss der Liquidation durch restlose Verteilung aller Aktiva ohne Weiteres zur Vollbeendigung des Vereins und damit zu seinem Erlöschen als selbstständiges Rechtssubjekt führen; die nachfolgende Löschung im Vereinsregister sei **rein deklaratorisch**. Dem ist jedoch entgegenzuhalten, dass die Vermögenslosigkeit ein unscharfes und nicht selten schnellen Änderungen unterworfenes Kriterium darstellt, an das die weit reichende Rechtsfolge der Vollbeendigung nicht geknüpft werden sollte. Daher ist im Interesse der Rechtsklarheit die zum Kapitalgesellschaftsrecht entwickelte **Lehre vom Doppeltatbestand**[39] auch für den Verein vorzugswürdig, die die Vollbeendigung des Vereins setzt neben der Vermögenslosigkeit auch die **konstitutive Löschungseintragung** im Vereinsregister voraus.[40] Für die Praxis ist gleichwohl bis auf weiteres von der traditionellen Auffassung auszugehen; dem folgt deshalb auch die Kommentierung.

3. Wirkungen der Vollbeendigung. Mit Ende der Liquidation und, jedenfalls nach herrschender Auffas- **21** sung, bereits vor deren Eintragung im Register (→ Rn. 20) ist der Verein vollbeendet. Er ist dann **nicht mehr existent**, es kann jetzt insbesondere **kein Fortsetzungsbeschluss** mehr gefasst werden.[41] Etwaige steuerliche Aufbewahrungspflichten treffen grundsätzlich die Liquidatoren.[42] Zu den **Auswirkungen auf anhängige Prozesse** → Rn. 26.

VI. Die Nachtragsliquidation

Stellt sich nach Abschluss der Liquidation heraus, dass wider Erwarten noch Vermögenswerte vorhanden **22** sind, so ist die Liquidation als sog. Nachtragsliquidation fortzuführen; hierfür lebt die (vermeintlich) erlo-

35 OLG Düsseldorf NZG 2013, 1185; MüKoBGB/*Leuschner* § 47 Rn. 5; Reichert/Schimke/Dauernheim/*Schörnig* Kap. 2 Rn. 4086 f.; *Stöber/Otto* Rn. 1129; nur im Grundsatz auch BeckOGK/*Könen* BGB § 47 Rn. 17, 19, 28. S. aber § 76 Rn. 2 aE zur auch in diesem Fall bestehenden Pflicht zur Anmeldung der Liquidatoren.

36 BGHZ 74, 212, 213 = NJW 1979, 1592; BeckOGK/*Könen* BGB § 47 Rn. 28; BeckOK BGB/*Schöpflin* § 49 Rn. 13; Palandt/*Ellenberger* BGB § 49 Rn. 3.

37 BeckOGK/*Könen* BGB § 47 Rn. 28; Soergel/*Hadding* BGB § 49 Rn. 14.

38 RGZ 109, 387, 391; 149, 293, 296; BGHZ 48, 303, 307; 53, 264, 266; 74, 212, 213; OLG Düsseldorf NJW 1966, 1034 (1035); NZG 2005, 363 f.; NZG 2013, 1185; ebenso BeckOGK/*Geißler* BGB § 76

Rn. 16 ff.; *Heller*, S. 128 ff.; *Hönn* ZHR 138 (1974), 50 ff.; *H. Schmidt*, S. 169 ff.; Soergel/*Hadding* BGB § 49 Rn. 14; Staudinger/*Weick* BGB § 49 Rn. 20.

39 Vgl. zuletzt etwa BGH NZG 2011, 26 Rn. 22; NZG 2012, 916 Rn. 27; ZIP 2015, 1334 Rn. 19; Jaeger/*Schilken*, InsO, 2004, § 26 Rn. 47 f.; *K. Schmidt* GesR § 11 V 6; Scholz/*K. Schmidt* GmbHG § 60 Rn. 56 ff.; Uhlenbruck/*Hirte* InsO § 11 Rn. 46.

40 Vgl. BeckOGK/*Könen* BGB § 49 Rn. 13–13.2; BeckOK BGB/*Schöpflin* § 49 Rn. 14; MüKoBGB/*Leuschner* Vor § 41 Rn. 33 f.

41 BeckOGK/*Könen* BGB § 49 Rn. 15; BeckOK BGB/*Schöpflin* § 41 Rn. 20 § 49 Rn. 13.

42 S. Reichert/Schimke/Dauernheim/*Schörnig* Kap. 2 Rn. 4337.

schene Rechts- und Parteifähigkeit des Liquidationsvereins (→ Rn. 24) wieder auf.[43] Die praktisch häufigste Fallgruppe entsteht durch das unvermutete „Auftauchen" durchsetzbarer Ansprüche gegen Vereinsmitglieder oder Dritte, darunter die Bereicherungsansprüche gegen die Anfallberechtigten bei verfrühter oder nicht ordnungsgemäßer Verteilung zulasten noch nicht befriedigter Gläubiger (→ § 51 Rn. 5, → § 53 Rn. 2 f.). Nachtragsliquidation tritt nach hM auch dann ein, wenn beim Verein zwar materiell keine Vermögenswerte mehr vorhanden sind, aber eine Mitwirkung des Vereins zur Beseitigung formaler Rechtspositionen (zB Löschungen im Grundbuch) oder bei sonstigen der Abwicklung dienenden Maßnahmen (Durchführung einer steuerlichen Betriebsprüfung, Entgegennahme von zuzustellenden Schriftstücken) erforderlich ist.[44] Zuständig sind grundsätzlich die bisherigen Liquidatoren. Sofern in den bereits erfolgten Abschlusshandlungen der früheren Liquidatoren eine konkludente Niederlegung des Amtes zu sehen ist oder wenn die Beendigung der Liquidation bereits zum Vereinsregister angemeldet wurde, müssen die Nachtragsliquidatoren nach §§ 48 Abs. 1 S. 1, 29 als Notabwickler bestellt werden.[45]

C. Weitere praktische Hinweise

I. Auf die Liquidation bezogene Registeranmeldungen

23 Die **Liquidatoren sowie der Umfang ihrer Vertretungsmacht** sind durch den bisherigen Vorstand in vertretungsberechtigter Zahl zum Vereinsregister anzumelden (§ 76 Abs. 2 S. 1 und 2), was in der Regel zusammen mit der Anmeldung der Auflösung des Vereins geschieht. Der Anmeldung der durch Beschluss der Mitgliederversammlung gestellten Liquidatoren ist eine (unbeglaubigte) Abschrift des Beschlusses, der Anmeldung einer Bestimmung über die Beschlussfassung der Liquidatoren eine Abschrift der die Bestimmung enthaltenden Urkunde beizufügen (§ 76 Abs. 2 S. 3). Die Anmeldepflicht des Vorstands besteht unabhängig davon, ob die bisherigen Vorstandsmitglieder als Liquidatoren berufen sind oder ob andere Personen anzumelden sind. Auch die **Beendigung der Liquidation** ist im Vereinsregister einzutragen (vgl. § 74 sowie §§ 3, 4 Abs. 2 Nr. 2 VRV). Vgl. im Übrigen die Kommentierung zu §§ 74, 76.

II. Der Liquidationsverein im Zivilprozess

24 **1. Prozessführung während des Liquidationsverfahrens.** Der Liquidationsverein ist nach wie vor als juristische Person uneingeschränkt rechtsfähig (→ Rn. 13); ihm steht deshalb auch unproblematisch weiterhin die **volle Partei- und Beteiligtenfähigkeit** in einem gerichtlichen Verfahren zu. Da der Liquidationsverein mit dem werbenden Verein identisch ist (→ Rn. 12), bleiben **anhängige Prozesse** von dem Eintritt des Vereins in das Liquidationsstadium grundsätzlich **unberührt**.[46] Dementsprechend ist der Eintritt in das Liquidationsverfahren im Zivilprozess auch kein Unterbrechungsgrund entsprechend § 240 ZPO; anders ist dies nur, wenn der Verein zeitweise ohne gesetzlichen Vertreter ist (§§ 241, 246 ZPO), insbesondere weil die bisherigen Vorstandsmitglieder nicht Liquidatoren werden und die Bestellung von Liquidatoren sich verzögert.[47] Auch der **Gerichtsstand** des Vereins bleibt unverändert, zumal der Sitz des Vereins im Liquidationsstadium nicht mehr verändert werden kann.

25 Anhängige Aktiv- oder Passivprozesse sind unter dem Aspekt der Abwicklung der laufenden Geschäfte (§ 49 Abs. 1, → § 49 Rn. 3) von den Liquidatoren **fortzuführen**, wenn sie einen vermögensrechtlichen Streitgegenstand haben;[48] sie können unter derselben Voraussetzung auch neu anhängig gemacht werden, wenn dies zur Vermeidung von Vermögensnachteilen zweckmäßig erscheint. Zu beenden (ggf. durch kos-

43 BGHZ 53, 26, 266; BeckOGK/*Könen* BGB § 47 Rn. 21, § 49 Rn. 15; BeckOK BGB/*Schöpflin* § 49 Rn. 16; Reichert/Schimke/Dauernheim/*Schörnig* Kap. 2 Rn. 4325. Zur Antragsbefugnis s. OLG Saarbrücken NJW-RR 2019, 233 Rn. 11 ff., 20: nur derjenige, der geltend machen könnte, ihm sei das Vermögen des Vereins mit dessen Auflösung gem. § 45 BGB angefallen, ggf also der Fiskus.

44 BeckOGK/*Könen* BGB § 49 Rn. 19; BeckOK BGB/*Schöpflin* § 49 Rn. 16; Reichert/Schimke/Dauernheim/*Schörnig* Kap. 2 Rn. 4327; Soergel/*Hadding* BGB § 49 Rn. 15; angesichts des auf Vermögensabwicklung beschränkten Zwecks der Liquidation (Rn. 2) ist das aber zweifelhaft.

45 Vgl. OLG Saarbrücken NJW-RR 2019, 233 Rn. 10; BeckOGK/*Könen* BGB § 47 Rn. 4; Soergel/*Hadding* BGB § 51 Rn. 15.

46 RGZ 134, 91, 94; BGH WM 1964, 152 (153); BAG NJW 1988, 2637; BGHZ 74, 212, 213 mAnm *Theil* JZ 1979, 567; Musielak/Voit/*Weth* ZPO § 50 Rn. 18; BeckOGK/*Könen* BGB § 49 Rn. 8; Reichert/Schimke/Dauernheim/*Schörnig* Kap. 2 Rn. 4093; Soergel/*Hadding* BGB § 49 Rn. 4.

47 BeckOGK/*Könen* BGB § 49 Rn. 15; Reichert/Schimke/Dauernheim/*Schörnig* Kap. 2 Rn. 4094; sa BGH LM Nr. 1 § 74 GmbHG.

48 RG HRR 1936, Nr. 1100; BGHZ 74, 212, 213 mAnm *Theil* JZ 1979, 567; Soergel/*Hadding* BGB § 49 Rn. 4.

tenpflichtige Klagerücknahme gem. § 269 ZPO, notfalls durch Klageverzicht oder Anerkenntnis) ist jedoch ein Prozess, in dem es lediglich um die Kreditwürdigkeit oder die Ehre des Vereins geht.[49]

2. Prozessführung nach Abschluss der Liquidation. Ebenso wie die Rechtsfähigkeit endet auch die **26** **Parteifähigkeit** (erst) mit der **Vollbeendigung** des Vereins, dh dann, wenn tatsächlich sämtliches Vermögen verteilt ist (→ Rn. 19 ff.); der förmliche Abschluss der Liquidation ist dagegen für sich genommen unerheblich.[50] Mit der Vollbeendigung des Vereins erlischt dieser als Rechts- wie auch (vgl. § 50 Abs. 1 ZPO) als Prozesssubjekt. Dies bedeutet nicht nur, dass **keine neuen Prozesse** für oder gegen ihn anhängig gemacht werden können; vielmehr werden nach der Rechtsprechung des BGH auch die unter seiner Beteiligung **bereits anhängigen Aktiv- und Passivprozesse** grundsätzlich **ohne Weiteres unzulässig**, die nach wie vor für oder gegen ihn erhobene Klage ist, wenn nicht Erledigung der Hauptsache erklärt wird, kostenpflichtig abzuweisen.[51]

Dies gilt jedoch nicht, wenn gerade darum gestritten wird, ob noch Vermögenswerte vorhanden sind; ver- **27** mögensrechtliche **Aktivprozesse** führt der Verein deshalb grundsätzlich fort.[52] Etwas anderes soll auch dann gelten, wenn **nichtvermögensrechtliche Ansprüche gegen den Verein** geltend gemacht werden, zB der Zeugnisanspruch eines Arbeitnehmers oder dessen Klage auf Feststellung der Unwirksamkeit einer Kündigung.[53] Für die Dauer der **Nachtragsliquidation** lebt auch die Parteifähigkeit des Liquidationsvereins uneingeschränkt wieder auf (→ Rn. 22).

Generell ist der (Liquidations-)Verein für die **Dauer des Streits um seine Parteifähigkeit** als parteifähig zu **28** behandeln.[54] Zur Geltendmachung seiner Parteifähigkeit kann der Verein auch Rechtsmittel einlegen; das Rechtsmittelgericht muss, falls es die Parteifähigkeit gleichfalls verneint, das Rechtsmittel als unbegründet zurückweisen, nicht als unzulässig.[55] Einer auf den Wegfall der Parteifähigkeit gestützten Erledigungserklärung des Gegners kann der Verein widersprechen und Klageabweisung beantragen.[56]

III. Liquidation und Zwangsvollstreckung

Während des Liquidationsverfahrens sind Vollstreckungsmaßnahmen gegen den Verein unproblematisch **29** zulässig. Nach der Vollbeendigung ist die Einleitung oder Fortführung eines Vollstreckungsverfahrens unzulässig,[57] aber natürlich – mangels Vollstreckungssubstrats – auch sinnlos.

IV. Zum Verhältnis von Liquidation und Insolvenzverfahren

1. Die Insolvenz des Liquidationsvereins. Der Liquidationsverein ist – unabhängig davon, ob als eV **30** oder als nichtrechtsfähiger Verein iSv § 54 – gem. § 11 Abs. 3 InsO in gleicher Weise **insolvenzfähig** wie der werbende Verein, solange die Verteilung des Vereinsvermögens noch nicht abgeschlossen ist (→ § 42 Rn. 4, → § 54 Rn. 43). Dies gilt jedoch nicht, wenn die Auflösung auf den Austritt oder Wegfall sämtlicher Mitglieder zurückzuführen ist; die Abwicklung erfolgt in diesem Fall, sofern erforderlich, durch einen nach § 1913 zu bestellenden Pfleger (→ Rn. 5, → § 41 Rn. 20). Nur für den Fall, dass sich der Verein bei Austritt sämtlicher Mitglieder bereits im Liquidationsstadium befindet, fingiert § 49 Abs. 2 ausnahmsweise die Fort-

49 RG HRR 1936, Nr. 1100; RG JW 1936, 2551; KG JW 1936, 672; Soergel/*Hadding* BGB § 49 Rn. 4.

50 Vgl. BGH NJW 1982, 238; 1988, 1321, 1322; 1996, 2035; BAG NJW 1988, 2638; BFH NJW 1990, 2647 (2648); Musielak/Voit/*Weth* ZPO § 50 Rn. 18; Reichert/Schimke/Dauernheim/*Schörnig* Kap. 2 Rn. 4093; s. zuletzt BGH NZG 2011, 26 Rn. 22 (zur GmbH).

51 BGH WM 1976, 686; BGHZ 74, 212, 213; BGH NJW 1983, 883 (884); 1988, 1321, 1322; BeckOGK/*Könen* BGB § 49 Rn. 16; MüKoBGB/*Leuschner* Vor § 41 Rn. 39; Soergel/*Hadding* BGB § 49 Rn. 14; Staudinger/*Weick* BGB § 49 Rn. 20; s. auch BGH NJW 2015, 2424 Rn. 19 f. (zur GmbH); aA BAGE 36, 125, 128 f. = NJW 1982, 1831; *Bork* JZ 1991, 841 (848), 850; Musielak/Voit/*Weth* ZPO § 50 Rn. 18; *K. Schmidt* GesR § 11 V 6 c; Soergel/*Hadding* BGB § 49 Rn. 14; sa OLG Koblenz ZIP 1998, 967: keine Vermögenslosigkeit im Hinblick auf bedingten Kostenerstattungsanspruch der beklagten Partei.

52 RGZ 134, 91, 94; BGH WM 1986, 145; VersR 1991, 121; NJW-RR 1995, 1237; BAG NJW 1988, 2637

(2638); NZA 2003, 1049; BeckOGK/*Könen* BGB § 49 Rn. 17; MüKoBGB/*Leuschner* Vor § 41 Rn. 39; Musielak/Voit/*Weth* ZPO § 50 Rn. 18; *K. Schmidt* GesR § 11 V 6 c; s. zuletzt BGH NZG 2011, 26 Rn. 22 (zur GmbH).

53 BAGE 36, 125, 128 f. = NJW 1982, 1831; BeckOGK/*Könen* BGB § 49 Rn. 18; Musielak/Voit/*Weth*, ZPO § 50 Rn. 18; weiter gehend Soergel/*Hadding* BGB § 49 Rn. 14: nichtvermögensrechtliche Ansprüche ohne Rücksicht auf die Parteirolle; vgl. auch BGH WM 1965, 1132; NJW-RR 1995, 1237 (1238).

54 Sog. Zulassungsstreit, vgl. OLG Stuttgart BeckRS 2012, 08589; BeckOGK/*Könen* BGB § 49 Rn. 20; MüKoBGB/*Leuschner* Vor § 41 Rn. 39; Soergel/*Hadding* BGB § 47 Rn. 14; vgl. allgemein BGHZ 24, 91, 94; BGH NJW 1993, 2943 (2944); BAG NJW 2015, 269 Rn. 13; MüKoZPO/*Lindacher* § 52 Rn. 45; Musielak/Voit/*Weth* ZPO § 50 Rn. 15.

55 BGHZ 24, 91, 94; 74, 212, 214 f.

56 BGH NJW-RR 1986, 394.

57 OLG Düsseldorf NJW 1966, 1034 (1035).

geltung der Insolvenzfähigkeit (→ § 41 Rn. 20). Ist ein eV **im Vereinsregister gelöscht** worden, so ist er grundsätzlich nicht mehr existent und als solcher nicht mehr insolvenzfähig, nach der Lehre vom Doppeltatbestand allerdings nur unter der zusätzlichen Voraussetzung, dass er auch vermögenslos ist (→ Rn. 20). In der Liquidation sind die Liquidatoren nach §§ 48 Abs. 2, 42 Abs. 2, 53 anstelle der Vorstandsmitglieder zur Stellung des Eröffnungsantrags verpflichtet, sobald sich erweist, dass das Vermögen des Liquidationsvereins nicht zur Befriedigung aller Gläubiger ausreicht.[58]

31   **2. Verdrängung des Liquidationsverfahrens durch die insolvenzmäßige Abwicklung.** Ist das Insolvenzverfahren – sei es über das Vermögen des werbenden Vereins, sei es über das Vermögen des Liquidationsvereins – einmal eröffnet, so verdrängen die Bestimmungen der InsO über die insolvenzmäßige Abwicklung die Regelungen der §§ 47 ff. über die vereinsrechtliche Liquidation (→ Rn. 6). Hieraus folgt zugleich, dass der Insolvenzverwalter den Verein nach Maßgabe von § 199 S. 2 InsO bis zur Löschungsreife abzuwickeln hat, nicht etwa muss im Anschluss an das Insolvenzverfahren bzw. parallel dazu eine außergerichtliche Liquidation stattfinden (→ Rn. 6, → § 42 Rn. 27).

§ 48 Liquidatoren

(1) [1]Die Liquidation erfolgt durch den Vorstand. [2]Zu Liquidatoren können auch andere Personen bestellt werden; für die Bestellung sind die für die Bestellung des Vorstands geltenden Vorschriften maßgebend.

(2) Die Liquidatoren haben die rechtliche Stellung des Vorstands, soweit sich nicht aus dem Zwecke der Liquidation ein anderes ergibt.

(3) Sind mehrere Liquidatoren vorhanden, so sind sie nur gemeinschaftlich zur Vertretung befugt und können Beschlüsse nur einstimmig fassen, sofern nicht ein anderes bestimmt ist.

Literatur: *Grziwotz*, Die Liquidation von Kapitalgesellschaften, Genossenschaften und Vereinen, DStR 1992, 1404; *K. Schmidt*, Liquidationszweck und Vertretungsmacht der Liquidatoren, AcP 174 (1974), 55; *K. Schmidt*, Ultra-vires-Doktrin: tot oder lebendig? – Bemerkungen zur Organvertretungsmacht, AcP 184 (1984), 529; *Schwarz*, Die Publizität der Vertretungsmacht des Vorstands und der Liquidatoren eines Vereins, NZG 2002, 1033; *Schwarz*, Die Mehrheitsvertretung des Vereinsvorstandes und deren Eintragung im Vereinsregister, Rpfleger 2003, 1. Siehe auch die Literatur bei § 41.

A. Allgemeines 1
B. Regelungsgehalt 2
   I. Auswahl der Liquidatoren (Abs. 1) 2
     1. Kontinuität des Vorstandsamts im Liquidatorenamt 2
     2. Bestimmung der Liquidatoren durch die Satzung 3
     3. Bestimmung der Liquidatoren durch die Mitgliederversammlung 4
     4. Bestimmung eines Notliquidators durch das Amtsgericht 5
   II. Die Rechtsstellung der Liquidatoren (Abs. 2) . 6
   III. Geschäftsführung und Vertretung 7
     1. Die Geschäftsführungsbefugnis der Liquidatoren 7

     2. Die Vertretungsbefugnis der Liquidatoren   8
     3. Willensbildung und Vertretung bei Vorhandensein mehrerer Liquidatoren (Abs. 3) 9
      a) Die Willensbildung der Liquidatoren .   9
      b) Die Außenvertretung des Liquidationsvereins 10
   IV. Die Beendigung des Liquidatorenamts 11
     1. Amtsniederlegung 11
     2. Abberufung 12
   V. Die Haftung der Liquidatoren 13
C. Weitere praktische Hinweise 14

A. Allgemeines

1   Nicht anders als der werbende Verein bedarf auch der abzuwickelnde Verein eines Organs zur Wahrnehmung der anfallenden Geschäftsführungs- und Vertretungsaufgaben. Diese Aufgabe übernehmen die Liquidatoren. § 48 regelt die **Auswahl** der Liquidatoren (Abs. 1), deren **Rechtsstellung** (Abs. 2) und deren **Beschlussfassung** (Abs. 3). Leitend ist der Gedanke, so wenig wie möglich in die Organisationsstruktur des Vereins einzugreifen.[1] Zu den **Aufgaben** des Liquidators → § 49 Rn. 2 ff.

---

58   Vgl. MüKoBGB/*Leuschner* § 42 Rn. 26; Soergel/ *Hadding* BGB § 42 Rn. 11.
1   Ebenso BeckOGK/*Könen* BGB § 48 Rn. 3.

B. Regelungsgehalt

I. Auswahl der Liquidatoren (Abs. 1)

1. Kontinuität des Vorstandsamts im Liquidatorenamt. In Ermangelung besonderer Satzungsbestim- **2** mungen (→ Rn. 3) werden die Mitglieder des bei Eintritt der Liquidation vorhandenen **Vorstands** (§ 26) gem. Abs. 1 S. 1 ohne besonderen Bestellungsakt zu Liquidatoren des Vereins: „**geborene Liquidatoren**" im Unterschied zu den in Abs. 1 S. 2 behandelten „gekorenen Liquidatoren" (→ Rn. 3–5). Insofern besteht eine korporationsrechtliche **Verpflichtung der bisherigen Vorstandsmitglieder**, das Liquidatorenamt wahrzunehmen;[2] dieser können sie sich nur durch Amtsniederlegung (→ Rn. 11) entziehen. Ein Recht auf Bestellung zum Liquidator trotz gegenteiliger Satzungsbestimmung haben die bisherigen Vorstandsmitglieder (selbstverständlich) nicht.[3]

2. Bestimmung der Liquidatoren durch die Satzung. Die Satzung kann aber auch eigenständige **3** Bestimmungen über die zu Liquidatoren zu bestellenden Personen enthalten. Anstelle der Vorstandsmitglieder können auf diese Weise auch „andere Personen" bestellt werden (Abs. 1 S. 2 Hs. 1). Zulässig ist selbstverständlich auch eine „gemischte" Zusammensetzung aus bisherigen Vorstandsmitgliedern und „anderen Personen". Fähig, das Amt des Liquidators auszuüben, sind Vereinsmitglieder ebenso wie Nichtmitglieder, insbesondere externe „Abwicklungsexperten".[4] Zu Liquidatoren können auch Personengesellschaften oder juristische Personen bestellt werden.[5] Die zu bestellenden Personen müssen in der Satzung bereits bestimmt bezeichnet sein; bloße Bestimmbarkeit genügt nicht.[6] Die Bestellung als solche kann auch durch die Satzung nicht einem Dritten übertragen werden,[7] jedoch kann eine entsprechende Satzungsbestimmung als Benennungsrecht auszulegen sein mit der Folge, dass die Mitgliederversammlung bei der Bestellung grundsätzlich hieran gebunden ist.[8]

3. Bestimmung der Liquidatoren durch die Mitgliederversammlung. Hat der Verein im Moment des **4** Eintritts in das Liquidationsverfahren keinen Vorstand oder lehnt die durch die Satzung zum Liquidator bestimmte Person die Annahme des Amts ab (bzw. verweigert endgültig und dauerhaft die ordnungsgemäße Amtstätigkeit → § 29 Rn. 3),[9] so muss die Mitgliederversammlung oder das an ihrer Stelle satzungsmäßig bestimmte Vereinsorgan gemäß Abs. 1 S. 2 Hs. 2 iVm § 27 Abs. 1 die Bestellung vornehmen, dh die erforderliche Zahl von Liquidatoren wählen.[10] Für die Wahl ist in Ermangelung abweichender Satzungsbestimmung die einfache Mehrheit der Stimmen erforderlich und ausreichend.[11] Der Vorgeschlagene kann sich, sofern er Vereinsmitglied ist, an der Abstimmung beteiligen.[12]

4. Bestimmung eines Notliquidators durch das Amtsgericht. Ist ein ordnungsgemäßer Liquidator **5** nicht vorhanden bzw. zu ordnungsgemäßer Amtstätigkeit nicht bereit und wird ein solcher auch nicht durch die Mitgliederversammlung bestimmt (→ Rn. 4), so kann das Amtsgericht dem Liquidationsverein in dringenden Fällen auf Antrag einen Notliquidator bestellen (Abs. 1 S. 2 Hs. 2 iVm § 29).[13] Antragsberechtigt ist jedes Vereinsmitglied, jeder Vereinsgläubiger sowie die amtierenden oder ausgeschiedenen Liquidatoren (sofern eines von mehreren vorgesehenen Liquidatorenämtern vakant ist). Das Gericht entscheidet ohne Bindung an etwaige Vorschläge des Antragstellers nach pflichtgemäßem Ermessen, wie viele Liquidatoren bestellt werden, welchen Aufgabenkreis sie erhalten und für welchen Zeitraum sie tätig werden sollen. Der Aufgabenkreis ist auf die Angelegenheiten zu beschränken, in denen konkret ein dringendes Bedürfnis für eine Vertretung der Gesellschaft besteht.[14] Die Bestellung kann von einer Vergütungszusage des Vereins oder des Antragstellers abhängig gemacht werden, gegebenenfalls auch von der Leistung eines entsprechen-

---

2 BeckOGK/*Könen* BGB § 48 Rn. 6; MüKoBGB/*Leuschner* § 48 Rn. 3; Staudinger/*Weick* BGB § 48 Rn. 1; aA Reichert/Schimke/Dauernheim/*Schörnig* Kap. 2 Rn. 4118.

3 BeckOGK/*Könen* BGB § 48 Rn. 6.

4 MüKoBGB/*Leuschner* § 48 Rn. 4.

5 BeckOGK/*Könen* BGB § 48 Rn. 8; Reichert/Schimke/Dauernheim/*Schörnig* Kap. 2 Rn. 4119; MüKoBGB/*Leuschner* § 48 Rn. 4; Soergel/*Hadding* BGB § 48 Rn. 3.

6 Reichert/Schimke/Dauernheim/*Schörnig* Kap. 2 Rn. 4121; aA Soergel/*Hadding* BGB § 48 Rn. 2.

7 Reichert/Schimke/Dauernheim/*Schörnig* Kap. 2 Rn. 4119; vgl. auch RGZ 145, 99, 104 (zur GmbH); aA LG Siegen Rpfleger 1964, 267; LG Hildesheim NJW 1965, 2400; LG Krefeld Rpfleger 1968, 17; Soergel/*Hadding* BGB § 48 Rn. 2; *Stöber/Otto* Rn. 1133.

8 Reichert/Schimke/Dauernheim/*Schörnig* Kap. 2 Rn. 4119.

9 Zu diesem Fall vgl. OLG Zweibrücken NZG 2014, 586 unter Hinweis auf die zu § 29 ergangene Rechtsprechung.

10 BeckOGK/*Könen* BGB § 48 Rn. 6; Reichert/Schimke/Dauernheim/*Schörnig* Kap. 2 Rn. 4123.

11 Reichert/Schimke/Dauernheim/*Schörnig* Kap. 2 Rn. 4124.

12 Reichert/Schimke/Dauernheim/*Schörnig* Kap. 2 Rn. 4124.

13 OLG Zweibrücken NZG 2014, 586; BeckOGK/*Könen* BGB § 48 Rn. 9; MüKoBGB/*Leuschner* § 48 Rn. 5; Reichert/Schimke/Dauernheim/*Schörnig* Kap. 2 Rn. 4127; Soergel/*Hadding* BGB § 48 Rn. 4; Staudinger/*Weick* BGB § 48 Rn. 2.

14 BeckOGK/*Könen* BGB § 48 Rn. 9; sa (zur GmbH) BayObLGZ 1976, 126 (130 f.); OLG München BeckRS 2005, 09927.

den Vorschusses.[15] Werden mehrere Notliquidatoren bestellt, so legt das Gericht fest, ob sie zur Allein- oder Kollektivvertretung berufen sind. Der Bestellte ist zur Annahme des Amts verpflichtet, ohne hierzu jedoch gezwungen werden zu können.[16] Einen Notliquidator kann nur das Gericht wieder abberufen.[17]

II. Die Rechtsstellung der Liquidatoren (Abs. 2)

6 Da die Liquidatoren die rechtliche Stellung eines Vorstands haben (§ 48 Abs. 2), ist bei ihnen, ebenso wie hinsichtlich der Mitglieder des Vorstands (→ § 27 Rn. 5), zwischen der durch die Bestellung erlangten korporationsrechtlichen Organstellung und dem zugrunde liegenden schuldrechtlichen Anstellungsverhältnis (Auftrags- oder Dienstvertragsverhältnis) zu unterscheiden.[18] Wird die Liquidation durch die bisherigen Vorstandsmitglieder durchgeführt (→ Rn. 2), so erfährt ihre entsprechende Rechtsstellung durch den Übergang in das Liquidationsstadium keine Veränderung; das organschaftliche Vorstandsverhältnis wandelt sich in ein organschaftliches Liquidatorenverhältnis, das Anstellungsverhältnis bleibt unberührt.[19] Bei neu bestellten Liquidatoren werden diese Rechtsverhältnisse mit der Übernahme des Amts neu begründet. Eine Vergütung oder Aufwandsentschädigung erhält der Liquidator in diesem Fall nur, wenn sich dies aus der Satzung[20] bzw. – im Falle der Bestellung eines Notliquidators – aus dem gerichtlichen Bestellungsbeschluss ergibt oder wenn er dies vor der Übernahme des Amts mit dem (ordnungsgemäß vertretenen) Verein vereinbart hat.

III. Geschäftsführung und Vertretung

7 **1. Die Geschäftsführungsbefugnis der Liquidatoren.** Den Liquidatoren obliegt im Rahmen des Liquidationszwecks (→ § 47 Rn. 2, 12, → § 49 Rn. 1) gleich dem Vorstand die Geschäftsführung des Vereins. Die Mitgliederversammlung kann den Liquidatoren weder die Liquidationsaufgabe entziehen noch kann sie ihnen im Hinblick auf die Erfüllung des Liquidationszwecks Weisungen erteilen; denn insoweit sind die Liquidatoren gem. § 53 (auch) den Gläubigern gegenüber verantwortlich.[21]

8 **2. Die Vertretungsbefugnis der Liquidatoren.** Der Aufgabenbereich und damit die Geschäftsführungsbefugnis der Liquidatoren wird durch den Liquidationszweck begrenzt (→ Rn. 7, → § 47 Rn. 2, 12, → § 49 Rn. 1). **Ebenso wenig wie die Rechtsfähigkeit** des Liquidationsvereins (→ § 47 Rn. 13) ist deshalb jedoch zugleich die **Vertretungsbefugnis** der Liquidatoren **durch den Liquidationszweck beschränkt**; vielmehr sind Geschäftsführungsbefugnis (Innenverhältnis) und Vertretungsmacht (Außenverhältnis) richtiger Ansicht nach zu trennen.[22] Geschäfte, die dem Liquidationszweck offensichtlich zuwiderlaufen, können allerdings nach den Grundsätzen des **Missbrauchs** der Vertretungsmacht dem Verein gegenüber unwirksam sein;[23] hierzu gehört etwa die Aufnahme neuer Mitglieder.[24] Zu beachten sind zudem **satzungsmäßige Beschränkungen** der Vertretungsbefugnis, und zwar sowohl solche Beschränkungen, die an sich den Vor-

15 Reichert/Schimke/Dauernheim/*Schörnig* Kap. 2 Rn. 4128.
16 Vgl. BayObLGZ 1996, 129 (131); OLG Hamm NJW-RR 1996, 996 (997); Reichert/Schimke/Dauernheim/*Schörnig* Kap. 2 Rn. 4127.
17 BeckOGK/*Könen* BGB § 48 Rn. 10; Reichert/Schimke/Dauernheim/*Schörnig* Kap. 2 Rn. 4131; Soergel/*Hadding* BGB § 29 Rn. 16; sa BayObLGZ 1978, 243 (250); BayObLG Rpfleger 1987, 250 (251); anders die hM zur GmbH, vgl. Scholz/*K. Schmidt* GmbHG § 66 Rn. 42.
18 Reichert/Schimke/Dauernheim/*Schörnig* Kap. 2 Rn. 4133.
19 BeckOGK/*Könen* BGB § 48 Rn. 13; Reichert/Schimke/Dauernheim/*Schörnig* Kap. 2 Rn. 4134; Soergel/*Hadding* BGB § 48 Rn. 1.
20 Reichert/Schimke/Dauernheim/*Schörnig* Kap. 2 Rn. 4128.
21 BeckOGK/*Könen* BGB § 48 Rn. 13; Soergel/*Hadding* BGB § 48 Rn. 5, § 49 Rn. 1; Staudinger/*Weick* BGB § 48 Rn. 5; Sauter/Schweyer/Waldner Eingetragener Verein Rn. 409; iErg auch MüKoBGB/*Leuschner* § 48 Rn. 12.
22 BeckOGK/*Könen* BGB § 48 Rn. 20, § 49 Rn. 23; BeckOK BGB/*Schöpflin* § 49 Rn. 12; MüKoBGB/*Leuschner* § 49 Rn. 12; *K. Schmidt* GesR § 11 V 4 d;

ders. AcP 174 (1974), 55, 67 ff.; *ders.* AcP 184 (1984), 529, 533; Reichert/Schimke/Dauernheim/*Schörnig* Kap. 2 Rn. 4147; Soergel/*Hadding* BGB § 48 Rn. 5, § 49 Rn. 3, 12 f.; Staudinger/*Weick* BGB § 49 Rn. 11 ff., 15; *Lieder* ZSt 2005, 16 f., 19; aA (keine Vertretungsbefugnis für Geschäfte, die nicht dem Liquidationszweck dienen, aber nur, wenn Vertragspartner dies erkennen musste, jew. vom Verein zu beweisen) die bislang hM, vgl. RGZ 146, 376, 377; RG JW 1936, 2651; BGH NJW 1984, 982 (zu § 149 HGB); Erman/*Westermann* BGB § 49 Rn. 2, 4; *Grziwotz* DStR 1992, 1404 (1405); Baumgärtel/*Kessen*, Beweislast, § 54 Rn. 1.
23 BeckOGK/*Könen* BGB § 48 Rn. 16, § 49 Rn. 23; MüKoBGB/*Leuschner* § 49 Rn. 12, 17; jurisPK/*Otto* BGB § 48 Rn. 5; Soergel/*Hadding* BGB § 49 Rn. 13; Staudinger/*Weick* BGB § 49 Rn. 15; Reichert/Schimke/Dauernheim/*Schörnig* Kap. 2 Rn. 4148. Die Beweislast für die evidente Überschreitung des Liquidationszwecks trifft auf dieser Grundlage den Verein, vgl. Baumgärtel/*Kessen*, Handbuch der Beweislast, § 49 Rn. 2, § 164 Rn. 31, 33.
24 Vgl. BGH NJW-RR 2004, 900 (902) (zur Genossenschaft); aA *Lieder* ZSt 2005, 16 (18) (unzulässig, aber wirksam); noch weitergehend *K. Schmidt* GesR § 11 V 4 d: zulässig und wirksam.

stand des werbenden Vereins betrafen und für die personenidentischen Liquidatoren ohne Weiteres fortgelten, als auch speziell die für die Liquidationsfall satzungsmäßig vorgesehenen Beschränkungen (→ Rn. 10), jeweils unter der Voraussetzung der **Eintragung** im Vereinsregister (§§ 64, 76 Abs. 1 S. 2, Abs. 2 S. 2, s. dazu → § 76 Rn. 2).

3. Willensbildung und Vertretung bei Vorhandensein mehrerer Liquidatoren (Abs. 3). a) Die Willensbildung der Liquidatoren. Die Liquidatoren müssen – in Abweichung von dem für die Beschlussfassung des Vereinsvorstands geltenden Mehrheitsprinzip (§§ 28 Abs. 1, 32 Abs. 1 S. 3) – ihre Beschlüsse **grundsätzlich einstimmig** fassen, sofern nicht ein anderes bestimmt ist (§ 48 Abs. 3).[25] Eine abweichende Bestimmung kann insbesondere die Satzung vorsehen, so etwa, dass auch die Liquidatoren ihre Beschlüsse nach dem Mehrheitsprinzip fassen oder dass bei Vorhandensein von zwei Liquidatoren die Stimme eines von ihnen, etwa des bisherigen Vorstandsvorsitzenden, den Ausschlag gibt. Ausreichend ist auch ein Beschluss der Mitgliederversammlung über eine abweichende Beschlussfassung, der anlässlich der Auflösung des Vereins oder der Bestellung der Liquidatoren vorgenommen worden ist, weil die zulässige „anderweitige Bestimmung" nicht auf eine Satzungsänderung abzielt.[26] Von der Grundregel des § 48 Abs. 3 abweichende Bestimmungen über die Beschlussfassung der Liquidatoren bedürfen allerdings zu ihrer Wirksamkeit der Eintragung im Vereinsregister (§§ 64, 76 Abs. 1 S. 2, Abs. 2, → § 76 Rn. 2).

b) Die Außenvertretung des Liquidationsvereins. Entsprechend den Regeln über die Willensbildung der Liquidatoren (→ Rn. 9) regelt das Gesetz nunmehr auch die **Aktivvertretung** des Liquidationsvereins nach außen, wenn mehrere Liquidatoren vorhanden sind: Sofern „nichts anderes bestimmt ist" (§ 48 Abs. 3), ist die Mitwirkung aller Liquidatoren erforderlich, es gilt also das Prinzip der Gesamtvertretung.[27] Eine abweichende Bestimmung – insbes. Mehrheitsgeschäftsführung und -vertretung (→ § 26 Rn. 4 ff., 10, → § 28 Rn. 2 ff.) oder Einzelgeschäftsführung und -vertretung – liegt insbesondere dann vor, wenn die **Satzung** etwas anderes besagt (vgl. §§ 40, 28 Abs. 1); jedoch gilt eine satzungsgemäße Erweiterung der Vertretungsmacht des Vorstandes, wie zB die Gestattung des Selbstkontrahierens (§ 181), nicht ohne Weiteres auch für die Liquidation.[28] Anders als für den Vorstand (§ 28 Abs. 1) kann nach hM auch ein **Beschluss der Mitgliederversammlung** eine abweichende Bestimmung treffen.[29] Gilt danach Gesamtvertretung, so müssen nicht notwendig alle Liquidatoren gemeinschaftlich handeln; es genügt, dass sie einen der Liquidatoren zum Alleinhandeln ermächtigen.[30] Ist dem Verein gegenüber eine Willenserklärung abzugeben (**Passivvertretung**), so besteht ohnehin Einzelvertretungsmacht, dh es genügt der Zugang bei einem Liquidator (§§ 48 Abs. 2, 28 Abs. 2).[31]

IV. Die Beendigung des Liquidatorenamts

1. Amtsniederlegung. Der Liquidator kann sein Amt jederzeit mit sofortiger Wirkung niederlegen; eines wichtigen Grundes hierfür bedarf es nicht.[32] Ist der Liquidator aus dem Anstellungsverhältnis zur Durchführung der Liquidation verpflichtet oder erfolgt die Amtsniederlegung zur „Unzeit" (§ 671 Abs. 2), macht er sich durch die Amtsniederlegung uU zwar schadensersatzpflichtig (§ 280 Abs. 1); an deren korporationsrechtlicher Zulässigkeit und Wirksamkeit ändert dies aber nichts.[33] Die Erklärung ist im Regelfall dem Verein gegenüber abzugeben, dh gegenüber den übrigen Liquidatoren; legt der einzige (verbliebene) Liquidator

9

10

11

25 Vgl. dazu BeckOGK/*Könen* BGB § 48 Rn. 19; BeckOK BGB/*Schöpflin* § 48 Rn. 4; MüKoBGB/*Leuschner* § 48 Rn. 14; zur Neufassung der Vorschrift im Zuge der Vereinsrechtsreform 2009 s. *Reuter* ZGR 2009, 1368 (1372); *Schöpflin* Rpfleger 2010, 349 (350); *Terner* DNotZ 2010, 5 (11).

26 Reichert/Schimke/Dauernheim/*Schörnig* Kap. 2 Rn. 4142.

27 Vgl. BeckOGK/*Könen* BGB § 48 Rn. 21; MüKoBGB/*Leuschner* § 48 Rn. 13; Palandt/*Ellenberger* BGB § 48 Rn. 2; Soergel/*Hadding* BGB § 48 Rn. 6.

28 OLG Hamburg OLGR 1998, 109 (110 f.); BeckOGK/*Könen* BGB § 48 Rn. 17; BeckOK BGB/*Schöpflin* § 48 Rn. 4; MüKoBGB/*Leuschner* § 48 Rn. 13; Soergel/*Hadding* BGB § 48 Rn. 5; sa (zur GmbH) BayObLG Rpfleger 1985, 301; NJW-RR 1987, 1175; aA für Vorstandsmitglieder als „geborene" Liquidatoren Reichert/Schimke/Dauernheim/*Schörnig* Kap. 2 Rn. 4163; ebenso (zur GmbH) LG Berlin Rpfleger 1987, 250.

29 BeckOGK/*Könen* BGB § 48 Rn. 19; Reichert/Schimke/Dauernheim/*Schörnig* Kap. 2 Rn. 4143; Sauter/Schweyer/Waldner Eingetragener Verein Rn. 411; Soergel/*Hadding* BGB § 48 Rn. 6; Staudinger/*Weick* BGB § 48 Rn. 5; aA *Stöber/Otto* Rn. 1135.

30 BeckOGK/*Könen* BGB § 48 Rn. 22.

31 BeckOGK/*Könen* BGB § 48 Rn. 23; BeckOK BGB/*Schöpflin* § 48 Rn. 4; Soergel/*Hadding* BGB § 48 Rn. 6.

32 BayObLG NJW-RR 1994, 617; BeckOGK/*Könen* BGB § 48 Rn. 12; MüKoBGB/*Leuschner* § 48 Rn. 10; Reichert/Schimke/Dauernheim/*Schörnig* Kap. 2 Rn. 4139; Soergel/*Hadding* BGB § 48 Rn. 6.

33 BeckOGK/*Könen* BGB § 48 Rn. 6, 12; MüKoBGB/*Leuschner* § 27 Rn. 27 ff., 34, § 48 Rn. 10; Soergel/*Hadding* BGB § 48 Rn. 1; sa LAG Köln BeckRS 2012, 76099 mwN (zur GmbH).

sein Amt nieder, so genügt aber auch die Abgabe der Erklärung gegenüber den Vereinsmitgliedern bzw., wenn es auch an solchen fehlt, dem Gericht.[34]

12 **2. Abberufung.** Ebenso wie die Mitglieder des Vorstands können die Liquidatoren, auch die „geborenen" (Abs. 1 S. 1), von der Mitgliederversammlung, **abberufen** werden (§§ 48 Abs. 2, 27 Abs. 2 S. 1); einen Notliquidator kann jedoch nur das Gericht wieder abberufen (→ Rn. 5). Eines wichtigen Grundes für die Abberufung bedarf es im Allgemeinen[35] nicht, selbst wenn die Satzung (§ 27 Abs. 2 S. 2) dies für den Vorstand vorsieht; denn die entsprechende Anwendbarkeit der Vorschriften über den Vorstand (§ 48 Abs. 2) findet ihre Grenze am Liquidationszweck, der hier verlangt, dass das Liquidationsverfahren nicht mit dem Streit über das Vorliegen eines wichtigen Abberufungsgrundes belastet wird.[36] Der Abberufungsbeschluss bedarf lediglich der einfachen Mehrheit in der Mitgliederversammlung.

V. Die Haftung der Liquidatoren

13 Die Liquidatoren haften dem **Verein** ggf. gem. § 280 Abs. 1 wegen Verletzung ihrer Pflichten aus dem organschaftlichen Rechtsverhältnis (§§ 48 Abs. 2, 27 Abs. 3, → Rn. 6) und dem Anstellungsverhältnis (→ Rn. 6). **Dritten** gegenüber haften die Liquidatoren für Pflichtverletzungen über §§ 823 ff. hinaus nach § 53 persönlich (→ § 53 Rn. 1, 6); hinzu tritt die Haftung des Vereins nach § 31.

C. Weitere praktische Hinweise

14 Die Liquidatoren sind gemäß § 76 Abs. 1 **im Vereinsregister einzutragen**; das Gleiche gilt für eine von § 48 Abs. 3 abweichende Regelung der Beschlussfassung sowie der Vertretungsmacht der Liquidatoren (§§ 76 Abs. 1 S. 2, 76 Abs. 2 S. 2). Zur Anmeldung der Änderung verpflichtet ist bei Erstanmeldung der Vorstand (§ 76 Abs. 2), bei Änderungen sind es die Liquidatoren. Gerichtlich bestellte Liquidatoren (§ 29) werden von Amts wegen eingetragen (§ 76 Abs. 3). Siehe im Einzelnen → § 76 Rn. 1 ff. Zur **Rechtsstellung des Liquidationsvereins im Zivilprozess** → § 47 Rn. 24.

§ 49 Aufgaben der Liquidatoren

(1) ¹**Die Liquidatoren haben die laufenden Geschäfte zu beendigen, die Forderungen einzuziehen, das übrige Vermögen in Geld umzusetzen, die Gläubiger zu befriedigen und den Überschuss den Anfallberechtigten auszuantworten.** ²**Zur Beendigung schwebender Geschäfte können die Liquidatoren auch neue Geschäfte eingehen.** ³**Die Einziehung der Forderungen sowie die Umsetzung des übrigen Vermögens in Geld darf unterbleiben, soweit diese Maßregeln nicht zur Befriedigung der Gläubiger oder zur Verteilung des Überschusses unter die Anfallberechtigten erforderlich sind.**

(2) Der Verein gilt bis zur Beendigung der Liquidation als fortbestehend, soweit der Zweck der Liquidation es erfordert.

Literatur: *K. Schmidt*, Liquidationszweck und Vertretungsmacht der Liquidatoren, AcP 184 (1984), 55; *K. Schmidt*, Ultra-vires-Doktrin: tot oder lebendig? – Bemerkungen zur Organvertretungsmacht, AcP 184 (1984), 529. Siehe auch die Literatur bei § 41.

A. Allgemeines	1	4. Befriedigung der Gläubiger 6
B. Regelungsgehalt	2	5. Ausantwortung des Überschusses 7
I. Aufgaben der Liquidatoren (Abs. 1)	2	6. Abrechnung 10
1. Übersicht	2	II. Fortbestehen als Liquidationsverein (Abs. 2) . . 11
2. Beendigung laufender Geschäfte	3	
3. Umsetzung des Vereinsvermögens in		
Geld	5	

---

34 Reichert/Schimke/Dauernheim/*Schörnig* Kap. 2 Rn. 4140.

35 Anders, wenn dem Liquidator ein Sonderrecht (§ 35) auf dieses Amt zusteht, BeckOGK/*Könen* BGB § 48 Rn. 10; MüKoBGB/*Leuschner* § 48 Rn. 9; Reichert/

Schimke/Dauernheim/*Schörnig* Kap. 2 Rn. 4137; Soergel/*Hadding* BGB § 48 Rn. 3.

36 BeckOGK/*Könen* BGB § 48 Rn. 10; MüKoBGB/*Leuschner* § 48 Rn. 9; Reichert/Schimke/Dauernheim/*Schörnig* Kap. 2 Rn. 4136; Soergel/*Hadding* BGB § 48 Rn. 3.

A. Allgemeines

Das Liquidationsverfahren dient der Vermögensabwicklung, nämlich dazu, das Vereinsvermögen „in Geld umzusetzen", die Gläubiger zu befriedigen und den Liquidationsüberschuss „den Anfallberechtigten auszuantworten" (vgl. § 49 Abs. 1 S. 1); dem korrespondiert der nunmehr auf Abwicklung gerichtete **Zweck des Liquidationsvereins** (→ § 47 Rn. 2, 12). Diesem geänderten Zweck entsprechend regelt § 49 Abs. 1 die **Aufgaben** der Liquidatoren im Innenverhältnis zum Verein; zur **Vertretungsmacht** nach außen vgl. § 48 (→ § 48 Rn. 8 ff.). Abs. 2 behandelt den **Fortbestand des Vereins** während des Liquidationsverfahrens (→ Rn. 11 und → § 47 Rn. 12 ff.). **1**

B. Regelungsgehalt

I. Aufgaben der Liquidatoren (Abs. 1)

1. Übersicht. Abs. 1 bestimmt die im Innenverhältnis zum Liquidationsverein bestehenden Geschäftsführungsaufgaben der Liquidatoren und den zwingenden Mindestumfang ihrer Geschäftsführungsbefugnisse.[1] **2** Ebenso wie für die Liquidatoren einer Kapitalgesellschaft oder Genossenschaft (vgl. § 268 Abs. 1 AktG, § 70 GmbHG, § 88 GenG) besteht die Aufgabe der Liquidatoren des eV deshalb darin, die laufenden Geschäfte des Vereins zu beenden, Außenstände einzuziehen, das (übrige) Vereinsvermögen möglichst vorteilhaft in Geld umzusetzen, die Gläubiger zu befriedigen und einen etwa vorhandenen Überschuss an die Anfallberechtigten auszukehren. Die Liquidatoren erledigen die Geschäftsführung nach pflichtgemäßem Ermessen; einer Absegnung der Abwicklungsstrategie durch die Mitgliederversammlung bedarf es nicht, auch nicht bei komplexen Organisationen.[2]

2. Beendigung laufender Geschäfte. Die Liquidatoren haben „die laufenden Geschäfte zu beenden" **3** (§ 48 Abs. 1 S. 1). Der Begriff **„laufende Geschäfte"** ist weit auszulegen; er umfasst alles, was erforderlich ist, um den Eintritt von Vermögensnachteilen zu verhindern.[3] Sowohl zur Beendigung schwebender Geschäfte als auch zur bestmöglichen Verwertung des vorhandenen Vereinsvermögens können die Liquidatoren deshalb auch **neue Geschäfte** eingehen (Abs. 1 S. 2); dadurch wird zugleich die – vorübergehende – **Fortführung eines wirtschaftlichen Geschäftsbetriebs** gestattet, wenn und soweit die einzelne Maßnahme für die Verwertung des Vereinsvermögens von Vorteil und Bestandteil einer auf Abwicklung gerichteten Strategie ist.[4] Unzulässig ist jedoch die Neubegründung oder Aufrechterhaltung von Rechtsbeziehungen, die den inzwischen weggefallenen **Zwecken des werbenden Vereins** dienen.[5] Geschäfte, deren Beendigung nicht möglich ist oder die vermögensrechtlich neutral sind, werden bis zur Vollbeendigung des Vereins fortgeführt.[6] Zu Rechtsstreitigkeiten → § 47 Rn. 25.

Besondere **Befugnisse im Verhältnis zu Dritten**, wie sie etwa dem Insolvenzverwalter eingeräumt sind, **4** verschafft der Eintritt in das Liquidationsstadium den Liquidatoren nicht. Vertragliche Beziehungen, auch Dauerschuldverhältnisse, bestehen deshalb bis zu einer ordentlichen Kündigung bzw. einverständlichen Aufhebung unverändert fort; eine außerordentliche Kündigungsmöglichkeit besteht in der Liquidation nicht.[7] Handelt es sich um einen Verein mit einem bedeutenden wirtschaftlichen Geschäftsbetrieb, so besteht trotz des Fehlens einer § 270 Abs. 1 AktG, § 71 GmbHG, § 89 S. 2 GenG entsprechenden ausdrücklichen Gesetzesregelung eine organschaftliche Pflicht der Liquidatoren, eine **Eröffnungsbilanz** zu erstellen.[8] Stichtag für die Eröffnungsbilanz ist der Tag des Eintritts in das Abwicklungsstadium, also etwa der Tag der Beschlussfassung über die Auflösung.

3. Umsetzung des Vereinsvermögens in Geld. Die Liquidatoren sind grundsätzlich verpflichtet, die **5** offenen Forderungen des Vereins (auch die Forderungen gegen Vereinsmitglieder, einschließlich der rückständigen Beiträge (→ § 47 Rn. 14)[9] notfalls zwangsweise einzuziehen und das übrige Vereinsvermögen in

1 BeckOK BGB/*Schöpflin* § 49 Rn. 6; Soergel/*Hadding* BGB § 49 Rn. 1 f.; Staudinger/*Weick* BGB § 49 Rn. 2.
2 BeckOGK/*Könen* BGB § 49 Rn. 25; MüKoBGB/*Leuschner* § 49 Rn. 7; aA Reichert/Schimke/Dauernheim/*Schörnig* Kap. 2 Rn. 4200 (für Vereine mit mehreren Sparten bzw. bedeutendem wirtschaftlichem Geschäftsbetrieb).
3 RGZ 72, 236, 240; RGZ 146, 376, 378; BeckOK BGB/*Schöpflin* § 49 Rn. 7; MüKoBGB/*Leuschner* § 49 Rn. 4; Reichert/Schimke/Dauernheim/*Schörnig* Kap. 2 Rn. 4199.
4 LG Köln MittRhNotK 1980, 55 (56); MüKoBGB/*Leuschner* § 49 Rn. 4; Reichert/Schimke/Dauernheim/*Schörnig* Kap. 2 Rn. 4200 ff.
5 Reichert/Schimke/Dauernheim/*Schörnig* Kap. 2 Rn. 4202; Soergel/*Hadding* BGB § 49 Rn. 3.
6 BeckOGK/*Könen* BGB § 47 Rn. 17, § 49 Rn. 26; Soergel/*Hadding* BGB § 49 Rn. 3; Staudinger/*Weick* BGB § 49 Rn. 4.
7 BeckOGK/*Könen* BGB § 49 Rn. 26; MüKoBGB/*Leuschner* § 49 Rn. 4 ff.; Soergel/*Hadding* BGB § 49 Rn. 3.
8 Reichert/Schimke/Dauernheim/*Schörnig* Kap. 2 Rn. 4197.
9 BGHZ 96, 253, 255 f. = NJW 1986, 1604.

Geld umzusetzen (§ 49 Abs. 1 S. 1). Das Vereinsvermögen und das vom Verein betriebene Unternehmen samt Firma können ohne Weiteres auch im Ganzen veräußert werden.[10] Von der Einziehung der Außenstände und der Liquidierung des Vereinsvermögens kann abgesehen werden, wenn diese Maßnahmen zur Befriedigung der Gläubiger oder zur Verteilung des Überschusses unter die Anfallberechtigten nicht erforderlich sind (Abs. 1 S. 3). Bei der Annahme dieser Voraussetzungen, deren Vorliegen überdies von den Liquidatoren zu beweisen ist,[11] ist freilich Zurückhaltung geboten, da den Gläubigern die Leistung so zu erbringen ist, wie sie geschuldet war, und auch den Anfallberechtigten in der Regel an der Übertragung von Geld und nicht an einem Anfall von erst noch zu verwertenden Gegenständen oder Ansprüchen gegen Dritte gelegen ist. In der Regel kann auf die Versilberung des Vereinsvermögens deshalb nur verzichtet werden, wenn und soweit die Gläubiger bereit sind, im Vermögen des Liquidationsvereins befindliche Gegenstände in natura als Leistung an Zahlungs statt anzunehmen, und die Anfallberechtigten mit einer Naturalteilung des (verbleibenden) Vereinsvermögens ausdrücklich einverstanden sind.[12] Unabhängig vom Einverständnis der Anfallberechtigten kann die Mitgliederversammlung, solange sie über das Recht der Anfallberechtigten disponieren kann (→ § 45 Rn. 15), die Verteilung des Restvermögens in Natur anordnen.[13]

6   **4. Befriedigung der Gläubiger.** Die wichtigste Aufgabe der Liquidatoren und eigentliches Ziel des Liquidationsverfahrens ist die Befriedigung der Vereinsgläubiger (§ 49 Abs. 1 S. 1 am Ende). Durch **Erfüllung** (ggf. durch Aufrechnung oder sonstige Erfüllungssurrogate) zu befriedigen sind alle den Liquidatoren bekannten Forderungen, soweit sie fällig und nicht streitig sind; andere Forderungen sind zu **sichern** (§ 52). Vor der Erfüllung dieser Aufgabe darf die Liquidation nicht beendet werden, es sei denn, das Vereinsvermögen ist erschöpft; in diesem Fall haben die Liquidatoren zur Vermeidung ihrer persönlichen Inanspruchnahme (§ 53) freilich die Verpflichtung, die Eröffnung des Insolvenzverfahrens zu beantragen (§ 48 Abs. 2 iVm § 42 Abs. 2 S. 1, → § 42 Rn. 43 ff., → § 47 Rn. 30, → § 53 Rn. 5 ff.).[14] Auch wenn (noch) kein Insolvenzverfahren stattfindet, sind die **Gläubiger gleichmäßig zu befriedigen**, wenn die Mittel nicht zur vollständigen Befriedigung aller Gläubiger ausreichen;[15] wird dies von den Liquidatoren nicht beachtet, kann es, soweit Steuerschulden betroffen sind, zu ihrer persönlichen Haftung nach § 69 iVm § 34 AO führen. Auch **eigene Forderungen gegen den Verein** können und müssen die Liquidatoren durch Entnahme aus der Vereinskasse selbst befriedigen; da es sich um die Erfüllung einer Verbindlichkeit handelt, steht § 181 nicht entgegen.[16]

7   **5. Ausantwortung des Überschusses.** Bleibt nach der Befriedigung der Vereinsgläubiger ein Überschuss, so ist dieser an die Anfallberechtigten (§ 45) zu übertragen.[17] Voraussetzung hierfür ist, dass das sog. Sperrjahr (§ 51) abgelaufen ist (→ § 51 Rn. 7). Sind mehrere Anfallberechtigte vorhanden, ist das verbleibende Vereinsvermögen an diese zu verteilen, in der Regel durch Barzahlung oder Überweisung nach vorheriger Umsetzung des Restvermögens in Geld (→ Rn. 5); dies geschieht durch die Liquidatoren, soweit sich der Verteilungsmaßstab aus Gesetz (§ 45 Abs. 3 Alt. 1) oder Satzung ergibt, ist im Übrigen jedoch Sache der Anfallberechtigten.[18] Erfolgt eine Auskehr in natura, sind Einzelübertragungen nach allgemeinen vermögensrechtlichen Grundsätzen (insbes. §§ 398 ff., 873 ff., 929 ff.) erforderlich.[19]

8   Der **Anspruch auf den Liquidationsüberschuss entsteht** erst, wenn die nach Ablauf des Sperrjahres (§ 51) bekannten Gläubiger befriedigt oder sichergestellt sind (§ 52).[20] Vor diesem Zeitpunkt besteht noch keine Anwartschaft, sondern lediglich eine Erwerbsaussicht auf den Überschuss;[21] denn während des Liquidationsverfahrens kann sowohl die Bestimmung des Anfallberechtigten geändert (→ § 45 Rn. 15) als auch

---

10 BeckOGK/*Könen* BGB § 49 Rn. 32; Erman/*Westermann* BGB § 49 Rn. 1; MüKoBGB/*Leuschner* § 49 Rn. 7; Soergel/*Hadding* BGB § 49 Rn. 5; sa BGHZ 75, 352, 356 (zur GmbH); einschr. Staudinger/*Weick* BGB § 49 Rn. 7: nur mit Zustimmung der Mitgliederversammlung.

11 BGH WM 1977, 617 (618) (zur KG).

12 BeckOGK/*Könen* BGB § 49 Rn. 31; MüKoBGB/*Leuschner* § 49 Rn. 8; Reichert/Schimke/Dauernheim/*Schörnig* Kap. 2 Rn. 4216 ff.; Soergel/*Hadding* BGB § 49 Rn. 6; Staudinger/*Weick* BGB § 49 Rn. 10; sa BGH WM 1977, 617 (618) (zur KG).

13 BeckOGK/*Könen* BGB § 49 Rn. 32; MüKoBGB/*Leuschner* § 49 Rn. 8.

14 Vgl. MüKoBGB/*Leuschner* § 49 Rn. 9; Soergel/*Hadding* BGB § 42 Rn. 11.

15 BeckOGK/*Könen* BGB § 49 Rn. 35; Reichert/Schimke/Dauernheim/*Schörnig* Kap. 2 Rn. 4213.

16 Reichert/Schimke/Dauernheim/*Schörnig* Kap. 2 Rn. 4212; vgl. zur GmbH auch Scholz/*K. Schmidt* GmbHG § 70 Rn. 8; aA OLG Düsseldorf ZIP 1989, 917.

17 BeckOGK/*Könen* BGB § 49 Rn. 36.

18 *Grziwotz* DStR 1992, 1404 (1405); Reichert/Schimke/Dauernheim/*Schörnig* Kap. 2 Rn. 4270; Sauter/Schweyer/Waldner Eingetragener Verein Rn. 418.

19 BeckOGK/*Könen* BGB § 45 Rn. 24, § 49 Rn. 36.

20 RGZ 169, 65, 82 f.; BGH NJW 1965, 969 (971); MüKoBGB/*Leuschner* § 49 Rn. 10; Reichert/Schimke/Dauernheim/*Schörnig* Kap. 2 Rn. 4263; aA Soergel/*Hadding* BGB § 45 Rn. 10.

21 BeckOGK/*Könen* BGB § 45 Rn. 24; BeckOK BGB/*Schöpflin* § 45 Rn. 11; aA Soergel/*Hadding* BGB § 45 Rn. 10; Reichert/Schimke/Dauernheim/*Schörnig* Kap. 2 Rn. 4263.

der Liquidationsverein durch Fortsetzungsbeschluss der Mitgliederversammlung als werbender Verein fortgesetzt werden (→ § 47 Rn. 8, 15 ff.). Der schuldrechtlich Anfallberechtigte kann den Anspruch auch zurückweisen (→ § 45 Rn. 14). Der Anspruch auf den Liquidationsüberschuss verjährt nach Maßgabe von §§ 195, 199 mit Ablauf von drei vollen Kalenderjahren, beginnend mit dem Schluss desjenigen Jahres, in dem das Sperrjahr gem. § 51 ablief und (!) der Anfallberechtigte von dem Anfall Kenntnis erlangt hat oder ohne grobe Fahrlässigkeit erlangen musste.[22] Soweit Vereinsmitglieder als Anfallberechtigte infrage kommen, kann die Satzung die Verjährungsfrist verkürzen und/oder eine Ausschlussfrist für die Anmeldung des Anspruchs festsetzen.[23]

Gläubiger, deren **Befriedigung unterblieben** ist, erlangen einen Schadensersatzanspruch gem. § 53, wenn   **9** die Liquidatoren das Vereinsvermögen unter Verletzung der §§ 50–52 an die Anfallberechtigten verteilt haben; daneben kommt die Pfändung des dem Verein erwachsenen Bereicherungsanspruchs in Betracht (→ § 53 Rn. 2 f.).

6. Abrechnung. Neben der Übertragung des Restvermögens sind die Liquidatoren grundsätzlich aus ihrer   **10** Organstellung noch zur Schlussrechnung gegenüber dem Verein (in der Regel der Mitgliederversammlung) verpflichtet (§§ 48, 27 Abs. 3, 666).[24]

II. Fortbestehen als Liquidationsverein (Abs. 2)

Nach § 49 Abs. 2 gilt der Verein bis zur Beendigung der Liquidation als fortbestehend, soweit der Zweck   **11** der Liquidation es erfordert. In dieser Formulierung kommt die Vorstellung des historischen Gesetzgebers zum Ausdruck, dass der Verein an sich als Rechtssubjekt mit der Auflösung fortfalle. Zum heutigen Verständnis → § 47 Rn. 12 ff.

§ 50 Bekanntmachung des Vereins in Liquidation

(1) [1]Die Auflösung des Vereins oder die Entziehung der Rechtsfähigkeit ist durch die Liquidatoren öffentlich bekannt zu machen. [2]In der Bekanntmachung sind die Gläubiger zur Anmeldung ihrer Ansprüche aufzufordern. [3]Die Bekanntmachung erfolgt durch das in der Satzung für Veröffentlichungen bestimmte Blatt. [4]Die Bekanntmachung gilt mit dem Ablauf des zweiten Tages nach der Einrückung oder der ersten Einrückung als bewirkt.

(2) Bekannte Gläubiger sind durch besondere Mitteilung zur Anmeldung aufzufordern.

Literatur: *K. Schmidt*, Zur Gläubigersicherung im Liquidationsrecht der Kapitalgesellschaften, Genossenschaften und Vereine, ZIP 1981, 1. Siehe auch die Literatur bei § 41.

A. Allgemeines 1   II. Öffentliche Bekanntmachung (Abs. 1) 4
B. Regelungsgehalt 2   III. Aufforderung an bekannte Gläubiger (Abs. 2) 6
    I. Publizierung der Beendigung des Vereins 2

A. Allgemeines

Die Liquidatoren haben im Interesse der Vereinsgläubiger die Auflösung des Vereins oder die Entziehung   **1** der Rechtsfähigkeit öffentlich bekannt zu machen, wobei zugleich die Gläubiger des Vereins zur Anmeldung ihrer Ansprüche aufzufordern sind (Abs. 1). Bekannte Gläubiger haben Anspruch auf eine individuelle Aufforderung (Abs. 2). Die Bekanntmachung ist Voraussetzung für den Beginn des Sperrjahrs gem. § 51. Sie hat aber keine Ausschlusswirkung; Vereinsgläubiger, die ihre Ansprüche nicht anmelden, verlieren diese nicht, riskieren aber, mit der nach Ablauf des Sperrjahrs vorzunehmenden Verteilung des Vermögens und der nachfolgenden Vollbeendigung des Vereins (→ § 41 Rn. 18, → § 47 Rn. 19) ihren Schuldner zu verlieren (→ § 51 Rn. 11, → § 53 Rn. 4).[1]

---

22 Vgl. Reichert/Schimke/Dauernheim/*Schörnig* Kap. 2 Rn. 4268; aA BeckOK BGB/*Schöpflin* § 45 Rn. 11: 30 Jahre.

23 KG JW 1937, 2979 (2980); BeckOK BGB/*Schöpflin* § 45 Rn. 11; Reichert/Schimke/Dauernheim/*Schörnig* Kap. 2 Rn. 4268.

24 BeckOGK/*Könen* BGB § 49 Rn. 37; Erman/*Westermann* BGB § 49 Rn. 3; Reichert/Schimke/Dauernheim/*Schörnig* Kap. 2 Rn. 4272.

1 BeckOGK/*Könen* BGB § 50 Rn. 15; BeckOK BGB/*Schöpflin* § 50 Rn. 3; Soergel/*Hadding* BGB § 50 Rn. 4; Staudinger/*Weick* BGB § 50 Rn. 5.

B. Regelungsgehalt

I. Publizierung der Beendigung des Vereins

2 Die Liquidatoren sind – in vertretungsberechtigter Anzahl (→ § 48 Rn. 10)[2] – sowohl dem Verein als auch den betroffenen Gläubigern gegenüber zur Publizierung der Beendigung des Vereins verpflichtet. Die Publizierung darf auch dann nicht unterbleiben, wenn die Liquidatoren der Ansicht sind, der Verein habe keine Gläubiger. Unterlassen die Liquidatoren die Bekanntmachung oder ist diese mangelhaft, so stellt dies nicht allein dem Verein gegenüber eine Verletzung der (organschaftlichen bzw. sich aus dem Auftrags- oder Anstellungsverhältnis ergebenden) Pflichten der Liquidatoren dar, sondern auch den Gläubigern gegenüber, weshalb sich die Liquidatoren auch diesen gegenüber schadensersatzpflichtig machen (§ 53). Bei fehlender Publizierung läuft überdies keine Sperrfrist (§ 51), so dass auch die Verteilung des restlichen Vereinsvermögens unter den Anfallberechtigten nicht zulässig ist und Bereicherungsansprüche des Vereins gegen die Anfallberechtigten auslöst (→ § 49 Rn. 8, → § 53 Rn. 2). Wird das Vereinsvermögen an die Anfallberechtigten verteilt, ohne dass den Gläubigern gem. § 50 Gelegenheit gegeben worden ist, ihre Forderungen anzumelden und Befriedigung zu erlangen, so ist die Liquidation nicht beendet, denn der dem Verein insoweit zustehende Bereicherungsanspruch gegen den Anfallberechtigten ist „noch vorhandenes" Vereinsvermögen (→ § 51 Rn. 9 f., → § 53 Rn. 2 f.).

3 Die Verpflichtung der Liquidatoren (→ Rn. 2) zur Bekanntmachung der Beendigung des Vereins setzt voraus, dass der Verein in das **Liquidationsstadium** eingetreten ist, sei es durch Auflösung (§ 41), Entziehung der Rechtsfähigkeit (§ 43)[3] (dagegen → § 41 Rn. 3, → § 43 Rn. 6) oder einen anderen Beendigungsgrund (→ § 41 Rn. 1 ff., → § 47 Rn. 1). Die Bestimmung greift dagegen – schon mangels Deckung für die Kosten der Bekanntmachung – nicht, wenn das Vereinsvermögen dem Fiskus angefallen ist oder wenn der Verein vermögenslos ist und die Vollbeendigung durch Löschung im Register (→ § 47 Rn. 19) bevorsteht; das Interesse der Gläubiger, die Vermögenslosigkeit in Zweifel ziehen zu können, bevor das Registergericht den Verein löscht, muss deshalb zurückstehen.[4] **Gegenstand der Bekanntmachung** ist gem. Abs. 1 S. 1 neben der Tatsache der Beendigung richtiger Ansicht nach zugleich die Mitteilung des abstrakten Beendigungsgrunds (Auflösung bzw. Entziehung der Rechtsfähigkeit),[5] aber nicht auch die der Beendigung zugrunde liegenden tatsächlichen Umstände. Mit der Bekanntmachung der Beendigung ist die Aufforderung zur Anmeldung der Ansprüche zu verbinden (Abs. 1 S. 2). Ferner sind Name und Anschrift des Liquidationsvereins, ggf. auch der Liquidatoren, anzugeben.[6]

II. Öffentliche Bekanntmachung (Abs. 1)

4 Die Bekanntmachung geschieht regelmäßig durch öffentliche Bekanntmachung in dem durch die Satzung bestimmten Blatt (Abs. 1 S. 3), wobei es sich um ein allgemein zugängliches Publikationsorgan handeln muss, also zB eine der am Vereinssitz erscheinenden Tageszeitungen, nicht jedoch die den Gläubigern nicht zugängliche Vereinszeitschrift.[7] In Ermangelung eines in der Satzung für Veröffentlichungen bestimmten Blatts hat die Veröffentlichung ersatzweise im Blatt für öffentliche Bekanntmachungen des Amtsgerichts zu geschehen, in dessen Bezirk der Vereinssitz (§ 24) liegt (§ 50a); dies gilt auch dann, wenn das in der Satzung bestimmte Blatt sein Erscheinen lediglich vorübergehend einstellt oder seine Erscheinensfrequenz für die Bedürfnisse des Vereins zu stark reduziert.[8] Das Bekanntmachungsblatt des Amtsgerichts des Vereinssitzes ist selbst bei einer bezirksübergreifenden Zuständigkeit eines Amtsgerichts als zentrales Registergericht nach § 55 Abs. 2 maßgebend.[9] Erforderlich ist zwar – ebenso wie bei der Genossenschaft (§ 82 Abs. 2 GenG), jedoch anders als bei den Kapitalgesellschaften (§ 267 S. 2 AktG, § 65 Abs. 2 S. 1 GmbHG) – lediglich eine einmalige Bekanntmachung, jedoch ist deren Wiederholung zulässig und kann zumindest bei Ver-

---

2   BeckOGK/*Könen* BGB § 50 Rn. 8; MüKoBGB/*Leu-schner* § 50 Rn. 3; Soergel/*Hadding* BGB § 50 Rn. 1.

3   AA insoweit MüKoBGB/*Leuschner* § 50 Rn. 2 iVm §§ 21, 22 Rn. 105 f., 112, Vor § 41 Rn. 3, 13, da der Verein durch die Entziehung der Rechtsfähigkeit nicht in das Liquidationsstadium eintrete; dagegen BeckOGK/*Könen* BGB § 43 Rn. 24, 27, § 50 Rn. 4.

4   BeckOK BGB/*Schöpflin* § 50 Rn. 1; Reichert/ Schimke/Dauernheim/*Schörnig* Kap. 2 Rn. 4177; Staudinger/*Weick* BGB § 50 Rn. 6; ebenso zur GmbH BayObLG WM 1982, 1288 (1290); OLG Hamm OLGZ 1987, 59 (65); aA BeckOGK/*Könen* BGB § 50 Rn. 10; MüKoBGB/*Leuschner* § 50 Rn. 2; jurisPK/*Otto* BGB § 50 Rn. 3; *Stöber/Otto* Rn. 1148.

5   Zutr. Soergel/*Hadding* BGB § 50 Rn. 1; aA BeckOGK/*Könen* BGB § 50 Rn. 8; BeckOK BGB/ *Schöpflin* § 50 Rn. 2; MüKoBGB/*Leuschner* § 50 Rn. 4; Reichert/Schimke/Dauernheim/*Schörnig* Kap. 2 Rn. 4184.

6   Soergel/*Hadding* BGB § 50 Rn. 1.

7   BeckOGK/*Könen* BGB § 50 Rn. 8; Reichert/ Schimke/Dauernheim/*Schörnig* Kap. 2 Rn. 4178.

8   BeckOGK/*Könen* BGB § 51 Rn. 8; MüKoBGB/*Leu-schner* § 51 Rn. 1; jurisPK/*Otto* BGB § 51 Rn. 5.

9   BeckOK BGB/*Schöpflin* § 50 Rn. 2; Soergel/ *Hadding* BGB § 50 Rn. 2; Reichert/Schimke/Dauernheim/*Schörnig* Kap. 2 Rn. 4179; Sauter/Schweyer/ Waldner Eingetragener Verein Rn. 413.

einen mit nicht ganz unbedeutendem wirtschaftlichem Geschäftsbetrieb nach pflichtgemäßem Ermessen auch geboten sein.[10]

Die öffentliche Bekanntmachung muss **unverzüglich**, dh ohne schuldhaftes Zögern (§ 121 Abs. 1 S. 1) nach der Auflösung bzw. Entziehung der Rechtsfähigkeit erfolgen,[11] und zwar auch dann, wenn die Liquidatoren alle Gläubiger zu kennen meinen und nach Abs. 2 informieren oder wenn sie umgekehrt davon ausgehen, es seien keine Gläubiger mehr vorhanden. Sie gilt mit dem Ablauf des zweiten Tages nach der Einrückung (§ 187 Abs. 1)[12] in das in Betracht kommende Blatt (→ Rn. 4) als bewirkt (Abs. 1 S. 4); dies gilt auch dann, wenn eine weitere Bekanntmachung vorgenommen wird. Mit dem Wirksamwerden der Bekanntmachung beginnt das Sperrjahr zu laufen (§ 51). **5**

III. Aufforderung an bekannte Gläubiger (Abs. 2)

Die den Liquidatoren bekannten Gläubiger des Vereins sind individuell durch **besondere Mitteilung** zur Anmeldung aufzufordern (Abs. 2). Diese bedarf an sich nicht der Schriftform, kann also auch mündlich oder in einer anderen geeignet erscheinenden Form (etwa per E-Mail) erklärt werden, soweit der Zugang beim Gläubiger sichergestellt ist;[13] im Hinblick auf die gravierenden Konsequenzen unterlassener Bekanntmachung (→ Rn. 1) ist hier freilich Nachlässigkeit nicht am Platze. **6**

Ein Gläubiger ist dann **bekannt**, wenn die Liquidatoren – dh nach allgemeinen Grundsätzen wenigstens einer der Liquidatoren – dem Grunde und der Person des Anspruchsinhabers nach positive Kenntnis von dem Anspruch haben.[14] Unerheblich ist jedoch, ob die Liquidatoren einen Anspruch als begründet anerkennen; es genügt, dass sich aus beliebigen Quellen substantielle Anhaltspunkte für das Bestehen des Anspruchs ergeben.[15] Hatte ein Dritter sich eines Anspruchs berühmt, muss eine Informationspflicht aber auch dann bestehen, wenn dieser aus Sicht der Liquidatoren in rechtlicher oder tatsächlicher Hinsicht nicht bestehen kann.[16] Die Aufforderungspflicht besteht grundsätzlich auch dann, wenn es sich bei den Gläubigern um **Vereins- oder Vorstandsmitglieder** im Hinblick auf Drittgläubigeransprüche, oder Ansprüche aus dem Mitgliedschaftsverhältnis (→ § 38 Rn. 9 ff.) handelt.[17] Die **Anfallberechtigten** gehören dagegen nicht zu den Gläubigern iSv §§ 50, 52;[18] sind von einer Vielzahl von Anfallberechtigten einige unbekannt, soll aber in analoger Anwendung von § 50 Abs. 1 ebenfalls eine Verpflichtung zur öffentlichen Bekanntmachung entstehen.[19] **7**

§ 50 a Bekanntmachungsblatt

Hat ein Verein in der Satzung kein Blatt für Bekanntmachungen bestimmt oder hat das bestimmte Bekanntmachungsblatt sein Erscheinen eingestellt, sind Bekanntmachungen des Vereins in dem Blatt zu veröffentlichen, welches für Bekanntmachungen des Amtsgerichts bestimmt ist, in dessen Bezirk der Verein seinen Sitz hat.

Die Bestimmung wurde eingefügt durch Gesetz vom 23.11.2007 (BGBl. I S. 2614) mWv 30.11.2007. Ungeachtet ihrer systematischen Stellung im Rahmen der Liquidationsregelungen gilt die Vorschrift für sämtliche Bekanntmachungen des Vereins.[1] Zum Inhalt → § 50 Rn. 4. **1**

10   MüKoBGB/*Leuschner* § 50 Rn. 3; Staudinger/*Weick* BGB § 50 Rn. 2.
11   Reichert/Schimke/Dauernheim/*Schörnig* Kap. 2 Rn. 4190; Soergel/*Hadding* BGB § 50 Rn. 1; vgl. auch RGZ 145, 99, 103 f.
12   Bsp.: Ablauf des Mittwochs, wenn Einrückung am Montag.
13   BeckOGK/*Könen* BGB § 50 Rn. 11; BeckOK BGB/*Schöpflin* § 50 Rn. 4; Reichert/Schimke/Dauernheim/*Schörnig* Kap. 2 Rn. 4192; Soergel/*Hadding* BGB § 50 Rn. 3.
14   BeckOGK/*Könen* BGB § 50 Rn. 12; MüKoBGB/*Leuschner* § 50 Rn. 5; Reichert/Schimke/Dauernheim/*Schörnig* Kap. 2 Rn. 4190; *K. Schmidt* ZIP 1981, 1 (2); Soergel/*Hadding* BGB § 50 Rn. 3; Staudinger/*Weick* BGB § 50 Rn. 2.
15   Vgl. BeckOGK/*Könen* BGB § 50 Rn. 12; Reichert/Schimke/Dauernheim/*Schörnig* Kap. 2 Rn. 4190; *K.*

Schmidt ZIP 1982, 1 (2 f.); Soergel/*Hadding* BGB § 50 Rn. 3.
16   Vgl. BeckOGK/*Könen* BGB § 50 Rn. 12; BeckOK BGB/*Schöpflin* § 50 Rn. 4; MüKoBGB/*Leuschner* § 50 Rn. 5; *K. Schmidt* ZIP 1982, 1 (2 f.).
17   BeckOGK/*Könen* BGB § 50 Rn. 5; BeckOK BGB/*Schöpflin* § 50 Rn. 4; MüKoBGB/*Leuschner* § 50 Rn. 5; Soergel/*Hadding* BGB § 50 Rn. 3.
18   LG Berlin NJW 1958, 1874; MüKoBGB/*Leuschner* § 50 Rn. 5; Soergel/*Hadding* BGB § 50 Rn. 3; Staudinger/*Weick* BGB § 50 Rn. 2; aA *Kubisch* NJW 1959, 48.
19   LG Berlin NJW 1958, 1874; BeckOGK/*Könen* BGB § 50 Rn. 7; BeckOK BGB/*Schöpflin* § 45 Rn. 8, § 50 Rn. 2; MüKoBGB/*Leuschner* § 50 Rn. 5; Staudinger/*Weick* BGB § 50 Rn. 2.
1   BeckOGK/*Könen* BGB § 51 Rn. 3; BeckOK BGB/*Schöpflin* § 51 Rn. 1; MüKoBGB/*Leuschner* § 51 Rn. 1.

§ 51 Sperrjahr

Das Vermögen darf den Anfallberechtigten nicht vor dem Ablauf eines Jahres nach der Bekanntmachung der Auflösung des Vereins oder der Entziehung der Rechtsfähigkeit ausgeantwortet werden.

Literatur: *Böttcher*, Die Beendigung des rechtsfähigen Vereins, RPfleger 1988, 169; *Grziwotz*, Die Liquidation von Kapitalgesellschaften, Genossenschaften und Vereinen, DStR 1992, 1404; *K. Schmidt*, Zur Gläubigersicherung im Liquidationsverfahren der Kapitalgesellschaften, Genossenschaften und Vereine, ZIP 1981, 1; *Vomhof*, Die Haftung des Liquidators der GmbH, 1988. Siehe auch die Literatur bei § 41.

A. Allgemeines 1
B. Regelungsgehalt 2
　I. Sperrjahr 2
　II. Wirkungen 3
　　1. Verteilungssperre 3
　　2. Eintragungssperre 5
　　3. Keine Befriedigungssperre 6
III. Verfahren nach Ablauf des Sperrjahrs 7
　1. Verteilung an die Anfallberechtigten 7
　2. Befriedigung nachträglich auftretender Gläubiger 8
　3. Gläubigeransprüche nach Abschluss der Verteilung 9

A. Allgemeines

1 Die Vorschrift regelt das sog. **Sperrjahr.** Während des Sperrjahres bleibt das Vereinsvermögen in der Verwaltung der Liquidatoren und darf nicht an die Anfallberechtigten ausgehändigt werden. Zweck des Sperrjahres ist wie bei den korrespondierenden Vorschriften des § 272 AktG, § 73 GmbHG, § 90 GenG der **Schutz bisher unbekannter Gläubiger**: ihnen soll Gelegenheit gegeben werden, ihre Ansprüche anzumelden, bevor ihnen das Vermögen des Vereins, das zunächst zu ihrer Befriedigung bestimmt ist, durch Verteilung endgültig entzogen wird.

B. Regelungsgehalt

I. Sperrjahr

2 Das Sperrjahr beginnt gem. § 50 Abs. 1 S. 4 mit Wirksamwerden der (ersten) Bekanntmachung (→ § 50 Rn. 5) Für die Berechnung gelten die §§ 187 Abs. 1, 188 Abs. 2.

II. Wirkungen

3 **1. Verteilungssperre.** Während des Sperrjahres bleibt das Vereinsvermögen in der Verwaltung der Liquidatoren und darf nicht an die Anfallberechtigten ausgehändigt werden. Das Sperrjahr ist auch dann einzuhalten, wenn die Existenz weiterer, noch nicht befriedigter oder gesicherter Gläubiger unwahrscheinlich ist.[1] Die Vorschrift ist zwingend, abweichende Satzungsbestimmungen oder Beschlüsse der Mitgliederversammlung sind wirkungslos und binden die Liquidatoren nicht.[2]

4 Die **Pflicht der Liquidatoren zur Einhaltung des Sperrjahres** besteht dem Verein und den Gläubigern gegenüber; Liquidatoren, die hiergegen verstoßen, machen sich schadensersatzpflichtig, und zwar dem Verein gegenüber gem. § 280 Abs. 1 wegen Pflichtverletzung innerhalb des organschaftlichen Rechtsverhältnisses und des Anstellungsverhältnisses (→ § 48 Rn. 6), den Gläubigern gegenüber nach § 53 (→ § 53 Rn. 1, 5). Da § 51 kein absolutes oder relatives Veräußerungsverbot darstellt, wird die **dingliche Wirksamkeit der Übertragungsgeschäfte** zugunsten der Anfallberechtigten durch den Verstoß gegen §§ 50, 51 grundsätzlich nicht berührt;[3] jedoch können sie wegen kollusiven Zusammenwirkens von Liquidatoren und Anfallberechtigten zulasten der Gläubiger nach § 138 Abs. 1 nichtig sein.[4] Gegenüber drohender Verletzung des § 51 haben die Gläubiger analog § 1004 einen **vorbeugenden Unterlassungsanspruch**, der auch im Wege der einstweiligen Verfügung durchgesetzt werden kann (→ § 53 Rn. 8).

5 **2. Eintragungssperre.** Vor Ablauf des Sperrjahres darf die Beendigung der Liquidation grundsätzlich nicht im Vereinsregister eingetragen werden.[5] Jedoch wird die Sperrfrist obsolet, wenn sich ihr Schutzzweck durch vollständige Verteilung des Vereinsvermögens erledigt hat; ebenso wie in diesem Fall die

1　Reichert/Schimke/Dauernheim/*Schörnig* Kap. 2 Rn. 4222.
2　Reichert/Schimke/Dauernheim/*Schörnig* Kap. 2 Rn. 4222.
3　BeckOGK/*Könen* BGB § 51 Rn. 2; MüKoBGB/*Leuschner* § 51 Rn. 3; jurisPK/*Otto* BGB § 51 Rn. 2;

Soergel/*Hadding* BGB § 51 Rn. 2; Reichert/Schimke/Dauernheim/*Schörnig* Kap. 2 Rn. 4225.
4　Vgl. BGH NJW 1973, 1695; MüKoBGB/*Leuschner* § 51 Rn. 3; Soergel/*Hadding* BGB § 51 Rn. 2.
5　Reichert/Schimke/Dauernheim/*Schörnig* Kap. 2 Rn. 4224.

Liquidation überhaupt unterbleiben kann (→ § 47 Rn. 19), kann die Beendigung der Liquidation auch vor Ablauf der Sperrfrist eingetragen werden, wenn die Liquidatoren versichern, dass kein geldwertes Vermögen mehr vorhanden ist und keine Prozesse mehr anhängig sind.[6] Die Auskehrung des gesamten Vereinsvermögens an den Anfallberechtigten ohne die gesetzlich vorgeschriebene Bekanntmachung und demzufolge ohne Abwarten des Sperrjahrs bewirkt die **Fortdauer der Liquidation** trotz scheinbarer Beendigung, denn der dem Verein insoweit zustehende Bereicherungsanspruch gegen den Anfallberechtigten ist „noch vorhandenes" Vereinsvermögen, dessen Existenz die Vollbeendigung ausschließt (→ Rn. 9, → § 47 Rn. 19, → § 53 Rn. 3).[7]

3. Keine Befriedigungssperre. Das Sperrjahr bezieht sich auf die **Verteilung des Restvermögens** an die Anfallberechtigten, nicht auf die Ansprüche der Gläubiger; fällige **Forderungen der Gläubiger** können und müssen deshalb selbstverständlich auch während des Sperrjahres erfüllt werden (s. aber → § 47 Rn. 30, → § 49 Rn. 6 zur Insolvenzantragspflicht für den Fall, dass das Vermögen des Liquidationsvereins nicht mehr zur Befriedigung aller Gläubiger ausreicht).   **6**

III. Verfahren nach Ablauf des Sperrjahrs

1. Verteilung an die Anfallberechtigten. Nach Ablauf des Sperrjahres darf das Restvermögen des Vereins den Anfallberechtigten übertragen werden, soweit es nicht zur Befriedigung oder Sicherstellung angemeldeter oder bekannt gewordener Gläubiger (§ 52) zu verwenden ist; erst jetzt wird damit auch der Anspruch des Anfallberechtigten fällig.[8] Zu den Einzelheiten der Verteilung → § 49 Rn. 7 ff.   **7**

2. Befriedigung nachträglich auftretender Gläubiger. Melden Gläubiger sich auf die allgemeine Aufforderung nach § 50 Abs. 1 oder auf die besondere Mitteilung nach § 50 Abs. 2 hin nicht, so büßen sie ihre Forderungen nicht etwa ein. Auch der Ablauf des Sperrjahres als solcher bewirkt keinerlei Ausschlusswirkung gegen die Gläubiger; soweit noch Vermögen vorhanden ist, müssen diese vielmehr auch nach Ablauf der Sperrfrist noch befriedigt werden.[9] Meldet sich ein Gläubiger nach Ablauf der Sperrfrist, so darf mit der Verteilung des Restvermögens an die Anfallberechtigten deshalb nicht fortgefahren werden, solange der Gläubiger nicht befriedigt oder gemäß § 52 sichergestellt ist.   **8**

3. Gläubigeransprüche nach Abschluss der Verteilung. Wird an die Anfallberechtigten **mehr als der „wahre Überschuss" verteilt**, so dass Gläubiger unberücksichtigt bleiben, entsteht im Umfang der Mehrleistung grundsätzlich ein Bereicherungsanspruch des Vereins (→ § 53 Rn. 2 mwN); denn zulasten bekannter Gläubiger kann es, wie sich aus § 52 Abs. 1 ergibt, keine ordnungsgemäße Verteilung des Überschusses geben. Soweit die Liquidation offiziell bereits beendet ist, können die Gläubiger analog § 273 Abs. 4 AktG beim Gericht die Bestellung von (Nachtrags-)Liquidatoren beantragen und alsdann, zwecks Zugriffs auf den Bereicherungsanspruch, gegen diese vorgehen.   **9**

Das Gleiche gilt, wenn die **Verteilung unter Verletzung von §§ 50, 51** vorgenommen wurde, weil die Bekanntmachung unterblieben ist oder fehlerhaft war oder weil das Sperrjahr nicht abgewartet wurde. Deshalb leistet der Verein in diesen Fällen ohne Rechtsgrund an die Anfallberechtigten; die Gläubiger können die Bereicherungsansprüche des Vereins pfänden und sich überweisen lassen (→ § 53 Rn. 3). Außerdem haften die Liquidatoren sowohl dem Verein (§ 280 Abs. 1) als auch den Gläubigern (§ 53) auf Schadensersatz (→ Rn. 4, → § 53 Rn. 6).   **10**

Ein Bereicherungsanspruch – und damit auch das Bedürfnis für eine derartige Nachtragsabwicklung – entsteht allerdings nicht, wenn die Mehrleistung **im Einklang mit den §§ 50–52** erfolgt ist.[10] Unbekannte Gläubiger, die erst nach ordnungsgemäßer Verteilung des (scheinbaren) Liquidationsüberschusses an die Anfallberechtigten auf den Plan treten, müssen den ersatzlosen Wegfall ihres Schuldners hinnehmen und gehen leer aus (→ § 53 Rn. 4).   **11**

---

6   BeckOGK/*Könen* § 51 Rn. 6 f.; MüKoBGB/*Leuschner* § 51 Rn. 3; jurisPK/*Otto* BGB § 51 Rn. 4, 7; Reichert/Schimke/Dauernheim/*Schörnig* Kap. 2 Rn. 4226; Sauter/Schweyer/Waldner Eingetragener Verein Rn. 408; *Böttcher* Rpfleger 1988, 169 (175).

7   OLG Düsseldorf NZG 2005, 363 f.; BeckOGK/*Könen* BGB § 51 Rn. 23; jurisPK/*Otto* BGB § 51 Rn. 12 ff.; Staudinger/*Weick* BGB § 51 Rn. 4, 7.

8   BeckOGK/*Könen* BGB § 51 Rn. 11; jurisPK/*Otto* BGB § 51 Rn. 1; Staudinger/*Weick* BGB § 51 Rn. 4.

9   RGZ 124, 210, 213; BeckOGK/*Könen* BGB § 51 Rn. 2, 8; Reichert/Schimke/Dauernheim/*Schörnig* Kap. 2 Rn. 4223, 4228; Soergel/*Hadding* BGB § 51 Rn. 2; *K. Schmidt* ZIP 1981, 1 (2); sa *Vomhof*, S. 127 f. (zur GmbH).

10   RGZ 124, 210, 214; OLG Stuttgart BeckRS 2012, 08589; BeckOGK/*Könen* BGB § 51 Rn. 14; BeckOK BGB/*Schöpflin* § 53 Rn. 4; MüKoBGB/*Leuschner* § 51 Rn. 7.

§ 52 Sicherung für Gläubiger

(1) Meldet sich ein bekannter Gläubiger nicht, so ist der geschuldete Betrag, wenn die Berechtigung zur Hinterlegung vorhanden ist, für den Gläubiger zu hinterlegen.

(2) Ist die Berichtigung einer Verbindlichkeit zur Zeit nicht ausführbar oder ist eine Verbindlichkeit streitig, so darf das Vermögen den Anfallberechtigten nur ausgeantwortet werden, wenn dem Gläubiger Sicherheit geleistet ist.

Literatur: *K. Schmidt*, Zur Gläubigersicherung im Liquidationsverfahren der Kapitalgesellschaften, Genossenschaften und Vereine, ZIP 1981, 1; *Vomhof*, Die Haftung des Liquidators der GmbH, 1988. Siehe auch die Literatur bei § 41.

A. Allgemeines	1	2. Bekannter Gläubiger	3
B. Regelungsgehalt	2	II. Verpflichtung zur Sicherheitsleistung (Abs. 2)	4
I. Verpflichtung zur Hinterlegung (Abs. 1)	2	C. Weitere praktische Hinweise	5
1. Bürgerlichrechtliche Zulässigkeit der Hinterlegung	2		

A. Allgemeines

1   Die Bestimmung regelt die Erfüllung bzw. Sicherung einzelner Forderungen, die den Liquidatoren nach Grund und Höhe – nicht notwendig hinsichtlich der Person des Gläubigers – zwar **bekannt** sind, deren normale Befriedigung jedoch gegenwärtig nicht möglich ist. Analog zu den Bestimmungen des § 272 Abs. 2 und 3 AktG, § 73 Abs. 2 GmbHG, § 90 Abs. 2 GenG werden die Liquidatoren zur Sicherstellung dieser Gläubiger verpflichtet, damit die Schlussverteilung und damit der Abschluss der Liquidation nicht unnötig verzögert wird.

B. Regelungsgehalt

I. Verpflichtung zur Hinterlegung (Abs. 1)

2   **1. Bürgerlichrechtliche Zulässigkeit der Hinterlegung.** Die **Hinterlegung** der geschuldeten Leistung findet statt, wenn sich ein den Liquidatoren bekannter Gläubiger (→ Rn. 3) nicht meldet und die Hinterlegung nach bürgerlichem Recht zulässig ist. Die **bürgerlichrechtliche Zulässigkeit** der Hinterlegung ist gegeben, wenn der Verein hinterlegungsfähige Gegenstände schuldet und ein Hinterlegungsgrund vorliegt. **Hinterlegungsfähig** sind Geld, Wertpapiere oder sonstige Urkunden sowie Kostbarkeiten (vgl. § 372 S. 1); ist der Anspruch auf eine nicht hinterlegungsfähige Sache gerichtet, so können die Liquidatoren die Sache gem. § 383 versteigern und sodann den Erlös hinterlegen.[1] Ein **Hinterlegungsgrund** liegt vor, wenn der Gläubiger sich – was sich bei Holschulden schon aus einer hinreichend konkret gefassten Aufforderung gem. § 50 ergeben kann[2] – in **Annahmeverzug** befindet (§ 372 S. 1), wenn der Verein aus einem anderen in der Person des Gläubigers liegenden Grund seine Verbindlichkeit nicht oder nicht mit Sicherheit erfüllen kann (§ 372 S. 2 Alt. 1, zB Fehlen eines gesetzlichen Vertreters, unbekannter Aufenthalt) oder wenn der Verein schuldlos im Ungewissen über die Person des Gläubigers ist (§ 372 S. 2 Alt. 2, zB bei (mehrfacher) Forderungsabtretung bzw. -pfändung oder Erbfolge). Liegen die Voraussetzungen des § 372 vor, so haben die Liquidatoren die Forderung gem. § 49 Abs. 1 durch Hinterlegung unter Verzicht auf das Rücknahmerecht (§ 376 Abs. 2 Nr. 1) zu erfüllen.[3]

3   **2. Bekannter Gläubiger.** Die Verpflichtung zur Hinterlegung setzt voraus, dass die **Forderung den Liquidatoren** – dh nach allgemeinen Grundsätzen mindestens einem von ihnen[4] – dem Grunde nach, bei Geldforderungen außerdem der Höhe nach „**bekannt**" ist. Mit diesem Tatbestandsmerkmal knüpft das Gesetz an § 50 Abs. 2 an, wo zugunsten „bekannter" Gläubiger eine besondere Informationspflicht statuiert wird (→ § 50 Rn. 6 f.). Ebenso wie für die Anwendung des § 50 Abs. 2 genügt es jedenfalls, wenn das Bestehen einer Forderung nach Grund und Höhe substantiiert dargetan ist; die Liquidatoren sind nicht zu

---

1   Reichert/Schimke/Dauernheim/*Schörnig* Kap. 2 Rn. 4237.

2   Vgl. BeckOGK/*Könen* BGB § 52 Rn. 5.1; MüKo-BGB/*Leuschner* § 52 Rn. 3; Soergel/*Hadding* BGB § 52 Rn. 2; Reichert/Schimke/Dauernheim/*Schörnig* Kap. 2 Rn. 4238; Staudinger/*Weick* BGB § 52 Rn. 2.

3   MüKoBGB/*Leuschner* § 52 Rn. 3; Reichert/Schimke/Dauernheim/*Schörnig* Kap. 2 Rn. 4238; Soergel/

Hadding BGB § 52 Rn. 2; für Genossenschaft auch BGHZ 43, 51, 61; anders die hM zur GmbH, vgl. Scholz/*K. Schmidt* GmbHG § 73 Rn. 10: Verzicht auf das Rücknahmerecht nur nach Ermessen.

4   Reichert/Schimke/Dauernheim/*Schörnig* Kap. 2 Rn. 4230.

einer eigenen sorgfältigen Prüfung und ggf. Schätzung verpflichtet.[5] Weitergehend sollte aber bei offensichtlich unbegründeten Forderungen von einer Sicherstellung abgesehen werden können.[6] „Bekannt" ist ein Gläubiger aber – wiederum anders als bei § 50 Abs. 2 – auch dann, wenn den Liquidatoren nur die Forderung, nicht aber die Person des Gläubigers bekannt ist; dies ergibt sich aus Abs. 1 iVm § 372 S. 2 Alt. 2, der eine Ungewissheit über die Person des Gläubigers gerade voraussetzt.[7]

II. Verpflichtung zur Sicherheitsleistung (Abs. 2)

Die Sicherstellung des Gläubigers findet in Form der Sicherheitsleistung statt, wenn die Berichtigung der **4** Verbindlichkeit zurzeit nicht ausführbar ist oder wenn die Verbindlichkeit streitig ist (Abs. 2); hierzu sind die Liquidatoren verpflichtet,[8] wenngleich ein selbstständig durchsetzbarer Anspruch des Gläubigers auf Sicherheitsleistung nicht besteht.[9] Die Berichtigung der Forderung ist zurzeit **nicht ausführbar**, wenn die Verbindlichkeit (aufschiebend) bedingt oder befristet ist; das Gleiche gilt für künftige Forderungen aus Dauerschuldverhältnissen sowie Zug-um-Zug-Leistungen, bei denen der Gläubiger vorleistungs- oder mitwirkungspflichtig ist, dieser Verpflichtung aber nicht nachkommt.[10] Sicherheit ist grundsätzlich auch dann zu leisten, wenn die **Forderung nach Grund oder Höhe streitig** ist; erforderlich ist jedoch im gleichen Sinne wie bei Abs. 1, dass der **Gläubiger den Liquidatoren „bekannt"** ist (→ Rn. 3). Soweit die Liquidatoren die Verbindlichkeit nach Abs. 1 durch Hinterlegung erfüllen können, ist ein Vorgehen nach Abs. 2 unzulässig; denn die Liquidatoren sind in erster Linie zur Erfüllung verpflichtet, die sich nur durch Hinterlegung unter Ausschluss des Rücknahmerechts erreichen lässt, nicht aber durch Sicherheitsleistung.[11] Die Sicherheitsleistung erfolgt durch Hinterlegung von Geld oder Wertpapieren bzw. durch Verpfändung beweglicher Sachen (§ 232 Abs. 1), hilfsweise durch Einbringung einer selbstschuldnerischen Bürgschaft (§§ 232 Abs. 2, 239 Abs. 2), insbesondere einer Bankbürgschaft.

C. Weitere praktische Hinweise

Ein durchsetzbarer Anspruch der einzelnen Gläubiger auf Hinterlegung oder Sicherheitsleistung wird durch **5** § 52 nicht begründet;[12] jedoch haben die Gläubiger gegenüber drohender Verletzung des § 52 analog § 1004 einen **vorbeugenden Unterlassungsanspruch**, der auch im Wege der einstweiligen Verfügung durchgesetzt werden kann (→ § 53 Rn. 8). Darüber hinaus begründet die vorzeitige Verteilung des Vereinsvermögens Schadensersatzansprüche der Gläubiger gegen die Liquidatoren (§ 53) sowie Bereicherungsansprüche des Vereins gegen den oder die Empfänger (→ § 53 Rn. 2). Forderungen, deren Existenz den Liquidatoren **unbekannt** ist und die auch nicht auf die gem. § 50 zu erlassende Aufforderung hin angemeldet werden, bleiben dagegen unberücksichtigt und berechtigen auch nicht zu späteren Bereicherungs- oder Schadensersatzansprüchen (→ § 53 Rn. 4).

§ 53 Schadensersatzpflicht der Liquidatoren

Liquidatoren, welche die ihnen nach dem § 42 Abs. 2 und den §§ 50, 51 und 52 obliegenden Verpflichtungen verletzen oder vor der Befriedigung der Gläubiger Vermögen den Anfallberechtigten ausantworten, sind, wenn ihnen ein Verschulden zur Last fällt, den Gläubigern für den daraus entstehenden Schaden verantwortlich; sie haften als Gesamtschuldner.

---

5 BeckOGK/*Könen* BGB § 52 Rn. 8; Soergel/*Hadding* BGB § 52 Rn. 3; *K. Schmidt* ZIP 1981, 1 (2 f.); aA Reichert/Schimke/Dauernheim/*Schörnig* Kap. 2 Rn. 4231; wohl auch BGHZ 43, 51, 61 = NJW 1965, 969 (zu § 90 GenG).

6 BeckOGK/*Könen* BGB § 52 Rn. 8; BeckOK BGB/*Schöpflin* § 52 Rn. 3; jurisPK/*Otto* BGB § 52 Rn. 7; Reichert/Schimke/Dauernheim/*Schörnig* Kap. 2 Rn. 4232; Soergel/*Hadding* BGB § 52 Rn. 3; zwischen rechtlichen und tatsächlichen Zweifeln differenzierend *K. Schmidt* ZIP 1981, 1 (2 f.).

7 BeckOGK/*Könen* BGB § 52 Rn. 4 f.; MüKoBGB/*Leuschner* § 52 Rn. 3; *K. Schmidt* ZIP 1981, 1 (2); Soergel/*Hadding* BGB § 52 Rn. 1; aA Staudinger/*Weick* BGB § 52 Rn. 4 (Abs. 2 iVm § 232).

8 BeckOGK/*Könen* BGB § 52 Rn. 12; MüKoBGB/*Leuschner* § 52 Rn. 4.

9 BeckOGK/*Könen* BGB § 52 Rn. 10; Soergel/*Hadding* BGB § 52 Rn. 4; *K. Schmidt* ZIP 1981, 1 (3 f.); aA Staudinger/*Weick* BGB § 52 Rn. 5.

10 BeckOGK/*Könen* BGB § 52 Rn. 7; BeckOK BGB/*Schöpflin* § 52 Rn. 3; MüKoBGB/*Leuschner* § 52 Rn. 5; Soergel/*Hadding* BGB § 52 Rn. 3.

11 BeckOGK/*Könen* BGB § 52 Rn. 3; BeckOK BGB/*Schöpflin* § 52 Rn. 3; MüKoBGB/*Leuschner* § 52 Rn. 5; Soergel/*Hadding* BGB § 52 Rn. 3; aA *K. Schmidt* ZIP 1981, 1 (3); Staudinger/*Weick* BGB § 52 Rn. 2 aE, 4 (Wahlrecht zwischen Hinterlegung und Sicherheitsleistung wie bei GmbH).

12 BeckOGK/*Könen* BGB § 52 Rn. 6; BeckOK BGB/*Schöpflin* § 52 Rn. 4, § 53 Rn. 2; jurisPK/*Otto* BGB § 52 Rn. 9; MüKoBGB/*Leuschner* § 52 Rn. 6; Soergel/Hadding BGB § 52 Rn. 4; aA Staudinger/*Weick* BGB § 52 Rn. 3.

Literatur: *K. Schmidt*, Zur Gläubigersicherung im Liquidationsverfahren der Kapitalgesellschaften, Genossenschaften und Vereine, ZIP 1981, 1; *Vomhof*, Die Haftung des Liquidators der GmbH, 1988. Siehe auch die Literatur bei § 41 und § 42.

A. Allgemeines	1	**B. Regelungsgehalt**	5
I. Außenhaftung der Liquidatoren gegenüber		I. Haftungsvoraussetzungen	5
übergangenen Gläubigern	1	II. Rechtsfolgen	6
II. Bereicherungsansprüche übergangener Gläu-		1. Schadensersatz	6
biger	2	2. Unterlassung	8
1. Ansprüche bei Verstoß gegen §§ 50–52 ...	2	**C. Weitere praktische Hinweise**	9
2. Ansprüche bei Beachtung der §§ 50–52 ..	4		

A. Allgemeines

I. Außenhaftung der Liquidatoren gegenüber übergangenen Gläubigern

1 Das BGB unterscheidet für den Fall von Pflichtverletzungen der Liquidatoren zwischen den Ansprüchen des Vereins (**Innenhaftung**) und solchen der Gläubiger (**Außenhaftung**): Grundsätzlich stehen die Liquidatoren nur zum Verein in einer Rechtsbeziehung, die ihnen besondere haftungsbewehrte Rechtspflichten auferlegt. Ansprüche des Vereins gegen die Liquidatoren können sich im Fall einer Pflichtverletzung aus dem organschaftlichen Rechtsverhältnis bzw. dem Anstellungsverhältnis ergeben (§ 48 Abs. 2 iVm § 27 Abs. 3 bzw. § 280 Abs. 1);[1] sie schützen die Interessen der Gläubiger nur mittelbar über eine Erhöhung der Haftungsmasse. § 53 regelt demgegenüber den **Ausnahmefall unmittelbarer Außenhaftung** der Liquidatoren gegenüber den Gläubigern; dem liegt die Annahme zugrunde, in den in § 53 genannten Fällen – Verletzung der den Liquidatoren nach dem § 42 Abs. 2 und den §§ 50–52 obliegenden Verpflichtungen – bestehe ein besonders schutzwürdiges Interesse der Gläubiger an wirksamer Inhaftungnahme der Liquidatoren. Bei § 53 handelt es sich um einen Spezialfall des § 823 Abs. 2 im Hinblick auf die sonach als drittschützend anerkannten Bestimmungen der §§ 42 Abs. 2, 50–52 und damit um einen seiner Rechtsnatur nach **deliktischen Schadensersatzanspruch**.[2]

II. Bereicherungsansprüche übergangener Gläubiger

2 **1. Ansprüche bei Verstoß gegen §§ 50–52.** Von dem in § 53 angesprochenen Schadensersatzanspruch ist die Möglichkeit zu unterscheiden, dass die Vereinsgläubiger im Fall der Verletzung der §§ 50–52 **aus ungerechtfertigter Bereicherung gegen den Begünstigten** vorgehen. Ein unmittelbarer Bereicherungsanspruch eines Gläubigers scheitert indes schon daran, dass der Anfallberechtigte hier nicht auf Kosten des Gläubigers, sondern auf Kosten des Liquidationsvereins etwas erlangt hat; insofern kommt ohnehin allenfalls der Liquidationsverein selbst als Bereicherungsgläubiger in Betracht.[3] In der Tat haftet ein Anfallberechtigter, der unter Verstoß gegen §§ 50–52 befriedigt worden ist, hiernach **dem Verein gegenüber** (Innenhaftung) nach § 812 Abs. 1 S. 1 Alt. 1 auf Erstattung des gesetzwidrig Erlangten: Wird das Restvermögen vor Ablauf des Sperrjahres an die Anfallberechtigten verteilt, obwohl noch unbekannte Gläubiger zu befriedigen sind, so haben die Anfallberechtigten in anteiliger Höhe der offenen Forderungen durch Leistung des Liquidationsvereins etwas ohne rechtlichen Grund erlangt.[4] Der an sich gegebene Ausschlusstatbestand des § 814 wird dabei im Gläubigerschutzinteresse teleologisch reduziert, da seine Anwendung dem Zweck des § 51 widerspricht.[5] War der Begünstigte Vereinsmitglied, so hat der Verein gegen ihn einen Erstattungsanspruch auf körperschaftsrechtlicher Grundlage (mit der Konsequenz, dass hiergegen eine Berufung auf Ent-

---

1   Vgl. Reichert/Schimke/Dauernheim/*Schörnig* Kap. 2 Rn. 4277 ff.

2   Vgl. BeckOGK/*Könen* BGB § 53 Rn. 2; BeckOK BGB/*Schöpflin* § 53 Rn. 1; MüKoBGB/*Leuschner* § 53 Rn. 1; Reichert/Schimke/Dauernheim/*Schörnig* Kap. 2 Rn. 4278; *K. Schmidt* ZIP 1981, 1 (4), 7; Staudinger/*Weick* BGB § 53 Rn. 7.

3   BeckOK BGB/*Schöpflin* § 53 Rn. 4; *K. Schmidt* ZIP 1981, 1 (6); MüKoBGB/*Leuschner* § 53 Rn. 4, § 51 Rn. 4; Palandt/*Ellenberger* BGB § 53 Rn. 2; Reichert/Schimke/Dauernheim/*Schörnig* Kap. 2 Rn. 4277 ff.; Soergel/*Hadding* BGB § 51 Rn. 4; Staudinger/*Weick* BGB § 51 Rn. 5; vgl. zur GmbH auch RGZ 124, 210, 213 f.; RG JW 1930, 2943; aA

RGZ 92, 77, 82; OLG Düsseldorf NZG 2005, 363 f.; Staudinger/*Weick* BGB § 51 Rn. 2, § 53 Rn. 5: bei wissentlichem Verstoß Bereicherungsanspruch des Gläubigers (entspr. § 822).

4   OLG Düsseldorf NZG 2005, 363 f.; BeckOGK/*Könen* BGB § 51 Rn. 16 f.; *K. Schmidt* ZIP 1981, 1 (6); MüKoBGB/*Leuschner* § 51 Rn. 4; Reichert/Schimke/Dauernheim/*Schörnig* Kap. 2 Rn. 4294 f.; Soergel/*Hadding* BGB § 51 Rn. 3, § 53 Rn. 2.

5   MüKoBGB/*Leuschner* § 51 Rn. 4; Soergel/*Hadding* BGB § 51 Rn. 3; i.Erg. ebenso (§ 814 auf Konkurrenzebene verdrängt) BeckOGK/*Könen* BGB § 51 Rn. 18; jurisPK/*Otto* BGB § 51 Rn. 11.

reicherung nicht möglich ist).[6] Der Verteilung des Liquidationsüberschusses an die Anfallberechtigten unter Verstoß gegen §§ 50–52 steht der Fall gleich, dass ein Gläubiger unberücksichtigt geblieben ist, obwohl seine Forderung den Liquidatoren bekannt war; denn da solche Gläubiger mit ihren Forderungen nicht ausgeschlossen werden, gehen sie den Anfallberechtigten auch nach Ablauf des Sperrjahres vor.[7]

Die Auskehrung des gesamten Vereinsvermögens an die Anfallberechtigten ohne die gesetzlich vorge- **3** schriebene Bekanntmachung der Auflösung bzw. ohne Abwarten des Sperrjahrs bewirkt danach zugleich die **Fortdauer der Liquidation** trotz scheinbarer Beendigung, denn der dem Verein insoweit zustehende Erstattungsanspruch gegen den Anfallberechtigten ist „noch vorhandenes" Vereinsvermögen, dessen Existenz die Vollbeendigung ausschließt (→ § 47 Rn. 19, → § 51 Rn. 5, 9).[8] Der Gläubiger kann dann den Erstattungsanspruch des Vereins gegen den Anfallberechtigten pfänden und sich zur Einziehung überweisen lassen.[9] Unterbleibt dies, so ist der Erstattungsanspruch im Wege einer Nachtragsliquidation (→ § 49 Rn. 22) zu realisieren und das Erlangte sodann zugunsten der Vereinsgläubiger zu verteilen.[10]

2. Ansprüche bei Beachtung der §§ 50–52. Sind die Bestimmungen der §§ 50–52 beachtet worden, **4** geht der verspätet auf den Plan tretende Gläubiger endgültig leer aus; denn auch die Realisierung eines Bereicherungsanspruchs des Vereins scheidet in diesem Fall nach ganz hM schon deshalb aus, weil der Begünstigte mit Rechtsgrund erworben hat.[11]

B. Regelungsgehalt

I. Haftungsvoraussetzungen

Die Eröffnung der unmittelbaren Außenhaftung der Liquidatoren setzt voraus, dass die Liquidatoren entwe- **5** der ihrer Verpflichtung zur rechtzeitigen Stellung des Antrags auf Eröffnung des Insolvenzverfahrens nicht genügt haben (§§ 48 Abs. 2, 42 Abs. 2, → § 42 Rn. 43 ff.), die Bekanntmachung und Gläubigeraufforderung nicht rechtzeitig vorgenommen haben (§ 50) oder Vereinsvermögen an die Anfallberechtigten ausgekehrt haben, ohne zuvor alle bekannten Gläubiger befriedigt (§ 49), die Sperrfrist (§ 51) beachtet und alle bekannten Forderungen durch Hinterlegung oder Sicherheitsleistung erfüllt bzw. gesichert zu haben (§ 52). Sie erfordert nach der ausdrücklichen Bestimmung des Hs. 2 ein schuldhaftes Handeln (Vorsatz oder einfache Fahrlässigkeit) des Liquidators.

II. Rechtsfolgen

1. Schadensersatz. Der Anspruch ist auf Ersatz des durch die Verletzung der §§ 42 Abs. 2, 50–52 ent- **6** standenen Schadens gerichtet, muss idR also die Verkürzung der individuellen Quote ausgleichen. Der Schaden errechnet sich mithin grundsätzlich aus der Differenz zwischen der Befriedigungsquote, die dem Gläubiger zustehen würde, sofern die Liquidatoren ihre Pflichten aus §§ 42 Abs. 2, 50–52 erfüllt hätten, und der bei der Liquidation bzw. im Insolvenzverfahren tatsächlich erzielten Befriedigung (**Quotenschaden**).[12] Dieser Anspruch kann zudem, wenn über das Vermögen des Vereins das Insolvenzverfahren eröffnet wird, gemäß § 92 InsO während der Dauer des Insolvenzverfahrens von dem einzelnen Gläubiger nicht geltend gemacht werden (Sperrwirkung); vielmehr ist die Einziehung der Forderung dem Insolvenzverwalter übertragen (Konzentrationswirkung). Ebenso wie im Fall der Haftung der Vorstandsmitglieder nach § 42 Abs. 2 (→ § 42 Rn. 47) sind die sog. **Neugläubiger** in der Insolvenz nicht auf den Quotenschaden beschränkt, sondern haben einen Anspruch auf Ersatz des vollen Schadens, den sie dadurch erlitten haben, dass sie bei Vertragsabschluss auf die Solvenz des Vereins vertraut haben;[13] dieser Anspruch unterfällt auch nicht der

---

6 BeckOK BGB/*Schöpflin* § 53 Rn. 4; Reichert/ Schimke/Dauernheim/*Schörnig* Kap. 2 Rn. 4294 ff.; mit anderer Begr. ebenfalls für Ausschluss der Bereicherung MüKoBGB/*Leuschner* § 51 Rn. 4; BeckOGK/*Könen* BGB § 51 Rn. 16, 19; sa BGH NJW 1999, 2524 (2526) (zur Genossenschaft).

7 MüKoBGB/*Leuschner* § 51 Rn. 8; Soergel/*Hadding* BGB § 51 Rn. 4; sa BAGE 36, 125, 130 = NJW 1982, 1831 (zur GmbH).

8 OLG Düsseldorf NZG 2005, 363 f.; BeckOGK/ *Könen* BGB § 47 Rn. 21, § 51 Rn. 23; jurisPK/*Otto* BGB § 51 Rn. 12 ff.; Soergel/*Hadding* BGB § 51 Rn. 4.

9 BeckOK BGB/*Schöpflin* § 53 Rn. 4; Reichert/ Schimke/Dauernheim/*Schörnig* Kap. 2 Rn. 4298; Soergel/*Hadding* BGB § 51 Rn. 3.

10 BeckOK BGB/*Schöpflin* § 53 Rn. 4; Reichert/ Schimke/Dauernheim/*Schörnig* Kap. 2 Rn. 4297; sa BAGE 36, 125, 130 = NJW 1982, 1831 (zur GmbH).

11 RGZ 124, 210, 213 f.; Reichert/Schimke/Dauernheim/*Schörnig* Kap. 2 Rn. 4293.

12 BeckOGK/*Könen* BGB § 53 Rn. 8; MüKoBGB/*Leuschner* § 53 Rn. 3; Reichert/Schimke/Dauernheim/ *Achenbach* Kap. 2 Rn. 3672 ff., 3680; Soergel/*Hadding* BGB § 53 Rn. 4; aA BeckOK BGB/*Schöpflin* § 53 Rn. 3. S. auch BGH NJW-RR 2018, 738 Rn. 56 ff. mAnm *Böcker* DZWIR 2018, 456 (zur GmbH).

13 BeckOGK/*Könen* BGB § 53 Rn. 8; MüKoBGB/*Leuschner* § 53 Rn. 3; Reichert/Schimke/Dauernheim/ *Achenbach* Kap. 2 Rn. 3682.

Beschränkung des § 92 InsO, weil er nicht auf einer Schmälerung der Insolvenzmasse beruht (→ § 42 Rn. 47). Mehrere Liquidatoren haften als **Gesamtschuldner** (§§ 421 ff.); im Innenverhältnis sind sie nach dem Grad ihres Verschuldens verpflichtet.[14]

7 Der Umstand, dass dem Verein in den Fällen, in denen unter Verstoß gegen §§ 50–52 Ausschüttungen vorgenommen wurden, regelmäßig **Bereicherungsansprüche** auf Rückgewähr des Erlangten gegen den Empfänger zustehen (→ Rn. 3), berührt den Anspruch gegen die Liquidatoren nach Grund und Höhe an sich nicht;[15] denn die Alternative, einen Schadensersatzanspruch gegen die Liquidatoren nur insoweit zu gewähren, als der Gläubiger auch durch Vollstreckung in den Bereicherungsanspruch des Vereins keine Befriedigung erlangt,[16] schränkt den Rechtsschutz der Gläubiger der Intention der Bestimmung zuwider über Gebühr ein.

8 **2. Unterlassung.** Einen einklagbaren Anspruch auf Einhaltung der in §§ 50–52 vorgeschriebenen Kautelen haben die Gläubiger nicht. Da es sich bei § 53 um einen deliktischen Anspruch handelt (→ Rn. 1), kann jedoch im Wege der **vorbeugenden Unterlassungsklage** analog § 1004 erreicht werden, dass den Liquidatoren bei drohender Verletzung der §§ 50–52 die Vermögensauskehr untersagt wird (sa → § 51 Rn. 4, → § 52 Rn. 5).[17] Die Klage kann sowohl gegen **die Liquidatoren persönlich**[18] als auch gegen den **Verein**[19] gerichtet werden. Der vorbeugende Unterlassungsanspruch kann zudem durch **einstweilige Verfügung** gegen die Liquidatoren geltend gemacht werden;[20] gegen den Verein kann auch ein **dinglicher Arrest** (§ 917 ZPO) erwirkt werden.[21]

C. Weitere praktische Hinweise

9 Insbesondere wenn der Gläubiger schon einen Titel gegen den Verein erwirkt hatte, wird es sich in der Regel empfehlen, den (behaupteten) Bereicherungsanspruch des Vereins gegen den entgegen §§ 50–52 befriedigten Anfallberechtigten (→ Rn. 2 f.) pfänden und sich zur Einziehung überweisen zu lassen; denn die Voraussetzungen des Bereicherungsanspruchs sind – insbesondere im Hinblick auf das womöglich schwer nachzuweisende Verschulden gem. § 53 aE – in der Regel leichter nachzuweisen als die des Schadensersatzanspruchs.

§ 54 Nicht rechtsfähige Vereine

[1]**Auf Vereine, die nicht rechtsfähig sind, finden die Vorschriften über die Gesellschaft Anwendung.** [2]**Aus einem Rechtsgeschäft, das im Namen eines solchen Vereins einem Dritten gegenüber vorgenommen wird, haftet der Handelnde persönlich; handeln mehrere, so haften sie als Gesamtschuldner.**[1]

Literatur: *Abel*, Die Haftung beim nicht rechtsfähigen Verein, 2005; *Arnold*, Die Organhaftung in Verein und Stiftung (unter besonderer Berücksichtigung des neuen § 31 a BGB), Non Profit Law Yearbook 2009, S. 89; *Backhaus*, Der nicht eingetragene Verein im Rechtsverkehr – ein Beitrag zur Rechtssubjektslehre im Zivilrecht und im Verfahrensrecht, 2001; *Bayer*, Die liquidationslose Fortsetzung rechtsfähiger Idealvereine, 1984; *Bergmann*, Die fremdorganschaftlich verfasste Offene Handelsgesellschaft, Kommanditgesellschaft und BGB-Gesellschaft als Problem des allgemeinen Verbandsrechts, 2002; *ders.*, Ein Plädoyer für § 54 Satz 1 BGB: Der nichtrechtsfähige Verein als körperschaftlich verfasste Gesellschaft, ZGR 2005, 654; *Beuthien*, Regeln die Vorschriften über die Handelndenhaftung einen Sonderfall des Handelns ohne Vertretungsmacht?, GmbHR 1996, 561; *ders.*, Künftig alles klar beim nichtrechtsfähigen Verein?, NZG 2005, 493; *ders.*, Wer

---

14 BeckOGK/*Könen* BGB § 53 Rn. 11; BeckOK BGB/ *Schöpflin* § 53 Rn. 3; Soergel/*Hadding* BGB § 53 Rn. 4.

15 BeckOK BGB/*Schöpflin* § 53 Rn. 3; Palandt/*Ellenberger* BGB § 53 Rn. 1; MüKoBGB/*Leuschner* § 53 Rn. 4; iE auch *K. Schmidt* ZIP 1981, 1 (9), der § 426 Abs. 2 entsprechend anwenden will.

16 Hierfür BeckOGK/*Könen* BGB § 53 Rn. 10; Erman/ *Westermann* BGB § 53 Rn. 1; Reichert/Schimke/ Dauernheim/*Schörnig* Kap. 2 Rn. 4282; Soergel/ *Hadding* BGB § 53 Rn. 4; Staudinger/*Weick* BGB § 53 Rn. 5.

17 BeckOGK/*Könen* BGB § 53 Rn. 13; BeckOK BGB/ *Schöpflin* § 53 Rn. 5; jurisPK/*Otto* BGB § 53 Rn. 4; MüKoBGB/*Leuschner* § 53 Rn. 5; s. ausf. *Vomhof*, S. 39 ff. (zur GmbH).

18 BeckOGK/*Könen* BGB § 53 Rn. 13; BeckOK BGB/ *Schöpflin* § 53 Rn. 5; *K. Schmidt* ZIP 1981, 1 (4 f.);

Soergel/*Hadding* BGB § 51 Rn. 3, § 53 Rn. 2; Staudinger/*Weick* BGB § 53 Rn. 7.

19 BeckOGK/*Könen* BGB § 53 Rn. 13; BeckOK BGB/ *Schöpflin* § 53 Rn. 5; aA insoweit Soergel/*Hadding* BGB § 53 Rn. 2, weil die §§ 50–52 nur Organpflichten aufstellten.

20 BeckOGK/*Könen* BGB § 53 Rn. 13; BeckOK BGB/ *Schöpflin* § 53 Rn. 5; MüKoBGB/*Leuschner* § 53 Rn. 5; Reichert/Schimke/Dauernheim/*Schörnig* Kap. 2 Rn. 4288; *K. Schmidt* ZIP 1981, 1 (4 f.); Soergel/ *Hadding* BGB § 53 Rn. 2.

21 BeckOGK/*Könen* BGB § 53 Rn. 13; BeckOK BGB/ *Schöpflin* § 53 Rn. 5; Reichert/Schimke/Dauernheim/ *Schörnig* Kap. 2 Rn. 4287; ausf. *Vomhof*, S. 43 ff., 56, 192 (zur GmbH).

1 § 54 Satz 2 wird bei Parteien nicht angewandt; vgl. § 37 ParteienG.

sind die Handelnden? Warum und wie lange müssen sie haften?, GmbHR 2013, 1; *Brand*, Die Mitgliederhaftung in nicht-eingetragenen Idealverbänden, AcP 208 (2008), 490; *Discher*, Die Mitgliederhaftung im Idealverein, 2013; *Enzensperger*, Parteijugendorganisationen und ihre Beteiligungsfähigkeit im verwaltungs- und verfassungsgerichtlichen Verfahren, MIP 2014, 26; *Faisst*, Zur Geschichte, Entwicklung und Zukunft des nichtrechtsfähigen Idealvereins nach deutschem Bürgerlichem Gesetzbuch, Diss. Tübingen 1986; *Flume*, Der nichtrechtsfähige Verein, ZHR 148 (1984), 503; *Gutzeit*, Die Vereinsinsolvenz unter besonderer Berücksichtigung des Sportvereins, Diss. Bonn 2003; *Habersack*, Die Mitgliedschaft – subjektives und „sonstiges" Recht, 1996; *Habscheid*, Der nicht rechtsfähige Verein zwischen juristischer Person und Gesellschaft, AcP 155 (1956), 375; *Hadding*, Zu einer geplanten Änderung des Vereinsrechts, ZGR 2006, 137; *Hasenkamp*, Die Haftungsbeschränkungen bei der Gesellschaft bürgerlichen Rechts – Eine Untersuchung unter Einbeziehung der Rechtslage beim nichtrechtsfähigen Verein und bei der werdenden GmbH, 2003; *Heiner*, Die persönliche Haftung von Mitgliedern des nicht eingetragenen Idealvereins, in: Juristenausbildung als Leidenschaft, 2004, S. 151; *Hess*, Grundfragen und Entwicklung der Parteifähigkeit, ZZP 117 (2004), 282; *Hientzsch*, Die politische Partei in der Insolvenz, 2010; *ders.*, § 3 PartG – ein parteienrechtliches Relikt? Ein Beitrag zur Parteifähigkeit politischer Parteien, JR 2010, 185; *Jeltsch*, Die Haftung des nichteingetragenen Vereins, 2003; *Katschinski*, Verschmelzung der Vereine, 1999; *Kempfler*, Nicht rechtsfähige Vereine aktiv parteifähig?, NZG 2002, 411; *Kertess*, Die Haftung des für einen nichtrechtsfähigen Verein Handelnden gemäß § 54 S. 2 BGB, Diss. Göttingen 1982; *Konzen*, Grundbuchfähigkeit eines nichtrechtsfähigen Vereins, JuS 1989, 20; *Linge*, Gläubigerschutz im Vereinsrecht – Eine Untersuchung zum nicht rechtsfähigen wirtschaftlichen Verein und zum eingetragenen Verein, 2011; *Lehmann*, Der Begriff der Rechtsfähigkeit, AcP 207 (2007), 225; *Leipold*, Einige Bemerkungen zur Rechts- und Parteifähigkeit der BGB-Gesellschaft und des nicht eingetragenen Vereins, in: FS Canaris 2007, Bd. II, S. 221; *Leuschner*, Das Konzernrecht des Vereins, 2011; *ders.*, Das Haftungsprivileg der §§ 31 a, 31 b BGB, NZG 2014, 281; *Meller-Hannich*, Aktive Parteifähigkeit des nicht rechtsfähigen Vereins, ZJS 2008, 301; *A. Meyer*, Der Grundsatz der unbeschränkten Verbandsmitgliederhaftung, 2006; *A. Meyer*, Haftungsprivilegien bei Idealverbänden ohne Rechtspersönlichkeit?, ZGR 2008, 702; *Morlok/Schulte-Trux*, Staatstragend, aber nicht grundbuchfähig? Zur Grundbuchfähigkeit politischer Parteien, NJW 1992, 2058; *Mummenhoff*, Gründungssysteme und Rechtsträgerschaft, 1979; *Nußbaum*, Der nichtrechtsfähige Verein im Prozeß und Konkurse, ZZP 34 (1905), 107; *Ott*, Zur Grundbuchfähigkeit der GbR und des nicht eingetragenen Vereins, NJW 2003, 1223; *Prütting*, Der nichtrechtsfähige Verein im Zivilprozess, in der Zwangsvollstreckung und Insolvenz sowie im Grundbuch, in: FS Reuter 2010, S. 263; *Reffken*, Die Rechts-, Partei- und Grundbuchunfähigkeit politischer Parteien, NVwZ 2009, 1131 ff; *Reiff*, Die Haftungsverfassung nichtrechtsfähiger unternehmenstragender Verbände, 1996; *Reuter*, Der nichtrechtsfähige wirtschaftliche Verein, in: FS Semler 1993, S. 931; *ders.*, Persönliche Haftung für Schulden des nichtrechtsfähigen Idealvereins, NZG 2004, 217; *ders.*, Rechtsfähigkeit und Rechtspersönlichkeit. Rechtstheoretische und rechtspraktische Anmerkungen zu einem großen Thema, AcP 207 (2007), 673; *ders.*, Der Verein im Verein, in: FS Hopt 2010, S. 195; *Roth*, Zur Haftung im Ehrenamt gemäß § 31 a BGB, npoR 2010, 1; *Schießl*, Die Ausgliederung von Idealvereinen auf Kapitalgesellschaften – Umstrukturierungen im Schnittfeld von Gesellschafts-, Vereins- und Steuerrecht, 2003; *K. Schmidt*, Gesellschaftsrecht, 4. Aufl. 2002; *ders.*, Systemfragen des Vereinsrechts, ZHR 147 (1983), 43; *ders.*, Verbandszweck und Rechtsfähigkeit im Vereinsrecht, 1984; *ders.*, Die Partei- und Grundbuchunfähigkeit nichtrechtsfähiger Vereine, NJW 1984, 2249; *ders.*, Eintragungsfähige und eintragungsunfähige Vereine, Rpfleger 1988, 45; *Schöpflin*, Der nichtrechtsfähige Verein, 2003; *Schwab*, Handelndenhaftung und gesetzliche Verbindlichkeiten, NZG 2012, 481; *Spilker*, Nicht eingetragene Vereine und unselbständige Stiftungen als juristische Personen im Sinne des UStG, ZStV 2010, 127; *Staake*, § 54 BGB: Mitgliederhaftung im nicht eingetragenen Verein, JA 2004, 94; *Stoltenberg*, Rechtsfähigkeit nicht rechtsfähiger Vereine, MDR 1989, 494; *Terner*, Der Referentenentwurf eines Gesetzes zur Änderung des Vereinsrechts, ZRP 2005, 169; *Terner*, Neues zum Vereinsrecht, NJW 2008, 16; *ders.*, Vereinsrecht in der notariellen Praxis, ZNotP 2009, 132; *Terner*, Vereinsrechtsreform(en), DNotZ 2010, 5; *Tolani*, Teilrechtsfähigkeit von Personenvereinigungen, 2009; *Wagner*, Grundprobleme der Parteifähigkeit, ZZP 117 (2004), 305. Siehe auch die Literatur bei § 41 und § 42.

A. Allgemeines	1	b) Anwendbarkeit von S. 1 iVm §§ 708 ff. auf den wirtschaftlichen n.eV	19
I. Die gesetzliche Regelung	1		
II. Anwendung des Vereinsrechts auf den nicht eingetragenen Idealverein	2	3. Die Haftung des Handelnden (S. 2)	20
III. Der n.eV als Rechtssubjekt und Vermögensträger	3	a) Grundgedanken	20
		b) Person des Handelnden	23
IV. Anwendung des Gesellschaftsrechts auf den nicht konzessionierten wirtschaftlichen Verein	6	c) Person des Dritten	25
		d) Rechtsfolgen	26
B. Regelungsgehalt	8	IV. Die Beendigung des n.eV	29
I. Kennzeichen des „nicht eingetragenen Vereins"	8	**C. Weitere praktische Hinweise**	32
		I. Der n.eV im Zivilprozess	32
II. Gründung und Organisationsrecht des n.eV	11	1. Die traditionelle Auffassung	32
III. Die Haftungsverfassung des n.eV	16	2. Die moderne Lehre und § 50 Abs. 2 ZPO nF	35
1. Die Haftung des n.eV mit dem Vereinsvermögen	16	3. Praktische Konsequenzen	37
2. Die persönliche Haftung der Vereinsmitglieder (S. 1)	17	II. Der n.eV in der Zwangsvollstreckung	40
a) Unanwendbarkeit von S. 1 iVm §§ 708 ff. auf den Idealverein	17	III. Der n.eV im Insolvenzverfahren	43
		IV. Die Grundbuchfähigkeit des n.eV	47

A. Allgemeines

I. Die gesetzliche Regelung

1   Dem rechtlichen Gebilde des ohne eigene Rechtspersönlichkeit bestehenden nicht eingetragenen Vereins (n.eV) hat der Gesetzgeber im BGB nur eine einzige Bestimmung gewidmet, welche ihrem Wortlaut nach vor allem die Vorschriften über die GbR und damit die **§§ 705 ff. für anwendbar** erklärt (S. 1). Indes sind auch Vereine ohne eigene Rechtspersönlichkeit in der Regel körperschaftlich organisiert, dh auf eine Verselbstständigung der Vereinigung gegenüber ihren Mitgliedern angelegt, während die GbR jedenfalls nach ihrer gesetzlichen Grundkonzeption dem Prinzip der Selbstorganschaft gemäß organisiert ist, einstimmiges Handeln aller Gesellschafter erfordert und auch das Ausscheiden eines Gesellschafters nicht überdauert. Die gesetzliche Regelung führt deshalb dazu, dass auf einen formell organisierten, offenen und durch einen Gesamtnamen individualisierten Personenzusammenschluss gesetzliche Bestimmungen angewendet werden sollen, die auf einen informell organisierten, geschlossenen und durch die Person konkreter Mitglieder individualisierten Personenzusammenschluss zugeschnitten sind.[2] **Hintergrund der Gesetzesfassung** war die Absicht des historischen Normgebers, politisch suspekte Vereine wie vor allem politische Parteien und Gewerkschaften zur Eintragung zu veranlassen und sie damit einer präventiven Kontrolle durch die Verwaltungsbehörden nach § 61 Abs. 2 und § 43 Abs. 3 aF, dem sog. verschleierten Konzessionssystem, zu unterziehen; sie motivierte den Gesetzgeber, den strukturellen Unterschied zwischen dem Verein und einer GbR zu ignorieren. Die gesetzgeberische Absicht ist mindestens unzeitgemäß, im Hinblick auf Art. 9 GG wohl sogar verfassungsrechtlich bedenklich, da der einfache Gesetzgeber verpflichtet ist, für den – unter den Schutz des Art. 9 GG fallenden – n.eV eine seiner Struktur adäquate rechtliche Ausgestaltung bereitzustellen: Der n.eV ist eben nicht, wie das RG einmal formuliert, „eine Gesellschaft, welche nach Art der juristischen Person korporativ organisiert ist";[3] er ist vielmehr überhaupt keine Gesellschaft. Überdies belastet die in S. 2 vorgesehene Haftung der Vereinsvertreter in sachwidriger Weise ein typisches Handeln im Fremdinteresse mit beträchtlichen persönlichen Risiken.

II. Anwendung des Vereinsrechts auf den nicht eingetragenen Idealverein

2   Rechtsprechung und Literatur **lehnen die Anwendung der gesellschaftsrechtlichen Vorschriften** auf den nicht eingetragenen Idealverein schon seit längerem **als überholt ab**; S. 1 ist für das Recht der nicht eingetragenen Idealvereine nach dem Grundsatz cessante ratione legis cessat lex ipsa gewissermaßen außer Kraft getreten.[4] Nach heutigem Verständnis sind deshalb – entgegen dem Gesetzeswortlaut[5] – auf Idealvereine ohne durch Eintragung erlangte eigene Rechtspersönlichkeit regelmäßig gerade nicht die Vorschriften über die GbR, sondern die **Bestimmungen des Vereinsrechts über den als juristische Person bestehenden Idealverein entsprechend anwendbar** mit Ausnahme derjenigen Vorschriften, die gerade die Eigenschaft als juristische Person voraussetzen.[6] Insbesondere ist, wie schon seit langem anerkannt, die Haftung der Mitglieder für das (vertragliche wie außervertragliche) Verhalten der Vereinsrepräsentanten auf das Vereinsvermögen beschränkt (→ Rn. 17). Unanwendbar, weil sie die Eigenschaft als juristische Person voraussetzen, bleiben insbesondere die Publizitätsvorschriften der §§ 68 ff.

---

2   MüKoBGB/*Leuschner* § 54 Rn. 2; vgl. zur Entwicklung der rechtspolitischen Kritik *Flume* ZHR 148 (1984), 503, 507; *Schöpflin*, S. 64 f.; dazu wiederum abl. *Bergmann* S. 351 ff.; *ders.* ZGR 2005, 654 (658 ff.).

3   So aber jetzt wieder *Bergmann*, S. 351 ff. und passim.

4   So treffend MüKoBGB/*Leuschner* § 54 Rn. 5.

5   Der insoweit nicht verwirklichte Referentenentwurf eines Gesetzes zur Änderung des Vereinsrechts vom 25.8.2004 sah eine Änderung des § 54 S. 1 in folgende Fassung vor: „Die Vorschriften der §§ 21 bis 53 finden auf nichtrechtsfähige Vereine entsprechende Anwendung, soweit sie nicht die Rechtsfähigkeit oder die Registereintragung des Vereins voraussetzen". Wenn in dieser Weise die Verweisung auf das Recht der Personengesellschaft aufgehoben würde, wäre allerdings über die im Text vertretene Ansicht hinaus die Verweisung auf § 128 HGB für den wirtschaftlichen Verein entfallen (vgl. *Beuthien*

6   NZG 2005, 493 f.; *Hadding* ZGR 2006, 137 (157 ff.); s. auch *Bergmann* ZGR 2005, 654 (669 ff.), 673 ff.; positiv aber *Reuter* NZG 2005, 738 (746); s. zum Reformentwurf auch *Arnold* DB 2004, 2143 ff.; *Heermann* ZHR 170 (2006), 247, 269 ff.). Vgl. BGHZ 50, 325, 329; BGH NJW 1979, 2304 f.; BGH NZA 2020, 134 Rn. 16; BAGE 151, 367 = NZA 2015, 1319 Rn. 37; OLG Nürnberg BeckRS 2011, 07809; OLG Frankfurt aM BeckRS 2018, 25143 Rn. 27; BeckOK BGB/*Schöpflin* § 54 Rn. 15; Erman/*Westermann* BGB § 54 Rn. 1; Palandt/*Ellenberger* BGB § 54 Rn. 1; *K. Schmidt* GesR § 25 II 1 a; *Schöpflin*, S. 68 f., 233 ff.; *Habscheid* AcP 155 (1956), 375 ff.; ähnlich auch die Begr. des Vereins-RÄndG 2009, BT-Drs. 16/12813, S. 15 zu Art. 3. Nur in der Begr. abw. zB *Bergmann*, S. 345 ff., 413 ff.: Anwendbarkeit der §§ 21–53 kraft gesellschaftsvertraglicher Disposition.

III. Der n.eV als Rechtssubjekt und Vermögensträger

Erhebliche weitere Impulse erhielt die beschriebene Entwicklung in der jüngsten Vergangenheit durch die **3** Rechtsprechung des Bundesgerichtshofs[7] zur (Außen-)GbR, wonach diese Rechts- und Parteifähigkeit besitzt, soweit sie durch Teilnahme am Rechtsverkehr eigene Rechte und Pflichten begründet (→ § 705 Rn. 6 ff., Anhang zu § 705 „Die GbR im Verfahrensrecht" → Rn. 1 ff.). Als gesichertes Ergebnis richterlicher Rechtsfortbildung zugrunde zu legen ist danach die Annahme, dass die GbR damit zwar noch nicht juristische Person ist, wohl aber Rechtssubjekt, und mithin – insofern ganz wie die juristische Person – selbst und losgelöst von ihren Gesellschaftern als Zurechnungsendpunkt von materiellrechtlichen wie prozessualen Rechten und Pflichten anzusehen ist. Dies muss auch **Konsequenzen für die Behandlung des n.eV** haben – zwar nicht im Hinblick auf die Verweisung des S. 1 in das Recht der GbR,[8] die, wie gesehen (→ Rn. 2), auf den n.eV gar nicht mehr angewandt wird, sondern aufgrund eines Erst-recht-Schlusses: Auch wenn es in der Rechtswirklichkeit in zunehmender Zahl Personalgesellschaften gibt, bei denen die körperschaftlichen die personalistischen Elemente überwiegen, ist die körperschaftliche Verfassung und damit die Abstraktion des Verbands von seinen Mitgliedern immer noch als Strukturmerkmal des Vereins anzusehen (→ Vor §§ 21 ff. Rn. 10).[9] Ist aber der Typus des n.eV von einem tendenziell größeren Maß an Verselbstständigung gekennzeichnet als die GbR, so ist es nicht zu vertreten, ihn mit einem geringeren „Maß an Rechtsfähigkeit" auszustatten. Mit der ausdrücklichen Zuerkennung der vollen Parteifähigkeit des n.eV durch das VereinsRÄndG 2009 (§ 50 Abs. 2 ZPO nF, → Rn. 32) hat nunmehr auch der Gesetzgeber dieser Auffassung mindestens der Sache nach seinen Segen gegeben.[10]

Im Einklang mit dem inzwischen anerkannten Verständnis der GbR ist deshalb die Fähigkeit, selbst und losgelöst **4** von den Mitgliedern Zurechnungsendsubjekt aller Rechte und Pflichten zu sein, nicht erst mit dem Eintritt der (Voll-)Rechtsfähigkeit durch Registereintragung bzw. Verleihung zuzuerkennen. Die staatliche Kontrolle durch das Registergericht bzw. die Verleihungsbehörde, die Gesamthand und juristische Person im deutschen Recht unterscheidet, ist danach nur noch für die Eigenschaft als juristische Person unerlässlich. Damit ist das Vereinsvermögen des n.eV nicht mehr, wie nach traditioneller Ansicht, als Gesamthandsvermögen (§§ 54 S. 1, 718, 719) ein Sondervermögen der lediglich unter der Kollektivbezeichnung des Vereins auftretenden Vereinsmitglieder.[11] Vielmehr kommt dem n.eV eine **eigene Rechtssubjektivität** zu; der n.eV selbst ist daher **Träger von Rechten und Pflichten**.[12] Als Ergebnis eines hundertjährigen Rechtsfortbildungsprozesses bezeichnet die einst rhetorisch gemeinte, zum Festhalten am Gesetzeswortlaut mahnende Frage: „Der nichtrechtsfähige Verein auf dem Wege zur Rechtsfähigkeit?",[13] heute das geltende Recht: Der nicht eingetragene Idealverein ist rechtsfähig, er ist im Zivilprozess aktiv und passiv parteifähig (§ 50 Abs. 2 ZPO, → Rn. 32) sowie im Verfahren nach dem FamFG (§ 8 Nr. 2 FamFG)[14] und im Verwaltungsprozess (§ 61 Nr. 2 VwGO)[15] beteiligtenfähig; er ist insolvenzfähig (§ 11 Abs. 1 S. 2 InsO, → Rn. 43), wechsel-

---

7 BGHZ 146, 341 ff. („ARGE Weißes Ross") = NJW 2001, 1056; ferner BGHZ 148, 291 ff.; 151, 204 ff.; BGH NJW 2002, 1207; 2003, 1043, 1044; BB 2003, 2706.

8 So aber BGH NJW 2008, 69 (74) (Rn. 55); aus der Lit. vgl. zB jurisPK/*Bergmann* BGB § 54 Rn. 9, 53; *K. Schmidt* NJW 2001, 993 (1002 f.); Soergel/*Hadding* BGB § 54 Rn. 16.

9 Vgl. *Schöpflin*, S. 154 ff.

10 Zur Begr. s. BT-Drs. 16/12813, S. 15 (zu Art. 3 VereinsRÄndG 2009); s. dazu etwa *Prütting* FS Reuter 2010, S. 263 ff.

11 RGZ 143, 212, 213, 215; BGHZ 50, 325, 329; OLG Düsseldorf MDR 1993, 1020; *Beuthien/Ernst* ZHR 156 (1992), 227, 232 ff.; *Habscheid* AcP 155 (1956), 375, 400; *Jung* NJW 1986, 157 ff.; ebenso noch nach der Entscheidung BGHZ 146, 341 etwa noch *Heil* NZG 2001, 300 (302); *Schöpflin*, S. 83 ff.

12 *K. Schmidt* GesR § 8 III 2 a, 3, 4 c, § 25 II 1 b; *ders.* NJW 2001, 993 (1002 f.); *Flume* ZHR 136 (1972), 177 ff.; *ders.* ZHR 148 (1984), 503 ff., 506; *Mummenhoff*, S. 229; jurisPK/*Bergmann* BGB § 54 Rn.jurisPK/*Bergmann* BGB § 54 Rn. 55; MüKo-BGB/*Leuschner* § 54 Rn. 20; MHdB GesR V/*Gummert* § 71 Rn. 1 ff.; Palandt/*Ellenberger* BGB § 54 Rn. 2; Reichert/Schimke/Dauernheim/*Wagner* Kap. 2 Rn. 4977; Soergel/*Hadding* BGB § 54 Rn. 16; Staudinger/*Weick* BGB § 54 Rn. 2, 49, 74; *Tolani*, S. 174 ff.; s. auch BGH NJW 2008, 69 Rn. 55 (zur Parteifähigkeit); BGH NZG 2016, 666 Rn. 15 ff. (zur Eintragung im Grundbuch).

13 *Teutsch* BayZ 1910, 153.

14 BGH NJW-RR 2018, 1376 Rn. 11.

15 BVerwG BeckRS 2018, 37889 Rn. 11 ff.

und scheckfähig,[16] erbfähig,[17] namensrechtsfähig,[18] markenrechtsfähig,[19] kontofähig[20] und fähig zur Mitgliedschaft in einer juristischen Person,[21] einer GbR[22] oder einem anderen nicht eingetragenen Verein,[23] er ist fähig, Steuersubjekt zu sein[24] sowie – insoweit allerdings entgegen der hM – richtiger Ansicht zufolge auch „grundbuchfähig" (→ Rn. 47).

5   Demgemäß bedeutet der Begriff „nichtrechtsfähiger Verein" iSv § 54 nur noch, dass der Verein weder durch Eintragung in das Vereinsregister (§ 21) noch durch staatliche Verleihung (§ 22) seine „Rechtsfähigkeit" erworben hat und damit **keine juristische Person** ist. „Rechtsfähig" aber ist er gleichwohl, so dass hier der **Begriff des „nicht eingetragenen Vereins" (n.eV)** zur Kennzeichnung des in § 54 angesprochenen Typus vorgezogen wird.[25] Der Begriff ist zugegebenermaßen gleichfalls nicht vollständig präzise, da er auch wirtschaftliche Vereine (§ 22) erfasst, die die Eigenschaft als juristische Person durch Konzessionierung erlangt haben und nicht im Vereinsregister eingetragen werden (noch präziser wäre also: „nicht eingetragener und nicht konzessionierter Verein"); im Hinblick auf die praktische Seltenheit dieser Tatbestände ist dies aber eher hinzunehmen als die weitere Tradierung des grob missverständlich gewordenen Begriffs des „nichtrechtsfähigen" Vereins.[26]

IV. Anwendung des Gesellschaftsrechts auf den nicht konzessionierten wirtschaftlichen Verein

6   Anders als oben (für den Idealverein) dargestellt verfährt die heutige Praxis und hM mit dem (seltenen) **nicht konzessionierten wirtschaftlichen Verein**:[27] Im Unterschied zur Rechtslage beim nicht eingetragenen Idealverein sei der auf Verhinderung der freien Körperschaftsbildung gerichtete Zweck des Sonderrechts des „nichtrechtsfähigen" Vereins für den wirtschaftlichen Verein nicht gegenstandslos geworden; vielmehr hätten sich die gesetzlichen Vorbehalte gegen die freie Körperschaftsbildung sogar inzwischen verstärkt, da der moderne Gesetzgeber jedenfalls im Falle des Betriebs größerer Unternehmen die Sicherung sozial verantwortungsbewussten Verhaltens (Publizität, Mitbestimmung) anstrebe. Hier sei die **Verweisung auf das Recht der GbR** deshalb zu respektieren;[28] der telos der Unterscheidung zwischen nichtwirtschaftlichem und wirtschaftlichem Verein liegt insofern darin, dass bei wirtschaftlichen Vereinen besondere Vorschriften zum Schutz der Gläubiger und des Rechtsverkehrs erforderlich sind, die in den §§ 21 ff. nicht enthalten sind.[29] Beim nicht konzessionierten wirtschaftlichen Verein ist deshalb im Ergebnis trotz körperschaftlicher Verfassung in weitem Umfang auf die gesellschaftsrechtlichen Vorschriften zurückzu-

16   So zutr. Erman/*Westermann* BGB § 54 Rn. 7; jurisPK/*Bergmann* BGB § 54 Rn. 57; MüKoBGB/*Leuschner* § 54 Rn. 25; Reichert/Schimke/Dauernheim/*Wagner* Kap. 2 Rn. 5031; Soergel/*Hadding* BGB § 54 Rn. 19 iVm Rn. 16; aA noch RGZ 112, 124, 125; OLG Koblenz MDR 1988, 424; *Schöpflin*, S. 333 ff.

17   FG Münster EFG 2007, 1037; MüKoBGB/*Leuschner* § 54 Rn. 26 ff.; Reichert/Schimke/Dauernheim/*Wagner* Kap. 2 Rn. 5023 ff.; Sauter/Schweyer/Waldner Eingetragener Verein Rn. 624; *K. Schmidt* GesR § 25 II 1 a; Soergel/*Hadding* BGB § 54 Rn. 17; Staudinger/*Weick* BGB § 54 Rn. 77; aA *Schöpflin*, S. 328 ff.

18   RGZ 78, 101, 102 ff.; BayObLG DNotZ 1987, 353; OLG Frankfurt aM NJW 1952, 792 (794); *Schöpflin*, S. 318 ff.; Soergel/*Hadding* BGB § 12 Rn. 31.

19   Fezer MarkenR MarkenG § 7 Rn. 68 mwN; dazu tendierend auch BPatG GRUR 2005, 955 (956); aA *Schöpflin*, S. 321 ff.

20   Reichert/Schimke/Dauernheim/*Wagner* Kap. 2 Rn. 5029.

21   *Schöpflin*, S. 338 ff.; Soergel/*Hadding* BGB § 38 Rn. 5.

22   MüKoBGB/*Ulmer/Schäfer* § 705 Rn. 68; *Schöpflin*, S. 340 ff.; Soergel/*Hadding* BGB § 705 Rn. 25.

23   *Schöpflin*, S. 340 ff.; Soergel/*Hadding* BGB § 54 Rn. 16.

24   FG Münster EFG 2007, 1037; s. auch *Spilker* ZStV 2010, 127 ff. zur Eigenschaft als „juristische Person" iSd UStG.

25   So auch *Beuthien* NZG 2005, 493; *ders.* NZG 2011, 481; *Hadding* ZGR 2001, 712 (727 ff.); Soergel/*Hadding* BGB § 54 Rn. 1; jurisPK/*Bergmann* BGB § 54 Rn. 1; MüKoBGB/*Leuschner* Vor § 21 Rn. 112, § 54 Rn. 1; Reichert/Schimke/Dauernheim/*Wagner* Kap. 2 Rn. 4955 f.; *K. Schmidt* GesR § 25 II 1 a, *ders.* ZHR 177 (2013), 712, 725; *Terner* DNotZ 2010, 5 (16); *Wagner* NZG 2017, 768; krit. *Leipold* FS Canaris II, 2007, S. 221, 240 f.; BeckOK BGB/*Schöpflin* § 54 Rn. 4; *Schöpflin*, S. 19.

26   Die Begründung des VereinsRÄndG 2009, BT-Drs. 16/12813, S. 15 (zu Art. 3), spricht aus diesem Grund von (bewusst zusammengeschriebenen, dazu *Beuthien* NZG 2005, 493) „nichtrechtsfähigen" Vereinen.

27   Zur Abgrenzung von idealem und wirtschaftlichem Vereinszweck vgl. allg. → § 21 Rn. 22 ff. sowie ausf. *Reiff*, S. 76 ff. mwN; *Schöpflin*, S. 151 ff., 188 ff.; Soergel/*Hadding* BGB § 54 Rn. 2 ff.; schon im Ansatz gegen die Möglichkeit eines iSv § 54 „nichtrechtsfähigen" wirtschaftlichen Vereins allerdings *K. Schmidt*, Zur Stellung der OHG, S. 229 ff.; *ders.* GesR § 25 I 2 b.

28   Vgl. BGHZ 22, 240, 244; KG ZIP 2015, 168 (169); Erman/*Westermann* BGB § 54 Rn. 2; *Flume* ZHR 148 (1984) 503, 517 f.; MüKoBGB/*Leuschner* § 54 Rn. 9 ff., 16; MHdB GesR V/*Gummert* § 66 Rn. 10 ff.; *Linge*, S. 91 ff.; *Nitschke*, S. 115 ff.; *Schöpflin*, S. 194 ff., 201 f., 395 ff.; Soergel/*Hadding* BGB § 54 Rn. 3.

29   *Mummenhoff*, S. 92 ff.; *K. Schmidt*, Verbandszweck, S. 92 ff.

greifen, weil sie besser als die §§ 21 ff. auf einen wirtschaftlichen Verband zugeschnitten sind. Sofern der nicht konzessionierte wirtschaftliche Verein ein Handelsgewerbe als Hauptzweck führt, ist er gar nicht als (den Bestimmungen über die GbR unterliegender) Verein, sondern als oHG zu behandeln.[30] In jedem Fall ergibt sich hieraus als praktisch wichtigste Konsequenz die **persönliche Außenhaftung der Vereinsmitglieder** für die im Namen des Vereins begründeten Verbindlichkeiten (→ Rn. 19). Die **Darlegungs- und Beweislast** für die im Folgenden darzustellenden Voraussetzungen des § 54 S. 2 trifft denjenigen, der den Handelnden auf Erfüllung oder Schadensersatz in Anspruch nehmen will; der Handelnde hat demgegenüber die Voraussetzungen des Ausschlusses seiner Haftung durch eine entsprechende rechtsgeschäftliche Abrede zu beweisen.[31]

Die gesamtschuldnerische Außenhaftung der Mitglieder gilt auch für solche nichtrechtsfähigen wirtschaftlichen Vereine, die sich – vergleichbar einer Vorgesellschaft zu einer Kapitalgesellschaft – im Gründungsstadium zu einem eV befinden und als werdende juristische Personen betrachtet werden können (**Vorvereine**).[32] Auch auf einen im Gründungsstadium befindlichen, nichtrechtsfähigen kommunalen Zweckverband kann bei Teilnahme am Privatrechtsverkehr je nach dem Grad der körperschaftlichen Verselbstständigung das Recht des nichtrechtsfähigen wirtschaftlichen Vereins (→ Rn. 6) Anwendung finden.[33] Die Vorgesellschaften einer GmbH, AG oder einer e.G. sind jedoch nicht iSv § 54 „nichtrechtsfähige" (Wirtschafts-)Vereine, sondern Gesellschaften sui generis.[34] Schon wegen der gesetzlichen Verweisung auf das Recht der GbR ist eine Übertragung des für die gescheiterte Vorgesellschaft entwickelten Prinzips der Verlustdeckungshaftung als anteilige Innenhaftung der Gründer[35] auf den gescheiterten wirtschaftlichen Vorverein kein Raum.[36]

B. Regelungsgehalt

I. Kennzeichen des „nicht eingetragenen Vereins"

Ob ein Verein oder eine GbR gegründet werden soll, ist durch Auslegung der Gründungsvereinbarung festzustellen. Wichtigstes **Abgrenzungskriterium** des n.eV von der Personengesellschaft ist seine körperschaftliche Struktur und die Unabhängigkeit vom Mitgliederwechsel: Der n.eV ist ebenso wie der eV eine auf Dauer eingerichtete Verbindung einer größeren Anzahl von Personen, welche zur Erreichung eines bestimmten Zweckes einen Gesamtnamen führt und auf einen wechselnden Mitgliederbestand angelegt ist.[37] Diese korporationsrechtliche Verfassung führt dazu, dass der nicht eingetragene Idealverein dem eV wesensgleich ist und der GbR als wesensverschieden gegenübersteht;[38] immerhin sind **Zwischenformen** möglich, auf die teilweise Vereins-, teilweise Gesellschaftsrecht anzuwenden ist.[39] Liegt danach ein „Verein" vor, so unterscheidet sich der n.eV vom „rechtsfähigen Verein" allein durch das Fehlen der Eintragung im Register (→ Rn. 5). Ein „n.eV" im Rechtssinne des § 54 entsteht aber, sofern das Vereinsvermögen in diesen Fällen nicht an den Fiskus fällt (§ 46), auch dann, wenn ein **eV die Eigenschaft als juristische Person verliert**, sei es durch die „Entziehung der Rechtsfähigkeit" in den Fällen der §§ 43, 44 Abs. 2 (→ § 41 Rn. 3, 14, → § 43 Rn. 6) oder des § 73 BGB iVm § 401 FamFG (→ § 41 Rn. 3, 17, → § 73 Rn. 2), durch „Verzicht auf die Rechtsfähigkeit" (→ § 41 Rn. 3, 15) oder durch Amtslöschung gemäß § 395 FamFG (→ § 41 Rn. 3, 16); in diesen Fällen bleibt der Verband unter Wahrung seiner Identität und Rechtssubjektivität als „nicht rechtsfähiger Verein" iSv § 54 bestehen, jedoch ist der Vereinszweck nunmehr notwendig allein auf Liquidation gerichtet (→ § 41 Rn. 3 f.).[40]

Untergliederungen eines eingetragenen Vereins können die Rechtsform eines n.eV haben, wenn sie auf Dauer Aufgaben nach außen im eigenen Namen durch eine eigene, dafür handlungsfähige Organisation wahrnehmen. Danach muss die Untergliederung eine körperschaftliche Verfassung besitzen, einen Gesamt-

---

30 Vgl. *Bergmann*, S. 370 ff.; *Reiff*, S. 83 ff.; *Schöpflin*, S. 188 ff.

31 Baumgärtel/*Kessen*, Beweislast, § 54 Rn. 3 f. mwN.

32 Vgl. zur Eigenschaft als n.eV BGH WM 1978, 115 (116); BGH ZIP 1999, 230 (231); BGH NJW-RR 2018, 1376 Rn. 11.

33 BGHZ 146, 190 ff.

34 BGHZ 20, 281, 285; 51, 30, 32; BeckOK BGB/*Schöpflin* § 54 Rn. 6; Staudinger/*Weick* BGB § 54 Rn. 4.

35 Vgl. BGHZ 134, 333, 338; BSG DStR 2000, 744.

36 BGHZ 146, 190 ff.

37 Vgl. RGZ 78, 101, 103 f.; BGHZ 42, 210, 216; 43, 316, 319; 50, 325, 328 f.; MüKoBGB/*Leuschner* § 54

Rn. 2, 6; MHdB GesR V/*Gummert* Bd. 5 § 66 Rn. 2 ff.; Palandt/*Ellenberger* BGB § 54 Rn. 1; Reichert/Schimke/Dauernheim/*Wagner* Kap. 2 Rn. 4955; *Schöpflin*, S. 154 ff.; Soergel/*Hadding* BGB § 54 Rn. 1.

38 Vgl. *K. Schmidt* GesR § 25 I 1; Palandt/*Ellenberger* BGB § 54 Rn. 1; eingehend zur Abgrenzung *Schöpflin*, S. 154 ff.

39 BGH NJW 1979, 2304; BGH LM § 39 BGB Nr. 11; dazu *Reuter* ZGR 1981, 364 ff.; *K. Schmidt* GesR § 25 II 2; *Schöpflin*, S. 182 ff.; Soergel/*Hadding* BGB § 54 Rn. 5.

40 BGHZ 197, 61 = npoR 2013, 152 Rn. 21; aA OLG Frankfurt aM GRUR-RR 2018, 345 (346).

namen führen, vom Wechsel ihrer Mitglieder unabhängig sein und neben ihrer unselbstständigen Tätigkeit für den Hauptverein Aufgaben auch eigenständig wahrnehmen.[41] Nicht erforderlich ist, dass Zweck und Organisation der Untergliederung in einer von dieser beschlossenen Satzung festgelegt sind; sie können sich auch aus der Satzung des Hauptvereins ergeben.[42]

10   **Einzelfälle:** Die Rechtsprechung hat als „nichtrechtsfähige" Vereine iSv § 54 angesehen:[43] eV nach Verlust der Eigenschaft als juristische Person (→ Rn. 8, → § 41 Rn. 3), Unterabteilungen eines eV (→ Rn. 9), (zukünftige) eV im Gründungsstadium (Vorvereine),[44] rechtspolitische Parteien,[45] deren regionale Untergliederungen (→ Rn. 9),[46] Ortsverbände (→ Rn. 9)[47] und Jugendorganisationen,[48] Parlamentsfraktionen,[49] Arbeitgeberverbände und Gewerkschaften,[50] Freiwillige Feuerwehren[51] und Kleingärtnervereine,[52] Ordensniederlassungen[53] ebenso wie Studentenverbindungen,[54] Waldinteressengemeinschaften,[55] Handelssyndikate,[56] bis hin zu Gesangvereinen,[57] Kegel- oder Skatclubs,[58] nicht aber zB den Allgemeinen Studentenausschuss (AStA) einer Hochschule.[59] Keine nichtrechtsfähigen Vereine, sondern Gesellschaften sind auch eine Hausbaugemeinschaft, die nur die Errichtung einer bestimmten Anzahl von Bauten bezweckt und keinen Mitgliederwechsel vorsieht,[60] oder eine Laborgemeinschaft von Ärzten.[61]

II. Gründung und Organisationsrecht des n.eV

11   Kennzeichen des n.eV ist es, dass er auf Dauer nicht in das Vereinsregister eingetragen werden soll; dies unterscheidet ihn vom Vorverein, der gerade nicht auf längere Dauer angelegt ist, sondern anstrebt, durch Eintragung oder Konzessionierung zur juristischen Person zu werden. Die **Gründung** erfolgt formlos[62] und ohne registergerichtliche Mitwirkung durch Einigung der (mindestens drei)[63] Gründungsmitglieder auf die Errichtung einer Körperschaft, die nach der Absicht der Gründer nicht die Eigenschaft als juristische Person erlangen soll.[64] Der Sitz des n.eV befindet sich analog § 24 am Ort der tatsächlichen Verwaltung.[65]

12   Die Gründer müssen sich ferner auf einen Vereinszweck und den Inhalt der (entgegen dem Wortlaut von § 25 auch hier maßgebenden) **Satzung** einigen.[66] Ausdrückliche Vorschriften über einen etwa erforderlichen Satzungsinhalt gibt es nicht; jedoch muss die Satzung den Vereinszweck, den Namen sowie ein Mindestmaß an körperschaftlicher Organisation durch einen von der Mitgliederschaft getrennten Vorstand festlegen, ggf. auch die Pflichten der Mitglieder wie insbesondere die Beitragspflicht (§ 58 Nr. 2).[67] Soweit die Satzung darüber hinaus Bestimmungen über die Organisation des Vereins enthält, gelten diese; **Satzungslü-**

41   Vgl. BGHZ 73, 275, 278; BGH LM ZPO § 50 Nr. 25; BGHZ 90, 331, 332 f.; 109, 15, 16 f.; BGH NZG 2007, 826 (830); BGH NJW 2008, 69 Rn. 49 ff.; BGH NZG 2013, 466 Rn. 1; BAGE 63, 302, 308.

42   BGHZ 90, 331, 333 f.

43   Vgl. mwN auch Reichert/Schimke/Dauernheim/*Wagner* Kap. 2 Rn. 4957 ff.

44   BGH WM 1978, 115 (116); BGH ZIP 1999, 230 (231); BGH NJW-RR 2018, 1376 Rn. 11.

45   Von den größeren Parteien bilden CSU, FDP und Die Linke jeweils einen eV SPD, CDU und Bündnis 90/Die Grünen sind n.eV; s. zur Behandlung der politischen Parteien ausführlich *Hientzsch,* S. 82 ff. u. JR 2010, 185 ff.; *Reffken* NVwZ 2009, 1131 ff.

46   BGHZ 73, 275, 277 f.; BVerwG BeckRS 2018, 37889 Rn. 15 ff.; OLG Karlsruhe OLGZ 1978, 226; ausführlich dazu *Hientzsch*, S. 84 ff. u. JR 2010, 185 ff.

47   OLG Bamberg NJW 1982, 895; LG Frankfurt NJW 1979, 1661; aA LG Bonn NJW 1976, 810.

48   Vgl. *Enzensperger* MIP 2014, 26 ff.

49   OLG München NJW 1989, 910 (911); OLG Schleswig NVwZ-RR 1996, 103; BayVGH NJW 1988, 2754; s. auch LG Bonn BeckRS 2012, 07261; LAG MV BeckRS 2010, 71571; ArbG Kiel BeckRS 2014, 70436 (jeweils zu Fraktionen kommunaler Vertretungskörperschaften).

50   RGZ 76, 25, 27; BGHZ 42, 210, 211; 50, 325, 327; BGH NZA 2020, 134 Rn. 16; OLG Frankfurt aM BeckRS 2018, 25143 Rn. 27.

51   BFHE 182, 195, 197.

52   BSGE 17, 211.

53   RGZ 97, 122, 123; 113, 125, 127.

54   RGZ 78, 134, 135; OLG Koblenz NJW-RR 1993, 697.

55   BGHZ 25, 311, 313 f.

56   RGZ 82, 294, 295.

57   RGZ 78, 101.

58   AG Grevenbroich NJW-RR 2001, 967.

59   OLG Frankfurt aM NJW 2018, 1106.

60   BGH WM 1961, 884.

61   FG Münster EFG 1981, 143.

62   MHdB GesR V/*Gummert* § 66 Rn. 6, § 67 Rn. 3; Reichert/Schimke/Dauernheim/*Wagner* Kap. 2 Rn. 5045; *Schöpflin*, S. 147, 223; Soergel/*Hadding* BGB § 54 Rn. 7. Zum Erfordernis des Rechtsbindungswillens, insbes. bei der Gründung durch konkludentes Verhalten, vgl. *Schöpflin*, S. 147 f., 223.

63   Reichert/Schimke/Dauernheim/*Wagner* Kap. 2 Rn. 5045; *Schöpflin*, S. 147; aA MHdB GesR V/ *Gummert* § 66 Rn. 7; Soergel/*Hadding* BGB § 25 Rn. 20.

64   Ausf. *Schöpflin*, S. 146 ff.

65   Vgl. *Schöpflin*, S. 246; Staudinger/*Weick* BGB § 54 Rn. 10.

66   MHdB GesR V/*Gummert* § 66 Rn. 2 ff., § 67 Rn. 1 ff.; *Schöpflin*, S. 220 ff.

67   BGH NZA 2020, 134 Rn. 16 ff.; BAGE 151, 367 = NZA 2015, 1319 Rn. 40; MHdB GesR V/*Gummert* § 66 Rn. 4, § 67 Rn. 4 f.; *Schöpflin*, S. 147, 159 ff., 220, 298 ff.; Soergel/*Hadding* BGB § 54 Rn. 7, § 25 Rn. 3, 18.

cken können durch entsprechende Anwendung der §§ 21 ff. geschlossen werden.[68] Im Falle von Satzungs-
mängeln finden die Grundsätze der fehlerhaften Gesellschaft Anwendung.[69] Satzungsänderungen sind
(anders als nach § 71 Abs. 1) mit der Beschlussfassung wirksam. Die Satzung kann durch schlüssiges Verhalten der Mitglieder geändert werden.[70]

Der n.eV ist gleich dem eV körperschaftlich organisiert. Die notwendigen Organe sind Vorstand und Mit- **13**
gliederversammlung. Während die Handlungsorganisation des nichtrechtsfähigen wirtschaftlichen Vereins
durch das gesellschaftsrechtliche Prinzip der Selbstorganschaft gekennzeichnet ist, folgt die Organisation
des nicht eingetragenen Idealvereins dem vereinsrechtlichen Grundsatz der Mehr- oder Drittorganschaft
(→ § 26 Rn. 1, 3). Für den **Vorstand** des nicht eingetragenen Idealvereins gelten deshalb hinsichtlich
Bestellung, Willensbildung, Geschäftsführung und Vertretung die §§ 26–29 entsprechend.[71] Auch Nichtmitglieder können zu Vorstandsmitgliedern bestellt werden. Die Vorschriften über den Auftrag sind – sofern
die Satzung nicht etwas anderes vorschreibt – entsprechend anwendbar (§§ 27 Abs. 3, 40). Für die Haftung
gilt statt §§ 54 S. 1, 708 der Verschuldensmaßstab des § 276.[72] Der Umfang der Vertretungsmacht kann auch
konkludent beschränkt werden, weil mangels Eintragung die Publizitätswirkungen der §§ 70, 68 nicht gelten.[73] Entsprechend § 29 kann ein Notvorstand bestellt werden.[74]

Mitglied eines n.eV können natürliche und juristische Personen, Personengesellschaften und andere n.eV **14**
werden.[75] Andere Personen als die Gründer können die Mitgliedschaft nur durch Eintritt in den Verein
erwerben; hierüber entscheidet in Ermangelung einer Satzungsbestimmung die Mitgliederversammlung
(analog § 32 Abs. 1 S. 1). Das **Mitgliedschaftsverhältnis** (→ § 38 Rn. 1 f. 4, 9 ff.) besteht jeweils zwischen
dem einzelnen Mitglied und dem Verein. Während sich die einzelnen mitgliedschaftlichen Rechte und
Pflichten beim nichtrechtsfähigen wirtschaftlichen Verein im Grundsatz nach Gesellschaftsrecht richten,[76]
entsprechen sie beim nicht eingetragenen Idealverein denen im eV; dies gilt auch für die vereinsrechtlichen
Sanktionen bis hin zum Vereinsausschluss.[77] Der kurzfristige Austritt eines Mitglieds kann entsprechend
§ 39 nicht durch die Satzung ausgeschlossen oder über den Bereich des § 39 Abs. 2 hinaus erschwert werden.[78] Mit dem Mitgliedschaftsverhältnis zum Verein entstehen daneben auch besondere Rechtsbeziehungen zwischen den Vereinsmitgliedern untereinander.[79] Da der n.eV mit eigener Rechtssubjektivität ausgestattet ist, ist der Verein selbst und nicht die Mitglieder Inhaber der einzelnen Vermögensgegenstände. Ein
Vereinsmitglied hat keinen Anteil am Vereinsvermögen und keine vermögensrechtliche Mitgliedschaft;
daher findet beim Ein- oder Austritt auch keine Anwachsung von Anteilen statt[80] und das ausscheidende
Vereinsmitglied hat keinen Anspruch auf ein Auseinandersetzungsguthaben oder eine Abfindung gem.
§ 738 Abs. 1 S. 2.[81] Wie der eV unterliegt der nicht eingetragene Idealverein der zwingenden Liquidation
analog §§ 47 ff., so dass – anders als im Fall der dispositiven Liquidation der GbR – eine Verteilung des
Vereinsvermögens vor Befriedigung der Gläubiger unzulässig ist (→ § 47 Rn. 11). Sieht die Satzung aus-

68 Vgl. BayObLGZ 1990, 71 (75); OLG Frankfurt aM
WM 1985, 1466 (1467); Erman/*Westermann* BGB
§ 54 Rn. 5; *K. Schmidt* GesR § 25 II 2; *Schöpflin*,
S. 233 ff.; einschr. Staudinger/*Weick* BGB § 54
Rn. 30 ff.: grds. Anwendbarkeit von Gesellschafts-
recht.

69 MHdB GesR V/*Gummert* § 67 Rn. 6 ff.; *Schöpflin*,
S. 226 ff.

70 BGHZ 16, 143, 150 f.; 23, 122, 129; OLG Frankfurt
aM ZIP 1985, 213 (215 f.); BeckOK BGB/*Schöpflin*
BGB § 54 Rn. 49; MHdB GesR V/*Gummert* § 67
Rn. 9; *Reuter* ZHR 173 (1984), 523, 548 ff.; Soergel/
Hadding BGB § 54 Rn. 13.

71 BayObLGZ 1990, 71 (75); BeckOK BGB/*Schöpflin*
§ 54 Rn. 50; jurisPK/*Bergmann* BGB § 54 Rn. 51;
MüKoBGB/*Leuschner* § 54 Rn. 36; MHdB GesR V/
Gummert § 68 Rn. 2 ff., § 69 Rn. 1 ff.; Palandt/*Ellen-
berger* BGB § 54 Rn. 6; *Schöpflin*, S. 246 ff.; Soergel/
Hadding BGB § 54 Rn. 12 ff.; Staudinger/*Weick*
BGB § 54 Rn. 32 ff.

72 RGZ 143, 212, 214 f.; BeckOK BGB/*Schöpflin* § 54
Rn. 50; *Schöpflin*, S. 256 ff.; Soergel/*Hadding* BGB
§ 54 Rn. 14; Staudinger/*Weick* BGB § 54 Rn. 28.

73 BeckOK BGB/*Schöpflin* § 54 Rn. 50; jurisPK/*Bergmann* BGB § 54 Rn. 51; MüKoBGB/*Leuschner* § 54

Rn. 38; Palandt/*Ellenberger* BGB § 54 Rn. 6;
Soergel/*Hadding* BGB § 54 Rn. 14.

74 LG Berlin NJW 1970, 1047 (1048); BeckOK BGB/
Schöpflin § 54 Rn. 50; MüKoBGB/*Leuschner* § 54
Rn. 36, § 29 Rn. 3; *Schöpflin*, S. 258 ff.; Soergel/*Had-
ding* BGB § 54 Rn. 14; aA RGZ 147, 121, 124.

75 MHdB GesR V/*Gummert* § 70 Rn. 1 ff.; *Schöpflin*,
S. 276.

76 Vgl. MüKoBGB/*Leuschner* § 54 Rn. 66 mwN.

77 MüKoBGB/*Leuschner* § 54 Rn. 64; *Schöpflin*,
S. 291 ff., 295 ff.; Soergel/*Hadding* BGB § 54 Rn. 11;
Staudinger/*Weick* BGB § 54 Rn. 47.

78 RGZ 143, 1, 3 f.; *Leuschner*Reuter ZGR 1981,
364 ff.; Soergel/*Hadding* BGB § 54 Rn. 10; grds.
auch BGH NJW 1979, 2304 (2305); aA aber *Flume*
ZHR 148 (1984), 503, 533.

79 BeckOK BGB/*Schöpflin* § 54 Rn. 53; *Lutter* AcP 180
(1980), 84, 122 ff.; *K. Schmidt* GesR § 19 III 1; Rei-
chert/Schimke/Dauernheim/*Wagner* Kap. 2 Rn. 661.

80 BeckOK BGB/*Schöpflin* § 54 Rn. 27; Soergel/*Hadding* BGB § 54 Rn. 20; aA Palandt/*Ellenberger* BGB
§ 54 Rn. 7.

81 RGZ 113, 125, 135; BGHZ 50, 325, 329; AG Grevenbroich NJW-RR 2001, 967; Soergel/*Hadding*
BGB § 54 Rn. 10, 20; einschr. BeckOK BGB/*Schöpflin* § 54 Rn. 52; *Schöpflin*, S. 281 ff.

drücklich Gewinnberechtigungen und/oder Abfindungsansprüche vor, so wird der Verein zum wirtschaftlichen Verein.[82]

15   Für die **Mitgliederversammlung** eines n.eV gelten die zwingenden Normen der §§ 32, 33 Abs. 1 ebenso wie die dispositiven Normen der §§ 34–37 entsprechend.[83] Es gilt deshalb die Grundzuständigkeit der Mitgliederversammlung als dem obersten Organ des Vereins; sie ist für alle Angelegenheiten zuständig, die nicht dem Vorstand oder einem anderen Vereinsorgan zugewiesen sind (§ 32 Abs. 1 S. 1). An die Stelle des Einstimmigkeitsgrundsatzes (§§ 54 S. 1, 709 Abs. 1) tritt der Mehrheitsgrundsatz (§ 32 Abs. 1 S. 3). Eine Beschlussfassung ohne ordnungsgemäße Berufung der Mitgliederversammlung ist unwirksam (§ 32 Abs. 1 S. 2). Für die Ermächtigung der Minderheit zur Einberufung der Mitgliederversammlung ist entsprechend § 37 Abs. 2 das Amtsgericht zuständig, in dessen Bezirk der n.eV seinen Sitz hat.[84] Soweit der n.eV gemäß § 40 von den Vorschriften der §§ 32 f. abweichen kann, ist die (schriftliche oder mündlich verabredete) Satzung maßgeblich, wenn sie Regelungen über die Mitgliederversammlung enthält; andernfalls können sich entsprechende ungeschriebene Satzungsbestimmungen auch aus einer einschlägigen Vereinsübung ergeben.[85]

III. Die Haftungsverfassung des n.eV

16   **1. Die Haftung des n.eV mit dem Vereinsvermögen.** Nach der modernen Lehre ist der n.eV eigenständiges, von seinen Mitgliedern abstrahiertes Rechtssubjekt (→ Rn. 3) und deshalb auch selbst Vertragspartner und Schuldner der wirksam im Namen des n.eV begründeten Verbindlichkeiten. Der n.eV haftet folglich unproblematisch und ohne Rücksicht auf den jeweiligen Mitgliederbestand mit dem Vereinsvermögen auf Erfüllung, für Vertragsverletzungen und im Rahmen gesetzlicher Schuldverhältnisse für Verschulden seiner Organe und verfassungsmäßigen Vertreter nach § 31 (iVm § 280 Abs. 1), für Verschulden sonstiger Erfüllungsgehilfen nach § 278 (iVm § 280 Abs. 1), im deliktischen Bereich nach §§ 823 Abs. 1, 31 für Organisationspflichtverletzungen sowie gem. § 831.[86] Ebenso kann der n.eV aus gesetzlichen Vorschriften, insbesondere gesetzlichen Schuldverhältnissen (zB §§ 677 ff., 812 ff.) zur Herausgabe oder zum Schadens- oder Aufwendungsersatz verpflichtet sein. Eine Haftung aus Gefährdungshaftung kann den n.eV aufgrund seiner Eigenschaft als Halter, zB iSv § 7 StVG, § 833 BGB treffen. Die Haftungsverfassung des nicht eingetragenen Idealvereins entspricht damit derjenigen des eV (vgl. dazu → § 31 Rn. 8 ff.). Allerdings gelangt auch die herkömmliche Gesamthandsdoktrin nunmehr durch Interpretation der Vertretungsregeln und Anwendung der §§ 31, 831, 278 zu diesem Ergebnis; die Mitglieder haften danach jedenfalls primär nur noch als Gesamthänder mit dem Gesamthandsvermögen.[87]

17   **2. Die persönliche Haftung der Vereinsmitglieder (S. 1). a) Unanwendbarkeit von S. 1 iVm §§ 708 ff. auf den Idealverein.** Für die moderne Lehre, wonach der n.eV ein eigenständiges Rechts- und Haftungssubjekt bildet, ergibt sich ohne Weiteres, dass die Vereinsmitglieder jedenfalls grundsätzlich nicht persönlich für die Vereinsverbindlichkeiten haften. Denn hiernach bedarf nicht der Ausschluss, sondern die Begründung einer kumulativen Mitgliederhaftung der besonderen Rechtfertigung; diese scheitert jedoch regelmäßig, weil es für die Mitgliederhaftung an einem allgemeinen Haftungstatbestand fehlt.[88] In entsprechender Anwendung der Vorschriften des Vereinsrechts nach §§ 21 ff. wird jedoch heute, dem Wortlaut des § 54 S. 1 zuwider, auch von der Rechtsprechung und den Vertretern der traditionellen Ansicht angenommen, dass auch beim nicht eingetragenen Idealverein die **akzessorische persönliche Haftung der Mitglieder**

---

82   OLG Stuttgart OLGZ 1971, 465 (467); *K. Schmidt* AcP 182 (1982), 1, 21.

83   OLG Frankfurt aM WM 1985, 1466 (1467), 1470; BAG AP § 54 BGB Nr. 4; BeckOK BGB/*Schöpflin* § 54 Rn. 50; jurisPK/*Bergmann* BGB § 54 Rn. 49; MHdB GesR V/*Gummert* § 68 Rn. 8 ff.; Reichert/Schimke/Dauernheim/*Wagner* Kap. 2 Rn. 5076 ff.; *Schöpflin*, S. 264 ff.; Soergel/*Hadding* BGB § 54 Rn. 3.

84   LG Heidelberg NJW 1975, 1661; BeckOK BGB/*Schöpflin* § 54 Rn. 50; *Schöpflin*, S. 269 ff.; Soergel/*Hadding* BGB § 37 Rn. 3, § 54 Rn. 13; aA KG JW 1935, 3636 (3638).

85   *Schöpflin*, S. 266.

86   BeckOK BGB/*Schöpflin* § 54 Rn. 31; MHdB GesR V/*Gummert* § 73 Rn. 2 ff.; Soergel/*Hadding* BGB § 54 Rn. 22; Staudinger/*Weick* BGB § 54 Rn. 71 f.; *K. Schmidt* GesR § 25 II 2 c.

87   Erman/*Westermann* BGB § 54 Rn. 9; *Schöpflin*, S. 394 f., 397 ff.; aA noch RGZ 134, 242, 244.

88   *Fabricius*, S. 193 f.; *Reuter* NZG 2004, 217 (219 ff.); MüKoBGB/*Leuschner* § 54 Rn. 42; *K. Schmidt* GesR § 25 III 2 a; *ders.*, Zur Stellung der OHG, S. 208 ff.; Soergel/*Hadding* BGB § 54 Rn. 24; s. auch Baumgärtel/*Kessen*, Beweislast, § 54 Rn. 1 zu den Konsequenzen für die Beweislast.

ausgeschlossen ist;[89] dies wird damit begründet, dass die Vertretungsmacht des Vorstands durch die Satzung dahin beschränkt werden könne (und idR beschränkt werde), dass die Mitglieder eben nicht persönlich haften, und eine gesetzliche Bestimmung über die persönliche Mitgliederhaftung nicht existiere.[90]

Die Frage hat freilich dadurch eine neue Dimension erhalten, dass die nunmehr ganz hM für die Haftung **18** der Gesellschafter der GbR für die Gesellschaftsschulden analog § 128 HGB der **Akzessorietätstheorie** folgt.[91] Denn dies stellt die bisherige Begründung für den Ausschluss der Mitgliederhaftung beim Idealverein, die Verbindlichkeiten des Vereins seien mangels einer Norm nach Art des § 128 HGB nicht auf die Mitglieder zu erstrecken, zumindest infrage. Dementsprechend wurde die persönliche Mitgliederhaftung vielfach zwar nicht befürwortet, wohl aber für schwer vermeidbar gehalten.[92] In einer Entscheidung aus dem Jahr 2003[93] hat der BGH trotzdem an dieser Rechtsprechung festgehalten, zwar ohne Begründung, aber im Ergebnis mit Recht,[94] da die Argumentation, mit der die akzessorische Haftung der Gesellschafter bei der GbR begründet wird, auf den nicht eingetragenen Idealverein nicht passt:[95] Dieser lässt, anders als die GbR, vor der Auflösung keine Entnahmen und Vermögensverteilung an die Mitglieder zu und verlangt nach der Auflösung analog §§ 47 ff. die Liquidation mit zwingend vorrangiger Befriedigung der Gläubiger (→ § 47 Rn. 11); es besteht also nicht die Gefahr, dass die Mitglieder das Gesamthandsvermögen unter sich aufteilen und den Gläubigern einen leeren „Mantel" hinterlassen. Anders als bei der GbR ist im Fall des nichtrechtsfähigen Idealvereins schließlich nicht erst die Zahlungsunfähigkeit, sondern (wie beim rechtsfähigen Verein) bereits die Überschuldung Insolvenzgrund und begründet die (haftungsbewehrte) Antragspflicht der Verantwortlichen (→ Rn. 45). Die **Rechtsfortbildung**, als die sich der Ausschluss der Mitgliederhaftung in Wahrheit darstellt,[96] erweist sich daher nach wie vor als teleologisch wohlbegründet, und ebenso ist es die nunmehr aufgetretene Verschiedenbehandlung mit der GbR.

b) Anwendbarkeit von S. 1 iVm §§ 708 ff. auf den wirtschaftlichen n.eV. Eine **persönliche Haftung 19 der Mitglieder** entsteht nur, wenn der n.eV wirtschaftliche Zwecke iSv § 22 verfolgt. Denn **bei einem wirtschaftlichen n.eV**, der sich den Anforderungen und Prüfungen entzieht, welche mit der Gründung einer Kapitalgesellschaft, Genossenschaft oder mit der staatlichen Verleihung nach § 22 verbunden sind, und damit auch der gesicherten Aufbringung eines hinreichenden Gesellschaftsvermögens entgeht, ist die persönliche Haftung aus Gründen des Gläubigerschutzes unentbehrlich.[97] Die persönliche Haftung folgt hier konstruktiv häufig schon daraus, dass der n.eV mit wirtschaftlichem Hauptzweck ein kaufmännisches Handelsgewerbe betreibt und deshalb eine oHG ist oder jedenfalls oHG-Recht unterliegt (→ Rn. 6). Die **Darlegungs- und Beweislast** für die Verfolgung wirtschaftlicher Zwecke trifft denjenigen, der das Mitglied auf Erfüllung oder Schadensersatz in Anspruch nehmen will; der Inanspruchgenommene hat demgegenüber die Voraussetzungen des Ausschlusses seiner Haftung durch eine entsprechende rechtsgeschäftliche Abrede zu beweisen.[98] Wenn der n.eV kein kaufmännisches Unternehmen betreibt, haftet das Vereinsmitglied gem. S. 2 wie ein Gesellschafter einer GbR, dh nach der Akzessorietätstheorie für alle zum Zeitpunkt des Beitritts bereits bestehenden und während der Mitgliedschaft neu entstehenden rechtsgeschäftlichen wie gesetzlichen Verbindlichkeiten des Vereins analog §§ 128, 130 HGB persönlich und unbeschränkt mit dem Privatvermögen.[99]

89   RGZ 62, 63, 65; 90, 173, 176 f.; 143, 212, 213;
     BGHZ 50, 325, 329; BGH NJW 1979, 2304 (2306);
     BGHZ 142, 315, 318 ff.; BGH NJW-RR 2003, 1265;
     OLG Hamm WM 1985, 644 f.; OLG Schleswig
     NVwZ-RR 1996, 103; *Discher*, S. 112 ff.; *Erman/*
     Westermann BGB § 54 Rn. 9; MHdB GesR V/*Gum-*
     mert § 73 Rn. 10 ff.; *Schöpflin*, S. 400 ff., 431 ff.,
     746 f.; Staudinger/*Weick* BGB § 54 Rn. 51 ff.; aA
     Flume ZHR 148 (1984), 503, 519; *A. Meyer* ZGR
     2008, 712 (718), 719; ausf. jetzt *Brand* AcP 208
     (2008), 490 ff.
90   Vgl. BGH NJW 1979, 2304 (2306); s. aber jetzt
     BGHZ 142, 315, 318 ff.
91. BGHZ 146, 341, 358; BGH NJW 2004, 836 (837);
     BGH NJW-RR 2006, 683 (Rn. 20); BGH NJW-RR
     2006, 1268 (Rn. 10, 14 f.); BGH NJW 2006, 3716
     (Rn. 14, 19); BGH WM 2007, 2289 (Rn. 14); BGH
     NZG 2007, 140 (Rn. 22); BGH NZG 2007, 183
     (Rn. 18); krit. gerade mit Blick auf die folgeweise
     drohende Haftungsverschärfung beim n.eV *Beuthien*
     NJW 2005, 855 (858). Vgl. dazu ausf. § 705 Rn. 6,
     18, 19, § 714 Rn. 6, 11, 13 ff.
92   *Dauner-Lieb* DStR 2001, 359 (361); *Westermann*
     NZG 2001, 289 (295).

93   BGH NJW-RR 2003, 1265; ebenso OLG Branden-
     burg OLGR 2004, 407.
94   Vgl. BeckOK BGB/*Schöpflin* § 54 Rn. 33; *Bergmann*
     ZGR 2005, 654 (674 f.); *Reuter* NZG 2004, 217
     (219 ff.); MüKoBGB/*Leuschner* § 54 Rn. 42 ff.;
     K. Schmidt GesR § 25 III 2 a; *Schöpflin*, S. 431 ff.
95   Vgl. *Reuter* NZG 2004, 217 (219 ff.).
96   Vgl. *K. Schmidt* GesR § 25 II 1 a; *Schöpflin*, S. 444 f.
97   BGHZ 22, 240, 244; 146, 190, 201; MüKoBGB/*Leu-*
     schner § 54 Rn. 45 ff.; 65; Palandt/*Ellenberger* BGB
     § 54 Rn. 12; *Discher*, S. 118 ff.; *Linge*, S. 91 ff.;
     K. Schmidt GesR, § 25 III 2 b, S. 447; *ders.*, Zur Stel-
     lung der OHG, S. 212 ff.; *Schöpflin*, S. 449 ff.; *Reiff*,
     S. 78 ff., 94; Soergel/*Hadding* BGB § 54 Rn. 25.
98   Baumgärtel/*Kessen*, Beweislast, § 54 Rn. 2 mwN.
99   Vgl. BGHZ 146, 190, 201; LSG Bln-Bbg NZG 2016,
     1190 (1191); LG Dessau-Roßlau BeckRS 2015,
     09864; MüKoBGB/*Leuschner* § 54 Rn. 47 f.;
     Staudinger/*Weick*, 2005, BGB § 54 Rn. 54 aE; *Reiff*,
     S. 95 ff.; *Krüger/Saberzadeh* npoR 2016, 159 (160);
     zur GbR s. BGHZ 146, 341, 358 f.; 142, 315, 318,
     und eingehend § 705 Rn. 6, 8, 19, § 714 Rn. 6, 11,
     13 ff.

20   **3. Die Haftung des Handelnden (S. 2). a) Grundgedanken.** Nach S. 2 haftet derjenige, der im Namen des n.eV ein Rechtsgeschäft mit einem Dritten eingeht, aus diesem Rechtsgeschäft persönlich, und zwar auch dann, wenn der Verein selbst aufgrund einer wirksamen Vereinsverbindlichkeit haftet.[100] **Sinn und Zweck** dieser Vorschrift ist es jedenfalls auch, dem Geschäftspartner eines n.eV außer dem Vereinsvermögen, dessen Aufbringung und Erhaltung gesetzlich nicht gesichert ist, das Privatvermögen des Handelnden als **Haftungsmasse** zugänglich zu machen. Ein willkommener Nebeneffekt besteht insofern darin, dass die Handelndenhaftung zu einer Vergrößerung der Haftungsmasse und damit mittelbar zur Erhöhung der Bonität des Vereins führt. Vor allem aber hat die Haftung des Handelnden für den Rechtsverkehr die Funktion, die fehlende Bereitschaft zur **Offenlegung der Vertretungsverhältnisse in den Formen der Registerpublizität** durch die persönliche Verantwortlichkeit der Vertreter kompensieren und dadurch mittelbar die Eintragung und mit ihr die Transparenz der Vertretungsverhältnisse zu fördern.[101] Hieraus folgt zugleich, dass die Handelndenhaftung an die Vertretereigenschaft anknüpft und also gerade keine Erscheinungsform einer Mitgliederhaftung darstellt.[102] Die im Folgenden darzustellenden Grundsätze gelten für den nicht eingetragenen Idealverein ebenso wie für den nicht eingetragenen wirtschaftlichen Verein.[103]

21   Im Hinblick auf den genannten Gesetzeszweck folgerichtig und zugleich dem Wortlaut des S. 2 entsprechend ist die spezifische Handelndenhaftung nach ganz hM auf **rechtsgeschäftlich begründete Verbindlichkeiten** beschränkt.[104] Die Haftung wegen culpa in contrahendo, dh aus einem vorvertraglichen Schutzpflichtverhältnis (§§ 311 Abs. 2, 241 Abs. 2, 280 Abs. 1), steht allerdings der vertraglichen Haftung gleich.[105] Nicht in Betracht kommt dagegen eine persönliche Haftung des Handelnden für die durch sein Tätigwerden mit Wirkung für den n.eV verwirklichten **gesetzlichen Verbindlichkeiten** wie etwa solche aus Geschäftsführung ohne Auftrag,[106] ungerechtfertigter Bereicherung,[107] Eigentümer-Besitzer-Verhältnis[108] oder aus Delikt[109] bzw. Gefährdungshaftung.[110] Auch für die Kosten eines von dem Handelnden veranlassten Prozesses[111] oder für öffentlich-rechtliche Abgaben (Steuern, Sozialversicherungsbeiträge)[112] haftet der Handelnde danach nicht.

22   Ein **Ausschluss der Handelndenhaftung** durch die Satzung des n.eV ist nicht möglich; erforderlich und ausreichend ist vielmehr eine individuelle und ausdrückliche Vereinbarung mit dem Geschäftsgegner.[113] Insoweit sind strenge Anforderungen zu stellen, so dass ein stillschweigender Haftungsausschluss im Allgemeinen nicht in Betracht kommt; er folgt jedenfalls noch nicht daraus, dass kein Beteiligter die persönliche Haftung des Handelnden gewollt oder auch nur erwogen hat.[114] Für politische Parteien ist die Handelndenhaftung durch § 37 PartG ausgeschlossen; dies ist für die als n.eV organisierten Parlamentsfraktionen ent-

---

100   AA *Kertess*, S. 73 ff., 108 ff., 140, der die Bestimmung teleologisch uminterpretiert: es handele sich um Dritthaftung wegen Inanspruchnahme besonderen Vertrauens (§ 311 Abs. 3), bezogen auf die ordnungsgemäße Vertretung des n.eV; hiergegen mit Recht *Schwab* NZG 2012, 481 (483).

101   Vgl. Prot. II, S. 458, VI, S. 207; BGH NJW-RR 2003, 1265; BVerwG NVwZ-RR 2000, 60; Erman/*Westermann* BGB § 54 Rn. 11; Soergel/*Hadding* BGB § 54 Rn. 26; Reichert/Schimke/Dauernheim/*Wagner* Kap. 2 Rn. 5119; *Schöpflin*, S. 467 ff.; krit. MüKoBGB/*Leuschner* § 54 Rn. 16, 46; s. ausf. zum Diskussionsstand *Bergmann*, S. 413 ff., 436 ff., 444 ff.; *ders.* jurisPK BGB § 54 Rn. 73 f.; *ders.* GmbHR 2003, 563 ff.; *Beuthien* GmbHR 2013, 1 (2 ff.), 14 ff.; *Discher*, S. 238 ff.; *Schöpflin*, S. 467 ff.; *Schwab* NZG 2012, 481 (482 f.).

102   *Beuthien* GmbHR 2013, 1 f.

103   Vgl. MüKoBGB/*Leuschner* § 54 Rn. 45 ff., 54 ff., 58 ff. (mit Modifikationen für den wirtschaftlichen Verein mit hauptsächlicher kaufmännischer Tätigkeit).

104   BeckOK BGB/*Schöpflin* § 54 Rn. 42; Erman/*Westermann* BGB § 54 Rn. 12; MHdB GesR V/*Gummert* § 73 Rn. 26; Soergel/*Hadding* BGB § 54 Rn. 27; *Kertess*, S. 129 f.; Staudinger/*Weick* BGB § 54 Rn. 64; aA MüKoBGB/*Leuschner* § 54 Rn. 60; *Schwab* NZG 2012, 481 ff.

105   BGH NJW 1957, 1186; BeckOK BGB/*Schöpflin* § 54 Rn. 43; Erman/*Westermann* BGB § 54 Rn. 12;

    MüKoBGB/*Leuschner* § 54 Rn. 59; Staudinger/*Weick* BGB § 54 Rn. 64; zweifelnd Soergel/*Hadding* BGB § 54 Rn. 27 aE.

106   *Schöpflin*, S. 483 m. Fn. 432; aA insoweit MüKoBGB/*Leuschner* § 54 Rn. 60.

107   *Schöpflin*, S. 483 m. Fn. 432; aA *Schwab* NZG 2012, 481 (484); differenzierend MüKoBGB/*Leuschner* § 54 Rn. 60: Handelndenhaftung (nur) für die Leistungskondiktion.

108   AA *Schwab* NZG 2012, 481 (484).

109   Hiervon unberührt bleibt freilich die Haftung des Handelnden dafür, dass er (zugleich) in der eigenen Person einen Deliktstatbestand verwirklicht hat, vgl. *Schöpflin*, S. 473.

110   AA *Schwab* NZG 2012, 481 (484).

111   BVerwG NVwZ-RR 2000, 60; *Schöpflin*, S. 483; aA VGH Mannheim NVwZ-RR 1999, 150; MüKoBGB/*Leuschner* § 54 Rn. 60.

112   AA *Schwab* NZG 2012, 481 (484).

113   RGZ 82, 294, 299; BGH NJW 1957, 1186; AG Berlin-Charlottenburg BeckRS 2013, 02090; BeckOK BGB/*Schöpflin* § 54 Rn. 46; MüKoBGB/*Leuschner* § 54 Rn. 62; Palandt/*Ellenberger* BGB § 54 Rn. 13; Reichert/Schimke/Dauernheim/*Wagner* Kap. 2 Rn. 5144 f.; *Schöpflin*, S. 498 f.; *K. Schmidt* GesR § 25 III 3 e; Soergel/*Hadding* BGB § 54 Rn. 30; Staudinger/*Weick* BGB § 54 Rn. 62.

114   Vgl. RG JW 1937, 392 (393); BGH NJW 1957, 1186; *Schöpflin*, S. 499 f.

sprechend anwendbar,[115] ebenso wohl für Gewerkschaften.[116] Noch ungeklärt, aber für den nichtrechtsfähigen Idealverein richtiger Ansicht nach zu bejahen ist die **Anwendbarkeit der Haftungsbegrenzung nach §§ 31 a, 31 b**.[117] Im Unterschied zur Handelndenhaftung bei den Vorgesellschaften (vgl. § 11 Abs. 2 GmbHG, § 41 Abs. 1 S. 2 AktG), die den Gläubiger lediglich in der kurzen Zeitspanne zwischen Errichtung und Eintragung der Gesellschaft schützen und haftungsbewehrt für eine zügige Eintragung sorgen soll, ist die einmal eingetretene vereinsrechtliche Handelndenhaftung auf Dauer angelegt; sie erlischt folglich nicht, wenn der Verein später **ins Vereinsregister eingetragen** wird.[118] Die **Darlegungs- und Beweislast** für die im Folgenden darzustellenden Voraussetzungen des § 54 S. 2 trifft denjenigen, der den Handelnden auf Erfüllung oder Schadensersatz in Anspruch nehmen will; der Handelnde hat demgegenüber die Voraussetzungen des Ausschlusses seiner Haftung durch eine entsprechende rechtsgeschäftliche Abrede zu beweisen.[119]

b) Person des Handelnden. Die Haftung als Handelnder iSv S. 2 trifft nach hM nur, aber zugleich immer **23** denjenigen, der eine rechtsgeschäftliche Erklärung (→ Rn. 21) **erkennbar im Namen des Vereins abgegeben** hat, dh ausdrücklich oder konkludent (§ 164 Abs. 1 S. 2) nach außen (→ Rn. 24) für den n.eV aufgetreten ist. Es genügt, dass der Handelnde als **bevollmächtigter nichtorganschaftlicher Vertreter** aufgetreten ist ("weiter Handelndenbegriff");[120] ein Auftreten als Vorstandsmitglied bzw. verfassungsmäßiger Vertreter (→ § 31 Rn. 4 ff.) ist nicht erforderlich,[121] und erst recht muss der Betreffende nicht tatsächlich Vorstandsmitglied bzw. verfassungsmäßiger Vertreter (→ § 31 Rn. 4 ff.)[122] oder auch nur Vereinsmitglied[123] gewesen sein. Unerheblich ist danach auch, ob der Handelnde zur Vertretung des Vereins berechtigt gewesen ist und durch sein Handeln den Verein wirksam verpflichtet hat. Als Handelnder in Betracht kommt deshalb sogar – insofern verdrängt die Handelndenhaftung nach S. 2 als lex specialis die strukturell parallele Haftung nach § 179 Abs. 1 – jede Person, die sich eine Organstellung lediglich angemaßt hat, und allgemein jeder **Vertreter ohne Vertretungsmacht**.[124] Da die Bestimmung den Gläubiger schützen soll, greift sie gerade auch dann ein, wenn der Handelnde oder der Dritte nicht wusste, dass es sich um einen n.eV handelt.[125] Im umgekehrten Fall – Auftreten für einen angeblichen n.eV, der sich bei zutreffender rechtlicher Beurteilung als bloßer unselbstständiger Teil eines eV erweist – gründet sich die Haftung des Handelnden dagegen auf die entsprechend anzuwendende Bestimmung des § 179 BGB (Vertragsschluss namens einer nicht, noch nicht oder nicht mehr existenten Person, → § 179 Rn. 4).[126] Das Weglassen des Rechtsformzusatzes "e.V." beim Vertragsschluss begründet dagegen keine Handelndenhaftung.[127] Die Handelndenhaftung setzt volle **Geschäftsfähigkeit** des Handelnden voraus; § 179 Abs. 3 S. 2 ist analog anzuwenden.[128]

115 OLG Schleswig NVwZ-RR 1996, 103; LAG Hamm NZA-RR 2003, 487; s. auch LG Bonn BeckRS 2012, 07261; *Wittinger/Herrmann* KommJur 2006, 446 (für Fraktionen kommunaler Vertretungskörperschaften).

116 *Kertess*, S. 30 ff.; MüKoBGB/*Leuschner* § 54 Rn. 44; aA *Schöpflin*, S. 504 f.

117 Ebenso MüKoBGB/*Leuschner* § 31 a Rn. 2, § 31 b Rn. 2, § 54 Rn. 36, 62; *Arnold*, Non Profit Law Yearbook 2009, 89, 105; *Leuschner* NZG 2014, 281 (287); *Reuter* ZGR 2009, 1368 (1369); *Reschke* DZWIR 2011, 403 Fn. 2; *Roth* npoR 2010, 1 (2); *Schöpflin* Rpfleger 2010, 349 (353 f.); BeckOK BGB/*Schöpflin* § 31 a Rn. 2.

118 MHdB GesR V/*Gummert* § 74 Rn. 15; *Beuthien* GmbHR 2013, 1 (13); *Kertess*, S. 194; *Schöpflin*, S. 501 f.; differenzierend Staudinger/*Weick* BGB § 54 Rn. 70 (Erlöschen bei „echtem" Vorverein); aA MüKoBGB/*Leuschner* § 21, 22 Rn. 57, § 54 Rn. 57; einschr. auch OLG Düsseldorf MDR 1984, 489 für Rechtsgeschäfte, bei deren Abschluss die Eintragung bereits eingeleitet war.

119 *Baumgärtel/Kessen*, Beweislast, § 54 Rn. 3 f. mwN.

120 Vgl. RGZ 77, 429, 430; RG JW 1926, 2907 (2908); BGH NJW 1957, 1186; Erman/*Westermann* BGB § 54 Rn. 11; MüKoBGB/*Leuschner* § 54 Rn. 54 f.; MHdB GesR V/*Gummert* § 73 Rn. 27 ff.; Reichert/Schimke/Dauernheim/*Wagner* Kap. 2 Rn. 5126; *Schöpflin*, S. 479 f.; aA („enger Handelndenbegriff") Staudinger/*Weick* BGB § 54 Rn. 60 ff.; *Bergmann*, S. 448 f.; *Beuthien* GmbHR 2013, 1 (2), 5, 7 f.; *Schwab* NZG 2012, 481 (485): nur Vorstandsmitglieder und verfassungsmäßig berufene Vertreter iSv § 30 S. 1.

121 So aber Staudinger/*Weick* BGB § 54 Rn. 61 f.

122 So aber *Schwab* NZG 2012, 481 (485).

123 MüKoBGB/*Leuschner* § 54 Rn. 50; Soergel/*Hadding* BGB § 54 Rn. 27.

124 Prot. II, S. 2494 f.; RGZ 77, 429, 430; RGZ 82, 294, 296 f.; BGH NJW 1957, 1186; BGH NJW-RR 2003, 1265; BGH NZG 2013, 672 Rn. 2; AG Berlin-Charlottenburg BeckRS 2013, 02090; MüKoBGB/*Leuschner* § 54 Rn. 55; MHdB GesR V/*Gummert*, § 73 Rn. 32 f.; RGRK/*Steffen* BGB § 54 Rn. 21; *Schöpflin*, S. 486 ff.; Soergel/*Hadding* BGB § 54 Rn. 26 ff.; Palandt/*Ellenberger* BGB § 54 Rn. 13; aA *Beuthien* GmbHR 2013, 1 (8 f.); Staudinger/*Weick* BGB § 54 Rn. 60.

125 RG JW 1926, 2907 (2908); *Schöpflin*, S. 483 f.; Soergel/*Hadding* BGB § 54 Rn. 27.

126 BGH NZG 2013, 672; s. auch BGHZ 195, 174 = NJW 2013, 464 Rn. 8 (Handelndenhaftung von Betriebsratsmitgliedern), dazu *Dommermuth-Alhäuser/Heup* BB 2013, 1461 ff.; *Fischer* NZA 2014, 343 ff.

127 OLG Celle NJW-RR 1999, 1052; *Beuthien* GmbHR 2013, 1 (9 f.); aA die st. Rspr. zur GmbH, s. mwN zuletzt BGH NJW 2012, 2871 m. krit. Anm. *Altmeppen*, S. 2833.

128 Soergel/*Hadding* BGB § 54 Rn. 27; MüKoBGB/*Leuschner* § 54 Rn. 63; Staudinger/*Weick* BGB § 54 Rn. 66.

24   Als Handelnder haftet nach hM nur derjenige, der **unmittelbar rechtsgeschäftlich im Namen des Vereins** tätig wird. Deshalb ist jemand, der nur intern oder mittelbar an dem eigentlichen Außengeschäft mitwirkt, zB durch Bevollmächtigung, Weisungserteilung, Zustimmung oder Genehmigung des Vertretergeschäfts, grundsätzlich kein Handelnder iSv S. 2.[129] Anders ist dies aber im Fall der organschaftlichen Gesamt- oder Mehrheitsvertretung, da hier die interne Zustimmung für die Wirksamkeit des Rechtsgeschäfts erforderlich ist und damit keinen bloßen Willensbildungsakt bildet.[130] Ist ein Dritter vom Vorstand wirksam zur Vornahme eines Rechtsgeschäfts im Namen des Vereins bevollmächtigt worden, so haftet dieser Dritte nach S. 2 (→ Rn. 23), nicht der Vorstand.[131]

25   **c) Person des Dritten.** Die Handelndenhaftung beschränkt sich auf privatrechtliche Geschäfte mit „Dritten", erfasst also grundsätzlich **nicht Rechtsgeschäfte gegenüber Vereinsmitgliedern.**[132] Auch ein Vereinsmitglied kann den Schutz dieser Bestimmung jedoch dann in Anspruch nehmen, wenn es das Rechtsgeschäft mit dem Verein als echtes Drittgläubigergeschäft abschließt, dh ohne unmittelbaren Bezug zu seiner mitgliedschaftsrechtlichen Beziehung zu dem Verein und seiner Stellung in demselben.[133]

26   **d) Rechtsfolgen.** Die Vorschrift begründet ein **akzessorisches gesetzliches Schuldverhältnis** zwischen Handelndem und Dritten, dessen Inhalt sich aus dem abgeschlossenen Vertrag ergibt; die Haftung tritt gleichstufig – und nicht etwa nachrangig in der Art einer notwendigen Vorausklage gegen den n.eV – neben eine eventuelle Haftung des n.eV aus dem vorgenommenen Rechtsgeschäft.[134] Aufgrund der Akzessorietät seiner Haftung kann der Handelnde der Inanspruchnahme auch Einwendungen und Einreden des n.eV entgegenhalten.[135]

27   Der Handelnde haftet nicht nur auf Schadensersatz, sondern schuldet ggf. die **Vertragserfüllung,** soweit die geschuldete Leistung nicht höchstpersönlich von dem Verein erbracht werden muss.[136] Die Haftung umfasst ferner sämtliche **Sekundäransprüche,** auch soweit sie auf von anderen Vereinsmitgliedern begangenen Pflichtverletzungen beruhen.[137]

28   Handeln mehrere für den Verein, so richtet sich ihre Haftung wie auch der interne Ausgleich gem. S. 2 Hs. 2 nach den Bestimmungen über die **Gesamtschuld** (§§ 421 ff.).[138] Zwischen dem Handelnden und dem parallel haftenden Verein besteht dagegen keine Gesamtschuld,[139] vielmehr hat der Handelnde, wenn er im Rahmen seiner Geschäftsführungsbefugnis oder aufgrund eines Auftrags bzw. einer berechtigten GoA tätig

129 BGH NJW 1957, 1186 f.; OLG Schleswig NVwZ-RR 1996, 103; BeckOK BGB/*Schöpflin* § 54 Rn. 40; *Kertess,* S. 100 ff.; MüKoBGB/*Leuschner* § 54 Rn. 50; Reichert/Schimke/Dauernheim/*Wagner* Kap. 2 Rn. 5129; *K. Schmidt* GesR § 25 III 3 b; Soergel/*Hadding* BGB § 54 Rn. 28; *Beuthien* GmbHR 2013, 1 (6 ff.); aA noch RGZ 55, 302, 303 f.; RGZ 70, 296, 301 f.; *Schöpflin,* S. 478 f.; weitergehend auch Erman/*Westermann* BGB § 54 Rn. 11; *Schwab* NZG 2012, 481 (485): alle aktuellen Vorstandsmitglieder, soweit sie an dem haftungsauslösenden Geschehen beteiligt waren oder dieses gebilligt haben.

130 *Beuthien* GmbHR 2013, 1 (6); Staudinger/*Weick* BGB § 54 Rn. 60; aA womöglich BGH NJW 1957, 1186.

131 AG Berlin-Charlottenburg BeckRS 2013, 02090; MüKoBGB/*Leuschner* § 54 Rn. 50, 54; aA RGZ 82, 294, 298; *Beuthien* GmbHR 2013, 1 (7 f.); *Schöpflin,* S. 478 f., 481 f.; Soergel/*Hadding* BGB § 54 Rn. 28; Staudinger/*Weick* BGB § 54 Rn. 60; ausf. *Kertess,* S. 120 ff.

132 MHdB GesR V/*Gummert* § 73 Rn. 34; Soergel/*Hadding* BGB § 54 Rn. 27; *Reuter* NZG 2004, 217 (219 f.); *Kertess,* S. 139 f. mwN; für den Regelfall auch OLG Frankfurt aM NZG 2002, 1071 f.: ein Vereinsmitglied kann dann nicht „Dritter" sein, wenn es nach Mitgliederzahl, Größe und Struktur des Vereins dessen Vertretungs- sowie Vermögensverhältnisse kennt und dem Verein somit nicht als Außenstehender gegenübersteht; offen BGH NJW-RR 2003, 1265; aA MüKoBGB/*Leuschner* § 54 Rn. 56.

133 BGH NJW-RR 2003, 1265; BeckOK BGB/*Schöpflin* § 54 Rn. 42; Soergel/*Hadding* BGB § 54 Rn. 27; Reichert/Schimke/Dauernheim/*Wagner* Kap. 2 Rn. 5125; *Schöpflin,* S. 484 f.

134 Erman/*Westermann* BGB § 54 Rn. 11; MüKoBGB/*Leuschner* § 54 Rn. 42, 61; MHdB GesR V/*Gummert* § 73 Rn. 36 f.; Soergel/*Hadding* BGB § 54 Rn. 26, 29; *Beuthien* GmbHR 2013, 1 (11); *Kertess,* S. 169 ff.; aA *Bergmann,* S. 413 ff., 438 ff.: subsidiäre Haftung, der sich der Handelnde dadurch entziehen kann, dass er dem Gläubiger die Rechtsverfolgung gegen den von ihm repräsentierten Verband ermöglicht.

135 BeckOK BGB/*Schöpflin* § 54 Rn. 44; Reichert/Schimke/Dauernheim/*Wagner* Kap. 2 Rn. 5141; *K. Schmidt* GesR § 25 III 3 d; Soergel/*Hadding* BGB § 54 Rn. 29; aA Staudinger/*Weick* BGB § 54 Rn. 67.

136 BeckOK BGB/*Schöpflin* § 54 Rn. 44; *Beuthien* GmbHR 2013, 1 (11); *K. Schmidt* GesR § 25 III 3 c; Soergel/*Hadding* BGB § 54 Rn. 29.

137 BGH NJW 1957, 1186; LG Münster VersR 1998, 1516; BeckOK BGB/*Schöpflin* § 54 Rn. 43; MüKoBGB/*Leuschner* § 54 Rn. 59; Palandt/*Ellenberger* BGB § 54 Rn. 13; Staudinger/*Weick* BGB § 54 Rn. 64; einschr. Soergel/*Hadding* BGB § 54 Rn. 27.

138 Vgl. Soergel/*Hadding* BGB § 54 Rn. 31; Staudinger/*Weick* BGB § 54 Rn. 67.

139 *Beuthien* GmbHR 2013, 1 (11); Soergel/*Hadding* BGB § 54 Rn. 31; aA Staudinger/*Weick* BGB § 54 Rn. 67, 69.

geworden ist, gegenüber dem Verein einen Anspruch auf Freistellung bzw. Aufwendungsersatz nach § 670 (iVm §§ 675, 677, 683).[140]

IV. Die Beendigung des n.eV

Auch beim n.eV vollzieht sich das Ende des Verbands in der Regel in zwei Schritten: Der Auflösung – eine **29** Beendigung des n.eV durch Entziehung der Rechtsfähigkeit wie beim eV scheidet naturgemäß aus – folgt zwingend eine Liquidation (→ Rn. 30, → § 47 Rn. 11). Die **Auflösungsgründe** beim n.eV sind dieselben wie beim eV (→ § 41 Rn. 6 ff.),[141] also Zeitablauf, Erreichen oder Unmöglichwerden des Vereinszwecks, Eintritt eines satzungsgemäßen Auflösungsereignisses, Beschluss der Mitgliederversammlung, Insolvenz des Vereins (→ Rn. 43), Sitzverlegung ins Ausland, Wegfall sämtlicher Mitglieder und schließlich das Vereinsverbot nach § 3 VereinsG. Entsprechend dem Vereinsrecht fällt das Vermögen an die in der Satzung oder durch Beschluss der Mitgliederversammlung bestimmten Personen; fehlt eine entsprechende Bestimmung, so erfolgt bei selbstnützigen Vereinen der **Anfall** an die Mitglieder, sonst an den Fiskus (analog § 45).[142]

Anders als die GbR lässt der nicht eingetragene Idealverein (wie der rechtsfähige) vor der Auflösung keine **30** Vermögensverteilung an die Mitglieder zu, sondern unterliegt wie der eV analog §§ 47 ff. zwingend der **Liquidation** mit vorrangiger Befriedigung der Gläubiger (→ § 47 Rn. 11). Soweit keine Verbindlichkeiten vorhanden sind und der Verein über kein Vermögen verfügt, erübrigt sich eine Liquidation. Mit Abschluss der Verteilung durch das Liquidationsverfahren ist der Verein vermögenslos und **(voll-)beendet**, dh erloschen. Bis zur Vollbeendigung hat die Mitgliederversammlung aber auch die Möglichkeit, die Fortsetzung des aufgelösten Vereins zu beschließen, wenn der Auflösungstatbestand beseitigt ist. Durch den Fortsetzungsbeschluss verwandelt sich der Verband wieder in einen werbenden, aktiven n.eV.

Wird der n.eV durch Konzessionierung oder Eintragung in das Vereinsregister zum rechtsfähigen Verein, so **31** bleibt seine Identität gewahrt, lediglich sein Bestehen als nichtrechtsfähiger Verein wird beendet; dementsprechend gehen das Vermögen und die Verbindlichkeiten des n.eV ohne Weiteres auf den rechtsfähigen Verein über.[143] Eine Umwandlung des n.eV nach Maßgabe der Tatbestände des UmwG (→ § 41 Rn. 24 ff.) kommt dagegen nicht in Betracht, da der n.eV nicht zu den enumerativ aufgezählten Rechtsträgern gehört, die nach § 3 UmwG an einer Verschmelzung beteiligt sein können.[144] Die in § 191 Abs. 2 UmwG genannten Zielrechtsformen sind jedoch über den Umweg des Erwerbs der Rechtsfähigkeit auch für den n.eV erreichbar. Falls einem wirtschaftlichen n.eV die Konzessionierung versagt wird, hat er die Möglichkeit, sich durch eine entsprechende Satzungsänderung in eine OHG umzuwandeln und auf dieser Grundlage die Umwandlung nach dem UmwG vorzunehmen.

C. Weitere praktische Hinweise

I. Der n.eV im Zivilprozess[145]

1. Die traditionelle Auffassung. Nach § 50 Abs. 2 ZPO in der bis zum 30.9.2009 geltenden Fassung war **32** der n.eV **passiv parteifähig**, konnte also zulässigerweise verklagt werden. Schon immer konnte der n.eV deshalb **sämtliche Prozesshandlungen eines Beklagten** vornehmen,[146] zB im Prozess aufrechnen, Widerklage erheben, Prozessvergleiche abschließen, Rechtsmittel einlegen oder auch Vollstreckungsgegenklage – nicht aber Drittwiderspruchsklage – erheben. Jedoch legte die Bestimmung des § 50 Abs. 2 ZPO aF zugleich den Umkehrschluss nahe, dass es hierbei sein Bewenden haben solle, die **aktive Parteifähigkeit** dem n.eV also gerade versagt bleiben müsse; eine entsprechende Regelungsabsicht hatte der historische Gesetzgeber zudem ausdrücklich bekundet. Auf dieser Grundlage mussten die Mitglieder des n.eV also

140 BeckOK BGB/*Schöpflin* § 54 Rn. 45; *Beuthien* GmbHR 2013, 1 (12); *Kertess*, S. 181 ff.; Reichert/ Schimke/Dauernheim/*Wagner* Kap. 2 Rn. 5147 ff.; *Schöpflin*, S. 490 f., 493 ff.; Soergel/*Hadding* BGB § 54 Rn. 29, 31.

141 Palandt/*Ellenberger* BGB § 54 Rn. 14; MHdB GesR V/*Gummert* § 76 Rn. 1 ff.; Reichert/Schimke/Dauernheim/*Wagner* Kap. 2 Rn. 5159; *Schöpflin*, S. 507 ff.; Soergel/*Hadding* BGB § 54 Rn. 8.

142 BeckOGK/*Könen* BGB § 45 Rn. 4; *Bayer*, S. 138; *Schöpflin*, S. 509; Reichert/Schimke/Dauernheim/ *Wagner* Kap. 2 Rn. 5162 ff.; Soergel/*Hadding* BGB § 54 Rn. 9; Staudinger/*Weick* BGB § 54 Rn. 85.

143 *K. Schmidt* GesR § 24 II 3; *Schöpflin*, S. 513; Soergel/*Hadding* BGB Vor § 21 Rn. 71 ff.

144 MHdB GesR V/*Gummert* § 74 Rn. 1 ff.; *Schöpflin*, S. 513.

145 Literatur (Kommentare zur ZPO, jew. zu § 50): Baumbach/Lauterbach/Hartmann/Anders/Gehle, 78. Aufl. 2020; BeckOK ZPO, 35. Ed. 2020; MüKo, 5. Aufl. 2016; Musielak/Voit, 16. Aufl. 2019; Prütting/Gehrlein, 12. Aufl. 2020; Stein/Jonas, ZPO, 23. Aufl. ab 2014; Thomas/Putzo, 41. Aufl. 2020; Wieczorek/Schütze, 4. Aufl. ab 2012; Zöller, 33. Aufl. 2020.

146 Vgl. *Jung* NJW 1986, 157 (159); *Schöpflin*, S. 360 ff.

grundsätzlich den Aktivprozess selbst als (materiellrechtlich) notwendige Streitgenossen gem. § 62 Abs. 1 Alt. 2 ZPO führen,[147] so dass schon die Nichtbeteiligung oder das versehentliche Nichtaufführen eines Vereinsmitglieds die Klage unzulässig machte. Ob den hieraus resultierenden erheblichen, oftmals gar unüberwindlichen praktischen Schwierigkeiten dadurch ausgewichen werden konnte, dass einzelne Mitglieder bei übertragbaren Ansprüchen den Prozess als gewillkürter Prozessstandschafter führten und auf Leistung an den Verein klagten, war streitig;[148] häufig blieb deshalb nur die treuhänderische (materiellrechtliche) Übertragung des Anspruchs, sei es an den Vorstand, sei es an einen Dritten.

33 In rechtsfortbildender Korrektur des Gesetzes hatte die Rechtsprechung gleichwohl schon seit längerem für die in Form eines n.eV organisierten **Gewerkschaften** auch die aktive Parteifähigkeit bejaht. Als Grund für diese Ausnahme wurde angeführt, dem verfassungsrechtlichen Schutz des Art. 9 Abs. 3 GG dürfe sich auch das Verfahrensrecht nicht versagen. Es müsse vielmehr den Gewerkschaften die Möglichkeit eröffnen, die Gerichte zum Schutz gegen zivilrechtlich unerlaubte Störungen ihrer Organisationen und ihrer Tätigkeit anzurufen.[149] Für politische Parteien und ihre Gebietsverbände der jeweils höchsten Stufe war dies bereits seit 1967 gesetzlich normiert (§ 3 PartG).[150]

34 Die Rechtsprechung hatte es jedoch lange abgelehnt, **allgemein die aktive Parteifähigkeit eines n.eV** anzuerkennen.[151] Die Regelung des § 50 Abs. 2 ZPO aF mit der Versagung der aktiven Parteifähigkeit für den n.eV sei klar und eindeutig. Bloße Zweckmäßigkeitserwägungen würden zu einer Gewährung der aktiven Parteifähigkeit contra legem nicht ausreichen. Auch eine an Art. 5 und 9 GG orientierte verfassungskonforme Auslegung des § 50 ZPO aF müsse hier nicht zur aktiven Parteifähigkeit führen; den Mitgliedern eines n.eV würde der Rechtsschutz weder versagt noch in unzumutbarer Weise erschwert, da sie die Möglichkeit hätten, in ihrer Gesamtheit Klage zu erheben.

35 **2. Die moderne Lehre und § 50 Abs. 2 ZPO nF.** Schon seit längerem hatten sich im Schrifttum die Stimmen gemehrt, die auch im Zivilprozess die Anerkennung der aktiven **Parteifähigkeit eines jeden nicht eingetragenen Idealvereins** forderten.[152] Nachdem der Bundesgerichtshof in seiner Entscheidung vom 29.1.2001 im Wege richterlicher Rechtsfortbildung die Parteifähigkeit der (Außen-)GbR anerkannt hatte,[153] hatte diese Ansicht erst recht Oberwasser bekommen; argumentiert wurde zumeist mit der Verweisung des S. 1 auf das Recht der GbR, die durch die Änderung der Rechtsprechung zur Parteifähigkeit der GbR eine entsprechende Korrektur der Rechtsprechung zur mangelnden Parteifähigkeit des n.eV nach sich ziehen müsse.[154] Auch in der höchstrichterlichen Rechtsprechung hatte diese Auffassung zuletzt Anerkennung gefunden: In einem Rechtsstreit zwischen einem eingetragenen Mehrspartensportverein und einer seiner Abteilungen hatte **der Bundesgerichtshof** die aktive Parteifähigkeit der Abteilung des Sportvereins bejaht, wenn die Satzung vorsehe, dass die einzelnen Abteilungen zur Berufung eines eigenen Vorstandes, zur eigenständigen Haushaltsführung und zur Vertretung des Gesamtvereins bei Aufnahme und Ausschluss von Mitgliedern berechtigt seien.[155]

36 Dogmatisch hatte die moderne Lehre die besseren Gründe für sich – allerdings nicht wegen der Verweisung des S. 1 auf das Recht der GbR, die im Hinblick auf die strukturelle Verschiedenheit von n.eV und GbR ja sonst auch allgemein für obsolet gehalten wird (→ Rn. 2), sondern aufgrund eines Erst-recht-Schlusses: Die **körperschaftliche Verfassung** und damit die Abstraktion des Verbands von seinen Mitgliedern ist immer noch als Strukturmerkmal des Vereins anzusehen, der Typus des n.eV deshalb von einem tendenziell größeren Maß an Verselbstständigung gekennzeichnet als die GbR; es war deshalb nicht angemessen, ihm die Parteifähigkeit abzusprechen, sie der (Außen-)GbR aber zu gewähren. **Methodisch** stellte § 50 Abs. 2 ZPO aF schließlich bei weitem nicht das unüberwindliche Hindernis dar, als welches er vor der traditionellen Auffassung gesehen wurde: Der nicht eingetragene Idealverein war und ist richtigerweise schon kraft richterlicher Rechtsfortbildung rechtsfähig (→ Rn. 3 f.) und folgerichtig an sich bereits nach § 50 Abs. 1 ZPO aktiv und passiv parteifähig. Es ist deshalb zu begrüßen, dass sich der **Gesetzgeber dieser Auffassung**

---

147 *Schöpflin*, S. 366.
148 Abl. RGZ 57, 90, 92; BGHZ 42, 210, 213 f.; OLG Celle NJW 1989, 2477; *Schöpflin*, S. 367 ff. mwN.
149 BGHZ 42, 210, 216 ff.; 50, 325, 327 ff.; BVerfGE 17, 319, 329; ausf. dazu *Schöpflin*, S. 378 ff.
150 S. dazu BVerwGE 32, 333, 334; BVerwG BeckRS 2010, 52475; *Reffken* NVwZ 2009, 1131 ff. Zur heutigen (Rest-)Bedeutung der Bestimmung s. *Hientzsch* JR 2010, 185 ff.
151 BGHZ 42, 210, 211; 109, 15, 17 f.; BAG NZA 1990, 615 (616 f.); so auch nach der Anerkennung der Parteifähigkeit der GbR noch *Leipold* FS Canaris II,

2007, S. 221, 240; *Wagner* ZZP 117 (2004), 305, 358; *Schöpflin*, S. 362 ff.
152 *Bayer*, S. 122 ff.; *Fabricius*, S. 206 ff.; *Lindacher* ZZP 90 (1977), 131, 140.
153 BGHZ 146, 341 ff.; s. ausf. Anhang zu § 705 „Die GbR im Verfahrensrecht" Rn. 1 ff.
154 Vgl. *Hadding* ZGR 2006, 137 (146); *Hess* ZZP 117 (2004), 282, 292 f., 303; *Jauernig* NJW 2001, 2231 (2232); *K. Schmidt* NJW 2001, 993 (1002 f.); *ders.* Liber amicorum Lindacher, 2007, S. 143, 156.
155 BGH NJW 2008, 69 Rn. 55; s. auch BGH NJW-RR 2016, 557 Rn. 23.

D. Eckardt

angeschlossen und durch § 50 Abs. 2 ZPO idF des VereinsRÄndG „klargestellt"[156] hat, dass dem n.eV auch im Zivilprozess die volle Parteifähigkeit zukommt.[157]

3. Praktische Konsequenzen. Der nicht eingetragene Idealverein kann nach der nunmehr unmissverständlichen gesetzlichen Regelung (§ 50 Abs. 2 ZPO nF) unter seinem eigenen Namen klagen und verklagt werden, jeweils vertreten durch den Vorstand kraft organschaftlicher **Vertretungsmacht** analog § 26 Abs. 2 S. 1; einer besonderen Bevollmächtigung des Vorstands bedarf es nicht.[158] Nach § 253 Abs. 2 Nr. 1 Alt. 1 ZPO muss der Verein als Prozesspartei im Aktiv- wie Passivprozess in der Klageschrift so bestimmt bezeichnet werden, dass dem Prozessgericht die ihm kraft Amtes obliegende Identifizierung der Parteien mit der gebotenen Eindeutigkeit möglich ist. Hierfür genügt es, wenn in der Klageschrift der **Name des n.eV** bezeichnet wird; die zusätzliche Nennung der Mitglieder ist grundsätzlich nicht erforderlich.[159] Der n.eV kann damit genauso verklagt werden, wie er im Rechtsverkehr auftritt. Eine ungenaue oder unvollständige Bezeichnung bei einer Klage gegen den n.eV schadet nicht, wenn die Identität der Partei durch Auslegung zu ermitteln ist. Der jeweilige Kläger muss die Existenz und Parteifähigkeit des n.eV schlüssig darlegen und ggf. beweisen.[160] Erlangt der n.eV infolge Eintragung die Eigenschaft als eV, so ändert er doch nicht seine Identität (→ Rn. 31); die Parteistellung im Prozess bleibt deshalb unberührt, lediglich das Rubrum muss berichtigt werden. Dies gilt auch im umgekehrten Fall, dh bei Verlust der Eigenschaft als juristische Person.

Der n.eV ist folgerichtig gem. § 52 ZPO **prozessfähig**, weil er sich durch das ihm zugerechnete Handeln seiner Organe, der geschäftsführungs- und vertretungsberechtigten Vorstandsmitglieder, rechtsgeschäftlich verpflichten kann (→ Rn. 16). Im Prozess **handlungsfähig** ist der n.eV indes nur durch die vertretungsberechtigten Vorstandsmitglieder;[161] hierüber wacht das Gericht von Amts wegen (§ 56 Abs. 1 ZPO). Die Bezeichnung der gesetzlichen Vertreter ist in der ZPO aber nicht konstitutiv, sondern nur eine Sollbestimmung (§ 130 BGB), deren Nichtbeachtung – abgesehen vom Risiko der nicht ordnungsgemäßen Zustellung (→ Rn. 39) – keine unmittelbaren prozessualen Konsequenzen hat; sie kann deshalb nachgeholt werden. Die gesamtvertretungsberechtigten Organmitglieder eines rechts- und parteifähigen n.eV (→ Rn. 13, 37) können im Prozess nur einheitliche Anträge stellen. Bestehen bleibende **Zweifel an der ordnungsgemäßen Vertretung des n.eV** gehen sowohl im Aktiv- wie im Passivprozess des n.eV zulasten der jeweils klagenden Partei; letztlich muss also der jeweilige Kläger das Vorliegen einer ordnungsgemäßen Vertretung beweisen. Auch wenn ein n.eV verklagt wird, trifft den Kläger folglich die **Darlegungslast** hinsichtlich der ordnungsgemäßen Vertretung des n.eV Ist es dem Kläger jedoch nicht möglich, die von ihm behauptete Vertretungsregelung näher zu substantiieren, so trifft den beklagten n.eV insofern eine „sekundäre **Darlegungslast"**.

Der allgemeine Gerichtsstand des n.eV wird durch dessen **Sitz** (§ 17 ZPO, § 24 BGB) bestimmt.[162] In Ermangelung besonderer Satzungsbestimmungen ist gem. § 17 Abs. 1 S. 2 ZPO, § 24 BGB der Gerichtsstand dort, wo die **Verwaltung** geführt wird, also dort, wo die grundlegenden Entscheidungen der Vereinsleitung in laufende Geschäftsführungsakte umgesetzt werden. Die Zustellung der Klageschrift sowie die Zustellungen im Verfahren erfolgen, soweit nicht gem. § 172 ZPO an den Prozessbevollmächtigten zuzustellen ist, an den Vertreter des n.eV (→ Rn. 38). Auf der Grundlage der Parteifähigkeit des n.eV kann man bei mehreren Vertretern § 170 Abs. 3 ZPO anwenden, so dass die Zustellung an einen der Vertreter genügt. Soweit der n.eV selbst zulässigerweise als Partei klagt oder verklagt wird, sind die **Mitglieder als Zeugen** zu vernehmen, sofern sie nicht zugleich vertretungsberechtigte Vorstandsmitglieder sind;[163] zwingt man die Mitglieder dagegen mit der traditionellen Auffassung, selbst zu klagen, sind sie Partei und können nicht Zeugen sein. Da der n.eV als solcher, dessen Identität selbst bei einem völligen Austausch aller Mitglieder nicht verändert wird, Träger der Rechte und Pflichten ist, hat das Ausscheiden oder der Neueintritt eines Mitglieds keine Auswirkungen auf den Prozess.[164] Soweit der n.eV selbst als Partei klagt oder verklagt wird, ist Auftraggeber des anwaltlichen Vertreters nur der Verein und nicht die einzelnen Mitglieder; damit ist die **Erhöhungsgebühr** nach § 7 RVG nicht anwendbar.[165]

37

38

39

156 S. Begründung zum Regierungsentwurf v. 29.4.2009, BT-Drs. 16/12813, S. 15.
157 S. MHdB GesR V/*Gummert* § 72 Rn. 1 ff.; *Terner* DNotZ 2010, 5 (14 ff.); *Reuter* ZGR 2009, 1369 (1372); krit. BeckOK BGB/*Schöpflin* § 54 Rn. 59; *Schöpflin* Rpfleger 2010, 349 (350).
158 Soergel/*Hadding* BGB § 54 Rn. 33.
159 Anders nach der traditionellen Konzeption *Schöpflin*, S. 365.
160 Soergel/*Hadding* BGB § 54 Rn. 33.
161 Reichert/Schimke/Dauernheim/*Wagner* Kap. 2 Rn. 5007.

162 MüKoZPO/*Patzina* § 17 Rn. 4; Musielak/Voit/*Heinrich* ZPO § 17 Rn. 3; Reichert/Schimke/Dauernheim/*Behler* Kap. 2 Rn. 3148 ff.
163 Vgl. Reichert/Schimke/Dauernheim/*Wagner* Kap. 2 Rn. 5006; Soergel/*Hadding* BGB § 54 Rn. 32 aE.
164 Reichert/Schimke/Dauernheim/*Wagner* Kap. 2 Rn. 5006; sa RGZ 57, 90, 93; *Schöpflin*, S. 366 f., zur iE übereinstimmenden Behandlung der Frage nach der traditionellen Lehre.
165 Vgl. OLG München AnwBl 1994, 471; Reichert/Schimke/Dauernheim/*Wagner* Kap. 2 Rn. 5008.

II. Der n.eV in der Zwangsvollstreckung

40　Der n.eV ist als verselbststständiges Rechtssubjekt (→ Rn. 3) sowohl Schuldner der Gesellschaftsforderungen als auch Rechtsträger des Vereinsvermögens. Der für oder gegen den n.eV aufgrund seiner Parteifähigkeit (→ Rn. 32 ff.) erlangte Titel ist deshalb unmittelbar für oder gegen den Verein[166] vollstreckbar (s. zur Passivvollstreckung nurmehr deklaratorisch deshalb § 735 ZPO), und zwar auch nach dessen Auflösung bis zur Beendigung der Liquidation.[167] Im Vollstreckungsverfahren ist deshalb der n.eV auch als solcher **Vollstreckungsgläubiger bzw. -schuldner**, so dass nach § 750 ZPO ein Titel für bzw. gegen ihn sowohl ausreichend als auch – vorbehaltlich des § 736 ZPO (→ Rn. 41) – erforderlich ist.[168] Die **Bezeichnung** des n.eV im Titel muss eindeutig sein; hierfür gelten die gleichen Anforderungen wie an die Parteibezeichnung im Prozess (→ Rn. 37). Die **Prüfung** der Identität des als Titelgläubiger bzw. Titelschuldner bezeichneten n.eV mit dem Antragsteller bzw. mit dem Eigentümer oder Rechtsinhaber des in Aussicht genommenen Vollstreckungsobjekts obliegt wie immer dem jeweils zuständigen Vollstreckungsorgan. Der **Wechsel im Mitgliederbestand** ist wie im Prozess (→ Rn. 39) auch vollstreckungsrechtlich unbeachtlich, ohne dass es noch einer Titelumschreibung analog § 727 ZPO bedürfte; weder für die Aktiv- noch für die Passivvollstreckung ist es deshalb von Belang, wenn der n.eV nach Titelerlass neue Mitglieder aufnimmt. Zur Eintragung einer Zwangshypothek ist nach hM zudem erforderlich, dass alle Vereinsmitglieder in dem Titel bezeichnet sind (→ Rn. 47 f.).[169]

41　Ein gegen den n.eV als Prozesssubjekt erstrittener Titel ist zur Zwangsvollstreckung in das Vereinsvermögen demnach zwar ausreichend, nach hM aber nicht zwingend erforderlich; denn in das Vereinsvermögen kann nach hM analog § 736 ZPO auch vollstreckt werden, wenn ein **Titel gegen alle Vereinsmitglieder persönlich** – ggf. unter Verurteilung zu einer auf das Vereinsvermögen beschränkten Haftung – ergangen ist.[170] Der Vorstellung von der Eigenschaft des n.eV als eigenständigem Rechts- und Prozesssubjekt entspricht es freilich, anzunehmen, dass der n.eV nicht nur verklagt werden kann, sondern dies auch muss, da eine Klage gegen die Gesamtheit der Mitglieder mangels Passivlegitimation für die Vereinsverbindlichkeit unbegründet ist.[171] Aus einem Titel gegen den n.eV kann wegen der Verschiedenheit der Rechtssubjekte (→ Rn. 3, 36) wie auch der haftenden Vermögensmassen weder unmittelbar noch im Wege der Titelumschreibung in das Privatvermögen eines Mitglieds vollstreckt werden.[172] Auch wenn der n.eV während eines Rechtsstreits wegen **Vollbeendigung** wegfällt (→ Rn. 30), kann, da die Mitglieder bzw. sonstigen Anfallberechtigten nicht Rechtsnachfolger des n.eV sind, der Titel nicht nach § 727 ZPO für oder gegen sie umgeschrieben werden. Aus Sicherheitsgründen sollte deshalb in der Regel der nach S. 2 akzessorisch mithaftende Handelnde mitverklagt werden (→ Rn. 20 ff.); dies nicht in Betracht gezogen und dem Mandanten vorgeschlagen zu haben, wird in aller Regel eine anwaltliche Pflichtverletzung darstellen. Erlangt der n.eV infolge Eintragung die Eigenschaft als eV, so ändert er doch nicht seine Identität (→ Rn. 31); der Titel muss deshalb nicht umgeschrieben werden.[173] Dies gilt auch im umgekehrten Fall, dh bei Verlust der Eigenschaft als juristische Person.[174]

42　Die **Zustellungen** im Vollstreckungsverfahren richten sich nach den zum Prozess angesprochenen Grundsätzen (→ Rn. 39), dh grundsätzlich genügt gem. § 170 Abs. 3 ZPO die Zustellung an ein Vorstandsmitglied. Soweit es für die Geldvollstreckung in bewegliche Sachen und die Herausgabevollstreckung auf den **Gewahrsam des Vollstreckungsschuldners** ankommt, muss deshalb der n.eV als Vollstreckungsschuldner selbst Gewahrsam haben, den er durch die geschäftsführungs- und vertretungsberechtigten Vorstandsmitglieder als seine Organe (→ Rn. 13) ausübt. Als Vollstreckungsschuldner ist der n.eV auch als solcher zB zur **Abgabe einer eidesstattlichen Versicherung** (§ 807 ZPO) verpflichtet, und zwar wiederum handelnd durch seine Organe, dh die vertretungsberechtigten Gesellschafter. Ist der n.eV **Drittschuldner** in der Zwangsvollstreckung gegen einen Gläubiger des n.eV, so muss der Pfändungs- und Überweisungsbeschluss

---

166　§ 735 ZPO spricht zwar lediglich von einer Vollstreckung „in das Vermögen" des n.eV, jedoch ist man sich mit Recht einig, dass nichtvermögensrechtliche Ansprüche etwa auf Handlungen oder Unterlassungen, ebenfalls erfasst werden, vgl. MüKoZPO/*Heßler* § 735 Rn. 4; Musielak/Voit/*Lackmann* ZPO § 735 Rn. 1; *Schöpflin*, S. 384; Stein/Jonas/*Münzberg* ZPO § 735 Rn. 1.

167　Musielak/Voit/*Lackmann* ZPO § 735 Rn. 1.

168　Vgl. nur *Schöpflin*, S. 382 ff.

169　Vgl. BGH NZG 2016, 666 Rn. 17.

170　BeckOK BGB/*Schöpflin* § 54 Rn. 60; MüKoZPO/*Heßler* § 735 Rn. 17; Musielak/Voit/*Lackmann* ZPO § 735 Rn. 1; Reichert/Schimke/Dauernheim/*Wagner* Kap. 2 Rn. 5010; *K. Schmidt* GesR § 25 IV 2;

Schöpflin, S. 383; Soergel/*Hadding* BGB § 54 Rn. 32, 34; Stein/Jonas/*Bork* ZPO § 50 Rn. 31; so auch § 54 Abs. 2 GVGA.

171　Vgl. *Fabricius*, S. 196, 205; MüKoBGB/*Leuschner* § 54 Rn. 21; *Prütting* FS Reuter 2010, 263, 267 f.

172　RGZ 13, 212, 216; Musielak/Voit/*Lackmann* ZPO § 735 Rn. 2; *Schöpflin*, S. 383; Soergel/*Hadding* BGB § 54 Rn. 35.

173　BeckOK ZPO/*Ulrici* ZPO § 735 Rn. 7.1; Musielak/Voit/*Lackmann* ZPO § 735 Rn. 3; MüKoZPO/*Heßler* § 735 Rn. 16; vgl. bereits BGHZ 17, 385, 387; BGH WM 1978, 115 (116) = BeckRS 2010, 21418.

174　BeckOK ZPO/*Ulrici* ZPO § 735 Rn. 7.1; MüKoZPO/*Heßler* § 735 Rn. 17.

wie bei den Zustellungen im Prozess und in der Zwangsvollstreckung gegen den n.eV analog § 170 Abs. 3 ZPO (→ Rn. 39) nur noch einem der vertretungsberechtigten Vorstandsmitglieder zugestellt werden.

III. Der n.eV im Insolvenzverfahren[175]

Nach § 11 Abs. 1 S. 2 InsO kann ein Insolvenzverfahren über das Vermögen des n.eV eröffnet werden. **43** Damit wird, wie bereits in § 213 KO, die **Insolvenzfähigkeit** des n.eV als Personenvereinigung anerkannt. Bereits zu Zeiten der Konkursordnung hatte sich auch die Auffassung durchgesetzt, dass der Konkurs eines n.eV als Verbandskonkurs zu verstehen ist. Dieses Verständnis ist durch § 11 Abs. 1 S. 2 InsO bestätigt worden, indem der n.eV den juristischen Personen gleichgestellt wird. Insolvenzschuldner ist demgemäß der n.eV als solcher, und zwar nicht als Gruppe der gesamthänderisch verbundenen Mitglieder, sondern als eigenständiger Rechtsträger des Vereinsvermögens (→ Rn. 3);[176] damit ist die Identität zwischen dem Vermögensträger im materiellrechtlichen Sinne und dem Insolvenzschuldner wieder hergestellt. **Insolvenzmasse** ist demgemäß nicht mehr das gesamthänderisch gebundene gemeinschaftliche Vermögen der Mitglieder, sondern das Vereinsvermögen des rechtsfähigen n.eV selbst, und zwar nach § 35 InsO das gesamte Vermögen, welches dem n.eV zur Zeit der Eröffnung des Verfahrens gehört sowie dasjenige, welches er während des Verfahrens erlangt.

Das **Eröffnungsverfahren** ebenso wie das eigentliche **Insolvenzverfahren** folgen danach mit nur geringen **44** Abweichungen den gleichen Prinzipien wie im Fall des eV (→ § 42 Rn. 1 ff.).[177] Als **Eröffnungsgrund** kommt im Fall des n.eV neben der (drohenden) **Zahlungsunfähigkeit** nach §§ 17, 18 InsO insbesondere auch die **Überschuldung** nach § 19 InsO in Betracht;[178] denn gem. § 19 Abs. 1 und Abs. 3 InsO ist die Überschuldung Eröffnungsgrund auch bei Gesellschaften ohne Rechtspersönlichkeit, bei denen kein persönlich haftender Gesellschafter eine natürliche Person ist, mithin auch im Fall des (nichtwirtschaftlichen) n.eV, bei dem eine persönliche Haftung der Vereinsmitglieder entgegen dem Wortlaut des § 54 S. 1 gleichfalls nicht besteht (→ Rn. 17 ff.). Die Insolvenzreife schon wegen Überschuldung (statt erst wegen Zahlungsunfähigkeit) berücksichtigt, dass mangels Identifizierbarkeit des Vereins mit seinen wechselnden Mitgliedern anders als bei der Personengesellschaft nicht die persönliche Leistungsfähigkeit der Mitglieder, sondern allein das Vereinsvermögen die Kreditwürdigkeit bestimmt.[179]

Ebenso wie beim eV trifft den Vorstand des n.eV analog § 42 Abs. 2 S. 1 grundsätzlich eine haftungsbe- **45** wehrte **Verpflichtung zur Stellung des Insolvenzantrags** bei Vorliegen der Zahlungsunfähigkeit oder der Überschuldung.[180] Weil der n.eV nicht anders als der eV körperschaftlich organisiert ist, ist anzunehmen, dass auch beim n.eV der Eröffnungsantrag von jedem einzelnen Vorstandsmitglied gestellt werden kann. Dass der Vereinsvorstand analog § 42 Abs. 2 S. 1 zur Stellung des Antrags verpflichtet ist, bedeutet, dass er im Falle der Insolvenzverschleppung den Gläubigern gegenüber analog § 42 Abs. 2 S. 2 haften muss.[181] Denn da ebenso wie beim eV die Haftung grundsätzlich auf das Vereinsvermögen beschränkt ist, dürfen die Gläubiger des n.eV nicht schlechter gestellt werden als die Gläubiger des eV, dem die Haftungsbeschränkung aufgrund seiner Eigenschaft als juristischer Person immanent ist. Ferner ist der Vorstand dem Verein gegenüber analog § 27 Abs. 3 zur rechtzeitigen Stellung des Eröffnungsantrags verpflichtet.[182]

Analog § 42 Abs. 1 S. 1 wird der n.eV ohne gesonderten Vereinsbeschluss **mit Eröffnung des Insolvenz- 46 verfahrens aufgelöst.** Die Eröffnung des Insolvenzverfahrens versetzt den n.eV gleich dem eV in den Abwicklungszustand. Ebenso wie beim eV besteht die Organisation des n.eV nach der Eröffnung des Insolvenzverfahrens zunächst fort. Rechte und Obliegenheiten des Insolvenzschuldners nimmt der Vorstand und in einem erst während der Liquidation eröffneten Insolvenzverfahren (→ § 47 Rn. 30) der Liquidator wahr. Die Handelndenhaftung nach § 54 S. 2 wird im Insolvenzverfahren analog § 93 InsO vom Insolvenzverwal-

---

175 Nachw. zur Lit. s. insoweit vor § 42.
176 Vgl. Gottwald InsR-HdB/*Haas/Mock*, § 93 Rn. 225, 228; Jaeger/*Ehricke* InsO § 11 Rn. 36; MHdB GesR V/*Gummert* § 75 Rn. 1; Uhlenbruck/*Hirte* InsO § 11 Rn. 229, 231; *Noack* Rn. 697; *Schöpflin*, S. 388 f.; Soergel/*Hadding* BGB § 54 Rn. 35.
177 Nerlich/Römermann/*Mönning* InsO § 11 Rn. 63; MAH Insolvenz, § 27 Rn. 307, 313; s. bereits BGHZ 43, 316, 319 zur KO.
178 Vgl. FK-InsO/*Schmerbach* § 19 Rn. 4; HK-InsO/*Kirchhof* § 19 Rn. 4; Gottwald InsR-HdB/*Haas/Mock* § 93 Rn. 226 f.; Nerlich/Römermann/*Mönning* InsO § 19 Rn. 14; *Schöpflin*, S. 389; *Noack*, Rn. 683; iE auch Soergel/*Hadding* BGB § 42 Rn. 2; MüKoBGB/*Leuschner* § 54 Rn. 43; *Uhlenbruck* FS Merz, 1992, S. 581, 582.

179 *Kertess*, S. 9 ff.
180 Gottwald InsR-HdB/*Haas/Mock* § 93 Rn. 228; MüKoBGB/*Leuschner* § 42 Rn. 26; MHdB GesR V/*Gummert* § 75 Rn. 6; Uhlenbruck/*Hirte* InsO § 11 Rn. 231; sogar für unmittelbare Anwendung MAH Insolvenz § 27 Rn. 310; *Noack*, Rn. 685; *Schöpflin*, S. 389. Zu beachten ist, dass die beim wirtschaftlichen n.eV bestehende persönliche Mitgliederhaftung (Rn. 19) die Anwendung des Eröffnungsgrunds der Überschuldung ausschließt, Uhlenbruck/*Hirte* InsO § 11 Rn. 231; *G. Roth/Knof* InsVZ 2010, 190, 191.
181 Gottwald InsR-HdB/*Haas/Mock* § 93 Rn. 228; MüKoBGB/*Leuschner* § 42 Rn. 26.
182 Vgl. *Uhlenbruck* FS Merz 1992, S. 571, 584; Uhlenbruck/*Hirte* InsO § 11 Rn. 231.

D. Eckardt

ter durchgesetzt.[183] Sofern der Verein nach Abschluss des Insolvenzverfahrens noch Vermögen besitzt, beendet der Verwalter die Liquidation nach Maßgabe des § 199 Abs. 2 InsO, dh er gibt das Restvermögen an die Anfallberechtigten iSd §§ 45, 46 heraus (→ § 42 Rn. 27). In analoger Anwendung des § 42 Abs. 1 S. 2 ist es aber auch möglich, den n.eV bei Einstellung nach §§ 212, 213 InsO bzw. bei Aufhebung des Insolvenzverfahrens nach § 258 InsO durch gesonderten Beschluss als solchen fortzusetzen.

IV. Die Grundbuchfähigkeit des n.eV

47 Nach der traditionellen Auffassung fehlte dem n.eV die Rechtsfähigkeit und deshalb auch die Fähigkeit, „als solcher" zum Zuordnungssubjekt von Grundstücksrechten zu werden; auf dieser Grundlage ist in das Grundbuch deshalb die **Gesamthandsgemeinschaft** unter dem **Namen aller Mitglieder** (Bsp.: „A, B, C als Miteigentümer zur gesamten Hand als Mitglieder des n.eV XY") [184] einzutragen.[185] Auch nach den meisten Vertretern der neueren Auffassung, die den n.eV als (teil-)rechtsfähiges Rechtssubjekt und Vermögensträger ansieht (→ Rn. 3), soll dem n.eV die (formelle) Grundbuchfähigkeit in dem Sinne, dass er allein unter seinem Namen in das Grundbuch eingetragen werden könnte, nach wie vor fehlen;[186] in Betracht kommt die Eintragung des n.eV hiernach gemäß oder analog §§ 47 Abs. 2 S. 1 GBO, 15 Abs. 1 lit. c GBVfg (ggf. iVm § 54 S. 1 BGB) nur unter gleichzeitiger Angabe seiner Mitglieder (Bsp.: „nicht rechtsfähiger Verein XY, bestehend aus den Mitgliedern A, B, C").[187] Hierzu hat sich in einer aktuellen Entscheidung auch der Bundesgerichtshof bekannt.[188] Da sich die Eintragung aller Mitglieder bei einem größeren n.eV mit ständigem Mitgliederwechsel praktisch nicht verwirklichen lässt, bleibt als Ausweg – wenn die Eintragung im Vereinsregister vermieden werden soll – nur die Eintragung eines satzungsmäßig oder durch Mitgliederbeschluss berufenen **Treuhänders**[189] oder einer eigens gegründeten Kapitalgesellschaft (AG, GmbH), deren Anteile dann von dem Verein gehalten werden. Eine Ausnahme macht man nur für die politischen (Gesamt-)Parteien in der Rechtsform eines n.eV.[190]

48 Indessen bestehen auf der Grundlage der neueren Lehre, die den n.eV als rechtsfähiges Rechtssubjekt und Vermögensträger ansieht, keine durchgreifenden Gründe, nicht auch der praktischen Notwendigkeit gemäß die Grundbucheintragung des n.eV allein unter seinem Vereinsnamen zuzulassen.[191] Dass es keine Registereintragung gibt, aus der sich insbesondere die Vertretungsverhältnisse ergeben, ist zweifellos ein Problem; im Hinblick auf die Fremdorganschaft beim Verein ist dem aber – anders als bei der GbR – durch die Eintragung der Mitglieder ohnehin nicht abzuhelfen. Der Hinweis auf § 47 Abs. 2 GBO verfängt insofern nicht, als der n.eV seine Rechtssubjektivität ohnehin der Strukturgleichheit mit dem eV und nicht der überholten gesetzlichen Verweisung auf das Recht der GbR verdankt (→ Rn. 3). Schließlich sind die praktischen Schwierigkeiten, die dem Gesetzgeber bei Schaffung des § 47 Abs. 2 GBO überwindbar erschienen, beim n.eV typischerweise weitaus größer als bei der GbR; insbesondere die Eintragung einer Zwangshypothek ist auf der Grundlage der hM nahezu ausgeschlossen. Zu vermeiden gilt es aber auch eine nicht gerechtfertigte **Schlechterstellung gegenüber den Vorgesellschaften** (Vor-GmbH, Vor-AG), die ohne die genannten Beschränkungen (→ Rn. 47) als grundbuchfähig anerkannt sind.

183 Vgl. Jaeger/*Henckel* InsO § 38 Rn. 47; Uhlenbruck/
     Hirte InsO § 93 Rn. 8; aA Gottwald InsR-HdB/*Haas/
     Mock* InsO § 93 Rn. 229; *Schöpflin*, S. 389.
184 *Schöner/Stöber* GrundbuchR Rn. 246.
185 RGZ 127, 309, 311 f.; BGHZ 43, 316, 320;
     BayObLG Rpfleger 1985, 102; OLG Zweibrücken
     NJW-RR 1986, 181; u NJW-RR 2000, 749; DNotI-
     Gutachten DNotI-Report 1996, 84; BeckOK BGB/
     Schöpflin § 54 Rn. 28 ff.; *Schöpflin*, S. 95 ff., 116,
     346 ff.; *ders.* npoR 2015, 124; *Schöner/Stöber*,
     GrundbuchR Rn. 246; *Wagner* ZZP 117 (2003), 305,
     359 ff.
186 BeckOK GBO/*Kral* GesR Rn. 48; *Demharter* GBO
     § 19 Rn. 101; Erman/*Westermann* BGB § 54 Rn. 7;
     jurisPK/*Bergmann* BGB § 54 Rn. 54 f.; Palandt/
     Ellenberger BGB § 54 Rn. 8; Staudinger/*Gursky*,
     2012, § 873 Rn. 101; *Terner* DNotZ 2010, 5
     (16); *Waldner* NotBZ 2015, 263 (264).
187 BeckOK GBO/*Reetz* § 13 Rn. 91; BeckOK GBO/
     Kral GesR Rn. 48.

188 BGH NZG 2016, 666 Rn. 8 ff., 15 ff.; ebenso KG
     NZG 2015, 1034 (1035 f.); 2017, 464, 465.
189 BGHZ 43, 316, 320; OLG Celle NJW 2004, 1743;
     LG Hagen RPfleger 2007, 26; *K. Schmidt* GesR
     § 25 II 1 b.
190 OLG Koblenz NJW-RR 2000, 749; LG Berlin
     Rpfleger 2003, 291; *Kempfler* NJW 2000, 3763;
     Morlok/Schulte-Trux NJW 1992, 2058 (2060); *Reff-
     ken* NVwZ 2009, 1131; anders für Bezirksverband
     OLG Zweibrücken NJW-RR 1986, 181; ganz abl.
     BeckOK BGB/*Schöpflin* § 54 Rn. 30; *Schöpflin*,
     S. 353 ff.
191 Erman/*Westermann* BGB § 54 Rn. 7; MüKoBGB/
     Leuschner BGB § 54 Rn. 22 ff.; RGRK/*Steffen* BGB § 54
     Rn. 16; Sauter/Schweyer/Waldner Eingetragener Ver-
     ein Rn. 623; Soergel/*Hadding* BGB § 54 Rn. 18;
     Prütting FS Reuter 2010, S. 263, 268 f.; *ders.* FS
     Günter H. Roth 2011, S. 585 (588 f.); *Terner* ZNotP
     2009, 132 (137); *ders.* DNotZ 2010, 5 (16).

Kapitel 2
Eingetragene Vereine

Vorbemerkungen zu §§ 55–79

Literatur: *Arnold*, Die geplante Vereinsrechtsreform – Fortschritt oder Irrweg?, DB 2004, 2143; *Demharter*, Vereinsregisterverordnung und Änderungen registerrechtlicher Vorschriften, FGPrax 1999, 84; *Busch*, Die Publizität des Handels-, Genossenschafts- und Vereinsregisters, RpflStud 2008, 129; *Eichler*, Problem des Vereinsrechts aus Sicht der Registergerichte, Rpfleger 2004, 196; *Fleck*, die Inhaltskontrolle von Vereinssatzungen, Rpfleger 2009, 58; *Griep*, Firmierungs- und Impressumspflichten gemeinnütziger Vereine, GmbHs und Stiftungen, Sozialrecht aktuell 2009, 132; *Keilbach*, Fragen des Vereinsregisters, DNotZ 2001, 671; *Oetker*, Der Wandel vom Ideal- zum Wirtschaftsverein, NJW 1991, 385; *Orth/Houf*, Mitgliedschaften und Beiträge im Vereinen und Verbänden, SpuRt 2014, 226; *Reichert*, Zur Satzungsqualität von Spielordnungen und sonstigen Vereinsordnungen, SpuRt 2008, 7; *Röcken*, Prüfungsrecht der Registergerichte in Vereinssachen, ZStV 2011, 105; *Schäfer*, Keine Eintragung von Vorstandsbezeichnungen in das Vereinsregister, RNotZ 2005, 481; *K. Schmidt*, Zur Löschung unrechtmäßig eingetragener Vereine, JZ 1987, 177; *ders.*, Erlöschen eines eingetragenen Vereins durch Fortfall der Mitglieder?, JZ 1987, 394; *ders.*, Eintragungsfähige und eintragungsunfähige Vereine, Rpfleger 1988, 45; *ders.*, Zur Amtslöschung unrechtmäßig eingetragener Wirtschaftsvereine, NJW 1993, 1225; *Schwarz*, Die Publizität der Vertretungsmacht des Vorstands und der Liquidatoren eines Vereins, NZG 2002, 1033; *ders.*, Die Mehrheitsvertretung des Vereinsvorstands und deren Eintragung im Vereinsregister, Rpfleger 2003, 1; *Segna*, Publizitätspflicht eingetragener Vereine?, DB 2003, 1311; *Terner*, Vereinsrecht in der notariellen Praxis Teil 2, ZNotP 2009, 132; *Wentzel*, Auswirkungen des Insolvenzverfahrens auf das Vereinsregister, Rpfleger 2003, 334. S.a. Vorbemerkungen zu §§ 21 ff und § 21.

A. Allgemeines 1
B. Regelungsgehalt 2
I. Eintragung in das Vereinsregister 2
II. Registerverfahren 3

A. Allgemeines

§§ 55–79 regeln die verfahrensrechtlichen Belange des Idealvereins. Sie bestimmen die Voraussetzungen **1** und die Durchführung von Eintragungen in das **Vereinsregister** von der Vereinsgründung über spätere Änderungen bis hin zur Auflösung des Vereins. Zweck des Vereinsregisters ist die Herstellung von **Publizität**, dh die Unterrichtung der Öffentlichkeit über die Verhältnisse des Vereins.[1] Diese wird gewährleistet durch das jedermann zustehende Einsichtsrecht nach § 79 (→ § 79 Rn. 2 ff.). Die §§ 55–79 werden ergänzt durch die Vorschriften der Vereinsregisterverordnung (VRV),[2] die durch das Bundesministerium für Justiz auf Grundlage von § 55a Abs. 7 aF erlassen wurde.

B. Regelungsgehalt

I. Eintragung in das Vereinsregister

Die in das Vereinsregister einzutragenden Tatsachen folgen aus dem Gesetz: Es sind gem. § 64 Name und **2** Sitz des Vereins, der Tag der Satzungserrichtung, die Vorstandsmitglieder sowie deren Vertretungsmacht (dazu → § 70 Rn. 1) in das Vereinsregister aufzunehmen. Einzutragen sind ferner Änderungen des Vorstands (§ 67) oder der Satzung (§ 71), die Eröffnung des Insolvenzverfahrens (§ 75), die Liquidatoren (§ 76), die Vereinsauflösung sowie die Entziehung der Rechtsfähigkeit (§ 74). Die Struktur des Registerblattes und der Standort der verschiedenen Eintragungen folgt aus § 3 VRV. Die Eintragung ist nur für die Rechtsfähigkeit nach § 21 und für Satzungsänderungen nach § 71 Abs. 1 S. 1 konstitutiv (dazu → § 21 Rn. 35, → § 71 Rn. 1); im Übrigen haben die Eintragungen nur deklaratorische Wirkung.[3] Der Erhalt der Rechtsfähigkeit von DDR-Vereinen durch sog. Registrierung ist nach Maßgabe von § 22 Abs. 1 VereinigungsG/DDR nicht von der tatsächlichen Eintragung abhängig, wenn ein Antrag auf Registrierung gestellt und eine Urkunde erteilt wurde.[4]

---

1   BGHZ 87, 59, 61 f. = DB 1983, 1192 = NJW 1983, 1676; BGH NJW 1989, 295 (299); BayObLGZ 1987, 449 (452); MüKoBGB/*Leuschner* Vor § 55 Rn. 1.

2   Verordnung über das Vereinsregister und andere Fragen des Registerrechts v. 10.2.1999, BGBl. I S. 147 ff., in Kraft getreten am 28.2.1999; zuletzt geändert durch Art. 6 des Gesetzes vom 24.9.2009, BGBl. I S. 3145; teilweise abgedruckt bei *Sauter/Schweyer/Waldner* Eingetragener Verein Dritter Teil Gesetzestexte 2; ferner *Demharter* FGPrax 1999, 84 ff. mit einem Überblick.

3   Staudinger/*Schwennicke* BGB § 55 Rn. 8 ff.; Palandt/*Ellenberger* BGB Vor § 55 Rn. 1; BeckOK BGB/*Schöpflin* § 55 Rn. 3; *Keilbach* DNotZ 2001, 670 (671).

4   OLG Brandenburg NJ 2002, 371 (372); *Sauter/Schweyer/Waldner* Eingetragener Verein Rn. 30; aA KG NJ 2001, 551.

II. Registerverfahren

3 Das Registerverfahren ist ein **Verfahren** der **Freiwilligen Gerichtsbarkeit nach dem FamFG**.[5] Neben den allgemeinen Verfahrensvorschriften in §§ 1–110 FamFG finden die besonderen Vorschriften für Registersachen in §§ 374–401 FamFG Anwendung. Zu beachten ist der nach § 26 FamFG im FamFG-Verfahren geltende Amtsermittlungsgrundsatz. Gem. § 3 Nr. 1 a RPflG sind Vereinssachen grundsätzlich dem **Rechtspfleger** übertragen. Der Richter entscheidet bei Vorlage durch den Rechtspfleger gem. § 5 RPflG sowie über die Rechtsbehelfe gegen Entscheidungen des Rechtspflegers;[6] die Zuständigkeit für eine Vereinslöschung nach § 43 kann gem. § 44 durch die Länder anderweitig geregelt werden (→ § 44 Rn. 2). Das Rechtsmittel der Beschwerde ist gem. § 64 Abs. 1 FamFG beim iudex a quo einzulegen. Über die Beschwerde entscheidet das Landgericht nach Maßgabe der §§ 58 ff. FamFG. Die Rechtsbeschwerde zum OLG ist nach § 70 Abs. 1 FamFG statthaft, wenn diese durch das Beschwerdegericht zugelassen wird.

4 Entspricht die Anmeldung nicht den gesetzlichen Anforderungen, ist sie nach § 60 durch das Registergericht zurückzuweisen, gleich, ob eine Muss- oder Soll-Vorschrift verletzt ist (im Einzelnen → § 60 Rn. 2 ff.). Eine über die Rechtmäßigkeitskontrolle hinausgehende Zweckmäßigkeitskontrolle findet nicht statt; sie wäre mit der Vereinsautonomie nicht vereinbar.[7] Begründetem Zweifel an der Richtigkeit der einer Anmeldung beigefügten Unterlagen hat das Gericht im Wege der Amtsermittlung nachzugehen.[8] Gleichwohl vorgenommene rechtswidrige **Registereintragungen** sind grundsätzlich wirksam[9] und **unanfechtbar**.[10] Die Beseitigung von Registereintragungen ist nur im **Amtslöschungsverfahren** nach § 395 FamFG möglich. Gleichwohl eingelegte unzulässige Rechtsbehelfe sind jedoch regelmäßig als Löschungsanregung auszulegen und stets zu bescheiden.[11] Die Amtslöschung ist vorzunehmen, wenn die Eintragung wegen Mangels einer wesentlichen Voraussetzung unzulässig war, § 395 Abs. 1 S. 1 FamFG. Ein Verstoß gegen eine vereinsrechtliche Vorschrift kann grundsätzlich nur zur Amtslöschung führen, wenn es sich um eine **wesentliche Sachvorschrift** handelt (§§ 21, 26 Abs. 1, 57 Abs. 1, 59 Abs. 1, 73); diese kennzeichnet der Gesetzeswortlaut durch die Fassung in Mussform.[12] Nicht zur Löschung führt hingegen der Verstoß gegen bloße **Ordnungsvorschriften** (§§ 56, 57 Abs. 2, 58, 59 Abs. 2, 3), die als Sollvorschrift gefasst sind.[13] Die Amtslöschung führt zu einer Vernichtung der Eintragung mit ex-nunc-Wirkung.[14] Zur Auswirkung der Unzuständigkeit des Gerichts auf die Wirksamkeit der Eintragung → § 55 Rn. 3 f.

§ 55 Zuständigkeit für die Registereintragung

Die Eintragung eines Vereins der in § 21 bezeichneten Art in das Vereinsregister hat bei dem Amtsgericht zu geschehen, in dessen Bezirk der Verein seinen Sitz hat.

Literatur: S. Vorbemerkungen zu §§ 21 ff und Vorbemerkungen zu §§ 55–79.

A. Allgemeines 1
B. Regelungsgehalt 2
   I. Gesetzliche Zuständigkeit 2
II. Örtliche Zuständigkeit 3
III. Sachliche und funktionelle Zuständigkeit 4
IV. Sitzverlegung 5

A. Allgemeines

1 Die Vorschrift regelt die **gerichtliche Zuständigkeit** für die Eintragung von Idealvereinen iSv § 21 in das Vereinsregister. Der Inhalt der Eintragung bestimmt sich nach § 64 (→ § 64 Rn. 2 f.); die Voraussetzungen

---

5   Eingehend zum FamFG-Verfahren in Vereinssachen Reichert/*Schörnig* Kapitel 2 Rn. 4522 ff.; *Sauter/Schweyer/Waldner* Eingetragener Verein Rn. 424 ff.

6   Zu den verschiedenen Rechtsbehelfen Reichert/*Wagner* Kapitel 2 Rn. 173 ff.; Reichert/*Schörnig* Kapitel 2 Rn. 4647 ff.

7   OLG Hamm NJW-RR 2011, 39 f.

8   OLG Schleswig Rpfleger 2005, 317 = OLGR Schleswig 2005, 209; Palandt/*Ellenberger* BGB Vor § 55 Rn. 2.

9   BGH NJW 1983, 993, RGZ 81, 206, 210; Soergel/*Hadding* BGB Vor § 55 Rn. 5; BeckOK BGB/*Schöpflin* § 55 Rn. 6.

10   BGH NJW 1988, 1840; BayObLG NZG 2000, 98; Reichert/*Wagner* Kapitel 2 Rn. 211 f.

11   BayObLG NJW-RR 1993, 698; OLG Düsseldorf Rpfleger 1999, 29 (zur GmbH); *Sauter/Schweyer/Waldner* Eingetragener Verein Rn. 449. Gegen einen die Anregung ablehnenden Bescheid ist das Rechtsmittel der Beschwerde eröffnet, wenn Beschwerdebefugnis vorliegt, dazu *Sauter/Schweyer/Waldner* Eingetragener Verein aaO.

12   MüKoBGB/*Leuscher* § 55 Rn. 3; BeckOK BGB/*Schöpflin* § 55 Rn. 7; *K. Schmidt* GesR, 4. Aufl. 2002, § 24 II 1 a.

13   BayObLGZ 1971, 266 (269); Staudinger/*Schwennicke* BGB Vor § 55 Rn. 14 ff.

14   RGZ 81, 206, 208 ff.; 165, 140, 144; KG Rpfleger 1962, 292; Palandt/*Ellenberger* BGB Vor § 55 Rn. 2.

der Eintragung richten sich nach den §§ 56–59, 77. Zur Wirkung der Eintragung → § 21 Rn. 35. Abs. 2 aF[1] ermächtigte die Landesjustizverwaltung, die Zuständigkeit für Vereinssachen für mehrere Amtsgerichtsbezirke zu bündeln. Von dieser Ermächtigung hatten Baden-Württemberg, Berlin, Bremen, Hamburg, Nordrhein-Westfalen, Hessen, Brandenburg, Sachsen, Sachsen-Anhalt und Rheinland-Pfalz Gebrauch gemacht.[2] An die Stelle von Abs. 2 aF ist die allgemeine Konzentrationsermächtigung in § 23 d GVG getreten. Die bereits zuvor erlassenen Konzentrationsverordnungen bleiben in Kraft.[3]

B. Regelungsgehalt

I. Gesetzliche Zuständigkeit

Gem. § 55 ist die Registereintragung von demjenigen Amtsgericht vorzunehmen, in dessen Bezirk der Verein seinen Sitz hat. Damit ist den Amtsgerichten die **sachliche Zuständigkeit** zum Führen von Vereinsregistern zugewiesen. Die Vorschrift bestimmt zudem, dass sich die **örtliche Zuständigkeit** des Registergerichts nach dem Ort des Vereinssitzes (§ 24) richtet. Örtlich zuständig ist damit grundsätzlich das Amtsgericht, in dessen Bezirk der Verein seine Verwaltung führt (s. zum Ort des Vereinssitzes → § 24 Rn. 2 ff.). **Funktionell zuständig** für die Registereintragung ist der Rechtspfleger, dem gem. § 3 Nr. 1 a RPflG sämtliche Vereinssachen übertragen sind.

2

II. Örtliche Zuständigkeit

Nimmt ein örtlich unzuständiges Gericht die Registereintragung vor, ist diese gem. § 2 Abs. 3 FamFG gleichwohl wirksam.[4] Trotz Wirksamkeit begründet die fehlende örtliche Zuständigkeit aber einen **wesentlichen Eintragungsmangel**, so dass die Eintragung durch das Registergericht gem. § 395 FamFG mit ex-nunc-Wirkung von Amts wegen gelöscht werden kann[5] (zur Amtslöschung → Vor § 55 Rn. 4).

3

III. Sachliche und funktionelle Zuständigkeit

Nach herrschender und richtiger Auffassung ist die gesetzliche Wertung des § 2 Abs. 3 FamFG, der § 7 FGG aF entspricht, nicht auch auf die Fälle sachlicher Unzuständigkeit zu übertragen, da dem der klare Wortlaut des § 2 Abs. 3 FamFG entgegensteht.[6] Daher ist die Eintragung durch ein sachlich unzuständiges Gericht **unwirksam**. Das gilt grundsätzlich auch für die Fälle funktioneller Unzuständigkeit, zB bei eigenmächtiger Eintragung durch einen Geschäftsstellenbeamten. Wird die Eintragung abweichend von § 3 Nr. 1 a RPflG durch einen **Richter** durchgeführt, ist diese wirksam, da ein richterliches Handeln anstelle des funktionell zuständigen Rechtspflegers gem. § 8 RPflG stets unschädlich ist.

4

IV. Sitzverlegung

Eine durch Satzungsänderung zu beschließende Sitzverlegung ist in das Vereinsregister einzutragen. Zuständig für die Eintragung ist nicht, wie früher häufig vertreten, das Gericht des bisherigen Sitzes.[7] Nach § 6 Abs. 1 VRV (vgl. zur VRV → Vor § 55 Rn. 1) hat das Gericht des bisherigen Sitzes die Anmeldung der Sitzverlegung an das **Gericht des neuen Sitzes** weiterzuleiten, das die Sitzverlegung nach Prüfung (Vorliegen einer ordnungsgemäßen Satzungsänderung, Voraussetzungen des § 57 Abs. 2) einträgt und die übermittelten sonstigen Vereinseintragungen ohne weitere Nachprüfung übernimmt.[8] Die Regelung des § 6 VRV ist an § 13 h Abs. 2 HGB, § 45 Abs. 2 AktG angelehnt.

5

---

1 Abgeschafft durch FGG-Reformgesetz v. 17.12.2009, BGBl. I S. 2586.
2 Baden-Württemberg: VO v. 23.12.1958 (GVBl. 1959 S. 3); Berlin: VO v. 4.12.1972 (GVBl. 2301); Bremen: VO v. 17.12.1986 (GBl. 315); Hamburg: Allg. Verf. v. 24.2.1938 (Slg Bereinigten hamb. LandesR II 301); Nordrhein-Westfalen: VO v. 28.4.1963 (GVBl. 195), idF v. 20.11.1978 (GVBl. 603); Rheinland-Pfalz: VO v. 23.5.1972 (GVBl. 202) idF v. 22.11.1985 (GVBl. 267); vgl. im Einzelnen MüKo-BGB/*Leuschner*, 5. Aufl. 2006, § 55 Rn. 8; Reichert/*Wagner* Kapitel 2 Rn. 179.
3 Palandt/*Ellenberger* BGB § 55 Rn. 1.
4 BayObLG NJW-RR 1996, 938 zum gleichlautenden § 7 FGG aF; Reichert/*Wagner* Kapitel 2 Rn. 207; Schauhoff Gemeinnützigkeits-HdB § 2 Rn. 20.

5 Soergel/*Hadding* BGB Vor § 55 Rn. 5; MüKoBGB/*Leuschner* § 55 Rn. 2, 3; *Sauter/Schweyer/Waldner* Eingetragener Verein Rn. 27; ähnlich Erman/*Westermann* BGB § 55 Rn. 2.
6 BGHZ 24, 47, 51 = NJW 1957, 832; MüKoBGB/*Leuschner* § 55 Rn. 6, 8; BeckOK BGB/*Schöpflin* § 55 Rn. 9; aA Soergel/*Hadding* BGB Vor § 55 Rn. 4; *Habscheid* NJW 1966, 1787 (1791).
7 So noch OLG Oldenburg MDR 1993, 79 f.; OLG Schleswig NJW-RR 1994, 1404; OLG Hamm 1963, 254.
8 Reichert/*Wagner* Kapitel 2 Rn. 510; Reichert/Schörnig, Kapitel 2 Rn. 4527; *Sauter/Schweyer/Waldner* Eingetragener Verein Rn. 68; *Keilbach* DNotZ 2001, 670 (673).

§ 55 a Elektronisches Vereinsregister

(1) [1]Die Landesregierungen können durch Rechtsverordnung[1] bestimmen, dass und in welchem Umfang das Vereinsregister in maschineller Form als automatisierte Datei geführt wird. [2]Hierbei muss gewährleistet sein, dass

1. die Grundsätze einer ordnungsgemäßen Datenverarbeitung eingehalten, insbesondere Vorkehrungen gegen einen Datenverlust getroffen sowie die erforderlichen Kopien der Datenbestände mindestens tagesaktuell gehalten und die originären Datenbestände sowie deren Kopien sicher aufbewahrt werden,
2. die vorzunehmenden Eintragungen alsbald in einen Datenspeicher aufgenommen und auf Dauer inhaltlich unverändert in lesbarer Form wiedergegeben werden können und
3. die nach den Artikeln 24, 25 und 32 der Verordnung (EU) 2016/679 erforderlichen Anforderungen erfüllt sind.

[3]Die Landesregierungen können durch Rechtsverordnung die Ermächtigung nach Satz 1 auf die Landesjustizverwaltungen übertragen.

(2) [1]Das maschinell geführte Vereinsregister tritt für eine Seite des Registers an die Stelle des bisherigen Registers, sobald die Eintragungen dieser Seite in den für die Vereinsregistereintragungen bestimmten Datenspeicher aufgenommen und als Vereinsregister freigegeben worden sind. [2]Die entsprechenden Seiten des bisherigen Vereinsregisters sind mit einem Schließungsvermerk zu versehen.

(3) [1]Eine Eintragung wird wirksam, sobald sie in den für die Registereintragungen bestimmten Datenspeicher aufgenommen ist und auf Dauer inhaltlich unverändert in lesbarer Form wiedergegeben werden kann. [2]Durch eine Bestätigungsanzeige oder in anderer geeigneter Weise ist zu überprüfen, ob diese Voraussetzungen eingetreten sind. [3]Jede Eintragung soll den Tag angeben, an dem sie wirksam geworden ist.

Literatur: S. Vorbemerkungen zu §§ 21 ff und Vorbemerkungen zu §§ 55–79.

A. Allgemeines 1   I. Umstellung des Registers 2
B. Regelungsgehalt 2   II. Registerführung 4

A. Allgemeines

1   Die rein verfahrensrechtliche Vorschrift dient der Erleichterung und Beschleunigung des Registerverfahrens. Sie ermächtigt die Landesregierungen zur Umstellung der Vereinsregister auf **EDV**, ohne sie dazu zu verpflichten. § 55 a wurde zusammen mit § 79 Abs. 2–10 durch das Registerverfahrensbeschleunigungsgesetz (RegVBG)[2] eingeführt und ist zum 21.12.1993 in Kraft getreten. Parallelvorschriften für das Grundbuch und das Handelsregister sind §§ 126 ff. GBO und § 8 a HGB. Die Handels-, Unternehmens- und Genossenschaftsregister werden inzwischen als EDV-Register geführt.[3] Auf Grundlage von Abs. 7 aF[4] hat das BMJ die am 28.2.1999 in Kraft getretene Vereinsregisterverordnung (VRV) erlassen (→ Vor § 55 Rn. 1). Diese enthält ergänzende Vorschriften über das EDV-Register in den §§ 18 ff. VRV. In einigen Bundesländern finden sich weitere ergänzende Bestimmungen.[5] Durch das Vereinsrechtsänderungsgesetz[6] wurde § 55 a umgestaltet: Abs. 3 und 4 aF wurden zu den jetzigen Abs. 2 und 3. An die Stelle der Regelung von Abs. 5 aF sind aufgrund von § 14 Abs. 4 FamFG erlassene Rechtsverordnungen getreten.[7] Die Regelung des Abs. 6 aF findet sich in § 387 Abs. 5 FamFG und die des Abs. 7 aF in § 387 Abs. 1 FamFG wieder.

1   Siehe die Vereinsregisterverordnung (VRV).
2   Gesetz v. 20.12.1993, BGBl. I S. 2182.
3   Vgl. Gesetz über das elektronische Handelsregister und Genossenschaftsregister sowie das Unternehmensregister (EHUG), BGBl. I 2006 S. 2553; vgl. *Schlotter/Reiser* BB 2008, 118; *Jeep/Wiedemann* NJW 2007, 2439.
4   Abgeschafft durch Art. 50 FGG-Reformgesetz v. 17.12.2008, BGBl. I S. 2586.

5   Für Nordrhein-Westfalen: Verfügung v. 22.7.1999, JMBl. NRW 1999, 208; für Baden-Württemberg: Verfügung v. 6.12.1999, Justiz 2000, 33.
6   Gesetz zur Erleichterung elektronischer Anmeldungen zum Vereinsregister und anderer vereinsrechtlicher Änderungen vom 24.9.2009, BGBl. I 2009 S. 3145 ff.
7   BT-Drs. 16/12813, S. 11 f.; vgl. auch Prütting/Helms/ *Ahn-Roth* FamFG § 14 Rn. 27 mwN.

B. Regelungsgehalt

I. Umstellung des Registers

Die Umstellung des Vereinsregisters auf EDV bedarf gem. Abs. 1 S. 1 einer **Rechtsverordnung** der Landes- 2
regierung bzw. der Landesjustizverwaltung, wenn die Ermächtigung gem. Abs. 1 S. 3 auf diese übertragen
wurde. Die Umstellung kann zeitlich gestaffelt und auf bestimmte Teile des Registers beschränkt sein[8] und
sich nach dem örtlichen Rationalisierungsbedarf sowie den technischen und finanziellen Möglichkeiten der
Länder richten.[9] Über den Wortlaut des Abs. 1 S. 1 hinaus sind die Länder auch berechtigt, den bereits vorhandenen Registerbestand in die maschinelle Form zu überführen.[10] Nach $\S$ 23 VRV sind bisher in Papierform
geführte Registerblätter für die maschinelle Führung umzuschreiben, wobei das maschinell angelegte Registerblatt mit Freigabe gem. $\S$ 25 VRV an die Stelle des in Papierform geführten Registerblattes tritt. Auch wenn
das Vereinsregister im Übrigen in Papierform weitergeführt wird, kann das Namensverzeichnis, dh die alphabetische Auflistung der eingetragenen Vereine, gem. $\S$ 8 VRV elektronisch geführt werden.

Aus $\S$ 55a Abs. 1 S. 2 Nr. 1–3 BGB iVm $\S$ 126 Abs. 1 S. 2 Nr. 3 GBO ergeben sich die an eine EDV- 3
Umstellung zu stellenden **Sicherheitsanforderungen**. Der Schutz vor Datenverlusten muss die nachhaltige
Sicherung der Datenbestände zumindest tagesaktuell gewährleisten. Die über $\S$ 126 Abs. 1 S. 2 Nr. 3 GBO
in Bezug genommene Anlage zur GBO schreibt Schutzmaßnahmen gegen Einwirkungsversuche von außen
durch die dort im Einzelnen aufgelisteten Kontrollen des Datenverkehrs und der Datenspeicherung vor. Die
Wirksamkeit der Umstellung auf EDV tritt nach Abs. 3 für jede Seite des Registers ein, deren Daten in
die dafür bestimmte Datenbank aufgenommen und als Vereinsregister freigegeben werden. Daraus folgt,
dass die Umstellung für jeden Verein einzeln und nicht einheitlich für den ganzen Gerichtsbezirk erfolgt.[11]

II. Registerführung

Nach Umstellung auf EDV bestimmt sich das Wirksamwerden der Eintragungen nach Abs. 3. Anstatt der 4
gem. $\S$ 382 Abs. 2 FamFG sonst maßgeblichen Unterzeichnung der Eintragung erklärt Abs. 3 S. 1, $\S$ 27
Abs. 1 VRV die **Eintragung** mit wiedergabefähiger Aufnahme in die Datenbank für wirksam. Die sich
gem. Abs. 3 S. 2 und 3 anschließende Überprüfung der Eintragung und ihre Datierung sind keine Wirksam-
keitsanforderungen;[12] sie dienen der Sicherheit und Nachvollziehbarkeit der Registerführung. Zum Register
eingereichte **Schriftstücke** können durch Aufnahme in einen Bild- oder Datenträger ersetzt werden, sofern
sie kurzfristig wieder lesbar gemacht werden können. Das sonst nach $\S$ 7 Abs. 3 VRV zu jedem Registerblatt zu führende **Handblatt** kann nach $\S$ 26 Abs. 2 VRV vernichtet werden. Im Übrigen werden die Registerakten auch nach einer EDV-Umstellung wie bisher geführt, $\S$ 26 Abs. 1 VRV.

Das zuständige Amtsgericht kann nach $\S$ 387 Abs. 5 FamFG (früher: Abs. 6 S. 1) die **Datenverarbeitung** 5
des in maschineller Form geführten Vereinsregisters durch andere staatliche Stellen oder eine juristische
Person des öffentlichen Rechts vornehmen lassen. Das beauftragte **externe Rechenzentrum** übernimmt
damit nicht die Führung des Vereinsregisters, sondern übt nur technische Hilfstätigkeiten aus. Nach $\S$ 387
Abs. 1 FamFG kann wie nach $\S$ 55a Abs. 7 aF die Datenübermittlung an andere Gerichte zugelassen werden, um dort eine Registereinsicht nach $\S$ 79 zu ermöglichen.

$\S$ 56 Mindestmitgliederzahl des Vereins

Die Eintragung soll nur erfolgen, wenn die Zahl der Mitglieder mindestens sieben beträgt.

Literatur: S. Vorbemerkungen zu $\S\S$ 21 ff und Vorbemerkungen zu $\S\S$ 55–79.

A. Allgemeines

Die Regelung dient ebenso wie $\S$ 73 dem Zweck, das Vereinsregister von unbedeutenden Vereinen freizu- 1
halten. Sie soll für die Willensbildung ein Mindestmaß an Meinungsvielfalt gewährleisten.[1] $\S$ 56 ist eine
Ordnungsvorschrift ($\rightarrow$ Vor $\S$ 55 Rn. 4).

---

8   Palandt/*Ellenberger* BGB $\S$ 55a Rn. 2; BeckOK
     BGB/*Schöpflin* $\S$ 55a Rn. 2.
9   MüKoBGB/*Leuschner* $\S$ 55a Rn. 3; BT-Drs.
     12/5553, S. 100.
10 MüKoBGB/*Leuschner* $\S$ 55a Rn. 2.

11 Palandt/*Ellenberger* BGB $\S$ 55a Rn. 4; BeckOK
     BGB/*Schöpflin* $\S$ 55a Rn. 3.
12 Palandt/*Ellenberger* BGB $\S$ 55a Rn. 5; Erman/*Wes-
     termann* BGB $\S$ 55a Rn. 3; Staudinger/*Schwennicke*
     BGB $\S$ 55a Rn. 8 f.
1   Erman/*Westermann* BGB $\S$ 56 Rn. 1.

B. Regelungsgehalt

2 Die Mitgliederzahl bei Eintragung bestimmt sich grundsätzlich nach der Anzahl der Unterschriften der Satzung, die gem. § 59 Abs. 2, 3 der Anmeldung beigefügt ist. Sind Gründungsmitglieder natürliche sowie von diesen **beherrschte juristische Personen**, soll für § 56 nur auf die Anzahl der natürlichen Personen abzustellen sein[2] (vgl. zur Mitgliedsfähigkeit → § 38 Rn. 3). Die Mindestzahl von sieben Gründungsmitgliedern gilt auch für **Dachverbände**, deren Mitgliedsvereine ihrerseits zahlreiche Mitglieder haben. Denn es ist die Mitgliederzahl des Dachverbandes und nicht die der Mitgliedervereine maßgeblich.[3] Eine Ausnahme gilt jedoch für **religiöse Vereine**, die aufgrund ihrer verfassungsrechtlichen Stellung aus Art. 4, 140 GG iVm Art. 137 WRV auch von weniger als sieben Mitgliedern gegründet werden können.[4] Dessen ungeachtet müssen an der Gründung **zumindest zwei Mitglieder** beteiligt sein, da es sonst an der für den Verein wesentlichen Personenmehrheit fehlt.[5]

3 Bei einem **Verstoß** gegen die Voraussetzung des § 56 hat das Amtsgericht den Eintragungsantrag nach § 60 zurückzuweisen. Kommt es dennoch zur Eintragung, ist diese trotz des Verstoßes gegen § 56 wirksam. Das gilt selbst dann, wenn die Eintragung durch **Täuschung** des Gerichts erschlichen wurde.[6] Eine entgegen § 56 vorgenommene Eintragung leidet nicht unter einem zur Amtslöschung nach § 395 FamFG führenden wesentlichen Mangel, da es sich bei § 56 nur um eine Ordnungsvorschrift handelt.[7]

§ 57 Mindesterfordernisse an die Vereinssatzung

(1) Die Satzung muss den Zweck, den Namen und den Sitz des Vereins enthalten und ergeben, dass der Verein eingetragen werden soll.

(2) Der Name soll sich von den Namen der an demselben Orte oder in derselben Gemeinde bestehenden eingetragenen Vereine deutlich unterscheiden.

Literatur: S. § 25 und Vorbemerkungen zu §§ 55–79.

A. Allgemeines 1   1. Unterscheidbarkeit (Abs. 2) 5
B. Regelungsgehalt 2   2. Namenswahrheit 6
   I. Allgemeine Anforderungen 2   3. Beispiele 7
  II. Vereinsname 4

A. Allgemeines

1 § 57 legt den für die Eintragung in das Vereinsregister notwendigen Mindestinhalt der Satzung fest (allgemein zur Satzung → § 25 Rn. 7 ff.). Abs. 1 ist eine wesentliche Sachvorschrift, deren Nichtbeachtung zur Amtslöschung der Eintragung nach § 395 FamFG führt; Abs. 2 ist hingegen eine bloße Ordnungsvorschrift (→ Vor § 55 Rn. 4).

B. Regelungsgehalt

I. Allgemeine Anforderungen

2 Gem. **Abs. 1** ist in der Satzung der **Zweck des Vereins** anzugeben (zum Begriff → § 21 Rn. 16 ff. und → § 33 Rn. 5). Das verfolgte Vereinsziel muss erkennbar sein. Die Zweckangabe soll ermöglichen, den Ver-

---

2   OLG Köln NJW 1989, 173 f.; OLG Stuttgart OLGZ 1983, 307; Palandt/*Ellenberger* BGB § 56 Rn. 1; Soergel/*Hadding* BGB § 56 Rn. 2.

3   KG NJ 2001, 551; LG Hamburg Rpfleger 1981, 198; Palandt/*Ellenberger* BGB § 56 Rn. 1; Soergel/*Hadding* BGB § 56 Rn. 2; Staudinger/*Schwennicke* BGB § 56 Rn. 4; aA LG Mainz MDR 1978, 312.

4   OLG Hamm NJW-RR 1997, 1397 zu den fünf Diözesen der Katholischen Kirche in NRW; ebenso Palandt/*Ellenberger* BGB § 56 Rn. 1; BeckOK BGB/ *Schöpflin* § 56 Rn. 3; Erman/*Westermann* BGB § 56 Rn. 1; aA MüKoBGB/*Leuschner* § 56 Rn. 4; *Sauter/ Schweyer/Waldner* Eingetragener Verein Rn. 8 Fn. 2; *v. Campenhausen* NJW 1990, 887 (888).

5   Palandt/*Ellenberger* BGB § 56 Rn. 1; Soergel/*Hadding* BGB § 56 Rn. 1; Staudinger/*Schwennicke* BGB § 56 Rn. 1; Schauhoff Gemeinnützigkeits-HdB § 2 Rn. 18; aA MüKoBGB/*Leuschner* § 56 Rn. 1: eine „größere Anzahl" von Mitgliedern sei erforderlich, also nicht nur zwei; vgl. auch Wagner NZG 2016, 1046 (1050) mit Verweis auf § 73.

6   BGH NJW 1983, 993; Soergel/*Hadding* BGB § 56 Rn. 1; MüKoBGB/*Leuschner* § 56 Rn. 1; Staudinger/ *Schwennicke* BGB § 56 Rn. 1, 6.

7   MüKoBGB/*Leuschner* § 56 Rn. 4; Staudinger/*Schwennicke* BGB § 56 Rn. 1; Soergel/*Hadding* BGB § 56 Rn. 1.

ein als Idealverein (§ 21) oder als wirtschaftlichen Verein (§ 22) einzustufen.[1] Beschreibt die Satzung den Vereinszweck nicht konkret genug, muss das Vereinsregister dem Verein Gelegenheit geben, dies nachzubessern.[2] Zur **Gemeinnützigkeit** und den damit verbundenen steuerrechtlichen Problemen s. Anhang zu § 21. Weiterhin ist gem. Abs. 1 auch der **Vereinssitz** anzugeben (dazu → § 24 Rn. 2 ff.). Die Satzung muss zudem den **Willen zur Rechtsfähigkeit** durch Eintragung in das Vereinsregister erkennen lassen. Fehlt eine Satzungsklausel zur Eintragungsabsicht, kann dieser Mangel auch noch nach Eintragung durch einen entsprechenden Beschluss der Mitgliederversammlung geheilt werden.[3]

Zur Überprüfbarkeit der Anforderungen des § 57 muss der Satzungstext in **Schrift- oder jedenfalls Textform**[4] fixiert sein. Das folgt unmittelbar aus der Ordnungsvorschrift des § 59 Abs. 2, wonach die Satzung beim Vereinsregister in Abschrift eingereicht werden soll. Bei Nichtbeachtung hat das Registergericht den Eintragungsantrag nach § 60 zurückzuweisen, sofern der behebbare Mangel nicht auf eine Zwischenverfügung hin behoben wird; es handelt sich jedoch nur um eine Ordnungsvorschrift (→ Vor § 55 Rn. 4). Ferner ist die Satzung grundsätzlich in **deutscher Sprache** einzureichen,[5] da das Vereinsregister gem. § 184 GVG auf Deutsch geführt wird. Dabei ist Deutsch gleichbedeutend mit Hochdeutsch.[6] Die Satzung kann aber auch in einer deutschen Mundart[7] oder in einer Fremdsprache verfasst sein, wenn daneben ein hochdeutsches (maßgebendes) Satzungsexemplar mit eingereicht wird.[8]

3

II. Vereinsname

Gem. Abs. 1 ist in der Satzung der Vereinsname anzugeben. Der Verein darf grundsätzlich nur einen Namen haben.[9] Eine Ausnahme gilt, wenn er im Rahmen des Nebenzweckprivilegs eine übernommene Firma weiterführt[10] (vgl. zum Nebenzweckprivileg → § 21 Rn. 32 ff.). Den Namen kann der Verein grundsätzlich frei wählen.[11] Dem Namen muss aber eine Namensfunktion zukommen, dh er muss geeignet sein, den Namensträger mit sprachlichen Mitteln unterscheidungskräftig zu bezeichnen, was zB nicht bei einer nicht aussprechbaren willkürlichen Buchstabenaneinanderreihung der Fall ist.[12]

4

1. Unterscheidbarkeit (Abs. 2). Abs. 2 verlangt, dass sich der Name von den am selben Ort oder in derselben Gemeinde bereits eingetragenen Vereinen deutlich unterscheidet. Dies ist durch einen deutlichen Zusatz bei gleichem Namensstamm hinreichend gegeben.[13] Die Ordnungsvorschrift soll im öffentlichen Interesse der Verwechslungsgefahr mit anderen Vereinen vorbeugen. Dabei gilt der **Prioritätsgrundsatz**.[14] Vereinsnamen sind trotz gleichen Namensstamms nicht verwechselungsfähig, wenn ein Namensbestandteil mit ausreichender Unterscheidungskraft hinzutritt und die Verwechslungsgefahr bei korrekter Namensführung in den potenziellen Interessentengruppen gering ist.[15] Verletzt der gewählte Name trotz fehlender Verwechslungsgefahr das nach § 12 geschützt Namensrecht eines anderen Vereins, stellt dies kein Eintragungshindernis dar. Denn dem Registergericht fehlt insofern nach herrschender Meinung die Prüfungskompetenz.[16]

5

1 Soergel/*Hadding* BGB § 57 Rn. 2; aA Reichert/*Wagner* Kapitel 2 Rn. 61.
2 OLG Düsseldorf npoR 2018, 68; OLG Frankfurt NZG 2018, 1074; Wagner NZG 2019, 46 (47).
3 MüKoBGB/*Leuschner* § 57 Rn. 8; Staudinger/*Schwennicke* BGB § 57 Rn. 12 f.; Soergel/*Hadding* BGB § 57 Rn. 3; BeckOK BGB/*Schöpflin* § 57 Rn. 5.
4 Palandt/*Ellenberger* BGB § 57 Rn. 1; wohl ebenso *Sauter/Schweyer/Waldner* Eingetragener Verein Rn. 33; Reichert/*Wagner* Kapitel 2 Rn. 126; vgl. auch RGZ 73, 187, 192 f.; aA BeckOK BGB/*Schöpflin* § 57 Rn. 3, nach dessen Ansicht die Satzung keiner Form bedarf.
5 Palandt/*Ellenberger* BGB §§ 57/58 Rn. 1.
6 BGH NJW 2003, 671; Palandt/*Ellenberger* BGB §§ 57, 58 Rn. 1.
7 Insbesondere in sorbischer Sprache: Einigungsvertrag, Anlage III Kapitel III Abschnitt III Nr. 1 r, sowie § 6 Sorbengesetz v. 31.3.1999 (Sächs. GVBl. 1999 S. 116).
8 LG Düsseldorf Rpfleger 1999, 334 (zur GmbH); *Sauter/Schweyer/Waldner* Eingetragener Verein Rn. 35; ebenso Palandt/*Ellenberger* BGB § 57 Rn. 1; BeckOK BGB/*Schöpflin* § 57 Rn. 3, jeweils zu plattdeutschen Satzungen; aA LG Osnabrück Rpfleger 1965, 304.

9 RGZ 85, 397, 399; Palandt/*Ellenberger* BGB § 57 Rn. 2; MüKoBGB/*Leuschner* § 57 Rn. 1.
10 KG JW 1932, 62; MüKoBGB/*Leuschner* § 57 Rn. 1; BeckOK BGB/*Schöpflin* § 57 Rn. 6.
11 BayObLGZ 1971, 329 (331) = NJW 1972, 957; Soergel/*Hadding* BGB § 57 Rn. 2; Reichert/*Wagner* Kapitel 2 Rn. 460; Schauhoff Gemeinnützigkeits-HdB § 2 Rn. 31.
12 OLG München NZG 2007, 320 = MDR 2007, 414; OLG München NJW 2002, 611; OLG Celle DB 2006, 1950; Palandt/*Ellenberger* BGB § 57 Rn. 2.
13 OLG Hamm NJW-RR 2008, 350; Palandt/*Ellenberger* BGB § 57 Rn. 2.
14 Reichert/*Wagner* Kapitel 2 Rn. 469; BeckOK BGB/*Schöpflin* § 57 Rn. 10.
15 LG Bonn Rpfleger 1996, 463; BeckOK BGB/*Schöpflin* § 57 Rn. 10.
16 BGHZ 8, 318, 321 = NJW 1953, 577; BayObLGZ 1986, 370; BayObLG NJW-RR 1993, 184 (185); OLG Jena NJW-RR 1994, 698 (699); Staudinger/*Schwennicke* BGB § 57 Rn. 20; *Keilbach* DNotZ 2001, 670 (674); aA MüKoBGB/*Leuschner* § 57 Rn. 6; Soergel/*Hadding* BGB § 57 Rn. 12; auch aA Reichert/*Wagner* Kapitel 2 Rn. 472.

6 **2. Namenswahrheit.** Ferner wird der Grundsatz der freien Namenswahl eingeschränkt durch das Gebot der Namenswahrheit analog § 18 Abs. 2 HGB. Danach sind keine Namen zu wählen, die **ersichtlich** geeignet sind, über Verhältnisse irrezuführen, die für die angesprochenen Verkehrskreise **wesentlich** sind, wie etwa über dessen Zweck, Größe oder Bedeutung.[17] Die 1998 in § 18 Abs. 2 HGB neu eingeführten Kriterien „ersichtlich" und „wesentlich" schränken die Kontrollbefugnis des Registergerichts weiter ein, wodurch die ältere Rechtsprechung teilweise obsolet wird.[18] Unerheblich ist, ob eine Täuschung beabsichtigt wird.[19] Irreführend ist ein Name regelmäßig zB dann, wenn dieser dem Publikum die unzutreffende Annahme nahe legt, es handele sich um eine öffentliche oder öffentlich überwachte Einrichtung. Dabei ist ein objektiver Maßstab aus der Sicht der durchschnittlichen Angehörigen des betroffenen Personenkreises und deren verständiger Würdigung anzulegen.[20]

7 **3. Beispiele.** ZB **können irreführend sein**: der Name „International chamber of commerce" für einen Verein, der keine Verbindung zu staatlichen Stellen oder Wirtschaftsorganisationen hat;[21] „Aktionsgemeinschaft der deutschen Rechtsanwälte" für einen Verein mit unbedeutender Mitgliederzahl;[22] „Ärztlicher Arbeitskreis", wenn nur 1/3 der Mitglieder Ärzte sind;[23] „gemeinnützig" für einen Verein, der für seine Leistungen über den Selbstkosten liegende Gegenleistungen fordert,[24] s. zur Gemeinnützigkeit Steuerlicher Anhang zu § 21. Ferner können ggf. die Bezeichnungen „Kammer",[25] „Fachverband",[26] „Landesarbeitsgemeinschaft"[27] oder eine nicht mit dem Gründungsdatum übereinstimmende Jahreszahl[28] täuschend sein. Der Name „Gemeinde"[29] kann irreführen, wenn er keinen klarstellenden oder beschränkenden Zusatz (zB „griechische")[30] erhält. Das Gleiche gilt insbesondere an Hochschulorten für die Namensbezeichnung „Institut".[31] Der Namensbestandteil „Stiftung" soll unbedenklich für eine als Verein organisierte Parteistiftung sein;[32] er ist hingegen täuschend, wenn ein Verein ausschließlich von Mitgliedsbeiträgen lebt und keiner öffentlichen Kontrolle unterliegt.[33] Unbedenklich sind der Namensbestandteil „Akademie" für Einrichtungen der Aus- und Weiterbildung[34] oder „Anwalt des Kindes", wenn Kindesinteressen wahrgenommen werden.[35] Schließlich sind geografische Namenszusätze wie „Euro" oder „European",[36] „Deutsch"[37] oder ein Stadtname[38] unbedenklich, wenn sich nicht konkrete Anhaltspunkte für eine Täuschungseignung ergeben. Der geografische Namenszusatz „Rheinland" soll für einen Tierschutzverein unbedenklich sein, da mangels gewerblicher Tätigkeit keine Irreführung über eine Sonderstellung des Geschäftszweiges in der Region vorliegen könne.[39] Solche Anhaltspunkte bestehen, wenn ein geografischer Bezug tatsächlich vollkommen fehlt oder ein unbedeutender lokaler Verein damit über seine Größe oder seine überregionalen Verbindungen irreführt.[40]

---

17   OLG Frankfurt ZStV 2012, 25 (26); OLG Köln
      FGPrax 2006, 129 f.; BayObLGZ 1992, 168 f. =
      NJW-RR 1993, 184; OLG Düsseldorf NJW-RR
      1996, 989; OLG Hamm NJW-RR 1999, 1710; OLG
      Frankfurt NJW-RR 2002, 176; Palandt/*Ellenberger*
      BGB § 57 Rn. 2; Soergel/*Hadding* BGB § 57 Rn. 2;
      Schauhoff Gemeinnützigkeits-HdB § 2 Rn. 31.
18   So auch Palandt/*Ellenberger* BGB § 57 Rn. 2.
19   OLG Hamm OLGZ 1978, 428 (431); OLG Hamm
      OLGZ 1981, 433 (434); Soergel/*Hadding* BGB § 57
      Rn. 2.
20   OLG Brandenburg NZG 2011, 475 = NJW-RR 2011,
      621; OLG Frankfurt NJW-RR 2002, 176 (177); *Stöber/Otto,* Handbuch zum Vereinsrecht, Rn. 126;
      Schauhoff Gemeinnützigkeits-HdB § 2 Rn. 31.
21   OLG Stuttgart WRP 1996, 945 = NJWE-WettbR
      1996, 197.
22   OLG Hamm OLGZ 1978, 428.
23   OLG Karlsruhe OLGZ 1982, 385.
24   BGH GRUR 1981, 670.
25   OLG Frankfurt OLGZ 1974, 332; LG Dresden WRP
      2000, 662.
26   OLG Frankfurt NJW-Spezial 2011, 593; OLG Frankfurt BB 1966, 262; LG Bremen Rpfleger 1989, 202;
      vgl. auch OLG Frankfurt ZStV 2012, 25 (26).
27   BayObLG NJW-RR 1993, 184 = Rpfleger 1992, 397.

28   OLG Brandenburg NZG 2011, 475 = NJW-RR 2011,
      621; BayObLG NJW 1972, 957; KG OLGZ 1983,
      272.
29   LG Bonn Rpfleger 1987, 205.
30   BayObLGZ 1982, 278 (282).
31   BGH NJW-RR 1987, 735; BayObLG NJW-RR 1990,
      1125 (1126); OLG Frankfurt NJW-RR 2002, 459 =
      DB 2001, 1664.
32   OLG Frankfurt NJW-RR 2002, 176.
33   BayObLG NJW 1973, 249; OLG Köln NJW-RR
      1997, 1531 = NZG 1998, 35 (36).
34   KG Berlin NZG 2005, 360; OLG Düsseldorf NJW-RR 2003, 262; nicht aber ohne Lehrtätigkeit: OLG
      Bremen NJW 1972, 164.
35   OLG Hamburg NJW-RR 1991, 1005 = MDR 1991,
      439.
36   OLG Hamm NJW-RR 1999, 1710 (1711) = DB
      1999, 2002.
37   BGH NJW-RR 1987, 1178.
38   OLG Stuttgart NJW-RR 2001, 755: Großstadt als
      Namensbestandteil eines Vereins der Nachbargemeinde.
39   LG Mönchengladbach MDR 2009, 641 f.
40   OLG Hamm OLGZ 1982, 303 (305), LG Tübingen
      Rpfleger 1995, 258; LG Bremen Rpfleger 1994, 362;
      LG Hagen Rpfleger 1971, 428.

§ 58 Sollinhalt der Vereinssatzung

Die Satzung soll Bestimmungen enthalten:

1. über den Eintritt und Austritt der Mitglieder,
2. darüber, ob und welche Beiträge von den Mitgliedern zu leisten sind,
3. über die Bildung des Vorstands,
4. über die Voraussetzungen, unter denen die Mitgliederversammlung zu berufen ist, über die Form der Berufung und über die Beurkundung der Beschlüsse.

Literatur: S. Vorbemerkungen zu §§ 21 ff und § 25.

A. Allgemeines 1
B. Regelungsgehalt 2
   I. Eintritt und Austritt (Nr. 1) 3
   II. Beitragspflicht (Nr. 2) 4
III. Bildung des Vorstandes (Nr. 3) 5
IV. Einberufung der Mitgliederversammlung
   (Nr. 4) 6

A. Allgemeines

§ 58 ergänzt § 57 und regelt, welche Anforderungen bei der Registereintragung an den Inhalt der Satzung zu **1** stellen sind. Ebenso wie § 57 Abs. 2 ist § 58 eine Sollvorschrift und damit eine registerrechtliche Ordnungsbestimmung. Die Vorschrift berechtigt zur Zurückweisung des Eintragungsantrags nach § 60. Eine wider § 58 vorgenommene Eintragung ist jedoch rechtsbeständig und kann nicht im Wege der Amtslöschung nach § 395 FamFG beseitigt werden (→ Vor § 55 Rn. 4).

B. Regelungsgehalt

Die gem. § 58 zu regelnden Punkte müssen **hinreichend bestimmt** sein, wobei teilweise unklar ist, in welcher Ausführlichkeit dies zu geschehen hat bzw. wann ein Antrag auf Eintragung zurückzuweisen ist. **2**

I. Eintritt und Austritt (Nr. 1)

Nach § 58 Nr. 1 soll die Satzung den Ein- und Austritt der Mitglieder regeln und damit die §§ 38, 39 ergän- **3** zen. Sie soll festlegen, ob ein **besonderes Aufnahmeverfahren** vorgesehen ist[1] oder ob sich der Vereinsbeitritt schlicht durch eine Beitrittserklärung und deren Annahme vollzieht. Die **Form** des Eintritts bedarf keiner Regelung, da der Beitritt im Zweifel formfrei möglich ist.[2] Enthält die Satzung aber Vorschriften über eine bestimmte Form des Mitgliedschaftserwerbs, so ist eine Begründung durch schlüssiges Verhalten ausgeschlossen.[3] Die Mitgliedschaft in einem Verein kann von bestimmten persönlichen Voraussetzungen abhängig gemacht werden; bei Wegfall dieser Voraussetzungen endet die Mitgliedschaft aber nur dann automatisch, wenn dies explizit in der Satzung bestimmt ist.[4] Eine sechs Monate überschreitende Kündigungsfrist ist trotz § 39 Abs. 2, der eine Kündigungsfrist von bis zu zwei Jahren vorsieht, für Vereinigungen zur Wahrung der Arbeits- und Wirtschaftsbedingungen regelmäßig nicht mit Art. 9 Abs. 3 GG vereinbar; in diesem Falle gilt eine mit Art. 9 Abs. 3 GG im Einzelfall vereinbare Frist.[5] Zum Eintritt → § 38 Rn. 4 ff.; zum Austritt → § 39 Rn. 2 ff.

II. Beitragspflicht (Nr. 2)

Die Satzung soll gem. § 58 Nr. 2 zur Vereinsmitgliedschaft ferner bestimmen, ob und welche **Beiträge** die **4** Mitglieder an den Verein zu leisten haben (s. zur Beitragspflicht auch → § 38 Rn. 15 und → § 25 Rn. 13 ff.). Aus der Vorschrift folgt, dass die Vereinsmitgliedschaft beitragsfrei ausgestaltet sein kann.[6] Der Verein hat nur dann das Recht zur Beitragserhebung, wenn die Satzung dies vorsieht,[7] oder eine Beitragsordnung, wobei Satzung und Nebenordnung aufeinander verweisen müssen.[8] Die Auffassung, dass sich dieses Recht

---

1 BayObLG NJW-RR 2001, 326; NJW 1972, 1323; LG Münster MDR 1974, 309; Palandt/*Ellenberger* BGB § 58 Rn. 1; BeckOK BGB/*Schöpflin* § 58 Rn. 3; MüKoBGB/*Leuschner* § 58 Rn. 2; Schauhoff Gemeinnützigkeits-HdB § 2 Rn. 34.

2 BayObLG NJW 1972, 1323; OLG Hamm OLGZ 1965, 66; AG Duisburg NZG 2002, 1072; Palandt/*Ellenberger* BGB § 58 Rn. 1; Erman/*Westermann* BGB § 58 Rn. 2.

3 AG Duisburg NZG 2002, 1072.

4 OLG Oldenburg OLGR 2009, 612 = NZG 2009, 917.

5 BGH DB 2014, 2341 = NZG 2014, 1188 = NJW 2014, 3239.

6 Auch dies soll die Satzung positiv bestimmen, MüKoBGB/*Leuschner* § 58 Rn. 3.

7 OLG Hamm DB 1976, 93.

8 BGH NJW 2017, 462; AG Ahlen npoR 2018, 160; Wagner NZG 2019, 46 (47).

ohne ausdrückliche Satzungsbestimmung allein aus dem **Vereinszweck** ergeben kann, ist abzulehnen, da der Vereinszweck nur ein abstraktes Ziel festsetzt und damit als Anspruchsgrundlage zu unbestimmt ist (→ § 25 Rn. 14).[9] Eine konkrete Bezifferung der zu entrichtenden Beiträge ist nicht notwendig;[10] die Satzung kann hierfür auf einen Beschluss der Mitgliederversammlung oder eines anderen Vereinsorgans verweisen.[11] **Rückwirkende Beitragserhöhungen** sind nur auf Grundlage einer ausdrücklichen Satzungsbestimmung zulässig.[12] Das gilt auch für die Erhebung eines 13. Monatsbeitrags, für die die Festlegung einer monatlichen Beitragspflicht nicht ausreicht.[13] Die Satzung kann den Mitgliedern als Beitrag statt oder neben Geldleistungen auch die Verrichtung von **Dienst- oder Werkleistungen** auferlegen.[14] Das darf nicht zur Umgehung zwingender arbeitsrechtlicher Schutznormen führen.[15] Der Verein ist bei der Beitragsfestsetzung stets an den Grundsatz der **Gleichbehandlung** aller Mitglieder gebunden.[16] Auch **Umlagen** kann der Verein nur aufgrund einer ermächtigenden Satzungsbestimmung erheben; die Berufung auf die allgemeine Beitragspflicht ist unzureichend.[17] Dabei müssen Art und Umfang jedoch nicht im Einzelnen bestimmt sein.[18] Satzungsmäßige „Sonderumlagen" dürfen jedoch nicht dazu dienen, gegenüber potenziellen Mitgliedern zu verschleiern, dass die tatsächlichen Vereinskosten über den zu entrichtenden regulären Beiträgen liegen.[19] Die Beitragspflicht endet mit Eröffnung des Insolvenzverfahrens;[20] s. zur Eröffnung des Insolvenzverfahrens → § 42 Rn. 12 ff.

III. Bildung des Vorstandes (Nr. 3)

5 Die Satzung soll nach § 58 Nr. 3 die Bildung des Vorstands regeln. Es sind eindeutige Festlegungen zur Zusammensetzung zu treffen. Bestimmt die Satzung **eine Mindest- oder Höchstzahl**, kann die konkrete Vorstandsmitgliederzahl einem anderen Organ, insbesondere der Mitgliederversammlung, überlassen werden.[21] Unzulässig ist es, wenn die Satzung die Bildung des Vorstandes der Mitgliederversammlung überlässt, ohne eine Größenordnung festzulegen.[22] Ist entgegen § 58 Nr. 3 keine Regelung zur Anzahl der Vorstände getroffen, gilt § 26 Abs. 1 S. 1, so dass der Vorstand aus einer Person besteht.[23] Eine Vorstandswahl, die eine Person in mehrere in der Satzung vorgesehene Vorstandsämter beruft, ist wirksam, sofern sich nicht aus der Satzung ergibt, dass eine personengleiche Besetzung unzulässig ist (→ § 26 Rn. 3).[24] Zur Bestellung und der Vertretungsmacht der Vorstände → § 26 Rn. 4 ff. und → § 27 Rn. 2 ff.

IV. Einberufung der Mitgliederversammlung (Nr. 4)

6 Nach § 58 Nr. 4 soll die Satzung Bestimmungen über die Voraussetzungen und die Form der Einberufung der Mitgliederversammlung sowie über die Beurkundung der Beschlüsse enthalten. Durch die in der Satzung zu bezeichnenden **Einberufungsvoraussetzungen** werden die in §§ 36, 37 vorgesehenen Einberufungsfälle ergänzt (→ § 32 Rn. 10, → § 36 Rn. 2, → § 37 Rn. 4). Eine Satzungsregelung, wonach die Einberufung „durch Presseveröffentlichung" erfolge, ist nicht hinreichend bestimmt.[25] Hinreichend bestimmt

9   Reichert/*Wagner* Kapitel 2 Rn. 835; aA die hM: Palandt/*Ellenberger* BGB § 58 Rn. 2; Soergel/*Hadding* BGB § 58 Rn. 3; Erman/*Westermann* BGB § 58 Rn. 2; BeckOK BGB/*Schöpflin* § 58 Rn. 4, jeweils ohne schlüssige Beispiele anzuführen, bei denen die Beitragspflicht bereits aus dem Vereinszweck folgen soll.
10 BGH NJW-RR 2008, 194; BGH NJW 1995, 2981.
11 BGHZ 105, 306, 316 = DB 1989, 619 = NJW 1989, 1724; OLG Hamm DB 1976, 93; Staudinger/*Schwennicke* BGB § 58 Rn. 10; Soergel/*Hadding* BGB § 58 Rn. 3; MüKoBGB/*Leuschner* § 58 Rn. 4; *Beuthien* BB 1987, 10; Schauhoff Gemeinnützigkeits-HdB § 2 Rn. 36; aA Erman/*Westermann* BGB § 58 Rn. 2, der eine satzungsmäßige Festlegung verlangt.
12 LG Hamburg NJW-RR 1999, 1708; Palandt/*Ellenberger* BGB § 58 Rn. 2.
13 OLG München NJW-RR 1998, 966; BeckOK BGB/*Schöpflin* § 58 Rn. 4.
14 BAG DB 2003, 47; AG Grevenbroich NJW 1991, 2646; *K. Schmidt* GesR, 4. Aufl. 2002, § 20 II 1 b bb, S. 568; Soergel/*Hadding* BGB § 38 Rn. 21 a; Reichert/*Wagner* Kapitel 2 Rn. 836.
15 BAG NJW 1996, 143 (151); Palandt/*Ellenberger* BGB § 58 Rn. 2.

16 LG Bonn DB 1992, 879; Palandt/*Ellenberger* BGB § 58 Rn. 2; BGH BeckRS 10, 21367 Tz 17.
17 BGHZ 105, 306, 311 = DB 1989, 619 = NJW 1989, 1724; OLG München NJW-RR 1998, 966; Staudinger/*Schwennicke* BGB § 58 Rn. 8 ff.; *Müller* MDR 1992, 924 f.; *Beuthien* BB 1987, 6 (10).
18 Staudinger/*Schwennicke* BGB § 58 Rn. 9 f., 13; *Müller* MDR 1992, 924 f.
19 OLG Stuttgart NZG 2012, 317 (318 f.).
20 BGH NJW-RR 2007, 1346; BGHZ 96, 253, 255 = DB 1986, 474 = NJW 1986, 1604 f.
21 BayObLGZ 1969, 33 (36); BayObLG NZG 2002, 438 f.; LG Gießen MDR 1984, 312; MüKoBGB/*Leuschner* § 58 Rn. 5; Erman/*Westermann* BGB § 58 Rn. 3.
22 MüKoBGB/*Leuschner* § 58 Rn. 5; Soergel/*Hadding* BGB § 58 Rn. 4; vgl. auch Staudinger/*Schwennicke* BGB § 58 Rn. 17; aA LG Gießen MDR 1984, 312; Palandt/*Ellenberger* BGB § 58 Rn. 3; BeckOK BGB/*Schöpflin* § 58 Rn. 6.
23 Staudinger/*Schwennicke* BGB § 58 Rn. 15; Schauhoff Gemeinnützigkeits-HdB § 2 Rn. 37.
24 OLG Hamm 30.11.2010 – 15 W 286/10.
25 OLG Hamm 23.11.2010 – 15 W 419/10.

kann im Einzelfall aber die Satzungsregelung der Einberufung „durch Anzeige in der örtlichen Tagespresse für öffentliche Bekanntmachungen" sein, wenn der Verein ganz überwiegend örtlich ausgerichtet ist und die Kriterien nur von einer einzigen Zeitung erfüllt werden.[26] Eine durch die Satzung für die Einberufung vorgegebene Schriftform ist als gewillkürte Schriftform nach § 127 BGB zu behandeln.[27] Eine Bestimmung, wonach die Einberufung „in Textform" per Post erfolgt, ist nicht zu beanstanden.[28] Die Festlegung der **Einberufungsform** kann die Satzung nicht dem Ermessen des Vorstands überlassen.[29] Hinsichtlich der zulässigen Satzungsgestaltungen der Einberufungsform vgl. die Grundsätze bei → § 32 Rn. 8 ff.

Vielfach wird vertreten, der Verein sei bei seiner Satzungsgestaltung hinsichtlich der **Beurkundung** der Beschlüsse mangels einer ausdrücklichen gesetzlichen Regelung frei und könne daher ganz von einer Protokollierung absehen.[30] Dem ist für den eV zu widersprechen, da das Gesetz im Zusammenhang mit der Eintragung in das Vereinsregister teils ausdrücklich, teils implizit eine schriftliche oder jedenfalls lesbare Fassung zahlreicher Beschlüsse fordert,[31] vgl. §§ 33 Abs. 2, 67 Abs. 1 S. 2, 71 Abs. 1 S. 3, 74 Abs. 2 S. 2, 76 Abs. 2 S. 2 und § 17 Abs. 1 UmwG. Zumindest für Beschlüsse in den vorgenannten Fällen bedarf es daher einer Beurkundung. Die Satzung braucht hingegen keine Bestimmung über die Mitteilung des Ergebnisses einer schriftlichen Beschlussfassung zu enthalten.[32] Sieht die Satzung ein vom Protokollführer zu unterschreibendes Beschlussprotokoll vor, muss dieser ausdrücklich als „Protokollführer" unterschreiben.[33]

7

§ 59 Anmeldung zur Eintragung

(1) Der Vorstand hat den Verein zur Eintragung anzumelden.

(2) Der Anmeldung sind Abschriften der Satzung und der Urkunden über die Bestellung des Vorstands beizufügen.

(3) Die Satzung soll von mindestens sieben Mitgliedern unterzeichnet sein und die Angabe des Tages der Errichtung enthalten.

Literatur: S. § 21 und Vorbemerkungen zu §§ 55–79.

A. Allgemeines .... 1 I. Zuständigkeit (Abs. 1) 2
B. Regelungsgehalt .... 2 II. Beizufügende Unterlagen (Abs. 2 und 3) 4

A. Allgemeines

§ 59 regelt die Formalien der Anmeldung zur Vereinsregistereintragung. Abs. 1 bestimmt das zur Antragstellung zuständige Organ. Die Abs. 2 und 3 haben die der Anmeldung beizufügenden Unterlagen zum Gegenstand und sollen dem Registergericht die nach §§ 56–58 vorzunehmenden Prüfungen ermöglichen. Aus der Fassung als Muss-Vorschrift folgt, dass Abs. 1 eine wesentliche Sachvorschrift ist, deren Nichtbeachtung ggf. das Amtslöschungsverfahren nach § 395 FamFG eröffnet. Als Sollvorschriften handelt es sich hingegen bei Abs. 2 und 3 um bloße Ordnungsbestimmungen (→ Vor § 55 Rn. 4). § 59 wird ergänzt durch § 77, wonach die Anmeldung mittels öffentlich beglaubigter Erklärung zu bewirken ist.

1

B. Regelungsgehalt

I. Zuständigkeit (Abs. 1)

Gem. Abs. 1 hat der Vorstand die Anmeldung zur Eintragung vorzunehmen. Die Norm ist eine zwingende Zuständigkeitsregelung. Umstritten war,[1] ob die Erstanmeldung bei einem **mehrgliedrigen Vorstand** von

2

26 OLG Celle FGPrax 2012, 35 = Rpfleger 2012, 261.
27 BGH NJW-RR 1996, 866 f.; OLG Hamburg Rpfleger 2013, 457.
28 OLG Schleswig FGPrax 2012, 79 = NZG 2012, 678.
29 OLG Schleswig FGPrax 2012, 79 = NZG 2012, 678; OLG Stuttgart NJW-RR 1986, 995; OLG Hamm OLGZ 1965, 66; AG Elmshorn NJW-RR 2001, 25; Soergel/*Hadding* BGB § 58 Rn. 6.
30 MüKoBGB/*Leuschner* § 58 Rn. 7; Staudinger/*Schwennicke* BGB § 58 Rn. 26; Soergel/*Hadding*

BGB § 58 Rn. 7; Palandt/*Ellenberger* BGB § 58 Rn. 4; BeckOK BGB/*Schöpflin* § 58 Rn. 8.
31 Ebenso Reichert/*Wagner* Kapitel 2 Rn. 1854; Sauter/*Schweyer/Waldner* Eingetragener Verein Rn. 127.
32 OLG Köln NJW-RR 1994, 1547; Erman/*Westermann* BGB § 58 Rn. 4.
33 OLG Hamm NJW-RR 1997, 484; Palandt/*Ellenberger* BGB § 58 Rn. 4.
1 Gesetz zur Erleichterung elektronischer Anmeldungen zum Vereinsregister und anderer vereinsrechtlicher Änderungen vom 24.9.2009, BGBl. I S. 3145.

sämtlichen Vorstandsmitgliedern vorzunehmen ist[2] oder ob Abs. 1 nur die Mitwirkung von Vorstandsmitgliedern in vertretungsberechtigter Zahl erfordert.[3] Der BGH hat mit Recht ausgesprochen, dass jedenfalls die Eintragung einer Satzungsänderung (§ 71) nur die Anmeldung durch Vorstandsmitglieder in vertretungsberechtigter Zahl verlangt.[4] Das ist auch für die Ersteintragung anzunehmen. Denn für diese sind keine strengeren Anforderungen zu stellen als für alle übrigen Rechtshandlungen des Vereins, zumal eine vereinsrechtliche Parallelvorschrift zu § 36 Abs. 1 AktG, §§ 7 Abs. 1, 78 GmbHG, §§ 11, 157 GenG, die eine Gesamtvertretung verlangt, gerade nicht existiert. Seit der Änderung von § 77 durch das Vereinsrechtsänderungsgesetz entspricht dies der Gesetzeslage.[5] Ebenfalls anders als zB im Genossenschaftsrecht ist beim Verein die **gewillkürte Stellvertretung** bei der Anmeldeerklärung zulässig; die Anmeldung durch einen Bevollmächtigten setzt eine öffentlich beglaubigte Vollmacht voraus.[6] Antragsteller im Verfahren auf Eintragung ist der Vorverein[7] (vgl. zum Vorverein → § 21 Rn. 7 ff.). Für die Form der Anmeldung gilt § 77 (→ § 77 Rn. 3).

3   Abs. 1 begründet trotz des missverständlichen Wortlauts keine öffentlich-rechtliche Pflicht des Vorstands zur Anmeldung, da § 59 im Katalog des § 78 der mit Zwangsgeld durchsetzbaren Vorstandspflichten fehlt.[8] Vielmehr obliegt es der Entschlussfreiheit des Vereins, ob er die mit der Eintragung verbundene Rechtsfähigkeit erwerben will. Hat sich der Verein dafür entschieden und die Eintragungsabsicht gem. § 57 Abs. 1 in der Satzung verankert, ist der Vorstand zur Antragstellung verpflichtet.[9] Kommt der Vorstand seiner Verpflichtung nicht nach, muss die Mitgliederversammlung notfalls nach § 27 Abs. 2 vorgehen und den Vorstand abberufen,[10] vgl. zum Widerruf der Bestellung → § 27 Rn. 7 ff., vgl. ferner zur Schadensersatzpflicht des Vorstands → § 27 Rn. 19 ff.

II. Beizufügende Unterlagen (Abs. 2 und 3)

4   Der Anmeldung sollen gem. Abs. 2 die **Satzung in Abschrift** sowie Urkundsabschriften über die Vorstandsbestellung, die eine Überprüfung der Eintragungsvoraussetzungen ermöglichen, beigefügt werden. Der vorzulegende vollständige, bereinigte aktuelle Satzungswortlaut – nicht eine Zusammenstellung der Ursprungssatzung und der späteren Änderungen – soll dem Registergericht seine Prüfung erleichtern.[11] Bis zur Einführung des Vereinsrechtsänderungsgesetzes verlangte Abs. 2 noch die Einreichung der Urschrift der Satzung.[12] Die Vereinfachung soll die elektronische Anmeldung erleichtern.[13] Hat der Verein besondere Vereinsorgane wie zB ein Kuratorium, sind auch insofern Abschriften der Bestellungsurkunden beizufügen.[14] Die Abschriften müssen bei Einreichung nicht bereits öffentlich beglaubigt sein.[15] Die Satzung soll nach Abs. 3 von mindestens sieben Vereinsmitgliedern unterschrieben sein und zudem den Errichtungstag benennen. Dies dient dem Nachweis der Mindestmitgliederzahl nach § 56. Aus den Forderungen von Abs. 2 Nr. 1 und Abs. 3 ist abzuleiten, dass die Satzung der **Schrift- oder zumindest der Textform** bedarf (dazu → § 57 Rn. 3, dort auch zu den Folgen eines Verstoßes gegen die Ordnungsvorschrift; s. ferner → Vor § 55 Rn. 4). Das Registergericht bewahrt die mit der Anmeldung eingereichten Dokumente gemäß § 66 Abs. 2 auf.

2   OLG Hamm OLGZ 80, 389, 84, 15; LG Bonn NJW-RR 1995, 1515; LG Bonn Rpfleger 2001, 432.

3   BayObLG NJW-RR 1991, 958; OLG Hamm NJW-RR 2000, 698 (699); LG Schwerin Rpfleger 1997, 264; LG Bremen NJW 1949, 345; AG Mannheim Rpfleger 1979, 179.

4   BGHZ 96, 245, 248 f. = NJW 1986, 1033 f.

5   Palandt/*Ellenberger* BGB § 59 Rn. 1.

6   Palandt/*Ellenberger* BGB § 59 Rn. 1; BeckOK BGB/*Schöpflin* § 59 Rn. 3; MüKoBGB/*Leuschner* § 59 Rn. 4; Reichert/*Wagner* Kapitel 2 Rn. 113.

7   BayObLG NJW-RR 1991, 958; Erman/*Westermann* BGB § 59 Rn. 1; BeckOK BGB/*Schöpflin* § 59 Rn. 2.

8   Palandt/*Ellenberger* BGB § 59 Rn. 1; Staudinger/*Schwennicke* BGB § 59 Rn. 3; MüKoBGB/*Leuschner* § 59 Rn. 2; BeckOK BGB/*Schöpflin* § 59 Rn. 2; Reichert/*Wagner* Kapitel 2 Rn. 104; § 2 Rn. 16.

9   MüKoBGB/*Leuschner* § 59 Rn. 2; Reichert/*Wagner* Kapitel 2 Rn. 104.

10   OLG Frankfurt NJW 1966, 504; Palandt/*Ellenberger* BGB § 59 Rn. 1; Soergel/*Hadding* BGB § 59 Rn. 2; BeckOK BGB/*Schöpflin* § 59 Rn. 2.

11   BT-Drs. 16/12813, S. 12.

12   Gesetz zur Erleichterung elektronischer Anmeldungen zum Vereinsregister und anderer vereinsrechtlicher Änderungen v. 24.9.2009, BGBl. I 2009 S. 3145 ff.

13   BT-Drs. 16/12813, S. 12; Palandt/*Ellenberger* BGB § 59 Rn. 1.

14   BayObLGZ 1984, 1 (3) = MDR 1984, 489; Staudinger/*Schwennicke* BGB § 59 Rn. 16.

15   Staudinger/*Schwennicke* BGB § 59 Rn. 16; BeckOK BGB/*Schöpflin* § 59 Rn. 6; Reichert/*Wagner* Kapitel 2 Rn. 126.

§ 60 Zurückweisung der Anmeldung

Die Anmeldung ist, wenn den Erfordernissen der §§ 56 bis 59 nicht genügt ist, von dem Amtsgericht unter Angabe der Gründe zurückzuweisen.

(2)[1] (weggefallen)

Literatur: S. Vorbemerkungen zu §§ 55–79.

A. Allgemeines 1   I. Prüfungsumfang 2
B. Regelungsgehalt 2   II. Verfahren und Kosten 4

A. Allgemeines

Gegenstand des § 60 ist die gerichtliche Prüfung bei der Erstanmeldung des Vereins. Der Wortlaut der Norm **1** verpflichtet das Registergericht zur Zurückweisung der Anmeldung, wenn die Voraussetzungen der §§ 56–59 nicht vorliegen. Daraus folgt zum einen, dass die vorzunehmende Prüfung jedenfalls die §§ 56–59 umfasst, und zum anderen, dass die Verstöße gegen wesentliche Sachvorschriften und bloße Ordnungsvorschriften (vgl. zur Unterscheidung → Vor § 55 Rn. 4) das Gericht gleichermaßen zur Zurückweisung des Antrags verpflichten.[2] § 60 findet gem. § 71 Abs. 2 bei der Eintragung von Satzungsänderungen entsprechende Anwendung.

B. Regelungsgehalt

I. Prüfungsumfang

Über den Wortlaut des § 60 hinaus ist das Registergericht berechtigt und verpflichtet, den einzutragenden **2** Verein über die explizit genannten §§ 56–59 hinaus einer **allgemeinen Rechtmäßigkeitskontrolle** zu unterziehen.[3] So kann es die Anmeldung zB zurückweisen, wenn der Vereinszweck gegen §§ 134, 138 verstößt,[4] wenn der Zweck auf einen wirtschaftlichen Geschäftsbetrieb gerichtet ist (→ § 21 Rn. 22 ff.),[5] wenn der Vereinsname irreführt (→ § 57 Rn. 6 f.) oder wenn der Verein nach öffentlichem Vereinsrecht (vgl. Art. 9 Abs. 2 GG, §§ 3 ff. VereinsG) unerlaubt ist.[6] Die Anmeldung ist nicht schon deshalb zurückzuweisen, weil der satzungsmäßige Zweck, „die Rauchkultur durch genussbezogenen Tabakkonsum" zu fördern, offenkundig auf eine Umgehung des Nichtraucherschutzgesetzes abzielt.[7] Ein studentischer Verein, dessen Zweck die unentgeltliche außergerichtliche Rechtsberatung ist, ist jedoch nicht eintragungsfähig, da der Zweck gegen § 7 RDG verstößt.[8] Wie bereits unter → Rn. 1 festgestellt, ist dabei ohne Bedeutung, ob die verletzte Norm eine Sach- oder Ordnungsvorschrift ist. Hat das Gericht Bedenken gegen die Richtigkeit der mit der Anmeldung vorgetragenen Umstände, ist es nach § 26 FamFG von Amts wegen zur weiteren Sachaufklärung verpflichtet.[9]

Nicht von der gerichtlichen Prüfungskompetenz umfasst sind hingegen etwaige **Rechtsgefährdungen Drit-** **3** **ter**. Verletzt der gewählte Name zB trotz fehlender Verwechslungsgefahr das nach § 12 geschützte Namensrecht eines anderen Vereins, stellt dies kein Eintragungshindernis dar.[10] Ferner darf das Gericht die Anmel-

1 Absatzbezeichnung amtlich.
2 BayObLG NJW-RR 1992, 802; KG OLG-NL 2001, 205 (210); Palandt/*Ellenberger* BGB § 60 Rn. 1; Erman/*Westermann* BGB § 60 Rn. 2.
3 BGH NJW 1952, 1216; BayObLGZ 1963, 15 (17); OLG Jena Beschl. v. 9.4.2013 – 9 W 140/13, Juris Rn. 5 f.; OLG Köln NJW 1992, 1048; OLG Köln NJW-RR 1994, 1547 (1548); Soergel/*Hadding* BGB § 60 Rn. 2; Staudinger/*Schwennicke* BGB § 60 Rn. 6; K. *Schmidt* GesR, § 24 II 1 d.
4 BGH NJW 1952, 1216; OLG Köln NJW 1992, 1048; LG Bonn Rpfleger 1995, 302; LG Lübeck WM 1990, 601; Erman/*Westermann* BGB § 60 Rn. 2; Staudinger/*Schwennicke* BGB § 60 Rn. 12 mwN.
5 BGHZ 45, 395, 398 = DB 1966, 1350; OLG Hamm Rpfleger 1997, 166 (167); LG Bonn Rpfleger 2001, 600; unschädlich ist ein wirtschaftlicher Nebenzweck: OLG Schleswig NJW-RR 2001, 1478 = DB 2001, 1609 (1610); zur Abgrenzung *Steding* NZG 2001, 721 (725 ff.).

6 BayObLGZ 1981, 289 (294); OLG Jena Beschl. v. 9.4.2013 – 9 W 140/13, juris Rn. 5 f.; LG Hamburg NJW-RR 1991, 892, LG Bremen MDR 1974, 134; Soergel/*Hadding* BGB § 60 Rn. 3; MüKoBGB/*Leuschner* § 60 Rn. 3; Staudinger/*Schwennicke* BGB § 60 Rn. 6; BeckOK BGB/*Schöpflin* § 60 Rn. 2.
7 OLG Oldenburg NZG 2008, 473 = NJW 2008, 2194.
8 OLG Brandenburg MDR 2014, 1400 = NJW 2015, 1122.
9 BayObLGZ 1977, 76 (78 f.); MüKoBGB/*Leuschner* § 60 Rn. 6; Soergel/*Hadding* BGB § 60 Rn. 2; Reichert/*Wagner* Kapitel 2 Rn. 140.
10 BGHZ 8, 318, 321 = NJW 1953, 577; BayObLGZ 1986, 370; BayObLG NJW-RR 1993, 184 (185); OLG Jena NJW-RR 1994, 698 (699); Staudinger/*Schwennicke* BGB § 57 Rn. 20; Reichert/*Wagner* Kapitel 2 Rn. 469; *Keilbach* DNotZ 2001, 670 (674) (hM); aA Soergel/*Hadding* BGB § 57 Rn. 12.

dung nur wegen des Verstoßes gegen Rechtsvorschriften zurückweisen; es ist zur Zurückweisung nicht befugt, wenn es die Satzung lediglich für unzweckmäßig, unklar oder redaktionell überarbeitungsbedürftig hält.[11] Denn eine **Zweckmäßigkeitskontrolle** wäre ein unzulässiger Eingriff in die verfassungsmäßig durch Art. 9 Abs. 1 GG geschützte **Satzungsautonomie** des Vereins.[12] Ist die Satzung aber derart unübersichtlich, dass ihr Inhalt nicht sicher festzustellen und damit auch nicht auf ihre Rechtmäßigkeit überprüfbar ist (zB bei einer aus mehreren aufeinander Bezug nehmenden Fragmenten bestehenden Satzung), kann das Registergericht die Eintragung von der Vorlage einer **fortlaufend lesbaren Fassung** abhängig machen.

II. Verfahren und Kosten

4 Über die Eintragung des Vereins entscheidet gem. § 3 Nr. 1 a RPflG der Rechtspfleger (vgl. zur gerichtlichen Zuständigkeit → Vor § 55 Rn. 3, → § 55 Rn. 2 ff.). Trotz des Wortlauts von § 60 ist die Anmeldung bei Feststellung eines Gesetzesverstoßes nicht zwangsläufig zurückzuweisen. Ist der Mangel behebbar (zB bei fehlenden Abschriften nach § 59 Abs. 2), hat das Gericht zunächst gem. § 382 Abs. 4 FamFG eine **Zwischenverfügung** zu erlassen und eine Frist zur Behebung des Eintragungshindernisses zu setzen.[13] Wird die Anmeldung zurückgewiesen, ist das Rechtsmittel der Beschwerde nach §§ 11 Abs. 1 RpflG, 58 FamFG eröffnet. Beschwerdebefugt nach § 59 FamFG ist der durch den Vorstand vertretene **Vorverein**[14] (vgl. zum Vorverein → § 21 Rn. 7 ff.). Wird der Verein hingegen trotz eines Gesetzesverstoßes eingetragen, ist die Eintragung wirksam und unanfechtbar; jedoch kommt ggf. eine Amtslöschung gem. § 395 FamFG in Betracht (→ Vor § 55 Rn. 4). Einer erneuten Anmeldung fehlt das Rechtsschutzbedürfnis, wenn sie sich ausdrücklich auf die Tatsachen der früheren Anmeldung stützt und die Beschwerde gegen die frühere Zurückweisung erfolglos geblieben ist.[15]

5 Bei Aufnahme in das Vereinsregister entsteht die **Beurkundungsgebühr** nach KVfG Nr. 13100. Das Amtsgericht hat die Eintragung des Vereins gem. § 159 Abs. 2 FGG aF/400 FamFG der zuständigen Verwaltungsbehörde mitzuteilen, wenn Anhaltspunkte dafür bestehen, dass es sich um einen Ausländerverein oder um die Einrichtung eines ausländischen Vereins nach §§ 14, 15 VereinsG handelt. Die **Mitteilungspflicht** des § 159 Abs. 2 FGG aF trat mit Wirkung zum 1.6.1998 an die Stelle der damals aufgehobenen §§ 61–63,[16] die eine Mitwirkung der Verwaltungsbehörde beim Verfahren auf Eintragung in das Vereinsregister vorsahen. Die Verwaltungsbehörde konnte nach § 61 Abs. 2 aF wegen Verstoßes gegen das öffentliche Vereinsrecht Einspruch gegen die Registereintragung erheben.[17]

§§ 61 bis 63 (weggefallen)

§ 64 Inhalt der Vereinsregistereintragung

Bei der Eintragung sind der Name und der Sitz des Vereins, der Tag der Errichtung der Satzung, die Mitglieder des Vorstands und ihre Vertretungsmacht anzugeben.

Literatur: S. Vorbemerkungen zu §§ 55–79.

11 OLG Köln NJW 1989, 173 (174); NJW-RR 1994, 1547 (1548); OLG Hamm NJW-RR 1995, 119; Staudinger/*Schwennicke* BGB § 60 Rn. 17.
12 OLG Hamm NJW-RR 2011, 39 f.; OLG Köln NJW 1989, 173 (174); OLG Köln NJW-RR 1994, 1547 (1548); Röcken ZStV 2011, 105 (106).
13 BayObLGZ 1969, 33 (36); BayObLG Rpfleger 1971, 352; BayObLG NZG 2002, 438; OLG Düsseldorf NZG 2017, 1314; OLG Düsseldorf OLGR 2000, 147 (149); OLG Köln NJW-RR 1994, 1547; MüKoBGB/ *Leuschner* § 60 Rn. 8; Reichert/*Wagner* Kapitel 2 Rn. 160; K. *Schmidt* GesR, § 24 II 1 d.
14 KG DStR 2012, 1195; BayObLG NJW-RR 1991, 958; BayObLG NJW-RR 2001, 1479; Palandt/*Ellenberger* BGB § 60 Rn. 1; Soergel/*Hadding* BGB § 60 Rn. 5; Erman/*Westermann* BGB § 59 Rn. 1; BeckOK BGB/*Schöpflin* § 60 Rn. 4; aA MüKoBGB/*Leuschner* § 60 Rn. 9: auch der Vorstand selbst.
15 KG Berlin FGPrax 2005, 130 = NZG 2006, 557.
16 Justizmitteilungsgesetz v. 18.6.1997, Art. 11 BGBl. I S. 1430; dazu *Sauter/Schweyer/Waldner* Eingetragener Verein Rn. 25; *Keilbach* DNotZ 2001, 670 (672 f.).
17 Vgl. Staudinger/*Schwennicke* BGB § 60 Rn. 13.

A. Allgemeines

§ 64 bestimmt die vom Gericht in das Vereinsregister einzutragenden Angaben. Die Vorschrift wurde 2001 **1**
durch das ERJuKoG neu gefasst.[1] Entgegen des irreführenden Wortlauts handelt es sich bei § 64 um eine
Ordnungsvorschrift.[2] Daher ist die Eintragung grundsätzlich auch dann wirksam, wenn die in § 64
genannten Angaben nicht eingetragen sind (→ Vor § 55 Rn. 4). Das gilt jedoch nicht für **Name** und **Sitz**
(vgl. § 57 Abs. 1), die als **Minimalangaben** zur Individualisierung des Vereins nötig sind. Ohne diese
Angaben liegt eine sog. **Nichteintragung**, dh keine Eintragung im Rechtssinne vor.[3] Eine gleichwohl vorgenommene Eintragung hat zur Folge, dass die konstitutive Wirkung der Eintragung nach § 21 nicht eintritt,
der Verein also nicht rechtsfähig wird.

B. Regelungsgehalt

Neben Name und Sitz benennt § 64 als **weitere einzutragende Tatsachen** den Tag der Satzungserrichtung **2**
(vgl. § 59 Abs. 3), die Mitglieder des Vorstandes (vgl. §§ 26 Abs. 1 S. 2, 59 Abs. 2 Nr. 2) und ihre Vertretungsmacht (vgl. § 26 Abs. 2 S. 2; § 3 S. 3 Nr. 3 VRV). Nach der durch das ERJuKoG (→ Rn. 1) geänderten
Gesetzesfassung sind hinsichtlich der **Vertretungsmacht** nicht nur etwaige Beschränkungen nach § 26
Abs. 2 S. 2 oder von § 28 Abs. 1 abweichende Beschlussfassungsgestaltungen anzugeben, sondern die Vertretungsmacht ist auch dann einzutragen, wenn sie dem gesetzlichen Normalfall entspricht.[4] Zu den verschiedenen Gestaltungsmöglichkeiten der Vertretungsmacht → § 26 Rn. 4 ff. und → § 28 Rn. 2 ff. In formeller Hinsicht ist ferner nach §§ 9, 10, 13 VRV, 382, 383 FamFG das Eintragungsdatum anzugeben, die Eintragung durch den zuständigen Richter oder Beamten zu unterschreiben und dem Antragsteller die
Eintragung bekannt zu machen. Die Rechtsfähigkeit des Vereins beginnt nicht mehr mit Ablauf des nach
§ 130 FGG aF mit anzugebenden Tages der Eintragung; vielmehr wird die Eintragung gem. § 382 Abs. 1
S. 2 FamFG mit Vollzug im Register wirksam. Weitere Formalia der Eintragung folgen aus §§ 9 ff. VRV
(zur VRV → Vor § 55 Rn. 1).

Über § 64 hinaus können grundsätzlich keine weiteren Tatsachen, etwa auf **Wunsch des Antragstellers**, **3**
eingetragen werden,[5] da das Vereinsregister übersichtlich zu halten ist. Allerdings ist § 64 dahin gehend
extensiv auszulegen, dass alle Tatsachen eintragungsfähig sind, welche die satzungsgemäßen Vertretungsverhältnisse offen legen,[6] zB die Bestellung eines besonderen Vertreters nach § 30,[7] die Einräumung der
Einzelvertretung oder sonstige Ausgestaltung der Vertretungsmacht bei einem mehrgliedrigen Vorstand[8]
oder die Befreiung vom Verbot des § 181.[9] Nicht einzutragen ist hingegen die **Vereinssatzung** selbst; sie
wird gem. § 66 Abs. 2 S. 2 in Abschrift zur Registerakte genommen.

Gem. § 383 Abs. 3 FamFG ist die Eintragung nicht mit **Rechtsmitteln** angreifbar. Es kann jedoch auf **4**
Antrag eine Amtslöschung nach § 395 FamFG erfolgen. Die Zurückweisung der Anmeldung richtet sich
nach § 60.

§ 65 Namenszusatz

Mit der Eintragung erhält der Name des Vereins den Zusatz „eingetragener Verein".

Literatur: S. Vorbemerkungen zu §§ 55–79.

1   Gesetz über elektronische Register und Justizkosten
     für Telekommunikation v. 10.12.2001, BGBl. I
     S. 3422; zu den Änderungen eingehend Schwarz/
     Schöpflin NZG 2002, 1033 ff.; ders., Rpfleger 2003,
     1 ff.
2   Staudinger/*Schwennicke* BGB § 64 Rn. 2; MüKo-
     BGB/*Reuter* § 64 Rn. 1.
3   Erman/*Westermann* BGB § 64 Rn. 1; Soergel/*Had-
     ding* BGB § 64 Rn. 1; MüKoBGB/*Leuschner* § 64
     Rn. 7.
4   Palandt/*Ellenberger* BGB § 64 Rn. 1; Schwarz/
     Schöpflin NZG 2002, 1033 (1034 ff.); ders., Rpfleger
     2003, 1.
5   BayObLG NJW-RR 1992, 802 (803); MüKoBGB/
     Leuschner § 64 Rn. 6; Palandt/*Ellenberger* BGB § 64
     Rn. 1; Soergel/*Hadding* BGB § 64 Rn. 3; Staudinger/
     Schwennicke BGB § 64 Rn. 6 ff.; BeckOK BGB/

     Schöpflin § 64 Rn. 3; aA Reichert/*Wagner* Kapitel 2
     Rn. 181 unter Bezug auf BGH NJW 1992, 1452
     (1453 f.) zum Handelsregister.
6   Palandt/*Ellenberger* BGB § 64 Rn. 1; Soergel/*Had-
     ding* BGB § 64 Rn. 3; BeckOK BGB/*Schöpflin* § 64
     Rn. 3.
7   BayObLGZ 1981, 71 = NJW 1981, 2068; OLG
     Hamm OLGZ 1978, 21 (26); MüKoBGB/*Leuschner*
     § 64 Rn. 6.
8   BGHZ 69, 250, 253 = DB 1977, 2090 = NJW 1977,
     2310; OLG Düsseldorf Rpfleger 1982, 477;
     Staudinger/*Schwennicke* BGB § 64 Rn. 5; *Sauter/
     Schweyer/Waldner* Eingetragener Verein Rn. 26.
9   BGHZ 87, 59, 61 = NJW 1983, 1676 zur GmbH; LG
     Ravensburg Rpfleger 1990, 26; Soergel/*Hadding*
     BGB § 64 Rn. 5; BeckOK BGB/*Schöpflin* § 64
     Rn. 3.1.

1 Der Zusatz „eingetragener Verein" bzw. „e.V." wird mit der Eintragung ipso iure zum Bestandteil des Vereinsnamens. Aus § 65 erwächst eine **Verpflichtung des Vereins**, den Zusatz im Rechtsverkehr zu führen; das Führen einer fremdsprachigen Entsprechung ist selbst bei einem fremdsprachigen Vereinsnamen unzureichend.[1] Verletzt der Verein wiederholt die Verpflichtung aus § 65, kann dies zur **Haftung** nach § 826 und für den nach außen hin Handelnden zur Rechtsscheinhaftung gem. § 54 S. 2 analog führen[2] (→ § 54 Rn. 20 ff.). Ein einmaliger Verstoß vermag die Rechtsscheinhaftung jedoch noch nicht zu begründen.[3]

§ 66 Bekanntmachung der Eintragung und Aufbewahrung von Dokumenten

(1) Das Amtsgericht hat die Eintragung des Vereins in das Vereinsregister durch Veröffentlichung in dem von der Landesjustizverwaltung bestimmten elektronischen Informations- und Kommunikationssystem bekannt zu machen.

(2) Die mit der Anmeldung eingereichten Dokumente werden vom Amtsgericht aufbewahrt.

Literatur: S. Vorbemerkungen zu §§ 55–79.

A. Allgemeines 1
B. Regelungsgehalt 2
   I. Veröffentlichung und Benachrichtigung 2
II. Registerrechtliche Behandlung der eingereichten Dokumente 3

A. Allgemeines

1 § 66 regelt einerseits die gerichtliche Pflicht zur Bekanntmachung der Registereintragung (Abs. 1) und andererseits die weitere Verfahrensweise mit den gem. § 59 Abs. 2 eingereichten Abschriften (Abs. 2). § 66 ist eine **Ordnungsvorschrift**, so dass ihre Nichtbeachtung die konstitutive Wirkung der Eintragung nicht berührt (→ Vor § 55 Rn. 4). Die Nichtbeachtung seitens des Amtsgerichts kann ggf. zu einem **Amtshaftungsanspruch** des Vereins gem. Art. 34 GG iVm § 839 BGB führen.[1]

B. Regelungsgehalt

I. Veröffentlichung und Benachrichtigung

2 Nach Abs. 1 elektronisch zu veröffentlichen sind nur der Name und Sitz des Vereins, das Registergericht, die Registernummer und der Tag der Eintragung (§ 14 VRV; zur VRV → Vor § 55 Rn. 1).[2] Über § 14 VRV hinaus ist eine Veröffentlichung nicht notwendig. Denn jedermann kann sich über die übrigen, nach § 64 eintragungsbedürftigen Tatsachen Kenntnis verschaffen durch Einsicht in das Vereinsregister nach § 79 Abs. 1. Zumal kann jedermann eine Bescheinigung gem. § 386 FamFG einholen, dass weitere Registereintragungen nicht vorhanden bzw. dass bestimmte Eintragungen nicht erfolgt sind. Neben der Veröffentlichung hat das Registergericht die Eintragung gem. § 383 Abs. 1 FamFG dem Antragsteller bekannt zu geben. Die Benachrichtigung richtet sich nach § 13 VRV. Die bereits vorgenommene Eintragung ist unanfechtbar, § 383 Abs. 3 FamFG (→ Vor § 55 Rn. 4).

II. Registerrechtliche Behandlung der eingereichten Dokumente

3 Die nach § 59 Abs. 2 Nr. 1 bei der Anmeldung mit einzureichende Satzungsabschrift war gem. Abs. 2 S. 1 aF mit einem Eintragungsvermerk versehen an den Verein zurückzugeben. Da mit Einführung des Vereinsrechtsänderungsgesetzes[3] die Pflicht zur Einreichung der Satzung in Urschrift entfallen ist (→ § 59 Rn. 4), ist als Folgeänderung auch die diesbezügliche Verfahrensvorschrift des Abs. 2 S. 1 aF ersatzlos ent-

1   KG JW 1930, 3777; Palandt/*Ellenberger* BGB § 65 Rn. 1; *Sauter/Schweyer/Waldner* Eingetragener Verein Rn. 58.
2   Staudinger/*Schwennicke* BGB § 65 Rn. 4; Soergel/*Hadding* BGB § 65 Rn. 2; MüKoBGB/*Leuschner* § 65 Rn. 3; Sauter/Schweyer/*Waldner/Wörle-Himmel*, Rn. 26.
3   OLG Celle NJW-RR 1999, 1052; Erman/*Westermann* BGB § 65 Rn. 1.

1   MüKoBGB/*Leuschner* § 66 Rn. 3; Soergel/*Hadding* BGB § 66 Rn. 3; zurückhaltend Staudinger/*Schwennicke* BGB § 66 Rn. 2; BeckOK BGB/*Schöpflin* § 66 Rn. 1.
2   Reichert/*Wagner* Kapitel 2 Rn. 221; aA entgegen § 14 VRV Erman/*Westermann* BGB § 66 Rn. 1: zu veröffentlichen ist der nach § 64 notwendige Inhalt der Satzung.
3   Gesetz zur Erleichterung elektronischer Anmeldungen zum Vereinsregister und anderer vereinsrechtlicher Änderungen v. 24.9.2009, BGBl. I S. 3145.

fallen.[4] Die nach § 59 Abs. 2 einzureichende Satzungsabschrift sowie die Urkunden über die Vorstandsbestellung werden gem. Abs. 2, § 7 Abs. 2 VRV vom Registergericht beglaubigt und zur Registerakte genommen. Wird das Register als **EDV-Register** geführt, kann die Satzungsabschrift durch Aufnahme in einen Bild- oder Datenträger ersetzt werden, sofern sie kurzfristig wieder lesbar gemacht werden kann.

§ 67 Änderung des Vorstands

(1) ¹Jede Änderung des Vorstands ist von dem Vorstand zur Eintragung anzumelden. ²Der Anmeldung ist eine Abschrift der Urkunde über die Änderung beizufügen.

(2) Die Eintragung gerichtlich bestellter Vorstandsmitglieder erfolgt von Amts wegen.

Literatur: S. § 26 und Vorbemerkungen zu §§ 55–79.

A. Allgemeines 1   I. Anzumeldende Änderungen 2
B. Regelungsgehalt 2   II. Eintragung 4

A. Allgemeines

§ 67 sowie die §§ 68–70 befassen sich mit der Änderung des Vorstands und deren Auswirkungen. Regelungsgegenstand von § 67 ist die Anzeigepflicht bei Änderung des Vorstands (Abs. 1) und die Eintragung gerichtlich bestellter Vorstände (Abs. 2). Die vorzunehmende Eintragung hat nur **deklaratorischen Charakter**,[1] ist aber für die negative Publizität des Vereinsregisters nach § 68 von Bedeutung (dazu → § 68 Rn. 1 ff.; zu Änderungen der Satzung → § 71 Rn. 1 ff.). **1**

B. Regelungsgehalt

I. Anzumeldende Änderungen

Gem. Abs. 1 S. 1 ist jede Änderung des Vorstands zur Eintragung anzumelden. Vorstand im Sinne der Vorschrift ist der **gesetzliche Vorstand** nach § 26 Abs. 1,[2] hingegen nicht die Mitglieder eines nicht vertretungsbefugten erweiterten Vorstands (vgl. zum Vorstandsbegriff → § 26 Rn. 2 ff.). Die Anmeldungspflicht des § 67 gilt auch für die besonderen Vertreter gem. § 30.[3] Mitteilungsbedürftig sind alle **Veränderungen im Personalbestand** des Vorstands, also sowohl die Neubestellung als auch das Ausscheiden aus dem Vorstandsamt, gleich aus welchem Grund.[4] Da nur Änderungen anmeldepflichtig sind, ist die Wiederbestellung des bisherigen Vorstands nicht eintragungsbedürftig.[5] Auch nicht unter Abs. 1 S. 1 fallen Änderungen der **Vertretungsbefugnis**. Eine Pflicht zur Anmeldung solcher Änderungen, wie sie zB nach § 81 Abs. 1 AktG, § 28 Abs. 1 S. 1 GenG vorgesehen ist, ordnet das Vereinsrecht nicht an. Da Änderungen der Vertretungsbefugnis aber regelmäßig einer Satzungsänderung bedürfen (→ § 26 Rn. 10 f.), folgt die Anmeldungspflicht in diesen Fällen aus § 71 Abs. 1 S. 1;[6] zudem lässt sich das Eintragungserfordernis von Änderungen des Vertretungsmachtumfangs aus §§ 70, 68 ableiten,[7] da die Vorschriften den guten Glauben Dritter vor nicht eingetragenen Änderungen schützen. **2**

Die **Anmeldung** erfolgt durch den Vorstand in vertretungsberechtigter Zahl; dies ist seit einer klärenden Entscheidung des BGH zur Anmeldung einer Satzungsänderung allgemein anerkannt[8] und entspricht seit der Vereinsrechtsreform 2019 § 77 (vgl. zur Erstanmeldung → § 59 Rn. 2). Zuständig ist nicht der ausge- **3**

4 BT-Drs. 16/12813, S. 12.
1 BayObLG NJW-RR 1997, 289; MüKoBGB/*Leuschner* § 67 Rn. 1, 4; Soergel/*Hadding* BGB § 67 Rn. 1; Erman/*Westermann* BGB § 67 Rn. 1; K. Schmidt GesR, § 23 II 2 b bb.
2 Vgl. KG Recht 1929, Nr. 1454; Reichert/*Wagner* Kapitel 2 Rn. 2291; BeckOK BGB/*Schöpflin* § 67 Rn. 2.
3 Erman/*Westermann* BGB § 67 Rn. 1; Staudinger/*Schwennicke* BGB § 67 Rn. 2; MüKoBGB/*Leuschner* § 67 Rn. 1; Soergel/*Hadding* BGB § 67 Rn. 4.
4 Dazu Reichert/*Wagner* Kapitel 2 Rn. 2291 ff.

5 MüKoBGB/*Leuschner* § 67 Rn. 2; Soergel/*Hadding* BGB § 67 Rn. 4; Reichert/*Wagner* Kapitel 2 Rn. 2295.
6 Vgl. BGHZ 18, 303, 306 f. = NJW 1955, 1916; Reichert/*Wagner* Kapitel 2 Rn. 2296.
7 So wohl auch Palandt/*Ellenberger* BGB § 70 Rn. 1.
8 BGHZ 96, 245, 247 f. = DB 1986, 473 = NJW 1986, 1033; BayObLGZ 1991, 53 = NJW-RR 1991, 958 (959); Palandt/*Ellenberger* BGB § 67 Rn. 1; Staudinger/*Schwennicke* BGB § 67 Rn. 4; K. Schmidt GesR, § 23 II 2 b aa und § 24 II 1 a; früher aA OLG Hamm OLGZ 1980, 389; nunmehr aber wie hier: OLG Hamm NJW-RR 2000, 698 (699).

schiedene, sondern der zur Zeit der Anmeldung schon vertretungsberechtigte, neu bestellte Vorstand.[9] Die Form des § 77 ist zu beachten. Gem. Abs. 1 S. 2 ist der Anmeldung eine Abschrift der Urkunde über die Änderung beizufügen; es bedarf auch eines urkundlichen Nachweises über die Annahme der Wahl.[10] Auch bei einer mündlich erklärten Niederlegung des Vorstandsamts bedarf es einer schriftlichen Bestätigung.[11] Das Registergericht kann die Anmeldung durch Festsetzung eines Zwangsgeldes nach § 78 Abs. 1 BGB iVm §§ 388 ff. FamFG erzwingen (→ § 78 Rn. 2 f.).

II. Eintragung

4 Das Registergericht prüft die Ordnungsmäßigkeit der Anmeldung und die Rechtmäßigkeit der angemeldeten Vorstandsänderung.[12] Dazu dient die nach Abs. 1 S. 2 einzureichende Bestellungsurkunde. Das Gericht muss grundsätzlich nur prüfen, ob die beantragte Eintragung durch den Inhalt der beigefügten Urkunden gerechtfertigt ist; begründetem Zweifel an der Richtigkeit der Urkunden hat das Gericht im Wege der Amtsermittlung nachzugehen.[13] Ist die Anmeldung unvollständig oder besteht ein behebbares Hindernis, kann das Gericht eine Zwischenverfügung erlassen mit der Aufforderung, etwaige Fehler zu beheben, § 382 Abs. 4 FamFG; ein behebbar Mangel liegt jedoch nicht vor, wenn der Bestellungsbeschluss neu vorgenommen werden muss – in diesem Falle kommt nur eine Zurückweisung des Antrags bzw. seine Rücknahme in Betracht.[14] Den gerichtlich bestellten Notvorstand trägt das Gericht gem. §§ 67 Abs. 2, 29 von Amts wegen ein. Die Änderung der Eintragung richtet sich nach § 11 VRV (zur VRV → Vor § 55 Rn. 1). Gegen die Zurückweisung der Eintragung findet die Beschwerde gem. §§ 58 ff. FamFG statt. Die Veränderung des Vorstands durch Bestellung neuer und Ausscheiden bisheriger Mitglieder stellt für jede betroffene Person jeweils einen verschiedenen Gegenstand iSv § 110 Nr. 1 GNotKG dar.[15]

§ 68 Vertrauensschutz durch Vereinsregister

[1]Wird zwischen den bisherigen Mitgliedern des Vorstands und einem Dritten ein Rechtsgeschäft vorgenommen, so kann die Änderung des Vorstands dem Dritten nur entgegengesetzt werden, wenn sie zur Zeit der Vornahme des Rechtsgeschäfts im Vereinsregister eingetragen oder dem Dritten bekannt ist. [2]Ist die Änderung eingetragen, so braucht der Dritte sie nicht gegen sich gelten zu lassen, wenn er sie nicht kennt, seine Unkenntnis auch nicht auf Fahrlässigkeit beruht.

Literatur: S. § 26 und Vorbemerkungen zu §§ 55–79.

A. Allgemeines 1
B. Regelungsgehalt 2
  I. Negative Publizität (S. 1) 2
    1. Fehlende Eintragung 2

2. Tatbestandsvoraussetzungen 3
3. Bestehende Eintragungen 4
II. Eingetragene Änderungen (S. 2) 5

A. Allgemeines

1 Die Vorschrift soll dafür Sorge tragen, dass gutgläubige Dritte keine Nachteile durch unbekannte Veränderungen der Vertretungsverhältnisse im Verein erleiden. Dies erreicht das Gesetz durch einen beschränkten Vertrauensschutz bzgl. des im Vereinsregister eingetragenen Vorstandes. Der Schutz des § 68 wird gem. § 70 auch auf den Umfang der Vertretungsmacht und die Beschlussfassung des Vorstands erstreckt. Es gilt der Grundsatz der sog. **negativen Publizität** des Vereinsregisters, vgl. § 15 Abs. 1 HGB zum Handelsregister.

9   OLG Frankfurt OLGZ 1983, 385 f.; OLG Zweibrücken GmbHR 1999, 479; Soergel/*Hadding* BGB § 67 Rn. 6; BeckOK BGB/*Schöpflin* § 67 Rn. 4; Reichert/*Wagner* Kapitel 2 Rn. 2301.
10   KG Berlin 7.9.2010 – 1 W 198/10.
11   OLG Frankfurt NJW-RR 2016, 360 = NZG 2016, 155; Palandt/*Ellenberger* BGB § 67 Rn. 1.
12   Zur Prüfung des Registergerichts s. im Einzelnen Reichert/*Wagner* Kapitel 2 Rn. 2309 ff.

13   OLG Schleswig Rpfleger 2005, 317 = OLGR Schleswig 2005, 209; OLG München NZG 2008, 351; OLG Rostock 25.6.2012 – 1 W 16/12, juris Rn. 11.
14   OLG Zweibrücken NZG 2013, 1236 = Rpfleger 2014, 209.; vgl. auch OLG Zweibrücken NZG 2013, 907.
15   *Hartmann*, KostG, 47. Auf. (2017) § 109 GNotKG Rn. 52; vgl. zu § 44 Abs. 2 a KostO aF; BGHZ 153, 22 = NJW-RR 2003, 1149; OLG Hamm FGPrax 2009, 185 = JurBüro 2009, 435.

B. Regelungsgehalt

I. Negative Publizität (S. 1)

1. Fehlende Eintragung. Die aus § 68 folgende negative Publizität bedeutet, dass Dritte allein negativ **2** darauf vertrauen können, dass Vertretungsverhältnisse, die nicht im Vereinsregister eingetragen sind, **nicht gelten**. Das kommt in S. 1 zum Ausdruck, wonach einem Dritten, der ein Rechtsgeschäft mit einem bisherigen Vorstand vornimmt, nicht eingetragene Änderungen der Vertretungsverhältnisse nicht entgegengehalten werden können.

2. Tatbestandvoraussetzungen. Dritter im Sinne der Vorschrift sind nicht nur Außenstehende, sondern **3** ist jeder, der nicht unmittelbar selbst (sei es als Vorstand, Liquidator oder besonderer Vertreter) Gegenstand der Eintragung ist.[1] Dritte können somit auch Vereinsmitglieder sein,[2] da das Vereinsregister auch ihrem Schutz dient und sie nicht allein auf vereinsinterne Informationsquellen verwiesen sind. Der Begriff des **Rechtsgeschäfts** ist aufgrund des Schutzzwecks der Norm weit auszulegen – darunter fallen neben Rechtsgeschäften im engeren Sinne auch geschäftsähnliche Handlungen und grundsätzlich auch Prozesshandlungen.[3] Für die Erteilung einer Prozessvollmacht reicht es jedoch nicht aus, dass die Vorstandsmitglieder im Vereinsregister eingetragen sind, da bei der Beurteilung der Prozessfähigkeit nicht auf den Schein des Registers abgestellt werden kann.[4] § 68 gilt auch nicht für Delikte, da es bei diesem an einem zu schützenden Vertrauen fehlt.[5] Der Dritte ist nur geschützt, wenn er **gutgläubig** ist, dh wenn er gem. S. 1 die Änderungen bei Vornahme des Rechtsgeschäfts nicht kannte. Die Gutgläubigkeit wird nur durch positive Kenntnis ausgeschlossen; bloßes Kennenmüssen ist nicht ausreichend.[6] Ebenso wenig setzt der Vertrauensschutz voraus, dass der Dritte zuvor Einblick in das Vereinsregister genommen hat.[7] Die Beweislast für eine positive Kenntnis des Dritten trägt der Verein.[8]

3. Bestehende Eintragungen. § 68 schützt nur das Vertrauen auf das Schweigen des Registers und nicht **4** auch umgekehrt das Vertrauen auf die Richtigkeit bestehender Eintragungen. Eine derartige **positive Publizität**, wie sie § 892 für das Grundbuch und § 15 Abs. 3 HGB in gewissem Umfang[9] für das Handelsregister vorsehen, kennt das Vereinsrecht nicht. So schützt die Norm nicht das Vertrauen auf eine von Anfang an **unrichtige Registereintragung**.[10] Aus dem Rechtsgedanken von § 68 sowie aus § 121 Abs. 2 S. 2 AktG analog folgt aber, dass der noch eingetragene Vorstand, dessen Bestellung ungültig oder dessen Amtszeit bereits abgelaufen ist, zur Einberufung der Mitgliederversammlung befugt bleibt.[11]

II. Eingetragene Änderungen (S. 2)

Wurden die Änderungen der Vertretungsverhältnisse in das Vereinsregister eingetragen, wirken sie grund- **5** sätzlich gegen jeden. Der Dritte braucht die eingetragene Änderung gem. S. 2 dennoch nicht gegen sich gelten lassen, wenn er die Änderung nicht kannte, ohne dass dies auf Fahrlässigkeit beruht. Anders als bei der negativen Publizität nach S. 1 schadet hier somit ein **Kennenmüssen** und lässt den Vertrauensschutz entfallen.[12] Die Eintragung bewirkt zudem eine **Umkehr der Beweislast**, so dass der Dritte zu beweisen hat, dass seine Unkenntnis nicht auf Fahrlässigkeit beruht.[13] Von einer unverschuldeten Unkenntnis ist zB auszugehen, wenn sich der Dritte unmittelbar vor Abschluss des Rechtsgeschäfts ein Registerzeugnis nach § 69 vorlegen lässt.[14]

1 Staudinger/*Schwennicke* BGB § 68 Rn. 10; BeckOK BGB/*Schöpflin* § 68 Rn. 3.

2 Soergel/*Hadding* BGB § 68 Rn. 7; Staudinger/*Schwennicke* BGB § 68 Rn. 11; Palandt/*Ellenberger* BGB § 68 Rn. 2; BeckOK BGB/*Schöpflin* § 68 Rn. 3; aA MüKoBGB/*Leuschner* § 68 Rn. 3; vgl. auch *Baumbach/Hopt* HGB § 15 Rn. 7.

3 OLG Frankfurt Rpfleger 1978, 134; Soergel/*Hadding* BGB § 68 Rn. 6; Staudinger/*Schwennicke* BGB § 68 Rn. 7; MüKoBGB/*Leuschner* § 68 Rn. 2.

4 KG Berlin KGR Berlin 2006, 615 ff.

5 BGH DB 1985, 1338 (1339) = WM 1985, 570; Soergel/*Hadding* BGB § 68 Rn. 6; Staudinger/*Schwennicke* BGB § 68 Rn. 9; MüKoBGB/*Leuschner* § 68 Rn. 2.

6 Staudinger/*Schwennicke* BGB § 68 Rn. 14; BeckOK BGB/*Schöpflin* § 68 Rn. 3; aA Erman/*Westermann* BGB § 68 Rn. 3, der annimmt, dass auch fahrlässige Unkenntnis schadet.

7 Staudinger/*Schwennicke* BGB § 68 Rn. 15; BeckOK BGB/*Schöpflin* § 68 Rn. 3; MüKoBGB/*Leuschner* § 68 Rn. 4.

8 MüKoBGB/*Leuschner* § 68 Rn. 7; Staudinger/*Schwennicke* BGB § 68 Rn. 14.

9 Im Einzelnen Baumbach/*Hopt* HGB § 15 Rn. 18 ff. mwN.

10 BayObLG Rpfleger 1983, 74; Palandt/*Ellenberger* BGB § 68 Rn. 1.

11 BayObLGZ 1985, 24 (26 f.); 1988, 410, 412; BayObLG Rpfleger 1995, 465; LG Aurich Rpfleger 1987, 116; Palandt/*Ellenberger* BGB § 32 Rn. 2; BeckOK BGB/*Schöpflin* § 32 Rn. 9; Soergel/*Hadding* BGB § 32 Rn. 8.

12 BeckOK BGB/*Schöpflin* § 68 Rn. 6; Palandt/*Ellenberger* BGB § 68 Rn. 1.

13 Staudinger/*Schwennicke* BGB § 68 Rn. 19; Erman/*Westermann* BGB § 68 Rn. 3.

14 Palandt/*Ellenberger* BGB § 68 Rn. 1; Staudinger/*Schwennicke* BGB § 69 Rn. 8; BeckOK BGB/*Schöpflin* § 68 Rn. 6; MüKoBGB/*Leuschner* § 69 Rn. 2.

§ 69 Nachweis des Vereinsvorstands

Der Nachweis, dass der Vorstand aus den im Register eingetragenen Personen besteht, wird Behörden gegenüber durch ein Zeugnis des Amtsgerichts über die Eintragung geführt.

Literatur: S. § 26 und Vorbemerkungen zu §§ 55–79.

A. Allgemeines

1 Die Vorschrift eröffnet die Option, statt der Originalurkunde ein Legitimationszeugnis des Amtsgerichts vorzulegen, und soll den **Verkehr mit Behörden** erleichtern.

B. Regelungsgehalt

2 Das Legitimationszeugnis bezieht sich über den Wortlaut des § 69 hinaus auch auf den **Umfang der Vertretungsmacht**.[1] Mit dem Legitimationszeugnis kann zB gegenüber dem Grundbuchamt die Vertretungsmacht des Vorstands nachgewiesen werden, da es sich dabei um eine öffentliche Urkunde iSd § 29 Abs. 2 GBO handelt.[2] Das Legitimationszeugnis ist nur eine **widerlegbare, rein deklaratorische Bestätigung**; eine tatsächlich nicht erfolgte Bestellung des Vorstands wird dadurch nicht fingiert. § 69 findet grundsätzlich keine Anwendung im **rechtsgeschäftlichen Verkehr** mit Privatpersonen. Ein privater Geschäftspartner kann sich aber statt der Bestellungsurkunde auch ein Legitimationszeugnis nach § 69 vorlegen lassen, um hinsichtlich der Vertretungsmacht vom Gutglaubensschutz des § 68 S. 2 zu profitieren (→ § 68 Rn. 5).

§ 70 Vertrauensschutz bei Eintragungen zur Vertretungsmacht

Die Vorschriften des § 68 gelten auch für Bestimmungen, die den Umfang der Vertretungsmacht des Vorstands beschränken oder die Vertretungsmacht des Vorstands abweichend von der Vorschrift des § 26 Absatz 2 Satz 1 regeln.

Literatur: S. § 26 und Vorbemerkungen zu §§ 55–79.

1 Die Vorschrift erstreckt den **Vertrauensschutz** des § 68 auf dem Dritten unbekannte Änderungen des Vertretungsmachtumfangs und etwaige von § 28 Abs. 1 abweichende Beschlussfassungsregelungen. Zum Umfang des Vertrauensschutzes → § 68 Rn. 2 ff. § 70 setzt eine **Registereintragung** von Änderungen der Vertretungsbefugnis voraus. Da eine Pflicht zur Anmeldung solcher Änderungen für den Verein – anders als zB nach § 81 Abs. 1 AktG oder § 28 Abs. 1 S. 1 GenG – nicht explizit aus dem Gesetz folgt, ist sie aus den §§ 70, 68 abzuleiten[1] (→ § 67 Rn. 2). Ist eine Änderung der Vertretungsbefugnis nicht in das Vereinsregister eingetragen und war sie dem Dritten auch nicht positiv bekannt, kann sie ihm gem. §§ 70, 68 S. 1 nicht entgegengehalten werden. War die Änderung aber eingetragen und hätte der Geschäftspartner des Vereins davon durch Registereinsicht Kenntnis nehmen können, muss er die Änderung gegen sich gelten lassen.[2] § 70 schützt nicht das Vertrauen in eine in das Vereinsregister eingetragene Befreiung vom Verbot des Selbstkontrahierens gemäß § 181 BGB, da das Vereinsregister keine positive Publizität hat und § 71 den Schutz des § 68 ohnehin nur auf Beschränkungen der Vertretungsmacht erstreckt, und damit nicht auf eine Erweiterung.[3]

§ 71 Änderungen der Satzung

(1) [1]Änderungen der Satzung bedürfen zu ihrer Wirksamkeit der Eintragung in das Vereinsregister. [2]Die Änderung ist von dem Vorstand zur Eintragung anzumelden. [3]Der Anmeldung sind eine Abschrift des die Änderung enthaltenden Beschlusses und der Wortlaut der Satzung beizufügen. [4]In dem Wortlaut der Satzung müssen die geänderten Bestimmungen mit dem Beschluss über die Sat-

---

1   MüKoBGB/*Leuschner* § 69 Rn. 2; Staudinger/
    Schwennicke BGB § 69 Rn. 4.
2   KG Recht 1929, Nr. 2492; Staudinger/*Schwennicke*
    BGB § 69 Rn. 7; Erman/*Westermann* BGB § 69
    Rn. 1; Soergel/*Hadding* BGB § 69 Rn. 2; MüKo-
    BGB/*Leuschner* § 69 Rn. 1.

1   So wohl auch Palandt/*Ellenberger* BGB § 68 Rn. 1.
2   OLG Köln BB 1999, 1186; BeckOK BGB/*Schöpflin*
    § 70 Rn. 3.
3   BGH NJW-RR 2014, 1431; MüKoBGB/*Leuschner*
    § 70 Rn. 4; Palandt/*Ellenberger* BGB § 70 Rn. 1.

zungsänderung, die unveränderten Bestimmungen mit dem zuletzt eingereichten vollständigen Wortlaut der Satzung und, wenn die Satzung geändert worden ist, ohne dass ein vollständiger Wortlaut der Satzung eingereicht wurde, auch mit den zuvor eingetragenen Änderungen übereinstimmen.

(2) Die Vorschriften der §§ 60, 64 und des § 66 Abs. 2 finden entsprechende Anwendung.

Literatur: S. § 25 und Vorbemerkungen zu §§ 55–79.

A. Allgemeines 1
B. Regelungsgehalt 2
  I. Anmeldung 2
    1. Zuständigkeit des Vorstands 2
    2. Formalien der Anmeldung 3

II. Eintragung 4
  1. Gerichtliche Prüfung 4
  2. Inhalt der Eintragung 5
  3. Wirkung der Eintragung 6

A. Allgemeines

§ 71 befasst sich mit der Eintragung von Änderungen der Satzung in das Vereinsregister (zur Änderung der **1** Satzung → § 33 Rn. 2 f.). Aus Abs. 1 S. 1 folgt die **konstitutive Wirkung** der Eintragung.[1] Die Zuständigkeit des Vorstands zur Anmeldung der Änderung nach Abs. 1 S. 2 und die Pflicht zur Einreichung einer Abschrift des Mitgliederversammlungsbeschlusses gem. Abs. 1 S. 3 wie bei den Anforderungen an die Ersteintragung nach § 59 Abs. 1, 2 Nr. 1. Abs. 1 S. 4 wurde 2009 eingeführt;[2] dies dient der korrekten Anknüpfung an die Satzungshistorie. Nach Abs. 2 finden die Bestimmungen zur Ersteintragung über die gerichtliche Prüfung (§ 60), die erforderlichen Registereintragungen (§ 64) und über die weitere Verfahrensweise mit den einzureichenden Urkunden (§ 66 Abs. 2) entsprechende Anwendung. Zur Änderung des Vorstands (→ § 67 Rn. 1 ff.).

B. Regelungsgehalt

I. Anmeldung

1. Zuständigkeit des Vorstands. Gem. Abs. 1 S. 2 hat der Vorstand Satzungsänderungen anzumelden. **2** Bei einem **mehrgliedrigen Vorstand** ist die Anmeldung durch Vorstandsmitglieder in vertretungsberechtigter Zahl erforderlich und ausreichend; dies ist seit einer klärenden Entscheidung des BGH einhellige Auffassung.[3] Das Gleiche gilt bei der Anmeldung von Änderungen des Vorstands (→ § 67 Rn. 3) und nach richtiger Ansicht auch bei der Erstanmeldung (→ § 59 Rn. 2). Betrifft die einzutragende Satzungsänderung die **Bildung des Vorstands** und sind auf Grundlage der noch nicht eingetragenen Änderung bereits neue Vorstände gewählt, sind diese, anders als bei § 67, nicht zur Anmeldung befugt (→ § 67 Rn. 3). Denn da die Eintragung nach Abs. 1 S. 1 im Gegensatz zu Fällen des § 67 nicht bloß deklaratorisch, sondern **konstitutiv** wirkt, sind die auf Grundlage der Änderung neu ernannten Vorstände vor Eintragung noch nicht im Amt.[4] Wenn die alten Vorstände bereits aus ihrem Amt geschieden sind, ist zur Anmeldung der Satzungsänderung ein Notvorstand gem. §§ 29, 67 Abs. 2 zu bestellen.

2. Formalien der Anmeldung. Die Anmeldung hat der Form des § 77 zu entsprechen. Ihr sind gem. **3** Abs. 1 S. 3 der die Satzung ändernde Mitgliederversammlungsbeschluss in Abschrift beizufügen (zur Beurkundungspflicht → § 58 Rn. 7). Das mit der Anmeldung der Satzungsänderung einzureichende Protokoll ist in der durch die Satzung vorgeschriebenen Form für die Beurkundung von Beschlüssen der Mitgliederversammlung vorzulegen; eine Abschrift des die Änderung betreffenden Beschlusses ist ausreichend.[5] Der der Anmeldung zudem beizufügende vollständige Satzungswortlaut muss nicht von Vorstandsmitgliedern in vertretungsberechtigter Zahl unterschrieben werden.[6] Bezieht sich die Änderung der Satzung auf einen nach Abs. 2 eintragspflichtigen Umstand (zB Vereinsname oder Änderung der Vertretungsbefugnis des Vor-

1 BGHZ 23, 122, 128 = NJW 1957, 497; BFH NJW-RR 2002, 318; OLG Köln NJW 1964, 1575; Staudinger/*Schwennicke* BGB § 71 Rn. 3; Erman/*Westermann* BGB § 71 Rn. 1; *Keilbach* DNotZ 2001, 670 (671).

2 Gesetz zur Erleichterung elektronischer Anmeldungen zum Vereinsregister und anderer vereinsrechtlicher Änderungen v. 24.9.2009, BGBl. I S. 3145.

3 BGHZ 96, 245, 247 f. = DB 1986, 473 = NJW 1986, 1033; BayObLGZ 1991, 53 = NJW-RR 1991, 958 (959); Palandt/*Ellenberger* BGB § 71 Rn. 2; Soergel/*Hadding* BGB § 71 Rn. 3; Staudinger/*Schwennicke*

BGB § 71 Rn. 9; *K. Schmidt* GesR, § 23 II 2 b aa und § 24 II 1 a; *Kirberger* ZIP 1986, 346.

4 BayObLGZ 1910, 81; OLG Bremen NJW 1955, 1925; MüKoBGB/*Leuschner* § 71 Rn. 8; Staudinger/*Schwennicke* BGB § 71 Rn. 3; Soergel/*Hadding* BGB § 71 Rn. 3; Palandt/*Ellenberger* BGB § 71 Rn. 2; aA *Richert* DRiZ 1957, 17.

5 KG ZIP 2015, 1975; *Sauter/Schweyer/Waldner* Eingetragener Verein Rn. 140.

6 OLG Hamm NJW-RR 2010, 1627 = Rpfleger 2011, 88.

stands), besteht eine Pflicht zur Wiedergabe der betreffenden Satzungsbestimmung im Eintragungsantrag; ein Hinweis unter Angabe von Ziffer und Überschrift reicht aus.[7] Die Abschrift der Satzung muss eine vollständige bereinigte aktuelle Fassung sein, so dass das Gericht alle Eintragungsvoraussetzungen, die sich auf die Satzung beziehen, daran überprüfen kann.[8] Mit der eingereichten Abschrift verfährt das Amtsgericht gem. §§ 71 Abs. 2, 66 Abs. 2 (→ § 66 Rn. 3). Es kann die Anmeldung durch Festsetzung eines Zwangsgeldes nach § 78 Abs. 1 BGB iVm §§ 388 FamFG erzwingen (→ § 78 Rn. 2 f.). Das Gericht darf vom Vorstand, etwa im Wege der Zwischenverfügung, aber keine Versicherung verlangen, dass der eingereichte Wortlaut der Satzung mit dem im Vereinsregister verlautbarten Text der Satzung identisch ist, vgl. auch → Rn. 4.[9]

II. Eintragung

4 **1. Gerichtliche Prüfung.** Gem. §§ 71 Abs. 2, 60 hat das Registergericht die Anmeldung auf ihre Ordnungsmäßigkeit und die Satzungsänderung anhand der nach Abs. 1 S. 3 eingereichten Unterlagen auf ihre Rechtmäßigkeit hin zu überprüfen. Dem Gericht steht dabei eine umfassende Prüfungskompetenz zu (→ § 60 Rn. 2 f.). Die Eintragung der Neufassung ist daher zurückzuweisen, wenn sie nicht mit der erforderlichen Mehrheit beschlossen worden ist.[10] Prüfungsgegenstand ist nicht nur der geänderte Teil, sondern die gesamte Satzung unter Berücksichtigung der Änderung.[11] Dabei hat das Registergericht gem. Abs. 1 S. 4 besonderes Augenmerk darauf zu richten, dass die Satzung dem Wortlaut des satzungsändernden Beschlusses sowie im Übrigen der Satzungsfassung nach Maßgabe der zuletzt eingetragenen Änderungen entspricht. Das Registergericht kann sich nicht seiner eigenen Prüfungspflicht entledigen, indem es vom Vorstand eine entsprechende Versicherung zum Inhalt der eingereichten Unterlagen fordert (→ Rn. 3).[12] Zeigt bereits eine summarische Prüfung, dass die zur Anmeldung eingereichte Satzungsfassung die aktuelle Fassung nicht richtig wiedergibt, hat das Registergericht diesen behebbaren Mangel durch Zwischenverfügung zu beanstanden.[13] Hat das Registergericht begründete Zweifel an der Einhaltung einer Ordnungsvorschrift, zB Zweifel hinsichtlich der ordnungsgemäßen Einberufung der Mitgliederversammlung,[14] besteht Anlass zur Amtsermittlung.

5 **2. Inhalt der Eintragung.** Satzungsänderungen, die nach §§ 64, 67, 70 eintragungspflichtige Tatsachen betreffen, sind ihrerseits eintragungspflichtig.[15] Das folgt für § 64 aus der Verweisung des Abs. 2 und für Änderungen des Vorstands aus § 67 sowie für den Umfang der Vertretungsmacht aus § 3 S. 2 Nr. 3 VRV. Früher war umstritten, in welchem **Umfang** sonstige Satzungsänderungen einzutragen waren.[16] Nach § 3 S. 2 Nr. 4a VRV gilt für sonstige Satzungsänderungen, dass die Angabe der geänderten Satzungsvorschrift und des Gegenstands der Änderung genügt.[17] Sollen zB die jährlichen Beiträge der Mitglieder nach den Umsätzen des Vereinsmitglieds im Vorjahr bestimmt werden, so handelt es sich dabei um eine Grundsatzentscheidung, die erst wirksam wird mit der Registereintragung einer entsprechenden Satzungsbestimmung.[18]

6 **3. Wirkung der Eintragung.** Wie bereits unter → Rn. 2 festgestellt, wirkt die Eintragung der Satzungsänderung in das Vereinsregister **konstitutiv**. Daraus folgt, dass bereits vorher auf Grundlage der geänderten Satzungsbestimmung durchgeführte Beschlüsse oder sonstige Rechtshandlungen erst mit Eintragung der Änderung wirksam werden.[19] Möglich ist eine Satzungsänderung, die erst nach Eintragung zu einem genau

---

7   OLG Nürnberg FGPrax 2014, 272 = MDR 2014, 1400; OLG Nürnberg NJW-RR 2012, 1183.

8   BT-Drs. 16/12813, S. 12.

9   OLG Düsseldorf NZG 2010, 754 = FGPrax 2010, 247.

10 OLG München NZG 2020, 314, 315.

11 BayObLGZ 1984, 293; BayObLGZ 1992, 16 (18); OLG München DB 2011, 2373 = WM 2012, 450; OLG Köln NJW-RR 1993, 223; OLG Celle NJW-RR 1995, 1273; Palandt/*Ellenberger* BGB § 71 Rn. 2; Erman/*Westermann* BGB § 71 Rn. 2.

12 OLG Düsseldorf NZG 2010, 754 = FGPrax 2010, 247; *Terner* RNotZ 2010, 479 f.; Palandt/*Ellenberger* BGB § 71 Rn. 2.

13 OLG Hamm NJW-RR 2010, 1627 = Rpfleger 2011, 88.

14 OLG Düsseldorf FGPrax 2010, 43 = Rpfleger 2010, 271.

15 BGHZ 18, 303, 306 = NJW 1955, 1916; BGH WM 1987, 1100 (1101) (zur GmbH); Staudinger/*Schwennicke* BGB § 71 Rn. 7; Soergel/*Hadding* BGB § 71 Rn. 6.

16 Dazu Palandt/*Ellenberger* BGB § 71 Rn. 4; MüKo-BGB/*Reuter* § 71 Rn. 3; Staudinger/*Schwennicke* BGB § 71 Rn. 6; Soergel/*Hadding* BGB § 71 Rn. 6.

17 Zum Ganzen *Sauter/Schweyer/Waldner* Eingetragener Verein Rn. 144 mit Beispielen.

18 OLG Oldenburg OLGR 2009, 612 = ZIP 2009, 2060 f.

19 OLG München NJW-RR 1998, 966; Erman/*Westermann* BGB § 71 Rn. 1; Palandt/*Ellenberger* BGB § 71 Rn. 1; Reichert/*Wagner* Kapitel 2 Rn. 573.

bezeichneten, baldigen Zeitpunkt in Kraft tritt.[20] Eine Satzungsänderung mit rückwirkender Kraft ist dagegen wegen der konstitutiven Wirkung der Eintragung unzulässig.[21] Streitig ist die Zulässigkeit von Vorabeintragungen von bedingten und befristeten Änderungen.[22]

§72 Bescheinigung der Mitgliederzahl

Der Vorstand hat dem Amtsgericht auf dessen Verlangen jederzeit eine schriftliche Bescheinigung über die Zahl der Vereinsmitglieder einzureichen.

Literatur: S. § 26 und Vorbemerkungen zu §§ 55–79.

§ 72 soll es dem Registergericht im Hinblick auf §§ 33, 37 Abs. 2, 73 ermöglichen, die Mitgliederzahl des   **1** Vereins zu überprüfen.[1] Die einzureichende Bescheinigung hat nur die aktuelle Zahl der Mitglieder zu benennen und muss vom Vorstand in vertretungsberechtigter Zahl unterzeichnet sein.[2] Die Angabe der Mitgliedernamen oder sogar ein ausführliches **Mitgliederverzeichnis** kann nicht gefordert werden.[3] Bei begründeten Zweifeln etwa hinsichtlich der Richtigkeit und Vollständigkeit einer Registereintragung kann das Registergericht die Eintragung von der Vorlage einer Bescheinigung nach § 72 abhängig machen.[4] Weigert sich der Vorstand, kann das Registergericht die Vorlage der Bescheinigung durch Auferlegung eines Zwangsgeldes erzwingen, §§ 78 Abs. 1, 72 BGB iVm §§ 388 ff. FamFG.

§73 Unterschreiten der Mindestmitgliederzahl

Sinkt die Zahl der Vereinsmitglieder unter drei herab, so hat das Amtsgericht auf Antrag des Vorstands und, wenn der Antrag nicht binnen drei Monaten gestellt wird, von Amts wegen nach Anhörung des Vorstands dem Verein die Rechtsfähigkeit zu entziehen.
(2)[1] (weggefallen)

Literatur: S. Vorbemerkungen zu §§ 21 ff und Vorbemerkungen zu §§ 55–79.

A. Allgemeines

Ebenso wie die §§ 56, 59 Abs. 2 dient § 73 dazu, das Vereinsregister von ganz unbedeutenden Vereinen frei-   **1** zuhalten. Im Vergleich zur Erstanmeldung gilt aber eine andere Mindestmitgliederzahl. Während die Anmeldung zur Ersteintragung schon wegen einer Unterschreitung der Anzahl von sieben Mitgliedern nach §§ 60, 56 zurückzuweisen ist, soll gem. § 73 nur ein Herabsinken auf weniger als drei Mitglieder zum Entzug der Rechtsfähigkeit führen. Die strengeren Anforderungen für den Rechtsentzug sind dadurch begründet, dass die hoheitliche Beseitigung eines schon existierenden Vereins der vergleichsweise stärkere Eingriff in die Vereinigungsfreiheit nach Art. 9 Abs. 1 GG ist. Die Dreimonatsfrist dient dem Zweck, dem Verein das Abwenden des Rechtsentzugs durch Aufnahme neuer Mitglieder zu ermöglichen.[2]

B. Regelungsgehalt

Der Entzug der Rechtsfähigkeit erfolgt nicht ipso iure, sondern bedarf eines **gerichtlichen Beschlusses**   **2** gem. § 401 FamFG. Etwas anderes gilt nur beim **Wegfall sämtlicher Mitglieder**, wodurch der Verein auto-

20 MüKoBGB/*Leuschner* § 71 Rn. 2; Erman/*Wester-mann* BGB § 71 Rn. 1; Palandt/*Ellenberger* BGB § 71 Rn. 1; Reichert/*Wagner* Kapitel 2 Rn. 571; *Sauter/Schweyer/Waldner* Eingetragener Verein Rn. 139 a; *Ziegler* Rpfleger 1984, 320 (321); aA LG Bonn Rpfleger 1984, 192; Staudinger/*Schwennicke* BGB § 71 Rn. 3.
21 OLG Hamm NZG 2007, 318 = DNotZ 2007, 317 f.; Palandt/*Ellenberger* BGB § 71 Rn. 1; MüKoBGB/*Leuschner* § 71 Rn. 3.
22 *Sauter/Schweyer/Waldner* Eingetragener Verein Rn. 139 a mwN, hM lehnt dies ab; vgl. zum Streitstand MüKoBGB/*Leuschner* § 71 Rn. 5 mwN.

1 Soergel/*Hadding* BGB § 72 Rn. 1; Staudinger/*Schwennicke* BGB § 72 Rn. 1.
2 Staudinger/*Schwennicke* BGB § 72 Rn. 1, 3; MüKoBGB/*Leuschner* § 73 Rn. 1.
3 Staudinger/*Schwennicke* BGB § 72 Rn. 1; Erman/*Westermann* BGB § 72 Rn. 1.
4 OLG Düsseldorf Rpfleger 2009, 28 (29) = DNotZ 2009, 145.
1 Absatzbezeichnung amtlich.
2 Staudinger/*Schwennicke* BGB § 73 Rn. 12; MüKoBGB/*Leuschner* § 73 Rn. 4; Soergel/*Hadding* BGB § 73 Rn. 2; BeckOK BGB/*Schöpflin* § 73 Rn. 1 f.; Erman/*Westermann* BGB § 73 Rn. 1.

matisch erlischt.[3] Das Gericht hat bei Zweifeln über die Mitgliederzahl den Sachverhalt gem. § 26 FamFG von Amts wegen aufzuklären und kann zu diesem Zwecke etwa eine Mitgliederbescheinigung nach § 72 einholen. Der Vereinsvorstand ist verpflichtet, bei Unterschreiten der Mindestmitgliederzahl eine entsprechende Verfügung zu beantragen. Auf Antrag hat das Gericht die Rechtsentziehung ohne Weiteres auszusprechen.[4] Ein Antrag des Vorstands kann jedoch nicht gem. § 78 erzwungen werden. Kommt der Vorstand seiner Verpflichtung nicht nach, ist das Gericht nach Ablauf von drei Monaten und nach Anhörung des Vorstands grundsätzlich von Amts wegen zum Rechtsentzug verpflichtet.[5] Trotz des eindeutigen Wortlauts des § 73 kann ein Rechtsentzug bei **verfassungskonformer Auslegung** im Lichte von Art. 9 Abs. 1 GG unter Umständen unverhältnismäßig sein. Das ist zB der Fall, wenn der Vorstand im Rahmen der Anhörung glaubhaft macht, dass sich die Mitgliederzahl in näherer Zukunft wieder erhöhen wird.[6] Ist kein Vorstand vorhanden, hat das Gericht analog § 29 einen **Notvorstand** zu bestellen, um die Anhörung nach § 73 und die Bekanntmachung des Entzugs gem. § 401 FamFG zu ermöglichen.[7]

3   Über den Rechtsentzug nach § 73, § 401 FamFG entscheidet gem. § 3 Nr. 1 a RPflG der Rechtspfleger. Der gerichtliche Beschluss ist gem. §§ 401, 41 Abs. 1 S. 2, 15 Abs. 2 FamFG dem Vereinsvorstand bekannt zu geben. Gegen die Entscheidung ist das Rechtsmittel der Beschwerde nach §§ 58 ff. FamFG eröffnet; der Rechtsentzug wird erst mit Rechtskraft der Entscheidung wirksam, § 401 FamFG. Der Entzug der Rechtsfähigkeit führt zur Liquidation des Vereinsvermögens nach § 47, sofern sich aus der Satzung ergibt, dass der Verein nur in rechtsfähiger Form Bestand haben soll.[8] Vgl. zum Entzug der Rechtsfähigkeit durch die Verwaltungsbehörde die Kommentierung zu § 43.

§ 74 Auflösung

(1) Die Auflösung des Vereins sowie die Entziehung der Rechtsfähigkeit ist in das Vereinsregister einzutragen.

(2) ¹Wird der Verein durch Beschluss der Mitgliederversammlung oder durch den Ablauf der für die Dauer des Vereins bestimmten Zeit aufgelöst, so hat der Vorstand die Auflösung zur Eintragung anzumelden. ²Der Anmeldung ist im ersteren Falle eine Abschrift des Auflösungsbeschlusses beizufügen.

Literatur: *Eichler*, Der eingetragene Verein – Praxisprobleme des Registergerichts, Rpfleger 2004, 196; *Friedrich*, Grundlagen und ausgewählte Probleme des Vereinsrechts, DStR 1994, 61, 100; *Reuter*, Zur Vereinsrechtsreform 2009, NZG 2009, 1368; *Schöpflin*, Neuerungen im Vereinsrecht, Rpfleger 2010, 369; *Terner*, Vereinsrechtsreform(en), DNotZ 2010, 5.

A. Allgemeines 1
B. Regelungsgehalt 4
   I. Inhalt der Eintragung (Abs. 1) 4
   II. Verfahren 5
     1. Eintragung auf Antrag („Anmeldung", Abs. 2) 6

2. Eintragung von Amts wegen (Abs. 1 S. 1)   8
3. Bekanntmachung 9
III. Wirkung der Eintragung 10

A. Allgemeines

1   Abs. 1 bestimmt die Eintragungspflicht in den Fällen der Auflösung (→ § 41 Rn. 2, 6 ff.) und des **Verlusts der Rechtsfähigkeit als juristischer Person** (→ § 41 Rn. 3, 14 ff.; → § 43 Rn. 1 ff.), ausgenommen die in § 75 geregelten Eintragungen bei Insolvenz, die in § 76 behandelte Eintragung bei Liquidation sowie die in § 7 Abs. 2 VereinsG geregelte Eintragung der Auflösung durch Vereinsverbot.

---

3   BGHZ 19, 51, 57 = NJW 1957, 138; BGH DB 1965, 1665; BVerfG NJW 1997, 474 (476); BAG DB 1986, 2686 f. = ZIP 1986, 1483; OLG Köln NJW-RR 1999, 336; Soergel/*Hadding* BGB § 73 Rn. 2; aA Reichert/*Wagner* Kapitel 2 Rn. 3995.

4   BeckOK BGB/*Schöpflin* § 73 Rn. 2; MüKoBGB/*Leuschner* § 73 Rn. 3; Soergel/*Hadding* BGB § 73 Rn. 3.

5   Keidel/*Heinemann* FamFG § 401 Rn. 5; Bumiller/Harders/*Harders* FamFG § 401 Rn. 3.

6   MüKoBGB/*Leuschner* § 73 Rn. 4; Soergel/*Hadding* BGB § 73 Rn. 2; Staudinger/*Schwennicke* BGB § 73 Rn. 12.

7   OLG Schleswig Rpfleger 2013, 272 = FGPrax 2013, 127; BayObLG NJW-RR 1989, 765 (766); Palandt/*Ellenberger* BGB § 73 Rn. 1; Erman/*Westermann* BGB § 73 Rn. 1; MüKoBGB/*Leuschner* § 73 Rn. 6; Reichert/*Schörnig* Kapitel 2 Rn. 4032; *Röcken* MDR 2013, 817 (820).

8   Reichert/*Schörnig* Kapitel 2 Rn. 4047; vgl. auch Palandt/*Ellenberger* BGB § 73 Rn. 1; BeckOK BGB/*Schöpflin* § 73 Rn. 4.

Streitig war lange, ob die (vom Wortlaut der §§ 74–76 ursprünglich nicht erfasste) durch Beendigung der **2** Liquidation eingetretene **Vollbeendigung des Vereins** oder das Erlöschen des Vereins eingetragen werden kann oder sogar (mit der Erzwingungsoption nach § 78) angemeldet und eingetragen werden muss;[1] durch die Einführung des § 76 Abs. 1 S. 2 im Rahmen der Vereinsrechtsreform 2009 hat sich diese Streitfrage erübrigt (→ § 76 Rn. 3).

Das **Verfahren zur weiteren registertechnischen Abwicklung des Vereins** ist in der Vereinsregisterver- **3** ordnung vom 10.2.1999 (VRV)[2] geregelt. Nach Beendigung der Liquidation kann das Registerblatt geschlossen werden, sei es nach Anmeldung und Eintragung des Beendigungsgrundes (§ 4 Abs. 2 S. 1 Nr. 2 VRV) oder wenn seit mindestens einem Jahr von der Eintragung der Auflösung an keine weitere Eintragung erfolgt und eine schriftliche Anfrage des Registergerichts bei dem Verein unbeantwortet geblieben ist (§ 4 Abs. 2 S. 3 VRV). Die liquidationslose Beendigung des Vereins führt unmittelbar zur Schließung des Registerblatts (§ 4 Abs. 2 S. 1 Nr. 1 VRV). Ist ein Registerblatt zu Unrecht geschlossen worden, so wird die Schließung rückgängig gemacht (§ 4 Abs. 3 VRV).

B. Regelungsgehalt

I. Inhalt der Eintragung (Abs. 1)

Eingetragen wird nach § 74 lediglich der abstrakte **Beendigungsgrund** als Rechtsfolge – also die Auflö- **4** sung, der Entzug bzw. der Verlust der Rechtsfähigkeit als juristischer Person –, aber nicht die jeweiligen tatsächlichen Gründe hierfür. Seit der Vereinsrechtsreform 2009 ist zudem neben der Eröffnung des Insolvenzverfahrens auch die daraus folgende Auflösung einzutragen (§ 75 Abs. 1 S. 1 nF, → § 75 Rn. 1, 3).

II. Verfahren

Verfahrensrechtlich ist zu unterscheiden, aus welchem Grund die Eigenschaft als juristische Person wegge- **5** fallen bzw. die Beendigung eingetreten ist.

1. Eintragung auf Antrag („Anmeldung", Abs. 2). Die Auflösung auf **Beschluss der Mitgliederver-** **6** **sammlung** (→ § 41 Rn. 28 ff.) oder infolge **Satzungsbestimmung** (insbesondere wegen Zeitablaufs, → § 41 Rn. 9) kann verfahrensrechtlich nur aufgrund einer Anmeldung, dh auf Antrag des Vorstands eingetragen werden (Abs. 2 S. 1). Soweit der zugrunde liegende Auflösungsbeschluss der Mitgliederversammlung zugleich eine Satzungsänderung herbeiführt – etwa weil damit die satzungsmäßig bestimmte Lebensdauer des Vereins verkürzt wird –, bedarf es zu seiner Wirksamkeit nicht nur der nach § 33 Abs. 1 S. 1 vorgeschriebenen Mehrheit, sondern auch der Eintragung nach § 71 (→ Rn. 10). Der Beschluss der Mitgliederversammlung ist in jedem Fall in der für die Beurkundungen der Versammlungsbeschlüsse vorgesehenen Form (→ § 59 Rn. 5) nachzuweisen. Der **Verzicht auf die Rechtsfähigkeit** (→ § 41 Rn. 15) wird idR schon deswegen einzutragen sein, weil mit ihm eine Satzungsänderung einhergeht (§ 57 Abs. 1 iVm § 71 Abs. 1 S. 2); unabhängig hiervon muss aber der Eintragungspflicht jedenfalls eine Anmeldepflicht korrespondieren.[3]

Obwohl das Amt des Vorstands durch die Auflösung bereits erloschen ist, trifft ihn in den genannten Fällen **7** nach Abs. 2 S. 1 eine nachwirkende öffentlich-rechtliche **Verpflichtung zur Antragstellung**; kommt der Vorstand dieser Verpflichtung nicht nach, so kann er mit Zwangsgeld (§ 78) dazu angehalten werden. Zum Zwecke der Antragstellung ist ggf. von Amts wegen analog § 29 ein Notvorstand zu bestellen (vgl. auch → § 73 Rn. 2).[4] Ist das Amt des Vorstands erloschen, aber bereits ein Liquidator bestellt, kann und muss dieser zusammen mit seinem Amt auch die Auflösung anmelden (→ § 76 Rn. 5).

2. Eintragung von Amts wegen (Abs. 1 S. 1). Von Amts wegen erfolgt die Eintragung der **Entziehung** **8** **der Rechtsfähigkeit**, und zwar im Fall des § 73 ohne Weiteres mit Wirksamkeit des Entziehungsbeschlusses (Abs. 1 S. 1) sowie analog § 74 auch im Fall der **Auflösung wegen Mitgliederwegfalls** (→ § 41 Rn. 13).[5] Nach Abs. 3 aF erfolgte die Eintragung in den Fällen des § 43 auf Anzeige der Behörde, die die Entziehung ausgesprochen hat; diese Bestimmung ist im Zusammenhang mit der Streichung des § 43 Abs. 1, Abs. 2 aF (→ § 43 Rn. 1 ff.) aufgehoben worden, so dass in den verbleibenden Fällen des § 43 eben-

---

1 Vgl. Staudinger/*Habermann* BGB § 74 Rn. 3 mwN.

2 BGBl. I S. 147, idF durch G. v. 24.9.2009, BGBl. I, S. 3145.

3 Zutr. MüKoBGB/*Leuschner* § 74 Rn. 6; i. Erg. ebenso BeckOGK/*Geißler* BGB § 74 Rn. 7; Staudinger/*Weick* BGB § 41 Rn. 19.

4 BeckOGK/*Geißler* BGB § 74 Rn. 5; MüKoBGB/ *Leuschner* § 74 Rn. 5; Soergel/*Hadding* BGB § 74 Rn. 4; Staudinger/*Habermann* BGB § 74 Rn. 4; aA *Muscheler* FS Reuter, 2010, S. 225 (233).

5 BeckOGK/*Geißler* BGB § 74 Rn. 8 f.; *Böttcher* Rpfleger 1998, 169 (172); Reichert/Schimke/Dauernheim/*Schörnig* Kap. 2 Rn. 3996; aA Soergel/*Hadding* BGB § 74 Rn. 6: Löschung nach § 395 FamFG.

falls Abs. 1 S. 1 zur Anwendung kommen muss, wenngleich eine Anzeige der nach § 44 tätigen Behörde nach wie vor sinnvoll erscheint.[6] Ebenso wird naturgemäß die Amtslöschung wegen unzulässiger Verfolgung wirtschaftlicher Zwecke (§ 395 FamFG, → § 41 Rn. 16, → § 43 Rn. 3) von Amts wegen eingetragen. Im Falle einer Vereinsauflösung nach § 3 VereinsG erfolgt die Eintragung von Amts wegen aufgrund einer Anzeige der zuständigen Behörde (§ 7 Abs. 2 VereinsG).

9 **3. Bekanntmachung.** Das Registergericht veranlasst nicht die öffentliche Bekanntmachung der Auflösung oder der Entziehung der Rechtsfähigkeit; dies ist vielmehr gem. § 50 Abs. 1 S. 1 **Pflicht der Liquidatoren**, und zwar auch dann, wenn eine Liquidation nicht stattfindet.[7] In den Fällen der §§ 3 Abs. 4, 7 Abs. 1 VereinsG erfolgt die öffentliche Bekanntmachung des verfügenden Teils des Verwaltungsakts durch die zuständige Verwaltungsbehörde (§ 3 Abs. 2 VereinsG).

III. Wirkung der Eintragung

10 Die Eintragungen wirken grundsätzlich nur **deklaratorisch**, ändern also nichts an der materiellen Rechtslage.[8] Bei einem zugleich satzungsändernden Auflösungsbeschluss der Mitgliederversammlung (→ § 41 Rn. 28 ff.) ist die Eintragung der Satzungsänderung allerdings wegen § 71 konstitutiv.

§ 75 Eintragungen bei Insolvenz

(1) [1]Die Eröffnung des Insolvenzverfahrens und der Beschluss, durch den die Eröffnung des Insolvenzverfahrens mangels Masse rechtskräftig abgewiesen worden ist, sowie die Auflösung des Vereins nach § 42 Absatz 2 Satz 1 sind von Amts wegen einzutragen. [2]Von Amts wegen sind auch einzutragen

1. die Aufhebung des Eröffnungsbeschlusses,
2. die Bestellung eines vorläufigen Insolvenzverwalters, wenn zusätzlich dem Schuldner ein allgemeines Verfügungsverbot auferlegt oder angeordnet wird, dass Verfügungen des Schuldners nur mit Zustimmung des vorläufigen Insolvenzverwalters wirksam sind, und die Aufhebung einer derartigen Sicherungsmaßnahme,
3. die Anordnung der Eigenverwaltung durch den Schuldner und deren Aufhebung sowie die Anordnung der Zustimmungsbedürftigkeit bestimmter Rechtsgeschäfte des Schuldners,
4. die Einstellung und die Aufhebung des Verfahrens und
5. die Überwachung der Erfüllung eines Insolvenzplans und die Aufhebung der Überwachung.

(2) [1]Wird der Verein durch Beschluss der Mitgliederversammlung nach § 42 Absatz 1 Satz 2 fortgesetzt, so hat der Vorstand die Fortsetzung zur Eintragung anzumelden. [2]Der Anmeldung ist eine Abschrift des Beschlusses beizufügen.

Literatur: *Reuter*, Zur Vereinsrechtsreform 2009, NZG 2009, 1368; *Schöpflin*, Neuerungen im Vereinsrecht, Rpfleger 2010, 369; *Terner*, Vereinsrechtsreform(en), DNotZ 2010, 5; *Wentzel*, Auswirkungen des Insolvenzverfahrens auf das Vereinsregister, Rpfleger 2001, 334.

A. Allgemeines 1
B. Regelungsgehalt 2
   I. Verfahren 2
   II. Eintragungspflichtige Entscheidungen des
       Insolvenzgerichts (Abs. 1) 3
   1. Eröffnung des Insolvenzverfahrens und
      Ablehnung des Insolvenzantrags mangels
      Masse (Abs. 1 S. 1) 3
   2. Aufhebung des Eröffnungsbeschlusses
      (Abs. 1 S. 2 Nr. 1) 4
   3. Bestellung und Abberufung eines vorläu-
      figen Insolvenzverwalters
      (Abs. 1 S. 2 Nr. 2) 5

   4. Anordnung und Aufhebung der Eigenver-
      waltung (Abs. 1 S. 2 Nr. 3) 6
   5. Einstellung und Aufhebung des Verfah-
      rens (Abs. 1 S. 2 Nr. 4) 7
   6. Überwachung des Insolvenzplans
      (Abs. 1 S. 2 Nr. 5) 8
   III. Anmeldung der Fortsetzung des insolventen
       Vereins (Abs. 2) 9

---

6   Bei der Annahme des Rechtsausschusses, mit der Streichung von § 43 Abs. 2 aF habe sich auch § 74 Abs. 3 in Gänze erledigt (vgl. BT-Drs. 16/13542, S. 14), handelt es sich ersichtlich um ein Redaktionsversehen.

7   BeckOGK/*Geißler* BGB § 74 Rn. 12; MüKoBGB/ *Leuschner* § 74 Rn. 9.

8   BeckOGK/*Geißler* BGB § 74 Rn. 10 ff.; MüKoBGB/ *Leuschner* § 74 Rn. 9.

A. Allgemeines

§ 75 bestimmt die im Falle der **Insolvenz des Vereins** vorzunehmenden Eintragungen. Von Amts wegen **1** einzutragen ist nach § 75 Abs. 1 nicht nur die Eröffnung des Insolvenzverfahrens, sondern darüber hinaus der Beschluss, der die Insolvenzeröffnung mangels Masse rechtskräftig abgewiesen hat, da dies – wie nach § 42 Abs. 1 S. 1 nunmehr klarstellt – ebenfalls die Auflösung des Vereins zur Folge hat. Zur Erhöhung des Informationsgehalts des Vereinsregisters wird hier, anders als in den Fällen des § 74 Abs. 1, also nicht nur die Rechtsfolge der Auflösung des Vereins (→ § 74 Rn. 4), sondern zusätzlich auch deren Ursache eingetragen; darüber hinaus wird ggf. – dies allerdings nur auf Antrag – die Existenz eines Fortsetzungsbeschlusses nach § 42 Abs. 1 S. 2 verlautbart.

B. Regelungsgehalt

I. Verfahren

Die Eintragungen im Fall der Insolvenz des Vereins erfolgen **von Amts wegen**. Grundlage der Eintragung **2** sind die durch die Geschäftsstelle des Insolvenzgerichts von Amts wegen veranlassten Mitteilungen (vgl. §§ 23 Abs. 2, 31, 34 Abs. 3, 200 Abs. 2, 215 Abs. 1, 258 Abs. 3, 267 Abs. 3, 268 Abs. 2, 277 Abs. 3 InsO); hierbei kann es sich, auch wenn die InsO durchweg von „Ausfertigungen" spricht, auch um beglaubigte Abschriften handeln, da sie den jeweiligen Normzweck in gleicher Weise erfüllen.[1] Die Eintragungen im Vereinsregister werden dem Vorstand bzw. den Liquidatoren analog § 15 Abs. 1 FamFG mitgeteilt. Da die Eintragungen im Vereinsregister insoweit lediglich eine deklaratorische Funktion wahrnehmen, brauchen sie als solche nicht öffentlich bekannt gemacht zu werden; es erfolgt aber (natürlich) nach Maßgabe der jeweils einschlägigen Bestimmungen der InsO eine Bekanntmachung der zugrunde liegenden Beschlüsse des Insolvenzgerichts. Zur Entbehrlichkeit des Hinweises auf die amtswegige Eintragung vgl. § 10 Abs. 4 S. 4 VRV.

II. Eintragungspflichtige Entscheidungen des Insolvenzgerichts (Abs. 1)

1. Eröffnung des Insolvenzverfahrens und Ablehnung des Insolvenzantrags mangels Masse **3** **(Abs. 1 S. 1).** Die Eröffnung des Insolvenzverfahrens erfolgt durch Beschluss des Insolvenzgerichts gem. § 27 InsO. Neben dem Eröffnungsbeschluss – der hierfür nicht rechtskräftig zu sein braucht – ist zudem der Beschluss, durch den die Eröffnung des Insolvenzverfahrens mangels Masse rechtskräftig abgewiesen worden ist (§ 26 InsO), und die gemäß § 42 Abs. 1 S. 1[2] in beiden Fällen eintretende Auflösung des Vereins (→ § 42 Rn. 34, → § 74 Rn. 4) von Amts wegen einzutragen. Die Entscheidung des Insolvenzgerichts wird öffentlich bekannt gemacht (§ 30 Abs. 1 InsO); dem Registergericht, dem durch die Geschäftsstelle des Insolvenzgerichts von Amts wegen eine Beschlussausfertigung übermittelt wird (§ 31 Nr. 1 InsO), obliegt sodann die Eintragung im Vereinsregister.

2. Aufhebung des Eröffnungsbeschlusses (Abs. 1 S. 2 Nr. 1). Die Aufhebung des Eröffnungsbe- **4** schlusses im Beschwerdeverfahren (§ 34 InsO) – sie ist von der in Nr. 4 (→ Rn. 7) geregelten Aufhebung (§§ 200, 258 InsO) bzw. Einstellung (§§ 207 ff. InsO) des Insolvenzverfahrens zu unterscheiden – lässt den Auflösungsgrund wegfallen (→ § 42 Rn. 36). Die Aufhebung des Eröffnungsbeschlusses wird wiederum öffentlich bekannt gemacht und dem Registergericht mitgeteilt (§§ 34 Abs. 3 S. 2, 31 InsO); dieses vollzieht sodann von Amts wegen die Eintragung im Vereinsregister.

3. Bestellung und Abberufung eines vorläufigen Insolvenzverwalters (Abs. 1 S. 2 Nr. 2). Öffentlich **5** bekannt zu machen (§ 23 Abs. 1 S. 1 InsO), dem Registergericht mitzuteilen (§ 23 Abs. 2 InsO) und von Amts wegen im Vereinsregister einzutragen ist ferner stets die Bestellung eines „starken" vorläufigen Insolvenzverwalters mit Verwaltungs- und Verfügungsbefugnis (§ 22 InsO); der nicht verwaltungs- und verfügungsbefugte sog. „schwache" Insolvenzverwalter ist nur einzutragen, wenn – was allerdings absolut die Regel ist – zusätzlich ein Zustimmungsvorbehalt iSv § 21 Abs. 2 Nr. 2 InsO angeordnet ist. Die Aufhebung einer solchen Anordnung ist gleichfalls mitzuteilen und einzutragen. Die übrigen in § 21 InsO vorgesehenen Sicherungsmaßnahmen sollten zwar, wenn – wie zB bei einem besonderen Verfügungsverbot hinsichtlich einzelner Vermögensgegenstände des Vereins – der Rechtsverkehr für die praktische Wirksamkeit des Verbots hiervon Kenntnis erlangen muss, öffentlich bekannt gemacht werden; sie werden jedoch dem Registergericht nicht mitgeteilt und deshalb auch nicht eingetragen. Zum vorläufigen Sachwalter → Rn. 6.

---

1 BeckOGK/*Geißler* BGB § 75 Rn. 3.
2 Die gesetzliche Verweisung auf § 42 *Abs. 2* S. 1 BGB stellt ein klares Redaktionsversehen dar, BeckOGK/

Geißler BGB § 75 Rn. 12, 12.1; MüKoBGB/*Leuschner* § 75 Rn. 2.

6 **4. Anordnung und Aufhebung der Eigenverwaltung (Abs. 1 S. 2 Nr. 3).** Die Eigenverwaltung durch die Organe des (gleichwohl durch die Verfahrenseröffnung aufgelösten) Vereins kann nach §§ 271 ff. InsO angeordnet werden; sie ist dem Registergericht nach §§ 270 Abs. 1, 31 InsO (Anordnung im Eröffnungsbeschluss) bzw. § 271 InsO (nachträgliche Anordnung) mitzuteilen und von Amts wegen im Vereinsregister einzutragen. Der Verein wird dann weiter durch den Vorstand bzw. die Liquidatoren vertreten (§ 48 Abs. 3, → § 48 Rn. 8 ff.). Mitteilungs- und eintragungspflichtig ist auch die Anordnung, dass bestimmte Rechtshandlungen an die Zustimmung eines Sachwalters gebunden werden (§ 277 InsO). Die Aufhebung der Eigenverwaltung ist gleichfalls mitzuteilen und einzutragen (§ 272 InsO). Werden im Anschluss an die Aufhebung einer Eigenverwaltung Sicherungsmaßnahmen angeordnet, so gilt hierfür Nr. 2 (→ Rn. 5). Im Fall der „vorläufigen Eigenverwaltung" nach § 270 a InsO einschließlich des „Schutzschirmverfahrens" iSv § 270 b InsO wird zwar ein vorläufiger Sachwalter bestellt; da aber in diesem Fall keine Verfügungsbeschränkungen angeordnet werden, ist nach dem Regelungstelos der Nr. 2 (→ Rn. 5) eine Eintragung im Vereinsregister nicht geboten.[3]

7 **5. Einstellung und Aufhebung des Verfahrens (Abs. 1 S. 2 Nr. 4).** Dem Registergericht mitzuteilen (§§ 215 Abs. 1 S. 3, 200 Abs. 2 S. 3, 31 InsO) und von Amts wegen im Vereinsregister einzutragen ist ferner die Einstellung des Verfahrens nach §§ 207 ff. InsO, unabhängig vom Einstellungsgrund. Das Gleiche gilt für die Aufhebung des Verfahrens nach erfolgter Schlussverteilung bzw. nach Bestätigung des Insolvenzplans (§§ 200 Abs. 2 S. 2, 258 Abs. 3 S. 3, 31 InsO). Zugleich ist der Verein im Register zu löschen (→ § 42 Rn. 27 aE).

8 **6. Überwachung des Insolvenzplans (Abs. 1 S. 2 Nr. 5).** Endet das Verfahren mit einem Insolvenzplan, so ist eine im Insolvenzplan angeordnete Überwachung der Erfüllung des Insolvenzplans durch den Insolvenzverwalter (§§ 260 ff., 284 Abs. 2 InsO) dem Registergericht mitzuteilen (§§ 267 Abs. 3 S. 1, 31 InsO) und von Amts wegen im Vereinsregister einzutragen. Mitgeteilt und eingetragen wird auch die Aufhebung einer derartigen Maßnahme (§ 268 Abs. 2 S. 2 InsO). Das Gleiche gilt für die in § 267 Abs. 2 InsO genannten Modalitäten der Überwachung, darunter vor allem eine im Insolvenzplan ggf. vorgesehene Beschränkung des Verfügungsrechts gem. § 263 InsO.[4] Die übrigen Details des Insolvenzplans werden nicht eingetragen.

III. Anmeldung der Fortsetzung des insolventen Vereins (Abs. 2)

9 Um es anhand des Registers ersichtlich zu machen, ob die Mitgliederversammlung von der Fortsetzungsmöglichkeit des § 42 Abs. 1 S. 2 (→ § 42 Rn. 37 ff.) Gebrauch gemacht hat, sieht der durch die Vereinsrechtsreform 2009 eingefügte § 75 Abs. 2 die Anmeldung und Eintragung der Fortsetzung im Register vor.[5] Dies gilt auch dann, wenn der Fortsetzungsbeschluss im Rahmen eines Insolvenzplans gefasst wurde.[6] Die Eintragung der Fortsetzung wirkt – es sei denn der Fortsetzungsbeschluss stellt zugleich eine nach § 71 Abs. 1 einzutragende Satzungsänderung dar – lediglich deklaratorisch.[7] Die Anmeldung ist gem. § 14 Abs. 2 FamFG auch in elektronischer Form möglich; der Anmeldung muss eine Abschrift des Fortsetzungsbeschlusses beigefügt werden, welche aber ebenfalls elektronisch übermittelt werden kann.[8]

10 Analog § 75 Abs. 2 ist auch jede andere Fortsetzung eines konzessionierten Vereins, dem die Rechtsfähigkeit nach § 43 entzogen worden ist, zur Eintragung anzumelden.[9]

§ 76 Eintragungen bei Liquidation

(1) ¹Bei der Liquidation des Vereins sind die Liquidatoren und ihre Vertretungsmacht in das Vereinsregister einzutragen. ²Das Gleiche gilt für die Beendigung des Vereins nach der Liquidation.

(2) ¹Die Anmeldung der Liquidatoren hat durch den Vorstand zu erfolgen. ²Bei der Anmeldung ist der Umfang der Vertretungsmacht der Liquidatoren anzugeben. ³Änderungen der Liquidatoren oder ihrer Vertretungsmacht sowie die Beendigung des Vereins sind von den Liquidatoren anzumelden. ⁴Der Anmeldung der durch Beschluss der Mitgliederversammlung bestellten Liquidatoren ist eine Abschrift des Bestellungsbeschlusses, der Anmeldung der Vertretungsmacht, die abweichend von § 48

---

3   Ebenso BeckOGK/*Geißler* BGB § 75 Rn. 18, 20.

4   BeckOGK/*Geißler* BGB § 75 Rn. 28; s. auch Staudinger/*Habermann* BGB § 75 Rn. 7.

5   Begr. zum Entwurf eines Gesetzes zur Erleichterung elektronischer Anmeldungen zum Vereinsregister und anderer vereinsrechtlicher Änderungen vom 24.9.2009, BT-Drs. 16/12813, S. 13.

6   BeckOGK/*Geißler* BGB § 75 Rn. 34 ff.

7   BeckOGK/*Geißler* BGB § 75 Rn. 32; MüKoBGB/*Leuschner* § 75 Rn. 7.

8   BeckOK BGB/*Schöpflin* § 75 Rn. 4.

9   Überzeugend BeckOGK/*Könen* BGB § 43 Rn. 61.

Absatz 3 bestimmt wurde, ist eine Abschrift der diese Bestimmung enthaltenden Urkunde beizufügen.

(3) Die Eintragung gerichtlich bestellter Liquidatoren geschieht von Amts wegen.

Literatur: *Eichler*, Der eingetragene Verein – Praxisprobleme des Registergerichts, Rpfleger 2004, 196; *Reuter*, Zur Vereinsrechtsreform 2009, NZG 2009, 1368; *Schöpflin*, Neuerungen im Vereinsrecht, Rpfleger 2010, 369; *Schwarz*, Die Publizität der Vertretungsmacht des Vorstands und der Liquidatoren eines Vereins, NZG 2002, 1033; *ders.*, Die Mehrheitsvertretung des Vereinsvorstandes und deren Eintragung im Vereinsregister, Rpfleger 2003, 1; *Terner*, Vereinsrechtsreform(en), DNotZ 2010, 5.

A. Allgemeines 1
B. Regelungsgehalt 2
   I. Inhalt der Eintragung (Abs. 1) 2

II. Anmeldepflichtige Personen (Abs. 2, 3) 4
III. Rechtsfolgen 6

A. Allgemeines

Die Bestimmung regelt vor allem die **Eintragung der Person und der Beschlussfassung der Liquidatoren** analog zur Eintragung des Vorstands eines werbenden Vereins (§§ 64, 67): Zwar gewährleistet § 48 Abs. 1 S. 1 im Regelfall die personelle Kontinuität der für den Verein handlungsbefugten Personen. Jedoch verleiht die Liquidation dem Vorstand sowohl einen anderen Namen als auch eine andere Aufgabe. Es besteht deshalb ein Interesse der Öffentlichkeit an der Information über den Eintritt der Liquidation (die allein durch die Eintragung der Liquidatoren registermäßig verlautbart wird) und die nunmehr handlungsbefugten Personen. Auch die Bestimmungen über die Registerpublizität werden hierauf entsprechend angewandt. Die Eintragung kann nach § 78 erzwungen werden. Mit dem Ziel, die Angaben zur Vertretungsmacht innerhalb eines Vereins für die Nutzer des Vereinsregisters verständlicher und übersichtlicher zu machen, wird durch die Neufassung der Vorschrift im Zuge der Vereinsrechtsreform 2009 klargestellt, dass die Vertretungsmacht der Liquidatoren auch dann eingetragen werden soll, wenn entsprechend der gesetzlichen Regelung des § 48 Abs. 3 gemeinschaftliche Vertretung besteht.[1] Ebenfalls seit 2009 schreibt die Vorschrift in Abs. 1 S. 2 die **Eintragung der Beendigung des Vereins nach der Liquidation** vor. **1**

B. Regelungsgehalt

I. Inhalt der Eintragung (Abs. 1)

Eingetragen werden die **Liquidatoren**. Unerheblich ist, ob dies die bisherigen Vorstandsmitglieder sind, die nach § 48 Abs. 1 mit der Auflösung ohne Weiteres zu Liquidatoren geworden sind (→ § 48 Rn. 2), oder ob es sich um andere Personen handelt; auch bei den Notliquidatoren gemäß §§ 48 Abs. 2, 29 stellt lediglich die Amtswegigkeit eine Abweichung dar (Abs. 3, → Rn. 4). Einzutragen sind die Person des oder der Liquidatoren, die Vertretungsmacht und ggf. die Abweichungen vom Einstimmigkeitsgrundsatz des § 48 Abs. 3 bei der Beschlussfassung (Abs. 1, 2 S. 2). Unter der gem. Abs. 2 S. 2 einzutragenden Vertretungsmacht versteht das Gesetz – ebenso wie nach § 64 für den Vorstand des werbenden Vereins – sowohl die dem gesetzlichen Regelfall entsprechende als auch die davon abweichende **personelle** (gesetzliche Gesamtvertretung iSv § 48 Abs. 3 oder eine davon abweichende Regelung) **und sachliche** (unbeschränkte oder gem. § 26 Abs. 2 S. 2 durch die Satzung beschränkte) **Vertretungsmacht**.[2] Aus Abs. 2 S. 2 ergibt sich seit der Vereinsrechtsreform 2009 zugleich ausdrücklich, dass auch der Umfang der Vertretungsmacht sowie alle Änderungen dieses Umfangs der Eintragungspflicht unterliegen. Eingetragen werden in Spalte 3 des Registerblatts unter Buchstabe a die allgemeine Vertretungsregelung und unter Buchstabe b die Liquidatoren mit Namen, Vornamen, Wohnort, Geburtsdatum und, soweit zweckmäßig, auch besondere Vertretungsbefugnisse sowie die Änderung dieser Eintragungen unter kurzer Angabe des Grundes (§ 3 S. 3 Nr. 3 VRV). Der Anmeldung und Eintragung der Liquidatoren bedarf es auch dann, wenn von Anfang an ein **verteilungsfähiges Vermögen nicht vorhanden** ist bzw. nur noch Vermögensgegenstände ohne geldwerte Verwertungsmöglichkeit oder nichtvermögensrechtliche Ansprüche vorhanden sind (→ § 47 Rn. 19); denn hierdurch wird dokumentiert, wer die Verantwortung für das Unterlassen der Abwicklung trägt und ggf. wegen einer darin zu fin- **2**

---

[1] Beschlussempfehlung und Bericht des Rechtsausschusses zu dem Gesetzentwurf der Bundesregierung, Entwurf eines Gesetzes zur Erleichterung elektronischer Anmeldungen zum Vereinsregister und

anderer vereinsrechtlicher Regelungen, BT-Drs. 16/12542, S. 19.

[2] Vgl. BeckOGK/*Geißler* BGB § 76 Rn. 2; BeckOK BGB/*Schöpflin* § 76 Rn. 2; *Schwarz* NZG 2002, 1033 (1037 ff.).

denden schuldhaften Pflichtverletzung in die Haftung genommen werden kann.[3] Sie ist sinnvollerweise zu verbinden mit der Erklärung, dass es an einem verteilungsfähigen Vermögen fehle, und der Anmeldung der Beendigung des Vereins (jeweils durch die Liquidatoren, → Rn. 3, 5).[4]

3   Die Anmeldung der **Beendigung der Liquidation** und damit der Vollbeendigung des rechtsfähigen Vereins durch die Liquidatoren ist seit der Vereinsrechtsreform 2009 in Abs. 1 S. 2 ebenfalls ausdrücklich vorgeschrieben.[5] Nach § 4 Abs. 2 S. 3 VRV kann das Registerblatt eines aufgelösten Vereins jedoch ohne Weiteres geschlossen werden, wenn mindestens ein Jahr nach Eintragung der Auflösung keine weitere Eintragung erfolgt ist und eine schriftliche Anfrage des Registergerichts bei dem Verein unbeantwortet geblieben ist; dann ist idR aus Gründen der Verhältnismäßigkeit von einem Zwangsgeld zur Erzwingung der Anmeldung abzusehen.[6] Der Beendigung der Liquidation steht es gleich, wenn von Anfang an kein verteilungsfähiges Vermögen mehr vorhanden ist (→ Rn. 2 aE).

II. Anmeldepflichtige Personen (Abs. 2, 3)

4   Voraussetzung der Eintragung ist die **Anmeldung**; nur im Fall der Notliquidatoren gem. §§ 48 Abs. 2, 29 (→ § 48 Rn. 5) erfolgt eine Eintragung von Amts wegen. Obwohl dieser seine Organstellung schon mit Eintritt des Beendigungsgrunds verloren hat, trifft den **Vorstand** des werbenden Vereins als solchen nach Abs. 2 S. 1 eine nachwirkende öffentlich-rechtliche Verpflichtung (sowie naturgemäß eine korrespondierende zivilrechtliche Vertretungsmacht) zur Antragstellung;[7] kommt der Vorstand dieser Verpflichtung nicht nach, so kann er durch Androhung und Festsetzung von Zwangsgeld (§ 78) dazu angehalten werden. Erforderlich und ausreichend sind die Erklärungen einer vertretungsberechtigten Zahl von Vorstandsmitgliedern iSv § 77 (→ § 48 Rn. 8 ff.). Nach Abs. 2 S. 3 sind der Anmeldung der durch Beschluss der Mitgliederversammlung bestellten Liquidatoren eine (unbeglaubigte) Abschrift des Beschlusses sowie der Anmeldung einer Bestimmung über die Beschlussfassung der Liquidatoren eine Abschrift der die Bestimmung enthaltenden Urkunde beizufügen. Die Verpflichtung zur Anmeldung der Liquidatoren trifft den Vorstand auch im Fall sofortiger liquidationsloser Vollbeendigung wegen Vermögenslosigkeit; jedoch kann in diesem Fall unter den Voraussetzungen des § 4 Abs. 2 S. 3 VRV von einem Zwangsgeld abgesehen werden (→ Rn. 2 f.).

5   Spätere Änderungen melden die **Liquidatoren** an (Abs. 2 S. 1). Sind die Liquidatoren anstelle des bereits vor dem Auflösungsbeschluss ausgeschiedenen Vorstands bestellt, so kann und muss auch die erste Anmeldung durch die Liquidatoren selbst vorgenommen werden.[8] Auch insoweit besteht die Möglichkeit der Androhung und Festsetzung von Zwangsgeld (§ 78).

III. Rechtsfolgen

6   Die **Eintragung der Liquidatoren und ihrer Vertretungsmacht** gemäß Abs. 1 S. 1 hat lediglich **deklaratorische Wirkung**.[9] Da die Rechtsstellung der Liquidatoren der Rechtsstellung des Vorstands beim werbenden Verein entspricht (→ § 48 Rn. 6 ff.), finden jedoch die Vorschriften über die **negative Publizität des Vereinsregisters** (§§ 68, 70) entsprechende Anwendung.[10] Der gutgläubige Dritte darf also insbesondere darauf vertrauen, dass die durch andere Liquidatoren ersetzten, im Vereinsregister aber noch eingetragenen Vorstandsmitglieder den Liquidationsverein vertreten und dass eine nicht eingetragene Beschränkung der Vertretungsbefugnis auch nicht existiert.

7   Nach traditioneller und immer noch herrschender Auffassung führt bereits der Abschluss der Liquidation durch restlose Verteilung aller Aktiva ohne Weiteres zur Vollbeendigung des Vereins und damit zu seinem Erlöschen als selbstständiges Rechtssubjekt; die nachfolgende **Löschung im Vereinsregister** ist hiernach ebenfalls **rein deklaratorisch** (→ § 47 Rn. 20 mwN). Folgt man dagegen im Interesse der Rechtsklarheit

3   OLG Düsseldorf NZG 2013, 1185; BeckOGK/*Geißler* BGB § 76 Rn. 4; BeckOGK/*Könen* BGB § 47 Rn. 19; BeckOK BGB/*Schöpflin* § 76 Rn. 3; MüKo-BGB/*Leuschner* § 47 Rn. 5; Reichert/Schimke/Dauernheim/*Schörnig* Kap. 2 Rn. 4156.
4   OLG Düsseldorf NZG 2013, 1185; Reichert/Schimke/Dauernheim/*Schörnig* Kap. 2 Rn. 4156.
5   Vgl. *Reuter* ZGR 2009, 1368 (1373); *Schöpflin* Rpfleger 2010, 349 (352).
6   AA BeckOGK/*Geißler* BGB § 76 Rn. 13.
7   LG Köln MittRhNotK 1979, 171; BeckOGK/*Geißler* BGB § 76 Rn. 8; MüKoBGB/*Leuschner* § 76 Rn. 6; *Böttcher* Rpfleger 1988, 169 (171); Palandt/*Ellenberger* BGB § 76 Rn. 1; Reichert/Schimke/Dauernheim/*Schörnig* Kap. 2 Rn. 4152; Soergel/*Hadding* BGB

§ 76 Rn. 2; aA *Buchberger* Rpfleger 1991, 24 (25): nur die ersten Liquidatoren.
8   OLG Hamm NJW-RR 1990, 532; BeckOGK/*Geißler* BGB § 74 Rn. 6, § 76 Rn. 10; MüKoBGB/*Leuschner* § 74 Rn. 5; Reichert/Schimke/Dauernheim/*Schörnig* Kap. 2 Rn. 4152; Staudinger/*Habermann* BGB § 74 Rn. 2; aA *Buchberger* Rpfleger 1991, 24 (25).
9   BeckOGK/*Geißler* BGB § 76 Rn. 14; MüKoBGB/*Leuschner* § 76 Rn. 11.
10   BeckOGK/*Geißler* BGB § 76 Rn. 15; MüKoBGB/*Leuschner* § 76 Rn. 11; Reichert/Schimke/Dauernheim/*Schörnig* Kap. 2 Rn. 4168; Soergel/*Hadding* BGB § 76 Rn. 2; Staudinger/*Habermann* BGB § 76 Rn. 3.

der zum Kapitalgesellschaftsrecht entwickelten Lehre vom Doppeltatbestand auch für den Verein, so setzt die Vollbeendigung des Vereins neben der Vermögenslosigkeit auch die konstitutive Löschungseintragung im Vereinsregister voraus.

§ 77 Anmeldepflichtige und Form der Anmeldungen

[1]Die Anmeldungen zum Vereinsregister sind von Mitgliedern des Vorstands sowie von den Liquidatoren, die insoweit zur Vertretung des Vereins berechtigt sind, mittels öffentlich beglaubigter Erklärung abzugeben. [2]Die Erklärung kann in Urschrift oder in öffentlich beglaubigter Abschrift beim Gericht eingereicht werden.

A. Allgemeines

§ 77 gilt für **sämtliche Anmeldungen** zum Vereinsregister, also für die Erstanmeldung zum Vereinsregister **1** nach § 59 Abs. 1, für spätere Anmeldungen von Änderungen des Vorstands (§ 67 Abs. 1 S. 1) oder der Satzung (§ 71 Abs. 1 S. 2) sowie für die Anmeldung der Vereinsauflösung (§ 74 Abs. 2 S. 1) und die Anmeldung der Liquidatoren (§ 76 Abs. 2 S. 1). Die Form dient als Grundlage für eine ordnungsgemäße Registerführung, ebenso wie die Parallelvorschriften in § 12 Abs. 1 HGB für das Handelsregister und § 29 Abs. 1 GBO für das Grundbuch. Da § 77 Ordnungsvorschrift ist, kann das Registergericht die Eintragung nach § 60 wegen Nichteinhaltung der Form verweigern; erfolgt die Eintragung gleichwohl, ist diese wirksam, unanfechtbar und auch eine Amtslöschung nach § 395 FamFG ausgeschlossen (→ Vor § 55 Rn. 4). § 77 wurde zuletzt im Rahmen der Vereinsrechtsreform 2009 modifiziert.[1]

B. Regelungsgehalt

I. Mitglieder des Vorstands

Bei einem **mehrgliedrigen, nicht nur gesamtvertretungsberechtigten Vorstand** bedarf die Anmeldung **2** weder bei der Ersteintragung noch bei späteren Eintragungen der Mitwirkung sämtlicher Vorstandsmitglieder; die Anmeldung durch Vorstandsmitglieder ist in vertretungsberechtigter Zahl ausreichend (→ § 59 Rn. 2, → § 67 Rn. 3, → § 71 Rn. 2). Dies ist für spätere Eintragungen seit einer klärenden Entscheidung des BGH allgemein anerkannt,[2] war jedoch hinsichtlich der Ersteintragung immer noch umstritten[3] (→ § 59 Rn. 2, → § 67 Rn. 3). Obwohl der 2009 geänderte Wortlaut für sich betrachtet uE keine größere Klarheit schafft,[4] war eine Klarstellung im Sinne der vorstehend vertretenen Auffassung ausdrücklich beabsichtigt.[5] Die Anmeldung kann auch von einem Bevollmächtigten vorgenommen werden.[6] Statt des Vorstands sind gem. S. 1 die **Liquidatoren**, die zur Vertretung des Vereins berechtigt sind, anmeldepflichtig, wenn sie bereits durch den Vorstand gem. § 76 Abs. 2 S. 1 zur Eintragung in das Vereinsregister angemeldet wurden (→ § 76 Rn. 5).

II. Form der Anmeldung

Die für die Anmeldung notwendigen Erklärungen sind gem. S. 2 entweder in Form der öffentlichen Beglau- **3** bigung iSv § 129 einzureichen, dh die Anmeldung ist schriftlich abzufassen und die Unterschrift bzw. das Handzeichen des oder der Erklärenden sind von einem Notar oder einer anderen ermächtigten Stelle zu

---

1 Gesetz zur Erleichterung elektronischer Anmeldungen zum Vereinsregister und anderer vereinsrechtlicher Änderungen vom 24.9.2009, BGBl. I S. 3145.
2 BGHZ 96, 245, 247 f. = NJW 1986, 1033; BayObLGZ 1991, 53 = NJW-RR 1991, 958 (959); Palandt/*Ellenberger* BGB § 77 Rn. 1; BeckOK BGB/*Schöpflin* § 77 Rn. 2; Staudinger/*Schwennicke* BGB § 67 Rn. 4; Soergel/*Hadding* BGB § 71 Rn. 3; *Kirberger* ZIP 1986, 346; früher aA OLG Hamm OLGZ 1980, 389; vgl. aber OLG Hamm NJW-RR 2000, 698 (699).
3 BayObLG NJW-RR 1991, 958; OLG Hamm NJW-RR 2000, 698 (699); LG Schwerin Rpfleger 1997, 264; LG Bremen NJW 1949, 345; AG Mannheim Rpfleger 1979, 179; *Stöber/Otto* Rn. 1231, 1248;

Sauter/Schweyer/Waldner Eingetragener Verein Rn. 15; *K. Schmidt* GesR § 23 II 2 b aa und § 24 II 1 a; *Kirberger* ZIP 1986, 346 (349); Erman/*Westermann* BGB § 59 Rn. 1, BGB § 77 Rn. 1; nach der Vereinsrechtsreform 2009 auch MüKoBGB/*Leuschner* § 59 Rn. 3; BeckOK BGB/*Schöpflin* § 59 Rn. 3; aA LG Bonn NJW-RR 1995, 1515; LG Bonn Rpfleger 2001, 432; Soergel/*Hadding* BGB § 59 Rn. 3; Reichert/ *Wagner* Kapitel 2 Rn. 110.
4 Zweifelnd auch *Reuter* NZG 2009, 1368 (1372).
5 BT-Drs. 16/12813, S. 14.
6 Staudinger/*Schwennicke* BGB § 77 Rn. 3; MüKoBGB/*Leuschner* § 77 Rn. 2; Erman/*Westermann* BGB § 77 Rn. 1.

beglaubigen (→ § 129 Rn. 9 ff.).[7] Ein Gesetzesentwurf des Bundesrates sah vor, die Länder im Rahmen des Beurkundungsgesetzes zu ermächtigen, Erklärungen zum Vereinsregister künftig auch vom Amtsgericht öffentlich beglaubigen zu lassen; der Gesetzesentwurf scheiterte jedoch im Bundestag.[8] Die öffentliche Beglaubigung kann gem. § 129 Abs. 2 durch eine notarielle Beurkundung ersetzt werden. Alternativ können nach S. 2 die Erklärungen auch in Urschrift eingereicht werden. Bei Anmeldung durch einen Bevollmächtigten ist die Vollmacht in öffentlich beglaubigter Form vorzulegen.[9] Die öffentliche Beglaubigung kann nicht durch eine „amtliche Beglaubigung" (zB nach § 1 LVerVfG Rh.-Pf. iVm § 33 VerVfG) ersetzt werden.[10]

§ 78 Festsetzung von Zwangsgeld

(1) Das Amtsgericht kann die Mitglieder des Vorstands zur Befolgung der Vorschriften des § 67 Abs. 1, des § 71 Abs. 1, des § 72, des § 74 Abs. 2, des § 75 Absatz 2 und des § 76 durch Festsetzung von Zwangsgeld anhalten.

(2) In gleicher Weise können die Liquidatoren zur Befolgung der Vorschriften des § 76 angehalten werden.

Literatur: S. § 26 und Vorbemerkungen zu §§ 55–79.

A. Allgemeines

1   Die Vorschrift bietet dem Registergericht die Möglichkeit, den Vorstand sowie nach Abs. 2 auch die Liquidatoren durch Auferlegung eines Zwangsgeldes zur Befolgung ihrer registerrechtlichen Pflichten zu zwingen. Die Zielsetzung zeigt, dass das Zwangsgeld **reines Beugemittel** und keine Strafe ist. Daher kommt bei Uneinbringlichkeit des Zwangsgeldes eine Ersatzfreiheitsstrafe nach § 43 StGB nicht in Betracht.[1] Eine Freiheitsentziehung ist zudem schon nach Art. 104 Abs. 2 S. 1 GG ausgeschlossen, da die Entscheidungen im vereinsrechtlichen Registerverfahren regelmäßig kein Richter, sondern gem. § 3 Nr. 1 a RPflG der Rechtspfleger trifft. § 78 wurde zuletzt redaktionell geändert durch die Vereinsrechtsreform 2009.[2]

B. Regelungsgehalt

I. Voraussetzungen

2   Das Registergericht ist nur in den ausdrücklich in § 78 benannten Fällen zur Auferlegung eines Zwangsgeldes befugt.[3] Somit ist der Einsatz des gerichtlichen Beugemittels zB unzulässig, wenn der Vorstand sich weigert, den Verein zur Ersteintragung anzumelden (§ 59 Abs. 1) oder bei der Ersteintragung sämtliche den gesetzlichen Anforderungen entsprechenden Unterlagen vorzulegen (vgl. §§ 57–59). Ferner kommt kein Zwangsgeld bei einer Weigerung des Vorstands in Betracht, wegen Unterschreitung der Mindestmitgliederzahl die Entziehung der Rechtsfähigkeit zu beantragen (§ 73). Einer **analogen Anwendung** des § 78 steht der bei hoheitlichen Eingriffen, insbesondere bei Strafen und Ordnungsmitteln, geltende Gesetzesvorbehalt nach Art. 20 Abs. 3, 103 Abs. 2 GG entgegen.

II. Festsetzung

3   Gem. Art. 6 Abs. 1 EGStGB ist das Zwangsgeld auf mindestens 5 EUR bis maximal 1.000 EUR zu bestimmen. Das Verfahren über die Festsetzung des Zwangsgeldes ist geregelt in §§ 388 ff. FamFG. Das Zwangs-

---

7   Vgl. BT-Drs. 16/12813, S. 9.
8   Entwurf eines Gesetzes zur Förderung ehrenamtlicher Tätigkeit im Verein v. 18.3.2011, BR-Drs. 41/11, S. 6.
9   KGJ 26, A 232; Palandt/*Ellenberger* BGB § 77 Rn. 1; Staudinger/*Schwennicke* BGB § 77 Rn. 3, 5; MüKoBGB/*Leuschner* § 77 Rn. 3; Erman/*Westermann* BGB § 77 Rn. 1.
10 OLG Zweibrücken NZG 2014, 1020 = NJW-RR 2014, 1128.

1   MüKoBGB/*Leuschner* § 78 Rn. 2; Staudinger/ *Schwennicke* BGB § 78 Rn. 11; Soergel/*Hadding* BGB § 78 Rn. 2.
2   Gesetz zur Erleichterung elektronischer Anmeldungen zum Vereinsregister und anderer vereinsrechtlicher Änderungen v. 24.9.2009, BGBl. I S. 3145.
3   OLG Hamm OLGZ 1979, 1 (2); LG Hof DNotZ 1974, 609; MüKoBGB/*Leuschner* § 78 Rn. 2; BeckOK BGB/*Schöpflin* § 78 Rn. 2; Reichert/*Wagner* Kapitel 2 Rn. 4739 f.

geld richtet sich unmittelbar gegen die konkret anmeldepflichtigen Personen.[4] Wegen des Zwangsgeldes kann daher nicht in das Vereinsvermögen vollstreckt werden.[5]

§ 79 Einsicht in das Vereinsregister

(1) [1]Die Einsicht des Vereinsregisters sowie der von dem Verein bei dem Amtsgericht eingereichten Dokumente ist jedem gestattet. [2]Von den Eintragungen kann eine Abschrift verlangt werden; die Abschrift ist auf Verlangen zu beglaubigen. [3]Wird das Vereinsregister maschinell geführt, tritt an die Stelle der Abschrift ein Ausdruck, an die der beglaubigten Abschrift ein amtlicher Ausdruck.

(2) [1]Die Einrichtung eines automatisierten Verfahrens, das die Übermittlung von Daten aus maschinell geführten Vereinsregistern durch Abruf ermöglicht, ist zulässig, wenn sichergestellt ist, dass

1. der Abruf von Daten die zulässige Einsicht nach Absatz 1 nicht überschreitet und
2. die Zulässigkeit der Abrufe auf der Grundlage einer Protokollierung kontrolliert werden kann.

[2]Die Länder können für das Verfahren ein länderübergreifendes elektronisches Informations- und Kommunikationssystem bestimmen.

(3) [1]Der Nutzer ist darauf hinzuweisen, dass er die übermittelten Daten nur zu Informationszwecken verwenden darf. [2]Die zuständige Stelle hat (z.B. durch Stichproben) zu prüfen, ob sich Anhaltspunkte dafür ergeben, dass die nach Satz 1 zulässige Einsicht überschritten oder übermittelte Daten missbraucht werden.

(4) Die zuständige Stelle kann einen Nutzer, der die Funktionsfähigkeit der Abrufeinrichtung gefährdet, die nach Absatz 3 Satz 1 zulässige Einsicht überschreitet oder übermittelte Daten missbraucht, von der Teilnahme am automatisierten Abrufverfahren ausschließen; dasselbe gilt bei drohender Überschreitung oder drohendem Missbrauch.

(5) [1]Zuständige Stelle ist die Landesjustizverwaltung. [2]Örtlich zuständig ist die Landesjustizverwaltung, in deren Zuständigkeitsbereich das betreffende Amtsgericht liegt. [3]Die Zuständigkeit kann durch Rechtsverordnung der Landesregierung abweichend geregelt werden. [4]Sie kann diese Ermächtigung durch Rechtsverordnung auf die Landesjustizverwaltung übertragen. [5]Die Länder können auch die Übertragung der Zuständigkeit auf die zuständige Stelle eines anderen Landes vereinbaren.

Literatur: S. Vorbemerkungen zu §§ 55–79.

A. Allgemeines 1
B. Regelungsgehalt 2
   I. Recht auf Einsicht und Abschrift 2
     1. Akteneinsicht 2

     2. Abschrift 3
  II. EDV-Register 4
     1. Grundsätzliches 4
     2. Online-Zugriff 5

A. Allgemeines

§ 79 gewährleistet die **Öffentlichkeit des Vereinsregisters** durch ein umfassendes Recht auf Einsicht und Abschrift sowie den Abruf von Daten aus **EDV-Vereinsregistern**. Die Vorschrift wird durch § 386 FamFG (Negativbescheinigung) sowie durch die Verfahrensvorschriften der §§ 16, 17, 31–36 VRV ergänzt (zur VRV → Vor § 55 Rn. 1). § 79 wurde 1993 durch das RegVBG[1] im Zusammenhang mit der Einführung des EDV-Registers (§ 55a) wesentlich erweitert. Damals wurden Abs. 1 S. 3–5, Abs. 2–10 neu eingeführt. Das ERJuKoG[2] bildete 2001 den § 79 erneut um, beseitigte das 1993 eingeführte Genehmigungsverfahren für Online-Abrufe (Abs. 3–10 aF) und führte ein **generelles Online-Einsichtsrecht** mit Verbotsvorbehalt für Missbrauchsfälle ein. Durch das 2. Justizmodernisierungsgesetz wurde 2006 Abs. 2 geändert und Abs. 5 um S. 5 ergänzt.[3] Abs. 1 wurde zuletzt im Rahmen der Vereinsrechtsreform 2009 geändert.[4]

1

4 LG Lübeck SchlHA 1984, 115; Staudinger/*Schwennicke* BGB § 78 Rn. 5; MüKoBGB/*Leuschner* § 78 Rn. 2; Erman/*Westermann* BGB § 78 Rn. 1.
5 Staudinger/*Schwennicke* BGB § 78 Rn. 5; Soergel/*Hadding* BGB § 78 Rn. 2; MüKoBGB/*Leuschner* § 78 Rn. 2; Erman/*Westermann* BGB § 78 Rn. 1.
1 Registerverfahrensbeschleunigungsgesetz v. 20.12.1993 (BGBl. I S. 2182).

2 Gesetz über elektronische Register und Justizkosten für Telekommunikation v. 10.12.2001, BGBl. I S. 3422.
3 BGBl. I S. 3416.
4 Gesetz zur Erleichterung elektronischer Anmeldungen zum Vereinsregister und anderer Änderungen v. 24.9.2009, BGBl. I S. 3145.

B. Regelungsgehalt

I. Recht auf Einsicht und Abschrift

2 **1. Akteneinsicht.** Das Einsichtsrecht nach Abs. 1 S. 1 steht **jedermann** zu. Der Interessent kann nicht auf eine mündliche Unterrichtung aus den Akten verwiesen werden.[5] Das Recht umfasst gem. § 16 Abs. 1 S. 1 VRV die Einsicht in das **Vereinsregister**, in die vom Verein eingereichten **Schriftstücke** sowie in das **Namensverzeichnis** (§ 8 VRV), dh das alphabetische Register aller angemeldeten Vereine. Die Einsicht ist jederzeit ohne vorherige Anmeldung während der Dienststunden auf der Geschäftsstelle des Registergerichts möglich, vgl. § 16 Abs. 1 S. 1 VRV. Ein **berechtigtes Interesse** an der Einsichtnahme, wie dies § 13 Abs. 2 FamFG allgemein für die Einsicht in Gerichtsakten fordert, ist nach Abs. 1 S. 1 nicht erforderlich. Für die Einsichtnahme in andere Teile der Registerakten war nach § 16 Abs. 1 S. 2 VRV aF ein berechtigtes Interesse glaubhaft zu machen, sofern der Einsichtswillige nicht Beauftragter einer inländischen Behörde oder ein inländischer Notar war. Anstelle von § 16 Abs. 1 S. 2 VRV aF gilt für die Einsicht in die sonstigen Registerakten die allgemeine Regelung des § 13 FamFG, der in Abs. 4 auch eine besondere Einsichtsregelung für Rechtsanwälte, Behörden und Notare vorsieht.[6] Ein berechtigtes Interesse iSv § 13 Abs. 2, 4 FamFG liegt bei jedem vernünftigerweise gerechtfertigten Interesse auch nur tatsächlicher, wirtschaftlicher oder wissenschaftlicher Art vor, das sich grundsätzlich nicht auf vorhandene Rechte zu stützen braucht.[7] Für die Einsicht in das Vereinsregister beim Registergericht werden **keine Gebühren** erhoben; für den Abruf der Daten über das Internet fallen die Gebühren nach Nr. 1140, 1141 Kostenverzeichnis JVKostG an.

3 **2. Abschrift.** Neben dem Einsichtsrecht verschafft Abs. 1 S. 2 jedermann einen Anspruch auf wahlweise einfache oder beglaubigte Abschrift der Registereintragungen. Wird das Vereinsregister maschinell geführt, tritt gem. Abs. 1 S. 3, § 32 VRV an Stelle der einfachen Abschrift der Ausdruck und an Stelle der beglaubigten Abschrift der amtliche Ausdruck. Für die Ausdrucke gelten die Gebührenregelungen in Nr. 17000 KVfG. Wird statt der Fertigung von Ausdrucken die elektronische Übertragung einer Datei beantragt, richten sich die Gebühren nach Nr. 17002, 17003 KVfG. Die Fertigung von Abschriften richtet sich nach § 17 VRV. Zudem hat jeder einen Anspruch auf eine sog. **Negativbescheinigung** (auch Negativattest) gem. § 386 FamFG, dh die ausdrückliche gerichtliche Bescheinigung über das Nichtvorhandensein bestimmter Registereintragungen. Eine Abschrift der Eintragungen des Vereinsregisters sowie die Negativbescheinigung kann ohne Nachweis eines berechtigten Interesses verlangt werden. Werden indes Abschriften der eingereichten **Schriftstücke** begehrt, gelten die allgemeinen Grundsätze des FamFG-Verfahrens nach § 13 Abs. 2 FamFG, so dass ein berechtigtes Interesse glaubhaft zu machen ist.[8] Die vom Antragsteller zu tragenden **Gebühren** für unbeglaubigte und beglaubigte Abschriften richten sich nach Nr. 17000, 17001 KVfG,[9] die Gebühren für eine Negativbescheinigung nach Nr. 17004 KVfG.

II. EDV-Register

4 **1. Grundsätzliches.** § 385 FamFG iVm § 31 VRV regelt die Art und Weise der Einsicht in das maschinell geführte Register; diese wird durch ein **Datensichtgerät** oder durch Einsicht in einen **aktuellen oder chronologischen Ausdruck** gewährt. Wenn eingereichte Schriftstücke auf Bild- oder anderen Datenträgern gespeichert wurden, beschränkt sich das Einsichts- und Abschriftsrecht grundsätzlich auf die Wiedergabe der gespeicherten Daten, vgl. § 31 S. 2 VRV. Eine Einsicht oder Abschrift der eingereichten **Originale** ist nach Streichung von Abs. 1 S. 4 und 5 aF nicht mehr vorgesehen.[10] Gibt es jedoch ein berechtigtes Interesse, zB weil ein Vereinsmitglied berechtigte Zweifel an der Richtigkeit oder Vollständigkeit der wiedergegebenen Daten glaubhaft macht, besteht weiterhin ein solches Recht.[11]

5 **2. Online-Zugriff.** Abs. 2 bis 5 ermöglichen ein automatisiertes Datenübermittlungsverfahren auf Abruf, dh den Online-Zugriff auf das Vereinsregister, sofern ein derartiges Register bei dem betreffenden Amtsgericht eingerichtet ist. Die Regelungen entsprechen den Parallelvorschriften über das Handelsregister (§ 9 a

5   OLG Hamm JMBl NRW 1955, 95; *Sauter/Schweyer/*
    Waldner Eingetragener Verein Rn. 426.
6   Gesetz zur Erleichterung elektronischer Anmeldungen zum Vereinsregister und anderer vereinsrechtlicher Änderungen BGBl. I S. 3145; Gesetzesbegründung BT-Drs. 16/12813, S. 16.
7   BayObLGZ 1997, 315; BayObLG FGPrax 1997, 32;
    OLG Frankfurt NJW-RR 1997, 581.
8   BeckOK BGB/*Schöpflin* § 79 Rn. 2; *Sauter/*
    Schweyer/Waldner Eingetragener Verein Rn. 427;
    ebenso MüKoBGB/*Leuschner* § 79 Rn. 3; Soergel/

    Hadding BGB § 79 Rn. 3; Staudinger/*Schwennicke*
    BGB § 79 Rn. 2 ff.
9   Vgl. zur KostO AG Köln NZG 2009, 1317.
10 BT-Drs. 16/12813, S. 16; Palandt/*Ellenberger* BGB
    § 79 Rn. 1.
11 AA die Gesetzesmotive BT-Drs. 16/12813, S. 16,
    wonach die elektronischen Akten die Originalakten
    seien und daher angeblich kein Bedürfnis mehr an
    einer Einsicht in eingereichte Papierdokumente
    bestehe.

HGB) und über das Grundbuch (§ 133 GBO). Gem. Abs. 2 S. 2 können die Länder für das Verfahren ein länderübergreifendes elektronisches Informations- und Kommunikationssystem einrichten. Das Abrufverfahren wird im Einzelnen geregelt durch die §§ 33, 36 VRV. Der Online-Zugriff ermöglicht den vom Ausdruck abzugrenzenden **Abdruck** der Daten, § 33 S. 2 und 3 VRV. Für den Abruf von Daten gelten die Gebührenregelungen in Nr. 1140, 1141 Kostenverzeichnis JVKostG.

Die Einrichtung des automatisierten Verfahrens muss nach Abs. 2 gewährleisten, dass nur ein Datenabruf **6** im Rahmen des Einsichtsrechts möglich ist und die Zulässigkeit der Abrufe aufgrund einer Protokollierung zu kontrollieren ist (§ 36 VRV). Der Online-Zugriff darf nur zu **Informationszwecken** genutzt werden, worauf der Nutzer gem. Abs. 3 S. 1 hingewiesen werden muss. Die Einhaltung des zulässigen Nutzungsrahmens ist stichprobenartig zu kontrollieren (Abs. 3 S. 2, § 36 VRV). Die Kontrolle obliegt gem. Abs. 5 S. 1 der Landesjustizverwaltung, kann aber durch Rechtsverordnung abweichend zugewiesen werden. Die Länder können ferner gem. Abs. 5 S. 5 die Zuständigkeit auch auf die zuständige Stelle eines anderen Landes übertragen. Bei Gefährdung der Funktionsfähigkeit der Abrufeinrichtung, bei Überschreitung des Nutzungsrahmens, bei Datenmissbrauch oder wenn eine Nutzungsüberschreitung oder ein Datenmissbrauch drohen, kann die Kontrollbehörde dem betreffenden Nutzer gem. Abs. 4 S. 1 den künftigen Online-Zugriff verwehren.

Eine **Gefährdung der Funktionsfähigkeit** des Online-Registers liegt zB in der Übertragung von Compu- **7** terviren[12] oder in dem übermäßigen, technisch nicht mehr vertretbaren Gebrauch durch einen Nutzer.[13] Eine **Überschreitung des Nutzungsrahmens** liegt etwa vor, wenn der gesamte Datenbestand des Registers zum Zwecke einer späteren gewerblichen Nutzung in Konkurrenz zum Handelsregister abgerufen wird[14] oder wenn sich der Nutzer durch Überwindung von Schutzmaßnahmen unberechtigten Zugriff auf Daten verschafft, die vom Einsichtsrecht nach Abs. 1 S. 1 nicht umfasst sind. Ein **Datenmissbrauch** liegt zB in der Nutzung der abgerufenen Daten zu einer unerlaubten Werbung.[15] Unabhängig vom künftigen Zugriffsausschluss kommt ggf. eine Strafbarkeit gem. §§ 202 a, 303 a, 303 b StGB in Betracht.

§ 79 a Anwendung der Verordnung (EU) 2016/679 im Registerverfahren

(1) [1]Die Rechte nach Artikel 15 der Verordnung (EU) 2016/679 des Europäischen Parlaments und des Rates vom 27. April 2016 zum Schutz natürlicher Personen bei der Verarbeitung personenbezogener Daten, zum freien Datenverkehr und zur Aufhebung der Richtlinie 95/46/EG (Datenschutz-Grundverordnung) (ABl. L 119 vom 4.5.2016, S. 1; L 314 vom 22.11.2016, S. 72; L 127 vom 23.5.2018, S. 2) werden nach § 79 und den dazu erlassenen Vorschriften der Vereinsregisterverordnung durch Einsicht in das Register oder den Abruf von Registerdaten über das länderübergreifende Informations- und Kommunikationssystem gewährt. [2]Das Registergericht ist nicht verpflichtet, Personen, deren personenbezogene Daten im Vereinsregister oder in den Registerakten gespeichert sind, über die Offenlegung dieser Daten an Dritte Auskunft zu erteilen.

(2) Das Recht auf Berichtigung nach Artikel 16 der Verordnung (EU) 2016/679 kann für personenbezogene Daten, die im Vereinsregister oder in den Registerakten gespeichert sind, nur unter den Voraussetzungen und in dem Verfahren ausgeübt werden, die im Gesetz über das Verfahren in Familiensachen und in den Angelegenheiten der freiwilligen Gerichtsbarkeit sowie der Vereinsregisterverordnung für eine Löschung oder Berichtigung von Eintragungen geregelt sind.

(3) Das Widerspruchsrecht nach Artikel 21 der Verordnung (EU) 2016/679 ist auf personenbezogene Daten, die im Vereinsregister und in den Registerakten gespeichert sind, nicht anzuwenden.

Untertitel 2 Stiftungen

Vorbemerkung zu §§ 80 ff.

Literatur: *Andrick/Suerbaum*, Stiftung und Aufsicht, 2001; *dies.*, Stiftung und Aufsicht, mit Nachtrag: Das modernisierte Stiftungsrecht, (Stand: September 2002), 2002; *Berndt/Götz*, Stiftung und Unternehmen; 8. Auflage 2009; Bertelsmann Stiftung (Hrsg.), Handbuch Bürgerstiftungen, 2. Auflage 2003; *Buchna/Leichinger/Seeger/Brox*, Gemeinnützigkeit im Steuerrecht, 11. Auflage 2015; Bundesverband Deutscher Stiftungen, Die Errichtung einer Stiftung, 5. Auflage 2002; Bundesverband Deutscher Stiftungen (Hrsg.), Bürgerstiftungen in Deutschland – Entstehung.Struktur.Projekte.Netzwerke

---

12 BeckOK BGB/*Schöpflin* § 79 Rn. 9; RegE, BT-Drs. 14/6855 S. 18 zu § 9 a HGB.

13 Palandt/*Ellenberger* BGB § 79 Rn. 3.

14 BGHZ 108, 32, 35 ff. = NJW 1989, 2818; OLG Köln NJW-RR 2001, 1255; Palandt/*Ellenberger* BGB § 79 Rn. 3.

15 Palandt/*Ellenberger* BGB § 79 Rn. 3.

(Forum Deutscher Stiftungen Bd. 15), 2002; Bund-Länder-Arbeitsgruppe (beim Bundesjustizministerium) Stiftungsrecht, Bericht vom 19.1.2002; *Burgard*, Gestaltungsfreiheit im Stiftungsrecht, 2006; *Deininger/Götzenberger*, Internationale Vermögensplanung mit Auslandsstiftungen und Trusts, 2006; *Fleisch*, Stiftungsmanagement, 2013; *Hennerkes/Schiffer*, Stiftungsrecht – Gutes tun und Vermögen sichern – privat und im Unternehmen, 3. Auflage 2001; *Hopt/Reuter* (Hrsg.), Stiftungsrecht in Europa, 2001; *Hüttemann*, Gemeinnützigkeits- und Spendenrecht, 4. Aufl. 2018; *Hüttemann/Schön*, Vermögensverwaltung und Vermögenserhaltung im Stiftungs- und Gemeinnützigkeitsrecht, 2007; *Hüttemann/Richter/Weitemeyer* (Hrsg.), Landesstiftungsrecht. 2011; *Lassmann*, Stiftungsuntreue, 2008; *Mecking/Schindler/Steinsdörfer*, Stiftung und Erbe, 3. Auflage 1997 (Materialien aus dem Stiftungszentrum, Heft 21); Münchener Handbuch Gesellschaftsrecht Bd. V: Verein, Stiftung bürgerlichen Rechts; *Muscheler*, Stiftungsrecht, 2. Unveränderte Auflage 2011; *Richter*, Stiftungsrecht, 2019; *Richter/Wachter* (Hrsg.), Handbuch des internationalen Stiftungsrechts, 2007; *Rösing*, Die Entlastung im Stiftungsrecht, 2013; *Roggencamp*, Public Private Partnership. Entstehung und Funktionsweise kooperativer Arrangements zwischen öffentlichem Sektor und Privatwirtschaft, 1999; *Rothemann*, Holdingstrukturen und Gemeinnützigkeitsrecht, 2011; *Sauter/Schweyer/Waldner*, Der eingetragene Verein, 19. Auflage 2010; *Schauhoff* (Hrsg.), Handbuch der Gemeinnützigkeit – Verein – Stiftung – GmbH, 3. Auflage 2011; *Schiffer*, Der Unternehmensanwalt, 1997; *ders.* (Hrsg.), Die Stiftung in der Beraterpraxis, 4. Auflage, 2016; *Schiffer/v. Schubert*, Recht, Wirtschaft und Steuern im E-Business, 2002; *Schiffer/Rödl/Rott*, Haftungsgefahren in Unternehmen, 2004; *Schindler*, Die Familienstiftung, 1975; *Schindler/Steinsdörfer*, Treuhänderische Stiftungen, 7. Auflage 2002; *Schlüter/Stolte*, Stiftungsrecht, 3. Aufl. 2016; *Schunk*, Kooperationen zwischen gemeinnützigen Körperschaften und das Unmittelbarkeitsgebot des § 57 AO, 2014; *Schwintek*, Vorstandskontrolle in rechtsfähigen Stiftungen bürgerlichen Rechts – Eine Untersuchung zu Pflichten und Kontrolle von Leitungsorganen im Stiftungsrecht – insbesondere in Unternehmensträgerstiftungen, 2001; *Simsa/Meyer/Badelt* (Hrsg.), Handbuch der Nonprofit Organisation, 5. Auflage 2013; *Soergel/Neuhoff*, Stiftungen, §§ 80–88 BGB, Sonderdruck aus: Soergel: Kommentar zum Bürgerlichen Gesetzbuch (13. Auflage), Band 1: Allgemeiner Teil 1 (Stand Frühjahr 2000), 2001; *Staudinger/Hütteman/Rawert*, (2017), §§ 80–89 BGB – Stiftungsrecht; *Steffek*, Die Anforderung an das Stiftungsgeschäft von Todes wegen, 1996; Stifterverband für die deutsche Wissenschaft (Hrsg.), Mehr Innovation – Thesen und Empfehlungen zur Zukunft von Public Private Partnerships in der Wissenschaft, 2002; Stifterverband für die Deutsche Wissenschaft (Hrsg.), Private internationale Hochschulen – Profile und Bewertungen, 2002 (erweiterter Sonderdruck aus Wirtschaft & Wissenschaft, 1. Quartal 2002); *Stumpf/Suerbaum/Schulte/Pauli*, Stiftungsrecht, 3. Auflage, 2018; *Vogel/Stratmann*, Public Private Partnership in der Forschung. Neue Formen der Kooperation zwischen Wissenschaft und Wirtschaft, 2000; *v. Campenhausen/Richter* (Hrsg.), Handbuch des Stiftungsrechts, 4. Auflage 2014; *von Löwe*, Familienstiftung und Nachlassgestaltung, 2. Auflage 2016; *Wachter*, Stiftungen – Zivil- und Steuerrecht in der Praxis, 2001; *Werner/Saenger/Fischer* (Hrsg.), Die Stiftung, 2. Auflage 2019.

A. **Die Stiftung – Eine besondere juristische Person** 1
B. **Lebenssachverhalte** 6
C. **Motive zur Stiftungserrichtung** 9
D. **Beratungspraxis** 11
E. **Statistisches** 13
F. **Verwirrungen und Klarstellungen** 14
G. **Das moderne Stiftungszivilrecht** 16
   I. Das geltende Recht 17
   II. Gesetz zur Vereinheitlichung des Stiftungsrechts? 19
     1. Stand der Reformbemühungen 20
     2. Kritische Würdigung 21
H. **Landesstiftungsgesetze** 27
I. **Soft Law – auch im Stiftungsrecht** 29
J. **„Konkurrenzen": Stiftungs-GmbH, etc.** 30
   I. Stiftungs-GmbH, Stiftungs-Verein und Stiftungs-AG 31

   II. Dauertestamentsvollstreckung 38
   III. Europäische Stiftung (FE)? 40
K. **Die unselbstständige/treuhänderische Stiftung** 41
   I. Grundlagen 43
   II. Errichtung zu Lebzeiten 46
     1. Schenkung unter Auflage 48
     2. Treuhandverhältnis 49
   III. Zuwendung und Errichtung von Todes wegen 59
   IV. Satzung/Organisationsvertrag 62
   V. Auswahl des Treuhänders 63
   VI. Umwandlung/Auflösung 67
     1. Umwandlung 68
     2. Auflösung 70
   VII. Steuerrecht 78
L. **Trusts** 83
M. **Stiftungen im Ausland** 89

A. Die Stiftung – Eine besondere juristische Person

1 Die Stiftung ist eine **besondere Rechtsform**, über die selbst unter Juristen noch oft Unkenntnis herrscht. Es existieren zudem viele Missverständnisse. Das mag auch daher rühren, dass die Rechtsform Stiftung bisher weder im BGB noch in den Landesstiftungsgesetzen (→ Rn. 27 ff.)[1] ausdrücklich definiert wird (zu aktuellen Reformüberlegungen → Rn. 19 ff.).

Die Stiftung wird allgemein als eine von einem Stifter oder von mehreren Stiftern geschaffene Institution verstanden, die die Aufgabe hat, mithilfe des ihr gewidmeten Vermögens den festgelegten Stiftungszweck dauernd und nachhaltig zu verfolgen.[2] Sie ist in ihrer im BGB geregelten **Grundform** als **selbstständige Stiftung** des Privatrechts eine nicht verbandsmäßig organisierte juristische Person ohne Eigentümer, Gesell-

---

[1] Die aktuellen Texte der Landesstiftungsgesetze finden sich bspw. auf der Homepage des Bundesverbandes Deutscher Stiftungen, Berlin https://www.stiftungen.org/stiftungen/basiswissen-stiftungen/stiftungsgr

uendung/landesstiftungsgesetze.html (abgerufen am 20.4.2020).

[2] S. etwa Staudinger/*Hüttemann/Rawert* (2017) BGB Vor §§ 80 ff. Rn. 1 mwN *O. Werner*/Saenger/Fischer § 1 Rn. 14 mwN.

schafter oder Mitglieder und ist als eine einem oder mehreren Zwecken gewidmete Zusammenfassung von Gegenständen mit Vermögenswert (Grundstockvermögen) im Grundsatz auf unbegrenzte Dauer angelegt[3] (zur „Stiftung auf Zeit" → § 80 Rn. 27 ff.).

Das Grundstockvermögen der Stiftung darf grundsätzlich nicht angegriffen werden, es ist nach dem Maß- **2** stab des Stifterwillens (→ § 80 Rn. 2 ff.) in seinem Bestand zu erhalten („**Grundsatz der Vermögenserhaltung**", → § 81 Rn. 61 ff.), denn die Stiftung besteht de facto nur aus diesem Vermögen.[4] Angesichts der konstant schlechten Ertragslage auf den Kapitalmärkten hat in den letzten Jahren allerdings die **Verbrauchsstiftung** zumindest in den Gestaltungsüberlegungen erheblich an Bedeutung gewonnen. Bei ihr darf auch das Grundstockvermögen zur Zweckverfolgung eingesetzt werden. Sie ist, auch wenn sie inzwischen gesetzlich geregelt ist, in der Praxis aber noch immer eine Ausnahmeerscheinung. Gerade die Landesstiftungsbehörden agieren hier äußerst zurückhaltend und sehen die Ewigkeitsstiftung als eine Art rechtlichen „Normalfall" an, dem in Zweifelsfällen Vorrang gebühren soll. Nach dem Gesetz stehen allerdings beide Stiftungsformen gleichberechtigt nebeneinander und ein Vorrang der einen Stiftungsform vor der anderen lässt sich nicht begründen.[5] Abgesehen von dieser grundsätzlichen Frage sind auch die Einzelfragen zur Auslegung der gesetzlichen Vorgaben für Verbrauchsstiftungen nach wie vor äußerst umstritten (→ § 80 Rn. 27 ff., 36 ff.).

Die Stiftung ist in ihrer Grundform **eine wertneutrale, steuerpflichtige juristische Person des Privat-** **3** **rechts**, die – wie andere Rechtsformen (in der Praxis insbes. Vereine und GmbH, Paradebeispiel: Robert Bosch Stiftung GmbH) auch – steuerbegünstigt („gemeinnützig") im Sinne der §§ 51 ff. AO sein kann, aber es nicht sein muss. Zulässig ist vielmehr die Verfolgung eines jeden Zwecks, der das Gemeinwohl nicht gefährdet (**Grundsatz der gemeinwohlkonformen Allzweckstiftung**, → § 80 Rn. 48 ff.).

In der Praxis bilden steuerbegünstigte Stiftungen die deutliche Mehrheit der rechtsfähigen Stiftungen (zum **4** Recht der steuerbegünstigten Körperschaften und speziell der Vereine s. Steuerlicher Anhang zu → § 21 Rn. 1 ff.). Es werden dabei je nach Art und Weise der Zweckerfüllung insbesondere **operative Stiftungen** (Durchführung eigener Projekte), **Förderstiftungen** (Förderung bestimmter Zwecke durch Zuwendungen an andere Einrichtungen) und **Trägerstiftungen** (zB als Träger einer Krankenanstalt) unterschieden. Zivilrechtliche Folgen lassen sich aus dieser und auch aus weiteren terminologischen Unterscheidungen allerdings nicht ableiten. Diese konkrete Abgrenzung und Unterscheidung beschreibt allein die Art und Weise der Zweckerfüllung durch die Stiftung (zur Typisierung nach verschiedenen „Stiftungsformen" → § 80 Rn. 77 ff.).

Ganz allgemein gilt, dass der Inhalt des „**Stiftungsbegriffes**"[6] des BGB nur durch **Auslegung der gesetzli-** **5** **chen Merkmale** gewonnen werden kann. Er steht also erst nach der Auslegung fest und kann die Auslegung damit nicht anleiten,[7] was in Theorie und Praxis leider immer wieder verkannt wird (→ § 80 Rn. 51 f.). Es ist auch fraglich, ob eine **gesetzliche Bestimmung des „Wesens der Stiftung"**, wie sie bspw. der aktuelle „Diskussionsentwurf der Bund-Länder-Arbeitsgruppe ‚Stiftungsrecht' für ein Gesetz zur Vereinheitlichung des Stiftungsrechts" vorsieht (zu diesen Reformbemühungen → Rn 19 ff.), dem Gesetzesanwender wirklich weiterhelfen würde. Die Praxis zeigt, dass man bisher sehr gut ohne eine solche „Wesensbestimmung" ausgekommen ist, weshalb sie auch nicht im jüngst vorgelegten „**Professorenentwurf zur Stiftungsrechtsreform 2020**"[8] (→ Rn 26) aufgegriffen wurde. Im besten Fall fasst sie nur das zusammen, was sich bereits aus den anderen gesetzlichen Regelungen ergibt. Im schlimmsten Fall behindert sie die Weiterentwicklung durch Praxis und Wissenschaft und sorgt für Missverständnisse und Wertungswidersprüche, die erst wieder mühsam aufgelöst werden müssen.

B. Lebenssachverhalte

Stiftungen sind nach aktueller Praxis nicht nur Instrumente zur Umverteilung materieller Werte von Einzel- **6** nen in den öffentlichen Bereich der Allgemeinheit. Stiftungen sind auch Institutionen aus der Mitte unserer Gesellschaft, mit deren Hilfe Bürger versuchen, im Sinne des Gemeinwohls Wandel zu bewirken.[9] Das wohl entscheidende Stichwort ist hier die **Bürgergesellschaft**,[10] in der die Stiftung heute zunehmend ihre Rolle findet und nach Auffassung des Staates, der mit zahlreichen Steuervergünstigungen lockt (→ § 80

---

3   S. nur Palandt/*Ellenberger* BGB Vor § 80 Rn. 5 ff.
4   S. nur Palandt/*Ellenberger* BGB § 80 Rn. 5.
5   *Schiffer* StiftungsBrief 2018, 166.
6   Zu einzelnen Stiftungsbegriffen vgl. Staudinger/*Hüttemann/Rawert* (2017) BGB Vor §§ 80 ff. Rn. 1 ff., 16 ff.
7   Vgl. zur Ungeeignetheit vorgesetzlicher Begriffsbildung zur Anleitung der Auslegung in einem strafrechtlichen Zusammenhang *Schlehofer* FS Herzberg,

2008, S. 355, 356 und zuvor grundlegend bereits *ders.* JuS 1992, 572.
8   Beilage zu ZIP 10/2020.
9   S. dazu auch *v. Arnim* ZRP 2002, 223.
10 S. dazu schon den Tagungsband zur 57. Jahrestagung 2001 des Bundesverbandes Deutscher Stiftungen („Auf dem Weg zur Bürgergesellschaft – Die Rolle der Stiftungen").

Rn. 108 ff., → § 82 Rn. 16 ff.), auch finden soll. Über die positiven und negativen Seiten solches Engagements wird unter dem Stichwort „**Philanthrokapitalismus**" allerdings durchaus kontrovers diskutiert.[11] Erhoben wird insbesondere der Vorwurf, dass unter dem Deckmantel steuerbegünstigter Stiftungsarbeit Lobbyismus betrieben und verdeckt Privatisierung vorangetrieben wird.[12] Nicht zuletzt durch das Attac-Urteil des BFH[13] stellt sich zudem die Frage, in welchem Umfang und auf welche Art und Weise Stiftungen gemeinnützig tätig und gleichzeitig auf die politische Meinungsbildung Einfluss nehmen können und dürfen.[14]

7 Stiften kann heute auf verschiedenen Wegen beinahe jedermann[15] – wenngleich es eher selten eine Stiftung nach § 80 ff. BGB sein wird, sondern zB eher eine **Zustiftung** (→ § 81 Rn. 58 ff.) und die ggf. in Form eines **Stiftungsfonds** (→ § 80 Rn. 59). Der Fall der gemeinnützigen Stiftung vermögender Privatpersonen ist vor diesem Hintergrund zwar derjenige, der in der Öffentlichkeit am bekanntesten ist, aber Stiftungen werden zur Vermögenssicherung und Erbfolge nach wie vor gerade auch unternehmensbezogen und dabei auch nicht nur gemeinnützig errichtet (→ § 80 Rn. 78 ff.).[16] Stiftungen kommen für die **Erbfolgegestaltung** vor allem als Familienstiftungen, als gemeinnützige und mildtätige Stiftungen sowie als Doppelstiftungen in Betracht.[17]

8 Die Lebenssachverhalte, die mit Stiftungen verbunden sind, sind ausgesprochen vielfältig.[18] Eines haben aber in der Regel alle diese Lebenssachverhalte gemeinsam: Sie betreffen jeweils die Bereiche **Wirtschaft, Recht und Steuern** sowie die damit einhergehenden **menschlichen Aspekte**[19] und erfordern deshalb durchgehend eine nicht immer einfache, wertende Gesamtbetrachtung[20] von Stifter, Berater und Stiftungsorganmitgliedern.

C. Motive zur Stiftungserrichtung

9 **Drei Hauptmotive** für die Errichtung von Stiftungen lassen sich identifizieren, die einzeln oder auch kombiniert auftreten können: Gemeinnützige und mildtätige Motive vielfältiger Art, dazu der Wunsch, die Selbstständigkeit eines (Familien-)Unternehmens aufrechtzuerhalten, die Unternehmensnachfolge zu sichern, das eigene Lebenswerk oder das Werk (Vermögen), das von der Familie über viele Generationen aufgebaut wurde, zu erhalten und schließlich der Wunsch nach einer langfristigen finanziellen Absicherung der Familie.[21]

10 Stiftungen werden heute überwiegend von **Privatpersonen** errichtet, die ihr Vermögen nach ihrem Tod für einen guten Zweck arbeiten lassen wollen und so ihre Erbfolge zumindest teilweise „gemeinnützig" gestalten, um „der Gesellschaft etwas zurückzugeben". Stiftungen werden zunehmend aber **auch** aus dem **unternehmerischen Mittelstand** heraus – etwa von erfolgreichen Start-up-Unternehmern – zur Vermögenssicherung und Unternehmensnachfolgeregelung spezifisch unternehmensbezogen errichtet.

---

11 Vgl. etwa einerseits den Titel des Debattenbeitrags des (früheren) Generalsekretärs des Bundesverbandes Deutscher Stiftungen *Oldenburg*, „Warum reiche Menschen unserer Gesellschaft gut tun", https://www.welt.de/debatte/article173761571/Investitionen-Warum-reiche-Menschen-unserer-Gesellschaft-gut-tun.html (abgerufen am 27.4.2020). Ausführlich und kritisch zur Diskussion andererseits etwa *Adloff/ Degens*, Forschungsjournal Soziale Bewegungen, 4/2017, 43 ff., abrufbar hier: http://forschungsjournal.de/sites/default/files/downloads/fjsb_2017-4_adloff_degens.pdf (abgerufen am 27.4.2020). Siehe ferner die gesamte Ausgabe Forschungsjournal Soziale Bewegungen 4/2017 mit dem Themenschwerpunkt „Engagement und Einfluss – Stiftungen in der Kritik": http://forschungsjournal.de/jahrgaenge/2017heft 4 (abgerufen am 27.4.2020).

12 So vor allem *Holland-Letz*, Scheinheilige Stifter, 2015.

13 BFH 10.1.2019 – V R 60/17.

14 Vgl. etwa die Kritik an der „Stiftung Familienunternehmen" im Zusammenhang mit der Reform der Erbschaftsteuer: https://krautreporter.de/2101-wie-reiche-familien-die-erbschaftsdebatte (abgerufen am 20.4.2020) oder die Kritik an der „Bertelsmann-Stif-

tung" wegen angeblicher Beeinflussung politischer Entscheidungsprozesse: *Schuler*, Bertelsmannrepublik Deutschland: Eine Stiftung macht Politik, 2010.

15 S. *Schiffer* ErbR 2008, 94.

16 Ausf. dazu etwa *Schiffer/Pruns* BB 2013, 2755 m.z. wN.

17 Ausf. dazu *Schiffer/Pruns*, Stiftung & Sponsoring – Rote Seiten 5/2011; *dies.*, BB 2013, 2755; *Schiffer* FS Binz, 2014, 596; *ders.* FS Spiegelberger, 2009, S. 1358; *ders.* Jubiläumsschrift 10 Jahre DVEV 2005, S. 24 ff.

18 Ausf. *Schiffer*, Stiftung, § 1 Rn. 12 ff.; einen Überblick „Zur Situation der Stiftungen in Deutschland" gibt *Mecking* in Hopt/Reuter, Stiftungsrecht in Europa, 2001, S. 33 ff.

19 Einer dieser menschlichen Aspekte ist, dass „Stiften glücklich macht", so *Weizmann* in Schiffer, Stiftung, § 1 Rn. 31; sa *Schiffer*, Gastkommentar in Das Magazin der Stiftung BSW (Bahnsozialwerk), 5/2010, 10.

20 Zur Frage der Stiftungsethik und Compliance (Leitlinien für die Stiftungspraxis) s. *Schiffer*, Stiftung, § 14 Rn. 56 ff.

21 Grundlegend zu den Motiven der Stifter *Timmer*, Stiften in Deutschland. Die Ergebnisse der Stifterstudie, 2005.

D. Beratungspraxis

In der Beratungspraxis wird bei alldem leider noch immer häufig übersehen, dass die **Stiftungserrichtung** **11** für den Stifter oder die Stifterin aufgrund der Besonderheiten der Rechtsform regelmäßig ein **einmaliges Ereignis** ist. Das macht eine fundierte rechtliche Beratung noch unverzichtbarer als das sonst bei der Errichtung juristischer Personen ohnehin schon der Fall ist. Diese Beratung darf nicht bei Standardempfehlungen stehen bleiben, sondern muss die konkrete Angelegenheit ins Auge fassen. Daraus wird dann in der Diskussion mit der Mandantschaft eine **spezifische Lösung** entwickelt. In der Praxis erfordert ein solches Projekt mehrere Gespräche und mehrere Entwürfe. Der Beratungsprozess erstreckt sich deshalb regelmäßig über mehrere Monate. Auch im Zeitalter von „Legal Tech"[22] geht es um Satzungsgestaltungskunst, die aus unserer Sicht wohl kaum von Algorithmen ersetzt werden kann.

Die zu treffenden Entscheidungen wiegen schwer, da ein erhebliches Vermögen eingesetzt wird und das **12** Ergebnis des Errichtungsprozesses, die „fertige" Stiftung, nur noch unter erheblichem Aufwand und auch nur sehr eingeschränkt modifiziert werden kann (→ § 85 → Rn. 4 ff.). Eine Stiftung muss aber gleichzeitig auf Jahre „halten". Es genügt deshalb nicht, ein kurzes Beratungsgespräch zu führen und eine Mustersatzung „aus der Schublade" zu holen. Das können wir, wie die Praxis uns lehrt, nicht oft genug betonen.[23] Auch wenn der Stifter oder Personen aus seinem Umfeld drängeln, weil sie die skizzierten Zusammenhänge nicht verstehen, muss der Berater hier die erforderliche Zeit einfordern und für ein Verständnis der dargelegten Zusammenhänge werben. Auch der denkbar beste Fachmann und Spezialist braucht den Mandanten, um den Sachverhalt zu verstehen und ihm dann eine passende Lösung vorschlagen zu können. Die Erfahrung zeigt zudem, dass in solch einem Fall auch die **„Nebenurkunden"**, die bei einem Stiftungsprojekt zu betrachten und ggf. zu überarbeiten sind, typischerweise in einem desolaten Zustand sind. Gemeint sind damit insbesondere Testamente oder Gesellschaftsverträge nebst den zugehörigen Geschäftsordnungen. Auch ihnen wird oft nicht die gebührende Aufmerksamkeit geschenkt. Es scheint das Motto zu gelten: „Verträge sind doch eh nur für die Schublade." Das erhöht dann die Komplexität der Beratungsaufgabe noch einmal ganz wesentlich. Tatsächlich handelt es sich hier um einen „Investitionsstau" – auch wenn dieser sich nicht so offensichtlich bemerkbar macht wie bei einer Immobilie. Was nützt aber das schönste Stiftungsgebäude, wenn die grundlegenden Regelungen, auf denen das Gebäude rechtlich fußt, wegen unterlassener Investitionen marode sind? Die Beraterkunst liegt hier also auch darin, den Mandanten von einem Investment in Form seiner nachhaltigen Mitwirkung und einer angemessenen Zeitschiene zu überzeugen. Wenn das letztlich nicht gelingt, fehlt die erforderliche **Stiftungsreife** (→ § 80 Rn. 130 ff.) und es ist von der Errichtung einer Stiftung dringend abzuraten.

E. Statistisches

Zu Beginn des Jahres 2020 existierten **23.230 selbstständige Stiftungen** bürgerlichen Rechts in Deutsch- **13** land, von denen rund **95 % steuerbegünstigte Stiftungszwecke** verfolgen.[24] Beinahe die Hälfte der heute in Deutschland existierenden Stiftungen wurde in den Jahren 2001 bis 2010 errichtet. Man kann insoweit durchaus von einer „Reformrendite"[25] sprechen. Der Gesetzgeber hat durch die Reformen des Stiftungszivilrechts (2002 und 2013) sowie des (Stiftungs-)Steuerrechts (2000 und 2007)[26] die Errichtung von Stiftungen tatsächlich erheblich gefördert. Doch bereits zuvor stieg die Zahl der jährlichen Neuerrichtungen kontinuierlich an, nämlich von 184 im Jahre 1990 auf 564 im Jahre 1999. Seit der Finanzkrise Ende der 2000er und zu Beginn der 2010er Jahre ist die Zahl der jährlichen Neuerrichtungen von Stiftungen allerdings deutlich gesunken. Sie hat sich bei einem Durchschnitt von rund 550 bis 650 Neuerrichtungen eingependelt – ein Niveau, das allerdings noch immer deutlich über dem der 90er Jahre des letzten Jahrhunderts liegt. Es bleibt abzuwarten, wie sich die Coronakrise auf die Bereitschaft zur Stiftungserrichtung auswirken wird.

---

22 *Schiffer* StiftungsBrief 2017, 129.
23 *Schiffer* StiftungsBrief 2011, 41; *ders.* StiftungsBrief 2015, 121 ff.
24 Vgl. zu diesem Absatz die vom Bundesverband Deutscher Stiftungen jährlich erhobenen Zahlen, die man auszugsweise im Internet findet: https://www.stiftungen.org/stiftungen/zahlen-und-daten/statistiken.html (zuletzt abgerufen am 20.4.2020) und die jährlich

im „StiftungsReport" des Bundesverbandes veröffentlicht werden.
25 So ein Statement des damaligen Generalsekretärs des Bundesverbandes Deutscher Stiftungen *Hans Fleisch* vom 3.2.2010.
26 Näher *Schiffer/Pruns/Schürmann* in: Schiffer, Stiftung, § 3 Rn. 1 ff. mwN; vgl. auch schon AnwK-BGB/*Schiffer*, 1. Aufl. 2005, § 80 Rn. 21 ff.

F. Verwirrungen und Klarstellungen

14 Für Verwirrung bei potenziellen Stiftern und auch in der wissenschaftlichen Diskussion[27] führt immer wieder der Umstand, dass bei der Rechtsfigur „Stiftung" der Gedanke der Gemeinnützigkeit mitzuschwingen scheint; wurden doch in früheren Zeiten Stiftungen meist als **„gute Werke"** errichtet.[28] Oft trugen sie den Zusatz „fromm" oder „mild".

Die rechtsfähige Stiftung ist entgegen manchem Missverständnis und Vorurteil aber eine wertneutrale, steuerpflichtige juristische Person (→ Rn. 3). Sie ist als **gemeinwohlkonforme Allzweckstiftung** (→ § 80 Rn. 48 ff.) in der Praxis vielfältig einsetzbar (zB als Bürgerstiftung, „Unternehmensnachfolgestiftung" etc; s. auch → § 80 Rn. 77 ff.). **Körperschaftsrecht und Steuerrecht** sind als zwei gesonderte Rechtsgebiete auch bei den Stiftungen zu **trennen**! Sofern eine Stiftung unmittelbar oder mittelbar unternehmerisch tätig ist, kann sie sich den Gesetzmäßigkeiten des Wirtschaftslebens, wie insbesondere der Steuerpflicht, nicht entziehen (vgl. etwa § 1 Abs. 1 Nr. 4. und Nr. 5 KStG).

15 Die Stiftung ist deshalb **weder** ein **Steuersparansatz noch** ein **Allheilmittel** zur Regelung der **Unternehmensnachfolge** im Mittelstand.[29] Die Stiftung ist eine spezielle Rechtsfigur für spezielle Fälle. Dabei muss ein Stifter bestimmte persönliche Qualifikationen erfüllen, die sich als **„Stiftungsreife"** (→ § 80 Rn. 130 ff.) bezeichnen lassen. Auch ein Unternehmer muss beispielsweise wie jeder andere Stifter vor seiner Familie vor allem gewillt sein, zu akzeptieren, dass mit der Stiftung eine eigenständige, von seinem zukünftigen Willen unabhängige juristische Person ins Leben gerufen wird, der das erforderliche Stiftungsvermögen dauerhaft übertragen wird. Die einmal genehmigte Stiftung genießt mit ihrem jeweiligen spezifischen Stiftungszweck staatlichen Bestandsschutz – und zwar auch gegenüber dem Stifter und gegenüber seiner Familie.

G. Das moderne Stiftungszivilrecht

16 Die „Politik" entdeckte die Stiftung um die Jahrtausendwende – nicht zuletzt angesichts der zunehmend leeren öffentlichen Kassen. Das Stiftungszivilrecht wurde nach intensiven Diskussionen[30] 2002 modernisiert. Ebenso wurden das Stiftungssteuerrecht (zur steuerbefreiten Stiftung → § 80 Rn. 108 ff., → § 82 Rn. 16 ff.) und das Spendenrecht mehrfach modernisiert.[31]

I. Das geltende Recht

17 Das geltende Recht (zu aktuellen Reformbemühungen (→ Rn. 19 ff.) verfolgt einen sehr pragmatischen und praxisnahen Ansatz.[32] Die grundsätzliche Regelung im BGB,[33] die seit dem 1.9.2002 gilt, stärkt durch eine **bundeseinheitliche Regelung**, die die rechtlichen Anforderungen für die Errichtung einer Stiftung transparenter[34] und einfacher gestaltet hat als zuvor, vor allem die Stifterfreiheit. Der Gesetzgeber hat dabei den Wunsch mancher nach zusätzlicher Regulierung des Stiftungsrechts ausdrücklich nicht erfüllt. Die **breit gefächerten Möglichkeiten für Stiftungsgestaltungen** einschließlich der Familienstiftung (→ § 80 Rn. 80 ff.) und der unternehmensverbundenen Stiftung (→ § 80 Rn. 90 ff.) wurden gesichert.[35] Die von verschiedenen Seiten vorgebrachten Vorbehalte ua gegenüber unternehmensverbundenen Stiftungen gingen ins Leere und sollten inzwischen überholt sein (vgl. aber auch → § 80 Rn. 50 ff., 68 ff., 81 ff.; 94 ff.).[36] Der Gesetzgeber lässt den Stiftern eine große Freiheit und macht ihnen nicht etwa Vorgaben für eine bestimmte interne Struktur ihrer Stiftung. Nicht alle zuvor geäußerten Reformwünsche wurden erfüllt.[37]

18 Eine zusätzliche, bereichsspezifische Reform des Stiftungszivilrechts und des Gemeinnützigkeitsrechts erfolgte im Rahmen des **Ehrenamtsstärkungsgesetzes**, das in seinen wesentlichen Teilen am 1. Januar

27   Dazu näher *Schiffer*, Stiftung, § 2 Rn. 25 ff.
28   So auch Bundesverband Deutscher Stiftungen, Die Errichtung einer Stiftung, S. 13.
29   Kritisch zur mitunter in diesem Zusammenhang durchaus leichtfertigen Beraterpraxis *Schiffer*, Stiftung, § 14 Rn. 13 f. und Rn. 25 ff.
30   S. AnwK-BGB/*Schiffer*, 1. Aufl. 2005, § 80 Rn. 21 ff.; *Schiffer/Pruns/Schürmann* in Schiffer, Stiftung, § 3 Rn. 1 f. mwN.
31   Überblick bei *Schiffer/Pruns/Schürmann* in: Schiffer, Stiftung, § 3 Rn. 5 f.; sa AnwK-BGB/*Schiffer*, 1. Aufl. 2005. § 80 Rn. 21 ff.; *Jost* DB 2000, 1248.
32   So auch Palandt/*Ellenberger* BGB Vor § 80 Rn. 1; S. Synopse von altem und neuem Recht bei *Schwarz* DStR 2002, 1767 (1771).

33   Näher dazu *Nissel*, Das neue Stiftungsrecht, 2002; *Andrick/Suerbaum* NJW 2002, 2905; *Lex*, Stiftung & Sponsoring, 4/2002, 15; *Schwarz* DStR 2002, 1718 ff. und 1767.
34   Zum Transparenzregister nach dem GwG *Schiffer/Schürmann* BB 2017, 2626; *Schwalm* ZStV 2020, 52.
35   Deutsche Stiftungen (Mitteilungen des Bundesverbandes Deutscher Stiftungen) 2/2002, 1; sa *Schiffer* BB 42/2002, Die erste Seite (Kommentar); Palandt/*Ellenberger* BGB Vor § 80 Rn. 6, § 80 Rn. 9 mwN unter Hinweis auf *Schiffer/v. Schubert* DB 2002, 265.
36   *Schiffer* ZSt 2003, 252.
37   S. etwa Palandt/*Ellenberger* BGB Vor § 80 Rn. 2.

2013 in Kraft trat. Im Stiftungszivilrecht hat es vor allem die gesetzliche Regelung der Verbrauchsstiftung (→ § 80 Rn. 36 ff.) und die Haftungserleichterung für die ehrenamtlich oder gegen eine nur geringe Vergütung tätigen Mitglieder aller Stiftungsorgane (→ § 86 Rn. 26 ff.) mit sich gebracht. Im Spendenrecht wurde die bereits früher eingeführte Regelung zum Sonderabzug für Spenden in den Vermögensstock einer Stiftung noch einmal verbessert (→ § 82 Rn. 17).

II. Gesetz zur Vereinheitlichung des Stiftungsrechts?

Das „Gesetz zur Modernisierung des Stiftungsrechts" stammt vom 15.7.2002. Seitdem hat sich viel getan:[38] **19**
So hat sich bspw. die Zahl der rechtsfähigen Stiftungen seit Anfang der 2000er Jahre in etwa verdoppelt (→ Rn. 13), der Kapitalmarkt hat sich dramatisch geändert – genannt sei nur das Schlagwort „Negativzins" – und das Spenden- und Gemeinnützigkeitsrecht ist mehrfach verbessert worden, sowohl in der AO als auch im AEAO der Finanzverwaltung. Erfahrung macht klug!

Vor diesem Hintergrund hat die Justizministerkonferenz auf Initiative der Hamburger Justizsenatorin im Juni 2014 das Bundesjustizministerium darum gebeten, eine „**Bund-Länder-Arbeitsgruppe zur Ausarbeitung von Vorschlägen auf dem Gebiet des Stiftungsrechts**" einzusetzen.[39] Erklärtes Ziel der Überprüfung des Stiftungsrechts sollte es sein, die Arbeit gemeinnütziger rechtsfähiger Stiftungen iSd §§ 80 BGB in Deutschland zu erleichtern und zusätzliche Anreize für Stifterinnen und Stifter zu schaffen.[40]

1. Stand der Reformbemühungen. Die auf dieser Basis eingerichtete Arbeitsgruppe hat nach eigener **20**
Aussage das „Bundes- und Landesstiftungsrecht ergebnisoffen geprüft", „die Stiftungsverbände und die Kirchen um Stellungnahmen gebeten" und schließlich das Ergebnis seiner Prüfung am 9.9.2016 in einem ausführlichen Bericht dargelegt.[41] Das Stiftungsrecht, so die Arbeitsgruppe, müsse „in größerem Umfang abschließend bundesrechtlich geregelt werden […], um es einfacher zugänglich zu machen, stärker zu vereinheitlichen und zahlreiche Streitfragen im Stiftungsrecht zu klären."

Nach dieser Maßgabe hat die Arbeitsgruppe sodann einen zweiten Bericht erarbeitet und am 27.2.2018 veröffentlicht,[42] in dessen Anhang sie einen umfassenden „**Diskussionsentwurf** der Bund-Länder-Arbeitsgruppe ,Stiftungsrecht' für ein **Gesetz zur Vereinheitlichung des Stiftungsrechts**" vorgelegt hat.[43] Laut Koalitionsvertrag von CDU, CSU und SPD für die 19. Legislaturperiode sollten diese Vorschläge der Arbeitsgruppe als Grundlage für eine Änderung des Stiftungsrechts dienen.[44]

Der so eingeleitete **Reformprozess** ist inzwischen erheblich **ins Stocken geraten**. Rechnete man zunächst noch mit einem Gesetzesentwurf für das erste Halbjahr 2019, hieß es im Sommer 2019 von Seiten des Bundesverbandes Deutscher Stiftungen, es komme aufgrund eines „Ressourcenmangels" im Bundesjustizministerium jedenfalls nicht mehr im Jahr 2019 zur Vorlage eines Gesetzentwurfs.[45] Sodann teilte der Bundesverband, der zwischenzeitlich eine Kampagne „Stiftungsrechtsreform jetzt" durchgeführt hatte,[46] im November 2019 mit, dass im Frühjahr 2020 mit einem Regierungsentwurf zu rechnen sei.[47] Aktuell, dh im April 2020, ist ein solcher Entwurf noch immer nicht in Sicht. Angesichts der durch die **Coronakrise** deutlich verschobenen Prioritäten dürfte damit zumindest in naher Zukunft auch nicht zu rechnen sein.

2. Kritische Würdigung. In der Fachwelt besteht gleichwohl weiterhin Einigkeit darüber, dass es mög- **21**
lichst eindeutiger bundesgesetzlicher Regelungen insbesondere dazu bedarf, unter welchen Voraussetzungen Satzungs- und Zweckänderungen, Zulegungen, Zusammenlegungen, Auflösungen und Aufhebungen zulässig sind. Die punktuellen Regelungen in den Landesstiftungsgesetzen und die zum Teil sehr unterschiedliche Handhabung durch die einzelnen Stiftungsbehörden genügen den Anforderungen der Praxis

---

38 Sa *Hüttemann/Rawert* DB 2014, 5.
39 S. StiftungsBrief 2014, 163; *Hüttemann/Rawert* DB 2014, 5.
40 Siehe näher dazu Beschluss der 85. Konferenz der Justizministerinnen und Justizminister am 25. und 26. Juni 2014 im Ostseebad Binz auf Rügen, TOP I.12: Reform des Stiftungsrechts, abrufbar etwa unter http://service.mvnet.de/_php/download.php?dat ei_id=124460 (zuletzt besucht am 20.4.2020).
41 Einsehbar hier: https://www.innenministerkonferenz. de/IMK/DE/termine/to-beschluesse/2016-11-29_30/n ummer%2026%20reform%20stiftungsrecht.pdf?__bl ob=publicationFile&v=2 (zuletzt besucht am 20.4.2020).
42 Einsehbar hier: https://www.innenministerkonferenz. de/IMK/DE/termine/to-beschluesse/2018-06-08_06/a nlage-zu-top-46-2.pdf?__blob=publicationFile&v=2 (zuletzt besucht am 20.4.2020).

43 Einsehbar hier: https://www.innenministerkonferenz. de/IMK/DE/termine/to-beschluesse/2018-06-08_06/a nlage-zu-top-46.pdf?__blob=publicationFile&v=2 (zuletzt besucht am 20.4.2020).
44 Zeile 5545 ff. des Koalitionsvertrags, abrufbar hier: https://www.cdu.de/system/tdf/media/dokumente/koa litionsvertrag_2018.pdf?file=1 (zuletzt besucht am 20.4.2020).
45 Quelle: http://www.portfolio-institutionell.de/stiftung en-veraergert-ueber-reformstillstand/ (zuletzt besucht am 20.4.2020).
46 Vgl. hierzu: https://www.stiftungen.org/stiftungen/ba siswissen-stiftungen/recht-und-steuern/stiftungsrecht sreform.html (zuletzt besucht am 20.4.2020).
47 Vgl. hierzu: https://www.stiftungen.org/stiftungen/ba siswissen-stiftungen/recht-und-steuern/stiftungsrecht sreform.html (zuletzt besucht am 20.4.2020).

nicht mehr. Statusänderungen von Stiftungen sollten nicht davon abhängen, in welchem Bundesland die Stiftung ihren Sitz hat. Das hier in der Praxis immer noch zu beobachtende „Forum-shopping" behindert die Entwicklung des deutschen Stiftungswesens. Die aktuellen **Reformbemühungen** sind deshalb **grundsätzlich zu begrüßen**.

22 Die **Kritik** an dem vorgelegten „Vereinheitlichungsentwurf" für das deutsche Stiftungsrecht ist trotzdem vielfältig[48] und aus unserer Sicht auch **berechtigt**. So wird etwa seit vielen Jahren die Einrichtung eines Stiftungsregisters mit Publizitätswirkung gefordert. Der Diskussionsentwurf empfiehlt insoweit aber nur die Durchführung einer Machbarkeitsstudie.

Betrachten wir einige weitere grundlegende Punkte des Entwurfs: Die Arbeitsgruppe hat bei der Frage nach **Satzungsänderungen** vielfach Regelungen vorgeschlagen, die bereits aus den Landesstiftungsgesetzen bekannt sind. So sollen Zweckänderungen zulässig sein (§ 85 Abs. 1 BGB-E), wenn die dauernde und nachhaltige Erfüllung des Stiftungszwecks unmöglich geworden ist. Unbedeutendere Satzungsänderungen wären bereits bei Veränderung der tatsächlichen Lebensverhältnisse möglich. Beides soll, was auch schon der bisherigen Rechtslage entspricht, nur möglich sein, wenn der Stifterwille dem nicht entgegensteht. Der Stifterwille soll also richtigerweise der entscheidende Maßstab bleiben (→ § 80 Rn. 2 ff.). Stifter sollen zudem berechtigt sein, im Stiftungsgeschäft die Voraussetzungen für Satzungsänderungen abweichend zu regeln. Dabei soll dann der Stifter Inhalt und Ausmaß der Änderungsbefugnis festlegen. Diese Regelung würde den Stifterwillen noch weiter stärken. Ein Recht zur freien Änderung der Satzung ist damit aber nicht gemeint. Mithin kommt es, wenn die Regelung Gesetz werden sollte, mehr denn je darauf an, in der Satzung von vornherein entsprechende Änderungsmöglichkeiten konkret zu regeln (→ § 81 Rn. 78 ff., → § 85 Rn. 4 ff.).

23 Keine Flexibilisierung soll es nach dem Entwurf (§ 81 Abs. 2 BGB-E) bei der **Verbrauchsstiftung** geben, was *Janitzki* zu Recht beklagt.[49] Der Entwurf sieht eine kalendermäßige Befristung der Existenz einer Verbrauchsstiftung bei Errichtung vor und fordert zudem, dass das Stiftungsvermögen in diesem Zeitraum vollständig verbraucht wird.[50] Das stellt ein Verbot aller anderen Formen der bisher zulässigen „Stiftung auf Zeit" dar (→ § 80 Rn. 36 ff). Stattdessen sollte, wie *Janitzki* zu Recht schreibt, für Verbrauchsstiftungen und Stiftungen auf Zeit nur eine Mindestdauer von zehn Jahren vorgeschrieben werden „und sonst nichts".[51] Entsprechend lautete schon die Formulierung der Bundesregierung im Gesetzesentwurf vom 24.10.2012:[52] „Bei einer Stiftung, deren Vermögensverbrauch während eines Zeitraums von mindestens zehn Jahren bestimmt ist, erscheint die Erfüllung des Stiftungszweckes dauerhaft gesichert."

Warum zudem die Umwandlung einer auf unbestimmte Zeit errichteten Stiftung in eine Verbrauchsstiftung nicht möglich sein soll, wenn sich die tatsächlichen Verhältnisse wesentlich geändert haben und der Stifterwille nicht entgegensteht, erscheint uns mit *Janitzki* nicht sachlich begründbar. Tatsächlich dürfte eine solche Umwandlung als milderes Mittel im Verhältnis zu einer Zulegung, Zusammenlegung oder gar Auflösung der Stiftung oft dem mutmaßlichen Willen des Stifters oder der Stifterin besser entsprechen.

24 Die BGB-Stiftung soll nach dem Reformentwurf ihrem Namen den Zusatz „rechtsfähige Stiftung des bürgerlichen Rechts" („SbR") geben müssen. Verbrauchsstiftungen müssen ihrem Namen den Zusatz „Verbrauchsstiftung des bürgerlichen Rechts" („VsbR") hinzufügen.

Die Beschäftigung mit der Namensbildung ist an sich erfreulich, führen doch beispielsweise nicht wenige Stiftungs-GmbHs oder Stiftungs-Vereine im Rechtsverkehr den Begriff „Stiftung" rechtsmissbräuchlich in ihrem Namen. Einen Mehrwert können wir bei dem Begriff der „anerkannten Stiftung" allerdings nicht erkennen. Dafür gibt es bereits den Begriff der „rechtsfähigen Stiftung". Die Frage sollte hier andersherum gestellt werden: Welche rechtliche Gestaltungen dürfen sich im Rechtsverkehr als Stiftung bezeichnen und ab wann besteht die Gefahr der Täuschung im Rechtsverkehr? (→ Rn. 33)

48 Siehe dazu vor allem *Janitzki*, Die Stiftung 2018, 81. Siehe bei *Janitzki* auch zum folgenden Text. Zur Kritik und zu weiteren nachfolgend nicht näher angesprochenen Punkten *Burgard* npoR 2019, 106; *Hüttemann*, Gutachten G zum 72. DJT, 2018, G 60 f.; *Muscheler* ZEV 2019, 1; *Heuel*, Stiftung & Sponsoring 04/2018, 5; *Mehren* DStR 2018, 1773 ff.; *Weitemeyer* AcP 217 (2017), 431; *dies.* ZGR 2019, 238. Zum Wirken der Arbeitsgruppe siehe auch schon: *Winkler* ZStV 2017, 165 ff.; *Strachwitz*, ZStV 2017, 161 ff. *Arnold*, npoR 2017 185 ff.; *Burgard* ZStV

2016, 81 ff.; Staudinger/*Hüttemann/Rawert* (2017) BGB Vor §§ 80 ff. Rn. 101 f.

49 *Janitzki* Die Stiftung 2018, 81.

50 Zu weiteren Einzelheiten *Janitzki* Die Stiftung 2018, 81

51 Siehe hier: http://www.stiftungsrecht-plus.de/kommentare-und-mehr/artikel/article/luft-nach-oben-zur-stiftungsrechtsreform/index.html?tx_ttnews%5BbackPid%5D=3&cHash=d7d2be05c4 (abgerufen am 24.4.2020)

52 BR-Drs. 663/1/12.

Die gegenwärtigen Hauptprobleme für Stiftungen sind nach unseren Praxisbeobachtungen die Suche nach **25** **Mitgliedern und Nachfolgern für die Stiftungsorgane**[53] und die Erwirtschaftung von ausreichenden Erträgen für die Erfüllung der Stiftungszwecke aus dem Stiftungsvermögen.[54] Die andauernde Krise am Finanzmarkt drückt in der Tat aktuell sehr auf die Erträge und die Vermögen der Stiftungen. Der Bundesverband Deutscher Stiftungen liefert durch laufende Befragungen von Stiftungen ein Bild des statistischen Status quo. Nach der Stiftungs-Panel-Befragung aus Mai 2017 gaben nur noch etwa 2/3 der Stiftungen an, in 2017 mit ihrer Rendite oberhalb der jährlichen Inflationsrate zu liegen.[55] In den beiden Vorjahren waren es immerhin noch mehr als 80 Prozent.[56] Es wird im Ergebnis deutlich, dass es Stiftungen immer schwerer fällt, ihr Kapital überhaupt real zu erhalten. Nicht wenige scheitern daran und verwandeln sich, wie es der Bundesverband treffend formuliert, faktisch in eine „schleichende Verbrauchsstiftung". Letzteres zeigt sich auch ein wenig in dem Entwurf für das geplante neue Stiftungsrecht im BGB, und zwar bei der dort geplanten Differenzierung der Bezeichnung des Stiftungsvermögens gem. § 83 c Abs. 1 S. 1 BGB-E. Dort sieht der Entwurf die Bestimmung vor, dass das Vermögen einer Stiftung regelmäßig aus Grundstockvermögen einerseits und sonstigem Vermögen andererseits besteht. Die Teile des Vermögens, die der Stifter – oder künftige Zustifter – zu sonstigem Vermögen erklärt, das sich insoweit also als „freies Vermögen" darstellt,[57] sollen demnach zur Zweckerfüllung verbraucht werden können und das, ohne dass die Stiftung hierdurch zu einer Verbrauchsstiftung mit den ihr eigenen engen Bindungen wird.

Die **aktuellen Stiftungsreformvorschläge** lassen insgesamt, wie es *Janitzki* ausdrückt, viel Luft nach **26** oben[58] und *A. Werner* konstatiert, dass „ein (mutiger) *Gestaltungs*wille fehlt"[59]. Zu danken ist der Arbeitsgruppe, dass sie über ihre Arbeit umfangreich Berichte erstellt und diese veröffentlicht hat. Sehr praxisnah – zumindest aus Sicht der Beraterpraxis – wirkt der Entwurf bisher an entscheidenden Stellen dennoch nicht. *Hüttemann/Rawert* haben schon früh bezweifelt, dass eine Kommission aus Ministerialbeamten das richtige Gremium für eine „ergebnisoffene Überprüfung" darstellt.[60] Auch eine mehrtägige Expertenanhörung, die im Bundesjustizministerium durchgeführt worden ist, ändert an diesen Zweifel nichts grundlegend etwas.

Es überrascht deshalb nicht, dass eine Gruppe von elf im Stiftungs- und Gemeinnützigkeitsrecht ausgewiesenen Professor*innen im März 2020 einen ausdrücklich als **„Gegenentwurf"** zu dem Diskussionsentwurf der Bund-Länder-Arbeitsgruppe Stiftungsrecht gedachten Vorschlag zu einer Reform des Stiftungsrechts vorgelegt hat. In ihrem **„Professorenentwurf zur Stiftungsrechtsreform 2020"**[61] greifen sie die von ihnen ausdrücklich begrüßten Bestrebungen der Bund-Länder-Arbeitsgruppe Stiftungsrecht zu einer möglichst bundeseinheitlichen abschließenden Regelung des Stiftungszivilrechts auf, versuchen aber, diese weiterzuentwickeln. Bewährte Regelungen des bestehenden Stiftungszivilrechts wollen sie „behutsam" und nur dort anpassen, wo es nötig erscheint. Aus ihrer Sicht bisher kaum berücksichtigten kritischen Stimmen zu dem Diskussionsentwurf der Bund-Länder-Arbeitsgruppe wollen sie nun nachgehen. Sie greifen dabei auch Themen auf, die im Diskussionsentwurf bisher ignoriert wurden (**Stiftungsregister**). Dafür lassen sie zweifelhafte Regelungsgegenstände des Diskussionsentwurfs, wie etwa solche zum „Wesen der Stiftung", aus.[62]

Es dürfte angesichts dieses Standes der Diskussion nicht überraschen, wenn sich im Gesetzgebungsverfahren noch erhebliche Änderungen zu dem Diskussionsentwurf der Bund-Länder-Arbeitsgruppe Stiftungsrecht ergäben. Wann es allerdings zu einer Umsetzung kommen wird, ist aktuell nicht absehbar. Zunächst bleibt es bei der herkömmlichen Rechtslage.

H. Landesstiftungsgesetze

Mit dem Bundesstiftungsrecht im BGB in seiner seit dem 1.9.2002 geltenden und weiterhin aktuellen Fassung sind die Voraussetzungen für das Entstehen einer rechtsfähigen Stiftung bundeseinheitlich im BGB **27**

53 *Schiffer*, StiftungsBrief 2017, 17 und 36; Bundesverband Deutscher Stiftungen, Stiftungsfokus Nr. 16: „Freiwilliges Engagement trägt Stiftungsarbeit, abrufbar unter https://shop.stiftungen.org/media/mco nnect_uploadfiles/s/t/stiftungsfokus-2018-16-freiwill iges-engagement.pdf (zuletzt abgerufen am 24.4.2020).

54 *Schiffer/Schürmann* ZStV 2019, 1 mwN.

55 Bundesverband Deutscher Stiftungen, Stiftungsfokus Nr. 11 Stand 05/2017, abrufbar unter https://shop.stift ungen.org/media/mconnect_uploadfiles/s/t/stiftungsf okus-11-stiftungsfinanzen.pdf (zuletzt abgerufen am 24.4.2020).

56 Bundesverband Deutscher Stiftungen, aaO, S. 12.

57 Anschaulich *Janitzki*, http://www.stiftungsrecht-plus. de/kommentare-und-mehr/artikel/article/luft-nach-ob en-zur-stiftungsrechtsreform/index.html?tx_ttnews% 5BbackPid%5D=3&cHash=d7d2be05c4 (abgerufen am 22.7.2019).

58 *Janitzki*, http://www.stiftungsrecht-plus.de/komment are-und-mehr/artikel/article/luft-nach-oben-zur-stiftu ngsrechtsreform/index.html?tx_ttnews%5BbackPid% 5D=3&cHash=d7d2be05c4 (abgerufen am 11.05.2020).

59 *A. Werner* npoR 2020, 106 (107).

60 *Hüttemann/Rawert* DB 2014, 5.

61 Beilage zu ZIP 10/2020.

62 Zu einer ersten Einschätzung des Professorenentwurfs *A. Werner* npoR 2020, 106.

geregelt. Neben dem Stiftungszivilrecht im BGB gelten die verschiedenen Landesstiftungsgesetze,[63] soweit nicht im BGB eine vorrangige und abschließende materiellrechtliche Regelung getroffen wurde,[64] was insbesondere bei der Regelung der Anerkennung von Stiftungen der Fall ist.[65] Die Landesstiftungsgesetze wurden nach und nach alle an das modernisierte Stiftungszivilrecht angepasst.[66] Dazu hatten *Hüttemann* und *Rawert* einen **Modellentwurf eines Landesstiftungsgesetzes** vorgelegt.[67] Sollten die jüngsten Reformbemühungen für eine Vereinheitlichung des Stiftungsrechts (→ Rn. 19 ff.) noch einmal Fahrt aufnehmen, so würde das auch zu einem erneuten Reformbedarf bei den Landesstiftungsgesetzen führen. Aus unserer Sicht wünschenswert wäre dabei eine „liberale" Vereinheitlichung.

28   Die Gesetzgebungskompetenz des Bundesgesetzgebers folgt, auch soweit in den §§ 80 ff. BGB nicht nur stiftungszivilrechtliche Fragen, sondern auch öffentlich-rechtliche Vorschriften enthalten sind, aus Art. 74 Abs. 1 GG.[68] Im Einzelnen umstritten ist das Verhältnis des Bundes- zum Landesrecht. Unstreitig ist, dass die Landesgesetzgeber befugt sind, die öffentlich-rechtlichen Fragen des Anerkennungsverfahrens sowie der Stiftungsaufsicht (→ § 80 Rn. 133 ff.)[69] zu regeln.[70] Problematisch sind allerdings alle Regelungen, die sich in ihrem Regelungsgehalt mit denen der §§ 80 ff. überschneiden können. Das sind zB landesrechtliche Vorgaben zur Verwaltung des Stiftungsvermögens (vgl. etwa Art. 6 StiftG Bayern, § 6 StiftG Hessen) oder zur Zweckänderung und Aufhebung der Stiftung (vgl. etwa § 9 Abs. 2 StiftG Hessen, § 6 Abs. 1 StiftG Schleswig-Holstein). Hier sind noch viele Einzelfragen umstritten,[71] was einer der Gründe für das aktuelle Reformvorhaben zum Stiftungsrecht ist (→ Rn. 19 ff.).

I. Soft Law – auch im Stiftungsrecht

29   Absichtserklärungen, Leitlinien, Übereinkünfte, Empfehlungen und ähnliche informelle Regelungsinstrumente werden auch im Stiftungssektor von Seiten der Verbände veröffentlicht. Anders als das verpflichtende Recht („Hard Law") hat solches „Soft Law" aus sich heraus zunächst keine Bindungswirkung, was aber durchaus nicht Wirkungslosigkeit bedeutet.

So hat der Bundesverband Deutscher Stiftungen bspw. im Jahr 2006 „Grundsätze guter Stiftungspraxis"[72] verabschiedet und in den folgenden Jahren ergänzt.[73] Ferner vergibt der Bundesverband ein „Qualitätssiegel für gute Treuhandstiftungsverwaltung" auf der Basis der von ihm erstellten „Grundsätze Guter Verwaltung von Treuhandstiftungen".[74] Die Zusammenfassung solcher Grundsätze ist grundsätzlich begrüßenswert, da sie Ratsuchenden Orientierung geben und auf typische Problempunkte hinweisen können. Sie können potenziell insbesondere im Schadensersatzrecht Wirkung entfalten, nämlich zB dann, wenn sie bei der Beantwortung der Frage herangezogen werden, ob ein etwaig schadensersatzpflichtiges Verhalten (grob) fahrlässig und damit schuldhaft war oder nicht. Die in solchen Grundsätzen zum Ausdruck kommende Auffassung kann damit auf die praktische Rechtsanwendung unmittelbaren Einfluss haben, zumindest soweit die Grundsätze eine gewisse Verbreitung erlangen. Letzteres ist bei den erwähnten Verbandsrichtlinien durchaus der Fall. Es stellt sich dann aber auch ein Legitimationsproblem: Woher leiten die jeweiligen Stellen ihre Befugnis ab, der Praxis ihre Meinung in Form von Grundsätzen vorzugeben? Das kann man auch kritisch sehen.

Die deutsche Rechtspraxis scheint bisher eher zurückhaltend in der Anerkennung von Soft Law als legitimem Regelungsinstrument zu sein, jedenfalls wenn es sich um verhaltensbezogene Regelungen von

---

63   Näher *Hüttemann/Richter/Weitemeyer*, Landesstiftungsrecht; Stumpf/*Suerbaum*/Schulte/Pauli, Stiftungsrecht, Kap. C (S. 155 ff.); O. Werner/Saenger/Fischer/*Schulte*/Risch §§ 46 f. (S. 1111 ff.).

64   Palandt/*Ellenberger* BGB Vor § 80 Rn. 1, 13; *Hüttemann/Rawert* ZIP 2002, 2019.

65   Staudinger/*Hüttemann/Rawert* (2011) BGB Vor §§ 80 ff. Rn. 75 mwN.

66   Ausf. *Weitemeyer/Franzius* in Hüttemann/Richter/Weitemeyer, Landesstiftungsrecht, Kap. 2 (S. 33 ff.).

67   ZIP 2002, 2019.

68   S. nur Palandt/*Ellenberger* BGB Vor § 80 Rn. 4.

69   Ausf. zur Stiftungsaufsicht etwa *Schiffer/Pruns* in Schiffer, Stiftung, § 4 Rn. 29 ff.; *Schulte* in Hüttemann/Richter/Weitemeyer, Landesstiftungsrecht, Kap. 28 f. (S. 769 ff.).

70   Vgl. nur v. Campenhausen/Richter/*v. Campenhausen/Stumpf* § 3 Rn. 8; Staudinger/*Hüttemann/Rawert* (2011) BGB Vor §§ 80 ff. Rn. 75.

71   Näher zur Diskussion mit teilweise unterschiedlichen Ergebnissen *Burgard*, Gestaltungsfreiheit im Stiftungsrecht, 2006, S. 358 f.; *Muscheler*, Stiftungsrecht, S. 71 ff., 79 ff.; MüKoBGB/*Weitemeyer* (7. Aufl. 2015) § 85 Rn. 4, § 87 Rn. 14 ff.; v. Campenhausen/Richter/*Hof* § 7 Rn. 136 f.; Staudinger/*Hüttemann/Rawert* (2011) BGB Vor §§ 80 ff. Rn. 27 ff.

72   S. dazu hier: https://www.stiftungen.org/fileadmin/stiftungen_org/Stiftungen/Stiftungsgruendung/Grundsaetze-guter-Stiftungspraxis.pdf (abgerufen am 28.4.2020).

73   S. dazu hier: https://www.stiftungen.org/fileadmin/stiftungen_org/Stiftungen/Stiftungsgruendung/Grundsaetze-guter-Stiftungspraxis-Aenderungen.pdf (abgerufen am 28.4.2020).

74   S. dazu hier: https://www.stiftungen.org/fileadmin/stiftungen_org/Stiftungen/Stiftungsgruendung/Grundsaetze-guter-Verwaltung-von-Treuhandstiftungen.pdf (abgerufen am 28.4.2020).

Hoheitsträgern handelt.[75] *Knauff* berichtet etwa davon, dass das OLG Düsseldorf[76] einen Leitfaden der Bundesnetzagentur nicht als maßgeblich angesehen hat, sondern auf die Anspruchsvoraussetzungen des § 19 Abs. 2 StromNEV verwiesen hat. Die Einzelheiten zum Thema Soft Law sind noch keineswegs abschließend rechtlich durchleuchtet. Oft handelt es sich um den Versuch, allgemeine Grundsätze (Vermeidung von Interessenkonflikten, Transparenz, …) bereichsspezifisch auszuformulieren. (Soft Law-)Grundsätze entheben den Rechtsanwender aber jedenfalls nicht der Pflicht, sich für den konkreten Einzelfall eigene Gedanken zu machen und selbst zu entscheiden, was aus seiner Sicht und in seiner jeweiligen Verantwortung für den jeweiligen Einzelfall rechtlich „richtig" ist.[77]

J. „Konkurrenzen": Stiftungs-GmbH, etc.

Die rechtsfähige Stiftung ist nicht die einzige Gestaltung, die in Betracht kommt, wenn Vermögensgegenstände auf Dauer der Verwirklichung eines bestimmten Zwecks gewidmet werden sollen. Als **„Alternativformen"** für eine rechtsfähige Stiftung sind insbesondere die **Stiftungs-GmbH**, der **Stiftungs-Verein**, die **Stiftungs-AG** (→ Rn. 31 ff.) und die **unselbstständige Stiftung** zu nennen. Die unselbstständige Stiftung hat in der Praxis die weitaus größte Bedeutung und wird deshalb weiter unten in einem eigenen Abschnitt behandelt (→ Rn. 41 ff.).   30

Im Gespräch war zudem eine Zeitlang die Einführung einer **Europäischen Stiftung**. Diese Pläne sind aber nicht mehr aktuell (→ Rn. 40). Als alternative Gestaltung zu einer Stiftung kann ferner auch die **Dauertestamentsvollstreckung** (→ Rn. 38 f., → § 2209 Rn. 1 ff.) angesehen werden.

I. Stiftungs-GmbH, Stiftungs-Verein und Stiftungs-AG

Die Widmung von Vermögen zu einem dauerhaften Zweck kann nicht nur über eine Stiftung erfolgen.[78] Die **Bezeichnung „Stiftung"** wird in der Praxis etwa **auch für Vereine oder Gesellschaften mit beschränkter Haftung verwendet**, seltener ist dagegen die **Stiftungs-AG**.[79]   31

Der eher verwirrende Gebrauch des Schlagwortes „Stiftung" in der Firma einer GmbH (Paradebeispiel: Robert Bosch Stiftung GmbH) ist nur zulässig, wenn die Gesellschaft ein einem bestimmten Zweck gewidmetes Vermögen verwaltet und wenn auf die tatsächliche Rechtsform hingewiesen wird; andernfalls wird idR ein Rechtsmissbrauch vorliegen.[80] Auch eine GmbH kann gemeinnützig sein, so dass auch eine Stiftungs-gGmbH möglich ist.[81] Die **Firmierung als gGmbH** ist inzwischen gem. § 4 Satz 2 GmbHG zulässig.[82] Allerdings soll diese Regelung nicht entsprechend für die Firmierung als gUG Anwendung finden.[83]

Stand 2017 hat der Bundesverband Deutscher Stiftungen in seiner Datenbank 235 **Stiftungsvereine**[84] in Deutschland registriert,[85] die nicht mit den „normalen" gemeinnützigen Vereinen zu verwechseln sind,[86] von denen es hunderttausende gibt. Der Stiftungs-Verein muss anders als diese über eine kapitalartige Vermögensausstattung oder jedenfalls über eine gesicherte Anwartschaft darauf verfügen, damit eine dem Wesen einer Stiftung entsprechende Aufgabenerfüllung zumindest über einen gewissen Zeitraum sichergestellt ist. Verfolgt ein Verein seinen Zweck alleine mit Mitgliedsbeiträgen und/oder Spenden, darf er sich nicht „Stiftung" nennen. Zu der Namensführung gilt das soeben bei der GmbH Gesagte. Die Privatautonomie des Vereinsrechts und die Vereinsautonomie[87] eröffnen einen großen Gestaltungsspielraum.   32

75 Ausf. *Knauff* JM 2018, 71 ff.
76 OLG Düsseldorf 18.1.2017 – VI-3 Kart 148/15 (v.) Rn. 67 ff.
77 S. auch *Schiffer* StiftungsBrief 2018, 87.
78 Überblick bei Staudinger/*Hüttemann/Rawert* (2017) Vor §§ 80 ff. Rn. 397 ff. Grundlegend *Römer*, Die Eignung der GmbH als Rechtsform des Stiftungszwecks – eine Untersuchung anhand der unternehmensverbundenen gemeinnützigen Stiftungs-GmbH, 1990; *Riehmer*, Körperschaften als Stiftungsorganisationen, 1993.
79 O. Werner/*Saenger*/Fischer § 36 Rn. 93 ff.
80 Grundlegend OLG Stuttgart NJW 1964, 1231 = GmbHR 1964, 116; kritisch zB *O. Werner*/Saenger/Fischer § 1 Rn. 1 f.; ausf. insbesondere zu Missbräuchen in der Praxis: *Schiffer* StiftungsBrief 2017, 99, abrufbar hier: https://www.schiffer.de/fileadmin/sci-templates/downloads/Schiffer_Stiftung_im_Namen..._StiftungsBrief_2017__S._99_ff..pdf (abgerufen am 10.5.2020).

81 Zur GmbH im Dritten Sektor jüngst *Mecking*, Rote Seiten zum Magazin Stiftung & Sponsoring 02.20.
82 Zuvor als unzulässig angesehen etwa von OLG München NJW 2007, 1601. Zur Firmierung *Mecking*, Rote Seiten zum Magazin Stiftung & Sponsoring 02.20, 4 f., 6.
83 So OLG Karlsruhe npoR 2020, 33 m.Anm. *Cremers*. Die wegen der grundlegenden Bedeutung der Sache zugelassene Rechtsbeschwerde ist anhängig beim BGH unter dem Az.: II ZB 13/19.
84 S. O. Werner/*Saenger*/Fischer § 36 Rn. 102 f.; *Schlüter/Stolte*, Stiftungsrecht, Kap. 4 Rn. 87 ff.
85 Bundesverband Deutscher Stiftungen, Zahlen, Daten, Fakten zum deutschen Stiftungswesen, 2017, S. 15, abrufbar hier https://shop.stiftungen.org/media/mconnect_uploadfiles/z/a/zahlen-daten-fakten-2017.pdf (abgerufen am 10.5.2020).
86 S. *Sauter/Schweyer/Waldner* Rn. 59 f.
87 S. *Sauter/Schweyer/Waldner* Rn. 39 a ff.

33   Das alles führt natürlich nicht selten zu einer an sich unnötigen Verwirrung. Schon deshalb sind diese „Fehlbezeichnungen" eher kritisch zu sehen. In jedem Fall muss eine Verwechslungsgefahr mit der „echten" Stiftung ausgeschlossen sein, was insbesondere durch die Zusätze „GmbH" und „e.V." erreicht wird.[88] Es darf keine Täuschung im Rechtsverkehr stattfinden. Leider ist dennoch zunehmend zu beobachten, dass sogar unselbstständige Stiftungen durch ihre Treuhänder im Rechtsverkehr ohne jeglichen Zusatz nur als „Stiftung" – und damit wie die rechtsfähige Stiftung – auftreten. Auf der Homepage findet man erst ganz hinten im Impressum mehr oder weniger versteckt einen Hinweis. Auf der zugehörigen Visitenkarte fehlt dieser Hinweis gerne vollständig. Das ist nach unserer Auffassung unzulässig, weil es den **Rechtsverkehr täuscht** und auch potenziell **wettbewerbswidrig** ist – nicht ohne Grund spricht man von einem „Spendenmarkt", auf dem die diversen steuerbegünstigten Körperschaften um die Gunst der Spender werben. Unterlassungs- und Schadensersatzforderungen können die Folge sein, vom Imageschaden für die jeweilige Stiftung ganz zu schweigen.

34   Die GmbH ist die in Deutschland am weitesten verbreitete Gesellschaftsform.[89] Da eine GmbH zur Erreichung jedes beliebigen Zwecks errichtet werden kann, kann sie auch für einen gemeinnützigen und/oder mildtätigen Zweck errichtet werden. Die **Stiftungs-GmbH**[90] ist anders als die auch mögliche Stiftungs-AG relativ weit verbreitet. Stand 2017 hat der Bundesverband Deutscher Stiftungen in seiner Datenbank 256 Stiftungs-GmbHs und 5 Stiftungs-AGs in Deutschland registriert.[91] Besonders hinzuweisen ist für die AG auf den Grundsatz der Satzungsstrenge (§ 23 Abs. 5 AktG) und die Möglichkeit der sog. kleinen AG. Die **Stiftungs-AG** ist wohl deshalb selten, weil das AktG wesentlich weniger Gestaltungsfreiheit als das GmbHG gibt.

35   Eine **Stiftung** zeichnet sich – außer im Fall der in der Praxis bisher noch immer nicht häufig auftretenden Gestaltung als **Verbrauchsstiftung** (→ § 80 Rn. 36 ff., 46) – durch ihre **Stetigkeit** („**Ewigkeitstendenz**") aus. Wesentliche Merkmale der Stiftung sind zudem (→ Rn. 1), dass sie keine Mitglieder/Gesellschafter hat, dass ihr Vermögen einem bestimmten Zweck dient, dass sie – außer im Fall der treuhänderischen Stiftung – staatlich anerkannt werden muss, um als juristische Person zu entstehen, dass sie grundsätzlich der staatlichen (Dauer-)Aufsicht unterliegt (→ § 80 Rn. 133 ff.), dass Satzungsänderungen nur unter engen Voraussetzungen erfolgen können und dass bestimmte Steuervorteile nur für steuerbegünstigte Stiftungen bestehen (→ § 82 Rn. 16 ff.). Vor allem § 58 Nr. 6 AO, der auch bei steuerbegünstigten Stiftungen unter bestimmten Voraussetzungen die Unterstützung des Stifters und seiner Familie zulässt („gemeinnützige Familienstiftung"),[92] gilt nur für Stiftungen. Die GmbH, die AG und der eingetragene Verein als Rechtsformen haben im Gegensatz zur Stiftung Mitglieder/Gesellschafter und sind für ihre Existenz auf diese angewiesen. Sie sind auf einen vorübergehenden Zeitraum angelegt. Sie unterliegen keiner staatlichen Daueraufsicht. Satzungsänderungen können problemlos durch die jeweiligen Mitglieder/Gesellschafter beschlossen werden.

36   Die Stetigkeit einer Stiftung durch die „**Verewigung des Stifterwillens**" kann wegen mangelnder Flexibilität zugleich ihr Nachteil sein; dem ist gegebenenfalls gestalterisch gegenzusteuern.[93] Die grundsätzlich vorteilhafte Flexibilität der Alternativformen (Kapitalgesellschaften, Verein) ist in Sachen Kontinuität allerdings ihr Nachteil. Entscheidend ist bei den Alternativformen anders als bei der Stiftung nicht der (damalige) Wille des oder der „Stifter", sondern der aktuelle Wille und die jeweiligen Vorstellungen der Gesellschafter/Mitglieder; eine dauerhafte Vermögensbindung und Zweckverfolgung im Sinne der „Gründer" ist nicht garantiert.

37   „**Stiftungen**" im Sinne einer Vermögensverselbstständigung unter eigenständiger Organisation (mit einer Aufsichtsbehörde!) zu einem auf Dauer angelegten Zweck können **am ehesten** über die Rechtsform der **rechtsfähigen Stiftung** des Privatrechts vollzogen werden. Die genannten Ersatzformen sind nur „Lösungen zweiter Klasse", die versuchen, den Stiftungsansatz künstlich zu imitieren. Soll über eine der Alternativformen dennoch die Verstetigung des „Gründerwillens" und die dauerhafte Verfolgung des gewählten Zwecks erreicht werden, ist ausgefeilte und aufwändige juristische Vertragstechnik erforderlich, um die typischen Merkmale dieser Organisationsformen „zu unterdrücken". Die Zahl der Mitglieder ist langfristig bewusst klein zu halten. Die Mitgliedschaftsrechte, Geschäftanteile und Aktien sollten nur treuhänderisch übertragen werden, wobei sicherzustellen ist, dass sie unveräußerlich und nicht vererblich sind. Satzungsänderungen und Zweckänderungen sind durch Einstimmigkeitserfordernisse und/oder Genehmigungserfordernisse (Beirat/Stiftungsrat) zu erschweren. Auch dann hat der „Stifter" aber keine endgültige Sicherheit.

---

88   So auch *Wochner* DStR 1998, 1835; *Schiffer* ZStV 2017, 61 (62); ausf. *Schiffer* StiftungsBrief 2017, 99.

89   S. schon *Hansen* GmbHR 1999, 24.

90   Näher *Werner/Saenger* Rn. 937 ff.; *von Holt/Koch*, Gemeinnützige GmbH, 3. Aufl. 2015.

91   Bundesverband Deutscher Stiftungen, Zahlen, Daten, Fakten zum deutschen Stiftungswesen, 2017, S. 15,

abrufbar hier https://shop.stiftungen.org/media/mconnect_uploadfiles/z/a/zahlen-daten-fakten-2017.pdf (abgerufen am 10.5.2020).

92   Ausf. dazu *Schiffer*, Stiftung, § 9 Rn. 157 ff.

93   Dazu *Schiffer/Pruns* BB 2013, 2755; sa schon *Hennerkes/Schiffer* BB 1992, 1942.

Möglicherweise wünscht er aber für seine Zwecke gerade die hier nur skizzierten Punkte der Alternativlösungen. Von daher gibt es hier nicht richtig oder falsch, sondern nur die Frage danach, was der Stifter für seine Zwecke wünscht und durch welche Rechtsform die Wünsche am ehesten erfüllt werden können.

II. Dauertestamentsvollstreckung

In gewisser Weise kann man auch die **Dauertestamentsvollstreckung** ($\rightarrow$ § 2209 Rn. 1 ff.) als eine Alternativgestaltung zu einer Stiftung sehen, denn auch sie erstreckt sich über einen längeren Zeitraum und lässt sich nach § 2210 S. 1 auf 30 Jahre und ggf. nach § 2210 S. 2 auch auf einen noch längeren Zeitraum erstrecken. Je größer die Zahl der Erben, je schutzbedürftiger ein Erbe, je komplizierter der Nachlass ist, je weniger einträchtig die Erben vermutlich sein werden, desto näher liegt der Gedanke an die Einsetzung eines Testamentsvollstreckers.[94] Sofern bei dem plötzlichen Ableben des Erblassers der vorgesehene Erbe beispielsweise die Unternehmerfunktion voraussichtlich nicht voll wird wahrnehmen können, bietet sich die Dauertestamentsvollstreckung an. Der Testamentsvollstrecker übernimmt zeitlich begrenzt die Unternehmensführung oder die Ausübung des Stimmrechts für eine Gesellschaftsbeteiligung.   **38**

Neben den damit verbunden rechtlichen Schwierigkeiten und Bedenken[95] sprechen grundsätzlich auch betriebswirtschaftliche Erwägungen eher gegen eine Dauertestamentsvollstreckung im unternehmerischen Bereich. Der Leiter/Geschäftsführer eines Unternehmens muss ein „Profi" mit entsprechender Führungs- und Branchenerfahrung sein. Er benötigt gänzlich andere Qualifikationen als sie von einem Testamentsvollstrecker typischerweise verlangt werden. Sinnvoll erscheint es allenfalls, dass ein Testamentsvollstrecker zur Überwachung der Geschäftsführung tätig wird. Aber auch in einem solchen Fall benötigt er entsprechende Spezialkenntnisse und Erfahrungen, etwa als Beirats- oder Aufsichtsratsmitglied. Insgesamt erscheint hier ein entsprechend besetzter Beirat[96] wesentlich sinnvoller.   **39**

III. Europäische Stiftung (FE)?

Eine Zeitlang im Gespräch war der Vorschlag der EU-Kommission für das **Statut einer Europäischen Stiftung (FE)**.[97] Dieser Vorschlag ist überholt. Die EU-Kommission hat das Projekt der Einführung der Rechtsform einer Europäischen Stiftung von ihrer Vorhabenliste gestrichen. Das geht aus dem am 16.12.2014 von Kommissionspräsident Juncker vorgelegten Arbeitsprogramm 2015 hervor.[98]   **40**

K. Die unselbstständige/treuhänderische Stiftung

Die **unselbstständige Stiftung**[99] (auch **treuhänderische** oder **fiduziarische** Stiftung genannt) ist von besonderer praktischer Bedeutung. Sie ist **keine juristische Person**,[100] sondern eine **schuld- oder erbrechtliche Gestaltung**, durch die eine rechtsfähige Stiftung **nachgeahmt** (simuliert) wird.[101] Den Gestaltungen einer unselbstständigen Stiftung ist gemein, dass ein **Treuhänder/Stiftungsträger** (treuhänderisch) Eigentümer der von dem Stifter übertragenen Vermögenswerte wird. Treuhänder kann auch eine selbstständige Stiftung sein. Die unselbstständige Stiftung kann unter Lebenden oder von Todes wegen errichtet werden. Da sie keine juristische Person ist, kann sie nicht als Erbin eingesetzt werden; Erbe kann nur der Treuhänder sein. Sie kann prinzipiell ohne Mindestkapital und ohne staatliches Anerkennungsverfahren errichtet werden und gleichzeitig als Steuersubjekt gemeinnützig tätig sein. Es ist nicht bekannt, wie viele unselbstständige Stiftungen in Deutschland existieren. Selbst konservative Schätzungen gehen inzwischen davon aus, dass es sich um jedenfalls 30.000 handelt, mithin mindestens ebenso viele wie es rechtsfähige Stiftungen gibt.   **41**

---

94 Zur Testamentsvollstreckung bei der Unternehmensnachfolge anschaulich Riedel/*Roglmeier*, Praxishandbuch Unternehmensnachfolge, 2. Auflage 2018, § 10; *Lorz/Kirchdörfer*, Unternehmensnachfolge, 2. Aufl. 2011, Kap. 5 Rn. 88 ff.; *Rott/Kornau/Zimmermann*, Testamentsvollstreckung, 2. Aufl. 2012, § 7 Rn. 71 ff.; s. auch *Arnhold*, Die selbstständige Stiftung und der Testamentsvollstrecker, 2010.

95 S. nur *Lorz/Kirchdörfer*, Unternehmensnachfolge, Kap. 5 Rn. 91 ff., 97 ff. mit zahlreichen Praxisbeispielen.

96 PraxFormB GesR/*Schiffer* § 16 (S. 1063 ff.).

97 EUZw 2012, 164 ff. und dazu etwa *Weitemeyer* NZG 2012, 1001; *Schiffer/Pruns* nwb 2013, 772; *Schiffer* StiftungsBrief 2012, 62; *ders.*, BB 2012, 457.

98 Abrufbar hier: https://ec.europa.eu/info/sites/info/files/cwp_2015_de.pdf (abgerufen am 10.5.2020).

99 Ausf. *Schiffer/Pruns* in Schiffer: Stiftung, § 12 Rn. 1 ff., s. dort auch zum folgenden Text; s. ferner Richter/*Godron* § 17 Rn. 1 ff.; O. Werner/Saenger/Fischer/*A. Werner* § 13 (S. 387 ff.).

100 BVerwG 9.4.2014 – 8 C 23.12 = ZStV 2015, 59 mAnm *Schiffer* ZStV 2015, 61. Ebenso zuvor a. schon die ganz hM, s. nur Palandt/*Ellenberger* BGB Vor § 80 Rn. 10; v. Campenhausen/Richter/*Hof*, § 36 Rn. 1; aA *Bruns* JZ 2009, 840. Zur treuhänderischen Stiftung als „juristischer Person" iSd UstG (§ 3 a Abs. 2 S. 3 UStG) *Spilker* ZStV 2010, 127.

101 Hopt/Reuter/*K. Schmidt*, S. 175, 180 ff. spricht von einer „virtuellen Stiftung".

42 Da eine staatliche Anerkennung für die Errichtung einer Treuhandstiftung nicht erforderlich ist, sie auch nicht der Stiftungsaufsicht unterliegt und weil die Verwaltung vollständig dem Treuhänder übertragen werden kann, kommt sie manchem Stifter entgegen, der aus dem Fehlen der Stiftungsaufsicht auf eine größere Flexibilität schließt.[102] Das ist indessen bei genauer Betrachtung „nur" die B-Seite der oftmals ja gerade gewünschten A-Seite der stärkeren Gebundenheit der rechtsfähigen Stiftung, dh das ist eben das **Spannungsfeld** von **Nachhaltigkeit** und **Gebundenheit** auf der einen Seite und (dennoch) gewünschter **Flexibilität** auf der anderen Seite.[103] Jedenfalls ist die treuhänderische Stiftung vor allem in Fällen geeignet, in denen **kleinere Vermögen** gestiftet werden sollen und/oder in denen **schnell** – etwa noch vor Jahresende zur Ausnutzung der Steuervorteile für gemeinnützige Stiftungen (→ § 82 Rn. 15 ff., 20) – gestiftet werden soll.

I. Grundlagen

43 Der **BGH** hat folgende **Definition** für eine unselbstständige Stiftung gefunden:[104] „Unter einer unselbstständigen Stiftung versteht man die Übertragung von Vermögenswerten auf eine natürliche oder juristische Person mit der Maßgabe, dass diese als ein vom übrigen Vermögen des Empfängers getrenntes wirtschaftliches Sondervermögen zu verwalten und zur Verfolgung der vom Stifter gesetzten Zwecke zu verwenden sind. [...] Maßgebend sind die allgemeinen schuldrechtlichen und erbrechtlichen Bestimmungen. Der Vertrag über die Errichtung einer unselbstständigen Stiftung kann als Schenkung unter Auflage oder in Gestalt eines fiduziarischen Rechtsgeschäfts als Auftrag beziehungsweise bei Entgeltlichkeit als Geschäftsbesorgungsvertrag geschlossen werden. Entscheidend ist, welche Rechtsform die Parteien gewählt haben [...]."

44 Damit sind die entscheidenden Punkte angesprochen: Eine unselbstständige Stiftung hat rechtlich betrachtet nur den Namen mit der selbstständigen Stiftung des Privatrechts nach den §§ 80 ff. BGB gemein. Eine unselbstständige Stiftung ist insbesondere auch keine Vorform der rechtsfähigen Stiftung wie etwa der Vor-Verein eine Vorform des eingetragenen Vereins ist (zur angeblichen Vorstiftung → § 80 Rn. 19 ff.).[105] Allerdings kann eine unselbstständige Stiftung in eine rechtsfähige Stiftung „umgewandelt" werden (→ Rn. 68 f.). Für das Verständnis ist es förderlich, wenn man sich nicht an dem Begriff (rechtsfähige) Stiftung orientiert:[106] Eine **unselbstständige Stiftung** ist rechtlich gerade **keine Stiftung**, sondern ein **wirtschaftliches Sondervermögen**. Weder die §§ 80 ff. noch die Landesstiftungsgesetze finden Anwendung. Die Errichtung einer unselbstständigen Stiftung erfordert also **kein staatliches Anerkennungsverfahren**. Ein Mindestkapital ist für die Errichtung einer unselbstständigen Stiftung ebenfalls nicht erforderlich, da § 80 Abs. 2 keine Anwendung findet (s. aber sogleich → Rn. 45). Die unselbstständige Stiftung kann auch als Verbrauchsstiftung (→ § 80 Rn. 36 ff) ausgestaltet werden.[107]

45 Das **Steuerrecht** spricht von „Zweckvermögen des privaten Rechts" (§ 1 Abs. 1 Nr. 5 KStG) als Oberbegriff, unter den auch unselbstständige Stiftungen fallen.[108] Eine unselbstständige Stiftung ist nach dem KStG mithin ein eigenständiges **Steuerrechtssubjekt**. Auch eine unselbstständige Stiftung **kann** etwa wegen Mildtätigkeit oder Gemeinnützigkeit **steuerbefreit** sein. Dabei ist die Gemeinnützigkeit des Trägers der unselbstständigen Stiftung nicht erforderlich. Es ist jedoch in Errichtungsvertrag und Satzung der unselbstständigen Stiftung die Gemeinnützigkeit festzulegen und festzuhalten, dass die Mittel nur für die vom Stifter festgelegten steuerbegünstigten Zwecke verwendet werden können. Die „Satzung" einer unselbstständigen Stiftung (s. zum insoweit missverständlichen Sprachgebrauch auch → Rn. 41) muss den gemeinnützigkeitsrechtlichen Anforderungen der AO genügen.[109] Hier wird in der Regel eine sehr genaue Abstimmung des Stiftungszwecks mit dem Aufgabenbereich des vorgesehenen Trägers/Treuhänders erforderlich sein. Das spricht dafür, eine unselbstständige Stiftung bereits **zu Lebzeiten** zu **errichten** (sa → § 83 Rn. 26 f.). Zwar unterliegt die unselbstständige Stiftung **keiner staatlichen Aufsicht**. Im Fall der Steuerbefreiung wacht **aber** natürlich die **Finanzverwaltung** über die Einhaltung der einschlägigen Steuervorschriften (insbes. §§ 51 ff. AO). Auf dieser Grundlage wird von Teilen der Finanzverwaltung die Forderung erhoben, dass eine unselbstständige Stiftung über ein Vermögen von mindestens 25.000 EUR verfügen müsse, um als gemeinnützig anerkannt zu werden.[110] Aus welcher Vorschrift des Gemeinnützigkeitsrechts das zu folgern sein soll, bleibt allerdings unklar. Aufschlussreich ist es, dass solche Anforderungen an andere

---

102 In dieser Richtung argumentiert etwa auch *Meyn* ZStV 2012, 113 f.

103 Zu diesem Spannungsfeld sa *Seyfarth*, Der Schutz der unselbständigen Stiftung, 2009.

104 BGH 22.1.2015 – III ZR 434/13, Rn. 32 = MDR 2015, 286; s. zuvor schon BGH 12.3.2009 – III ZR 142/08, Rn. 14.

105 BFH 11.2.2015 – X R 36/11, Rn. 47.

106 Dazu schon *Pruns* StiftungsBrief 2011, 83.

107 *Wallenhorst* DStR 2002, 986.

108 Blümich/*Rengers* KStG § 1 Rn. 110 mwN.

109 Sa § 60 AO und Anlage 1 zu § 60 AO.

110 So die damalige Oberfinanzdirektion Rheinland (Köln/Düsseldorf), die ihren Standpunkt, soweit ersichtlich, aber niemals veröffentlichte; s. aber schon *Schiffer* NJW 2006, 2528, dort auch zur Kritik.

Rechtsformen, etwa an einen Verein, nicht gestellt werden. Das Schlagwort „Stiftung" scheint hier für Verwirrung zu sorgen.

II. Errichtung zu Lebzeiten

Das Stiftungsgeschäft unter Lebenden[111] ist bei der unselbstständigen Stiftung ein **Vertrag** zwischen dem **46** Stifter und dem Stiftungsträger. Es gelten die allgemeinen Regeln für Willenserklärungen und Verträge. Insbesondere gilt das auch für die Regeln zur Einbeziehung allgemeiner Geschäftsbeziehungen (**AGB**, §§ 305 ff.),[112] was von manch einem Treuhänder übersehen wird. Wie das OLG Oldenburg[113] gezeigt hat, kann eine unselbstständige Stiftung unter bestimmten Voraussetzungen auch dann „errichtet" werden, wenn sich die Vertragsparteien dessen im Einzelnen nicht bewusst sind, insbesondere den Begriff „unselbstständige Stiftung" nicht verwendet haben (§ 133 BGB).

Viel diskutiert wird die **Rechtsnatur** des Vertrages zwischen Stifter und Stiftungsträger (→ Rn. 48 ff.). **47** Dabei wird oft übersehen, dass die Frage in die Irre führt. Aufgrund der Vertragsfreiheit kann nämlich auf verschiedenen Wegen versucht werden, eine selbstständige Stiftung „nachzuahmen".[114] Im Einzelfall ist dann jeweils durch Auslegung zu ermitteln, welche Gestaltung gewählt wurde und wie erfolgreich die Vertragsparteien bei der Nachahmung einer rechtsfähigen Stiftung waren. Zu unterscheiden sind in der Praxis vor allem die beiden folgenden Gestaltungsmöglichkeiten, wobei Einzelheiten, wie erwähnt, durchaus umstritten sind.[115]

1. Schenkung unter Auflage. Der Stifter kann der von ihm gewählten Person seines Vertrauens (Treu- **48** händer) die von ihm dem Stiftungszweck gewidmeten Vermögenswerte unter der Auflage übertragen, sie entsprechend zu verwenden (**Schenkung unter Auflage oder Zweckschenkung**). Zwar wird der Treuhänder nur formal (= treuhänderisch) Eigentümer der Vermögenswerte, dennoch ist die schenkungsrechtliche Bereicherung bei ihm gegeben, da die Vertrauensstellung als Treuhänder an sich schon als Vorteil bei ihm anzusehen ist.[116] Ein Schenkungsversprechen bedarf der notariellen Beurkundung (§ 518 Abs. 1 BGB). In der Praxis wird diese Form allerdings oftmals nicht eingehalten. Der Mangel der Form wird aber jedenfalls durch die Bewirkung der Leistung (sprich: die Übertragung) geheilt (§ 518 Abs. 2 BGB). Die Wahl der Schenkung unter Auflage zur Gestaltung einer unselbstständigen Stiftung hat zur Folge, dass eine Kündigung aus wichtigem Grund regelmäßig ausgeschlossen ist.[117]

2. Treuhandverhältnis. Der BGH und die wohl herrschende Meinung im Schrifttum gehen davon aus, **49** dass eine unselbstständige Stiftung auch in Form eines **Treuhandverhältnisses** errichtet werden kann.[118] Danach kann der Stifter mit dem Treuhänder direkt und (sinnvollerweise) schriftlich ein Treuhandverhältnis vereinbaren. Für das Treuhandverhältnis gilt bei Unentgeltlichkeit das Auftragsrecht (§§ 662 ff.). Bei Entgeltlichkeit findet das Recht der Geschäftsbesorgung Anwendung (§ 675 BGB).[119]

Demgegenüber spricht sich ein **Teil des Schrifttums** dafür aus, dass **allein die Schenkung unter Auflage** wegen ihrer „stärkeren Endgültigkeit" dem „Begriff der Stiftung" gerecht wird und mit ihm vereinbar ist. Worum geht es im Einzelnen?[120]

Bei einem unentgeltlichen Auftrag kann der Stifter den Auftrag grundsätzlich jederzeit widerrufen und der **50** Stiftungsträger kann grundsätzlich jederzeit kündigen.

Ein unentgeltlicher Auftrag wird bei einer unselbstständigen Stiftung indessen eher selten vorliegen. Bei einer entgeltlichen Geschäftsbesorgung besteht ein Kündigungsrecht nach Dienstvertragsrecht. Es gelten dann die Beendigungs-/Kündigungsfristen der §§ 620, 621.

---

111 Zu praktischen Überlegungen des Stifters bei der Errichtung einer Treuhandstiftung *Küstermann* ZStV 2012, 67.

112 BGH ZEV 2009, 410.

113 18.11.2003 – 12 U 60/03 (unveröffentlicht), näher *Schiffer/Pruns* in Schiffer: Stiftung, § 12 Rn. 27.

114 BGH 22.1.2015 – III ZR 434/13, Rn. 32 = MDR 2015, 286 und zuvor bereits BGH 12.3.2009 – III ZR 142/08, Rn. 15: [E]ntscheidend ist, welche Rechtsform die Parteien gewählt haben, nicht welche sie hätten wählen sollen."

115 Ausf. mwN *Schiffer/Pruns* in Schiffer: Stiftung, § 12 Rn. 16 ff.; v. Campenhausen/Richter/*Hof* (2014), § 36 Rn. 28 ff.; Staudinger/*Hüttemann/Rawert* (2011) BGB Vor §§ 80 ff. Rn. 231 ff.; Hopt/Reuter/*K.*

Schmidt, Stiftungsrecht in Europa, 2001, S. 175, 180 ff.; O. Werner/Saenger/Fischer/*A. Werner* § 13 Rn. 88 ff.

116 S. v. Campenhausen/Richter/*Hof*, § 36 Rn. 39. Ausf. zur Bereicherung O. Werner/Saenger/Fischer/ *A. Werner* § 13 Rn. 123 ff.

117 OLG Celle npoR 2016, 166 mAnm Rawert npoR 2016, 168.

118 S. Richter/*Godron*, § 17 Rn. 90 ff.; O. Werner/Saenger/Fischer/*A. Werner* § 13 Rn. 98 ff.; jew. mwN.

119 BGH 22.1.2015 – III ZR 434/13, Rn. 32 = MDR 2015, 286.

120 Zur Diskussion im Überblick auch *Geibel* in Deutsches Stiftungszentrum, Die Treuhandstiftung, S. 33 ff. mit eigenem Lösungsansatz.

Widerruf und Kündigung haben zur Folge, dass der Stiftungsträger die ihm übertragenen Vermögensgegenstände herausgeben muss (§ 667). Es bestehe mithin je nach Sichtweise die Möglichkeit und/oder die Gefahr, dass das Stiftungsvermögen nicht auf Dauer dem Stiftungszweck erhalten bleibt, weil der Vertrag zwischen dem Stifter und dem Treuhänder beendet werden kann und bei Vertragsende der Treuhänder das Stiftungsvermögen herauszugeben hat.[121]

51 Um sich hier der prinzipiellen zeitlichen Unbegrenztheit der rechtsfähigen Stiftung anzunähern, kommen ein Verzicht auf das Kündigungsrecht durch den Treuhänder und ein Verzicht auf das Widerrufsrecht durch den Treugeber in Betracht. Der unentgeltlich tätige **Treuhänder** kann, wie sich aus dem Umkehrschluss zu § 671 Abs. 3 ergibt, auf sein **Kündigungsrecht verzichten**. Bei einer entgeltlichen Geschäftsbesorgung gilt für die Kündigung des Treuhänders § 621 BGB, der aber auch vertraglich abdingbar ist.[122] Der Verzicht ist allerdings nicht unbeschränkt möglich: Auf das Recht zur **Kündigung aus wichtigem Grund** können weder der Stiftungsträger noch der Stifter selbst vorab verzichten.[123] Nach dem Tod des Stifters treten zudem dessen Erben in den Vertrag ein und auch sie haben das Recht zur Kündigung aus wichtigem Grund.

52 Die Kritiker der Errichtung einer unselbstständigen Stiftung mittels eines Treuhandverhältnisses nach Auftragsrecht setzen genau an diesem Punkt an. Aufgrund des nicht abdingbaren Rechts zur außerordentlichen Kündigung aus wichtigem Grund sei die Vermögensübertragung durch den Stifter bei einem Treuhandvertrag niemals ganz endgültig. Eine Kündigung habe zur Folge, dass der Stiftungsträger das Stiftungsvermögen nach § 667 an den Stifter herausgeben müsse, was die unselbstständige Stiftung in ihrem Bestand latent gefährde. Eine Stiftung, auch eine unselbstständige, setze aber eine dauerhafte Vermögensübertragung voraus.

53 Insbesondere, so diese kritische Meinung weiter, komme es bei der steuerbefreiten unselbstständigen Stiftung zu dem folgenden Problem: Aufgrund der Verpflichtung zur satzungsmäßigen Vermögensbindung im Fall der Steuerbefreiung (§§ 55 Abs. 1 Nr. 4, 61 AO) darf auch bei einem Treuhandvertrag über die Errichtung einer steuerbefreiten unselbstständigen Stiftung die Kündigung oder der Widerruf nicht zum Rückfall des Stiftungsvermögens auf den Stifter oder seine Erben führen, da sonst die Steuerbefreiung gefährdet ist. Ein Stifter darf sich zwar nach § 55 Abs. 3 iVm Abs. 1 Nr. 2 AO das Recht vorbehalten, das ursprüngliche Stiftungsvermögen zurückzuverlangen, kann dann aber nicht den Sonderausgabenabzug nach § 10b Abs. 1a EStG geltend machen (sa → § 82 Rn. 17). Die Erträge des Stiftungsvermögens unterliegen außerdem zwingend der steuerlichen Vermögensbindung (§ 55 Abs. 3 iVm Abs. 1 Nr. 4 AO). Der Herausgabeanspruch nach § 667 umfasst aber nicht nur das, was der Stiftungsträger zur Ausführung des Auftrags erhalten hat (das Stiftungsvermögen), sondern auch, „was er aus der Geschäftsbesorgung erlangt", also die Erträge des Stiftungsvermögens.

54 Diese rechtlichen Gegebenheiten sollen zur Folge haben, so jedenfalls das **Fazit der Kritiker**, dass weder mit den Mitteln des Auftragsrechts noch auf der Basis einer entgeltlichen Geschäftsbesorgung eine unselbstständige Stiftung errichtet werden kann. Eine unselbstständige Stiftung soll stets Schenkung unter Auflage sein.[124]

55 Diese Kritik an der Treuhandlösung übersieht einen grundlegenden Punkt. Die Regelung der Herausgabe gem. **§ 667 ist dispositives Recht**. Die Rechtsfolge des § 667 kann deshalb von den Vertragsparteien geändert und sogar ganz ausgeschlossen werden.[125] Vertraglich ausgeschlossen werden kann sogar die Vererblichkeit des Anspruchs auf Herausgabe.[126] Der Stifter und der Stiftungsträger können mithin nicht nur die Widerrufs- und Kündigungsrechte einschränken, sondern für den Fall des Widerrufs oder der Kündigung des Treuhandvertrags aus wichtigem Grund mit einer vertraglichen Regelung zum einen den Rückfall des Vermögens an den Stifter oder seine Erben ausschließen und zum anderen den Vermögensanfall entsprechend den steuerrechtlichen Vorgaben für steuerbegünstigte Körperschaften regeln.

56 Darüber hinaus müssen Widerruf und Kündigung nicht zwingend das Ende der unselbstständigen Stiftung bedeuten. Zu denken ist etwa an den Fall, dass der Stifter die Kündigung aus wichtigem Grund aufgrund eines Fehlverhaltens des Treuhänders erklärt. Interessengerecht und von Seiten des Stifters gewollt ist dann nicht die „Auflösung" der unselbstständigen Stiftung, sondern deren „Übertragung" auf einen neuen Stiftungsträger. Eine entsprechende vertragliche Gestaltung kann beispielsweise darin bestehen, dass der Stifter oder ein von ihm bestimmtes internes Organ (→ Rn. 62) das Recht erhält, bei schwerwiegenden Pflichtver-

121 Staudinger/*Hüttemann*/*Rawert* (2011) BGB Vor §§ 80 ff. Rn. 242 ff.; in der Folgeauflage (2017) differenzierender: Rn. 333 ff., 346; MüKoBGB/*Reuter* (6. Aufl. 2012) Vor §§ 80 ff. Rn. 87 ff. jew. mwN.

122 Vgl. Palandt/*Weidenkaff* BGB § 621 Rn. 2.

123 S. § 671 Abs. 3 BGB für den unentgeltlichen Auftrag und vgl. Palandt/*Weidenkaff* BGB § 626 Rn. 2 für den entgeltlichen Auftrag in Form des Dienstvertrags.

124 MüKoBGB/*Reuter* (6. Aufl. 2012) Vor § 80 Rn. 103; Staudinger/*Hüttemann*/*Rawert* BGB Vor §§ 80 ff. Rn. 248; anders jetzt Staudinger/*Hüttemann*/*Rawert* (2017) BGB Vor §§ 80 ff. Rn. 333 ff., 346.

125 BGH NJW-RR 1997, 778; MüKoBGB/*Seiler* § 667 Rn. 2; Palandt/*Sprau* BGB § 667 Rn. 1 jew. mwN zur Rspr.

126 BGH WM 1989, 1813.

letzungen des Treuhänders zu kündigen und den bisherigen Stiftungsträger anzuweisen, das Stiftungsvermögen unverändert auf einen vom Stifter neu bestimmten Stiftungsträger zu übertragen, mit dem der Stifter dann einen neuen Vertrag abschließt oder bereits abgeschlossen hat. Das Stiftungsvermögen bleibt so auch nach der Kündigung als Sondervermögen erhalten und die negativen steuerlichen Folgen eines Vermögensrückfalls werden vermieden. Die unselbstständige Stiftung kann ihre Arbeit fortsetzen.

Ein weiterer Ansatzpunkt für die Absicherung der Existenz der unselbstständigen Stiftung ist der „wichtige Grund" für die Kündigung. Der Begriff des wichtigen Grundes muss als abstrakter Rechtsbegriff mit Leben gefüllt werden, wobei alle Umstände des Einzelfalls zu berücksichtigen sind und insbesondere die umfassende Abwägung der Interessen der Vertragsparteien entscheidend ist.[127] Der Stifter einer unselbstständigen Stiftung wird regelmäßig in zwei Fällen ein **berechtigtes Interesse an einer Kündigung** haben: Zum einen dann, wenn der Stiftungsträger nicht mehr die Gewähr für den Fortbestand der Stiftung und die Erfüllung des Stiftungszwecks bietet, oder zum anderen dann, wenn die Erfüllung des Stiftungszwecks objektiv unmöglich wird und eine Änderung des verfolgten Zwecks aus welchem Grund auch immer nicht in Frage kommt. Der Stiftungsträger wiederum wird insbesondere dann einen wichtigen Grund zur Kündigung haben, wenn ihm die Fortführung der Stiftungsträgerschaft nicht mehr zugemutet werden kann. Das kann etwa finanzielle Gründe (Honorarausfall) haben oder auch durch einen erheblichen Vertrauensbruch zwischen dem Stiftungsträger und dem Stifter, dessen Erben oder den Mitgliedern des internen Stiftungsorgans begründet sein. In dem Vertrag über die Errichtung der Stiftung und ihre Organisation können der Stifter und der Stiftungsträger beispielhaft **wichtige Gründe für eine Kündigung aufzählen** und so eine Auslegungshilfe für zukünftige Streitfälle bieten. Zudem können sie wegen der Disponibilität des § 667 BGB im Einzelnen regeln, wie im Falle einer Kündigung aus wichtigem Grund zu verfahren ist, damit die jeweiligen Interessen gewahrt sind. Das erfordert eine genaue Vertragsgestaltung und im Fall der steuerbefreiten unselbstständigen Stiftung bei der Übertragung auf einen neuen Stiftungsträger und bei der Auflösung der unselbstständigen Stiftung zusätzlich eine genaue Abstimmung mit der Finanzverwaltung.

Letztendlich sind damit aber die **Einwände** gegen die Tauglichkeit eines Auftrags oder einer entgeltlichen Geschäftsbesorgung als Basis für eine unselbstständige Stiftung **unberechtigt**, da die Folgen des § 667 durch entsprechende Vereinbarung geändert und sogar ganz ausgeschlossen werden können.[128]

III. Zuwendung und Errichtung von Todes wegen

Unselbstständige Stiftungen können **nicht selbst Erbe oder Vermächtnisnehmer** sein, da sie keine juristischen Personen mit eigener Rechtspersönlichkeit sind (→ Rn. 41). **Erbe** oder **Vermächtnisnehmer** wird dagegen der **Treuhänder**,[129] der dann erbrechtlich per Auflage und/oder aufgrund des Treuhandvertrages verpflichtet wird oder ist, den zugewendeten Vermögenswert „für" die Stiftung zu verwenden.[130] Eine Stellung der unselbstständigen Stiftung als „Erbe" oder „Vermächtnisnehmer" ist damit nicht formal, sondern allein bei wirtschaftlicher Betrachtung gegeben.

Neben der Einsetzung des Treuhänders einer bereits bestehenden treuhänderischen Stiftung als auflagenbeschwerter Erbe oder Vermächtnisnehmer ist auch die **Errichtung einer treuhänderischen Stiftung von Todes wegen** möglich durch die Beschwerung von Erbe(n) oder Vermächtnisnehmer(n) mit der letztwillig verfügten **Auflage,** eine treuhänderische Stiftung nach den Vorgaben des Erblassers zu errichten (Anhang zu → § 1923 Rn. 121 ff.).[131] Die Einhaltung der Auflage ist zweckmäßig durch die Einsetzung eines Testamentsvollstreckers zu sichern. Maßgebend und ausreichend für die Wirksamkeit einer solchen Auflage ist, dass dabei die „Zweckbestimmung" iSd § 2193 BGB hinreichend bestimmt ist, woran von der Rechtsprechung keine allzu hohen Anforderungen gestellt werden.[132] Hinreichend bestimmt soll zB bereits die Formulierung sein, eine festgelegte Summe für „wohltätige Zwecke" zu verwenden (zur Rechtslage bei der rechtsfähigen Stiftung von Todes wegen → § 83 Rn. 10 f.).[133]

Nähere letztwillige Vorgaben zu Satzung und/oder Treuhandvertrag sind also nicht erforderlich, wenngleich in der Praxis empfehlenswert. So kann der Erblasser einem Dritten (idR dem Testamentsvollstrecker) aber

57

58

59

60

61

---

127 S. nur Palandt/*Weidenkaff*, § 626 Rn. 37 ff. mwN.
128 S. zur Disponibilität nur MüKoBGB/*Seiler* § 667 Rn. 2 mwN.
129 Ebenso OLG Düsseldorf ErbR 2020, 28.
130 Zur Treuhandstiftung von Todes wegen s. ferner v. Campenhausen/Richter/*Hof* § 36 Rn. 117 ff.; Richter/*Godron* § 17 Rn. 96 ff.; *Muscheler* ZEV 2014, 573; *Schauer* npoR 2013, 120; *Lange* ZErb 2013, 324.
131 Ausf. OLG München NJW 2014, 2448; O. Werner/Saenger/Fischer/*A. Werner* § 13 Rn. 176 ff.;

Muscheler ZEV 2014, 573; *ders.* ErbR 2016, 358 (359 ff.); *Schauer* npoR 2013, 120; *Lange* ZErb 2013, 324.
132 OLG München NJW 2014, 2448. AA *Muscheler* ZEV 2014, 573, der hier nicht § 2193 BGB sondern nur § 2065 Abs. 2 BGB für anwendbar und nach diesem Maßstab die Auflage für unwirksam hält.
133 Vgl. etwa MüKoBGB/*Rudy* § 2193 Rn. 2; NK-BGB/*Mayer* § 2193 Rn. 2; OLGE Köln 18, 319: „*Verwendung zu römisch-katholisch-kirchlichen Zwecken*".

auch die Auswahl des Stiftungsträgers und/oder die inhaltliche Fassung von Satzung und Treuhandvertrag nach „billigem Ermessen" überlassen.[134]

IV. Satzung/Organisationsvertrag

62 Die Einzelheiten der Zweckerfüllung wird der Stifter mit dem Stiftungsträger aushandeln und in einer „Stiftungssatzung" festhalten, die man richtigerweise als **„Organisationsvertrag"** bezeichnen sollte. Für den Inhalt dieses Vertrages gilt entsprechend das, was noch zur Satzung der rechtsfähigen Stiftung des Privatrechts auszuführen sein wird (→ § 81 Rn. 15 ff.). Wegen der bereits angesprochenen teilweise umstrittenen Einzelheiten zu den zivilrechtlichen Grundlagen der treuhänderischen Stiftung ist dem Stifter und dem Treuhänder zu möglichst genauen und klaren Regelungen zu raten. Insbesondere bei größeren Vermögen sollte zur Leitung der unselbstständigen Stiftung und zur Überwachung des Treuhänders ein **internes Organ** eingerichtet werden. Dieses vertritt die unselbstständige Stiftung nicht im Rechtsverkehr, kann aber dem Treuhänder im Innenverhältnis insbesondere Anweisungen erteilen.

V. Auswahl des Treuhänders

63 Bei der **Auswahl des Stiftungsträgers (Treuhänders)** für die unselbstständige Stiftung ist besondere Sorgfalt geboten. Die Auswahl einer juristischen Person, vor allem einer solchen des öffentlichen Rechts, hat den Vorteil, dass diese anders als natürliche Personen zumindest potenziell unsterblich ist. In der Regel werden daher als Stiftungsträger bereits bestehende selbstständige Stiftungen, Gesellschaften, Vereine oder auch Universitäten oder Gemeinden gewählt. Zu nennen ist in diesem Zusammenhang vor allem der Stifterverband in Essen. Der Stifter sollte bei der Auswahl des Treuhänders besonderen Wert darauf legen, dass der Stiftungsträger über eine Organisation verfügt, deren Kontrollmechanismen (insbesondere Aufsichtsorgane, zB Beirat) die Verwendung der treuhänderisch übertragenen Mittel für den gewählten Stiftungszweck sicherstellen.

64 Zudem ist, auch wenn die unselbstständige Stiftung eine attraktive Alternative zur selbstständigen Stiftung des Privatrechts ist, Vorsicht geboten. Für die Errichtung einer unselbstständigen Stiftung verbieten sich nämlich **„Lösungen von der Stange"**[135] genauso wie für die Errichtung einer selbstständigen Stiftung. Der gestalterische Aufwand ist, soll das Stiftungsprojekt erfolgreich sein, nicht notwendigerweise geringer als bei selbstständigen Stiftungen. Zudem wird gerade im Bereich der unselbstständigen Stiftungen vermehrt vor den Umtrieben dubioser Finanzberater gewarnt, die gemeinnützige unselbstständige Stiftungen ähnlich wie Finanzprodukte vertreiben.[136] Vor diesem Hintergrund sind **verschiedene Verhaltenskodizes und ein Gütesiegel** für die Verwaltung von Treuhandstiftungen geschaffen worden.[137] Solche „Vorschläge" dienen jedenfalls insoweit einem guten Zweck, als sie vor den erwähnten dubiosen Angeboten warnen. Sie befreien den Berater im Einzelfall allerdings nicht von der Pflicht, sich eigene Gedanken zu machen und selbst zu entscheiden, was aus seiner Sicht und in seiner jeweiligen Verantwortung für den jeweiligen Einzelfall „richtig" ist.

65 Obwohl unselbstständige Stiftungen nicht der Stiftungsaufsicht unterstehen, sind sie **nicht „staatsfern"**, wenn sie steuerbefreite Zwecke verfolgen. Um die begehrte Steuerbefreiung zu erlangen, muss die Satzung der treuhänderischen Stiftung schließlich ebenso wie die einer rechtsfähigen Stiftung die Voraussetzungen der Gemeinnützigkeit erfüllen (→ Rn. 45). Es genügt zudem nicht, nur die Satzung „richtig" zu gestalten, denn wie § 63 Abs. 1 AO anordnet, muss die **„tatsächliche Geschäftsführung** der Körperschaft", hier also der unselbstständigen Stiftung, „auf die ausschließliche und unmittelbare Erfüllung der steuerbegünstigten Zwecke gerichtet sein und den Bestimmungen entsprechen, die die Satzung über die Voraussetzungen für Steuervergünstigungen enthält". Die tatsächliche Geschäftsführung durch den Treuhänder wird also **von der Finanzverwaltung überwacht**.

66 Zum Abschluss sei hier erwähnt, dass darüber diskutiert wurde, ob für die Verwaltung einer unselbstständigen Stiftung, dh für den Treuhänder, eine **bankenrechtliche Erlaubnis** erforderlich ist.[138] Die **BaFin** hat

---

134 OLG München NJW 2014, 2448; *A. Werner* ZStV 2014, 144. AA *Muscheler* ZEV 2014, 573.

135 Zu solchen kritisch *Schiffer/Pruns* Die Stiftung 4/2012, 18; sa schon *Winheller* npoR 2011, 48.

136 *Winheller* StiftungBrief 2011, 110; *ders.* Stiftung & Sponsoring 4/2012, 22; *Schiffer/Pruns* Die Stiftung 4/2012, 18.

137 Etwa durch das Deutsche Stiftungszentrum in Essen im Stifterverband für die Deutsche Wissenschaft (www.stifterverband.de) und den Bundesverband

Deutscher Stiftungen (www.stiftungen.org); sa *Schindler* in Deutsches Stiftungszentrum, Die Treuhandstiftung, S. 65 ff. Speziell zu dem „Qualitätssiegel für gute Treuhandstiftungsverwaltung" des Bundesverbandes deutscher Stiftungen s. die Kommentare von *Mohr* (2.6.2014) und *Schiffer* (5.7.2014) auf www.stiftungsrecht-plus.de/kommentare-und-mehr.

138 S. etwa *Fischer/Figatowski* StiftungsBrief 2009, 236; *Fritsche* ZSt 2005, 272.

aber auf Nachfrage klargestellt, dass sie eine solche Erlaubnis für den Normalfall der unselbstständigen Stiftung, bei dem eine Rückübertragung des Stiftungsvermögens auf den Stifter oder seine Erben gerade nicht gewollt ist, für **nicht erforderlich** hält.[139]

VI. Umwandlung/Auflösung

Die treuhänderische Stiftung ist nicht zwingend endgültig, was teilweise bereits oben angesprochen wurde (→ Rn. 50 ff.). Sie kann in eine rechtsfähige Stiftung umgewandelt oder auch aufgelöst werden. **67**

1. Umwandlung. Die Umwandlung unterliegt nicht den Regelungen des UmwG, denn die unselbstständige Stiftung ist schon kein Rechtsträger, der als Ausgangspunkt für eine Umwandlung dienen könnte. Das UmwG nennt zudem auch nicht die rechtsfähige Stiftung als taugliches Ziel einer Umwandlung.[140] Es bleibt deshalb nur die Auflösung der unselbstständigen Stiftung und die Übertragung des Vermögens auf eine bereits bestehende Stiftung oder auf eine neu zu gründende Stiftung. **68**

Es findet demnach keine „isolierte Neugründung" einer rechtsfähigen Stiftung statt, sondern die Errichtung einer rechtsfähigen Stiftung durch den Treuhänder der unselbstständigen Stiftung als formellem Stifter, die mit der parallelen Auflösung der unselbstständigen Stiftung und der Übertragung von deren Stiftungsvermögen verbunden ist. Um etwaige Unstimmigkeiten mit der Verwaltung gar nicht erst aufkommen zu lassen, ist der Gesamtvorgang[141] allerdings sinnvollerweise vorweg mit der Stiftungsbehörde und dem zuständigen Finanzamt abzustimmen, um möglichst wenig Reibungsverluste zu haben. Zum Teil wird gefordert, dass zwischen der unselbstständigen Stiftung und der ihr Vermögen aufnehmenden rechtsfähigen Stiftung **Zweckidentität** bestehen muss.[142] Das soll aus dem Grundsatz der Vermögensbindung nach § 55 Abs. 1 Nr. 4 Satz 2 AO folgen.[143] Das ist allerdings **nicht richtig**. Die schreibt im Falle der Auflösung der unselbstständigen Stiftung nur vor, dass die aufnehmende Stiftung ihrerseits steuerbegünstigter Zwecke verfolgt, nicht aber, dass sie auch identische steuerbegünstigte Zwecke verfolgt.[144] Entsprechende Bindungen bei der Wahl des Zwecks der aufnehmenden Stiftung können sich daher allenfalls aus dem der aufzulösenden unselbstständigen Stiftung zugrundeliegenden Rechtsverhältnis und dem darin zum Ausdruck kommenden Stifterwillen ergeben. Das ist aber eine Frage des Einzelfalls. **69**

2. Auflösung. Außer der Umwandlung in eine rechtsfähige Stiftung kommen verschiedene Gründe für eine Auflösung in Betracht, etwa Zweckerfüllung, Unmöglichkeit, Zeitablauf, etc.[145] Der Stifter sollte in dem Organisationsvertrag mit dem Treuhänder etwaige für ihn wichtige Gründe für eine Auflösung nennen und auch regeln, wie in diesen und anderen Fällen mit dem Vermögen der Stiftung umzugehen ist. Bei gemeinnützigen unselbstständigen Stiftungen ist immer an die satzungsmäßige Vermögensbindung nach § 61 AO zu denken. Auch an eine Änderung des Stiftungszwecks oder der Stiftungsorganisation als milderes Mittel im Vergleich zu der Auflösung der unselbstständigen Stiftung sollte gedacht werden. Zu beachten sind im Übrigen die folgenden Punkte. **70**

Im Fall der **Schenkung** kann die Übertragung der Vermögenswerte wegen Notbedarf verweigert werden (§ 519 BGB). Zudem können die treuhänderisch geschenkten Vermögenswerte unter den jeweiligen gesetzlichen Voraussetzungen wegen Nichtvollziehung der Auflage (§ 527 BGB), wegen Verarmung des Schenkers (§ 528 f. BGB) oder wegen groben Undanks (§ 530 BGB) zurückgefordert werden. **71**

Ein **Treuhandverhältnis nach Auftragsrecht** kann grundsätzlich jederzeit widerrufen oder gekündigt werden, ggf. auch von den Erben des Stifters. Zur Absicherung seines Stiftungswunsches kann der Stifter das Kündigungsrecht auf wichtige Gründe beschränken und auch die wichtigen Gründe konkret definieren. Zudem kann er die Rechtsfolge des § 667 abbedingen oder so ausgestalten, dass die unselbstständige Stiftung bestehen bleibt, bspw. im Falle der Auswechslung des Treuhänders (→ Rn. 55 ff.). **72**

Bei einer treuhänderischen Stiftung **von Todes wegen** (→ Rn. 59 ff.)[146] (Testament, Erbvertrag, Vermächtnis) ist wegen der testamentarischen Errichtung ein Widerruf durch die Erben ausgeschlossen. **73**

---

139 Schriftliche Stellungnahme der BaFin gegenüber dem Autor *Schiffer*; ausf. *Schiffer/Pruns* npoR 2011, 78. Später gab es auch noch eine entsprechende Stellungnahme gegenüber dem Bundesverband Deutscher Stiftungen. Die weiteren Befürchtungen *Fischers* npoR 2012, 7 dürften eher theoretischer Natur sein.

140 *Muscheler* ZEV 2018, 187 (188).

141 Zu Einzelheiten *Schiffer/Pruns* in Schiffer, Stiftung, § 12 Rn. 66 ff.; *Muscheler* ZEV 2018, 187.

142 Richter/*Godron* § 17 Rn. 159, 162 unter Verweis auf *Schlüter/Stolte*, Stiftungsrecht, Kap. 4 Rn. 79 und diese wiederum unter Verweis auf *Möller* ZEV 2007, 565 (568).

143 *Schlüter/Stolte*, Stiftungsrecht, Kap. 4 Rn. 79; *Möller* ZEV 2007, 565 (568).

144 Vgl. a. NK-GemnR/*Geibel* Anhang zu § 51 AO Gemeinnützige Rechtsformen Rn. 167.

145 Näher O. Werner/Saenger/Fischer/*A. Werner* § 13 Rn. 303; Richter/*Godron* § 17 Rn. 148 ff.

146 O. Werner/Saenger/Fischer/*A. Werner* § 13 Rn. 176 ff.

74   Eine unselbstständige Stiftung ist **nicht insolvenzfähig**, da sie keine juristische Person ist und § 11 InsO auch sonst nicht greift. Im Falle des Vermögensverlustes einer gemeinnützigen unselbstständigen Stiftung ist aber das zuständige **Finanzamt** zu informieren, das prüfen wird, ob ein Verstoß gegen die Vorschriften der AO vorliegt.

75   Im Falle der Insolvenz des Treuhänders oder des Stifters ist nach der Gestaltung des Rechtsverhältnisses zwischen Stifter und Treuhänder zu unterscheiden.

76   Ist die Treuhandstiftung als **Schenkung unter Auflage oder als erbrechtliche Auflage** ausgestaltet, können Gläubiger des Stifters ggf. nur durch Anfechtung gem. §§ 1 ff. AnfG auf die übertragenen Vermögensgegenstände zugreifen. Der Insolvenzverwalter kann unter den Voraussetzungen der §§ 129 ff. InsO anfechten. Die §§ 115, 116 InsO finden keine Anwendung. Dagegen können die Gläubiger des Treuhänders auf das Geschenkte grundsätzlich unbegrenzt zugreifen.[147] Einschränkungen dieser Zugriffsrechte durch vertragliche Gestaltungen werden zumindest diskutiert.[148]

77   Im Falle eines Treuhandverhältnisses hat eine **Insolvenz des Treuhänders** (Stiftungsträgers) zur Folge, dass der Stifter (Treugeber) die Aussonderung der übertragenen Vermögensgegenstände gem. § 47 InsO verlangen kann. Gegen eine Vollstreckung durch Gläubiger des Treuhänders können der Treugeber oder seine Erben im Wege der Drittwiderspruchsklage (§ 771 ZPO) vorgehen.[149] Die **Insolvenz des Stifters** (Treugebers) führt im Fall einer vertraglichen Treuhand grundsätzlich zur **Beendigung des Auftrags oder der entgeltlichen Geschäftsbesorgung** (§§ 115, 116 InsO). Der Insolvenzverwalter kann von dem Treuhänder deshalb nach § 667 BGB die Herausgabe der übertragenen Vermögensgegenstände verlangen, weil mit der Insolvenz des Stifters dessen Verwaltungs- und Verfügungsbefugnisse auf den Insolvenzverwalter übergehen (§ 80 InsO).[150] Da § 667 BGB aber abbedungen oder inhaltlich anders ausgestaltet werden kann, etwa in Form einer Anfallsklausel bei einer steuerbefreiten Stiftung (→ Rn. 55 ff.), ist es nur konsequent, wenn der Insolvenzverwalter im Fall der Insolvenz des Stifters ebenfalls keinen Herausgabeanspruch hat. Dieses Ergebnis lässt sich auch anhand des Wortlauts der §§ 115, 116 InsO insbesondere dadurch begründen, dass das Stiftungsvermögen in diesen Fällen nicht mehr zur Insolvenzmasse gehört, da der Stifter gerade keinen Anspruch auf Rückübertragung mehr hat. Es kommt dann allenfalls noch eine insolvenzrechtliche Anfechtung der Vermögensübertragung durch die Stiftungserrichtung nach Maßgabe der §§ 1 ff. AnfG und §§ 129 ff. InsO in Betracht.[151]

VII. Steuerrecht

78   Die unselbstständige Stiftung ist zwar nicht rechtsfähig, aber gleichwohl **steuerpflichtig** (§ 1 Abs. 1 Nr. 5 KStG, sa → Rn. 45).[152] Als Steuersubjekt ist sie selbst Adressat von Steuerbescheiden und Partei im steuerlichen finanzgerichtlichen Verfahren.[153] Die Steuerpflicht entsteht[154] bei der Errichtung unter Lebenden mit der Übertragung des Stiftungsvermögens auf den Stiftungsträger, wenn der Stiftungszweck zu diesem Zeitpunkt durch Vereinbarung mit dem Stiftungsträger feststeht.[155] Bei der Errichtung von Todes wegen entsteht die Steuerpflicht, wie der BFH entschieden hat, bereits mit dem konstitutiven Akt, also etwa dem Eintritt des Erbfalls. Auf die tatsächliche Mittelzuführung kommt es nicht an.[156]

79   Die unselbstständige Stiftung kann etwa wegen Mildtätigkeit oder Gemeinnützigkeit **steuerbefreit** sein (→ Rn. 45). Im Falle der Steuerbefreiung genießen der Stifter und die unselbstständige Stiftung dieselben steuerlichen Vorteile wie die selbstständige Stiftung. Der Stifter kann also insbesondere für die Errichtungsdotation und etwaige Zustiftungen den Sonderausgabenabzug nach § 10 b Abs. 1 a EStG geltend machen (→ § 82 Rn. 17). Das setzt nach Ansicht der Finanzverwaltung allerdings voraus, dass der Stifter von der Option nach § 55 Abs. 3 AO, das ursprünglich zugewendete Stiftungsvermögen im Fall der Auflösung wieder herauszuverlangen, keinen Gebrauch gemacht hat.[157] Wie bereits oben (→ Rn. 53 ff.) erwähnt, muss außerdem darauf geachtet werden, dass das Stiftungsvermögen nicht „aus Versehen", etwa aufgrund einer Kündigung, an den Stifter oder dessen Erben zurückfällt. Auch bei der Treuhandstiftung gilt der Grundsatz der satzungsmäßigen Vermögensbindung (§ 61 AO), so dass die Satzung eine Anfallsklausel enthalten muss.

---

147 O. Werner/Saenger/Fischer/*A. Werner* § 13 Rn. 145; Staudinger/*Hüttemann/Rawert* Vor §§ 80 ff. Rn. 355 f. mwN.

148 Staudinger/*Hüttemann/Rawert* Vor §§ 80 ff. Rn. 356 mwN.

149 Ausf. O. Werner/Saenger/Fischer/*A. Werner* § 13 Rn. 114 ff.

150 S. etwa Braun/*Kroth* InsO § 115 Rn. 6.

151 So *Löhnig*, Treuhand, 2006, 327 ff.

152 Vgl. ferner v. Campenhausen/Richter/*Richter* § 39 Rn. 2 ff., 16 ff.; *Hüttemann* in Deutsches Stiftungszentrum, Die Treuhandstiftung, S. 49 ff.

153 BFH 29.1.2003 – I R 106/00 = ZEV 2003, 258 = BB 2003, 993.

154 Sa *Weisheit* StiftungBrief 2012, 63 ff.

155 BFH 24.3.1993 – I R 27/92 = BStBl II 1993, 637.

156 BFH 16.11.2011 – I R 31/10 = BFH/NV 2012, 786.

157 AEAO Nr. 31 zu § 55 Abs. 3 AO.

Bereits oben (→ Rn. 45) wurde von der Auffassung der damaligen OFD Rheinland (jetzt OFD Nordrhein-Westfalen) berichtet, wonach eine steuerbefreite unselbstständige Stiftung ein Mindestvermögen in Höhe von 25.000 EUR haben müsste. Diese Auffassung ist aber weder zivil- noch steuerrechtlich haltbar.[158]   **80**

Ebenso kritisch zu sehen ist die „bekannte" Verfügung der OFD Frankfurt aM vom 30.8.2011,[159] die für Verwirrung in steuerrechtlicher Hinsicht sorgt.   **81**

Ausgehend von der (richtigen) Anforderung, dass treuhänderische Stiftungen für die Inanspruchnahme einer Befreiung von der Körperschaftsteuer wegen der Förderung gemeinnütziger Zwecke (§ 51 ff. AO; § 5 Abs. 1 Nr. 9 iVm § 1 Abs. 1 Nr. 5 KStG) **wirtschaftlich selbstständig** sein müssen (Argument § 3 Abs. 1 KStG), stellt die OFD Frankfurt aM in der besagten Verfügung ohne nähere Begründung auf weitere Tatbestandsmerkmale für die steuerliche Anerkennung einer unselbstständigen Stiftung ab.

– Nach Ansicht der OFD ist das Treuhandvermögen dem Treuhänder nicht zuzurechnen (und damit wirtschaftlich selbstständig), wenn die unselbstständige Stiftung und der Treuhänder **unterschiedliche Zwecke** verfolgen.

– Werden dagegen von der unselbstständigen Stiftung und dem Treuhänder (vollständig oder teilweise) **identische Zwecke** verfolgt, soll eine Zurechnung nur unterbleiben, wenn die unselbstständige Stiftung über eigene Stiftungsgremien verfügt, die unabhängig vom Treuhänder des Stiftungsvermögens über die Verwendung der Mittel entscheiden können.

Damit soll also im zweiten Fall die Einrichtung eines vom Treuhänder unabhängigen internen Organs für die steuerliche Anerkennung – und damit für die Erlangung des Gemeinnützigkeitsstatus – zwingend notwendig sein.

Mit diesen erhöhten Anforderungen schießt die OFD Frankfurt aM, ohne dies bis heute (2020) wirklich   **82** begründet zu haben, über die bestehende Rechtslage hinaus. Aus der Praxis sind den Verfassern bisher auch noch keine Fälle bekannt, in denen derart hohe Anforderungen seitens der Finanzverwaltung gestellt wurden. Die OFD sollte dringend ihren Standpunkt überdenken. Es bleibt nur die Vermutung, dass im Zuständigkeitsbereich der OFD Frankfurt aM einige Gestalter über echte oder vermeintliche Grenzen hinausgegangen sind und so die besagte Reaktion der OFD „provoziert" haben.[160] Für potenzielle Stifter, die planen, eine treuhänderische Stiftung zu errichten, bleibt aktuell nur der Rat, sich schon **im Vorfeld der Errichtung** umfassend **mit der Finanzverwaltung und dem Stiftungsträger abzustimmen**, damit eine mögliche Steuerbefreiung nicht scheitert.

L. Trusts

Im Zusammenhang mit Stiftungen fallen immer wieder auch die Stichworte „**Trust**" und „**ausländische**   **83** **Stiftungen**", und das nicht nur im Zusammenhang mit Steuerstrafverfahren gegen mehr oder weniger prominente Zeitgenossen. Beide Ansätze bringen allerdings ggf. **erhebliche Gefahren**[161] mit sich. Dazu sei hier zunächst nur kurz angemerkt, dass nicht nur Luxemburg sein Bankgeheimnis gelockert hat[162] und im Jahr 2013 ein DBA zwischen Deutschland und Liechtenstein in Kraft getreten ist.[163] Die FAZ meldete am 30.5.2014 im Internet:[164] „Schweizer Tiefsteuerkantone denken um". Die Enthüllungen um die „**Panama-Papers**" haben aber auch aufgezeigt, dass weiterhin erheblicher Aufwand zur Steuervermeidung betrieben wird. Die **EU-Liste der nicht kooperativen Steuergebiete** dürfte eine unmittelbare Folge dieser Enthüllungen darstellen. Schließlich sind infolge des **Brexit** zudem auch die britischen Überseegebiete und Großbritannien selbst wieder stärker in den Fokus gerückt.[165]

---

158 Ausf. *Schiffer/Pruns* in Schiffer, Stiftung, § 12 Rn. 78 ff.

159 Az.: S 0170 A-41-St 53; positiv äußert sich dazu etwa *Werz* Die Stiftung, 1/2012, 16 f.; kritisch dagegen zB *A. Werner* ZStV 2012, 129 (134).

160 S. zu solchen Zusammenhängen schon *Schiffer* StiftungBrief 2012, 142.

161 S. schon *Schiffer/v. Schubert*, Erbfolgebesteuerung, 2003, 10. Sa das jeweils durchaus zurückhaltende Fazit der Beiträge von *Jorde/Götz* und *Mutter* FS Spiegelberger, 2009, S. 1301, 1319 f. und S. 1330, 1340.

162 S. etwa http://www.sueddeutsche.de/wirtschaft/finanzplatz-luxemburg-lockert-sein-bankgeheimnis-1.1645731 (zuletzt besucht am 11.5.2020): „Luxemburg

lockert sein Bankgeheimnis"; *Schiffer*, Steuerprüfung und Betriebsprüfung, 2014, S. 16. S. ferner auch *Götzenberger* IStR 2011, 1954: „Die neue Steuer-Amtshilfe nach dem DBA Schweiz".

163 Ausf. dazu *Gierhacke* ZErb 2013, 189.

164 Abrufbar unter http://www.faz.net/aktuell/wirtschaft/recht-steuern/steuerpolitik-schweizer-tiefsteuerkantone-denken-um-12964894.html (letzter Zugriff am 11.5.2020).

165 Vgl. Meldung auf tagesschau.de vom 20.2.2020: „EU setzt Cayman Islands auf Schwarze Liste", abrufbar hier: https://www.tagesschau.de/wirtschaft/steueroasen-eu-schwarze-liste-101.html (abgerufen am 11.5.2020).

84 Dem deutschen Recht ist die Rechtsfigur des Trusts[166] fremd. Trust-Rechtsverhältnisse sind äußerst **vielschichtig** und zudem in den einzelnen Ländern entsprechend ihrer jeweiligen Rechtstradition unterschiedlich geregelt und gestaltbar. Trusts findet man vorwiegend im angloamerikanischen Rechtsraum. Besonders beliebt für die Trust-Gründung sind die britischen Kanalinseln Guernsey und Jersey, empfohlen werden aber auch Gibraltar, Zypern, die Bahamas oder die Cayman-Islands. Auch das liechtensteinische Recht kennt Trust-Gestaltungen.

85 Die britischen Kanalinseln **Guernsey** und **Jersey** sollen hier beispielhaft näher betrachtet werden.[167] Sie haben – und das macht sie für viele attraktiv – ihre eigene Steuerhoheit und erheben weder Schenkung- oder Erbschaftsteuer, noch Umsatzsteuer oder Kapitalertragsteuer. Die „Inländer" müssen lediglich eine niedrige Einkommensteuer abführen. Diese Steuer gilt auch für auf den Inseln verwaltete Trusts – seien sie von Ausländern oder Inländern errichtet worden. Ausländer sind dagegen (im Übrigen) grundsätzlich nicht steuerpflichtig. Nachdem den Steuerprivilegien infolge der Diskussion zum Thema „**Steuerdumping**" innerhalb der EU die Abschaffung drohte, dürften einige Akteure den Brexit als Erleichterung empfunden haben.

86 Unterschieden werden Trusts vor allem in solche, die in letztwilligen Verfügungen angeordnet werden (**testamentary trusts**), und in solche, die durch Rechtsgeschäft unter Lebenden errichtet werden (**inter vivos trusts**). Zur Errichtung eines Trusts genügt im Wesentlichen ein **schuldrechtlicher Treuhandvertrag** mit einem **Treuhänder (Trustee)**, in der Regel einem Rechtsanwalt vor Ort oder auch einer dortigen, entsprechend spezialisierten Bank. Hier wird die Abhängigkeit des Trust von bestimmten Personen ähnlich wie bei der unselbstständigen, treuhänderischen Stiftung (→ Rn. 41 ff.) deutlich. Ein Trust und dessen Errichter sind letztlich von der Vertrauensperson abhängig. Der Trustee ist für das Trust-Vermögen und die „Ausschüttungen" an die Begünstigten[168] (beneficiaries) aufgrund des Vertrages mit dem Errichter verantwortlich. Anders als eine Stiftung ist ein Trust also keine juristische Person. Die Errichtung eines Trusts dauert in der Regel nicht länger als etwa vier Wochen. Dabei kann der Errichter für Dritte anonym bleiben. Pauschale Aussagen zu den Kosten lassen sich kaum machen.

87 Ein Trust mit Sitz und Geschäftsleitung im Ausland *kann* in Deutschland beschränkt körperschaftsteuerpflichtig sein. Der **Bundesfinanzhof** hat in einem Grundlagenurteil aus dem Jahre 1992[169] zur Rechtsnatur von Trusts entschieden, dass ein Trust eine körperschaftsteuerpflichtige Vermögensmasse sein *kann*, wobei die Vermögensmasse als „selbstständiges, einem bestimmten Zweck dienendes Sondervermögen, das aus dem Vermögen des Widmenden ausgeschieden ist und dem eigene Einkünfte zufließen" definiert wird. Damit ähnelt ein Trust tatsächlich der Stiftung, ohne allerdings beispielsweise deren Grad an Unabhängigkeit von bestimmten Personen zu erlangen. Ein Trust mit Sitz und Geschäftsleitung im Ausland *kann* in Deutschland im Hinblick auf das besagte BFH-Urteil zudem steuerrechtlich als (ausländische) Familienstiftung iSd deutschen Außensteuerrechts einzustufen sein. Dabei soll nach Ansicht des Bundesfinanzhofes dem in Deutschland unbeschränkt steuerpflichtigen Errichter des Trusts das Trust-Einkommen unabhängig von seiner Bezugsberechtigung im Verhältnis zu dem Trust zuzurechnen sein. Damit verlieren Trust-Gestaltungen ersichtlich viel von ihrem steuerlichen Reiz.

88 Seit 1999 werden Vermögensübertragungen auf „Trusts" entgegen der früheren Rechtslage von der **Erbschaft-/Schenkungsteuer** erfasst (§§ 3 Abs. 2 Nr. 1, 7 Abs. 1 Nr. 8 u. 9 ErbStG). Dabei kommt es nicht darauf an, wo sich Sitz oder Geschäftsleitung befinden. Nicht nur die Errichtung, sondern auch die spätere zusätzliche Ausstattung der Trusts gilt als steuerbarer Erwerb (§ 3 Abs. 2 Nr. 1 ErbStG). Die Auflösung und die erfolgende Auskehrung an sowie der Erwerb von Zwischennutzungsrechten gelten als Erwerb unter Lebenden (§ 7 Abs. 1 Nrn. 8, 9 ErbStG). Mit der Übertragung eines Vermögens auf einen ausländischen Trust lassen sich kaum noch Steuern vermeiden.[170] **Erbersatzsteuer** dürfte allerdings **nicht** anfallen, da die diesbezügliche Ausnahmevorschrift für Familienstiftungen nach den allgemeinen Rechtsgrundsätzen eng auszulegen, dh nicht auf Trusts auszudehnen ist.

M. Stiftungen im Ausland

89 Auch Stiftungen im Ausland[171] sind alternative Ansätze zu der Wahl einer Stiftung nach deutschem Recht. Das gilt unabhängig davon, dass auch die Gemeinnützigkeit deutscher Stiftungen nicht an der Staatsgrenze

---

166 Näher *Jorde/Götz* FS Spiegelberger, 2009, 1301; *Schiffer/Schürmann* in Schiffer, Stiftung, § 13 Rn. 7 ff. jew. mwN und Fallbeispielen; zu Fragen des IPR Richter/Wachter/*Hoffmann* § 11.

167 Zum Trust nach liechtensteinischem Recht *Schurr* ZStV 2017, 12.

168 Zur Besteuerung der Trust-Begünstigten *Weiss* IStR 2020, 124.

169 BFH BStBl II 1993, 388.

170 Troll/Gebel/*Jülicher* ErbStG § 2 Rn. 112 ff.

171 *Richter/Wachter*; Richter/*Jakob*, Stiftungsrecht, § 30 (S. 911 ff.); sa die Nachweise und die Darstellung bei *Schiffer/Schürmann* in Schiffer, Stiftung, § 13 Rn. 1 ff. mwN.

endet, dh es können auch gemeinnützige Zwecke im Ausland verwirklicht werden (§ 51 Abs. 2 AO).[172] Als besonders „beliebt" haben sich in der Praxis die sehr einfach zu errichtenden Stiftungen in Liechtenstein erwiesen.[173] Diese werden insbesondere wegen ihrer (zwischenzeitlich wohl nur noch angeblichen) Verschwiegenheit gewählt. Zunehmend wichtig in der Beratungspraxis ist auch das österreichische Stiftungsrecht[174] geworden,[175] wobei deren Zahl nach einem zwischenzeitlichen Hoch zuletzt wieder stärker gesunken ist.[176]

Die Motive für die Errichtung einer Stiftung im Ausland sind vielfältig. Es geht in der Praxis nicht nur um Steuervorteile und Steuerhinterziehung. Häufig wird sich der potenzielle Stifter von der Erwägung leiten lassen, die Errichtung im Ausland sei weniger bürokratisch, er könne hierdurch die Destinatäre aus seiner Familie besser absichern[177] oder er könne dadurch sein Vermögen vor einer interessierten Öffentlichkeit verbergen. Zudem mag auch die Annahme eine Rolle spielen, durch eine ausländische Stiftung ließen sich in wesentlichem Umfang Steuern sparen.[178]   **90**

§ 15 AStG soll die Steuer- und Kapitalflucht aus Deutschland verhindern; es soll der Verlagerung auf ausländische Stiftungen entgegengewirkt werden.[179] Die Besteuerung soll so erfolgen, als wäre die Stiftung in Deutschland steuerpflichtig gewesen.[180] Bei der Vorschrift ist seit dem 26.6.2013 ein Systemwechsel[181] vorgenommen worden.[182] § 15 AStG ist der Systematik der Hinzurechnungsbesteuerung (§§ 7–14 AStG) noch stärker angenähert worden. **Vermögen** und **Einkommen** auch einer **Familienstiftung** sind (ertragsteuerlich) zuzurechnen.[183] § 15 Abs. 1 AStG lautet: **91**

(1) Vermögen und Einkünfte einer Familienstiftung, die Geschäftsleitung und Sitz außerhalb des Geltungsbereichs dieses Gesetzes hat (ausländische Familienstiftung), werden dem Stifter, wenn er unbeschränkt steuerpflichtig ist, sonst den unbeschränkt steuerpflichtigen Personen, die bezugsberechtigt oder anfallsberechtigt sind, entsprechend ihrem Anteil zugerechnet. Dies gilt nicht für die Erbschaftsteuer.

Die durch die ausländische Stiftung gewollte **steuerliche Abschottungswirkung** gegenüber der deutschen Finanzverwaltung wird durch diese steuerliche Zurechnung also durchbrochen.

In seinem aus Sicht der Verfasser nach wie vor gültigen Urteil v. 22.12.2010 hat der BFH[184] seine Rechtsauffassung bestätigt, wonach § 39 AO gegenüber § 15 AStG Anwendungsvorrang genießt,[185] und im Übrigen zu folgenden Leitsätzen gefunden: **92**

172 Zur Gemeinnützigkeit von Stiftungen im Ausland grundlegend: EuGH DStR 2006, 1736 („Stauffer"); DStR 2009, 207 („Persche"); s. zu den praktischen Problemen *Schiffer*, Stiftung, § 9 Rn. 27 ff. mwN.

173 So schon *Hennerkes/Schiffer*, S. 168 ff.; näher und kritisch zur Beliebtheit liechtensteinischer Stiftungen *Schiffer/Schürmann* in Schiffer, Stiftung, § 13 Rn. 45 ff. und vorher *Schiffer* Stiftung & Sponsoring 2/2008, 40. Liechtenstein hat sich zum 1.4.2009 ein neues Stiftungsrecht gegeben, s. dazu im Überblick *Schurr* Stiftung & Sponsoring, 5/2010, 26; *Richter/Jakob*, Stiftungsrecht, § 30 Rn. 52 ff. und ausf. *ders.*, Die Liechtensteinische Stiftung, 2009. Speziell zur Besteuerung der liechtensteinischen Familienstiftung *Werner* IStR 2020, 130.

174 *Althuber/Kirchmayr/Toifl* in Richter/Wachter, S. 1231; *Deininger/Götzenberger*, Internationale Vermögensnachfolgeplanung mit Auslandsstiftungen und Trusts, 2006, Rn. 237 ff.

175 Bekannteste Beispiele dafür sind, wie man der Presse entnehmen konnte, die zwei österreichischen Privatstiftungen, mit denen Ferdinand Piëch seine Nach- und Erbfolge geregelt hat, bei denen er aber auch schon „nachbessern" musste (s. etwa die Meldung auf wiwo.de vom 19.7.2014 „Ferdinand Piëch muss Stiftungsmodell überarbeiten" – letzter Zugriff am 10.5.2020).

176 Vgl. dazu https://kurier.at/wirtschaft/wie-oesterreich-wieder-zu-mehr-stiftungen-kommen-koennte/400714 173 (abgerufen am 11.5.2020).

177 Zu den Informations- und Auskunftsrechten von Begünstigten (Destinatäre) nach dem liechtensteinischen und österreichischen Stiftungsrecht s. *Lins* in Eiselsberg, Stiftungsrecht. Jahrbuch 2009, Wien/Graz 2009, S. 367 ff.

178 Zur steuerlichen Verwaltungspraxis bei ausländischen Familienstiftungen *Jorde/Sarburg* DStR 2019, 2111.

179 *Blümich/Vogt* AStG § 15 Rn. 1 f.

180 *Winter/Heppe* BB 2013, 2775.

181 S. bspw. zur Kritik an der zuvor geltenden Fassung: *Wassermeyer* IStR 2009, 195 („eines Rechtsstaates unwürdig").

182 *Blümich/Vogt* AStG § 15 Rn. 3.

183 Zur aktuellen Rechtslage Blümich/*Vogt* AStG § 15; *Weiss* IStR 2020, 124; *Jorde/Sarburg* DStR 2019, 2111, dort auch zur Verwaltungspraxis. Ausf. zur Rechtslage vor dem 26.6.2013 (Neufassung durch das AmtshilfeRLUmsG) *Kirchhain*, Die Familienstiftung im Außensteuerrecht – Zurechnungsbesteuerung bei ausländischen Familienstiftungen und Trusts nach § 15 AStG, 2010.

184 BFH 22.12.2010 – I R 84/09, NJW-RR 2011, 771 = IStR 2011, 391 mAnm *Kirchhain*; sa das inhaltsgleiche BFH-Urteil vom selben Tag (I R 85/09); s. zur „Zurechnung des Einkommens" auch FG Hessen ZEV 2013, 573.

185 BFH 2.2.1994 – I R 66/92, BStBl II 1994, 727 (729) = IStR 2011, 393 m. Anm. *Kirchhain*.

– Die Zurechnung des Einkommens nach § 15 Abs. 1 S. 1 AStG aF setzt voraus, dass die ausländische Stiftung eigene Einkünfte erzielt. Dies ist nicht der Fall, wenn die betreffenden Einkünfte unmittelbar dem Stifter zuzurechnen sind.

– Gegen eine Zurechnung des Einkommens einer Liechtensteinischen Stiftung nach § 15 Abs. 1 S. 1 AStG aF bestehen keine unionsrechtlichen Bedenken.

Entscheidend ist mithin auch, ob es sich um eine transparente oder eine intransparente Liechtensteinische Stiftung handelt.[186]

93 Familienstiftungen im Sinne des Außensteuerrechts sind solche, bei denen der Stifter, seine Angehörigen oder seine Abkömmlinge zu mehr als der Hälfte bezugs- oder anfallberechtigt sind. Unter bestimmten Voraussetzungen sind auch unternehmensverbundene Stiftungen als solche Familienstiftungen einzustufen (s. § 15 Abs. 2 AStG). Zugerechnet werden den Betreffenden nach dem Gesetzeswortlaut lediglich Vermögen und Einkommen der Familienstiftung. Auswirkungen hat das Außensteuergesetz damit nach dem Auslaufen der Vermögensteuer bis zu deren etwaiger Wiedereinführung zunächst nur noch auf die Besteuerung des Einkommens (Einkommen- und Körperschaftsteuer). Die Errichtung einer Familienstiftung im Ausland ist also demnach gegenwärtig kein legales Steuersparmodell für die Besteuerung des Einkommens eines („inländischen") Stifters und seiner Familie.

94 Jenseits der Einkommensbesteuerung bietet eine „ausländische" Stiftung für einen „inländischen" Stifter und seine Familie die Möglichkeit, die **Erbersatzsteuer** (→ § 80 Rn. 86, 88 f.) einzusparen.[187] Das können im Einzelfall ganz erhebliche Beträge sein. Es sind aber in jedem Einzelfall die Steuergesetze am Sitz der Stiftung zu beachten. Die hier möglicherweise anfallenden Steuern sind jedoch zB bei der Errichtung in der „Steueroase" Liechtenstein so gering, dass sie zu vernachlässigen sind.

95 Unabdingbare Voraussetzung für die gewünschte Steuerersparnis ist, dass die Familienstiftung weder ihren **Sitz** (§ 11 AO) noch ihre **Geschäftsleitung** (§ 10 AO) in Deutschland hat. Der Sitz wird typischerweise im Ausland sein und bleiben, aber bei der Geschäftsleitung als dem „Mittelpunkt der geschäftlichen Oberleitung", wo der für die Geschäftsführung maßgebliche Wille gebildet wird, wird in der Praxis häufig übersehen, dass aufgrund einer „ungeschickten" Handhabung der Leitung der ausländischen Familienstiftung sich deren Geschäftsleitung sehr leicht unabsichtlich nach Deutschland verlagern kann,[188] wodurch dann die Steuerzuständigkeit nach Deutschland „wandert" (§ 20 AO, § 35 ErbStG). Gerade bei „Werbevorträgen" zu ausländischen Stiftungen wurde und wird dieser Aspekt gerne vollständig übergangen.[189]

§ 80 Entstehung einer rechtsfähigen Stiftung

(1) Zur Entstehung einer rechtsfähigen Stiftung sind das Stiftungsgeschäft und die Anerkennung durch die zuständige Behörde des Landes erforderlich, in dem die Stiftung ihren Sitz haben soll.

(2) ¹Die Stiftung ist als rechtsfähig anzuerkennen, wenn das Stiftungsgeschäft den Anforderungen des § 81 Abs. 1 genügt, die dauernde und nachhaltige Erfüllung des Stiftungszwecks gesichert erscheint und der Stiftungszweck das Gemeinwohl nicht gefährdet. ²Bei einer Stiftung, die für eine bestimmte Zeit errichtet und deren Vermögen für die Zweckverfolgung verbraucht werden soll (Verbrauchsstiftung), erscheint die dauernde Erfüllung des Stiftungszwecks gesichert, wenn die Stiftung für einen im Stiftungsgeschäft festgelegten Zeitraum bestehen soll, der mindestens zehn Jahre umfasst.

(3) ¹Vorschriften der Landesgesetze über kirchliche Stiftungen bleiben unberührt. ²Das gilt entsprechend für Stiftungen, die nach den Landesgesetzen kirchlichen Stiftungen gleichgestellt sind.

Literatur: S. Vor §§ 80 ff.

A. Allgemeines	1		III. Vorstiftung?	19
B. Regelungsgehalt	8		IV. Dauernde und nachhaltige Erfüllung des Stiftungszwecks – Stiftung auf Zeit – Verbrauchsstiftung	27
I. Stiftungsgeschäft und zuständige Anerkennungsbehörde	8		1. Grundlagen	28
II. Anerkennung	10			

---

186 S. *Hosp/Langer* BB 2011, 1948 (1953), *Schiffer/Schürmann* in Schiffer, Stiftung, § 13 Rn. 47 ff. S. jüngst auch BFH DStR 2019, 978, wonach „[d]as einer unselbständigen Stiftung liechtensteinischen Rechts übertragene, jedoch weiter dem Stifter zuzurechnende Vermögen … beim Tode des Stifters zum Erbanfall [gehört], wenn die Herrschaftsbefugnisse des Stifters vererblich sind."

187 Zu den steuerlichen Problempunkten s. *Schiffer/Schürmann* in Schiffer, Stiftung, § 13 Rn. 30 ff.

188 BFH BStBl II 1991, S. 554; vgl. auch BFH BStBl II 1998, 86; BFH BStBl II 1970, 759; BFH BStBl II 1968, 695; Nieders. FG EFG 1970, 316; *Schiffer/Schürmann* in Schiffer, Stiftung, § 13 Rn. 39 ff.

189 *Schiffer* StiftungsBrief, 2011, 41.

2. Grundsatz der Vermögenserhaltung 34
3. Stiftung auf Zeit: Befristete Stiftung und
Verbrauchsstiftung 36
V. Gemeinwohlkonforme Allzweckstiftung –
Selbstzweckstiftung – Stiftung für den Stifter . 48
1. Keine Förderung des Gemeinwohls erforderlich 50
2. Keine Einschränkungen aufgrund des
„Wesens" der Stiftung oder des „Stiftungsbegriffs" 51
a) Verbot der Selbstzweckstiftung? 53
b) Verbot der „Stiftung für den Stifter"? . 68
VI. Destinatäre 72
VII. Stiftungsformen 77
1. Die allgemein (oder: schlicht) privatnützige Stiftung 78
2. Familienstiftungen 80
a) Zulässigkeit 81
b) Begriff 84

3. Unternehmensverbundene Stiftungen 90
a) Grundtypen 90
b) Zulässigkeit 94
c) Unternehmensnachfolge mit Stiftungen 98
4. Steuerbefreite Stiftungen 108
5. Bürgerstiftungen 117
6. Public Private Partnership durch Stiftungen 122
7. Kommunale Stiftungen 125
8. Kirchliche Stiftungen 126
C. Weitere praktische Hinweise 127
I. Pflichtteilsrecht 127
II. Stiftungsreife 130
III. Stiftungsaufsicht 133
1. Umfang der Aufsicht: Rechtsaufsicht 134
2. Präventive und repressive Aufsichtsmaßnahmen 140
3. Einzelne Aufsichtsmittel 144

A. Allgemeines

Ein Stiftung wird **zur Erfüllung ihres Zwecks oder ihrer Zwecke errichtet.** („die dauernde und nachhal- **1** tige Erfüllung des Stiftungszwecks gesichert erscheint"). Die Erfüllung des Stiftungszwecks ist das grundle-gende Anliegen des Stifters und bildet den Kern seines **Stifterwillens**. Dieser ist wiederum der alle weiteren Aspekte der Stiftung und ihrer Verwaltung anleitende Maßstab, was sich etwa bei der Frage nach dem Inhalt des „Vermögenserhaltungsgrundsatzes" auswirkt (→ § 81 Rn. 61 ff.).

Welche Zwecke eine Stiftung wie und mit welcher **Organisation** verfolgen soll, legt der oder legen die Stif- **2** ter in dem **Stiftungsgeschäft** einschließlich der damit der Stiftung gegebenen Stiftungssatzung nach ihrem Willen grundsätzlich abschließend fest. Der Stiftungszweck und die Art und Weise der Zweckerfüllung bestimmen sich mithin (abgesehen von dem Erfordernis der Gemeinwohlkonformität, → Rn. 48 ff.) letztlich **ausschließlich nach dem Stifterwillen**. Der Stifterwille bei Vornahme des Stiftungsgeschäfts ist der ent-scheidende Maßstab (→ Rn. 3 ff.). Nichts anderes gilt bspw. auch für die Organisation der Stiftung (→ § 81 Rn. 28 ff.) – wenn man einmal davon absieht, dass die Stiftung nach dem Gesetz zumindest über einen (Ein-Personen-)Vorstand verfügen muss – und für alle anderen Aspekte der Stiftung. Nach der **Anerkennung** durch die Aufsichtsbehörde sind der Stiftungszweck und die Stiftungsorganisation grundsätzlich auch der Disposition des Stifters und der von ihm bestimmten Stiftungsorgane entzogen. Es gelten dann die gesetzli-chen Regeln und die Stiftungssatzung. Die Stiftungssatzung bindet die Stiftungsorgane, deren Mitglieder und auch den Stifter. Bei der Beratung eines potenziellen Stifters liegt in der Praxis eine der Hauptaufgaben darin, das Bewusstsein für diesen Zusammenhang zu schaffen (Stichwort **Stiftungsreife**, → Rn. 130 ff.).

Anders als bei Körperschaften wie etwa einem Verein oder einer GmbH existiert bei der Stiftung **kein** **3** irgendwie gearteter **Personenverband**. Eine Stiftung hat keine Gesellschafter oder Mitglieder. Das Schick-sal einer Stiftung wird deshalb nicht wie dasjenige eines Vereins von dem Willen einer solchen Personen-mehrheit bestimmt, es hängt vielmehr von dem in dem Stiftungsgeschäft und in der Stiftungssatzung wie-dergegebenen vorrangigen **Stifterwillen** im Zeitpunkt der Errichtung der Stiftung ab,[1] dessen Einhaltung und Beachtung die Stiftungsaufsicht zu überwachen hat, soweit das nicht schon durch geeignete Satzungs-vorschriften und eine geeignete Organisation der Stiftung ausdrücklich sichergestellt ist.[2] So heißt es bspw. in § 4 Abs. 1 des nordrhein-westfälischen Stiftungsgesetzes wörtlich:

„Die Stiftungsorgane haben die Stiftung so zu verwalten, wie es die dauernde und nachhaltige Verwirk-lichung des Stiftungszwecks im Sinne der Stiftungssatzung oder – hilfsweise – des mutmaßlichen Willens der Stifterin oder des Stifters erfordert."

Der Stifterwille ist also der **Maßstab für das Handeln der Stiftungsorgane.** Er ist **das oberste Prinzip** **4** **des Stiftungsrechts**.[3] Er bindet deshalb die Stiftungsorgane und seine Einhaltung wird von der Stiftungs-aufsicht überwacht,[4] die ihn mit ihren Aufsichtsmitteln (→ Rn. 140 ff., 144 ff.) ggf. auch durchsetzt. Die

---

1   *Andrick/Suerbaum*, Stiftung und Aufsicht, S. 54; v.
Campenhausen/Richter/*Hof* § 4 Rn. 25; *Schiffer/*
Schürmann in Schiffer, Stiftung, § 3 Rn. 51 ff., und
Schiffer/Pruns in Schiffer, § 4 Rn. 69 ff.
2   *Andrick/Suerbaum*, Stiftung und Aufsicht, S. 55
unter ausdr. Hinweis auf OVG-NRW NVwZ-RR
1996, 425 (426). Ausf. zur Ermittlung des Stifterwil-

lens im Zusammenhang mit der Stiftungsaufsicht
O. Werner/Saenger/Fischer/*Winkler* § 27 Rn. 96 ff.
3   So ausdr. *Wachter*, S. 5. Deutlich auch BVerfG NJW
1978, 581; BGH NJW 1987, 2364 (2366).
4   Beispiel: § 6 Abs. 2 StiftG NRW. Ausf. O. Werner/
Saenger/Fischer/*Winkler* § 27 Rn. 1 ff.

Stiftung ist die Vollstreckerin des Stifterwillens. Dieser manifestiert sich ausdrücklich und vorrangig in der Stiftungssatzung und dem Stiftungsgeschäft oder zeigt sich als nur hypothetischer (mutmaßlicher) Wille.[5] Mit der Anerkennung der Stiftung „wird der Stifterwille verselbstständigt", dh auch dem künftigen Einfluss des Stifters entzogen, „und objektiviert"[6]. Auf einen etwaigen späteren (subjektiven) geänderten Willen des Stifters kommt es damit nicht mehr an.[7] Die grundlegende Bedeutung des Stifterwillens wird etwa auch in § 87 betont.

Auch das **Bundesverfassungsgericht** hat den Stifterwillen als grundlegenden Maßstab für eine Stiftung hervorgehoben und dazu 1977 wörtlich ausgeführt:[8]

„[...] Jede Stiftung ist in das historisch-gesellschaftliche Milieu eingebunden, innerhalb dessen sie entstanden ist. [...] Das eigentümliche einer Stiftung ist, dass der Stifterwille für die Stiftung dauernd konstitutiv bleibt. Charakter und Zweck der Stiftung liegen mit diesem Anfang in die Zukunft hinein und für die Dauer der Existenz der Stiftung fest. Deshalb sind auch die Erklärungen der Stifter aus dem zu ihrer Zeit herrschenden örtlichen Zeitgeist heraus auszulegen. [...]"

5   Der ursprüngliche Wille ist maßgeblich und damit ggf. auch der ursprüngliche mutmaßliche Wille. Beide sind mithin von einem etwaig später geänderten (ausdrücklichen) Willen streng zu unterscheiden.[9] Der **mutmaßliche (hypothetische) Stifterwille** ist, falls ein ausdrücklicher Stifterwille zu einem Punkt nicht feststellbar ist, erforderlichenfalls aus den Umständen in Zusammenhang mit dem formbedürftigen (= Schriftform) Stiftungsgeschäft einschließlich Stiftungssatzung zu ermitteln und **auszulegen** (→ § 81 Rn. 67 ff., 83 → Rn. 28).[10]

–   In einem ersten Schritt ist bei der Ermittlung des mutmaßlichen Stifterwillens festzustellen, wie die Erklärung (des Stifters) unter Berücksichtigung aller maßgebenden Umstände auszulegen ist.[11] Dabei dürfen Umstände außerhalb der Urkunde (Stiftungsgeschäft und Stiftungsverfassung) nur berücksichtigt werden, soweit sie bewiesen sind.[12]

–   In einem zweiten Schritt ist zu prüfen, ob die ausgelegte Erklärung der Form genügt.[13] Dabei folgt die Rechtsprechung der sog. **Andeutungstheorie**, dh der aus Umständen außerhalb der Urkunde ermittelte (Stifter-)Wille muss in der Urkunde einen – wenn auch (nur) unvollkommenen – Ausdruck, eine Andeutung gefunden haben.[14]

6   **Gegenüber der staatlichen Gewalt** ist der Stifter bei und nach Stiftungserrichtung vor allem durch Art. 2 Abs. 1 und Art. 14 Abs. 1 GG geschützt.[15] Art. 14 Abs. 1 GG ist für den vermögensrechtlichen Teil des Stiftungsgeschäfts bedeutsam und Art. 2 Abs. 1 GG schützt den Willen des Stifters als Organisationsakt zur Errichtung einer juristischen Person. Die auf die Stiftungserrichtung gerichtete Willenserklärung des Stifters, das Stiftungsgeschäft, und sein darin und ggf. in anderen Urkunden geäußerter Wille ist von der staatlichen Gewalt zu respektieren. So hat zB die Stiftungsaufsicht in Zweifelsfällen den Willen des Stifters ebenso zu ermitteln und zu beachten, wie der Richter, der im Zusammenhang mit einer Stiftung einen Rechtsstreit zu entscheiden hat. Als Beispiel aus der Praxis lässt sich die Frage nach der Einordnung einer Stiftung als Familienstiftung iSd § 1 Abs. 1 Nr. 4 ErbStG nennen: Der Richter muss den Willen des Stifters auslegen, um zu erkennen, welchen Zwecken die Stiftung dient. Nur so kann er dann beurteilen, ob die Stiftung „wesentlich im Interesse einer Familie oder bestimmter Familien errichtet ist" (§ 1 Abs. 1 Nr. 4 ErbStG). Unterlässt er die Auslegung und berücksichtigt den Willen des Stifters deshalb (teilweise) nicht, ist Art. 2 Abs. 1 GG verletzt. Diese Zusammenhänge werden mitunter **schlagwortartig** als „**Grundrecht auf Stiftung**" zusammengefasst.[16] Ein „Grundrecht auf Stiftung" in dem Sinne, dass der Gesetzgeber durch das GG verpflichtet wäre, dem Einzelnen zivilrechtlich gerade das Rechtsinstitut Stiftung zur Verwirklichung seiner Privatautonomie zur Verfügung zu stellen, **existiert allerdings nicht**.[17] Inwieweit über den Gemeinwohlvorbehalt des § 80 Abs. 2 hinaus sich aus den Grundrechten Dritter auch Einschränkungen der zulässigen Stiftungszwecke ergeben, ist weiter unten beim Thema Familienstiftung (→ Rn. 82 f.) näher zu beleuchten.

5   S. nur § 4 Abs. 1 StiftG NRW; § 5 StiftG Hess.
6   BGH NJW 1987, 2364 (2365).
7   BGH NJW 1987, 2364 ff.; v. Campenhausen/Richter/ *Hof* § 7 Rn. 21; *Hüttemann* FG für Flume, 1998, S. 69, 74.
8   BVerfGE 46, 73, 83 = NJW 1978, 581, s. in dem Beschluss unter B.I. 1. d).
9   *Schiffer/Pruns/Schürmann* in Schiffer, Stiftung § 3 Rn. 569; s. etwa auch § 5 Abs. 1 StiftG Hessen.
10 Zu den Auslegungsfragen und -grundsätzen bei formbedürftigen Willenserklärungen s. etwa Palandt/ *Ellenberger* BGB § 133 Rn. 19. Ausf. zur Ermittlung

des Stifterwillens O. Werner/Saenger/Fischer/*Winkler* § 27 Rn. 96 ff.
11 BGHZ 80, 250; 86, 47.
12 Palandt/*Ellenberger* BGB § 133 Rn. 29.
13 S. etwa BGH NJW 2000, 1569.
14 BGH NJW 2000, 1569 mwN.
15 Eingehend zum Stifter als Grundrechtsträger Richter/ *Stumpf* § 2 Rn. 24 ff. mwN; s. dort auch zu der Frage, welche Grundrechte ggf. noch einschlägig sein können; s. ferner *Rawert* FS Reuter, 2010, S. 1323 ff.
16 Davon zu unterscheiden ist das „Recht auf Stiftung", § 80 Abs. 2; näher dazu unter → Rn. 11.
17 Vgl. *Rawert* FS Reuter, 2010, S. 1323, 1336.

Auch die **Stiftung** selbst kann nach ihrer Anerkennung als juristische Person **Trägerin von Grundrechten** **7** sein, „soweit sie ihrem Wesen nach auf diese anwendbar sind" (Art. 19 Abs. 3 GG).[18] Ob auch die noch in der „Gründungsphase" befindliche Stiftung bereits Grundrechtsträgerin sein kann,[19] ist zweifelhaft, da die Stiftung in diesem Zeitpunkt gerade noch keine juristische Person ist und auch sonst in dieser Phase noch nicht Trägerin von Rechten und Pflichten Rechten sein kann. Eine **Vorstiftung existiert nicht** (→ Rn. 19 ff.).[20] Geschützt ist in dieser Phase der Stifter. Neben den „offensichtlich" anwendbaren Grundrechten der Art. 2 Abs. 1 und Art. 14 GG kommt es insbesondere auf die Art des Eingriffs und den Zweck der Stiftung an. Eine Stiftung, die kirchliche Zwecke verfolgt (vgl. § 54 AO) kann sich ggf. auf Art. 4 Abs. 1 und 2 GG berufen, eine Stiftung, die Wissenschaft und Forschung fördert (vgl. § 52 Abs. 2 Nr. 1 AO) kann sich ggf. auf Art. 5 Abs. 3 GG berufen, eine Familienstiftung kann sich ggf. auf Art. 6 Abs. 1 GG berufen, usw.[21]

B. Regelungsgehalt

I. Stiftungsgeschäft und zuständige Anerkennungsbehörde

Zur Entstehung einer rechtsfähigen Stiftung des Privatrechts ist neben dem Stiftungsgeschäft (→ § 81 **8** Rn. 4 ff.) die **Anerkennung** (früher: Genehmigung) **durch die zuständige Behörde** in dem Bundesland erforderlich, in dessen Gebiet die Stiftung ihren Sitz haben soll.

Die zuständige Anerkennungsbehörde ergibt sich aus den jeweiligen Landesstiftungsgesetzen. In der Regel **9** ist es das Regierungspräsidium. Die Praxis zeigt, dass die dort tätigen Personen regelmäßig echte Kenner ihrer Materie sind, mit denen etwaige Fachfragen bestens auf Augenhöhe besprochen werden können. Bedauerlich ist es dann nur, wenn aus behördeninternen Gründen Ansprechpartner immer wieder versetzt werden und dann nicht selten absolute Stiftungsanfänger, die bisher Fachleute in anderen Gebieten waren, von der Behördenleitung an ihre Stelle gesetzt werden, zuvor aber nicht oder nicht ausreichend an das doch ersichtlich nicht ganz simple Stiftungsthema herangeführt werden. Das schafft in der Praxis Unsicherheiten, die durch entsprechende fachliche Vorbereitung und Fortbildung leicht vermieden werden könnten. Dafür scheinen aber teilweise die Ressourcen zu fehlen.

II. Anerkennung

Die Anerkennung ist ein **landesrechtlicher, privatrechtsgestaltender, begünstigender**[22] **Verwaltungsakt**, **10** der konstitutiv für die Rechtsfähigkeit der Stiftung ist.

Die Stiftung ist nach Abs. 2 auf der Grundlage des Stiftungsgeschäfts (§ 81) behördlich anzuerkennen[23] **11** („**Recht auf Stiftung**"), wenn das Stiftungsgeschäft den Anforderungen des § 81 Abs. 1 genügt, die dauernde und nachhaltige Erfüllung des Stiftungszwecks gesichert erscheint (→ Rn. 27 ff.) und der Stiftungszweck das Gemeinwohl nicht gefährdet (→ Rn. 48 ff.). Liegen diese Voraussetzungen vor, so besteht ein einklagbarer **Rechtsanspruch auf Anerkennung**.[24]

Das **Anerkennungsverfahren** wird eröffnet durch einen **Antrag** des Stifters, seines Vertreters oder seiner **12** Erben bei der zuständigen Anerkennungsbehörde (§ 81 Abs. 2 S. 2). Mehrere Stifter müssen den Antrag gemeinsam stellen. Bei der Stiftung von Todes wegen ist ein Antrag verzichtbar. Der Antrag wird in diesem Fall nach dem BGB ersetzt durch die Verpflichtung des Nachlassgerichts, die Anerkennung einzuholen (§ 83).

Im Anerkennungsverfahren **prüft die Behörde**, ob die gesetzlichen Anforderungen an eine selbstständige **13** Stiftung bürgerlichen Rechts nach dem BGB (§§ 80, 81) und dem betreffenden Landesstiftungsgesetz gegeben sind. Die Anerkennungsbehörde hat einen Spielraum nur noch bei der Beurteilung der Frage nach der „Gemeinwohlgefährdung" (Gemeinwohlkonformität) und bei der Prognoseentscheidung zur angemessenen Vermögensausstattung der Stiftung.[25] Stiftungen mit einer zu geringen Vermögensausstattung werden grundsätzlich nicht anerkannt (zur Prognoseentscheidung → Rn. 29, → § 81 Rn. 55, 58).

---

18 BVerfGE 57, 220, 240; 70, 138, 160; ausf. zu Stiftungen als Träger von Grundrechten Richter/*Stumpf* § 2 Rn. 52 ff.

19 So Richter/*Stumpf* § 2 Rn. 58.

20 BFH 11.2.2015 – X R 36/11 = DB 2015, 1324 mwN; s. dazu *Schiffer/Pruns* BB 2015, 1756.

21 Zu einzelnen Grundrechten Richter/*Stumpf* § 2 Rn. 60 ff.

22 Überzeugend Staudinger/*Hüttemann*/*Rawert* (2017) BGB § 80 Rn. 5 mwN gegen BVerwGE 29, 314.

23 Früher: „zu genehmigen". Der Gesetzgeber hat sich für den Begriff der Anerkennung entschieden, um dem Gedanken des Obrigkeitsstaates zu begegnen, der in dem Begriff Genehmigung steckt, vgl. dazu etwa *Schwarz* DStR 2002, 1719.

24 Sa Stumpf/Suerbaum/Schulte/Pauli/*Stumpf*, Teil B, BGB § 80 Rn. 30, 33.

25 Wie hier *Schwarz* DStR 2002, 1719 (1720).

14 Bis zu dem „**Gesetz zur Modernisierung des Stiftungsrechts**" vom 15.7.2002, das am 1.9.2002 in Kraft trat, hieß es im Gesetz noch „Genehmigung". Zwar gingen die herrschende Meinung und die Praxis bereits damals von einem Genehmigungsanspruch aus.[26] Trotzdem brachte der frühere Wortlaut noch ein Über- und Unterordnungsverhältnis zwischen Behörde und Bürger zum Ausdruck. Aus dem jetzigen Gesetzeswortlaut lässt sich neben dem oben bereits genannten Recht auf Stiftung vor allem noch eine weitere Schlussfolgerung ziehen: Der Wortlaut „**Anerkennung**" zeugt von einem Verhältnis zwischen Staat und stiftendem Bürgern auf Augenhöhe. Nicht wenige haben den neuen Wortlaut zunächst ein wenig belächelt und die Änderung als eher „kosmetischer" Natur betrachtet.[27] Tatsächlich haben wir heute den Eindruck, dass die Stiftungsbehörden auch durch den geänderten Wortlaut eine neue Sichtweise auf die Stifterinnen und Stifter gewonnen haben und vermehrt im Sinne einer **gut ansprechbaren Dienstleistungsbehörde** agieren.[28]

15 Eine von der zuständigen Behörde anerkannte Stiftung ist auch bei Mängeln des Stiftungsgeschäfts so lange rechtsfähig, bis die Anerkennung mit Wirkung ex nunc[29] zurückgenommen ist.[30]

16 Der bei der Stiftungserrichtung vor allem in Stiftungsgeschäft (§ 81) und Stiftungsverfassung/-satzung (§ 85) manifestierte Wille des Stifters (**Stifterwille**) ist das Maß aller Dinge und bindet die Organe der Stiftung; seine Einhaltung wird auch von der Stiftungsaufsicht überwacht (→ Rn. 1 ff.; → § 81 Rn. 63 ff.).

17 Ergeben sich in der **Praxis** einmal **Probleme mit der Anerkennung einer Stiftung**, empfiehlt es sich trotz des Rechtsanspruchs auf Anerkennung, gemeinsam mit der Anerkennungsbehörde eine Lösung zu suchen[31] oder die Stiftung in dem Bezirk einer „offeneren" Anerkennungsbehörde zu errichten. Rechtsstreitigkeiten sind auch in diesem Bereich eher langwierig, aufwändig und wenig ergiebig.[32] Bestehen aus Sicht der Stiftungsbehörde Unklarheiten oder Mängel etwa hinsichtlich des Stiftungsgeschäftes oder der Stiftungssatzung, so kann sie diese im Laufe des Anerkennungsverfahrens aufklären und beseitigen lassen. Sinnvollerweise werden der Stifter und sein Berater ihre jeweiligen Entwürfe mit der Anerkennungsbehörde und ggf. der Finanzverwaltung **im Vorhinein abklären**, bevor sie formal die Anerkennung beantragen, denn die Usancen der Behörden sind im Detail immer noch unterschiedlich.

18 Manche Stiftungsbehörde möchte etwa bestimmte Gesetzestexte auch in der Stiftungssatzung wiederholt wissen, was den Vorteil der Übersichtlichkeit für die „Nutzer" der Satzung mit sich bringt, aber aus rechtlichen Gründen an sich nicht erforderlich ist. Ein Streit darüber mit der Stiftungsbehörde lohnt sich auch hier in aller Regel nicht. Mitunter möchte eine Stiftungsbehörde auch ganz konkrete Formulierungen („Muster") in der Satzung wiederfinden, die erprobt sind und deshalb aus ihrer Sicht nicht mehr konkret überprüft werden müssen. Solche Forderungen sind mit Blick auf die Stifterfreiheit durchaus kritisch zu sehen. Ähnliches gilt auch für die Forderung der Finanzverwaltung, die Formulierungen der **Mustersatzung nach Anlage 1 zu § 60 AO** für die Errichtung einer steuerbefreiten Stiftung möglichst wörtlich zu übernehmen (vgl. AEAO Nr. 2 Abs. 2 zu § 60 AO).[33] Ob sich Streiten und Diskutieren aber tatsächlich lohnt, ist auch hier eine Frage der Abwägung der Umstände des Einzelfalls.

III. Vorstiftung?

19 Zwischen der Antragstellung und der Anerkennung einer selbstständigen Stiftung kann einige Zeit vergehen. Nehmen der Stifter oder künftige Stiftungsorgane bereits während dieser „Schwebezeit" Rechtshandlungen für die noch nicht anerkannte Stiftung vor, mieten sie etwa Büroräume an oder tätigen Anschaffungen für den künftigen Stiftungsbetrieb, so sehen manche darin Handlungen einer **Vorstiftung** (vgl. etwa Anhang zu → § 1923 Rn. 104 f.).[34] Diese soll für entsprechende Rechtshandlungen gegenüber den Gläubigern einzustehen haben und die künftige Stiftung entsprechend den für den Vor-Verein entwickelten Grundsätzen wirksam verpflichten können. Einige wenige vertreten auch die Auffassung, der Stifter habe in diesem Stadium eine **unselbstständige Stiftung** (zu dieser → Vor §§ 80 ff. → Rn. 41 ff.) errichtet.[35]

Neben der zivilrechtlichen Frage nach der Haftung der Stiftung im Errichtungsstadium stellt sich auch die Frage nach ihrer **steuerrechtlichen Behandlung**, etwa nach der Körperschaftsteuerpflicht und der steuerli-

---

26   S. nur Staudinger/*Rawert* (1995) BGB § 80 Rn. 28 f. mwN.

27   Vgl. etwa die Einschätzung und die weiteren Nachw. bei Staudinger/*Hüttemann/Rawert* (2017) BGB § 80 Rn. 3.

28   S. schon *Schiffer* StiftungsBrief 2011, 61.

29   *BVerwG* NJW 1969, 339.

30   Palandt/*Ellenberger* BGB § 80 Rn. 2.

31   Sa *Schiffer* StiftungsBrief 2013, 163.

32   S. zu diesen „abschreckenden" Punkten nur *Schiffer*, Der Unternehmensanwalt, 1997, S. 144 ff.

33   Gegen eine wörtliche Übernahme ausdrücklich FG Hessen 28.6.2017 – 4 K 917/16. S. zum Ganzen zuvor auch schon *Schiffer*, Stiftung, § 9 Rn. 258 ff.

34   Palandt/*Ellenberger* BGB § 80 Rn. 2; *Wachter* ZEV 2003, 445 (446); LG Heidelberg NJW-RR 1991, 969; Erman/*Werner* BGB Vor § 80 Rn. 22; ausf. MHdB GesR V/*Schwake* § 84 Rn. 9 ff. mwN.

35   So *Hennerkes/Binz/Sorg* DB 1986, 2269 (2270); *Autenrieth* FS für Binz, 2014, S. 15,19 ff.

chen Privilegierung wegen Gemeinnützigkeit. Letzteres ist insbesondere für den Sonderspendenabzug nach § 10 b Abs. 1 a EStG von Bedeutung. (→ § 82 Rn. 17, 84 → Rn. 11).[36]

Ob es eine solche Vorstiftung ähnlich dem Vor-Verein oder der Vor-GmbH tatsächlich gibt, **war lange Zeit umstritten**.[37] Der Ansatz einer Vorstiftung erscheint zwar auf den ersten Blick als eine konsequente Erstreckung der Grundsätze zu Vor-Verein und Vor-GmbH auf die Stiftung, ist aber im Ergebnis **abzulehnen**:[38] Inzwischen hat auch der **BFH** zutreffend entschieden, dass die **Vorstiftung nicht existiert**.[39]

Für eine Vorstiftung könnte zwar die Formulierung des § 80 Abs. 2 Satz 1 sprechen, wonach eine Stiftung als rechtsfähig anzuerkennen ist, „wenn das Stiftungsgeschäft den Anforderungen des § 81 Abs. 1 genügt, die dauernde und nachhaltige Erfüllung des Stiftungszwecks gesichert erscheint und der Stiftungszweck das Gemeinwohl nicht gefährdet." Das Wort „anzuerkennen" scheint darauf hinzudeuten, dass schon vor der Anerkennung eine, allerdings nicht voll rechtsfähige, Stiftung existiert, die – wie nicht rechtsfähiger Verein und GmbH auch – nur noch eines offiziellen Akts zur Erlangung der vollen Rechtsfähigkeit bedarf. Insbesondere wenn man zusätzlich die Formulierungen in § 81 betrachtet („durch das Stiftungsgeschäft muss die Stiftung eine Satzung erhalten"), spricht einiges für diese Überlegung. **20**

Ganz ähnlich wie bei der Einmann-GmbH, kann im Übrigen schon eine Person alle Voraussetzungen für die Errichtung einer Stiftung schaffen. Die Stiftungsbehörde muss deren Vorliegen dann nur noch im Anerkennungsverfahren prüfen. Ergibt sich ein positiver Befund, ist sie gesetzlich verpflichtet, die Stiftung anzuerkennen. Auch das lässt sich argumentativ für den Gedanken der Vorstiftung ins Feld führen.

Gegen die Annahme einer Vorstiftung spricht allerdings, dass der Stifter nach § 81 Abs. 2 S. 1 das Stiftungsgeschäft jederzeit widerrufen kann. Das ist für sich betrachtet allerdings noch kein wesentlicher Unterschied zu Verein und GmbH. Auch die Mitglieder des Vereins können gemeinsam darauf verzichten, die Eintragung weiter voranzutreiben. Bei der Einmann-GmbH ist es sogar so, dass sich der Gesellschafter niemandem gegenüber zur Gründung der GmbH verpflichtet hat. Es steht ganz in seinem Belieben, ob er die Eintragung der GmbH weiter betreibt oder nicht. Die Widerrufbarkeit des Stiftungsgeschäfts spricht also allein nicht zwingend gegen die Annahme einer Vorstiftung. **21**

Anders als bei der GmbH muss der Stifter allerdings nicht bereits vor Anerkennung (Eintragung bei der GmbH) das Stiftungsvermögen ganz oder teilweise auf die Stiftung übertragen. Hierzu ist er erst ab Anerkennung verpflichtet (§ 82). Im Gegensatz zu der Rechtslage bei der GmbH entsteht also durch das Stiftungsgeschäft noch kein Sondervermögen.[40]

Aber auch dieses Argument ist für sich betrachtet nicht zwingend, denn der Wortlaut des § 82 verbietet dem Stifter auch nicht, das im Stiftungsgeschäft versprochene Vermögen schon vorher zu übertragen. Die entscheidende Frage ist damit, ob der Stifter das Vermögen bereits vorher übertragen könnte. Für die lebzeitige Vermögensübertragung gibt das BGB keine eindeutige Antwort. Verstirbt der Stifter aber vor Anerkennung der Stiftung regelt § 84, dass die Stiftung „für die Zuwendung des Stifters als schon vor dessen Tod entstanden" gilt. Gäbe es eine Vorstiftung, bestünde kein Bedürfnis für eine solche gesetzliche Fiktion.[41] Besonders deutlich wird die Rechtslage, vergleicht man sie mit der ganz ähnlichen Regelung des § 1923 Abs. 2 BGB. Danach gilt als vor dem Erbfall geboren, wer zur Zeit des Erbfalls bereits gezeugt war. Notwendig ist diese gesetzliche Fiktion, weil nach § 1923 Abs. 1 nur der Erbe sein kann, der zur Zeit des Erbfalls lebt. Übertragen auf die Stiftung heißt das: Vor Anerkennung durch die Stiftungsaufsichtsbehörde „lebt" die Stiftung noch nicht.[42] Die Aussage des § 84 gilt dabei nicht nur für die Errichtung der Stiftung von Todes wegen, denn § 84 erfasst beispielsweise auch den Fall, dass der Stifter ein Stiftungsgeschäft unter Lebenden vornimmt, den Antrag auf Anerkennung bei der Stiftungsaufsichtsbehörde stellt und dann vor der Entscheidung über die Anerkennung verstirbt. Aus § 84 BGB lässt sich also durch Auslegung ableiten, dass weder aufgrund des Stiftungsgeschäfts unter Lebenden noch aufgrund des Stiftungsgeschäfts von Todes wegen eine (bereits teilrechtsfähige) Vorstiftung entsteht. **22**

---

36 Dazu BFH BStBl II 2005, 149; *Schiffer/Pruns* StiftungsBrief 2010, 207 mwN; s. ferner BFH 11.2.2015 – X R 36/11 = DB 2015, 1324 mwN; s. dazu die Besprechung von *Schiffer/Pruns* BB 2015, 1756.

37 Ablehnend *Hütteman* FS Spiegelberger, S. 1292; *Schiffer/Pruns* StiftungsBrief 2010, 203; Staudinger/ *Hüttemann/Rawert* (2017) BGB § 80 Rn. 47 ff. jeweils mwN auch zu Gegenstimmen sowie zu steuerlichen Fragestellungen; sa FG Schleswig-Holstein DStRE 2009, 1386.

38 Vgl. schon *Schiffer/Pruns* StiftungsBrief 2010, 203, 204 ff. sowie die Vorauflage.

39 BFH 11.2.2015 – X R 36/11 = DB 2015, 1324 mwN; s. dazu die Besprechung von *Schiffer/Pruns* BB 2015, 1756.

40 Dem folgend BFH 11.2.2015 – X R 36/11 = DB 2015, 1324 Rn. 64.

41 S. v. Campenhausen/Richter/*Hof* § 6 Rn. 272: „Eine Fiktion ersetzt typischerweise etwas, das nicht vorhanden ist, hier die Stiftung." Dieses Argument wird von den Befürwortern der Vorstiftung häufig nicht gesehen, vgl. etwa MHdB GesR V/*Schwake* § 84 Rn. 9 ff.; Richter/*Stumpf* § 4 Rn. 154 ff.

42 Dem folgt der BFH 11.2.2015 – X R 36/11 = DB 2015, 1324 Rn. 67.

23   Eine rechtsfähige **Stiftung** entsteht mithin nicht in einem allmählichen Prozess, sondern vielmehr „**mit einem Schlag**" durch die Anerkennung nach § 80. Eine zumindest teilweise Vermögensverselbstständigung, wie sie bei Vor-Gesellschaften regelmäßig vorliegt, findet im Vorfeld einer Stiftungserrichtung ebenfalls nicht statt.[43] Auch sonstige Rechte, zu deren Übertragung ein Abtretungsvertrag genügt, gehen erst mit der Genehmigung auf die Stiftung über (§ 82 S. 2). Bis zu diesem Zeitpunkt kann der Stifter das Stiftungsgeschäft jederzeit frei widerrufen (§ 81 Abs. 2 S. 1).

24   Ebenso wenig wie die Annahme einer Vorstiftung überzeugt auch die zuletzt von *Autenrieth*[44] propagierte Annahme, zwischen Antragstellung und Anerkennung entstehe eine unselbstständige Stiftung.[45] Das von ihm vorgetragene Argument der steuerlichen Gleichbehandlung der rechtsfähigen und der unselbstständigen Stiftung[46] überzeugt schon deshalb nicht, weil hier ganz bewusst **unterschiedliche Sachverhalte** (→ Vor §§ 80 ff. → Rn. 41 ff.) steuerlich gleich behandelt werden.[47]

25   Der Stifter der rechtsfähigen Stiftung will grundsätzlich gerade keine unselbstständige (nicht rechtsfähige) Stiftung errichten,[48] denn sonst hätte er es getan. Er will auch gar nicht als Treuhänder einer unselbstständigen Stiftung fungieren oder einen Dritten als Treuhänder einsetzen. Der Stifter kann nicht gleichzeitig Treuhänder und Treugeber sein. Wer aber soll sonst statt seiner der Treuhänder sein? Diese Zusammenhänge übergeht *Autenrieth*,[49] wenn er beispielsweise meint, das „Konto" bei einer Bank, auf das der Stifter vor der Anerkennung der Stiftung das Stiftungsvermögen vorab einzahlt und über das der Stifter nicht mehr verfügungsberechtigt sei, reiche für eine Treuhandschaft aus. Wer soll als Treuhänder verfügungsberechtigt und Inhaber des Kontos sein? Die unselbstständige Stiftung kann nicht Treuhänderin ihrer selbst sein. Sie ist ohnehin, wie das BVerwG bestätigt hat,[50] nicht rechtsfähig (→ Vor §§ 80 ff. → Rn. 41). Auch die kontoführende Bank kommt nicht als Treuhänder in Betracht. An anderer Stelle meint *Autenrieth*,[51] der (künftige) Stiftungsvorstand könne schon für die unselbstständige Stiftung handeln. Der Stiftungsvorstand wird aber im Stiftungsgeschäft gerade erst für die rechtsfähige Stiftung bestimmt und eingesetzt. Schon diese Punkte und Fragen zeigen, wie wenig überzeugend die Annahme ist, zwischen Antrag und Anerkennung entstehe eine unselbstständige Stiftung. Eine unselbstständige Stiftung entsteht nur dann, wenn der Stifter eine solche gewollt errichtet, und eben nicht dann, wenn er den Antrag auf Anerkennung einer rechtsfähigen Stiftung stellt.

26   Als pragmatische Lösung[52] kann der Stifter gegebenenfalls etwaige Vorgeschäfte selbst mit Rechtswirkung für sich persönlich vornehmen, sie später im Stiftungsgeschäft berücksichtigen und der rechtsfähigen Stiftung damit zuschreiben. Das ist bis zur Anerkennung der Stiftung möglich (Argument aus § 81 Abs. 2 S. 1 BGB). Bei der Stiftung von Todes wegen können Vor-Geschäfte von einem Testamentsvollstrecker oder einem Pfleger wahrgenommen werden. Der Stifter kann auch, etwa um steuerrechtliche Vorteile noch kurz vor Jahresschluss zu nutzen, zunächst (bewusst) eine nichtrechtsfähige unselbstständige Stiftung errichten, die dann später in eine rechtsfähige Stiftung „umgewandelt" wird (zur steuerlichen Behandlung der rechtsfähigen Stiftung vor Anerkennung → § 84 Rn. 11).

IV. Dauernde und nachhaltige Erfüllung des Stiftungszwecks – Stiftung auf Zeit – Verbrauchsstiftung

27   Nach § 80 Abs. 2 Satz 1 muss die dauernde[53] und nachhaltige Erfüllung des Stiftungszwecks zum Schutz des Rechtsverkehrs für die Anerkennungsbehörde gesichert erscheinen.[54]

28   **1. Grundlagen.** Damit die dauernde und nachhaltige Erfüllung des Stiftungszwecks gewährleistet ist, muss die Stiftung mit einem zur Zweckerfüllung **ausreichenden Vermögen** ausgestattet sein. Wie sich ins-

---

43   Staudinger/*Hüttemann*/*Rawert* (2017) BGB § 80 Rn. 51; dem zustimmend BFH 11.2.2015 – X R 36/11 Rn. 64 = DB 2015, 1324.

44   *Autenrieth* FS Binz, 2014, S. 15, 19 ff.

45   Entsprechend vorsichtig drückt sich etwa *Autenrieth* FS Binz, 2014, S. 15, 19, aus („… kann man zu einer Anerkennung der Vorstiftung gelangen, wenn die noch nicht anerkannte Stiftung als unselbstständige Stiftung behandelt werden kann."). Gegen die Annahme einer unselbstständigen Stiftung überzeugend BFH 11.2.2015 – X R 36/11 = DB 2015, 1324 Rn. 46 ff.

46   *Autenrieth* FS Binz, 2014, S. 15, 19.

47   S. nur BFH 11.2.2015 – X R 36/11 = DB 2015, 1324 Rn. 47 mwN.

48   Anders *Autenrieth* FS Binz, 2014, S. 15, 22. Wie hier BFH 11.2.2015 – X R 36/11 = DB 2015, 1324 Rn. 46 ff.

49   *Autenrieth* FS Binz, 2014, S. 23.

50   BVerwG 9.4.2014 – 8 C 23.12 = ZStV 2015, 59 mAnm *Schiffer* ZStV 2015, 61.

51   *Autenrieth* FS Binz, 2014, S. 25.

52   Vgl. schon *Schiffer*/*Pruns* StiftungsBrief 2010, 203, 206; *dies.* BB 2015, 1756 mit einem Formulierungsvorschlag für die Stiftungssatzung.

53   Nicht „dauerhafte"! Dennoch wird „dauerhaft" oft verwendet oder es wird von dem „Erfordernis der Dauerhaftigkeit" gesprochen; vgl. vor allem BT-Drs. 14/8765, 8 und ferner *Muscheler* FS Werner, 2009, 129, 135, 140; *Reuter* npoR 2010, 69 (70 f.)

54   Zum Folgenden s. schon *Schiffer*/*Pruns* StiftungsBrief 2011, 28.

besondere aus § 87 Abs. 2 Satz 1 ergibt, erfüllt die Stiftung ihren Zweck grundsätzlich (Ausnahme: Verbrauchsstiftung, → Rn. 36 ff.) mit den aus dem Vermögen erwirtschafteten **Erträgen**. Das Vermögen ist also nur dann ausreichend, wenn die Stiftung aus ihm ausreichend Erträge für eine dauernde und nachhaltige Erfüllung des Stiftungszwecks erwirtschaften kann.

Das Gesetz fordert von der Anerkennungsbehörde bei der Prüfung insoweit eine **Prognoseentscheidung** („gesichert erscheint"). Weil es sich um eine Prognoseentscheidung handelt, hat die Anerkennungsbehörde etwaige Zustiftungen (→ § 81 Rn. 58 ff.) und sonstige Zuwendungen an die Stiftung in die Prüfung mit einzubeziehen, die mit hinreichender Sicherheit zu erwarten sind. **29**

Da die Stiftung ihre Zwecke mit den aus dem Vermögen erwirtschafteten Erträgen erfüllt, hat die **Zusammensetzung des übertragenen Vermögens** (Bsp.: Bankguthaben, Aktien oder Immobilien) einen ebenso erheblichen Einfluss auf die Prognoseentscheidung wie etwa die **Situation auf den Kapitalmärkten** (sa → § 81 Rn. 92 ff.,→ § 86 Rn. 43 ff.).[55] **30**

Ob die Stiftung ausreichend Erträge erwirtschaften kann, ist zudem von dem verfolgten **Zweck** und der **Art und Weise der Zweckerfüllung** abhängig. Je nach Zweck und Art und Weise der Zweckerfüllung sind die Anforderungen an das Vermögen und an die daraus erwirtschafteten Erträge unterschiedlich. Betreibt eine Stiftung bspw. eigene Projektarbeit benötigt sie regelmäßig größere finanzielle Ressourcen als wenn sie sich darauf beschränkt ihre Erträge an andere steuerbegünstigte Körperschaften weiterzugeben (§ 58 Nr. 1 AO). Letzteres erfordert in der Regel vor allem sehr viel geringeren personellen Aufwand als eine eigene Projektarbeit. **31**

Es lassen sich mithin keine absoluten Aussagen darüber treffen, ab welchem Betrag ein Vermögen ausreicht, um eine Stiftung zu errichten, die ihren Stiftungszweck dauernd und nachhaltig erfüllt. Ein gesetzlich vorgeschriebenes Mindestvermögen für eine Stiftungserrichtung gibt es nicht. Gleichwohl fordern die **Anerkennungsbehörden** in der Praxis in aller Regel ein **Mindestvermögen von 50.000 EUR oder mehr**. Auch wenn diese Zahl nicht gesetzlich vorgeschrieben ist, zeigt die Praxis, dass diese Summe auch angesichts der aktuellen Situation auf den Kapitalmärkten tatsächlich nicht unterschritten werden sollte.[56] **32**

Ist eine Stiftung auf laufende Zuwendungen Dritter angewiesen, so spricht man von einer **Einkommensstiftung**.[57] Die dauernde und nachhaltige Erfüllung des Stiftungszwecks setzt hier voraus, dass die Stiftung einen durchsetzbaren Anspruch auf die Zuwendungen hat. Problematisch ist dabei, dass auch bei Ausschluss eines ordentlichen Kündigungsrechts, das Recht zur außerordentlichen Kündigung bei solchen Dauerleistungsversprechen nicht ausgeschlossen werden kann. Es fehlt also an der Absicherung solcher Stiftungen. **33**

2. Grundsatz der Vermögenserhaltung. Aus dem Erfordernis der dauernden und nachhaltigen Zweckerfüllung mithilfe der aus dem Vermögen erwirtschafteten Erträge folgt, dass die Stiftung das auf sie übertragene Vermögen so erhalten muss, dass die Generierung ausreichender Erträge und damit die dauernde und nachhaltige Zweckerfüllung nicht nur im Zeitpunkt der Errichtung der Stiftung, sondern auch für die Zukunft gesichert erscheinen. Ist das nicht mehr der Fall, wird die Zweckerfüllung unmöglich und es bleibt der Aufsichtsbehörde prinzipiell nur die Möglichkeit, der Stiftung gem. § 87 Abs. 1 entweder einen neuen Zweck zu geben, für dessen Erfüllung das Stiftungsvermögen noch ausreicht, oder sie ganz aufzuheben (→ § 87 Rn. 13 ff., s. aber auch → § 87 Rn. 17). **34**

Aus diesem Zusammenhang folgt der (stiftungsrechtliche) **Grundsatz der Vermögenserhaltung** (→ § 81 Rn. 61 ff.).[58] Plastisch ausgedrückt ist die Stiftung das Vermögen[59] und dieses ist zur dauernden und nachhaltigen Zweckerfüllung grundsätzlich zu erhalten. Die Stiftung dient allerdings nicht etwa der Vermögenserhaltung (s. aber auch → Rn. 53 ff.), sondern das Vermögen der Stiftung dient der Zweckerfüllung (→ § 81 Rn. 61). Trotzdem darf man die Stiftung und ihr Vermögen nicht pauschal gleichsetzen. Vermögen selbst kann keine juristische Person sein, sondern eine juristische Person kann Eigentümerin von Vermögensgegenständen sein. Da die Stiftung aber allein in einer durch das Stiftungsgeschäft und die Stiftungssatzung bestimmten Organisation besteht, die durch den ihr vorgegebenen Zweck geprägt wird, ist das der Zweckerfüllung gewidmete Stiftungsvermögen essentiell für das Fortbestehen der Stiftung, was insbesondere in § 80 **35**

---

55 S. die Nachweise bei *Schiffer/Schürmann* ZStV 2019, 1 Fn. 1.

56 In Rheinland-Pfalz fordert die ADD als Stiftungsbehörde ausweislich der von ihr online zur Verfügung gestellten Informationsmaterialien ein Mindestvermögen in Höhe von nur 25.000 EUR, betont aber gleichzeitig auch, dass „die dauernde und nachhaltige Erfüllung des Stiftungszwecks gesichert erscheinen muss". Das scheint uns bei einem so geringen Mindestvermögen kaum möglich zu sein. Die entsprechende Broschüre lässt sich hier abrufen: https://add.rlp.de/fileadmin/add/Abteilung_2/Referat_23/Stiftungen/Broschuere_Stiftungen_allgemein.pdf (abgerufen am 12.5.2020).

57 Näher Staudinger/*Hüttemann/Rawert* (2017) BGB § 80 Rn. 31.

58 Ausf. *Schiffer/Schürmann* ZStV 2019, 1.

59 In diesem Sinne auch MHdB GesR V/*Schwake* § 79 Rn. 246.

Abs. 2 und § 87 Abs. 1 auch zum Ausdruck kommt. In diesem Sinne ist die Gleichsetzung der Stiftung mit ihrem Vermögen berechtigt.

36 **3. Stiftung auf Zeit: Befristete Stiftung und Verbrauchsstiftung.** Der Grundsatz der Vermögenserhaltung gilt nicht ausnahmslos. Das stellen seit 2013 der durch das „**Ehrenamtsstärkungsgesetz**"[60] eingefügte § 80 Abs. 2 Satz 2 und die ebenfalls durch das Ehrenamtsstärkungsgesetz in § 81 Abs. 1 Satz 2 vorgenommene Ergänzung klar.

Nach § 80 Abs. 2 Satz 2 erscheint „[b]ei einer Stiftung, die für eine bestimmte Zeit errichtet und deren Vermögen für die Zweckverfolgung verbraucht werden soll (Verbrauchsstiftung), [...] die dauernde Erfüllung des Stiftungszwecks gesichert, wenn die Stiftung für einen im Stiftungsgeschäft festgelegten Zeitraum bestehen soll, der mindestens zehn Jahre umfasst." § 81 Abs. 1 Satz 1 wurde um den Zusatz ergänzt, dass das der Stiftung von dem Stifter in dem Stiftungsgeschäft zugesicherte Vermögen „auch zum Verbrauch bestimmt werden kann."

Der Stifter kann also bestimmen, dass die Stiftung für die Zweckerfüllung nicht nur die Erträge aus dem Stiftungsvermögen, sondern auch ihr Vermögen selbst einsetzen und dieses sogar vollständig verbrauchen darf, wenn die Stiftung **mindestens zehn Jahre** bestehen soll (zu aktuellen Reformbemühungen → Vor §§ 80 ff Rn. 19 ff.).

37 Bereits vor der Einführung des Satz 2 war die Zulässigkeit der Befristung einer Stiftung und des Verbrauchs des Stiftungsvermögens von der herrschenden Meinung im Schrifttum anerkannt.[61] Der Gesetzgeber ging bei der Neufassung des Stiftungsrechts im Jahr 2002 davon aus, dass Stiftungen zwar grundsätzlich auf unbegrenzte Dauer angelegt sind.[62] Auf „ewig" musste die Stiftung aber entgegen dem verbreiteten Schlagwort von der „Ewigkeitstendenz der Stiftung" auch schon vor der Einführung des § 80 Abs. 2 Satz 2 durch das Ehrenamtsstärkungsgesetz nicht angelegt sein. Vielmehr sind auch **Stiftungen auf Zeit zulässig.**

38 Das ergab sich vor den Änderungen durch das Ehrenamtsstärkungsgesetz bereits aus dem Wortlaut des heute unverändert fortgeltenden § 80 Abs. 2 Satz 1 und aus den Gesetzgebungsmaterialien zur Neufassung des Stiftungsrechts im Jahr 2002.

Das Adjektiv „dauernd" in Abs. 2 Satz 1 bedeutet „für längere Zeit in gleichbleibender Weise vorhanden"[63] und das Adjektiv „nachhaltig" bedeutet „sich für längere Zeit stark auswirkend".[64] Damit die Stiftung als rechtsfähig anerkannt werden kann, verlangt der Wortlaut des § 80 Abs. 2 Satz 1 also, dass die Zweckerfüllung durch die Stiftung für eine längere Zeit in gleichbleibender und sich stark auswirkender Weise gesichert erscheint. Für eine längere Zeit ist aber nicht gleichbedeutend mit „ewig" (=„zeitlich ohne Ende").[65] So hatte es auch der Gesetzgeber im Jahr 2002 gemeint, der es als zulässig ansah, dass ein „Stifter privatautonom auch eine Stiftung ins Leben rufen kann, deren Zweckerfüllung ebenfalls auf eine längere Dauer gerichtet, [die] aber dennoch mit einem zeitlichen Ende verbunden" ist. Als Beispiel hatte er „die Wiederherstellung eines kunsthistorischen Bauensembles oder Ähnliches" genannt.[66]

39 Ausgehend von diesen aus § 80 Abs. 2 Satz 1 folgenden Grundsätzen lassen sich insbesondere die folgenden **Arten befristeter Stiftungen**, Verbrauchsstiftungen und Kombinationen beider Ansätze unterscheiden:[67]

– **Zeitlich befristete Stiftung ohne Vermögensverbrauch**: Der Stifter errichtet die Stiftung für einen bestimmten Zeitraum oder er legt ein bestimmtes Enddatum fest. Das Stiftungsvermögen wird dabei nicht zur Zweckerfüllung eingesetzt. Es fällt mit der Auflösung an den in der Satzung bestimmten Anfallsberechtigten.

– **Zeitlich befristete Stiftung mit Vermögensverbrauch**: Der Stifter errichtet die Stiftung für einen bestimmten Zeitraum oder er legt ein bestimmtes Enddatum fest. Dabei wird auch das Stiftungsvermögen zur Zweckerfüllung eingesetzt. Nur für den Fall des nicht vollständigen Verbrauchs fällt es mit der Auflösung an den in der Satzung bestimmten Anfallsberechtigten.

---

60 BGBl. I 2013, S. 556. Das Gesetz stammt vom 21.3.2013 und trat rückwirkend zum 1.1.2013 in Kraft, auch wenn seine Vorschriften teilweise aber erst später Anwendung fanden. Ausf. zur gesetzlichen Regelung der Verbrauchsstiftung *Meyn*, Stiftung & Sponsoring, Rote Seiten, 3/2013.

61 Vgl. Vorauflage Rn. 22 f. mwN. AA zum alten Recht vor allem *Muscheler* FS Werner, 2009, S. 129 ff. Kritisch zur aktuellen Rechtslage, *Neuhoff* ZStV 2014, 10 ff.; gegen ihn *Rawert* npoR 2014, 1 (2) Fn. 15.

62 BT-Drs. 14/8765, S. 8.

63 Vgl. Duden, Das Bedeutungswörterbuch, 4. Aufl. 2010, S. 259.

64 Vgl. Duden, Das Bedeutungswörterbuch, 4. Aufl. 2010, S. 666.

65 Vgl. Duden, Das Bedeutungswörterbuch, 4. Aufl. 2010, S. 357.

66 Vgl. BT-Drs. 14/8765, S. 8.

67 Sa *Meyn*, Stiftung & Sponsoring, Rote Seiten, 3/2013, S. 7 f.; *Rawert* npoR 2014, 1; *A. Werner* ZStV 2015, 25.

– **Zweckbefristete Stiftung ohne Vermögensverbrauch**: Wie die zeitlich befristete Stiftung ohne Vermögensverbrauch, nur dass die Stiftung aufgelöst wird, wenn der endgültig erfüllbare Zweck erreicht wurde (Bsp.: Restaurierung eines Denkmals).

– **Zweckbefristete Stiftung mit Vermögensverbrauch**: Wie die zeitlich befristete Stiftung mit Vermögensverbrauch, nur dass die Stiftung aufgelöst wird, wenn der endgültig erfüllbare Zweck erreicht wurde (Bsp.: Restaurierung eines Denkmals).

– **Reine Vermögensverbrauchsstiftung**: Der Stifter erlaubt den Einsatz des Stiftungsvermögens zur Zweckerfüllung, wobei er Vorgaben zur Höhe des jährlich einzusetzenden Vermögens machen kann, das aber auch dem Ermessen der Stiftungsorgane überlassen kann. Der genaue Zeitpunkt des vollständigen Vermögensverbrauchs ist nicht festgelegt.

Allen Gestaltungen ist gemein, dass die Stiftung jeweils auf Zeit[68] und nicht auf unbegrenzte Dauer angelegt ist. Sie endet bspw. mit Ablauf einer bestimmten Zeit, mit Eintritt eines bestimmten Ereignisses oder mit dem endgültigen Verbrauch des Stiftungsvermögens.

Die **Aufzählung ist nicht abschließend**. Es sind viele weitere Gestaltungsmöglichkeiten denkbar, bei denen in der einen oder anderen Form von dem Grundsatz der Vermögenserhaltung oder der „Ewigkeitstendenz" der Stiftung abgewichen wird.

Der bis zur Einführung der gesetzlichen Definition in § 80 Abs. Satz 2 vor allem als Schlagwort verwendete Begriff „Verbrauchsstiftung" wurde in der Vergangenheit oft undifferenziert als Sammelbegriff für alle hier vorgestellten Gestaltungen verwendet. Treffender ist die **Differenzierung** zwischen **Regelungen zur zeitlichen Begrenzungen** der Stiftung und **zum Verbrauch des Vermögens**. Sie können, müssen aber nicht zusammentreffen.[69] **40**

Dem Stifter sind bei der Gestaltung zumindest von Gesetzes wegen kaum Grenzen gesetzt (s zur restriktiven Verwaltungspraxis → Rn. 46 ff.).[70] Begrenzt wird er allein durch die gesetzliche Vorgabe der dauernden und nachhaltigen Zweckerfüllung nach § 80 Abs. 2 Satz 1. Das gilt auch nach Einführung des § 80 Abs. 2 Satz 2 (→ Rn. 43 ff.).[71] Damit den Anforderungen des § 80 Abs. 2 Satz 1 Genüge getan ist, muss jeweils die dauernde und nachhaltige Zweckerfüllung gewährleistet sein. Zum einen muss also eine gewisse Dauer der Stiftung sichergestellt sein, was in der Praxis bereits vor den Änderungen durch das Ehrenamtsstärkungsgesetz von den Stiftungsbehörden als ein Zeitraum von mindestens zehn Jahren ausgelegt wurde. Zum anderen muss durch die Satzung sichergestellt sein, dass die Stiftung für die gesamte Dauer ihrer Existenz ihren Zweck durchgehend nachhaltig verwirklicht. Unzulässig wären demnach ein weitgehender Verbrauch des Stiftungsvermögens im ersten Jahr der Existenz der Stiftung und das anschließende „dahinvegetieren" der Stiftung mit einem minimalen Restvermögen.[72] **41**

Der Stifter hat weitere Gestaltungsmöglichkeiten, die nicht zwingend zu einer Stiftung auf Zeit führen. So lässt sich bspw. auch an den Verbrauch nur eines Teils des Stiftungsvermögens denken („**Teilverbrauchsstiftung**", auch „**Hybridstiftung**" genannt"). Hier bleibt nach Verbrauch des dafür vorgesehenen Vermögens eine „Ewigkeitsstiftung" übrig. Denken lässt sich ferner daran, den Verbrauch nur bei näher bestimmten Notfällen (geringer Ertrag, erhöhter Bedarf aufgrund bestimmter Projekte, etc) zuzulassen und/oder auch die „Wiederauffüllung" des verbrauchten Vermögens anzuordnen.[73] **42**

Wie oben erwähnt, forderten die Landesstiftungsbehörden bei Stiftungen auf Zeit bereits bisher, also vor den Änderungen durch das Ehrenamtsstärkungsgesetz, eine Mindestdauer von zehn Jahren. Im Übrigen war je nach Gestaltungsansatz für eine Stiftung auf Zeit die Anerkennungspraxis der Landesstiftungsbehörden recht unterschiedlich und teilweise auch zurückhaltend. Der Gesetzgeber wollte den dadurch verursachten „Unsicherheiten bei Stiftern" durch eine bundesrechtliche nähere Bestimmung und Vereinheitlichung der Anerkennungsvoraussetzungen entgegenwirken.[74] Er hat deshalb die bisherige Forderung der Landesstiftungsbehörden nach einer Mindestdauer von zehn Jahren aufgegriffen und versucht, mit den „Änderungen in den §§ 80 und 81 BGB [...] die Anerkennungsvoraussetzungen für Verbrauchsstiftungen bundesrechtlich näher" zu bestimmen und stärker zu vereinheitlichen.[75] **43**

Der mit diesem Ziel neu eingefügte **§ 80 Abs. 2 Satz 2** ist dem Gesetzgeber aber leider **nicht geglückt**.[76] Die Formulierung ist zu eng gefasst ist, da sie die oben angesprochene logisch notwenige Differenzierung **44**

---

68 *Rawert* npoR 2014, 1 (2).

69 Sa *A. Werner* ZStV 2015, 25; *Rawert* npoR 2014, 1 (2).

70 Zu praktischen Einsatzmöglichkeiten *A. Werner* ZStV 2015, 25.

71 *Meyn*, Stiftung & Sponsoring, Rote Seiten, 3/2013, S. 12 ff.; zustimmend *Rawert* npoR 2014, 1 (3) Fn. 25.

72 *Hüttemann* FS Reuter, 2010, S. 121, 130 ff.; *Reuter* npoR 2013, 41 (46).

73 Sa die Beispiele bei *Meyn*, Stiftung & Sponsoring, Rote Seiten, 3/2013, S. 7 f.

74 BT-Drs. 17/12037, S. 9 rechte Spalte.

75 BT-Drs. 17/12037, S. 9 rechte Spalte.

76 Kritisch etwa auch *Meyn*, Stiftung & Sponsoring, Rote Seiten, 3/2013, S. 3; *Reuter* npoR 2013, 41 (47) („Paradebeispiel für missglückte Gesetzgebung").

zwischen Regelungen zur zeitlichen Begrenzungen der Stiftung auf der einen Seite und zum Verbrauch des Vermögens auf der anderen Seite nicht nachvollzieht, sondern beide Aspekte miteinander vermengt („bestimmte Zeit", „festgelegten Zeitraum").

Wie wir soeben gesehen haben, kann eine Verbrauchsstiftung auch so ausgestaltet sein, dass sie gerade nicht für eine bestimmte Zeit oder für einen festgelegten Zeitraum errichtet wird, sondern sich die Dauer ihrer Existenz danach richtet, ob und in welcher Höhe das Stiftungsvermögen über die Jahre zur Zweckerfüllung eingesetzt wird. Es ist in der Regel sogar ratsam, dass der Stifter den Stiftungsorganen hier keine zu starren Vorgaben macht, da die Stiftungsorgane erst im Laufe der Zeit werden einschätzen können, wann das Stiftungsvermögen in welcher Höhe zur Erfüllung des Stiftungszwecks eingesetzt werden soll und sie diese Einschätzung auch ständig aktualisieren müssen. Die Dauer der Stiftung ist in diesen Fällen also weder „festgelegt" noch „bestimmt". Zu bedenken ist auch, dass aus dem noch nicht verbrauchten Stiftungsvermögen laufend Erträge erwirtschaftet werden, die aber der Höhe nach im Einzelnen bei Anerkennung der Stiftung noch nicht bestimmbar sind. Auch in den Fällen der Zweckbefristung der Stiftung bei gleichzeitigem Verbrauch des Stiftungsvermögens, ist die Dauer der Stiftung nicht festgelegt oder bestimmt, sondern allenfalls bestimmbar.[77] Die Mehrzahl und praktisch wichtigsten der oben genannten Gestaltungen der Stiftung auf Zeit werden von der Formulierung des § 80 Abs. 2 Satz 2 BGB mithin nicht erfasst. Sie erfasst lediglich die zeitlich befristete Stiftung mit Vermögensverbrauch.[78]

45 Ausweislich der Gesetzgebungsmaterialien war es indes nicht die Absicht des Gesetzgebers, den oben vorgestellten diversen Gestaltungsmöglichkeiten einen Riegel vorzuschieben und nur noch die zeitlich befristete Stiftung mit Vermögensverbrauch als zulässig anzuerkennen.[79] **§ 80 Abs. 2 Satz 2** ist mithin unmittelbar **nur** auf die **zeitlich befristete Stiftung mit Vermögensverbrauch** anzuwenden, im Übrigen richtet sich die Zulässigkeit von Gestaltungen einer Stiftung auf Zeit weiterhin nach den Vorgaben des § 80 Abs. 2 Satz 1. Der neu eingefügte Satz 2 wirkt sich bei der Auslegung des Satz 1 aber insoweit aus, als dass für die dauernde Zweckerfüllung ein Mindestzeitraum von zehn Jahren zu fordern ist, so wie es bereits zuvor Praxis der Anerkennungsbehörden war.

46 Die **praktische Handhabung durch die Stiftungsbehörden** ist leider von einer deutlichen **Zurückhaltung** gegenüber den hier skizzierten Gestaltungsmöglichkeiten geprägt. Im Ergebnis wird hier im Falle des Verbrauchs des Stiftungsvermögens gefordert, dass bereits bei Errichtung der Stiftung ein bestimmter Zeitraum für den Bestand der Stiftung festgelegt wird. Das ist aus den genannten Gründen nicht mit der Auslegung des geltenden Rechts vereinbar und auch aus praktischen Gesichtspunkten nicht besonders ratsam. Die aktuellen Reformbemühungen der Bund-Länder-Arbeitsgruppe Stiftungsrecht laufen allerdings darauf hinaus, diese enge Auffassung ins Gesetz aufzunehmen. § 80 Abs. 2 Satz 3 des von ihr vorgelegten Entwurfs sieht vor, dass „eine Stiftung für einen bestimmten Zeitraum errichtet werden [kann], innerhalb dessen ihr gesamtes Vermögen zur Erfüllung ihres Zwecks zu verbrauchen ist" (zur Kritik sa → Vor §§ 80 ff → Rn. 23). Es bleibt abzuwarten, ob dieser Entwurf Gesetz werden wird.

47 Steuerlich ist zu beachten, dass Spenden in das Vermögen einer steuerbegünstigten Stiftung nur dann zum **Sonderabzug** nach § 10 b Abs. 1 a Satz 1 EStG berechtigten, wenn sie in das zu erhaltende Vermögen erfolgen. Das EStG spricht insoweit von dem „**Vermögensstock**" der Stiftung (sa → § 82 Rn. 17).

V. Gemeinwohlkonforme Allzweckstiftung – Selbstzweckstiftung – Stiftung für den Stifter

48 Der Stiftungszweck darf das Gemeinwohl nicht gefährden. Der Gesetzgeber hat damit den schon vor der Reform von 2002 von der hM vertretenen Grundsatz der „Zulässigkeit der gemeinwohlkonformen Allzweckstiftung"[80] gesetzlich festgeschrieben.[81] Positiv gewendet gilt damit, dass **jeder Stiftungszweck zulässig** ist, **der nicht** das **Gemeinwohl gefährdet.**[82]

49 Das Gemeinwohl ist gefährdet, wenn die Erfüllung des Stiftungszwecks Gesetze verletzt oder der Stiftungszweck im Widerspruch zu Grundentscheidungen der Rechts- oder Verfassungsordnung steht.[83] Gemeinwohlgefährdung überschneidet sich als Gesetzesverletzung mit der rechtlichen Unmöglichkeit (§ 87). Mit

---

77   Treffend *Meyn*, Stiftung & Sponsoring, Rote Seiten, 3/2013, S. 11.

78   *Meyn*, Stiftung & Sponsoring, Rote Seiten, 3/2013, S. 12 f.; *Reuter* npoR 2013, 41 (45); *Rawert* npoR 2014, 1 (3).

79   S. dazu etwa die Analyse bei *Reuter* npoR 2013, 41 (45 ff.)

80   S. Palandt/*Ellenberger* BGB § 80 Rn. 6; *Schiffer*, Stiftung, § 2 Rn. 19, 24 ff.; Richter/*Dutta* § 5 Rn. 5.

81   Vgl. BT-Drs. 14/8765, 8, insbesondere unter Bezugnahme auf BVerwGE 106, 177 (Republikaner-Stiftung).

82   S. etwa Palandt/*Ellenberger* BGB § 80 Rn. 6; Richter/*Dutta* § 5 Rn. 25 ff.

83   Vgl. den sog. Republikanerfall, der über drei Instanzen lief: VG Düsseldorf NVwZ 1994, 811 f.; OVG Münster NVwZ 1996, 913 ff.; BVerwG NJW 1998, 2545 ff.; krit. zu diesem Urteil Hopt/*Reuter*, S. 139 ff.; verteidigend: *Andrick*, Stiftung & Sponsoring, 06/2002, 23, 25.

Rücksicht auf die grundrechtlich geschützte (→ Rn. 6 f.) und im Stiftungszivilrecht ausdrücklich betonte Stiftungs- und Stifterfreiheit (§ 80 Abs. 2) ist der unbestimmte Rechtsbegriff des Gemeinwohls eng auszulegen.[84]

1. Keine Förderung des Gemeinwohls erforderlich. Aus dem Umkehrschluss zu § 80 Abs. 2 folgt, dass eine **Förderung des Allgemeinwohls** durch den Stiftungszweck **nicht erforderlich** ist. Der Gesetzgeber hat zwar darauf hingewiesen, dass der Begriff des Gemeinwohls „traditionell mit der Rechtsfigur Stiftung verknüpft [ist]; er spiegelt den für die Stiftung typischen Klang von Wohltat im Gesetz wider", doch „eine Beschränkung auf steuerbegünstigte Zwecke ist damit nicht verbunden, wenngleich solche die Stiftungspraxis bestimmen."[85] Damit ist klargestellt, dass auch allgemein (oder: schlicht) **privatnützige Stiftungen** (→ Rn. 78 f.) **zulässig** sind, solange sie nicht das Gemeinwohl gefährden. **50**

2. Keine Einschränkungen aufgrund des „Wesens" der Stiftung oder des „Stiftungsbegriffs". Auch wenn somit zumindest im Ansatz Einigkeit darüber besteht, dass eine Stiftung **prinzipiell jeden Zweck verfolgen** kann, der das Gemeinwohl nicht gefährdet, so wurden in der Vergangenheit und werden teilweise auch noch heute Einschränkungen privater Stiftungszwecke ausdrücklich oder mittelbar befürwortet. Nach teilweise vertretener Ansicht sollen insbesondere **Familienstiftungen** und **unternehmensverbundene Stiftungen** nicht oder nur beschränkt zulässig sein. Darauf wird bei der Darstellung dieser speziellen Stiftungsformen näher eingegangen (zur Familienstiftung → Rn. 80 ff.; zur unternehmensverbundenen Stiftung → Rn. 90 ff.). Die Befürworter der genannten Einschränkungen berufen sich für ihre Argumentation oft auf zwei sogleich näher zu behandelnde „Lehrsätze": Das „Verbot der Selbstzweckstiftung" (→ Rn. 53 ff.) und das „Verbot der Stiftung für den Stifter" (→ Rn. 68 ff.). Diese die Stifterfreiheit einschränkenden Lehrsätze sollen aus dem „Wesen" der Stiftung oder dem „Stiftungsbegriff"[86] folgen. Eine genaue Betrachtung zeigt aber, dass die Lehrsätze entweder gar nicht aus dem Gesetz folgen, im Fall des Lehrsatzes vom „Verbot der Stiftung für den Stifter", oder im Fall des Lehrsatzes vom „Verbot der Selbstzweckstiftung" jedenfalls nicht den von ihren Befürwortern vertretenen Inhalt haben. **51**

In jüngerer Zeit wird insbesondere ein sog. „**funktionaler Stiftungsbegriff**" propagiert. Er dient dazu, nicht nur die rechtsfähige Stiftung nach den §§ 80 ff. zu erfassen, sondern vielmehr dazu, alle möglichen Erscheinungsformen der Bildung und dauernden Widmung eines Vermögens zur Verfolgung eines bestimmten Zwecks (bspw. unselbstständige Stiftung, Stiftungs-Verein), mit einem gemeinsamen Begriff zu erfassen, um das ihnen Gemeinsame zu beschreiben.[87] Dieses Anliegen ist für sich genommen nicht zu kritisieren. Als Erklärungsmodell taugt der funktionale Stiftungsbegriff aus unserer Sicht aber nicht.[88] **Problematisch** ist es vor allem, wenn versucht wird, aus einem eigentlich rein deskriptiven Stiftungsbegriff rechtliche Aussagen abzuleiten, da ein solches Vorgehen zwangsläufig zu einem **Zirkelschluss** führt (sa → Vor §§ 80 ff Rn. 5). Nur eine methodengerechte Auslegung des Gesetzes kann uns bei der Rechtsanwendung weiterhelfen, nicht aber ein vorgesetzlicher Stiftungsbegriff. Die beiden Lehrsätze vom „Verbot der Selbstzweckstiftung" einerseits und vom „Verbot der Stiftung für den Stifter" zeigen das ganz deutlich. **52**

a) Verbot der Selbstzweckstiftung? Die große Mehrheit der Autoren im stiftungsrechtlichen Schrifttum ist der Auffassung, die Rechtsform Stiftung „setz[e] voraus, dass das Stiftungsvermögen nicht nur sich selbst und damit seiner eigenen Verewigung, sondern einem außerhalb der Stiftung liegenden Zweck gewidmet ist".[89] So oder ähnlich lauten die Fassungen des Lehrsatzes vom Verbot der **Selbstzweckstiftung** in den meisten Darstellungen des Stiftungsrechts. Mit dem Schlagwort „Selbstzweckstiftung" ist im Kern eine Zwecksetzung gemeint, durch die die Erträge des Stiftungsvermögens diesem wieder durchweg zugeführt werden. Die ganz hM ist der Auffassung, eine solche Stiftungsgestaltung sei unzulässig.[90] *Reuter* und ihm **53**

84 VG Düsseldorf NVwZ 1994, 811 (812 f.); BeckOK BGB/*Schwarz* § 87 Rn. 2. Staudinger/*Hüttemann/Rawert* (2017) BGB § 80 Rn. 28 ff., Rn. 34 f. halten die Formulierung für zu unbestimmt und deshalb für verfassungswidrig. Nach ihnen kann das Stiftungsvorhaben nur bei der Unwirksamkeit des Stiftungsvorhabens wegen eines Gesetzesverstoßes unzulässig sein.

85 Vgl. BT-Drs. 14/8765, 9; sa *Hüttemann* ZHR 167 (2003), 35, 57.

86 Statt vieler: Staudinger/*Hüttemann/Rawert* (2017) BGB Vor §§ 80 ff. Rn. 8 f.; BeckOGK/*Jakob/Uhl* BGB § 80 Rn. 115 („dogmatischer Stiftungsbegriff"); MHdB GesR V/*Schwake* § 79 Rn. 35. Vgl. auch MüKoBGB/*Reuter* (6. Aufl. 2012) Vor § 80 Rn. 48, der sich auf das „Leitbild" der gemeinwohlkonformen Allzweckstiftung beruft; ebenso MüKoBGB/*Weitemeyer* § 80 Rn. 116. Zurückhaltender bei der

Berufung auf den Stiftungsbegriff nun *Rawert* FS Crezelius, 2018, 87 (88 und dort Fn. 8).

87 S. insbes. *Schlüter*, Stiftungsrecht zwischen Privatautonomie und Gemeinwohlbindung, 2004, S. 18 ff.; Staudinger/*Hüttemann/Rawert* (2017) BGB Vor §§ 80 ff. Rn. 16 ff. mwN.

88 Staudinger/*Hüttemann/Rawert* (2017) BGB Vor §§ 80 ff. Rn. 20 scheinen uns da misszuverstehen.

89 Staudinger/*Hüttemann/Rawert* (2017) BGB Vor §§ 80 ff. Rn. 8 f. mwN; sa Rn. 21; s. ferner MüKo-BGB/*Weitemeyer* § 80 Rn. 118.

90 Vgl. neben den bereits Genannten etwa Richter/*Stumpf* § 4 Rn. 73; Richter/*Dutta* § 5 Rn. 14 ff.; v. Campenhausen/Richter/*Hof* § 7 Rn. 61; differenziert dagegen *Burgard*, Gestaltungsfreiheit im Stiftungsrecht, 2006, S. 147 ff. mwN; aA MHdB GesR V/*Beuthien* § 77 Rn. 30.

folgend *Weitemeyer* sprechen insoweit davon, dass ein „Vermögenstransfer" zugunsten anderer notwendig sei.[91] Das leuchtet zunächst ein, wenn man an eine allein mit „Geldvermögen" ausgestattete Stiftung denkt. Durch die ständige bloße Rückführung der Erträge in das Stiftungsvermögen entstünde in der Tat ein allein sich selbst erhaltendes Gebilde (ein **perpetuum mobile**),[92] das daneben keinem anderen Zweck dient. Betrachtet man aber das folgende Beispiel, so wird deutlich, dass die landläufige Formulierung des Verbots der Selbstzweckstiftung nicht stimmig ist.

54   **Beispiel:** Stifter S will eine Stiftung errichten und ihr eine Gemäldesammlung bestehend aus bedeutenden Gemälden berühmter Maler sowie Kapitalvermögen übertragen. Zweck der Stiftung soll der Erhalt und die Pflege der Gemälde sein, da der Stifter sie für erhaltenswert hält. Zur Finanzierung sollen die Erträge aus dem Kapitalvermögen verwendet werden.

Die beschriebene Stiftung[93] dient unmittelbar nur dem Erhalt (der „Verewigung") ihres Vermögens. Nimmt man die Vertreter des Lehrsatzes vom Verbot der Selbstzweckstiftung beim Wort, wäre die Stiftung damit unzulässig. Ein Vermögenstransfer findet nicht statt.

Die Unzulässigkeit der Stiftung als Konsequenz des wörtlich verstandenen Lehrsatzes kann aber nicht das richtige Ergebnis sein. Das erkennen wir, wenn wir uns die an das Beispiel anknüpfenden folgenden **drei Konstellationen** näher ansehen:

– Die Gemälde sollen regelmäßig durch Ausstellungen der Allgemeinheit zugänglich gemacht werden.
– Die Gemälde sollen nicht der Allgemeinheit zugänglich gemacht werden. Vielmehr soll es der Familie des Stifters ermöglicht werden, mit dem Kunstbesitz zu leben und von ihm umgeben zu sein („Leben in Kunst").[94]
– Die Gemälde sollen nur aufbewahrt und niemandem zugänglich sein, außer eben zur Pflege und ggf. Restauration.

55   Unbestritten zulässig ist die Stiftung in der **ersten Konstellation**. Als Begründung ließe sich unter Verweis auf § 52 Abs. 1, 2 Nr. 5 AO anführen, dass durch den Erhalt der Gemäldesammlung die Allgemeinheit im Sinne des Gemeinnützigkeitsrechts profitiert und die Stiftung damit eben nicht nur dem Erhalt ihres Vermögens dient.

Mit dem Hinweis auf die potenzielle Gemeinnützigkeit einer solchen Stiftung sind aber die Zweifelsfragen nicht gelöst. Nach dem Willen des Gesetzgebers soll es für die Frage nach der Zulässigkeit eines Stiftungszwecks schließlich gerade **nicht** auf die **steuerliche Gemeinnützigkeit** des Zwecks oder eine **Gemeinwohlförderung** ankommen (→ Rn. 50). Beschränkte man die Zulässigkeit der Stiftung aus unserem Beispiel allein auf den Fall, dass die Gemäldesammlung der Allgemeinheit zugänglich gemacht wird, so hätte der Lehrsatz vom Verbot der Selbstzweckstiftung zur Folge, dass man über ihn Wertungen des Gemeinnützigkeitsrechts in unzulässiger Weise in das BGB „importiert". Die Begründung über § 52 Abs. 1, 2 Nr. 5 AO ist als Argument also nur eine „Krücke" oder anderes ausgedrückt, ein Indiz dafür, dass der Lehrsatz vom Verbot der Selbstzweckstiftung nicht der Weisheit letzter Schluss ist.

56   Das zeigt sich deutlich in der **zweiten Konstellation**. Diese Stiftung ist mangels Förderung der Allgemeinheit nicht steuerbegünstigt.[95] Vielmehr handelt es sich um eine Stiftung zum Wohle der Familie des Stifters. Auch hier findet ein unmittelbarer Vermögenstransfer auf die Familienmitglieder aber nicht statt. Die Gemälde sind Eigentum der Stiftung und bleiben es auch. Dennoch dient die Stiftung den Interessen der Familie des Stifters. Wie der BFH, von dem das Beispiel für eine solche Stiftung stammt, ausgeführt hat, stellt auch das Interesse „mit dem Kunstbesitz zu leben und von ihm umgeben zu sein" einen Vermögensvorteil dar.[96] Auf eine unmittelbare Förderung einzelner Personen durch die Stiftung, dh auf einen direkten „Vermögenstransfer", von dem bspw. *Reuter* und *Weitemeyer* sprechen, kann es dann aber nicht ankommen.

57   Fast schon instinktiv haben wir dagegen in der **dritten Konstellation** erhebliche Zweifel an der Zulässigkeit der Stiftung. Woran liegt das? Zur Begründung könnten wir uns natürlich auf den „Stiftungsbegriff" oder das „Wesen" der Stiftung berufen und daraus den Lehrsatz vom Verbot der „Selbstzweckstiftung" ableiten, aber das wäre keine Begründung, sondern nur eine als Begründung getarnte Behauptung. Der angebliche Lehrsatz kann weder aus dem „Stiftungsbegriff" noch aus einem „Leitbild" der Stiftung abgeleitet werden. Der Stiftungsbegriff des BGB kann nämlich nur durch die Auslegung des BGB selbst gewonnen

91   MüKoBGB/*Reuter* (6. Auflage 2012) Vor § 80 Rn. 48; MüKoBGB/*Weitemeyer* § 80 Rn. 116.
92   *Riemer* ZBernJV 116 (1980), 489, 505, zitiert nach Staudinger/*Hüttemann/Rawert* (2017) BGB Vor §§ 80 ff. Rn. 224.
93   Zu Kunststiftungen *Elmenhorst/Wargalla* ErbR 2016, 430 (433) und zu ihnen *Schiffer/Schürmann* ErbR 2017, 25.
94   Vgl. zu diesem Beispiel auch die Überlegung des BFH in seinem Urt. v. 10.12.1997 -II R 25/94, BStBl. 1998 II S. 114, dort Ziffer 1. der Entscheidungsgründe.
95   S. zur Aberkennung der Gemeinnützigkeit, wenn Kunstwerke nicht der Allgemeinheit zugänglich gemacht werden, BFH 23.2.2017 – V R 51/15.
96   BFH 10.12.1997 – II R 25/94, BStBl. 1998 II S. 114, dort Ziffer 1. der Entscheidungsgründe.

werden und die Auslegung nicht anleiten (→ Vor §§ 80 ff. Rn. 5). Alles andere läuft auf den bereits oben angesprochene Zirkelschluss hinaus: Man lädt den Stiftungsbegriff zunächst mit seinen eigenen Wertungen auf, legt anschließend das Gesetz anhand des Stiftungsbegriffs aus und findet dann (natürlich) seine eigenen Wertungen wieder.[97]

Wie begründet man aber diese Anforderung an die Zwecksetzung der Stiftung? Die Antwort muss eine spezifisch stiftungszivilrechtliche sein und kann nicht aus dem Gemeinnützigkeitsrecht folgen, wie unser oben genanntes Beispiel in der zweiten Konstellation der Förderung der Familie gezeigt hat. Bei genauer Betrachtung liegt das **Problem** in der hergebrachten **Formulierung des Lehrsatzes vom Verbot der Selbstzweckstiftung,** da der Lehrsatz bereits, wie gezeigt, in unserem einfachen Beispielsfall zu Wertungswidersprüchen führt, wenn man ihn beim Wort nimmt. Zu diesem Befund passt es, dass Inhalt und Herleitung des Verbots der Selbstzweckstiftung sich im Detail je nach Autor sehr unterscheiden. **58**

Zu welchem Ergebnis führt nun aber die Auslegung des Gesetzes?

Wenn der Versuch unternommen wird, den **Lehrsatz vom Verbot der Selbstzweckstiftung** aus dem **Gesetz** herzuleiten, wird zumeist auf § 80 Abs. 2 Satz 1 und § 81 Abs. 1 S. 2 abgestellt.[98] Aus dem Umstand, dass die Stiftung einen bestimmten von dem Stifter vorgegebenen Zweck verfolgt und der Stifter zur Erfüllung dieses Zwecks der Stiftung ein Vermögen überträgt, wird gefolgert, dass das Stiftungsvermögen gegenüber dem Stiftungszweck eine dienende Funktion einnimmt, was im Grundsatz richtig ist (→ § 81 Rn. 51 f., 61), und deshalb nicht (zugleich) selbst Zweck der Stiftung sein kann. **59**

In eine ähnliche Richtung geht das *Hof'sche* Argument, die „bloße Erhaltung und Mehrung des Stiftungsvermögens" sei „kein Stiftungszweck im Sinne der §§ 80 ff. BGB, sondern nur ein diesem untergeordneter Nebenzweck. Eine Stiftung, der lediglich die Erhaltung ihres Vermögens vorgegeben ist, [weise] somit keinen Stiftungszweck im Sinne des BGB auf und [sei] daher nicht anerkennungsfähig." Gleiches soll für die Vorgabe gelten, dass die Stiftung ihr Vermögen zu mehren hat. Auch das sei kein anerkennungsfähiger Stiftungszweck, weil das BGB die Vermögensmehrung zur Zweckerfüllung voraussetze.[99] Oder, wie *Rawert* es jüngst ausgedrückt hat: „Der Gegenstand, mit dem etwas ,erfüllt' wird, kann nicht selbst seine eigene Erfüllung sein."[100]

Beide Argumentationslinien führen in den bereits angedeuteten Zirkelschluss. Es ist schon sprachlich nicht zwingend, die Vermögenserhaltung und -mehrung als reine Nebenzwecke einzuordnen. Wenn ein Stifter beispielsweise formuliert, die Stiftung habe den Zweck, „Profit zu erwirtschaften", so nimmt das Stiftungsvermögen im Hinblick auf diesen Zweck ebenfalls eine dienende Funktion ein. Warum die Vermögenserhaltung und -mehrung „kein Stiftungszweck des BGB" sein soll, wie *Hof* behauptet, erschließt sich allein aus der Mittel-Zweck-Relation ebenfalls nicht. Das ist doch gerade die erst noch zu beweisende Wertung! **60**

Gleiches gilt für die Behauptung *Rawerts*, der Gegenstand, mit dem etwa ,erfüllt' wird, könne nicht selbst seine eigene Erfüllung sein. In einer Zinswirtschaft ist das durchaus möglich: Ein Vermögen kann dazu eingesetzt werden, um den Zweck zu erfüllen, eben dieses Vermögen zu mehren.

Nehmen wir das oben bereits genannte Beispiel einer Gemäldesammlung, die der Stifter zusammen mit einem Barvermögen auf die Stiftung überträgt. Wenn der Stifter den Stiftungszweck so formuliert, dass die Stiftung das Barvermögen zu vermehren hat, um die Gemäldesammlung zu pflegen und zu erhalten (3. Konstellation in unserem Beispiel), dann ist auch dieser Zweck unmittelbar nur auf die Vermögenserhaltung und -mehrung gerichtet. Dennoch kann man doch kaum behaupten, dass die Erhaltung und Pflege der Gemäldesammlung nur ein „Nebenzweck" ist. **61**

Der Kern des Problems ist mit diesen Argumenten letztlich also noch nicht getroffen und ein Grund für die erhobene Behauptung nicht genannt. Ganz deutlich wird das, wie gesagt in der dritten Konstellation unseres Beispiels, in dem die zu erhaltende Gemäldesammlung unter Verschluss gehalten wird und für Dritte nicht zugänglich ist. Das Kapitalvermögen und auch die Gemäldesammlung selbst dienen hier dem Zweck, die Gemäldesammlung zu erhalten und zu pflegen. Die Zweck-Mittel-Relation ist gewahrt.

Rawert ergänzt die Argumentation noch mit einem **Hinweis auf § 80 Abs. 2**, der bestimmt, dass das Stiftungsvermögen für die dauerhafte und nachhaltige Erfüllung des Stiftungszwecks ausreichen muss (sa → Rn. 27 ff.). Diese gesetzliche Anforderung an die Vermögensausstattung wäre, so *Rawert*, überflüssig, wenn die Selbstzweckstiftung zulässig wäre, da für den Stiftungszweck „Vermögensverwaltung und Vermö- **62**

---

97 Vgl. zur Kritik an solchen und ähnlichen Vorgehensweisen bei der Auslegung schon *Schlehofer* JuS 1992, 572 (576); in eine ähnliche Richtung geht auch *Herzbergs* Kritik der teleologischen Gesetzesauslegung, NJW 1990, 2525.

98 S. etwa Staudinger/*Hüttemann/Rawert* (2017) BGB Vor §§ 80 ff. Rn. 224; *Wochner*, Die Stiftung – Jahres-

hefte zum Stiftungswesen, 2. Jahrgang 2008, S. 79, 83. Ausführlich jetzt auch noch einmal *Rawert* FS Crezelius, 2018, 87, 88 ff.

99 v. Campenhausen/Richter/*Hof* § 7 Rn. 62; ähnlich Richter/*Dutta* § 5 Rn. 14 f.

100 *Rawert* FS Crezelius, 2018, 87, 90.

gensmehrung" dann bereits die Ausstattung mit einem EUR ausreichend wäre.[101] Auch dieses Argument überzeugt bei näherer Betrachtung nicht, denn auch bei Zulässigkeit der Selbstzweckstiftung behält die Anforderung, die § 80 Abs. 2 mit Blick auf den Stiftungszweck an den Umfang der Vermögensausstattung stellt, sehr wohl ihren Sinn. So ist etwa für den Stiftungszweck „Erhalt und Pflege eines historischen Gebäudes" oder „Erhalt und Pflege einer Gemäldesammlung" die Ausstattung der Stiftung mit einem Vermögen von einem EUR eben nicht ausreichend und der Stiftung deshalb die Anerkennung mangels ausreichender Sicherung der dauernden und nachhaltigen Zweckerfüllung zu verweigern. Für den Stiftungszweck „Erhalt und Vermehrung des Stiftungsvermögens" wäre dagegen ein EUR ausreichend.[102]

63   Auch aus dem **Verbot der Gefährdung des Gemeinwohls** in § 80 Abs. 2 lässt sich das Verbot der Selbstzweckstiftung nicht unmittelbar herleiten. Die Verwaltung eines Vermögens an sich gefährdet das Gemeinwohl nicht. Das bestätigt ein Vergleich mit der GmbH: Dort ist unstrittig, dass die Vermögensverwaltung ein gesetzlich zulässiger Zweck nach § 1 GmbHG ist.[103] Dann kann die bloße Vermögensverwaltung durch eine Stiftung aber nicht das Gemeinwohl gefährden. Unmittelbar aus dem Wortlaut der §§ 80, 81 folgt das Verbot der Selbstzweckstiftung nach alledem nicht.[104]

64   Der Vergleich mit der GmbH weist aber auf einen für die hier anzustellende Betrachtung wesentlichen Unterschied zwischen der GmbH und der Stiftung hin, der uns zu dem Kern des Problems der Selbstzweckstiftung führt. Während bei der GmbH die Gesellschafter über ihre Gesellschaftsanteile an dem Vermögen der GmbH partizipieren, ist das bei der mitglieder- und gesellschafterlosen Stiftung nicht der Fall. Theoretisch ließe sich durch eine Stiftung ein auf unbegrenzte Dauer abgeschlossenes System errichten. Der „Klang der Wohltat", wie ihn der Gesetzgeber mit der Stiftung typischerweise verbunden sieht (→ Rn. 50), fehlt dann ganz. Zudem wollte die Bund-Länder Arbeitsgruppe an der grundsätzlichen Unzulässigkeit der Selbstzweckstiftung festhalten.[105] Auch wenn das Verbot der Selbstzweckstiftung also nicht unmittelbar aus dem Wortlaut der §§ 80, 81 folgt, so hat zumindest der Gesetzgeber dieses Verbot im Kern anerkannt.

65   Tatsächlich findet sich der Gedanke des Vermögenstransfers und der Teilhabe[106] **im Gesetz selbst** wieder, allerdings an einer bisher in der Diskussion nicht beachteten Stelle, nämlich in § 87 Abs. 2. Dort heißt es: „Bei der Umwandlung des Zweckes soll der Wille des Stifters berücksichtigt werden, insbesondere soll dafür gesorgt werden, dass die Erträge des Stiftungsvermögens dem Personenkreis, dem sie zustattenkommen sollten, im Sinne des Stifters erhalten bleiben."

Aus § 87 Abs. 2 BGB folgt also, dass der Stifter die Erträge des Stiftungsvermögens bereits bei der Errichtung der Stiftung einem Personenkreis „zugedacht" haben muss. Die Erträge müssen einem bestimmten Personenkreis zustattenkommen, der von der Stiftung verschieden ist.

So lässt sich das mit dem Verbot der Selbstzweckstiftung Gemeinte sehr viel präziser formulieren, als das bisher geschieht, nämlich orientiert am Gesetz. Das **Verbot der Selbstzweckstiftung** ist **wie folgt zu fassen**: Durch die Erfüllung des Stiftungszwecks müssen die Erträge des Stiftungsvermögens einem von der Stiftung verschiedenen Personenkreis zustattenkommen.[107] Das ist nicht der Fall, wenn die Erträge dem Stiftungsvermögen wieder zufließen, ohne dass andere wenigstens mittelbar an der Erhaltung des Stiftungsvermögens partizipieren oder die Erhaltung des Stiftungsvermögens den Interessen Dritter dient.

66   Wenn wir uns an das Beispiel des Stifters S und seiner Bildersammlung erinnern (→ Rn. 54), so wird deutlich, dass dazu keine Auszahlung der Stiftungserträge an eine oder mehrere Personen erforderlich ist. „Zustattenkommen" bedeutet lediglich, dass etwas für jemanden nützlich, hilfreich, von Vorteil ist.[108] Das kann sehr wohl auch bei „nur" mittelbaren Vorteilen der Fall sein, wenn das Stiftungsvermögen selbst so beschaffen ist, dass andere daran teilhaben oder es nutzen können. In unserem Ausgangsbeispiel des Stifters S haben wir es also in den beiden ersten Konstellationen nicht mit einer Selbstzweckstiftung zu tun, weil Dritte in den Genuss der Gemäldesammlung kommen: In der ersten Konstellation ist das die „Allgemeinheit" der Ausstellungsbesucher, in der zweiten Konstellation sind es die Mitglieder der Familie des Stifters. Auf eine Gemeinnützigkeit des Zwecks kommt es dabei nicht an.

101   *Rawert* in Kötz ua, Non Profit Law Yearbook 2003, S. 1, 7 und Fn. 33.

102   Den Einwand der „Spitzfindigkeit", den *Rawert* FS Crezelius, 2018, 87, 90, gegen diese Argumentation erhebt, nehmen wir hier gerne als Kompliment.

103   Statt vieler Baumbach/*Hueck/Fastrich* GmbHG § 1 Rn. 7 ff.

104   In diesem Sinne auch MHdB GesR V/*Beuthien* § 77 Rn. 30.

105   Bericht der Bund-Länder-Arbeitsgruppe Stiftungsrecht vom 19.10.2001, S. 38.

106   MüKoBGB/*Reuter* (6. Aufl. 2012) Vor § 80 Rn. 48; MüKoBGB/*Weitemeyer* § 80 Rn. 116.

107   Zur Klarstellung: die Wahl des Wortes „Personenkreis" schließt nicht aus, dass eine Stiftung auch zur Unterstützung nur einer anderen (juristischen) Person errichtet werden kann. Die Wahl der Pluralform in § 87 Abs. 2 hat wohl eher sprachliche Gründe und zielt auf den typischen Fall der Stiftung ab, von der mehr als nur eine Person profitiert.

108   Duden, Bedeutungswörterbuch, 4. Aufl. 2010, S. 1144.

In der dritten Alternative kommt der Erhalt des Stiftungsvermögens durch den Einsatz der Erträge dagegen niemandem zustatten, da die Gemäldesammlung unter Verschluss gehalten wird.

Als Stiftungszweck unzulässig ist der Erhalt des Stiftungsvermögens mithin keineswegs. Unzulässig ist ein solcher Zweck nur dann, wenn dabei die Erträge aus dem Stiftungsvermögen keiner von der Stiftung verschiedenen Person zustattenkommen. Auf diese Zusammenhänge ist noch einmal im Rahmen der Darstellung der unternehmensverbundenen Stiftung zurückzukommen (Stichwort: Unternehmensselbstzweckstiftung, → Rn. 94 ff.).

Hier ist zunächst festzuhalten, dass der wahre Kern des Verbots der Selbstzweckstiftung allein darin liegt, **67** dass eine reine Kapitalstiftung, also eine Stiftung, die allein dem Zweck dient, das ihr gehörende Vermögen zu verwalten, anzulegen und zu vermehren, nicht zulässig ist. Anders ist das aber zB schon bei einer Stiftung, die ausschließlich durch die Art und Weise der vom Stifter vorgegebenen gezielten Anlage ihres Stiftungsvermögens bestimmte Zwecke fördert und auch ihre Erträge entsprechend reinvestiert (Investitionsstiftung/"Mission Investing").[109] Hier werden das Vermögen und die Erträge aus dem Vermögen unmittelbar zur Zweckverwirklichung eingesetzt (Praxisbeispiel: Mikrokredit[110]-Stiftung). Aus dem gemeinnützigen Bereich sind insbesondere die sog. **Anstaltsstiftungen** als Beispiele von Stiftungen zu nennen, die ihr Vermögen unmittelbar zur Zweckerfüllung einsetzt, etwa um eine Krankenhaus in der Immobilie zu betreiben, deren Eigentümerin sie ist.[111]

b) Verbot der „Stiftung für den Stifter"? Im Schrifttum weit verbreitet ist neben dem Lehrsatz vom Verbot **68** der Selbstzweckstiftung der (nirgendwo im Gesetz ausdrücklich niedergelegte) **angebliche Grundsatz der „Unzulässigkeit der Stiftung für den Stifter".**[112] Eine Stiftung für den Stifter sei „[un]zulässig, weil begrifflich ausgeschlossen", so heißt es etwa bei *Hüttemann* und *Rawert*.[113] Begründet wird dieser Grundsatz damit, dass bei der Stiftungserrichtung von dem Stifter die Uneigennützigkeit seines Handelns zu fordern sei.[114]

Diese Schlussfolgerung ist kritisch zu sehen. Man betrachte nur das Beispiel der durchaus eigennützigen Familienstiftung, die auch nach dem neuen Stiftungszivilrecht unbeschränkt zulässig ist (→ Rn. 81 ff.). Stiftungsrechtlich entscheidend ist nur, dass eine Stiftung nach dem Grundsatz der „gemeinwohlkonformen Allzweckstiftung" nicht das Gemeinwohl gefährdet (→ Rn. 48 ff.) und die Erträge aus der Verwaltung des Stiftungsvermögens einer oder mehreren von der Stiftung verschiedenen Personen zumindest mittelbar zustattenkommen (→ Rn. 65 ff.). Eine von der rechtsfähigen Stiftung verschiedene Person ist aber auch der Stifter selbst. Eine Uneigennützigkeit oder gar eine aktive Gemeinwohlförderung ist weder nach dem Wortlaut der §§ 80 ff. noch nach dem Willen des Gesetzgebers stiftungsrechtlich erforderlich. Der Gesetzgeber hat sich, anders als zum Verbot der Selbstzweckstiftung, auch nicht dahin gehend geäußert, dass er eine Stiftung für den Stifter für unzulässig hält.

Gegen eine Stiftung, deren Erträge dem Stifter zugutekommen, könnte also nur ein **systematischer Ein-** **69** **wand** sprechen. Ein solcher wurde auch tatsächlich von *Reuter* erhoben. Durch eine Stiftung für den Stifter, so sein Argument, werde ein Sondervermögen geschaffen, dass einerseits dem Wohl des Stifters dient, und andererseits dessen Gläubigern mangels pfändbarer Beteiligungen/Anteile des Stifters an dem Vermögen der Stiftung auf Dauer entzogen ist.[115]

Das ist im Prinzip zwar richtig, aber kein durchschlagender Einwand. Zum einen stehen den Gläubigern die **70** Instrumente der Insolvenz- und Gläubigeranfechtung zur Verfügung (§§ 129 ff. InsO; §§ 3 f. AnfG). Es handelt sich zum anderen um eine Fallkonstellation, die nicht nur bei der Errichtung einer Stiftung für den Stifter, sondern bei jeder Art von Stiftungserrichtung auftreten kann. Wenn ein Stifter beispielsweise sein gesamtes Vermögen an eine gemeinnützige Stiftung überträgt, so ist ggf. der Schaden für seine Gläubiger noch dadurch größer, dass der Stifter noch nicht einmal Zuwendungen aus den Erträgen des Stiftungsver-

---

109 Zur Konzeption einer Investitionsstiftung *Fritz*, Stifterwille und Stiftungsvermögen, 2009, S. 174 ff. Zum „Mission Investing" *Weber/Voigt de Oliveira/Becker* npoR 2012, 115; *Windeknecht*, Die Zulässigkeit von Mission und Impact Investing für Stiftungen, 2019.

110 Zur Bedeutung (und den Risiken!) dieser Art der „Förderung" s. etwa https://www.zeit.de/wirtschaft/2014-01/mikrokredit-kritik-studien sowie https://www.dw.com/de/mikrokredite-kein-allheilmittel-gegen-armut/a-51123088 (abgerufen jeweils am 12.5.2020).

111 Ausf. etwa *Ritter* StiftungsBrief 2010, 71.

112 Vgl. die Nachweise bei Staudinger/*Hüttemann/Rawert* (2017) BGB Vor §§ 80 ff. Rn. 8; Richter/*Dutta* § 5 Rn. 18 (Fn. 58) sowie die Darstellung bei

Burgard, Gestaltungsfreiheit im Stiftungsrecht, 2006, S. 132 ff.

113 Staudinger/*Hüttemann/Rawert* (2017) BGB Vor §§ 80 ff. Rn. 8; so auch MüKoBGB/*Weitemeyer* § 80 Rn. 116 f.

114 Richter/*Dutta* § 5 Rn. 18: „Das deutsche Stiftungsrecht geht von einer Fremdnützigkeit des Stiftungszwecks aus." Warum dann aber „[e]ine mittelbare Begünstigung des Stifters als Teil einer Gruppe … unschädlich" sein soll (*Dutta*, aaO), ist für uns nicht ersichtlich.

115 MüKoBGB/*Reuter* (6. Aufl. 2012) §§ 80, 81 Rn. 65. Ebenso MüKoBGB/*Weitemeyer* § 80 Rn. 117; Richter/*Dutta* § 5 Rn. 19.

mögens erhält, auf die seine Gläubiger zugreifen könnten.[116] Systematisch für die Zulässigkeit einer Stiftung, deren Erträge (auch) dem Stifter zustattenkommen, spricht darüber hinaus auch § 58 Nr. 6 AO. Dort hat der Gesetzgeber sogar für gemeinnützige Stiftungen ausdrücklich anerkannt, dass solche Stiftungen bis zu einem Drittel ihres Einkommens verwenden dürfen, um in angemessener Weise den Stifter und seine nächsten Angehörigen zu unterhalten, ihre Gräber zu pflegen und ihr Andenken zu ehren, ohne dass die Steuervergünstigung (Steuerbefreiung) hierdurch ausgeschlossen wird (vgl. im Einzelnen den Wortlaut des § 58 Nr. 6 AO).[117] Das ist ein klarer Fall der (teilweisen) Eigennützigkeit, der nach dem Gesetz im Übrigen auch nicht auf den Notfall beschränkt ist. Die von vielen befürwortete Einschränkung in Form des Verbots der „Stiftung für den Stifter" lässt sich mithin auf der Basis des geltenden Rechts nicht begründen und kann allenfalls als rechtspolitische Forderung verstanden werden.

71   Der Stifter kann jedenfalls ohne Weiteres eine Stiftung errichten, deren Begünstigter er selbst ist.[118] Der eigentliche Gedanke hinter dem Grundsatz der angeblichen „Unzulässigkeit der Stiftung für den Stifter" liegt wohl eher darin, dass der Stifter sich seines der Stiftung gewidmeten Vermögens entäußert, es in die unabhängige Stiftung entlässt. Dieses Vermögen bildet losgelöst vom Stifter gemäß den von ihm vorgegebenen Regeln nach der staatlichen Anerkennung die Grundlage der Stiftung. Folglich kann es, anders als etwa bei dem Alleingesellschafter einer GmbH, keinen absoluten Einfluss des Stifters geben, aufgrund dessen er die besagten Regeln beliebig aufhebt. Der Stifter muss vielmehr die Grenzen des Stiftungsrechts einhalten. Das führt genau betrachtet nur zu der Frage nach der Stiftungsreife (→ Rn. 130 ff.) des betreffenden Stifters. Mithin ist das Schlagwort von der „Unzulässigkeit einer Stiftung für den Stifter" nur verwirrend und fördert keine größeren Erkenntnisse zutage. Ohnehin errichtet ein Stifter typischerweise eine Stiftung gerade auch für sich, da sie ja einen von ihm gewählten Zweck verfolgen soll.

Fazit: Es ist in jedem Einzelfall sehr genau zu prüfen, ob die Grenzen des Stiftungszivilrechts und ggf. des Stiftungssteuerrechts eingehalten werden. Schlagworte helfen zur rechtlichen Bewertung nicht weiter.

VI. Destinatäre

72   Eine Stiftung hat keine Mitglieder oder Gesellschafter. Es gibt allerdings natürliche und/oder juristische Personen, denen die Erträge des Stiftungsvermögens zustattenkommen (vgl. die Formulierung in § 87 Abs. 2 Satz 2), bspw. in Form einer direkten finanziellen oder sonstigen Zuwendung oder auch in Form eines mittelbaren Nutzens. Sie werden allgemein Destinatäre genannt. Man könnte auch von **Nutznießern** sprechen.

73   Wer Destinatär einer Stiftung ist, wird generell durch den Stiftungszweck und ggf. konkret durch eine entsprechende Regelung in der Stiftungssatzung und/oder die Entscheidung des zuständigen Organs innerhalb der Stiftung bestimmt. Das Allgemeine Gleichbehandlungsgesetz (**AGG**) ist regelmäßig weder auf das Stiftungsgeschäft und die Satzung noch auf die Entscheidung des zuständigen Stiftungsorgans über die Vergabe von Stiftungsleistungen und auch nicht auf die Umsetzung dieser Entscheidung anwendbar.[119]

74   Es können sowohl einzelne Personen als auch bestimmte Personenkreise oder die Allgemeinheit als Destinatäre eingesetzt werden. Am letzten Fall zeigt sich, dass eine ausdrückliche **Bestimmung der Destinatäre** der Stiftung nicht erforderlich und auch gar nicht immer möglich ist. Wenn die Stiftung beispielsweise dem Erhalt einer Kunstsammlung dient, muss der Stifter in der Stiftungssatzung nicht ausdrücklich festhalten, dass die Stiftung dem Nutzen der Öffentlichkeit dienen soll. Bei echten Familienstiftungen (→ Rn. 80 ff.) werden die Familienmitglieder des Stifters oder bestimmte Mitglieder einer oder mehrerer Familien als Destinatäre bestimmt.

75   Zuwendungen einer Stiftung an ihre Destinatäre sind nach Rspr.[120] und hM[121] **keine Schenkungen**. Der Rechtsgrund für die Zuwendung ist, wie auch der BGH hervorhebt,[122] in allen diesen Fällen der Stiftungszweck selbst. Eine Stiftung wird „nur" und gerade zur Erfüllung ihres Zwecks errichtet (§§ 80 Abs. 2, 81 Abs. 1). Die Entscheidung des Stiftungsorgans über die Gewährung einer Leistung ist somit kein Schen-

---

116 Vgl. im Einzelnen zur Kritik auch *Burgard*, Gestaltungsfreiheit im Stiftungsrecht, 2006, S. 134 f.; v. Campenhausen/Richter/*Hof* § 7 Rn. 60.

117 Ausf. zu § 58 Nr. 6 AO *Schiffer*, Stiftung, § 9 Rn. 157 ff.

118 MüKoBGB/*Weitemeyer* § 80 Rn. 117 nennt es einen „schweren rechtspolitischen Fehler", dass etwa das österreichische Privatstiftungsgesetz aus dem Jahr 1993 es zulässt, dass der Stifter sich zum einzigen Begünstigten der Stiftung beruft. Die Begründung für diese Einschätzung ist aus unserer Sicht aber nicht tragfähig.

119 MüKoBGB/*Weitemeyer* § 85 Rn. 50; Richter/*Dutta* § 5 Rn. 33, jeweils mwN.

120 BGH NJW 1957, 708; BGH 7.10.2009 – Xa ZR 8/08, NJW 2010 Rn. 12 ff. = BB 2010, 77 mAnm *Schiffer*, 234; BGH 15.12.2016 – I ZR 63/15, BB 2017, 257.

121 Richter/*Dutta* § 5 Rn. 54; O. Werner/Saenger/Fischer/*Hörmann* § 21 Rn. 86 mwN.

122 BGH BB 2010, 77 mAnm *Schiffer*; sa BGH NJW 1957, 708; Richter/*Dutta* § 5 Rn. 54; v. Campenhausen/Richter/*Hof* § 7 Rn. 171.

kungsversprechen. Das gilt auch für einen Vertrag (bspw. Finanzierungsvertrag) der aufgrund einer solchen Entscheidung mit dem Empfänger abgeschlossen wird (Vertrag sui generis).[123] Die **Gegenmeinung** geht von der grundsätzlichen Geltung des Schenkungsrechts aus, befürwortet aber bestimmte Einschränkungen der Geltung der schenkungsrechtlichen Vorschriften. Insbesondere soll das Formgebot des § 518 Abs. 1 BGB nicht greifen.[124]

Die Destinatäre sind weder Mitglieder noch Gesellschafter der Stiftung. Damit haben sie **grundsätzlich**   **76** auch **keine** „Mitgliedschaftsrechte", wie insbesondere **Verwaltungs- oder Kontrollbefugnisse**. Dem Stifter ist es aber unbenommen, in geeigneten Fällen den Destinatären in der Stiftungssatzung entsprechende Rechte einzuräumen. Er kann die Stellung der Destinatäre durch Organisations- und Verwaltungsbestimmungen in der Stiftungssatzung deutlich stärken. So kann er ihnen zB einklagbare Ansprüche auf Stiftungsleistungen einräumen oder bestimmte Verwaltungs- und Kontrollrechte (zB ein Recht zur Einsichtnahme in die Bücher der Stiftung) übertragen. Hierfür kann der Stifter die Destinatäre auch zu einem eigenen Stiftungsorgan, einem Kuratorium etwa, zusammenschließen und diesem Organ konkrete Verwaltungsbefugnisse und/oder etwa die Überwachung des Stiftungsvorstandes übertragen.

VII. Stiftungsformen

Die §§ 80–88 unterscheiden nicht zwischen den verschiedenen Formen der privatrechtlichen Stiftung. Wenn   **77** in Fachschrifttum und Praxis dennoch zwischen bestimmten Stiftungsformen unterschieden wird, dient das allein der **Typisierung und der Strukturierung des Themas**. Man orientiert sich an den in der Praxis typischerweise vorkommenden Stiftungszwecken und **fasst Stiftungen mit ähnlichen Zwecken in Gruppen zusammen**. Konsequenzen für das Stiftungszivilrecht sind daraus aber nicht zu ziehen.[125] Das Zivilrecht unterscheidet allein zwischen genehmigungsfähigen und nicht genehmigungsfähigen Stiftungen. Anders ist es im **Steuerrecht** und in einer Reihe von **Landesstiftungsgesetzen**. Dort sind beispielsweise für dort mehr oder weniger klar definierte Familienstiftungen besondere Rechtsfolgen (Ersatzerbschaftsteuer, eingeschränkte Rechtsaufsicht) vorgesehen.

1. Die allgemein (oder: schlicht) privatnützige Stiftung. Bevor sogleich einige Stiftungsarten mit   **78** einem besonderen Zweck und/oder einer speziellen Ausrichtung angesprochen werden, bleibt vorab festzuhalten, dass eine Stiftung keinen dieser (beispielhaften) Zwecke und auch keine dieser Ausrichtungen haben muss. Bis zur Grenze der Gemeinwohlgefährdung (→ Rn. 48 ff.) darf sie **jeden beliebigen privatnützigen Zweck** verfolgen und jede beliebige privatnützige Ausrichtung haben. Sie muss insbesondere nicht eine Familienstiftung, eine unternehmensverbundene Stiftung oder gar eine wegen Gemeinnützigkeit steuerbefreite Stiftung sein. Das wird in der Praxis nicht selten verkannt – etwa von der Finanzverwaltung, die mit Blick auf die Erbersatzsteuer eine Stiftung „gerne" als Familienstiftung einstuft und andere Möglichkeiten ausschließt. Das Gesetz kennt hier keine Zweckvorgaben, wie man sie früher leider vereinzelt im Landesstiftungsrecht fand, wonach zB unternehmensverbundene Stiftungen nicht genehmigungsfähig sein sollten.[126] Die hier skizzierten Zusammenhänge finden nunmehr auch in einigen Landesstiftungsgesetzen ihren Ausdruck darin, dass dort ausdrücklich und allgemein von Stiftungen die Rede ist, die privaten Zwecken dienen (s. zB §§ 6 Abs. 3, 7 Abs. 4 StiftG NRW).

Ein **Praxisbeispiel** für eine **allgemein privatnützige Stiftung ist** eine Stiftung, die als potenzielle Destinatäre   **79** nur die „Mitglieder" einer bestimmten Einrichtung oder eines bestimmten Unternehmens hat. Eine solche Stiftung ist nicht unternehmensverbunden und dient nicht einer Familie. Sie dient aber ersichtlich auch nicht der Allgemeinheit (§ 52 Abs. 1 S. 2 AO), weshalb sie nicht wegen Gemeinnützigkeit steuerbefreit ist (→ Rn. 108 ff.). Zu denken ist etwa auch an eine Stiftung, die bestimmte, nicht gemeinnützige Zwecke fördert, etwa die Beschäftigung mit eSports.[127] Verwiesen sei etwa auch auf die Stiftung Bahn-Sozialwerk (Stiftung BSW), die, wie ihr Internetauftritt zeigt,[128] nicht gemeinnützig ist.

---

123 BGH 7.10.2009 – Xa ZR 8/08, NJW 2010 Rn. 12 ff. = BB 2010, 77 mAnm *Schiffer*, 234.

124 Ausf. *Settels*, Destinatsleistungen und andere satzungsmäßige Zuwendungen als Schenkungen, 2016. S. dazu die Besprechung von *Schiffer* ZStV 2018, 113. Ihr folgend Staudinger/*Hüttemann/Rawert* (2017) § 85 Rn. 43 ff. S. zuvor auch schon *Muscheler*, S. 223 ff. = WM 2003, 2213, *ders*. AcP Bd. 203 (2003), 469, der § 81 Abs. 1 Satz 1 als lex specialis zu § 518 Abs. 1 BGB versteht.

125 Zu dem unzulässigen Schluss von Schlagworten auf rechtliche Zusammenhänge vgl. schon *Schiffer/ v. Schubert* BB 2002, 265 (266) zu *Schwarz* BB 2001, 2381 (2387).

126 S. *Hennerkes/Schiffer* BB 1992, 1940.

127 Zu Fragen des eSports *Pusch* npoR 2019, 53.

128 BSW: www.stiftungsfamilie.de (zuletzt besucht am 12.5.2020).

80 **2. Familienstiftungen.** Die Familienstiftung[129] ist nach dem Gesagten keine eigene Stiftungsart, sondern eine **Unterform der rechtsfähigen Stiftung des Privatrechts.**[130] In der Debatte zur 2002 schließlich umgesetzten Reform des Stiftungsrechts wurde insbesondere in dem von Bündnis 90/Die Grünen vorgelegten Gesetzesentwurf, der dem Vernehmen nach maßgeblich von *Rawert* „beeinflusst" wurde, der Gedanke vertreten, eine Familienstiftung längstens für 30 Jahre zuzulassen, und zwar mit Fortsetzungsmöglichkeit durch zustimmenden Beschluss aller Begünstigten (Destinatäre).[131] Dieser Gedanke setzte sich bei der Reform des Stiftungszivilrechts aber nicht durch. Stiftungen sind, wenngleich sie auf Zeit errichtet werden können (→ Rn. 36 ff.), dennoch grundsätzlich auf unbegrenzte Dauer angelegt. Ihre Dauer bestimmen zudem die Stifter und nicht die Destinatäre. Frühere Einschränkungen der „Genehmigungsfähigkeit" von Familienstiftungen in den Landesstiftungsgesetzen sind seit der Reform des Stiftungsrechts im BGB im Jahr 2002 überholt und obsolet.[132]

81 **a) Zulässigkeit.** Trotz dieses eigentlich eindeutigen Votums des Gesetzgebers, dem auch die ganz herrschende Meinung folgt,[133] werden noch immer Bedenken gegen die Zulässigkeit bestimmter Formen der Familienstiftung geäußert.[134] Die Argumentation gegen die Zulässigkeit der Familienstiftung oder gegen bestimmte Formen der Familienstiftung ist an anderer Stelle bereits widerlegt worden, worauf hier verwiesen sei.[135] In der hier gebotenen Kürze wollen wir aber ein ganz grundlegendes Argument gegen die Zulässigkeit bestimmter Familienstiftungen näher untersuchen.

82 Insbesondere *Reuter* war der Auffassung, dass die grundrechtlich geschützte Freiheit des Stifters bei der Bestimmung des Stiftungszwecks (→ Rn. 6) durch das Recht der Vermögensnachfolger darauf, vor Bevormundungen des Erblassers beim Gebrauch des Vermögens geschützt zu werden, beschränkt ist. Der Erblasser soll nach *Reuters* Auffassung grundsätzlich nur im Umfang der durch die Verwaltungstestamentsvollstreckung eröffneten Möglichkeiten über die Verwaltung und Verwendung seines Vermögens nach dem Erbfall bestimmen können. Weiter gehe seine grundrechtlich geschützte Freiheit nicht, weshalb sich der Stifter bei der Errichtung einer Familienstiftung insoweit auch nicht auf den Grundrechtsschutz berufen könne. Anders sei es nur, wenn die Stiftungserrichtung der Förderung sozialer Anliegen dient, weshalb er nur solche Familienstiftungen für zulässig hält, die Mitglieder einer bestimmten Familie nicht voraussetzungslos begünstigen.[136]

83 Dem kann nicht gefolgt werden. Der Einzelne und damit auch jeder Stifter ist in der Verfügung über sein Vermögen nur insoweit beschränkt, als Pflichtteils- und Pflichtteilsergänzungsansprüche eingreifen (→ Rn. 127 ff.). Jedenfalls die Abkömmlinge des Verfügenden haben nämlich einen grundrechtlich geschützten Anspruch auf Teilhabe an dem Vermögen, der durch die Regelungen zum Pflichtteil und zur Pflichtteilsergänzung verwirklicht wird.[137] Da aus den Grundrechten aber kein darüber hinausgehendes Recht auf Nachfolge in das Vermögen des Erblassers folgt, kann es auch kein weitergehendes Recht von Familienmitgliedern auf Schutz vor Bevormundung geben, wie es aber *Reuter* behauptet. Wer die mit einer Vermögensnachfolge verbundenen Vorgaben des Erblassers nicht auf sich nehmen will, kann sich davor zB durch Ausschlagung der Erbschaft schützen. Aus den Grundrechten der Familienmitglieder folgt demnach

---

129 Grundlegend: *Schindler*, Familienstiftung, 1975; sa *Lehleiter*, Die Familienstiftung als Instrument zur Sicherung der Unternehmenskontinuität bei Familienunternehmen, 1996; *Löwe*, Familienstiftung und Nachfolgegestaltung, 2. Aufl. 2016; *Muscheler*, S. 317 ff.; *Richter*, § 11 (S. 314 ff.); *Saenger* FS Kollhosser, Bd. II., 2004, S. 591 ff.; *Schiffer*, FS Binz, 2014, S. 596 ff.; *O. Werner*, ZStV 2018, 203 und ZStV 2019, 7. Aus rechtsvergleichender Perspektive (Deutschland, Österreich, Liechtenstein, Schweiz) *Beck*, Die Familienstiftung, 2018.

130 S. nur *O. Werner* ZStV 2018, 203.

131 S. dazu *Sorg*, Stiftung und Sponsoring, 2/2000, 14, 16.

132 Wie hier etwa Palandt/*Ellenberger* BGB § 80 Rn. 8 für die Familienstiftung; *Hüttemann/Rawert* ZIP 2002, 2019.

133 Vgl. nur Palandt/*Ellenberger* BGB § 80 Rn. 8; BeckOGK/*Jakob/Uhl* BGB § 80 Rn. 523; *Richter* § 11 Rn. 29 ff.; Staudinger/*Hüttemann/Rawert* (2017) BGB Vor §§ 80 ff. Rn. 265 f.; jeweils mwN.

134 Vor allem MüKoBGB/*Reuter* (6. Aufl. 2012) §§ 80, 81 Rn. 95 ff. mwN. An ihn anknüpfend äußert MüKoBGB/*Weitemeyer* § 80 Rn. 177 ff. jedenfalls grundlegende rechtspolitische Bedenken und sieht

auch noch nach geltendem Recht Einschränkungen (Rn. 183, 190 f.). Für eine Unzulässigkeit noch Staudinger/*Rawert* (1995) BGB Vor §§ 80 ff. Rn. 132 ff.; aufgegeben von Staudinger/*Hüttemann/ Rawert* (2011) BGB Vor §§ 80 ff. Rn. 186 und so auch weiterhin Staudinger/*Hüttemann/Rawert* (2017) BGB Vor §§ 80 ff. Rn. 266, wenn auch weiterhin aus rechtspolitischer Sicht kritisch, vgl. Rn. 187 ff. Grundlegend kritisch in jüngerer Zeit *Dutta*, Warum Erbrecht?, 2014, 21 ff., 47 ff. Für Unzulässigkeit wegen „fehlendem Gemeinwohlbezug" und Unvereinbarkeit mit „wesentlichen Prinzipien der Rechtsordnung" *Neumann*, Die reine Unterhaltsstiftung, 2014, 87 ff.

135 S. etwa *Burgard*, Gestaltungsfreiheit im Stiftungsrecht, 2006, S. 127 ff.; *Fröhlich*, Die selbstständige Stiftung im Erbrecht, 2004, S. 53 ff., 59 ff., 64 ff., 68 ff.

136 MüKoBGB/*Reuter* (6. Aufl. 2012) §§ 80, 81 Rn. 96; ähnlich auch MüKoBGB/*Weitemeyer* § 80 Rn. 183, 189, wobei für uns nicht ganz deutlich wird, welche Einschränkung nach aktuellem Recht gelten soll und was als rechtspolitische Forderung zu verstehen ist.

137 BVerfGE 112, 332.

entgegen *Reuter* keine Einschränkung der Zulässigkeit von Familienstiftungen und aus unserer Sicht auch keine den Gesetzgeber treffende verfassungsrechtliche Schutzpflicht, wie etwa *Weitemeyer* meint.[138]

b) Begriff. Familienstiftungen werden vor allem **im Unternehmensbereich** eingesetzt. Über eine Familienstiftung kann die von der Familie unabhängige Sicherung der Zukunft des Unternehmens bei gleichzeitiger finanzieller Versorgung der Familienangehörigen erreicht werden. Vor dem Hintergrund der jüngsten Reformen des Erbschaftsteuerrechts werden Familienstiftungen noch einmal verstärkt als besonders attraktive Gestaltungen gesehen.[139] Zudem wird die inländische Familienstiftung auch als Ansatz zur sog. **„Asset Protection"**, dh zum Schutz vor Gläubigern, propagiert.[140] Bei aller Gestaltungsfreude ist jedem Berater und jeder Beraterin mit Blick auf die Kurzlebigkeit des Steuerrechts, die Besonderheiten der Rechtsform Stiftung und das Erfordernis der Stiftungsreife (→ Rn. 130 ff.) gerade auch bei Familienstiftungen ein sehr genauer Blick auf den Einzelfall anzuraten.   84

Definitionen der Familienstiftung finden sich in einigen Landesstiftungsgesetzen sowie im ErbStG und im AStG. Einheitlich sind diese Definitionen nicht. Sofern die Familienstiftung in den Landesstiftungsgesetzen definiert ist, stellen diese darauf ab, dass die Stiftung nach dem Stiftungsgesetz ausschließlich oder überwiegend dem Wohle der Mitglieder einer oder mehrerer bestimmter Familien dient (zB § 21 Abs. 1 StiftG Hessen). Eine Familienstiftung nach dem AStG liegt vor, wenn der Stifter, seine Angehörigen und deren Abkömmlinge zu mehr als der Hälfte bezugsberechtigt oder anfallsberechtigt sind (§ 15 Abs. 2 AStG). Nach § 1 Abs. 4 ErbStG unterliegt das Vermögen einer Stiftung in Zeitabschnitten von 30 Jahren der Erbschaftsteuer, sofern sie wesentlich im Interesse einer Familie oder bestimmter Familien errichtet ist.   85

Die Besonderheit einer Familienstiftung liegt demnach jedenfalls darin, dass sie nach ihrem Stiftungszweck in erster Linie – oder jedenfalls wesentlich – den Interessen einer oder mehrerer Familien dient. Allen Definitionen gemeinsam ist das **Erfordernis der Begünstigung einer oder mehrerer Familien**. Es gibt allerdings zwischenzeitlich „alte" Familienstiftungen mit über 1.000 potenziellen Destinatären. Bei diesen stellt sich schon wegen der Größe des Destinatärkreises die offensichtliche Frage, ob hier überhaupt noch von einer Familienstiftung im eigentlichen Sinne gesprochen werden kann. Das herkömmliche Verständnis einer Familienstiftung stößt hier jedenfalls an Grenzen. Auch der Gesetzgeber geht bei der Familienstiftung offensichtlich von einer Kleinfamilie aus, gewährt er doch bei der Erbersatzsteuer den doppelten Freibetrag nach § 16 Abs. 1 Nr. 2 ErbStG (§ 15 Abs. 2 S. 3 ErbStG), legt also eine „Regelfamilie" mit zwei Kindern zugrunde.[141] Welchen Umfang die Familienförderung haben muss, ist auch unabhängig von diesem Aspekt beinahe schon „traditionell" umstritten.[142] Diese Frage wird zudem für das Stiftungszivilrecht anders beantwortet als für das Stiftungssteuerrecht. Spätestens daraus ergeben sich vor allem im Zusammenhang mit der Erbersatzsteuer erhebliche Probleme (→ Rn. 88 f.). Die Familienstiftung als Stiftung des privaten Rechts ist im Erbschaftsteuergesetz, im Außensteuergesetz und in einzelnen Landesstiftungsgesetzen unterschiedlich definiert.   86

Außerhalb des Steuerrechts entscheidet die Einordnung als Familienstiftung vor allem darüber, ob und in welchem Umfang die jeweilige Stiftung der staatlichen **Stiftungsaufsicht** unterliegt. So entfällt beispielsweise bei der Familienstiftung nach § 13 Abs. 3 StiftG BW die ansonsten für die Stiftung geltende Verpflichtung, bestimmte Rechtsgeschäfte der Stiftung im Voraus anzuzeigen;[143] nach § 6 Abs. 3 StiftG NRW unterfallen Stiftungen, „die ausschließlich oder überwiegend private Zwecke verfolgen" (also insbesondere auch Familienstiftungen), „nur insoweit der Stiftungsaufsicht, als sicherzustellen ist, dass ihre Betätigung nicht gesetzlich geschützten öffentlichen Interessen zuwiderläuft." Der Gesetzgeber vertraut auf die Kontrolle durch die von der Stiftung begünstigte Familie, da sich die Familienstiftungen – auch nach den Erfahrungen der Behörden – in aller Regel korrekt verhalten. Das rechtfertigt grundsätzlich auch eine großzügige Aufsichtsführung.[144] Da das BGB mit seinem neuen Stiftungsrecht die Frage der Stiftungsaufsicht nicht regelt, vielmehr die Stiftungsaufsicht weiterhin in den Landesstiftungsgesetzen geregelt ist, haben die dortigen Definitionen der Familienstiftung insoweit weiterhin ihre rechtliche Bedeutung.[145]   87

Bei einer deutschen (echten) Familienstiftung fällt alle 30 Jahre die sog. **Erbersatzsteuer** an (§§ 1 Abs. 1 Nr. 4, 9 Abs. 1 Nr. 4 ErbStG; auch Ersatzerbschaftsteuer genannt), wobei das Gesetz zwei selbstständig zu besteuernde Vermögensteile fingiert. Im Ergebnis führt das zu einer Steuerbelastung der Stiftung (Steuerklasse, Freibeträge), wie sie anfiele, wenn der Nachlass alle 30 Jahre auf zwei natürliche Personen der Steuerklasse I verteilt würde (§ 15 Abs. 2 S. 3 ErbStG). Die Erbersatzsteuer kann im Übrigen bei einer Verzinsung von 5,5 % pro Jahr in 30 gleichen Jahresbeträgen entrichtet werden (§ 24 ErbStG).   88

---

138 So aber MüKoBGB/*Weitemeyer* § 80 Rn. 189.

139 Vgl. etwa *von Oertzen/Reich* DStR 2017, 1118.

140 S.v. *Oertzen/Hosser* ZEV 2010, 168.

141 Ausf. *Schiffer* § 8 Rn. 49 ff.

142 S. schon bei *Schindler/Steinsdörfer*, S. 21 ff.; ausf. *Schiffer*, Stiftung, § 2 Rn. 24 ff., § 8 Rn. 53 ff. mwN.

143 Übersicht bei *Schiffer*, Stiftung, § 2 Rn. 20 f.

144 S. Bericht der Bund-Länder-Arbeitsgruppe Stiftungsrecht, S. 56 f.; *Sorg*, Stiftung & Sponsoring, 2/2000, 14; kritisch *Seyfarth* ZSt 2008, 145.

145 Vgl. auch Palandt/*Ellenberger* BGB § 80 Rn. 8.

89 Für den Bereich des **Steuerrechts**[146] ist, wenngleich die Finanzverwaltung das bestreitet, nach der hier vertretenen Ansicht für die Einstufung als Familienstiftung zu fordern, dass den begünstigten Familienangehörigen (Destinatären) entweder mindestens 75 % der laufenden Bezüge und des bei der Auflösung der Stiftung anfallenden Vermögens zugesagt sind (sog. „Löwenanteilstheorie") oder zumindest 1/3 der Bezüge und des bei Auflösung der Stiftung anfallenden Vermögens, wenn im Übrigen qualitative Vermögensinteressen der Familie an der Stiftung ein Familieninteresse belegen.[147] Die Finanzverwaltung setzt diese Grenze, um zu den Steuerfolgen für Familienstiftungen, dh insbesondere zu der **Erbersatzsteuer** zu gelangen, auf bis zu 25 % herab (R 2 Abs. 2 ErbStR). Der BFH hat sich zweimal[148] mit der steuerlichen Einstufung einer Stiftung als Familienstiftung befasst. Den Urteilen lagen allerdings jeweils besondere Sachverhalte zugrunde. Im jüngeren der beiden Urteile hat der BFH das Vorliegen einer Familienstiftung bejaht, obwohl die Stiftung in dem steuerlich relevanten 30-jahres Zeitraum keinerlei Zahlungen an Familienmitglieder geleistet hat.[149] Die Besteuerung der Leistung der Stiftung an die Destinatäre erfolgt mit der hM nach § 20 Abs. 1 Nr. 9 EStG.[150]

90 **3. Unternehmensverbundene Stiftungen. a) Grundtypen.** Nach der Zweckrichtung und den Motiven des Stifters sind zwei Grundtypen der unternehmensverbundenen Stiftung zu unterscheiden:[151]

Die **Unternehmensträgerstiftung** betreibt das Unternehmen unmittelbar selbst. Sie ist wegen des Grundsatzes der gemeinwohlkonformen Allzweckstiftung (→ Rn. 48 ff.) zulässig. So ist bspw. in § 6 Abs. 2 S. 1 StiftG-Bbg ausdrücklich von dem Fall „… des Betreibens eines erwerbswirtschaftlichen Unternehmens …" die Rede. Diese Stiftungsform ist wegen ihrer mangelnden Flexibilität in der Praxis allerdings ausgesprochen selten, soweit es um reine Wirtschaftsunternehmen geht.[152] Wenn etwa *Stumpf*[153] von der „in der Praxis durchaus häufig anzutreffenden Form der Unternehmensträgerstiftung" schreibt, so ist das nicht richtig. Aus der Vergangenheit zu nennen sind etwa solche Unternehmen wie Carl Zeiss und Soldan, die früher in der Rechtsform einer Stiftung betrieben wurden, inzwischen den Geschäftsbetrieb aber ausgelagert haben und zu Beteiligungsträgerstiftungen „mutiert" sind.[154]

91 Was in der wissenschaftlichen Diskussion bisher eher selten zur Sprache kommt, ist der Umstand, dass wir im steuerbegünstigten Bereich häufig auf Gestaltungen treffen, in denen Stiftungen unmittelbar selbst wirtschaftlich tätig werden. Steuerbegünstigte Stiftungen unterhalten wirtschaftliche Geschäftsbetriebe (§ 14 AO) und insbesondere Zweckbetriebe (§ 65 AO), wie etwa Krankenhäuser, Alten- und Pflegeheime oder Kindergärten. Es ist allerdings unüblich, hier von unternehmensverbundenen Stiftungen zu sprechen. Gleichwohl erscheint es uns erhellend, wenn man sich vor Augen führt, dass unternehmerische Tätigkeit im Stiftungsbereich tatsächlich sehr weit verbreitet ist.

92 Im nicht steuerbegünstigten Bereich sehr viel häufiger ist dagegen die **Beteiligungsträgerstiftung** (auch „Kapitalfondsträger-Stiftung" genannt).[155] Bei ihr hält eine Stiftung eine Beteiligung an einer Personen- oder Kapitalgesellschaft. Diese Form der unternehmensverbundenen Stiftung ist bei richtiger Gestaltung in speziellen Fällen durchaus praktikabel.[156] Die Beteiligungsträgerstiftung ist alleinige Gesellschafterin oder Mitgesellschafterin. Das Unternehmen wird als Personen- oder Kapitalgesellschaft betrieben, so dass das

---

146 S. zur Abgrenzung im Steuerrecht vor allem die rechtsmethodischen sauberen Ausführungen von *Jülicher* StuW 1995, 71 und StuW 1999, 363; ausf. *Schiffer* in Fischer ua, ErbStG, 5. Aufl. 2014, § 1 ErbStG Rn. 50 ff. mwN.

147 Vgl. *Schiffer* in Fischer ua, ErbStG, 5. Aufl. 2014, § 1 Rn. 74 ff., 85 ff. mwN.

148 BStBl II 1998 S. 114 ff.; BFH/NV 2010, 898.

149 S. zu dem Urteil die kurze Besprechung von *Halaczinsky* ErbStB 2010, 92. Die Erbschaftsteuerrichtlinien 2011 sieht in R 1.2 Abs. 2 S. 4 im Anschluss an das Urteil vor, „dass bereits die Bezugsberechtigung der in der Satzung bezeichneten Familienangehörigen […] das Wesen der Stiftung als Familienstiftung [prägen soll], auch wenn Ausschüttungen bisher nicht vorgenommen worden sind." – Aus unserer Sicht ein Widerspruch zum erbschaftsteuerlichen Bereicherungsprinzip; vgl. *Schiffer* in Fischer ua, ErbStG, 5. Aufl. 2014, § 1 Rn. 87 mwN.

150 In diesem Sinne BFH 3.11.2010 – I R 98/09. Ausf. zuvor schon *Schiffer* StuB 2001, 923; *ders./v. Schubert* BB 2002, 265 (267 f.); *ders.*, Die Stiftung in der Beraterpraxis, 2. Aufl. 2009, § 9 Rn. 33 f.

151 Ebenso *Richter* § 10 Rn. 1 mwN; MHdB GesR V/ *Gummert* § 81 Rn. 45 ff.; *Wachter*, S. 124; *Berndt/ Götz*, Rn. 1681 ff., unterscheiden zusätzlich „Funktionsträger-Stiftungen und Anstaltsträger-Stiftungen"; wir weisen einmal mehr darauf hin, dass es sich dabei nur um Schlagworte handelt (s. Rn. 38), aus denen keine rechtliche Folgerungen zu ziehen sind.

152 *Lex* ZSt 2003, 178 (Editorial) scheint diese Form der Stiftung aufgrund des Körperschaftsteuersystems aber durchaus positiv zu sehen.

153 *Stumpf*/Suerbaum/Schulte/Pauli, Teil B, BGB § 80 Rn. 44.

154 S. als weiteres Beispiel auch die Dr. Arthur Pfungst-Stiftung: https://pfungst-stiftung.de/die-stiftung/historie/ (abgerufen am 12.5.2020).

155 *Berndt*/Götz Rn. 1686.

156 *Schiffer/Pruns* in Schiffer, Stiftung, § 11 Rn. 24 ff.

Unternehmen den Vorschriften für diese Rechtsformen unterfällt,[157] weshalb auch die **erforderliche Flexibilität des Unternehmens** selbst grundsätzlich erhalten bleiben kann.

Eine Beteiligungsträgerstiftung kann zur Nachfolgegestaltung[158] als Dotationsquelle für durchaus verschiedene Zwecke, als Familientreuhänder oder auch als Führungsinstrument für das Unternehmen dienen. Dabei werden die genannten Aufgaben in der Praxis typischerweise miteinander kombiniert. Bekannte gegenwärtige und vormalige Beispiele von Stiftungen und Stiftungskonstruktionen im Unternehmensbereich sind die Breuninger Stiftung, die Peter Klöckner-Stiftung, die Stoll Vita Stiftung (Sedus) und die Vorwerk Elektrowerke Stiftung & Co. KG. Zu nennen sind auch Aldi, dm, Lidl, Würth und Bertelsmann.   **93**

b) Zulässigkeit. Die hM bejahte auch schon vor dem neuen Stiftungszivilrecht insbesondere die Zulässigkeit der unternehmensverbundenen **Beteiligungsträgerstiftung**.[159] Echte Probleme in der Praxis konnte die damalige Bund-Länder-Arbeitsgruppe, aus deren Vorschlag das seit 2002 geltende Stiftungsrecht hervorging (→ Vor §§ 80 ff → Rn. 17), nicht feststellen.[160] Dagegen vertraten vor allem *Rawert*[161] und *Reuter*[162] die Ansicht, dass Stiftungen nicht allein wirtschaftlichen Zwecken dienen dürfen und leiteten, mit Unterschieden in den Details ihrer Begründungen, aus einer Analogie zu § 22 die weitgehende Unzulässigkeit von unternehmensverbundenen Stiftungen ab. Wirtschaftliche Betätigungen sollten nur als untergeordneter Nebenzweck zu einem ideellen Hauptzweck zulässig sein. Während *Reuter* diese Ansicht, wohl ausgehend von den Gedanken aus seiner Habilitationsschrift,[163] auch nach der Stiftungsrechtsreform vertrat,[164] hat *Rawert* – nunmehr im Verein mit *Hüttemann* – sie inzwischen – mehr oder weniger – aufgegeben. *Hüttemann/Rawert* sehen nach der Reform des Stiftungszivilrechts mangels Regelungslücke keinen Raum mehr für eine analoge Anwendung des § 22, auch wenn beide sie unter „teleologischen Gesichtspunkten" im Kern weiterhin für berechtigt halten.[165] Die Berechtigung des Analogieschlusses war allerdings bereits vor der Reform des Stiftungszivilrechts aufgrund des fehlenden Verweises auf § 22 in § 86 zweifelhaft. Deutliche Worte wurden dazu schon an anderer Stelle gefunden.[166]   **94**

Die Diskussion schien eigentlich mit der deutlichen Formulierung des § 80 Abs. 2 beendet,[167] doch halten sie einige Fachautoren für fortführungsbedürftig.[168] In den Vordergrund ist dabei anstelle der Analogie zu § 22 nunmehr die Argumentation über den Lehrsatz vom Verbot der Selbstzweckstiftung (→ Rn. 53 ff.) gerückt.[169] Eine Stiftung, „deren Zweck die Bestandserhaltung (Perpetuierung) eines von ihr unmittelbar oder in Beteiligungsträgerschaft geführten Unternehmens" ist, soll als „Unternehmensselbstzweckstiftung" unzulässig sein.[170] Auch die Bund-Länder-Arbeitsgruppe hat die „Unternehmensselbstzweckstiftung" erörtert und für einen Unterfall der unzulässigen Selbstzweckstiftung gehalten.[171] Ein ausdrückliches Verbot scheitere, so die Bund-Länder-Arbeitsgruppe, aber unter anderem an einer Definition der Unternehmens-   **95**

157 Schon deshalb wird, anders als wohl *Rawert* (ZEV 1999, 294 (295)) meint, hier nicht die angebliche „frappierende Regellosigkeit" der Rechtsform Stiftung ausgenutzt; wie hier etwa *Schwintek* ZRP 1999, 25 (29).

158 Näher *Schiffer/Pruns* in Schiffer, Stiftung, § 11 Rn. 1 ff., 28 ff.

159 S. etwa die Vorauflagen von *Palandt* bei § 80 (Vor 62. Aufl.).

160 Bericht der Bund-Länder-Arbeitsgruppe Stiftungsrecht vom 19.1.2001, S. 52.

161 Staudinger/*Rawert* (1995) BGB Vor §§ 80 ff. Rn. 83 ff., 94 ff.

162 MüKoBGB/*Reuter* (4. Aufl. 2001) Vor § 80 Rn. 47 ff.

163 Privatrechtliche Schranken der Perpetuierung von Unternehmen, 1973, *Burgard*, Gestaltungsfreiheit im Stiftungsrecht, 2006, S. 61 ff. hat am Beispiel (!) *Reuters* aufgezeigt, wie ein bestimmtes Vorverständnis (naturgemäß) das Ergebnis juristischer Überlegungen beeinflusst. Ähnlich wie *Reuter* spricht auch *Rawert*, in FS Reuter, 2010, S. 1323, 1324 im Zusammenhang mit Stiftungen unter Hinweis auf *Schiffer*, Stiftung, § 11 (wo die „Unternehmensnachfolge mit Stiftungen" behandelt wird) nach wie vor von „privatnützig motivierten Stiftungsstrategien, deren Sinn weniger mäzenatische Gemeinwohlförderung als vielmehr die Sicherung dynastischer Vermögensstrukturen" sei. Wir Juristen müssen gesetztes

und gewünschtes Recht auseinander halten. Im Übrigen aber vertreten wir immer „nur" Meinungen und geben keine zwingenden Ableitungen. Die Jurisprudenz ist und bleibt eine wertende Wissenschaft.

164 MüKoBGB/*Reuter* (6. Auflage 2012) Vor § 80 Rn. 48 f.; §§ 80, 81 Rn. 90 ff.

165 *Rawert*, Non Profit Law Yearbook 2003, S. 1, 5 Fn. 21; sa Staudinger/*Hüttemann/Rawert* (2017) BGB Vor §§ 80 ff. Rn. 222.

166 Palandt/*Ellenberger* BGB § 80 Rn. 9 und zuvor (66. Aufl.) aaO schon *Heinrichs*.

167 Palandt/*Ellenberger* BGB § 80 Rn. 9; *Schiffer* ZSt 2003, 252.

168 *Hüttemann* ZHR 167 (2003), 35, 60; zustimmend *Rawert*, in: Kötz ua, Non Profit Law Yearbook 2003, S. 1, 6; sa Staudinger/*Hüttemann/Rawert* (2017) BGB Vor §§ 80 ff. Rn. 224 ff.; MüKoBGB/*Weitemeyer* § 80 Rn. 199 ff.

169 S. neben *Hüttemann* und *Rawert* (jew aaO) auch MüKoBGB/*Reuter* (6. Aufl. 2012) §§ 80, 81 Rn. 95 ff.; MüKoBGB/*Weitemeyer* § 80 Rn. 203 ff. Ausf. jüngst auch noch einmal *Rawert* FS Crezelius, 2018, 87, 91 ff.

170 Staudinger/*Hüttemann/Rawert* (2017) BGB Vor §§ 80 ff. Rn. 225.

171 Bericht der Bund-Länder-Arbeitsgruppe Stiftungsrecht v. 19.10.2001, S. 38, 40.

selbstzweckstiftung.[172] Dass eine überzeugende Definition der „Unternehmensselbstzweckstiftung" nicht gefunden werden konnte, verwundert nicht. Kann doch schon das Verbot der Selbstzweckstiftung in seiner herkömmlichen Formulierung nicht aufrechterhalten werden, wie wir oben (→ Rn. 59 ff.) gesehen haben. Es ist zu weit gefasst und erfasst – beim Wort genommen – ungewollt auch Fälle gemeinnütziger Stiftungsgestaltungen, die unstreitig zulässig sind.

96 Erinnern wir uns an den **Beispielsfall** des Stifters S, der „seiner" Stiftung eine Gemäldesammlung und Kapitalvermögen überträgt, um die Gemäldesammlung zu erhalten (→ Rn. 54 ff.). Wir brauchen an die Stelle der Gemäldesammlung nur das Unternehmen oder die Beteiligung an dem Unternehmen zu setzen, um die Frage der Zulässigkeit unternehmensverbundener Stiftungen zu untersuchen. Wenn das Unternehmen einen gemeinnützigen Zweck verfolgt, zB als Zweckbetrieb ein Krankenhaus betreibt (§§ 65, 67 AO), so sind der Betrieb und die Erhaltung des Unternehmens auch nach Auffassung der Kritiker der unternehmensverbundenen Stiftung zulässig. Sie sprechen in solchen Fällen in Anlehnung an den steuerlichen Begriff des Zweckbetriebes nach der Abgabenordnung von einem (zivilrechtlichen) „Stiftungszweckbetrieb". Der Zweck der Krankenpflege ist, so ihr Argument, ein außerhalb der Stiftung und ihres Vermögens liegender Zweck, der sich ohne das individuelle Unternehmen nicht erreichen ließe. Deswegen handele es sich nicht um eine unzulässige (Unternehmens-) Selbstzweckstiftung.[173] Bei einem solchen Stiftungszweckbetrieb sollen dann aber auch unternehmensbezogene Zwecke zulässig sein, wenn sie als solche in der Stiftungssatzung „ausdrücklich normiert" werden.[174] Als **Beispiele**[175] für solche **unternehmensbezogene Zwecke** nennen die Autoren die Schaffung und Erhaltung von Arbeitsplätzen und „die Gewährung von besonders vorbildlichen Sozialleistungen für Mitarbeiter."[176]

97 Diese Ausnahmen vom Verbot der Unternehmensselbstzweckstiftung stellen bei Lichte betrachtet im Ergebnis eine Preisgabe des ganzen Verbots an sich dar. Wenn es nämlich lediglich auf die Offenlegung des unternehmensverbundenen Zwecks ankommen soll, stellt sich folgende Frage: Der schlicht formulierte Stiftungszweck „Erhalt des Unternehmens" soll unzulässig sein, der ambitionierter formulierte, aber im Ergebnis identische Stiftungszweck „Erhalt des Unternehmens zur Schaffung und Sicherung der mit dem Unternehmen verbundenen Arbeitsplätze" dagegen nicht? Das ist eine sophistisch anmutende Unterscheidung, die nicht überzeugt. Die Schaffung und Erhaltung von Arbeitsplätzen geht mit der Unternehmensperpetuierung zwangsläufig einher. Das Missverständnis liegt in der zugrunde liegenden Prämisse, also in der Formulierung des Verbots der Selbstzweckstiftung als Verbot der Zwecksetzung „Erhalt des Stiftungsvermögens". Der Erhalt des Stiftungsvermögens ist ein zulässiger Stiftungszweck, wenn das Stiftungsvermögen so beschaffen ist, dass seine Verwaltung auch anderen Personen als der Stiftung „zustattenkommt" (§ 87 Abs. 2; → Rn. 65). Das ist bei der Aufrechterhaltung (Perpetuierung) eines Unternehmens aber immer der Fall, denn das Unternehmen wird zwangsläufig auch für dessen Arbeitnehmer aufrechterhalten,[177] dh es „setzt sie in Lohn und Brot". Das verkennt etwa *Wochner*,[178] der undifferenziert meint, der Erhalt von Arbeitsplätzen betreffe nur die „personellen Ressourcen des Unternehmens"[179] und damit den Bereich der Gewinnerzielung. Der Erhalt von Arbeitsplätzen begründe für sich betrachtet keinen über die Verwaltung und Erhaltung der Unternehmenssubstanz hinausgehenden Zweck. Man könnte zu so einer Auffassung mit Blick auf den einzelnen Mitarbeiter, auf den Arbeitsmarkt und auf unsere Volkswirtschaft noch vieles sagen, hier ist aber nicht der Ort dafür.

98 **c) Unternehmensnachfolge mit Stiftungen.** Die Stiftung als **Gestaltungsinstrument** bei der Regelung der Unternehmensnachfolge ist ein oft behandeltes Thema.[180] Im unternehmerischen Bereich hat die selbstständige Stiftung in der Tat erhebliche Vorteile gegenüber den klassischen erbrechtlichen Instrumenten zur

---

172 Bericht der Bund-Länder-Arbeitsgruppe Stiftungsrecht v. 19.10.2001, Anlage 2: Protokollvermerk der Bund-Länder-Arbeitsgruppe Stiftungsrecht, Anhörung von Sachverständigen am 5.9.2001, S. 5.

173 Staudinger/*Hüttemann/Rawert* (2017) BGB Vor §§ 80 ff. Rn. 209, 232.

174 Die ausdrückliche Normierung entsprechender Zwecke in der Stiftungssatzung fordern etwa Staudinger/*Hüttemann/Rawert* (2017) BGB Vor §§ 80 ff. Rn. 209, 239.

175 Zu dem zitierten zweiten Beispiel fragt sich, warum hier „besonders vorbildliche Sozialleitungen" *genannt werden*. Da scheint entgegen dem im Gesetz normierten Grundsatz der gemeinwohlkonformen Allzweckstiftung wieder der Gedanke der der Stiftung angeblich innewohnenden Notwendigkeit einer Gemeinwohlförderung durch (vgl. Rn. 26).

176 Staudinger/*Hüttemann/Rawert* (2017) BGB Vor §§ 80 ff. Rn. 209, 239.

177 v. Campenhausen/Richter/*Hof* § 7 Rn. 63 mwN; *Schiffer*, ZSt 2003, 252 ff.; aA Richter/*Dutta* § 5 Rn. 16 mwN.

178 *Wochner*, Die Stiftung – Jahreshefte zum Stiftungswesen, 2. Jahrgang 2008, S. 79, 83.

179 Was für eine Wortwahl! „Es geht um Mitmenschen!", möchte man dem Autor der Zeilen zurufen.

180 *Hennerkes/Schiffer* BB 1992, 1940 ff.; *Schiffer/Pruns* in Schiffer, Stiftung, § 11 Rn. 1 ff. mwN; *dies.*, Die Roten Seiten zum Magazin Stiftung & Sponsoring, Heft 5 2011; *dies.* BB 2013, 2755; *Muscheler*, Stiftungsrecht, S. 317 ff.; *Feick*, Stiftung als Nachfolgeinstrument, 2015. Zuletzt etwa *Meinecke*, Stiftungen als Instrument zur Unternehmensnachfolge, 2019.

Regelung der **Unternehmensnachfolge und Vermögenssicherung.**[181] Dem Stifter ist im Idealfall durch eine spezifische Stiftungsgestaltung die Möglichkeit gegeben, das Familienunternehmen zu erhalten, die Zerschlagung des Unternehmens durch die Erben zu vermeiden sowie die Fortführung des Unternehmens in der Familie zu sichern, der Unternehmerfamilie als solcher weiterhin Sinn zu geben und damit die Grundlage der Familie zu sichern. Das ist möglich, weil die Organe der Stiftung an den in der Stiftungssatzung festgeschriebenen Willen des Stifters gebunden sind. Das „garantiert" die Stiftungsaufsichtsbehörde, denn die Aufhebung der Stiftung sowie jede Zweckänderung der Stiftung bedürfen ihrer Zustimmung (§ 87). Sie wird die Zustimmung nur dann erteilen, wenn eine geforderte Satzungsänderung dem tatsächlichen oder mutmaßlichen Willen des Stifters entspricht (→ § 85 Rn. 4 ff.).

Wenn ein Unternehmer, wie es einmal *Hans L. Merkle* gesagt hat, die „**Nutzung** des von ihm **erwirtschafteten Produktionskapitals als Treuhandaufgabe** sieht",[182] dann perpetuiert ein Unternehmer mit einer unternehmensverbundenen Stiftung nichts anderes als diese Treuhandaufgabe zum Wohle der Allgemeinheit.[183] Dabei ist es ein erfreulicher Befund, dass sich Unternehmen, in die eine unternehmensverbundene Stiftung eingebunden ist, hinsichtlich der Kapitalrendite von Börsenunternehmen praktisch nicht unterscheiden.[184] **99**

Der Stifter kann also durch eine Stiftung sehr lange **über seinen Tod hinaus auf die Unternehmensfortführung Einfluss** nehmen, was die besondere Attraktivität der unternehmensverbundenen Stiftung für viele Stifter ausmacht. Darin liegt aber gleichzeitig auch das grundsätzliche Problem entsprechender Stiftungsgestaltungen, denn insbesondere kann die erforderliche Flexibilität der Gestaltung verloren gehen.[185] **100**

Eine Stiftung kann sich **an jeder Art von Gesellschaft**, dh etwa auch an einer Gesellschaft bürgerlichen Rechts **beteiligen**. Sie kann persönlich haftende Gesellschafterin einer Offenen Handelsgesellschaft oder Kommanditgesellschaft (Stiftung & Co. KG)[186] werden, aber auch Kommanditistin einer Kommanditgesellschaft.[187] Sie eignet sich auch als Gestaltungsansatz für **Mitarbeiterbeteiligungsmodelle**[188] oder kann als Reaktion auf Basel II und Basel III als „**Familienbank**" zur Unternehmensfinanzierung[189] eingesetzt werden.[190] Mit einer Stiftung lässt sich das Vermögen eines Unternehmens über die Generationen gezielt zusammenhalten und aufbauen. Das (Grundstock-)Vermögen muss bei einer unternehmensverbundenen Stiftung „im Unternehmen" verbleiben, kann also nicht etwa an die Unternehmerfamilie gehen. Die Stiftung wird damit zur „Familienbank". Dadurch wird erstens die Eigenkapitalquote verbessert. Zweitens sinkt damit automatisch der Kreditbedarf. Drittens steigt dadurch die Kreditwürdigkeit. **101**

Auch die Stiftung & Co. KG fällt unter die sog. GmbH & Co.-Richtlinie zur **Publizität**.[191] Da es keine natürliche Person als persönlich haftenden Gesellschafter gibt, ist zu publizieren.[192] Ob in einer solchen Publizität ein Nachteil liegt, ist zu bezweifeln. Publizität wird in modernen Unternehmen sinnvollerweise als Marketinginstrument genutzt. Ähnlich wie bei einem Börsengang dieser Aspekt im Zusammenhang mit der Frage nach der sog. „Börsenreife" behandelt wird, ist es eine Frage der „**Stiftungsreife**" (→ Rn. 130 ff.) des Stifters und des Nachfolgegründers, ob die Publizität der Stiftung & Co. KG positiv verstanden und aufgegriffen wird. **102**

---

181 Ausf. *Schiffer/Pruns* in Schiffer, Stiftung, § 11 Rn. 1 ff.
182 Zitiert nach *Flämig*, DB-Beilage 22/1978, 12.
183 So ausdr. *Flämig*, DB-Beilage 22/1978, 12.
184 Zu diesem Befund kommt *Herrmann*, Unternehmenskontrolle durch Stiftungen, 1996, S. 194.
185 S. schon *Hennerkes/Schiffer*, BB 1992, 1940; ausf. *Schiffer/Pruns* in Schiffer, Stiftung, § 11 Rn. 37 ff.
186 Ausf. etwa *Binz/Sorg*, Die GmbH & Co. KG, 12. Aufl. 2018, § 23 Rn. 1 ff.; *Brandmüller/Klinger*, Gewerbliche Stiftungen, 4. Aufl. 2014, S. 102 ff.; *Delp*, Die Stiftung & Co. KG, 1991; MHdB GesR V/ *Gummert* § 82 Rn. 1 ff.; *Hävelmann*, Die Stiftung & Co. KG als Unternehmensnachfolge, 2006; *Schiffer/ Pruns* in Schiffer, Stiftung, § 11 Rn. 53 ff. Staudinger/*Hüttemann/Rawert* (2017) BGB Vor §§ 80 ff. Rn. 212 halten die Stiftung & Co. KG für unzulässig; dagegen schon *Burgard*, Gestaltungsfreiheit im Stiftungsrecht, 2006, S. 146 f., 685 ff. Zum Ganzen *Oertel*, Die Zulässigkeit der Stiftung & Co. KG, 2016.
187 *Schiffer/Pruns* in Schiffer, Stiftung, § 11 Rn. 79 ff.; ausf.: *Berndt*/Götz, Rn. 1791 ff.; *v. Werthern*, Unternehmensverfassungsrecht und Stiftungen, 1986; *Heuel*, Die Entwicklung der Unternehmensträgerstiftung in Deutschland, 2000 (insbesondere zur historischen Entwicklung dieser Art von Stiftung); Bundesverband Deutscher Stiftungen, Die unternehmensverbundene Stiftung, 2001; *Hennerkes/Binz/Sorg* DB 1986, 2217 (2269 ff.); *Götz* INF 2004, 628 und 669; *Schurr*, Die Stiftung mit unternehmerischer Verantwortung, 1998 (grundlegend zur unternehmensverbundenen Stiftung in Deutschland, Österreich und Italien); *Stengel*, Stiftung und Personengesellschaft, 1993.
188 *Schiffer/Pruns* in Schiffer, Stiftung, § 11 Rn. 76 ff.
189 *Döring*, Die Stiftung als Finanzierungsinstrument für Unternehmen, 2010.
190 *Schiffer* DStR 2002, 1208 und *Schiffer/Pruns* in Schiffer, Stiftung, § 11 Rn. 75.
191 *Ernst* DStR 1999, 903 (904).
192 Vgl. § 264 a HGB.

103   Immer wieder diskutiert wird die Kombination einer Familienstiftung mit einer gemeinnützigen Stiftung (sog. **Doppelstiftung**).[193] Das Modell der Doppelstiftung kombiniert die Vorteile einer unternehmensverbundenen Stiftung mit den Steuervorteilen einer gemeinnützigen Stiftung.

104   Eine selbstständige Stiftung kann auch als Holding und **Konzernspitze** dienen.[194] Der Ausgleich/die Harmonisierung zwischen Stiftungsrecht und Konzernrecht lässt sich gestalterisch lösen.[195]

105   Die finanziellen Möglichkeiten der Unternehmerfamilien reichen gerade in Zeiten neuer wirtschaftlicher Herausforderungen nur bedingt aus, um das erforderliche **Unternehmenskapital** zur Verfügung zu stellen. Ab Ende der 80er-Jahre haben sich daher zahlreiche Unternehmerfamilien dazu entschlossen, mit ihren Unternehmen an die Börse zu gehen, um die Kapitalbasis für ihr Unternehmen zu verbreitern. Unternehmen, die in Form einer Stiftungskonstruktion gestaltet sind, ist das jedenfalls auf direktem Weg verschlossen. Da gegenwärtig allein der Aktiengesellschaft und der Kommanditgesellschaft auf Aktien der direkte Zugang zum Kapitalmarkt möglich ist, besteht für unternehmensverbundene Stiftungen, die nicht an einem Unternehmen in einer der genannten Rechtsformen beteiligt sind, keine unmittelbare Möglichkeit der Kapitalbeschaffung über die Börse. Die Umwandlung einer Stiftung in eine andere Rechtsform ist ausgeschlossen (→ § 87 Rn. 34 ff.).

106   Aber auch hier lassen sich Gestaltungen etwa über Tochtergesellschaften, die an die Börse gehen, oder über die Gestaltung einer Kommanditgesellschaft auf Aktien (KGaA) finden, um eine Kapitalbeschaffung am **Kapitalmarkt** zu ermöglichen. Es können auch von einem stiftungsgetragenen Unternehmen **Anleihen** ausgegeben werden.[196] Auch so können Mittel über den Kapitalmarkt generiert werden. So hat die Würth-Gruppe bereits 1987 erfolgreich eine Auslandsanleihe iHv 75 Mio. CHF platziert. In der Folgezeit hat sie mehrere weitere Anleihen am Kapitalmarkt platzieren können.

107   Im Unternehmensbereich kann eine **gemeinnützige Stiftung** auch über die bereits angesprochene Möglichkeit der Doppelstiftung (→ Rn. 103) hinaus eine sinnvolle Rolle spielen und gleichzeitig der Allgemeinheit dienen. Unternehmenseinkünfte können zB dem eventuellen Wunsch der Familie entsprechend ganz oder teilweise gemeinnützigen Zwecken (§ 52 AO) zugeführt werden, was durchaus zugleich als positiver Marketingeffekt für das Unternehmen genutzt werden kann (Motto: „Tue Gutes und rede drüber."). Dadurch kann im Interesse der Gemeinschaft als Vorbild auch zur Nachahmung angeregt werden. Zudem finden sich mildtätige Stiftungen für bedürftige Angehörige von Unternehmen und deren Familienangehörigen. Bei der Mildtätigkeit ist eine Förderung der Allgemeinheit (§ 52 AO) nicht erforderlich, entscheidend ist alleine die Bedürftigkeit im Sinne des § 53 AO (→ Rn. 113). Solche Stiftungen finden sich etwa bei Porsche und Haribo. Eine Stiftung kann auch gleichzeitig gemeinnützige und mildtätige Zwecke verfolgen.

108   **4. Steuerbefreite Stiftungen.** Grundsätzlich sind die Errichtung und die Tätigkeit einer Stiftung mit unterschiedlichen steuerlichen Belastungen verbunden (Schenkungsteuer, Körperschaftsteuer, etc).[197] Stiftungen, die steuerbegünstigte Zwecke iSd **§§ 51 ff. AO** verfolgen,[198] dh insbesondere gemeinnützig oder mildtätig sind, sind nach den einschlägigen Steuergesetzen beinahe vollständig von den betreffenden Steuern befreit – etwa nach § 5 Abs. 1 Nr. 9 S. 1 KStG von der Körperschaftsteuer (ausf. → Steuerlicher Anhang zu § 21 Rn. 1 ff.). Die Befreiung von der Körperschaftsteuer ist neben der Möglichkeit zum Empfang steuerlich abzugsfähiger Zuwendungen (vgl. § 10 b EStG, § 9 Nr. 3 KStG, § 9 Nr. 5 GewStG) der wichtigste steuerliche Vorteil der Gemeinnützigkeit. Weitere Steuervergünstigungen wegen Gemeinnützigkeit bestehen bei der Gewerbesteuer (§ 3 Nr. 6 S. 1 GewStG), der Umsatzsteuer (§ 12 Abs. 2 Nr. 8 a) UStG) sowie im Bereich der Grundsteuer (§ 3 Abs. 1 Nr. 3 b) GrStG) und Erbschaft- und Schenkungsteuer (§ 13 Abs. 1 Nr. 16 b) ErbStG).

109   Es handelt sich also auch bei der **gemeinnützigen Stiftung nicht um eine besondere Rechtsform**, sondern vielmehr um eine Stiftung, der Steuerbefreiungen gewährt werden, weil sie bestimmte steuerrechtliche Vorgaben einhält. Die Steuerbefreiung setzt voraus, dass eine Stiftung nach ihrer Satzung und tatsächlichen Geschäftsführung ausschließlich und unmittelbar gemeinnützige, mildtätige oder kirchliche Zwecke ver-

---

193   Ausf. zur Doppelstiftung *Schiffer* in Eiselsberg, Stiftungsrecht. Jahrbuch 2007 (Wien, Graz 2007), S. 175 ff.; *Schiffer/Pruns* in Schiffer, Stiftung, § 11 Rn. 62 ff.; *Schuck*, Die Doppelstiftung, 2009 jeweils mwN. Aus der neueren Aufsatzliteratur s. etwa *Theuffel-Werhahn* ZStV 2015, 169 und 201; *Reich* DStR 2020, 265.

194   *Schiffer/Pruns* in Schiffer, Stiftung, § 11 Rn. 81; O. Werner/*Saenger*/Fischer § 36 Rn. 86; jew mwN.

195   S. dazu *Schwintowski* NJW 1991, 2740; *Kohl* NJW 1992, 1922 (auch mit krit. Hinweisen); zur Stiftung

im Konzernverbund sa *Ihrig/Wandt* FS Hüffer, 2009, S. 387; *Seibt* ZIP 2011, 249; *Heinzelmann*, Die Stiftung im Konzern, 2003.

196   S. schon *Schiffer/v. Schubert*, BB 2002, 265 (266).

197   Näher *Schiffer*, Stiftung, § 8 Rn. 1 ff.

198   Ausf. *Buchna/Leichinger/Seeger/Brox*, Gemeinnützigkeit im Steuerrecht, 11. Aufl. 2015; *Hüttemann*, Gemeinnützigkeits- und Spendenrecht, 4. Aufl. 2018; *Schiffer*, Stiftung, § 9 Rn. 1 ff.

folgt, anderenfalls fällt die Steuerbefreiung ggf. auch rückwirkend weg,[199] was nicht nur haftungsrechtliche, sondern auch strafrechtliche Folgen[200] für die handelnden Organmitglieder der Stiftung haben kann.

Gemeinnützige Zwecke (§ 52 AO) verfolgt eine Stiftung, wenn ihre Tätigkeit darauf gerichtet ist, die **Allgemeinheit** auf materiellem, geistigem oder sittlichem Gebiet selbstlos zu fördern. Beispiele sind die Förderung von Wissenschaft und Forschung, Bildung und Erziehung, Kunst und Kultur, der Religion, der Völkerverständigung, des Umweltgedankens, der Jugend- und Altenhilfe, des Sports und des Wohlfahrtswesens. **Keine Förderung der Allgemeinheit** im Sinne des Gemeinnützigkeitsrechts ist dann mehr gegeben, wenn der Kreis der Personen, denen die Förderung durch die Stiftung zugutekommt, geschlossen ist. Ein solcher geschlossener Kreis ist etwa bei einer Familie oder der Belegschaft eines Unternehmens gegeben (§ 52 Abs. 1 S. 2 AO) – aber auch, wenn die betreffenden Personen nach ihrer Abgrenzung, vor allem nach räumlichen oder beruflichen Merkmalen, dauernd nur einen kleinen Kreis bilden. Errichtet bspw. ein Unternehmen oder der Unternehmer eine gemeinnützige Stiftung, kann er damit nicht etwa – ausschließlich – seine Belegschaft fördern, zu fördern ist die Allgemeinheit, zu der aber natürlich auch die Belegschaftsmitglieder gehören können. Eine solche gemeinnützige Stiftung bietet für das Unternehmen die Möglichkeit einer positiven Öffentlichkeitsarbeit – etwa im Sinne eines Mäzenatentums des Unternehmers, das dieser über die Stiftung ausführt. **110**

Zunehmend diskutiert werden die Möglichkeiten der Auslagerung und Ausgliederung/Ausgründung von Aktivitäten aus steuerbefreiten Stiftungen (**Outsourcing**) sowie die Übertragung von **Holdingstrukturen**[201] in den gemeinnützigen Bereich. Hier wird zum Teil stiftungsrechtliches und stiftungssteuerrechtliches Neuland beschritten.[202] **111**

Die „**gemeinnützige Familienstiftung**" hat der Gesetzgeber in § 58 Nr. 6 AO erfunden.[203] Die Regelung erlaubt es, dass eine steuerbegünstigte Stiftung, „einen Teil, jedoch höchstens ein Drittel ihres Einkommens dazu verwendet, um in angemessener Weise den Stifter und seine nächsten Angehörigen zu unterhalten, ihre Gräber zu pflegen und ihr Andenken zu ehren". Nach Auffassung der Finanzverwaltung darf diese 1/3-Regelung in der Satzung allerdings nicht als Anspruch des Stifters oder seiner Angehörigen ausgestaltet werden und „Unterhalt, Grabpflege und Ehrung des Andenkens müssen sich in angemessenem Rahmen halten" (AEAO Nr. 8 zu § 58 AO). Trotzdem wird in der Praxis häufig missverständlich von einer „Stifterrente" gesprochen. Bei jeder gemeinnützigen Stiftung sollten diese Aspekte – und sei es als Notfallvorsorge – mit dem potenziellen Stifter erörtert werden. **112**

Mildtätige Zwecke (§ 53 AO) verfolgt eine Stiftung, wenn ihre Tätigkeit darauf gerichtet ist, Personen selbstlos zu unterstützen, die infolge ihres körperlichen, geistigen oder seelischen Zustandes oder auch aufgrund ihrer wirtschaftlichen Situation (näher § 53 Nr. 2 AO) auf die Hilfe anderer angewiesen sind.[204] Hier ist die Leistung der Stiftung also nicht an die Allgemeinheit gerichtet, sondern an einzelne Personen oder Personenkreise, die auch aus der Familie und/oder dem Unternehmen des Stifters stammen können. **113**

Eine **Familienstiftung** kann zwar nicht wirklich gemeinnützig sein, wohl aber **mildtätig**, wenn sie den mildtätigen Zweck selbstlos unmittelbar und ausschließlich verfolgt.[205] Nicht selbstlos und damit nicht mildtätig soll nach Auffassung der Finanzverwaltung aber eine Stiftung sein, die nur zur Unterstützung des Stifters und seiner Verwandten errichtet wird (AEAO Nr. 3 zu § 53 AO). Bei einer derartigen Körperschaft stehe nicht die Förderung mildtätiger Zwecke, sondern die Förderung der Verwandtschaft im Vordergrund, so die Finanzverwaltung. Die Tätigkeit soll entgegen § 53 AO nicht selbstlos sein. § 58 Nr. 6 AO soll dem als Ausnahmevorschrift von dem Gebot der Selbstlosigkeit nicht entgegenstehen.[206] Die tatsächliche Unterstützung von hilfebedürftigen Angehörigen soll grundsätzlich zwar nicht schädlich für die Steuerbegünstigung sein, die Verwandtschaft dürfe jedoch kein Kriterium für die Förderleistungen der Körperschaft sein. **114**

Eine Stiftung kann auch mehreren Zwecken (gleichzeitig) dienen. Sie kann also durchaus **gleichzeitig gemeinnützig und mildtätig** sein. So finden sich in der Praxis etwa im medizinischen Bereich Stiftungen, die einem gemeinnützigen Zweck (zB Förderung der Allgemeinheit durch Förderung des Gesundheitswesens und der Wissenschaft und Forschung) und einem mildtätigen Zweck (zB Unterstützung von Kranken gem. § 53 AO) dienen. **115**

Mildtätig und gleichzeitig gemeinnützig kann auch ein und derselbe Zweck sein, beispielsweise der Zweck, Speiseanstalten für mittellose Personen zu unterhalten; der darin liegende **wirtschaftliche Geschäftsbe-** **116**

---

199 Zum Wegfall des gemeinnützigkeitsrechtlichen Status s. *Becker* DStR 2010, 953.

200 S. dazu *Lassmann* ZStV 2010, 141.

201 *Rothermann*, Holdingstrukturen und Gemeinnützigkeitsrecht, 2011; *Hüttemann/Schauhoff/Kirchhain* DStR 2016, 633.

202 *Schiffer*, Stiftung, § 9 Rn. 240.

203 Ausf. *Schiffer*, Stiftung, § 9 Rn. 157 ff.

204 Ausf. *Kowark/Küstermann/Staats*, Gemeinnützigkeitsrecht für mildtätige Stiftungen – Eine Einführung, 2019, abrufbar hier: https://www.stiftungen.org /fileadmin/stiftungen_org/Verband/Was_wir_tun/Publikationen/Publikation-Mildtaetige-Zwecke.pdf (abgerufen am 12.5.2020).

205 *Richter* § 27 Rn. 40.

206 Krit. *Schiffer* DStR 2003, 14 (18).

trieb steht als Zweckbetrieb (§ 65 AO) der Steuerbefreiung nicht entgegen, da nur auf diese Weise der steuerbegünstigte Zweck verfolgt werden kann und ein Wettbewerb mit privaten Gaststätten ausgeschlossen ist.

117   **5. Bürgerstiftungen.** Mit dem zur Vererbung anstehenden Vermögen der Nachkriegsgeneration gewinnt gegenwärtig nicht nur traditionelles soziales Engagement an Bedeutung, sondern auch etwas, das man als bürgerschaftliches Engagement beschreiben kann. **Bürger** setzen sich **vor Ort** konkret für ihr Gemeinwesen ein. Eine Auswirkung dieses Engagements vor Ort sind die sog. Bürgerstiftungen,[207] die in den letzten Jahren zahlreich errichtet worden sind. Es sollen derzeit um die 400 Bürgerstiftungen in Deutschland existieren,[208] die insgesamt über ein Stiftungsvermögen in Höhe von rund 334 Mio. EUR verfügen.[209] Bürgerstiftungen lassen sich definieren als „Stiftungen von Bürgern für Bürger zur Förderung sozialer, kultureller oder ökologischer Zwecke in einem geographisch begrenzten, lokalen oder regionalen Raum". Bürgerstiftungen sind damit eine **Sonderform der steuerbefreiten Stiftung**.

118   Stifter sind vielfach Bürger mit einem durchaus überschaubaren Vermögen, die ihrerseits nicht unbedingt eine eigene Stiftung errichten würden, andererseits aber dieser modernen Form der Unterstützung des Gemeinwohls, die etwa neben die der bekannten Service-Clubs[210] tritt, aufgeschlossen gegenüber stehen und sie dem Verein (Negativstichwort: „Vereinsmeierei") vorziehen – zumal der Ruf der Rechtsform Stiftung ausgesprochen positiv ist und der Gesetzgeber besondere Steueranreize geschaffen hat (→ § 82 → Rn. 16 ff.). Die Bürgerstiftung ist so gesehen eine Fortentwicklung der aus den **USA** bekannten „community foundations" (Stichwort: „Stiftung für Dich und mich"). In aller Regel werden Bürgerstiftungen mit einer Vielzahl von Stiftungszwecken errichtet. Nicht selten werden in ihren Satzungen sämtliche nach der AO möglichen gemeinnützigen (§ 52 Abs. 2 AO) sowie mildtätige Zwecke (§ 53 AO) genannt. Das sieht zumindest die Finanzverwaltung unter dem Schlagwort des (angeblichen) Verbotes von Vorratszwecke kritisch (ausf. → § 81 Rn. 25 ff.). Bürgerstiftungen sind typischerweise operativ tätig. Neben den Geld-Spendern leisten zB die Zeit-Spender einen ganz wichtigen Beitrag zur Arbeit der Bürgerstiftungen. Der Gedanke ist erfolgreich. Das zeigt sich auch darin, dass über das „**reine**" **Modell** „Stiftung von Bürgern für Bürger" hinaus sich auch große Institutionen diesem Gedanken anschließen und Stiftungen errichten, die um Zustiftungen werben, die Treuhandstiftungen verwalten und die sie Bürgerstiftungen nennen. Ein Beispiel ist die (vormalige) Sparkasse Bonn (jetzt: Sparkasse KölnBonn) die eine Bürgerstiftung initiiert hat.[211]

119   Bei genauer Betrachtung ergibt sich bei einer Bürgerstiftung allerdings jedenfalls ein grundsätzliches Problem: Die Stiftung ist im Gegensatz zu dem eben beschriebenen Ansatz der Zusammenfassung kollektiven bürgerschaftlichen Engagements eine juristische Person ohne Mitglieder oder Gesellschafter. Es ist dagegen geradezu das Ziel einer Bürgerstiftung, – wie bei einem Verein – möglichst viele engagierte Bürger unter ihrem Dach zu versammeln. Zu Problemen kann es bei Bürgerstiftungen deshalb vor allem dann kommen, wenn der Kreis der Stifter so groß wird, dass sich die Rechtsfigur Stiftung tatsächlich der des Vereins annähert. Stiftergruppen von 50 und mehr engagierten Personen bei der Stiftungserrichtung und später in der „Stifterversammlung"[212] lassen sich typischerweise nur schwer unter einen (einheitlichen) Stifterwillen fassen. Da zudem der historische Stifterwille bei Errichtung der Stiftung Maßstab für das Handeln der Stiftungsorgane und für die staatliche Stiftungsaufsicht ist (→ Rn. 1 ff.), ist eine spätere Willensumbildung grundsätzlich nicht zu beachten.

120   *Rawert* hat diese Problemzusammenhänge hervorgehoben und dazu mit Blick auf die hier skizzierte Besonderheit der Bürgerstiftung unter Hinweis auf Erwägungen von *Richter*[213] den für das Stiftungsrecht neuen Gedanken betont, bei Bürgerstiftungen oder anderen Gemeinschaftsstiftungen sei weniger auf den damaligen Willen als Maßstab für die Stiftungsaufsicht abzustellen, sondern eher auf eine noch näher zu diskutierende Vermögens-Zweck-Beziehung.[214]

121   Endgültige Antworten liegen noch nicht vor. Die Diskussion zeigt aber bereits, dass auf „Ausdehnungen" der Rechtsform Stiftung auf eher stiftungsuntypische Sachverhalte mit genauem Blick und differenzierten Antworten zu reagieren ist.

---

207   Näher *Klein*, Bürgerstiftungen in Deutschland. Entwicklungen, 2012; *Bertelsmann Stiftung*, Handbuch Bürgerstiftungen, 2. Aufl. 2004; Bundesverband Deutscher Stiftungen, Bürgerstiftungen in Deutschland – Entstehung. Struktur. Projekte. Netzwerke; *Kaper*, Bürgerstiftungen, 2005; Richter/*Stumpf* § 12 Rn. (S. 352 ff.); *Biedermann* ZStV 2015, 234; *Polterauer/Biedermann* ZStV 2016, 230; *dies.* ZStV 2017, 72.

208   *Polterauer/Biedermann* ZStV 2016, 230.

209   *Biedermann/Polterauer* ZStV 2016, 72.

210   Lions, Rotary, Round Table, Zonta etc.

211   www.buergerstiftung-bonn.de (abgerufen am 12.5.2020).

212   S. dazu *Rawert* in Nährlich ua, Bürgerstiftungen in Deutschland, S. 39, 46 f.

213   *Richter*, Rechtsfähige Stiftungen und Charitable Corporation, S. 366 ff.

214   *Rawert* in Nährlich ua, Bürgerstiftungen in Deutschland, S. 39, 48.

6. Public Private Partnership durch Stiftungen. Angesichts der zunehmend leeren öffentlichen Kassen **122** gewinnt das Public Private Partnership (PPP)[215] zunehmend an Bedeutung. Unter dem Schlagwort PPP werden sehr **verschiedene Arten der Kooperation und Zusammenarbeit** von öffentlicher Verwaltung und Privatpersonen bei der Erfüllung öffentlicher Aufgaben zusammengefasst.[216]

Insbesondere im Bereich der Bildungspolitik wurden aufgrund der vielfach zitierten PISA-Studien zu **123** Beginn der 2000er Jahre zahlreiche private Initiativen an den Hochschulen[217] und den Schulen[218] auf den Weg gebracht. **Stiftungen** wurden und werden hier als Weg aus der staatlichen Abhängigkeit diskutiert.[219] Will man allerdings eine Stiftung tatsächlich mit Erträgen ausstatten, die auf absehbare Zeit die Unabhängigkeit einer Hochschule oder Schule sicherstellen, so dürften angesichts des Finanzbedarfs einer solchen Einrichtung durchaus mehrere Milliarden EUR kein unsinniger Betrag sein. Solche **Beträge** sind ersichtlich **utopisch**. Eine Förderstiftung beispielsweise oder auch eine Hochschule in der Rechtsform einer Stiftung können dennoch sinnvoll sein, wenn das Gesamtkonzept stimmt. Praxisbeispiel: „Wissenschaftliche Hochschule für Unternehmensführung (WHU) – Otto Beisheim-Hochschule" mit der Trägerstiftung „Stiftung Wissenschaftliche Hochschule für Unternehmensführung",[220] die durch zahlreiche weitere Initiativen und Personen unterstützt wird.

Bereiche für PPP sind neben Schule und Hochschule auch etwa die Forschung und auch Baudienstleistun- **124** gen oder die Innenstadtentwicklung. Typischerweise werden hier, wenn nicht nur ein loses Netzwerk gewählt wird, Kooperationsverträge zwischen den Partnern[221] geschlossen, es ist aber auch durchaus denkbar, dass die Partner eine **Gesellschaft**[222] oder eine **Stiftung**[223] errichten – beispielsweise als Basisfinanzierung für ein gemeinsames Projekt. Eine solche Stiftung wird häufig gemeinnützig sein – etwa im Themenbereich Wissenschaft oder Ausbildung –, muss es aber nicht. So kann sich im Einzelfall die Problematik des wirtschaftlichen Geschäftsbetriebes[224] stellen, der die Gemeinnützigkeit ausschließt.

Beispielhaft dürfen wir hier auf ein Praxisbeispiel verweisen. In 2014/2015 hat die Technische Universität Wien (Prof. Dietmar Wiegand) im Auftrag des Wirtschaftsministeriums Rheinland-Pfalz im Rahmen der Initiative **„Neue Wege für innerstädtische Netzwerke"** eine Machbarkeitsstudie mit dem Titel „Konzeption und Machbarkeitsprüfung neuer gemeinnütziger regionaler Rechtsformen und regionaler Finanzprodukte" erarbeitet, an der ua der Autor *Schiffer* mitarbeiten durfte. Die Machbarkeitsstudie zeigt privatwirtschaftliche Wege auf, um sich finanziell und ideell für „seine" Innenstadt zu engagieren und wie innerstädtische Netzwerke den Herausforderungen der Digitalisierung im Handel, dem damit verbundenen Strukturwandel, der negativen demografischen Entwicklung sowie der Urbanisierung begegnen können. Ein Beispiel von mehreren ist hier die gemeinnützige Stiftung. Die Studie steht der Öffentlichkeit zur Verfügung.[225]

7. Kommunale Stiftungen. Kommunale Stiftungen[226] dienen Zwecken im Aufgabenbereich einer kom- **125** munalen Körperschaft. Nicht selten sind Vermögensmassen, die den Gemeinden und Gemeindeverbänden zugeordnet sind und dabei kommunalen Zwecken dienen, als Stiftungen gestaltet.

8. Kirchliche Stiftungen. Kirchliche Stiftungen[227] können privatrechtlich oder öffentlich-rechtlich organi- **126** siert sein. In jedem Fall gehören diese Stiftungen zum Ordnungsbereich einer Kirche und sind in deren Organisation eingegliedert. Kirchliche Stiftungen sind vor allem ortskirchliche und Pfründestiftungen.

215 *Budäus*, Kooperationsformen zwischen Staat und Markt – Theoretische Grundlagen und praktische Ausprägungen von Public Private Partnership, 2006; *Gertlberg/Schneider*, Öffentlich Private Partnerschaften, 2008; *Roggencamp*, Public Private Partnership, 1998; *Tettinger*, NWVBl. 2005, 1; *Weber/Schäfer/Hausmann*, Praxishandbuch Public Private Partnership, 2. Auflage 2018.
216 S. nur *Becker* ZRP 2002, 303.
217 Stifterverband für die Deutsche Wissenschaft eV, Private internationale Hochschulen; *ders.*, Reformuniversitäten; Deutsche Stiftungen (Mitteilungen des Bundesverbandes Deutscher Stiftungen), 3/2002: Themenheft Stiftung und Hochschule – Formeln für Erfolg und Lehre?
218 *Hohlmeier* (Interview), Stiftung & Sponsoring 6/2002, 3; *Gottfried*, Stiftung & Sponsoring, 6/2002, 30.

219 S. dazu die Beiträge etwa von *Sandberg, Herfurth/Kirmse, Müller-Böling* und *Baumanns* in Deutsche Stiftungen 3/2002; *Battis/Grigoleit* ZRP 2002, 65.
220 www.whu.edu (zuletzt besucht am 12.5.2020).
221 *Becker* ZRP 2002, 303 (306).
222 *Becker* ZRP 2002, 303 (305).
223 S. dazu etwa *Mecking* KA 7–99, 883.
224 Dazu *Schiffer*, Stiftung, § 9 Rn. 107 ff.
225 S. dazu https://mwvlw.rlp.de/de/themen/wirtschaftsz weige/handel/innerstaedtische-netzwerke/ (abgerufen am 12.5.2020).
226 Näher dazu Richter/*v. Campenhausen/Stumpf* § 15 (S. 407 ff.); O.Werner/Saenger/Fischer/*Kilian/Müller* §§ 40 ff. (S. 949 ff.).
227 Näher dazu Richter/*v. Campenhausen/Stumpf* § 14 (S. 384 ff.); O.Werner/Saenger/Fischer/*Schulte/Nettelnbrecher* § 44 (S. 1061 ff.: ev. Kirche); O.Werner/Saenger/Fischer/*Hense* § 45 (S. 1083 ff.: kath. Kirche).

C. Weitere praktische Hinweise

I. Pflichtteilsrecht

127 Das Pflichtteilsrecht bei Stiftungen ist in der Praxis ein besonderes Thema. Nicht eben selten wird in der Beratungspraxis die Frage gestellt, ob durch eine Stiftung Pflichtteilsansprüche (Pflichtteils- und Pflichtteilsergänzungsanspruch) vermieden werden.[228] Die Antwort auf die Frage nach dem Pflichtteil war **ursprünglich** in der Tat **umstritten**. So wurde angenommen, bei Familienstiftungen stünde den enterbten gesetzlichen Erben kein Pflichtteilsrecht zu, wenn sie durch die Stiftung als Destinatäre begünstigt sind und die zu erwartenden Zahlungen der Stiftung in angemessener Zeit die Summe des Pflichtteils erreichen.[229] Dem kann jedoch nicht gefolgt werden, hängen doch die Leistungen der Stiftung in aller Regel erst noch von einer Entscheidung des Stiftungsvorstandes ab. Typischerweise wird in den Stiftungssatzungen sogar ausdrücklich betont, dass die Destinatäre keine Ansprüche gegen die Stiftung auf irgendwelche Zahlungen haben. Die (künftigen) Zahlungen sind deshalb grundsätzlich zunächst nur als Erwartung einzustufen und eben nicht als ein (Pflichtteils-)Anspruch. Zudem erscheint das geforderte Merkmal „angemessener Zeitraum" als zu unkonkret, um eine praktikable Abgrenzung zu ermöglichen. Die völlig hM bejaht denn auch Pflichtteils- und Pflichtteilsergänzungsansprüche der enterbten Erben gegen eine letztwillig bedachte oder lebzeitig beschenkte Stiftung.[230]

128 Das OLG Dresden[231] hatte 2002 in einem besonderen Fall (**Dresdner Frauenkirche**) einen Anspruch aus Pflichtteilsrecht gegen eine gemeinnützige Stiftung verneint und angenommen, der Erblasser habe der Stiftung nichts iSd §§ 2325, 2329 geschenkt, sondern ihr nur Durchgangsvermögen treuhänderisch gebunden zugewandt, welches die Stiftung wirtschaftlich nicht habe bereichern können. Dem und der damit kurzzeitig entstandenen Verwirrung ist der **BGH** der schon damals absolut hM folgend unter Hinweis insbesondere auf den **Zweck der Pflichtteils(ergänzungs)bestimmungen** ausdrücklich entgegengetreten.[232] Die §§ 2325, 2329 sollen eine Aushöhlung des Pflichtteilsrechts durch lebzeitige Rechtsgeschäfte des Erblassers verhindern. Ohne den Schutz der §§ 2325, 2329 liefe das Pflichtteilsrecht Gefahr, seine materielle Bedeutung weitgehend zu verlieren, da der Erblasser es über lebzeitige Schenkungen in der Hand hätte, Nachlass und Pflichtteilsansprüche zu schwächen.[233] Als weiteres wesentliches Argument wird in der benannten Rechtsprechung und in der Literatur außerdem darauf hingewiesen, dass auch die Verfolgung gemeinnütziger ideeller Zwecke eine solche Verschiebung nicht rechtfertigen kann. Aus der Sicht des Pflichtteilsberechtigten ist der Erfolg einer Schenkung und einer Spende zu Stiftungszwecken wirtschaftlich identisch.[234] Beides ist im Ergebnis nichts anderes als der Versuch, auf diese Weise einen erheblichen Teil des Nachlassvermögens zum Nachteil des Pflichtteilsberechtigten an einen anderen weiterzuleiten. Dass im Einzelfall die Motive durchaus anerkennenswert sein mögen und die als gemeinnützig gedachte Vermögensverschiebung im allgemeinen Interesse liegen kann, sei für die damit einhergehende Pflichtteilsverkürzung ohne Belang.

129 Potenzielle Spender (§ 2325) sowie auch potenzielle Spendenempfänger (§ 2329) und deren Berater müssen auch zukünftig zumindest bei größeren Spenden das etwaige Pflichtteilsproblem vorweg klären. Zur Pflichtteilsvermeidung bleibt auch in solchen Fällen nur der Weg über Erb- oder **Pflichtteilsverzichtsverträge** nach §§ 2346 ff., die ggf. mit entsprechenden Abfindungen verbunden werden, oder über eine ausreichende (letztwillige) Begünstigung der Pflichtteilsberechtigten.

II. Stiftungsreife

130 Damit die Stiftung ihr satzungsmäßiges Ziel erreicht, müssen der Stifter und die Organmitglieder bestimmte persönliche Qualifikationen erfüllen, die – in Anlehnung an den Begriff der **Börsenreife**[235] bei der Aktiengesellschaft – mit „**Stiftungsreife**"[236] bezeichnet werden können. Ein Unternehmer, der mit seinem Unternehmen an die Börse gehen will, muss nicht nur eine Vision und eine „Geschichte", die Fantasie zulässt, haben, sondern vorher der ihn begleitenden Bank und der Öffentlichkeit seine „Börsenreife" nachweisen. Dazu gehört ua, dass er gewillt ist, neue Aktionäre als Partner zu akzeptieren und deren Belange angemes-

228 Näher dazu *Schiffer* ZSt 2005, 199.

229 *Steffek*, Die Anforderung an das Stiftungsgeschäft von Todes wegen, 1996, S. 39.

230 S. etwa Richter/*Stumpf* § 4 Rn. 60; Richter/*Godron* § 17 Rn. 103; *Schiffer/Reinke/Schürmann* in Schiffer, Stiftung, § 10 Rn. 21 ff. mwN.

231 NJW 2002, 3181; dazu krit. *Schiffer* DStR 2003, 14 (15) mwN.

232 BGH NJW 2004, 1598 ff.; näher zu dem Urteil *Schiffer* NJW 2004, 1565 ff.

233 Vgl. auch BGHZ 116, 167, 174.

234 *Rawert* NJW 2002, 3151 (3153); sa *Mugdan*, Materialien zum BGB V. Band, S. 7633.

235 Vgl. etwa *Schanz*, Börseneinführung, 4. Aufl. 2012, § 6 Rn. 17.

236 Ausf. *Schiffer/Bach* Stiftung & Sponsoring, 4/1999, 16 und 5/1999, 21; *Schiffer/v. Schubert* DB 2000, 437; dem dort entwickelten Ansatz folgend zB *Wachter*, S. 32; zusammenfassend *Schiffer*, Stiftung, § 14 Rn. 31 ff.

sen zu berücksichtigen. Er muss insbesondere zu einer ausreichenden Publizität und Öffentlichkeitsarbeit bereit sein, anderenfalls wird der Markt seinem Börsengang keinen Erfolg bescheren. Der Markt kontrolliert die an der Börse eingeführte Aktiengesellschaft.

Ganz ähnlich ist es bei einer Stiftung. Ein Stifter und seine Familie müssen gewillt sein, zu akzeptieren, dass mit der Stiftung eine eigenständige, von ihrem Willen zukünftig **unabhängige, juristische Person** ins Leben gerufen wird, der das erforderliche Stiftungsvermögen mit der Folge übertragen wird, dass man nach der Stiftungserrichtung nicht mehr frei über das gestiftete Vermögen verfügen kann. Die einmal genehmigte Stiftung genießt mit ihrem jeweiligen spezifischen Stiftungszweck staatlichen Bestandsschutz- und zwar auch gegenüber dem Stifter. Bei einer gemeinnützigen Stiftung sollte der Stifter zudem erkennen, dass ihm mit der Stiftung ein wirkungsvolles, staatlich geschütztes Instrument zur Verwirklichung seiner individuellen Ziele zur Verfügung gestellt wird, das weit mehr darstellt als ein bloßes Steuersparmodell. In der Praxis finden sich aber immer wieder genügend Beispiele, in denen leider genau auf diese Weise für Stiftungen geworben wird. **131**

Die meisten Stifter sind erfahrungsgemäß bereit, diese Kriterien zu erfüllen. Es ist letztlich die Aufgabe der Stiftungsberater, den Stiftern das hierzu erforderliche Wissen zu vermitteln. Der Stiftungsberater muss seinen Mandanten umfassend über die möglichen Folgen der Stiftungserrichtung aufklären, damit keine falschen Erwartungen entstehen, die später enttäuscht werden und die zu einer Missachtung der Stiftungssatzung führen können. **132**

III. Stiftungsaufsicht

Der Stifterwille ist (beinahe) das Maß aller Dinge im Stiftungsrecht (→ Rn. 1 ff.). Die Stiftungsaufsicht[237] ist der „**Garant des Stifterwillens**" und der Stiftungsautonomie. Stiftungsaufsicht ist Ländersache. Sie ist in den Bundesländern im Einzelnen unterschiedlich ausgestaltet. Die jeweiligen Landesstiftungsgesetze sind in den letzten Jahren an das reformierte Stiftungszivilrecht angepasst worden. **133**

1. Umfang der Aufsicht: Rechtsaufsicht. Die **Aufsicht** der Stiftung durch die Stiftungsbehörde umfasst „nur" die Überwachung der Einhaltung von Gesetz und Stiftungssatzung, durch die der Stifterwille manifestiert ist. Sie ist überall auf eine reine **Rechtsaufsicht** beschränkt (s. bspw. jeweils § 6 Abs. 1 StiftG NRW und StiftG Sachsen).[238] Es besteht also keine Aufsicht bei fachlichen Fragen (Fachaufsicht), dh die Stiftungsorgane sind hinsichtlich ihrer Entscheidung über die Art und Weise der Verwaltung der Stiftung grundsätzlich frei. **134**

In der Praxis kommt es hier mitunter zu **Abgrenzungsproblemen**. So ist etwa die Rechtmäßigkeit wirtschaftlicher Entscheidungen der Stiftungsorgane nicht nur an den Gesetzen, sondern auch an den abstrakt formulierten Satzungsregelungen des Stifters zu messen. Beispiele solcher Entscheidungen sind die Frage der Büroeinrichtung des Stiftungsvorstandes, die Einstellung einer Vollzeitsekretärin anstelle einer Teilzeitkraft oder die Frage der Vergütung des Stiftungsvorstandes. **135**

In vielen Stiftungssatzungen hat der Stifter abstrakt und unbestimmt festgelegt, die Verwaltung der Stiftung habe „sparsam und wirtschaftlich" zu erfolgen. Auch in diesen Fällen darf die Aufsichtsbehörde nicht ihre eigene Einschätzung zur Sparsamkeit und Wirtschaftlichkeit an die Stelle der Einschätzung der Stiftungsorgane setzen. Auch hier bleibt die Behörde auf die Rechtsaufsicht beschränkt (näher zur Maßgeblichkeit des Vermögenserhaltungskonzepts des Stifters → § 81 Rn. 65, 70 ff.). Im Falle der Gemeinnützigkeit der Stiftung tritt allerdings noch die „Aufsicht" der Finanzverwaltung hinzu, die bspw. überwacht, dass die Ausgaben der Stiftung für die Verwaltung „einen angemessenen Rahmen" nicht übersteigen (vgl. AEAO Nr. 18 ff. zu § 55 Nr. 1 AO). **136**

Nach den einzelnen Stiftungsgesetzen der Länder ließen sich vor der Reform des Stiftungsrechts verschiedene Erscheinungsformen der Stiftungsaufsicht unterscheiden. In den neuen Landesstiftungsgesetzen findet sich eine Tendenz zur Beschränkung auf eine sog. „Anlass-Aufsicht".[239] Zahlreiche früher bestehende Genehmigungserfordernisse für eine Stiftung sind entfallen. Die infolge der Reform des Stiftungszivilrechts angepassten Landesstiftungsgesetze ähneln sich in punkto Stiftungsaufsicht nunmehr stärker. **137**

Nach der Rechtsprechung des BVerwG[240] darf die Stiftungsaufsicht **nicht zum Durchsetzen öffentlicher Interessen** gegenüber der Stiftung missbraucht werden. Öffentliche Interessen können vielmehr nur dann **138**

---

237 Ausf. dazu *Andrick/Suerbaum*, Stiftung und Aufsicht, 2001; sa *Schiffer/Pruns* in Schiffer, Stiftung, § 4 Rn. 29 ff.; Werner/Saenger/Fischer/*Winkler* § 27 (S. 787 ff.); Richter/*Fischer* § 8 (S. 198 ff.); Hüttemann/Richter/Weitemeyer/*Schulte*, Landesstiftungsrecht, Kap. 28 f. (S. 769 ff.).

238 Näher dazu *Andrick/Suerbaum*, S. 51 ff.; O. Werner/Saenger/Fischer/*Winkler* § 27 Rn. 72 ff.; Hüttemann/Richter/Weitemeyer/*Schulte*, Landesstiftungsrecht, Kap. 28 Rn. 28 ff., insbes. Rn. 31.

239 Zu den einzelnen Aufsichtsmitteln *Schiffer/Pruns* in Schiffer, Stiftung, § 4 Rn. 36 ff. mwN.

240 BVerwGE 40, 347; dazu Richter/*Fischer* § 8 Rn. 46 ff.

und insoweit als Maßstab für die Stiftungsaufsicht dienen, wenn sie als solche in dem Stiftungszweck und dem Stifterwillen erkennbar aufgenommen worden sind.

139 Ausgehend von diesem Grundgedanken wird in einigen Landesstiftungsgesetzen für schlicht privatnützige Stiftungen oder speziell für **Familienstiftungen** der Umfang der staatlichen Aufsicht und Kontrolle ausdrücklich eingeschränkt.[241]

140 **2. Präventive und repressive Aufsichtsmaßnahmen.** Damit die Stiftungsaufsichtsbehörde die Einhaltung der gesetzlichen Anforderungen und des Stifterwillens sicherstellen kann, werden ihnen in den Landesstiftungsgesetzen verschiedene rechtliche Instrumente, die sich in **präventive** Aufsichtsmaßnahmen und in **repressive Aufsichtsmaßnahmen** unterteilen lassen,[242] an die Hand gegeben. Zu nennen sind insbesondere als präventive Aufsichtsmaßnahmen Informationspflichten, Auskunftsansprüche und Anzeigepflichten und als repressive Aufsichtsmaßnahmen die Beanstandung des Vorgehens der Stiftungsorgane, die Anordnung bestimmter Maßnahmen der Stiftungsorgane, die Ersatzvornahme und die Abberufung von Organmitgliedern.[243]

141 Damit die Stiftungsbehörden ihrer Aufsichtspflicht überhaupt wirkungsvoll nachkommen können, bestehen nach den einzelnen Landesstiftungsgesetzen **Informationspflichten** der Stiftung[244] und **Informationsansprüche** der Stiftungsaufsichtsbehörde. Der Behörde steht es im Rahmen der einschlägigen landesgesetzlichen Regelungen grundsätzlich frei, wie sie sich von der Stiftung die für die Aufsicht erforderlichen Informationen verschafft. Wichtig zu wissen ist in diesem Zusammenhang, dass die einzelnen Gesetze Regelungen dazu treffen, welche Auskunftspflichten der Stiftungsorgane gegenüber den Stiftungsbehörden bestehen. So ist etwa grundsätzlich in den Landesgesetzen festgelegt, dass eine Jahresrechnung mit einer Vermögensübersicht und mit einem Bericht über die Erfüllung des Stiftungszwecks von den Stiftungsorganen der Stiftungsaufsichtsbehörde vorzulegen ist.

142 Ein gänzlich anderes Instrument zur Durchsetzung der Rechtsaufsicht der Stiftungsbehörde waren die in den Landesstiftungsgesetzen für verschiedene wesentliche Rechtsgeschäfte der Stiftungen vorgesehenen Genehmigungsvorbehalte. In den reformierten Landesstiftungsgesetzen findet sich indes nur noch in Art. 19 des Bayerischen Stiftungsgesetzes ein solcher Vorbehalt betreffend den Abschluss von Bürgschaftsverträgen und Verträgen ähnlicher Art, die das Einstehen der Stiftung für eine fremde Schuld zum Inhalt haben.

143 Den Genehmigungsvorbehalten ähneln die in § 13 StiftG BW, § 9 StiftG S-H zu findenden **qualifizierten Anzeigevorbehalte.** Anzeigepflichtig sind beispielsweise die Veräußerung und Belastung von Grundstücken oder unentgeltliche Zuwendungen, die nicht der Erfüllung des Stiftungszwecks dienen. In Baden-Württemberg darf die Stiftung die anzeigepflichtige Maßnahme erst nach Bestätigung durch die Stiftungsaufsichtsbehörde oder nach Ablauf von zwei Wochen ohne Beanstandung durch die Behörde vornehmen. In Schleswig-Holstein greift nach vier Wochen ohne Beanstandung durch die Behörde eine Genehmigungsfiktion.

144 **3. Einzelne Aufsichtsmittel.** Die Aufsichtsmittel sind hier nicht im Einzelnen zu erläutern, die folgenden Punkte mögen jedoch als Orientierungshilfe dienen: Für die Praxis ist vor allem als wesentlich zu vermerken, dass die Eingriffe der Behörde in jedem Fall nur unter den einzelnen, jeweils in den betreffenden Landesstiftungsgesetzen genannten Voraussetzungen und unter Beachtung des **Grundsatzes der Verhältnismäßigkeit** zur Anwendung kommen dürfen. Bei Verletzung von Amtspflichten im Zusammenhang mit der Stiftungsaufsicht haftet die Stiftungsbehörde wie alle öffentlichen Behörden nach den Grundsätzen der Amtshaftung.[245] Gegen Maßnahmen der Stiftungsaufsicht besteht **verwaltungsgerichtlicher Rechtsschutz.**[246]

145 Unabhängig von der etwaigen Prüfung der Verwaltung der Stiftung durch die Aufsichtsbehörde steht es dem Stifter frei, in der Stiftungssatzung stiftungseigene oder auch externe Kontrollinstanzen festzulegen. Eine derartige interne Kontrollinstanz ist der **Stiftungsrat** (→ § 81 Rn. 37 ff.). Dessen Kontrollkompetenz kann der Stifter so ausgestalten, dass der Stiftungsrat den Vorstand gerade auch in fachlichen Fragen beaufsichtigt.

146 In der Praxis kontrollieren die Behörden vor allem die Einhaltung der für die betreffende Stiftung jeweils einschlägigen Regelung des BGB und der Landesstiftungsgesetze sowie die in der Satzung enthaltenen Rechtsregelungen. Sie stellen auf diese Weise die Einhaltung des Stifterwillens sicher.

241 Überblick bei *Schiffer*, Stiftung, § 2 Rn. 28.
242 Ausf. O. Werner/Saenger/Fischer/*Winkler* § 27 Rn. 103 ff., 110 ff.; Hüttemann/Richter/Weitemeyer/ *Schulte*, Landesstiftungsrecht, Kap. 29 Rn. 2 ff. und Rn. 24 ff.; Richter/*Fischer* § 8 Rn. 59 ff.
243 *Schiffer/Pruns* in Schiffer, Stiftung, § 4 Rn. 38.
244 Der Stiftungsaufsicht ist typischerweise jährlich zu berichten. Zu dem Transparenzinstrument „Stiftungs-

bericht" s. *Schmidt/Haacke/Orthmann*, Die Roten Seiten zu dem Magazin Stiftung & Sponsoring, 1/2010.
245 Richter/*Fischer* § 8 Rn. 166 ff.
246 Ausf. MHdB GesR V/*Schwarz van Berk* § 101 Rn. 29 ff.

Die einzelnen **landesrechtlichen Regelungen** zur Ausübung der Rechtsaufsicht sind aber durchaus unterschiedlich. Nach § 11 Abs. 4 des saarländischen Stiftungsgesetzes ist beispielsweise eine Prüfung der Stiftungsverwaltung (nur) bei Vorliegen eines wichtigen Grundes vorgesehen. Die Handhabung der Stiftungsaufsicht hängt überdies wesentlich von der spezifischen (Rechts-)Auffassung der jeweiligen Behörde ab.[247] Stellt die Behörde Verstöße gegen gesetzliche Vorschriften oder Satzungsregelungen fest, so hat sie unverzüglich Maßnahmen zu ergreifen, die die Erhaltung der Stiftung oder etwa die Rückerlangung unzulässig verwendeten Stiftungsvermögens sicherstellen. Sie wird das betreffende rechtswidrige Verhalten beanstanden und die Beanstandung gegebenenfalls mit der Ankündigung weiter gehender aufsichtsrechtlicher Maßnahmen – etwa der Androhung eines Zwangsgeldes – verbinden. Als zusätzliches Mittel steht der Stiftungsaufsichtsbehörde nach den unterschiedlichen Landesrechten in geeigneten Fällen regelmäßig die Aufhebung der beanstandeten Maßnahme zu. Erfüllen die Stiftungsorgane ihre Verpflichtungen nicht, so kann die Behörde die erforderlichen Maßnahmen unter Setzung einer angemessenen Frist anordnen. Wird die Maßnahme auch dann nicht vorgenommen, so hat die Behörde die Möglichkeit der Ersatzvornahme, dh, sie kann die Maßnahme selbst durchführen oder durch Dritte durchführen lassen.   **147**

Für den Fall, dass ein entsprechend wichtiger Grund in der Person eines Stiftungsorganmitglieds vorliegt, sehen die meisten Landesstiftungsgesetze die Möglichkeit vor, dieses **Organmitglied abzuberufen**. Ein wichtiger Grund wird jedoch in der Regel nur in Fällen grober Pflichtverletzung oder der Unfähigkeit zu ordnungsgemäßer Geschäftsführung gegeben sein. Eine **grobe Pflichtverletzung** liegt etwa dann vor, wenn der Betreffende seine Kompetenzen in schwerwiegender Weise und mehrfach missbraucht, die Vermögensinteressen der Stiftung grob vernachlässigt oder sich beharrlich weigert, den Stiftungszweck zu erfüllen. Beispiele: Die Unfähigkeit zur ordnungsgemäßen Geschäftsführung ist gegeben, wenn das betreffende Organmitglied dauerhaft schwer erkrankt oder für einen längeren Zeitraum ortsabwesend ist. Hohes Alter allein rechtfertigt die Abberufung dagegen nicht; hier sollte der Stifter in der Stiftungsverfassung durch Festschreibung einer Altersgrenze Vorsorge treffen. Mangelnde Eignung und mangelnde Vertrauenswürdigkeit hingegen können allerdings die Unfähigkeit zur ordnungsgemäßen Geschäftsführung begründen. Liegt ein entsprechender wichtiger Grund bei einem Organmitglied vor, so hat die Aufsichtsbehörde keine Wahl, sie muss das Organmitglied abberufen.   **148**

Um in **Eilfällen** eine Reaktion der Stiftungsbehörde zu ermöglichen, gewähren einige Stiftungsgesetze auch die Möglichkeit, einem Organmitglied die Ausübung seiner Funktionen auf Zeit zu untersagen. Nach richtiger Auffassung obliegt wegen des Grundsatzes der Verhältnismäßigkeit bei der Stiftungsaufsicht die Bestellung des Nachfolgers eines abberufenen Organmitgliedes in erster Linie den Organen der Stiftung entsprechend der Stiftungssatzung und erst dann der Aufsichtsbehörde, falls dieser Weg in angemessener Frist nicht zum Erfolg führt. Für den Fall, dass sich ein abberufenes Organmitglied schadensersatzpflichtig gemacht hat, besteht nach einigen Landesstiftungsgesetzen die Möglichkeit, dass die Aufsichtsbehörde diese Ansprüche für die Stiftung auf deren Kosten gerichtlich geltend macht, sofern dies nicht die Stiftungsorgane innerhalb einer angemessenen Frist tun.   **149**

Reichen die übrigen Befugnisse der Aufsichtsbehörde nicht aus, um eine rechtmäßige Verwaltung der Stiftung durchzusetzen, besteht nach einigen Landesstiftungsgesetzen die Möglichkeit, dass die Behörde ausnahmsweise sog. **Beauftragte oder Sachwalter** bestellt.[248] Da in diesen Fällen ganz besonders die Gefahr besteht, dass die Rechtsaufsicht der Stiftungsbehörde in eine Zweckmäßigkeitsaufsicht umschlägt, ist eine entsprechende Anordnung der Stiftungsaufsichtsbehörde allerdings in der Regel unverhältnismäßig, dh nur ganz ausnahmsweise zulässig.   **150**

§ 81 Stiftungsgeschäft

(1) [1]**Das Stiftungsgeschäft unter Lebenden bedarf der schriftlichen Form. [2]Es muss die verbindliche Erklärung des Stifters enthalten, ein Vermögen zur Erfüllung eines von ihm vorgegebenen Zweckes zu widmen, das auch zum Verbrauch bestimmt werden kann. [3]Durch das Stiftungsgeschäft muss die Stiftung eine Satzung erhalten mit Regelungen über**

1. **den Namen der Stiftung,**
2. **den Sitz der Stiftung,**
3. **den Zweck der Stiftung,**
4. **das Vermögen der Stiftung,**
5. **die Bildung des Vorstands der Stiftung.**

---

247 S. dazu bereits *Hennerkes/Schiffer/Fuchs* BB 1995, 209.

248 Näher dazu *Andrick/Suerbaum*, S. 191 ff.; Richter/ *Fischer* § 8 Rn. 112 ff.

[4]Genügt das Stiftungsgeschäft den Erfordernissen des Satzes 3 nicht und ist der Stifter verstorben, findet § 83 Satz 2 bis 4 entsprechende Anwendung.

(2) [1]Bis zur Anerkennung der Stiftung als rechtsfähig ist der Stifter zum Widerruf des Stiftungsgeschäfts berechtigt. [2]Ist die Anerkennung bei der zuständigen Behörde beantragt, so kann der Widerruf nur dieser gegenüber erklärt werden. [3]Der Erbe des Stifters ist zum Widerruf nicht berechtigt, wenn der Stifter den Antrag bei der zuständigen Behörde gestellt oder im Falle der notariellen Beurkundung des Stiftungsgeschäfts den Notar bei oder nach der Beurkundung mit der Antragstellung betraut hat.

Literatur: S. Vor §§ 80 ff.

A. Allgemeines	1
B. Regelungsgehalt......................	4
I. Stiftungsgeschäft	4
II. Die Stiftungssatzung	15
III. Sitz	17
IV. Der Name der Stiftung	19
V. Stiftungszweck.....................	23
VI. Organe	28
1. Stiftungsvorstand	29
2. Geschäftsführer	36
3. Kontrollorgan – Stiftungsrat	37
4. Haftung von Stiftung und Organmitgliedern................................	48

VII. Das Stiftungsvermögen......................	51
1. Vermögensausstattung	51
2. Größe des Stiftungsvermögens	54
3. Zustiftungen	58
4. Vermögenserhaltungsgrundsatz	61
5. Vermögensumschichtung	73
C. Weitere praktische Hinweise	78
I. Nachhaltige Satzungsgestaltung	78
II. Vermögensanlage	84
III. Mittelbeschaffung	92
IV. Stiftungsmanagement	96

A. Allgemeines

1   Die grundlegende Voraussetzung für die Anerkennung einer rechtsfähigen Stiftung des Privatrechts ist das Stiftungsgeschäft des Stifters. Das Stiftungsgeschäft ist ein einseitiges Rechtsgeschäft, genauer: eine einseitige nicht empfangsbedürftige Willenserklärung.[1] Die Regelungen über Willenserklärungen (Geschäftsfähigkeit, Willensmängel etc) finden Anwendung. Eine Stiftung kann von mehreren Stiftern gleichzeitig und gemeinsam errichtet werden.

2   Bei dem Stiftungsgeschäft ist zwischen einem solchen **unter Lebenden** und dem **Stiftungsgeschäft von Todes wegen** (→ § 83 Rn. 3 ff.) zu unterscheiden. In den meisten Fällen wird eine Stiftung zu Lebzeiten des Stifters errichtet. Der Stifter ruft durch Vorgabe des Stiftungszwecks und durch Übertragung von Vermögen auf die Stiftung die Stiftung ins Leben. Durch dieses Stiftungsgeschäft und die Satzung drückt er seinen **Stifterwillen** aus, der über die Stiftungssatzung für die Stiftung auch nach seinem Tode bestimmend bleibt (Grundsatz der Maßgeblichkeit des Stifterwillens; → § 80 Rn. 1 ff.).

3   **Stifter** kann grundsätzlich jede unbeschränkt geschäftsfähige natürliche und jede juristische Person sein. Damit kann auch eine rechtsfähige Stiftung wiederum rechtsfähige Stiftungen, dh „Unterstiftungen" errichten, soweit sie dadurch nicht ihr Stiftungsvermögen, dh ihr zu erhaltendes Grundstockvermögen (→ Rn. 51 ff., 61 ff.; sa → § 80 Rn. 34 ff.), angreift. Steuerlich ist bei steuerbegünstigten Stiftungen außerdem das Endowment-Verbot[2] zu beachten, das inzwischen durch die Neufassung des § 58 Nr. 3 AO im Zuge des Ehrenamtsstärkungsgesetz gelockert wurde.[3] Ein solches Endowment, also die Weiterleitung von Mitteln an eine andere steuerbegünstigte Körperschaft als Ausstattungskapital für diese Körperschaft, ist zudem nach wie vor mit Mitteln aus einer freien Rücklage (§ 62 Abs. 3 AO) möglich.

B. Regelungsgehalt

I. Stiftungsgeschäft

4   Das Stiftungsgeschäft,[4] in dem der Stifter seine Stiftungsabsicht zur Anerkennung darlegt, muss der Stifter nicht höchstpersönlich vornehmen, er kann sich durch einen Bevollmächtigten **vertreten lassen**. Auch mehrere Stifter können die Stiftung gemeinsam in einer Urkunde oder durch gesonderte Erklärungen errichten. Das Stiftungsgeschäft ist als einseitige, nicht empfangsbedürftige Willenserklärung grundsätzlich[5] **bedingungsfeindlich**, denn jede Unsicherheit über die Existenz der Stiftung muss im Interesse des Rechts-

---

1   S. etwa *Schiffer/Pruns/Schürmann* in Schiffer, Stiftung, § 3 Rn. 19.

2   S. dazu Suerbaum/Schulte/Pauli/*Stumpf*, Teil B, BGB § 80 Rn. 12.

3   Näher dazu etwa Stumpf/Suerbaum/Schulte/Pauli/*Pauli*, Teil E, AO § 58 Rn. 13 ff.

4   Richter/*Stumpf* § 4 Rn. 7 ff.

5   Zu Ausnahmen Richter/*Stumpf* § 4 Rn. 23 ff.

verkehrs vermieden werden. Nicht möglich wäre also beispielsweise die Errichtung einer Stiftung für den Fall des Eintritts eines (un-)bestimmten Ereignisses (**Beispiel**: Errichtung einer Stiftung unter der Bedingung, dass ein Enkel des Stifters geboren wird). Zur Stiftungserrichtung von Todes wegen s. bei § 83 BGB.

Auflagen (Fall der „Beschenkung der Stiftung unter einer Auflage") und **Fristen** in einem Stiftungsgeschäft sind nur statthaft, wenn sie den Bestand der Stiftung, dh insbesondere deren Vermögensausstattung (→ Rn. 51 ff.), nicht berühren.[6]   **5**

Eine **Auflage** vermindert das der Stiftung zugewendete Vermögen von Anfang an. Darüber besteht, nachdem das FG München dazu eine unhaltbare andere Auffassung vertreten hatte,[7] durch ein dieses Auffassung deutlich zurückweisendes Urteil des BFH,[8] Einigkeit. Verbindlichkeiten, die in Ausführung des Stiftungsgeschäftes auf die Stiftung übergehen, so betont der BFH, mindern von vornherein das der Stiftung zugewendete Vermögen. Der zur Erfüllung derartiger Ansprüche notwendige Teil des Vermögens steht den satzungsmäßigen Zwecken der Stiftung von Anfang an nicht zur Verfügung. Die Erfüllung derartiger Ansprüche stellt, wie der BFH für den Fall einer steuerbefreiten Stiftung ausdrücklich betont, keinen Verstoß gegen die Gebote der Selbstlosigkeit und Ausschließlichkeit dar. **Zulässige Auflagen** sind etwa der Vorbehalt von Nießbrauch-, Wohn- und anderen Nutzungsrechten bei der Vermögensübertragung auf die Stiftung (Vermögensausstattung), die Übernahme/Übergabe von Verbindlichkeiten, Hypotheken, Rentenzahlungsverpflichtungen etc Eine Auflage darf das Stiftungsvermögen allerdings nicht soweit reduzieren, dass realistischerweise der Stiftungszweck nicht mehr dauerhaft erfüllt werden kann. In einem solchen Fall ist die Stiftung nicht anerkennungsfähig.   **6**

Nach Abs. 1 S. 1 bedarf das Stiftungsgeschäft unter Lebenden der **schriftlichen Form** nach § 126. Nach § 126 a kann die Schriftform durch die **elektronische Form** ersetzt werden. Die Stiftungsurkunde ist in Schriftform eigenhändig durch Namensunterschrift oder mittels notariell beglaubigten Handzeichens zu unterzeichnen. Das Stiftungsgeschäft kann auch im Wege der notariellen Beurkundung erfolgen (Abs. 2 S. 3).   **7**

Die **einfache Schriftform** genügt nach der zumindest im stiftungsrechtlichen Schrifttum herrschenden Ansicht[9] sogar dann, wenn im Stiftungsgeschäft die **Übertragung von Immobilien** oder **von Geschäftsanteilen** an einer GmbH auf die Stiftung vorgesehen ist, denn die Sonderformvorschriften für die Übertragung von Grundstücken (§ 311 b) und GmbH-Anteilen (§ 15 GmbHG) gelten nur für Verträge, also nicht für einseitige Erklärungen wie ein Stiftungsgeschäft.[10] **Anders** hat es zuletzt allerdings das **OLG Köln** für die Zuwendung von Immobilien im Stiftungsgeschäft gesehen und sich damit gegen die bisherige Rechtsprechung[11] gestellt.[12] Das widerspricht allerdings dem Wortlaut des § 311 b. Eine entsprechende Anwendung der Vorschrift zum Schutz des Stifters ist nicht erforderlich, denn das staatliche Anerkennungsverfahren für Stiftungen bietet dieselbe Richtigkeitsgewähr und denselben oder sogar besseren Schutz vor Übereilung wie die ansonsten erforderliche notarielle Form.[13]   **8**

Das **Stiftungsgeschäft** hat einen bestimmten **Mindestinhalt** (Abs. 1 S. 2). Der Stifter muss verbindlich erklären, dass ein bestimmter Teil seines Vermögens auf Dauer der Erfüllung eines oder mehrerer von ihm vorgegebener Zwecke gewidmet wird (Vermögensausstattung, Grundstockvermögen) und dass er eine selbstständige Stiftung errichten will. Bei Zweifeln am Stiftungsgeschäft ist die Stiftungsbehörde bei einer Stiftungserrichtung zu Lebzeiten des Stifters gehalten, ihn zur Präzisierung zu veranlassen.   **9**

In den Stiftungsgesetzen der Länder wurden bis zur Reform des Stiftungszivilrechts im Jahre 2002 (→ Vor §§ 80 ff. Rn. 17) die Anforderungen aus dem BGB präzisiert und ergänzt. Einige Bundesländer hatten mit bis zu 12 Einzelpunkten einen umfangreichen Katalog von Anforderungen an das Stiftungsgeschäft und die Stiftungssatzung aufgestellt.[14] Diese Kataloge wurden durch die fünf Punkte des Abs. 1 S. 3 ersetzt. Der Bundesgesetzgeber hat hier seine konkurrierende Gesetzgebungskompetenz aus Art. 74 Abs. 1 Nr. 1, Art. 72 GG genutzt und in § 81 Abs. 1 S. 3 nunmehr **abschließend** bestimmt,[15] welche Regelungen die Satzung einer Stiftung enthalten muss. Die betreffenden Ländervorschriften, soweit sie die materiellrechtlichen Vor-   **10**

---

6 Ausf. etwa *Berndt/Götz* Rn. 203 ff.
7 FG München EFG 1995, 650.
8 BFH BStBl II 1998 S. 758.
9 *Pruns* ErbR 2020, 163; MüKoBGB/*Weitemeyer* § 81 Rn. 8; O. Werner/Saenger/Fischer § 11 Rn. 58; Staudinger/*Hüttemann/Rawert* (2017) BGB § 81 Rn. 16; *Schlüter/Stolte*, Stiftungsrecht, Kapitel 2 Rn. 33.
10 MüKoBGB/*Weitemeyer* BGB § 81 Rn. 8 mwN.
11 OLG Schleswig DNotZ 1996, 770; FG Schleswig-Holstein 8.3.2012 – 3 K 118/11, DStRE 2012, 945.

12 OLG Köln 5.8.2019 – 2 Wx 220/19, 2 Wx 227-229/19, npoR 2020, 74. Ebenso zuvor bereits Palandt/*Ellenberger* BGB § 81 Rn. 3; *Wachter*, S. 9; *Schwarz* DStR 2002, 1721.
13 Ausf. kritische Auseinandersetzung mit der Entscheidung des OLG Köln *Pruns* ErbR 2020, 163.
14 S. bei *Schwarz* DStR 2002, 1720.
15 S. Staudinger/*Hüttemann/Rawert* (2017) BGB Vor §§ 80 ff. Rn. 22 mwN.

aussetzungen der Anerkennung einer Stiftung regelten, wurden dadurch außer Kraft gesetzt.[16] Sie finden sich in den reformierten Landesstiftungsgesetzen nicht mehr.

11 In der Praxis wurden hier bisher mögliche Zweifelsfragen dadurch vermieden, dass in dem Stiftungsgeschäft auf die jeweils beigefügte Stiftungsverfassung Bezug genommen und die Stiftungsverfassung ausdrücklich zum Bestandteil des Stiftungsgeschäfts erklärt wurde. Es ist für die Praxis anzuraten, auch künftig auf die beigefügte Stiftungsverfassung/-satzung in dem Stiftungsgeschäft ausdrücklich Bezug zu nehmen, um etwaige Zweifel zu vermeiden.

12 Eine Stiftung ist grundsätzlich auf ewig angelegt (zu Ausnahmen → § 80 Rn. 36 ff.). Die **Umgestaltung** der von ihm gewählten **Stiftungskonstruktion** und -konzeption kann der Stifter uU auch nach der Anerkennung durch eine Änderung der Stiftungssatzung erreichen (→ § 85 Rn. 4 ff.; → § 87 Rn. 1, 13 ff.). Nur bis zur Erteilung der Anerkennung der Stiftung kann der Stifter das Stiftungsgeschäft formfrei **widerrufen** (Abs. 2 S. 1). Widerruft er das Stiftungsgeschäft tatsächlich, so ist die Entstehung der Stiftung ausgeschlossen. Hat der Stifter bereits bei der zuständigen Stiftungsbehörde wegen der Anerkennung nachgesucht, so kann der Widerruf nur der Behörde gegenüber erklärt werden (Abs. 2 S. 2). Bei mehreren Stiftern macht im Zweifel der Widerruf nur eines Stifters das Stiftungsgeschäft im Ganzen in analoger Anwendung von § 139 unwirksam.[17] Der Erbe/die Erben des Stifters, auf den/die das Widerrufsrecht nach § 1922 übergeht, ist/sind zum Widerruf nicht berechtigt, wenn der Stifter den Antrag bei der zuständigen Behörde gestellt oder, im Falle der notariellen Beurkundung des Stiftungsgeschäfts, den Notar bei oder nach der Beurkundung mit der Antragstellung betraut hat (Abs. 2 S. 3). Ein Stifter kann sich, etwa gegenüber einem Mitstifter, nur mit schuldrechtlicher, nicht aber mit dinglicher Wirkung verpflichten, sein Widerrufsrecht nicht auszuüben.[18]

13 Ist die Anerkennung einer Stiftung einmal erfolgt, kann das Stiftungsgeschäft nicht mehr widerrufen, sondern nur noch **wegen Irrtums, Täuschung oder Drohung angefochten** werden.[19] Solche Fälle sind allerdings kaum praxisrelevant. Seine Anfechtungserklärung hat der Stifter an die Stiftung zu richten. Für die Stiftung ist dann ggf. ein Pfleger durch das Amtsgericht zu bestellen, der die Frage der rechtsgültigen Anfechtung des Stiftungsgeschäftes im Wege der Feststellungsklage klären lassen muss. Ein angefochtenes Stiftungsgeschäft wird als von Anfang an nichtig angesehen. Die Stiftung als Organisation und Körperschaft wird durch die Anfechtung nach richtiger Ansicht jedoch nicht in ihrem Bestand berührt.[20] Faktisch wird das Erreichen des Stiftungszwecks in einem solchen Fall allerdings regelmäßig unmöglich werden, da die wirksame Anfechtung den Anspruch der Stiftung gegen den Stifter auf Übertragung des Stiftungsvermögens hemmt. Die Stiftung ist dann von der Anerkennungsbehörde nach § 87 Abs. 1 aufzuheben.

14 Fehlt dem Stiftungsgeschäft die vorgeschriebene Form, verstößt das Stiftungsgeschäft gegen gesetzliche Vorschriften, ist es sittenwidrig oder ist gar der Stifter geschäftsunfähig, so ist das Stiftungsgeschäft ebenfalls **nichtig**, und zwar mit denselben Folgen wie bei der wirksamen Anfechtung.

II. Die Stiftungssatzung

15 Bei der Gestaltung einer Stiftungssatzung ist zwischen dem notwendigen und dem möglichen Inhalt zu unterscheiden.[21] **Notwendig und zwingend** für eine Stiftungsverfassung (Abs. 1 S. 3) sind zivilrechtlich zunächst Angaben zu Namen, Sitz, Zweck und Vermögen der Stiftung. Außerdem muss in der Satzung zur Leitung der Stiftung zumindest die Bildung des Vorstands geregelt sein. **Daneben** kann eine Stiftungssatzung zahlreiche **weitere Regelungen** enthalten. Das Stiftungszivilrecht gibt hier seit 2002 eine noch größere Gestaltungsfreiheit als bis dahin (→ Vor § 80 Rn. 17). Durch Regelungen in der Stiftungssatzung können vor allem die Wege zur Erreichung des Stiftungszwecks näher konkretisiert werden, Vorgaben zur Art und Weise der Vermögensverwaltung der Stiftung (→ Rn. 61 ff.) gegeben und neben dem Vorstand weitere Organe für die Stiftung (→ Rn. 37 ff.) festgelegt werden. Es besteht ein weiter Gestaltungsspielraum und es lässt sich für jedes konkrete Stiftungsprojekt eine maßgeschneiderte Satzung entwerfen. Eine Standardsatzung gibt es nicht. Jeder Fall ist anders und benötigt einen „Maßanzug" in Form einer spezifischen Satzung. Für steuerbefreite Stiftungen (→ § 80 Rn. 108 ff.) sind natürlich die steuerrechtlichen Vorgaben, insbesondere also die der §§ 51 ff. AO, für die Satzung einer entsprechenden Stiftung zu beachten.

16 Im Regelfall ist es vor allem bei Stiftungen mit einem größeren Vermögen sinnvoll, in der Satzung neben dem Vorstand (→ Rn. 29 ff.) als weiteres Organ einen **Stiftungsrat** (→ Rn. 37 ff.), auch Stiftungsbeirat genannt, zu bestimmen, dem die Beratung und Beaufsichtigung des Stiftungsvorstands sowie – nach dem

---

16 Palandt/*Ellenberger* BGB Vor § 80 Rn. 13; *Hüttemann/Rawert* ZIP 2002, 2019.

17 Palandt/*Ellenberger* BGB § 81 Rn. 12 aE.

18 MüKoBGB/*Weitemeyer* BGB § 81 Rn. 11; v. Campenhausen/Richter/*Hof* § 6 Rn. 58; aA *Muscheler*, Stiftungsrecht, 2005, S. 109 ff. mwN.

19 MüKoBGB/*Weitemeyer* BGB § 81 Rn. 9.

20 BVerwGE 29, 314, 317; MüKoBGB/*Weitemeyer* BGB § 81 Rn. 9.

21 S. auch *Schiffer/Pruns/Schürmann* in Schiffer, Stiftung, § 3 Rn. 48 ff.

Tod des Stifters – die Bestellung des Stiftungsvorstands zugewiesen wird. Sogar in der Wirtschaftspresse wurde schon vor Jahren[22] eine Kontrolle der Stiftungsvorstände gefordert. Daneben kann dann ein Freundes-, Förder- und sonstiger Beraterkreis treten. Dieser wird oftmals als „**Kuratorium**" oder „**Fachbeirat**" bezeichnet. Die Begriffsverwendung ist in der Praxis allerdings uneinheitlich. Entscheidend sind die Regelungen in der Stiftungssatzung.

III. Sitz

Über die ihm freistehende **Wahl** des Sitzes der Stiftung[23] hat der Stifter die Möglichkeit, das für die Stiftung einschlägige Landesstiftungsgesetz zu wählen. Als Sitz der Stiftung galt nach § 80 S. 3 aF, wenn nicht ein anderes bestimmt war, der Ort, an welchem die Verwaltung geführt wird. Eine solche ausdrückliche Regelung zum Sitz der Stiftung enthält das neue Recht nicht mehr. Es gilt jedoch nach wie vor, dass der Ort, an dem die Verwaltung der Stiftung geführt werden soll, in der Regel der Stiftungssitz wird.[24]   **17**

Der Rechtssitz, nach dem sich gemäß § 80 Abs. 1 die für die Anerkennung der Rechtsfähigkeit der Stiftung zuständige Behörde ergibt, und der Verwaltungssitz können auseinander fallen.[25] Das spielte nach altem Recht vor allem dann eine Rolle, wenn sich ein Stifter für die „Anerkennung" seiner Stiftung ein „stiftungsfreundliches" Bundesland[26] beispielsweise zur Errichtung einer unternehmensverbundenen Stiftung suchen wollte, der nach altem Recht einige Skepsis entgegengebracht wurde (→ § 80 Rn. 94 ff.). Vom Sitz der Stiftung ist der Ort der Geschäftsleitung zu unterscheiden (vgl. § 10 AO, s. auch → Vor §§ 80 ff. Rn. 95).   **18**

IV. Der Name der Stiftung

Bei der Wahl des Namens einer Stiftung[27] gelten nicht die strengen Regelungen zur Wahl der Firmierung für ein Unternehmen. Der Stifter ist bei der Wahl des Namens der Stiftung grundsätzlich **frei**. Eine gesetzlich geschützte Firma oder ein anderweitig geschützter Name dürfen allerdings nicht verletzt werden. Durch den Namen der Stiftung kann insbesondere deren Zwecksetzung umrissen werden (Beispiel: „Studienstiftung des deutschen Volkes").   **19**

Davon zu unterscheiden ist die **Firmierung einer Gesellschaft**, an der eine unternehmensverbundene Stiftung beteiligt ist (Bsp.: Stiftung & Co. KG). In Ausnahmefällen kann eine Stiftung kraft Gewerbebetriebs[28] selbst Kaufmann sein (§ 1 Abs. 1 HGB). Dann hat sie eine Firma zu führen (§§ 18, 30 HGB), die Unterscheidungskraft besitzen muss und nicht irreführend sein darf.[29]   **20**

Um die **Erinnerung an den Stifter wachzuhalten**, kann auch dessen Name in den Namen der Stiftung aufgenommen werden. Ein prominentes Beispiel hierfür ist die „Dr. Mildred Scheel Stiftung". Etwas weniger bekannt sein dürfte die „Ingeborg Schmidt Gedächtnis-Stiftung", die aber ebenfalls ein typisches Beispiel darstellt. Ebenso kann der Stifter aber auch den Namen eines erinnerungswürdigen Vorfahren oder verstorbenen Kindes wählen (Bsp.: „Isabel Zachert Stiftung").   **21**

Nur eine rechtsfähige Stiftung darf sich ohne Weiteres Stiftung nennen (zu Reformbestrebungen → Vor §§ 80 ff. Rn. 24). Firmierungen und Namen von „stiftungsähnlichen Konstrukten" (unselbständige Stiftungen, Stiftungs-Verein, Stiftungs-GmbH, etc) sind nach absolut herrschender Ansicht nach § 18 Abs. 2 HGB oder aufgrund des allgemeinen Irreführungsverbots überhaupt nur dann zulässig, wenn sie jeweils einen Zusatz enthalten, der die tatsächliche Rechtsform klarstellt.[30] Eine Firma oder ein Name darf auch im vorliegenden stiftungsrechtlichen Zusammenhang keine Angaben enthalten, die geeignet sind, über geschäftliche Verhältnisse, die für die angesprochenen Verkehrskreise wesentlich sind, irrezuführen. Das gilt umso mehr, wenn man sich vor Augen führt, dass gemeinnützige, mildtätige und kirchliche Einrichtungen auf dem Spendenmarkt tätig werden und dort miteinander im Wettbewerb stehen.[31]   **22**

---

22 Wirtschaftswoche vom 7.6.1991, S. 150 („Stiftungen: Wer kontrolliert da wen? Unangefochtene Macht – In stiftungseigenen Unternehmen kann das Management oft schalten und walten, wie es will – manchmal, bis es nicht mehr geht."); *Schwintek*, Vorstandskontrolle in rechtsfähigen Stiftungen bürgerlichen Rechts, 2001, hat das sehr gründlich untersucht.

23 Ausf. *Mecking* ZSt 2004, 199. S. auch MüKoBGB/*Weitemeyer* BGB § 81 Rn. 30 ff.

24 RegE, BT-Drs. 14/8765, S. 10; wie hier *Schwarz* DStR 2002, 1718 (1722).

25 *Hennerkes/Schiffer* BB 1992, 1940 (1941); *Mecking* ZSt 2004, 199 (201 f.); *Schwarz* DStR 2002, 1718

(1722); Staudinger/*Hüttemann/Rawert* (2017) BGB § 81 Rn. 37.

26 S. dazu *Hennerkes/Schiffer/Fuchs* BB 1995, 209 ff.

27 S. auch *Berndt/Götz* Rn. 286 f.; *Gromberg*, Stiftung & Sponsoring 2/2006, 32.

28 Der handelsrechtliche Begriff des Gewerbebetriebs ist von dem des wirtschaftlichen Geschäftsbetriebs iSd § 14 AO zu unterscheiden.

29 Ausf. dazu *Berndt/Götz* Rn. 406 ff.

30 Ausf. zu der Thematik *Schiffer* StiftungBrief 2017, 99.

31 Köhler/Bornkamm/*Feddersen* UWG § 2 Rn. 41.

V. Stiftungszweck

23 Der Zweck einer Stiftung entspricht in seiner Funktion dem Unternehmensgegenstand eines Gewerbebetriebes und ist von entsprechender Wichtigkeit. Der Stiftungszweck bezeichnet die spezifischen, der Stiftung vom Stifter zugedachten Aufgaben und kann nach der Errichtung der Stiftung kaum noch oder jedenfalls nur unter besonderen Bedingungen geändert werden (→ § 85 Rn. 6 ff., → § 87 Rn. 1, 13 ff.). Vor allem durch die Formulierung des Stiftungszwecks legt der Stifter seinen Stifterwillen verbindlich nieder. Er wird deshalb auch als „Seele der Stiftung" bezeichnet.[32]

24 Die gesetzlichen Vorschriften enthalten keine besonderen Voraussetzungen für die Zulässigkeit von Stiftungszwecken. Allerdings darf die Stiftung nicht gegen bestehende Gesetze verstoßen und nicht das Gemeinwohl gefährden. Bei Einhaltung dieser Grenzen kann eine Stiftung beliebige private wie öffentliche Zwecke verfolgen (→ § 80 Rn. 50, 78 f.).

25 Zulässig ist es auch, wenn eine Stiftung der Verwirklichung mehrerer Zwecke dient. Umstritten ist es allerdings, ob auch sog. **Vorratszwecke**[33] erlaubt sind. Gemeint sind damit solche Gestaltungen, bei denen mehrere Zwecke in der Satzung genannt werden, die Stiftung aber nicht alle Zwecke gleichzeitig erfüllen muss, sondern die Erfüllung bestimmter Zwecke auch erst zu einem späteren Zeitpunkt in Angriff nehmen darf, wobei der Stifter den Stiftungsorganen in der Regel ein Ermessen einräumt. Die aus der Praxis bekanntesten Gestaltungen dieser Art sind die **Bürgerstiftungen** (→ § 80 Rn. 117 ff.), bei denen man nicht selten alle 25 Zwecke aus § 52 AO und dazu die Mildtätigkeit nach § 53 AO gleichzeitig in der Satzung aufgelistet findet. Auch wenn diese Zwecke nicht alle gleichzeitig verwirklicht werden, was gerade zu Beginn bei einer Bürgerstiftung der Regelfall ist, wird die Zulässigkeit der Gestaltung bisher nicht in Frage gestellt.

26 Einige Finanzbehörden haben allerdings in jüngerer Zeit bei gemeinnützigen Stiftungen die nicht als Bürgerstiftungen ausgestaltet sind, und die in ihren Satzungen Vorratszwecke vorsehen, die Auffassung geäußert, die Stiftungen müssten alle ihre Zwecke gleichzeitig oder jedenfalls zeitnah innerhalb eines Dreijahreszeitraums mindestens einmal verwirklichen. Es ist sogar zu beobachten, dass einige Finanzämter zum Erhalt der Gemeinnützigkeit von Stiftungen Satzungsänderungen verlangen, wonach aktuell nicht (mehr) geförderte Zwecke aus der Satzung gestrichen werden sollen.[34] Oder sie verlangen bei der Stiftungserrichtung die Streichung vermeintlich „zu vieler" Zwecke. Eine gesetzliche Grundlage für diese Forderung findet sich nach unserer Auffassung allerdings weder im Zivil- noch im Steuerrecht.[35]

Die Ungleichbehandlung zur politisch offensichtlich gewünschten Bürgerstiftung, die typischerweise einen umfangreichen Zweckkatalog aufweist, aber über vergleichsweise wenig reales Stiftungsvermögen verfügt, ist offenkundig. Es kann nicht bei der Bürgerstiftung richtig sein, was gleichzeitig bei anderen gemeinnützigen Stiftungen falsch sein soll.

Der im vorliegenden Zusammenhang von einigen Finanzbehörden oft zu hörende beschwichtigende Hinweis, man könne schließlich später einfach die Satzung ändern und einen neuen Zweck (wieder) einfügen, ist jedenfalls bei Stiftungen schlicht falsch. Die Zweckänderung ist der nur in Ausnahmefällen zulässiger Sonderfall einer Satzungsänderung (→ § 85 Rn. 6 ff.).

27 Für die Praxis lassen sich folgende Hinweise zu dem Umgang mit dieser Problematik geben:[36]

Dietz gibt den Praxishinweis,[37] ggf. in Sitzungsprotokollen der Stiftungsorgane zu dokumentieren, aus welchen Gründen bestimmte Stiftungszwecke im aktuellen Jahr/gegenwärtig nicht verfolgt werden. Dazu möchten wir ergänzen, dass ggf. auch dokumentiert werden sollte, warum andere Zwecke aktuell vorrangig verfolgt werden. Ein solcher begründeter „Beleg" kann im Einzelfall helfen, die Finanzverwaltung zu überzeugen, zeigt er doch, wie sehr die Stiftungsorgane sich bemühen, mit der Situation überzeugend umzugehen. Wer seine Auffassung begründet, hat erfahrungsgemäß eine deutlich größere Überzeugungschance.

Bei der Stiftungserrichtung lohnt es sich nach unserer Erfahrung zudem, der Finanzverwaltung im Einzelnen darzulegen, warum der oder die Stifter die konkrete Vielzahl von Zwecken für erforderlich erachten. Wir müssen bedenken, dass der Finanzverwaltung oftmals nur die Stiftungsunterlagen (Stiftungsgeschäft und -satzung) ohne nähere Ausführungen zu den Hintergründen des Stiftungsprojekts vorliegen. Hier können sich Hintergrunderläuterungen, die ja ansonsten nicht üblich sind, durchaus lohnen. Das kann je nach

32 *Liermann* in Franz ua, Deutsches Stiftungswesen 1948–1966, 1968, S. 153, 154; dem folgen auch Staudinger/*Hüttemann/Rawert* (2017) BGB Vor §§ 80 ff. Rn. 5.

33 Ausf. *Schiffer* StiftungsBrief 2015, 230 und StiftungsBrief 2016, 8 und 48 und 69.

34 Das konstatiert etwa auch *Dietz* Stiftungsbrief 2013, 108. Die Praxis ist uneinheitlich, wie auch *Dietz* ins-

besondere unter Hinweis auf die großzügige Praxis in Bayern darlegt.

35 *Schiffer* StiftungsBrief 2015, 230 und StiftungsBrief 2016, 8 und 48 und 69. AA Staudinger/*Hüttemann/Rawert* BGB § 80 Rn. 41 f.; *Hüttemann*, Gemeinnützigkeits- und Spendenrecht, 3. Aufl. 2015, § 4 Rn. 130.

36 *Schiffer* StiftungsBrief 2016, 69.

37 *Dietz* StiftungsBrief 2013, 108, 110.

Fallgestaltung durchaus auch in einer „zweiten Runde" mit der Finanzverwaltung erfolgen, dh die Erläuterungen werden auf entsprechende Fragen hin nachgeschoben.

Ein zusätzlicher Hinweis auf die fehlende rechtliche Begründung zu dem angeblichen Verbot von Vorratszwecken mag dabei helfen, dass die Finanzverwaltung sich zumindest auf der Sachverhaltsebene überzeugen lässt.[38]

VI. Organe

Die konkrete Ausgestaltung der Organisation einer Stiftung richtet sich zunächst nach deren jeweiligem Stiftungszweck, insbesondere aber auch nach der Vermögensausstattung der Stiftung. Die **spezifische Organisation** muss den zu erwartenden Erträgen und dem tatsächlichen Geschäftsumfang entsprechen. Sie divergiert zB deutlich im Fall einer kleinen Familienstiftung zur Versorgung der Familiengrabstätte und im Fall einer unternehmensbezogenen Familienstiftung, die in Bezug auf ein großes (Familien-)Unternehmen errichtet wird. Typischerweise verfügen nur größere Stiftungen, die nicht auf ein ehrenamtliches Mitwirken angewiesen sind, sondern eine leistungsgerechte Vergütung zahlen können, über eine ausgefeilte Organisation und mehrere die Stiftung leitende Personen.[39]   **28**

1. Stiftungsvorstand. Das wesentliche und das einzige nach dem Gesetz vorgeschriebene Organ einer Stiftung ist deren Vorstand.[40] Seine Größe und Funktion richten sich nach der konkreten Geschäftstätigkeit der Stiftung. Davon hängt insbesondere auch ab, ob er ehrenamtlich, nebenamtlich oder hauptamtlich mit entsprechender Vergütung tätig wird. Nach dem BGB hat der Vorstand die Stellung eines **gesetzlichen Vertreters** der Stiftung, dh er vertritt die Stiftung gerichtlich und außergerichtlich. Die Vertretungsberechtigung kann in der Satzung wie bei einem Unternehmen als Einzelvertretungsmacht oder als Gesamtvertretungsberechtigung mehrerer Vorstandsmitglieder ausgestaltet werden. Die Aufsichtsbehörde stellt im Bedarfsfall für den Vorstand eine **Vertretungsbescheinigung**[41] aus, die den Vorstand im Rechtsverkehr legitimiert. Die Rechtsqualität solcher Urkunden und die durch sie begründeten Rechtsfolgen und -wirkungen sind allerdings fraglich.[42] Aus einer Vertretungsbescheinigung folgt ebenso wie aus den in einigen Landesgesetzen vorgesehenen Stiftungsverzeichnissen im Rechtsverkehr keine Vermutung des Inhalts, dass der dort festgestellte Inhalt richtig ist. Sie begründen also **keinen öffentlichen Glauben**.[43]   **29**

Die **Geschäftsführungsbefugnis**, dh die Befugnisse des Vorstands im Innenverhältnis zur Stiftung und etwaigen weiteren Stiftungsorganen, kann, ebenso wie wir es vor allem aus dem Unternehmensbereich kennen, in der Satzung, im Anstellungsvertrag oder auch in einer Geschäftsordnung für die Vorstandsmitglieder detailliert geregelt werden. So kann der Stifter etwa bestimmte Geschäfte der Geschäftsführungsbefugnis des Vorstands entziehen oder das Erfordernis der vorherigen Zustimmung, beispielsweise des Stiftungsrats, für solche Geschäfte festlegen oder dem Stiftungsrat die Befugnis erteilen, in einer Geschäftsordnung für den Vorstand entsprechende Regeln festzulegen. Ihre **Grenze** findet diese Regelungsmacht des Stifters darin, dass die Organstellung des Vorstands und die Funktionsfähigkeit der Stiftung nicht ausgehöhlt werden dürfen.   **30**

Ist der Stiftungsvorstand rechtlich oder tatsächlich nicht in der Lage, seine Funktion auszuüben, beispielsweise weil er durch den Wegfall einzelner Vorstandsmitglieder beschlussunfähig geworden ist, so kann das für den Sitz der Stiftung zuständige Amtsgericht in dringenden Fällen einen **Notvorstand** bestellen (→ § 86 Rn. 4).   **31**

Die Regelung der Nachfolge[44] in einem Stiftungsamt und vor allem im Ehrenamt ist in der Praxis ein oftmals unterschätztes Problem[45] und das nicht nur in Deutschland.[46] Die Erfahrung zeigt, dass die Erstbesetzung der Organe bei der nötigen Sorgfalt des Stifters und seiner Berater keine unüberwindbaren Schwierigkeiten bereitet. Wirklich schwierig gestaltet sich dagegen oft die **Suche nach geeigneten Nachfolgern** für   **32**

38 Zu weiteren Strategien für die Praxis *Schiffer* StiftungsBrief 2016, 69.

39 Zur arbeitsrechtlichen Einordnung der Stiftungsorgane *Kilian* ZSt 2007, 34.

40 Ausf. *Schiffer/Pruns/Schürmann* in Schiffer, Stiftung, § 3 Rn. 68 ff.; Richter/*Godron* § 6 Rn. 14 ff.; O. Werner/*Saenger/Fischer* § 10 Rn. 6 ff.; *Schwintek*, S. 96 ff.

41 Näher Stumpf/Suerbaum/Schulte/Pauli/*Suerbaum*, Stiftungsrecht, C. Rn. 156 ff.; Hüttemann/Richter/Weitemeyer/*Rawert*, Landesstiftungsrecht, 2011, Kap. 12 (S. 331 ff.).

42 Ausf. *Dörnbrack/Fiala* DStR 2009, 2490 ff.; Staudinger/*Hüttemann/Rawert* (2017) BGB Vor §§ 80 ff. Rn. 168 ff.

43 Hüttemann/Richter/Weitemeyer/*Rawert*, Landesstiftungsrecht, 2011, Rn. 12.11 mwN.

44 Ausf. *Schiffer* StiftungsBrief 2017, 20 und 36.

45 S. *Salaw-Hanslmaier* ZStV 2012, 72 ff., die deshalb für den gVerein nach Auswegen sucht. Die von ihr angesprochene gGmbH, die aus Haftungsgründen die Geschäftsbesorgung übernehmen soll, benötigt aber wiederum auch Organmitglieder, die zudem typischerweise zu vergüten sein werden.

46 S. zu den Erfolgsfaktoren für den Generationenwechsel in der österreichischen Privatstiftung, *Müller/Melzer*, Journal für Erbrecht und Vermögensnachfolge, 2012, 91.

die Besetzung der Stiftungsorgane. Es geht um zwei im Grunde recht einfache Fragen: „1. Wen brauchen wir?" und 2. „Wie suchen wir sie/ihn?". Dazu gibt es keine Patentrezepte. Ein simpler Ein-Personen-Vorstand scheidet außer in Sonderfällen grundsätzlich aus. Man muss sich dazu vor Augen führen, dass eine Stiftung mit einem Vorstand, der etwa aus drei Personen besteht, und einem Stiftungsrat (→ Rn. 37 ff.) der bspw. fünf Mitglieder zählt, in regelmäßigen Abständen acht Nachfolger benötigt. Das ist eine ganz erhebliche Anzahl. Ganz klein kann die Anzahl auch nicht wirklich sein. Das gilt schon aufgrund des zu empfehlenden Vieraugen-Prinzips im Vorstand und dem Kontrollorgan Stiftungsrat, das zumindest aus drei Personen besteht und jedenfalls bei nicht ganz kleinen Stiftungen grundsätzlich unverzichtbar ist. Das gilt nach unseren Erfahrungen mit zunehmender Tendenz besonders dann, wenn es sich um ein Ehrenamt handelt.

33   Klare, aber auch nicht zu starre Satzungsregelungen („Soll-Vorschriften") können hier eine Hilfestellung sein. Die Stiftungssatzung sollte die Modalitäten, zu denen die Organmitglieder tätig sind, einschließlich der Frage der Vergütung der Organmitglieder detailliert vorgeben: Ehrenamtlich oder entgeltliche Tätigkeit? Höhe der Vergütung? Sitzungsgelder? Etc. Die Vergütung der Organmitglieder ist eine wesentliche Stellschraube,[47] aber keineswegs die einzige entscheidende Faktor. Dabei gibt es nicht selten durchaus unterschiedliche Vorstellungen zu der Höhe der angemessenen Vergütung. Diese Angemessenheit bestimmt sich für gemeinnützige Stiftungen nach § 55 Abs. 1 Ziffer 3 AO.[48]

34   In der praktischen Umsetzung ist ein gewisser Aufwand unvermeidlich. Erfahrungsgemäß lohnt dieser Aufwand. „Vorausschauen und planen" ist ein entscheidender Faktor. Folgende Punkte haben sich bewährt:

– Ausgehend von den wahrscheinlichen Vakanzen kann eine **Kandidatenliste** erstellt werden. Ausgedruckt ergibt das mit Zeitstrahl und Kandidatennennung mitunter eine richtige „Tapete".

– Geeignete **Kandidaten** können über einen gewissen Zeitraum **konkret beobachtet** werden. Man kann sich treffen und sich kennenlernen. Ein geeignetes Forum dafür kann auch ein Förderverein der betreffenden Stiftung sein. Die Schwelle zum Eintritt als Vereinsmitglied ist deutlich niedriger als etwa die Übernahme des „Amtes" eines Stiftungsvorstandsmitglieds.

– Anschließend können Kandidaten ggf. als **Gast** im Organ eingearbeitet werden. Besonders bewährt hat sich diese Vorgehensweise für Nachfolger im Stiftungsrat. Es geht darum, dass der Kandidat wirklich zur Aufgabe und zu dem Organ passt und darum, dass er die Aufgabe auch nach einem solchen belastbaren Praxistest wirklich wahrnehmen kann und will. Es hat auch schon Kandidaten gegeben, die sich deutlich überschätzt haben. Wer sich und die Situation als Gast erprobt und dann das Amt nicht antritt, verliert anders, als wenn er aus einem Amt abberufen würde, eben nicht sein Gesicht. Natürlich sind hier viel gegenseitiger Respekt und wirkliches Fingerspitzengefühl erforderlich. Offene Kommunikation hilft auch hier! Es mag sich auf diese Weise im konkreten Fall übrigens auch herausstellen, dass eine Person, die als Vorstandsmitglied vorgesehen war, eher für eine Mitgliedschaft im Stiftungsrat geeignet ist – und sei es nur, weil das freie Zeitkontingent dafür eher ausreicht.

35   Besonderheiten ergeben sich bei **unternehmensverbundenen Stiftungen**. Die Besetzung der Organe eines Unternehmens ist eine Frage, die sich für Unternehmen in jeder Rechtsform stellt. Gleiches gilt für die Art und Weise der Zusammenarbeit zwischen Geschäftsleitung und Kontrollorgan. Werden hier die richtigen kompetenten Persönlichkeiten gefunden, so dürften sich – abgesehen von der geringeren Flexibilität einer Stiftungskonstruktion – im Falle einer unternehmensverbundenen Stiftung oder Unternehmensstiftung keine zusätzlichen Probleme ergeben. Die Anstellungsmodalitäten von Vorstands- und Stiftungsratsmitgliedern sind hier in der Praxis denen von Geschäftsführern/Vorständen und Beirats-/Aufsichtsratsmitgliedern in gewerblichen Unternehmen zumindest angenähert.

36   **2. Geschäftsführer.** Es ist zulässig, „unter" dem Vorstand einen Geschäftsführer für die „Alltagsgeschäfte" der Stiftung zu bestellen (→ § 86 Rn. 10). Das ist vor allem bei größeren Stiftungen üblich und geschieht in der Regel aufgrund einer entsprechenden Satzungsbestimmung durch den Vorstand, der ggf. die Zustimmung eines etwaigen Stiftungsrats einholen muss. Der Geschäftsführer leitet seine Befugnisse aus denen des Vorstands ab und ist in dessen Bereich vertretend tätig. Die Funktionsfähigkeit des Vorstands darf durch eine solche Geschäftsführerbestellung nicht tangiert werden. Der Vorstand hat in seinem Zuständigkeitsbereich das abschließende Entscheidungsrecht.

37   **3. Kontrollorgan – Stiftungsrat.** Die (freiwilligen) Kontrollorgane bei einer Stiftung ähneln dem Aufsichtsrat bei der Aktiengesellschaft und dem Beirat bei sonstigen Gesellschaften.[49] Sie werden als Stiftungsrat, Verwaltungsrat, Kuratorium oder auch als Beirat bezeichnet (→ Rn. 16). Die Begriffsverwendung ist leider nicht einheitlich. Der Stiftungsrat ist regelmäßig zuständig für die vorherige Zustimmung zu

47   Siehe dazu etwa *Mecking*, Service Guide Stiftungen 2016, 40 ff.

48   Siehe dazu *Schiffer* in Schiffer § 9 Rn. 112 ff.

49   Ausf. zur Vorstandskontrolle *Schwintek*, insbes. S. 350 ff.; ferner: *Schiffer/Pruns/Schürmann* in Schif-

fer, Stiftung, § 3 Rn. 75 ff.; v. Campenhausen/Richter/*Hof*, § 8 Rn. 80 ff.; zu dem Parallelfall des freiwilligen Unternehmensbeirats s. PraxFormB GesR/ *Schiffer* § 16 (S. 1063 ff.).

bestimmten wesentlichen Geschäften des Stiftungsvorstands („**Zustimmungskatalog**"), für die Entlastung des Vorstands, die Jahresrechnung, die Prüfung der **Wirtschaftspläne** und die Prüfung der Haushalts- und Wirtschaftsführung sowie die Beratung des Vorstands.[50] Fachlich versierte und „prominente" Mitglieder des Stiftungsrats können einen guten Ansatz für eine erfolgreiche Öffentlichkeitsarbeit der Stiftung darstellen. Ein „Frühstücksdirektoriumskollegium" sollte allerdings vermieden werden.

Sowohl für die Tätigkeit des Vorstands als auch des Stiftungsrats werden üblicherweise **Geschäftsordnun-** **38** **gen** verabschiedet. Sie werden entweder vom Stifter oder von den Organen erlassen. Als sinnvoll hat sich dabei herausgestellt, dass der Stiftungsrat die Geschäftsordnung für den von ihm zu kontrollierenden Vorstand entweder selbst festlegt oder jedenfalls dadurch auf deren Inhalt Einfluss nimmt, dass sie seiner Anerkennung bedarf.

In jedem Fall sollte die Geschäftsordnung innerhalb des vom Stifter mit der Stiftungsverfassung vorgegebe- **39** nen Rahmens abänderbar sein, um sie geänderten Anforderungen anpassen zu können, die sich zB aus einem erhöhten oder verringerten Verwaltungs-/„Geschäfts"-Volumen der Stiftung ergeben. Von einer starren Geschäftsordnung ist grundsätzlich abzuraten. Sie würde die erforderliche Flexibilität der Gesamtkonstruktion unnötig beschränken. Eine **flexibel gestaltete** Geschäftsordnung für den Vorstand und/oder den Stiftungsrat ist – ähnlich wie die aus dem unternehmerischen Bereich bekannten Geschäftsordnungen – ein gutes Instrument zur Fernsteuerung der Verwaltung der Stiftung.

Neben natürlichen Personen können auch juristische Personen **Mitglieder von Stiftungsorganen** sein.[51] **40** Letztere sind ebenso wie die Stiftung vom Ansatz her „unsterblich". Juristische Personen sollten jedoch nur in besonderen Ausnahmefällen ernannt werden – etwa wenn der Stifter auf den besonderen Sachverstand einer Organisation für seine Stiftung Wert legt (Bsp.: „Greenpeace" als Fachorganisation für Umweltschutz). Einem solchen Bestreben kann der Stifter aber regelmäßig sinnvoller dadurch Rechnung tragen, dass er in der Satzung bestimmte Anforderungen an die fachliche oder sonstige Qualifikation der Organmitglieder festlegt. Die Mitgliederzahl für die einzelnen Organe bestimmt sich im konkreten Einzelfall nach dem Zweck der Stiftung und dem Umfang der Geschäftstätigkeit der Organe. Mit weniger als drei Personen ist eine funktionierende Stiftungsratstätigkeit grundsätzlich nicht möglich.

Entweder **beruft** der Stifter **die Organmitglieder** selbst oder es berufen die in der Satzung festgelegten **41** Personen/Instanzen.[52] In der Regel bestellt der Stifter jedenfalls die ersten Organmitglieder. Er kann sich selbst oder auch engen Vertrauten die Mitgliedschaft in den Organen zeitlich befristet oder auf Lebenszeit vorbehalten. Er kann sich auch vorbehalten, die Besetzung bestimmter Positionen durch letztwillige Verfügung zu regeln. Es ist in jedem Fall zu beachten, dass die Eigenständigkeit der Stiftung als juristische Person erhalten bleibt und die Stiftung nicht lediglich als „verlängerter Arm" des Stifters oder seiner Vertrauten erscheint. Das würde der Anerkennung der Stiftung entgegenstehen. Spätere Neu- oder Wiederbestellungen von Organmitgliedern kann der Stifter sich ebenfalls selbst vorbehalten.

Für die Zeit **nach dem Tod des Stifters** dürfte es regelmäßig sinnvoll sein, dass der **Stiftungsrat** die Mit- **42** glieder des Vorstands bestimmt. Für den Stiftungsrat selbst empfiehlt sich zur Wahrung und Betonung der Autonomie dieses Kontrollorgans die **Kooptation**, dh die Selbstergänzung durch einstimmigen oder jedenfalls mehrheitlich gefassten Beschluss. Der Stifter kann Neu- oder Wiederbestellungen aber auch dritten Personen, wie etwa seinen Erben, juristischen Personen, Inhabern bestimmter Ämter oder bestimmten Personengruppen überlassen. Wenn dritte Personen die Nachfolger in Stiftungsorganen ernennen, hat das einerseits den Vorteil der Ernennung durch eine idR unabhängige „Instanz". In der Praxis finden sich aber andererseits auch Fälle, in denen diese dritten Personen, etwa aufgrund ihrer im Hauptamt gewohnten Machtfülle, ihr Ernennungsmandat überdehnen. Sie beschränken sich nicht auf die Nachfolgerernennung, sondern meinen, bei der Gelegenheit kontrollierend in die Stiftungsarbeit eingreifen zu sollen. Sie maßen sich mithin das Recht an, in die Zuständigkeit der Stiftungsaufsichtsbehörde einzugreifen. Das führt dann zu unschönen Auseinandersetzungen und Kompetenzstreitigkeiten. Da so etwas immer mit der jeweiligen Persönlichkeit zusammenhängt, die dann (zufällig) gerade der Amtsträger ist, dem das Ernennungsrecht nach der Stiftungssatzung zugewiesen ist, mag sich ein Stifter gut überlegen, ob er hier für die Zukunft ein Streitrisiko eingehen will. Eine per se richtige Lösung gibt es hier nicht. In der Praxis findet man auch die Mischung mehrerer der vorstehend angesprochenen Bestellungs- und Ernennungsverfahren. Der Stifter hat hier aufgrund der knappen gesetzlichen Regelung (Abs. 1 Nr. 5) einen großen Gestaltungsspielraum und damit eine entsprechend große Verantwortung. Er sollte sich auch zu diesem Punkt ganz konkret beraten lassen und nicht einfach zu einer (angeblich) „üblichen" Regelung greifen.

---

50 Ausf. zum Verhältnis zwischen Stiftungsvorstand und fakultativem Kontrollorgan v. Campenhausen/Richter/*Hof* § 8 Rn. 83 ff.; *Jakob*, Schutz der Stiftung, 2006, S. 232 ff.; *Kilian*, Die Roten Seiten zum Magazin Stiftung & Sponsoring, 5/2002.

51 v. Campenhausen/Richter/*Hof*, § 8 Rn. 12 mwN.
52 O. Werner/Saenger/Fischer § 10 Rn. 7 (Gründungsvorstand), Rn. 35 ff. (Besetzung des Vorstands), Rn. 78 (Anstellung und Bestellung der Organmitglieder).

43   Eine **Personalunion** von Mitgliedern verschiedener Organe einer Stiftung ist grundsätzlich zu **vermeiden**, um eine möglichst ungehinderte Ausübung der verschiedenen Organfunktionen – insbesondere der Kontrollfunktion des Stiftungsrats – zu gewährleisten und etwaige **Interessenkonflikte** auszuschließen. In der Praxis wird hier bedauerlicherweise oft recht unkritisch verfahren. So haben wir beispielsweise den Fall erlebt, dass Organmitglieder zweier Stiftungen jeweils auch in den Organen der anderen Stiftung saßen, und zwar auch dann noch, als die beiden Stiftungen einen wichtigen Vertrag miteinander abgeschlossen haben. Bei diesem Vertragsabschluss beriet zudem ein Wirtschaftsprüfer, der zugleich der Jahresabschlussprüfer beider Stiftungen war. Die Betroffenen setzten sich in solchen Fällen unnötig dem Eindruck möglicher Interessenkonflikte aus. Der Stifter kann und sollte durch entsprechende ausdrückliche Satzungsregelungen vermeiden, dass überhaupt jemand in eine solche Situation kommen kann. Zu beachten ist, dass Interessenkonflikte nicht nur durch die Personalunion von Organmitgliedern entstehen können.[53]

44   Die Stiftungsverfassung sollte diese Fragen einschließlich der der **Vergütung** der Organmitglieder (ehrenamtlich[54] oder entgeltlich? Höhe der Vergütung?[55] Sitzungsgelder? etc) detailliert regeln. Dabei kann es auch sinnvoll sein, dass in der Stiftungsverfassung je nach Zweck der Stiftung die Mitgliedschaft im Vorstand oder Stiftungsrat an bestimmte berufliche Qualifikationen oder Erfahrungen oder auch an bestimmte Ämter (zB IHK-Präsident; Vorsitzender des örtlichen Tierschutzvereins) gebunden wird. Der (potenzielle) Stifter sollte sich jedoch darüber im Klaren sein, dass er durch solche generellen Festlegungen **Fehlbesetzungen** nicht verhindern kann, sie uU etwa bei der Koppelung an bestimmte Ämter sogar heraufbeschwören mag. Die jeweiligen, den hinzutretenden Stiftungsrat auswählenden verbleibenden bisherigen Stiftungsratsmitglieder werden bei verantwortungsbewusster Amtsführung regelmäßig besser wissen, mit welcher **Qualifikation** zur Ergänzung des Stiftungsorgans welche Person geeignet ist. Das gilt zunehmend mit fortschreitendem Zeitablauf nach dem Tod des Stifters. Kein noch so vorausplanender Stifter kann über Jahrzehnte in die Zukunft schauen. Die Satzung einer Stiftung sollte daher hinsichtlich der Qualifikation von Mitgliedern der Stiftungsorgane sinnvollerweise grundsätzlich nur sog. **Sollvorschriften** enthalten, von denen im Einzelfall begründet abgewichen werden kann. Etwas anderes mag gelten, wenn der Stifter die Organmitgliedschaft eines Juristen für erforderlich hält, den er als eine Art Justitiar der Stiftung und als „Garant" für ein „geordnetes" Stiftungsleben ansieht.

45   Organmitglieder können theoretisch auf Lebenszeit bestimmt werden. Das ist jedoch in aller Regel nicht sinnvoll. Üblich ist jedenfalls eine **Höchstaltersbegrenzung**. Größere Flexibilität bietet die von vornherein begrenzte **Amtsdauer** der Organmitglieder, wie wir sie etwa für den Vorstand und die Aufsichtsratsmitglieder einer Aktiengesellschaft kennen. Die Stiftungsverfassung sollte überdies eine Regelung dazu enthalten, dass und wie oft die **Wiederbestellung** von Organmitgliedern zulässig ist. Von sich aus kann sowohl ein Mitglied des Vorstands als auch des Stiftungsrats sein Amt grundsätzlich jederzeit niederlegen, es sei denn, aus der Satzung oder dem Anstellungsvertrag ergibt sich ausnahmsweise etwas anderes. Keinesfalls darf die Niederlegung zur Unzeit erfolgen. Auch durch die ernennende Instanz kann das einzelne Organmitglied **abberufen** werden. Die Einzelheiten ergeben sich wiederum aus der Stiftungssatzung und etwaigen Anstellungsverträgen.

46   Die Landesstiftungsgesetze sehen überdies in schwerwiegenden Fällen (vor allem bei grober Pflichtverletzung oder etwa bei Unfähigkeit zur Amtsführung wegen schwerer Krankheit) die Möglichkeit der **Abberufung** von Organmitgliedern durch die Stiftungsaufsicht vor.[56] Ein einmaliges Versagen des Organmitgliedes reicht hierzu in der Regel aber nicht aus.

47   Das Verhältnis zwischen der Stiftung und ihren Organmitgliedern bestimmt sich nach den vereinbarten **Anstellungsmodalitäten**. Insbesondere bei kleineren Stiftungen wird die Tätigkeit regelmäßig ehrenamtlich erfolgen. Jedenfalls bei größeren Stiftungen und bei unternehmensverbundenen Stiftungen ist jedoch eine professionelle Führung der Stiftung erforderlich. Die Anstellungsmodalitäten von Vorstands- und Stiftungsratsmitgliedern sind hier in der Praxis denen von Geschäftsführern/Vorständen und Beirats-/Aufsichtsratsmitgliedern in gewerblichen Unternehmen zumindest angenähert.

48   **4. Haftung von Stiftung und Organmitgliedern.** Das Thema der Haftung von Stiftungsorganen und deren Mitgliedern wird **in der Praxis** trotz der generellen Haftungsverschärfung durch die Rechtsprechung und das Gesetz zur Kontrolle und Transparenz im Unternehmensbereich (KonTraG) noch immer unterschätzt (für Einzelheiten s. auch → § 86 Rn. 12 ff.). Der Gesetzgeber hat 2009 und 2013 Haftungserleichterungen für ehrenamtlich tätige Organmitglieder geschaffen (→ § 86 Rn. 28 ff.).

---

53   Einen sehr interessanten Fall hatte VG Hannover zu entscheiden, VG Hannover 17.12.2014 – 1 A 2700/13.

54   Badelt/*Badelt*, S. 503 ff.

55   S. auch die empirische Untersuchung von *Sandberg*, Führungskräfte in Stiftungen zwischen Ehrenamt und Spitzengehalt – Die Vergütungsstudie 2014.

56   S. *Schiffer/Pruns* in Schiffer, Stiftung, § 8 Rn. 53 ff. S. ferner VG Düsseldorf ZSt 2006, 139; Richter/ *Godron* § 6 Rn. 63 ff.; *Reuter* in Kötz ua, Non Profit Law Yearbook 2002, 157; O. Werner/Saenger/ Fischer/*Winkler* § 27 Rn. 121.

Die Stiftung haftet gegenüber Dritten nach §§ 86, 31 zwingend für jeden Schaden, den ein Stiftungsorgan oder ein Organmitglied in Ausführung der ihm übertragenen Aufgaben schuldhaft verursacht (**Außenhaftung**). Grundsätzlich kann die Stiftung Rückgriff gegenüber den betreffenden Organmitgliedern nehmen (**Innenhaftung**), wobei diese auch für leicht fahrlässige Nicht- oder Schlechterfüllung haften. Allerdings kann in der Stiftungssatzung der Rückgriff auf Fälle von Vorsatz und grober Fahrlässigkeit beschränkt werden (→ § 86 Rn. 20 ff.).

Ansprüche der Stiftung gegen Mitglieder vertretungsberechtigter Organe können von der Stiftungsaufsicht **49** im Namen und auf Kosten der Stiftung geltend gemacht werden (→ § 86 Rn. 32).

Wegen der verhältnismäßig eingeengten und oft auch unpraktikablen Haftungsbeschränkungsmöglichkeiten **50** ist die Versicherungsdeckung in der Praxis ein wichtiges Thema. Entsprechende Policen (**D & O-Policen**) werden seit einer Reihe von Jahren auch in Deutschland von verschiedenen in- und ausländischen Versicherern angeboten (→ § 86 Rn. 34).

VII. Das Stiftungsvermögen

1. Vermögensausstattung. Stiftungen werden zur dauernden und nachhaltigen Erfüllung ihrer Zwecke **51** errichtet (s. auch → § 80 Rn. 27 ff.).[57] Damit die Organe der Stiftung den Stiftungszweck verwirklichen können, bedürfen sie eines **ausreichenden Stiftungsgrundstockvermögens**, das dann der Zweckerfüllung dient. Es kann aus „Sachen und Rechten aller Art, insbesondere Geld, Wertpapiere, Grundstücke, einklagbare Forderungen, sowie Unternehmen und Anteile an Unternehmensträgern" bestehen.[58]

Der **Stiftungszweck** ist das eigentliche konstitutive Merkmal einer Stiftung, es wird von den Stiftern als **52** „**zentrales Wesensmerkmal**" verbindlich insbesondere für die Stiftungsorgane vorgegeben. Eine Stiftung ohne irgendeinen über die Erhaltung ihres eigenen Vermögens hinausgehenden Zweck soll als „Selbstzweckstiftung" unzulässig sein. Tatsächlich ist auch der Erhalt des Stiftungsvermögens zulässiger Stiftungszweck, solange die Erträge aus dem Stiftungsvermögen einem von der Stiftung verschiedenen Personenkreis zustattenkommt (zu echten und angeblichen **Selbstzweckstiftungen** → § 80 Rn. 53 ff., 95 ff.). Die wohl hM sieht in der Vermögensausstattung ein Rechtsgeschäft sui generis, auf das die Vorschriften des Schenkungsrechts ggf. entsprechend anzuwenden sind; die Einzelheiten sind umstritten (s. zu dem Meinungsstreit bei → § 82 Rn. 5 ff.).[59]

Umstritten ist etwa, ob die Schenkungsvorschriften (§§ 521 ff. und §§ 519, 528) auch zugunsten des Stif- **53** ters entsprechend anzuwenden sind (zum Streitstand → § 82 Rn. 12 f.), was insbesondere wesentlich für ein etwaiges **Rückforderungsrecht** des Stifters ist. Die (ausreichende) Vermögensausstattung ist eine Grundlage für die Anerkennung der Stiftung, die zu einer besonders intensiven Vermögensbindung führt (→ § 82 Rn. 10 f.). Das kommt auch in dem sogleich zu behandelnden Grundsatz der Vermögenserhaltung zum Ausdruck (→ Rn. 61 ff.). Die Stiftung besteht nur aus dem Vermögen. Die Regeln des Stiftungszivilrechts gehen als Spezialregeln denen des Schenkungsrechts grundsätzlich vor. Diese Zusammenhänge kommen deutlich in der Einordnung der Vermögensausstattung als Rechtsgeschäft sui generis zum Ausdruck. Die Einordnung ermöglicht hier zugleich eine differenzierte Betrachtung für verschiedene Bereiche des Schenkungsrechts in der Praxis.

2. Größe des Stiftungsvermögens. Zur Verwirklichung des Stiftungszwecks muss das Vermögen der **54** Stiftung erhalten bleiben. Es darf grundsätzlich nicht zur Erfüllung des Stiftungszwecks verbraucht werden. Man spricht von dem stiftungsrechtlichen **Grundsatz der Vermögenserhaltung**, der in § 80 Abs. 2 Satz 1 zum Ausdruck kommt und darüber hinaus in den Landesstiftungsgesetzen erwähnt wird (s. sogleich → Rn. 61 ff.).[60] Ausnahmsweise kann der Stifter auch den Verbrauch des Vermögens in der Satzung anordnen („Verbrauchsstiftungen", → § 80 Rn. 36 ff.).

Eine für die Erfüllung des Stiftungszwecks **angemessene Vermögensausstattung** wird allseits für erforder- **55** lich gehalten. Es ist jedoch nirgendwo gesetzlich geregelt, um welche Mindestausstattung es sich handeln muss. Der Gedanke einer festen Mindestkapitalausstattung für Stiftungen ist auch zu Recht verworfen worden. Zu groß sind in der Praxis die Unterschiede zwischen den einzelnen Stiftungen, die maßgeblich für das zur Zweckerfüllung erforderliche Vermögen sind. Grundlegend für den Umfang des zu fordernden Vermögens ist der **Stiftungszweck** (§ 80 Abs. 2 Satz 1: „dauerhafte und nachhaltige Erfüllung des Stiftungszwecks"; Stichworte: Kleiner Zweck und großer Zweck; ein Zweck und viele Zwecke; Förderstiftung und/

---

57 Arg. aus § 80 Abs. 2 BGB iVm § 81 Abs. 1 Nr. 4
    BGB. Näher dazu etwa O. Werner/Sanger/Fischer/
    Fritz § 14 Rn. 1, 44, 82 f.; v. Campenhausen/Richter/
    Hof § 7 Rn. 29 ff., § 9 Rn. 42; MüKoBGB/*Weite-
    meyer* § 85 Rn. 21 („Mittel der Zweckverfolgung");
    Schiffer/Pruns in Schiffer, Stiftung, § 5 Rn. 56 ff.

58 Staudinger/*Hüttemann/Rawert* (2017) BGB § 81
    Rn. 67. Vgl. auch MüKoBGB/Weitemeyer BGB § 81
    Rn. 41; Richter/*Stumpf* § 4 Rn. 67.
59 S. bspw. auch *Schwarz* DStR 2002, 1718 (1721).
60 Ausf. *Schiffer/Pruns* in Schiffer: Stiftung, § 5
    Rn. 56 ff.

oder Projektstiftung; lokaler, regionaler, nationaler, internationaler, EU-weiter und globaler Wirkungsbereich, …). Mangels konkreter Regelung besteht damit in jedem Einzelfall für die Vermögensausstattung der Stiftung ein erheblicher Ermessensspielraum. Die Anerkennungsbehörde hat „lediglich" eine **Prognoseentscheidung** zu treffen (§ 80 Abs. 2 Satz 1: „gesichert erscheint"). Dabei sind insbesondere auch künftige Zuwendungen zu berücksichtigen, soweit diese mit einer gewissen Sicherheit zu erwarten sind.[61] Ein typischer Beispielsfall für eine solche Prognose ist der einer Bürgerstiftung (→ § 80 Rn. 117 ff.), die typischerweise mit einem kleinen Vermögen einerseits und großem Einsatz sowie vielen Ideen zahlreicher (Mit-)Stifter startet, was typischerweise erhebliche Zustiftungen erwarten lässt. Die Beantwortung der Frage nach der ausreichenden Vermögensausstattung hängt vorrangig vom jeweiligen Stiftungszweck und von der konkreten Praxis der einzelnen Stiftungsbehörden ab. Letztere ist bisher aber durchaus unterschiedlich.

56   Zum gegenwärtigen Zeitpunkt (2015) wird man wohl sagen müssen, dass zumindest aus Sicht der Stiftungsbehörden als „Faustregel" grundsätzlich jedenfalls ein „**Mindest(start)kapital**" in Höhe von wohl 50.000 EUR oder auch mehr erforderlich ist.[62] Verschiedene Stiftungsbehörden haben allerdings in der Vergangenheit pauschal deutlich niedrigere oder höhere Mindestbeträge gefordert – zumindest für unternehmensverbundene Stiftungen. Nach einer Untersuchung aus dem Jahre 1994[63] lagen zB für unternehmensverbundene Familienstiftungen die geforderten Beträge zwischen 10.000 EUR (Regierungspräsident Darmstadt) und 250.000 EUR (Chemnitz und Dessau). Eine solche Diskrepanz, die sich auch aus einer unterschiedlichen Vertrautheit mit dem Thema Stiftung ergeben haben dürfte, wird sich aktuell bei einer solchen Umfrage wohl nicht mehr ergeben. Vor allem durch die (Fach-) Diskussion zum neuen Stiftungszivilrecht, zu den Neuregelungen im BGB und zu den neuen Landesstiftungsgesetzen haben sich die Kenntnisse zum Thema Stiftungen auch in der Stiftungsverwaltung deutlich verbessert und untereinander angepasst. Ganz überwiegend trifft man dort aktuell auf vorzügliche Fachleute, die sich dem Thema mit großem Einsatz und Interesse widmen. Zu bedauern ist allerdings, dass an der einen und der anderen Stelle in den Stiftungsbehörden angesichts des bekannten Zustandes der Staatskasse die Personaldecke schon wieder verdünnt wird. Das führt dort in der Praxis zu einer unguten Arbeitsüberlastung, die sich ua in unerwünschten Verzögerungen auswirkt.

57   In der Tat ist es regelmäßig kaum sinnvoll, für **kleinere Vermögen** eine eigenständige Stiftung zu gründen. Derartige Stiftungen werden kaum in der Lage sein, aus ihrem Vermögen ausreichende Erträge zu erwirtschaften, um ihren Zweck umzusetzen und die Stiftung mit Leben zu erfüllen. Für solche Fälle bieten sich **Zustiftungen** zu einer anderen Stiftung oder auch eine **unselbstständigen/treuhänderischen Stiftung** (→ Vor §§ 80 ff. Rn. 41 ff.) an. Für letztere gibt es keine Vorschriften zu einer Mindestvermögensausstattung (s. aber auch → Vor §§ 80 ff. Rn. 45, 80). Anders wird man die Angelegenheit aber wohl bewerten müssen, wenn zunächst zu Lebzeiten eine Stiftung mit relativ geringem Vermögen errichtet wird, um der Stiftung später durch letztwillige Verfügung ein größeres Vermögen zukommen zu lassen (→ § 83 Rn. 26 f.).

58   **3. Zustiftungen.** Zustiftungen[64] sind **Zuwendungen** des Stifters oder von dritter Seite an eine bestehende Stiftung, die dem Stiftungszweck dienen und dem Stiftungsvermögen zufließen sollen. Zustiftungen können auch in Form von Erbeinsetzungen und Vermächtnissen erfolgen. Eine Stiftung durfte zumindest bisher an sich bei ihrer Errichtung grundsätzlich nicht auf Zustiftungen angewiesen sein. In der Praxis fanden sich allerdings auch bisher durchaus Fälle, in denen eine Stiftung mit einem an sich zu geringen Vermögen anerkannt wurde, wenn sie belegen konnte, dass ihr aller Voraussicht nach ausreichend Zustiftungen zufließen. Nunmehr hat die Anerkennungsbehörde die bereits (→ Rn. 55) angesprochene **Prognoseentscheidung** zu treffen (→ § 80 Rn. 29), so dass diese Problematik im Zusammenhang mit Zustiftungen überholt ist. Ob eine Stiftung Zustiftungen annehmen darf, richtet sich nach dem Stifterwillen. In der Stiftungssatzung sollte vorsorglich die Möglichkeit der Annahme von Zustiftungen sowie ein etwaiges Procedere (zB Mindestsummen, Eintritt in eine Stifterversammlung, …) ausdrücklich und eindeutig vorgesehen werden.

59   Ein **Sonderfall** der Zustiftung ist der „**Stiftungsfonds**". Ein Stiftungsfonds ist hier eine Zustiftung mit einer Auflage gegenüber der Stiftung. Die Auflage betrifft typischerweise den Zweck, für den das zugestiftete Vermögen, genauer: die Erträge aus diesem Vermögen, verwendet werden soll. Das ist regelmäßig ein Teilzweck aus den umfassenderen Zwecken der die Zustiftung empfangenden Stiftung. Die Auflage kann zusätzlich beinhalten, dass der Stiftungsfonds ähnlich wie eine treuhänderische Stiftung (→ Vor §§ 80 ff. Rn. 41 ff.) einen eigenen Namen erhält und das innerhalb der Stiftung ein internes Organ geschaffen wird,

---

61   S. nur RegE, BT-Drs. 14/8765, S. 8.
62   Kritisch zu solchen „kleinen" Stiftungen und zu etwaigen Ausnahmefällen: *Schiffer* StiftungsBrief 2011, 21. Teilweise hört man in der Praxis, dass einige Stiftungsbehörden angesichts der anhaltenden Niedrigzinsphase wieder ein höheres Stiftungskapital

als 50.000 EUR fordern. Eine durchgehende Verwaltungspraxis hat sich indes noch nicht herausgebildet.
63   *Hennerkes/Schiffer/Fuchs* BB 1995, 209 (DM-Beträge gerundet und umgerechnet in EUR).
64   Näher zu Zustiftungen etwa Richter/*Godron* § 7 Rn. 3 f.; *Rawert* DNotZ 2008, 5.

das über die Verwendung der Erträgnisse aus dem Stiftungsfonds befindet. Ein Stiftungsfonds hat **keine eigene Rechtspersönlichkeit** und ist anders als die treuhänderische Stiftung auch **kein Steuersubjekt**.

Anders als Zustiftungen in das Vermögen einer gemeinnützigen Stiftung unterliegen **Spenden** an eine solche dem **Gebot der zeitnahen Mittelverwendung** nach § 55 Abs. 1 Nr. 5 AO. Zustiftungen, die dem Stiftungsvermögen zuzuführen sind und deshalb nicht diesem Gebot unterliegen, sollten deshalb ausdrücklich als Zustiftungen bezeichnet werden, damit erst gar kein Missverständnis aufkommen kann. Zustiftungen sind seit dem Veranlagungszeitraum 2007 wie Vermögenserstausstattungen von Stiftungen (früher: „Errichtungsdotationen") nach § 10 b Abs. 1 a EStG und wie auch Spenden steuerlich begünstigt (zum Spenden- und Stiftungssteuerrecht s. auch → § 82 Rn. 16 ff.).[65] Der sog. Vermögensstockspendenbetrag beläuft sich nunmehr auf 1 Mio. EUR, bei zusammen veranlagten Ehegatten auf 2 Mio. EUR. **60**

4. Vermögenserhaltungsgrundsatz. Die konkrete Bedeutung des vielfach beschworenen Grundsatzes der Erhaltung des Stiftungsvermögens wird nach wie vor diskutiert.[66] Er kommt in § 80 Abs. 2 zum Ausdruck (→ § 80 Rn. 34), woraus sich auch einmal mehr ergibt, dass das Stiftungsvermögen eben für die Erfüllung des Stiftungszwecks zu erhalten ist, und wird in den Landesstiftungsgesetzen erwähnt. Die einschlägigen Fälle der **Praxis** haben wir relativ klar vor Augen: Vor allem durch Preis- und Marktentwicklungen oder durch äußere Einflüsse wie zB Unwetter kann ein vollständiger oder teilweiser (unvermeidbarer) **Verlust der Vermögenssubstanz** der Stiftung drohen.[67] Klar ist auch, dass die Stiftungsorgane in angemessenem Umfang auf solche und ähnliche Sachverhalte werden reagieren müssen. Sie müssen idR auch Vorsorge treffen, also etwa das Stiftungsvermögen gegen Naturkatastrophen versichern. Es stellt sich allerdings die Frage, nach welchem **Maßstab** die Stiftungsorganmitglieder konkret vorzusorgen und zu reagieren haben. Bei der Beantwortung dieser Frage ist als immer zu beachten, dass der Stifter die Stiftung nicht vorrangig zur Erhaltung des Stiftungsvermögens, sondern ersichtlich zur **Erfüllung des Stiftungszwecks** errichtet hat (§ 80 Abs. 2 Satz 1: „… die dauernde und nachhaltige Erfüllung des Stiftungszwecks gesichert erscheint …".). Diese Erkenntnis ist, so profan sie klingen mag, grundlegend für die Beantwortung der Frage, wie der Grundsatz der Erhaltung des Stiftungsvermögens in der Praxis zu verstehen ist. Wer einen Stiftungszweck möglichst optimal erfüllen will, wird das Stiftungsvermögen anders anlegen als derjenige, der „nur" das Vermögen erhalten will. **61**

In wenigen Bereichen herrscht in der Praxis so viel Naivität wie bei dem Erhalten und Verwalten von Stiftungsvermögen[68] (Praxiszitate: „Machen wir es doch einfach mündelsicher, das passt schon." oder „Die Bank weiß schon, was sie tut. Das sind ja Experten und ich bin ohnehin Künstler."; zur Vermögensanlage → Rn. 84 ff.). Auch „rechtswissenschaftlich" werden nach wie vor verschiedene Deutungen des Vermögenserhaltungsgrundsatzes vertreten,[69] denn der Gesetzgeber hat es bis heute bei „wenig hilfreichen Gemeinplätzen"[70] zu diesem Grundsatz belassen und keine abschließende Entscheidung zu dessen Inhalt getroffen oder auch nur eine in der Praxis hilfreiche Handreichung entwickelt. Das ist nicht nur rechtswissenschaftlich zu bedauern, sondern auch für die **Praxis** der Verwaltung von Stiftungen problematisch. Für die zur Einhaltung des, wie auch immer exakt zu definierenden Grundsatzes Verpflichteten (in der Regel ehrenamtlich tätige Mitglieder der Stiftungsorgane) ist die Situation wirklich nicht einfach. Sie finden zahlreiche divergierende Landesstiftungsgesetze, unterschiedliche Fachmeinungen sowie Angebote von Banken oder Vermögensverwaltern und müssen bei der Anlage des Stiftungsvermögens auch in Zeiten eines schwierigen Kapitalmarktes nicht nur den Stifterwillen sowie das die Stiftung betreffende Stiftungsrecht beachten, sondern auch das Stiftungssteuerrecht, wenn die Stiftung gemeinnützig und damit steuerbefreit ist. Über alledem schwebt für die Organmitglieder zudem das Damoklesschwert der **Haftung** bei einem schuldhaften Verstoß (→ Rn. 48 ff., → § 86 Rn. 14 ff.). **62**

Im BGB und in den Landesstiftungsgesetzen findet sich noch nicht einmal eine konkrete Regelung dazu, welches „**Stiftungsvermögen**" zu erhalten ist. Unter dem unbestimmten Rechtsbegriff[71] Stiftungsvermögen werden in Abgrenzung zum „Ertrag"[72] verschiedene Vermögensmassen verstanden,[73] nämlich **63**

– das Anfangsvermögen, das der Stifter bei Errichtung der Stiftung in diese eingebracht hat,

65 Näher *Schiffer*, Stiftung, § 9 Rn. 43 ff.

66 Zusammenfassend jüngst *Schiffer/Schürmann* ZStV 2019, 1; ausf. auch *Schiffer/Pruns* in Schiffer, Stiftung, § 5 Rn. 56 ff.

67 Zur insbes. bilanziellen Behandlung von Wertverlusten im Stiftungsvermögen s. *Schauhoff* DStR 2004, 471.

68 Achtung: Rechtsanwälte erhalten typischerweise nur die problematischen Fälle zur Bearbeitung und eben nicht die, in denen alles glatt läuft.

69 Ausf. *Hüttemann/Schön*, Vermögensverwaltung und Vermögenserhaltung im Stiftungs- und Gemeinnüt-

zigkeitsrecht, 2007, S. 15 ff. Anschaulich dazu auch *Wachter*, Rote Seiten zum Magazin Stiftung & Sponsoring 6/2002.

70 So kritisiert etwa *Henß* ZSt 2004, 83.

71 *Peiker*, StiftG Hessen, § 6, 1. Abs. zu Anm. 1: „unbestimmter Rechtsbegriff".

72 Ausf. O. Werner/Saenger/*Fischer* § 14 Rn. 21 ff.; 54 ff. mwN.

73 O. Werner/Saenger/*Fischer* § 14 Rn. 19 f.; MüKoBGB/*Weitemeyer* § 85 Rn. 22 f.

– das Grundstockvermögen (auch Stiftungskapital,[74] Stammvermögen,[75] Grundvermögen[76] oder Vermögensstock, vgl. § 10 b Abs. 1 a EStG, genannt), das aus dem Anfangsvermögen zuzüglich der nach dem Willen des Stifters, eines sonstigen Zahlenden, Spenders und/oder der Stiftungsorgane hinzuzurechnender Vermögenswerte (Zustiftungen, ggf. aufgelöste Rücklagen, etc), die mit dem ursprünglichen Grundstockvermögen „verschmelzen",[77] besteht,[78]

– das jeweilige aktuelle Nettovermögen einer Stiftung, das etwa auch die etwaigen Rücklagen[79] mit umfasst.

Der Vermögenserhaltungsgrundsatz bezieht sich „nur" auf das Grundstockvermögen (Stiftungskapital).[80] Nur dieses ist nach dem bereits als Maßstab angesprochenem **Stifterwillen** (→ Rn. 2, 61) zu erhalten. Der gesetzliche Vermögenserhaltungsgrundsatz ist nachrangig gegenüber den einschlägigen Satzungsregelungen und dem Stifterwillen zur Vermögenserhaltung.[81]

64 Die **Landesstiftungsgesetze** enthalten überwiegend Vorschriften, wonach das Stiftungsvermögen in seinem Bestand ungeschmälert zu erhalten ist.

Der Vermögenserhaltungsgrundsatz in den Landesstiftungsgesetzen

Baden-Württemberg	Bayern	Berlin	Brandenburg	Bremen	Hamburg	Hessen	Mecklenburg-Vorpommern
§ 7 Abs. 2***	Art. 6 Abs. 2	§ 3**	–	§ 7 Abs. 1*	§ 4 Abs. 2 S. 3***	§ 6 Abs. 1*	–

Niedersachsen	Nordrhein-Westfalen	Rheinland-Pfalz	Saarland	Sachsen	Sachsen-Anhalt	Schleswig-Holstein	Thüringen
§ 6 Abs. 1*	§ 4 Abs. 2 S. 1***	§ 7 Abs. 2 S. 1 Hs. 1***	§ 6 Abs. 1*	§ 4 Abs. 3***	§ 7 Abs. 2*	§ 4 Abs. 2***	§ 8 Abs. 2**

*   Die Stiftungsaufsichtsbehörde kann Ausnahmen von dem Vermögenserhaltungsgrundsatz zulassen, wenn der Stifterwille anders nicht zu verwirklichen ist und der Bestand der Stiftung auch in diesem Fall für angemessene Dauer gewährleistet ist.

**   In dem Stiftungsgeschäft oder in der Stiftungssatzung kann eine vom Grundsatz der Vermögenserhaltung abweichende Regelung getroffen werden.

***   Ausnahmen können durch die Stiftungsbehörde zugelassen werden. Auch in der Stiftungssatzung kann eine abweichende Regelung getroffen werden.

65 Die Übersicht zeigt, dass einige Landesstiftungsgesetze **Ausnahmen von dem Grundsatz der Vermögenserhaltung** in der Satzung und/oder durch die Stiftungsaufsicht zulassen, andere dagegen nicht. Den Stiftungsorganen bleibt demnach nichts anderes übrig, als sich im Einzelfall mithilfe ihrer Berater zu orientieren, welcher konkreten Rechtsgrundlage sie wie zu dienen haben. Grund für die Ausnahmebestimmungen in den Landesstiftungsgesetzen ist die ebenso richtige wie grundlegende Erwägung, dass nach dem **Grundsatz der Stifterfreiheit** für die Frage der Vermögenserhaltung in erster Linie der Wille des Stifters und dessen Regelungen in der Stiftungssatzung entscheidend sein müssen.[82] Oberster Grundsatz für die Errichtung und die Verwaltung der Stiftung ist der **Stifterwille** (→ § 80 Rn. 1 ff.). Die von den Stiftern zur Vermögenserhaltung ausdrücklich oder konkludent getroffenen Entscheidungen haben die Stiftungsorgane und die Stiftungsbehörden ebenso zu respektieren wie den entsprechenden ggf. auch nur mutmaßlichen Stifterwillen.[83] Der **BGH** hat dazu sehr deutlich formuliert, dass die Bestimmung des Stiftungszwecks durch den Stifter den Stiftungsorganen einen eindeutigen und klar abgegrenzten Auftrag geben soll, um Rechtsunsicherheit, Willkür der Stiftungsverwaltung und ein Verzetteln der Stiftungsleistungen zu verhüten.[84]

66 Zu dem Grundsatz der Erhaltung des Grundstockvermögens gibt es bis heute kein gesetzlich fixiertes Konzept. Die bloße formale (nominale) **Substanzerhaltung** wird zu dem Vermögenserhaltungsgrundsatz heute

74   IDW RS HFA 5, 3.
75   MüKoBGB/*Weitemeyer* § 85 Rn. 22.
76   *Andrick/Suerbaum*, Stiftung und Aufsicht, § 7 Rn. 17.
77   *Rawert* DNotZ 2008, 5 (9).
78   *Peiker*, StiftG Hess., § 6 Anm. 1.1; MüKoBGB/*Weitemeyer* BGB § 81 Rn. 47.
79   *Hüttemann* FG Flume 1998, S. 59, 93; *Wachter*, Stiftungen, B Rn. 54 ff.
80   S. nur Richter/*Godron* § 7 Rn. 21.
81   O. Werner/Saenger/Fischer/*Fritz* § 14 Rn. 47 ff.; *Rawert* DNotZ 2008, 5 (7). S. zB auch § 6 Abs. 1 StiftG Saarl.

82   Ausf. und grundlegend *Hüttemann* FG für Flume 1998, S. 59 ff. Kritisch dazu MüKoBGB/*Weitemeyer* § 85 Rn. 24. S. zum Ganzen auch *Schiffer/Schürmann* ZStV 2019, 1; *Schiffer/Pruns* in Schiffer, Stiftung, § 5 Rn. 69 ff. mwN.
83   S. nur *Hüttemann* FG Flume 1998, S. 59, 69 („bindet die Stiftungsorgane und die Stiftungsaufsicht ebenso"). S. auch *Henß* ZSt 2004, 83 (88) unter Hinweis auf *Schiffer*, Stiftung & Sponsoring, 6/2002, 28, 29; *Schwintek*, Stiftung & Sponsoring, 1/2004, 19.
84   BGH NJW 1977, 1148 (= BGHZ 68, 141). S. etwa auch *Schwarz* ZSt 2004, 64 (66).

nicht mehr herrschend vertreten.[85] Sie ist aber ausnahmsweise dann eine Vorgabe für den Vermögenserhaltungsgrundsatz, wenn die Stifter keine wirtschaftliche Bestimmung des Stiftungsvermögens festgelegt haben,[86] oder wenn die reine Substanzerhaltung von den Stiftern ausdrücklich, stillschweigend oder mutmaßlich vorgegeben ist. Bestandserhaltung im Sinne des Gesetzes bedeutet nach aktuell herrschender Meinung grundsätzlich **„Werterhaltung".**[87] Gestritten wird dabei allerdings über die Bewertungsgrundsätze.[88] Eine Werterhaltung ist aber ersichtlich überhaupt nur möglich, wenn Klarheit über die zugehörigen Bewertungsgrundsätze besteht.[89] Es sind hier verschiedene Wertbegriffe denkbar. Man denke nur an „Substanzwert", „Verkehrswert", „realen Wert", „Ertragswert", „individuelle Wertvorgaben des Stifters" etc Alle diese Werte kann ein Stifter im Rahmen seiner **Stiftungsautonomie** bei der Stiftungserrichtung nach seinem Stifterwillen bestimmen und festlegen.

Finden sich in der Satzung keine klaren und eindeutigen Regelungen, was insbesondere in älteren Satzungen eher der Regelfall als die Ausnahme ist, ist die **Stiftungssatzung** zu diesem Punkt **auszulegen** (zur Auslegung s. auch schon → § 80 Rn. 5 f.) Falls ein ausdrücklicher (wirklicher) Stifterwille zu einem Punkt nicht feststellbar ist, ist der mutmaßliche (hypothetische) Stifterwille erforderlichenfalls aus den Umständen im Zusammenhang mit dem Stiftungsgeschäft einschließlich Stiftungssatzung zu ermitteln und auszulegen.[90] Bei der Auslegung nicht empfangsbedürftiger Willenserklärungen, wie sie bei Stiftungsgeschäften vorliegen, ist der wirkliche Wille des Erklärenden zu ermitteln, wie er in den Erklärungen – sei es auch versteckt – zum Ausdruck kommt und wie er nach den Grundsätzen von Treu und Glauben mit Rücksicht auf die Verkehrssitte zu verstehen ist (sog. natürliche Auslegung, § 133 BGB).[91] Gleiches gilt für die Stiftungssatzung, zumindest was ihren vermögensrechtlichen Teil betrifft.[92] Abzustellen ist bei der Auslegung auf das **Gesamtverhalten des Stifters**[93] im Zusammenhang mit der Stiftungserrichtung. Entscheidend ist der damalige Stifterwille! Nicht entscheidend sind etwaige Motive des Stifters oder sein später geänderter Wille, maßgeblich ist[94] alleine der Stifterwille, die Willensbekundung des Stifters, die Gegenstand des „Genehmigungs-" (heute: Anerkennungs-) Verfahrens gewesen ist.[95] 67

Die Stiftungsbehörde und die Stiftungsorgane als Auslegende sind bei der „Fortentwicklung des Stifterwillens" nicht etwa frei, sie müssen vielmehr alle verfügbaren Anhaltspunkte nutzen, die Aufschluss darüber geben, **was der Stifter getan hätte, wenn er den besagten Umstand bedacht hätte.** Anhaltspunkte werden hier vor allem in dem Ziel liegen, das der Stifter verfolgt hat,[96] mit anderen Worten in dem Zweck der Stiftung, den der Stifter festgelegt hat. Wenn ein solches Ziel erkennbar ist, *„hat die ergänzende Auslegung dieses Ziel zur Geltung zu bringen".*[97] Die Frage dazu ist: Was hätten die Stifter veranlasst, wenn sie die veränderten Umstände vorausbedacht hätten[98] oder die Unklarheit in der Satzungsformulierung gesehen hätten (hypothetischer Stifterwille). Ein Bonmot unter Juristen sagt, die Ermittlung des hypothetischen Willens gehöre in den **„Giftschrank der Jurisprudenz"** – will sagen: Hier ist äußerste Sorgfalt erforderlich. Notfalls ist aber, wie etwa *Bruns* zum StiftG B.-W. betont, sogar darauf abzustellen, was nach der Lebenserfahrung ein „vernünftiger Stifter" in besagtem Fall veranlasst hätte.[99] Das bringt jedenfalls immer noch zumindest einen gewissen Bezug zu dem Stifter. 68

In einem **ersten Schritt** ist bei der Ermittlung des mutmaßlichen (hypothetischen) Stifterwillens festzustellen, wie die Erklärung (des Stifters) unter Berücksichtigung aller maßgebenden Umstände auszulegen ist.[100] Dabei dürfen Umstände außerhalb der Urkunde (Stiftungsgeschäft und Stiftungsverfassung) nur berücksichtigt werden, soweit sie bewiesen sind.[101] Hier sind natürlich auch Hinweise des ggf. noch lebenden Stifters beachtlich. In einem **zweiten Schritt** ist zu prüfen, ob die ausgelegte Erklärung der nach § 81 Abs. 1 S. 1 69

---

85 S. bei *Hüttemann/Schön*, Vermögensverwaltung und Vermögenserhaltung im Stiftungs- und Gemeinnützigkeitsrecht, 2007, S. 16 f.; *Reuter* NZG 2005, 649 f.

86 S. etwa *Spiegel*, Die Roten Seiten zum Magazin Stiftung & Sponsoring, 03/2000, 4 f.

87 *Bruns*, StiftG BW, § 7 Erl. 2.2; v. Campenhausen/Richter/*Hof*, § 9 Rn. 71; MüKoBGB/*Weitemeyer* § 85 Rn. 23, 18 („Erhaltung der Kaufkraft").

88 Ausf. *Hüttemann/Schön*, Vermögensverwaltung und Vermögenserhaltung im Stiftungs- und Gemeinnützigkeitsrecht, 2007, S. 15 ff.; *Hüttemann* FG Flume 1998, S. 59, 60 ff. mit zahlr. Nachw.

89 Deutlich: *Hüttemann* FG Flume 1998, S. 59, 60 f.

90 S. etwa *Schwintek*, Vorstandskontrolle in rechtsfähigen Stiftungen bürgerlichen Rechts, 2001, S. 105. Zu den Auslegungsfragen und -grundsätzen bei formbedürftigen Willenserklärungen s. etwa Palandt/*Ellenberger* BGB § 133 Rn. 19.

91 Palandt/*Ellenberger* BGB § 133 Rn. 1. Zur Auslegung des Stiftungsgeschäfts O. Werner/Saenger/Fischer § 11 Rn. 43 ff.

92 MüKoBGB/*Weitemeyer* § 85 Rn. 18.

93 S. nur *Bruns*, StiftG BW, § 2 Erl. 4.

94 Abgesehen von dem mutmaßlichen Stifterwillen.

95 BGH NJW 1994, 184 (186); v. Campenhausen/Richter/*Hof* § 8 Rn. 21 f.

96 So ausdrücklich *Bruns*, StiftG BW, § 2 Erl. 6. S. dort auch zu den folgenden Ausführungen.

97 *Bruns*, StiftG BW, § 2 Erl. 6.

98 *Bruns*, StiftG BW, § 2 Erl. 6 unter Hinweis auf BGHZ 16, 71, 76; VGH BW ESVGH 5, 127, 130.

99 *Bruns*, StiftG BW, § 2 Erl. 6 unter Hinweis auf OVG Münster NWVBl. 1994, 338. Das entspricht in etwa dem Maßstab des ordentlichen Kaufmanns.

100 BGHZ 80, 250; BGHZ 86, 47.

101 Palandt/*Ellenberger* BGB § 133 Rn. 29.

BGB vorgegebenen Schriftform genügt.[102] Dabei folgt die Rechtsprechung der sog. Andeutungstheorie aus dem Erbrecht, dh der aus Umständen außerhalb der Urkunde ermittelte (Stifter-)Wille muss in der Urkunde einen wenn auch (nur) unvollkommenen Ausdruck/eine Andeutung gefunden haben.[103]

70 Ein vorrangiger Auslegungsgesichtspunkt des sich aus dem Stiftungszweck ergebenden **Vermögenserhaltungskonzeptes des Stifters** ist die bisherige wirtschaftliche Bestimmung der von ihm der Stiftung ins Grundstockvermögen übertragenen Vermögenswerte.[104] Ein Stifter legt bei seinen Überlegungen über die Mittelausstattung der Stiftung typischerweise stillschweigend die bisherige Nutzung des übertragenen Vermögens zugrunde. Soweit der Stifter bspw. Unternehmensbeteiligungen übertragen hat, wollte er eben gerade kein Geld- oder Wertpapiervermögen übertragen, sondern eine unternehmerische Beteiligung mit der dieser immanenten, bestimmten Nutzungsart. Damit hat der Stifter den Stiftungsorganen von vornherein zumindest nach seinem damaligen mutmaßlichen Willen die entsprechenden unternehmerischen Dispositionsfreiheiten zur Erwirtschaftung von unternehmerischen Erträgen eingeräumt.[105] Gerade weil der Grundsatz der Vermögenserhaltung, wie oben dargelegt, der Erfüllung des Stiftungszwecks dient und sich nach dem Stifterwillen richtet, ergibt sich in der **Praxis** der Inhalt des Grundsatzes im konkreten Fall eben nicht zuletzt auch aus der „wirtschaftlichen Bestimmung des Stiftungsvermögens"[106] durch den Stifter, dh mittelbar aus dessen der Stiftung vorgegebenem Vermögensverwendungskonzept[107]/Vermögenserhaltungskonzept.[108] Zu dem maßgebenden Verwendungskonzept der Stifter findet sich in den Stiftungssatzungen aber eben vor allem der Zweck der Stiftung.[109] Beispielsweise kann der Stifter vorgegeben haben, dass die ua[110] als Vermögen der Stiftung übertragenen Bilder oder das übertragene Haus zu erhalten und für den Stiftungszweck zu verwenden sind. Die Bilder sollen ausgestellt werden und in dem Haus soll zB ein Treffpunkt für Jugendliche eingerichtet werden.

71 Hat ein Stifter der Stiftung als Grundstockvermögen beispielsweise ein lebendes **Unternehmen übertragen**, so entspricht es der bisherigen wirtschaftlichen Bestimmung des Unternehmens, dass Gesellschaften und Beteiligungen entsprechend der jeweiligen Geschäftspolitik[111] veräußert werden und damit nach dem Willen des Stifters veräußert werden dürfen. Der Stifter wollte der Stiftung gerade die Erträge zukommen lassen, die sich aus der Bewirtschaftung dieses Unternehmens ergeben.[112] Erträge sind bei einer Unternehmensbeteiligung aber gerade nicht zwangsläufig nur ordentliche und außerordentliche Erträge, sondern auch realisierte stille Reserven. Außerordentliche Erträge können zB bei einem Unternehmen, das als Holding fungiert, gerade auch aus der Realisierung von Wertsteigerungen auf der Ebene der operativen Gesellschaften durch die Veräußerung von Beteiligungen erzielt werden. Das ist genau betrachtet sogar ein typischer Fall bei solchen Unternehmen. Gegen diesen Befund kann nicht mit Erfolg die Rechtslage bei einer Vermögensumschichtung vorgebracht werden. Solche Umschichtungen sind, wie sogleich zu zeigen sein wird (→ Rn. 73 ff.), nach dem ausdrücklichen oder dem mutmaßlichen Willen des Stifters zulässig, wenn sie werterhaltend oder wertsteigernd sind.[113] Bei solchen Umschichtungen erzielte Buchgewinne sind allerdings grundsätzlich keine Erträge des Stiftungsgrundstockvermögens, sondern Teil desselben, weshalb sie grundsätzlich dem Grundstockvermögen zufließen.[114]

72 Ist im Einzelfall trotz aller Auslegungsbemühungen ein Stifterwille nicht festgelegt und auch nicht erkennbar, ist auch im Stiftungsrecht der **Maßstab des ordentlichen Kaufmanns** anwendbar.[115] Es ist kein Grund ersichtlich, von diesem bewährten Grundsatz gerade für Stiftungen abzuweichen. Dabei ist dann auch die bereits oben angesprochene Erkenntnis zu beachten, dass es dem Stifter grundsätzlich vorrangig um die Erfüllung des Stiftungszwecks geht (→ Rn. 61). Mit Matthäus, Kapitel 25, Vers 14 bis 30, wird man sagen

102 BGH NJW 2000, 1569 (1570); Palandt/*Ellenberger* BGB § 133 Rn. 19.

103 BGH NJW 2000, 1569 (1570).

104 *Hüttemann* FG Flume, 1998, S. 59, 75. S. dort auch zu den folgenden Ausführungen in diesem Absatz.

105 *Hüttemann* FG Flume, 1998, S. 59, 76.

106 *Hüttemann* FG Flume, 1998, S. 59, 68 ff.

107 O. Werner/Saenger/Fischer/*Fritz* § 14 Rn. 51.

108 *Hüttemann* FG Flume 1998, S. 59 (68 ff.).

109 Diesen betont im Anschluss an *Reuter* auch MüKo-BGB/*Weitemeyer* § 85 Rn. 24.

110 Alleine die Übertragung von Sachvermögen wird in aller Regel, jedenfalls dann, wenn es konkret als Grundstockvermögen zu erhalten ist, kein ausreichendes Vermögen für die Stiftung darstellen. Man denke nur an die von der Stiftung aufzubringenden Erhaltungs- und Unterhaltskosten.

111 S. den Hinweis von *Hüttemann* FG Flume, 1998, S. 59, 81, auf die „konkrete Geschäftspolitik" als „notwendigen, aber auch hinreichenden objektiven Maßstab für die Entscheidung über die Gewinnthesaurierung" bei einem auf eine Stiftung übertragenen Unternehmen, wobei kein enger Maßstab angelegt werden dürfe.

112 *Schwintek*, Vorstandskontrolle in rechtsfähigen Stiftungen bürgerlichen Rechts 2001, S. 103. S. auch *Schwarz* ZSt 2004, 64 (68 f.) – allerdings mit einer Ausnahme für den Fall, dass der Stifter keine Unternehmenskontinuität wolle.

113 *Hüttemann* FG Flume, 1998, S. 59, 70 f.; *Schwarz* ZSt 2004, 64 (69). Zurückhaltender v. Campenhausen/Richter/*Hof* § 9 Rn. 130.

114 v. Campenhausen/Richter/*Hof* § 9 Rn. 132; MüKo-BGB/*Weitemeyer* § 85 Rn. 26.

115 Wie hier etwa *Schauhoff* DStR 1998, 704.

müssen: **„Vergraben alleine genügt nicht"**.[116] Folglich ist auch eine „mündelsichere" Anlage nicht von vornherein richtig oder auch nur zulässig (→ Rn. 89).

5. Vermögensumschichtung. Zur Zulässigkeit von Umschichtungen (Umstrukturierung) des zu erhalten- **73** den Stiftungsgrundstockvermögens enthalten nur wenige Landesstiftungsgesetze Regelungen. Lediglich die Stiftungsgesetze von Hamburg, Nordrhein-Westfalen und Rheinland-Pfalz besagen ausdrücklich, dass Vermögensumschichtungen nach den Regeln einer ordnungsgemäßen Wirtschaftsführung zulässig sind.[117] Das Stiftungsgesetz des Landes Schleswig-Holstein verpflichtet die Stiftung zur Anzeige von Umschichtungen bei der Stiftungsbehörde, die für den Bestand der Stiftung von Bedeutung sind.[118]

Umschichtungen im Grundstockvermögen sind, falls sich aus der Satzung oder nach dem Stifterwillen **74** nicht etwas anderes ergibt, allgemein zulässig, wenn sie den Wert des Grundstockvermögens erhalten oder steigern,[119] denn Zweck des Vermögenserhaltungsgrundsatzes ist es, die Ertragskraft der Stiftung und so die Verwirklichung des Stiftungszwecks nach dem Stifterwillen zu gewährleisten (→ Rn. 61, 65, 70). Das bedeutet zugleich, dass, wenn nicht die Stifter das ausnahmsweise festlegen, nicht etwa einzelne Bestandteile des Grundstockvermögens als solche erhalten bleiben müssen, dh der Vermögenserhaltungsgrundsatz bezieht sich grundsätzlich nicht auf einzelne Vermögensgegenstände[120] und steht damit Vermögensumschichtungen grundsätzlich nicht entgegen. Wer aber beispielsweise eine unternehmensverbundene Stiftung mit Aktien seines Unternehmens ausstattet, wird deren Verkauf auch bei einem Kursverlust zumindest nach seinem hypothetischen Stifterwillen gerade nicht wollen.[121]

Die Behandlung etwaiger bei einer Vermögensumschichtung erzielter **Buchgewinne** ist umstritten. Die bei **75** einer Umschichtung erzielten Buchgewinne sind grundsätzlich keine Erträge des Stiftungsgrundstockvermögens, sondern Teil desselben; anders ausgedrückt, sie fließen grundsätzlich dem Grundstockvermögen zu.[122] Als „Erträge" des Stiftungsgrundstockvermögens, die eben gerade nicht in das Grundstockvermögen fallen, sind solche „Buchgewinne" ausnahmsweise dann zur Erfüllung der Stiftungszwecke zu verwenden, wenn die Stifter das bei Errichtung der Stiftung ausdrücklich oder stillschweigend oder ggf. mutmaßlich so gewollt haben (Stifterwille).[123] Deshalb kann auch die konkrete Vermögensausstattung der Stiftung durch den Stifter mit bestimmten Vermögensgegenständen wesentlich für die Beantwortung der Frage sein, ob im konkreten Fall eine Vermögensumschichtung zulässig ist.[124]

Bezweifelt wird, ob sich aus dem Vermögenserhaltungsgrundsatz für die Stiftungsorgane sogar die Pflicht **76** (davon zu unterscheiden ist die Frage nach einer etwaigen Haftung der Stiftungsorgane, → § 86 Rn. 14 ff.) ergeben kann, das Vermögen der Stiftung umzuschichten.[125] Hat ein Stifter seine Stiftung beispielsweise mit Vermögenswerten ausgestattet, deren Marktwert kontinuierlich sinkt, soll die Veräußerung dieser Teile des Stiftungsvermögens und die damit verbundene Realisierung des Wertverlusts in der Regel nicht geboten sein. Etwas soll aber dann gelten können, wenn der fortschreitende Vermögensverlust ersichtlich die langfristige Ertragskraft der Stiftung und damit deren Existenz gefährdet. Solchen pauschalen Vorschlägen für (angebliche) Rechtsgrundsätze kann nicht gefolgt werden, denn entscheidend für eine etwaige Umschichtungspflicht beispielsweise ist allein der tatsächlich geäußerte oder hilfsweise der hypothetische **Stifterwille** (→ § 80 Rn. 5). An diesem haben sich die Stiftungsorgane auszurichten. Der Stifter sollte den Stiftungsorganen die Angelegenheit erleichtern und seinen Willen auch zur Frage der Vermögensumschichtung möglichst klar und deutlich in der Satzung äußern, wobei er gleichzeitig einen Spielraum für die Stiftungsorgane belassen sollte. Die aktuellen Organmitglieder haben künftig ersichtlich einen besseren Marktüberblick als etwa der vor Jahrzehnten verstorbene Stifter.

Hüttemann bringt ein weiteres überzeugendes Beispiel.[126] Danach gehören gemäß der konkreten wirtschaft- **77** lichen Bestimmung durch den Stifter auch die Gewinne aus Umschichtungen zum ausschüttungsfähigen „Ertrag" und nicht zum zu erhaltenden Grundstockvermögen, wenn das Stiftungs(grundstock)vermögen (beispielsweise) aus einem Wertpapierdepot besteht, das nach dem Willen des Stifters entsprechend einer

---

116 Ausf. *Schiffer/Pruns* in Schiffer, Stiftung, § 5 Rn. 93.
117 § 4 Abs. 2 S. 1 Hs. 2 StiftG HH; § 4 Abs. 2 S. 2 StiftG NRW, § 7 Abs. 2 S. 1 Hs. 2 StiftG RP.
118 S. § 9 Abs. 1 Nr. StiftG SH.
119 Ausf. O. Werner/Saenger/Fischer/*Fritz* § 14 Rn. 106 ff. (zur Umschichtung allgemein) und Rn. 121 ff. (zur Zulässigkeit der Umschichtung) mwN. S. ferner *Theuffel-Werhahn* ZStV 2020, 41; *Neuhoff* ZStV 2017, 217; *Klaßmann* ZStV 2016, 186.
120 Zu Ausnahmen s. aber *Schiffer/Pruns* in Schiffer, Stiftung, § 5 Rn. 108 ff.
121 Zur Vermögensumschichtung bei unternehmensverbundenen Stiftungen s. auch *Saenger/Veltmann* ZSt 2005, 281.

122 v. Campenhausen/Richter/*Hof* § 9 Rn. 132; MüKoBGB/*Weitemeyer* § 85 Rn. 59; MHdB GesR V/*Schwake* § 79 Rn. 302. Ausf. *Neuhoff* ZStV 2017, 217.
123 *Hüttemann* FG Flume, 1998, S. 59.
124 Anschaulich MHdB GesR V/*Schwake* § 79 Rn. 300.
125 So *Wachter*, Rote Seiten zum Magazin Stiftung & Sponsoring, 6/2002, 3.
126 *Hüttemann* FG Flume, 1998, S. 59, 79 mit Beispiel in Fn. 73. Diesem Beispiel und der Ansicht *Hüttemanns* ausdrücklich zustimmend etwa *Schwintek*, Vorstandskontrolle in rechtsfähigen Stiftungen bürgerlichen Rechts, 2001, S. 113.

gewerblichen Tätigkeit laufend umgeschichtet werden soll. Aus dieser Bindung der Stiftungsorgane folgt eine „positive Pflicht zum bestimmungsgemäßen Einsatz des Stiftungsvermögens" durch die Stiftungsorgane.[127]

C. Weitere praktische Hinweise

I. Nachhaltige Satzungsgestaltung

78 Eine Stiftung soll im Sinne des Stifters wirken. Die Praxis zeigt, dass das für die Mitstreiter und die Organmitglieder eine große Aufgabe ist. Ersichtlich tragen hier vor allem der Stifter und seine Berater eine immense Verantwortung. Am Anfang bei der Stiftungserrichtung müssen hier die passenden Grundlagen gelegt werden. Wer keine Verbrauchsstiftung, sondern eine Ewigkeitsstiftung leitet, benötigt einen umfassenden und langfristigen Blick, um die vom Stifter hier gewollte nachhaltige Zweckerfüllung zu gewährleisten. Der Zeitgeist und der Mensch aber schauen eher kurzfristig. Schon diese beiden Gegensätze machen die Leitung einer Stiftung schwierig. Hinzukommt, dass Stiftungen gegenwärtig mit einer langen Phase ausgesprochen niedriger Vermögenserträge umzugehen haben. Das wirkt sich nicht nur auf dem Umfang der Zweckerfüllung aus, sondern beispielsweise auch auf die Beantwortung der schwierigen Frage nach der Angemessenheit der Verwaltungsausgaben einer Stiftung. Wer eine Stiftung leitet, hat, wie schon diese wenigen Punkte zeigen, eine große Verantwortung – in der Gegenwart und zugleich für die Zukunft.

79 Die hier exemplarisch zu betrachtende Ewigkeitsstiftung soll langfristig wirken. Bei der Satzungsgestaltung stellt sich vor diesem Hintergrund die Kernfrage: Welche Macht, Verantwortung und Wirkungsmöglichkeiten soll der Stifter selbst und sollen die Stiftungsorgane konkret erhalten? Was soll der Stifter hierzu in der Stiftungssatzung vorgeben? Einige wesentliche Fragen wollen wir hier benennen:

– Verantwortung der Organe: Soll es (zunächst?) nur einen Ein-Personen-Stiftungsvorstand oder einen Mehrpersonenvorstand (Vieraugenprinzip) oder auch (sofort oder später?) ein Kontrollorgan (Stiftungsrat) geben?

– Wo und wie soll der Stifter selbst mitwirken und die Stiftung in ihrer ersten Phase prägen? Soll der Stifter zunächst Alleinvorstand sein oder besser von Anfang an sogleich Mitstreiter gewinnen?

– Soll sich der Stifter Sonderrechte, Mehrfachstimmrechte und/oder Vetorechte vorbehalten? Soll er das alleinige Recht oder ein Mitwirkungsrecht bei der Bestellung von Organmitgliedern oder bei Satzungsänderungen sowie bei der Auflösung einer Stiftung erhalten?

80 Diese Punkte umreißen die Möglichkeiten zur grundlegenden Gestaltung durch den Stifter, die Möglichkeiten für seine Vorgaben und die Regelung von Macht sowie Verantwortung in der Stiftung. Mithilfe dieses Werkzeugkastens gilt es, im Einzelfall ein passendes, möglichst langfristig haltbares Kleid für die Stiftung, den Stifter und sein Umfeld (Familie und Mitstreiter) zu schneidern. Dabei ist die künftige Entwicklung soweit wie möglich zu antizipieren, denn die Stiftung soll in dem hier zu betrachtenden Zusammenhang ja möglichst weit über die Lebenszeit des Stifters hinauswirken. Es sollte eine spezifische Stiftung für die konkrete Situation eines Stifters sein, aber es ist eben nicht „seine" Stiftung. Eine Stiftung gehört genau betrachtet immer sich selbst, was eben von den Stiftungsbehörden beaufsichtigt wird. Auch ein Stifter hat die Vorgaben der Stiftungsverfassung einzuhalten (**Stiftungsreife** → § 80 Rn. 130 ff.).

81 Ein Stifter kann kaum genug ausprobieren und üben, um die Stiftung auf den richtigen Weg zu schicken. Die Stiftungspraxis zeigt der vorangegangenen Gestaltungsphantasie immer wieder Grenzen auf und belegt, dass sich jede noch so klug durchdachte Stiftungssatzung in der Praxis immer erst noch bewähren muss. Zudem muss die Perpetuierung der Stifterwillens ersichtlich Grenzen haben, denn auch der intelligenteste und erfahrenste Stifter kann selbst mit einem idealen Berater nicht wirklich in die Zukunft blicken. Planen, ausprobieren und nachjustieren ist hier der Erfolgstrias. Damit kommt der Satzungsvorschrift zu Satzungsänderungen eine herausragende Bedeutung zu und das naturgemäß nicht nur zu Lebzeiten des Stifters. Auch danach müssen die Stiftung und deren Organe in angemessenen Umfang auf wesentliche Änderungen im Stiftungsumfeld mit Satzungsänderungen reagieren können.

82 Der Stifter kann nicht nur zu Lebzeiten ein prägendes Vorbild und Beispiel für die Leitung der Stiftung und deren Wirken geben. Er kann durch ein **„Stiftertestament"** auch nach seinem Tod wirksam die Zukunft der Stiftung begleiten, in dem er seine Überlegungen und Vorstellungen als Hilfe für diejenigen formuliert, die nach seinem Ableben Verantwortung in der Stiftung tragen. Solche „Leitplanken" helfen nach unserer Erfahrung sehr. Jeder Stifter sollte immer bedenken, wie das Konstrukt sich in der Zeit nach seinem Ableben darstellt. Nur kann der Stifter die Stiftungszukunft eben letztlich schlechter beurteilen als die in der Zukunft für die Stiftung verantwortlichen Organmitglieder. Der Stifter ist deshalb gut beraten, die „Leitplanken" nicht zu eng zu formulieren.

---

127 *Hüttemann* FG Flume, 1998, S. 59 (68 ff., 80).

Einerseits den Organmitgliedern „Leitplanken" vorzugeben und ihnen andererseits Flexibilität zu gewähren, **83** ist keine simple mentale und intellektuelle Aufgabe. Diese Aufgabe wird in der Praxis oft unterschätzt. Hier müssen sich der Stifter und sein Berater wirklich Zeit zum Nachdenken über die im konkreten Fall passende Stiftungssatzung nehmen. Die Stiftungssatzung gibt ein System, einen Rahmen für die nachhaltige Wirkung der Stiftung. Ohne die passenden Menschen in den Stiftungsorganen kann aber auch das beste denkbare System nicht funktionieren. Die ersten Organmitglieder sind mithin besonders wichtig. Sie setzen Maßstäbe, aber auch da gilt: ausprobieren, üben und nachjustieren. Die besondere Aufgabe der Regelung der Nachfolge in Stiftungsorganen[128] wird durch eine passende erste Mannschaft erfahrungsgemäß sehr erleichtert.

II. Vermögensanlage

Das BGB und die Landesstiftungsgesetze enthalten keine näheren Regelungen zu der Frage, wie das (zu **84** erhaltende) Stiftungsvermögen anzulegen ist. Vermögenserhaltung und Vermögensanlage hängen unmittelbar zusammen, sind aber doch im Sinne von Grundlage/Maßstab (Vermögenserhaltungsgrundsatz) auf der einen und konkrete Umsetzung (Vermögensanlage) auf der anderen Seite zu unterscheiden. Der Stifter hat hier **weitgehende Gestaltungsfreiheit** und bindet die Stiftungsorgane durch seinen (Stifter-)Willen.[129]

Die Frage, welche **Anlageformen** im Einzelfall zulässig oder sachgerecht sind, ist demnach auch nicht **85** generell zu beantworten.[130] Dies gilt vor allem für die sich immer weiterentwickelnden modernen Kapitalanlagen, die der Laie und auch der „normale" Fachmann oft nicht verstehen. Die Ansichten dazu, was eine im konkreten Fall nach deren Spezifika und insbesondere nach dem Stifterwillen hinreichend sichere und hinreichend Ertrag bringende Anlage ist, werden nicht nur von Fall zu Fall, sondern auch je nach Typus der handelnden Personen sehr divergieren. Gerade vor dem Hintergrund der gegenwärtigen „Finanzkrise" stellt sich die Frage nach der richtigen Anlageform mit besonderer Dringlichkeit.[131] Die Kraft des Faktischen wirkt hier mit. Nicht zu jeder Zeit und in jedem Umfang werden die an sich gewünschten Anlageformen mit den gewünschten Erträgen bei ggf. möglichst geringem Risiko für eine Stiftung verfügbar sein. Auch die Möglichkeiten einer etwa angestrebten Risikostreuung wechseln mit der Marktsituation. Sie hängen außerdem von Art und Umfang des Stiftungsvermögens ab.

Das ist ersichtlich ein ganz weites Feld, für das es eine stetig noch zunehmende Flut von Fachveröffentli- **86** chungen und Empfehlungen gibt. Für die Praxis bedeutet Vermögensanlage hier aber jedenfalls grundsätzlich, dass die Mitglieder der zuständigen Stiftungsorgane sich in einem **ersten Schritt** klar machen müssen, was der **Grundsatz der Vermögenserhaltung** nach dem Stifterwillen für die von ihnen zu leitende Stiftung konkret bedeutet. Ausgehend davon haben sie sich in einem **zweiten Schritt** klarzumachen, was der Stifter für die Vermögensanlage der Stiftung vorgegeben hat. Eine Stiftungssatzung sollte deshalb möglichst Vorgaben zur Verwaltung des Stiftungsvermögens enthalten, die einerseits den Stiftungsorganen eine Leitlinie geben („Welches Risiko dürfen wir oder sollen wir sogar ausdrücklich eingehen?") und andererseits wegen der naturgemäß nicht absehbaren Zukunft den Stiftungsorganen eine hinreichende Flexibilität ermöglichen. In eine **dritten Schritt** sind dann ausgehend von dieser Grundlage jeweils die sich daraus „ergebenden" konkreten Anlageformen und Anlageinstrumente sorgfältig (wichtiges Stichwort: Vergleichsangebote) auszuwählen.

Der Stifter kann auch neben der Satzung in einem gesondert formulierten schriftlichen Stifterwillen („**Stif- 87 tertestament**") seine individuellen Vorstellungen von einer sachgerechten Vermögensanlage darlegen und dazu später (festzuschreibende) **Anlagegrundsätze aufstellen**,[132] ohne den Stiftungsorganen zu enge Fesseln anzulegen (**Praxisbeispiel**: „Die Anlage des Stiftungsvermögens darf nur in Schweizer Franken erfolgen." Das war eine wirklich einmal von einem Stifter gewollte, aber eben ersichtlich nicht tragfähige Festlegung. In solchen Fällen sollte der Stifter allenfalls eine Soll-Regelung vorgeben, die bekanntlich zumindest begründete Ausnahmen zulässt.) Eine praxiserprobte **Grundregel** ist, dass die Verwaltung des Stiftungsvermögens ausschließlich nach sachlichen Gesichtspunkten und Erwägungen zu erfolgen hat. (Negativbeispiel aus der Praxis: „Man könnte ja einmal den gemeinnützigen Verein unterstützen, in dem meine Frau im Vorstand ist.") Jede auch nur potenzielle Interessenkollision, etwa von Stiftungsorganmitgliedern, sollte vermieden werden. Das kann als unveränderbar in der Stiftungssatzung niedergelegt werden.

Vorschriften zur Vermögensanlage in der Stiftungssatzung und auch **Anlagegrundsätze** können die jeweili- **88** gen gesetzlichen Rahmenbedingungen zur Verwaltung des Stiftungsvermögens nicht aufheben, beseitigen oder erweitern, sondern nur konkretisieren. Wesentlich ist die erfolgreiche Umsetzung der Richtlinien durch

---

128 *Schiffer* StiftungsBrief 2017, 17.
129 Wie hier etwa *Hüttemann* FG Flume 1998 S. 59, 68 f.; sa *Henß* ZSt 2004, 83 (87 f.)
130 Grundlegend zur Vermögensanlage steuerbegünstigter Stiftungen *Hüttemann* WM 2016, 625 und 673.

131 S. schon *Schiffer/Sommer* BBEV 2009, 267 ff.
132 Näher *Schiffer/Pruns* in Schiffer, Stiftung, § 5 Rn. 97 ff.

den Stiftungsvorstand, der sich dazu zumindest bei größeren Vermögen der Hilfe von Profis bedienen wird. Die Betreuung von Stiftungen durch Banken ist deshalb ein zunehmend diskutiertes Thema. Ganz besonders wichtig ist hier ein aussagekräftiges internes Controlling durch die Stiftung oder ein an einen externen, unabhängigen Spezialisten vergebenes Controlling, wenn das die Stiftung selbst nicht leisten kann. Es reicht in jedem Fall nicht aus, dass der Stiftungsvorstand die Vermögensverwaltung einfach nur an einen Vermögensverwalter oder ein Finanzinstitut abgibt;[133] der Vorstand hat, um seine Pflichten gegenüber der Stiftung nicht zu verletzten, in geeigneter Form zu kontrollieren oder kompetent kontrollieren zu lassen.

89　In der Praxis stößt man mitunter noch immer auf das Vorurteil, das Vermögen einer Stiftung sei **mündelsicher** anzulegen.[134] Tatsächlich war bis Ende 1995 im bayerischen Stiftungsgesetz bestimmt, dass Stiftungen ihr Vermögen nur in mündelsichere Wertpapiere anlegen dürfen.[135] Eine andere Anlageform war nur mit Genehmigung der Stiftungsaufsichtsbehörde zulässig. Im Interesse einer Stärkung der Selbstverwaltung der Stiftungen und einer Entlastung der Stiftungsaufsichtsbehörden wurde diese Beschränkung bei der Anlage des Stiftungsvermögens ersatzlos aufgehoben – zumal der Begriff angesichts der Vielfalt der Rechtsprechung auch keine scharfe Abgrenzung sicherstellt. Es gibt heute auch anderweitig keine entsprechenden Regelungen oder Vorschriften mehr. Stiftungen sind heute in der Anlage ihres Vermögens unter Beachtung des Stifterwillens grundsätzlich frei. Tatsächlich ist eher schon richtig, dass mündelsichere Anlagen idR gerade nicht ausreichen, um den Stifterwillen zu befolgen (sa → Rn. 72).[136] Da der Stiftungszweck grundsätzlich dauernd und nachhaltig zu erfüllen ist, wird allerdings der pauschale „Grundsatz einer sicheren und ertragbringenden Vermögensanlage" behauptet.[137] Spekulationsgeschäfte sollen deshalb regelmäßig ausgeschlossen sein.[138] Dem ist nicht zu folgen, denn dieser Grundsatz nähert sich bedenklich dem „gerade" erst aufgegebenen Grundsatz der mündelsicheren Anlage. *Schindler* formuliert es denn auch deutlich anders[139] und betont: „Für Stiftungen gilt wie für Unternehmen und Privatpersonen die Zielvorschrift, dass der Ertrag unter den Nebenzielen Erhaltung der Leistungskraft und angemessenes Risiko zu maximieren ist."[140] Ähnlich hat etwa auch schon *Seifart* die Erwirtschaftung möglichst hoher Beträge auch für gemeinnützige Stiftungen betont.[141] Das überzeugt, denn, wie bereits dargestellt, dient die Stiftung nach § 80 Abs. 2 Satz 1 BGB der Erfüllung des Stiftungszwecks und diesem Zweck dient das Stiftungsvermögen und damit auch der Grundsatz der Vermögenserhaltung (→ Rn. 61 ff.). Die Stiftung dient nicht etwa der Erhaltung des Stiftungsvermögens. Die Erhaltung des Stiftungsvermögens dient der Zweckerfüllung, weshalb letztere im Vordergrund steht. Das war nach BGB schon immer so, auch wenn es in der Vergangenheit von einigen in der Fachwelt anders gesehen worden sein mag. In einer Zeit ausreichender Finanzerträge spielten diese unterschiedlichen Fachansichten in der Stiftungspraxis oftmals keine Rolle. In unserer Zeit karger Finanzerträge muss indes der Blick unbedingt genauer auf den Inhalt des Gesetzes gerichtet sein.

90　Mangels konkreter Regelung und überzeugender Auslegung im Einzelfall werden die Einzelheiten zur Vermögensanlage **umstritten** bleiben. Richtig ist und bleibt aber, dass bei der Anlage des Stiftungsvermögens ausgehend von den vorstehend skizzierten Maßstäben in jedem Einzelfall abzuwägen ist zwischen einer möglichen Steigerung der Erträge und den damit verbundenen Risiken für die Substanz des Stiftungsvermögens. Dazu wird vertreten, dass im Zweifel mit Blick auf die „Ewigkeitstendenz" der Stiftung (→ § 80 Rn. 37) der langfristige Erhalt des Stiftungsvermögens Vorrang vor einer Verbesserung der Ertragskraft haben soll.[142] Diese pauschale Aussage übersieht den Vorrang des Stifterwillens sowie der Zweckerfüllung und die sich daraus ergebenden Konsequenzen. Gefragt ist ein konkreter Maßstab im Einzelfall. Ist ein **Stifterwille** festgelegt oder erkennbar, ergibt sich daraus im Einzelfall der Maßstab.[143]

91　Ist im Einzelfall ein Stifterwille nicht festgelegt und auch nicht erkennbar, bleibt auch für Fragen der konkreten Vermögensanlage nur der **Maßstab des ordentlichen Kaufmanns** anwendbar (s. dazu beim Vermögenserhaltungsgrundsatz → Rn. 72).

133　S.v. Campenhausen/Richter/*Hof* § 9 Rn. 67, der auf OLG Dresden 10.2.2004 – 8 U 2225/03 verweist.

134　Dazu *Schiffer/Pruns* in Schiffer, Stiftung, § 5 Rn. 67 ff.; mit einem kritischen Beispiel aus der Praxis, s. auch *Schiffer* StiftungsBrief 2011, 21.

135　Art. 14 und 30 StiftG Bayern aF.

136　*Schiffer/Pruns* in Schiffer, Stiftung, § 5 Rn. 65.

137　*Wachter*, Rote Seiten zum Magazin Stiftung & Sponsoring 6/2002, 5. S. auch v. Campenhausen/Richter/*Hof* § 9 Rn. 99 ff.

138　*Wachter*, Rote Seiten zum Magazin Stiftung & Sponsoring 6/2002, 5.

139　*Schindler*, Stiftung & Sponsoring 2/2001, 21.

140　Ausf. dazu: *Schindler* DB 2003, 297.

141　*Seifart* BB 1997, 1889 (1895).

142　*Wachter*, Rote Seiten zum Magazin Stiftung & Sponsoring 6/2002, 5.

143　So auch *Schindler* DB 2003, 300.

III. Mittelbeschaffung

„**Fundraising**" ist das moderne Stichwort, unter dem angesichts des schwierigen Kapitalmarktes das **92** Thema Mittelbeschaffung vor allem für steuerbefreite Stiftungen diskutiert wird.[144] Es wird versucht, Mittel für die Stiftungsarbeit einzusammeln über Einzelspenden, Zustiftungen (→ Rn. 58 ff.), Stiftungsfonds (→ Rn. 59), Förderstiftungen oder Fördervereine und Unternehmen (Achtung: **Steuerliche Abgrenzung** zwischen Spenden und Sponsoring beachten → Rn. 89). Direct-Mailing, Spendenwerbung per Telefon („Erbschaftsmarketing") und das gezielte persönliche Ansprechen gewünschter Fundraising-Partner sind wesentliche Wege der Mittelbeschaffung. Was aus Sicht der Stiftung einfach nur „Sponsoring" ist, ist aus der Sicht der Partner-Unternehmen der Stiftung „Sales Promotion". Das werden sich die Verantwortlichen in einer Stiftung, die Mittel über einen Sponsoring-Ansatz beschaffen wollen, verdeutlichen, wenn sie ihr Konzept erarbeiten. Die gegensätzlichen Erwartungen und die sich daraus ggf. ergebenden Schwierigkeiten bei der Frage, wer unter dem Aspekt der CSR (Corporate Social Responsibility) das Sagen hat (Stiftung oder Geldgeber) liegen auf der Hand. Die **steuerlichen Grenzen** eines Sponsoring sind nach wie vor in Teilen umstritten. Unerlässlich für die erfolgreiche Mittelbeschaffung ist jedenfalls eine Gesamtstrategie, bei der heute regelmäßig erfahrene Spezialisten beraten.

„**Sponsoring**" ein geradezu verwässertes Stichwort zur Mittelbeschaffung. Was wird in der Praxis nicht **93** alles unter diesem Begriff verstanden? Wohl beinahe jede Mittelzuführung in den gemeinnützigen Bereich aus der Unternehmenswelt. Diese Begriffsverwirrung mag den Wissenschaftler ärgern, für die Praxis ist sie grundsätzlich unerheblich, solange die betroffenen Stiftungsorgane bei der steuerbefreiten Stiftung die **steuerlichen Rahmenbedingungen** einhalten. Diese sind allerdings im Einzelfall durchaus schwierig zu handhaben, was hier allerdings nicht vertieft werden kann.[145]

Die (steuerliche) Angemessenheit des Aufwandes für die Mittelbeschaffung und auch ganz allgemein für **94** die Verwaltung einer (gemeinnützigen) Stiftung ist ein vor allem bei Außenprüfungen gemeinnütziger Stiftungen immer wieder auftauchendes und ggf. die Steuerbefreiung gefährdendes Problem.[146] Als **Faustregel** kann gelten, dass Werbe- und Verwaltungsausgaben von 30 % der Gesamtausgaben als noch angemessen angesehen werden. Diese maximal 30 % Werbe- und Verwaltungskosten propagiert das Deutsche Zentralinstitut für soziale Fragen (DZI) bezogen allerdings „nur" auf Spenden sammelnde NPOs.[147] Die Faustregel muss ggf. für Stiftungen, die eigene Projekte durchführen und nicht nur die Projekte anderer NPOs fördern, höher angesetzt werden. Dabei stellt sich ganz besonders die schwierige Frage nach der Abgrenzung der Verwaltungskosten von den Projektkosten. Beispielsweise ist der angestellte Geschäftsführer einer Projektstiftung typischerweise nicht nur verwaltend tätig, sondern auch persönlich im Projekt, was im Einzelfall konkret nachzuweisen wäre. Zusätzlich stellt sich dann natürlich auch die Frage nach der Höhe der Vergütung des Geschäftsführers (→ Rn. 36). Klar sein sollte, dass die zunehmende Professionalisierung von Stiftungsarbeit im NPO-Bereich auch ihren Marktpreis hat, der sich letztlich nicht wesentlich von dem in der freien Wirtschaft unterscheiden wird. Das alles ist natürlich immer eine Frage, die nach den Gegebenheiten im konkreten Einzelfall zu beantworten ist. Nicht überzeugend war es etwa, dass in einem Praxisfall die Meinung vertreten wurde, es sei angemessen, wenn ein Steuerberater als Stiftungsorganmitglied, der von der Stiftung zugleich seine Auslagen erstattet und eine Teilzeitsekretärin bezahlt erhielt, aufgrund eines entsprechenden Beschlusses des Stiftungsorgans, dessen Mitglied er war, in der Höhe von Rechtsanwaltsstundensätzen vergütet wurde. Das ergibt sich schon daraus, dass von den Rechtsanwaltsstundensätzen eben auch die Kanzleikosten zu decken sind (Faustregel: 40 bis 60 % je nach Kanzleiausrichtung und Kanzleigröße).

Die **konkreten Umstände des Einzelfalls** bleiben jenseits und diesseits der 35 %-Grenze (Faustregel) **95** immer entscheidend. Eine Größenordnung von mehr als 50 % dürfte, auch wenn der BFH keine allgemeine Obergrenze aufgestellt hat,[148] wohl idR überzogen sein; in einem solchen Fall fehlt idR die abgabenrechtliche Selbstlosigkeit.[149] Spätestens ein bestimmter Sportwagen-Fall, der Anfang 2010 durch die Presse ging, hat gezeigt, dass die Höhe der nicht für die Zweckerfüllung an sich verwendeten Mittel einer gemeinnützi-

---

144 Ausf. und grundlegend: *Urselmann*, Fundraising – Professionelle Mittelbeschaffung für Nonprofit-Organisationen, 7. Aufl. 2018.; s. dazu die Rezension von *Schiffer* auf Stiftungsrecht-plus.de vom 8.5.2014 in der Rubrik „Für sie gelesen" („Quantensprung"). Daneben findet sich natürlich zahlreiche weitere Literatur: *Fabisch*, Fundraising, Spenden, Sponsoring und mehr, 3. Aufl. 2013; *Hirschfeld*, Fundraising zwischen Ökonomisierung und Mitmenschlichkeit, 2018; *Haibach*, Handbuch Fundraising. Spenden, Sponsoring, Stiftungen in der Praxis, 4. Aufl. 2012;

Heinemann, Die Relevanz von Kennzahlen im Fundraising, 2014.
145 Näher *Schiffer*, Stiftung, § 9 Rn. 193 ff.
146 § 55 AO, s. dazu etwa Klein/*Gersch* AO § 55 Rn. 13 und 22; *Hüttemann*, Gemeinnützigkeits- und Spendenrecht, § 5 Rn. 48 ff.
147 S. https://www.dzi.de/wp-content/pdfs_Spenderberatung/DZI-Konzept_W%2BV_2019.pdf (abgerufen am 12.5.2020).
148 S. BFH BFH/NV 1999, 1055 und 1089 sowie DStR 1998, 1674.
149 S. auch AEAO Nr. 18 ff. zu § 55 Nr. 1 AO.

gen Stiftung oder sonstigen gemeinnützigen Körperschaft auch emotional durchaus an Grenzen stößt. Emotionen sind hier aber nicht gefragt; gefragt ist eine (steuer-)rechtliche konkrete Einzelfallprüfung der Gesamtumstände. Problematisch erscheint es zB, wenn „Fundraiser" vortragen, es seien Kosten von bis zu 80 % und mehr pro über sie gesammeltem Euro zulässig. Bei allen Bemühungen, eine gemeinnützige Stiftung auf eine finanziell solide Basis zu stellen, ist doch sehr angeraten, solche Angebote ganz genau zu prüfen, denn hier wird besonders leicht die haftungsträchtige Grenze des gemeinnützigkeitsrechtlich Unzulässigen überschritten. Es gibt eine recht einfache **Kontrollüberlegung**: Stellen wir uns vor, wir wären der Spender und erführen dann, dass 80 % unserer Spende an den Dienstleister (Fundraiser) gehen und nicht in die Erfüllung des Stiftungszwecks. Wie würden wir wohl darüber denken? Sogar strafrechtliche Gedanken (Stichworte: Untreue, Täuschung und Betrug) liegen nicht fern.

IV. Stiftungsmanagement

96   Der Begriff Management war vor allem im Zusammenhang mit gemeinnützigen Stiftungen bis vor nicht allzu langer Zeit noch gar nicht en vogue. Es ist ein Verdienst vor allem des Bundesverbandes Deutscher Stiftungen und einiger engagierte Streiter für das Thema,[150] das geändert zu haben. Strategische Projektarbeit, Projektauswahl, Projektmanagement, Personalentwicklung und Ressourcenmanagement, Kooperation von Stiftungen, Netzwerke als Instrument von Projektarbeit sind hier wichtige Begriffe, mit denen sich auch der Rechtsanwalt vertraut machen sollte, der im Stiftungswesen beraten möchte.[151]

97   Kostenrechnung wird zunehmend auch, zumindest für größere Stiftungen, als unerlässlich zur Planung und Kontrolle der „Unternehmung" Stiftung erkannt, zu einem effizienten „Berichtswesen" und ganz allgemein zur Steuerung einer Stiftung.[152] Sie bildet die Basis eines effektiven Stiftungs-Controlling. Ergänzend ist auf die „Grundsätze guter Stiftungspraxis" des Bundesverbandes Deutscher Stiftungen zu verweisen. Dort finden sich praxisnahe Erläuterungen, Hinweise und Anwendungsbeispiele aus dem Stiftungsalltag.

98   Zu einer professionellen Stiftungsarbeit[153] gehört nicht zuletzt auch ein professionelles **Marketing**[154] und eine gute **Öffentlichkeitsarbeit** für die einzelnen Projekte der Stiftung im Speziellen und für die jeweilige Stiftung im Allgemeinen. Dazu kann es etwa auch gehören, dass eine Stiftung regelmäßig ihre Destinatäre, Kooperationspartner oder auch abgelehnte Antragsteller befragt und um ihre Meinung bittet, ihre Arbeit also **evaluiert**.[155]

99   **Rechnungslegung** bei Stiftungen[156] dient den Stiftungsorganen und der Finanzverwaltung, aber auch der Stiftungsaufsicht als **Informationsquelle** und im Rahmen ihrer jeweiligen Aufgaben als **Entscheidungsgrundlage**. In den einzelnen Landesstiftungsgesetzen finden sich üblicherweise einschlägige Vorschriften. Außerdem finden sich Vorschriften im BGB (§ 86 iVm §§ 27 Abs. 3, 259, 260, 666), im Handelsrecht (§§ 238 ff. HGB) und in der Abgabenordnung (§§ 140, 141, 63 Abs. 3 AO). Eine Stiftung kann sich auch freiwillig oder nach ihrer Satzung einer Prüfung durch einen Wirtschaftsprüfer oder eine sonstige anerkannte Prüfungseinrichtung unterwerfen. Sie kann dann natürlich auch freiwillig den Prüfungsbericht der Stiftungsaufsichtsbehörde vorlegen. Kleinere Stiftungen werden sich allerdings kaum eine entgeltliche Prüfung leisten können – auch nicht zur Erleichterung der Stiftungsaufsicht.

100 Der **Hauptfachausschuss (HFA) des Instituts der Wirtschaftsprüfer in Deutschland (IDW)** hat, weil die Wirtschaftsprüfer Stiftungen zunehmend als Klientel entdeckten, am 25.2.2000 eine Stellungnahme zur Rechnungslegung und Prüfung von Stiftungen vorgelegt.[157] Das IDW hat diese Regeln fortgeschrieben, worauf wir sogleich eingehen werden. Bedauerlicherweise kommt es dennoch auch heute noch immer wieder einmal vor, dass Prüfer die Besonderheiten bei Stiftungen nicht kennen oder verkennen, ja sogar, dass ihnen die „IDW-Grundsätze" für Stiftungen unbekannt sind. Besonders problematisch im Rahmen der Rechnungslegung und der Prüfung von Stiftungen erscheint die Frage nach der Vermögenserhaltung. Ganz

---

150 Grundlegend *Weger*, Die Roten Seiten zum Magazin Stiftung & Sponsoring 2/1999. Die Ergebnisse einer empirischen Studie zum Management von Stiftungen präsentiert *Sandberg*, ZSt 2006, 99. Ausführlich *Schlichting*, Die Roten Seiten zum Magazin Stiftung & Sponsoring 3/2015; *Fleisch*, Stiftungsmanagement: Ein Leitfaden für erfolgreiche Stiftungsarbeit, 2013; *Koschmieder/Seidemann* ZStV 2015, 126 und 161. Sa *Schiffer/Pruns* in Schiffer, Stiftung, § 4 11 ff. mwN.

151 Sehr hilfreiches Praxiswerk: *Fleisch*, Stiftungsmanagement. Ein Leitfaden für erfolgreiche Stiftungsarbeit, StiftungsRatgeber Band 4 (Bundesverband Deutscher Stiftungen), 2013

152 *Koschmieder/Seidemann* ZStV 2015, 126 und 161.

153 Zu einem dienstleistungsorientierten Stiftungsmanagement *Schnurbein*, Stiftung & Sponsoring – Die Roten Seiten 5/2010.

154 S. etwa aus der Praxis *Giffels* Die Stiftung 4/2010, 27 f.; *Hieninger*, Stiftung & Sponsoring 3/2015, 16.

155 *Jungheim* Die Stiftung 5/2011, 32; *Berg* FuS 2014, 182.

156 *Berndt/Nordhoff*, Rechnungslegung und Prüfung von Stiftungen. *Kußmaul/Meyering/Richter* DStR 2015. 1328.

157 S. IDW RS HFA 5, IDW-Nachrichten 2000, 129 = WPg 2000, 391; IDW PS 740, IDW-Nachrichten 2000, 142 = WPg 2000, 385.

wesentlich in diesem Zusammenhang ist die diskussionsträchtige Frage der **Bewertung des Stiftungsvermögens**.[158] Hier kommt es bezogen auf die Vermögenserhaltung entgegen der sonstigen Tätigkeit der Wirtschaftsprüfer – überspitzt gesagt – nicht „nur" auf ein Zahlenwerk, sondern, wie oben dargelegt, auf den
Stifterwillen als Maßstab an (→ Rn. 61, 65 ff.). Das ist immer wieder eine Quelle für endlose Diskussionen
mit manch einem Wirtschaftsprüfer, der sich leider oftmals ohne nähere fachliche Kenntnis den stiftungsrechtlichen Rahmenbedingungen verweigert. In Zeiten der Niedrigzinsen stellt sich vermehrt die Frage nach
der Vermögensanlage in Sachwerten.[159] Damit rücken auch bei der Rechnungslegung die **Sachwerte** vermehrt in den Fokus.[160]

Die Stellungnahme des IDW aus 2000 wurde 2013 überarbeitet. Zu dem Entwurf teilte das IDW am **101**
25.3.2013 mit:[161] „Nach IDW ERS HFA 5 nF soll künftig auch eine Einnahmenüberschussrechnung in
Anlehnung an § 4 Abs. 3 EStG als alternative Form der Einnahmen-/Ausgaben-Rechnung von Stiftungen
anerkannt werden. Ferner ist eine geringere Tiefe für die Gliederung der Vermögensübersicht vorgesehen.
Bei der endgültigen Verabschiedung der Stellungnahme ist zu entscheiden, ob diese Vereinfachungen auch
für Vereine in IDW RS HFA 14 übernommen werden. ... Weitere Neuerungen des IDW ERS HFA 5 nF
betreffen ua die Erläuterungen zur Kapitalerhaltung, die Empfehlung zur Gliederung der Gewinn- und Ver-
lustrechnung nach dem Umsatzkostenverfahren sowie zum Eigenkapitalausweis. ..."

Am 7.1.2014 teilte das IDW dann abschließend ua mit: „IDW RS HFA 5 weist gegenüber dem Entwurf **102**
einige klarstellende Änderungen auf. Die Erläuterungen zur Kapitalerhaltung und zu deren Nachweis wurden deutlicher formuliert. Ausführungen zu Verbrauchsstiftungen sind ergänzt worden. Die bereits im Entwurf vorgesehenen Regelungen, wonach eine Einnahmenüberschussrechnung in Anlehnung an § 4 Abs. 3
EStG als alternative Form der Einnahmen-/Ausgaben-Rechnung zulässig ist, und für die Vermögensübersicht eine geringere Gliederungstiefe gefordert wird, wurden als Folgeänderungen für Vereine in
IDW RS HFA 14 übernommen."[162]

Die Stiftungsbehörden regen in der Praxis im Anerkennungsverfahren zumindest bei Errichtung größerer **103**
Stiftungen zunehmend an, eine **Prüfungspflicht** in der Satzung festzuschreiben, um so auch die Stiftungsaufsicht etwa bei unternehmensverbundenen Stiftungen zu erleichtern.[163] Das sollte nicht etwa als „Gänge-
lung" verstanden werden. Die Prüfungspflicht ist regelmäßig eine sinnvolle Grundlage für eine erfolgreiche
Stiftungsarbeit. Ein geprüfter Jahresabschluss hilft auch, wenn es bei einer Stiftung zu einer **Außenprüfung**
(§ 193 Abs. 2 Nr. 2 AO) kommt. Wesentlicher Teilaspekt dieser Prüfung ist dann erfahrungsgemäß die
Übereinstimmung mit der Stiftungssatzung und den Vorschriften des Gemeinnützigkeitsrechts, dh etwa Mittelverwendung und Selbstlosigkeit.

§ 82 Übertragungspflicht des Stifters

¹**Wird die Stiftung als rechtsfähig anerkannt, so ist der Stifter verpflichtet, das in dem Stiftungsge-
schäft zugesicherte Vermögen auf die Stiftung zu übertragen. ²Rechte, zu deren Übertragung der
Abtretungsvertrag genügt, gehen mit der Anerkennung auf die Stiftung über, sofern nicht aus dem
Stiftungsgeschäft sich ein anderer Wille des Stifters ergibt.**

Literatur: S. Vor §§ 80 ff.

A. Allgemeines	1	1. Zeitpunkt der Haftung	6
B. Regelungsgehalt	3	2. Haftungsmaßstab	12
C. Weitere praktische Hinweise	5	II. Haftung der Erben	14
I. Haftung des Stifters	5	D. Steuerhinweise	15

158 v. Campenhausen/Richter/*Römer/Spiegel* § 37
    Rn. 134 ff.
159 Zu Anlageformen *Schiffer/Pruns* in Schiffer, Stif-
    tung, § 5 Rn. 94 ff.
160 S. dazu etwa *Fritz/Römer* Fondszeitung 1/2015, 32.
161 S. *Schiffer*, www.stiftungsrecht-plus.de, Kommentar
    vom 25.4.2014 („IDW zur Rechnungslegung bei
    Stiftungen") letzter Zugriff am 12.5.2020.

162 Stellungnahme des IDW zum Stand 7.1.2014; s. dazu
    etwa *Berndt* ZStV 2013, 201; *Theuffel-Werhahn* Stif-
    tungsBrief 2013, 88; *Sassen/Führer/Behrmann* BB
    2014, 619 (auch zu europäischen Harmonisierungs-
    potentialen bei der Rechnungslegung von Stiftungen)
    Berg FuS 2014, 75; *Lang/Farwick* BBK 2015, 407.
163 S. auch § 8 Abs. 1 Nr. 2, Abs. 2 StiftG Berlin und
    § 12 des StiftG Hessen (gesetzliche Anordnungsmög-
    lichkeit!).

A. Allgemeines

1 Die Stiftung ist ab Anerkennung rechtsfähig. Die Stiftung dient der Erfüllung des jeweiligen Stiftungs-zwecks. Unabdingbare Voraussetzung dafür, dass sie das kann, ist ihr Stiftungsvermögen. Die Vorschrift stellt den **Vermögenserwerb** der Stiftung **von dem Stifter** oder den Stiftern sicher. Das ist absolut grundlegend, denn die Stiftung besteht eben „nur" aus dem Stiftungsvermögen (Grundstockvermögen; → § 81 Rn. 51 ff.). Die Stiftung wird nicht ohne Weiteres Träger des Stiftungsvermögens; es folgt – mit Ausnahme der in Satz 2 genannten Fälle – anders als etwa im Erbfall keine Rechtsübergang qua Gesetz. Die Stiftung entsteht durch die Vorschrift vielmehr mit einem Anspruch auf Vermögensübertragung.[1]

2 Die Vorschrift greift ein bei **Stiftungsgeschäften unter Lebenden** und zwar unabhängig davon, ob der Stifter bei Anerkennung der Stiftung noch lebt oder vor der Anerkennung verstirbt. Ist er vor der Anerkennung der Stiftung gestorben, so wird nach tatsächlich erfolgter Anerkennung die Existenz und damit auch die Anerkennung der Stiftung zu seinen Lebzeiten über § 84 fingiert (→ § 84 Rn. 1). Das hat etwa zur Folge, dass Rechte, zu deren Übertragung der Abtretungsvertrag genügt, als bereits zu Lebzeiten des Stifters auf die Stiftung übertragen gelten und nicht in den Nachlass des Stifters fallen. Verfügen die Erben über diese Rechte, so handeln sie als Nichtberechtigte.[2]

B. Regelungsgehalt

3 Da die einzelnen Vermögensgegenstände nicht qua Gesetz wie etwa im Erbfall (§ 1922) übergehen, hat der Stifter die zugesagten Vermögensgegenstände (Geld, Immobilien, Wertpapiere etc) **nach S. 1** grundsätzlich jeweils über die gesetzlich vorgesehenen einzelnen **Übertragungsakte** (§§ 929 ff., 873 etc) zu übertragen.[3] Die Stiftung erwirbt durch die Anerkennung als rechtsfähig einen **schuldrechtlichen Anspruch gegen den Stifter**[4] auf Übertragung des ihr von dem Stifter durch das Stiftungsgeschäft zugesicherten Stiftungsvermö-gens (S. 1). Für die Stiftung handelt bei der Übertragung oder bei der Geltendmachung der Forderung der **Vorstand**. Die Formvorschriften, die für die Übertragung von Grundstücken oder von Geschäftsanteilen an einer GmbH gelten, treten dabei nach der im stiftungsrechtlichen Schrifttum überwiegenden Auffassung hinter die vorrangige Regelung des § 81 Abs. 1 S. 1 zurück. Die Rechtsprechung ist allerdings uneinheitlich (→ § 81 Rn. 8).[5]

4 Eine **Ausnahme** von dem Erfordernis eines eigenständigen Übertragungsaktes besteht nach **S. 2**. Danach gehen **Rechte**, zu deren Übertragung ein Abtretungsvertrag (§§ 398, 413) genügt, ausnahmsweise kraft Gesetzes mit der Anerkennung der Stiftung als rechtsfähig auf diese über, sofern sich nicht aus dem Stiftungsgeschäft ein anderer Wille des Stifters ergibt, wogegen allerdings mit der Gesetzesformulierung („sofern nicht") eine Vermutung spricht.[6] Rechte in diesem Sinne sind insbesondere Forderungen, Mitglied-schaftsrechte und gewerbliche Schutzrechte.[7] Geschäftsanteile an einer GmbH gehen entgegen § 15 Abs. 3 GmbHG automatisch auf die Stiftung über. Das Urheberrecht kann als solches zu Lebzeiten nicht übertragen werden (§ 29 Satz 2 UrhG), sondern nur ein Nutzungsrecht an diesem. Das Urheberrecht ist aber ver-erblich (§ 28 Abs. 1 UrhG). Es kann zudem aufgrund einer Verfügung von Todes wegen an Dritte (zB durch ein Vermächtnis) oder im Wege der Erbauseinandersetzung auf Miterben übertragen werden (§ 29 Abs. 1 UrhG). Müssen Dritte der Übertragung zustimmen, etwa bei vinkulierten Anteilen an einer Gesellschaft (§ 15 Abs. 5 GmbHG, § 68 Abs. 2 AktG), so setzt die wirksame Übertragung die Zustimmung dieser Dritten voraus.[8]

---

1 Anschaulich Staudinger/*Hüttemann*/*Rawert* (2017) BGB § 82 Rn. 2.
2 Zum Ganzen *Muscheler* DNotZ 2003, 661 (672 f.); MüKoBGB/*Weitemeyer* § 82 Rn. 3.
3 Ausdrücklich zu Grundstücken BayObLG NJW-RR 1987, 1418 f.; vgl. zur Form
4 S. nur MüKoBGB/*Weitemeyer* § 82 Rn. 1.
5 Für einen Vorrang des § 311 b jüngst OLG Köln 5.8.2019 – 2 Wx 220/19, 2 Wx 227-229/19, ZEV 2019, 729. Zustimmend *Wachter* BB 2019, 2705, der das Ergebnis auch auf die Regelungen des § 15

Abs. 3 und 4 GmbHG übertragen will. Für einen Vor-rang des § 81 Abs. 1 S. 2 dagegen *Pruns* ErbR 2020, 163 mwN.
6 *Reinecke*, Die Beweislastverteilung im Bürgerlichen Recht und im Arbeitsrecht als rechtspolitische Rege-lungsaufgabe, 1976, S. 32 f.; MüKoBGB/*Weitemeyer* § 82 Rn. 2 bei Fn. 3.
7 Staudinger/*Hüttemann*/*Rawert* (2017) BGB § 82 Rn. 3.
8 Staudinger/*Hüttemann*/*Rawert* (2017) BGB § 82 Rn. 3.

C. Weitere praktische Hinweise

I. Haftung des Stifters

Umstritten ist die Frage, ob und nach welchen Grundsätzen der Stifter gegenüber der Stiftung haftet, wenn **5** er nicht in der Lage ist, das der Stiftung im Stiftungsgeschäft zugesicherte Vermögen zu übertragen. Richtigerweise ist zu differenzieren.

1. Zeitpunkt der Haftung. Entscheidet sich der Stifter dazu, über das der Stiftung zugesicherte Vermögen **6** anderweitig zu verfügen, so ist das in der Regel als ein Widerruf des Stiftungsgeschäfts auszulegen. Da der Stifter vor der Einreichung des Antrags auf Anerkennung der Stiftung bei der zuständigen Stiftungsbehörde sein Stiftungsgeschäft aber ohnehin frei widerrufen kann, ist eine solche „Zwischenverfügung" in diesem Zeitraum unproblematisch. Bei der Errichtung der Stiftung durch mehrere Stifter, die das Stiftungsgeschäft unterzeichnen, kommen im Fall des Widerrufs oder der sonstigen Nichtleistung durch einen Stifter vertragliche Ansprüche der Stifter untereinander in Frage.[9]

Trifft der Stifter nach Einreichung des Antrags auf Anerkennung der Stiftung eine Zwischenverfügung und **7** zeigt er der Stiftungsbehörde diese Zwischenverfügung rechtzeitig vor der Anerkennung an, so liegt auch darin, sollte die Auslegung dieses Verhaltens nichts anderes ergeben, ein wirksamer Widerruf des Stiftungsgeschäfts und eine Haftung des Stifters kommt ebenfalls nicht in Betracht.[10] Zeigt der Stifter der Stiftungsbehörde eine solche Zwischenverfügung nicht an, lehnt aber die Stiftungsbehörde die Anerkennung der Stiftung aus welchem Grund auch immer ab, so ist eine Haftung des Stifters mangels Gläubigerin ebenfalls ausgeschlossen.

Problematisch sind mithin zum einen die Fälle, in denen der Stifter nach Einreichung des Antrags auf Aner- **8** kennung der Stiftung aber vor der Anerkennung eine Verfügung über das der Stiftung zugesicherte Vermögen vornimmt und das der Stiftungsbehörde nicht anzeigt, und diese die Stiftung anerkennt. Zum anderen sind es die Fälle, in denen der Stifter nach der Anerkennung der Stiftung eine Verfügung vornimmt.

Für die oben zweitgenannten Fälle der Herbeiführung der Unmöglichkeit der Vermögensübertragung nach **9** Anerkennung der Stiftung steht die Haftung des Stifters als solche außer Frage (zum Haftungsmaßstab → Rn. 12 f.).

Für die erstgenannten Fälle wird zum einen vertreten, dass der Stifter nicht haftet und somit sogar vorsätz- **10** lich die Unmöglichkeit der versprochenen Vermögensübertragung herbeiführen kann.[11] Die Gegenmeinung bejaht dagegen bei einer Verfügung vor der Anerkennung der Stiftung eine Haftung in analoger Anwendung der §§ 160, 161.[12] Für die erstgenannte Meinung spricht zwar, dass es vor der Anerkennung der Stiftung noch keinen „anderen" gibt, der sich auf die Herbeiführung der Unmöglichkeit berufen könnte.[13] Allerdings zeigt § 80 Abs. 2 Satz 2, dass der Stifter mit Eingang des Antrags bei der Stiftungsbehörde sich doch schon so weit gebunden hat, dass eine völlige Freistellung von der Haftung in diesem Stadium einen Wertungswiderspruch hervorrufen würde. Das rechtfertigt die analoge Anwendung der §§ 160, 161.[14] Das Stiftungsvermögen ist grundlegend für die Stiftung und das Verfügungsrisiko liegt bei dem Stifter. Er hat es in der Hand, ob er trotz Zusage im Stiftungsgeschäft noch über das Vermögen verfügt.

Dem folgend sind **Zwischenverfügungen** des Stifters über Rechte im Sinne von S. 2 analog § 161 unwirk- **11** sam.[15] Nach Anerkennung der Stiftung kann diese, wenn der Stifter, ohne gegenüber der Behörde sein Stiftungsgeschäft nach § 81 Abs. 2 S. 1 widerrufen zu haben (→ Rn. 6 f. und → § 81 Rn. 12), über das im Stiftungsgeschäft zugesagte Vermögen verfügt hat, analog § 160 Schadensersatz verlangen.[16]

2. Haftungsmaßstab. Der Haftungsmaßstab hängt davon ab, wie man das Stiftungsgeschäft einordnet. **12** Mangels vertraglicher Vereinbarung handelt es sich trotz der Unentgeltlichkeit des Stiftungsgeschäfts nicht um eine Schenkung.[17] Allerdings stellt sich die Frage, ob die Schenkungsvorschriften zumindest analog anzuwenden sind oder ähnlich der Haftung beim Verein eine Haftung nach allgemeinen schuldrechtlichen Vorschriften erfolgt.[18]

Es ist bspw. eine für die Praxis bedeutsame Frage, ob, wenn die Stiftung noch nicht anerkannt worden ist, auf Zwischenverfügungen des Stifters § 519, und nach Anerkennung der Stiftung dann § 528 zumindest ent-

---

9 Siehe Staudinger/*Hüttemann*/*Rawert* (2017) BGB § 81 Rn. 86 mwN.

10 Staudinger/*Hüttemann*/*Rawert* (2017) BGB § 82 Rn. 8.

11 So insbesondere *Muscheler*, Stiftungsrecht, S. 220 f.

12 So insbesondere Staudinger/*Hüttemann*/*Rawert* (2017) BGB § 82 Rn. 8 f.; zustimmend MüKoBGB/ *Weitemeyer* § 82 Rn. 5.

13 *Muscheler*, Stiftungsrecht, S. 220 f.

14 Staudinger/*Hüttemann*/*Rawert* (2017) BGB § 82 Rn. 8.

15 v. Campenhausen/Richter/*Hof* § 6 Rn. 42; MüKo-BGB/*Weitemeyer* § 82 Rn. 5.

16 BeckOK BGB/*Schwarz*/*Backert* § 82 Rn. 3.

17 Vgl. nur *Muscheler*, Stiftungsrecht, S. 185 mwN.

18 S. zu den unterschiedlichen Meinungen etwa *Muscheler*, Stiftungsrecht, S. 185, 208 ff.; MüKo-BGB/*Weitemeyer* § 82 Rn. 4; Staudinger/*Hüttemann*/ *Rawert* (2017) BGB § 81 Rn. 26 ff. jew. mwN.

sprechend anzuwenden sind (sa bei → § 81 Rn. 53).[19] Anders als bei § 519 muss dabei die Not im Fall des § 528 nicht nur drohen, sondern eingetreten sein. Das Rückforderungsrecht nach § 528 wird durch die §§ 529, 534 begrenzt. Beide Vorschriften dienen dem Schutz der Unterhaltsverpflichtungen des Schenkers. Dieser Gesetzeszweck gilt, wie insbesondere *Muscheler* nachgewiesen hat,[20] auch im Fall der Stiftungserrichtung. Es kann, wie der BGH im Fall einer Zuwendung an eine Stiftung im Zusammenhang mit Pflichtteilsansprüchen klargestellt hat, keinen Unterschied machen, an wen die Zuwendung erfolgt.[21] Entscheidend sind die Entreicherung des Gebers und die Bereicherung des Empfängers, denn eben daraus folgt, dass der Geber ggf. seinen Unterhaltspflichten nicht nachkommen kann. Auch die §§ 2325 ff. sind zumindest entsprechend anwendbar (sa → § 80 Rn. 127 ff.)[22] ebenso wie alle anderen drittschützenden, eine Schenkung voraussetzenden Normen (etwa § 134 InsO, § 4 AnfG).[23]

Die Haftung des Stifters gegenüber der Stiftung richtet sich mithin grundsätzlich nach den Vorschriften des Schenkungsrechts,[24] so dass der Stifter bspw. nur für Vorsatz und grobe Fahrlässigkeit haftet (§ 521 BGB) und auch keine Verzugszinsen zu zahlen hat (§ 522 BGB).

13 Der Stiftungsvorstand, der den Anspruch auf Vermögensübertragung geltend zu machen hat, hat ggf. auch den Schadensersatz im Interesse der Stiftung geltend zu machen, falls er sich nicht einer eigenen Haftung für schuldhaftes Unterlassen aussetzen will (zur Haftung von Stiftungsorganen → § 81 Rn. 48 ff., → § 86 Rn. 12 ff.). Dabei hat der Vorstand sich ggf. auch gegenüber dem Stifter durchzusetzen, der sich beispielsweise das Recht der jederzeitigen Abberufung des Vorstandes vorbehalten hat, denn der Stifter darf diese Abberufungskompetenz nur im Interesse der Stiftung ausüben.[25] Notfalls haben die (vormaligen) Stiftungsvorstandsmitglieder die Stiftungsaufsichtsbehörde einzuschalten oder sogar Strafanzeige gegen den Stifter wegen Untreue o.ä. zu erstatten. Allerdings erscheinen solche Fallkonstellationen bei der Stiftungserrichtung – anders als bei Haftungsfragen im Zusammenhang mit vormaligen Organmitgliedern – eher als Gedankenspiele denn als typische Praxisfälle.[26]

II. Haftung der Erben

14 Auf die **Erben eines Stifters**, der vor Übertragung des der Stiftung zugesagten Vermögens stirbt, geht nach § 1967 die Verpflichtung des Stifters zur Vermögensübertragung über.[27] Im Fall der Pflichtteilsberechtigung kann ein Erbe entsprechend dem vorstehend Gesagten analog §§ 2325 ff. **Pflichtteilsergänzung** verlangen. Gegenüber der Stiftung kann er dann den **dolo-petit-Einwand** erheben.[28]

D. Steuerhinweise

15 Die Besteuerung der Stiftung erfolgt nach den allgemeinen Grundsätzen und Regeln.[29] Ein **spezielles Stiftungssteuerrecht existiert** mit wenigen Ausnahmen **nicht**.

16 Eine **Stiftung kann** wie jede andere „Körperschaft" iSd §§ 51 ff. AO wegen **Gemeinnützigkeit, Mildtätigkeit** oder weil sie **kirchliche Zwecke** verfolgt **steuerbefreit** sein, wenn sie die entsprechenden Voraussetzungen der AO erfüllt (ausf. → Steuerlicher Anhang zu § 21 Rn. 1 ff.). Für die Umsetzung in der Praxis von besonderer Bedeutung ist dabei der AEAO der Finanzverwaltung. Als Sonderregelung für Stiftungen hervorzuheben ist § 58 Nr. 6 AO, wonach die Steuervergünstigung nicht dadurch ausgeschlossen wird, dass „eine Stiftung einen Teil, jedoch höchstens ein Drittel ihres Einkommens, dazu verwendet, um in angemessener Weise den Stifter und seine nächsten Angehörigen zu unterhalten, ihre Gräber zu pflegen und ihr Andenken zu ehren". Diese Regelung wird oft als eine „Stifterrente" missverstanden. Die Finanzverwaltung legt die Vorschrift sehr restriktiv aus und hält „Leistungen mit Ausschüttungscharakter, zB in Höhe eines festgelegten Prozentsatzes der Erträge" für „unzulässig".[30]

17 Zuwendungen in den Vermögensstock einer steuerbegünstigten Stiftung, also die ursprüngliche Vermögensausstattung (→ § 81 Rn. 51 f.; „Errichtungsdotation") und spätere Zustiftungen (→ § 81 Rn. 58 ff.), können nach § 10 b Abs. 1 a EStG „auf Antrag des Steuerpflichtigen im Veranlagungszeitraum der Zuwendung und in den folgenden neun Veranlagungszeiträumen bis zu einem Gesamtbetrag von 1 Million Euro, bei Ehegat-

19	Dafür Palandt/*Ellenberger* BGB § 82 Rn. 1 und *Muscheler*, Stiftungsrecht, S. 185, 215 ff.
20	*Muscheler*, Stiftungsrecht, S. 185, 215 ff.
21	BGH NJW 2004, S. 1382 ff.
22	Palandt/*Ellenberger* BGB § 82 Rn. 1; *Schiffer* NJW 2004, 1565.
23	*Muscheler*, Stiftungsrecht, S. 185, 200 ff.
24	*Muscheler*, Stiftungsrecht, S. 185, 208 ff.; Staudinger/*Hüttemann/Rawert* (2017) BGB § 81 Rn. 26 ff.

25	Darauf weist MüKoBGB/*Reuter* (6. Aufl. 2012) § 82 Rn. 5 hin; ebenso MüKoBGB/*Weitemeyer* § 82 Rn. 6.
26	Uns jedenfalls sind solche Fälle noch nicht zu Ohren gekommen.
27	S. nur MüKoBGB/*Weitemeyer* § 82 Rn. 7 mwN.
28	S. nur MüKoBGB/*Weitemeyer* § 82 Rn. 7.
29	Ausf. *Schiffer*, Stiftung, § 8 Rn. 1 ff., § 9 Rn. 1 ff.
30	AEAO Nr. 8 Satz 4 zu § 58 AO. Ausf. zum Ganzen *Schiffer*, Stiftung, § 9 Rn. 157 ff.

ten, die […] zusammen veranlagt werden, bis zu einem Gesamtbetrag von 2 Millionen Euro", als **Sonderabzug** zusätzlich zu den Höchstbeträgen für Spenden abgezogen werden. Das gilt nicht für Zuwendungen in das verbrauchbare Vermögen einer Stiftung (§ 10 b Abs. 1 a Satz 2 EStG; „Verbrauchsstiftung", → § 80 Rn. 36 ff.).

Zuwendungen an eine Stiftung zu deren Errichtung unterliegen der **Schenkung- und Erbschaftsteuer** (§ 3 **18** Abs. 1 Nr. 1 Satz 1 ErbStG, § 7 Abs. 1 Nr. 8 Satz 1 ErbStG). Zustiftungen zu einer bereits bestehenden Stiftung sind ebenfalls schenkung- und erbschaftsteuerpflichtig und zwar nach den allgemeinen Regeln. Bei steuerbegünstigten Stiftungen greift die Befreiung nach § 13 Abs. 1 Nr. 16 b) ErbStG. Es gelten im Übrigen die allgemeinen Verschonungsvorschriften.[31] Für die Freibeträge und die Steuerklasse gelten grds. keine Besonderheiten. Eine Ausnahme bilden insoweit aber die **Steuerklassenbestimmung bei der Familienstiftung** iSd § 1 Abs. 1 Nr. 4 ErbStG (§ 15 Abs. 2 ErbStG;[32] zur Familienstiftung ferner → § 80 Rn. 80 ff.).[33]

Über **§ 29 Abs. 1 Nr. 4 ErbStG** („Erlöschen der Steuer wegen Weitergabe an gemeinnützige Stiftung") **19** kann ein Erbe ggf. steuerliche Vorteile durch den Weg in die Gemeinnützigkeit auch noch nach dem Erbfall erlangen. Der Gesetzgeber gibt ihm dafür eine Frist von 24 Monaten. Der Erbe kann dabei allerdings nicht gleichzeitig auf die Möglichkeit des § 58 Nr. 6 AO zurückgreifen (§ 29 Abs. 1 Nr. 4, Satz 2 ErbStG).

Unselbstständige (treuhänderische) Stiftungen werden steuerlich im Wesentlichen wie rechtsfähige Stif- **20** tungen behandelt (→ Vor § 80 ff. Rn. 69 ff.). Sie sind insbesondere nach § 1 Abs. 1 Nr. 5 KStG steuerpflichtig und können steuerbegünstigt im Sinne der §§ 51 ff. AO sein (vgl. auch § 5 Abs. 1 Nr. 9 KStG).

Erbschaftsteuerlich wird die unselbstständige Stiftung als **Zweckzuwendung** nach § 1 Abs. 3 und § 8 ErbStG behandelt.[34] § 3 Abs. 2 Nr. 1 Satz 1 ErbStG ist nur auf rechtsfähige Stiftungen anwendbar.[35] Eine Zweckzuwendung ist eine Zuwendung von Todes wegen oder eine freigiebige Zuwendung unter Lebenden, die mit der Auflage verbunden ist, zugunsten eines bestimmten Zwecks verwendet zu werden, oder die von der Verwendung zugunsten eines bestimmten Zwecks abhängig ist, soweit hierdurch die Bereicherung des Erwerbers gemindert wird. Eine Zweckzuwendung ist nur gegeben, wenn die Zweckbindung zu einer Minderung der Bereicherung des Erwerbers führt.[36] Eine Bereicherungsminderung fehlt, wenn die Erfüllung des Zwecks im eigenen Interesse des Beschwerten liegt (§ 10 Abs. 9 ErbStG). Daher mindert beispielsweise die Auflage an eine Stiftung, das ihr Zugesagte satzungsgemäß zu verwenden, die Bereicherung nicht. **Steuerschuldner** bei der Zweckzuwendung ist nach § 20 Abs. 1 ErbStG der mit der Ausführung der Zuwendung Beschwerte.[37] Der Gesetzgeber geht dabei von der Annahme aus, dass der Beschwerte den zur Zweckerfüllung aufzuwendenden Betrag um die Steuerschuld kürzen darf, was mangels anderer ausdrücklicher Anordnung, die möglich ist, im Zweifelsfall durch Auslegung der Zweckzuwendung zu entnehmen ist.

Der BFH hat entschieden, dass unselbstständige Stiftungen bei aller sonstigen Gleichbehandlung **nicht der** **21** **Erbersatzsteuer nach § 1 Nr. 4 ErbStG unterfallen**.[38] Das hat erneut die eigentlich bereits als geklärt angesehene die Frage aufgeworfen, ob bspw. auch **§ 29 Abs. 1 Nr. 4 S. 1 ErbStG** auf unselbständige Stiftungen Anwendung findet oder die Zuwendung in den Vermögensstock einer unselbständigen Stiftung nach **§ 10 b Abs. 1 a EStG** abzugsfähig ist. Die Finanzverwaltung hat das Urteil des BFH zum Anlass genommen, ihre Auffassung zur Anwendbarkeit des § 29 Abs. 1 Nr. 4 S. 1 ErbStG auf unselbständige Stiftungen noch einmal zu erneuern.[39] Das Schrifttum pflichtet dem bei und hält auch an der Anwendbarkeit des § 10 b Abs. 1 a EStG fest.[40]

Da sich unselbstständige Stiftungen mangels Erfordernis der Anerkennung durch den Staat deutlich schneller errichten lassen als rechtsfähige Stiftungen, sind sie ein probates Mittel, noch kurz vor Ablauf der **24-Monats-Frist** aus § 29 Abs. 1 Nr. 4 S. 1 ErbStG in den Genuss der dortigen **Steuerbefreiung** zu gelangen.

§ 83 Stiftung von Todes wegen

[1]**Besteht das Stiftungsgeschäft in einer Verfügung von Todes wegen, so hat das Nachlassgericht dies der zuständigen Behörde zur Anerkennung mitzuteilen, sofern sie nicht von dem Erben oder dem Testamentsvollstrecker beantragt wird.** [2]**Genügt das Stiftungsgeschäft nicht den Erfordernissen des**

---

31 Zum Erbschaftsteuerurteil des BVerfG (17.12.2014 – 1 BvL 21/12, DStR 2015, 31) allgemein und speziell auch zu dessen Auswirkungen auf Stiftungen, *Schiffer* npoR 2015, 4 ff.

32 Ausf. dazu *Schiffer* in Fischer/Jüptner/Pahlke/Wachter ErbStG § 15 Rn. 50 ff.

33 Ausf. zur Erbersatzsteuer bei der Familienstiftung *Schiffer* in Fischer/Jüptner/Pahlke/Wachter ErbStG § 1 Rn. 50 ff., § 15 Rn. 50 ff.

34 Troll/Gebel/Jülicher/*Gottschalk* § 3 ErbStG Rn. 320.

35 BFH 25.1.2017 – II R 26/16, BStBl II 2018, 199.

36 *Meincke/Hannes/Holtz* § 8 ErbStG Rn. 7.

37 *Meincke/Hannes/Holtz* § 8 ErbStG Rn. 11.

38 BFH 25.1.2017 – II R 26/16, BStBl II 2018, 199.

39 Bayerisches Landesamt für Steuern, 9.1.2019, S 3840.1.1 – 3/5 St 34, FMNR56a130018.

40 *Mehren* npoR 2017, 165 (166) mwN.

§ 81 Abs. 1 Satz 3, wird der Stiftung durch die zuständige Behörde vor der Anerkennung eine Satzung gegeben oder eine unvollständige Satzung ergänzt; dabei soll der Wille des Stifters berücksichtigt werden. [3]**Als Sitz der Stiftung gilt, wenn nicht ein anderes bestimmt ist, der Ort, an welchem die Verwaltung geführt wird.** [4]**Im Zweifel gilt der letzte Wohnsitz des Stifters im Inland als Sitz.**

Literatur: Siehe Vor §§ 80 ff.

A. Allgemeines	1	3. Auflage	21
B. Regelungsgehalt	3	4. Testamentsvollstreckung	22
I. Stiftungsgeschäft von Todes wegen	3	5. Unselbstständige Stiftung	23
II. Unvollständiges Stiftungsgeschäft	8	C. Weitere praktische Hinweise	24
III. Antragstellung	13	I. Kein Widerruf, kein Ausschlagungsrecht	24
IV. Sitz der Stiftung	14	II. Verbindung mit einem Stiftungsgeschäft unter	
V. Stiftung als letztwillig Bedachte	15	Lebenden	25
1. Erbenstellung	15	III. Stiften von Todes wegen oder zu Lebzeiten?	26
2. Vermächtnis	20	IV. Auslegung letztwilliger Stiftungsgeschäfte	28

A. Allgemeines

1 Potenzielle Stifter fragen oft, ob sie die Stiftungserrichtung zu ihren Lebzeiten nur vorbereiten und die Stiftung erst nach ihrem Tod tatsächlich errichten sollen.[1] Diese Unsicherheit mag ihren Grund darin haben, dass ein Stifter sein Vermögen zu seinen Lebzeiten für andere Zwecke nutzen oder unmittelbar selbst verwalten will. Es mag auch sein, dass er befürchtet, angesichts der Kosten der Versorgung im Alter nach Errichtung der Stiftung nicht mehr hinreichende Mittel für alle Eventualitäten und Wünsche zur Verfügung zu haben. Eine Versorgungslücke ist auch bei vermögenden Menschen nicht ausgeschlossen. Damit stellt sich Stiftern die Frage, welche rechtlichen Anforderungen bei einer Stiftungserrichtung von Todes wegen erfüllt werden müssen.[2] Als Berater sollte man mit ihnen allerdings trotz aller Sorge um die lebzeitige finanzielle Absicherung zuerst die Frage besprechen, ob eine Stiftungserrichtung zu Lebzeiten nicht doch sinnvoller ist.

2 Die Vorschrift des § 83 BGB regelt die Errichtung einer Stiftung durch letztwillige Verfügung des Stifters. Das Stiftungsgeschäft gliedert sich wie bei der Stiftungserrichtung unter Lebenden in einen organisationsrechtlichen Teil (Satzung) und einen vermögensrechtlichen Teil (Vermögenszuwendung). „Private" **Stiftungen** kommen für die **Erbfolgegestaltung** vor allem als Familienstiftungen, als gemeinnützige Stiftungen und als mildtätige Stiftungen in Betracht (→ Anhang zu § 1923 Rn. 1 ff.).[3] Auch treuhänderische Stiftungen können (wirtschaftlich) Erben sein (→ Vor §§ 80 ff. Rn. 59). Eine zukünftige erst nach dem Tod des Stifters zu errichtende Stiftung kann im Rahmen der gesetzlichen Fiktion des § 84 (sog. „Städel-Paragraf") ebenfalls letztwillig bedacht werden.

B. Regelungsgehalt

I. Stiftungsgeschäft von Todes wegen

3 Das Stiftungsgeschäft von Todes wegen erfolgt als **Testament** oder **Erbvertrag** oder auch als **Vermächtnis**. Es gelten die erbrechtlichen Vorschriften (Testierfähigkeit, Formvorschriften, etc). In Deutschland gilt über Art. 14 Abs. 1 S. 1 GG der Grundsatz der Testierfreiheit mit Einschränkungen durch das Pflichtteilsrecht und (wirtschaftlich betrachtet) zusätzlich durch das Erbschaftsteuerrecht. Das gilt auch für Stiftungen. Es gibt kein Sondererbrecht für Stiftungen (→ Anhang zu § 1923 Rn. 59 ff.).[4] Auch eine Stiftung unterliegt dem Pflichtteilsrecht (→ § 80 Rn. 127 ff.).

4 Hat der Erblasser lediglich eine entsprechende **Auflage** zur Stiftungserrichtung verfügt, liegt darin keine letztwillige Stiftungserrichtung, denn in diesem Fall gibt der Erbe die entsprechenden Erklärungen zur Errichtung der Stiftung ab und ist damit selbst der Stifter.[5] Nach § 2306 BGB könnte hier ein entsprechend beschwerter Erbe mit der Folge den Erbteil ausschlagen, dass er den Pflichtteil verlangen kann, die Auflage ist also nicht unbedingt ein sicherer Weg zur Stiftungserrichtung.

5 Das letztwillige Stiftungsgeschäft muss eine ausreichende Vermögenszuwendung enthalten. Die Stellvertretung ist beim Stiftungsgeschäft von Todes wegen nach den erbrechtlichen Grundsätzen ausgeschlossen.

---

1   Siehe dazu schon *Schiffer* npoR 2018, 105.
2   Siehe dazu schon *Schiffer/Pruns/Schürmann* in Schiffer, Stiftung, § 3 Rn. 28 ff.
3   Ausf. dazu auch *Feick*, Stiftung als Nachfolgeinstrument, 2015; *Schiffer/Kotz* ZErb 2004, 115.
4   *Schiffer/Reinke/Schürmann* in Schiffer, Stiftung, § 10 Rn. 3.
5   MüKoBGB/*Weitemeyer* BGB § 83 Rn. 4.

Anders als bei der Stiftungserrichtung zu Lebzeiten (→ § 80 Rn. 29, → § 81 Rn. 55, 58) soll eine (verlässliche) Aussicht auf eine künftige ausreichende Mittelausstattung hier grds. nicht genügen.[6]

Die rechtsfähige Stiftung des Privatrechts entsteht auch bei einem Stiftungsgeschäft von Todes wegen formal erst mit der Anerkennung. Eine „Vorstiftung" existiert in der Zwischenzeit nicht (→ § 80 Rn. 19 ff.).[7] Die Stiftung gilt jedoch für die Zuwendungen des Stifters/Erblassers **rückwirkend** als schon vor dessen Tode entstanden (§ 84). **6**

Für die **Anfechtung** des Stiftungsgeschäfts von Todes wegen gelten die §§ 2078 f.[8] Eine **Ausschlagung** der Zuwendung durch die Stiftung als Erbin oder Vermächtnisnehmerin scheidet schon *de facto* aus, denn das würde ihr die Existenzgrundlage nehmen; die Annahme der Erbschaft ist Geschäftsgrundlage für das Stiftungsgeschäft. Ob das vererbte Vermögen ausreicht, prüft bereits die Stiftungsbehörde im Rahmen des Anerkennungsverfahrens. Der Vorstand ist zudem insbesondere an die Satzung und allgemein an den Stifterwillen gebunden, die beide die Annahme voraussetzen. Sollte sich erst nach Annahme der Erbschaft herausstellen, dass diese nicht ausreicht, um die Existenz der Stiftung zu sichern, so ist an Maßnahmen nach § 87 zu denken. Über die Annahme von Zuwendungen von Todes wegen außerhalb des Errichtungsprozesses kann die Stiftung grundsätzlich nach Maßgabe des Stifterwillens entscheiden (ausf. zum Ganzen auch → Anhang zu § 1923 Rn. 106). Der Stifter sollte in der Satzung regeln, wie mit Zuwendungen Dritter umzugehen ist. Es mag Fälle geben, in denen etwa die Person des Zuwendenden oder die mit ihr verbundenen Zwecke eine Annahme durch die Stiftung ausschließen. **7**

II. Unvollständiges Stiftungsgeschäft

Genügt das Stiftungsgeschäft nicht den Erfordernissen des § 81 Abs. 1 S. 3, geht der Gesetzgeber nach S. 2 von einem **heilbaren Rechtsmangel** aus,[9] dh die Stiftungsbehörde muss unter „Berücksichtigung" des Stifterwillens (→ § 80 Rn. 1 ff.) der Stiftung eine **Satzung** geben oder eine unvollständige Satzung ergänzen. Dabei ist der Stifterwille entgegen der missverständlichen Formulierung des Gesetzes nicht nur irgendwie („soll") zu „berücksichtigen", dh in Betracht zu ziehen, sondern zu beachten und anzuwenden (näher zu diesem „Grundrecht" → § 80 Rn. 6).[10] Der Stifterwille ist auch hier das Maß der Dinge. Soweit der Wille des Stifters „erkennbar"[11] ist – etwa zur Bildung des Vorstandes und zur sonstigen Stiftungsorganisation –, hat die Stiftungsbehörde diesen Willen umzusetzen. **8**

Die gesetzliche Reparaturregelung in § 83 Satz 2 ist konsequent, gilt doch für letztwillige Verfügungen die vom BGH entwickelte sog. **Andeutungstheorie** (→ § 80 Rn. 5, → § 2084 Rn. 15 ff.),[12] wonach dem letzten Willen auch bei einer nur geringen Andeutung in der Verfügung mit Blick auf die Unwiederholbarkeit der Erklärung des Erblassers wenn eben möglich zur Geltung verholfen wird. **9**

Es stellt sich allerdings die Frage, welche Mindestelemente die Verfügung von Todes wegen haben muss und welche Elemente über die „Reparaturregelung" des § 83 Satz 2 BGB ergänzt werden können. Das ergibt sich letztlich aus dem Gesetz selbst. Mindestinhalt ist nach § 81 Abs. 1 Satz 2, auf den § 83 Satz 2 gerade nicht verweist, die „verbindliche Erklärung des Stifters ..., ein **Vermögen zur Erfüllung eines von ihm vorgegebenen Zweckes** zu widmen". Die letztwillige Verfügung muss also, ggf. nach Auslegung, den Willen des Erblassers erkennbar zum Ausdruck bringen, eine Stiftung, für einen bestimmten Zweck errichten zu wollen und ihr ein bestimmtes Vermögen zu widmen.[13] Im Übrigen können gem. § 83 Satz 2 BGB alle weiteren Elemente der Stiftung nach § 81 Abs. 1 Satz 3 ergänzt werden. **10**

Nicht ausreichend für die oben genannten Grundelemente wäre bspw. der einfache Hinweis in dem formgerechten Testament auf eine maschinenschriftliche Anlage.[14] Es ist deshalb dringend dazu zu raten, dass der Erblasser in seinem Testament unmittelbar selbst seinen Stifterwillen mit den wesentlichen Merkmalen festlegt, die eine Stiftung kennzeichnen (→ § 81 Rn. 4 ff.), wie das LG Berlin umfassend noch zu der alten Rechtslage forderte.[15] Der Stifter/Erblasser sollte deshalb auch unbedingt die **Stiftungssatzung** **11**

---

6   MüKoBGB/*Weitemeyer* § 83 Rn. 4 mwN auch zu Gegenstimmen.

7   BFH 11.2.2015 – X R 36/11; **aA** → Anhang zu § 1923 Rn. 104 ff.

8   BeckOK BGB/*Schwarz/Backert* § 83 Rn. 7.

9   RegE, BT-Drs. 14/8765, 11.

10 Palandt/*Ellenberger* BGB § 83 Rn. 2; MüKoBGB/ *Weitemeyer* § 83 Rn. 19.

11 MüKoBGB/*Weitemeyer* § 83 Rn. 19; Palandt/*Ellenberger* BGB § 83 Rn. 2 („soweit er festgestellt werden kann").

12 BGHZ 86, 41; 94, 36; ausf. *Muscheler*, Erbrecht, Band II, Rn. 1838 ff.; sa *Schiffer/Scherf* ZErb 2006,

335 zur wohlwollenden Auslegung letztwilliger Verfügungen.

13 Ausf. *Schiffer* npoR 2018, 105 mwN auch zu Streitfragen.

14 OLG Stuttgart ZEV 2010, 200 lässt es für die Bestimmung des Stiftungszwecks allerdings genügen, dass die dem Testament beigefügte maschinenschriftliche Satzung „vereinzelte handschriftliche Anmerkungen enthält." S. ferner aus jüngerer Zeit KG Berlin ErbR 2016, 331 und OLG München ZEV 2017, 634 sowie zu allen drei Entscheidungen *Schiffer* npoR 2018, 105.

15 S. LG Berlin FamRZ 2001, 450.

selbst gemäß den erbrechtlichen Formvorschriften abfassen. Nach seinem Tod kann er seine Stiftungserrichtung nicht mehr reparieren. Er sollte nicht darauf vertrauen, dass ein Dritter (hier die Stiftungsbehörde) das in seinem Sinne tut. Die Behörde kann seinen Stifterwillen nur umsetzen, soweit er ihr zugänglich und für sie erkennbar ist.

12 Der Stifter kann seiner letztwilligen Verfügung, wenn er die genannten Voraussetzungen beachtet, die von ihm **vorgesehene Stiftungssatzung (in wirksamer Form) beifügen**, anstatt letztwillig etwa den Testamentsvollstrecker mit der Fertigung einer Satzung gemäß der letztwilligen Verfügung zu beauftragen. Regelmäßig wird es sinnvoll sein, eine Satzung beizufügen, da der Stifter ja seinen konkreten Willen umsetzen will. Sinnvollerweise wird der Stifter zudem den Testamentsvollstrecker ausdrücklich bevollmächtigen, etwaige „Mängel" des Stiftungsgeschäftes und/oder der Stiftungssatzung durch entsprechende Änderungen und Ergänzungen zu beheben. Der Testamentsvollstrecker kann dann auf etwaige Änderungs- und Ergänzungswünsche der Stiftungsbehörde und der Finanzverwaltung entsprechend reagieren.

III. Antragstellung

13 Der Erbe oder der Testamentsvollstrecker hat bei der Stiftungsbehörde den Antrag auf Anerkennung der Stiftung zu stellen. Nach S. 1 ist das **Nachlassgericht von Amts wegen** verpflichtet, das Stiftungsgeschäft von Todes wegen der Behörde zur Anerkennung mitzuteilen. Diese Amtspflicht besteht nicht, sofern die Anerkennung von dem **Erben** oder dem Testamentsvollstrecker **beantragt** wird (→ Anhang zu § 1923 Rn. 107 ff.). Die Amtspflicht des Nachlassgerichts soll gewährleisten, dass eine Anerkennung durch die zuständige Behörde nicht mangels Kenntnis unterbleibt.[16] Mithin hat das Nachlassgericht im Zweifel Mitteilung zu machen. Es muss sicher sein, dass der Erbe oder der Testamentsvollstrecker den Antrag gestellt haben, nur dann entfällt seine Mitteilungspflicht. Der Anerkennungsantrag kann auch von einem Nachlasspfleger gestellt werden. Die für die Anerkennung der Stiftung zuständige Behörde kann die Stiftung auch ohne Antrag eines Beteiligten anerkennen, wenn sie von dem Stiftungsgeschäft Kenntnis erhält, denn es besteht bei Stiftungen von Todes wegen kein Antragserfordernis.[17]

IV. Sitz der Stiftung

14 Der Sitz der letztwilligen Stiftung ist in S. 3 und 4 für den Fall geregelt, dass in der Satzung die an sich nach § 81 Abs. 1 S. 3 erforderliche Angabe des Sitzes fehlt. Als Sitz der Stiftung gilt danach der Ort, an dem die Verwaltung geführt wird. Im Zweifel, etwa bei noch fehlender Büroorganisation, gilt der letzte Wohnsitz des Stifters im Inland als Sitz der Stiftung. So wird berücksichtigt, dass gerade ältere Stifter nicht immer ihren inländischen Wohnsitz als Ruhestandswohnsitz beibehalten.[18] Typischerweise wird der letzte Wohnsitz des Erblassers als Sitz der Stiftung jedenfalls dem mutmaßlichen Stifterwillen entsprechen.

V. Stiftung als letztwillig Bedachte[19]

15 **1. Erbenstellung.** Eine Stiftung tritt als Erbin (→ Anhang zu § 1923 Rn. 59 ff.) ggf. gemeinsam mit weiteren (Mit-)Erben (Erbengemeinschaft) die **Gesamtrechtsnachfolge** nach dem Erblasser an und haftet damit auch für etwaige Verbindlichkeiten oder muss sich auch um den digitalen Nachlass[20] des Erblassers oder der Erblasserin kümmern. Sie kann als Mitglied einer **etwaigen Erbengemeinschaft** deren Auflösung fordern und im Wege der Zwangsversteigerung betreiben (§§ 2042 Abs. 2, 753). Um unsinnige Auseinandersetzungen und Streitereien zu vermeiden, sollte der Erblasser grundsätzlich im Wege einer Teilungsanordnung bestimmen, wer welche Nachlassgegenstände erhält.

16 Eine letztwillige Zuwendung an eine bereits bestehende Stiftung ist in der Regel eine **Zustiftung** (→ § 81 Rn. 58 ff.), wenn der Erblasser nichts anderes verfügt. In der Stiftungssatzung sollte vorgesehen sein, dass die Stiftung Zustiftungen etwa auch in der Form von **Stiftungsfonds** (→ § 81 Rn. 59) annehmen darf, wobei den Organen vom Stifter ein entsprechender Ermessensspielraum zugestanden werden sollte.

17 Eine Stiftung kann auch als **Nacherbin** eingesetzt werden. Grundsätzlich tritt die Nacherbfolge mit dem Tod des Vorerben ein (§ 2106). Nicht übersehen werden darf allerdings, dass die Einsetzung eines Nacherben nach Ablauf von 30 Jahren nach dem Erbfall unwirksam wird (§ 2109 Abs. 1 S. 1). Die Nacherbschaft bleibt jedoch dann auch nach dem Ablauf der Frist wirksam (§ 2109 Abs. 1 S. 2), wenn die Nacherbfolge für den Fall angeordnet ist, dass in der Person des Vorerben oder des Nacherben ein bestimmtes Ereignis

---

16 MüKoBGB/*Weitemeyer* § 83 Rn. 19 mwN.

17 MüKoBGB/*Weitemeyer* § 83 Rn. 19; v. Campenhausen/Richter/*Hof* § 6 Rn. 114.

18 BT-Drs. 14/8894, 11.

19 v. Campenhausen/Richter/*Hof* § 6 Rn. 75 ff.; *Schiffer/ Kotz* ZErB 2004, 115.

20 Vgl. BGH 12.7.2018 – III ZR 183/17, ZErb 2018, 269 mAnm *Pruns* ZErb 2018, 277. Ausführlich *Herzog/Pruns*, Der digitale Nachlass, 2018.

(Beispiele: Tod des Vorerben, die Wiederverheiratung des Vorerben) eintritt und derjenige, in dessen Person das Ereignis eintreten soll, zur Zeit des Erbfalls lebt (§ 2109 Abs. 1 S. 2 Nr. 1), und wenn dem Vorerben oder einem Nacherben für den Fall, dass ihm ein Bruder oder eine Schwester geboren wird, der Bruder oder die Schwester als Nacherbe bestimmt ist (§ 2109 Abs. 1 S. 2 Nr. 1). Gehört ein Grundstück oder ein Recht an einem solchen zur Erbschaft, ist das Recht der Stiftung als Nacherbin in das Grundbuch einzutragen (§ 51 GBO).

Eine Stiftung als **Vorerbin** einzusetzen, wird regelmäßig keinen Sinn machen, ist aber anders als *Wachter*[21] **18** und wohl auch *Hof*[22] meinen, nicht etwa per se ausgeschlossen. Eine bereits errichtete Stiftung kann ein Vermögen sehr wohl als Vorerbin nutzen. Voraussetzung ist, dass sie in ihrer Zweckerfüllung nicht davon abhängig ist, dh auch ohne die Vorerbschaft über ein Vermögen verfügt, das die nachhaltige Erfüllung des Stiftungszwecks sicherstellt. Eine Stiftung bei ihrer Errichtung von Todes wegen nur als Vorerbin mit Vermögen auszustatten, wird regelmäßig nicht ausreichen, erscheint aber immerhin bei einem entsprechend zeitlich begrenzten Stiftungszweck nicht ausgeschlossen.

Unter Beachtung dieser Zusammenhänge kann eine Stiftung auch als **Ersatzerbin** eingesetzt werden. **19**

2. Vermächtnis. Eine Stiftung kann auch als Vermächtnisnehmerin eingesetzt werden (→ Anhang zu **20** § 1923 Rn. 81 ff.). Sie wird dann zwar nicht Rechtsnachfolgerin des Erblassers, erwirbt aber mit dem Erbfall einen **Anspruch gegen den oder die Erben** auf Herausgabe des vermachten Gegenstandes (§ 2174). Die Annahme und die etwaige Ausschlagung des Vermächtnisses erfolgen gegenüber dem Beschwerten, in der Regel dem Erben. Durch das Vermächtnis kann der Erblasser der Stiftung einen ganz bestimmten Gegenstand zuwenden, aber bei einem Wahlvermächtnis (§ 2154) und einem Gattungsvermächtnis (§ 2155) die „Auswahl" des Gegenstandes auch einem Dritten oder dem Bedachten übertragen. Das mag es in problematischen Einzelfällen der Familie des Erblassers/Stifters erleichtern, die Vermögensübertragung auf die Stiftung innerlich zu akzeptieren. Wenn der Erblasser den Zweck der Zuwendung hinreichend bestimmt hat, kann er sogar die Bestimmung der konkreten Leistung an die Stiftung ebenfalls dem Beschwerten oder einem Dritten überlassen (Zweckvermächtnis, § 2156). Ist ein Grundstück Gegenstand des Vermächtnisses, haftet der Beschwerte im Zweifel nicht für die Lastenfreiheit des Grundstücks von Grunddienstbarkeiten, beschränkten persönlichen Dienstbarkeiten oder Reallasten (§ 2182 Abs. 3).

3. Auflage. Der Erblasser kann eine bereits existierende Stiftung letztwillig auch mit einer Auflage beden- **21** ken, die Stiftung hat dann allerdings **kein Recht, die Leistung zu fordern** (§§ 1940, 2192 ff.; → § Anhang zu § 1923 Rn. 89 ff.). Dennoch ist die Auflage für den Erben oder Vermächtnisnehmer bindend. Die Vollziehung einer Auflage (§ 2194 S. 1) können Erben, Miterben und diejenigen verlangen, denen der Wegfall des mit der Auflage zunächst Beschwerten unmittelbar zustattenkommen würde, wie zum Beispiel der Nacherbe oder Ersatzerbe. Außerdem kann auch der in einem solchen Fall sinnvollerweise einzusetzende Testamentsvollstrecker die Vollziehung der Auflage verlangen (§ 2208 Abs. 2). Liegt die Vollziehung einer Auflage im **öffentlichen Interesse**, was bei einer Auflage zugunsten einer gemeinnützigen Stiftung regelmäßig der Fall sein dürfte,[23] kann auch die zuständige Behörde die Vollziehung der Auflage verlangen (§ 2194 S. 2). Die Behörde ist nicht etwa mit der Stiftungsbehörde identisch, sondern nach Landesrecht zu bestimmen.[24]

4. Testamentsvollstreckung. Ist kein Testamentsvollstrecker bestellt, die Stiftung aber zur Erbin **22** bestimmt worden, wird vom Nachlassgericht nach Eröffnung des Testamentes ein **Nachlasspfleger** als gesetzlicher Vertreter der zu errichtenden Stiftung bestimmt (§ 1960). Ist die Stiftung nur Miterbin oder Vermächtnisnehmerin, so reicht die Bestellung eines Pflegers nach § 1913. Hierzu sollte es ein Stifter nicht kommen lassen. Er sollte nicht die Möglichkeit versäumen, durch die Einsetzung eines Testamentsvollstreckers seiner Wahl auf die Umsetzung seines Stiftungsprojektes nach seinem Tode einzuwirken (→ Anhang zu § 1923 Rn. 93 ff.).

5. Unselbstständige Stiftung. Unselbstständige Stiftungen (→ Vor §§ 80 ff. Rn. 41 ff.) können **nicht selbst** **23** **Erbinnen oder Vermächtnisnehmerinnen** sein (→ Anhang zu § 1923 Rn. 121 ff.). Da sie keine eigene rechtliche Persönlichkeit bilden, wird in ihrem Fall der jeweilige Stiftungsträger Erbe oder Vermächtnisnehmer, der dann erbrechtlich per Auflage und/oder aufgrund des Treuhandvertrages verpflichtet wird oder ist, den zugewendeten Vermögenswert „für" die Stiftung zu verwenden. Eine Stellung der unselbstständigen Stiftung als Erbin oder Vermächtnisnehmerin ist damit eine **allein wirtschaftliche**.

---

21 *Wachter*, S. 17.
22 v. Campenhausen/Richter/*Hof* § 6 Rn. 85 („prinzipiell").
23 Wie hier *Wachter*, S. 19.
24 MüKoBGB/*Rudy* § 2194 Rn. 8 mit zahlreichen Nachweisen in Fn. 12.

C. Weitere praktische Hinweise

I. Kein Widerruf, kein Ausschlagungsrecht

24   Das Stiftungsgeschäft von Todes wegen kann nur unter den erbrechtlichen Voraussetzungen widerrufen werden (§§ 2153 ff.).[25] Ein Widerruf durch die Erben ist ausgeschlossen, denn § 81 Abs. 2, der den Widerruf auch durch Erben in bestimmten Fallkonstellationen, die durch die Vorschrift nicht ausgeschlossen sind (Satz 3), zulässt, gilt nur für das Stiftungsgeschäft unter Lebenden.[26] Die Stiftung selbst hat **kein Ausschlagungsrecht** (→ Rn. 7; → Anhang zu § 1923 Rn. 106),[27] denn das Stiftungsgeschäft steht nicht zur Disposition der Stiftungsorgane. Sie sind an den Stifterwillen gebunden (→ § 80 Rn. 2) und erst durch das Stiftungsgeschäft in ihr Amt gelangt.

II. Verbindung mit einem Stiftungsgeschäft unter Lebenden

25   Das Stiftungsgeschäft von Todes wegen kann mit einem Stiftungsgeschäft unter Lebenden verbunden werden.[28] Soll beispielsweise eine von beiden Ehegatten durch Erbvertrag errichtete Stiftung nach dem Tode des erstversterbenden Ehegatten entstehen, nimmt jeder Ehegatte ein Stiftungsgeschäft sowohl unter Lebenden wie von Todes wegen vor, nämlich Ersteres unter der Bedingung, dass der andere Ehegatte, Letzteres unter der Bedingung, dass er selbst als Erster verstirbt.[29]

III. Stiften von Todes wegen oder zu Lebzeiten?

26   Stifter „verschenken" bei einer Stiftung von Todes wegen die Möglichkeit, maßgeblichen und **aktiven Einfluss** auf „ihre" Stiftung und deren Arbeit zu nehmen.[30] Deutlich sinnvoller ist grundsätzlich, wobei natürlich jeweils nach den konkreten Gegebenheiten im Einzelfall zu entscheiden ist, die Stiftung bereits zu Lebzeiten mit einem vergleichsweise geringen Vermögen zu errichten und das Vermögen der Stiftung durch Zustiftungen von Todes wegen aufzustocken („Zustiftungsmodell").[31] Auf diese Weise behalten die Stifter zu Lebzeiten die finanzielle Absicherung durch ihr eigenes Vermögen und erhalten gleichzeitig die Gelegenheit, die Stiftung in ihren Gründungsjahren – sei es als Vorstands- oder Stiftungsratsmitglied – wesentlich mitzugestalten und die Stiftung über den Text der Stiftungsverfassung hinaus deutlich zu prägen.[32] Zu Lebzeiten der Stifter lässt sich vor allem auch eine etwaig erforderliche Änderung der Stiftungssatzung, sei es zur Anpassung an geänderte Verhältnisse oder zur Korrektur eventueller Fehlvorstellungen, mithilfe des Stifters erfahrungsgemäß leichter bei den Stiftungsbehörden durchsetzen.[33]

27   Wie die Praxis immer wieder zeigt, ist es von nicht zu unterschätzender Wichtigkeit, dass ein Stifter zu seinen Lebzeiten die **Leitungspersonen** auswählen und anleiten kann, die die Stiftung verwalten. Gerade die ersten Stiftungsvorstände und Stiftungsräte prägen das Bild und die Kultur einer Stiftung für die Nachfolger. Wollen die Stifter nicht selbst konkret in der Stiftung tätig werden und so Maßstäbe setzen, können sie jedenfalls die geeigneten Persönlichkeiten bestimmen und deren Wirken verfolgen. Wählen Stifter den Weg über eine Anstiftung zu Lebzeiten und ein Zustiften von Todes wegen, können sie zu Lebzeiten mit ihrer Stiftung „üben". Tatsächlich ist das Zustiftungsmodell dem Modell einer Stiftungserrichtung von Todes wegen in aller Regel vorzuziehen.[34] Die Stiftung von Todes wegen ist theoretisch hoch interessant, aber tat-

---

25   BGHZ 70, 313; BeckOK BGB/*Backert* § 83 Rn. 8.

26   MüKoBGB/*Weitemeyer* § 83 Rn. 20 mwN.

27   MüKoBGB/*Weitemeyer* § 83 Rn. 18; Palandt/*Ellenberger* BGB § 83 Rn. 1; aA *Schmidt* ZEV 1999, 141.

28   BeckOK BGB/*Backert* § 83 Rn. 2.

29   BGHZ 70, 313, 321.

30   Ausf. dazu *Schiffer/Pruns/Schürmann* in Schiffer, Stiftung, § 3 Rn. 39 ff.

31   V. Campenhausen/Richter/*Hof* § 6 Rn. 94 spricht hier in Anlehnung an sog. (inaktive) Vorratsgesellschaften fälschlich von „Vorratsstiftung". Das ist schon deshalb falsch, weil die lebzeitig errichtete Stiftung nicht etwa „ruht", sondern wie jede Stiftung aktiv ihren Zweck zu verfolgen hat. Bei gemeinnützigen Stiftungen kommt noch die Verpflichtung zur zeitnahen Mittelverwendung (§ 55 Abs. 1 Nr. 5 AO) hinzu. Gemeinnützige Stiftungen sind als „Vorratsstiftungen" auch steuerrechtlich unzulässig.

32   So schon *Hennerkes/Schiffer*, Stiftungsrecht, 1. Aufl. 1996, S. 171; insoweit zustimmend zB *Schewe* → Anhang zu § 1923 Rn. 5.

33   Vgl. etwa § 5 Abs. 2 S. 2 StiftG NRW). Nicht richtig ist es, wenn *Schewe* (→ Anhang zu § 1923 Rn. 5, Fn. 10) auch in der 4. Aufl. noch immer meint, *Hennerkes/Schiffer* hätten vor der Reform des Stiftungsrechts in 2002 von einer Stiftungserrichtung von Todes wegen deshalb abgeraten, weil zu unsicher sei, ob nach dem Erbfall die „Genehmigung" der Stiftung von der zuständigen Behörde erteilt werde. Hier zitiert *Schewe* die besagten Autoren wohl versehentlich falsch. Er zitiert für seine Behauptung im Übrigen *Hennerkes/Schiffer*, Stiftungsrecht, 1. Aufl. 1996, 171. Dort steht ebenso wenig zu seiner Behauptung, wie in der von ihm nicht zitierten 3. Aufl., 2001, S. 194 ff.; ausf. zu dem Thema „Stiftung von Todes wegen oder zu Lebzeiten?" *Schiffer/Pruns/Schürmann* in Schiffer, Stiftung, § 3 Rn. 28 ff.

34   Deutlich schon *Hennerkes/Schiffer*, Stiftungsrecht, 1. Aufl. 1996, S. 171.

sächlich kaum einmal ein sinnvolles Modell für die Praxis. Wer will beispielsweise bei einer Unternehmensnachfolgegestaltung unter Einbindung von Stiftungen als Stifter riskieren, ein solches typischerweise sehr komplexes Modell nicht zu Lebzeiten zu üben, um es ggf. selbst nachzujustieren? Man betrachte etwa nur die bekannten Praxisfälle dm, Mohn/Bertelsmann, Würth, Lidl, Aldi, und Vorwerk. Die (Nachfolge-)Stiftungen wurden jeweils zu Lebzeiten errichtet. *Langenfeld* sieht die Stiftung von Todes wegen sogar als bloße „Notlösung".[35] Das ist pointiert formuliert, aber nicht ganz falsch, darf allerdings wie immer in der Praxis nicht den Blick auf die konkreten Gegebenheiten des Einzelfalles verstellen, die uU eine Durchbrechung des ansonsten geltenden Grundsatzes erfordern mögen. In der Vorauflage dieses Kommentars war zudem noch zu kritisieren, dass der Gesetzgeber steuerlich einen Unterschied zwischen (Erst-)Stiftung und Zustiftung machte. Zwischenzeitlich genießt eine Zustiftung bei der steuerbefreiten Stiftung **dieselbe Steuerprivilegierung** wie die Errichtungsdotation (§ 10 b Abs. 1 a EStG).[36] Damit spricht bei gemeinnützigen Stiftungen sogar noch mehr als bisher für das Zustiftungsmodell. Auch im Bereich der nicht steuerbefreiten Familienstiftung ist das Zustiftungsmodell aus den vorstehend genannten Erwägungen in aller Regel vorzugswürdig. Mit einem Zustiftungsmodell kann flexibel auf steigende Versorgungsbedürfnisse der Familie reagiert werden.

IV. Auslegung letztwilliger Stiftungsgeschäfte

Bei der Auslegung eines letztwilligen Stiftungsgeschäfts ist nach wohl hM[37] zwischen der Satzung und der letztwilligen Vermögenszuwendung zu unterscheiden. Die Satzung soll nach den allgemeinen Regeln (§§ 133, 157) auszulegen sein; für die letztwillige Vermögenszuwendung sollen die Auslegungsregelungen des Erbrechts gelten (anders → Anhang zu § 1923 Rn. 113).[38] Für Satzungsergänzungen und -änderungen durch den Testamentsvollstrecker oder die Aufsichtsbehörde gelten jedenfalls allein die §§ 133, 157.[39] **28**

§ 84 Anerkennung nach Tod des Stifters

Wird die Stiftung erst nach dem Tode des Stifters als rechtsfähig anerkannt, so gilt sie für die Zuwendungen des Stifters als schon vor dessen Tod entstanden.

Literatur: Siehe Vor §§ 80 ff.

A. Allgemeines 1
B. Regelungsgehalt 2
C. Weitere praktische Hinweise 6
  I. Zwischenzeitliche Verfügungen 6
  II. Steuerpflicht und steuerrechtliche Privilegierung ab wann? 10

III. Schenkungsversprechen von Todes wegen
  (§ 2301) 17
IV. Vertrag zugunsten Dritter auf den Todesfall
  (§ 331) 18

A. Allgemeines

Die rechtsfähige Stiftung des Privatrechts entsteht sowohl bei der Errichtung zu Lebzeiten als auch bei einem Stiftungsgeschäft von Todes wegen erst mit der Anerkennung (§ 83; s. auch → § 80 Rn. 10 ff.). Die Stiftung gilt jedoch für die Zuwendungen des Stifters/Erblassers über § 84 **rückwirkend als schon vor dessen Tode entstanden**. Die Vorschrift fingiert also das Bestehen der Stiftung als juristische Person für den Fall, dass der **Stifter vor Anerkennung der Stiftung stirbt** und dass sie von ihm schon vor dessen Tod durch Verfügung von Todes wegen oder durch Rechtsgeschäft unter Lebenden Zuwendungen erhalten hat. So wird dem Stifter **entgegen § 1923** auch die Erbeinsetzung der künftigen Stiftung ermöglicht. Sie ist insoweit mit der Regelung in § 1923 Abs. 2 BGB vergleichbar (Nasciturus). Aus § 84 folgt systematisch, dass vor der Anerkennung der Stiftung durch die Stiftungsbehörde noch **keine teilrechtsfähige Vorstiftung** existiert (→ § 80 Rn. 19 ff.). **1**

---

35 *Langenfeld* ZEV 2002, 481.
36 Näher dazu *Schiffer*, Stiftung, § 9 Rn. 50 ff.
37 Palandt/*Ellenberger* BGB § 85 Rn. 2; BeckOK BGB/ *Backert* § 83 Rn. 7. *Schewe* (→ Anhang zu § 1923 Rn. 113 mwN) dagegen will – jedenfalls vor Aner-

kennung der Stiftung – einheitlich nach erbrechtlichen Grundsätzen auslegen.
38 Zu dem Streit s. auch v. Campenhausen/Richter/*Hof* § 6 Rn. 72 ff.
39 V. Campenhausen/Richter/*Hof* § 6 Rn. 73.

B. Regelungsgehalt

2 Die Vorschrift gilt sowohl **für Stiftungen unter Lebenden** (= Stifter stirbt nach lebzeitigem Stiftungsge-schäft) als auch **für Stiftungen von Todes wegen** (→ Anhang zu § 1923 Rn. 7).[1] Über die gesetzliche Fik-tionswirkung gelten die Vermögensübertragungsansprüche und/oder letztwilligen Verfügungen aus dem Stiftungsgeschäft nach § 82 S. 1 als schon vor dem Tode des Stifters entstanden. § 84 gilt nach seinem kla-ren Wortlaut nur für Zuwendungen, dh nicht für sonstige rechtliche Beziehungen zwischen Stifter und Stif-tung (zB etwaige Schadensersatzforderungen der Stiftung). § 84 ist entsprechend anwendbar für Stiftungen, die im **Ausland** errichtet worden sind.[2]

3 Soweit der Stifter der Stiftung Vermögen **außerhalb seines Stiftungsgeschäfts zuwendet**, greift die Vor-schrift jedenfalls bei Zuwendungen von Todes wegen ein.[3] Ob das aber auch bei zu Lebzeiten des Stifters vorgenommenen Rechtsgeschäften gilt, also insbesondere bei Schenkungen, ist umstritten. Für die Wirk-samkeit einer solchen Zuwendung kann jedenfalls der Gedanke der Vorstiftung herangezogen werden (→ § 80 Rn. 19 ff.), insoweit dürfte inzwischen weitgehende Einigkeit bestehen. Gegen die Anwendung des § 84 wird von der wohl herrschenden Meinung eingewendet, die noch nicht existierende Stiftung sei auch noch nicht handlungsfähig und könne bei dem Rechtsgeschäft mithin noch nicht mitwirken.[4] Das erscheint uns angesichts des Gesetzeswortlauts nicht stimmig. Er spricht nur allgemein von „Zuwendungen des Stif-ters" und nicht etwa von Zuwendungen im Rahmen des Stiftungsgeschäfts. Es geht darum, der Stiftung qua Fiktion vom Stifter zugedachtes Vermögen zur Erfüllung des Stiftungszwecks zukommen zu lassen. Dabei ist unerheblich, ob der Stifter die betreffenden Zuwendungen über das Stiftungsgeschäft eingeleitet hat oder ob er sie über ein daneben laufendes Rechtsgeschäft (Schenkungszusage) eingeleitet hat. Die Mitwirkung der Stiftung wird hier eben vom Gesetz fingiert.[5]

4 Bei einem **Stiftungsgeschäft unter Lebenden** gilt der Anspruch auf das im Stiftungsgeschäft zugesagte Vermögen nach § 84 als schon vor dem Tod des Stifters entstanden, aber auch dann müssen Vermögensge-genstände – anders als Rechte iSv § 82 S. 2 – einzeln übertragen werden (→ § 82 Rn. 4).[6] Rechte gem. § 82 S. 2 sind nach § 84 bereits als Rechte der Stiftung anzusehen.[7] **Beim Stiftungsgeschäft von Todes wegen** wird eine als Erbin eingesetzte Stiftung Gesamtrechtsnachfolgerin (§ 1922) des Stifters.

5 Die Vorschrift gilt nach ihrem eindeutigen Wortlaut **nur für Zuwendungen des Stifters** und **nicht für Zuwendungen Dritter** (→ Anhang zu § 1923 Rn. 8 mwN). Wird eine noch nicht anerkannte Stiftung von einem Dritten als Erbin eingesetzt, so kann man darin ggf. eine Einsetzung als Nacherbin nach den gesetzli-chen Erben als Vorerben gesehen werden, wobei der Nacherbfall mit der Anerkennung der Stiftung eintritt.[8] Setzt ein Dritter für eine noch nicht anerkannte Stiftung ein Vermächtnis aus, so greifen die §§ 2178, 2179.

C. Weitere praktische Hinweise

I. Zwischenzeitliche Verfügungen

6 Im Erbfall sind bei § 84 aus Sicht der Stiftung bei **zwischenzeitlichen Verfügungen Dritter** (zu **Zwischen-verfügungen des Stifters** → § 82 Rn. 5 ff.) drei Fälle zu unterscheiden:

7 **Erstens:** Bei einem Stiftungsgeschäft unter Lebenden oder einer sonstigen Zuwendung des Stifters an die Stiftung gilt über § 84 der Anspruch auf das vom Stifter der Stiftung Zugewendete als schon vor dem Tod des Stifters entstanden. Hat ein **Erbe** über diese Vermögensgegenstände verfügt, wird er über § 84 nachträg-lich zum **Nichtberechtigten**, denn die Verfügungen sind gegenüber der Stiftung unwirksam. Die hM lehnt die analoge Anwendung des § 184 Abs. 2 auf Verfügungen des Scheinerben ab, weil es an der Interessen-lage fehlt, die die Vorschrift voraussetzt.[9]

8 **Zweitens:** Bei einem Stiftungsgeschäft von Todes wegen sind Verfügungen über die einzelnen zugewende-ten Vermögensgegenstände und die Rechte iSv § 82 S. 2 der – insoweit – **Scheinerben** ebenfalls unwirksam (§ 1922).

9 **Drittens:** Hat der Erblasser/Stifter die Stiftung nur mit einem **Vermächtnis** bedacht, soll § 84 nicht greifen, sondern §§ 2174 ff. und insbesondere §§ 2178, 2179.[10] Für diese Einschränkung des Anwendungsbereichs

---

1   BayObLG NJW-RR 1991, 523.

2   BayObLG NJW 1965, 1428; OLG München NZG 2009, 917; Palandt/*Ellenberger* BGB § 84 Rn. 1.

3   BayObLG NJW-RR 1991, 523 (524); → Anhang zu § 1923 Rn. 8.

4   MüKoBGB/*Weitemeyer* § 84 Rn. 1; Staudinger/*Hüt-temann/Rawert* (2017) BGB § 86 Rn. 3.

5   Im Ergebnis so wie hier auch Palandt/*Ellenberger* BGB § 84 Rn. 1.

6   BeckOK BGB/*Backert* § 84 Rn. 3.

7   BeckOK BGB/*Backert* § 84 Rn. 3.

8   MüKoBGB/*Weitemeyer* § 84 Rn. 5.

9   Staudinger/*Hüttemann/Rawert* (2017) BGB § 84 Rn. 11; BeckOK BGB/*Backert* § 84 Rn. 4; differen-zierend MüKoBGB/*Weitemeyer* § 84 Rn. 7.

10   v. Campenhausen/Richter/*Hof* § 6 Rn. 91; sowie hier die Voraufl.

des § 84 entgegen seinen Wortlaut gibt es indes keinen Sachgrund. Das Vermächtnis ist vielmehr wegen §§ 84, 2176 mit dem Erbfall angefallen (→ Anhang zu § 1923 Rn. 7).[11] Bei einer noch nicht anerkannten Stiftung, die ein Vermächtnis eines Dritten erhält, gelten dagegen die §§ 2178, 2179.

Der mit dem Vermächtnis beschwerte Erbe ist verfügungsberechtigt und der Stiftung gegenüber lediglich gemäß § 2174 zur Leistung verpflichtet.[12] Der Vermächtnisanspruch kann durch Zeitablauf entfallen (§ 2162).

II. Steuerpflicht und steuerrechtliche Privilegierung ab wann?

Wird eine **Stiftung zu Lebzeiten des Stifters anerkannt**, so kommen **vor der Anerkennung weder eine Körperschaftssteuerpflicht noch eine Steuerbefreiung der Stiftung** in Frage, insbesondere da eine Vorstiftung nicht existiert (→ § 80 Rn. 19 ff; s. aber auch sogleich → Rn. 12). Die Finanzverwaltung verfolgte zuvor einen eher pragmatischen Ansatz und zog eine Steuerbefreiung der Stiftung im Errichtungsstadium unter gewissen Umständen in Betracht.[13] Das ist spätestens seit 2015 durch eine deutliche und ausführlich begründete Entscheidung des BFH überholt.[14]   **10**

Trotz der Ablehnung der Rechtsfigur einer Vorstiftung durch den BFH stellt sich bei der **Anerkennung der Stiftung nach dem Tod des Stifters** die Frage, ob die Stiftung nach dem Gedanken des § 84 BGB oder aus anderen Gründen bereits vor ihrer Anerkennung körperschaftssteuerpflichtig ist und ob eine etwaig der Stiftung gewollte Steuerbefreiung wegen Gemeinnützigkeit nach § 5 Abs. 1 Nr. 9 KStG ebenfalls zurückwirkt.   **11**

Für den Fall der **Errichtung der Stiftung von Todes** wegen sieht der BFH aufgrund der Rückwirkungsfiktion des § 84 die Stiftung im Falle ihrer Anerkennung bereits ab dem Zeitpunkt des Vermögensanfalls nach § 1 Abs. 1 Nr. 4 KStG als steuerpflichtig an.[15] Folgt man dem, muss Gleiches an sich auch für den Fall gelten, dass der Stifter vor Anerkennung der Stiftung verstirbt, also ein Stiftungsgeschäft noch zu Lebzeiten verfasst und auf den Weg gebracht hat, denn § 84 gilt auch für diesen Fall (→ Rn. 2).   **12**

Die in § 84 angeordnete Rückwirkung soll sich nach Auffassung des BFH auf die **Steuerbefreiung** nach § 5 Abs. 1 Nr. 9 KStG **allerdings nicht auswirken**. Der BFH argumentiert gegen die Erstreckung der Rückwirkungsfiktion des § 84 auf die Steuerbefreiung, es fehle dafür eine eigenständige steuerrechtliche Anordnung der Rückwirkung.[16] Für die Körperschaftspflicht der Stiftung existiert eine solche eigenständige steuerrechtliche Anordnung der Rückwirkung aber ebenfalls nicht. Deshalb erscheint uns das Ganze als eine widersprüchliche und gegen den Gleichheitssatz (Art. 3 Abs. 1 GG) verstoßende Argumentation. Entweder sind Steuerpflicht und Steuerbefreiung zugleich zu bejahen oder beide sind zu verneinen. Streng genommen ist aus unserer Sicht beides ist zu verneinen, denn § 84 ordnet die Fiktion nur „für die Zuwendungen" des Stifters an. Nur insoweit gilt die Stiftung als existent. Tatsächlich existiert zwischen dem Tod des Erblassers und der Anerkennung der Stiftung kein Rechtsträger, sondern allenfalls ein „Zweckvermögen des privaten Rechts" im Sinne des § 1 Abs. 1 Nr. 5 KStG.[17] Davon abgesehen kann es hier jedenfalls **kein Rosinenpicken** geben.[18]   **13**

Der BFH deutet in seiner Rspr. allerdings an, dass, obwohl er eine Rückwirkungsfiktion für die Steuerbefreiung prinzipiell verneint hat, trotzdem eine Steuerbefreiung nach § 5 Abs. 1 Nr. 9 KStG in Betracht kommt, wenn bereits bei Vornahme des Stiftungsgeschäfts eine den Voraussetzungen der §§ 51 ff. AO genügende Satzung vorliegt.[19] Das wird ua so gedeutet, dass nach Ansicht der Finanzgerichtsrechtsprechung eine rückwirkende Steuerbefreiung über § 84 BGB zumindest dann nicht in Frage komme, wenn die Satzung erst im Laufe des Anerkennungsverfahrens so gefasst wird, dass sie den Anforderungen der §§ 51 ff. AO entspricht.[20] Systematisch stimmig wäre das nicht, zumal dann nicht, wenn der Stifter und Erblasser einem Testamentsvollstrecker die letztwillige Stiftungserrichtung in der Weise übertragen hat, dass der Testamentsvollstrecker für die Gemeinnützigkeit der Stiftung nach seinem Tode etwa auch durch Satzungsanpassungen oder -änderungen Sorge solle.[21]   **14**

Zudem ergibt sich kein einheitliches Bild der Rechtsprechung: So ordnet § 9 Abs. 1 Nr. 1 lit. c ErbStG ausdrücklich an, dass die Steuer bei der Vermögensübertragung auf eine Stiftung aufgrund eines Erbfalls erst   **15**

---

11   Palandt/*Weidlich* BGB § 2178 Rn. 2.
12   v. Campenhausen/Richter/*Hof* § 6 Rn. 90.
13   *Buchna*/Seeger/Brox, 10. Aufl. 2010, S. 49 f.; anders jetzt unter Hinweis auf das Urteil des BFH, wonach es keine Vorstiftung gibt, Buchna/*Leichinger*/Seeger/Brox, 11. Aufl. 2015, S. 49.
14   BFH 11.2.2015 – X R 36/11 und dazu *Schiffer/Pruns* BB 2015, 1756.
15   BFH BStBl II 2005, 149; bestätigt von BFH ZEV 2019, 731.

16   BFH BStBl II 2005, 149, 151; BFH ZEV 2019, 731.
17   Vgl. auch die Anm. von *Wachter* zur Entscheidung des BFH ErbR 2019, 755 (759).
18   Vgl. zu weiteren Kritikpunkten *Hüttemann* FS Spiegelberger, 2009, 1292, 1299 f.
19   BFH BStBl II 2005, 149, 151; BFH ZEV 2019, 731.
20   Siehe bei → Anhang zu § 1923 Rn. 10 mN dazu. So im Ergebnis auch BFH ZEV 2019, 731.
21   So etwa auch → Anhang zu § 1923 Rn. 10

mit der Anerkennung der Stiftung entsteht, weshalb der BFH für Erbschaftsteuer auf den Zeitpunkt der Anerkennung abstellt. Nicht anders sieht es der BFH für die Anerkennung des Sonderabzugs nach § 10 b Abs. 1 a EStG bei der Errichtung Stiftung. Dieser ist erst ab der Anerkennung der Stiftung möglich.[22] Nicht anders sollte es dann auch bei der Anerkennung einer Stiftung nach dem Tod des Stifters sein.

16 Einige **Praxishinweise** können im Einzelfall ggf. helfen:

Es mag durch eine im Vorfeld festgelegte Stiftungssatzung, dh durch eine insoweit bereits vorbereitete Satzung, die letztwillige Stiftungserrichtung beschleunigt werden, so dass ggf. noch im Veranlagungszeitraum des Todes des Stifters die Gemeinnützigkeit erlangt werden könnte. Dann entfiele das sich nach der aktuellen Rechtsprechung ergebende steuerliche Durcheinander und das steuerliche Auseinanderlaufen nach Auffassung der Finanzgerichtsrechtsprechung.

Wird eine Stiftung zu Lebzeiten des Stifters anerkannt, so kommen vor der Anerkennung weder eine Körperschaftssteuerpflicht noch eine Steuerbefreiung der Stiftung in Frage, weil § 84 BGB auf eine Stiftungserrichtung zu Lebzeiten des Stifters keine Anwendung findet und die Figur einer Vorstiftung nicht existiert.[23] Als probater Ausweg, um ggf. noch im laufenden Jahr (Veranlagungszeitraum) noch die Steuerbefreiung und einen entsprechenden „Spendenabzug" zu erreichen,[24] bietet sich deshalb ggf. im Einzelfall die Errichtung einer treuhänderischen Stiftung als eigenständiges Steuersubjekt an, die nach dem Tod des Stifters in eine rechtsfähige Stiftung umgewandelt wird. Letzteres sollte bei Errichtung der treuhänderischen Stiftung als Möglichkeit ausdrücklich in deren Satzung festgelegt werden.

III. Schenkungsversprechen von Todes wegen (§ 2301)

17 Nach fast absolut hM ist eine Stiftungserrichtung durch ein Schenkungsversprechen von Todes wegen nicht möglich, weil das Stiftungsgeschäft mit Rücksicht auf den Bestand der Stiftung als juristische Person bedingungsfeindlich ist.[25] *Schewe* (→ Anhang zu § 1923 Rn. 39 ff.) sieht das differenzierter und sieht besondere Ausnahmefälle. Auch nach Ansicht *Schewes* führt § 84 aber nicht dazu, dass der Stifter die erbrechtlichen Formvorschriften umgehen kann (→ Anhang zu § 1923 Rn. 42).

IV. Vertrag zugunsten Dritter auf den Todesfall (§ 331)

18 Durch Vertrag zugunsten Dritter auf den Todesfall kann eine Stiftung ebenfalls errichtet werden (Anhang zu → § 1923 Rn. 43 ff.).[26] Dabei ist allerdings umstritten, ob § 84 oder § 331 Abs. 2 oder auch beide Vorschriften anzuwenden sind (s. *Schewe* → Anhang zu § 1923 Rn. 47 ff.).

§ 85 Stiftungsverfassung

Die Verfassung einer Stiftung wird, soweit sie nicht auf Bundes- oder Landesgesetz beruht, durch das Stiftungsgeschäft bestimmt.

Literatur: Siehe Vor §§ 80 ff.

A. Allgemeines	1	III. Sonderfall: Zweckänderung	6
B. Regelungsgehalt	3	IV. Satzungsänderung durch Stiftungsbehörde	11
I. Regelungsschwerpunkt in der Satzung	3	C. Weitere praktische Hinweise	12
II. Satzungsänderungen	4		

A. Allgemeines

1 Die Vorschrift nennt die Rechtsquellen für die Stiftungsverfassung. Sie verweist dazu vorrangig auf § 81 BGB, wo das Stiftungsgeschäft geregelt ist, durch das die Stiftung insbesondere eine Satzung erhalten muss. Dass darüber hinaus das Bundes- und das Landesrecht die Verfassung der Stiftung bestimmen, setzen wir als selbstverständlich voraus. Tatsächlich wird in der Vorschrift letztlich überhaupt erst die zivilrechtliche Regelungskompetenz für die Bundesländer auf dem Gebiet des Stiftungsrechts begründet. Allerdings hat sich durch die Stiftungsrechtsform 2002 die Regelungskompetenz der Länder vor allem auf die Stif-

---

22 BFH Urt.v. 11.2.2015 – X R 36/11 und dazu *Schiffer/Pruns* BB 2015, 1756.

23 Siehe BFH 11.2.2015 – X R 36/11 und dazu *Schiffer/Pruns* BB 2015, 1756; zuvor auch schon FG Schleswig-Holstein DStRE 2009, 1386.

24 Siehe etwa *Schiffer/Pruns* in Schiffer, Die Stiftung in der Beraterpraxis, § 12 Rn. 3.

25 v. Campenhausen/Richter/*Hof* § 6 Rn. 95 ff.

26 *Muscheler* DNotZ 2003, 661 (675 ff.)

tungsaufsicht beschränkt. Die Vorschläge der Bund-Länder-Arbeitsgruppe Stiftungsrecht für eine Vereinheitlichung des Stiftungsrechts[1] gehen in dieselbe Richtung.[2]

Die Stiftungsverfassung bildet die Grundlage für die Stiftung und deren Handeln. Vor allem in der Verfassung einer Stiftung manifestiert sich der Stifterwille, der wesentlicher Maßstab das Handeln der Stiftungsorgane ist (→ § 80 Rn. 2). Die Verfassung bestimmt sich nach Bundes- oder Landesrecht und nach dem Stiftungsgeschäft (zum Verhältnis von Bundes- und Landesrecht → Vor § 80 Rn. 28). Die Terminologie ist nicht einheitlich. IeS versteht man unter einer Stiftungsverfassung die Satzung der Stiftung. § 85 verwendet einen **weiten Begriff** für die Verfassung der Stiftung und fasst darunter alle Rechtsgrundlagen der Stiftung (Stiftungsgeschäft einschließlich Satzung, Landesrecht und Bundesrecht), dh die Gesamtheit aller Rechtsnormen, die die Organisation der rechtsfähigen Stiftung des Privatrechts betreffen.[3]

B. Regelungsgehalt

I. Regelungsschwerpunkt in der Satzung

Die Satzung der Stiftung ist das **Kernstück** der Stiftungsverfassung iwS Sie hat Normcharakter und bestimmt sich nach dem gesamten Inhalt des Stiftungsgeschäfts,[4] wobei typischerweise der Schwerpunkt der Regelungen in der eigentlichen Satzung festgeschrieben wird. Es ist zwischen dem notwendigen und dem möglichen Inhalt der Stiftungssatzung zu unterscheiden (→ § 81 Rn. 15 f.; siehe dort auch zur **Satzungsgestaltung**). Notwendig und zwingend für eine Stiftungsverfassung (§ 81 Abs. 1 S. 3) sind nach BGB zunächst Angaben zu Namen, Sitz, Zweck und Vermögen und Vorstand der Stiftung. Soweit Landesstiftungsrecht früher weitere zwingende Anforderungen an die Satzung stellten, wurden diese Regelungen mit der Reform des Stiftungszivilrechts unzulässig.[5] Die Landesstiftungsgesetze sind inzwischen alle angepasst worden. Zahlreiche weitere Regelungen in der Stiftungssatzung sind fakultativ. Das Stiftungszivilrecht gibt hier eine große Gestaltungsfreiheit (Satzungsautonomie).[6]

II. Satzungsänderungen

Wesentlicher Maßstab für die Zulässigkeit von Satzungsänderungen ist der **Stifterwille** (zum Maßstab des Stifterwillens → § 80 Rn. 1 ff.). Die Änderung muss von den zuständigen Stiftungsorganen beschlossen worden und in der Satzung ausdrücklich vorgesehen oder wegen wesentlicher Änderungen der bestehenden Bedingungen ungänglich notwendig sein, um die (weitere) Tätigkeit der Stiftung entsprechend dem Stifterwillen zu ermöglichen. Darauf stellen im Wesentlichen auch die Landesstiftungsgesetze ab.[7] Allerdings ist die Regelungstechnik im Detail unterschiedlich ausgestaltet. Ein Stifter ist daher sehr gut beraten, wenn er in der Verfassung der Stiftung ausdrücklich entsprechende Änderungen der Stiftungsverfassung zulässt und, wenn möglich, Beispielsfälle nennt ("Eine Änderung der Stiftungsverfassung ist insbesondere zulässig, wenn ..."). Das gilt insbesondere für unternehmensverbundene Stiftungen, um eine Anpassung an geänderte wirtschaftliche Rahmenbedingungen zu ermöglichen. Außerdem sollte der Stifter in der Verfassung ausdrücklich feststellen, in welchem Verfahren und mit welchen Mehrheiten die Stiftungsorgane hierüber zu beschließen haben. Änderungen der Stiftungssatzung bedürfen in der Regel[8] der Genehmigung durch die Stiftungsaufsicht.

Besondere Anforderungen gelten insbesondere für Änderungen der Stiftungsorganisation und des Stiftungszwecks (→ Rn. 6 ff.). Satzungsänderungen zur **Umgestaltung der Organisation der Stiftung** sind in der Praxis relativ häufig, beispielsweise dann, wenn sich die vom Stifter vorgesehene Organisation als nicht tragfähig erweist, etwa weil sich die Stiftung anders als erwartet nicht allein durch ehrenamtliche Kräfte führen lässt. Seltener sind solche Organisationsänderungen im Bereich der unternehmensverbundenen Stiftungen. Hier ist die Organisation in Anlehnung an weithin übliche Gestaltungen anderer Rechtsformen für Unternehmungen durch Einsatz eines Vorstandes und eines kontrollierenden Stiftungsrates in der Regel praktikabel gestaltet. Auch in diesen Fällen sollten allerdings vor allem die Satzungsregelungen zur Besetzung der Organe flexibel gestaltet sein. Es ist beispielsweise auch hier wenig hilfreich, bestimmte persönliche Eigenschaften der Organmitglieder als zwingende Anforderungen in der Satzung festzuschreiben.

1 Einsehbar hier: https://www.innenministerkonferenz.de/IMK/DE/termine/to-beschluesse/2018-06-08_06/anlage-zu-top-46.pdf?__blob=publicationFile&v=2 (abgerufen am 13.5.2020).

2 Ausführlich zum Ganzen Staudinger/*Hüttemann/Rawert* (2017) BGB § 85 Rn. 3.

3 Staudinger/*Hüttemann/Rawert* (2017) BGB § 85 Rn. 4 mwN.

4 RGZ 158, 185, 188.

5 Palandt/*Ellenberger* Vor § 80 Rn. 13.

6 Ausf. zur Satzungsgestaltung *Schiffer/Pruns/Schürmann* in Schiffer, Stiftung, § 3 Rn. 48 ff.

7 Vgl. etwa § 7 StiftG Niedersachsen.

8 Ausn. § 5 Abs. 1 StiftG NRW für bestimmte Arten von Satzungsänderungen.

(Negatives Beispiel: „Ein Stiftungsratsmitglied muss ein langjähriger Mitarbeiter des Familienunternehmens sein".) Findet sich in dem Unternehmen keine – auch fachlich – geeignete Persönlichkeit, so wäre die rein formale Erfüllung der Satzungsregelung sicher ein schlechter Dienst für das Unternehmen. Auf eine entsprechende Satzungsregelung sollte daher möglichst verzichtet werden, jedenfalls aber sollte sie Ausnahmen zulassen. Sie wäre also etwa als Soll-Regelung abzufassen.

III. Sonderfall: Zweckänderung

6   Ein Sonderfall der Änderung der Stiftungssatzung ist die Änderung des Zwecks der Stiftung. Nach der Anerkennung der Stiftungssatzung durch die Stiftungsbehörde ist die **Änderung des Stiftungszwecks grundsätzlich ausgeschlossen**. Der Stiftungszweck hat für die Stiftungsorganisation, Vermögensbindung und die tägliche Arbeit der Stiftung grundlegende Bedeutung. Seine Änderung darf daher nur unter besonderen Voraussetzungen zulässig sein und muss im Einklang mit dem in der Satzung ausdrücklich geäußerten oder mutmaßlichen Willen des Stifters erfolgen. Die Zweckänderung durch ein Stiftungsorgan muss deshalb entweder in der Stiftungsverfassung ausdrücklich zugelassen werden oder es müssen sich die bei der Errichtung der Stiftung für die Stiftung maßgebenden Verhältnisse wesentlich geändert haben. Nach § 87 Abs. 1 ist eine Änderung des Stiftungszwecks durch die zuständige Behörde möglich, wenn die Erfüllung des Stiftungszwecks unmöglich geworden ist oder sie das Gemeinwohl gefährden würde. Einzelheiten in diesem Bereich sind nicht abschließend geklärt, so dass sich für die Praxis vorsorglich eine **abgestufte Vorgehensweise** empfiehlt.

7   Zunächst kann der Stifter den **Stiftungszweck** – wenn möglich – **thematisch weit fassen** und ihn auf diese Weise so flexibel gestalten, dass die Stiftungsorgane innerhalb dieses Zwecks zumindest den Schwerpunkt verlagern können. Dabei ist jedoch zu beachten, dass ein weiter Stiftungszweck typischerweise ein größeres Grundstockvermögen für die Stiftung erfordert als ein enger Stiftungszweck.

8   Ein ähnlicher Ansatz ist es, der Stiftung mehrere Zwecke zu geben und diese bspw. nicht gleichzeitig, sondern abwechselnd oder zeitlich gestaffelt zu verfolgen („Vorratszwecke", ausführlich → § 81 Rn. 25 ff.), wozu der Stifter dann aber unbedingt entsprechende Vorgaben in der Satzung machen sollte. Zum Teil wird aus der Praxis berichtet, dass die Finanzverwaltung bei zu vielen „Vorratszwecken", die nicht aktuell verwirklicht werden, einen Verstoß gegen das Gebot der Zweckverfolgung annimmt.[9] Diese Auffassung überzeugt indes nicht (→ § 81 Rn. 26).

9   Überdies kann der Stifter Ersatzzwecke festlegen. Dieser Ansatz ist allerdings etwas zweischneidig, da der Stifter kaum voraussehen kann, welcher Ersatzzweck nach mehreren Jahrzehnten sinnvoll ist. Schließlich kann der Stifter in der Satzung eine Zweckänderungsklausel aufnehmen, wonach bei wesentlicher Änderung der für die Stiftung maßgebenden Verhältnisse der Zweck der Stiftung geändert werden kann. Dabei wird er zur Erläuterung sinnvollerweise einige denkbare Fälle angeben, in denen insbesondere die Zweckänderung zulässig sein soll.

10 In § 85 Abs. 4 des „Diskussionsentwurfs der Bund-Länder-Arbeitsgruppe ‚Stiftungsrecht' für ein Gesetz zur Vereinheitlichung des Stiftungsrechts" (→ Vor §§ 80 ff Rn. 19 ff) ist vorgesehen, dass der Stifter Änderungen des Stiftungszwecks beschränken, ganz ausschließen oder unter bestimmten Voraussetzungen auch erleichtern kann. Hintergrund dieser Reformüberlegungen ist bspw. die Erkenntnis, dass angesichts der andauernden Niedrigzinsphase insbesondere kleinere Stiftungen ihre Zwecke nicht mehr wie ursprünglich gedacht verwirklichen können und Anpassungen bis hin zur Zweckänderung oder eben auch die Zusammenlegung mit anderen Stiftungen oder die Zulegung zu größeren Stiftungen erforderlich werden. Ob diese Reformüberlegungen umgesetzt werden und in wenn ja in welcher Form und in welchem Umfang ist allerdings noch nicht absehbar. Jedenfalls zeigt sich auch hier einmal mehr das Spannungsfeld zwischen Dauerhaftigkeit und Nachhaltigkeit der Stiftung und der Zweckverwirklichung durch die Stiftung auf der einen Seite und dem praktischen Bedürfnis nach Flexibilität auf der anderen Seite.

IV. Satzungsänderung durch Stiftungsbehörde

11 Nach § 87 hat überdies die Stiftungsbehörde, falls die Erfüllung des Stiftungszwecks unmöglich geworden oder das Gemeinwohl gefährdet ist (dazu → § 80 Rn. 48 f.; → § 87 Rn. 10 ff.), die Möglichkeit, den Zweck der Stiftung zu ändern.

---

9   S. dazu etwa *Dietz* StiftungsBrief 2013, 108; *Hütte-*
    mann, Gemeinnützigkeits- und Spendenrecht,
    Rn. 4.130.

C. Weitere praktische Hinweise

Nach der Rechtsprechung des BGH kann die Satzung einer Stiftung im gerichtlichen **Revisionsverfahren** frei nachgeprüft werden,[10] nicht aber der sonstige Inhalt des Stiftungsgeschäfts.[11] Entscheidend für die Auslegung einer Stiftungssatzung ist der Stifterwille, wie er ausdrücklich in dem Stiftungsgeschäft objektiviert formuliert wird[12] oder jedenfalls hypothetisch angedeutet wird (→ § 80 Rn. 5; → § 81 Rn. 67 ff.). **12**

Der Stifter kann nicht die (bindende) Auslegung der Satzung den Stiftungsorganen oder der Aufsichtsbehörde unter Ausschluss der gerichtlichen Kontrolle übertragen,[13] denn die Aufsichtsbehörde wäre im erstgenannten Fall an die Auslegung der Satzung durch die Stiftungsorgane gebunden und hätte entgegen der ihr gesetzlich zugewiesenen Kontrollkompetenz tatsächlich insoweit keine Kontrollmöglichkeit mehr.[14] Im zweiten genannten Fall wäre die Stiftung als juristische Person einer Fremdbestimmung ausgeliefert,[15] was schon aufgrund der **Selbstverwaltungskompetenz** und der Autonomie der Stiftung ausgeschlossen ist. **13**

In der Praxis ist es schon vorgekommen, dass eine Stiftungsbehörde unter Hinweis auf ein Urteil des BGH aus dem Jahre 1975[16] pauschal fordert, jede Änderung der Satzung, sei sie nun allein redaktioneller Natur, in Folge einer vorangegangenen Änderung notwendig geworden oder eben im Rahmen der Vorgaben des Stifters entsprechend der Satzung erfolgt, gegenüber der Stiftungsbehörde konkret zu begründen. Eine allgemeine Begründung mit Hinweis auf den entsprechenden „Änderungsparagraphen" der Stiftungssatzung in dem Beschluss der Stiftungsorgane sollte nicht reichen – auch nicht für rein redaktionelle Änderungen. **14**

Der BGH betont in dem herangezogenen Urteil die auch schon (→ Rn. 4 ff.) dargelegten Grundsätze: Änderungen einer Stiftungssatzung müssen dem erklärten oder dem mutmaßlichen Willen des Stifters entsprechen. Sie sind nach allgemeinen Grundsätzen des Stiftungsrechts nur zulässig, wenn für sie ein rechtfertigender Grund vorliegt, vor allem wenn sie wegen wesentlicher Veränderungen der Verhältnisse angezeigt sind. Der BGH betont insbesondere, die Stiftungsbehörde habe nicht über die zivilrechtliche Wirksamkeit der Satzungsänderung zu entscheiden; sie habe nur über öffentlich-rechtliche Fragen zu befinden. Auf dem Privatrecht beruhende Zweifel an der Gültigkeit der Satzungsänderung könnten der Aufsichtsbehörde einen Anlass geben, die Erteilung der Genehmigung bis zur Behebung von Mängeln hinauszuschieben oder die Genehmigung zu versagen. Der BGH sagt in seinem Urteil gerade nicht, dass generell jede einzelne Satzungsänderung von vornherein schriftlich zu begründen ist. Die Genehmigungsbehörde muss vielmehr jeweils die vom BGH geforderten Zweifel haben. Nur dann kann es ein geeignetes Aufsichtsmittel sein, sich die Satzungsänderung im Einzelnen begründen zu lassen. Eine generelle schriftliche **Begründungspflicht** folgt aus dem Urteil mithin nicht. Am besten spricht man dennoch die Behörde an und fragt, was konkret gewünscht ist. **15**

§ 86 Anwendung des Vereinsrechts

[1]Die Vorschriften der §§ 26 und 27 Absatz 3 und der §§ 28 bis 31 a und 42 finden auf Stiftungen entsprechende Anwendung, die Vorschriften des § 26 Absatz 2 Satz 1, des § 27 Absatz 3 und des § 28 jedoch nur insoweit, als sich nicht aus der Verfassung, insbesondere daraus, dass die Verwaltung der Stiftung von einer öffentlichen Behörde geführt wird, ein anderes ergibt. [2]Die Vorschriften des § 26 Absatz 2 Satz 2 und des § 29 finden auf Stiftungen, deren Verwaltung von einer öffentlichen Behörde geführt wird, keine Anwendung.

Literatur: Siehe Vor §§ 80 ff.

A. Allgemeines 1
B. Regelungsgehalt 3
  I. Stiftungsvorstand 3
    1. Zusammensetzung, Bestellung und Abberufung 3
    2. Vertretung und Geschäftsführung 5
    3. Mehrpersonenvorstand 9
  II. Besonderer Vertreter 10
  III. Verwaltung durch eine öffentliche Behörde ... 11

IV. Haftung von Stiftung, Organmitgliedern und „sonstigen Mitarbeitern" 12
  1. Außenhaftung 13
  2. Innenhaftung 14
    a) Haftungsmaßstab 17
    b) Entlastung durch internes Kontrollorgan 24
    c) Haftungsbeschränkung 28
  3. Stiftungsaufsicht 31
  4. D & O-Policen 34

---

10 S. etwa BGH NJW 1994, 184 (185).
11 BGHZ 70, 313, 321.
12 BGHZ 99, 344, 347 f.; BGH NJW 1994, 184 (185).
13 So aber Palandt/*Ellenberger* BGB § 85 Rn. 2 unter Hinw. auf RGZ 100, 230, 234 f.

14 Staudinger/*Hüttemann/Rawert* (2017) BGB § 85 Rn. 8 mwN.
15 Staudinger/*Hüttemann/Rawert* (2017) BGB § 85 Rn. 8 mwN.
16 MDR 1976, 1001 = JZ 1976, 715.

5. Straf- und ordnungswidrigkeitenrechtliche   V. Insolvenz einer Stiftung 43
   Haftung 35   C. Weitere praktische Hinweise 62
6. Corporate Governance und Compliance .. 38

A. Allgemeines

1 Die §§ 80 ff. regeln ersichtlich nicht alle rechtlichen Aspekte der Stiftung. Nach § 86 sind **einzelne Vorschriften des Vereinsrechts** auf die rechtsfähige Stiftung **entsprechend anwendbar**. Es handelt sich um diejenigen zu Vorstand und Vertretung (§ 26), zur Geschäftsführung (§ 27 Abs. 3), zur Beschlussfassung (§ 28), zur Notbestellung des Vorstands (§ 29), zum besonderen Vertreter (§ 30), zur Haftung des Vereins für die Organe (§ 31), zur Haftung der Organmitglieder (§ 31 a) und zur Insolvenz (§ 42). Von besonderem praktischem Interesse ist der Verweis auf den am 3.10.2009 in Kraft getretenen und mit Wirkung zum 29.3.2013 noch einmal geänderten § 31 a BGB,[1] der das Problem der Haftung ehrenamtlich tätiger Organmitglieder zumindest teilweise entschärft hat (→ Rn. 12 ff., 28 ff.).

2 Mit der Verweisungsvorschrift des § 86 S. 2 wirft der Gesetzgeber einen besonderen Blick auf Stiftungen deren Verwaltung von einer öffentlichen Behörde geführt wird: § 26 Abs. 2 und § 29 finden auf solche Stiftungen keine Anwendung. Die Stiftung ist hier nicht Teil der öffentlichen Verwaltung, sondern nur organisatorisch mit dieser verbunden.[2]

B. Regelungsgehalt

I. Stiftungsvorstand

3 **1. Zusammensetzung, Bestellung und Abberufung.** Eine Stiftung muss einen Vorstand haben (§§ 81 Abs. 1 S. 3 Nr. 5, 86, 26 Abs. 1 S. 1). Soweit ihre **Satzung** die Bestellung oder Abberufung des Vorstandes nicht regelt (zur Regelung in der Satzung → § 81 Rn. 41 ff.), gilt das **gesetzliche Stiftungsrecht**. So kann etwa die Abberufung eines Mitglieds eines Stiftungsorgans nach Landesstiftungsrecht erfolgen.[3] Der Stiftungsvorstand kann aus mehreren Personen bestehen (§§ 86, 26 Abs. 2 S. 1). Ein Stifter kann sich selbst oder auch engste Vertraute und sonstige Dritte zum Vorstand bestellen (näher → § 81 Rn. 41).[4]

4 In **Eilfällen** kann über §§ 86, 29 auf Antrag eines Beteiligten das jeweilige Amtsgericht einen **Stiftungsnotvorstand** bestellen, wenn der Vorstand oder einzelne Vorstandsmitglieder ständig fehlen, vorübergehend fehlen oder an der Wahrnehmung der Geschäftsführung tatsächlich gehindert sind (Beispiele: dauernde Abwesenheit, Geschäftsunfähigkeit, wirksame Abberufung, Fall des § 181).[5] Untätigkeit des Vorstandes ist nach hM aber kein tragfähiger Grund für eine Notbestellung.[6] In einem solchen Fall können der Stiftung allerdings Schadensersatzansprüche gegen den untätigen Vorstand zustehen (zur Haftung → Rn. 12 ff.). Antragsberechtigt sind alle, deren Rechtsstellung durch die Bestellung unmittelbar beeinflusst wird, dh insbesondere die Gläubiger der Stiftung und die Stiftungsaufsicht.[7] Ob auch die (potenziellen) Destinatäre (→ § 80 Rn. 72 ff.) der Stiftung antragsbefugt sind, ist umstritten.[8] Problematisch ist dabei, dass die Destinatäre in der Regel keinen einklagbaren Anspruch auf Leistungen der Stiftung haben und damit auch keine verfestigte Rechtsstellung, die durch die Bestellung eines Stiftungsnotvorstandes unmittelbar beeinflusst werden könnte. Allerdings wird man deshalb eine Antragsbefugnis nicht kategorisch ablehnen können. Es ist vielmehr durchaus denkbar, dass sich im konkreten Einzelfall ausnahmsweise Umstände ergeben, die eine verfestigte Rechtsstellung eines Destinatärs gegenüber der Stiftung begründen. Das dürfte beispielsweise dann der Fall sein, wenn der bisherige Vorstand bereits über die Leistung an einen bestimmten Destinatär positiv entschieden hat, anschließend aber, wenn es eigentlich zur Erfüllung der beschlossenen Leistungen kommen soll, iSd § 29 „fehlt", dh nicht mehr entscheiden kann. In einem solchen besonderen Ausnahmefall dürfte die Rechtsstellung des Destinatärs idR zu einer echten Gläubigerposition erstarkt sein, die eine Antragsbefugnis begründet.

5 **2. Vertretung und Geschäftsführung.** Der Stiftungsvorstand vertritt die Stiftung als **gesetzlicher Vertreter** gerichtlich und außergerichtlich (§§ 86, 26 Abs. 1 S. 2). Seine aktive Vertretungsmacht ist grundsätz-

---

1 Eingeführt durch Gesetz zur Begrenzung der Haftung von ehrenamtlich tätigen Vereinsvorständen v. 28.9.2009, BGBl. I 2009, 3161; neugefasst mit Wirkung zum 29.3.2013 durch das Gesetz zur Stärkung des Ehrenamtes (Ehrenamtsstärkungsgesetz) vom 21.3.2013, BGBl. I 2013, S. 556.
2 Näher dazu Staudinger/*Hüttemann/Rawert* (2017) BGB § 86 Rn. 86 ff.
3 Beispiele: § 15 HessStiftG; § 9 NWStiftG.

4 Vgl. *Schiffer/Pruns/Schürmann* in Schiffer, Stiftung, § 3 Rn. 79 ff.; Staudinger/*Hüttemann/Rawert* (2017) BGB § 86 Rn. 8.
5 OLG Frankfurt NJW 1966, 504.
6 v. Campenhausen/Richter/*Hof* § 8 Rn. 106.
7 Staudinger/*Hüttemann/Rawert* (2017) BGB § 86 Rn. 11.
8 MüKoBGB/*Weitemeyer* § 86 Rn. 18 mwN.

lich unbeschränkt. Nach §§ 86, 28 Abs. 2 S. 2 ist jedes Vorstandsmitglied passiv vertretungsbefugt. Im Stiftungsgeschäft oder der Satzung kann die Befreiung von § 181 ermöglicht und/oder festlegt werden. Selbstkontrahieren ist nach § 181 auch erlaubt, wenn das Rechtsgeschäft ausschließlich in der Erfüllung einer Verbindlichkeit besteht.

Die Vertretungsmacht kann nach §§ 86, 26 Abs. 1 S. 3 durch die Satzung mit Wirkung gegen (gutgläubige)   **6** Dritte beschränkt werden.[9] Nach der wohl früher hM soll sich die Beschränkung der Vertretungsmacht im Übrigen auch schon aus dem Stiftungszweck ergeben könne.[10] Zur Sicherheit des Rechtsverkehrs müssen solche Beschränkungen der Vertretungsmacht allerdings in der Satzung eindeutig geregelt sein und dürfen sich nicht erst aus einer Auslegung des Stiftungszwecks ergeben.[11] Auch zur Absicherung der Mitglieder des Stiftungsvorstandes sollten die betreffenden Regelungen in der Stiftungssatzung eindeutig sein.

Es ist gängige Praxis, dass Stiftungsaufsichtsbehörden den Vorständen einer Stiftung auf deren Antrag hin   **7** sog. **Vertretungsbescheinigungen** (→ § 81 Rn. 29) ausstellen, damit sich die Vorstände im Rechtsverkehr legitimieren können. In einigen Landesstiftungsgesetzen[12] ist das ausdrücklich vorgesehen, in anderen nicht. Die Rechtsqualität solcher Urkunden und die durch sie begründeten Rechtsfolgen und -wirkungen sind allerdings fraglich.[13]

Mangels anderer Regelung in der Stiftungsverfassung sind für die Geschäftsführung des Stiftungsvorstan-   **8** des nach §§ 86, 27 Abs. 3 die für den Auftrag geltenden Vorschriften der **§§ 664–670 entsprechend** anzuwenden. Die Geschäftsführung umfasst insbesondere die ordnungsgemäße Vermögensverwaltung (→ § 81 Rn. 61 ff.) und die Verwendung der Erträge zur Erfüllung des Stiftungszwecks. Typischerweise wird die Stiftungssatzung hierzu nähere Regelungen enthalten.

3. Mehrpersonenvorstand. Bei einem mehrgliedrigen Stiftungsvorstand gilt das Mehrheitsprinzip (§§ 86,   **9** 28, 32). Nach S. 1 kann § 28 aber durch eine anders lautende Regelung in der Stiftungssatzung ersetzt werden. Jedes Stiftungsorgan, dh auch der Vorstand, kann ein oder mehrere Organmitglieder dazu ermächtigen, eine dem Beschluss entsprechende Willenserklärung abzugeben.

II. Besonderer Vertreter

In der **Stiftungssatzung** können neben dem Vorstand **für gewisse Geschäfte** besondere Vertreter (zB   **10** **Geschäftsführer**, → § 81 Rn. 36) bestellt werden (§§ 86, 30). Die Vertretungsmacht eines solchen Vertreters erstreckt sich im Zweifel auf alle Rechtsgeschäfte, die der ihm zugewiesene Geschäftskreis typischerweise beinhaltet. Enthält die Satzung keine abweichende Regelung, ist ein besonderer Vertreter nach denselben Regeln zu bestellen, die für den Vorstand gelten.[14] Zur Sicherstellung der ordnungsgemäßen Verwaltung der Stiftung kann die Stiftungsaufsichtsbehörde bei entsprechenden **landesrechtlichen Vorschriften** einen besonderen Vertreter bestellen.[15] In entsprechend dringenden Fällen kann für einen besonderen Vertreter nach hM über § 29 ein **Notvertreter** bestellt werden.[16]

III. Verwaltung durch eine öffentliche Behörde

Die Verwaltung einer rechtsfähigen Stiftung des Privatrechts kann, **wenn dies der Stifter angeordnet hat**,   **11** durch eine öffentliche Behörde erfolgen (S. 2). Davon zu unterscheiden ist der Fall, dass der Stifter den Träger eines bestimmten öffentlichen Amtes als Organmitglied beruft.[17] Die Vorschriften des § 26 Abs. 2 und des § 29 zur Mehrheitsvertretung und zur Bestellung eines Notvorstands finden auf Stiftungen, die von einer öffentliche Behörde verwaltet werden, keine Anwendung, da sie organisatorisch mit der öffentlichen Verwaltung verbunden sind. Schädigen Beamte eine unter öffentlicher Verwaltung stehende Stiftung, richtet sich die Haftung nach § 839, Art. 34 GG.[18]

9   Palandt/*Ellenberger* BGB § 86 Rn. 1. Gegen die Wirkung auch gegenüber gutgläubigen Dritten etwa v. Campenhausen/Richter/*Hof* § 8 Rn. 35 mwN in Fn. 50.

10 BGH NJW 1957, 708; Palandt/*Ellenberger* BGB § 86 Rn. 1; aA Staudinger/*Hüttemann/Rawert* (2017) BGB § 86 Rn. 17 mwN.

11 MüKoBGB/*Weitemeyer* § 86 Rn. 16; v. Campenhausen/Richter/*Hof* § 8 Rn. 36.

12 Vgl. etwa § 12 Abs. 4 NWStiftG.

13 Vgl. *Dörnbrack/Fiala* DStR 2009, 2490; *Gregor* NotBZ 2011, 244; *von Arps-Aubert* ZStV 2014, 72; *Rawert* FS Kreutz, 2010, 825, 832 f.; Staudinger/*Hüttemann/Rawert* (2017) Vor §§ 80 ff. 166 ff.

14 v. Campenhausen/Richter/*Hof* § 8 Rn. 78.

15 Beispiel: § 16 HessStiftG („Beauftragter").

16 BeckOK BGB/*Backert* § 86 Rn. 8.

17 Vgl. auch MüKoBGB/*Weitemeyer* § 86 Rn. 64.

18 RGZ 161, 288, 294 f.; MüKoBGB/*Weitemeyer* § 86 Rn. 63.

IV. Haftung von Stiftung, Organmitgliedern und „sonstigen Mitarbeitern"

12　Das Thema der Haftung der Stiftung, der Organmitglieder (Vorstandsmitglied, Mitglieder des Stiftungsrates etc) oder anderer für die Stiftung tätiger Personen (Bediensteter, Angestellter, Dienstleister, ehrenamtliche Helfer)[19] wurde in der Praxis trotz der generellen Haftungsverschärfung durch die Rechtsprechung, die Reform des Schuldrechts (Verschuldensvermutung des § 280 Abs. 1 S. 2) und das Gesetz zur Kontrolle und Transparenz im Unternehmensbereich (KonTraG) lange Zeit unterschätzt.[20] Erfreulicherweise gibt es inzwischen eine ausf. Diskussion zur „Corporate Governance" und Compliance bei Stiftungen (→ Rn. 38 ff.).

Die Stiftung haftet gegenüber Dritten nach §§ 86, 31 zwingend für jeden Schaden, den ein Organmitglied oder eine andere Person in Ausführung der ihm oder ihr von der Stiftung übertragenen Aufgaben schuldhaft verursacht, wenn diese Tätigkeit der Stiftung zuzuordnen ist (**Außenhaftung**). Grundsätzlich kann die Stiftung Rückgriff gegenüber den betreffenden Organmitgliedern oder anderen Personen nehmen (**Innenhaftung**), wobei diese nach § 276 **auch für leicht fahrlässige Nicht- oder Schlechterfüllung** haften (gesetzliche **Ausnahme**: ehrenamtlich tätige oder nur geringfügig vergütete Organmitglieder oder besondere Vertreter, → Rn. 28 ff.).

13　**1. Außenhaftung.** Voraussetzung der Haftung nach §§ 86, 31 ist ein innerer Zusammenhang zwischen der schädigenden Handlung und der Organtätigkeit. Auf die Vertretungsmacht und deren Grenzen kommt es dabei nicht an. Besteht die schädigende Handlung allerdings lediglich in einer Überschreitung der Vertretungsmacht, so haftet dafür nicht die Stiftung, sondern das Organmitglied selbst (§ 179). Auch Schadenszuführung „nur" bei Gelegenheit der Organtätigkeit führt nicht zu einer Haftung der Stiftung.

14　**2. Innenhaftung.** In allen Fällen der Außenhaftung stellt sich zugleich die Frage nach der Innenhaftung der Organe, dh nach dem **Rückgriff der Stiftung auf die Organmitglieder** wegen des ihr entstanden Schadens. Diese Frage stellt sich aber natürlich auch dann, wenn der Stiftung ein Schaden nicht durch einen Fall der Außenhaftung, sondern auf sonstige Weise (zB Vermögensverlust) entstanden ist.[21]

15　Anspruchsgrundlage für den Rückgriff war vor der Schuldrechtsreform neben der Haftung aus Delikt (beispielsweise §§ 823, 826) das Institut der positiven Forderungsverletzung anknüpfend an der aus §§ 86, 27 Abs. 3 resultierenden Geschäftsführungspflicht.[22] Soweit Stiftungsorgane im Rahmen eines Dienstvertrages, Geschäftsbesorgungsvertrages oder Auftrages tätig werden, ergibt sich heute die Anspruchsgrundlage unmittelbar aus § 280 Abs. 1 wegen Verletzung einer Pflicht aus dem jeweiligen Schuldverhältnis.[23] In Betracht kommen bei der Stiftung insbesondere zwei Pflichten und ein korrespondierendes Verbot,[24] nämlich die Pflicht zur Verwirklichung des Stiftungszwecks, die Pflicht zur Erhaltung des Stiftungsvermögens (→ § 81 Rn. 61 ff.) und das Verbot der Förderung eigener Interessen oder solcher Dritter zulasten der Stiftung.

16　Die Stiftungsorgane haften der Stiftung gesamtschuldnerisch. Der Einwand des einen Organs, das andere Organ trage ein Mitverschulden an dem entstandenen Schaden (§ 254 BGB), greift gegenüber der Stiftung nicht.[25]

17　**a) Haftungsmaßstab.** Der Haftungsmaßstab ergibt sich aus § 276 Abs. 1. Gehaftet wird grds. also für Vorsatz und jede Form der Fahrlässigkeit. Die Grenze zur leichten Fahrlässigkeit ist schnell überschritten. Im Widerspruch dazu soll nach einer Ansicht eine Innenhaftung/ein Rückgriff wegen Verletzung des Grundsatzes der Vermögenserhaltung gegen Organmitglieder nur dann in Betracht kommen, wenn „bei deutlich erkennbaren, konkreten Vermögensverlusten grob pflichtwidrig ... von im Einzelfall tatsächlich und rechtlich verfügbaren und erfolgversprechenden Gegenmaßnahmen" kein Gebrauch gemacht wird.[26] Das entspricht indes nicht dem gesetzlichen Haftungsmaßstab des § 276 Abs. 1. Die genannte Ansicht verliert zudem weiter an Überzeugungskraft, wenn man sich einmal von dem Leitbild eines ehrenamtlich handelnden Vorstandes löst und sich stattdessen an dem Vorstand einer unternehmensverbundenen Stiftung orientiert.

18　Für die Antwort auf die Frage, ob fahrlässig gehandelt wurde ist zu berücksichtigen, dass die meisten Entscheidungen, insbesondere Entscheidungen zur Vermögensanlage, **Prognoseentscheidungen** sind. In die-

---

19　S. BGH 20.11.2014 – III ZR 509/13. Ausf. *Schiffer/Pruns*, Stiftung, § 5 Rn. 1 ff.; v. Campenhausen/Richter/*Hof* § 8 Rn. 292 ff.; Hüttemann/Richter/Weitemeyer/*Roth*, Landesstiftungsrecht, Rn. 17.26 ff.; *Graewe* ZStV 2014, 103. Allg. zur Haftung *Schiffer/Rödl/Rott*, Haftungsgefahren in Unternehmen.

20　Näher *Schiffer/Pruns*, Schiffer, Stiftung, § 5 Rn. 1 ff.

21　Zu Fragen der Haftung aus jüngerer Zeit etwa *Stürner* DStR 2015, 1628 (Vermögensverwaltung); *Schmittmann* ZStV 2019, 91 und 121 (Krise und Insolvenz).

22　Vgl. Seifert/v. Campenhausen/*Hof* (2. Aufl. 1999) § 9 Rn. 218.

23　Werner/Saenger/*Fischer* § 20 Rn. 59.

24　Vgl. *Reuter*, in: Kötz ua, Non Profit Law-Yearbook 2002, S. 157, 158 ff.

25　BGH 20.11.2014 – III ZR 509/13 Rn. 23 unter Verweis auf *Hüttemann/Herzog*, Non Profit Law Yearbook 2006 S. 33, 42.

26　v. Campenhausen/Richter/*Hof* § 9 Rn. 211.

sem Zusammenhang wird die Anwendung der sogenannten und oft zitierten **Business Judgement Rule** auf Entscheidungen von Stiftungsorganen **diskutiert**.[27] Für Aktiengesellschaften ist diese in § 93 Abs. 1 S. 2 AktG wie folgt festgeschrieben worden:

§ 93 Abs. 1 S. 2 AktG

Eine Pflichtverletzung liegt nicht vor, wenn das Vorstandsmitglied bei einer unternehmerischen Entscheidung vernünftigerweise annehmen durfte, auf der Grundlage angemessener Information zum Wohle der Gesellschaft zu handeln.

Die Bund-Länder-Arbeitsgruppe Stiftungsrecht hat in ihrem Diskussionsentwurf für eine „Vereinheitlichung des Stiftungsrechts" eine entsprechende Regelung in § 84 a des Entwurfs aufgenommen: „Eine Pflichtverletzung liegt nicht vor, wenn das Mitglied eines Organs bei der Geschäftsführung unter Beachtung der gesetzlichen und satzungsgemäßen Vorgaben vernünftigerweise annehmen durfte, auf der Grundlage angemessener Informationen zum Wohle der Stiftung zu handeln."[28]

Unabhängig davon, ob diese Regel etwa als allgemeiner Rechtsgrundsatz auch auf Stiftungsorganmitglieder anzuwenden ist oder nicht, so oder so haben die Stiftungsorgane jedenfalls einen **Ermessensspielraum** bei ihren Entscheidungen.[29] Die Grenzen dieses Ermessensspielraums werden insbesondere durch die Satzung und die gesetzlichen Vorgaben gezogen. Im Übrigen bietet, solange die Übertragung auf das Stiftungsrecht noch auf sich warten lässt, die gesetzliche Formulierung in § 93 Abs. 1 S. 2 AktG eine gute Orientierung, da dort insbesondere betont wird, dass eine Entscheidung auf der Basis angemessener Informationen zu treffen ist und dem Wohle der Gesellschaft dienen muss. **19**

Es empfiehlt sich, was aufgrund der Satzungsautonomie möglich ist, in der **Stiftungssatzung** für die Organmitglieder den Rückgriff auf Fälle von Vorsatz und grober Fahrlässigkeit zu beschränken.[30] Ein entsprechender Haftungsausschluss kann im Einzelfall **auch stillschweigend** (konkludent) vereinbart worden sein oder sich aus einer ergänzenden Vertragsauslegung ergeben.[31] Letztere kommt etwa dann im Innenverhältnis zur Stiftung in Betracht, wenn feststeht, dass das Stiftungsorganmitglied, wenn die Rechtslage vorher besprochen worden wäre, einen Haftungsausschluss gefordert hätte und die geschädigte Stiftung diesen billigerweise nicht hätte ablehnen dürfen.[32] **20**

Bei der Prüfung, ob eine (vertragliche/satzungsmäßige) Haftungsbeschränkung angeraten ist, sollte bedacht werden, dass unangemessen strenge Haftungsregeln die Akteure verunsichern und zu einer „Rückversicherungsmentalität" führen können, die der Entschlusskraft der Stiftungsorgane und der Stiftungsautonomie abträglich ist.[33] Wird bei diesem Punkt in der Praxis überzogen, könnte gerade in dem unternehmerischen Bereich die Zusammenarbeit der Organe leiden. Es besteht die Gefahr, die Besonderheiten in Familienunternehmen nicht hinreichend zu beachten und sich für diese untypischen „Konzernstrukturen" anzunähern. **21**

Wird von außen, dh von Dritten, die Schadensersatzhaftung eines Organmitglieds geltend gemacht, kann eine Haftungsbeschränkung, der die Gesellschafter im Innenverhältnis zugestimmt haben, nicht greifen. Zulasten Dritter können die Gesellschafter ersichtlich keine Haftungsbeschränkung festlegen. Eine solche Haftungsbeschränkung kann sich nur aus dem Verhältnis zwischen dem potenziell haftenden Organmitglied und dem Dritten selbst ergeben. Nichts anderes gilt für die Außenhaftung von Stiftungsorganmitgliedern. **22**

Im Gegensatz zu der Haftungsbeschränkung, die eine Haftung insoweit gar nicht erst entstehen lässt, bedeutet **„Haftungsfreistellung"** (im eigentlichen Sinne), dass die an sich haftende Person durch einen Dritten von der Haftung freigestellt wird, der die Haftung „übernimmt", dh im Innenverhältnis den Schadensersatz für die Außenhaftung gegenüber dem Haftenden finanziell ausgleicht. Ein solches Modell macht jedoch grundsätzlich nur Sinn, wenn entweder nur geringe Schadensbeträge drohen oder andernfalls der Dritte, der freistellt, über ganz erhebliche freie Mittel verfügt. **23**

---

27 Ausf. *Gollan*, Vorstandshaftung in der Stiftung, 2009, S. 267 ff.

28 Einsehbar mit Begründung hier: https://www.innenministerkonferenz.de/IMK/DE/termine/to-beschluesse/2018-06-08_06/anlage-zu-top-46.pdf?__blob=publicationFile&v=2 (abgerufen am 13.5.2020).

29 S. etwa OLG Oldenburg 8.11.2013 – 6 U 50/13; *Stürner* DStR 2015, 1628 (1632).

30 Zur Beschränkung sogar auf Vorsatz s. etwa OLG Nürnberg 13.11.2015 – 12 W 1845/15, ZStV 2016, 135 mAnm *Morgenroth* ZStV 2016, 138. S. ferner

die Nachweise bei MüKoBGB/*Weitemeyer* § 86 Rn. 47 Fn. 215. AA *Hippeli* ZStV 2016, 161. Näher *Schiffer/Pruns* in Schiffer, Stiftung, § 5 Rn. 48 ff.

31 Palandt/*Grüneberg* § 276 Rn. 37 mwN.

32 S. etwa BGH NJW 1989, 3273 (3276); NJW 2003, 578.

33 So auch v. Campenhausen/Richter/*Hof* § 8 Rn. 298. S. ferner den Bericht von *Hoffmann-Steudner* ZStV 2017, 154 zu einer Umfrage zur Haftung von Stiftungsvorständen.

24 **b) Entlastung durch internes Kontrollorgan.** Mit *Rösing* kann unter Rückgriff auf § 120 Abs. 2 S. 1 AktG, der bekanntlich dazu insoweit eine verallgemeinerungsfähige Definition enthält, die im Recht der Personenverbände seit langem anerkannte **Entlastung** mit der herrschenden Meinung als „einseitige organschaftliche Erklärung, durch die ein Personenverband die Amtsführung seiner Verwaltungsorgane billigt" definiert werden.[34] **Ob Regressansprüche der Stiftung erlöschen,** wenn dem für den Schaden verantwortlichen Organ von dem zuständigen Kontrollgremium der Stiftung (→ § 81 Rn. 37 ff.) Entlastung erteilt wird, dieses mit der Entlastung also über etwaige Ansprüche der Stiftung verfügen kann, ist im Einzelnen **umstritten.**[35]

25 Sicher ist jedenfalls, dass eine Entlastung überhaupt **nur dann** in Frage kommt, **wenn die die Haftungsfrage betreffenden Umstände dem Kontrollgremium bekannt waren oder hätten bekannt sein müssen,**[36] was in der Praxis häufig gerade nicht der Fall sein wird. So wird die Entlastung denn auch nicht selten „nur" als Vertrauensbekundung gesehen.[37] Die Entlastung betrifft zudem nur den Stiftungsvorstand, der durch das Kontrollorgan (zB Stiftungsrat) entlastet werden kann. Für das Kontrollorgan selbst existiert grundsätzlich kein „Entlastungsorgan", es sei denn man schafft ein solches Entlastungsorgan (zB „Familienrat"), aber für dieses Stiftungsorgan ist dann natürlich wiederum das Fehlen eines Entlastungsorgans festzustellen. Eine etwaige Entlastung wirkt im Übrigen nicht gegenüber Dritten, sondern nur stiftungsintern.

26 Unter welchen Voraussetzungen ein vom Stifter eingesetztes Kontrollgremium die Befugnis haben kann, den Stiftungsvorstand zu entlasten, ist **umstritten.** In der Fachdiskussion fordern einige Autoren die **ausdrückliche Normierung einer Entlastungskompetenz.** Andernfalls komme eine solche Kompetenz nicht in Betracht.[38] Die ausdrückliche Normierung einer Entlastungskompetenz in der Satzung erscheint uns dagegen nicht zwingend erforderlich. Es entscheidet der **ggf. auch konkludent** zum Ausdruck gekommene Stifterwille.[39] Die Entlastungskompetenz wird man aus unserer Sicht deshalb ohne Weiteres als Annexkompetenz der eigenen Kontrollkompetenz des Aufsichtsorgans sehen können.[40] So wird es nach unseren Beobachtungen in der Praxis auch gehandhabt, wenn man überhaupt einen Entlastungsbeschluss fasst.

27 Gegen die **„Präklusionswirkungen",** dh den Ausschluss von Schadensersatzforderungen der Stiftung gegen das entlastete Organmitglied, hat sich indes jüngst *Rösing* ausgesprochen.[41] Das, so der Autor, liege allerdings nicht etwa daran, dass die Präklusionswirkung wegen der damit verbundenen Gefahren für das Stiftungsvermögen dem Stiftungszweck nicht förderlich wäre. Entscheidend sei vielmehr, dass sie zu einer endgültigen Einschränkung der Aufsichtsbefugnisse der Stiftungsbehörden führen würde, die mit dem Verhältnis staatlicher Stiftungsaufsicht zu stiftungsinternen Kontrollmechanismen unvereinbar sei.[42] Die Stiftungsaufsicht hat indes nur die Funktion einer Rechtsaufsicht (→ § 80 Rn. 134 ff.). Der **Stifterwille** ist hier als Ausfluss der Privatautonomie der **entscheidende rechtliche Maßstab.** Indem der Stifter die Möglichkeit der Entlastung entweder ausdrücklich eröffnet oder jedenfalls nicht ausdrücklich ausschließt, hat er dem Kontroll-/Entlastungsorgan die entsprechende Rechtskompetenz (Befugnis) zur Entlastung mit Präklusionswirkung zugewiesen. Die Stiftungsbehörde hat dann nur noch die Einhaltung dieses Rechts aus der Satzung zu überwachen.[43] Schutzlos ist die Stiftung dadurch nicht, denn die Mitglieder des Kontroll-/Entlastungsorgans haften hier bei einem schuldhaft fehlerhaften Beschluss, wie auch sonst bei ihrer Tätigkeit. Das ist gerade der Sinn und Zweck eines Kontrollorgans sowie der Kern seiner ihm vom Stifter zugewiesenen spezifischen Verantwortung. In diesem Sinne sind auch die Sonderregelungen zur eingeschränkten Aufsicht bei Familienstiftungen in verschiedenen Landesstiftungsgesetzen zu verstehen. Hier schlägt, da es nicht um öffentliche (etwa auch gemeinnützigkeitsrechtliche) Aspekte geht, die Privatautonomie des Stif-

---

34 *Rösing*, Die Entlastung im Stiftungsrecht, 2013, S. 1.

35 Für eine Entlastung ohne jede weitere Problematisierung OLG Oldenburg 8.11.2013 – 6 U 50/13; dazu *Hüttemann* npoR 2014, 143 (145 f.); s. auch *Saenger* ZStV 2015, 97 f. Ausf. mwN *Rösing*, Die Entlastung im Stiftungsrecht, 2013.

36 So jüngst auch OLG Oldenburg 8.11.2013 – 6 U 50/13. Ausf. *Rösing*, Die Entlastung im Stiftungsrecht, und dazu die Rezension von *Schiffer* auf www.stiftungsrecht-plus.de, Rubrik „Für Sie gelesen" vom 4.10.2013; s. dort auch zum nachfolgenden Text; s. ferner Werner/Saenger/*Fischer* § 27 Rn. 76 ff. mwN; Staudinger/*Hüttemann/Rawert* (2017) BGB § 86 Rn. 77 ff. Generell zu Inhalt, Zweck und Rechtsfolgen der gesellschaftsrechtlichen Entlastung: *Beuthien* GmbHR 2014, 682 (693: Beweislastumkehr).

37 S. etwa in der Einleitung zu dem Beitrag von *Beuthien* GmbHR 2014, 682.

38 So etwa *Schwintek*, Vorstandskontrolle in rechtsfähigen Stiftungen bürgerlichen Rechts, 2001, S. 203,

Ebenso *Saenger* ZStV 2015, 97 f., der irrtümlich etwa MüKoBGB/*Reuter* (6. Aufl. 2012) § 86 Rn. 22 für seine Ansicht zitiert.

39 *Hüttemann* npoR 2014, 143 (145).

40 In OLG Oldenburg 8.11.2013 – 6 U 50/13 wird die Frage nach einer Entlastungskompetenz des dortigen Kuratoriums gar nicht erst gestellt. Ähnlich wie hier *Burgard*, Gestaltungsfreiheit im Stiftungsrecht, S. 609. *Hüttemann* npoR 2014, 143 (145) weist darauf hin, dass der Stifter „durch die Schaffung eines Kontrollorgans mit Berufungskompetenz – zumindest konkludent – die Möglichkeit einer Entlastung im Stiftungsgeschäft bzw. in der Stiftungssatzung vorgesehen haben" muss.

41 *Rösing*, Die Entlastung im Stiftungsrecht, S. 53 ff.

42 *Rösing*, Die Entlastung im Stiftungsrecht, S. 64 ff.

43 So entgegen *Rösing* auch schon *Hüttemann* npoR 2014, 143 (145).

ters vollumfänglich durch. Es sind eben keine weiteren Rechtskreise betroffen und von dem Kontrollorgan zu beachten. Würde dieses zB bei einem ersichtlichen Verstoß gegen Vorschriften des Gemeinnützigkeitsrechts den Stiftungsvorstand einfach „entlasten", drohte ihm der Regress seitens der Stiftung.

c) Haftungsbeschränkung. **Gesetzliche Haftungsbeschränkungen** gab es bis vor einigen Jahren nicht. **28** Privilegierungen in analoger Anwendung von § 619 a oder bei besonders schadensträchtigen Aufgaben wurden zumindest diskutiert.[44] In der Stiftungssatzung kann, wie eben angesprochen, der Rückgriff auf Fälle von Vorsatz und grober Fahrlässigkeit beschränkt werden. Für **ehrenamtlich tätige Organmitglieder und besondere Vertreter** oder solche, die von der Stiftung eine Vergütung von nicht mehr als 720 EUR im Jahr erhalten, ist eine solche Haftungserleichterung nunmehr gesetzlich in §§ 86, 31 a vorgeschrieben. Die Haftungserleichterungen nach § 31 a Abs. 1 S. 1 und Abs. 2 sind im Vereinsrecht zwingendes Recht (vgl. § 40). Ob das auch im Stiftungsrecht gilt, oder ob der Stifter die Haftung abweichend von den 86, §§ 31 a verschärfen kann, ist umstritten.[45] Die vergleichbare Interessenlage bei Verein und Stiftung sowie das Ziel des Gesetzgebers, ehrenamtliches Engagement zu fördern, sprechen für eine Unabdingbarkeit der Haftungserleichterung.

Die Grenze von 720 EUR orientiert sich an dem Steuerfreibetrag des § 3 Nr. 26 a EStG. Die Haftungsfrei- **29** stellung umfasst zum einen (§§ 86, 31 a Abs. 1 S. 1) die Fälle der Innenhaftung und zum anderen (§§ 86, 31 a Abs. 2) die Fälle, in denen der Betroffene von einem Dritten in Anspruch genommen wird. Soweit also ein unentgeltlich oder nur geringfügig vergütetes Organmitglied oder ein unentgeltlich oder nur geringfügig vergüteter besonderer Vertreter **in Ausübung seiner Pflichten als Organmitglied oder besonderer Vertreter** einen Schaden verursacht, kann die Stiftung in Fällen der leicht oder normal fahrlässigen Verursachung keinen Rückgriff nehmen und ist dem Betroffenen gegenüber zur Befreiung von der Verbindlichkeit gegenüber dem Dritten verpflichtet. Der Freistellungsanspruch wandelt sich in einen Anspruch auf Ersatz um, wenn der so privilegierte Betroffene den Schaden des Dritten bereits selbst beglichen hat.[46] **Unentgeltlich** heißt, dass der Betroffene keinerlei Gegenleistung für seine Tätigkeit erhält, weder finanzieller Art noch in Naturalien. Die Zahlung von Aufwandsentschädigungen ist unschädlich.[47]

Mit dieser gesetzlichen Regelung, die zunächst nur für Vorstandsmitglieder galt, hat der Gesetzgeber auf **30** schon länger im Raum stehende Forderungen zum besseren Schutz ehrenamtlich in Stiftungen tätiger Personen reagiert.[48] Der **Schutz** war **zunächst**, dh bis zum 29.3.2013, gerade im Bereich der praktischen Arbeit von Stiftungen **unvollkommen**, denn nach dem Wortlaut des bis dahin geltenden § 31 a kamen allein Mitglieder des Stiftungsvorstands in den Genuss der Haftungserleichterung (s. hierzu und zur Kritik die 2. Auflage → Rn. 18 f.). Mitglieder anderer Stiftungsorgane und besondere Vertreter haften seit der Ergänzung des § 31 a BGB durch das **Ehrenamtsstärkungsgesetz** nunmehr auch nur noch für Vorsatz und grobe Fahrlässigkeit, wenn sie ehrenamtlich tätig sind oder gegen eine geringfügige Vergütung.

3. Stiftungsaufsicht. Als wichtiger „Sonderfaktor" tritt bei Haftungsfragen im Zusammenhang mit Stif- **31** tungen – anders als bei anderen Körperschaften, wo diese Instanz fehlt – die **staatliche Stiftungsaufsicht** hinzu. Wird etwa der zB in § 7 Nr. 2 StiftG Hess vorgeschriebene **Rechenschaftsbericht** des Stiftungsvorstandes von der Aufsichtsbehörde gebilligt, so kann darin **keine Entlastung** des Vorstands gesehen werden.[49] Etwa bestehende Regressansprüche der Stiftung gegen Organmitglieder entfallen durch eine Billigung seitens der Stiftungsaufsicht in keinem Fall, denn die Aufsichtsbehörde hat lediglich auf gesetzes- und satzungsgetreues Verhalten der Stiftungsorgane zu achten und ist zur Verfügung über Rechte der Stiftung nicht befugt. Wenn sie ein Verhalten der Organe „billigt", heißt das nur, dass sie von sich aus kein Aufsichtsmittel ergreifen wird.

Ansprüche der Stiftung gegen Mitglieder vertretungsberechtigter Organe können von der Stiftungsaufsicht **32** im Namen und auf Kosten der Stiftung geltend gemacht werden.[50] Es liegt nahe, dass die Stiftungsbehörde idR entsprechend vorgehen wird, wenn die Frage ihrer etwaigen Haftung auch nur im Raume steht. Nach § 839 Abs. 1 S. 2 scheidet ein Amtshaftungsanspruch bei wohl allenfalls infrage stehendem fahrlässigem Verhalten der Aufsichtsbehörde nämlich aus, soweit die Stiftung ihr pflichtwidrig handelndes Organmitglied in Anspruch nehmen kann. Das ist von der Aufsichtsbehörde zu prüfen und notfalls durchzusetzen. Im Verhältnis zum Stifter können Amtspflichten insoweit in Betracht kommen, als die Behörde ihm die Überwachung der Einhaltung seines Stifterwillens garantieren muss oder Beratungsfunktionen ihm gegenüber wahrgenommen hat und daraus für ihn selbst ein Schaden entsteht. Wie die Stiftungsaufsicht in einem konkreten Fall tatsächlich reagieren wird, lässt sich kaum vorhersagen.

---

44 Vgl. *Schiffer/Pruns* in Schiffer, Stiftung, § 5 Rn. 33 ff. mwN.
45 S. MüKoBGB/*Weitemeyer* § 86 Rn. 48 mwN.
46 Palandt/*Ellenberger* BGB § 31 a Rn. 5.
47 BT-Drs. 16/10 120, S. 7.

48 Zur näheren Begründung vgl. BT-Drs. 16/10120, S. 1 f., 6 f.
49 So auch v. Campenhausen/Richter/*Hof* § 8 Rn. 309; Werner/Saenger/*Fischer* § 20 Rn. 76; Staudinger/*Hüttemann/Rawert* (2017) BGB § 86 Rn. 77 mwN.
50 S. auch Werner/Saenger/*Fischer* § 20 Rn. 84.

33   Eine etwaige **Haftung der Aufsichtsbehörde** bestimmt sich nach Art. 34 GG, § 839.[51] Eine Haftung der Behörde setzt hier vor allem voraus, dass die Behörde eine gerade gegenüber dem Anspruchsteller bestehende **Amtspflicht** verletzt hat. Solche Amtspflichten bestehen aufgrund der gesetzlichen Aufsichtsbefugnisse zunächst **gegenüber der einzelnen Stiftung**. Erfährt die Behörde davon, dass der Stiftung Schaden droht, so verstößt sie gegen ihre Aufsichts- und Beratungspflichten, wenn sie die ihr zur Verfügung stehenden Aufsichtsmittel nicht oder nur unzureichend nutzt. Das gilt insbesondere dann, wenn die Behörde nicht gegen eine zweckwidrige Verwendung von Stiftungsmitteln durch Stiftungsorgane einschreitet oder einen Zugriff auf das Stiftungskapital zulässt, den die Satzung nicht erlaubt.

34   **4. D & O-Policen.** Wegen der verhältnismäßig eingeengten und oft auch impraktikablen Haftungsbeschränkungsmöglichkeiten ist die Versicherungsdeckung in der Praxis ein wichtiges Thema. Entsprechende Policen (**D & O-Policen**)[52] werden seit einer Reihe von Jahren auch in Deutschland von verschiedenen in- und ausländischen Versicherern angeboten.[53] Für das Organmitglied kann sich daraus sogar ein Freistellungsanspruch gegenüber der Stiftung ergeben. Die Stiftung ist aufgrund von § 242 BGB gehalten, sich vorrangig an die Versicherung zu halten.[54] Ob die Versicherer wirklich passende Angebote für den nicht eben häufigen Spezialfall „Stiftung" unterbreiten können, ist im Einzelfall sehr genau zu prüfen. Nach den Erfahrungen der Verfasser sind hier durchaus Zweifel angebracht. Sorgfältig zu prüfen bleiben in jedem Einzelfall der Deckungsumfang der Policen (Ausschlüsse, Rückwärtsversicherung, Nachhaftung etc) sowie die Angemessenheit der Deckungssumme. Versicherte Personen sind typischerweise sämtliche Organe. Auch grob fahrlässiges Verhalten wird gedeckt, erst bei Vorsatz scheitert die Versicherungslösung.

35   **5. Straf- und ordnungswidrigkeitenrechtliche Haftung.** Der Vorstand der Stiftung, besondere Vertreter der Stiftung (§§ 86, 30) sowie etwaige Kontrollorgane der Stiftung haben eine Vermögensbetreuungspflicht, bei deren Verletzung, was insbesondere in der Welt der ehrenamtlich Tätigen oft nicht gesehen wird, eine **Untreue**strafbarkeit in Betracht kommt.[55]

36   Neben der Untreue können aber auch weitere Straftatbestände verwirklicht werden. So können zB bei Hospitality-Einladungen gegenüber Amtsträgern die §§ 331 ff. StGB (Vorteilsannahme und -gewährung, Bestechlichkeit und Bestechung) und in der Privatwirtschaft § 299 StGB (Bestechung und Bestechlichkeit) verwirklicht werden.[56]

37   Nach § 30 OWiG kann auch gegen die Stiftung ein Bußgeld (Verbandsbußgeld) verhängt werden, wenn etwa ein vertretungsberechtigtes Organ oder ein Mitglied eines solchen Organs eine Straftat oder Ordnungswidrigkeit in Ausübung seiner Funktion begeht.[57] Auch Einziehung und Verfall gem. §§ 22 ff. OWiG oder §§ 73 ff. StGB kommen in Betracht.

38   **6. Corporate Governance und Compliance.** Die vorstehend dargestellte Haftungssituation führt uns auch zu den Schlagworten „**Corporate Governance**" und „**Compliance**".[58] Compliance bedeutet nichts anderes als Regeltreue und Regelkonformität. Aktuell haben Corporate Governance und Compliance die größte praktische Bedeutung bei börsennotierten Unternehmen, aber eben auch für die die rechtsfähige Stiftung gewinnen sie zunehmend an Bedeutung. So wird auch für Stiftungen und sonstigen NPO vermehrt die Frage nach der Einführung von **Corporate Governance-Regeln und -Systemen** für eine ordnungsgemäße Tätigkeit der Stiftungsorgane und der sonstigen Mitwirkenden gestellt. Die Regeln müssen dann auch nachhaltig umgesetzt werden. Es ist eine **Compliance-Organisation**[59] zu schaffen. Teil einer Compliance-Organisation können auch **Ombudsfrauen und Ombudsmänner** sein.[60]

39   Handlungsprinzipien und -maßstäbe für Stiftungen hat nicht nur der Bundesverband Deutscher Stiftungen mit seinen Grundsätzen guter Stiftungspraxis,[61] sondern etwa auch der Deutsche Sparkassen- und Girover-

---

51   Vgl. auch v. Campenhausen/Richter/*Hof* § 10 Rn. 391 ff.; *Schwintek*, Stiftung & Sponsoring 2/2003, 14.

52   Abgeleitet von „directors and officers liabilty insurance".

53   Näher *Sandberg/Magdeburg*, Stiftung & Sponsoring 3/2006, 32.

54   LG Bonn NJW-RR 1995, 1435 für Vereinsvorstand.

55   Sa Reichsstrafgesetzbuch vom 15.5.1871: „Wegen Untreue werden bestraft ... Verwalter von Stiftungen, wenn sie absichtlich zum Nachteil der ihrer Aufsicht anvertrauten Personen oder Sachen handeln; ...''; ausf. *Lassmann*, Stiftungsuntreue, 2008, S. 51 ff. und passim.

56   *Blask/Curtius*, Stiftung & Sponsoring 2/2012, 36 f.

57   Zum Ganzen s. Werner/Saenger/*Th. Maier* Rn. 845 ff.

58   Ausf. *Schiffer*, Stiftung, § 14 Rn. 56 ff., dort auch zum folgenden Text. S. ferner *Schiffer* ZCG 2006, 143; *Gräwe* ZStV 2013, 81; *Burgard* ZStV 2015, 1; *Ritter* StiftungsBrief 2014, 176; *Mehren* npoR 2020, 15. Zum Verhältnis des Deutschen Corporate Governance Kodex (DCGK) zu Stiftungen *Schmidt-Schmiedebach*, Stiftung und Governance Kodex, 2016; zum neuen DCGK 2019 *von der Linden* DStR 2019, 1528. Zur Compliance im Verein *Schockenhoff* NZG 2019, 281.

59   Siehe schon *Schiffer* ZCG 2006, 143.

60   Näher *Schiffer*, Stiftung, § 14 Rn. 57.

61   Weitere Information hier: https://www.stiftungen.org /stiftungen/basiswissen-stiftungen/stiftungsgruendun g/grundsaetze-guter-stiftungspraxis.html (abgerufen am 13.5.2020).

band[62] entwickelt. Nachdem das Deutsche Stiftungszentrum in Essen im Stifterverband für die Deutsche Wissenschaft schon vor längerer Zeit „Grundsätze guter Stiftungsverwaltung" vorgestellt hatte, ist der Bundesverband Deutscher Stiftungen, Berlin, mit seinen „Grundsätzen Guter Verwaltung von Treuhandstiftungen" („Treuhandverwaltungs-Grundsätze") gefolgt.[63] Die besagten Regeln und Grundsätze sind, was mitunter verkannt wird, nicht ohne Weiteres rechtlich bindend.[64] Sie können aber wertvolle Hilfen und Anregungen für die Praxis geben.

Ein modernes, betriebswirtschaftlich orientiertes[65] **Stiftungsmanagement**[66] und eine angemessene Kosten-   **40** rechnung mit einem praxistauglichen Berichtswesen zur Planung und Kontrolle der „Unternehmung" Stiftung[67] werden zunehmend als Basis einer erfolgreichen Stiftungsarbeit erkannt und gefordert. Der konkreten Evaluation und der Qualitätssicherung in der Stiftungspraxis wird vermehrt Aufmerksamkeit gewidmet.[68] Um eine langfristig erfolgreiche Stiftungstätigkeit sicherzustellen, reicht es in der Tat nicht aus, nur die Mittelverwendung zu dokumentieren und zu kontrollieren. Es sind auch für Stiftungen in der Tat ggf. Nützlichkeitsstandards, Durchführungsstandards (einschließlich Fairnessstandards) und Genauigkeitsstandards im Sinne von Best-Practice-Regelungen zu erarbeiten. Darin sollte sich die aktuelle Diskussion zur Corporate Governance bei Stiftungen aber nicht erschöpfen. Nicht vergessen werden darf, dass das Haftungsrecht für Mitglieder von Stiftungsorganen einerseits natürlicher Ausgangspunkts für eine „Best-Practice" ist, andererseits aber von den beteiligten Kreisen noch immer unterschätzt wird.

Die (gemeinnützige) Stiftungsarbeit wird also zunehmend professioneller. Das ist nicht neu, aber nachhaltig   **41** zu begrüßen. Zur Corporate Governance werden schon länger Fragen nach der Kontrolle der Stiftungsorgane,[69] nach den Grundsätzen einer ordnungsgemäßen Stiftungsverwaltung[70] oder nach den Grundsätzen guter Stiftungspraxis (→ Rn. 39) gestellt und es werden Vorschläge dazu entwickelt. Die Welt der Wirtschaft liefert dabei viele Vorbilder. So wird uns in der Stiftungswelt künftig vermehrt auch das Thema „**Tax-Compliance**"[71] treffen, was angesichts des kaum überschaubaren deutschen Steuerrechts eine erhebliche Belastung ist.

Verdeutlichen sich die Mitglieder eines Stiftungsorgans die einschlägigen **Haftungsregeln** (→ Rn. 12 ff.),   **42** ist auch schon viel im Sinne einer Corporate Governance für Stiftungen getan. Die Haftungsregeln werden von den bereits vorgelegten oder derzeit noch diskutierten Best-Practice-Regelungen für die Tätigkeit von Stiftungsorganen beeinflusst. Entscheidend für die „ordnungsgemäße und gewissenhafte Geschäftsführung einer Stiftung" erscheint in erster Linie weniger ein (genereller) Corporate-Governance-Kodex für Stiftungen als vielmehr die Stärkung des individuellen Vertrauens in die persönlichen Fähigkeiten und die Integrität der jeweiligen Mitglieder der Stiftungsorgane für deren jeweiliges Umfeld.[72] Persönliches Vertrauen aber wird bekanntlich immer wieder individuell auf vielfältige Art und Weise erarbeitet und nicht etwa vorrangig durch Rechtsregeln. Hier sind und bleiben **Moral und Ethik** entscheidende Stichworte. Je nach Stiftungstypus kann man zudem unterscheiden:

–   Best-Practice-Regeln werden beispielsweise bei einer Familienstiftung typischerweise zunächst der Stifter bei der Gründung in der Satzung oder etwa einem „Stiftertestament" und künftig die Familie bezogen auf ihren konkreten Fall, etwa über einen Familienrat als in der Satzung festgelegtes freiwilliges Überwachungsorgan der Stiftung, festlegen. Die Allgemeinheit ist hier insoweit nicht betroffen.

–   Auch bei einer unternehmensverbundenen Stiftung stellt sich je nach Zweck die Frage nach der Corporate Governance aus Sicht der betroffenen Personenkreise (Stifter, Familie, Unternehmen). Die Allgemeinheit ist auch hier insoweit nicht betroffen.

---

62   Abrufbar unter www.sparkassenstiftungen.de/index.p hp?id=14 (abgerufen am 13.5.2020).

63   S. hier https://www.stiftungen.org/de/stiftungen/basis wissen-stiftungsgruendung/treuhaender.ht ml (abgerufen am 13.5.2020).

64   *Schiffer*, Stiftung, § 14 Rn. 32.

65   Siehe etwa *Sandberg*, Stand und Perspektiven des Stiftungsmanagements in Deutschland, Eine empirische Studie zur betriebswirtschaftlichen Orientierung von Stiftungen, 2007.

66   Dazu *Fleisch*, Stiftungsmanagement, 2013; s.a. *Schiffer/Pruns* in Schiffer, Stiftung, § 4 Rn. 8 ff. mwN.; *Koschmieder/Seidemann* ZStV 2015, 126 und 161; *dies.* in O. Werner/Saenger/Fischer § 19 (S. 625 ff.).

67   Ausf. *Sandberg*, Die Roten Seiten zum Magazin Stiftung & Sponsoring 1/2001; O. Werner/Saenger/ Fischer/*Koschmieder/Seidemann* § 19 Rn. 48 ff.

68   *Koschmieder/Seidemann* ZStV 2015, 126 (131 ff.)

69   Plastisch etwa *Steuber* DStR 2006, 1182 („Kontrolle oder Moral").

70   Siehe zB schon *Neuhoff*, Die Roten Seiten zu Stiftung & Sponsoring 2/2003 („Versuch einer Stiftungsethik").

71   Siehe generell zu diesem Thema *Aichberger/ Schwartz* DStR 2015, 1691 und 1758 („Tax Compliance – der Vorstand im Fokus") mit Hinweisen zur Errichtung eines Tax-Risk-Managements. Speziell für die Stiftung, *Longrée/Loos* ZStV 2016, 34; *Mehren* npoR 2020, 15.

72   In dieser Richtung für eine „Unternehmensführung" auch schon *Berndt* ZCG 2006, 1 (7).

– Bei **gemeinnützigen Stiftungen** kommt aufgrund der gewährten Steuerfreiheit das Interesse der Allgemeinheit als Ansatzpunkt für Corporate Governance Regelungen zu den bereits genannten Hauptinteressengruppen Stifter und Destinatäre hinzu.[73]

V. Insolvenz einer Stiftung

43 Die Entwicklung an den internationalen Finanzmärkten trifft ganz deutlich auch die bestehenden rechtsfähigen Stiftungen. Der für Stiftungen geltende Vermögenserhaltungsgrundsatz (→ § 80 Rn. 34 f.; → § 81 Rn. 61 ff.) mag dazu führen, dass Insolvenzen bei Stiftungen eher selten sind, ausgeschlossen sind sie aber tatsächlich nicht. Stiftungen können an den Kapitalmärkten nicht mehr annähernd so hohe Erträge erwirtschaften wie noch vor einigen Jahren.

44 Da die Handlungsfähigkeit der rechtsfähigen Stiftungen ganz wesentlich von der Ertragskraft des Stiftungsvermögens abhängt, machen der Abschwung an den Börsen und niedrige Zinsen den Stiftungen zum Teil merklich zu schaffen. Die Folge ist, dass einige (gemeinnützige) Stiftungen aufgrund fehlender Erträge ihren Zweck oder ihre Zwecke nicht mehr ausreichend verfolgen können.

45 Außerdem machen sich zum Teil notwendig gewordene hohe Abschreibungen auf die gehaltenen Wertpapiere und andere Finanzanlagen nachhaltig bemerkbar. Sofern Finanzanlagen eher spekulativ statt konservativ angelegt sind, können Verluste aus diesen Investments im Einzelfall Stiftungen in die Handlungsunfähigkeit führen. Als letzte Maßnahme bleibt dann oftmals nur noch das Insolvenzverfahren. Letztlich kann aber nicht nur die eigene Anlagestrategie, sondern auch die Insolvenz einer Tochtergesellschaft der Auslöser für die Insolvenz der Stiftung sein.

46 Im Krisenfall wird ggf. versucht, die Insolvenz einer Stiftung durch die Zusammenlegung der kriselnden Stiftung mit einer gesunden Stiftung zu vermeiden (→ § 87 Rn. 20, 24 f.). Dabei ist mit Blick auf den Vermögenserhaltungsgrundsatz vor allem zu beachten, dass durch die „Aufnahme" der kriselnden Stiftung nicht das Vermögen der bisher „gesunden" Stiftung gefährdet oder auch nur tatsächlich verringert wird. Es sind also ggf. zunächst Stützungsmaßnahmen bei der kriselnden Stiftung erforderlich (Zustiftungen, Forderungsverzichte, etc).

47 Als juristische Person des Privatrechts ist die rechtsfähige Stiftung **insolvenzfähig** (§ 11 Abs. 1 S. 1 InsO) und zwar auch dann, wenn sie fehlerhaft, aufgelöst, aufgehoben oder nach dem Umwandlungsgesetz umgewandelt ist.[74] Hinsichtlich der **Insolvenzgründe** der §§ 16–19 InsO ergeben sich für die Stiftung keine Besonderheiten. In der Praxis sind es vor allem die Insolvenzgründe Zahlungsunfähigkeit (§ 17 InsO) und Überschuldung (§ 19 InsO), die in Frage kommen. Häufiger als die Insolvenz einer Stiftung ist allerdings die Insolvenz der Tochtergesellschaft einer Stiftung.[75] Stiftungsrechtliche Besonderheiten wie die Zusammenlegung, Zulegung und die „Umwandlung" des Stiftungszwecks sind zu beachten. Besonderheiten für die Insolvenz der selbständigen Stiftung ergeben sich auch aus dem Fehlen eines zentralen Stiftungsregisters, was zunächst die Bestimmung des für den Insolvenzantrag zuständigen Eröffnungsgerichts erschwert.

48 Zur **Insolvenzmasse** der Stiftung gehören neben ihrem Grundstockvermögen vor allem auch grundstockerhöhende Zustiftungen und laufende Zuwendungen. Es besteht allerdings keine Verpflichtung, Zustiftungen oder Zuwendungen zu erbringen, die erst nach Eröffnung des Insolvenzverfahrens fällig geworden sind.[76]

49 **Unselbständige Stiftungsvermögen**, die von einer selbständigen Stiftung in Trägerschaft verwaltet werden, gehören nur dann zur Insolvenzmasse, wenn sie Folge einer Schenkung unter Auflage sind. Liegt dagegen ein Treuhandvertrag vor, kann der Stifter/Treugeber die Aussonderung (§ 47 InsO) des unselbständigen Stiftungsvermögens verlangen (→ Vor §§ 80 ff Rn. 77). Nach Beendigung des Insolvenzverfahrens fällt das etwaig verbliebene Restvermögen an die nach der Stiftungssatzung und/oder nach Stiftungsrecht vorgesehenen Personen.

50 Durch die Eröffnung des Insolvenzverfahrens wird die Stiftung aufgelöst (§§ 86, 42). Wird das Insolvenzverfahren eröffnet, gilt sie aber für die Zwecke des Insolvenzverfahrens als insoweit fortbestehend. Der Vorstand darf die Stiftung nach Eröffnung des Insolvenzverfahrens nicht mehr vertreten und die Geschäfte der Stiftung nicht mehr führen. An seine Stelle tritt der Insolvenzverwalter (vgl. § 80 InsO). Der Vorstand haftet für Zahlungen nach Eintritt der Zahlungsunfähigkeit der Stiftung oder nach Feststellung ihrer Überschuldung nicht. Die Vorschrift des § 64 GmbHG ist mangels planwidriger Regelungslücke nicht analog anwend-

---

73   Siehe etwa *Steuber* DStR 2006, 1182 (1185 f.); *Wolf* AWR 2004, 167 (171) jew. mwN.

74   Näher dazu *Schiffer/Sommer* in Schiffer, Stiftung, § 7 Rn. 1 ff.; *dies.* NWB 2010, 3046; s. zur Problematik auch *Hüttemann/Rawert*, Die notleidende Stiftung, Stiftung & Sponsoring – Die Roten Seiten 1/2014;

speziell zur steuerlichen Begünstigung wegen Gemeinnützigkeit in der Insolvenz s. *Dehesselles* FS Spiegelberger, S. 1255 ff.

75   Dazu *Schiffer/Sommer* NWB 2010, 3046 (3050 ff.)

76   BGHZ 96, 253.

bar.[77] Wird der Eröffnungsbeschluss nach §§ 6 Abs. 1, 34 Abs. 2 und Abs. 3 InsO aufgehoben, erlangt die Stiftung mit der Rechtskraft dieser Entscheidung wieder die volle Rechtsfähigkeit.[78]

Die gerichtliche **Abweisung der Insolvenzeröffnung** wegen Masselosigkeit (vgl. § 26 InsO) führt mit **51** Rechtskraft des Beschlusses ebenfalls zur Auflösung der Stiftung (§§ 86, 42). Die Stiftung tritt dann in die Liquidationsphase ein (§§ 88 S. 3, 47 ff.). Die Stiftung gilt insoweit für die Zwecke des Liquidationsverfahrens als fortbestehend (§§ 88 S. 3, 49 Abs. 2).

Eines Auflösungsbeschlusses der Stiftungsbehörde bedarf es aufgrund des § 42 Abs. 1 S. 1 weder im Falle **52** der Eröffnung des Insolvenzverfahrens noch im Falle der Ablehnung der Eröffnung mangels Masse.[79]

Aufgrund entsprechender Anwendung des § 42 Abs. 1 S. 3 kann, wenn das in der Satzung vorgesehen ist **53** oder es sich aus der Auslegung der Satzung ergibt,[80] durch den Anfallsberechtigten eine unselbständige (nicht rechtsfähige) Stiftung gegründet werden. Es handelt sich dabei aber nicht um die Fortführung der rechtsfähigen Stiftung als unselbständige (→ § 88 Rn. 7).

Die Eröffnung des Insolvenzverfahrens soll nach einer Entscheidung des BFH[81] zur Folge haben, dass die **54** **Körperschaftsteuerbefreiung** endet, „wenn die eigentliche steuerbegünstigte Tätigkeit eingestellt und über das Vermögen der Körperschaft das Konkurs- oder Insolvenzverfahren eröffnet wird". Die Finanzverwaltung stimmt dem zu.[82] Indes erging das Urteil zu einem Sachverhalt, in dem die betroffene Stiftung bereits vor der Eröffnung des Konkursverfahrens (jetzt Insolvenzverfahren) ihre gemeinnützige Tätigkeit weitgehend eingestellt hatte. Ob aus dem Urteil trotzdem abzuleiten ist, dass die Eröffnung des Insolvenzverfahrens zwingend zur Folge hat, dass die Stiftung ihre Körperschaftsteuerbefreiung verliert, ist mithin zweifelhaft – auch wenn der Leitsatz der Entscheidung insoweit zumindest unglücklich formuliert ist.[83]

Vielmehr wird man zu prüfen haben, ob die Geschäftstätigkeit vor und nach Eröffnung des Insolvenzverfah- **55** rens und im Falle der Liquidation vor und nach der Liquidationsphase noch den Anforderungen der AO an die Gemeinnützigkeit entspricht. Der BFH hat in dem Urteil selbst bestätigt, dass zur steuerbegünstigten Tätigkeit auch die Begleichung von Schulden aus laufenden Geschäften der ideellen Tätigkeit gehört.[84] Ausdrücklich offengelassen hat der BFH zudem die Frage, ob „einer nach § 5 Abs. 1 Nr. 9 KStG iVm §§ 51 ff. AO steuerbefreiten Körperschaft […] eine **Abwicklungsphase** zuzubilligen ist, innerhalb derer trotz Beendigung der eigentlichen steuerbegünstigten Tätigkeit ihre Geschäftsführung noch als auf die Erfüllung der steuerbegünstigten Zwecke gerichtet angesehen werden kann und die Körperschaftsteuerbefreiung daher fortbesteht".[85] Die Bejahung einer solchen Abwicklungsphase wäre nur konsequent, insbesondere weil der BFH steuerbegünstigten Körperschaften richtigerweise auch eine **Anlaufphase** zugesteht.[86]

Nach §§ 86, 42 Abs. 2 S. 1 hat der **Vorstand** bei Zahlungsunfähigkeit oder Überschuldung der Stiftung die **56** **Pflicht**, das Insolvenzverfahren **zu beantragen**. Verzögert er die Antragstellung, haftet er den Gläubigern unmittelbar gesamtschuldnerisch auf Schadensersatz (§§ 86, 42 Abs. 2 S. 2).

Umstritten ist, ob die **Stiftungsaufsichtsbehörde** ein Recht oder gar eine Pflicht zur Antragstellung hat. In **57** den §§ 13, 15 InsO ist sie jedenfalls nicht als Antragsberechtigte genannt.[87] Wir sind der Auffassung, dass auch die **Stiftungsaufsichtsbehörde** zur Mitwirkung an der Stellung des Insolvenzantrags verpflichtet sein kann, denn sie ist Garant des satzungsmäßigen Stifterwillens. Außerdem obliegt ihr eine Schutzpflicht gegenüber der Allgemeinheit, die sich auch in zahlreichen Eingriffsbefugnissen außerhalb des Insolvenzverfahrens äußert. So bestimmen viele Landesstiftungsgesetze, dass die Stiftungsaufsicht darüber zu wachen hat, dass die Verwaltung der Stiftung „im Einklang mit den Gesetzen"[88] zu erfolgen hat. Deshalb

---

77 Für einen Verein: BGH 8.2.2010 – II ZR 54/09.
78 Staudinger/*Hüttemann*/*Rawert* (2017) BGB § 86 Rn. 92; v. Campenhausen/Richter/*Hof* § 11 Rn. 42.
79 Soweit MüKoBGB/*Weitemeyer* § 86 Rn. 62 die Ansicht vertritt, die Stiftung bestehe im Falle der Ablehnung der Eröffnung des Insolvenzverfahrens mangels Masse als werbende weiter, so scheint dem ein Missverständnis zugrunde zu liegen. Unklar auch Staudinger/*Hüttemann*/*Rawert* (2017) BGB § 86 Rn. 92 (s. zum einen den 1. Satz des Abschnitts und zum anderen den letzten Absatz des Abschnitts).
80 Staudinger/*Hüttemann*/*Rawert* (2017) § 88 Rn. 7.
81 BFH 16.5.5007 – I R 14/06, BStBl II 2007, 808.
82 AEAO Nr. 6 zu § 51 AO.
83 Kritisch zu dem Urteil etwa *Hüttemann*, Gemeinnützigkeits- und Spendenrecht, Rn. 2.22 ff.; *Sauer*/*Schwarz* StiftungsBrief 2010, 228.

84 BFH 16.5.5007 – I R 14/06 Rn. 13 unter Verweis auf *Becker*/*Meining* FR 2006, 686.
85 BFH 16.5.5007 – I R 14/06 Rn. 12 unter Verweis auf BFH 23.7.2003 – I R 29/09 (Anlaufphase) und *Becker*/*Meining* FR 2006, 686 (Abwicklungsphase).
86 BFH 23.7.2003 – I R 29/02. Für die Übertragung dieses Rechtsgedankens und die Anerkennung einer entsprechenden „Auslaufphase" etwa auch Buchna/*Leichinger*/Seeger/Brox, Gemeinnützigkeit im Steuerrecht, S. 58 f.; Staudinger/*Hüttemann*/*Rawert* (2017) BGB § 86 Rn. 93.
87 Gegen ein Antragsrecht und eine Antragspflicht deshalb MüKoBGB/*Weitemeyer* § 86 Rn. 61; Staudinger/*Hüttemann*/*Rawert* (2017) BGB § 86 Rn. 90; O. Werner/Saenger/Fischer/*Hörmann* § 25 Rn. 8.
88 § 10 Abs. 1 S. 1 HessStiftG.

kann und muss die Stiftungsbehörde, wenn der Stiftungsvorstand auch nach entsprechender Anordnung untätig bleibt, die Antragstellung im Wege der **Ersatzvornahme** vornehmen.[89]

58 Eine **Antragsrücknahme** (§ 13 Abs. 2 InsO) kann grundsätzlich nur durch das Organmitglied erfolgen, das den Antrag gestellt hat. Nur ausnahmsweise kann auch die Stiftungsaufsicht den Antrag zurücknehmen. Damit wird dem öffentlichen Interesse an dem Bestand der Stiftung Rechnung getragen. Bei der Stiftungsaufsicht ist die Gefahr gering, dass sie bewusst zum Nachteil der Gläubiger entscheidet.

59 Auch **ausländische Stiftungen** sind in Deutschland *ipso jure* rechtsfähig. Gegen sie kann ein Insolvenzverfahren unter den Voraussetzungen des Art. 102 § 1 Abs. 3 EGInsO eröffnet werden.

60 Der **Stifter** ist grundsätzlich nicht an dem Insolvenzverfahren zu beteiligen, es sei denn in seiner etwaigen Funktion als Mitglied des Stiftungsvorstands oder falls er als Gläubiger eigene Rechte gegen die Stiftung geltend macht.

61 Da die **Destinatäre** keine originären mitgliedschaftlichen oder organschaftlichen Rechte haben, wirken auch sie an einem Insolvenzverfahren „ihrer" Stiftung nicht als solche mit, sondern allenfalls als etwaige Organmitglieder. Satzungsmäßige Leistungen der Stiftung an die Destinatäre sind nachrangige Insolvenzforderungen (§ 39 Abs. 1 Nr. 4 InsO), die erst entstehen, wenn der Vorstand dem betreffenden Destinatär eine ausdrückliche Mittelzusage erteilt hat oder wenn – ausnahmsweise – die Satzung diese Zuwendung abschließend regelt. Im Übrigen sind diese Leistungen in einem Insolvenzverfahren grundsätzlich anfechtbar.

C. Weitere praktische Hinweise

62 § 84 Abs. 3 S. 4 AktG, wonach der **Widerruf der Bestellung zum Vorstandsmitglied** so lange wirksam ist, bis seine Unwirksamkeit rechtskräftig festgestellt ist, ist im Stiftungsrecht nicht entsprechend anwendbar.[90]

63 Solange es noch kein **Stiftungsregister** gibt, lassen sich die im Vereinsrecht geltenden Grundsätze der §§ 68 ff. nicht auf die Stiftung übertragen.[91] Die Einrichtung eines Stiftungsregisters war und ist weiterhin Gegenstand von Reformdiskussionen, allerdings auch im Diskussionsentwurf der Bund-Länder-Arbeitsgruppe „Stiftungsrecht" für ein Gesetz zur Vereinheitlichung des Stiftungsrechts (→ Vor §§ 80 ff. Rn. 19 ff.) nicht vorgesehen.[92]

64 **Stiftungen mit einem wirtschaftlichen Geschäftsbetrieb** können nach hM entgegen dem Grundsatz der rechtsgeschäftlichen Unbeschränkbarkeit der Vertretungsmacht bei Handelsgesellschaften[93] **Vertretungsbeschränkungen** nach Eintragung in das Handelsregister Dritten gegenüber geltend machen.[94]

65 Schreibt die Stiftungssatzung zur **Beschlussfähigkeit des Stiftungsvorstandes** mindestens „die Hälfte der Mitglieder" des Organs vor, zählen im Zweifel nach dem so in der Satzung erklärten Stifterwillen auch die Organmitglieder mit, denen die Stiftungsaufsichtsbehörde die Wahrnehmung ihrer Pflichten einstweilen untersagt hat,[95] denn sie bleiben bis zu ihrer etwaigen Abberufung Organmitglieder, obwohl sie gehindert sind, ihre Geschäfte als Organmitglieder auszuüben. Das aber hat mit der Frage, welche Mehrheitserfordernisse in der Satzung festgelegt sind, nichts zu tun. Etwas anders gilt, wenn die Satzung für die erforderliche Mehrheit auf die „stimmberechtigten" Mitglieder abstellt.

66 Eine generelle Befugnis Dritter oder auch der Organmitglieder einer Stiftung, Beschlüsse des Organs im eigenen Namen **gerichtlich überprüfen** zu lassen, gibt es nicht. Auf die Ungültigkeit eines Vorstandsbeschlusses kann sich nur derjenige berufen, den der Beschluss in seinen organschaftlichen Rechten beeinträchtigt.[96] Die Voraussetzungen des § 256 ZPO sind zu beachten.

89 *Fritsche* ZSt 2003, 211 (219); *Stumpf*/Suerbaum/
    Schulte-Pauli, Stiftungsrecht, Teil B § 87 BGB
    Rn. 37; v. Campenhausen/Richter/*Hof* § 11 Rn. 41.
90 BGH BB 1977, 263 f.
91 BeckOK BGB/*Backert* § 86 Rn. 3.
92 Zum Transparenzregister nach dem GwG *Schiffer*/
    Schürmann BB 2017, 2626: *Nadwornik* npoR 2017,
    233; *Schwalm* ZStV 2020, 52.

93 S. § 126 Abs. 2 HGB, § 82 Abs. 1 AktG, § 37 Abs. 2
    GmbHG, § 27 Abs. 2 GenG.
94 Staudinger/*Hüttemann*/*Rawert* (2017) BGB § 86
    Rn. 19
95 BGH NJW 1994, 184 (185); BeckOK BGB/*Backert*
    § 86 Rn. 4; missverständlich Palandt/*Ellenberger*
    BGB § 86 Rn. 1 unter Hinw. auf eben diese BGH-
    Entscheidung.
96 BGH NJW 1994, 184 (185).

§ 87 Zweckänderung; Aufhebung

(1) Ist die Erfüllung des Stiftungszwecks unmöglich geworden oder gefährdet sie das Gemeinwohl, so kann die zuständige Behörde der Stiftung eine andere Zweckbestimmung geben oder sie aufheben.

(2) ¹Bei der Umwandlung des Zweckes soll der Wille des Stifters berücksichtigt werden, insbesondere soll dafür gesorgt werden, dass die Erträge des Stiftungsvermögens dem Personenkreis, dem sie zustatten kommen sollten, im Sinne des Stifters erhalten bleiben. ²Die Behörde kann die Verfassung der Stiftung ändern, soweit die Umwandlung des Zweckes es erfordert.

(3) Vor der Umwandlung des Zweckes und der Änderung der Verfassung soll der Vorstand der Stiftung gehört werden.

Literatur: Siehe Vor §§ 80 ff.

A. Allgemeines	1	C. Weitere praktische Hinweise	18
B. Regelungsgehalt	4	I. Gerichtliche Überprüfung	18
I. Unmöglichkeit der Erfüllung des Stiftungs-		II. Weitere Auflösungsgründe	19
zwecks	4	III. Sonstige Eingriffe	20
II. Gefährdung des Gemeinwohls	10	IV. Gesellschaftsrechtliche Umwandlung	34
III. Zweckumwandlung und Aufhebung	13	V. Unselbstständige Stiftungen	39
IV. Subsidiarität	17		

A. Allgemeines

Angesichts der derzeit für Stiftungen bestehenden erheblichen Schwierigkeiten, ausreichende Mittel für die Erfüllung ihrer Stiftungszwecke zu erwirtschaften, stellt sich ihnen zunehmend die Frage nach einer Zweckänderung oder gar Aufhebung. Über § 87 hat die Stiftungsbehörde, falls die Erfüllung des Stiftungszwecks unmöglich geworden ist oder das Gemeinwohl gefährdet (→ § 80 Rn. 48 ff.), die Möglichkeit, den Zweck der Stiftung zu ändern (**Zweckumwandlung**). Vor einer solchen Änderung soll sie den Vorstand der Stiftung hören (Abs. 3). Außerdem hat sie nach der Vorschrift bei der Zweckänderung den Willen des Stifters tunlichst zu berücksichtigen, was die Bedeutung des Stifterwillens – neben seiner Hervorhebung in den Landesstiftungsgesetzen (→ § 81 Rn. 64 f.) – einmal mehr auch im BGB betont (→ § 80 Rn. 1 ff.). Die Stiftungsbehörde hat insbesondere dafür Sorge zu tragen, dass die Erträge des Stiftungsvermögens dem vom Stifter vorgesehenen Personenkreis erhalten bleiben. Alternativ kann die Stiftungsbehörde die **Aufhebung** der Stiftung verfügen.

Die Landesstiftungsgesetze kennen weitere Maßnahmen, etwa die „**Zusammenlegung**" von Stiftungen,[1] die ggf. als mildere Maßnahmen in Betracht kommen,[2] deren Legitimität angesichts der Gesetzgebungskompetenz des Bundes indes sehr umstritten ist (→ Rn. 25; → Vor §§ 80 ff. Rn. 28; zu „einfachen" Satzungsänderungen → § 85 Rn. 4 f.). Die Vorschrift macht illustriert, wie zentral der Stiftungszweck für die Stiftung ist. Zusätzlich hat der Gesetzgeber durch die Vorschrift verdeutlicht, dass die Erfüllung des Stiftungszwecks einen im Gesetz manifestierten Vorrang vor dem lange Jahrzehnte so hoch gehaltenen Grundsatz der Erhaltung des Stiftungsvermögens genießt (→ § 81 Rn. 61).

Trotz der gesetzlichen Regelung hat der eingangs angesprochene **Stifterwille Vorrang**, dh in der Stiftungssatzung kann festgelegt werden, dass der Stifter oder die Organe der Stiftung über Zweckänderungen oder die Aufhebung der Stiftung entscheiden können,[3] wobei natürlich auch Abs. 2 und § 85 zu beachten sind.

B. Regelungsgehalt

I. Unmöglichkeit der Erfüllung des Stiftungszwecks

Für einen Zwangseingriff der Stiftungsbehörde nach § 87 muss die Erfüllung des Stiftungszwecks unmöglich geworden sein oder sie muss das Gemeinwohl gefährden. Das Tatbestandsmerkmal **„Unmöglichkeit der Zweckerreichung"** entspricht dem der „Unmöglichkeit" im Leistungsstörungsrecht (§ 275 Abs. 1), umfasst aber auch zusätzlich die Fälle der wirtschaftlichen Unzumutbarkeit (§ 275 Abs. 2).[4]

---

1   Beispiele: Art. 8 Abs. 3 BayStiftG; § 9 HessStiftG.
2   Ausf. zu der ganzen Thematik: *Schiffer/Schürmann* in Schiffer, Stiftung, § 6; *Schauer*, Die Zusammenführung rechtsfähiger Stiftungen, 2017.

3   S. dazu etwa Stumpf/Suerbaum/Schulte/Pauli Teil B § 87 BGB Rn. 3.
4   BVerwGE 29, 314; v. Campenhausen/Richter/*Hof* § 11 Rn. 61; Staudinger/*Hüttemann/Rawert* (2017) BGB § 87 Rn. 5.

5 Wird der die Erfüllung des Stiftungszwecks nicht erst **nachträglich unmöglich**, sondern war schon **anfänglich unmöglich**, hat aber die Behörde die Stiftung dennoch als rechtsfähig anerkannt, ist diese als juristische Person entstanden, die Zweckerreichung bleibt aber gleichwohl unmöglich. Das rechtfertigt die Ausdehnung der Anwendung der Vorschrift entgegen ihrem Wortlaut auch auf diese Fälle.[5] Der bayrische VGH hat indes § 48 VwVfG (Rücknahme eines rechtswidrigen Verwaltungsakts) für anwendbar gehalten.[6]

6 Die Unmöglichkeit kann **tatsächlicher oder rechtlicher Art** sein. Beispiele für eine tatsächliche Unmöglichkeit sind die endgültige Zweckerfüllung oder auch der Wegfall der Destinatäre, der endgültige (Total-)Verlust des Stiftungsvermögens oder dessen Schrumpfung auf ein für die Zweckerreichung nicht ausreichendes Maß. Letzteres erscheint mit Blick auf die Kapitalmarksituation aktuell so deutlich möglich wie es in früheren Hochzinsphasen ausgeschlossen schien. Wie die Praxis zeigt, wird man auch an die Konstellation denken müssen, dass sich entgegen den Erwartungen des Stifters keine ausreichende Anzahl (ehrenamtlicher) Organmitglieder findet,[7] was dann auch tatsächlich dazu führt, dass der Stiftungszweck durch diese Stiftung nicht mehr erfüllt werden kann. Man wird niemanden zur Übernahme eines Vorstandsamtes zwingen können. In Betracht kommt dann die Einsetzung eines Notvorstands durch das Amtsgericht (→ § 86 Rn. 4) oder, wenn kein dringender Fall vorliegt, durch die Stiftungsbehörde.[8]

7 Ein Beispiel für eine rechtliche Unmöglichkeit ist das Verbot der Zweckerfüllung.

8 Die nur **vorübergehende, zeitweilige und eine nur teilweise Unmöglichkeit** der Zweckerreichung genügen nicht als Voraussetzung für die Zwangsmaßnahmen nach § 87. Beispiele:[9] Vorübergehend steht kein Destinatär zur Verfügung, Wegfall einer von mehreren bedachten Sozialeinrichtungen.

9 Mitunter wird erwogen, § 87 (Aufhebung) auch bei sog. **Rechtsformverfehlungen** anzuwenden.[10] Gemeint sind etwa die Fälle, in denen die Stiftungsbehörde eine wirtschaftliche (= unternehmensverbundene) Stiftung oder (Familien-)Unterhaltsstiftung „zu Unrecht" als rechtsfähig anerkannt oder sich eine Stiftung zu einer solchen Stiftung entwickelt hat. Allerdings sind solche Stiftungen zulässig (→ § 80 Rn. 51 ff., 81 ff., 94 ff.). Die entsprechenden Überlegungen, so sie heute überhaupt noch verfolgt werden, haben jedenfalls aktuell keine Überzeugungskraft mehr, denn es gilt der Grundsatz der gemeinwohlkonformen Allzweckstiftung. Die Grenze für mögliche Stiftungszwecke bildet alleine die Gemeinwohlgefährdung (→ § 80 Rn. 48 ff.).

II. Gefährdung des Gemeinwohls

10 Die Tatbestandsvoraussetzung „Gefährdung des Gemeinwohls" entspricht derjenigen in § 80 Abs. 2 (→ § 80 Rn. 48). Eine Gefährdung des Gemeinwohls ist mithin gegeben, wenn die Tätigkeit der Stiftung in Widerspruch zu Strafgesetzen oder zu Grundlagenentscheidungen der Rechts- und Verfassungsordnung steht.[11]

11 Eine Gefährdung des Gemeinwohls kann nicht schon dann bejaht werden, wenn die Stiftung im konkreten Fall nicht hätte anerkannt werden sollen.[12] Die einmal anerkannte Stiftung genießt grundsätzlich Vertrauensschutz. Im Rahmen des § 87 hat die Stiftungsaufsichtsbehörde wegen Gefährdung des Gemeinwohls erst dann vorzugehen, wenn sich etwaige abstrakte Gefahren in dem ihr zur Entscheidung vorliegenden Fall konkretisiert haben. Zudem wird der Vertrauensschutz nach allgemeinen Rechtsgrundsätzen ausgeschlossen, wenn sich der Stifter die Anerkennung der Stiftung, dh den betreffenden Verwaltungsakt (→ § 80 Rn. 10 ff.), etwa durch falsche Angaben oder eine unzulässige Einwirkung auf die Genehmigungsbehörde „erschlichen" hat.[13]

12 Die Gebote der Rechtssicherheit und des Vertrauensschutzes sind im Rechtsstaatsprinzip (Art. 20 Abs. 3 GG) verankert.[14] Allerdings verliert ein Vertrauensschutzinteresse dann erheblich an Gewicht, wenn derjenige, der den Bescheid erwirkt hat, mit seinem Vertrauen in den unveränderten Bestand des Bescheids die ihm zuzumutende Sorgfalt bei der Einschätzung der tatsächlichen Entwicklung und ihrer rechtlichen Folgen auch nur in einem leichten Maß verletzt hat. Schon dann kann sich nach der Rechtsprechung ein „Antrag-

---

5 MüKoBGB/*Weitemeyer* § 87 Rn. 9; Staudinger/*Hüttemann/Rawert* (2017) BGB § 87 Rn. 6 mwN.

6 BayVGH 12.10.2005 – 5 BV 03.2841, ZSt 2006, 41 m. krit. Anmerkung *Andrick*.

7 Zur Schwierigkeit, Nachfolger für Stiftungsorganmitglieder zu finden, s. etwa *Schiffer/Pruns/Schürmann* in Schiffer, Stiftung, § 3 Rn. 79 ff.

8 S. etwa § 9 Abs. 2 StiftG NRW.

9 BeckOK BGB/*Backert* § 87 Rn. 3.

10 MüKoBGB/*Reuter* (6. Aufl. 2012) § 87 Rn. 8 (differenzierend); ebenso jetzt MüKoBGB/*Weitemeyer* § 87 Rn. 13.

11 Palandt/*Ellenberger* BGB § 87 Rn. 1; BeckOK BGB/*Backert* § 87 Rn. 1.

12 v. Campenhausen/Richter/*Hof* § 10 Rn. 381. AA MüKoBGB/*Weitermeyer* § 87 Rn. 13.

13 S. auch § 48 VwVfG.

14 Vgl. nur BVerwGE 91, 306 ff. (16.12.1992 – 11 C 6.92) unter Hinweis auf BayVGH 26.4.2010 (12 ZB 09.340: BaföG-Bescheid) – s. dort auch zum Folgenden.

Schiffer/Pruns

steller" (hier = Stifter) nicht auf ein schutzwürdiges Vertrauen in den weiteren Bestand des Bescheides (hier = Anerkennung der Stiftung) berufen.

III. Zweckumwandlung und Aufhebung

Das Gesetz ermächtigt die landesgesetzlich zu bestimmenden Stiftungsaufsichtsbehörden unter den im Gesetz genannten Tatbestandsvoraussetzungen zur Zweckänderung und zur Aufhebung der Stiftung.[15] Bei der **Zweckumwandlung (= Zweckänderung)** soll der Wille des Stifters berücksichtigt werden. Der Stifterwille (→ § 80 Rn. 1 ff.; → § 85 Rn. 4) ist auch hier der grundlegende Maßstab für die Stiftung. Insbesondere ist in diesem Zusammenhang Sorge zu tragen, dass die Erträge des Stiftungsvermögens weiterhin dem bisher nach dem Stiftungszweck und dem Willen des Stifters bedachten Personenkreis zufließen (Abs. 2 S. 1). Weitere Satzungsbestimmungen außer dem Zweck der Stiftung darf die Behörde nur ändern, soweit das zur Erfüllung des geänderten Stiftungszwecks erforderlich ist (Abs. 2 S. 2). **13**

Bei einer Zweckänderung besteht die Gefahr, dass diese steuerlich als Neuerrichtung gewertet wird – etwa bei einer Familienstiftung, deren Zweck in einen anderen (schlicht privatnützigen) Zweck geändert wird.[16] **14**

Nach Abs. 3 soll der **Stiftungsvorstand** vor einer Zweckumwandlung und der Änderung der Stiftungsverfassung **gehört werden**. Wegen § 28 VwVfG ist die Vorschrift als **Mussvorschrift** auszulegen und anzuwenden.[17] Lebt der Stifter noch, muss auch er gehört werden.[18] **15**

Ebenso wie bei der Errichtung hat die Stiftungsaufsichtsbehörde auch bei der **Auflösung** einer Stiftung mitzuwirken. Entweder verfügt sie hoheitlich die Beendigung der Stiftung und hebt sie auf, wenn die Voraussetzungen der Abs. 1 vorliegen, oder sie genehmigt einen entsprechenden Auflösungsbeschluss der Stiftungsorgane (→ Rn. 30). Die **Aufhebung** einer Stiftung durch staatlichen Hoheitsakt ist nur als ultima ratio zulässig (Grundsatz der Verhältnismäßigkeit). **16**

IV. Subsidiarität

Durch die **Zwangsmaßnahmen des § 87** greift die Stiftungsbehörde in die grundrechtlich geschützte und durch das Stiftungszivilrecht noch zusätzlich betonte (§ 80 Abs. 2) Stifterfreiheit ein. Das bleibt nicht ohne praktische Auswirkungen. Die Zweckänderung und die Aufhebung der Stiftung sind nur unter den engen Voraussetzungen des Abs. 1 zulässig. Sie sind **gegenüber Maßnahmen der Stiftungsorgane nach der Stiftungssatzung subsidiär**, was nicht oft genug betont werden kann, denn die Stiftungssatzung manifestiert den als Grundvorgabe maßgeblichen Stifterwillen. Entsprechende Maßnahmen der Stiftungsbehörde sind als **ultima ratio** mithin nur zulässig, wenn eine Satzungsänderung nicht durchführbar oder zur Wiederherstellung einer funktionstüchtigen Stiftung nicht geeignet ist.[19] **17**

C. Weitere praktische Hinweise

I. Gerichtliche Überprüfung

Maßnahmen nach § 87 können im Wege der **Anfechtungsklage** verwaltungsgerichtlich überprüft werden.[20] Rechtsbehelfe haben aufschiebende Wirkung; die Stiftung bleibt bis zur rechtskräftigen Entscheidung über die Aufhebungsverfügung uneingeschränkt rechtsfähig.[21] **18**

II. Weitere Auflösungsgründe

Weitere mögliche Auflösungsgründe sind:[22] die Eröffnung des Insolvenzverfahrens (→ §§ 86 Rn. 43 ff.), der Eintritt einer auflösenden Bedingung, der entsprechende Beschluss des zuständigen Stiftungsorgans,[23] der Eintritt eines Endtermins, die vollständige Erfüllung des Stiftungszwecks, oder der Widerruf oder die Rücknahme der Anerkennung der Stiftung. Der bloße (teilweise) Vermögensverfall führt hingegen grundsätzlich nicht zu einer Aufhebung der Stiftung, solange die Verluste absehbar durch Erträge des Restvermögens wieder ausgeglichen werden können. Der **Stifter ist frei**, in der **Satzung** zusätzlich Auflösungsgründe mit Genehmigung durch die Aufsichtsbehörde festzulegen.[24] **19**

15   S. dazu etwa Stumpf/Suerbaum/Schulte/Pauli Teil B § 87 BGB Rn. 14 ff.
16   S. *Schiffer*, Stiftung, § 8 Rn. 68 ff.
17   MüKoBGB/*Weitemeyer* § 87 Rn. 18.
18   *Andrick* Die Stiftung 2015, 85, 106 ff.
19   MüKoBGB/*Weitemeyer* § 87 Rn. 19.
20   MüKoBGB/*Weitemeyer* § 87 Rn. 19.

21   OLG Hamm NJW-RR 1995, 120 f.
22   BeckOK BGB/*Backert* § 87 Rn. 6; Palandt/*Ellenberger* BGB § 87 Rn. 3.
23   OLG Koblenz NZG 2002, 135.
24   BeckOK BGB/*Backert* § 87 Rn. 6; Staudinger/*Hüttemann/Rawert* (2011) BGB § 87 Rn. 24 f.

III. Sonstige Eingriffe

20 Die **Landesstiftungsgesetze** eröffnen nach entsprechendem Beschluss der Stiftungsorgane statt der Maßnahmen nach § 87 mit Zustimmung der Stiftungsaufsichtsbehörde oder durch Anordnung der Behörde verschiedene **mildere „Umwandlungsmaßnahmen"** für eine Stiftung als eine Aufhebung:[25] Zu nennen sind hier insbesondere die Zusammenlegung und die Zulegung.[26] Ob das vor dem Hintergrund der Zuständigkeitsregelung des GG zulässig ist, ist umstritten.[27] Den Kritikern zufolge soll § 87 eine abschließende bundesgesetzliche Regelung enthalten. Umwandlungsmaßnahmen sind aber als Spezialfälle (Unterfälle) der Zweckänderung und der Aufhebung zulässig, wenn die Eingriffsvoraussetzungen des § 87 vorliegen,[28] denn dann ist der Tatbestand der bundesgesetzlichen Regelung ja erfüllt.

21 Tatsächlich nehmen nach unseren Beobachtungen „Zusammenlegungsfälle" in den letzten Jahren in der Praxis immer mehr zu – etwa weil kleine Stiftungen angesichts der aktuellen Kapitalmarktsituation alleine nicht mehr überlebensfähig sind. Inzwischen verfügen Berater und Stiftungsbehörden hier über einige Erfahrungen; die fachliche Aufarbeitung der Thematik ist vorangeschritten.[29]

22 Umstritten ist auch, ob für solche Umwandlungsmaßnahmen eine „autonome" Beschlusskompetenz der Stiftungsorgane bestehen kann, wenn die Stiftungssatzung eine entsprechende Regelung enthält.[30] Nach hM kann jedenfalls die Zusammenlegung, Zulegung, Zweckänderung oder Aufhebung einer Stiftung durch deren Organe beschlossen werden, wenn der Stifter diese dazu in der Stiftungssatzung ermächtigt hat.[31] Dieser Betonung des Vorrangs des Stifterwillens ist zumindest dann zu folgen, wenn der Stifter in der Satzung die Voraussetzungen, unter denen nach seinem Willen diese Beschlüsse gefasst werden dürfen, konkret bestimmt hat (Beispiele: Wegfall des Stiftungszwecks, Wegfall potenzieller Destinatäre – etwa bei einer Familienstiftung, wenn die Mitglieder der Familie ausgestorben sind). Maßgebend ist hier wie auch sonst der Stifterwille bei Errichtung der Stiftung, der in diesen die Identität der Stiftung begründenden Punkten nicht durch den Willen der Organmitglieder ersetzt werden darf (Primat des Stiftungsgeschäfts).[32]

23 **Steuerlich** sind „Umwandlungen" nach den allgemeinen Grundsätzen zu beurteilen, wobei aber ggf. insbesondere Fragen des Gemeinnützigkeitsrechts eine Abstimmung mit dem Finanzamt erfordern.[33]

24 Eine **Zusammenlegung** ist – vergleichbar der Verschmelzung zur Neugründung im Umwandlungsrecht – die Zusammenfassung mehrerer Stiftungen mit gleichem oder ähnlichem Zweck zu einer neuen Stiftung. Dafür ist erforderlich, dass bei allen beteiligten Stiftungen die Erreichung des Stiftungszwecks unmöglich geworden ist. Die Stiftungen gehen als solche unter und es entsteht eine neue Stiftung. Deren (neue) Satzung erlässt die Stiftungsbehörde in Abstimmung mit den Organen der Stiftungen.

25 Das Vermögen der zusammengelegten Stiftungen geht im Wege der Einzelrechtsnachfolge auf die neue Stiftung über, wofür je nach Regelung in den Stiftungssatzungen die Zustimmung der Anfallberechtigten (§ 88 BGB) erforderlich ist. Die Landesstiftungsgesetze sehen, um hier Probleme im Interesse der Stiftungen zu vermeiden, vielfach eine Gesamtrechtsnachfolge vor,[34] doch ist die Wirksamkeit solcher Vorschriften zweifelhaft, da den Ländern insofern wohl die Gesetzgebungskompetenz fehlen dürfte.[35] Die durch die Zusammenlegung entstandene neue Stiftung bedarf einer neuen Satzung mit einem neuen Zweck, der aus den ursprünglichen Zwecken abzuleiten ist (arg. e. Abs. 2). Die übertragenden Stiftungen sind aufzulösen und zu liquidieren.

26 Von der Zusammenlegung ist die bloße **Zusammenfassung mehrerer Stiftungen** unter einer gemeinsamen Stiftungsverwaltung zu unterscheiden, die die Rechtsfähigkeit und den Fortbestand der einzelnen Stiftungen durch die gemeinsame Stiftungsverwaltung nicht berührt. Für eine Zusammenlegung ist in aller Regel erforderlich, dass bei allen beteiligten Stiftungen die Erreichung des Stiftungszwecks unmöglich geworden ist

---

25　Näher Hüttemann/Richter/Weitemeyer/*Arnold*, Landesstiftungsrecht, Kap. 27 (S. 725 ff.).

26　Ausf. dazu *Schiffer/Schürmann* in Schiffer, Stiftung, § 6 Rn. 36 ff. *Schauer*, Die Zusammenführung rechtsfähiger Stiftungen, 2017.

27　Nachweise bei Staudinger/*Hüttemann/Rawert* (2017) BGB § 87 Rn. 3.

28　Zu den umstrittenen Einzelheiten s. etwa MüKo-BGB/*Weitemeyer* § 87 Rn. 22; Staudinger/*Hüttemann/Rawert* (2017) BGB § 87 Rn. 17 ff.; Hüttemann/Richter/Weitemeyer/*Arnold*, Landesstiftungsrecht, 2011, Rn. 27.11 ff.

29　Näher etwa *Schauer* ZEV 2017, 613.

30　S. nur die Darstellung zum Streitstand und die Kritik an der hM bei Staudinger/*Hüttemann/Rawert* (2017) BGB § 87 Rn. 4 ff.

31　S. etwa v. Campenhausen/Richter/*Hof* § 10 Rn. 335; OLG Koblenz NZG 2002, 135.

32　S. Staudinger/*Hüttemann/Rawert* (2017) BGB § 87 Rn. 24.

33　Ausf. *Schiffer/Schürmann* in Schiffer, Stiftung, § 6 Rn. 36 ff.

34　Beispiel: § 14 Abs. 2 BWStiftG.

35　So auch Werner/Saenger/*Fritsche* Rn. 724 ff.; *Schauer* ZEV 2017, 613 (616); jeweils mwN.

(arg. § 87).[36] Es ist also nicht etwa zulässig, eine Stiftung, der die Zweckerreichung unmöglich geworden ist, und eine Stiftung, bei der kein Aufhebungsgrund vorliegt, zusammenzulegen.[37]

Bei einer **Zulegung** wird das Vermögen einer oder mehrerer dann aufzulösender Stiftungen unter entsprechender dortiger Satzungs- und Zweckänderung auf eine bereits bestehende Stiftung übertragen, dh mit dieser vereinigt.[38] Sie gibt ihre eigene Rechtspersönlichkeit auf und wird fortan von der anderen Stiftung mit verwaltet. Dabei müssen sich die Stiftungen in ihren Zwecksetzungen zumindest ähneln. Dieser Vorgang ist der Verschmelzung zur Aufnahme im Umwandlungsrecht vergleichbar. Voraussetzung ist regelmäßig die beiderseitige Unmöglichkeit der Erreichung des Stiftungszwecks. 27

Entscheidend ist auch in allen diesen Fällen der **Stifterwille**, denn er gibt der Stiftung ihr Existenzrecht. Entspricht die Zweckänderung, Zusammenlegung oder Zulegung nicht dem zumindest hypothetischen Stifterwillen, ist nach § 87 grundsätzlich nur die **Aufhebung** zulässig, da dann angenommen werden muss, dass der Stifter alle anderen Maßnahmen nicht gewollt hat.[39] Dem Stifterwillen kann dann nicht Rechnung getragen werden, weshalb die Stiftung als ultima ratio aufzuheben ist. Das dürfte in der Praxis allerdings ausgesprochen selten sein. Zu bedenken ist hier etwa auch, dass der Gesetzgeber die Verbrauchstiftung anerkannt hat. 28

Angesichts der teilweise angespannten Lage in der Stiftungswelt, die nicht nur durch Schlagworte wie Negativzins, sondern etwa auch durch eine erschwerte Nachfolgersuche für die vielen Ehrenämter und allgemein durch „notleidende Stiftungen"[40] gekennzeichnet wird, tut sich hier in der Praxis aktuell einiges. Die Politik ist das Thema Modernisierung des Stiftungsrechts erneut angegangen (→ Vor § 80 Rn. 19 ff.). Dabei werden auch Zusammen- und Zulegung sowie Stiftungsauflösungen ein wichtiges Thema sein. Diskutiert wird das Thema „Verbrauch" über die Zulässigkeit künftiger Verbrauchstiftungen hinaus auch mit Blick auf bestehende Stiftungen. Selbst Stiftungsfonds werden in der Praxis als **Verbrauchstiftungsfonds** nicht nur angedacht.[41] Die potenzielle **(Teil-)Verbrauchsstiftung** wurde auch schon vor der gesetzlichen Anerkennung der Verbrauchstiftung diskutiert. „Verbrauchen" ist ggf. das mildere Mittel gegenüber einer Aufhebung oder Zweckänderung der Stiftung, denn der Stifter wollte ja gerade den besagten Zweck erfüllen. Damit dürfte der Verbrauch, dh die **„Umwandlung in eine Verbrauchsstiftung"**, oft auch dem hypothetischen Stifterwillen entsprechen. Man ändert dann eben nicht den Zweck, sondern „nur" die Dauer der Stiftung. 29

Voraussetzung für einen **Auflösungsbeschluss der Stiftungsorgane** ist wie für jeden anderen Beschluss zu einer Änderung Stiftungssatzung, dass dieser entweder nach dem Landesstiftungsrecht, dem die Stiftung neben dem BGB unterliegt, oder ggf. ausdrücklich nach der betreffenden Stiftungssatzung zulässig ist. Ist in der Satzung die Aufhebung der Stiftung bei Eintritt bestimmter Auflösungsgründe (etwa Zeitablauf oder vollständige Erfüllung der Stiftungszwecke) vorgesehen, so stellt das nach der Satzung zuständige Stiftungsorgan das Vorliegen des betreffenden Aufhebungsgrundes fest. Die Aufsichtsbehörde prüft sodann unter dem Aspekt der **Rechtsaufsicht**, ob diese Feststellung richtig ist. 30

Ist nach dem Willen des Stifters in der Stiftungssatzung oder dem Stiftungsgeschäft die **Aufhebung der Stiftung** ausdrücklich oder stillschweigend **untersagt**, so bleibt zur Beendigung der Stiftung nur der Weg einer staatlichen Aufhebung durch eine entsprechende Verfügung der Stiftungsbehörde. Die wesentlichen Aufhebungsgründe sind die Insolvenz, die Unmöglichkeit der Zweckerfüllung und die Fälle der Gesetzwidrigkeit sowie die Gefährdung des Gemeinwohls. 31

Die **Rechtsfolgen des Erlöschens der Stiftung** mit der Folge des Verlustes der Rechtsfähigkeit sind **unterschiedlich**, je nachdem, ob in der Stiftungssatzung ein Anfallberechtigter benannt ist oder nicht.[42] In den Satzungen steuerbefreiter Stiftungen ist regelmäßig bestimmt, welcher steuerbegünstigten Person das Liquidationsvermögen zufällt.[43] Der Rechtsübergang erfolgt grundsätzlich im Rahmen einer Liquidation (§ 88 S. 3 iVm §§ 47 bis 53). Die Anfallberechtigten haben einen schuldrechtlichen Anspruch auf Auskehrung des nach der Liquidation verbleibenden Überschusses.[44] Ist in der Stiftungssatzung kein Anfallberechtigter genannt, so ist der Fiskus Anfallberechtigter (§ 88 S. 2). In diesem Fall findet eine Gesamtrechtsnachfolge statt (§§ 88 S. 2, 46 iVm §§ 1936, 1942 Abs. 2, 1964, 2011 und 1994 Abs. 1 S. 2).[45] 32

Bei der **Auflösung einer steuerbegünstigten Körperschaft** darf das Vermögen nur für steuerbegünstigte Zwecke verwendet werden (§ 55 Abs. 1 Nr. 4 AO),[46] weshalb in der Satzung bestimmt sein muss, welcher 33

---

36 Der theoretisch auch mögliche Fall der beiderseitigen Gemeinwohlgefährdung ist in der Praxis zu vernachlässigen.
37 So auch *Wachter*, S. 245.
38 *Richter* § 9 Rn. 29; *Schauer* ZEV 2017, 613 (616).
39 BVerwG 1991, 713.
40 S. dazu etwa *Hüttemann/Rawert* ZIP 2013, 2136.
41 Dazu *Schiffer* StiftungsBrief 2011, 141.

42 *Richter* § 9 Rn. 51.
43 §§ 61 Abs. 1, 55 Abs. 1 Nr. 4 AO; gemeinnützigkeitsrechtlicher Grundsatz der Vermögensbindung; sa § 88 S. 1.
44 BeckOK BGB/*Backert* § 88 Rn. 5.
45 Staudinger/*Hüttemann/Rawert* (2017) BGB § 87 Rn. 9 f.
46 *Dehesselles*, Stiftung & Sponsoring 1/2009, 22.

steuerbegünstigten Körperschaft oder juristischen Person des öffentlichen Rechts das Liquidationsvermögen zufällt oder für welche steuerbegünstigten Zwecke das Vermögen von einer juristischen Person des öffentlichen Rechts oder einer anderen steuerbegünstigten Körperschaft zu verwenden ist (§§ 61 Abs. 1, 55 Abs. 1 Nr. 4 AO; siehe auch § 5 der Mustersatzung, Anlage 1 zu § 60 AO). Ausländische Körperschaften können nicht wirksam als Anfallberechtigte benannt werden.[47]

IV. Gesellschaftsrechtliche Umwandlung

34 Eine Stiftung kann auch an Umwandlungsvorgängen nach den Vorschriften des Umwandlungsgesetzes (§ 1 Abs. 1 und 2 UmwG) beteiligt sein.[48] Da eine Stiftung aber keine Anteilsinhaber oder Mitglieder hat, sondern nur aus Vermögen besteht, sind die Umwandlungsmöglichkeiten nach dem Umwandlungsgesetz **beschränkt**. Sie kann nur an solchen Umwandlungsvorgängen beteiligt sein, bei denen die Gegenleistung für die Vermögensübertragung auf der Ebene des übertragenden Rechtsträgers erfolgt, denn eine Gegenleistung auf der Ebene von Gesellschaftern/Mitgliedern ist unmöglich. Eine Stiftung kann vor allem nicht an einer Auf- oder Abspaltung, bei einer Verschmelzung oder bei einem Formwechsel beteiligt sein.

35 Es bleibt einer Stiftung also nur die **Ausgliederung**,[49] denn dabei kommt es „nur" zu einem Aktivtausch. Im Übrigen ist eine Stiftung kein umwandlungsfähiger Rechtsträger. Auch bei der Ausgliederung kann sie nur als übertragender und nicht als übernehmender Rechtsträger beteiligt sein (§ 161 UmwG). Eine Ausgliederung zur Aufnahme kann nur auf eine Personenhandels- oder Kapitalgesellschaft und eine Ausgliederung zur Neugründung nur auf eine Kapitalgesellschaft erfolgen. Abgesehen von stiftungszivilrechtlichen Grenzen,[50] die sich insbesondere aus dem Stifterwillen, der Stiftungssatzung und vor allem dem Stiftungszweck ergeben, kann das **gesamte Vermögen** einer Stiftung Gegenstand der Ausgliederung sein, ohne dass auch nur ein Teil des Vermögens bei der Stiftung bleiben muss.[51] Die rechtstechnischen Einzelheiten zu der Ausgliederung im Fall einer Stiftung gibt das Gesetz in §§ 161 ff. UmwG vor.

36 Bringt eine Stiftung einen Betrieb (Teilbetrieb, Mitunternehmeranteil) nach dem UmwStG steuerbegünstigt in eine Kapitalgesellschaft (§ 20 UmwStG) oder eine Personengesellschaft (§ 24 UmwStG) ein oder spaltet ihn durch Ausgliederung ab, so bleiben die Anteile an der aufnehmenden oder ggf. neu entstehenden Gesellschaft bei der Stiftung. Das ist stiftungszivilrechtlich regelmäßig als ein Fall der **Vermögensumschichtung** zu sehen.

37 Die Ausgliederung eines Unternehmens(teils) aus dem Vermögen der Stiftung (Hauptfall: **Outsourcing**)[52] hat zur Konsequenz, dass die Stiftung nicht mehr selbst Inhaberin des Unternehmens ist (Fall der Unternehmensträgerstiftungen), sondern insoweit zur Beteiligungsträgerstiftung wird, dh nur noch an dem das Unternehmen betreibenden Rechtsträger beteiligt ist. Frühestens nach Abschluss des Vorgangs kann die Stiftung die Anteile veräußern oder zuwenden, was in aller Regel dann mit steuerlicher Gewinnrealisierung erfolgt. *Wachter*[53] empfiehlt, dass im Interesse der dauerhaften Erfüllung des Stiftungszwecks die Stiftung im Fall einer Ausgliederung über maßgeblichen Einfluss auf die Unternehmensführung des aufnehmenden Rechtsträgers verfügen sollte.

38 Nicht übersehen werden dürfen bei **steuerbefreiten Stiftungen** jeweils etwaige Beschränkungen aus dem Steuerrecht. So muss eine gemeinnützige Stiftung ihre Zwecke grds. selbst erfüllen (vgl. § 57 Abs. 1 S. 1 AO). Sie kann sich dazu zwar einer Hilfsperson bedienen (vgl. § 57 Abs. 1 S. 2 AO), was etwa eine von ihr gehaltene (gemeinnützige) Kapitalgesellschaft sein kann. Diese Kapitalgesellschaft muss aber, um als Hilfsperson angesehen werden zu können, selbst den Zweck erfüllen und kann sich ihrerseits nicht einfach wiederum einer Hilfsperson bedienen, um nicht die Gemeinnützigkeit der „Trägerstiftung" zu gefährden. Das beschränkt die Möglichkeit der Bildung von **Holdingstrukturen im gemeinnützigen Bereich**. Hier kommen allenfalls Konstruktionen über eine Förderstiftung (vgl. § 58 Nr. 1 und Nr. 2 AO) in Betracht.[54] Zu denken ist im Übrigen insbesondere auch an die Problematiken des wirtschaftlichen Geschäftsbetriebs und des Zweckbetriebs[55] und der Abgrenzung von Vermögensverwaltung und Zweckerfüllung.

47 OFD Hannover, Verf. v. 17.2.2000, S 0180–1–StO 214/S 2729–326 – StH 233, DB 2000, 597; *Wachter*, S. 86; AEAO Nr. 1 zu § 61 AO.

48 Ausf. dazu *Schiffer/Schürmann* in Schiffer, Stiftung, § 7 Rn. 30 ff.

49 Widmann/Mayer/*Schwarz* UmwG § 124 Rn. 2.3.2.2.

50 S. dazu Widmann/Mayer/*Rieger* UmwG § 161 Rn. 270 ff.

51 Widmann/Mayer/*Rieger* UmwG § 161 Rn. 44.

52 S. dazu *Schiffer/Schürmann* in Schiffer, Stiftung, § 6 Rn. 2 ff.

53 *Wachter*, S. 244.

54 Ausf. *Rothemann*, Holdingstrukturen und Gemeinnützigkeitsrecht, 2011; *Schunk*, Kooperationen zwischen gemeinnützigen Körperschaften und das Unmittelbarkeitsgebot des § 57 AO, 2014.

55 S. dazu *Schiffer*, Stiftung, § 9 Rn. 107 ff.

V. Unselbstständige Stiftungen

Ob § 87 auf die unselbstständige Stiftung entsprechend anwendbar ist, ist umstritten. Die hM lehnt die **39** Anwendung ab.[56] Für die hM spricht entscheidend, dass die unselbstständige Stiftung allein ein schuld- oder erbrechtliches Verhältnis zwischen „Stifter" und Treuhänder ist (→ Vor §§ 80 ff. Rn. 41 ff.). Es sind deshalb hier die allgemeinen Regeln des Schuld- und Erbrechts anzuwenden.[57] Nur soweit staatliche Stellen auf dieser Basis zum Eingriff berechtigt sind, zB bei der Übertragung unter einer Auflage, deren Vollziehung im öffentlichen Interesse liegt (§ 525 Abs. 2, § 2194 S. 2) existieren die entsprechenden Ermächtigungsgrundlagen. Zuständig ist in diesen Fällen aber nicht die Stiftungsbehörde.[58] Bei einer gemeinnützigen unselbstständigen Stiftung sollten alle Umstrukturierungsmaßnahmen zudem mit der Finanzverwaltung abgestimmt werden.

§ 88 Vermögensanfall

[1]Mit dem Erlöschen der Stiftung fällt das Vermögen an die in der Verfassung bestimmten Personen. [2]Fehlt es an einer Bestimmung der Anfallberechtigten, so fällt das Vermögen an den Fiskus des Landes, in dem die Stiftung ihren Sitz hatte, oder an einen anderen nach dem Recht dieses Landes bestimmten Anfallberechtigten. [3]Die Vorschriften der §§ 46 bis 53 finden entsprechende Anwendung.

Literatur: S. Vor §§ 80 ff.

A. Allgemeines

Die Vorschrift regelt den Anfall des Vermögens der Stiftung im Falle Erlöschens. Sie gilt für **alle Fälle der** **1** **Auflösung der Stiftung**[1] (Insolvenzverfahren: §§ 86, 42; Liquidation: §§ 86, 47 ff.; Aufhebung: § 87; vom Stifter bestimmte Aufhebungsgründe gem. Satzung). Die Vorschrift bestimmt dafür den Anfallberechtigten des Stiftungsvermögens.[2] Primär wird der Anfallberechtigte in der Satzung bestimmt, dh er richtet sich nach dem Stifterwillen (→ § 80 Rn. 1 ff.). Subsidiär ist nach S. 2 der Fiskus des Landes anfallberechtigt, in welchem die Stiftung ihren Sitz hatte, oder ein anderer nach Landesrecht bestimmter Berechtigter (Beispiel: Gemeinde).[3] S. 2 der Vorschrift wurde 2002 durch das Gesetz zur Modernisierung des Stiftungsrechts eingefügt. Die Einzelheiten zur Abwicklung ergeben sich aus einer entsprechenden Anwendung der einschlägigen vereinsrechtlichen Vorschriften (§§ 46–53).

B. Regelungsgehalt

Eine Stiftung erlischt nicht automatisch, sondern verliert ihre Rechtsfähigkeit durch staatlichen Akt (= Auf- **2** hebung nach § 87 sowie alle sonstigen Beendigungsfälle, vgl. dazu bei → § 87 Rn. 4 ff.). Die Stiftung verliert mit dem Erlöschen ihre **Rechtsfähigkeit.**

Die in der Satzung genannten Anfallberechtigten erhalten schuldrechtliche Ansprüche auf Vermögensüber- **3** tragung gegen die Stiftung. Es ist ein **Liquidationsverfahren** nach §§ 47–53 durchzuführen,[4] wobei gem. §§ 88, 49 Abs. 2 die Rechtsfähigkeit der Stiftung „bis zur Beendigung der Liquidation als fortbestehend [gilt], soweit der Zweck der Liquidation es erfordert".[5] Zu übertragen ist der Liquidationsüberschuss (§§ 88, 47). Ein Anfallberechtigter muss das „Vermögen" nicht annehmen. Er kann analog §§ 1942, 1953 ausschlagen;[6] das Vermögen fällt dann, sofern vorhanden, an den nächsten Berechtigten und letztlich ggf. an den Fiskus, der Gesamtrechtsnachfolger wird und nicht ausschlagen kann (§§ 46, 1942 Abs. 2). Er muss (öffentlich-rechtliche Auflage)[7] vielmehr das Vermögen in einer dem Stiftungszweck „naheliegenden Weise" verwenden.[8]

56 RGZ 105, 305; Staudinger/*Hüttemann/Rawert* (2017), Vorbem. 362 zu §§ 80 ff.
57 RGZ 105, 305, 397; Staudinger/*Hüttemann/Rawert* (2017), Vorbem. 362 zu §§ 80 ff.
58 Vgl. zB Art. 69 AGBGB Bayern.
1 Ausf. dazu *Schiffer/Schürmann* in Schiffer, Stiftung, § 6 Rn. 60 ff.
2 Für steuerbefreite Stiftungen s. § 60 AO nebst Anlage 1 („Mustersatzung") und → Rn. 9.
3 S. zB Art. 9 Bay StiftG; § 23 HessStiftG; § 9 NStiftG.

4 Näher dazu etwa Stumpf/Suerbaum/Schulte/Pauli, B § 88 Rn. 13 f.; *Richter* § 9 Rn. 52 ff.
5 Vgl. BeckOK BGB/*Backert* § 88 Rn. 5; einschr. OLG Koblenz NZG 2002, 135 f. (Liquidationsstiftung mit auf Durchführung der Liquidation beschränktem Zweck).
6 LG Mainz NZG 2002, 738; Palandt/*Ellenberger* BGB § 88 Rn. 1.
7 Palandt/*Ellenberger* § 46 Rn. 1.
8 S. etwa Stumpf/Suerbaum/Schulte/Pauli Teil B BGB § 88 Rn. 12.

4 Der Stifter kann in der **Satzung** die Stiftungsorgane oder die Aufsichtsbehörde ermächtigen, den oder die Anfallberechtigten zu bestimmen, sofern die Satzung den Zweck angibt, für den das Vermögen nach Stiftungsauflösung verwendet werden soll, oder sich der in Betracht kommende Personenkreis aus dem Stiftungszweck ergibt.[9] Die Anfallberechtigten müssen nicht dem Kreis der Destinatäre angehören. Für steuerbefreite Stiftungen ist § 60 AO nebst Anlage 1 (Mustersatzung) zu beachten (→ Rn. 9).

5 Erwirbt der Landesfiskus oder die nach Landesrecht bestimmte Person, erfolgt der Vermögensanfall ohne Liquidation gem. §§ 88, 46 im Wege der **Gesamtrechtsnachfolge**. Der Fiskus kann gem. §§ 88, 46, 1942 Abs. 2 das angefallene Vermögen nicht ausschlagen, sondern ist gem. §§ 88 S. 3, 46 S. 2 bundesrechtlich „tunlichst" verpflichtet, das Stiftungsvermögen nach dem in der Satzung festgelegten Stiftungszweck zu verwenden.

6 Handelt es sich um eine etwa wegen Gemeinnützigkeit steuerbefreite Stiftung, gilt der **steuerrechtliche Grundsatz der Vermögensbindung** (§§ 55 Abs. 1 Nr. 4, 61 AO). Danach ist ua bei Auflösung oder Aufhebung der Stiftung oder bei Wegfall ihres bisherigen Zwecks das Stiftungsvermögen weiterhin nur für steuerbegünstigte Zwecke zu verwenden. Die Stiftungssatzung muss deshalb eine entsprechende konkretisierende Anfallregelung enthalten, die eine entsprechende Organisation oder jedenfalls einen entsprechenden gemeinnützigen Zweck für die Vermögensverwendung bestimmt (sa → Rn. 9 f.).

C. Weitere praktische Hinweise

7 Es ist umstritten, ob eine vormals selbstständige Stiftung bei Verlust ihrer Rechtsfähigkeit als **unselbstständige (treuhänderische) Stiftung** weiter bestehen kann.[10] Allerdings ist gem. § 86 auch § 42 Abs. 1 S. 3 entsprechend auf die Stiftung anwendbar, so dass die Stiftung aufgrund einer entsprechenden Satzungsregelung auch als unselbstständige Stiftung weiter bestehen kann. Das dürfte indes eine in der Praxis kaum einmal vorzufindende Satzungsregelung sein. Ein denkbarer Fall wäre etwa der, dass die Satzung als Anfallberechtigten den Treuhänder einer unselbstständigen Stiftung vorsieht, was aber die Errichtung einer neuen unselbständigen Stiftung zur Folge hat.[11]

8 Vor dem Hintergrund der derzeit nach wie vor bestehenden erheblichen Schwierigkeit, Vermögen nachhaltig erfolgreich anzulegen, was regelmäßig zu erheblich schwankenden und schwindenden Einnahmen einer Stiftung führt, kann bei beispielsweise gleichzeitiger Zusage einer Stiftung, ein Projekt dauerhaft zu finanzieren,[12] das Thema Zahlungsunfähigkeit und damit Insolvenz für eine Stiftung aktuell werden (→ § 86 Rn. 43 ff.).

9 Bei wegen gemeinnützigen, mildtätigen oder kirchlichen Zwecken **steuerbefreiten Stiftungen** ist die satzungsmäßige Vermögensbindung nach der Abgabenordnung zu beachten (§ 55 Abs. 1 Nr. 4, 61 AO, „**Anfallklausel**"). § 60 Abs. 1 AO enthält dazu seit dem 1.1.2009 folgenden Satz 2:

Die Satzung muss die in der Anlage 1 bezeichneten Festlegungen enthalten.

Der AO ist sodann folgende Anlage 1 angefügt:

Anlage 1
(zu § 60)
Mustersatzung für Vereine, Stiftungen, Betriebe gewerblicher Art von juristischen Personen des öffentlichen Rechts, geistliche Genossenschaften und Kapitalgesellschaften
(nur aus steuerlichen Gründen notwendige Bestimmungen)

Die sog. „**Mustersatzung**" enthält die folgende **Anfallklausel**:

§ 5

Bei Auflösung oder Aufhebung der Körperschaft oder bei Wegfall steuerbegünstigter Zwecke fällt das Vermögen der Körperschaft

1. an – den – die – das – ... (Bezeichnung einer juristischen Person des öffentlichen Rechts oder einer anderen steuerbegünstigten Körperschaft) – der – die – das – es unmittelbar und ausschließlich für gemeinnützige, mildtätige oder kirchliche Zwecke zu verwenden hat.

    oder

---

9   *Richter* § 9 Rn. 90 mwN zu Gegenstimmen.
10   Dafür: Soergel/*Neuhoff* BGB § 88 Rn. 1; dagegen etwa *Richter* § 9 Rn. 4 mwN, der Ausnahmen aber zumindest für möglich hält.

11   Staudinger/*Hüttemann/Rawert* (2017) BGB § 88 Rn. 7.
12   Zu einem Beispielsfall aus der Praxis s. *Schiffer*, Stiftung & Sponsoring, 6/2002, 28.

2. an eine juristische Person des öffentlichen Rechts oder eine andere steuerbegünstigte Körperschaft zwecks Verwendung für … (Angabe eines bestimmten gemeinnützigen, mildtätigen oder kirchlichen Zwecks, zB Förderung von Wissenschaft und Forschung, Erziehung, Volks- und Berufsbildung, der Unterstützung von Personen, die im Sinne von § 53 AO wegen … bedürftig sind, Unterhaltung des Gotteshauses in …).

Vor allem in der Finanzverwaltung hat sich die Meinung herausgebildet, dass die Formulierungen in der Mustersatzung verbindlich sind und deshalb auch in neuen Stiftungssatzungen weitgehend[13] **wörtlich** enthalten sein müssen. Altsatzungen sollen bei der jeweils nächsten Änderung anzupassen sein. Im Gesetz (§ 60 Abs. 1 S. 2 AO) heißt es allerdings nur: „Die Satzung muss die in der Anlage 1 bezeichneten Festlegungen enthalten." Von der „wörtlichen" Übernahme von Formulierungen ist nicht die Rede, sondern von „Festlegungen", was nur die Regelung gewisser Inhalte meint. Die Finanzverwaltung überinterpretiert das Gesetz hier aus bürokratischen Erwägungen in überzogener Weise. Sie verlässt nach unserer Ansicht den Rahmen der zulässigen Gesetzesauslegung.[14] Der Gesetzgeber wollte (s. Überschrift der Anlage: „Mustersatzung") eben nur ein „Muster" geben.

Gleichwohl hat sich die Finanzverwaltung mit ihrer Auffassung zumindest in der Praxis im Wesentlichen **10** durchgesetzt. Das dürfte vor allem daran liegen, dass sie in der Praxis eben regelmäßig am „längeren Hebel" sitzt. Wohltuend deutlich sind da die Worte, mit denen jüngst das **FG Hessen** die Auffassung der Finanzverwaltung zurückgewiesen hat:[15]

„*Auch die Auslegung der Neuregelung nach ihrem Wortlaut ergibt, dass die Mustersatzung gerade nicht ‚Wort für Wort' übernommen werden muss, da im Gesetzestext lediglich auf die ‚Festlegungen' der Mustersatzung verwiesen wird. Es wird gerade nicht gefordert, dass zB entsprechend der Regelung zu Zuwendungsbestätigungen (Spendenbestätigungen), die Satzung einem amtlich vorgeschriebenen Vordruck bzw. Muster entsprechen muss, was aber erforderlich wäre, wenn der Gesetzgeber tatsächlich eine wortwörtliche Übernahme der Mustersatzung gewollt hätte.*

Satzungen genügen daher schon dann der gesetzlichen Neuregelung, wenn sie unabhängig vom Aufbau und vom genauen Wortlaut der Mustersatzung die bezeichneten Festlegungen, nämlich die Verpflichtung zur ausschließlichen und unmittelbaren Verfolgung förderungswürdiger Zwecke sowie die Verwendung des Begriffs ‚selbstlos' enthalten."

Dem haben wir nichts hinzuzufügen.

Untertitel 3 Juristische Personen des öffentlichen Rechts

§ 89 Haftung für Organe; Insolvenz

(1) Die Vorschrift des § 31 findet auf den Fiskus sowie auf die Körperschaften, Stiftungen und Anstalten des öffentlichen Rechts entsprechende Anwendung.

(2) Das Gleiche gilt, soweit bei Körperschaften, Stiftungen und Anstalten des öffentlichen Rechts das Insolvenzverfahren zulässig ist, von der Vorschrift des § 42 Abs. 2.

Literatur: S. Vor §§ 80 ff.

A. Allgemeines 1
B. Regelungsgehalt 5
   I. Haftungsträger 5
   II. Haftungsbereich 7
III. Abgrenzung von privatrechtlicher und hoheitlicher Tätigkeit 10
C. Weitere praktische Hinweise 11

A. Allgemeines

Die Regelung des § 89 überträgt zwei wesentliche Vorschriften des Vereinsrechts auf juristische Personen **1** des öffentlichen Rechts. Dabei setzt sie die grundlegenden Rechtsvorschriften für die juristischen Personen des öffentlichen Rechts voraus. Sie betrifft ausdrücklich „nur" die Themen „Haftung" (Abs. 1) und „Insol-

13 Die Finanzverwaltung lässt inzwischen Abweichungen in einigen wenigen Punkten zu, vgl. AEAO Nr. 2 zu § 60 AO.

14 Gegen eine wörtliche Übernahme der Mustersatzung wenden sich etwa auch: *Klein/Gersch* AO § 60 Rn. 2; *Ullrich* DStR 2009, 2471; *Pauls/Eismann* ZStV 2010, 120.

15 FG Hessen 28.6.2017 – 4 K 917/16.

venzverfahren" (Abs. 2). Die Anwendbarkeit der Norm setzt voraus, dass die angesprochenen Personen gerade für eine juristische Person des öffentlichen Rechts handeln.[1]

2   Nach Abs. 1 haften der **Fiskus und Personen des öffentlichen Rechts** (Körperschaften, Stiftungen und Anstalten) entsprechend § 31 (s. dort) für den Schaden, den ihre verfassungsgemäßen Vertreter durch eine in Ausrichtung der ihnen zustehenden Verrichtungen begangene, zum Schadensersatz verpflichtende Handlung einem Dritten zugefügt haben. Die Voraussetzungen und die Grundlagen der Haftung sind die gleichen wie in § 31 (s. dort).[2]

3   Entsprechend dem Verwaltungsrecht wird auch hier wie folgt definiert:[3]
- Eine **Körperschaft des öffentlichen Rechts** ist ein mitgliedschaftlich organisierter rechtsfähiger Verband. Beispiele: Bund, Länder und Gemeinden als Gebietskörperschaften; Personalkörperschaften wie Kammern (IHK, Handwerkskammern, Steuerberater- und Rechtsanwaltskammern) und Universitäten; Sozialversicherungsträger und etwa Jagdgenossenschaften sowie Wasser- und Bodenverbände
- Eine **Stiftung öffentlichen Rechts** ist entweder von öffentlich rechtlichen Institutionen oder mit Zustimmung öffentlich- rechtlicher Institutionen von Privatpersonen errichtet worden (→ Rn. 6);[4] sie ist eine einem öffentlichen Zweck gewidmete Vermögensmasse, der die Eigenschaft einer juristischen Person öffentlichen Rechts verliehen wurde. Beispiel: Bundesstiftung Mutter und Kind.[5]
- Eine rechtsfähige Stiftung des Privatrechts ist dagegen etwa die mit am 18.7.1990 verkündeten Gesetz[6] errichtete Deutsche Bundesstiftung Umwelt (DBU).[7] Der Name, die Aufgaben und die Ziele der Stiftung sind jedoch in dem „Vorbereitungsgesetz" als Absichtserklärung enthalten.[8] Bei der Rechnungsprüfung gibt es einen deutlichen öffentlich-rechtlichen Bezug.[9]
- Eine **Anstalt des öffentlichen Rechts** ist ein Bestand persönlicher und sachlicher Mittel mit eigener Rechtspersönlichkeit, der einem bestimmten Bereich öffentlicher Verwaltung dauernd zu dienen bestimmt ist.[10] **Beispiele**: Rundfunkanstalten, Kreditanstalt für Wiederaufbau.
- **Fiskus** bezeichnet den Staat in seinen privatrechtlichen Beziehungen.

4   Die Regelung in Abs. 2 (**Insolvenzantragspflicht**, § 42 Abs. 2) hat nur geringe praktische Bedeutung, da das Insolvenzverfahren über das Vermögen des Bundes oder eines Landes unzulässig ist (§ 12 Abs. 1 Nr. 1 InsO). Für Gemeinden und andere öffentlich-rechtliche Körperschaften gilt Entsprechendes (Art. 28 GG). Für die anderen juristischen Personen des öffentlichen Rechts gilt § 11 InsO, wonach die Insolvenz grundsätzlich zulässig ist.[11]

B. Regelungsgehalt

I. Haftungsträger

5   Haftungsträger nach Abs. 1 kann zunächst der Fiskus sein. Haftungsträger können aber auch alle juristischen Personen des öffentlichen Rechts und Stiftungen des öffentlichen Rechts sein.[12]

6   Die Vorschrift nennt auch Stiftungen des öffentlichen Rechts (→ Rn. 3). Unterscheidungsmerkmale der Stiftung als juristische Personen des öffentlichen Rechts zur rechtsfähigen Stiftung des Privatrechts nach den §§ 80 ff. nennt das Gesetz nicht.[13] Auch **Stiftungen des öffentlichen Rechts** haben die Grundmerkmale (Stiftungszweck, Stiftungsvermögen, Stiftungsorganisation) mit der Stiftung des Privatrechts im Prinzip gemeinsam, sind jedoch in das System der staatlichen Verwaltung (Stichwort: mittelbare Staatsverwaltung) eingegliedert.[14] Sie erfüllen öffentliche Aufgaben (Beispiele: Stiftung Preußischer Kulturbesitz, Stiftung Bundeskanzler-Adenauer-Haus). In der Praxis sind öffentlich-rechtliche Stiftungen nicht selten mit Sach-

1   Staudinger/*Hüttemann/Rawert* (2017) BGB § 89 Rn. 8.

2   S. im Übrigen auch Palandt/*Ellenberger* BGB § 89 Rn. 1.

3   S. zu diesen Begrifflichkeiten und Beispielen etwa Palandt/*Ellenberger* BGB Vor § 89 Rn. 1 f.

4   Siehe etwa auch *Stumpf*/Suerbaum/Schulte/Pauli, Teil A Rn. 13 und Teil B § 80 BGB Rn. 16; Richter/*v. Campenhausen/Stumpf* § 13 Rn. 1 ff.; O. Werner/Saenger/Fischer/*Kilian/Müller* § 41 (S. 1013 ff.).

5   Gesetz zur Errichtung einer Stiftung „Mutter und Kind – Schutz des ungeborenen Lebens" v. 15.7.1984, BGBl. 1993 I, 406 ff. (www.bundesstiftung-mutter-und-kind.de/; abgerufen am 21.7.2019).

6   BGBl. I, 1448 ff.

7   Www.dbu.de (abgerufen am 21.7.2019).

8   Siehe § 2 des Gesetzes („*Aufgabe der Stiftung soll sein ...*").

9   § 3 Rechnungsprüfung: Die Haushalts- und Wirtschaftsführung der Stiftung unterliegt der Prüfung durch den Bundesrechnungshof.

10   S. *Berg* NJW 1985, 2294.

11   Achtung: Ausnahmeregelung des § 12 Abs. 1 Nr. 2 InsO beachten.

12   Näher mit Beispielen und wN MüKoBGB/*Leuschner* § 89 Rn. 10 f.; Staudinger/*Hüttemann/Rawert* (2017) BGB § 89 Rn. 8 ff.

13   S. § 3 Abs. 4 StiftG Rheinland Pfalz; § 2 Abs. 1 Hess StiftG; §§ 17, 18 StiftG Bad.-Württ.

14   Ausführlich Richter/*v. Campenhausen/Stumpf* § 13 Rn. 6 ff.

vermögen ausgestattet, während es ihnen an einem (ausreichenden) Kapitalvermögen zum Erhalt ihres Sachvermögens fehlt.[15] Zur Erfüllung ihres Stiftungszwecks sind sie deshalb im Wesentlichen auf Zuwendungen von staatlicher Seite angewiesen (**Einkommensstiftung**).[16] Beispiel: Bundesstiftung Mutter und Kind (→ Rn. 3).

II. Haftungsbereich

Abs. 1 ist wie § 31 eine **Zurechnungsnorm** (→ § 31 Rn. 1), die die Existenz einer Schadensersatznorm voraussetzt.[17] Die Vorschrift in Abs. 1 stellt juristische Personen des öffentlichen Rechts und des Privatrechts im Zivilrecht haftungsrechtlich gleich.[18] Haben die gesetzlichen Vertreter einem Dritten also durch Ausübung hoheitlicher Gewalt schuldhaft Schaden zugefügt, greifen weder die §§ 89, 31 noch die §§ 278, 831 (sonstige Personen). Es gilt vielmehr Art. 34 GG iVm § 839 (s. dort).[19] Die juristische Person des öffentlichen Rechts haftet bei hoheitlichem Handeln, unabhängig davon, ob ein Beamter im staatshaftungsrechtlichen Sinne oder eine sonstige Person gehandelt hat.[20] Die Haftung der juristischen Person schließt die Haftung des Handelnden grundsätzlich aus (vgl. Art. 34 GG). 7

Die **verfassungsmäßig berufenen Vertreter** (→ § 31 Rn. 5 ff.) leiten ihre Funktion unmittelbar aus den betreffenden Organisationsnormen ab.[21] Unerheblich ist, ob der Handelnde ein Beamter im staatshaftungsrechtlichen Sinne oder ein sonstiger Bediensteter ist. Es ist aber zu unterscheiden, ob der Handelnde **Organperson** ist, dh Vorstand oder verfassungsmäßig berufener Vertreter, oder ob **sonstige Personen** tätig geworden sind. Vertreter ist hier nicht iSd §§ 164 ff. gemeint. Der Begriff des **verfassungsmäßig berufenen Vertreters** ist wie bei § 31 weit auszulegen,[22] weshalb auf die dortige Kommentierung verwiesen wird. Er umfasst alle Personen, denen durch „satzungsgemäße" Organisationsnormen der juristischen Person bestimmte, eigenverantwortlich zu erledigende Aufgaben übertragen worden sind.[23] Deshalb können Bedienstete der juristischen Person unter § 31 fallen, wenn ihnen aufgrund allgemeiner Betriebsregelung oder auch nur aufgrund der Handhabung bedeutsame wesensmäßige Funktionen zur selbstständigen Erfüllung überlassen sind und sie so die juristische Person repräsentieren (**Repräsentantenhaftung**).[24] 8

In Ausführung der ihm zustehenden Verrichtung (→ § 31 Rn. 10 ff.) muss der verfassungsmäßig berufene Vertreter gehandelt haben. Bei Handlungen jenseits des Wirkungskreises der betreffenden juristischen Person des öffentlichen Rechts ist eine Zurechnung nach § 89 ausgeschlossen.[25] Davon zu unterscheiden sind bloße Überschreitungen oder ein Missbrauch der Vertretungsmacht; in diesen Fällen kann § 89 greifen. Beispielsweise hat eine Gemeinde für Betrugshandlungen ihres Bürgermeisters bei einer rechtsgeschäftlichen Betätigung für die Gemeinde grundsätzlich auch dann deliktisch einzustehen, wenn die Täuschung gerade darin bestand, die nach der Gemeindeordnung fehlende rechtliche Verbindlichkeit der allein vom Bürgermeister abgegebenen Erklärungen vorzuspiegeln.[26] 9

III. Abgrenzung von privatrechtlicher und hoheitlicher Tätigkeit

Zwischen privatrechtlicher und hoheitlicher Tätigkeit der juristischen Person ist nicht nach den verfolgten Zielen oder den Inhalten der wahrgenommenen Aufgaben abzugrenzen.[27] Entscheidend ist vielmehr, dass die Verwaltung grundsätzlich wählen darf, ob sie eine konkrete Aufgabe mit den Mitteln des öffentlichen oder des privaten Rechts erfüllen will, es sei denn, besondere Rechtssätze oder die Eigenart der öffentlichen Aufgabe stehen dem entgegen.[28] Abzustellen ist deshalb auf die konkrete **Form des Tätigwerdens** im jeweiligen Einzelfall.[29] Obwohl die Abgrenzung im Einzelfall ersichtlich schwierig ist, weil häufig ein ambivalentes Verhalten vorliegt, ist dieser Ansicht zu folgen, denn sie wird der erforderlichen Abgrenzung nach dem Inhalt der jeweiligen Lebenssachverhalte am besten gerecht. Es ist im Einzelfall eine Wertung vorzunehmen, die sich an Sachzusammenhang und Zweck des Verwaltungshandelns orientiert. Führt das nicht zu einer eindeutigen Zuordnung, gilt für typisch öffentlich-rechtliche Aufgaben eine Vermutung, dass öffentlich-rechtlich gehandelt wird.[30] 10

---

15 Beispiel: Museum mit Gebäude und Bildern, dessen Kosten nicht von den Einnahmen gedeckt sind.

16 O. Werner/Saenger/Fischer/*Kilian*/*Müller* § 41 Rn. 19.

17 BGHZ 99, 298, 302.

18 S. nur Palandt/*Ellenberger* BGB § 89 Rn. 1 ff.; MüKoBGB/*Leuschner* § 89 Rn. 1.

19 Staudinger/Hüttemann/Rawert, (2011) BGB § 89 Rn. 5.

20 MüKoBGB/*Papier/Schirvani* § 839 Rn. 132 ff.

21 RGZ 157, 237, 240; 162, 167 f.

22 Palandt/*Ellenberger* BGB § 89 Rn. 4.

23 S. nur Palandt/*Ellenberger* BGB § 89 Rn. 4.

24 BGH NJW 1968, 391; 1987, 2925.; S. auch MüKo-BGB/*Leuschner* § 89 Rn. 33 f. mit Beispielen.

25 BGHZ 20, 126; BGH NJW 1986, 2940 ff.

26 BGH NJW 1986, 2939.

27 BGH NJW 1973, 460 mwN.

28 BGH NJW 1973, 460; 1985, 197.

29 Ausf. MüKoBGB/*Leuschner* § 89 Rn. 23 ff. mwN zu Gegenstimmen ab Rn. 25.

30 Wie hier BeckOK BGB/*Backert* § 89 Rn. 18.

C. Weitere praktische Hinweise

11 Ist die handelnde Person **kein Organ** im Sinne der Vorschrift, haftet die juristische Person ggf. nach § 278 iVm einem vertraglichen Ersatzanspruch für einen etwaigen **Erfüllungsgehilfen.** Für einen **Verrichtungsgehilfen** haftet die juristische Person ggf. aus § 831.

12 Dazu, wer verfassungsmäßig berufener Vertreter im Sinne der Vorschrift ist, ist eine umfangreiche Rechtsprechung ergangen, auf deren Nachweis hier bewusst verzichtet werden soll.[31] Es gilt die **Faustregel:** Wer nach außen vertritt, ist grundsätzlich auch Organ (s. aber → Rn. 8), weshalb hier die typischen Fälle wie Bürgermeister, Chefarzt und Polizeipräsident nicht näher zu belegen sind, sondern beispielhaft nur einige auf den ersten Blick nicht ganz typische Fälle (– = kein Organ iSd Vorschrift):[32] angestellter Stadtbaumeister (–),[33] Gemeindebeamter des Liegenschaftsamtes mit allgemeiner Vertragsabschlussvollmacht,[34] Intendant des Stadttheaters,[35] Oberförster,[36] Oberschleusenmeister bei einer Wasserstraße erster Ordnung,[37] Sparkassendirektor mit rein technischen Aufgaben (–),[38] Stationsarzt (–),[39] Treuhänder der Autobahnen für die Bundesrepublik,[40] Vorstände der Landesbau- und Wasserbauämter hinsichtlich der Verkehrssicherungspflicht.[41]

13 Nach Privatisierung des Bahnverkehrs und der Postdienstleistungen (in Deutsche Bahn AG, Deutsche Post AG, Deutsche Telekom AG) ist § 31 nun unmittelbar anwendbar.[42]

14 Die juristische Person ist verpflichtet, ihren Tätigkeitsbereich so zu organisieren, dass für alle wichtigen Aufgabenbereiche ein verfassungsmäßiger Vertreter zuständig ist, welcher die wesentlichen Entscheidungen selbst trifft (Lehre vom **Organisationsmangel,** dazu → § 31 Rn. 9).[43] Ist nicht entsprechend organisiert, muss sich die juristische Person so behandeln lassen, als sei der Bedienstete, der im betreffenden Fall tatsächlich tätig geworden ist, verfassungsgemäßer Vertreter iSd § 89.[44]

31	S. dazu insbes. Palandt/*Ellenberger* BGB § 89 Rn. 5 f.	38	RGZ 131, 239, 247.
32	S. insbes. BeckOK BGB/*Backert* § 89 Rn. 23.	39	OLG Bamberg NJW 1959, 816.
33	BeckOK BGB/*Backert* § 89 Rn. 23 mwN.	40	BGH NJW 1952, 617.
34	BGH NJW 1992, 1099.	41	BGH NJW 1952, 1090.
35	BeckOK BGB/*Backert* § 89 Rn. 23.	42	BeckOK BGB/*Backert* § 89 Rn. 23 aE.
36	BGH VersR 1965, 1055.	43	Palandt/*Ellenberger* BGB § 31 Rn. 7 und BGB § 89 Rn. 4.
37	OLG Celle VersR 1961, 1143.	44	BGH VersR 1965, 1055.

Abschnitt 2
Sachen und Tiere

Vorbemerkung zu §§ 90–103

In den §§ 90–103 trifft der Gesetzgeber Definitionen und Grundregeln zu **Rechtsobjekten,** dh Gegenstän- **1**
den im technischen Sinne, mithin Sachen (§ 90), aber auch unkörperlichen Gegenständen wie Forderungen,
Immaterialgüterrechten und sonstigen Vermögensrechten, die in Gestalt subjektiver Rechte natürlichen oder
juristischen Personen bzw. (teilrechtsfähigen) Personenvereinigungen zugeordnet werden.[1]

Allein an Sachen kann Besitz iSd §§ 854 ff., Eigentum iSd §§ 903 ff. bzw. – grundsätzlich – ein anderes **2**
dingliches Recht bestehen.

„Sache" iS von § 849 ist auch **Geld.**[2] § 849 ist nicht durch § 90, wonach nur körperliche Gegenstände **3**
Sachen iS des Gesetzes sind, auf die Entziehung von Bargeld beschränkt.[3]

Exkurs: Elektronische Daten. In Bezug auf elektronische Daten als solche (elektronische Vervielfälti- **4**
gungsstücke) – anders als deren Verkörperung auf einem Datenträger[4] – fehlt es bereits an der Sacheigenschaft iS des § 90 (→ § 90 Rn. 19 ff.), sodass die Besitzvorschriften keine Anwendung finden.[5] Soweit eine
analoge Anwendung des Besitzschutzes auf Daten befürwortet wird.[6] folgt dem die Rechtsprechung nicht:[7]
Eine Analogie setze zum einen eine planwidrige Regelungslücke voraus. Zum anderen müsse die Vergleichbarkeit der zur Beurteilung stehenden Sachverhalte gegeben sein, also der zu beurteilende Sachverhalt in
rechtlicher Hinsicht so weit mit dem Tatbestand, den der Gesetzgeber geregelt hat, vergleichbar sein, dass
angenommen werden kann, der Gesetzgeber wäre bei einer Interessenabwägung, bei der er sich von den
gleichen Grundsätzen hätte leiten lassen wie bei dem Erlass der herangezogenen Gesetzesvorschrift, zu dem
gleichen Ergebnis gekommen.[8] Eine planwidrige Regelungslücke sei nicht anzunehmen, da der historische
Gesetzgeber die Einbindung von Daten in den Besitzschutz nicht regeln wollte, weil es aufgrund des damaligen technischen Standes hierfür kein Bedürfnis gab. Dass der Gesetzgeber, wenn er den technischen Fortschritt vorhergesehen hätte, zu dem gleichen Abwägungsergebnis gekommen wäre, sei ebenfalls zu verneinen. Es fehle schon an der Vergleichbarkeit.[9] Daten könnten nicht die Körperlichkeit von Sachen iS des § 90
aufweisen, da sie sich anders als körperliche Gegenstände durch ihre Nicht-Rivalität, Nicht-Exklusivität
und Nicht-Abnutzbarkeit auszeichneten. D.h. dass sie von einer Vielzahl von Nutzern verwendet werden
können, ohne dass die Nutzung des jeweils anderen dadurch beeinträchtigt wird, dass sie ohne besonderen
finanziellen Aufwand beliebig kopierbar sind und keiner Abnutzung oder Alterung unterliegen.[10] Hinzu
komme, dass sich die Arbeitsgruppe „Digitaler Neustart" der Justizminister der Länder ausführlich mit dem
Thema auseinandergesetzt hat und in ihrem Bericht festgestellt hat, dass ein „Dateneigentum" oder ein
anderes absolutes Recht an digitalen Daten in der gegenwärtigen Rechtsordnung nicht existiere.[11]

§ 90 Begriff der Sache

Sachen im Sinne des Gesetzes sind nur körperliche Gegenstände.

Literatur: *Alexander*, Digitaler Nachlass als Rechtsproblem?, K&R 2016, 301; *Amstutz*, Dateneigentum, AcP 218 (2018),
438; *Bucher*, Sachqualität und Veräußerung von Dateien, 2018; *Bydlinski*, Der Sachbegriff im elektronischen Zeitalter,
AcP 198 (1998), 287; *Costede*, Der Eigentumswechsel beim Einbau von Sachgesamtheiten, NJW 1977, 2340; *Czernik*,
Die Gebäudefotografie – ungeahnte rechtliche Herausforderungen, ZfIR 2016, 242; *Döring*, Wer bestimmt über das Fami-
liengrab?, jM 2017, 28; *Druschel*, Die Regelung digitaler Inhalte im Gemeinsamen Europäischen Kaufrecht (GEKR),
GRUR Int 2015, 125; *Ehlen/Brandt*, Die Schutzfähigkeit von Daten – Herausforderungen und Chancen für Big Data
Anwender, CR 2016, 570; *Engelhardt/Klein,* Bitcoins – Geschäfte mit Geld, das keines ist, MMR 2014, 355; *Friesen/*

---

1 Hk-BGB/*Dörner* Vor §§ 90–103 Rn. 1.
2 BGH NJW 2008, 1084 = ZIP 2008, 417, juris Rn. 6;
  BGHZ 8, 288, 298.
3 OLG Koblenz WM 2019, 1929 = MDR 2020, 30,
  juris Rn. 83: Der Zweck des § 849, den später nicht
  nachholbaren Verlust der Nutzbarkeit einer Sache
  auszugleichen, erfasst jegliche Form von Geld. So
  auch OLG Karlsruhe WM 2020, 325, juris Rn. 111.
4 BGH NJW 2007, 2394 Rn. 15; 1993, 2436, 2437 f.
5 BGHZ 207, 163 = NJW 2016, 1094, juris Rn. 20;
  OLG Brandenburg NJW-RR 2020, 54 = ZIP 2019,

2307, juris Rn. 44; Palandt/*Ellenberger* BGB § 90
Rn. 2.
6 *Hoeren* MMR 2019, 5; *Michl* NJW 2019, 2729.
7 BGHZ 207, 163 = NJW 2016, 1094.
8 BGH NJW 2019, 153 Rn. 16; 2017, 1946 Rn. 28
  und 31.
9 OLG Brandenburg NJW-RR 2020, 54 = ZIP 2019,
  2307, juris Rn. 44.
10 OLG Brandenburg NJW-RR 2020, 54 = ZIP 2019,
  2307, juris Rn. 44.
11 Dazu *Hoeren* MMR 2019, 5.

Scheufen, Märkte für Maschinendaten, MMR 2019, 721; *Giesen,* Scheinbestandteil – Beginn und Ende, AcP 202 (2002), 689; *Grünberger*, Verträge über digitale Güter, AcP 218 (2018), 213; *Günther*, Datenträgerklauseln und Sachschaden, VersR 2018, 205; *Häde*, Das Recht der öffentlichen Sachen, JuS 1993, 113; *Härting*, „Dateneigentum" – Schutz durch Immaterialgüterrecht?, CR 2016, 646; *Harms/Ahorn*, Sachen, Bestandteile, Zubehör, Jura 1982, 404; *Heymann*, Rechte an Daten, CR 2016, 650; *Hieke*, Big Data, InTeR Beilage 2017, Nr. 1, 10; *Hoeren*, Datenbesitz statt Dateneigentum, MMR 2019, 5; *Hornung/Goeble*, „Data Ownership" im vernetzten Automobil, CR 2015, 265; *Jülicher*, Daten in der Cloud im Insolvenzfall – Ein internationaler Überblick, K&R 2015, 448: *Kieffer*, Datennutzung in der Automobilindustrie – Zuordnung und rechtlicher Schutz von Fahrzeugdaten, DB 2017, 2657; *König*, Software (Computerprogramme) als Sache und deren Erwerb als Sachkauf, NJW 1993, 3121; *Kornmeier/Baranowski*, Das Eigentum an Daten – Zugang statt Zuordnung, BB 2019, 1219; *Kort*, Software – eine Sache?, DB 1994, 1505; *Kretschmer*, Das Tatbestandsmerkmal „Sache" im Strafrecht, JA 2015, 105; *Kuhlmann*, Bitcoins, CR 2014, 691; *Ludyga*, Der digitale Nachlass – zivilrechtliche Aspekte, jM 2016, 442; *Michaelis*, Voraussetzungen und Auswirkungen der Bestandteilseigenschaft, FS für Nipperdey, 1965, Bd. I, S. 553; *Müller-Hengstenberg*, Computersoftware ist keine Sache, NJW 1994, 3128; *Oertmann*, Zum Rechtsproblem der Sachgesamtheit, AcP 136 (1932), 98; *Papier*, Recht der öffentlichen Sachen, 3. Auflage 1998; *Paulus/Berg*, Daten als insolvenzrechtlicher Vermögenswert des Schuldners, ZIP 2019, 2123; *Paulus/Matzke*, Digitalisierung und private Rechtsdurchsetzung, CR 2017, 769; *Peschel/Rockstroh*, Big Data in der Industrie, MMR 2014, 571; *Peter*, Urheberrechtliche Erschöpfung bei digitalen Gütern, ZUM 2019, 490; *Sabellek/Heinemeyer*, Widerrufsrecht beim Kauf virtueller Gegenstände, CR 2012, 719; *Sahl*, Daten als Basis der digitalen Wirtschaft und Gesellschaft, RDV 2015, 236; *Sahl*, Gesetz oder kein Gesetz, das ist hier die Frage – zur Notwendigkeit gesetzlicher Regulierung in der Datenökonomie, PinG 2016, 146; *Schippel*, Gaming? Gambling? Der Handel mit virtuellen Gütern als glücksspielrechtliche Herausforderung?, ZfWG 2017, 481; *Sebastian*, Die Himmelsscheibe von Nebra, UFITA 2014, 329; *Shmatenko/Möllenkamp*, Digitale Zahlungsmittel in einer analog geprägten Rechtsordnung, MMR 2018, 495; *Siebert*, Zubehör des Unternehmens und Zubehör des Grundstücks, FS für Giesecke, 1958, S. 59; *Spindler/Bille*, Rechtsprobleme mit Bitcoins als virtueller Währung, WM 2014, 1357; *Spyridakis*, Zur Problematik der Sachbestandteile, 1966; *Vogelgesang*, Datenspeicherung in modernen Fahrzeugen – wem „gehören" die im Fahrzeug gespeicherten Daten?, jM 2016, 2; *Wendehorst*, Die Digitalisierung und das BGB, NJW 2016, 2609; *Wendland*, Sonderprivatrecht für digitale Güter, ZvglRWiss 2019, 191; *Wieacker*, Sachbegriff, Sacheinheit und Sachzuordnung, AcP 148 (1943), 57; *Zech*, Daten als Wirtschaftsgut – Überlegungen zu einem „Recht des Datenerzeugers", CR 2015, 137.

A. Allgemeines	1	
B. Regelungsgehalt	5	
I. Sachen als körperliche Gegenstände	5	
1. Die Körperlichkeit des Gegenstandes	7	
a) Energien uÄ sowie Allgemeingüter	12	
b) Rechte, Immaterialgüter und Geisteswerke	15	
c) Sach- und Rechtsgemeinschaften	16	
d) Software	18	
2. (Lebende) Tiere	21	
3. Der menschliche Körper	22	
a) Der Körper des lebenden Menschen	23	
b) Mit dem menschlichen Körper nicht fest verbundene künstliche Körperteile	26	
c) Mit dem menschlichen Körper fest verbundene künstliche Körperteile	27	
d) Natürliche Körperteile	31	
e) Leichen und Leichenteile	38	
aa) Das postmortale besondere Persönlichkeitsrecht	41	
bb) Das Totensorgerecht	44	
cc) Der Leichnam als „herrenlose Sache"	47	
dd) Das Aneignungsrecht des Friedhofsträgers nach Ablauf der Ruhezeit der Totenehrung	48	
ee) Modalitäten der Bestattung	49	
ff) Anatomie	50	
gg) Obduktionen	52	
hh) Transplantationen	58	
4. Urkunden	67	
II. Arten von Sachen	75	
1. Mobilien und Immobilien	76	
a) Grundstücke	77	
b) Bewegliche Sachen	80	
2. Einzelsachen und Sachgesamtheiten	85	
3. Einfache und zusammengesetzte Sachen	92	
4. Vertretbare und nichtvertretbare Sachen	96	
5. Verbrauchbare und nichtverbrauchbare Sachen	97	
6. Teilbare und unteilbare Sachen	98	
7. Hauptsachen und Nebensachen	99	
III. Exkurs: Verkehrsunfähigkeit von Sachen	100	
1. Allgemeingüter	101	
a) Die freie Luft	104	
b) Das freie Wasser	108	
c) Der Strand	115	
d) Meeresboden	118	
2. Öffentliche Sachen	122	
a) Dem Gemeingebrauch gewidmete Sachen	124	
b) Verwaltungsvermögen	125	
3. Res sacrae und Ähnliches	129	
4. Friedhöfe und Grabdenkmäler	136	

A. Allgemeines

1 § 90 trifft eine **Legaldefinition** des Begriffs der Sache: Sachen iSd BGB sind nur **körperliche Gegenstände**.

2 Als Oberbegriff geht § 90 vom Tatbestandsmerkmal **Gegenstand** aus, der keine gesetzliche Definition erfahren hat und in einer Reihe von Vorschriften im Kontext mit Verfügungen[1] bzw. schuldrechtlichen Ver-

---

1   Vgl. etwa §§ 135, 161, 185, 747, 816 oder 2040 – als
     Verfügungsobjekt.

pflichtungen[2] mit unterschiedlichem Sinngehalt Erwähnung findet. Gegenstand ist ein individualisierbares vermögenswertes (allerdings nicht unbedingt körperliches) Objekt der natürlichen Welt.[3] Zum Begriff „Gegenstand" zählt alles, was **Objekt von Rechten** sein kann[4] (Rechtsobjekte wie Verfügungsobjekte),[5] mithin neben Sachen auch unkörperliche Gegenstände, wie bspw. Forderungen, Immaterialgüterrechte und sonstige Vermögensrechte. Der Gegenstandsbegriff umfasst hingegen **nicht** Persönlichkeits- oder Familienrechte.[6]

Die Definition der Sache in § 90 findet (mit sachgebotenen Abweichungen)[7] für das gesamte **BGB** und **3** **HGB** (ebenso wie für das **Strafrecht**)[8] Anwendung – **nicht** hingegen für andere Gesetze, wie zB die ZPO (vgl. allerdings zum Zwangsvollstreckungsrecht die §§ 808 ff., 883 ff. ZPO) sowie landesrechtliche Vorschriften, selbst wenn diese nach Inkrafttreten des BGB erlassen wurden.[9] Für das **öffentliche Recht** erfolgt eine (ggf. auch unabhängige) Begriffsbestimmung in Anlehnung an § 90, bspw. müssen öffentliche Sachen (zum Begriff → Rn. 124 ff.) keine Sachqualität iSv § 90 aufweisen;[10] das **Steuerrecht** hingegen bestimmt den Sachbegriff eigenständig nach Maßgabe des steuerrechtlichen Normzwecks.[11]

Der Sachbegriff des BGB ist maßgeblich dafür, woran Eigentum (iSd §§ 903 ff.) bzw. beschränkte dingliche **4** Rechte erlangt oder Besitz (§ 854) innegehabt werden kann.[12]

Beachte: Wird in Regelungen außerhalb des dritten Buches der Sachbegriff verwendet (vgl. bspw. in den §§ 119 Abs. 2, 434, 598, 607 oder 849)[13] ist nach den Umständen des konkret in Rede stehenden Einzelfalles zu entscheiden, ob davon auch **unkörperliche Gegenstände** (Sachen als nur körperliche Gegenstände, dazu → Rn. 5) mit umfasst werden.[14]

B. Regelungsgehalt

I. Sachen als körperliche Gegenstände

Sachen sind nach dem **engeren Sachbegriff**, den das BGB im Unterschied zu älteren Gesetzen (vgl. bspw. **5** § 265 ZPO – alle Rechtsobjekte),[15] die unter Sachen alle Rechtsobjekte verstehen, verwendet, gemäß § 90 (ohne Differenzierung zwischen beweglicher und unbeweglicher bzw. einfacher und zusammengesetzter Sache)[16] nur **körperliche Gegenstände** (Körperlichkeit eines Gegenstandes als Kriterium seiner Sachqualität),[16] wenn auch das BGB – ungenau – an anderer Stelle (bspw. im Kontext mit § 119 Abs. 2) unter „Sache" auch unkörperliche Gegenstände erfasst und nur im Sachenrecht den in § 90 gewählten Sprachgebrauch strikt einhält.[17] Allerdings bestehen dingliche Rechte (dh Eigentum nach § 903 und beschränkte dingliche Rechte) sowie Besitz (§ 854) nur an Sachen, hingegen nicht an nichtkörperlichen Gegenständen. Das Erfordernis der **Körperlichkeit** lässt sich letztlich darauf zurückführen, dass eine Sache als Gegenstand von Eigentum und Besitz für den Menschen beherrschbar sein muss.[18] So ist **Blutserum** von Versuchstieren als beweglicher körperlicher Gegenstand zu qualifizieren.[19]

Die Sache als körperlicher Gegenstand (zum Abgrenzbarkeits- und Beherrschbarkeitserfordernis **6** → Rn. 7 ff.) muss im Raum sinnlich wahrnehmbar sein und nach natürlicher Anschauung als Einheit erscheinen (Sachen als unpersönliche körperliche Stücke der Außenwelt).[20]

---

2 Bspw. in den §§ 119 Abs. 2, 256, 260, 273, 281, 292, 433, 453, 581, 743 ff., 2149, 2374 Abs. 2 – als Objekt schuldrechtlicher Verpflichtungen.

3 Soergel/*Marly* BGB Vor § 90 Rn. 2; *Wieacker* AcP 148 (1943), 57, 65.

4 Palandt/*Ellenberger* BGB Vor § 90 Rn. 2.

5 Erman/*Michalski* BGB Vor § 90 Rn. 2.

6 So Palandt/*Ellenberger* BGB Vor § 90 Rn. 2.

7 Palandt/*Ellenberger* BGB § 90 Rn. 1; Staudinger/*Herrler/Stieper* BGB § 90 Rn. 5. Bspw. werden zahlreiche schuldrechtliche Vorschriften (die auf den Sachbegriff Bezug nehmen) auch auf Sach- und Rechtsgesamtheiten (wie Unternehmen – RGZ 70, 220, 223 ff.) bzw. nichtkörperliche Gegenstände (zB Energie RGZ 67, 229, 232) zumindest entsprechend angewendet: BeckOK BGB/*Fritzsche* § 90 Rn. 2.

8 Das insbesondere im Zusammenhang mit § 242 (Diebstahl) bzw. § 246 StGB (Unterschlagung) dem Sachbegriff des § 90 folgt (RGRK/*Steffen* BGB § 90 Rn. 28) – mit der Folge, dass Elektrizität (dazu

Rn. 12 keine Sache im strafrechtlichen Sinne darstellt (Staudinger/*Herrler/Stieper* BGB § 90 Rn. 6).

9 So RGZ 51, 101, 105.

10 Staudinger/*Herrler/Stieper* BGB § 90 Rn. 6.

11 Staudinger/*Herrler/Stieper* BGB § 90 Rn. 6.

12 BeckOK BGB/*Fritzsche* § 90 Rn. 1.

13 Beispiele nach Palandt/*Ellenberger* BGB § 90 Rn. 4.

14 BGH NJW 2008, 1084.

15 Der Sachbegriff des § 265 ZPO umfasst auch Rechte – Stein/Jonas/*Schumann* ZPO § 265 Rn. 11. Dem hingegen beschränkt sich die Begrifflichkeit der „körperlichen Sache" in § 808 Abs. 1 ZPO nur auf Mobilien – so Staudinger/*Herrler/Stieper* BGB Vor §§ 90 ff. Rn. 11.

16 Staudinger/*Herrler/Stieper* BGB § 90 Rn. 1.

17 Palandt/*Ellenberger* BGB Vor § 90 Rn. 2.

18 BeckOK BGB/*Fritzsche* § 90 Rn. 8.

19 Niedersächsisches FG EFG 2010, 270.

20 Staudinger/*Herrler/Stieper* BGB Vor §§ 90 ff. Rn. 9.

7 **1. Die Körperlichkeit des Gegenstandes.** Körperlich ist ein Gegenstand nach natürlicher Anschauung[21] (mithin als naturwissenschaftlicher Substanzbegriff oder als philosophisch fundierter Sachbegriff)[22] dann, wenn er im Raum abgrenzbar (**Abgrenzbarkeitserfordernis**) und durch den Menschen beherrschbar ist (**Beherrschbarkeitserfordernis**) – entweder durch seine eigene körperliche (naturbedingte) Begrenzung oder dadurch, dass er in einem Behältnis eingefasst ist, bzw. durch sonstige künstliche Mittel, bspw. eine Eintragung in einer Karte oder einen Grenzstein.[23] Grundwasser und Schnee fehlt die notwendige Begrenzung.[24] Erforderlich ist also, dass der Gegenstand in den Dimensionen von Mikrokosmos und Makrokosmos seine Grenze findet.[25] Körperlichkeit setzt keine Wahrnehmbarkeit durch den Tastsinn (dh Greifbarkeit) voraus.[26]

8 **Nicht** erforderlich ist ein **bestimmter Aggregatzustand,**[27] womit unter den Sachbegriff neben festen Körpern auch Flüssigkeiten und Gase fallen können. Aber nicht alles, was einer sinnlichen Wahrnehmung zugänglich ist, kann als „Sache" qualifiziert werden; vielmehr ist für die Qualifikation der Körperlichkeit eines Gegenstandes primär auf die bei Laien vorherrschende **Verkehrsanschauung** abzustellen[28] und nicht auf den letzten Stand der physikalischen Wissenschaft.[29]

9 Der Sachbegriff setzt **nicht zwingend Verkehrsfähigkeit** voraus,[30] weshalb auch öffentliche Sachen (→ Rn. 124 ff.) und res sacrae (→ Rn. 132 ff.) dem Sachbegriff unterfallen. Sie unterliegen damit grundsätzlich den privatrechtlichen Regelungen über Sachen, sofern sich aus ihrer öffentlich-rechtlichen Zweckbestimmung nichts anderes ergibt.[31]

Eine **imprägnierte Eizelle** ist als Sache iS von § 90 zu behandeln, an der grundsätzlich Eigentumsrechte bestehen können.[32] Insbesondere stellt eine imprägnierte Eizelle keinen Embryo iS von § 8 Abs. 1 ESchG dar und genießt auch nicht die beschränkte Rechtsfähigkeit des Embryos. Eine reproduktionsmedizinisch erstellte imprägnierte Eizelle (mithin eine befruchtete Eizelle, in der noch zwei Vorkerne, Pronuclei, vorhanden sind, die jeweils den einfachen Chromosomensatz beider Keimzellen enthalten) steht im gemeinsamen Eigentum von Eizellenspenderin und Samenzellenspender.[33]

10 Verwenden Regelungen außerhalb des dritten Buches des BGB den Sachbegriff (bspw. in § 119 Abs. 2, § 434, § 598 oder § 607 BGB), ist aufgrund der Umstände des Einzelfalles zu entscheiden, ob sie auch auf unkörperliche Gegenstände angewendet werden können.[34]

11 **Fazit**: Eine Sache iSv § 90 kann als jedes in räumlicher Abgrenzung für sich bestehende und im Verkehrsleben als selbstständig anerkannte Stück der beherrschbaren Materie definiert werden.[35]

21   Motive III, S. 33.
22   Staudinger/*Herrler/Stieper* BGB Vor §§ 90 ff. Rn. 9.
23   Palandt/*Ellenberger* BGB § 90 Rn. 1: auch Liegenschaftskataster oder Pläne nach dem BoSoG.
24   Palandt/*Ellenberger* BGB § 90 Rn. 1.
25   *Larenz/Wolf* BGB AT § 20 II.
26   Staudinger/*Herrler/Stieper* BGB § 90 Rn. 3; aA BeckOK BGB/*Fritzsche* § 90 Rn. 6: Wenn eine Sache nicht sinnlich wahrnehmbar sei, sei sie auch nicht beherrschbar (zB Strom [unter Bezugnahme auf RGZ 86, 12, 13] oder Wasserkraft); Erman/*Michalski* BGB § 90 Rn. 2.
27   Staudinger/*Herrler/Stieper* BGB § 90 Rn. 3.
28   Staudinger/*Herrler/Stieper* BGB Vor §§ 90 ff. Rn. 9: „natürliche Anschauung" (unter Bezugnahme auf Motive III, S. 33).
29   RGZ 87, 43, 45; Palandt/*Ellenberger* BGB § 90 Rn. 1.
30   Motive III, S. 25 ff.; MüKoBGB/*Stresemann* § 90 Rn. 35 ff.; Soergel/*Marly* BGB Vor § 90 Rn. 32 ff.; Staudinger/*Herrler/Stieper* BGB Vor § 90 Rn. 12 ff.
31   Vgl. Staudinger/*Herrler/Stieper* BGB Vor § 90 Rn. 12 ff.
32   LG Darmstadt GesR 2019, 744, juris Rn. 32.
33   LG Darmstadt GesR 2019, 744 – Ls. 1: Bei dem Herausgabeanspruch einer eingelagerten imprägnierten Eizelle handelt es sich um ein höchstpersönliches,

nicht vererbbares Recht, wobei die überlebende Eizellenspenderin nach dem Tod des Samenzellenspenders den Herausgabeanspruch nicht mehr allein geltend machen kann – Ls. 2. Eine aus gespendeten Keimzellen reproduktionsmedizinisch erzeugte imprägnierte Eizelle steht gemäß § 947 Abs. 1 analog im Miteigentum beider Keimzellenspender. Angesichts der biologischen Tatsache, dass nur und erst das Hinzukommen einer Samenzelle aus einer Eizelle eine imprägnierte Eizelle mit dem Potenzial der Heranreifung zu einem biologischen Kind bei der Keimzellenspenderin macht, ist die Eizelle nicht als „Hauptsache" iS von § 947 Abs. 2 zu qualifizieren. Ohne die Samenzelle wäre die Gesamtsache „imprägnierte Eizelle" iS der §§ 90, 947 nicht denkbar, weswegen es angemessen scheint, den männlichen Keimzellenspender vom Eigentum und den daraus resultierenden Rechten an der imprägnierten Eizelle auszuschließen: LG Darmstadt GesR 2019, 744, juris Rn. 32; OLG Karlsruhe FamRZ 2016, 1790; ebenso *Bilsdorfer* MDR 1984, 803, 804; *Prehn* MedR 2011, 559, 561; *Coester-Waltjen* FamRZ 2015, 1979, 1981; BeckOK BGB/*Mössner* § 90 Rn. 16.2.
34   Palandt/*Ellenberger* BGB § 90 Rn. 4.
35   RGZ 87, 43, 45 f.; Staudinger/*Herrler/Stieper* BGB § 90 Rn. 1.

a) Energien uÄ sowie Allgemeingüter. Aus dem Sachbegriff fallen mangels Körperlichkeit heraus: **12**
Energien,[36] gleich, in welcher Form (wie Elektrizität,[37] selbst „wenn sie in einem Akku gefangen wird",[38]
Fernwärme[39] und Strahlenenergie, ungeachtet der uneingeschränkten Zulässigkeit schuldrechtlicher Energie-
belieferungsverträge[40] – nicht hingegen die zur Energiegewinnung erforderlichen Stoffe),[41] **Strahlen** (dh
nicht verbrauchsgerichtete weitergeleitete Energie, unabhängig davon, ob diese auf menschliche Handlungen zurückführbar ist oder nicht),[42] **Wärme** und **Schallwellen** und die **Allgemeingüter** (dazu noch
→ Rn. 103 ff.), dh Licht,[43] freie Luft und fließendes (dh nicht gefasstes) Wasser, Grundwasser,[44] die Meere
sowie gefallener Schnee,[45] da sie dem Abgrenzbarkeitserfordernis nicht genügen. Letztere unterfallen dem
Sachbegriff deshalb nicht, weil nach § 90 Sachen nur körperliche Gegenstände sind. Körperliche Gegenstände müssen im Raum abgrenzbar sein. Dies trifft für Allgemeingüter wie freie Luft und fließendes Wasser nicht zu.[46] Eine eigentumsfähige Sache stellt nur geschöpftes oder in sonstiger Form abgegrenztes Wasser dar.[47] Bei **Wasser in einem Hafenbecken** handelt es sich nicht um solchermaßen abgegrenztes Wasser.
Das Wasser in einem Hafenbecker ist mit einem Fluss oder dem Meer verbunden und damit Bestandteil
eines fließenden Gewässers. Die drohende Verunreinigung dieses Gewässers stellt somit auch keine drohende Beschädigung einer Sache dar.[48]

Langlaufloipen sind demnach gleichermaßen keine Sachen.[49] **13**

Befinden sich Wasser oder Gas (mithin flüssige oder gasförmige Substanzen) hingegen in Flaschen oder **14**
anderen Behältnissen, sind sie „Sachen" iSv § 90, da im Raum abgegrenzt und auch beherrschbar
(→ Rn. 7).[50] Dann ist allerdings eine Differenzierung zwischen zwei Sachen (Behältnis und Inhalt) erforderlich.[51]

b) Rechte, Immaterialgüter und Geisteswerke. **Nicht** dem Sachbegriff des § 90 unterfallen somit (als **15**
unkörperliche Gegenstände) auch Rechte,[52] Immaterialgüter (Zuordnungsrechte an geistigen Gütern: Immaterialgüterrechte wie die Firma, der Name nach § 12, das Patent, das Gebrauchs- oder Geschmacksmuster,
die Kennzeichenrechte nach § 1 MarkenG oder das Urheberrecht) und Geisteswerke[53] (auch wenn diese
Gegenstand rechtlicher Herrschaft sein können).[54] Ist ein Geisteswerk (als absolutes Recht nach Urheberrecht oder Patentrecht geschützt) hingegen verkörpert, erfasst der Sachbegriff des § 90 allein die Verkörperung selbst (bspw. das Buch als Gegenstand).

c) Sach- und Rechtsgemeinschaften. Ebenfalls nichtkörperliche Gegenstände sind als Vermögens- **16**
rechte: **Rechtsgesamtheiten** (iS der einer Person zugeordneten Einheiten von Sachen und anderen Gegenständen) – insbesondere das **Vermögen,** dh alle geldwerten Güter und Rechte einer Person, (wovon das
Sonderregelungen unterworfene **Sondervermögen** wie das Gesellschaftsvermögen [§§ 718 ff.], das

36 RGZ 56, 403; 67, 229; 86, 12, 13; MüKoBGB/*Stre-semann* § 90 Rn. 24; Palandt/*Ellenberger* BGB § 90 Rn. 2; RGRK/*Steffen* BGB § 90 Rn. 13; Soergel/*Marly* BGB § 90 Rn. 2; Staudinger/*Herrler/Stieper* BGB § 90 Rn. 9 – wohingegen andere Rechtsordnun-gen der Elektrizität Sachqualität beimessen, dazu Staudinger/*Herrler/Stieper* BGB § 90 Rn. 11 – bspw. Art. 528 des französischen Code Civile, Art. 814 des italienischen Codice Civile bzw. Art. 713 des schwei-zerischen ZGB.

37 Weshalb strafrechtlich (dazu bereits Rn. 3) eine spe-zialgesetzliche Strafandrohung in § 248 c StGB erfor-derlich war.

38 BeckOK BGB/*Fritzsche* § 90 Rn. 6: Deshalb fallen unter den Sachbegriff auch flüssige oder gasförmige Substanzen, sofern sie durch das Abfüllen in Behäl-ter abgegrenzt ... und damit beherrschbar sind". Ebenso MüKoBGB/*Stresemann* § 90 Rn. 8; Staudinger/*Herrler/Stieper* BGB § 90 Rn. 3.

39 OLG Frankfurt NJW 1980, 2532.

40 Staudinger/*Herrler/Stieper* BGB § 90 Rn. 9. Energie als „Gegenstand" (soweit beherrschbar), da sie dann Gegenstand von Rechtsgeschäften ist – BGH NJW 1969, 1903; 1979, 1304; BeckOK BGB/*Fritzsche* § 90 Rn. 24.

41 Staudinger/*Herrler/Stieper* BGB § 90 Rn. 8: die fos-silen Brennstoffe (Kohle, Erdöl und Erdgas), aber auch Kernbrennstoffe – *nicht* hingegen fließendes Wasser (→ Rn. 110 ff.) bzw. freie Luft

(→ Rn. 106 ff.) und Sonnenstrahlen (der Verwendung der beiden zuletzt genannten Energieträger stehen auch keine rechtlichen Schranken entgegen).

42 Staudinger/*Herrler/Stieper* BGB § 90 Rn. 10.

43 Palandt/*Ellenberger* BGB § 90 Rn. 2.

44 BayObLG NJW 1965, 974; Palandt/*Ellenberger* BGB § 90 Rn. 1.

45 RGRK/*Steffen* BGB § 90 Rn. 12.

46 Palandt/*Ellenberger* BGB Vor § 90 Rn. 8 und § 90 Rn. 1.

47 Palandt/*Ellenberger* BGB Vor § 90 Rn. 8.

48 BVerwG TranspR 2012, 300.

49 So BayObLG NJW 1980, 132; ebenso MüKoBGB/*Stresemann* § 90 Rn. 9; Palandt/*Ellenberger* BGB § 90 Rn. 1; aA BeckOK BGB/*Fritzsche* § 90 Rn. 7; *Schmid* JR 1980, 430; offen gelassen von BGH NJW-RR 1989, 673.

50 MüKoBGB/*Stresemann* § 90 Rn. 8; Palandt/*Ellen-berger* BGB § 90 Rn. 1.

51 Zutr. BeckOK BGB/*Fritzsche* § 90 Rn. 7; MüKo-BGB/*Stresemann* § 90 Rn. 8; *Wieling* Sachenrecht I § 2 I.1.c.

52 So ist bspw. auch eine mit einem Grundstück verbun-dene Gerechtigkeit, die nach § 96 als Grundstücksbe-standteil gilt, Teil einer Sache: RGZ 83, 198, 200.

53 BGHZ 44, 288, 294 – Apfel-Madonna: Nachbildung einer gemeinfreien Skulptur.

54 Staudinger/*Herrler/Stieper* BGB § 90 Rn. 4. Ebenso RGRK/*Steffen* BGB § 90 Rn. 8.

Gesamt-, Sonder- und Vorbehaltsgut bei der Gütergemeinschaft [§§ 1416 ff.], das Kindesvermögen [§§ 1638 f.] oder der Nachlass [§ 1922] zu unterscheiden sind)[5556] als Gegenstand schuldrechtlicher Verpflichtungen (das allerdings nur im Rahmen einer Gesamtrechtsnachfolge nach § 1922 übergehen, nicht aber Gegenstand von Verfügungen sein kann)[57] und das **Unternehmen** (bzw. der Gewerbebetrieb)[58] als Sach- und Rechtsgesamtheit.[59]

17 Weiterhin stellen der **Kundenstamm**[60] bzw. **Know-how** oder **Goodwill** (als den Wert eines Unternehmens prägende Kriterien) mangels Verkörperung keine „Sache" dar; es handelt sich dabei aber um „sonstige immaterielle Gegenstände" (wenngleich an ihnen kein Sonderrechtsschutz besteht).[61]

18 **d) Software.** Dieser Grundsatz gilt auch für Software (ebenso für sonstige Daten und Informationen): Der Datenträger selbst (als Transportmittel des Programms)[62] oder der Arbeitsspeicher eines Computers unterfällt dem Sachbegriff[63] (ebenso der Datenträger **mit** Programm oder sonstigen Daten),[64] wohingegen das Programm als „Folge von Befehlen zur Steuerung einer informationsverarbeitenden Maschine"[65] das Geisteswerk (Immaterialgut) als **Nicht-Sache** (auch wenn es auf einem Datenträger gespeichert ist)[66] darstellt.[67] Auch der Urheberrechtsschutz (§§ 2 Abs. 1 Nr. 1, 69 a ff. UrhG) spricht gegen den Sachcharakter von Software. Im Übrigen macht eine Verkörperung von Computerprogrammen,[68] sonstigen Dateien[69] und Informationen[70] auf einem Datenträger Erstere selbst nicht zu Sachen.[71] Mangels eigener Verkörperung sind Daten und reine Informationen keine Sachen, weshalb auch bei einem Datenverlust im PC bei Stromausfall kein Schadensersatz verlangt werden kann.[72] Software und Bedienungshandbuch bilden beim Vertrieb aber eine Sachgesamtheit[73] (dazu noch → Rn. 87 ff.).

19 Damit unterfallen dem Sachbegriff **nicht** Computerdaten[74] und Computerprogramme,[75] wohingegen ihre Verkörperung auf einem Datenträger „Sache" ist.[76]

20 Etwas anderes ist die Anwendung von Kaufrecht (einschließlich des Gewährleistungsrechts) auf den Verkauf von Computerprogrammen, weil die Transaktion, betrachtet man sie wirtschaftlich, einem Sachkauf ähnelt.[77] Beim Überspielen eines Computerprogramms auf eine Festplatte finden bspw. die Vorschriften über den Sachkauf (auch ohne Übergabe eines Datenträgers) entsprechende Anwendung.[78]

21 **2. (Lebende) Tiere.** (Lebende) Tiere, die durch besondere Gesetze geschützt werden, sind nach § 90 a **keine Sachen,** wenngleich auf sie die für Sachen geltenden Vorschriften entsprechend anzuwenden sind, soweit nicht ein anderes bestimmt ist. Damit stehen (lebende) Tiere im Ergebnis Sachen allerdings weitgehend gleich.[79]

---

55 BeckOK BGB/*Fritzsche* § 90 Rn. 22.
56 MüKoBGB/*Stresemann* § 90 Rn. 44; Soergel/*Marly* BGB Vor § 90 Rn. 10 f.; Staudinger/*Herrler/Stieper* BGB § 90 Rn. 76 ff.
57 BeckOK BGB/*Fritzsche* § 90 Rn. 22: Wovon § 1085 S. 1 für die Bestellung eines Nießbrauchs an einem Vermögen ausgeht.
58 RGZ 70, 224.
59 BGHZ 97, 127, 131; Erman/*Michalski*, BGB Vor § 90 Rn. 7; Palandt/*Ellenberger* BGB § 90 Rn. 2; Staudinger/*Herrler/Stieper* BGB § 90 Rn. 81 ff.
60 OLG Nürnberg MDR 1979, 144: Er ist als immaterielles Gut zu qualifizieren.
61 BeckOK BGB/*Fritzsche* § 90 Rn. 28.
62 Staudinger/*Herrler/Stieper* BGB § 90 Rn. 13.
63 BGHZ 102, 135, 144; BGH NJW 2007, 2394; 1993, 2436. Vgl. auch *Bydlinski* AcP 198 (1998), 287, 307. AA *Müller-Hengstenberg/Kien* NJW 2007, 2370.
64 BeckOK BGB/*Fritzsche* § 90 Rn. 26.
65 Staudinger/*Herrler/Stieper* BGB § 90 Rn. 2.
66 BeckOK BGB/*Fritzsche* § 90 Rn. 26; *Mehrings* NJW 1986, 1905; aA BGH NJW 1993, 2436 (2438); 2007, 2394.
67 Das Programm kann auch nicht deshalb als Sache qualifiziert werden, weil es ohne Verkörperung nicht existent wäre: so zutr. *Redeker* NJW 1992, 1739; *Junker* NJW 1993, 449; aA *König* NJW 1993, 3121; *ders.* Das Computerprogramm im Recht Rn. 269 ff.; *Marty* BB 1991, 432; vgl. zudem BGH NJW 1993, 2436 (2437 f.).

68 *Müller/Hengstenberg* NJW 1994, 3128; Staudinger/*Herrler/Stieper* BGB § 90 Rn. 12.
69 LG Konstanz NJW 1996, 2662.
70 *Mehrings* NJW 1993, 3102 (3103).
71 BeckOK BGB/*Fritzsche* § 90 Rn. 26.
72 LG Konstanz NJW 1996, 2662.
73 BGH NJW 1993, 461 (462).
74 LG Konstanz NJW 1996, 2662.
75 *Bormann/Bormann* DB 1991, 2641; *Junker* NJW 1993, 824; *Redeker* NJW 1992, 1739; aA *König* NJW 1993; 3121.
76 So BGH NJW 2007, 2394; BGHZ 102, 135, 144; BGH NJW 1993, 2436; OLG Karlsruhe NJW 1996, 200; aA hingegen *Müller-Hengstenberg/Kien* NJW 2007, 237.
77 Vgl. auch BeckOK BGB/*Fritzsche* § 90 Rn. 27: „Für die endgültige Überlassung (von Computerprogrammen – auch von Musik- und anderen Dateien) gegen einmaliges Entgelt ist das Problem seit der Schuldrechtsreform 2002 durch § 453 Abs. 1 gelöst, der Kaufverträge über ‚sonstige Gegenstände' für möglich erklärt; dabei hat der Gesetzgeber insbes. auch an Software gedacht". Daten in ihren verschiedensten Erscheinungsformen können Gegenstand von Verträgen sein, stellen als „sonstige Gegenstände dar: BeckOK BGB/*Fritzsche* § 90 Rn. 27; MüKoBGB/*Stresemann* § 90 Rn. 25. Zur Übertragung durch Download aufgrund § 453: BGHZ 109, 97.
78 BGHZ 109, 97.
79 Palandt/*Ellenberger* BGB Vor § 90 Rn. 1.

3. Der menschliche Körper

Literatur: *Behl*, Organtransplantation, DRiZ 1980, 342; *Carstens*, Das Recht der Organtransplantation, Diss. Frankfurt/M. 1978; *ders.*, Organtransplantation, ZRP 1979, 282; *Deutsch*, Die rechtliche Seite der Transplantation, ZRP 1982, 174; *Forkel*, Verfügungen über Teile des menschlichen Körpers, JZ 1974, 593; *Görgens*, Künstliche Teile im menschlichen Körper, JR 1980, 140; *Gropp*, Ersatz- und Zusatzimplantat, JR 1985, 181; *Schünemann*, Die Rechte am menschlichen Körper, 1985; *Toellner* (Hrsg.), Organtransplantation – Beiträge zu ethischen und juristischen Fragen, 1991; *Zenker*, Ethische und rechtliche Probleme der Organtransplantation, in: FS Bockelmann 1979, S. 481.

Der Körper eines lebenden Menschen (als Träger von Rechten und Pflichten nach § 1 und damit Rechtssubjekt)[80] wird ebenso wie der (zur Bestattung vorgesehene) Leichnam eines Verstorbenen (wenngleich Letzteres umstritten ist) nach der Verkehrsanschauung **nicht als Sache qualifiziert**.[81]   **22**

a) Der Körper des lebenden Menschen. Der Körper des lebenden Menschen (einschließlich seiner **ungetrennten** Teile und seiner Bestandteile) ist nicht als Sache zu qualifizieren, womit an ihm auch **kein Eigentum** besteht.[82]   **23**

Andererseits steht dem (lebenden) Menschen an seinem Körper eine Rechtsmacht zu, die jener des Eigentümers im Verhältnis zu dessen Sachen gleichkommt.[83] Diese Rechtsmacht beruht auf dem **Recht am eigenen Körper als besonderem Persönlichkeitsrecht**,[84] das seine Grundlage in Art. 1 Abs. 1 iVm Art. 2 Abs. 1 GG findet und dessen Schutz über die nach § 823 Abs. 1 geschützten absoluten Rechtsgüter insoweit hinausreicht, als es auch „die Grundlage für die Beachtlichkeit postmortaler Anordnungen des Verstorbenen und für die Beschränkungen des Sachenrechts bei einer Bestimmung der Rechtslage des Leichnams bildet".[85]   **24**

Beachte: Ein Verpflichtungsgeschäft über die Darbietung eines menschlichen Körpers (bspw. als Modell – vgl. dazu aktuell die Ausstellung „Körperwelten") ist nur in den Grenzen der guten Sitten nach § 138 zulässig.[86]   **25**

b) Mit dem menschlichen Körper nicht fest verbundene künstliche Körperteile. Anders verhält es sich mit heraus- bzw. abnehmbaren **künstlichen Körperteilen** (reinen Hilfsmitteln, die nicht in den Körper organisch einbezogen sind) – bspw. Brillen, Kontaktlinsen, Hörgeräten, künstlichen Gebissen oder Prothesen bzw. Perücken, die als **Sachen** iSv § 90 anzusehen sind (an denen auch ein Eigentumsvorbehalt möglich ist).[87] Für mit dem menschlichen Körper nicht fest verbundene künstliche Körperteile gelten nach § 811 Nr. 12 ZPO **besondere Pfändungsschutzvorschriften**.   **26**

c) Mit dem menschlichen Körper fest verbundene künstliche Körperteile. Künstliche Körperteile sind solche Ersatzstücke, die unter Einsatz organischer Vorgänge in die Körperfunktionen ihres Trägers einbezogen werden und mit dem Zeitpunkt der Einfügung in den menschlichen Körper ihre Sacheigenschaft verlieren, womit sie – wie natürliche Körperteile – vom besonderen Persönlichkeitsrecht am eigenen Körper (→ Rn. 25) erfasst werden.[88]   **27**

Mit der Implantation ist auch ein **Herzschrittmacher**[89] Teil des menschlichen Körpers geworden,[90] da **fest mit dem menschlichen Körper verbundene künstliche Körperteile wie der Körper des lebenden Menschen** zu beurteilen sind.[91] Die Implantate verlieren ihre Sacheigenschaft. Das Eigentum an ihnen geht verloren.[92]   **28**

Werden künstliche Körperteile (bspw. ein Herzschrittmacher oder ein künstliches Hüftgelenk) zu Lebzeiten wieder „ausgetauscht", erlangen sie mit der Abtrennung wieder Sachqualität und stehen **analog § 953** im Eigentum des früheren Trägers, der über sie frei verfügen kann (da ggf. vor der Einpflanzung an ihnen bestehende Rechte Dritter mit der Explantation nicht wiederaufgelebt sind).[93]   **29**

---

80 Arg.: Weil mit dem menschlichen Geist, dh der Persönlichkeit untrennbar verbunden und diesem zugeordnet, so *Taupitz* NJW 1995, 745.

81 Staudinger/*Herrler/Stieper* BGB § 90 Rn. 27: weil nach der Systematik des BGB „Sache" iSd § 90 als Rechtsobjekt nur sein könne, was der Person als Rechtssubjekt gegenüberstehe; ebenso Soergel/*Marly* BGB § 90 Rn. 5; Larenz/*Wolf* § 20 Rn. 7; aA *Brunner* NJW 1953, 1173.

82 *Forkel* JZ 1974, 594; RGRK/*Steffen* BGB § 90 Rn. 2; *Taupitz* JZ 1992, 1089.

83 Palandt/*Ellenberger* BGB § 90 Rn. 3.

84 So Soergel/*Marly* BGB § 90 Rn. 3; Staudinger/*Herrler/Stieper* BGB § 90 Rn. 27; *Taupitz* JZ 1992, 1091.

85 Staudinger/*Herrler/Stieper* BGB § 90 Rn. 27.

86 Staudinger/*Herrler/Stieper* BGB § 90 Rn. 27 – mit einer Vollstreckbarkeit nach § 888 ZPO.

87 Vgl. § 4 der Verordnung über die orthopädische Versorgung Unfallverletzter vom 18.7.1973 (BGBl. I S. 871).

88 Erman/*Michalski* BGB § 90 Rn. 7; Soergel/*Marly* BGB § 90 Rn. 6; Staudinger/*Herrler/Stieper* BGB § 90 Rn. 35; einschr. *Schünemann* (Die Rechte am menschlichen Körper, 1985, S. 128 f.): Nur bei dauerhaftem Verbleib des Implantats im Körper.

89 Dazu näher *Ilgner* Der Schrittmacher als Rechtsobjekt Diss. Osnabrück 1990.

90 LG Mainz MedR 1984, 200; aA *Brandenburg* JuS 1984, 47; *Gropp* JR 1985, 183.

91 Vgl. MüKoBGB/*Stresemann* § 90 Rn. 6.

92 *Laufs/Reiling* NJW 1994, 775; MüKoBGB/*Stresemann* § 90 Rn. 6; Palandt/*Ellenberger* BGB § 90 Rn. 3.

93 So Staudinger/*Herrler/Stieper* BGB § 90 Rn. 35.

30 Während mit dem menschlichen Körper fest verbundene künstliche Körperteile vor dem Tod Bestandteil des Schutzgutes „Körper" sind, haben die Erben nach dem Tod an diesen Sachen ein **Aneignungsrecht**, das allerdings nur mit Zustimmung der Angehörigen ausgeübt werden darf.[94] Wenn die künstlichen Körperteile Teil des Körpers waren, sind sie nun ein Teil der Leiche.[95]

31 **d) Natürliche Körperteile.** Sachen sind gleichermaßen (allerdings nach nicht unumstrittener,[96] wohl aber weit überwiegender Auffassung)[97] auch natürliche Körperteile und Bestandteile nach ihrer **Trennung** vom Körper (es sei denn, diese ist nur vorübergehender Natur)[98] – zB (gespendetes) Blut,[99] Sperma,[100] Haare, Goldplomben, gezogene Zähne, ein herausoperierter Blinddarm oder eine herausoperierte Galle bzw. Organspenden,[101] vgl. zu Letzterem das Gesetz über die Spende, Entnahme und Transplantation von Organen,[102] das die Organentnahme regelt (dazu noch → Rn. 58 ff.). Folge ist, dass sich das besondere Persönlichkeitsrecht des Betroffenen an seinem ganzen Körper im Augenblick der Trennung in Sacheigentum am abgetrennten Körperteil umwandelt[103] (unabhängig davon, ob diese gewollt oder ungewollt erfolgt und ob die Trennung zugunsten eines bestimmten Destinatärs erfolgen soll oder nicht), da das besondere Persönlichkeitsrecht mit dem menschlichen Körper als solchem untrennbar verknüpft ist und sich nach der Trennung eines verselbstständigten Teils desselben nicht an diesem fortsetzen kann.[104]

32 Mit der Trennung wandelt sich die Herrschaft des Menschen über seinen Körper – entsprechend § 953 – ipso facto in Eigentum um (gesetzlicher Eigentumserwerb des früheren Rechtsträgers),[105] womit das Eigentum am getrennten Körperteil vollen Eigentumsschutz genießt.[106] Blut ist (ebenso wie sonstige Körperteile, Organe oder Körperflüssigkeiten) mit der Trennung vom menschlichen oder tierischen Körper „bewegliche Sache" iS von § 90.[107]

33 Der Eigentümer des abgetrennten Körperteils kann unmittelbar darüber frei verfügen – dh einen Dritten (dem bspw. das Organ eingepflanzt werden soll) damit bedenken, aber auch einem Dritten, der das Körperteil aufbewahren soll, das Eigentum daran verschaffen oder diesem gestatten, frei über das Körperteil selbst weiter zu verfügen.

34 Wird der abgetrennte Körperteil (beim Spender selbst oder auch bei einem Dritten) wieder eingepflanzt, endet seine Sachqualität (ggf. mit korrespondierenden Ausgleichsansprüchen wegen des Eigentumsverlus-

---

94 LG Mainz MedR 1984, 199 (200); *Brandenburg* JuS 1984, 47 (48); Palandt/*Ellenberger* BGB Vor § 90 Rn. 11; Palandt/*Weidlich* BGB § 1922 Rn. 37.

95 Vgl. auch BeckOK BGB/*Fritzsche* § 90 Rn. 31.

96 Vgl. etwa *Forkel* (JZ 1974, 595), der ein fortgesetztes besonderes Persönlichkeitsrecht (→ Rn. 25) bei für bestimmte Empfänger vorgesehenen Organspenden annimmt. Ebenso *Jansen* (Die Blutspende aus zivilrechtlicher Sicht, Diss. Bochum 1978, S. 85 ff.) bei einer Bluttransfusion Mensch zu Mensch; bzw. *Schünemann* (Die Rechte am menschlichen Körper, 1985, S. 89 ff.), der trotz Trennung ein das Sachenrecht überlagerndes Persönlichkeitsrecht annimmt, auf das aber verzichtet werden kann, womit allein noch eine sachenrechtliche Beurteilung des Körperteils in Rede steht. Krit. zudem *Laufs/Reiling* NJW 1994, 774; *Nixdorf* VersR 1995, 740; *Taupitz* NJW 1995, 745.

97 BGHZ 124, 54 = NJW 1994, 127; Erman/*Michalski* BGB § 90 Rn. 5; Staudinger/*Herrler/Stieper* BGB § 90 Rn. 27 und Rn. 29 ff. – arg.: hier wird das besondere Persönlichkeitsrecht (→ Rn. 25) von sachenrechtlichen Regeln verdrängt.

98 Hk-BGB/*Dörner* § 90 Rn. 3.

99 Dazu *Jansen*, Die Blutspende aus zivilrechtlicher Sicht, Diss. Bochum 1978.

100 Vgl. hingegen etwa BGHZ 124, 52 = NJW 1994, 127: Wird Sperma, das der Spender hat einfrieren lassen, um sich für eine unvorhergesehene Unfruchtbarkeit die Möglichkeit zu erhalten, eigene Nachkommen zu haben, durch das Verschulden eines anderen vernichtet, dann steht dem Spender unter dem Gesichtspunkt der Körperverletzung ein Anspruch auf Schmerzensgeld zu; aA: konserviertes Sperma sei nach der Trennung als Sache zu qualifi-

zieren mit der Konsequenz, dass das Recht des Spenders an seinem Körper in Sacheigentum am abgetrennten Sperma sich umgewandelt habe, so MüKo-BGB/*Stresemann* § 90 Rn. 26; Palandt/*Ellenberger* BGB § 90 Rn. 3.

101 Vgl. auch *Carstens*, Das Recht der Organtransplantation, Diss. Frankfurt/M. 1978; *J. Maier*, Der Verkauf von Körperorganen, 1991; *Schäfer* Rechtsfragen zur Verpflanzung von Körper- und Leichenteilen, Diss. Münster 1961; *Tress*, Die Organtransplantation aus zivilrechtlicher Sicht, Diss. Mainz 1972.

102 Transplantationsgesetz – TPG vom 5.11.1997 (BGBl. I S. 2631).

103 So die hM: *Enneccerus/Nipperdey* § 121 II 1; RGRK/*Steffen* BGB § 90 Rn. 4; MüKoBGB/*Stresemann* § 90 Rn. 31; Palandt/*Ellenberger* BGB § 90 Rn. 3; Staudinger/*Herrler/Stieper* BGB § 90 Rn. 29; *Taupitz* JZ 1992, 1089 (1092).

104 Staudinger/*Herrler/Stieper* BGB § 90 Rn. 29.

105 MüKoBGB/*Stresemann* § 90 Rn. 31; Palandt/*Ellenberger* BGB § 90 Rn. 3; RGRK/*Steffen* BGB § 90 Rn. 4; Soergel/*Marly* BGB § 90 Rn. 7; Staudinger/*Herrler/Stieper* BGB § 90 Rn. 30; *Taupitz* AcP 191 (1991), 208.

106 Staudinger/*Herrler/Stieper* BGB § 90 Rn. 30.

107 OLG Köln KHE 2015, 131, juris Rn. 12; Palandt/*Sprau* ProdHaftG § 2 Rn. 1 – mit der Folge, dass derjenige, der das Blut verarbeitet und in Verkehr bringt, der Produkthaftung unterworfen ist, was schon aus den Gesetzesmaterialien zu § 2 ProdHaftG folgt (vgl. BT-Drs. 11/2247, S. 16), was in diesem Sinne auch von der Judikatur so entschieden worden ist: OLG Hamburg NJW 1990, 2322 (vom BGH bestätigt: BGHZ 114, 284 = NJW 1991, 1948).

tes). Der abgetrennte Körperteil wird (ohne Rücksicht auf die bloß medizinische Frage einer ggf. bestehenden Unverträglichkeit) wieder **Körperbestandteil.**[108]

Etwas anderes gilt dann, wenn die getrennten Körperteile oder die zur Transplantation entnommenen Organe zur Bewahrung von Körperfunktionen oder zur späteren Wiederverwendung im eigenen Körper bestimmt sind[109] (bspw. im Falle einer Eigenblutspende bzw. auch bei konserviertem Sperma).[110] Dann gehören sie weiterhin (dh auch während des Zeitraums der Trennung) zum Schutzgut „Körper".[111] 35

Vgl. zur Zulässigkeit einer Organentnahme aus dem Körper eines lebenden Spenders zwecks Transplantation die Regelungen der §§ 7 ff. TPG (zum TPG noch → Rn. 60 ff.). 36

Verpflichtungsgeschäfte (iSv Verträgen sui generis) über abgetrennte Körperteile (auch über eine künftige Abtrennung oder eine Transplantation am lebenden Körper – bspw. bei einer Nierentransplantation oder einer Knochenmarksübertragung) sind in den Grenzen[112] des § 138 (wobei vor allem der Aspekt der Entgeltlichkeit problematisch sein kann) zulässig,[113] sofern sie keinen Erfüllungszwang enthalten.[114] Entsprechende Verträge beinhalten die Einwilligung in eine Verletzung der körperlichen Integrität. Letztere kann allerdings auch im Rahmen einer einfachen Einwilligung (des [Organ-] Spenders) erfolgen. 37

e) Leichen und Leichenteile

Literatur: *Albrecht*, Die rechtliche Zulässigkeit postmortaler Transplantationsentnahme, Diss. Marburg 1986; *Bieler*, Persönlichkeitsrecht, Organtransplantationen und Totenfürsorge, JR 1976, 224; *Busch,* Eigentum und Verfügungsbefugnisse am menschlichen Körper und seinen Teilen, 2012; *Brunner*, Theorie und Praxis im Leichenrecht, NJW 1953, 1173; *Carstens*, Das Recht der Organtransplantation, Diss. Frankfurt/M. 1978; *Deutsch*, Die rechtliche Seite der Transplantation, ZRP 1982, 174; *Dotterweich*, Die Rechtsverhältnisse an Goldplomben in den Kieferknochen beerdigter Leichen, JR 1953, 174; *Eichholz*, Die Transplantation von Leichenteilen aus zivilrechtlicher Sicht, NJW 1968, 2272; *Engler*, Todesbegriff und Leichnam als Element des Totenrechts, Diss. Trier 1979; *Forkel*, Verfügungen über Teile des menschlichen Körpers, JZ 1974, 593; *Gaedke*, Handbuch des Friedhofs- und Bestattungsrechts, 8. Auflage 2000; *Görgens*, Künstliche Teile im menschlichen Körper, JR 1980, 140; *Gottwald*, Rechtsprobleme um die Feuerbestattung, NJW 2012, 2231; *Gropp*, Ersatz- und Zusatzimplantation, JR 1985, 181; *Henninger*, Todesdefiniton und Organtransplantation im Recht, Diss. Würzburg 1972; *Hilchenbach*, Die Zulässigkeit von Transplantatentnahmen vom toten Spender aus zivilrechtlicher Sicht, Diss., Heidelberg 1973; *Ilgner*, Der Schrittmacher als Rechtsobjekt, Diss. Osnabrück 1990; *Koebel*, Das Fortwirken des Persönlichkeitsrechts nach dem Tode, NJW 1958, 936; *Kolhaas*, Organentnahmeverbot durch letztwillige Verfügung, DMW 1968, 1612; *ders.*, Zivilrechtliche Probleme der Transplantation von Leichenteilen, DMW 1969, 290; *ders.*, Rechtsfolgen von Transplantationseingriffen, NJW 1970, 1224; *Kramer*, Rechtsfragen der Organtransplantation, Diss. München 1987; *Linck*, Gesetzliche Regelung von Sektionen und Transplantation, JZ 1973, 759; *J. Maier*, Der Verkauf von Körperorganen, 1991; *Peuster*, Eigentumsverhältnisse an Leichen und ihre transplantationsrechtliche Relevanz, Diss. Köln 1971; *Reimann*, Die postmortale Organentnahme als zivilrechtliches Problem, in: FS Küchenhoff 1972, S. 341; *Rudolph*, Der Nürnberger Zahngold-Fall, JA 2011, 346; *Schünemann*, Rechte am menschlichen Körper, 1985; *Strätz*, Zivilrechtliche Aspekte der Rechtsstellung des Toten unter besonderer Berücksichtigung der Transplantation, 1971; *Toellner* (Hrsg.), Organtransplantation – Beiträge zu ethischen und juristischen Fragen, 1991; *Trockel*, Das Recht zur Vornahme einer Organtransplantation, MDR 1969, 811; *Westermann*, Das allgemeine Persönlichkeitsrecht nach dem Tode seines Trägers, FamRZ 1969, 561; *Zenker*, Ethische und rechtliche Probleme der Organtransplantation, in: FS Bockelmann 1979, S. 481.

Im Zusammenhang mit dem Leichnam stellt sich zunächst die Frage nach der **Bestimmung des Todeszeitpunkts,**[115] wobei nach hA auf den (Gesamt-) **Hirntod** abzustellen ist (dazu → § 1 Rn. 23), der dann eingetreten ist, wenn auf dem Elektroenzephalogramm (EEG) irreversibel die Nulllinie angezeigt wird.[116] Auf diesen Todeszeitpunkt stellt im Übrigen auch § 3 Abs. 2 Nr. 2 TPG ab. Auch bei einer maschinellen Aufrechterhaltung von Körperfunktionen (zu Transplantationszwecken) nach Ende der Hirntätigkeit (dh bei irreversibel beendeter Hirntätigkeit) liegt kein Leben im Rechtssinne mehr vor.[117] 38

Leichen oder Leichenteile (als materielle Substanz des toten Körpers) werden dann als **Sache** iSv § 90 qualifiziert (da sie iS der Begriffsbestimmung „Sache" einen räumlich abgegrenzten und beherrschbaren 39

---

108 Staudinger/*Herrler/Stieper* BGB § 90 Rn. 31.
109 BGHZ 124, 52 = NJW 1994, 127; krit. dazu *Taupitz* NJW 1995, 745; vgl. *Nixdorf* VersR 1995, 740.
110 BGHZ 124, 52, 54 = NJW 1994, 127.
111 Palandt/*Ellenberger* BGB § 90 Rn. 3; aA *Schwab/ Prütting* Sachenrecht Rn. 5: alle abgetrennten Körperteile seien Sachen, für die § 953 analog gelte.
112 Vgl. zu den Grenzen auch *Spranger* NJW 2005, 1084.
113 Staudinger/*Herrler/Stieper* BGB § 90 Rn. 30.

114 Umfassend *Müller*, Die kommerzielle Nutzung menschlicher Körpersubstanzen, 1997.
115 Dazu *Funk* MDR 1992, 182; *Schreiber* JZ 1983, 593.
116 So Palandt/*Ellenberger* BGB § 1 Rn. 3; Soergel/ *Fahse* BGB § 1 Rn. 12; Staudinger/*Herrler/Stieper* BGB § 90 Rn. 38: Ausfall der Gesamtfunktionskraft von Groß- und Kleinhirn sowie Hirnstamm.
117 So Soergel/*Fahse* BGB § 1 Rn. 12; Staudinger/*Herrler/Stieper* BGB § 90 Rn. 38. Vgl. differenzierend aber auch MüKoBGB/*Leipold* § 1922 Rn. 12.

Gegenstand bilden – **Sachcharakter des Leichnams**),[118] wenn und soweit sie zulässigerweise zu medizinischen oder anderen wissenschaftlichen Zwecken Verwendung finden. Auch die **Asche eines Verstorbenen** (nach einer Feuerbestattung) ist dem Leichnam gleichzustellen,[119] womit ihr Sachqualität zukommt. Dies gilt gleichermaßen für solche Leichen, die – wie bspw. historische Skelettfunde aus der Steinzeit, Mumien oder Moorleichen[120] (ebenso wie „an zu Ausstellungszwecken plastinierten menschlichen Körpern")[121] – aus bestimmten Gründen, meist durch Zeitablauf, nicht mehr als sterbliche Hülle einer Persönlichkeit angesehen werden[122] und daher nicht mehr einem Pietätgefühl zugänglich sind.[123] An ihnen besteht (sofern sie nicht der Totenehrung unterliegen) auch uneingeschränktes Eigentum.[124]

40 Der **Leichnam** eines Verstorbenen als Sache steht andererseits in niemandes Eigentum,[125] weshalb er auch nicht Teil des Nachlasses ist (und damit im Eigentum der Erben stünde).[126] Er ist mithin als eine dem Rechtsverkehr entzogene **herrenlose Sache** zu qualifizieren. Für die Dauer der Totenehrung bestimmen sich daher die über den toten Körper zulässigen Dispositionen nach **nichtvermögensrechtlichen Regeln**,[127] dh eine Aneignung an der Leiche ist so lange nicht möglich, wie diese noch die Persönlichkeit des Verstorbenen repräsentiert.[128]

Dies gilt gleichermaßen für das **Zahngold in der Asche Verstorbener:**[129] Die mit dem Leichnam fest verbundenen künstlichen Körperteile (zB das Zahngold), die in Form und Funktion defekte Körperteile ersetzen (sog. Substitutiv-Implantate),[130] gehören zum Leichnam und teilen während der Verbindung dessen Schicksal. Sowohl der Leichnam als auch die künstlichen Körperteile stehen in niemandes Eigentum und gehören auch deshalb nicht zum Nachlass iSd § 1922.[131] Die künstlichen Körperteile werden allerdings mit ihrer Trennung vom Leichnam eigentumsfähig. Nach der Einäscherung werden sie zu beweglichen Sachen iS von § 90. Da mangels Universalsukzession diese Teile als herrenlose Sachen zu qualifizieren sind, kann an ihnen gemäß § 958 Abs. 1 durch Inbesitznahme Eigentum erworben werden, wobei allerdings § 958 Abs. 2 einen Eigentumserwerb solchermaßen dann verhindert, wenn durch die Besitzergreifung das Aneignungsrecht eines anderen verletzt werden würde. Inhaber des Aneignungsrechts ist der Erbe bzw. die Person, die im Einzelfall zur Totenfürsorge berechtigt ist.[132] Der Inhaber eines Krematoriums dürfte grundsätzlich nicht aneignungsbefugt sein. Auch einen konkludenten Verzicht vorrangig Aneignungsberechtigter wird man im Falle einer Feuerbestattung nicht annehmen können. Letztere gehen im Regelfall nämlich davon aus, dass die Asche des Verstorbenen mit all ihren Bestandteilen letztlich in der Urne bestattet wird. Angesichts des Wertes von Zahngold werden sie auch nicht geneigt sein, zuzustimmen, dass sich der Betreiber eines Krematoriums diese Werte selbst zueignet.[133]

41 **aa) Das postmortale besondere Persönlichkeitsrecht.** Für die Dauer der Totenehrung setzt sich am Leichnam das am (lebenden) Körper bestandene **besondere Persönlichkeitsrecht** (vergleichbar der Fortwirkung des allgemeinen Persönlichkeitsrechts nach dem Tode) fort[134] mit der Folge, dass nichtvermögensrechtliche Willensbekundungen des Verstorbenen über das seinen Leichnam betreffende Verfahren (ebenso wie Anordnungen über die Unterlassung einer künstlichen Lebensverlängerung im Rahmen einer **Patientenverfügung** oder die Gestattung bzw. das Verbot einer Organentnahme) zu respektieren sind.[135]

42 Das besondere Persönlichkeitsrecht des Verstorbenen (dh der **postmortale Persönlichkeitsschutz**) wird (im Gleichklang mit dem Personenkreis, dem das Totensorgerecht obliegt – dazu → Rn. 46 ff.) primär von einer

---

118 So LG Detmold NJW 1958, 265; ebenso MüKoBGB/*Stresemann* § 90 Rn. 29; Erman/*Michalski* BGB § 90 Rn. 6; Palandt/*Ellenberger* BGB Vor § 90 Rn. 11; Soergel/*Marly* BGB § 90 Rn. 10; Staudinger/*Herrler/ Stieper* BGB § 90 Rn. 39; aA und *Lehmann* (Postmortaler Persönlichkeitsrechtsschutz, Diss. Bonn 1973, S. 64 ff.): Die Leiche als Rückstand der Persönlichkeit. Ebenso MüKoBGB/*Leipold* § 1922 Rn. 111.
119 RGZ 154, 269, 274.
120 MüKoBGB/*Stresemann* § 90 Rn. 31.
121 MüKoBGB/*Stresemann* § 90 Rn. 31; aA Staudinger/ *Herrler/Stieper* BGB § 90 Rn. 53: für Ausstellungszwecke plastinierte Leichen („Körperwelten" seien trotz ihrer Anonymität nicht uneingeschränkt verkehrsfähig. Zu Rechtsfragen der Plastination näher *Tag* MedR 1998, 387.
122 Hk-BGB/*Dörner* § 90 Rn. 3.
123 Palandt/*Ellenberger* BGB Vor § 90 Rn. 11.

124 Hk-BGB/*Dörner* § 90 Rn. 3; Staudinger/*Herrler/Stieper* BGB § 90 Rn. 53.
125 AA *Brunner* NJW 1953, 1173.
126 Palandt/*Ellenberger* BGB Vor § 90 Rn. 11; Palandt/ *Weidlich* BGB § 1922 Rn. 37.
127 Staudinger/*Herrler/Stieper* BGB § 90 Rn. 41.
128 BeckOK BGB/*Fritzsche* § 90 Rn. 32.
129 LAG Hmb 26.6.2013 – 5 Sa 110/12, juris Rn. 61; BAG 21.8.2014 – 8 AZR 655/13.
130 OLG Hamburg NJW 2012, 1601.
131 *Gottwald* NJW 2012, 2231 (2232).
132 *Engelbrecht* KommunalPraxis Bayern 2007, 173.
133 LAG Hmb 26.6.2013 – 5 Sa 110/12, juris Rn. 62.
134 So OLG München NJW-RR 1994, 925; Staudinger/ *Herrler/Stieper* BGB § 90 Rn. 20.
135 Vgl. Staudinger/*Herrler/Stieper* BGB § 90 Rn. 41: Die Fortwirkung des Persönlichkeitsrechts finde vor allem in nichtvermögensrechtlichen Willensbekundungen des Verstorbenen ihren Ausdruck, wie mit seinem Körper nach seinem Tod zu verfahren ist.

noch zu Lebzeiten vom Verstorbenen bestimmten Person[136] für diesen ausgeübt,[137] sekundär (dh mangels einer entsprechenden Bestimmung) von den nächsten Angehörigen des Verstorbenen.[138]

Das (zunächst fortbestehende) postmortale besondere Persönlichkeitsrecht **erlischt** mit dem (nicht generell fixierbaren) Zeitpunkt der Beendigung der Totenehrung.[139] Ein absolutes (iSv objektives) Kriterium für die Beendigung des postmortalen besonderen Persönlichkeitsrechts (sowie des Totensorgerechts, → Rn. 46 ff.) bilden die in den Friedhofssatzungen normierten (und verlängerbaren) **Mindestruhezeiten**[140] (regelmäßig 25 Jahre), nach deren Ablauf die sachenrechtlichen Regeln wieder uneingeschränkte Geltung beanspruchen. **43**

bb) Das Totensorgerecht. Des Weiteren wird die Rechtslage um den Leichnam auch stark vom (vormals in § 2 des Gesetzes über die Feuerbestattung vom 15.5.1934[141] [Feuerbestattungsgesetz], zwischenzeitlich in den Bestattungsgesetzen der Länder, eine verallgemeinerungsfähige Grundlage findenden)[142] Totensorgerecht (verstanden als Berechtigung, Bestimmungen über den Leichnam zu treffen)[143] bestimmt. **44**

Inhaber des Totensorgerechts ist (wiederum) primär derjenige, den der Verstorbene formlos dazu bestimmt hat,[144] sekundär (gewohnheitsrechtlich)[145] die nahen Angehörigen[146] (die, sofern sie gleichrangig berechtigt sind, nur einstimmige Entscheidungen treffen können) – wobei jedoch stets der durch das postmortale Persönlichkeitsrecht geschützte Wille des Verstorbenen Entscheidungen des Totensorgeberechtigten verdrängt. Das **Totensorgerecht endet** – vergleichbar dem postmortalen besonderen Persönlichkeitsrecht – mit dem (nicht generell fixierbaren) Zeitpunkt der Beendigung der Totenehrung (dazu bereits → Rn. 45). **45**

Während der Dauer des postmortalen besonderen Persönlichkeitsrechts und jener des Totensorgerechts bestehen (aufgrund dieser nichtvermögensrechtlichen Rechtssituation, allerdings auch wegen grundlegender sittlicher Bedenken) keine **Eigentumsrechte am Leichnam** – wohingegen Besitz (§ 854 Abs. 1) des Totensorgeberechtigten zwecks Durchführung der Bestattung möglich ist.[147] **46**

cc) Der Leichnam als „herrenlose Sache". Konstatiert man somit trotz des Sachcharakters des Leichnams, dass an ihm keine Eigentumsrechte bestehen, gelangt die hM zur Qualifikation des Leichnams als **herrenlose Sache**,[148] an der **kein Aneignungsrecht** (auch nicht aufgrund des Totensorgerechts) besteht.[149] **47**

dd) Das Aneignungsrecht des Friedhofsträgers nach Ablauf der Ruhezeit der Totenehrung. Nach Ablauf der Ruhezeit der Totenehrung (→ Rn. 45) leben die sachenrechtlichen Grundsätze wieder auf mit **48**

---

136 Abl., dass durch formlose Willensbekundung einer Person eine tatsächliche Rechtspflicht auferlegt werden kann, *Gaedke*, Handbuch des Friedhofs- und Bestattungsrechts, S. 121 f., in Anknüpfung an erbrechtliche Kategorien einer Pflichtenauferlegung durch Auflagen.

137 BGH NJW-RR 1992, 834; BGHZ 15, 249 259.

138 *Taupitz* JZ 1992, 1094.

139 BGHZ 107, 384, 392; Staudinger/*Herrler/Stieper* BGB § 90 Rn. 41.

140 MüKoBGB/*Stresemann* § 90 Rn. 30; Staudinger/ *Herrler/Stieper* BGB § 90 Rn. 51.

141 RGBl I S. 380 – das Gesetz gilt aber nur noch in Bremen als letztem Bundesland fort. Stattdessen gelten die Bestattungsgesetze der Länder: Thüringer Bestattungsgesetz (ThürBestG) v. 19.5.2004 (GVBl 2004, S. 505); Gesetz über das Leichen-, Bestattungs- und Friedhofswesen des Landes S-H (BestattG S-H) v. 4.2.2005 (GOVBl S-H 2005, S. 56); Gesetz über das Leichen-, Bestattungs- und Friedhofswesen des Landes S-A (BestattG LSA) v. 5.2.2002 (GVBl LSA 2002, S. 46); Sächsisches Gesetz über das Leichen-, Bestattungs- und Friedhofswesen v. 8.7.1994 (Sächs-GVBl 1994, S. 1321); Gesetz Nr. 1535 über das Friedhofs-, Bestattungs- und Leichenwesen des Saarlandes v. 5.11.2003 (ABl 2003, S. 2920); Bestattungsgesetz Rheinland-Pfalz v. 20.12.2011 v. 4.3.1983 (GVBl 1983, S. 69); Gesetz über das Leichen-, Bestattungs- und Friedhofswesen des Landes Niedersachsen v. 8.12.2005 (Nds GVBl 2005, S. 381); Gesetz über das Leichen-, Bestattungs- und Friedhofswesen im Land M-V v. 3.7.1998 (GVOBl M-V 1998, S. 617); Friedhofs- und Bestattungsgesetz Hessen v. 5.7.2007 (GVBl I 2007, S. 338, 534); Gesetz über das Leichen-, Bestattungs- und Fried-

hofswesen Hamburg v. 14.9.1988 (HmbgGVBl 1988, S. 167).

142 So Staudinger/*Herrler/Stieper* BGB § 90 Rn. 42. Vgl. auch OLG Hamm VersR 1983, 1131; Soergel/*Marly* BGB § 90 Rn. 14.

143 Dazu näher MüKoBGB/*Stresemann* § 90 Rn. 30.

144 BGH NJW-RR 1992, 834; Palandt/*Ellenberger* BGB Vor § 90 Rn. 11.

145 BGH NJW-RR 1992, 834.

146 Staudinger/*Herrler/Stieper* BGB § 90 Rn. 43; primär der Ehegatte: RGZ 154, 269, 270 f.; BGH NJW-RR 1992, 834.

147 So zutr. Staudinger/*Herrler/Stieper* BGB § 90 Rn. 48, Rn. 42, umfasst das Todesorgerecht die Berechtigung, die für eine Bestattung erforderlichen Verfügungen über den Leichnam zu treffen und Einwirkungen Dritter analog §§ 823 Abs. 1, 1004 zu verbieten.

148 Vgl. etwa Erman/*Michalski* BGB § 90 Rn. 6; Palandt/ *Ellenberger* BGB Vor § 90 Rn. 11; Soergel/*Marly* BGB § 90 Rn. 12; Staudinger/*Herrler/Stieper* BGB § 90 Rn. 48. „Der Ausschluss von Herrschaftsrechten über den toten Körper ist nicht nur in der Ablehnung des Vermögensrecht begründet, sondern auch in fundamentalsittlichen Bedenken".

149 Umstritten, so aber Erman/*Michalski* BGB § 90 Rn. 6; RGRK/*Steffen* BGB § 90 Rn. 5; Staudinger/ *Herrler/Stieper* BGB § 90 Rn. 48 – arg.: die Argumente gegen Eigentümerbefugnisse am Leichnam (postmortales besonderes Persönlichkeitsrecht [Rn. 43 ff.] und Totensorgerecht [Rn. 46 ff.]) sprechen gleichermaßen auch gegen ein Aneignungsrecht; aA LG Köln MDR 1948, 365: Aneignungsrecht der Erben. Vgl. auch *Eichholz* NJW 1968, 1274.

der Folge, dass nunmehr ein Aneignungsrecht des Friedhofsträgers (nicht jedoch des Totensorgeberechtig-ten bzw. des Erben) am Leichnam auflebt, das mit dem Abräumen der Grabstätte ausgeübt wird.[150] Es ent-steht Eigentum des widmungsberechtigten Friedhofsträgers an ggf. noch vorhandenen Gebeinen, das nun-mehr zwar keiner Begrenzung mehr durch das postmortale besondere Persönlichkeitsrecht (→ Rn. 43 ff.) bzw. Totensorgerecht (→ Rn. 46 ff.), wohl aber durch den Widmungszweck erfährt. „Demnach muss mit den Gebeinen beim Abräumen eines Grabes in einer dem Widmungszweck entsprechenden Weise verfahren werden ...; häufig dient dazu ein sog. Beinhaus".[151]

49 **ee) Modalitäten der Bestattung.** Jedermann kann (aufgrund des postmortalen besonderen Persönlich-keitsrechts – → Rn. 43 ff.) schon zu Lebzeiten die **Modalitäten seiner Bestattung** formlos selbst bestim-men, da es sich nicht um eine letztwillige Verfügung im technischen Sinne handelt[152] (sofern er nicht eine Feuerbestattung wünscht, die nach § 4 Feuerbestattungsgesetz alt der Schriftform bedurfte, dazu vorste-hende → Rn. 44), wobei allerdings im Falle einer Nichtbeachtung dieser Anordnung idR eine spätere Ände-rung entsprechend dem Wunsch des Verstorbenen der Grundsatz der Wahrung der Totenruhe entgegen-steht.[153] Fehlt eine Anordnung über die Modalitäten der Bestattung, wird diese durch die Totensorgeberech-tigten (hilfsweise durch die zuständige Verwaltungsbehörde) bestimmt.[154]

50 **ff) Anatomie.** Jedermann kann (im Rahmen einer Verpflichtung sui generis)[155] anordnen (auch vertraglich, wobei entsprechende unentgeltliche Verträge nicht gegen § 138 verstoßen), dass sein Körper nach dem Tode der Anatomie zur Verfügung gestellt werden soll, wogegen die Totensorgeberechtigten (unter Berufung auf ihr Pietätgefühl) nicht angehen können.[156] Hingegen kann nicht der Totensorgeberechtigte aus eigenem Ent-schluss heraus den Leichnam der Anatomie überlassen, da seine Rechtsposition diese Befugnis nicht umfasst.[157]

51 Die Anatomie erlangt aufgrund der Anordnung des Verstorbenen **kein Aneignungsrecht**. Aufgrund einer Berechtigung eigener Art hat der Verstorbene die Anatomie kraft der Fortwirkung seines Persönlichkeits-rechts am Körper mit der Befugnis ausgestattet, „den Leichnam vom derzeitigen Besitzer herauszuverlan-gen und ihn für Zwecke der Forschung und der Lehre zu verwenden".[158] Die Anatomie wird damit nicht Eigentümer des Leichnams, sondern erlangt eine (durch den Verstorbenen selbstbestimmte) **Berechtigung eigener Art** an der Leiche – mit der korrespondierenden Verpflichtung, den Leichnam nach Durchführung der anatomischen Zweckbestimmung würdig zu bestatten.[159]

52 **gg) Obduktionen.** Aufgrund entsprechender AGB des Krankenhausaufnahmevertrags[160] kann auf vertrag-licher Grundlage eine Obduktion des Leichnams durchgeführt werden,[161] ohne dass ein Widerspruchsrecht des Totensorgeberechtigten besteht.[162]

53 Hat der Verstorbene hingegen ausdrücklich eine **Obduktion verboten**, geht dieser Wille aufgrund seines postmortalen besonderen Persönlichkeitsrechts (→ Rn. 43 ff.) dem Sektionsinteresse des Krankenhauses vor, es sei denn, dieses hätte ein besonderes berechtigtes Interesse.

54 Hat der Verstorbene weder in eine Obduktion ausdrücklich eingewilligt noch eine solche verboten, muss der Totensorgeberechtigte in eine Sektion (nur dann) einwilligen, wenn das Krankenhaus ein berechtigtes Inter-esse geltend machen kann.[163]

---

150 Staudinger/*Herrler/Stieper* BGB § 90 Rn. 52.
151 Staudinger/*Herrler/Stieper* BGB § 90 Rn. 52.
152 RGZ 100, 171, 172; 108, 217; 154, 269; Soergel/ *Marly* BGB § 90 Rn. 14; Staudinger/*Herrler/Stieper* BGB § 90 Rn. 44: Die Anordnung bedarf nicht der testamentarischen Form – formlose Gültigkeit.
153 RGZ 108, 217, 220; 154, 269, 275.
154 Staudinger/*Herrler/Stieper* BGB § 90 Rn. 44.
155 AA Staudinger/*Herrler/Stieper* (§ 90 Rn. 41 und 44 ff.: „nichtvermögensrechtliche Willensbekun-dung des Verstorbenen über das Verfahren"): Auf die *Eichholz* (NJW 1968, 2275) die Regelungen des Ver-mächtnisrechts analog anwenden will.
156 Umstritten, so aber Staudinger/*Herrler/Stieper* BGB § 90 Rn. 45: Eine solche Annahme sei nicht verein-bar mit dem Verhältnis von Pietätsgefühl und Totensorge; aA *Gaedke*, Handbuch des Friedhofs- und Bestattungsrechts, S. 120.
157 Umstritten, so aber *Forkel* JZ 1974, 597; aA Staudinger/*Herrler/Stieper* BGB § 90 Rn. 45: ohne dahin gehende Bestimmung des Verstorbenen könne

der Totensorgeberechtigte den Leichnam der Anato-mie nur überlassen, „wenn sie dem geäußerten oder mutmaßlichen Willen des Verstorbenen nicht wider-spricht"; *Bieler* JR 1976, 226; *Gaedke*, Handbuch des Friedhofs- und Bestattungsrechts, S. 117.
158 Staudinger/*Herrler/Stieper* BGB § 90 Rn. 45.
159 Staudinger/*Herrler/Stieper* BGB § 90 Rn. 45.
160 Die *nicht* als unwirksame, weil „überraschende Klau-seln" iSv § 305 c zu qualifizieren sind, so BGH NJW 1990, 2313 (2315).
161 Da ein sinnvoller Zusammenhang zwischen Kran-kenhausaufnahme und Sektionsfallklausel, insbeson-dere zur Klärung haftungsrechtlicher Fragen, besteht, Staudinger/*Herrler/Stieper* BGB § 90 Rn. 46.
162 Umstritten, so aber Staudinger/*Herrler/Stieper* BGB § 90 Rn. 46: Vorrang des vertraglich niedergelegten Willens des Verstorbenen; aA *Franzki* MedR 1991, 223 (226).
163 OLG Hamm VersR 1983, 1131; Staudinger/*Herrler/ Stieper* BGB § 90 Rn. 46.

Auf **gesetzlicher Grundlage** kann eine Obduktion – ohne Einwilligung und auch ohne Berücksichtigung **55** eines entgegenstehenden Willens des Verstorbenen – bspw. erfolgen nach Maßgabe

- der §§ 87 ff. StPO (Leichenschau, Leichenöffnung) oder
- des § 26 Abs. 3 S. 2 Infektionsschutzgesetz[164] (innere Leichenschau).

Die Obduktion erfasst den Leichnam als „herrenlose Sache" (→ Rn. 49) und macht ihn zum Gegenstand **56** einer Untersuchung, nach deren Ende eine ordnungsgemäße (würdige) Bestattung stattzufinden hat.

Ist im Vorfeld einer Obduktion eine Exhumierung erforderlich, ist auch dazu grundsätzlich die Zustimmung **57** des Totensorgeberechtigten erforderlich,[165] es sei denn, diese erfolgt nach Maßgabe des Strafprozessrechts, vgl. § 87 Abs. 4 StPO.[166]

hh) Transplantationen. Die Problematik der Transplantation von Organen (**Organentnahme**) aus einem **58** nach Eintritt des Hirntods noch maschinell versorgten Körper als Spender mit dem Ziel, diese in den lebenden Körper eines Kranken einzupflanzen (**postmortale Transplantation**),[167] regelt als Problem einer Nachwirkung des Persönlichkeitsrechts eines Verstorbenen (Recht am eigenen Körper) das Gesetz über die Spende, Entnahme und Transplantation von Organen.[168]

Das TPG normiert sowohl die Organentnahme bei lebenden (§§ 8–8 c) als auch bei verstorbenen Organ- **59** spendern (§§ 3 bis 6), wobei der Organspende eines Verstorbenen ein Vorrang eingeräumt ist. Steht eine solche Organspende zur Verfügung, ist eine Lebendspende grundsätzlich unzulässig (§ 8 Abs. 1 S. 1 Nr. 3 TPG).

Zur Vermeidung von Missbräuchen trifft das Gesetz eine Verpflichtung zur organisatorischen Trennung von **60** Organentnahme (§§ 9–11 TPG), Organvermittlung (§ 12 TPG) und Organverpflanzung. Eine Organentnahme setzt den irreversiblen Gesamthirntod (dh den endgültigen, nicht behebbaren Ausfall der Gesamtfunktion des Großhirns, des Kleinhirns und des Hirnstamms) voraus, der von zwei dafür befähigten Ärzten unabhängig voneinander nach Maßgabe des jeweils geltenden Standes der Erkenntnisse der medizinischen Wissenschaft (§ 3 Abs. 1 S. 1 Nr. 2 TPG, der nach § 16 Abs. 1 TPG von der Bundesärztekammer in Richtlinien fixiert worden ist)[169] festgestellt werden muss. Der Beachtung der Richtlinie der Bundesärztekammer kommt eine Vermutungswirkung zu, dass der Stand der Erkenntnisse der medizinischen Wissenschaft eingehalten wurde.

Voraussetzung für eine Organentnahme ist eine (idR schriftlich abzugebende) Einwilligung des Spenders **61** (§ 3 Abs. 1 S. 1 Nr. 1 TPG). Diese Erklärung kann (als rechtsgeschäftsähnliche Handlung) ab dem vollendeten 16. Lebensjahr (ein Widerspruch gegen eine Organentnahme bereits ab vollendetem 14. Lebensjahr) wirksam abgegeben werden (§ 2 Abs. 2 S. 3 TPG). Für diesen Fall ist eine Entnahme zulässig, da die Einwilligung Ausdruck des Selbstbestimmungsrechts des Spenders ist, über seinen Körper auch nach seinem Tod noch selbstverantwortlich zu bestimmen.[170] Eine Beschränkung der Einwilligung auf bestimmte Organe ist zulässig (§ 2 Abs. 2 S. 2 TPG), eine Beschränkung hingegen auf bestimmte Organempfänger umstritten.[171]

Hat ein potenzieller Organspender einer Entnahme hingegen widersprochen – eine einmal erteilte Einwilli- **62** gung kann nämlich jederzeit widerrufen werden[172] – ist die Organentnahme unzulässig (§ 3 Abs. 2 Nr. 1 TPG).

Verboten ist eine Organentnahme kraft vermuteter Zustimmung oder aufgrund einer Einwilligung, die sich **63** aus den Bedingungen der Krankenhausaufnahme ergibt.[173]

Nur wenn keine Einwilligung des Toten vorliegt, können andere Personen (bspw. Angehörige) einer Organ- **64** entnahme zustimmen oder dieser widersprechen.

---

164 Vom 20.7.2000 (BGBl. I S. 1045).
165 LG Detmold NJW 1958, 268.
166 Staudinger/*Herrler/Stieper* BGB § 90 Rn. 46.
167 *Linck* ZRP 1975, 240; *Strätz*, Zivilrechtliche Aspekte der Rechtsstellung des Toten, S. 40 ff.
168 Transplantationsgesetz – TPG v. 5.11.1997 (BGBl. I S. 2631) idF der Bekanntmachung v. 4.9.2007 (BGBl. I S. 2206), zuletzt geändert durch Art. 24 des Gesetzes vom 20.11.2019 (BGBl I S. 1226) – zur Verfassungsmäßigkeit des Gesetzes: BVerfG NJW 1999, 3399.
169 Richtlinie gemäß § 16 Abs. 1 S. 1 Nr. 1 TPG für die Regeln zur Feststellung des Todes nach § 3 Abs. 1 S. 1 Nr. 2 TPG und die Verfahrensregeln zur Feststellung des endgültigen, nicht behebbaren Ausfalls der

Gesamtfunktion des Großhirns, des Kleinhirns und des Hirnstamms nach § 3 Abs. 2 Nr. 2 TPG (vierte Fortschreibung durch den Vorstand der Bundesärztekammer in seiner Sitzung vom 30.1.2015 auf Empfehlung des Wissenschaftlichen Beirats und genehmigt vom Bundesministerium für die Gesundheit am 30.3.2015 gemäß § 16 Abs. 3 TPG).
170 BGHZ 29, 33, 36; *Walter* FamRZ 1998, 205; *Weber/ Lejeune* NJW 1994, 2392 (2396).
171 *Walter* FamRZ 1998, 205.
172 Vgl. zur Organtransplantation auch BeckOK BGB/ *Bamberger* § 1 Rn. 62 ff.
173 So zutr. *Deutsch* NJW 1998, 777 (778); Staudinger/ *Herrler/Stieper* BGB § 90 Rn. 47.

65 Gemäß §§ 2 Abs. 2 S. 1 und 4 Abs. 3 TPG kann der Verstorbene zu Lebzeiten das Recht zur Wahrnehmung der Entscheidung über eine Organspende auf eine Vertrauensperson übertragen, die an seiner Stelle die Entscheidung über eine Organentnahme treffen soll. Die Person muss zu diesem Zeitpunkt volljährig sein.

66 Fehlt eine ausdrückliche Erklärung des Verstorbenen und ist von ihm auch kein Sachwalter bestimmt worden (oder erklärt sich ein solcher nicht), sind die nächsten Angehörigen des Verstorbenen (§ 4 Abs. 2 S. 1 TPG bestimmt insoweit die Reihenfolge; § 4 Abs. 2 S. 6 TPG stellt diesen volljährige Personen gleich, die dem Verstorbenen bis zu seinem Tode in besonderer persönlicher Verbundenheit offenkundig nahe gestanden haben) als Sachwalter (des über den Tod fortwirkenden Persönlichkeitsrechts) zur Erklärung (Zustimmung oder Widerspruch) berufen, denen eine Entscheidung nach dem mutmaßlichen Willen des Verstorbenen obliegt bzw. (sofern ein solcher nicht feststellbar ist) eine eigene ethisch verantwortliche Ermessensentscheidung.[174]

67 **4. Urkunden.** Urkunden als körperliche Gegenstände unterfallen dem Sachbegriff, womit die Zwangsvollstreckung grundsätzlich den Vorgaben der §§ 808 Abs. 2, 821 ff. ZPO nach den Vorschriften über die Vollstreckung in das bewegliche Vermögen folgt.

68 Verkörpern Urkunden auch Rechte (bspw. **Wertpapiere ieS**), besteht an ihnen neben Besitz und Eigentum auch ein Recht, das den Urkundeninhaber zur Rechtsausübung berechtigt. So geht bei **Inhaberpapieren** nach der Übertragung des Eigentums an der Urkunde gemäß §§ 929 ff. zugleich auch das in der Urkunde verbriefte Recht auf den neuen Eigentümer der Urkunde über. Dies gilt gleichermaßen bei **Orderpapieren**, wenn die Übertragung der Urkunde nach Maßgabe der Regelungen über Indossamente erfolgt.[175]

69 Bei Wertpapieren ieS bewirkt eine Zerstörung der Urkunde nicht den Untergang des verbrieften Rechts. Vielmehr ist nur die Rechtsausübung ausgeschlossen. Der Rechtsinhaber kann aber die Ausstellung einer neuen Urkunde verlangen.

70 Erlischt das in der Urkunde verbriefte Recht durch Erfüllung, besteht die Sacheigenschaft der Urkunde fort, die im Eigentum des letzten Berechtigten verbleibt.[176]

71 Bei anderen Urkunden, die ein Recht verbriefen – bspw. bei **Hypotheken-, Grundschuld- und Rentenschuldbriefen** – steht dem Inhaber des Rechts das Eigentum an der Urkunde zu (wobei ggf. ein Rechtsübergang auch noch eine Urkundenübergabe erforderlich ist, vgl. etwa § 1154). Nach § 952 Abs. 2 erstreckt sich das Recht eines Dritten an der Forderung auf die Urkunde, womit selbstständige Verfügungen über die Urkunde nicht statthaft sind.

72 Obgleich dem **Schuldschein** kein Wertpapiercharakter zukommt, gelten für ihn (unabhängig davon, ob er mit schuldbegründender Wirkung oder bloß zur Beweissicherung ausgestellt wurde) nach § 952 Abs. 1 die gerade genannten Grundsätze gleichermaßen.[177]

73 Dem früheren **Kfz-Brief** (und dem Anhängerbrief, § 25 StVZO alt) – nunmehr die Zulassungsbescheinigung II nach § 12 FahrzeugzulassungsVO[178] – als Nicht-Wertpapier[179] (der auch nicht als öffentliche Sache zu qualifizieren ist, dazu noch → Rn. 125 ff.) kommt eine Ausweisfunktion als Berechtigungsnachweis gegenüber der Kfz-Zulassungsstelle zu,[180] weshalb analog § 952 das Eigentum am Brief als Urkunde jenem am Pkw folgt.[181]

74 Hingegen handelt es sich bei **Pässen** und **sonstigen Personalausweispapieren**, die allein der Personenidentifikation dienen, um öffentliche Sachen[182] (dazu noch → Rn. 125 ff.), die im Eigentum der Bundesrepublik Deutschland stehen (vgl. § 1 Abs. 4 S. 1 Hs. 2 PassG[183] für den Pass, § 4 Abs. 2 PAuswG[184] für den Personalausweis), weshalb eine Verpfändung dieser Papiere unwirksam ist.[185]

---

174 Vgl. auch BeckOK BGB/*Bamberger* § 1 Rn. 64; Staudinger/*Herrler/Stieper* BGB § 90 Rn. 47.
175 Staudinger/*Herrler/Stieper* BGB § 90 Rn. 55.
176 Staudinger/*Herrler/Stieper* BGB § 90 Rn. 55.
177 Staudinger/*Herrler/Stieper* BGB § 90 Rn. 57.
178 V. 3.2.2011 – BGBl. I, S. 139.
179 BGH NJW 1970, 653; 1978, 1854.
180 Staudinger/*Herrler/Stieper* BGB § 90 Rn. 57.
181 BGHZ 88, 11, 13; 34, 122, 134; Staudinger/*Gursky* (2011) BGB § 952 Rn. 9; Staudinger/*Herrler/Stieper* BGB § 90 Rn. 51; *Schlechtriem* NJW 1970, 1993; 2088; aA Erman/*Hefermehl* (§ 952 Rn. 2), wonach dem Kfz-Brief lediglich eine zulassungsrechtliche Aufgabe zukommt, die keine Ausstrahlung auf das Privatrecht zeitigt. Gleichermaßen soll auch der *Pferdepass* analog § 952 im Eigentum des Pferdeeigentü-

mers stehen, so LG Karlsruhe NJW 1980, 789; Staudinger/*Herrler/Stieper* BGB § 90 Rn. 57; aA Palandt/*Bassenge* BGB § 952 Rn. 8.
182 Staudinger/*Herrler/Stieper* BGB § 90 Rn. 58.
183 Paßgesetz v. 19.4.1986 – BGBl. I, S. 537.
184 Personalausweisgesetz v. 18.6.2009 – BGBl. I, S. 1346.
185 Vgl. AG Heilbronn NJW 1974, 2182 – Verpfändung eines gültigen Personalausweises. Gleichermaßen stellt eine Einbehaltung dieser Papiere eine sittenwidrige Freiheitsberaubung dar, so LG Baden-Baden NJW 1978, 1750. Nach Staudinger/*Herrler/Stieper* (§ 90 Rn. 58) ist eine kurzfristige Einbehaltung des Ausweises zur privaten Besucherkontrolle hingegen statthaft.

II. Arten von Sachen

Der allgemein gehaltene Sachbegriff des § 90 kann in unterschiedlicher Weise konkretisiert werden. Der **75** Gesetzgeber selbst hat in § 91 eine Definition der „vertretbaren Sachen", in § 92 der „verbrauchbaren Sachen", in § 97 Abs. 1 eine Differenzierung zwischen „Hauptsache" und „Zubehör" und in § 243 Abs. 1 der „Gattungssache" (der die Speziessache gegenübersteht) getroffen.[186]

1. Mobilien und Immobilien. Die Differenzierung zwischen beweglichen Sachen (**Mobilien**) und unbe- **76** weglichen Sachen (**Immobilien oder Grundstücken**), die auf das germanische Recht zurückzuführen ist,[187] wird vom BGB[188] vorausgesetzt und daher keiner Regelung zugeführt. Sie ist insoweit bedeutsam, als Verfügungen über Mobilien rechtlich anders ausgestaltet sind als Verfügungen über Immobilien.

a) Grundstücke. Grundstücke (iSd §§ 873 ff., 925 ff.) werden definiert als abgrenzbare Teile der Erdober- **77** fläche, die im Bestandsverzeichnis eines Grundbuchblattes als selbstständige Einheit unter einer besonderen Nummer eingetragen (§ 3 Abs. 1 GBO)[189] oder nach § 3 Abs. 5 GBO gebucht worden sind[190] – einschließlich ihrer Bestandteile iSd §§ 93 ff.[191]

Auch nicht-wesentliche Bestandteile eines Grundstückes verlieren für die Dauer ihrer Verbindung ihren **78** Charakter einer beweglichen Sache.[192]

Das **Erbbaurecht** wird gemäß § 11 Abs. 1 S. 1 ErbbauRG einem Grundstück gleichgestellt – ebenso wie **79** nach den §§ 1, 3 und 7 WEG das **Wohnungseigentum** und nach § 30 Abs. 3 S. 2 WEG das **Wohnungserb-baurecht** (sowie nach Art. 63 und 67 EGBGB nach Landesrecht als Immobiliarrechte ausgestaltete Rechte, wie bspw. das Bergwerkseigentum und Abbaurechte oder gemäß Art. 233 § 4 Abs. 1 S. 1 EGBGB das ding-liche Nutzungsrecht in den neuen Bundesländern).

b) Bewegliche Sachen. Unter Mobilien (vgl. dazu §§ 929 ff.) sind hingegen all jene Sachen zu verstehen, **80** die weder Grundstücke, den Grundstücken gleichgestellt noch wesentliche Grundstücksbestandteile sind.[193]

Zu den beweglichen Sachen zählen auch jene, die iSd § 95 nur vorübergehend mit dem Grund und Boden **81** verbunden worden sind.

Im Gebäudegrundbuch eingetragene Gebäude sind wegen Art. 233 §§ 4 Abs. 1, 2 b Abs. 4 EGBGB keine **82** beweglichen Sachen.[194]

Bewegliche Sachen werden zT von Rechtsnormen, die an die Unbeweglichkeit einer Sache anknüpfen (zB **83** §§ 1120 ff.) dann erfasst, wenn sie abgetrennte Erzeugnisse, Bestandteile oder Zubehör der unbeweglichen Sache sind – womit sie dann nach § 865 ZPO (als bewegliche Sachen) auch der Zwangsvollstreckung in das unbewegliche Vermögen unterworfen sind. **Aber**: Auch noch ungetrennte Früchte einer unbeweglichen Sache können nach §§ 810 sowie 824 ZPO Gegenstand der Mobiliarvollstreckung sein.[195]

Schiffe und Luftfahrzeuge, die ins Schiffsregister bzw. in die Luftfahrzeugrolle eingetragen sind, behandeln **84** das Schiffsregistergesetz (SchRG) sowie § 870 a ZPO und die §§ 162 ff. ZVG bzw. § 99 Luftregistergesetz (LuftRG), das entsprechende Luftfahrzeuge eingetragenen Schiffen gleichstellt, wie Grundstücke. Die Übereignung von nicht ins Schiffsregister eingetragenen Schiffen vollzieht sich nach den Sondervorschrif-ten der §§ 929 a und 932 a. Die Zwangsversteigerung von Luftfahrzeugen beurteilt sich nach den §§ 171 a ff. ZVG.

2. Einzelsachen und Sachgesamtheiten. Der Sachbegriff des § 90 setzt eine konkrete einheitliche oder **85** zusammengesetzte Einzelsache voraus. Nur diese kann Zuordnungsobjekt des Sachenrechts sein.[196]

Unter einer **Sachgesamtheit** versteht man mehrere selbstständige Sachen,[197] die im Verkehr unter einer ein- **86** heitlichen Bezeichnung zusammengefasst werden[198] und deren Wert und Funktionsfähigkeit durch ihre Vollständigkeit und funktionelle Verbindung mitbestimmt wird[199] (dh deren Wert als Gesamtheit viel höher als jener der Einzelsachen ist), bspw. ein Warenlager (vgl. dazu § 92 Abs. 2), eine Briefmarkensammlung, eine Bibliothek, eine Einbauküche oder eine Software, die mit dem zur Nutzung erforderlichen Bedienungs-

---

186 BeckOK BGB/*Fritzsche* § 90 Rn. 11.
187 *Wieling* Sachenrecht Bd. 1, 4. Aufl. 2001, § 2 III 8.
188 Vgl. auch die §§ 864, 865 ZPO, die auf „unbewegli-ches Vermögen" abstellen.
189 RGZ 84, 265, 270.
190 Dagegen stellt der „natürliche Grundstücksbegriff" auf die einheitliche Bewirtschaftung von Grundstü-cken ab, BeckOK BGB/*Fritzsche* § 90 Rn. 12.
191 Hk-BGB/*Dörner* § 90 Rn. 5; Jauernig/*Jauernig* BGB Vor § 90 Rn. 2; Palandt/*Ellenberger* BGB Vor § 90 Rn. 3; Palandt/*Bassenge* BGB Vor § 873 Rn. 1.
192 Vgl. RGZ 158, 369.

193 RGZ 55, 284; 78, 51; Palandt/*Ellenberger* BGB Vor § 90 Rn. 3.
194 OLG Naumburg VIZ 2000, 557 (558); BeckOK BGB/*Fritzsche* § 90 Rn. 12.
195 Staudinger/*Herrler/Stieper* BGB § 90 Rn. 61 und § 93 Rn. 34.
196 BeckOK BGB/*Fritzsche* § 90 Rn. 16.
197 BGHZ 18, 226.
198 OLG Celle NJW-RR 1994, 1305: Sitzgruppe.
199 RGRK/*Steffen* § 90 Rn. 15; Staudinger/*Herrler/Stie-per* BGB § 90 Rn. 67; BGHZ 76, 216, 219 = NJW 1980, 1518 – Urkundenbestand eines Archivs.

handbuch als Sachgesamtheit verkauft wird.[200] Sachgesamtheiten kennt das Gesetz (bspw. in § 92 Abs. 2 oder § 1035) als Inbegriff, misst ihnen allerdings keine allzu große (sachenrechtliche) Bedeutung zu.[201] Aufgrund des Spezialitätsgrundsatzes muss nämlich über jede der Sachgesamtheit zugehörige Sache einzeln verfügt werden,[202] wenngleich Sachgesamtheiten oft Gegenstand schuldrechtlicher Verpflichtungen sind.

87 **Beachte**: In prozessualer Hinsicht kommt keine Herausgabeklage bzw. **keine Klage auf Übereignung eines Sachinbegriffs** unter seiner Sammelbezeichnung in Betracht. Vielmehr sind alle der Sachgesamtheit zugehörigen Einzelsachen „in geeigneter Form zu benennen".[203]

88 Zu den Sachgesamtheiten zählen auch **Komplementärsachen** (bspw. Teile einer Sitzgarnitur[204] bzw. die Einzelschuhe bei einem Paar).[205] Bei einer Beschädigung ist der Schädiger verpflichtet, die Aufwendung zu tragen, die zur Wiederherstellung des funktionellen Zusammenhanges erforderlich ist, womit der BGH im Kontext mit § 823 Abs. 1 einen Verletzungsschutz für die organisatorische Sacheinheit anerkennt.[206]

89 Obgleich die Sachgesamtheit selbst Objekt einer schuldrechtlichen Verpflichtung sein kann,[207] ist Verfügungsobjekt aufgrund des sachenrechtlichen Spezialitätsgrundsatzes[208] nur die Einzelsache, aus der sich die Sachgesamtheit zusammensetzt.[209] Es ist jedoch statthaft, die dingliche Einigung unter der Sammelbezeichnung für die Sachgesamtheit vorzunehmen.[210]

90 **Einzelsachen**, deren Vorliegen sich nach der Verkehrsanschauung bestimmt (also nach den Gesichtspunkten der Körperlichkeit und Abgegrenztheit, → Rn. 7) können als natürliche Einheiten[211] (iS physischer Kohärenz,[212] bspw. ein Stein, Getreidekorn oder ein Tier)[213] in Erscheinung treten oder wenn eine natürliche Mehrheit von Sachen nach der Verkehrsanschauung als besonders bezeichneter und bewerteter einheitlicher Gegenstand angesehen wird[214] (zB ein Getreide- oder Sandhaufen)[215] bzw. in Gestalt einer zusammengesetzten Sache, in der mehrere fremde selbstständige Sachen solcherart aufgegangen sind, dass sie als Bestandteile ihre Selbstständigkeit verloren haben[216] (feste Verbindung von Einzelsachen, wenn sich das Ganze auch nach natürlicher Anschauung als eine Einheit darstellt).[217]

91 Allein bei Grundstücken wird hinsichtlich der Einheitlichkeit der Sache **nicht** auf die Verkehrsanschauung abgestellt, sondern eine rechtliche Bewertung vorgenommen, da das Grundstück als Sache erst durch katastermäßige Vermessung und Grundbucheintragung zur Entstehung gelangt.[218]

92 **3. Einfache und zusammengesetzte Sachen.** Der Differenzierung zwischen einfachen und zusammengesetzten Sachen kommt bei den Bestandteilen der §§ 93 ff. und der §§ 946 ff. sowie in der Judikatur zu den Weiterfresser-Schäden Bedeutung zu.[219]

93 Unter einer **zusammengesetzten Sache** versteht man eine solche, bei der mehrere (leicht individualisierbare) bewegliche Sachen zu einer neuen Sache zusammengefügt werden, aber noch als körperlich abgrenzbare Teile (dh austauschbare Einzelsachen) in der neuen Sache vorhanden sind (bspw. Computer, Fahrzeuge, Möbel oder Gebäude). Ob die körperlich abgegrenzten Teile noch Gegenstand besonderer Rechte sein können (dh ob an ihnen noch isoliert Eigentum besteht), beurteilt sich nach den §§ 93 ff., 946 ff.

94 **Einfache Sachen** sind hingegen solche, die sich nicht aus individualisierbaren oder abgrenzbaren Bestandteilen zusammensetzen,[220] wie bspw. Grundstücke, Steine, Pflanzen oder Erzeugnisse aus Porzellan, Glas oder sonstigen Rohstoffen, die einen Guss zulassen (wie Geschirr oder Vasen). Nach der Verkehrsanschau-

200 BGH NJW 1993, 461 (462).
201 BeckOK BGB/*Fritzsche* § 90 Rn. 16.
202 Was aber auch unter der Bezeichnung der Sachgesamtheit geschehen kann, da nach § 929 S. 1 „die Bestimmtheit der zu übereignenden Sachen ausreicht", BeckOK BGB/*Fritzsche* § 90 Rn. 16.
203 BeckOK BGB/*Fritzsche* § 90 Rn. 16.
204 OLG Celle NJW-RR 1994, 1305.
205 Staudinger/*Herrler/Stieper* BGB § 90 Rn. 67.
206 BGHZ 76, 216, 220 f. = NJW 1980, 1518. Dabei ist anhand des konkret in Rede stehenden Einzelfalls zu entscheiden, ob bspw. bei der Beschädigung des Bezugsstoffes bloß hinsichtlich eines Teils einer Sitzgruppe der Neubezug aller Teile verlangt werden kann, OLG Celle NJW-RR 1994, 1305.
207 Palandt/*Ellenberger* BGB Vor § 90 Rn. 5.
208 Wovon lediglich das Pachtkreditgesetz eine Ausnahme macht. Danach ist die globale Verpfändung des einem Pächter eines landwirtschaftlichen Grundstücks gehörenden Inventars an ein Pachtkreditinstitut statthaft.

209 BGHZ 76, 216. Davon macht – trotz des Wortlauts des § 1035 – auch die Nießbrauchsbestellung keine Ausnahme.
210 Staudinger/*Herrler/Stieper* BGB § 90 Rn. 69: ebenso kann der Besitz an Einzelsachen durch einen einheitlichen Akt übertragen werden.
211 RGZ 69, 119.
212 Staudinger/*Herrler/Stieper* BGB § 90 Rn. 69.
213 Beispiele nach Palandt/*Ellenberger* BGB Vor § 90 Rn. 5.
214 BGHZ 102, 135, 149.
215 Palandt/*Ellenberger* BGB Vor § 90 Rn. 5.
216 BGHZ 18, 226.
217 Palandt/*Ellenberger* BGB Vor § 90 Rn. 5 – was nach RGZ 87, 45 auch bei einer nur losen, leicht lösbaren Verbindung der Teile der Fall sein kann.
218 Staudinger/*Herrler/Stieper* BGB § 90 Rn. 65.
219 BeckOK BGB/*Fritzsche* § 90 Rn. 13.
220 BeckOK BGB/*Fritzsche* § 90 Rn. 14; MüKoBGB/*Stresemann* § 93 Rn. 4; aA Jauernig/*Jauernig* BGB § 93 Rn. 1.

ung werden zu den einfachen Sachen auch Mengensachen[221] (→ Rn. 97) bzw. natürliche Sacheinheiten[222] (bspw. ein Sack Kartoffeln oder ein Kieshaufen) gezählt.

Unter **Mengensachen** versteht man Sachen, die nur in größeren Quantitäten für den Wirtschaftsverkehr **95** bedeutsam sind, weshalb den gleichwohl vorhandenen Einzelsachen kein rechtserheblicher wirtschaftlicher Wert zukommt. Vor diesem Hintergrund erachtet die Verkehrsanschauung nur größere abgeteilte Mengen (bspw. einen Zentner Kartoffeln, ein Pfund Kaffeebohnen oder eine Ladung Kies) als Sacheinheit.[223]

4. Vertretbare und nichtvertretbare Sachen. Unter vertretbaren Sachen sind nach § 91 bewegliche **96** Sachen (→ Rn. 82 ff.) zu verstehen, die im Verkehr nach Zahl, Maß oder Gewicht bestimmt zu werden pflegen.

5. Verbrauchbare und nichtverbrauchbare Sachen. Verbrauchbare Sachen sind nach § 92 Abs. 1 **97** bewegliche Sachen (→ Rn. 82 ff.), deren bestimmungsgemäßer Gebrauch im Verbrauch oder in der Veräußerung besteht. Als verbrauchbar gelten gemäß § 92 Abs. 2 auch solche beweglichen Sachen, die zu einem Warenlager oder zu einem sonstigen Sachinbegriff gehören, dessen bestimmungsgemäßer Gebrauch in der Veräußerung der einzelnen Sachen besteht.

6. Teilbare und unteilbare Sachen. Eine Sache ist entsprechend § 752 S. 1 dann teilbar, wenn sie sich **98** ohne Wertminderung in gleichartige Teile (mehrere neue Sachen) zerlegen lässt – was im Falle von Auseinandersetzungen (bspw. bei der Gemeinschaft, §§ 741 ff., nicht jedoch im Sachenrecht) bedeutsam wird,[224] bspw. Baumstämme, (unbebaute) Grundstücke oder Mengensachen[225] (→ Rn. 97).

7. Hauptsachen und Nebensachen. Eine Differenzierung zwischen Hauptsachen und Nebensachen trifft **99** bspw. § 97 hinsichtlich des Zubehörs (vgl. auch § 311 c bzw. § 926) oder § 947 Abs. 2 beim Eigentumsverlust durch Verbindung. Die Abgrenzung beurteilt sich nach der Verkehrsanschauung.[226]

III. Exkurs: Verkehrsunfähigkeit von Sachen

In einer Reihe von Fällen sind Sachen aufgrund ihrer Beschaffenheit oder aber auch aus Rechtsgründen **100** (bspw. durch eine Zweckwidmung) dem Verkehr ganz oder teilweise entzogen (sog. Verkehrsunfähigkeit von Sachen),[227] wenngleich das BGB selbst keine Differenzierung zwischen verkehrsfähigen und verkehrsunfähigen iSv dem Privatrechtsverkehr entzogenen Sachen trifft.[228]

1. Allgemeingüter. Unter Allgemeingütern sind solche zu verstehen, die aufgrund ihrer natürlichen **101** Beschaffenheit einer Beherrschung durch den Menschen unzugänglich sind und damit nicht Objekt von Rechten sein können (**privatrechtliche Verkehrsunfähigkeit**, bspw. die freie Luft (nicht jedoch der davon zu unterscheidende Raum über der Grundstücksfläche, auf den sich gemäß § 905 S. 1 das Recht des Grundstückseigentümers erstreckt), fließendes Wasser oder das Meer,[229] der Meeresstrand sowie der Meeresboden.

Allgemeingüter sind wegen des Abgrenzbarkeitserfordernisses (→ Rn. 7) des BGB-Sachbegriffs **keine** **102** **Sachen** iSd BGB (**fehlende Abgrenzbarkeit von Allgemeingütern**). Erst mit der Entnahme – bspw. von Wasser – aus dem jeweiligen Allgemeingut entsteht eine Sache. **Beachte:** Was der Mensch einem Allgemeingut aber entnimmt, ist Sache (zB geschöpftes Wasser).[230]

Daher können zwar am Wasserlauf, nicht jedoch am fließenden Wasser private Rechte begründet werden. **103**

a) Die freie Luft. Freier Luft fehlt mangels Beherrschbarkeit die Sachqualität. Erst durch die private Entnahme freier Luft (die keinen rechtlichen Restriktionen unterworfen ist) mit Einschluss in ein Behältnis **104** erfolgt eine Aneignung, wodurch Luft zum Gegenstand des Privatrechtsverkehrs werden kann.[231]

Fehlt freier Luft auch die Sachqualität des BGB, kann sie rechtserheblich – vor allem zu Zwecken des Luft- **105** verkehrs (der nach § 1 Abs. 1 LuftVG grundsätzlich frei ist) – genutzt werden mit der Folge, dass die Rechte des Grundstückseigentümers nach § 905 am Raum über seinem Grundstück dergestalt eingeschränkt sind, dass er gegen einen ordnungsgemäßen Überflug rechtlich nicht angehen kann.[232]

221 *Wieling* Sachenrecht, Bd. 1, 4. Aufl. 2001, § 2 II 2 a dd; aA BeckOK BGB/*Fritzsche* § 90 Rn. 14: Mengensachen als zusammengesetzte Sachen iwS Arg.: weil „auch der Einzelbestandteil (Getreidekorn) einer Mengensache (Getreidehaufen) für sich gesehen eine Sache ist" (BeckOK BGB/*Fritzsche* § 90 Rn. 14).
222 Palandt/*Ellenberger* BGB § 93 Rn. 2.
223 Staudinger/*Herrler/Stieper* BGB § 90 Rn. 66.
224 Palandt/*Ellenberger* BGB Vor § 90 Rn. 4.
225 BeckOK BGB/*Fritzsche* BGB § 90 Rn. 17.

226 Palandt/*Ellenberger* BGB Vor § 90 Rn. 6.
227 Palandt/*Ellenberger* BGB Vor § 90 Rn. 7.
228 Zu verkehrsunfähigen Sachen näher *Friedrichs*, Verkehrsfähige Sachen im heutigen Recht, Gruchot 64, 676; *ders.* AöR 40, 257.
229 Palandt/*Ellenberger* BGB Vor § 90 Rn. 8.
230 Palandt/*Ellenberger* BGB Vor § 90 Rn. 8.
231 Staudinger/*Herrler/Stieper* BGB § 90 Rn. 21.
232 Dazu näher NK-BGB/*Ring* § 905 Rn. 2.

106   Weiterhin kann die aus der natürlichen Windbewegung resultierende Energie (Windenergie) bspw. für den Betrieb von Windrädern frei genutzt werden.[233]

107   Demhingegen ist es nach dem BImSchG grundsätzlich (dh mit der ausnahmsweisen Zulässigkeit im Falle einer Genehmigung nach den §§ 4 ff. BImSchG) verboten, die freie Luft zum Abtransport schädlicher Emissionsstoffe (iSv § 3 Abs. 3 BImSchG) zu nutzen.

b) Das freie Wasser

Literatur: *Hofmann/Baumann*, Die zivilrechtliche Behandlung von Hochseekabeln in der Nordsee, RdE 2012, 53.

108   Freiem Wasser – dh sowohl Meerwasser als auch Grundwasser[234] – fehlt die Sachqualität des BGB[235] – ebenso wie Wasser in einem Hafenbecken[236] (vorstehende → Rn. 12 aE).

109   Bei **Binnengewässern** erfolgt eine Differenzierung zwischen fließendem und stehendem Wasser.[237] Stehendes Wasser, bspw. in Teichen, ist beherrschbar, weshalb an ihm als Sache Eigentum begründet werden kann.[238]

110   Umstritten ist hingegen bei fließendem Binnenwasser, ob nur das Gewässerbett oder auch die fließende Welle eigentumsfähig ist.[239]

111   Das Eigentum am Gewässerbett als BGB-Sacheigentum[240] resultiert aus Art. 89 GG und dem nach Art. 65 EGBGB vorbehaltenen Eigentum (vgl. zur besonderen Rechtslage in Baden-Württemberg Art. 32 LWasserG). Demhingegen hat der BGH[241] nur die fließende Welle über dem Flussbett (entsprechend § 905) als eigentumsfähig (im Eigentum des Bodeneigentümers stehend) erachtet, was von der hA in der Literatur (da es dem Wasser an der Sachqualität fehle) zu Recht abgelehnt wird.[242] § 4 Abs. 2 WHG[243] schließt privatrechtliches Eigentum am Wasser sowohl bei fließenden oberirdischen Gewässern als auch am Grundwasser aus.

112   Für eine **Wasserentnahme** zwecks Eigentumsbegründung ist (mit einer Ausnahme für das offene Meer) sowohl für das Oberflächen- und Grundwasser im Binnenland als auch für Küstengewässer eine öffentlich-rechtliche Erlaubnispflicht nach den §§ 22 ff. WHG[244] bzw. nach dem Landeswasserrecht erforderlich, es sei denn, es handelt sich um eine Maßnahme im Rahmen des Gemeingebrauchs[245] oder Anliegergebrauchs.

113   Eine **Stoffeinleitung** (zB von Abwasser) in freies Wasser ist nach Maßgabe der §§ 2 ff. WHG sowie des Landeswasserrechts einer öffentlich-rechtlichen Erlaubnispflicht unterworfen.[246]

114   Wird das freie Oberflächenwasser in anderer Weise genutzt (zB durch Schifffahrt oder Baden), bestehen ggf. bürgerlich-rechtliche Restriktionen – ggf. gelten auch die Regeln des Gemeingebrauchs.[247]

115   **c) Der Strand.** Das Eigentum am Strand von **Binnengewässern** bestimmt sich nach dem Grundstückseigentum, das nach Art. 89 GG bzw. Art. 65 EGBGB (vorbehaltenes Landesrecht) am Gewässerbett begründet wird.[248]

116   Am **Meeresstrand** (verstanden als Fläche zwischen der Niedrigwasserlinie und dem durch den Beginn des Graswuchses gekennzeichneten höchsten Flutstand) besteht „gemeines Eigentum" des Staates, allerdings kein BGB-Grundstückseigentum,[249] womit eine private Aneignung des Strandes ausgeschlossen ist[250]– nicht jedoch eine andere private Nutzung des Strandes als öffentliche Sache (→ Rn. 124 ff.) im Rahmen des Gemeingebrauchs[251] bzw. einer Sondernutzung.[252] Ein Strand gewordener Grundstücksteil bleibt Sache.[253]

233 Staudinger/*Herrler/Stieper* BGB § 90 Rn. 21.
234 BayObLG NJW 1965, 973: Am Grundwasser besteht keine Verfügungsbefugnis gemäß § 905 (aA noch BGHZ 69, 1, 4), so BVerfGE 58, 300, 333; entsprechend nunmehr auch BGHZ 84, 223, 226.
235 Anders, bspw. eine von der Wasserfläche eines Hafens bedeckte Grundfläche (wenn Abgrenzbarkeit), OVG Schleswig NVwZ-RR 1999, 717 (718).
236 BVerwG TranspR 2012, 300, juris Rn. 27.
237 So Staudinger/*Herrler/Stieper* BGB § 90 Rn. 22.
238 RGRK/*Steffen* BGB § 90 Rn. 12.
239 Staudinger/*Herrler/Stieper* BGB § 90 Rn. 22.
240 BGH NJW 1967, 1368.
241 BGHZ 28, 34, 38.
242 Erman/*Michalski* BGB Vor § 90 Rn. 10; RGRK/*Steffen* BGB § 90 Rn. 12; Soergel/*Marly* BGB § 90 Rn. 33; Staudinger/*Herrler/Stieper* BGB § 90 Rn. 22;

aA hingegen *Pappermann/Löhr/Andriske* Recht der öffentlichen Sachen, S. 103.
243 IdF v. 31.7.2009 – BGBl. I, S. 2585.
244 Vom 23.9.1986 (BGBl. I S. 1529, 1654) idF v. 31.7.2009 – BGBl. I, S. 2585.
245 Allerdings überschreitet eine Flusswasserentnahme durch ein Saugrohr für industrielle Zwecke den Gemeingebrauch, so BGHZ 28, 34, 43.
246 Vgl. zur großen Zahl völkerrechtlicher Abkommen in diesem Bereich Staudinger/*Herrler/Stieper* BGB § 90 Rn. 22.
247 Staudinger/*Herrler/Stieper* BGB § 90 Rn. 22.
248 Staudinger/*Herrler/Stieper* BGB § 90 Rn. 23.
249 So BGHZ 44, 27, 30.
250 Staudinger/*Herrler/Stieper* BGB § 90 Rn. 23.
251 VG Schleswig-Holstein SchlHAnz 1973, 124.
252 BGHZ 44, 27, 32.
253 OLG Schleswig NJW 2001, 1073.

Wird ein ehemaliger Strand trockengelegt, wird dieser herrenlos. Er unterliegt nach § 928 Abs. 2 iVm **117**
Art. 190 EGBGB der Aneignung durch den Bund, sobald er durch Vermessung und Eintragung Festland
geworden ist.[254]

d) Meeresboden. Am Meeresboden besteht **kein privatrechtliches Eigentum**.[255] Der Meeresgrund ist **118**
aufgrund der Entschließung der Generalversammlung der Vereinten Nationen vom 17.12.1970 als „common
heritage of mankind" einer privaten Aneignung entzogen.[256]

Im Hinblick auf die staatlich beanspruchte Hoheitszone besteht bei einer **wirtschaftlichen Ausbeutung des** **119**
Meeresbodens ein öffentlich-rechtliches Nutzungsrecht nach Maßgabe des Genfer Abkommens über den
Festlandssockel von 1958. Insoweit gilt in Deutschland das Gesetz vom 24.7.1964[257] und vom 25.6.1969.[258]
Danach ist die Gewinnung von Bodenschätzen im deutschen Festlandssockel genehmigungspflichtig.[259]

Art. 2 des Genfer Abkommens über die Hohe See von 1958 gestattet die freie Nutzung des Meeresbodens **120**
zur **Verlegung von Kabeln** und **Pipelines**.

Nach dem Gesetz zur vorläufigen Regelung des Tiefseebergbaus vom 16.8.1980[260] und vom 12.2.1982[261] **121**
werden auch außerhalb der staatlichen Hoheitszone staatliche Abbaugenehmigungen erteilt – solche anderer
Staaten werden anerkannt.[262]

2. Öffentliche Sachen

Literatur: *Hede*, Das Recht der öffentlichen Sachen, JuS 1993, 113; *Höfling*, Grundzüge des öffentlichen Sachenrechts,
JA 1987, 605; *Kment/Weber,* Recht der öffentlichen Sachen, JA 2013, 119; *Papier*, Recht der öffentlichen Sachen, 2. Auflage 1984; *Stern*, Die öffentliche Sache, VVDStRL 21 (1964), 183; *Weber*, Die öffentliche Sache, VVDStRL 21 (1964),
145.

Unter öffentlichen Sachen sind – unabhängig von der Sachdefinition des BGB[263] – die dem **Gemeinge-** **122**
brauch gewidmeten Sachen (→ Rn. 124) und das **Verwaltungsvermögen** (→ Rn. 125 ff.) zu verstehen,[264]
mithin Gegenstände, die einer öffentlich-rechtlichen Zweckbestimmung unterworfen werden. Die Eigenschaft als öffentliche Sache wird durch **Widmung** (sofern diese nicht nachgewiesen werden kann, begründet die **unvordenkliche Verjährung** eine Vermutung für eine Widmung) und **Indienststellung begründet**
und durch **Entwidmung** und **Außerdienststellung** (bzw. Einziehung) **aufgehoben** (womit wieder uneingeschränkt die bürgerlich-rechtlichen Regelungen zur Anwendung gelangen).[265] Öffentliche Sachen unterfallen grundsätzlich den privatrechtlichen Vorschriften über Sachen, sofern sich aus der öffentlich-rechtlichen
Zweckbestimmung nichts anderes ergibt.[266] Jedenfalls macht eine Widmung zu öffentlichen Zwecken die
Sache nicht zu einer res extra commercium.[267] Für öffentliche Sachen kann aber (ausnahmsweise) landesrechtlich **öffentliches Eigentum** (als vom Privatrecht zu unterscheidende zweite Form des Eigentums)
geschaffen werden mit der Folge, dass dann die Regelungen des BGB keine Anwendung mehr finden.[268]
Die Vorschriften des BGB können aber im Verweisungswege für anwendbar erklärt werden.[269]

Öffentliches Eigentum besteht in Hamburg nach § 4 WegeG vom 4.4.1961[270] an staatseigenen öffentlichen **123**
Wegen[271] und gemäß § 4 a DeichG vom 29.4.1964[272] an Hochwasserschutzanlagen;[273] in Baden-Württemberg nach § 4 WasserG vom 26.7.1976[274] am Bett von Gewässern erster Ordnung.

---

254 BGH NJW 1989, 2467; Staudinger/*Herrler/Stieper*
BGB § 90 Rn. 24.
255 BGHZ 44, 27, 30.
256 Dazu *Eitel* JZ 1980, 41; *Graf Vitzhum*, Der Rechtsstatus des Meeresbodens, S. 156 ff. Dazu näher auch
Staudinger/*Herrler/Stieper* BGB § 90 Rn. 24.
257 BGBl. I S. 492.
258 BGBl. I S. 561.
259 Soergel/*Marly* BGB § 90 Rn. 33; Staudinger/*Herrler/*
Stieper BGB § 90 Rn. 25: „Dasselbe gilt für den bei
der Aufteilung der Nordsee durch Vertrag vom
28.1.1971 (BGBl. II 1972 S. 88) der Bundesrepublik
als Hoheitsbereich zugesprochenen Teil des Nordsee-
bodens, und zwar auch außerhalb des Festlandso-
ckels".
260 BGBl. I S. 1457.
261 BGBl. I S. 136.
262 *Lauff* NJW 1982, 2700; Staudinger/*Herrler/Stieper*
BGB § 90 Rn. 25.
263 Soergel/*Marly* BGB § 90 Rn. 42; Staudinger/*Herrler/*
Stieper BGB Vor § 90 Rn. 13: weshalb als öffentliche

Sachen auch Gegenstände angesehen werden können, denen die bürgerlich-rechtliche Sachqualität
(vor allem wegen mangelnder Körperlichkeit) fehlt.
AA *Papier* Recht der öffentlichen Sachen, 3. Aufl.
1998, S. 2.
264 Palandt/*Ellenberger* BGB Vor § 90 Rn. 14.
265 Staudinger/*Herrler/Stieper* BGB Vor § 90 Rn. 17.
266 BGH NJW 1989, 1351; Staudinger/*Herrler/Stieper*
BGB Vor § 90 Rn. 18: „Überlagerung" der privatrechtlichen Berechtigung durch die öffentlich-rechtliche Zweckbestimmung der Sache.
267 So BGH NJW 1990, 899 (900): historisches Hamburger Stadtsiegel; OLG Schleswig NJW 2001, 1073
(1074): Strand; BeckOK BGB/*Fritzsche* § 90 Rn. 35.
268 BVerfG NJW 1976, 1835; BVerwGE 27, 132.
269 Palandt/*Ellenberger* BGB Vor § 90 Rn. 14.
270 GVBl S. 117.
271 Vgl. dazu BVerfGE 42, 20, 32.
272 GVBl S. 79.
273 Dazu BVerfGE 24, 367, 386.
274 GVBl S. 369.

124 **a) Dem Gemeingebrauch gewidmete Sachen.** Dem Gemeingebrauch gewidmete Sachen – bspw. öffentliche Wege, Flüsse oder der Meeresstrand[275] – stehen im **privaten Eigentum** (meist öffentlich-rechtlicher Körperschaften, aber auch Privater),[276] das jedoch aufgrund der öffentlich-rechtlichen Zweckbestimmung beschränkt[277] und seines wesentlichen Inhalts entkleidet ist.[278] Eine Überlagerung des Privateigentums an einer öffentlichen Sache durch den öffentlich-rechtlichen Widmungszweck ist ohne gesetzliche Anordnung nicht möglich[279] (**Theorie vom modifizierten Privateigentum**).[280]

125 **b) Verwaltungsvermögen.** Sachen im Verwaltungsvermögen (insbesondere öffentliche Einrichtungen, wie bspw. Schulen und Verwaltungsgebäude oder Kasernen) als Sachen iSd BGB dienen durch ihren Gebrauch **unmittelbar** öffentlichen Verwaltungszwecken[281] und sind, soweit ihre Zweckbestimmung dies erfordert, einer Veräußerung entzogen.[282]

126 Am Verwaltungsvermögen besteht **modifiziertes Privateigentum** mit der Folge, dass die Berechtigung nach BGB durch die öffentlich-rechtliche Zweckbindung der Sache überlagert wird.[283] Die Zivilrechtsordnung gelangt nur insoweit zur Anwendung, als ihre Folgen nicht im Widerspruch zur öffentlich-rechtlichen Zweckbindung stehen. Dadurch kann bspw. ein Reisepass nicht verpfändet werden.[284] Auf öffentliche Sachen finden die §§ 93–95 **keine Anwendung**.[285]

127 Vom **Verwaltungsvermögen** ist das **Finanzvermögen** zu unterscheiden, das nur **mittelbar** durch seinen Vermögenswert oder seine Erträge öffentlichen Verwaltungszwecken dient und daher in vollem Umfang den Vorgaben des Privatrechts unterworfen ist.[286]

128 Beschränkungen bestehen nur im Falle einer Zwangsvollstreckung (in das Finanzvermögen) gegen öffentlich-rechtliche Körperschaften, Anstalten und Stiftungen nach § 882 a ZPO oder § 170 VwGO bzw. gegen Gemeinden gemäß Art. 15 Nr. 3 EGZPO.[287]

3. Res sacrae und Ähnliches

Literatur: *Forsthoff*, Res sacrae, AöR 31, 209; *Goerlich*, Zwangsvollstreckung und Kirchengut, in: FS Martens 1987, S. 557; *Müller-Vollbehr*, Res sacrae und Sprachgebrauch, NVwZ 1991, 142.

129 Dem Gottesdienst (religiösen Kult) einer anerkannten oder als öffentlich-rechtliche Körperschaft iSv Art. 140 GG iVm Art. 137 Abs. 5 WRV privilegierten Glaubensgemeinschaft gewidmete Sachen (res sacrae) – wie Kirchengebäude und kirchliche Gerätschaften (einschließlich der Glocken)[288] – sind regelmäßig als eine Gruppe innerhalb der **öffentlichen Sachen** (→ Rn. 124 ff.) zu qualifizieren,[289] an denen privatrechtliches Eigentum besteht,[290] die jedoch aufgrund ihrer **Widmung** (durch die Kirche bzw. Religionsgemeinschaft und den Sacheigentümer) für eine **religiöse Zweckbestimmung** (Weiheakt) – Zwecke des Kultus[291] – weitgehend dem privaten Rechtsverkehr entzogen sind.[292]

130 Der Umfang des Ausschlusses privater Befugnisse des Sacheigentümers bestimmt sich oft aus alten Vorschriften (Stadtrechten bzw. in ehemals preußischen Gebieten aus §§ 160 ff. II ALR) bzw. Gewohnheitsrecht.[293] Art. 133 EGBGB bestimmt, dass für Kirchenstühle die landesrechtlichen Vorschriften fortgelten. Dh bei im Kirchengebrauch stehenden Sachen können auch vorkonstitutionelle Altwidmungen für eine Überlagerung des Privateigentums ausreichen.[294]

131 In der Folge kann ein Eigentümer, der einer entsprechenden Widmung zugestimmt hat, die Sache auch nicht mehr herausverlangen – grundsätzlich auch dann nicht mehr, wenn er sich bei der Erklärung seiner Zustimmung eine andere Zweckbestimmung vorbehalten hatte.[295]

---

275 Dazu Palandt/*Ellenberger* BGB Vor § 90 Rn. 12 unter Bezugnahme auf OLG Schleswig NJW 2001, 1073 und OLG Schleswig NJW-RR 2003, 1171.

276 AA hinsichtlich des Meeresstrandes LG Kiel SchlHA 1975, 86.

277 *Wolff/Bachof* Verwaltungsrecht I § 57: öffentlich-rechtliche Dienstbarkeit als Duldungspflicht des privaten Eigentums.

278 Palandt/*Ellenberger* BGB Vor § 90 Rn. 12; dazu näher NK-BGB/*Ring* § 903 Rn. 24.

279 BVerwG NJW 1980, 2538 (2540); 1994, 144, 145.

280 VG Köln NJW 1991, 2584 (2585); BeckOK BGB/*Fritzsche* § 90 Rn. 35.

281 BGH NJW 1995, 1492.

282 BGHZ 33, 230.

283 Staudinger/*Herrler/Stieper* BGB Vor § 90 Rn. 18.

284 AG Heilbronn NJW 1974, 2182.

285 Staudinger/*Herrler/Stieper* BGB Vor § 90 Rn. 18.

286 Palandt/*Ellenberger* BGB Vor § 90 Rn. 13; *Wolff/Bachof* Verwaltungsrecht III § 164 III.

287 Vgl. dazu *Dagtoglou* VerwArch 50, 165.

288 OVG Koblenz DVBl 1956, 624; VGH München NJW 1980, 1973.

289 BayObLGZ 1967, 93; *Schlink* NVwZ 1987, 633; Staudinger/*Herrler/Stieper* BGB Vor § 90 Rn. 19.

290 RGZ 107, 367; Palandt/*Ellenberger* BGB Vor § 90 Rn. 9.

291 Palandt/*Ellenberger* BGB Vor § 90 Rn. 9.

292 BayObLGZ 1967, 93 (97).

293 Vgl. etwa OVG Koblenz DVBl 1956, 626, wonach es einer Kommune als Eigentümerin von Kirchenglocken verwehrt ist, deren Gebrauch gegenüber der Kirchengemeinde verbindlich festzulegen.

294 BVerwGE 87, 115, 123; BayOLG JZ 1981, 190.

295 BayObLGZ 1980, 381.

Die Anerkennung als öffentliche Sache mit den daraus resultierenden Konsequenzen beurteilt sich nach **132** staatlichem Recht (und nicht nach ggf. davon abweichendem Kirchenrecht) – weshalb bspw. den Res sacrae kein Schutz nach § 882 a ZPO (dazu → Rn. 131) gewährt wird.[296] Allerdings hat der Staat bei seiner Anerkennung der Fragestellung, wann eine Widmung zur Res sacrae anzunehmen ist und welche Zweckbindung damit verbunden ist, der staatsfreien Eigenständigkeit der Kirchen in ihrem Kernbereich kirchlicher Betätigung (Art. 140 GG iVm Art. 137 Abs. 5 WRV) Rechnung zu tragen.[297]

Aufgrund der Widmung ist es unerheblich, in wessen Eigentum die Res sacrae stehen. Rechtsgeschäfte und **133** Verfügungen nach Maßgabe des Privatrechts sind **unwirksam**, sofern sie der Widmung widersprechen, und **wirksam**, wenn sie sich im Einklang mit dieser befinden.[298]

Ein Gegenstand verliert durch **Entwidmung** und Außerdienststellung seine Eigenschaft als Res sacrae. Eine **134** Entwidmung durch den Eigentümer ohne Zustimmung der widmungsbegünstigten Glaubensgemeinschaft ist nicht möglich.[299] Auch staatlicherseits kann nur durch Gesetz oder durch Verwaltungsakt aufgrund ausdrücklicher besonderer gesetzlicher Ermächtigung eine einseitige Entwidmung ausgesprochen werden[300] – wofür eine allgemein erteilte Enteignungsermächtigung **nicht** ausreicht.[301]

Jedoch kann nicht das gesamte Vermögen der Kirchen als „öffentliche Sache" qualifiziert werden. So unter- **135** liegt bspw. **kirchliches Verwaltungsvermögen** regelmäßig keiner öffentlich-rechtlichen Zweckbestimmung[302] (→ Rn. 133). Kirchliche Krankenhäuser und Altenheime unterfallen im vollen Umfang dem Privatrecht.[303]

4. Friedhöfe und Grabdenkmäler. Gemeindliche wie kirchliche Friedhöfe (als Bestattungszwecken **136** gewidmete Sachen)[304] – also auch „alles, was nach Sitte, Religionsgebrauch und Herkommen der Würde der Bestattung dient"[305] – sind als öffentliche Sachen zu qualifizieren mit der Folge, dass Friedhofsgrundstücke nur insoweit nach bürgerlichem Recht zu beurteilen sind, als der Widmungszweck (dh die Zweckbindung Begräbnis) nicht entgegensteht.[306]

Bei **kirchlichen Friedhöfen** bestimmt sich der Umfang der Widmung und die mit der Indienststellung **137** geschaffene Zweckbindung ebenso wie eine Entwidmung entsprechend den Grundsätzen bei den Res sacrae[307] (→ Rn. 132 ff.) unter Berücksichtigung des Brauchtums.[308]

Bei **gemeindlichen Friedhöfen** erfolgt die Widmung zur Wahrnehmung der öffentlichen Aufgabe Totenbe- **138** stattung mit korrespondierender Gewährung eines allgemeinen Bestattungsanspruchs.[309]

Die Benutzung eines Begräbnisplatzes vollzieht sich auf (gemeindlichen wie kirchlichen) Friedhöfen nach **139** Maßgabe der anstaltlichen Nutzungsordnung (Anstaltsordnung des Friedhofs),[310] wobei die Benutzung kirchlicher Friedhöfe Kirchenmitgliedern vorbehalten werden kann.[311] § 9 Abs. 1 des Feuerbestattungsgesetzes vom 15.5.1934[312] ordnet für gemeindliche Friedhöfe einen **Benutzungszwang** iS einer gemeinsamen Bestattung an, der dem sittlichen Empfinden des weit überwiegenden Teils der Bevölkerung zu entsprechen hat.[313]

Sondernutzungsrechte an besonderen Grabstellen können eingeräumt werden[314] oder aufgrund alten **140** Rechts fortbestehen.[315]

Die Regelungen in der Anstaltsordnung eines Friedhofs treffen im Interesse der öffentlichen Aufgabenstel- **141** lung einer würdigen Totenbestattung Vorgaben über die Ausgestaltung der Grabplätze.[316] Die Vorgaben der

296 Staudinger/*Herrler/Stieper* BGB Vor § 90 Rn. 19.
297 Staudinger/*Herrler/Stieper* BGB Vor § 90 Rn. 20.
298 Vgl. RGZ 31, 217, 219 f.; 107, 365.
299 BayObLGZ 1980, 381 (389).
300 BayObLGZ 1967, 100.
301 Staudinger/*Herrler/Stieper* BGB Vor § 90 Rn. 21.
302 *Müller/Vollbehr* NVwZ 1991, 142.
303 Staudinger/*Herrler/Stieper* BGB Vor § 90 Rn. 19.
304 BGHZ 25, 200; BGH NJW 1977, 244; BVerfGE 25, 365; Palandt/*Ellenberger* BGB Vor § 90 Rn. 10.
305 Palandt/*Ellenberger* BGB Vor § 90 Rn. 10 unter Bezugnahme auf RGZ 100, 214.
306 RGZ 100, 214; RG DR 1941, 1319.
307 Staudinger/*Herrler/Stieper* BGB Vor § 90 Rn. 25.
308 BGH NJW 1954, 1483.
309 Staudinger/*Herrler/Stieper* BGB Vor § 90 Rn. 25. Lehnt allerdings ein Friedhofsbenutzer (unter Berufung auf seine Glaubensüberzeugung) die Bestattung seiner Angehörigen auf einem (nahe gelegenen) kommunalen Friedhof ab und verlangt er eine Bestattung auf einem konfessionellen Friedhof, ist es ihm

zuzumuten, sich den Regeln zu unterwerfen, die dort (als Ausfluss der allgemeinen Glaubensüberzeugung) gelten; BVerwG NJW 2004, 2844.
310 BGHZ 25, 200, 208; BVerwGE 25, 364, 365.
311 Staudinger/*Herrler/Stieper* BGB Vor § 90 Rn. 26.
312 RGBl I S. 380.
313 So Hessischer StGH NJW 1968, 1924.
314 Staudinger/*Herrler/Stieper* BGB Vor § 90 Rn. 26.
315 BGHZ 25, 200, 208.
316 Vgl. allerdings BVerwG DöV 1964, 200, wonach ein generelles Verbot schwarzer polierter Grabsteine in einer Friedhofsordnung nicht zulässig ist. Allerdings ist es dem Friedhofsträger nicht verboten, Vorschriften über die Gestaltung zu erlassen, die durch die allgemeinen Friedhofszwecke nicht gefordert, aber mit ihnen vereinbar sind, wenn sie durch einen legitimen Zweck gedeckt sind und die Rechte der Friedhofsbenutzer nicht in einem Maße beschränken, das außer Verhältnis zu Gewicht und Bedeutung des verfolgten Zwecks steht, BVerwG NJW 2004, 2844.

Anstaltsordnung können auch nachträglich noch geändert werden,[317] bspw. ein einmal vereinbarter Gebührensatz für eine Verlängerung eines Erbbegräbnisses.[318]

142   Während der Totenehrung unterliegt der **Leichnam** als Inhalt des Grabes (der zwar Sache ist)[319] nicht den Regelungen über Sachen (→ Rn. 39) – danach steht er (im Rahmen des Widmungszwecks) im Eigentum des Friedhofseigentümers.[320]

143   Korrosionsbeständige **Grabbeigaben** verbleiben nach § 95 im Eigentum des Gebers und sind diesem (soweit bekannt) beim Abräumen eines Grabes zurückzugewähren – widrigenfalls gilt § 984 (Schatzfund).[321]

144   Obwohl **Grabdenkmäler** (ebenso wie anderer dauerhafter Grabschmuck) Gegenstand privater Rechte sind[322] – sie verbleiben nach dem Aufstellen gemäß § 95 im Eigentum des Aufstellenden[323] (wohingegen der Besitz an der Grabstelle dem Friedhofseigentümer[324] bzw. dem durch die Widmung Begünstigten zusteht)[325] –, sollen sie nach § 811 Nr. 13 ZPO auch gegenüber dem Werklohnanspruch des Werkunternehmers keinen Pfändungsschutz genießen.[326] Überdies verstoßen Rechtsgeschäfte, die dem Ziel der Totenehrung widersprechen, nach § 138 gegen die guten Sitten.[327]

§ 90 a Tiere

[1]Tiere sind keine Sachen. [2]Sie werden durch besondere Gesetze geschützt. [3]Auf sie sind die für Sachen geltenden Vorschriften entsprechend anzuwenden, soweit nicht etwas anderes bestimmt ist.

Literatur: *Albrecht/Stuhldreier*, Tierprozesse, Bankrotte und andere Seltsamkeiten, ZInsO 2013, 2513; *Burmann/Jahnke*, Das Tier als Opfer – das Tier als Täter, DAR 2015, 313; *Dördelmann*, Tierhalterhaftung bei Schädigungen durch Mikroorganismen, VersR 2018, 1234; *Fahl*, Das Tier als Mensch wie Du und ich, JA 2019, 161; *Förster*, Haftung eines Tierarztes wegen groben Behandlungsfehlers, JA 2017, 144; *Grunsky*, Sachen, Tiere – Bemerkungen zu einem Gesetzentwurf, FS für Jauch, 1990, S. 93; *Heß/Burmann*, Das Tier als Opfer – Schadensersatzanspruch, NJW-Spezial 2016, 73; *Lorz*, Tier = Sache?, MDR 1989, 201; *ders.*, Das Gesetz zur Verbesserung der Rechtsstellung des Tieres im bürgerlichen Recht, MDR 1990, 1057; *Küper*, Die „Sache mit den Tieren" oder: Sind Tiere strafrechtlich noch „Sachen"?, JZ 1993, 435; *Ludäscher/Hoppler*, Der Unternehmer, der Nichtunternehmer und die Sprengstoffpudel, UR 2011, 290; *Marx*, Fallstricke in Pferderechtsprozessen seit Abschaffung des Viehgewährleistungsrechts, NJW 2010, 2839; *Mäsch*, Deliktrecht: Schockschadensersatz bei Verletzung oder Tötung eines Tieres, JuS 2012, 841; *Meller-Hannich*, Die Pfändung und Verwertbarkeit von Tieren, MDR 2019, 713; *Mitsch*, Tiere und Strafrecht, Jura 2017, 1388; *Mühe*, Das Gesetz zur Verbesserung der Rechtsstellung des Tieres im bürgerlichen Recht, NJW 1990, 2238; *Obergfell*, Tiere als Mitgeschöpfe im Zivilrecht, RW 2016, 388; *Pütz*, Zur Notwendigkeit der Verbesserung der Rechtsstellung des Tieres im bürgerlichen Recht, ZRP 1989, 171; *Raspé*, Die tierliche Person, 2013; *Roth*, Das Haustier im Nachlass, NJW-Spezial 2011, 551; *Schirmer*, Von Mäusen, Menschen und Maschinen – Autonome Systeme in der Architektur der Rechtsfähigkeit, JZ 2019, 711; *Schmid*, Tiere in der Zwangsvollstreckung, JR 2013, 245; *Schmidt*, Sind Hunde Plastiktüten?, JZ 1989, 790. *Schneider*, Der Hund als Hausrat, MDR 1999, 193; *Steding*, § 90 a BGB: nur juristische Begriffskosmetik? – Reflexionen zur Stellung des Tieres im Recht, JuS 1996, 962; *Timme*, Die Schenkung eines Tieres an einen beschränkt Geschäftsfähigen, JA 2010, 164 und 848; W*ertenbruch*, Die Besonderheiten des Tierkaufs bei der Sachmängelgewährleistung, NJW 2012, 2065.

A. Allgemeines	1		II. Der Schutz von Tieren (S. 2)	5
B. Regelungsgehalt	3		III. Die Rechtsfolge nach S. 3	7
I. Tiere sind keine Sachen (S. 1)	3		IV. Exkurs: Pflanzen	10

---

317   Staudinger/*Herrler/Stieper* BGB Vor § 90 Rn. 26 unter Bezugnahme auf BVerwG DÖV 1960, 793 (795); BGHZ 25, 200, 209.

318   BGHZ 25, 200, 209.

319   Palandt/*Ellenberger* BGB Vor § 90 Rn. 11.

320   Staudinger/*Herrler/Stieper* BGB Vor § 90 Rn. 27 – der im Rahmen des Abräumens alter Gräber der Erde wieder entnommene Gebeine in gebührender Weise aufzubewahren hat, was gleichermaßen im Falle des Abräumens eines Urnengrabs für die der Erde entnommene Urne mit der Asche gilt.

321   So Staudinger/*Herrler/Stieper* BGB Vor § 90 Rn. 27.

322   So BGH NJW-RR 2006, 570. Dazu auch *Faber* NJW 1956, 1480; *Ganschezian-Finck* NJW 1956, 1481.

323   Staudinger/*Herrler/Stieper* BGB Vor § 90 Rn. 28; aA LG Koblenz NJW 1956, 949: Grabdenkmals als *res extra commercium*; dazu jedoch krit. *Faber* NJW 1956, 1480 (1481).

324   RG JW 1936, 399.

325   Staudinger/*Herrler/Stieper* BGB Vor § 90 Rn. 28.

326   Umstritten, so aber BGH NJW-RR 2006, 570; aA hingegen LG Verden DGVZ 1990, 31; LG Stuttgart DGVZ 1991, 59; *Wacke* DGVZ 1986, 161; aA OLG Köln OLGZ 1993, 113 = JuS 1993, 514; LG Wiesbaden NJW-RR 1989, 575; LG Braunschweig NJW-RR 2001, 715. Dazu auch Staudinger/*Herrler/Stieper* BGB Vor § 90 Rn. 29.

327   Staudinger/*Herrler/Stieper* BGB Vor § 90 Rn. 29.

A. Allgemeines

Mit der durch Gesetz zur Verbesserung der Rechtsstellung des Tieres vom 20.8.1990[1] (zusammen mit § 251 **1** Abs. 2 S. 2 und § 903 S. 3) neu eingeführten Regelung des § 90a (Tiere)[2] folgte der Gesetzgeber der Überlegung, dass Tiere als schmerzempfindsame Lebewesen und Mitgeschöpfe einer Sache nicht formal gleichgestellt werden dürfen, sondern der Mensch ihnen gegenüber zu Schutz und Fürsorge verpflichtet sei, was auch im BGB „statutarisch" seinen Niederschlag finden soll. Damit bekennt sich der Gesetzgeber zu einem (bereits dem Tierschutzgesetz 1986) zugrunde liegenden ethisch fundierten Tierschutz.[3] Der Gesetzgeber nimmt somit Abschied von der römisch-rechtlichen Tradition einer Zweiteilung der Rechtsobjekte in körperliche und unkörperliche Gegenstände und schafft durch die Herausnahme der Tiere aus dem Begriff der körperlichen Gegenstände eine neue, dritte, gesetzlich eigenständige sachenrechtliche Gegenstandskategorie.[4]

Wenn aber nach S. 3 die für Sachen geltenden Vorschriften auf Tiere entsprechende Anwendung finden, **2** bringt die Regelung gegenüber einer unmittelbaren Anwendung keine große Änderung gegenüber dem früheren Rechtszustand, weshalb *Ellenberger* die Norm des § 90a zu Recht – und im Unterschied zur Staatszielbestimmung „Tierschutz" nach Art. 20a GG (dem bei verfassungsrechtlichen Abwägungen eine grundsätzliche Gleichwertigkeit mit anderen Verfassungsgütern zukommt)[5] – im Ergebnis als „eine gefühlige Deklamation ohne wirklich rechtlichen Inhalt"[6] oder *Medicus* sie als „Begriffskosmetik"[7] qualifiziert. Die Norm kann somit allenfalls als „ethisches Postulat" gewertet werden und erweist sich letztlich als Fremdkörper im BGB.[8] Jedenfalls wertet § 90a Tiere nicht als Rechtssubjekte auf.

B. Regelungsgehalt

I. Tiere sind keine Sachen (S. 1)

Gemäß S. 1 sind Tiere keine Sachen iSv § 90, wenngleich S. 3 (→ Rn. 7 ff.) die Konsequenz vermeidet, dass **3** die Vorschriften über Sachen auf Tiere unanwendbar wären. Wegen ihrer fehlenden Vernunftbegabung sind Tiere damit also Rechtsobjekte (und nicht Rechtssubjekte)[9] – andererseits aber auch keine „Sachen sui generis"[10] (was einer Missachtung des gesetzgeberischen Willens – → Rn. 1 – gleichkäme).[11] Das Gesetz geht (in Abgrenzung zu lebloser Materie und lebenden Pflanzen) nach allgemeinem Sprachgebrauch und der Verkehrsauffassung von einem **biologischen Tierbegriff**[12] aus – womit Beschränkungen der Begrifflichkeit, die bspw. auf eine Schmerzempfindlichkeit als Notwendigkeit des Tierbegriffs[13] abstellen oder nur Tiere höherer Art vom Geltungsbereich des § 90a erfasst sehen wollen, nicht in Betracht gezogen werden können.[14]

Dem Tierbegriff unterfallen nicht **Embryonen lebendgebärender Tiere** (die – mangels körperlicher Abge- **4** grenztheit – das rechtliche Schicksal des Muttertiers teilen) sowie (befruchtete) Tiereier, ebenso wenig wie Tierkadaver (die als Sachen zu qualifizieren sind).[15]

II. Der Schutz von Tieren (S. 2)

Tiere werden nach S. 2 durch besondere Gesetze geschützt.[16] S. 2 stellt somit eine Vorschrift dar, die wie **5** § 903 S. 2 völlig überflüssig ist, da die Tierschutzgesetze ohnehin gelten.[17] „Besondere Gesetze" sind bspw. das Bundestierschutzgesetz (BTierSchG) vom 18.8.1986,[18] das Gesetz über Naturschutz und Landschafts-

1 BGBl. I S. 1762. Dazu näher *Mühe* NJW 1990, 2238.
2 Dazu krit. *Braun* JZ 1993, 7: „evidente Torheit"; *Pütz* ZRP 1989, 171; *K. Schmidt* JZ 1989, 780.
3 BT-Drs. 11/7369, S. 1.
4 Staudinger/*Herrler/Stieper* BGB § 90a Rn. 2 – die „nicht besonders glücklich zu nennen" sei. „Der ursprüngliche Plan, die Novelle als § 103a (ohne S. 1) zur Schlussvorschrift eines dann ‚Sachen, Tiere' überschriebenen Abschnitts mit dem Titel ‚Tiere' zu machen, wäre korrekter gewesen".
5 Dazu *Obergfell* NJW 2002, 2296.
6 Palandt/*Ellenberger* BGB § 90a Rn. 1.
7 *Medicus* BGB AT Rn. 1178a.
8 BeckOK BGB/*Fritzsche* § 90a Rn. 1; *Pütz* ZRP 1989, 171 (172).
9 MüKoBGB/*Stresemann* § 90a Rn. 3.
10 Jauernig/*Jauernig* BGB § 90a Rn. 1 – neue sachenrechtliche Kategorie: Staudinger/*Herrler/Stieper*

BGB § 90a Rn. 4. AA hingegen iS der Anerkennung einer eigenen Rechtspersönlichkeit von Wirbeltieren de lege ferenda *Raspé*, Die tierische Person, 2013.
11 BeckOK BGB/*Fritzsche* § 90a Rn. 2; Staudinger/*Herrler/Stieper* BGB § 90a Rn. 3.
12 Staudinger/*Herrler/Stieper* BGB § 90a Rn. 3.
13 Vgl. Ansätze hierzu in RegE, BT-Drs. 11/7369, S. 1.
14 *Lorz* MDR 1990, 1058, Staudinger/*Herrler/Stieper* BGB § 90a Rn. 5.
15 Staudinger/*Herrler/Stieper* BGB § 90a Rn. 5.
16 Eine Regelung, deren Streichung der Rechtsausschuss des Bundesrats empfohlen hatte: BR-Drs. 380/1/89 v. 8.9.1989, S. 2.
17 BeckOK BGB/*Fritzsche* § 90a Rn. 4.
18 IdF der Neubekanntmachung v. 25.5.1999 (BGBl. I S. 1105, 1818).

pflege (Bundesnaturschutzgesetz – BNatSchG) vom 25.3.2002,[19] die Bundesartenschutzverordnung vom 18.9.1989,[20] die Bundeswildschutzverordnung vom 25.10.1985,[21] das Bundesjagdgesetz (BJagdG) vom 29.9.1976,[22] Regelungen des Tierseuchen- und Schlachtrechts sowie Jagd- und Fischereigesetze der Länder, aber auch § 251 Abs. 2 S. 2 (wonach die aus der Heilbehandlung eines verletzten Tieres entstandenen Aufwendungen nicht bereits dann unverhältnismäßig sind, wenn sie dessen Wert erheblich übersteigen) und § 903 S. 2[23] (wonach der Eigentümer eines Tieres bei der Ausübung seiner Befugnisse die besonderen Vorschriften zum Schutz der Tiere zu beachten hat) bzw. § 765 a Abs. 1 S. 2 ZPO oder § 811 c Abs. 1 ZPO.

6 Ist ein Tier durch „besondere Gesetze" nicht ausdrücklich besonders geschützt, resultiert auch aus S. 2 kein besonderer Schutz.[24] Zwecks Wahrung der Rechtsordnung sind Tierschutzgesetze (auch wenn dies in S. 2 nicht so klar zum Ausdruck gebracht wird) auch bei der Anwendung der Normen des allgemeinen Zivilrechts zu berücksichtigen.[25]

III. Die Rechtsfolge nach S. 3

7 Allerdings finden auf Tiere nach S. 3 die für Sachen geltenden Vorschriften entsprechende Anwendung, „soweit nicht ein anderes bestimmt ist". Der Vorrang, der Sondervorschriften für Tiere (bspw. §§ 98, 251 Abs. 2 S. 2, 833 f.,[26] 903 S. 2 oder 960 ff.) eingeräumt wird, ist eine überflüssige Klarstellung – ihm kommt lediglich Signalfunktion zu.[27] Auch wenn die Regelung des § 90 a in ihrer konkreten Form zum Teil als „gesetzgeberisch missglückt" angesehen – und S. 2 ein eigener Regelungsgehalt abgesprochen – wird,[28] kann sie gleichwohl jedenfalls als „Bekenntnis des Gesetzgebers zum ethisch fundierten Tierschutz"[29] qualifiziert werden (was sich auch in Art. 20 a GG niederschlägt und dessen Intention bei Entscheidungen über Tiere berücksichtigt.[30] Sondervorschriften für Tiere sind aber gleichermaßen bei der Anwendung allgemeiner zivilrechtlicher Vorschriften zu berücksichtigen, weshalb man insofern „die Signalfunktion des § 90 a nicht unterschätzen" sollte.[31] So werden, auch wenn Tiere keine Sachen sind, die Regelungen zur vorläufigen oder endgültigen **Hausratsverteilung** zumindest analog angewendet.[32]

8 Nach der **Verweisungsanalogie** (als Gesetzesanalogie sui generis wegen des Fehlens einer Gesetzeslücke) des S. 3[33] muss im Hinblick auf sachenrechtliche Vorschriften untersucht werden, ob sie entsprechend auf Tiere angewendet werden können. Obgleich Tiere also keine Sachen sind (S. 1, → Rn. 3), bleiben sie Rechtsobjekte[34] (Anwendbarkeit von § 823 Abs. 1)[35] und können damit Gegenstand von Verpflichtungs-

19   BGBl. I S. 1193.

20   BGBl. I S. 1677.

21   BGBl. I S. 2040.

22   BGBl. I S. 2849.

23   AA BeckOK BGB/*Fritzsche* § 90 a Rn. 4: Die Norm schützt in erster Linie die wirtschaftlichen Interessen des Tierhalters.

24   BeckOK BGB/*Fritzsche* § 90 a Rn. 4; „das etwa einen Autofahrer zu gefährlichen Aktionen zwänge, um ein Tier nicht zu überfahren", AG Schorndorf NJW-RR 1993, 356.

25   So zutreffend BeckOK BGB/*Fritzsche* § 90 a Rn. 4: zwecks Wahrung der Einheit der Rechtsordnung.

26   Zur Anwendung des Rechtsgedankens des Mitverschuldens bei Mitverursachung des Schadens (§ 254 Abs. 1) durch das Tier des Verletzten: OLG Sachsen-Anhalt NJW 2015, 346: Nach der seit Längerem ganz hM gilt § 254 Abs. 1 analog, wenn sich Tiere verschiedener Halter gegenseitig verletzen oder wenn lediglich eines der beiden Tiere – durch das andere – zu Schaden kommt und dabei die spezifische Tiergefahr des Ersteren mitgewirkt hat. Maßgeblich für die Haftungsanteile sind in diesem Zusammenhang nicht die abstralten Risikopotenziale, sondern das jeweilige Gewicht, mit dem sich die von den beteiligten Tieren ausgehenden Gefahren konkret in der Schädigung manifestiert haben (juris Rn. 17 unter Bezugnahme auf BGH VersR 1976, 1090 = NJW 19976, 1130; VersR 1985, 665 = NJW 1985, 2416.

27   MüKoBGB/*Stresemann* § 90 a Rn. 3; aA *Lorz* MDR 1990, 1057.

28   Staudinger/*Herrler/Stieper* BGB § 90 a Rn. 2 und 8.

29   So BT-Drs. 11/5463, S. 5.

30   OLG Nürnberg NJW-RR 2017, 387 = FamRZ 2017, 513, juris Rn. 55.

31   BeckOK BGB/*Fritzsche* § 90 a Rn. 6; MüKoBGB/*Stresemann* § 90 a Rn. 10: „Immerhin zwingt die Vorschrift im Einzelfall, ob sich leblose Sachen konzipierte Vorschriften ohne Weiteres auf ein Tier übertragen lassen".

32   Als Haustüre gehaltene Hunde sind Haushaltsgegenstände iS von § 1361 a, wobei diese Einordnung eine Berücksichtigung, dass Tiere nach § 90 a keine Sachen im Rechtssinne sind, nicht ausschließt: OLG Nürnberg NJW-RR 2017, 387 = FamRZ 2017, 613 = MDR 2017, 442 – Ls. 1, was dazu führen kann, dass die Kriterien der Zuweisungsentscheidung gemäß den Erfordernissen des § 90 a modifiziert werden müssen (juris Rn. 37). Vgl. auch OLG Stuttgart FamRZ 2014, 1300 = NJW-RR 2014, 1101 (Verteilung des Hausrats bei Getrenntleben), juris Rn. 17; OLG Hamm MDR 2011, 104 – juris Rn. 8. Eine sinngemäße Anwendung von § 1361 a erachten auch für angezeigt: OLG Zweibrücken FamRZ 1998, 1432; OLG Celle NJW-RR 2009, 1306 (1307) betreffend mehrere Papageien; OLG Bamberg FamRZ 2004, 559 betreffend einen Hund; OLG Naumburg FamRZ 2001, 481 betreffend mehrere Pferde; OLG Schleswig NJW 1998, 3721 betreffend einen Pudel.

33   Staudinger/*Herrler/Stieper* BGB § 90 a Rn. 9.

34   BeckOK BGB/*Fritzsche* § 90 a Rn. 5.

35   OLG Hamm RdL 2016, 46.

und Verfügungsgeschäften – mithin auch des Kaufgewährleistungsrechts[36] – sein. Folglich sind bspw. § 885 Abs. 2 ZPO auf Tiere, die sich auf einem zu räumenden Grundstück befinden,[37] oder § 7 StVG[38] beim Kfz-Betrieb im Falle ihrer Verletzung anwendbar.[39]

In der Literatur werden Tiere stets als gebrauchte Sachen iS von § 474 Abs. 2 S. 2 angesehen. Dies wird damit begründet, dass eine am Verwendungszweck orientierte Abgrenzung bei Tieren aufgrund vielfältiger Verwendungsformen nicht nur sachlich unangemessen, sondern auch praktisch nicht oder nur schwer handhabbar sei.[40] Nach Ansicht des BGH[41] ist dieser Ansatz mit der Regelung des § 90 a nicht vereinbar, da auf Tiere die für Sachen geltenden Vorschriften entsprechend anwendbar sind, sofern nicht etwas anderes bestimmt ist. Die §§ 474 ff enthalten aber keine Sonderregelungen für Tiere. Der Gesetzgeber ist davon ausgegangen, dass es beim Tierkauf keiner speziellen Regelung für Sachmängelhaftung und zur Verjährung bedarf, weil die kaufrechtlichen Vorschriften auch den Tierkauf angemessen regeln, weswegen auch beim Tierkauf zwischen „neu" und „alt" zu unterscheiden ist.[42] So sind auf Tiere die Vorschriften über den **Verbrauchsgüterkauf** (§§ 474 ff.) anzuwenden.[43] Beim **Viehkauf** fehlt sowohl eine Sonderregelung dafür, ob ein Tier als „neue" oder als „gebrauchte Sache" zu qualifizieren ist,[44] als auch (weil eine für Lebewesen ungewöhnliche Feststellung)[45] wie die „übliche Beschaffenheit" eines Tiers ist.[46] Gemäß §§ 434 Abs. 1 S. 1, 90 a ist ein verkauftes Tier mangelfrei, wenn es bei Gefahrübergang die vereinbarte Beschaffenheit hat. Sofern die Beschaffenheit nicht vereinbart ist, ist es gemäß §§ 434 Abs. 1 S. 2, 90 a frei von Sachmängeln, wenn es sich für die nach dem Vertrag vorausgesetzte Verwendung eignet – sonst, wenn es sich für die gewöhnliche Verwendung eignet und eine Beschaffenheit aufweist, die bei Sachen gleicher Art üblich ist und die der Käufer nach der Art der Sache erwarten kann. Zur üblichen Beschaffenheit eines Tieres gehört es im Hinblick auf die Individualität jedes einzelnen Lebewesens nicht, dass es in jeder Hinsicht einer biologischen und physiologischen Idealnorm entspricht – weshalb der Erwerber eines Tieres mit gewissen Abweichungen vom physiologischen Idealzustand rechnen muss, solange die Parteien nicht etwas anderes vereinbart haben.[47] Tiere, die verkauft werden, sind daher nicht generell als „gebraucht" anzusehen. Ein Tier, das zum Zeitpunkt des Verkaufs noch jung und bis zum Verkauf nicht benutzt worden ist, ist nicht „gebraucht".[48] Der Verkäufer eines Tieres hat – wenn keine anderslautende Beschaffenheitsvereinbarung getroffen wird – nur dafür einzustehen, dass das Tier bei Gefahrübergang nicht krank ist und sich auch nicht in einem (ebenfalls vertragswidrigen) Zustand befindet, aufgrund dessen bereits die Sicherheit oder zumindest die hohe Wahrscheinlichkeit besteht, dass es alsbald erkranken wird[49] und infolgedessen für die gewöhnliche (oder die vertraglich vorausgesetzte) Verwendung nicht mehr einsetzbar wäre. Demgemäß wird die Eignung eines klinisch unauffälligen Pferdes für die gewöhnliche oder die vertraglich vorausgesetzte Verwendung als Reitpferd nicht schon dadurch beeinträchtigt, dass aufgrund von Abweichungen von

36   OLG Oldenburg RdL 2018, 313: Pferd; OLG Köln NJW-RR 2018, 436: Rückabwicklung eines Pferdekaufvertrags aufgrund Sachmangels (Vor-Operation).
37   BGH NJW 2012, 2889.
38   LG Köln NJW-RR 1998, 320.
39   BeckOK BGB/*Fritzsche* § 90 a Rn. 5.
40   *Adolphsen* AgrarR 2001, 203 (207).
41   BGHZ 167, 40 = NJW 2006, 2250. Ebenso OLG Schleswig SchlHA 2018, 420, juris Rn. 24.
42   BGHZ 167, 40 = NJW 2006, 2250, juris Rn. 28 f.
43   BGHZ 167, 40 = NJW 2006, 2250. Zur Wirksamkeit eines Gewährleistungsausschlusses beim Pferdekauf OLG Frankfurt/M., AuR 2014, 108. Zur Gewährleistung beim Pferdekauf auf einer Auktion OLG Celle NJW-RR 2011, 132 = MDR 2011, 412.
44   BGH NJW 2007, 674; OLG Schleswig-Holstein SchlHA 2018, 420: zur Einordnung eines Pferdes als gebrauchte Sache.
45   So Palandt/*Ellenberger* BGB § 90 a Rn. 1.
46   BGH NJW 2007, 1351. Dazu auch *Faust* JuS 2007, 684. Zur Beschaffenheit eines Hundes gemäß §§ 90 a, 433 und 434 gehört auch die im Kaufvertrag mit vereinbarte Hunderasse: so AG Brandenburg NJW-RR 2010, 1293. Zur Frage der Mangelhaftigkeit einer Stute aufgrund Mitralklappeninsuffizienz: OLG Oldenburg RdL 2015, 178.
47   BGH NJW 2007, 1351 (1352 f.).
48   BGHZ 170, 31 = NJW 2007, 674: im konkreten Fall ein sechs Monate altes Hengstfohlen, das als Reittier
oder zur Zucht verwendet worden ist. Vgl. auch OLG Schleswig-Holstein ZGS 2006, 277: Bei einem sechs Monate alten Hengstfohlen handelt es sich objektiv nicht um eine „gebrauchte Sache". Nach § 90 a sind auf Tiere die für Sachen geltenden Vorschriften entsprechend anzuwenden. Die Abgrenzung zwischen neuen und gebrauchten Sachen bei Tieren ist umstritten. Der BGH musste sich 1985 anlässlich eines Rechtsstreits über den Verkauf lebender Regenbogenforellen mit der Frage befassen, ob es sich dabei um neu hergestellte Sachen iSv § 11 Nr. 10 AGBG handelt. Dies hat er bejaht (BGH NJW 1986, 52 f.). Daraus kann geschlossen werden, dass Arbeits- oder Reitpferde nach damaliger Auffassung des BGH bis zu ihrer erstmaligen entsprechenden Verwendung noch als „neue Sachen" angesehen werden können. Dementsprechend hat das LG Aschaffenburg (NJW 1990, 915) auch neun Wochen alte Hundewelpen als „neu hergestellte Sachen" angesehen. Auch die Literatur hat zT die Auffassung vertreten, dass Tiere, sofern es sich nicht um bereits verwendete Nutztiere handele, als „neu hergestellte Sachen" einzuordnen seien (vgl. Soergel/*Stein*, 12. Aufl. 1991, AGBG § 11 Rn. 92; Staudinger/*Coester-Waltjen*, 13. Aufl. 1998, AGBG § 11 Nr. 10 Rn. 8 – danach sollen Lebewesen „bis zur üblichen Verkaufszeit" als „neu" angesehen werden).
49   BGH NJW 2020, 389 = MDR 2020, 17 – Ls. 1 in Bestätigung von BGH NJW 2018, 150 Rn. 26.

der „physiologischen Norm" eine (lediglich) geringe Wahrscheinlichkeit dafür besteht, dass das Pferd zukünftig klinische Symptome entwickeln wird, die seiner Verwendung als Reitpferd entgegenstehen.[50] Die genannten Grundsätze gelten auch für folgenlos überstandene Krankheiten und Verletzungen wie ausgeheilte Rippenfrakturen eines als Reittier verkauften erwachsenen Pferdes, das nach Ablauf des Heilungsprozesses klinisch unauffällig ist. Weder kommt es insoweit darauf an, ob die vollständig ausgeheilten Rippenfrakturen auf einem „traumatischen Ereignis" beruhen, noch kann die Verletzung eines Tieres in jeder Hinsicht einem Schaden an einer Sache, gleichgestellt werden.[51]

Bei Tieren ist im Rahmen der Abgrenzung „neu" versus „neu hergestellt" und „gebraucht" iS der §§ 474 Abs. 2 S. 2, 309 Nr. 8 b ff nicht nur eine nutzungs-, sondern auch eine rein lebensaltersbedingte Steigerung des Sachmängelrisikos zu berücksichtigen.[52]

Ängste und Leiden eines Hundes begründen keinen Schmerzensgeldanspruch des Hundeeigentümers:[53] Soweit die Zahlung eine Betrages „für die entstandenen Ängste und Leiden der Hunde" gefordert wird, steht Schmerzensgeld in Rede. Schmerzensgeld können nach § 253 Abs. 2 zwar Personen bei Verletzung des Körpers, der Gesundheit, der Freiheit oder der sexuellen Selbstbestimmung fordern. Ein Schmerzensgeld für Leiden von Tieren ist im deutschen Zivilrecht jedoch nicht vorgesehen und ihm wesensfremd. Das BGB hat zwar im § 90 a anerkannt, dass Tiere keine Sachen und durch besondere Gesetze geschützt sind. Das bedeutet aber nicht, dass Tiere damit dem Menschen gleichgestellt sind. Soweit nichts anderes bestimmt ist, sind auf Tiere denn auch die für Sachen geltenden Vorschriften anzuwenden (§ 90 a S. 3).[54]

Auf die Beratungspflichten des Tierarztes vor der Operation eines Pferdes sind die in §§ 630 a ff. kodifizierten Grundsätze nicht entsprechend anwendbar – auch § 90 a erweitert den Umfang der Aufklärungspflichten nicht.[55]

9 **Beachte**: Trotz des strafrechtlichen Analogieverbots nach Art. 103 Abs. 2 GG ändert § 90 a nichts an der Strafbarkeit des Diebstahls (§ 242 StGB) oder der Beschädigung (§ 303 StGB) von Tieren.[56] Tiere können nach § 74 StGB auch eingezogen werden.[57]

IV. Exkurs: Pflanzen

10 Die gleichermaßen nicht der leblosen Materie zuzurechnenden Pflanzen unterfallen nicht § 90 a und sind als **Sachen** zu qualifizieren – meist (da sie idR für ihr Gedeihen Erdreich benötigen) sind sie als **wesentliche Grundstücksbestandteile** zu qualifizieren (womit sie dem Recht der unbeweglichen Sachen unterworfen sind), es sei denn, es handelt sich um Topfpflanzen oder Pflanzen, die nach § 95 nur zu einem vorübergehenden Zweck mit Grund und Boden verbunden worden sind.[58]

11 *Dilcher*[59] wies auf das Dilemma hin, dass eine an ethischen Geboten orientierte Achtung und Fürsorge gegenüber Pflanzen ausgerichtete Aufhebung ihrer Sacheigenschaft durch Umwandlung des Bewuchses der Grundstücksoberfläche in eine Art sonderrechtsfähige Scheinbestandteile als neue Kategorie des bürgerlichen Rechts für den Grundstücksverkehr untragbare Unsicherheiten mit sich brächte (praktische Undurchführbarkeit).

50 BGH NJW 2020, 389 – Ls. 2 in Bestätigung von BGH NJW 2007, 1351 Rn. 14 und BGH NJW 2018,150 Rn. 24.
51 BGH NJW 2020, 389 – Ls. 3.
52 BGH MDR 2019, 1497 – Ls. 1 in Fortentwicklung von BGHZ 170, 31.
53 AG Wiesbaden NJW-RR 2012, 227.
54 AG Wiesbaden NJW-RR 2012, 227, juris Rn. 15.
55 OLG Dresden NJW-RR 2019, 988 – Ls. 1.
56 Loslösung der strafrechtlichen Begrifflichkeit von jener des Zivilrechts: *Graul* JuS 2000, 215; *Küper* JZ 1993, 435 (eigener strafrechtlicher Sachbegriff – Tiere als lebende Sachen); Palandt/*Ellenberger* BGB § 90 a Rn. 1; aA *Braun* JuS 1992, 761; *Leitenstorfer* JuS 1993, 616 und Staudinger/*Dilcher* (1995) BGB § 90 a Rn. 5: „Die Grenzen entsprechender Anwendung sind strafrechtlich bei Diebstahl und Sachbeschädigung erreicht, weil hier das Analogieverbot entgegensteht". Nunmehr Staudinger/*Herrler/Stieper*

BGB § 90 a Rn. 11: Bei einer gesetzlich vorgeschriebenen entsprechenden Anwendung liegt keine Analogie vor (unter Bezugnahme auf RegE, BT-Drs. 11/7369, S. 6 ff.) – „Denn das in Art. 103 Abs. 2 GG verankerte Prinzip der gesetzlichen Bestimmtheit ist jedenfalls durch die Verweisung in § 90 a S. 3 gewahrt".
57 OLG Karlsruhe NJW 2001, 2488.
58 So zutr. Staudinger/*Herrler/Stieper* BGB § 90 a Rn. 12, 13: Die Ausgrenzung von Pflanzen aus einer gleichermaßen in § 90 a zu schaffenden „selbstständigen Gegenstandskategorie" werde zwar mit der Unterscheidung eines ethisch fundierten Tierschutzes vom anthropozentrisch (auf den Nutzen) ausgerichteten Pflanzenschutzes begründet – sei als Unterscheidung aber nur Ausdruck heutigen Problemverständnisses, nicht jedoch eines übergeordneten Prinzips.
59 Staudinger/*Dilcher* (1995) BGB § 90 a Rn. 7.

§91 Vertretbare Sachen

Vertretbare Sachen im Sinne des Gesetzes sind bewegliche Sachen, die im Verkehr nach Zahl, Maß oder Gewicht bestimmt zu werden pflegen.

Literatur: *Fest,* Kann der Käufer Ersatzlieferung verlangen, wenn die geschuldete Leistung vor Übergabe untergeht?, ZGS 2005, 18; *Harms,* Sachen, Bestandteile, Zubehör – Zentrale Heizungsanlagen in der Zwangsversteigerung, Jura 1982, 404; *Kreße,* Möglichkeiten der Girosammelverwaltung von Wertrechten durch Kreditinstitute, WM 2015, 453; *Kümpel,* Zur Girosammelverwahrung der vinkulierten Namensaktien, WM 1983, Sonderbeilage Nr. 8, S. 1; *Pammler,* Zum Ersatzlieferungsanspruch beim Stückkauf, NJW 2003, 1992; *Roth,* Stückkauf und Nacherfüllung durch Lieferung einer mangelfreien Sache, NJW 2006, 2953; *Szalai,* Nochmals – Nachlieferung beim Stückkauf, ZGS 2011, 203.

A. Begriffsbestimmung 1
  I. Maßgeblichkeit der Verkehrsanschauung 6
  II. Bedeutung der Differenzierung 8
B. Beispielsfälle vertretbarer und unvertretbarer Sachen 11

A. Begriffsbestimmung

Vertretbare Sachen sind nach der Definitionsnorm des §91 **bewegliche Sachen**, die im Verkehr nach Zahl, Maß oder Gewicht bestimmt zu werden pflegen – dh, wenn sie sich von anderen Sachen derselben Art nicht durch irgendwelche ausgeprägten Individualisierungsmerkmale abheben und daher (nach regelmäßiger Anschauung) ohne Weiteres austauschbar sind[1] (dh diese ersetzen können oder durch diese ersetzbar sind; meist Mengensachen und nicht Einzelstücke),[2] bspw. bei Serienprodukten oft eine neue (nicht hingegen eine schon gebrauchte) Sache.[3] **1**

Auch bei der Gattungssache (§243) kommt es nicht auf besondere individuelle Merkmale an. Im Unterschied zur Gattungsschuld, bei der für die Festlegung der relevanten Gattung die Parteidisposition unterliegt, beurteilt sich die **Vertretbarkeit einer Sache** nach einem allein objektiven Maßstab[4] mit der Folge, dass im Rahmen des §91 Parteivereinbarungen unbeachtlich sind[5] (→ Rn. 6). Gattungsschulden werden allerdings regelmäßig durch die Leistung vertretbarer, Stückschulden durch die Leistung nicht-vertretbarer Sachen erfüllt.[6] **2**

Vertretbare Sachen sind nicht nur solche, die bereits vorhanden sind. Vielmehr fallen darunter auch künftig erst noch herzustellende Sachen (wenn die Sache nach ihrer Herstellung – unmaßgeblich ist hingegen der Herstellungsstoff – eine vertretbare ist) – arg. §651.[7] **3**

Die Begrifflichkeit „Vertretbarkeit" verwendet das Gesetz allerdings auch in anderem Zusammenhang, bspw. in §887 ZPO (Vertretbare Handlungen). Im Falle der Leistung durch Dritte nach §267 wird dies in der Literatur als „vertretbare Leistung" bezeichnet. **4**

Umgekehrt ist eine Sache damit dann **nicht vertretbar**, wenn sie auf die Wünsche des Bestellers ausgerichtet ist und daher für den Unternehmer anderweitig nur schwer oder gar nicht abgesetzt werden kann.[8] **5**

I. Maßgeblichkeit der Verkehrsanschauung

Das Gesetz legt ein objektives Verständnis der Vertretbarkeit zu Grunde.[9] Maßgeblich ist als objektive Grundlage die vom Parteiwillen unabhängige **Verkehrsanschauung**. Eine Parteivereinbarung spielt diesbezüglich keine Rolle,[10] dh eine vertretbare Sache wird nicht dadurch, dass die Parteien aufgrund ihrer Dispositionsfreiheit eine nach der Verkehrsauffassung vertretbare Sache „im Vertragszusammenhang" gewollt als nicht vertretbare Sache behandeln (was ihnen unbenommen ist), zu einer unvertretbaren.[11] **6**

Beachte aber: Knüpfen Normen an eine nur der Gattung nach bestimmte Sache an (wie bspw. §§243, 300 Abs. 2, 524 Abs. 2, 2182 Abs. 1 bzw. §2183), kommt es allerdings auf das vertraglich Vereinbarte (bzw. einseitig Bestimmte) – dh, ob der Leistungsgegenstand individuell bzw. nach allgemeinen Merkmalen **7**

1 BGH NJW 1966, 2307; 1971, 1793, 1794; 1985, 2403; MüKoBGB/*Stresemann* §91 Rn. 1.
2 Staudinger/*Herrler/Stieper* BGB §91 Rn. 2.
3 RGRK/*Steffen* BGB §91 Rn. 5; Staudinger/*Herrler/Stieper* BGB §91 Rn. 1.
4 BeckOK BGB/*Fritzsche* §91 Rn. 3.
5 BGH NJW 1985, 2403; Jauernig/*Jauernig* BGB §91 Rn. 1; MüKoBGB/*Stresemann* §91 Rn. 1; Palandt/*Ellenberger* BGB §91 Rn. 1.
6 BeckOK BGB/*Fritzsche* §91 Rn. 3; Soergel/*Marly* BGB §91 Rn. 4.

7 RGRK/*Steffen* BGB §91 Rn. 2; Staudinger/*Herrler/Stieper* BGB §91 Rn. 1 und 4.
8 BGH NJW 1971, 1793.
9 Palandt/*Ellenberger* BGB §91 Rn. 1.
10 BGH NJW 1995, 2403; 1971, 1793, 1794; 1966, 2307; MüKoBGB/*Stresemann* §91 Rn. 1.
11 Erman/*Michalski* BGB §91 Rn. 3; Soergel/*Marly* BGB §91 Rn. 4; Staudinger/*Herrler/Stieper* BGB §91 Rn. 10.

bestimmt worden ist – und nicht auf die Vertretbarkeit bzw. Unvertretbarkeit der Sache an:[12] vertretbare Sache als Gesellschaftsbeitrag (§ 706 Abs. 2 S. 1).

II. Bedeutung der Differenzierung

8   Die Differenzierung zwischen vertretbaren und nicht vertretbaren Sachen gewinnt bspw. beim Werklieferungsvertrag (§ 651 S. 3), beim Sachdarlehen (§ 607), der Anweisung (§ 783) oder bei der unechten (unregelmäßigen) Verwahrung (§ 700) Bedeutung (vgl. § 700 Abs. 2) – ebenso bei kaufmännischen Orderpapieren (§ 363 HGB) oder beim Lagergeschäft (§§ 381 Abs. 2, 406 Abs. 2, 419 Abs. 1 HGB).

Beachte: Im Falle eines mangelhaften Stückkaufs soll der Anspruch auf Ersatzlieferung nach § 439 nicht davon abhängen, ob die gekaufte Sache vertretbar, sondern ob sie „ersetzbar" ist.[13]

9   Bei vertretbaren Sachen ist im Falle des Verlusts oder der Zerstörung Schadensersatz im Wege der Naturalrestitution nach § 249 S. 1 durch die Lieferung einer anderen gleichartigen Sache möglich (weil die Sachen nach der Verkehrsanschauung austauschbar sind und daher ein wirtschaftliches Interesse des Gläubigers gerade am Erhalt der beschädigten Sache regelmäßig nicht besteht)[14] – wohingegen dies bei unvertretbaren Sachen regelmäßig nicht möglich ist[15] (daher Geldentschädigung nach § 251 Abs. 1).[16] Aber auch im Fall eines gebrauchten Pkw (der keine vertretbare Sache ist) lässt die Judikatur Naturalrestitution zu.[17]

10   Im **Zivilprozessrecht** gewinnt die Differenzierung Bedeutung im Zusammenhang mit § 592 ZPO (Urkundenprozess), § 794 Nr. 4 ZPO (vollstreckbare Urkunde) sowie § 884 ZPO (Zwangsvollstreckung durch Wegnahme).

B. Beispielsfälle vertretbarer und unvertretbarer Sachen

11   Als **vertretbare Sachen** kommen bspw. die folgenden in Betracht: Benzin und Heizöl,[18] Bierflaschen,[19] Briefmarken, (deutsche) Eichenfurnierrundhölzer,[20] (rohe) Edelsteine,[21] Einzelexemplare eines Buches, Fertigbauteile, Geld[22] (§ 783 – bei **Geldscheinen** wird die Individualisierungsnummer von der Verkehrsanschauung ignoriert,[23] bei **Münzen** erfolgt erst gar keine Individualisierung durch Nummern;[24] auch ausländische Geldzeichen und Münzsonderprägungen sind als vertretbare Sachen zu qualifizieren),[25] (neue) Kraftfahrzeuge,[26] Maschinen (gewöhnlicher Art und üblicher Beschaffenheit),[27] Serienmaschinen, Transportbeton,[28] Vervielfältigungsgegenstände (von Druckschriften oder Tonträgern), (Handels-)Ware aus Serienanfertigung, sofern sie ungebraucht ist (bspw. Serienmöbel – auch dann, wenn sie nach den Wünschen des Bestellers oder nach Muster angefertigt wurden[29] oder einen vom Besteller gewünschten Bezugsstoff erhalten),[30] Werkzeuge, sogar Windkraftanlagen,[31] Wärmepumpen,[32] Wein (in seiner durch Rebsorte, Lage, Jahrgang und Qualitätsstufe bestimmten Gattung),[33] Wertpapiere (bspw. Aktien)[34] oder Ziegelsteine – darüber hinaus Naturerzeugnisse wie Kartoffeln oder Getreide.[35]

12   Wie aufgezeigt (Bezugsstoff bei Serienmöbeln, → Rn. 11) ändert sich an der Vertretbarkeit grundsätzlich auch dann nichts, wenn Waren aus einer Serienproduktion an individuelle Kundenwünsche angepasst werden.[36] Etwas anderes gilt nur dann, wenn die (individuellen) Anpassungen nicht ohne Weiteres im Serienprogramm des Herstellers vorgesehen oder nicht ohne Weiteres reproduzierbar sind. Dann handelt es sich um individuelle Sachen.[37]

---

12   So Staudinger/*Herrler/Stieper* BGB § 91 Rn. 11.

13   Palandt/*Ellenberger* BGB § 91 Rn. 4 unter Bezugnahme auf *Canaris* JZ 2003, 831 (835).

14   Staudinger/*Herrler/Stieper* BGB § 91 Rn. 9.

15   BGH NJW 1985, 2413; BGH NJW-RR 2009, 103 (104).

16   OLG München DAR 1964, 188 (189).

17   Palandt/*Ellenberger* BGB § 91 Rn. 4.

18   MüKoBGB/*Stresemann* § 91 Rn. 2.

19   BGH MDR 1956, 154.

20   BFH BB 1986, 647.

21   BGH NJW-RR 2009, 103.

22   Palandt/*Ellenberger* BGB § 91 Rn. 2. Hingegen sind Buchgeld (Giralgeld, dazu *Schmidt* JuS 1984, 738) bzw. Computergeld (Netzgeld) als unkörperliche Gegenstände zu qualifizieren, Staudinger/*Herrler/Stieper* BGB § 91 Rn. 7.

23   MüKoBGB/*Stresemann* § 91 Rn. 3.

24   Staudinger/*Herrler/Stieper* BGB § 91 Rn. 6.

25   So *Paefgen* JuS 1992, 192.

26   OLG München DAR 1964, 188 (189).

27   RGZ 45, 64.

28   BGH NJW 1996, 836.

29   BGH NJW 1971, 1793.

30   OLG Karlsruhe BB 1988, 1209.

31   FG Flensburg WM 2000, 2112 (2113).

32   OLG Hamm NJW-RR 1986, 477.

33   MüKoBGB/*Stresemann* § 91 Rn. 2; BGH NJW 1985, 2403 (ohne die genannte Restriktion).

34   Palandt/*Ellenberger* BGB § 91 Rn. 2.

35   BeckOK BGB/*Fritzsche* § 91 Rn. 6.

36   BGH NJW 1971, 1794 – Serienmöbel; OLG Hamm NJW-RR 1986, 477 – Wärmepumpe; OLG Karlsruhe NJW-RR 1988, 1400; MüKoBGB/*Stresemann* § 91 Rn. 2 – Auswahl eines Bezugsstoffs für Möbel.

37   BeckOK BGB/*Fritzsche* § 91 Rn. 7.

Ist die veränderte Ware auf dem Markt unabsetzbar, spricht dies gegen ihre Vertretbarkeit.[38] Umgekehrt **13** spricht der Umstand, dass eine veränderte Sache in den Produktionslisten eines oder mehrerer Hersteller geführt wird, für deren Vertretbarkeit.[39]

Unvertretbar sind hingegen (außer den vorbenannten Sachen, sofern sie ausnahmsweise doch individuelle **14** Merkmale aufweisen), etwa folgende Sachen: bewegliche Sachen, die Grundstücksbestandteile geworden sind[40] (bspw. ein Zaun),[41] Bier einer bestimmten Brauerei (im Verhältnis zu jenem einer anderen Brauerei),[42] Eigentumswohnungen,[43] Einbauküchen[44] (umstritten, da sie grundsätzlich aus Serienbestandteilen und damit aus vertretbaren Sachen bestehen[45] – anders ggf. die Sachgesamtheit „fertige Einbauküche"),[46] Grundstücke (arg.: die Lage als Charakteristikum eines Grundstücks gegenüber anderen mit der Folge, dass auch identisch geschnittene, gleichgroße Grundstücksparzellen in einem Baugebiet nicht vertretbar sind),[47] gebrauchte Kraftfahrzeuge[48] oder sonstige gebrauchte Sachen,[49] Kunstwerke, (individuelle) Laden- und Hoteleinrichtungen,[50] Maschinen (die für einen bestimmten Raum oder Betrieb angepasst wurden),[51] Maßkleidung (da speziell auf die Kundenwünsche ausgerichtet und daher nicht ohne Weiteres absetzbar),[52] nach Maß speziell gefertigte Möbel,[53] Prospekte (und sonstiges Werbematerial, das auf die Bedürfnisse eines bestimmten Unternehmens abstellt)[54] bzw. Tiere (sofern sie nicht in Massen verkauft werden),[55] Waren- und Getränkeautomaten (als Gegenstand von Mietverträgen)[56] oder die Sonderanfertigung eines Serienmotorrades.[57]

Fritzsche[58] weist darauf hin, dass die Vertretbarkeit (bspw. im Zusammenhang mit § 651) auch davon **15** abhängig sein kann, „in welcher Eigenschaft man eine Sache gerade betrachtet". So ist bspw. eine Vereinbarung über die Herstellung von Reise- oder Hotelprospekten sowie von Versandhauskatalogen als Werklieferungsvertrag über unvertretbare Sachen zu qualifizieren,[59] wohingegen eine Serienanfertigung von Möbeln für ein Handelsunternehmen vertretbare Sachen erfasst.[60]

§ 92 Verbrauchbare Sachen

(1) Verbrauchbare Sachen im Sinne des Gesetzes sind bewegliche Sachen, deren bestimmungsmäßiger Gebrauch in dem Verbrauch oder in der Veräußerung besteht.

(2) Als verbrauchbar gelten auch bewegliche Sachen, die zu einem Warenlager oder zu einem sonstigen Sachinbegriff gehören, dessen bestimmungsmäßiger Gebrauch in der Veräußerung der einzelnen Sachen besteht.

A. Allgemeines	1		2. Im Rechtssinne verbrauchbare Sachen	6
B. Regelungsgehalt	3		II. Sachinbegriffe als verbrauchbare Sachen	9
I. Begriffsbestimmung	3		III. Rechtsfolgen des Verbrauchs	11
1. Tatsächlich verbrauchbare Sachen	4			

38 BGH NJW 1966, 2307; 1971, 1793, 1794.
39 OLG Hamm NJW-RR 1986, 477; BeckOK BGB/ *Fritzsche* § 91 Rn. 7.
40 Palandt/*Ellenberger* BGB § 91 Rn. 3.
41 LG Weiden NJW-RR 1997, 1108.
42 RG JW 1913, 540.
43 BGH NJW 1995, 588.
44 BGH NJW-RR 1990, 787 (788) – allerdings nicht Serienteile, aus denen die Einbauküche zusammengesetzt wird: Palandt/*Ellenberger* BGB § 91 Rn. 3.
45 So BeckOK BGB/*Fritzsche* § 91 Rn. 7 (durch individuelle Anpassung und Einbau nach den Bedürfnissen des Kunden kann sie unvertretbar sein); Palandt/ *Ellenberger* BGB § 91 Rn. 3.
46 Einbauküche aus Werbeprospekt (die gekauft wird wie abgebildet): vertretbare Sache; anders die individuell angefertigte (OLG Zweibrücken NJW-RR 1989, 84) oder angepasste Einbauküche, die durch den Einbau unvertretbar wird, BeckOK BGB/*Fritzsche* § 91 Rn. 7.

47 Palandt/*Ellenberger* BGB § 91 Rn. 3.
48 OLG München DAR 1964, 189.
49 RGRK/*Steffen* BGB § 91 Rn. 5; Staudinger/*Herrler/ Stieper* BGB § 91 Rn. 1.
50 BGH NJW 1994, 663.
51 RGZ 45, 74.
52 Staudinger/*Herrler/Stieper* BGB § 91 Rn. 1.
53 RGZ 107, 340.
54 BGH NJW 1966, 2307; vgl. auch BGH DB 1981, 313 (Zündholzwerbebriefe mit Firmenaufdruck).
55 Soergel/*Marly* BGB § 91 Rn. 2.
56 OLG Celle OLGR Celle 1996, 32.
57 LG Hamburg ZIP 1994, 290.
58 BeckOK BGB/*Fritzsche* § 91 Rn. 7.
59 BGH NJW 1966, 2307; OLG Hamm NJW-RR 1996, 1530 – arg.: Die einzeln hergestellten Prospekte können später nur vom Besteller (und von sonst niemandem) abgesetzt werden.
60 BGH NJW 1971, 1793 (1794).

A. Allgemeines

1   Der praktische Bedeutungsgehalt der aus dem gemeinen Recht übernommenen Definition des § 92 (Verbrauchbare Sachen) ist für das Schuldrecht relativ gering – vgl. aber zum einen die §§ 706 Abs. 2, 1814 S. 2, 2116 Abs. 1 S. 2, 2325 Abs. 2 sowie zum anderen die §§ 1067, 1075 Abs. 2, 1084 und 1086 S. 2 (die Nutzungsrechte an verbrauchbaren Sachen zu Verbrauchsrechten machen, indem sie den Nutzungsberechtigten zum Eigentümer der verbrauchbaren Sache erklären und dem Sacheigentümer dafür als Ausgleich einen Wertersatzanspruch gewähren).[1]

2   Verbrauchbare Sachen unterliegen den allgemeinen sachenrechtlichen Vorschriften und können auch Zubehör (iSv § 97) sein bzw. unter Eigentumsvorbehalt veräußert oder sicherungsübereignet werden.[2] Die Abnutzung einer Sache durch den Gebrauch (zum Gebrauch bestimmte Sache) führt noch nicht dazu, dass sie iSd § 92 verbrauchbar ist.[3] Eine Sache (bspw. Geld) kann sowohl verbrauchbar iSv § 92 als auch vertretbar iSv § 91 sein, ohne dass dies zwingend wäre.[4]

B. Regelungsgehalt

I. Begriffsbestimmung

3   Verbrauchbare Sachen sind nach § 92 **bewegliche Sachen**, deren bestimmungsgemäßer Gebrauch in dem Verbrauch oder in der Veräußerung besteht. Entscheidend ist die **objektive Zweckbestimmung**.[5] Die Regelung des § 92 Abs. 1 enthält eine Definition der **objektiv** (dh nach der Zweckbestimmung, die ihnen die Verkehrsauffassung zumisst) **verbrauchbaren Sachen** und differenziert zwischen **tatsächlich verbrauchbaren Sachen** (Abs. 1 Alt. 1, → Rn. 4 f.) und **im Rechtssinne verbrauchbaren Sachen** (Abs. 1 Alt. 2, → Rn. 6 ff.). Zudem qualifiziert Abs. 2 **Sachinbegriffe** als verbrauchbare Sachen (→ Rn. 9 f.).

4   **1. Tatsächlich verbrauchbare Sachen.** Tatsächlich verbrauchbare Sachen (dh Verbrauchbarkeit in einem engeren Sinne) iSv Abs. 1 Alt. 1 sind solche, bei denen im (auch bestimmungsgemäßen) Gebrauchsakt der Verbrauch (durch Zerstörung oder erhebliche Entwertung der Sache) eingeschlossen ist (im Gebrauch liegt der Verbrauch), bspw. Arzneimittel, Brennmaterial, Heizmaterial, Körperpflegemittel oder Lebensmittel[6] (Nahrungs- und Genussmittel), Reinigungsmittel, Tinte, Toner und Treibstoffe, **nicht** jedoch Kleidungsstücke, Möbel oder Teppiche, da diese durch den Gebrauch zwar abgenutzt, aber nicht verbraucht werden (die Sache als solche mithin zurückbleibt). Dabei ist eine Abgrenzung zwischen den beiden Konstellationen manchmal schwierig, da nach der Verkehrsauffassung auch nur einmal benutzbare Sachen (wie bspw. ein Papiertaschentuch) verbrauchbar sind[7] – vergleichbar ist die Benutzung entwerteter Sachen (zB Briefmarken).[8]

5   Nachdem die Sache tatsächlich verbraucht worden ist, ist sie körperlich (mehr oder weniger) nicht mehr als solche vorhanden.[9]

6   **2. Im Rechtssinne verbrauchbare Sachen.** Im Rechtssinne verbrauchbare Sachen iSv Abs. 1 Alt. 2 sind solche, die zur Veräußerung bestimmt sind, als Sachen selber hingegen keinen eigenen Gebrauchswert haben, wie bspw. Geld oder Wertpapiere (sofern sie sich als Geldsurrogate darstellen),[10] einschließlich der bloß einmal verwertbaren kleinen Inhaberpapiere nach § 807 (wie Eintritts- oder Fahrkarten), **nicht** jedoch Grundstücke. Ob auch Wertpapiere, die der Kapitalanlage dienen, unter Abs. 1 Alt. 2 fallen, ist umstritten,[11] dürfte jedoch zu verneinen sein, da sie nicht in erster Linie zur Veräußerung bestimmt sind und damit nicht als Geldsurrogate qualifiziert werden können.[12]

7   Bei im Rechtssinne verbrauchbaren Sachen führt der Verbrauch nicht zu einer endgültigen Wertvernichtung, sondern nur zu einem Wertverlust beim Verbraucher, weshalb sich der Gebrauchswert in ihrer Veräußerbar-

---

1   BeckOK BGB/*Fritzsche* § 92 Rn. 1.
2   MüKoBGB/*Stresemann* § 92 Rn. 6; Staudinger/*Herrler/Stieper* BGB § 92 Rn. 6.
3   MüKoBGB/*Stresemann* § 92 Rn. 3, Soergel/*Marly* BGB § 92 Rn. 1; Staudinger/*Herrler/Stieper* BGB § 92 Rn. 1.
4   Staudinger/*Herrler/Stieper* BGB § 92 Rn. 2.
5   Palandt/*Ellenberger* BGB § 92 Rn. 1.
6   Palandt/*Ellenberger* BGB § 92 Rn. 1 – zu denen auch Tiere gehören RGZ 79, 248.
7   *Wieling* Sachenrecht Bd. 1, 4. Aufl. 2001, § 2 II 7.
8   BeckOK BGB/*Fritzsche* § 92 Rn. 4 – bei denen allerdings die Grenze zur 2. Alt. fließend ist.
9   BeckOK BGB/*Fritzsche* § 92 Rn. 4.

10   Palandt/*Ellenberger* BGB § 92 Rn. 2. Die Börsengängigkeit soll ein Wertpapier noch nicht zu einer verbrauchbaren Sache iSv § 92 Abs. 1 Alt. 2 machen, so Staudinger/*Herrler/Stieper* BGB § 92 Rn. 2; aA RGRK/*Steffen* BGB § 92 Rn. 3.
11   Bejahend: RGRK/*Steffen* BGB § 92 Rn. 3; aA die hA in der Literatur, vgl. Erman/*Michalski* BGB § 92 Rn. 2 b; Soergel/*Marly* BGB § 92 Rn. 1; Staudinger/*Herrler/Stieper* BGB § 92 Rn. 2.
12   So zutr. BeckOK BGB/*Fritzsche* § 92 Rn. 5; Soergel/*Marly* BGB § 90 Rn. 2; Staudinger/*Herrler/Stieper* BGB § 92 Rn. 2; aA hingegen RGRK/*Steffen* BGB § 92 Rn. 3.

keit erschöpft.[13] Dabei kommt es allerdings nicht darauf an, ob die (konkrete) Sache tatsächlich veräußert wird. Entscheidend ist vielmehr, ob dies ihr „bestimmungsgemäßer Gebrauch" sein könnte.[14]

Der BGH[15] hat entschieden, dass der schenkweise Erlass einer Geldforderung wie die Schenkung einer verbrauchbaren Sache qualifiziert werden könne. **8**

II. Sachinbegriffe als verbrauchbare Sachen

Als verbrauchbar gelten nach der gesetzlichen Fiktion des Abs. 2 auch **subjektiv verbrauchbare Sachen**, **9** mithin bewegliche Sachen, die zu einem Warenlager oder zu einem sonstigen **Sachinbegriff** (dazu näher → § 90 Rn. 87 ff.) gehören, dessen bestimmungsgemäßer Gebrauch (also entsprechend dem nach Abs. 1 unerheblichen Willen des Berechtigten) in der Veräußerung der einzelnen Sachen besteht (Verbrauchbarkeit der Einzelsache, die zum veräußerungsbestimmten Sachinbegriff gehört; hingegen resultiert aus Abs. 2 nicht die Verbrauchbarkeit des Sachinbegriffs selbst).[16] Mithin kann jede bewegliche Sache dadurch zur verbrauchbaren Sache werden, dass der Berechtigte sie einer zur Veräußerung bestimmten Sachgesamtheit zuordnet (also dem Verbrauchszweck unterordnet) – „selbst wenn es sich um ein Unikat handelt".[17] Die Benennung des Warenlagers stellt die gesetzliche Hervorhebung eines entsprechenden Sachinbegriffs dar.[18] Im Unterschied zu Abs. 1 entscheidet hier nicht die objektive Zweckbestimmung (→ Rn. 3), sondern der **Wille des Berechtigten**.[19] Mithin ist entscheidend, welchen Zweck der Berechtigte mit dem Sachinbegriff verfolgt, dem die veräußerte Sache zugehörig ist.[20]

Als verbrauchbare Sachen iSv Abs. 2 können somit der Warenbestand eines Groß- oder Einzelhändlers **10** (Kleider in einem Warenhaus)[21] oder Schlachtvieh eines Fleischers[22] angesehen werden – nicht jedoch Wertpapiere in einem Fonds.[23]

III. Rechtsfolgen des Verbrauchs

Verbrauchbarkeit einer Sache wird bei Einräumung eines Nutzungsrechts an einer entsprechenden Sache **11** bedeutsam. Der Nutzungsberechtigte ist bei verbrauchbaren Sachen regelmäßig zum Verbrauch der Sache berechtigt. Er muss später jedoch für den Verbrauch Wertersatz leisten. Dies gilt bspw. für den Nießbrauch an verbrauchbaren Sachen, wobei der Nießbraucher zwar Eigentümer wird, nach Beendigung des Nießbrauchs aber Wertersatz für die verbrauchten Sachen nach den §§ 1067, 1075 Abs. 2, 1084 und 1086 S. 2 zu leisten hat (vergleichbar zudem § 706 Abs. 2 [verbrauchbare Sachen als Gesellschafterbeitrag], § 1814 S. 2 und § 2116 Abs. 1 S. 2 [Hinterlegung von Inhaberpapieren, die zu den verbrauchbaren Sachen zählen] bzw. § 2325 Abs. 2 S. 1 [Wertansatz verbrauchbarer, geschenkter Sachen beim Pflichtteilsergänzungsanspruch]).

Verbrauchbare Sachen (eines Warenlagers) können zur Sicherheit übereignet werden.[24] An ihnen kann auch **12** ein Eigentumsvorbehalt vereinbart werden.[25]

§93 Wesentliche Bestandteile einer Sache

Bestandteile einer Sache, die voneinander nicht getrennt werden können, ohne dass der eine oder der andere zerstört oder in seinem Wesen verändert wird (wesentliche Bestandteile), können nicht Gegenstand besonderer Rechte sein.[1]

Literatur: *Bernhard*, Probleme des Bestandteils- und Zubehörbegriffs im deutschen bürgerlichen Recht, Diss. München 1978; *Börner*, Das Wohnungseigentum und der Sachbegriff des Bürgerlichen Rechts, in: FS Dölle 1963, S. 201; *Böttcher*, Das Meer als Rechtsraum – Anwendbarkeit deutschen Sachenrechts auf Offshore-Windkraftanlagen, RNotZ 2011, 589; *Brändle*, Eigentum an Versorgungsleitungen, VersorgW 2014, 122; *Eckardt*, Das Grundstückszubehör in der Zwangsvollstreckung, ZJS 2012, 467; *Gaul*, Sachenrechtsordnung und Vollstreckungsordnung im Konflikt, NJW 1989, 2509; *Hagen*, Der Einbau von Blockheizkraftwerken in Wohngebäude, CuR 2010, 44; *Hofmann/Baumann*, Die zivilrechtliche Behandlung von Hochseekabeln in der Nordsee, RdE 2012, 53; *Horst*, Hausverkauf – einschließlich Einbauküche?, Grundeigen-

---

13	BeckOK BGB/*Fritzsche* § 92 Rn. 5.	21	RGRK/*Steffen* BGB § 92 Rn. 4.
14	Staudinger/*Herrler/Stieper* BGB § 92 Rn. 2.	22	RGZ 79, 246, 248.
15	BGHZ 98, 226 = NJW 1987, 122.	23	Soergel/*Marly* BGB § 92 Rn. 1; Staudinger/*Herrler/*
16	Staudinger/*Herrler/Stieper* BGB § 92 Rn. 3.		*Stieper* BGB § 92 Rn. 2.
17	BeckOK BGB/*Fritzsche* § 92 Rn. 6; Soergel/*Marly*	24	BGHZ 28, 16, 19; BGH NJW 1984, 803; Staudinger/
	BGB § 92 Rn. 2.		*Herrler/Stieper* BGB § 92 Rn. 6.
18	Staudinger/*Herrler/Stieper* BGB § 92 Rn. 4.	25	RGRK/*Steffen* BGB § 92 Rn. 7; Soergel/*Marly* BGB
19	Palandt/*Ellenberger* BGB § 92 Rn. 3.		§ 92 Rn. 3.
20	Staudinger/*Herrler/Stieper* BGB § 92 Rn. 4.	1	Beachte hierzu das Wohnungseigentumsgesetz.

tum 2012, 735; *Hurst*, Das Eigentum an Heizungsanlagen, DNotZ 1984, 66 und 140; *Kauke*, Versuch einer dogmatischen Grundlegung der Bestandteilslehre des BGB, Diss. Göttingen 1964; *Michaelis*, Voraussetzungen und Auswirkungen der Bestandteilseigenschaft, in: FS Nipperdey I 1965, S. 553; *Neufang/Körner*, Gebäude auf fremdem Grund und Boden versus Drittaufwand, BB 2010, 1503; *Otte*, Wesen, Verkehrsanschauung, wirtschaftliche Betrachtungsweise – ein Problem der §§ 93, 119 II, 459 und insbes. 950 BGB, JuS 1970, 154; *Schmid*, Wegnahmerecht – Die rechtliche Einordnung einer Sache als „Einrichtung", MDR 2015, 9; *Schneider*, Die sachenrechtliche Zuordnung von Rauchwarnmeldern in Eigentumswohnanlagen, ZMR 2010, 827; *Schneidewindt*, Aktuelle zivilrechtliche Fragen bei kleinen PV-Anlagen auf Wohngebäuden, ZNER 2014; 234; *Spyriades*, Zur Problematik der Sachbestandteile, 1966; *Stieper*, Das Eigentum an Straßenbeleuchtungsanlagen auf öffentlichem Grund und Boden, CuR 2012, 96; *Stieper*, Moderne Beleuchtungstechnik und Eigentum, CuR 2013, 4; *Thümmel*, Abschied vom Stockwerkseigentum, JZ 1980, 125; *Voß/Steinheber*, Schein oder Nicht-Schein – Zur Scheinbestandteilseigenschaft von Windenergieanlagen, ZfIR 2012, 337; *Wanderer*, Zur eigentumsrechtlichen Einordnung von Heizkostenverteilern, ZMR 2015, 438; *Welsch/Woinar*, Veräußerung von Immobilien mit Photovoltaik aus zivilrechtlicher und steuerlicher Sicht, NotBZ 2014, 161.

A. Allgemeines	1	1. Wesentliche Bestandteile	33
B. Regelungsgehalt	5	2. Nicht-wesentliche Bestandteile	51
I. Bestandteile	6	VI. Einzelfälle (Rechtsprechungsübersicht zu den	
II. Wesentlichkeit des Bestandteils	16	§§ 93 ff.)	53
III. Die einheitliche (zusammengefügte) Sache	30	1. Wesentliche Bestandteile	53
IV. Nicht-wesentliche Bestandteile	32	2. Nicht-wesentliche Bestandteile	54
V. Rechtsfolgen	33		

A. Allgemeines

1 Nach den Regelungen der §§ 93 ff. teilen eine Sache und ihre wesentlichen Bestandteile ein **einheitliches rechtliches Schicksal**. Sie finden ihren wirtschaftlichen Zweck und damit ihren Wert nur in der von ihnen gebildeten Einheit.[2] Manche Sachen gewinnen ihren besonderen Wert erst durch die Zusammenfügung oder das Zusammenwirken mehrerer Bestandteile.[3] Die Regelungen verfolgen das bei der Auslegung der Normen zu berücksichtigende **Ziel** (iSv wirtschaftlichen Überlegungen des historischen Gesetzgebers),[4] dass eine nutzlose Zerstörung wirtschaftlicher Werte durch eine Trennung der Bestandteile voneinander verhindert werden soll. Diese gesetzgeberische Intention ist im Rahmen der Auslegung der §§ 93 ff. zu beachten.[5]

2 Allerdings kann der Fortschritt der wirtschaftlichen Entwicklung und eine Veränderung der wirtschaftlichen Verhältnisse insofern Bedeutung erlangen,[6] „dass ein zu früherer Zeit als wesentlich angesehener Bestandteil wegen heute bestehender Ersatzmöglichkeiten nicht mehr als wesentlich gilt".[7]

3 Die rechtlichen Konsequenzen aus den §§ 93 ff. ziehen die §§ 946 ff. (dh die Regelungen über den originären Eigentumserwerb durch Verbindung, Vermischung und Verarbeitung), wenn eine zunächst selbstständige Sache wesentlicher Bestandteil einer anderen Sache wird. Weiterhin sind die §§ 93 ff. für die Zwangsvollstreckung (bspw. in Grundstücke und ihre Bestandteile) bedeutsam.

4 § 93 definiert den Begriff des wesentlichen Bestandteils einer Sache (und erklärt wesentliche Bestandteile für rechtlich unselbstständig). Teile eines Hauses können aber, da sie wesentliche Bestandteile dieses Hauses nach § 93 sind, nicht Gegenstand besonderer Rechte, also auch nicht Gegenstand eines von anderen Grundstücksteilen abgetrennten Nießbrauchsrechts sein.[8] § 94 dehnt den Kreis wesentlicher Bestandteile im Falle eines Grundstücks oder Gebäudes aus (ohne lex specialis für Grundstücke gegenüber § 93 zu sein),[9] wohingegen § 95 eine Einschränkung hinsichtlich solcher Sachen herbeiführt, die nur zu einem vorübergehenden Zweck mit dem Grund und Boden verbunden sind. § 96 fingiert Rechte, die mit dem Eigentum an einem Grundstück verbunden sind, als Bestandteile des Grundstücks. Von Sachen, die wesentliche oder unwesentliche Bestandteile sind, ist das Zubehör (§§ 97 ff.) zu unterscheiden.

---

2 RGZ 69, 117, 120; BGHZ 20, 154 = NJW 1956, 945.

3 BeckOK BGB/*Fritzsche* § 93 Rn. 2.

4 Motive III, S. 41; vgl. auch RGZ 69, 117, 120; BGHZ 20, 154, 157 = NJW 1956, 945; BGH NJW 1985, 2413 (2415).

5 So BGH NJW 2008, 1810.

6 BGHZ 18, 226, 232.

7 Palandt/*Ellenberger* BGB § 93 Rn. 1.

8 OLG Köln RNotZ 2016, 668 = NotBZ 2017, 105, juris Rn. 18 und 21: Dies wäre mit § 93 nicht zu vereinbaren, da eine in einem bebauten Anwesen befindliche Wohnung wesentlicher Bestandteil des Hauses und damit des Grundstücks ist (§ 94 Abs. 1)

und deshalb nicht Gegenstand besonderer Rechte sein kann. Demgemäß erfasst der an einem Grundstück bestellte Nießbrauch auch die (wesentlichen) Bestandteile nach den §§ 93 ff., 96. Eine Ausnahme nach § 1030 Abs. 2 kann sich über diese zwingenden Grundsätze nicht hinwegsetzen. Vgl. auch BayObLGZ 1979, 361; zustimmend BGH NJW 2006, 1881 (1883).

9 RGZ 150, 22, 26 – „wesentliche Bestandteile" an Grundstücken können auch nach § 93 beurteilt werden, bspw. stationäre (dh mit dem Grundstück nicht fest verbundene) Maschinen: so Staudinger/*Herrler/Stieper* BGB § 93 Rn. 5.

B. Regelungsgehalt

Bestandteile einer Sache, die voneinander nicht getrennt werden können, ohne dass der eine oder der andere **5** zerstört (physische oder wirtschaftliche Vernichtung) oder in seinem Wesen verändert wird (**Legaldefinition** wesentlicher Bestandteil), können nach § 93 nicht Gegenstand besonderer Rechte, also nicht sonderrechtsfähig sein. Wesentliche Bestandteile sind also solche Sachteile, denen **keine Sonderrechtsfähigkeit** zukommt. Mit § 93, der auch die tatsächlichen Voraussetzungen für wesentliche Bestandteile bestimmt, erfolgt ein **Schutz der Sacheinheit** – nicht als Eigenwert, sondern aufgrund des **Werts der Sachteile**.[10]

I. Bestandteile

Bestandteil einer beweglichen oder unbeweglichen Sache (Sachbestandteil, der keine Definition erfahren **6** hat) sind nach dem allgemeinen Sprachgebrauch[11] körperliche Gegenstände, die entweder von Natur aus eine Einheit bilden oder durch Verbindung untereinander ihre Selbstständigkeit dergestalt verloren haben, dass sie für die Dauer der Verbindung als ein Ganzes (dh als eine einheitliche Sache) erscheinen.[12] Sachbestandteil kann daher sowohl ein Teil einer natürlichen Sacheinheit[13] als auch ein Teil einer zusammengesetzten Sache sein, die durch ihre Verbindung untereinander ihre Selbstständigkeit verloren haben.[14]

Hingegen kommt **mehreren Einzelsachen keine Bestandteilseigenschaft** iSd §§ 93 ff. zu – sie können **7** aber Teil einer Sachgesamtheit sein oder zueinander im Verhältnis von Hauptsache und Zubehör (§§ 97 ff.) stehen.[15]

Bestandteile können grundsätzlich nur **körperliche Gegenstände** sein. Davon statuiert § 96 insoweit eine **8** Ausnahme, als Rechte (als unkörperliche Gegenstände) beim Vorliegen der tatbestandlichen Voraussetzungen gesetzlich als Grundstücksbestandteile fingiert werden.

Das Tatbestandsmerkmal „wesentlicher Bestandteil" setzt das Vorhandensein einer Sache voraus, die über- **9** haupt Bestandteile hat, was nur bei einer **zusammengesetzten Sache** oder einer **natürlichen Sacheinheit** (Mengensache) der Fall ist – wohingegen eine „Sache aus einem Guss" keine Bestandteile haben kann.[16]

Beachte zudem: Nach § 12 Abs. 1 ErbbauRG ist ein aufgrund des Erbbaurechts errichtetes Bauwerk **10** **Bestandteil des Erbbaurechts**.[17]

Gemäß § 9 BBergG sind Schächte und technische Anlagen eines Bergwerks **Bestandteile des Bergwerkei- 11 gentums**[18] (und nicht des Grundstücks).[19]

Das Bergwerkseigentum als Bergbauberechtigung wird durch § 9 Abs. 1 BBergG als grundstücksgleiches Recht ausgestaltet. Die sachenrechtlichen Regelungen über Bestandteile und Zubehör sind auch auf das Bergwerkseigentum anzuwenden.[20] Zu den wesentlichen Bestandteilen des Bergwerkseigentums, die gemäß §§ 93 f. nicht Gegenstand besonderer Rechte sein können und auch nicht dem Grundstückseigentum zugehören, zählt ein Schacht, der zur Herstellung der Bergwerksanlagen unentbehrlich ist.[21] Alte Schachtanlagen, die vor der Begründung des BBergG bereits aufgegeben und verfüllt worden sind, werden nicht zu wesentlichen Bestandteilen des neuen Bergwerkseigentums:[22] Das Bergwerkseigentum als grundstücksgleiches Recht, auf das im Wesentlichen die BGB-Vorschriften über Grundstücke Anwendung finden (vgl. § 9 Abs. 1 BBergG), könne auch wesentliche Bestandteile haben, die nicht Gegenstand besonderer Rechte sein können, sondern sein rechtliches Schicksal teilen. Wesentliche Bestandteile in diesem Sinne seien insbesondere Schächte, die zur Ausnutzung des verliehenen Gewinnungsrechts errichtet werden und mit der Bergwerksanlage in fester Verbindung stehen.[23] Bezogen auf das jeweilige Grundstück seien entsprechende Schächte demgegenüber lediglich Scheinbestandteil gemäß § 95 Abs. 1. Durch das Erlöschen des Bergwerkseigentums würden die ehemals wesentlichen Bestandteile des Bergwerkseigentums herrenlos. Sie würden dadurch nicht zu wesentlichen Bestandteilen des Grundstücks. Mangels einschlägiger Regelungen im Berg-

10   Staudinger/*Herrler/Stieper* BGB § 93 Rn. 3.
11   OLG Saarbrücken VersR 1996, 97.
12   RGZ 63, 171, 173.
13   RGZ 63, 416, 418; 67, 30, 32.
14   RGZ 63, 416, 418; 69, 117, 120; 87, 43, 46.
15   RGZ 69, 117, 120 f.; BeckOK BGB/*Fritzsche* § 93 Rn. 4.
16   So BeckOK BGB/*Fritzsche* § 93 Rn. 5; MüKoBGB/*Stresemann* § 93 Rn. 3; aA RGZ 87, 43, 45.
17   Staudinger/*Herrler/Stieper* BGB § 93 Rn. 13: Ausnahme vom Grundsatz, dass Sachen nur Bestandteile anderer Sachen sein können. Aber: Der Heimfallanspruch des Grundstückseigentümers ist wesentlicher

Bestandteil des Grundstücks, so BGH WM 1980, 938.
18   Ebenso wie ggf. Halden abgebauter Mineralien, so BGHZ 17, 223, 232.
19   RGZ 161, 203, 206.
20   BVerwG NVwZ-RR 2013, 462 = ZfB 2013, 281, juris 16.
21   So *Boldt/Weller* Bundesberggesetz § 9 Rn. 14.
22   OVG Lüneburg UPR 2012, 149 = ZfB 2012, 142 – Ls. 2.
23   So RGZ 61, 188; 161, 203, 206; OVG Münster ZfB 131 (1990), 232, 233; 136 (1995), 322, 330 f.; OVGE 50, 175, 179; *Boldt/Weller* Bundesberggesetz § 9 Rn. 10.

recht gelte insoweit die Maßgabe des bürgerlichen Rechts, dass es dazu noch der Einigung zwischen dem bisherigen Sacheigentümer und dem Grundstückseigentümer über den Übergang des Eigentums bedarf:[24] Während sich bei körperlichen Sachen die Zubehöreigenschaft gemäß § 93 durch die untrennbare Verbindung mit dem Bestandteil ergibt, komme es bei der Verbindung des unkörperlichen Bergwerkseigentums mit einem körperlichen Bestandteil (wie einem Schacht) auf einen funktionellen Zusammenhang an. Der Schacht sei wesentlicher Bestandteil des Bergwerkseigentums, weil er zu der Bergwerksanlage in einer festen Verbindung steht und zu deren Herstellung unentbehrlich ist.[25] Werde ein Schacht insoweit zum Bestandteil eines Bergwerkseigentums, bleibe diese rechtliche Qualifikation auch im Falle einer Rechtsnachfolge erhalten.[26] Mit Blick auf die Fortdauer des funktionalen Zusammenhangs und der damit einhergehenden ordnungsrechtlichen Verantwortung über Jahrzehnte bzw. Jahrhunderte hinweg sei insoweit auch keine Korrektur aus Gründen der Billigkeit vorzunehmen, da sich durch verfüllte Schächte nur die bergbautypischen Gefahren realisieren, die in Ausübung der Bergbauberechtigung entstanden sind.[27]

12 Regelmäßig teilt ein Bestandteil das rechtliche Schicksal der Sache.[28]

13 An Bestandteilen, die nicht wesentlicher Bestandteil (geworden) sind, können bereits vor der Trennung dingliche Rechte begründet werden. Im Zusammenhang mit einem solchen Sonderrecht sind Bestandteile dann wie selbstständige Sachen zu behandeln.[29]

14 Für die Beurteilung der Frage, ob ein Sache Bestandteil, Zubehör (§ 97) oder selbstständige Sache innerhalb einer Sachgesamtheit ist, muss auf die **Verkehrsauffassung** bzw. hilfsweise auf eine **natürliche Betrachtungsweise**[30] unter Zugrundelegung eines technisch-wirtschaftlichen Standpunktes (und ggf. auch regionaler Beurteilungen, vgl. zu Einbauküchen → Rn. 53, Fn. 112)[31] abgestellt werden,[32] wobei Art und beabsichtigte Dauer der Verbindung, der Anpassungsgrad der bisher selbstständigen Sachen aneinander und ihr wirtschaftlicher Zusammenhang Berücksichtigung finden.[33] Änderungen der wirtschaftlichen Lage oder der technische Fortschritt können die Beurteilung demnach dergestalt ändern, dass ein vormals als wesentlich qualifizierter Bestandteil als ersetzbar und damit unwesentlich qualifiziert wird.[34] Hilfreich ist die Frage: Hat ein Bestandteil noch einen Wert, der auch in der Gesamtsache erkennbar ist?[35] Deshalb stellen die Wurzeln eines Baumes nach der Verkehrsauffassung keine Bestandteile dar.[36] Die Kosten der Trennung spielen aber nur im Verhältnis zum Wert des Bestandteils eine Rolle.[37]

15 Indiziell spricht für eine Bestandteilseigenschaft eine **feste Verbindung** (die bei bloßer Verschraubung nicht angenommen werden kann)[38] mit der anderen Sache (auch wenn nach der Verkehrsauffassung, der maßgebliche Bedeutung zukommt, ggf. ein Bestandteil nur bei loser oder lösbarer Verbindung angenommen werden kann),[39] ebenso wie eine endgültige (und nicht lediglich vorübergehende – arg.: § 95) Verbindung. Sogar bei fehlender Verbindung kann ggf. eine „einheitliche Sache" angenommen werden.[40]

II. Wesentlichkeit des Bestandteils

16 Ein Bestandteil ist dann als **wesentlich** (und damit als sonderrechtsunfähig) anzusehen, wenn bei natürlicher wirtschaftlicher Betrachtungsweise[41] unter Berücksichtigung der jeweiligen Verkehrsanschauung[42] infolge einer Trennung der abgetrennte oder zurückbleibende Bestandteil (nicht die Gesamtsache) zerstört (→ Rn. 19) oder dergestalt in seinem Wesen verändert würde (ohne Rücksicht darauf, ob einer der Bestandteile durch eine Sache von gleicher oder ähnlicher Bedeutung ersetzt werden könnte),[43] dass er in der bisherigen Art (und sei es auch erst wieder in Verbindung mit einer anderen Sache) wirtschaftlich genutzt werden

---

24　OVG Lüneburg UPR 2012, 149, juris Rn. 32 unter Bezugnahme auf OVG Münster ZfB 131 (1990), 232, 234; BGHZ 23, 57.

25　RGZ 161, 203, 206; OVG Münster ZfB 136 (1995), 322, 331.

26　RGZ 161, 203, 206; OVG Münster ZfB 136 (1995), 322, 332.

27　OVG Lüneburg UPR 2012, 149, juris Rn. 34 unter Bezugnahme auf OVG Münster ZfB 136 (1995), 322, 333.

28　OLG Frankfurt/M. NJW 1982, 653 (654); Palandt/ *Ellenberger* BGB § 93 Rn. 2.

29　RGZ 158, 362, 369.

30　RGZ 158, 362, 370: hilfsweise ist die Entscheidung des Richters maßgeblich, wie an seiner Stelle jeder vernünftige und unbefangene Beurteiler die Dinge sehen würde.

31　BGH NJW-RR 1990, 586 (587).

32　BGHZ 20, 154, 157 = NJW 1956, 945; BGHZ 102, 135 = NJW 1988, 406.

33　RGZ 158, 362, 370; Palandt/*Ellenberger* BGB § 93 Rn. 2.

34　BeckOK BGB/*Fritzsche* § 93 Rn. 9.

35　Staudinger/*Herrler/Stieper* BGB § 93 Rn. 7.

36　Staudinger/*Herrler/Stieper* BGB § 93 Rn. 8 (Baumstamm); aA LG Itzehoe NJW-RR 1995, 978.

37　LG Flensburg WM 2000, 2112 (2113).

38　RGZ 158, 362, 374; BGHZ 20, 154, 156 = NJW 1956, 945.

39　RGZ 67, 30, 34; 69, 117, 121: bei besonderer Anpassung an die Rechtssache.

40　KG Rpfleger 1972, 441: etwa Handelsbücher.

41　BGHZ 36, 46, 50; 61, 80.

42　BGHZ 36, 46, 50.

43　RGZ 58, 338, 342; 69, 150, 158.

kann[44] (→ Rn. 20). Dann genießt die Sacheinheit Schutz – die Bestandteile sind nicht sonderrechtsfähig. Ist dies nicht der Fall, können die Bestandteile – als nicht-wesentliche Bestandteile – Gegenstand von Sonderrechten sein.[45]

Ob der Bestandteil für die Gesamtsache hingegen besonders wichtig ist oder nicht, ist für die Frage der Wesentlichkeit unerheblich.[46] **17**

„Unwesentliche Bestandteile" zusammengesetzter Sachen sind – arg. e contrario – ohne Zerstörung oder Wesensänderung trennbar und somit auch sonderrechtsfähig.[47] **18**

Zerstörung kann in mehreren Formen auftreten: Durch physische Vernichtung[48] (wohingegen eine leichte Beschädigung oder die bloße Gefahr einer Beschädigung bei der Trennung[49] keine Zerstörung bedeutet),[50] aber auch durch eine praktische Werteinbuße,[51] die ein Bestandteil mit der Trennung dadurch erleidet, dass die Abtrennung des Bestandteils (unabhängig von der Person des Kostenträgers) höhere Kosten verursacht, als dies im Vergleich zum verbleibenden Gewinn vertretbar erscheint.[52] **19**

Eine **Wesensveränderung des abgetrennten Teils**[53] (dessen Wesen in seiner Funktion liegt) ist dann anzunehmen (wobei es keine Rolle spielt, ob der Bestandteil vor der Trennung zur Restsache in einer festen Verbindung stand),[54] wenn nach der Trennung keine seiner Verwendung in der früher zusammengesetzten Sache vergleichbare Nutzungsmöglichkeit – ggf. auch durch Zusammenführung mit einer neuen Sache, womit das Wesen des Bestandteils (anders als der Sachbegriff) wirtschaftlich zu bestimmen ist[55] – mehr für sie besteht.[56] **20**

Unbeachtlich soll (anders als bei § 94 Abs. 2) hingegen sein, ob es infolge der Trennung zu einer Veränderung des wirtschaftlichen Zwecks bzw. der Einsetzbarkeit der Gesamtsache gekommen ist.[57] Dies kann bspw. angenommen werden, wenn der Bestandteil nach der Trennung nur noch Schrottwert hat.[58] **21**

Eine **Wesensveränderung der (verbleibenden) Bestandteile der Restsache** (durch die Wegnahme des abgetrennten Teils) liegt dann vor, wenn keine Möglichkeit besteht, den weggenommenen Teil wirtschaftlich sinnvoll zu ersetzen[59] (sog. **Ersetzbarkeitslehre**).[60] **22**

Werden daher aus einem Fabrikgebäude Serienmaschinen entfernt, ist hinsichtlich der verbleibenden Bestandteile der Restsache nicht vom Begriff „Fabrik", sondern vom Begriff „Gebäude" auszugehen, das durch die Wegnahme keine Wesensveränderung erleidet.[61] Allein im Falle speziell angefertigter und eingepasster Maschinen in einem Fabrikgebäude kann somit von einer wesentlichen Bestandteileigenschaft ausgegangen werden.[62] **23**

Von der Sonderrechtsfähigkeit serienmäßig hergestellter Bestandteile ist insoweit für **kleinere Serienteile** (wie Schrauben und Hebel im Verhältnis zur Maschine oder eines einzelnen Rades in einem Getriebe zur **24**

---

44 BGH NJW 2012, 778 Rn. 15 f.; BGHZ 18, 230; 61, 80, 81.

45 Staudinger/*Herrler/Stieper* BGB § 93 Rn. 14.

46 BGHZ 18, 226, 229 = NJW 1955, 1793. „Insoweit ist der Rückgriff auf die natürliche Betrachtungsweise und die Verkehrsauffassung, die Anhaltspunkte für die Anwendung des § 93 ergeben sollen, fragwürdig, da Definition und Wortwahl des § 93 einer natürlichen Betrachtungsweise zuwiderlaufen": BeckOK BGB/*Fritzsche* § 93 Rn. 9.

47 Staudinger/*Herrler/Stieper* BGB § 93 Rn. 38 f.

48 Bspw. idR die Lösung von Plakaten an einer Litfaßsäule (BayObLG NJW 1981, 1053; OLG Oldenburg NJW 1982, 1166) oder die Zerlegung geklebter Gesamtsachen wie Netzstecker oder Netzteile, wodurch zumindest das Gehäuse zerstört wird (BeckOK BGB/*Fritzsche* § 93 Rn. 11).

49 OLG Köln NJW 1991, 2570.

50 HM – vgl. nur RGRK/*Steffen* BGB § 93 Rn. 26. Eine „starke Beschädigung" soll nicht als Zerstörung, sondern als Wesensveränderung zu qualifizieren sein – umstritten, so aber Soergel/*Marly* BGB § 93 Rn. 7; aA Ennecerus/Nipperdey § 125 II 1.

51 BGHZ 20, 159, 162 = NJW 1956, 788; BGHZ 61, 80, 83 = NJW 1973, 1454.

52 Staudinger/*Herrler/Stieper* BGB § 93 Rn. 17 – die Abtrennung eines Bestandteils muss also ohne besondere Kosten und Aufwendungen möglich sein.

53 Dazu BGHZ 18, 226, 229 = NJW 1955, 1793; BGHZ 20, 159, 162 = NJW 1956, 788; BGH NJW-RR 1990, 586.

54 RGZ 63, 171, 173.

55 RGRK/*Steffen* BGB § 93 Rn. 27.

56 Staudinger/*Herrler/Stieper* BGB § 93 Rn. 17.

57 BGHZ 61, 80, 81 = NJW 1973, 1454 – weshalb der Motor kein wesentlicher Bestandteil eines Kfz darstellt, da nach ihrer Trennung sowohl der Motor als auch das Kfz unabhängig voneinander wieder benutzt werden können. Folglich ist auch ein Fertighaus, das jederzeit wieder demontiert und an einem anderen Ort wiedererrichtet werden kann, nach § 93 kein wesentlicher Grundstücksbestandteil (LG Bochum DGVZ 1988, 156; AG Recklinghausen DGVZ 1988, 156) – ggf. aber nach § 94 Abs. 1.

58 BGHZ 61, 80, 83 = NJW 1973, 1454; BGH NJW-RR 1990, 586.

59 BGHZ 18, 226, 228; Staudinger/*Herrler/Stieper* BGB § 93 Rn. 18.

60 Kritisch dazu *Michaelis* FS Nipperdey 1965, S. 553, 561 ff.; *Pinger* JR 1973, 463.

61 Ständige Judikatur seit RGZ 67, 30, 34 f.; 69, 117, 121; 130, 264, 266; BGHZ 20, 154, 157 = NJW 1956, 945 (948) – wodurch ein Eigentumsvorbehalt an Serienmaschinen möglich ist, so Staudinger/*Herrler/Stieper* BGB § 93 Rn. 18.

62 Staudinger/*Herrler/Stieper* BGB § 93 Rn. 17.

Restmaschine oder dem restlichen Getriebe) eine **Ausnahme** zu machen, als es Bestandteile gibt, deren Wesen in solcher Weise durch den Zweck bestimmt ist, die praktische Verwendbarkeit der einheitlichen Sache mehr oder weniger zu ermöglichen, dass sie, nachdem sie in das Ganze eingefügt worden sind, für eine allgemeine Betrachtung überhaupt kein eigenes Wesen mehr haben: Ihr Zweck geht durch den Einbau vollständig im Ganzen auf. Sie sind daher als wesentliche Bestandteile zu qualifizieren[63] und damit nicht sonderrechtsfähig.

25 Wesentlich ist also etwa ein Bestandteil nicht deshalb, weil er für eine Sache besonders wichtig ist.[64] Eine nur unerhebliche Wertminderung infolge der Trennung ist ohne Belang.[65]

26 Hinsichtlich der Frage der Wesentlichkeit ist nicht jene der betreffenden Bestandteile für die Gesamtsache maßgeblich,[66] sondern, ob bei einer Zerlegung der Gesamtsache **einer der Teile** – nicht aber notwendig jeder Teil der Gesamtsache – eine beträchtliche **Wertminderung** erleiden würde.[67]

27 Für das Erfordernis der Wesentlichkeit eines Bestandsteils ist eine **feste Verbindung** weder notwendig noch ausreichend,[68] ebenso wie eine **vorübergehende Trennung** die Eigenschaft „wesentlicher Bestandteil" wieder entfallen lässt.[69]

28 Im Falle **zusammengesetzter Sachen** sind solche Bestandteile „wesentlich", die infolge des Einbaus vollständig im Ganzen aufgehen und für eine allgemeine Betrachtung keine Bedeutung mehr haben.[70] Umgekehrt sind Bestandteile dann „unwesentlich", wenn sie trotz Einbaus ihr eigenes Wesen und ihre Natur behalten.[71] Ggf. kann eine zusammengesetzte Sache bei einfacher Austauschbarkeit aller Teile überhaupt keine wesentlichen Bestandteile aufweisen.[72]

Auch eine **nicht serienmäßig hergestellte Sache**, die Bestandteil einer (Gesamt-) Sache ist, kann – so der BGH[73] – sonderrechtsfähig sein, wenn sie an die Gegenstände, mit denen sie verbunden ist, nicht besonders angepasst ist und durch eine andere gleichartige Sache ersetzt werden kann: Zwar beträfen die meisten Entscheidungen des BGH, in denen eingefügte Bestandteile als „nichtwesentlich" angesehen worden sind, serienmäßig produzierte Aggregate und Austauschteile.[74] Entscheidend sei jedoch nicht, ob die abtrennbare Sache serienmäßig produziert wird, sondern ob sie an die Gegenstände, mit denen sie verbunden ist, besonders angepasst ist und ob sie durch andere gleichartige Sachen ersetzt werden kann. Sei sie an die Gegenstände, mit denen sie verbunden ist, besonders angepasst und kann sie nur mit diesen verwendet werden, sei sie „wesentlicher Bestandteil" einer einheitlichen Sache, weil sie durch die Trennung wirtschaftlich wertlos würde.[75] Sei sie dagegen nicht speziell angepasst und könne sie durch ein anderes Teil desselben oder eines anderen Herstellers ersetzt werden, gehe sie durch die Verbindung grundsätzlich nicht in der daraus entstandenen Sache auf, sondern bleibe ein unwesentlicher, sonderrechtsfähiger Bestandteil.[76]

Ein Bestandteil einer Sache ist – so der BGH – nicht schon dann als „wesentlich" anzusehen, weil seine Abtrennung mit einem hohen Aufwand verbunden ist. Die Kosten der Abtrennung müssen vielmehr im Vergleich zu dem Wert des abzutrennenden Bestandteils unverhältnismäßig sein:[77] Die Berücksichtigung des für die Trennung erforderlichen Aufwands sei im Ausgangspunkt allerdings nicht zu beanstanden. Eine unverhältnismäßige Höhe der Kosten der Trennung werde in der Rechtsprechung[78] und im Schrifttum – entweder in entsprechender Anwendung des für die Vermischung von Sachen in § 948 Abs. 2 bestimmten

63 BGHZ 20, 154, 157 = NJW 1956, 945; RGRK/*Steffen* BGB § 93 Rn. 25; Staudinger/*Herrler/Stieper* BGB § 93 Rn. 19: Damit wolle der BGH die Sonderrechtsfähigkeit auf solche Serienteile beschränken, deren wirtschaftlicher Wert noch in einem angemessenen Verhältnis zum Wert der Gesamtsache stehe. Die geringe Größe könne aber nicht maßgeblich sein – weshalb „zB kleinste, aber wertvolle elektronische Bauteile serienmäßiger Herstellung weiterhin sonderrechtsfähig" bleiben.

64 Palandt/*Ellenberger* BGB § 93 Rn. 3.
65 OLG Köln NJW 1991, 2570; Palandt/*Ellenberger* BGB § 93 Rn. 3.
66 BGHZ 18, 226, 229.
67 Staudinger/*Herrler/Stieper* BGB § 93 Rn. 14.
68 Palandt/*Ellenberger* BGB § 93 Rn. 3.
69 Palandt/*Ellenberger* BGB § 93 Rn. 3 – eine andere Beurteilung ist jedoch geboten, wenn eine Wiedervereinigung der getrennten Stücke ungewiss ist, so

RG Gruchot 64, 97: kein wesentlicher Bestandteil mehr.

70 BGHZ 20, 154 = NJW 1956, 945 – bspw. Schrauben und Hebel einer Maschine: so Palandt/*Ellenberger* BGB § 93 Rn. 3.
71 BGHZ 20, 154 = NJW 1956, 945: bspw. ein in ein Hochfrequenzgerät eingebautes Messinstrument.
72 Palandt/*Ellenberger* BGB § 93 Rn. 3.
73 BGHZ 191, 285 = NJW 2012, 778 = MDR 2012, 273 – Ls. 1.
74 Vgl. etwa BGHZ 18, 226, 230: Schleppermotor; 20, 154, 156: Messinstrumente: 61, 80, 81: Kraftfahrzeugmotor; BGH WM 1987, 47: Dampfkessel.
75 BGHZ 20, 159, 162; OLG Bremen OLGR 2005, 248 (249).
76 BGHZ 191, 285, juris Rn. 18 unter Bezugnahme auf BGHZ 20, 154, 158.
77 BGHZ 191, 285 – Ls. 2.
78 RGZ 158, 362, 374; BGH WM 1987, 47.

Grundsatzes[79] oder unter Hinweis auf die wirtschaftliche Unvernünftigkeit einer solchen Trennung[80] – als weiteres (ungeschriebenes) Tatbestandsmerkmal des § 93 angesehen.[81]

Ob ein Bestandteil einer zusammengesetzten Sache wesentlich und damit sonderrechtsunfähig ist, bestimmt sich nach den Verhältnissen im Zeitpunkt der Verbindung. Nachfolgende Wertveränderungen – insbesondere Wertminderungen durch Abnutzung oder Alterung – sind nach Ansicht des BGH bei der Prüfung der Wesentlichkeit eines Bestandteils grundsätzlich nicht zu berücksichtigen:[82] Es komme auch nicht darauf an, ob nach dem jetzigen Zustand der Restsache sich der Einbau in ein neues Modul noch lohne.[83] Ob ein Bestandteil einer zusammengesetzten Sache wesentlich und damit sonderrechtsfähig ist, bestimme sich nach den Verhältnissen im Zeitpunkt der Verbindung. Eine auf die Wertverhältnisse im Zeitpunkt der Trennung abstellende Auslegung des § 93 sei zwar mit dem Gesetzeswortlaut, aber nicht mit der sachenrechtlichen Folge der Vorschrift vereinbar. Das volkswirtschaftliche Interesse vor einer wertzerstörenden oder wertmindernden Trennung wird nach § 93 dadurch geschützt, dass die einzelnen Bestandteile mit der Vereinigung ihre Sonderrechtsfähigkeit verlieren.[84] In diesem Zeitpunkt entscheide sich, ob die Sache unter wirtschaftlich-technischen Gesichtspunkten in der Gesamtsache aufgegangen ist.[85] Das Eigentum an einem Bestandteil gehe in dem Eigentum an der Gesamtsache auf, wenn die Verbindung bewirkt habe, dass eine anschließende Trennung zu einer Zerstörung wirtschaftlicher Werte führt. Sei dies dagegen nicht der Fall, bleibe die Sache trotz ihrer Verbindung sonderrechtsfähig.[86]

Eine Sache verliert ihre Sonderrechtsfähigkeit, sobald sie wesentlicher Bestandteil einer anderen geworden ist (vgl. die §§ 946 ff.). Ein wesentlicher Bestandteil gewinnt umgekehrt seine Sacheigenschaft (und damit seine Sonderrechtsfähigkeit) durch Trennung wieder zurück (sofern diese ohne Zerstörung möglich ist), vgl. §§ 547 a Abs. 1, 997 Abs. 1, 1049 Abs. 2, 2125 Abs. 2. **29**

III. Die einheitliche (zusammengefügte) Sache

In der Regel entsteht die Verbindung durch menschliches Zusammenfügen vorhandener Sachen zu einer neuen Einheit, wobei nach der Verkehrsauffassung (bzw. hilfsweise nach natürlicher Betrachtungsweise) zu bestimmen ist, ob dabei eine „einheitliche Sache" entstanden ist.[87] Für die notwendige Festigkeit einer einheitlichen Sache sprechen chemophysikalisch geschaffene (zB durch Schweißen oder Mauern) bzw. (nicht ohne Weiteres lösbare) mechanische Verbindungen (bspw. Bolzen oder Schrauben) oder die Wirkung der Schwerkraft;[88] **nicht** jedoch eine bloß funktionale (oder sprachliche) Zusammenfassung von Einzelsachen unter eine gemeinsame Zweckbestimmung bzw. vorübergehend gewollte Zusammenfügungen.[89] Die Bestandteilseigenschaft einer einheitlichen Sache besteht bis zu deren Zerstörung oder der endgültigen (Wieder-)Ablösung des Bestandteils mit der Folge, dass eine nur vorübergehende Abtrennung des Bestandteils die Bestandteilseigenschaft nicht aufhebt.[90] **30**

Eine einheitliche Sache weist dann noch Bestandteile (iS erkennbarer körperlicher Gegenstände) auf, wenn diese nach der Verkehrsauffassung bzw. hilfsweise bei natürlicher Betrachtungsweise (auch mit Schwierigkeiten) in den früheren Zustand zurückversetzt werden können – was bei aufgetragener Farbe, Verbindungsmaterial (zB Mörtel oder Kitt) oder mittels chemischer Reduktionsprozesse nicht möglich ist.[91] **31**

IV. Nicht-wesentliche Bestandteile

Die Definition wesentlicher Bestandteile in § 93 begründet im Umkehrschluss die Existenz nicht-wesentlicher Bestandteile einer Sache (auch „einfache Bestandteile" genannt),[92] mithin jener Bestandteile, die nach § 93 bzw. § 94 nicht als den wesentlichen Bestandteilen zugehörig definiert werden. Nicht-wesentliche Bestandteile sind **sonderrechtsfähig**.[93] Die Differenzierung zwischen wesentlichen und nicht-wesentlichen Bestandteilen entspricht nicht jener zwischen Haupt- und Nebensachen (dazu → § 90 Rn. 101). **32**

79 *Larenz/Wolf* Allgemeiner Teil des BGB, § 20 Rn. 47; Staudinger/*Herrler/Stieper* BGB § 93 Rn. 17.
80 *Erman/Michalski* BGB § 93 Rn. 4.
81 BGHZ 191, 285, juris Rn. 26.
82 BGHZ 191, 285 – Ls. 3.
83 BGHZ 61, 80, 83.
84 Motive III, S. 42.
85 BGHZ 20, 154, 157.
86 BGHZ 191, 285, juris Rn. 23.
87 RGRK/*Steffen* BGB § 93 Rn. 9 und 11; Staudinger/ *Herrler/Stieper* BGB § 93 Rn. 9; aA Soergel/*Marly*

BGB § 93 Rn. 1, wonach wirtschaftliche Gesichtspunkte ausschlaggebend sein sollen.
88 Staudinger/*Herrler/Stieper* BGB § 93 Rn. 9.
89 Staudinger/*Herrler/Stieper* BGB § 93 Rn. 10.
90 RGRK/*Steffen* BGB § 93 Rn. 22; Staudinger/*Herrler/ Stieper* BGB § 93 Rn. 12.
91 Staudinger/*Herrler/Stieper* BGB § 93 Rn. 11.
92 So MüKoBGB/*Stresemann* § 93 Rn. 27 f.
93 RGZ 69, 117; 158, 362, 369; Soergel/*Marly* BGB § 93 Rn. 27; Staudinger/*Herrler/Stieper* BGB § 93 Rn. 38.

V. Rechtsfolgen

33 **1. Wesentliche Bestandteile.** Wesentliche Bestandteile können nach der zwingenden Vorschrift[94] des § 93 „nicht Gegenstand besonderer (dinglicher) Rechte sein" (**fehlende Sonderrechtsfähigkeit**), da sie ihren wirtschaftlichen Zweck und in der Folge ihren Wert idR nur im Zusammenhang mit den von ihnen gebildeten Sachen haben können.[95] Damit kann an wesentlichen Bestandteilen kein gesondertes Eigentum und kein sonstiges dingliches Recht bestehen.[96] Dies hat zur Folge, dass **dingliche Rechtsgeschäfte** über wesentliche Bestandteile ebenso wie eine Übereignung nach § 825 ZPO[97] **nichtig** sind,[98] weil an wesentlichen Bestandteilen weder Sondereigentum[99] noch beschränkte dingliche Rechte[100] begründet werden können. Trotz § 1030 Abs. 2 ist damit ein auf eine Wohnung in einem Gebäude beschränkter Nießbrauch nach § 95 unzulässig.[101]

34 Eine Verfügung über wesentliche Bestandteile ist allerdings dann zulässig, wenn sie unter der **aufschiebenden Bedingung** (§ 158 Abs. 1) ihrer Abtrennung von der Gesamtsache (sofern bei Bedingungseintritt die Wirksamkeitsvoraussetzungen der Verfügung noch erfüllt sind) erfolgt[102] – aufschiebend bedingte Verfügung.[103]

35 Im Rahmen der **Zwangsvollstreckung** ist nach § 808 Abs. 1 ZPO eine gesonderte Pfändung wesentlicher Bestandteile im Rahmen einer selbstständigen Mobiliarvollstreckung ausgeschlossen; wesentliche Bestandteile unterfallen vielmehr der Immobiliarvollstreckung nach § 865 ZPO.

36 Bei der Auflassung eines Grundstücks kann ein Eigentumsübergang im Hinblick auf wesentliche Bestandteile nicht ausgeschlossen werden.[104]

Eine Ausnahme zu § 93 findet sich in § 96 (Rechte als Bestandteile).

37 **Beachte:** Das **WEG** statuiert in § 3 Abs. 1 (Vertragliche Einräumung von Sondereigentum) eine weitere Ausnahmeregelung, wonach das Miteigentum (§ 1008) an einem Grundstück durch Vertrag der Miteigentümer in der Weise beschränkt werden kann, dass jedem der Miteigentümer – abweichend von § 93 – **Sondereigentum** an einer bestimmten Wohnung oder an nicht zu Wohnzwecken dienenden Räumen in einem auf dem Grundstück errichteten oder zu errichtenden Gebäude eingeräumt wird (womit die im Sondereigentum stehenden Räume als selbstständige Sachen qualifiziert werden können).[105] **Wohnungseigentum** ist nach § 1 Abs. 2 WEG das **Sondereigentum** an einer Wohnung in Verbindung mit dem Miteigentumsanteil an dem gemeinschaftlichen Eigentum, zu dem es gehört; **Teileigentum** ist das **Sondereigentum** an nicht zu Wohnzwecken dienenden Räumen eines Gebäudes in Verbindung mit dem Miteigentumsanteil am gemeinschaftlichen Eigentum, zu dem es gehört. Die Vorschriften des WEG beinhalten lediglich insoweit eine Abweichung von §§ 93, 94, als damit entgegen § 93 Sondereigentum an einer bestimmten Wohnung begründet werden kann, während das Gebäude als Ganzes nach der allgemeinen Regelung in § 94 Abs. 1 S. 1 nicht Gegenstand anderer als am Grundstück bestehender Rechte ist.[106] Ein Gebäude iSd WEG kann auch eine Anlage aus „schwimmenden Häusern" sein, wenn diese nach Maßgabe der §§ 93, 94 fest mit dem Grund und Boden des Eigentümers verbunden sind.

Das WEG sieht eine dinglich verselbstständigte Untergemeinschaft an einzelnen Räumen oder Gebäudeteilen nicht vor, so dass diese gemäß § 93 auch nicht Gegenstand besonderer Rechte sein können. Eine abweichende Auffassung stünde in Widerspruch zu den Bemühungen des WEG, klar und überschaubar abgegrenzte Bereiche des Sondereigentums zu schaffen. Es bleibt den Wohnungseigentümern lediglich unbenommen, Einrichtungen und Aggregate, die nicht wesentliche Bestandteile des Gebäudes sind, in das Eigentum beliebiger Gruppierungen von Wohnungseigentümern zu stellen. Eine Ausnahme ist allgemein anerkannt nur für das sog. Nachbareigentum. Dieses ist gegeben, wenn eine nicht tragende Mauer, die also

---

94 RGZ 62, 410.
95 Motive III, S. 41.
96 MüKoBGB/*Stresemann* § 93 Rn. 15 ff.; Staudinger/*Herrler/Stieper* BGB § 93 Rn. 24 ff.
97 BGHZ 104, 298; aA *Gaul* NJW 1989, 2509. Zulässig soll es auch sein, durch den Zuschlagsbeschluss eine schuldrechtliche Verpflichtung des Erstehers zu begründen, wesentliche Bestandteile an jenen herauszugeben, der den Bestandteil von der Versteigerung ausschließen ließ RGZ 150, 22, 25.
98 So BGHZ 104, 298, 304; RGZ 60, 317, 319; 164, 196, 200; ggf. können entsprechende Rechtsgeschäfte aber in die Einräumung eines Aneignungsrecht nach § 140 umgedeutet werden, so Palandt/*Ellenberger* BGB § 93 Rn. 4.

99 BGH MDR 1970, 576.
100 Staudinger/*Herrler/Stieper* BGB § 93 Rn. 25.
101 BayObLGZ 1979, 361 (364).
102 Staudinger/*Herrler/Stieper* BGB § 93 Rn. 25.
103 Auch in Gestalt einer Aneignungsgestattung zugunsten eines Dritten, der sich wesentliche Bestandteile einer Sache aneignen darf, Staudinger/*Wiegand* BGB § 956 Rn. 9.
104 KG OLGZ 1980, 198.
105 Staudinger/*Herrler/Stieper* BGB § 93 Rn. 28.
106 OLG Schleswig-Holstein ZMR 2016, 898 = ZWE 2016, 371, juris Rn. 27 unter Bezugnahme auf Jennißen/*Zimmer*, § 3 WEG Rn. 2; jurisPK-BGB/*K. Schmidt*, § 1 WEG Rn. 1; MüKoBGB/*Commichau* WEG § 1 Rn. 1.

nicht zwingend nach § 5 Abs. 2 WEG Gemeinschaftseigentum ist, zwei Sondereigentumseinheiten von einander oder eine Sondereigentumseinheit vom Gemeinschaftseigentum trennt.[107]

Welche wesentlichen Gebäudebestandteile im Sondereigentum stehen, bestimmt sich allein nach den gesetzlichen Regelungen im § 5 Abs. 1 bis 3 WEG:[108] Der Teilungserklärung komme dabei, so der BGH, nur indirekte Bedeutung zu. Zum einen bestimme sie, welche Räume Gegenstand des Sondereigentums sind, so dass die zu diesen Räumen gehörenden Bestandteile nach § 5 Abs. 1 WEG kraft Gesetzes ebenfalls Sondereigentum werden. Zum anderen könne sie Bestandteile, die nach § 5 Abs. 1 WEG im Sondereigentum stünden, dem Gemeinschaftseigentum zuordnen (§ 5 Abs. 3 WEG). Den umgekehrten Weg, also die konstitutive Zuordnung von wesentlichen Gebäudebestandteilen zum Sondereigentum durch die Teilungserklärung, sehe das WEG hingegen nicht vor. Die Teilungserklärung könne die Grenze zwischen dem gemeinschaftlichen Eigentum und dem Sondereigentum nur zugunsten, nicht aber zuungunsten des gemeinschaftlichen Eigentums verschieben.[109] Wesentliche Bestandteile, die nicht kraft Gesetzes im Sondereigentum stehen, seien vielmehr zwingend dem gemeinschaftlichen Eigentum zugeordnet, so auch § 1 Abs. 5 WEG. Aus der Entscheidung des BGH zur Sondereigentumsfähigkeit von Heizkörpern, die teilweise anders verstanden worden sei,[110] ergebe sich nichts Abweichendes, da die dort maßgebliche Teilungserklärung der gesetzlichen Regelung entsprochen habe.[111]

Versorgungsleitungen lassen sich zwar bautechnisch in viele einzelne Teile zerlegen – soweit sie sich im räumlichen Bereich des Gemeinschaftseigentums befinden, sind sie rechtlich jedoch als Einheit anzusehen und bilden ein in der Bewirtschaftung und Versorgung des Gebäudes dienendes Leitungsnetz und damit eine Anlage iS von § 5 Abs. 2 WEG:[112] Ein solche Betrachtung entspreche der natürlichen Anschauung und trage darüber hinaus der Interessenlage der Wohnungseigentümer Rechnung. Sie erhalte ihnen die gemeinschaftliche Verfügungsbefugnis über das Leitungsnetz und ermögliche so Veränderungen daran, bspw. die Verwendung von Leitungen, die nur eine Wohneinheit versorgen, auch für andere Zwecke. Ferner erleichtere sie die Durchführung von Instandsetzungsarbeiten oder Modernisierungsmaßnahmen an den Versorgungsleitungen. Zu dem im Gemeinschaftseigentum stehenden Versorgungsnetz gehören die Leitungen nicht nur bis zu ihrem Eintritt in den räumlichen Bereich des Sondereigentums,[113] sondern jedenfalls bis zu der ersten für die Handhabung durch den Sondereigentümer vorgesehenen Absperrmöglichkeit. Je nach Bauweise könne das schon daraus folgen, dass eine nicht – durch Ventile, Eckverbindungen oder ähnliche Zwischenstücke – unterteilte Leitung eine einheitliche Sache ist, an der nur ein einheitliches Eigentum bestehen kann. In erster Linie sei hingegen maßgeblich, dass Wasser- und Heizungsleitungen erst von dem Punkt an ihre Zugehörigkeit zu dem Gesamtnetz verlieren, an dem sie sich durch eine im räumlichen Bereich des Sondereigentums befindliche Absperrvorrichtung hiervon trennen lassen. Aus der Heizkörperentscheidung des BGH, in der auch die sich in den Wohnungen befindlichen Anschlussleitungen der Heizkörper als Teil des Sondereigentums angesehen worden sind,[114] folge nichts anderes.[115]

Eine weitere **Ausnahme** zu § 93 bilden das Wohnungserbbaurecht bzw. Teilerbbaurecht nach § 30 WEG sowie das Dauerwohn- oder Dauernutzungsrecht nach § 31 WEG als dingliche Sonderrechte,[116] weiterhin § 12 Abs. 1 ErbbauRG (Bestandteile von Rechten). **38**

§ 810 Abs. 1 ZPO gestattet auch die Pfändung ungeteilter Früchte, womit Verstrickung eintritt. Hinsichtlich des Pfändungspfandrechts begründet § 810 ZPO eine Ausnahmeregel gegenüber § 93 (die ein Pfandrecht an einem wesentlichen Bestandteil ermöglicht).[117] **39**

Zum Sondereigentum an Gebäuden, Anlagen und Anpflanzungen in den neuen Bundesländern vgl. Art. 231 §§ 4 und 5 EGBGB. **40**

Vgl. zudem landesrechtliche Vorschriften nach Art. 65 (Wasserrecht), 66 EGBGB (Deich- und Sielrecht). **41**

Aufgrund nach Inkrafttreten des BGB weiter geltenden Landesrechts kann nach Art. 182 EGBGB **Stockwerkseigentum** bzw. nach Art. 181 Abs. 2 EGBGB **Kellereigentum** fortbestehen. **42**

---

107 Schleswig-Holsteinisches OLG DNotZ 2007, 620: Ein Mitsondereigentum an wesentlichen Bestandteilen von Gebäuden ist nach dem WEG grundsätzlich nicht anzuerkennen – im konkreten Fall eine Abwasserhebeanlage. Eine Ausnahme gilt nur für das Nachbareigentum.

108 BGH NJW 2013, 1154 = NZM 2013, 272 = MDR 2013, 456.

109 BGH NJW 2013, 1154, juris Rn. 11 unter Bezugnahme auf BGHZ 50, 56, 60; OLG Hamburg ZMR 2004, 291 (293).

110 Vgl. *Hügel/Elzer* DNotZ 2012, 4, 7 f.

111 BGH NJW 2013, 1154, juris Rn. 11 unter Bezugnahme auf BGH NJW 2011, 2958.

112 BGH NJW 2013, 1154, juris Rn. 20 unter Bezugnahme auf BGHZ 78, 225, 227.

113 BGH NJW 2013, 1154, juris Rn. 21, entgegen BeckOK BGB/*Hügel* WEG § 5 Rn. 10.

114 BGH NJW 2011, 2958.

115 BGH NJW 2013, 1154, juris Rn. 21.

116 Staudinger/*Herrler/Stieper* BGB § 93 Rn. 28.

117 Staudinger/*Herrler/Stieper* BGB § 93 Rn. 34; aA BLAH/*Hartmann* ZPO § 810 Rn. 1: Anwartschaft auf das Pfandrecht bis zur Trennung der Frucht.

43 § 1 des Gesetzes zur Sicherung der Düngemittel- und Saatgutversorgung vom 19.1.1949[118] ermöglicht die Begründung eines gesetzlichen Pfandrechts an zum Verkauf bestimmten ungetrennten Früchten der nächsten Ernte (als wesentlichen Bestandteilen) – nicht jedoch an Wirtschaftsfrüchten.[119]

44 An wesentlichen Bestandteilen können Immaterialgüterrechte – Urheber- oder Patentrechte[120] – bestehen, was § 93 nicht ausschließt, der auf Sachenrechte beschränkt ist.[121]

45 Im **Versicherungsrecht** sind hinsichtlich der Abgrenzung der Gebäude- von der Hausratsversicherung nicht die §§ 93 ff., sondern versicherungsrechtliche Maßstäbe zugrunde zu legen.[122]

46 Andererseits sind **schuldrechtliche Vereinbarungen** über wesentliche Bestandteile statthaft,[123] bspw. wenn diese (durch spätere Trennung von der Hauptsache) selbstständige Sachen werden sollen.[124]

47 Sofern die Voraussetzungen von § 865 vorliegen, wird Teilbesitz an wesentlichen Bestandteilen anerkannt.[125]

48 Nach den **§§ 946 ff.** erlöschen an einer Sache, die wesentlicher Bestandteil einer anderen wird, alle an ihr bestehenden Rechte (ohne Rücksicht darauf, ob die Beteiligten ggf. etwas anderes wollen),[126] bspw. ein Eigentumsvorbehalt des Verkäufers, sobald die von ihm gelieferte Sache wesentlicher Bestandteil der Hauptsache wird.[127]

49 Werden gleichwertige bewegliche Sachen zu wesentlichen Bestandteilen einer einheitlichen Sache zusammengefügt, entsteht nach § 947 Abs. 1 Miteigentum der früheren Sacheigentümer.

50 **Prozessuales**: Da die Eigenschaft als wesentlicher Bestandteil von der Verkehrsauffassung abhängig ist (→ Rn. 14), kann darüber (sofern die Verkehrsauffassung nicht feststeht) Beweis erhoben werden.[128] Eine Beweiserhebung ist dann entbehrlich, wenn das Gericht den fraglichen Verkehrskreisen angehört und daher die Frage selbst beantworten kann.[129]

51 **2. Nicht-wesentliche Bestandteile.** Nicht-wesentliche Bestandteile – für die zunächst (ohne dass eine gesetzliche Regelung erfolgt ist) die Rechtslage sich nach jener der gesamten Sache beurteilt, der sie angehören,[130] – können Gegenstand besonderer dinglicher Rechte sein. Sie sind also **sonderrechtsfähig**. Infolgedessen kann an ihnen Sondereigentum oder Eigentumsvorbehalt begründet werden.[131] Begründete Sonderrechte bestehen auch dann fort, wenn der nicht-wesentliche Bestandteil mit anderen Sachen zusammengefügt wird – ohne als wesentlicher Bestandteil in der Gesamtsache aufzugehen.[132] Der Eigentümer des nicht-wesentlichen Bestandteils kann auch wieder Trennung seines nicht-wesentlichen Bestandteils von der zusammengesetzten Sache verlangen – es sei denn, ein Dritter hätte bei Weiterveräußerung der zusammengesetzten Sache nach Maßgabe der §§ 932 ff. gutgläubig auch an dem nicht-wesentlichen Bestandteil Eigentum erworben. An nicht-wesentlichen Bestandteilen kann rechtsgeschäftlich auch ein Pfandrecht begründet werden.[133]

Eine grundsätzlich zugunsten eines Mieters bestehende Vermutung, dass die Verbindung von ihm eingebrachter Anlagen regelmäßig nur zu einem vorübergehenden Zweck erfolgt, kann für Pflanzen nicht uneingeschränkt angewandt werden, da diese nach einigen Jahren nicht mehr ohne Schwierigkeiten und Risiken für ihren Bestand zu entfernen sind:[134] Das Umpflanzen von Gehölzen sei dann nur mit großem Aufwand

118 WiGBl 1949, S. 8 idF des Gesetzes v. 30.7.1951 (BGBl. I S. 476).
119 BGHZ 41, 6, 7.
120 RGZ 108, 129; 130, 242, 245; allerdings besteht *kein* Patentschutz für wesentliche Bestandteile von Grundstücken, da eine Patentfähigkeit von Grundstücken ausgeschlossen ist, so RG DR 1941, 1963.
121 Soergel/*Marly* BGB § 93 Rn. 24; Staudinger/*Herrler/ Stieper* BGB § 93 Rn. 31.
122 OLG Köln NJW-RR 2000, 697; 1993, 861; BGH NJW-RR 1992, 793.
123 BGH NJW 2000, 504 – bspw. der Verkauf einer fest mit dem Grundstück verbundenen Halle (RG Warn 1926, 150) oder von Holz auf dem Stamm: Palandt/ *Ellenberger* BGB § 93 Rn. 4. Zur Begründung obligatorischer Rechte, die sich nur auf den wesentlichen Bestandteil beziehen: RG JW 1904, 139.
124 Erman/*Michalski* BGB § 93 Rn. 15; MüKoBGB/*Stresemann* § 93 Rn. 20.
125 RGZ 108, 269, 272 – arg.: Besitz als tatsächliche Sachherrschaft (§ 854 Abs. 1) – kein Sonderrecht.

Umstritten ist allerdings die Möglichkeit einer Ersitzung auf der Grundlage von Teilbesitz am wesentlichen Bestandteil, bejahend Soergel/*Marly* BGB § 93 Rn. 23; aA Staudinger/*Herrler/Stieper* BGB § 93 Rn. 32: die Ersitzung verstoße gegen § 93 und § 937, wonach Eigentum nur an der gesamten Sache entstehen könne.
126 Palandt/*Ellenberger* BGB § 93 Rn. 4.
127 RGZ 63, 416, 422.
128 *Bergmann/Streitz* NJW 1992, 1726 (1729).
129 BeckOK BGB/*Fritzsche* § 93 Rn. 19.
130 RGZ 158, 362, 369; Soergel/*Marly* BGB § 93 Rn. 27; Staudinger/*Herrler/Stieper* BGB § 93 Rn. 41.
131 RGZ 69, 117, 120; MüKoBGB/*Stresemann* § 93 Rn. 27 f.; Staudinger/*Herrler/Stieper* BGB § 93 Rn. 42.
132 RGRK/*Steffen* BGB § 93 Rn. 47; Staudinger/*Herrler/ Stieper* BGB § 93 Rn. 42.
133 RGZ 69, 117, 120.
134 LG Detmold NJW-RR 2014, 712 = NZM 2014, 434 = Grundeigentum 2014, 1275, juris Rn. 6.

und von einem Fachmann durchführbar und berge auch dann noch das Risiko, dass sie am neuen Standort nicht wieder anwachsen.[135]

Nicht-wesentliche Bestandteile beweglicher Sachen sind im Rahmen der **Zwangsvollstreckung** nicht **52** pfändbar. Der Eigentümer eines nicht-wesentlichen Bestandteils einer zusammengesetzten Sache kann im Zuge einer Zwangsvollstreckung gegen den Eigentümer der zusammengesetzten Sache Drittwiderspruchsklage nach § 771 ZPO erheben, da ihm ein die Veräußerung hinderndes Recht zur Seite steht.[136] Andererseits kann ein Gläubiger des Bestandteilseigentümers dessen Abtrennungs- oder Herausgabeanspruch gegen den Eigentümer einer zusammengesetzten Sache pfänden und sich zur Einziehung überweisen lassen (Pfändungs- und Überweisungsbeschluss, §§ 929, 935 ZPO).

Nach § 865 Abs. 2 ZPO ist die Pfändung von Grundstückszubehör unzulässig – weshalb (erst recht) die Pfändung von (ungetrennten nicht-wesentlichen) Grundstücksbestandteilen ausgeschlossen ist.[137]

VI. Einzelfälle (Rechtsprechungsübersicht zu den §§ 93 ff.)

1. Wesentliche Bestandteile. Als wesentliche Bestandteile einer Sache (§ 93) bzw. eines Grundstücks **53** oder Gebäudes (§ 94) wurden von der Rechtsprechung anerkannt: Anbau eines Gebäudes,[138] Anpflanzungen,[139] Anschlussrohre, Antennen (die der Eigentümer eingefügt hat, § 94 Abs. 2),[140] (in ein Gebäude besonders eingepasster) Aufzug,[141] (im Boden tief verankerte) Baumstämme,[142] Be- und Entlüftungsanlagen (in Gaststätten),[143] Betriebseinrichtungen,[144] Beleuchtungsanlagen,[145] Bierausschankanlage,[146] Blaufichte,[147] Blockheizung,[148] Bodenbelag,[149] Bootssteg,[150] Bremstrommel eines Lkws,[151] Dachgebälk,[152] Drainagenanlage,[153] Einbauküche,[154] Einbaumöbel,[155] Einbruchmeldeanlage,[156] Einrichtung einer Gast-

135 LG Detmold NJW-RR 2014, 712, juris Rn. 6 unter Bezugnahme auf OLG Düsseldorf NJW-RR 1999, 160.
136 RGZ 144, 236.
137 RGRK/*Steffen* BGB § 93 Rn. 48; Staudinger/*Herrler/Stieper* BGB § 93 Rn. 45.
138 BGH NJW 1987, 774.
139 AG Forchheim DGVZ 2010, 218.
140 BGH NJW 1975, 688.
141 RGZ 90, 198, 200.
142 OLG Koblenz MDR 2009, 1157: Wenn Baumstämme für einen Hochseilgarten 2,60 Meter tief im Boden verankert mit Glockenmuffenrohren fixiert und anschließend die Gründungslöcher mit Füllmaterial verdichtet werden, handelt es sich um ein Bauwerk.
143 OLG Hamm NJW-RR 1986, 376.
144 OLG Schleswig MDR 1995, 1212: bei spezieller Anfertigung und Einfassung.
145 RGZ 58, 338, 341; es sei denn, der Beleuchtungskörper musste nicht besonders eingepasst werden, RG Warn 1917, 264.
146 OLG Schleswig WM 1994, 1639: bei eingebauter Sonderanfertigung. Nicht hingegen, wenn sie ohne Weiteres entfernt werden kann (→ Rn. 54).
147 OLG Zweibrücken NZM 2005, 438 unter Bezugnahme auf BGH NJW 2000, 512 und 1975, 2061.
148 OLG Hamm MDR 2005, 387 – sofern für mehrere Gebäude. Vgl. auch OLG Brandenburg CuR 2009, 59: Ein Blockheizkraftwerk ist idR wesentlicher Bestandteil des Wohngrundstücks, soweit der Einbau nicht nur zu einem vorübergehenden Zweck in Ausübung eines zeitlich befristeten Nutzungsrechts erfolgt, bei dem im Zeitpunkt des Einbaus schon feststeht, dass die Anlage nach Ablauf der vereinbarten Zeit wieder ausgebaut und entfernt werden soll und die Anlage dann noch über einen gewissen Wert verfügt.
149 LG Köln NJW 1979, 1608; AG Karlsruhe NJW 1978, 2602; AG Nördlingen VersR 1983, 721: Teppichboden, der im Auftrag des Eigentümers zugeschnitten und verlegt wurde (aA LG Oldenburg VersR 1988, 1285: bei bewohnbarem Untergrund). Dies gilt entsprechend für einen Linoleumbelag, Palandt/*Ellenberger* BGB § 93 Rn. 5. Auf eine Abnutzung des Bodenbelags infolge Zeitablaufs kommt es nicht an, so RG JW 1935, 418; aA *Moritz* JR 1980, 57.
150 BGH LM § 891 BGB Nr. 3: wesentlicher Bestandteil des Grundstücks, von dem er angelegt wurde. Vgl. aber OLG Schleswig SchlHA 1991, 11.
151 OLG Hamm MDR 1984, 842 – arg.: gebrauchte Bremstrommeln können keiner sinnvollen Nutzung mehr zugeführt werden.
152 RGZ 62, 248, 250.
153 BGH DB 1984, 113.
154 Bei Spezialanfertigung (OLG Zweibrücken NJW-RR 1989, 84), besonderer Einfassung (BFH DB 1971, 656) und Einbau bei ursprünglicher Herstellung (OLG Nürnberg MDR 1973, 758). *Beachte zudem*: In Deutschland besteht eine regionale Differenzierung dahin gehend, dass in Norddeutschland auch bei nachträglichem Einbau eine dauernde Einfügung beabsichtigt ist (vgl. etwa BGH NJW-RR 1990, 586; OLG Celle NJW-RR 1989, 913), während in Süd- und Westdeutschland die Einbauküche beim Umzug eher mitgenommen wird (OLG Karlsruhe NJW-RR 1988, 459; 1986, 19; OLG Düsseldorf NJW-RR 1994, 1039; vgl. auch BGH NJW-RR 1990, 914). Vgl. zudem OLG Hamm FamRZ 1998, 1028; OLG Saarbrücken VersR 1996, 97.
155 OLG Köln NJW-RR 1991, 1077 (1081): bei Sonderanfertigung. Anders, wenn anderweitig aufstellbar oder aus Serienteilen zusammengesetzt (→ Rn. 54).
156 OLG Hamm NJW-RR 1988, 923.

stätte,[157] Erdreich,[158] Erneuerbare Energieanlage,[159] Fahrgestelle,[160] Fenster (und Rahmen),[161] Fernmeldekabel,[162] Fertiggarage,[163] Fütterungs- und Lüftungsanlage,[164] Gewächshaus,[165] (einzelne Blätter nicht gebundener) Handelsbücher,[166] Häuserhälfte auf ungeteiltem Grundstück,[167] Heißwasseranlage,[168] Heizungsanlage,[169] (elektrischer) Herd,[170] (implantatgestütztes) Hörsystem,[171] Holzfertighaus,[172] (Kfz-)Karosserie,[173] Kies,[174] (elektrische) Leitungen,[175] Lukendeckel,[176] Markisen,[177] Maschinenanlage (eines wasserkraftbetriebenen Elektrizitätswerks),[178] Motorblock (im Verhältnis zum Gesamtmotor),[179] Notstromaggregat (eines Hotels oder einer Diskothek),[180] Öltank,[181] Pavillonaufbau,[182] (Einzelkomponenten eines komplett

157 OLG Schleswig MDR 1995, 1212: bei Spezialanfertigung und Einpassung; anders Einrichtung einer Bäckerei: LG Aachen NJW-RR 1987, 272.

158 OVG Münster BauR 2012, 1237 – Ls.: Erdreich, das zumindest grob fahrlässig auf dem Nachbargrundstück aufgebracht wird, um eine Aufschüttung auf dem eigenen Grundstück abzustützen, wird zu einem wesentlichen Bestandteil des Nachbargrundstücks (§§ 946, 94).

159 BGH NJW 2012, 778 Rn. 26 ff. – in Bezug auf ein Turbinenmodul, wenn die Kosten einer Trennung im Verhältnis zum Wert des Moduls im Zeitpunkt der Verbindung unverhältnismäßig hoch sind.

160 OGHZ 2, 389, 393; Erman/Michalski BGB § 93 Rn. 6.

161 LG Lübeck NJW 1986, 2514: Eine Trennung von Innen- und Außenseiten von Fensterscheiben als Bestandteilen ist auch bei Thermopanverglasung nicht möglich.

162 OLG Jena OLG NL 2005, 83 – sofern in der Wohnung verlegt.

163 Umstritten, so aber BFH NJW 1979, 392; OLG Düsseldorf BauR 1982, 165; aA hingegen FG Bremen NJW 1977, 606.

164 Niedersächsisches FG EFG 2009, 800: Bei durch feste Verschraubungen in einem Schweinestall eingebauten, technisch unproblematisch und zerstörungsfrei wieder ausbaubaren Anlagen zur Fütterung und Lüftung handelt es sich um „wesentliche Bestandteile" des Grund und Bodens, welche der Zweckbestimmung eines Schweinestalls als Gebäude entsprechen.

165 BGH LM § 94 BGB Nr. 16: bei Stahlkonstruktion.

166 KG Rpfleger 1972, 441.

167 BGH LM § 93 BGB Nr. 14.

168 LG Berlin NJW-RR 2004, 635.

169 BGHZ 53, 324, 326; OLG Koblenz WM 1989, 535: auch nachträglich eingebaute Zentralheizung in einem Wohngebäude; in einer Fabrik: OLG Hamm MDR 1975, 488; in einer Schule: BGH NJW 1979, 712; einschließlich Wärmepumpe (selbst wenn der Wärmetauscher 15 m vom Wohngebäude entfernt steht): BGH NJW-RR 1990, 158. Heizkörper und Ventile einer Heizungsanlage, FG Dessau EFG 2000, 188. Dazu näher auch Hurst DNotZ 1984, 66 (77) und 140.

170 BGH NJW-RR 1990, 586; BGHZ 40, 272; BGH NJW 1953, 1180.

171 BayVGH MPR 2010, 101: Nach § 93 seien wesentliche Bestandteile eine solche, die nicht voneinander getrennt werden können, ohne dass der eine oder der andere zerstört oder in seinem Wesen verändert werde – so verhalte es sich auch bei einem

implantatgestützten Hörsystem. Ohne Audioprozessor oder Sprachprozessor seien die Implantate nicht funktionsfähig und würden im Sinne des Gesetzes in ihrem Wesen verändert. Voraussetzung für wesentliche Bestandteile sei aber nicht eine feste Verbindung (die allerdings häufig auf eine Bestandteileigenschaft hindeuten kann). Auch eine lose Verbindung könne genügen, wenn die Teile vom Verkehr nur als eine einzige Sache aufgefasst werden. Eine vorübergehende Trennung – etwa die Abnahme der externen Komponente vor der Nachtruhe – lasse die Eigenschaft als wesentlicher Bestandteil unberührt, weil auch die Wiedervereinigung der getrennten Stücke gewiss sei (juris Rn. 8 unter Bezugnahme auf Palandt/Ellenberger BGB § 93 Rn. 3).

172 LG Konstanz ZIP 1981, 512.

173 OLG Stuttgart NJW 1952, 145.

174 LG Landshut NJW-RR 1990, 1037: der auf einer Parkfläche aufgebracht wurde.

175 RG JW 1932, 1199: einer fabrikeigenen Kraftanlage. Wohingegen Versorgungsleitungen und Hausanschlüsse grundsätzlich § 95 unterfallen.

176 OLGR Bremen 2005, 248: Lukendeckel mit einem Gewicht von 25–29 t/je Stück, die für ein Containerhochseeschiff speziell angefertigt worden sind, werden, wenn sie auf den Schiffsrumpf aufgelegt und mit Abhebesicherungen versehen sind, zum „wesentlichen Bestandteil" des Schiffes. Dies gilt sowohl unter dem rechtlichen Gesichtspunkt des § 93, da es an einem „Markt" für solche Lukendeckel fehlt, als auch unter dem Aspekt des § 94 Abs. 2 analog, weil die Lukendeckel zur Herstellung „des Schiffs eingefügt" sind.

177 Umstritten, so aber BFH BB 1990, 1185; FG Brandenburg EFG 1998, 772; Schulte-Thoma RNotZ 2004, 61 (64); aA hingegen FG Köln EFG 2003, 1645.

178 BayObLG Rpfleger 1999, 86. Wenn die Maschine und das Fabrikgebäude nach ihrer Bauart aufeinander abgestimmt sind und eine „untrennbare Einheit" bilden: RGZ 69, 121 – weshalb die bloße wesentliche Bedeutung einer Maschine für einen Betrieb nicht reicht (RGZ 130, 266), ebenso wenig wie der Umstand, dass im konkreten Fall ein Abbau und Abtransport der Maschine mit Schwierigkeiten verbunden ist: RGZ 87, 46.

179 BGHZ 18, 226 = NJW 1955, 1793; BGHZ 61, 80 = NJW 1973, 1454.

180 BGH NJW-RR 2001, 1632; BGH NJW 1987, 3178.

181 BGH NJW-RR 2013, 652 Rn. 10 ff. – der außerhalb des Wohngebäudes in der Erde eingegraben worden ist.

182 BGH NJW 1978, 1311.

gekauften) PC,[183] Rohrleitungen,[184] Schiffsmotor,[185] Scheiben einer Thermopanverglasung,[186] Schwimmbecken,[187] Sichtschutzzaun,[188] Slipanlage (einer Werft),[189] Spundwand,[190] Squash-Court,[191] Tiefgarage (unter zwei Grundstücken),[192] Transformatorenstation,[193] Überbau (vgl. § 912), Ventilator,[194] Videoüberwachungsanlage,[195] (festverklebter) Wandteppich,[196] Warmwasserbereiter,[197] (häusliche) Wasch- und Badeanlage[198] sowie Wurzeln und Zweige von Pflanzen.[199]

2. Nicht-wesentliche Bestandteile. Nicht als wesentlicher Bestandteil einer Sache (§ 93) bzw. eines **54** Grundstücks oder Gebäudes (§ 94) und damit als sonderrechtsfähig wurden von der Judikatur angesehen: ein (eingebautes) Autotelefon (im Verhältnis zum Kfz),[200] Bäckerei,[201] Baracken,[202] Baum,[203] die Bedienungsanleitung (eines[204] PC[205] oder eines sonstigen technischen Geräts), ein Bett (im Schlafzimmer, wenn auf Sockeln montiert und mit Stromkabeln verbunden),[206] (Verhältnis) Bild zu Rahmen,[207] Betriebseinrichtungen,[208] Bierausschankanlage,[209] Bohrer,[210] Brikettieranlage (einer Schreinerei zur Verarbeitung von Sägemehl im Verhältnis zur Heizungsanlage),[211] (mehrere funktionsmäßig verbundene, aber isoliert lauffähige) Computerprogramme,[212] Dampferzeugungsanlage,[213] Daten (oder Programme auf PC-Festplatten oder sonstigen überschreibbaren Datenträgern[214] – wobei nach hier vertretener Auffassung Daten bereits die Sacheigenschaft iSv § 90 fehlt [→ § 90 Rn. 18 ff.]), (neue) Datenkabel (nebst Zubehör zur Vernetzung einer

183 OLG München NJW-RR 1992, 1269.
184 RG JW 1932, 1199 in betriebseigener Transportanlage.
185 Bei normalen Motorschiffen RGZ 152, 91, 98; BGHZ 26, 225, 227 = NJW 1958, 457 (unter der Geltung des Schiffsregistergesetzes [→ § 90 Rn. 86] nach § 94 Abs. 2 wesentlicher Bestandteil des Schiffes, da zur Herstellung eingefügt, womit daran ein Eigentumsvorbehalt ausgeschlossen ist); krit. dazu Graue BB 1959, 1282 (der für Zubehör plädiert); aA auch noch OLG Stettin LZ 1931, 1098 – Segelschiffshilfsmotor (nicht-wesentlicher Bestandteil) bzw. OLG Köln JW 1936, 466 – Motor eines Schiffskahns.
186 LG Lübeck NJW 1986, 2514.
187 BGH NJW 1983, 567.
188 LG Hannover NJW-RR 1987, 208: sofern ins Erdreich eingelassen.
189 OVG Brem NJW-RR 1986, 955 (957) (soweit nicht § 95).
190 BGH NJW 1984, 2569.
191 OLG München OLGZ 1989, 335: für Squashhalle.
192 BGH NJW 1982, 756: einheitliches Bauwerk.
193 Schleswig-Holsteinisches OLG NJW-RR 2014, 333 = NZM 2013, 877 = MDR 2013, 1214 – Ls. 1 und 2: Eine Transformatorenstation mit den Ausmaßen einer PKW-Garage, zwei Türen und einem Gewicht von ca. 10 Tonnen sei ein Gebäude iSd § 94 und allein schon durch ihr Eigengewicht mit dem Grund und Boden fest verbunden. Sei sie auch dem äußeren Erscheinungsbild nach dem Betriebsgebäude zugeordnet, stelle sie sich doch insgesamt als wesentlicher Grundstücksbestandteil iS der Norm dar. Eine solche Transformatorenstation sei kein Scheinbestandteil iSd § 95, wenn sie nach dem im Zeitpunkt nach der Verbindung vorliegenden und auch nach außen in Erscheinung tretenden Willen des Erbauers nicht zu einem nur vorübergehenden Zweck mit dem Grundstück verbunden wird. Das liege auch bei einem Mietkaufvertrag vor, wenn die Vertragsparteien vereinbart haben, dass die Station sowohl bei regulärem Ablauf der Mietzeit als auch bei deren vorzeitiger Beendigung und dann vorgesehener sofortiger Restzahlung Eigentum des Käufers (Grundstückseigentümers) werden soll.

194 In Geflügelhalle: OLG Oldenburg NdsRpfl 1970, 113.
195 OLG Schleswig-Holstein SchlHA 2006, 76: eines Einkaufcenters – einschließlich des Servers.
196 OLG Hamm VersR 1984, 673.
197 BGHZ 40, 272.
198 OLG Braunschweig NdsRpfl. 1955, 193 (im Wohnhaus) – ebenso wie im Hotel: RG BeckRS 1929, 00003.
199 LG Itzehoe NJW-RR 1995, 978.
200 OLG Köln MDR 1993, 1177.
201 LG Aachen NJW-RR 1987, 272.
202 BGHZ 8, 1, 5: Behelfsheim (arg.: § 95).
203 BGH NJW 2006, 1424: Ein Baum wird nach § 94 Abs. 1 S. 2 mit dem Einpflanzen „wesentlicher Bestandteil" des Grundstücks. Er kann deshalb gemäß § 93 nicht Gegenstand eigener Rechte sein. Daraus folgt nach ständiger Rechtsprechung des BGH, dass ein Baum, von dem Sonderfall der zum Verkauf bestimmten Bäume (vgl. dazu OLG Hamm NJW-RR 1992, 1438 (1439); OLG München VersR 1995, 843 (844)) abgesehen, auch kein eigenständiges schädigungsfähiges Rechtsgut darstellt, seine Beschädigung vielmehr nur als Schädigung des Grundstücks eine Ersatzverpflichtung auslöst.
204 BGHZ 143, 1, 6; BGH NJW 1963, 906 (907); 1975, 2061; BGH NuR 1991, 94).
205 Dazu zur Megede NJW 1989, 2580 (2581).
206 OLG Köln NJW-RR 1991, 1077 (1082).
207 Erman/Michalski BGB § 93 Rn. 16.
208 LG Aachen NJW-RR 1987, 272: Bäckerei.
209 OLG Celle MDR 1998, 463 und OLGZ 1980, 13: soweit sie in einer Gaststätte jederzeit wieder entfernt werden kann.
210 RGZ 157, 245: an Maschine, die für die Benutzung verschiedener Bohrer ausgerichtet ist.
211 BeckOK BGB/Fritzsche § 93 Rn. 15.
212 OLG Hamm NJW-RR 1991, 953 (954).
213 BGH WM 1987, 47 – wenn Beheizung nur „Nebenzweck".
214 Dazu näher Lehmann/Köhler/Fritzsche Rechtsschutz und Verwertung von Computerprogrammen, XIII Rn. 7.

EDV-Anlage verlegt in Kabelschächten),[215] Düse,[216] Einbauküche,[217] Einbaumöbel,[218] Elektromotor (einer Förderanlage),[219] (reale) Flächenteile eines Grundstücks[220] sowie Straßen und Wege[221] (da durch das Ziehen von Grenzlinien diese jederzeit wieder in verschiedene Teile zerlegt werden können, ohne dass ihr Wesen dadurch irgendwie verändert würde),[222] Gastank,[223] Gemälde,[224] Grab- und Grenzsteine,[225] Kegelbahnanlage,[226] (alte) Kfz-Teile (sofern sie aufgrund serienmäßiger Herstellung ersetz- und wiederverwendbar sind),[227] Kirchenglocke,[228] Kristallspiegel (im Schrank einer Gaststätte),[229] Kühlzelle (im Hotel),[230] Ladegerät auf einem Schlepper,[231] Maschinen,[232] Matratzen (mit Lattenrost),[233] Messgeräte (aus Serienproduktion oder mit Kompatibilität zu Produkten unterschiedlicher Hersteller),[234] (serienmäßig hergestellte Kfz-) Motoren,[235] Motor (eines Förderbandes),[236] Ölfeuerungsanlage,[237] (zusätzlicher) Ölbrenner (an einer Kohlezentralheizung),[238] (Kfz-)Räder und andere serienmäßig hergestellte Kfz-Teile,[239] (Bus-)Reifen[240] und (Kfz-)Reifen sowie Sitze,[241] Sandkasten,[242] Schalter (eines Heizkissens),[243] Schaukel,[244] Schiffsradaranlage,[245] Schrankwand,[246] Schubladen (eines Schrankes),[247] (Bus-)Sitze,[248] Standardsoftware (im Verhältnis zu Standardhardware),[249] eine Statue,[250] (lose verlegter) Teppichboden,[251] Verkabelung und Zuwegung (eines Windparks),[252] Versorgungsleitungen,[253] (leicht abmontierbare bzw. auswechselbare) Werkzeuge

215 FG Sachsen-Anhalt DStRE 2013, 129; BFH BFH/NV 2013, 1438: eigenständige bewegliche Wirtschaftsgüter und deshalb nicht wesentliche Bestandteile iS von § 93 bzw. § 94 Abs. 2.

216 RGZ 157, 245 – an Spinnmaschine (die nur während der Herstellung eines bestimmten Garnes mit der Maschine verbunden ist).

217 OLG Karlsruhe NJW-RR 1986, 19; 1988, 459.

218 BFH NJW 1977, 648: wenn sie beim Auszug demontiert mitgenommen und an anderer Stelle wieder aufgebaut werden kann; OLG Düsseldorf OLGZ 1988, 115: aus serienmäßigen Teilen bestehende Schrankwand; vgl. auch OLG Schleswig NJW-RR 1988, 1459: vom Mieter angeschaffte Einbaumöbel (arg.: § 95).

219 OLG Köln NJW 1991, 2570.

220 BayObLG 24, 294; RG DJZ 1910, 1353.

221 RG JW 1910, 813.

222 Palandt/Ellenberger BGB § 93 Rn. 3.

223 LG Gießen NJW-RR 1999, 1538.

224 AG Hamburg MMR 2012, 836 = ZUM-RD 2013, 148.

225 Palandt/Ellenberger BGB § 93 Rn. 6 - arg.: idR Scheinbestandteile.

226 BGH LM § 93 BGB Nr. 2; LG Saarbrücken NJW-RR 1987, 11.

227 OLG Karlsruhe MDR 1955, 413.

228 BGH NJW 1984, 2277.

229 LG Bonn NJW 1991, 1360 (1361).

230 LG Ansbach WM 1989, 1778.

231 OLG Hamburg BB 1957, 1246.

232 Meist handelt es sich bei Maschinen in einem Fabrikgebäude noch nicht einmal um „wesentliche Bestandteile", RG JW 1932, 1198; Palandt/Ellenberger BGB § 93 Rn. 7, es sei denn, Maschine und Gebäude sind in ihrer Bauart aufeinander abgestimmt und bilden eine Einheit RGZ 69, 119, 121. Es kommt weder auf eine wesentliche Bedeutung der Maschine für das Unternehmen (RGZ 130, 264, 266) noch darauf an, ob die Maschine mit einem eigenen Fundament versehen oder in einem eigenen Gebäude untergebracht ist (RG JW 1912, 129).

233 AG Esslingen NJW-RR 1987, 750.

234 BGHZ 20, 154, 158 = NJW 1956, 945: bei serienmäßiger Herstellung oder Verwendbarkeit für Apparate unterschiedlicher Hersteller.

235 BGHZ 18, 226, 229 = NJW 1955, 1793: bei Serienherstellung (Serienmotor); Austauschmotor BGHZ 61, 80, 81 f. = NJW 1973, 1454; abl. Pinger JR 1973, 462 (473).

236 OLG Köln NJW 1991, 2570.

237 OLG Celle NJW 1958, 632 – als Zusatzgerät zur Zentralheizung; aA Palandt/Ellenberger BGB § 93 Rn. 6.

238 OLG Celle BB 1958, 134; OLG Stuttgart MDR 1959, 37.

239 OLG Karlsruhe MDR 1955, 413; OLG Stuttgart NJW 1952, 145; aA OLG Düsseldorf NZV 1994, 432.

240 BayObLG NVwZ 1986, 511.

241 OLG Bamberg MDR 1951, 29; OLG Stuttgart NJW 1952, 145.

242 BGH NJW 1992, 1101.

243 RGZ 130, 242, 245.

244 BGH NJW 1992, 1101.

245 LG Hamburg MDR 1958, 923.

246 OLG Schleswig NJW-RR 1988, 1459.

247 Jauernig/Jauernig BGB § 93 Rn. 2.

248 BayObLG NVwZ 1986, 511.

249 OLG Koblenz NJW-RR 1994, 1206; offengelassen von BGHZ 102, 135 = NJW 1988, 406.

250 OLG Frankfurt/M. NJW 1982, 653: im Garten aufgestelltes Bronzerelief.

251 LG Hamburg NJW 1979, 721: auch bei passendem Zuschnitt.

252 FG Schleswig-Holstein EFG 2010, 129: Die Verkabelung und Zuwegung eines Windparks sind selbstständig bewertbare Wirtschaftsgüter.

253 Versorgungsleitungen, die der Versorgung des unmittelbar angrenzenden Nachbarhauses dienen, sind nicht wesentliche Bestandteile des Grundstücks, sondern Zubehör des Nachbargrundstücks und stehen somit im Eigentum des Grundstücksnachbarn: BGH NJW-RR 2011, 1458 = NZM 2011, 862 Rn. 6 f.: Diese Leitungen seien nicht wesentlicher Bestandteil (§ 94) des Hauses. Zu den wesentlichen Bestandteilen eines Hauses gehörten nach § 94 Abs. 2 die zur Herstellung des Gebäudes eingefügten Sachen. Hierfür sei eine feste Verbindung mit dem Gebäude nicht nötig (BGH NJW 1978, 1311). „Zur Herstellung" in diesem Sinne seien alle Teile eingefügt, ohne die das Gebäude nach der Verkehrsanschauung noch nicht fertiggestellt ist (BGH NJW 1984, 2277 (2278)). Dies sei bei Versorgungsleitungen dann nicht der Fall, wenn sie nicht zur Herstellung des Gebäudes eingefügt, sondern allein der Versorgung eines Nachbargrundstücks mit Wasser und Strom dienten: BGH NJW-RR 2011, 1458, juris Rn. 6.

(wie bspw. Bohrer),[254] Winde[255] oder der Anbau eines Wintergartens durch den Mieter.[256] Mit der Wand fest verbundene Tapeten und der fest verklebte Teppichboden sind unabhängig davon, wer sie anbringt, wesentlicher Bestandteil eines Gebäudes und können somit nicht gemäß § 93 im Eigentum des Mieters stehen.[257]

Beachte: Besonderheiten bestehen in den neuen Bundesländern auf der Grundlage des AnpfEigG vom 21.9.1994[258] und des MeAnlG vom 21.9.1994.[259]

§ 94 Wesentliche Bestandteile eines Grundstücks oder Gebäudes

(1) ¹Zu den wesentlichen Bestandteilen eines Grundstücks gehören die mit dem Grund und Boden fest verbundenen Sachen, insbesondere Gebäude, sowie die Erzeugnisse des Grundstücks, solange sie mit dem Boden zusammenhängen. ²Samen wird mit dem Aussäen, eine Pflanze wird mit dem Einpflanzen wesentlicher Bestandteil des Grundstücks.

(2) Zu den wesentlichen Bestandteilen eines Gebäudes gehören die zur Herstellung des Gebäudes eingefügten Sachen.

Literatur: *Becht/Lukas*, Rückbauverpflichtung von Windenergieanlagen: Grenzen der Verhältnismäßigkeit, VR 2018, 11; *Bitterwolf-de Boer*, Gestattungsverträge zur Windenergienutzung auf kommunalen Grundstücken, BWGZ 2016, 1125; *Böttcher*, Erneuerbare Energien in der notariellen Praxis, notar 2012, 383; *Brändle,* Eigentum an Versorgungsleitungen, VersorgW 2014, 122; *Costede*, Der Eigentumswechsel beim Einbau von Sachgesamtheiten, NJW 1977, 2340; *Danter*, Die Sicherungsübereignung von Windkraftanlagen als Scheinbestandteil eines fremden Grundstücks, WM 2002, 105; *Eichler*, Der unentschuldete Überbau – BGHZ 41, 157, JuS 1965, 479; *Flache*, Photovoltaik- und Windenergieanlagen im notariellen Alltag, notar 2019, 83; *Gassmann*, Vertragliche Anforderungen an die Verpachtung privater Grundstücke zur Windenergienutzung, EnWZ 2018, 106; *Gaul*, Sachenrechtsordnung und Vollstreckungsordnung im Konflikt, NJW 1989, 2509; *Gehrlein*, Die „lockeren" wesentlichen Bestandteile eines Grundstücks, ZInsO 2017, 573; *Gössl/Schenek*, Rechtsverhältnisse bei Haus- und Grundstücksanschlüssen im Rahmen der öffentlichen Wasserversorgung und Abwasserbeseitigung, BWGZ 2016, 279; *Hagen*, Der Einbau von Blockheizkraftwerken in Wohngebäude, CuR 2010, 44; *Harsch*, Gartenpflanzen des Mieters – Eigentumsübergang und Mitnahmerecht, MietRB 2014, 273; *Heckscher*, Grenzüberschreitende Bebauung bei Erbbaurechten – Gestaltungsmöglichkeiten für Nachbar- und Gesamterbbaurechte, RNotZ 2016, 1; *Heinemann*, Wohnungseigentum unter der Erde, zu Wasser und in der Luft, ZMR 2017, 547; *Hodes*, Bauen unter Inanspruchnahme fremden Eigentums, NJW 1964, 2382; *Hofmann/Baumann*, Die zivilrechtliche Behandlung von Hochseekabeln in der Nordsee, RdE 2012, 53; *Horst*, Hausverkauf – einschließlich Einbauküche?, Grundeigentum 2012, 735; *Horst*, Einbauten des Mieters, DWW 2016, 125; *Hügel*, Der gesetzliche Eigentumsübergang an Gebäudebestandteilen, ZMR 2018, 113; *Hurst*, Das Eigentum an Heizungsanlagen, DNotZ 1984, 66 und 140; *Kappler,* Photovoltaikanlagen auf fremdem Grund und Boden – Sicherheit für alle Zeiten?, ZfIR 2012, 264; *Klempt*, Eigentumserwerb beim nicht entschuldigten Überbau, JZ 1969, 223; *Knütel*, Gegenstände im Grenzgelände – Zur Reichweite des § 94 Abs. 1 BGB, in: FS Medicus 1999, *Krafczyk*, Zur schuldrechtlichen Sicherung des Eigentums an Energieerzeugungsanlagen auf fremden Grundstücken, CuR 2017, 51; 259; *Krüger,* Schadensersatz wegen rechtswidriger Schnittmaßnahmen an Straßenbäumen, NL-BzAR 2013, 278; *Lange/Ländner*, Die Photovoltaikanlage an der Schnittstelle zwischen Energie- und Zivilrecht, EnWZ 2017, 160; *dies.*, Errichtung und Betrieb von Photovoltaikanlagen in der zivilgerichtlichen Entscheidungspraxis, EnWZ 2019, 99; *Ludwig*, Grenzüberbau bei Wohnungs- und Teileigentum, DNotZ 1983, 411; *Martens*, Zivilrechtliche Verkehrsfähigkeit von kommunalen Leerrohren für Breitbandnetze, BWGZ 2012, 456; *Meerhoff*, Probleme bei der Mitversteigerung von Grundstückszubehör, ZfIR 2016, 556; *Meier*, Sachenrechtliche Probleme von Photovoltaikanlagen bei Grundstücksübertragungen, MittBayNot 2019, 548 (Teil 1) und 2020, 1 (Teil 2); *Meyer-Ravenstein*, Jagdwirtschaftliche Einrichtungen, AUR 2016, 206; *Moritz*, Teppichboden als wesentlicher Bestandteil des Gebäudes, JR 1980, 55; *Mummenhoff*, Klausel im Wohnraummietvertrag über Eigentumsübergang für eine vom Mieter angeschaffte Einbauküche unwirksam, WuM 2017, 515; *Peters*, Wem gehören die Windkraftanlagen auf fremdem Grund und Boden?, WM 2002, 110; *Peters*, Windparkfinanzierungen und deren Besicherung – unter Einordnung des BGH-Urteils vom 7.4.2017 = WM 2017, 1081, WM 2019, 811; *Schickedanz*, Fundsachen auf Grundstücken, VR 2014, 73; *Schmid,* Wegnahmerecht – Die rechtliche Einordnung einer Sache als „Einrichtung", MDR 2015, 9; *Schmid*, Wegnahmerecht – Die rechtliche Einordnung einer Sache als „Einrichtung", MDR 2015, 9; *Schmid*, Mieters Recht und Pflicht zur Wegnahme von Einrichtungen, DWW 2015, 50; *K. Schmidt*, Windkraftanlage als Scheinbestandteil, JuS 2017, 1020; *Schneider*, Die sachenrechtliche Zuordnung von Rauchwarnmeldern in Eigentumswohnungsanlagen, ZMR 2010, 822; *Schneidewindt*, Aktuelle zivilrechtliche Fragen bei kleinen PV-Anlagen auf Wohngebäuden, ZNER 2014, 234; *Schultz,* Der Einbau von Rauchwarnmeldern in Wohnungseigentumsanlagen, ZWE 2011, 21; *Stieper,* Das Eigentum an Straßenbeleuchtungsanlagen auf öffentlichem Grund und Boden, CuR

---

254 RGZ 157, 244, 245; BGHZ 20, 154, 158 = NJW 1956, 945.

255 Auf einem Bergungsschiff: OLG Schleswig SchlHA 1954, 253. Vgl. aber BGHZ 26, 225, 229.

256 BGH Grundeigentum 2017, 825, juris Rn. 16 – wenn der Mieter, Pächter oder ein in ähnlicher Weise schuldrechtlich Berechtigter Sachen mit dem Grund und Boden (hier: Anbau eines Wintergartens) verbindet, so spricht nach ständiger Judikatur eine Vermu-

tung dafür, dass dies (mangels besonderer Vereinbarungen) nur in seinem Interesse für die Dauer des Vertragsverhältnisses und damit zu einem vorübergehenden Zweck geschieht (in Fortführung von BGHZ 104, 2091; BGH NJW 1996, 916 (917)).

257 LG Essen ZMR 2012, 630.

258 BGBl. I, S. 2549.

259 BGBl. I, S. 2550.

2012, 96; *Stieper*, Moderne Beleuchtungstechnik und Eigentum, CuR 2013, 4; *Stöckel*, Auf dem Wasser ruhendes Bauwerk, NWB 2017, 3501; *Thamm*, Der Untergang des Eigentumsvorbehalts wegen wesentlicher Bestandteileigenschaft eines Grundstücks/Gebäudes, BB 1990, 866; *Thümmel*, Abschied vom Stockwerkseigentum, JZ 1980, 125; *Voß/Steinheber*, Schein oder Nicht-Schein – Zur Scheinbestandteileigenschaft von Windenergieanlagen, ZfIR 2012, 337; *Wanderer*, Zur eigentumsrechtlichen Einordnung von Heizkostenverteilern, ZMR 2015, 438; *Weimar*, Gebäude als Scheinbestandteile, BlGBW 1960, 308; *Welsch/Woinar*, Veräußerung von Immobilien mit Photovoltaikanlagen aus zivilrechtlicher und steuerlicher Sicht, NotBZ 2014, 161; *Woite*, Eigentumsverhältnisse beim unentschuldigten Grenzüberbau, MDR 1961, 895.

A. Allgemeines 1	1. Der Gebäudebegriff des Abs. 2 29
B. Regelungsgehalt 11	2. Die Einfügung zur Herstellung 31
I. Wesentliche Bestandteile eines Grundstücks	3. Rechtsfolgen der Einfügung 39
(Abs. 1) 11	4. Beispielsfälle „wesentlicher Bestandteile"
1. Die feste Verbindung 13	iSv Abs. 2 40
2. Der Gebäudebegriff 17	III. Sonderfälle
3. Sonstige mit Grund und Boden fest ver-	(Bestandteile mehrerer Grundstücke) 44
bundene Sachen 20	1. Überbau 44
4. Erzeugnisse 22	2. Kommunemauer 46
5. Samen und Pflanzen 25	3. Bootssteg 49
II. Wesentliche Bestandteile von Gebäuden	
(Abs. 2) 26	

A. Allgemeines

1 Die Regelung des § 94, die einige Bestandteile eines Grundstücks (bei denen die Voraussetzungen des Akzessionsprinzips zutreffen) zu wesentlichen Bestandteilen erklärt,[1] zielt auf die Schaffung klarer Rechtsverhältnisse.[2] Der am Erwerb eines Grundstücks Interessierte soll durch bloßen Augenschein (und ohne Prüfung der Tatbestandsmerkmale des § 93) feststellen können, was zum Grundstück gehört.[3] Insoweit wird der Begriff des wesentlichen Bestandteils für Grundstücke konkretisiert, indem dieser auch erweitert wird.[4]

2 Weiterhin entscheidet § 94 darüber, ob einzelne Sachen der Mobiliar- oder der Immobiliarzwangsvollstreckung unterworfen sind.[5]

3 Neben der sachenrechtlichen Zuordnung erlangt § 94 auch im Schuldrecht (bspw. für § 438 Abs. 1 Nr. 2, Abs. 2 bzw. § 634 a Abs. 1 Nr. 2) sowie im Investitionszulagenrecht[6] Bedeutung.

4 Wenngleich Parteivereinbarungen an den gesetzlichen Vorgaben des § 94 nichts zu ändern vermögen, kommt es doch bei Abs. 2 (ebenso wie bei § 95, → § 95 Rn. 13) auf die **(subjektive) Willensrichtung** desjenigen an, der eine Sache mit einer anderen verbindet.[7]

5 § 94 ist **nicht** lex specialis gegenüber § 93. Daher können Bestandteile von Grundstücken und Gebäuden, die § 94 nicht als wesentliche Grundstücksbestandteile qualifiziert, über § 93 gleichwohl als wesentliche Bestandteile anzusehen sein.[8] Im Falle eines Überbaus, bei dem das Gebäude zum Teil auf einem anderen als dem aufzuteilenden Grundstück steht, kollidieren die Regelungen der §§ 94 Abs. 1, 946 (Akzession) mit jenen der §§ 93, 94 Abs. 2 (Gebäudeeinheit).[9]

6 Hinsichtlich Gegenständen, die nach § 94 zu wesentlichen Bestandteilen erklärt worden sind, erübrigt sich aber eine Prüfung der tatbestandlichen Voraussetzungen des § 93, womit § 94 gegenüber § 93 eine eigenständige Bedeutung (wenngleich auch nicht den Charakter eines Spezialtatbestandes für Grundstücksbestandteile)[10] zukommt.[11] Eine Sache kann daher zugleich sowohl nach § 93 als auch nach § 94 „wesentlicher Bestandteil" sein.[12]

7 Für einen Gegenstand, der nach § 94 wesentlicher Bestandteil ist, resultieren die **Rechtsfolgen** aus § 93.

8 Nach § 12 Abs. 1 S. 1 ErbbauRG gilt das aufgrund des **Erbbaurechts** errichtete Bauwerk als wesentlicher Bestandteil des Erbbaurechts. Das gleiche gilt gemäß § 12 Abs. 1 S. 2 ErbbauRG für ein Bauwerk, das bei der Bestellung des Erbbaurechts schon vorhanden ist. Die §§ 94 und 95 finden nach § 12 Abs. 2 ErbbauRG auf das Erbbaurecht entsprechende Anwendung mit der Folge, dass Bestandteile des Erbbaurechts nicht

---

1 Staudinger/*Herrler/Stieper* BGB § 94 Rn. 1.	7 Palandt/*Ellenberger* BGB § 94 Rn. 1.
2 BGH NJW 1979, 712; OLG Hamm VersR 1983, 285.	8 RGZ 62, 248, 250; BeckOK BGB/*Fritzsche* § 94
3 Palandt/*Ellenberger* BGB § 94 Rn. 1.	Rn. 1.
4 Erman/*Michalski* BGB § 94 Rn. 1; Soergel/*Marly*	9 KG MittBayNot 2016, 145, 146; KG ZMR 2019, 972
BGB § 94 Rn. 1; Staudinger/*Herrler/Stieper* BGB	= Grundeigentum 2019, 1317, juris Rn. 7.
§ 94 Rn. 2.	10 Staudinger/*Herrler/Stieper* BGB § 94 Rn. 2.
5 BeckOK BGB/*Fritzsche* § 94 Rn. 1.	11 RGZ 63, 416, 418.
6 BFHE 122, 385, 386.	12 RGZ 62, 248, 251.

zugleich Grundstücksbestandteile sind. Sie werden dies erst mit dem Erlöschen des Erbbaurechts (so § 12 Abs. 3 ErbbauRG).[13]

Bei Inkrafttreten des BGB noch bestehendes Keller-[14] und Stockwerkseigentum, bspw. Art. 62 BayAGBGB (als Ausnahme zu § 94), ist nach Art. 181 f. EGBGB bestehen geblieben.[15] **9**

Beachte: Das Sachenrechtsbereinigungsgesetz (Art. 231 §§ 4 und 5 EGBGB) unternimmt den Versuch einer **10**
Integration des in den neuen Bundesländern noch bestehenden Sondereigentums in das alte Recht der Bundesrepublik Deutschland in Bezug auf Gebäude, Anpflanzungen und Einrichtungen.

B. Regelungsgehalt

I. Wesentliche Bestandteile eines Grundstücks (Abs. 1)

Abs. 1 normiert eine **Erläuterung** und eine **Erweiterung** des Begriffs „wesentlicher Bestandteil" bei **11**
Grundstücken: Zu den wesentlichen Bestandteilen eines Grundstücks gehören entsprechend dem römisch-rechtlichen Grundsatz „superfices solo cedit" die mit dem Grund und Boden fest verbundenen Sachen, insbesondere Gebäude[16] sowie die Erzeugnisse des Grundstücks, solange sie mit dem Boden zusammenhängen (so Abs. 1 S. 1) – unabhängig davon, durch wen die Verbindung hergestellt wurde und ob dies in berechtigter oder unberechtigter Weise geschah.[17]

Da zu den wesentlichen Bestandteilen eines Grundstücks auch Gebäude zählen, regelt Abs. 2 (→ Rn. 26 ff.) **12**
die wesentlichen Bestandteile von Gebäuden. Vom Gebäude ist das „Bauwerk" im Sinne einer unbeweglichen, durch Verwendung von Arbeit und Material in Verbindung mit dem Erdboden hergestellten Sache[18] zu unterscheiden. Der Begriff des Bauwerks ist weiter als der in den §§ 93 ff. verwendete Begriff des Gebäudes. Er umfasst auch Tiefbauwerke wie Straßen und straßennutzbare Hofpflasterungen.[19] Selbst eine vom Boden trennbare Gleisanlage[20] oder ein Gasrohrnetz[21] sind Bauwerke.

Im Unterschied zu Pfahlbauten sind (im konkreten Fall gastronomisch und zu Konferenzzwecken genutzte und nach Art von Hausbooten konstruierte) Schwimmkörper ohne Eigenantrieb auch bei geografisch-ortsfestem Liegen keine „Gebäude" – weder sind sie durch ein Fundament fest mit dem Grund und Boden verbunden, noch ruhen sie mit ihrem Eigengewicht aufgrund und Boden. Außerdem sind sie nicht standfest.[22]

1. Die feste Verbindung. Die Frage, ob eine feste Verbindung (im Unterschied zu einer leicht lösbaren **13**
Verbindung)[23] gegeben ist, ist Tatfrage[24] und beurteilt sich nach der **Verkehrsauffassung**.[25] Eine feste Verbindung setzt voraus, dass die Trennung Schwierigkeiten bereitet,[26] bspw. zur physischen Zerstörung oder erheblichen Beschädigung (des abzulösenden Teils bzw. des verbleibenden Grundstücks) oder zu einer Wesensveränderung der mit dem Grundstück verbundenen Sache (iSv § 93) führt,[27] bzw. wenn die Trennung nur mit einem im Verhältnis zum Wert der Bestandteile unverhältnismäßigen Aufwand an Kosten und Mühen möglich ist.[28] Ggf. können beide Möglichkeiten (Zerstörung oder starke Beschädigung einerseits, verhältnismäßig erhebliche Kosten und Mühen andererseits) auch zusammen vorliegen.[29] Bereits die Schwerkraft (dh das Eigengewicht) kann für die Annahme einer festen Verbindung ausreichend sein,[30] was bspw. bei Fertighäusern angenommen wird[31] (die auf ein festes Fundament zu setzenden, vorgefertigten Bauelemente sind zunächst noch selbstständige Sachen, die erst mit dem Einbau der Leitungssysteme zu

---

13 Näher Staudinger/*Herrler/Stieper* BGB § 94 Rn. 13.
14 Staudinger/*Herrler/Stieper* BGB § 93 Rn. 29.
15 Näher *Thümmel* JZ 1980, 125. Zur Möglichkeit einer Neubegründung von Stockwerkseigentum *Pause* NJW 1990, 807; *Reithmann* NJW 1992, 649.
16 Vgl. OLG Bamberg ZfSch 2011, 445: Gebäudeschäden sind Schäden an einem Grundstück.
17 BGH BB 1957, 166.
18 BGH LM Nr. 7 zu § 638 BGB – Makadamdecke; BGH NJW 1971, 2219.
19 BGH NJW-RR 1992, 849; 1993, 592.
20 BGH BauR 1972, 172.
21 BGHZ 121, 94.
22 BFH EFG 2010, 1289 = DStRE 2011, 356, juris Rn. 118: Dementsprechend verneint die das „Eigengewicht aufgrund und Boden" für ein Gebäude voraussetzende Rechtsprechung bei Schwimmkörpern – in Abgrenzung zu Pfahlbauten im Wasser – ein

„Gebäude" mangels fester Verbindung mit Grund und Boden (ebenso BFHE 74, 315).
23 Dazu RG HRR 1932 Nr. 700.
24 RGZ 158, 362, 374.
25 Palandt/*Ellenberger* BGB § 94 Rn. 2.
26 Staudinger/*Herrler/Stieper* BGB § 94 Rn. 7: Schwierigkeiten, die über das bloße Ergreifen von Vorsichtsmaßnahmen hinausgehen.
27 Palandt/*Ellenberger* BGB § 94 Rn. 2; Staudinger/*Herrler/Stieper* BGB § 94 Rn. 7.
28 RG WarnR 1932 Nr. 114; OLG Frankfurt/M. NJW 1982, 653 (654); RGRK/*Steffen* BGB § 94 Rn. 4.
29 RG WarnR 1932 Nr. 114.
30 Vgl. BFH NJW 1979, 392; Soergel/*Marly* BGB § 94 Rn. 10.
31 OLG Karlsruhe ZIP 1983, 330 (331); LG Konstanz ZIP 1981, 512.

wesentlichen Bestandteilen der neuen Sache iSv § 93 werden),[32] ebenso bei Fertiggaragen,[33] einem Holzfertighaus[34] bzw. einer 7 x 23 qm großen und 22 m hohen Anlage.[35]

14 Eine feste Verbindung erfolgt regelmäßig durch eine (wenigstens teilweise) Einfügung in den Boden,[36] eine bloße Berührung des Bodens (bspw. Kies auf einem Parkplatz)[37] reicht dann aus, wenn eine spätere Trennung Schwierigkeiten bereiten würde. **Unzureichend** ist hingegen idR eine **bloß mechanische Verbindung** der Sache mit dem Boden.[38]

15 Mehrere bewegliche Sachen, die bereits mit ihrer Zusammenführung ihre rechtliche Selbstständigkeit verloren haben,[39] aber als Einheitssache mit dem Grund und Boden verbunden werden sollen, werden erst mit der Verbindung der zusammengesetzten Sache mit dem Grundstück zu Grundstücksbestandteilen.[40]

16 **Beachte**: **Versorgungsleitungen** auf nicht dem Versorgungsunternehmen gehörenden Grund und Boden sind als Scheinbestandteile und somit als Zubehör des Betriebsgrundstücks des Versorgungsunternehmens zu qualifizieren[41] – was gleichermaßen für Erdölfernpipelines gilt.[42] Verlaufen Versorgungsleitungen hingegen auf Grundstücken des Versorgungsunternehmens, handelt es sich um wesentliche Bestandteile iSv Abs. 1.[43] Dies soll gleichermaßen für einen privaten Abwasserkanal gelten.[44]

Beachte zudem: Eine Anwendung des § 94 – nach den die mit dem Grund und Boden fest verbundenen Sachen wesentlicher Bestandteil eines Grundstücks werden – kommt auf einen Fall, in dem die **Bebauung durch** einen **Mieter oder Pächter** erfolgt, idR nicht in Betracht.[45] Bei Überbauten des Pächters oder des Mieters wäre es dem Grundstückseigentümer zwar möglich, den Überbau zu genehmigen und ihn damit zu einem Überbau (§ 912 Abs. 1) zu machen, sofern er tatsächlich von seinem Grundstück ausging.[46] Eine solche Genehmigung hätte rückwirkende Kraft – wobei dem ggf. allerdings der Einwand widersprüchlichen Verhaltens entgegenstünde: Der Grundstückseigentümer würde nämlich mit einer solchen Genehmigung die Errichtung eines Bauwerkes billigen und es sich zu eigen machen, obwohl er seit Jahren auch mit gerichtlicher Hilfe dessen Beseitigung verlangt hat.[47]

17 **2. Der Gebäudebegriff.** Abs. 1 S. 1 benennt beispielhaft Gebäude als „mit Grund und Boden fest verbundene Sachen". Dem Begriff des Gebäudes kommt in unterschiedlichen Regelungszusammenhängen auch eine unterschiedliche Bedeutung zu. Er ist enger als der Begriff des Bauwerks iSd § 638.[48] Unter den in den §§ 94 f. zur Bestimmung der Bestandteilseigenschaft einer Sache verwendeten Gebäudebegriff, der in seiner sachenrechtlichen Zielsetzung auf eine Erhaltung wirtschaftlicher Werte sowie die Wahrung rechtssicherer Vermögenszuordnungen ausgerichtet ist,[49] werden etwa auch Brücken und Windkraftanlagen[50] sowie vereinzelt sogar Mauern und Zäune gefasst,[51] während etwa in steuerrechtlichen Bewertungszusammenhängen

32   Staudinger/*Herrler/Stieper* BGB § 94 Rn. 11.
33   BFH NJW 1979, 392; OLG Düsseldorf BauR 1982, 164 (165).
34   OLG Karlsruhe Justiz 1983, 13.
35   OLG Düsseldorf ZIP 1998, 701.
36   Bspw. durch ein Fundament (BGHZ 104, 298, 300) oder ein 80 cm tief in den Boden eingegrabener Betonhöcker (BGH NJW 1978, 1311), ein mit einem Magerbetonkranz umgebenes Fertigteilschwimmbecken (BGH NJW 1983, 567), *nicht* aber durch ein einfaches Einführen von Pfählen und Stangen in den Boden, so RGRK/*Steffen* BGB § 94 Rn. 4.
37   LG Landshut NJW-RR 1990, 1037.
38   Bspw. bloß angeschraubte Maschinen (RG JW 1909, 159), ein bloßes „Anzementieren" (RG JW 1912, 128) oder ein Verlegen von Gleisen (RG JW 1928, 1730).
39   Staudinger/*Herrler/Stieper* BGB § 94 Rn. 4.
40   RGZ 132, 346.
41   HM, vgl. etwa BGHZ 37, 353, 356; Staudinger/*Herrler/Stieper* BGB § 94 Rn. 8; aA noch RGZ 168, 288, 290: Wasserrohre als wesentliche Grundstücksbestandteile iSv § 94 Abs. 1.
42   Dazu *Olzen* BB 1978, 1340.
43   So RGRK/*Steffen* BGB § 94 Rn. 8; Soergel/*Marly* BGB § 94 Rn. 31; Staudinger/*Herrler/Stieper* BGB § 94 Rn. 11.
44   BGH NJW 1968, 2331: Grundstücksbestandteil. Entwässerungsrohre werden regelmäßig nicht nur zu einem „vorübergehenden Zweck" verlegt und sind deshalb als „wesentlicher Bestandteil" des jeweiligen

45

46

47

48   BGH NJW 1999, 2434.
49   BGH NJW 1999, 2434 – unter III.1.
50   Palandt/*Ellenberger* BGB § 94 Rn. 3.
51   Hk-BGB/*Schulze* BGB § 94 Rn. 2.

Grundstücks anzusehen, in das sie verlegt werden: LG Saarbrücken NJW-RR 2017,155 – Ls. 1.
45   OLG Schleswig-Holstein SchlHA 2017, 94, juris Rn. 49: – arg: nach § 95 Abs. 2 gehört nicht zu den Bestandteilen eines Grundstücks, was nur zu einem „vorübergehenden Zweck" mit dem Grund und Boden verbunden wird. Zur Feststellung dieses Zwecks ist der Zeitpunkt der Verbindung mit dem Grundstück entscheidend, wobei beim Bau auf fremdem Grund und Boden durch einen Mieter oder Pächter regelmäßig eine Vermutung dafür spricht, dass dieser im eigenen Interesse handelt und nicht die Absicht hat, dass das erstellte Werk nach Beendigung der Vertragsbeziehung dem Grundstückseigentümer zufällt (vgl. auch BGH NJW 1957, 457). Zur Widerlegung dieser Annahme reicht es im Gegenzug nicht aus, dass der Ersteller des Bauwerks erwartet, er müsse es später nicht wieder beseitigen – sondern die positive Absicht, es bei Beendigung der vertraglichen Grundstücksnutzung in das Eigentum des Grundstückseigentümers fallen zu lassen (vgl. BGH MDR 1967, 749, juris Rn. 24).
46   OLG Schleswig-Holstein SchlHA 2017, 94, juris Rn. 51; Staudinger/*Roth* BGB § 912 Rn. 11.
47   OLG Schleswig-Holstein SchlHA 2017, 94, juris Rn. 51.

die Abgrenzung zwischen Gebäuden und Betriebsvorrichtungen im Vordergrund steht und zu anderen Abgrenzungsergebnissen führen kann.[52] Der Begriff des Gebäudes iSv Abs. 2 umfasst Bauwerke aller Art. Er ist damit weiter als der baurechtliche Gebäudebegriff in § 2 Abs. 2 LBO. Letzterer erfasst nur selbstständig benutzbare bauliche Anlagen, die den Eintritt von Menschen gestatten und ihnen durch Überdeckung Schutz gewähren.[53]

Unter den Begriff des **Gebäudes** (gleichermaßen bedeutsam für die Ausnahmeregeln in § 95 Abs. 1 S. 2 und **18** Abs. 2) fallen Häuser und andere (größere) Bauwerke[54] (bspw. Fertig- oder Blockhäuser mit festem Fundament),[55] mithin jeder Baukörper (ohne Berücksichtigung der konkreten Nutzungsart – die allgemeine Zweckbestimmung als Bauwerk ist maßgeblich),[56] dh auch Balkone,[57] Betonfertiggaragen,[58] Brücken,[59] Fertiggaragen,[60] ein Gewächshaus aus Stahlkombination,[61] Mauern, Papillonaufbauten,[62] technische Anlagen,[63] Tiefgaragen,[64] Toilettenhäuschen,[65] Ufermauern an Bundeswasserstraßen,[66] Windkraftanlagen[67] bzw. (fest installierte) Zäune.[68] Unter diesen allgemeinen Gebäudebegriff fallen auch Bauwerke, die bei Berücksichtigung des § 95 (nur vorübergehender Zweck) als bewegliche Sachen gelten.[69] Eine Transformatorenstation mit den Ausmaßen einer Pkw-Garage, 2 Türen und einem Gewicht von ca 10 t ist ein „Gebäude" iSd § 94 und allein schon durch ihr Eigengewicht mit dem Grund und Boden fest verbunden:[70] Ist sie auch dem äußeren Erscheinungsbild nach dem Betriebsgebäude zugeordnet, stellt sie sich insgesamt als „wesentlicher Grundstücksbestandteil" iSd Norm dar. Eine solche Transformatorenstation ist kein Scheinbestandteil iSd § 95, wenn sie nach dem im Zeitpunkt der Verbindung vorliegenden und nach außen in Erscheinung tretenden Willen des Erbauers nicht zu einem nur vorübergehenden Zweck mit dem Grundstück verbunden wird:[71] Das liegt auch bei einem Mietkaufvertrag vor, wenn die Vertragsparteien vereinbart haben, dass die Station sowohl bei regulärem Ablauf der Mietzeit als auch bei deren vorzeitiger Beendigung und dann vorgesehener sofortiger Restzahlung Eigentum des Käufers (Grundstückseigentümertümers) werden soll. Gebäude (iS von § 912) können auch andere größere Bauwerke sein, wie bspw. **Ufermauern an Bundeswasserstraßen.**[72]

52 OLG Karlsruhe BauR 2014, 559, juris Rn. 38. Zum Ganzen BGHZ 187, 311, juris Rn. 12.

53 OLG Karlsruhe BauR 2014, 559, juris Rn. 38 unter Bezugnahme auf *Stieper* CuR 2012, 96 (98) (Fn. 32); Staudinger/*Herrler/Stieper* BGB § 94 Rn. 23.

54 Palandt/*Ellenberger* BGB § 94 Rn. 3 – arg.: ansonsten lässt sich die gesetzgeberische Intention der Norm (Erhalt wirtschaftlicher Werte und Schaffung einer rechtssicheren Vermögenszuordnung) nicht erreichen. BGH BeckRS 2015, 09901 Rn. 29.

55 BGHZ 104, 298 = NJW 1988, 2789 – dh, wenn sie selbst mit einem Fundament oder einem anderen massiv errichteten Gebäudeteil (bspw. dem Kamin) fest verbunden sind: MüKoBGB/*Stresemann* § 94 Rn. 6.

56 Staudinger/*Herrler/Stieper* BGB § 94 Rn. 23.

57 OLG Karlsruhe BauR 2014, 559.

58 BFH NJW 1979, 392: selbst wenn sie nicht fest mit dem Boden verankert sind.

59 OLG Karlsruhe NJW 1991, 926.

60 BeckOK BGB/*Fritzsche* § 94 Rn. 7 – bspw. aus Beton – sind selbst dann „wesentliche Bestandteile" des Grundstücks, wenn sie ohne Fundament oder sonstige Verankerung aufgestellt werden, sofern ihr Eigengewicht nur einer Verankerung gleichwertig ist: MüKoBGB/*Stresemann* § 94 Rn. 6. Auch Fertiggaragen aus Beton, die nicht im Boden verankert sind: BFH 1979, 392.

61 BGH LM § 94 Rn. 16.

62 BGH NJW 1978, 1311.

63 Konkret: eine industrielle Anlage zur Produktion von Kartoffelchips. Technische Anlagen können selbst als „Bauwerk" zu qualifizieren sein, was voraussetzt, dass die technische Anlage mit dem Erdboden unmittelbar oder mittelbar über ein Gebäude fest verbunden ist, ohne dass es sich um wesentliche Bestandteile (§§ 93, 94) handeln muss. Ausreichend ist eine

Verbindung der Anlage mit dem Erdboden oder den Gebäuden allein durch ihr Gewicht – so dass eine Trennung nur mit einem größeren Aufwand möglich ist. IÜ muss eine dauernde Nutzung der technischen Anlage beabsichtigt sein. Für die Beurteilung dieser Voraussetzungen kommt es entscheidend darauf an, ob Vertragszweck die Erstellung einer größeren ortsfesten Anlage mit den spezifischen Bauwerksrisiken ist: BGH ZIP 2018, 130 = MDR 2018, 200 – Ls. 2.

64 BGH NJW 1982, 756.

65 OLG München NJW-RR 1996, 654 (655).

66 BGHZ 204, 364 = NJW 2015, 2489.

67 Dazu *Ganter* WM 2002, 105; *Witler* ZfIR 2005, 441; aA hingegen *Peters* WM 2002, 110. Vgl. auch OLG Koblenz NotBZ 2007, 144 – Ls.: Eine Windkraftanlage ist kein Scheibestandteil des Betriebsgrundstücks, wenn bei der Errichtung vereinbart wurde, dass der Grundstückseigentümer die Anlage nach Vertragsende übernehmen kann. Auch nach § 95 Abs. 1 S. 2 kann eine Windkraftanlage nur dann „Scheinbestandteil" sein, wenn bereits die Errichtung in Ausübung eines dinglichen Rechts am Grundstück erfolgte.

68 LG Hannover NJW-RR 1987, 208.

69 Erman/*Michalski* BGB § 94 Rn. 8.

70 OLG Schleswig-Holstein NJW-RR 2014, 333 = NZM 2013, 877 = WM 2013, 2333 – Ls. 1.

71 OLG Schleswig-Holstein NJW-RR 2014, 333 – Ls. 2.

72 BGHZ 204, 364 = NJW 2015, 2489 = WM 2015, 1776 = MDR 2015, 700 – wobei das Eigentum des Bundes an einer ehemaligen Reichswasserstraße auch eine Ufermauer umfasst, wenn diese am 1.4.1921 den Zwecken und der Verwaltung der Wasserstraßen gewidmet war und für deren Zwecke dauerhaft erforderlich ist.

19   **Beachte**: Nicht alle Gebäude sind stets mit dem Grundstück fest verbunden, bspw. leichte Fertigbauten wie Holzhütten für Gartenwerkzeuge[73] oder Fertighäuser, deren Verankerung im Fundament einfach zu lösen ist (sofern sie jederzeit zerlegt und an anderer Stelle wieder aufgebaut werden können).[74]

20   **3. Sonstige mit Grund und Boden fest verbundene Sachen.** Sonstige, dh nicht dem Gebäudebegriff unterfallende, mit Grund und Boden fest verbundene Sachen (und damit, vorbehaltlich § 95, wesentliche Grundstücksbestandteile) sind bspw. Bäume[75] (und andere Pflanzen),[76] eine Berghalde (auf einem Bergbau-grundstück),[77] ein (80 cm in den Boden eingegrabener) Betonhöcker,[78] zum Bootssteg → Rn. 49, Drainage-anlagen,[79] Einfriedungsmauern,[80] Fernleitungen,[81] Fundamente aller Art,[82] Gasometer,[83] Getreidereini-gungs- und Getreideaufbereitungsanlagen (auf Spezialfundamenten verankert),[84] Grenzstein (der vom Eigentümer angebracht wurde),[85] Kies (der zur Erstellung einer Parkfläche aufgebracht wurde),[86] Mülltonnenschränke,[87] (verlegte) Pflastersteine,[88] Rohrleitungen (die im Grundstück verlegt und vom Erdreich verdichtet sind),[89] (im Boden eingelassenes und einbetoniertes) Schwimmbecken,[90] ein Turbinenhaus,[91] das Wasserleitungssystem in kommunalen Straßen und Grundstücken[92] sowie Tore und Zäune.[93]

Beachte: Die höchstrichterliche Rechtsprechung, die eine von Versorgungsunternehmen vorgenommene Verlegung von Versorgungsleitungen über fremde Grundstücke unter § 95 Abs. 1 subsumiert (und so annimmt, dass die Leitungen nicht Bestandteil des Belegenheitsgrundstücks sind, sondern als Zubehör des jeweiligen Werksgrundstücks im Eigentum des Versorgungsträgers stehen)[94] ist auf Abwasserleitungen, die vom Grundstück eines Anschlussnehmers zur öffentlichen Kanalisation führen, nicht übertragbar: Die Zuordnung von Versorgungsleitungen zum Werksgrundstück beruht auf der allgemeinen Verkehrsauffas-sung, wonach solche Leitungen dem wirtschaftlichen Zweck des Versorgungswerks zu dienen bestimmt sind. Dieser würde infrage gestellt, wenn das Eigentum an den Leitungen, welches regelmäßig über eine Vielzahl von fremden Grundstücken führt, nicht allein in der Hand des Versorgungsträgers läge.[95] Eine vergleichbare Interessenlage besteht nicht bei Leitungen, welche Abwässer von einzelnen Grundstücken zur öffentlichen Kanalisation führen. Derartige Leitungen führen im Regelfall nicht über eine Vielzahl von fremden Grundstücken, so dass ein unüberschaubares Nebeneinander von Eigentumsrechten an der Leitung nicht zu befürchten steht. IÜ liegt die Entsorgung der Abwässer nach der Verkehrsanschauung auch nicht in der Hand des jeweiligen Grundstückseigentümers, sondern in der Zuständigkeit des Trägers der öffentlichen Abwasserbeseitigung – weshalb es auch nicht den Bedürfnissen des Rechtsverkehrs entspricht, dem jeweili-gen Eigentümer des zu entwässernden Grundstücks das Eigentum an den Anschlussleitungen zuzuweisen.

Wasserleitungen werden mit ihrer Verlegung wesentlicher Bestandteil eines Straßengrundstücks. Das RG hat dahin erkannt, dass von einer Stadt in ihr gehörende Straßengrundstücke verlegte **Versorgungsleitun-gen** „wesentliche Bestandteile" des Straßengrundstücks sind.[96] Dies ist eine Folge der nicht zur Disposition der Beteiligten stehenden sachenrechtlichen Anordnungen in §§ 93–95 und §§ 946- 950. Eine Versorgungs-leitung wird danach gemäß § 94 Abs. 1 S. 1 durch die Verlegung in ein dem Versorgungsträger gehörendes Grundstück zu einem „wesentlichen Bestandteil" des Grundstücks. Das Eigentum daran erstreckt sich nach § 946 auf die ehemals selbstständige Sache.[97] Die gesetzlichen Folgen aus der festen Verbindung einer beweglichen Sache mit dem eigenen Grundstück treten nur dann nicht ein, wenn einer der in § 95 Abs. 1 genannten zwei Ausnahmetatbestände vorliegt, was jedoch beim Einbau einer Wasserversorgungsleitung durch eine Gemeinde in ein ihr gehörendes Straßengrundstück idR nicht zutrifft. Eine in einem Straßen-grundstück verlegte Versorgungsleitung kann nach denselben Grundsätzen zum Scheinbestandteil bestimmt und auf den neuen Versorgungsträger übertragen werden, nach denen ein Scheinbestandteil nach § 95 Abs. 1

73   BeckOK BGB/*Fritzsche* § 94 Rn. 7.
74   MüKoBGB/*Stresemann* § 94 Rn. 7.
75   BGHZ 20, 85, 97 = NJW 1956, 748; OLG Düssel-dorf NJW-RR 1997, 856. Ein Baum wird nach § 94 Abs. 1 S. 2 mit den Einpflanzen „wesentlicher Bestandteil" des Grundstücks. Er kann deshalb gemäß § 93 nicht Gegenstand eigener Rechte sein: so BGH NJW 2006, 1424.
76   BGH NJW 1992, 1101 (1102).
77   OVG Münster NuR 1985, 286.
78   BGH NJW 1978, 1311.
79   BGH DB 1984, 113.
80   Palandt/*Ellenberger* BGB § 94 Rn. 3.
81   BGHZ 37, 353, 358 – die im Falle einer Verlegung in einem fremden Grundstück allerdings grundsätzlich § 95 unterfallen, so Palandt/*Ellenberger* BGB § 94 Rn. 3 – dazu noch nachstehend § 95 Rn. 43 ff.
82   BGH NJW 1978, 1311.

83   RG WarnR 1932 Nr. 114.
84   OLG Düsseldorf ZIP 1998, 701.
85   BeckOK BGB/*Fritzsche* § 94 Rn. 10; aA Palandt/*Ellenberger* BGB § 94 Rn. 6 – arg.: § 95.
86   LG Landshut NJW-RR 1990, 1031.
87   BGH NJW 1992, 1101 (1102).
88   OLG Hamm JZ 1998, 322.
89   OLG München OLGR 1995, 2.
90   BGH NJW 1983, 567.
91   OLG Karlsruhe OLGZ 1989, 341.
92   RGZ 168, 188, 290.
93   LG Hannover NJW-RR 1987, 208.
94   RGZ 83, 67, 70 f.; 87, 43, 50 ff.; BGHZ 37, 353, juris Rn. 12; 138, 265, juris Rn. 27.
95   RGZ 87,43, 50 ff.; BGHZ 37, 353, juris Rn. 13.
96   RGZ 168, 288, 290; dem RG folgend BGHZ 37, 353, 358.
97   So RGZ 168, 288, 290; BGHZ 37, 353, 358.

„wesentlicher Bestandteil" eines Grundstücks werden kann.[98] Hierfür bedarf es eines nach außen hin eines in Erscheinung tretenden Willens des Eigentümers des Scheinbestandteils, dass die Verbindung nunmehr auf Dauer gewollt ist.[99] Die Umwandlung wird entsprechend § 929 S. 2 durch die Einigung herbeigeführt,[100] dass mit dem Übergang des Eigentums zugleich der Zweck der Verbindung geändert und die bisher rechtlich selbstständige Sache künftig ein „Bestandteil" des Grundstücks sein soll.[101]

Eine feste Verbindung mit dem Grundstück kann sich iÜ auch daraus ergeben, dass das Rohr im Erdreich nicht nur abgelegt war, sondern das Erdreich aufgefüllt und verdichtet wurde.[102] Daher ist ein in einigen Metern Tiefe eingebrachtes Rohrstück (vorbehaltlich besonderer Umstände), das mit den zu- und abführenden Rohren der Anschlussleitung durch entsprechende Muffen verbunden ist und dessen Herausnahme einen erheblichen technischen und finanziellen Aufwand erfordert,[103] gemäß § 94 Abs. 1 S. 1 wesentlicher Bestandteil des Grundstücks, in dem es liegt.[104]

Gehört eine Leitung, die seit langer Zeit einer kommunalen Abwasserbeseitigungs- oder Wasserversorgungseinrichtung dient, nicht dem Einrichtungsträger, sondern dem Eigentümer des Leitungsgrundstücks, so kann dieser die Unterlassung der weiteren Benutzung verlangen, ohne dass der Anspruch verjährt sein könnte.[105]

Demhingegen hat die Judikatur eine **wesentliche Bestandteilseigenschaft verneint** bei Fossilienfunden,[106] **21** einem (aus dem Boden aufgrabbaren oder im Gebäude sich befindlichen) Gastank,[107] einem (auf dem Grundstück aufgestellten) Kunstwerk,[108] Sandkasten und Schaukel,[109] Versorgungsleitungen aller Art,[110] Wasserzählern (die von der Gemeinde ohne Übereignung überlassen wurden)[111] oder (regelmäßig auch) Windkraftwerken.[112]

4. Erzeugnisse. Wesentliche Bestandteile des Grundstücks nach Abs. 1 S. 1 sind auch die „Erzeugnisse" **22** (solange sie mit dem Boden zusammenhängen).[113] Als Erzeugnisse (die Begrifflichkeit ist enger als jene der „Frucht" iSv § 99) sind **natürliche Boden- und Pflanzenprodukte**, wie bspw. Getreide, Holz auf dem Stamm[114] oder Obst (aber auch Unkraut),[115] zu verstehen.[116] Erzeugnisse können so lange nicht Gegenstand besonderer Rechte sein, als sie noch mit dem Boden zusammenhängen (zB keine Übereignung von Holz auf dem Stamm).[117] Die §§ 953 ff. (Erwerb von Erzeugnissen und sonstigen Bestandteilen einer Sache) regeln den Eigentumserwerb an Erzeugnissen.

Unter die Begrifflichkeit „Erzeugnisse" fallen hingegen **nicht** Teile der Substanz, die den Grund und Boden **23** ausmacht (**unmittelbare Bodenbestandteile**), wie zB Kies, Lehm, Sand, Steine, Torf oder Ton.[118] Letztere können als unmittelbare Substanzteile des Grundstücks (schon von Natur aus) nicht Gegenstand besonderer dinglicher Rechte sein,[119] da sie vom Grundstück rechtlich nicht getrennt werden können.[120]

Wird Sand hingegen abgebaut oder aus dem Erdreich herausgebaggert, verselbstständigt er sich von der **24** Erdmasse und erlangt eigenständige Sachqualität, womit er mit der Ablagerung auf einem anderen Grundstück (durch feste Verbindung mit der Erdoberfläche) zu dessen wesentlichem Bestandteil werden kann.[121]

---

98 BGHZ 165, 184 = NJW 2006, 990.
99 BGH NJW 1987, 774; 1980, 771; BGH WM 1971, 822 (824); BGHZ 23, 57, 60.
100 BGHZ 165, 184 = NJW 2006, 990: Auch hier erfolgt die sachenrechtliche Umwandlung von einem ehemals wesentlichen Bestandteil zu einer selbstständigen Sache durch eine Übereignung entsprechend § 929 S. 2, ohne dass es einer Trennung der Leitung vom Straßengrundstück bedarf (in Fortführung von BGHZ 37, 353, 359).
101 BGH NJW 1987, 774; BGHZ 23, 57, 60. Vgl. auch LG Frankfurt/O. CuR 2009, 107 zum Eigentumserwerb der Grundstückseigentümers an Anlagenteilen des Fernwärmeversorgers nach Beendigung der Wärmelieferung durch Verbindung mit einer eigenen Heizanlage.
102 OLG Hamm VersR 2017, 812 = ZfSch 2017, 454, juris Rn. 74. Vgl. auch BGHZ 37, 353, juris Rn. 15; OLGR Köln 2005, 114, juris Rn. 21; OLGR Düsseldorf 2003, 5; OLGR Frankfurt/M. 1998, 65; OVG Lüneburg NVwZ-RR 2015, 946, juris Rn. 8.
103 BeckOK-BGB/Fritsche § 94 Rn. 51.
104 OLG Hamm VersR 2017, 812 – Ls. 2.
105 BayVGH NVwZ-RR 2014, 217 = DVBl 2014, 247 – Ls.: Allerdings könne in Fällen einer unbefugten Leitungsverlegung auf fremdem Grund keine Stilllegung

oder Unterlassung der weiteren Benutzung gefordert werden, wenn der Anspruch des Grundeigentümers auf Entfernung der Leitung verjährt ist: BayVGH, aaO, juris Rn. 33 unter Bezugnahme auf BayVGH BayVBl 2010, 629 (631).
106 BVerwG NJW 1997, 1171 (1172) – arg.: § 19 a Denkmalschutzgesetz Rheinland-Pfalz als vorrangige Sonderregelung gegenüber §§ 93 f.
107 LG Gießen NJW-RR 1999, 1538.
108 BGH NJW 1982, 653 (654): Bildstock.
109 BGH NJW 1992, 1101 (1102) – arg.: § 95.
110 BeckOK BGB/Fritzsche § 94 Rn. 11.
111 BayVerfGH NVwZ 1982, 368.
112 LG Flensburg WM 2002, 2012 (2113).
113 Staudinger/Herrler/Stieper BGB § 94 Rn. 17.
114 RGZ 80, 232.
115 Schmid NJW 1988, 29.
116 Palandt/Ellenberger BGB § 94 Rn. 3.
117 Staudinger/Herrler/Stieper BGB § 94 Rn. 17.
118 MüKoBGB/Stresemann § 94 Rn. 15; Palandt/Ellenberger BGB § 94 Rn. 3.
119 So MüKoBGB/Stresemann § 94 Rn. 19.
120 Palandt/Ellenberger BGB § 94 Rn. 3; Soergel/Marly BGB § 94 Rn. 9.
121 Staudinger/Herrler/Stieper BGB § 94 Rn. 20.

25   **5. Samen und Pflanzen.**   **Samen** (als Keim künftiger Bodenerzeugnisse) wird nach Abs. 1 S. 2 (bereits) mit dem Aussäen (und nicht erst mit dem Anwurzeln),[122] eine **Pflanze** mit dem Einpflanzen „wesentlicher Bestandteil des Grundstücks" – ohne Rücksicht darauf, wer eingesät oder eingepflanzt hat (wobei allerdings für Pflanzen von Gärtnereien und Baumschulen die Regelung des § 95 eingreifen kann)[123] und ob der Samen keimt oder die Pflanze Wurzeln schlägt.[124] Damit tritt ihre **Sonderrechtsunfähigkeit** ein. Entwickeln sich aus dem Samen Pflanzen, sind sie dem Grundstück, auf dem sie an die Oberfläche treten, zugehörig.[125] Die grundsätzlich zugunsten des Mieters bestehende Vermutung, dass die Verbindung von ihm eingebrachter Anlagen regelmäßig nur zu einem vorübergehenden Zweck erfolgt, kann für Pflanzen nicht uneingeschränkt angewandt werden, da diese nach einigen Jahren nicht mehr ohne Schwierigkeiten und Risiken für ihren Bestand zu entfernen sind.[126] Ein Baum (dazu bereits vorstehende → Rn. 20) wird nach Abs. 1 S. 2 mit dem Einpflanzen wesentlicher Bestandteil des Grundstücks. Er kann deshalb gemäß § 93 nicht Gegenstand eigener Rechte sein:[127] Daraus folge nach ständiger Rechtsprechung des BGH,[128] dass ein Baum – vom Sonderfall der zum Verkauf bestimmten Bäume einmal abgesehen – kein eigenständiges schädigungsfähiges Rechtsgut darstellt, seine Beschädigung jedoch als Schädigung des Grundstücks eine Ersatzpflicht auslöst. Auch der Rückschnitt von Bäumen kann eine Verletzung des Grundstückseigentums darstellen, da Bäume nach Abs. 1 S. 2 „wesentlicher Bestandteil" des Grundstücks sind.[129]

II. Wesentliche Bestandteile von Gebäuden (Abs. 2)

26   Abs. 2 trifft eine **Erweiterung** des Begriffs „wesentlicher Bestandteil", indem zu den wesentlichen Bestandteilen eines **Gebäudes** auch die zur Herstellung des Gebäudes eingefügten Sachen gehören (die damit auch wesentliche Bestandteile des Grundstücks nach Abs. 1 S. 1 sind); es sei denn, es handelt sich um selbstständige Sachen (die nach der Verkehrsanschauung nicht Bestandteil einer zusammengesetzten Sache werden können,[130] bspw. auch eine Kirchenglocke in einer Kapelle)[131] oder solche, die nur zu einem vorübergehenden Zweck in das Gebäude eingefügt worden sind (§ 95 Abs. 2).

27   Wenn ein Gebäude nach Abs. 1 S. 1 selbst wesentlicher Bestandteil eines Grundstücks ist, sind seine wesentlichen Bestandteile nach Maßgabe des Abs. 2 zugleich solche des Grundstücks.[132]

28   Abs. 2 gelangt – über seinen Wortlaut hinaus – auch auf **Bestandteile sonstiger Bauwerke** zur Anwendung[133] (bspw. Brücken).

Es entspricht allgemeiner Auffassung, dass an Einbauten im Bereich des Sondereigentums durchaus Gemeinschaftseigentum entsteht, sofern das Bauteil „wesentlicher Bestandteil" des Gebäudes wird (§ 94 Abs. 2) und seine konstruktiven Bestandteile zwingend in Gemeinschaftseigentum stehen.[134] Dies hat bspw. das OLG Düsseldorf in einer Entscheidung vom 4.11.2005[135] in Bezug auf einen auf einer Terasse aufgebauten Wintergarten angenommen. In gleicher Weise entspricht es allgemeiner Auffassung, dass die oberste Schicht eines Balkon- oder Terrassenaufbaus, der lediglich zur Verschönerung oder leichteren Begehbarkeit dient und keine Funktion in Bezug auf die Abdichtung oder Dämmung hat, dem Sondereigentum zuzurechnen ist.[136]

29   **1. Der Gebäudebegriff des Abs. 2.** Der Gebäudebegriff nach Abs. 2 umfasst – über jenen des Abs. 1 S. 1 (→ Rn. 17 ff.) hinausgehend – auch Bauwerke, die aufgrund von § 95 (Verbindung oder Einfügung nur zu vorübergehenden Zwecken) bzw. weil eine feste Verbindung mit Grund und Boden fehlt, nicht wesentlicher Grundstücksbestandteil iSv Abs. 1 S. 1 sind.[137]

30   Abs. 2 findet **analoge Anwendung** auf **Schiffe**, die im Schiffsregister eingetragen sind.[138] Dies wird damit begründet, dass dem Schiffsregister in weitem Umfang dieselben Funktionen zukommen wie dem Grund-

122   Palandt/*Ellenberger* BGB § 94 Rn. 4.
123   Staudinger/*Herrler/Stieper* BGB § 94 Rn. 18.
124   RGRK/*Steffen* BGB § 94 Rn. 11.
125   OLG Düsseldorf OLGZ 1978, 190 (191); *Schmid* NJW 1988, 29 (30).
126   LG Detmold NJW-RR 2014, 712 = NZM 2014, 434.
127   OLG Brandenburg VersR 2013, 869, juris Rn. 11. Als dauerhafte Bepflanzung sind Bäume „wesentliche Bestandteile" des Grundstücks: BGH NJW-RR 2016, 587 = NZM 2016, 363, juris Rn. 4 – womit sie im Falle von Wohnungseigentum im gemeinschaftlichen Eigentum stehen: MüKoBGB/*Stresemann* § 94 Rn. 19; *Schmid* ZWE 2015, 109.
128   NJW 2006, 1424.

129   OLG Brandenburg NJW-RR 2018, 1975 = NZM 2018, 519 = RdL 2018, 266, juris Rn. 25.
130   Bspw. Türschlüssel, Staudinger/*Herrler/Stieper* BGB § 94 Rn. 20.
131   BGH NJW 1984, 2277.
132   Palandt/*Ellenberger* BGB § 94 Rn. 5.
133   OLG Karlsruhe NJW 1991, 926; MüKoBGB/*Stresemann* § 94 Rn. 29; Soergel/*Marly* BGB § 94 Rn. 19; Staudinger/*Herrler/Stieper* BGB § 94 Rn. 24.
134   OLG Celle ZMR 2007, 55.
135   NZM 2006, 109.
136   Staudinger/*Rapp* WEG § 5 Rn. 25.
137   Palandt/*Ellenberger* BGB § 94 Rn. 5.
138   Palandt/*Ellenberger* BGB § 94 Rn. 5.

buch.[139] Lukendeckel mit einem Gewicht von 25 bis 29 t/je Stück, die für ein Containerhochseeschiff speziell angefertigt worden sind, werden, wenn sie auf den Schiffsrumpf aufgesetzt und mit Abhebesicherungen versehen sind, zum „wesentlichen Bestandteil" des Schiffes.[140] **Umstritten** ist, ob eine analoge Anwendung auch für **eingetragene Luftfahrzeuge** in Betracht kommt.[141]

2. Die Einfügung zur Herstellung. Eingefügt zur Herstellung des Gebäudes sind – unabhängig vom Zeitpunkt (bspw. bereits bei Gebäudeerrichtung oder erst später, nachträglich im Rahmen einer Reparatur)[142] und dem Grund (bspw. auch im Zuge eines An- oder Umbaus oder einer Renovierung)[143] der Einfügung – all jene Sachen, ohne die das Gebäude (→ Rn. 29) nach der Verkehrsanschauung als noch nicht fertig gestellt anzusehen wäre.[144] Als zur Herstellung eingefügt kommen neben Baumaterialien[145] auch das Fundament oder Aufbauten, die nach der Verkehrsauffassung zusammen erst das Gebäude bilden,[146] in Betracht. Darüber hinaus (dh über die zur eigentlichen Fertigstellung des Gebäudes erforderlichen Sachen) können auch Einrichtungs- und sonstige Ausstattungsgegenstände „eingefügt" worden sein.[147] Dies ist dann der Fall, wenn sie dem Baukörper entweder besonders angepasst wurden (und aus diesem Grunde mit ihm eine Einheit bilden)[148] oder dem Bauwerk ein besonderes Gepräge geben.[149] Es kann sogar die Prägung eines einzelnen, das Gebäude seinerseits prägenden Raums ausreichend sein.[150] Eine technische Einrichtung ist „eingefügt" mit der Installation.[151] Der Server einer Videoüberwachungsanlage in einem Einkaufszentrum gehört damit zu den „wesentlichen Bestandteilen des Gebäudes" mit der Folge, dass der Gebäudeeigentümer gemäß §§ 946, 94 Abs. 2 mit dem „Einfügen" auch Eigentum an der Anlage erwirbt.[152] „Einfügen" iSv § 94 Abs. 2 setzt begrifflich **keine feste Verbindung** voraus. Es genügt, wenn zwischen der Sache und dem Gebäude ein räumlicher Zusammenhang hergestellt ist.[153] Hingegen führt eine bloß mechanische Verbindung einer Niederspannungsschaltanlage durch Anschrauben nicht zu einer „festen Verbindung" iSd § 94. Diese entsteht erst mit dem Anschluss an das in dem Gebäude verlegte Kabelnetz, da eine Anlage regelmäßig erst mit ihrer Installation „eingefügt" ist.[154]

Ob die eingefügten Sachen zur Herstellung des Gebäudes „erforderlich" waren oder ob sie reiner Luxus sind, ist unerheblich.[155]

Die Einfügung setzt weder eine feste Verbindung (objektive Festigkeit der Verbindung)[156] voraus, da es hinsichtlich Abs. 2 nicht auf die **Art der Verbindung**, sondern auf ihren **Zweck** ankommt,[157] noch muss die beabsichtigte Verbindung schon vollständig hergestellt worden sein.[158] Ein räumlicher Zusammenhang mit dem Gebäude sowie eine Anpassung des Gegenstands an das Gebäude reichen aus,[159] womit Dachziegel, Fensterflügel oder Türen als „wesentliche Bestandteile" des Gebäudes qualifiziert werden können.[160] Wer-

31

32

33

139 Vgl. BGHZ 26, 225, 228 = NJW 1958, 457; mit der Folge, dass der Motor eines im Schiffsregister eingetragenen Schiffes (anders als der eines Kfz, BeckOK BGB/*Fritzsche* § 94 Rn. 23) „wesentlicher Bestandteil" des Schiffes ist, Palandt/*Ellenberger* BGB § 94 Rn. 5.

140 OLGR Bremen 2005, 248: Dies gilt sowohl unter dem rechtlichen Gesichtspunkt des § 93, da es an einem „Markt" für solche Lukendeckel fehlt, als auch unter dem Aspekt des § 94 Abs. 2 analog, weil die Lukendeckel zur Herstellung des Schiffs eingefügt sind.

141 Ablehnend Palandt/*Ellenberger* BGB § 94 Rn. 5; vgl. auch *Schmid-Burgk/Schölermann* WM 1990, 1137 (1143), wonach Motoren von Luftfahrzeugen keine „wesentlichen Bestandteile" sind, sondern Sonderrechtsfähigkeit genießen. Ebenso MüKoBGB-*Stresemann* § 94 Rn. 37.

142 RG JW 1932, 1197.

143 BGHZ 53, 324, 326 = NJW 1970, 895.

144 BGH NJW 1979, 712; 1984, 2277; 1992, 1162; OLG Düsseldorf OLGZ 1983, 350; Jauernig/*Jauernig* BGB § 94 Rn. 3; MüKoBGB/*Stresemann* § 94 Rn. 22; Palandt/*Ellenberger* BGB § 94 Rn. 6; Soergel/*Marly* BGB § 94 Rn. 22.

145 BGH NJW-RR 1991, 343 (344).

146 BGH NJW 1978, 1311.

147 BeckOK BGB/*Fritzsche* § 94 Rn. 17.

148 RGZ 67, 30, 34; 130, 264, 266.

149 RGZ 90, 198, 201; BGHZ 53, 324, 325 = NJW 1970, 895; 3178; BGH NJW-RR 1990, 586 (587).

150 So BGH LM § 93 Rn. 2; MüKoBGB/*Stresemann* § 94 Rn. 25.

151 OLG Schleswig SchlHA 2006, 76.

152 OLG Schleswig SchlHA 2006, 76.

153 BFH BStBl II 2000, 150; FG Dessau EFG 2001, 96.

154 OLG Brandenburg 11.7.2007 – 4 U 197/06.

155 RGZ 90, 198, 201; 150, 22, 26.

156 RGRK/*Steffen* BGB § 94 Rn. 16.

157 So BGHZ 36, 46, 50; BGH NJW 1978, 1311.

158 Palandt/*Ellenberger* BGB § 94 Rn. 7 – unter Bezugnahme auf RGZ 62, 248, 250: Gebälk des Dachstuhls ist auch schon vor der Verankerung im Mauerwerk „wesentlicher Bestandteil"; OLG Naumburg OLGZ 28 (1914), 15, 16: Mit der Einsetzung von Türen und Fenstern zwecks Einpassung werden sie zum „wesentlichen Bestandteil", auch wenn sie kurzfristig nochmals herausgenommen werden (anders – vorübergehendes probeweises Einsetzen – LG Konstanz NJW-RR 1997, 499). Eine technische Einrichtung ist mit der Installation „eingefügt": OLG Schleswig SchlHA 2006, 76 – ein Gartenhaus mit der Einlassung auf dessen Fundament (auch wenn die Einbetonierung noch nicht erfolgt ist): BGH LM § 94 Nr. 16. Bei Heiz- und Heizwasserkessel reicht bereits die Verbringung an den Platz im Rohbau aus, der für sie (nach den baulichen und betrieblichen Erfordernissen) bestimmt ist: BGH NJW 1979, 712; LG Berlin NJW-RR 2004, 635.

159 Soergel/*Marly* BGB § 94 Rn. 22; Staudinger/*Herrler/Stieper* BGB § 94 Rn. 24.

160 RGZ 60, 421, 423; 150, 22, 27.

den **Sachgesamtheiten** eingebaut, werden die einzelnen Teile bereits mit ihrer Einfügung „wesentlicher Bestandteil", die Fertigstellung der Gesamtanlage muss nicht zugewartet werden.[161]

34 Das Tatbestandsmerkmal „zur Herstellung des Gebäudes" stellt zum einen subjektiv auf den Willen des Einfügenden ab,[162] zum anderen objektiv auf die angestrebte wirtschaftliche Funktion des Gebäudes.[163]

35 Die Bestimmung erfolgt also nicht nur nach technischen Gesichtspunkten. Vielmehr ist eine natürliche wirtschaftliche Betrachtungsweise zugrunde zu legen unter Mitberücksichtigung der Verkehrsauffassung und der Umstände des Einzelfalles.[164] Hilfreich ist hier die Frage: Waren die Sachen zur Fertigstellung des Bauwerks als solches erforderlich?[165]

36 Unzureichend ist es allerdings, wenn die Sache lediglich auf das Grundstück verbracht und für den Einbau vorbereitet[166] bzw. nur probeweise eingefügt wird,[167] Platten nur an das Gebäude angefügt werden,[168] provisorisch eingehängte Türen (die noch einer Anpassung für den endgültigen Einbau bedürfen)[169] oder Türen (probeweise) zur Überprüfung der Ordnungsgemäßheit der Handwerksleistung eingehängt werden.[170] Allerdings soll es ausreichen, wenn ein Gewächshaus auf das dafür vorgesehene Fundament aufgesetzt wird.[171] Andererseits sind Sachen (Türen) selbst dann „eingefügt", wenn sie komplett eingepasst sind, später aber noch einmal zwecks Einbaus von Schlössern oder zum Lackieren entfernt werden.[172]

37 Ob ein Gebäude im vorbeschriebenen Sinne als „**fertiggestellt**" anzusehen ist, beurteilt sich unter Berücksichtigung seiner Beschaffenheit und seines Zwecks[173] mit der Folge, dass sowohl die Teile, die für die Herstellung notwendig sind,[174] als auch „überflüssiger Zierrat" wesentlicher Bestandteil werden können.[175] Ob die Verhältnisse so liegen, ist nach den Anschauungen des Verkehrs über Wesen, Zweck und Beschaffenheit des Gebäudes zu bestimmen und deshalb im Wesentlichen Tatfrage, die nur nach Lage des Einzelfalls entschieden werden kann. Es kommt hierbei auf Art, Zweck und Zuschnitt des jeweiligen Gebäudes an.

38 **Beachte**: Ausstattungen und Einrichtungen werden nach Abs. 2 aber nur dann wesentlicher Bestandteil, wenn eine besondere Anpassung an den Baukörper erfolgt ist (aufgrund deren sie mit diesem eine Einheit bilden)[176] bzw. wenn sie dem Gebäude ein bestimmtes Gepräge oder eine besondere Eigenart verleihen.[177] Maßgeblich kann auch die Übereinstimmung mit der örtlichen Verkehrsanschauung sein.[178]

39 **3. Rechtsfolgen der Einfügung.** Wird die Sache zur Herstellung des Gebäudes eingefügt, gehört sie zu den „wesentlichen Bestandteilen" des Gebäudes und verliert ihre Selbstständigkeit. Eine gemäß § 546 bestehende Verpflichtung des Schuldners, Aufbauten und Anlagen zu beseitigen, wird von der Verurteilung zur Räumung und Herausgabe grundsätzlich nicht umfasst, weil der Urteilsausspruch nicht erkennen lässt, welche Grundstücksbestandteile gemäß § 94 zu entfernen sind. Streitigkeiten über den Umfang einer Beseitigungsverpflichtung sind jedoch grundsätzlich im Erkenntnisverfahren zu klären.[179]

---

161 Umstritten, so aber Palandt/*Ellenberger* BGB § 94 Rn. 7 für den Fall einer Heizungsanlage; aA *Costede* NJW 1977, 2340.
162 RGZ 158, 362, 376.
163 RGZ 50, 241, 244; 90, 198, 200; aA eine engere Auffassung des § 94 Abs. 2 (Herstellung des reinen Baukörpers), so RG JW 1911, 574; ebenso RGRK/*Steffen* BGB § 94 Rn. 14. Differenzierend Staudinger/*Herrler/Stieper* BGB § 94 Rn. 26: Es komme darauf an, ob das Gebäude auf eine bestimmte Verwendung speziell ausgerichtet sei oder ob es unterschiedlichen Zwecken dienen kann. „Nur im ersteren Falle verdient der Rechtsverkehr Vertrauensschutz dahin, dass die zur Zweckerreichung eingefügten Sachen dieselbe Rechtslage aufweisen wie der Baukörper selbst, sie also dessen wesentliche Bestandteile geworden sind" – unter Bezugnahme auf *Thamm* BB 1990, 866 (867). Bei einem Gebäude mit Eignung für verschiedene Verwendungszwecke ist *Herrler/Stieper* (BGB § 94 Rn. 26) der Auffassung, dass für eine bestimmte Nutzungsweise aufgestellte Maschinen *nicht* zur Herstellung des Gebäudes eingefügt und damit nicht wesentliche Bestandteile des Gebäudes geworden sind: Serienmaschinen und genormte Raumausstattungen seien selbstständige Sachen oder nicht-wesentliche Bestandteile.
164 BeckOK BGB/*Fritzsche* § 94 Rn. 16.

165 RGZ 90, 198, 200; BGH NJW 1984, 2277 (2278); MüKoBGB/*Stresemann* § 94 Rn. 13; RGRK/*Steffen* BGB § 94 Rn. 13.
166 RG WarnR 1915 Nr. 6 – vgl. aber auch BGH NJW 1979, 712, wonach ein Heizkessel bereits dann zum „wesentlichen Bestandteil" wird, wenn er an die Stelle in einem Rohbau verbracht wird, der nach den baulichen und betrieblichen Erfordernissen für ihn bestimmt ist. Ebenso LG Berlin NJW-RR 2004, 635.
167 Soergel/*Marly* BGB § 94 Rn. 23.
168 BGHZ 36, 46, 51.
169 LG Konstanz NJW-RR 1997, 499.
170 RG WarnR 1915 Nr. 6.
171 BGH NJW 1978, 1311: Einfügung iSv § 94 Abs. 2.
172 OLG Naumburg OLGZ 28 (1914), 15, 16. Vgl. auch BGH NJW 1979, 712: am endgültigen Platz aufgestellter Heizkessel, der noch nicht vollständig angeschlossen ist.
173 BGHZ 53, 324.
174 RGZ 90, 198, 201; 150, 22, 26.
175 Palandt/*Ellenberger* BGB § 94 Rn. 6.
176 BGH NJW 1984, 2277.
177 BGHZ 53, 324; BGH NJW 1984, 2277; 1987, 3178; zudem Palandt/*Ellenberger* BGB § 94 Rn. 6.
178 BGH NJW-RR 1990, 586.
179 OLG Düsseldorf MDR 2015, 979 = NZM 2015, 895.

4. Beispielsfälle „wesentlicher Bestandteile" iSv Abs. 2. Die Judikatur hat als „wesentliche Bestandteile" iSv Abs. 2 folgende Gegenstände anerkannt: (vom Eigentümer montierte) Antenne[180] (oder Satellitenschüssel),[181] Aufzüge,[182] Außenjalousien (sofern maßgefertigt und in die Fassade integriert),[183] Bade- und Waschanlagen in Wohnhäusern[184] und Hotels,[185] Bäume,[186] Belüftungssystem (in einem Schweinestall),[187] Blockkraftheizwerk,[188] Bodenschätze (zB Sand- und Kiesvorkommen),[189] Dach(-Gebälk),[190] Einbauküchen,[191] (nicht nur auf Putz montierte) Einbruchmeldeanlage,[192] (Be- und) Entlüftungsanlagen (in Gaststätten),[193] Erdtank,[194] Fenster und Rahmen,[195] Fütterungs- und Tränkanlage (in einem Schweinestall),[196] Heizungsanlagen,[197] Holzvertäfelung (in einem Schloss),[198] Kletterwand an einer Sporthalle,[199] Kompressoranlage,[200] Küchenherd,[201] Legehennenbatterie (in einem Stallgebäude),[202] Leitungen (bspw. eigene Strom- und Rohrleitungen),[203] Licht- und Tonanlagen (einer Diskothek),[204] Markise (einer Schneiderei),[205] Maschinenanlage[206] (eines wasserkraftbetreibenden Elektrizitätswerks),[207] Notstromaggregat,[208] (in Mie-

40

180 BGH NJW 1975, 688; nach BeckOK BGB/*Fritzsche* (§ 94 Rn. 20) „mittlerweile eher zweifelhaft, da ein Haus nach der Verkehrsanschauung wegen der Möglichkeit eines Kabelanschlusses auch ohne Antenne fertig gestellt sein kann".

181 BeckOK BGB/*Fritzsche* § 94 Rn. 20.

182 RGZ 90, 198, 200; LG Freiburg MDR 1957, 419.

183 VG Karlsruhe VBlBW 1989, 468.

184 BGHZ 40, 272, 275 = NJW 1964, 399.

185 RG WarnR 1933 Nr. 21.

186 OLG Brandenburg NJW 2018, 1975 = NZM 2018, 519.

187 BFHE 231, 253 = DStR 2010, 2240, juris Rn. 23.

188 OLG Brandenburg CuR 2009, 59: Ein Blockheizkraftwerk ist regelmäßig „wesentlicher Bestandteil" des Wohngrundstücks, soweit der Einbau nicht nur zu einem vorübergehenden Zweck in Ausübung eines zeitlich befristeten Nutzungsrechts erfolgt, bei dem im Zeitpunkt des Einbaus schon feststeht, dass die Anlage nach Ablauf der vereinbarten Zeit wieder ausgebaut und entfernt werden soll und die Anlage dann noch über einen gewissen Wert verfügt. Vgl. auch LG Itzehoe ZWE 2012, 182: Wenn ein Blockheizkraftwerk unstreitig auch der Beheizung von einer Wohnungseigentumsanlage vorhandenen Wohnungen und Büros dient, ist es wesentlicher Bestandteil des Gebäudes und damit Gemeinschaftseigentum (juris Rn. 21).

189 Niedersächsisches FG EFG 2014, 226, juris Rn. 25.

190 RGZ 62, 248, 250.

191 OLG Celle NJW-RR 1989, 913 (914): besondere Einbauküche. Wenn Gebäudewand Rückwand der Kücheneinrichtung bildet (BFH DB 1971, 656) bzw. in Bauplänen schon vorgesehen ist (OLG Nürnberg MDR 1973, 758). Speziell hergestellte Einbauküche (OLG Hamm FamRZ 1991, 89); hufeisenförmig angelegte Küche (OLG Zweibrücken NJW-RR 1989, 84); Raumteiler (OLG Köln NJW-RR 1991, 1077 (1082); LG Stuttgart Justiz 1988, 102). Etwas anderes soll bei serienmäßig hergestellte Einbauküchen gelten (vgl. OLG Frankfurt/M. ZMR 1988, 136); vgl. zudem die Berücksichtigung regionaler Differenzen in der Verkehrsauffassung bei Einbauküchen aus Serienproduktion BGH NJW-RR 1990, 586 (587) bzw. 914. „Wesentlicher Bestandteil" in Norddeutschland (OLG Hamburg MDR 1978, 138). „Kein wesentlicher Bestandteil" in Baden (OLG Karlsruhe NJW-RR 1986, 19; 1988, 459, 460), Nordrhein-Westfalen (OLG Düsseldorf NJW-RR 1994, 1039; OLG Hamm NJW-RR 1989, 333; OLG Köln NJW-RR 1993, 861), ebenso OLG Frankfurt/M. ZMR 1988, 136; OLG Saarbrücken VersR 1996, 97; OLG Zweibrücken Rpfleger 1993, 169.

192 OLG Hamm NJW-RR 1988, 923.

193 Nur in großstädtischen Hotels, OLG Stuttgart NJW 1958, 1685. Vgl. auch OLG Hamm NJW-RR 1986, 376. In Stallgebäuden, OLG Oldenburg NdsRpfl. 1970, 113.

194 OLG München BauR 2012, 550: zur Ölversorgung einer Zentralheizungsanlage eines Gebäudes, die zu diesem Zweck eingebracht worden war.

195 LG Lübeck NJW 1986, 2514 (2515).

196 BFHE 231, 253 = DStR 2010, 2240, juris Rn. 23.

197 In Wohnhäusern (BGH NJW 1953, 1180; BGH NJW-RR 1990, 158 (159) (Aggregate einer Heizungsanlage, die außerhalb des Gebäudes aufgestellt waren: ein in fünfzehn Meter Entfernung vom Wohngebäude stehender Wärmetauscher einer im Gebäude eingebauten Wärmepumpenheizung); BayObLG NZM 2000, 516); auch in renovierten Altbauten (BGHZ 53, 324, 325 f. = NJW 1970, 895; RGZ 158, 362) und für mehrere Gebäude (dann ist die Heizungsanlage „wesentlicher Bestandteil" des Gebäudes, in dem sie steht BGH NJW 1979, 2391); in einem Gästehaus (OLG Stuttgart BB 1966, 1737); in einem Kino (LG Bochum MDR 1966, 48); in einem Fabrikgebäude (OLG Hamm BB 1975, 156); in einer Schule (BGH NJW 1979, 712); Bestandteile der Heizungsanlage (BGH NJW 1953, 1180 – angeschlossene Heizkörper). Beachte: Hingegen fehlt einer zusätzlichen Heizungsanlage die Bestandteilseigenschaft, so OLG Celle NJW 1958, 632; OLG Stuttgart MDR 1959, 37. Vgl. auch OLG Hamm NZM 2005, 158: Bei einer Heizungsanlage handelt es sich um einen „wesentlichen Bestandteil" eines Gebäudes, das Wohn-, Schul- oder vergleichbaren Zwecken dient (im konkreten Fall: eine ehemalige Kaserne). Dies gilt auch dann, wenn sie mehreren Gebäuden dient (Blockheizung) und bauseitig erst nachträglich in das bereits hergestellte Gebäude eingefügt worden ist (im Anschluss an BGH NJW-RR 1990, 158). Allerdings kann die Heizzentrale eines Gebäudekomplexes, die nur für die Dauer eines Wärmelieferungsvertrages errichtet worden ist, als „Scheinbestandteil" – und damit nicht als „wesentlicher Bestandteil eines Grundstücks" – zu qualifizieren sein: So OLG Brandenburg 23.10.2008 – 12 U 39/08.

198 RGZ 158, 362, 367.

199 BGH NJW-RR 1989, 1045 (1047).

200 OLG Jena OLGR 1996, 73.

201 BGHZ 40, 272, 275 = NJW 1964, 399.

202 BeckOK BGB/*Fritzsche* § 94 Rn. 20.

203 RG JW 1932, 1199.

204 OLG Frankfurt/M. OLGR 1998, 241.

205 FG Brandenburg EFG 1998, 777 (778).

träumlichkeiten) eingebaute Theke,[209] Öltank,[210] Rolltreppen,[211] sanitäre Einrichtungen,[212] Squash-Court (in Squash-Halle),[213] Teppichboden (Bodenbelag),[214] (eine an ein Wohnhaus angebrachte) Veranda,[215] Wärmepumpen,[216] Wärmeversorgungs- (und Heizungs-) anlagen,[217] Warmwasseraufbereitungsanlagen,[218] Waschtisch[219] bzw. eine Zentralheizungsanlage.[220] **Baumaterial** wird wesentlicher Bestandteil eines Grundstücks nach § 94 dann, wenn es mit diesem verbunden wird.[221] Selbst **massive Gebäude** können nur zu einem „vorübergehenden Zweck" mit einem Grundstück verbunden werden und damit unwesentlicher Bestandteil sein. Dies ist aber dann nicht anzunehmen, wenn die Errichtung eines Gebäudes in der Erwartung erfolgte, dass der Errichtende nach Ablauf des Nutzungsvertrages Eigentümer des Grundstücks werden sollte.[222] Ein (Balkon-)Raum kann entsprechend § 94 als wesentlicher Bestandteil anderer Räume ohne Bestimmung nach §§ 5 Abs. 1, 3 Abs. 1 WEG Gegenstand des Sondereigentums sein.[223] Denn bei einer allein in Betracht kommenden analogen Anwendung von § 94 wäre § 5 Abs. 3 WEG ebenfalls entsprechend anzuwenden.[224]

41   **Beachte**: Der **Elektrizitätshauptabnahmezähler** steht (als Abschluss des äußeren Leitungsnetzes – dazu bereits → Rn. 16) im Eigentum des Versorgungsunternehmens[225] (das Leitungsnetz innerhalb des Hauses dient nicht der Herstellung des Gebäudes[226] – wenn auch im Mauerwerk verlegte Leitungen wesentlicher Bestandteil nach § 93 Abs. 1 sein können),[227] und auch der Wasserzähler wird als selbstständige Sache qualifiziert.[228]

42   Die Judikatur hat etwa die Qualifikation folgender Gegenstände als „wesentlicher Bestandteil" **abgelehnt**: Beleuchtungskörper,[229] (auf Betonfundament stehende) Bronzeskulptur (welche der kommunale Sacheigen-

---

206 Maschinen sind „wesentliche Bestandteile" eines Fabrikationsgebäudes, wenn sie speziell für das Gebäude angefertigt wurden, das Gebäude gerade zur Aufnahme dieser Maschinen konstruiert wurde oder Gebäude und Maschinen besonders aneinander angepasst sind: so BGH BauR 2005, 1222 – Ls.
207 RGZ 69, 117, 121; BayObLG Rpfleger 1999, 86.
208 In Hotels BGH NJW 1987, 3178.
209 OLG Zweibrücken ZMR 2019, 939 = ZInsO 2019, 1073, juris Rn. 83.
210 BGH NJW-RR 2013, 652 = NZM 2013, 875 = MDR 2013, 329: Ein Öltank ist auch dann wesentlicher Bestandteil eines Wohnhauses, dessen Beheizung er dient, wenn er nicht in das Gebäude, sondern außerhalb desselben in das Erdreich eingebracht worden ist. Vgl. dazu auch MüKoBGB/Stresemann § 94 Rn. 15 Fn. 55; Motzke NJW 1987, 363.
211 BFH BB 1971, 300.
212 In Wohnhäusern und Hotels, RGRK/Steffen BGB § 94 Rn. 52.
213 OLG München WM 1989, 384.
214 Bei Zuschnitt und loser Verlegung: LG Köln NJW 1979, 1608; LG Frankenthal VersR 1978, 1106; LG Oldenburg VersR 1988, 1285; LG Hamburg NJW 1979, 721; AG Karlsruhe NJW 1988, 2602; anders Linoleum: OLG München SeuffA 74 Nr. 157: keine Bestandteilseigenschaft. Vgl. zudem MüKoBGB/Stresemann § 94 Rn. 20; Palandt/Ellenberger BGB § 94 Rn. 7.
215 OLG Brandenburg 21.11.2013 – 5 U 11/12.
216 BGH NJW-RR 1990, 158: außerhalb des Hauses befindliche Wärmepumpe einer Heizungsanlage.
217 Bei Schwimmbädern sind Wärmeversorgungs- oder Heizungsanlagen als „wesentliche Bestandteile" des Schwimmbades iSv § 94 Abs. 2 zu qualifizieren – und zwar auch dann, wenn ein Dritter sich verpflichtet, das Gebäude mit dieser Anlage zu nutzen: OLG Frankfurt/M. CuR 2009, 65.

218 In Privathäusern (BGHZ 40, 272, 275 = NJW 1964, 399), Hotels (LG Freiburg MDR 1957, 419) und Betrieben (OLG Hamm BB 1975, 156).
219 OLG Braunschweig ZMR 1956, 80.
220 OLG Rostock CuR 2004, 145: Eine Zentralheizungsanlage in einem Mehrfamilienhaus kann grundsätzlich als „wesentlicher Bestandteil" des Gebäudes qualifiziert werden. Damit sind die Grundstückseigentümer – auch eine Wohnungseigentümergemeinschaft – Eigentümer der Heizungsanlage, was auch für den Fall gilt, dass im langfristigen Wärmeversorgungsvertrag mit dem Voreigentümer vereinbart worden war, dass die vom Wärmeversorger finanzierte Heizungsanlage in dessen Eigentum verbleiben sollte, ein Ausbau der Heizung aber angesichts der Länge der vereinbarten Vertragsdauer und des zu erwartenden Wertverlusts nicht zu erwarten ist. Vgl. zudem OLG Hamm NZM 2005, 158: Heizungsanlage als „wesentlicher Bestandteil eines Gebäudes", das Wohn-, Schul- oder vergleichbaren Zwecken (im konkreten Fall: ehemalige Kaserne) dient – selbst dann, wenn sie mehreren Gebäuden dient (Blockheizung) und bauseitig erst nachträglich in ein bereits hergestelltes Gebäude eingefügt worden ist (im Nachgang zu BGH NJW-RR 1990, 158).
221 OLG Brandenburg 5.4.2007 – 5 U 129/06.
222 BGH DNotZ 1973, 472; BGH NJW 1961, 1251.
223 Umstritten, so aber wohl OLG München FGPrax 2011, 281; aA hingegen Dötsch ZfIR 2011, 882; Rapp RNotZ 2012, 42; Hügel/Elzer DNotZ 2012, 4 (9 ff.).
224 KG ZWE 2017, 84 = RNotZ 2017, 95.
225 Staudinger/Herrler/Stieper BGB § 94 Rn. 37.
226 RGZ 61, 23, 24; 83, 67.
227 Staudinger/Herrler/Stieper BGB § 94 Rn. 37.
228 BayVerfGH NVwZ 1982, 368 (369).
229 RG JW 1917, 809: Hotel; OLG Köln HRR 1932 Nr. 1029: Kino.

tümer im Stadtgebiet versehentlich auf fremdem Grund und Boden hat aufstellen lassen),[230] Dampferzeugungsanlage,[231] Datenkabel (über Putz und in Wand- bzw. Elektroführungsschächten lose verlegt),[232] Firmenschilder, Glocke einer Kapelle,[233] Kegelbahn,[234] Kletterwand (an einem Wohnhaus),[235] Klimageräte,[236] Kühlanlage (einer Gaststätte),[237] Maschinen in einem Fabrikgebäude,[238] Möbel (sofern nur aufgestellt und leicht wiederabbaubar),[239] Sauna (in Rasterbauweise),[240] Schallschutzverkleidung (eines Diskothekenfensters),[241] Schankanlage einer Gaststätte,[242] Schrankwand,[243] Terrassenüberdachung (eines Wohnhauses),[244] (öffentliche) Versorgungsleitungen[245] bzw. Wandbehänge[246] bzw. ein Waschunterschrank (sowie ein Spiegel in einem Gäste-WC).[247]

Eine sog. **Aufdach-Solar(voltaik)anlage**, die auf dem Dach eines Wohngebäudes montiert ist, zu dessen Stromversorgung sie nicht beiträgt, stellt weder einen (wesentlichen) Bestandteil (des Grundstücks)[248] noch Zubehör des Grundstücks bzw. des Gebäudes dar, wenn sie ohne unverhältnismäßigen Aufwand und ohne Verursachung von Beschädigungen vom Gebäude getrennt und andernorts wieder installiert werden kann:[249] Vielmehr soll sie eine eigenständige Sache darstellen. Sie sei kein wesentlicher Bestandteil des Gebäudes nach § 94 Abs. 2, weil sie nicht zur Herstellung des Gebäudes eingefügt wurde (zumal sie als Aufdachanlage auch weder die Funktion des Daches unterstütze noch zur Stromversorgung des Gebäudes beitrage). Die Anlage sei aber auch kein wesentlicher Bestandteil des Grundstücks nach § 94 Abs. 1 S. 1, weil sie ihrerseits kein Gebäude darstelle und auch nicht mit dem Grund und Boden fest verbunden sei. Zwar könne eine Verbindung der Anlage mit dem Erdboden mittelbar über das Gebäude genügen – Sachen seien aber nach der Verkehrsanschauung nur dann fest verbunden, wenn die Trennung zur Beschädigung oder Änderung des Wesens der mit dem Grundstück verbundenen Sache führe bzw. auch schon dann, wenn die Trennung nur mit unverhältnismäßigem Aufwand möglich sei.[250] Auch nach den Kriterien des § 93 lägen mit dem Grundstück bzw. dem Gebäude und der Photovoltaikanlage keine wesentlichen Bestandteile

230 OLG Zweibrücken NJW 2016, 821: Die Skulptur sei kein wesentlicher Bestandteil des zu ihrer Aufstellung genutzten Grundstücks iS von § 93, da durch die Trennung der Skulptur von dem sie tragenden Betonfundament weder die Skulptur als solche noch das fremde Grundstück zerstört oder in ihrem Wesen verändert würden (juris Rn. 36). Unabhängig davon sei die Skulptur ohnehin nur zu einem vorübergehenden Zweck iS von § 95 auf dem fremden Grundstück aufgestellt worden und würde schon deshalb nicht zum Bestandteil des Grundstücks. Die Skulptur „Mensch im Widerstreit" sei eine von acht Skulpturen, die zum Zwecke der Verschönerung im Stadtgebiet aufgestellt wurden. Insofern ergebe sich bereits aus der Natur der Sache, dass je nach Gestaltungsgesichtspunkten eine künftige Veränderung des Standortes der Skulpturen möglich sein sollte (juris Rn. 40).

231 BGH WM 1987, 47: selbst bei Verwendung der Hälfte des Dampfes für die Heizung.

232 BFH DStRE 2000, 253 (254).

233 BGH NJW 1984, 2277 (2278).

234 BGH LM § 94 BGB Nr. 2.

235 BGH NJW-RR 1989, 1045 (1047).

236 BFH BB 1977, 1084: selbst wenn mit Rohren verbunden.

237 OLG Hamm NJW-RR 1986, 376 (377).

238 Auch bei fester Verbindung (RG JW 1912, 129) bzw. wenn sie für den Gewerbebetrieb eine besondere Bedeutung haben (RGZ 130, 266) – arg.: Gebäude und Maschinen sind nicht nur in der konkreten Kombination nutzbar, OLG Düsseldorf NJW-RR 1987, 563 (564); BeckOK BGB/*Fritzsche* § 94 Rn. 21.

239 BGH NJW-RR 1989, 1045 (1047): Bar in einem Wohnhaus; OLG Köln NJW-RR 1991, 1077 (1082): Bett, selbst wenn es auf einem Sockel montiert und mit Strom- und Telefonkabel verbunden ist; OLG Köln NJW-RR 1991, 1077 (1083): Eckschrank; OLG Düsseldorf DNotZ 1987, 108: Raumteiler aus Serienteilen.

240 AG Ludwigsburg DGVZ 1991, 95. Vgl. OLG Koblenz JurBüro 2004, 506 hinsichtlich einer Sauna-

anlage und der dazu gehörigen Einrichtungsteile – da sie nicht zu den wesentlichen Bestandteilen des Gebäudes, in das sie eingebaut worden sind, werden, kann der Lieferant, der eine entsprechende Saunaanlage unter Eigentumsvorbehalt geliefert hat, sie also unter Berufung auf seinen Eigentumsvorbehalt nebst zugehörigen Einrichtungsgegenständen vom jeweiligen Besitzer wieder heraus verlangen.

241 BFH BB 1977, 1289.

242 OLG Celle MDR 1998, 463.

243 OLG Schleswig NJW-RR 1988, 1459; es sei denn, die Schrankwand wird eingepasst und zwischen ihr und der Wand besteht ein räumlicher Zusammenhang, OLG Köln NJW-RR 1991, 1077.

244 OLG Saarbrücken NJW-RR 1993, 36 (37).

245 BeckOK BGB/*Fritzsche* § 94 Rn. 21.

246 RG LZ 1919, 857.

247 OLG Hamm MDR 2005, 1220.

248 OLG Karlsruhe MDR 2017, 1442 = REE 2017, 180, juris Rn. 31.

249 OLG Nürnberg MDR 2017, 24 = ZfIR 2017, 151 = REE 2016, 225 – Ls. Vgl. auch Erman/*Schmidt* BGB § 97 Rn. 23; BeckOK BGB/*Fritzsche* § 97 Rn. 18; *Goldbach* ZfIR 2014, 37, 38 und 787, 788: der die Frage jedoch „nicht (für) sicher geklärt hält"; MüKo-BGB/*Stresemann* § 97 Rn. 33; aA *Hamm* OLG Oldenburg JurBüro 2013, 96, juris Rn. 5; LG Passau Rpfleger 2012, 401, juris 8 ff.; *Welsch/Woinar* NotBZ 2014, 261 (263): Einordnung als einfacher Bestandteil oder als schlichte bewegliche Sache, wenn der erzeugte Strom ausschließlich in das öffentliche Stromnetz eingespeist wird. Nach *Fischer/Klindworth* (in Nobbe, Kommentar zum Kreditrecht, §§ 929–930 Rn. 163) sollen unabhängig vom Ausmaß des Eingriffs in die Substanz des bestehenden Daches und einer durch den Wiederabbau erfolgenden Zerstörung die Umstände des Einzelfalls entscheidend sein.

250 Palandt/*Ellenberger* BGB § 94 Rn. 2.

vor: Mit dem fachgerechten Rückbau der Anlage wäre weder eine Zerstörung des Grundstücks oder des in seinem Zustand vor Errichtung der Photovoltaikanlage zurückversetzten Wohnhauses noch der Photovoltaikanlage selbst verbunden. Auch an der nach erfolgtem Rückbau weiterhin gegebenen wirtschaftlichen Nutzbarkeit von Grundstück, Wohnhaus und Photovoltaikanlage bestehe kein Zweifel. Dementsprechend würden Aufdach-Photovoltaikanlagen idR nicht als wesentlicher Bestandteil angesehen.[251]

43 Aufgrund der Gleichstellung von Schiffen mit Immobilien infolge des Schiffsregistergesetzes (dazu bereits → § 90 Rn. 86; zu eingetragenen Luftfahrzeugen → § 90 Rn. 86) findet Abs. 2 auch auf Schiffe Anwendung[252] mit der Folge, dass bei Motorschiffen der Motor zur Herstellung eingefügt wird und damit wesentlicher Bestandteil des Schiffes ist,[253] ebenso wie der Anker und die Ankerkette.[254] Kein wesentlicher Bestandteil ist hingegen die Schiffswinde eines Bergungsschiffes.[255]

III. Sonderfälle (Bestandteile mehrerer Grundstücke)

44 **1. Überbau.** Hinsichtlich des Überbaus auf ein Nachbargrundstück gelten nach § 912[256] aufgrund der vorzunehmenden Differenzierungen folgende Grundsätze:

– Beim **unentschuldigten Überbau** wird das grenzüberschreitende Bauwerk lotrecht geteilt,[257] womit es bei der Regelung des Abs. 1 S. 1 verbleibt.[258]
– Beim **entschuldigten Überbau** erlangt der Eigentümer des Stammgrundstücks das Eigentum am grenzüberschreitenden Teil des Bauwerks[259] (arg.: § 95 Abs. 1 S. 2 analog), womit der Erhaltung der Eigentumseinheit ein Vorrang vor Abs. 1 S. 1 eingeräumt wird.[260] Die Eigentumsverhältnisse am überbauten Grundstück bleiben unverändert.[261]
– Ein Grenzüberbau, den der Nachbar nach § 912 zu dulden hat, hindert die Entstehung von Wohnungseigentum bzw. Teileigentum (§ 1 Abs. 6 WEG) nicht, weil das die Grundstücksgrenze überschreitende Bauwerk einheitlich wesentlicher Bestandteil des Grundstücks ist, das aufgeteilt wird:[262] Gleiches gelte, wenn der Überbau in Ausübung einer Grunddienstbarkeit errichtet wurde (§ 95 Abs. 1 S. 2). Insbesondere der durch die vorherige Eintragung einer Grunddienstbarkeit abgesicherte Überbau fällt nach hM als rechtmäßiger (anfänglich gestatteter) Überbau in das Eigentum des Eigentümers des Stammgrundstücks als dessen wesentlicher Bestandteil (§§ 94 Abs. 1 S. 1, 95 Abs. 1 S. 2). Denn Rechte iSd § 95 Abs. 1 S. 2 sind gerade Grunddienstbarkeiten.[263] Wurde die Grunddienstbarkeit vor Baubeginn eingeräumt, so bewirke sie nach § 95 Abs. 1 S. 2, dass der überbaute Gebäudeteil – etwa eine Tiefgarage – Scheinbestandteil des überbauten Grundstücks ist und er wesentlicher Bestandteil des Gesamtgebäudes bleibt, auch wenn die Sondereigentumseinheiten nicht auf dem Stammgrundstück, sondern allein auf dem Nachbargrundstück gelegen sind.[264]
– Ragen Teile eines Gebäudes nur in den Luftraum über dem Nachbargrundstück hinein, besteht keine Bodenverbindung mit diesem Grundstück iS von § 94 Abs. 1. Auch der vorspringende Teil gehört gemäß § 94 dem Eigentümer des Stammgrundstücks, von dem aus der Bau errichtet ist. Für diese Zuordnung ist es unerheblich, ob eine Duldungspflicht nach § 912 Abs. 1 besteht.[265]

45 Die vorbeschriebenen Ausführungen gelten gleichermaßen für den **Eigengrenzüberbau**[266] (dh die Konstellation, dass Identität in der Person des Eigentümers des Stammgrundstücks und des überbauten Grundstücks besteht) sowie den Fall einer nachträglichen Grundstücksteilung, infolge deren ein bereits errichtetes Gebäude von der neu fixierten Grundstücksgrenze durchschnitten wird.[267] Wurden nebeneinander liegende Grundstücke in der Weise mit einem einheitlichen Gebäude bebaut, dass die Grundstücksgrenze das Gebäude durchschneidet, lässt sich die Frage nach dem Eigentum an dem Gebäude nicht unmittelbar aus dem Gesetz beantworten. § 93 bestimmt das einheitliche Eigentum an dem gesamten Gebäude, stellt also

251 LG Passau 28.2.2012 – 2 T 22/12, juris Rn. 10; OLG Oldenburg 27.9.2012 – 12 W 230/12, juris Rn. 4; FG Rheinland-Pfalz 10.2.2011 – 6 K 2607/08, juris Rn. 27; dass. 22.9.2011 – 6 K 1963/11, juris Rn. 24; *Kappler* ZfIR 2012, 264 (266); *Welsch/Woinar* NotBZ 2014, 161, 163.
252 Staudinger/*Herrler/Stieper* BGB § 94 Rn. 38.
253 BGHZ 26, 225, 229.
254 LG Hamburg MDR 1955, 413.
255 OLG Schleswig-Holstein SchlHA 1954, 253.
256 Dazu näher NK-BGB/*Ring*, § 912 Rn. 24 ff.
257 Ständige Judikatur, vgl. etwa BGHZ 27, 204, 207; 41, 177, 179; 57, 245, 248.
258 Staudinger/*Herrler/Stieper* BGB § 94 Rn. 13.
259 HM, vgl. etwa BGHZ 43, 127; 110, 298, 300.
260 Staudinger/*Herrler/Stieper* BGB § 94 Rn. 13.
261 Soergel/*Baur* BGB § 912 Rn. 25.
262 OLG Stuttgart ZWE 2011, 410 = GuT 2011, 544, juris Rn. 17.
263 OLG Stuttgart ZWE 2011, 410, juris Rn. 18 unter Bezugnahme auf Palandt/*Ellenberger* BGB § 95 Rn. 5.
264 OLG Stuttgart ZWE 2011, 410, juris Rn. 18 unter Bezugnahme auf BGH NJW 2002, 54; BGH VIZ 2004, 130.
265 KG MDR 2015, 999 = ZMR 2015, 882, juris Rn. 22: Womit in sog. überhängender Überbau die Begründung von Wohnungseigentum nicht hindert.
266 RGZ 160, 166, 177; BGH NJW 1990, 1791.
267 Dazu BGHZ 64, 333.

die Gebäudeeinheit in den Vordergrund. Die in § 94 Abs. 1 vorgeschriebene Bindung des Eigentums an dem Gebäude an das Grundstückseigentum führt dagegen zu einer vertikalen Aufspaltung des Eigentums an dem Gebäude. Es muss deshalb eine Lösung des sich bei einer solchen Sachlage ergebenden Widerspruchs gesucht werden, welche die widerstreitenden Gesetzesbestimmungen und die Interessen der Beteiligten angemessen berücksichtigt. Dabei ist der Zweckgedanke der Überbauvorschriften, wirtschaftliche Werte zu erhalten,[268] maßgebend.[269] In dem Fall des sog. **Eigengrenzüberbaus** erhält nach der Judikatur des BGH der in § 93 geregelte Grundsatz des einheitlichen Eigentums an einer Sache den Vorrang gegenüber der in § 94 Abs. 1 vorgesehenen Bindung des Eigentums an einem Gebäude an das Grundstückseigentum.[270] Überschreitet der Eigentümer zweier benachbarter Grundstücke mit dem Bau auf einem dieser Grundstücke die Grenze zu dem anderen, wird der hinüber gebaute Gebäudeteil nicht Bestandteil des überbauten Grundstücks, sondern das Gebäude bildet, wenn es ein einheitliches Ganzes darstellt, einen „wesentlichen Bestandteil" desjenigen Grundstücks, von dem aus übergebaut wurde.[271] Dasselbe gilt für den Fall der Teilung eines Grundstücks in der Weise, dass ein aufstehendes Gebäude von der Grenze der beiden neu gebildeten Grundstücke durchschnitten wird.[272] Gelangen diese Grundstücke in das Eigentum verschiedener Personen, ist das Eigentum an dem Gebäude als Ganzem, wenn sich der nach Umfang, Lage und wirtschaftlicher Betrachtung eindeutig maßgebende Teil auf einem der Grundstücke befindet, mit dem Eigentum an diesem Grundstück verbunden.[273] Nur wenn die Grenzziehung zu einer Trennung des Gebäudes in zwei wirtschaftlich selbstständige Einheiten führt, kann jeder Gebäudeteil eigentumsrechtlich dem Grundstück zugeordnet werden, auf dem er steht (**Grundsatz der vertikalen Teilung** entsprechend dem Gedanken des § 94 Abs. 1).[274] Ragt jedoch ein Teil des einen Gebäudes in das Nachbargrundstück hinein, findet auf diesem Teil auch wenn es sich nur um eines von mehreren Geschossen handelt, wiederum § 93 Anwendung. Nach dem darin zum Ausdruck gekommenen Grundsatz, wirtschaftliche Werte möglichst zu erhalten, werden Räume, die von ihrer Größe, Lage, baulichen Eigenart und wirtschaftlichen Nutzung her einem Gebäudeteil zugeordnet sind, auch eigentumsrechtlich diesem Gebäudeteil zugeordnet, sind also mit dem Eigentum an dem Grundstück verbunden, auf dem sich der maßgebende Teil des Gebäudes befindet.[275] Im Falle des wechselseitigen Überbaus einzelner Geschosse gilt nichts anderes:[276] Wenn jedes Geschoss insgesamt nach seiner Lage, baulichen Gestaltung und wirtschaftlichen Nutzung eine Einheit mit einem der beiden Gebäude bildet, führt das zu einem Vorrang des in § 93 ebenfalls zum Ausdruck gekommenen Gesichtspunkts der natürlich-wirtschaftlichen Einheit von Gebäuden vor der in § 94 Abs. 1 bestimmten Zuordnung zu dem Grundstückseigentum. Eigentümer der Räume in den übergebauten Geschossen ist somit derjenige, dem das Grundstück gehört, auf dem sich das Gebäude befindet, dem die Geschosse bei natürlicher und wirtschaftlicher Betrachtung zuzuordnen sind.

2. Kommunemauer. Im Falle der Errichtung einer Kommunemauer,[277] die ganz oder teilweise auf dem Nachbargrundstück steht, erfolgt dieselbe Differenzierung wie beim Überbau (→ Rn. 44): **46**

– unentschuldigter Überbau: lotrechte Teilung;[278]
– entschuldigter Überbau: Eigentum des Errichtenden.[279]

Diese Grundsätze gelten gleichermaßen bei einer Einbeziehung der Mauer in ein auf dem Nachbargrundstück bereits stehendes Bauwerk: **47**

– unentschuldigte Einbeziehung der Mauer: lotrechte Teilung;[280]
– entschuldigte Einbeziehung der Mauer: Eigentum des Eigentümers des Nachbargrundstücks.

Im Falle einer Nutzung der Kommunemauer durch beide Nachbarn entsteht **Miteigentum**, und zwar ohne Rücksicht darauf, ob die Mauer entschuldigt oder schuldhaft auf dem Nachbargrundstück errichtet worden ist.[281] Im Falle des Abrisses oder der Zerstörung des Gebäudes bestehen die Eigentumsverhältnisse an der Kommunemauer (→ Rn. 46) fort,[282] doch erwirbt derjenige **Alleineigentum** an der Mauer, der sie als Erster wieder errichtet.[283] **48**

---

268 BGHZ 157, 301, 304.
269 So BGHZ 64, 333, 335 f.; 41, 177, 178 f.; 27, 204, 207 f.
270 BGHZ 175, 253 = NJW 2008, 1810.
271 BGH WM 2004, 1340; 2002, 603, 604; BGHZ 102, 311, 314.
272 BGHZ 175, 253 = NJW 2008, 1810.
273 BGH WM 2004, 1340.
274 BGH WM 2004, 1340 (1341).
275 BGH WM 2004, 1340.

276 BGHZ 175, 253 = NJW 2008, 1810 unter Bezugnahme auf BGHZ 64, 333, 337; 62, 141, 145 f.
277 Dazu näher NK-BGB/*Ring* § 921 Rn. 27 ff.
278 BGHZ 91, 282.
279 BGHZ 57, 245, 248.
280 BGHZ 27, 204, 207; 43, 127, 129; 57, 245, 249.
281 BGHZ 27, 197, 201; 43, 127, 129.
282 BGHZ 43, 127, 131; 57, 245, 249.
283 OLG Köln NJW-RR 1993, 87.

49   **3. Bootssteg.** Ein vom eigenen Grundstück aus in einen fremden Wasserlauf hinausgebauter Bootssteg ist nach Abs. 1 wesentlicher Bestandteil des Ufergrundstücks.[284]

§ 95 Nur vorübergehender Zweck

(1) ¹Zu den Bestandteilen eines Grundstücks gehören solche Sachen nicht, die nur zu einem vorübergehenden Zweck mit dem Grund und Boden verbunden sind. ²Das Gleiche gilt von einem Gebäude oder anderen Werk, das in Ausübung eines Rechts an einem fremden Grundstück von dem Berechtigten mit dem Grundstück verbunden worden ist.

(2) Sachen, die nur zu einem vorübergehenden Zwecke in ein Gebäude eingefügt sind, gehören nicht zu den Bestandteilen des Gebäudes.

Literatur: *Becht/Lukas*, Rückbauverpflichtung von Windenergieanlagen: Grenzen der Verhältnismäßigkeit, VR 2018, 11; *Bergmann*, Die „abnorme Natur" des Vermieterpfandrechts und die vorübergehende Entfernung eingebrachter Sachen, ZMR 2018, 553; *Bitterwolf-de Boer*, Gestattungsverträge zur Windenergienutzung auf kommunalen Grundstücken, BWGZ 2016, 1125; *Brändle*, Eigentum an Versorgungsleitungen, VersorgW 2014, 122; *Brüning*, Die Sonderrechtsfähigkeit von Grundstücksbestandteilen – Ein zivilrechtliches Problem bei der Privatisierung kommunaler Leistungsnetze, VIZ 1997, 398; *Bruns*, „Einrichtungen" im Mietverhältnis, NZW 2016, 873 und 2017, 468; *Chatard/Langlitz*, Zur Sonderrechtsfähigkeit von Windkraftanlagen, ZJS 2017, 591; *Czernik*, Standortspezifische Kunst als besondere Herausforderung im Immobilienrecht, ZflR 2013, 459; *Flache*, Photovoltaik- und Windenergieanlagen im notariellen Alltag, notar 2017, 83; *Flatten*, Bau des Nießbrauchers auf fremdem Grundstück, BB 1965, 1211; *Frey*, Rechtliche Anforderungen an die Verpachtung kommunaler Grundstücke zur Windenergienutzung, NVwZ 2016, 1200; *Gaßmann*, Vertragliche Anforderungen an die Verpachtung privater Grundstücke zur Windenergienutzung, EnWZ 2018, 106; *Gehrlein*, Die „lockeren" wesentlichen Bestandteile eines Grundstücks, ZInsO 2017, 573; *Goecke/Gamon*, Windkraftanlagen auf fremdem Grund und Boden, WM 2000, 1309; *Gössl/Schenek*, Rechtsverhältnisse bei Haus- und Grundstücksanschlüssen im Rahmen der öffentlichen Wasserversorgung und Abwasserbeseitigung, BWGZ 2016, 279; *Hagen*, Der Einbau von Blockheizwerken; CuR 2010, 44; *Heinemann*, Das Dach – sondereigentumsfähig?, ZMR 2017, 716; *Hofmann/Baumann*, Die zivilrechtliche Behandlung von Hochseekabeln in der Nordsee, RdE 2012, 53; *Horst*, Einbauten des Mieters, DWW 2016, 125; *Klose*, Windenergieanlagen auf EALG-Grundstücken: Rückzahlungsansprüche des Erwerbers gegen die BVVG?, AUR 2016, 168; *Krafczyk*, Zur schuldrechtlichen Sicherung des Eigentums an Energieerzeugungsanlagen auf fremden Grundstücken, CuR 2017, 51; *Krause*, Kein Rückbau nicht übernommener Bauten, IMR 2019, 191; *Lange/Ländner*, Errichtung und Betrieb von Photovoltaikanlagen in der zivilgerichtlichen Enrscheidungspraxis, EnZW 2019, 99; *Lauer*, Scheinbestandteile als Kreditsicherheit, MDR 1986, 889; *dies.*, Die Photovoltaikanlage an der Schnittstelle zwischen Energie- und Zivilrecht, EnWZ 2017, 160; *Lebek*, Eigentum an Mietereinbauten – Sicherung der Scheinbestandseigenschaft, NZM 1998, 747; *Martens*, Zivilrechtliche Verkehrsfähigkeit von kommunalen Leerrohren für Breitbandnetze, BWGZ 2012, 456; *Meerhoff*, Probleme bei der Mitversteigerung von Grundstückszubehör, ZflR 2016, 556; *Meier*, Sachenrechtliche Probleme von Photovoltaikanlagen bei Grundstücksübertragungen, MittBayNot 2019, 548 (Teil 1) und 2020, 1 (Teil 2); *Meyer-Ravenstein*, Jagdwirtschaftliche Einrichtungen, AUR 2016, 206; *Mohr*, Dingliche Besicherung von Windenergieanlagen an Land nach dem Erneuerbare-Energien-Gesetz 2017, Versicherungswirtschaft 2017, 289 (Teil 1) und 326 (Teil 2); *Noack*, Zur Mobiliarvollstreckung in Gebäude als bewegliche körperliche Sachen, ZMR 1982, 97; *Peters*, Windkraftanlagen und §§ 33 ff. BGB, WM 2007, 2003; *Peters*, Windpark-Standortsicherungen (Onshore), WM 2013, 2016; *ders.*, Windparkfinanzierungen und deren Besicherung – unter Einordnung des BGH-Urteils vom 7.4.2017 = WM 2017, 1081, WM 2019, 811; *Reese/Hampel*, Frischer Wind auf fremdem Boden, RdE 2009, 170; *Reymann*, Fotovoltaikdienstbarkeiten bei Anlagen auf fremden Grundstücken, DNotZ 2010, 84; *Roth*, Zivilrechtliche Herausforderungen bei Windenergieanlagen-Projekten an Land, ZflR 2015, 635; *Schmid*, Ausgleich von Investitionen des Mieters, WM 2010, 831; *Schmid*, Wegnahmerecht – Die rechtliche Einordnung einer Sache als „Einrichtung", MDR 2015, 9; *Schmid*, Mieters Recht und Pflicht zur Wegnahme von Einrichtungen, DWW 2015, 50; *K. Schmidt*, Windkraftanlage als Scheinbestandteil, JuS 2017, 1020; *Schmittmann*, Wem gehört das Inhouse-Telefonkabel?, MMR 2009, 520; *Schulze*, Das Eigentum an Versorgungsanlagen bei der Mitbenutzung fremder Grundstücke, Rpfleger 1999, 167; *Siebenhaar*, Die Zeitbauten des § 95 Abs. 1 S. 1 BGB, AcP 160 (1960), 156; *Stieper*, Die Scheinbestandteile, 2002; *Stieper*, Das Eigentum an Straßenbeleuchtungsanlagen auf öffentlichem Grund und Boden, CuR 2012, 96; *Stieper*, Moderne Beleuchtungstechnik und Eigentum, CuR 2013, 4; *Strauch*, Auf deutschen Dächern – Dachnutzungsverträge für Fotovoltaik-Anlagen, ZNuR 2010, 247; *Voß/Steinheber*, Schein oder Nicht-Schein – Zur Scheinbestandteileigenschaft von Windenergieanlagen, ZflR 2012, 337; *Wanderer*, Zur eigentumsrechtlichen Einordnung von Heizkostenverteilern, ZMR 2015, 438; *Weimar*, Rechtsfragen bei Gebäuden als Scheinbestandteilen, MDR 1971, 902; *Welsch/Woinar*, Veräußerung von Immobilien mit Voltaikanlagen aus zivilrechtlicher und steuerlicher Sicht, NotBZ 2014, 161; *Zerwell*, Bauzaun ist nur für die Dauer der Bauzeit vorzuhalten!, IBR 2016, 268.

A. Allgemeines   1
B. Regelungsgehalt   11

I. Die Verbindung zu einem vorübergehenden
   Zweck (Abs. 1 S. 1 und Abs. 2)   12

---

284 So BGH MDR 1967, 749; ebenso Staudinger/*Herrler/Stieper* BGB § 94 Rn. 19: „Die Auffassung des BGH verdient den Vorzug, weil der Steg untrennbar ist"; aA OLG Schleswig SchlHA 1991, 11: Differen

zierung – hinsichtlich des über dem Festland verlaufenden Teils des Bootsstegs gelte § 94 Abs. 1, der über dem Wasser liegende Teil unterfalle § 95 Abs. 1 S. 2.

II. Die Verbindung eines Gebäudes (oder anderen Werks) mit dem Grundstück „in Ausübung eines Rechts an einem fremden Grundstück" (Abs. 1 S. 2) 33

III. Insbesondere: Versorgungsleitungen 43
IV. Scheinbestandteile von Gebäuden (Abs. 2) 51
V. Rechtsfolgen 52
C. Beweislast 54

A. Allgemeines

Abs. 1 S. 1 und Abs. 2 verweigern Sachen (Gebäuden), die nur zu einem **vorübergehenden Zweck** mit dem Grund und Boden verbunden (bzw. entsprechend in Gebäude eingefügt) worden sind, den Charakter eines Grundstücksbestandteils, da es unbillig wäre, auch für sie die hinsichtlich eines wesentlichen Bestandteils verknüpften Rechtsfolgen eintreten zu lassen,[1] womit die §§ 93 und 94 eine Einschränkung erfahren.[2] Entsprechend verbundene oder eingefügte Sachen sind weder wesentliche Bestandteile[3] noch einfache (nicht-wesentliche) Grundstücksbestandteile, sondern bloße **Scheinbestandteile**,[4] behalten also ihre rechtliche Selbstständigkeit (wobei es unerheblich ist, ob eigentlich auch die tatbestandsmäßigen Voraussetzungen der §§ 93 oder 94 vorliegen).[5]

Scheinbestandteile bleiben (selbst wenn sie tatsächlich unbeweglich sind) **bewegliche Sachen** im rechtlichen Sinne[6] und sonderrechtsfähig, womit sie sowohl einem Eigentumserwerb nach den §§ 929 ff. zugänglich sind[7] als auch der Mobiliarzwangsvollstreckung unterliegen.[8] IdR scheidet auch eine Qualifikation als Zubehör aus, da Letzteres nach § 97 Abs. 1 neben einer rechtlichen Selbstständigkeit auch zur Voraussetzung hat, dass die bewegliche Sache „dem wirtschaftlichen Zweck der Hauptsache zu dienen bestimmt" ist, Scheinbestandteile aber gerade nur „zu einem vorübergehenden Zweck" mit Grund und Boden verbunden (bzw. in ein Gebäude eingefügt) worden sind.[9]

Zu den Bestandteilen eines Grundstücks gehören nach Abs. 1 S. 2 gleichermaßen nicht solche Sachen, die in **Ausübung eines Rechts an einem fremden Grundstück** von dem Berechtigten mit dem Grundstück verbunden worden sind, wenn nur eine vorübergehende Verbindung erfolgt, da die Verbindung zweckbestimmt sich an der Dauer des Rechts orientiert.[10] Errichtet der Mieter Bauten und Anlagen auf einem gemieteten Grundstück, wird widerlegbar vermutet, dass dies nur zu einem vorübergehenden Zweck geschieht und er daher zivilrechtlicher Eigentümer der Bauten und Anlagen bleibt.[11] Ein Gebäude, das nur zu einem vorübergehenden Zweck mit dem Grund und Boden verbunden worden ist (mithin eine bewegliche Sache darstellt), wird bei einer später erfolgten Änderung der Zweckbestimmung (wie zB auch bei einer Rückgabe des vermieteten Grundstücks an den Vermieter) nicht von selbst wesentlicher Bestandteil des Grundstücks. Dafür bedarf es vielmehr der Einigung zwischen dem bisherigen Eigentümer des Gebäudes und dem Grundstückseigentümer über den Übergang des Eigentums an dem Gebäude.[12]

Ein **Eigentumsvorbehalt** begründet nicht die Anwendbarkeit von § 95.[13] Dies liegt darin begründet, dass die Ausübung des Eigentumsvorbehalts im für die rechtliche Beurteilung maßgeblichen Normalfall nicht die Anwendung des § 95 erwarten lässt.[14]

An den rechtlichen Konsequenzen der Qualifikation einer Sache als Scheinbestandteil iSv § 95 vermag auch der öffentliche Glaube des Grundbuchs nach § 892 nichts zu ändern.[15]

An einem Scheinbestandteil eines Grundstücks (als beweglicher Sache) ist voller Besitz (und nicht nur Teilbesitz am Grundstück) möglich.[16]

Die Kündigung eines **Grundstücksmietvertrags** erfasst nicht einen vom Mieter auf dem Grundstück errichteten Scheinbestandteil (bspw. eine Baracke).[17]

Beachte: § 12 Abs. 1 ErbbauRG statuiert für aufgrund des **Erbbaurechts** errichtete Gebäude eine **Sonderregelung**: Es wird fingiert, dass die Verbindung des Gebäudes mit dem Boden dieses **nicht** zum Grund-

---

1 Staudinger/*Herrler/Stieper* BGB § 95 Rn. 2.
2 RGZ 153, 231, 234.
3 *Noack* ZMR 1982, 97 (99).
4 Palandt/*Ellenberger* BGB § 95 Rn. 1; Staudinger/*Herrler/Stieper* BGB § 95 Rn. 2.
5 RGZ 109, 128, 129; Staudinger/*Herrler/Stieper* BGB § 95 Rn. 3.
6 Palandt/*Ellenberger* BGB § 95 Rn. 1.
7 BGH NJW 1987, 774; BGHZ 23, 57 – der gutgläubige Erwerb richtet sich dann nach den §§ 932 ff.
8 AG Pirna DGVZ 1999, 63.
9 Was es aber nicht ausschließt, dass ein Scheinbestandteil Zubehör einer anderen Sache (als jener, dessen Scheinbestandteil sie ist) ist, so RGRK/*Steffen* BGB § 95 Rn. 48; Staudinger/*Herrler/Stieper* BGB § 95 Rn. 2.

10 Staudinger/*Herrler/Stieper* BGB § 95 Rn. 2.
11 BFH/NV 2010, 190.
12 FG Nürnberg EFG 2009, 1140.
13 Ein bestehender Eigentumsvorbehalt lässt auch keinen Schluss auf den Willen des Erwerbs zu einer nur vorübergehenden Verbindung oder Einfügung zu, so RGZ 62, 410; 63, 416, 422; BGHZ 26, 225, 231; selbst dann nicht, wenn der Erwerber als Mieter der Hauptsache gehandelt hat, Staudinger/*Herrler/Stieper* BGB § 95 Rn. 7.
14 BGHZ 53, 324, 327.
15 RGZ 61, 188, 194.
16 RGZ 59, 8, 10.
17 BGHZ 92, 70, 73.

stücksbestandteil werden lässt. Die Gebäudeteile sind Bestandteil des Erbbaurechts. § 12 Abs. 2 ErbbauRG schafft in entsprechender Anwendung des § 95 die Möglichkeit der Begründung von Scheinbestandteilen.

9 Bestandteile von zu **Wohn- oder Teileigentum** gehörenden Räumen sind nach Maßgabe der §§ 93 und 94 bzw. 95 Bestandteile oder Scheinbestandteile des Wohnungs- oder Teileigentums,[18] was gleichermaßen für das Wohnungs- und Teilerbbaurecht gilt (so § 30 Abs. 3 S. 2 WEG).[19] Dauerwohn- und Dauernutzungsrechte nach § 31 WEG lassen aber Abs. 1 S. 2 zur Anwendung gelangen.[20]

10 Bestandteile des **Bergwerkeigentums** sind aufgrund der entsprechenden Anwendung der Grundstücksvorschriften nach § 9 Abs. 1 BBergG auch Bergbauanlagen und Bergbaumaschinen mit der Folge, dass bei einer Verbindung der Anlagen oder Maschinen mit dem Boden diese nach Abs. 1 S. 2 als Scheinbestandteile zu qualifizieren sind.[21] Die Frage, ob eine auf Dauer angelegte oder nur eine vorübergehende Verbindung vorgesehen ist, beurteilt sich nach der Lebensdauer der Anlage oder der Maschine in Relation zur Dauer des projizierten Abbaubetriebs.[22]

B. Regelungsgehalt

11 Zu den Bestandteilen eines **Grundstücks** gehören nach Abs. 1 S. 1 solche Sachen nicht, die nur zu einem vorübergehenden Zweck mit dem Grund und Boden verbunden sind – was gleichermaßen von einem Gebäude oder einem sonstigen Werk gilt, das in Ausübung eines Rechts an einem fremden Grundstück von dem Berechtigten mit dem Grundstück verbunden worden ist (so Abs. 1 S. 2). Sachen die nur zu einem vorübergehenden Zweck in ein **Gebäude** eingefügt worden sind, gehören gemäß Abs. 2 nicht zu den Bestandteilen des Grundstücks. Damit differenziert § 95 (wie § 94) in zwei Absätzen zwischen Scheinbestandteilen von Grundstücken und von Gebäuden.

I. Die Verbindung zu einem vorübergehenden Zweck (Abs. 1 S. 1 und Abs. 2)

12 Bei Scheinbestandteilen von Grundstücken trifft Abs. 1 in S. 1 eine allgemeine Regel und in S. 2 eine besondere Regel für Gebäude und andere Werke (→ Rn. 33 ff.).

13 Eine Verbindung zu einem „vorübergehenden Zweck" iSv Abs. 1 S. 1 und Abs. 2 (Einfügung iS einer Herstellung der Verbindung, die Realakt sein soll, wobei der Handelnde zur Verfügung über das Grundstück und den Scheinbestandteil berechtigt sein muss)[23] setzt voraus, dass der Wegfall der Verbindung nach dem erwarteten normalen Verlauf der Dinge[24] von vornherein nach dem inneren **Willen des Verbindenden**,[25] mithin einem subjektiven Maßstab (der mit dem nach außen in Erscheinung tretenden Verhalten vereinbar ist und dergestalt klar hervortritt),[27][28] beabsichtigt ist:[29] Absicht einer späteren Rückgängigmachung der Verbindung, auch wenn diese erst Jahre später erfolgen soll.[30] Unzureichend ist allerdings eine Vorstellung der Beteiligten, dass eine Trennung nicht ganz ausgeschlossen sein soll[31] (bzw. das Wissen, dass die verbundene Sache infolge Zeitablaufs abgenutzt sein wird)[32] oder nach der Natur des Zwecks sicher war.[33]

14 Dem Willen des Verbindenden zur späteren Rückgängigmachung soll dann keine Bedeutung zukommen, wenn **objektive Gründe,** bspw. aus dem der Verbindung oder Einfügung zugrunde liegenden Rechtsver-

18   Soergel/*Marly* BGB § 95 Rn. 25.

19   Staudinger/*Herrler/Stieper* BGB § 95 Rn. 26.

20   So Staudinger/*Herrler/Stieper* BGB § 95 Rn. 26.

21   Staudinger/*Herrler/Stieper* BGB § 95 Rn. 25.

22   RG JW 1935, 418; RGZ 153, 231, 235; auch ein langlebiges Gut kann aber nur bis zur Erschöpfung des Vorkommens Verwendung finden, was für eine dauernde Zwecksetzung spricht, so OLG Kassel JW 1934, 2715; Soergel/*Marly* BGB § 95 Rn. 8; Staudinger/*Herrler/Stieper* BGB § 95 Rn. 25.

23   *Giesen* AcP 202 (2002), 689, 701.

24   BGH NJW 1970, 895.

25   BGHZ 54, 208; BGH NJW 1968, 2331; Soergel/*Marly* BGB § 95 Rn. 2.

26   BGHZ 92, 70, 73 = NJW 1984, 2878; BGHZ 104, 298, 301 = NJW 1988, 2789; BGHZ 54, 208, 210: BGH NJW 1996, 916 (917).

27   Kritisch zu BGH NJW 1992, 1101 (Kinderschaukel als Scheinbestandteil wegen der Verbindung mit Grund und Boden nur für die „Dauer des Bedarfs spielender Kinder") Staudinger/*Herrler/Stieper* BGB § 95 Rn. 13.

28   RGZ 153, 231, 236. Nach Staudinger/*Herrler/Stieper* (§ 95 Rn. 4) soll jedoch auch eine massive Bebauung der Anerkennung eines „vorübergehenden Zwecks" nicht zwingend entgegenstehen.

29   Entscheidend ist, dass nach dem inneren Willen des Verbindenden beim normalen Lauf der Dinge eine Verbindung erfolgen oder nicht: BGH NJW 2012, 778 Rn. 39. Nach KG JW 1936, 673 soll selbst die Verpflichtung, eine Anlage auf dem Grundstück zu errichten, den Willen zu einem „vorübergehenden Zweck" nicht ausschließen; anders hingegen, wenn die Verbindung oder Einfügung auf einer Instandhaltungsverpflichtung beruht, so RG JW 1937, 2265; RGRK/*Steffen* BGB § 95 Rn. 21; Staudinger/*Herrler/Stieper* BGB § 95 Rn. 6.

30   RG JW 1935, 418: unzureichend.

31   BGHZ 26, 225, 230. Auch im Falle eines über 60 Jahre bestehenden Bauwerks spricht die Dauer gegen eine „Verbindung zum vorübergehenden Zweck", OLG Köln NJW-RR 1991, 99.

32   RG JW 1935, 418.

33   RGZ 63, 416, 421.

hältnis[34] (nicht hingegen eine späterhin enttäuschte Erwartungshaltung künftigen Eigentumserwerbs)[35] bzw. die Beschaffenheit der verbundenen oder eingefügten Sache[36] für eine dauernde Verbindung (bzw. Einfügung der Sache) sprechen.[37] Wenn ein Grundstückseigentümer vor Eigentumsübergang eine Sache einfügt, wird davon auszugehen sein, dass dies auch dann nicht zu einem „vorübergehenden Zweck" geschehen ist, wenn im Erwerbsvertrag ein vertragliches Rücktrittsrecht eingeräumt ist.[38]

Bei **Sand**, der nach Ansicht des BGH[39] bei der Zweckbestimmung „Kinderspiel(möglichkeit)" als Schein- **15** bestandteil qualifiziert wird, kann dies richtigerweise[40] nur für die oberen Schichten gelten, da eine kostengünstige Trennung der unteren, auf dem Boden ruhenden Sandschichten oft ausgeschlossen sein dürfte.

Ein entsprechender Wille des Verbindenden vermag auch Scheinbestandteile am **eigenen Grundstück** zu **16** begründen[41] – dh, dass auch der Eigentümer eigene Sachen zu einem „nur vorübergehenden Zweck" mit **seinem Grundstück** als „Scheinbestandteile" verbinden kann[42] (die alsdann Scheinbestandteile werden, bspw. Gerüste oder Tribünen,[43] aber auch unterirdische Öltanks einer Tankstelle[44] oder die Verbindung gemieteter oder geliehener Sachen mit dem eigenen Grundstück).[45]

Ein entsprechender **Wille des Verbindenden** nur zu einem „vorübergehenden Zweck" wird regelmäßig **17** dann anzunehmen sein, wenn dieser in **Ausübung** eines **zeitlich nur begrenzten** (privatrechtlichen oder öffentlich-rechtlichen) **Nutzungsrechts**[46] (befristete schuldrechtliche Nutzungsvereinbarung)[47] die Verbindung vornimmt[48] (vor allem auch dann, wenn der Grundstückseigentümer die Entfernung bei Vertragsende nicht verhindern kann),[49] bspw. als Pächter[50] oder Mieter,[51] insbesondere dann, wenn die Verbindung oder Einfügung allein den Zwecken des Pächters oder Mieters zu dienen bestimmt ist[52] (selbst wenn es sich um Massivbauten auf einem fremden Grundstück handelt).[53] Dann spricht eine entsprechende Vermutung für den Willen zur „nur vorübergehenden Verbindung,[54] es sei denn, der Pächter hat den Willen, die Sache auch nach Vertragsende auf dem Grundstück zu belassen.[55] Auch Bauten eines GbR-Gesellschafters auf einem von ihm in die Gesellschaft eingebrachten Grundstück[56] bzw. Verbindungen und Einfügungen beim Kauf auf Probe (§§ 454 f.) sind (vor Eintritt der aufschiebenden Bedingung der Billigung)[57] zu einem „vorübergehenden Zweck" erfolgt.

Werden Baulichkeiten, Anlagen und Anpflanzungen von einem Pächter auf dem von ihm genutzten Grundstück eingebracht und mit diesem fest verbunden, so spricht eine Vermutung dafür, dass dies mangels besonderer Vereinbarungen nur in seinem Interesse für die Dauer des Pachtverhältnisses und damit nur zu einem „vorübergehenden Zweck" iSd Abs. 1 S. 1 geschehen sollte, mit der Folge, dass diese eingebrachten Sachen als bloße „Scheinbestandteile" nicht gemäß §§ 93, 94 in das Eigentum des Grundstückseigentümers übergehen, sondern im Eigentum des Pächters verbleiben:[58] Diese Vermutung werde nicht schon bei einer

34 Das für den Fall der Vertragsbeendigung eine Übernahme der Sache durch den Grundstückseigentümer regelt (RGZ 63, 416, 421; BGH DB 1964, 368) oder wonach der Vertragspartner (Pächter, Mieter) eine Beseitigungsverpflichtung hinsichtlich Verbindungen oder Einfügungen eingegangen ist (LG Köln ZMR 1957, 264). Die bloße (und vorhersehbare und nicht beabsichtigte) Möglichkeit einer vorzeitigen Kündigung des Rechtsverhältnisses bleibt bei der Beurteilung, ob ein „vorübergehender Zweck" beabsichtigt ist, außen vor RGZ 153, 231, 237.

35 BGHZ 92, 70, 74 – arg.: eine bloße Erwartungshaltung begründet kein entsprechendes Rechtsverhältnis, so Staudinger/*Herrler/Stieper* BGB § 95 Rn. 10.

36 Bspw. weil die verbundene oder eingefügte Sache von geringerer Lebensdauer ist als das Nutzungsrecht, so Staudinger/*Herrler/Stieper* BGB § 95 Rn. 11; aA OLG München HRR 1938 Nr. 364 – Maschineneinrichtungen. Ist die perspektivische Lebensdauer der verbundenen oder eingefügten Sache hingegen länger als die reguläre Laufzeit des Berechtigungsverhältnisses (selbst wenn relativ kurze Kündigungsfristen gelten), kann ggf. ein „vorübergehender Zweck" angenommen werden, Staudinger/*Herrler/Stieper* BGB § 95 Rn. 11.

37 So Staudinger/*Herrler/Stieper* BGB § 95 Rn. 6.

38 BeckOK BGB/*Fritzsche* § 95 Rn. 4.

39 NJW 1992, 1101.

40 So Staudinger/*Herrler/Stieper* BGB § 95 Rn. 6.

41 Staudinger/*Herrler/Stieper* BGB § 95 Rn. 13.

42 Staudinger/*Herrler/Stieper* BGB § 95 Rn. 13.

43 RG WarnR 1910 Nr. 154.

44 OLG Düsseldorf VersR 1993, 316.

45 BGH NJW 1962, 1498; Staudinger/*Herrler/Stieper* BGB § 95 Rn. 10.

46 Bspw. ein Gestattungsvertrag, der jeweils nur um ein Jahr verlängert wird, OVG Brem NJW-RR 1986, 955.

47 BGH NJW-RR 1990, 411 (412).

48 Palandt/*Ellenberger* BGB § 95 Rn. 3.

49 BGH NJW 1985, 789; BGHZ 104, 298, 301 = NJW 1988, 2789.

50 Dazu RGZ 158, 394, 400; BGHZ 104, 298, 301 = NJW 1988, 2789.

51 Vgl. dazu BGH NJW 1987, 2702.

52 OLG Köln ZMR 1956, 80.

53 BGHZ 8, 1, 5; 10, 171, 175; 92, 70, 74, BGH NJW 1996, 916.

54 LG Köln ZMR 1957, 264; Erman/*Michalski* BGB § 95 Rn. 3; Staudinger/*Herrler/Stieper* BGB § 95 Rn. 8.

55 BGHZ 104, 298, 301 = NJW 1988, 2789; BGH NJW-RR 1990, 411; BFH NJW 1987, 2702.

56 BGH NJW 1959, 1487.

57 OLG Dresden OLGE 13, 311.

58 So BGH NJW-RR 2013, 910 = NZM 2013, 315 = MDR 2013, 452, juris Rn. 13 unter Bezugnahme auf BGH VIZ 2003, 391 (392); BGHZ 1992, 70 (73 f.); 104, 298, 301; BGH NJW 1987, 774; 1996, 916, 917; MüKoBGB/*Stresemann* § 95 Rn. 8 und 10.

massiven Bauart des Gebäudes oder bei langer Dauer des Vertrags entkräftet. Hierfür sei vielmehr erforderlich, dass der Pächter bei der Einbringung den Willen hat, die Sache bei Beendigung des Vertragsverhältnisses in das Eigentum des Verpächters bzw. eines dritten Grundstückseigentümers fallen zu lassen. Nach diesen Grundsätzen befinden sich Baulichkeiten, Anlagen und Anpflanzungen, die entweder von einem Kleingartenpächter selbst errichtet oder von einem Vorpächter eingebracht und sodann vom Pächter übernommen worden sind, im Eigentum des Kleingartenpächters und nicht im Eigentum des Verpächters oder eines dritten Grundstückseigentümers.[59]

17a Bepflanzt ein Pächter ein von ihm auf dreißig Jahre gepachtetes landwirtschaftliches Grundstück mit Rosenstöcken, um die Blütenblätter dieser als dauerhafte Einnahmequelle bewirtschafteten Rosenkultur zu ernten und zu vermarkten, so erfolgt die Verbindung der Rosenstöcke mit dem Grund und Boden nur „zu einem vorübergehenden Zweck" iSv Abs. 1 S. 1:[60] Bei einer aufgrund eines befristeten Vertrages hergestellten Verbindung zwischen Gebäuden und Einrichtungen dieser Art mit dem Grund und Boden sei grundsätzlich zu vermuten, dass dies nur für die Dauer des Miet- oder Pachtverhältnisses und damit zu einem „vorübergehenden Zweck" erfolgt.[61]

18 Ist dem Grundstückseigentümer (Vermieter oder Verpächter) hingegen vertraglich ein **Wahlrecht**[62] bzw. gar ein Übernahmerecht im Hinblick auf die verbundenen oder eingefügten Sachen eingeräumt worden, können die verbundenen bzw. eingefügten Sachen wesentliche Bestandteile werden.[63]

19 Dies gilt auch dann, wenn der entsprechende Nutzungsvertrag gegen die Entschädigungspflicht nach § 552 Abs. 2 verstößt[64] bzw. die Parteien eine **ausdrückliche Vereinbarung** getroffen hatten, dass die Einfügung nur zu „vorübergehenden Zwecken" erfolge.[65] Hat ein Mieter eine Sache in der später enttäuschten Erwartung einer Erbbaurechtsbestellung eingefügt, so geschah dies gleichermaßen nicht zu „vorübergehenden Zwecken"[66] – ebenso, wenn die Lebensdauer der eingefügten Sache die voraussichtliche Nutzungsdauer oder die Dauer der Nutzungsvereinbarung nicht übersteigt[67] oder der die Baulichkeit Errichtende annimmt, er werde später Grundstückseigentümer.[68]

20 Eine Verbindung oder Einfügung iSv § 95 setzt voraus, dass durch **menschliche Tätigkeit** eine vorher selbstständige Sache (und nicht etwa Bodenbestandteile) mit dem Grundstück verbunden oder in ein Gebäude eingefügt wird.[69]

21 Die Judikatur hat einen „**vorübergehenden Zweck**" bspw. **in folgenden Fällen bejaht**: Ausstellung,[70] Baracken eines Mieters[71] bzw. zur Unterbringung von Besatzungstruppen,[72] Behelfsheim,[73] Bootshaus (des Pächters),[74] Bootssteg,[75] Fertighäuser (deren Verlagerung an einen anderen Ort bereits im Zeitpunkt ihrer Aufstellung beabsichtigt ist),[76] (massives) Gartenhaus (auf gepachtetem Gartengrundstück nebst späterem Anbau),[77] Gebäude, das ein Gesellschafter zur Nutzung in die Gesellschaft eingebracht hat,[78] Grabstein (auf öffentlichem Friedhof, der nicht satzungsgemäß in das Eigentum des Friedhofsträgers übergeht),[79] (historischer) Grenzstein,[80] Heizöltanks,[81] Heizzentrale eines Gebäudekomplexes (sofern sie nur für die Dauer des Wärmelieferungsvertrages errichtet wurde),[82] Hütten (die von Mietern oder [Jagd-]Pächtern errichtet werden),[83] Kauf auf Probe vor Bedingungseintritt,[84] Maschinen (mit Anlagen) zur Ausbeutung begrenzter

---

59   BGH NJW-RR 2013, 910, juris Rn. 14.
60   OLG Bamberg 18.3.2010 – 1 U 142/09, juris Rn. 30.
61   Vgl. zudem OLG Koblenz MDR 1999, 1059 – Mobilhome auf einem Campingplatz; OLG Schleswig WM 2005, 1909 – Windkraftanlagen; OLG Köln JurBüro 1991, 1703 – Grabstein.
62   OLG Hamburg OLGR 1999, 362; OLG Koblenz ZfIR 2007, 292.
63   BGH JZ 1958, 362; Staudinger/*Herrler/Stieper* BGB § 95 Rn. 9. Vgl. auch *Lebek* NZM 1998, 747 (748).
64   OLG Düsseldorf NJW-RR 1999, 160.
65   BFH NJW 1987, 2702.
66   BGH MDR 1961, 591.
67   RGZ 153, 231, 235; Staudinger/*Herrler/Stieper* BGB § 95 Rn. 8 f. – anders ggf. bei Windkraftanlagen: Palandt/*Ellenberger* BGB § 95 Rn. 3.
68   BGH NJW 2008, 69 Rn. 77 – Clubhaus.
69   Staudinger/*Herrler/Stieper* (Voraufl.) BGB § 95 Rn. 6.
70   LG Düsseldorf NJW 1988, 345.
71   BGH NJW 1981, 2564; BGHZ 92, 70, 73. Vgl. für Anbauten OLG Köln NJWE-MietR 1996, 199.
72   RG LZ 1931, 1063.

73   BGHZ 8, 1, 5 = NJW 1953, 137; OLG Hamburg MDR 1951, 736.
74   OLG Naumburg NJ 2001, 652.
75   OLG Schleswig SchlHA 1991, 11.
76   Staudinger/*Herrler/Stieper* (Voraufl.) BGB § 95 Rn. 11.
77   BGH NJW 1987, 774.
78   BGH NJW 1959, 1487.
79   OLG Köln OLGZ 1993, 113; LG Braunschweig NJW-RR 2001, 715; BGH NJW 1977, 1392 (1393).
80   OLG Frankfurt/M. NJW 1984, 2303.
81   OLG Brandenburg BauR 2009, 1484: Ein Heizöltank nebst Zuleitungen ist Scheinbestandteil, wenn er nach dem erkennbaren Willen der Beteiligten nur zu einem vorübergehenden Zweck in Grund und Boden verlegt worden ist. Im Falle der Zusage einer Eintragung einer beschränkt persönlichen Dienstbarkeit vor der Einfügung ist der Tank jedenfalls dann jedoch kein wesentlicher Bestandteil, sofern Verkehrsschutzinteressen Dritter nicht entgegenstehen.
82   OLG Brandenburg 23.10.2008 – 12 U 39/08.
83   BGH NZM 2013, 313 Rn. 13; BGHZ 92, 70; BGH NJW 1996, 916.
84   OLG Dresden OLGE 13, 311.

Bodenschätze,[85] (landwirtschaftliche) Maschinenhalle,[86] Mobilhome (auf einem Campingplatz),[87] Sandkasten und Schaukel,[88] Slipanlage einer Werft,[89] Einbau eines Tresors im Mauerwerk durch einen Mieter[90] bzw. Windkraftanlage[91] oder Wohnwagen, Wohnmobile bzw. Mobilhome[92] (auf einem Pachtgrundstück bzw. einem Campingplatz – nebst auf festem Fundament stehendem Anbau).[93]

Abgelehnt wurde hingegen ein beabsichtigter „vorübergehender Zweck" bei vom Mieter gepflanzten Sträuchern und Bäumen[94] (wobei im Falle einer Beseitigungsklausel in einem Kleingartenpachtvertrag etwas anderes gilt),[95] bei Baumschulbeständen und auch bei Gärtnereien[96] (es sei denn, es handelt sich um zum Verkauf bestimmte Pflanzen, die als Scheinbestandteile zu qualifizieren sind)[97] sowie immer dann, wenn der Verbindende die Verbindung in der Absicht vornahm, die Sache dem Eigentümer nach Ablauf des Nutzungsverhältnisses (endgültig) zu überlassen.[98] Bei Plakaten (an Litfaßsäulen) scheidet § 95 deshalb aus, weil diese im Nachhinein nicht abgelöst, sondern überklebt werden.[99] Ein Blockheizkraftwerk ist idR „wesentlicher Bestandteil" des Wohngrundstücks, wenn der Einbau nicht nur zu einem vorübergehenden Zweck in Ausübung eines zeitlich befristeten Nutzungsrechts erfolgt, bei dem im Zeitpunkt des Einbaus schon feststeht, dass die Anlage nach Ablauf der vereinbarten Zeit wieder ausgebaut und entfernt werden soll und die Anlage dann noch über einen gewissen Wert verfügt.[100]

Der Eigentümer eines im Zweiten Weltkrieg zum Werksluftschutz angelegten Stollens (Luftschutzstollen) ist der Eigentümer des Grundstücks, in dem der Stollen liegt.[101]

Eine Transformatorenstation mit den Ausmaßen einer Pkw-Garage, 2 Türen und einem Gewicht von ca 10 t ist ein „Gebäude" iSd § 94 und allein schon durch ihr Eigengewicht mit dem Grund und Boden fest verbunden:[102] Ist sie auch dem äußeren Erscheinungsbild nach dem Betriebsgebäude zugeordnet, stellt sie sich insgesamt als „wesentlicher Grundstücksbestandteil" iSd Norm dar. Eine solche Transformatorenstation ist kein Scheinbestandteil iSd § 95, wenn sie nach dem im Zeitpunkt der Verbindung vorliegenden und nach außen in Erscheinung tretenden Willen des Erbauers nicht zu einem nur vorübergehenden Zweck mit dem Grundstück verbunden wird:[103] Das liegt auch bei einem Mietkaufvertrag vor, wenn die Vertragsparteien vereinbart haben, dass die Station sowohl bei regulärem Ablauf der Mietzeit als auch bei deren vorzeitiger Beendigung und dann vorgesehener sofortiger Restzahlung Eigentum des Käufers (Grundstückseigentümers) werden soll.

85   RGZ 153, 231, 235.
86   OLG Celle RdL 2005, 37: Eine vom Pächter auf einem 1,9 ha großen landwirtschaftlichen Pachtgrundstück auf 16 Punktfundamenten errichtete landwirtschaftlichen Maschinenhalle, die dem landwirtschaftlichen Betrieb des Pächters dient, ist nur Scheinbestandteil des Pachtgrundstücks und kann bei Pachtende vom Pächter entfernt und mitgenommen werden.
87   OLG Koblenz MDR 1999, 1059.
88   BGH NJW 1992, 1101 (1102): nur für die Dauer des Bedarfs spielender Kinder des Eigentümers. Krit. BeckOK BGB/*Fritzsche* § 95 Rn. 6; Staudinger/*Herrler/Stieper* BGB § 95 Rn. 4.
89   OVG Brem NJW-RR 1986, 955 (956): die aufgrund Nutzungsvereinbarung auf dem Ufergrundstück steht.
90   OLG Jena JW 1933, 924.
91   OLG Schleswig WM 2005, 1909: Windkraftanlagen sind „Scheinbestandteile" eines Grundstücks iSv § 95 Abs. 1, sofern sie in Ausübung eines zeitlich begrenzten Nutzungsrechts errichtet worden sind (arg.: Möglichkeit der „Repowering" und eines Marktes für gebrauchte Windkraftanlagen); LG Flensburg WM 2000, 2112: auch unter der Voraussetzung, dass die Nutzungsdauer der Anlage nicht länger ist als die Vertragslaufzeit; umstritten, aA OLG Koblenz ZflR 2007, 292 bei Übernahmerecht des Grundstückseigentümers: Eine Windkraftanlage soll kein Scheinbestandteil des Betriebsgrundstücks sein, wenn bei der Errichtung vereinbart wurde, dass der Grundstückseigentümer die Anlage nach Vertragsende übernehmen kann. Außerhalb der §§ 928, 873 kann das Eigentum an einer Windkraftanlage

nicht dadurch erlöschen oder auf den Grundstückspächter übergehen, dass der Optionsberechtigte erklärt, auf die Übernahme der Anlage endgültig zu verzichten. Maßgeblich ist allein die mit der Errichtung geschaffene Eigentumslage. Auch nach § 95 Abs. 1 S. 2 kann eine Windkraftanlage nur dann Scheinbestandteil sein, wenn bereits die Errichtung in Ausübung eines dinglichen Rechts am Grundstück erfolgte. Zu Windkraftanlagen näher *Goecke/Gamon* WM 2000, 1309; *Ganter* WM 2002, 105; *Peters* WM 2002, 110 (115 ff.); *ders.* WM 2007, 411.
92   BeckOK BGB/*Fritzsche* § 95 Rn. 6.
93   Der Sachbestandteil ist, OLG Koblenz MDR 1999, 1059 (1060); AG Neuwied DGVZ 1996, 141.
94   OLG Düsseldorf NJW-RR 1999, 160.
95   BGH NZM 2013, 313 Rn. 13.
96   RG Gruchot 59, 100, 111.
97   RGZ 66, 88, 89; 105, 213, 215; LG Bayreuth DGVZ 1985, 42.
98   BGHZ 8, 1, 7; BGH NJW 1996, 916.
99   BayObLG NJW 1981, 1053.
100 So OLG Brandenburg CuR 2009, 57 (59).
101 VG Braunschweig DVBL 2011, 1116 – Ls. 1 bis 3: Ein Luftschutzstollen sei nicht iSv Abs. 1 S. 1 zu einem nur „vorübergehenden Zweck" mit dem Grundstück verbunden. Das Reichsleistungsgesetz aus dem Jahre 1939 begründete kein Recht, das iSv Abs. 1 S. 2 einem dinglichen Recht gleichgestellt werden könnte und den Eigentumserwerb des Grundeigentümers an dem Stollen gehindert hätte.
102 OLG Schleswig-Holstein NJW-RR 2014, 333 = NZM 2013, 877 = WM 2013, 2333 – Ls. 1.
103 OLG Schleswig-Holstein NJW-RR 2014, 333 – Ls. 2.

Zur **Sonderrechtsfähigkeit einer Windkraftanlage**[104] nach Abs. 1 hat der BGH[105] festgestellt, dass eine Verbindung nur zu einem „vorübergehenden Zweck" iSd Abs. 1 S. 1 nicht deshalb ausgeschlossen ist, weil die Sache für ihre gesamte (wirtschaftliche) Lebensdauer auf dem Grundstück verbleiben soll.[106] Eine Verbindung zu einem vorübergehenden Zweck erfolgt, wenn ihre spätere Aufhebung von Anfang an beabsichtigt ist – wobei der innere Wille des Einfügenden im Zeitpunkt der Verbindung der Sache maßgeblich ist. Dieser muss jedoch mit dem nach außen in Erscheinung tretenden Sachverhalt in Einklang zu bringen sein.[107] Verbindet – so der BGH[108] – ein Mieter, Pächter oder sonst schuldrechtlich Berechtigter eine Sache, insbesondere ein Gebäude, mit dem ihm nicht gehörenden Grundstück, spreche eine tatsächliche Vermutung dafür, dass er dabei nur in seinem eigenen Interesse handelt und nicht zugleich in der Absicht, die Sache nach Beendigung des Vertragsverhältnisses dem Grundstückseigentümer zufallen zu lassen – also dafür, dass die Verbindung „nur vorübergehend" (für die Dauer des Vertragsverhältnisses) hergestellt ist.[109]

23 Keine Verbindung zu einem „vorübergehenden Zweck" wird auch bei Lieferungen unter **Eigentumsvorbehalt** angenommen[110] (vor allem bei Vorbehalt in AGB).[111]

24 Eine **massive Bauweise** mag dies zwar indizieren; aber erst wenn die Bauweise einen solchen Schluss darauf zulässt, dass ein Bauwerk letztlich dem Grundstückseigentum zufallen soll, ist ein beabsichtigter „vorübergehender Zweck" zu verneinen.[112] Aber auch an einem zunächst für einen dauerhaften Zweck errichteten Gebäude (bspw. einem Backhaus) kann später, wenn nach Verpachtung des Grundstücks und einem Umbau in ein Wochenendhaus ein berechtigtes Interesse an nunmehr vorübergehender Nutzung besteht, Sondereigentum als Scheinbestandteil iSv § 95 neu begründet werden.[113]

25 Dies gilt gleichermaßen bei einer entsprechenden **Vereinbarung** der Parteien, wenn diese von vornherein eine Verständigung darüber getroffen hatten, dass der Grundstückseigentümer die Sache nach Beendigung des Nutzungsverhältnisses übernehmen soll[114] oder ihm ein entsprechendes Wahlrecht eingeräumt worden ist.[115]

26 Kommt es zu einer **Vereinigung des Eigentums am Grundstück mit** jenem an einem **Scheinbestandteil** in einer Person, ist der Schluss auf einen Wegfall des Willens zur bloß „vorübergehenden Verbindung" statthaft,[116] aber nicht zwingend,[117] da sich aus dem Willen des Eigentümers auch hier etwas anderes ergeben kann.[118]

27 Es spielt für den „vorübergehenden Zweck" keine Rolle, wer die Verbindung oder Einfügung vorgenommen hat,[119] ob die verbundene oder eingefügte Sache dem Zweck des Grundstücks oder Gebäudes zu dienen geeignet ist oder unter Verletzung des Berechtigungsverhältnisses (bspw. unter Verstoß gegen die Vorgaben eines Miet- oder Pachtvertrages) erfolgt ist.[120]

28 Gegen einen beabsichtigten „vorübergehenden Zweck" sprechen folgende Umstände: Die Nutzungsdauer der Sache ist kürzer als die Laufzeit des vertraglichen Nutzungsrechts;[121] nach Ablauf der Miet(Pacht)Zeit ist eine automatische Verlängerung derselben beabsichtigt;[122] bzw. der Verbindende hat in der Erwartung gehandelt, er werde später Eigentümer des Grundstücks[123] oder Erbbauberechtigter.[124]

---

104 Die grundsätzlich auch „wesentlicher Bestandteil" eines Grundstücks iS von §§ 93, 94 Abs. 1 sein kann: *Ganter* WM 2002, 105.

105 BGH NJW 2017, 2099 = WM 2017, 1081 = MDR 2017, 758 = ZfIR 2017, 541 – Ls. – weswegen die Windkraftanlage nur ein Scheinbestandteil iSd Abs. 1 S. 1 darstellt, der obwohl mit dem Grundstück verbunden, rechtlich eine selbstständige bewegliche Sache ist und deshalb nach den §§ 929 ff. übereignet wird. Vgl. auch BGH NJW 1987, 774.

106 In Bestätigung von OLG Schleswig WM 2005, 1909 und entgegen OLG Rostock Grundeigentum 2004, 484.

107 BGH NJW 2017, 2099, juris Rn. 7 unter Bezugnahme auf BGHZ 92, 70, 73; 104, 298, 301; BGH NJW 2000, 1031 (1032).

108 BGH NJW 2017, 2099, juris Rn. 8.

109 BGH NJW 2017, 2099, juris Rn. 8 unter Bezugnahme auf BGHZ 8, 1, 5; 104, 298, 301; BGH NJW-RR 2013, 910 Rn. 13.

110 BGHZ 53, 324, 327 = NJW 1970, 895 – arg.: Im Regelfall sei hier die Berufung auf den Eigentumsvorbehalt nicht zu erwarten.

111 BeckOK BGB/*Fritzsche* § 95 Rn. 7; Erman/*Michalski* BGB § 95 Rn. 1.

112 BGHZ 8, 1, 6; 92, 70.

113 OLG Celle ZMR 2007, 690 im Anschluss an BGH NJW 2006, 990.

114 BGHZ 104, 298 = NJW 1988, 2789. Vgl. auch OLG Schleswig NJW-RR 2014, 333: Transformatorenstation, die nach der Nutzungsbeendigung vom Grundstückseigentümer übernommen werden soll.

115 BGH LM § 95 BGB Nr. 5 und 15; OLG Koblenz ZfIR 2007, 292.

116 RGZ 97, 102, 105; BGH NJW 1980, 771.

117 RGRK/*Steffen* BGB § 95 Rn. 26; Staudinger/*Herrler/Stieper* BGB § 95 Rn. 14.

118 BeckOK BGB/*Fritzsche* § 95 Rn. 8; MüKoBGB/*Stresemann* § 95 Rn. 14.

119 RGRK/*Steffen* BGB § 95 Rn. 1; Soergel/*Marly* BGB § 95 Rn. 3.

120 Staudinger/*Herrler/Stieper* (Voraufl.) BGB § 95 Rn. 8.

121 RGZ 153, 231; LG Flensburg WM 2000, 2112. Vgl. zu Windkraftanlagen auch vorstehende Rn. 21.

122 OLG Köln NJW 1961, 461.

123 BGH NJW 2008, 69: Fall eines Clubhauses; RGZ 106, 147, 148; BGH DNotZ 1973, 471 (472).

124 BGH NJW 1961, 1251: Errichtung eines Mauerbaus mit Zustimmung des Eigentümers.

Bei **militärischen Anlagen** ist zu differenzieren: Während rein militärische Anlagen (Kampfbunker) unab- **29** hängig von der Massivität ihrer Bauweise immer einem „nur vorübergehenden Zweck" dienen[125] (wobei auch Abs. 1 S. 2 zur Anwendung gelangen kann),[126] gilt für Bunker der Zivilverteidigung (Luftschutzbun- ker) etwas anderes,[127] hier fehlt es an einer „nur vorübergehenden Verbindung" mit dem Grundstück.

Für ins **Schiffsregister eingetragene Schiffe** (die nach § 94 Abs. 2 beurteilt werden,[128] → BGB § 94 **30** Rn. 43) gilt § 95 gleichermaßen.[129]

Es ist auf den **Willen im Zeitpunkt der Verbindung** abzustellen.[130] Daher kann die Eigenschaft als **31** Bestandteil – ohne das Hinzutreten weiterer Umstände – durch eine **nachträgliche Zweckänderung** weder begründet[131] noch aufgehoben werden.[132] In der Konsequenz kann ein Scheinbestandteil nur dann wesentli- cher Bestandteil eines Grundstücks werden, wenn der Grundstückseigentümer und der Sacheigentümer sich in Verfolgung des Zwecks, die Sache dauerhaft mit dem Grundstück zu verbinden,[133] über den Eigentums- übergang einigen[134] (bzw. wenn die Änderung der Zweckbestimmung zumindest als Willensbekundung für Dritte eindeutig erkennbar ist)[135] oder wenn der Grundstückseigentümer aufgrund eines anderen Erwerbsak- tes Eigentum am Scheinbestandteil erlangt.[136] Dies gilt vice versa für den Fall der **Umwandlung eines wesentlichen Bestandteils in einen Scheinbestandteil**[137] (**Umstufung**) – bspw. auch im Falle einer Priva- tisierung[138] –, auf den § 95 Abs. 1 entsprechende Anwendung findet[139] mit der Folge, dass nachstehende Voraussetzungen notwendig, aber auch erforderlich sein sollen:[140]

– Einigung über den Eigentumsübergang auf den Erwerber.
– Einverständnis, dass der Erwerber den Bestandteil vorübergehend für eigene Zwecke nutzt.
– Berechtigtes Interesse an einer entsprechenden vorübergehenden Nutzung (wobei eine Trennung vom Grundstück nicht erforderlich ist).
– Kann festgestellt werden, dass die Verbindung oder Einfügung zu einem „vorübergehenden Zweck" erfolgt ist, liegt – ohne Rücksicht auf die Art des Einbaus – ein **Scheinbestandteil** vor (selbst wenn im Übrigen die tatbestandlichen Voraussetzungen des § 93 bzw. des § 94 gegeben sind).[141]

Insbesondere: Windkraftenergieanlagen (EEG-Anlagen). Windkraftanlagen werden wegen der Mög- **32** lichkeit eines Repowering und eines existenten Marktes für gebrauchte Anlagen nur zu einem vorüberge- henden Zweck aufgestellt, wenn ihre Nutzungsdauer nicht länger als die Laufzeit des Vertrags ist.[142] Dies gilt gleichermaßen für eine von einem Contractor aufgrund eines zeitlich begrenzten Nutzungsrechts einge-

---

125 BGH NJW 1956, 1273: Westwallbunker.
126 Staudinger/*Herrler/Stieper* BGB § 95 Rn. 12.
127 BGH LM § 95 BGB Nr. 16: Luftschutzbunker für Kriegs- und Friedenszeiten; BGH MDR 1971, 997. Vgl. für einen Luftschutzstollen BGH NJW 1960, 1003.
128 Staudinger/*Herrler/Stieper* BGB § 95 Rn. 23.
129 RGZ 152, 91, 97; BGHZ 26, 225, 231.
130 Palandt/*Ellenberger* BGB § 95 Rn. 3.
131 BGHZ 23, 57, 60; BGH NJW 1959, 1487.
132 BGHZ 37, 353, 359; BGH NJW 1987, 774; aA hin- gegen *Giesen* AcP 202 (2002), 689.
133 BGH NJW 1980, 771.
134 So BGHZ 23, 57, 60; BGH NJW 1959, 1487; 1987, 774.
135 BGHZ 23, 57, 59 f. = NJW 1957, 457; BGH NJW 1987, 774; MüKoBGB/*Stresemann* § 95 Rn. 9 f.; Soergel/*Marly* BGB § 95 Rn. 6; Staudinger/*Herrler/ Stieper* BGB § 95 Rn. 14.
136 Zu den Folgen nachträglicher Zweckänderung näher MüKoBGB/*Stresemann* § 95 Rn. 9; RGRK/*Steffen* BGB § 95 Rn. 25; Staudinger/*Herrler/Stieper* BGB § 95 Rn. 14.
137 BGH NJW 2006, 990; Palandt/*Ellenberger* BGB § 95 Rn. 4; dazu auch OLG Köln RdE 2005, 303: Schlie- ßung der Regelungslücke durch eine analoge Anwen- dung von § 929, was aber voraussetzt, dass vor der

eigentlichen Eigentumsübertragung der innere Wille der Zweckänderung des Grundstückseigentümers nach außen erkennbar kundgetan werden muss – möglich idR auch durch eine nachweisbare rechtsge- schäftliche Einigung über die Veräußerung.
138 So Palandt/*Ellenberger* BGB § 95 Rn. 6 und 4.
139 BGHZ 165, 184 = NJW 2006, 990: Eine in einem Straßengrundstück verlegte Versorgungsleitung kann nach denselben Grundsätzen zum Scheinbestandteil bestimmt und auf den neuen Versorgungsträger über- eignet werden, nach denen ein Scheinbestandteil nach § 95 Abs. 1 wesentlicher Bestandteil eines Grundstücks werden kann. Auch hier erfolgt die sachenrechtliche Umwandlung von einem ehemals wesentlichen Bestandteil zu einer selbstständigen Sache durch eine Übereignung entsprechend § 929 S. 2, ohne dass es dazu einer Trennung der Leitung vom Straßengrundstück bedarf (in Fortführung von BGHZ 37, 353, 359).
140 Palandt/*Ellenberger* BGB § 95 Rn. 4 unter Bezug- nahme auf BGH NJW 2006, 990; KG NJW-RR 2006, 301. Ebenso *Wicke* DNotZ 2006, 252. Kritisch hingegen *Tersteegen* RNotZ 2006, 433 (437).
141 RGZ 109, 128, 129; Staudinger/*Herrler/Stieper* BGB § 95 Rn. 3.
142 BGH NJW 2017, 2099 Rn. 7 ff.

baute **Energieerzeugungsanlage**[143] oder **Photovoltaikanlage**.[144] § 95 soll analog auf ein Turbinen-Modul zur Anwendung gelangen, das nicht wesentlicher Bestandteil nach § 94 geworden ist.[145]

II. Die Verbindung eines Gebäudes (oder anderen Werks) mit dem Grundstück „in Ausübung eines Rechts an einem fremden Grundstück" (Abs. 1 S. 2)

33   Gemäß Abs. 1 S. 2 sind Gebäude (verstanden – entsprechend § 94 – als jeder Baukörper)[146] und andere Werke (dh vom Menschen geschaffene Einrichtungen,[147] wie bspw. Anbauten an bestehende Gebäude,[148] Anlagen einer U-Bahn,[149] Schienenanlagen,[150] Stauwehre[151] oder Zäune,[152] nicht jedoch Pflanzen[153] oder Sandhaufen)[154] dann **keine Grundstücksbestandteile**, wenn sie vom Inhaber eines Rechts an einem fremden Grundstück in Ausübung dieses Rechts mit dem Grundstück verbunden werden.

34   Als „Recht an einem fremden Grundstück" iSv Abs. 1 S. 2, das dem Verbindenden tatsächlich zustehen muss (weshalb eine irrtümliche Annahme der Innehabung unzureichend ist),[155] sind vor allem **dingliche Rechte**[156] (nicht jedoch obligatorische Rechte wie Miete oder Pacht),[157] bspw. das Erbbaurecht (wobei jedoch aufgrund des Erbbaurechts geschaffene Bauwerke nach § 12 Abs. 1 S. 1 ErbbauRG Bestandteil des Erbbaurechts und nach dessen Erlöschen gemäß § 12 Abs. 3 ErbbauRG Bestandteil des Grundstücks werden, → Rn. 8), der Nießbrauch[158] oder eine Grunddienstbarkeit[159] zu verstehen, darüber hinaus aber bspw. auch die Befugnis der Deutschen Post AG zur Verlegung von Fernmeldekabeln in öffentlichen Wegen.[160] Abs. 1 S. 2 soll auch zur Anwendung gelangen, wenn das Recht erst nach der Errichtung der Baulichkeit eingetragen wird.[161] Wenn die Errichtung eines Bootsstegs auf der Grundlage einer (unwiderruflichen) altrechtlichen Dienstbarkeit erfolgt, soll Abs. 1 S. 2 hingegen nicht zur Anwendung gelangen.[162]

35   „Recht[e] an einem fremden Grundstück" können aber auch **öffentlich-rechtlich gewährte Rechte** (Befugnisse) sein,[163] bspw. (ausnahmsweise, da andere Sondernutzungen, zB jene der Straßen, dem Privatrecht folgen) ein Sondernutzungsrecht (dem eine Benutzungsvereinbarung nach § 31 PersBefG mit dem Straßenbaulastträger zugrunde liegt) des Straßenbahnunternehmens, Schienen in öffentlichen Wegen zu verle-

---

143   Palandt/*Ellenberger* BGB § 95 Rn. 3; *Schweizer* WuM 2006, 415.

144   BGH NJW 2014, 845 Rn. 21; BGH BeckRS 2016, 11657 Rn. 22.

145   Palandt/*Ellenberger* BGB § 95 Rn. 3 – offen gelassen von BGH NJW 2012, 778 Rn. 38, wobei es allerdings erforderlich sein soll, dass das Modul nach dem inneren Willen des Verbindenden bei normalem Lauf der Dinge nur vorübergehend Teil der Anlage sein soll.

146   Soergel/*Marly* BGB § 95 Rn. 20 und ihm folgend Staudinger/*Herrler/Stieper* BGB § 95 Rn. 17, wobei darunter aber auch alle wesentlichen Bestandteile nach § 93 BGB fallen.

147   Staudinger/*Herrler/Stieper* BGB § 95 Rn. 17.

148   OLG Köln WuM 1996, 269.

149   BeckOK BGB/*Fritzsche* § 95 Rn. 11; MüKoBGB/*Stresemann* § 95 Rn. 32.

150   RG JW 1908, 196.

151   RG HRR 1928 Nr. 2078.

152   KG OLGE 20, 37; OLG Hamm OLGR 2000, 5.

153   Staudinger/*Herrler/Stieper* BGB § 95 Rn. 17.

154   BeckOK BGB/*Fritzsche* § 95 Rn. 11: „weil es insoweit an dem für ein Werk notwendigen Mindestmaß an Herstellung aufgrund von Regeln der Technik oder der Erfahrung fehlt", so RGZ 60, 138, 139 f.

155   Soergel/*Marly* BGB § 95 Rn. 22. Vgl. aber OVG Lüneburg RdL 2011, 286, juris Rn. 22: Im Sinne von Abs. 1 S. 2 nur zu einem „vorübergehenden Zweck" mit dem Grundstück verbunden seien namentlich solche Gebäude, die ein Pächter auf dem Grundstück errichtet. Hier streitet eine tatsächliche Vermutung dafür, dass das Gebäude nach dem Ende der Nutzungszeit wieder entfernt werden soll. Unter Bezugnahme auf BGHZ 92, 70, 73 f.

156   Palandt/*Ellenberger* BGB § 95 Rn. 5; Staudinger/*Herrler/Stieper* BGB § 95 Rn. 18.

157   Selbst dann nicht, wenn ein Pächter das Grundstück vom Nießbraucher gepachtet hat (Staudinger/*Herrler/Stieper* BGB § 95 Rn. 15) oder ein Mieter in der Erwartung, Erbbaurechtsberechtigter zu werden, das Bauwerk errichtet (BGH NJW 1961, 1251).

158   RGZ 106, 49, 50; BGH LM BGB § 95 Rn. 2; OLG Schleswig WM 2005, 1909.

159   OLG Köln NJW-RR 1993, 982 (983). Wird ein Überbau aufgrund einer Dienstbarkeit an dem Nachbargrundstück errichtet, so wird er gemäß Abs. 1 S. 2 nicht Bestandteil des überbauten Grundstücks: KG MittBayNot 2016, 145, juris Rn. 9 – Abs. 1 S. 1 greift insoweit nicht ein und das Eigentum an dem überbauten Gebäudeteil richtet sich gemäß §§ 93, 94 Abs. 2 nach dem Eigentum an dem Restgebäude, das gemäß §§ 94 Abs. 1, 946 dem Eigentümer des Stammgrundstücks zusteht, der den Überbau in Ausübung der Dienstbarkeit errichtet hat.

160   BGHZ 125, 56; OLG Nürnberg NJW-RR 1997, 19. Zu sonstigen Versorgungsleitungen: BGH NJW 1980, 771.

161   Umstritten, so aber für den Fall einer Grunddienstbarkeit OLG Schleswig WM 2005, 1909; ebenso Palandt/*Ellenberger* BGB § 95 Rn. 5; *Wicke* DNotZ 2006, 252 (259); *Witter* ZflR 2006, 41; aA hingegen OLG Koblenz ZflR 2007, 292: wenn das Recht erst nach der Errichtung vereinbart wird.

162   OLG München ZMR 1997, 586 (568); aA BeckOK BGB/*Fritzsche* § 95 Rn. 12, da § 95 Abs. 1 S. 2 nicht auf den „vorübergehenden Zweck" abstelle.

163   BGH NJW 1980, 771; Staudinger/*Herrler/Stieper* BGB § 95 Rn. 19; bspw. das Requisitionsrecht einer Besatzungsmacht (Bau von Wohnungen auf requirierten Grundstücken), LG Köln NJW 1955, 1797.

gen,[164] oder die Ausübung eines Staurechts an einem am fremden Wasserlauf errichteten Stauwerk (nach Maßgabe der §§ 2, 3 Abs. 1 Nr. 2 und 8 WHG).[165]

Abs. 1 S. 2 setzt ein Recht an einem **fremden Grundstück** voraus – was bspw. die Anwendung der Norm auf eine Verbindung des Grundstückseigentums aufgrund einer Eigengrunddienstbarkeit ausschließt.[166] Die Ausübung eines Rechts setzt dessen Bestand voraus, womit ein erst künftig zu begründendes Recht nicht ausreicht.[167] **36**

Berechtigter in Ausübung eines entsprechenden Rechts ist nicht nur der Rechtsinhaber selbst, sondern auch derjenige, dem durch den Rechtsinhaber (bspw. durch Vermietung oder Verpachtung) die Rechtsausübung überlassen worden ist.[168] **37**

Durch die Verbindung einer Sache mit einem auf einem Grundstück stehenden Gebäude wird die Sache wesentlicher Bestandteil des Gebäudes und es erfolgt zugleich eine Verbindung mit dem Grundstück selbst.[169] **38**

Abs. 1 S. 2 gelangt **entsprechend** zur Anwendung auf den rechtmäßigen[170] und den rechtswidrigen, aber entschuldigten **Überbau**.[171] Insbesondere der durch die vorherige Eintragung einer Grunddienstbarkeit abgesicherte Überbau fällt nach hM als rechtmäßiger (anfänglich gestatteter) Überbau in das Eigentum des Eigentümers des Stammgrundstücks als dessen wesentlicher Bestandteil (§§ 94 Abs. 1 S. 1, 95 Abs. 1 S. 2).[172] Denn Rechte iSd Abs. 1 S. 2 seien gerade Grunddienstbarkeiten. Wurde die Grunddienstbarkeit vor Baubeginn eingeräumt, so bewirke sie nach Abs. 1 S. 2, dass der übergebaute Gebäudeteil – bspw. eine Tiefgarage – Scheinbestandteil des überbauten Grundstücks ist und er wesentlicher Bestandteil des Gesamtgebäudes bleibt, auch wenn die Sondereigentumseinheiten nicht auf dem Stammgrundstück, sondern allein auf dem Nachbargrundstück gelegen sind.[173] Da die §§ 912 ff. nicht die Frage regeln, wer Eigentümer des Überbaus ist, beurteilt sich dies nach den §§ 93 bis 95 unter Berücksichtigung der Wertung des § 912.[174] Dh, wenn beim Überbau nach § 912 ein Duldungsanspruch gegen den Nachbarn besteht, ist auf den Überbau nicht § 94 Abs. 1 anzuwenden. Der hier übergebaute Gebäudeteil ist vielmehr nach Abs. 1 S. 2 Scheinbestandteil des Grundstücks, auf dem er sich befindet.[175] Folglich ist er nach §§ 93, 94 Abs. 2 wesentlicher Bestandteil des Gebäudes, zu dem er gehört[176] und mit dem Gesamtgebäude dann nach § 94 Abs. 1 wesentlicher Bestandteil des Grundstücks, auf dem das Gebäude hauptsächlich steht.[177] **39**

Soll aufgrund einer Grunddienstbarkeit ein Überbau auf ein Nachbargrundstück erfolgen – zB der Unterbau einer Tiefgarage – muss für die Anwendbarkeit des Abs. 1 S. 2 zum Zeitpunkt der Verbindung die Eintragung der Grunddienstbarkeit zumindest vereinbart worden sein:[178] Abs. 1 S. 2 greife nicht ein, wenn der Verbindende direkt vom Bestehen eines dinglichen Rechts ausgegangen ist[179] oder eine Grunddienstbarkeit nach Errichtung des Bauwerks bestellt wird. Beim „überhängenden Überbau" ist die **Begründung von Wohnungseigentum** ohne Weiteres möglich, weil der überhängende Bauteil (bspw. ein Erker oder ein Bal- **39a**

164 Dazu OLG Hamburg HRR 1933 Nr. 1919; RGRK/*Steffen* BGB § 95 Rn. 37; Staudinger/*Herrler/Stieper* BGB § 95 Rn. 19.
165 Staudinger/*Herrler/Stieper* BGB § 95 Rn. 19.
166 So Soergel/*Marly* BGB § 95 Rn. 22; Staudinger/*Herrler/Stieper* BGB § 95 Rn. 21; aA RGRK/*Steffen* BGB § 95 Rn. 32, der § 95 Abs. 1 S. 2 hier entsprechend anwenden will.
167 Staudinger/*Herrler/Stieper* BGB § 95 Rn. 21.
168 BGH LM § 95 BGB Nr. 2; Palandt/*Ellenberger* BGB § 95 Rn. 5.
169 RGZ 106, 49, 51.
170 RGZ 169, 172, 175; BGH BeckRS 2015, 09901 Rn. 32; dazu näher NK-BGB/*Ring* § 95 Rn. 25.
171 BGH NJW-RR 2014, 973 Rn. 23; BGHZ 27, 197, 204; 41, 177; dazu näher NK-BGB/*Ring* § 912 Rn. 26 ff.

172 OLG Stuttgart ZWE 2011, 410 = GuT 2011, 544, juris Rn. 18.
173 OLG Stuttgart ZWE 2011, 410, juris Rn. 18 unter Bezugnahme auf BGH NJW 2002, 54 und BGH VIZ 2004, 130.
174 BeckOK BGB/*Fritzsche* § 95 Rn. 13.
175 BGHZ 110, 298, 300 = NJW 1990, 1791; BVerwG VIZ 2000, 88 (90); Staudinger/*Herrler/Stieper* BGB § 95 Rn. 18.
176 BGHZ 110, 298, 300 = NJW 1990, 1791.
177 BeckOK BGB/*Fritzsche* § 95 Rn. 13.
178 OLG Stuttgart NZM 2012, 578 = BauR 2012, 656 = NotBZ 2012, 152 – Ls. 1.
179 OLG Stuttgart NZM 2012, 578, juris Rn. 41 unter Bezugnahme auf Staudinger/*Herrler/Stieper* BGB § 95 Rn. 31.

kon) demjenigen gehört, von dessen Gebäude der Überhang ausgeht, da er nur mit dessen Grund und Boden fest verbunden ist (§ 94 Abs. 1).[180]

40   Zur (halbscheidigen Giebel- oder) Kommunmauer (Nachbarwand) näher NK-BGB/*Ring*, → § 921 Rn. 27 ff.

41   Eine Verbindung wird „in Ausübung des Rechts an einem fremden Grundstück" vorgenommen, wenn sie der Rechtsinhaber bei tatsächlichem Bestehen des Rechts (wobei ein Irrtum über das Bestehen oder Nichtbestehen des Rechts dem Verbindenden schadet)[181] selbst vornimmt oder veranlasst.[182] Ein späterer Wegfall des Rechts schadet hingegen nicht. Problematisch ist, ob ein künftiges Entstehen des Rechts (bspw. durch Eintragung) ausreicht, wenn das Recht bereits bestellt worden ist.[183]

42   Abs. 1 S. 2 gelangt hingegen nicht bei einer **hoheitlichen Inanspruchnahme** eines Grundstücks zur Anwendung.[184]

III. Insbesondere: Versorgungsleitungen

43   § 95 erfasst regelmäßig Versorgungsleitungen in fremden Grundstücken[185] (insbesondere in öffentlichen Straßen, zB Versorgungs- und Abwasserleitungen,[186] ebenso gemietete Energie- und Wasserverbrauchszähler).[187] Bei Versorgungskabeln handelt es sich nach der Rechtsprechung des BGH nicht um wesentliche Bestandteile des betreffenden Grundstücks iS von § 93, sondern um Scheinbestandteile iS von § 95, die im Eigentum des jeweiligen Versorgungsunternehmens stehen.[188]

44   Wenn die Versorgungsleitung aufgrund öffentlich-rechtlicher Befugnisse (zB nach § 8 AVBWasserV bzw. § 8 NAV/NADV [Elektrizität und Gas] oder §§ 9 Abs. 1, 9 a GBBerG[189] [durch Grunddienstbarkeit gesicherte Leitungen für Elektrizität, Gas, Fernwärme, Wasser und Abwasser in den neuen Bundesländern]), bspw. bei Fernmelde-(Telekommunikations-)leitungen[190] (§ 57 TKG) oder Gas- und Wasserleitungen,[191] in fremde Grundstücke verlegt wurde, gelangt Abs. 1 S. 2 (dazu bereits → Rn. 34) zur Anwendung.

44a   Auch **Telekommunikationsleitungen** sind keine wesentlichen Bestandteile des Grundstücks iSv § 94 Abs. 1, sondern sonderrechtsfähige Scheinbestandteile iSv Abs. 1.[192] In der Judikatur ist – wie für Versorgungsleitungen anderer Art – für Fernmeldekabel iSd Telegrafenwegegesetzes anerkannt, dass sie nicht mit dem Grundstückseigentum verbunden, sondern nach § 95 Gegenstand gesonderter Rechte sind:[193] Diese Zuordnung gelte nach der Aufhebung des Telegrafenwegegesetzes zum 1.8.1996 durch § 100 Abs. 3 TKG vom 25.7.1996 auch für Telekommunikationsleitungen wie Lichtwellenleiter. Das TKG enthält zwar keine ausdrückliche Bestimmung dahin, dass die über fremde Grundstücke geführten Leitungen Scheinbestand-

---

180 OLG Karlsruhe BWNotZ 2013, 115 = ZWE 2014, 23, juris Rn. 9: Dass sich der betreffende Bauteil nicht über dem aufzuteilenden Grundstück befindet, sei unerheblich (*Ludwig* DNotZ 1983, 411 (412 f.)). Sei das Gebäude mit mehreren Grundstücken fest verbunden, sei der auf das Nachbargrundstück übergebaute Gebäudeteil wesentlicher Bestandteil des aufzuteilenden Grundstücks, wenn der Überbau aufgrund einer Dienstbarkeit an dem Nachbargrundstück errichtet wurde (Abs. 1 S. 2). Dasselbe gelte analog Abs. 1 S. 2, wenn es sich um ein einheitliches, über die Grenze ragendes Gebäude handelt und die Voraussetzungen des § 912 Abs. 1 erfüllt sind, oder wenn der Überbau mit Zustimmung des Nachbarn vorgenommen wurde (BGHZ 42, 161; 62, 141). Bei einem nicht entschuldigten Überbau werde das Eigentum am Gebäude dagegen auf der Grundstücksgrenze real geteilt und stehe der überbaute Gebäudeteil im Eigentum des Nachbarn (BGHZ 27, 204; BGH WM 1981, 908). Ein auf dem Eigentum des Nachbarn stehender Gebäudeteil könne nicht in die Begründung von Wohnungseigentum einbezogen werden. Auch wenn die Überbauung möglicherweise schon vor dem Jahr 1900 stattgefunden hat, sei die Anwendung der Überbauvorschriften nicht ausgeschlossen (vgl. Art. 181 EGBGB; so OLG Karlsruhe BWNotZ 2013, 115 unter Bezugnahme auf RGZ 169, 172; BGHZ 97, 292).
181 BGH MDR 1961, 591; MüKoBGB/*Stresemann* § 95 Rn. 33; Staudinger/*Herrler/Stieper* BGB § 95 Rn. 21.

182 BeckOK BGB/*Fritzsche* § 95 Rn. 15.
183 So BGH MDR 1961, 591; MüKoBGB/*Stresemann* § 95 Rn. 33; Soergel/*Marly* BGB § 95 Rn. 19; Staudinger/*Herrler/Stieper* BGB § 95 Rn. 21. BeckOK BGB/*Fritzsche* § 95 Rn. 15 plädiert dafür, in der Phase zwischen Einigung und Eintragung (bzw. eines anderen Wirksamkeitserfordernisses) auf § 95 Abs. 1 S. 1 abzustellen.
184 BGH LM BGB § 95 Rn. 16; Palandt/*Ellenberger* BGB § 95 Rn. 5.
185 RGZ 87, 43, 51; 168, 288, 290; BGHZ 37, 353, 358; Palandt/*Ellenberger* BGB § 95 Rn. 6; *Schulze* Rpfleger 1999, 167 (168).
186 OLG Celle BauR 2013, 621: Scheinbestandteile iSv Abs. 1 S. 2, die im Eigentum des Versorgungsunternehmens stehen.
187 Staudinger/*Herrler/Stieper* BGB § 95 Rn. 7 und § 94 Rn. 34.
188 BGHZ 37, 353, 356 = NJW 1962, 1817; BGHZ 125, 56, 59 = NJW 1994, 999.
189 OLG Dresden VIZ 2003, 140; dazu *Böhringer* VIZ 1998, 605.
190 BGHZ 125, 56; OLG Nürnberg NJW-RR 1997, 19.
191 BGHZ 37, 353, 362; BGH NJW 1980, 771.
192 OLG Stuttgart BauR 2013, 1137 = VersR 2013, 638 – Ls.
193 OLG Stuttgart BauR 2013, 1137, juris Rn. 29 unter Bezugnahme auf BGHZ 125, 56; OLG Nürnberg NJW-RR 1997, 19.

teile nach § 95 sind. Dies wird jedoch allgemein so angenommen[194] und folgt aus Sinn und Zweck des Gesetzes. § 76 TKG 2004 verpflichtet den Eigentümer zur Duldung von Errichtungen und zum Betrieb der Telekommunikationslinien auf seinem Grundstück. Dies setzt die Verschiedenheit von Grundstückseigentum und Eigentum am Kabel gedanklich voraus. Nur wenn das Eigentum am Kabel nicht jedem Eigentümer der Grundstücke, durch die es verläuft, zusteht, sondern rechtlich in einheitlicher Hand ist, sind außerdem der Aufbau und die Unterhaltung eines Leitungsnetzes überhaupt möglich.[195]

Abwasserfernleitungen fallen regelmäßig gleichermaßen unter Abs. 1 S. 2:[196] Danach gehört nicht zu den **44b** wesentlichen Bestandteilen eines Grundstücks ein Werk, das in Ausübung eines Rechts an einem fremden Grundstück von dem Berechtigten mit dem Grundstück verbunden worden ist. Zu solchen Rechten an einem fremden Grundstück gehörten auch öffentlich-rechtliche Befugnisse zur Einfügung von Versorgungs- oder Entsorgungsleitungen.[197] Für Abwasserfernleitungen ergebe sich eine solche Einfügungsbefugnis im Fall einer nicht zustande gekommenen Einigung mit dem Grundstückseigentümer aus § 93 WHG.[198] Gehört eine Leitung, die seit langer Zeit einer kommunalen Abwasserbeseitigungs- oder Wasserversorgungseinrichtung dient, nicht dem Einrichtungsträger, sondern dem Eigentümer des Leitungsgrundstücks, so kann dieser die Unterlassung der weiteren Benutzung verlangen, ohne dass der Anspruch verjährt sein könnte.[199]

Sollten die Voraussetzungen des Abs. 1 S. 2 nicht erfüllt sein, wird die Versorgungsleitung regelmäßig nur **45** zu einem „vorübergehenden Zweck" eingefügt worden sein.[200]

Beachte: Die auf den Grundstücken der Anschlussnutzer verlaufenden Leitungen stehen nach § 10 NADV (Gas) bzw. § 10 NAV (Elektrizität) im **Eigentum des Versorgungsunternehmens**.

Hausanschlüsse unterfallen gleichermaßen § 95.[201] Nach § 10 AVBWasser stehen sie (ebenso wie **Wasser-** **46** **zähler**)[202] im Eigentum des Versorgungsunternehmens.

Kabelverteilerkästen und **Transformatorenstationen** sind lediglich Scheinbestandteile der Grundstücke, **47** auf denen sie sich befinden – und im Übrigen Zubehör der Elektrizitätsversorgungsanlage (die im Eigentum des Elektrizitätsversorgungsunternehmens steht).[203]

Beachte: Etwas anderes gilt für Telekommunikationsnetzbetreiber,[204] für die keine entsprechenden Regelungen (wie nach NADV bzw. NAV) gelten mit der Folge, dass die Versorgungsleitungen auf den Grundstücken der Anschlussnutzer nicht § 57 TKG unterfallen[205] und auch nicht durch Erklärung nach § 10 TKV Scheinbestandteil wurden.[206]

§ 95 gelangt auch bei der Verlegung einer Versorgungsleitung auf dem eigenen Grundstück entsprechend **48** dem Rechtsgedanken des § 13 Abs. 2 S. 2 EnWG zur Anwendung.[207]

Sollte dies nicht der Fall sein, kann aus dem Leitungsnetz als wesentlichem Bestandteil durch Übereignung **49** unter Zweckänderung ein **Scheinbestandteil** werden, bspw. im Falle einer Privatisierung des Abwasserbetriebs.[208]

Problematisch ist auch das Verhältnis von § 95 zu den **Leitungssammelkanälen** in den neuen Bundeslän- **50** dern.[209] Der allein durch die Entnahme von Elektrizität, Gas, Wasser oder Fernwärme aus einem Leitungsnetz aufgrund der darin zum Ausdruck kommenden Realofferte konkludent zustande gekommene Versorgungsvertrag richtet sich allein nach den üblichen Bedingungen für diesen Leistungsbezug und führt nicht zur Übernahme des zuvor konkret für die Abnahmestelle abgeschlossenen Vertragsverhältnisses.[210] Bei Schwimmbädern gehören Wärmeversorgungs- bzw. Heizungsanlagen zu den „wesentlichen Bestandteilen" des Schwimmbadgebäudes iSv § 94 Abs. 2 und zwar auch dann, wenn ein Dritter sich verpflichtet, das Gebäude mit dieser Anlage zu nutzen. § 10 Abs. 4 AVBFernwärmeV begründet nur einen schuldrechtlichen Eigentumsverschaffungsanspruch und enthält keine sachenrechtlich relevante Zuweisung des Eigentums am

---

194 OLG Stuttgart BauR 2013, 1137, juris Rn. 30 unter Bezugnahme auf Palandt/*Ellenberger* BGB § 95 Rn. 6; MüKoBGB/*Stresemann* § 95 Rn. 25 und 29; Staudinger/*Herrler/Stieper* BGB § 95 Rn. 20.

195 OLG Stuttgart BauR 2013, 1137, juris Rn. 30.

196 VGH Mannheim NuR 2013, 828 = ZfW 2014, 103, juris Rn. 30 unter Bezugnahme auf OLG Celle BauR 2012, 621.

197 VGH Mannheim NuR 2013, 828, juris Rn. 30 unter Bezugnahme auf Palandt/*Ellenberger* BGB § 95 Rn. 6; BeckOK BGB/*Fritzsche* § 95 Rn. 14.

198 OLG Celle BauR 2012, 621; VGH Mannheim BWGZ 2012, 409.

199 BayVGH NVwZ-RR 2014, 217 = DVBl 2014, 442 – Ls., juris.

200 BGHZ 138, 266, 272; BGH NJW 1980, 771. Vgl. auch *Brüning* VIZ 1997, 398. Etwas anderes soll für Abwasserleitungen gelten, so BGH NJW 1968, 2331; aA Palandt/*Ellenberger* BGB § 95 Rn. 6: „aber wohl überholt".

201 Palandt/*Ellenberger* BGB § 95 Rn. 6.

202 Dazu BayVerfG NVwZ 1982, 368.

203 BeckOK BGB/*Fritzsche* § 95 Rn. 14.

204 Palandt/*Ellenberger* BGB § 95 Rn. 6.

205 BGH NJW-RR 2004, 231.

206 OLG Naumburg VIZ 2004, 210; OLG Jena OLG-NL 2005, 80 (82).

207 *Brüning* VIZ 1997, 398 (400); *Schulze* Rpfleger 1999, 167 (171).

208 *Brüning* VIZ 1997, 398 (402), Palandt/*Ellenberger* BGB § 95 Rn. 6.

209 Näher *Böhringer* VIZ 1998, 605.

210 OLG Frankfurt/M. CuR 2009, 65.

Hausanschluss. Die sachenrechtliche Zuweisung von Leitungen aus einem Versorgungsnetz für Gas zu dem Betriebsgrundstück des Versorgungsbetriebes endet an dem Übergabepunkt, an dem das Gas in die Anlage des Kunden übergehen soll. Die Wärmeversorgungs- bzw. Heizungsanlage des Kunden gehört nicht mehr zum Leitungsnetz.[211] Ein „vorübergehender Zweck" für einen Scheinbestandteil iSv § 95 ergibt sich nicht bereits aus einer schuldrechtlichen Vereinbarung, wenn auch das Eigentum an einem Gegenstand einem anderen zustehen soll. Gegenstände, die infolge eines Nutzungsrechts für den Teil eines Gebäudes in dieses eingefügt wurden, sind idR kein Scheinbestandteil dieses Gebäudes, wenn sie nach Ablauf des Nutzungsrechts darin verbleiben sollen.[212]

IV. Scheinbestandteile von Gebäuden (Abs. 2)

51 Sachen, die nur zu einem vorübergehenden Zweck in ein Gebäude eingefügt sind, gehören nach Abs. 2 (der die Regelung des Abs. 1 S. 1 für Scheinbestandteile von Gebäuden wiederholt)[213] nicht zu den Bestandteilen des Gebäudes. Dies gilt bspw. für Telefonanlagen (die ein Mieter eingefügt hat),[214] Teppichböden (die ein Mieter verlegt hat)[215] oder auch einen Tresor (den ein Mieter eingebaut hat).[216] Ein zwischen einem Bauträger und den Stadtwerken abgeschlossener Wärmebereitstellungsvertrag ist wirksam, unabhängig davon, ob die Heizungsanlage mit der Installation „wesentlicher Bestandteil" des Gebäudes gemäß § 94 Abs. 2 oder ob sie gemäß § 95 Abs. 2 als Scheinbestandteil ins Eigentum der Erwerber nach Beendigung des Vertragsverhältnisses übergeht und die Stadtwerke nur Halterin der Anlage ist.[217] Erfolgt die Verbindung einer (eingebauten) Heizungsanlage (die nach ihrer Installation nach § 94 Abs. 2 idR wesentlicher Bestandteil des Gebäudes ist)[218] mit dem Gebäude auf der Grundlage eines befristeten Vertrags, so soll eine Vermutung dafür sprechen, dass die Verbindung nur für die Dauer des Vertragsverhältnisses und damit nur für einen „vorübergehenden Zweck" erfolgen soll.[219]

V. Rechtsfolgen

52 Scheinbestandteile bleiben – selbst dann, wenn sie tatsächlich unbeweglich sind – **bewegliche** Sachen im Rechtssinne.[220] Folglich gelten für ihre Übereignung die §§ 929 ff. Ein gutgläubiger Erwerb vollzieht sich nach den §§ 932 ff.[221] Die Bestellung eines Nießbrauchs richtet sich nach § 1032, die Verpfändung nach den §§ 1204 ff.[222]

53 Scheinbestandteile unterfallen im Rahmen der Zwangsvollstreckung folglich der Mobiliarvollstreckung – ggf. kann wegen ihrer Zubehöreigenschaft aber § 865 ZPO zur Anwendung gelangen, womit die Mobiliarvollstreckung unzulässig ist.[223]

C. Beweislast

54 Aufgrund des Ausnahmetatbestandscharakters von § 95 (zu § 93 und § 94) trägt derjenige die Beweislast, der sich (gegen den äußeren Anschein) auf die Ausnahmesituation des § 95 beruft.[224] Allerdings spricht ggf. zugunsten desjenigen, der beweispflichtig ist, eine **tatsächliche Vermutung** (Anscheinsbeweis),[225] bspw. im Falle der Verbindung einer Sache durch einen Mieter (oder einen sonstigen schuldrechtlich oder dinglich Berechtigten).[226] Nach *Fritzsche*[227] wird eine entsprechende Vermutung nicht bereits schon durch die massive Bauart eines Gebäudes bzw. durch eine lange Verweildauer entkräftet; vielmehr erst dann, wenn der Verbindende bei der Verbindung die Absicht hatte (bspw. belegt durch den schuldrechtlichen Nutzungsvertrag, wonach nach Ablauf der Vertragszeit das Bauwerk gegen Zahlung einer Ablösung oder aber auch unentgeltlich), die Sache nach Vertragsbeendigung in das Eigentum des Grundstückseigentümers (Vermie-

211 OLG Frankfurt/M. CuR 2009, 65.
212 OLG Frankfurt/M. CuR 2009, 65.
213 BeckOK BGB/*Fritzsche* § 95 Rn. 16.
214 LG Mannheim JW 1937, 3305.
215 MüKoBGB/*Stresemann* § 95 Rn. 20.
216 OLG Jena JW 1933, 924; Staudinger/*Herrler/Stieper* (Voraufl.) BGB § 95 Rn. 16.
217 OLG Düsseldorf CuR 2007, 66.
218 BGHZ 53, 324.
219 LG Gießen CuR 2015, 91, juris Rn. 24 im Anschluss an OLG Düsseldorf BauR 2008, 1319.
220 RGZ 55, 281, 284; 59, 19, 20; 87, 43, 51; 97, 102, 103 – arg.: Sachen die nicht grundbuchfähig sind, könnten nicht als unbewegliche Sachen (worunter

nur Grundstücke und deren Bestandteile fallen) qualifiziert werden.
221 BGHZ 23, 57; BGH NJW 1987, 774.
222 MüKoBGB/*Stresemann* § 95 Rn. 38; Staudinger/*Herrler/Stieper* BGB § 95 Rn. 29.
223 Staudinger/*Herrler/Stieper* BGB § 95 Rn. 30.
224 So BGH NJW 2012, 778 Rn. 39; RGZ 158, 362, 375; Palandt/*Ellenberger* BGB § 95 Rn. 1.
225 Jauernig/*Jauernig* BGB § 95 Rn. 2.
226 BGHZ 8, 1, 5 = NJW 1953, 137; BGHZ 92, 70, 74 = NJW 1984, 2878; BGH NJW 1996, 916; BGH VIZ 1998, 582 (583).
227 BeckOK BGB/*Fritzsche* § 95 Rn. 18.

ters oder Verpächters) übergehen zu lassen.[228] Die Beurteilung, ob eine Sache Scheinbestandteil ist, stellt eine Rechtsfrage dar und ist damit einer revisionsgerichtlichen Überprüfung zugänglich.[229]

§ 96 Rechte als Bestandteile eines Grundstücks

Rechte, die mit dem Eigentum an einem Grundstück verbunden sind, gelten als Bestandteile des Grundstücks.

Literatur: *Herrler,* Kein Erlöschen einer Grunddienstbarkeit mit Untergang des berechtigten Wohnungseigentums, DNotZ 2017, 726; *Maaß,* Das Schicksal von Rechten beim Erlöschen des begünstigten Erbbaurechts, NotBZ 2012, 208; *Oppermann,* Grunddienstbarkeiten zugunsten eines Erbbaurechts bei Erlöschen des Erbbaurechts, ZNotP 2012, 166; *Ott,* Das Erlöschen des Erbbaurechts, notar 2015, 75.

A. Allgemeines	1	I. „Rechte"	4
B. Regelungsgehalt	4	II. Rechtsfolgen	10

A. Allgemeines

§ 96 stellt durch eine **rechtliche Fiktion** Rechte, die mit einem Grundstück verbunden sind, Grundstücksbestandteilen (die nur Sachen sein können) gleich (**Gleichstellung von Rechten mit Grundstücksbestandteilen** – als **sonderrechtsfähige Bestandteile**) mit dem Ziel, vor allem die hypothekarische Haftung nach den §§ 1120 ff. (Haftungsverband) auf die mit dem Grundstück verbundenen Rechte auszudehnen.[1] Damit erfolgt für entsprechende Rechte keine Änderung ihrer Qualität,[2] da sie nicht zu wesentlichen Grundstücksbestandteilen (mithin Sachen oder Sachteilen) werden[3] – weshalb entsprechende Mängel gewährleistungsrechtlich als Rechtsmängel (und nicht als Sachmängel des Grundstücks) zu qualifizieren sind.[4] Etwas anderes gilt dann, wenn für bestimmte (auch § 96 unterfallende) Rechte aus anderen Vorschriften folgt, dass sie untrennbar mit dem Grundstück verbunden und somit sonderrechtsunfähig sind.[5]   **1**

Die Rechte nach § 96 können gemäß § 9 GBO (Eintragung subjektiv-dinglicher Rechte auf Antrag) auf dem Grundbuchblatt desjenigen Grundstücks vermerkt werden, dessen Eigentümer sie zustehen.[6]   **2**

Beachte die Sonderregelung des § 2 a HöfeO, wonach bestimmte, einem Hof dienende Rechte „Bestandteile des Hofes" sind.[7]   **3**

B. Regelungsgehalt

I. „Rechte"

Rechte iSv § 96 sind vor allem die (dem jeweiligen Grundstückseigentümer zustehenden) **subjektiv-dinglichen Rechte**[8] (die dem Eigentümer eines herrschenden Grundstücks als solchem an einem anderen Grundstück zustehen), wobei sich eine subjektive Verdinglichung auch aus öffentlich-rechtlichen Normen ergeben kann.[9] Erfasst werden bspw. Grunddienstbarkeiten (§ 1018).[10] Grunddienstbarkeiten nach § 1018 sind subjektiv-dingliche Rechte, die nach den §§ 96, 93 als wesentliche nicht abtrennbare Bestandteile des herrschenden Grundstücks gelten.[11] Sie sind sonderrechtsfähig und teilen das Schicksal der Sache, mit der sie   **4**

---

228 So auch MüKoBGB/*Stresemann* § 95 Rn. 13.
229 RG HRR 1942 Nr. 257; Staudinger/*Herrler/Stieper* BGB § 95 Rn. 31.
 1 RGZ 83, 198, 200; Palandt/*Ellenberger* BGB § 96 Rn. 1; Soergel/*Marly* BGB § 96 Rn. 4.
 2 Staudinger/*Herrler/Stieper* BGB § 96 Rn. 1.
 3 RGZ 74, 401, 402 f. Denen sie nur dann ähneln, wenn sie vom Grundeigentum nicht getrennt werden können, BeckOK BGB/*Fritzsche* § 96 Rn. 1.
 4 RGZ 93, 198, 200; 93, 71, 73; Erman/*Michalski* BGB § 96 Rn. 3; Staudinger/*Herrler/Stieper* BGB § 96 Rn. 1.
 5 Bspw. Dienstbarkeiten (zugunsten des herrschenden Grundstücks) und Reallasten (zugunsten des jeweiligen Grundstückseigentümers): RGZ 93, 71, 73; RGRK/*Steffen* BGB § 96 Rn. 13.

 6 BeckOK BGB/*Fritzsche* § 96 Rn. 7; MüKoBGB/ *Stresemann* § 96 Rn. 7.
 7 MüKoBGB/*Stresemann* § 96 Rn. 4.
 8 RGZ 140, 107, 111; RGRK/*Steffen* BGB § 96 Rn. 5; Staudinger/*Herrler/Stieper* BGB § 96 Rn. 2.
 9 BeckOK BGB/*Fritzsche* § 96 Rn. 2.
10 RGZ 93, 71, 73; BGH NJW 1994, 2947 (2949); BayObLG NJW-RR 1990, 1043 (1044); OLG Köln NJW-RR 1993, 982 (983); OLG Dresden VIZ 1997, 244. Nach OLG Stuttgart (NJW-RR 1990, 659) soll eine Grunddienstbarkeit mit Zugangs- bzw. Parkplatzrechten Bestandteil aller begünstigten Wohnungseigentumsrechte sein.
11 BGHZ 192, 335 = NJW-RR 2012, 854, juris Rn. 8 unter Bezugnahme auf BayObLG NJW-RR 2003, 451 (452); OLG Hamm OLGZ 1980, 270 (271).

verbunden sind.[12] Für eine zugunsten des jeweiligen Inhabers eines Erbbaurechts bestellte Grunddienstbarkeit gilt nichts anderes. Sie ist nach § 96 ein wesentlicher Bestandteil des Erbbaurechts.[13] Mit dessen Aufhebung gemäß § 875 BGB und § 26 ErbbauRG kann eine Grunddienstbarkeit nicht mehr als dessen Bestandteil fortbestehen. Mit dem Erlöschen des Erbbaurechts nach § 12 Abs. 3 ErbbauRG werden für den jeweiligen Erbbauberechtigten bestellte Grunddienstbarkeiten mit dem Inhalt von Wege- und Leitungsrechten Bestandteil des Erbbaugrundstücks.[14] Von § 96 erfasst werden auch (zugunsten des jeweiligen Eigentümers eines anderen Grundstücks bestellte) Reallasten (§ 1105 Abs. 2),[15] dingliche Vorkaufsrechte nach § 1094 Abs. 2[16] (wenn sie nach den §§ 1105 Abs. 2, 1024 Abs. 2 zugunsten des jeweiligen Eigentümers eines anderen Grundstücks bestellt worden sind, einschließlich des Anwartschaftsrechts auf Eintragung einer entsprechenden Belastung)[17][18] der Erbbauzinsanspruch nach § 9 ErbbauRG,[19] weiterhin der Heimfallanspruch des Grundstückseigentümers nach § 3 ErbbauRG[20] (bzw. ein Zustimmungsvorbehalt nach § 5 ErbbauRG),[21] das Jagdrecht nach § 3 Abs. 1 S. 2 BJagdG,[22] eine mit einem Grundstück verbundene Abdeckereigerechtigkeit[23] bzw. Realverbandsanteile an einer niedersächsischen Forstgenossenschaft.[24] Des Weiteren unterfallen § 96 auch Benutzungsrechte nach § 921,[25] das Notwegrecht (§ 912 Abs. 1),[26] die Notwegrente (§ 917 Abs. 2)[27] und das Recht auf Duldung des Überbaus (§ 912 Abs. 1)[28] sowie die Überbaurente nach §§ 912 Abs. 2 S. 1, 913 Abs. 1.[29]

Insbesondere: Grunddienstbarkeiten an Wohnungseigentum. Die Grunddienstbarkeit ist als subjektiv-dingliches Recht wesentlicher Bestandteil des herrschenden Grundstücks nach §§ 93, 96[30] (hier des als Wohnungseigentum[31] ausgestalteten Bruchteilseigentums am Gesamtgrundstück). Als wesentlicher Bestandteil geht sie auf jeden Rechtsnachfolger im Eigentum ohne Weiteres über.[32] Als wesentlicher Bestandteil des Wohnungseigentums (genauer: des als Wohnungseigentum ausgestalteten Bruchteilseigentums am Gesamtgrundstück) erlischt sie nicht aufgrund der Teil-Auseinandersetzung der Gemeinschaft, vielmehr teilt sie das Schicksal der Sache, mit der sie verbunden ist.[33] Weil – unbeschadet der wirtschaftlichen Erstrangigkeit des Sondereigentums – in rechtlicher Sicht das Miteigentum am Gesamtgrundstück im Vordergrund steht, das durch das WEG nur eine besondere Ausgestaltung erfahren hat,[34] geht mit Übertragung der Miteigentumsanteile auf die übrigen Wohnungs- oder Teileigentümer und Auflassung des durch reale Teilung gebildeten Teil-Grundstücks zu Alleineigentum die Dienstbarkeit als wesentlicher Bestandteil

12 MüKoBGB/*Stresemann* § 96 Rn. 7; Palandt/*Ellenberger* BGB § 96 Rn. 1.
13 OLG Hamm OLGZ 1980, 270 (271).
14 BGHZ 192, 335 = NJW-RR 2012, 845 = NZM 2012, 854 – Ls.
15 RGZ 104, 316, 318; BayObLGZ 1990, 212; MüKoBGB/*Stresemann* § 96 Rn. 2.
16 RGZ 104, 316, 319. Wobei ein dem Erbbauberechtigten zusammen mit der Erbbaurechtsbestellung eingeräumtes dingliches Vorkaufsrecht am Grundstück Bestandteil des Erbbaurechts ist, OLG Frankfurt/M. Rpfleger 1960, 181.
17 OLG Köln OLGZ 1968, 453 (455 f.).
18 Palandt/*Ellenberger* BGB § 96 Rn. 1.
19 BFH NJW 1991, 3176.
20 BGH ZIP 1980, 652 (654); OLG Düsseldorf DNotZ 1974, 177.
21 OLG Hamm NJW-RR 1993, 1106 (1108).
22 Umstritten, so aber Palandt/*Ellenberger* BGB § 96 Rn. 2; MüKoBGB/*Stresemann* § 96 Rn. 3; vgl. auch BFH NJW 1975, 1145; aA RGRK/*Steffen* BGB § 96 Rn. 3. Die Problematik liegt darin, dass § 3 Abs. 1 S. 1 BJagdG das Jagdrecht als untrennbar mit dem Eigentum an Grund und Boden auszeichnet, wohingegen § 3 Abs. 1 S. 3 BJagdG die Aussage trifft, dass das Jagdrecht als selbstständiges Recht nicht begründet werden kann.
23 RGZ 83, 200.
24 OLG Braunschweig NdsRpfl. 1990, 7.
25 RGZ 160, 166, 177; Erman/*Hagen* BGB § 96 Rn. 1. Staudinger/*Roth* BGB § 921 Rn. 12 spricht sich für eine analoge Anwendung von § 96 aus.
26 Allerdings ist umstritten, ob es sich überhaupt um ein selbstständiges Recht handelt, vgl. dazu RGRK/*Steffen* BGB § 96 Rn. 4.
27 Staudinger/*Herrler/Stieper* BGB § 96 Rn. 3.
28 RGZ 160, 166, 177; Palandt/*Ellenberger* BGB § 96 Rn. 2.
29 Umstritten, so aber Staudinger/*Herrler/Stieper* BGB § 96 Rn. 2: Streitig ist, ob es sich dabei um selbstständige Rechte iSv § 96 BGB handelt; RGRK/*Steffen* BGB § 96 Rn. 4. Nach § 876 S. 2 ist deshalb die Zustimmung der am rentenberechtigten Grundstück dinglich Berechtigten erforderlich, während die Rechte der dinglich Berechtigten des rentenpflichtigen Grundstücks durch den Verzicht auf die Überbaurechte nicht nachteilig betroffen werden. Die Verschlechterung der dinglichen Rechtsstellung der Grundpfandrechtsgläubiger am rentenberechtigten Grundstück durch den Rentenverzicht resultiert daraus, dass die Überbaurechte für dingliche Verwertungsrechte mit haftet: Thüringer OLG NotBZ 2012, 455 – Ls., juris.
30 OLG München ZMR 2017, 421, juris Rn. 46.
31 Wohnungs- und Teileigentum (§ 1 Abs. 2 und Abs. 3 WEG) ist als besonders ausgestaltetes Miteigentum nach Bruchteilen angelegt: BGHZ 108, 156, 160; 150, 109, 114; Weitnauer/*Briesemeister* WEG Vor § 1 Rn. 25 ff., 28. Seinem Wesen nach ist es dem Alleineigentum gleichartig: BGHZ 115, 1, 7; BGH NJW 2007, 2254 (2255). Es stellt „echtes Eigentum" dar, dem als herrschendes Grundstück dingliche Rechte an anderen Grundstücken zugeordnet werden können: OLG München ZMR 2017, 421, juris Rn. 45.
32 BGHZ 192, 335 Rn. 8; BayObLG NJW-RR 1990, 1043 (1044); 2003, 451, 452; KG NJW 1975, 697 (698).
33 BGHZ 192, 335 Rn. 8.
34 BGHZ 50, 56, 60.

auf den Erwerber über. Dh es gilt nichts anderes als für das Gebäude (§ 93), an dem das bestehende Sondereigentum aufgehoben wurde und dessen Erschließung die Grunddienstbarkeit dient. Es ändert sich die Rechtsform im Eigentum, nicht aber die ursprüngliche Zuordnung der Dienstbarkeit zum herrschenden „Grundstück".[35]

Anwartschaftsrechte auf Erwerb der vorgenannten subjektiv dinglichen Rechte unterfallen gleichermaßen § 96.[36] **5**

Rechte iSv § 96 können auch solche des **Landesrechts** sein, sofern das Recht dem Eigentümer als solchem **6** zusteht und mit dem Grundeigentum untrennbar verbunden ist,[37] was jeweils durch Auslegung der in Rede stehenden Vorschrift festzustellen ist, bspw. ein nach Art. 181 und 184 EGBGB fortbestehendes rheinisches Kellerrecht auf fremdem Grundstück,[38] ein Brandversicherungsanspruch nach hamburgischem Landesrecht,[39] Fischereirechte, sofern sie nach Landesrecht dem jeweiligen Gewässereigentümer zustehen,[40] Forstnutzungsrechte am Genossenschaftsforst[41] und sonstige Forstrechte[42] sowie Mitgliedschaftsrechte an einer öffentlich-rechtlichen Waldgenossenschaft,[43] Realgemeindeanteile (am Wald) eines Bauernhofs,[44] ein vor Inkrafttreten des BGB verliehenes Staurecht, das Bestandteil eines Mühlengrundstücks ist,[45] bzw. Wassernutzungsrechte in Abhängigkeit von ihrem jeweiligen Inhalt.[46]

Weitere Rechte iSv § 96 nach **öffentlichem Recht** (zT noch Altrechte aus der Zeit vor dem Inkrafttreten des **7** BGB) sind Patronatsrechte,[47] das (preußische) Apothekenprivileg[48] (vor 1810, als mit dem Eigentum am Grundstück verbundenes Recht), das auch unter der Geltung des Apothekengesetzes (ApothG) fortbesteht, da § 27 Abs. 1 ApothG zugunsten des Inhabers des Privilegs eine Betriebserlaubnis fingiert,[49] bzw. Waldnutzungsrechte.[50]

Kennzeichnendes Merkmal dieser subjektiv-dinglichen Rechte ist es, dass sie dem Eigentümer des herr- **8** schenden Grundstücks hinsichtlich eines anderen Grundstücks zustehen.[51]

Die Judikatur hat hingegen in folgenden Fällen die Eigenschaft als **Recht iSv § 96 verneint**, da die Rechte **9** nicht dem Eigentümer als solchem, sondern als Person[52] zustehen[52] (dh nicht zwingend, sondern allenfalls zufällig mit dem Eigentum am Grundstück verbunden sind):[53] bei der Auflassungsvormerkung zugunsten des jeweiligen Eigentümers eines anderen Grundstücks,[54] bei einer Eigentümerhypothek,[55] bei einem Anspruch des Eigentümers auf einen beim Hypothekengläubiger gebildeten Amortisationsfonds zur Tilgung der hypothekarisch gesicherten Schuld,[56] einem Anspruch auf Brandversicherungsleistung nach § 97 VVG,[57] Brennrechten (nach dem Branntweinmonopolgesetz, da das Brennrecht nur eine steuerliche Bevorzugung, nicht jedoch als selbstständiger Vermögensgegenstand zu qualifizieren ist),[58] einem Entschädigungsanspruch nach der KriegsschädenVO 1940,[59] der Milchreferenzmenge (Milchkontingente),[60] einer Abgeltung für die Aufgabe der Milcherzeugung,[61] Miteigentumsanteilen an einem Wegegrundstück[62] bzw. einem schuldrechtlichen Rübenlieferungsrecht.[63]

II. Rechtsfolgen

Rechte iSv § 96 sind dann **sonderrechtsunfähige „wesentliche Bestandteile"** des Grundstücks, wenn sie – **10** wie die subjektiv dinglichen Rechte (→ Rn. 4) – nicht vom Grundstückseigentum getrennt werden können.[64] Ist eine Trennung möglich, werden sie wie **einfache Bestandteile** behandelt[65] (die idR gleichwohl

35	OLG München ZMR 2017, 421, juris Rn. 46.
36	OLG Köln OLGZ 1968, 453 (455); MüKoBGB/*Stresemann* § 96 Rn. 2.
37	BeckOK BGB/*Fritzsche* § 96 Rn. 4.
38	RGZ 56, 258, 260; KG JW 1933, 1334.
39	FG Hamburg EFG 1984, 79; nicht jedoch nach hessischem Landesrecht, so FG Hessen VersR 1978, 856.
40	BGHZ 122, 93, 99 ff., 102 ff.; BGH NVwZ-RR 1998, 522; Staudinger/*Herrler/Stieper* BGB § 96 Rn. 6.
41	OLG Braunschweig NdsRpfl. 1990, 7.
42	BFH DStR 1969, 671 Nr. 453.
43	VGH Mannheim AgrarR 1983, 70.
44	OLG Celle NdsRpfl. 1961, 34.
45	LG Hildesheim NdsRpfl. 1965, 275.
46	BGH MDR 1961, 924.
47	So Motive III, S. 60.
48	Zur historischen Entwicklung BVerfGE 7, 377, 387 ff.
49	Dazu Staudinger/*Herrler/Stieper* BGB § 96 Rn. 5.
50	BayObLG RdL 1981, 210.
51	Palandt/*Ellenberger* BGB § 96 Rn. 2.
52	BeckOK BGB/*Fritzsche* § 96 Rn. 5.
53	BeckOK BGB/*Fritzsche* § 96 Rn. 6.
54	RGZ 128, 246, 248.
55	Staudinger/*Herrler/Stieper* BGB § 96 Rn. 7; aA *Hirsch* ArchBürgR 25, 252.
56	RGZ 104, 68, 73; Soergel/*Marly* BGB § 96 Rn. 4.
57	BFH BB 1986, 723.
58	RG HRR 1932 Nr. 1157; BGH LM BGB § 96 Rn. 1.
59	BGHZ 18, 128, 137 = NJW 1955, 1516.
60	BGHZ 114, 277 = NJW 1991, 3280; BGHZ 135, 292 = NJW 1998, 78.
61	VG Stade WM 1987, 1312.
62	BayObLGZ 1987, 121 (128).
63	BGHZ 111, 110 = NJW 1990, 1723; vgl. zudem MüKoBGB/*Stresemann* § 96 Rn. 4; RGRK/*Steffen* BGB § 96 Rn. 8; Soergel/*Marly* BGB § 96 Rn. 1 ff.
64	BGH NZM 2012, 471 Rn. 8; BayObLG NJW-RR 2003, 451.
65	Palandt/*Ellenberger* BGB § 96 Rn. 1.

das Schicksal des Grundstücks teilen – „die Unterscheidung gilt daher als praktisch bedeutungslos").[66] Sind sie sonderrechtsunfähig, folgen sie dem Grundstückseigentum im Falle seiner Übertragung.[67]

11 Die rechtliche Fiktion des § 96 macht Rechte, die mit dem Eigentum an einem Grundstück verbunden sind, jedoch nicht zu Sachen.[68]

§ 97 Zubehör

(1) [1]**Zubehör sind bewegliche Sachen, die, ohne Bestandteile der Hauptsache zu sein, dem wirtschaftlichen Zwecke der Hauptsache zu dienen bestimmt sind und zu ihr in einem dieser Bestimmung entsprechenden räumlichen Verhältnis stehen.** [2]**Eine Sache ist nicht Zubehör, wenn sie im Verkehr nicht als Zubehör angesehen wird.**

(2) [1]**Die vorübergehende Benutzung einer Sache für den wirtschaftlichen Zweck einer anderen begründet nicht die Zubehöreigenschaft.** [2]**Die vorübergehende Trennung eines Zubehörstücks von der Hauptsache hebt die Zubehöreigenschaft nicht auf.**

Literatur: *App,* Zum Vorgehen bei der Vollstreckung in Ersatzteile von Luftfahrzeugen, ZKF 2013, 204; *Beck,* Die Einbauküche im Steuerrecht, Grundeigentum 2017, 38; *Brüning,* Die Sonderrechtsfähigkeit von Grundstücksbestandteilen – ein zivilrechtliches Problem bei der Privatisierung kommunaler Leistungsnetze, VIZ 1997, 389; *Bruns,* „Einrichtungen" im Mietverhältnis, NZM 2016, 873; *Eckardt,* Das Grundstückszubehör in der Zwangsvollstreckung, ZJS 2012, 467; *Goldbach,* Erneuerbare Energien im Zwangsversteigerungsverfahren, ZfIR 2014, 37; *Horst,* Hausverkauf – einschließlich Einbauküche?, Grundeigentum 2012, 735; *Horst,* Streitfall Einbauküche, Grundeigentum 2012, 876; *Löhnig/Becker,* Das Akzessionsprinzip, JA 2011, 650; *Meerhoff,* Probleme bei der Mitversteigerung von Grundstückszubehör, ZfIR 2016, 556; *Meier,* Sachenrechtliche Probleme von Photovoltaikanlagen bei Grundstücksübertragungen, MittBayNot 2019, 548 (Teil 1) und 2020, 1 (Teil 2); *Meller-Hannich,* Die Pfändbarkeit und Verwertbarkeit von Tieren, MDR 2019, 713; *Mummenhoff,* Klausel im Wohnraummietvertrag mit Eigentumsübergang für den vom Mieter angeschaffte Einbauküche unwirksam, WuM 2017, 515; *Schmid,* Der Schlüssel zur Mietwohnung, MDR 2010, 1367; *Schmid,* Wegnahmerecht – Die rechtliche Einordnung einer Sache als „Einrichtung", MDR 2015, 9; *Schneider,* Die sachenrechtliche Zuordnung von Rauchwarnmeldern in Eigentumswohnungsanlagen, ZMR 2010, 833; *Siebert,* Zubehör des Unternehmens und Zubehör des Grundstücks, in: FS Giesecke 1958, S. 59; *Weimar,* Das Zubehör und seine Rechtslage, MDR 1980, 907; *Witt,* Das Pfandrecht am Inventar des landwirtschaftlichen Betriebs, Diss. Hohenheim, 1974.

A. Allgemeines	1	6. Die Bedeutung der Verkehrsanschauung
B. Regelungsgehalt	5	(Abs. 1 S. 2) 46
I. Der Begriff des Zubehörs (Abs. 1 S. 1)	5	II. Rechtsfolgen der Zubehöreigenschaft 51
1. Die bewegliche Sache	10	III. Aufhebung der Zubehöreigenschaft 62
2. Die Notwendigkeit einer Hauptsache	15	IV. Scheinzubehör und Nebensachen 63
3. Die Zweckbestimmung	22	V. Einzelbeispiele aus der Judikatur 65
a) Die Widmung	26	1. Zubehöreigenschaft 65
b) Die Widmung auf Dauer	30	2. Nicht-Zubehör 67
4. Der dienende Charakter des Zubehörs	39	
5. Das notwendige räumliche Verhältnis zwischen Zubehör und Hauptsache	44	

A. Allgemeines

1 In § 97 erfolgt für das gesamte Privatrecht eine Definition des Begriffs **Zubehör**, der in § 98 teilweise in den Erläuterungen für **landwirtschaftliches und gewerbliches Zubehör** erweitert wird. Damit können bewegliche Sachen zu einer anderen Hauptsache, wenn sie nicht deren Bestandteile sind, in einem bestimmten wirtschaftlichen Zusammenhang stehen. Diese gesetzliche Begriffsbestimmung kann nicht durch Parteivereinbarung geändert werden, sofern das Gesetz nicht selbst auf den Parteiwillen abstellt.[1]

2 **Sonderbestimmungen** (mit einem von § 97 abweichenden Inhalt) finden sich zudem in § 3 S. 2 HöfeO, der (in Erweiterung des § 98) eine Bestimmung des Hofzubehörs trifft, und in § 478 HGB hinsichtlich des Schiffszubehörs. § 68 LuftfzRG regelt das Zubehör von Luftfahrzeugen. Eine weitere eigenständige Definition trifft § 9 des Kabelpfandgesetzes.[2]

---

66 BeckOK BGB/*Fritzsche* § 96 Rn. 8; Erman/ *Michalski* BGB § 96 Rn. 2.
67 OLG Dresden VIZ 1997, 244 (246).
68 Palandt/*Ellenberger* BGB § 96 Rn. 1.

1 Soergel/*Marly* BGB § 97 Rn. 5; Staudinger/*Herrler/ Stieper* BGB § 97 Rn. 3.
2 Vom 31.3.1925 (RGBl I S. 37).

Daneben (und unabhängig vom BGB-Zubehörsbegriff) trifft § 4 Abs. 4 Nr. 3 FStrG einen **öffentlich-recht-** **3** **lichen Zubehörsbegriff** für das Straßenzubehör – etwa Verkehrszeichen und die Bepflanzung (die nach BGB Sachbestandteile sind).[3]

Die Definition des Zubehörs in § 97 stellt den Zubehörsbegriff auf eine **objektive Grundlage** und trennt **4** diesen von jenem des Bestandteils.[4]

B. Regelungsgehalt

I. Der Begriff des Zubehörs (Abs. 1 S. 1)

Zubehör sind nach Abs. 1 S. 1 **bewegliche Sachen** (auch Scheinbestandteile),[5] wenn und solange[6] sie – **5** ohne Bestandteil der Hauptsache zu sein[7] – dem wirtschaftlichen Zweck der Hauptsache zu dienen bestimmt sind **und** zu ihr in einem dieser Bestimmung entsprechenden räumlichen Verhältnis stehen. Mithin sind unter Zubehör **rechtlich selbstständige bewegliche Sachen** zu verstehen (die den Vorschriften über bewegliche Sachen, insbesondere den §§ 929 ff., unterfallen), die (im Gegensatz zu wesentlichen Bestandteilen) der Hauptsache aber wirtschaftlich untergeordnet sind.[8]

Zubehör teilt nur ausnahmsweise dann das rechtliche Schicksal der Hauptsache, wenn dies gesetzlich ange- **6** ordnet ist, bspw. nach § 314 (Veräußerungs- und Belastungsverpflichtung), § 498 Abs. 1 (Wiederverkauf), § 926 Abs. 1 (Grundstücksveräußerung), §§ 1031, 1062 (Nießbrauch), § 1096 S. 2 (Vorkaufsrecht), § 1932 (Voraus des Ehegatten) bzw. § 2164 Abs. 1 (Vermächtnis).

Die **Hauptbedeutung** des Zubehörs liegt in der Erstreckung der Haftung für Grundpfandrechte, vgl. **7** §§ 1120 ff., ergänzt durch § 865 ZPO, §§ 20 Abs. 2, 21 Abs. 1 ZVG.[9]

Beachte: Die **Beweislast** dafür, dass eine Sache Zubehör ist (mithin dem wirtschaftlichen Zweck einer **8** Hauptsache zu dienen bestimmt ist und damit zu dieser auch in einem Über-Unterordnungsverhältnis steht), trägt derjenige, der sich auf die Zubehöreigenschaft beruft.[10] Umgekehrt trägt derjenige, der leugnet, dass das Grundstückszubehör im Eigentum des Grundstückseigentümers steht, dafür die Beweislast[11] – ebenso wie jener, der eine nur vorübergehende Zweckbindung oder eine andere Qualifikation nach der Verkehrsanschauung behauptet[12] – wobei keine Vermutung für den Fortbestand einer früher einmal vorhandenen Verkehrsanschauung besteht.[13]

Wer sich also auf die Zubehöreigenschaft einer beweglichen Sache beruft, muss die Tatbestandsmerkmale **9** nach Abs. 1 S. 1 und Abs. 2 S. 2 beweisen, wohingegen derjenige, der die Zubehöreigenschaft bestreitet, die Tatbestandsmerkmale von Abs. 1 S. 2 und Abs. 2 S. 1 zu beweisen hat.[14]

1. Die bewegliche Sache. Dem Begriff des Zubehörs unterfallen nur bewegliche Sachen (nicht hingegen **10** Grundstücke und Grundstücksbestandteile[15] und – mangels Sachqualität – auch nicht Rechte [aller Art],[16] die nur dann gemäß § 96 als Bestandteile des Grundstücks gelten, wenn sie mit dem Grundeigentum verbunden sind,[17] dazu → § 96 Rn. 4) bzw. sonstige Immaterialgüter oder der Goodwill eines Unternehmens.[18]

Beachte: Nur ganz ausnahmsweise können Regelungen, die den Terminus „Zubehör" verwenden, auf **11** Rechte analog anwendbar sein.[19]

---

3   Staudinger/*Herrler/Stieper* BGB § 97 Rn. 3.
4   Staudinger/*Herrler/Stieper* BGB § 97 Rn. 2.
5   Wobei allerdings problematisch sein kann, ob eine „vorübergehende Verbindung" iSv § 95 nicht einer „dauerhaften Zweckbindung" iSv § 97 widerspricht, Staudinger/*Herrler/Stieper* BGB § 97 Rn. 4. Scheinbestandteile können auch immer Zubehör einer anderen Sache (als der, deren Scheinbestandteile sie sind) sein RGZ 55, 281, 284.
6   BGH NJW 1969, 2135; 1984, 2277.
7   Fraglich ist, ob der nicht wesentliche Bestandteil einer Sache Zubehör einer anderen Sache sein kann, bejahend OLG Köln NJW 1961, 461: Fernsprechanlage als nicht-wesentlicher Bestandteil des Fernsprechnetzes *und* Zubehör eines Fabrikgrundstücks; aA die hM, vgl. etwa RGZ 55, 281, 284; Soergel/ *Marly* BGB § 97 Rn. 9; Staudinger/*Herrler/Stieper* BGB § 97 Rn. 4 – arg.: Wortlaut des § 97 Abs. 1 S. 1 BGB: „bewegliche Sache".
8   Staudinger/*Herrler/Stieper* BGB § 97 Rn. 4 f.
9   BeckOK BGB/*Fritzsche* § 97 Rn. 7.
10 Staudinger/*Herrler/Stieper* BGB § 97 Rn. 36.

11 RG JW 1911, 707.
12 Staudinger/*Herrler/Stieper* BGB § 97 Rn. 36.
13 RG JW 1914, 460.
14 BGH NJW-RR 1990, 586 (588); BeckOK BGB/ *Fritzsche* § 97 Rn. 22; Soergel/*Marly* BGB § 97 Rn. 36; Staudinger/*Herrler/Stieper* BGB § 97 Rn. 36.
15 RGZ 87, 43, 50.
16 RGZ 83, 54, 56; BGHZ 111, 110, 116 = NJW 1990, 1723; BGHZ 135, 292 = NJW 1998, 78; Palandt/ *Ellenberger* BGB § 97 Rn. 2; Soergel/*Marly* BGB § 97 Rn. 11 – ebenso wenig, wie der Wohnungseigentümeranteil an der Instandhaltungsrücklage; aA *Röll* NJW 1976, 937 (938), der die Instandhaltungsrücklage nach § 21 Abs. 5 Nr. 4 WEG gemäß § 97 analog als Zubehör qualifiziert.
17 Staudinger/*Herrler/Stieper* (Voraufl.) BGB § 97 Rn. 6.
18 OLG Karlsruhe WM 1989, 1229: Arztpraxis.
19 Vgl. BGHZ 111, 110, 116 = NJW 1990, 1723: Rübenlieferungsrechte im Verhältnis zum Betrieb (nicht zu einer einzelnen Ackerfläche).

12　Ein **Sachinbegriff** (Sachgesamtheit, dazu → § 90 Rn. 87 ff.) kann dann als Zubehör (iS einer beweglichen Sache) qualifiziert werden, wenn dessen Voraussetzungen bei allen zum Inbegriff gehörenden Sachen vorliegen.[20] Vgl. auch § 98, der für das Inventar ausdrücklich die Zubehöreigenschaft vorsieht.

13　Für den Begriff des Zubehörs macht es keinen Unterschied, ob die bewegliche Sache im Eigentum des Hauptsacheeigentümers steht oder in **fremdem Eigentum**[21] (bspw. weil sie gestohlen oder unter Eigentumsvorbehalt geliefert wurde).[22] Ob ein Gegenstand Zubehör der Hauptsache ist, ist unabhängig von den Eigentumsverhältnissen an dem Gegenstand.[23] Dies wird argumentativ aus § 1120 aE (bzw. § 55 Abs. 2 ZVG) hergeleitet,[24] der im Hinblick auf den Hypothekenverband feststellt, dass dieser sich auf das Zubehör des Grundstücks mit Ausnahme der Zubehörstücke erstreckt, „welche nicht in das Eigentum des Eigentümers des Grundstücks gelangt sind".

14　**Verbrauchbare Sachen** (iSv § 92) können „Zubehör" sein, da es der Zubehöreigenschaft nicht entgegensteht, dass das Zubehörstück nur einmal benutzt werden kann,[25] bspw. Baumaterial (das auf dem Baugrundstück lagert),[26] Heizölvorräte eines Wohnhauses,[27] Kohlevorräte einer Ziegelei[28] oder Materialreserven eines Unternehmens.[29]

15　**2. Die Notwendigkeit einer Hauptsache.** Die Zubehöreigenschaft setzt zwingend das Vorhandensein einer dem Zubehör zugeordneten Hauptsache voraus. Hauptsache kann entweder ein **Grundstück** oder eine **andere bewegliche Sache** sein,[30] **Rechte** hingegen nur dann, wenn sie dem Grundstücksrecht (wie das Erbbaurecht, das Wohnungseigentumsrecht oder die Rechte nach Art. 63 EGBGB) gleichgestellt sind.[31] Nach § 98 können Sachen auch Zubehör eines Gebäudes sein. Da dieses aber idR Grundstücksbestandteil ist (§§ 94 Abs. 1, 95), ist das Gebäudezubehör dann rechtlich meist auch Grundstückszubehör.[32]

16　Was Haupt- und was Nebensache ist, beurteilt sich wie folgt: Im Falle **mehrerer Sachen** ist Hauptsache jene, der der wirtschaftliche Schwerpunkt zukommt[33] (nicht hingegen sind die quantitative Größe, das Wertverhältnis oder die räumliche Ausdehnung, maßgeblich).[34] Bei mehreren Grundstücken ist jenes Hauptsache, das Mittelpunkt der Bewirtschaftung ist.[35] Ist zu entscheiden, ob ein Grundstück oder eine Immobilie Hauptsache ist, gebührt der Immobilie immer ein Vorrang (arg. § 98).[36] Im Falle von Baumaterialien ist das zu bebauende Grundstück (nicht jedoch das noch unfertige Gebäude) Hauptsache.[37]

17　**Sachbestandteile** (bspw. ein Haus) können Hauptsache sein[38] mit der Folge, dass das Zubehör dann zugleich auch Zubehör des Grundstücks (dh der Gesamtsache) ist.[39]

18　Demhingegen **können Sach- und Rechtsgesamtheiten** (dazu → § 90 Rn. 87 ff.) **kein Zubehör haben**,[40] mithin nicht als Hauptsache in Betracht kommen, was gleichermaßen für Sachen hinsichtlich eines **Unternehmens** als Sach- und Rechtsgesamtheit gilt.[41] Dh, ein Unternehmen kann nicht Hauptsache iSv § 97 sein.

19　Bei Gewerbebetrieben (dh einem Unternehmen als Nicht-Sache iSv § 90, das kein Zubehör iSv § 97 haben kann) ist der wirtschaftlich-betriebstechnische Unternehmensschwerpunkt für die Beantwortung der Frage, was Hauptsache ist, maßgeblich. Daher kann das Unternehmenszubehör (iSd Inventars eines Gewerbebe-

---

20　BGH BB 1965, 473; Erman/*Michalski* BGB § 97 Rn. 2 a; RGRK/*Steffen* BGB § 97 Rn. 11; Staudinger/ *Herrler/Stieper* BGB § 97 Rn. 7; aA BeckOK BGB/ *Fritzsche* § 97 Rn. 3: „Jedoch kann bei einer Tankstelle die Antwort für eine dem Eigentümer der Hauptsache gehörende Hebebühne anders ausfallen als für eine gemietete Zapfsäule", ebenso MüKo-BGB/*Stresemann* § 97 Rn. 4; Palandt/*Ellenberger* BGB § 97 Rn. 2; Soergel/*Marly* BGB § 97 Rn. 7: Sachgesamtheiten können nicht Zubehör sein.

21　RGZ 53, 350.

22　Da der Vorbehaltskäufer (der mit einer Rückforderung aufgrund des vorbehaltenen Eigentums des Vorbehaltsverkäufers nicht rechnet) die ihm unter Vorbehalt gelieferte Sache auf Dauer der Hauptsache widmet BGHZ 58, 309, 313.

23　Staudinger/*Herrler/Stieper* BGB § 97 Rn. 6 und 21.

24　Vgl. Palandt/*Ellenberger* BGB § 97 Rn. 2.

25　RGZ 66, 358; 77, 36, 38: Kohlevorräte einer Fabrik.

26　BGHZ 58, 309. Bzw. Heizöl im Tank, LG Braunschweig ZMR 1986, 120.

27　OLG Braunschweig ZMR 1986, 120.

28　RGZ 77, 36, 38.

29　RGZ 66, 356, 358; 84, 284, 285.

30　Nicht jedoch eine Arztpraxis als Hauptsache und dem Goodwill als Zubehör, OLG Karlsruhe WM 1989, 1229.

31　Palandt/*Ellenberger* BGB § 97 Rn. 3.

32　BeckOK BGB/*Fritzsche* § 97 Rn. 5.

33　Staudinger/*Herrler/Stieper* BGB § 97 Rn. 9: mit der Folge, dass nach RG DR 1942, 137 ein wertvoller Bagger Zubehör einer wertlosen Kiesgrube sein kann.

34　BGHZ 20, 159, 162 f. = NJW 1956, 788; MüKo-BGB/*Stresemann* § 97 Rn. 10.

35　OLG Stettin JW 1932, 1581.

36　So RGZ 87, 43, 49; Staudinger/*Herrler/Stieper* BGB § 97 Rn. 9.

37　RGZ 84, 284, 285; RGRK/*Steffen* BGB § 97 Rn. 18; Staudinger/*Herrler/Stieper* BGB § 97 Rn. 17.

38　BGHZ 62, 49.

39　RGZ 89, 61, 63.

40　Palandt/*Ellenberger* BGB § 97 Rn. 3; RGRK/*Steffen* BGB § 97 Rn. 7.

41　Umstritten, in diesem Sinne aber MüKoBGB/*Stresemann* § 97 Rn. 12; RGRK/*Steffen* BGB § 97 Rn. 7; Palandt/*Ellenberger* BGB § 97 Rn. 3; Soergel/*Marly* BGB § 97 Rn. 15. Ggf. können die Sachen allerdings Zubehör des Unternehmensgrundstücks (Grundstückszubehör) sein, so OLG Köln NJW 1961, 461.

triebs) ebenso wie andere Rechts- und Sachgesamtheiten entsprechend § 98 Nr. 1 Zubehör des Betriebs-grundstücks (oder anderer dem Unternehmer gehöriger Einzelsachen) sein.[42] Voraussetzung dafür ist, dass das Grundstück für eine entsprechende Nutzung nach seiner objektiven Beschaffenheit dauernd eingerichtet ist[43] **und** der wirtschaftliche Schwerpunkt des Unternehmens auf dem Grundstück liegt.[44] Betreibt das Unternehmen das Gewerbe allerdings auf fremdem Grund, helfen diese Überlegungen nicht weiter. Doch wird dann auch der Zweck des § 97 (→ Rn. 7) nicht passen. Hier kann § 311 c analog zur Anwendung gelangen.[45]

Eine Sache kann auch **Zubehör mehrerer Hauptsachen** sein,[46] auch wenn die Sachen, die die Hauptsache bilden, verschiedenen Eigentümern gehören.[47] Erfolgt dann eine Veräußerung nach § 926 (Zubehör des Grundstücks), kann hinsichtlich des Zubehörs Miteigentum der Eigentümer der Hauptsache zur Entstehung gelangen.[48]   **20**

Auch ein dem **Grundeigentum gleichgestelltes Recht** – wie bspw. das Erbbaurecht (wobei allerdings nach § 12 ErbbauRG ein aufgrund dieses Rechts errichtetes Bauwerk „Bestandteil" des Erbbaurechts wird, mit-hin nicht dessen Zubehör sein kann), das Wohnungseigentum oder das (nach Art. 67 EGBGB landesrechtli-che) Bergwerkseigentum[49] – können ausnahmsweise Hauptsache sein.[50] Ein Zubehör an Rechten existiert ansonsten nicht.[51]   **21**

3. Die Zweckbestimmung. Das Zubehör muss (im weitesten Sinne) dem **wirtschaftlichen Zweck** der Hauptsache (die nicht zwingend gewerblich genutzt zu werden braucht, sofern sie auch nur überhaupt nutz-bar ist[52] – Entbehrlichkeit einer unmittelbaren Erwerbsbezogenheit)[53] zu dienen bestimmt sein (**wirtschaft-liche Zweckbindung** als objektive Bestimmung des Zubehörbegriffs – Subordinationsverhältnis des Zube-hörs zu einer Hauptsache).[54] Ausreichend ist auch eine entsprechende Zweckbestimmung hinsichtlich ein-zelner Bestandteile der Hauptsache mit der Folge, dass – wenn ein Grundstück eine **unterschiedliche Nutzung** (privat und geschäftlich) erfährt – dem Grundstück für jeden Nutzungszweck unterschiedliches Zubehör zugeordnet ist.[55]   **22**

Zubehör kann nur auf den Zweck einer **fertigen Hauptsache** ausgerichtet sein[56] (wenngleich auch Bauma-terial Zubehörcharakter zukommen kann, das dann aber – noch nicht dem in Herstellung begriffenen Gebäude, sondern – dem Baugrundstück zu Bebauungszwecken zugeordnet ist).[57] Zumindest muss die Hauptsache soweit hergestellt sein, dass sie bereits einen wirtschaftlichen Zweck erfüllen kann.[58]   **23**

Zum Verkauf bestimmte Waren- und Produktvorräte stellen (ebenso wenig wie Rohstoffe und Halbfer-tigwaren, die nach einer Be- oder Verarbeitung veräußert werden sollen)[59] **kein Zubehör** des Betriebs-   **24**

42 Palandt/*Ellenberger* BGB § 97 Rn. 3; wobei die Judi-katur aber bspw. entschieden hat, dass der Kraftfahr-zeugpark eines Speditionsunternehmens regelmäßig nicht Zubehör des Betriebsgrundstücks ist (BGHZ 85, 234) und bei einem Tiefbauunternehmen glei-chermaßen auch nicht die Gerätschaften, die auf den verschiedenen Baustellen eingesetzt werden (BGHZ 124, 380).

43 BGHZ 62, 49; 124, 380, 392: ständig auf der Bau-stelle eingesetzte Gerätschaften sind idR nicht Zube-hör des Betriebsgrundstücks eines Erdbauunterneh-mens.

44 BGHZ 85, 234: Kraftfahrpark eines Speditionsunter-nehmens ist idR kein Zubehör des Betriebsgrund-stücks.

45 So BeckOK BGB/*Fritzsche* § 97 Rn. 7; MüKoBGB/*Stresemann* § 97 Rn. 13.

46 Vgl. OLG Stettin JW 1932, 1581; ebenso Staudinger/*Herrler/Stieper* BGB § 97 Rn. 10: bspw. eine Maschine, die Zubehör mehrerer landwirtschaftlicher Grundstücke ist.

47 OLG Breslau OLGE 35, 291.

48 Erman/*Michalski* BGB § 97 Rn. 12; Staudinger/*Herr-ler/Stieper* BGB § 97 Rn. 10.

49 BGHZ 17, 223, 232 = NJW 1955, 1186.

50 Soergel/*Marly* BGB § 97 Rn. 12; Staudinger/*Herrler/Stieper* BGB § 97 Rn. 8.

51 Staudinger/*Herrler/Stieper* BGB § 97 Rn. 8; mit der Folge, dass der Schuldschein nicht Zubehör der For-derung ist, so RGRK/*Steffen* BGB § 97 Rn. 6.

52 Weshalb Schrott oder Brachland kein Zubehör sein können, BeckOK BGB/*Fritzsche* § 97 Rn. 9. Palandt/*Ellenberger* BGB § 97 Rn. 4: bzw. ein zum Ver-schrotten bereitgestelltes Kfz.

53 Eine gewerbliche Nutzung ist nicht erforderlich, womit auch eine Nutzung zu Wohnzwecken oder kirchlichen Zwecken ausreicht; weshalb bspw. auch eine Orgel (RG JW 1910, 466) oder eine Glocke Zubehör einer Kirche sein können BGH NJW 1984, 2277. Vgl. hinsichtlich einer Alarmanlage als Woh-nungszubehör OLG München MDR 1979, 934; aA OLG Hamm NJW-RR 1988, 923: wesentlicher Bestandteil nach § 94 Abs. 2.

54 Staudinger/*Herrler/Stieper* BGB § 97 Rn. 14.

55 BGHZ 85, 234, 237; BGH LM § 97 Nr. 3; Palandt/*Ellenberger* BGB § 97 Rn. 4.

56 Staudinger/*Herrler/Stieper* BGB § 97 Rn. 17.

57 So RGZ 86, 326, 330; 89, 61, 65: Maschinen sind noch kein Zubehör eines erst im Rohbau errichteten Fabrikgebäudes. Vgl. auch BGHZ 58, 309, 311 hin-sichtlich noch nicht fertig montierter Heizkörper in einem Rohbau. Heizöl ist nicht Zubehör eines Hau-ses im Rohbaustadium: OLG Düsseldorf NJW 1966, 1714.

58 RGZ 86, 326, 329; BGH NJW 1969, 36; Palandt/*Ellenberger* BGB § 97 Rn. 5.

59 KG JW 1934, 435.

grundstücks dar, da sie nicht dem wirtschaftlichen Zweck des Betriebsgrundstücks dienen, sondern diesem gleichgewichtig gegenüberstehen.[60]

25 Nach Einstellung eines Gewerbebetriebs oder einer sonstigen Nutzung kommt eine Zubehöreigenschaft nicht mehr in Betracht.[61]

26 **a) Die Widmung.** Die Zweckbestimmung einer dauernden Unterordnung der Zubehörssache unter die Hauptsache wird durch den Parteiwillen festgelegt und setzt somit eine entsprechende **Widmung** voraus. Diese ist nicht als Rechtsgeschäft, sondern als bloße **Rechtshandlung** (geschäftsähnliche Handlung)[62] zu qualifizieren (mit der Folge, dass für ihre Vornahme natürliche Willensfähigkeit ausreicht, mithin Geschäftsfähigkeit nicht erforderlich ist).[63] Widmen kann jeder, der das Zubehör berechtigt in ein wirtschaftliches Unterordnungsverhältnis zur Hauptsache setzen kann,[64] dh nicht nur der Eigentümer, sondern auch ein Pächter, Mieter oder ein Eigenbesitzer iSv § 872.[65]

27 Die Zweckbestimmung iSd Widmung erfolgt regelmäßig durch ein **schlüssiges Handeln** des (dh eines jeden) tatsächlichen Benutzers der Hauptsache,[66] unabhängig von dem Grad der Eignung der Sache für den ins Auge gefassten Zweck.[67]

28 Die **Zubehöreigenschaft entsteht** durch eine entsprechende Widmung, auf die erstmalige tatsächliche Benutzung kommt es nicht an.[68] Sobald die Widmung erfolgt ist, entscheidet allerdings nicht mehr der Parteiwille darüber, ob eine Sache Zubehör sein soll oder nicht.[69]

29 Ein Widerruf der Widmung ist möglich, wenn der Benutzer der Hauptsache beschließt, dass die Sache nicht mehr (oder nur noch vorübergehend) dem wirtschaftlichen Zweck der Hauptsache dienen soll.[70]

30 **b) Die Widmung auf Dauer.** Nach Abs. 2 S. 1 begründet die „vorübergehende Benutzung" einer Sache für den wirtschaftlichen Zweck einer anderen nicht die Zubehöreigenschaft mit der Folge, dass die Zubehöreigenschaft eine **dauernde** (und nicht nur eine vorübergehende) **Unterordnung** (dazu noch → Rn. 31 ff.) unter den wirtschaftlichen Zweck der Hauptsache erfordert.[71] Dies bestätigt Abs. 2 S. 2, wonach eine nur vorübergehende Trennung von Haupt- und Nebensache die Zubehöreigenschaft nicht beendet.

31 Daraus folgt, dass das Zubehör dem Zweck der Hauptsache **auf Dauer** zu dienen bestimmt sein muss.[72] Allerdings soll der Zubehöreigenschaft nicht entgegenstehen, dass das Zubehörstück als verbrauchbare Sache (Rn. 14) naturgemäß nur einmal benutzt werden kann.[73]

32 Bedeutsam ist dabei auch die Person des Widmenden: Widmet eine nur schuldrechtlich nutzungsbefugte Person (wie der Mieter oder Pächter), erfolgt nach Abs. 2 S. 1 regelmäßig nur eine „vorübergehende Unterordnung".[74]

33 Der Notwendigkeit einer dauerhaften Unterordnung der Zubehörsache steht nicht entgegen, dass entweder die Hauptsache[75] oder die Zubehörsache[76] von nur **begrenzter Lebenszeit** ist. Umgekehrt reicht es bei langlebigen Sachen für die Zubehöreigenschaft aus, dass sie sich für eine „gewisse Dauer" der Hauptsache

60   RGZ 66, 88, 90; 86, 326, 329; Palandt/*Ellenberger* BGB § 97 Rn. 5.

61   BGH NJW 1996, 835; BeckOK BGB/*Fritzsche* § 97 Rn. 9.

62   Staudinger/*Herrler/Stieper* BGB § 97 Rn. 21.

63   Umstritten, so aber BeckOK BGB/*Fritzsche* § 97 Rn. 13; Erman/*Michalski* BGB § 97 Rn. 5; Palandt/*Ellenberger* BGB § 97 Rn. 6; RGRK/*Steffen* BGB § 97 Rn. 14; Soergel/*Marly* BGB § 97 Rn. 25.

64   Staudinger/*Herrler/Stieper* BGB § 97 Rn. 21.

65   BGH NJW 1969, 2135: Auch zur Pflicht zur Herausgabe des Zubehörs. Seine rechtskräftige Verurteilung zur Herausgabe und die Einleitung der Zwangsvollstreckung aus dem Titel führen noch nicht zur Änderung der Widmung.

66   BGH NJW 1969, 2135; ggf. auch eines Mieters oder Pächters, wobei derartige Handlungen idR aber eine „Widmung auf Dauer" (Rn. 30 ff.) fehlen dürfte, da sich bei ihnen die Zweckbestimmung regelmäßig auf die Zeit ihrer Nutzungsmöglichkeiten erstrecken wird, so zutr. Palandt/*Ellenberger* BGB § 97 Rn. 6.

67   BGH NJW-RR 1990, 586: dh, auch wenn die Sache für den ins Auge gefassten Zweck wenig geeignet ist.

68   RGZ 66, 356; Palandt/*Ellenberger* BGB § 97 Rn. 6.

69   Staudinger/*Herrler/Stieper* (Voraufl.) BGB § 97 Rn. 13.

70   BGH NJW 1969, 2135 (2136); 1984, 2277, 2278; BeckOK BGB/*Fritzsche* § 97 Rn. 13.

71   Staudinger/*Herrler/Stieper* BGB § 97 Rn. 18; vgl. etwa OLG Köln MDR 1993, 1177: Ein zeitweilig in einem Geschäftswagen eingebautes Autotelefon ist nicht „Zubehör".

72   Palandt/*Ellenberger* BGB § 97 Rn. 7. Einem Gewerbe dienende Maschinen und Gerätschaften sind Grundstücksbestandteile, wenn das Grundstück nach objektiver Beschaffenheit für einen bestimmten Betrieb eingerichtet ist: BGHZ 62, 49.

73   OLG Düsseldorf NJW 1966, 1714; Palandt/*Ellenberger* BGB § 97 Rn. 7.

74   BGH BB 1971, 1123. Vgl. zudem OLG Düsseldorf NJW-RR 1991, 1130: Werkzeugformen, die ein kunststoffverarbeitender Betrieb einsetzt, um Kunststoffflaschen herzustellen sind Nicht-Zubehör (iSv §§ 97, 98), wenn über Amortisationsverträge vereinbart wurde, dass Eigentum und Besitz an den Formen nach Auftragsbeendigung an den Kunden des Betriebs übergehen.

75   OLG Kassel JW 1934, 2715.

76   RGRK/*Steffen* BGB § 97 Rn. 29; Staudinger/*Herrler/Stieper* BGB § 97 Rn. 20.

unterordnet[77] und nicht von Anfang an eine Aufschiebung des Unterordnungsverhältnisses beabsichtigt war.[78]

Umgekehrt hebt gemäß Abs. 2 S. 2 die „vorübergehende Trennung" eines Zubehörstücks von der Hauptsache – bspw. zu Reparaturzwecken[79] – die Zubehöreigenschaft nicht auf.   **34**

Dies hat zur Folge, dass Scheinbestandteile (iSv § 95) von der Regelung des § 97 nicht erfasst werden[80] – ebenso wenig Werkzeugformen, die nach der Beendigung eines Auftrags in das Eigentum des Kunden übergehen sollen.[81] Bei Mietern oder Pächtern, die eine Sache nur in Ausübung eines zeitlich begrenzten Nutzungsrechts innehaben, spricht eine **Vermutung** (vergleichbar § 95 Abs. 2, wonach Sachen, die zu einem nur vorübergehenden Zweck in ein Gebäude eingefügt sind, nicht zu den Bestandteilen des Gebäuden gehören) dafür, dass sie nur eine „vorübergehende Verbindung" beabsichtigen.[82] Dh, die von diesem Personenkreis eingefügten Sachen stellen in aller Regel kein Grundstückszubehör dar.[83] Etwas anderes gilt nur dann, wenn der Mieter oder der Pächter im Nachhinein das Grundstückseigentum erwirbt: Nunmehr dienen seine Sachen, auch ohne äußeren Widmungsakt (→ Rn. 26 f.), Grundstückszwecken.[84]   **35**

Der **Eigentumsvorbehalt** eines Lieferanten steht (im Unterschied zu einer nur auf Probe gelieferten Sache, die noch nicht Zubehör wird)[85] der Zubehöreigenschaft (mithin einer dauerhaften Widmung durch den Käufer) nicht entgegen.[86]   **36**

Eine nur „vorübergehende Benutzung" iSv Abs. 2 S. 1 hat die Judikatur bspw. in folgenden Fällen angenommen: bei einem (jederzeit wieder entfernbaren) Autotelefon,[87] einer (vom Mieter angeschafften) Beleuchtung,[88] bei aufgrund Kauf auf Probe gelieferten Sachen[89] bzw. einer Stofftragetasche (beim Einkauf).[90] Abgelehnt wurde eine nur „vorübergehende Benutzung" bei noch nicht fertig montierten Heizkörpern in einem Rohbau.[91]   **37**

Die **Beweislast** liegt bei demjenigen, der den Ausnahmetatbestand einer nur „vorübergehenden Benutzung" behauptet.[92] Die Beweislast dafür, dass eine Sache dem wirtschaftlichen Zweck einer Hauptsache zu dienen bestimmt ist und damit die Voraussetzungen des Abs. 1 S. 1 erfüllt sind, trifft denjenigen, der sich auf die Zubehöreigenschaft beruft.[93] Dagegen hat derjenige, der sich auf eine Verkehrsanschauung iSd Abs. 1 S. 2 beruft, die der Annahme der Zubehöreigenschaft der Sache entgegensteht, diese Verkehrsauffassung darzulegen und zu beweisen.[94] Dies kann insbesondere durch Vorlage einer von der IHK durchgeführten Umfrage geschehen oder durch die anzubietende Einholung eines Sachverständigengutachtens. Lässt sich eine die Zubehöreigenschaft ausschließende Verkehrsauffassung nicht feststellen, ist die Sache als Zubehör zu qualifizieren, da für das Vorliegen einer entgegenstehenden Verkehrsauffassung keine Vermutung besteht.[95] Infolgedessen trägt die Antragsgegnerseite die Darlegungs- und Beweislast bezüglich einer der Zubehöreigenschaft entgegenstehenden Verkehrsauffassung nach Abs. 1 S. 2. Sie trägt ebenso die Darlegungs- und Beweislast für die Voraussetzungen des Abs. 2 S. 1, also den Einwand, es liege keine Zubehöreigenschaft iSd Abs. 1 S. 1 vor, weil bspw. Geräte nur vorübergehend zur Benutzung eingebaut worden seien.[96]   **38**

4. Der dienende Charakter des Zubehörs. Ein dienender Charakter des Zubehörs ist dann anzunehmen, wenn dieses (aufgrund einer an der **Verkehrsanschauung orientierten wirtschaftlichen Betrachtungsweise**) die zweckentsprechende Verwendung der Hauptsache (die bereits dergestalt vorhanden ist, dass sich mit ihr ein wirtschaftlicher Zweck verwirklichen lässt) – und sei es auch nur durch die Gewährung mittelba-   **39**

77   RGRK/*Steffen* BGB § 97 Rn. 13; Staudinger/*Herrler/Stieper* BGB § 97 Rn. 20.
78   RGZ 62, 410, 411.
79   KG OLGE 6, 213.
80   BGH NJW 1962, 1498.
81   OLG Düsseldorf NJW-RR 1991, 1130; Palandt/*Ellenberger* BGB § 97 Rn. 7.
82   BGH NJW 1984, 2277; bspw. fest eingebaute Maschinen in einem gepachteten Gebäude, die nach Beendigung des Pachtverhältnisses wieder entfernt werden sollen BGH DB 1971, 2113 (weil dem Verpächter nach Beendigung des Pachtverhältnisses nur ein wahlweises Übernahmerecht eingeräumt worden ist). Oder vom Mieter angebrachte Lampen, OLG Bamberg OLGZ 14, 8.
83   So RGRK/*Steffen* BGB § 97 Rn. 30; Soergel/*Marly* BGB § 97 Rn. 27.
84   RGZ 132, 321, 324.
85   Erman/*Michalski* BGB § 97 Rn. 7.

86   BGHZ 58, 309, 314 = NJW 1972, 1187; BGHZ 35, 85, 87 = NJW 1961, 1349; Staudinger/*Herrler/Stieper* BGB § 97 Rn. 18.
87   Vgl. BeckOK BGB/*Fritzsche* BGB § 97 Rn. 15.
88   OLG Bamberg OLGZ 14, 8, 9.
89   Erman/*Michalski* BGB § 97 Rn. 7.
90   OLG Düsseldorf NJW-RR 1994, 735 (737).
91   Zubehör des Grundstücks BGHZ 58, 309, 312 f. = NJW 1972, 1187.
92   RGZ 47, 197, 201.
93   OLG Bremen FamRZ 2018, 250, juris Rn. 26.
94   BGH NJW-RR 1990, 586 Rn. 19; BGH NJW 2009, 1078 Rn. 28; OLG Nürnberg NJW-RR 2002, 1485 Rn. 9.
95   Staudinger/*Herrler/Stieper* BGB § 97 Rn. 36; MüKoBGB/*Stresemann* § 97 Rn. 32.
96   BGH NJW-RR 1990, 586 Rn. 16; BGH NJW 2009, 1078 Rn. 29; OLG Bremen FamRZ 2018, 250, juris Rn. 27; MüKoBGB/*Stresemann* § 97 Rn. 32.

rer Vorteile[97] – fördert oder ermöglicht.[98] Die Zubehöreigenschaft ist also nicht davon abhängig, dass das Zubehör zwingend zur Benutzung der Hauptsache erforderlich ist.[99] Es reicht auch aus, wenn das Zubehör nur dem wirtschaftlichen Zweck einzelner Bestandteile der Hauptsache dient.[100]

40   Ggf. kann Inventar (das einem gewerblichen Betrieb auf Dauer dienen soll) auch schon vor Fertigstellung des Betriebsgebäudes als „Zubehör" zu qualifizieren sein.[101]

41   Die dienende Funktion des Zubehörs im Verhältnis zur Hauptsache (Unterordnung unter den wirtschaftlichen Zweck der Hauptsache) kommt durch ein **Über-Unterordnungsverhältnis** zwischen Hauptsache und Zubehör zum Ausdruck[102] (Abhängigkeitsverhältnis), auch wenn die Unterordnung des Zubehörs unter den Hauptsachezweck – wie bspw. bei einer Materialreserve[103] (nicht jedoch bei einer Rohstoffreserve für den laufenden Betrieb, da hier eine Unterordnung gegenüber dem Betriebsgrundstück wegen Gleichwertigkeit fehlt;[104] ebenso bei Fertigprodukten eines Betriebs)[105] – erst künftig beabsichtigt ist.[106]

42   Eine Unterordnung des Zubehörs ist dann anzunehmen, wenn es zur Förderung des wirtschaftlichen Zwecks der Hauptsache Verwendung findet, indem es diesem zumindest mittelbar – wenn nicht ausschließlich, so doch zumindest auch – dient.[107]

43   Eine grundsätzliche Eignung des Zubehörs für den Einsatzzweck ist nicht erforderlich, da die subjektive Widmung (→ Rn. 26) über den Charakter der Zubehöreigenschaft entscheidet.[108] Ein tatsächlich zweckentsprechender Einsatz des Zubehörs ist (bei tatsächlicher Eignung, dem wirtschaftlichen Zweck der Hauptsache zu dienen) bei entsprechender Widmung nicht erforderlich.[109]

44   **5. Das notwendige räumliche Verhältnis zwischen Zubehör und Hauptsache.** Zwischen Zubehör und Hauptsache muss ein – gemäß der Zweckbestimmung, dem wirtschaftlichen Zweck der Hauptsache zu dienen – entsprechendes räumliches Verhältnis bestehen (mithin eine tatsächliche Stellung des Zubehörs in den Dienst der Hauptsache).[110] Mit der Begründung dieses notwendigen räumlichen Verhältnisses gelangt die Zubehöreigenschaft erst zur Entstehung,[111] da das Zubehör ansonsten seine dienende Funktion gegenüber der Hauptsache nicht wahrnehmen kann.

45   Das Näheverhältnis setzt nicht voraus, dass eine körperliche Verbindung der beiden Sachen erfolgt[112] oder dass sich das Grundstückszubehör auf dem in Rede stehenden Grundstück befindet;[113] es reicht vielmehr aus, dass aufgrund der örtlichen Belegenheit des Zubehörs eine Benutzung für die Zwecke der Hauptsache (Zweckbestimmung) möglich ist,[114] auch wenn sich die Zubehörsache auf einem anderen (ggf. sogar auf einem fremden) Grundstück befindet.[115] Insoweit ist eine erhebliche Distanz zwischen Zubehör und Hauptsache dem Zubehörcharakter nicht abträglich,[116] was bspw. beim Leitungsnetz von Versorgungsunternehmen zum Tragen kommt (das als Zubehör des Betriebsgrundstücks qualifiziert wird, → § 95 Rn. 43 ff.).[117]

97   OLG Stettin JW 1932, 1581.

98   Palandt/*Ellenberger* BGB § 97 Rn. 4.

99   LG Berlin DGVZ 1977, 156; BeckOK BGB/*Fritzsche* § 97 Rn. 11; MüKoBGB/*Stresemann* § 97 Rn. 15.

100   Bspw. einem Stockwerk eines Gebäudes RGZ 48, 207, 208; 89, 61, 63.

101   BGH NJW 1969, 36.

102   Unterordnung des Zubehörs unter die Hauptsache RGZ 86, 326, 329; BGH LM § 97 BGB Nr. 3; BGHZ 85, 234.

103   Bspw. Kohlevorräte (RGZ 77, 36, 38) oder Heizölvorräte (LG Braunschweig ZMR 1986, 120).

104   RGZ 86, 326, 329; Soergel/*Marly* BGB § 97 Rn. 23; Staudinger/*Herrler/Stieper* BGB § 97 Rn. 16.

105   RGRK/*Steffen* BGB § 97 Rn. 23; Staudinger/*Herrler/Stieper* BGB § 97 Rn. 16 – arg.: nur noch vorübergehende Verbindung mit dem Betriebsgrundstück.

106   Staudinger/*Herrler/Stieper* BGB § 97 Rn. 15.

107   Staudinger/*Herrler/Stieper* BGB § 97 Rn. 14.

108   BGH NJW-RR 1990, 586 (588); BeckOK BGB/*Fritzsche* § 97 Rn. 12; MüKoBGB/*Stresemann* § 97 Rn. 15 und 19; aA OLG Karlsruhe NJW-RR 1986, 19 (20).

109   Wenngleich einem entsprechenden Einsatz Indizwirkung zukommt, BeckOK BGB/*Fritzsche* § 97 Rn. 12; MüKoBGB/*Stresemann* § 97 Rn. 20.

110   Staudinger/*Herrler/Stieper* BGB § 97 Rn. 22.

111   RG JW 1909, 159; Palandt/*Ellenberger* BGB § 97 Rn. 8.

112   Da dadurch idR Bestandteilseigenschaft begründet wird, schlösse dies eine Zubehöreigenschaft sogar aus, Staudinger/*Herrler/Stieper* BGB § 97 Rn. 22.

113   BGH NJW-RR 2011, 1458 Rn. 9; RGZ 87, 43, 50.

114   Palandt/*Ellenberger* BGB § 97 Rn. 8; weshalb auch Anschlussgleise (RG WarnR 1930 Nr. 49), auf einem Nachbargrundstück errichtete Hilfsgebäude (RGZ 55, 284) oder auf einem fremden Grundstück verlegte Gas-, Wasser- oder Elektrizitäts(versorgungs)leitungen „Zubehör" sind (BGH NJW-RR 2011, 1458 Rn. 9; BGHZ 37, 353; BGH NJW 1980, 771) – ebenso wie (Beispiele nach Palandt/*Ellenberger* BGB § 97 Rn. 8) eine Werft in öffentlichen Gewässern (OVG Bremen NJW-RR 1986, 955), der Fahrzeugpark einer Fabrik oder eines Handelsunternehmens (so Palandt/*Ellenberger* BGB § 97 Rn. 8, nicht jedoch Fahrzeuge eines Speditions- oder Transportunternehmens (BGHZ 85, 234) oder Sauerstoffanlagen (RGZ 157, 47).

115   RGZ 130, 360, 364, 367; BGH MDR 1965, 561.

116   RGZ 151, 35, 40, 46; Staudinger/*Herrler/Stieper* BGB § 97 Rn. 22.

117   Dazu RGZ 168, 288, 290; BGHZ 37, 353, 356 = NJW 1962, 1817; BGH NJW 1980, 771 (772).

Gleiches gilt für auf anderen Grundstücken stehende Hilfsgebäude[118] oder Anschlussgleise eines Betriebs.[119]

6. Die Bedeutung der Verkehrsanschauung (Abs. 1 S. 2). Nach Abs. 1 S. 2 ist eine Sache dann nicht **46** Zubehör, wenn sie im Verkehr nicht als Zubehör angesehen wird (entgegenstehende Verkehrsanschauung). Dh, auch wenn alle vorab dargestellten Voraussetzungen einer Zubehöreigenschaft (Über-Unterordnungsverhältnis) vorliegen sollten, kann eine Sache gleichwohl nicht als Zubehör qualifiziert werden, wenn die Verkehrsanschauung dem – in Zweifelsfällen – entgegensteht. Gemäß Abs. 1 S. 2 ist die Verkehrsanschauung dafür entscheidend, ob zwischen zwei Sachen ein Verhältnis der Über- und Unterordnung und damit ein Zubehörverhältnis besteht oder ob beide Sachen für den verfolgten Zweck von gleicher Wichtigkeit sind und daher eine Zubehöreigenschaft ausscheidet. Das Abstellen auf die Verkehrsanschauung schützt die Interessen des Rechtsverkehrs. Dieser vertraut auf den Bestand des äußerlich erkennbaren Zusammenhangs als wirtschaftliche Einheit. Allerdings kommt es aufgrund unterschiedlicher, auch lokal begrenzt abweichender Verkehrsanschauungen häufig zu unterschiedlichen Maßstäben und somit nicht selten zu entgegengesetzten Entscheidungen, was die Beurteilung der Zubehöreigenschaft gleicher Wirtschaftsgüter anbelangt.[120] Zu der Frage, ob eine Verkehrsanschauung besteht, wonach ein Gegenstand, der die Voraussetzungen des Abs. 1 S. 1 erfüllt, dennoch nicht als Zubehör anzusehen ist, gelangt man allerdings erst, wenn die Seite, für die dieser Einwand günstig ist, Entsprechendes vorträgt und – im Falle des Bestreitens – auch unter Beweis stellt.[121]

Unter der **Verkehrsanschauung** ist die Auffassung zu verstehen, die sich allgemein oder in dem in Rede **47** stehenden Verkehrsgebiet gebildet hat und in den Lebens- und Geschäftsgewohnheiten der Beteiligten auch ihren nach außen hin in Erscheinung tretenden Ausdruck findet.[122] Vor diesem Hintergrund kann (aufgrund geografischer Unterschiede in Deutschland) die Qualifikation einer (nicht speziell eingepassten) Einbauküche als Zubehör eines Wohnhauses in bestimmten Gegenden an einer entsprechenden Verkehrsauffassung scheitern[123] (→ Rn. 65, Fn. 160). Der **Beurteilungsmaßstab** ist damit ein **objektiver**, wodurch vertragliche Vereinbarungen über die Zubehöreigenschaft an einer Zuordnung nichts ändern können.[124] Die Verkehrsanschauung findet in verschiedener Hinsicht **Grenzen**:[125] So kommt es in personeller Hinsicht auf die Lebens- und Geschäftsverhältnisse der Beteiligten an.[126] Gleichermaßen sind lokale Begrenzungen der Verkehrsanschauung möglich,[127] ebenso wie diese einem Wandlungsprozess im Laufe der Zeit unterworfen ist,[128] wodurch auch unterschiedliche (dh entgegengesetzte) Entscheidungen der Gerichte nicht gerade selten sind.[129]

Beachte: Unter **Beweislastgesichtspunkten** hat derjenige die Verkehrsanschauung (als Ausnahmetatbe- **48** stand, → Rn. 46) zu beweisen, der sich auf sie als Ausnahme, die eine Nicht-Zubehöreigenschaft statuiert, beruft.[130] Dieser muss eine bestimmte Verkehrsanschauung behaupten und dafür geeignete Beweismittel benennen.[131] Die Beweiserhebung über die Verkehrsanschauung bedarf grundsätzlich der Einholung eines Sachverständigengutachtens in Gestalt einer demoskopischen Umfrage. Das Bestehen einer Verkehrsanschauung kann allerdings Gegenstand fachlicher Erfahrung sein, die eine Beweiserhebung dann entbehrlich macht, wenn das Gericht über eigene Sachkunde verfügt.[132]

Beachte weiter: Da auch ein Wandel in der Verkehrsanschauung möglich ist, kann diese dann uU nicht den **49** Feststellungen lang zurückliegender gerichtlicher Entscheidungen entnommen werden.[133]

Unter diesem Gesichtspunkt sind **Möbel** – anders als ggf. Einbauküchen[134] – nach der Verkehrsanschauung **50** **kein Zubehör** einer Wohnung.[135]

---

118 RGZ 55, 281, 284 f.
119 RG WarnR 1930 Nr. 49.
120 OLG Düsseldorf NJW-RR 1994, 1039; Staudinger/ *Herrler/Stieper* BGB § 97 Rn. 24 f.
121 BGH NJW-RR 1990, 586 Rn. 19; OLG Nürnberg NJW-RR 2002, 1485 Rn. 5 und 9.
122 Vgl. RGZ 77, 241, 244; BGHZ 101, 186 = NJW 1987, 2812; OLG Köln NJW 1961, 461; Palandt/ *Ellenberger* BGB § 97 Rn. 9.
123 BeckOK BGB/*Fritzsche* § 97 Rn. 17.
124 MüKoBGB/*Stresemann* § 97 Rn. 2.
125 Staudinger/*Herrler/Stieper* BGB § 97 Rn. 24.
126 RGZ 77, 241, 244.
127 Vgl. etwa Prot. III, S. 19.
128 Staudinger/*Herrler/Stieper* BGB § 97 Rn. 24.

129 Beispiele bei Staudinger/*Herrler/Stieper* BGB § 97 Rn. 25; vgl. etwa nur die unterschiedliche Einschätzung von Einbauküchen in der Judikatur, dazu bereits § 94 Rn. 40, Fn. 135.
130 BGH NJW-RR 1990, 586; OLG Nürnberg MDR 2002, 815 = NJW-RR 2002, 1485.
131 BGH NJW 1992, 3224.
132 Vgl. BGH NJW 1992, 3224 (3226).
133 BGH NJW 1992, 3224 (3226); BeckOK BGB/*Fritzsche* § 97 Rn. 23.
134 So Palandt/*Ellenberger* BGB § 97 Rn. 9. Hingegen kann die Einrichtung einer Gastwirtschaft Zubehör sein (OLG Schleswig Rpfleger 1988, 76), wobei in Schleswig-Holstein keine entgegenstehende Verkehrsanschauung bestehen soll.
135 OLG Düsseldorf DNotZ 1987, 108.

II. Rechtsfolgen der Zubehöreigenschaft

51 Zubehör kann **sonderrechtsfähig** sein, mithin also grundsätzlich auch ohne die Hauptsache übertragen und belastet werden.

52 Da das Zubehör gleichzeitig aber in einem engen wirtschaftlichen Zusammenhang mit der Hauptsache steht, **teilt** es im Zweifel deren **rechtliches Schicksal** – was der Gesetzgeber in einer Reihe von Vorschriften so angeordnet hat, bspw. im Zusammenhang mit **Verpflichtungsgeschäften** in § 311 c, wonach, wenn sich jemand zur Veräußerung oder Belastung einer Sache verpflichtet, sich diese Verpflichtung im Zweifel (dh als Auslegungsregel) auch auf das „Zubehör" der Sache erstreckt – Zusammengehörigkeit von Hauptsache und Zubehör mit korrespondierender grundsätzlich rechtlicher Gleichbehandlung von Zubehör und Hauptsache.

53 Vgl. zudem **§ 457 Abs. 1** (wonach der Wiederverkäufer verpflichtet ist, dem Wiederkäufer den gekauften Gegenstand nebst Zubehör herauszugeben), **§ 1096 S. 2** (wonach sich das Vorkaufsrecht im Zweifel auf das mit dem Grundstück verkaufte Zubehör erstreckt) sowie **§ 2164 Abs. 1** (Erstreckung des Vermächtnisses im Zweifel auf das zur Zeit des Erbfalls vorhandene Zubehör). Nach § 1932 Abs. 1 S. 1 gebühren dem Ehegatten außer dem Erbteil ua die zum ehelichen Haushalt gehörenden Gegenstände, soweit sie nicht Zubehör eines Grundstücks sind, als Voraus.

54 Im Rahmen von **Verfügungsgeschäften** kann der Erwerber eines Grundstücks gemäß § 926 Abs. 1 (Erstreckung der Grundstücksveräußerung auf das Zubehör) am Grundstückszubehör Eigentum erwerben, ohne dass es der Übergabe des beweglichen Zubehörs bedürfte[136] – was jedoch nur für dem Veräußerer gehörende Zubehörstücke gilt,[137] wohingegen an in fremdem Eigentum stehendem Zubehör sich der Eigentumsübergang gemäß § 926 Abs. 2 nach Maßgabe der §§ 932 ff. vollzieht. Eine Entsprechung findet dieser Regelungsgehalt in den §§ 1031, 1062 für den Nießbrauch, in § 1093 für die beschränkt persönliche Dienstbarkeit sowie in § 11 ErbbauRG für das Erbbaurecht.

55 Die praktisch wohl bedeutendste Zubehörsregel ist **§ 1120** (Erstreckung der Hypothek auf das Zubehör, soweit es im Eigentum des Grundstückseigentümers steht[138] – vgl. zudem die korrespondierende Zwangsvollstreckungsvorschrift des § 865 ZPO, → Rn. 59). Zubehörstücke können nach Maßgabe der §§ 1121 und 1122 Abs. 2 von der Haftung frei werden. Werden Zubehörstücke zur Sicherheit übereignet, ändert sich an der Zubehöreigenschaft – wenn keine Entwidmung stattfindet – nichts.[139]

56 § 1120 findet über den Verweis in § 1192 für die Grundschuld und in § 1199 für die Rentenschuld entsprechende Anwendung.

57 Vgl. zudem § 31 Schiffsregistergesetz (Zubehör an eingetragenen Schiffen) und § 103 BinnSchG sowie § 31 Luftfahrzeugregistergesetz (wonach die pfandrechtliche Haftung sogar nur vorübergehend eingebautes Zubehör erfasst).[140]

58 Zubehör im Rahmen der Zwangsvollstreckung ist nach § 97 bzw. § 98 zu verstehen.[141]

59 Die **Zwangsvollstreckung** in bewegliche Sachen, die Grundstückszubehör sind und im Eigentum des Grundstückseigentümers stehen, erfolgt gemäß § 865 Abs. 1 ZPO nicht nach den Regeln über die Mobiliarzwangsvollstreckung, sondern gemäß § 865 Abs. 2 ZPO iVm §§ 1120 ff. werden die Sachen von der Immobiliarzwangsvollstreckung des Grundstücks erfasst, dessen Zubehör sie sind.[142]

60 Eine **Grundstücksbeschlagnahme** erfasst nach § 20 Abs. 1 ZVG das dem Grundstückseigentümer gehörende Zubehör (vgl. hinsichtlich land- und forstwirtschaftlicher Erzeugnisse § 21 Abs. 1 ZVG). Die Zwangsversteigerung erfasst nach § 55 Abs. 2 ZVG auch Dritten gehörende Zubehörstücke, wenn sie sich im Besitz des Schuldners befinden und der berechtigte Dritte sein Recht nicht nach § 37 Nr. 5 ZVG geltend macht.

61 Vgl. zur Zwangsverwaltung die §§ 146 Abs. 1, 148 Abs. 1 ZVG (mit entsprechender Anwendung der Vorschriften über die Zwangsversteigerung).[143]

---

136 RGZ 97, 102, 107; Staudinger/*Herrler/Stieper* BGB § 97 Rn. 31.

137 OLG Düsseldorf DNotZ 1993, 342.

138 Jedoch werden Anwartschaftsrechte des Eigentümers auf Erwerb von Zubehörstücken von der hypothekarischen Haftung mit erfasst BGHZ 35, 85.

139 BGH NJW 1987, 1266 (1267); Staudinger/*Herrler/Stieper* BGB § 97 Rn. 32.

140 Erman/*Michalski* BGB § 97 Rn. 15; Staudinger/*Herrler/Stieper* BGB § 97 Rn. 32.

141 OLG Oldenburg NJW 1952, 671.

142 RGZ 59, 87; Staudinger/*Herrler/Stieper* BGB § 97 Rn. 35.

143 Staudinger/*Herrler/Stieper* BGB § 97 Rn. 35: „Die Erweiterung des § 55 Abs. 2 ZVG auf Zubehör, das im Eigentum eines Dritten steht, greift hier allerdings nicht Platz".

III. Aufhebung der Zubehöreigenschaft

Die rechtliche Qualifikation einer Sache als „Zubehör" entfällt, wenn eine der vorgenannten Voraussetzungen der Zubehöreigenschaft (mithin objektive Aufhebungsgründe, → Rn. 5 ff.) **auf Dauer** (dh nicht nur vorübergehend, vgl. § 97 Abs. 2 S. 1 [→ Rn. 30 ff.], weshalb eine nur „vorläufige" Betriebseinstellung mit beabsichtigter Wiedereröffnung des Betriebs als Hauptsache das Zubehörverhältnis nur unterbricht, nicht aber beendet)[144] **wegfällt**,[145] bspw. durch eine dauernde räumliche Trennung des Zubehörs von der Hauptsache[146] (womit Widmung und Indienststellung enden),[147] durch eine Widmungsänderung[148] oder durch eine dauernde (nicht hingegen eine bspw. insolvenzbedingte vorübergehende)[149] Betriebseinstellung (wenn das Zubehör dem Betrieb diente).[150] Die **(Sicherungs-)Übereignung des Zubehörs**[151] führt hingegen allein ebenso wenig wie eine Verurteilung des tatsächlichen Besitzers einer Zubehörsache zur Aufhebung der Zubehöreigenschaft.[152] Auch ein bloßer Aufhebungswille allein vermag die Zubehöreigenschaft nicht zu beenden.[153] **62**

Beachte: Die **Beweislast** trägt derjenige, der sich auf die Aufhebung der Zubehöreigenschaft beruft.

IV. Scheinzubehör und Nebensachen

Unter **Scheinzubehör** sind nur scheinbar den Zubehörtatbestand erfüllende Sachen zu verstehen, die aber bspw. nur vorübergehend dem Zweck der Hauptsache zu dienen bestimmt sind (→ Rn. 30 ff.), oder solche Sachen, die nach der Verkehrsauffassung (→ Rn. 46 ff.) nicht als Zubehör verstanden werden.[154] **63**

Nebensachen – mithin Sachen, die ohne die Hauptsache nicht gekauft oder bestellt worden wären bzw. (im Kontext mit § 947 Abs. 2) die ohne Beeinträchtigung der praktischen Verwertbarkeit des Ganzen fehlen können[155] – stellen **kein Zubehör** dar.[156] **64**

V. Einzelbeispiele aus der Judikatur

1. Zubehöreigenschaft. Die Rechtsprechung hat etwa eine **Zubehöreigenschaft bejaht** bei einer Abraumhalde (eines Bergwerkseigentums),[157] Abwasserleitung,[158] einer Alarmanlage,[159] Anschlussgleisen eines Fabrikgrundstücks,[160] einer Apothekeneinrichtung,[161] einem Autotelefon,[162] einem Bagger,[163] Baumaterial auf dem Baugrundstück,[164] Baugeräte,[165] einer Bedienungsanleitung,[166] einer Bierausschankanlage,[167] **65**

144 RGZ 77, 36, 40; Staudinger/*Herrler/Stieper* BGB § 97 Rn. 28; wohingegen eine Betriebseinstellung auf 99 Jahre zur Beendigung des Zubehörverhältnisses führt, so RG WarnR 1934 Nr. 56. Die Entwidmung einer Kapelle führt zur Beendigung der Zubehöreigenschaft der Kirchenglocke BGH NJW 1984, 2277 (2278).
145 BGH NJW 1984, 2277.
146 Palandt/*Ellenberger* BGB § 97 Rn. 10.
147 Staudinger/*Herrler/Stieper* (Voraufl.) BGB § 97 Rn. 26.
148 Dauerhaft anderweitige Widmung BGH NJW 1969, 2135 (2136); 1984, 2277, 2278. Vgl. auch BGH WM 1993, 168: ausgelagertes Inventar verliert die Zubehöreigenschaft, wenn die Auslagerung mit dem Ziel seiner gesonderten Verwertung erfolgt ist.
149 RGZ 69, 85, 88; 77, 36, 39.
150 RGRK/*Steffen* BGB § 97 Rn. 35.
151 So BGH NJW 1979, 2514; 1987, 1266.
152 BGH NJW 1979, 2514; 1987, 1266, 1267.
153 Staudinger/*Herrler/Stieper* BGB § 97 Rn. 28.
154 So Staudinger/*Herrler/Stieper* BGB § 97 Rn. 27.
155 BGHZ 20, 159, 164.
156 Staudinger/*Herrler/Stieper* BGB § 97 Rn. 23.

157 BGHZ 17, 223, 231 = NJW 1955, 1186.
158 Offengelassen von VG Gießen ZUR 2013, 437, juris Rn. 24.
159 OLG München MDR 1979, 934 – in einer Eigentumswohnung; aA OLG Hamm NJW-RR 1988, 923: wesentlicher Bestandteil iSv § 94 Abs. 2. Vgl. zu einer Alarmanlage in einem PKW OLG Düsseldorf NZV 1996, 196.
160 RG WarnR 1930, Nr. 49.
161 Auf dem Apothekengrundstück: RG WarnR 1909, Nr. 491.
162 Umstritten, so aber BeckOK BGB/*Fritzsche* § 97 Rn. 18; Palandt/*Ellenberger* BGB § 97 Rn. 11; aA hingegen OLG Köln NJW-RR 1994, 51.
163 RG DR 1942, 138: eines Kiesgewinnungsbetriebes (selbst dann, wenn der Bagger sich nicht auf dem Grundstück selbst befindet).
164 BGHZ 58, 309.
165 OLG Hamm MDR 1985, 494 (495): wenn es sich auf dem für das Baugeschäft eingerichteten Grundstück befindet. Ansonsten nachstehende Rn. 67.
166 BeckOK BGB/*Fritzsche* § 97 Rn. 18.
167 OLG Celle OLGZ 1980, 13: in einer Gastwirtschaft.

einer Büroeinrichtung,[168] dem Container eines Zugfahrzeugs,[169] einer Einbauküche,[170] (Gastwirtschafts-oder Gewerbebetriebs-)Einrichtungen,[171] dem Erdaushub eines Grundstücks,[172] (Kraft-)Fahrzeugen[173] (wobei ein Fuhrpark nur dann Grundstückszubehör ist, wenn der wirtschaftliche Schwerpunkt des Unternehmens gerade auf diesem Grundstück liegt),[174] einem Gastank (im Erdreich des Grundstücks),[175] einem Handtuchspender (Rollenhalter und Sammelkörbe im Verhältnis zu Hygienepapier),[176] Heizvorräten,[177] Hoteleinrichtung und Zimmereinrichtung (für Hotel),[178] Kabelverteilerkästen (und Transformatorenstationen im Verhältnis zur Elektrizitätsversorgungsanlage des Energieversorgungsunternehmens),[179] einer Kirchenglocke und Kirchenorgel,[180] Kontoreinrichtung (eines Gewerbebetriebs),[181] einer Kühlanlage,[182] (Fernversorgungs-)Leitungen,[183] Maschinen,[184] Photovoltaikanlagen,[185] bei Rauchwarnmeldern,[186] Satellitenempfangsanlagen,[187] einer Sauna,[188] der Schankanlage (einer Gaststätte),[189] einem Schaukasten (eines Ladens),[190] einem Schwimmbecken (nebst Filter- und Heizanlage),[191] einer Speiseeismaschine (in einer Bäckerei),[192] Theaterrequisiten (eines Theatergebäudes),[193] Verpackungsmaterial,[194] Versorgungsleitungen (im Verhältnis zu Klär-, Kraft- und Wasserwerken, sofern sie nicht Bestandteile des Grundstücks sind, in

168 Palandt/*Ellenberger* BGB § 97 Rn. 12: eines gewerblichen Betriebs, wenn das Grundstück auf eine entsprechende Benutzung dauerhaft eingerichtet ist. Vgl. BayObLG OLGE 24, 250 (Fabrikgebäude) bzw. LG Mannheim DB 1976, 2206 (Verwaltungsgebäude).
169 FG München EFG 1976, 255 (256).
170 BGH NJW-RR 1990, 586: soweit es sich nicht um einen Bestandteil des Gebäudes handelt (s. § 94 Rn. 40, Fn. 135). Vgl. auch OLG Nürnberg NJW-RR 2002, 1485; OLG Stuttgart FamRZ 1999, 855; OLG Celle NJW-RR 1989, 913; LG Düsseldorf VersR 2011, 525; AG Köln RuS 2010, 518. Im Übrigen sind regionale Auffassungen zu berücksichtigen, OLG Hamm NJW-RR 1989, 333; OLG Düsseldorf NJW-RR 1994, 1039. Regional abweichende Verkehrsauffassungen sollen sich jedoch im Laufe der Zeit auch ändern können: so BGH NJW 2009, 1078 (für den süddeutschen Raum).
171 BGHZ 62, 49: wenn das Grundstück auf eine entsprechende dauernde Benutzung hin eingerichtet ist. Vgl. auch LG Schleswig Rpfleger 1988, 76.
172 BeckOK BGB/*Fritzsche* § 97 Rn. 18.
173 PKW eines Baubetriebes, OLG Hamm JMBl NRW 1953, 244; Hotelomnibus (auch wenn noch andere als Hotelgäste befördert werden), RGZ 47, 197, 200; 157, 40, 48; Lieferfahrzeug von (Fabrik- oder Handels-) Unternehmen BGH WM 1980, 1383 (1384). Hingegen wurde die Zubehöreigenschaft **verneint** bei Fahrzeugen eines Speditions- oder Transportunternehmens BGHZ 85, 234, 237 – arg.: Fahrzeuge operieren außerhalb des Betriebsgeländes, was gleichermaßen für Baugerät (Fn. 155 u. 185) gilt, bspw. einen Baukran (OLG Koblenz MDR 1990, 49) oder sonstige Baumaschinen (BGH NJW 1994, 864), die an unterschiedlichen Stellen eingesetzt werden.
174 Staudinger/*Herrler/Stieper* BGB § 97 Rn. 14.
175 LG Gießen NJW-RR 1999, 1538.
176 OLG Düsseldorf GRUR 1985, 391.
177 OLG Düsseldorf NJW 1966, 1714: bspw. an Öl oder Kohle. Vgl. auch OLG Schleswig-Holstein SchlHA 1997, 110. Zudem *Schulte-Thoma* RNotZ 2004, 61 (64).

178 FG Düsseldorf EFG 2014, 303.
179 BeckOK BGB/*Fritzsche* § 97 Rn. 18.
180 RG JW 1910, 466; RGZ 90, 346, 348; BGH NJW 1984, 2277 (2278).
181 Palandt/*Ellenberger* BGB § 97 Rn. 12 – arg.: „wenn Grundstück durch entsprechende Bebauung dauerhaft eingerichtet ist": BGHZ 62, 49.
182 OLG Hamm NJW-RR 1986, 376: einer Gaststätte.
183 BGHZ 37, 353, 357; BGH NJW 1980, 771: Zubehör des Grundstücks des Versorgungsbetriebs, es sei denn, die Leitungen sind *Bestandteil* der Grundstücke, in denen sie liegen (→ § 95 Rn. 43 ff.). Vgl. auch *Brüning* VIZ 1997, 398. Auch im Keller des Nachbarhauses verlaufende Versorgungsleitungen: BGH NJW-RR 2011, 1458 Rn. 9.
184 BGH NJW 1979, 2514; selbst vor ihrer Inbetriebnahme BGH NJW 1994, 864. Etwas anderes gilt dann (dh fehlende Zubehöreigenschaft), wenn das betreffende Grundstück nicht dauerhaft für einen entsprechenden Gewerbebetrieb eingerichtet ist (BGHZ 62, 49) bzw. wenn Maschinen ausschließlich auf Baustellen eingesetzt werden (BGH NJW 1994, 864).
185 LG Saarbrücken ZfIR 2017, 421, juris Rn. 35: für eine als Aufdachanlage montierte Photovoltaikanlage. Ebenso LG Passau Rechtspfleger 2012, 401; LG Heilbronn ZfIR 2014, 786; OLG Oldenburg JurBüro 2013, 96.
186 LG Hamburg ZMR 2011, 387 = ZWE 2011, 286. Ebenso LG Hamburg ZMR 2012, 129 = ZWE 2012, 55. Kritisch dazu *Schultz* ZWE 2011, 288; *Schneider* ZMR 2010, 822.
187 LG Nürnberg-Fürth DGVZ 1996, 123.
188 AG Aschaffenburg DGVZ 1998, 158; AG Ludwigsburg DGVZ 1991, 95.
189 OLG Celle OLGZ 80, 13, 14.
190 OLG Marienwerder JW 1932, 2097.
191 AG Betzdorf DGVZ 1989, 189.
192 LG Kassel MDR 1959, 487.
193 KG OLGE 30, 3028.
194 RG Gruchot 53, 899.

dem sie verlegt sind),[195] eine Aufdach-Photovoltaikanlage,[196] einer Waschmaschine (in einem Mehrfamilienhaus),[197] bzw. einem Zuchthengst.[198]

Zur Behandlung von **Einbauküchen**[199] (die auch unter § 94 Abs. 2 fallen können) siehe bereits Fn. 134 und **66** → § 94 Rn. 40, Fn. 189. Jedenfalls nach der überwiegend in Rechtsprechung und Literatur vertretenen Auffassung handelt es sich bei **Standardeinbauküchen**, die ohne bedeutenden Wertverlust aus einem Raum ausgebaut und in eine andere Immobilie wieder eingebaut werden können, um keine wesentlichen Bestandteile des Hauses bzw. der Wohnung.[200] Eine Einbauküche wird daher nur dann wesentlicher Bestandteil eines Gebäudes iS von § 94 Abs. 2, 946, wenn erst ihre Einfügung im Gebäude diesem nach der Verkehrsanschauung eine besondere Eigenart, ein bestimmtes Gepräge gibt, ohne das es nicht als fertiggestellt gilt, oder wenn die Einbauküche dem Baukörper besonders angepasst ist und deswegen mit ihm eine Einheit bildet.[201] Nach hM trifft dies in aller Regel nur auf – meist hochwertige – Einbauküchen zu, die nicht serienmäßig hergestellt, sondern speziell für einen bestimmten Küchenraum angefertigt wurden. Demgegenüber sind Einbauküchen, die aus serienmäßig hergestellten Einzelteilen zusammengefügt wurden, jedenfalls in Süd- und Westdeutschland, regelmäßig nicht wesentliche Bestandteile des Wohngebäudes.[202] Denn spätestens seit den 80er Jahren des vergangenen Jahrhunderts besteht in diesen Gegenden die Verkehrsanschauung, wonach ein Wohngebäude erst nach Einfügung einer Küche als fertiggestellt gilt, für solche Einbauküchen nicht mehr.[203]

2. Nicht-Zubehör. Die Judikatur hat bspw. eine **Zubehöreigenschaft verneint** bei einem Autotelefon,[204] **67** Baugerät,[205] Bauunterlagen des Hausgrundstücks,[206] Beständen eine Baumschule,[207] Beleuchtungsgeräten,[208] Bier einer Brauerei,[209] Bodenbelag,[210] Büroeinrichtung (in einer Villa),[211] Garten (im Verhältnis zur Wohnung),[212] Kfz-Brief (im Verhältnis zum Fahrzeug),[213] Ladeneinrichtung (im Geschäftshaus),[214] Möbeln,[215] Nebenstellensprechanlage,[216] Reisegepäck (im Auto),[217] Rohstoffen,[218] einer Schrankwand,[219] Speisen und Getränken einer Gastwirtschaft,[220] (im Garten aufgestellte) Statue[221] bzw. allen, für den Ver-

195 BeckOK BGB/*Fritzsche* § 97 Rn. 18.
196 OLG Oldenburg JurBüro 2013, 96. Vgl. auch OLG Passau Rpfleger 2012, 401 = RNotZ 2012, 511: Danach sind Photovoltaikanlagen jedenfalls dann Zubehör eines Grundstücks iSv § 97, wenn sie als Aufdachanlagen konstruiert sind und ihre Nutzungsdauer nicht durch entsprechende Vereinbarungen eingeschränkt ist. Vgl. auch LG Heilbronn ZfIR 2014, 786, wonach eine Photovoltaikanlage dann nicht Grundstückszubehör ist, wenn nur eine vorübergehende Benutzung iSv Abs. 2 S. 1 vorliegt. „Vorübergehend" ist eine Benutzung dann, wenn sie von vornherein auf beschränkte Zeit oder auf vorübergehende Bedürfnisse angelegt ist. Damit ist dann eine „vorübergehende Benutzung" iSv Abs. 2 S. 1 anzunehmen, wenn der Grundstückseigentümer die Dachfläche seines Gebäudes den Betreibern einer Photovoltaikanlage vermietet hat und der Mietvertrag beiderseits kündbar ist (für die Betreiber sogar jederzeit).
197 LG Dortmund MDR 1965, 740; vgl. zudem AG Elmshorn DGVZ 1986, 191: Waschmaschine und Wäschetrockner eines Cafés.
198 AG Oldenburg DGVZ 1980, 93 (94): Zubehör eines Reiterhofs.
199 Zur Frage, ob eine (bei einem Brand in einer Eigentumswohnung beschädigte) Einbauküche in der Wohngebäudeversicherung mitversichertes „Zubehör" iSv § 1 Nr. 2 VGB 88 iVm Abs. 1 S. 1 ist: AG Köln RuS 2010, 518; zudem LG Düsseldorf VersR 2011, 525.
200 BGH NJW 2009, 1078 Rn. 13; BGH NJW-RR 1990, 586 Rn. 11 f.; OLG Bremen FamRZ 2018, 250, juris Rn. 16; OLG Düsseldorf NJW-RR 1994, 1039; OLG Koblenz NJW-RR 2017, 838, juris Rn. 16 ff.; KG KGR Berlin 1999, 8.
201 BGH NJW-RR 1990, 914; OLG Koblenz NJW-RR 2017, 938 = FamRZ 2017, 1391, juris Rn. 21; MüKoBGB/*Stresemann* § 97 Rn. 30.

202 BGH NJW 1990, 586; OLG Koblenz NJW-RR 2017, 838, juris Rn. 21; OLG Karlsruhe NJW-RR 1986, 19; Palandt/*Ellenberger* BGB § 93 Rn. 5.
203 MüKoBGB/*Stresemann* § 94 Rn. 31 mit weiteren Nachweisen in Fn. 134.
204 OLG Köln NJW-RR 1994, 51: eines Geschäftswagens.
205 BGHZ 124, 380: Baugeräte, die nur auf Baustellen eingesetzt werden; BGHZ 62, 49: sofern es sich nicht auf einem für ein Baugeschäft eingerichteten Grundstück befindet (sondern zB auf einem Lagerplatz, OLG Koblenz BB 1989, 2138).
206 OLG Karlsruhe NJW 1975, 694.
207 RGZ 66, 88, 90 – arg.: zur Veräußerung bestimmt, weshalb der räumliche Nähe zur Hauptsache nur vorübergehender Natur ist.
208 OLG Bamberg OLGE 14, 8: wenn Mieter sie nur für vorübergehende (Nutzungs-) Dauer angeschafft haben.
209 OLG Kiel SeuffA 67, Nr. 146.
210 Palandt/*Ellenberger* BGB § 97 Rn. 11 – arg.: Linoleumbodenbelag als Bestandteil.
211 OLG München OLGE 29, 244.
212 LG Hagen MDR 1948, 147.
213 LG München DAR 1958, 267.
214 OLG Braunschweig HRR 1939 Nr. 869.
215 OLG Düsseldorf DNotZ 1987, 108: wegen entgegenstehender Verkehrsanschauung, § 97 Abs. 1 S. 2.
216 OLG Köln NJW 1961, 461: wegen entgegenstehender Verkehrsanschauung, § 97 Abs. 1 S. 2.
217 BGH VersR 1962, 557.
218 Palandt/*Ellenberger* BGB § 97 Rn. 12 und 5: für Fabrikgrundstück.
219 OLG Düsseldorf OLGZ 1988, 115.
220 OLG Rostock OLGE 31, 309, 311.
221 OLG Frankfurt/M. NJW 1982, 653: Bronzerelief.

kauf bestimmte Waren,[222] (im Kfz speziell für eine Reise mitgeführtem) Werkzeug[223] bzw. Ziegeln einer Ziegelei.[224]

68 Steht die Zubehöreigenschaft **verbrauchbarer Sachen** in Rede, ist immer deren „dauerhafte Unterordnung" unter den wirtschaftlichen Zweck der Hauptsache zu prüfen. Dann kommt ggf. eine Zubehöreigenschaft in folgenden Fällen in Betracht: (auf dem Baugrundstück lagerndes) Baumaterial,[225] Heizölvorrat (eines zu beheizenden Wohn- oder sonstigen Gebäudes),[226] Kohlevorrat (einer Ziegelei)[227] oder Materialvorräte (einer Fabrik).[228] Eine Zubehöreigenschaft scheidet hingegen aus bei Rohstoffen und Halbfertigprodukten (die nach Be- oder Verarbeitung veräußert werden sollen)[229] bzw. bei (zum Verkauf bestimmten) Waren und Produkten.[230]

§ 98 Gewerbliches und landwirtschaftliches Inventar

Dem wirtschaftlichen Zwecke der Hauptsache sind zu dienen bestimmt:

1. **bei einem Gebäude, das für einen gewerblichen Betrieb dauernd eingerichtet ist, insbesondere bei einer Mühle, einer Schmiede, einem Brauhaus, einer Fabrik, die zu dem Betrieb bestimmten Maschinen und sonstigen Gerätschaften,**

2. **bei einem Landgut das zum Wirtschaftsbetrieb bestimmte Gerät und Vieh, die landwirtschaftlichen Erzeugnisse, soweit sie zur Fortführung der Wirtschaft bis zu der Zeit erforderlich sind, zu welcher gleiche oder ähnliche Erzeugnisse voraussichtlich gewonnen werden, sowie der vorhandene, auf dem Gut gewonnene Dünger.**

Literatur: *Goldbach*, Erneuerbare Energien im Zwangsversteigerungsverfahren, ZfIR 2014, 37; *Meller-Hannich*, Die Pfändbarkeit und Verwertbarkeit von Tieren, MDR 2019, 713; *Peters*, Windkraftanlagen und §§ 93 ff. BGB, WM 2007, 2003; *Reischl*, Kreditsicherung durch Grundpfandrechte – Ausgewählte Probleme bei der Modernisierung landwirtschaftlicher Betriebe, AgrarR 1997, 277; *Röder*, Die Pfändung von Fischen als teichwirtschaftliche Erzeugnisse, DGVZ 1995, 38; *Schmidt-Räntsch*, Betriebsfortführung in der Zwangsverwaltung, ZInsO 2006, 303; *Schreiber*, Der Hypothekenhaftungsverband, Jura 2006, 597; *Schulte-Thoma*, Zubehörveräußerungen bei Grundstückskaufverträgen, RNotZ 2004, 61; *Singer*, Vollstreckung in Grundstücke, KKZ 2004, 123.

A. Allgemeines	1	III. Inventar eines Landguts 23
B. Regelungsgehalt	7	1. Das Landgut 25
I. Die Hauptsache	7	2. Landwirtschaftliches Inventar 28
II. Inventar eines gewerblichen Betriebsgebäudes		a) Gerät 29
(gewerbliches Inventar)	10	b) Vieh 31
1. Die dauernde Einrichtung	13	c) Landwirtschaftliche Erzeugnisse 33
2. Maschinen und sonstige Gerätschaften	16	d) Dünger 35

A. Allgemeines

1 § 98 erleichtert die Anwendung der allgemeinen Zubehörsregelung des § 97 im Hinblick auf gewerbliches und landwirtschaftliches Inventar dadurch, dass die konkrete Zwecksetzung zum Ausgangspunkt für die Bestimmung des Zubehörs gemacht wird.[1] Die Norm dient – historisch betrachtet – nur der Klarstellung, dass § 97 auch für gewerbliches und landwirtschaftliches Inventar gilt[2] – „und ist somit im Wesentlichen überflüssig".[3] Der Eingangssatz „Dem wirtschaftlichen Zweck der Hauptsache ... zu dienen bestimmt" trifft zwar eine zwingende Festlegung. Die genannten Gegenstände werden dann jedoch nicht als Zubehör festge-

---

222 RGZ 66, 88, 90: Verkaufsbestände einer Baum-
    schule; RG JW 1934, 435.
223 AG Freiburg VersR 1980, 964.
224 OLG Dresden OLGE 14, 106, 108.
225 BGHZ 58, 309 = NJW 1972, 1187.
226 OLG Braunschweig ZMR 1986, 120; OLG Düssel-
    dorf NJW 1966, 1714.
227 RGZ 77, 36, 38.
228 RGZ 66, 356, 358; 84, 284, 285.
229 RGZ 86, 326, 329; Palandt/*Ellenberger* BGB § 97
    Rn. 5; Staudinger/*Herrler/Stieper* BGB § 97 Rn. 16.

230 RGZ 66, 88, 90; 142, 379, 382; RGRK/*Steffen* BGB
    § 97 Rn. 23.
  1 So Staudinger/*Herrler/Stieper* BGB § 98 Rn. 1.
  2 Motive III, S. 66; RGZ 67, 30, 33; Jauernig/*Jauernig*
    Anm. zu §§ 97, 98 Rn. 6; MüKoBGB/*Stresemann*
    § 98 Rn. 2 f.; Soergel/*Marly* BGB § 97 Rn. 1; aA
    RGZ 47, 197, 199: § 98 ordne (unabhängig von § 97)
    bestimmte Sachen stets als Zubehör gewerblichen
    oder landwirtschaftlichen Hauptsachen zu, wodurch
    der Zubehörbegriff teilweise erweitert werde.
  3 BeckOK BGB/*Fritzsche* § 98 Rn. 1.

legt. Systematisch setzt § 98 nämlich voraus, dass ansonsten alle Tatbestandsmerkmale des Inventars nach § 97 erfüllt sind.[4]

Die Norm spiegelt in ihrer kasuistischen Aufzählung des Inventars den tradierten (veralteten, allerdings auch nicht erschöpfenden)[5] „technisch-wirtschaftlichen Entwicklungsstand in der zweiten Hälfte des 19. Jahrhunderts" wider:[6] Inventar von gewerblichen Betriebsgebäuden, dh Mühle, Schmiede, Brauhaus etc (Nr. 1, → Rn. 10 ff.) und von Landgütern (Nr. 2, → Rn. 23 ff.) sind immer dem wirtschaftlichen Zweck der Hauptsache zu dienen bestimmt. Der historische Gesetzgeber ging davon aus, dass Wert und Nutzbarkeit eines Grundstücks wesentlich von der fortwährenden Verbindung des Inventars mit diesem abhängig sind.[7] § 98 soll den Wert erhalten, der gerade in der Verbindung beweglicher Sachen als Zubehör zu einem gewerblichen oder landwirtschaftlichen Grundstück zu sehen ist.[8] **2**

Eine Erweiterung des Anwendungsbereichs durch § 98 gegenüber § 97 kann dann erfolgen,[9] wenn (im Einzelfall) eine dem Zweck der Hauptsache nicht zu dienen bestimmte Sache ausnahmsweise nach der ausdrücklichen Regelung des § 98 als Zubehör zu qualifizieren ist.[10] **3**

§ 3 HöfeO trifft eine von § 98 abweichende Begriffsbestimmung des Zubehörs, die vor allem für die Erbfolge bedeutsam ist.[11] **4**

Die Definition des § 98 ist jedoch stets für die **Zwangsvollstreckung** maßgeblich.[12] **5**

§ 98 differenziert zwischen zwei unterschiedlichen Tatbeständen für gewerbliches (Nr. 1) und landwirtschaftliches Inventar (Nr. 2), wobei die Aufzählungen in der Norm nicht abschließend sind.[13] **6**

B. Regelungsgehalt

I. Die Hauptsache

Die Hauptsache (der das Zubehörstück auf Dauer zu dienen bestimmt sein muss) ist nach § 98 entweder ein **gewerbliches Betriebsgebäude** (Nr. 1) oder ein **Landgut** (Nr. 2). Der gewerbliche oder landwirtschaftliche Betrieb muss hinsichtlich des wirtschaftlichen Schwerpunktes des Betriebs auf dem entsprechenden Grundstück liegen[14] mit der Folge, dass entsprechende Betriebe, die „keinen in einem eigenen Gebäude oder Grundstück verkörperten Mittelpunkt haben", kein Zubehör im Rechtssinne haben können.[15] Andererseits wird ein Grundstück nicht allein durch den Umstand, dass von dort aus der Betrieb geführt wird, zur Hauptsache für das Inventar.[16] **7**

Das Gebäude (das für den entsprechenden gewerblichen Betrieb dauernd eingerichtet ist) ist also stets als Hauptsache anzusehen, ohne dass es auf das Wertverhältnis zwischen Zubehör und Gebäude ankommt;[17] der Wert des Inventars kann also auch höher als der Gebäudewert sein. **8**

Ein **gewerblicher Betrieb** hat (ohne Rückgriff auf die Voraussetzungen eines Gewerbebetriebs nach HGB oder GewO) eine planmäßige Tätigkeit zur Voraussetzung, die Einnahmen erschließen soll und wofür eine ständige Einrichtung erforderlich ist[18] – unabhängig davon, ob es sich um Betriebs(Fabrik)gebäude (zur **9**

---

4   RGZ 69, 150, 152; Palandt/*Ellenberger* BGB § 98 Rn. 1; RGRK/*Steffen* BGB § 98 Rn. 1. Insbes. muss auch das gewerbliche bzw. landwirtschaftliche Zubehörstück dem Zweck der Hauptsache „auf Dauer" zu dienen bestimmt sein; umstritten, so aber OLG Düsseldorf NJW-RR 1991, 1130; Soergel/*Marly* BGB § 98 Rn. 2; Staudinger/*Herrler/Stieper* BGB § 98 Rn. 2; aA Erman/*Michalski* BGB § 98 Rn. 6.

5   RGZ 66, 356, 358; 77, 36, 38 (Kohlevorräte auf einem Ziegeleigrundstück als Zubehör): Damit kann auch in § 98 nicht genannten Gegenständen Zubehöreigenschaft zukommen.

6   Palandt/*Ellenberger* BGB § 98 Rn. 1.

7   Vgl. Motive III, S. 66.

8   BGHZ 62, 49, 51 = NJW 1974, 269; BGHZ 85, 234, 237 = NJW 1983, 746; BGHZ 124, 380, 392 = NJW 1994, 864.

9   Umstritten, so aber Staudinger/*Herrler/Stieper* BGB § 98 Rn. 3; aA Motive III, S. 67: § 98 BGB bezwecke „übrigens nicht eine Erweiterung, sondern nur eine Verdeutlichung des Zubehörbegriffs. Wohnte ihm …

  eine selbstständige Bedeutung bei, so würde seine Anwendung nicht selten zu unrichtigen Ergebnissen führen".

10   Vgl. dazu RG JW 1901, 184; der auf einem Landgut gewonnene Dünger (sofern er für den Verkauf bestimmt ist) würde nämlich nicht unter § 97 BGB fallen, Staudinger/*Herrler/Stieper* BGB § 98 Rn. 3.

11   BeckOK BGB/*Fritzsche* § 98 Rn. 18.

12   OLG Oldenburg NJW 1952, 671; MüKoBGB/*Stresemann* § 98 Rn. 22; Staudinger/*Herrler/Stieper* BGB § 98 Rn. 16.

13   RGZ 47, 197, 199; Palandt/*Ellenberger* BGB § 98 Rn. 1.

14   BGHZ 85, 234 = NJW 1983, 746.

15   OLG Dresden OLGZ 13, 314, Palandt/*Ellenberger* BGB § 98 Rn. 2.

16   BGHZ 124, 380 = NJW 1994, 864; BGHZ 85, 234, 237 = NJW 1983, 746.

17   RGZ 87, 43, 46; RGRK/*Steffen* BGB § 98 Rn. 2; Staudinger/*Herrler/Stieper* BGB § 98 Rn. 4.

18   Staudinger/*Herrler/Stieper* BGB § 98 Rn. 4.

Warenproduktion) bzw. um Gebäude eines Dienstleistungsbetriebs (bspw. eines Krankenhauses, Gasthauses oder Theaters)[19] oder Handelsbetriebs (etwa eines Einzelhandelsgeschäfts[20] bzw. einer Apotheke)[21] handelt.

II. Inventar eines gewerblichen Betriebsgebäudes (gewerbliches Inventar)

10 Dem wirtschaftlichen Zwecke der Hauptsache sind **Nr. 1** bei einem Gebäude zu dienen bestimmt, das für einen gewerblichen Betrieb dauernd eingerichtet ist, insbesondere bei einer Mühle, einer Schmiede, einem Brauhaus, einer Fabrik, die zu dem Betrieb bestimmten Maschinen und sonstigen Gerätschaften.

11 Die Einrichtung des Gebäudes für den **dauernden**[22] (dh zunächst zeitlich unbegrenzten[23] und nicht nur zeitweise an den Bedürfnissen des aktuellen Besitzers eingerichteten)[24] **gewerblichen Betrieb** (→ Rn. 13 ff.) hat zur Voraussetzung, dass das Gebäude (bzw. zumindest ein Teil desselben)[25] nach seiner konkreten Bauweise (Bauart), Aufteilung, Gliederung oder Ausstattung auf den (wenn auch erst noch einzurichtenden)[26] Betrieb ausgerichtet ist.[27] Es reicht allerdings auch aus, wenn Gebäude und Gewerbebetrieb durch ihre sonstige bauliche Beschaffenheit dergestalt verbunden sind, dass sie sich nach der Verkehrsauffassung eine „wirtschaftliche Einheit" darstellen (für die das Gebäude besonders eingerichtet ist).[28] Zudem reicht es aus, wenn das Gebäude aufgrund seiner Ausstattung mit betriebsdienlichen Maschinen und sonstigen Gerätschaften als für einen gewerblichen Betrieb dauernd eingerichtet angesehen werden kann.[29] Fehlt eine entsprechende, der objektiven Beschaffenheit nach dauernde Eignung der Einrichtung für einen Gewerbebetrieb, ist Nr. 1 tatbestandsmäßig nicht erfüllt.[30]

12 Fraglich ist, was für den Fall gilt, dass das Gebäude ohne Weiteres für einen anderen Gewerbebetrieb nutzbar ist. Auch dann soll Nr. 1 erfüllt sein,[31] da sich die tatsächlichen Verhältnisse seit Inkrafttreten der historischen Formulierung insoweit geändert haben, als Gewerbebetriebe häufiger in Insolvenz gehen oder ihren Standort wechseln und eine Vielzahl von Fabrik- und Ladengebäuden sich auch ohne umfassenden Umbau für unterschiedlichste Produktionsfirmen sowie Handel und Dienstleistung als tauglich erweisen.[32] Daraus folgt, dass bei einer unterschiedlichen Gebäudenutzbarkeit letztlich das Erfordernis einer dauernden Widmung durch den derzeitigen Eigentümer maßgeblich ist.[33]

13 **1. Die dauernde Einrichtung.** Die dauernde Einrichtung für einen gewerblichen Betrieb setzt entweder voraus, dass das Gebäude nach Bauart oder Einteilung auf einen bestimmten Gewerbebetrieb abstellt oder dass das Gebäude mit dem Betriebsgegenstand nach der Verkehrsanschauung so verbunden ist, dass es als eine für diesen dauernd eingerichtete wirtschaftliche Einheit erscheint.[34]

14 Unerheblich ist, ob ohne eine bauliche Änderung auch eine andere gewerbliche Nutzung des Gebäudes möglich wäre[35] bzw. ob der Wert des Inventars höher ist als jener des Gebäudes.[36]

15 Die Judikatur hat bspw. eine „dauernde Einrichtung eines Gebäudes für einen Gewerbebetrieb" **in folgenden Fällen bejaht**: Apotheken,[37] Bäckereien,[38] Cafés,[39] Gaswerke,[40] Gastwirtschaften,[41] Hotels,[42] Konditoreien,[43] Kraftwerke,[44] Metzgereien,[45] Molkereien,[46] Pensionen,[47] Sägewerke,[48] Schlossereien,[49] Wasserwerke[50] und Ziegeleien.[51]

---

19   So Staudinger/*Herrler/Stieper* BGB § 98 Rn. 5.
20   OLG Marienwerder JW 1932, 2097.
21   RG WarnR 1909 Nr. 491.
22   Fehlt die Dauerhaftigkeit der Einrichtung des Betriebs, sind dem Betrieb dienende Geräte kein Zubehör BGHZ 62, 49.
23   RGRK/*Steffen* BGB § 98 Rn. 5.
24   RG JW 1909, 485.
25   RGZ 48, 207, 209; zB Konditoreieinrichtung als Zubehör eines mehrgeschossigen Wohnhauses (OLG Jena JW 1933, 924) bzw. Einrichtung einer Fremdenpension (die nur einen Teil des Hauses ausmacht) als Zubehör (OLG München LZ 1927, 189).
26   RGZ 89, 61, 64.
27   Staudinger/*Herrler/Stieper* BGB § 98 Rn. 6.
28   BGHZ 62, 49, 50 f. = NJW 1974, 269; BGHZ 124, 380, 392 = NJW 1994, 864.
29   BGHZ 165, 261 = NJW 2006, 993 Rn. 7.
30   BGHZ 62, 49, 50 f. = NJW 1974, 269.
31   OLG Köln NJW-RR 1997, 751.
32   BeckOK BGB/*Fritzsche* § 98 Rn. 6: „Insoweit wäre § 98 kaum noch anwendbar, wollte man eine spezielle Ausrichtung auf einen ganz bestimmten Gewer-

bebetrieb verlangen", ebenso MüKoBGB/*Stresemann* § 98 Rn. 9.
33   BeckOK BGB/*Fritzsche* § 98 Rn. 6.
34   BGHZ 62, 49, 50 = NJW 1974, 269; BGHZ 124, 380, 392 = NJW 1994, 864.
35   OLG Köln NJW-RR 1987, 751.
36   RGZ 87, 43, 49.
37   RG WarnR 1909, Nr. 491.
38   OLG Rostock SeuffA 65 Nr. 157.
39   OLG Frankfurt/M. HRR 1932 Nr. 2235.
40   BeckOK BGB/*Fritzsche* § 98 Rn. 7.
41   RGZ 47, 197, 200; 48, 207, 208.
42   OLG München OLGE 27, 177.
43   OLG Jena JW 1933, 924.
44   BeckOK BGB/*Fritzsche* § 98 Rn. 7.
45   OLG Hamburg OLGE 24, 247.
46   BeckOK BGB/*Fritzsche* § 98 Rn. 7.
47   OLG München LZ 1927, 189.
48   RGZ 69, 85, 87.
49   OLG Oldenburg OLGE 12, 10.
50   BeckOK BGB/*Fritzsche* § 98 Rn. 7.
51   BGH NJW 1969, 36.

2. Maschinen und sonstige Gerätschaften. Dem wirtschaftlichen Zweck des Gewerbebetriebs dienen **16** nach Nr. 1 die zu dem Betrieb bestimmten und sonstigen Gerätschaften.

Maschinen (ohne Rücksicht darauf, in wessen Eigentum sie stehen und ob ein Berechtigter oder ein Nicht- **17** berechtigter sie eingebracht hat)[52] sind **Zubehör** iSv Nr. 1,[53] wenn sie nicht ausnahmsweise „wesentlicher Bestandteil" des Gebäudes (iSv § 94 Abs. 2) sind. Unter **sonstigen Gerätschaften** werden solche verstanden, die dem Gewerbebetrieb nur im weiteren Sinne dienen.[54]

Das entsprechende Zubehör muss (obgleich das Gebäude für den gewerblichen Betrieb dauernd eingerichtet **18** zu sein hat, → Rn. 13 ff.) nicht dem Zweck der Hauptsache auf Dauer dienen.[55]

Die Judikatur hat etwa in folgenden Fällen **„gewerbliches Inventar" bejaht**: Brikettierpresse (eines **19** Schreiners),[56] Büroeinrichtungen,[57] Dekorationen und Vergnügungsgegenstände (eines Restaurants),[58] Flaschen (und Versandkisten),[59] Kleiderschränke (für Arbeitnehmer),[60] Registrierkassen[61] bzw. Speiseeismaschinen (einer Bäckerei).[62] **Verneint** wurde die Zubehöreigenschaft hingegen für Waren aller Art, die für den Verkauf bestimmt waren,[63] ebenso für Tiere.[64]

Problematisch ist die Beurteilung von Kraftfahrzeugen und mobilen Maschinen, da bei ihnen die für Nr. 1 **20** erforderliche Verknüpfung mit dem Betriebszweck eines Grundstücks nicht stets anzunehmen ist, sondern vom jeweiligen Betriebszweck abhängt.[65] Die Rechtsprechung hat zB eine Zubehöreigenschaft angenommen bei Baugeräten auf dem Betriebsgrundstück eines Baugeschäfts,[66] Fahrzeugen, die auf dem Grundstück für die Vorhaltung, Lagerung sowie den An- und Abtransport der produktionsnotwendigen Rohstoffe und der Betriebserzeugnisse Verwendung finden,[67] den Fahrzeugpark einer Fabrik oder eines Handelsunternehmens[68] bzw. Mietfahrzeugen (die von einem Grundstück aus vermietet werden).[69] Hingegen wurde die Zubehöreigenschaft verneint bei dem Fahrzeugpark eines Speditions- und Transportunternehmens,[70] einem mobilen Baukran (im Hinblick auf das Lagergrundstück)[71] bzw. – generell – bei Maschinen und Geräten, die das Unternehmen regelmäßig oder typischerweise außerhalb des Grundstücks einsetzt.[72]

Beachte: (Äußere) **Versorgungsleitungen** (zu inneren Versorgungsleitungen bereits → § 95 Rn. 43 ff.) von **21** Versorgungsunternehmen (auf fremden Grundstücken) sind Zubehör des Unternehmensgrundstücks; verlaufen sie auf eigenen Grundstücken des Versorgungsunternehmens, sind sie hingegen Bestandteil.[73]

Auch dem **Verbrauchszähler** kommt Zubehöreigenschaft zu: entweder des Betriebsgrundstücks des Ver- **22** sorgungsunternehmens oder des Abnehmergrundstücks.[74]

III. Inventar eines Landguts

Dem wirtschaftlichen Zweck der Hauptsache sind nach **Nr. 2** bei einem Landgut zu dienen bestimmt (**land-** **23** **wirtschaftliches Inventar**) das zum Wirtschaftsbetrieb bestimmte (mithin dauerhaft gewidmete) Gerät und Vieh, die landwirtschaftlichen Erzeugnisse, soweit sie zur Fortführung der Wirtschaft bis zu der Zeit erforderlich sind, zu welcher gleiche oder ähnliche Erzeugnisse voraussichtlich gewonnen werden, sowie der

52 Staudinger/*Herrler/Stieper* BGB § 98 Rn. 8.
53 Bspw. Baugeräte auf einem Baugrundstück (OLG Hamm MDR 1985, 494), Kleiderschränke für Arbeitnehmer (OLG Hamm Recht 1932 Nr. 636), Schreibmaschinen (im Büro, LG Eisenach JW 1925, 1924) bzw. Speiseeismaschinen in einer Bäckerei (LG Kassel MDR 1959, 487).
54 Palandt/*Ellenberger* BGB § 98 Rn. 3; bspw. Büroeinrichtungen (LG Mannheim BB 1976, 1152), die Dekoration eines Restaurants (RGZ 47, 199), Flaschen und Versandkisten (BayObLGZ 12, 15), Gasthauseinrichtungen (RGZ 48, 207, 209), Registrierkassen (OLG Kiel JW 1933, 1422) bzw. Waren, die zum Versand hergestellt wurden (BayObLGZ 12, 314); *nicht* jedoch der Kassenbestand (OLG Dresden OLGE 30, 329).
55 Staudinger/*Herrler/Stieper* (Voraufl.) BGB § 98 Rn. 7; insoweit gilt also das Dauererfordernis des § 97 BGB, Soergel/*Marly* BGB § 98 Rn. 2.
56 BeckOK BGB/*Fritzsche* § 98 Rn. 10: zur Verarbeitung von Spänen und Sägemehl.
57 LG Mannheim BB 1976, 1152 (1153); LG Berlin DGVZ 1977, 156; LG Freiburg BB 1977, 1672.
58 RGZ 47, 197, 199.
59 BayObLGZ 1912, 314 (315).
60 OLG Hamm Recht 1932 Nr. 636.
61 OLG Kiel JW 1933, 1422.
62 LG Kassel MDR 1959, 487.
63 AG Viechtach DGVZ 1989, 29.
64 RGZ 69, 85, 87; Staudinger/*Herrler/Stieper* BGB § 98 Rn. 12: die eher § 97 unterfallen.
65 BeckOK BGB/*Fritzsche* § 98 Rn. 11.
66 OLG Hamm MDR 1985, 494: sofern das Grundstück den wirtschaftlichen und betriebstechnischen Mittelpunkt des Betriebs darstellt.
67 BGHZ 85, 234 = NJW 1983, 746: Elektrokarren und Gabelstapler.
68 BGH WM 1980, 1383 (1384): mit dem Bedarfsgüter des Unternehmens angeliefert und Erzeugnisse des Unternehmens ausgeliefert werden.
69 BeckOK BGB/*Fritzsche* § 98 Rn. 11.
70 BGHZ 85, 234, 239 = NJW 1983, 746: hinsichtlich des Grundstücks mit Verwaltungssitz des Unternehmens.
71 OLG Koblenz BB 1989, 2138.
72 BGHZ 124, 380 = NJW 1994, 864.
73 Dazu näher RGZ 87, 43, 49; BGHZ 37, 353, 356.
74 Staudinger/*Herrler/Stieper* BGB § 98 Rn. 8.

vorhandene, auf dem Gut gewonnene Dünger. Damit regelt Nr. 2 die **Zubehöreigenschaft des landwirt-schaftlichen Inventars**.

24   Unter den Zubehörsbegriff des Gutsinventars nach Nr. 2 fallende Gegenstände werden unter dem Begriff des Inventars auch von den §§ 582 ff. (Verpachtung eines Grundstücks mit Inventar) erfasst, ebenso wie sie vom Registerpfand nach § 1 Pachtkreditgesetz erfasst werden,[75] wohingegen das Hofzubehör nach § 3 HöfeO (insbesondere im Hinblick auf die Erbfolge) eine abweichende Bestimmung erfährt.[76] Allerdings gilt auch hinsichtlich der Zwangsvollstreckung in Hofzubehör der Zubehörsbegriff des § 98.[77]

25   **1. Das Landgut.** Unter Landgut (heute: Bauernhof) ist jede zum selbstständigen Betrieb der Landwirt-schaft – dh Ackerbau und Viehzucht sowie Forstwirtschaft und Fischereiwirtschaft (wobei eine Spezialisie-rung auf *eine* landwirtschaftliche Betriebsart ausreicht, bspw. eine Geflügelfarm oder reine Forst- und Fischereiwirtschaften)[78][79] – geeignete und eingerichtete Betriebseinheit (landwirtschaftlicher Betrieb) zu verstehen,[80] ohne dass (anders als nach § 2312)[81] auf dem Landgut heutzutage neben den Betriebsgebäuden auch noch ein Wohngebäude vorhanden sein muss.[82]

26   Landgut ist damit – im Unterschied zu § 585 – **nicht** ein einzelnes landwirtschaftliches Grundstück[83] – wohl aber bspw. auch die Konstellation, dass eigene Grundstücke zusammen mit angepachtetem Land eine wirtschaftsfähige Betriebseinheit bilden.[84]

27   Nicht-landwirtschaftliche Nebenbetriebe (wie bspw. eine Mühle) sind für den Begriff des „Landguts" unschädlich.[85]

28   **2. Landwirtschaftliches Inventar.** Beim landwirtschaftlichen Inventar als Zubehör kommt es im Hinblick auf die Zubehöreigenschaft nicht auf den Wert des einzelnen Zubehörstück an – ebenso wenig wie es darauf ankommt, wem das Zubehörstück gehört.[86] Bei der Bestimmung zum Betrieb des landwirtschaftlichen Betriebs kommt es aber wieder auf die dauerhafte Bestimmung an.[87]

29   **a) Gerät.** Unter das zum landwirtschaftlichen Wirtschaftsbetrieb bestimmte Gerät fallen alle Betriebsmit-tel, mithin bspw. ein Ackerwagen, eine Sense, der Traktor, ein Schlepper,[88] der Pflug, eine Dreschmaschine, Mobiliar, das den auf dem Landgut beschäftigten Personen (mithin dem Betriebspersonal) zu dienen bestimmt ist, oder Büroeinrichtungsgegenstände. Weiterhin auch Berieselungsanlagen,[89] **nicht** jedoch Ein-richtungsgegenstände in den Räumlichkeiten des landwirtschaftlichen Personals.[90]

30   Nr. 2 soll Zweifel bei Arbeitsgerätschaften beheben, die (auch bzw. sogar vor allem) außerhalb des Betriebsgrundstücks bei der Feld- und Waldarbeit eingesetzt werden.[91]

31   **b) Vieh.** Vieh ist dann zum Wirtschaftsbetrieb bestimmt, wenn es zur Arbeitsleistung (Arbeitstiere, auch Wachhunde)[92] oder zur Gewinnung landwirtschaftlicher Erzeugnisse – wie Milch, Wolle oder Eier – bzw. zu Zuchtzwecken (Nutztiere[93] und Zuchttiere)[94] gehalten wird.[95] So stellen bspw. Rinder[96] und Zucht-hengste[97] Zubehör eines landwirtschaftlichen Betriebs dar. **Mastvieh** ist grundsätzlich Zubehör,[98] verliert aber seine Zubehöreigenschaft, wenn es zum endgültigen Verkauf bestimmt wird[99] (womit sich seine Wid-mung ändert). Dh, Vieh, das zur Veräußerung bestimmt ist, verliert mit Erreichen der Veräußerungsreife

---

75   Staudinger/*Herrler/Stieper* BGB § 98 Rn. 15.
76   Staudinger/*Herrler/Stieper* BGB § 98 Rn. 15.
77   So OLG Oldenburg NJW 1952, 671.
78   Staudinger/*Herrler/Stieper* BGB § 98 Rn. 10.
79   OLG Braunschweig JW 1932, 2456; Staudinger/*Herrler/Stieper* BGB § 98 Rn. 10; aA OLG Celle JW 1932, 2456.
80   OLG Rostock OLGZ 1929, 211; Palandt/*Ellenberger* BGB § 98 Rn. 4. Die von BGHZ 98, 375 zu § 2312 vertretene Definition des Begriffs „Landgut" im Kontext mit dem Nachlass – als ein zum dauerhaften Betrieb der Landwirtschaft geeignetes und bestimm-tes Grundstück, das zu einem erheblichen Teil dem Lebensunterhalt seines Inhabers dient – ist enger und stellt auf den Regelungsgehalt des § 2312 ab. Sie gilt für § 98 nicht, Palandt/*Ellenberger* BGB § 98 Rn. 4.
81   Zu diesem engeren Begriff des „Landguts", der nur für § 2312 gilt: BGHZ 98, 375, 377 = NJW 1987, 951.
82   So zutr. Palandt/*Ellenberger* BGB § 98 Rn. 4; Staudinger/*Herrler/Stieper* BGB § 98 Rn. 9 - arg.: rasche Sicherung der Beweglichkeit des Betriebsin-habers; aA OLG Rostock OLGE 29, 211; Erman/*Michalski* BGB § 98 Rn. 4; Soergel/*Marly* BGB § 98 Rn. 14.

83   RGRK/*Steffen* BGB § 98 Rn. 10.
84   So OLG Stettin JW 1932, 1581; Staudinger/*Herrler/Stieper* BGB § 98 Rn. 9.
85   BeckOK BGB/*Fritzsche* BGB § 98 Rn. 13.
86   Staudinger/*Herrler/Stieper* (Voraufl.) BGB § 98 Rn. 15: Es reicht aus, wenn das Zubehörstück im Eigentum des Pächters steht.
87   BeckOK BGB/*Fritzsche* § 98 Rn. 14.
88   AG Varel DGVZ 1962, 48.
89   RGRK/*Steffen* BGB § 98 Rn. 12.
90   OLG Königsberg HRR 1941 Nr. 924.
91   So *Reischl* AgrarR 1997, 277 (279 f.); zweifelhaft, so BeckOK BGB/*Fritzsche* § 98 Rn. 15.
92   Erman/*Michalski* BGB § 98 Rn. 5.
93   Bspw. Milchkühe, OLG Augsburg OLGE 37, 212.
94   OLG Dresden OLGE 2, 342; KG OLGE 15, 327.
95   Palandt/*Ellenberger* BGB § 98 Rn. 4.
96   AG Itzehoe DGVZ 1993, 61.
97   AG Oldenburg DGVZ 1980, 93.
98   RGZ 142, 382.
99   AG Neuwied DGVZ 1975, 63; MüKoBGB/*Strese-mann* § 98 Rn. 19; Palandt/*Ellenberger* BGB § 98 Rn. 4.

seine Zubehöreigenschaft.[100] Weiterhin sind auch Tiere, die dem persönlichen Gebrauch des Betriebsinhabers dienen, kein Zubehör des Landguts.[101]

§ 90 a (Tiere) ändert an der Zuordnung von Tieren als Zubehör eines Landguts als Hauptsache nichts.[102]   **32**

c) Landwirtschaftliche Erzeugnisse. Landwirtschaftliche Erzeugnisse sind nur dann Zubehör iSv Nr. 2,   **33**
wenn sie zur Fortführung der Wirtschaft (dh der Gewinnung neuer Produkte, also gleicher oder ähnlicher Erzeugnisse, bspw. Saatgut und Viehfutter)[103] erforderlich sind – wobei es keine Rolle spielt, ob die landwirtschaftlichen Erzeugnisse aus der eigenen Produktion stammen oder hinzugekauft wurden.[104]

Landwirtschaftliche Erzeugnisse, die zum Verkauf bestimmt sind, verlieren ihre Zubehöreigenschaft,[105] da   **34**
es nicht ausreicht, dass der aus der Veräußerung erzielte Erlös zur Fortführung des Betriebs Verwendung findet.[106]

d) Dünger. Auf dem Gut gewonnener (dh selbst produzierter) Dünger ist nach dem Wortlaut der Nr. 2 auch   **35**
dann Zubehör, wenn er zur Fortführung des landwirtschaftlichen Betriebes nicht erforderlich ist.[107] Im Umkehrschluss und entsprechend der gesetzgeberischen Intention[108] ist zugekaufter Dünger kein Zubehör iSv Nr. 2, ggf. kommt ihm aber Zubehöreigenschaft nach § 97 zu.[109]

§ 99 Früchte

(1) Früchte einer Sache sind die Erzeugnisse der Sache und die sonstige Ausbeute, welche aus der Sache ihrer Bestimmung gemäß gewonnen wird.
(2) Früchte eines Rechts sind die Erträge, welche das Recht seiner Bestimmung gemäß gewährt, insbesondere bei einem Recht auf Gewinnung von Bodenbestandteilen die gewonnenen Bestandteile.
(3) Früchte sind auch die Erträge, welche eine Sache oder ein Recht vermöge eines Rechtsverhältnisses gewährt.

Literatur: *Czernik,* Die Gebäudefotografie – ungeahnte rechtliche Herausforderungen, ZfIR 2015,242; *Dietl/Faltl*, Dachflächen-Verträge für die Errichtung von PV-Anlagen, ZNER 2012, 353; *Eichel*, Der Vermieter hat keinen Anspruch auf den Erlös aus unberechtigter Untervermietung – oder doch?, ZJS 2009, 702; *Flöter/Königs*, Verletzung des Rechts am grundstücksinternen Bild der eigenen Sache, ZUM 2012, 383; *Fricke*, Der Nießbrauch an einem GmbH-Geschäftsanteil, GmbHR 2008, 739; *Koch*, Gewinnansprüche und Ausgleichsforderungen beim Erlöschen des Nießbrauchs an Geschäftsanteilen, ZHR 168 (2004), 55; *Levedag*, Kann es beim Vorbehaltsnießbrauch künftig nur noch einen Mitunternehmer geben?, jM 2020, 75; *Möhring*, Der Fruchterwerb nach geltendem Recht, insbesondere bei einem Wechsel des Nutzungsberechtigten, Diss. Köln 1955; *Mohr/Jainta*, Nießbrauch an GmbH-Geschäftsanteilen, GmbH StB 2010, 269; *Mylich,* Der Zugriff Dritter auf den künftigen Grundstücksmietzins, WM 2010, 1923; *Roth/Maulbetsch*, Früchte und Nutzungen beim Vermächtnis, NJW-Spezial 2012, 167; *Schippan*, Fotos von Schlössern, Klöstern und Museen – wer hat welche Rechte?, ZStV 2011, 210; *Schnorr v. Carolsfeld*, Soziale Ausgestaltung des Erwerbs von Erzeugnissen, AcP 145, 27; *Schönewald*, Die rechtlichen Voraussetzungen für Foto- und Filmaufnahmen von Bauwerken und Gebäuden, WRP 2014, 142; *Vogt*, Automatisch meins? – Die Rechte an maschinengenerierten Daten, BRJ 2019, 77.

A. Allgemeines	1	3. Einwirkungsberechtigung	20
B. Regelungsgehalt	8	4. Raubbau uÄ	21
I. Unmittelbare Sachfrüchte (Abs. 1)	10	5. Ausnahmen	22
1. Erzeugnisse einer Sache	12	II. Unmittelbare Rechtsfrüchte (Abs. 2)	23
2. Sonstige bestimmungsgemäße Ausbeute	17	III. Mittelbare Sach- und Rechtsfrüchte (Abs. 3)	37

---

100 RGZ 142, 379, 382; auch nur vorübergehend auf dem Landgut vorhandenes Vieh, das zur Veräußerung ansteht, begründet keine Zubehöreigenschaft RGZ 163, 104, 106.
101 Staudinger/*Herrler/Stieper* BGB § 98 Rn. 12.
102 Staudinger/*Herrler/Stieper* BGB § 98 Rn. 12.
103 Erman/*Michalski* BGB § 98 Rn. 7; Soergel/*Marly* BGB § 98 Rn. 18; Staudinger/*Herrler/Stieper* BGB § 98 Rn. 13.

104 RG JW 1920, 553: eine Eigenproduktion wird nicht gefordert; MüKoBGB/*Stresemann* § 98 Rn. 20; Palandt/*Ellenberger* BGB § 98 Rn. 4.
105 RGZ 143, 33, 39.
106 RG DNotZ 1933, 441; Staudinger/*Herrler/Stieper* BGB § 98 Rn. 13.
107 Palandt/*Ellenberger* BGB § 98 Rn. 4.
108 Motive III, S. 23.
109 RGRK/*Steffen* BGB § 98 Rn. 15; Soergel/*Marly* BGB § 98 Rn. 20; Staudinger/*Herrler/Stieper* BGB § 98 Rn. 14.

A. Allgemeines

1 In § 99 erfolgt eine (aus einer kombiniert wirtschaftlichen und naturorientierten Beurteilung[1] abgeleitete) **Definition** des Begriffs „Früchte" (einer Sache oder eines Rechts) als bestimmungsgemäßer Ertrag einer Sache oder eines Rechts,[2] der in einer Vielzahl von Vorschriften (die sich mit Früchten befassen) bedeutsam ist, bspw. in den §§ 953 ff. (Eigentumserwerb) bzw. den §§ 581 ff., 1030 ff. (Nutzungsrecht des Pächters und des Nießbrauchers) oder im Zusammenhang mit der Nachlassverwaltung (§ 2038 Abs. 2 S. 2) und der Vorerbschaft (§ 2133). Diskutiert wird, ob Daten als Sach- oder Rechtsfrüchte iS von § 99 einer autonomen Maschine qualifiziert werden können.[3]

2 Keine Regelung erfährt in § 99 hingegen die Frage der **Fruchtverteilung**, mithin das Recht zum Fruchtbezug und der Eigentumserwerb an den Früchten.[4]

3 Wer Eigentümer von Früchten an einer Sache ist, bestimmt sich nach den §§ 953–957.

4 Da § 100 unter dem Begriff der Nutzungen die Früchte (einer Sache oder eines Rechts) sowie die Gebrauchsvorteile zusammenfasst (**Nutzungen als Oberbegriff**), beinhaltet eine Nutzungsherausgabe – bspw. nach den §§ 818 Abs. 1, 987 ff., 2020 bzw. 2184 – auch eine Verpflichtung zur Herausgabe der Früchte, wobei der zur Fruchtherausgabe Verpflichtete nach § 102 Ersatz der Gewinnungskosten verlangen kann.[5]

5 Die §§ 101, 102 regeln die Frage der Verteilung der Früchte beim Wechsel des Fruchtziehungsberechtigten und der Tragung der Lasten ihrer Gewinnung.

6 Der Fruchtbegriff nach § 99 ist nicht deckungsgleich mit jenem gemäß § 810 ZPO. Unter Letzteren fällt bspw. nicht die (nach § 99 zu beurteilende) nicht in Sacherzeugnissen bestehende Ausbeute, die aus der Sache bestimmungsgemäß gewonnen wird, bzw. schlagreifes Holz im Wald.[6]

7 Verwenden Vorschriften des Landesrechts die Begrifflichkeit „Frucht", ist dafür die in § 99 getroffene Definition nicht maßgeblich.[7]

B. Regelungsgehalt

8 § 99 differenziert zwischen **unmittelbaren Sachfrüchten** in Gestalt der organischen Erzeugnisse und der sonstigen bestimmungsgemäßen Ausbeute (Abs. 1 → Rn. 10 ff.) und **unmittelbaren Rechtsfrüchten** (Abs. 2 → Rn. 23 ff.) – beide Formen werden (wegen der unmittelbaren Gewinnung) auch als **natürliche Früchte** bezeichnet[8] – einerseits sowie **mittelbaren** (wegen ihrer mittelbaren Gewinnung) **Sach- und Rechtsfrüchten** (Abs. 3 → Rn. 37 ff.), auch **juristische oder Zivilfrüchte** genannt, andererseits.

9 Sachfrüchte können zugleich Früchte eines an dieser Sache bestehenden Rechts sein.[9]

I. Unmittelbare Sachfrüchte (Abs. 1)

10 Unmittelbare Sachfrüchte nach Abs. 1 sind sowohl die Erzeugnisse der Sache (Alt. 1 → Rn. 12 ff.) als auch die sonstige Ausbeute, welche aus der Sache ihrer Bestimmung gemäß gewonnen wird (Alt. 2 → Rn. 17 ff.).

11 Voraussetzung ist somit, dass die Sache ihrer Natur nach überhaupt geeignet ist, Erzeugnisse abzuwerfen oder ausgebeutet zu werden,[10] was bei **Geld nicht** der Fall ist.[11]

12 **1. Erzeugnisse einer Sache.** Unter Erzeugnissen der Sache (Alt. 1) sind alle natürlichen (organischen) Tier- (§ 90 a S. 3) und Bodenprodukte[12] (ohne Berücksichtigung, ob die Gewinnung einen Arbeitsaufwand

---

1   Staudinger/*Herrler/Stieper* BGB § 99 Rn. 3: dieser weite Umfang des Fruchtbegriffs wird zB an anderer Stelle wieder korrigiert, zB in § 581 bzw. § 993 (Beschränkung auf ein den Grundsätzen der Wirtschaftlichkeit entsprechendes Maß).

2   Womit § 99 auf Unternehmenserträge allenfalls analog angewendet werden kann, so BeckOK BGB/ *Fritzsche* § 99 Rn. 2.

3   *Vogt* BRJ 2019, 77.

4   Staudinger/*Herrler/Stieper* BGB § 99 Rn. 1.

5   Staudinger/*Herrler/Stieper* BGB § 99 Rn. 1: „Dies bedeutet jedoch nicht, daß Früchte nur den Reinertrag darstellen, der sich nach Abzug der Gewinnungskosten vom Wert des Rohertrages ergibt".

6   Staudinger/*Herrler/Stieper* BGB § 99 Rn. 5.

7   Staudinger/*Herrler/Stieper* (Voraufl.) BGB § 99 Rn. 5; aA BeckOK BGB/*Fritzsche* § 99 Rn. 17: Ob § 99 maßgeblich sei, müsse durch Auslegung des einschlägigen Landesrechts unter Berücksichtigung des Entstehungszeitpunkts entschieden werden.

8   Die Erstreckung der Begrifflichkeit auf § 99 Abs. 2 qualifiziert BeckOK BGB/*Fritzsche* § 99 Rn. 3 als „in Verwirrung stiftender Weise".

9   MüKoBGB/*Stresemann* § 99 Rn. 6; Staudinger/*Herrler/Stieper* BGB § 99 Rn. 12.

10   BeckOK BGB/*Fritzsche* § 99 Rn. 3.

11   LG Frankfurt/M. WuM 1988, 301.

12   Bodenprodukte durch Aussaat oder Einpflanzung von Pflänzchen: Staudinger/*Herrler/Stieper* BGB § 99 Rn. 6 f. Vgl. zudem RG JW 1938, 2030; BGH NJW-RR 1989, 673 (674).

voraussetzt oder im Rahmen einer geordneten Wirtschaftsführung erfolgt ist oder nicht)[13] zu verstehen,[14] wie bspw. Bäume,[15] organischer Dünger, Eier, Kälber, Milch, Obst, Pflanzen oder Wolle, aber auch Fohlen, Kälber, Küken, Lämmer und sonstiger Nachwuchs von Muttertieren.[16] Erzeugnisse einer Sache sind mithin vielfach das, was auch nach dem natürlichen Sprachgebrauch dem Fruchtbegriff unterfällt, sofern das Erzeugnis nur (bei Fortbestand der Muttersache[17] bei der Trennung Erzeugnis der Muttersache war (arg. Wortlaut §§ 953 ff.: „Erzeugnissen und sonstigen Bestandteilen").[18]

Auch eine bestimmungsgemäße Gewinnung ist nicht erforderlich[19] (Fruchtgewinnung im Rahmen wirt- **13** schaftlicher Erzeugung), dh es kommt nicht darauf an, ob die Fruchtgewinnung aus einer bestimmungs- gemäßen oder aus einer übermäßigen Bewirtschaftung der Muttersache resultiert[20] (Holz als „Frucht", wenn es infolge Windbruchs anfällt, durch Kahlschlag gewonnen wird oder von noch tragbaren Obstbäumen her- rührt).[21] Dies liegt letztlich darin begründet, dass der Gesetzgeber, wenn er eine übermäßige Fruchtziehung verhindern will, dies gesetzlich an anderer Stelle (bspw. durch eine Beschränkung der einem Nichteigentü- mer eingeräumten Fruchtziehungsbefugnis nach §§ 581 Abs. 1, 993 oder 2133) normiert.[22]

In Abgrenzung zu Alt. 2 (→ Rn. 17 ff.) kann von einem Erzeugnis der Sache aber nur dann ausgegangen **14** werden, wenn es die Sachsubstanz der Muttersache nicht zerstört. Erforderlich ist also, dass auch im Nach- gang weitere gleichartige Produkte immer wieder aus der Muttersache gewonnen werden können.[23]

Es spielt für Abs. 1 keine Rolle, ob das Erzeugnis mit der Muttersache noch verbunden ist (dh zusammen- **15** hängt) oder bereits getrennt ist[24] (was allerdings bei Rechtsfolgenormen bedeutsam sein kann, bspw. §§ 101 Nr. 1, 592, 953 ff., 998, 1120 oder § 1212).

Nicht (mehr) als Früchte iSv Abs. 1 sind aufgrund einer Verarbeitung der Erzeugnisse gewonnene Folgepro- **16** dukte zu qualifizieren.[25]

2. Sonstige bestimmungsgemäße Ausbeute. Den Erzeugnissen der Sache gleichgestellt ist die **sons-** **17** **tige Ausbeute** (Alt. 2, meist anorganische Bodenbestandteile), wie zB Eis (eines Teiches), Lehm, Marmor, Kies, Kohle, Mineralwasser oder Sand, Schiefer oder Torf[26] (Sachcharakter der Ausbeute iS einer teleologi- schen Einschränkung des Wortsinns),[27] sofern sie aus der Sache ihrer **Bestimmung gemäß** (ohne Erzeugnis zu sein) gewonnen wird. Dies setzt eine Gewinnung in naturgemäßer oder verkehrsüblicher Weise (bzw. entsprechend der Absicht des Fruchtziehungsberechtigten) voraus,[28] wobei eine Sache auch eine wech- selnde Bestimmung haben kann.[29]

Die Leistung einer **Brandversicherung** ist nicht „aufgrund einer bestimmungsgemäßen Ausbeute" **18** erlangt.[30] § 590 regelt für die Pacht und § 1037 für den Nießbrauch Grenzen für eine „bestimmungsgemäße Ausbeute". In aller Regel geht bei einer entsprechenden Ausbeute die Sachsubstanz der Muttersache wegen der Entnahme teilweise verloren, ohne dass die Muttersache aber völlig untergeht.[31] Dem Begriff der Aus- beute soll nicht verbrauchter Deponieraum[32] (arg.: aus dem Grundstück werde nichts gewonnen, dieses werde lediglich iS eines Gebrauchsvorteils genutzt) bzw. (auf einem Grundstück erzeugte) Energie[33] (wegen ihres fehlenden Sachcharakters) unterfallen.

13 Staudinger/*Herrler/Stieper* BGB § 99 Rn. 6.
14 Palandt/*Ellenberger* BGB § 99 Rn. 2.
15 RGZ 80, 229, 232; 109, 190, 192: wenn sie auf natürlicher Fortpflanzung beruhen und mit dem Boden verwurzelt sind; auch unbefugt geschlagene Bäume sind „Erzeugnisse" (Staudinger/*Herrler/Stie- per* BGB § 99 Rn. 7), ebenso aufgrund Unwetters gefallenes Holz (RG JW 1938, 203).
16 BeckOK BGB/*Fritzsche* § 99 Rn. 4: „organisch vom Tier abgetrennte Teile".
17 Womit das Fleisch geschlachteter Tiere nicht „Erzeugnis" ist, Staudinger/*Herrler/Stieper* BGB § 99 Rn. 6.
18 RGRK/*Steffen* BGB § 99 Rn. 8; Staudinger/*Herrler/ Stieper* BGB § 99 Rn. 6.
19 Staudinger/*Herrler/Stieper* BGB § 99 Rn. 6.
20 Vgl. Motive III, S. 69; Erman/*Michalski* BGB § 99 Rn. 4; MüKoBGB/*Stresemann* § 99 Rn. 3; Palandt/ *Ellenberger* BGB § 99 Rn. 2 – vgl. zudem § 1039 Abs. 1: „Übermaßfrüchte".
21 BeckOK BGB/*Fritzsche* § 99 Rn. 5; Staudinger/ *Herrler/Stieper* BGB § 99 Rn. 7.
22 BeckOK BGB/*Fritzsche* § 99 Rn. 5.

23 BeckOK BGB/*Fritzsche* § 99 Rn. 4: womit das Fleisch eines Schlachttiers oder Abbauprodukte eines Grundstücks keine „Erzeugnisse", sondern „Aus- beute" sind.
24 MüKoBGB/*Stresemann* § 99 Rn. 2.
25 Staudinger/*Herrler/Stieper* BGB § 99 Rn. 7.
26 Palandt/Ellenberger BGB § 99 Rn. 2; Staudinger/ *Herrler/Stieper* BGB § 99 Rn. 9.
27 Prot. III; S. 3324; Staudinger/*Herrler/Stieper* BGB § 99 Rn. 10; aA Erman/*Michalski* BGB § 99 Rn. 5.
28 RGZ 94, 259, 261; RG JW 1909, 451; MüKoBGB/ *Stresemann* § 99 Rn. 4; Palandt/*Ellenberger* BGB § 99 Rn. 2; Soergel/*Marly* BGB § 99 Rn. 8.
29 Staudinger/*Herrler/Stieper* BGB § 99 Rn. 7: bspw. ein landwirtschaftliches Grundstück, das später zur Kiesgewinnung genutzt wird.
30 OLG Düsseldorf NJW-RR 1997, 604.
31 BeckOK BGB/*Fritzsche* § 99 Rn. 6.
32 BeckOK BGB/*Fritzsche* § 99 Rn. 7; OLG Koblenz NJW 1994, 463 (464) erwägt hingegen eine Ana- logie.
33 Palandt/*Ellenberger* BGB § 99 Rn. 2; Soergel/*Marly* BGB § 99 Rn. 9; Staudinger/*Herrler/Stieper* BGB § 99 Rn. 10; aA Erman/*Michalski* BGB § 99 Rn. 5.

19　Im Falle von **Mineralien** ist gemäß § 3 BBergG darauf abzustellen, ob diese dem Grundstückseigentümer gehören oder (aufgrund Bergrechts) nicht.[34]

20　**3. Einwirkungsberechtigung.** Die notwendige Bestimmung kann auch durch andere Einwirkungsberechtigte als den Eigentümer (bspw. durch einen Pächter) getroffen werden,[35] wobei ein Verstoß des Pächters gegen ein Bestimmungsveränderungsverbot nach § 583 (Pächterpfandrecht am Inventar) bzw. entsprechend ein Nießbrauchsverstoß gegen § 1037 (Umgestaltungsverbot) hinsichtlich der verbotswidrigen Ausbeute nicht dazu führt, dass diese nunmehr eine „bestimmungswidrige" iSv § 91 Abs. 1 würde.[36]

21　**4. Raubbau uÄ.** Auch durch Raubbau oder zur Unzeit gewonnene Produkte sind als „Früchte" iSv Abs. 1 zu qualifizieren,[37] weshalb es auf die Wirtschaftlichkeit der Ausbeute nicht ankommt.[38] Voraussetzung ist allerdings, dass die Sachsubstanz (der Muttersache) nicht verletzt wird (Notwendigkeit einer Sacherhaltung).[39] Folglich stellt das Fleisch eines Schlachttiers keine Sachfrucht dar.[40]

22　**5. Ausnahmen.** Dem Begriff der unmittelbaren Sachfrucht nach Abs. 1 unterfallen nicht ein **Schatz** (iSv § 984) oder ein anderer Fund auf einem Grundstück, da der unmittelbaren Sachfrucht als Ausbeute Sachcharakter zukommen muss und Grundstücke grundsätzlich nicht dem Schatzfund dienen,[41] bzw. auf einem Grundstück erzeugte Elektrizität[42] oder andere Energien[43] (vgl. bereits → § 90 Rn. 12 ff.) – arg.: Energien werden nicht „aus der Sache" gewonnen.[44]

II. Unmittelbare Rechtsfrüchte (Abs. 2)

23　Unmittelbare Rechtsfrüchte nach Abs. 2 sind die Erträge, welche ein Recht seiner Bestimmung gemäß gewährt (**Erträgnisse eines Rechts** bzw. Erträge aus fruchtbringenden Rechten), insbesondere bei einem Recht auf Gewinnung von Bodenbestandteilen die gewonnenen Bestandteile. Diese Erträge können also in Sachen oder Rechten bestehen, die ihrerseits selbstständig und als eigener Leistungsgegenstand neben dem Stammrecht existent sind (aus dem sie hervorgegangen sind, bspw. ein „Recht auf Gewinnung von Bodenbestandteilen").[45]

24　Bei den unmittelbaren Rechtsfrüchten muss es sich um Teilleistungen handeln, die der Rechtsverkehr als vom (fruchtbringenden) Stammrecht Verschiedenes qualifiziert.[46] Die Rechtsfrucht ist also dadurch gekennzeichnet, dass sie sich als Anspruch auf Teilleistungen vom Stammrecht (das dieses vermöge seines Bestehens aus sich selbst als Erträge hervorbringt)[47] unterscheidet.[48]

25　Ein Recht ist also dann „fruchtbringend", wenn es entsprechend seinem Inhalt unmittelbar auf die Gewinnung von Erträgen (die im Rechtsverkehr als etwas vom Stammrecht Verschiedenes angesehen werden) durch den Rechtsinhaber gerichtet ist. Widrigenfalls werden aufgrund des Rechtsverhältnisses Leistungen erbracht, die als Früchte iSv Abs. 3 (→ Rn. 37 ff.) zu qualifizieren sind.[49]

26　Das **Stammrecht**, das dergestalt auf die Gewinnung von Erträgen gerichtet ist, kann **dinglicher oder obligatorischer Natur** sein, wobei es keine Rolle spielt, ob seine Rechtsgrundlage im privaten oder im öffentlichen Recht liegt.[50]

27　Rechtsfrüchte resultieren – anders als Erträgnisse (→ Rn. 21), aber ebenso wie die Ausbeute (→ Rn. 17) – nur aus einem **bestimmungsgemäßen Ertrag,** der von dem Inhalt abhängt, was – sofern dieses gesetzlich nicht geregelt ist – sich aus der Parteivereinbarung bzw. hilfsweise nach der Verkehrsüblichkeit bestimmt.[51] Es schadet aber nichts, wenn die Fruchtziehung auf Dauer die Sachsubstanz erschöpft (vgl. bspw. die Gewinnungsrechte hinsichtlich Bodenbestandteilen).

28　**Sachfrüchte** iSv Abs. 1 (→ Rn. 10 ff.) können dann Rechtsfrüchte gemäß Abs. 2 sein, wenn sie von einem Pächter oder einem Nießbraucher auf der Grundlage seines Pachtrechts (§ 581) oder seines Nießbrauchsrechts (§ 1030 BGB) gewonnen werden.[52]

34　BeckOK BGB/*Fritzsche* § 99 Rn. 6.
35　So Staudinger/*Herrler/Stieper* BGB § 99 Rn. 8; aA KG OLGE 6, 217.
36　So RGRK/*Steffen* BGB § 99 Rn. 10; Soergel/*Marly* BGB § 99 Rn. 8; Staudinger/*Herrler/Stieper* BGB § 99 Rn. 8.
37　So die hM, vgl. etwa Palandt/*Ellenberger* BGB § 99 Rn. 2.
38　Staudinger/*Herrler/Stieper* BGB § 99 Rn. 9.
39　Staudinger/*Herrler/Stieper* BGB § 99 Rn. 9.
40　Palandt/*Ellenberger* BGB § 99 Rn. 2.
41　Staudinger/*Herrler/Stieper* BGB § 99 Rn. 10.
42　BGH NJW 2018, 1540 Rn. 14.
43　Staudinger/*Herrler/Stieper* BGB § 99 Rn. 10.

44　Soergel/*Marly* BGB § 99 Rn. 9; aA Erman/*Michalski* BGB § 99 Rn. 5.
45　BeckOK BGB/*Fritzsche* § 99 Rn. 9.
46　BeckOK BGB/*Fritzsche* § 99 Rn. 9; RGRK/*Steffen* BGB § 99 Rn. 10; Soergel/*Marly* BGB § 99 Rn. 10; Staudinger/*Herrler/Stieper* BGB § 99 Rn. 12.
47　RGZ 80, 208, 209.
48　BeckOK BGB/*Fritzsche* § 99 Rn. 9.
49　Staudinger/*Herrler/Stieper* BGB § 99 Rn. 11.
50　BSG MDR 1982, 698; BeckOK BGB/*Fritzsche* § 99 Rn. 9.
51　BeckOK BGB/*Fritzsche* § 99 Rn. 12.
52　Palandt/*Ellenberger* BGB § 99 Rn. 3.

Die Leihe berechtigt den Entleiher nur zu Benutzung der Sache als solcher (dh zur Nutzung der mit dem Sachbesitz verbundenen Vorteile), nicht aber auch zur Ziehung und zum Behaltendürfen von Früchten iS der §§ 99 f.:[53] Soll der Entleiher auch zu letzterem befugt sein, so bedarf es einer dahin gehenden ausdrücklichen oder stillschweigenden Vereinbarung der Vertragsparteien.

Die Judikatur hat bspw. **in folgenden Fällen unmittelbare Rechtsfrüchte obligatorischer Natur** angenommen: bei Erträgen von Pächtern,[54] bei einer Aktie die Dividende,[55] beim Bergwerkseigentum die geförderte Kohle,[56] bei einer verzinslichen Forderung die Zinsen,[57] bei einem GmbH-Anteil der Gewinn[58] (bzw. Dividenden einer Kapitalgesellschaft),[59] beim Jagdrecht die Jagdbeute,[60] bei einem Leibrentenvertrag (§ 759) die Einzelleistungen[61] bzw. bei einer Realverbandsmitgliedschaft (Waldgenossenschaft) die zugeteilten Holzmengen und Überschüsse.[62] Zu den auf den Schadensersatzanspruch anzurechnenden Vorteilen zählen idR die vom Geschädigten gezogenen Nutzungen[63] – mithin auch die Erträge eines Rechts iS der §§ 99 Abs. 2, 100. Um nichts anderes handelt es sich bei (Vorab-) Ausschüttungen.[64] **29**

Als **unmittelbare Rechtsfrüchte dinglicher Natur** können der Nießbrauch[65] bzw. die Reallast[66] gelten. **30**

Weiterhin bestehen auch **unmittelbare Rechtsfrüchte auf öffentlich-rechtlicher Grundlage**, bspw. laufende Rentenleistungen aus der gesetzlichen Rentenversicherung[67] – arg.: Möglichkeit einer Differenzierung zwischen dem unverjährbaren Anspruch auf Versicherungsleistungen als solchen und verjährbaren Ansprüchen auf einzelne monatliche Rentenleistungen). **31**

Hingegen wird bspw. das Vorliegen **unmittelbarer Rechtsfrüchte verneint** beim Recht des Aktionärs auf Bezug neuer Aktien (arg.: kein bestimmungsgemäßer Ertrag des Aktienrechts, sondern auf einem Hauptversammlungsbeschluss beruhend)[68] bzw. Kursgewinnen beim Aktienverkauf;[69] ebenso beim Stimmrecht (da zum Rechtsinhalt gehörend),[70] Gehaltsansprüchen aus Dienstvertrag (wegen fehlendem Stammrecht)[71] bzw. Liquidationsanteilen im Falle einer Vereins- oder Gesellschaftsauflösung (arg.: Gegenwert für das Stammrecht).[72] Früchte aufgrund des Eigentums an einer Sache fallen nicht unter Abs. 2, sondern unter Abs. 1.[73] **32**

Nach einer in der Literatur vertretenen Auffassung[74] ist der **Unternehmensertrag analog Abs. 1 und 2** „Frucht" der Rechts- und Sachgesamtheit „Unternehmen",[75] wohingegen der BGH eine Fruchtqualität ablehnt[76] (da der Unternehmensgewinn Gebrauchsvorteil sei). **33**

Auch unmittelbare Rechtsfrüchte sind nur solche Erträge, „welche das Recht seiner Bestimmung nach gewährt": Erfordernis eines bestimmungsgemäßen Ertrags, dessen Umfang nach dem Inhalt des Rechts fest- **34**

53 BGH NJW-RR 2012, 1007 = NZM 2012, 561, juris Rn. 4.
54 RG JW 1938, 3040 (3041).
55 OLG Bremen DB 1970, 1436. Zudem BGHZ 58, 316, 320 = NJW 1972, 1755; BGHZ 78, 177, 188 = NJW 1981, 115; BGH NJW-RR 1987, 989.
56 RG JW 1938, 3040 (3042).
57 Zinsen als Früchte der Kapitalforderung (so Erman/*Michalski* BGB § 99 Rn. 7; RGRK/*Steffen* BGB § 99 Rn. 12; Soergel/*Marly* BGB § 99 Rn. 15; Staudinger/*Herrler/Stieper* BGB § 99 Rn. 17), wohingegen Verzugszinsen iS § 99 Abs. 3 (Rn. 38) unterfallen (Staudinger/*Herrler/Stieper* BGB § 99 Rn. 17). Vgl. auch BGHZ 81, 8, 13: Zinszuschlag nach dem LAG als „Nutzung" iSv § 100 BGB. AA MüKoBGB/*Stresemann* § 99 Rn. 6: Gelddarlehenszins als mittelbare Sachfrucht.
58 BGH NJW 1995, 1027; BGHZ 78, 177, 188 = NJW 1981, 115.
59 Erman/*Michalski* BGB § 99 Rn. 7.
60 BGHZ 112, 392, 398 = NJW 1991, 1421; OLG Nürnberg VersR 1969, 620.
61 RGZ 80, 208, 209; 67, 204, 210.
62 BGHZ 94, 306, 309 = NJW 1986, 1042.
63 Palandt/*Grüneberg* BGB Vor § 249 Rn. 94.
64 OLG Düsseldorf 25.1.2013 – 16 U 70/12, juris Rn. 51.

65 KG NJW 1964, 1808.
66 BeckOK BGB/*Fritzsche* § 99 Rn. 10.
67 BSG NJW 1982, 698.
68 OLG Bremen DB 1970, 1436.
69 OLG Bremen DB 1970, 1436 – arg.: dies stellt keinen bestimmungsgemäßen Ertrag der Aktien dar.
70 Staudinger/*Herrler/Stieper* BGB § 99 Rn. 17.
71 RGZ 69, 59, 64.
72 Erman/*Michalski* BGB § 99 Rn. 8; Staudinger/*Herrler/Stieper* BGB § 99 Rn. 17.
73 Erman/*Michalski* BGB § 99 Rn. 8; Staudinger/*Herrler/Stieper* BGB § 99 Rn. 11.
74 AA: unmittelbare Anwendung von § 100, vgl. etwa KG OLGE 24, 139; BayObLG OLGE 36, 282.
75 MüKoBGB/*Stresemann* § 99 Rn. 11; Palandt/*Ellenberger* BGB § 99 Rn. 3; Soergel/*Marly* BGB § 99 Rn. 3. Vgl. auch OLG München OLGE 38, 146: Der aus dem Gewerbebetrieb fließende Ertrag sei den Früchten zuzurechnen, wenngleich der auch in § 99 nicht ausdrücklich erwähnt werde. RGRK/*Steffen* BGB § 99 Rn. 4 qualifiziert hingegen den Unternehmensertrag als „Unternehmensfrucht": unmittelbare Anwendung von § 99 Abs. 2 BGB.
76 BGH WM 1992, 442 (443); Staudinger/*Herrler/Stieper* BGB § 99 Rn. 14.

zulegen ist,[77] wenngleich auch aufgrund der Gewinnung der Erträge die Sachsubstanz nicht auf Dauer unberührt gelassen bleiben muss.[78]

35 Abs. 2 stellt beispielhaft besonders die „bei einem Recht auf Gewinnung von Bodenbestandteilen ... gewonnenen Bestandteile" heraus (die sowohl Sachfrüchte iSv Abs. 1 als auch Rechtsfrüchte nach Abs. 2 sein können).

36 **Aber**: Zählen die „bei einem Recht auf Gewinnung von Bodenbestandteilen ... gewonnenen Bestandteile" als Sachausbeute zu den Früchten (sofern damit der Sachbestimmung – → Rn. 17 – nicht widersprochen wird), stellen sie **keine Rechtserträgnisse** dar (und unterfallen damit nicht dem Fruchtbegriff), wenn eine unwirtschaftliche Gewinnung vorgenommen worden sein sollte – arg.: Ein Recht ist seinem Inhalt nach idR nur auf eine wirtschaftliche Gewinnung hin ausgerichtet. In einem solchen Falle kann entsprechend der Gesetzessystematik nach einer Verneinung des (vorrangigen) Abs. 2 nicht mehr auf Abs. 1 zurückgegriffen werden.[79]

III. Mittelbare Sach- und Rechtsfrüchte (Abs. 3)

37 Mittelbare Sach- und Rechtsfrüchte sind nach Abs. 3 auch jene Erträge (genauer: der Lohn iS einer Gegenleistung für die Überlassung von Erträgen oder der Nutzung an andere),[80] die eine Sache oder ein Recht vermöge eines (auf Nutzung oder Gebrauch gerichteten)[81] Rechtsverhältnisses gewährt.

38 Das Rechtsverhältnis iSv Abs. 3 (das sich nicht nur auf Sachen, sondern auch auf fruchtbringende Früchte bezieht)[82] kann sowohl **vertraglich** begründet werden (bspw. als Miet- oder Pachtvertrag)[83] als auch ein **gesetzliches Schuldverhältnis** (zB hinsichtlich der Überbaurente nach § 912) sein.[84] So werden bspw. Verzugszinsen auf der Grundlage eines Rechtsverhältnisses gezahlt.[85] Nur soweit es vertraglicher Natur ist, muss es auf die Nutzung oder den Gebrauch des Rechts bzw. der Sache gerichtet sein.[86]

39 So stellen insbesondere wiederkehrende Gegenleistungen für die Überlassung einer Sache wie bspw. der Mietzins (bei der Vermietung von Mietshäusern),[87] auch eine Untermiete bzw. die aufgrund der Auflösung eines Untermietverhältnisses erhaltene Entschädigung,[88] bzw. der Pachtzins (bei der Verpachtung eines Betriebs),[89] Entgelte für einen Nießbrauch[90] oder die Überbaurente nach den §§ 912 Abs. 2, 913[91] (im Falle eines überbauten Grundstücks; hingegen nicht eine ausgezahlte Brandversicherungssumme),[92] eine Enteignungsentschädigung,[93] der Kaufpreis[94] (arg. dabei handelt es sich nicht um Erträge, sondern um Surrogate)[95] oder Tilgungsbeträge für ein Darlehen[96] **mittelbare Sachfrüchte** dar.[97]

77 Staudinger/*Herrler/Stieper* BGB § 99 Rn. 12; weshalb ein übermäßiger Holzeinschlag durch den Nießbraucher § 99 Abs. 2 nicht unterfällt, ebenso wenig wie ein Liquidationsanteil, der bei einer Vereins- oder Gesellschaftsauflösung auf die Vereinsmitglieder bzw. Gesellschafter entfällt, Erman/*Michalski* BGB § 99 Rn. 8.

78 Staudinger/*Herrler/Stieper* BGB § 99 Rn. 13: Erschöpfung eines Steinbruchs durch einen normalen Wirtschaftsbetrieb, gleichwohl sind die Erträge „Rechtsfrüchte" iSv § 99 Abs. 2.

79 Staudinger/*Herrler/Stieper* BGB § 99 Rn. 13.

80 So zutreffend Staudinger/*Herrler/Stieper* BGB § 99 Rn. 18; folglich ist weder der Kaufpreis noch eine Enteignungsentschädigung „mittelbare Frucht" iSv § 99 Abs. 3 (Erman/*Michalski* BGB § 99 Rn. 10), da Letztere an die Stelle der Sache tritt.

81 BGHZ 115, 157 = NJW 1991, 2836.

82 Motive III, S. 70 – bspw. im Falle ihrer Verpachtung.

83 RGZ 67, 378, 380; 138, 69, 72; auch über bewegliche Sachen RGZ 105, 409; Staudinger/*Herrler/Stieper* BGB § 99 Rn. 19.

84 Erman/*Michalski* BGB § 99 Rn. 9; Staudinger/*Herrler/Stieper* BGB § 99 Rn. 19.

85 BGHZ 81, 8, 13 = NJW 1981, 2350; Soergel/*Marly* BGB § 99 Rn. 16.

86 BeckOK BGB/*Fritzsche* § 99 Rn. 13. Vgl. auch BGHZ 115, 157 = NJW 1991, 2836 – arg.: gesetzliche Schuldverhältnisse sind nämlich meist nicht auf Nutzung gerichtet, sondern können allenfalls an sie anknüpfen.

87 RGZ 105, 408, 409; 138, 69, 72; BGH NJW 1986, 1340 (1341).

88 BGH MDR 2009, 1267 = NZM 2009, 701: Nach Rechtshängigkeit des Rückgabeanspruchs schuldet der Mieter im Rahmen der Herausgabe von Nutzungen nach den §§ 546 Abs. 1, 292 Abs. 2, 987 Abs. 1, 99 Abs. 3 auch die Auskehr eines durch Untermietvertrag erzielten Mehrerlöses. Dazu gehört auch eine „Entschädigung", die der Mieter von dem Untermieter als Abfindung für eine vorzeitige Beendigung des Untermietverhältnisses erhalten hat (in Fortführung von BGH NJW-RR 2005, 1542 und BGH NJW 2002, 60; entgegen OLG Düsseldorf NJW-RR 1994, 596).

89 RGZ 79, 116, 119; BGHZ 63, 365.

90 RGZ 67, 378, 380.

91 Wegen der Grundstücksnutzung, so Erman/*Michalski* BGB § 99 Rn. 9; Palandt/*Ellenberger* BGB § 99 Rn. 4; Staudinger/*Herrler/Stieper* BGB § 99 Rn. 19; aA Jauernig/*Mansel* BGB § 99 Rn. 3: mittelbare Rechtsfrucht – arg.: Anknüpfung an die Duldungspflicht nach § 912 Abs. 1.

92 BGHZ 115, 157, 159 = NJW 1991, 2836 – arg.: die Brandversicherungssumme ist kein Sachertrag, sondern Surrogat; OLG Düsseldorf NJW-RR 1997, 604.

93 Erman/*Michalski* BGB § 99 Rn. 10.

94 Staudinger/*Herrler/Stieper* BGB § 99 Rn. 18.

95 BeckOK BGB/*Fritzsche* § 99 Rn. 18.

96 MüKoBGB/*Stresemann* § 99 Rn. 7.

97 Palandt/*Ellenberger* BGB § 99 Rn. 4.

Geht man davon aus, dass der durch eine Photovoltaikanlage erzeugte Strom ein Erzeugnis eines zum Grundstück gehörenden Zubehörs (Photovoltaikanlage, vgl. § 97 Abs. 1 S. 1) darstellt und damit Früchten iS von § 99 gleichzustellen ist, kann die Einspeisevergütung als Erzeugnis des Grundstücks iS von § 99 Abs. 3 angesehen werden.[98]

Die Einnahmen (Vergütung in Abhängigkeit vom Verkehrsaufkommen – Maut) stellen Erträge aus der Nutzung der Autobahn durch Lkw dar (Abs. 3).[99]

Die Lizenzgebühr für eine Patentüberlassung (oder die sonstige Benutzung eines Immaterialgüterrechts)[100] ist zB eine **mittelbare Rechtsfrucht**,[101] da Immaterialgüterrechte fruchtbringende Rechte iSv Abs. 3 darstellen[102] – ebenso wie Verzugszinsen zu den Früchten nach Abs. 3[103] zählen (arg.: sie werden für die nicht rechtzeitige Leistungserbringung bzw. Erfüllung der Forderung gewährt) und gleichermaßen auch Zinszuschläge nach § 250 Abs. 2 LAG[104] oder ein Entgelt, das der Gläubiger einer verzinslichen Forderung für die Bestellung eines Nießbrauchs an einer Forderung (§ 1076) vom Nießbraucher erhält.[105]   **40**

Exkurs: Das **Fotografieren fremder Gemälde** lässt deren Sachsubstanz an sich unberührt. Infolgedessen hat das Fotografieren von Sachen keine Auswirkungen auf die Nutzung der Sache selbst. Der Eigentümer wird nicht daran gehindert, mit dem Gegenstand weiter nach Belieben zu verfahren. Er wird auch nicht grundsätzlich in seinem Besitz gestört.[106] Die Ablichtung eines Gegenstandes nutzt allein den in der Sache verkörperten immateriellen Wert:[107] Dieser Wert sei jedoch nicht dem Eigentümer zugewiesen, sondern dem Urheber.[108] Ein ausschließliches Recht, Abbilder herzustellen und zu verwerten, wie es den Inhabern von Urheber- und Immaterialgüterrechten zusteht, könne dem Sacheigentümer insoweit grundsätzlich nicht zustehen.[109]

§ 100 Nutzungen

Nutzungen sind die Früchte einer Sache oder eines Rechts sowie die Vorteile, welche der Gebrauch der Sache oder des Rechts gewährt.

Literatur: *Eder*, Wohnvorteil und Wohnungsaufwendungen im Unterhaltsrecht, FuR 2015, Jubiläumsausgabe, 24; *Goetze*, Der lebzeitige Nießbrauch an Grundstücken des Privatvermögens im Steuerrecht, RNotZ 2013, 147; *Levedag*, Kann es beim Vorbehaltsnießbrauch an einem Geschäftsanteil künftig nur noch einen Mitunternehmer geben?, jM 2020, 75; *Maier*, Der Wohnwert und Nutzungen im Unterhalt, FamRZ 2016, 426; *Röthel*, Bereicherungsausgleich für Nutzungen, Jura 2013, 1110; *Roth/Maulbetsch*, Früchte und Nutzungen beim Vermächtnis, NJW-Spezial 2012, 167; *Wackerbarth*, Ermittlung des Nutzungswertersatzes nach Rücktritt vom Autokaufvertrag, NJW 2018, 1713; *Wedemann*, Ist der Nießbraucher eines Gesellschaftsanteils wie ein Gesellschafter zu behandeln?, ZGR 2016, 798.

98 LG Saarbrücken ZfIR 2017, 421; juris Rn. 39 f.: Früchte sind nach § 99 Abs. 3 auch Erträge, welche eine Sache oder ein Recht vermöge eines Rechtsverhältnisses gewährt. Wenn ein Beklagter als Energieversorger dem Vollstreckungsschuldner als Betreiber und Eigentümer einer Photovoltaikanlage für die gewonnene Energie, die in das Stromnetz eingespeist wird, eine gesetzlich zugesicherte Einspeisevergütung nach dem EEG zahlt, resultiert dies aus einer Nutzung des Grundstücks in der Form der auf dem Gebäudedach montierten Photovoltaikanlage.
99 LG München NZBau 2018, 672, juris Rn. 161.
100 Palandt/*Ellenberger* BGB § 99 Rn. 4; Staudinger/*Herrler/Stieper* BGB § 99 Rn. 20.
101 Beispiel nach Palandt/*Ellenberger* BGB § 99 Rn. 4.
102 Staudinger/*Herrler/Stieper* BGB § 99 Rn. 20.
103 BGHZ 81, 8, 13 = NJW 1981, 2350; Soergel/*Marly* BGB § 99 Rn. 16; Staudinger/*Herrler/Stieper* BGB § 99 Rn. 20; aA Erman/*Michalski* BGB § 99 Rn. 8; Palandt/*Ellenberger* BGB § 99 Rn. 3.
104 BGHZ 81, 8, 13 f. = NJW 1981, 2350; Soergel/*Marly* BGB § 99 Rn. 16.
105 BeckOK BGB/*Fritzsche* § 99 Rn. 15; MüKoBGB/*Stresemann* § 99 Rn. 9.
106 Dazu BGH NJW 2011, 749 im Hinblick auf das Fotografieren eines Grundstücks. Der BGH hat bei Grundstücken entschieden, dass das Eigentum an einem Grundstück durch das Aufnehmen und die Verwertung von Fotografien von auf ihm errichteten Gebäuden und auf ihm angelegten Gartenanlagen und Parks nur dann beeinträchtigt wird, wenn das Grundstück zur Anfertigung solcher Fotografien betreten wird. Insoweit bestehe nämlich eine Verwertungsbefugnis des Grundstückseigentümers, welche auf dem Grundstückseigentum selbst beruht, da das Eigentum das Recht umfasst, auf dem Grundstück Früchte nach § 99 in Form der Erträge aus der Verwertung von Abbildern der Gebäude und Gärten zu ziehen. Zu einem ausschließlichen Verwertungsrecht werde dieses Recht des Grundstückseigentümers danach dann, wenn Lage und Nutzung des Grundstücks rein tatsächlich dazu führen, dass verwertungsfähige Bilder nur von seinem eigenen Grundstück, nicht von öffentlichen Plätzen oder anderen Grundstücken ausgefertigt werden können (kritisch dazu allerdings Schack JZ 2011, 375; *Lehment* GRUR 2011, 327; *Stieper* ZUM 2011, 331).
107 AG Hamburg MMR 2012, 836 = ZUM-RD 2013, 148, juris Rn. 21. Vgl. aktuell auch BGH GRUR 2015, 578 = MMR 2015, 458 zur Frage, ob die Verwertung von Fotografien gemeinfreier Gemälde eine Eigentumsverletzung darstellt.
108 Vgl. *Schack* JZ 2011, 375.
109 AG Hamburg MMR 2012, 836, juris Rn. 21 unter Bezugnahme auf BGH NJW 2011, 749.

A. **Allgemeines** 1   I. Der Begriff der Nutzung 4
B. **Regelungsgehalt** 4   II. Der Wert von Gebrauchsvorteilen 18

A. Allgemeines

1   In § 100 erfolgt eine **Legaldefinition** des Begriffs Nutzungen, der in einer Vielzahl von Vorschriften (die sich mit der Herausgabe von Nutzungen befassen) bedeutsam ist, bspw. in §§ 347 S. 2, 487 Abs. 4, 2020 f. sowie 818 Abs. 1 bzw. 987 ff. (Nutzungsherausgabe). Darüber hinaus findet der Nutzungsbegriff des § 100 bspw. Verwendung in den §§ 256, 292, 302, 379, 446, 584 b, 745, 820, 1030, 1039, 1213 f., 1283, 1698, 1803, 2111, 2133, 2184, 2379 f. BGB, §§ 13, 16, 33 WEG, §§ 4, 9, 863 ZPO, §§ 10, 56, 150 d, 152, 155 ZVG, §§ 18, 20, 24 KostO bzw. Art. 164, 232 § 2 a EGBGB. Ein Vertrag, der eine mitvereinbarte Fruchtziehung iSv § 100 der Sache beinhaltet, ist nicht Miet-, sondern Pachtvertrag gemäß § 581 Abs. 1.[1]

2   Der Begriff der Nutzung erfasst als **Oberbegriff** sowohl die Früchte (§ 99: einer Sache oder eines Rechts) als auch die Gebrauchsvorteile (einer Sache oder eines Rechts). **Steuervorteile** stellen keine Nutzungen dar.[2]

3   **Beachte**: Denjenigen, der sich auf einen an die Nutzungseigenschaft anknüpfenden Tatbestand beruft, trifft hinsichtlich der Nutzungseigenschaft die Beweislast. Andererseits trifft den Schuldner die Beweislast für nicht herausgabepflichtige Anteile, die auf Investitionen des Schuldners bzw. dessen Leistung (→ Rn. 20) beruhen.[3]

B. Regelungsgehalt

I. Der Begriff der Nutzung

4   Nutzungen sind nach § 100 die Früchte einer Sache oder eines Rechts (Sach- und Rechtsfrüchte) sowie die Vorteile, welche der Gebrauch einer Sache oder eines Rechts gewährt.

5   Der Nutzungsbegriff umfasst somit außer **Früchten** (iSv § 99) auch **Gebrauchsvorteile** (→ Rn. 7 ff.) einer Sache oder eines Rechts.[4] Eine Sache oder ein Recht „gebraucht" derjenige, der die durch die Innehabung verbundenen Rechte ausübt.[5] Den Gegensatz zum Gebrauch bildet der Verbrauch.[6]

6   Für den Nutzungstatbestand spielt es keine Rolle, ob die Nutzung zu einem Gewinn oder zu einem Verlust geführt hat.[7]

7   Unter **Gebrauchsvorteilen** versteht man die aus dem Gebrauch einer Sache oder eines Rechts erlangten (natürlichen) Vorteile infolge der Ausübung der durch die Innehabung verbundenen Rechte (bedeutsam vor allem bei solchen Sachen, die aufgrund ihrer natürlichen Beschaffenheit keine unmittelbaren Sachfrüchte iSv § 99 Abs. 1 tragen),[8] bspw. Häuser oder Kraftfahrzeuge. Früchte iSv § 100 sind auch spezifische Gebrauchsvorteile, die mit der Überlassung eines voll eingerichteten (mit Pflegeabteilung und ausgestatteter Küche) und betriebsfertigen Hauses als Altenwohn- und Pflegeheim unter einem eingeführten Namen verbunden sind.[9] Somit zählen zum **Gebrauchsvorteil einer Sache** etwa das Bewohnen eines Hauses als Grundstücksnutzung,[10] das Bewohnen einer Eigentumswohnung,[11] mietfreies Wohnen,[12] Nutzungsüberlassung eines eingeführten Hotels[13] oder eines Raumes,[14] aber auch nur die (bloße) Benutzung eines Dachbodens[15] oder einer Garage[16] bzw. eines Kfz,[17] das Reiten eines Pferdes[18] (aber auch eine mit diesem erlangte

1   BGH ZMR 1981, 306; 2009, 443; BGH MDR 1991, 1063; 2008, 1029; OLG Düsseldorf ZMR 2011, 718, juris Rn. 21.
2   OLG Stuttgart WM 2016, 127; OLG Stuttgart ZIP 2015, 2211 – Ls. 3.
3   BGH NJW 1995, 2627 (2628); BeckOK BGB/*Fritzsche* § 100 Rn. 13.
4   Palandt/*Ellenberger* BGB § 100 Rn. 1.
5   Palandt/*Ellenberger* BGB § 100 Rn. 1.
6   BeckOK BGB/*Fritzsche* § 100 Rn. 4.
7   BGH DB 1966, 738 (739).
8   Staudinger/*Herrler/Stieper* BGB § 100 Rn. 1: wie Häuser, Räume, Möbel oder Kraftfahrzeuge.
9   OLG Düsseldorf NZM 2011, 550, juris Rn. 9.
10 BGH NJW 1986, 1340; 1990, 3274, 3275; 1992, 892.
11 OLG Zweibrücken NJW 1992, 1902 (1903).

12 OLG Karlsruhe FamRZ 2009, 48; OLG Hamm FamRZ 2013, 1146 – Ls. 5: Der auf das unterhaltsverpflichtete Kind entfallende Wohnvorteil stelle einen in Geld messbaren Gebrauchsvorteil dar, der als Einkommen des Unterhaltspflichtigen zu berücksichtigen sei. Soweit dem Unterhaltspflichtigen aufgrund des mit der Zurechnung des Wohnvorteils verbundenen fehlenden Zuflusses realer finanzieller Mittel keine ausreichenden Barmittel zur Deckung des eigenen Unterhaltsbedarfs verbleiben, könne diesem Umstand im Wege der Durchführung einer Angemessenheitskontrolle begegnet werden.
13 OLG Düsseldorf ZMR 2009, 120.
14 BGH NJW 1995, 2627.
15 LG Saarbrücken WuM 1998, 31.
16 BGH NJW 1986, 1340 (1341).
17 OLG Köln VersR 1993, 109.
18 BGHZ 79, 232 = NJW 1981, 865.

Siegerprämie)[19] bzw. die Nutzungsmöglichkeit eines Instruments.[20] Gebrauchsvorteil eines Grundstücks sind neben seiner Nutzung als Kreditunterlage auch die dadurch entstehenden Zinsvorteile.[21]

- Ein Anspruch auf **Zinsen als Kapitalnutzungsersatz** (konkret: des Käufers gegen den Verkäufer bei der Rückabwicklung eines Gebrauchtwagenkaufs für den überlassenen Kaufpreis) kommt nur insoweit in Betracht, als sie nicht von einem – inhaltsgleichen – (gesetzlichen) Verzugszinsanspruch umfasst sind.[22]
- Nach § 346 Abs. 1 müssen im Falle eines Rücktritts zwar grundsätzlich auch die gezogenen Nutzungen (Gebrauchsvorteile iSv § 100) herausgegeben werden.[23] Dies gilt aber nicht, wenn wesentliche Gebrauchsvorteile einer erheblich mangelhaften Werkleistung (konkret: Schiebetür als Eingangsabschlusstür) im Zeitraum seit der Montage nicht feststellbar sind – mithin bei Null liegen.[24]
- Die an den Darlehensgeber geleisteten Zinsen sind einschließlich tatsächlich gezogener Nutzungen an den Darlehensnehmer herauszugeben.[25] Soweit nach der Rechtsprechung des BGH zu vermuten ist, dass eine Bank aus eingenommenen Geldern Nutzungen im Wert des üblichen Verzugszinses gezogen hat, beträgt der Zinssatz bei Immobiliardarlehensverträgen 2,5 Prozentpunkte über dem Basiszinssatz für das Jahr. Eine Anrechnung von Steuervorteilen des Darlehensnehmers findet nicht statt. Die Grundsätze über die Vorteilsausgleichung gelten in Bezug auf Steuervorteile beim Widerruf eines Verbrauchercherdarlehens nur im Falle verbundener Verträge entsprechend. Es besteht eine tatsächliche Vermutung dafür, dass die Bank aus eingenommenen Geldern Nutzungen im Wert des üblichen Verzugszinses gezogen hat.[26] Bei Immobiliardarlehensverträgen liegt der übliche Verzugszins gemäß § 497 Abs. 1 S. 2 bei 2,5 Prozentpunkten über dem Basiszinssatz für das Jahr, so dass dieser Zinssatz für die Bemessung des geschuldeten Nutzungsersatzes maßgeblich ist.[27]
- Zu den auf den Schadensersatzanspruch anzurechnenden Vorteilen gehören regelmäßig die vom Geschädigten gezogenen Nutzungen[28] – also auch die Erträge eines Rechts iSd §§ 99 Abs. 2, 100. Dazu zählen auch (Vorab-) Ausschüttungen,[29] die auf eine Kommanditbeteiligung erlangt werden.
- Der **Ausgleichsanspruch** im Hinblick auf Vorteile, die der Gebrauch eines von einem Wohnungsrecht umfassten Raumes gewährt, hängt unabhängig davon, ob die Räumlichkeiten selbst oder vermittels eines Rechtsverhältnisses mit einem Dritten erlangt werden (mittelbare Sachfrüchte, vgl. § 99 Abs. 3), davon ab, seit wann und wie der Eigentümer, der sich aufgrund eines vermeintlichen Verzichts des Berechtigten eines eigenen Gebrauchsrechts an der Wohnung berühmt, die Räume konkret nutzt, da bereits die auf ein solches (Putativ-) Recht gegründete objektive Gebrauchsmöglichkeit den auszugleichenden Wertzuwachs begründet.[30]
- Der **Bereicherungsanspruch** aus § 817 S. 1 umfasst nach § 818 Abs. 1 iVm § 100 auch das Recht, von einem Bauträger die Herausgabe gezogener Nutzungen in Form von Zinszahlungsersparnissen zu verlangen.[31]
- Bei der Berechnung des nach § 346 Abs. 2 S. 1 geschuldeten Wertersatzes für die gezogenen **Nutzungen** ist bei einem gegenseitigen Vertrag wie dem Kaufvertrag nicht deren objektiver Wert, sondern die Gegenleistung maßgeblich – bei dem Rücktritt von einem Kaufvertrag damit der Erwerbspreis, aus dem der Wertersatz zeitanteilig linear abzuleiten ist.[32] Verlangt der Käufer nach berechtigtem Rücktritt vom Kaufvertrag neben dessen Rückabwicklung Ersatz etwa seiner Finanzierungs- und/oder Betriebskosten und erlangt er dadurch einen Nutzungsvorteil, der den nach § 346 Abs. 2 S. 1 geschuldeten Wertersatz für die gezogenen Nutzungen der Kaufsache übersteigt, ist ihm dieser weitergehende Vorteil anzurechnen.[33]
- Nicht nur **Zinserträge** und sonstige Erträge, die dem Schuldner aus einer rentierlichen Anlage zugeflossen sind, können zu den Nutzungen eines erlangten Geldbetrages zählen, sondern auch die durch

19 BeckOK BGB/*Fritzsche* § 100 Rn. 6; Staudinger/*Herrler/Stieper* BGB § 100 Rn. 4.
20 *Wieling* Sachenrecht Bd. 1, 4. Aufl. 2001, § 2 X 3.
21 Palandt/*Ellenberger* BGB § 100 Rn. 1 unter Bezugnahme auf *Gaier* ZflR 2002, 612.
22 OLG Düsseldorf NJW 2015, 1831 = MDR 2015, 208 – Ls.
23 BGH NJW 2017, 2823 = MDR 2017, 872 = NZM 2017, 517, juris Rn. 15: Ist dies nach der Natur des Erlangten ausgeschlossen, hat der Schuldner stattdessen nach § 346 Abs. 2 S. 1 Nr. 1 und Abs. 2 S. 2 Hs. 1 Wertersatz zu leisten, bei dessen Berechnung eine im Vertrag bestimmte Gegenleistung zugrunde zu legen ist.
24 OLG Düsseldorf IBR 2015, 131 – Ls. 3.
25 OLG Stuttgart ZIP 2015, 2211 Ls. 2 und 3.
26 BGHZ 203, 115 = NJW 3713; BGHZ 172, 147 = NJW 2007, 2401; BGHZ 180, 123 = ZIP 2009, 952.
27 OLG Stuttgart ZIP 2015, 2211, juris Rn. 69.
28 Palandt/*Grüneberg* BGB Vor § 249 Rn. 94.
29 BGH 23.4.2012 – II ZR 75/10; 15.7.2010 – III ZR 336/08; 17.11.2005 – III ZR 16/05.
30 OLG Brandenburg ZMR 2014, 581, juris Rn. 26 unter Bezugnahme auf Palandt/*Ellenberger* BGB § 100 Rn. 2.
31 BGHZ 199, 19 = NJW 2014, 1728 = NZM 2014, 172, juris Rn. 14 unter Bezugnahme auf BGHZ 138, 160, 164 f.
32 BGHZ 215, 157 = NJW 2017, 3438 = WM 2018, 684 = ZIP 2018, 537 = MDR 2017, 1291 – Ls. 3 a.
33 BGHZ 215, 157 – Ls. 3 b.

Tilgung einer verzinslichen Schuld **ersparten Schuldzinsen**.[34] Wird durch Geldzahlung eine Kreditaufnahme des Empfängers von vornherein vermieden oder hinausgeschoben, gilt nichts anderes:[35] Habe der Fiskus erhaltene Abgaben zurückzugewähren, umfasse diese Verpflichtung daher grundsätzlich auch die Herausgabe von ersparten Zinsen.[36] Als gezogene Nutzungen herauszugeben seien Zinserträge von Einnahmeüberschüssen, die im Haushaltsvollzug ausnahmsweise zeitweilig nicht benötigt werden, und ersparte Zinsen für Kassenverstärkungskredite oder andere staatliche Refinanzierungsinstrumente, die infolge des Eingangs wirksam angefochtener Steuerzahlungen zurückgeführt oder vermieden worden sind.[37]
- Die durch **Vermietung fremden Sondernutzungsrechts** (bspw. eines Kfz-Stellplatzes) erzielten Zahlungen (Stellplatzmiete) hat der Schuldner bis zum Ende der Vindikationslage an den Berechtigten auszukehren.[38]

8 Umstritten ist hingegen die Frage, ob gewonnene Energie als Gebrauchsvorteil aus einer Energiegewinnungsanlage (zB einem Kraftwerk oder auch einem Windrad) zu qualifizieren ist.[39]

9 **Gebrauchsvorteile von Geld** sind bspw. Zinsen, die ein Treuhänder aus weiterzuleitenden durchlaufenden Geldern zieht[40] oder die aus einem rechtsgrundlos erlangten Geldbetrag resultieren,[41] weiterhin aber auch Zinsersparnisse aus rechtsgrundlos erlangtem Kapital[42] bzw. die Tilgung eigener Schulden durch rechtsgrundlos erlangtes Kapital.[43] Ersparte (Schuld-)Zinsen für eine vermiedene Kreditaufnahme stellen (wenn mit erhaltenem Geld ein Kredit zurückgezahlt wird)[44] Nutzungen iSv §§ 987 Abs. 1, 100 dar.[45]

10 **Gebrauchsvorteile von Rechten** sind vom vertraglich bzw. gesetzlich geregelten Inhalt des Rechts abhängig.[46] Die Judikatur hat bspw. folgende Gebrauchsvorteile von Rechten anerkannt: Grundstücksbenutzung (aufgrund eines dinglichen Wohnrechts),[47] Jagdausübung (auf einem Grundstück)[48] bzw. die Stimmrechtsausübung durch einen Gesellschafter[49] oder einen Wohnungseigentümer.[50]

11 Die Qualifikation des Gebrauchsvorteils wird **in folgenden Fällen verneint**, da nicht jeder Vorteil auch zugleich Gebrauchsvorteil ist:[51] aus Verbrauch, Veräußerung oder sonstiger rechtsgeschäftlicher Verwertung (lucrum ex negotiatione) bzw. Belastung erlangte Vorteile,[52] da die Erträge hier nicht als Vorteile aus dem Gebrauch, sondern als Vorteile aus der Sache selbst gezogen werden, bspw. Kursgewinne aus Wertpapierverkäufen,[53] ebenso der Verbrauch vorhandener Energie (bzw. die Nutzung von Wasserkraft),[54] gleichermaßen grundsätzlich auch das Bezugsrecht der Gesellschafter bei Kapitalerhöhungen:[55] Das Bezugsrecht ist die als Ausfluss der Mitgliedschaft dem Gesellschafter selbst vorbehaltene Befugnis, die eigene vermögens- und personenrechtliche Stellung in der Gesellschaft ihrer Substanz nach zu erhalten oder zu verstärken.[56]

12 Vorteile, die aus der **rechtsgeschäftlichen Verwertung** einer Sache (bspw. deren Veräußerung oder Belastung) gezogen werden,[57] oder **Kursgewinne** infolge eines Wertpapierverkaufs[58] sind keine Gebrauchsvorteile, da nicht Vorteile aus der Sache, sondern mittels der Sache gewonnene Vorteile.[59]

13 Der Gebrauchsvorteil einer Sache muss aus dem Sachbesitz oder einer sonstigen tatsächlichen Nutzungsmöglichkeit gezogen werden, dh, nicht jeder aus einer Sache gewonnene Vorteil ist Gebrauchsvorteil iSv § 100.[60]

34   BGHZ 138, 160, 164 ff. Vgl. auch Staudinger/*Jeckili/ Stieper* BGB § 100 Rn. 5.
35   So BGH NJW-RR 2012, 1511 = NZI 2012, 665 = ZIP 2012, 1299, juris Rn. 9.
36   So auch BayObLG NJW 1999, 1194 (1195); OLG Köln JurBüro 2001, 311; LG Potsdam NVwZ-RR 2008, 513.
37   BGH NJW-RR 2012, 1511 – Ls. 2.
38   LG Hamburg ZMR 2011, 585, juris Rn. 34.
39   So MüKoBGB/*Stresemann* § 100 Rn. 4 a: sofern sie sich auf ein Wassernutzungsrecht bezieht und nicht § 99 Abs. 2 unterfällt; Staudinger/*Herrler/Stieper* BGB § 100 Rn. 4; aA Soergel/*Marly* BGB § 100 Rn. 9: bei Energie handele es sich „weder (um eine) Frucht noch (um eine) Nutzung".
40   BSG NZS 1997, 575 (577).
41   BGH NJW 1997, 933 (935).
42   RGZ 151, 123, 127; BGH NJW 1962, 1148 (1149).
43   BGHZ 138, 160 = NJW 1998, 2354.
44   Palandt/*Grüneberg*, § 346 Rn. 6.
45   OLG Hamburg ZInsO 2014, 891, juris Rn. 52.
46   BeckOK BGB/*Fritzsche* § 100 Rn. 8.

47   BGH NJW-RR 1988, 1093 (1095).
48   BeckOK BGB/*Fritzsche* § 100 Rn. 8.
49   RGZ 118, 266, 269.
50   KG OLGZ 1979, 290 (293).
51   Staudinger/*Herrler/Stieper* BGB § 100 Rn. 2.
52   BeckOK BGB/*Fritzsche* § 100 Rn. 9; Palandt/*Ellenberger* BGB § 100 Rn. 1.
53   OLG Bremen DB 1970, 1436; RGRK/*Steffen* BGB § 100 Rn. 4.
54   Arg.: kein Gebrauchsvorteil, weil nicht auf der Benutzung einer Sache beruhend, so BeckOK BGB/ *Fritzsche* § 100 Rn. 3; Staudinger/*Herrler/Stieper* BGB § 100 Rn. 3; aA Soergel/*Marly* BGB § 99 Rn. 9.
55   LG Kiel ZIP 2015, 1730 = GmbHR 2015, 1044 – Ls. 3 und juris Rn. 35.
56   BGHZ 58, 316.
57   RG WarnR 1915 Nr. 70.
58   OLG Bremen DB 1970, 1436.
59   RGRK/*Steffen* BGB § 100 Rn. 4; Staudinger/*Herrler/ Stieper* BGB § 100 Rn. 4.
60   RG JW 1915, 324; Staudinger/*Herrler/Stieper* BGB § 100 Rn. 2.

Unerheblich ist, ob der Gebrauchsvorteil aus einer regulären Rechtsausübung resultiert[61] oder aber im **14** Widerstreit zur Rechtsordnung gezogen wird[62] (bspw. die Nutzung eines gestohlenen Gegenstandes). Die Früchte iSv § 100 beinhalten gerade auch spezifische Gebrauchsvorteile, die mit der Überlassung eines voll eingerichteten und betriebsfertigen Hauses unter seinem eingeführten Namen verbunden sind.[63]

Bei einem Grundstück mit darauf errichtetem **Gewerbebetrieb** (Unternehmen als Sach- und Rechtsgesamt- **15** heit) ist Gebrauchsvorteil der Betriebsgewinn, reduziert um den Unternehmerlohn:[64] Gewinne, die auf die persönliche Leistung oder auf die persönlichen Fähigkeiten des die Sache Gebrauchenden zurückzuführen sind, sind nicht in den Nutzungen eingeschlossen.[65]

Gebrauchsvorteile können sowohl vermögensrechtlicher als auch immaterieller Natur sein.[66]   **16**

Was aus der **Verwertung einer Sache** erzielt wird[67] (auch der Vorteil, der durch einen Verbrauch erzielt **17** wird),[68] stellt **keine Nutzung** dar.[69] Auch ist das, was als wesentlicher Bestandteil zu einer Sache kommt, keine Nutzung derselben.[70]

II. Der Wert von Gebrauchsvorteilen

Der Wert von Gebrauchsvorteilen (die ggf. herauszugeben sind) orientiert sich an ihrem **objektiven Wert**[71] **18** in Gestalt einer objektiven Nutzungsmöglichkeit (Gebrauchsvorteil)[72] – dh er ist regelmäßig errechenbar über die Höhe des üblichen Miet- oder Pachtzinses,[73] sofern die Herausgabenorm dem nicht entgegensteht und überhaupt herausgabefähige Nutzungen vorhanden sind[74] (wobei der objektive Nutzwert, nicht der vereinbarte Miet- oder Pachtzins maßgeblich ist).[75] Sofern ein Besitzer vermietet, ist der Anspruch aus § 988 auf die „tatsächlich gezogene Miete" beschränkt.[76] Dem Käufer steht im Falle der Rückgängigmachung eines Grundstückskaufvertrags im Rahmen seines Schadenersatzanspruchs ein Wahlrecht zu, ob der Nutzungsvorteil zeitanteilig aus dem Erwerbspreis[77] **oder** nach dem üblichen Miet- oder Pachtzins berechnet werden soll.[78]

Andererseits kann sich aus der einschlägigen Herausgabenorm auch ergeben, dass nur die durch die Nut- **19** zungsdauer eingetretene Wertminderung, dh der Wertverzehr, herauszugeben ist, bspw. bei der Rückabwicklung von Kaufverträgen.[79]

---

61 RGZ 118, 266, 268.
62 Staudinger/*Herrler/Stieper* BGB § 100 Rn. 2.
63 OLG Düsseldorf NZM 2011, 550.
64 BGH NJW 2006, 2847 (2853); 1978, 1578; ebenso BGH DB 1956, 63; BB 1962, 535.
65 BGH NJW 1992, 892; BGHZ 7, 208, 218 = NJW 1952, 1410.
66 MüKoBGB/*Stresemann* § 100 Rn. 3; Palandt/*Ellenberger* BGB § 100 Rn. 1: bspw. die Benutzung eines unter Naturschutz stehenden Grundstücks, auf dem nicht gebaut werden darf; aA OLG Hamburg MDR 1953, 613.
67 Bspw. Gewinne aus Aktienverkäufen (oder das Bezugsrecht auf neue Aktien, das aus dem Gebrauch der Aktien fließt), OLG Bremen DB 1970, 1436. Ebensowenig wie das Bezugsrecht auf neue Aktien: BayObLG OLGZ 1936, 282; OLG Bremen DB 1970, 1436 – arg.: Das Bezugsrecht fließt nicht aus dem Aktiengebrauch.
68 Soergel/*Marly* BGB § 100 Rn. 5.
69 Palandt/*Ellenberger* BGB § 100 Rn. 1.
70 Staudinger/*Herrler/Stieper* BGB § 100 Rn. 1.
71 BGH NJW 1995, 2627 (2628).
72 Wobei es nicht darauf ankommt, ob durch den Gebrauch ein Gewinn oder ein Verlust entstanden ist: BGH DB 1966, 739; Palandt/*Ellenberger* BGB § 100 Rn. 2.
73 BGH NJW 2006, 1582; 1998, 1707; BGH NJW-RR 1998, 803 (805).

74 BGH NJW 2002, 60 (61).
75 LG Köln ZMR 1967, 201.
76 Palandt/*Ellenberger* BGB § 100 Rn. 2 unter Bezugnahme auf BGH NJW 2002, 60.
77 BGH NJW 2006, 53.
78 BGHZ 167, 108 = NJW 2006, 1582 Rn. 17: Der Wert der Eigennutzung eines Grundstücks ist idR nach dem üblichen Miet- oder Pachtzins zu bemessen. Bei der Rückabwicklung eines Grundstückskaufvertrages im Wege des großen Schadenersatzes ist die Nutzung des Grundstücks durch den Käufer im Rahmen des Vorteilsausgleichs nur insoweit zu berücksichtigen, als mit dem geltend gemachten Schaden in einem qualifizierten Zusammenhang steht. Verlangt der Käufer auch Ersatz seiner Finanzierungskosten bzw. der Kosten für die Unterhaltung des Grundstücks, muss er sich hierauf den nach dem üblichen Miet- oder Pachtzins zu berechnenden Wert der Eigennutzung anrechnen lassen. Beschränkt sich der Käufer darauf, den Leistungsaustausch rückgängig zu machen und Ersatz der Vertragskosten zu verlangen, ist als Nutzungsvorteil nur die abnutzungsbedingte, zeitanteilig linear zu berechnende, Wertminderung der Immobilie anzurechnen.
79 BGHZ 115, 47, 54 = NJW 1991, 2484 (Wandelung – Rücktritt wegen Sachmangel); BGH NJW 1995, 2159 (2161) (Schadensersatz wegen Nichterfüllung); BGH NJW 1996, 250 (252) (nicht zustande gekommener Kaufvertrag).

---

20 Die Herausgabe erstreckt sich nicht auf (anteilige) Vorteile, die nicht auf der Beschaffenheit einer Sache oder eines Rechts, sondern nur auf **persönlichen Leistungen oder Fähigkeiten**[80] bzw. Investitionen[81] des Gebrauchenden beruhen, da diese Aspekte schon nicht dem Nutzungsbegriff unterfallen.[82]

21 Es kommt nicht auf einen durch den Gebrauch tatsächlich entstandenen Gewinn oder Verlust an.[83]

22 Umstritten ist die Frage, ob **Nutzungen eines Gewerbebetriebs** oder eines Unternehmens als unmittelbare Sach- oder Rechtsfrüchte der Sach- und Rechtsgesamtheit „Unternehmen" nach § 99 Abs. 1[84] oder Abs. 2[85] analog zu qualifizieren sind oder als deren Gebrauchsvorteile iSv § 100.[86] *Fritzsche*[87] meint zu Recht, dass die Kontroverse sich in Grenzen hält, da die Rechtsfolgennormen regelmäßig ohnehin an den Oberbegriff der Nutzungen anknüpfen.[88]

23 Als **Gebrauchsvorteil eines Unternehmens** ist bspw. der aus Sachen oder Rechten des Unternehmens als Sach- und Rechtsgesamtheit gezogene **Gewinn** zu qualifizieren, sofern erst der Herausgabepflichtige das Unternehmen eingerichtet hat.[89] Ein Gewinn ist aber selbst dann nicht in vollem Umfang zurückzugewähren, wenn tatsächlich ein Unternehmen überlassen wurde[90] – „daran fehlt es, wenn lediglich Räume und Inventar zum Betrieb eines Unternehmens überlassen werden, so dass dann nur die Gebrauchsvorteile der Räume und Gerätschaften zu ersetzen sind".[91]

24 Vorteile, die von Sachen herrühren, die nur im Zusammenhang mit einem Betrieb einen Vorteil zeitigen (zB Maschinen in einem Betrieb), berechnen sich nach dem Wert des Gebrauchsvorteils, aus dem damit verursachten Mehrertrag, reduziert um den persönlichen Leistungsanteil des Betreibers.[92]

25 Ggf. ist aber (aufgrund des für die Herausgabe einer Nutzung maßgebenden Rechtsgrundsatzes)[93] nur eine zeitanteilige Wertminderung iS eines Werteverzehrs zu ersetzen, bspw. im Falle eines Rücktritts wegen Sachmangels[94] oder der Rückabwicklung eines nicht zustande gekommenen Kaufvertrags.[95]

26 Bei der Vermietung einer Sache durch den Besitzer beschränkt sich der Anspruch des Eigentümers nach § 988 (Nutzungen des unentgeltlichen Besitzers) auf die tatsächlich gezogene Miete.[96]

27 Eine Berücksichtigung von Vorteilen, die auf **wertsteigernden Investitionen** des Schuldners beruhen, findet nicht statt.[97]

28 Aus einem Recht resultiert dann ein Gebrauchsvorteil, wenn das zugrunde liegende Recht nicht an einer Sache besteht (oder auf einen Gebrauch der Sache ausgerichtet ist), da dies einen „Gebrauchsvorteil an einer Sache" darstellen würde.[98]

29 Es gibt auch **Gebrauchsvorteile ohne Vermögenswert**,[99] bspw. das Stimmrecht[100] (als Gebrauchsrecht des in der Aktie verbrieften Mitgliedschaftsrechts) oder die Benutzung eines unter Naturschutz stehenden (nicht bebaubaren) Grundstücks als Gebrauchsvorteil.[101]

30 Der Schuldner trägt die **Beweislast**.[102] So hat bspw. der Besitzer, der in ihm überlassene Räume investiert und diese vermietet hat, gegenüber dem Nutzungsherausgabeanspruch des Eigentümers den nicht herausgabepflichtigen Investitionsverkehrswert zu beweisen.

§ 101 Verteilung der Früchte

Ist jemand berechtigt, die Früchte einer Sache oder eines Rechts bis zu einer bestimmten Zeit oder von einer bestimmten Zeit an zu beziehen, so gebühren ihm, sofern nicht ein anderes bestimmt ist:

80 BGHZ 7, 208, 218 = NJW 1952, 1410; BGH NJW 1992, 892.

81 BGHZ 109, 179 = NJW 1990, 447; BGH NJW 1995, 2627 (2628).

82 BeckOK BGB/*Fritzsche* § 100 Rn. 9.

83 BGH DB 1966, 739.

84 In diesem Sinne Soergel/*Marly* BGB § 99 Rn. 3.

85 So die hL, vgl. MüKoBGB/*Stresemann* § 100 Rn. 9 (Gewerbebetrieb); Palandt/*Ellenberger* BGB § 99 Rn. 3.

86 So zwischenzeitlich die ständige Judikatur, vgl. etwa BGH NJW 1978, 1578.

87 BeckOK BGB/*Fritzsche* § 100 Rn. 11: Für Ersteres spreche die natürliche Betrachtungsweise (dh möglicherweise die Verkehrsauffassung), für Letzteres das formale Argument, dass das Unternehmen weder als Sache noch als Recht zu qualifizieren ist.

88 Ebenso Soergel/*Marly* BGB § 99 Rn. 3.

89 BGH DB 1956, 63; BGHZ 63, 365 = NJW 1975, 638; BGHZ 109, 179 = NJW 1990, 447.

90 BGHZ 7, 208, 218 = NJW 1952, 1410.

91 BeckOK BGB/*Fritzsche* § 100 Rn. 12 unter Bezugnahme auf BGH NJW 1984, 2937 (2938).

92 Staudinger/*Herrler/Stieper* § 100 Rn. 6.

93 Palandt/*Ellenberger* BGB § 100 Rn. 2.

94 BGHZ 115, 47.

95 BGH NJW 1996, 250.

96 BGH NJW 2002, 60.

97 BGHZ 109, 179, 191 = NJW 1990, 447; BGH NJW 1992, 892 Staudinger/*Herrler/Stieper* § 100 Rn. 5.

98 Staudinger/*Herrler/Stieper* BGB § 100 Rn. 7.

99 MüKoBGB/*Stresemann* § 100 Rn. 2.

100 RGZ 118, 266, 268; Soergel/*Marly* BGB § 100 Rn. 3.

101 Palandt/*Ellenberger* BGB § 100 Rn. 1; aA OLG Hamburg MDR 1953, 613 (614).

102 BGH NJW 1995, 2627.

1. die in § 99 Abs. 1 bezeichneten Erzeugnisse und Bestandteile, auch wenn er sie als Früchte eines Rechts zu beziehen hat, insoweit, als sie während der Dauer der Berechtigung von der Sache getrennt werden,
2. andere Früchte insoweit, als sie während der Dauer der Berechtigung fällig werden; bestehen jedoch die Früchte in der Vergütung für die Überlassung des Gebrauchs oder des Fruchtgenusses, in Zinsen, Gewinnanteilen oder anderen regelmäßig wiederkehrenden Erträgen, so gebührt dem Berechtigten ein der Dauer seiner Berechtigung entsprechender Teil.

Literatur: *Altmeppen,* Die unzulängliche Abfindungsregelung beim Squeeze-Out, ZIP 2010, 1773; *Bayer/Schmidt,* Wer ist mit welchen Anteilen bei Strukturveränderungen abfindungsberechtigt?, ZHR 178 (2014), 150; *Böckeler/Fink,* Unternehmensvertragliche Ausgleichsansprüche bei Zusammentreffen mit Squeeze-Out-Grundsatzentscheidungen des BGH, NZG 2011, 816; *Erle,* Dividendenausschüttungen in der Vorerbschaft, ZHR 181 (2017), 816; *Heider/Hirte,* Auswirkungen eines Squeeze out auf den Ausgleichsanspruch der Minderheitsaktionäre, GWR 2011, 301; *Koch,* Gewinnansprüche und Ausgleichsforderungen beim Erlöschen des Nießbrauchs am Geschäftsanteil, ZHR 168 (2004), 55; *Mennicke/Leyendecker,* Kein restanteiliger Ausgleichsanspruch beim Squeeze out, BB 2010, 1436; *Mohr/Jainta,* Nießbrauch an GmbH-Anteilen, GmbH-StB 2010, 269; *Neuhoff,* Umschichtungsgewinne und -verluste bei der Vermögensverwaltung von Stiftungn – wie damit umgehen?, ZStV 2017, 217; *Tebben,* Ausgleichszahlungen bei Aktienübergang, AG 2003, 600; *Wachter,* Zur Gewinnzuordnung bei Veräußerung von GmbH-Anteilen, MittBayNot 2019, 116; *Werner,* Erreichen der gewünschten Zuordnung von Gewinnansprüchen bei der Veräußerung von Gesellschaftsanteilen, NWB 2019, 2360.

A. Allgemeines	1	1. Unmittelbare Sachfrüchte	10
B. Regelungsgehalt	4	2. Andere Früchte	13
I. „Sofern nicht ein anderes bestimmt ist"	6	3. Regelmäßig wiederkehrende Erträge	14
II. Die tatsächliche Ziehung der Nutzungen	7	IV. Eigentumserwerb und Regelung der Früchte-	
III. Die Verteilung der Früchte	8	verteilung	16

A. Allgemeines

§ 101 regelt – entsprechend der verwendeten Terminologie („gebühren") – die **schuldrechtliche Ausgleichspflicht** hinsichtlich der Verteilung der Früchte, die während einer laufenden Wirtschaftsperiode angefallen sind, zwischen mehreren aufeinander folgenden Berechtigten (**Regelung der Früchteverteilung**),[1] wenn das Recht, Sach- oder Rechtsfrüchte zu ziehen, vom ursprünglichen Rechtsinhaber auf einen Nachfolger übergegangen ist (**Wechsel in der Fruchtziehungsberechtigung**). Geregelt wird bspw. die Ausgleichspflicht zwischen Veräußerer und Erwerber, zwischen Verpächter und Pächter bzw. zwischen Erblasser, Vorerbe und Nacherbe,[2] zwischen Eigentümer und Nießbraucher[3] oder zwischen Eigentümer und Besitzer (nach § 993 Abs. 2), **nicht** jedoch der Eigentumserwerb (nach §§ 953 ff.) an den Früchten selbst.[4] **1**

Aus § 101 folgt allerdings nicht, wem die gezogenen Früchte rechtlich, dh im Verhältnis zu Dritten, gehören (was Regelungsgehalt der §§ 953 ff. für Sachen ist), sondern (auch für das Steuerrecht maßgeblich)[5] wie die Früchte (im Innenverhältnis) der nacheinander fruchtziehungsberechtigten Personen aufzuteilen sind. § 101 normiert insoweit die vorerwähnte (→ Rn. 1) schuldrechtliche Ausgleichspflicht[6] dergestalt, dass dem im Innenverhältnis Berechtigten unmittelbar ein Ausgleichsanspruch gegen den Fruchtzieher eingeräumt wird.[7] **2**

Die Regelung folgt grundsätzlich römisch-rechtlichen Grundsätzen (wonach auf den Zeitpunkt der Trennung abgestellt wurde, dh, wenn die Trennung erst nach Übergang des Nutzungsrechts auf den Nachfolger erfolgte, so gebührten diesem auch die Früchte); mit einer Ausnahme in Nr. 2 hinsichtlich regelmäßig wiederkehrender Erträge, die gemeinrechtlichen Grundsätzen folgen: „Wer sät, der mäht".[8] **3**

1	Wobei eine „Verteilung" im eigentlichen Sinn des Wortes jedoch nicht stattfindet, Staudinger/*Herrler/Stieper* BGB § 101 Rn. 1.	4	Palandt/*Ellenberger* BGB § 101 Rn. 1.
		5	BFH BB 1992, 410 (411).
		6	BFH BB 1992, 410; MüKoBGB/*Stresemann* § 101
2	BGHZ 81, 8, 13 f. = NJW 1981, 2350; MüKoBGB/*Stresemann* § 101 Rn. 4; Palandt/*Ellenberger* BGB § 101 Rn. 1.		Rn. 2; Soergel/*Marly* BGB § 101 Rn. 2; Staudinger/*Herrler/Stieper* BGB § 101 Rn. 5.
		7	BGH NJW 1995, 1027 (1029).
3	RGZ 80, 311, 316.	8	Staudinger/*Herrler/Stieper* BGB § 101 Rn. 3.

B. Regelungsgehalt

4 Ist jemand berechtigt,[9] die Früchte einer Sache oder eines Rechts bis zu einem bestimmten Zeitpunkt oder von einer bestimmten Zeit an zu ziehen (und sind Früchte tatsächlich auch gezogen worden),[10] so gebühren ihm nach § 101, sofern nicht ein anderes bestimmt ist:

- die in § 99 Abs. 1 bezeichneten Erzeugnisse und Bestandteile (mithin die Früchte als Erzeugnisse der Sache und die sonstige Ausbeute, welche aus der Sache ihrer Bestimmung gemäß gewonnen wird), auch wenn er sie als Früchte eines Rechts zu beziehen hat, insoweit, als sie während der Dauer der Berechtigung von der Sache getrennt werden (Nr. 1);
- andere Früchte insoweit, als sie während der Dauer der Berechtigung fällig werden. Bestehen jedoch die Früchte in der Vergütung für die Überlassung des Gebrauchs oder des Fruchtgenusses in Zinsen, Gewinnanteilen oder anderen regelmäßig wiederkehrenden Erträgen, so gebührt dem Berechtigten ein der Dauer seiner Berechtigung entsprechender Teil (Nr. 2).

5 Dem Berechtigten nach § 101 steht ein **schuldrechtlicher Anspruch auf Herausgabe der Früchte** zu, die sein Vorgänger oder Nachfolger erworben hat, sofern die Früchte diesem (nach dem Regelungsgehalt der Norm) nicht gebühren.[11]

I. „Sofern nicht ein anderes bestimmt ist"

6 Die schuldrechtliche Ausgleichspflicht (Fruchtverteilung) nach § 101 gelangt nur mangels abweichender anderweitiger Bestimmung in einer Sonderregelung (vgl. Wortlaut: „sofern nicht ein anderes bestimmt ist", dh subsidiär) zur Anwendung. Eine abweichende anderweitige Bestimmung kann sich ergeben aus:[12]

- Gesetz (etwa §§ 987 ff., 1038 ff. bzw. § 2133) – bspw. § 987 Abs. 2 (Nichtziehung von Nutzungen nach Eintritt der Rechtshängigkeit, vgl. aber auch § 993 Abs. 2, der hinsichtlich der Haftung des redlichen Besitzers bestimmt, dass für die Zeit, für welche dem Besitzer die Nutzungen verbleiben, auf ihn § 101 Anwendung findet), § 1039 (für den Nießbraucher), § 1214 (für den Nutzpfandgläubiger) sowie die §§ 2111 und 2133 (für den Vorerben); aber auch, da § 101 dispositiv ist,[13] aus
- Rechtsgeschäft (zB Vertrag)[14] oder
- Testament (bzw. in sonstiger Weise durch Verfügung von Todes wegen).[15]

II. Die tatsächliche Ziehung der Nutzungen

7 § 101 setzt voraus, dass die **Nutzungen tatsächlich gezogen** worden sind. Unzureichend ist, dass die Nutzungen hätten gezogen werden können.[16] Die Regelung erfasst also nicht „die zu ziehenden Früchte". Dies kann sich allerdings aus Sondervorschriften ergeben,[17] bspw. nach § 987 Abs. 2, der eine Erstattungspflicht auch im Hinblick auf **nicht gezogene Früchte** statuiert.

III. Die Verteilung der Früchte

8 Die Regelung differenziert hinsichtlich der Verteilung der Früchte zwischen unmittelbaren Sachfrüchten (§ 99 Nr. 1 → Rn. 10 ff.), anderen Früchten (§ 99 Nr. 2 Hs. 1 → Rn. 13) sowie regelmäßig wiederkehrenden Erträgen (§ 99 Nr. 2 Hs. 2 → Rn. 14 f.).

9 Die der Früchteverteilung nach § 101 spiegelbildlich gegenüberstehende **Lastenverteilung** ist in § 103 geregelt, entspricht Ersterer jedoch nicht ganz.

10 **1. Unmittelbare Sachfrüchte.** Bei unmittelbaren Sachfrüchten iSv § 99 Abs. 1 ist nach Nr. 1 der **Zeitpunkt der Trennung** maßgeblich. Dh, **grundsätzlich** gebühren nach Nr. 1 die in § 99 Abs. 1 bezeichneten Erzeugnisse und Bestandteile – die sog. **natürlichen Früchte** – demjenigen, der zur Zeit ihrer Trennung Bezugsberechtigter ist. Es spielt somit keine Rolle, zu welchem Zeitpunkt und durch wen die Trennung erfolgt ist. Genauso wenig ist es von Bedeutung, wer die Früchte gesät hat.[18]

9　An einer Berechtigung fehlt es bspw. nach dem Erwerb von eigenen Gesellschaftsanteilen durch eine Kapitalgesellschaft, da das Gewinnbezugsrecht aus eigenen Anteilen ruht und der Gewinn unmittelbar den anderen Gesellschaftern zufällt BGH NJW 1998, 1314.

10　BGH NJW 1995, 1027 (1029).

11　Staudinger/*Herrler/Stieper* BGB § 101 Rn. 4.

12　Palandt/*Ellenberger* BGB § 101 Rn. 1.

13　BeckOK BGB/*Fritzsche* § 101 Rn. 7.

14　BGH NJW 1995, 1027 (1028), 1998, 1314, 1315; Erman/*Michalski* BGB § 101 Rn. 5.

15　RG JW 1913, 193; Palandt/*Ellenberger* BGB § 101 Rn. 1; Staudinger/*Herrler/Stieper* BGB § 101 Rn. 7.

16　BGH NJW 1995, 1027.

17　Staudinger/*Herrler/Stieper* BGB § 101 Rn. 1.

18　Staudinger/*Herrler/Stieper* BGB § 101 Rn. 4: dies gilt für Früchte nach § 99 Abs. 1 auch dann, wenn der Bezugsberechtigte sie als Früchte iSv § 99 Abs. 2 beanspruchen kann.

Dies gilt kraft ausdrücklicher gesetzlicher Anordnung („auch wenn er sie als Früchte eines Rechts zu bezie- **11** hen hat") auch dann, wenn unmittelbare Sachfrüchte dem Berechtigten der Rechtsfrüchte zustehen.[19]

Etwas anderes gilt nur dann, wenn die Trennung nach Beendigung der Berechtigungsperiode erfolgt, bspw. **12** nach Ablauf der Pachtzeit. Erntet der Pächter nach Beendigung des Pachtverhältnisses, findet Nr. 1 auf ihn keine Anwendung. Ggf. hilft ihm dann noch der Wertersatzanspruch nach § 596 a (Ersatzpflicht bei vorzeitigem Pachtende) weiter. Danach hat der Verpächter dem Pächter, wenn das Pachtverhältnis im Laufe eines Pachtjahres endet, den Wert der noch nicht getrennten, jedoch nach den Regeln einer ordnungsgemäßen Bewirtschaftung vor dem Ende des Pachtjahres zu trennenden Früchte (unter angemessener Berücksichtigung des Ernterisikos) zu ersetzen.

2. Andere Früchte. Bei allen anderen Früchten als den natürlichen Früchten nach § 99 Abs. 1 (→ Rn. 10), **13** bspw. jenen nach § 99 Abs. 2 (sofern sie keine natürlichen Früchte sind) und jenen nach § 99 Abs. 3, bestimmt Nr. 2 Hs. 1, dass grundsätzlich der **Zeitpunkt der Fälligkeit** maßgeblich ist[20] (**Fälligkeitsprinzip**). Dh, sie gebühren immer demjenigen, der im Fälligkeitszeitpunkt (der durch § 101 keine Modifikation erfährt)[21] berechtigt ist.

3. Regelmäßig wiederkehrende Erträge. Vom Grundsatz „Die Früchte gebühren dem, der im Zeitpunkt **14** der Trennung Bezugsberechtigter ist" (**Fälligkeitsprinzip**, → Rn. 13) macht Nr. 2 Hs. 2 eine **Ausnahme** für Früchte, die in der Vergütung für die Überlassung des Gebrauchs (bspw. Miete) oder des Fruchtgenusses (zB Pacht), in (Kapital-)Zinsen, Gewinnanteilen[22] (vor allem von Gesellschaftern), Rentenzahlungen oder anderen, regelmäßig wiederkehrenden Erträgen (wobei nur die Erträge selbst regelmäßig wiederkehren müssen, wohingegen die Höhe variieren kann, weshalb bspw. auch Dividenden dazu zählen)[23] bestehen. Die Verteilung erfolgt (unabhängig von ihrer Fälligkeit) *pro rata temporis* (dh zeitanteilig) nach der Berechtigungsdauer. Auch Rentenzahlungen fallen darunter.[24] Der Fruchtziehungsberechtigte hat einen Ausgleichsanspruch in Höhe der tatsächlich angefallenen Früchte.[25] Für die Anwendung des § 101 spielt der Zeitpunkt des Gewinnverwendungsbeschlusses keine Rolle.[26]

Im Wege des Squeeze-out ausscheidende Aktionäre haben keinen Anspruch mehr auf ausstehende Ausgleichszahlungen gemäß § 304 AktG.[27] Der Verlust dieser Ansprüche wird durch die Barabfindung gemäß § 327 b AktG kompensiert.[28] Auch aus § 101 Nr. 2 Hs. 2 lässt sich ein entsprechender Anspruch nicht herleiten. Es erscheint zwar möglich, die Ausgleichsansprüche des Aktionärs als regelmäßig wiederkehrende Erträge iS dieser Bestimmung anzusehen. Bei § 101 handelt es sich aber um einen internen Ausgleich zwischen verschiedenen aufeinander folgenden Fruchtziehungsberechtigten.[29] Voraussetzung für einen Innenausgleich zwischen verschiedenen Fruchtziehungsberechtigten ist aber, dass tatsächlich Früchte gezogen wurden.[30] Sieht ein Beherrschungs- und Gewinnabführungsvertrag die Fälligkeit der Ausgleichsansprüche der außenstehenden Aktionäre nach § 304 AktG für den Tag nach der ordentlichen Hauptversammlung für das abgelaufene Geschäftsjahr vor, steht den außenstehenden Aktionären im Falle eines unterjährig erfolgten Squeeze-out kein anteiliger Anspruch auf Ausgleichszahlung zu.[31]

Außenstehende Aktionäre haben keine Ansprüche gegen den Hauptaktionär auf einen Ausgleich hinsicht- **14a** lich der Ausgleichszahlung aus § 101 Nr. 2 Halbs. 2 bis zum Wirksamwerden der Übertragung, weder

19 BeckOK BGB/*Fritzsche* § 101 Rn. 4.
20 RGRK/*Steffen* BGB § 101 Rn. 9; Staudinger/*Herrler/ Stieper* BGB § 101 Rn. 4.
21 BFH BB 1992, 410 (411).
22 BGH NJW 1995, 1027.
23 RGZ 88, 42, 46; zum Verkauf von Aktien mit Gewinnanteilsscheinen näher RGRK/*Steffen* BGB § 101 Rn. 11; Soergel/*Marly* BGB § 101 Rn. 8; Staudinger/*Herrler/Stieper* BGB § 101 Rn. 6.
24 So BeckOK BGB/*Fritzsche* § 101 Rn. 6.
25 RG JW 1913, 913.
26 BGH NJW 1995, 1027 (1028).
27 BGHZ 189, 261 = ZIP 2011, 1097 = WM 2011, 1137: Ein Minderheitsaktionär hat weder ganz noch teilweise einen Anspruch auf Zahlung des festen Ausgleichs für ein Geschäftsjahr, wenn der Beschluss, die Aktien der Minderheitsaktionäre auf den Hauptaktionär zu übertragen, vor dem Entstehen des Anspruchs auf die Ausgleichszahlung in das Handelsregister eingetragen wird. Der Anspruch auf die Zahlung des jährlichen festen Ausgleichs entsteht als regelmäßig wiederkehrender Anspruch jedes Jahr

mit dem Ende der auf ein Geschäftsjahr folgenden ordentlichen Hauptversammlung der abhängigen Gesellschaft neu, soweit im Beherrschungs- und Gewinnabführungsvertrag zugunsten der außenstehenden Aktionäre nichts anderes vereinbart ist. Ebenso BGH AG 2011, 517.
28 OLG Köln NZG 2010, 225 = ZIP 2010, 519. Die ihnen gemäß § 327 a AktG zustehende Barabfindung muss zum einen den Verlust des Stammrechts aber auch den damit verbundenen Verlust des Fruchtziehungsrechtes für das jeweils laufende Geschäftsjahr, in dem der Beschluss eingetragen wird, kompensieren. Näher auch OLG Köln ZIP 2010, 1797 und *Altmeppen* ZIP 2010, 1773; *Mennicke/Leyendecker* BB 2010, 1426.
29 MüKoBGB/*Stresemann* § 101 Rn. 2 ff.; Staudinger/ *Herrler/Stieper* BGB § 101 Rn. 1.
30 OLG Köln NZG 2010, 225 unter Bezugnahme auf BGH NJW 1995, 1027 (1029).
31 So OLG Hamm BB 2010, 2199 – Rn. 19 und 26 = AG 2010, 787 = NZG 2010, 1108.

unmittelbar noch in analoger Anwendung.[32] Dies liegt darin begründet, dass bei wiederkehrenden Erträgen der frühere Rechtsinhaber gegen denjenigen, der als späterer Rechtsinhaber den erst während seiner Rechtsinhaberschaft entstehenden Anspruch auf den Ertrag erwirbt, einen schuldrechtlichen Ausgleichsanspruch auf einen der Dauer seiner Berechtigung entsprechenden Teil hat (§ 101 Nr. 2 Halbs. 2), soweit keine andere Regelung getroffen ist. Der Ausgleichsanspruch aus § 101 Nr. 2 Halbs. 2 setzt voraus, dass die Fruchtziehungsberechtigung auf einen Rechtsnachfolger übergeht und die Frucht tatsächlich gezogen wird – dass die Früchte gezogen werden könnten, genügt nicht. Erst recht entsteht kein Ausgleichsanspruch, wenn schon ein Fruchtziehungsrecht gar nicht besteht.[33] § 101 Nr. 2 Halbs. 2 regelt den Ausgleich zwischen dem früheren Rechtsinhaber und dem Rechtsinhaber, der die Frucht zieht. Die Vorschrift ist bspw. bei der Veräußerung von Aktien nicht anwendbar, wenn der Ausgleich schon dadurch hergestellt ist, dass der zu erwartende Ertrag aus dem laufenden Jahr im Kaufpreis berücksichtigt ist – was typischerweise dann der Fall ist, wenn börsennotierte Aktien erworben werden, weil der in dem laufenden und den künftigen Geschäftsjahren zu erwartende Ertrag im Börsenkurs vorweg berücksichtigt ist.[34] Der BGH[35] konstatiert insoweit, dass ein Ausgleich nach § 101 Nr. 2 Halbs. 2 insoweit auch gar nicht praktikabel wäre, weil sich Veräußerer und Erwerber nicht kennen und nicht gesichert ist, dass der Erwerber noch Rechtsinhaber ist, wenn die Dividende fällig wird.

15 Bei regelmäßig wiederkehrenden Erträgen erfolgt also nach § 99 Nr. 2 Hs. 2 eine Teilung nach Maßgabe der Berechtigungsdauer (pro rata temporis), was bspw. für Gewinnanteile,[36] Kapitalzins, Pacht oder Ratenzahlungen gilt.[37]

IV. Eigentumserwerb und Regelung der Früchteverteilung

16 Der Eigentumserwerb an den getrennten Früchten hat in § 101 (als nur schuldrechtlich wirkender Regelung für das Innenverhältnis) – der allein das schuldrechtliche Verhältnis sukzessiv Fruchtziehungsberechtigter untereinander festlegt[38] – **keine Regelung** erfahren.

17 Der Eigentumserwerb vollzieht sich hinsichtlich **unmittelbarer Früchte** nach Maßgabe der §§ 953 ff. (Erwerb von Erzeugnissen und sonstigen Bestandteilen).

18 Obgleich der Eigentumserwerb an **mittelbaren Früchten** (§ 99 Abs. 3) im BGB keine Regelung erfahren hat, fallen diese – nach allgemeinen Regeln – demjenigen zu, der nach dem zugrunde liegenden Rechtsverhältnis Anspruchsgläubiger ist,[39] mithin dem Vermieter oder Verpächter hinsichtlich Mietzins- und Pachtzinszahlungen,[40] dem Nießbraucher im Hinblick auf die Mietzinszahlungen (die aus dem Mietverhältnis des Grundstücks resultieren, das seinen Nießbrauch erfasst).[41] Geht die Berechtigung zur Fruchtziehung über, stehen mittelbare Früchte ab dem Zeitpunkt des Rechtserwerbs dem neuen Rechtsinhaber zu.[42]

§ 102 Ersatz der Gewinnungskosten

Wer zur Herausgabe von Früchten verpflichtet ist, kann Ersatz der auf die Gewinnung der Früchte verwendeten Kosten insoweit verlangen, als sie einer ordnungsmäßigen Wirtschaft entsprechen und den Wert der Früchte nicht übersteigen.

A. Allgemeines 1
B. Regelungsgehalt 7

I. Sonderregelungen hinsichtlich der Ersatzpflicht für ungetrennte Früchte 7
II. Umfang der Ersatzpflicht nach § 102 9

32   BGH AG 2011, 517 = NZG 2011, 780, juris Rn. 20 unter Bezugnahme auf OLG Köln ZIP 2010, 519; *Mennicke/Leyendecker* BB 2010, 1426; *Bödeker/ Fink* NZG 2010, 296; aA hingegen *Dreier/Riedel* BB 2009, 1822; *Meilicke* AG 2010, 561.
33   BGH AG 2011, 517, juris Rn. 21 unter Bezugnahme auf BGH ZIP 1995, 374 (376).
34   BGH AG 2011, 517, juris Rn. 23.
35   AG 2011, 517, juris Rn. 23.
36   BGH NJW 1995, 1027.

37   Beispiele nach Palandt/*Ellenberger* BGB § 101 Rn. 2.
38   BFH WM 1992, 516 (518).
39   Staudinger/*Herrler/Stieper* BGB § 101 Rn. 2.
40   Motive III, S. 74.
41   RGZ 80, 311, 316.
42   So Erman/*Michalski* BGB § 101 Rn. 6; Soergel/ *Marly* BGB § 101 Rn. 1; Staudinger/*Herrler/Stieper* BGB § 101 Rn. 2.

A. Allgemeines

Die Früchte sollen nach § 102 als Ausdruck des Gerechtigkeitsgefühls[1] demjenigen gebühren, der die aufgewandten Kosten ihrer Gewinnung zu tragen hatte. Dies entspricht der Billigkeit.[2] **1**

Vor diesem Hintergrund bestimmt die dispositive[3] Vorschrift des § 102 als Anspruchsgrundlage folgende **Ersatzverpflichtung für bereits getrennte Früchte** (und zwar sowohl Sach- als auch Rechtsfrüchte iSv § 99 Abs. 1 und 2): Derjenige, der zur Herausgabe von Früchten verpflichtet ist (was sich auf rechtsgeschäftlicher Grundlage, mithin Vertrag, oder gesetzlich nach Maßgabe der §§ 101, 292 Abs. 2, 346 Abs. 1, 446, 818 Abs. 1, 987 ff., 2020, 2023 Abs. 2 oder 2184 ergibt),[4] kann Ersatz der auf die Gewinnung der Früchte verwendeten Kosten (die bereits schon getrennt sind)[5] insoweit verlangen, als sie einer ordnungsgemäßen Wirtschaft entsprechen und den Wert der Früchte nicht übersteigen (**Ersatzanspruch wegen der Gewinnungskosten** – der allerdings nur dann geltend gemacht werden kann, wenn eine Herausgabepflicht wegen Sachen „gerade weil sie Früchte sind" besteht).[6] § 102 gilt auch im Verhältnis von Vor- und Nacherbe.[7] **2**

Der Anspruchsberechtigte nach § 101 kann seinen Erstattungsanspruch auch schon **vor** Herausgabe der Früchte geltend machen.[8] **3**

§ 102 statuiert einen **selbstständigen Anspruch** (vgl. den Wortlaut: „verlangen") und keine (wie bspw. im Falle des § 1001) bloße Einrede.[9] Andererseits begründet der Kostenerstattungsanspruch auch ein Zurückbehaltungsrecht (dh eine Einrede) nach den §§ 273, 274, wenn die Herausgabe der Früchte verlangt wird.[10] Kostenerstattung kann bereits schon vor Erhebung des Herausgabeanspruchs verlangt werden. Der Herausgabegläubiger ist nämlich gleichermaßen durch § 273 geschützt.[11] **4**

Verzichtet der Fruchtziehungsberechtigte auf die Früchte, lässt dies den Anspruch nach § 102 unberührt.[12] **5**

Anstelle des Ersatzanspruchs wegen der Gewinnungskosten nach § 102 ist allerdings auch eine Aufrechnung (§ 387) mit den Gewinnungskosten statthaft,[13] die jedoch erklärt werden muss[14] (womit keine Saldierung, wie bei § 812 erfolgt).[15] Voraussetzung für die Aufrechnungslage ist jedoch Gleichartigkeit, dh, die herauszugebenden Früchte müssen (wie der Ersatzanspruch nach § 101) in Geld bestehen.[16] **6**

B. Regelungsgehalt

I. Sonderregelungen hinsichtlich der Ersatzpflicht für ungetrennte Früchte

Eine entsprechende Ersatzpflicht für **ungetrennte Früchte** statuieren **Sondervorschriften** (dh Konstellationen, in denen ein Wechsel in der Nutzungsberechtigung eintritt, ohne dass hinsichtlich der Früchte eine Herausgabepflicht angeordnet wird), bspw. § 596 a, wonach einen Pächter grundsätzlich eine Ersatzpflicht bei vorzeitigem Pachtende hinsichtlich des Wertes der noch nicht getrennten Früchte trifft, bzw. § 998, wonach bei der Herausgabe eines landwirtschaftlichen Grundstücks der Eigentümer dem Besitzer zum Ersatz der Kosten verpflichtet ist, die Letzterer auf die noch nicht getrennten Früchte verwendet hat. Vgl. zudem § 1055 Abs. 2 sowie § 2130 Abs. 1.[17] **7**

Vgl. weiterhin § 818 Abs. 3, wonach die Verpflichtung zur Herausgabe von Nutzungen (nach Bereicherungsrecht) ausgeschlossen ist, soweit der Empfänger nicht mehr bereichert ist. Damit können alle mit dem Bereicherungsvorgang adäquat verbundenen Aufwendungen bzw. (zumindest) alle im Vertrauen auf den Rechtsbestand des Erwerbs gemachten Aufwendungen zum Abzug gebracht werden.[18] **8**

1 BeckOK BGB/*Fritzsche* § 102 Rn. 1.
2 Palandt/*Ellenberger* BGB § 102 Rn. 1.
3 Was in der Praxis allerdings keine Rolle spielt, vgl. MüKoBGB/*Stresemann* § 102 Rn. 7.
4 Staudinger/*Herrler/Stieper* BGB § 102 Rn. 2.
5 Da ansonsten keine Herausgabepflicht besteht, so BeckOK BGB/*Fritzsche* § 102 Rn. 4.
6 Soergel/*Marly* BGB § 102 Rn. 1; Staudinger/*Herrler/ Stieper* BGB § 102 Rn. 3.
7 BGH NJW-RR 1986, 1069 (1070).
8 Palandt/*Ellenberger* BGB § 102 Rn. 1; Erman/ *Michalski* BGB § 102 Rn. 3; da es dem Verpflichteten zumutbar ist, sich gegen den Anspruch auf sein Zurückbehaltungsrecht zu berufen, so Staudinger/ *Herrler/Stieper* BGB § 102 Rn. 2.
9 RG JW 1938, 3042; RGRK/*Steffen* BGB § 102 Rn. 5; Soergel/*Marly* BGB § 102 Rn. 2; Palandt/*Ellenberger* BGB § 102 Rn. 1.
10 Staudinger/*Herrler/Stieper* BGB § 102 Rn. 2.
11 Erman/*Michalski* BGB § 102 Rn. 3; MüKoBGB/*Stresemann* § 102 Rn. 6; Palandt/*Ellenberger* BGB § 102 Rn. 1; Staudinger/*Herrler/Stieper* BGB § 102 Rn. 2.
12 So *Wieling* Sachenrecht Bd. 1, 4. Aufl. 2001, § 2 X 4 b; einschränkend BeckOK BGB/*Fritzsche* § 102 Rn. 9: „Das ist nur insoweit richtig, als ein einseitiger Verzicht den Herausgabeanspruch nicht zum Erlöschen bringt, vgl. § 397 BGB".
13 BGH NJW-RR 1986, 1069 (1070): Verrechnung.
14 MüKoBGB/*Stresemann* § 102 Rn. 6.
15 BeckOK BGB/*Fritzsche* § 102 Rn. 9.
16 BGH MDR 1962, 556.
17 Nach BGH NJW-RR 1986, 1069 trägt der Vorerbe die Kosten der Fruchtgewinnung.
18 Staudinger/*Herrler/Stieper* BGB § 102 Rn. 7.

Bei der Haftung nach Normalmaß gemäß § 143 Abs. 1 InsO kann sich der Anspruch aus § 102 ergeben:[19] Nach dieser Vorschrift kann der zur Herausgabe von Früchten Verpflichtete Ersatz der auf die Gewinnung dieser Früchte verwendeten Kosten insoweit verlangen, als sie einer ordnungsgemäßen Wirtschaft entsprechen und den Wert der Früchte nicht übersteigen. Einem hierauf gestützten Erstattungsanspruch stünde es nicht entgegen, wenn sich der Anspruch der Masse nicht mehr auf Herausgabe der gezogenen Nutzungen, sondern nur noch auf Wertersatz hierfür richtete. Die § 102 zugrunde liegende Wertung, aus Gründen der Billigkeit stets demjenigen die Gewinnungskosten zuzuweisen, dem auch der wirtschaftliche Wert der gezogenen Früchte zukommt,[20] trifft in gleicher Weise für den an die Stelle des Fruchtherausgabeanspruchs tretenden und die schuldrechtliche Zuweisung der Früchte in §§ 99 ff. fortschreibenden Sekundäranspruch zu.[21] Mit ihm verfolgt der Fruchtgläubiger jedenfalls wirtschaftlich sein Interesse an der ihm zugewiesenen Fruchtziehungsbefugnis als Teil seiner umfassenden Verwertungsbefugnis weiter, verlangt also weiterhin die Herausgabe von Früchten iS des § 102.[22]

II. Umfang der Ersatzpflicht nach § 102

9   Der Anspruch nach § 102 umfasst die **Fruchtgewinnungskosten**, worunter neben Geldausgaben alle vermögenswerten Leistungen fallen (sofern ihnen nur ein unmittelbarer Vermögenswert zukommt), sofern diese die Fruchtziehung ermöglicht haben bzw. bei dieser selbst angefallen sind.

10 Die Ersatzpflicht nach § 102 umfasst die Kosten (Wert der persönlichen Arbeitsleistung) für eine Bezahlung fremder Arbeitskraft (aber auch den Wert der Arbeitsleistung von eigenen Angestellten[23] oder Angehörigen),[24] ebenso die Kosten der Gewinnung von Rohstoffen (einschließlich der Herstellungs- und Erhaltungskosten für Grubenbauten[25] oder für den Abraumvorrat).[26] Weiterhin unterfallen den Gewinnungskosten[27] die Kosten für Düngung, Ernte, Feldbestellung, Saatgut, Unkraut- und Schädlingsbekämpfung sowie der Wert der persönlichen Arbeitsleistung des Herausgabepflichtigen[28] (losgelöst von der Frage, ob die Arbeitskraft durch die Fruchtziehung tatsächlich anderweitig gewinnbringend hätte eingesetzt werden können).[29]

11 Nach *Dilcher*[30] sind den Fruchtgewinnungskosten solche Kosten gleichzustellen, die zur Erhaltung der Früchte aufgewendet werden (**Fruchterhaltungskosten**).[31]

12 Der **Umfang der Ersatzpflicht** ist jedoch (aus Billigkeitsgründen) insoweit „**gedeckelt**", als die zu ersetzenden Kosten einer „ordnungsgemäßen Wirtschaft" entsprechen müssen (was nach der Verkehrsanschauung zu bestimmen ist)[32] und den Wert der (gewonnenen) Früchte als Obergrenze nicht übersteigen dürfen. Der Herausgabeberechtigte soll dadurch vor einer Kostenbelastung geschützt werden, die in keinem Verhältnis mehr zum Nutzen steht.[33]

13 **Beweispflichtig** (für die Gewinnungskosten und) für den Wert der Früchte ist derjenige, der den Ersatzanspruch geltend macht.[34]

14 Hingegen trifft die gesetzliche Regelung des § 102 keine Differenzierung zwischen notwendigen und (bloß) nützlichen Verwendungen bzw. zwischen einer gutgläubigen oder einer bösgläubigen Fruchtziehung.

15 Im Falle eines **Untergangs der Früchte vor Herausgabe** ist der Ersatzanspruch wegen bereits getätigter Gewinnungskosten nach § 102 ausgeschlossen.[35]

---

19 BGH ZIP 2019, 626 = WM 2019, 546 = MDR 2019, 699, juris Rn. 17.
20 Mugdan, Bd. 3, S. 499; Staudinger/*Stiepel* BGB § 102 Rn. 1 f. und 7; MüKoBGB/*Stresemann* § 102 Rn. 1.
21 Dazu auch RG JW 1938, 3040, 3042.
22 BGH ZIP 2019, 626, juris Rn. 17.
23 BGHZ 131, 220 = NJW 1996, 921: Früchte eines gewerblichen Unternehmens; Soergel/*Marly* § 102 Rn. 3.
24 BeckOK BGB/*Fritzsche* § 102 Rn. 5.
25 RG JW 1938, 3040 (3042).
26 BFH BB 1979, 249.
27 Beispiele nach BeckOK BGB/*Fritzsche* § 102 Rn. 5.
28 BGH BB 1962, 535; Palandt/*Ellenberger* BGB § 102 Rn. 1; Staudinger/*Herrler/Stieper* BGB § 102 Rn. 4.
29 BeckOK BGB/*Fritzsche* § 102 Rn. 5; MüKoBGB/ *Stresemann* § 102 Rn. 4; Palandt/*Ellenberger* BGB § 102 Rn. 1; aA RGRK/*Steffen* BGB § 102 Rn. 2;

Soergel/*Marly* BGB § 102 Rn. 3; Staudinger/*Herrler/ Stieper* BGB § 102 Rn. 4.
30 Staudinger/*Dilcher* (1996) BGB § 102 Rn. 4; vgl. auch Erman/*Michalski* BGB § 102 Rn. 2.
31 AA KG OLGZ 22, 273: Kosten des Umbaus eines Mietshauses.
32 Staudinger/*Herrler/Stieper* BGB § 102 Rn. 5: womit auch objektiv nicht notwendige Kosten – sofern sie nicht Ausdruck eines wirtschaftlich unvernünftigen Verhaltens sind – erstattungsfähig sein können.
33 BeckOK BGB/*Fritzsche* § 102 Rn. 7.
34 Staudinger/*Herrler/Stieper* BGB § 102 Rn. 5.
35 Staudinger/*Herrler/Stieper* BGB § 102 Rn. 6: wenngleich gegen einen Ersatzanspruch nach den §§ 989, 990 wegen untergegangener Früchte ein Abzug der Gewinnungskosten zulässig sei; ebenso RG JW 1938, 3040 (3042) – arg.: Da der ursprüngliche Herausgabeanspruch bereits um diesen Betrag geringer gewesen sei, könne der Ersatzanspruch nicht höher sein.

Beachte: Sonderregelungen hinsichtlich der **Erstattung der Gewinnungskosten für noch nicht getrennte** **16** **(dh ungetrennte) Früchte** bestehen nach den §§ 592, 596 a (für gepachtete landwirtschaftliche Grundstücke), 998 (an den Eigentümer herauszugebendes landwirtschaftliches Grundstück), 1055 Abs. 2 bzw. 2130 Abs. 2.

Im Falle einer bereicherungsrechtlichen Herausgabepflicht sind die Fruchtgewinnungskosten im Rahmen **17** der Saldotheorie zu berücksichtigen,[36] „auch dort sollte man § 102 BGB berücksichtigen".[37]

§ 103 Verteilung der Lasten

Wer verpflichtet ist, die Lasten einer Sache oder eines Rechts bis zu einer bestimmten Zeit oder von einer bestimmten Zeit an zu tragen, hat, sofern nicht ein anderes bestimmt ist, die regelmäßig wiederkehrenden Lasten nach dem Verhältnis der Dauer seiner Verpflichtung, andere Lasten insoweit zu tragen, als sie während der Dauer seiner Verpflichtung zu entrichten sind.

A. Allgemeines	1	1. Regelmäßig wiederkehrende Lasten	12
B. Regelungsgehalt	5	2. Andere Lasten	16
I. Der Begriff der „Lasten"	6	III. Die anderweitige Bestimmung	17
II. Die Lastenverteilung	11		

A. Allgemeines

In (nicht vollständiger) Anlehnung[1] an § 101 Nr. 2 (Regelung der Früchteverteilung bei einem Wechsel des **1** Ausübungsberechtigten) statuiert § 103 eine schuldrechtlich wirkende (dispositive) Regelung[2] für das **Innenverhältnis**[3] im Falle eines Wechsels des Berechtigten hinsichtlich der **Lastenverteilung** im Hinblick auf das Verhältnis zwischen Vorgänger und Nachfolger in der Verpflichtung: Wer verpflichtet ist, die Lasten einer Sache oder eines Rechts bis zu einer bestimmten Zeit oder von einer bestimmten Zeit an zu tragen (was aus der Rechtsgrundlage der Last zu ermitteln ist),[4] hat – „sofern nicht ein anderes bestimmt ist" (mithin für den Regelfall) – die regelmäßig wiederkehrenden Lasten nach dem Verhältnis der Dauer seiner Verpflichtung, andere Lasten insoweit zu tragen, als sie während der Dauer seiner Verpflichtung zu entrichten sind. Der Nutzungsberechtigte einer Sache soll also auch deren Kosten tragen. Eine abweichende Lastenverteilung kann sowohl aus rechtsgeschäftlicher Vereinbarung (mithin Vertrag[5] oder letztwilliger Verfügung) bzw. spezialgesetzlicher Regelung (bspw. §§ 436 Abs. 1, 446, 535 Abs. 1 S. 3, 581 Abs. 2, 586 a, 995 S. 2, 1047, 2126, 2185 oder 2379 f. BGB bzw. § 56 S. 2 ZVG)[6] resultieren.

Entgegen dem Wortlaut der Norm gewährt § 103 unmittelbar einen **Ausgleichsanspruch**.[7] **2**

Die Frage, wer die Lasten im **Außenverhältnis** (gegenüber ihrem Gläubiger) zu tragen hat, bestimmt sich **3** nach der Rechtsgrundlage der Last.[8]

In den §§ 446 Abs. 1 S. 2 und 581 Abs. 2 finden sich gesetzliche Anknüpfungspunkte für eine Anwendung **4** des § 103.[9]

---

36 Vgl. nur MüKoBGB/*Schwab* § 818 Rn. 210 ff.
37 BeckOK BGB/*Fritzsche* § 102 Rn. 10.
1 Allein zwischen § 101 Nr. 2 und § 103 besteht Übereinstimmung, Staudinger/*Herrler/Stieper* BGB § 103 Rn. 1.
2 Staudinger/*Herrler/Stieper* BGB § 103 Rn. 1.
3 OLG Hamm NJW-RR 1996, 911 (912) will den Rechtsgedanken auch auf das Außenverhältnis anwenden.
4 RGRK/*Steffen* BGB § 103 Rn. 1.
5 Vgl. zu Vertragsregelungen hinsichtlich der Tragung von Erschließungskosten BGH NJW 1982, 1178.
6 Dazu näher BGHZ 95, 118 = NJW 1985, 2717. Vgl. auch BGH WM 2009, 1438: Nach Aufhebung der Zwangsverwaltung ist der Zwangsverwalter nicht befugt, Ansprüche gegen den Ersteher des Grund-

stücks wegen der auf die Zeit nach dem Zuschlag entfallenden Lasten einzuklagen.
7 BGH WM 2009, 1438; BeckOK BGB/*Fritzsche* § 103 Rn. 9; MüKoBGB/*Stresemann* § 103 Rn. 2; PWW/*Völzmann-Stickelbrock* BGB § 103 Rn. 1. Nach BGH WM 2009, 1438 unterfällt dieser Anspruch nicht der Beschlagnahme gemäß §§ 146, 148 ZVG. Weder handelt es sich um einen Anspruch auf Mieten oder Pachten, noch tritt er im Wege der Surrogation oder gemäß § 19 S. 3 KO an die Stelle eines solchen Anspruchs.
8 BGH NJW 1981, 2127; MüKoBGB/*Stresemann* § 103 Rn. 3; RGRK/*Steffen* BGB § 103 Rn. 1; Staudinger/*Herrler/Stieper* BGB § 103 Rn. 1.
9 So Staudinger/*Herrler/Stieper* BGB § 103 Rn. 1.

B. Regelungsgehalt

5   § 103 differenziert zwischen regelmäßig wiederkehrenden Lasten (→ Rn. 12 ff.), bei denen hinsichtlich der Lasten**verteilung** eine Verteilung nach dem Verhältnis der Dauer der beiderseitigen Verpflichtung vorgesehen ist, und in unbestimmten Abständen wiederkehrenden (dh anderen) Lasten (→ Rn. 16), bei denen die Lastenverteilung sich an der Fälligkeit orientiert.

I. Der Begriff der „Lasten"

6   Unter dem Begriff „Lasten" (den das Gesetz voraussetzt, aber nicht definiert) versteht man die auf einer Sache oder einem Recht liegende **Verpflichtung zu Leistungen** (nicht hingegen dingliche Belastungen),[10] die aus der Sache oder dem Recht zu entrichten sind und den Nutzungswert mindern,[11] mithin **Leistungspflichten** (des **Zivilrechts**) oder des **öffentlichen Rechts,** insbesondere Steuern),[12] die in entsprechender Weise den Eigentümer, Besitzer oder Rechtsinhaber als solchen treffen.[13] Lasten mindern also den Nutzen der Sache oder des Rechts.[14]

7   Lasten eines Grundstücks, die zu Leistungen aus diesem verpflichten und dementsprechend dessen Nutzungswert mindern, sind in privatrechtlicher Hinsicht (**privatrechtliche Grundstückslasten**) bspw. Zinsen auf Grundschulden und Hypothekenforderungen,[15] Leistungen aufgrund einer Reallast oder einer Rentenschuld bzw. eine Notwege- oder Überbaurente nach §§ 917 Abs. 2, 912 Abs. 2.[16]

8   Als **öffentlich-rechtliche Grundstückslasten** kommen zB Erschließungs(Anlieger)beiträge, Deichlasten, Grundsteuer,[17] Schullasten bzw. Straßenreinigungskosten in Betracht, als **öffentlich-rechtliche Lasten beweglicher Sachen** bspw. die Kfz-Steuer bzw. Pflichtversicherungsprämien.[18]

Die **Gebäudehaftpflichtversicherung** ist keine Last iS der §§ 446, 103.[19] Mit Lasten werden in Grundstückskaufverträgen üblicherweise solche iS von § 103 gemeint. „Regelmäßig wiederkehrende Lasten" sind solche, die von vornherein und ihrer Natur nach nicht einmal, sondern in regelmäßiger zeitlicher Wiederkehr zu erbringen sind.[20] Sachversicherungen (wie Gebäudeversicherungen) fallen nach hM darunter, weil sie zur Substanz des Grundstücks, dessen Bestandteile oder seines Zubehörs zugeordnet werden können. Dient eine Verbindlichkeit nämlich dieser Substanz und damit auch der Nutzung der Sache – also dem Korrelat zur Lastentragung –, so geht sie mit den Gebrauchsvorteilen auf den Käufer gemäß § 446 Abs. 1 S. 2 dann über, wenn er den Sachbesitz erhält.[21] Das trifft für Haftpflichtversicherungen dagegen nicht zu:[22] Dabei ist nicht entscheidend, dass eine solche Haus- und Grundbesitzerhaftpflichtversicherung im Falle der Veräußerung nicht erlischt, sondern auf den Erwerber übergeht. Denn der Vertragsübergang nach § 95 VVG erfasst alle grundstücksbezogenen Versicherungen und damit auch grundstücksbezogene Pflicht- und sonstige Haftpflichtversicherungen (z.B. Grundbesitzhaftpflichtversicherungen).[23] Maßgeblich ist, dass eine Haftpflichtversicherung nicht der Substanz dient. Bei einer Haftpflichtversicherung fehlt es an einer besonderen Beziehung zu einem Bestandteil des Aktivvermögens. Versichert ist das Interesse des Versicherungsnehmers, nicht mit Haftpflichtverbindlichkeiten und den Aufwendungen, die zur Anspruchsabwehr geboten sind, belastet zu werden.[24]

9   Unter den Begriff der Lasten fallen hingegen **nicht subjektiv dingliche Rechte** (bspw. der Nießbrauch, die Grunddienstbarkeit oder das Vorkaufsrecht),[25] da sie nicht zu einer Leistung aus dem Grundstück verpflichten, sondern nur die Eigentümerstellung einschränken.[26] Weiterhin sind keine Lasten, da sie vom Verpflichteten in Person (und nicht in seiner Eigenschaft als Eigentümer zu entrichten sind),[27] persönliche Verpflichtungen privatrechtlicher oder öffentlich-rechtlicher Natur – wie etwa Benutzungsgebühren für die Inanspruchnahme öffentlicher Einrichtungen,[28] Bürgersteigausbaukosten,[29] öffentlich-rechtliche Hand-

---

10   BeckOK BGB/*Fritzsche* § 103 Rn. 3.
11   RGZ 66, 318; OLG Hamm NJW 1989, 839; Palandt/ *Ellenberger* BGB § 103 Rn. 1.
12   BGH NJW 1980, 2465.
13   RGZ 66, 316, 318; BGH NJW 1980, 2465 (2466); Staudinger/*Herrler/Stieper* BGB § 103 Rn. 5.
14   Palandt/*Ellenberger* BGB § 103 Rn. 1; Staudinger/ *Herrler/Stieper* BGB § 103 Rn. 5.
15   BGH NJW 1986, 2438 (2439); nicht jedoch Grundpfandrechte als solche RGZ 66, 316, 318; aA Soergel/*Marly* BGB § 103 Rn. 3.
16   BeckOK BGB/*Fritzsche* § 103 Rn. 4.
17   BGH NJW 1980, 2465 (2466).
18   Näher BeckOK BGB/*Fritzsche* § 103 Rn. 4.

19   LG Wuppertal MDR 2020, 90 – Ls. 1.
20   MüKoBGB/*Stresemann* § 103 Rn. 9.
21   OLG Düsseldorf NJW 1973, 146, 147.
22   LG Wuppertal MDR 2020, 90, juris Rn. 7.
23   Prölss/Martin/*Armbruster* VVG § 95 Rn. 3.
24   LG Wuppertal MDR 2020, 90, juris Rn. 7 unter Bezugnahme auf Bruck/Möller/*Koch* VVG Vor §§ 100-112 Rn. 5.
25   RGZ 66, 318.
26   MüKoBGB/*Stresemann* § 103 Rn. 7; Staudinger/ *Herrler/Stieper* BGB § 103 Rn. 5.
27   Beispiel nach BeckOK BGB/*Fritzsche* § 103 Rn. 5.
28   MüKoBGB/*Stresemann* § 103 Rn. 7.
29   BGH NJW 1981, 2122.

lungspflichten (bzw. Auflagen) aufgrund Verwaltungsakt,[30] allgemeine Verkehrssicherungspflichten[31] (wie bspw. die Streupflicht)[32] bzw. Verwaltungsgebühren.

Als **Lasten eines Rechts** kommen die Verpflichtungen eines Erbbauberechtigten[33] bzw. die Gebühren zur Erhaltung von Immaterialgüterrechten in Betracht.[34] **10**

II. Die Lastenverteilung

Hinsichtlich der Lastenverteilung differenziert § 103 zwischen regelmäßig wiederkehrenden Lasten **11** (→ Rn. 12 ff.) und anderen Lasten (→ Rn. 16).

1. Regelmäßig wiederkehrende Lasten. Die Verteilung regelmäßig wiederkehrender Lasten – wie bspw. **12** auf privatrechtlicher Grundlage Hypotheken- und Grundschuldzinsen, § 1047 (Lastentragung beim Nießbrauch),[35] Beiträge zur Erhaltung von Immaterialgüterrechten (bspw. eines Patent-, Gebrauchs- oder Geschmacksmusterrechts), Sachversicherungsprämien[36] oder auf öffentlich-rechtlicher Grundlage Grundsteuern[37] und vergleichbare Abgabepflichten[38] (nicht jedoch die Vermögensteuer)[39] – erfolgt (vorbehaltlich einer abweichenden Regelung) bei einem Wechsel der Berechtigung durch Teilung nach der Dauer der Berechtigung (pro rata temporis). Die Höhe regelmäßig wiederkehrender Lasten muss nicht unbedingt gleich bleiben[40] (und kann bspw. vom Basiszinssatz der EZB abhängig sein).[41]

Unter die Begrifflichkeit der „regelmäßig wiederkehrenden Lasten" fallen hingegen nicht die Unterhal- **13** tungs- und Bewirtschaftungskosten einer Sache.[42]

In **§ 436 Abs. 1** (öffentliche Lasten von Grundstücken) findet sich eine (insoweit) § 103 verdrängende[43] **Sonderregelung** hinsichtlich der **Erschließungs- und Anliegerbeiträge.** Soweit nicht anders vereinbart, ist der Verkäufer eines Grundstücks verpflichtet, Erschließungsbeiträge und sonstige Anliegerbeiträge für die Maßnahmen zu tragen, die bis zum Tage des Vertragsschlusses bautechnisch begonnen sind, unabhängig vom Zeitpunkt des Entstehens der Beitragsschuld.

Im Zuge einer ergänzenden Vertragsauslegung kann – im Falle, dass öffentlich-rechtliche Vorschriften **14** wegen des Eigentumswechsels eine Lastenerstattung und Lastenneufestsetzung gegenüber dem neuen Eigentümer vorsehen – eine Belastung des früheren Eigentümers gerechtfertigt sein.[44]

Im **Außenverhältnis** hat derjenige die Lasten für eine Abrechnungsperiode zu tragen, der im Zeitpunkt des **15** Fälligwerdens der Last berechtigt ist. Allerdings kann er von seinem Rechtsvorgänger anteilige Erstattung für die Periode vor dem Rechtsübergang verlangen.[45]

2. Andere Lasten. Andere (einmalige) Lasten, die nicht regelmäßig wiederkehren,[46] mithin außerordentli- **16** che (nicht notwendigerweise aber einmalige) Lasten – wie bspw. Deichlasten,[47] Einkommensteuer, die nach § 16 EStG bei der Aufgabe oder Veräußerung eines Gewerbebetriebs anfällt (Veräußerungsgewinne),[48] Anlieger- und Erschließungsbeiträge[49] (die nach der Schuldrechtsreform allerdings in § 436 Abs. 1 eine Sonderregelung erfahren haben, → Rn. 13), Leistungen im Umlegungs- oder Flurbereinigungsverfahren[50]

30 RGZ 129, 10, 12.
31 OLG Köln VersR 1998, 605.
32 BGH NJW 1990, 111 (112).
33 Staudinger/*Herrler/Stieper* BGB § 103 Rn. 5.
34 ZB Patentgebühren, Soergel/*Marly* BGB § 103 Rn. 4.
35 BGH NJW 1986, 2438.
36 OLG Düsseldorf NJW 1973, 146, aber umstritten. Vgl. zudem MüKoBGB/*Stresemann* § 103 Rn. 9; Palandt/*Ellenberger* BGB § 103 Rn. 3; Soergel/*Marly* BGB § 103 Rn. 4; Staudinger/*Herrler/Stieper* BGB § 103 Rn. 6.
37 BGH VIZ 1999, 40 (43).
38 Palandt/*Ellenberger* BGB § 103 Rn. 3; bspw. auch Versicherungsbeiträge für eine Pflichtbrandversicherung, so OLG Königsberg SeuffA 59 Nr. 198.
39 Umstritten, so aber Palandt/*Ellenberger* BGB § 103 Rn. 3; aA hingegen *Baums* DB 1981, 355.
40 Staudinger/*Herrler/Stieper* BGB § 103 Rn. 6.
41 RGZ 88, 42, 46; MüKoBGB/*Stresemann* § 103 Rn. 9.

42 Staudinger/*Herrler/Stieper* BGB § 103 Rn. 6.
43 Palandt/*Ellenberger* BGB § 103 Rn. 2.
44 BGH NJW 1986, 2438.
45 BeckOK BGB/*Fritzsche* § 103 Rn. 7 a; MüKoBGB/*Stresemann* § 103 Rn. 8.
46 BGH NJW 1980, 2465 (2466).
47 Palandt/*Ellenberger* BGB § 103 Rn. 4.
48 BGH NJW 1980, 2465.
49 BGH NJW 1994, 2283; der Käufer trägt Anliegerbeiträge nach dem Übergabe, wenn sie dann erst fällig werden BGH NJW 1982, 1278. In diesem Zusammenhang kommt jedoch abweichenden rechtsgeschäftlichen Vereinbarungen (Rn. 17) eine besondere Bedeutung zu BGH NJW 1988, 2099. Ein Pächter hat die Anliegerbeiträge nur dann zu tragen, wenn dies so vereinbart worden ist, OLG Celle OLGZ 1984, 109.
50 MüKoBGB/*Stresemann* § 103 Rn. 10; Palandt/*Ellenberger* BGB § 103 Rn. 4.

bzw. Patronatslasten[51] – sind im Zweifel von dem zur Zeit ihrer Fälligkeit Verpflichteten endgültig zu tragen.[52]

III. Die anderweitige Bestimmung

17　§ 103 gelangt zur Anwendung, „sofern nicht ein anderes bestimmt ist". Mithin ist eine anderweitige Bestimmung der Lastenverteilung statthaft, entweder

– durch Rechtsgeschäft[53] (aufgrund Vertrags) oder auch
– auf gesetzlicher Grundlage (bspw. nach den §§ 995 S. 2, 1047, 2126, 2185 bzw. 2379 S. 2).[54]

51　RGZ 70, 263, 264.
52　BGH NJW 1982, 1278; 1994, 2283. Für Lasten des
　　Gemeinschaftseigentums, die *vor* dem Zuschlag des
　　ersteigerten Wohnungseigentums anfallen, soll der
　　Ersteher nicht haften – selbst dann nicht, wenn die
　　Rechnungslegung erst nach dem Zuschlag erfolgt ist
　　BGH JZ 1986, 191 m. krit. Anm. *Weitnauer*, S. 193;

gleichermaßen abl.: Staudinger/*Herrler/Stieper* BGB
§ 103 Rn. 7: fehlende Fälligkeit, weshalb die Entscheidung gegen das Fälligkeitsprinzip des § 103
verstoße.
53　Vgl. dazu näher *Wieder* NJW 1984, 2662.
54　Staudinger/*Herrler/Stieper* BGB § 103 Rn. 2.

§ 104 Geschäftsunfähigkeit

Geschäftsunfähig ist:

1. **wer nicht das siebente Lebensjahr vollendet hat,**
2. **wer sich in einem die freie Willensbestimmung ausschließenden Zustand krankhafter Störung der Geistestätigkeit befindet, sofern nicht der Zustand seiner Natur nach ein vorübergehender ist.**

Literatur: *Baetge*, Anknüpfung der Rechtsfolgen bei fehlender Geschäftsfähigkeit, IPRax 1996, 185; *Baldus*, Export des Pandektensystems?, (öst.) Journal für Rechtspolitik 2008, 23–26; *Baldus*, Besondere Geschäftsfähigkeiten nach dem BGB?, in: *Dajczak/Baldus* (Hrsg.), Der Allgemeine Teil des Privatrechts. Erfahrungen und Perspektiven zwischen Deutschland, Polen und den lusitanischen Rechten (2013) 121–128; *Barolin/Welte*, Erweiterte Beurteilungsmöglichkeiten in den Grenzgebieten der Testier- und Geschäftsfähigkeit bei organischen Psychosyndromen – ein wichtiges Zusammenarbeitsgebiet von Medizin und Jurisprudenz, Wiener Medizinische Wochenschrift 2001, 391 (Beispiele aus Österreich); *Canaris,* Verstöße gegen das verfassungsrechtliche Übermaßverbot im Recht der Geschäftsfähigkeit und im Schadensersatzrecht, JZ 1987, 993; *ders.*, Zur Problematik von Privatrecht und verfassungsrechtlichem Übermaßverbot, JZ 1988, 494; *Cording*, Die Begutachtung der Testier(un)fähigkeit, Fortschritte der Neurologie und Psychiatrie 2004, 147; *ders.*, Die Begutachtung der „freien Willensbestimmung" im deutschen Zivilrecht: Geschäftsfähigkeit, Testierfähigkeit, Prozessfähigkeit, Suizid bei Lebensversicherung, in: Müller/Hajak, Willensbestimmung zwischen Recht und Psychiatrie (2005), 37; *ders.*, Die posthume Begutachtung der Testierfähigkeit, Forens Psychiatr Psychol Kriminol 2009, 171; *ders.*, Beweismittel zur Klärung der Testier(un)fähigkeit, ZEV 2010, 23; *ders.*, Kriterien zur Feststellung der Testier(un)fähigkeit, ZEV 2010, 115; *Cording/G. Roth*, Zivilrechtliche Verantwortlichkeit und Neurobiologie – ein Widerspruch?, NJW 2015, 26; *Czeguhn*, Geschäftsfähigkeit – beschränkte Geschäftsfähigkeit – Geschäftsunfähigkeit (2003); *Francoz-Terminal*, La capacité de l'enfant dans les droits français, anglais et écossais (2008); *Fröde*, Willenserklärung, Rechtsgeschäft und Geschäftsfähigkeit (2012); *Götz*, Das neue Familienverfahrensrecht – Erste Praxisprobleme, NJW 2010, 897; *Grunsky*, Testierfähigkeit und Geschäftsfähigkeit (2009); *Günther*, Anmerkung zu OLG Frankfurt FamRZ 2000, 603, 604 f; *Habermeyer/Saß*, Voraussetzungen der Geschäfts(un)fähigkeit – Anmerkungen aus psychopathologischer Sicht, MedR 2003, 543; *Habersack*, Das neue Gesetz zur Beschränkung der Haftung Minderjähriger, FamRZ 1999, 1; *Hayer/von Meduna*, Was macht Geldspielautomaten gefährlich? Eine kritische suchtpsychologische Bestandsaufnahme, in: T. Becker (Hrsg.), Der neue Glücksspielstaatsvertrag (Frankfurt a.M. u.a. 2004) 133–157; *Heiter*, Verfahrensfähigkeit des Kindes in personenbezogenen Verfahren nach dem FamFG, FamRZ 2009, 85; *J. Huber/Schmieder/Dengler*, 312-und-20-Jahre – geschäftsfähig/testierfähig oder fremdbestimmt?, BWNotZ 2012, 150; *Janda*, Grundfragen der Einschränkung der zivilrechtlichen Handlungsfähigkeit – Das Rechtsinstitut der Betreuung im Spiegel der allgemeinen Regeln zu Geschäftsfähigkeit und gesetzlicher Vertretung –, FamRZ 2013, 16; *Keitel*, Der Minderjährige als strukturell Unterlegener (2014); *Knoop*, Digitaler Nachlass – Vererbbarkeit von Konten (minderjähriger) Nutzer in sozialen Netzwerken, FamFam 2016, 966; *Knothe*, Die Geschäftsfähigkeit der Minderjährigen in geschichtlicher Entwicklung, 1983; *Kölmel*, Die familienrechtliche Genehmigung in der notariellen Praxis nach der Reform durch das FamFG, NotBZ 2010, 2; *Lachwitz*, Auswirkungen der UN-Behindertenrechtskonvention auf das deutsche Geschäftsfähigkeits- und Betreuungsrecht – Überlegungen aus der Perspektive von Menschen mit geistiger Behinderung, KJ 2012, 385; *Lange*, Die Begutachtung der Testierfähigkeit nach dem Tode des Erblassers, Psychiatrie, Neurologie und medizinische Psychologie 1989, 1 (Beispiele aus der ehem. DDR); *Laimer*, Die Feststellung der Geschäfts- beziehungsweise Testier(un)fähigkeit: Frankreich, Italien, Österreich, Deutschland, 77 (2013), 555; *Lima Marques/Miragem*, O Novo Direito Privado e a Proteção dos Vulneráveis (2. Aufl. São Paulo 2014); *Ludwig*, Der Erwachsenenschutz im Internationalen Privatrecht nach Inkrafttreten des Haager Erwachsenenschutzübereinkommens, DNotZ 2009, 251; *Musielak*, Die Beweislastregelung bei Zweifeln an der Prozessfähigkeit, NJW 1997, 1736; *Musumeci*, Protezione pretoria dei minori di 25 anni e *ius controversum* in età imperiale (2013); *Naczinsky*, Auswirkungen der Testierfähigkeit auf die Geschäftsfähigkeit Minderjähriger, NZFam 2018, 713; *Peters*, Die Selbstsperre des Glücksspielers, JR 2002, 177; *Ramm,* Drittwirkung und Übermaßverbot, JZ 1988, 489; *Reimann,* Der Minderjährige in der Gesellschaft – Kautelarjuristische Überlegungen aus Anlass des Minderjährigenhaftungsbeschränkungsgesetzes, DNotZ 1999, 179; *Renner*, Prüfung der Geschäftsfähigkeit de lege lata und de lege ferenda, notar 2017, 218; *M. Roth*, Die Rechtsgeschäftslehre im demographischen Wandel, AcP 208 (2008), 451; *G. Roth/Lampe/Pauen* (Hrsg.), Willensfreiheit, 2008; *Ruppert*, Lebensalter und Recht. Zur Segmentierung des menschlichen Lebenslaufs durch rechtliche Regelungen seit dem 19. Jahrhundert, in: Lieberwirth/Lück (Hrsg.), Akten des 36. Deutschen Rechtshistorikertages, 2008, 346; *Schimmel*, Der Schutz des Spielers vor sich selbst, NJW 2006, 958; *J.P. Schmidt*, Grundlagen der Testierfähigkeit in Deutschland und Europa, RabelsZ 76 (2012), 1022; *Schmoeckel*, Die Geschäfts- und Testierfähigkeit von Demenzerkrankten, NJW 2016, 433; *Seibert*, Testierfähigkeit und Willensfreiheit. Die Problematik der beweisrechtlichen Vermutung der Testierfähigkeit (2015); *Spickhoff*, Autonomie und Heteronomie im Alter, AcP 208 (2008), 345; *ders.*, Selbstbestimmungsfähigkeiten, in: Becker/Roth (Hrsg.), Recht der Älteren, Berlin 2013, 247 (§ 11) *Stoppe/Lichtenwimmer*, Die Feststellung der Geschäfts- und Testierfähigkeit beim alten Menschen durch den Notar – ein interdisziplinärer Vorschlag, DNotZ 2005, 806 (mit Erwiderungen von *Müller* DNotZ 2006, 325; *Cording/Foerster* DNotZ 2006, 329); *Wagner-von Papp*, Die privatautonome Beschränkung der Privatautonomie, AcP 205 (2005), 342; *Wetterling*, Was hat der Erbrechtler mit Fragen der Medizin zu tun?, ZEV 2010, 345; *ders.*, Beeinträchtigung der Geschäfts-/Testierfähigkeit durch Medikamente, Alkohol oder Drogen, ErbR 2015, 179; *Wetterling*, Mehr Schein als Sein – zum sogenannten Fassadenphänomen, ZNotP 2016, 60; *Wetterling*,

Geschäfts- und Testierfähigkeit bei Wahn? ZErb 2018, 10; *Wetterling/Neubauer/Neubauer*, Psychiatrische Gesichtspunkte zur Beurteilung der Testierfähigkeit Dementer, ZEV 1995, 46; *Wieser*, Verstößt § 105 BGB gegen das verfassungsrechtliche Übermaßverbot?, JZ 1988, 493; *Wolf, Christian E.*, Geschäftsunfähigkeit und Behindertenrechtskonvention: Zur Vereinbarkeit von §§ 104 Nr. 2, 105, 131 BGB mit Art. 12 Abs. 2 BRK, Münster 2015; *Zimmer*, Demenz als Herausforderung für die erbrechtliche Praxis, NJW 2007, 1713; *Zimmermann,* Juristische und psychiatrische Aspekte der Geschäfts- und Testierfähigkeit, BWNotZ 2000, 97.

A. Allgemeine Fragen 1	a) Intelligenzminderung 65
I. Das Stufenmodell der §§ 104–113 4	b) Suchterkrankungen und Impulskon-
II. Neue Herausforderungen und Kritik 7	trolle 68
1. Geschäftsfähigkeit insbesondere im vier-	c) Freie Willensbestimmung bei Sekten-
ten Lebensabschnitt 9	zugehörigkeit 74
2. Geschäftsfähigkeit bei Menschen mit	d) Auswirkungen von Schmerzen und
geistiger oder seelischer Behinderung 12	der Verabreichung von schmerzstillen-
3. Geschäftsfähigkeit und strukturelle	den Medikamenten 76
Bedingungen für selbstbestimmtes Han-	2. Dauerzustand 77
deln bei jungen Erwachsenen 14	a) Die Figur des lichten Augenblicks 79
III. Verhältnis zu Ehegeschäftsfähigkeit und Tes-	b) Kritik 80
tierfähigkeit 15	III. Nachweis der Geschäftsunfähigkeit 84
1. Ehegeschäftsfähigkeit als partielle	1. Geschäftsunfähigkeit als Ausnahmefall ... 84
Geschäftsfähigkeit 19	a) Beweis- oder Feststellungslast 85
2. Testierfähigkeit als partielle Geschäftsfä-	b) Kritik 90
higkeit? 20	c) Beweislastverträge 92
IV. Entsprechende Anwendbarkeit der §§ 104 ff. ... 27	2. Beweiserhebung zur Geschäfts- oder Tes-
V. Relative und partielle Geschäftsunfähigkeit.	tierunfähigkeit 96
Aktuelle Problemfelder 31	a) Erforderlichkeit 96
1. Annahme von partieller Geschäftsunfä-	b) Sachverständigengutachten als wich-
higkeit in Rechtsprechung 35	tigstes, aber nicht einziges Beweismit-
2. Das Stigma der Geschäftsunfähigkeit: Der	tel 100
Rückgriff auf § 138 als Ausweg? 38	aa) Anforderungen an die Person des
a) Schutz bei Spielsucht 40	Sachverständigen 106
b) Schutz vor Fremdbestimmung im	bb) Anforderungen an das Sachverstän-
Alter und bei psychosozialer Behinde-	digengutachten 108
rung 44	cc) Gerichtliche Würdigung des Sach-
VI. Guter Glaube an die Geschäftsfähigkeit 47	verständigengutachtens 112
VII. Geschäfts(un)fähigkeit und der Einfluss von	**C. Rechtsfolgen** 114
rechtlicher Betreuung 49	I. Nichtigkeit von Willenserklärungen 114
VIII. Vertretung bei Fehlen der Geschäftsfähigkeit . 55	II. Auswirkungen auf die Prozess(un)fähigkeit ... 115
B. Regelungsgehalt 60	III. Auswirkungen auf die Verfahrens(un)fähig-
I. Kinder bis zum siebten Lebensjahr (Nr. 1) 60	keit 117
II. Störung der Geistestätigkeit (Nr. 2) 61	**D. Hinweis zum Kollisionsrecht** 122
1. Krankhafte Störung der Geistestätigkeit .. 62	

A. Allgemeine Fragen

1   §§ 104–113 regeln die Folgen des gänzlichen (§§ 104 f.) oder teilweisen **Fehlens der Geschäftsfähigkeit**. Geschäftsfähigkeit ist die Fähigkeit, Rechtsgeschäfte in eigener Person wirksam vorzunehmen.[1] Sie setzt die Rechtsfähigkeit[2] voraus, welche auch Geschäftsunfähigen unbeschränkt zusteht, und wird nach den Regeln des Prozessrechts ggf. durch die Prozessfähigkeit (→ Rn. 115 ff.) ergänzt. Mit der Inhaberschaft und der Zuständigkeit hinsichtlich bestimmter Rechte hat sie nichts zu tun.[3]

2   Das BGB kennt keine kodifizierte allgemeine Lehre von der rechtlichen Handlungsfähigkeit (anders noch das APrLR I 3 §§ 7 ff.) oder einer allgemein verstandenen Selbstbestimmungsfähigkeit. §§ 104–113 beziehen sich auf **Rechtsgeschäfte**, also auf **eine** Form rechtlich relevanter und selbstbestimmter Handlungen. Mit § 2229 (Testierfähigkeit) und § 1304 (Ehegeschäftsfähigkeit) schafft das Gesetz hinsichtlich gegenständlich abgegrenzter Rechtsgeschäfte gesonderte Regelungen (→ Rn. 15 ff.).

3   Daneben stehen die Regelungen zur Verantwortlichkeit für deliktische (rechtswidrige) Handlungen in §§ 827, 828 (Deliktsfähigkeit) sowie vertragswidrige Handlungen in § 276 Abs. 1 S. 2; zur Einwilligungsfähigkeit bei medizinischen Eingriffen,[4] → Rn. 76, → § 107 Rn. 9–13 und bei Hingabe personenbezogener Daten → § 107 Rn. 14 f. zur Religionsmündigkeit (religiöses Bekenntnis, Kirchenaustritt) → Rn. 29. Daneben haben sich die Konzepte der Betreuungsbedürftigkeit, Einsichts- und Steuerungsfähigkeit (siehe insbes. § 828 Abs. 3 und als Teilaspekte von § 104 Nr. 2 und § 1896 a), der Sozialmündigkeit (§ 36 Abs. 1

---

1   Für eine grundsätzliche Revision der Lehre von der   3   Vgl. OLG Frankfurt NJW-RR 1990, 968.
    Geschäftsfähigkeit *Fröde*, passim.   4   *Spickhoff* FamRZ 2018, 412.
2   Mit dieser korrespondiert nach richtiger Ansicht die
    Parteifähigkeit; ausführlich *Beranek*, Die Parteifähig-
    keit (2008), S. 60–64.

SGB I)[5] sowie die Vorstellung von einem sog. natürlichen Willen (siehe insbes. § 1906 a Abs. 1, 4) entwickelt.[6]

I. Das Stufenmodell der §§ 104–113

Das BGB geht grundsätzlich von der vollen Geschäftsfähigkeit aus und regelt in den §§ 104 ff. nur **Ausnahmefälle** (zur Beweislast → Rn. 85 ff.). Dabei folgt es einem **Stufenmodell**: Bei Geschäfts**un**fähigkeit und bei vorläufigen Zuständen, die der Geschäftsunfähigkeit vergleichbar sind, tritt nach § 105 Nichtigkeit einer tatbestandlich etwa abgegebenen Willenserklärung ein. Bei **beschränkter** Geschäftsfähigkeit (zwischen Vollendung des siebten und des achtzehnten Lebensjahres, §§ 2, 106) hängt die Wirksamkeit der Erklärung davon ab, ob sie lediglich einen rechtlichen Vorteil für den Erklärenden mit sich bringt. Zu § 105 a s. dort. Ergänzend regelt § 131 den Zugang einer Erklärung an nicht (voll) Geschäftsfähige (→ § 105 Rn. 11 f.). **4**

Das BGB kennt – in Abweichung von historischen[7] und ausländischen Modellen – auch keine **Emanzipation** oder venia aetatis: Niemand kann vor Erreichen der Volljährigkeitsgrenze insgesamt für unbeschränkt geschäftsfähig erklärt werden. Wohl aber gibt es eine Teilgeschäftsfähigkeit, die aus der Genehmigung zur Aufnahme bestimmter wirtschaftlicher Aktivitäten resultiert (§§ 112 f.). **5**

Dieses gesetzliche Stufenmodell setzt ein **Modell strikt abgegrenzter Altersstufen und Befugnisse** voraus, das rechtsgeschichtlich[8] und rechtsvergleichend[9] nicht selbstverständlich ist, aber aktueller medizinisch-psychologischer Erkenntnis teilweise durchaus entspricht.[10] Andere Rechtsordnungen kennen beispielsweise eine Vorverlegung der **vollen** Geschäftsfähigkeit im Einzelfall[11] oder eine flexible Handhabung bestimmter Regeln. **6**

II. Neue Herausforderungen und Kritik

Das Stufenmodell der §§ 104–113 (→ Rn. 4–6) stößt einerseits auf paternalistische Tendenzen und andererseits auf die Forderung nach (mehr) Inklusion. Diese zeigen sich auf mindestens drei Diskussionsfeldern und zwar bei Fragen zur Geschäftsfähigkeit im Alter, bei Menschen mit geistiger oder seelischer Behinderung und bei jungen strukturell überforderten Erwachsenen. Zu prüfen bleibt daher, welche sachlichen und systematischen Strukturen diesen Fragen und dem Anliegen gerecht werden, das man heute mit **Erwachsenenschutzrecht**[12] umschreibt. Dabei mag der rechtsvergleichende Blick Anregungen liefern.[13] Die Leistungsfähigkeit des Minderjährigenrechts in diesem Felde ist einstweilen skeptisch zu beurteilen: umso mehr, je mehr man im Minderjährigenrecht den Erziehungsgedanken (→ § 107 Rn. 2) und das Recht geschäftsfähig werdender Personen sieht. Denn insoweit ist eine Spiegelbildlichkeit zu den Verhältnissen älterer Menschen oder von Menschen mit geistiger oder seelischer Behinderung nicht ohne Weiteres denkbar. Minderjährigenrechtliche Elemente lassen sich hingegen möglicherweise in dem Umfang übertragen, in dem es auf beiden Seiten des Vergleichs um **strukturelle Unterlegenheit** geht.[14] **7**

Die Einführung des § 105 a lässt sich angesichts dessen auch als Versuch interpretieren, zu neuen Lösungen zu kommen (s. dort). Man darf jedoch bezweifeln, dass die Auflockerung des bisherigen – immerhin klaren und berechenbaren – Systems für Volljährige, wie sie durch § 105 a erfolgt ist, ein gutes Modell für **8**

5 Hierzu und zum Einfluss auf die Geschäftsfähigkeit *Spickhoff* FamRZ 2018, 412 (415 f.).

6 Weiterf. auch *Neuner*, Natürlicher und freier Wille – Eine Studie zum Bürgerlichen Recht AcP 218 (2018), S. 1–31. Aus der Rspr. s. zB BGH NJW-RR 2016, 643 mwN.

7 Vgl. *Knothe*, Geschäftsfähigkeit.

8 Einführend HKK/*Thier* BGB §§ 104–115 BGB, 2003; *Keitel*, Der Minderjährige als strukturell Unterlegener, v.a. 60–106. Ausf. zum römischen Recht und hier zur Kontroverse um einen formal an das Alter angeknüpften oder aber situationsabhängigen Schutz *Musumeci*, Protezione pretoria dei minori di 25 anni e *ius controversum* in età imperiale, v.a. 103–141.

9 Für einige Nachbarrechtsordnungen *Francoz-Terminal*, La capacité; *Longhi*, Das System der verschiedenen Formen der „Geschäftsfähigkeit" im brasilianischen und portugiesischen Recht, in *Baldus/Dajczak*, Der Allgemeine Teil des Privatrechts (2013) 311–338; *Laimer* RabelsZ 77 (2013) 555; *J.P. Schmidt*

RabelsZ 76 (2012) 1022. Rechtsvergleichende Übersicht unter dem Aspekt der „Verletzlichkeit" in postmoderner Perspektive bei *Lima Marques/Miragem* S. 131–145.

10 Vgl. *Seibert*, Testierfähigkeit und Willensfreiheit (2015) 177–182.

11 Zur Rechtsgeschichte auch → § 112 Rn. 5–7.

12 Krit. Synthese zur deutschen juristischen Zeitgeschichte: *Röthel* AcP 214 (2014), 609, 624–630.

13 Mehrere Rechtsordnungen und auch Grundlagen nimmt in den Blick *Lima Marques/Miragem*. Österreich: *Ganner*, Grundzüge des Alten- und Behindertenrechts (2. Aufl. 2014). Für die Schweiz vgl. *Breitschmid/Rumo-Jungo*, Handkommentar zum Schweizer Privatrecht, Personen- und Familienrecht (Art. 1-456 ZGB) sowie Partnerschaftsgesetz (PartG), 3. Aufl. 2016.

14 Monographisch zu diesem Ansatz *Keitel*, Der Minderjährige als strukturell Unterlegener (auch historisch-vergleichend).

die Einführung eines Schutzes Hochbetagter (→ Rn. 9–11) oder gar für künftige Veränderungen des Minderjährigenschutzes abgibt.[15]

9 **1. Geschäftsfähigkeit insbesondere im vierten Lebensabschnitt.** Die **Zahl älterer Menschen** mit **degenerativen Erkrankungen** nimmt zu, was insbesondere bei letztwilligen Verfügungen, aber auch im Hinblick auf andere Rechtsgeschäfte Probleme bereitet (→ Rn. 31 ff., 44–46; zum Einfluss der UN-BRK → Rn. 12 ff.).[16] Für Probleme rund um die Geschäftsfähigkeit am Ende des Lebens sah das deutsche Recht bis 1991 mit das schematische und wenig respektvolle, wenngleich praktisch erprobte Modell der Entmündigung vor. Das seit 1992 geschaffene **Betreuungsrecht**[17] will den neuen Herausforderungen ohne förmliche Entziehung der Geschäftsfähigkeit begegnen. Das schafft bisweilen Rechtsunsicherheit, und das Verhältnis von Geschäftsunfähigkeit und Betreuung ist in der Theorie klarer als in der Praxis (→ Rn. 49–54).

10 Eine **Konzeption**, welche die besondere Situation des alternden Menschen[18] im Rechtsverkehr vollends abbildete, ist bislang nicht erkennbar. Sie kann sicher nicht in einer Kopie minderjährigenrechtlicher Regelungen bestehen; zur Betreuung → Rn. 49–54. Geschäftsunfähigkeit im Alter mag um 1900 ein seltener Defekt gewesen sein, den man ohne größere Folgen mit angeborener oder früh erworbener Geschäftsunfähigkeit und frühkindlichem Mangel an Reife gleichbehandeln konnte; heute ist dies zumindest zweifelhaft.

11 Ebenso wenig empfiehlt sich eine Kopie des sog. *Elder Law* nordamerikanischen Zuschnitts: Systemrational verschriftlichte und dogmatisch durchdrungene Rechtsordnungen wie die des europäischen Kontinents sollten das Privatrechtssubjekt nicht ohne Not in Kategorien zerlegen, deren Abgrenzbarkeit[19] und Sinnhaftigkeit alles andere als evident ist. Ob eine solche Kategorie hilfreich ist, ist auch aus grundsätzlichen Erwägungen zweifelhaft. Recht ist nicht immer sinnvoll nach gegenständlichen Anwendungsfeldern zu strukturieren, weil diese nichts mit der Interessenlage zu tun haben müssen und zudem der Bildung von rationalisierenden dogmatischen Querverbindungen im Weg stehen können.[20] Die europäische Diskussion über *vulnerable persons* bzw. *personnes vulnérables* steht noch am Anfang.[21] Dabei sollten auch die insbes. während der NS-Zeit stigmatisierenden und ausgrenzenden Erfahrungen mit der Kategorie des sog. Schwächeren besonders kritisch bedacht werden.

12 **2. Geschäftsfähigkeit bei Menschen mit geistiger oder seelischer Behinderung.** Art. 12 Abs. 2–5 der **UN-Behindertenrechtskonvention (UN-BRK)**[22] dehnt in der Sache das Assistenzprinzip (Abs. 3: „Unterstützung", engl.: „support") auch auf den Bereich der Geschäftsfähigkeit aus[23] und stellt damit insbesondere das starre Zusammenspiel von § 104 Nr. 2 und § 105 in Frage.[24] Die UN-BRK genießt kraft des Zustimmungsgesetzes vom 21.12.2008[25] seit dem 26.3.2009[26] den Rang eines einfachen Bundesgesetzes. Wegen des Grundsatzes der Völkerrechtsfreundlichkeit der deutschen Rechtsordnung sind die Vorgaben des Art. 12 UN-BRK im Wege der völkerrechtskonformen Auslegung sowie iRv Art. 3 Abs. 3 S. 2 GG in das deutsche Recht einzubeziehen. Dies hat aber mit Rücksicht auf die ausdifferenzierte nationale Rechtsordnung zu Recht möglichst schonend zu geschehen.[27] Das bedeutet insbesondere, dass auch andere verfassungslegitime Zwecke bei der Einbeziehung völkerrechtlicher Vorgaben bei Auslegung und Abwägung zu

---

15 Günstiger urteilt *Roth* AcP 208 (2008), 451 (484 ff., 487).

16 Grundsätzlich *Roth* AcP 208 (2008), 451, passim mwN, und *Seibert*, Testierfähigkeit und Willensfreiheit (2015) 3, 80–98. Zum frz. Recht ergänze *Francoz-Terminal*, La capacité, und *Malaurie*, Les personnes – La protection des mineurs et des majeurs, 10. Aufl. 2018.

17 Ausf. *Jurgeleit*, Betreuungsrecht (4. Aufl. 2018).

18 Vgl. unter gesellschafts- und verbraucherrechtlichen Aspekten *Wedemann* NJW 2014, 3419; *dies.* AcP 214 (2014), 664.

19 So auch für die Geschäftsfähigkeit der Älteren *Wedemann* AcP 214 (2014), 664 (671–675.)

20 Klassisch: Fernschreiben, Fax und alsbald auch E-Mail, Posting, Tweet … vergeht, Willenserklärung besteht. Deswegen setzt kein „Computerrecht" sich allein aus gegenständlichen Gründen etwa an die Stelle von Vertragsrecht.

21 Vgl. die Zusammenstellung des *Réseau Notarial Européen* unter www.the-vulnerable.eu (letzter Zugriff: 30.4.2019) und aus der Lit. *Lima Marques/Miragem*, O novo direito privado. Siehe ferner Kunz/Ferreira Meşe Rechtsprache und Schwächerenschutz, Baden-Baden 2018.

22 Übereinkommen der Vereinten Nationen vom 13.12.2006 über die Rechte von Menschen mit Behinderungen (Convention on the Rights of Persons with Disabilities – CRPD), abrufbar unter: www.ohchr.org/EN → Human Right Bodies → CRPD (letzter Zugriff: 1.5.2019).

23 Str., insoweit aber – auch mit Blick auf den multilingualen Wortlaut – überzeugend zB *Lachwitz* KJ 2012, 385 (388–392); siehe den freilich nicht rechtsverbindlichen *General Comment* des *Committe on the Rights of Persons with Disabilities* vom 19.5.2014, insbes. unter II. Rn. 12–15, abrufbar unter: www.ohchr.org/EN → Human Right Bodies → CRPD → General Comments (letzter Zugriff: 1.5.2019).

24 Zur parallelen Diskussion über die Vereinbarkeit des deutschen Betreuungsrechts zB *Lachwitz* BtPrax 2008, 143; *Lipp* BtPrax 2010, 263; *Lipp* FamRZ 2010, 669.

25 BGBl. 2008 Teil II Nr. 35, S. 1419 ff. (dort mit amtlicher deutscher Übersetzung).

26 Bekanntmachungen vom 5.6.2009, BGBl. 2009 Teil II Nr. 25, S. 812, 818.

27 Vgl. BVerfG NJW 2011, 1931 (1936) Rn. 94 (= BVerfGE 128, 326).

berücksichtigen sind. §§ 104 Nr. 2, 105 verfolgen nämlich den **Schutz von Menschen**, die unter einer sog. **krankhaften Störung der Geistestätigkeit** (§ 104 Nr. 2) leiden, vor **Entscheidungen** mit teils wirtschaftlich und finanziell **weitreichenden Konsequenzen**; § 104 Nr. 2 zielt also auch auf den **Schutz vor Überschuldung**.[28] Dieser Schutzgedanke ist trotz Art. 12 Abs. 2–5 UN-BRK als *lex posterior* nicht automatisch obsolet.[29]

Solange der Gesetzgeber nicht eingreift, ist für eine **möglichst völkerrechtskonforme Handhabung der** **§§ 104 Nr. 2, 105** vor allem zentral, dass eine eingehende sowie psychiatrisch umfassend informierte, aber immer noch richterlich selbstständige Entscheidung über das Vorliegen einer sog. krankhaften Störung der Geistestätigkeit **im konkreten Einzelfall** getroffen wird.[30] Dabei ist auch zu bedenken, dass §§ 104 Nr. 2, 105 – jenseits der Gestaltungspraxis – erst *ex post*, also nach dem vermeintlichen Abschluss eines Rechtsgeschäfts entscheidungserheblich werden, wohingegen die (kostenintensiven) Vorgaben des Art. 12 UN-BRK präventiv ansetzen, also den betroffenen Menschen in die Lage versetzen sollen, eine möglichst selbstbestimmte Entscheidung zu treffen. De lege lata kann die rechtliche Betreuung (§§ 1896 ff.) hierfür Instrument sein (→ Rn. 49 – 54); sie kann freilich nach § 1896 Abs. 1 S. 1, Abs. 1 a auch von Amts wegen beantragt werden kann. **Solange der Gesetzgeber §§ 104 Nr. 2, 105 nicht ändert, sind die Vorschriften aber wie bisher anzuwenden.**[31] Andernfalls müssten Menschen, die aufgrund einer sog. krankhaften Störung der Geistestätigkeit nicht selbstbestimmt eine Willenserklärung abgeben können, sich an diesen Erklärungen festhalten lassen, und zwar ohne, dass ihnen von Gesetzes wegen eine Unterstützung iSd Art. 12 Abs. 3 UN-BRK zur Verfügung gestanden hätte.

3. Geschäftsfähigkeit und strukturelle Bedingungen für selbstbestimmtes Handeln bei jungen **14** **Erwachsenen.** Während noch vor einigen Jahren primär diskutiert wurde, ob die rechtsgeschäftlichen Handlungsmöglichkeiten von Jugendlichen aus verfassungsrechtlichen Gründen erweitert werden müssten,[32] ist heute angesichts der **zunehmenden Komplexität von Rechtsgeschäften**, etwa bei Kredit- und Risikogeschäften,[33] sowie der volkswirtschaftlich und sozial nicht mehr tragbaren **Überschuldung erst junger Erwachsener** fraglich, ob gerade erst volljährig gewordenen Erwachsenen[34] eine weitere Übergangsphase in die volle Geschäftsfähigkeit zugestanden werden sollte. Dass bestimmte Formen der Werbung auf irrationales Handeln zielen, ist ökonomisch freilich nichts Neues. Auffällig ist aber, dass statistisch signifikante Bevölkerungsanteile dem anscheinend nichts entgegenzusetzen haben und damit unmittelbar sich selbst schaden, indirekt aber auch einen Anstieg sozialstaatlicher Leistungen erzeugen. Im Ergebnis wird so der Gewinn einzelner Privater von der Allgemeinheit mitfinanziert. Darauf wird die Rechtsordnung früher oder später systematisch reagieren müssen, insbesondere auch mit Verbesserungen in der schulischen Sensibilisierung für wirtschaftliche und rechtliche Zusammenhänge. Ansätze finden sich im Wettbewerbsrecht → § 110 Rn. 14. Maßstab muss die **Sicherung tatsächlicher („materieller") Privatautonomie**[35] sein: Systematische Grundwertungen des BGB verlangen es, Volljährige an ihren Entscheidungen festzuhalten, soweit diese Entscheidungen tatsächlich privatautonom getroffen wurden (*pacta sunt servanda*).[36] Fehlt es hingegen an solcher Autonomie, so bleibt zu bewerten, welche Einflüsse welche Einschränkungen rechtsgeschäftlicher Bindung zulasten des Vertragspartners bewirken können. Derzeit sind jedenfalls die **allgemeinen Vorschriften** zu beachten, namentlich §§ 138 und 355. Zudem beschränkt § 1629 a die Haftung für Schulden, die zur Zeit der Minderjährigkeit entstanden sind.

28 Ebenso *Neuner* AcP 218 (2018), 1, 18 mwN; ähnl. zudem Staudinger/*Klumpp* (2017) BGB Vor § 104 Rn. 17, § 105 Rn. 22 (für ein Überdenken des rigiden Regimes de lege ferenda); MüKoBGB/*Spickhoff* (2018) § 105 Rn. 23.

29 Methodisch ebenso *Uerpmann-Wittzack*, Wann ist es rechtsstaatlich geboten, die Menschenrechtsübereinkommen in gerichtlichen Verfahren zur Anwendung zu bringen?, Vortrag auf Fachtagung zur UN-BRK am Deutschen Institut für Menschenrechte am 9.11.2018, Zusammenfassung abrufbar unter https:// www.gemeinsam-einfach-machen.de/SharedDocs/D ownloads/DE/AS/UN_BRK/2018_11_09_dimrfachta gung.pdf?__blob=publicationFile&v.=2 (letzter Zugriff: 30.4.2019; Pfad unbekannt); aA, sofern Betreuer bestellt worden ist, *Wolf, C.E.,* (2015), S. 172 mwN.

30 Weitergehend zB Neuner AcP 218 (2018), 1, 27 mwN (methodischer Raum für die Anerkennung einer ‚relativen Geschäftsfähigkeit')

31 Freilich nur i.Erg. ebenso *Wolf, C.E.* (2015), S. 172 f.

32 Vgl. für eine Grundsatzkritik namentlich an § 105 *Canaris* JZ 1987, 996 ff., mit Reaktionen von *Ramm* JZ 1988, 490 f., und *Wieser* JZ 1988, 493 f., sowie Schlusswort von *Canaris* JZ 1988, 496 ff.

33 Vgl. *Medicus/Petersen*, Allgemeiner Teil des BGB, 11. Aufl. 2016, Rn. 538.

34 Vgl. *Bork*, Das Kind als Schuldner, in Bork/Repgen, Das Kind im Recht, 85, 95–103.

35 Zur Privatautonomiedebatte mit Lit. *Riesenhuber/ Nishitani*, Wandlungen oder Erosion der Privatautonomie? (Berlin 2007); Sonderheft 1/2010 des AcP; über „Römische Privatautonomie" dort *Baldus* AcP 210 (2010), 2–31. Staudinger/*Olzen* (2019), Einleitung zum Schuldrecht, Rn. 49–51; Staudinger/ *Looschelders/Olzen* (2019) BGB § 242 Rn. 458–465; ferner *Auer*, Der privatrechtliche Diskurs der Moderne (2014).

36 Im neueren Verständnis des Satzes; das römische *pacta conventa servabo* betrifft eine Spezialfrage des Vertragsrechts.

III. Verhältnis zu Ehegeschäftsfähigkeit und Testierfähigkeit

15 Die §§ 104–113 statuieren allgemeine Regeln über die Geschäftsfähigkeit. Außerhalb des Allgemeinen Teils sind **speziell** geregelt namentlich die sog. **Ehegeschäftsfähigkeit** (§ 1304) und die **Testierfähigkeit** (§ 2229 Abs. 4, abw. Formulierung). Es handelt sich jeweils um Geschäftsfähigkeit hinsichtlich gegenständlich abgegrenzter Angelegenheiten, die neben den allgemeinen Regeln über die Geschäftsfähigkeit von besonderer praktischer Relevanz sind.

16 Die Testierfähigkeit ist von besonderer praktischer Bedeutung, weil eine wirksame Wiederholung letztwilliger Verfügungen nach dem Tode des Erblassers naturgemäß unmöglich ist (Vermutungen und Prozessuales → Rn. 84 ff., 115–119). Der Testierende muss sich vorstellen können, dass er ein Testament errichtet und welchen Inhalt die darin enthaltenen Verfügungen aufweisen. Er muss sich ein **Urteil** über die **persönliche und wirschaftliche Tragweite** seiner Anordnungen bilden können, und zwar frei von Einflüssen Dritter.[37]

17 Bei einseitigen Verfügungen von Todes wegen kommt es auf die Testierfähigkeit an, bei **Erbverträgen** auf die allgemeine Geschäftsfähigkeit (§ 2275 Abs. 1);[38] doch ist es (wegen der sachlichen Parallelität der Norminhalte) unschädlich, wenn in einem Erbvertragsfall zwar irrig die Testierfähigkeit geprüft wird, die festgestellten Tatsachen aber auch einen Schluss auf die Geschäftsfähigkeit zulassen.[39] Bei Anfechtung ist die Sonderregel in § 2282 zu beachten.

18 De lege ferenda bleibt für Eherecht wie Testamentsrecht zu wünschen, dass der Gesetzeswortlaut dem Ergebnis systematischer, teleologischer und verfassungskonformer Auslegung angeglichen wird.[40]

19 **1. Ehegeschäftsfähigkeit als partielle Geschäftsfähigkeit.** Dies erlangt nach hM[41] Bedeutung für das **Eherecht** im Zusammenhang mit der sog. **partiellen Geschäfts(un)fähigkeit** (→ Rn. 31 ff.): § 1304 stellt dem Wortlaut nach einen impliziten Verweis auf die §§ 104 f. dar („Wer geschäftsunfähig ist, ..."), ist im Ergebnis aber nicht so zu lesen, dass nur der nach §§ 104 f. voll Geschäftsfähige heiraten könnte, denn das wäre verfassungsrechtlich bedenklich (Art. 6 Abs. 1 GG). Vielmehr verlangt § 1304 nach Meinung des BVerfG lediglich die Fähigkeit, im Lebensbereich der Ehe einen Willen frei und unbeeinflusst von der ggf. vorliegenden geistigen Störung zu bilden und nach dieser Einsicht zu handeln.[42] **Methodisch** handelt es sich um einen Fall verfassungskonformer Auslegung. Dass eine solche Auslegung aus zivilrechtlicher Sicht möglich ist, folgt aus der systematischen Stellung des § 1304 im Familienrecht und aus dem Gedanken teleologischer Reduktion.

20 **2. Testierfähigkeit als partielle Geschäftsfähigkeit?** Bei der **Testierfähigkeit** (§ 2229 Abs. 4) arbeitet das Gesetz nicht mit einem Verweis auf §§ 104 f., wohl aber mit den sachlich weithin gleichbedeutenden Kriterien der krankhaften Störung der Geistestätigkeit, der Geistesschwäche und der Bewusstseinsstörung (näher → § 2229 Rn. 10–16). Hier ist also – umgekehrt zu § 1304 – bei abweichendem Gesetzestext sachlich parallel zu §§ 104 f. zu subsumieren.

21 In letzter Zeit wird das **Verhältnis** von Testierfähigkeit und Geschäftsfähigkeit wieder stärker problematisiert. Im Hintergrund steht zweierlei: zum einen die Kritik an der Lehre von der partiellen Geschäftsunfähigkeit (→ Rn. 31 ff.), zum anderen das steigende Interesse an einem Recht des Alters oder der Älteren (→ Rn. 11). Zweifelt man daran, dass es überhaupt eine gegenständlich abgegrenzte Einschränkung der Geschäftsfähigkeit gibt, darf auch die Testierfähigkeit nicht als (gesetzlich geregelter) Sonderfall der partiellen Geschäftsfähigkeit begriffen werden.

22 Die sachliche Relevanz der Frage folgt daraus, dass Zweifel an der geistigen Fähigkeit zur Abschätzung der Folgen eigenen Handelns besonders häufig bei Verfügungen Hochbetagter mit beginnender oder fortgeschrittener **Demenz**[43] auftreten. Der historische Gesetzgeber hatte diese Fallgruppe nicht als häufiges Phänomen vor Augen: Bei der deutlich geringeren Lebenserwartung Ende des 19. Jahrhunderts starben die meisten Menschen, bevor sie dement werden konnten.[44] Die Rspr. behilft sich bei den nunmehr häufiger auftretenden Problemfällen mit Vermutungen zugunsten der Testierfähigkeit (näher → Rn. 84 ff.). Das ist nicht unbedenklich.

---

37 St. Rspr., vgl. etwa BayObLG FamRZ 1996, 566 (567 f.) = NJW-RR 1996, 457 f.

38 Vgl. BayObLG FamRZ 2002, 62 (63) = NJWE-FER 2001, 236; NJW-RR 1996, 1289 = FamRZ 1996, 971; Rpfleger 1982, 286.

39 BayObLG FamRZ 2002, 62 (63) = NJWE-FER 2001, 236; NJW-RR 1996, 1289 = FamRZ 1996, 971; Rpfleger 1982, 286.

40 Siehe hierzu auch *Naczinsky* NZFam 2018, 713 (716 f.) (insbes. zum Problem der Wirksamkeit eines Beratungsvertrags im Vorfeld einer Testamentserrich-

tung durch einen Minderjährigen); vgl. zum Geschäftsbesorgungsvertrag mit einem Rechtsanwalt OLG Dresden NJW 2014, 2451.

41 BVerfG NJW 2003, 1382 (1383) mwN.

42 Ausf. BVerfG, aaO; LG Osnabrück StAZ 2001, 176 (176 f.) Lit.: *Baldus*, Besondere Geschäftsfähigkeiten.

43 Zum Phänomen *Seibert*, Testierfähigkeit und Willensfreiheit (2015), 84 f.

44 Vgl. *Seibert*, Testierfähigkeit und Willensfreiheit (2015), 84 f.

In der Lit. wird vereinzelt vertreten, es sei geboten, an die Testierfähigkeit **geringere** Anforderungen zu **23** stellen als an die Geschäftsfähigkeit.[45] Für diese Position scheint zu sprechen, dass der Testator sich mit unsinnigen Verfügungen selbst nicht mehr schaden kann und dass auch Dritte durch solche Verfügungen jedenfalls nichts verlieren können, was ihnen bereits rechtlich zustünde. Das ist aber wohl zu kurz gegriffen: Auch einseitige Verfügungen von Todes wegen können der Sache nach Teil der mit den potenziellen Erben abgestimmten **Nachlassplanung** sein oder eine bestehende Nachlassplanung stören.

Das zeigt sich namentlich an den **praktischen Problemfällen**, in denen kurz vor dem Tode des Erblassers **24** und in Abweichung von bestehenden Verfügungen etwa eine häusliche Pflegeperson im Testament bedacht oder als Erbe eingesetzt wird. An die Wirksamkeit solcher Akte geringere Anforderungen zu stellen als für einen Erbvertrag (der Geschäftsfähigkeit verlangt), liegt nicht nahe. Richtigerweise steht die Rspr. daher auf dem Standpunkt, die Testierfähigkeit sei nach **denselben** Kriterien zu beurteilen wie die Geschäftsfähigkeit.[46] Diese Aussage setzt wohlgemerkt nicht voraus, dass man die Testierfähigkeit als partielle Geschäftsfähigkeit betrachtet; die Normen können auch ohne eine solche Annahme parallel interpretiert werden, soweit der jeweilige Normzweck es rechtfertigt.

Ebenfalls unabhängig davon, ob man in der Testierfähigkeit insgesamt eine partielle Geschäftsfähigkeit **25** sieht, sprechen gute Gründe dagegen, die Testierfähigkeit ihrerseits wieder in partielle Testierfähigkeiten zu zerlegen. Dazu tendieren freilich (der Sache nach) Teile der überkommenen Rspr. mit der Formel, Wahnvorstellungen müssten sich auf potenzielle Erben beziehen, um erheblich zu sein (→ Rn. 96), und auch anders orientierte Urteile streifen den Begriff.[47] In der Sache geht es aber nicht um die scheinlogische Frage, ob Partielles weiter geteilt werden kann, sondern um die letztlich psychiatrische, wie viel Zugriff auf ihre Welt eine Person insgesamt haben muss, um speziell ihr Vermögen eigenverantwortlich verteilen zu können; die medizinische Literatur tendiert hier zu einer einheitlichen Betrachtungsweise (→ vgl. Rn. 77 ff.).

Die Anforderungen an die Testierfähigkeit müssen nach all dem ebenso hoch sein wie die an die Geschäfts- **26** fähigkeit: Der Vergleich von letztwilliger Verfügung und Verfügung inter vivos lässt sich nicht auf die Frage reduzieren, wem die Verfügung schaden kann. Im Gegenteil: Wer sicher sein kann, die ökonomischen wie persönlichen Folgen seines Handelns nicht mehr selbst tragen zu müssen, dem fehlt ein Korrektiv, wie es für Geschäfte unter Lebenden typisch ist; und ebenso dem, der über sein gesamtes Vermögen verfügt, ohne dass ihn eine Pflicht träfe, sich notariell oder anwaltlich beraten zu lassen. Die deutsche Rechtsordnung gewährt (in römischer Tradition)[48] dem Erblasser ein besonderes Maß an Privatautonomie; er kann belohnen, bestrafen und sich rächen. Solange er dem später Betroffenen solche Pläne nicht offenlegt, genießt er auch faktisch eine besondere Freiheit, die aber von der Rechtsgemeinschaft nur dann hingenommen werden kann, wenn wenigstens sicher ist, dass er weiß, was er tut.

IV. Entsprechende Anwendbarkeit der §§ 104 ff.

Auf andere zivilrechtliche Fragen als die Wirksamkeit von Willenserklärungen finden §§ 104 ff. keine, **27** jedenfalls keine direkte Anwendung (→ § 107 Rn. 7 ff.; namentlich zum Medizinrecht).[49] Der **unmittelbare Besitz** ist eine tatsächliche Situation; für ihn kommt es folglich allein auf den sog. natürlichen Willen an (→ § 854 Rn. 5).[50] Eine Analogie wird diskutiert für **§ 833**: Das Halten eines Tieres sei wegen der Haftung nicht lediglich rechtlich vorteilhaft.[51] Es besteht in der Tat eine Regelungslücke. Doch ist diese durch eine analoge Anwendung der §§ 828 f. zu füllen, da § 833 den Tatbeständen deliktischer Verschuldenshaftung näher steht als rechtsgeschäftlichem Handeln.[52]

---

45 *Grunsky*, Testierfähigkeit und Geschäftsfähigkeit, 2009, passim. Krit. etwa *J.P. Schmidt* RabelsZ 76 (2012), 1028–1033.

46 OLG München ZEV 2008, 37 (39) = FGPrax 2007, 274 (276) = NJW-RR 2008, 164 (166): ausdrücklich gegen die These, „die Testierfähigkeit stelle eine Zwischenstufe zwischen dem ‚natürlichen Willen‘, den auch ein Geschäftsunfähiger bilden und äußern kann, und der vollen Geschäftsfähigkeit dar".

47 Zu OLG Jena ZEV 2005, 343 (344) = NJW-RR 2005, 1247 (1249) vgl. Rn. 69; und *Scherer/Lehmann* ZEV 2005, 453 (455) (mwN über die Debatte zu den partiellen Geschäftsfähigkeiten).

48 Zu einigen Differenzierungen *Baldus* AcP 210 (2010), 2–31. Vgl. *Babusiaux*, Wege zur Rechtsgeschichte: Römisches Erbrecht (2015).

49 Zu Besonderheiten im Anwendungsbereich des Geschäftsfähigkeitsrechts und zu Fällen analoger Anwendung vgl. Staudinger/*Klumpp* (2017), Vor §§ 104–115 Rn. 84 ff.

50 OLG Düsseldorf FamRZ 1999, 652 (653); BGHZ 198, 381 = NJW 2014, 1095 (1096) (mAnm *Fervers* JuS 2014, 548).

51 *A.Staudinger/R.Schmitt* Jura 2000, 347 (349); *Früh* JuS 1995, 701 (706). Zu der Frage, was daraus eigentumsrechtlich folgt, § 107 Rn. 94 ff.

52 MüKoBGB/*Wagner* (2017) § 833 Rn. 40 f.; Staudinger/*Eberl-Borges* (2018) BGB § 833 Rn. 113–115.

28 Außerhalb des Zivilrechts knüpfen die **Wahlgesetze** bislang Rechtsfolgen an die Betreuung (s. etwa § 13 Nr. 2, 3 BWahlG; zur Verfassungswidrigkeit[53] → vgl. Rn. 12 f.), nicht etwa an die Geschäftsunfähigkeit.

29 Das RKEG knüpft in §§ 5, 2 Abs. 3 S. 5 die **Entscheidung über das religiöse Bekenntnis** an das Alter des Kindes (freie Religionsbestimmung ab 14 Jahren, keine Erziehung in einem anderen Bekenntnis gegen den Willen des Kindes ab 12 Jahren, Anhörung vor gerichtlicher Entscheidung ab 10 Jahren).[54] Die Kirchensteuer- bzw. Kirchenaustrittsgesetze der Länder ergeben kein einheitliches Bild für die Frage nach dem **Kirchenaustritt**; einige Länder regeln das Problem gar nicht oder nur rudimentär, einzelne sehen andererseits ausdrücklich den Kirchenaustritt des Geschäftsunfähigen kraft Erklärung seines Betreuers vor, sofern die Religionszugehörigkeit in den festgelegten Aufgabenkreis fällt.[55] Die verfassungsrechtliche Problematik bereits einer solchen Bestimmung des Aufgabenkreises liegt auf der Hand.[56]

30 § 3 Abs. 1 TSG knüpft die Verfahrensfähigkeit zur Stellung eines Antrags auf **Änderung des Vornamens** (§ 1 TSG) an die Geschäftsfähigkeit.[57] Wer geschäftsunfähig ist, bedarf für eine wirksame Antragstellung der Zustimmung seines gesetzlichen Vertreters. Beschränkt Geschäftsfähige sind wohl nach Wortlaut und Genese des § 3 TSG uneingeschränkt verfahrensfähig (str.).[58]

V. Relative und partielle Geschäftsunfähigkeit. Aktuelle Problemfelder

31 Das gesetzliche System ist nach traditioneller und weiterhin überzeugender Auffassung auch insoweit starr, als es keine „**relative Geschäftsunfähigkeit**" für bestimmte schwierige Geschäfte gibt.[59] Eine Abgrenzung nach dem Schwierigkeitsgrad des Geschäfts ist schon deswegen nicht möglich, weil sie Rechtsunsicherheit erzeugen würde, aber auch deswegen, weil ein Ausschluss der freien Willensbestimmung regelmäßig die ganze Persönlichkeit betrifft.[60] Dies gilt uneingeschränkt auch für Verfügungen von Todes wegen.[61] Auch die Probleme, welche aus dem Zusammenspiel von Geschäftsfähigkeits- und Betreuungsrecht resultieren, sprechen nicht für eine Anpassung des Geschäftsfähigkeitsrechts im Sinne einer Relativierung.[62] Vielmehr sind die §§ 104 ff. konsequent anzuwenden,[63] auch wenn dies Schwächen des Betreuungsrechts offenlegt (→ Rn. 49 ff.).

32 Die Überforderung in bestimmten Lebensbereichen ist de lege lata so weit als möglich mit den Mitteln des **Betreuungsrechts**[64] zu bewältigen; die rechtzeitige Anordnung eines **Einwilligungsvorbehalts** (§ 1903)[65] ermöglicht hier weithin sachgerechte Lösungen, bevor zu einer ergebnisorientierten Korrektur gegriffen werden muss. Freilich ist die amtsgerichtliche Praxis bisweilen uneinheitlich.

33 Eine „**partielle Geschäftsunfähigkeit**" soll für bestimmte Arten von Rechtsgeschäften möglich sein. Die Rechtsprechung spricht von einem „gegenständlich begrenzten Kreis von Angelegenheiten"[66] oder von

---

53	BVerfG NJW 2019, 1201.
54	Weiterf. MüKoBGB/*Huber* (2020), Anh. zu BGB § 1631, RKEG.
55	So § 1 Abs. 3 S. 2 RelAuG Rh.-Pfalz und scheinbar noch weitergehend § 1 Abs. 2 S. 1 KiAustrG Sachsen-Anhalt; anders jedoch § 3 Abs. 2 S. 3 KiStG Sachsen (Mitwirkung des Betreuers nicht erforderlich; aber nach VG Leipzig Urt. v. 10.8.2016 – 4 K 1568/14, BeckRS 2016, 112126, sub 2. in verfassungskonformer Auslegung möglich); vollständige Übersicht zum damaligen Rechtsstand bei *von Campenhausen/de Wall*, Staatskirchenrecht (2006) § 19, S. 152 f.; *Deinert* FamRZ 2006, 243 (245 f.); neuer *Unruh*, Religionsverfassungsrecht (4. Aufl. 2018), Rn. 71–74, S. 54 ff.; *Classen*, Religionsrecht (2. Aufl. 2015), Rn. 173 ff., S. 87 f. Zum Kirchenaustritt des Geschäftsunfähigen bzw. Betreuten kurz dort Rn. 177 f., S 89 f.
56	Keine Vertretungsbefugnis des Betreuers in Angelegenheiten des religiösen Bekenntnisses: MüKoBGB/*Schneider* (2020), BGB § 1902 Rn. 27; *Jurgeleit*, Betreuungsrecht, 4. Aufl. 2018, BGB § 1896 Rn. 147.
57	Krit. Spickhoff/*Spickhoff*, 3. Aufl. 2018, TSG § 3 Rn. 1.
58	Spickhoff/*Spickhoff*, 3. Aufl. 2018, TSG § 3 Rn. 2 mwN.
59	Aus der Rspr.: BGH NJW 1970, 1680 (1681) mwN; OLG Saarbrücken Beschl. v. 14.3.2019 – 6 UF 130/18, BeckRS 2019, 6367 Rn. 19; OLG München Urt. v. 2.11.2016 – 3 U 1522/16, BeckRS 2016, 19496 Rn. 36. Das ist freilich bestr.: *Leipold* BGB I, 7. Aufl. 2013, § 11 Rn. 17; *Spickhoff* AcP 208 (2008), 345, 380 ff. mwN; *Schmoeckel* NJW 2016, 433 (434 f.), 439; diff. *Seibert*, Testierfähigkeit und Willensfreiheit (2015), 114–120. Zur nicht immer einfachen Abgrenzung zur partiellen Geschäftsunfähigkeit siehe zB OLG Hamm Beschl. v. 5.11.2014 – 5 W 452/14, MittBayNot 2016, 32 (32 f.)
60	Statt aller BGH NJW 1953, 1342.
61	OLG München ZEV 2008, 37 (39) = FGPrax 2007, 274 (275) = NJW-RR 2008, 164 (166).
62	In diesem Sinne freilich mit näherer Darlegung *Janda* FamRZ 2013, 16 (19 ff.).
63	Richtig arbeitet *Janda* FamRZ 2013, 16 (19) heraus, dass es im Kern darum geht, welchen der Regelungskomplexe man als systemwidrig ansieht.
64	Entsprechend verweist BGH NJW 1970, 1680 (1681) auf die Möglichkeit, einen Pfleger zu bestellen.
65	Vgl. näher *Jurgeleit*, Betreuungsrecht, BGB § 1903 (*Kieß*); BGH FamRZ 2018, 1193 (1194 f.) Rn. 19 (Einwilligungsvorbehalt auch bei möglicher Geschäftsunfähigkeit).
66	Vgl. BGH NJW 1970, 1680 (1681).

einem „bestimmten Gebiet".[67] Vereinzelt wird dies auch auf Vollmachtserteilungen ausgedehnt.[68] Zu Ehegeschäftsfähigkeit und Testierfähigkeit (→ Rn. 15 ff.)

Die Unterscheidung zwischen relativer und partieller Geschäftsunfähigkeit wird damit begründet, dass es **34** bei der Geschäftsfähigkeit vorrangig auf das **Willensmoment** und weniger auf die intellektuellen Fähigkeiten ankomme.[69] Sie ist jedenfalls insoweit zweifelhaft, als dass sie keine Stütze im Gesetz findet und nicht immer eine sichere Abgrenzung ermöglicht.[70] Zumeist ist sie ein Ausweg bei **problematischen Einzelfällen**.[71] Dies wirft zumindest die Frage auf, welcher **dogmatische Wert** der Kategorie von der partiellen Geschäfts(un)fähigkeit – insbesondere im Hinblick auf Wechselwirkungen mit § 138 Abs. 1 – zukommt.[72]

1. Annahme von partieller Geschäftsunfähigkeit in Rechtsprechung. Partielle Geschäfts- bzw. **Pro-** **35** **zessunfähigkeit** (→ Rn. 115 ff.) wurde von der Rechtsprechung zB bejaht im Falle krankhafter Querulanz,[73] wobei die Grenzziehung zu nicht krankhaften Formen in der neueren Judikatur Schwierigkeiten bereitet und einheitliche Linien derzeit nicht erkennbar sind.[74] Weiterhin wurde Geschäfts- bzw. Prozessunfähigkeit bejaht für ein Scheidungsverfahren, das in dem krankhaften Eifersuchtswahn des Klägers seine Grundlage hatte,[75] für Angelegenheiten, die mit einem Eheprozess zusammenhingen,[76] oder in dem Fall, in dem ein hochbetagter, nicht haftpflichtversicherter Anwalt aufgrund der Schockwirkung einer Fristversäumung sein Verhalten in der weiteren Prozessführung nicht seinen Erkenntnissen gemäß bestimmen konnte;[77] in neuerer Zeit bei einem von Wahnideen bezüglich seiner früheren Gesellschafterstellung in einer wegen Vermögenslosigkeit gelöschten GmbH beherrschten Beschwerdeführer[78] und in einem „Telefonsex"-Fall.[79] Auch das Arbeitsverhältnis soll ein denkbares Bezugsfeld partieller Geschäftsunfähigkeit sein.[80]

Die Identifikation solcher Einzelfälle kann ähnliche Rechtsunsicherheit schaffen wie die Annahme einer **36** „relativen Geschäftsunfähigkeit". Zwar wurde zuweilen darauf abgehoben, dass ein „Schlüsselerlebnis" die Geschäftsunfähigkeit bezüglich gewisser Angelegenheiten bei den Betroffenen ausgelöst habe,[81] doch stellt

---

67 BayObLG NJW 1992, 2100 (2101); NJW-RR 1988, 1416 (jeweils auch: „Wirkungskreis").

68 OLG München ZEV 2010, 150 (152) = FGPrax 2009, 221 (223 f.) = NJW-RR 2009, 1599 (1602) (s. Rn. 90).

69 Vgl. nur BayObLG FamRZ 1989, 664 (665) = MDR 1989, 352; NJW-RR 1988, 1416 (1416).

70 Vgl. AG Rottweil FamRZ 1990, 626 (627) = StAZ 1990, 109: Die Ehegeschäftsfähigkeit (§§ 2 ff. EheG, vgl. jetzt § 1304) könne bei Personen vorliegen, die in ihrer Geistestätigkeit krankhaft gestört seien, obwohl diese „bestimmte schwierige rechtliche Beziehungen" (nämlich die Ehe) verstandesmäßig nicht erfassen könnten. Dass die genannte „Schwierigkeit" nach der höchstrichterlichen Rechtsprechung nichts mit einer relativen Geschäftsunfähigkeit zu tun hat, sondern es sich bei der Ehe um einen „gegenständlich abgegrenzten Kreis von Angelegenheiten" handelt, stellt BayObLG FamRZ 1997, 294 (295) mwN = NJWE-FER 1997, 1 klar.

71 Siehe etwa zur Spielsucht BGH NJW 2008, 840 (842) (Rn. 18).

72 Diff. zum Gesamtproblem aus rechtspsychologischer Sicht *Seibert*, Testierfähigkeit und Willensfreiheit (2015), 114–120.

73 RG HRR 1934, Nr. 42; BSG Urt. v. 12.12.2013 – B 8 SO 24/12 R, Rn. 9 ff., juris; LAG Baden-Württ., Urt. v. 27.8.2013 – 8 Sa 62/08, juris, Rn. 23–26 (vgl. dazu BAG NZA 2014, 799).

74 Erstaunlicherweise genügte dem LSG LSA Beschl. v. 3.2.2012 – L 5 AS 276/10 B ER, juris, das dort (Rn. 23–29) näher beschriebene einigermaßen bizarre Verhalten eines Dauerklägers nicht, weil der Kläger zwar zu glauben trachtete, die Richter nach ihm den Leben, und er Aussagen in Urteilen fand, die dort nicht standen, er aber anscheinend einen Rest rationalen Prozessverhaltens an den Tag legte und sein Realitätsverlust nicht vollständig war. Die Wertung des LSG bewegt sich damit am Rande des vom LG

Düsseldorf (Beschl. v. 16.1.2013 – 34 O 32/12, juris Rn. 2) herangezogenen Kriteriums, ob die Partei noch in der Lage ist, „andere Auffassungen zu diesem Themenkreis zu bedenken und die verfahrensmäßige Behandlung durch die Gerichte nachzuvollziehen". Auch gemessen an der in der vorigen Fn. zitierten Entscheidung des BSG (wo allerdings die Gutachtenlage anders war – es konnte nur auf Aktenbasis begutachtet werden, dies jedoch mit eindeutigem psychiatrischem Ergebnis) sowie an LAG Baden-Württ. Urt. v. 27.8.2013 – 8 Sa 62/08, juris Rn. 23–26, erschließt sich die Langmut des Senats nicht recht. Die baden-württembergische LAG-Entscheidung für (partielle) Prozessfähigkeit erging (zu Recht), obwohl der Kläger zur Auffassung des Gerichts die Tragweite einer Anwaltsvollmacht durchaus überblicken konnte. Jedenfalls Zivilgerichte können in solchen Fällen strenger verfahren, ohne Verfassungsrecht zu verletzen, auch mit Blick auf die Belastung anderer Privater durch Querulanten. Überzeugend OLG Bremen Beschl. v. 18.3.2013 – Ws 90–94/12 ua BeckRS 2013, 05172.

75 RG JW 1912, Nr. 33.

76 BGHZ 18, 184 (186) = NJW 1955, 1714; RGZ 162, 223 (229).

77 Vgl. BGHZ 30, 112 (116 ff.) = NJW 1959, 1587 (1588 f.)

78 BayObLG DB 2003, 1565 (1566).

79 Offen BGH NJW-RR 2002, 1424 = CR 2003, 338; nachdem der BGH § 138 Abs. 1 verneint hatte, war dies in einem Falle „emotionaler Abhängigkeit" anscheinend der einzige Weg, eine Abweisung der Klage auf das horrende Verbindungsentgelt von über DM 108.000 (!) zu ermöglichen.

80 LAG SchlH Urt. v. 3.4.2012 – 1 Sa 577 a/10, Rn. 40 (Schlüssigkeit); im konkreten Fall verneinend (Rn. 59).

81 BGHZ 18, 186 (188) = NJW 1955, 1714; BGHZ 30, 112 (118) = NJW 1959, 1587.

der BGH auch in den neueren Entscheidungen keine klaren Abgrenzungskriterien auf und hält die Fälle partieller Geschäfts- bzw. Prozessunfähigkeit damit konturenlos.

37 Weiterhin führt die Annahme partieller Geschäftsunfähigkeit zu **Abgrenzungsproblemen** bei **Drogenabhängigkeit**, etwa Alkoholismus: Einerseits bewirkt Trunksucht als solche keine (allgemeine) Geschäftsunfähigkeit (→ Rn. 68 ff.; → § 105 Rn. 7), andererseits soll partielle Geschäftsunfähigkeit vorliegen, wenn das Denken einer Person nur noch um den Alkohol kreist, die Person aber nicht fähig ist, diesen ihren Zustand verständig zu würdigen.[82]

38 **2. Das Stigma der Geschäftsunfähigkeit: Der Rückgriff auf § 138 als Ausweg?** Anzuerkennen ist, dass bestimmte Geschäfte ex post **nur** dann zugunsten des Betroffenen für unwirksam erklärt werden können, wenn man §§ 104, 105 Abs. 1 eingreifen lässt. Eine Lösung aller problematischen Fälle etwa über § 138 ist nicht möglich und angesichts der generalklauselartigen Weite dieser Vorschrift auch nicht wünschenswert. Andererseits darf Zurückhaltung namentlich bei der Annahme von Sittenwidrigkeit nicht zu einer Aufweichung der Geschäftsfähigkeitsregeln führen, die sich in besonderer Weise am Kriterium der **Rechtssicherheit** orientieren müssen; besser ist es, dann offen von § 138 Gebrauch zu machen.

39 Die **Berührungspunkte** zwischen § 138 und §§ 104 f. sind im Übrigen noch nicht systematisch aufgearbeitet. Die Schwierigkeiten nehmen auch aus rechtspolitischen Gründen zu: Je weniger gesellschaftlicher Konsens über Werte herrscht, desto schwieriger wird die Anwendung von § 138; da man sich aber zugleich bisweilen scheut, Geschäftsunfähigkeit beim Namen zu nennen, ist auch von dieser Seite wenig Sicherheit zu erwarten.

40 **a) Schutz bei Spielsucht.** Probleme stellen sich beim (Online-)**Glücksspiel**[83] (zur Eigensperre näher → Rn. 92 ff., zu Bankabhebungen → Rn. 71 f.): Der historische Gesetzgeber konnte die heutige wirtschaftlich-soziale Lage noch nicht kennen. Er musste sich auf verbreitetes illegales Spiel unter ärmeren Bürgern und auf eine sozial regulierte Spielcasinokultur am anderen Ende der Gesellschaft einstellen, nicht aber auf die massenhafte Präsenz von Spielautomaten[84] in genehmigten Betrieben oder Glückspielen im Internet mit ebenso massiven Folgen für die Spieler und deren Familien. Dies aber ist die heutige Situation.

41 Zwischen „Großem Spiel" und Automatenspiel ist bei alldem heute nicht zu differenzieren, und die (vielen) Spielhallen dürfen nicht besser behandelt werden als die (wenigen) Spielbanken. Es besteht die Amtspflicht, bei zugelassenen Spieleinrichtungen im Interesse des einzelnen Spielsüchtigen und seines sozialen Umfeldes geltendes Recht durchzusetzen.

42 Diese Problematik, in Deutschland von maßgeblichen politischen Kräften lange ignoriert, ist namentlich durch die Entscheidung des EuGH vom 8.9.2010 zum **Glücksspielmonopol** in der Sache Winner Wetten (8.9.2010, C-409/06) stärker ins Blickfeld gerückt.[85] Das deutsche Monopol wies so offensichtliche Inkohärenzen auf, dass es mit Europarecht[86] nicht mehr vereinbar war.[87] Das BVerwG folgt in seiner neueren Rspr.[88] dem EuGH. Da eine substantielle Verbesserung auch vom seit 2012 geltenden Ersten GlüÄndStV und den (teilweise divergierenden) Ausführungsgesetzen der Länder nicht zu erwarten ist,[89] bleibt das Problem aktuell. Nationale Stellen werden mittelfristig weitere Konsequenzen für das Glücksspielmonopol ziehen müssen, wenn sie es nicht aufgeben wollen. Auswirkungen auf die bisher sehr liberale Genehmigung und Überwachung namentlich von Spielautomaten sind trotz des Widerstandes interessierter Kreise zu erwarten.

43 Auch solange der Gesetzgeber nicht tätig geworden ist, wird neu zu prüfen sein, wie sich die Beurteilung der Spielsucht unter Geschäftsfähigkeitsaspekten zu Fragen der Sittenwidrigkeit verhält. Das Privatrecht ist ebenso wie das Verwaltungsrecht Teil der mitgliedstaatlichen Rechtsordnung und europarechtlichen Vorgaben ebenso unterworfen wie dieses. Soweit der deutsche Gesetzgeber das Glücksspiel nunmehr kohärent

---

82   BayObLG FamRZ 1991, 608 (609).
83   Vgl. *Peters* JR 2002, 177 (179 ff.)
84   Vgl. ausf. *Hayer/von Meduna*, Was macht Geldspielautomaten gefährlich? Eine kritische suchtpsychologische Bestandsaufnahme in T. Becker, Der neue Glücksspielstaatsvertrag (Frankfurt aM ua 2014), 133–157.
85   Vgl. zum Gesamtkomplex *Schmitt* GPR 2010, 303–307; kurz *Baldus*, Spiel, Satz und offene Fragen GPR 2011, 1. Zu den tatsächlichen Grundlagen ausf. *T. Becker*, Glücksspiel im Internet (2011); *Meyer*, Glücksspielbezogene Störung – Spielsucht, in Meyer/Bachmann, Spielsucht, 4. Aufl. 2017, S. 39–76.
86   Rechtsvergleichende und europarechtl. Bestandsaufnahme vor Ergehen der genannten Entscheidungen:

Beiträge von *Heusel, Koenig, van der Paardt, Levi, Vilotte* in ERA Forum – scripta iuris europaei – 2009, Heft 4 (S. 507–550).
87   Großzügiger sieht die Kohärenz der seinerzeitigen Rechtslage BGH Urt. v. 28.9.2011 – I ZR 92/09, BeckRS 2011, 28522.
88   BVerwG Urt. v. 24.11.2010 – 8 C 14.09 = BVerwGE 138, 201 = NVwZ 2011, 554 = DÖV 2011, 575; auch VG Trier Beschl. v. 29.11.2010 – 1 L 1230/10.TR BeckRS 2010, 56654. Zum Verbot von Online-Poker- und Casinospielen s. erg. BVerwG Urt. v. 26.10.2017 – 8 C 14.16 = NVwZ 2018, 895 sowie EuGH Urt. v. 4.2.2016 – C-336/14 = EuR 2016, 313.
89   Die Debatte ist selbstverständlich nicht frei von interessengeleiteten Beiträgen.

bekämpfen will, um das Monopol zu rechtfertigen, erfasst die europarechtliche Kontrolle dieser Kohärenz alle Rechtsgebiete gleichermaßen.

b) Schutz vor Fremdbestimmung im Alter und bei psychosozialer Behinderung. Auch beim **44** **Schutz Hochbetagter** greift die Rspr. auf § 138 zurück, wenn die Geschäftsfähigkeitsregeln Schwierigkeiten bereiten.[90]

Einen Ausweg bietet bisweilen auch die Annahme eines sog. **lichten Augenblicks** (*lucidum intervallum*; **45** ausf. → Rn. 77 ff.). Befindet sich eine Person in einem dauernden, die freie Willensbestimmung ausschließenden Zustand krankhafter Störung der Geistestätigkeit, so soll sie nach hM trotzdem geschäftsfähig sein, wenn sie in einem lichten Augenblick handelt. Das ist psychiatrisch wie juristisch zweifelhaft (→ Rn. 80–83).

Im Spezialbereich der unentgeltlichen Zuwendungen von Menschen, die stationär betreut und gepflegt werden (Heim), an eben solche Einrichtungen statuiert(e) **§ 14 HeimG** ein **bundeseinheitliches Zuwendungsverbot.**[91] Es ist strukturell mit § 138 Abs. 2 und § 138 Abs. 1 BGB verwandt. Infolge der Föderalismusreform fällt das Heimrecht seit Ende 2009 in den Zuständigkeitsbereich der Länder (Art. 70 Abs. 1, 74 Abs. 1 Nr. 7 GG). Die heimordnungsrechtlichen Nachfolgeregelungen in den Ländern gestalten sich unübersichtlich. Vgl. statt aller **§ 6 HGBP**, das – in freilich nicht ganz unbedenklicher Weise – auch lediglich ambulant betreute Menschen in seinen Anwendungsbereich aufnimmt.[92] Hier besteht weiterhin Bedarf nach einer möglichst einheitlichen Regelung, die den unverändert sinnvollen Regelungszweck des § 14 HeimG wahrt. Hier liegt ein Prüfstein für die Sinnhaftigkeit des Föderalismus im Privatrecht.

VI. Guter Glaube an die Geschäftsfähigkeit

Guter Glaube an die Geschäftsfähigkeit wird **nicht geschützt.** Liegt eine Beschränkung der Geschäftsunfähigkeit vor oder fehlt diese gänzlich, so kommt es auf eine etwa abweichende Vorstellung des Geschäftsgegners nicht an: Der Schutz des nicht oder nicht voll Geschäftsfähigen geht vor Vertrauensschutz. Dies gilt selbst dann, wenn der Erklärende sich wahrheitswidrig für (voll) geschäftsfähig ausgegeben hat, und selbstverständlich auch gegen den Fiskus.[93] Diese Grundregel folgt aus der Entscheidung des BGB für ein System formaler Abstufungen in der Zulassung zum Rechtsverkehr und dient damit zugleich der **Rechtssicherheit.**

Soweit § 105 a im Ergebnis den Erklärungsempfänger begünstigt, beruht dies nicht auf einer Relativierung **48** des Grundsatzes vom Vorrang des Geschäftsunfähigenschutzes (→ § 105 a Rn. 1–5, 11). Zur Rechtslage nach § 15 HGB → § 105 Rn. 17.

VII. Geschäfts(un)fähigkeit und der Einfluss von rechtlicher Betreuung

Nach der Vorstellung des historischen Gesetzgebers zum Betreuungsrecht haben Geschäfts(un)fähigkeit und **49** Betreuung nichts miteinander zu tun. Dem folgt weithin die Rechtsprechung.[94] Diese Vorstellung beruht auf der richtigen Zielsetzung des BtG, den Betroffenen mehr Autonomie zu verschaffen. Sie ist jedoch weithin **praxisfremd:** In vielen Betreuungsfällen muss man an der Geschäftsfähigkeit zweifeln,[95] auch wenn allein aus der Anordnung einer Betreuung in der Tat noch keine Geschäftsunfähigkeit folgt.[96] Zuzustimmen ist daher den LAG Baden-Württemberg insoweit, als es das Bestehen einer Betreuung bei Paranoia als Indiz für Prozessfähigkeit verwertet hat.[97] Über Geschäftsunfähigkeit ist namentlich bei Bestehen eines Einwilligungsvorbehaltes nachzudenken, wenn es also nicht nur darum geht, den Betreuten zu unterstützen, sondern auch darum, ihn vor sich selbst zu schützen (vgl. → § 1903 Rn. 1).

90 Vgl. *Roth* AcP 208 (2008), 451, 472 f.m.w.N.
91 Zur Vorschrift etwa Staudinger/*Otte* (2017), Einleitung zum Erbrecht, Rn. 74, *Röthel* AcP 210 (2010), 33, 57 f. (m. Fn. 119).
92 *Kunz* in Crößmann, Hessisches Gesetz über Betreuungs- und Pflegeleistungen, HGBP § 6; ausführlicher *Kunz* in Theisen, Hessisches Gesetz über Betreuungs- und Pflegeleistungen, HGBP § 7. Die Sachprobleme stellen sich freilich – vorbehaltlich bestimmter Formulierungsabweichungen in den Normen der einzelnen Bundesländer – häufig parallel.
93 BGH NJW 2004, 1315 (1317) (= BGHZ 158, 1).
94 Für die Testierfähigkeit OLG Oldenburg FamRZ 2000, 834 (835); aus neuerer Zeit etwa OLG Mün-

chen Beschl. v. 31.10.2014 – 34 Wx 293/14, Rn. 7, NJW-RR 2015, 138 (139).
95 Zum Problem ausf. MüKoBGB/*Schneider* (2020) § 1896 Rn. 23 ff., 153.
96 VG Berlin Urt. v. 5.3.2014 – 3 K 397.11, juris Rn. 38 = BeckRS 2014, 51811.
97 LAG Baden-Württ., Urt. v. 27.8.2013 – 8 Sa 62/08, juris,Rn. 26 (Rn. 33 zur Paranoia), dazu BAG NZA 2014, 799; OLG Hamm Beschl. v. 5.11.2014 – 5 W 452/14, MittBayNot 2016, 32 (bei paranoid-halluzinatorischer Psychose ohne akute Symptomatik nach Aufhebung einer Betreuung Geschäftsfähigkeit bzgl. Vollmachterteilung bejaht).

50 § 1896 Abs. 1 a und § 104 Nr. 2 berühren sich allerdings insoweit, als dass der Begriff der freien Willensbestimmung in beiden Vorschriften im Kern deckungsgleich ist.[98]

51 Der Schutz einer Person vor den Folgen unbedacht abgegebener Erklärungen ist nach dem System des BGB zunächst auf der Ebene zu prüfen, ob diese Person überhaupt wirksam einen rechtsgeschäftlichen Willen bilden konnte. Sieht das Betreuungsgericht Anlass, den Betreuten unter Einwilligungsvorbehalt zu stellen, so liegt es zumindest nahe, die Geschäftsfähigkeit zu überprüfen. Dies entspricht §§ 11, 28 BeurkG und notarieller Praxis bei der Beurkundung letztwilliger Verfügungen. Eine andere Frage ist, welches Gewicht solche Beobachtungen vor allem bei retrospektiver Beurteilung der Wirksamkeit des Rechtsakts haben; dazu → Rn. 103–105.

52 Eine **tatsächliche Vermutung** gegen die Geschäftsfähigkeit von Betreuten sollte jedoch aus zweierlei Gründen **nicht** angenommen werden. Erstens bestehen grundsätzliche Bedenken gegen die Rechtsfigur der tatsächlichen Vermutung, weil sie die Darlegungs- und Beweislast praeter legem verschiebt. Konkret sieht das Gesetz, zweitens, die Geschäftsfähigkeit als Regelfall an (→ Rn. 4, 84); dieses Verhältnis darf normativ nicht umgekehrt werden.

53 Für die rechtsberatende Praxis empfiehlt es sich aber schon aus Gründen der Haftung, jedenfalls bei unter Einwilligungsvorbehalt stehenden Betreuten die Möglichkeit einer Geschäftsunfähigkeit zu thematisieren und den Mandanten auf die spezifischen Risiken eines Vertragsabschlusses (usw) mit solchen Personen hinzuweisen.

54 De lege ferenda sollte ein auf zeitgemäßen Formen der Entmündigung beruhendes Schutzmodell für Geschäftsunfähige (ebenso wie für Verschwender) kein Tabu sein. Die Mängel des Betreuungsrechts ließen sich auf diesem Wege möglicherweise auffangen. Ideal wäre eine differenzierte Entmündigung, die namentlich bei Personen, die sich auf dem Stand einer über sieben Jahre alten Person befinden,[99] nicht dazu zwänge, die Geschäftsfähigkeit insgesamt zu verneinen oder zu bejahen.

VIII. Vertretung bei Fehlen der Geschäftsfähigkeit

55 Die Schutzwirkung der §§ 104–113 wird ergänzt durch die gesetzlichen Grenzen der **Vertretung** des Minderjährigen: Auch die gesetzlichen Vertreter können nicht unbeschränkt für ihn handeln. Bestimmte Geschäfte sind von der Vertretung ganz ausgeschlossen, weil der Gesetzgeber Interessenkollisionen sieht, §§ 1629 Abs. 2 S. 1, 1795 sowie 181;[100] andere unterliegen aufgrund ihrer besonderen Tragweite oder Gefährlichkeit Genehmigungserfordernissen nach §§ 1643, 1821 f. Im ersten Fall ist ein **Ergänzungspfleger** zu bestellen (der seinerseits nach §§ 1915, 1795, 1837 einer familien- bzw. betreuungsgerichtlichen Genehmigung bedürfen kann), im zweiten ist eine familiengerichtliche **Genehmigung** einzuholen.[101] Vgl. dazu die Kommentierung dieser Vorschriften, namentlich im Lichte der Änderungen durch das FamFG.[102] Über Tendenzen, zur Vermeidung des Genehmigungserfordernisses Rechtsgeschäfte als rechtlich lediglich vorteilhaft iSd § 107 zu klassifizieren, → § 107 Rn. 22 ff.

56 Dem **Geschäftsgegner haften** die Sorgeberechtigten bei Überschreitung ihrer Vertretungsmacht nach § 179 analog;[103] nach ganz hM[104] nicht hingegen der Minderjährige aus § 280 Abs. 1 (früher: c.i.c.): Das wäre mit dem Schutzzweck des Minderjährigenrechts unvereinbar.

---

98 BGH NJW-RR 2016, 643 mwN.
99 Siehe den Fall des KG Beschl. v. 28.6.2013 – 18 UF 73/13, juris Rn. 15 = FamRZ 2014, 1038 (Ls.): Vergleich mit einer Zwölfjährigen, besprochen von *Galinsky* NZFam 2014, 422.
100 Vgl. § 1629 Rn. 60–75.
101 Zu § 1822 s. den Überblick bei *Klüsener* Rpfleger 1993, 133–140; auch *Reimann* DNotZ 1999, 184–187.
102 Übersicht zum neuen Verfahrensrecht bei *Heinemann* DNotZ 2009, 6 (16 ff. zur familiengerichtlichen, 21 ff. zur betreuungsgerichtlichen Genehmigung); *Kölmel* NotBZ 2010, 2.
103 → § 179 Rn. 4.
104 RGZ 132, 76 (78); § 177 Rn. 29.

Jedenfalls bei Missbrauch der Vertretungsmacht **haften** die **Eltern** dem Kind aus dem Innenverhältnis.[105] **57**
Das folgt aus § 280 Abs. 1: Das Schuldverhältnis iS dieser Norm orientiert sich an § 241; es kann vertraglich wie gesetzlich begründet sein.[106] Daher ist beispielsweise das aus § 1353 Abs. 1 S 2 resultierende Schuldverhältnis zwischen Ehegatten iS § 241 erfasst. Es ordnet – unabhängig von der freiwilligen Abgabe von Willenserklärungen – Rücksichtspflichten an;[107] mit der Folge des § 280 Abs. 1.[108] Minderjährige sind besonders schutzbedürftige Vertretene, auch und gerade deswegen, weil sie sich ihre Vertreter nicht aussuchen konnten. In dieselbe Richtung weist eine systematische Auslegung aus Ziel und Zweck der §§ 1626, 1629, 1664.

Die **faktischen Grenzen** eines Anspruchs des Minderjährigen gegen seine Eltern liegen auf der Hand: emo- **58**
tional wie aufgrund eigener Mittellosigkeit oder Insolvenz der Eltern. Hier besteht eine Schutzlücke, die durch den Anspruchsübergang nach § 116 SGB X nur punktuell geschlossen wird.

Der **Regress** des Staates bedeutet faktisch, dass über Punkte gestritten wird, die innerhalb der Familie nicht **59**
zu gerichtlicher Klärung gekommen wären. Das ist aber das kleinere Übel, nicht nur in fiskalischer Hinsicht: Gerade Eltern, die selbst mit Geld nicht umgehen können, schädigen bisweilen vorsätzlich oder fahrlässig ihre Kinder und tragen solcherart nicht nur durch falsche Erziehung dazu bei, dass „Dynastien" von Hilfsbedürftigen entstehen. Hier besteht eine staatliche **Schutzpflicht** für die Minderjährigen (und für die Allgemeinheit), die im Konfliktfall falsch verstandener Subsidiarität vorgeht. Vorrang hat die kleinere Einheit nur dann, wenn sie ein Problem mindestens ebenso gut lösen kann wie die größere, und das tun bestimmte Familien nicht.[109]

B. Regelungsgehalt

I. Kinder bis zum siebten Lebensjahr (Nr. 1)

Kinder bis zum siebten Lebensjahr sind geschäftsunfähig. Das siebte Lebensjahr ist vollendet mit Beginn **60**
des siebten Geburtstags um 0 Uhr, § 187 Abs. 2 S. 2.

II. Störung der Geistestätigkeit (Nr. 2)

Nr. 2 verlangt eine dauerhaft („Zustand") krankhafte Störung der Geistestätigkeit. Lediglich vorüberge- **61**
hende Störungen fallen unter § 105 Abs. 2 (→ § 105 Rn. 5). Für Nr. 2 ist nicht entscheidend ist, ob eine Störung aus medizinischer Sicht als krankhaft qualifiziert wird oder wie sie psychopathologisch genau einzuordnen ist. Maßgeblich ist allein, ob die Störung zum dauerhaften und insbesondere allumfassenden **Ausschluss der freien Willensbestimmung** führt (zur Figur der partiellen Geschäftsunfähigkeit → Rn. 31 ff.).[110] Die Beantwortung dieser Rechtsfrage setzt freilich voraus, dass der Richter (oder ggf. der Notar)[111] eine psychiatrisch informierte Entscheidung trifft (zu Beweislast und Sachverständigenbeweis → Rn. 85 ff., 100 ff.).

---

105 Im Einzelnen gehen die Meinungen auseinander. Vgl. *Bork*, Das Kind als Schuldner, in Bork/Repgen, Das Kind im Recht, S. 85 (92); Staudinger/*Peschel-Gutzeit* (2015) BGB § 1626 Rn. 74 mwN (allerdings nicht speziell zum Missbrauch der Vertretungsmacht): Die Anspruchsgrundlage sei die sich aus der Pflicht zur elterlichen Sorge ergebende familienrechtliche Sonderverbindung zwischen jedem Elternteil und dem Kind (nicht etwa § 1664, wie auch vertreten wird), in der ein schuldhaft pflichtwidriges Verhalten eines Elternteils Schadensersatzansprüche des Kindes begründen kann. Ebenso *Gernhuber/Coester-Waltjen*, Familienrecht (6. Aufl. 2010), § 57 Rn. 37: Die oben beschriebene Haftung sei ein ungeschriebener Grundsatz, § 1664 sei lediglich Haftungsmaßstab. § 1664 rechtfertige sich jedoch aus dem Gedanken, das innerfamiliäre Leben möglichst wenig zu stören. De lege ferenda sei deshalb sogar daran zu denken, statt einer Haftungserleichterung die Durchsetzbarkeit der Ansprüche gegen die Eltern auszuschließen, um die heute als problematisch empfundene Entlastung Dritter zu verhindern. § 1664 gelte nicht für die Haftung aus Vertragsverhältnissen

zwischen Eltern und Kind (weil diese eine eigenständige Sonderverbindung begründen), aaO Rn. 39. Zu den (str.) Konstruktionen weiterhin § 1626 Rn. 21; § 1664 Rn. 1 mN.

106 Staudinger/*Schwarze* (2014) BGB § 280 Rn. B 1, 2.

107 Vgl. Staudinger/*Olzen* (2015) BGB § 241 Rn. 63.

108 Vgl. *Pohlenz*, Gesetzliche Vertretungsmacht für nahe Angehörige (2007), S. 177–185. Die Ausführungen S. 189–195 beziehen sich auf volljährige Kinder.

109 Zu den Grenzen der elterlichen Vertretungsmacht vgl. § 1629 Rn. 60–86.

110 Ebenso MüKoBGB/*Spickhoff* (2018) § 104 Rn. 11; siehe zB auch deutlich LAG SchlH Urt. v. 8.2.2018 – 5 Sa 347/17, NZA-RR 2018, 382 (384) Rn. 28: „Die Kl. verkennt, dass nicht jede psychische Erkrankung jedweder Art (vorliegend: Angststörung) gleichsam die Geschäftsunfähigkeit bedingt. (…)".

111 Hierzu *Grziwotz*, Die Testierfähigkeit von Erblassern – Notwendigkeit der Feststellung und notarielle Pflichten MDR 2016, 737–741; *Litzenburger*, Sind die notariellen Vermerkpflichten zur Geschäftsfähigkeit mit dem Grundrecht auf Schutz der Privatsphäre vereinbar?, ZEV 2016, 1.

Auf Rechtsfolgenseite besteht kein Unterscheid: Es treten für die Abgabe einer Erklärung nach § 105 Abs. 1, 2 identische Rechtsfolgen ein (→ Rn. 114). Dies gilt aber nicht im Fall des § 131, so dass Zugang einer Erklärung beim nur vorübergehend in seiner Geistestätigkeit Beeinträchtigten nach allgemeinen Regeln (namentlich § 130) möglich ist (→ § 105 Rn. 11 f.).

62 **1. Krankhafte Störung der Geistestätigkeit.** Eine krankhafte Störung der Geistestätigkeit[112] setzt nach verbreiteter Definition das Vorliegen einer irgendwie gearteten geistigen Anomalie voraus.[113] Dabei wird nicht danach unterschieden, ob Geisteskrankheit oder Geistesschwäche vorliegt.[114] Jedenfalls muss die Störung den **Ausschluss der freien Willensbestimmung** zur Folge haben. Das ist dann der Fall, wenn der Betroffene nicht die Fähigkeit besitzt, seine Entscheidungen von (vernünftigen) Erwägungen abhängig zu machen, sondern **fremden Einflüssen** oder **unkontrollierten Trieben** folgt.[115]

63 Es kommt also darauf an, ob sich die (vorliegende) Geistesstörung erstens auf die **Willensbildung** und zweitens auf die **Fähigkeit** auswirkt, **nach zutreffend gewonnenen Einsichten zu handeln**.[116] Die Einsichts- und Steuerungsfähigkeit soll jedoch nicht schon fehlen, wenn jemand die Tragweite einer Willenserklärung nicht voll ermessen oder überblicken kann,[117] oder willensschwach oder leicht beeinflussbar ist; zu Fragen der Intelligenzminderung → Rn. 65 ff. Differenzierter wird von psychiatrischer Seite formuliert: „Für die Frage der Testierfähigkeit entscheidungserhebliche psychopathologische Beurteilungsdimensionen sind vor allem Einbußen an Selbstvergegenwärtigung / Selbstreflexivität / Selbstverfügbarkeit, an Einsichtsfähigkeit und/oder Realitätsbezug, an der Fähigkeit zur kritischen Distanzierung von bestimmten Vorstellungen sowie an Abwägenkönnen. Mit anderen Worten: Die entscheidende psychopathologische Voraussetzung für die Freiheit der Willensbestimmung ist letztlich eine hinreichend intakte Urteilsfähigkeit."[118]

64 **Indizien** für ein Fehlen der Geschäfts- bzw. Testierfähigkeit können wirtschaftlich völlig unsinnige Handlungen sein.[119] Dem steht nicht grundsätzlich entgegen, dass hierin ein sachlicher Anknüpfungspunkt an die historisch zulässige Entmündigung wegen **Verschwendungssucht** liegt, auch wenn diese vornehmlich in den Interessen der Angehörigen und potenziellen Erben wurzelte.[120] Für §§ 104 Nr. 2, 105 Abs. 1 muss allerdings der Schutz des Betroffenen vor sich selbst und seiner (wirtschaftlichen) Existenz im Vordergrund stehen. Zu existenzbedrohenden Handlungen bei **Spielsucht** → Rn. 40 ff.

65 **a) Intelligenzminderung.** Mit einem niedrigen **Intelligenzquotienten** allein darf Geschäftsunfähigkeit iSd Nr. 2 nicht begründet werden,[121] weil es nicht auf Begabung, sondern auf die Fähigkeit zur freien Willensbildung ankommt.[122] Zumal Messverfahren zur Intelligenzbestimmung selbst wissenschaftlicher Kritik ausgesetzt sind.[123] Für sehr niedrige Werte wird man nur dann anders entscheiden können,[124] wenn im Einzelfall eben diese Fähigkeit von der Minderbegabung ausgeschlossen wird, etwa bei einer Person, die bei

112 Forschungsstand, auch psychologisch, bei *Seibert*, Testierfähigkeit und Willensfreiheit (2015), S. 182–192.

113 MüKoBGB/*Spickhoff* (2018) § 104 Rn. 11 f.; ausf. Staudinger/*Klumpp* (2017) BGB § 104 Rn. 10.

114 BayObLG Rpfleger 1987, 20 (20); BGH WM 1965, 895 (896) (zu §§ 6, 104 Nr. 2 aF).

115 Vgl. etwa BayObLG Rpfleger 1987, 20 f. Ältere ausf. Definition (mit der problematischen Kategorie der Verkehrsauffassung) in RGZ 162, 223 (228).

116 Vgl. OLG Köln Urt. v. 13.9.2018 – 12 U 20/13, BeckRS 2018, 38694, Rn. 19 mwN; BGHZ 131, 368 ff. = NJW 1996, 918 (919); mit der probl. Kategorie der „Tragweite" arbeitet BGH NJW 1961, 261. *Seibert*, Testierfähigkeit und Willensfreiheit (2015), S. 182–192; grundsätzlich hierzu auch *Neuner* AcP 218 (2018), 1, 25–28.

117 Aus der Rspr. zB VG Trier Urt. v. 16.9.2014 – 1 K 767/14, Rn. 40, juris = BeckRS 2015, 40086, wonach eine „Fatigue-Symptomatik" nach Chemotherapie allein noch keine Geschäftsunfähigkeit begründet.

118 *Cording*, Fortschr Neurol Psychiat 2004, 147, 150.

119 Das Lehrbuchbeispiel des Erwerbs teurer Bücher durch Analphabeten kommt auch in der Praxis vor: BGHZ 131, 368 ff. = NJW 1996, 918 (919).

120 Vgl. *Baldus*, Die Bedeutung der Willensfreiheit im römischen Recht, in Roth/Lampe/Pauen, Willensfreiheit (2008), S. 167, 182 f.

121 OLG Köln MDR 1975, 1017; OLG Düsseldorf VersR 1996, 1493: ein Ausschluss der freien Willens-

bestimmungsfähigkeit kommt erst bei einem IQ von weniger als 60 in Betracht. Vgl. aber die folgende Fn.

122 OLG Köln 24.1.2011 – I-11 U 199/10, Rn. 3, juris und MDR 2011, 649 f.

123 Siehe zB das freilich nicht unumstrittene Werk von *Gardner*, Abschied vom IQ – Die Rahmen-Theorie der vielfachen Intelligenzen, 4. Aufl., Stuttgart 2005; ferner *Bosley / Kasten*, Kritik an Intelligenztests, in Bosley/Kasten, Intelligenz testen und fördern, S. 95.

124 Aus psychiatrischer Sicht fehlt die Geschäfts- und Testierfähigkeit bei einem IQ unter 60 auch dann nicht regelmäßig, wenn die Beeinträchtigung der Intelligenz angeboren oder früh erworben ist (Oligophrenie): Weil solche Personen sich in ihrer Umwelt zurechtzufinden gelernt haben, ist ihre Urteilsfähigkeit auch durch einen vergleichsweise niedrigen IQ noch nicht entscheidend beeinträchtigt. Später aufgetretene Beeinträchtigungen der Intelligenz hingegen können die Geschäfts- und Testierfähigkeit folglich bei gleichem IQ weitaus stärker schädigen. Vgl. *Cording*, Fortschr Neurol Psychiat 2004, 147, 151. Damit ist eine allgemeine Untergrenze von 60 (vgl. die vorige Fn.) jedenfalls für die beschriebenen Personen nicht haltbar. Weitere Nachweise auch aus der psychiatrischen Lit. bei KG Beschl. v. 28.6.2013 – 18 UF 73/13, Rn. 12, juris = FamRZ 2014, 1038 (Ls.), besprochen von *Galinsky* NZFam 2014, 422.

frühkindlicher Hirnschädigung und einem Verbal-IQ von 44 weder lesen noch Vorgelesenes wiedergeben kann.[125]

Das rudimentäre Vorhandensein einzelner **intellektueller Fähigkeiten** genügt jedenfalls für die Annahme von Testierfähigkeit nicht, wenn ein Erblasser nicht imstande ist, sich über die für und gegen die sittliche Berechtigung einer letztwilligen Verfügung sprechenden Gründe ein klares Urteil zu bilden und nach diesem Urteil frei von Einflüssen einzelner interessierter Dritter zu handeln.[126] Hingegen kann Testierunfähigkeit auch bei hohen intellektuellen Fähigkeiten vorliegen, wenn der Betroffene nicht in der Lage ist, seine Entscheidungen von vernünftigen Erwägungen abhängig zu machen.[127] Bloße Willensschwäche oder leichte Beeinflussbarkeit schließen die Möglichkeit freier Willensbildung ebenfalls nicht aus.[128] **66**

Auch bei der **Altersdemenz** (→ Rn. 91) kommt es darauf an, ob die geminderte geistig-seelische Leistungsfähigkeit die Freiheit des Willensentschlusses beeinträchtigt.[129] **67**

b) Suchterkrankungen und Impulskontrolle. Alkoholismus allein bewirkt nach üblicher Ansicht keine dauerhafte Störung der Geistestätigkeit.[130] Anders verhält es sich dann, wenn das Denken eines völlig krankheitsuneinsichtigen Alkoholikers nur noch um den Alkohol kreist.[131] Ob diese Unterscheidung praktisch besonders hilfreich ist, darf bezweifelt werden. Geschäfts- bzw. Testierunfähigkeit liegt jedenfalls dann vor, wenn die Trunksucht entweder Folge einer Geisteskrankheit ist (dann kommt es freilich auf die Trunksucht möglicherweise nicht an) oder wenn sie ihrerseits einen **Persönlichkeitsabbau** verursacht hat, der den Wert einer Geisteskrankheit oder Geistesschwäche erreicht. Die Rspr. verlangt in diesem Zusammenhang bisweilen **hirnorganische Veränderungen**;[132] das ist angreifbar. Zur Abgrenzung von nur vorübergehender Störung der Geistestätigkeit durch Alkohol → § 105 Rn. 6 f. **68**

Leiten starke **Entzugserscheinungen** das Verhalten, so kommt gleichfalls § 105 Abs. 2 in Frage: Bei schweren Alkoholikern liegt zumindest nahe, dass alles, was sie zur Beschaffung der Droge tun, nicht klaren Geistes getan wird. **69**

Andere Süchte unterfallen denselben Kriterien. Neben **illegalen Drogen** ist an **Spielsucht**[133] und Ähnliches zu denken.[134] Praktische Probleme, was die Wirksamkeit von Erwerbsgeschäften angeht, bereitet hier weniger der Erwerb illegaler Drogen unter Einwirkung von Entzugssymptomen, denn er fällt ohnehin zumindest unter § 134. **70**

125 OLG Köln 24.1.2011 – I-11 U 199/10, juris Rn. 3 und MDR 2011, 649 f.

126 BayObLG ZEV 2005, 348 (350) = NJW-RR 2005, 1025 (1027).

127 OLG Frankfurt NJW-RR 1992, 763 (764).

128 BGH WM 1972, 972; aus der neueren Rspr. etwa HessLAG Urt. v. 9.8.2013 – 3 Sa 25/13, juris Rn. 35 = BeckRS 2014, 70923.

129 BayObLG FamRZ 2003, 391 = ZEV 2003, 287; ausf. OLG Düsseldorf FamRZ 1998, 1064 (1065 f.); OLG München Urt. v. 2.11.2016 – 3 U 1522/16, BeckRS 2016, 19496 Rn. 25 f. (gutachterliche Bezeichnung als Demenz sei für die Frage, ob von Geschäftsunfähigkeit ausgegangen werden kann, nicht hilfreich).

130 BayObLG NJW 2003, 216 (219) mwN.

131 Nach BayObLG FamRZ 1991, 608 (609), ein Fall partieller Geschäftsunfähigkeit; wohl unzutr.: Wer nur noch an Alkohol denkt, denkt an nichts mehr verantwortlich und bedarf des Schutzes vor sich selbst, weswegen von voller Geschäftsunfähigkeit auszugehen ist.

132 BayObLG NJW 2003, 216 (219): Erforderlich ist der Nachweis eines hirnorganischen Psychosyndroms als Folge chronischen Alkoholmissbrauchs. Auch OLG Naumburg NJW 2005, 2017 (2018) verlangt eine organische Veränderung des Gehirns durch den Alkoholmissbrauch.

133 Juristisch: Vgl. OLG Hamm VersR 2003, 998 (1001); OLG Karlsruhe Urt. v. 16.4.1999 – 10 U 120/98, zitiert nach juris = BeckRS 1999, 17125. Völlig überzogene Anforderungen bei LG Saarbrücken Urt. v. 15.10.2008 – 9 O 259/06, BeckRS 2011,

12814: Die Betroffene war zwei Jahre lang jeden freien Tag bis zum Schluss im Casino, verspielte über die Jahre hinweg einen sechsstelligen Betrag, ruinierte ihre Ehe und erwog eine Selbsttötung; ua da sie aber angab, sie liebe Musik und Sport, vermochten der Sachverständige und das LG lediglich eine „dysfunktional gewordene Lebensgewohnheit" zu erkennen, nicht einen Verlust der Impulskontrolle oder schwerste Persönlichkeitsveränderungen, und solche seien erforderlich. Dass das Gericht in dieser Situation keine neue Begutachtung angeordnet hat (§ 412 ZPO), erscheint jedenfalls im Lichte der neueren BGH-Rspr. (s. u. Rn. 85) unhaltbar. Deutlich differenzierter stellt sich die Argumentation von LG Stuttgart Urt. v. 9.7.2010 – 17 O 753/07, BeckRS 2011, 23852 dar, was das psychiatrische Pro und Contra und die abschließende Zweifelsentscheidung angeht; für die Gesamtbeurteilung scheint eine maßgebliche Rolle gespielt zu haben, dass die Spielsüchtige offenbar einen „sozial völlig inkompetenten, unerfahrenen, emotionsunfähigen Menschen" als „Finanzier ihrer Spielsucht" gefunden hatte, dessen Hilfsbereitschaft sie (bei geringer Intelligenz) planmäßig ausbeutete.
Überblick aus der psychiatrischen Lit. mwN etwa in *Erbas/Buchner*, Pathologisches Glücksspielen, Dt. Ärzteblatt 2012, 172–178; *Hayer/Rumpf/Meyer*, Glücksspielsucht, in Mann, Verhaltenssüchte (2014), S. 11–31.

134 Überblick bei *Mörsen*, Verhaltenssüchte. Wenn Tätigkeiten zur Droge werden, in T. Becker, Glücksspiel im Internet (2011), S. 179–215.

71 Es ist jedoch an die **Abhebung von Geld** am Automaten vor oder zwischen Geldspielen zu denken. Hebt jemand im Zustand der Geschäftsunfähigkeit, zumal wenn er es sich nicht leisten kann, gar mehrfach in wenigen Stunden Beträge ab, um (weiter-)spielen zu können, so sind die durch den Automaten an die Bank gerichteten Erklärungen nichtig. Entsprechend hat das OLG Koblenz für Abhebungen unter Einwirkung einer drogeninduzierten paranoiden Psychose Nichtigkeit angenommen.[135]

72 Die daraus resultierende Belastung der Bank (auch dann, wenn sie nichts von der Sucht weiß) entspricht lediglich dem allgemeinen Grundsatz, dass der Gutgläubige nicht geschützt wird, → Rn. 47 f.; im Übrigen gibt es Schutzmechanismen gegen auffällige Buchungsprofile, wie sie etwa bei Kreditkarten zur Anwendung kommen. Hier kann der Rekurs auf die Figur der partiellen Geschäftsunfähigkeit einen Ausweg bieten (→ Rn. 31 ff.).[136]

73 Bei „**Kaufsucht**" (und vergleichbaren Phänomenen)[137] ist zwischen wirklich pathologischen Zuständen und dem irreführend sog. psychischen Kaufzwang zu unterscheiden: Letzterer Begriff bezeichnet die möglicherweise[138] wettbewerbswidrige Erzeugung von Dankbarkeits- und Anstandsgefühlen durch den Verkäufer und hat nichts mit der Geschäftsfähigkeit zu tun. Hingegen kommen in der Praxis Fälle vor, in denen der Kaufende sogar weiß, dass er sich den Kauf nicht leisten kann, und die Ware später oft nicht einmal gebraucht; er kann aber der Vorstellung nicht widerstehen, der Erwerb (bisweilen: dieser eine Erwerb, wie er meint, der letzte) werde seine Probleme lösen. Solche Fälle können bei entsprechender Schwere durchaus Geschäftsunfähigkeit erkennen lassen; dazu ist ein psychiatrisches Gutachten einzuholen.

74 **c) Freie Willensbestimmung bei Sektenzugehörigkeit.** Eher unter § 138 als unter §§ 104, 105 werden Rechtsgeschäfte fallen, die Mitgliedern religiöser **Sekten** (oder vergleichbarer, sich mehr oder minder religiös gebender Gruppierungen) abverlangt werden, sofern der Handelnde diese Geschäfte unter Zwang oder aus Zwangsvorstellungen heraus abschließt. Das gilt – je nach den Umständen – etwa für Schriftenerwerb von der Gruppierung zum Verkauf auf eigenes ökonomisches Risiko. Praktisch wichtig ist die unentgeltliche oder nicht angemessen entlohnte **Arbeit** für die Gruppierung.[139] Je stärker die Mitglieder der Gruppierung in Abhängigkeit und Isolation leben, umso näher liegt in solchen Fällen Sittenwidrigkeit. Doch sind Grenz- und Überschneidungsfälle zum Wahn nicht ausgeschlossen: Kranke lassen sich leichter ausbeuten als Gesunde. Geschäftsunfähigkeit mag auch bei religiösen Wahnvorstellungen gegeben sein, wenn sie zum Ausschluss der freien Willensbestimmung führen.

75 Art. 4 Abs. 1, Abs. 2 GG bzw. Art. 140 GG iVm Art. 137 Abs. 3 WRV, sollten die sonstigen Voraussetzungen vorliegen, stehen dem zivilrechtlichen Nichtigkeitsurteil in solchen Fällen selbst dann nicht entgegen, wenn es sich tatsächlich um eine religiöse Vereinigung handelt. Der Richter muss lediglich erkennen lassen, dass er sich mit der denkbaren Ausstrahlungswirkung der Religionsfreiheit bzw. des Selbstbestimmungsrechts der Kirchen auseinandergesetzt hat. §§ 134, 138 gehören zu den Schranken der allgemeinen Gesetze.

76 **d) Auswirkungen von Schmerzen und der Verabreichung von schmerzstillenden Medikamenten.** Schmerzen können dann die Einwilligungsfähigkeit in einen medizinischen Eingriff beeinträchtigen, wenn der Patient labil ist und sich in einen Angst- oder Erregungszustand hineinsteigert.[140] Das lässt sich auf die Geschäftsfähigkeit übertragen.[141] Auch der Einsatz von Medikamenten[142] im Rahmen einer stationären **Schmerztherapie** genügt nach der Rspr. nicht allgemein für Zweifel an der Testierfähigkeit;[143] im konkreten Fall fehlte es an substantiiertem Vortrag der interessierten Partei.[144] Man wird in der Tat differenzieren müssen, auch nach Präparaten und Dosis: Die Dosen etwa, die schwer Krebskranken zu **palliativmedizinischen** Zwecken verabreicht werden, können im Einzelfall durchaus solche Zweifel begründen. Allein aus der physischen und psychischen Ausnahmesituation einer fortgeschrittenen Krebserkrankung[145] leitet

---

135 OLG Koblenz, 3 W 40/12, BeckRS 2013, 00499, FamRZ 2013, 69.

136 BGH NJW 2008, 840 (842) (Rn. 18); vgl. *Peters* JR 2002, 177 (179). Anders in Vorauflage *Baldus* § 104 Rn. 72 (auf § 105 Abs. 2 abstellend); ebenso OLG Hamm VersR 2003, 998 (1001).

137 Vgl. *Mörsen,* (Fn. 117) 201–205.

138 Skeptisch *Gleißner*, Psychischer Kaufzwang im Lauterkeitsrecht (2008).

139 Zum Problem (in casu: Ausbeutung von Scientology-Mitgliedern) BAGE 103,20 = NJW 2003, 161; hier zit. nach KirchE 41,93. Danach dürfen vereinsrechtliche Arbeitspflichten nicht gegen §§ 134, 138 verstoßen und damit zwingende arbeitsrechtliche Schutzbestimmungen umgehen.

140 OLG Koblenz NJW 2015, 79 (80) (Kernstelle: Rn. 16 ff.). Zugrunde lag eine atypische Sachbehandlung in der Vorinstanz (Rn. 35 ff.).

141 So auch das OLG Koblenz NJW 2015, 79 (80), Rn. 39, für die Vermutungsseite.

142 In casu: Fentanyl, Ibuprofen, Metamizol, Pethidin.

143 OLG Brandenburg Beschl. v. 13.1.2014 – 3 W 49/13, RNotZ 2014, 321 (323) (Rn. 16 f.).

144 OLG Brandenburg, wie vor, Rn. 17 ff.

145 Vgl. zu dieser Situation den rechtspolitischen Vorschlag, todesnahe Testamente der notariellen Form zu unterwerfen: *Aden* ZRP 2011, 83 ff. Das mag derzeit keine Durchsetzungschance haben, doch sind die von *Aden* angesprochenen Probleme nicht zu leugnen.

die Rspr. jedoch keine Abweichung von allgemeinen Regeln her.[146] Zum **Chronic-Fatigue-Syndrom** s. Fn. 117.

2. Dauerzustand. Der die freie Willensbildung ausschließende Zustand darf **in Abgrenzung zu § 105 Abs. 2** nicht nur vorübergehender Natur sein. Es muss sich also um einen **Dauerzustand** handeln. Dieser ist nicht gegeben bei in Abständen periodisch eintretenden **kurzzeitigen Störungen**[147] oder im Falle eines sog. **lichten Augenblicks**, wenn man diese Figur akzeptiert (siehe dazu sogleich → Rn. 79). Zu beweisrechtlichen Fragen im Allg. → Rn. 84 ff. Für die Annahme einer nur vorübergehenden krankheitsbedingten Störung genügt nicht schon deren Heilbarkeit, wenn sich die Heilungsphase über einen längeren Zeitraum erstreckt.[148]   **77**

Relevant wird die Unterscheidung zwischen vorübergehenden und dauerhaften Zuständen für die Frage des Zugangs von Willenserklärungen (→ § 105 Rn. 11 f.) und im Prozess für die Prozess(un)fähigkeit, da diese gem. §§ 51, 52 ZPO vom Vorliegen der Geschäfts(un)fähigkeit gem. § 104 abhängt (vgl. auch → Rn. 115 ff.).[149]   **78**

a) Die Figur des lichten Augenblicks. Ein Dauerzustand iSd § 104 Nr. 2 liegt – über den Normtext hinausgehend – nach traditioneller Auffassung dann nicht vor, wenn der an sich Geschäftsunfähige in einem sog. **lichten Augenblick** (*lucidum intervallum*)[150] handelt. Die dann abgegebene Willenserklärung soll wirksam sein.[151] Es handele sich hierbei um Phasen zeitweiligen Abklingens einer an sich dauerhaften psychischen Erkrankung.[152] Für ein solches lichtes Intervall trägt nach allgemeinen Regeln derjenige die Beweis- oder Feststellungslast, der Rechte aus dem Geschäft herleitet (weiterf. → Rn. 84 ff.).[153] Praktisch ausgeschlossen ist es, wenn aufgrund einer chronisch-progredienten Demenz Testierunfähigkeit vorliegt.[154]   **79**

b) Kritik. Vorzugswürdig ist jedoch die **Aufgabe** der Rechtsfigur.[155] Sie findet sich seit dem späten 19. Jahrhundert nicht mehr in Gesetzestexten und war bereits um 1900 psychiatrisch umstritten. Medizingeschichtlich ist hierfür wesentlich, dass sich im 19. Jahrhundert der Begriff des *lucidum intervallum* geändert hatte: Ein älteres Konzept hatte sich auf monatelange symptomfreie Phasen bei **phasenhaft verlaufenden Psychosen** bezogen, so dass in solchen Intervallen in der Tat Geschäfts- bzw. Testierfähigkeit bestehen konnte. Die neuere Begrifflichkeit meint kurzzeitige Besserungen während **chronischer Prozesse**.   **80**

Wann solche Besserungen zur Wiedergewinnung der Geschäfts- bzw., Testierfähigkeit führen können, ist aus heutiger psychiatrischer Sicht sehr differenziert zu beurteilen. Die Einsichts- und Urteilsfähigkeit ist danach überdies erst dann wiederhergestellt, wenn der Kranke sich mit den früheren Symptomen auseinan-   **81**

146 OLG Bamberg Beschl. v. 18.6.2012 – 6 W 20/12, NJW-RR 2012, 1289 (1289) = DNotZ 2012, 863 ff. (unter Bezug auf Eindrücke des Notars und des Hausarztes).

147 So für einen akuten schizophrenen Schub BGHZ 70, 252 (260) = NJW 1878, 992 (994).

148 Staudinger/*Klumpp* (2017) BGB § 104 Rn. 13; wochenlange Bewusstlosigkeit nach schwerer Hirnverletzung: OLG München MDR 1989, 361 (361), mit bemerkenswerter, wenngleich rechtsfolgenorientierter Begründung; zum Ganzen krit. *Habermeyer/Saß* MedR 2003, 545: bei chronischen Erkrankungen, deren Symptome durch langfristige medikamentöse Behandlung unterdrückt werden können, sei allein § 105 Abs. 2 anwendbar.

149 Interessant dazu OLG München MDR 1989, 361.

150 In den römischrechtlichen Quellen ist jedoch von einem *dilucidum intervallum* die Rede, siehe C. 6.22.9.1 (Iust., a. 530): *Sancimus itaque tale testamentum hominis, qui in ipso actu testamenti adversa valetudine tentus est, pro nihilo esse. sin vero voluerit in dilucidis intervallis aliquod condere testamentum vel ultimam voluntatem et hoc sana mente et inceperit facere et consummaverit nullo tali morbo interveniente, stare testamentum sive quamcumque ultimam voluntatem censemus, si et alia omnia accesserint, quae in huiusmodi actibus legitima observatio sequitur.*

151 BGH WM 1956, 1184 (1186); MüKoBGB/*Spickhoff* (2018) § 104 Rn. 14.

152 Staudinger/*Klumpp* (2017) BGB § 104 Rn. 13; krit. *Habermeyer/Saß* MedR 2003, 545: bei chronischen Erkrankungen, deren Symptome durch langfristige medikamentöse Behandlung unterdrückt werden können, sei allein Abs. 2 anwendbar.

153 Für ein Testament BayObLG FamRZ 1990, 801 (803) m. krit. Anm. *Rüßmann*, aaO, S. 803 f. Die Entscheidung lässt jedoch einen entscheidenden Punkt nicht klar erkennen: ob die Feststellungslast das lichte Intervall (so der Leitsatz) oder nur dessen ernsthafte Möglichkeit betreffen soll.

154 OLG München Beschl. v. 1.7.2013 – 31 Wx 266/12, ZEV 2013, 504 (506), bespr. in NJW-Spezial 2013, 455 (mit ausf. Referat zur neueren Entwicklung der psychiatrischen Erkenntnis und Hinweis auf den o. vor § 104 zit. Aufsatz von *Cording* Fortschr-NeurPsych 2004, 147, 156 f.). Ähnl. *Bedacht*, Medizinische Anmerkungen zur Geschäftsfähigkeit, speziell zur Testierfähigkeit, zit. nach dem Tagungsbericht von *Barth* MittBayNot 2014, 226 (226 f.): Ausschluss bei schweren Demenzen; möglich, aber selten bei Herzrhythmusstörungen, schlecht eingestelltem Diabetes mellitus, Austrocknung, schwerer Nierenfunktionsstörung, Medikamentenfehleinnahme.

155 AA zB *Schmoeckel* NJW 2016, 433 (437 f.); *Neuner* AcP 218 (2018), 1, 27 f.

dersetzt und sich von ihnen **distanziert**.[156] Von psychiatrischer wie juristischer Seite wird daher eine ausführliche gutachtliche **Begründung** dazu verlangt, **wie** eine kurzzeitige Besserung habe eintreten können; die Bedeutung und Häufigkeit luzider Intervalle werde überschätzt.[157]

82   Eine solche Sicht des „luziden Intervalls" hat wenig mit dem juristisch üblichen Gebrauch des Terminus zu tun. Dieser dient vielmehr oft genug – in Verbindung mit der Vermutung für die Geschäfts- und Testierfähigkeit (→ Rn. 84 ff.) – dazu, den Fall ohne genaue Sachverhaltsaufklärung zu lösen, nämlich im Sinne einer vorschnellen Annahme der Geschäftsfähigkeit.

83   Rechtssystematisch und rechtstheoretisch handelt es sich um einen Ausschnitt aus der größeren Frage, inwieweit das Recht gut daran tut, Konzepte anderer Wissenschaften zu übernehmen, vor allem dann, wenn diese Konzepte – wie insbesondere in den Naturwissenschaften – schnell veralten. Wo das Gesetz selbst solche Konzepte verwendet, muss der Rechtsanwender dies respektieren und sachgerechte Auslegungen suchen. Anders, wenn – wie hier – das Gesetz sich angesichts bereits zu seiner Entstehungszeit aufkommender Zweifel in der anderen Wissenschaft zurückhält[158] und die andere Wissenschaft sich weiterentwickelt. Dann sollte die Rechtsanwendung jedenfalls nicht anachronistischer sein als die Rechtssetzung.

III. Nachweis der Geschäftsunfähigkeit

84   **1. Geschäftsunfähigkeit als Ausnahmefall.** Die Geschäfts**un**fähigkeit wird als Ausnahme betrachtet. Dementsprechend wird die **volle Geschäftsfähigkeit** als Regelfall – wohl ähnlich einer gesetzlichen Vermutung[159] – **vermutet**,[160] und zwar auch im Rahmen bereicherungsrechtlicher Streitigkeiten.[161] Das befasste Gericht muss die Geschäfts- oder Testier**un**fähigkeit **positiv feststellen**.[162] Ob jemand geschäfts- bzw. testierunfähig ist, ist eine allein vom Gericht zu entscheidende **Rechtsfrage**,[163] auch wenn hierbei medizinische Erwägungen insbesondere im Rahmen des Sachverständigenbeweises (→ Rn. 100) eine zentrale Rolle spielen. Die erhobenen Beweise hat das Gericht nach § 286 Abs. 1 ZPO frei zu würdigen. An die Ergebnisse eines Sachverständigengutachtens ist es nicht gebunden.[164] Praktisch ist das Zusammenspiel medizinischer und juristischer Erkenntnis jedoch oftmals schwierig (→ Rn. 112 f.).[165]

85   **a) Beweis- oder Feststellungslast.** Die **Beweis- oder Feststellungslast** trifft regelmäßig[166] denjenigen, der aus der Geschäfts- bzw. Testier**un**fähigkeit[167] eine Unwirksamkeit des Rechtsgeschäfts herleiten will.[168] Soweit der Beibringungsgrundsatz herrscht und eine Beweisführungslast besteht, hat nach allgemeinen Grundsätzen derjenige, der sich auf die Geschäfts- bzw. Testier**un**fähigkeit beruft, entsprechende Tatsachen darzulegen und zu beweisen (zu den Anforderungen an einen substantiierten Vortrag bzgl. der Geschäfts**un**fähigkeit → Rn. 96 ff.; zum **Grundbuchverfahren** zur Eintragung einer Auflassung → Rn. 89;

156 Ausf. zum Ganzen *Cording*, Fortschr Neurol Psychiat 2004, 147, 156 f. Aufgenommen in der neueren Rspr. zB von: OLG München Beschl. v. 1.7.2013 – 31 Wx 266/12, ZEV 2013, 504 (506); abl. *Schmoeckel* NJW 2016, 433 (437 f.); OLG Frankfurt Beschl. v. 17.8.2017 – 20 W 188/16, FGPrax 2017, 273 (275) in der neueren psychiatrischen Lit. etwa von *Wetterling* ZEV 2010, 345 (349).

157 *Wetterling/Neubauer/Neubauer* ZEV 1995, 46 (49).

158 Zum geistigen Umfeld *Schmoeckel*, Psychologie als Argument in der juristischen Literatur des Kaiserreichs, 2009.

159 Zur dogmatisch unklaren Einordnung etwa BGH NJW 1955, 1714 (1714) (= BGHZ 18, 184).

160 Das wurde früher auch (e contrario) mit dem Institut der Entmündigung begründet (vgl. nur BayObLG Rpfleger 1987, 20 (21)), folgt aber auch nach Abschaffung dieses Instituts aus dem Ausnahmecharakter der Geschäftsunfähigkeit, siehe zB: BayObLG NJW-RR 2002, 1088 (1088); OLG Düsseldorf FamRZ 1998, 1064 (1). Ls.

161 BGH Urt. v. 20.11.2013 – XII ZR 19/11, Rn. 24 = BGH NJW 2014, 1095 (1097) (mAnm *Fervers*), besprochen in JuS 2014, 548; OLG Schleswig Urt. v. 28.4.2016 – 5 U 36/15, NJW-RR 2016, 1245 (1246) Rn. 27 f.; KG Berlin Urt. v. 25.2.2019 – 8 U 155/17, BeckRS 2019, 3338 Rn. 34.

162 Rechtsvergleichend: *J.P. Schmidt* RabelsZ 76 (2012), 1022–1050; *Laimer* RabelsZ 77 (2013), 555–591.

163 OLG München Urt. v. 25.1.2007 – 6 U 2416/06. Der Senat weist auf die Divergenz zwischen dieser Auffassung und zwei BGH–Urteilen hin: einmal GRUR 2006, 131 (133) – Seitenspiegel (X. ZS, patentrechtlich), weiterhin NJW-RR 1988, 763 (764) (III. ZS, zur Geschäftsfähigkeit). In der letztgenannten Entscheidung rügt der BGH das Berufungsgericht, weil es ein Gutachten nicht hinreichend auf seine tatsächlichen Voraussetzungen überprüft hatte (hier: Vorliegen einer depressiven Erkrankung).

164 Aus neuerer Zeit etwa OLG Stuttgart Beschl. v. 10.6.2011 – 6 U 130/10, juris Rn. 19 = BeckRS 2011, 24038.

165 Dazu näher *Seibert*, Testierfähigkeit und Willensfreiheit (2015), S. 136 ff.

166 Eine Ausnahme nimmt BayObLG FamRZ 1996, 1438 (1439) = NJW-RR 1996, 1160 für den Fall an, dass ein testierunfähig Gewordener zu einer Zeit, zu der er bereits testierunfähig gewesen sein könnte, ein bis dahin noch unvollständiges Schriftstück zu einem Testament ergänzt hat und der Zeitpunkt dieser Ergänzung nicht klar ist. Hier begründe § 2247 Abs. 5 S. 1 eine Feststellungslast in der Person dessen, der sich auf die Wirksamkeit des Testaments berufe.

167 Ebenso für die Unfähigkeit, Geschriebenes zu lesen (§ 2247 Abs. 4), BayObLG FamRZ 1985, 742 (743).

168 Statt aller OLG Frankfurt NJW-RR 1996, 1159.

zum **FamFG-Verfahren** → Rn. 87).[169] Umgekehrt muss der Gegner das Vorhandensein eines von ihm behaupteten sog. lichten Augenblicks (→ Rn. 77 ff.) beweisen (nach der Rspr., die solche Augenblicke für möglich hält), wenn ein Zustand nach Nr. 2 feststeht (→ § 105 a Rn. 56).[170] Zur Beweislastverteilung bei zweifelhafter Prozess- oder Verfahrensfähigkeit → Rn. 115 ff.

Soweit Beibringungsgrundsatz und Beweisführungslast bestehen, ist der **Beweis des Gegenteils** zu erbringen. Erforderlich ist daher die **volle Überzeugung des Gerichts** von der Geschäfts- bzw. Testier**un**fähigkeit.[171] Es genügt daher für die Anwendung der Vermutung, dass Zweifel verbleiben,[172] etwa weil sachverständige Befunde die Geschäfts- bzw. Testierfähigkeit nicht zweifelsfrei verneinen.[173] Die Vermutung der Testierfähigkeit schützt zumeist Testamentserben bzw. Vermächtnisnehmer vor den gesetzlichen Erben (oder vor in einem früheren Testament Begünstigten) und soll damit die **Testierfreiheit** sichern. **86**

Ist die Geschäftsfähigkeit im Rahmen eines **FamFG-Verfahrens** zu überprüfen, sind insbesondere §§ 26, 27 sowie §§ 29, 30 FamFG zu beachten. Wegen des Grundsatzes der Amtsermittlung hat das Gericht von Amts wegen aufzuklären, ob der Betroffene bei Vornahme eines Rechtsgeschäfts (zB einer Vollmachterteilung) nach § 104 Nr. 2 BGB geschäftsunfähig war. Hierzu muss es selbst dann, wenn die Frage der Geschäftsunfähigkeit im Rahmen eines Betreuungsverfahrens (§§ 271 ff. FamFG) relevant wird, nicht zwingend förmlich durch **Einholung eines Sachverständigengutachtens** nach § 280 Abs. 1 FamFG Beweis erheben.[174] Das Gericht hat aber nach pflichtgemäßem Ermessen zu entscheiden, ob es im Wege des Frei- oder Strengbeweises vorgeht (§ 30 Abs. 1 FamFG). Zumindest die **Einholung einer fachärztlichen Stellungnahme** wird regelmäßig geboten sein.[175] **87**

Für die Verteilung der **Feststellungslast** gilt das bei → Rn. 85 Ausgeführte entsprechend; kann das Gericht die Geschäfts**un**fähigkeit nicht positiv feststellen, ist von der Geschäftsfähigkeit des Betroffenen auszugehen.[176] Bei Amtsverfahren hat die beabsichtigte Maßnahme bei Zweifeln zu unterbleiben. Bei Antragsverfahren fällt demjenigen die Feststellungslast zu, für den die Feststellung der Geschäftsunfähigkeit günstig gewesen wäre; weiterf. zum **Erbscheinsverfahren** → § 2229 Rn. 25 ff. **88**

Für die Verteilung der Feststellungslast im **Grundbuchverfahren** ist eine **Besonderheit** zu beachten. Dies beruht auf der spezifischen Bedeutung des Grundbuchs für den Rechtsverkehr, die insbesondere im **Legalitätsprinzip** Ausdruck findet. Hiernach darf das Grundbuchamt nicht sehenden Auges Eintragungen vornehmen, die zur Unrichtigkeit des Grundbuchs führen (§ 894 BGB). Zwar hat das Grundbuchamt im Grundbuchverfahren die Geschäftsfähigkeit zur **Eintragung einer Auflassung** selbstständig, dh ohne Bindung an den beurkundenden Notar,[177] zu prüfen.[178] Allerdings darf auch das Grundbuchamt regelmäßig auf die Vermutung der Geschäftsfähigkeit zurückgreifen, da der Nachweis lediglich in Form des § 29 Abs. 1 S. 2 GBO zu führen ist. Ein besonderer Nachweis ist allerdings dann erforderlich, wenn sich im Grundbuchverfahren auf Tatsachen beruhende ernsthafte Zweifel an der Geschäftsfähigkeit ergeben, die durch auch aus Umständen außerhalb der Eintragungsunterlagen liegende, festgestellte Tatsachen hinreichend begründet sind.[179] Es obliegt dann dem Antragsteller, die Zweifel an der Geschäftsfähigkeit so weit auszuräumen, dass wieder davon ausgegangen werden kann, dass die Geschäftsfähigkeit regelmäßig gegeben ist.[180] Den vollen Nachweis der Geschäftsfähigkeit hat der Antragsteller jedoch nicht zu führen.[181] Zur **Feststellung der Testierfähigkeit** im Grundbuchverfahren KG NJW-RR 2015, 456; zum **Erbscheinsverfahren** → Rn. 99; → § 2229 Rn. 25 ff. **89**

---

169 S. insbes. BGH NJW 1972, 681 (683).
170 BGH NJW 1988, 3011.
171 BayObLG FamRZ 1998, 515 (516) = NJWE-FER 1998, 13; OLG Köln NJW-RR 1991, 1285 (1286); BayObLG NJW-RR 1991, 1287; OLG Brandenburg,13.1.2014 – 3 W 49/13, RNotZ 2014, 321 (mAnm d. Schriftleitung).
172 S. etwa OLG Stuttgart Beschl. v. 10.6.2011 – 6 U 130/10, juris Rn. 9 mwN (= BeckRS 2011, 24038). Für die Zweifel war in casu ein differenziertes Ergebnis der Beweisaufnahme in erster Instanz zur Lebenssituation der Betroffenen entscheidend. Vgl. noch den weiteren Beschl. des OLG in dieser Sache vom 4.8.2011 (ebenfalls juris).
173 Vgl. OLG München Beschl. v. 31.10.2014 – 34 Wx 293/14, NJW 2015, 138, gekürzt in NJW-Spezial 2014, 712 (Erbscheinsfall). Weiterf. mit krit. Überlegungen hierzu *Baldus* in Vorauflage BGB § 104 Rn. 81, 86.

174 BGH NJW 2016, 1514 (1515) Rn. 19.
175 BGH NJW 2016, 1514 (1515) Rn. 19.
176 BGH NJW 2016, 1514 (1515), 3. Ls.
177 OLG Hamm Beschl. v. 5.11.2014 – 5 W 452/14, MittBayNot 2016, 32 (32) mwN.
178 OLG München Beschl. v. 15.3.2013 – 34 Wx 91/13, NJW-RR 2013, 919 (= FamRZ 2013, 1975, Rn. 15).
179 OLG München Beschl. v. 27.9.2016 – 34 Wx 235/16, BeckRS 2016, 17111 Rn. 9. OLG Hamm Beschl. v. 5.11.2014 – 5 W 452/14, MittBayNot 2016, 32 (32) mwN; hierzu auch *Böttcher* NJW 2017, 2726 (2727 f.); s. erg. OLG München Beschl. v. 29.8.2019 – 34 Wx 18/19, FGPrax 2019, 205.
180 OLG München Beschl. v. 15.3.2013 – 34 Wx 91/13, NJW-RR 2013, 919 (= FamRZ 2013, 1975, Rn. 15); OLG München Beschl. v. 27.9.2016 – 34 Wx 235/16, BeckRS 2016, 17111 Rn. 9, 18–23.
181 OLG München Beschl. v. 27.9.2016 – 34 Wx 235/16, BeckRS 2016, 17111 Rn. 16.

90 **b) Kritik.** Bisweilen stellt die Rechtsprechung für die Feststellung der Geschäfts- bzw. Testierunfähigkeit ausgesprochen **hohe Anforderungen** auf, die auch für die Kautelarpraxis von Bedeutung sind.[182] Das galt jedenfalls für die – über Bayern hinaus meinungsbildende – Rspr. des zwischenzeitlich aufgelösten BayObLG. Eine prinzipielle Kursänderung ist aber auch neueren Judikaten, soweit ersichtlich, nicht zu entnehmen.

91 Das bloße Vorliegen seniler **Demenz**[183] soll hiernach nicht genügen, ebenso wenig eine beginnende vaskuläre Demenz mit erheblichen, aber stark schwankenden Symptomen;[184] nicht einmal **paranoide Wahnvorstellungen**, wenn diese sich nämlich nicht auf potenzielle Erben beziehen.[185] Entsprechend ist für die Erteilung einer Vorsorgevollmacht entschieden worden, die Diagnose einer fortschreitenden Demenz stehe der Wirksamkeit einer früher erteilten Vorsorgevollmacht nicht entgegen, solange nicht die Geschäftsunfähigkeit bereits zum Zeitpunkt der Vollmachterteilung hinreichend sicher feststehe.[186] Doch kann bei fortgeschrittener Alzheimer-Demenz mit schweren Beeinträchtigungen der Rückschluss auf eine bereits zwei Jahre früher bestehende Geschäftsunfähigkeit zulässig sein.[187]

92 **c) Beweislastverträge.** Am Problem der sog. **Eigensperre des Glücksspielers** ist die Frage aufgekommen, ob durch (wirksamen) Vertrag zwischen einem bisweilen Geschäftsunfähigen und einer anderen Person die **Beweislast verändert** werden kann. Ein krankhafter Spieler (→ Rn. 40–43) lässt sich in einer Phase der Geschäftsfähigkeit, die man in traditioneller Begrifflichkeit als lichten Augenblick bezeichnen mag, von der Spielbank sperren. Ein später dennoch geschlossener Spielvertrag ist dann im Zweifel unwirksam.[188] Die aA (es werde ohne Auswirkung auf die Vertragswirksamkeit nur das Hausrecht der Spielbank ausgeformt) vermag nicht zu überzeugen: Niemand braucht einen Vertrag zur Ausübung seines dinglich begründeten Hausrechts.[189]

93 Vielmehr disponieren die Parteien über die **rechtliche Verbindlichkeit künftiger Erklärungen**.[190] Die Sperre kann nur ausdrücklich, nicht konkludent aufgehoben werden; namentlich bestätigt gerade der Versuch des Spielers, sich einzuschleichen, dass er nicht Herr seiner Sinne ist.[191] Daraus folgt selbstverständlich auch, dass der Spieler im Falle von Gewinnen keinen Auszahlungsanspruch hat.[192] Nach in der Literatur vertretener Ansicht ist bei gleichwohl abgeschlossenen Spielverträgen jedenfalls die Anwendbarkeit des § 138 Abs. 1[193] zu vermuten, aber auch (widerleglich) die des § 105 Abs. 1.[194] Andere sehen einen klareren und sichereren Lösungsweg im privatautonomen Ausschluss einer Wirksamkeit künftiger Spielverträge durch die Parteien selbst.[195]

---

182 Vgl. instruktiv und ausf. *Th. Zimmermann* BWNotZ 2000, 97 mwN; *Zimmer* NJW 2007, 1713. Extremfall aus der Rspr. mwN: LSG LSA, Beschl. v. 3.2.2012 – L S AS 276/10 B ER, (kein Querulantenwahn bei über 840 Verfahren in rund fünf Jahren vor einem einzigen Gericht).

183 Vgl. BayObLG FamRZ 1996, 566 (568) (= NJW-RR 1996, 457). Ausf. zur Beurteilung von Demenzerkrankungen OLG Düsseldorf FamRZ 1998, 1064 (1065 f.).

184 BayObLG FamRZ 2005, 555 (556) (= NJOW 2005, 1070).

185 BayObLG FamRZ 2000, 701 (702 f.) = NJW-RR 2000, 6; BayObLG FamRZ 2002, 497 (498) = NJW-RR 2002, 1088 (1089): Abgrenzung zu § 2078 Abs. 2. In FamRZ 2005, 658 (659) zitiert das BayObLG seine st. Rspr. mit der Einschränkung, es schadeten **insbesondere** (Hervorhebung von Verf.) „Wahnvorstellungen, die sich auf nächste Angehörige und als (testamentarische oder gesetzliche) Erben in Betracht kommende Personen beziehen" (das „insbesondere" freilich obiter, da der Erblasser Mordpläne seiner Frau und seiner Söhne annahm).

186 OLG München FGPrax 2010, 29 (30); ebenso bereits derselbe Senat in NJW-RR 2009, 1599 (1602). Jetzt BayLSG 3.2.2011 – L 19 R 75/07, juris Rn. 24 ff. = BeckRS 2011, 73258: Hier war später punktuell eine akute Psychose aufgetreten.

187 OLG Düsseldorf 2.2.2011 – I-18 U 175/09, juris Rn. 25 ff., 33–39 = BeckRS 2011, 06925 (im konkreten Fall zusätzlich gestützt durch Beobachtungen von nichtmedizinischer Seite zur Zeit der Vornahme des Geschäfts).

188 OLG Hamm NJW-RR 2003, 971 (973 f.), (abweichende Positionen nachgew. S. 973); auch andere Instanzgerichte gegen ein älteres Urt. d. BGH (BGHZ 131, 136; Nachw. bei *Wagner-von Papp* AcP 205, 2005, 342, 371; 365 ff. zur unklaren Begründung des BGH). In LG Saarbrücken Urt. v. 15.10.2008 – 9 O 259/06, BeckRS 2011, 12814 kam es nicht entscheidend auf die Sperre an, weil deren Geltungszeitraum im maßgeblichen Zeitpunkt abgelaufen war.

189 Zum Hausrecht vgl. MüKoBGB/*Raff* (2020) § 1004 Rn. 25 ff. mwN.

190 Vgl. OLG Hamm NJW-RR 2003, 971 (973 f.)

191 *Peters* JR 2002, 177 (181); zu dogmatischen Problemen bei der Herleitung dieses Ergebnisses *Wagner-von Papp* AcP 205 (2005), 342, 375 f.; über die grundsätzliche Problematik der Unterscheidung konkludenter von ausdrücklichen Erklärungen *Kühle*, Der Dualismus von ausdrücklicher und stillschweigender Willenserklärung (2009). Vgl. *Peters* NJW 2010, 2250.

192 KG NJW-RR 2003, 1359 (1359 f.) (zu verschiedenen Konstruktionen).

193 Vgl. *Peters* JR 2002, 177 (180 f.), und d. krit. Anm. *Grunsky* zu BGHZ 131, 136 = EWiR § 157 BGB 1/96, 11, 12.

194 *Peters* JR 2002, 177 (180).

195 So *Wagner-von Papp* AcP 205 (2005) 342, 373 ff.

Dabei stellen sich grundsätzliche Fragen der Privatautonomie (Paternalismus, Freiheitsparadoxon).[196] **94**
Bezieht man solche Grundsatzfragen ein, muss aber auch die Frage erlaubt sein, inwieweit der Blick nur auf
das Individuum zu richten ist, das sich möglicherweise doch in Freiheit ruinieren könnte: Die Folgen für
Dritte, etwa unterhaltsberechtigte Angehörige, Staat und Sozialversicherung, lassen sich schwerlich aus
einer solchen Freiheit legitimieren.

Wenn die Parteien selbst das Problem gesehen und klarer vertraglicher Regelung zugeführt haben, liegt es **95**
in der Tat nahe, den Spieler, wenn er später dennoch spielen will, für diesen Moment nicht als Herrn seiner
Sinne zu betrachten; die Geschäftsfähigkeit mag beweisen, wer Rechte aus ihr herleiten will.[197] Eine solche
Abrede kann aber nicht auf rechtsgeschäftlichem Wege (lediglich) die Beweislast verändern; vielmehr ist
sie ein starkes tatsächliches Indiz gegen die Wirksamkeit des später abgeschlossenen Spielvertrages selbst.

2. Beweiserhebung zur Geschäfts- oder Testierunfähigkeit. a) Erforderlichkeit. Für ein **substanti-** **96**
iertes Bestreiten der vermuteten Geschäfts- oder Testierfähigkeit, soweit verfahrensrechtlich wegen des
Beibringungsgrundsatzes erforderlich, muss richtigerweise auffälliges symptomatisches Verhalten des Erblassers im zeitlichen Zusammenhang mit dem Abschluss (bzw. Errichtung) des umstrittenen Rechtsgeschäfts vorgetragen werden. Das Gericht muss auf Grundlage des Parteivortrags zu dem Ergebnis kommen,
dass die Voraussetzungen des § 104 Nr. 2 vorlägen. Bloße Vermutungen oder Wahrscheinlichkeitsurteile für
bestimmte Krankheitsbilder genügen hingegen nicht.[198] Ebenso wenig ist entscheidend, ob der Parteivortrag
wahrscheinlich richtig ist.[199] Wegen des Verfahrensgrundrechts auf rechtliches Gehör (Art. 103 Abs. 1 GG)
dürfen die Anforderungen hieran aber nicht überspannt werden. Trägt die darlegungs- und beweisbelastete
Partei beispielsweise ein konkretes Krankheitsbild mit Auswirkungen auf das in Streit stehende Rechtsgeschäft vor und untermauert ihren Vortrag sogar mit einem eigenen Sachverständigengutachten oder einem
(amts-)ärztlichen Bericht, so hat das angerufene Gericht der Frage der Testier- oder Geschäftsfähigkeit in
jedem Falle nachzugehen.[200]

In der **Berufungsinstanz** ist insbesondere die **Präklusionsregelung** in § 531 ZPO zu beachten. Die darle- **97**
gungs- und beweisbelastete Partei ist dann mit ihrem Vortrag zur Geschäfts- bzw. Testierfähigkeit nicht präkludiert, wenn ein bereits schlüssiges Vorbringen aus der ersten Instanz durch weitere Tatsachenbehauptungen zusätzlich konkretisiert, verdeutlicht oder erläutert wird. Konkretisiert der Vortrag in zweiter Instanz
hingegen den sehr allgemein gehaltenen Vortrag aus erster Instanz, handelt sich um ein neues und damit
grundsätzlich unzulässiges Vorbringen iSd § 531 ZPO.[201]

Unter den Voraussetzungen des **§ 411 a ZPO** ist es im streitigen Verfahren möglich, kein Sachverständigen- **98**
gutachten einzuholen und ein Gutachten (zB aus Betreuungsverfahren) zu verwerten.[202]

Im **Erbscheinsverfahren** ist kein Vortrag tatsächlicher Umstände in der Weise erforderlich, dass daraus **99**
allein – bei unterstellter Richtigkeit – schon der sichere Schluss auf Testier- oder Geschäftsunfähigkeit
zulässig ist.[203] Besteht allerdings keinerlei Anhalt für die Annahme einer geistigen Erkrankung (in casu
Demenz), soll kein Anlass für amtswegige Aufklärungsmaßnahmen zur Testierfähigkeit bestehen;[204] zu
anderen FamFG-Verfahren → Rn. 87 f. Zum **Grundbuchverfahren** → Rn. 89.

b) Sachverständigengutachten als wichtigstes, aber nicht einziges Beweismittel. Regelmäßig **100**
dürfte zwar zur Feststellung der Geschäfts- oder Testierunfähigkeit ein **Sachverständigengutachten** erfor-

---

196 *Wagner-von Papp* AcP 205 (2005) 342, 350 ff., 383 f.
197 *Peters* JR 2002, 177 (180).
198 BGH Beschl. v. 14.3.2017 – VI ZR 225/16, BeckRS
2017, 109294 (= FamRZ 2017, 1149), Rn. 13; KG
Berlin Urt. v. 25.2.2019 – 8 U 155/17, BeckRS 2019,
3338, Rn. 21–18; OLG Düsseldorf 1.6.2012 – I-3 Wx
273/11, NJW-RR 2012, 1100 (1101); LAG, Beschl.
v. 29.6.2017 – 4 Ta 125/17, BeckRS 2017, 129043
Rn. 19 (zur Wirksamkeit eines Aufhebungsvertrags).
S. zudem OLG Bamberg Beschl. v. 18.6.2012 –
6 W 20/12, NJW-RR 2012, 1289 = DNotZ 2013, 863
(nur bei konkreten Anhaltspunkten für Zweifel an der
Testierfähigkeit eines Krebskranken im fortgeschrittenen Stadium ist der psychiatrische Sachverständige
beizuziehen).
199 BGH Beschl. v. 14.3.2017 – VI ZR 225/16 =
BeckRS 2017, 109294, Rn. 13, krit. hierzu *Fischer*
LMK 2017, 392123.
200 Zur Testierfähigkeit BGH Beschl. v. 15.6.2010 – IV
ZR 21/09, ZEV 2010, 364 (bespr. in NJW-Spezial
2010, 520) (in casu wurde zusätzlich noch der

Bericht eines Internisten vorgelegt); wohl noch
geringere Anforderungen stellend BGH Beschl. v.
14.3.2017 – VI ZR 225/16 = BeckRS 2017, 109294,
Rn. 7: „(…) Das Gericht muss nur in die Lage versetzt werden, aufgrund des tatsächlichen Vorbringens
der Partei zu entscheiden, ob die gesetzlichen Voraussetzungen für das Bestehen des geltend gemachten Rechts vorliegen. (…)".
201 BGH Beschl. v. 12.11.2015 – V ZR 66/15, BeckRS
2015, 20730 Rn. 8–10.
202 Hierzu OLG Köln, Urt.v. 13.9.2018 – 12 U 20/13,
BeckRS 2018, 38694 Rn. 24.
203 OLG Hamm Beschl. v. 12.11.1996 – 15 W 233/96,
FamRZ 1997, 1026 (1027) = NJWE-FER 1997,
206 f.
204 OLG Düsseldorf Beschl. v. 4.11.2013 – I-3 Wx
98/13, NJW-RR 2014, 262 (263). Der Leitsatz
bezieht sich enger darauf, es dürfe kein Anhalt für
entsprechende *ärztliche Feststellungen* bestehen; das
verbindet die Kernaussagen des Urteils mit einer
Wendung S. 263 r.Sp.

derlich sein.[205] Auf die **Aussagen des behandelnden Arztes**[206] sowie medizinischer **Laien** – auch auf solche des beurkundenden **Notars** – kann es hingegen **auch** ankommen.[207] Für die freie Würdigung des Gerichts (§ 286 Abs. 1 ZPO, § 37 Abs. 1 FamFG) kann ein multiperspektivisches und möglichst differenziertes Bild hinsichtlich der Fähigkeit zur freien Willensbestimmung förderlich sein. Die Zurückweisung eines geeigneten und erheblichen Beweisangebots kann jedenfalls das Verfahrensgrundrecht auf rechtliches Gehör (Art. 103 Abs. 1 GG) verletzen.[208]

101 Für die **Zeugenvernehmung von Laien**, die in einem **Näheverhältnis** zum Betroffenen stehen oder standen, ist freilich zu bedenken, dass eine Aussage – wie in Erbfällen typisch – stark interessengeleitet sein kann. Aber auch die eingespielte alltägliche Kommunikation in reduzierten Lebensbereichen beeinträchtigt die Erkenntnisfähigkeit des Angehörigen, denn sie lässt den Verfall übersehen.[209]

102 Der **Vermerk des Notars** über seine Wahrnehmungen hinsichtlich der Testierfähigkeit nach **§ 28 BeurkG** stellt immerhin ein Indiz dar (zur Bedeutung im Grundbuchverfahren → Rn. 89). Dieses Indiz soll freilich nicht geeignet sein, aufgrund konkreter Umstände begründete Zweifel an der Testierfähigkeit zu entkräften, und es muss über das Zustandekommen der Feststellung des Urkundsnotars Beweis erhoben werden.[210] Ähnlich wie beim Hausarzt neigt die Rspr. dazu, Wahrnehmungen des Notars nur zugunsten der Testierfähigkeit zu verwerten.[211] Das erklärt sich freilich daraus, dass bei Ablehnung einer Beurkundung seltener Anlass bestehen wird, nach dem Eindruck des Notars zu fragen. Vor allem bei ungewöhnlich rapidem Krankheitsverlauf kann es daher angezeigt sein, einen Sachverständigen zum Geschäftsabschluss hinzuziehen.[212]

103 Ebenso denkbar ist, den beurkundenden **Notar als Zeugen** zu vernehmen. Denn der Notar ist nach §§ 11 Abs. 1, 17, 28 BeurkG verpflichtet, die Geschäftsfähigkeit der Beteiligten (bzw. Testierfähigkeit des Erblassers) festzustellen und deren Willen zu erforschen.[213]

104 In neuerer Zeit wird diskutiert, ob der Notar ggf. (nämlich bei älteren Personen) einen **psychopathologischen Kurztest** durchführen könne und solle. Die dagegen geäußerten Bedenken beziehen sich erstens auf die fachliche Kompetenz des Notars, zweitens auf die beschränkte Leistungsfähigkeit solcher Tests[214] und drittens auf den Generalverdacht reduzierter geistiger Fähigkeiten bei Personen höheren Alters.[215] Beim derzeitigen Stand der Erkenntnis ist von einem solchen Test mithin abzuraten.[216]

105 Für eine mit dem Fall dienstlich befasste Rechtspflegerin hat das OLG München vor einiger Zeit vorsichtiger formuliert, es erscheine fraglich, ob deren Einschätzungen allein ernsthafte Zweifel an der Geschäftsfähigkeit begründen könnten, und solche Zweifel im Ergebnis mit Blick auf entgegenstehende (haus)ärztliche und notarielle Einschätzungen verworfen.[217] Jedenfalls anders sollte man Notizen und Aussagen von behan-

205 Siehe zB LG Wiesbaden Urt. v. 5.12.2013 – 9 O 108/13, juris Rn. 13 = BeckRS 2914, 10079 (Beweis einer Geschäftsunfähigkeit aufgrund des Konsums von Alkohol oder illegalen Drogen). Grundlegend zum Sachverständigengutachten *Cording* ZEV 2010, 23; *ders.*, Kriterien zur Feststellung der Testier(un)fähigkeit ZEV 2010, 115.

206 Hierzu – nach Zurückverweisung durch den BGH mit Beschl. v. 12.11.2015 – V ZR 66/15, BeckRS 2015, 20730; OLG Köln Urt. v. 13.9.2018 – 12 U 20/13, BeckRS 2018, 38694, Rn. 28–31.

207 BGH Beschl. v. 12.11.2015 – V ZR 66/15, BeckRS 2015, 20730 Rn. 7; BGH Beschl. v. 15.10.2015 – V ZR 52/15, BeckRS 2016, 1735 Rn. 12 f.; BGH NJOZ 2015, 309 (310) Rn. 12; a.A.: zB *Baldus* in Vorauflage BGB § 104 Rn. 97 (mit Blick auf medizinische Laien; zum etwa Hausarzt siehe aber Rn. 101); aA zum Notar etwa OLG Frankfurt NJW-RR 1996, 1159. Vgl. *Günther* FamRZ 2000, 604 f. mwN (auch zu § 11 BeurkG und unter Hinweis auf Haftungsrisiken für den Notar); zahlr. prakt. Hinw. bei *Th. Zimmermann* BWNotZ 2000, 99 f. mwN; *Kloster-Harz* ZAP Fach 12, 171–176 (Nr. 16 v. 17.8.2005).

208 Siehe aus der Rspr.: BGH Beschl. v. 18.9.2018 – XI ZR 74/14, BeckRS 2018, 26275 Rn. 19 ff.; BGH Beschl. v. 12.11.2015 – V ZR 66/15, BeckRS 2015, 20730; BGH Beschl. v. 15.10.2015 – V ZR 52/15. BeckRS 2016, 1735; OLG München Urt.

v. 2.11.2016 – 3 U 1522/16, BeckRS 2016, 19496 Rn. 16–21.

209 Näher *Cording*, Fortschr Neurol Psychiat 2004, 147, 155 f.

210 BayObLG FamRZ 2005, 658 (660).

211 OLG Düsseldorf Beschl. v. 1.6.2012 – I-3 Wx 273/11 ua NJW-RR 2013, 1100 (1101) (Rn. 40,43); OLG Bamberg Beschl. v. 18.6.2012 – 6 W 20/12, NJW-RR 2012, 1289 (1289) = DNotZ 2012, 863.

212 Näher zur Zusammenarbeit zwischen Notar und Arzt *J. Huber /Schmieder/Dengler* BWNotZ 2012, 150 (154 f.)

213 BGH Beschl. v. 12.11.2015 – V ZR 66/15, BeckRS 2015, 20730 Rn. 7.

214 Dazu auch *Cording*, Fortschr Neurol Psychiat 2004, 147 (154 mwN): Komplexe Symptome und leichte bis mittelschwere Hirnleistungsminderung werden nicht erfasst, schwerer Abbau kann nur nachgewiesen, nicht ausgeschlossen werden.

215 Pro: *Stoppe/Lichtenwimmer* DNotZ 2005, 806; contra die Erwiderungen v. *Müller* DNotZ 2006, 325; *Cording/Foerster* DNotZ 2006, 329.

216 Kritisch auch *Brah*, Die Feststellung der Testierunfähigkeit durch den Notar (2013) 113 ff.; *Seibert*, Testierfähigkeit und Willensfreiheit (2015), S. 90, 232.

217 Vgl. näher die Formulierungen des OLG München im Beschl. v. 15.3.2013 – 34 Wx 91/13, NJW-RR 2013, 919 (920) = FamRZ 2013, 1975 (1976) (Rn. 17).

delnden Ärzten – v.a. Hausärzten und Neurologen – beurteilen.[218] Ein Arzt, der den Patienten mitunter jahrelang betreut hat, kann zumindest Verhaltensweisen beschreiben, die dem Gericht oder einem Sachverständigen weiterhelfen können. Ein Sachverständigengutachten können sie allerdings nicht ausschließen.[219]

aa) Anforderungen an die Person des Sachverständigen. Als **Sachverständige** kommen nur solche **106**
Ärzte in Betracht, die sowohl die medizinischen als auch die psychologischen Krankheitsaspekte einschätzen können. Dies sind in der Regel Fachärzte für Psychiatrie und Psychotherapie (vormals: Facharzt für Psychiatrie oder Facharzt für Nervenheilkunde).[220] Angesichts der Vielzahl der Schulen und Ansichten und mangels Kenntnis der medizinischen Seite der Krankheitsmerkmale sind Psychotherapeuten aus dem Kreis der Sachverständigen auszunehmen. In besonders schwierig gelagerten Fällen steht es dem Sachverständigen offen, einen Neuro-Psychologen hinzuzuziehen. Auch nach der Rechtsprechung kommen im Regelfall Fachärzte für Psychiatrie und Psychotherapie in Frage,[221] daneben in Bayern auch öffentlich bestellte Amtsärzte mit psychiatrischer Vorbildung oder ein Landgerichtsarzt.[222]

In der Literatur variieren die Ansprüche an die fachliche Qualifikation des Arztes, namentlich seit Einführung der Schwerpunktbezeichnung „Forensische Psychiatrie" im Jahr 2004. Generell wird nach der Änderung in der Facharztausbildung auch hier wohl ein Facharzt für Psychiatrie und Psychotherapie gemeint sein, da bisher gesagt wurde, er müsse „Facharzt für Psychiatrie und Psychotherapie oder Nervenarzt sein (nicht ausschließlich Neurologe oder Psychotherapeut)".[223]

bb) Anforderungen an das Sachverständigengutachten. Das Gutachten muss es dem Richter – nach **108**
allgemeinen Regeln – ermöglichen, sich ein **eigenes Bild** von der Richtigkeit der Schlüsse zu machen, die der Sachverständige gezogen hat.[224] Die bloße Diagnose, gestützt lediglich auf die Aussage, eine Verständigung mit dem Probanden sei nicht möglich, genügt nicht;[225] ebenso wenig ein Gutachten, das die Diagnose offen lässt und nicht darlegt, wie sich die Erkrankung auf die Willensbildung des Betroffenen auswirkt,[226] oder die Aussage, es liege eine hochgradige Minderung der geistig-seelischen Leistungsfähigkeit des Betroffenen vor.[227] Freilich wird auch in der Rspr. nicht verlangt, dass der Sachverständige (zum Personenkreis → Rn. 106 f.) eine Geschäfts- oder Testierunfähigkeit mit an Sicherheit grenzender Wahrscheinlichkeit feststellt.[228]

Ist die Testierfähigkeit eines noch **Lebenden** zu beurteilen, so muss der Sachverständige den Probanden im **109**
Regelfall selbst untersuchen.[229]

218 Im Fall des KG Rpfleger 2005, 669 (670) zu §§ 15 FGG aF, 404 ZPO stützte sich das LG zB auf den ärztlichen Bericht des Krankenhauses und die Stellungnahme des behandelnden Oberarztes.

219 A.A: zu §§ 15 FGG aF, 404 ZPO KG Rpfleger 2005, 669 (670). Die Entscheidung ist auch insoweit dunkel, als das KG anscheinend neuen Tatsachenvortrag im Verfahren der weiteren Beschwerde für unzulässig hielt (S. 670 r. Sp. unten).

220 Die Weiterbildungsordnung (WBO; Stand: 1.1.2018) der LÄK BW sieht für den Erwerb der Befähigung zum Facharzt bzw. Fachärztin für Psychiatrie und Psychotherapie eine Weiterbildungszeit von 60 Monaten vor, die sich aus 12 Monaten Neurologie und 24 Monaten in der stationären psychiatrischen und psychotherapeutischen Patientenversorgung zusammensetzt.

221 Noch in der alten Terminologie spricht BayObLG Rpfleger 1987, 20 (21) von einem „Nervenarzt (Psychiater)"; BayObLG FamRZ 2002, 497 (498) von einem „psychiatrischen Sachverständigen". Das KG (Rpfleger 2005, 669 (670)) verlangt ebenso in der alten Terminologie einen Nervenarzt oder Psychiater; so jetzt auch OLG Brandenburg Beschl. v. 13.1.2014 – 3 W 49/13, RNotZ 2014, 321,323: „Gutachten eines psychiatrischen oder nervenärztlichen Sachverständigen"; OLG München Beschl. v. 14.1.2020 – 31 Wx 466/19, NJW-RR 2020, 199: „Fachärzt(e) für Psychiatrie".

222 BayObLG Rechtspfleger 1987, 20, 21. In diesem Fall war es ein Medizinaldirektor. BayObLG FamRZ 1996, 566 (568). In letzterem Fall war es ein Landgerichtsarzt. Das BayObLG führte dazu aus: „Sie durften mit dieser Begutachtung den zuständigen Landgerichtsarzt beauftragen, da diese Ärzte in Bayern aufgrund ihrer Ausbildung und praktischen Erfahrung allgemein für die Beurteilung geistiger Erkrankungen in Betracht kommen (…), zumal der hier beauftragte Landgerichtsarzt als **Arzt für Psychiatrie** ausgewiesen ist." (Hervorhebung nicht im Original).

223 So *Kloster-Harz* ZAP Fach 12, 171–176 (Nr. 16 v. 17.8.2005), 175.

224 Zum Verhältnis richterlicher und ärztlicher Aufgaben aus der neueren Rspr. etwa OLG Düsseldorf Beschl. v. 1.6.2012 – I-3 Wx 273/11 ua NJW-RR 2013, 1100 (1101) (Rn. 38); zu den Anforderungen an ein Sachverständigengutachten zur Testierunfähigkeit bei möglicher vaskulär bedingter Demenz OLG Frankfurt aM, Beschl. v. 23.1.2018 – 20 W 4/16, BeckRS 2018, 13079 Rn. 22–77.

225 BayObLG Rpfleger 1987, 20 (21).

226 BayObLG NJW 1992, 2100 (2101).

227 BayObLG FamRZ 2001, 35 = NJW-RR 2000, 1029.

228 BayObLG ZEV 2005, 348 (350) = NJW-RR 2005, 1025 (1027).

229 BayObLG FamRZ 1996, 566 (568) = NJW-RR 1996, 457 (458 f.) (auch zu Ausnahmen).

110 Oft ist die Geschäftsfähigkeit bzw. Testierfähigkeit freilich **retrospektiv** zu beurteilen.[230] Das verlangt besondere Differenzierung im Gutachten,[231] ist psychiatrisch aber nicht etwa unmöglich,[232] wenngleich ein Mangel an empirischen Untersuchungen zur Verlässlichkeit solcher Beurteilungen beklagt wird.[233]

111 Nach allgemeiner Ansicht ist es materiell wie prozessual nicht möglich, eine **Untersuchung zu Lebzeiten** zu erzwingen,[234] anders als früher nach Entmündigungsrecht.[235] Das hat gute Gründe für sich (Persönlichkeitsrecht des potenziellen Erblassers), verschärft aber unter anderem[236] das Problem der retrospektiven Beurteilung. Weiterf. hierzu *Baldus* in Vorauflage, → § 104 Rn. 111–115.

112 **cc) Gerichtliche Würdigung des Sachverständigengutachtens.** Ob eine Person bei Abschluss eines Rechtsgeschäfts geschäfts- oder testierunfähig war, ist eine Rechtsfrage, die allein das befasste Gericht zu beurteilen hat.[237] Hierzu muss das Gericht die **Plausibilität des Gutachtens**, dh Schlüssigkeit, Nachvollziehbarkeit und Überzeugungskraft der gutachterlichen Schlussfolgerungen insbesondere mit Blick auf die freie Willensbestimmung kontrollieren. Nicht ausreichend ist es jedenfalls, den Auffassungen als bewährt bekannter Gutachter ohne individuelle Plausibilitätsprüfung zu folgen.

113 Oftmals werden **Parteigutachten** vorgelegt, deren Ergebnisse nicht mit denen der gerichtlich eingeholten Gutachten übereinstimmen. Mehrere Senate des BGH haben jüngst betont, dass in diesem Fall ebenso wie bei divergierenden Gutachten gerichtlich bestellter Sachverständiger der Tatrichter näher darlegen muss, warum er eines vorzieht, ggf. auch den gerichtlichen Sachverständigen mündlich anhören (§ 411 Abs. 3 ZPO) oder ein Obergutachten einholen muss (§ 412 ZPO). Ansonsten verletzt das erstinstanzliche bzw. das Berufungsgericht Art. 103 Abs. 1 GG, falls tatsächliches Vorbringen nicht zur Kenntnis genommen oder bei der Entscheidung nicht erwogen worden ist.[238] Dem **Beweisangebot**, weitere Behandlungspersonen zu vernehmen, ist nachzugehen, zweckmäßigerweise im Beisein des gerichtlich bestellten Sachverständigen; auf Erkenntnisse aus Parallelverfahren darf dabei nicht verwiesen werden.[239]

C. Rechtsfolgen

I. Nichtigkeit von Willenserklärungen

114 Die Folgen der Geschäftsunfähigkeit regelt im Grundsatz **§ 105** (**Nichtigkeit**), weiterführend dort. Für sog. Geschäfte des täglichen Lebens fingiert § 105 a (s. dort) ausnahmsweise Gültigkeit.

II. Auswirkungen auf die Prozess(un)fähigkeit

115 Weitere Folge der Geschäftsunfähigkeit ist das Fehlen der **Prozessfähigkeit,** §§ 51, 52 ZPO. Das Gericht hat sie als Sachurteilsvoraussetzung von Amts wegen zu prüfen, § 56 Abs. 1 ZPO.[240] Ein Sonderproblem stellt insoweit das Verhältnis der für Geschäfts- und Prozessfähigkeit geltenden **Vermutungen** dar: Während im Falle eines *non liquet* auf materiellrechtlicher Ebene die Geschäftsfähigkeit vermutet wird (→ Rn. 84 ff.), gehen verbleibende Zweifel in prozessualer Hinsicht zulasten der betroffenen Partei, dh es wird von ihrer Prozess*un*fähigkeit ausgegangen.[241] Das ist widersprüchlich, in Abwesenheit einer besonde-

230 *Günther* FamRZ 2000, 604.
231 Für ein Beispiel vgl. VG Berlin Urt. v. 25.3.2014 – 3 K 397.11, juris Rn. 42–45 = BeckRS 2014, 51811.
232 Vgl. nur *Cording*, Die posthume Begutachtung der Testierfähigkeit, Forens Psychiatr Psychol Kriminol 2009, 171, 174 ff.
233 *Cording* Fortschr Neurol Psychiat 2004, 147, 148.
234 Dazu *Baldus/Stremnitzer* DNotZ 2006, 598 (613).
235 Das wird aus psychiatrischer Sicht bedauert: Es sei eine Lücke entstanden. *Cording* Fortschr Neurol Psychiat 2004, 147, 148.
236 Zu anderen Folgen *Baldus/Stremnitzer* DNotZ 2006, 598.
237 Siehe zB OLG München Urt. v. 2.11.2016 – 3 U 1522/16, BeckRS 2016, 19496, Rn. 29: „(…) Aufgabe des Sachverständigen ist es nicht, die Entscheidung darüber, ob von Geschäftsunfähigkeit auszugehen ist oder nicht, zu treffen. Diese können vielmehr dem zur Entscheidung allein berufenen Gericht nur

die notwendigen Anknüpfungstatsachen benennen, aus denen dieses dann die entsprechenden Schlussfolgerungen zu ziehen hat"; instruktiv hierzu auch *Schmoeckel* NJW 2016, 433 (434 f.).
238 BGH Beschl. v. 23.11.2011 – IV ZR 49/11, ZEV 2012, 100 (102 f.), (Rn. 14–20, insbes. 18, 20).
239 BGH Beschl. v. 20.3.2014 – V ZR 169/13, FD-ZVR 2014, 357485 (m. Bspr. *Eizer*) = BeckRS 2014, 08038 Rn. 3 f., 8.
240 BGH Beschl. v. 14.3.2017 – VI ZR 225/16, BeckRS 2017, 109294 (4). Ls. (= FamRZ 2017, 1149); LSG Sachsen-Anhalt Beschl. v. 3.2.2012 – L S AS 276/10 B ER, BeckRS 2012, 66824; LAG Baden-Württ. Urt. v. 27.8.2013 – 8 Sa 62/08, juris Rn. 22 (vgl. dazu BAG NZA 2014, 799).
241 Vgl. etwa BGHZ 143, 122 f. = NJW 2000, 289 (290) (besprochen von *K. Schmidt* JuS 2000, 405); erstmals in der BGH-Rspr. wohl BGHZ 18, 184 = NJW 1955, 1714.

ren Regelung durch die ZPO vermag eher die Ansicht zu überzeugen, auch die Prozessfähigkeit sei zu vermuten.[242]

Das Rechtsmittel der Partei, die sich ua dagegen wendet, dass sie in der Vorinstanz zu Unrecht als prozessfähig oder prozessunfähig angesehen worden sei, ist ohne Rücksicht darauf zulässig, ob sie die sonst für die Prozessfähigkeit erforderlichen Voraussetzungen aufweist.[243] Das Gericht muss aber dafür Sorge tragen, dass die Prozessführung durch einen ggf. zu bestellenden gesetzlichen Vertreter übernommen wird.[244] **116**

III. Auswirkungen auf die Verfahrens(un)fähigkeit

Verfahrenshandlungen eines Geschäftsunfähigen in Verfahren der **Freiwilligen Gerichtsbarkeit** sind grundsätzlich unzulässig.[245] In Vormundschafts-, Familien-, Betreuungs- und Unterbringungssachen regelten früher die §§ 59, 66, 70 a FGG das Beschwerderecht und die Verfahrensfähigkeit der Beteiligten ohne Rücksicht auf deren Geschäftsfähigkeit. **117**

Für den Anwendungsbereich des FamFG ist insbesondere dessen § 9 zu beachten: Geschäftsunfähige sind nicht verfahrensfähig, beschränkt Geschäftsfähige sind es nach den Ausnahmevorschriften des § 9 Abs. 1 Nr. 2, 3 FamFG (siehe ferner §§ 167 Abs. 3, 316, 275 FamFG).[246] Entgegen der Erklärung des historischen Gesetzgebers stellt § 9 Abs. 1 Nr. 3 FamFG keine Akzessorietät zwischen materiellem Recht und Verfahrensrecht her.[247] Für die meisten Fälle nach Minderjährigenrecht des BGB wirkt sich dies freilich deswegen nicht aus, weil die Sonderregel nur für Verfahren gilt, welche die Person und nicht (ganz oder überwiegend) das Vermögen des Minderjährigen betreffen. **118**

In **Betreuungssachen** ist nach einer neueren Leitentscheidung des BGH der Betroffene als verfahrensfähig anzusehen, ohne dass es auf seine Fähigkeit ankommt, einen natürlichen Willen zu bilden (s. § 275 FamFG);[248] er kann auch einen Verfahrensbevollmächtigten bestellen, und auch dafür soll es auf die Fähigkeit zur Willensbildung nicht ankommen.[249] Der BGH folgt damit der hL Die Entscheidung überzeugt jedenfalls deswegen, weil das Kriterium des „natürlichen Willens"[250] nicht praxistauglich abgrenzbar ist.[251] Sie schließt an das überkommene Prinzip an, dass im Verfahren um die eigene Handlungsfähigkeit ebendiese Fähigkeit funktionell unterstellt wird, und bildet es für Betreuungssachen konsequent fort. **119**

Abzuwarten bleibt, ob diese Rspr. sich kategorial mit der Judikatur zu § 1896 Abs. 1 a verknüpfen lässt: Gegen den freien Willen einer Person darf ihr kein Betreuer bestellt werden. Der BGH knüpft bei der Auslegung dieses Tatbestandsmerkmals richtigerweise an § 104 Nr. 2 an;[252] er hat den freien Willen, ebenfalls zu Recht, in einem Fall verneint, in dem eine zum Entscheidungszeitpunkt leicht depressive Person sich als unfähig erwies, verschiedene Verfahren auseinanderzuhalten, so dass sie auch anders gelagerte Maßnahmen als demütigende Akte im Rahmen einer Teilungsversteigerung einordnete. **120**

Sondervorschriften für die **Insolvenz** bestehen nur insoweit, als der Minderjährige (insolvenzfähig nach allgemeinen Regeln: § 11 Abs. 1 S. 1 InsO) im Verfahren gesetzlich vertreten wird (§§ 4 InsO, 51 ZPO).[253] Soll der minderjährige Schuldner nach § 10 InsO angehört werden, ist eine persönliche Anhörung durchzuführen, wenn der gesetzliche Vertreter darin einwilligt; willigt er nicht ein, wird er an Stelle des Minderjährigen angehört.[254] **121**

242 *Musielak* NJW 1997, 1739 ff. So jetzt auch LSG Sachsen-Anhalt Beschl. v. 3.2.2012 – L 5 AS 276/10 B ER, BeckRS 2012, 66824.

243 BGH Beschl. v. 25.11.2010 – III ZB 2/10, Rn. 15 mwN zur st. Rspr.; BGH Beschl. v. 9.11.2010 – VI ZR 249/10 = NJW-RR 2011, 284.

244 BGH Beschl. v. 9.11.2010 – VI ZR 249/10 = NJW-RR 2011, 284. 285 Rn. 9; BGH Beschl. v. 14.3.2017 – VI ZR 225/16, BeckRS 2017, 109294 Rn. 15.

245 BayObLG DB 2003, 1565 mwN.

246 Vgl. *Heiter* FamRZ 2009, 85. *Hoffmann*, Personensorge, 2. Aufl. 2013, § 2 Rn. 44 qualifiziert § 9 Abs. 1 FamFG als Teilgeschäftsfähigkeit. Zur Auswirkungen auf die Wirksamkeit eines Geschäftsbesorgungsvertrags mit einem Rechtsanwalt sowie einer Verfahrensvollmacht in einem Unterbringungsverfahren bei Minderjährigkeit OLG Dresden NJW 2014, 2451 (2452 f.) (Vertrag, der unter aufschiebender Bedingung der Beiordnung geschlossen wird, ist jedenfalls dann wirksam, wenn es die Schwierigkeit der Sach- und Rechtslage, § 78 Abs. 2 FamFG, erfordert); ferner OLG Hamburg Beschl. v. 29.12.2017 – 12 WF

111/17, FamRZ 2018, 843; OLG Koblenz Beschl. v. 12.12.2018 – 13 WF 986/18, FamRZ 2019, 706.

247 *Heiter* FamRZ 2009, 85 (86).

248 Die Prozessfähigkeit eines nicht geschäftsfähigen Betreuten für Zivilklagen gegen seinen Betreuer aber abl. AG Zossen Urt. v. 26.4.2018 – 3 C 159/17 = FamRZ 2018, 1695.

249 BGH NJW 2014, 215 (216 f.) = FamRZ 2014, 110 (111) = DNotZ 2014, 289 (290–292); Anm. *Lutz* BWNotZ 2014, 116 (116).In der neueren OLG-Judikatur schließt sich dem BGH an OLG Koblenz Urt. v. 13.2.2014 – 6 U 747/13, juris Rn. 10–16 = ZEV 2014, 315 (316) = NJW 2014, 1251 f.

250 Grundsatzkritik an dieser Kategorie bei *Beckmann* JZ 2013, 604ff.

251 Vgl. Rn. 16 f. der Entscheidung.

252 Siehe zB BGH Beschl. v. 26.2.2014 – XII ZB 577/13, juris Rn. 13 = NJW-RR 2014, 770 (771).

253 Näher zur Insolvenz des nicht voll Geschäftsfähigen *Bork*, Das Kind als Schuldner, in Bork/Repgen, Das Kind im Recht, S. 85; *Piekenbrock* KTS 2008, 307.

254 Braun/*Bußhardt* (8. Aufl. 2020) InsO § 10 Rn. 7.

D. Hinweis zum Kollisionsrecht

122 **Kollisionsrechtlich** wird die Frage nach der allgemeinen Geschäftsfähigkeit gesondert angeknüpft und untersteht nach **Art. 7 EGBGB** dem Staatsangehörigkeitsstatut. Es greift also nicht das Wirkungs- oder Vertragsstatut, sondern das **Personalstatut**. Insbesondere im Fall unbegleitet eingereister minderjähriger Flüchtlinge ist **Art. 12 Abs. 1 Genfer Flüchtlingskonvention**[255] zu beachten. Das dort geregelte Personalstatut verdrängt Art. 7 EGBGB.[256]

123 Nach hM werden i.R.d. Art. 7 EGBGB nicht nur die Voraussetzungen der Geschäfts(un)fähigkeit, sondern auch die Rechtsfolgen bei Fehlen der Geschäftsfähigkeit an die Staatsangehörigkeit angeknüpft.[257] Besondere Geschäftsfähigkeiten hingegen sollen sich nach dem jeweiligen Geschäftsstatut richten.[258] Das bleibt zu überprüfen.

124 Die Verordnungen des Europäischen IPR („Rom-Verordnungen" und ErbVO) und IZVR („Brüssel-Verordnungen" und ErbVO) nehmen die Geschäftsfähigkeit typischerweise und damit rechtsaktübergreifend von ihrem Anwendungsbereich aus.[259]

125 Mit Blick auf Art. 1 Abs. 2 a) und Art. 22 Nr. 1 (nun Art. 24 Nr. 1) Brüssel I(a)-VO hat der EuGH entschieden, dass die Verordnung nicht auf Verfahren zur gerichtlichen Genehmigungen für Immobiliengeschäfte von Betreuten anwendbar ist, sofern der alleinige Verfahrensgegenstand um die Interessen der für partiell geschäftsunfähig erklärten Person kreist.[260] Dieser Linie folgt der EuGH auch bei Aufhebung eines Grundstücksvertrags wegen Geschäftsunfähigkeit des Schenkers. Hier ist der Anwendungsbereich der Brüssel Ia-VO eröffnet. Für die Rückabwicklung des Schenkungsvertrags greift Art. 7 Abs. 1 a) Brüssel Ia-VO, während die Klage auf Löschung der entsprechenden Eintragung im Grundbuch wegen des Sachbezugs allerdings Art. 24 Nr. 1 Brüssel Ia-VO unterfällt.[261] Eine Verfahrensverbindung nach Art. 8 Nr. 4 Brüssel Ia-VO ist aber nach Auffassung des EuGH möglich.

§ 105 Nichtigkeit der Willenserklärung

(1) Die Willenserklärung eines Geschäftsunfähigen ist nichtig.

(2) Nichtig ist auch eine Willenserklärung, die im Zustand der Bewusstlosigkeit oder vorübergehender Störung der Geistestätigkeit abgegeben wird.

Literatur: *Canaris,* Verstöße gegen das verfassungsrechtliche Übermaßverbot im Recht der Geschäftsfähigkeit und im Schadensersatzrecht, JZ 1987, 993; *ders.,* Zur Problematik von Privatrecht und verfassungsrechtlichem Übermaßverbot, JZ 1988, 494; *Habermeyer/Saß,* Voraussetzungen der Geschäfts(un-)fähigkeit – Anmerkungen aus psychopathologischer Sicht, MedR 2003, 543; *Kohler,* Geschäftsunfähigkeit und wechselseitiger Bereicherungsausgleich, NJW 1989, 1849; *Ramm,* Drittwirkung und Übermaßverbot, JZ 1988, 489; *K. Schmidt,* Ein Lehrstück zu § 15 Abs. 1 HGB, JuS 1991, 1002; *Wedemann,* Die Rechtsfolgen der Geschäftsunfähigkeit, AcP 209 (2009), 668; *Wieser,* Verstößt § 105 BGB gegen das verfassungsrechtliche Übermaßverbot?, JZ 1988, 493.

A. Geschäftsunfähigkeit (Abs. 1) 2
B. Bewusstlosigkeit und vorübergehende Störung der Geistestätigkeit (Abs. 2) 3
C. Rechtsfolgen 9
  I. Zugang von Willenserklärungen 11
  II. Gesetzliche Vertretung von Geschäftsunfähigen 13

III. Kein Schutz des Rechtsverkehrs vor unerkannt geschäftsunfähigen Verkehrsteilnehmern 16
IV. Rückabwicklung nichtiger Verträge 22
V. Punktueller Verkehrsschutz 25

---

255 UN-Abkommen über die Rechtsstellung der Flüchtlinge vom 28.7.1951, BGBl. 1953 II, S. 559 und 1954 II, S. 619.

256 So in einer Vormundschaftssache BGH NJW 2018, 613 (614 f., Rn. 23 mwN (Geschäftsfähigkeit und Volljährigkeit gehören zum Kernbereich des Personalstatuts). Weiterf. zB *Rupp* ZfPW 2018, 57 (69).

257 Vgl. *Baetge* IPRax 1996, 185 (186 ff. mwN) (gegen OLG Düsseldorf IPRax 1996, 199 f. = FamRZ 1995, 1066: Wirkungsstatut für die Folgen). Vgl. noch *Kirchhoff,* Das Rechtsfolgenstatut der beschränkten Geschäftsfähigkeit und der Geschäftsunfähigkeit (2005).

258 Vgl. *Kurzynsky-Singer* Anknüpfung und Reichweite des Vollmachtsstatuts (2005).

259 Instruktiv hierzu *Kokott,* Schlussanträge v. 7.7.2016 zu C-417/15, ECLI:EU:C:2016:535 Rn. 22–32 (= BeckRS 2016, 81476).

260 EuGH Urt. v. 3.10.2013 – C-386/12, FamRZ 2013, 1873 (mAnm *Wendenburg*), Siegfried Janós Schneider, ECLI:EU:C:2013:633; Anm. *Kümmerle* GPR 2014, 171 (172 f.).

261 EuGH Urt. v. 16.11.2016 – C-417/15, EuZW 2017, 36 (mAnm *Klöpfer*), *W. Schmidt/C. Schmidt,* ECLI:EU:C:2016:881

Abs. 1 und 2 stellen rechtshindernde **Einwendungen** gegen die Wirksamkeit eines Rechtsgeschäfts dar. **1** Folglich trägt derjenige, der sich auf die Geschäftsunfähigkeit des Erklärenden oder darauf beruft, dass sich der Erklärende bei Abgabe der Erklärung in einem in Abs. 2 genannten Zustand befunden hat, dafür die **Darlegungs- und Beweislast**; ebenso trifft ihn die **Feststellungslast** (ausf. zum Ganzen → § 104 Rn. 84 ff.). Zu kollisionsrechtlichen Fragen → § 104 Rn. 122 ff.

A. Geschäftsunfähigkeit (Abs. 1)

Nach Abs. 1 sind, soweit nicht § 105 a eingreift, alle Willenserklärungen eines Geschäftsunfähigen **nichtig** **2** (näher → Rn. 9 f.).[1] Mit dem Begriff der Geschäftsunfähigkeit nimmt Abs. 1 namentlich Bezug auf § 104.

B. Bewusstlosigkeit und vorübergehende Störung der Geistestätigkeit (Abs. 2)

Gem. Abs. 2 ist eine Willenserklärung auch dann **nichtig**, wenn sie in einem **vorübergehenden Zustand** **3** **psychischer Störung** abgegeben wurde. Im Falle völliger **Bewusstlosigkeit** (Alt. 1) ist schon die Abgabe einer Willenserklärung unmöglich, weil es am Handlungswillen fehlt. Das kann folglich aus systematischen Erwägungen kaum gemeint sein.

Es wird vertreten, dass die erste Alternative des Abs. 2 Zustände unterhalb der Schwelle der völligen **4** Bewusstlosigkeit erfasse, in denen die Erkenntnis über Inhalt und Wesen der vorgenommenen Handlung ausgeschlossen sei („**Bewusstseinstrübung**").[2] Entsprechende Anwendungsfälle sind selten, neuere Rechtsprechung dazu ebenso.[3] Der Begriff der Bewusstlosigkeit in Alt. 1 mag verdeutlichen, dass für die von Abs. 2 Alt. 2 erfassten psychischen Beeinträchtigungen entsprechend eine besondere Schwere erforderlich ist.

Die **vorübergehende Störung der Geistestätigkeit** iSd Abs. 2 Alt. 2 muss nach ganz hM wie bei § 104 **5** Nr. 2 krankhafter Natur sein und den Ausschluss der freien Willensbestimmung beim Betroffenen zur Folge haben.[4] In Abgrenzung zu § 104 Nr. 2 darf es sich jedoch nur um vorübergehende Zustände handeln (→ § 104 Rn. 77 ff.).

Eine vorübergehende Störung der Geistestätigkeit ist namentlich der **Alkoholrausch**, sofern der Zustand **6** des Handelnden einer Bewusstlosigkeit gleichkommt (→ Rn. 8).[5] Es genügt mithin nicht, dass der Erklärende hochgradig alkoholisiert ist. Vielmehr muss substantiiert werden, dass die freie Willensbestimmung vollständig **ausgeschlossen** war;[6] dies ist jedenfalls dann zu verneinen, wenn wenige Stunden nach Abgabe der Erklärung keine Ausfallerscheinungen erkennbar sind.[7]

Alkoholismus (dazu → § 104 Rn. 68 f.) als solcher ist unerheblich; freilich kann die freie Willensbestim- **7** mung etwa dann fehlen, wenn starke Entzugserscheinungen vorliegen und der Kranke annehmen darf, er werde bei Abgabe der Erklärung vom Vertragspartner weiteren Alkohol erhalten.[8] In solchen Fällen ist jedoch auch an § 138 Abs. 2 zu denken.

Zu anderen Süchten und Suchtmitteln → § 104 Rn. 70–73: Im Grundsatz sind alle geeignet, bei hinreichen- **8** dem Schweregrad Geschäftsunfähigkeit bzw. eine Störung der Geistestätigkeit zu begründen.

C. Rechtsfolgen

Sowohl im Fall des Abs. 1 als auch im Fall des Abs. 2 ist eine abgegebene **Willenserklärung nichtig**, dh ab **9** initio und nicht nur schwebend unwirksam. Die Unwirksamkeit schließt auch einen Anspruch aus § 816

1 Zu gelegentlich geäußerten Bedenken hinsichtlich der Verfassungsmäßigkeit vgl. *Canaris* JZ 1987, 996 ff., mit Reaktionen von *Ramm* JZ 1988, 490 f., und *Wieser* JZ 1988, 493 f., sowie Schlusswort von *Canaris* JZ 1988, 496 ff.

2 BGH WM 1972, 972, der bei einem Alkoholrausch zwischen „Bewusstseinstrübung" und vorübergehender Störung der Geistestätigkeit unterscheidet; Staudinger/*Klumpp* (2017) BGB § 105 Rn. 27.

3 Vgl. Staudinger/*Klumpp* (2017) BGB § 105 Rn. 27 mwN.

4 Staudinger/*Klumpp* (2017) BGB § 105 Rn. 27 mwN.

5 Bewusstlosigkeit iSv Abs. 2 Alt. 1 ohne nähere Begründung bejaht bei einer BAK von 3,4‰ OLG Nürnberg NJW 1977, 1496; BGH VersR 1967, 341 (342) prüft nur eine vorübergehende Störung der

Geistestätigkeit: die freie Willensbestimmung sei bei einer BAK von 2‰ regelmäßig noch nicht ausgeschlossen; vgl. auch BGH WM 1972, 972.

6 BGH WM 1972, 972.

7 OLG Köln NJW-RR 2002, 620 (622). In casu ging es überdies um die Frage, ob der Inhaber einer Kreditkarte dem Kreditkartenunternehmen vorhalten kann, dieses habe im Valutaverhältnis gezahlt, obwohl die Geschäftsunfähigkeit rechtzeitig mitgeteilt worden sei; zu diesem Problem im Rahmen der AGB-Kontrolle BGH NJW 1990, 2880 (2881) (der Inhaber ist leistungspflichtig); dazu *Meder* NJW 1994, 2597 (2598). Zu den AGB von Kreditinstituten → Rn. 24.

8 BAG NJW 1996, 2593 (2594); BGH WM 1972, 972 (973).

Abs. 1 S. 1 aus.[9] Eine Heilungsmöglichkeit sieht das Gesetz nicht vor. Fallen die Voraussetzungen des § 105 später weg, so muss der Erklärende das Geschäft neu vornehmen (vgl. § 141); dieses wird ex nunc wirksam.

10 Auch wenn mit dem Geschäftsunfähigen kein wirksamer Vertrag zustande kommt, steht dies einer etwaigen Haftung des Geschäftsgegners aus §§ 280 Abs. 1, 241 Abs. 2, 311 Abs. 2 (culpa in contrahendo) nicht entgegen.[10] Denn eine solche Haftung hängt nicht von einem Vertragsschluss ab.

I. Zugang von Willenserklärungen

11 Wegen der Folge des Abs. 1 kann der **Geschäftsunfähige** nur durch seinen **gesetzlichen Vertreter** am Rechtsverkehr teilnehmen. Für die Entgegennahme von Willenserklärungen folgt das aus der Vorschrift des § 131 Abs. 1. Nach **§ 131 Abs. 1** müssen Willenserklärungen grundsätzlich dem gesetzlichen Vertreter zugehen, um Rechtswirkungen zu entfalten.[11] Zusätzliche Erfordernisse können hinzutreten: So ist bei der Anfechtung einer auf Abschluss eines Erbvertrages gerichteten Willenserklärung eine Ausfertigung (keine bloße Abschrift) an den gesetzlichen Vertreter zu richten.[12]

12 § 131 Abs. 1 setzt Geschäftsunfähigkeit voraus, so dass **Zugang einer Erklärung** beim gem. Abs. 2 nur vorübergehend in seiner Geistestätigkeit Beeinträchtigten gem. § 130 Abs. 1 möglich ist. Dies gilt jedoch nur für verkörperte, nicht auch für mündliche Willenserklärungen.[13] In letzterem Fall ist ein Zugang zumindest dann zu verneinen, wenn für den Erklärenden erkennbar war, dass der Adressat sich in einem Zustand des Abs. 2 befindet und ihm deshalb die Möglichkeit zur Kenntnisnahme fehlt.[14]

II. Gesetzliche Vertretung von Geschäftsunfähigen

13 Die **gesetzliche Vertretung** eines gem. § 104 Nr. 1 geschäftsunfähigen Kindes steht gem. § 1629 Abs. 1 S. 1 grundsätzlich dessen **sorgeberechtigten Eltern** zu (→ § 107 Rn. 4). Für volljährige Geschäftsunfähige iSd § 104 Nr. 2 wird gem. § 1896 Abs. 1 S. 1 ein **Betreuer** bestellt. Dieser ist in seinem Aufgabenkreis gesetzlicher Vertreter des Betreuten, § 1902 (vgl. dort). Die Geschäftsunfähigkeit des Betreuten erfordert die Bestellung eines Betreuers für alle Rechtsgeschäfte, damit die Teilnahme des Betreuten am Rechtsverkehr gewährleistet ist.[15]

14 Der Vertretung sind gesetzliche Grenzen gesetzt, → § 104 Rn. 55 ff.; für den Betreuer folgt dies aus § 1908 i Abs. 1. **Höchstpersönliche Rechtsgeschäfte**, bei denen Vertretung nicht möglich ist, bleiben dem Geschäftsunfähigen verwehrt (vgl. jedoch zur Ehegeschäftsfähigkeit → § 104 Rn. 19).

15 Der Geschäftsunfähige seinerseits kann nicht Vertreter sein, weil er keine eigene Willenserklärung abgeben kann. Zum beschränkt Geschäftsfähigen als Vertreter → § 107 Rn. 67.

III. Kein Schutz des Rechtsverkehrs vor unerkannt geschäftsunfähigen Verkehrsteilnehmern

16 Einen **guten Glauben an die Geschäftsfähigkeit** kennt das BGB nicht (→ § 104 Rn. 47 f.). Der Rechtsverkehr wird mithin vor Personen, deren Geschäftsunfähigkeit unerkannt geblieben ist, im Grundsatz nicht geschützt (→ § 107 Rn. 5 f.).

17 Auf den ersten Blick könnte man nach **§ 6 Abs. 2 S. 1 GmbHG, § 15 HGB** annehmen, dass der Rechtsverkehr geschützt werde, wenn ein **GmbH-Geschäftsführer** aufgrund **Geisteskrankheit** (ipso iure) die Vertretungsbefugnis verliert, die GmbH es aber versäumt, die Beendigung seines Amtes eintragen zu lassen (§ 39 Abs. 1 GmbHG). Der BGH hat jedoch klargestellt, dass Vertretungsmacht und Fähigkeit zu wirksamem rechtsgeschäftlichem Handeln auch insoweit zu **trennen** sind. Der Rechtsverkehr kann sich nach § 15 Abs. 1 HGB daher nur auf den Fortbestand der Geschäftsführerstellung verlassen, nicht auch auf die Geschäftsfähigkeit des Geschäftsführers, mag diese auch ihrerseits Voraussetzung der Organstellung sein. Die Gesellschaft muss sich daher Erklärungen des Geschäftsführers allenfalls nach **allgemeinen Rechts-**

---

9   BGH Urt. v. 20.11.2013 – XII ZR 19/11, NJW 2014, 1095 (1096 f.) Rn. 15, 24–26 (= FamRZ 2014, 473), besprochen von *K. Schmidt* JuS 2014, 548; str., aA etwa *Sosnitza*, Besitz und Besitzschutz (2003), S. 222.

10 OLG Brandenburg Urt. v. 8.11.2017 – 4 U 206/16, BeckRS 2017, 131192 Rn. 26 f. (Verletzung einer Aufklärungspflicht bei Kapitalanlage); vgl. ferner BGH NJW 1973, 1790 (1791 f.)

11 Neuere Übersicht: *Boemke/Schönfelder* JuS 2013, 7–12.

12 *Helms* DNotZ 2003, 104 (106).

13 HM, vgl. Jauernig/*Mansel* (2018) BGB § 130 Rn. 11 f. mwN.

14 *Larenz/Wolf/Neuner* BGB AT, § 34 Rn. 12.

15 Staudinger/*Klumpp* (2017), Vor §§ 104–115 Rn. 54; zum Verhältnis von Geschäftsunfähigkeit und Betreuung vgl. Staudinger/*Klumpp* (2017) BGB § 105 Rn. 17 ff.

scheinsgrundsätzen entgegenhalten lassen, wenn nämlich die Gesellschafter angesichts einer ihnen erkennbaren Geschäftsunfähigkeit gleichwohl untätig geblieben sind.[16]

Ferner ist eine im Zustand des Abs. 2 geschlossene **Ehe** gem. § 1314 Abs. 2 Nr. 1 aufhebbar. **18**

Den Rechtsfolgen des § 105 kann sich ein Kreditinstitut nicht entziehen, indem es dem Kunden durch **AGB** **19** das **Risiko seiner eigenen Geschäftsunfähigkeit aufbürdet**.[17] Hat die Bank eine wegen Geschäftsunfähigkeit **nichtige Anweisung** ausgeführt, erwächst ihr hieraus kein Bereicherungsanspruch gegen den Anweisenden.[18]

Der gesetzlich niedergelegte Schutz des nicht (voll) Geschäftsfähigen genießt Vorrang vor den Regeln über **20** die **fehlerhafte Gesellschaft** (näher → § 107 Rn. 84 f.).[19] Die §§ 104 ff. finden demnach ebenso Anwendung wie §§ 107 ff., und zwar auch auf den Fall, dass die Erklärung auf das Ausscheiden aus der Gesellschaft gerichtet ist und ihre Nichtigkeit auf Abs. 2 beruht: Wer – nach Abs. 2 unwirksam – eine solche Erklärung abgibt, bleibt Gesellschafter.[20]

Bei der **Verjährung** ist § 210 Abs. 1 zu beachten. Liegt ein Gesamtschuldverhältnis vor, kann die **21** Geschäftsunfähigkeit eines Gesamtschuldners nach § 139 zur Gesamtnichtigkeit des Vertrages führen.[21]

IV. Rückabwicklung nichtiger Verträge

Aufgrund des Trennungs- und Abstraktionsprinzips ist die Nichtigkeit für Grundgeschäft und Erfüllungsge- **22** schäft gesondert zu beurteilen. Die sog. **Fehleridentität** ist keine Durchbrechung, sondern eine Bestätigung dieses Grundsatzes: Sind beide Geschäfte vom „selben" Mangel betroffen, etwa Geschäftsunfähigkeit bei Vornahme des Kausalgeschäfts wie beim dinglichen Vollzug, so tritt die Nichtigkeit dennoch jeweils deswegen ein, weil der Mangel gerade das zu prüfende Geschäft betrifft. Es verhält sich nicht etwa so, dass das eine Geschäft das andere infizierte. Abzulehnen ist eine Aufweichung des Abstraktionsgrundsatzes über § 139; der Grundsatz verlangt es, Grundgeschäft und Erfüllung gerade nicht als einheitliches Rechtsgeschäft im Sinne dieser Norm zu betrachten.

Betrifft die Nichtigkeit nach § 105 nur das Grundgeschäft (Schulbeispiel: Alkoholrausch lediglich bei **23** Abschluss des Kaufvertrages, Übereignung im nüchternen Zustand), so hat die **Rückabwicklung** nach allgemeinen Regeln über die **Leistungskondiktion** zu erfolgen, § 812 Abs. 1 S. 1 Alt. 1.

Vereinzelt wird in Zweifel gezogen, ob sich der geschäftsunfähige Bereicherungsschuldner auf den **Entreicherungseinwand (§ 818 Abs. 3)** berufen kann. Die Rechtsprechung wendet zutreffend § 818 Abs. 3 an; weder greife die sog. Saldotheorie ein,[22] noch komme eine verschärfte Haftung nach § 819 Abs. 1 in Betracht.[23] Dem ist schon deswegen zu folgen, weil sonst der Schutz des Geschäftsunfähigen vor sich selbst unterlaufen würde; vgl. auch → § 107 Rn. 148 ff.

Freilich ist dabei zweierlei zu bedenken: Die Nichtanwendung der Saldotheorie hindert den Bereicherungs- **24** gläubiger nicht daran, für den untergegangenen Gegenstand **Wertersatz nach § 818 Abs. 2** und zwar im Wege der Aufrechnung (§§ 387 ff.) zu verlangen. Dann aber trifft den Bereicherungsschuldner auch im Falle seiner Geschäftsunfähigkeit die **Darlegungs- und Beweislast** für die Umstände, die den **Wegfall der Bereicherung** (§ 818 Abs. 3) begründen.[24] Hebt also etwa eine wegen (Alters-)Demenz geschäftsunfähige Person Geld von ihrem Bankkonto ab und lässt sich der Verbleib des Geldes nicht mehr aufklären und sich vor allem nicht ausschließen, dass der abgehobene Geldbetrag dem Vermögen des Geschäftsunfähigen zugekommen ist, so bleibt auch der Geschäftsunfähige der Bank zum Wertersatz (§§ 812 Abs. 1

---

16 BGH NJW 1991, 2566 (2567) = JZ 1992, 152 f. (mAnm *Lutter/Gehling*), gegen die Vorinstanz OLG München JR 1991, 245 f.: § 15 Abs. 1 HGB; zu Folgefragen *K. Schmidt* JuS 1991, 1005.

17 Hier: Keine Haftung aus Überziehungskredit; zutr. BGH NJW 1991, 2414 ff., gegen die Vorinstanz (OLG Köln NJW 1991, 848 (849)).

18 BGH JR 1991, 327 (328) mAnm *Schwark*, S. 328 f.: keine Leistung des Anweisenden.

19 MüKoBGB/*Spickhoff* (2018) § 105 Rn. 58 ff.

20 So BGH NJW 1992, 1503 (1504) = DNotZ 1992, 734 (735 f.) für einen vorübergehend in seiner Geistestätigkeit gestörten Kommanditisten.

21 OLG Karlsruhe NJW-RR 1991, 947 (948) (Darlehensvertrag).

22 BGH NJW 1994, 2021 (2022) mwN; zu der zumindest missverständlichen Entscheidung BGH NJW 1988, 3011 (3011) vgl. *Kohler* NJW 1989, 1849 ff.;

BGH 20.9.2013 – XII ZR 19/11, NJW 2014, 1095 (mAnm *Fervers*) = FamRZ 2014, 473, besprochen von *K. Schmidt* JuS 2014, 548; KG Berlin Urt. v. 25.2.2019 – 8 U 155/17, BeckRS 2019, 3338 Rn. 32–40.

23 KG NJW 1998, 2911, mit Ausführungen zur – geringen – Darlegungslast hinsichtlich der Entreicherung.

24 Siehe nur KG Urt. v. 25.2.2019 – 8 U 155/17, BeckRS 2019, 3338 Rn. 32–40. Sachverhaltlich anders gelagert ist BGH NJW 2015, 2497: Hier war bekannt, an wen der abgehobene Geldbetrag geflossen war. Da dem Geschäftsunfähigen ein Herausgabeanspruch gegen diese Person zustand, war er nicht entreichert. Einschränkend, wenn Eltern eines beschränkt geschäftsfähigen Kindes eigenmächtig und missbräuchlich über dessen Konto verfügten BGH NJW 2017, 3516 (3519) Rn. 33.

S. 1 1. Alt., 818 Abs. 2) verpflichtet.[25] Ist hingegen bekannt, an wen das abgehobene Geld geflossen ist und steht dem Geschäftsunfähigen ein Herausgabeanspruch gegen diesen Dritten zu, kann er sich ausnahmsweise durch **Abtretung** dieses Anspruchs vom Wertersatzanspruch des Bereicherungsgläubigers befreien.[26]

V. Punktueller Verkehrsschutz

25   Die Vorschriften über **gesetzliche Ansprüche** sind einerseits so auszulegen, dass der **Schutz des Geschäftsunfähigen** nicht konterkariert wird; andererseits können Sinn und Zweck dieser Ansprüche auch Lösungen zu seinen Lasten erzwingen.

26   Streitig ist insbesondere, ob nach Weggabe einer Sache durch einen Geschäftsunfähigen **Ersitzung** eintreten kann oder ob eine **Leistungskondiktion**[27] auch nach Ablauf der Ersitzungsfrist in Betracht kommt. Die besseren Argumente sprechen hier für die Ersitzbarkeit: §§ 937 ff. haben eine subsidiäre Befriedungsfunktion für den Rechtsverkehr dort, wo sofortiger gutgläubiger Erwerb nicht möglich ist. Diese Funktion besteht auch dort, wo der gesetzliche Vertreter des Geschäftsunfähigen es versäumt hat, dessen Ansprüche geltend zu machen. Hier bestehen immerhin Ersatzansprüche im Innenverhältnis.[28]

27   Bei **Arbeits- und sonstigen Dienstverhältnissen** sind die Rechtsfolgen der §§ 104 ff. unter Berücksichtigung eines wirksamen Schutzes des Geschäftsunfähigen einzuschränken, insbesondere findet bei bereits erbrachter Leistung durch den Geschäftsunfähigen keine Rückabwicklung gem. §§ 812 ff. statt.[29]

§ 105 a Geschäfte des täglichen Lebens

[1]Tätigt ein volljähriger Geschäftsunfähiger ein Geschäft des täglichen Lebens, das mit geringwertigen Mitteln bewirkt werden kann, so gilt der von ihm geschlossene Vertrag in Ansehung von Leistung und, soweit vereinbart, Gegenleistung als wirksam, sobald Leistung und Gegenleistung bewirkt sind. [2]Satz 1 gilt nicht bei einer erheblichen Gefahr für die Person oder das Vermögen des Geschäftsunfähigen.

Literatur: *Adena*, Rechtsgeschäfte des täglichen Lebens in Deutschland und Österreich – §§ 105 a, 1903 Abs. 3 S. 2 BGB, 151 Abs. 3, 280 Abs. 2 ABGB, Hamburg 2009; *Baldus/Böhr*, Alte Kameraden: Das außergewöhnliche Testament, Jura 2001, 34; *Casper*, Geschäfte des täglichen Lebens – kritische Anmerkung zum neuen § 105 a BGB, NJW 2002, 3425; *Heim*, Gesetzgeberische Modifizierung der Auswirkungen der Geschäftsunfähigkeit Volljähriger beim Vertragsschluss, JuS 2003, 141; *Joussen*, Die Rechtsgeschäfte des Geschäftsunfähigen – der neue § 105 a BGB, ZGS 2003, 101; *Lipp*, Die neue Geschäftsfähigkeit Erwachsener, FamRZ 2003, 721; *Löhnig/Schärtl*, Zur Dogmatik des § 105 a BGB, AcP 204 (2004), 25; *Pawlowski*, Willenserklärungen und Einwilligungen in personenbezogene Eingriffe, JZ 2003, 66; *Reck*, Die Geschäfte des täglichen Lebens volljähriger Geschäftsunfähiger – § 105 a BGB, Hamburg 2008; *M. Roth*, Die Rechtsgeschäftslehre im demographischen Wandel, AcP 208 (2008), 451; *Scherer*, Eine neue Norm im Recht der Geschäfts(un)fähigkeit – Auslegung und dogmatische Einordnung des § 105 a BGB, StudZR 2004, 85; *Wedemann*, Die Rechtsfolgen der Geschäftsunfähigkeit, AcP 209 (2009), 668.

A. Allgemeines	1		1. Vorratshaltung	32
B. Regelungsgehalt	6		2. Schenkungen	34
I. Volljähriger Geschäftsunfähiger	7		IV. Bewirken von Leistung und Gegenleistung	38
II. Geschäft des täglichen Lebens	11		V. Keine Gefahr für Person oder Vermögen	
1. Überlegungen zum Wortlaut	12		(S. 2)	41
2. Systematische Bezüge	14		VI. Rechtsfolgen	43
3. Teleologische Überlegungen	17		1. Fiktion eines wirksamen Vertragsschlus-	
III. Geringwertige Mittel	28		ses	43

25   KG Urt. v. 25.2.2019 – 8 U 155/17, BeckRS 2019, 3338; vgl. BGH NJW 2003, 3271 (3271) unter II. 1. mwN Den Geldbetrag hat er mangels Erfüllungswirkung (§ 362 Abs. 1) rechtsgrundlos erhalten; vgl. hierzu etwa BGH NJW 2015, 2497 (2498) Rn. 13, 22 mwN (= BGHZ 205, 90).

26   BGH NJW 2015, 2497 (2499) Rn. 25: „(...) Wäre ein Geschäftsunfähiger bzw. ein beschränkt Geschäftsfähiger oder der ihnen gleichgestellte Betreute zum Wertersatz verpflichtet, würde der vom Gesetz bezweckte Schutz gerade in den Fällen unterlaufen, in denen sich die Gefahr des Verschleuderns von Vermögenswerten realisiert, weil die Durchsetzung des eigenen Bereicherungsanspruchs oft ungewiss und zumindest mit erheblichen Schwierigkeiten

verbunden ist. Es käme entgegen der Wertung des Gesetzes zu einer faktischen Geltung des unwirksamen Rechtsgeschäfts, bei der die Schutzwürdige die Gefahr der Realisierung seiner Ansprüche bzw. die Darlegungs- und Beweislast für eine eingetretene Entreicherung tragen würde (...). Dieses Ergebnis wäre mit dem gesetzlich bezweckten Schutz nicht voll Geschäftsfähiger nicht zu vereinbaren (...)".

27   Unstreitig scheidet eine Nichtleistungskondiktion aus; sonst verbliebe der Ersitzung insoweit kaum noch ein Anwendungsbereich.

28   Näher (auch zum Menzelbilder-Fall) MüKoBGB/*Baldus* (2020) § 937 Rn. 42 ff., 79 ff.

29   Näher MüKoBGB/*Spickhoff* (2018) § 105 Rn. 50 ff.

2. Reichweite der Wirksamkeitsfiktion 46
  a) Verfügungsgeschäft 47
  b) Sekundäransprüche 48

C. Weitere praktische Hinweise und rechtspolitischer Ausblick 55

A. Allgemeines

Die Einfügung des § 105 a im Jahre 2002 hat erhebliches dogmatisches Aufsehen erregt,[1] weil die Norm als **1**
prinzipieller **Systembruch** interpretiert werden könnte. Sie scheint das Prinzip zu durchbrechen, dem
zufolge die Willenserklärung eines Geschäftsunfähigen rechtlich folgenlos ist. Der Gedanke der *necessa-*
ries, über die auch der Geschäftsunfähige soll kontrahieren können, stammt aus dem angloamerikanischen
Recht mit seinem andersartigen System des Minderjährigenschutzes.[2] Das trägt kaum zu seiner Passfähig-
keit im deutschen Recht bei.

Die Problematik ist nicht ganz neu: Bereits vor Einführung des § 105 a sah § 1903 Abs. 3 S. 2 eine Privile- **2**
gierung sog. geringfügiger Angelegenheiten des täglichen Lebens vor.[3] Mit Aufnahme in den Allgemeinen
Teil und hier in das Recht der Geschäftsfähigkeit stellen sich jedoch grundsätzliche Fragen. Leitbild für
deren Lösung muss sein, dass der Gesetzgeber die Prinzipien des bisherigen Rechts, namentlich die Orientierung am Schutz des Geschäftsunfähigen, nicht aufgeben wollte.

Für die Auslegung ist von den Fällen auszugehen, in denen ein Geschäftsunfähiger, praktisch betrachtet, **3**
überhaupt sinnvoll am Rechtsverkehr teilnehmen kann: Nicht derjenige Mensch taugt zum **interpretatori-**
schen Leitbild, der wegen der Schwere seiner Erkrankung in einer psychiatrischen Einrichtung leben muss,
sondern beispielsweise der von Geburt an geistig behinderte, der in einer beschützenden Werkstatt arbeitet,
oder der altersverwirrte Mensch, der sein früher selbstbestimmtes Leben im vertrauten Umfeld fortsetzen
möchte. Insoweit lässt § 105 a sich als Versuch einer Anpassung der Rechtsgeschäftslehre an veränderte
psychosoziale Verhältnisse deuten.[4]

Die Grundfrage lautet, ob man diesen Versuch für so gelungen hält, dass die Norm weit ausgelegt, analog **4**
angewandt oder gar gesetzgeberisch noch erweitert werden sollte. Das wiederum führt auf die Frage zurück,
wie viel **Individualisierung** die Schutzkonzeption des BGB verträgt. Sachgerechte Individualisierung lässt
sich gerade in den Fällen der hochbetagten Menschen in ihrem vertrauten Umfeld dadurch erreichen, dass
man an ihren bisherigen Lebenszuschnitt anknüpft, soweit dies keine übermäßigen Risiken mit sich bringt
(→ Rn. 17 ff., 44 f.). Hingegen stellt § 105 a gerade keinen Hebel dazu dar, das gesamte System des BGB
auf Einzelfallbetrachtungen umzustellen.

Danach lässt sich annehmen, dass § 105 a trotz diverser System- und Sinnwidrigkeiten im Einzelnen die **5**
Grundsätze der §§ 104 ff. unangetastet lässt. Im Übrigen zeichnet sich ab, dass die Vorschrift aufgrund
geringer praktischer Bedeutung bislang nicht zu weiterer Verwirrung der Dogmatik führt. Ob eine sinnvolle,
die Rechtssicherheit nicht gefährdende Anwendung namentlich auf altersverwirrte Personen in Frage
kommt, ist noch nicht abzusehen.

B. Regelungsgehalt

§ 105 a S. 1 erfordert außer Geschäftsunfähigkeit und Volljährigkeit (→ Rn. 7 ff.) das Vorliegen eines **6**
Geschäfts des täglichen Lebens (→ Rn. 11 ff.), die Möglichkeit, dieses Geschäft mit geringwertigen Mitteln
zu bewirken (→ Rn. 28 ff.), und die Bewirkung von Leistung und Gegenleistung (→ Rn. 38 ff.). Ergänzend
ist die in S. 2 geregelte Einschränkung zu beachten (→ Rn. 41 f.).

I. Volljähriger Geschäftsunfähiger

Im Rahmen der Voraussetzungen des § 105 a ist die **Geschäftsunfähigkeit** nach § 104 Nr. 2 zu bestimmen,[5] **7**
die **Volljährigkeit** nach § 2. Zustände iSd § 105 Abs. 2 sind nicht erfasst. Dass die Volljährigkeit überhaupt
geeignet ist, die rechtsgeschäftliche Handlungssphäre eines Geschäftsunfähigen zu erweitern, folgt erst aus
der positiven Anordnung in § 105 a. Sachlogisch ergibt es sich nicht. Denn geistige Defekte der in §§ 104
Nr. 2, 105 geregelten Art haben im Ansatz nichts mit Altersgrenzen zu tun.

---

1 Umfassend *Scherer* StudZR 2004, 85–109.
2 Vgl. statt aller *Roth* AcP 208 (2008), 451, 464; im
   Folgenden auch vergleichend zur Lösung diverser
   Streitfragen um § 105 a nach englischem und französischem Recht; *Wedemann* AcP 209 (2009), 668,
   681–687.

3 Systematische Parallelen sind jedoch zweifelhaft,
   → Rn. 15.
4 Vgl. *Roth* AcP 208 (2008), 451, 462.
5 Zur nach § 105 Abs. 2 unwirksamen Willenserklärung vgl. Rn. 60 (keine Analogie).

8   Der nach § 104 Nr. 1 **geschäftsunfähige Minderjährige** unter sieben Jahren ist **nicht** gemeint, weil der Reformgesetzgeber die soziale Emanzipation von Menschen mit Behinderung fördern, nicht Kinder in den Geschäftsverkehr integrieren wollte.[6] Auch für eine analoge Anwendung besteht kein Raum; die Altersgrenze von sieben Jahren ist niedrig genug.[7] Auch de lege ferenda sollte es für Kinder unter sieben Jahren bei der gegenwärtigen Fassung des § 105 a bleiben.[8]

9   Gleiches (weder Analogie zu § 105 a noch Bedürfnis nach künftiger Änderung) gilt für den mindestens siebenjährigen, aber **noch nicht achtzehnjährigen** Geschäftsunfähigen, denn das Minderjährigenrecht kennt eine eigene Schutzkonzeption, die nicht gestört werden soll.[9] Das spezifische Regelungsziel des § 105 a, die Bewegungsfreiheit des Betroffenen in alltäglichen Angelegenheiten zu erweitern, passt hier nicht. Im Gegenteil verlangt der Erziehungsauftrag der Eltern es, auch beispielsweise den Kauf von Süßigkeiten in kleinen Mengen ihrer Zustimmung im Einzelfall unterwerfen zu können. Entsprechend findet auch bei Geschäften zwischen einem volljährigen und einem minderjährigen Geschäftsunfähigen ausschließlich Minderjährigenrecht Anwendung, was die Erklärungen des Jüngeren angeht.[10]

10   Bei dieser Ausdehnungsdiskussion sollte bedacht werden, dass praktische Anwendungsfälle nicht nur im Kauf von Bonbons liegen könnten, sondern auch etwa im Herunterladen von Klingeltönen oder Apps (→ § 110 Rn. 10 ff., 26; → § 107 Rn. 64). Am selben Beispiel zeigt sich wieder der die Auslegung von § 105 a spezifisch prägende Aspekt, dass eine Fortführung des gewohnten Lebens möglich sein soll (→ Rn. 3 f.): Die derzeit lebende Generation von Hochbetagten wird im Zweifel wenig sog. Mehrwertdienstleistungen für ihre Mobiltelefone in Anspruch nehmen, also nicht die gleichen Probleme erzeugen wie die heute Zehnjährigen. Für künftige Generationen könnte es sich anders verhalten.

II. Geschäft des täglichen Lebens

11   Wie das Geschäft des täglichen Lebens zu bestimmen ist, ist streitig. Der verbreitete Rekurs auf die **Verkehrsauffassung**[11] führt sachlich nicht weiter.[12] Legt man freilich das Gesetz nach den üblichen Methoden aus, so zeigen sich Widersprüchlichkeiten, die in der Norm selbst angelegt sind und ein sinnvolles Verständnis erschweren. Hier und bei den weiteren Tatbestandsmerkmalen fragt sich jeweils, ob sie **subjektiv** oder **objektiv** zu verstehen sind. „Subjektiv" meint im Folgenden allerdings nicht die konkreten Wünsche des Geschäftsunfähigen, auf die nur mit Vorsicht abgestellt werden kann, da er ja geschäftsunfähig ist, sondern seinen persönlichen Lebenszuschnitt. „Objektiv" bezieht sich auf die Sicht Dritter. Dabei ist weder ein Vertrauensschutz für den konkreten Dritten noch ein allgemeiner Verkehrsschutz zu konstruieren, der die Grundentscheidung des Gesetzes für den Minderjährigenschutz unterliefe.

12   **1. Überlegungen zum Wortlaut.** Nach dem Wortlaut („täglich") könnte man annehmen, dass **besonders häufig vorkommende Geschäfte**[13] gemeint seien (für jedermann oder doch für den konkreten Geschäftsunfähigen). Dann wären aber Anschaffungen wie die eines Putzeimers ausgeschlossen; solche Objekte kosten zwar wenig und werden ständig gebraucht, aber nur selten werden sie in kurzen Zeitabständen neu gekauft – ein merkwürdiges Ergebnis.[14]

13   „Täglich" könnte sich weiterhin auf den „**täglichen Bedarf**" beziehen. Dann wären auch Objekte wie der Putzeimer erfasst. Man gerät aber in Abgrenzungsprobleme: Kann der Geschäftsunfähige selbst bestimmen, welche Güter er „täglich" benötigt, etwa an Lebensmitteln? Diese Frage wird man verneinen müssen, da er geschäftsunfähig ist und bleibt, so dass eine objektivierte, aber nicht statistisch-pauschalierende Sicht erforderlich ist, für die wiederum keine allgemeinen Kriterien existieren.[15] Das zeigt sich namentlich bei solchen Gütern, derer man nicht lebensnotwendig bedarf (→ Rn. 27). Nicht ohne Grund ist nach alldem streitig, ob der Bedarf tatsächlich bestehen muss („wirklicher Bedarf")[16] oder nicht.[17]

---

6   Anscheinend bereits für eine direkte Anwendung von § 105 a auf Minderjährige *Ludyga* FPR 2007, 3 ff.

7   Vgl. MüKoBGB/*Spickhoff* (2018) § 105 a Rn. 4.

8   So auch *Wedemann* AcP 209 (2009), 668, 704; anders *Roth* AcP 208 (2008), 451, 484 ff., 487.

9   Anders Autoren, die ein individualisiertes Schutzkonzept für sinnvoll halten: *Roth* AcP 208 (2008), 451, 484 ff., 487; *Wedemann* AcP 209 (2009), 668, 704; vgl. zudem → Rn. 4.

10   *Joussen* ZGS 2003, 102.

11   Vgl. nur die Materialien: BT-Drs. 14/9266, S. 43 li. Sp. Weiterführend zu diesem Pseudobegriff *Schenk*, Die Verkehrsauffassung in BGB und UWG am Beispiel des Sachenrechts und der Irreführungsgefahr, 2010.

12   Teils kritisch auch *Scherer* StudZR 2004, 91.

13   In diesem Sinne (Deutung als Alltagsgeschäft) *Casper* NJW 2002, 3426.

14   Beispiel von *Scherer* StudZR 2004, 94.

15   Lässt man sich hier einmal auf die Verkehrsauffassung ein (so etwa *Scherer* StudZR 2004, 95 f.), dann kommt man zu der Frage, ob vom Geschäftsunfähigen mehr Planung verlangt werden kann als von manchen Geschäftsfähigen (*Scherer*, aaO, mit dem plastischen Beispiel, dass jemand ein Brötchen mehr kauft, als er essen kann).

16   So etwa *Scherer* StudZR 2004, 95 f.

17   *Lipp* FamRZ 2003, 726.

2. Systematische Bezüge. In systematischer Hinsicht fällt auf, dass § 105a im Weiteren gesondert von **14** geringwertigen Mitteln spricht sowie (S. 2) eine Sonderregel für den Fall aufstellt, dass eine erhebliche Gefahr für das Vermögen bestehe. Ökonomische Kriterien füllen also das Tatbestandsmerkmal „Geschäft des täglichen Lebens" nicht aus.

Ebenfalls systematisch ließe sich nach Parallelbegriffen im BGB oder seiner Auslegung fragen. Nahe liegt **15** der **Rekurs auf § 1903 Abs. 3 S. 2**; diese Norm aber meint den geschäftsfähigen Betreuten (die Anordnung der Betreuung tangiert die Anwendbarkeit des § 105 nicht),[18] setzt also einen höheren Grad an Fähigkeit zur Selbstbestimmung voraus und hat damit einen anderen Anwendungsbereich. Das spricht gegen eine Übertragung der zu § 1903 Abs. 3 S. 2 entwickelten Grundsätze.[19]

Untauglich ist auch eine Orientierung am „**Bargeschäft des täglichen Lebens**";[20] diese praeter legem ent- **16** wickelte Kategorie schützt den Geschäftspartner, hilft also nicht bei der Bewältigung einer spezifisch im Interesse des Geschäftsunfähigen erlassenen Norm.

3. Teleologische Überlegungen. Vielmehr kommt es nach Ziel und Zweck des § 105a darauf an, was **17** erforderlich ist, um die rechtsgeschäftliche Handlungsfreiheit des Geschäftsunfähigen zu erweitern und solcherart seine Integration zu fördern, ohne dass er sich selbst oder schutzwürdigen Interessen Dritter schaden kann.

Bereits diese Formulierung zeigt freilich den nicht auflösbaren **Zielkonflikt** hinter § 105a: Wenn man ein- **18** mal das strenge System des Geschäftsunfähigenschutzes durchbricht, so muss differenzierend entschieden werden, wo die Folgen einer rechtsgeschäftlichen Entscheidung nunmehr den Geschäftsunfähigen selbst treffen sollen und wo man das Risiko dem Geschäftsgegner auferlegt. Letzteres ist nach wie vor die Regel, und entsprechend **eng** sind die problematisch formulierten Tatbestandsmerkmale der **Ausnahmevorschrift** auszulegen, als welche § 105a verstanden werden muss.

Nahe liegt teleologisch eine Anknüpfung an die **Vermögensverhältnisse** und **Lebensgewohnheiten** des **19** jeweiligen Geschäftsunfähigen: Er könnte so weiterleben, wie er beispielsweise vor Eintritt einer Altersdemenz gelebt hat. Damit würden privatautonom getroffene, wirtschaftlich im Zweifel vernünftige Entscheidungslinien verlängert (→ Rn. 3 f., 9, 25). Demnach wären solche Geschäfte gemeint, die zum üblichen Lebensstil des Betroffenen gehören und sein Vermögen nicht nennenswert mindern.

Einer uneingeschränkten Anwendung dieses Kriteriums steht jedoch entgegen, dass es Personen gibt, die **20** bereits bei Erreichen der Volljährigkeit geschäftsunfähig sind und deren Lebensstil bereits zu diesem Zeitpunkt auch nicht durch sachgerechte familiäre Entscheidungen geprägt war; weiterhin, dass Vermögensverhältnisse sich verändern können, so dass neue Entscheidungen erforderlich sind. (Für beide Konstellationen bietet das Modell eines vollständigen Fehlens der Geschäftsfähigkeit, kombiniert mit einer Betreuerbestellung, deutlich bessere Lösungen.) Daher kann der übliche Lebensstil zu Zeiten der Geschäftsfähigkeit lediglich, aber immerhin im Einzelfall Indizien für das „tägliche Leben" geben (→ Rn. 25).

Es geht auch nicht um besonders „**einfache**" Geschäfte, wenngleich dies – simplifiziert – ein Grundgedanke **21** der Regelung ist: Der Geschäftsunfähige soll Geschäfte wirksam vornehmen können, die auch er versteht. Dieses Kriterium ist nämlich keiner präzisen Abgrenzung zugänglich.

Immerhin lässt es sich konkretisieren. So verdient aus teleologischer Sicht der in der Rechtsprechung[21] zur **22** Frage der Geringwertigkeit (→ Rn. 28 ff.) erwogene Maßstab des „**Nachdenkens und Abwägens**" Beachtung. § 105a soll nur solche rechtsgeschäftlichen Entscheidungen erfassen, die eines intellektuellen Abwägungsprozesses (objektiv) nicht bedürfen (denn diesen Prozess kann der Geschäftsunfähige ja gerade nicht leisten). Demnach fielen unter „Geschäft des täglichen Lebens" solche Geschäfte, die weder wegen des absoluten Gewichts der vom Geschäftsunfähigen zu erbringenden Gegenleistung noch wegen des Preis-Leistungs-Verhältnisses (was den Extremfall völliger Wertlosigkeit des Erworbenen einschließt) noch wegen etwaiger Folgeprobleme[22] besonderes Nachdenken erfordern. Dieses Kriterium hat den Vorteil, dass es an die spezifischen Erkenntnismöglichkeiten des Geschäftsunfähigen anknüpft und den in der Norm angelegten inneren Widerspruch zwischen prinzipieller Unfähigkeit, eine sachgerechte Entscheidung zu treffen, und Wirksamkeit des Rechtsgeschäfts mildert.

Damit ist ein für alle Fälle passendes Kriterium nicht ersichtlich. Aus teleologischer Sicht sollte der Richter **23** aber dahin kommen, dass der Geschäftsunfähige nur solche Geschäfte nach § 105a tätigen kann, bei denen er sich selbst nach der Natur der zu treffenden Entscheidung nicht schaden kann (was eine Unwirksamkeit

18 Zum Verhältnis von Geschäftsunfähigkeit und Betreuung vgl. Staudinger/*Knothe* (2012) BGB § 105 Rn. 10.
19 Näher *Scherer* StudZR 2004, 92 f.
20 Besonders weit geht *Lipp* FamRZ 2003, 727 für § 1903 Abs. 3 S. 2 (regelmäßig seien alle Barge-

schäfte des Betreuten genehmigungsfrei). Das lässt sich jedenfalls nicht auf § 105a übertragen.
21 Vgl. LG Gießen NJW-RR 2003, 439.
22 Vgl. *Scherer* StudZR 2004, 97: Reparatur, Entsorgung usw.

nach S. 2 nicht ausschließt). Dies wird regelmäßig dann der Fall sein, wenn es lediglich darum geht, einen früher privatautonom bestimmten Lebensstil ohne wesentliche Änderungen fortzuführen (der Altersdemente kauft gewohnheitsmäßig jeden Samstag die gleiche Art und Menge an Lebensmitteln, die er schon immer zu kaufen pflegte).

24   Im Zweifel wird der Richter den Einzelfall zu bewerten haben, und zwar im Lichte der **Grundentscheidung** der §§ 104 ff. für den Schutz des Geschäftsunfähigen vor sich selbst. Kein Entscheidungskriterium ist hingegen der Verkehrsschutz, wie aus derselben systematischen Überlegung erhellt.

25   Die insoweit mithin erhebliche Gewöhnlichkeit des Geschäfts ist **subjektiv** zu bestimmen. Wer immer schon täglich Champagner trank, soll diesen Brauch nicht wegen § 105 S. 1 missen müssen (vorbehaltlich des Tatbestandsmerkmals der „geringwertigen Mittel", → Rn. 28 ff., und der S. 2: Gesundheitsgefährdung, → Rn. 41 f.); für andere mag es beim Bier bleiben. Ebenso ist nicht auf Konzerte der örtlichen Blaskapelle beschränkt, wer Zeit seines Lebens in die Philharmonie ging. Das folgt aus dem Regelungszweck, dem Betroffenen ein gewisses Maß an Selbstgestaltung seiner Lebensverhältnisse zu ermöglichen. Dies erfordert ein Absehen von statistischen Üblichkeiten.

26   Es kommt auch nicht auf Entscheidungen des etwa bestellten Betreuers an.[23]

27   **Ungeklärt** ist damit nicht nur, ob man im Zustand der Geschäftsunfähigkeit den Zuschnitt seines täglichen Lebens ändern kann, sondern auch, wie Rechtssicherheit für den Geschäftsgegner hergestellt werden kann: Ein Wirt, der den Gast nicht kennt, weiß nicht, ob dieser üblicherweise Bier oder Champagner wünscht. Das aber ist hinzunehmen im Lichte des Prinzips, dass keinerlei vertragliche Ansprüche hat, wer mit Geschäftsunfähigen kontrahiert; der Nachrang des Verkehrsschutzes gilt sogar bei beschränkt Geschäftsfähigen und erst recht dort, wo die Fähigkeit zur Selbstbestimmung auf ein Minimum reduziert ist. Hingegen besteht keine solche Rechtsunsicherheit in dem – praktisch häufigen – Fall des Geschäftsunfähigen, der im vertrauten sozialen Umfeld (Laden in der Nachbarschaft, Stammkneipe usw) tätig wird: Ihn und seine üblichen Wünsche kennt man, und so lange deren Maß nicht überschritten ist, bewegen sich beide Parteien in derjenigen Sphäre, an die das Gesetz denkt.

III. Geringwertige Mittel

28   Bei der **Geringwertigkeit der Mittel** spricht S. 2 (→ Rn. 41 f.) systematisch dafür, in S. 1 einen **objektiven Maßstab** anzulegen: Gefahren für das individuelle Vermögen sind ausdrücklich erst dort erfasst. Also droht das tägliche Glas Champagner am Erfordernis einer objektiv verstandenen Geringwertigkeit zu scheitern (und beim Betuchten sicher an S. 2). Dagegen bestehen aber Bedenken. Denn Kriterien für die Ausfüllung dieser Kategorie sind nicht ersichtlich. Stellt man auf **statistische Durchschnittswerte** ab, wie es die Gesetzesbegründung[24] will („das durchschnittliche Preis- und Einkommensniveau": gibt es das für die betreffenden Personen und Geschäfte?),[25] so könnte der finanziell gut ausgestattete Geschäftsunfähige seinen üblichen Lebenszuschnitt doch nicht selbstständig fortführen. Dass das Gesetz ihm aber ebendies ermöglichen will (nicht hingegen „sozialen Ausgleich" anstrebt), ergibt sich teleologisch: Die Geringwertigkeit ist so lange subjektiv zu bestimmen, als die Grenze der Vermögensgefährdung nicht erreicht ist.

29   Für S. 1 kommt es also nicht auf eine objektive Betrachtung an, sondern darauf, was der konkrete Geschäftsunfähige sich ohne Gefährdung der **Substanz seines Vermögens** leisten kann.[26] Soweit der historische Gesetzgeber seine abweichende Vorstellung mit der „Sicherheit des Rechtsverkehrs" begründet, greift er systemwidrig auf Verkehrsschutzkriterien zurück, die in den §§ 104 ff. keinen Platz finden.[27] Hier setzen sich Systematik und Telos gegen die – nach hM nachrangige – subjektiv-historische Auslegung anhand der Materialien durch.[28] § 105 a stellt insgesamt keinen sinnvollen Beitrag zur Sicherheit des Rechtsverkehrs dar. Eine isoliert objektive Auslegung des Tatbestandsmerkmals „mit geringwertigen Mitteln" rettet den Rechtsverkehr daher auch nicht.

---

23   Diese sind für den geschäftsfähigen Betreuten bereits über §§ 1903 Abs. 1 S. 2, 110 geregelt. Anders *Pawlowski* JZ 2003, 68 ff.: § 105 a sei in teleologischer Reduktion lediglich auf vom Betreuer überlassene Mittel zu beziehen. Dies nähme dem § 105 a sein systematisches Störpotenzial, bedeutete aber ua, dass überhaupt nur betreute Geschäftsunfähige von der Norm profitieren könnten, wiewohl sie im Allgemeinen Teil steht. Vgl. *Löhnig/Schärtl* AcP 204 (2004), 30.

24   BT-Drs. 14/9266, S. 43 re. Sp.

25   Skeptisch auch Jauernig/*Mansel* (2018) BGB § 105 a Rn. 5.

26   So die wohl nunmehr hM, vgl. MüKoBGB/*Spickhoff* (2018) § 105 a Rn. 9 mwN Für § 1903 ist die Berücksichtigung der individuellen Verhältnisse des Betreuten bei der „Geringfügigkeit" hL; vgl. *Lipp* FamRZ 2003, 727 mwN Fn. 87; MüKoBGB/*Schneider* (2020) § 1903 Rn. 51.

27   Zutr. *Scherer* StudZR 2004, 98.

28   AA *Joussen* ZGS 2003, 103 (der Sinn und Zweck anders bestimmt als hier vertreten).

In diesem subjektivierenden Sinn lässt sich auch das Kriterium des Nachdenkens und Abwägens verstehen **30** (→ Rn. 22). Man mag durchaus davon ausgehen, was üblicherweise einen Anlass zum Abwägen darstellt und was nicht.[29] Hat aber im konkreten Fall der nunmehr Geschäftsunfähige niemals abgewogen, ob er 5 EUR mehr oder weniger bezahlen solle, wenn in der Philharmonie Mozart gespielt wurde, so entspricht es gerade dem Ziel des Gesetzes, ihm auch weiterhin den von ihm bevorzugten Musikgenuss zu ermöglichen (zumal ihm im Wesentlichen die Möglichkeit fehlt, das gesparte Geld wirksam anderweitig einzusetzen). Man kann also von einer statistischen Üblichkeit des unbedachten oder des reflektierten Ausgebens ausgehen, muss diesen gedanklichen Ausgangspunkt aber ggf. anhand der persönlichen Umstände korrigieren. Erwägungen der Rechtssicherheit spielen wiederum keine Rolle.

Jedenfalls kommt es auf die **konkret geforderte Gegenleistung** an, nicht auf einen Durchschnittspreis, **31** obwohl diese Gegenleistung mit der vom Geschäftsunfähigen erlangten Leistung nicht wirksam vertraglich verbunden ist (→ Rn. 38 ff.). Das Verb „können" meint also nicht die abstrakte Möglichkeit, eine Leistung für geringen Aufwand zu bekommen, sondern die konkrete. Sonst träten die Rechtsfolgen der Norm auch hinsichtlich überteuerter Leistungen ein, was gerade angesichts der Geschäftsunfähigkeit des Leistungsempfängers zu verhindern ist.

1. Vorratshaltung. Eine Spezialfrage der Geringwertigkeit ist die, ob dem Geschäftsunfähigen eine **32** gewisse **Vorratshaltung** erlaubt werden soll. Die Summe in sich sinnvoller Geschäfte kann sinnlos sein.[30] Hier mag die Üblichkeit eine Grenze indizieren.[31] Im Zweifel ist von den teleologischen Kriterien wiederum am ehesten das des Nachdenkens und Abwägens hilfreich (legt man einen solchen Vorrat üblicherweise ohne solche Reflexion an?),[32] und ergänzend ist auf den gewohnten Lebenszuschnitt abzustellen. Wer sich mit 50 Konservendosen im Keller sicherer fühlt, muss durchaus nicht geschäftsunfähig sein, und wenn er geschäftsunfähig wird, so ist nicht einzusehen, warum er nicht weiterhin 50 Dosen vorrätig halten darf. Möglicherweise anders zu beurteilen ist dies bei veränderten Wünschen, zumal diese auch auf eine weitere Einschränkung der Fähigkeit zur Selbstbestimmung hindeuten können.

Verallgemeinert: Kauft jemand **mehrere Objekte** auf einmal, so bestimmt sich die Geringwertigkeit zwar **33** nach dem **Gesamtpreis**.[33] Auch der Erwerb mehrerer gleichartiger Objekte kann jedoch von § 105 a erfasst sein, wenn deren allmählicher Verbrauch den Tatbestandsmerkmalen im Übrigen entspricht. Anders verhält es sich nach dem oben erörterten Kriterium des „täglichen Lebens" bei Mengen, die eine solche Nutzung zweifelhaft erscheinen lassen, und zwar unabhängig vom Preis. So mögen 20 Konservenbüchsen den Haushalt des Geschäftsunfähigen bereichern, 20 Zahnbürsten aber nicht.

2. Schenkungen. Sonderprobleme der Bestimmung des Wertverhältnisses stellen sich bei **Schenkungen**. **34** Schenkt der Geschäftsunfähige, so wird er nicht zur Befriedigung eines ökonomisch verstandenen Bedarfs tätig. Aus der Perspektive der vom Gesetzgeber ins Auge gefassten typischen Fälle könnte man also, wenn man aus diesen Fällen allein den Normzweck ableitete, eine teleologische Reduktion erwägen.[34] Die Folge wäre, dass nur bei Bestellung eines Betreuers Schenkungen möglich wären, nämlich durch diesen.[35]

Man wird jedoch differenzieren müssen: Hat der Großvater seinem Enkelkind schon immer Plätzchen ange- **35** boten, so gehört es in Zeiten der Altersdemenz gerade zu seiner weiteren Integration in sein soziales Umfeld, dass er dies auch weiterhin tun kann. Allgemeine Regeln erzwingen also kein generelles Schenkungsverbot; kleine Geschenke können durchaus zu dem Alltag gehören, der dem Geschäftsunfähigen ermöglicht werden soll.

Wird umgekehrt der Geschäftsunfähige **selbst beschenkt**, spricht einiges dafür, größere Summen zwar nicht **36** deshalb vom Anwendungsbereich der Norm auszuschließen, weil die Mittel nicht geringwertig seien. Die Geringwertigkeit bezieht sich auf das „Tätigen" durch den Geschäftsunfähigen, und dieser gibt bei einer Schenkung nichts hin. Wohl aber gehören solche Geschäfte nicht zum täglichen Leben,[36] und zwar auch nach dem noch am ehesten tauglichen Kriterium des Nachdenkens und Abwägens. Bei größeren Zuwendungen muss man erwägen, ob man diese annehmen sollte, weil die Frage naheliegt, welche Interessen der Schenkende verfolgt.

Das Nachdenken bezieht sich hier also auch auf den außerrechtlichen Sinn des Geschäfts; bedenkt man die **37** grundsätzliche Skepsis des BGB gegenüber unentgeltlichen Zuwendungen, so unterliegt der Geschäftsunfähige als Beschenkter denselben Regeln wie als Schenkender. Namentlich lassen sich die minderjährigen-

29 Vgl. nochmals LG Gießen NJW-RR 2003, 439.

30 Vgl. zu § 1903 Abs. 3 S. 2 bereits *Baldus/Böhr* Jura 2001, 34 ff.

31 Vgl. *Casper* NJW 2002, 3426.

32 *Scherer* StudZR 2004, 98.

33 So auch *Joussen* ZGS 2003, 103; vgl. für § 1903 Abs. 3 S. 2 bereits *Baldus/Böhr* Jura 2001, 37.

34 So – ohne methodische Einordnung – wohl *Lipp* FamRZ 2003, 727.

35 So in der Tat *Lipp* FamRZ 2003, 727, ohne Erörterung des Falles, dass kein Betreuer bestellt ist.

36 Vgl. das Beispiel bei *Scherer* StudZR 2004, 103.

rechtlichen Regeln über den rechtlichen Vorteil (§ 107) nicht auf den völlig anders gearteten Schutzmechanismus der §§ 104–105 a übertragen.

IV. Bewirken von Leistung und Gegenleistung

38   Das Gesetz sagt zunächst – anders als in § 110 – nicht „bewirkt", sondern „das mit geringwertigen Mitteln **bewirkt werden kann**". Es geht an dieser Stelle also nicht um ein (erzieherisches) Verbot von Kredit- oder Abzahlungsgeschäften. Dem entspricht, dass § 105 a im Gegensatz zu § 110 nicht bei einem wirksamen Verfügungsgeschäft ansetzt (→ § 110 Rn. 4).[37] Vielmehr bezieht sich die Norm insoweit auf die quantitative Bestimmung der Gegenleistung beim Verpflichtungsgeschäft („mit geringwertigen Mitteln", → Rn. 28 ff.). Freilich tritt die Fiktion des Vertragsschlusses auf Rechtsfolgenseite (→ Rn. 43 ff.) erst ein, wenn die geschuldete (Gegen-) Leistung wie bei § 110 vollständig[38] und mangelfrei (→ Rn. 48 ff.) erbracht worden ist. Der Geschäftsunfähige kann also im Rahmen von § 105 a keine Kredit- oder Abzahlungsgeschäfte tätigen (zB ein Bier in seiner Stammkneipe anschreiben lassen). Das Bewirken in diesem Sinne scheitert nicht an der Unfähigkeit, einen rechtsgeschäftlichen Willen zu bilden; andernfalls liefe die Norm leer.[39]

39   Bewirkt der Geschäftsunfähige die von ihm geschuldete Leistung nicht (zB er bestellt ein Bier und trinkt es, ohne es zu bezahlen), ist der Leistende auf gesetzliche Ansprüche verwiesen. Insoweit steht im Falle des § 105 a der unvorsichtige Geschäftspartner, der keine Vorkasse verlangt, wie jeder, der mit einem nicht (voll) Geschäftsfähigen kontrahiert. Hingegen genießt den Schutz einer Wirksamkeitsfiktion, wer erst kassiert, sofern er dann auch selbst leistet; damit sind immerhin Bereicherungsansprüche und namentlich die Problematik der Saldotheorie ausgeschlossen. Problematisch ist die Fallgestaltung, in welcher der **Geschäftspartner** auf Vorkasse **nicht leistet** (etwa übereignet): Da seine Leistung nicht bewirkt ist, greift allein § 105 Abs. 1 ein; er muss also auch nicht leisten. Dem Geschäftsunfähigen steht dann lediglich ein Bereicherungsanspruch zu.

40   Dessen typische Schwäche (§ 818 Abs. 3) könnte dazu verleiten, einen paravertraglichen Leistungsanspruch in der Person des Geschäftsunfähigen zu konstruieren, etwa über § 242. Dies wäre aber system- und zweckwidrig: Das Gesetz will das als wirksam behandeln, was bereits geschehen ist, nicht eine Parallelordnung zum Vertragsrecht schaffen (mit weiteren Pflichten zulasten des Geschäftsunfähigen, → Rn. 48 ff.). Häufig wird der Geschäftsgegner auch um den Zustand des anderen wissen, so dass die §§ 819 Abs. 1, 818 Abs. 4 eingreifen.

V. Keine Gefahr für Person oder Vermögen (S. 2)

41   S. 2 bezieht sich auf den Fall, dass ein Geschäft zwar den üblichen Lebensverhältnissen des Betroffenen entspricht und auch mit geringwertigen Mitteln bewirkt werden kann, die Fiktion seiner Wirksamkeit (→ Rn. 43) im Ergebnis aber dennoch zu gefährlich wäre. Hier finden jedenfalls **subjektive Kriterien** Anwendung. Eine erhebliche Gefahr für die Person eines Alkoholikers liegt schon im Erwerb eines einzigen Glases Bier (freilich wäre die Gefahr unmittelbar nicht größer, tränke er das Bier cum causa). Eine erhebliche Gefahr für das Vermögen eines Armen kann auch im Erwerb objektiv geringwertiger Gegenstände liegen; freilich wird hier kaum ein Fall zu finden sein, in dem nicht schon S. 1 zu verneinen wäre.

42   Hinsichtlich der **Gesundheitsgefährdung** mag die gesetzliche Konstruktion insoweit schlüssig sein, als ein rechtskundiger Gastwirt das Bier nicht ausschenken wird, wenn er weiß, dass auch ein Bewirken der Gegenleistung keine Wirksamkeitsfiktion herbeiführte. Damit aber öffnet sich wiederum das Feld des Bereicherungsrechts. Weitere Wirksamkeitshindernisse sind denkbar (§ 138 Abs. 1!). Im Übrigen dürfte der umfassend rechtskundige und rechtstreue Gastwirt, der sich tatsächlich von solchen Erwägungen leiten lässt, selten anzutreffen sein. Für die **Vermögensgefährdung** sieht es nicht viel besser aus. So mag S. 2 gut gemeint sein, kann aber auf wenig praktische Bedeutung hoffen.

VI. Rechtsfolgen

43   **1. Fiktion eines wirksamen Vertragsschlusses.** Rechtsfolge des § 105 a ist, dass der **Vertrag** als wirksam „gilt". Dies ist technisch als **Fiktion** zu lesen; das Gesetz beseitigt nicht die Geschäftsunfähigkeit, sondern es sieht bewusst über sie hinweg. Die Ausdrücke „geschlossen" und „vereinbart" meinen den rechtlich an sich folgenlosen faktischen „Konsens", der allein innerhalb des § 105 a Bedeutung erlangt. Insoweit liegt eine gewisse Klarstellung in der Konstruktion als Fiktion. Das bedeutet insbesondere: Durch § 105 a tritt

---

37   So auch *Franzen* JR 2004, 221 (223).   39   Vgl. *Casper* NJW 2002, 3426.
38   Zu Teilleistungen MüKoBGB/*Spickhoff* (2018)
      § 105 a Rn. 14.

keine Wirksamkeit der Willenserklärung ein, sondern lediglich die Fiktion eines wirksamen **Vertragsschlusses**.[40]

Daraus folgt: § 105 a schafft **keine relative Geschäftsfähigkeit**, ebenso wenig eine **partielle** (→ § 104 Rn. 31 ff.). Selbst wenn man als Geschäfte des täglichen Lebens die „einfachen" (in welchem Sinne auch immer) qualifiziert, tritt doch auch durch § 105 a keine Wirksamkeit der Willenserklärung ein. Eine partielle Geschäftsfähigkeit scheitert an derselben Erwägung sowie daran, dass die infrage kommenden Geschäfte nicht gegenständlich abgrenzbar sind. **44**

In jedem Fall kann der Geschäftsunfähige unter § 105 a nicht mehr wirksam erklären als sonst auch. Vielmehr bezieht die Wirksamkeitsfiktion sich auf einen Kreis von Geschäften, der mit den allgemeinen Kategorien der Geschäftsfähigkeit weder erfasst werden kann noch muss. Allenfalls mag man eine (dogmatisch vorbildlose) „partielle Wirksamkeitsfiktion mit relativen Elementen" annehmen.[41] **45**

2. Reichweite der Wirksamkeitsfiktion. Ungeklärte Probleme bietet die Rechtsfolgenseite einerseits hinsichtlich der **Wirksamkeit des Verfügungsgeschäfts**, andererseits bezüglich etwaiger **Sekundäransprüche**. **46**

a) Verfügungsgeschäft. Anders als im Minderjährigenrecht hilft die Kategorie des rechtlichen Vorteils nicht weiter, wenn man dem Geschäftsunfähigen rechtsbeständigen Erwerb sichern will. Vielmehr ist zu fragen, ob die Begriffe „Geschäft" und „wirksam" auch das Erfüllungsgeschäft meinen. Der Wortlaut steht dem nicht entgegen,[42] System, Sinn und Zweck legen eine positive Antwort nahe.[43] Würde der Geschäftsunfähige nicht Eigentümer, so könnte der Geschäftsgegner vindizieren.[44] Soll aber das Geschäft auf Seiten des Geschäftsunfähigen Wirkungen entfalten, so muss dies auch für den Geschäftsgegner gelten, denn eine einseitige Möglichkeit der Rückabwicklung würde der Position des Geschäftsunfähigen im alltäglichen Rechtsverkehr gerade schaden. Es erwerben also beide wirksam (kraft Fiktion).[45] Einer Herausgabeklage nach § 985 steht § 986 entgegen,[46] einem bereicherungsrechtlichen Herausgabeanspruch die Ableitung eines Rechtsgrundes aus § 105 a.[47] Dies entspricht der systematischen Einordnung der §§ 104 ff. im Allgemeinen Teil: Die Regeln über Verpflichtungs- und Verfügungsgeschäfte werden im Regelfall gleichermaßen durch den Schutz der nicht voll Geschäftsfähigen beeinflusst, es gibt keine Bereichsausnahmen, aber auch keine Auflösung des Trennungs- und Abstraktionsprinzips. **47**

b) Sekundäransprüche. Verschiedentlich wird der Versuch unternommen, dem Geschäftsunfähigen **Sekundäransprüche** zukommen zu lassen. Solche Ansprüche setzen Wirksamkeit des Vertrages voraus; es fragt sich also wieder, wie weit die Wirksamkeitsfiktion reicht. Der Wortlaut ist wiederum indifferent; der historische Gesetzgeber wollte weitergehende Ansprüche auch in der Person des Geschäftsunfähigen nicht entstehen lassen.[48] In systematischer und teleologischer Hinsicht ist fraglich, ob das Gesetz den Geschäftsunfähigen oder den Geschäftsgegner nur von Rückabwicklungsansprüchen freistellen oder umfassend Vertragswirkungen herbeiführen will. Stellt man in den Vordergrund, dass die Handlungsmöglichkeiten des Geschäftsunfähigen erhalten bzw. erweitert werden sollen, so ist eine Grundentscheidung für Sekundäransprüche für (und gegen) ihn immerhin denkbar.[49] Zu überlegen bleibt jedoch, wie weit dieses Regelungsziel trägt und ob man zu einer konsequenten Lösung für Ansprüche des Geschäftsunfähigen und für solche gegen ihn gelangt. **48**

Konstruktiv ist zunächst zu fragen, ob bei mangelhafter Leistung einer Seite überhaupt ein „Bewirken" im Sinne der Norm vorliegt. In Übereinstimmung mit allgemeinen Regeln des Schuldrechts ist dafür regelmäßig eine mangelfreie Leistung zu fordern;[50] und dann stellt sich auch die Frage der Sekundäransprüche nicht, → Rn. 53. **49**

Regelungsziel ist, vorsichtig formuliert, die beschränkte (weitere) Teilnahme am Rechtsverkehr, soweit nicht mit übermäßigen Risiken verbunden. Die fiktive Behandlung der Abrede als wirksam ließe sich in **50**

---

40 Vgl. noch *Joussen* ZGS 2003, 103 f. („juristisches Neuland", „juristisches Vakuum").

41 So *Scherer* StudZR 2004, 101–105.

42 Sofern man „bewirken" nicht auf das Erfüllungsgeschäft bezieht und daraus ableitet, die Norm meine allein das Verpflichtungsgeschäft. Dazu besteht jedoch schon deswegen kein Anlass, weil „bewirken" gar nicht technisch im Sinne eines nach allgemeinen Regeln wirksamen Aktes verstanden werden kann (Rn. 21 ff.). Unerheblich ist, dass das Gesetz von „einem" Vertrag spricht: *Casper* NJW 2002, 3428; *Joussen* ZGS 2003, 105.

43 So die hL; anders MüKoBGB/*Spickhoff* (2018) § 105 a Rn. 19.

44 Anders nur bei Annahme einer dauernden Vindikationssperre. Damit freilich legte man dem § 105 a ohne Not die Konsequenz bei, Eigentum und Besitz dauerhaft zu trennen; das aber ist dem BGB im Grundsatz fremd, und zwar auch nach Einführung des § 241 a (vgl. *Casper* NJW 2002, 3427 f.).

45 Zu Recht betont bei MüKoBGB/*Spickhoff* (2018) § 105 a Rn. 12; dort Rn. 13 auch zu Erfüllungssurrogaten.

46 Vgl. MüKoBGB/*Baldus* (2020) § 986 Rn. 32.

47 Vgl. MüKoBGB/*Spickhoff* (2018) § 105 a Rn. 19.

48 BT-Drs. 14/9266, S. 43 re. Sp.

49 Siehe hierzu MüKoBGB/*Spickhoff* (2018) § 105 a Rn. 21.

50 Vgl. *Franzen* JR 2004, 221 (225).

dieser Perspektive wie folgt weiterdenken: Das durch § 105 a in Bezug genommene Modell ist ein symmetrisches, und das Gesetz weist dem Geschäftsunfähigen Risiken lediglich unter der Prämisse zu, dass die Voraussetzungen des § 105 a erfüllt sind, namentlich die Alltäglichkeit, welche die Situation für den Geschäftsunfähigen überschaubar macht, und die Geringwertigkeit, welche sein Risiko begrenzt. Zum anderen kennt dieses Risiko auch eine – praktisch entscheidende – rechtliche Grenze darin, dass vertraglich konstruierte Haftung ebenso wie deliktische üblicherweise Verschulden voraussetzt, das in der Person des Geschäftsunfähigen nach allgemeinen Regeln nicht gefunden werden kann.

51 Ein solches Ergebnis wird jedoch bisweilen als unerwünscht angesehen, da es den Schutz des Geschäftsunfähigen nicht uneingeschränkt garantiert. Daher wird bisweilen halbseitige Wirksamkeit (Ansprüche nur zugunsten des Geschäftsunfähigen) konstruiert,[51] was jedoch systematischen Zweifeln begegnet. Das BGB kennt prinzipiell kein negotium claudicans, sondern lässt Geschäfte beidseitig wirksam oder unwirksam sein.[52] Praktisch fragt sich überdies, wer diese Ansprüche geltend machen sollte.[53]

52 Insgesamt spricht mehr dafür, jeden vertraglichen Sekundäranspruch auszuschließen. Sonst käme man, über den Rückabwicklungsausschluss hinaus, zu einer insgesamt paravertraglichen Struktur, die vom Gesetzgeber jedenfalls subjektiv nicht gewollt war und die auch nicht erforderlich ist. Vor Einführung des § 105 a war der Geschäftsunfähige auch nur außervertraglich geschützt, und dieser Schutz wurde in der Vergangenheit als ausreichend angesehen.

53 Ein Ausweg liegt darin, in § 105 a zusätzlich hineinzulesen, Leistung und Gegenleistung müssten **ordnungsgemäß** bewirkt sein,[54] → Rn. 49 aE. Das ist als **teleologische Reduktion** möglich und stimmt mit der systematischen Klarstellung überein, welche beispielsweise § 433 Abs. 1 S. 2 mit sich bringt: Mangelhafte Leistung und Nichtleistung sind lediglich zwei Varianten der Pflichtverletzung. Die Grundunterscheidung des Gesetzes ist hingegen die zwischen ordnungsgemäßer Leistung und Pflichtverletzung. Das Ergebnis bei nicht ordnungsgemäß bewirkter Leistung ist nach diesem Ansatz wiederum Nichtigkeit des Geschäfts; die Rückabwicklung folgt dann allgemeinen Regeln.

54 Mit einer gewissen inneren Konsequenz wird – de lege ferenda – auch das radikale Lösungsmodell vertreten, die unter § 105 a Abs. 1 fallenden Geschäfte von vornherein für beidseitig wirksam zu erklären.[55] Das ist immerhin einfacher als die punktuelle oder einseitige Gewährung von Ansprüchen und Gestaltungsrechten.

C. Weitere praktische Hinweise und rechtspolitischer Ausblick

55 Die **Beweislast** für die Voraussetzungen des **S. 1** trifft nach allgemeinen Regeln den, der sich auf die Vorschrift beruft, so etwa den Geschäftsgegner, der das Entgelt nicht zurückzahlen will, aber auch den Geschäftsunfähigen, der die gekaufte Sache behalten möchte.

56 Die letztgenannte Konstellation deutet darauf hin, dass es jedenfalls eine praktische Anwendung der Vorschrift geben könnte: Ohne § 105 a müsste der Geschäftsunfähige beweisen, punktuell geschäftsfähig gewesen zu sein, nämlich in einem „lichten Augenblick" gehandelt zu haben. Selbst wenn es den lichten Augenblick geben sollte (zweifelhaft, → § 104 Rn. 79 ff.), wäre dies ein Beweis, der sowohl schwierig als auch sozial **unerwünscht** sein kann (etwa wegen der Notwendigkeit, medizinische Details offen zu legen). Sollte es freilich lichte Augenblicke geben und sollte der Beweis im Einzelfall gelingen, dann braucht man § 105 a nicht.[56] Stehen aber die Voraussetzungen des § 105 a fest, so entfällt die Notwendigkeit (und die Möglichkeit),[57] mit dem „lichten Augenblick" zu argumentieren. Der Handelnde war geschäftsunfähig, auch im Zeitpunkt des streitgegenständlichen Geschäfts, das Gesetz legt seinem Handeln aber dennoch Wirksamkeit bei.

---

51 Vgl. *Casper* NJW 2002, 3427; *Ludyga* FPR 2007, 3 (5).

52 Im Minderjährigenrecht wird dies möglich durch konsequente Durchführung des Abstraktionsprinzips: Weil die verschiedenen Erfüllungsakte rechtlich gegenüber dem Grundgeschäft, wie auch untereinander, selbstständig sind, kann für jedes Geschäft gesondert entschieden werden, was der Minderjährigenschutz verlangt. Die abweichende römische Vorstellung vom „hinkenden Geschäft" beruht auch darauf, dass seinerzeit nicht so strikt getrennt wurde.

53 Vgl. *Franzen* JR 2004, 221 (225 f.)

54 Näher *Joussen* ZGS 2003, 104.

55 Dafür *Wedemann* AcP 209 (2009), 668, 701.

56 Insoweit richtig Jauernig/*Mansel* (2018) BGB § 105 a Rn. 3.

57 Grundsätzlich anders verwertet Jauernig/*Mansel* (2018) BGB § 105 a Rn. 3 die Lehre vom „lichten Augenblick": Alle für § 105 a relevanten Fälle seien mit dieser Rechtsfigur erklärbar. Das ändert nichts am konstruktiven gegenseitigen Ausschluss der beiden Tatbestände: § 105 a für Geschäftsunfähige (Wortlaut), lichter Augenblick für punktuell Geschäftsfähige. Dennoch darf am Nutzen der neuen Vorschrift gezweifelt werden; eindrücklich dazu auch *Kohler* JZ 2004, 348.

Das Vorliegen der Voraussetzungen des **S. 2** muss derjenige beweisen, der sich auf den Ausschluss der Wir- **57**
kungen nach dieser Vorschrift beruft.

Wünschenswert ist eine baldige **Streichung** der Norm als bestenfalls überflüssig, jedenfalls systemwidrig **58**
und praxisfern. Solange sie existiert, bleibt sie so zu **interpretieren**, dass das gesetzliche Regelungssystem
im Übrigen nicht beschädigt wird. **Analogiefähig** ist sie nicht, weil sie gesetzestechnisch und dem Regelungskonzept nach von allgemeinen Vorschriften abweicht und an deren Stelle eine bereits in sich schwerlich nachvollziehbare punktuelle Sonderregel setzt.

Eine entsprechende Anwendung des § 105 a (oder des § 1903 Abs. 3 S. 2) auf **beschränkt** Geschäftsfähige **59**
kommt nicht in Betracht (→ Rn. 9).

Ebenso ist eine direkte oder analoge Anwendung auf die nach **§ 105 Abs. 2** nichtige Willenserklärung abzu- **60**
lehnen.[58] Wer – etwa im Alkoholrausch – Geschäfte tätigt, die typologisch unter § 105 a fallen könnten,[59] ist
rechtstechnisch nicht geschäftsunfähig iSd § 105 a. Die damit allenfalls denkbare Analogie scheitert bereits
am Fehlen einer (planwidrigen) Lücke: Der Betrunkene oder anderweitig Berauschte soll keineswegs an
den Geschäftsverkehr herangeführt werden. Seinem Bedürfnis nach sozialer Integration und Selbstbestimmung ist dadurch Rechnung zu tragen, dass seine Sucht bekämpft wird und (jedenfalls) der aktuelle
Rauschzustand vergeht, nicht durch weitere Aufweichungen der Geschäftsfähigkeitsregeln.

§ 106 Beschränkte Geschäftsfähigkeit Minderjähriger

**Ein Minderjähriger, der das siebente Lebensjahr vollendet hat, ist nach Maßgabe der §§ 107 bis 113
in der Geschäftsfähigkeit beschränkt.**

A. Allgemeines

Die Norm erlangt Bedeutung primär als Voraussetzung der §§ 107–113.[1] Seit der Abschaffung der Vor- **1**
mundschaft über Volljährige durch das BtG gibt es keine volljährigen beschränkt Geschäftsfähigen mehr.
Wohl aber ordnet § 1903 Abs. 1 S. 2 die entsprechende Anwendung der §§ 108–113 für den unter Einwilligungsvorbehalt stehenden Betreuten an.[2] Zum Problemkreis unbegleitet eingereister minderjähriger Flüchtlinge → § 104 Rn. 122.

B. Regelungsgehalt

Die beschränkte Geschäftsfähigkeit **beginnt** mit der Vollendung des siebten Lebensjahres, also am siebten **2**
Geburtstag um 0 Uhr, § 187 Abs. 2 S. 2, und **endet** mit Ablauf des letzten Tages des siebzehnten Lebensjahres, §§ 2, 188 Abs. 2 Hs. 2, 187 Abs. 2 S. 2.

Die beschränkte Geschäftsfähigkeit hat zur **Folge**, dass der Minderjährige selbst **Rechtsgeschäfte wirksam** **3**
vornehmen kann, sofern die **Einwilligung** (§ 183) seines gesetzlichen Vertreters vorliegt, § 107. Fehlt die
Einwilligung, so hängt die Wirksamkeit eines vom Minderjährigen abgeschlossenen Vertrags von der
Genehmigung des gesetzlichen Vertreters ab, vgl. § 108. Ein einseitiges Rechtsgeschäft des Minderjährigen
ist grundsätzlich unwirksam, vgl. § 111. Daneben hat der gesetzliche Vertreter weiterhin die Möglichkeit, in
Ausübung seiner Vertretungsmacht gem. § 1629 Abs. 1 Rechtsgeschäfte mit Wirkung für und gegen den
Minderjährigen abzuschließen.[3]

Ausnahmsweise ist der Minderjährige **unbeschränkt geschäftsfähig**, soweit ihm nämlich das konkrete **4**
Rechtsgeschäft nach **§ 107** lediglich einen **rechtlichen Vorteil** bringt (oder neutral ist, → § 107 Rn. 65 ff.),[4]
und unter den Voraussetzungen der **§§ 112, 113**.[5] Konsequenterweise ist in diesen Bereichen ein wirksames

---

58 Dafür (mit der Begründung, in beiden Fällen sei die freie Willensbestimmung ausgeschlossen) *Lipp* FamRZ 2003, 725.

59 *Lipp* erwähnt eine Taxifahrt oder den Kauf von Ziga-retten. Gerade beim Taxifahren stellt sich jedoch die Frage, ob derart typischerweise teure Dienstleistun-gen von Volltrunkenen tatsächlich nach den zu § 105 a entwickelten Kriterien in Anspruch genom-men werden – oder ob lediglich andere, hier nicht erhebliche Erwägungen für die Begünstigung des Taxifahrens sprechen (etwa die alkoholbedingte Fahruntüchtigkeit des Kunden).

1 Zu Sonderregelungen für Minderjährige im Familien- und Erbrecht vgl. MüKoBGB/*Spickhoff* (2018) § 106 Rn. 5 f.

2 Vgl. dazu MüKoBGB/*Schneider* (2020) § 1903 Rn. 5, 46.

3 Staudinger/*Klumpp* (2017) BGB Vor §§ 104 ff. Rn. 50.

4 Planck/*Flad*, § 107 I.; Jauernig/*Mansel* (2018) BGB § 106 Rn. 2.

5 *Larenz/Wolf/Neuner* BGB AT § 34 Rn. 61 f.

Handeln des gesetzlichen Vertreters für den Minderjährigen ausgeschlossen, da kein Schutzbedürfnis besteht[6] – bei § 107 von Anfang an nicht, bei §§ 112, 113 nicht mehr (vgl. aber → § 112 Rn. 2–4).[7]

5   Ob eine dem Minderjährigen gegenüber abgegebene Willenserklärung wirksam wird, bestimmt sich gem. **§ 131 Abs. 2** spiegelbildlich zu § 107. Es kommt mithin darauf an, ob die Erklärung dem Minderjährigen lediglich einen rechtlichen Vorteil bringt oder eine Einwilligung des Vertreters vorliegt (→ § 131 Rn. 11 ff.).

6   Bei der **Verjährung** einer Forderung gegen einen Minderjährigen ist **§ 210** zu beachten.

7   Eine beschränkte **Prozessfähigkeit** des Minderjährigen gibt es nicht; nur bei unbeschränkter (Teil-)Geschäftsfähigkeit in den Fällen der §§ 112, 113 besteht auch eine auf diese Bereiche beschränkte Prozessfähigkeit, § 52 ZPO. Aus der aus § 107 folgenden unbeschränkten Geschäftsfähigkeit des Minderjährigen für rechtlich vorteilhafte Geschäfte folgt keine Prozessfähigkeit für das konkrete vorteilhafte Geschäft.[8] Denn dies würde gem. § 52 ZPO voraussetzen, dass der Minderjährige sich selbstständig durch Verträge verpflichten kann; gerade das kann er im Rahmen von § 107 aber nicht.

8   Die Zulässigkeit von **Verfahrenshandlungen** Minderjähriger im **Verfahren der Freiwilligen Gerichtsbarkeit** bestimmt sich nach § 9 FamFG; → § 104 Rn. 117 f.[9]

C. Weitere praktische Hinweise

9   Wer sich auf die beschränkte Geschäftsfähigkeit des Erklärenden beruft, trägt hierfür die **Beweislast**. Angesichts der hierfür festgelegten Altersgrenzen wird dies höchstens bei Jugendlichen problematisch sein, die keine zuverlässigen Ausweispapiere besitzen (vgl. hierzu → § 104 Rn. 112). Ist der Zeitpunkt der Abgabe der Erklärung streitig, so ist derjenige beweispflichtig, der sich darauf beruft, dass die Abgabe noch während der Minderjährigkeit des Erklärenden erfolgt ist.[10]

10 Zum **Kollisionsrecht** → § 104 Rn. 122 ff.

§ 107 Einwilligung des gesetzlichen Vertreters

Der Minderjährige bedarf zu einer Willenserklärung, durch die er nicht lediglich einen rechtlichen Vorteil erlangt, der Einwilligung seines gesetzlichen Vertreters.

Literatur: *W. Bayer*, Lebensversicherung, Minderjährigenschutz und Bereicherungsausgleich, VersR 1991, 129; *Bisges*, Schlumpfbeeren für 3000 Euro – Rechtliche Aspekte von In-App-Verkäufen an Kinder, NJW 2014, 183; *Brückner*, Das medizinische Selbstbestimmungsrecht Minderjähriger, 2014; *Böttcher*, Abschied von der „Gesamtbetrachtung" – Sieg des Abstraktionsprinzips!, Rpfleger 2006, 293; *Braun*, Gutgläubiger Erwerb vom Minderjährigen gem. §§ 107, 932 BGB?, Jura 1993, 459; *Bürger*, Die Beteiligung Minderjähriger an Gesellschaften mit beschränkter Haftung, RNotZ 2006, 156; *Fembacher/Franzmann*, Rückforderungsklauseln und Pflichtteilsklauseln in Überlassungsverträgen mit Minderjährigen, MittBayNot 2002, 78; *Fielenbach*, Können Minderjährige aus zivilrechtlicher Sicht bedenkenlos schwarzfahren?, NZV 2000, 358; *Flume, J.*, Der minderjährige Gesellschafter – Ein Beitrag zur Zusammenführung von Beschlussdogmatik und Minderjährigenrecht, NZG 2016, 27; *Flume, J.*, Zur Reichweite familiengerichtlicher Genehmigungstatbestände im Unternehmensrecht, FamRZ 2016, 277; *Fomferek*, Der Schutz des Vermögens Minderjähriger, 2002; *Hagemeister*, Grundfälle zu Bankgeschäften mit Minderjährigen, JuS 1992, 839 und 924; *J. Hager*, Schenkung und rechtlicher Nachteil, in: Liber Amicorum Detlef Leenen (2012), S. 43–58; *Harder*, Minderjährige Schwarzfahrer, NJW 1990, 857; *Harte*, Der Begriff des lediglich rechtlichen Vorteils i.S.d. § 107 BGB, 2005; *Heiter*, Verfahrensfähigkeit des Kindes in personenbezogenen Verfahren nach dem FamFG, FamRZ 2009, 85; *Heuser*, Selbst- und Fremdbestimmung im Minderjährigenrecht, JR 2013, 125; *Heuser*, Die Bestimmung rechtlicher Vorteilhaftigkeit bei Eltern-Kind-Geschäften, Bonner Rechtsjournal (BRJ), 2013, 19; *Hoffmann*, Personensorge, 2009; *Ivo*, Die Übertragung von Kommanditanteilen an minderjährige Kinder, ZEV 2005, 193; *Jänicke/Braun*, Vertretungsausschluss bei rechtlich nachteiligen Verträgen, NJW 2013, 2474; *Jauernig*, Noch einmal: Die geschenkte Eigentumswohnung – BGHZ 78, 28, JuS 1982, 576; *Keitel*, Der Minderjährige als strukturell Unterlegener, 2014; *Keim*, Grenzen der Anrechenbarkeit lebzeitiger Zuwendungen auf den Pflichtteil, MittBayNot 2008, 8; *Klüsener*, Grundstücksschenkung durch die Eltern, Rpfleger 1981, 258; *Knauf*, Mutmaßliche Einwilligung und Stellvertretung bei ärztlichen Eingriffen an Einwilligungsunfähigen, 2005; *Köhler*, Grundstücksschenkung an Minderjährige – ein „lediglich rechtlicher Vorteil"?, JZ 1983, 225; *Kölmel*, Die familiengerichtliche Genehmigung in der notariellen Praxis nach der Reform durch das FamFG, NotBZ 2010, 2; *Lange*, Schenkungen an beschränkt Geschäftsfähige und § 107, NJW 1955, 1339; *Latzel/Zöllner*, Anfänglich kostenlose Verträge mit Minderjährigen, NJW 2019, 1031; *Lücke*, Die Ausnahme in § 107 BGB – Eine erziehungsbezogene Auffassung des rechtlichen Vorteils, 2014; *Lüdecke*, Vermögensverwaltung unter Beteiligung Minderjähriger, NJOZ 2018, 681; *Mahlmann*, Die Vertretung Minderjähriger in einer Erbengemeinschaft bei der Veräußerung von Nachlassgegenständen, ZEV 2009, 320; *Maultzsch*, Die „fehlerhafte Gesellschaft":

---

6   Jauernig/*Mansel* (2018) BGB § 106 Rn. 3; *Larenz/ Wolf/Neuner* BGB AT § 34 Rn. 61 mwN; aA für § 107 *v. Tuhr* BGB AT Bd. 2, § 59 V (S. 344).

7   Zu §§ 112, 113 vgl. *Enneccerus/Nipperdey* BGB AT Bd. 2, S. 935 f.

8   Jauernig/*Mansel* (2018) BGB § 106 Rn. 3.

9   Weiterf. zB *Sommer*, Die Rechtsstellung des Kindes in familiengerichtlichen Verfahren für 2012, 374.

10 OLG Saarbrücken NJW 1973, 2065.

Rechtsnatur und Minderjährigenschutz, JuS 2003, 544; *Mankowski*, „Hol es dir und zeig es deinen Freunden". Der Schutz von Kindern und Jugendlichen im Werberecht, in: Bork/Repgen, Das Kind im Recht (2009), 51; *Menzel*, Die Kommandit-anteilsübertragung an Minderjährige, MittBayNot 2019, 222; *Metz*, Bankgeschäfte mit Jugendlichen, VuR 1993, 69; *Menzel/Wolf*, Der minderjährige Kommanditist – bei Gründung, unentgeltlicher Anteilsübertragung und Erwerb von Todes wegen, MittBayNot 2010, 186; *Meyer*, Gratisspiele im Internet und ihre minderjährigen Nutzer, NJW 2015, 3686; *Nebendahl*, Selbstbestimmungsrecht und rechtfertigende Einwilligung des Minderjährigen bei medizinischen Eingriffen, MedR 2009, 197; *Rastätter*, Grundstücksschenkungen an Minderjährige, BWNotZ 2006, 1; *Reimann*, Der Minderjährige in der Gesellschaft – Kautelarjuristische Überlegungen aus Anlass des Minderjährigenhaftungsbeschränkungsgesetzes, DNotZ 1999, 179; *Rumetsch*, Medizinische Eingriffe bei Minderjährigen, 2013; *C. Schäfer*, Die Lehre vom fehlerhaften Verband, Tübingen 2002; *J. Schmitt*, Der Begriff der lediglich rechtlich vorteilhaften Willenserklärung i.S. des § 107 BGB, NJW 2005, 1090; *Schreiber*, Erfüllung durch Leistung an Minderjährige, Jura 1993, 666; *D. Schröder*, Auskunftsanspruch der Eltern minderjähriger Kinder gegen den Arzt (2011); *Stacke*, Der minderjährige Schwarzfahrer: Sind ihm wirklich Tür und Tor geöffnet?, NJW 1991, 875; *R. Stürner*, Der lediglich rechtliche Vorteil, AcP 173 (1973), 402; *Szutowska-Simon*, Wille und Einwilligung im Probandenschutzsystem, 2015 (i.V.); *Timme*, Die Schenkung eines Tieres an einen beschränkt Geschäftsfähigen, JA 2010, 174; *Ultsch*, Schenkung des gesetzlichen Vertreters an Minderjährige: Gesamtbetrachtung oder konsequente Einhaltung des Trennungsprinzips?, Jura 1998, 524; *van de Loo/Strnad*, Familiengerichtliche Genehmigung bei Übertragung von Kommanditbeteiligungen an einer vermögensverwaltenden Gesellschaft auf Minderjährige, ZEV 2018, 617; *Weigl*, Pflichtteilsanrechnung gegenüber Minderjährigen (…), MittBayNot 2008, 275; *Weth*, Zivilrechtliche Probleme des Schwarzfahrens in öffentlichen Verkehrsmitteln, JuS 1998, 795; *Wilhelm*, Das Merkmal „lediglich rechtlich vorteilhaft" bei Verfügungen über Grundstücksrechte, NJW 2006, 2353; *Winkler von Mohrenfels*, Der minderjährige Schwarzfahrer – AG Hamburg NJW 1987, 448, und AG Köln NJW 1987, 447, JuS 1987, 692.

A. Allgemeines 1
 I. Rechtsgeschäftliches Instrument der Zustim-
    mung in Abgrenzung zur Stellvertretung 3
 II. Anscheinsvollmacht und Minderjährigen-
    schutz 5
 III. Analoge Anwendung des § 107 7
B. Regelungsgehalt 17
 I. Lediglich rechtlicher Vorteil 17
   1. Allgemeines 17
     a) Familiengerichtliche Genehmigungs-
        bedürftigkeit und Ergänzungspfleg-
        schaft 22
     b) Keine Gesamtbetrachtung von Grund-
        und Erfüllungsgeschäft 26
       aa) Entwicklung der Rechtsprechung
           und Kritik 30
       bb) Konsequenzen für die beratende
           Praxis 42
   2. Rechtlich ausschließlich vorteilhafte
      Geschäfte 46
     a) Schenkungen an den Minderjährigen .. 46
     b) Zinsfrei gewährte Darlehen und Bürg-
        schaften zugunsten des Minderjähri-
        gen 57
     c) Verfügungsgeschäfte 58
     d) Einseitige Rechtsgeschäfte und
        geschäftsähnliche Handlungen 59
     e) Dauerschuldverhältnisse (sog. Gratis-
        verträge) 62
   3. Neutrale Geschäfte 65
   4. Rechtlich nachteilige Geschäfte 69
     a) Gesellschaftsrechtliche Rechtsge-
        schäfte 71
       aa) Gesellschaftsgründung und Eintritt
           im Allgemeinen 73
       bb) Unentgeltliche Übertragung eines
           Kommanditanteils an den Minder-
           jährigen 77

     cc) Gründung einer GbR 81
     dd) Mitwirkung an Gesellschafterbe-
         schlüssen 82
     ee) Ausscheiden des Minderjährigen aus
         einer Gesellschaft 83
     ff) Rechtsfolgen bei fehlerhafter Betei-
         ligung des Minderjährigen an einer
         Gesellschaft 84
   b) Lebensversicherungsverträge 86
   c) Familienrechtliche und erbrechtliche
      Abreden 87
   d) Erfüllungsannahme 95
   e) Eigentumserwerb 97
     aa) Argumentationsstränge im Allge-
         meinen und Kritik 98
     bb) Wohnungseigentum 101
     (1) Rechtsprechungslinien vor BGH
         NJW 2010, 3643 102
     (2) Umbruch in der Rechtsprechung 107
     cc) Übertragung von Immobiliarsachen-
         rechten aufgrund Vermächtnisses ... 111
     dd) Belastetes Eigentum 112
     (1) Gebot der Gleichbehandlung? 113
     (2) Erwerb vermieteter oder verpachte-
         ter Grundstücke 120
     (3) Zusammentreffen von Nießbrauch
         und Vermietung 121
     ee) Tiere 124
   f) Sonderproblem: Der minderjährige
      Schwarzfahrer 129
   g) Bankgeschäfte 137
   h) Mobilfunkdienstleistungen 139
 II. Einwilligung 141
 III. Rückabwicklung bei Fehlen einer Einwilli-
    gung 148

A. Allgemeines

§ 107 ist die **Zentralnorm** des Minderjährigenrechts. Die Vorschrift verlangt systematisch die Unterschei- **1** dung zweier Grundsituationen: Ist die Willenserklärung des Minderjährigen rechtlich lediglich vorteilhaft (→ Rn. 17 ff.), so wird sie ohne Mitwirkung des gesetzlichen Vertreters wirksam. Ansonsten ist regelmäßig eine solche Mitwirkung erforderlich, als **Einwilligung** (vorherige Zustimmung, §§ 107, 183) oder **Genehmigung** (nachträgliche Zustimmung, §§ 108 f., 184), es sei denn, es liegt ein Sonderfall vor (§§ 110, 112 f.). Strengere Regeln gelten für einseitige Rechtsgeschäfte, § 111.

2 Das Gesetz geht pauschalierend davon aus, dass Personen im Alter von sieben bis siebzehn Jahren nicht mit hinreichender Sicherheit sinnvolle von ungünstigen Geschäften unterscheiden können. Es bindet daher alle Erklärungen, die eine Abwägung von Nutzen und Nachteil verlangen, an eine **Mitwirkungshandlung** der gesetzlichen Vertreter, also derjenigen Personen, die auch sonst für das Wohl und die Erziehung des Minderjährigen verantwortlich sind (§ 1629; näher → Rn. 4). Darin spiegelt sich nicht zuletzt die **Erziehungsfunktion** des Minderjährigenrechts:[1] Der Schutz des Minderjährigen ist formalisiert und systematisch bestimmten Instanzen zugewiesen. Dieses System will aber sicherstellen, dass bei Erreichen der Volljährigkeit auch materielle Privatautonomie vorhanden ist.[2] Zum Erziehungsgedanken → Rn. 16, 47, 131 ff.; → § 110 Rn. 14 f.

I. Rechtsgeschäftliches Instrument der Zustimmung in Abgrenzung zur Stellvertretung

3 Wenn das Gesetz vom „gesetzlichen Vertreter" spricht, bedeutet dies nicht, dass in dessen Zustimmung die Abgabe einer Erklärung als Stellvertreter iSd §§ 164 ff. läge, die anschließend dem Minderjährigen nach § 1629 Abs. 1 iVm § 164 Abs. 1 S. 1 zugerechnet würde, und der Minderjährige selbst keine rechtserhebliche Erklärung abgäbe. Vielmehr ist die Einwilligung als Willenserklärung des Vertreters lediglich **Wirksamkeitsvoraussetzung** für die eigene Erklärung des Minderjährigen.[3] Wo der voll Geschäftsfähige lediglich den Tatbestand der Willenserklärung setzen (§§ 116 ff.) und die allgemeinen Wirksamkeitsvoraussetzungen beachten muss (namentlich §§ 134, 138 und ggf. § 125), bedarf der beschränkt Geschäftsfähige dieser zusätzlichen Erklärung, welche nur der gesetzliche Vertreter abgeben kann.

4 **Gesetzliche Vertreter** sind nach § 1629 Abs. 1 regelmäßig die Eltern als Gesamtvertreter (S. 2), soweit sie sorgeberechtigt sind; vgl. weiterhin namentlich §§ 1671 f. für den Fall des Getrenntlebens und §§ 1626 a ff. für den Fall, dass die Eltern nicht miteinander verheiratet sind. Konflikte zwischen den Gesamtvertretern löst äußerstenfalls das Familiengericht durch Übertragung der Sorge in der fraglichen Angelegenheit auf einen von ihnen, §§ 1628, 1629 Abs. 1 S. 3. Ungeklärt ist, in welchem Maße Vereinbarungen über das Sorgerecht oder dessen Ausübung zulässig sind.[4]

§§ 1629 Abs. 2 S. 1, 1795 Abs. 1 sowie daneben §§ 181, 1795 Abs. 2[5] begründen Grenzen der Vertretungsmacht (Vertretungsverbote), welche die Anordnung einer Ergänzungspflegschaft notwendig machen (§ 1909 Abs. 1); § 1643 Abs. 1 statuiert daneben familiengerichtliche Genehmigungserfordernisse, weiterführend (auch bei bloßer Einwilligung der Eltern) → Rn. 22 ff. Weitere Schranken und Besonderheiten ergeben sich auch §§ 1638 ff. Zur (analogen) Anwendung von § 166: → § 166 Rn. 33 ff.

II. Anscheinsvollmacht und Minderjährigenschutz

5 Die minderjährigenrechtlichen Schutzvorschriften strahlen dort auf andere Rechtsverhältnisse aus, wo der Geschäftsgegner sich sonst durch Umgehung den Vorteil verschaffen würde, den § 107 ihm gerade verweigern will. Ein Beispiel sind **Telefonbezahlsysteme** (etwa über **0900-** oder **0190-Nummern** für „Features", mittels derer ein Online-Spieler seine Erfolgsaussichten verbessern kann): Eine Anscheinsvollmacht zulasten des Anschlussinhabers (hier: Eltern) greift jedenfalls im Ergebnis nicht ein, wenn ein Minderjähriger vom häuslichen Anschluss aus eine solche Nummer angerufen hat, um einen nicht genehmigten Erwerb zu bezahlen.[6] Zu **In-App-Käufen** → Rn. 64 und weiterer sog. Mehrwertdienstleistungen → § 110 Rn. 10 ff.

6 Zur Begründung werden in der Rspr. der dolo-agit-Einwand aus § 242, § 138 Abs. 1[7] sowie – dogmatisch vorzugswürdig – Argumente aus den Grenzen der **Anscheinsvollmacht** herangezogen: Wer den Anschlussinhaber überhaupt nicht kennt und keinerlei belastbare Anhaltspunkte dafür hat, dass dieser das Verhalten des Minderjährigen kenne und dulde, kann sich nicht auf einen Rechtsschein stützen.[8] Ergänzend ist zu vermerken, dass im Regelfall auch keine konkludente Genehmigung nach § 108 vorliegen wird.[9]

---

1   Vgl. für eine sorgerechtliche Betrachtungsweise grundlegend *Köhler* JZ 1983, 225, aufgenommen von *Lücke* Die Ausnahme in § 107 BGB (2014). Der Punkt bleibt zu vertiefen.

2   Hierzu instruktiv *Heuser* JR 2013, 124.

3   Ebenso zB *Heuser* JR 2013, 125 (130 f.) mwN.

4   Vgl. *Reimann* DNotZ 1999, 200 f.; MüKoBGB/ *Huber* § 1626 Rn. 13–15.

5   Zur Anwendung dieser Normen bei verschiedenen Konstellationen der Erbauseinandersetzung *Mahlmann* ZEV 2009, 320.

6   LG Saarbrücken Urt. v. 27.1.2012 – 10 S 80/11, juris und MMR 2012, 261ff = NJOZ 2012, 1647; AG Bocholt Urt. v. 13.11.2014 – 4 C 16/14, MMR 2015, 612.

7   LG Saarbrücken (wie vor), NJOZ 2012, 1647 (1649 f.), Rn. 25–34 (§§ 242, 812), NJOZ 2012, 1647 (1650 f.), 35–43 (§ 138), jeweils mit ausführl. Argumentation aus System und Zweck des Gesetzes.

8   In diesem Sinne AG Hamburg Urt. v. 12.1.2011 – 7 c C 53/10 = BeckRS 2011, 02843, Rn. 23–36 (Nachw. zu gleichgerichteter wie zu abw. Judikatur in Rn. 33). Aus der Lit. vgl. *Mushardt* 271–274.

9   Vgl. *Mushardt* 280 ff.

III. Analoge Anwendung des §107

§ 107 meint unmittelbar nur rechtsgeschäftliches Handeln des Minderjährigen. Auf **geschäftsähnliche** **Handlungen** findet die Norm analoge Anwendung, da insoweit eine planwidrige Regelungslücke besteht und die ratio übertragbar ist (→ § 104 Rn. 27 ff.). Die Rechtsprechung wendet Minderjährigenrecht gleichfalls auf die Leistungszweckbestimmung im bereicherungsrechtlichen Sinne an, weil diese rechtsgeschäftsähnlichen Charakter aufweise;[10] ebenso auf die Genehmigung einer nichtigen bereicherungsrechtlichen Weisung, soweit durch eine solche Genehmigung Bereicherungsansprüche gegen andere Beteiligte untergehen würden.[11] Geschäftsähnlich ist auch die (in casu wahrheitswidrige) Mitteilung an die Haftpflichtversicherung, an einem Unfall nicht beteiligt gewesen zu sein.[12]   **7**

Für **Realakte** hingegen wird darauf abgestellt, ob der Minderjährige über ausreichende natürliche Einsichts- und Urteilsfähigkeit verfügt. Das wird praktisch vor allem im Medizinrecht,[13] aber auch bei körperlichen Eingriffen, die von vornherein keinen medizinischen Zweck haben können[14] oder bei denen ein denkbarer medizinischer Zweck nicht das entscheidende Element darstellt.[15]   **8**

Ärztliche Heileingriffe werden verbreitet als Realakte eingestuft.[16] Demnach muss der Minderjährige den Eingriff in seine körperliche Unversehrtheit erkennen und imstande sein, dessen Tragweite und die Auswirkungen seiner Entscheidung zu übersehen.[17] Konstruktion und Ergebnisse sind jedoch umstritten.[18] Soweit die Sorgeberechtigten entscheidungsbefugt sind, bleibt jedenfalls die Grenze des Kindeswohls zu beachten (§ 1666), etwa bei Ablehnung medizinisch erforderlicher Maßnahmen aus Eigensinn oder sektiererischen Gründen.[19]   **9**

Die zugrundeliegenden **Behandlungsverträge** jedenfalls für privat Versicherte[20] sind selbstverständlich Rechtsgeschäfte, so dass der Minderjährige sie regelmäßig nicht ohne Zustimmung wirksam abschließen kann.[21] Diese Zustimmung ist nicht mit der Einwilligung in konkrete Eingriffe oder Behandlungen zu verwechseln.[22]   **10**

Sonderprobleme werfen medizinische Experimente und **Heilversuche**[23] sowie wissenschaftliche Experimente an Kindern auf.[24] Die Patientenverfügung steht nur Volljährigen zu Gebote (§ 1901a Abs. 1).[25]   **11**

---

10   Vgl. BGH 21.1.2010 – IX ZR 226/08, Tz 13, NJW-RR 2010, 858 (859) = FamRZ 2010, 546 (547) (auch in ZIP 2010, 529). Der Fall weist freilich Besonderheiten auf (familiengesellschaftsrechtliche Konstellation; Reihenfolge der Überweisungen).

11   BGH, wie vor, Tz. 16, NJW-RR 2010, 858 (860) = FamRZ 2010, 546 (547).

12   OLG Rostock Urt. v. 28.1.2011 – 5 U 93/10, juris Rn. 18 = ZFS 2011, 393 (mAnm *Rixecker*).

13   Zahlreiche Problemkonstellationen, auch zu den folgenden Rn., mwN bei *Hoffmann*, Personensorge, §§ 9–11.

14   Vgl. zu Tätowierungen AG München Urt. v. 17.3.2011 – 213 C 917/11, NJW 2012, 2452, bespr. von *Mäsch* JuS 2012, 748, und dazu § 110 Rn. 25.

15   Zur Debatte über die Beschneidung männlicher Kinder (bei weiblichen liegt die Unzulässigkeit auf der Hand) ist hier nicht näher Stellung zu nehmen; vieles spricht dafür, wenn man den Eingriff bei Minderjährigen überhaupt ohne medizinische Indikation zulassen will, kumulativ die Zustimmung der Erziehungsberechtigten und des „natürlich einwilligungsfähigen" Jugendlichen zu verlangen. Meinungsstand mwN bei *Schäfer-Kuczynski*, Vom Objekt zum Subjekt – Perspektivwechsel zum Rechtsträger Kind am Beispiel der Debatte über die rituelle Beschneidung Minderjähriger (2014). Kritisch (auch zum Missbrauch medizinischer Indikationen in der Praxis) *Rumetsch*, Eingriffe, 83–89.

16   Streitig, vgl. *Knauf*, Mutmaßliche Einwilligung (2005), S. 15–23.

17   BayObLG Rpfleger 1985, 192 f.(= FamRZ 1985, 836); BGH NJW 1972, 335 (337); 1959, 811;

18   Ausf. *Knauf*, Mutmaßliche Einwilligung (2005), S. 30–49; mit Plädoyer für die Altersgrenze von 16 Jahren als (bloßer) Orientierungspunkt; aktuelle Diskussion auch der in den folgenden Rn. besprochenen Probleme mN bei *Nebendahl* MedR 2009, 197–205.

19   *Deutsch/Spickhoff*, Medizinrecht (7. Aufl. 2014), Rn. 1134.

20   Zur Behandlung des gesetzlich versicherten Minderjährigen vgl. *Deutsch/Spickhoff* (7. Aufl. 2014) Rn. 126; *Spickhoff* FamRZ 2018, 412 (415 f.).

21   *Spickhoff* FamRZ 2018, 412 (415); *Lauf/Birck* NJW 2018, 2230.

22   *Deutsch/Spickhoff*, Medizinrecht (7. Aufl. 2014), Rn. 126 f., 1128 ff.; vgl. Rn. 1131 zu Aufklärungspflichten auch gegenüber noch nicht Zustimmungsfähigen.

23   Dazu aus der neueren Lit. *Brückner*, Selbstbestimmungsrecht, S. 143–180; zudem *Szutowska-Simon*, Wille und Einwilligung im Probandenschutzsystem (2015).

24   Vgl. *Deutsch/Spickhoff*, Medizinrecht (7. Aufl. 2014), Rn. 1138 ff. S. a. *Köbl* FS Stürner (2013), S. 177 ff.

25   Bedenken gegen den Ausschluss Minderjähriger bei *Sternberg-Lieben/Reichmann* NJW 2012, 257.

12 Wieder andere Probleme stellen sich beim **Schwangerschaftsabbruch**.[26] Dort ist zu beachten, dass es nicht allein um das Wohl der Minderjährigen geht, sondern gleichermaßen um das des ungeborenen Kindes, für das mit dem Leben ein besonders hohes Rechtsgut auf dem Spiel steht. Daher kann das Familiengericht im Interesse des Ungeborenen eingreifen, auch wenn die Minderjährige nach ihrem individuellen Reifegrad einwilligungsfähig ist.[27]

13 Die staatliche **Schutzpflicht** für das Leben des Ungeborenen ist nach allgemeinen Regeln auch bei der Auslegung minderjährigenrechtlicher Vorschriften zu berücksichtigen. So hat das OLG Naumburg entschieden, dass der Sorgeberechtigte dann seine Pflichten verletzt (mit der Folge des § 1666), wenn er die schwangere Minderjährige nicht unterstützt bzw. keine Unterstützung für die Zukunft zusagt (Hilfe bei der Betreuung des Kindes, ggf. Förderung der eigenen Berufsausbildung der Minderjährigen); hingegen stellt es keine Pflichtverletzung dar, wenn er sich einer Abtreibung entgegenstellt.[28] Kommt es nicht zur Abtreibung und macht die Minderjährige später Schadensersatzansprüche gegen den Arzt geltend, der ihre Eltern nicht über den Eintritt einer Schwangerschaft informiert hatte, so ist nach allgemeinen Regeln substantieller Vortrag zum Vorliegen einer Indikation nach § 218 a StGB erforderlich.[29]

14 Keine bloßen Realakte sind **datenschutzrechtlich relevante Maßnahmen**, weil diese jedenfalls das allgemeine Persönlichkeitsrecht berühren,[30] nun EU-weit gesetzlich konkretisiert in der DS-GVO (vgl. zuvor insbes. BDSG aF).

15 Zentral ist nunmehr **Art. 8 Abs. 1 UAbs. 1 DS-GVO** (vgl. vor Inkrafttreten der DS-GVO § 4 Abs. 1 aE BDSG aF),[31] der die **Einwilligung von Kindern** in die Verarbeitung personenbezogener Daten – freilich mit einer bedenklichen Öffnungsklausel in UAbs. 2[32] – regelt (zum Begriff der Einwilligung s. Art. 4 Nr. 11 DS-GVO).[33] Hat das Kind das 16. Lebensjahr vollendet, kann es selbst in die Verarbeitung einwilligen (Art. 8 Abs. 1 UAbs. 1 S. 1 DS-GVO). Davor liegt die Entscheidungszuständigkeit beim gesetzlichen Vertreter (Art. 8 Abs. 1 UAbs. 1 S. 2 DS-GVO); der gesetzliche Vertreter muss entweder selbst einwilligen oder der Einwilligung des Kindes zustimmen. Die Frage nach der analogen Anwendung von § 107 stellt sich also insoweit nicht mehr.[34]

16 Von der datenschutzrechtlichen Einwilligung streng zu unterscheiden, ist der Abschluss des **Vertrages über die Nutzung eines sozialen Netzwerks** (zB Facebook, Twitter, WhatsApp). Hier ist § 107 direkt anwendbar. Insbesondere wegen der Hingabe personenbezogener Daten des Minderjährigen, bedarf ein solcher Vertragsschluss der Zustimmung der gesetzlichen Vertreter (hierzu auch → Rn. 141 ff.).[35] Eine direkte wie analoge Anwendung des § 110 scheidet aus.[36] Denn der in § 107 niedergelegte Erziehungsgedanke gebietet, dass die Eltern – und nicht wie bei § 110 der Minderjährige allein – in einem so sensiblen Bereich wie der Preisgabe personenbezogener Daten Entscheidungen treffen. Der wachsenden Medienkompetenz des minderjährigen Kindes kann eine Einwilligung in Form eines (ggf. konkludent erteilten) beschränkten Generalkonsenses (→ Rn. 144–146) gerecht werden (vgl. § 1626 Abs. 2).

26   Überzeugend OLG Hamm NJW 1998, 3424 f. = JR 1988, 333 (mAnm Schlund); vgl. noch AG Schlüchtern NJW 1998, 832 f. = FamRZ 1998, 968 (969); AG Celle NJW 1987, 2307 (2308) = FamRZ 1987, 738 f. Ferner *Amend-Traut/Bongartz*, Der Schwangerschaftsabbruch bei Minderjährigen – rechtliche Perspektiven zwischen Selbstbestimmung und elterlicher Verantwortung FamRZ 2016, 5–12.

27   Vgl. *Deutsch/Spickhoff*, Medizinrecht (7. Aufl. 2014), Rn. 1064 m. Fn. 59.

28   OLG Naumburg Beschl. v. 19.11.2003 – 8 WF 152/03; auch in FamRZ 2004, 1806 f.; OLG Hamburg Beschl. v. 5.3.2014 – 10 UF 25/14, NZFam 2014, 948. Gegen die Judikatur, aber ohne überzeugende Gründe, *Rumetsch*, Eingriffe, 91 ff.

29   OLG Köln, 5 U 179/08 = BeckRS 2009, 27341; auch in OLGR Köln 2009, 585–588; MedR 2010, 41–44. Die Frage nach dem Bedürfnis der Schwangeren an der Wahrung der ärztlichen Schweigepflicht auch gegenüber ihren Eltern hinter der elterlichen Sorge ihrer Eltern zurückstehen muss (mit der Folge, dass ein Arzt auch gegen den Willen einer minderjährigen Schwangeren deren Eltern über die Schwangerschaft informieren muss), hat das OLG als nicht entscheidungserheblich offengelassen.

30   Zum Problem *Körner* VuR 2002, 380 (381) (Urteilsanm. zu OLG Bremen VuR 2002, 379).

31   Hierzu *Baldus* in Vorauflage zu § 107 Rn. 12 f.

32   Im DSAnpUG-EU v. 30.7.2017 (BGBl. I S. 2097) hat der deutsche Gesetzgeber hiervon keinen Gebrauch gemacht.

33   Weiterf. zB: *Gola/Schulz* ZD 2013, 475; *Ernst* ZD 2017, 110; *Sobolewski/Klas* K&R 2016, 373; Joachim ZD 2017, 414; *Funke*, Dogmatik und Voraussetzungen der datenschutzrechtlichen Einwilligung im Zivilrecht (2017).

34   Ebenso BeckOGK/*Duden* (2019) BGB § 107 Rn. 18.1.

35   Ebenso Staudinger/*Klumpp* (2017) BGB § 107 Rn. 30; BeckOGK/*Duden* (2019) BGB § 107 Rn. 121; im Grundsatz auch *Wintermeier* ZD 2012, 210 (212).

36   Für analoge Anwendung des § 110 BGB aber Wintermeier ZD 2012, 210 (213).

B. Regelungsgehalt

I. Lediglich rechtlicher Vorteil

1. Allgemeines. Auslegungsschwierigkeiten bereitet die Wendung „durch die er nicht lediglich einen **17** rechtlichen Vorteil erlangt", oftmals paraphrasiert als „lediglich rechtlicher Vorteil".[37] Diese Paraphrase ist insofern irreführend, als es nicht um die Abwesenheit sonstiger Vorteile geht, sondern darum, dass die Vorteilhaftigkeit des Geschäfts **allein** unter rechtlichen, nicht auch unter anderen, namentlich ökonomischen Aspekten zu beurteilen ist.

Folgt man dieser herrschenden Deutung (anders, für ökonomische Betrachtung, namentlich *Stürner*),[38] so **18** ergibt sich der Grundsatz, dass alle Geschäfte rechtlich nicht lediglich vorteilhaft sind, aus denen (auch) der Minderjährige zu einer Leistung verpflichtet wird. Dies gilt unabhängig davon, ob diese Leistung wertvoller ist als die Leistungen, zu denen die andere Seite eventuell verpflichtet ist, oder nicht. Auch ökonomisch günstige Verträge, etwa der Kauf einer Sache zu niedrigem Preis, bringen einen rechtlichen Nachteil für den Minderjährigen mit sich und sind daher zustimmungspflichtig.

Es besteht im Ergebnis Einigkeit über die ausschließliche rechtliche Vorteilhaftigkeit bestimmter Geschäfte, **19** ebenso darüber, dass bestimmte andere Geschäfte zustimmungspflichtig sind (→ Rn. 69 ff.). Schwierigkeiten resultieren aber daraus, dass die Wendung „durch … erlangt" nicht eindeutig erkennen lässt, ob nur das Geschäft gemeint ist, auf das sich die Erklärung unmittelbar bezieht (beispielsweise eine Übereignung an den Minderjährigen), oder auch Veränderungen der Rechtslage, die lediglich **mittelbar** auf diesem Geschäft beruhen (beispielsweise Lasten, die mit dem Eigentum verbunden sind, → Rn. 100, 112 ff.). Die Unterscheidung mittelbar/unmittelbar ist auch hier von begrenztem Wert: Sie ermöglicht eine Trennung evidenter von zweifelhaften Fällen, nicht aber eine klare Kategorienbildung.[39]

Insbesondere lässt sich nicht immer ohne Wertungswiderspruch zwischen Fällen unterscheiden, in denen **20** das Gesetz selbst eine bestimmte Rechtsfolge an das Geschäft knüpft, und solchen, bei denen ein Zusammenhang zwischen mehreren Geschäften wirtschaftlich bzw. durch den Parteiwillen hergestellt wird.

Daher haben sich einige problematische **Fallgruppen** gebildet (→ Rn. 112–123). Eine Rückführung aller zu **21** den verschiedenen Fallgruppen entwickelten Lösungen auf ein einheitlich angewandtes Kriterium ist nicht möglich (krit. zur Lehre von der Typisierbarkeit der Rechtsnachteile → Rn. 34 f.).[40] das erweckt Bedenken zumindest de lege ferenda.

a) Familiengerichtliche Genehmigungsbedürftigkeit und Ergänzungspflegschaft. Die Notwendig- **22** keit familiengerichtlicher **Genehmigungen** (insbes. §§ 1643 Abs. 1, 1821, 1822) sowie **Vertretungsverbote** gegenüber den gesetzlichen Vertretern (insbes. §§ 1629 Abs. 2 S. 1, 1795 Abs. 1; § 181 iVm §§ 1629 Abs. 2 S. 1, 1795 Abs. 2) wirken faktisch auf das Minderjährigenrecht zurück. Denn es besteht eine gewisse Tendenz dazu, Geschäfte des Minderjährigen selbst für rechtlich nicht nachteilig iSd § 107 zu erklären, um ein Vertretungserfordernis und damit ggf. den Mehraufwand für Pflegerbestellung und darüber hinaus der Einholung einer gerichtlichen Genehmigung zu vermeiden.

Diese Tendenz kommt bestimmten Bedürfnissen der Praxis entgegen, gefährdet aber den Minderjährigen- **23** schutz (vgl. → Rn. 25, 42 ff.). Sie ist umso kritischer zu sehen, als die neuere Rechtsprechung des BGH den Anwendungsbereich der genannten Vorschriften bereits erheblich eingeschränkt hat: § 181 soll nicht gelten in bestimmten Fällen der Personenidentität ohne Interessenkollision, wenn nämlich in einem fest umrissenen Rechtsbereich eine Interessenkollision bereits abstrakt undenkbar ist.[41] Das soll ua bei Insichgeschäften der Fall sein, die dem Vertretenen lediglich einen rechtlichen Vorteil bringen.[42]

---

37 Ausführlich zu Grundsatzfragen und Anwendungsproblemen *Harte*, Der Begriff des lediglich rechtlichen Vorteils iSd § 107 BGB (2005).

38 Für diese Gegenposition mit zahlr. Nachw. *R. Stürner* AcP 173 (1973), 402–449 (Thesen: 417): In Wahrheit stehe hinter einem Teil der probl. Differenzierungen in Rspr. und Lit. eine wirtschaftliche Betrachtungsweise; besser sei es, das legitimerweise auf Rechtssicherheit angelegte Kriterium des rechtlichen Nachteils insoweit ökonomisch zu reduzieren, als (bei typisierender Betrachtung) generell ungefährliche Geschäfte zustimmungsfrei gestellt werden sollten. Zur teilweisen Übernahme dieser Lehre in der neueren Rspr. des V. Zivilsenats Rn. 96. Argumente gegen sie bei *Köhler* JZ 1983, 227 f. (namentlich zu

Problemen der Typisierung und zur Bedeutung nichtvermögensrechtlicher Aspekte).

39 *R. Stürner* AcP 173 (1973), 402–449 passim; *Köhler* JZ 1983, 226 f.

40 Vgl. nochmals *R. Stürner* AcP 173 (1973), 402–449 passim.

41 Nachw. und Kritik zur Judikatur bei Jauernig/*Mansel* (2018) BGB § 181 Rn. 7–9; zu Details Staudinger/*Peschel-Gutzeit* (2015) BGB § 1629 Rn. 198 (Prinzip) und weiter.

42 BGHZ 59, 236 (240). An der Abgrenzbarkeit dieser Kategorie zweifelnd zB Jauernig/*Mansel* (2018) BGB § 181 Rn. 7, 9 aE (Gestattung durch Verkehrsübung).

24   Der BGH hat diese teleologische Reduktion auf das Vertretungsverbot nach §§ 1629 Abs. 2 S. 1, 1795 ausgedehnt.[43] Damit ist der „rechtliche Vorteil", von dem das Gesetz lediglich in § 107 für die vom Minderjährigen selbst vorgenommenen Geschäfte spricht, sowohl für §§ 1629 Abs. 2 S. 1, 1795 Abs. 1 als auch für
§ 181 iVm §§ 1629 Abs. 2 S. 1, 1795 Abs. 2 relevant geworden, also für die Vertretungsfälle.

25   Bei der häufig ergebnisgeleiteten Frage nach der Zustimmungspflichtigkeit iSd § 107 sollte zudem die
Rolle der gesetzlichen Vertreter im System des gesetzlichen Minderjährigenschutzes stärker in den
Fokus genommen werden. Denn insbesondere ausgehend von **§ 1643** lässt sich vertreten, dass angesichts
der Tragweite und Gefährlichkeit bestimmter Geschäfte – namentlich über Grundstücksrechte – Verzögerungen und Belastungen von Transaktionen mit Minderjährigen durch Genehmigungsverfahren gesetzlich
zumindest in Kauf genommen werden, weil die Integrität des Kindesvermögens über der rechtsgeschäftlichen Handlungsfreiheit des Minderjährigen selbst, seiner gesetzlichen Vertreter und Vertragspartner steht.
Dafür spricht zudem, dass die gesetzlichen Vertreter auch von **Eigeninteressen** geleitet sein können, die
keine Anerkennung in §§ 1627 Abs. 1 S. 1, 1629 Abs. 1 S. 1 finden; so dann, wenn die Übertragung von
Vermögensgütern auf den Minderjährigen primär der Vermeidung steuer- oder haftungsrechtlicher Nachteile
für die gesetzlichen Vertreter oder Dritte dient.[44] § 1697 a[45] spricht von den berechtigten Interessen der
Beteiligten, stellt aber das **Wohl des Kindes** in den Vordergrund. § 107 erklärt sich auch aus Recht und
Pflicht der Eltern, ihr Sorgerecht verantwortungsbewusst auszuüben.[46]

26   **b) Keine Gesamtbetrachtung von Grund- und Erfüllungsgeschäft.** Die rechtliche Vorteilhaftigkeit
von **Grund-** und **Erfüllungsgeschäft** ist stets **getrennt** zu prüfen und keine sog. Gesamtbetrachtung vorzunehmen,[47] und zwar auch dann nicht, wenn der Minderjährige von seinem gesetzlichen Vertreter erwirbt
(ausf. → Rn. 27 ff.). Durchbrechungen des Trennungsprinzips sind bereits im Ansatz abzulehnen. Eine
Gesamtbetrachtung dient typischerweise dazu, Nachteile unter Berufung auf Vorteile aus dem jeweils anderen Geschäft für unerheblich zu erklären; genau dies will das Gesetz nicht. Das Interesse an einem umfassenden Schutz des beschränkt Geschäftsfähigen ist durch **schutzzweckorientierte Auslegung** des Gesetzes
hinsichtlich jedes einzelnen Geschäfts zu wahren, nicht durch eine „Gesamtbetrachtung".[48]

27   Beim **Erwerb vom gesetzlichen Vertreter** ist die Rechtsprechung in besonderem Maße darum bemüht, zur
Wirksamkeit des Vollzugsgeschäfts zu gelangen, und zwar auch in problematischen Fällen. Hier erlangt
§ 181 aE besondere Bedeutung. Das Verbot des Selbstkontrahierens gilt nämlich nicht, wenn eine Verbindlichkeit erfüllt werden soll. Wollen also die Eltern dem Kind ein Grundstück oder Wohnungseigentum
zuwenden, das mit Grundpfandrechten überlastet ist oder persönliche Verpflichtungen mit sich bringt, so
ermöglicht § 181 dies für den Fall, dass eine Schenkung zugrunde liegt. Die Schenkung als solche ist nicht
nachteilig (→ Rn. 46 ff.), unterliegt also keinen Wirksamkeitsbedenken nach § 107. Selbst wenn nun die
Übereignung als nachteilig anzusehen ist (so nach hM jedenfalls bei Begründung persönlicher Verpflichtungen), können die Eltern sie **nach dem Wortlaut** des § 181 aE dennoch vollziehen, ohne dass das Familiengericht oder ein Ergänzungspfleger einzuschalten wären.

28   Der BGH[49] hielt deswegen früher eine „**Gesamtbetrachtung**" von Grund- und Erfüllungsgeschäft für
geboten und prüfte mithin die rechtliche Nachteiligkeit auch der Schenkung selbst. Das hat eine Vielzahl
von Fragen aufgeworfen.[50]

---

43   BGH NJW 1989, 2542 (2543) = FamRZ 1989, 945
      (946 f.) (zu §§ 1629 Abs. 2, 1795 Abs. 2, 181);
      BGHZ 94, 232 (235) = NJW 1985, 2407 = Rpfleger
      1985, 293 (zu §§ 1629 Abs. 2, 1795 Abs. 2, 181);
      BGH NJW 1975, 1885 (1886) = JZ 1976, 66 (zu
      § 1795 Abs. 1 Nr. 1).
44   Vgl. hierzu bei Schenkung einer Photovoltaikanlage
      OLG Dresden NJW 2016, 1027 (1028) Rn. 10–15
      (rechtlicher Nachteil iSd § 107 und die Erforderlich-
      keit einer Ergänzungspflegschaft zu Recht mit Ver-
      weis auf Haftungsrisiken und das Entstehen persön-
      licher Verpflichtungen bejaht); BGH NJW 2017,
      3516 (3517) Rn. 17 (Konto des minderjährigen Kin-
      des als Zahlstelle für fremde Verbindlichkeiten).
45   Die Vorschrift bringt einen Rechtsgedanken zum
      Ausdruck, der ebenso für die vormundschaftsgericht-
      liche Genehmigung gilt, vgl. *Reimann* DNotZ 1999,
      187 f.
46   Vgl. zB *Stürner* AcP 173 (1973), 418; *Köhler* JZ
      1983, 226.

47   Die Rechtsprechung verfuhr nicht immer so; für eine
      getrennte Betrachtung aber noch BGHZ 15, 168
      (170); aufgegeben, vgl. BGHZ 78, 28 (34) = NJW
      1981, 109. Weiterhin BGH NJW 1985, 2407 (2408);
      BGHZ 78, 28 (34) = NJW 1981, 109; BGH NJW
      1975, 1885 (1886); vgl. noch (ohne neue Argumente)
      OLG Hamm NJW-RR 2001, 437. Die neueste Judi-
      katur wendet sich von einer „Gesamtbetrachtung" ab,
      wobei an den bisher vorliegenden aktuellen Leitent-
      scheidungen des BGH noch nicht eindeutig abzule-
      sen ist, ob die „Gesamtbetrachtungslehre" aufgege-
      ben oder nur eingeschränkt worden ist, siehe BGH
      25.11.2004 – V ZB 13/04, BGHZ 161, 170; BGH
      3.2.2005 – V ZB 44/04, BGHZ 162, 137; zur Trag-
      weite der Urteile *Böttcher* Rpfleger 2006, 293 (296).
48   Vgl. *Jauernig* JuS 1982, 577 f.
49   BGHZ 78, 28 (34) = NJW 1981, 109; Nw zu älteren
      Entscheidungen in ders. Richtung bei *Klüsener*
      Rpfleger 1981, 259.
50   Vgl. die Übersicht bei *Klüsener* Rpfleger 1981, 261–
      264.

Vorzugswürdig ist es jedoch, bei einer strikten **Trennung von Grund- und Erfüllungsgeschäft** zu bleiben 29
und den Vorbehalt im letzten Hs. des § 181 einengend auszulegen, das Verbot des Selbstkontrahierens also
auszubauen. § 181 steht in systematischem Zusammenhang mit dem Minderjährigenrecht. Die Anwendung
dieser Norm darf dem in § 107 Angeordneten nicht zuwiderlaufen. Das wird durch eine **teleologische
Reduktion** erreicht. Die Erfüllung einer Verbindlichkeit ist mithin dann als unzulässiges Insichgeschäft
anzusehen, wenn durch die Erfüllung dem vertretenen Minderjährigen rechtliche Nachteile iSd § 107 drohen.[51]

aa) Entwicklung der Rechtsprechung und Kritik. In BGHZ 161, 170[52] hat der V. Zivilsenat dann die 30
Gesamtbetrachtungslehre **aufgegeben**, allerdings unter einem zumindest terminologischen Vorbehalt.[53] Der
Senat habe in BGHZ 78, 28 lediglich verhindern wollen, dass bei lukrativem Grundgeschäft ein rechtlich
nachteiliges Übertragungsgeschäft über § 181 letzter Hs. (Erfüllung einer Verbindlichkeit) genehmigungsfrei werden könne. Der Senat lässt dahinstehen, ob der Literaturmeinung, die eine teleologische Reduktion
des § 181 vorzieht, zu folgen sei, und bestätigt, dass auch für § 107 das Trennungsprinzip gelte.

Dahinstehen könne die Streitfrage, weil in casu bereits das Grundgeschäft rechtlich nicht lediglich vorteil- 31
haft sei:[54] Dem Minderjährigen war ein Grundstück unter **Nießbrauchsvorbehalt und Rücktrittsvorbehalt** (dieser gesichert durch Rückauflassungsvormerkung) sowie belastet mit einer **Grundschuld** übertragen worden. Bei Nichtgenehmigung des Grundgeschäfts drohten, so der BGH, lediglich Bereicherungsansprüche in den Grenzen des § 818 Abs. 3. Der Nießbrauch schade nicht, weil der Nießbraucher die Kosten
außergewöhnlicher Ausbesserungen und Erneuerungen sowie die außergewöhnlichen Grundstückslasten
übernommen habe, so dass den Minderjährigen insoweit keine Ansprüche aus §§ 1049, 677 ff. träfen.[55] Der
Rücktrittsvorbehalt betreffe allein das Grundgeschäft; in der Rückauflassungsvormerkung liege kein gesonderter Nachteil. Die Grundschuld sei unschädlich, weil eine Unterwerfung unter die sofortige Zwangsvollstreckung vorliege, bei Vollstreckung also keine weiteren Kosten für den Titel entstünden. Zwar seien die
öffentlichen Lasten nicht schon deswegen unbedenklich, weil sie auf Gesetz beruhten, und den Minderjährigen treffe auch eine persönliche Haftung. Bestimmte typisierbare Rechtsnachteile von ganz unerheblichem Gefährdungspotential seien aber nach dem Sinn des § 107 nicht erfasst, wenn unabhängig von den
Umständen des Einzelfalls in jedem Fall mit einer Genehmigung zu rechnen sei; dies sei der Fall bei der
Verpflichtung, die laufenden öffentlichen Grundstückslasten zu tragen.[56]

Die neue Rspr. ist unter dogmatischen Aspekten weithin[57] begrüßt worden. Die oberlandesgerichtliche Judi- 32
katur folgt ihr.[58] In der Tat stellt sie einen Schritt in die richtige Richtung dar. Das Bekenntnis zum Trennungsprinzip im Rahmen des § 107 und die Aufgabe der Leerformel[59] von den „mittelbaren" und „unmittelbaren" Nachteilen[60] fördern die Rechtssicherheit.

---

51 So auch schon *Jauernig* JuS 1982, 578; *ders.*, JuS
    1994, 721 (723); zust. *Ultsch* Jura 1998, 524 (528).
52 Auch abgedruckt in JZ 2006, 147 mAnm *Müßig,
    geb. Seif* JZ 2006, 150; NJW 2005, 415; DNotZ
    2005, 549; ZEV 2005, 66 mAnm *Everts* ZEV 2005,
    69; MittBayNot 2005, 408 mAnm *Feller* MittBayNot
    2005, 412; NotBZ 2005, 151 mAnm *Sonnenfeld*
    NotBZ 2005, 154; RNotZ 2005, 228 mAnm *Reiß*
    RNotZ 2005, 224; LMK 2005, 25 (Ls. mAnm
    Lorenz); WM 2005, 144.
53 BGHZ 161,170,173 ff. = NJW 2005, 415 (Anm. v.
    Emmerich JuS 2005, 457 und v. *Everts* ZEV 2005,
    66).
54 BGHZ 161, 170 (175–180) = NJW 2005, 415 f.
55 Die Prämisse ist umstritten: In der Lit. werden GoA-
    Ansprüche teils für generell unschädlich gehalten, da
    ihr Umfang nicht über objektiv gebotene Verwendun-
    gen hinausgehen könne (s. *Böttcher* Rpfleger 2006,
    293 (296)). Aber ist sicher, dass dies den Minderjäh-
    rigen im Einzelfall hinreichend schützt? Schon diese
    Ansprüche könnten eine Verweigerung der Genehmi-
    gung nahelegen. In dieser Richtung auch OLG Celle
    Beschl. v. 7.11.2013 – 4 W 186/13, Rn. 6 aE = NJOZ
    2014, 1100 (1100).
56 Die in Rn. 109 besprochene Entscheidung vom
    30.9.2010 (V ZB 206/10 = NJW 2010, 3643) nimmt
    BGHZ 161, 173 in Bezug; insoweit ist keine Auf-
    gabe älterer Rspr. erkennbar.

57 Bedenken hinsichtlich der Argumentation zum
    Nießbrauch bei *Feller* MittBayNot 2005, 412 (412).
    Zu Nießbrauchsfällen → Rn. 100.
58 Das OLG München hatte in der Sache 34 Wx 18/11
    zunächst anders entschieden (Beschl. v. 8.2.2011),
    folgt nunmehr aber ausdrücklich dem BGH: Beschl.
    v. 23.9.2011 – 34 Wx 311/11, ZEV 2011, 658 (659) =
    FamRZ 2012, 740 (741), Rn. 17, → Rn. 111. Das
    OLG Brandenburg (Beschl. v. 24.3.2014 – 9 WF
    48/14, NJW-RR 2014, 1045 (1046) (Anm. *Weinreich*
    NZFam 2014, 717), Rn. 6, 9 f.) folgert aus der Auf-
    gabe der Gesamtbetrachtungslehre, bei einer rück-
    trittsvorbehaltsähnlichen Regelung (ohne
    Nießbrauchsvorbehalt) könne die Auflassung in sich
    lediglich rechtlich vorteilhaft sein; daran ändere auch
    eine Rückauflassungsvormerkung nichts (Rn. 10).
    Vgl. zudem OLG Köln Beschl. v. 26.3.2018 – 4 Wx
    2/18, FGPrax 2018, 118 (118) aE (= ZEV 2018, 667;
    NJW-RR 2018, 1310).
59 Ihre nachvollziehbare Wurzel hatte diese Formel im
    Bemühen, dem Wortlaut der Norm („durch") gerecht
    zu werden, vgl. *Berger* LMK 2005, 89 (90); vgl.
    auch die Kritik an BGHZ 162,137 bei *Fembacher*
    DNotZ 2005, 627 (628 f.) Daraus folgt aber noch
    keine verlässliche Bestimmung von Mittelbarkeit und
    Unmittelbarkeit.
60 Zur Einordnung in ältere Rechtsprechungslinien
    Schmitt NJW 2005, 1090 (1091 f.)

33 Kritisch ist jedoch gefragt worden, ob die Lehre von der Typisierbarkeit der Rechtsnachteile nach der Erheblichkeit des Gefährdungspotentials (→ Rn. 31) dem Ziel eines möglichst umfassenden Minderjährigenschutzes gerecht werde. Als Beispiel für einen problematischen Sonderfall wird die wirtschaftlich so gut wie wertlose, aber öffentliche Lasten erzeugende Immobilie genannt; weiterhin die baufällige und daher ordnungsrechtliche Lasten erzeugende.[61]

34 Diesem fortbestehenden Bedenken ist zu folgen:[62] Nimmt man das Kriterium eines lediglich rechtlich verstandenen Nachteils ernst, so werden die Parteien in der Tat mit Zeit und Kosten für die Genehmigung belastet. Das Geschäft wird dadurch aber nicht unmöglich, sondern es wird geprüft. Genau dies will das Gesetz. Die Parteien suchen eine Prüfung oft zu vermeiden; aber Minderjährigenschutz geht vor kurzfristigen ökonomischen und praktischen Erwägungen und Interessen, die keineswegs die des Minderjährigen selbst sein müssen.

35 Im **Zweifel** ist daher **für die Zustimmungsbedürftigkeit** zu entscheiden.[63] Überdies dürfte die Lehre von der Typisierbarkeit nicht mehr Rechtssicherheit mit sich bringen, sondern nur die Diskussionen aufnehmen, die früher unter der Frage nach der „Mittelbarkeit" von Rechtsnachteilen geführt wurden.[64]

36 Wenige Monate später hatte der V. Zivilsenat in **BGHZ 162, 137** eine weitere Grundsatzfrage im Zusammenhang mit der „Gesamtbetrachtungslehre" zu entscheiden.[65] Nunmehr wollte ein Großvater seinen Enkeln einige **verpachtete Grundstücke** übertragen, wiederum unter Nießbrauchsvorbehalt und unter Ausschluss der Kosten außergewöhnlicher Ausbesserungen und Erneuerungen sowie der außergewöhnlichen Grundstückslasten. Der BGH betrachtete das Geschäft als rechtlich nicht lediglich vorteilhaft iSd § 107: Die Pflichten eines Verpächters, in welche die Enkel möglicherweise einzutreten hätten, seien nicht als typischerweise ungefährliche Rechtsnachteile anzusehen, denn ihr Umfang sei nicht begrenzt. Die Rechtsnachteile lagen diesmal also in der **Auflassung**.[66]

37 Ähnlich gelagert ist die Übertragung von Grundeigentum zusammen mit Anteilen an landwirtschaftlichen Vereinigungen: Soweit aus der Mitgliedschaft in einer solchen Vereinigung rechtliche Nachteile folgen können, begründet dies ein Genehmigungserfordernis.[67]

38 Dabei nimmt der Senat wiederum ausdrücklich Bezug auf die Lehre von *Stürner*,[68] folgt ihr aber für das konkrete Anwendungsproblem nicht. Er verwirft bereits im Ansatz erneut die Lehre von den mittelbaren und unmittelbaren Rechtsnachteilen[69] und zieht einen Vergleich zwischen Schenkung eines verpachteten oder vermieteten Grundstücks und Schenkung unter Rücktrittsvorbehalt, deren Nachteiligkeit aus der potenziellen Pflicht zu Wert- oder Schadensersatz folge.[70]

39 Daher war im Ergebnis ein Ergänzungspfleger zu bestellen; der Senat sagt zu § 1795 Abs. 1 Nr. 1, es bestehe eine Interessenkollision zwischen Eltern und Kindern, so dass die Ausnahme vom Vertretungsverbot nicht gelte.[71] Er folgt nun also der Linie, die zu § 181 als teleologische Reduktion diskutiert worden ist (→ Rn. 29).[72]

40 Auch die zweite Leitentscheidung ist im Ansatz zu begrüßen. Die Lehre von der „wirtschaftlichen Gesamtbetrachtung" war nicht nur dogmatisch angreifbar, sondern auch geeignet, den Minderjährigenschutz auszuhöhlen. Dass nach wie vor Unsicherheitsfaktoren bestehen, was die Prognose künftiger Gefahren für den Minderjährigen angeht, trifft zu. Doch ist es besser, solche Prognosen den Genehmigungsbefugten zu überlassen (und ggf. gerichtlich zu kontrollieren), als denkbare Gefahren von vornherein außer Acht zu lassen.

---

61   Vgl. *Schmitt* NJW 2005, 1090 (1092); *Müßig, geb. Seif* JZ 2006, 150 (152).

62   Weitergehend hält *Wilhelm* NJW 2006, 2353 (2354 f.) seither das ganze Konzept des § 107 für fragwürdig, künftige Entscheidungen für unvorhersehbar und ventiliert eine Behandlung sämtlicher Grundstückserwerbsgeschäfte als rechtlich nachteilig.

63   *Müßig, geb. Seif* JZ 2006, 150 (152).

64   Überzeugend *Schmitt* NJW 2005, 1090 (1092).

65   BGHZ 162, 137 = NJW 2005, 1430; DNotZ 2005, 625 mAnm *Fembacher* DNotZ 2005, 627; MittBayNot 2005, 413 mAnm *Feller* MittBayNot 2005, 415; NotBZ 2005, 156; ZEV 2005, 209 mAnm *Everts* ZEV 2005, 211; LMK 2005, 89 (Ls. mAnm *Berger*); FGPrax 2005, 102 (nur Ls.); WM 2005, 942.

66   Zur Spiegelbildlichkeit der beiden Sachverhalte *Feller* MittBayNot 2005, 415 (416).

67   OLG Celle Beschl. v. 7.11.2013 – 4 W 186/13, Rn. 7, juris = NJOZ 2014, 1100 (1100), (Forstinteressentenschaft), konnte die Frage offenlassen, da bereits ein nicht hinreichend ausgestalteter Nießbrauch zur Notwendigkeit einer Pflegerbestellung führte.

68   AcP 173 (1973), 402, 431, 448; s. BGHZ 162, 137, 140 = DNotZ 2005, 625 (mAnm *Fernbacher*) = MittBayNot 2005, 413 (mAnm *Feiler*) = NJW 2005, 1430 und bereits BGHZ 161, 170, 176–179.

69   BGHZ 162, 137 (141).

70   BGHZ 162, 137 (142).

71   BGHZ 162, 137 (143).

72   *Feller* MittBayNot 2005, 415 (415 f.), weist auf die Beiläufigkeit hin, mit der hier ein seit langem hA aufgegeben wird, stimmt im Ergebnis aber zu; denselben Aspekt betonen (bei abweichendem Ergebnis) *Führ/Menzel* FamRZ 2005, 1729 (1729).

Offen ist, welche Bedeutung die Rspr. künftig den (angeblich) typisierbaren Fallgruppen von ganz unerheblichem Gefährdungspotential beimessen wird. Diese Kategorie verspricht keine Sicherheit (→ Rn. 31–33.). **41**

bb) Konsequenzen für die beratende Praxis. In praktischer Hinsicht ist für die erste der vom BGH neu **42** bewerteten Konstellationen vor allem auf folgenden Fall zu achten: Ein (nicht lediglich rechtlich vorteilhaftes) Grundgeschäft wird am Ende nicht genehmigt, so dass der Minderjährige später einer Leistungskondiktion ausgesetzt ist. Die Pflicht zur **Belehrung** (vgl. §§ 14 BNotO, 17 ff. BeurkG) über die Genehmigungserfordernisse und ggf. über die Notwendigkeit der Pflegerbestellung erlangt hier besondere Bedeutung.[73] Geraten wird dazu, gem. § 53 BeurkG einen einvernehmlichen **Vollzugsaufschub** in die Urkunde aufzunehmen.[74] Weiterhin empfiehlt es sich, auch zur Information des Grundbuchamts Angaben über möglicherweise anfallende **außergewöhnliche öffentliche Lasten** in die Urkunde über das Verpflichtungsgeschäft aufzunehmen.[75]

Für die zweite Konstellation (Überlassung eines vermieteten oder verpachteten Grundstücks unter **43** Nießbrauchsvorbehalt) könnte dann eine Zustimmung entbehrlich sein, wenn der Miet- oder Pachtvertrag zeitlich auf die Dauer des Nießbrauchs begrenzt ist.[76]

Umgekehrt kann die Konstellation die sein, dass das Grundstück mit einem bestehenden Nießbrauch belas- **44** tet und der Nießbraucher Vermieter ist. Der Minderjährige soll nach Ende des Nießbrauchs kraft Gesetzes in das Mietverhältnis eintreten. Wenn lediglich diese gesetzlich übergehenden Pflichten in Rede stehen, sieht das OLG Hamm mangels eines Rechtsnachteils mit Entgeltcharakter kein Genehmigungserfordernis.[77] Weiterf. → Rn. 121 ff.

Soll das Geschäft als nicht genehmigungsbedürftig behandelt werden, empfiehlt sich eine umfassende **45** **Dokumentation** aller das Risiko einer Behandlung als rechtlich nachteilig minimierenden Faktoren; denkbar ist auch, den beabsichtigten Inhalt des Vertrags mit dem Familiengericht abzustimmen.[78] Ist dies nicht möglich, stellt in allen Konstellationen die **Pflegerbestellung** bzw. die **Einholung** der möglicherweise erforderlichen Genehmigung den sichersten Weg dar.

2. Rechtlich ausschließlich vorteilhafte Geschäfte. a) Schenkungen an den Minderjähri- **46** **gen.** Rechtlich lediglich vorteilhaft sind auf der Ebene der **Verpflichtungsgeschäfte** zunächst Willenserklärungen, die auf den Abschluss eines **Schenkungsvertrages** an den Minderjährigen gerichtet sind.

Rechtsgeschäfte, die zur **Hingabe personenbezogener Daten des Minderjährigen** verpflichten, sind keine **47** Schenkungsverträge (→ Rn. 14 ff.), allenfalls sog. gemischte Schenkungen, die jedenfalls nicht nach § 107 zustimmungsfrei sind. Hiervon streng zu unterscheiden ist die Einwilligung in die Verarbeitung personenbezogener Daten (→ Rn. 16). Die **Nutzung sozialer Netzwerke** wie zB Facebook oder WhatsApp setzt nicht nur technologisches Wissen, sondern auch Medienkompetenz voraus. Bei der Entwicklung dieser Medienkompetenz sind Minderjährige von den Erziehungsberechtigten, aber auch von der Schule zu begleiten. Könnten Minderjährige Nutzungsverträge zustimmungsfrei abschließen, liefe dies dem Erziehungsgedanken des § 107 entgegen (weiterf. → Rn. 63 f.).[79]

Zweifelhaft ist die These, sog. **Nebenpflichten** aus Schenkungsvertrag seien stets unschädlich.[80] Hinter die- **48** ser Aussage steht eine ökonomische Regelannahme, die sich aus dem Sinn des § 107 kaum begründen lässt und auch rechtstatsächlich nicht zu überzeugen vermag: Es kann wirtschaftlich sinnvoller sein, vor Ort günstig zu kaufen, als sich eine an entferntem Ort befindliche Ware schenken zu lassen. Solche Abwägungen soll aber gerade nicht der Minderjährige selbst treffen.

Auch andere Belastungen können direkt oder indirekt durch Schenkungsverträge ausgelöst werden und **49** unabhängig von der ökonomischen Seite zum Zustimmungserfordernis führen.[81] Das ist etwa der Fall bei Tieren (näher → Rn. 124–128).[82]

73 S. ferner BeckNotar-HdB/*Everts* § 1 Rn. 152 (Doppelvollmacht).

74 Vgl. *Everts* ZEV 2005, 69 (70); *Sonnenfeld* NotBZ 2005, 154 (156); *Reiß* RNotZ 2005, 224 (226); *Rastätter* BWNotZ 2006, 1 (6)

75 *Sonnenfeld* NotBZ 2005, 154 (155 f.).

76 So *Berger* LMK 2005, 89 (90).

77 OLG Hamm Beschl. v. 6.8.2014 – I-15 W 94/14, BeckRS 2014, 17023 = NJW-RR 2014, 1350 (1351) = ZEV 2014, 556 (558 f.), besprochen in NJW-Spezial 2014, 739, Rn. 9.

78 Kersten/Bühling FormB FGG/*Franck* § 39 Rn. 143.

79 I.Erg. ebenso Staudinger/*Klumpp* (2017) BGB § 107 Rn. 30; *Latzel/Zöllner* NJW 2019, 1031 (1032).

80 So *H. Lange* NJW 1955, 1340 für Kosten des Transports, der Verpackung usw.

81 Siehe etwa OLG Dresden NJW 2016, 1027 zur Schenkung einer Photovoltaikanlage.

82 Der Tierhalter muss nicht aus einem Vertrag mit dem Übereigner oder mit einem Dritten zur Fütterung und Pflege der Tiere verpflichtet sein, er unterliegt doch dem TierSchG.

50　Das Problem der Nebenpflichten lässt sich verallgemeinern: Jeder Vertrag[83] kann nach §§ 241, 242 Verpflichtungen erzeugen, die eine der beiden Parteien belasten,[84] auch solche, die bei Vertragsschluss noch nicht erkennbar sind. Diese abstrakte Möglichkeit allein genügt noch nicht, um jedes beliebige Geschäft einschließlich Schenkungen zustimmungspflichtig zu machen. Sind aber im Zeitpunkt des Vertragsschlusses bereits konkrete Pflichten des Bedachten absehbar, so sind jedenfalls diese für die Frage relevant, ob das Geschäft rechtlich lediglich vorteilhaft ist. Der Zustimmungsberechtigte hat solche Pflichten in seine Abwägung einzubeziehen.

51　Nachteilig ist die sog. **gemischte Schenkung**, eben weil sie ein Gegenleistungselement enthält. Doch liegt eine reine, nicht gemischte Schenkung vor, wenn (lediglich) das Schenkungsobjekt **dinglich belastet** ist (→ Rn. 112 ff.). Mit dieser Formulierung kann man leben, wenn man die Wertungen hinter den Begriffen teilt.

52　Die Kategorie der „gemischten Schenkung" dient seit alters – wenig systematisch – der Herbeiführung oder Vermeidung bestimmter Rechtsfolgen von Zuwendungen;[85] zu schuldrechtlicher Typenbildung taugt sie nur eingeschränkt, zumal sie keineswegs notwendig die Schenkung als Schuldvertrag voraussetzt (sondern oftmals von der lediglich als Rechtsgrund verstandenen Schenkung ausgeht).[86]

53　Keine Gegenleistung soll weiterhin in sog. **Rückholklauseln** liegen, etwa beim vertraglich vorbehaltenen Rücktritt:[87] Hier gibt der Minderjährige nichts im Gegenzug für die Zuwendung, sondern es kann hinsichtlich der einseitig erfolgten Zuwendung lediglich ein Rückabwicklungsschuldverhältnis begründet werden, nicht anders als in den gesetzlich vorgesehenen Fällen (§§ 527–534). Nicht nachteilig sind solche Klauseln jedenfalls dann, wenn die Rückabwicklung den Minderjährigen höchstens im Umfang des Zugewendeten belasten kann. Die Rspr. behandelt daher bedingte Rückforderungsrechte als unschädlich, sofern sie bereicherungsrechtlich ausgestaltet sind;[88] anders jedenfalls dann, wenn dem Minderjährigen Wert- oder Schadensersatz drohen,[89] wenn er auf Aufwendungsersatz verzichtet oder sich zur selbstständigen Rückübertragung verpflichtet (wegen seiner Haftung nach § 280 Abs. 1).[90]

54　Die Unterscheidung nach bereicherungsrechtlichen und anderen Rechtsfolgen ist akzeptabel, sofern die §§ 812 ff. ihrerseits im Lichte des Minderjährigenschutzes ausgelegt werden, also insbesondere keine verschärfte Haftung des Minderjährigen nach §§ 818 Abs. 4, 819 Abs. 1 eintreten kann. Es findet sich freilich auch eine neuere Entscheidung, die aus einer Rückübertragungsverpflichtung ohne weitere Differenzierungen ein Zustimmungserfordernis herleitet.[91] Das schafft größere Rechtsklarheit.

55　Die **Rückauflassungsvormerkung** zur Sicherung des Rückforderungsrechts wird bisweilen als unschädliche dingliche Vorbelastung des Grundstücks(rechts) betrachtet.[92]

56　Zur **Anordnung einer Pflichtteilsanrechnung** (§ 2315 Abs. 3) oder einer **Erbteilsausgleichspflicht** (§ 2050 Abs. 3) in einem Schenkungsvertrag (insbes. über ein Grundstück oder einen Miteigentumsanteil) ausf. → Rn. 89 ff.

57　**b) Zinsfrei gewährte Darlehen und Bürgschaften zugunsten des Minderjährigen.** Außer der Schenkung ist kaum ein Verpflichtungsgeschäft denkbar, das seiner Struktur nach allein den Vertragspartner belasten könnte. Dass unvollkommen zweiseitige Typenverträge im Einzelfall rein einseitig ausgestaltet wären, ist kaum je anzutreffen. Sicher rechtlich nachteilig ist das **Darlehen**,[93] und zwar auch für den Darle-

---

83　Vgl. grundsätzlich zu den von § 241 vorausgesetzten Tatbeständen Staudinger/*Olzen* (2019) BGB § 241 Rn. 36–45 (44); zur Systematik der Pflichten und zur Problematik des Begriffs „Nebenpflichten" aaO Rn. 142–152 (147).

84　Vgl. *Emmerich* JuS 2005, 457 (458).

85　Ausf. zur Dogmengeschichte *Scevola* ‚Negotium mixtum cum donatione' (2008).

86　Zum Schenkungsrecht und seinen systematischen Problemen jetzt aus europäischer Perspektive *Antoni Vaquer Aloy,* La configuración de la donación en el proyecto de Marco Común de Referencia, ADC 2010, 1323–1328; *Schmidt-Kessel,* Donation (2014); vgl. weiterhin *Andrés Santos/Baldus/Dedek* Vertragstypen in Europa (2011).

87　Systematik der vertraglichen Rücktrittsrechte: vgl. Soergel/*Lobinger*, Vor § 346 Rn. 63–76 (78 f. zum Wert der Abgrenzung vertraglichen gegen gesetzlichen Rücktrittsrechten). Zu gesellschaftsrechtlich erheblichen Fällen vgl. *Reimann* DNotZ 1999, 192 f.

88　So für den Fall eines Rückübertragungsrechts, das überdies nur eingreifen sollte, wenn der Minderjäh-

rige vor dem Übertragenden verstürbe, OLG München ZEV 2008, 246 (246). Auf diese Rspr. stützt sich bisweilen die Kautelarpraxis, vgl. zB *Fembacher/Franzmann* MittBayNot 2002, 78 (82 f.).

89　Dazu mN BGHZ 162, 137 (142) = NJW 2005, 1430; dort obiter, aber als Vergleichsargument für die Nachteiligkeit des Erwerbs verpachteter Grundstücke eingesetzt (krit. dazu die Anm. v. *Fembacher* DNotZ 2005, 627 (629), und *Everts* ZEV 2005, 211 (211)).

90　OLG Dresden MittBayNot 1996, 288 (290 f.)

91　OLG München ZEV 2007, 493 (494) = NJW-RR 2008, 672 (673).

92　OLG Dresden MittBayNot 1996, 288 (291) (mit unklarem Verweis auf OLG Celle DNotZ 1974, 731); BGHZ 161, 170 (177); näher *Böttcher* Rpfleger 2006, 293 (296 f.): dann kein Genehmigungserfordernis, wenn Grundstückserwerb durch den Minderjährigen und Belastung gleichzeitig erfolgen.

93　OLG Düsseldorf FamRZ 1995, 1066 (1067) = NJW-RR 1995, 755 (757), auch zu §§ 181, 1795, 1629 Abs. 2.

hensgeber.[94] Dies gilt wegen des Rückzahlungsanspruchs des Darlehensgebers selbst dann, wenn das Darlehen zinsfrei gewährt worden ist.[95] Bei einer **Bürgschaft** zugunsten des Minderjährigen stehen Regressnormen (etwa § 774) der Qualifikation als unentgeltlich entgegen,[96] und jedenfalls kann der Minderjährige selbst die zu sichernde Forderung nicht ohne rechtlichen Nachteil begründet haben.

c) Verfügungsgeschäfte. Grundsätzlich rechtlich vorteilhaft sind Verfügungsgeschäfte zugunsten des Minderjährigen, wenn also zu seinen Gunsten ein Recht übertragen oder aufgehoben wird.[97] Insbesondere beim Eigentumserwerb an Grundstücken (§§ 873 Abs. 1 Var. 1, 925) ist aber nach hM zu differenzieren (ausf. → Rn. 58, 97 ff.). Probleme stellen sich auch bei der Übertragung von Kommanditanteilen (§§ 413, 398; ausf. → Rn. 77 ff.) und von Erbanteilen (§§ 413, 398, 2033 Abs. 1, ausf. → Rn. 88 ff.). Ausführlich zur Gesamtbetrachtungslehre → Rn. 26 ff.   **58**

Zum Problem der sog. Empfangszuständigkeit und des durch Erfüllung eintretenden Anspruchsverlusts (§ 362 Abs. 1) → Rn. 95 f.

d) Einseitige Rechtsgeschäfte und geschäftsähnliche Handlungen. Bei den geschäftsähnlichen Handlungen ist zustimmungsfrei die **Mahnung**,[98] weil sie dem Gläubiger nur Vorteile bringt.   **59**

Anders sind Erklärungen des Gläubigers zu beurteilen, die ihm zwar einen Rechtsbehelf eröffnen, dafür aber andere, bisher bestehende Positionen entfallen lassen, etwa den Anspruch auf die Primärleistung. Hier handelt es sich denn auch stets um Willenserklärungen. Das gilt namentlich für den Rücktritt (§§ 323, 326 Abs. 5) und für das Verlangen von Schadensersatz statt der Leistung (§ 281 Abs. 4), → § 111 Rn. 2.   **60**

Im Einzelnen kann es darauf ankommen, ob noch ein ius variandi des von der Pflichtverletzung Betroffenen besteht.[99] Jedenfalls dann, wenn ein solches Recht nicht besteht, liegt ein rechtlicher Nachteil vor. Aber auch wenn es besteht, unterliegt es zumindest den Ausübungsschranken aus § 242. Das spricht dafür, im Zweifel einen rechtlichen Nachteil anzunehmen.   **61**

e) Dauerschuldverhältnisse (sog. Gratisverträge). Für Dauerschuldverhältnisse gilt wie für jedes andere Schuldverhältnis auch, dass ein rechtlicher Nachteil die Zustimmungspflichtigkeit nach § 107 begründet (vgl. zudem → § 110 Rn. 10).   **62**

Schwierigkeiten ergeben sich bei sog. **Gratisverträgen.** Hierbei kann es sich um Verträge handeln, bei denen der Vertragspartner (zB ein Automobilclub, ein Kreditinstitut) dem Minderjährigen bis zum Eintritt in die Volljährigkeit Leistungen unentgeltlich zukommen lassen will, aber zugleich (durch AGB) vereinbart wird, dass die Leistungen ab Volljährigkeit nur noch entgeltlich erbracht werden, sofern der Minderjährige den Vertrag nicht vor Eintritt der Volljährigkeit wirksam kündigt. Auch ein solch **lediglich zukünftiger Nachteil** genügt, um die **Zustimmungspflichtigkeit nach § 107** auszulösen[100] (vgl. zur Eigengenehmigung bei Volljährigkeit → § 108 Rn. 29 ff.). § 107 dient auch der **Haftungssteuerung** für die Zeit nach Eintritt der Volljährigkeit. Andernfalls müsste man die Vermögenssorge der Eltern als eine Pflicht begreifen, die mit herannahender Volljährigkeit immer weniger risikobewusst sein darf. Dieser Vorstellung steht bereits die Zielsetzung des § 1629 a Abs. 1 entgegen. Diesem Ergebnis entspricht zudem die für Zusammentreffen von Nießbrauchsrecht und Vermietung bei Grundstücksübertragungen entwickelte Unterscheidung zwischen theoretisch und konkret möglichen Risiken für den Minderjährigen (krit. hierzu → § 107 Rn. 121 ff.). Verlängert sich das Dauerschuldverhältnis bei Eintritt der Volljährigkeit durch schlichtes Schweigen, sind finanzielle Belastungen schon bei Vertragsabschluss konkret greifbar. Ob diese Belastungen vergleichsweise gering sind, spielt für den Nachteil iSd § 107 keine Rolle (→ Rn. 17–21).   **63**

Dem soeben beschriebenen Geschäftsmodell ähnlich sind sog. **In-App-Käufe**, wobei virtuelle Mehrwertdienstleistungen für zunächst kostenlose Spiele-Apps ohne Wechsel in einen App Store gekauft werden können.[101] Während das Rechtsgeschäft über den kostenlosen Download der Spiele-App noch von der Einwilligung der Eltern nach § 107 gedeckt sein kann, ist dies in der Regel für In-App-Käufe zu verneinen. Die Einwilligung in die Nutzung des App-Store-Accounts der Eltern kann man zwar als beschränkten Generalkonsens auffassen. Dessen Reichweite ist aber nach dem objektiven Empfängerhorizont zu bestimmen (→ Rn. 145). Allein schon aus dem Sorgerecht der Eltern folgt, dass dieser Generalkonsens nicht als Frei-   **64**

---

94 Vgl. BGH 21.1.2010 – IX ZR 226/08 (= ZIP 2010, 529), Tz. 11: keine Vertretungsbefugnis der Eltern, §§ 1629 Abs. 2, 1795 Abs. 2, 181. Vgl. weiter Rn. 13: Keine Leistungszweckbestimmung vom Empfängerhorizont, weil die Minderjährigen keine wirksame Zweckbestimmung treffen konnten und auch kein entsprechender Rechtsschein vorlag; Zweckbestimmung setzt Geschäftsfähigkeit oder wirksame Vertretung voraus.

95 Staudinger/*Klumpp* (2017) BGB § 107 Rn. 27.

96 Zust. Staudinger/*Klumpp* (2017) BGB § 107 Rn. 27.

97 OLG Stuttgart FamRZ 1992, 1423 = NJW-RR 1992, 706.

98 OLG Köln FamRZ 1998, 1194 (1195) = NJW 1998, 320 (320).

99 Problematisch für bestimmte Rechtsbehelfe nach § 437 BGB, Art. 3 RL 99/44/EG; vgl. *Baldus*, Binnenkonkurrenz kaufrechtlicher Sachmängelansprüche nach Europarecht, 1999, S. 109.

100 *Latzel/Zöllner* NJW 2019, 1031 (1032 f.).

101 Zur Gestaltbarkeit durch AGBen *Meyer* NJW 2015, 3686.

fahrtschein für den Kauf meist kostspieliger und teils pädagogisch zumindest fragwürdiger virtueller Güter verstanden werden kann.[102] Überzeugend ist vielmehr, die Einwilligung auf den Download kostenloser, nicht gefährdender (Spiele-)Apps zu beschränken.[103] Eine Wirksamkeit kann allenfalls dann über § 110 begründet werden, wenn die Eltern dem Minderjährigen beispielsweise eine Guthabenkarte (zB für App Store & iTunes) überlassen haben.

65   **3. Neutrale Geschäfte.** § 107 erfasst nicht die sog. **neutralen Geschäfte**, bei denen die Rechtssphäre des Minderjährigen weder positiv noch negativ berührt wird. Diese sind nach dem Schutzzweck der Norm **zustimmungsfrei**.

66   Das soll beispielsweise für den Fall gelten, dass der Minderjährige eine **fremde Sache** an einen Gutgläubigen **veräußert**.[104] Gerade für diesen Anwendungsfall jedoch bestehen konstruktiv und auch dem Ergebnis nach **Bedenken**. Eine Wirksamkeit der Verfügung nach § 932 käme mangels Geschäftsfähigkeit nicht in Frage, wenn der Minderjährige Eigentümer wäre, denn einen guten Glauben an die (volle) Geschäftsfähigkeit kennt das BGB nicht. Anders soll es sich verhalten, wenn zusätzlich das Eigentum fehlt. Das ist nicht einzusehen. In dieser Lage setzt sich der Minderjährige überdies Ersatzansprüchen des bisherigen Eigentümers aus, wenn ein Dritter von ihm gutgläubig erwirbt. Sinnvoller ist es daher, in dieser Konstellation bereits die Gutglaubensvorschriften teleologisch zu reduzieren, jedenfalls aber das Geschäft als nachteilig zu qualifizieren.[105]

67   Damit bleibt für die Kategorie des „rechtlich neutralen Geschäfts" im Wesentlichen **§ 165** (vgl. dazu § 179 Abs. 3 S. 2),[106] der auch in der Wertung einleuchtet. Niemand wird gezwungen, ausgerechnet einen beschränkt Geschäftsfähigen zum **Stellvertreter** zu bestellen.

68   Sonderregeln gelten für den **Testamentsvollstrecker**. Dieser verwaltet zwar fremdes Vermögen, aber ohne dass es auf einen Konsens der Erben als Subjekte des verwalteten Vermögens ankäme und unter dem Haftungsrisiko des § 2219. Nach hM ist er Inhaber eines privaten Amtes, nicht Vertreter (des Nachlasses oder der Erben).[107] § 2201 1., 2. Alt. regelt die Frage ausdrücklich, indem er Geschäftsunfähige sowie beschränkt Geschäftsfähige vom Amt des Testamentsvollstreckers ausschließt. Auf andere private Ämter ist § 2201 im Zweifel analog anzuwenden (→§ 165 Rn. 8).

69   **4. Rechtlich nachteilige Geschäfte.** **Rechtliche Nachteile nicht vermögensrechtlicher Art** liegen namentlich in der Einwilligung in die Speicherung und Verarbeitung von Daten;[108] weiterf. zur Behandlung der datenschutzrechtlichen Einwilligung → Rn. 14–16.

70   **Rechtliche Nachteile vermögensrechtlicher Art** können zunächst im unmittelbar geschlossenen Geschäft selbst liegen. Das betrifft, wie ausgeführt, **jede vertragliche Pflicht**, gleich ob Haupt- oder Nebenpflicht, Leistungs- oder Schutzpflicht (→ Rn. 17 ff.). Sie können aber auch aus weiteren Entwicklungen resultieren. Der Grundgedanke ist einfach: Entgeltlichkeit liegt dann vor, wenn die Haftung des Beschenkten nicht auf das unentgeltlich Zugewendete beschränkt bleibt.[109] Was das in den praktisch relevanten Fallgruppen, namentlich der Zuwendung von Immobiliareigentum, bedeutet, ist teilweise umstritten.

71   **a) Gesellschaftsrechtliche Rechtsgeschäfte.** Ein Vertrag mit oft besonders komplexen Pflichten ist der Gesellschaftsvertrag.[110] Minderjährige, namentlich die eigenen Kinder, daran zu beteiligen, kann insbesondere aus steuerlichen[111] oder erbrechtlichen (§ 2325 Abs. 3) Gründen gewollt sein. Wegen der mannigfachen Risiken für den nicht voll Geschäftsfähigen haben die Genehmigungserfordernisse aber gerade hier grundsätzlich ihren Sinn. Umso schwieriger kann es sein, die Interessen aller Beteiligten zu einem sinnvollen Ausgleich zu bringen.[112] Zu § 1822 sind im Folgenden nur ausgewählte Fragen zu erwähnen (vgl. im Übrigen, zu Nr. 3 dieser Norm, → § 1822 Rn. 9–22).[113]

---

102 Anders mag dies beispielsweise bei der von Apple angebotenen sog. Familienfreigabe zu beurteilen sein.

103 So i.Erg. überzeugend *Bisges* NJW 2014, 183 (185).

104 Solche Fälle werden selten entschieden; vgl. etwa LG Köln NJW-RR 1991, 868 m. Bespr. *K. Schmidt* JuS 1991, 855, und *Th. Paefgen* JuS 1992, 192 (193 f.) (problematisch war der gute Glaube).

105 Näher *Braun* Jura 1993, 459 f.

106 Vgl. *Chiusi*, Geschäftsfähigkeit im Recht der Stellvertretung Jura 2005, 532 ff.

107 Vgl. umfassend *Jacoby*, Das private Amt (2007); auch historisch-vergleichend *Kunz*, Postmortale Privatautonomie und Willensvollstreckung. Von der kanonischen *voluntas pia* zur Gestaltungsmacht des

Erblassers im deutsch-spanischen Rechtsvergleich (2015).

108 Vgl. Rn. 10; LG Bremen VuR 2002, 378 (379); OLG Bremen VuR 2002, 379 (380); beide mAnm *Körner*, S. 380 ff.

109 Aus der Rspr. etwa OLG Brandenburg MittBayNot 2009, 155 (155).

110 Insbes. zur Problematik der Ausübung des Stimmrechts des Minderjährigen im Verband *Flume, J.*, NZG 2014, 17.

111 Vgl. *Reimann* DNotZ 1999, 189.

112 Vgl., namentlich zur kautelarjuristischen Seite, *Reimann* DNotZ 1999, 179–208.

113 Weiterf. neben den einschlägigen Kommentierungen zB *Flume* FamRZ 2016, 277–285.

Ein **Testamentsvollstrecker** kann nur insoweit für den minderjährigen Erben tätig werden, als gesell- **72** schaftsrechtliche Verpflichtungen sich auf den Nachlass beschränken und eine darüber hinausgehende persönliche Haftung nicht in Betracht kommt.[114]

aa) Gesellschaftsgründung und Eintritt im Allgemeinen. Bei der **Gründung** einer Gesellschaft mit **73** den eigenen Kindern ist ebenso wie beim **Eintritt** Minderjähriger in eine Gesellschaft, an der auch die Vertretungsberechtigten beteiligt sind, die Mitwirkung eines **Ergänzungspflegers** (bei mehreren Minderjährigen: eines Pflegers für jeden Minderjährigen)[115] nach § 1909 Abs. 1 erforderlich[116] (§§ 1629 Abs. 2 S. 1, 1795 Abs. 1 Nr. 1, Abs. 2, 181),[117] und zwar nach überwiegender und überzeugender Auffassung wegen der Haftungsrisiken selbst dann, wenn der Minderjährigen den Gesellschaftsanteil unentgeltlich erhält und keine Einlage leisten muss.[118] Kein rechtlicher Nachteil liegt darin, dass der Minderjährige über den geschenkten Anteil nicht frei verfügen kann.[119]

Genehmigungserfordernisse resultieren namentlich aus §§ 1643 Abs. 1,[120] 1822 Nr. 3 Var. 3, die auf den **74** unentgeltlichen Erwerb jedenfalls analog[121] angewandt werden.[122] Nach § 112 Abs. 1 S. 2 hilft hierüber – wegen der mit einer Gesellschaftsgründung (bzw. eines Beitritts) verbundenen Risiken – auch keine lediglich allgemein genehmigte Ermächtigung iSd § 112 Abs. 1 S. 1 hinweg.

Die Gesellschaft selbst unterliegt im Außenverhältnis **keinen** besonderen Beschränkungen dadurch, dass **75** Minderjährige an ihr beteiligt sind. Das gilt weder für die Beteiligung an weiteren Gesellschaften[123] noch für die Bestellung von Sicherheiten.[124] Genehmigungen können, wie erörtert, allein im Vorfeld erforderlich sein. Das ist systemkonform und kommt – im Minderjährigenrecht nicht selbstverständlich – dem Rechtsverkehr entgegen (→ § 112 Rn. 14 ff.).

Grenzen dieser Genehmigungsfreiheit folgen ebenfalls aus dem System des Minderjährigenschutzes. Man- **76** gels Genehmigung (schwebend) unwirksame Gesellschaftsverträge genügen nicht, und für Geschäfte der Gesellschaft, die sich auf das persönliche Vermögen des Minderjährigen auswirken können, bedarf es jedenfalls gesonderter Genehmigung.[125]

bb) Unentgeltliche Übertragung eines Kommanditanteils an den Minderjährigen. Schon seit länge- **77** rer Zeit wird der Eintritt des Minderjährigen in eine (rein) vermögensverwaltende KG („Familien-KG",

114 *Reimann* DNotZ 1999, 183 f. Vgl. monographisch *Valentin* Rechtsmacht und Pflichtenbindung des Testamentsvollstreckers bei der Verwaltung eines OHG- bzw. Komplementäranteils (2005).

115 LAG Bln GmbHR 1999, 181 (182) mwN; *Lüdecke* NJOZ 2018, 681 (682) mwN; auch für die Übertragung eines Kommanditanteils im Wege der Sonderrechtsnachfolge dies fordernd OLG Oldenburg FGPrax 2019, 76 (= NZG 2019, 503; BB 2019, 1170, mit abl. Anm. *Wachter* BB 2019, 1171); zu Recht anders für die Übertragung von bestehenden Kommanditanteilen von einem Elternteil im Wege der Sonderrechtsnachfolge OLG München Beschl. v. 17.6.2010 – 31 Wx 70/10 (= NZG 2010, 862); dem OLG München folgend *Menzel* MittBayNot 2019, 222 (224).

116 Hierbei ist unerheblich, ob der Minderjährige eine eigene Willenserklärung abgibt, zu deren Wirksamkeit die gesetzlichen Vertreter lediglich eine Einwilligung iSd § 107 erteilen, oder ob die gesetzlichen Vertreter eigene Willenserklärung im Namen des Minderjährigen abgeben. Die Einwilligungsbefugnis des gesetzlichen Vertreters reicht nur so weit wie seine gesetzlich eingeräumte Vertretungsmacht (§§ 1629 Abs. 1, Abs. 2, 1795; §§ 1643 Abs. 1, 1821 f.); ebenso zB Staudinger/*Klumpp* (2017) BGB § 107 Rn. 25; *Lüdecke* NJOZ 2018, 681 (682) Fn. 14; instruktiv hierzu und aA *Heuser* JR 2013, 125 (131–133).

117 MüKoBGB/*Schäfer* (2017) § 705 Rn. 69–72 (auch zu Ausn.); *Reimann* DNotZ 1999, 182 ff., 190, S. 183 zu der str. Frage, ob für mehrere minderjährige stille Gesellschafter die Bestellung eines Ergänzungspflegers genügt. Das FG Sachsen-Anhalt (Urt. v.

23.5.2013 – 1 K 1568/07, juris = BeckRS 2013, 96063) verlangt bei einer auf das Innenverhältnis und auf die Beteiligung beschränkten Haftung weder die Bestellung eines Ergänzungspflegers noch eine gerichtliche Genehmigung. Dem zu Recht entgegentretend BFH Urt. v. 12.5.2016 – IV R 27/13, NJW 2016, 3470 (3472) Rn. 25–33.

118 Baumbach/Hopt/*Roth* (2020) HGB § 105 Rn. 26 mwN.

119 Insoweit überzeugend FG Sachsen-Anhalt Urt. v. 23.5.2013 – 1 K 1568/07, juris Rn. 31 (= BeckRS 2013, 96063).

120 Das Genehmigungserfordernis („Zu Rechtsgeschäften …") greift auch ein, wenn die Eltern – anstatt eigene Willenserklärung im Namen des Kindes abgeben – lediglich ihre Zustimmung zu einer Willenserklärung des Minderjährigen abgeben, MüKoBGB/*Huber* (2020) § 1643 Rn. 11.

121 Vgl. *Ivo* ZEV 2005, 193 (195 f.); → § 1822 Rn. 9.

122 Weiterf., auch zum Problem rein vermögensverwaltender Familiengesellschaften zB *Lüdecke* NJOZ 2018, 681 (683–685).

123 BGH NJW 1971, 375 (376) (Beteiligung einer KG, der minderjährige Kommanditisten angehörten, an einer stillen Gesellschaft).

124 OLG Schleswig NJW-RR 2002, 737 (738) = NotBZ 2002, 108 (Fortführung der vorgenannten Entscheidung für die Bestellung einer Grundschuld am Grundstück einer GbR; unter Bezug auf die neue Rspr. zur Rechtsfähigkeit der GbR).

125 Vgl. *St. Schreiber*, Anm. zu OLG Schleswig (NJW-RR 2002, 737 (738) = NotBZ 2002, 108), NotBZ 2002,109 f.

§§ 161 Abs. 2, 105 Abs. 2 HGB)[126] durch **unentgeltliche Übertragung eines (voll eingezahlten) Kommanditanteils**[127] bis zur Ebene der Oberlandesgerichte kontrovers diskutiert.[128] Mittlerweile scheint sich eine **herrschende Tendenz** abzubilden:[129] Ein rechtlicher Nachteil iSd § 107 ist jedenfalls dann zu verneinen, wenn der dem minderjährigen Kind überlassene Kommanditanteil einer rein vermögensverwaltenden KG voll einbezahlt ist und die Wirksamkeit der Übertragung (durch Abtretung, §§ 413, 398) unter der aufschiebenden Bedingung einer Eintragung der Anteilsabtretung in das Handelsregister steht.[130] Die beratende Praxis sollte dennoch vorsichtshalber eine Genehmigung einholen und vorsorglich dem Familiengericht die Erforderlichkeit eines Ergänzungspflegers anzeigen, soweit und solange eine Klärung der Streitfrage nicht eingetreten ist.

78   Vor einigen Jahren war noch zu lesen, die Genehmigung für den Erwerb eines Kommanditanteils sei erforderlich, könne aber erteilt werden, wenn das Verlustrisiko des Minderjährigen sich auf den Wert des Anteils beschränke, der ihm schenkweise zugewandt werde.[131] Dann hatte das OLG Bremen sich erneut mit der Frage auseinanderzusetzen: Sei die Haftung aus § 176 Abs. 2 HGB ausgeschlossen, so stehe kein rechtlicher Nachteil iSd § 107 im Raum. Das OLG betont insoweit den Unterschied zur GbR.[132] Im soeben genannten Fall hatten die Parteien den Vertrag freilich sorgfältig auf minderjährigenrechtliche Unbedenklichkeit hin zugeschnitten und auch ein Widerrufs- und Rücktrittsrecht unter den Vorbehalt gestellt, dass ein rechtlicher Nachteil nicht eintreten dürfe.[133] Die **allgemeinen gesellschaftsrechtlichen Treuepflichten** werden vom OLG Bremen als „nur mittelbar nachteilige Folgen"[134] für unerheblich erklärt. Hingegen hebt das OLG Frankfurt a.M.[135] eben auf diese Treuepflichten sowie auf die Möglichkeit eines Wiederauflebens der Haftung nach § 172 Abs. 4 HGB ab, so dass § 1822 Nr. 3 Var. 3 einschlägig und eine familiengerichtliche Genehmigung erforderlich sei. Das OLG München und jüngst das OLG Dresden schließlich beziehen sich auf das Tatbestandsmerkmal „**Erwerbsgeschäft**" in § 1822 Nr. 3 Var. 3: Dieses sei bei Eintritt in eine reine Verwaltungsgesellschaft nicht erfüllt; *obiter* führen das OLG München und das OLG Dresden aus, dass es sich bei der „Aufnahme einer anders gelagerten, erheblich umfangreicheren Vermögensverwaltung" anders verhalte.[136] Ebenso lässt das OLG Jena bei einer effektiven Haftungsbeschränkung auf den Kommanditanteil die Bestellung eines Ergänzungspflegers genügen.[137] Auch die Literatur ist sich noch immer uneins.[138]

126 Zu den Vorteilen gegenüber einer GbR zB *Lüdecke* NJOZ 2018, 681 (688).

127 In Abgrenzung zur bloßen **Erhöhung des Kapitalanteils** des als Kommanditisten bereits beteiligten minderjährigen Kindes des Komplementärs durch sog. Einbuchung s. DNotI-Report 4/2018, S. 26–28, wonach in einem solchen Fall (Einlagenverpflichtung erfüllt, Haftung des Minderjährigen für die Einlage ausgeschlossen) weder ein Ergänzungspfleger bestellt, noch eine familiengerichtliche Genehmigung eingeholt werden müsse.

128 Einführung und ältere Rspr. bei *Ivo* ZEV 2005, 193; ferner zu jüngsten Entwicklungen: *Lüdecke* NJOZ 2018, 681; zur notariellen Praxis *Menzel* MittBayNot 2019, 222; *Wichmann/Dißars* ZEV 2018, 441. Aus der Rspr. seither: OLG Bremen ZEV 2008, 608 (= FamRZ 2009, 621); OLG Frankfurt DNotZ 2009, 142 (= NJW-RR 2008, 1568); OLG München ZEV 2008, 609 mAnm *Grunsky* (zu allen drei Entscheidungen) S. 610 f. (= NJW-RR 2009, 152; RNotZ 2009, 55; Rpfleger 2009, 84; WM 2009, 762); OLG Jena Beschl. v. 22.3.2013 – 2 WF 26/13, ZEV 2013, 521 (= FamRZ 2014, 140); OLG Dresden NZG 2018, 1108 (= ZEV 2018, 669); OLG Köln NJW-RR 2018, 1310; OLG Oldenburg NZG 2019, 503 (= FGPrax 2019), 76; OLG München MittBayNot 2019, 132.

129 Die Entwicklung in der Rspr. so interpretierend etwa *Menzel* MittBayNot 2019, 222; *Egger* MittBayNot 2019, 135; *Flume* FamRZ 2016, 277 (282) mwN Siehe hierzu auch OLG Köln NJW-RR 2018, 1310 (1311, Rn. 9).

130 Nach OLG Köln NJW-RR 2018, 1310 (1311, Rn. 11) soll selbst die im Gesellschaftsvertrag enthaltende Verpflichtung, mit zukünftigen Ehepartnern der Kin-

der eine modifizierte Zugewinngemeinschaft und einen gegenständlich beschränkten Pflichtteilsverzicht zu vereinbaren, keinen rechtlichen Nachteil iSd § 107 darstellen.

131 OLG Bremen NJW-RR 1999, 876 (877) (eine Nachschusspflicht war ausgeschlossen).

132 OLG Bremen ZEV 2008, 608 (608 f.) = FamRZ 2009, 621 (622 f.). Ausf. und mit Gestaltungshinweisen zu verschiedenen Konstellationen bei der GbR *Bürger* RNotZ 2006, 156: Zwar genüge häufig die Bestellung eines Ergänzungspflegers, doch führe gerade dies dazu, dass Außenstehende möglicherweise unerwünschte Einblicke bekämen.

133 OLG Bremen ZEV 2008, 608 (609) (= FamRZ 2009, 621 (622 f.)).

134 OLG Bremen ZEV 2008, 608 (609) im Anschluss an *Staudinger/Knothe* (2012) BGB § 107 Rn. 29.

135 OLG Frankfurt aM DNotZ 2009, 142 (143) (= NJW-RR 2008, 1568).

136 OLG München ZEV 2008, 609 (610) (= NJW-RR 2009, 152 (153 f.)); hieran jüngst anknüpfend OLG München MittBayNot 2019, 132 (134) Rn. 14–16 (mit i.Erg. zust. Anm. *Egger* MittBayNot 2019, 135); ebenfalls tatbestandlich bei § 1822 Nr. 3 ansetzend und verneinend OLG Dresden NZG 2018, 1108 (Beitritt zu einer rein vermögensverwaltenden KG).

137 OLG Jena Beschl. v. 22.3.2013 – 2 WF 26/13, ZEV 2013, 521 (= FamRZ 2014, 140 (140), ab Rn. 19).

138 Für das Genehmigungserfordernis zB *Ivo* ZEV 2005, 193 (194), 195 f. (effektiver Minderjährigenschutz); *EBJS/Wertenbruch* (2020) HGB § 105 Rn. 279 f.; vgl. zudem MüKoBGB/*Kroll-Ludwigs* (2020), § 1822 Rn. 16 ff.; aA zB *Egger* MittBayNot 2019, 135; *Menzel* MittBayNot 2019, 222 (223 f.) (jeweils mwN).

Ferner ist zwischenzeitlich ein wichtiges Vergleichsargument gegen das Genehmigungserfordernis brüchig **79**
geworden. Bis vor kurzem konnte noch darauf verwiesen werden, dass die Rspr. bei der Schenkung von
Wohnungseigentum keinen erheblichen Nachteil aus den Pflichten nach der Gemeinschaftsordnung herlei-
tete. Diese durchaus zweifelhafte Rspr. ist mittlerweile aufgegeben (→ Rn. 101 ff.).

Zwar ist zutreffend, dass die Bestellung eines Ergänzungspflegers und die familiengerichtliche Genehmi- **80**
gung den Schutz des Minderjährigen effektiv absichern. Allerdings bedarf der Minderjährige dieses Schutzes auch nur dann, wenn mit der Kommanditanteilsübertragung an ihn ein **unternehmerisches Risiko** verbunden ist.[139] Das ist jedenfalls bei einer rein vermögensverwaltenden KG dann zu verneinen, wenn der
dem minderjährigen Kind überlassene Kommanditanteil voll einbezahlt ist und die Wirksamkeit der Übertragung unter der aufschiebenden Bedingung einer Eintragung der Anteilsabtretung in das Handelsregister
steht. Der Gedanke, den Minderjährigen vor unternehmerischen Risiken zu schützen, lässt sich auch § 112
entnehmen (→ § 112 Rn. 1, 6 f.).

Zudem sollte bedacht werden, dass der Kommanditistenwechsel beim Handelsregister anzumelden und einzutragen ist (§ 162 Abs. 3 Var. 1 HGB).[140] Wenn Minderjährige beteiligt sind, ist das Registergericht – eben
wegen des effektiven Minderjährigenschutzes – berechtigt und verpflichtet, die materiellrechtlichen Voraussetzungen für die Eintragung zu prüfen.[141] Der Minderjährige ist also nicht per se schutzlos, wenn zunächst
weder ein Ergänzungspfleger bestellt noch eine familiengerichtliche Genehmigung eingeholt worden sind.

cc) Gründung einer GbR. Die Errichtung einer GbR für Kapitalanlagen (im konkreten Fall entwickelt **81**
aus einer Erbengemeinschaft) ist jedenfalls dann nicht lediglich rechtlich vorteilhaft für den minderjährigen
Gesellschafter, wenn die Gesellschaft alle mit der Erwirtschaftung von Erträgen zusammenhängenden Kosten und Gebühren zu tragen hat sowie das Kind für entsprechende Verbindlichkeiten der Gesellschaft in
Haftung genommen werden könnte.[142]

dd) Mitwirkung an Gesellschafterbeschlüssen. Ist der Minderjährige einmal wirksam Gesellschafter **82**
geworden und gehört auch der gesetzliche Vertreter der Gesellschaft an, so soll § 181 einer Vertretung des
Minderjährigen bei **Gesellschafterbeschlüssen** regelmäßig nicht im Wege stehen. Das leitet der BGH
daraus her, dass gewöhnliche Gesellschafterbeschlüsse nicht dem Austragen individueller Gegensätze dienen, sondern der verbandsinternen Willensbildung.[143] Der Rspr. liegen letztlich also Erwägungen zur Struktur des Gesellschaftsvertrages zugrunde. Auch Genehmigungserfordernisse nach § 1822 Nr. 3 bestehen
nicht. Vielmehr erfasst die zum Beitritt erteilte Genehmigung anschließend im Grundsatz alle Folgebe-
schlüsse.[144] Besonderheiten können sich bei Vertragsänderungen[145] und Umwandlungsmaßnahmen[146] ergeben.

ee) Ausscheiden des Minderjährigen aus einer Gesellschaft. Das **Ausscheiden** des beschränkt **83**
Geschäftsfähigen **aus der Gesellschaft** verlangt nur in bestimmten Fällen eine Genehmigung nach **§ 1822**
Nr. 3. Die Veräußerung eines Erwerbsgeschäfts umfasst die vollständige Veräußerung aller Beteiligungen an
einer Personengesellschaft, weiterhin die Veräußerung eines Anteils an einer Kapitalgesellschaft, die sich
als Veräußerung des gesamten Unternehmens darstellt.[147] **Kündigung** und **Auflösung** der Gesellschaft sind
hingegen genehmigungsfrei,[148] erforderlich ist jedoch die Mitwirkung des gesetzlichen Vertreters bzw.
Ergänzungspflegers, §§ 107, 1643, 1795, 181.

ff) Rechtsfolgen bei fehlerhafter Beteiligung des Minderjährigen an einer Gesellschaft. Ist an **84**
einer Gesellschaft ein nicht (voll) Geschäftsfähiger beteiligt, ohne dass die nach §§ 107, 1909, 1822 Nr. 3
usw erforderlichen Genehmigungen vorliegen, so setzt sich der Minderjährigenschutz gegen die Regeln
über die **fehlerhafte Gesellschaft,**[149] also gegen das Kontinuitätsinteresse von Mitgesellschaftern und
Gläubigern, durch.[150]

139 Anders *Baldus* in Vorauflage, § 107 Rn. 54 (allge-
    meine Auslegungsregel zugunsten des Genehmi-
    gungserfordernisses).
140 Weiterf. zu den Einzelheiten Baumbach/Hopt/*Roth*
    HGB § 162 Rn. 7–9.
141 Ebenso *Menzel* MittBayNot 2019, 222 (225).
142 FG Nürnberg Urt. v. 24.6.2014 – 1 K 787/11 =
    BeckRS 2014, 96378, Rn. 81–90 (mit Abgrenzung zu
    den Grundstücks- und Kommanditanteilsübertra-
    gungsfällen in Rn. 88 f.).
143 BGHZ 65, 93 (95 ff.) (= NJW 1976, 49).
144 Vgl. *Reimann* DNotZ 1999, 198; in ihrer Offenheit
    unklar die Formulierung des LG Wuppertal NJW-RR
    1995, 152 (152) (zu einer Grundschuldbestellung),
    die Genehmigung zum Eintritt in die Gesellschaft

    umfasse „die Zustimmung des Vormundschaftsge-
    richts mindestens zu denjenigen Geschäften, die
    Zweck der Gesellschaft sind". Überschreitungen des
    Gesellschaftszwecks können als solche schwerlich
    von der Prüfung und Genehmigung gedeckt sein.
145 Für wesentliche Vertragsänderungen → § 1822
    Rn. 21.
146 Näher *Reimann* DNotZ 1999, 198 f.
147 Vgl. MüKoBGB/*Kroll-Ludwigs* (2020) § 1822
    Rn. 19–21.
148 Näher *Reimann* DNotZ 1999, 204 f.
149 Dazu *K. Schmidt,* Gesellschaftsrecht, 4. Aufl. 2002,
    § 6 I. 1 ff.; *Maultzsch* JuS 2003, 544–548.
150 Gegen die hM mit lesenswerter Begründung *C.
    Schäfer,* S. 269–278.

85   Die Konstruktion im Einzelnen ist streitig. Einigkeit besteht darüber, dass einerseits die Gesellschaft jedenfalls unter den anderen Gesellschaftern nach allgemeinen Regeln wirksam entstanden ist, andererseits der nicht voll Geschäftsfähige keinen Pflichten aus dem Gesellschaftsverhältnis unterliegt[151] – sei es, weil er gar nicht Mitglied ist, sei es, weil er lediglich von den aus der Mitgliedschaft resultierenden Belastungen freigestellt wird.[152] Umstritten ist, ob ein fehlerhaftes Ausscheiden des Minderjährigen aus der Gesellschaft entgegen den allgemeinen Grundsätzen bis zur rückwirkenden Erteilung der erforderlichen Genehmigung vorläufig als wirksam zu behandeln ist; begründet wird die bejahende Ansicht mit dem Schutzbedürfnis des Minderjährigen.[153]

86   **b) Lebensversicherungsverträge.** Lebensversicherungsverträge fallen unter § 1822 Nr. 5, und zwar unabhängig von Kündigungsrechten[154] und ohne die Möglichkeit einer Teilwirksamkeit (§ 139) oder Umdeutung (§ 140).[155] Zur Genehmigung nach §§ 108 Abs. 3, 1829 Abs. 3 → § 182 Rn. 3.

87   **c) Familienrechtliche und erbrechtliche Abreden.** Rechtlich nachteilig sein können auch familienrechtliche[156] und erbrechtliche Abreden, für die teilweise besondere Genehmigungserfordernisse bestehen.[157]

88   Nachteile werden angenommen etwa bei der **unentgeltlichen Übertragung eines Erbanteils** (wegen der persönlichen Haftung für etwaige Nachlassverbindlichkeiten). Dies gilt auch dann, wenn der Minderjährige zu einer geringeren Quote bereits Erbe ist, weil die Haftungsquote im Innenverhältnis dann zunimmt.[158] Bei der Veräußerung von Nachlassgegenständen aus einer Erbengemeinschaft kann gleichfalls die Bestellung eines Ergänzungspflegers erforderlich sein.[159] Gleiches gilt für die Übertragung eines Erbanteils an einen Minderjährigen;[160] ferner bedarf die Willenserklärung des Ergänzungspflegers der familiengerichtlichen Genehmigung, §§ 1915 Abs. 1 S. 1, 1822 Nr. 10.[161]

89   Probleme können sich zudem bei der **Anordnung der Pflichtteilsanrechnung** nach § 2315 Abs. 1 stellen, die bisweilen mit dem Erwerb vom gesetzlichen Vertreter verbunden ist (sog. Schenkung unter Anrechnung auf den Pflichtteil). Der gesetzliche Vertreter als potenzieller Erblasser überträgt an ein pflichtteilsberechtigtes Kind typischerweise ein Grundstück oder einen Miteigentumsanteil zwar unentgeltlich, aber unter Anordnung der Pflichtteilsanrechnung nach § 2315 Abs. 1.[162] Hiervon abzugrenzen ist die **Vereinbarung eines Pflichtteilsverzichts** (§ 2346 Abs. 2), die wohl unstreitig und zu Recht einen rechtlichen Nachteil für Minderjährigen darstellt[163] und zudem nach §§ 2347 Abs. 1, 2346 Abs. 2[164] genehmigungsbedürftig ist.

90   Die Konstruktion der Anrechnungsanordnung hängt mit dem fortbestehenden **Reformbedarf im Erbrecht** zusammen. Denn die nachträgliche Anrechnung, dh in einer letztwilligen Verfügung des Schenkers bzw. Erblassers, von **Vorausempfängen** ist durch die Erbrechtsreform am Ende doch nicht erleichtert worden, die geplante Erweiterung des § 2315 nicht erfolgt.[165] Der Erblasser muss also weiterhin vorsorgen.

91   Eine Anrechnungsanordnung kann namentlich der Herstellung von Gerechtigkeit unter den Abkömmlingen dienen. Sie führt aber auch dazu, dass dem beschenkten Abkömmling sein grundsätzlich unentziehbarer,

151 So die Rspr. seit BGHZ 17, 160 (167), und die hL, vgl. MüKoBGB/*Schäfer* (2017) § 705 Rn. 337 f.; *Maultzsch* JuS 2003, 549.

152 So etwa *K. Schmidt* JuS 1990, 517 (520 ff.); *ders.*, Gesellschaftsrecht, § 6 III 3 c cc.

153 So MüKoBGB/*Schäfer* (2017) § 705 Rn. 370 mwN zum Meinungsstand.

154 AG Hamburg NJW-RR 1994, 721 mwN.

155 Vgl. BGHZ 28, 78 (83 f.); *W. Bayer* VersR 1991, 131; AG Hamburg NJW-RR 1994, 721 (722): bei kürzerer Laufzeit wäre im Zweifel die Prämie höher gewesen. Zu Recht abl. für versicherungsähnliche Verträge ohne Anspareffekt wie zB einer Mitgliedschaft in einem Automobilclub *Latzel/Zöllner* NJW 2019, 1031 (1034).

156 Für den von einer Minderjährigen abgeschlossenen Gütertrennungsvertrag OLG Hamburg FamRZ 1988, 1167 ff.

157 Zu § 2347 Abs. 1 vgl. BGH NJW 1978, 1159; auch zu § 1829 Abs. 3: Nach dem Tode des Erblassers könne der Verzichtende nicht mehr genehmigen, weil die mit dem Tod des Erblassers eintretende Erbfolgeregelung sonst nicht auf hinreichend fester Grundlage stehe. Vgl. auch § 2347 Rn. 5.

158 LG Deggendorf MittBayNot 1999, 285 (286); OLG Frankfurt aM, ZEV 2015, 342 (343) Rn. 8. Zu den §§ 2078 ff. vgl. *Joussen* ZEV 2003, 181 ff.

159 *Mahlmann* ZEV 2009, 320.

160 OLG Frankfurt aM, ZEV 2015, 342 (343, Rn. 6–9) (kein Verbot des Selbstkontrahierens, wenn das Insichgeschäft dem Kind lediglich einen rechtlichen Vorteil iSd § 107 bringt, was bei Übertragung eines Erbanteils aber zu verneinen ist, Rn. 8 f.).

161 OLG Frankfurt aM, ZEV 2015, 342 (343, Rn. 10 mwN).

162 Vgl. OLG München Beschl. v. 23.9.2011 – 34 Wx 311/11, ZEV 2011, 658 (659) (= FamRZ 2012, 740 (741)) (bei Vermächtnisannahme war eine Anrechnung auf den Zusatzpflichtteil zu erwarten, Rn. 20).

163 So zB *Kölmel* RNotZ 2010, 618 (622) mwN; zum Problem des schuldrechtlichen Grundgeschäfts zum Erbverzicht *von Proff zu Irnich* DNotZ 2017, 84.

164 Die Genehmigungspflicht gem. § 1822 Nr. 2 Var. 2 bezieht sich nur auf den bereits entstandenen Pflichtteilsanspruch, so zB BeckOK BGB/*Bettin* (2019) § 2347 Rn. 7.

165 Anders viele Erwartungen, und weiterer Reformbedarf ist nicht von der Hand zu weisen; ausf. zum Problem *Keim* MittBayNot 2008, 8 (13) (noch in Erwartung der Reform); weiterf. Staudinger/*Otte* (2017) Einl. zum Erbrecht Rn. 37 ff., 120.

freilich vorerst nur potenzieller Pflichtteilsanspruch jedenfalls dem Werte nach entzogen werden kann und zwar dann, wenn der Schenkungsgegenstand beim Erbfall deutlich an Wert verloren hat (arg. e § 2315 Abs. 2 S. 1). Der Minderjährige wird also grundsätzlich mit dem Risiko der Wertminderung belastet. Ferner ist zu bedenken, dass eine direkte Anrechnung auf den Pflichtteilsanspruch nach § 2315 die Pflichtteilsberechtigten stärker belasten kann als eine Ausgleichung nach § 2316;[166] denn die Anrechnung führt insgesamt zu einer Verringerung der Pflichtteilslast zugunsten des Erben, während die Ausgleichung lediglich unter den pflichtteilsberechtigten Abkömmlingen umverteilt. Auch insoweit erleidet der Minderjährige einen fühlbaren Rechtsnachteil iSd § 107, mit dem er sich den Immobilienerwerb sozusagen erkauft.

Das OLG Dresden hat in der Anordnung einer Pflichtteilsanrechnung – freilich ohne eingehende Begründung – allerdings keinen rechtlichen Nachteil gesehen.[167] Das OLG München[168] hat jedenfalls zu den Kriterien einer damals noch vormundschaftsgerichtlichen Genehmigung in solchen Fällen entschieden, ein potenzieller Pflichtteilsanspruch dürfe nur unter Einbeziehung der Gesamtsituation mit einer Beteiligung an einer Immobilie verglichen werden. Der Pflichtteilsanspruch möge zwar liquide sein, seine Entstehung sei aber nach Zeitpunkt und Umfang ungewiss, eine Immobilie hingegen besonders wertbeständig. Das Risiko eines Wertverlustes der Immobilie könne durch entsprechende Gestaltung der Anrechnungsbestimmung aufgefangen werden (Wert im Zeitpunkt des Erbfalles als Maximalwert);[169] notwendig sei eine solche Bestimmung aber nur dann, wenn konkrete Anhaltspunkte für eine erhebliche Wertminderung im Raum stünden. Das Meinungsbild in der Lit. ist gespalten.[170] **92**

Auch wenn für Anrechnungsordnungen gestalterischer Spielraum besteht (→ Rn. 92), sollte die Beurteilung der Frage, ob eine Schenkung mit Anrechnungsanordnung im Einzelfall ein für das minderjährige Kind risikofreies oder zumindest risikoarmes Geschäft ist, der Entscheidung des Ergänzungspflegers (§§ 1629 Abs. 2 S. 1, 1795 Abs. 2, 181) und des Familiengerichts überlassen bleiben.[171] Die generische Aussage, dass erbrechtliche Positionen naturgemäß unsicher sind, kann eine solche Entscheidung nicht ersetzen. Ferner dürfte gerade die Weltfinanzkrise (ab 2007/08) gezeigt haben, dass Immobilien nicht so wertbeständig sind, wie bislang angenommen; nachträgliche Wertverluste können sich wegen § 2315 Abs. 2 S. 2 nachteilig auf die Pflichtteilshöhe auswirken.[172] Ein Schenkungsversprechen mit Anrechnungsanordnung ist daher nicht zustimmungsfrei; ein rechtlicher Nachteil iSd § 107 ist zu bejahen. Zum Vollzugsgeschäft → Rn. 97 ff. **93**

Die **Erbteilsausgleichungspflicht**, die der zukünftige Erblasser nach § 2050 Abs. 3 im Zusammenhang mit einer unentgeltlichen Übertragung an den Minderjährigen anordnet, wird wohl mehrheitlich als nicht rechtlich nachteilig eingestuft.[173] Sie stellt keine schuldrechtliche Pflicht dar, sondern kann erst im Erbfall zu einer Umverteilung unter den Abkömmlingen führen. **94**

d) Erfüllungsannahme. Zweifelhaft ist die Einordnung der Erfüllungsannahme durch den Minderjährigen. Wie auch immer man die Erfüllung konstruieren mag,[174] ist doch ihre Rechtsfolge nach § 362 Abs. 1 der Untergang des Leistungsanspruchs. Daher kann ein – an sich lediglich vorteilhafter – Erfüllungsakt, etwa die Übereignung der geschuldeten Sache an den Minderjährigen, zugleich rechtsbeeinträchtigend wirken. **95**

Die hM arbeitet hier mit einer Trennung von Eigentumserwerb und Erfüllung: Der Minderjährige erwerbe jedenfalls Eigentum, Erfüllung hingegen trete – mangels „**Empfangszuständigkeit**" – nur dann ein, wenn die Leistung an den gesetzlichen Vertreter oder mit dessen Einwilligung (§ 107 analog) an den Minderjähri- **96**

---

166 Näher *Keim* MittBayNot 2008, 8 (12).
167 OLG Dresden MittBayNot 1996, 288 (291).
168 OLG München ZEV 2007, 493 (494 f.) (= NJW-RR 2008, 672 (673 f.)), besprochen in NJW-Spezial 2007, 440.
169 Dies in Anlehnung an *Fembacher* MittBayNot 2004, 24 (26).
170 Nach *Weigl* MittBayNot 2008, 275 (275 f.) sieht die hL keinen rechtlichen Nachteil; ebenso *Kölmel* RNotZ 2010. 618, 622 mwN; andere Einschätzung bei *Keim* MittBayNot 2008, 8 (11 f.); einen rechtlichen Nachteil bejahend zB Staudinger/*Otte* (2015) BGB § 2315 Rn. 29–31 mwN.
171 Ebenso zB MüKoBGB/*Lange* (2020) § 2315 Rn. 19 mwN (§ 1822 Nr. 2 wohl analog); Staudinger/*Haas* (2006) BGB § 2315 Rn. 32 (§ 2347 Abs. 1 S. 1 oder § 1822 Nr. 2 je analog); aA zB Staudinger/*Otte* (2015) BGB § 2315 Rn. 31 (wegen der abschließen-

den Wirkung der gesetzlich angeordneten Genehmigungstatbestände); *Keim* MittBayNot 2008, 8 (12 f.).
172 Weiterf. BeckOGK/*Reisnecker* BGB § 2315 Rn. 76–77.3 mwN.
173 BGH NJW 1955, 1353 (1353) aE.: Die Anordnung begründe nicht wie bei einer Schenkung unter Auflage iSd § 525 eine schuldrechtliche Verpflichtung, sondern verdeutliche nur, dass die Zuwendung bei der zukünftigen Nachlassauseinandersetzung zu berücksichtigen sei (= BGHZ 15, 168); MüKoBGB/*Ann* (2020) § 2050 Rn. 32; *Kölmel* RNotZ 2010, 618 (622 f.) mwN; wohl aA *Keim* MittBayNot 2008, 8 (12) mit Verweis auf die pflichtteilsrechtliche Fernwirkung der Ausgleichung nach § 2316.
174 Vgl. dazu den Überblick in MüKoBGB/*Fetzer* (2019) § 362 Rn. 15 mwN; *Harke*, Allgemeines Schuldrecht (2010), Rn. 354 f.

gen bewirkt werde.[175] Von der „Empfangszuständigkeit" weiß der Gesetzestext freilich jedoch nichts. Praktische Konsequenz dieser Auffassung ist, dass der Schuldner erneut leisten muss, aber mit einem Bereicherungsanspruch auf das Geleistete gegen den Minderjährigen aufrechnen kann. Er trägt damit das Risiko zwischenzeitlicher Entreicherung des beschränkt Geschäftsfähigen.

97   **e) Eigentumserwerb.** Zwar sind Verfügungsgeschäfte zugunsten des Minderjährigen grundsätzlich rechtlich vorteilhaft und damit zustimmungsfrei (→ Rn. 58). Probleme stellen sich aber vor allem beim **Eigentumserwerb an Grundstücken** (ausf. zum Erwerb vom gesetzlichen Vertreter und zur Gesamtbetrachtungslehre → Rn. 26 ff.). Eine praktisch wichtige Sonderkonstellation ist die Übertragung von Miteigentumsanteilen oder eines Grundstücks **im Wege der vorweggenommenen Erbfolge**, bei der der Minderjährige einer **Anrechnung auf seinen Pflichtteil** zustimmt (ausf. → Rn. 88 f.; zum Pflichtteilsverzicht → Rn. 89 aE).

98   **aa) Argumentationsstränge im Allgemeinen und Kritik.** Die hM **differenziert** in mehrfacher Weise, zunächst zwischen Lasten, die rechtlich allein das **Objekt** treffen (etwa Grundpfandrechten), und solchen, die auch **persönliche Verpflichtungen** mit sich bringen. Persönlichen Charakters sind etwa die **Reallast** (§ 1108), die **Überbau-** (§ 913 Abs. 1) und die **Notwegrente** (§ 917 Abs. 2). Hingegen sind dingliche **Verwertungsrechte** im Grundsatz nicht geeignet, das Vermögen des Minderjährigen über den Bestand des erworbenen Objekts (typischerweise eines Grundstücks) hinaus zu gefährden; sie sollen daher keinen rechtlichen Nachteil begründen. Bei **Altenteilsvereinbarungen** kommen dingliche und persönliche Lasten bisweilen zusammen (→ § 1093 Rn. 9; → § 1105 Rn. 73–76).[176]

99   Für **Grundpfandrechte** sagt die Judikatur bisweilen ausdrücklich, dass es auf das Verhältnis zwischen Grundstückswert und Belastung nicht ankomme. Auch bei Überlastung des Grundstücks mit solchen Rechten sei der Eigentumserwerb rechtlich lediglich vorteilhaft, da der Minderjährige nur die Zwangsvollstreckung in das Grundstück zu befürchten habe.[177]

100   Weiterhin wurde differenziert zwischen Nachteilen aus dem **Erwerb** der Position und solchen aus deren **Innehabung**.[178] Letztere sei als „rechtsgeschäftsneutraler Tatbestand" für § 107 unerheblich. Daher sei unschädlich die Belastung des Eigentums mit einem **Nießbrauch**, wann und durch wen auch immer bestellt. Denn die Pflichten gegenüber dem Nießbraucher träfen kraft Gesetzes den Eigentümer als solchen; ebenso umgekehrt der Erwerb von Nießbrauch, weil die Pflichten gegenüber dem Eigentümer nicht aus dem Erwerbstatbestand resultierten.[179] Diese auf das Reichsgericht[180] zurückgehende Argumentation ließe sich, wenn man ihr folgte, auf alle gesetzlichen Schuldverhältnisse im Sachenrecht übertragen,[181] was ihre Bedenklichkeit zeigt.[182] Hingegen sollen die Rechtsfolgen der **Vertragsübernahme** nach § 566 (ggf. in Verbindung mit Verweisungsnormen) erwerbsbezogen sein und folglich einen Nachteil iSd § 107 darstellen.[183] Die Problematik dieser Differenzierung nach Erwerb und Innehabung zeigt sich namentlich im Wohnungseigentumsrecht (→ Rn. 101 ff.).

101   **bb) Wohnungseigentum.** Eine Unterscheidung zwischen erwerbsbezogenen Nachteilen und solchen, die aus der Position als solcher resultieren (→ Rn. 98 ff.), verleitet zu Differenzierungen beim unentgeltlichen Erwerb von **Wohnungseigentum**.

102   **(1) Rechtsprechungslinien vor BGH NJW 2010, 3643.** Sofern den Erwerber lediglich die im WEG allgemein niedergelegten Pflichten treffen, sollte der Erwerb zustimmungsfrei sein; anders bei **rechtsgeschäftlichen Erweiterungen**, sofern sie „nicht unerheblich" seien.[184] „Unerbebliche" **Verschärfungen** der Pflichten eines Wohnungseigentümers sollten also außer Betracht bleiben. Als „nicht unerhebliche" Verschärfun-

---

175 Überblick bei *K. Schreiber* Jura 1993, 666 f. Neuere Ansätze zur dogmatischen Erfassung der Erfüllung führen minderjährigenrechtlich nicht zu abweichenden Ergebnissen: *G.K. Backhaus*, Die Rechtsnatur der Erfüllung (2013), S. 386.

176 Minderjährigenrechtlich ist die Unterscheidung auch insoweit relevant, als der BGH trotz der Übernahme persönlicher Verpflichtungen dazu tendiert, eine reine, nicht etwa eine gemischte Schenkung anzunehmen BGHZ 107, 156 (160) = NJW 1989, 2122 f. (nicht zu § 107).

177 BayObLGZ 1979, 49 (53) = MittBayNot 1979, 6.

178 Jauernig/*Mansel* (2018) BGB § 107 Rn. 5.

179 Jauernig/*Mansel* (2018) BGB § 107 Rn. 5 mwN (auch zur abweichenden finanzgerichtlichen Rspr.; der zit. Entscheidung BFH NJW 1981, 141 (142 f.)

folgt FG Rh.-Pfalz, Urt. v. 21.7.2000 – 3 K 2661/98 (= BeckRS 2000, 15629); aus der neueren Rspr. vgl. weiterhin OLG Celle MDR 2001, 931 (932), freilich aufgegeben in OLG Celle Beschl. v. 7.11.2013 – 4 W 186/13 = NJOZ 2014, 1100.

180 RGZ 148, 321 (324).

181 Vgl. krit. *H. Lange* NJW 1955, 1340.

182 Hier nicht zu erörtern ist, inwieweit wirklich alle von der hM angenommenen gesetzlichen Schuldverhältnisse im Buch 3 sinnvoll sind. Grundsätzliche und praktische Fragen jetzt auf den Punkt gebracht bei *Ulshöfer*, Das sogenannte gesetzliche Begleitschuldverhältnis. Ansprüche bei der Grunddienstbarkeit (2015).

183 Jauernig/*Mansel* (2018) BGB § 107 Rn. 4.

184 BGHZ 78, 28 (32) (= NJW 1981, 109).

gen nannte der BGH (über § 22 WEG hinausgehende) Wiederaufbaupflichten[185] und Einschränkungen der Aufrechnung, der Geltendmachung von Zurückbehaltungsrechten und der Abtretung.[186]

Dieses Kriterium ist nicht nur **unscharf**. Es provoziert außerdem die Frage, warum man nicht in gleicher Weise beim **Normalfall** des Grundeigentums differenziert. Nicht einsichtig ist auch, warum der Eintritt in die Pflichten aus der **Gemeinschaftsordnung** kein für § 107 erheblicher Nachteil sein soll, zumal eine Gemeinschaftsordnung nach § 10 Abs. 2, 3 WEG nicht existieren muss. Nach der früheren Rechtsprechung handelte es sich um eine „bloße Ausgestaltung" des WEG, freilich unter Begründung zusätzlicher Pflichten.[187]

103

Es wurde also ein **Geringfügigkeitskriterium** angewandt, nur nicht sogenannt. Das bedeutet erstens einen Wertungswiderspruch dazu, dass bei jedem Kaufvertrag des Minderjährigen jegliche Leistungspflicht einen rechtlichen Nachteil erzeugt. Zweitens ermöglichen Geringfügigkeitsregeln keine klaren Abgrenzungen.

104

Im praktischen Ergebnis lag zumeist auch aus der Sicht der Rspr. doch ein rechtlicher Nachteil vor, weil dieselbe Judikatur schuldrechtliche Pflichten aus dem Verwaltervertrag durchaus als nachteilsbegründend ansah (und dies, obwohl die Verwalterbestellung als solche von §§ 20, 26 ff. WEG vorgegeben ist).[188]

105

Inwieweit insbesondere die **gesamtschuldnerische Haftung für künftige Verpflichtungen der Wohnungseigentümer** aus dem Verwaltervertrag einen rechtlichen Nachteil darstellt, ist höchstrichterlich erst vor einiger Zeit entschieden worden. Der BGH[189] hatte die Frage lange offen gelassen. Für die Annahme eines rechtlichen Nachteils hat sich in neuerer Zeit das OLG Hamm ausgesprochen.[190] Grundsätzliche Argumente gegen die Annahme eines rechtlich lediglich vorteilhaften Geschäfts hat dann das OLG München[191] vorgebracht; dem folgt nunmehr der BGH.

106

(2) Umbruch in der Rechtsprechung. Das OLG München prüfte (obiter) die Notwendigkeit, nach §§ 1795 Abs. 1 Nr. 1, 1629 Abs. 2 S. 1 einen Ergänzungspfleger zu bestellen; es bejahte diese Notwendigkeit unabhängig von Existenz, Nachweis und Ausgestaltung einer Gemeinschaftsordnung, und zwar wegen § 10 Abs. 8 und Abs. 4 WEG nF Aus diesen Normen folge jedenfalls seit der WEG-Reform von 2007 die Notwendigkeit einer Einzelfallprüfung. Dem ist zu folgen, und zwar für alle Fälle der Übertragung von Wohnungseigentum an Minderjährige.[192]

107

In dieselbe Richtung weist für eine andere Konstellation (Genehmigungserfordernis nach §§ 1821 Abs. 1 Nr. 5, 1643 Abs. 1) eine Entscheidung des OLG Brandenburg.[193] Dieser Fall lag freilich einfacher, weil die beschenkten Minderjährigen die persönliche Haftung für den Eingang der anteiligen Grundschuldsumme übernommen hatten, und gestritten wurde um die Genehmigungsfähigkeit (diese bejahte das Gericht im Ergebnis aufgrund einer wirtschaftlichen Gesamtbetrachtung; darüber kann man wiederum streiten).[194]

108

Im Jahre 2010 hat der BGH[195] sodann in einer **Grundsatzentscheidung** klargestellt: „Der Erwerb einer Eigentumswohnung ist für einen Minderjährigen stets nicht lediglich rechtlich vorteilhaft. Es kommt weder auf die Ausgestaltung der Teilungserklärung noch darauf an, ob bei Vollzug des Erwerbs ein Verwaltervertrag besteht oder ob die Eigentumswohnung vermietet ist."[196] Die Gründe sieht der Senat im Anschluss an die soeben zitierte Entscheidung des OLG München[197] in §§ 16 Abs. 2, 10 Abs. 8 S. 1 WEG, und zwar unabhängig davon, ob der Zuwendende sich einen Nießbrauch vorbehält.[198] Er lässt offen, ob weitere Gründe für die Nachteiligkeit des Geschäfts in § 16 Abs. 3, 4 oder § 21 Abs. 7 WEG liegen können.[199]

109

Im Ergebnis ist ein **Ergänzungspfleger** zu bestellen,[200] nicht jedoch eine familiengerichtliche Genehmigung einzuholen.[201]

110

---

185 Fortgeführt in BayObLG DNotZ 1998, 505 (506 f.) (= FamRZ 1998, 1619 L; MittBayNot 1998, 38).
186 BGHZ 78, 28 (32) = NJW 1981, 109.
187 OLG Celle NJW 1976, 2214 (2214 f.) (dazu Anm. *Jahnke* NJW 1977, 960 f.).
188 OLG Celle NJW 1976, 2214 (2215). Vgl. (von anderer Warte) die Kritik bei *Jahnke* NJW 1977, 960 (961) (Anm. zu OLG Celle aaO).
189 BGHZ 78, 28 (32 f.) (= NJW 1981, 109 mwN zur meist bejahenden älteren Rspr.).
190 OLG Hamm Rpfleger 2000, 449 f. (= NJW-RR 2000, 1611 ff.).
191 OLG München ZEV 2008, 246 (246 f.).
192 So auch die Anm. *Fembacher* (zu diesem und zu dem in der nächsten Fn. genannten Urt.), MittBayNot 2009, 157 (158).
193 OLG Brandenburg MittBayNot 2009, 155 (155).
194 Differenzierend *Fembacher* MittBayNot 2009, 157 (158).

195 BGH Beschl. v. 30.9.2010 – V ZB 206/10, Tz. 11, 13 ff., NJW 2010, 3643 (3643), 3644 (mAnm *Schaub* ZVE 2011, 40, und *Schreiber* ZWE 2011, 32), besprochen von *Stein* FamFR 2010, 549; *Medicus* JZ 2011, 159; *Mayr* IMR 2011, 34; NJW-Spezial 2011, 34. Vgl. jetzt auch *J. Hager*, Schenkung und rechtlicher Nachteil, in; Liber Amicorum Detlef Leenen (2012), S. 43–58.
196 BGH Beschl. v. 30.9.2010 – V ZB 206/10, Tz. 11, NJW 2010, 3643 (3643).
197 OLG München ZEV 2008, 246 (246 f.).
198 BGH Beschl. v. 30.9.2010 – V ZB 206/10, Tz. 13 ff., NJW 2010, 3643 (3644).
199 BGH Beschl. v. 30.9.2010 – V ZB 206/10, Tz. 12.
200 BGH Beschl. v. 30.9.2010 – V ZB 206/10, Tz. 16.
201 Ausführlich BGH Beschl. v. 30.9.2010 – V ZB 206/10, Tz 17.

111 **cc) Übertragung von Immobiliarsachenrechten aufgrund Vermächtnisses.** Ein sich entwickelnder Schwerpunkt neuerer Rspr. ist die Übertragung von Immobiliarsachenrechten aufgrund Vermächtnisses. Es ist zunächst oberlandesgerichtlich entschieden worden, dass Erfüllungsgeschäfte zu diesem Schuldgrund nicht anders zu beurteilen seien als solche zu Geschäfte inter vivos; ein Ergänzungspfleger sei zu bestellen.[202] In einem kurz darauf ebenfalls vom OLG München entschiedenen Fall waren Vermächtnisnehmer die Kinder der Erblasserin, Untervermächtnisnehmer dem Witwer, dem auf diesem Wege ein Nießbrauch zugewandt wurde. Hier genügte die Existenz des Untervermächtnisses für die Annahme eines rechtlichen Nachteils, was die Vermächtnisannahme angeht;[203] die Umschreibung des Eigentumsanteils hingegen wurde getrennt hiervon und als rechtlich lediglich vorteilhaft beurteilt, da der Nießbrauch für den Vermächtnisnehmer dinglich lastenfrei ausgestaltet war. Daher müsse kein Ergänzungspfleger bestellt werden.[204] Dieser neuerliche Kurswechsel hat lebhafte Diskussionen ausgelöst,[205] die noch nicht abgeschlossen[206] und hier wegen ihrer jedenfalls äußerlich auch erbrechtlichen Prägung nicht umfassend darzustellen sind. Die Ausstrahlung auf allgemeine Regeln des Minderjährigenrechts bleibt abzuwarten.

112 **dd) Belastetes Eigentum.** Nicht selten kommt es vor, dass geschenktes Grund- oder Wohnungseigentum mit einem **beschränkten dinglichen Recht** (typischerweise Nießbrauch) belastet wird, sei es, dass dieses vor[207] oder bei[208] Übertragung durch den beschenkten Minderjährigen bestellt wird, dass sich der Zuwendende das Recht bei der Eigentumsübertragung vorbehält oder dass die Zuwendung mit einer Verpflichtung zur Bestellung des Rechts verknüpft ist.

113 **(1) Gebot der Gleichbehandlung?** Die Rechtsprechung kam in allen drei Konstellationen früher zu der Auffassung, es liege kein rechtlicher Nachteil vor, bisweilen unter ausdrücklichem Hinweis darauf, **Gleichbehandlung** sei geboten.[209] Sie behandelte all diese Fälle im Ergebnis also ebenso wie die Konstellation, dass die Belastung bereits auf dem Grundeigentum ruhte, als dieses übertragen wurde.

114 Für den Fall, dass gleichzeitig mit der Auflassung ein Nießbrauch zugunsten des Auflassenden bestellt wird, der Nießbraucher aber nicht vertraglich mit sämtlichen denkbaren Kosten belastet wird,[210] hat jüngst das OLG Celle in Abkehr von seiner früheren Rspr.[211] die Bestellung eines Ergänzungspflegers verlangt.

115 Der **Vorbehalt eines Rechts** soll gem. § 107 grundsätzlich zustimmungsfrei sein, weil der Minderjährige weder **vorhandenes Vermögen** aufgeben noch eine **neue Belastung** auf sich nehmen müsse, damit der Vertrag zustande komme (zum **Nießbrauch** abw. und ausf. → Rn. 121 ff.; zum **Wohnungsrecht** → Rn. 123);[212] ebenso die Bestellung einer Hypothek[213] oder Grundschuld[214] durch den Minderjährigen beim Eigentumswechsel. Unerheblich soll dabei sein, ob die Grundschuldbestellung der Sicherung einer gestundeten Restkaufpreisforderung des Verkäufers oder der Sicherung der Kaufpreisfinanzierung durch einen Dritten dient.[215] Wenn die Grundschuld den Erwerbspreis nicht übersteigt, soll sogar unerheblich sein, ob mit der Grundschuld überhaupt Mittel für die Kaufpreisfinanzierung oder für andere Zwecke beschafft werden sollen.[216] Das ist kaum nachvollziehbar. Die letztgenannte Entscheidung betont immerhin die Notwendigkeit eines – wenngleich offenbar nur zeitlich verstandenen – engen Zusammenhangs zwischen Eigentumserwerb und Belastung.[217]

116 Die Verpflichtung zu einer (späteren) Belastung des Eigentums mit einem dinglichen Recht ist auch nach der Rspr. rechtlich nachteilig und daher zustimmungspflichtig gem. § 107. Sie soll aber nicht unter § 1821

---

202 OLG München Urt. v. 8.2.2011 – 34 Wx 18/11 = MittBayNot 2011, 239.

203 OLG München Beschl. v. 23.9.2011 – 34 Wx 311/11, ZEV 2011, 658 (659) = FamRZ 2012, 740 (742), Rn. 20. Eine familiengerichtliche Genehmigung nach §§ 1643, 1821 f. sei nicht erforderlich (Rn. 22).

204 OLG München Beschl. v. 23.9.2011 – 34 Wx 311/11, ZEV 2011, 658 (659) (= FamRZ 2012, 740 (742), Rn. 21).

205 Nachweise bis 2011 bei *Röhl* MittBayNot 2012, 111 (112).

206 Nachweise etwa bei *Lamberz*, Schutz von Minderjährigen bei nachteiligen Verfügungen in Erfüllung einer Verbindlichkeit ZEV 2014, 187 (190); *Friedrich-Büttner/Wiese*, Keine Erfüllung von Vermächtnissen zugunsten Minderjähriger ohne das Familiengericht, ZEV 2014, 513.

207 Bewilligt der Beschenkte als Nichtberechtigter, so wird die Eintragungsbewilligung nach § 185 Abs. 2 S. 1 Alt. 2 mit seiner Eintragung als Eigentümer wirksam.

208 So wohl in dem Fall des OLG Celle Beschl. v. 7.11.2013 – 4 W 186/13, MittBayNot 2014, 248 (= NJOZ 2014, 1100).

209 So BayObLG Rpfleger 1979, 179, für Nießbrauchsvorbehalt und vorherige Bestellung des Nießbrauchs durch den Beschenkten als Nichtberechtigten.

210 Für einen Fall, in dem dies hingegen vorgesehen war, vgl. OLG München Beschl. v. 23.9.2011 – 34 Wx 311/11, ZEV 2011, 658 (660) (= FamRZ 2012, 740 (742), Rn. 21 und hierzu → Rn. 32, 89).

211 Vgl. Rn. 8 im Beschl. v. 7.11.2013 – 4 W 186/13 (zit. nach juris) den Hinweis auf OLG Celle Beschl. v. 16.4.2001 – 4 W 324/00 (Aufgabe dieser Rspr.).

212 BayObLG NJW 1967, 1912 (1913).

213 RGZ 108, 356 (363 ff.)

214 BayObLG NJW-RR 1992, 328 (329) (im Anschluss an RGZ 108, 356 und mwN zur ganz hM, die dieser Linie folgt).

215 BayObLG NJW-RR 1992, 328 (329).

216 BGH NJW 1998, 453 (453) (gegen die Vorinstanz).

217 BGH NJW 1998, 453 (453).

Abs. 1 Nr. 1 und 4 fallen, weil diese Normen nur bereits vorhandenes Grundvermögen schützten, nicht auch erst zu erwerbendes.[218] Ebenso wenig sei bei der Verpflichtung zur Bestellung eines Nießbrauchsrechts § 1822 Nr. 5 (hier: Var. 3) einschlägig, da sich der Minderjährige nicht zur Entrichtung wiederkehrender Leistungen verpflichte.[219]

Unabhängig von der Reihenfolge der Bestellungsakte wird also jeweils darauf abgehoben, dass dem Minderjährigen **vor allen** Transaktionen das dingliche Vollrecht nicht zustand, und mit dieser Begründung eine familiengerichtliche Genehmigung für nicht erforderlich erklärt. Diese Argumentation wirkt einigermaßen **begrifflich**; allein bereits das RG legte Wert darauf, dass die Begründung eine systematische und teleologische sei,[220] wenngleich ein gewisses Unbehagen aus dem weiteren Hinweis erhellt, nach der „Verkehrsauffassung" sei die Mehrung des Grundvermögens durch die Übereignung maßgeblich, und „nicht die Betrachtung, dass sich das Rechtsgeschäft aus dem Erwerb des Eigentums und der Begründung der Hypothek zusammensetzt".[221] **117**

Es bleibt festzuhalten, dass die Rechtsprechung ausgerechnet bei Grundstücken besondere Großzügigkeit an den Tag legte,[222] also bei typischerweise besonders wertvollen Objekten. **118**

Dogmatisch jedenfalls nicht mehr haltbar, wenngleich ausdrücklich aus der Rechtsprechung zum Vorbehaltsnießbrauch entwickelt, ist ein vereinzelt gegangener weiterer Schritt: Hat der Schenker sich vorbehalten, das Grundeigentum nach (!) der Umschreibung noch mit Grundpfandrechten zu belasten, so sei er allein, nicht der beschenkte Minderjährige, bewilligungsbefugt nach §§ 13, 19 GBO; auf einen unmittelbaren Zusammenhang mit dem Schenkungsvollzug komme es nicht an.[223] **119**

(2) Erwerb vermieteter oder verpachteter Grundstücke. Die **Auflassung eines bereits vermieteten oder verpachteten Grundstücks** an einen Minderjährigen ist nach ganz überwiegender Auffassung rechtlich nachteilig iSd § 107 und bedarf daher der Zustimmung der gesetzlichen Vertreter. Denn der Minderjährige tritt wegen §§ 566 Abs. 1, 581 Abs. 2, 593 b in ein Rechte- und Pflichtenbündel ein, das anders als bei Tragung laufender öffentlicher Lasten dem Umfang nach nicht begrenzt ist.[224] Damit ist freilich noch keine Aussage zur Genehmigungsbedürftigkeit nach § 1821 Abs. 1 Nr. 5 Var. 1 des zugrundeliegenden Kausalgeschäfts wegen (Teil-)Entgeltlichkeit getroffen.[225] **120**

(3) Zusammentreffen von Nießbrauch und Vermietung. Kontrovers behandelt wird in der neueren Judikatur das Zusammentreffen von **Nießbrauch** und **Vermietung** bzw. Verpachtung des Grundstücks, wenn beispielsweise einem Minderjährigen ein Grundstück, das bereits einem Dritten vermietet oder verpachtet ist, unter Nießbrauchsvorbehalt übertragen wird. In diesem Fall macht der frühere Eigentümer (Veräußerer) von seinem Nießbrauchsrecht bereits bei Übertragung Gebrauch, indem er das Grundstück weiterhin vermietet bzw. verpachtet. **121**

Das OLG Celle[226] hat im Jahre 2001 einen Vorstoß dahin gehend unternommen, eine persönliche Belastung des Minderjährigen aus Mietvertrag nach Ablauf des Nießbrauchs dem Anwendungsbereich des § 107 zu entziehen: Der Nachteil resultiere „aus der Eigentümerstellung, nicht aus einer persönlichen Verpflichtung als Erwerber". Außerdem sei er wegen des Kündigungsrechts aus § 1056 Abs. 2 „auf ein Minimum reduziert". Dem ist der BGH jedenfalls bei Übertragung eines bereits vermieteten oder verpachteten Grundstücks unter Nießbrauchsvorbehalt zu Recht entgegengetreten.[227] Denn in diesem Fall bestehe „die hinreichend konkrete (und nicht nur theoretische, Anm. Verf.) Möglichkeit, dass der Minderjährige bei Beendigung des Nießbrauchs mit Pflichten aus dem Miet- oder Pachtvertrag belastet werden kann".

Anders als das OLG Celle kombiniert der BGH also kein Geringfügigkeitskriterium mit einer Verschiebung in der Unterscheidung nach Positions- und Erwerbsbezug. Denn ein solcher **wohl ergebnisgeleiteter** Kunstgriff wäre geeignet, weitere Türen zu öffnen. Wenn der Eintritt in den Miet- oder Pachtvertrag (§§ 566 Abs. 1, 581 Abs. 2, 593 b) nicht erwerbsbezogen ist, dann verbleibt kaum ein Tatbestand, von dem man noch sagen könnte, er knüpfe an den Erwerbsakt und nicht an die dadurch erreichte Stellung an. Die Unterscheidung würde mithin ad absurdum geführt. **122**

---

218 So BGHZ 24, 372 (374 f.) = NJW 1957, 1287 (unter Bezug auf die „hier notwendige[n] wirtschaftliche[n] Beurteilung" und obiter auch für Grundpfandrechte).
219 BGHZ 24, 372 (377) = NJW 1957, 1287.
220 RGZ 108, 356 (363).
221 RGZ 108, 356 (364).
222 Vgl. *Stürner* AcP 173 (1973), 408.
223 OLG Frankfurt Rpfleger 1981, 19 (20) = MDR 1981, 139; dagegen zutr. *Just* JZ 1998, 120 (124 f.).
224 BGH NJW 2005, 1430 (1430 f.) mwN (= BGHZ 162, 137) (zum Erwerb eines vermieteten Grundstücks bei

Nießbrauchsvorbehalt); BeckOGK/*Duden* (2019) BGB § 107 Rn. 98, 101 mwN.
225 Hierzu – auch in Abgrenzung zu BGH NJW 2005, 1430 – OLG Düsseldorf NJW-RR 2017, 709 sowie OLG Hamm ZEV 2014, 556. Weiterf. MüKoBGB/*Kroll-Ludwigs* (2020) § 1821 Rn. 47 ff.
226 OLG Celle MDR 2001, 931 (933) (zT aufgegeben in OLG Celle NJOZ 2014, 1100).
227 BGH Beschl. v. 3.2.2005 – V ZB 44/04, NJW 2005, 1430 (1431) (= BGHZ 162, 137) (abl. Anm. zB *Everts* ZEV 2005, 211).

123 Der konkret mögliche künftige Eintritt des bei Erwerb minderjährigen Eigentümers in den Miet- oder Pachtvertrag (§§ 1056 Abs. 1, 566 Abs. 1) entfaltet mithin eine **Vorwirkung**. Das ist mit Blick auf den Schutzzweck des § 107 konsequent. Zweifelhaft bleibt aber, inwieweit die vom BGH vorgenommene Abgrenzung zwischen nur theoretisch und konkret möglichen Nachteilen für den Minderjährigen – auch im Hinblick auf Umgehungsversuche – praktikabel ist.[228] Denn die Übertragung eines (noch) unvermieteten oder unverpachteten Grundstücks, das mit einem Nießbrauchsrecht belastet ist oder unter Vorbehalt übertragen wird, stellt insbesondere nach Auffassung des BGH grundsätzlich kein rechtlich nachteiliges Rechtsgeschäft iSd § 107 dar (→ Rn. 120).[229] Dass es dem Nießbraucher freisteht, das Grundstück zu einem späteren Zeitpunkt zu vermieten oder zu verpachten, soll hieran nichts ändern. Um Rechtsunsicherheit und insbesondere Umgehungsversuche zu vermeiden, ist angesichts dessen – entgegen der BGH-Rechtsprechung – auch die Übertragung eines unvermieteten oder unverpachteten Grundstücks unter Nießbrauchsvorbehalt der Zustimmung des gesetzlichen Vertreters oder Ergänzungspflegers zu unterstellen.[230] Zustimmungsfreiheit ließe sich durch die Bestellung eines **Wohnungsrechts** nach § 1093 erreichen, sofern die Haftung des Minderjährigen nach §§ 1093 S. 2, 1049 ausgeschlossen wäre. Der Inhaber des Wohnungsrechts könnte das Grundstück ebenfalls bei Überlassung iSd § 1092 Abs. 1 S. 2 vermieten oder verpachten. Wegen des fehlenden Verweises auf §§ 1056, 566 Abs. 1 in § 1093 Abs. 1 S. 2 bestünde für den bei Übertragung noch minderjährigen Eigentümer zudem keine Gefahr, in ein späteres Miet- oder Pachtverhältnis einzutreten.[231]

124 **ee) Tiere.** Als Sonderproblem aufgekommen ist die Frage, ob die Übereignung von **Tieren** zustimmungsfrei sein könne. Das ist richtiger Ansicht nach zu verneinen.

125 Umstritten ist, ob sich dies bereits aus der **Halterhaftung** (§ 833) ergibt. Diese für einen „bloß mittelbaren Nachteil" zu halten, entspricht der hier abgelehnten Leerformel (→ Rn. 19 f. u.ö.). Vielmehr fehlt es an der Relevanz des Eigentums als solchen für die Halterhaftung. Das Eigentum ist zwar ein Indiz für die Halterstellung.[232] Treffen auf den Minderjährigen die üblichen Kriterien für die Haltereigenschaft zu (Eigeninteresse und Entscheidungsgewalt), so kann er jedoch auch ohne Eigentum am Tier dessen Halter sein.[233]

126 Entscheidend ist ein anderer Punkt, dem sich die eigentumsrechtliche Frage unterordnen muss: Die Entscheidung darüber, welche Tiere ein Minderjähriger soll halten dürfen, fällt in den Bereich der **Personensorge**.[234] Die Sorgeberechtigten tragen insoweit Verantwortung für den Minderjährigen – und weiterhin für die Familie insgesamt wie auch für das Tier. Insoweit entfaltet **Tierschutzrecht** zumindest Reflexwirkungen.[235] Mit pauschalen Alters- und Reifevermutungen ist hier nicht zu arbeiten, ebenso wenig mit Kategorien problematischer oder unproblematischer Tiere. Vielmehr geht es um **Erziehung**.

127 Wenn der Minderjährige zu seiner Erziehung lernen soll, ein Tier artgerecht zu halten, dann werden die Sorgeberechtigten dem Erwerb zustimmen, so dass auch eigentumsrechtlich keine Bedenken bestehen. Wenn ein solches Erziehungsziel nicht besteht, dann steht es den Sorgeberechtigten frei, einem Erwerb nicht zuzustimmen. Entschiede man anders, geriete man überdies ins familiärer Lebensgemeinschaft in einen Wertungswiderspruch zum Bestehen des Hausrechts[236] gegenüber minderjährigen wie volljährigen Kindern.

128 Im Ergebnis bedarf damit nicht nur der Erwerb gefährlicher oder besonders empfindlicher Tiere durch Siebenjährige, sondern auch derjenige gängiger Haustiere durch Siebzehnjährige der elterlichen Zustimmung.

129 **f) Sonderproblem: Der minderjährige Schwarzfahrer.** Der statistisch wohl wichtigste Problemfall ist der minderjährige Schwarzfahrer.[237] Die Rechtsprechung hatte sich wiederholt mit der Frage zu befassen, ob von Minderjährigen aufgrund der jeweiligen Beförderungsbedingungen ein sog. **erhöhtes Beförderungsentgelt** verlangt werden kann.

130 Das ist im Ergebnis zu bejahen: Der Anspruch auf ein erhöhtes Beförderungsentgelt setzt nach wohl herrschender Meinung unabhängig davon, ob sich der Anspruch im Einzelfall aus Rechtsverordnung oder

---

228 Für die Orientierung am Zeitpunkt der Vornahme des Geschäfts und krit. zur Rspr. des BGH zB *Fembacher* DNotZ 2005, 627 (630); *Everts* ZEV 2005, 211 (211); ebenfalls krit. zur Abgrenzbarkeit *Kölmel* RNotZ 2010, 618 (639 ff.).

229 BGH NJW 2005, 1430 (1431) („bloß theoretische Möglichkeit einer zukünftigen Belastung").

230 Ebenso *Kölmel* RNotZ 2010, 618 (641) (rechtlicher Nachteil auch bei Übertragung unter Nießbrauchsvorbehalt).

231 MüKoBGB/*Mohr* (2020) § 1093 Rn. 8 (gegen entspr. Anwendung von § 1056, str.) mwN.

232 Staudinger/*Eberl-Borges* (2018) BGB § 833 Rn. 95 f.

233 Näher Staudinger/*Eberl-Borges* (2018) BGB § 833 Rn. 115.

234 Richtig *Timme* JA 2010, 174 (175); dort auch zum **Abgabe**verbot nach § 11 c TierSchG (Verbotsgesetz iSd § 134 BGB) an Personen unter 16 Jahren.

235 Wohl aA *Spickhoff* FamRZ 2018, 412 (414) Fn. 31 (§ 11 c TierSchG soll dem über 16jährigen den Erwerb von Tieren ermöglichen).

236 Hier verstanden als bloßer Sammelbegriff für bestimmte aus Eigentum und/oder Besitz resultierende Befugnisse. Das ist freilich str., vgl. für eine dogmatische Eigenständigkeit des Hausrechts *G. Schulze* JZ 2015, 381–391; dagegen *Baldus* JZ 2016, 449.

237 Allg. zu Maßnahmen gegen das Schwarzfahren *Schauer/Wittig* JuS 2004, 107 ff.

AGB-Vertragsstrafenregelung ergibt, einen Vertragsschluss nach allgemeinen Regeln voraus.[238] Dieser bringt einen rechtlichen Nachteil mit sich, nämlich die Pflicht, überhaupt ein Entgelt zu entrichten. Damit ist die Einwilligung des gesetzlichen Vertreters erforderlich. Diese wird oftmals konkludent durch Hingabe eines Fahrscheins oder Überlassen von Fahrgeld an den Minderjährigen erteilt sein, womit ein Anspruch auf das erhöhte Beförderungsentgelt gegeben ist.[239]

Verbreitet ist freilich die Auffassung, die **Einwilligung** zur Benutzung öffentlicher Verkehrsmittel gelte im Zweifel **nicht für Schwarzfahrten**.[240] Das bedarf der Erläuterung. In der Tat wäre es missverständlich, eine rechtsgeschäftliche Einwilligung gerade in die regelwidrige Nutzung öffentlicher Verkehrsmittel anzunehmen. Bezugspunkt der Einwilligung ist ein Rechtsgeschäft, kein faktisches Tun (→ § 182 Rn. 1), schon gar nicht ein solches, das sich lediglich als nachvertragliche Pflichtverletzung darstellt. Der Fall, dass jemand sein Kind zum Schwarzfahren anhält, gehört ins Strafrecht. **131**

Vielmehr geht es zivilrechtlich um die Frage, ob sich die Einwilligung in den Abschluss eines Beförderungsvertrages so deuten lässt, dass der Einwilligende **jedenfalls** damit einverstanden ist, dass der Minderjährige einen Beförderungsvertrag schließt – und damit, für den Fall der Nichtentrichtung des geschuldeten Fahrpreises, ggf. auch mit der Entrichtung eines erhöhten Beförderungsentgelts. Der schwarzfahrende Minderjährige kontrahiert nach allgemeinen Regeln, indem er einsteigt (protestatio facto contraria). Damit tut er das, was der Sorgeberechtigte ihm erlaubt hat: er kontrahiert. Die Einwilligung kann zwar nach allgemeinen Regeln unter eine Bedingung gestellt werden. Diese ist wirksam, soweit sie vom objektiven Empfängerhorizont des Minderjährigen erkennbar ist (was regelmäßig unterstellt werden kann). **132**

Eine solche Bedingung kann aber nicht die sein, den Vertrag auch innerlich zu wollen (weil es darauf rechtsgeschäftlich nicht ankommt), oder die, ihn ohne Pflichtverletzung durchzuführen (weil dies nach dem Zeitpunkt des Vertragsschlusses liegt). Wer seinem Kind das Busfahren im physischen Sinne erlaubt, der erlaubt ihm die Vornahme der Handlungen, welche als Vertragsschluss verstanden werden müssen; und die weitergehende, ausdrückliche oder konkludente Aussage, die Fahrt müsse auch bezahlt werden, ist eine Ermahnung zu vertragstreuem Verhalten, keine Einschränkung der Einwilligung. Daher kann im Ergebnis der verbreiteten Meinung nicht gefolgt werden, die Einwilligung stehe unter der Bedingung, dass der Minderjährige unverzüglich einen Fahrschein erwerbe (s. erg. → Rn. 146).[241] **133**

Die Annahme einer bedingten Einwilligung verkennt im Ergebnis auch den vom Minderjährigenrecht bezweckten Schutzgedanken. Der Minderjährige soll nicht um jeden Preis vor rechtlichen Nachteilen geschützt werden. Durch die Einwilligung der Eltern zur Benutzung öffentlicher Verkehrsmittel haben die Eltern die Verantwortung für die negativen Rechtsfolgen des Rechtsgeschäfts übernommen. Dazu zählt die Pflicht, das vertraglich geschuldete Entgelt zu bezahlen und ggf. Schadensersatzforderungen wegen Vertragsverletzung zu begleichen oder das erhöhte Beförderungsentgelt zu entrichten. Gerade bei Letzterem dürfte der Schutzgedanke nicht maßgebend sein, da das erhöhte Beförderungsentgelt auf einen überschaubaren Umfang (üblich: 60 EUR) begrenzt ist und in der Regel ohnehin von den Eltern gezahlt wird. **134**

Im Gegenteil: Allein die hier vertretene Auffassung wird dem im Minderjährigenrecht verwurzelten **Erziehungsgedanken** gerecht. Für den Minderjährigen ist es wenig einsichtig, wenn ihm seine Eltern aufgeben, nicht schwarzzufahren, im Falle tatsächlichen Schwarzfahrens aber gleichwohl keine (zivilrechtliche) Sanktion erfolgt. **135**

Abgesehen davon würde der Minderjährige seinerseits unter Zugrundelegung der Gegenauffassung sämtliche vertraglichen Ansprüche gegen das Verkehrsunternehmen verlieren. Welche negativen Rechtsfolgen dies für den Minderjährigen mit sich bringt, wird besonders deutlich, wenn sich die Schwächen des Deliktsrechts verwirklichen: Rutscht der Minderjährige etwa aufgrund glatten Bodens in dem Verkehrsmittel aus und verletzt sich dabei, kann sich das Verkehrsunternehmen aber hinsichtlich seiner Angestellten **136**

238 Vgl. dazu *Stacke* NJW 1991, 875; *Fielenbach* NZV 2000, 358 (359) (mwN), der generell einen Vertragsschluss als Voraussetzung annimmt, da eine Rechtsverordnung nicht das BGB außer Kraft setzen könne. Als Rechtsverordnungen kommen in Betracht die „Verordnung über Allgemeine Beförderungsbedingungen für den Straßenbahn- und Obusverkehr sowie für den Linienverkehr mit Kraftfahrzeugen" v. 27.2.1970 (VOAllgBefBed), dort § 9, oder die Eisenbahn-Verkehrsordnung (EVO) v. 8.9.1938, dort § 12. Daneben ist auch die Verwendung von AGB in Form besonderer Beförderungsbedingungen möglich; insoweit handelt es sich um eine vereinbarte Vertragsstrafe.

239 I. Erg. ebenso AG Köln NJW 1987, 447 (unter Berufung auf Treu und Glauben); *Stacke* NJW 1991, 875 ff.; *Weth* JuS 1998, 795 ff.; Filthau/Piontek/Kaysert/*Kayer*, HPflG (2019), § 12 Rn. 130.

240 AG Jena NJW-RR 2001, 1469; AG Bergheim NJW-RR 2000, 202 (203); AG Wolfsburg NJW-RR 1990, 1142; AG Bonn NJW-RR 2010, 417; AG Bonn Urt. v. 8.7.2009 – 4 C 486/08, BeckRS 2010, 2356; Filthau/Piontek/Kaysert/*Kayer*, HPflG (2019), § 12 Rn. 130 aE I. Erg. wie hier aA AG Köln NJW 1987, 447. Zum Problem sowie zu denkbaren Lösungswegen etwa über § 110 vgl. *Winkler v. Mohrenfels* JuS 1987, 693; *Harder* NJW 1990, 858 ff.; *Fielenbach* NZV 2000, 358 ff.

241 So AG Hamburg NJW 1987, 448 (448) (= VersR 1987, 724).

exkulpieren, so könnte der Minderjährige, jedenfalls nach BGB, keinerlei Schadensersatzansprüche gegenüber dem Verkehrsunternehmen geltend machen. Der Minderjährige wäre also bei schwerwiegenden Beeinträchtigungen (insbesondere) seiner Gesundheit schutzlos gestellt, wohingegen ein Schutz bezüglich geringwertiger Vermögensgüter gegeben wäre. Dass dies nicht im Sinne des Minderjährigenrechts sein kann, liegt auf der Hand.

137   **g) Bankgeschäfte.** Bankgeschäfte von Jugendlichen bereiten Schwierigkeiten vor allem, seit spezielle Girokonten für sie angeboten werden. **Girokonten**, auch unentgeltlich geführte und solche, die nur auf Guthabenbasis bestehen, eine Überziehung also ausschließen, sind schon deswegen rechtlich nicht lediglich vorteilhaft für den Kunden, weil ihn zumindest Nebenleistungs- und Schutzpflichten treffen, beginnend bei der Einhaltung von Kündigungsfristen. Darüber hinaus sprechen gute Gründe dafür, ein Entgelt für die Bank darin zu sehen, dass diese den sog. Bodensatz je nach Vereinbarung auf dem Konto für ihre Zwecke einsetzen kann.[242] Erst recht nachteilig sind alle **Verfügungen** über das Konto, Abhebungen – auch am Automaten – ebenso wie Überweisungen (auch als selbstständige Überweisungsverträge nach §§ 675 f ff.),[243] weil sie den Erfüllungsanspruch des Inhabers berühren (→ Rn. 95 f.), weiterhin alle Kreditgeschäfte im weitesten Sinne, namentlich unter Einschluss der Finanzierungshilfen iSd § 506 (§ 499 aF); zur Genehmigungsbedürftigkeit von Kreditgeschäften → §§ 1643 Abs. 1, 1822 Nr. 8.

138   Für **Sparkonten** gelten vor allem[244] insoweit Besonderheiten, als § 808 bei Vorlage der Urkunde **Liberationswirkung** zugunsten des auszahlenden Kreditinstituts entfaltet. Nach richtiger Ansicht hilft diese Vorschrift über den Mangel der Geschäftsfähigkeit jedoch nicht hinweg.[245] Entsprechend restriktiv hat sich 1995 das Bundesaufsichtsamt für das Kreditwesen (heute: Bundesanstalt für Finanzdienstleistungsaufsicht, BaFin) geäußert.[246]

139   **h) Mobilfunkdienstleistungen.** In der Praxis weitaus bedeutsamer als die zahllosen Fahrräder, die in universitären Übungsfällen gekauft werden, sind Mobilfunkdienstleistungen. Es finden selbstverständlich die allgemeinen Regeln der §§ 104–113 Anwendung. Besonders liegen diese Fälle aber in tatsächlicher Hinsicht: wegen der (durch Werbung, Gruppendruck und anderes induzierten oder geförderten) Neigung vieler Minderjähriger, für solche Dienstleistungen unverhältnismäßig große Anteile ihres Taschengeldes oder sonstiger Einnahmen auszugeben, und wegen des hieraus resultierenden spezifischen **Verschuldungsrisikos**. Mobilfunkverträge stellen bei Jugendlichen und jungen Erwachsenen nach den Erfahrungen der schuldnerberatenden Stellen einen statistisch weit überrepräsentierten Weg in dauerhafte finanzielle Abhängigkeit dar. Die elterliche Kontrolle ist nicht immer angemessen (möglich) und vermag das Phänomen offenbar nicht einzudämmen.

140   In diesem Feld erlangt § 110 besondere Bedeutung, einerseits wegen der Vielzahl von Teil- und Einzelleistungen, die aus bereits vorhandenen Mitteln erbracht werden, andererseits wegen der spezifischen Zielrichtung dieser Norm gegen Kreditgeschäfte. Außerdem ist § 110 nach hM ein Sonderfall des § 107. Spezialfragen der Mobilfunkverträge von Minderjährigen werden daher bei § 110 behandelt (→ § 110 Rn. 10–15).

II. Einwilligung

141   Der **gesetzliche Vertreter** ist in seiner **Entscheidung** darüber, ob er die Einwilligung erteilt, **frei**. Er hat sich primär am Wohl des Kindes zu orientieren, auch soweit er keinen Ausschluss- oder Genehmigungsregeln unterliegt (Maßstab des § 1697a). Ansprüche des Minderjährigen oder gar des potenziellen Geschäftsgegners auf Einwilligung bestehen nicht; Maßstab ist insoweit § 1666.

142   Liegt ein Nachteil vor, so kann die erforderliche Einwilligung **individuell** oder als **Generaleinwilligung** erteilt werden.

143   Die **Einwilligung** ist Willenserklärung und wird nach deren allgemeinen Regeln ausgelegt. Dies gilt insbesondere für die Frage nach der Reichweite einer Einwilligung, die sich nicht ausdrücklich auf das fragliche Geschäft bezieht. Hier ist der objektive Empfängerhorizont maßgeblich, je nach der Person des Erklärungsgegners der des Minderjährigen oder der des Dritten. Daher ist es beispielsweise Fallfrage, ob die Erlaubnis

---

242   Vgl., auch zum Folgenden, *Hagemeister* JuS 1992, 839 f. Auch zur rechtstatsächlichen Seite *Metz* VuR 1993, 69.

243   Vgl. *Fomferek*, S. 69–74.

244   Ggf. ist Landesrecht zu beachten, vgl. Art. 31 BayAGBGB (BayRS IV, S. 571): Bei einer öffentlichen Sparkasse können Minderjährige und andere in der Geschäftsfähigkeit beschränkte Personen ohne Einwilligung des gesetzlichen Vertreters Spareinlagen machen.

245   Näher *Hagemeister* JuS 1992, 927 f.; nicht überzeugend die aA in OLG Düsseldorf WM 1971, 231 (232 f.) (entschieden für den Fall eines Geschäftsunfähigen).

246   Verlautbarung zum Thema Bankgeschäfte mit Minderjährigen v. 22.3.1995, abgedruckt in ZIP 1995, 691–695; auch online abrufbar unter https://www.bafin.de/SharedDocs/Veroeffentlichungen/DE/Anschreiben/sc_980322_minder_ba.html (letzter Zugriff: 4.6.2019).

zum Erwerb der Fahrerlaubnis zugleich die Anmietung eines bestimmten Mietwagens zu bestimmten Konditionen deckt.[247]

Die Rechtsfigur der **Generaleinwilligung** begegnet keinen prinzipiellen konstruktiven Bedenken: Solange **144** vom objektiven Empfängerhorizont aus der Umfang der Einwilligung erkennbar ist, sind die allgemeinen Regeln über Willenserklärungen beachtet. Wohl aber ergeben sich inhaltliche Grenzen aus systematischen und teleologischen Erwägungen. Systematisch ist der Unterschied zur „freien Verfügung" zu wahren, die das Gesetz nur unter den Voraussetzungen des § 110 zulässt. Teleologisch muss gesichert sein, dass der gesetzliche Vertreter und nicht der Minderjährige beurteilt, ob ein Geschäft abgeschlossen werden soll oder nicht, mag dieses Geschäft auch generisch und nicht individuell bezeichnet sein. Man spricht daher vom „**beschränkten Generalkonsens**".

Dieser trägt nur solche Geschäfte, die nach dem **objektiven Empfängerhorizont** von der Einwilligung des **145** gesetzlichen Vertreters umfasst sind. Ob der gesetzliche Vertreter ein bestimmtes individuelles Geschäft gewollt hat oder nicht, ist nach allgemeinen Regeln nur insoweit erheblich, als dies in der Erklärung des beschränkten Generalkonsenses zum Ausdruck kommt; etwaige Divergenzen zwischen Wille und Erklärung sind auch hier nach den Anfechtungsregeln zu lösen.

Danach erfasst der Generalkonsens hinsichtlich der Benutzung öffentlicher Verkehrsmittel entgegen der **146** wohl hM im Zweifel **jegliche** Benutzung öffentlicher Verkehrsmittel, unabhängig davon, ob der Minderjährige jeweils den erforderlichen Fahrausweis erwirbt (und entwertet) oder nicht. Relevant für die Frage, ob ein Generalkonsens vorliegt, ist allein der Zeitpunkt des Vertragsschlusses und damit das Einsteigen in das Verkehrsmittel. Für den Generalkonsens kann insoweit nichts anderes gelten als für eine individuell erteilte Einwilligung. Spätere Vertragsverletzungen des Minderjährigen durch Unterlassen des Fahrausweiserwerbs oder der Entwertung sind insoweit irrelevant. Die Wirksamkeit der konkludent erteilten Einwilligung durch Überlassung von Geldmitteln kann auch nicht von dem Erwerb eines Fahrausweises durch den Minderjährigen abhängig gemacht werden oder unter Ausnahme des Schwarzfahrens erklärt werden (→ Rn. 129–136).

Die Einwilligung in die Anmietung einer **eigenen Wohnung** erfasst lediglich solche Geschäfte, die mit der **147** Nutzung der Wohnung im Zusammenhang stehen, nicht hingegen beliebige andere Aktivitäten.[248]

III. Rückabwicklung bei Fehlen einer Einwilligung

Fehlt es an einer erforderlichen Einwilligung (und auch an einer Genehmigung, § 108, oder einem sonstigen **148** Wirksamkeitstatbestand), ist das Rechtsgeschäft unwirksam. Die **Rückabwicklung** erbrachter Leistungen richtet sich nach allgemeinen Regeln des **Bereicherungsrechts**.

Nur soweit dennoch ausnahmsweise zu saldieren ist (zur Einschränkung der sog. **Saldotheorie** ausf. **149** → § 105 Rn. 22 ff.), also außerhalb der §§ 104 ff., geht bei **Versicherungsverträgen** der (faktisch) gewährte Versicherungsschutz als der Prämie gleichwertige Gegenleistung in den Saldo ein;[249] dies folgt aus dem Charakter des Versicherungsvertrags als Risikogeschäft.

Der BGH[250] leitet aus der Dogmatik zur Leistungszweckbestimmung im Dreiecksverhältnis her, dass der **150** nicht wirksam vertretene Minderjährige zu behandeln sei wie in Anweisungsfällen jemand, der gar keine Anweisung erteilt habe: Es komme dann nicht auf den **Empfängerhorizont** an. Der Minderjährige habe jedenfalls nicht geleistet.

Der Fall: Minderjährige Kinder einer Gesellschafterin, deren Eltern wirtschaftlich[251] auf Kosten ihrer Kin- **151** der der Gesellschaft ein grundbuchlich gesichertes Darlehen hatten zukommen lassen (freilich durch Überweisung vom Konto der Mutter), sahen sich nach Insolvenz der Gesellschaft einem Löschungsanspruch des Insolvenzverwalters ausgesetzt. Dieser verlangte Löschung der Grundschuld. Im Darlehensvertrag waren die Kinder ausdrücklich als Darlehensgeber genannt; die nach §§ 1629 Abs. 2, 1795 Abs. 2, 181 erforderlichen Mitwirkungshandlungen waren nicht vorgenommen worden, so dass Darlehen und Sicherungsabrede (§ 139) nichtig waren. Diesem Anspruch konnten die Kinder nach Auffassung des BGH kein Zurückbehal-

---

247 Vgl. (konkret verneinend und mit der Senkung des Volljährigkeitsalters kaum noch praktisch) BGH NJW 1973, 1790 f., dazu JR 1974, 62, (nur bestimmte Fahrzeuge, nur bei hinreichendem Versicherungsschutz). Dass in einigen Bundesländern auch unter Achtzehnjährige die Fahrerlaubnis erwerben dürfen, kann nur insoweit neue Fälle schaffen, als ausnahmsweise auch das von Erwachsenen unbegleitete Fahren gestattet wird.

248 Etwa die Nutzung eines Fitnessstudios: AG Siegen FamRZ 1990, 1046 (1047).

249 Sehr str.; wie hier LG Waldshut-Tiengen VersR 1985, 937 (939); LG Hamburg Urt. v. 1.10.1985 – 18 T 177/85; anders AG Waldshut-Tiengen VersR 1985, 937 (938 f.); LG Hamburg Urt. v. 11.6.1987 – 2 S 199/86, NJW 1988, 215 (216); AG Hamburg NJW-RR 1994, 721 (723). Zur Problematik näher *W. Bayer* VersR 1991, 131 f.

250 BGH Urt. v. 21.1.2010 – IX ZR 226/08, NJW-RR 2010, 858 (859 f.) = FamRZ 2010, 546 (547) (auch in ZIP 2010, 529), Tz. 13 ff.

251 Bei getrennten Überweisungsvorgängen.

tungsrecht aus §§ 273, 812 Abs. 1 S 1 Alt. 1 entgegenhalten, weil es an wirksamer Vertretung gefehlt hatte: Nicht sie hätten geleistet. Die Kinder wurden also auf eine Kondiktion gegen ihre Mutter verwiesen, der wiederum möglicherweise eine Insolvenzforderung gegen die Gesellschaft zustehen könne.

152 Ergänzend stellt der BGH fest, dass auch in der späteren Geltendmachung einer Einrede (oder eines Anspruches) gegen die Gesellschaft keine wirksame Genehmigung der Weisung liegen könne: wegen des rechtlichen Nachteils, der im Verlust eines Anspruchs aus § 812 Abs. 1 S 1 Fall 2 gegen die Mutter liege.

153 Das schließt in gewisser Weise konsequent an die sonstige Rspr. an, wirft aber die Frage auf, ob Wertungen des Minderjährigenschutzes hinreichend beachtet wurden. Erst erlitten die Minderjährigen eine Vermögenseinbuße durch das Verhalten ihrer Mutter, das – wie auch der BGH sieht – durchaus den Tatbestand der Untreue (§ 266 StGB) erfüllen könnte. Immerhin waren sie aber dinglich gesichert, nämlich durch die Grundschuld, deren Löschung später der Insolvenzverwalter verlangte. Da aber die Sicherungsabrede ebenso nichtig ist wie der Darlehensvertrag und kein Zurückbehaltungsrecht zugelassen wird, haben sie am Ende nichts in der Hand außer dem Anspruch gegen ihre Mutter.

154 Die Kinder tragen nach dem BGH also das **Insolvenzrisiko** der Mutter, ohne dass sie sich diese als potenzielle Schuldnerin ausgesucht hätten. Das widerspricht dem Grundgedanken der Bereicherungsdogmatik, die Abwicklung möglichst in den gestörten Vertragsverhältnissen stattfinden zu lassen.[252] Dieser Gedanke setzt voraus, dass man sich den Vertragspartner aussuchen konnte. Wo der „Partner" sein gesetzliches Sorgerecht missbraucht und Sicherungsmechanismen missachtet, passt der Gedanke nicht.

155 Lässt man den Durchgriff zu, so tragen die Minderjährigen zwar grundsätzlich das Insolvenzrisiko der Gesellschaft, das sich überdies in casu bereits realisiert hat; doch erhält die Grundschuld den Minderjährigen auch in der Insolvenz eine Position, wie sie gegenüber der Mutter möglicherweise gar nicht erst zu schaffen wäre.

156 Die Vorinstanz[253] hatte das vom BGH gewünschte Ergebnis ausdrücklich mit der Begründung vermeiden wollen, der Minderjährigenschutz gebiete eine Betrachtung der Kinder als Leistende; § 273 stehe dem Löschungsanspruch entgegen.[254] Die abweichende Lösung des BGH führt dazu, dass beliebige Gläubiger der Gesellschaft besser gestellt werden als die Kinder der Gesellschafter bei offenkundigem Verstoß ihrer Eltern gegen Vertretungsrecht zu dem alleinigen Zweck, Risiken der Gesellschaft den Kindern aufzuerlegen. Das vermag nicht zu überzeugen.[255]

§ 108 Vertragsschluss ohne Einwilligung

(1) Schließt der Minderjährige einen Vertrag ohne die erforderliche Einwilligung des gesetzlichen Vertreters, so hängt die Wirksamkeit des Vertrags von der Genehmigung des Vertreters ab.

(2) ¹Fordert der andere Teil den Vertreter zur Erklärung über die Genehmigung auf, so kann die Erklärung nur ihm gegenüber erfolgen; eine vor der Aufforderung dem Minderjährigen gegenüber erklärte Genehmigung oder Verweigerung der Genehmigung wird unwirksam. ²Die Genehmigung kann nur bis zum Ablauf von zwei Wochen nach dem Empfang der Aufforderung erklärt werden; wird sie nicht erklärt, so gilt sie als verweigert.

(3) Ist der Minderjährige unbeschränkt geschäftsfähig geworden, so tritt seine Genehmigung an die Stelle der Genehmigung des Vertreters.

Literatur: *Albers*, Ungewissheit über die Zustimmung eines Dritten – Das fragwürdige Modell der §§ 108 f., 177 f. BGB, AcP 217 (2017), 766; *Norpoth/Dittberner*, Die Genehmigung nach § 108 Abs. 3 BGB – immer eine empfangsbedürftige Willenserklärung?, JA 1996, 642; *Paal/Leyendecker*, Weiterführende Probleme aus dem Minderjährigenrecht, JuS 2006, 25.

---

252 Vgl. dazu noch immer *Wieling*, Bereicherungsrecht (4. Aufl. 2007), S. 95.

253 OLG Celle Urt. v. 19.3.2008 – 7 U 123/07, nv, sub II.2.a., b.

254 Vgl. BGH 21.1.2010 – IX ZR 226/08, NJW-RR 2010, 858 (858 f.) = FamRZ 2010, 546 (547 f.) (auch in ZIP 2010, 529), Tz. 6.

255 Auch nicht im Lichte der par condicio creditorum, die der BGH ergänzend anspricht (Tz. 17): Es geht gerade um die Frage, ob den Minderjährigen, wenn man sie denn als Gläubiger der Insolvenzschuldnerin sein lassen will, die dingliche Sicherheit verbleibt. Die par condicio ist im Übrigen keine Norm, sondern durch Auslegung gewonnenes Prinzip; dazu *Guski*, Sittenwidrigkeit und Gläubigerbenachteiligung (2007), S. 117–136; monographisch *Klinck*, Die Grundlagen der besonderen Insolvenzanfechtung (2011).

A. Allgemeines 1
B. Regelungsgehalt 5
   I. Genehmigung durch den gesetzlichen Vertreter (Abs. 1) 5
     1. Fehlen der Einwilligung 5
     2. Genehmigung 7
   II. Aufforderung zur Genehmigung (Abs. 2) 13
     1. Aufforderung 13

     2. Rechtsfolgen 16
   III. Erlangung unbeschränkter Geschäftsfähigkeit (Abs. 3) 26
     1. Empfangsbedürftigkeit der Genehmigung . 29
     2. Rechtsmissbrauch und konkludentes Erklärungsverhalten 37
C. Darlegungs- und Beweislast 38

A. Allgemeines

§ 108 zieht die **systematischen Konsequenzen** aus dem Unterschied zwischen Einwilligung und Genehmigung (§§ 182 ff.; vgl. zudem die Parallelvorschrift § 177): Fehlt eine nach § 107 erforderliche Einwilligung, so bleibt die Erklärung des beschränkt Geschäftsfähigen unwirksam. Möglich ist aber, dass sie durch spätere Genehmigung rückwirkend wirksam wird. Die §§ 108, 109 sehen einen Mechanismus vor, der die Interessen beider Parteien möglichst zügig zum Ausgleich bringen soll.[1] Sind mehr als zwei Parteien beteiligt (**mehrseitiger Vertrag**), so bleibt es bei den sogleich zu erörternden Grundentscheidungen.[2] Auf **einseitige** Rechtsgeschäfte des Minderjährigen findet nicht § 108, sondern § 111 Anwendung (zu Ausnahmen vgl. → § 111 Rn. 3 f.). **1**

Diese **schwebende Unwirksamkeit** ist also kein Zustand zwischen Wirksamkeit und Unwirksamkeit, sondern eine **Unwirksamkeit**, deren Besonderheit lediglich darin liegt, dass sie später (ex tunc) beseitigt werden kann. Die Parteien sind an den Vertrag **nicht gebunden**.[3] Sie können sich von ihren Erklärungen jedoch nur im Rahmen der §§ 108 f. lösen und müssen sich im Wirksamkeitsfall[4] als von Anfang an gebunden behandeln lassen. Daher kann bei im Grundbuch zu vollziehenden Geschäften auch bereits vor Genehmigung eine **Vormerkung** eingetragen werden.[5] Wie generell bei schwebender Unwirksamkeit können Probleme der Kollision mit Zwischenverfügungen auftreten (→ § 184 Rn. 13 ff.). **2**

Zwischen dem Minderjährigen und dem anderen Teil besteht also ein **atypisches Rechtsverhältnis**, welches für die Parteien zunächst keinerlei Pflichten begründet; für den Minderjährigen folgt das schon daraus, dass zur Begründung eines mit Pflichten verbundenen Sonderverhältnisses die Mitwirkung seines gesetzlichen Vertreters erforderlich ist. **3**

Die sich aus diesem Rechtsverhältnis ergebenden **Rechtspositionen** der Parteien sind **vererblich**.[6] **4**

B. Regelungsgehalt

I. Genehmigung durch den gesetzlichen Vertreter (Abs. 1)

1. Fehlen der Einwilligung. § 108 bezieht sich nur auf Geschäfte, die **§ 107** unterfallen, also nicht bereits als rechtlich lediglich vorteilhaft wirksam sind („erforderliche"). Rechtsfolge eines **Fehlens der Einwilligung** ist gem. Abs. 1 zunächst eine im Grundsatz zeitlich unbegrenzte[7] (zum Rechtsmissbrauch → Rn. 37) schwebende Unwirksamkeit (→ Rn. 2). Im Falle der Genehmigungserteilung tritt endgültige Wirksamkeit ein („hängt … ab"). Abs. 2 stellt jedoch sicher, dass der andere Teil den Schwebezustand beenden kann, nämlich durch Aufforderung zur Erklärung; diese setzt einen Fristenmechanismus in Gang (→ Rn. 16 ff., 21 ff.). **5**

Weiterhin ermöglicht Abs. 2 die Revision einer bereits im Innenverhältnis vom Vertreter gegenüber dem Minderjährigen abgegebenen Genehmigung (Abs. 2 S. 1 Hs. 2).[8] Zur analogen Anwendung bei interner Einwilligung → Rn. 24 f. **6**

2. Genehmigung. Die Genehmigung ist Gestaltungserklärung, nach hM also bedingungs- und befristungsfeindlich (vgl. dazu ausführlich → § 182 Rn. 32 ff.);[9] ebenso ihre Verweigerung. Der gesetzliche Vertreter **7**

1 Krit. zum Zusammenspiel *Albers* AcP 217 (2017), 766–804, insbes. 801–804 zur fehlenden internationalen Anschlussfähigkeit.

2 Vgl. *Zwanzger*, Der mehrseitige Vertrag (2013), S. 219 zum Prinzip, S. 220–223 zu Einzelfragen.

3 Missverständlich Jauernig/*Mansel* (2018) BGB § 108 Rn. 1; präzisierend Staudinger/*Klumpp* (2017) BGB § 108 Rn. 2, der die Bindung darauf bezieht, dass sich die Parteien nicht einseitig vom Vertrag lösen können.

4 Deshalb spricht auch § 109 nicht gegen die hier vertretene Konstruktion; s. dort Rn. 1.

5 Zu Einzelfällen und Problemen *Heggen* NotBZ 2010, 393 (397 ff.)

6 Staudinger/*Kunz* (2016) BGB § 1922 Rn. 561, 572–579; Staudinger/*Klumpp* (2017) BGB § 108 Rn. 21, 45, 58; MüKoBGB/*Spickhoff* (2018) § 108 Rn. 28.

7 BGH NJW 1981, 2747 f. (= JZ 81, 713).

8 Krit. hierzu wegen des uU schwierigen Informationszugangs für den Geschäftspartner, wenn dieser am Vertrag festhalten will, *Albers* AcP 217 (2017), 766, 782–791.

9 Grundsätzlich zum Problem *Hattenhauer*, Einseitige private Rechtsgestaltung (2011), S. 283–304.

muss mithin ohne entsprechende Einschränkungen genehmigen, sonst bleibt es bei der schwebenden Unwirksamkeit. Stirbt der Minderjährige, so geht die Genehmigungsbefugnis auf seinen (unbeschränkt geschäftsfähigen) Erben über (andernfalls auf dessen gesetzlichen Vertreter), arg. e. Abs. 3. Die Genehmigungsbefugnis des gesetzlichen Vertreters ist hingegen nicht vererblich; sie ist Ausdruck einer Statusbeziehung. Denn das Gesetz weist nur bestimmten Personen (idR den Eltern) die Vertretung des Minderjährigen zu.[10] (→ § 182 Rn. 14).

8 Die Genehmigung unterliegt, von ihrer streitigen Natur als Gestaltungsrecht abgesehen, in allen Punkten den allgemeinen Regeln über Willenserklärungen. Mithin ist **Schweigen** keine Genehmigung,[11] die konkludente Erklärung ist hingegen möglich. Um für den Minderjährigen (zukünftig) nachteilige Geschäfte nicht durch die Hintertür mit Eintritt der Volljährigkeit wirksam werden zu lassen, ist § 108 Abs. 3 insoweit auch **nicht dispositiv**. Die Vereinbarung eines beredeten Schweigens, einzelvertraglich oder durch AGB, verstößt gegen den Schutzgedanken des Minderjährigenrechts. Zu Tage tritt dies vor allem bei sog. Gratisverträgen (→ Rn. 30; → § 107 Rn. 63 f.).

9 Dogmatisch nicht haltbar und auch praktisch verfehlt ist die gelegentlich anzutreffende Meinung, derzufolge (nur) bei **konkludenter Genehmigung zusätzlich** erforderlich sein soll, dass der Genehmigende mit dem Bestehen einer schwebenden Unwirksamkeit (allgemeiner: mit der Genehmigungsbedürftigkeit) zumindest **rechnet**.[12] Eine solche Einschränkung widerspricht allgemeinen Regeln und stellt sich als Relikt der Willenstheorie dar. Das **Erklärungsbewusstsein** ist kein notwendiger Bestandteil der Willenserklärung.[13] Maßgeblich ist allein, ob die Erklärung sich vom objektiven Empfängerhorizont aus als Genehmigung darstellte und der Erklärende dies hätte erkennen können.[14] War dieser äußere Tatbestand gegeben, vom Erklärenden aber nicht intendiert, so stehen wiederum nach allgemeinen Regeln die Anfechtungsregeln (§ 119 Abs. 1 Alt. 1) zur Verfügung.

10 Darüber hinaus findet auch dann keine Zurechnung auch eines objektiv als Erklärung zu verstehenden Verhaltens statt, wenn dem konkreten Erklärungsgegner das Fehlen des Erklärungsbewusstseins klar war,[15] → § 182 Rn. 22. Aus dem besonderen Schutzbedürfnis Minderjähriger folgt nichts Abweichendes, denn genehmigen kann immer nur ein Volljähriger (etwa nach Abs. 3 der ehemals Minderjährige selbst, → Rn. 29 ff.).

11 Die Genehmigung nach Abs. 1 kann sowohl im **Außenverhältnis**, gegenüber dem Dritten, als auch im **Innenverhältnis** zum Minderjährigen erklärt werden (arg. e Abs. 2 S. 1 Hs. 1). Die zweite Möglichkeit wurde erst im Laufe des Gesetzgebungsverfahrens eingefügt, um den Vertragspartner zu schützen (noch der Zweite Entwurf enthielt die ausdrückliche Regelung, dass die Genehmigung nur dem anderen Vertragspartner gegenüber erklärt werden könne).[16] Zu einem hieraus resultierenden Problem → Rn. 32.

12 Beim mehrseitigen Vertrag kann die Genehmigung gegenüber dem Minderjährigen oder gegenüber allen seinen Geschäftsgegnern erklärt werden, nicht aber nur gegenüber einzelnen von ihnen.[17]

II. Aufforderung zur Genehmigung (Abs. 2)

13 **1. Aufforderung.** Die Aufforderung ist **geschäftsähnliche Handlung**, weil ihre Rechtsfolgen kraft Gesetzes eintreten, auch wenn der Auffordernde keinen entsprechenden Willen gebildet haben sollte.[18] Sie unterliegt also den Regeln über Willenserklärungen in entsprechender Anwendung. Demnach ist sie empfangsbedürftig, muss also dem gesetzlichen Vertreter gegenüber erklärt werden; in den Fällen des Abs. 3

10 Vgl. hierzu Staudinger/*Kunz* (2016) BGB § 1922 Rn. 330, 334–336
11 BGH JurBüro 1986, 545 (548).
12 So offensichtlich BGH NJW 2004, 59 (61) = LMK 2004, 106 (mAnm *Basty*); unklar BGH NJW 2002, 2863 (2864); zur Genehmigung durch den volljährig Gewordenen gem. Abs. 3 auch OLG Düsseldorf FamRZ 1995, 1066 (1068); LG Ravensburg VuR 1987, 99 (100); LG Wiesbaden MDR 2014, 204 (204) (Rn. 22 ff.).
13 BGHZ 91, 324 (329) = NJW 1984, 2279 (mAnm *Canaris*); weitere Anm. *Canaris* NJW 1984, 2281, *Ahrens* JZ 1984, 986, *Gerhardt* EWiR 1990, 205 und *Schubert* JR 1985, 15, besprochen von *Bremer* JuS 1986, 440). Näher zum Problem *Kühle*, Der Dualismus von ausdrücklicher und stillschweigender Willenserklärung (2009), S. 15 ff.
14 Zutr. BGH NJW 2002, 2325 (2327) (letzter Abs.), Anm. von *Grziwotz* EWiR 2002, 797 und *Vogel* IBR 2002, 420, besprochen von *Gemeth* VuR 2002, 125.In dieser Richtung auch Staudinger (2015)/*H. Roth* BGB § 144, Rn. 8.
15 Vgl. für minderjährigenrechtliche Fälle etwa OLG Hamm NJW-RR 1992, 1186; AG und LG Waldshut-Tiengen VersR 1985, 937 (938 f.)
16 Vgl. *Jakobs/Schubert*, Die Beratung des BGB, Teil 1, 1985 S. 495 ff., 571, 574; *Albers* AcP 217 (2017), 766, 775–781.
17 *Zwanzger*, Der mehrseitige Vertrag (2013) 220 f.
18 BGHZ 145, 343 (346 f.) = NJW 2001, 289 (besprochen von *Emmerich* JuS 2001, 397 und *Tempel* NJW 2001, 1905); MüKoBGB/*Spickhoff* (2018) § 108 Rn. 27. Analyse bei *Paal/Leyendecker* JuS 2006, 25 (26).

(→ Rn. 26 ff.) gegenüber dem volljährig Gewordenen.[19] Stirbt der Minderjährige, so ist sie seinem Erben gegenüber zu erklären (→ Rn. 4).

Beim mehrseitigen Vertrag müssen nach der Rspr.[20] alle Geschäftsgegner des Minderjährigen gemeinsam **14** auffordern. Das wird in der Lit. mit guten Gründen angegriffen.[21]

Die Aufforderung bedarf auch bei Formbedürftigkeit des Vertrages **keiner Form**.[22] Da sie die Rechtslage **15** einseitig verändert (→ Rn. 16 ff.), finden auch auf die Aufforderung die Regeln über Gestaltungsrechte (entsprechende) Anwendung. Namentlich kann sie weder bedingt noch befristet abgegeben werden; allein der gesetzliche Fristenmechanismus des Abs. 2 bindet die Parteien. Das Aufforderungsrecht ist vererblich (→ Rn. 4); dies folgt auch aus seiner Vergleichbarkeit mit anderen Gestaltungsrechten.[23]

2. Rechtsfolgen. Rechtsfolge der Aufforderung ist zunächst, dass der Minderjährige ab sofort nicht mehr **16** tauglicher Adressat einer Genehmigung oder der Verweigerung einer solchen ist (Abs. 2 S. 1); weiterhin, dass eine zuvor im Innenverhältnis abgegebene Erklärung ihre Wirksamkeit verliert (Abs. 2 S. 2).

Die **zeitliche Reihenfolge** bestimmt sich nach den allgemeinen Regeln über den Zugang von Willenserklä- **17** rungen (vgl. §§ 130 ff.; direkt für die Genehmigung oder Verweigerung, entsprechend für die Aufforderung als geschäftsähnliche Handlung). Geht dem Geschäftsgegner (arg. aus der Unerheblichkeit einer Erklärung „dem Minderjährigen gegenüber") eine Genehmigung oder Verweigerung zu, so kann er nicht mehr auffordern. Hingegen ist unerheblich, wann dem gesetzlichen Vertreter eine Aufforderung zugeht, die vor Zugang einer Genehmigung oder Verweigerung beim Auffordernden abgegeben worden ist. Dies folgt aus dem Zweck der Aufforderung: Der Geschäftsgegner darf auffordern, solange er im Unklaren über die Haltung des gesetzlichen Vertreters ist. Denn es liegt am gesetzlichen Vertreter, seine Entscheidung zu beschleunigen. Überdies gewinnt er durch die Aufforderung neue Handlungsfreiheit, ist also nicht belastet (→ Rn. 23; zu § 109 vgl. → § 109 Rn. 1).

Der **Wirksamkeitsverlust nach Abs. 2 S. 2** ist insoweit mit dem Gestaltungsdogma[24] vereinbar, als in der **18** Möglichkeit einer Aufforderung durch den Geschäftsgegner weder eine Befristung noch eine rechtsgeschäftliche Bedingung liegt. Vielmehr stellt das Gesetz selbst die Wirksamkeit der Gestaltungserklärung unter den Vorbehalt, dass rechtzeitig zur Erklärung aufgefordert wird.

Bei einem Geschäft zwischen **zwei Minderjährigen** bedarf der Auffordernde, sofern seine ursprüngliche **19** Willenserklärung wirksam war, seinerseits nicht etwa (gem. § 107 analog) einer Zustimmung seines gesetzlichen Vertreters für die Aufforderung: Das Geschäft ist bereits (schwebend) unwirksam, „verlieren" kann der Geschäftspartner nur die Chance zur Genehmigung. Sofern es nach § 108 zu endgültiger Unwirksamkeit kommt, stellt dies keinen zusätzlichen Rechtsnachteil dar.

Der gesetzliche Vertreter ist in seiner Entscheidung frei; weder dem Minderjährigen (Grenze: Kindeswohl) **20** noch dem Geschäftsgegner steht ein Anspruch auf Genehmigung (oder auch Verweigerung der Genehmigung) zu.

Nach Abs. 2 S. 2 ist der **Schwebezustand** zwei Wochen nach Zugang (§§ 130 ff. entsprechend) der Auffor- **21** derung jedenfalls **beendet**. Entweder es liegt eine (unbedingte, unbefristete, auch ansonsten uneingeschränkte, → Rn. 7) Genehmigung vor, dann ist das genehmigungsbedürftige Rechtsgeschäft wirksam (§ 184 Abs. 1) Oder aber es tritt endgültige Unwirksamkeit ein, sei es, weil der gesetzliche Vertreter tatsächlich die Genehmigung verweigert hat, sei es, weil dieses Faktum fingiert wird („gilt als verweigert").

Die **Frist des Abs. 2** ist nur in eingeschränktem Maße **dispositiv**: Der volljährige Vertragsgegner kann sie **22** einseitig verlängern, weil die Verlängerung nur ihn belastet. Eine Verkürzung hingegen kann er weder einseitig noch lediglich im Konsens mit dem Minderjährigen erreichen, da die Mindestfrist dem gesetzlichen Vertreter Raum für Überlegungen gibt (und somit auch im wohlverstandenen Interesse des Minderjährigen besteht).[25] Anderweitige Abkürzungen des Schwebezustandes – etwa durch Fristsetzung – sind nicht möglich.[26]

In allen Fällen wird unerheblich, was vor der Aufforderung zwischen Minderjährigem und gesetzlichem **23** Vertreter verhandelt worden ist, Abs. 2 S. 1. Diese Regelung gibt dem gesetzlichen Vertreter eine **weitere**

19 *Flume* BGB AT Bd. 2, § 13, 7 c. cc.; *Norpoth/Dittberner* JA 1996, 643.
20 BGH NJW 2004, 2382 (2383 f.)
21 *Zwanzger*, Der mehrseitige Vertrag (2013) 222.
22 Staudinger/*Klumpp* (2017) BGB § 108 Rn. 40; MüKoBGB/*Spickhoff* (2018) § 108 Rn. 27.
23 Zur Vererblichkeit von Gestaltungsrechten Staudinger/*Kunz* (2016) BGB § 1922 Rn. 553–560.
24 Zu diesem *Hattenhauer*, Einseitige private Rechtsgestaltung (2011).

25 Ausnahmsweise kann die Ausschöpfung der zweiwöchigen Frist gegen Treu und Glauben verstoßen, vgl. *v. Tuhr* BGB AT Bd. 2, § 59 VI 2 a.
26 Anders *v. Tuhr*, § 59 VI 2 a: Der andere Teil soll den Vertrag mit dem Minderjährigen unter der Bedingung schließen können, dass die Genehmigung des Vertreters innerhalb einer bestimmten Frist erfolgt – ein Vorgehen nach Abs. 2 wäre in diesem Fall nicht erforderlich; zust. *Albers* AcP 217 (2017), 766, 783, Fn. 51.

Überlegungsmöglichkeit, obwohl er bereits eine Gestaltungserklärung abgegeben hatte. Das Risiko einer von der ersten Entscheidung abweichenden Erklärung des Vertreters muss der Auffordernde tragen, weil er selbst den Mechanismus des Abs. 2 in Gang gesetzt hat, weil ihm kein Anspruch auf eine bestimmte Entscheidung des gesetzlichen Vertreters zusteht und weil ihm jedenfalls Rechtssicherheit in kurzen Fristen verschafft wird. Einschränkungen dieser Risikoverteilung nach der Lehre, es gebe kein „Reurecht" (→ § 119 Rn. 22), sind für § 108 daher nicht angezeigt.

24 Streitig ist, ob Abs. 2 **analoge Anwendung** auf den Fall findet, dass die erforderliche **Einwilligung vorliegt**, aber der Geschäftspartner hierüber keine Gewissheit hat. Dafür wird angeführt, dass auch die Wirksamkeit des Vertrages ungewiss sein könne.[27] Richtigerweise ist eine analoge Anwendung abzulehnen, denn die dem § 108 immanente Schwebelage besteht nicht bei einem Vertrag, der gem. § 107 mit der erforderlichen Einwilligung geschlossen wurde.[28] Der Vertragspartner kann sich im Wege der Feststellungsklage Klarheit über die Wirksamkeit des Vertrages verschaffen.

25 Unterlässt es der gesetzliche Vertreter, dem Vertragspartner auf entsprechende Aufforderung hin Auskunft über das Vorliegen der Einwilligung zu erteilen, kommt ein Schadensersatzanspruch des Vertragspartners gegen den gesetzlichen Vertreter aus § 826 in Betracht.[29] Eine Haftung des Minderjährigen gem. §§ 280 Abs. 1, 241 Abs. 2, 278 ist nur dann denkbar, wenn der Vertrag durch die zuvor erteilte Einwilligung wirksam ist.[30]

III. Erlangung unbeschränkter Geschäftsfähigkeit (Abs. 3)

26 Nach Abs. 3 kann der volljährig gewordene Minderjährige selbst genehmigen (vgl. § 1829 Abs. 3). Diese Rechtsfolge ergäbe sich sonst aus allgemeinen Regeln: Nach Erreichen der Volljährigkeit ist es nicht mehr Aufgabe der gesetzlichen Vertreter, über die Sinnhaftigkeit zuvor abgeschlossener Geschäfte zu befinden.

27 Ebenfalls aus allgemeinen Regeln ergibt sich die Behandlung einer **konkludenten** Genehmigung. Für diese bedarf es prinzipiell ebenso wenig eines Erklärungsbewusstseins wie in sonstigen Fällen (→ Rn. 8 ff.). Wohl aber kann eine konkludente Genehmigung nicht angenommen werden, wenn das Erklärungsbewusstsein fehlte und der Empfänger dies wusste (→ Rn. 10). Ausführlich zur konkludenten Genehmigung eines Versicherungsvertrags durch den volljährig Gewordenen → § 182 Rn. 20 ff.; zu derjenigen einer Grundschuldbestellung soll die Abgabe einer Zweckerklärung genügen.[31]

28 Vereinzelt ist Abs. 3 in der Rechtsprechung auch auf einen nach § 181 genehmigungsbedürftigen Vertrag angewandt worden.[32]

29 **1. Empfangsbedürftigkeit der Genehmigung.** Zweifelhaft ist, ob der nunmehr Volljährige die **Genehmigung** auch **sich selbst gegenüber** erteilen kann, die also – in Abweichung von allgemeinen Regeln – nicht empfangsbedürftig ist.[33] Das erscheint bei konsequenter Anwendung der Parallele zu Abs. 1 denkbar (er steht nunmehr eben an Stelle seines früheren gesetzlichen Vertreters, und dieser kann nach Abs. 1 die Genehmigung im Innenverhältnis erklären, → Rn. 11). Andererseits würde damit die Natur der Genehmigung verändert, welche im Normalfall Empfangsbedürftigkeit verlangt, vgl. § 130 Abs. 1 S. 1 („einem anderen gegenüber", → § 184 Rn. 2).[34]

30 Dies zeigt sich vor allem bei sog. **Gratisverträgen** (ausf. → § 107 Rn. 63 f.). Ließe man die nicht empfangsbedürftige Selbstgenehmigung zu, wäre es hier deutlich schwieriger, ein konkludentes Erklärungsverhalten vom bloß stillschweigenden Volljährigwerden abzugrenzen.[35] Ungeachtet der zweifelhaften Wirksamkeit solcher Regelung zum sog. beredeten Schweigen mit noch Minderjährigen in AGB, würde die Möglichkeit einer Genehmigung nur sich selbst gegenüber (durch Nichtausübung des Kündigungsrechts) solch fragwürdige Geschäftsmodelle (zur frühzeitigen Kunden- und Markenbindung) zulasten minderjähriger Kinder zumindest reflexhaft fördern.

31 Die Gerichte prüfen die Möglichkeit der Eigengenehmigung nicht eindeutig. Zuweilen erscheint zwar die Formel, der Volljährige müsse „zu erkennen geben", dass der Vertrag wirksam sein solle,[36] es folgt jedoch keine weitere Klarstellung, wem gegenüber (sich selbst?).

27 Jauernig/*Mansel* (2018) BGB § 108 Rn. 3.
28 Staudinger/*Klumpp* (2017) BGB § 108 Rn. 46; MüKoBGB/*Spickhoff* (2018) § 108 Rn. 24–26; *Paal/Leyendecker* JuS 2006, 25 (26); instruktiv zur Gesetzgebungsgeschichte *Albers* AcP 217 (2017), 766, 792–795.
29 *V. Tuhr* § 59 V 2 a.
30 Vgl. Staudinger/*Klumpp* (2017) BGB § 108 Rn. 46; MüKoBGB/*Spickhoff* (2018) § 108 Rn. 26.
31 LG Wuppertal NJW-RR 1995, 152 (153), ebenfalls zu § 108 Abs. 3.

32 BGHZ 110, 363 (368) = NJW 1990, 1721 = FamRZ 1990, 860; s. ferner Jauernig/*Mansel* (2018) BGB § 181 Rn. 14.
33 So *Norpoth/Dittberner* JA 1996, 647; Staudinger/*Klumpp* (2017) BGB § 108 Rn. 53–54.
34 *Norpoth/Dittberner* JA 1996, 644.
35 Implizit wohl ebenso *Latzel/Zöllner* NJW 2019, 1031 (1033).
36 LG Mainz VersR 1967, 945 (946).

Maßgeblich ist bei Abs. 3 das Zusammenspiel von subjektiv-historischer und objektiv-teleologischer Auslegung:[37] Abs. 1 wurde um die Möglichkeit der Genehmigung im Innenverhältnis erweitert, um den Vertragspartner des Minderjährigen zu schützen, und dabei wurden die Konsequenzen für Abs. 3 anscheinend übersehen (→ Rn. 11). Würde aber eine sonstigen Dritten (oder niemandem) gegenüber kundbar gewordene Genehmigung genügen,[38] so träte in zahlreichen Fällen Vertragswirksamkeit mit dem 18. Geburtstag ein, etwa durch Weiterbenutzung einer Sache, ohne dass dies dem Minderjährigen auch nur bewusst wäre und ohne dass es einen Empfängerhorizont gäbe, von dem aus sich die Genehmigungswirkung bestimmen ließe. **32**

Daraus ist hergeleitet worden, **§ 144** (Bestätigung eines anfechtbaren Rechtsgeschäfts) sei **analog** anzuwenden, auf Erklärung wie Verweigerung der Genehmigung nach Abs. 3:[39] Beide Erklärungen seien nicht empfangsbedürftig. **33**

Diese Lösung ordnet die Erklärung zwar in das System des Vertragsschlussrechts ein[40] und wahrt gleichzeitig den in den §§ 107 ff. intendierten Minderjährigenschutz: Die Bestätigung ist nach hM eine nicht empfangsbedürftige Erklärung. Sie setzt aber voraus, dass § 144 von der hM insoweit richtig gedeutet wird. Daran bestehen jedoch erhebliche Zweifel (→ § 144 Rn. 7 f.). Der Zweck des § 144 ist nur erreicht, wenn die Bestätigung dem Anfechtungsgegner zugeht. **34**

Die übliche Formel, zum Schutz des Erklärenden seien an die Annahme einer Bestätigung durch konkludentes Verhalten strenge, auch nach objektiven Kriterien zu bestimmende Anforderungen zu stellen,[41] verweist genau auf dieses Problem, löst es aber nicht. Sie nimmt überdies Bezug auf eine in der Rspr. verbreitete, sachlich aber nicht zu begründende Unterscheidung konkludenter von ausdrücklichen Erklärungen hinsichtlich ihrer Deutlichkeit (→ Rn. 8 ff.). Richtigerweise ist daher auch aus § 144 nicht zu schließen, nach § 108 Abs. 3 genüge die Eigengenehmigung.[42] Das schützenswerte Interesse des Vertragspartners, zu wissen, woran er ist, gewinnt mit der Volljährigkeit des vormals Minderjährigen größeres Gewicht. Ihm gegenüber muss die Erklärung erfolgen. **35**

Die praktische Bedeutung der Eigengenehmigung ist jedoch eher gering einzuschätzen, selbst wenn man der hier abgelehnten Auffassung folgt. In den denkbaren Fällen der (Eigen-) Genehmigung durch konkludentes Verhalten werden die erwähnten strengen Voraussetzungen selten erfüllt sein. Denn auch bei Anwendung der rechtsverkehrsfreundlichen Regeln über die sog. Erklärungsfahrlässigkeit (→ Rn. 9 f.) stellt sich in den von der Rechtsprechung entschiedenen Fällen zur empfangsbedürftigen Genehmigungserklärung bei weitem nicht jedes konkludente Verhalten als Genehmigung dar, → § 182 Rn. 18 ff. Nach hier vertretener Auffassung folgt dies aus den allgemeinen Regeln für alle Arten von Willenserklärungen. **36**

2. Rechtsmissbrauch und konkludentes Erklärungsverhalten. Fehlt eine Genehmigung, so soll es **rechtsmissbräuchlich** sein, „wenn jemand über einen langen Zeitraum (hier: zehn Jahre) an einem schwebend unwirksamen Vertrag festhält und sich erst dann darauf beruft, wenn dieser für ihn Nachteile bringt"[43] (→ § 182 Rn. 23). Diese Formulierung ist zum einen – wie stets bei § 242 – nur auf Ausnahmefälle zu beziehen, weil sonst die Rechtssicherheit litte. Zum anderen wird ein in diesem Sinne rechtsmissbräuchliches Verhalten oft genug zugleich den Erklärungsinhalt einer **konkludenten Genehmigung** aufweisen (→ Rn. 8 f.); dann steht die Tür zu einer Lösung nach allgemeinen Regeln offen. **37**

C. Darlegungs- und Beweislast

Die Darlegungs- und **Beweislast** für eine **erfolgte** Einwilligung oder Genehmigung, auch durch den Minderjährigen selbst nach Abs. 3, trägt nach allgemeinen Regeln derjenige, der sich auf die Wirksamkeit des Vertrages beruft. Die Verweigerung der Genehmigung muss derjenige beweisen, der die **endgültige** **38**

---

37 Vorrang hat nach allgemeinen Regeln die objektiv-teleologische Auslegung (hM). Das ist dann richtig, wenn man (wiederum mit der hM) unter „historischer Auslegung" vor allem den Blick in die Materialien versteht. Zum Problem *Baldus*, § 3: Gesetzesbindung, Auslegung und Analogie: Grundlagen und Bedeutung des 19. Jahrhunderts, in *Karl Riesenhuber*, Europäische Methodenlehre. Handbuch für Ausbildung und Praxis (3. Aufl. Berlin 2014) 22–52 (28, Rn. 20, u.ö.); *ders.*, Gut meinen, gut verstehen? Historischer Umgang mit historischen Intentionen, in *Baldus/Theisen/Vogel*, „Gesetzgeber" und Rechtsanwendung (2013), S. 5–28.

38 Unklar insoweit *Diederichsen*, Die Anfängerübung im Bürgerlichen Recht, 3. Aufl. 1996, S. 41.

39 So *Norpoth/Dittberner* JA 1996, 645 f.

40 Ausf., auch zur methodologischen Seite, *Norpoth/Dittberner* JA 1996, 645–648, und *Paal/Leyendecker* JuS 2006, 25 (27 ff.)

41 BGHZ 110, 220 (222) = NJW 1990, 1106 (Anm. von *Mayer-Maly* EWiR 1990, 335, besprochen von *Middel* JA 1990, 238): Nur wenn jede andere den Umständen nach einigermaßen verständliche Deutung des Verhaltens ausscheide, könne ein Verhalten als konkludent erklärte Bestätigung gewertet werden; MüKoBGB/*Busche* (2018) § 144 Rn. 6; auch noch die 1. Aufl. Rn. 16 (aufgegeben).

42 Zust. *Latzel/Zöllner* NJW 2019, 1031 (1034 Fn. 39).

43 LG Wuppertal NJW-RR 1995, 152, red. Ls., vgl. S. 153 (obiter); im Anschluss an BGH LM § 1829 BGB Nr. 3 = FamRZ 1961, 216 (217).

Unwirksamkeit des Vertrages geltend macht. Daher trifft den ehemals Minderjährigen die Beweislast, wenn er behauptet, eine von ihm – unstreitig – nach Aufforderung erklärte Genehmigung (Abs. 3) sei ins Leere gegangen, weil sein gesetzlicher Vertreter dem Vertragspartner gegenüber bereits vor dessen Aufforderung die Verweigerung der Genehmigung erklärt habe (Abs. 2 S. 1 Hs. 2).[44]

39   Die **Aufforderung** hat derjenige zu beweisen, der sich auf ihre Wirkungen (andauernder oder wiederhergestellter Schwebezustand) beruft. Wer sich auf die **Wirksamkeit** des Vertrages durch eine nach Aufforderung erteilte Genehmigung beruft, muss den Zeitpunkt der Aufforderung und die Einhaltung der daran anknüpfenden zweiwöchigen Erklärungsfrist beweisen.[45]

§ 109 Widerrufsrecht des anderen Teils

(1) [1]Bis zur Genehmigung des Vertrags ist der andere Teil zum Widerruf berechtigt. [2]Der Widerruf kann auch dem Minderjährigen gegenüber erklärt werden.

(2) Hat der andere Teil die Minderjährigkeit gekannt, so kann er nur widerrufen, wenn der Minderjährige der Wahrheit zuwider die Einwilligung des Vertreters behauptet hat; er kann auch in diesem Falle nicht widerrufen, wenn ihm das Fehlen der Einwilligung bei dem Abschluss des Vertrags bekannt war.

Literatur: *Albers*, Ungewissheit über die Zustimmung eines Dritten – Das fragwürdige Modell der §§ 108 f., 177 f. BGB, AcP 217 (2017), 766; *Wilhelm*, Aufforderung zur Erklärung über die Genehmigung eines schwebend unwirksamen Geschäfts und Widerruf des Geschäfts, NJW 1992, 1666.

A. Allgemeines

1   Die Vorschrift schützt den **Geschäftsgegner** des Minderjährigen in der Schwebezeit bis zur Erteilung oder Verweigerung der Genehmigung (§ 108): Der Entscheidungsfreiheit des Genehmigungsbefugten entspricht seine Freiheit, sich von der eigenen Erklärung wieder zu lösen (Abs. 1), abgestuft nach Schutzwürdigkeit (Abs. 2).

2   § 109 durchbricht damit im Sinne der **negativen Privatautonomie** die potenzielle Bindung an den – schwebend unwirksamen – Konsens. Dogmatisch folgt hieraus nicht etwa, dass es „schwebende Wirksamkeit" gäbe (→ § 108 Rn. 2): Der Vertrag ist und bleibt **unwirksam**, sofern er nicht genehmigt wird.

3   Der Widerruf nach § 109 entzieht der Genehmigung ihr Substrat. Sie geht, wenn sie nach dem Widerruf erklärt wird, ins Leere. Beseitigt wird durch den Widerruf also nicht eine Art von Teilwirksamkeit, sondern lediglich die Möglichkeit, künftig Wirksamkeit herbeizuführen.

B. Regelungsgehalt

4   Der **Widerruf** nach Abs. 1 ist eine einseitige empfangsbedürftige Willenserklärung und unterliegt den für diese geltenden allgemeinen Regeln. Er ist – als actus contrarius zu Angebot und Annahme – dem Minderjährigen gegenüber zu erklären, und entgegen der allgemeinen Regel des § 131 Abs. 2 genügt für seine Wirksamkeit auch der **Zugang gegenüber dem Minderjährigen**, Abs. 1 S. 2.[1]

5   Aus dem unter → Rn. 1 f. Gesagten folgt, dass der gesetzliche Vertreter nur bis zum Zugang eines Widerrufs genehmigen kann. Umgekehrt besteht mit Zugang der Genehmigung beim Geschäftsgegner keine Unsicherheit und damit kein Widerrufsrecht mehr. Im immerhin denkbaren Fall gleichzeitigen Zugangs von Genehmigung und Widerruf bleibt es bei der Unwirksamkeit; dies ergibt sich jedenfalls aus dem Rechtsgedanken des § 108 Abs. 1.

---

44   BGH NJW 1989, 1728 (1729) = FamRZ 1989, 476.

45   Vgl. MüKoBGB/*Spickhoff* (2018) § 108 Rn. 50: Derjenige, der sich auf die Unwirksamkeit des Vertrages berufe, müsse den fruchtlosen Fristablauf beweisen; ähnl. Staudinger/*Klumpp* (2017) BGB § 108 Rn. 61 (Verweigerung der Genehmigung oder Fristablauf). Diff. *Baumgärtel/Laumen/Prütting* (3. Aufl. 2007) BGB § 108 Rn. 2: Derjenige, der die Wirksamkeit des Rechtsgeschäfts geltend macht, müsse die Recht-

zeitigkeit der Genehmigung, sein Gegner aber den Ablauf der Zwei-Wochen-Frist beweisen, dh. die Beweislast für den Zeitpunkt der Aufforderung trage derjenige, der sich auf die Unwirksamkeit beruft, die Beweislast für den Zeitpunkt der Genehmigung derjenige, der sich auf die Wirksamkeit beruft.

1   Staudinger/*Klumpp* (2017) BGB § 109 Rn. 21. Nach *Zwanzger*, Der mehrseitige Vertrag (2013), S. 223 gilt beim mehrseitigen Vertrag nichts anderes.

Diskutiert wird, ob nach einer Aufforderung gem. § 108 Abs. 2 aus Treu und Glauben (§ 242) die Pflicht **6** folgen kann, mit der Ausübung des Widerrufsrechts während einer Bedenkzeit für den gesetzlichen Vertreter zu warten. Das wird man allenfalls für extreme Fälle annehmen können.[2]

Ist hingegen die **Genehmigung** lediglich im **Innenverhältnis** dem Minderjährigen zugegangen (was der **7** Dritte typischerweise nicht weiß), so kann nicht verlangt werden, dass der Dritte erst eine Aufforderung nach § 108 Abs. 2 erklärt und dadurch den Schwebezustand wiederherstellt, nur um anschließend nach § 109 widerrufen zu können;[3] vielmehr steht ihm die Widerrufsmöglichkeit sogleich offen.[4] Dies setzt allerdings im Hinblick auf § 108 Abs. 2 voraus, dass der Vertragspartner den Widerruf dem gesetzlichen Vertreter gegenüber erklärt und nicht, wie nach Abs. 1 S. 2 möglich, dem Minderjährigen gegenüber.[5]

Ein **Widerrufsrecht** des Vertragspartners besteht auch dann, wenn der Minderjährige den Vertrag mit Mit- **8** teln erfüllen könnte, die ihm vom gesetzlichen Vertreter gem. **§ 110** überlassen wurden. Zwar enthält § 110 bereits eine Einwilligung des gesetzlichen Vertreters (→ § 110 Rn. 1), so dass ein Genehmigungserfordernis wie bei §§ 108, 109 nicht besteht.[6] Es ist jedoch allein dem Minderjährigen überlassen, ob er durch das Bewirken der Leistung die Wirksamkeit des Vertrages herbeiführen will oder nicht; aus der Sicht des Vertragspartners ist die Situation somit vergleichbar mit derjenigen der §§ 108, 109.[7]

§ 109 nimmt dem Genehmigungsbefugten die Entscheidung nur insoweit aus der Hand, als der **Geschäfts- 9 gegner schutzwürdig** ist. Die Schutzwürdigkeit liegt regelmäßig in seiner Unkenntnis von der Minderjährigkeit begründet (arg. e Abs. 2). Volljährigkeit ist zwar kein tauglicher Gegenstand guten Glaubens (→ § 104 Rn. 47 f.), wohl aber begründet Unkenntnis der realen Sachlage ein Widerrufsrecht.

Das Gesetz kommt dem Geschäftsgegner jedoch insoweit entgegen, als es das Widerrufsrecht bei Kenntnis **10** von der Minderjährigkeit nicht generell entfallen lässt. Vielmehr darf auch widerrufen, wer vom Minderjährigen über das Vorliegen einer Einwilligung gem. § 107 getäuscht worden ist (Hs. 1), und zwar erfolgreich (Hs. 2). Insoweit wird also der Minderjährige mit den Folgen eigenen Handelns belastet, und zwar als Sanktion für Vorsatz.

Abs. 2 meint nur **positive Kenntnis**; fahrlässige Unkenntnis schließt das Widerrufsrecht nicht aus.[8] **11**

C. Weitere praktische Hinweise

Wer sich auf die **Unwirksamkeit** des Vertrages aufgrund eines wirksam erklärten Widerrufs beruft, trägt **12** dafür die **Beweislast**.[9] Ist der **Zeitpunkt** einer – unstreitig erfolgten – Genehmigung unklar, so hat der Widerrufende auch zu beweisen, dass die Genehmigung nach dem Widerruf erfolgt ist.[10] Die **Kenntnis** des Vertragspartners von der Minderjährigkeit (Abs. 2 Hs. 1) und vom Fehlen der Einwilligung (Abs. 2 Hs. 2) hat derjenige zu beweisen, der sich auf die Unwirksamkeit des Widerrufs beruft. Demgegenüber trägt der Widerrufende die Beweislast dafür, dass der Minderjährige **wahrheitswidrig** das Vorliegen einer Einwilligung behauptet hat.[11]

§ 110 Bewirken der Leistung mit eigenen Mitteln

Ein von dem Minderjährigen ohne Zustimmung des gesetzlichen Vertreters geschlossener Vertrag gilt als von Anfang an wirksam, wenn der Minderjährige die vertragsmäßige Leistung mit Mitteln bewirkt, die ihm zu diesem Zweck oder zu freier Verfügung von dem Vertreter oder mit dessen Zustimmung von einem Dritten überlassen worden sind.

Literatur: *Derleder/Thielbar*, Handys, Klingeltöne und Minderjährigenschutz, NJW 2006, 3233; *Hagemeister*, Grundfälle zu Bankgeschäften mit Minderjährigen, JuS 1992, 839, 924; *Hofmann*, Der Vereinsbeitritt Minderjähriger, Rpfleger 1986, 5; *Kunkel*, Das junge Konto – Minderjährigenschutz im Rahmen des Girovertrages, Rpfleger 1997, 1; *Leenen*, Die Heilung fehlender Zustimmung gemäß § 110 BGB, FamRZ 2000, 863; *Mankowski/Schreier*, Klingeltöne auf dem ver-

---

2 Vgl. *Paal/Leyendecker* JuS 2006, 25 (27).

3 So aber MüKoBGB/*Spickhoff* (2018) § 109 Rn. 10, auch zu dem von manchen erhobenem Vorwurf des venire contra factum proprium.

4 *Wilhelm* NJW 1992, 1667; *Albers* AcP 217 (2017), 766, 786–788 (einschränkende Auslegung des § 109 Abs. 1 S. 1).

5 Näher – auch zur Gesetzgebungsgeschichte – *Wilhelm* NJW 1992, 1666 f.

6 Deshalb gegen ein Widerrufsrecht Soergel/*Hefermehl* § 110 Rn. 7.

7 So auch MüKoBGB/*Spickhoff* (2018) § 110 Rn. 34.

8 Jauernig/*Mansel* (2018) BGB § 109 Rn. 2; Staudinger/*Klumpp* (2017) BGB § 109 Rn. 15.

9 HM BGH NJW 1989, 1728 (1729); *Baumgärtel/Laumen/Prütting* (3. Aufl. 2007) BGB § 109 Rn. 1 mwN.

10 BGH NJW 1989, 1728 (1729); *Baumgärtel/Laumen/Prütting* (3. Aufl. 2007) BGB § 109 Rn. 1; Staudinger/*Klumpp* (2017) BGB § 109 Rn. 24; MüKoBGB/*Spickhoff* (2018) § 109 Rn. 19.

11 *Baumgärtel/Laumen/Prütting* (3. Aufl. 2007) BGB § 109 Rn. 2 mwN.

tragsrechtlichen Prüfstand, VuR 2006, 209; *Mushardt*, Rechtliche Rahmenbedingungen für den Vertrieb von Handyklingeltönen (2014); *Nierwetberg*, Der „Taschengeldparagraph" (§ 110 BGB) im System des Minderjährigenrechts, Jura 1984, 127; *Nolte*, Download, Handy & Kids, ZVI 2012, 324; *Schilken*, Die Bedeutung des „Taschengeldparagraphen" bei längerfristigen Leistungen, FamRZ 1978, 642; *Vortmann*, Bankgeschäfte mit Minderjährigen, WM 1994, 965.

A. Allgemeines 1
B. Regelungsgehalt 4
   I. Bewirken der Leistung 4
   II. Vollständige Leistungsbewirkung (insbes.
      Dauerschuldverhältnisse) 5

III. Bewirken mit überlassenen Mitteln 16
IV. „Zu freier Verfügung" und Zweckbindung 20
   1. Rolle des objektiven Empfängerhorizonts .. 22
   2. Surrogate und Folgegeschäfte 30

A. Allgemeines

1 Die **systematische Einordnung** von § 110 ist streitig. Aus der Überlassung der Mittel folgt jedenfalls **keine Teilgeschäftsfähigkeit** des Minderjährigen, wie sie bei §§ 112, 113 gegeben ist (→ § 112 Rn. 1).[1] Gem. § 52 ZPO wird er somit auch nicht (teil-)prozessfähig, auch nicht für das konkrete Geschäft.[2]Nach herrschender Meinung handelt es sich bei § 110 um einen **besonderen Anwendungsfall der Generaleinwilligung nach § 107** und zwar mit Blick auf Verpflichtungs- und Verfügungsgeschäft. Danach liegt die Einwilligung konkludent in der Überlassung oder Belassung der Mittel. „Ohne Zustimmung" heißt „ohne ausdrückliche" Zustimmung.[3] Die Frage nach der Anwendung des § 110 ist dann im Wesentlichen die Frage nach der Auslegung des Vertreterhandelns. Was der genaue Gegenstand der konkludenten Einwilligung sei, wird unterschiedlich bestimmt.[4] Die Gegenmeinung betont, dass die Wirksamkeit des Vertrages nach § 110 von Gesetzes wegen eintrete.[5] § 110 regele allein die Wirksamkeit des Verpflichtungsgeschäfts; das der Erfüllung dienende Verfügungsgeschäft sei mit den Worten „die vertragsmäßige Leistung ... bewirkt" in Bezug genommen. Eine Wirksamkeit des Verfügungsgeschäfts könne sich aus §§ 107 f. ergeben, nicht aus § 110; vielmehr setze § 110 die Wirksamkeit der Erfüllung tatbestandlich voraus.[6]

2 § 110 umfasst nur Verträge eines Minderjährigen, die zu ihrer Wirksamkeit der Einwilligung oder Genehmigung des gesetzlichen Vertreters bedürfen (§§ 107 f.; zur Anwendbarkeit des § 109 vgl. → § 109 Rn. 8). Die Vorschriften über das Erfordernis einer familiengerichtlichen Genehmigung gem. §§ 1643 Abs. 1, 1821, 1822 finden auch im Fall des § 110 Anwendung. Denn die Wirksamkeit des Vertrages – wie auch immer konstruiert – beruht letztendlich auf einer **Einwilligung des gesetzlichen Vertreters**[7] (vgl. auch → Rn. 20 ff.).

3 Die **Darlegungs- und Beweislast** für die Voraussetzungen des § 110 trägt nach allgemeinen Regeln derjenige, der sich auf die Wirksamkeit des Vertrages beruft.[8]

B. Regelungsgehalt

I. Bewirken der Leistung

4 Der Minderjährige muss die **vertragsmäßige Leistung bewirken**. Das Wort „bewirkt" wird im Sinne einer tatsächlich und vollständig erfolgten Leistung gedeutet; die Voraussetzungen sind dieselben wie bei § 362 Abs. 1, nur kann § 110 nicht von der „geschuldeten" Leistung sprechen (vielmehr von der „vertragsmäßigen"), weil der Vertrag bis zur Bewirkung der Leistung schwebend unwirksam ist.[9] Stehen also Leistungen (oder Teilleistungen bei bestimmten Dauerschuldverhältnissen, s. sogleich) des Minderjährigen noch aus, greift § 110 nicht ein.

---

1 Heute wohl allgA., Staudinger/*Klumpp* (2017) BGB § 110 Rn. 8 mwN; MüKoBGB/*Spickhoff* (2018) § 110 Rn. 7.

2 Implizit Staudinger/*Klumpp* (2017) BGB § 110 Rn. 8.

3 Das RG (RGZ 74, 234 (235)) formuliert: „im allgemeinen (...) erklärt" sowie „auch ohne besondere Zustimmung". Aus der neueren Rspr. s. AG Waldshut-Tiengen VersR 1985, 937 (938); AG Hamburg NJW-RR 1994, 721 (722).

4 Zum Ganzen ausf. Staudinger/*Klumpp* (2017) BGB § 110 Rn. 7–9 mwN; MüKoBGB/*Spickhoff* (2018) § 110 Rn. 2–7 mwN.

5 Krit. Diskussion der hM mwN bei *Nierwetberg* Jura 1984, 127–133; *Leenen* FamRZ 2000, 864 ff. (S. 865 zum Einwilligungsgegenstand).

6 *Nierwetberg* Jura 1984, 131; *Leenen* FamRZ 2000, 863; Jauernig/*Mansel* (2018) BGB § 110 Rn. 2 (gegen RGZ 74, 234 (235)).

7 Für den Versicherungsvertrag zB AG Hamburg NJW-RR 1994, 721 (722); AG Waldshut-Tiengen VersR 1985, 937 (938); ausf. *Schilken* FamRZ 1978, 645, der allerdings nach Sinn und Zweck des § 1822 Nr. 5 unterscheidet.

8 MüKoBGB/*Spickhoff* (2018) § 110 Rn. 38; Staudinger/*Klumpp* (2017) BGB § 110 Rn. 31.

9 *Leenen* FamRZ 2000, 864; Staudinger/*Klumpp* (2017) BGB § 110 Rn. 14.

II. Vollständige Leistungsbewirkung (insbes. Dauerschuldverhältnisse)

Die Wirksamkeit des Vertrages tritt erst dann ein, wenn der Minderjährige die vereinbarte Leistung **voll- 5 ständig erbringt**. **Teilleistungen** führen grundsätzlich nicht zu einer Teilwirksamkeit des Vertrages; dieser bleibt vielmehr schwebend unwirksam, § 108. § 110 stellt somit sicher, dass der Minderjährige **keine Kreditgeschäfte** tätigt. Damit dient die Norm in besonderer Weise dem Hereinwachsen in rationales rechtsgeschäftliches Handeln unter Kontrolle der Sorgeberechtigten.

Eine Ausnahme von der Unteilbarkeit des Vertrages macht die hM für **Dauerschuldverhältnisse**, sofern **6** auch die vereinbarte **Gegenleistung** des Vertragspartners **teilbar** ist und § 139 nicht entgegensteht.[10] Zu sog. anfänglich kostenlosen Verträgen mit Minderjährigen (Gratisverträge) → § 107 Rn. 63 f.

Das ist bei einem **Mietvertrag** zu bejahen für die monatlich zu erbringende **Kaltmiete**.[11] Die Vorauszah- **7** lung der Nebenkosten fällt hingegen nicht in den Anwendungsbereich des § 110, da – sofern nicht eine pauschale Warmmiete vereinbart ist – die monatlichen Abschlagszahlungen keine Leistung iSd § 110 darstellen, sondern lediglich eine Sicherheitsleistung, welche mit der Gesamtforderung am Ende des Abrechnungszeitraums verrechnet wird. Die Wirksamkeit der Verpflichtung zur Zahlung der **Nebenkosten** richtet sich vielmehr nach § 107. Es kommt also darauf an, ob der Nebenkostenverbrauch des Minderjährigen von der Einwilligung des gesetzlichen Vertreters gedeckt war. Hierfür ist auf den objektiven Empfängerhorizont abzustellen (→ § 107 Rn. 145, 147), wobei im konkreten Fall der allgemeine Lebensstandard des Minderjährigen ein Indiz sein kann.

Bei **Versicherungsverträgen** ist zwischen den einzelnen Versicherungsarten zu unterscheiden,[12] gegebe- **8** nenfalls ist auch das Erfordernis einer familiengerichtlichen Genehmigung nach §§ 1643 Abs. 1, 1822 Nr. 5 zu beachten.[13]

Der **Vereinsbeitritt** eines Minderjährigen soll schon deshalb nicht durch die monatliche Beitragszahlung **9** gem. § 110 teilwirksam werden, weil der Verein nicht aufgrund des Vertrages zur Leistung verpflichtet ist, sondern aufgrund der Satzung.[14] Teilbarkeit der Leistung und damit Teilwirksamkeit mit Bezahlung des monatlichen Beitrags wurde dementsprechend zB bejaht bei dem **Fitnessstudiovertrag** einer Minderjährigen.[15] Zu sog. **Gratisverträgen** (zB über die Mitgliedschaft in einem Automobilclub) → § 107 Rn. 63 f.

Handyverträge fallen oft schon deshalb nicht in den Anwendungsbereich des § 110, weil die Mobilnetzbe- **10** treiber in der Praxis ungern Mobilfunkverträge mit Minderjährigen abschließen; Vertragspartner sind regelmäßig die Eltern.[16] Wird hingegen direkt mit dem Minderjährigen kontrahiert, gilt – sofern der Minderjährige keine „prepaid"-Karte erwirbt – das Gleiche wie bei den Nebenkosten (→ Rn. 7). Die monatliche Vorauszahlung ist lediglich Abschlagszahlung, und im Rahmen des § 107 ist meist zweifelhaft, ob die Einwilligung der Eltern ein Geschäft abdeckt, dessen zukünftig entstehende Kosten nicht überschaubar sind. Regelmäßig auszuschließen ist dies für solche Verträge, bei denen das Gerät zu einem niedrigen, weil durch die später anfallenden Mobilfunkentgelte quersubventionierten Preis abgegeben wird.[17]

Damit bleiben für eine Vertragswirksamkeit nach § 110 Prepaid-Verträge. Hier müssen die Sorgeberechtig- **11** ten (ausdrücklich oder konkludent) Grenzen der Einwilligung ziehen, wenn sie eine Vertragswirksamkeit vermeiden wollen (→ Rn. 20 ff.).[18]

Im Regelfall ist der Minderjährige auch nicht als **Stellvertreter** eines Elternteils (oder beider) anzusehen.[19] **12** Selbst wenn der Minderjährige in fremdem Namen aufgetreten ist: Es kann nach allgemeinen Regeln zwar durchaus Konstellationen geben, in denen eine Vollmacht erteilt wurde. Diese Sonderfälle[20] hat aber zu beweisen, wer sich auf die ihm günstige Rechtsfolge beruft. Für die Annahme einer **Anscheinsvollmacht** ist im Regelfall gleichfalls kein Raum. Eine solche kann auch nicht aus der Begleichung einzelner Rech-

10 MüKoBGB/*Spickhoff* (2018) § 110 Rn. 13; Staudinger/*Klumpp* (2017) BGB § 110 Rn. 16 aE.

11 Ohne Differenzierung MüKoBGB/*Spickhoff* (2018) § 110 Rn. 16; Staudinger/*Klumpp* (2017) BGB § 110 Rn. 17, der bei Wohnraummietverträgen eine Generaleinwilligung nach § 107 befürwortet, um das bei § 110 ungünstige Ergebnis zu vermeiden, dass der Minderjährige gegen den Vermieter keinen Anspruch auf (zukünftige) Überlassung der Wohnung hat.

12 MüKoBGB/*Spickhoff* (2018) § 110 Rn. 17–19; *Schilken* FamRZ 1978, 643.

13 Fehlt die familiengerichtliche Genehmigung, so kann ein Lebensversicherungsvertrag auf den Todes- oder Erlebensfall nicht über § 139 für die Zeit nach Eintritt der Volljährigkeit als wirksam angesehen wer-

den, vgl. BGHZ 28, 78 (83) = NJW 1958, 1393; AG Hamburg NJW-RR 1994, 721 (722).

14 Str., vgl. *Hofmann* Rpfleger 1986, 7; aA Staudinger/*Knothe* (2012) BGB § 110 Rn. 7.

15 AG Siegen FamRZ 1991, 1046 (1047).

16 Vgl. auch *Mankowski,* Anm. zu AG Düsseldorf (MMR 2007, 404), MMR 2007, 405 (406).

17 Ausführlich *Derleder/Thielbar* NJW 2006, 3233 (3234 f.)

18 Vgl. *Mankowski/Schreier* VuR 2006, 209 (214 f.)

19 AG Berlin-Mitte MMR 2008, 696 (696 f.) (mAnm von *Mankowski* MMR 2008, 697 und *König/Börner* MMR 2010, 819); so auch für In-App-Käufe *Bisges* NJW 2014, 183.

20 Vgl. diff. *Mankowski* MMR 2008, 697 (698).

nungen resultieren.[21] Das Risiko, an „von Person und Alter her nicht bekannte Vertragspartner Leistungen zu erbringen, deren Bezahlung [man] sich nicht sicher sein kann",[22] trägt der Anbieter selbst. Er ist es, der um jugendliche Kunden wirbt. Deren minderjährigenrechtlicher Schutz ist nicht vertretungsrechtlich zu unterlaufen; ebenso wenig das Verbot eines Vertrages zulasten Dritter, wie bestimmte Anbieter ihn hier der Sache nach konstruieren wollen.[23]

13 Erst recht gibt es keine Grundlage dafür, den Vertragspartner (typischerweise den Sorgeberechtigten) dafür haften zu lassen, dass weitere Verträge (namentlich über Klingeltöne oder über Mehrwertdienstleistungen i.R.v. sog. In-App-Käufen, → § 107 Rn. 64) von seinem Telefon aus geschlossen worden sind.[24] Es gelten insoweit keine anderen Regeln als beim Festnetzanschluss. Weiterhin sind §§ 305 ff. zu beachten.[25]

14 Bei den Mobilfunkverträgen kommt in besonderem Maße die **Erziehungsfunktion** des Minderjährigenrechts (→ § 107 Rn. 2) zum Tragen. Die Kombination aus gezielt auf Minderjährige gerichteter Werbung[26] (vgl. § 4 Nr. 2 UWG aF, nun § 4a Abs. 1 S. 2, Abs. 2 S. 2 UWG),[27] sozialem Druck in der Gruppe der Gleichaltrigen und dem Wunsch der Eltern, ihr Kind jederzeit erreichen zu können, führt zu einem Konsumverhalten, das bei vielen anderen Gütern kaum vorstellbar wäre. Wo Eltern sich hingegen um einen sinnvollen Umgang ihrer Kinder mit dem Medium bemühen, ist dies von besonderer Bedeutung für die Entwicklung realer Privatautonomie.

15 Im Zweifel ist daher nach den gesetzlichen Wertungen des Minderjährigenrechts und nach dem Leitbild verantwortungsvoller Erziehung (vgl. Art. 6 GG) eine Zustimmung der Sorgeberechtigten zu exzessivem oder anderweitig unsinnigem Gebrauch des (internetfähigen) Mobiltelefons nicht zu unterstellen.

III. Bewirken mit überlassenen Mitteln

16 Der Begriff der **Mittel** umfasst nicht nur Bargeld, sondern **jeden Vermögensgegenstand**; nicht jedoch die menschliche **Arbeitskraft**.[28] Aus diesem Grunde ist § 110 nicht anwendbar auf einen Vereinsbeitritt des Minderjährigen, der die Verpflichtung zur Erbringung immaterieller Leistungen mit sich bringt.[29] Auf das von einem Minderjährigen eröffnete **Girokonto** (→ § 107 Rn. 137) soll § 110 analog anwendbar sein, wenn die auf dem Girokonto eingezahlten Beträge dem Minderjährigen zu diesem oder zu dem mit der Abhebung verfolgten Zweck oder zur freien Verfügung überlassen wurden.[30]

17 Auch den Minderjährigen bewilligte Sozialhilfeleistungen sind als Mittel iSd § 110 verstanden worden;[31] das lässt sich nach den Hartz-Reformen auch auf diejenigen staatlichen Transferleistungen beziehen, die nicht mehr Sozialhilfe heißen, wohl aber deren Funktion erfüllen.

18 Bei Bewirkung der Leistung mit Mitteln, die der gesetzliche Vertreter dem Minderjährigen unter Verstoß gegen § 1644 überlassen hat, treten die Wirkungen des § 110 nicht ein.[32]

19 **Überlassen** sein können Mittel vom gesetzlichen Vertreter selbst oder von Dritten (Geschenke, aber auch zB Arbeitslohn); im letzteren Fall greift § 110 nur ein, wenn eine Zustimmung des Vertreters vorlag (zu den erfassten Zwecken → Rn. 20 ff.). Der Begriff „Zustimmung" ist hier nicht im Sinne der §§ 182 ff. zu lesen, da die Überlassung nicht Willenserklärung, sondern Realakt ist. Wie bei der rechtsgeschäftlichen Zustimmung kommt es freilich auf die zeitliche Reihenfolge insoweit nicht an, als auch die faktisch bereits erfolgte Überlassung noch „genehmigt" werden kann.

IV. „Zu freier Verfügung" und Zweckbindung

20 Der „**Zweck**" iSd § 110 ist die – nach allgemeinen Auslegungsregeln – vom gesetzlichen Vertreter konkret gestattete Leistungsbewirkung. Die „**freie Verfügung**" ist jedoch nicht unbeschränkt zu verstehen, weil sonst die Grenze zwischen § 107 und § 110 nicht mehr gezogen werden könnte und das Gesetz es dem gesetzlichen Vertreter nicht gestattet, sich von der Ausübung seines Sorgerechts zu dispensieren.

---

21 *Mankowski* MMR 2008, 697 (697).
22 AG Berlin-Mitte MMR 2008, 696 (697).
23 *Mankowski* MMR 2008, 697 (699).
24 Vgl. AG Düsseldorf MMR 2007, 404 (404 ff.)
25 *Derleder/Thielbar* NJW 2006, 3233 (3236).
26 Einführend *Mankowski/Schreier* VuR 2006, 209 (209 ff.)
27 Vgl. BGH NJW 2006, 2479 = GRUR 2006, 776; BGH GRUR 2014, 682 (685) Rn. 30–33 = NJW 2014, 2282; BGH NJW 2014, 3373 (3374 f.) mAnm *Bisges* NJW 2014, 3375; *Mankowski*, „Hol es dir und zeig es deinen Freunden", in Bork/Repgen, Das Kind im Recht, 51.

28 Vgl. MüKoBGB/*Spickhoff* (2018) § 110 Rn. 22 f.; Staudinger/*Klumpp* (2017) BGB § 110 Rn. 22 auch mN zur Gegenmeinung; Jauernig/*Mansel* (2018) BGB § 110 Rn. 4.
29 *Hofmann* Rpfleger 1986, 6. Vgl. Staudinger/*Peschel-Gutzeit* (2015) BGB § 1626 Rn. 87.
30 *Hagemeister* JuS 1992, 840; *Vortmann* WM 1994, 966; *Kunkel* Rpfleger 1997, 6.
31 AG Siegen FamRZ 1991, 1046 (1047).
32 Jauernig/*Budzikiewicz* (2018) BGB § 1644 Rn. 1; MüKoBGB/*Spickhoff* (2018) § 110 Rn. 25.

Eine Einschränkung folgt aus § 1641: Da die Eltern in Vertretung des Minderjährigen keine Schenkungen **21** machen dürfen, können sie auch im Rahmen des § 110 ihm nicht die Mittel für eine von diesem vorzunehmende Schenkung überlassen (Ausnahme: § 1641 S. 2).[33]

1. Rolle des objektiven Empfängerhorizonts. Überlässt der Vertreter dem Minderjährigen Mittel **ohne** **22** **jegliche Zweckbestimmung**, so ist nach allgemeinen Regeln vom **objektiven Empfängerhorizont des Minderjährigen** aus zu bestimmen, ob ein bestimmtes Geschäft noch erfasst ist. Zu beachten ist namentlich **bei von dritter Seite stammenden Mitteln**, dass der Sorgeberechtigte aus pädagogischen Gründen nicht genötigt sein soll, übermäßig zu intervenieren, um klarzustellen, was er konzediert und was nicht. Dem stünde es entgegen, Nichtintervention im Zweifel als konkludente Zustimmung zu deuten. Auch daher sind konkludente Zweckbestimmungen nicht weiter auszulegen als ausdrückliche.[34]

Der Empfängerhorizont entwickelt sich unter normalen Verhältnissen mit der **Reifung** des Minderjährigen **23** weiter. Dem Siebzehnjährigen wird man weniger vorgeben als dem Siebenjährigen, und man kann die Vorgaben im Regelfall auch anders fassen. Bei Entwicklungsstörungen hat der Sorgeberechtigte es in der Hand, so deutlich zu kommunizieren, dass auch von einem vergleichsweise retardierten Empfängerhorizont aus die Zweckbestimmung und ihre Grenzen erkennbar sind. Dann aber ist der Minderjährige geschützt. Auf einen guten oder bösen Glauben des Geschäftsgegners kommt es auch hier nicht an; ebenso wenig wird er über § 819 gegen eine Rückabwicklung geschützt.[35]

Ergibt sich im Einzelfall auch nach den Maßstäben des objektiven Empfängerhorizontes, dass der gesetzli- **24** che Vertreter keinerlei Grenzen ziehen wollte oder gar, dass er ein dem Minderjährigen schädliches Geschäft individuell akzeptierte, so ist das Geschäft bereits nach §§ 107 f. wirksam.

Verneinen muss man sowohl diesen Weg zur Wirksamkeit als auch § 110 im Regelfall bei **Tätowierun-** **25** **gen**;[36] ebenso bei **Piercings**, jedenfalls insoweit, als diese mit substanziellen Gesundheitsrisiken verbunden sind.

Auch beim (heimlich erfolgten) **Erwerb einer Spielzeugwaffe** wurde eine Wirksamkeit nach § 110 zutref- **26** fend verneint.[37] Praktisch wichtiger ist heute das Herunterladen von **Klingeltönen, Apps** oder ganzen Melodien auf ein Mobiltelefon, dessen Gebrauch dem Minderjährigen gestattet worden war. Richtig wird in der Rspr. betont, dass die Überlassung des Handys im Regelfall der **Erreichbarkeit** des Kindes für die Eltern und umgekehrt dient, zumeist auch der Kommunikation mit anderen Kindern.[38] Die Vielzahl sog. **Mehrwertdienstleistungen** hat aus der Sicht der Eltern normalerweise keinen Mehrwert, und allein darauf kommt es an. Jedenfalls zusätzliche Klingeltöne sind für die Kommunikation nicht nötig, also Spielzeug. Daher ist die Überlassung des Handys mit **Prepaid-Karte** im Regelfall keine Grundlage für eine nach § 110 wirksame Bestellung von Klingeltönen.[39] Wird hingegen **Geld** überlassen, müssen Eltern oft damit rechnen, dass der Minderjährige es in Klingeltöne oder Apps investiert. Dann liegt es an ihnen, eine entsprechende Einschränkung zu erklären. Deren Vorliegen wiederum, vom beklagten Minderjährigen substantiiert vorgetragen, muss der Klingeltonanbieter widerlegen: Ihn trifft die Darlegungs- und Beweislast für die Voraussetzungen des § 110.[40] Das entspricht der Lebenserfahrung, der zufolge aus der Sicht der Eltern der Klingelton eben keinen „Mehrwert" darstellt.

Ein abweichendes Ergebnis lässt sich im Regelfall auch nicht durch die Annahme gewinnen, der Minderjäh- **27** rige vertrete bei Geschäftsabschluss seine Eltern (→ Rn. 12).[41]

Zum (oftmals kostspieligen) **Erwerb virtueller Güter** für Online-Spiele durch sog. **In- App-Kauf**,[42] der **28** auch als Dauerschuldverhältnis ausgestaltet sein kann („Abo" bestimmter Spielfunktionen), → Rn. 31, § 107 Rn. 64.

---

33 OLG Stuttgart FamRZ 1969, 39 (40).
34 Vgl. für Mobilfunkverträge *Derleder/Thielbar* NJW 2006, 3233 (3236 f.) Grundsätzlich zur Gleichbehandlung *Kühle*, Der Dualismus von ausdrücklicher und stillschweigender Willenserklärung (2009).
35 AG Freiburg NJW-RR 1999, 637 (638).
36 Schon sachverhaltlich ist nicht klar, ob AG München Urt. v. 17.3.2011 – 213 C 917/11, NJW 2012, 2452 (besprochen von *Kalscheuer/Bünger* Jura 2012, 874 und *Mäsch* JuS 2012, 748) richtig liegt. Hier wurde zwar die Genehmigung für eine Tätowierung verweigert, das Gericht sah aber § 110 als einschlägig und erfüllt an, weil die Mittel der Jugendlichen zu freier Verfügung überlassen waren und eine Einwilligung in die Körperverletzung" mit „natürlichem Willen" vorlag (vgl. zu dieser Kategorie → § 104 Rn. 3). Der

Fall lässt vermuten, dass der Amtsrichter nachvollziehbare Zweifel an der Schutzwürdigkeit der späteren Klägerin hatte. Unklar bleibt aber in Rn. 20 des Urteils, ob Grenzen der Verwendung für die überlassenen Mittel aus der Sicht der Klägerin erkennbar gewesen waren.
37 AG Freiburg NJW-RR 1999, 637 (637 f.)
38 AG Düsseldorf MMR 2007, 404 (404 ff.); Anm. *Mankowski* MMR 2007, 406 (407).
39 Näher *Mankowski* MMR 2007, 406 (407).
40 *Mankowski* MMR 2007, 406 (407); *Mushardt* 284.
41 Ausf. *Mushardt* 260–274.
42 Zur Rechtsnatur zB *Kannowski/Till* NJOZ 2017, 522 (gemischter Vertrag mit rechtskauf- und mietvertraglichen Elementen).

29 Die in einigen der genannten Fallgruppen oft vorliegende **Verletzung der Aufsichtspflicht** führt nicht zu einer Begrenzung der rechtsgeschäftlichen Handlungsfreiheit des Minderjährigen. Dass Sanktionen gegen den gesetzlichen Vertreter indiziert sind, berührt nicht die Wirksamkeit des konkreten Geschäfts. Nach allgemeinen Regeln kann es in diesem Fall dem Geschäftsgegner auch nicht schaden, wenn er irrig vom Fehlen einer Zustimmung ausging;[43] freilich bleiben §§ 242, 826 zu beachten.

30 **2. Surrogate und Folgegeschäfte.** Ob sich das Einverständnis der gesetzlichen Vertreter auch auf **Surrogate** und **Folgegeschäfte** bezieht, ist Auslegungsfrage. Für den klassischen Fall eines Loskaufes hat das Reichsgericht zutreffend entschieden, dass die Einwilligung in das Lottospielen nicht auch jede Gewinnverwendung deckt:[44] Sofern der gesetzliche Vertreter die Möglichkeit eines Gewinnes überhaupt ernstlich bedacht hat, wird er sich im Zweifel die Entscheidung darüber reservieren wollen, was mit den ggf. erheblichen Vermögenszuflüssen aus einem solchen Gewinn zu geschehen habe. Dies ergibt sich auch aus dem Erziehungs- und Sorgerechtsbezug des Minderjährigenrechts (→ Rn. 14, § 107 Rn. 2).

31 Keine im Zweifel gedeckten Folgegeschäfte sind sog. **Mehrwertdienstleistungen** bei Mobilfunkverträgen (Klingeltöne, Spiele, Internetzugang vom Mobiltelefon aus, Apps bei Smartphones usw). Das elterliche Interesse am Bestehen einer Mobilfunkverbindung zum Kind erstreckt sich im Regelfall nicht auf derartige Zusatzangebote, bei denen das Preis-Leistungs-Verhältnis oft auffällig ungünstig ist – ungünstig aus derjenigen Bewertung der Leistung, die bei den gesetzlichen Vertretern liegt, und auf diese kommt es an.

§ 111 Einseitige Rechtsgeschäfte

[1]**Ein einseitiges Rechtsgeschäft, das der Minderjährige ohne die erforderliche Einwilligung des gesetzlichen Vertreters vornimmt, ist unwirksam.** [2]**Nimmt der Minderjährige mit dieser Einwilligung ein solches Rechtsgeschäft einem anderen gegenüber vor, so ist das Rechtsgeschäft unwirksam, wenn der Minderjährige die Einwilligung nicht in schriftlicher Form vorlegt und der andere das Rechtsgeschäft aus diesem Grunde unverzüglich zurückweist.** [3]**Die Zurückweisung ist ausgeschlossen, wenn der Vertreter den anderen von der Einwilligung in Kenntnis gesetzt hatte.**

Literatur: *Daragan*, Vorratsvollmachten beschränkt geschäftsfähiger Kinder, ZErb 2015, 168; *Flume, J.*, Der minderjährige Gesellschafter – Ein Beitrag zur Zusammenführung von Beschlussdogmatik und Minderjährigenrecht, NZG 2014, 17; *Münch*, Gibt es eine ausnahmsweise Genehmigung einseitiger Rechtsgeschäfte Minderjähriger? – Ein Beitrag zur teleologischen Reduktion des § 111 S. 1 BGB, FS Leipold, 2009, 1109.

A. Allgemeines	1	II. Fehlen der Schriftform der Einwilligung und	
B. Regelungsgehalt	2	unverzügliche Zurückweisung (S. 2)	6
I. Fehlen der Einwilligung des gesetzlichen Vertreters (S. 1)	2	III. Ausschluss der Zurückweisung (S. 3)	13
		C. Weitere praktische Hinweise	16

A. Allgemeines

1 Bei einseitigen Rechtsgeschäften ist die Interessenlage anders als bei Verträgen und Gesamtakten: Es gibt keinen Konsens mit dem Geschäftsgegner; dieser hat nicht zu erkennen gegeben, dass er das Geschäft will. Wohl aber kann das Geschäft Interessen des Geschäftsgegners einseitig berühren. Das gilt namentlich für Gestaltungserklärungen.[1] Folglich sieht das Gesetz die grundsätzliche Unwirksamkeit einseitiger Rechtsgeschäfte vor (S. 1) und stellt für den Fall, dass eine Einwilligung vorliegt, Regeln auf, die einen Schwebezustand wie bei Verträgen ausschließen (S. 2 und 3).

B. Regelungsgehalt

I. Fehlen der Einwilligung des gesetzlichen Vertreters (S. 1)

2 **Einseitige Rechtsgeschäfte** sind alle, die nicht als Vertrag oder Gesamtakt qualifiziert werden können; nach richtiger Ansicht sind auch Vollmachtserteilungen durch den Minderjährigen erfasst (keine analoge

---

43 Plus est in re quam in existimatione (die Realität gilt mehr als die Vorstellung): vgl. grundsätzlich *Wacke*, Tijdschrift voor Rechtsgeschiedenis 64, 1996, 309–357.

44 RGZ 74, 234 (236).

1 Zur Vergleichbarkeit des **Stimmrechts** bei Mitwirkung des Minderjährigen in einem Verband *Flume, J.*, NZG 2014, 17.

Anwendung von § 108).[2] Auf geschäftsähnliche Handlungen findet die Norm entsprechende Anwendung. Erforderlich ist die **Einwilligung** wie bei § 107 dann, wenn aus der Erklärung nicht lediglich rechtliche Vorteile resultieren. Damit sind namentlich alle Rechtsgeschäfte erfasst, die ein bestehendes Vertragsverhältnis so umgestalten, dass der Minderjährige Rechte verliert, etwa den Anspruch auf die Primärleistung beim Rücktritt.[3] Ob er auf der anderen Seite seine Rechtssphäre erweitert (etwa indem die Erklärung weitere Rechtsbehelfe eröffnet), bleibt auch hier außer Betracht.

Zweifelhaft ist die **Anwendbarkeit** des § 111 auf empfangsbedürftige Willenserklärungen, wenn der **Geschäftsgegner** mit der Vornahme des Geschäfts ohne die erforderliche Einwilligung **einverstanden** ist. Nach hM sollen dann – anstelle des § 111 – §§ 108 f. analog anwendbar sein.[4] Diese Analogie setzt zunächst eine planwidrige Lücke voraus.[5] Die Lücke entsteht dann, wenn man § 111 insoweit teleologisch reduziert: Wer sich auf ein Geschäft mit einem Minderjährigen einlässt, obwohl er weiß, dass die Einwilligung fehlt, begibt sich freiwillig des besonderen Schutzes aus § 111. Da das Gesetz sich zu dieser regelungsbedürftigen Konstellation nicht äußert, ist die Lücke auch planwidrig. Die ratio der §§ 108 f. ist dann leicht übertragbar: Auf bewusst eingegangene Geschäfte mit beschränkt Geschäftsfähigen passen im Zweifel die Regeln über schwebende Unwirksamkeit. **3**

Einseitige Willenserklärungen sollen **auch dann nicht** unter § 111 fallen, wenn sie nach dem Parteiwillen zu einer **Geschäftseinheit iSd § 139** verbunden sind; dies aus denselben Gründen, die für eine Anwendung des § 108 auf den Fall sprechen, dass der Geschäftsgegner sich bewusst auf ein ohne Einwilligung erklärtes einseitiges Rechtsgeschäft einlässt (→ Rn. 3).[6] **4**

Das bloße **Vorliegen der Einwilligung** genügt bei empfangsbedürftigen Willenserklärungen nur dann, wenn entweder der Geschäftsgegner im Innenverhältnis zum Minderjährigen das Fehlen einer schriftlichen Einwilligung nicht rügt (S. 2) oder die Einwilligung dem Geschäftsgegner im Außenverhältnis, direkt vom gesetzlichen Vertreter, bekannt gemacht worden war (S. 3). **5**

II. Fehlen der Schriftform der Einwilligung und unverzügliche Zurückweisung (S. 2)

S. 2 gibt dem Geschäftsgegner die Möglichkeit, sich Klarheit über die Haltung des gesetzlichen Vertreters zu verschaffen. Im Zweifelsfall, wenn der Minderjährige **keine schriftliche Einwilligung** vorzulegen vermag, muss der Geschäftsgegner sich gegen das Geschäft entscheiden und es **zurückweisen**. Die Zurückweisung ist Willenserklärung, sie kann (entsprechend § 109 Abs. 1 S. 2, → § 109 Rn. 4) sowohl dem Minderjährigen als auch dem gesetzlichen Vertreter gegenüber abgegeben werden.[7] **6**

Das Gesetz arbeitet hier nicht mit einer schwebenden Unwirksamkeit, weil diese Rechtsunsicherheit schaffen würde. Die Rechtsstellung des Geschäftsgegners ist gegenüber dem Normalfall dennoch erweitert, weil einseitige Erklärungen zu ihrer Wirksamkeit normalerweise keiner Zurückweisungsmöglichkeit in der Person des Erklärungsgegners unterliegen. Für Gestaltungserklärungen folgt dies nach hM[8] bereits aus ihrer Natur als Ausdruck einseitiger Gestaltungsmacht. **7**

Die Zurückweisung muss **unverzüglich** erfolgen; vgl. zu diesem Maßstab → § 121 Rn. 9 ff. **8**

Die von S. 2 geforderte **schriftliche Form** der Einwilligung bestimmt sich nach § 126. Zweifelhaft ist, ob auch § 126 Abs. 3 (**elektronische Form**) eingreift.[9] Ausdrücklich ist die elektronische Form nicht ausgeschlossen. Nach Sinn und Zweck des § 111 kann dem Geschäftsgegner jedoch nicht zugemutet werden, sich beispielsweise auf eine unmittelbar an seine E-Mail-Adresse elektronisch übermittelte Nachricht des gesetzlichen Vertreters zu verlassen. Doch verfolgt § 111 das Ziel, dem Geschäftsgegner eine unverzügliche (→ Rn. 8) Entscheidung zu ermöglichen. Eine solche ist ihm nur möglich, wenn ihm die Einwilligung unmittelbar, ohne Vermittlung elektronischer Medien, zugänglich ist. Die elektronische Form mag im Massengeschäft Rationalisierungswirkungen haben; § 111 meint primär Situationen individuellen Zweifels. **9**

2 Staudinger/*Schilken* (2019) BGB § 167 Rn. 10 f.; *Paal/Leyendecker* JuS 2006, 25 (29). Für eine Anwaltsvollmacht KG Beschl. v. 12.3.2012 – 4 Ws 17/12 ua = NJW 2012, 2293.

3 Die Aufhebungswirkung ist im Gesetz nicht ausdrücklich angesprochen und dogmatisch keineswegs bewältigt; näher Soergel/*Lobinger*, Vor § 346 Rn. 7, 11–33 (mit bereicherungsrechtlicher Konzeption, anders die hM).

4 BGHZ 110, 363 (370) = NJW 1990, 1721 (= FamRZ 1990, 860; Anm. von *Kramer* EWiR 1990, 751); *Paal/Leyendecker* JuS 2006, 25 (29); für eine direkte Anwendung der §§ 108 f. zB MüKoBGB/*Spickhoff* (2018) § 111 Rn. 8 mwN.

5 Zu den Voraussetzungen der Analogie *Börsch* JA 2000, 117 ff.

6 BGHZ 110, 363 (370) (= NJW 1990, 1721; FamRZ 1990, 860; Anm. von *Kramer* EWiR 1990, 751): Vollmacht und nach § 181 schwebend unwirksamer Vertrag.

7 Staudinger/*Klumpp* (2017) BGB § 111 Rn. 31 mwN.

8 Zum Problem *Hattenhauer,* Einseitige private Rechtsgestaltung (2011), S. 327.

9 Abl. zB Jauernig/*Mansel* (2018) BGB § 111 Rn. 5 (keine wirksame Einwilligung in elektronischer Form).

10 Im Einzelfall kann sich freilich aus den Umständen etwas anderes ergeben. Kündigt der Minderjährige zB einen elektronisch geschlossenen Vertrag über eine elektronisch zu erbringende Dienstleistung und fügt die Einwilligung seines Vertreters in elektronischer Form bei, so setzt sich der Vertragspartner bei Zurückweisung der Kündigung wegen Nichteinhaltung der Form dem Vorwurf des Selbstwiderspruchs aus.

11 Weiterhin muss die Zurückweisung gerade auf dem Fehlen einer schriftlichen Einwilligung **beruhen** („aus diesem Grunde"). Sonstige Gründe kann der Geschäftsgegner nicht anführen, denn es steht nicht ihm zu, sondern dem gesetzlichen Vertreter, die Zweckmäßigkeit des Geschäfts zu beurteilen, zumal das Geschäft seine Interessen auch negativ berühren kann.

12 Hat der Minderjährige (oder ein Dritter) die schriftliche Einwilligung **gefälscht**, so besteht keine Einwilligung iSd S. 2. Sie kann mithin auch nicht „vorgelegt" werden, und das Misstrauen hinsichtlich des vom Minderjährigen beabsichtigten Geschäfts ist berechtigt. Weist also der Geschäftsgegner die Erklärung des Minderjährigen mit der Begründung zurück, die Einwilligung sei nicht echt, so bewegt er sich nach Wortlaut und Sinn im Rahmen des S. 2; die Vorlage einer schriftlichen, aber nicht authentischen Erklärung genügt nicht.

III. Ausschluss der Zurückweisung (S. 3)

13 S. 3 bezeichnet eine Situation, in welcher der Geschäftsgegner nicht im Unklaren sein kann, weil er die Einwilligung bereits kennt. Zulässig ist die Erklärung einer Einwilligung unmittelbar gegenüber dem (künftigen) Geschäftsgegner nach § 182 Abs. 1.

14 Das Gesetz spricht nicht von einer Form; es genügt mithin, soweit nicht strengere Vorschriften eingreifen, die formfreie Erklärung, vgl. § 125 S. 1. Dieser Unterschied zu S. 2 erklärt sich aus dem unterschiedlichen Grad an Vertrauen, der dem Minderjährigen und der dem gesetzlichen Vertreter entgegengebracht werden kann.

15 Für die Unwirksamkeit nach § 111 kennt das Gesetz keinen Heilungstatbestand.

C. Weitere praktische Hinweise

16 Die **Beweislast** für die Wirksamkeit des Rechtsgeschäfts trifft nach allgemeinen Regeln denjenigen, der Rechte aus ihm herleiten will. Ist also unklar, ob der Minderjährige beispielsweise wirksam gekündigt hat, so muss er dartun, dass die Einwilligung vorlag (S. 1), dass sie in schriftlicher Form vorgelegt wurde (S. 2) bzw. dass der Dritte in Kenntnis gesetzt worden war (S. 3). Bestehen Zweifel an der Echtheit der in schriftlicher Form vorgelegten Einwilligung (→ Rn. 12), so muss der Minderjährige auch die Echtheit beweisen; diese fällt in seinen Risikobereich.

17 Hingegen obliegt dem Dritten der Beweis der unverzüglichen Zurückweisung aus dem in S. 2 genannten Grund. Bleibt nach diesen Grundsätzen die wirksame Vornahme des einseitigen Rechtsgeschäfts, namentlich einer Gestaltungserklärung, unbewiesen, so besteht der Rechtszustand, den der Minderjährige beeinflussen wollte (etwa: Vertragsbindung), unverändert fort.

§ 112 Selbständiger Betrieb eines Erwerbsgeschäfts

(1) ¹**Ermächtigt der gesetzliche Vertreter mit Genehmigung des Familiengerichts den Minderjährigen zum selbständigen Betrieb eines Erwerbsgeschäfts, so ist der Minderjährige für solche Rechtsgeschäfte unbeschränkt geschäftsfähig, welche der Geschäftsbetrieb mit sich bringt. ²Ausgenommen sind Rechtsgeschäfte, zu denen der Vertreter der Genehmigung des Familiengerichts bedarf.**

(2) Die Ermächtigung kann von dem Vertreter nur mit Genehmigung des Familiengerichts zurückgenommen werden.

Literatur: *Flume, J.*, Zur Reichweite familienrechtlicher Genehmigungstatbestände im Unternehmensrecht, FamRZ 2016, 277; *Flume, J.*, Der minderjährige Gesellschafter, NZG 2014, 17; *Weimar*, Die partielle Geschäftsfähigkeit des Handelsmündigen, DB 1964, 1509; *Willems*, Influencer als Unternehmer – Überlegungen zu § 2 Abs. 1 Nr. 6 UWG und §§ 14, 112 BGB, MMR 2018, 707.

A. Allgemeines	1	B. Regelungsgehalt	8
I. Verhältnis zu § 113 und § 107	2	I. Selbstständiger Betrieb eines Erwerbsge-	
II. Herabsetzung des Volljährigkeitsalters und		schäfts	8
Minderjährigenschutz	5	II. Ermächtigung	11
		III. Familiengerichtliche Genehmigung	14
		IV. Rechtsfolgen	20

1. Partiell volle (unbeschränkte) Geschäftsfähigkeit 20
2. Reichweite der unbeschränkten
   Geschäftsfähigkeit 23

C. **Weitere praktische Hinweise** 34

A. Allgemeines

Das BGB kennt – anders als ausländische Rechtsordnungen und als das römische Recht – keine generelle **1** Emanzipation oder venia aetatis (dazu → Rn. 7, § 104 Rn. 5). Die Altersgrenzen werden strikt durchgehalten. §§ 112, 113 betreffen lediglich Sonderbereiche, die teilweise risikobehaftet sein können, und sind schon deswegen eng auszulegen. In diesen Bereichen, also partiell, besteht **volle Geschäftsfähigkeit** (Wortlaut: „für solche Rechtsgeschäfte unbeschränkt geschäftsfähig"). Daraus folgt, dass insoweit keine gesetzliche Vertretung besteht[1] und § 1629 a den Minderjährigen nicht schützt (relevant für § 112).

I. Verhältnis zu § 113 und § 107

§ 112 erfasst den **selbstständigen Betrieb eines Erwerbsgeschäfts** („Handelsmündigkeit"), während § 113 **2** im Grundsatz **unselbstständige** Tätigkeiten des Minderjährigen regelt (zum selbstständigen Handelsvertreter → § 113 Rn. 1). Selbstständigkeit in diesem Sinn verlangt die nicht nur vorübergehende Leitung des Erwerbsgeschäfts durch den Minderjährigen in eigener Person.[2] § 113 ist aber nicht auf **abhängig geleistete Arbeit** (Arbeitsverhältnisse) beschränkt, sondern erfasst auch **andere Dienstverträge sowie Werkverträge** des Minderjährigen.[3]

Für die Abgrenzung zu § 112 ist entscheidend, ob sich die Tätigkeiten des Minderjährigen so weit verdich- **3** ten, dass sie als Betrieb eines Erwerbsgeschäfts aufzufassen sind (zB Minderjähriger schließt mit Gewinnerzielungsabsicht, planmäßig und mit der Intention, diese Tätigkeit für eine gewisse Dauer auszuüben, Werkverträge über die Entwicklung bestimmter Apps).[4] Kommt es zu dieser Verdichtung, greifen ab diesem Zeitpunkt – zum Schutz des Minderjährigen (→ Rn. 4, 5 ff.) – die höheren Hürden des § 112.

Zum Schutz des Minderjährigen stehen § 107 und § 112 in einem **Ausschlussverhältnis**. Das bedeutet: Ver- **4** dichten sich die rechtsgeschäftlichen Aktivitäten des Minderjährigen zu einem Erwerbsgeschäft iSd § 112 Abs. 1 S. 1 (→ Rn. 8 ff.), kann der gesetzliche Vertreter nicht mehr nur seine Zustimmung nach § 107 zu den einzelnen Rechtsgeschäften erteilen. Vielmehr ist nun eine **genehmigte Ermächtigung** nach § 112 erforderlich (zur Reichweite dieser Ermächtigung → Rn. 11 ff.).

II. Herabsetzung des Volljährigkeitsalters und Minderjährigenschutz

§ 112 hat seit Erlass des BGB 1896 durch die **Herabsetzung des Volljährigkeitsalters** auf 18 Jahre, aber **5** auch durch sonstige Veränderungen **an praktischer Bedeutung verloren**. Wo sich – namentlich in Familienbetrieben – die Notwendigkeit rechtlich selbstständigen Handelns stellt, wird häufig die Volljährigkeit schon erreicht sein. Ein erheblicher Anteil der Minderjährigen besucht noch die Schule, ist damit vorrangig beschäftigt und erwirbt typischerweise dort einen Teil der Voraussetzungen für spätere Geschäftstätigkeit. Ob § 112 wegen der Digitalisierung an praktischer Relevanz gewinnt, bleibt abzuwarten.

Soweit sich jedoch Anwendungsfragen stellen, sind diese nicht einfacher geworden. Die **Prognose hinrei- 6 chender Reife** ist bei Personen unter 18 Jahren schwieriger als bei der früher dominierenden Gruppe der 18- bis 20-Jährigen. Die steigende **Komplexität des Wirtschaftslebens** tut ein Übriges: Der 20-Jährige im Kolonialwarenladen seines kriegsgefangenen Vaters konnte sich selbst ökonomisch weniger gefährden, als es heute der 16-jährige Betreiber eines Internet-Startup kann. Das durchschnittliche Bildungs- und Ausbildungsniveau hält mit den zunehmenden Anforderungen nicht immer Schritt. Hinzu kommt die Gefährdung Dritter, die hier – in **Abweichung** vom sonstigen System des Minderjährigenschutzes – rechtliche Bedeutung erlangt (→ Rn. 15 f.). Auch mit Blick auf diese ökonomisch-sozialen Veränderungen nimmt die neuere Rechtsprechung den gerade volljährig Gewordenen in stärkerem Maße als schutzbedürftig wahr.[5]

---

1 Vgl. auch Staudinger/*Peschel-Gutzeit* (2015) BGB § 1629 Rn. 72.

2 Staudinger/*Klumpp* (2017) BGB § 112 Rn. 9; MüKo-BGB/*Spickhoff* (2018) § 112 Rn. 8.

3 Staudinger/*Klumpp* (2017) BGB § 113 Rn. 10; MüKoBGB/*Spickhoff* (2018) § 113 Rn. 9; BeckOGK/*Ahrens/Heicke* (2019) § 112 Rn. 12; ErfK/*Preis*

(2019) BGB § 113 Rn. 6; aA zB in Vorauflage *Baldus* § 113 Rn. 1 mwN.

4 Instruktiv und weiterf. hierzu BeckOGK/*Ahrens/Heicke* (2019) BGB § 112 Rn. 32–36, die zu Recht eine sog. Erheblichkeitsschwelle für das Eingreifen des § 112 fordern.

5 Zusammenfassender Nachw. zu den Bürgschaftsfällen MüKoBGB/*Habersack* (2017) § 765 Rn. 23.

7   All dies relativiert die Tragweite des § 112, der sich historisch als Nachklang der römischen venia aetatis darstellt, also der vorzeitigen amtlichen Volljährigerklärung von Personen, die nach allgemeinen Regeln – in einer einfacher strukturierten Ökonomie – 25 Jahre hätten alt sein müssen, um ihr Vermögen selbstständig zu verwalten.[6] Weil heute nur unter Achtzehnjährige in einer allerdings weitaus komplexeren Ökonomie von § 112 erfasst sind, hat der Schutz des Minderjährigen bei der Auslegung des § 112 besondere und insbesondere vorrangige Bedeutung gegenüber dem Verkehrsschutz. Eine möglichst weite Auslegung des Erwerbsgeschäftsbegriffs kann hier beispielsweise zuverlässigen Minderjährigenschutz bieten.[7]

B. Regelungsgehalt

I. Selbstständiger Betrieb eines Erwerbsgeschäfts

8   Erwerbsgeschäft kann nach allgemeinen Regeln jede berufsmäßig ausgeübte und auf Gewinnerzielung gerichtete selbstständige Tätigkeit sein. Das im Handelsrecht umstrittene[8] Merkmal der Erlaubtheit der Tätigkeit ist jedenfalls kein spezifisches Erfordernis des Minderjährigenrechts:[9] Ist die Tätigkeit gesetz- oder sittenwidrig, so scheitern die vom Minderjährigen abgeschlossenen Rechtsgeschäfte jedenfalls an §§ 134, 138.

9   Beispiele für Tätigkeitsfelder, die sich zum selbstständigen Betrieb eines Erwerbsgeschäfts iSd § 112 verdichten können, sind – nach eingehender Einzelfallbetrachtung – die Entwicklung von Apps oder anderer Software, uU die Ausübung von Profisport und darauf aufbauender Selbstvermarktung,[10] künstlerische Betätigungen, aber auch die Tätigkeit als sog. Influencer.[11]

10 Der Minderjährige kann ein Erwerbsgeschäft auch mit anderen zusammen in Form einer **Personengesellschaft** betreiben.[12] Das Gesetz geht davon aus, dass die Risiken hier nicht größer sein können als bei einzelkaufmännischer Tätigkeit.[13] In diesem Fall verliert er jedoch das ihm sonst bei Eintritt der Volljährigkeit zustehende Kündigungsrecht, § 723 Abs. 1 S. 5. Die **Geschäftsführung** einer **Kapitalgesellschaft** hingegen kann er auch bei Vorliegen einer entsprechenden Ermächtigung **nicht** übernehmen, weil die nach § 112 noch verbleibenden Grenzen seiner rechtsgeschäftlichen Befugnisse der Handlungsfähigkeit der juristischen Person schaden könnten. Daher schließt § 6 Abs. 2 S. 1 GmbHG (Parallelnorm: § 76 Abs. 3 S. 1 AktG) eine Bestellung zum GmbH-Geschäftsführer aus.[14]

II. Ermächtigung

11 Die Ermächtigung ist eine an den Minderjährigen gerichtete Willenserklärung. Eine Erklärung (auch) gegenüber Dritten ist unschädlich, entscheidend ist aber – in Abweichung von § 131 Abs. 2 – **Zugang beim Minderjährigen**, denn dieser muss sich auf die Rechtslage einstellen können, wohingegen ein guter Glaube des Dritten an die partielle Geschäftsfähigkeit des Minderjährigen nach allgemeinen Regeln nicht geschützt wird (aber → Rn. 18 ff.).

12 Die Besonderheit der Ermächtigung liegt in dem **Erfordernis familiengerichtlicher Genehmigung**; mit dieser öffentlich-rechtlichen „Genehmigung" ist abweichend von § 184 Abs. 1 auch die vorherige Zustimmung des Gerichts gemeint. Hingegen entfaltet eine nach der Ermächtigung des gesetzlichen Vertreters erfolgte Genehmigung keine Rückwirkung; die Ermächtigung wird daher nur für die Zukunft wirksam.[15]

13 Ebenso besteht ein Genehmigungserfordernis für die **Rücknahme der Erlaubnis** (Abs. 2).

6   Zum Schutz der Personen unter 25 Jahren in Rom *Baldus*, Die Bedeutung der Willensfreiheit im römischen Recht, in *Roth/Lampe/Pauen*, Willensfreiheit (2008), S. 167, 187 ff. Zu Altersgrenzen in der neueren Rechtsgeschichte *Repgen*, in Bork/Repgen, Das Kind im Recht, 9; *Keitel*, Der Minderjährige als strukturell Unterlegener (2014).
7   BeckOGK/*Ahrens/Heicke* (2019) BGB § 113 Rn. 27.
8   Nachw. zum Meinungsstand bei *Baumbach/Hopt/Hopt* HGB § 1 Rn. 21.
9   Wohl konzeptionell anders MüKoBGB/*Spickhoff* (2018) § 112 Rn. 6.

10 Zur Einordnung von sog. Sportsponsoringverträgen siehe aber *Nees* RW 2018, 159 (177–179).
11 Hierzu *Willems* MMR 2018, 707 (710 f.).
12 MüKoBGB/*Spickhoff* (2018) § 112 Rn. 6 mwN; zu Problemen bei der Vornahme von nach Abs. 1 S. 2 ausgenommenen Rechtsgeschäften in der Gesellschaft vgl. Staudinger/*Klumpp* (2017) BGB § 112 Rn. 7.
13 Staudinger/*Klumpp* (2017) BGB § 112 Rn. 7.
14 Näher OLG Hamm FamRZ 1992, 1169 (1170) (= NJW-RR 1992, 1253; Anm. *Demharter* EWiR 1992, 1089).
15 Staudinger/*Klumpp* (2017) BGB § 112 Rn. 12.

III. Familiengerichtliche Genehmigung

Die **Genehmigung ist** dann **zu erteilen**, **wenn** der Minderjährige **über seine Jahre hinaus gereift** ist, sich **14** daher im Rechts- und Erwerbsleben schon im Wesentlichen wie ein Volljähriger benehmen kann[16] und zu prognostizieren ist, dass er dies auch tun wird. Es ist auf dieser Grundlage zu prüfen, ob er die zum selbstständigen Betrieb des beabsichtigten Erwerbsgeschäfts erforderlichen **Eigenschaften, Kenntnisse und Fähigkeiten** hat, ob er gewillt und in der Lage ist, die mit dem Geschäft verbundenen **Verantwortungen und Verpflichtungen dritten Personen und der Allgemeinheit gegenüber zu erfüllen**, und ob ihn nicht etwa sonstige tatsächliche Gründe daran hindern, sich in der gebotenen Weise um das Geschäft zu kümmern.[17]

Es kommt also nicht allein auf die **Interessen** des Minderjährigen, sondern auch auf diejenigen **Dritter** an. **15** Das ist gemessen an den §§ 104–111 atypisch, im Sinne des Geschäftsverkehrs aber sinnvoll. Will man Konflikte mit dem Grundsatz vermeiden, dass ein guter Glaube an die volle Geschäftsfähigkeit nicht geschützt wird, so muss man die legitimen Interessen der potenziellen Geschäftspartner **bei Ermächtigung und Genehmigung** umfassend berücksichtigen. Wer zur Teilnahme am Geschäftsverkehr zugelassen wird, der muss in solcher Weise teilnehmen können, dass Zweifel an der Reichweite seiner Ermächtigung nicht den Geschäftspartner treffen (und damit einen vorsichtigen Kontrahenten vom Vertragsschluss abhalten). Dann aber ist der **Minderjährigenschutz** in die Zulassung **vorzuverlegen**.

Unschädlich ist es, wenn der Minderjährige zur Führung des Geschäfts **technischer Unterstützung Drit- 16 ter** bedarf, sofern diese Abhängigkeit von Dritten in der Person eines Volljährigen ebenso bestehen könnte (etwa: Fehlen einer bestimmten Fahrerlaubnis; Unterstützung im kaufmännischen Bereich durch Wirtschaftsprüfer und Steuerberater).[18]

Eine **Doppelbelastung** durch **Schule und Geschäft** soll dann unbedenklich sein, wenn der Geschäftsbe- **17** trieb den persönlichen Einsatz des Minderjährigen nur in seiner Freizeit erfordert.[19] Eine solche Situation wird nur selten vorliegen, wenn man in Rechnung stellt, dass die Träger der elterlichen Sorge auf eine der Begabung des Minderjährigen entsprechende Schulbildung sowie darauf hinzuwirken haben, dass die Möglichkeiten der gewählten Schulbildung umfassend genutzt werden. Die Versuchung, sich dem Geschäft zu widmen und nicht der Vor- und Nachbereitung des Schulunterrichts, also die Ausdehnung der „Freizeit" zum Schaden der eigenen Bildung und Ausbildung, kann nur bei sehr überschaubaren Geschäften ausgeschlossen werden; ebenso die Versuchung, in Zeiten hoher schulischer Belastung das Geschäft nachlässig zu führen.

Im Zweifel hat – namentlich im Interesse des Minderjährigen selbst – **die Schule Vorrang**, so dass die **18** Genehmigung zu verweigern ist.[20] Das gilt in besonderem Maße für den noch schulpflichtigen Minderjährigen, sofern denn vor Abschluss des zehnten Schuljahres die sonstigen Voraussetzungen des § 112 vorliegen sollten. Für nicht mehr schulpflichtige Minderjährige, die das Abitur anstreben, ist angesichts der Bedeutung dieser Prüfung und der in einigen Bundesländern noch anhaltenden Tendenz zur Verkürzung der Schulzeit keine wesentlich andere Beurteilung angezeigt.

Zur Prüfung der erwähnten Punkte muss das **Familiengericht** den Minderjährigen selbst und seine Angehö- **19** rigen ggf. **persönlich anhören** sowie von seinen Lehrern bzw. Ausbildern jedenfalls Stellungnahmen einholen.[21] Die Prüfung bezieht sich auch darauf, ob der Minderjährige möglicherweise als Strohmann vorgeschoben wird, so dass Risiken für ihn weniger aus eigener Überforderung durch das Geschäft denn vielmehr aus Entscheidungen der gesetzlichen Vertreter resultieren können.[22]

IV. Rechtsfolgen

1. Partiell volle (unbeschränkte) Geschäftsfähigkeit. Wird die Ermächtigung wirksam erteilt, ist der **20** Minderjährige für die Rechtsgeschäfte, die „der Geschäftsbetrieb mit sich bringt" (→ Rn. 23 ff.) mit Ausnahme der in Abs. 1 S. 2 genannten (→ Rn. 32), unbeschränkt geschäftsfähig (partielle Geschäftsfähigkeit). Die Möglichkeit der Haftungsbeschränkung nach § 1629a entfällt gemäß § 1629a Abs. 2 Var. 1.

---

16 S. auch AG Koblenz Rpfleger 2013, 203, Rn. 6 mit Hinweis darauf, dass in casu bestimmte Geschäfte weiterhin gesonderter Genehmigung unterworfen waren (Rn. 9).

17 OLG Köln FamRZ 1995, 93 (94) (= NJW-RR 1994, 1450); OLG Naumburg Beschl. v. 26.8.2013 – 8 UF 144/132, BeckRS 2014, 23394, Rn. 12–18 (in casu Erteilung der Genehmigung abgelehnt).

18 Vgl. OLG Köln FamRZ 1995, 93 (94) (= NJW-RR 1994, 1450).

19 Vgl. OLG Köln aaO.

20 So auch OLG Magdeburg Beschl. v. 22.8.2013 – 8 UF 144/13, juris Rn. 15–20.

21 Vgl. OLG Köln aaO.

22 Vgl. OLG Köln aaO: Abgabe der eidesstattlichen Versicherung nach § 294 ZPO durch die Eltern.

21   Im Umfang der Geschäftsfähigkeit tritt auch **Prozessfähigkeit** ein (§ 52 ZPO), ebenso dem Grundsatz nach **Verfahrensfähigkeit** für Verfahren der Freiwilligen Gerichtsbarkeit (→ § 104 Rn. 117 ff.).

22   Auch nach dem Umfang der Geschäftsfähigkeit beurteilt sich die **Anwendbarkeit des HGB**. Unanwendbar sind dementsprechend die Regeln über den Scheinkaufmann, wenn es an einer wirksamen Ermächtigung fehlt, weil der Minderjährigenschutz Vorrang vor dem Verkehrsschutz genießt.

23   **2. Reichweite der unbeschränkten Geschäftsfähigkeit.** Welche Rechtsgeschäfte der **Geschäftsbetrieb** „mit sich bringt", soll nach der **Verkehrsauffassung** zu beurteilen sein.[23] Dieses Kriterium ist (auch hier) unscharf; auch eine aussagekräftige neuere Kasuistik existiert insoweit nicht.[24]

24   Verwandt ist die Formulierung, die Rechtsgeschäfte müssten „mit dem erlaubten Geschäftskreis eng zusammenhängen".[25] Eine schärfere Abgrenzung ist schwierig, weil § 112 gerade auf die Einräumung unternehmerischer **Entscheidungsfreiheit** zielt. Wenn man dem Minderjährigen einmal erlaubt, selbstständig tätig zu werden, dann muss im Zweifel auch er selbst wissen, was dem Geschäft dienlich sein kann.

25   Die „Verkehrsauffassung", wenn man denn mit diesem Begriff argumentieren will, besagt dann negativ: Was evident nicht zum Geschäft gehört, sondern privaten Charakters ist, darüber soll der Minderjährige mit niemandem selbstständig kontrahieren können. In der Sache wird also durch den Rekurs auf die Verkehrsauffassung dasselbe erreicht wie mit einer **Gutglaubensnorm**.

26   Da niemand glauben darf, der minderjährige Fahrradhändler brauche eine Kreuzfahrt in die Karibik zu geschäftlichen Zwecken, wird im Ergebnis das Reisebüro nicht geschützt, das ihm eine solche Kreuzfahrt vermittelt. Ist er aber im Radrennsport geschäftlich tätig, etwa aufgrund eigener sportlicher Kontakte, so kann nicht nur die Fahrt zu einer Fachmesse, sondern auch die zur Tour de France oder zu einem Mountainbike-Rennen in der Karibik erfasst sein.

27   Hinter der „Verkehrsauffassung" steht hier eine **Risikozuweisung** hinsichtlich des einzelnen Geschäfts. Für diese lassen sich allgemeine Kriterien schwerlich aufstellen, lediglich die genannte Zweifelsregel. Das hieraus resultierende Risiko für den Minderjährigen ist systembedingt und im **Vorfeld** aufzufangen, nämlich durch sorgfältige Prüfung der Genehmigungsvoraussetzungen (→ Rn. 14–19). Dort sind auch die Interessen Dritter und der Allgemeinheit zu berücksichtigen, nach hier vertretener Auffassung eben deswegen, weil später ein Gutglaubensschutz hinsichtlich des Umfangs der Geschäftsfähigkeit aus Gründen des Minderjährigenschutzes nicht zugelassen werden kann.

28   In der **Wertung** schließt sich das geltende Minderjährigenrecht damit an seine **römischen Wurzeln** an: Die venia aetatis wurde einerseits nur zurückhaltend gewährt, andererseits war dem vorzeitig für volljährig Erklärten die Berufung auf minderjährigenrechtliche Rechtsbehelfe ganz abgeschnitten (→ Rn. 6). Wenn das BGB eine partielle venia ermöglicht, dann muss für Zweifel über deren Tragweite dasselbe Prinzip gelten; erst recht angesichts der geringen Zahl der Fälle, in denen für § 112 wirklich Bedarf besteht. Schutzwürdigkeitsüberlegungen, erst recht punktuelle, sollten hingegen nicht im – intransparenten – Gewand der Verkehrsauffassung erscheinen.

29   Eindeutig **nicht erfasst** ist dem Wortlaut nach nur die **Geschäftsaufgabe**.[26] Freilich wird man jedenfalls bei **dauerhaften Verlusten** dem Minderjährigen einen Anspruch auf Zustimmung zur Einstellung des Geschäftsbetriebes geben müssen: So weit die Ermächtigung nicht reicht, so weit bleibt der gesetzliche Vertreter verantwortlich und hat die Vermögenssorge zum Wohle des Kindes auszuüben (§ 1627 Abs. 1).

30   Dies gilt erst recht mit Blick darauf, dass die Haftungsbeschränkung des § 1629 a den von § 112 geregelten Bereich nicht erfasst (anders als den Anwendungsbereich von § 113),[27] dem Minderjährigen also dauerhafte Belastungen drohen. § 1629 a wird so ausgelegt, da eine Gleichstellung des Minderjährigen mit anderen Wirtschaftssubjekten in Chancen und Risiken erforderlich ist. Sonst würde er als Geschäftspartner nicht akzeptiert.[28]

31   Über seinen **Erwerb aus dem Geschäftsbetrieb** kann der Minderjährige verfügen, aber nur zu geschäftlichen Zwecken. Verfügungen zu anderen Zwecken sind nach allgemeinen Regeln zustimmungsbedürftig.

32   Im Übrigen schließt **Abs. 1 S. 2** durch Verweisung auf §§ 1643, 1821 f. bestimmte Geschäfte aus, namentlich den Geldkredit (bei Bestehen einer Vormundschaft gelten §§ 1821 f. unmittelbar, also nicht nur für die in § 1643 genannten Fälle). Insoweit bleibt der Minderjährige lediglich beschränkt geschäftsfähig.

---

23   Maßgeblich soll die konkrete Gestalt des Geschäfts-
     betriebs sein, vgl. Staudinger/*Klumpp* (2017) BGB
     § 112 Rn. 15–19; MüKoBGB/*Spickhoff* (2018) § 112
     Rn. 16.
24   Vgl. BGHZ 83, 76 (80) (= NJW 1982, 1810) zu
     § 1456. Zur Verkehrsauffassung als Leerformel in der
     gerichtlichen Praxis vgl. *Schenk*, Die Verkehrsauffas-

sung in BGB und UWG am Beispiel des Sachenrechts und der Irreführungsgefahr (2010).
25   *Brehm/Overdick* JuS 1992, L 89 (90) mwN.
26   Dazu Staudinger/*Klumpp* (2017) BGB § 112 Rn. 30.
27   Vgl. Staudinger/*Coester* (2015) BGB § 1629 a Rn. 33.
28   Staudinger/*Coester* (2015) BGB § 1629 a Rn. 30.

Hingegen sieht das Gesetz **keine Einschränkungen** der Ermächtigung **durch den gesetzlichen** Vertreter **33** vor. Diese Typisierung liegt nicht nur im Interesse des Rechtsverkehrs, sondern auch des Minderjährigen selbst: Mit ihm kontrahieren wird nur, wer sich auf die Wirksamkeit der abzuschließenden Geschäfte verlassen kann.

C. Weitere praktische Hinweise

Wer sich auf die Voraussetzungen des Abs. 1 beruft, hat diese **zu beweisen**. Ebenso trifft denjenigen die **34** Beweislast, der eine Rücknahme der Ermächtigung nach Abs. 2 behauptet.

§ 113 Dienst- oder Arbeitsverhältnis

(1) [1]**Ermächtigt der gesetzliche Vertreter den Minderjährigen, in Dienst oder in Arbeit zu treten, so ist der Minderjährige für solche Rechtsgeschäfte unbeschränkt geschäftsfähig, welche die Eingehung oder Aufhebung eines Dienst- oder Arbeitsverhältnisses der gestatteten Art oder die Erfüllung der sich aus einem solchen Verhältnis ergebenden Verpflichtungen betreffen.** [2]**Ausgenommen sind Verträge, zu denen der Vertreter der Genehmigung des Familiengerichts bedarf.**

(2) Die Ermächtigung kann von dem Vertreter zurückgenommen oder eingeschränkt werden.

(3) [1]**Ist der gesetzliche Vertreter ein Vormund, so kann die Ermächtigung, wenn sie von ihm verweigert wird, auf Antrag des Minderjährigen durch das Familiengericht ersetzt werden.** [2]**Das Familiengericht hat die Ermächtigung zu ersetzen, wenn sie im Interesse des Mündels liegt.**

(4) Die für einen einzelnen Fall erteilte Ermächtigung gilt im Zweifel als allgemeine Ermächtigung zur Eingehung von Verhältnissen derselben Art.

Literatur: *Feller*, Die Rücknahme oder Beschränkung der „Ermächtigung" des gesetzlichen Vertreters eines Minderjährigen nach § 113 Abs. 2 BGB, FamRZ 1961, 420; *Hagemeister*, Grundfälle zu Bankgeschäften mit Minderjährigen, JuS 1992, 839, 924; *Lakies*, Minderjährige als Vertragspartner im Arbeitsrecht, AR-Blattei SD, 158. Akt. November 2006; *Nees*, Vereinbarkeit von mehrjährigen Vertragsverhältnissen im Fußballsport mit dem Minderjährigenschutz, RW 2018, 159; *Reinartz*, Beendigung von Berufsausbildungsverhältnissen, DB 2015, 1347; *Schlachter*, Minderjährigenschutz bei langzeitbefristeten Arbeitsverträgen im Berufssport, FamRZ 2006, 155; *Veit*, Mündigkeit und Minderjährigenschutz im Arbeitsrecht, in: FS Birk, 2008, 877; *Vortmann*, Bankgeschäfte mit Minderjährigen, WM 1994, 965.

A. Allgemeines	1	3. Arbeitsverträge zwischen minderjährigem Kind und Eltern	18
B. Regelungsgehalt	3	C. Rechtsfolgen	19
I. Ermächtigung	3	I. Partiell volle (unbeschränkte) Geschäftsfähigkeit	19
II. Beschränkung und Rücknahme der Ermächtigung (Abs. 2)	6	II. Reichweite der unbeschränkten Geschäftsfähigkeit	20
III. In Dienst oder Arbeit treten	9	D. Weitere praktische Hinweise	26
1. Berufsausbildungsverhältnisse	10		
2. Anwendbarkeit bei Militär- und Polizeidienst sowie Bundesfreiwilligendienst	11		

A. Allgemeines

§ 113 ergänzt § 112 insbesondere, aber nicht nur für **unselbstständige** Tätigkeiten (→ Rn. 9 ff.).[1] Auf den **1** selbstständigen Handelsvertreter ist sowohl § 112 als auch § 113 anwendbar.[2] Anstelle des § 113 ist auch eine individuelle Zustimmung nach § 107 möglich,[3] nicht jedoch nach § 110 (die Arbeitskraft des Minderjährigen ist weder ein ihm überlassenes Mittel noch einem solchen Mittel gleichzustellen). Anders als bei § 112 stehen § 113 und § 107 in keinem Ausschlussverhältnis (→ § 112 Rn. 2–4).

§ 113 bereitet insoweit Probleme, als innerhalb des Arbeitsverhältnisses Minderjährigenschutz und, diesem **2** dienend, Elterneinfluss nicht so gesichert werden können wie außerhalb. Das birgt Risiken für den Minderjährigen. Vermögensrechtlich drohen Bindungen an zur Zeit der Minderjährigkeit abgegebene Erklärungen.[4] Im Bereich der Personensorge sind Fehlentwicklungen durch zweifelhafte Tendenzen des Umfeldes zu befürchten. Solche Fehlentwicklungen sind auf jeder Stufe sozialen Ansehens denkbar; „Jungstars" in Medien und Sport können ebenso gefährdet sein wie unqualifizierte Arbeitnehmer, die im Betrieb mit zwei-

---

1   AA MüKoBGB/*Spickhoff* (2018) § 113 Rn. 8; Staudinger/*Klumpp* (2017) BGB § 113 Rn. 10; für das Erfordernis der Unselbständigkeit dagegen mit Begründung Staudinger/*Knothe* (2012) BGB § 113 Rn. 6.

2   BAG NJW 1964, 1641 (1642).

3   *Veit* FS Birk, S. 877 (878, 882 ff.).

4   *Veit* FS Birk, S. 877 (878 f.).

felhaften Figuren in Kontakt kommen. Zivilrechtlich begründete Steuerungsmöglichkeiten sind hier eingeschränkt,[5] sollten aber genutzt werden.

B. Regelungsgehalt

I. Ermächtigung

3 Die **Ermächtigung** versteht sich wie in § 112 (→ § 112 Rn. 11–13). Die Genehmigung des Familiengerichts
ist jedoch nur für bestimmte Verträge erforderlich (**Abs. 1 S. 2**).

4 Der Begriff der Ermächtigung ist nach den allgemeinen Regeln über Willenserklärungen zu fassen. Danach
ist auch zu bestimmen, ob eine unter fortbestehender Ablehnung aus Resignation gegenüber dem Wunsch
des Minderjährigen abgegebene Erklärung als stillschweigende Ermächtigung zu qualifizieren ist.[6]

5 Verweigern die Eltern als gesetzliche Vertreter und Sorgeberechtige die Ermächtigung, greift § 1666 Abs. 3
Nr. 5 ein.[7] **Vormündern** räumt das Gesetz von vorneherein weniger Entscheidungsspielraum ein als anderen gesetzlichen Vertretern (typischerweise also den Eltern), **Abs. 3**.

II. Beschränkung und Rücknahme der Ermächtigung (Abs. 2)

6 Die Ermächtigung kann anders als im Falle des § 112 auch **eingeschränkt** werden (**Abs. 2**). Denn dem Minderjährigen tritt nicht der Rechtsverkehr insgesamt gegenüber, sondern der Dienstberechtigte, der sich auf
den Umfang der Ermächtigung einstellen kann.

7 Eine **Rücknahme** der Ermächtigung ist, anders als im Fall des § 112, ebenfalls ohne Genehmigung des
Familiengerichts möglich (Abs. 2), da die Aufgabe einer abhängigen Beschäftigung besser überschaubare
Risiken mit sich bringt als die Einstellung eines Geschäftsbetriebs. Einschränkung und Rücknahme der
Ermächtigung unterliegen jedoch (so wie auch eine Verweigerung) der allgemeinen Schranke des § 1666. In
einer Rücknahme oder Einschränkung als solcher liegt noch keine Kündigung des Arbeitsverhältnisses;
durch sie versetzt sich aber der gesetzliche Vertreter in den Stand, selbst in dem Bereich tätig zu werden,
den er bis dahin dem Minderjährigen überlassen hatte.[8]

8 Streitig ist, **wem gegenüber** Rücknahme und nachträgliche Einschränkung der Ermächtigung zu erklären
sind. Das BAG[9] betrachtet allein den Minderjährigen als tauglichen Adressaten. Nach älterer aA kommt
auch der Dienstberechtigte in Betracht,[10] was jedoch mit den weitreichenden Rechtsfolgen eines Wegfalls
der aus § 113 resultierenden Lage kaum vereinbar ist.[11]

III. In Dienst oder Arbeit treten

9 „**Dienst oder Arbeit**" meint heute im Wesentlichen Arbeitsverträge. Entscheidend ist der **Erwerbszweck**.
Auch **öffentlich-rechtliche** Beschäftigungsverhältnisse kommen in Betracht.[12] Die historische, heute missverständliche Bezeichnung „Dienst" unterscheidet also nicht etwa öffentlich-rechtliche von privatrechtlichen Verhältnissen. Dabei wird man Angestellte des öffentlichen Dienstes so zu behandeln haben wie solche des privaten Sektors, § 113 also direkt anwenden. Das gilt namentlich im Lichte der Einführung privat-
rechtsähnlicher Strukturen in weiten Bereichen des öffentlichen Dienstes.

10 **1. Berufsausbildungsverhältnisse.** Berufsbildungsverhältnisse sind nicht erfasst, da bei diesen der päd-
agogische Zweck im Vordergrund steht.[13] Ein auf ein solches Verhältnis gerichteter beschränkter Generalkonsens der gesetzlichen Vertreter muss sich also an § 107 und zusätzlich an den Grenzen des § 12 BBiG
messen lassen.[14] Will der minderjährige Auszubildende kündigen, benötigt er hierzu nach § 111 die Einwil-

---

5   § 1822 Nr. 7 betrifft nur den Vormund, nicht auch die
     Eltern; anders § 1822 Nr. 5 (str.); umstritten ist auch
     eine analoge Anwendung des § 1629 a; vgl. *Veit* FS
     Birk, S. 877 (895–898).

6   Vgl. BAG DB 1974, 2062 (2063) = FamRZ 1975, 38
     und 90 (Ls.) mAnm *Fenn* FamRZ 1975, 92: Es liegt
     jedenfalls dann keine Ermächtigung vor, wenn die
     Eltern lediglich zu der Überzeugung gelangen, das
     Kind von der Tätigkeit nicht mehr abhalten zu kön-
     nen. S. auch MüKoBGB/*Spickhoff* (2018) § 113
     Rn. 16.

7   Jauernig/*Mansel* (2018) BGB § 113 Rn. 2; weiterf.
     hierzu MüKoBGB/*Spickhoff* (2018) § 113 Rn. 43 f.

8   *Lakies*, AR-Blattei SD, Rn. 137.

9   BAG BB 2000, 567 (568).

10   *Feller* FamRZ 1961, 421 ff.

11   *Veit* FS Birk, S. 877 (887 f.) (auch zur Gesetzge-
     bungsgeschichte).

12   Das wird auf die Rspr. zum Wehrdienst gestützt,
     s. Rn. 11.

13   Staudinger/*Klumpp* (2017) BGB § 113 Rn. 15 mwN;
     MüKoBGB/*Spickhoff* (2018) § 113 Rn. 14 (aufgrund
     teleologischer Reduktion).

14   Vgl. *Veit* FS Birk, S. 877 (884 f.).

ligung seiner gesetzlichen Vertreter.[15] § 12 BBiG schützt die Vertragsfreiheit der Auszubildenden für die Zeit nach ihrer Ausbildung.

2. Anwendbarkeit bei Militär- und Polizeidienst sowie Bundesfreiwilligendienst. Bei **Militärdienst** **11** wurde von der verwaltungsrechtlichen Judikatur bislang zwischen dem obligatorischen Wehrdienst (ebenso für den Zivildienst), der übergeordneten staatlichen und gesellschaftlichen Interessen diene, und freiwilligem Dienst als Zeitsoldat unterschieden: Letzterer unterliege § 113 in analoger Anwendung.[16] Auch für den **Polizeidienst** wird die Analogie gezogen.[17]

In den entschiedenen Fällen ging es jeweils um Nachteile aus Verpflichtungserklärungen von Minderjähri- **12** gen (Rückzahlung von Sonderbezügen bei vorzeitigem Ausscheiden, Verwendung an bestimmten Standorten). Es stehen also die Probleme im Raum, die im privaten Sektor durch § 12 BBiG geregelt werden. Die Verwaltungsgerichte nehmen an, der Ausbildungscharakter des Vorbereitungsdienstes stehe wegen dessen besonderer öffentlich-rechtlicher Ausgestaltung einer Analogie zu § 113 nicht entgegen: Der Beamte im Vorbereitungsdienst sei durch besondere Normen geschützt. Erklärungen aber, die spezifische Nachteile begründeten und „wesentlich vom Üblichen" abwichen, seien von der allgemeinen Ermächtigung der Sorgeberechtigten zur Bewerbung nicht gedeckt.[18]

Für die öffentlich-rechtliche Praxis dürfte das Problem immerhin entschärft werden, wenn die Sorgeberech- **13** tigten Erklärungen hinsichtlich der spezifischen Nachteile gesondert unterzeichnen. Damit mögen die aus § 113 resultierenden Probleme beseitigt sein, nicht aber die Pflicht des Dienstherrn, Grundrechte des Beamten bzw. Soldaten in seine Erwägungen einzustellen.[19]

Die **Suspendierung der Wehrpflicht** (zum 1.7.2011) hat dazu geführt, dass derzeit jeder Militär- oder **14** Ersatzdienst der Sache nach freiwillig ist. Auch Minderjährige können betroffen sein. Entsprechend verlangt § 8 Nr. 1 BFDG die „Einwilligung" des gesetzlichen Vertreters für die Vereinbarung zwischen dem Bund und der/dem Freiwilligen. Konsequenterweise muss man § 113 analog auf diese Verhältnisse anwenden. Dass die weiterhin übergeordnete Interessen dienen, steht nicht entgegen.[20] Denn so verhielt es sich bei Zeitsoldaten und Polizisten schon immer. Welche Bezeichnung gewählt wird, ist unerheblich. Politische Semantik ändert die Rechtslage nicht.

Freiwillig Wehrdienstleistende sind zu behandeln wie Zeitsoldaten. Es handelt sich bei dieser Anwendung **15** von § 113 letztlich um eine Konsequenz daraus, dass die Bundeswehr derzeit zur Berufsarmee wird. Dass bei der Bundeswehr auch für spätere Zivilberufe ausgebildet wird, ändert am Gesagten nichts.

Gleiche Prinzipien gelten für den **Bundesfreiwilligendienst**, auf den § 13 BFDG Arbeitsrecht, insbesondere **16** Jugendarbeitsschutzrecht, für anwendbar erklärt, nicht hingegen das BBiG. Mithin ist § 113 zu bejahen, und der Dienstleistende ist teilgeschäftsfähig für die Entgegennahme einer Kündigung.[21] Wer sich also als noch Minderjähriger zu einem solchen Dienst meldet, unterliegt dem Schutz des § 113 BGB (analog). Für die Praxis empfiehlt es sich auch hier, spezifische Erklärungen der Sorgeberechtigten hinsichtlich solcher Verwendungen zu verlangen, die bisweilen als nachteilig empfunden werden (namentlich: Auslandseinsätze).

Die Analogie bleibt wegen der Besonderheiten militärischer und polizeilicher Dienstverhältnisse weiter **17** erforderlich, solange man § 113 dem Grundsatz nach auf private Arbeitsverhältnisse bezieht. Zu erwägen ist de lege ferenda, ob diese Grundunterscheidung heute noch trägt. Dann müsste man auch den Wert der Kategorie „übergeordnete Interessen" prüfen (→ Rn. 9, 11): Heute wird man weniger als im Jahre 1900 sagen können, dass Gemeininteressen notwendig in den Formen des öffentlichen Rechts wahrgenommen werden.

3. Arbeitsverträge zwischen minderjährigem Kind und Eltern. Nach hM ist neben § 1619[22] (Pflicht **18** des Kindes zur Erbringung von Dienstleistungen in Haus und Geschäft) auch ein Arbeitsvertrag zwischen Kind und Eltern möglich, auf den dann § 113 anwendbar sein soll.[23] § 181 soll dem gleichfalls nicht entgegenstehen.

---

15 Reinartz DB 2015, 1347 (1349).
16 OVG Münster NJW 1962, 758 (758) (nur Ls.): § 113 analog für Wehrdienst als Zeitsoldat.
17 BVerwG DVBl 1996, 1143 (1144): § 113 analog für Eintritt in den Bundesgrenzschutz (heute: Bundespolizei); VG München Urt. v. 16.5.2006 – M 5 K 05.5646, Tz. 20 (zit. nach juris), für den Landespolizeidienst. Im zweiten Fall spielte Art. 6 GG eine wesentliche Rolle für die Entscheidung: Die klagende Beamtin hatte aus familiären Gründen eine heimatnahe Verwendung beantragt.
18 VG München Urt. v. 16.5.2006 – M 5 K 05.5646, juris Rn. 21.

19 Selbstverständlich beseitigt auch eine spezifische Erklärung zum Ort der Verwendung nicht die Pflicht des Dienstherrn, den Schutz von Ehe und Familie bei Ermessensentscheidungen zu beachten.
20 Vgl. für den Bundesfreiwilligendienst SächsLAG Urt. v. 19.6.2013 – 2 Sa 171/12, NZA-RR 2013, 556 (557).
21 SächsLAG Urt. v. 19.6.2013 – 2 Sa 171/12, NZA-RR 2013, 556 (557).
22 Dazu Staudinger/Hilbig-Lugani (2020) BGB § 1619 Rn. 62.
23 Vgl. die Nachweise bei Veit FS Birk, S. 877 (880).

C. Rechtsfolgen

I. Partiell volle (unbeschränkte) Geschäftsfähigkeit

19 Rechtsfolge ist wie bei § 112 eine partiell **unbeschränkte Geschäftsfähigkeit**. Deren Umfang ist präziser bestimmt, punktuell dabei weiter als bei selbstständiger Tätigkeit. Im selben Umfang verliert der gesetzliche Vertreter seine Vertretungsbefugnis. Damit geht § 113 über einen beschränkten Generalkonsens nach allgemeinen Regeln hinaus.[24] Zur **Prozess- und Verfahrensfähigkeit** → § 112 Rn. 21.

II. Reichweite der unbeschränkten Geschäftsfähigkeit

20 Gestattet wird ein Arbeitsverhältnis der „**Art**" nach. Damit sichert das Gesetz einerseits eine prinzipielle Entscheidungsbefugnis der Sorgeberechtigten, andererseits eine gewisse Flexibilität. Dieses Ziel hatte in der Frühzeit des Gesetzes[25] ebenso seine Berechtigung wie heute.

21 Typischerweise wird die Ermächtigung sich auf ein bestimmtes Verhältnis beziehen; auch wenn dies nicht der Fall ist, liegt jedoch Geschäftsfähigkeit bereits für den Abschluss des Vertrages vor, der dieses Verhältnis begründet. Damit trägt das Gesetz der Erwägung Rechnung, dass Eltern typischerweise eine bestimmte berufliche Orientierung des Kindes im Allgemeinen für richtig oder falsch halten werden, nicht primär abhängig etwa von der Person des Arbeitgebers (mögen solche Erwägungen auch einfließen).

22 Die **Auslegungsregel in** Abs. 4 unterstreicht nochmals diese generelle Tragweite der Ermächtigung: Will der gesetzliche Vertreter seine Ermächtigung auf ein bestimmtes Verhältnis beschränken, so muss er sich so ausdrücken, dass daran keine Zweifel bestehen können.

23 Praktische Schwierigkeiten ergeben sich bei der Frage, welche Rechtsgeschäfte die Erfüllung der sich aus dem Arbeitsverhältnis ergebenden Verpflichtungen betreffen.[26] Das betrifft etwa den **Gewerkschaftsbeitritt** (nach allgM erfasst),[27] **Ausgleichsquittungen** (nach hM erfasst) und **Vertragsstrafen** (nach hM bei Branchenüblichkeit erfasst).[28]

24 Die verbreiteten Kriterien der Verkehrsüblichkeit bzw. (umgekehrt formuliert) der Außergewöhnlichkeit[29] bieten kaum Sicherheit, solange sie nicht in angemessener Weise konkretisiert werden (etwa anhand von Tarifverträgen).[30] Grundsätzlich gilt: Da § 113 nicht auf die Einräumung unternehmerischer Freiheit zielt, gibt es hier **keine** Zweifelsregel zugunsten der Zustimmungsfreiheit (→ § 112 Rn. 24 ff.).

25 Die **Eröffnung eines Girokontos** durch den Minderjährigen ist nach § 113 wirksam, wenn sie zur Entgegennahme von Lohn- und Gehaltszahlungen erfolgt.[31] Damit sind jedoch nicht alle Verfügungen über das Konto von § 113 gedeckt; im Einzelfall ist darauf abzustellen, ob ein enger Sachzusammenhang mit dem Arbeitsverhältnis besteht.[32] Der Verdienst des Minderjährigen unterliegt jedoch stets der elterlichen Verwaltung.[33]

D. Weitere praktische Hinweise

26 Wer sich auf die Geschäftsfähigkeit nach § 113 beruft, hat dessen Voraussetzungen zu **beweisen**. Ebenso hat derjenige, der sich auf die Rücknahme oder Einschränkung der Ermächtigung nach Abs. 2 beruft, diese zu beweisen. Wer entgegen Abs. 4 behauptet, die Ermächtigung sei nur für einen einzelnen Vertrag erteilt worden, ist hierfür beweispflichtig.[34]

---

24 *Veit* FS Birk, S. 877 (887); Staudinger/*Peschel-Gutzeit* (2015) § 1629 Rn. 72.

25 Vgl. *Krückmann*, Institutionen des Bürgerlichen Gesetzbuches (5. Aufl. 1929), S. 53: „das Mädchen, das die Ermächtigung hat, sich eine Stelle als Dienstmädchen zu suchen, ist damit nicht ermächtigt, Fabrikarbeiterin oder Kellnerin zu werden".

26 Vgl. zu Einzelfällen Staudinger/*Klumpp* (2017) BGB § 113 Rn. 35 f. Zum ärztlichen Behandlungsvertrag zwecks Erhaltung der Arbeitskraft vgl. Staudinger/*Peschel-Gutzeit* (2015) BGB § 1629 Rn. 125.

27 Vgl. Staudinger/*Peschel-Gutzeit* (2015) BGB § 1626 Rn. 86.

28 Vgl. *Veit* FS Birk, S. 877 (888 f.).

29 Vgl. *Veit* FS Birk, S. 877 (888). Aus der Judikatur etwa LAG Bln Urt. v. 28.3.1964 – 4 Sa 51/62, BB 1963, 897 = AuR 63, 382 (Ls.): Wettbewerbsvereinbarung mit hoher Konventionalstrafe zulasten des

Minderjährigen. Vgl. funktionell ähnlich bei Ausbildungsverhältnissen § 12 Abs. 2 Nr. 2 BBiG.

30 Nachw. zur regelmäßigen Verkehrsüblichkeit tariflich vorgesehener Gestaltungsmöglichkeit vgl. *Veit* FS Birk, S. 877 (889). Vgl. insbesondere BAG AP BGB § 113 Nr. 7 m. krit. Anm. *Gitter*: Wahl zwischen Zusatzversorgung über die VBL oder eine Ersatzkasse.

31 *Vortmann* WM 1994, 966; *Hagemeister* JuS 1992, 842 mwN.

32 *Vortmann* WM 1994, 966 (967); *Hagemeister* JuS 1992, 842.

33 Vgl. Staudinger/*Peschel-Gutzeit* (2015) BGB § 1626 Rn. 66.

34 So iE. auch *Baumgärtel/Laumen/Prütting* (3. Aufl. 2007) BGB § 113 Rn. 3 (Abs. 4 als Auslegungsregel); Staudinger/*Klumpp* (2017) BGB § 113 Rn. 46.

§§ 114 und 115 (weggefallen)

Titel 2 Willenserklärung

Vorbemerkungen zu §§ 116–144

Literatur: *Bartholomeyczik*, Die subjektiven Merkmale der Willenserklärung, in: FS Picker 1967, S. 51; *Basse*, Das Schweigen als rechtserhebliches Verhalten im Vertragsrecht, 1986; *Brehmer*, Willenserklärung und Erklärungsbewußtsein, JuS 1986, 440; *ders.*, Wille und Erklärung, 1992; *Brox*, Fragen der rechtsgeschäftlichen Privatautonomie, JZ 1966, 761; *Bydlinski*, Privatautonomie und objektive Grundlagen des verpflichtenden Rechtsgeschäftes, 1967; *ders.*, Erklärungsbewußtsein und Rechtsgeschäft, JZ 1975, 1; *Canaris*, Die Vertrauenshaftung im deutschen Privatrecht, 1971; *Ebert*, Schweigen im Vertrags- und Deliktsrecht, JuS 1999, 754; *Eisenhardt*, Zum subjektiven Tatbestand der Willenserklärung, JZ 1986, 875; *Fabricius*, Schweigen als Willenserklärung, JuS 1966, 1; *Flume*, Rechtsgeschäft und Privatautonomie, in: FS zum 43. Juristentag, Bd. I 1960, S. 135; *Gudian*, Fehlen des Erklärungsbewußtseins, AcP 169 (1969), 232; *Hanau*, Objektive Elemente im Tatbestand der Willenserklärung, AcP 165 (1965), 220; *Hepting*, Erklärungswille, Vertrauensschutz und rechtsgeschäftliche Bindung, in: FS der Rechtswissenschaftlichen Fakultät zur 600-Jahr-Feier der Universität zu Köln 1988, S. 209; *Hübner*, Zurechnung statt Fiktion einer Willenserklärung, in: FS Nipperdey, Bd. I 1965, S. 373; *Kellmann*, Grundprobleme der Willenserklärung, JuS 1971, 609; *Lobinger*, Rechtsgeschäftliche Verpflichtung und autonome Bindung, 1999; *Lorenz*, Grundwissen – Zivilrecht: Willensmängel, JuS 2012, 490; *Lüdeking*, Die zugerechnete Willenserklärung, 2017; *Mankowski*, Verändert die Neurobiologie die rechtliche Sicht auf Willenserklärungen?, AcP 211 (2011), 153; *Oechsler*, Der Allgemeine Teil des Bürgerlichen Gesetzbuchs und das Internet (1. Teil), Jura 2012, 422; *ders.*, Der Allgemeine Teil des Bürgerlichen Gesetzbuchs und das Internet (2. Teil), Jura 2012, 497; *D. Paulus/Matzke*, Smart Contracts und das BGB – Viel Lärm um nichts? –, ZfPW 2018, 431; *Petersen*, Der Tatbestand der Willenserklärung, Jura 2006, 178; *Schermaier*, Die Bestimmung des wesentlichen Irrtums von den Glossatoren bis zum BGB, 2000; *Schmidt-Salzer*, Subjektiver Wille und Willenserklärung, JR 1969, 281; *Schwerdtner*, Schweigen im Rechtsverkehr, Jura 1988, 443; *Specht/Herold*, Roboter als Vertragspartner?, Gedanken zu Vertragsabschlüssen unter Einbeziehung automatisiert und autonom agierender Systeme, MMR 2018, 40; *Singer*, Geltungsgrund und Rechtsfolgen der fehlerhaften Willenserklärung, JZ 1989, 1030; *ders.*, Selbstbestimmung und Verkehrsschutz im Recht der Willenserklärungen, 1995; *Süß*, Geld oder Leben – Zum Verhältnis von Auslegung, Anfechtung und Mentalreservation, Jura 2011, 735; *Ulrici*, Geschäftsähnliche Handlungen, NJW 2003, 2053; *Werba*, Die Willenserklärung ohne Willen, 2005; *Wieser*, Zurechenbarkeit des Erklärungsinhalts, AcP 184 (1984), 40; *ders.*, Wille und Verständnis bei der Willenserklärung, AcP 189 (1989), 112.

A. Begriff der Willenserklärung 1
B. Elemente der Willenserklärung 4
   I. Wille 5
   II. Erklärung 10
C. Abgrenzung der Willenserklärung von ähnlichen Handlungen 14

A. Begriff der Willenserklärung

Die Willenserklärung ist notwendiger Bestandteil jedes Rechtsgeschäfts. Sie ist gleichsam der kleinste Baustein der Rechtsgeschäftslehre. Damit bildet sie einen **Schlüsselbegriff** des Allgemeinen Teils des Bürgerlichen Rechts.[1] Trotzdem fehlt eine Legaldefinition. Der Begriff der Willenserklärung wird vom Gesetz lediglich vorausgesetzt. Die §§ 116 ff. regeln allerdings die Wirksamkeitsvoraussetzungen einer Willenserklärung in vielfältiger Weise. Aus diesen Vorschriften lässt sich mittelbar ihre Definition ableiten. **1**

Danach ist die Willenserklärung eine **private Willensäußerung**, die auf die **Erzielung einer Rechtsfolge** gerichtet ist und die diese Rechtsfolge deshalb herbeiführt, weil sie gewollt und von der Rechtsordnung anerkannt wird.[2] Wie sich schon aus dem Begriff „Willenserklärung" entnehmen lässt, besteht sie aus den beiden wesentlichen Bestandteilen der Erklärung (Willensäußerung) und des zugrunde liegenden Willens (Wille zur Herbeiführung eines rechtlichen Erfolges). Eine rein private Willensäußerung wird dadurch zur Willenserklärung, dass der Äußernde seinen Willen mitteilt, seine rechtliche Lage zu ändern.[3] Dieses begriffsnotwendige Merkmal der Willenserklärung wird in der Literatur häufig als Rechtsfolgewille[4] oder als Geschäftswille[5] bezeichnet (vgl. dazu noch → Rn. 8). Der Rechtsfolge- oder Geschäftswille ist allerdings nur ein Bestandteil des erforderlichen Willens, zu dem außerdem der Handlungswille und der Erklärungswille gehören, der auch Erklärungsbewusstsein genannt wird. Gerade im Hinblick auf das letztgenannte Merkmal des Erklärungsbewusstseins wird indessen diskutiert, ob es eine Wirksamkeitsvoraussetzung der Willenserklärung ist oder ob bereits der zurechenbare äußere Tatbestand einer Willenserklärung **2**

---

1 Vgl. HKK/*Schermaier* BGB §§ 116–124 Rn. 1.
2 Vgl. Motive I, S. 126 = *Mugdan* I, S. 421; Soergel/*Hefermehl* BGB Vor § 116 Rn. 2; Jauernig/*Mansel* BGB Vor § 116 Rn. 2; Hk-BGB/*Dörner* Vor § 116 Rn. 1; Erman/*Arnold* BGB Vor § 116 Rn. 1.
3 HKK/*Schermaier* BGB §§ 116–124 Rn. 1.
4 So etwa Palandt/*Ellenberger* BGB Vor § 116 Rn. 4; vgl. auch Hk-BGB/*Dörner* Vor § 116 Rn. 6.
5 So etwa Soergel/*Hefermehl* BGB Vor § 116 Rn. 6; Erman/*Arnold* BGB Vor § 116 Rn. 5; *Brox/Walker* BGB AT § 4 Rn. 18; vgl. auch Hk-BGB/*Dörner* Vor § 116 Rn. 6.

entsprechende Rechtsfolgen auslöst (vgl. dazu → Rn. 7).[6] Da auch **elektronische und andere automatisierte Erklärungen** diese Voraussetzungen erfüllen, handelt es sich um Willenserklärungen iSd §§ 116 ff., 145 ff., die dem Nutzer der verwendeten Software zuzurechnen sind.[7] Das Gleiche sollte für die sog. **autonomen Erklärungen** gelten, die von Softwarealgorithmen aufgrund gesammelter Daten „eigenständig", dh ohne einen zum Zeitpunkt der Dateneingabe vorhersehbaren oder zumindest bestimmbaren Inhalt erzeugt und abgegeben werden. Denn sie können wie die automatisierten Erklärungen dem jeweiligen Nutzer der Software zugerechnet werden.[8] Demgegenüber könnte die ebenfalls vertretene Anwendung des Stellvertretungsrechts und insbesondere des § 179 Abs. 3[9] dazu führen, dass der Vertragspartner das Risiko tragen müsste, mit dem autonom handelnden Software-Assistenten einem nicht haftenden Vertreter ausgesetzt zu sein.[10]

3   Stimmt die Erklärung nicht mit dem zugrunde liegenden Willen überein, kommt es für die Rechtsfolgen eines solchen Willensmangels darauf an, ob dem äußeren Tatbestand der Erklärung oder dem inneren Tatbestand des Willens der Vorrang einzuräumen ist. Vor dem Inkrafttreten des BGB gab es dazu zwei entgegengesetzte Theorien. Die sog. **Willenstheorie** sah den Geltungsgrund der Willenserklärung im Willenselement; danach sollte jede Willenserklärung unwirksam sein, die nicht durch einen entsprechenden Willen des Erklärenden gedeckt war.[11] Die sog. **Erklärungstheorie** sah demgegenüber den Geltungsgrund der Willenserklärung in dem Vertrauenstatbestand, den der Erklärende durch seine Erklärung geschaffen hatte; danach sollte er selbst dann an die Erklärung gebunden sein, wenn der entsprechende Wille in Wirklichkeit fehlte.[12] Der Gesetzgeber des BGB hat sich nicht für eine der beiden Theorien entschieden, sondern in den §§ 116 ff. einen **Ausgleich der betroffenen Interessen** vorgenommen (näher → § 119 Rn. 1 f.). Auch die neuere sog. **Geltungstheorie** will einen Ausgleich herbeiführen, indem sie den Geltungsgrund für den Eintritt der gewollten Rechtsfolgen im Zusammenwirken von Wille und Erklärung sieht.[13]

B. Elemente der Willenserklärung

4   Die Willenserklärung besteht aus zwei Grundelementen. Das **innere Element** – der subjektive Tatbestand – ist der innere Wille des Erklärenden, einen rechtlichen Erfolg herbeizuführen. Das **äußere Element** – der objektive Tatbestand – ist die Kundgabe des Willens. Nicht der bloße Wille allein, sondern erst der geäußerte, kundgegebene Wille bewirkt den Rechtserfolg.[14]

I. Wille

5   Der Wille als inneres Element oder subjektiver Tatbestand der Willenserklärung wird herkömmlicherweise in **drei Unterelemente** aufgegliedert. Dabei handelt es sich um den Handlungswillen, den Erklärungswillen oder das Erklärungsbewusstsein und den Geschäftswillen oder Rechtsfolgewillen.[15] Diese Unterteilung entspricht den psychologischen Erkenntnissen zur Zeit der Redaktion des BGB.[16] Jedes Unterelement steht für ein Problem der Zurechnung und damit der Risikozuweisung.[17]

---

6   Vgl. nur BGHZ 91, 324 (327 ff.) = BGH NJW 1984, 2279 f.; BGHZ 109, 171 (177) = BGH NJW 1990, 454 (456); 1995, 953; Staudinger/*Singer*, Bearbeitung 2017, BGB Vor §§ 116–144 Rn. 14 ff.; Jauernig/*Mansel* BGB Vor § 116 Rn. 5; RGRK/*Krüger-Nieland* BGB Vor § 116 Rn. 1, 5 ff., 29 ff.

7   BGH NJW 2002, 363 (364); 2017, 468; OLG Hamm NJW 2001, 1142; Palandt/*Ellenberger* BGB Vor § 116 Rn. 1; *D. Paulus/Matzke* ZfPW 2018, 431 (439 ff.), jew. mwN.

8   Näher dazu *D. Paulus/Matzke* ZfPW 2018, 431 (442 ff.).

9   So etwa *Specht/Herold* MMR 2018, 40 (42 f.) mwN.

10   Ausf. *D. Paulus/Matzke* ZfPW 2018, 431 (443 ff.)

11   *Brox/Walker* BGB AT § 16 Rn. 5; Palandt/*Ellenberger* BGB Vor § 116 Rn. 2/3; MüKoBGB/*Armbrüster* Vor § 116 Rn. 21; Erman/*Arnold* BGB Vor § 116 Rn. 12; *Wolf/Neuner* BGB AT § 30 Rn. 2; näher zu der im Wesentlichen auf Elementen der „Willenstheorie" basierenden, maßgeblich von *Savigny* entwickelten Irrtumslehre Staudinger/*Singer*, Bearbeitung 2017, BGB § 119 Rn. 1–5; HKK/*Schermaier* BGB §§ 116–124 Rn. 53.

12   *Brox/Walker* BGB AT § 16 Rn. 6; Palandt/*Ellenberger* BGB Vor § 116 Rn. 2/3; MüKoBGB/*Armbrüster* Vor § 116 Rn. 21, § 119 Rn. 1; Erman/*Arnold* BGB Vor § 116 Rn. 12; *Wolf/Neuner* BGB AT § 30 Rn. 4.

13   So etwa *Wolf/Neuner* BGB AT § 30 Rn. 6 ff.; vgl. auch Soergel/*Hefermehl* BGB Vor § 116 Rn. 7.

14   *Brox/Walker* BGB AT Rn. 83.

15   Hk-BGB/*Dörner* Vor § 116 Rn. 3; Soergel/*Hefermehl* BGB Vor § 116 Rn. 6; Jauernig/*Mansel* BGB Vor § 116 Rn. 3; RGRK/*Krüger-Nieland* BGB Vor § 116 Rn. 2; *Brox/Walker* BGB AT § 4 Rn. 16; Staudinger/*Singer*, Bearbeitung 2017, BGB Vor §§ 116–144 Rn. 26–29; dagegen für eine Unterteilung in kompetenzielle und intentionale Voraussetzungen mit der Ergänzung durch die notwendigen materialen Voraussetzungen *Wolf/Neuner* BGB AT § 32 Rn. 1.

16   *Brox/Walker* BGB AT § 4 Rn. 16; *Wolf/Neuner* BGB AT § 32 Rn. 1; näher dazu HKK/*Schermaier* BGB §§ 116–124 Rn. 10; *Mankowski* AcP 211 (2011), 153, 175 ff.

17   Hk-BGB/*Dörner* Vor § 116 Rn. 3.

Der **Handlungswille** bezeichnet das Bewusstsein, überhaupt eine Handlung vorzunehmen. Daran fehlt es **6** beispielsweise bei reinen Reflexbewegungen oder bei Handlungen unter Hypnose. Ein bewusster Willensakt liegt ebenfalls nicht vor, wenn die Handlung durch äußere, unwiderstehliche Gewalt – **vis absoluta** – unmittelbar erzwungen wird, indem zB ein Anderer dem „Erklärenden" bei einer Unterschrift die Hand führt. Ohne Handlungswille fehlt es bereits am Tatbestand einer Willenserklärung.[18] Die unbewusste Handlung wird dem „Erklärenden" nicht zugerechnet. Geschützt wird sein Vertrauen, nicht dasjenige des Empfängers, es liege eine Willenserklärung vor. Eine vergleichbare Wertung enthält § 105 Abs. 2, dem zufolge eine im Zustand der Bewusstlosigkeit abgegebene Willenserklärung nichtig ist.[19] Handelt der Erklärende nicht unter unwiderstehlichem Zwang, sondern unter psychischem Druck – **vis compulsiva** –, fehlt der Handlungswille nicht. Die aufgrund des psychischen Drucks abgegebene Willenserklärung kann der Erklärende gem. § 123 Abs. 1, 2. Fall anfechten, wenn die Drohung widerrechtlich ist (→ § 123 Rn. 74 ff.).

Unter dem **Erklärungswillen** oder **Erklärungsbewusstsein** versteht man das Bewusstsein, rechtsgeschäft- **7** lich zu handeln. Der Erklärende muss sich bewusst sein, dass sein Handeln irgendeine rechtserhebliche, nämlich auf die Erzielung von Rechtsfolgen gerichtete Erklärung darstellt. Daran fehlt es im Schulfall der **„Trierer Weinversteigerung"**. Dort hebt der Ortsunkundige die Hand, um einem Bekannten zuzuwinken; er weiß nicht, dass er damit ein höheres Gebot abgibt.[20] Andere Beispiele fehlenden Erklärungsbewusstseins sind das Unterschreiben eines Kaufangebots in der irrigen Meinung, es handele sich um ein Dankschreiben, das Ausfüllen eines Formulars für einen kostenpflichtigen (Online-) Branchenbuch-Eintrag in der Annahme, keine rechtlich verbindliche Erklärung abzugeben,[21] und die bloße Tatsachenmitteilung einer Sparkasse, sie habe eine Bürgschaft übernommen, die als Angebot auf den Abschluss eines Bürgschaftsvertrages gem. §§ 765, 766 ausgelegt wird.[22] In der Lehre war umstritten, ob das Erklärungsbewusstsein zum Tatbestand der Willenserklärung gehört und sein Fehlen deshalb bereits das Vorliegen einer Willenserklärung ausschließt oder ob das fehlende Erklärungsbewusstsein zu einer fehlerhaften Willenserklärung führt, die in unmittelbarer oder analoger Anwendung des § 119 Abs. 1, 2. Fall als Erklärungsirrtum angefochten werden kann.[23] Nach der Rechtsprechung und der heute herrschenden Literatur handelt es sich trotz fehlenden Erklärungsbewusstseins um eine – normativ zugerechnete – Willenserklärung, wenn der Erklärende bei Anwendung der im Verkehr erforderlichen Sorgfalt hätte erkennen und vermeiden können, dass seine ausdrückliche oder konkludente Äußerung nach Treu und Glauben und der Verkehrssitte (§§ 133, 157) als Willenserklärung aufgefasst werden durfte, und wenn der Empfänger sie auch tatsächlich so verstanden hat.[24] Man spricht insofern auch von sog. potenziellem Erklärungsbewusstsein oder Erklärungsfahrlässigkeit.[25] Muss sich der Handelnde sein Verhalten nach diesen Grundsätzen als Willenserklärung zurechnen lassen, kann er sie gem. § 119 Abs. 1, 2. Fall anfechten (vgl. dazu → § 119 Rn. 33).

Bei dem **Geschäftswillen** oder **Rechtsfolgewillen** handelt es sich um den Willen, mit der Erklärung eine **8** bestimmte Rechtsfolge herbeizuführen. Er unterscheidet sich vom Erklärungswillen oder Erklärungsbewusstsein dadurch, dass er auf die Herbeiführung nicht irgendeiner Rechtsfolge, sondern eines ganz bestimmten rechtsgeschäftlichen Erfolgs gerichtet sein muss.[26] Der Rechtsfolgewille setzt allerdings nicht voraus, dass der Erklärende eine detaillierte Vorstellung hat, wie der angestrebte wirtschaftliche Erfolg rechtstechnisch verwirklicht wird. Es genügt vielmehr, dass dieser Erfolg als rechtlich gesichert und anerkannt gewollt ist.[27] Damit reicht eine „Parallelwertung in der Laiensphäre". Die notwendige Übereinstimmung zwischen Geschäftswille und Erklärung fehlt zB, wenn der Erklärende statt des Verkaufsangebots ein Schenkungsangebot oder ein Kaufangebot zu einem höheren als dem gewollten Preis abgibt. Dann kann er unter den weiteren Voraussetzungen des § 119 Abs. 1, 1. Fall anfechten (vgl. dazu → § 119 Rn. 40 ff.).

18 Hk-BGB/*Dörner* Vor § 116 Rn. 4; Erman/*Arnold* BGB Vor § 116 Rn. 14; PWW/*Ahrens* BGB Vor §§ 116 ff. Rn. 26; *Petersen* Jura 2006, 178 (180).

19 Erman/*Arnold* BGB Vor § 116 Rn. 3.

20 Vgl. dazu *Gudian* AcP 169 (1969), 232; Staudinger/*Singer*, Bearbeitung 2017, BGB Vor §§ 116–144 Rn. 28; MüKoBGB/*Armbrüster* BGB § 119 Rn. 96.

21 LG Düsseldorf 31.7.2013 – 23 S 316/12, BeckRS 2013, 13449; näher dazu auch *Amery* NJW 2017, 2309 f.

22 BGHZ 91, 324 (327 ff.) = BGH NJW 1984, 2279 f.; vgl. ferner das Bsp einer konkludenten Erklärung ohne Erklärungsbewusstsein in BGHZ 109, 171 (177 f.) = BGH NJW 1990, 454 (456).

23 Vgl. dazu nur die ausf. Darstellung und die Nachw. bei MüKoBGB/*Armbrüster* § 119 Rn. 96 ff.; vgl. auch HKK/*Schermaier* BGB §§ 116–124 Rn. 11; Erman/*Arnold* BGB Vor § 116 Rn. 15.

24 So etwa BGHZ 91, 324 (329 f.) = BGH NJW 1984, 2279 (2280); BGHZ 109, 171 (177) = BGH NJW 1990, 454 (456); 1995, 953; BGHZ 149, 129 (136) = NJW 2002, 362 (365); BGHZ 158, 201 = NJW 2004, 1590; OLG Hamm 28.4.2016 – 28 U 114/14; LG Düsseldorf 31.7.2013 – 23 S 316/12, BeckRS 2013, 13449; Hk-BGB/*Dörner* Vor § 116 Rn. 5; Palandt/*Ellenberger* BGB Vor § 116 Rn. 17; PWW/*Ahrens* BGB Vor §§ 116 ff. Rn. 27; Erman/*Arnold* BGB Vor § 116 Rn. 15; *Brox/Walker* BGB AT BGB § 4 Rn. 17, 137; *Wolf/Neuner* BGB AT BGB § 32 Rn. 1, jew. mwN.

25 Vgl. etwa OLG Dresden BB 1999, 497 Rn. 13.

26 Hk-BGB/*Dörner* Vor § 116 Rn. 5; Erman/*Arnold* BGB Vor § 116 Rn. 5; PWW/*Ahrens* BGB Vor §§ 116 ff. Rn. 28.

27 BGH NJW 1993, 2100; Palandt/*Ellenberger* BGB Vor § 116 Rn. 4; Erman/*Arnold* BGB Vor § 116 Rn. 5.

9 Ein Bestandteil des Rechtsfolgen- oder Geschäftswillens ist der **Rechtsbindungswille**.[28] Er fehlt bei reinen Gefälligkeitshandlungen im außerrechtlichen familiären, freundschaftlichen oder gesellschaftlichen Bereich. Keine Vertragsbeziehungen begründet etwa die Einladung zu einem Essen oder einer Party oder ein sog. „gentleman's. agreement".[29] Ob im konkreten Einzelfall – zB bei einer Lotto-Tippgemeinschaft[30] – der Rechtsbindungswille vorliegt oder nicht, ist durch Auslegung entsprechend den §§ 133, 157 zu ermitteln.[31]

II. Erklärung

10 Der innere Wille führt erst dann zu dem erstrebten Erfolg, wenn er nach außen hin erklärt wird. Diese **Kundgabehandlung** ist das zweite, äußere Element des Begriffs der Willenserklärung, der objektive Tatbestand. Erforderlich ist ein äußerlich erkennbares Verhalten, welches den Willen zum Ausdruck bringt, dass der Handelnde eine bestimmte Rechtsfolge herbeiführen will.[32]

11 Eine **ausdrückliche Willenserklärung** (direkte, unmittelbare Willenserklärung) lässt den Geschäftswillen des Erklärenden unmittelbar erkennen, weil sie diesen Willen direkt in Wort und Schrift – auch auf elektronischem Wege – zum Ausdruck bringt. Einer Auslegung unter Heranziehung der Begleitumstände (vgl. dazu → § 133 Rn. 31) bedarf es regelmäßig nicht.[33]

12 Häufig wird der Geschäftswille nicht ausdrücklich erklärt, sondern es ergibt sich erst aus den Begleitumständen, dass ein bestimmtes menschliches Verhalten auf die Herbeiführung einer bestimmten Rechtsfolge gerichtet ist. Eine solche **konkludente Willenserklärung** (schlüssige, stillschweigende, indirekte, mittelbare Willenserklärung) zeichnet sich dadurch aus, dass das Verhalten des Erklärenden – beispielsweise ein Kopfnicken – für sich allein betrachtet keinen eindeutigen Sinn hat, im Zusammenhang mit anderen Umständen aber auf einen derartigen Sinn geschlossen werden kann. So ist das Kopfnicken gegenüber dem Nachbarn beim Spazierengehen ein Gruß, während es als Reaktion auf ein Kaufangebot die Annahme dieses Angebots bedeutet. Entsprechendes gilt für das Füllen eines Korbes mit Gegenständen, das als solches keine besondere Bedeutung hat; füllt aber ein Kunde in einem Supermarkt einen Korb mit Waren und gibt ihn an der Kasse ab, ist dieses Verhalten als Angebot auf den Abschluss eines Kaufvertrages über die Ware im Korb auszulegen.[34] Ein anderes Beispiel ist die vorbehaltlose Entgegennahme einer Leistung, die als Einverständnis mit den vorher übersandten Geschäftsbedingungen des Leistenden verstanden werden kann.[35] Entscheidend ist stets die **Auslegung des Verhaltens** unter Berücksichtigung der gesamten Begleitumstände und der Verkehrssitte (vgl. dazu → § 133 Rn. 29 ff.).[36]

13 Grundsätzlich keine (konkludente) Willenserklärung ist das bloße **Schweigen**.[37] Wer nichts tut, erklärt regelmäßig nichts. Das bloße Schweigen hat im Rechtsverkehr nur ausnahmsweise Erklärungswert, und zwar dann, wenn gesetzliche Regelungen das vorsehen, wenn die Parteien eine solche Wirkung vereinbart haben oder wenn der Schweigende nach Treu und Glauben (§ 242) zur Erklärung verpflichtet war. Beispiele für die **gesetzliche Anordnung** eines Erklärungswerts finden sich einerseits in den §§ 108 Abs. 2 S. 2, 177 Abs. 2 S. 2 Hs. 2, 415 Abs. 2 S. 2 und 451 Abs. 1 S. 2 (Schweigen bis zum Ablauf einer bestimmten Frist als Ablehnung) und andererseits in den §§ 416 Abs. 1 S. 2, 455 S. 2, 516 Abs. 2 S. 2 und 1943 Hs. 2 sowie in den §§ 75 h, 91 a, 362 Abs. 1 HGB und in den §§ 99 Abs. 3 S. 2 und 102 Abs. 2 S. 2 BetrVG (Schweigen bis zum Ablauf einer bestimmten Frist als Zustimmung). In gleicher Weise können die **Parteien vereinbaren**, dass das Schweigen bis zum Ablauf einer bestimmten Frist eine Ablehnung oder Zustimmung bedeutet („beredtes Schweigen").[38] Bei der Zusendung unbestellter Waren ist die Sonderregelung des § 241a zu beachten, der zufolge keine Ansprüche des Unternehmers gegen den Kunden begründet werden.[39] Schließlich kann das Schweigen aufgrund eines **Handelsbrauchs** (§ 346 HGB) oder nach **Treu und Glauben** unter

---

28   Soergel/*Hefermehl* BGB Vor § 116 Rn. 19; vgl. zur Abgrenzung von Rechtsfolgewille und Rechtsbindungswille Staudinger/*Singer*, Bearbeitung 2017, BGB Vor §§ 116–144 Rn. 29.

29   Soergel/*Hefermehl* BGB Vor § 116 Rn. 28; Palandt/*Ellenberger* BGB Vor § 116 Rn. 4.

30   Vgl. BGH NJW 1974, 1705.

31   Soergel/*Hefermehl* BGB Vor § 116 Rn. 17.

32   Erman/*Arnold* BGB Vor § 116 Rn. 6; Brox/*Walker* BGB AT BGB § 4 Rn. 20; *Wolf/Neuner* BGB AT BGB § 31 Rn. 2.

33   Vgl. Erman/*Arnold* BGB Vor § 116 Rn. 7.

34   *Wolf/Neuner* BGB AT § 31 Rn. 8.

35   BGH NJW 1963, 1248.

36   Vgl. BGH NJW 1963, 1248; 1990, 1655, 1656; OLG Rostock NJW-RR 2006, 1162; MüKoBGB/*Armbrüster* Vor § 116 Rn. 6 ff.; Erman/*Arnold* BGB Vor § 116 Rn. 7.

37   BGH NJW 1981, 43 (44); 2002, 3629, 3630; Hk-BGB/*Dörner* Vor § 116 Rn. 2; Soergel/*Hefermehl* BGB Vor § 116 Rn. 32; Palandt/*Ellenberger* BGB Vor § 116 Rn. 7; PWW/*Ahrens* BGB Vor §§ 116 ff. Rn. 21; *Wolf/Neuner* BGB AT § 31 Rn. 11; vgl. BGH NJW 2000, 2667 (2668); Erman/*Arnold* BGB Vor § 116 Rn. 8.

38   Hk-BGB/*Dörner* Vor § 116 Rn. 2; Erman/*Arnold* BGB Vor § 116 Rn. 8; vgl. für die Fälle einer ungewollten Vertragsverlängerung *Wais* NJW 2018, 1777 (1779).

39   Vgl. dazu AnwK-BGB/*Krebs* § 241 a Rn. 10 ff.

Berücksichtigung der **Verkehrssitte** (§ 242) ausnahmsweise als Willenserklärung, und zwar speziell als Annahmeerklärung, zu werten sein, wenn den Schweigenden eine konkrete Rechtspflicht traf zu widersprechen.[40] So sieht die Rechtsprechung insbesondere in dem Schweigen auf ein endgültiges Angebot, das aufgrund einverständlicher Vorverhandlungen ergeht, die alle wichtigen Punkte betreffen, in der Regel eine stillschweigende Annahme, sofern nicht nach den Umständen des Einzelfalls eine solche ausgeschlossen sein sollte.[41] Ein weiterer wichtiger Anwendungsfall dieser Grundsätze ist das **Schweigen auf ein kaufmännisches Bestätigungsschreiben** (vgl. dazu → § 147 Rn. 9 f.).

C. Abgrenzung der Willenserklärung von ähnlichen Handlungen

Die Willenserklärung als private, auf die Erzielung einer Rechtsfolge gerichtete Willensäußerung ist einerseits von den **Realakten** und andererseits von den **geschäftsähnlichen Handlungen** abzugrenzen. Diese Abgrenzung hat Bedeutung für die (analoge) Anwendbarkeit der Vorschriften über Rechtsgeschäfte und Willenserklärungen. **14**

Realakte sind rein tatsächliche menschliche Handlungen, die ohne einen Mitteilungs- oder Kundgabezweck vorgenommen werden und an die das Gesetz ohne Rücksicht auf das Gewollte eine Rechtsfolge knüpft.[42] In dieser Unabhängigkeit der Rechtsfolge vom Gewollten und im fehlenden Mitteilungs- oder Kundgabezweck liegt der Unterschied zur Willenserklärung. Bemalt beispielsweise jemand eine fremde Leinwand, so wird er nicht nur ohne entsprechenden Willen, sondern sogar gegen seinen Willen gem. § 950 Eigentümer der Leinwand. Wegen dieses entscheidenden Unterschiedes sind die Vorschriften über Rechtsgeschäfte auf Realakte weder direkt noch analog anwendbar.[43] **15**

Geschäftsähnliche Handlungen stehen den Willenserklärungen näher als Realakte. Es handelt sich um Willensäußerungen oder Mitteilungen, an die das Gesetz unmittelbar und stets Rechtsfolgen knüpft, ohne dass diese vom Äußernden gewollt sein müssen.[44] Hauptbeispiele sind die Mahnung gem. § 286 Abs. 1 und die Mängelrüge des Kaufmanns gem. § 377 Abs. 1 HGB.[45] Zwar tritt auch hier, wie bei den Realakten, die gesetzlich vorgesehene Rechtsfolge unabhängig vom Willen des Äußernden ein. Die stärkere Vergleichbarkeit mit Willenserklärungen folgt aber daraus, dass es sich um Willenskundgaben oder zumindest um Mitteilungen mit einem Kundgabezweck handelt. Deshalb werden in vielen Fällen die Vorschriften über Rechtsgeschäfte und Willenserklärungen, und zwar vor allem die §§ 104 ff. (Geschäftsfähigkeit), 116 ff. (Willensmängel) und 164 ff. (Stellvertretung), wegen der Vergleichbarkeit der Interessenlagen für analog anwendbar gehalten.[46] **16**

§ 116 Geheimer Vorbehalt

[1]**Eine Willenserklärung ist nicht deshalb nichtig, weil sich der Erklärende insgeheim vorbehält, das Erklärte nicht zu wollen.** [2]**Die Erklärung ist nichtig, wenn sie einem anderen gegenüber abzugeben ist und dieser den Vorbehalt kennt.**

Literatur: *Holzhauer*, Dogmatik und Rechtsgeschichte der Mentalreservation, in: FS Gmür 1983, S. 119; *Petersen*, Die Wirksamkeit der Willenserklärung, Jura 2006, 426; *Preuß*, Geheimer Vorbehalt, Scherzerklärung und Scheingeschäft, Jura 2002, 815; *Wacke*, Mentalreservation und Simulation als antizipierte Konträrakte bei formbedürftigen Geschäften, in: FS Medicus 1999, S. 651.

A. Allgemeines 1
B. Regelungsgehalt 3
  I. Unbeachtlichkeit des geheimen Vorbehalts
  (S. 1) 3

II. Beachtlichkeit des erkannten Vorbehalts (S. 2)   7
III. Abgrenzungen 11
C. Weitere praktische Hinweise 14

---

40 BGH NJW 1981, 43 (44); 1995, 1281; 1996, 919, 921; Palandt/*Ellenberger* BGB Vor § 116 Rn. 10.

41 So etwa BGH NJW 1995, 1281 mwN.

42 *Brox/Walker* BGB AT § 4 Rn. 26; *Hübner* BGB AT Rn. 697; *Wolf/Neuner* BGB AT § 28 Rn. 13.

43 *Wolf/Neuner* BGB AT § 28 Rn. 15; Soergel/*Hefermehl* BGB Vor § 116 Rn. 23; MüKoBGB/*Armbrüster*

Vor § 116 Rn. 15; vgl. BGHZ 4, 10 (34 f.) = NJW 1952, 738; 1953, 1506, 1507.

44 *Ulrici* NJW 2003, 2053; *Brox/Walker* BGB AT § 4 Rn. 27; *Wolf/Neuner* BGB AT § 28 Rn. 8.

45 Vgl. die Überblicke zu weiteren geschäftsähnlichen Handlungen bei *Ulrici* NJW 2003, 2053.

46 Näher dazu *Ulrici* NJW 2003, 2053 (2054 ff.) mwN; vgl. auch *Wolf/Neuner* BGB AT § 28 Rn. 11.

A. Allgemeines

1 § 116 ist die erste der drei Vorschriften, welche die Rechtsfolgen eines **bewussten Abweichens von Wille und Erklärung** regeln. Im Unterschied zu § 117 kommt ihr aber, wie auch § 118, weder eine nennenswerte praktische Bedeutung zu noch kann sie als gelungen bezeichnet werden.

2 Die Vorschrift regelt den eher theoretischen Fall, dass jemand absichtlich etwas erklärt, was er insgeheim in Wirklichkeit gar nicht gelten lassen will.[1] Außerdem bestimmt S. 1 aus heutiger Sicht[2] nur eine Selbstverständlichkeit, nämlich die Bindung des Erklärenden an das bewusst Erklärte. Der geheime Vorbehalt – die **Mentalreservation** – ist unbeachtlich, weil es gegen Treu und Glauben verstieße und den Rechtsverkehr erheblich beeinträchtigen würde, wenn der Erklärende sich auf das berufen könnte, was er dem anderen gerade absichtlich verborgen hat.[3] Nichtig ist eine empfangsbedürftige Willenserklärung dagegen, wenn der Erklärungsempfänger den geheimen Vorbehalt des Erklärenden kennt und deshalb nicht schutzwürdig ist. Diese Regelung des S. 2 wird teilweise als rechtspolitisch fragwürdig oder verfehlt kritisiert.[4] Die Kritik ändert allerdings nichts an der Geltung des S. 2. Sie eignet sich daher nicht als Argument gegen eine analoge Anwendung des S. 2 auf nicht empfangsbedürftige Willenserklärungen. Vielmehr kommt es entscheidend auf die Vergleichbarkeit der Interessenlagen an (näher → Rn. 7).

B. Regelungsgehalt

I. Unbeachtlichkeit des geheimen Vorbehalts (S. 1)

3 **Anwendbar** ist S. 1 auf **Willenserklärungen jeder Art**. Die Vorschrift unterscheidet nicht danach, ob es sich um empfangsbedürftige oder nicht empfangsbedürftige, schriftliche oder mündliche, ausdrückliche oder konkludente[5] Willenserklärungen handelt. Neben Verträgen erfasst sie einseitige Rechtsgeschäfte wie die Auslobung, die Genehmigung, die Kündigung und testamentarische Verfügungen.[6] Analog anwendbar ist sie bei **geschäftsähnlichen Handlungen** wie zB bei einer Verzeihung oder einer Mahnung.[7] Auf das **Motiv** des geheimen Vorbehalts kommt es nicht an; die Nichtigkeitsfolge des S. 1 greift selbst bei „Notlügen" ein, wenn der Erklärende zB einen Schwerkranken schonen oder beruhigen will.[8] Schließlich gilt die Vorschrift auch im **öffentlichen Recht**.[9]

4 **Geheim** ist der Vorbehalt, wenn der Erklärende dem Adressaten seiner Erklärung bewusst vorenthält, dass er den Rechtserfolg in Wirklichkeit gar nicht will, den er herbeizuführen erklärt hat.[10] Das Fehlen des Verpflichtungswillens (Geschäftswillens) darf in der Erklärung keinen Ausdruck gefunden haben und auch nicht aus den Begleitumständen im Wege der objektiven Auslegung nach dem Empfängerhorizont zu ermitteln sein; anderenfalls läge bereits keine Willenserklärung vor (→ Vor § 116 Rn. 8 f.). Bei einer empfangsbedürftigen Willenserklärung kommt es auf den Erklärungsempfänger an, bei einer nicht empfangsbedürftigen Willenserklärung auf denjenigen, in dessen Person die Wirkungen der Erklärung eintreten sollen. Der Vorbehalt bleibt daher geheim, wenn ihn lediglich ein unbeteiligter Dritter kennt.[11]

5 Bei der **Stellvertretung** müssen verschiedene Konstellationen unterschieden werden. Gibt der Stellvertreter im Rahmen seiner Vertretungsmacht eine Willenserklärung ab, bei der er sich insgeheim vorbehält, das Erklärte nicht zu wollen, ist der Vorbehalt gem. §§ 166 Abs. 1, 116 S. 1 unbeachtlich. Will der Vertreter das im Namen des Vertretenen abgeschlossene Geschäft insgeheim als eigenes Geschäft, ergibt sich die Unbeachtlichkeit dieses geheimen Vorbehalts unmittelbar aus S. 1. Im umgekehrten Fall, in dem der Vertreter das Geschäft im eigenen Namen abschließt und sich insgeheim vorbehält, für den Vertretenen handeln zu wollen, folgt die Unbeachtlichkeit des Vorbehalts aus § 164 Abs. 2.[12] Wird eine Innenvollmacht (§ 167 Abs. 1, 1. Fall) unter einem geheimen Vorbehalt erteilt, soll es nach einer alten Entscheidung des BGH nicht auf die Kenntnis des Bevollmächtigten, sondern auf diejenige des Dritten ankommen mit der Folge, dass die Voll-

1   Vgl. Soergel/*Hefermehl* BGB § 116 Rn. 2; MüKo-BGB/*Armbrüster* § 116 Rn. 1.
2   Zur (Un-)Vereinbarkeit mit der Willenstheorie MüKoBGB/*Armbrüster* § 116 Rn. 1 ff.; HKK/*Schermaier* BGB §§ 116–124 Rn. 34.
3   HKK/*Schermaier* BGB §§ 116–124 Rn. 30; vgl. *Wolf/Neuner* BGB AT § 40 Rn. 1; Erman/*Arnold* BGB § 116 Rn. 1, 2.
4   MüKoBGB/*Armbrüster* § 116 Rn. 8; Soergel/*Hefermehl* BGB § 116 Rn. 2.
5   Vgl. OLG Hamburg NStZ 1991, 587 (588).
6   OLG Frankfurt OLGZ 1993, 461 (466) = FamRZ 1993, 858 (860).

7   Vgl. Hk-BGB/*Dörner* § 116 Rn. 2; PWW/*Ahrens* BGB § 116 Rn. 2.
8   Vgl. HKK/*Schermaier* BGB §§ 116–124 Rn. 36 mwN.
9   So bereits RGZ 147, 36 (40); vgl. für den öffentlich-rechtlichen Vertrag heute §§ 59 Abs. 1, 62 S. 2 VwVfG.
10 Soergel/*Hefermehl* BGB § 116 Rn. 1.
11 Vgl. BGH NJW 1966, 1915 (1916); BayObLG DtZ 1992, 284 (285); MüKoBGB/*Armbrüster* BGB § 116 Rn. 3; Erman/*Arnold* BGB § 116 Rn. 6.
12 MüKoBGB/*Armbrüster* BGB § 116 Rn. 4; BeckOK BGB/*Wendtland* BGB § 116 Rn. 4; PWW/*Ahrens* BGB § 116 Rn. 3.

macht gem. S. 1 wirksam ist, wenn dem Dritten der Vorbehalt verheimlicht wird.[13] Der Empfänger dieser Erklärung ist jedoch nicht der Dritte, sondern der Vertreter (vgl. → Rn. 4). Wenn er den Vorbehalt kennt, ist die Bevollmächtigung gem. S. 2 nichtig. Der Dritte wird nach den Grundsätzen der Anscheinsvollmacht (vgl. dazu → § 167 Rn. 74 ff., 82 ff.) geschützt.[14] Um einen Fall der Kollusion handelt es sich schließlich, wenn der Vertreter und der Dritte das Geschäft einverständlich nur zum Schein abschließen und diesen Vorbehalt vor dem Vertretenen geheim halten. Dann können sie sich dem gutgläubigen Vertretenen gegenüber später nicht auf die Nichtigkeit des Geschäfts berufen; S. 1 findet entsprechende Anwendung.[15] S. 2 gilt entsprechend für das Innenverhältnis der kollusiv Handelnden.

Diskutiert wird schließlich die Behandlung **bewusst mehrdeutiger Willenserklärungen**. Sie sollen vorlie- **6** gen, wenn jemand eine Erklärung deshalb mehrdeutig formuliert, um später eine der möglichen Rechtsfolgen nicht gegen sich gelten zu lassen. Hier ist je nach dem Ergebnis der objektiven Auslegung zu differenzieren. Hat die Erklärung objektiv mehr als nur eine Bedeutung und geht der Empfänger von einer anderen als der vom Erklärenden insgeheim gewollten Bedeutung aus, liegt ein versteckter Dissens vor, so dass gem. § 155 kein Vertrag zustande kommt. Ist die Erklärung dagegen nach objektiven Maßstäben eindeutig, muss der Erklärende sich daran gem. S. 1 festhalten lassen.[16]

II. Beachtlichkeit des erkannten Vorbehalts (S. 2)

Nach seinem Wortlaut gilt S. 2 nur für **empfangsbedürftige** Willenserklärungen. Kennt der Erklärungsgeg- **7** ner den Vorbehalt, ist die Erklärung nichtig. Darüber hinaus kommt die analoge Anwendung der Vorschrift auf **nicht empfangsbedürftige** Willenserklärungen in Betracht, soweit eine planwidrige Regelungslücke besteht und die Interessenlage vergleichbar ist. Ein derartiger Regelungsbedarf liegt vor, wenn die nicht empfangsbedürftige Willenserklärung bei einem bestimmten Personenkreis ein rechtserhebliches Verhalten hervorrufen soll. Nimmt ein solcher Adressat die rechtserhebliche Handlung in Kenntnis des geheimen Vorbehalts vor, ist er nach der Wertung des S. 2 ebenso wenig schutzbedürftig wie der Adressat einer empfangsbedürftigen Willenserklärung.[17] Danach ist eine **Auslobung** entsprechend S. 2 gegenüber einem Bösgläubigen nichtig.[18] Dagegen ist die Vorschrift auf ein **Testament** nicht anzuwenden, weil es die Rechtsfolgen nach dem Tod des Erblassers gegenüber jedermann regelt und deshalb als Ganzes verbindlich sein muss.[19] Auf die **Eheschließung** ist S. 2 wegen der Spezialregelung des § 1314 Abs. 2 Nr. 5 unanwendbar.[20] Bei **amtsempfangsbedürftigen** Willenserklärungen kommt es nicht auf die Kenntnis des Beamten an; auch hier findet die Vorschrift keine Anwendung.[21]

Die erforderliche **Kenntnis** liegt vor, wenn der Erklärungsempfänger den Vorbehalt gem. S. 1 bei Zugang **8** der empfangsbedürftigen Willenserklärung positiv kennt. Das bloße Kennenmüssen iSd § 122 Abs. 2 genügt nicht. Entsprechendes gilt bei einer nicht empfangsbedürftigen Willenserklärung für die Personen, an die sie sich richtet.[22]

Bezieht sich die Kenntnis des Erklärungsempfängers vom geheimen Vorbehalt nur auf einen Teil der Wil- **9** lenserklärung, beurteilt sich die Wirkung der **Teilnichtigkeit** nach § 139.[23]

Bei der **Stellvertretung** (→ Rn. 5).kommt es gem. § 166 Abs. 1 darauf an, ob der Vertreter den geheimen **10** Vorbehalt kennt. Die Kenntnis des Vertretenen ist hingegen grundsätzlich unbeachtlich. Wird die Willenserklärung mehreren Vertretern gegenüber abgegeben, genügt es gem. § 166 Abs. 1 für die Anwendung des S. 2, dass nur ein Vertreter den Vorbehalt kennt.[24]

13 BGH NJW 1962, 1915 (1916); vgl. Palandt/*Ellenberger* BGB § 116 Rn. 2.

14 Vgl. *Petersen* Jura 2006, 426 (428) mwN.

15 Vgl. RGZ 134, 33 (37); BGH NJW 1999, 2882 f.; Soergel/*Hefermehl* BGB § 116 Rn. 5; MüKoBGB/*Armbrüster* § 117 Rn. 25; RGRK/*Krüger-Nieland* BGB § 116 Rn. 3.

16 Staudinger/*Singer*, Bearbeitung 2017 BGB § 116 Rn. 9; Soergel/*Hefermehl* BGB § 116 Rn. 6; MüKoBGB/*Armbrüster* BGB § 116 Rn. 5; Erman/*Arnold* BGB § 116 Rn. 10; BeckOK BGB/*Wendtland* § 116 Rn. 5.

17 *Preuß* Jura 2002, 815 (818); BeckOK BGB/*Wendtland* § 116 Rn. 7; vgl. zum Streitstand ferner *Petersen* Jura 2006, 426 (427 f.)

18 Staudinger/*Singer*, Bearbeitung 2012, BGB § 116 Rn. 11; Soergel/*Hefermehl* BGB § 116 Rn. 7; Palandt/*Ellenberger* BGB § 116 Rn. 5; Jauernig/*Mansel* BGB § 116 Rn. 4; Erman/*Arnold* BGB § 116

Rn. 8; BeckOK BGB/*Wendtland* § 116 Rn. 7; PWW/ *Ahrens* BGB § 116 Rn. 4; aA MüKoBGB/*Armbrüster* § 116 Rn. 10.

19 Vgl. OLG Frankfurt OLGZ 1993, 461 (466 f.) = FamRZ 1993, 858 (860); LG Köln DtZ 1993, 215; Erman/*Arnold* BGB § 116 Rn. 8; *Preuß* Jura 2002, 815 (818); aA Jauernig/*Mansel* BGB § 116 Rn. 4; *Wacke* FS Medicus 1999, S. 651 ff.

20 Palandt/*Ellenberger* BGB § 116 Rn. 5.

21 BayObLG DtZ 1992, 284 (285 f.); Soergel/*Hefermehl* BGB § 116 Rn. 7; Erman/*Arnold* BGB § 116 Rn. 8.

22 Staudinger/*Singer*, Bearbeitung 2017, BGB § 116 Rn. 12; BeckOK BGB/*Wendtland* § 116 Rn. 6 ff.

23 MüKoBGB/*Armbrüster* § 116 Rn. 16; Soergel/*Hefermehl* BGB § 116 Rn. 8.

24 MüKoBGB/*Armbrüster* § 116 Rn. 15; Soergel/*Hefermehl* BGB § 116 Rn. 8.

III. Abgrenzungen

11 Das **Scheingeschäft** (§ 117 Abs. 1) und der durchschaute geheime Vorbehalt stimmen in ihren Voraussetzungen insoweit überein, als beide Parteien wissen, dass die abgegebene Erklärung in Wirklichkeit nicht gewollt ist. Im Unterschied zu S. 2 setzt § 117 Abs. 1 aber nicht die bloße Kenntnis, sondern das Einverständnis – den Konsens – beider Parteien voraus.[25]

12 Während der Erklärende bei der Mentalreservation seinen Vorbehalt geheim halten und den Adressaten der Erklärung täuschen will, geht er bei der **Scherzerklärung (§ 118)** davon aus, der Adressat werde den Mangel der Ernstlichkeit erkennen. Deshalb spricht man hier teilweise vom „guten Scherz" oder „gutwilligen Scherz" im Unterschied zum „bösen Scherz", der nach § 116 zu beurteilen ist. Im ersten Fall ist die Willenserklärung nichtig, allerdings verbunden mit der Verpflichtung zum Ersatz des negativen Interesses (§§ 118, 122 Abs. 1). Im zweiten Fall ist die Erklärung gem. S. 1 wirksam; misslingt der „böse Scherz" aber, ist die Erklärung nichtig, ohne dass der Erklärende zum Schadensersatz verpflichtet ist (S. 2).[26]

13 Wird der Erklärende durch eine **Drohung (§ 123 Abs. 1)** zur Abgabe einer Willenserklärung bestimmt und weiß der Drohende, dass der Bedrohte sie insgeheim nicht abgeben will, ist diese Erklärung bereits gem. S. 2 nichtig. Eine solche erzwungene Erklärung muss nicht mehr gem. § 123 Abs. 1 angefochten werden.[27] Denn die Nichtigkeit schützt den Erklärenden grundsätzlich besser als die bloße Anfechtbarkeit.[28]

C. Weitere praktische Hinweise

14 Wer sich darauf beruft, dass eine unter geheimem Vorbehalt abgegebene Willenserklärung gem. S. 2 nichtig ist, trägt die Darlegungs- und **Beweislast**. Er muss sowohl den geheimen Vorbehalt als auch die diesbezügliche Kenntnis des Erklärungsgegners darlegen und beweisen.[29]

§ 117 Scheingeschäft

(1) Wird eine Willenserklärung, die einem anderen gegenüber abzugeben ist, mit dessen Einverständnis nur zum Schein abgegeben, so ist sie nichtig.

(2) Wird durch ein Scheingeschäft ein anderes Rechtsgeschäft verdeckt, so finden die für das verdeckte Rechtsgeschäft geltenden Vorschriften Anwendung.

Literatur: *Benecke*, Arbeitsvertrag und Scheingeschäft, RdA 2016, 65; *v. Hein*, Der Abschluss eines Scheingeschäfts durch einen Gesamtvertreter: Zurechnungsprobleme zwischen Corporate Governance und allgemeiner Rechtsgeschäftslehre, ZIP 2005, 191; *Kallimopoulos*, Die Simulation im bürgerlichen Recht, 1966; *Kuhn*, Scheinvertrag und verdeckter Vertrag im Anwendungsbereich des § 405 BGB, AcP 208 (2008), 101; *Michaelis*, Scheingeschäft, verdecktes Geschäft und verkleidetes Geschäft im Gesetz und in der Rechtspraxis, in: FS Wieacker 1978, S. 444; *Petersen*, Die Wirksamkeit der Willenserklärung, Jura 2006, 426; *Preuß*, Geheimer Vorbehalt, Scherzerklärung und Scheingeschäft, Jura 2002, 815; *Röthel*, Familienrechtliche Rechtsgeschäfte (Teil III): Zu den Auswirkungen von sog. Scheingeschäften, Jura 2017, 1380; *Wacke*, Mentalreservation und Simulation als antizipierte Konträräkte bei formbedürftigen Geschäften, in: FS Medicus 1999, S. 651; *Wurster*, Das Scheingeschäft bei Basissachverhalten, DB 1983, 2057.

A. Allgemeines	1	2. Nichtigkeitsfolge	13
B. Regelungsgehalt	5	3. Drittschutz	16
I. Anwendungsbereich	5	III. Verdecktes Geschäft (Abs. 2)	21
II. Scheingeschäft (Abs. 1)	9	IV. Abgrenzungen	25
1. Voraussetzungen	9	C. Weitere praktische Hinweise	30

A. Allgemeines

1 Unter den Vorschriften zum bewussten Abweichen von Wille und Erklärung hat § 117 die größte praktische Bedeutung. Danach ist eine empfangsbedürftige Willenserklärung nichtig, wenn sie mit dem Einverständnis

---

25 Palandt/*Ellenberger* BGB § 116 Rn. 6; MüKoBGB/*Armbrüster* § 116 Rn. 13; Soergel/*Hefermehl* BGB § 116 Rn. 11; PWW/*Ahrens* BGB § 116 Rn. 6.

26 Jauernig/*Mansel* BGB § 116 Rn. 3; MüKoBGB/*Armbrüster* § 116 Rn. 6; Soergel/*Hefermehl* BGB § 116 Rn. 11.

27 Jauernig/*Mansel* BGB § 116 Rn. 4; MüKoBGB/*Armbrüster* § 116 Rn. 14; vgl. Soergel/*Hefermehl* BGB § 116 Rn. 11; aA RGRK/*Krüger-Nieland* BGB § 116

Rn. 5: nur Anfechtbarkeit wegen des durch § 123 eröffneten Wahlrechts des Bedrohten.

28 AA Staudinger/*Singer*, Bearbeitung 2017, BGB § 116 Rn. 15, der § 123 als die speziellere Regelung ansieht.

29 BGH LM Nr. 5 zu § 117; MüKoBGB/*Armbrüster* § 116 Rn. 17; Soergel/*Hefermehl* BGB § 116 Rn. 9; PWW/*Ahrens* BGB § 116 Rn. 7.

des Empfängers nur zum Schein abgegeben wird (Abs. 1). Dieses **Einverständnis** der Beteiligten, nur nach außen hin den Eindruck eines wirksamen Geschäfts erwecken zu wollen, charakterisiert das **Scheinge-schäft** – die **Simulation**. Es unterscheidet das Scheingeschäft zugleich vom geheimen Vorbehalt gem. § 116 (→ § 116 Rn. 11). Daraus ergibt sich die Definition des Scheingeschäfts gem. § 117: Die Parteien wollen ein bestimmtes Ziel durch den bloßen Schein eines wirksamen Rechtsgeschäfts erreichen, die mit dem betref-fenden Rechtsgeschäft verbundenen Rechtswirkungen aber nicht eintreten lassen.[1] Verdeckt das Scheinge-schäft ein anderes Rechtsgeschäft – das **dissimulierte Geschäft** –, gilt jenes, sofern seine Wirksamkeitsvor-aussetzungen erfüllt sind (Abs. 2).

Die Funktion des § 117 besteht darin, den Tatbestand des Scheingeschäfts zu benennen und vor allem die Rechtsfolgen klarzustellen. Das gilt sowohl für die **Nichtigkeit des Scheingeschäfts** gem. Abs. 1 als auch für die **Geltung des verdeckten Geschäfts** gem. Abs. 2. Diese Rechtsfolgen ergeben sich bereits aus der Anwendung des allgemeinen Grundsatzes „falsa demonstratio non nocet", als dessen Ausprägung § 117 anzusehen ist.[2] Danach schadet die objektive Mehrdeutigkeit einer Bezeichnung oder eine Falschbezeich-nung nicht, wenn der Empfänger die Erklärung so versteht und gelten lassen will, wie sie der Erklärende gemeint hat (näher zu diesem Grundsatz → § 133 Rn. 46). Im Fall des Scheingeschäfts versteht keine Partei die Erklärung der anderen Partei so, als sei sie auf die Erzielung einer bestimmten Rechtsfolge gerichtet, also mit Rechtsfolgewillen (Geschäftswillen, Rechtsbindungswillen; näher dazu → Vor § 116 Rn. 8 f.) abge-geben.[3] Da demnach, entgegen dem Wortlaut des Abs. 1, keine Partei eine Willenserklärung abgibt, kann das Scheingeschäft kein wirksames Rechtsgeschäft sein, und es kommt insbesondere kein Vertrag zustande.[4] Schlagwortartig wird auch formuliert, die Nichtgeltung der Erklärung werde zum Geschäftsin-halt.[5] Dass die Falschbezeichnung nicht schadet, bestätigt Abs. 2: Statt des „falsch erklärten" Scheinge-schäfts gilt das „wirklich gewollte" verdeckte Geschäft.[6]

„Klassisches" Beispiel[7] des Scheingeschäfts ist der sog. **Schwarzkauf**: Die Parteien eines Grundstücks-kaufvertrages geben bei der notariellen Beurkundung einen niedrigeren als den vereinbarten Kaufpreis an, um Grunderwerbsteuern sowie Notariats- und Gerichtsgebühren zu sparen.[8] Ähnliche steuerliche Gründe hat es, wenn beim Verkauf eines GmbH-Anteils ein Teil des Kaufpreises als Beratungshonorar vereinbart wird.[9] Ein vergleichbares Scheingeschäft liegt vor, wenn der Verkäufer eines Grundstücks den notariellen Vertrag deshalb zu einem niedrigeren Kaufpreis abschließt, weil er von einem interessierten Dritten eine zusätzliche Schwarzgeldzahlung erhalten soll und der Käufer davon weiß.[10] Anders als in den „klassischen" Fällen des zu niedrig beurkundeten Grundstückspreises kommt es auch vor, dass die Parteien den Kaufpreis zu hoch angeben, um dem Käufer über eine Drittfinanzierung des Kaufpreises Barmittel zu verschaffen.[11] Ein neuerer Anwendungsfall des § 117 ist das sog. **shill bidding**, wenn ein Dritter bei einer eBay- oder anderen Online-Auktion in Absprache mit dem Verkäufer höhere Angebote nur deshalb abgibt, um den

1 BGHZ 36, 84 (87); BGH NJW 1980, 1572; 1982, 569; 1995, 727; 1999, 351; NJW-RR 2006, 1555 (1556); BAG NJW 1993, 2767; AP Nr. 134 zu § 1 KSchG 1969 – Betriebsbedingte Kündigung; LAG Hamm NZA-RR 2007, 64 (65).

2 HKK/*Schermaier* BGB §§ 116–124 Rn. 44; BeckOK BGB/*Wendtland* § 117 Rn. 1; Hk-BGB/*Dörner* § 117 Rn. 1; *Wolf/Neuner* BGB AT § 40 Rn. 17; *Preuß* Jura 2002, 815 (819); vgl. *Coester-Waltjen* Jura 1990, 362 (364); vgl. bereits Motive I, S. 192 = *Mugdan* I, S. 458: „Die Nichtigkeit ergibt sich schon aus dem Grundsatze, daß nur der wirkliche Wille rechtserzeu-gende Kraft hat".

3 Vgl. Staudinger/*Singer*, Bearbeitung 2017, BGB § 117 Rn. 2, 7; MüKoBGB/*Armbrüster* § 117 Rn. 1; Soergel/*Hefermehl* BGB § 117 Rn. 1; Palandt/*Ellen-berger* BGB § 117 Rn. 1; vgl. auch BGHZ 45, 376 (379).

4 *Benecke* RdA 2016, 65 (66).

5 *Medicus* BGB AT Rn. 594.

6 *Wolf/Neuner* BGB AT § 40 Rn. 19; BeckOK BGB/*Wendtland* § 117 Rn. 2; *Preuß* Jura 2002, 815 (820).

7 Vgl. zu weiteren Anwendungsfällen im Arbeitsrecht den Überblick bei *Benecke* RdA 2016, 65 sowie

LAG Hamm NZA-RR 2007, 64 (Erschleichung des Zugangs zu einem Ausbildungsverbund durch einen Schein-Berufsausbildungsvertrag); ähnlich Sächs-LAG LAGE § 17 BBiG 2005 Nr. 2; vgl. ferner MüKoBGB/*Armbrüster* § 117 Rn. 28; RGRK/*Krüger-Nieland* BGB § 117 Rn. 6.

8 Vgl. etwa RGZ 78, 115; 104, 102; 119, 332, 334; 129, 150, 152; BGHZ 89, 41 (43); BGH NJW-RR 1991, 613 (615); OLG Hamm BB 1989, 651; Staudinger/*Singer*, Bearbeitung 2017, BGB § 117 Rn. 1; Jauernig/*Mansel* BGB § 117 Rn. 5; RGRK/*Krüger-Nieland* BGB § 117 Rn. 22; Erman/*Arnold* BGB § 117 Rn. 12; Staudinger/*Singer*, Bearbeitung 2017, BGB § 117 Rn. 1; *Brox/Walker* BGB AT § 17 Rn. 14; *Wolf/Neuner* BGB AT § 40 Rn. 20; *Medicus* BGB AT Rn. 595; *Coester-Waltjen* Jura 1990, 362 (364 f.); *Preuß* Jura 2002, 815 (819).

9 BGH NJW 1983, 1843 (1844); *Medicus* BGB AT Rn. 595; vgl. zum Scheingeschäft mit dem Ziel der Steuerhinterziehung BGH NJW-RR 2006, 283.

10 BGH NJW-RR 1998, 950.

11 OLG Koblenz NJW-RR 2002, 194; OLG Düsseldorf 20.10.2014 – I-9 U 8/14, 9 U 8/14; vgl. LG Hagen 19.8.2010 – 6 O 340/08.

Kaufpreis in die Höhe zu treiben, in Wirklichkeit aber gar keinen Kaufvertrag mit dem Verkäufer abschließen will (näher → Rn. 27).[12]

4   Der **Zweck** des Scheingeschäfts muss allerdings nicht zwingend darin bestehen, gesetzliche Gebote, Verbote oder Beschränkungen zu umgehen oder Dritte zu schädigen.[13] Das Geschäft kann auch auf anderen, nicht per se zu missbilligenden wirtschaftlichen oder persönlichen Beweggründen beruhen. Unabhängig davon betrifft ein Scheingeschäft häufig die **Interessen Dritter**, weil sie im Vertrauen auf die Wirksamkeit dieses Geschäfts bestimmte Dispositionen getroffen haben.[14] Den Schutz solcher gutgläubiger Dritter regelt § 117 nicht. Der Drittschutz gehört daher zu den diskutierten Folgeproblemen des Scheingeschäfts (näher dazu → Rn. 16 ff.).

B. Regelungsgehalt

I. Anwendungsbereich

5   § 117 ist gem. Abs. 1 nur auf **empfangsbedürftige** Willenserklärungen (oder besser Schein-Willenserklärungen, → Rn. 2) anwendbar. Eine analoge Anwendung auf nicht empfangsbedürftige Willenserklärungen scheidet aus, weil es keinen Erklärungsempfänger gibt, der mit dem Scheincharakter des Erklärten einverstanden sein könnte.[15] § 117 gilt daher zB nicht für Testamente.[16]

6   Bei **Erklärungen vor Behörden** ist zu unterscheiden. Keine Anwendung findet § 117 nach den obigen Grundsätzen auf amtsempfangsbedürftige Willenserklärungen, weil der jeweils handelnde Bedienstete nicht für die Behörde mit dem Scheincharakter der Erklärung einverstanden sein kann. Die Behörde ist lediglich formalrechtliche Adressatin der Erklärung.[17] Deshalb kann zB die Aufgabe des Grundstückseigentums gem. § 928 Abs. 1 oder der Verzicht des Finders auf den Eigentumserwerb gem. § 976 Abs. 1 nicht als Scheingeschäft nichtig sein.[18] Anwendbar ist § 117 dagegen bei zusammengesetzten Rechtsgeschäften, die aus (mindestens) einer empfangsbedürftigen Willenserklärung und einer staatlichen Mitwirkungshandlung bestehen. Wird die Willenserklärung nur zum Schein abgegeben, ist sie, anders als der staatliche Mitwirkungsakt, nichtig. Erklärt zB der Grundstückseigentümer die Auflassung (§ 925) bloß zum Schein, führt das gem. Abs. 1 (nur) zur Nichtigkeit der Auflassung. Die Eintragung des Schein-Erwerbers in das Grundbuch ist hingegen als behördlicher Mitwirkungsakt wirksam, so dass ein gutgläubiger Erwerb gem. § 891 ff. stattfinden kann. Wegen der unwirksamen Auflassung macht die wirksame Eintragung das Grundbuch unrichtig.[19] Im Übrigen gilt § 117 zwar auch für **öffentlich-rechtliche Verträge** (§§ 59 Abs. 1, 62 S. 2 VwVfG), hat dort aber keine praktische Bedeutung.[20]

7   Auf Schein-**Prozesshandlungen** ist § 117 nicht anwendbar, weil es im Prozessrecht einen derartigen Unwirksamkeitsgrund nicht gibt. Vereinbaren die Parteien, einen Rechtsstreit nur zum Schein auszutragen, fehlt das Rechtsschutzbedürfnis für die Klage, die deshalb unzulässig ist.[21] Das aufgrund eines solchen vorgetäuschten Streits ergangene Urteil ist trotzdem wirksam. Die Vereinbarung der Parteien erstreckt sich indessen regelmäßig auch darauf, dass aus einem solchen Urteil nicht vollstreckt werden soll. Diese Vereinbarung ist im Wege der Erinnerung (§ 766 ZPO)[22] oder der Vollstreckungsabwehrklage (§ 767 ZPO analog)[23] geltend zu machen.[24]

---

12   OLG Rostock 11.6.2014 – 1 U 90/13, BeckRS 2015, 2441 Rn. 47 ff.; OLG Frankfurt/Main v. 27.6.2014 – 12 U 51/13, BeckRS 2015, 7929 Rn. 17 ff.; *Staudinger/Singer*, Bearbeitung 2017, BGB § 117 Rn. 12; *Eckel* MMR 2017, 373 (376 f.); *Linardatos*, Anm. zu BGH 24.8.2016 – LMK 2017, 385307.

13   Vgl. etwa RGZ 90, 273 (277); 95, 160, 162; BGH DB 1962, 1689; *Wolf/Neuner* BGB AT, § 40 Rn. 15.

14   HKK/*Schermaier* BGB §§ 116–124 Rn. 38.

15   Soergel/*Hefermehl* BGB § 117 Rn. 2; Erman/*Arnold* BGB § 117 Rn. 4; BeckOK BGB/*Wendtland* § 117 Rn. 3; PWW/*Ahrens* BGB § 117 Rn. 2.

16   OLG Düsseldorf FamRZ 1969, 677; BayObLG FamRZ 1977, 347 (348); OLG Frankfurt OLGZ 1993, 461 (467) = FamRZ 1993, 858 (860); *Staudinger/Singer*, Bearbeitung 2017, BGB § 117 Rn. 3; Palandt/*Ellenberger* BGB § 117 Rn. 2; RGRK/*Krüger-Nieland* BGB § 117 Rn. 23; Erman/*Arnold* BGB § 117 Rn. 4; dagegen für die Anwendbarkeit des § 117 auf die Annahme der Erbschaft mit der Begründung, dass sie empfangsbedürftig ist, MüKo-BGB/*Armbrüster* § 117 Rn. 2.

17   Palandt/*Ellenberger* BGB § 117 Rn. 2; MüKoBGB/*Armbrüster* § 117 Rn. 8; Erman/*Arnold* BGB § 117 Rn. 4 a; BeckOK BGB/*Wendtland* § 117 Rn. 4; *Staudinger/Singer*, Bearbeitung 2017, BGB§ 117 Rn. 3; PWW/*Ahrens* BGB § 117 Rn. 2; anders für den Fall, dass die Erklärung gegenüber der Behörde oder einem anderen abzugeben ist, Soergel/*Hefermehl* BGB § 117 Rn. 2; Jauernig/*Mansel* BGB § 117 Rn. 1; aA *Pohl* AcP 177 (1977), 63.

18   BeckOK BGB/*Wendtland* § 117 Rn. 4.

19   MüKoBGB/*Armbrüster* § 117 Rn. 28; Erman/*Arnold* BGB § 117 Rn. 12; vgl. Staudinger/*Singer*, Bearbeitung 2017, BGB § 117 Rn. 3; Soergel/*Hefermehl* BGB § 117 Rn. 2.

20   Stelkens/Bonk/Sachs/*Bonk/Neumann/Siegel* VwVfG § 59 Rn. 26.

21   Vgl. dazu etwa PWW/*Ahrens* BGB § 117 Rn. 2.

22   Vgl. Musielak/*Lackmann* ZPO § 766 Rn. 7.

23   Vgl. Zöller/*Herget* ZPO § 767 Rn. 12, Stichwort „Vereinbarungen".

24   BeckOK BGB/*Wendtland* § 117 Rn. 6.

Der Anwendung des § 117 können vorrangige **Spezialregelungen** entgegenstehen. Das betrifft insbeson- **8** dere familienrechtliche Rechtsgeschäfte wie zB die Anerkennung der Vaterschaft (§ 1598) und die Eheschließung (§§ 1310 ff. und 1313 ff.).[25]

II. Scheingeschäft (Abs. 1)

1. Voraussetzungen. Das Charakteristikum des Scheingeschäfts ist das **Einverständnis** der Parteien, dass **9** sie ein bestimmtes Ziel durch den bloßen Schein eines wirksamen Rechtsgeschäfts erreichen, die mit dem betreffenden Rechtsgeschäft verbundenen Rechtswirkungen aber nicht eintreten lassen wollen (→ Rn. 1). Die Parteien müssen einverständlich einen bestimmten, in Wirklichkeit nicht vorhandenen **Rechtsfolgewillen** (Geschäftswillen, Rechtsbindungswillen; näher dazu → Vor § 116 Rn. 8 f.) vortäuschen. Die einverständliche Falschbezeichnung von **Tatsachen** wie etwa eine Fehldatierung unterfällt daher nicht § 117, sofern das Geschäft im Übrigen ernsthaft gewollt war.[26]

Das Einverständnis über den Scheincharakter ist eine **subjektive Tatbestandsvoraussetzung** des Abs. 1. **10** Deshalb bedarf es insoweit keiner rechtsgeschäftlichen Vereinbarung, sondern es genügt ein rein tatsächlicher Konsens.[27] Dieser muss allerdings bei **allen Beteiligten** vorliegen. Handelt es sich um eine Willenserklärung, die mehreren gegenüber abzugeben ist, und kennt nur einer der gemeinschaftlich handelnden Erklärungsempfänger (zB einer der BGB-Gesellschafter im Fall des § 709 Abs. 1) den Scheincharakter nicht, greift Abs. 1 nicht ein, und die Erklärung ist wirksam.[28] Müssen die Erklärungsempfänger dagegen nicht gemeinschaftlich handeln, liegt ein Scheingeschäft nur im Verhältnis zu demjenigen Empfänger vor, der an der Scheinabrede beteiligt ist. Über die Nichtigkeit im Verhältnis zu den anderen Empfängern ist gem. § 139 zu entscheiden.[29]

Lässt sich eine Partei bei der Abgabe oder dem Empfang der Willenserklärung vertreten (§ 164 Abs. 1 **11** oder 3), hängt die Nichtigkeitsfolge davon ab, ob der **Vertreter** mit dem Scheincharakter einverstanden ist. Denn es kommt gem. § 166 Abs. 1 auf seine Kenntnis der subjektiven Tatbestandsmerkmale an.[30] Im Fall eines **Zusammenwirkens von Vertreter und Vertragspartner** kann sich Letzterer allerdings nicht auf die Nichtigkeit gem. Abs. 1 berufen. Hatte er mit dem Vertreter vereinbart, die Scheinabrede vor dem Vertretenen geheim zu halten, handelt es sich wertungsmäßig um die gleiche Situation wie bei einem geheimen Vorbehalt des Vertragspartners, so dass die Simulationsabrede gegenüber dem Vertretenen entsprechend § 116 S. 1 unbeachtlich ist. Insoweit genügt ein bloßes einverständliches Zusammenwirken, ohne dass eine Schädigung des Vertretenen bezweckt sein muss (Kollusion; vgl. dazu → § 116 Rn. 5 sowie noch → Rn. 20).[31] Bei einer **Gesamtvertretung** schadet bereits die Kenntnis nur eines Vertreters.[32] Setzt eine Partei keinen Abschlussvertreter, sondern lediglich einen **Verhandlungsbevollmächtigten** ein, so kann ihr sein Wissen vom Scheincharakter des Vertrages nicht gem. § 166 Abs. 1 analog zugerechnet werden. Die nach Abs. 1 erforderliche Willensübereinstimmung der Vertragschließenden ist eine Konkretisierung der negativen Kehrseite der Privatautonomie.[33] Deshalb fehlt es an der Vergleichbarkeit der Interessenlagen, die es erlauben würde, die erforderliche Willensübereinstimmung in analoger Anwendung des § 166 Abs. 1 durch eine bloße Wissenszurechnung zu ersetzen.[34]

Scheingeschäfte werden häufig abgeschlossen, um Dritte wie das Finanzamt, den Notar oder die Gläubiger **12** eines Vertragspartners über den wahren Inhalt des Geschäfts zu täuschen. Gleiches gilt beim sog. shill bidding, wenn ein Dritter bei einer Online-Auktion in Absprache mit dem Verkäufer höhere Angebote nur zu dem Zweck abgibt, den Preis in die Höhe zu treiben. Eine solche **Täuschungsabsicht** gehört aber **nicht**

25 Erman/*Arnold* BGB § 117 Rn. 4; vgl. dazu auch
   MüKoBGB/*Armbrüster* § 117 Rn. 6; ausf. *Röthel*
   Jura 2017, 1380 ff.
26 Vgl. BGH WM 1986, 1179 (1181); *Kallimopoulos*,
   S. 71 ff.; MüKoBGB/*Armbrüster* § 117 Rn. 5;
   RGRK/*Krüger-Nieland* BGB § 117 Rn. 4; BeckOK
   BGB/*Wendtland* § 117 Rn. 8; PWW/*Ahrens* BGB
   § 117 Rn. 5.
27 RGZ 134, 33 (37); BGH NJW 1999, 2882; BGHZ
   144, 331 (333) = NJW 2000, 3127 (3128).
28 BeckOK BGB/*Wendtland* § 117 Rn. 9; PWW/*Ahrens*
   BGB § 117 Rn. 6; vgl. OLG Celle NJW 1965, 399
   (400); Staudinger/*Singer*, Bearbeitung 2017, BGB
   § 117 Rn. 4; RGRK/*Krüger-Nieland* BGB § 117
   Rn. 2; Erman/*Arnold* BGB § 117 Rn. 7.
29 BeckOK BGB/*Wendtland* § 117 Rn. 9; vgl. Soergel/
   Hefermehl BGB § 117 Rn. 3.

30 Vgl. BGHZ 1, 181 (184); Erman/*Arnold* BGB § 117
   Rn. 7; PWW/*Ahrens* BGB § 117 Rn. 6.
31 BGH NJW 1999, 2882 f. mwN; HKK/*Schermaier*
   BGB § 116–124 Rn. 46.
32 BGH NJW 1996, 663 (664); 1999, 2882; OLG
   Schleswig-Holstein SchlHA 2011, 140; PWW/
   Ahrens BGB § 117 Rn. 6; aA *v. Hein* ZIP 2005, 191
   (192 ff.)
33 BGH NJW 2000, 3127 (3128); vgl. *Kallimopoulos*,
   S. 21; vgl. auch MüKoBGB/*Armbrüster* § 117 Rn. 1;
   PWW/*Ahrens* BGB § 117 Rn. 1.
34 BGHZ 144, 331 (334) = NJW 2000, 3127 (3128);
   vgl. *Preuß* Jura 2002, 815 (819); vgl. auch *Thiessen*
   NJW 2001, 3025 (3026), der zusätzlich auf die
   Begrenzung durch den Formzwang (notarielle Beurkundung gem. § 311 b Abs. 1 S. 1) abstellt.

zum Tatbestand des Abs. 1 (→ Rn. 4).[35] Ihr Vorliegen allein begründet auch noch keine Vermutung für ein Scheingeschäft.[36]

13 **2. Nichtigkeitsfolge.** Liegen die Voraussetzungen des Abs. 1 vor, ist das simulierte Rechtsgeschäft ohne Weiteres **nichtig**. Die Nichtigkeit muss nicht etwa durch eine Anfechtung geltend gemacht werden. Bei einem entsprechenden Rechtsschutzinteresse kann der Betroffene eine Feststellungsklage (§ 256 ZPO) erheben.[37] Der Beteiligte des Scheingeschäfts kann eine bereits erbrachte Leistung grundsätzlich kondizieren.[38] Die Sperre des § 815, 2. Fall (treuwidrige Verhinderung des Erfolgseintritts) greift nur bei Vorliegen besonderer Umstände ein, wenn zB der Rückfordernde den wirtschaftlichen Erfolg des Vertrages durch ein eigenes, ihm zurechenbares Verhalten vereitelt hat und er sich deshalb auf die Nichtigkeit beruft.[39] Die Nichtigkeit des Scheingeschäfts wirkt aber nicht nur zwischen den Vertragspartnern, sondern gegenüber jedermann, also **absolut**.[40] Etwas anderes kann bei Willenserklärungen gelten, die gegenüber mehreren Empfängern abzugeben sind (→ Rn. 10).

14 Die Nichtigkeitsfolge des Abs. 1 gilt uneingeschränkt auch für das Innenverhältnis der Schein-Gesellschafter, die einen **Gesellschaftsvertrag** simuliert haben. Trotz Eintragung der Gesellschaft in das Handelsregister greifen die Grundsätze über die fehlerhafte Gesellschaft nicht ein, weil die Parteien ihre Rechtsbeziehungen übereinstimmend gerade nicht nach gesellschaftsrechtlichen Grundsätzen regeln wollten.[41] Im Außenverhältnis ist die Berufung auf Abs. 1 nach der Eintragung dagegen ausgeschlossen.[42] Bei Kapitalgesellschaften kann die Nichtigkeit simulierter **Beitritts- und Gründungserklärungen** nach ihrer Eintragung ebenfalls nicht mehr geltend gemacht werden. Die Eintragung solcher Erklärungen erzeugt einen Rechtsschein, auf den sich die Öffentlichkeit und vor allem künftige Gläubiger und Aktionäre unbedingt verlassen können müssen.[43] **Wertpapierrechtliche Erklärungen** können gem. Abs. 1 nichtig sein.[44] Gegenüber einem gutgläubigen Erwerber scheidet die Berufung auf die Nichtigkeit jedoch aus.[45]

15 **Arbeitsverhältnisse** können ebenfalls als Scheingeschäfte nichtig sein.[46] So werden zB aus sozialversicherungsrechtlichen Gründen Arbeitsverhältnisse mit Ehegatten oder nahen Verwandten nur zum Schein abgeschlossen.[47] Die Parteien wandeln ein bisheriges freies Dienstverhältnis zum Schein in ein Arbeitsverhältnis um, damit es von dem in absehbarer Zeit erfolgenden Betriebsübergang gem. § 613 a erfasst wird.[48] Der wahre Inhaber eines Betriebes, dem die erforderliche gewerbe- oder handwerksrechtliche Genehmigung (Konzession) fehlt, stellt einen Konzessionsinhaber zum Schein als Arbeitnehmer ein, um den Anschein zu erwecken, als führe dieser die Geschäfte (dazu → § 134 Rn. 175 f.). Die Grundsätze des fehlerhaften Arbeitsverhältnisses[49] finden hier keine Anwendung, weil die Parteien übereinstimmend keine arbeitsrechtlichen Beziehungen begründen wollten (vgl. → Rn. 14 zur fehlerhaften Gesellschaft). Die Simulation betrifft nur einen Teil des Arbeitsvertrages, wenn die Parteien im schriftlichen Vertrag eine tatsächlich nicht zu erbringende Arbeitszeit angeben, um eine übertarifliche Vergütung zu verschleiern. Hier führt Abs. 1 dazu, dass der Arbeitnehmer seine Leistung nur während der wirklich gewollten, vereinbarten Arbeitszeit erbringen muss.[50] Entgegen der Regel des § 139 ergreift die Nichtigkeit bloß diesen Teil des Arbeitsverhältnisses.[51]

16 **3. Drittschutz.** Die Nichtigkeit des Scheingeschäfts kann durchaus im **Interesse eines Dritten** liegen. Das gilt etwa für einen Gläubiger, dem durch eine nur zum Schein erfolgte Veräußerung ein mögliches Pfändungsobjekt entzogen werden soll. Ein solcher Dritter kann sich schlicht auf die gegenüber jedermann wir-

35   RGZ 90, 273 (277); 95, 160, 162; Soergel/*Hefermehl* BGB § 117 Rn. 8; Erman/*Arnold* BGB § 117 Rn. 5.
36   Vgl. BGH DB 1962, 1689; Erman/*Arnold* BGB § 117 Rn. 5.
37   RGRK/*Krüger-Nieland* BGB § 117 Rn. 13.
38   Jauernig/*Mansel* BGB § 117 Rn. 4; vgl. BGHZ 29, 6 (11); BGH NJW 1976, 237 (238); 1980, 451; 1999, 2892.
39   Näher dazu *Keim* JuS 2001, 636 ff.
40   Staudinger/*Singer*, Bearbeitung 2017, BGB § 117 Rn. 23; Soergel/*Hefermehl* BGB § 117 Rn. 15; Palandt/*Ellenberger* BGB § 117 Rn. 7; Jauernig/*Mansel* BGB § 117 Rn. 4; BeckOK BGB/*Wendtland* § 117 Rn. 17; PWW/*Ahrens* BGB § 117 Rn. 11.
41   BGH NJW 1953, 1220; BGHZ 11, 190 (191); MüKoBGB/*Armbrüster* § 117 Rn. 3; PWW/*Ahrens* BGB § 117 Rn. 13.
42   Staudinger/*Singer*, Bearbeitung 2017, BGB § 117 Rn. 6; Palandt/*Ellenberger* BGB § 117 Rn. 7; Erman/*Arnold* BGB § 117 Rn. 8; PWW/*Ahrens* BGB § 117 Rn. 13.

43   Vgl. BGHZ 21, 378 (382); Soergel/*Hefermehl* BGB Vor § 116 Rn. 63; Staudinger/*Singer*, Bearbeitung 2017, BGB § 117 Rn. 6; MüKoBGB/*Armbrüster* § 117 Rn. 3, § 119 Rn. 22.
44   Vgl. *Baumbach/Hefermehl/Casper* WG Art. 17 Rn. 45 (sog. Nichterklärung).
45   Staudinger/*Singer*, Bearbeitung 2017, BGB § 117 Rn. 23; Erman/*Arnold* BGB § 117 Rn. 9.
46   Vgl. den Überblick bei *Benecke* RdA 2016, 65 f.
47   Vgl. etwa BAG NZA 1996, 249; BSGE 74, 275, 276 ff.; ErfK/*Rolfs* SGB IV § 7 Rn. 26.
48   Vgl. BAG NJW 2003, 2930 (2931).
49   Dazu etwa BAG AP Nr. 20 zu § 812 BGB; AP Nr. 70 zu § 2 ArbGG 1979; ErfK/*Preis* BGB § 611 a Rn. 145 ff.; MHdB ArbR/*Benecke* BGB § 34 Rn. 48 ff.
50   BAG AP Nr. 1 zu § 117 BGB; ErfK/*Preis* BGB § 611 a Rn. 312.
51   Zu den Rechtsfolgen arbeitsrechtlicher Scheingeschäfte *Benecke* RdA 2016, 65 (69 ff.)

kende Nichtigkeit des Scheingeschäfts gem. Abs. 1 berufen und gegebenenfalls eine Feststellungsklage gem. § 256 ZPO erheben (→ Rn. 13).[52] Außerdem hat er Schadensersatzansprüche gegen die Erklärenden, wenn das Scheingeschäft die Voraussetzungen der §§ 823, 826 erfüllt. Für einen darüber hinausgehenden Schutz besteht kein Bedarf.[53]

Im umgekehrten Fall vertrauen Dritte auf die Wirksamkeit des nur zum Schein abgeschlossenen Rechtsgeschäfts und treffen entsprechende Dispositionen. Nicht selten bezwecken die Erklärenden gerade solche Täuschungen anderer (vgl. bereits → Rn. 3). Den **Schutz gutgläubiger Dritter** hat der Gesetzgeber des BGB indessen bewusst nicht geregelt. Er war der Auffassung, dass die allgemeinen und besonderen Vorschriften zum Gutglaubensschutz ausreichen.[54] Dem sind die Praxis und die wohl herrschende Lehre gefolgt.[55] Danach gibt es, anders als etwa im österreichischen Recht gem. § 916 Abs. 2 ABGB, keinen allgemeinen Schutz gutgläubiger Dritter gegen die Benachteiligung durch Scheingeschäfte.[56]   **17**

Der notwendige Schutz wird jedoch weitgehend durch besondere Regelungen zum Gutglaubensschutz gewährleistet.[57] So finden die Schutzvorschriften des **gutgläubigen Erwerbs** Anwendung, wenn der Dritte eine Sache von einem Veräußerer erwirbt, der seinerseits die Sache nur zum Schein erworben hat und deshalb gar nicht Eigentümer geworden ist. Hier wird der gutgläubige Dritte durch die §§ 932 ff., 892 f. geschützt.[58] Bei einer nur zum Schein erfolgten Verpfändung oder Nießbrauchsbestellung an einer beweglichen Sache schützt ihn § 1207 oder § 1032. Die Schutzbestimmungen der §§ 405, 413 greifen ein, wenn der Dritte eine scheinbare Forderung oder ein anderes scheinbares Recht unter Urkundenvorlage gutgläubig erwirbt. In entsprechender Anwendung dieser Vorschriften genießt der gutgläubige Erwerber einer Briefhypothek den gleichen Schutz.[59] Weitere Regelungen zum Schutz des Vertrauens gutgläubiger Dritter enthalten § 171 (Scheinvollmacht) und § 109.[60]   **18**

Dient das Scheingeschäft einverständlich der Schädigung des Dritten, so können ihm **Schadensersatzansprüche** vor allem aus § 823 Abs. 2 iVm § 263 StGB und aus § 826 zustehen.[61] Danach kann er verlangen, so gestellt zu werden, als sei er nicht getäuscht worden (vgl. § 249 Abs. 1). Hatte das Scheingeschäft den Zweck, die Erfüllung einer Verbindlichkeit zu vereiteln, kann der Anspruch gegen den scheinbaren Erwerber auf Erfüllung gerichtet sein.[62]   **19**

Schließlich wird diskutiert, ob und wann der gutgläubige Dritte gegen die Berufung auf den Scheincharakter und damit auf die Nichtigkeit des Geschäfts die **Einrede der Arglist** (§ 242) erheben kann. Sie soll zB dem Vertretenen zustehen, wenn der Vertreter und der Geschäftsgegner kollusiv zusammengewirkt haben, um ihn zu schädigen.[63] Hier hat indessen die analoge Anwendung des § 116 Vorrang vor der allgemeinen Arglisteinrede. Die Vereinbarung, die Scheinabrede vor dem Vertretenen geheim zu halten, entspricht wertungsmäßig einem geheimen Vorbehalt des Vertragspartners (vgl. dazu bereits → Rn. 11). Kommt die Absicht hinzu, den Vertretenen zu schädigen, ist das Geschäft wegen Missbrauchs der Vollmacht (**Kollusion**) gem. § 138 nichtig (→ § 138 Rn. 116, → § 164 Rn. 85).[64] Auch in anderen Fallgestaltungen kommt die allgemeine Arglisteinrede erst dann in Betracht, wenn der gutgläubige Dritte nicht durch die gerade angesprochenen anderen Vorschriften oder Schadensersatzansprüche geschützt wird.[65]   **20**

52 Vgl. dazu RGRK/*Krüger-Nieland* BGB § 117 Rn. 20.
53 MüKoBGB/*Armbrüster* § 117 Rn. 23; Erman/*Arnold* BGB § 117 Rn. 9; vgl. *Wolf/Neuner* BGB AT § 40 Rn. 25.
54 Vgl. Motive I, S. 193 = *Mugdan* I, S. 459; Prot. I, S. 77 = *Mugdan* I, S. 711.
55 Näher dazu HKK/*Schermaier* BGB §§ 116–124 Rn. 41, 46.
56 MüKoBGB/*Armbrüster* § 117 Rn. 24; *Wolf/Neuner* BGB AT § 40 Rn. 21; vgl. Erman/*Arnold* BGB § 117 Rn. 9; BeckOK BGB/*Wendtland* § 117 Rn. 17; aA *Flume* BGB AT Bd. 2, § 20, 2 c; ihm im Ansatz zust. HKK/*Schermaier* BGB §§ 116–124 Rn. 46.
57 Dazu und zum Folgenden MüKoBGB/*Armbrüster* § 117 Rn. 24; *Wolf/Neuner* BGB AT § 40 Rn. 23 ff.; Erman/*Arnold* BGB § 117 Rn. 9; Soergel/*Hefermehl* BGB § 117 Rn. 16; RGRK/*Krüger-Nieland* BGB § 117 Rn. 18; Jauernig/*Mansel* BGB § 117 Rn. 4; PWW/*Ahrens* BGB § 117 Rn. 12.

58 Vgl. etwa BayObLG NJW-RR 1998, 946.
59 RGZ 90, 273 (279); ausf. zur Rechtsscheinshaftung auf der Grundlage des § 405 *Canaris*, Die Vertrauenshaftung im deutschen Privatrecht, 1971, S. 85 ff.
60 Erman/*Arnold* BGB § 117 Rn. 9; vgl. Palandt/*Ellenberger* BGB § 117 Rn. 7.
61 *Wolf/Neuner* BGB AT § 40 Rn. 25; RGRK/*Krüger-Nieland* BGB § 117 Rn. 17; Erman/*Arnold* BGB § 117 Rn. 9; PWW/*Ahrens* BGB § 117 Rn. 12; *Coester-Waltjen* Jura 1990, 362 (365).
62 Vgl. RGZ 95, 160 (162); RGRK/*Krüger-Nieland* BGB § 117 Rn. 17.
63 Erman/*Arnold* BGB § 117 Rn. 7; vgl. RGZ 134, 33 (37); Soergel/*Hefermehl* BGB § 117 Rn. 15; vgl. auch die weiteren Nachw. zur Rspr. des RG bei RGRK/*Krüger-Nieland* BGB § 117 Rn. 19.
64 Vgl. BGH NJW 1999, 2882 (2883).
65 Ähnlich RGRK/*Krüger-Nieland* BGB § 117 Rn. 19.

III. Verdecktes Geschäft (Abs. 2)

21   Abs. 2 stellt klar, dass ein Rechtsgeschäft nicht allein deshalb unwirksam ist, weil die Parteien es durch ein anderes Rechtsgeschäft verdeckt haben[66] oder weil sie damit einen Dritten täuschen und beispielsweise eine Steuerhinterziehung ermöglichen wollten.[67] Das dissimulierte Geschäft ist vielmehr **grundsätzlich wirksam**.[68] Im Einzelnen hängt die Wirksamkeit stets davon ab, ob das Verhalten der Parteien die dafür geltenden objektiven und subjektiven Voraussetzungen erfüllt. Daher ist Abs. 2 nicht nur eine Ausprägung des falsa-demonstratio-Grundsatzes (→ Rn. 2),[69] sondern auch lex specialis im Verhältnis zu § 140.[70]

22   Subjektiv setzt Abs. 2 den **übereinstimmenden Willen** der Parteien voraus, anstelle des Scheingeschäfts ein anderes Rechtsgeschäft vorzunehmen. In Bezug auf das dissimulierte Geschäft muss der Rechtsfolgewille also, anders als beim simulierten Geschäft (→ Rn. 1, 9 f.), tatsächlich vorliegen.[71] Das unterscheidet die Fälle des Abs. 2 vom reinen Scheingeschäft, bei dem die Parteien gar keine Rechtsveränderung wollen.[72]

23   Objektiv kommt es in den meisten Fällen auf die Einhaltung von **Formvorschriften** oder das Vorhandensein **behördlicher Genehmigungen** an. Zu prüfen ist, neben der Erfüllung anderer einschlägiger Voraussetzungen, ferner, ob das verdeckte Geschäft gegen ein gesetzliches Verbot (§ 134) oder gegen die guten Sitten (§ 138) verstößt.[73] Ein solcher Verstoß gegen § 134 liegt zB vor, wenn ein konzessionsloser Dritter mit einem Konzessionsinhaber einen Scheinarbeitsvertrag abschließt, um zu verdecken, dass er in Wirklichkeit gewerblich tätig wird (→ Rn. 15 und 28 sowie → § 134 Rn. 175 f.).

24   Im „klassischen" Anwendungsfall des **Schwarzkaufs** ist der zu einem niedrigeren Preis beurkundete Grundstückskaufvertrag als Scheingeschäft gem. Abs. 1 nichtig (→ Rn. 3). Da der einverständlich gewollte, tatsächlich vereinbarte höhere Kaufpreis nicht beurkundet wird, ist der verdeckte Grundstückskaufvertrag gem. §§ 311 b Abs. 1 S. 1, 125 S. 1 nichtig.[74] Der Formmangel wird allerdings durch die Eintragung des Erwerbers in das Grundbuch gem. § 311 b Abs. 1 S. 2 geheilt.[75] Bis zu diesem Zeitpunkt kann der Veräußerer eine bereits erklärte Auflassung kondizieren.[76] Theoretisch kann der Schwarzkauf auch gem. § 134 iVm § 370 AO (Steuerhinterziehung) nichtig sein. Dieser Nichtigkeitsgrund wird in der Regel jedoch deshalb nicht eingreifen, weil nicht nur Steuern hinterzogen, sondern auch Notarkosten gespart werden sollen und die Steuerhinterziehung daher in der Praxis nie, wie von der Rechtsprechung gefordert,[77] alleiniges Motiv des Vertragsschlusses ist.[78] Das zum Schwarzkauf Gesagte gilt grundsätzlich für andere bereits erbrachte Leistungen.[79] Eine Auflassungsvormerkung sichert auch bei späterer Heilung des Formmangels gem. § 311 b Abs. 1 S. 2 grundsätzlich nicht den mündlich vereinbarten Auflassungsanspruch.[80] Im Unterschied dazu gilt der allgemeine Grundsatz der falsa demonstratio, wenn die Parteien den Kaufpreis **irrtümlich** beim Notar falsch angegeben haben. Da in diesem Fall die Funktionen des § 311 b Abs. 1 S. 1 nicht vereitelt werden, gilt der Vertrag als zum wirklichen Kaufpreis formwirksam abgeschlossen.[81]

IV. Abgrenzungen

25   Das wesentliche Merkmal eines Scheingeschäfts, das es von ähnlichen Gestaltungsformen unterscheidet (vgl. zur Abgrenzung vom geheimen Vorbehalt bereits → Rn. 1 sowie → § 116 Rn. 11), ist das **Einverständnis** der Parteien, dass das zum Schein abgeschlossene Geschäft gerade **keine Rechtswirkungen** haben soll.[82] Die Parteien täuschen einverständlich einen bestimmten, tatsächlich **nicht bestehenden Rechtsfolgewillen** vor (→ Rn. 9). Demnach liegt kein Scheingeschäft vor, wenn die Beteiligten den Eintritt der Rechtsfolgen selbst wollen und nur der damit regelmäßig verbundene wirtschaftliche oder sonstige tat-

66   RG JW 1938, 2837; Staudinger/*Singer*, Bearbeitung 2017, BGB § 117 Rn. 25; Erman/*Arnold* BGB § 117 Rn. 11.

67   Vgl. BGH NJW 1983, 1843 (1844); NJW-RR 2006, 283; Palandt/*Ellenberger* BGB § 117 Rn. 8.

68   BeckOK BGB/*Wendtland* § 117 Rn. 21.

69   Vgl. MüKoBGB/*Armbrüster* § 117 Rn. 27, der auf die Beachtlichkeit des „wirklichen Willens" abstellt.

70   BeckOK BGB/*Wendtland* § 117 Rn. 21.

71   Vgl. BGH MDR 1958, 593; NJW 1983, 1843 (1844); BeckOK BGB/*Wendtland* § 117 Rn. 20.

72   RGRK/*Krüger-Nieland* BGB § 117 Rn. 21.

73   Vgl. BGH MDR 1958, 593; NJW 1983, 1843 (1844); Staudinger/*Singer*, Bearbeitung 2012, BGB § 117 Rn. 25; Erman/*Arnold* BGB § 117 Rn. 11; PWW/ *Ahrens* BGB § 117 Rn. 15.

74   Vgl. BGH NJW 1969, 1628 (1629); vgl. zur Rückabwicklung auch BGH NJW 1980, 451 f.

75   Vgl. RGZ 104, 102 (105); 129, 150 (152).

76   Vgl. RGZ 108, 329 (333); 117, 287 (290); 119, 163 (167).

77   So etwa BGHZ 14, 25 (30).

78   *Petersen* Jura 2006, 426 (428).

79   Vgl. BGH NJW 1999, 2892 ff.; *Keim* JuS 2001, 636 ff.

80   BGHZ 54, 56 (62 ff.); vgl. auch *Wacke* DNotZ 1995, 507.

81   MüKoBGB/*Armbrüster* § 117 Rn. 29; Erman/*Arnold* BGB § 117 Rn. 12.

82   Vgl. zB BGHZ 21, 378 (382); BGH NJW 1984, 2350; WM 1984, 1249; BAG NJW 1993, 2767.

sächliche Erfolg nicht bei ihnen eintreten soll.[83] Ein Rechtsgeschäft ist daher nicht gem. Abs. 1 nichtig, wenn es „pro forma", also zur Wahrung der Form geschlossen wird, weil die Parteien dann die Wirksamkeit des Rechtsgeschäfts wollen.[84] Gleiches gilt, wenn die Parteien nur die steuerrechtlichen, nicht aber die zivilrechtlichen Folgen eintreten lassen wollen. Eine vertragliche Regelung kann nicht gleichzeitig steuerrechtlich als gewollt und zivilrechtlich als Scheingeschäft qualifiziert werden.[85] Diesen, heute im Wesentlichen allgemein anerkannten Grundsätzen zufolge fallen **Treuhand-, Strohmann- und Umgehungsgeschäfte nicht unter Abs. 1**, weil die Parteien die rechtlichen Konstruktionen ernsthaft wollen. Sie können ihre praktischen Ziele nur erreichen, wenn sie die mit der jeweiligen Erklärung verbundenen Rechtsfolgen anstreben.[86]

Ein **Treuhandgeschäft** (fiduziarisches Geschäft) liegt vor, wenn eine Person einer anderen Person Vermögensgegenstände „zu treuen Händen" übereignet, so dass die andere Person zwar im Außenverhältnis Eigentümerin der Vermögensgegenstände wird, im Innenverhältnis zwischen den Beteiligten aber verpflichtet ist, die Interessen der bisherigen Eigentümerin in Bezug auf die übereigneten Gegenstände wahrzunehmen und ihr die Gegenstände nach einer bestimmten Zeit oder unter bestimmten Voraussetzungen wieder zurück zu übereignen.[87] Solche Geschäfte können zB dazu dienen, die Gegenstände für den Treugeber zu verwalten (Verwaltungstreuhand) oder eine Forderung des Treunehmers zu sichern (Sicherungsübereignung). Da die Rechtsfolge der Eigentumsübertragung gewollt ist und der Treugeber bloß „wirtschaftlicher Eigentümer" bleiben soll, greift Abs. 1 nicht ein.[88] Um ein **Scheingeschäft** handelt es sich nur dann, wenn das Treuhandgeschäft vorgetäuscht wird. Das hängt etwa davon ab, ob die Parteien davon ausgehen, dass bereits der bloße Schein einer Eigentumsübertragung die Gläubiger des scheinbaren Treugebers von Vollstreckungsmaßnahmen in die betreffenden Gegenstände abhält (Scheingeschäft) oder ob sie eine wirksame Übereignung für nötig halten (Treuhandgeschäft).[89] Im letztgenannten Fall ist noch ein Verstoß gegen § 134 oder § 138 zu prüfen.[90]

Ein Unterfall des fiduziarischen Geschäfts ist das „**Strohmanngeschäft**". Bei der Vornahme eines Rechtsgeschäfts tritt der Geschäftsherr (Hintermann) nicht persönlich auf, sondern schiebt einen „Strohmann" oder eine „Strohfrau"[91] vor. Der „Strohmann" handelt zwar im eigenen Namen und damit rechtlich nicht als Stellvertreter, aber für Rechnung und im Interesse des Geschäftsherrn und damit wirtschaftlich für diesen. Im Innenverhältnis ist der „Strohmann" dem Hintermann – etwa aufgrund eines Auftrages oder Geschäftsbesorgungsvertrages – zur Übereignung der erworbenen Gegenstände verpflichtet. Beispiele sind der Erwerb von Geschäftsanteilen oder die Ersteigerung von Kunstwerken auf einer Auktion,[92] aber auch die „Strohmanngründung" einer GmbH nach altem Recht, als es noch nicht die Einmann-GmbH gab.[93] Auch in diesen Fällen greift Abs. 1 nicht ein, weil die Parteien anstreben, dass der „Strohmann" aus dem mit dem Dritten abgeschlossenen Geschäft unmittelbar berechtigt und verpflichtet wird. Das gilt sogar dann, wenn der Dritte weiß, wem das Geschäft zugutekommen soll.[94] Zu prüfen ist im Einzelfall aber ein Verstoß gegen § 134 oder § 138. Um ein gem. Abs. 1 nichtiges **Scheingeschäft** handelt es sich dagegen, wenn der Dritte sich unmittelbar an den Hintermann halten soll und das „Strohmanngeschäft" daher vorgetäuscht wird. An der unmittelbaren Berechtigung und Verpflichtung des „Strohmannes" soll es zB fehlen, wenn dieser bei einer Darlehensgewährung nur eingeschaltet wird, um die Bardepotpflicht zu umgehen.[95] Keine echte „Strohfrau" soll eine 20-jährige Schülerin sein, die eine Versicherungsgesellschaft anstelle ihres Vaters als

83 OLG Düsseldorf 31.3.2015 – I-16 U 70/14, 16 U 70/14, ZVertriebsR 2015, 249, Rn. 70; *Wolf/Neuner* BGB AT, § 40 Rn. 15; *Benecke* RdA 2016, 65 (69).

84 LAG SchlH 19.11.2013 – 1 Sa 50/12.

85 Vgl. BGHZ 67, 334 (338); BGH NJW 1993, 2609 (2610); NJW-RR 1993, 367; NJW-RR 2006, 283; MüKoBGB/*Armbrüster* § 117 Rn. 15; PWW/*Ahrens* BGB § 117 Rn. 4.

86 Vgl. etwa BGHZ 21, 378 (382); 36, 84 (88); BGH NJW 1993, 2609; NJW 1998, 597 (599); 2002, 2030 (2031); BAG NJW 1993, 2767; OLG Düsseldorf 31.3.2015 – 16 U 70/14, juris Rn. 70; Hk-BGB/*Dörner* § 117 Rn. 4; Soergel/*Hefermehl* BGB § 117 Rn. 9; Palandt/*Ellenberger* BGB § 117 Rn. 4 ff.; Jauernig/*Mansel* BGB § 117 Rn. 3; MüKoBGB/*Armbrüster* § 117 Rn. 15; RGRK/*Krüger-Nieland* BGB § 117 Rn. 8, 9, 10; Erman/*Arnold* BGB § 117 Rn. 2 ff.; *Coester-Waltjen* Jura 1990, 362 (365); *Preuß* Jura 2002, 815 (819); BeckOK BGB/*Wendtland* § 117 Rn. 11; vgl. auch Staudinger/*Singer*, Bear-

beitung 2012, BGB § 117 Rn. 15, 17, 20; *Wolf/Neuner* BGB AT § 40 Rn. 27, 29.

87 *Wolf/Neuner* BGB AT § 40 Rn. 27; RGRK/*Krüger-Nieland* BGB § 117 Rn. 9.

88 MüKoBGB/*Armbrüster* § 117 Rn. 16; Erman/*Arnold* BGB § 117 Rn. 3; BeckOK BGB/*Wendtland* § 117 Rn. 12.

89 MüKoBGB/*Armbrüster* § 117 Rn. 16; BeckOK BGB/*Wendtland* § 117 Rn. 13.

90 MüKoBGB/*Armbrüster* § 117 Rn. 16.

91 So zB ausdrücklich in BGH NJW 2002, 2030 (2031).

92 *Wolf/Neuner* BGB AT § 40 Rn. 28; RGRK/*Krüger-Nieland* BGB § 117 Rn. 10.

93 BGHZ 21, 378 ff.; OLG Karlsruhe NJW 1971, 619 f.

94 BGH NJW 1980, 1572 (1573); 1995, 727; OLG Köln NJW 1993, 2623; MüKoBGB/*Armbrüster* § 117 Rn. 16; Erman/*Arnold* BGB § 117 Rn. 3; BeckOK BGB/*Wendtland* § 117 Rn. 14; *Petersen* Jura 2006, 426 (428).

95 BGH NJW 1980, 1573.

Handelsvertreterin einstellt, wenn vereinbarungsgemäß allein der Vater für die Gesellschaft tätig wird.[96] Ein Scheingeschäft iSd Abs. 1 liegt ebenfalls vor, wenn ein Verkäufer den Auktionspreis im Rahmen einer Internetauktion mithilfe eines „Strohmannes" in der Form manipuliert, dass der „Strohmann" ein höheres Gebot nur abgibt, um den Verkaufspreis in die Höhe zu treiben, ohne jemals einen Kaufvertrag abschließen zu wollen (sog. **shill Bidding**); die Gebote des „Strohmanns" werden nur zum Schein abgegeben.[97] Setzt der Verkäufer hingegen keinen „Strohmann" ein, sondern überbietet selbst andere Angebote verdeckt unter Verwendung eines Zweitaccounts, greift Abs. 1 nicht ein, weil seine Angebote bereits mangels der erforderlichen Personenverschiedenheit zwischen Anbieter und Bieter unwirksam sind.[98]

28 Um ein **Umgehungsgeschäft** handelt es sich, wenn die Parteien zur Verwirklichung des von einer zwingenden Rechtsnorm missbilligten Erfolgs eine andere rechtliche Gestaltung wählen, die von der Norm nicht erfasst zu sein scheint (→ § 134 Rn. 81 ff.).[99] Da die Parteien den (missbilligten) Rechtserfolg ernsthaft erreichen wollen, ist ein Umgehungsgeschäft kein Scheingeschäft iSd Abs. 1.[100] Die Nichtigkeit kann sich aber aus einem Verstoß gegen § 134 oder § 138 ergeben (näher → § 134 Rn. 85 f.). Stellt zB ein konzessionsloser Dritter einen anderen als Arbeitnehmer ein, um den Anschein zu erwecken, der Konzessionsinhaber führe die Geschäfte, ist das damit verbundene, verdeckte Umgehungsgeschäft gem. Abs. 2 iVm § 134 nichtig (→ § 134 Rn. 176). Wird dagegen ein Arbeitsvertrag mit einem Stuckateurmeister nur abgeschlossen, um ihn der Handwerkskammer vorzulegen und das Geschäft führen zu können („Meisterzwang" im Handwerk gem. § 7 HwO), und soll dieser Arbeitsvertrag gar nicht durchgeführt werden, handelt es sich um ein nach Abs. 1 nichtiges Scheingeschäft.[101]

29 In der Praxis werden nicht selten freie Dienstverträge, freie Mitarbeiterverträge oder Werkverträge abgeschlossen, obwohl die Parteien in Wirklichkeit ein Arbeitsverhältnis anstreben und das Vertragsverhältnis auch so durchführen. Diese **vorsätzlich falsche Rechtsformenwahl** hat den Zweck, die Anwendung der Kosten verursachenden arbeitsrechtlichen und vor allem der sozialversicherungsrechtlichen Vorschriften zu vermeiden.[102] Hier handelt es sich nicht um ein Scheingeschäft, weil beide Parteien den Rechtsbindungswillen zur Begründung eines Vertragsverhältnisses mit den Hauptleistungspflichten „Tätigkeit gegen Entgelt" haben. Es gibt keine zwei Geschäfte, einen simulierten Dienst- und einen dissimulierten Arbeitsvertrag, sondern nur einen Arbeitsvertrag, den die Parteien als Dienstvertrag bezeichnet haben, um die Anknüpfung weiterer, insbesondere sozialversicherungsrechtlicher Rechtsfolgen zu vermeiden. In derartigen Fällen einer falschen juristischen Qualifikation oder Rechtsformverfehlung greift nicht § 117 ein, sondern die richtige Einordnung als Arbeitsverhältnis erfolgt durch Auslegung des Parteiwillens (§§ 133, 157) anhand der in § 611a festgelegten Merkmale des Arbeitnehmer- bzw. Arbeitsvertrags-Begriffs.[103] Ein Umgehungsgeschäft liegt ebenfalls nicht vor, weil die Parteien nicht den von einer zwingenden Rechtsnorm missbilligten Erfolg durch eine andere rechtliche Gestaltung erreichen wollen. Der gewollte rechtliche Erfolg „Arbeitsleistung gegen Entgelt" kann gerade durch den Abschluss eines Arbeitsvertrages herbeigeführt werden.[104] Zu dieser Fallgruppe der Rechtsformverfehlung gehören ferner die sog. Scheinwerkverträge zur Verdeckung einer Arbeitnehmerüberlassung,[105] auf die einige allerdings § 117 Abs. 1 BGB anwenden.[106] Dabei geht es um Fälle, in denen ein Unternehmer Arbeitnehmer eines Fremdunternehmens auf der Basis eines Werkvertrags einsetzt, sie aber wie eigene Arbeitnehmer anweist (§ 106 GewO) und in seine Betriebsorganisation eingliedert, so dass ihr Einsatz als Arbeitnehmerüberlassung iSv § 1 Abs. 1 S. 1 AÜG zu qualifizieren ist.[107] Gegen die Anwendung des § 117 BGB spricht, dass die beteiligten Unternehmer keinen zweiten,

96 BAG NJW 1993, 2767.
97 OLG Rostock 11.6.2014 – 1 U 90/13, BeckRS 2015, 2441 Rn. 47 ff.; OLG Frankfurt/Main 27.6.2014 – 12 U 51/13, BeckRS 2015, 7929 Rn. 17 ff.; Staudinger/*Singer*, Bearbeitung 2017, BGB § 117 Rn. 12; *Eckel* MMR 2017, 373 (376 f.); *Linardatos*, Anm. zu BGH 24.8.2016 – LMK 2017, 385307.
98 BGH NJW 2017, 468 (469); *Jerger* GWR 2017, 13; vgl. ferner *Pfeiffer* NJW 2017, 1437 (1438) zur Möglichkeit einer „Als-ob"-Abrede in den Plattform-AGB, nach der jedes Kundenkonto als eigenständige Person zu behandeln ist.
99 Vgl. BGHZ 85, 39 (46); BAG NJW 1999, 2541.
100 MüKoBGB/*Armbrüster* § 117 Rn. 20; Erman/*Arnold* BGB § 117 Rn. 2; BeckOK BGB/*Wendtland* § 117 Rn. 16; PWW/*Ahrens* BGB § 117 Rn. 9; vgl. RGRK/*Krüger-Nieland* BGB § 117 Rn. 8.
101 BAGE 130, 34 Rn. 12 ff.; dazu auch Benecke RdA 2016, 65 (68).

102 Vgl. zur sog. Scheinselbstständigkeit statt vieler nur *Kamanabrou*, Arbeitsrecht, Rn. 130 ff. und ErfK/*Preis* BGB § 611a Rn. 78 f., jew. mwN.
103 Näher dazu *Lampe* RdA 2002, 18 ff., insbes. 26 f.; vgl. auch *Hohmeister* NZA 2000, 408 f.; *Keller* NZA 1999, 1311 (1312); ausf. zu den Rechtsfolgen *Kirsten*, Individualarbeitsrechtliche Behandlung des verdeckten Arbeitsverhältnisses, 1995; vgl. zur Bedeutung des § 611a Abs. 1 S. 6 auch *Riesenhuber* JuS 2018, 103 (105 ff.)
104 *Hohmeister* NZA 2000, 408 (409); aA *Keller* NZA 1999, 1311 (1312 f.)
105 Wie hier ErfK/*Wank* AÜG § 1 Rn. 18 ff.
106 So etwa *Hamann*, Anm. zu LAG Stuttgart 3.12.2014 – jurisPR-ArbR 9/2015 Anm. 1; *Maschmann* NZA 2013, 1305 (1310); *Timmermann* BB 2012, 1729.
107 Ausf. zur Abgrenzung von Werkverträgen zu Arbeitnehmerüberlassungsverträgen etwa ErfK/*Wank* AÜG § 1 Rn. 18 ff. und Schaub ArbR-HdB/*Koch* § 120 Rn. 6 ff., jew. mwN.

durch den sog. Scheinwerkvertrag verdeckten Arbeitnehmerüberlassungsvertrag geschlossen haben, sondern nur „den der tatsächlichen Rechtslage widersprechenden Vertragstyp Werkvertrag".[108]

C. Weitere praktische Hinweise

Die Darlegungs- und **Beweislast** für den **Scheincharakter** des Geschäfts trägt derjenige, der sich auf die **30** Nichtigkeit nach Abs. 1 beruft.[109] Er muss Tatsachen darlegen und im Bestreitensfall beweisen, die darauf schließen lassen, dass die Parteien den nach außen bekundeten Rechtsfolgewillen nur vorgetäuscht haben. Diese Tatsachen müssen geeignet sein, den gesetzlichen Regelfall zu entkräften, dass abgeschlossene Verträge grundsätzlich ernst gemeint sind.[110] Insoweit genügt es beispielsweise nicht, dass ein Dienstvertrag relativ kurz vor einer drohenden Insolvenz in einen Arbeitsvertrag umgewandelt worden ist. Der „insolvenznahe" Zeitpunkt der Umwandlung kann lediglich Bestandteil einer Gesamtwürdigung sein, um den Scheincharakter des Arbeitsvertrages festzustellen.[111] Der Nachweis einer Täuschungsabsicht allein begründet ebenfalls noch keine Vermutung für ein Scheingeschäft.[112] Beruft sich eine Partei darauf, ein Arbeitsvertrag sei als Scheingeschäft nach Abs. 1 nichtig, ist trotzdem gem. § 2 Abs. 1 Nr. 3a ArbGG der **Rechtsweg zu den Arbeitsgerichten** eröffnet, weil das Tatbestandsmerkmal „aus dem Arbeitsverhältnis" weit ausgelegt wird.[113]

Geht es dagegen um die **Wirksamkeit des verdeckten Geschäfts**, trifft die Darlegungs- und Beweislast die **31** Partei, die Rechte aus dem Geschäft herleiten will.[114]

§ 118 Mangel der Ernstlichkeit

Eine nicht ernstlich gemeinte Willenserklärung, die in der Erwartung abgegeben wird, der Mangel der Ernstlichkeit werde nicht verkannt werden, ist nichtig.

Literatur: *Petersen*, Die Wirksamkeit der Willenserklärung, Jura 2006, 426; *Preuß*, Geheimer Vorbehalt, Scherzerklärung und Scheingeschäft, Jura 2002, 815; *Tscherwinka*, Die Schmerzerklärung gem. § 118 BGB, NJW 1995, 308; *Weiler*, Wider die Schmerzerklärung, NJW 1995, 2608.

A. Allgemeines	1	III. Rechtsfolgen	10
B. Regelungsgehalt	3	IV. Abgrenzungen	14
I. Anwendungsbereich	3	C. Weitere praktische Hinweise	16
II. Voraussetzungen	6		

A. Allgemeines

§ 118 regelt mit der sog. **Scherzerklärung** einen praktisch wenig bedeutsamen[1] Sonderfall des bewussten **1** Abweichens von Wille und Erklärung. Der Erklärende verhält sich zwar so, dass objektiv der Tatbestand einer Willenserklärung vorliegt; in Wirklichkeit will er aber gar keine Willenserklärung abgeben und erwartet auch, dass dieser Mangel der Ernstlichkeit erkannt wird. Es handelt sich also um eine Erklärung, in welcher das Fehlen des Geschäftswillens nicht hinreichend zum Ausdruck gekommen ist, trotzdem aber erkannt werden soll.[2] Dagegen liegt schon gar keine Willenserklärung vor, wenn der Mangel der Ernstlichkeit für jedermann klar zu Tage tritt, weil der Erklärende nicht einmal den **Anschein einer Willenserklärung** setzen will. § 118 erfasst keine Erklärungen, die zB auf der Theaterbühne, zu Unterrichtszwecken oder im Rahmen eines Gesellschaftsspiels abgegeben werden und daher offenkundig nicht auf die Herbeiführung einer Rechtsfolge abzielen (vgl. zu diesem Merkmal der Willenserklärung → Vor § 116 Rn. 9).[3]

---

108 So wörtlich selbst *Hamann*, Anm. zu LAG Stuttgart 3.12.2014 – jurisPR-ArbR 9/2015 Anm. 1.

109 Vgl. BGH NJW 1988, 2597 (2599); 1991, 1617 (1618); 1999, 3481 f.; BAG NZA 1996, 249; NJW 2003, 2930 (2931); OLG Köln NJOZ 2018, 162 (164).

110 Vgl. BGH NJW 1999, 3481; zu Abgrenzungskriterien in der arbeitsgerichtlichen Rspr. *Benecke* RdA 2016, 65 (69) mwN.

111 BAG NJW 2003, 2930 (2931).

112 BGH DB 1962, 1689.

113 *Benecke* RdA 2016, 65 (66) mwN.

114 MüKoBGB/*Armbrüster* § 117 Rn. 22; Erman/*Arnold* BGB § 117 Rn. 13; BeckOK BGB/*Wendtland* § 117 Rn. 22; PWW/*Ahrens* BGB § 117 Rn. 17; vgl. BGH NJW 1991, 1617.

1 Vgl. Jauernig/*Mansel* BGB § 118 Rn. 1; Erman/*Arnold*, § 118 Rn. 1; HKK/*Schermaier* BGB §§ 116–124 Rn. 48; *Coester-Waltjen* Jura 1990, 362 (364).

2 BeckOK BGB/*Wendtland*, § 118 Rn. 1; vgl. Soergel/*Hefermehl* BGB § 118 Rn. 1.

3 *Wolf/Neuner* BGB AT, § 40 Rn. 9; vgl. Soergel/*Hefermehl* BGB § 118 Rn. 1; BeckOK BGB/*Wendtland*, § 118 Rn. 1; *Preuß* Jura 2002, 815 (818).

2 Eine Scherzerklärung iSd § 118 ist nichtig. Diese **Rechtsfolgenanordnung** stellt eine gegen den Gedanken des Verkehrsschutzes verstoßende, systemwidrige **Ausnahme** dar.[4] Der Erklärende irrt darüber, dass der Erklärungsgegner den Mangel der Ernstlichkeit erkennt. Trotzdem verweist ihn das Gesetz, anders als bei anderen Irrtümern (§§ 119 f.), nicht auf die unverzügliche (§ 121 Abs. 1 S. 1) Anfechtung seiner Erklärung, sondern bürdet stattdessen dem Erklärungsgegner ein erhöhtes „Verständnisrisiko" auf.[5] Eine gewisse Rechtfertigung findet § 118 lediglich darin, dass der Erklärende, anders als in den Fällen der §§ 119 f., von vornherein keine Geltung des Geschäfts wollte und deshalb ein Wahlrecht zwischen der Anfechtung und der Aufrechterhaltung des Geschäfts nicht angemessen erscheint. Außerdem hat der Erklärungsgegner, der auf die Wirksamkeit der Erklärung vertraut hat und vertrauen durfte, gem. § 122 einen Anspruch auf Ersatz seines Vertrauensschadens (vgl. dazu → Rn. 10 und → § 122 Rn. 3, 9 ff.).[6]

B. Regelungsgehalt

I. Anwendungsbereich

3 § 118 ist auf **Willenserklärungen jeglicher Art** anwendbar. Die Vorschrift unterscheidet nicht nach empfangsbedürftigen und nicht empfangsbedürftigen oder schriftlichen und mündlichen Erklärungen. Sie gilt zB auch für ein Testament,[7] für Erklärungen in Textform (E-Mails)[8] und sogar für notariell beurkundete Willenserklärungen.[9] Im letztgenannten Fall kann die Berufung auf die Nichtigkeit aber im Einzelfall nach Treu und Glauben (§ 242) ausgeschlossen sein (dazu → Rn. 12). Auf **geschäftsähnliche Handlungen** ist § 118 entsprechend anwendbar.[10]

4 Einen besonderen Anwendungsfall bildet das sog. **misslungene Scheingeschäft**. Es liegt vor, wenn der Erklärende annimmt, der Erklärungsempfänger werde die mangelnde Ernstlichkeit seiner Erklärung erkennen und zum Schein darauf eingehen, der Empfänger die Erklärung in Wirklichkeit aber ernst nimmt. Dann findet nicht § 117, sondern § 118 Anwendung.[11]

5 Die Anwendung des § 118 kann durch vorrangige **Spezialregelungen** ausgeschlossen sein. Solche Spezialregelungen gelten beispielsweise für die Willenserklärungen bei der Anerkennung der Vaterschaft (§§ 1594 ff.) und bei der Eheschließung (§§ 1310 ff. und 1313 ff.).[12]

II. Voraussetzungen

6 § 118 setzt zunächst voraus, dass objektiv der **Tatbestand einer Willenserklärung** vorliegt. Soll die Äußerung dagegen offenkundig nicht einmal einen Erklärungsschein setzen, greifen die §§ 118 und 122 nicht ein (→ Rn. 1).[13]

7 Der Erklärende darf die Willenserklärung **nicht ernst gemeint** haben. Ihm muss der Wille gefehlt haben, die erklärte Rechtsfolge herbeizuführen. Als **Motiv** der mangelnden Ernstlichkeit kommt entgegen der gängigen Bezeichnung nicht bloß ein Scherz („Jux und Tollerei") in Betracht, sondern auch Ironie, Prahlsucht, spöttische Übertreibungen, Höflichkeit oder reißerische Reklame.[14] Politische Erklärungen können ebenfalls von § 118 erfasst werden.[15] Streitig ist die Anwendung des § 118 auf solche Willenserklärungen, die – wie zB eine Kündigung – in einem Zustand der Provokation oder in einer Situation von Demütigung und

4   Palandt/*Ellenberger* BGB § 118 Rn. 2; vgl. *Petersen* Jura 2006, 426 (427).
5   MüKoBGB/*Armbrüster* BGB § 118 Rn. 1; vgl. HKK/*Schermaier* BGB §§ 116–124 Rn. 48; Hk-BGB/*Dörner*, § 118 Rn. 1.
6   MüKoBGB/*Armbrüster* BGB § 118 Rn. 1.
7   Staudinger/*Singer*, Bearbeitung 2012, BGB § 118 Rn. 6; MüKoBGB/*Armbrüster* BGB § 118 Rn. 3; Erman/*Arnold* BGB § 118 Rn. 3; BeckOK BGB/*Wendtland*, § 118 Rn. 2; PWW/*Ahrens* BGB § 118 Rn. 2; vgl. zum Testament RGZ 104, 320 (322).
8   OLG Frankfurt/Main v. 2.5.2017 – 8 U 170/16.
9   Vgl. BGH NJW 2000, 3127 (3128).
10 BeckOK BGB/*Wendtland* § 118 Rn. 3.
11 Vgl. BGH NJW 2000, 3127 (3128); OLG München NJW-RR 1993, 1168 (1169); *Thiessen* NJW 2001,

3025 (3026); Palandt/*Ellenberger* BGB § 118 Rn. 2; MüKoBGB/*Armbrüster* § 118 Rn. 10; BeckOK BGB/*Wendtland* § 118 Rn. 3; Hk-BGB/*Dörner* § 118 Rn. 3; PWW/*Ahrens* BGB § 118 Rn. 1; vgl. bereits Motive I, S. 193 f. = *Mugdan* I, S. 459; Prot. I, S. 98 = *Mugdan* I, S. 712.
12 Erman/*Arnold* BGB § 118 Rn. 3; vgl. MüKoBGB/*Armbrüster* BGB § 118 Rn. 4.
13 *Hattenhauer*, Anm. zu OLG Frankfurt/Main 2.5.2017, ZJS 2018, 92 (93).
14 Erman/*Arnold* BGB § 118 Rn. 4; Staudinger/*Singer*, Bearbeitung 2012, BGB § 118 Rn. 5; vgl. die „Scherzkonversation" im Fall OLG Frankfurt/Main 2.5.2017 – 8 U 170/16.
15 Soergel/*Hefermehl* BGB § 118 Rn. 5.

subjektiv empfundenem Druck abgegeben werden („**Schmerzerklärungen**").[16] Hier kommt es darauf an, ob der Erklärende im konkreten Einzelfall tatsächlich davon ausgehen konnte, der Erklärungsgegner werde den Mangel der Ernstlichkeit erkennen. Daran wird es in solchen außergewöhnlichen, emotional „aufgeladenen" Situationen im Regelfall fehlen, oder der Erklärende wird zumindest erhebliche Beweisprobleme haben (vgl. zur Beweislast → Rn. 16).[17]

§ 118 setzt allerdings nicht voraus, dass die mangelnde Ernstlichkeit objektiv erkennbar war.[18] Es genügt **8** vielmehr, wenn der Erklärende **subjektiv** der Ansicht ist, der Erklärungsgegner werde die **fehlende Ernstlichkeit erkennen**. Zunächst wird bei objektiver Erkennbarkeit des „Scherzes" zumeist bereits gar keine Willenserklärung vorliegen (→ Rn. 1). Außerdem wäre die Regelung des § 122 Abs. 2 teilweise sinnlos, der zufolge der Erklärungsgegner keinen Schadensersatz gem. § 122 Abs. 1 verlangen kann, wenn er den Grund der Nichtigkeit gem. § 118, also den Mangel der Ernstlichkeit, kannte oder kennen musste.[19]

Die **Erwartung** des Erklärenden, dass die fehlende Ernstlichkeit erkannt werde, muss uneingeschränkt **9** bestehen. Er darf nicht damit rechnen, dass seine Erklärung vielleicht doch ernst genommen werden könnte.[20] Will er dem Erklärungsgegner sogar die Wirksamkeit vorspiegeln, handelt es sich regelmäßig um einen geheimen Vorbehalt (sog. „böser Scherz"; → § 116 Rn. 12), der nach § 116 zu beurteilen ist.[21]

III. Rechtsfolgen

Eine nicht ernstlich gemeinte Willenserklärung iSd § 118 ist von Anfang an **nichtig**, und zwar ohne Weiteres und grundsätzlich gegenüber jedermann, also **absolut**.[22] Der Erklärende ist dem Empfänger oder dem **10** sonst durch die Scherzerklärung Betroffenen gem. § 122 Abs. 1 zum **Ersatz des Vertrauensschadens** (näher dazu → § 122 Rn. 9 ff.) verpflichtet. Die Ersatzpflicht hängt nicht von einem Verschulden des Erklärenden ab. Sie tritt allerdings gem. § 122 Abs. 2 (näher dazu → § 122 Rn. 14 f.) nicht ein, wenn der Empfänger oder Betroffene den Mangel der Ernstlichkeit kannte oder kennen musste.

Erkennt der Erklärende nach Abgabe der Scherzerklärung, dass der Empfänger sie wider Erwarten ernst **11** nimmt, muss er diesen nach Treu und Glauben (§ 242) **unverzüglich aufklären**. Tut er das nicht, wird zwar aus dem „guten" nicht rückwirkend ein „böser", nach § 116 Abs. 1 unbeachtlicher Scherz (vgl. dazu → § 116 Rn. 4, 12),[23] weil der geheime Vorbehalt bereits bei Abgabe der Erklärung vorliegen muss. Das Unterlassen der gebotenen Aufklärung ist aber eine weitere konkludente Willenserklärung mit dem Inhalt, dass die bisher scherzhaft gemeinte Willenserklärung nun doch gelten soll (vgl. zur ausnahmsweise gegebenen Wirkung des Schweigens als Willenserklärung → Vor § 116 Rn. 13). Der Erklärende kann sich daher nicht mehr auf die ursprünglich fehlende Ernstlichkeit der Erklärung berufen.[24]

Darüber hinaus wird vertreten, die **Einrede der Arglist** (§ 242) stehe einer Berufung auf die mangelnde **12** Ernstlichkeit entgegen, wenn die Scherzerklärung notariell **beurkundet** worden ist (vgl. zur Anwendbarkeit des § 118 → § 118 Rn. 3) und die Urkunde Täuschungszwecken dienen soll.[25] Entgegen dieser allgemeinen Formulierung erfordert der Gedanke von Treu und Glauben allerdings stets eine Einzelfallbetrachtung, so dass dem Erklärenden die Berufung auf die mangelnde Ernstlichkeit bei beurkundeten Verträgen nicht generell verwehrt ist.[26] Außerdem scheidet § 118 im Regelfall schon tatbestandlich aus, weil der Erklärende kaum in der Erwartung handeln kann, der Empfänger oder Betroffene werde den Mangel der Ernstlichkeit erkennen, wenn der Erklärende die beurkundete Erklärung gleichzeitig zu Täuschungszwecken einsetzen

16 Für die Anwendung des § 118 *Tscherwinka* NJW 1995, 309 f.; Palandt/*Ellenberger* BGB § 118 Rn. 2; für die Anwendung auf „wütende Erklärungen" auch Soergel/*Hefermehl* BGB § 118 Rn. 5; gegen die Anwendung auf „Schmerzerklärungen" *Weiler* NJW 1995, 2608 f.; *Medicus* BGB AT Rn. 596; HKK/*Schermaier* BGB §§ 116–124 Rn. 50.

17 Diese Beweisprobleme räumt *Tscherwinka* NJW 1995, 309, der die „Schmerzerklärung" in die Diskussion gebracht hat, selbst ein.

18 So aber *Bailas*, Das Problem der Vertragsschließung und der vertragsbegründende Akt, 1962, S. 60 f.; *Pawlowski* BGB AT, Rn. 476, 476 a; vgl. auch OLG München NJW-RR 1993, 1168 (1169).

19 MüKoBGB/*Armbrüster* § 118 Rn. 6; BeckOK BGB/*Wendtland* § 118 Rn. 2; vgl. Soergel/*Hefermehl* BGB § 118 Rn. 7; Palandt/*Ellenberger* BGB § 118 Rn. 2; Erman/*Arnold* BGB § 118 Rn. 5; Staudinger/*Singer*, Bearbeitung 2012, BGB § 118 Rn. 3; *Coester-Waltjen* Jura 1990, 362 (364).

20 Staudinger/*Singer*, Bearbeitung 2012, BGB § 118 Rn. 2.

21 Soergel/*Hefermehl* BGB § 118 Rn. 6; BeckOK BGB/*Wendtland* § 118 Rn. 5.

22 BeckOK BGB/*Wendtland* § 118 Rn. 6.

23 Für diese Begründung *Flume* BGB AT Bd. 2, § 20, 3; *Medicus* BGB AT Rn. 604; MüKoBGB/*Armbrüster* § 118 Rn. 10.

24 BeckOK BGB/*Wendtland* § 118 Rn. 7; PWW/*Ahrens* BGB § 118 Rn. 4; *Coester-Waltjen* Jura 1990, 362 (364); *Preuß* Jura 2002, 815 (819); vgl. auch Soergel/*Hefermehl* BGB § 118 Rn. 6; Palandt/*Ellenberger* BGB § 118 Rn. 2.

25 Vgl. RGZ 168, 204 (206); OLG München NJW-RR 1993, 1168 (1169); RGRK/*Krüger-Nieland* BGB § 118 Rn. 7; vgl. auch Erman/*Arnold* BGB § 118 Rn. 3; Soergel/*Hefermehl* BGB § 118 Rn. 8.

26 BGH NJW 2000, 3127 (3128), *Thiessen* NJW 2001, 3025 (3027).

will.[27] Soll der Erklärungsgegner glauben, die Scherzerklärung sei ernst gemeint, handelt es sich um einen unbeachtlichen geheimen Vorbehalt gem. § 116 S. 1, und die Erklärung ist wirksam (→ Rn. 9).

13 Bei bestimmten Willenserklärungen wird die Nichtigkeitsfolge aus Gründen des besonderen **Verkehrsschutzes** eingeschränkt (vgl. auch → § 117 Rn. 14 f.). Danach ist die Berufung auf die von Anfang an bestehende Nichtigkeit ausgeschlossen für Beitritts- und Zeichnungserklärungen nach ihrer Eintragung sowie für gesellschaftsbegründende Erklärungen nach Invollzugsetzung der Gesellschaft. Bei wertpapierrechtlichen Erklärungen scheidet sie gegenüber gutgläubigen Erwerbern aus.[28]

IV. Abgrenzungen

14 Die Scherzerklärung gem. § 118 unterscheidet sich vom **Scheingeschäft** gem. § 117 dadurch, dass der Erklärende zwar annimmt, der Empfänger werde die mangelnde Ernstlichkeit der Erklärung erkennen, diesbezüglich aber kein Einverständnis (Konsens) besteht. § 117 greift daher ein, wenn sich die Parteien über die mangelnde Ernstlichkeit einig sind (gelungenes Scheingeschäft).[29] Dagegen findet § 118 Anwendung, wenn der Erklärende erwartet, der Empfänger werde die Scherzerklärung als solche erkennen und zum Schein auf das Geschäft eingehen, dieser die Erklärung in Wirklichkeit aber ernst nimmt (misslungenes Scheingeschäft; → Rn. 4).

15 Erwartet der Erklärende nicht, dass die mangelnde Ernstlichkeit erkannt wird, oder soll der Empfänger oder Betroffene sogar glauben, die Erklärung sei ernst gemeint, handelt es sich nicht um eine Scherzerklärung gem. § 118, sondern um einen **geheimen Vorbehalt** gem. § 116 (→ Rn. 9, 12). Erkennt der Gegner wider Erwarten die mangelnde Ernstlichkeit, ist die Willenserklärung nach § 116 S. 2 nichtig.[30]

C. Weitere praktische Hinweise

16 Die Darlegungs- und **Beweislast** für das Vorliegen einer Scherzerklärung obliegt demjenigen, der sich auf die Nichtigkeit gem. § 118 beruft. Er muss alle Tatsachen und Umstände darlegen und im Bestreitensfall beweisen, aus denen sich nachvollziehbar schließen lässt, dass der Erklärende seine Erklärung nicht ernst gemeint hat und dass er erwartet hat, der Empfänger oder Betroffene werde den Mangel der Ernstlichkeit erkennen.[31] Nach der allgemeinen Lebenserfahrung sind zB „derbe Bekräftigungen im Wirtshaus" regelmäßig nicht ernst gemeint und werden auch nicht so verstanden.[32] Macht jemand einen übertrieben hohen Ersatzanspruch geltend und erwidert der in Anspruch Genommene, er werde ein noch weit höheres Abstandsgeld zahlen, liegt darin im Regelfall bloß eine spöttische Übertreibung.[33] Teilt der Verkäufer eines Pkw, dessen Wert er mit 11.500 EUR angegeben hat, einem Kaufinteressen per E-Mail im Scherz mit, „Also für 15 kannste ihn haben.", ist der Inhalt dieser E-Mail so absurd, dass er die Antwort des Interessenten, er nehme das Fahrzeug für 15 EUR, als ein Sich-Einlassen auf eine Scherzkonversation verstehen darf.[34] Der Beweis einer Scherzerklärung fällt umso schwerer, je weniger sich die mangelnde Ernstlichkeit aus objektiven Umständen ergibt.[35] Sehr schwer dürfte er zu führen sein bei Willenserklärungen in emotional besonders „aufgeladenen" Situationen („Schmerzerklärungen"; dazu → Rn. 7).[36]

§ 119 Anfechtbarkeit wegen Irrtums

(1) Wer bei der Abgabe einer Willenserklärung über deren Inhalt im Irrtum war oder eine Erklärung dieses Inhalts überhaupt nicht abgeben wollte, kann die Erklärung anfechten, wenn anzunehmen ist, dass er sie bei Kenntnis der Sachlage und bei verständiger Würdigung des Falles nicht abgegeben haben würde.

27   BeckOK BGB/*Wendtland* § 118 Rn. 8.
28   Staudinger/*Singer*, Bearbeitung 2012, BGB § 118 Rn. 6; MüKoBGB/*Armbrüster* § 118 Rn. 4, § 119 Rn. 22; Erman/*Arnold* BGB § 118 Rn. 3.
29   Vgl. Staudinger/*Singer*, Bearbeitung 2012, BGB § 118 Rn. 7; BeckOK BGB/*Wendtland* § 118 Rn. 4; PWW/*Ahrens* BGB § 118 Rn. 1.
30   Vgl. Soergel/*Hefermehl* BGB § 118 Rn. 2, 6.
31   BeckOK BGB/*Wendtland* § 118 Rn. 9; PWW/*Ahrens* BGB § 118 Rn. 5; vgl. MüKoBGB/*Armbrüster* § 118 Rn. 13; RGRK/*Krüger-Nieland* BGB § 118 Rn. 3; Erman/*Arnold* BGB § 118 Rn. 7.
32   Soergel/*Hefermehl* BGB § 118 Rn. 9.

33   OLG Rostock OLGE 1940, 273; Soergel/*Hefermehl* BGB § 118 Rn. 9.
34   OLG Frankfurt/Main v. 2.5.2017 – 8 U 170/16; gegen die Anwendbarkeit des § 118 *Hattenhauer*, Anm. zu OLG Frankfurt/Main 2.5.2017, ZJS 2018, 92 (93) mit der Begründung, das „Angebot" des Verkäufers sei tatsächlich so absurd, dass erkennbar kein Erklärungswille anzunehmen war.
35   Vgl. MüKoBGB/*Armbrüster* § 118 Rn. 8; *Coester-Waltjen* Jura 1990, 362 (364); vgl. auch OLG Celle WM 1988, 1436 (1437) (zum „praktisch blinden" Unterschreiben einer Bürgschaftserklärung).
36   Vgl. *Tscherwinka* NJW 1995, 309.

(2) Als Irrtum über den Inhalt der Erklärung gilt auch der Irrtum über solche Eigenschaften der Person oder der Sache, die im Verkehr als wesentlich angesehen werden.

Literatur: *Adams*, Irrtümer und Offenbarungspflichten im Vertragsrecht, AcP 186 (1986), 453; *Alexander*, Die Rücknahme des Angebots bei Internetauktionen, JR 2015, 289; *Bertram*, Smart Contracts, MDR 2018, 1416; *A. Birk*, § 119 BGB als Regelung für Kommunikationsirrtümer, JZ 2002, 446; *Böse/Jutzi*, Vertragsschluss durch Auktionsabbruch bei eBay, MDR 2015, 677; *Borges*, Verträge im elektronischen Geschäftsverkehr. Vertragsabschluß, Beweis, Form, Lokalisierung, anwendbares Recht, 2003; *Brandhofer*, Nachträgliche Kaufpreisanpassung wegen gemeinschaftlichen Irrtums über den Ertragswert einer vom Bauträger erworbenen Immobilie in den neuen Bundesländern, NZBau 2002, 78; *Brauer*, Der Eigenschaftsirrtum, 1941; *Bredemeyer*, Die Anfechtung bei Anfall der Erbschaft, ZErb 2016, 318; *Brehm*, Zur automatisierten Willenserklärung, in: FS Niederländer 1991, S. 233; *Brors*, Zu den Konkurrenzen im neuen Kaufgewährleistungsrecht, WM 2002, 1780; *Coester-Waltjen*, Die Anfechtung von Willenserklärungen, Jura 2006, 348; *Cziupka*, Die Irrtumsgründe des § 119 BGB, JuS 2009, 887; *Deutsch*, Widerruf und Anfechtung bei Internetauktionen, WM 2005, 777; *Ebers*, Beeinflussung und Manipulation von Kunden durch Behavioral Microtargeting – Verhaltenssteuerung durch Algorithmen aus der Sicht des Zivilrechts, MMR 2018, 423; *Fischer*, Anfechtung von Willenserklärungen im Mietrecht, NZM 2005, 567; *Flesch*, Mängelhaftung und Beschaffenheitsirrtum beim Kauf, 1994; *Flume*, Eigenschaftsirrtum und Kauf, 1948, Neudruck 1975; *Fröhlich*, Die Anfechtung wegen Eigenschaftsirrtums beim Kauf, 1984; *Grapentin*, Die Erosion der Vertragsgestaltungsmacht durch das Internet und den Einsatz Künstlicher Intelligenz, NJW 2019, 181; *Hausmann*, Die Reaktion auf Willensmängel beim Arbeitsvertragsschluss, 2008; *Heiermann*, Der Kalkulationsirrtum des Bieters beim Bauvertrag, BB 1984, 1836; *Honsell*, Die Konkurrenz von Sachmängelhaftung und Irrtumsanfechtung – Irrungen und Wirrungen, SJZ 2007, 137; *Huber*, Eigenschaftsirrtum und Kauf, AcP 209 (2009), 143; *Jahr*, Geltung des Gewollten und Geltung des Nicht-Gewollten – Zu Grundfragen des Rechts empfangsbedürftiger Willenserklärungen, JuS 1989, 249; *Kindl*, Der Kalkulationsirrtum im Spannungsfeld von Auslegung, Irrtum und unzulässiger Rechtsausübung, WM 1999, 2198; *Kleinhenz/Junk*, Die Haftung des Verkäufers für Falschangaben beim Unternehmenskauf, JuS 2009, 787; *Kocher*, Anfechtung bei falscher Kaufpreisauszeichnung im Internet, JA 2006, 144; *Köhler*, Die Problematik automatisierter Rechtsvorgänge, insbesondere von Willenserklärungen, AcP 182 (1982), 126; *Köster*, Konkurrenzprobleme im neuen Kaufmängelrecht, Jura 2005, 145; *Kramer*, Bundesgerichtshof und Kalkulationsirrtum: Ein Plädoyer für eine rechtsvergleichende Öffnung im Irrtumsrecht, in: 50 Jahre Bundesgerichtshof, Festgabe aus der Wissenschaft, 2000, Bd. I, S. 57; *Loewenheim*, Irrtumsanfechtung bei Allgemeinen Geschäftsbedingungen, AcP 180 (1980), 433; *Mayer-Maly*, Rechtsirrtum und Rechtsunkenntnis als Probleme des Privatrechts, AcP 170 (1970), 133; *ders.*, Bemerkungen zum Irrtum über den Wert, in: FS Pedrazzini 1990, S. 343; *ders.*, Bemerkungen zum Kalkulationsirrtum, in: FS Ostheim 1990, S. 189; *G. Müller*, Zur Beachtlichkeit des einseitigen Eigenschaftsirrtums beim Spezieskauf, JZ 1988, 381; *ders.*, Zur Beachtlichkeit des Eigenschaftsirrtums des Käufers, in: FS Huber 2006, S. 449; *M. Müller*, Beschränkung der Anfechtung auf das Gewollte, JuS 2005, 18; *Musielak*, Der Irrtum über die Rechtsfolgen einer Willenserklärung, JZ 2014, 64; *ders.*, Die Anfechtung einer Willenserklärung wegen Irrtums, JuS 2014, 491 und 583; *Paulus/Matzke*, Smart Contracts und das BGB – Viel Lärm um nichts? –, ZfPW 2018, 431; *Pawlowski*, Die Kalkulationsirrtümer: Fehler zwischen Motiv und Erklärung, JZ 1997, 741; *Petersen*, Der Irrtum im Bürgerlichen Recht, Jura 2006, 660; *ders.*, Der beiderseitige Irrtum zwischen Anfechtungsrecht und Geschäftsgrundlage, Jura 2011, 430; *Petershagen*, Augen auf beim Internetverkauf – Auktionsabbruch nach alten und neuen eBay-AGB, CR 2015, 589; *Pfeiffer*, Von Preistreibern und Abbruchjägern – Rechtsgeschäftslehre bei Online-Auktionen, NJW 2017, 1437; *Popescu*, Zur Behandlung des zwischen Angebots- und Zuschlagsfrist erkannten Kalkulationsirrtums, ZfBR 2015, 342; *Raape*, Sachmängelhaftung und Irrtum beim Kauf, AcP 150 (1950), 481; *Schermaier*, Europäische Geistesgeschichte am Beispiel des Irrtumsrechts, ZEuP 1998, 60; *Schlachter*, Irrtum, Dissens und kaufrechtliche Gewährleistungsansprüche, JA 1991, 105; *Schmid*, Anfechtung von Mietverträgen, WuM 2009, 155; *Schmidt-Rimpler*, Eigenschaftsirrtum und Erklärungsirrtum, in: FS Lehmann 1956, Bd. I, S. 211; *Schur*, Eigenschaftsirrtum und Neuregelung des Kaufrechts, AcP 204 (2004), 883; *Singer*, Geltungsgrund und Rechtsfolgen der fehlerhaften Willenserklärung, JZ 1989, 1030; *ders.*, Selbstbestimmung und Verkehrsschutz im Recht der Willenserklärungen, 1995; *ders.*, Der Kalkulationsirrtum – ein Fall für Treu und Glauben?, JZ 1999, 342; *Söhl*, Anfechtung und Abänderung von Arbeitsverträgen, ArbRAktuell 2014, 166; *Spindler*, Irrtümer bei elektronischen Willenserklärungen, JZ 2005, 793; *Stieper*, Vorzeitige Beendigung einer eBay-Auktion, MMR 2015, 627; *Vehslage*, Elektronisch übermittelte Willenserklärungen, AnwBl 2002, 86; *Wagner/Zenger*, Vertragsschluss bei eBay und Angebotsrücknahme – Besteht ein „Loslösungsrecht" vom Vertrag contra legem?, MMR 2013, 443; *Wasmuth*, Wider das Dogma vom Vorrang der Sachmängelhaftung gegenüber der Anfechtung wegen Eigenschaftsirrtums, in: FS Piper 1996, S. 1083; *H. Westermann*, Einheit und Vielfalt der Wertungen in der Irrtumslehre, JuS 1964, 169; *Wieling*, Der Motivirrtum ist unbeachtlich! Entwicklung und Dogmatik des Irrtums im Beweggrund, Jura 2001, 577; *Wieser*, Der Kalkulationsirrtum, NJW 1972, 708; *Wurm*, Blanketterklärung und Rechtsscheinhaftung, JA 1986, 577; *Wiedemann/Wank*, Begrenzte Rationalität – gestörte Willensbildung im Privatrecht, JZ 2013, 340.

A. Allgemeines	1	d) „Unterschriftsirrtum"	34
B. Regelungsgehalt	5	e) Übermittlungsfehler	39
I. Anwendungsbereich	6	3. Irrtum über den Inhalt der Erklärung –	
1. Allgemeines	6	„Inhaltsirrtum" (Abs. 1, 1. Fall)	40
2. Vorrangige Spezialregelungen	11	a) Begriff	40
3. Weitere Ausschlussgründe	20	b) Verlautbarungsirrtum	43
4. Abweichende Sonderwertungen	23	c) Identitätsirrtum	45
II. Beachtlicher Irrtum	26	d) Rechtsfolgenirrtum	49
1. Allgemeines	26	e) Kalkulationsirrtum	52
2. Irrtum in der Erklärungshandlung –		f) Irrtum über die Sollbeschaffenheit	61
„Erklärungsirrtum" (Abs. 1, 2. Fall)	30	4. Irrtum über eine verkehrswesentliche	
a) Begriff	30	Eigenschaft der Person oder Sache –	
b) Elektronische und automatisierte Willenserklärungen	31	„Eigenschaftsirrtum" (Abs. 2)	63
		a) Begriff	63
c) Handeln ohne Erklärungsbewusstsein	33	b) Eigenschaft	64

c) Verkehrswesentlichkeit 67
d) Verkehrswesentliche Eigenschaften
einer Person 70
e) Verkehrswesentliche Eigenschaften
einer Sache 73

III. Kausalität des Irrtums für die Abgabe der Willenserklärung 76
IV. Rechtsfolgen 79
C. Weitere praktische Hinweise 80

A. Allgemeines

1 Während die §§ 116–118 verschiedene Fälle des bewussten Abweichens von Wille und Erklärung erfassen, ist § 119 die erste der Vorschriften, welche die Rechtsfolgen eines **Irrtums** im Sinne eines **unbewussten Abweichens von Wille und Erklärung** (§§ 119 Abs. 1, 120) und bestimmter **Fehler bei der Willensbildung** (§§ 119 Abs. 2, 123) regeln.[1] Da hier der Erklärende nicht bewusst, sondern irrtumsbedingt etwas anderes als das erklärt, was er in Wirklichkeit erklären will, ist er schutzwürdiger als in den Fällen der §§ 116, 117 und 118. Stellte man ausschließlich auf die **Interessen des Irrenden** und darauf ab, dass die Privatautonomie dem Einzelnen die Gestaltung seiner Rechtsverhältnisse grundsätzlich allein nach seinem Willen ermöglichen soll,[2] müsste jede Willenserklärung unwirksam sein, die nicht durch einen entsprechenden Willen des Erklärenden gedeckt wird.[3] Zu diesem Ergebnis kam auch die sog. **Willenstheorie**, die den Geltungsgrund für die Willenserklärung im Willenselement sah.[4] Den Interessen des Irrenden stehen indessen die Interessen des Rechtsverkehrs im Allgemeinen und die **Interessen des Erklärungsempfängers** im Besonderen gegenüber. Da der Empfänger am Irrtum des Erklärenden regelmäßig nicht beteiligt ist und ihn nicht erkennen kann, legt es das Verkehrsinteresse nahe, dass der Erklärende grundsätzlich das Risiko eines Irrtums zu tragen hat. Eine solche Risikoverteilung entspräche der Verantwortung, die der Einzelne für seine Handlungen im Rechtsverkehr tragen muss, gleichsam als Kehrseite der Freiheit zur Rechtsgestaltung, welche die Privatautonomie gewährt.[5] Nach der sog. **Erklärungstheorie**, die den Geltungsgrund für die Willenserklärung in dem Vertrauenstatbestand sah, den der Erklärende durch seine Erklärung geschaffen hatte, wurde er selbst dann an die Erklärung gebunden, wenn der entsprechende Wille in Wirklichkeit fehlte.[6]

2 § 119 schlägt einen **Mittelweg** zwischen diesen Positionen ein und berücksichtigt beide Interessen.[7] Danach sind zunächst ausnahmsweise nur die in Abs. 1 und 2 sowie die ergänzend in § 120 geregelten Arten von Irrtümern beachtlich (zu den in § 123 geregelten Fällen der unzulässigen Willensbeeinflussung s. dort). Außerdem muss der Irrtum für die Abgabe der Willenserklärung kausal geworden sein, weil § 119 Abs. 1 letzter Hs. voraussetzt, dass der Irrende die Willenserklärung ohne den Irrtum und bei verständiger Würdigung des Falles nicht abgegeben haben würde. Ein solcher beachtlicher und kausaler Irrtum führt nicht zur Nichtigkeit der Willenserklärung, sondern lediglich zu ihrer Anfechtbarkeit. Will der Erklärende nicht an die Erklärung gebunden sein, muss er sie unverzüglich (§ 121 Abs. 1 S. 1) durch eine Erklärung gem. § 143 anfechten, um sie rückwirkend zu vernichten (§ 142 Abs. 1). Hatte der Anfechtungsgegner oder Betroffene auf die Gültigkeit der Willenserklärung vertraut, muss der Anfechtende ihm gem. § 122 den daraus entstehenden Schaden ersetzen.

3 In § 119 hat der Gesetzgeber zwei völlig verschiedene Arten von Irrtümern für beachtlich erklärt. Nach **Abs. 1** sind **defekte Willenserklärungen** anfechtbar, deren objektiver Erklärungsgehalt aufgrund eines Fehlers bei der Willensäußerung vom zugrunde liegenden Willen des Erklärenden abweicht. Die Vorschrift sanktioniert das schutzwürdige Interesse des Erklärenden, nur dann an selbst gestaltete Rechtsfolgen gebunden zu werden, wenn sein entsprechender Wille unverfälscht in der Erklärung zum Ausdruck kommt.[8] Die Regelung wird unter Verkehrsschutzgesichtspunkten kritisiert.[9]

---

1   Vgl. *Brox/Walker* BGB AT § 17 Rn. 1; vgl. auch *Wolf/Neuner* BGB AT Vor § 40.

2   Vgl. dazu etwa *Flume* BGB AT Bd. 2, § 1, 1; *Medicus* BGB AT Rn. 174 ff.; PWW/*Ahrens* BGB § 119 Rn. 1.

3   *Medicus* BGB AT Rn. 737.

4   Vgl. *Brox/Walker* BGB AT § 16 Rn. 5; MüKoBGB/*Armbrüster* Vor § 116 Rn. 21; Erman/*Arnold* BGB Vor § 116 Rn. 12; *Wolf/Neuner* BGB AT § 30 Rn. 2 ff.; vor § 40; näher zu der im Wesentlichen auf Elementen der „Willenstheorie" basierenden, maßgeblich von *Savigny* entwickelten Irrtumslehre Staudinger/*Singer*, Bearbeitung 2017, BGB Vor §§ 116–144 Rn. 15; HKK/*Schermaier* BGB §§ 116–124 Rn. 53.

5   *Medicus* BGB AT Rn. 737; vgl. *Wolf/Neuner* BGB AT Vor § 40.

6   Vgl. *Brox/Walker* BGB AT § 16 Rn. 6; Erman/*Arnold* BGB Vor § 116 Rn. 12; *Wolf/Neuner* BGB AT § 30 Rn. 4 ff., Vor § 40.

7   Näher zur Entstehungsgeschichte des § 119 und der darin enthaltenen vermittelnden Lösung HKK/*Schermaier* BGB §§ 116–124 Rn. 55 ff.; Staudinger/*Singer*, Bearbeitung 2017, BGB Vor §§ 116–144 Rn. 15 f., § 119 Rn. 2; vgl. auch *Schermaier* ZEuP 1998, 60 ff.; *Singer* JZ 1989, 1030 ff.; *H. Westermann* JuS 1964, 169 (170 ff.).

8   Vgl. Hk-BGB/*Dörner* § 119 Rn. 1; MüKoBGB/*Armbrüster* § 119 Rn. 1.

9   Soergel/*Hefermehl* BGB § 119 Rn. 2.

Darüber hinaus können nach **Abs. 2** ausnahmsweise solche Willenserklärungen angefochten werden, die auf **4** einer bestimmten **Fehlvorstellung von der Wirklichkeit** beruhen, welche sich beim Erklärenden im Vorfeld der Willenserklärung gebildet hat. Derartige **Motivirrtümer** oder „Realitätsirrtümer"[10] sind grundsätzlich unbeachtlich, weil sie in der Risikosphäre des Erklärenden liegen.[11] Die Regelung des Abs. 2 wird sowohl wegen der Einordnung der danach beachtlichen Irrtümer und der Abgrenzungsprobleme als auch unter dem Gesichtspunkt der Risikotragung weitgehend als missglückt angesehen.[12]

B. Regelungsgehalt

Die Anfechtbarkeit nach § 119 setzt zunächst die **Anwendbarkeit** der Vorschrift voraus (dazu → Rn. 6 ff.). **5** Außerdem muss ein beachtlicher Irrtum iSd Abs. 1 oder 2 vorliegen, also ein Irrtum in der Erklärungshandlung („**Erklärungsirrtum**" gem. Abs. 1, 2. Fall; dazu → Rn. 30 ff.), ein Irrtum über den Inhalt der Erklärung („**Inhaltsirrtum**" gem. Abs. 1, 1. Fall; dazu → Rn. 40 ff.) oder ein Irrtum über eine verkehrswesentliche Eigenschaft der Person oder Sache („**Eigenschaftsirrtum**" gem. Abs. 2; dazu → Rn. 63 ff.). Beachtlich ist ferner ein **Übermittlungsfehler**, den § 120 einem Erklärungsirrtum gem. Abs. 1, 2. Fall gleichstellt (→ § 120 Rn. 1). Schließlich muss der Irrtum für die Abgabe der Willenserklärung kausal geworden sein („**verständige Kausalität**" gem. Abs. 1 aE; dazu → Rn. 76 ff.). Liegen die genannten Voraussetzungen vor, ist die Willenserklärung **anfechtbar** (dazu → Rn. 79).

I. Anwendungsbereich

1. Allgemeines. Nach dem Wortlaut ist § 119 zunächst auf alle (privatrechtlichen) **Willenserklärungen** **6** anwendbar. Die Vorschrift unterscheidet nicht danach, ob es sich um empfangsbedürftige oder nicht empfangsbedürftige und um ausdrückliche oder konkludente Willenserklärungen handelt.[13] Anfechtbar ist auch eine einseitige Willenserklärung wie eine Tilgungsbestimmung,[14] eine Überweisung,[15] eine Bürgschaftserklärung,[16] die Zustimmung zur Vertragsübernahme bei einem Mieterwechsel[17] oder der Widerspruch des Arbeitnehmers gegen den Betriebsübergang gem. § 613 a Abs. 6 BGB.[18] Gleiches soll für Beschlüsse einer Wohnungseigentümergemeinschaft gelten.[19] Auf Irrtümer bei der Abgabe **elektronischer** und anderer automatisierter Erklärungen findet § 119 ebenfalls Anwendung, soweit es sich um Willenserklärungen iSd §§ 116 ff., 145 ff. handelt (dazu → Vor § 116 Rn. 2; → Rn. 31 f.). Das gilt etwa für Irrtümer bei Verkaufsaktionen auf der eBay-Internetplattform[20] oder bei Einkäufen in Online-Shops.[21] Lässt sich indessen aufgrund des Einsatzes Künstlicher Intelligenz der Fehler nicht mehr dem Nutzer der Software zurechnen, weil sich die Willensbildung maßgeblich auf die Software selbst verschoben hat und das ungewollte Ergebnis nicht auf einem Eingabefehler, sondern auf einer mathematisch korrekten Berechnung beruht, scheidet eine Irrtumsanfechtung nach § 119 aus.[22]

Da **Schweigen** grundsätzlich keine Willenserklärung ist (→ Vor § 116 Rn. 13), kommt eine Anfechtbarkeit **7** nur dann in Betracht, wenn es aufgrund gesetzlicher Vorschriften oder gewohnheitsrechtlich ausnahmsweise als Willenserklärung gilt. Insoweit ist zu unterscheiden. Gilt das Schweigen innerhalb einer bestimmten Frist als **Ablehnung** einer Genehmigung (zB §§ 108 Abs. 2 S. 2, 177 Abs. 2 S. 2 Hs. 2, 415 Abs. 2 S. 2, 451 Abs. 1 S. 2), finden die Anfechtungsregeln keine Anwendung. Die Anfechtung der (fingierten) Ablehnung würde nur zu ihrer Beseitigung, aber nicht zur Zustimmung führen, die infolge des Fristablaufs auch nicht mehr erklärt werden könnte.[23] Dagegen kommt die analoge Anwendung der Anfechtungsregeln in Betracht,

---

10 So die Bezeichnung von Hk-BGB/*Dörner* § 119 Rn. 1.

11 *Brox/Walker* BGB AT § 18 Rn. 11; *Wolf/Neuner* BGB AT § 41 Rn. 50 ff.; Staudinger/*Singer*, Bearbeitung 2017, BGB Vor §§ 116–144 Rn. 32, § 119 Rn. 2; Hk-BGB/*Dörner* § 119 Rn. 1; HKK/*Schermaier* BGB §§ 116–124 Rn. 60 ff.

12 Vgl. zur Kritik etwa *Medicus* BGB AT Rn. 767; Soergel/*Hefermehl* BGB § 119 Rn. 2; MüKoBGB/*Armbrüster* § 119 Rn. 106; HKK/*Schermaier* BGB §§ 116–124 Rn. 62 ff. und 33 ff.

13 RGZ 134, 195 (197); BGHZ 11, 1 (5); Hk-BGB/*Dörner* § 119 Rn. 3; Soergel/*Hefermehl* BGB § 119 Rn. 7; Palandt/*Ellenberger* BGB § 119 Rn. 4; RGRK/*Krüger-Nieland* BGB § 119 Rn. 13; Erman/*Arnold* BGB § 119 Rn. 17; PWW/*Ahrens* BGB § 119 Rn. 20; vgl. dazu auch OLG Oldenburg NJW-RR 2007, 268.

14 BGHZ 106, 163 = BGH NJW 1989, 1792; gegen die Anfechtbarkeit nach den §§ 129 ff. InsO *Schultz* NZI 2014, 1025 (1029).

15 Vgl. OLG Schleswig-Holstein SchlHA 2012, 135.

16 BGH NJW 1995, 190.

17 BGH NJW 1998, 531 (532).

18 Palandt/*Weidenkaff* BGB § 613 a Rn. 49; vgl. BAG NJW 2012, 1677; näher dazu *Haas/Salamon/Hoppe* NZA 2011, 128 ff.

19 *Abramenko* ZWE 2013, 395 ff.

20 BGH NJW 2017, 1660 (1662 f.) (Inhaltsirrtum); LG München I 7.11.2017 – 13 S 6708/17, juris Rn. 7 (Erklärungsirrtum); vgl. OLG Rostock 11.6.2014 – 1 U 90/13, juris Rn. 44 ff.

21 OLG Düsseldorf NJW-RR 2016, 1073 (1076 f.).

22 *Grapentin* NJW 2019, 181 (185).

23 *Medicus/Petersen* BR Rn. 53; Hk-BGB/*Dörner* § 119 Rn. 3; vgl. *Hanau* AcP 165 (1965), 224; Palandt/*Ellenberger* BGB § 119 Rn. 4.

wenn das Schweigen innerhalb einer bestimmten Frist als **Zustimmung oder Billigung** fingiert wird (zB §§ 416 Abs. 1 S. 2, 455 S. 2, 516 Abs. 2 S. 2, 1943 Hs. 2). Könnte der Schweigende hier nicht anfechten, entstünde ein Wertungswiderspruch, weil er stärker gebunden würde als der Erklärende, dem die Anfechtung offen steht. Danach kann eine Anfechtung der durch das Schweigen fingierten Erklärung gem. § 119 analog allerdings lediglich auf einen Irrtum über Tatsachen und nicht über die Rechtsfolgen des Schweigens gestützt werden (vgl. zum Rechtsfolgenirrtum noch → Rn. 49 ff.).[24] Im **Handelsrecht** (zB §§ 75 h, 91 a, 362 Abs. 1 HGB; Schweigen auf ein kaufmännisches Bestätigungsschreiben) wird eine Anfechtungsmöglichkeit wegen der besonderen Sorgfaltspflicht des Kaufmanns (§ 347 HGB) und des bei Handelsgeschäften damit korrespondierenden erhöhten Vertrauens- und Verkehrsschutzinteresses regelmäßig ausscheiden.[25] Gleiches dürfte für die Zustimmungsfiktionen im **Betriebsverfassungsrecht** (§§ 99 Abs. 3 S. 2 und 102 Abs. 2 S. 2 BetrVG) gelten, weil die Betriebsräte bezüglich ihrer Mitwirkungsrechte geschult werden (vgl. § 37 Abs. 6 BetrVG). Anfechtbar kann indessen zwar nicht der Beschluss des Betriebsrats (§ 33 BetrVG) selbst sein, welcher der Nichtäußerung des Betriebsrats zugrunde liegt, wohl aber die Stimmabgabe des einzelnen Betriebsratsmitglieds. Eine solche Anfechtung müsste allerdings aufgrund des Stimmenverhältnisses Einfluss auf den Betriebsratsbeschluss haben, und innerhalb der Wochenfrist der §§ 99 Abs. 3 S. 2 und 102 Abs. 2 S. 2 BetrVG müsste aufgrund eines neuen Beschlusses die Zustimmung verweigert werden. Damit scheidet diese Anfechtung praktisch wohl aus.[26]

8 Wegen der Vergleichbarkeit der Interessenlagen findet § 119 auf **geschäftsähnliche Handlungen** wie zB Mahnungen, Verzeihungen oder Gewinnzusagen[27] grundsätzlich entsprechende Anwendung.[28] Unanwendbar ist die Vorschrift dagegen bei **Realakten**.[29]

9 Die §§ 119 ff. sind auf **Prozesshandlungen** mangels ihres rechtsgeschäftlichen Charakters ebenfalls grundsätzlich nicht anwendbar. Willensmängel müssen hier ausschließlich nach prozessualen Grundsätzen beurteilt werden.[30] Etwas anderes gilt, soweit die Prozesshandlung zugleich ein materiellrechtliches Rechtsgeschäft ist (sog. „Doppelnatur"). Danach kann zB die Erklärung zum Abschluss eines **Prozessvergleichs** wegen eines Willensmangels angefochten werden, weil er der hM zufolge gleichzeitig ein Vergleich iSd § 779 ist (näher zur Anfechtbarkeit des Vergleichs → Rn. 12; vgl. ferner zur Anfechtbarkeit des Schiedsvertrags → Rn. 13). Die rückwirkende Vernichtung der Willenserklärung führt zur Nichtigkeit des materiellrechtlichen Vergleichs, die gem. § 139 analog auf den Prozessvergleich durchschlägt.[31] Der Streit über die Wirksamkeit eines Prozessvergleichs ist in demselben Verfahren auszutragen, in dem der Vergleich geschlossen wurde. Sieht das Gericht die Nichtigkeit als gegeben an, entscheidet es in dem dann anhängig gebliebenen Rechtsstreit über die Berechtigung der ursprünglich geltend gemachten Ansprüche; die Unwirksamkeit des Vergleichs kann durch ein Zwischenurteil festgestellt werden. Wird der Vergleich hingegen als wirksam angesehen, so ergeht ein Endurteil dahin, dass der Rechtsstreit durch den Vergleich erledigt ist.[32]

10 Im **öffentlichen Recht** sind die §§ 119 ff. auf Vertragserklärungen bei öffentlich-rechtlichen Verträgen gem. §§ 59 Abs. 1, 62 VwVfG entsprechend anzuwenden. Gleiches gilt für verwaltungsrechtliche Erklärungen

---

24 *Medicus/Petersen* BR Rn. 54; Hk-BGB/*Dörner* § 119 Rn. 3; Palandt/*Ellenberger* BGB Vor § 116 Rn. 12, § 119 Rn. 4; vgl. Erman/*Arnold* BGB § 119 Rn. 17; Staudinger/*Singer*, Bearbeitung 2017, BGB Vor §§ 116–144 Rn. 65 ff.; RGRK/*Krüger-Nieland* BGB § 119 Rn. 13; BeckOK BGB/*Wendtland* § 119 Rn. 3; vgl. auch BGH NJW 1969, 1711; 1972, 45; 2006, 3353, 3356; vgl. für die Fälle der sich automatisch bei nicht fristgerechter Kündigung verlängernden um eine weitere Mindestlaufzeit verlängernden Verbrauchverträge *Wais* NJW 2018, 1777 (1779).

25 Vgl. *Flume* BGB AT Bd. 2, § 21, 9 c; *Kramer* Jura 1984, 235 (249); MüKoBGB/*Armbrüster* § 119 Rn. 71 ff. sowie Rn. 65 ff. speziell zur Anfechtung beim Schweigen auf ein kaufmännisches Bestätigungsschreiben; ähnlich wegen des Zwecks der genannten HGB-Vorschriften *Medicus/Petersen* BR Rn. 58; vgl. ferner LG Tübingen JZ 1997, 312.

26 Dazu etwa GK-BetrVG/*Raab* § 99 Rn. 231; Richardi/*Thüsing* BetrVG § 99 Rn. 279, jew. mwN.

27 Differenzierend zur Anfechtbarkeit von Gewinnzusagen *Stieper* NJW 2013, 2849 (2851 ff.)

28 *Ulrici* NJW 2003, 2053 (2054 f.); Palandt/*Ellenberger* BGB § 119 Rn. 4; BeckOK BGB/*Wendtland*

§ 119 Rn. 3; Staudinger/*Singer*, Bearbeitung 2017, § 119 Rn. 106 f.; vgl. zu Ausnahmefällen OLG Bamberg WM 1997, 1283 (1287); *Stewing/Schütze* BB 1989, 2130.

29 Palandt/*Ellenberger* BGB § 119 Rn. 4; BeckOK BGB/*Wendtland* § 119 Rn. 3; PWW/*Ahrens* BGB § 119 Rn. 21.

30 BGHZ 12, 284 (285); 20, 198, 205 = BGH NJW 1956, 990; BGHZ 80, 389 (392); BVerwG NJW 1980, 135 (136); 1997, 2897; Palandt/*Ellenberger* BGB § 119 Rn. 6; MüKoBGB/*Armbrüster* § 119 Rn. 41; Erman/*Arnold* BGB § 119 Rn. 2; PWW/*Ahrens* BGB § 119 Rn. 10.

31 Vgl. BGHZ 28, 171 (174); BGH WM 1983, 825; NJW 1999, 2804; NJW 2013, 1530 (1531); OLG Hamm NJW-RR 2011, 1436; 2016, 1412; Hanseatisches OLG ZMR 1996, 266; BVerwG NJW 2010, 3048; BayVGH 21.3.2019 – 13 A 18.1676, juris Rn. 43 f.; Erman/*Arnold* BGB § 119 Rn. 2; BeckOK BGB/*Wendtland* § 119 Rn. 4.

32 BGHZ 79, 71 (79 f.); OLG Hamm NJW-RR 2011, 1436; 2016, 1412; BAG NZA 2010, 1250 (1252); 2015, 185; LAG Düsseldorf ZTR 2015, 162.

von Bürgern gegenüber Behörden. Dagegen finden die §§ 119 ff. keine Anwendung auf Verwaltungsakte.[33] Die gleichen Grundsätze gelten für die Anfechtbarkeit von Willenserklärungen im Sozialrecht.[34]

2. Vorrangige Spezialregelungen. Die Anwendbarkeit des § 119 auf die Anfechtung privatrechtlicher **11** Willenserklärungen kann durch vorrangige Spezialregelungen ausgeschlossen oder modifiziert werden. Solche Regelungen finden sich zunächst im **Familien- und Erbrecht.**[35] Beispiele sind § 1314 Abs. 2 Nr. 2 (Eheschließung), § 1600 c Abs. 2 (Anerkennung der Vaterschaft), §§ 2078, 2080 ff., 2281, 2283 (letztwillige Verfügungen), §§ 1949, 1950 (Annahme der Erbschaft), § 1956 (Versäumung der Ausschlagungsfrist) und § 2308 (Ausschlagung der Erbschaft oder des Vermächtnisses). Danach können einige familienrechtliche Erklärungen wie zB die Erklärung über die Wahl des Ehenamens (vgl. § 1355) oder des Kindesnamens (vgl. § 1616 f.) nicht wegen Irrtums angefochten werden.[36] Irrt der Berechtigte dagegen aufgrund einer unzutreffenden Rechtsauskunft des Standesamts über das nach Art. 10 Abs. 3 EGBGB zur Wahl stehende Recht, den Geburtsnamen des Kindes zu bestimmen, kann er die gegenüber dem Standesamt getroffene Rechtswahl gem. § 119 Abs. 2 anfechten.[37] Geht es um die Anfechtung der Annahme oder Ausschlagung einer Erbschaft, richten sich die Anfechtungsgründe nach den §§ 119 ff., weil die Sonderregeln der §§ 1954 ff. nur Frist, Form und Wirkung der Anfechtung modifizieren.[38]

Besondere Regeln gelten ferner für die Anfechtung der Willenserklärungen bei einem **Vergleich.** Haben **12** sich beide Parteien über einen Umstand geirrt, den sie im Vergleichsvertrag als feststehend zugrunde gelegt haben, ist der Vergleich nicht anfechtbar, sondern gem. § 779 Abs. 1 unwirksam. Kein derartiger Irrtum über die Vergleichsgrundlage liegt allerdings vor, wenn die unrichtige Vorstellung den Fortbestand einer bestimmten Gesetzeslage oder Rechtsprechung betrifft.[39] Ausgeschlossen ist die Anfechtung ferner, wenn sich eine Partei über einen umstrittenen oder ungewissen Umstand geirrt hat, zu dessen Erledigung der Vergleich gerade abgeschlossen wurde.[40] In den übrigen Fällen kann eine Partei ihre Willenserklärung zum Vergleichsabschluss gem. § 119 anfechten (vgl. zur Anfechtung des Prozessvergleichs → Rn. 9).[41] Geht ein Anwalt bei der Annahme eines gerichtlichen Vergleichsvorschlags irrtümlich davon aus, sein Mandant sei damit einverstanden, handelt es sich allerdings um einen unbeachtlichen Motivirrtum, der nicht gem. § 119 Abs. 1 zur Anfechtung berechtigt.[42] Gleiches gilt für den Rechtsfolgenirrtum, sämtliche Kostenfolgen von der Mandantin ablenken zu können, obwohl Gerichtskosten im Vergleichsvertrag übernommen worden sind.[43]

Die Willenserklärung zum Abschluss eines **Schiedsvertrags** kann nicht wegen eines Irrtums über wesentli- **13** che Eigenschaften in der Person des Schiedsrichters angefochten werden. Insoweit wird Abs. 2 durch die Regelungen der §§ 1036 f. ZPO zur Ablehnung des Schiedsrichters verdrängt. In anderen Fällen ist die Anfechtung nach § 119 grundsätzlich eröffnet.[44]

Die Erklärungen zum Abschluss von **Versicherungsverträgen** können nur insoweit nach § 119 angefochten **14** werden, als nicht die spezielleren Vorschriften der §§ 19 ff. VVG (§§ 16 ff. VVG aF) eingreifen (vgl. zur Anfechtbarkeit wegen widerrechtlicher Drohung oder arglistiger Täuschung → § 123 Rn. 12, 22).[45]

Die Anfechtung nach Abs. 2 wegen eines Irrtums über eine verkehrswesentliche Eigenschaft der Kaufsache **15** ist, wie schon nach früherem Recht, ausgeschlossen, soweit es sich um einen **Sachmangel** handelt. Der

33 Palandt/*Ellenberger* BGB § 119 Rn. 6; MüKoBGB/*Armbrüster* § 119 Rn. 42; Erman/*Arnold* BGB § 119 Rn. 3; BeckOK BGB/*Wendtland* § 119 Rn. 5; PWW/*Ahrens* BGB § 119 Rn. 11; vgl. OVG Koblenz DVBl 1984, 281; VGH Mannheim NJW 1985, 1723.
34 Vgl. MüKoBGB/*Armbrüster* § 119 Rn. 43; BeckOK BGB/*Wendtland* § 119 Rn. 5.
35 Vgl. dazu *Petersen* Jura 2006, 660 (663 f.); *Bredemeyer* ZErb 2016, 318 ff. (Erbrecht); *Musielak* ZEV 2016, 353 ff. (Erbrecht); *Röthel* Jura 2017, 1042 (1043 ff.) (Familienrecht); *dies.* Jura 2017, 1183 (1185 ff.) (Erbrecht).
36 Vgl. OLG Stuttgart NJW-RR 1987, 455; BayObLG NJW 1993, 337; NJW-RR 1998, 1015; OLG Zweibrücken StAZ 2011, 341; OLG Hamm StAZ 2012, 206; Palandt/*Ellenberger* BGB § 119 Rn. 5; Erman/*Arnold* BGB § 119 Rn. 7; MüKoBGB/*Armbrüster* § 119 Rn. 5.
37 OLG Celle 24.10.2013 – 17 W 7/13, Rn. 20 ff. mwN.
38 BGH NJW 2006, 3353 (3355 f.); NK-BGB/*Ivo* § 1954 Rn. 1, 3 ff. und MüKoBGB/*Leipold* § 1954 Rn. 3 ff., jew. mwN; vgl. OLG Hamm Rpfleger 2011, 671; OLG Düsseldorf FamRZ 2011, 1171; OLG Ros-

tock NJW-RR 2012, 1356; OLG Düsseldorf NJW-RR 2013, 842 (843 f.); KG FamRZ 2015, 1052; OLG Düsseldorf ZEV 2018, 85 (86); vgl. auch *Musielak* ZEV 2016, 353; *Eickelberg* ZEV 2018, 489 (492 ff.).
39 BGH NJW 2013, 1530 (1531) mwN.
40 Vgl. BGH NJW 2000, 2497 (2498); 2007, 838; OLG Celle MDR 2010, 975.
41 Staudinger/*Singer*, Bearbeitung 2017, § 119 Rn. 109; Erman/*Arnold* BGB § 119 Rn. 6; BeckOK BGB/*Wendtland* § 119 Rn. 12.
42 LAG Düsseldorf ZTR 2015, 162.
43 OLG Hamm NJW-RR 2011, 1436 (1437).
44 Soergel/*Hefermehl* BGB § 119 Rn. 75; Erman/*Arnold* BGB § 119 Rn. 12; BeckOK BGB/*Wendtland* § 119 Rn. 13; vgl. BGHZ 17, 7 (8); BGH BB 1967, 97; NJW-RR 1995, 725.
45 Erman/*Arnold* BGB § 119 Rn. 12; BeckOK BGB/*Wendtland* § 119 Rn. 6; PWW/*Ahrens* BGB § 119 Rn. 9; vgl. BGH VersR 1986, 1089 (1090); NJW-RR 1995, 725 (726); Hk-BGB/*Dörner* § 119 Rn. 2; Palandt/*Ellenberger* BGB § 119 Rn. 5; MüKoBGB/*Armbrüster* § 119 Rn. 11.

zutreffenden hM zufolge verdrängen die §§ 437 ff. als speziellere Regelungen diese Anfechtungsmöglichkeit, nicht aber diejenige nach Abs. 1 oder § 123.[46] Die Spezialität der §§ 437 ff. gegenüber Abs. 2 folgt zum einen daraus, dass § 438 Abs. 1 Nr. 3 für Gewährleistungsansprüche bei beweglichen Sachen kürzere Verjährungsfristen vorsieht als § 121 Abs. 1 für den Ausschluss des Anfechtungsrechts (vgl. dazu → § 121 Rn. 4 ff.). Die Einräumung einer Anfechtungsmöglichkeit widerspräche dem Zweck des § 438 Abs. 1 Nr. 3, im Verkehrsinteresse eine schnelle Abwicklung der Ansprüche wegen Mängeln der Kaufsache zu garantieren.[47] Zum anderen würde die Zulassung der Anfechtung das Nacherfüllungsrecht des Verkäufers unterlaufen. Insoweit wird die bereits zu den §§ 459 ff. aF vertretene Auffassung durch ein zusätzliches Argument verstärkt.[48]

16 Dem zufolge gilt der Ausschluss des Abs. 2 zunächst für den **Käufer** nach Gefahrübergang, weil die §§ 437 ff. gem. § 434 Abs. 1 S. 1 ab diesem Zeitpunkt eingreifen. Darüber hinaus muss die Anfechtungsmöglichkeit des Käufers konsequenterweise auch schon vor Gefahrübergang ausgeschlossen sein, um das sachwidrige Ergebnis zu vermeiden, dass dem Käufer wegen eines Sachmangels vor der Übergabe der mangelhaften Sache weiter gehende Rechte zustehen als danach.[49] Außerdem darf es dem Käufer, dessen Irrtum über die Mangelfreiheit auf grober Fahrlässigkeit beruht, nicht möglich sein, den Ausschluss der Sachmängelhaftung (§ 442 Abs. 1 S. 2) durch eine Anfechtung zu unterlaufen.[50]

17 Schließlich darf der **Verkäufer** nicht die Möglichkeit erhalten, sich durch eine Anfechtung seiner Gewährleistungspflicht nach den §§ 437 ff. zu entziehen. Deshalb kann er nicht gem. Abs. 2 anfechten, wenn er sich über eine Eigenschaft der Kaufsache geirrt hat, deren Fehlen oder Vorhandensein ein Mangel iSd § 434 ist. Führt das Fehlen oder Vorhandensein dieser Eigenschaft dagegen zu einer besseren als der vereinbarten Qualität der Sache und erhöht ihren Wert, ist die Anfechtung nach Abs. 2 nicht ausgeschlossen.[51]

18 Wegen der Gleichstellung von Sach- und Rechtsmängeln gelten die Grundsätze über den Vorrang der §§ 437 ff. gegenüber Abs. 2 ebenso in Bezug auf **Rechtsmängel**.[52] Außerdem sind sie gleichermaßen auch das Verhältnis des Abs. 2 zur Sach- und Rechtsmängelhaftung bei **Werk- und Mietverträgen** (§§ 633 ff., §§ 536 ff.) anzuwenden.[53] Ferner besteht ein entsprechender Vorrang im **UN-Kaufrecht**.[54] Schließlich kann der Ersteher aufgrund des in § 56 S. 3 ZVG angeordneten Haftungsausschlusses bei einer **Zwangsversteigerung** nicht wegen eines Eigenschaftsirrtums nach § 119 Abs. 2 anfechten, sofern das Fehlen der Eigenschaft einen Sachmangel begründet.[55] Der gleiche Ausschluss gilt gem. § 283 AO bei einer (Internet-)**Auktion einer Finanzverwaltung**, weil eine Anfechtung wegen eines Eigenschaftsirrtums im Ergebnis zu der ausgeschlossenen Gewährleistung führen würde.[56]

19 Die Anfechtungsmöglichkeiten wegen Irrtums nach § 119 und wegen Täuschung oder Drohung nach **§ 123** schließen sich nicht gegenseitig aus, weil sie unterschiedliche Voraussetzungen und Rechtsfolgen haben.[57]

---

46 Vgl. etwa RGZ 61, 171 (175 f.); BGHZ 34, 32 (34); 60, 319, 320 f.; 63, 369, 376 = BGH NJW 1975, 970; 1988, 2597, 2598; JZ 1996, 102 f.; OLG Oldenburg NJW 2005, 2556 (2557); NK-BGB/*Büdenbender* § 437 Rn. 107 ff.; *Brox/Walker* BGB AT § 18 Rn. 15, 462; *Medicus* BGB AT Rn. 775; Hk-BGB/*Dörner* § 119 Rn. 2; Palandt/*Ellenberger* BGB § 119 Rn. 28; MüKoBGB/*Armbrüster* § 119 Rn. 29 ff.; Erman/*Arnold* BGB § 119 Rn. 9; BeckOK BGB/*Wendtland* § 119 Rn. 8; PWW/*Ahrens* BGB § 119 Rn. 5; *Köster* Jura 2005, 145 (146 f.); *G. Müller* FS Huber 2006, S. 449, 465 ff.; *Schlachter* JA 1991, 105 (109 f.); aA etwa HKK/*Schermaier* BGB §§ 116–124 Rn. 76 ff. mwN; für die Anfechtbarkeit wegen eines Irrtums über die Beschaffenheitsvereinbarung beim Kauf via Internet *Heiderhoff* BB 2005, 2533 (2537 f.)

47 Insoweit aA unter Verweis auf die zweijährige Mindestverjährungsfrist des § 438 Abs. 1 Nr. 3 *Schur* AcP 204 (2004), 883, 898 ff.

48 NK-BGB/*Büdenbender* § 437 Rn. 108.

49 BeckOK BGB/*Wendtland* § 119 Rn. 8; *Köster* Jura 2005, 145 (146 f.); *G. Müller* FS Huber 2006, S. 449, 465 ff.; vgl. NK-BGB/*Büdenbender* § 437 Rn. 109; PWW/*Ahrens* BGB § 119 Rn. 5; *Schlachter* JA 1991, 105 (109 f.); nur einschr. für den Ausschluss bereits vor Gefahrübergang BGHZ 34, 32 (34 ff.); Erman/*Arnold* BGB § 119 Rn. 9.

50 *Medicus* BGB AT Rn. 775; MüKoBGB/*Armbrüster* § 119 Rn. 32; PWW/*Ahrens* BGB § 119 Rn. 5; *Köster* Jura 2005, 145 (146 f.).

51 BGH NJW 1988, 2597 (2598); MüKoBGB/*Armbrüster* § 119 Rn. 31; *Coetser-Waltjen* Jura 1990, 362 (367 f.); *Schlachter* JA 1991, 105 (110 f.); vgl. AG Coburg NJW 1993, 938; OLG Oldenburg NJW 2005, 2556 (2557); OLG Düsseldorf 14.3.2014 – I-22 U 127/13, 22 U 127/13.

52 *Brors* WM 2002, 1780 (1781); Palandt/*Ellenberger* BGB § 119 Rn. 28; BeckOK BGB/*Wendtland* § 119 Rn. 8.

53 *Medicus* BGB AT Rn. 776; *Otto* JuS 1985, 852; Palandt/*Ellenberger* BGB § 119 Rn. 28; MüKoBGB/*Armbrüster* § 119 Rn. 35, 36; Erman/*Arnold* BGB § 119 Rn. 11; BeckOK BGB/*Wendtland* § 119 Rn. 10; aA etwa für den Mietvertrag LG Essen NZM 2006, 294; Palandt/*Weidenkaff* BGB § 536 Rn. 12; *Emmerich* NZM 1998, 692 (694 f.); ausf. zur Problematik der Anfechtung von Willenserklärungen im Mietrecht *Fischer* NZM 2005, 567 ff.

54 Palandt/*Ellenberger* BGB § 119 Rn. 28; MüKoBGB/*Armbrüster* § 119 Rn. 33; BeckOK BGB/*Wendtland* § 119 Rn. 10.

55 BGH NJW-RR 2008, 222 (223).

56 OLG Brandenburg NJW-RR 2010, 1723 (1724).

57 Erman/*Arnold* BGB § 119 Rn. 15; BeckOK BGB/*Wendtland* § 119 Rn. 14.

Ob eine Anfechtung nach § 123 zugleich eine solche nach § 119 enthält, ist durch Auslegung zu ermitteln (vgl. dazu → § 143 Rn. 8).

3. Weitere Ausschlussgründe. Da es sich bei den §§ 119 ff. um dispositives Recht handelt, können die 20 Parteien ihre Anwendung **vertraglich abbedingen.** Ein Ausschluss in AGB verstößt allerdings regelmäßig gegen § 307 Abs. 2 Nr. 1.[58]

Wegen der Dispositivität der §§ 119 ff. kann der Berechtigte auch auf sein Anfechtungsrecht verzichten. Der 21 **Verzicht** kann nicht erst ab Kenntnis des Irrtums, sondern schon vor dem Vorliegen eines Anfechtungsgrundes erklärt werden.[59] Ein Verzicht in AGB wird, wie die Abbedingung des Anfechtungsrechts, regelmäßig gegen § 307 Abs. 2 Nr. 1 verstoßen (vgl. → Rn. 20). Die wirksame Vereinbarung eines Gewährleistungsausschlusses ist in der Regel so auszulegen, dass sie zugleich einen Ausschluss der Anfechtung gem. Abs. 2 enthält, weil sonst die erstrebte Risikobeschränkung wirtschaftlich nicht erreicht würde (vgl. zum Verhältnis der Sach- und Rechtsmängelhaftung zur Anfechtung gem. Abs. 2 bereits → Rn. 15 f.).[60] Ein Sonderfall des Verzichts ist die **Bestätigung** des anfechtbaren Rechtsgeschäfts gem. § 144 (→ § 144 Rn. 2).

Nach allgemeinen Grundsätzen kann das Anfechtungsrecht gem. § 242 durch **Verwirkung**[61] erlöschen.[62] 22 Ein Verstoß gegen Treu und Glauben in der Form des **widersprüchlichen Verhaltens** liegt vor, wenn der Anfechtende sich auf die Nichtigkeit gem. § 142 Abs. 1 berufen will, obwohl der Anfechtungsgegner diejenigen Vertragsbedingungen akzeptiert, die der Anfechtende ohne den Willensmangel vereinbart hätte. Die §§ 119, 120 räumen dem Anfechtungsberechtigten kein „**Reurecht**" ein (→ § 142 Rn. 11).

4. Abweichende Sonderwertungen. In bestimmten Rechtsgebieten gelten besondere Wertungen, welche 23 die Möglichkeit der Irrtumsanfechtung ausschließen oder sie in ihren Wirkungen beschränken. So können im **Arbeitsrecht** zwar die zum Abschluss eines Arbeitsvertrages führenden Willenserklärungen gem. § 119 angefochten werden.[63] Hat der Arbeitnehmer aber bereits die ihm vom Arbeitgeber zugewiesene Arbeit aufgenommen und ist das Arbeitsverhältnis damit in Vollzug gesetzt worden, würde die Rückwirkung der Anfechtung gem. § 142 Abs. 1 zu erheblichen Rückabwicklungsschwierigkeiten führen, die insbesondere die erbrachte Arbeitsleistung betreffen (§§ 812 ff.). Außerdem entspräche sie nicht den Interessen der Vertragsparteien. Deshalb wirkt die Anfechtung in diesen Fällen entgegen § 142 Abs. 1 grundsätzlich nicht zurück (keine ex-tunc-Wirkung). Stattdessen hat sie die kündigungsähnliche Wirkung einer Auflösung des Arbeitsverhältnisses für die Zukunft (ex-nunc-Wirkung; näher dazu → § 142 Rn. 8). Dagegen scheidet die Irrtumsanfechtung von Willenserklärungen zu Tarifverträgen wegen der normativen Wirkung des Tarifvertrages von vornherein aus. Anfechtbar können lediglich die Willenserklärungen zum Abschluss eines Vorvertrages zu einem Tarifvertrag sein.[64] Die Anfechtbarkeit einer betrieblichen Übung setzt voraus, dass man der vom BAG vertretenen Vertragstheorie folgt, und wirft dann auch Probleme auf, weil sie allen Arbeitnehmern gegenüber unverzüglich gem. § 121 Abs. 1 S. 1 erklärt werden muss.[65] Außerdem führt der arbeitsrechtliche Schutz bestimmter arbeitnehmerischer Leistungserwartungen zu besonderen Einschränkungen der Anfechtbarkeit.[66] Daher wird die Anfechtbarkeit teilweise abgelehnt,[67] oder es wird ein Widerrufsrecht als Ersatz für die Anfechtbarkeit vorgeschlagen.[68]

Vergleichbare Sonderwertungen wie im Arbeitsrecht gelten im **Gesellschaftsrecht.** Da bereits in Vollzug 24 gesetzte Gesellschaftsverträge und Beitrittserklärungen erhebliche Drittwirkungen haben, können die entsprechenden Willenserklärungen grundsätzlich ebenfalls nur mit ex-nunc-Wirkung angefochten werden (näher dazu → § 142 Rn. 9).

Im **Wertpapierrecht** kommt dem Gedanken des Verkehrsschutzes besondere Bedeutung zu. Die Umlauffä- 25 higkeit von Inhaber- und Orderpapieren muss gewährleistet werden. Deshalb kann der Irrende die Anfechtbarkeit seiner Erklärung auf einem derartigen umlauffähigen Papier – vor allem auf einem Wechsel – einem gutgläubigen Erwerber nur entgegenhalten, wenn sich die Anfechtbarkeit aus dem Papier selbst ergibt (vgl.

---

58 Palandt/*Ellenberger* BGB § 119 Rn. 3; BeckOK BGB/*Wendtland* § 119 Rn. 3; PWW/*Ahrens* § 119 Rn. 3; vgl. BGH NJW 1983, 1671 f.; OLG München BauR 1986, 579 (580); MüKoBGB/*Armbrüster* § 119 Rn. 151.

59 Soergel/*Hefermehl* BGB § 119 Rn. 73; MüKoBGB/ *Armbrüster* § 119 Rn. 151; Erman/*Palm* BGB § 119 Rn. 47.

60 BGH BB 1967, 96; BGHZ 63, 369 (376 f.) = NJW 1975, 970; Soergel/*Hefermehl* BGB § 119 Rn. 73; MüKoBGB/*Armbrüster* § 119 Rn. 151; Erman/ *Arnold* BGB § 119 Rn. 47; anders BGH NJW 1979, 160 (161); OLG Stuttgart NJW 1989, 2547.

61 Näher zur Verwirkung AnwK-BGB/*Krebs* § 242 Rn. 99 ff.

62 MüKoBGB/*Armbrüster* § 119 Rn. 151; Erman/ *Arnold* BGB § 119 Rn. 48.

63 BAG AP Nr. 3 zu § 119 BGB.

64 BAG NJW 1977, 318; MüKoBGB/*Armbrüster* § 119 Rn. 21.

65 *Waltermann* RdA 2006, 257 (265).

66 *Schwarze* NZA 2012, 289 (294).

67 So etwa *Henssler* FS 50 Jahre Bundesarbeitsgericht, 2004, S. 683, 690 f.

68 *Hromadka* NZA 2011, 65 ff., 69.

§ 364 Abs. 2 HGB, Art. 16 Abs. 2, 17 WG, Art. 21, 22 ScheckG).[69] Im **Zahlungsdiensterecht** wird diskutiert, inwieweit unwiderrufliche Zahlungsaufträge (vgl. § 675 p) oder Autorisierungen von Zahlungsvorgängen (vgl. § 675 j) nach den §§ 119 ff. angefochten werden können. Einig ist man sich allerdings wohl weitestgehend darüber,[70] dass eine Anfechtung nach § 119 Abs. 1 ausgeschlossen ist, wenn der Überweisende irrtümlich eine falsche Kundenkennung iSd § 675 r Abs. 2 verwendet, weil er sich verschreibt oder über die Person des Zahlungsempfängers geirrt hat; zur Begründung werden § 675 r Abs. 1[71] oder § 675 q und der zugrunde liegende Art. 66 Abs. 1 RL 2007/64/EG[72] angeführt. Weitergehende Einigkeit besteht ferner, dass Anfechtungen nach § 123 möglich sind, weil sie nicht von § 675 q erfasst werden.[73] Zu demselben Ergebnis müssten diejenigen kommen, die allgemein davon ausgehen, dass unwiderrufliche Zahlungsaufträge oder ihre Autorisierung nicht insgesamt der Anfechtung entzogen seien, weil das Recht der Willensmängel nicht Gegenstand der zugrunde liegenden Zahlungsdienste-Richtlinien sei.[74] Für einen generellen Ausschluss der Anfechtung nach § 119 spricht allerdings, dass der bereits genannte Art. 66 Abs. 1 RL 2007/64/EG – jetzt Art. 80 Abs. 1 RL (EU) 2015/2366 – einen Eingriff in den bereits ausgelösten Zahlungsvorgang unabhängig davon verhindern will, ob das nationale Recht im Einzelfall eine Erklärung als Widerruf, Anfechtung oder Rücktritt qualifiziert. Die Zulassung der Irrtumsanfechtung würde die beabsichtigte Endgültigkeit des Zahlungsvorgangs und seiner Autorisierung konterkarieren.[75]

II. Beachtlicher Irrtum

26 **1. Allgemeines.** Ein Irrtum iSd § 119 setzt zunächst eine **unbewusste Fehlvorstellung von der Wirklichkeit** voraus. Dabei kann es sich um eine unbewusst unrichtige oder um die fehlende Vorstellung von einem Sachverhalt handeln.[76] Demnach scheidet eine Anfechtung gem. § 119 mangels Irrtums von vornherein aus, wenn der Erklärende bewusst die Möglichkeit in Kauf nimmt, dass seine Vorstellung unrichtig oder lückenhaft ist.[77] An einer unbewussten Fehlvorstellung und damit an einem zur Anfechtung berechtigenden Irrtum fehlt es grundsätzlich ferner dann, wenn der Erklärende den Inhalt der Erklärung gar nicht zur Kenntnis nimmt und zB eine Urkunde bewusst ungelesen unterzeichnet (näher dazu → Rn. 35).[78] Das Gleiche gilt, wenn Unternehmen mit der Technik des sog. **Behavioral Microtargeting** ihre Angebote spezifisch auf bestimmte Konsumenten zuschneiden und sie unter Ausnutzung ihrer kognitiven und voluntativen Schwächen schlechter stellen als mit üblichen Angeboten, weil der dadurch erzeugte einseitige Motivirrtum des Konsumenten weder eine Anfechtung nach § 119 Abs. 1 BGB begründet (→ Rn. 55) noch regelmäßig zu einem Irrtum über eine verkehrswesentliche Eigenschaft gem. § 119 Abs. 2 (näher dazu → Rn. 63 ff.) führt (zur Anfechtbarkeit nach § 123 → § 123 Rn. 26).[79] Weiß der Erklärende sogar positiv, dass Wille und Erklärung nicht übereinstimmen, gelten anstelle des § 119 die §§ 116, 117.[80]

27 Die unbewusste Fehlvorstellung von der Wirklichkeit muss dazu führen, dass **Wille und Erklärung auseinander fallen**.[81] Deshalb muss zunächst der Inhalt der Willenserklärung ermittelt werden. Das geschieht durch ihre **Auslegung** gem. §§ 133, 157. Bei einer empfangsbedürftigen Willenserklärung wie vor allem einem Vertragsangebot kommt es darauf an, wie der Empfänger die Erklärung verstehen konnte (vgl. dazu → § 133 Rn. 41 f.). Kannte er den wahren Willen des Erklärenden oder musste er ihn bei zumutbarer Sorg-

69   Palandt/*Ellenberger* BGB § 119 Rn. 5; MüKoBGB/
     Armbrüster § 119 Rn. 22; BeckOK BGB/*Wendtland*
     § 119 Rn. 17.
70   Anders wohl *Zahrte* BKR 2016, 315 (317), aller-
     dings unter Berufung auf die Entscheidung des LG
     Köln BKR 2016, 350 (351), in der die Konkurrenz-
     problematik jedoch nicht angesprochen und eine
     Anfechtung nach § 119 analog wegen eines jeden-
     falls bestehenden dolo petit-Einwandes nicht geprüft
     wurde.
71   MüKoBGB/*Armbrüster* § 119 Rn. 22; Staudinger/
     Singer, Bearbeitung 2017, § 119 Rn. 111; *Fornasier*
     AcP 212 (2012), 410, 450.
72   MüKoBGB/*Jungmann* § 675 p Rn. 9; Erman/*v. West-
     phalen* BGB § 675 p Rn. 4; vgl. AG Bonn MMR
     2015, 477 (478).; Palandt/*Sprau* BGB § 675 j Rn. 3
73   MüKoBGB/*Jungmann* § 675 p Rn. 9; Erman/*v. West-
     phalen* BGB § 675 p Rn. 4.
74   So etwa MüKoBGB/*Armbrüster* § 119 Rn. 22;
     Zahrte BKR 2016, 315 (317).
75   Wie hier AG Bonn MMR 2015, 477 (478); MüKo-
     BGB/*Jungmann* § 675 p Rn. 9; Erman/*v. Westphalen*

     BGB § 675 p Rn. 4; vgl. Palandt/*Sprau* BGB § 675 j
     Rn. 3
76   Palandt/*Ellenberger* BGB § 119 Rn. 9; Erman/*Arnold*
     BGB § 119 Rn. 18; BeckOK BGB/*Wendtland* § 119
     Rn. 21; vgl. BAG NJW 1960, 2211; BGH WM 1983,
     447; LG Frankfurt/M. NJW-RR 1997, 1273; Hk-
     BGB/*Dörner* § 119 Rn. 4; RGRK/*Krüger-Nieland*
     BGB § 119 Rn. 1.
77   BGH NJW 1951, 705; 1969, 184; Palandt/*Ellenber-
     ger* BGB § 119 Rn. 9; Erman/*Arnold* BGB § 119
     Rn. 18.
78   BGH NJW 1968, 2102; Hk-BGB/*Dörner* § 119
     Rn. 5; Palandt/*Ellenberger* BGB § 119 Rn. 9; vgl.
     OLG Köln VersR 2000, 243 f.; LG Memmingen
     NJW 1975, 451; LG Köln WM 1986, 821; LG Pots-
     dam 31.1.2018 – 6 O 482/16, juris Rn. 43; Erman/
     Arnold BGB § 119 Rn. 18.
79   *Ebers* MMR 2018, 423 (426).
80   Hk-BGB/*Dörner* § 119 Rn. 5.
81   Vgl. LG Frankfurt/M. NJW-RR 1997, 1273; Hk-
     BGB/*Dörner* § 119 Rn. 4; Palandt/*Ellenberger* BGB
     § 119 Rn. 7.

falt erkennen, gilt nicht das irrtümlich Erklärte, sondern das wirklich Gewollte. In diesem Fall scheidet eine Anfechtung des Erklärenden nach § 119 aus, weil Wille und Erklärung nicht auseinander fallen.[82] Gleiches gilt im Fall der falsa demonstratio, also der übereinstimmenden irrtümlichen Falschbezeichnung durch beide Parteien (vgl. dazu → § 133 Rn. 46).[83] Die Auslegung der Willenserklärungen geht ihrer Anfechtung vor (**Vorrang der Auslegung vor der Anfechtung**).[84]

Bei einem Vertrag kann die Auslegung zu dem Ergebnis führen, dass die entsprechenden beiderseitigen **28** Willenserklärungen – Angebot und Annahme – inhaltlich objektiv gar nicht in allen Punkten übereinstimmen. Keine Abgrenzungsprobleme zur Anfechtung entstehen, wenn die Parteien von der Diskrepanz wussten und deshalb ein **offener Dissens** gem. § 154 vorliegt (vgl. dazu → § 154 Rn. 1 f.). Haben die Parteien dagegen geglaubt, sie hätten sich geeinigt, handelt es sich zwar um einen Irrtum. Dieser **versteckte Dissens** gibt aber keiner Partei ein Anfechtungsrecht nach § 119. Er ist vielmehr allein nach § 155 zu behandeln (vgl. dazu → § 155 Rn. 1). Denn der Irrtum jeder Partei bezieht sich nicht auf den Inhalt der eigenen Willenserklärung, sondern auf denjenigen der Willenserklärung der anderen Partei. Im Gegensatz zu einem solchen versteckten Dissens setzt die Anfechtbarkeit einer Vertragserklärung voraus, dass die Auslegung nach dem objektiven Empfängerhorizont (vgl. dazu → § 133 Rn. 41 f.) einen anderen als den gewollten Erklärungsinhalt ergibt und dass aufgrund dieser Auslegung beide Erklärungen inhaltlich übereinstimmen.[85] Demnach kommt es für die Abgrenzung wiederum entscheidend auf die Auslegung an.[86] Auch hier gilt der **Vorrang der Auslegung vor der Anfechtung.**[87]

Kein Irrtum iSd § 119 ist der sog. **Empfängerirrtum**. Obwohl der Erklärende seine Willenserklärung feh- **29** lerfrei abgibt, versteht sie der Empfänger falsch. Eine Anfechtung gem. § 119 kommt, vorbehaltlich eines Dissenses, erst in Betracht, wenn der Empfänger das Angebot in dem von ihm missverstandenen Sinn annimmt und damit seine Annahmeerklärung mit einem Irrtum behaftet ist.[88]

2. Irrtum in der Erklärungshandlung – „Erklärungsirrtum" (Abs. 1, 2. Fall). a) Begriff. Nach **30** Abs. 1, 2. Fall kann der Erklärende seine Willenserklärung anfechten, wenn er bei ihrer Abgabe eine Erklärung dieses Inhalts überhaupt nicht abgeben wollte. Der zur Anfechtung berechtigende Fehler passiert bei der **Kundgabe des Willens**, bei der Erklärungshandlung. Deshalb wird er als Irrtum in der Erklärungshandlung, Irrtum im Erklärungsakt, Erklärungsirrtum, Irrung oder Abirrung bezeichnet.[89] Dem Erklärenden misslingt die Äußerung seines Willens, indem er objektiv etwas anderes als dasjenige erklärt, was er subjektiv erklären wollte. Äußerer Erklärungstatbestand und Erklärungswille stimmen nicht überein. Der Erklärende verschreibt, verspricht, vertippt, verklickt oder vergreift sich.[90] Der Irrtum passiert „durch die Hand", nicht „im Kopf". Der Erklärende benutzt ein Erklärungszeichen, das er gar nicht benutzen will.[91]

b) Elektronische und automatisierte Willenserklärungen. Für einen solchen Erklärungsirrtum macht **31** es keinen Unterschied, ob sich der Erklärende auf einer Schreibmaschine oder Computertastatur vertippt und das fehlerhafte schriftliche Angebot mit der falschen Preisangabe in Papierform an seinen Vertragspartner schickt, ob er sich in gleicher Weise bei der Abfassung einer E-Mail oder einer SMS vertippt und sie auf elektronischem Wege an seinen Vertragspartner sendet, oder ob er sich beim Ausfüllen eines Online-Formulars im Rahmen einer Internet-Auktion vertippt oder verklickt. Derartige **Eingabefehler** bei **elektronischen**

82 BGH NJW-RR 1995, 859; *Brox/Walker* BGB AT § 18 Rn. 2 f.; Hk-BGB/*Dörner* § 119 Rn. 4; Palandt/*Ellenberger* BGB § 119 Rn. 7; Jauernig/*Mansel* BGB § 119 Rn. 2; Erman/*Arnold* BGB § 119 Rn. 4; BeckOK BGB/*Wendtland* § 119 Rn. 18; vgl. Staudinger/*Singer*, Bearbeitung 2072, § 119 Rn. 7; Soergel/*Hefermehl* BGB § 119 Rn. 6, 17; RGRK/*Krüger-Nieland* BGB § 119 Rn. 24.

83 Erman/*Arnold* BGB § 119 Rn. 5; BeckOK BGB/*Wendtland* BGB § 119 Rn. 18; PWW/*Ahrens* BGB § 119 Rn. 13; vgl. Soergel/*Hefermehl* BGB § 119 Rn. 19; MüKoBGB/*Armbrüster* § 119 Rn. 60 ff.; RGRK/*Krüger-Nieland* BGB § 119 Rn. 20 ff.

84 *Brox/Walker* BGB AT Rn. 4; Erman/*Arnold* BGB § 119 Rn. 4; *Süß* Jura 2011, 735 (737 ff.)

85 Vgl. BGH BB 1967, 476; Palandt/*Ellenberger* BGB § 119 Rn. 8; MüKoBGB/*Armbrüster* § 119 Rn. 64; BeckOK BGB/*Wendtland* § 119 Rn. 19.

86 Palandt/*Ellenberger* BGB § 119 Rn. 8.

87 *Brox/Walker* BGB AT § 18 Rn. 4; Erman/*Arnold* BGB § 119 Rn. 5; *Süß* Jura 2011, 735 (737 f.)

88 *Medicus* BGB AT Rn. 749; Palandt/*Ellenberger* BGB § 119 Rn. 8 a; BeckOK BGB/*Wendtland* § 119 Rn. 20; PWW/*Ahrens* BGB § 119 Rn. 19.

89 Erman/*Arnold* BGB § 119 Rn. 22; MüKoBGB/*Armbrüster* § 119 Rn. 46.

90 RGZ 66, 427 (429); Staudinger/*Singer*, Bearbeitung 2017, § 119 Rn. 34; Hk-BGB/*Dörner* § 119 Rn. 6; Soergel/*Hefermehl* BGB § 119 Rn. 11; Palandt/*Ellenberger* BGB § 119 Rn. 10; Jauernig/*Mansel* BGB § 119 Rn. 6; RGRK/*Krüger-Nieland* BGB § 119 Rn. 19; MüKoBGB/*Armbrüster* § 119 Rn. 46; Erman/*Arnold* BGB § 119 Rn. 22; BeckOK BGB/*Wendtland* § 119 Rn. 22; PWW/*Ahrens* BGB § 119 Rn. 23; *Brox/Walker* BGB AT § 18 Rn. 7; *Wolf/Neuner* BGB AT § 41 Rn. 38; *Medicus* BGB AT Rn. 746.

91 Vgl. *Brox/Walker* BGB AT § 18 Rn. 7; PWW/*Ahrens* BGB § 119 Rn. 23.

Willenserklärungen (dazu → Rn. 6) berechtigen zur Anfechtung nach Abs. 1, 2. Fall.[92] Besonderheiten gelten für **Internetauktionen**, also für den Vertragsschluss im Rahmen einer Internetauktionsplattform.[93] Der BGH bestimmt den Inhalt eines dort abgegebenen Verkaufsangebots unter Berücksichtigung der AGB des Unternehmens, das auf seiner Internetplattform das Forum für die Auktion bietet. Räumen diese AGB dem Anbietenden bei Verlust der Sache oder bei Vorliegen eines Anfechtungsgrundes das Recht ein, sein Angebot vor Ablauf der festgesetzten Auktionszeit zurückzunehmen, und regeln sie weiterhin, dass bei einer berechtigten Rücknahme des Angebots kein Vertrag zustande kommt, ist das Verkaufsangebot aus der Sicht der an der Auktion teilnehmenden Bieter (§§ 133, 157) dahin zu verstehen, dass es unter dem Vorbehalt einer berechtigten Rücknahme steht.[94] Danach entfaltet ein solches Angebot also keine Bindungswirkung, wenn dem Verkäufer ein Anfechtungsrecht nach § 119 zusteht.[95] Diese Auslegung des Angebots durch den BGH wird unter mehreren Gesichtspunkten kritisiert, die etwa die Heranziehung der AGB des Plattformanbieters als Auslegungshilfe und die Auslegung der AGB selbst betreffen.[96] Alternativ wird zB ein anfechtungsähnliches Gestaltungsrecht[97] oder die Auslegung als Angebot unter einer auflösenden Bedingung (§ 158 Abs. 2) vorgeschlagen.[98] Der BGH hat seine Rechtsprechung zwischenzeitlich dahin gehend konkretisiert, dass Artikelbeschreibungen des Anbieters bei „Individualangeboten" den eBay-AGB vorgehen.[99]

32 Von den elektronischen werden die **automatisierten Willenserklärungen** unterschieden. Sie stammen in dieser Form nicht unmittelbar vom Erklärenden, sondern werden aufgrund eines Datenverarbeitungsprogramms (Computerprogramms) erstellt. Beispiele sind Kontoauszüge, Abrechnungen über den Verbrauch von Wasser, Strom oder Erdgas[100] oder Zinsberechnungen.[101] Zu nennen ist hier auch die Abgabe von Willenserklärungen unter Einsatz von Smart Contracts.[102] Beruht der Fehler einer solchen rechnergefertigten Erklärung auf einer **Fehleingabe** der Person, die den Rechner bedient, handelt es sich, wie bei anderen Formen des Vertippens oder Verschreibens, um einen Erklärungsirrtum gem. Abs. 1, 2. Fall. Beruht der Fehler in der Erklärung dagegen auf der Verwendung **fehlerhaften Datenmaterials** oder auf einem **fehlerhaften Programm**, ist er der Erklärung selbst vorgelagert und einem Motivirrtum vergleichbar, der nicht zur Anfechtung berechtigt.[103] Derartige Fehler in der Vorbereitungsphase der automatisierten Willenserklärung begründen nur ausnahmsweise einen gem. Abs. 1, 2. Fall beachtlichen Erklärungsirrtum, wenn sie unverändert in die Erklärung eingegangen sind.[104] Das hat der BGH in dem Fall angenommen, dass die im Internet angebotene Ware aufgrund eines **Fehlers im Datentransfer**, der durch die vom Anbieter verwendete Software verursacht wurde, im Internet mit einem zu niedrigen Kaufpreis ausgezeichnet wurde.[105] Da es indessen um einen Fehler bei der Datenübertragung geht, der zwar unmittelbar nur die invitatio ad offerendum im Internet betraf, sich aber ohne Änderung auf die Annahmeerklärung auswirkte, handelt es sich um eine Anfechtung wegen **falscher Übermittlung gem. § 120**[106] und damit um einen Sonderfall der Anfechtung wegen eines Erklärungsirrtums (→ § 120 Rn. 1, 2). Schließlich kann daneben eine Anfechtung gem. § 123 in Betracht kommen, wenn das fehlerhafte Datenmaterial auf vorsätzlich falschen Angaben des Erklärungsempfängers – zB in einem Versicherungsantrag – beruht.[107]

---

92 BeckOK BGB/*Wendtland* § 119 Rn. 28; vgl. BGHZ 149, 129 (138) = NJW 2002, 363 (365); OLG Hamm NJW 1993, 2321; OLG München NJW 2003, 367; OLG Oldenburg NJW-RR 2007, 268; LG Koblenz MMR 2011, 657 (658); LG München I 7.11.2017 – 13 S 6708/17, juris Rn. 7; AG Bad Homburg NJW-RR 2002, 1282; AG Lahr NJW 2005, 991; AG München MMR 2010, 687; *Alexander* JR 2015, 289 (290); Jauernig/*Mansel* BGB § 119 Rn. 6.

93 Näher dazu *Alexander* JR 2015, 289 (292 ff.).

94 BGH NJW 2011, 2643 f.; OLG Düsseldorf 14.3.2014 – I-22 U 127/13, 22 U 127/13; OLG Rostock 11.6.2014 – 1 U 90/13, juris Rn. 44 ff.

95 BGH NJW 2014, 1292 (1293); OLG Düsseldorf 14.3.2014 – I-22 U 127/13, 22 U 127/13.

96 Vgl. etwa *Alexander* JR 2015, 289 (293 f.); *Kulke*, Anm. zu BGH 8.1.2014 – NJW 2014, 1293 f.; *Wagner/Zenger* MMR 2013, 343 (347 f.)

97 *Alexander* JR 2015, 289 (295 ff.).

98 *Wagner/Zenger* MMR 2013, 343 (346).

99 BGH NJW 2017, 1660 mAnm *Sutschet*, S. 1663.

100 BeckOK BGB/*Wendtland* § 119 Rn. 29.

101 Vgl. LG Frankfurt/M. NJW-RR 1997, 1273.

102 Vgl. *Paulus/Matzke* ZfPW 2018, 431 (445 ff.)

103 LG Frankfurt/M. NJW-RR 1997, 1273; *Brehm* FS Niederländer 1991, S. 233; *Medicus* BGB AT Rn. 256; Palandt/*Ellenberger* BGB § 119 Rn. 10; Erman/*Arnold* BGB § 119 Rn. 22; BeckOK BGB/*Wendtland* § 119 Rn. 29; vgl. LG Frankfurt/M. NJW-RR 1988, 1331; AG Frankfurt/M. NJW-RR 1990, 116; *Köhler* AcP 182 (1982), 126, 134 ff.; vgl. für den Einsatz von Künstlicher Intelligenz *Grapentin* NJW 2019, 181 (185).

104 *Medicus* BGB AT Rn. 256; Palandt/*Ellenberger* BGB § 119 Rn. 10; Erman/*Arnold* BGB § 119 Rn. 22; vgl. OLG Hamm NJW 1993, 2321; AG Bad Homburg NJW-RR 2002, 1282; MüKoBGB/*Armbrüster* § 119 Rn. 46.

105 BGH NJW 2005, 976 f.

106 So auch *Kocher* JA 2006, 144 (146); ebenso in einem ähnlich gelagerten Fall OLG Hamm NJW 2004, 2610; zusätzlich auf § 120 abstellend BGH NJW 2005, 976 (977) sowie *Spindler* in seiner Anm. JZ 2005, 793 (794); vgl. auch *Paulus/Matzke* ZfPW 2018, 431 (456).

107 *Köhler* AcP 182 (1982), 126, 135; BeckOK BGB/*Wendtland* § 119 Rn. 29.

c) Handeln ohne Erklärungsbewusstsein. Um einen besonderen Fall des Erklärungsirrtums handelt es **33** sich, wenn der Erklärende **ohne Erklärungsbewusstsein** gehandelt hat. Im Schulfall der „Trierer Weinversteigerung" hebt der Ortsunkundige die Hand, um einem Bekannten zuzuwinken; er weiß nicht, dass er damit ein höheres Gebot abgibt.[108] Andere Beispiele sind das Unterzeichnen und Zurücksenden eines Formularschreibens für einen Branchenbucheintrag in der irrigen Meinung, es gehe nur um die Aktualisierung der Daten im Rahmen eines bereits bestehenden Vertragsverhältnisses,[109] oder die bloße Tatsachenmitteilung einer Sparkasse, sie habe eine Bürgschaft übernommen, die als Angebot auf den Abschluss eines Bürgschaftsvertrages gem. §§ 765, 766 ausgelegt wird.[110] Ist dem Erklärenden die Äußerung objektiv zurechenbar (vgl. dazu → § 133 Rn. 44), handelt es sich trotz des fehlenden Erklärungsbewusstseins um eine Willenserklärung (vgl. dazu → Vor § 116 Rn. 7). Da der Erklärende eine Willenserklärung dieses Inhalts überhaupt nicht abgeben wollte, ist sie gem. Abs. 1, 2. Fall anfechtbar.[111]

d) „Unterschriftsirrtum". Bei der **Unterzeichnung ungelesener Urkunden** oder dem „Unterschriftsirr- **34** tum"[112] sind neben dem gerade erörterten Fall des fehlenden Erklärungsbewusstseins (der Unterzeichnende weiß nicht, dass er überhaupt eine Willenserklärung abgibt; vgl. dazu → Rn. 33) weitere Fallgestaltungen zu unterscheiden. Sie können die Anfechtbarkeit wegen Erklärungsirrtums oder wegen Inhaltsirrtums begründen oder überhaupt nicht zur Anfechtbarkeit führen.[113] Soweit diese zum Teil recht feinen Differenzierungen entscheidend von subjektiven Merkmalen abhängen, stellen sich in der Praxis allerdings nicht unerhebliche Beweisprobleme.

Nimmt der Erklärende den Inhalt der Urkunde überhaupt nicht zur Kenntnis, obwohl er weiß, dass es sich **35** um eine Urkunde handelt, und macht sich damit bewusst keine Vorstellung über den Inhalt der Urkunde, fehlt es von vornherein an einer unbewussten Fehlvorstellung und damit an einem beachtlichen Irrtum (→ Rn. 26). Unterzeichnet der Erklärende die Urkunde **bewusst ungelesen** – „blind" –, weil er zB Analphabet ist oder die Sprache nicht beherrscht, in der die Erklärung verfasst ist, kann er seine in der Urkunde verkörperte Erklärung mangels eines Irrtums iSd Abs. 1 nicht anfechten.[114] Eine Anfechtung wegen eines Erklärungsirrtums soll jedoch ausnahmsweise in Betracht kommen, wenn die Urkunde einen Inhalt hatte, mit dem der Unterzeichnende unter keinen Umständen rechnen konnte.[115]

Macht sich der Erklärende eine **falsche Vorstellung** vom Inhalt der Urkunde, die er ungelesen unter- **36** schreibt, kann er seine darin verkörperte Willenserklärung je nach der Ursache der Fehlvorstellung wegen Erklärungs- oder wegen Inhaltsirrtums anfechten. Ein Erklärungsirrtum gem. Abs. 1, 2. Fall liegt vor, wenn die Fehlvorstellung auf einem **Fehler bei der Erklärungshandlung** beruht.[116] Beispiele sind die Verwechslung zweier Urkunden und die Unterzeichnung einer vom Erklärenden selbst oder nach seinem Diktat fehlerhaft verfassten Urkunde ohne nochmalige Kontrolle des Inhalts.[117] Ein weiteres Beispiel ist die Unter-

---

108 Vgl. dazu *Gudian* AcP 169 (1969), 232; Staudinger/ *Singer*, Bearbeitung 2017, BGB Vor §§ 116–144 Rn. 28; MüKoBGB/*Armbrüster* § 119 Rn. 96.

109 *Hampe/Köhlert* MMR 2012, 722 (724); vgl. BGH NJW 2012, 1449 (1452).

110 BGHZ 91, 324 ff. = BGH NJW 1984, 2279 f.; vgl. ferner das Bsp einer konkludenten Erklärung ohne Erklärungsbewusstsein in BGHZ 109, 171 (177 f.) = BGH NJW 1990, 454 (456).

111 MüKoBGB/*Armbrüster* § 119 Rn. 104; BeckOK BGB/*Wendtland* § 119 Rn. 23; vgl. BGHZ 91, 324 (329 f.) = BGH NJW 1984, 2279 (2280); BGHZ 109, 171 (177) = BGH NJW 1990, 454 (456); 1995, 953; BGHZ 149, 129 (136) = NJW 2002, 362 (365); BAG NJW 1987, 2101 (2102); OLG Nürnberg WM 1990, 928 (930); OLG Hamm BB 1992, 2177; OLG Dresden WM 1999, 949 (951); *Bydlinski* JZ 1975, 1 (5); *Medicus* BGB AT Rn. 607; Palandt/*Ellenberger* BGB § 119 Rn. 22, Vor § 116 Rn. 17; für einen Inhaltsirrtum gem. § 119 Abs. 1, 1. Fall Hk-BGB/*Dörner* § 119 Rn. 13; Soergel/*Hefermehl* BGB Vor § 116 Rn. 49; PWW/*Ahrens* BGB § 119 Rn. 22; ohne die Einordnung als Erklärungs- oder Inhaltsirrtum allgemein für die Anfechtbarkeit gem. § 119 Abs. 1 Brox/ *Walker* BGB AT § 6 Rn. 16; Erman/*Arnold* BGB Vor § 116 Rn. 15, § 119 Rn. 27; gegen eine Anfechtung analog § 119 Staudinger/*Singer*, Bearbeitung 2017, BGB Vor §§ 116–144 Rn. 33 ff., § 118 Rn. 5; gegen die Annahme einer Willenserklärung und die Not-

wendigkeit einer Anfechtung *Wolf/Neuner* BGB AT § 41 Rn. 47; *Canaris* Anm. zu BGH 7.6.1984 – NJW 1984, 2281 f.; RGRK/*Krüger-Nieland* BGB § 119 Rn. 10, unentschieden allerdings aaO Vor § 116 Rn. 34.

112 So etwa *Wolf/Neuner* BGB AT § 41 Rn. 90; *Medicus* BGB AT Rn. 752.

113 Vgl. MüKoBGB/*Armbrüster* § 119 Rn. 49 ff.; BeckOK BGB/*Wendtland* § 119 Rn. 24 ff.

114 Hk-BGB/*Dörner* § 119 Rn. 5; Palandt/*Ellenberger* BGB § 119 Rn. 9; MüKoBGB/*Armbrüster* § 119 Rn. 51 ff.; Erman/*Arnold* BGB § 119 Rn. 18; BeckOK BGB/*Wendtland* § 119 Rn. 24; PWW/ *Ahrens* BGB § 119 Rn. 16; vgl. BGH NJW 1968, 2102 (2103), 1995, 190, 191; BAGE 22, 424; OLG Köln VersR 2000, 243 (244); LG Memmingen NJW 1975, 451 (452); LG Köln WM 1986, 821 (822).

115 AG Bremen 17.8.2010 – 4 C 0149/10; Soergel/ *Hefermehl* BGB § 119 Rn. 13; Erman/*Arnold* BGB § 119 Rn. 18; BeckOK BGB/*Wendtland* § 119 Rn. 24; vgl. RGZ 77, 309 (313).

116 Vgl. BGH NJW 1995, 190 f.; LG Köln VersR 1989, 1265; LG Krefeld NJW-RR 1998, 1522; Palandt/ *Ellenberger* BGB § 119 Rn. 10; PWW/*Ahrens* BGB § 119 Rn. 16.

117 *Flume* BGB AT Bd. 2, § 23, 2 b; Erman/*Arnold* BGB § 119 Rn. 18; BeckOK BGB/*Wendtland* § 119 Rn. 25; dagegen für einen Inhaltsirrtum MüKoBGB/*Armbrüster* § 119 Rn. 54; *Cziupka* JuS 2009, 887 (891).

zeichnung einer notariellen Urkunde, wenn der Erklärende eine vom Notar nachträglich eingefügte Klausel bei der Verlesung überhört hat.[118] Gleiches gilt für den Fall, dass der Erklärende ungelesen die Geltung der zwischenzeitlich geänderten AGB seines Vertragspartners akzeptiert, weil er glaubt, ihren Inhalt von früheren Verträgen zu kennen.[119]

37 Ein Inhaltsirrtum gem. Abs. 1, 1. Fall (näher dazu → Rn. 40 ff.) liegt vor, wenn die Fehlvorstellung über den Inhalt der Urkunde **andere Ursachen** hat. Ein solcher Irrtum kann etwa vorliegen, wenn der Erklärende irrtümlich davon ausgeht, dass die Urkunde lediglich vorausgegangene Verhandlungen bestätigt.[120] Er kommt ferner in Betracht, wenn der Erklärende einem Dritten – insbesondere seinem Vertragspartner – die Formulierung der Urkunde überlässt und sie im Vertrauen darauf, dass sie den Inhalt der vorherigen Verhandlungen korrekt wiedergibt, ohne nochmalige Kontrolle unterschreibt.[121] Hat der Dritte diesen Irrtum durch eine arglistige Täuschung verursacht, kann der so getäuschte blind Unterschreibende gem. § 123 Abs. 1 anfechten.[122] Betraut der Erklärende allerdings eine auf seiner Seite stehende Person mit der Ausformulierung, kann ihm die Anfechtung wie bei einer Blankounterschrift aus Gründen des Verkehrsschutzes verwehrt sein (vgl. dazu → Rn. 38).[123]

38 Leistet der Erklärende eine **Blankounterschrift** und füllt der Blankettnehmer anschließend das Blankett abredewidrig aus, liegen zwar grundsätzlich die Voraussetzungen eines Erklärungsirrtums gem. Abs. 1, 2. Fall vor. Da der Unterschreibende aber damit rechnen muss, dass das Blankett falsch ausgefüllt werden kann, wenn er es freiwillig aus der Hand gibt, trägt er dieses Missbrauchsrisiko. Deshalb ist ihm die Anfechtung gegenüber einem gutgläubigen Dritten nach dem Rechtsgedanken des § 172 Abs. 2 verwehrt.[124] Hat er das Blankett dagegen nicht freiwillig weitergegeben, sondern hat es sich ein Dritter widerrechtlich verschafft und ausgefüllt, gelten die Regelungen des Handelns ohne Vertretungsmacht (§§ 177 ff.; → § 126 Rn. 24).[125]

39 **e) Übermittlungsfehler.** Unterläuft der Fehler bei der Willensäußerung nicht dem Erklärenden selbst, sondern einer zur **Übermittlung** eingeschalteten Person oder Einrichtung, folgt die Anfechtbarkeit aus § 120. Dabei handelt es sich um einen Sonderfall des Erklärungsirrtums (→ § 120 Rn. 1).

40 **3. Irrtum über den Inhalt der Erklärung – „Inhaltsirrtum" (Abs. 1, 1. Fall). a) Begriff.** Nach Abs. 1, 1. Fall kann der Erklärende seine Willenserklärung anfechten, wenn er bei ihrer Abgabe über ihren Inhalt im Irrtum war. Anders als beim Erklärungsirrtum geschieht der Fehler nicht bei der Kundgabe des Willens selbst, sondern er folgt aus einem Umstand außerhalb des eigentlichen Erklärungsaktes.[126] Der Irrtum passiert „im Kopf", nicht „durch die Hand". Der Erklärende gebraucht zwar genau das Erklärungszeichen, das er auch gebrauchen will. Er irrt aber über die **Bedeutung des Erklärungszeichens**, über die Tragweite oder über den Sinn, den dieses Erklärungszeichen objektiv am Erklärungsort hat. Er weiß zwar, was er sagt, aber nicht, was er damit sagt.[127] Deshalb wird der Inhaltsirrtum auch als Bedeutungsirrtum oder als Geschäftsirrtum bezeichnet.[128] Der äußere Erklärungstatbestand und der Wille des Erklärenden stimmen überein, aber der Erklärung kommt objektiv, im Wege der Auslegung nach dem Empfängerhorizont (vgl. dazu → § 133 Rn. 41), eine andere Bedeutung zu, als der Erklärende ihr subjektiv beimisst.[129] Hier wird der **Vorrang der Auslegung vor der Anfechtung** (dazu → Rn. 27) besonders deutlich.[130] Solche Inhaltsirrtümer treten vor allem bei der Benutzung von Fachausdrücken, Fremdwörtern und Maßeinheiten auf (näher dazu → Rn. 43).[131]

---

118 BGHZ 71, 260 (262 f.) = BGH NJW 1978, 1480.
119 *Loewenheim* AcP 180 (1980), 433, 445; vgl. Soergel/ *Hefermehl* BGB § 119 Rn. 14; Palandt/*Ellenberger* BGB § 119 Rn. 9; dagegen für einen Inhaltsirrtum BeckOK BGB/*Wendtland* § 119 Rn. 26; MüKoBGB/ *Armbrüster* § 119 Rn. 54.
120 Vgl. BGH BB 1956, 254; NJW 1995, 190 f.; LG Potsdam 31.1.2018 – 6 O 482/16, juris Rn. 43; BAG NJW 1971, 639 (Ausgleichsquittung); Staudinger/ *Singer*, Bearbeitung 2017, § 119 Rn. 10; RGRK/ *Krüger-Nieland* BGB § 119 Rn. 6; PWW/*Ahrens* BGB § 119 Rn. 16; dagegen für einen Erklärungsirrtum Soergel/*Hefermehl* BGB § 119 Rn. 13.
121 BeckOK BGB/*Wendtland* § 119 Rn. 25.
122 LG Potsdam 31.1.2018 – 6 O 482/16, juris Rn. 35 ff.
123 *Flume* BGB AT Bd. 2, § 23, 2 b; MüKoBGB/*Armbrüster* § 119 Rn. 55.
124 BGHZ 40, 65 (68); 132, 119, 127 = BGH NJW 1996, 1467 (1469); BGH NJW 2001, 2968 (2969); *Wolf/ Neuner*, § 50 Rn. 103; Hk-BGB/*Dörner*, § 119 Rn. 6;

RGRK/*Krüger-Nieland* BGB § 126 Rn. 10; PWW/ *Ahrens* BGB § 119 Rn. 18; *Cziupka* JuS 2009, 887 (891).
125 *Flume* BGB AT Bd. 2, § 15 II 1 d; Hk-BGB/*Dörner* § 126 Rn. 9; MüKoBGB/*Einsele* § 126 Rn. 11; BeckOK BGB/*Wendtland* § 119 Rn. 27.
126 BeckOK BGB/*Wendtland* § 119 Rn. 30.
127 *Lessmann* JuS 1969, 478 (480).
128 Palandt/*Ellenberger* BGB § 119 Rn. 11; Jauernig/ *Mansel* BGB § 119 Rn. 7; Erman/*Arnold* BGB § 119 Rn. 23.
129 Staudinger/*Singer*, Bearbeitung 2017, § 119 Rn. 38; Soergel/*Hefermehl* BGB § 119 Rn. 17; MüKoBGB/ *Armbrüster* § 119 Rn. 57; RGRK/*Krüger-Nieland* BGB § 119 Rn. 24; BeckOK BGB/*Wendtland* § 119 Rn. 30; PWW/*Ahrens* BGB § 119 Rn. 24; vgl. BGH NJW 1999, 2664 (2665); *Brox/Walker* BGB AT, § 18 Rn. 5; Hk-BGB/*Dörner* § 119 Rn. 7.
130 *Medicus* BGB AT Rn. 745.
131 MüKoBGB/*Armbrüster* § 119 Rn. 57.

Die **Abgrenzung zum Erklärungsirrtum** gem. Abs. 1, 2. Fall ist fließend. Nicht immer lässt sich genau **41** bestimmen, ob der Erklärende ein falsches Erklärungszeichen benutzt oder sich über dessen Inhalt geirrt hat. Wegen der identischen Rechtsfolgen kommt der Abgrenzung aber keine große praktische Bedeutung zu.[132]

Der Inhaltsirrtum kann sich auf **verschiedene Bestandteile** der Willenserklärung oder des beabsichtigten **42** Geschäfts beziehen. Als Gegenstände des Irrtums kommen der gewählte Ausdruck, die Person des Geschäftspartners, der Geschäftsgegenstand, der Geschäftstyp, die Rechtsfolgen der Willenserklärung, die Berechnungsgrundlage und die Sollbeschaffenheit in Betracht. Nicht alle genannten Irrtümer berechtigen zur Anfechtung wegen Inhaltsirrtums gem. Abs. 1, 1. Fall.

b) Verlautbarungsirrtum. Bei einem Verlautbarungsirrtum irrt der Erklärende über die **objektive Bedeu- 43 tung eines Begriffs**, den er in seiner Willenserklärung benutzt. Solche Irrtümer passieren meistens bei der Benutzung von Fachausdrücken, Fremdwörtern und Mengen-, Maß-, Gewichts- oder Währungsbezeichnungen. Bestellt zB die Konrektorin einer Mädchenrealschule 25 Gros Rollen Toilettenpapier in der Meinung, bei dem Begriff „Gros" handele es sich um eine Verpackungsart, kann sie die Bestellung, die objektiv eine Menge von (144 x 25 =) 3.600 Rollen umfasst, gem. Abs. 1, 1. Fall anfechten.[133] Weitere Beispiele[134] sind die Verwendung der Gewichtsbezeichnung „pound" (= 453,6 g) in der Meinung, sie bedeute dasselbe wie „Pfund" (= 500 g),[135] oder des Begriffs „Leihe" für die entgeltliche Gebrauchsüberlassung, also die Miete.[136]

Wegen des **Vorrangs der Auslegung** ist in derartigen Fallgestaltungen zunächst zu prüfen, ob der Erklä- **44** rungsempfänger den wirklich gewollten Inhalt der Willenserklärung erkennen konnte und deshalb das Gewollte gilt (→ § 133 Rn. 13). Irren sich die Parteien übereinstimmend über den Inhalt der von ihnen gewählten Bezeichnung und meinen etwa, das norwegische Wort „Haakjöringsköd" bedeute Walfischfleisch (statt Haifischfleisch), ist nach dem Grundsatz der falsa demonstratio (vgl. dazu → § 133 Rn. 46) das gemeinsam Gemeinte maßgeblich.[137] In beiden Fällen scheidet eine Anfechtung aus.[138]

c) Identitätsirrtum. Unter dem Oberbegriff des Identitätsirrtums werden drei ähnliche Arten des Inhalts- **45** irrtums zusammengefasst, die sich auf die **wesentlichen Bestandteile des Geschäfts** – die essentialia negotii – beziehen.[139] Es handelt sich um den Irrtum über die Identität des Geschäftspartners, den Gegenstand des Geschäfts und den Geschäftstyp. Diesbezüglich finden sich noch die Bezeichnungen des error in persona, in obiecto und in negotio.[140]

Ein gem. Abs. 1, 1. Fall beachtlicher Identitätsirrtum liegt zunächst vor, wenn der Erklärende eine konkrete **46** Person als Vertragspartner bezeichnet, die Bezeichnung aufgrund der Umstände des Einzelfalles aber nicht auf die gemeinte, sondern auf eine andere Person zutrifft. Will der Erklärende zB den ihm bekannten Handwerker H 1 beauftragen, sendet das Auftragsschreiben aber irrtümlich an den gleichnamigen Handwerker H 2, kann er wegen eines Irrtums über die **Person des Geschäftspartners** anfechten. Die Grenze zum Eigenschaftsirrtum gem. Abs. 2 ist fließend, spielt wegen der Gleichartigkeit der Rechtsfolgen in der Praxis aber regelmäßig keine Rolle.[141]

Um einen Inhaltsirrtum gem. Abs. 1, 1. Fall handelt es sich ferner, wenn der Erklärende sich über die **Iden-** **47 tität des Geschäftsgegenstandes** irrt. Ein solcher Irrtum liegt zB vor, wenn der Erklärende sein im Stall stehendes Pferd oder das im Arbeitszimmer hängende Bild verkauft, ohne zu wissen, dass zwischenzeitlich das Pferd oder das Bild ausgewechselt worden ist,[142] oder wenn er fälschlich annimmt, das ihm vorgeführte und dann gekaufte Pferd sei das im vorherigen E-Mail-Verkehr beschriebene.[143] Ein weiteres Bei-

132 BeckOK BGB/*Wendtland* § 119 Rn. 30.
133 LG Hanau NJW 1979, 721; dazu *Kornblum* JuS 1980, 258 ff.; *Plander* BB 1980, 133 ff.; *Medicus* BGB AT Rn. 745.
134 Vgl. auch die Beispiele RGZ 97, 191 ff.; BGH MDR 1960, 914 f.; LAG BW DB 1971, 245; Palandt/*Ellenberger* BGB § 119 Rn. 11; MüKoBGB/*Armbrüster* § 119 Rn. 76.
135 BeckOK BGB/*Wendtland* § 119 Rn. 31.
136 Soergel/*Hefermehl* BGB § 119 Rn. 22.
137 Vgl. RGZ 99, 147 (148).
138 Vgl. *Medicus* BGB AT Rn. 745; BeckOK BGB/ *Wendtland* § 119 Rn. 31.

139 Staudinger/*Singer*, Bearbeitung 2017, § 119 Rn. 45; Hk-BGB/*Dörner* § 119 Rn. 8.
140 Staudinger/*Singer*, Bearbeitung 2017, § 119 Rn. 45; Hk-BGB/*Dörner* § 119 Rn. 8; Soergel/*Hefermehl* BGB § 119 Rn. 23; vgl. MüKoBGB/*Armbrüster* § 119 Rn. 78; vgl. auch HKK/*Schermaier* BGB §§ 116–124 Rn. 53 ff.
141 Palandt/*Ellenberger* BGB § 119 Rn. 13; BeckOK BGB/*Wendtland* § 119 Rn. 35; anders Jauernig/*Mansel* BGB § 119 Rn. 9.
142 Hk-BGB/*Dörner* § 119 Rn. 8; MüKoBGB/*Armbrüster* § 119 Rn. 78.
143 OLG Hamm 4.4.2019 – 5 U 40/18.

spiel ist die irrtümliche Falschbezeichnung des verkauften Grundstücks.[144] Hier ist die Grenze zum Eigenschaftsirrtum gem. Abs. 2 ebenfalls fließend, in der Praxis aber kaum von Bedeutung.[145]

48 Schließlich berechtigt auch der Inhaltsirrtum über den gemeinten **Geschäftstyp** zur Anfechtung gem. Abs. 1, 1. Fall. Er ist zB gegeben, wenn der Erklärende ein Schenkungsangebot annehmen will, seine Erklärung nach dem objektiven Empfängerhorizont aber als Annahme eines Kaufangebots auszulegen ist.[146] Diesbezüglich können sich Abgrenzungsschwierigkeiten zum Rechtsfolgenirrtum ergeben, der allerdings ebenfalls zur Anfechtung berechtigt (vgl. dazu → Rn. 49 ff.).[147]

49 **d) Rechtsfolgenirrtum.** Führt die Willenserklärung nicht zu den vom Erklärenden gewollten, sondern zu anderen, davon wesentlich abweichenden Rechtsfolgen oder zieht sie Rechtsfolgen nach sich, an die der Erklärende überhaupt nicht gedacht hat, liegt ein **Rechtsfolgenirrtum** vor. Der Erklärende wusste zB nicht, dass er als Verkäufer gem. §§ 437 ff. für Mängel der Kaufsache einstehen muss, oder er meint, der vereinbarte Haftungsausschluss für Rechtsmängel erfasse auch Sachmängel.[148] Solche Irrtümer können den Irrtumskategorien des § 119 nicht eindeutig zugeordnet werden. Im weiteren Sinne ist jeder Irrtum iSd Abs. 1 ein Rechtsfolgenirrtum, weil eine Willenserklärung per definitionem Rechtsfolgen auslöst, die durch ihren Inhalt bestimmt werden.[149] Der Rechtsfolgenirrtum im engeren, oben beschriebenen Sinne kann einerseits als beachtlicher **Inhaltsirrtum** iSd Abs. 1, 1. Fall eingeordnet werden, soweit man darauf abstellt, dass der Erklärende über die Bedeutung seiner Erklärung im Irrtum gewesen ist, weil er die Rechtsfolgen nicht gekannt hat. Andererseits kann es sich um einen unbeachtlichen **Motivirrtum** handeln, weil die falsche Beurteilung der Rechtslage der Erklärung vorgelagert und lediglich ein Motiv für ihre Abgabe gewesen ist.[150] Die Abgrenzung und Einordnung bereiten in der Praxis vielfach Probleme.[151]

50 Nach verbreiteter Auffassung in der **Literatur** kommt es für die Einordnung des Rechtsfolgenirrtums als beachtlicher Inhaltsirrtum iSd Abs. 1, 1. Fall oder als unbeachtlicher Motivirrtum entscheidend darauf an, ob die **Rechtsfolgen**, auf die sich der Irrtum bezieht, selbst **Inhalt der rechtsgeschäftlichen Erklärung** geworden sind. Danach liegt ein beachtlicher Inhaltsirrtum vor, wenn die Rechtsfolge, über die sich der Erklärende irrt, **unmittelbare Folge** der Willenserklärung ist.[152] Verkauft zB der Eigentümer eine Gastwirtschaft „nebst Zubehör" und nimmt dabei an, mitverkauft seien nur die fest eingebauten Einrichtungsgegenstände, während die §§ 97 f. deutlich mehr erfassen, kann er gem. Abs. 1, 1. Fall anfechten.[153] Gleiches gilt, soweit der Verkäufer im Eingangsbeispiel (→ Rn. 49) irrtümlich meint, der vereinbarte Ausschluss der Rechtsmängelhaftung erfasse auch Sachmängel.[154] Dagegen handelt es sich dieser Abgrenzung zufolge lediglich um einen unbeachtlichen Motivirrtum, wenn der Erklärende über eine Rechtsfolge irrt, die **kraft Gesetzes** an die Willenserklärung geknüpft ist.[155] So wäre im obigen Beispielsfall der Gastwirtschaft etwa zu entscheiden, wenn der Verkäufer das Zubehör nicht ausdrücklich einbezogen hätte, sondern sich die Einbeziehung lediglich aus § 311 c ergäbe.[156] Auch im ersten Eingangsbeispiel (→ Rn. 49) kann der Verkäufer nicht mit der Begründung anfechten, er habe nicht gewusst, dass er gesetzlich (§§ 437 ff.) für Mängel der Kaufsache einstehen muss.[157] Obwohl die Grenzlinien nicht immer zweifelsfrei zu ziehen sind und im Ergebnis derjenige durch eine Anfechtungsmöglichkeit „belohnt" werden kann, der möglichst viele Rechtsfolgen in seine Erklärung aufnimmt, entspricht diese Abgrenzung im Wesentlichen dem Zweck des § 119. Als Konsequenz der Privatautonomie muss der Erklärende die Rechtsgestaltung, die er durch seine Willens-

144 Palandt/*Ellenberger* BGB § 119 Rn. 14; MüKoBGB/*Armbrüster* § 119 Rn. 78.

145 OLG Hamm Urt. v. 4.4.2019 – 5 U 40/18, juris Rn. 89 ff.; BeckOK BGB/*Wendtland* § 119 Rn. 35; anders Jauernig/*Mansel* BGB § 119 Rn. 9; vgl. näher zu der im Einzelnen kontroversen Abgrenzung etwa MüKoBGB/*Armbrüster* § 119 Rn. 79.

146 Hk-BGB/*Dörner* § 119 Rn. 8; *Lessmann* JuS 1969, 478 (481); Staudinger/*Singer*, Bearbeitung 2017, BGB § 119 Rn. 43.

147 BeckOK BGB/*Wendtland* § 119 Rn. 35.

148 Vgl. *Brox/Walker* BGB AT § 18 Rn. 18.

149 *Flume* BGB AT Bd. 2, § 23, 4 d; MüKoBGB/*Armbrüster* § 119 Rn. 82.

150 *Medicus* BGB AT Rn. 750; PWW/*Ahrens* BGB § 119 Rn. 28.

151 Vgl. zur Einordnung etwa Staudinger/*Singer*, Bearbeitung 2012, BGB § 119 Rn. 67 ff.; MüKoBGB/*Armbrüster* § 119 Rn. 82 ff.; RGRK/*Krüger-Nieland* BGB § 119 Rn. 27 ff.; *Wolf/Neuner* BGB AT § 41 Rn. 87 ff.; *Medicus* BGB AT Rn. 750 f.; vgl. speziell

zur Einordnung durch die Rspr. Palandt/*Ellenberger* BGB § 119 Rn. 15 ff.

152 *Flume* BGB AT Bd. 2, § 23, 4 d; *Wolf/Neuner* BGB AT § 41 Rn. 87; *Brox/Walker* BGB AT § 18 Rn. 18; BeckOK BGB/*Wendtland* § 119 Rn. 32; ähnlich MüKoBGB/*Armbrüster* § 119 Rn. 82 ff.; vgl. auch *Medicus* BGB AT Rn. 751; Erman/*Arnold* BGB § 119 Rn. 28, 29.

153 *Wolf/Neuner* BGB AT § 41 Rn. 88; ebenso etwa BeckOK BGB/*Wendtland* § 119 Rn. 32.

154 *Brox/Walker* BGB AT § 18 Rn. 18; PWW/*Ahrens* BGB § 119 Rn. 29.

155 *Flume* BGB AT Bd. 2, § 23, 4 d; *Wolf/Neuner* BGB AT § 41 Rn. 87; *Brox/Walker* BGB AT § 18 Rn. 18; MüKoBGB/*Armbrüster* § 119 Rn. 84; Erman/*Arnold* BGB § 119 Rn. 28; BeckOK BGB/*Wendtland* § 119 Rn. 32; vgl. *Medicus* BGB AT Rn. 751; vgl. BGH NJW 2008, 2442 (2443 f.).

156 Vgl. *Medicus* BGB AT Rn. 751.

157 *Brox/Walker* BGB AT § 18 Rn. 18.

erklärung vorgenommen hat, rückwirkend vernichten können, wenn dieser Willenserklärung und den damit beabsichtigten Rechtsfolgen kein entsprechender Wille zugrunde lag (vgl. dazu → Rn. 1 f.).[158]

Die **Rechtsprechung** geht von einem weiteren Begriff des Inhaltsirrtums aus.[159] Sie nimmt einen zur Anfechtung berechtigenden Irrtum iSd Abs. 1, 1. Fall an, wenn das Rechtsgeschäft aufgrund der Verkennung oder der Unkenntnis seiner rechtlichen Bedeutung nicht die erstrebten, sondern davon **wesentlich verschiedene Rechtsfolgen** erzeugt. Um einen unbeachtlichen Motivirrtum handelt es sich dagegen, wenn das Rechtsgeschäft außer der erstrebten Wirkung nicht erkannte und nicht gewollte **Nebenwirkungen** hat.[160] Danach kann zB der Ausschlagende die Ausschlagung der Erbschaft anfechten, wenn er glaubte, er erhalte dadurch eine Befreiung von Auflagen[161] oder einen unbeschränkten Pflichtteilsanspruch,[162] oder wenn er einer Fehlvorstellung hinsichtlich der Person des Nächstberufenen unterlag.[163] Der unter Beschwerungen als Alleinerbe eingesetzte Pflichtteilsberechtigte kann die Annahme der Erbschaft anfechten, wenn er irrtümlich glaubte, nur so seinen Pflichtteilsanspruch nicht zu verlieren.[164] Dagegen kann der Bieter sein Gebot in der Zwangsversteigerung eines Grundstücks nicht wegen einer Fehlvorstellung über den Umfang der Rechte anfechten, die nach den Versteigerungsbedingungen bestehen bleiben.[165] Eine Schwangere kann ihre Erklärung zum Abschluss eines Aufhebungsvertrages nicht mit der Begründung anfechten, sie habe nicht gewusst, dass sie den Mutterschutz verliert.[166] Ein gerichtlicher Vergleich ist nicht wegen eines Inhaltsirrtums anfechtbar, wenn der Beteiligte bei seinem Abschluss einer Fehlvorstellung über den Umfang der zuvor bewilligten Prozesskostenhilfe unterlag[167] oder sich seine Erwartung nicht erfüllt hat, entgegen der Rechtslage sämtliche Kostenfolgen ablenken zu können, obwohl Gerichtskosten im Vergleich übernommen worden sind.[168]

e) Kalkulationsirrtum. Beruht eine Willenserklärung auf einer fehlerhaften Preisberechnung, handelt es sich um einen **Kalkulationsirrtum.** Der Fehler kann darin bestehen, dass der Erklärende sich – etwa beim Multiplizieren oder Dividieren – schlicht **verrechnet** und dem Erklärungsempfänger deshalb einen falschen Kaufpreis oder eine falsche Miete angeboten hat. Der Fehler kann auch bei der Berechnung einer Frist wie der zweijährigen Höchstdauer der sachgrundlosen Befristung nach § 14 Abs. 2 TzBfG geschehen.[169] Oder der Erklärende hat seiner Kalkulation einen **unrichtigen Berechnungsfaktor** – zB den Börsen- oder Devisenkurs oder die Quadratmeterzahl der vermieteten Wohnung – zugrunde gelegt.[170] Die rechtliche Behandlung des Kalkulationsirrtums oder des Irrtums über die Berechnungsgrundlage ist im Einzelnen unklar und umstritten.[171] Verschiedene Fallkonstellationen sind zu unterscheiden.

Ein sog. verdeckter oder **interner Kalkulationsirrtum** liegt vor, wenn der Erklärende seine Berechnungsgrundlage nicht offen legt, sondern dem Erklärungsempfänger lediglich das Ergebnis seiner Berechnung mitteilt. Die Willenserklärung nennt also zB nur den Kaufpreis oder die Miete. Hier handelt es sich nach ganz hM um einen Fehler in der Willensbildung und damit um einen bloßen Motivirrtum, der den Erklärenden nicht zur Anfechtung berechtigt. Er trägt das Risiko dafür, dass seine Kalkulation zutrifft.[172] Das gilt

51

52

53

---

158 Vgl. *Medicus* BGB AT Rn. 751.
159 MüKoBGB/*Armbrüster* § 119 Rn. 87; krit. *Cziupka* JuS 2009, 887 (889 f.); vgl. auch *Musielak* ZEV 2016, 353 mwN.
160 Grundlegend RGZ 88, 278 (284); ebenso etwa BGHZ 70, 47 (48 f.); BGH NJW 1995, 1484 (1485); BGHZ 134, 152 (156) = BGH NJW 1997, 653; 1999, 2664, 2665; 2002, 3100, 3102; 2006, 3353, 3355 f.; 2008, 2442, 2443 f.; BAG NJW 1983, 2958; NZA 1988, 734 (735); NJW 1996, 2593; OLG Hamm NJW-RR 2011, 1436; vgl. BVerwG NJW 2010, 3048 (3049); BayVGH 21.3.2019 – 13 A 18.1676, juris Rn. 47.
161 OLG Düsseldorf DNotZ 1998, 839.
162 OLG Hamm OLGZ 1982, 41 (49).
163 OLG Düsseldorf ZEV 2018, 85; vgl. zur Anfechtung der Ausschlagung auch *Eickelberg* ZEV 2018, 489 mwN.
164 BGH NJW 2006, 3353 (3355 f.)
165 BGH NJW 2008, 2442 (2443 f.)
166 BAG NJW 1983, 2958; DB 1992, 1529.
167 BVerwG NJW 2010, 3048 (3049).
168 OLG Hamm NJW-RR 2011, 1436 (1437).
169 LAG MV 17.4.2013 – 2 Sa 237/12, Rn. 22.

170 BeckOK BGB/*Wendtland* § 119 Rn. 33; PWW/ *Ahrens* BGB § 119 Rn. 31.
171 Vgl. dazu etwa *Kindl* WM 1999, 2198 ff.; *Kramer* 50 Jahre Bundesgerichtshof, 2000, Bd. I, S. 57 ff.; *Mayer-Maly* FS Ostheim 1990, S. 189 ff.; *Pawlowski* JZ 1997, 741 ff.; *Singer* JZ 1999, 342 ff.; *Wieser* NJW 1972, 708 ff.; Staudinger/*Singer*, Bearbeitung 2017, BGB § 119 Rn. 51 ff.; Hk-BGB/*Dörner* § 119 Rn. 14; Soergel/*Hefermehl* BGB § 119 Rn. 28 ff.; Palandt/*Ellenberger* BGB § 119 Rn. 18 ff.; MüKo-BGB/*Armbrüster* BGB § 119 Rn. 88 ff.; RGRK/*Krüger-Nieland* BGB § 119 Rn. 70 f.; Erman/*Arnold* BGB § 119 Rn. 30 ff.; BeckOK BGB/*Wendtland* § 119 Rn. 33 ff.; *Wolf/Neuner* BGB AT § 41 Rn. 71 ff.; *Medicus* BGB AT Rn. 757 ff.
172 Vgl. nur BGH NJW-RR 1986, 569 (570); 1987, 1306, 1307; BGHZ 139, 177 (180 f.) = BGH NJW 1998, 3192 (3193); 2001, 2464, 2465; 2002, 2312 f.; OLG Celle BauR 2015, 258; OLG Düsseldorf BauR 2017, 1031; BAG NZA 2002, 618 (620); *Pawlowski* JZ 1997, 741; *Wolf/Neuner* BGB AT § 41 Rn. 79; Palandt/*Ellenberger* BGB § 119 Rn. 18; Erman/ *Arnold* BGB § 119 Rn. 30; BeckOK BGB/*Wendtland* § 119 Rn. 33; PWW/*Ahrens* BGB § 119 Rn. 32.

auch dann, wenn die falsche Berechnung durch einen Fehler der vom Erklärenden benutzten Software verursacht wird (vgl. dazu auch bereits → Rn. 32).[173]

54　Im Unterschied dazu handelt es sich nach der Definition des Reichsgerichts um einen sog. offenen oder **externen Kalkulationsirrtum**, wenn der Erklärende die fehlerhafte Berechnung ausdrücklich zum Gegenstand der Vertragsverhandlungen gemacht hat, und zwar vor allem dann, wenn dem Erklärungsgegner erkennbar wurde, dass der geforderte oder angebotene Preis auf einer bestimmten, näher dargelegten Berechnung beruhte.[174] Da die Preisberechnung auf diese Weise zum Gegenstand der Willenserklärung und zum Vertragsinhalt geworden sei, handele es sich um einen **„erweiterten Inhaltsirrtum"**,[175] der gem. Abs. 1, 1. Fall zur Anfechtung berechtige.[176] Diese Rechtsprechung wird indessen in der Literatur zu Recht fast einhellig **abgelehnt**.[177] Die Preisberechnung kann als bloßes Motiv für die Abgabe der Willenserklärung nicht allein dadurch zum Geschäftsinhalt gemacht werden, dass der Erklärende sie seinem Vertragspartner mitteilt. Die Grenze zwischen beachtlichen und unbeachtlichen Irrtümern kann nicht durch die „Hochstilisierung" des Motivirrtums zu einem Inhaltsirrtum verwischt werden.[178] Der Wille und die Erklärung stimmen überein. Der Fehler ist bereits im Vorfeld, bei der Willensbildung, nämlich bei der Kalkulation, als Rechenfehler passiert.[179]

55　Irrt sich der Erklärende bei der Berechnung eines Preises, eröffnet dieser Berechnungsfehler dem Erklärenden demnach unabhängig davon, ob es sich um einen internen oder externen Kalkulationsirrtum handelt, als **unbeachtlicher Motivirrtum** keine Anfechtungsmöglichkeit. Zu beachten ist allerdings, dass auch hier wieder die **Auslegung** der Anfechtung vorgeht (→ Rn. 27, 40). Je nach Fallgestaltung kommen außerdem die Anwendung der Grundsätze über das **Fehlen der Geschäftsgrundlage** (§ 313), ein **treuwidriges Verhalten** des Erklärungsempfängers (§ 242) oder **Schadensersatzansprüche** wegen Verschuldens bei Vertragsverhandlungen (§§ 311 Abs. 2, 241 Abs. 2, 280 Abs. 1) in Betracht.

56　Die Auslegung der Willenserklärung nach dem objektiven Empfängerhorizont (§§ 133, 157) kann ergeben, dass die Parteien ihrem Vertrag nicht den Endbetrag, sondern eine bestimmte Berechnungsmethode (zB einen bestimmten Betrag pro Stunde oder pro Quadratmeter) oder die richtig angegebenen Einzelpreise, die dann falsch addiert worden sind, zugrunde legen wollten. In diesen Fällen handelt es sich bei der Angabe des falsch berechneten Endpreises lediglich um eine **unschädliche Falschbezeichnung** (falsa demonstratio). Stattdessen gilt der richtig kalkulierte Preis.[180]

57　Ergibt die Auslegung hingegen, dass sowohl die Berechnungsmethode als auch der Endpreis nach dem Parteiwillen gleichrangig sind, ist der Vertrag wegen der inneren Widersprüchlichkeit der Willenserklärungen – **Perplexität** – nichtig. Einer Anfechtung bedarf es nicht mehr.[181]

58　Haben sich beide Parteien über die Berechnungsgrundlage geirrt und zB übereinstimmend einen falschen Aktien- oder Devisenkurs zugrunde gelegt, finden die Grundsätze über das **Fehlen der (subjektiven) Geschäftsgrundlage** (§ 313) Anwendung.[182] Der Vertrag ist anzupassen; gegebenenfalls hat der benachteiligte Vertragspartner ein Rücktrittsrecht.[183]

59　Greift keine der bisher genannten Möglichkeiten, ist der Kalkulationsirrtum nach den oben (→ Rn. 52 f.) dargelegten Grundsätzen als bloßer Motivirrtum **regelmäßig unbeachtlich**. Das gilt grundsätzlich selbst dann, wenn der andere Teil den Berechnungsfehler erkannt hat oder hätte erkennen müssen. Die **Kenntnis** oder das **Kennenmüssen** dieses Fehlers begründet ohne das Hinzutreten weiterer Umstände weder eine Treuwidrigkeit des Vertragspartners noch eine Hinweispflicht, deren Verletzung ihn zum Schadensersatz

173　BGHZ 139, 177 (181) = BGH NJW 1998, 3192 (3193); vgl. *Pawlowski* JZ 1997, 741.

174　Grundlegend RGZ 64, 266 (268).

175　Vgl. zu diesem Begriff zB OLG München NJW-RR 1990, 1406; MüKoBGB/*Armbrüster* § 119 Rn. 90 ff.; *Kindl* WM 1999, 2198 (2200).

176　RGZ 64, 266 (268); 90, 268, 272; 94, 65, 67; 97, 138, 140; 101, 51, 53 u. 107, 108; 105, 406, 407; 116, 15, 17; 149, 235, 238; 162, 198, 201; ebenso in neuerer Zeit zB OLG München NJW-RR 1990, 1406; vgl. auch OLG Düsseldorf NJW-RR 1996, 1419 (1420).

177　Vgl. nur *Brox/Walker* BGB AT § 18 Rn. 21; *Flume* BGB AT Bd. 2, § 23, 4 e; *Wolf/Neuner* § 41 Rn. 81; *Medicus* BGB AT Rn. 758; *Kindl* WM 1999, 2198 (2204 ff.), 2208; Palandt/*Ellenberger* BGB § 119 Rn. 19; BeckOK BGB/*Wendtland* § 119 Rn. 33, 34; PWW/*Ahrens* BGB § 119 Rn. 33, jew. mwN; vgl. auch BGHZ 139, 177 (182 ff.) = BGH NJW 1998, 3192 (3193 f.); teilweise abw. etwa MüKoBGB/*Arm-*

brüster § 119 Rn. 92; *Pawlowski* JZ 1997, 741 (746 f.); *Singer* JZ 1999, 342 (344 ff.)

178　*Brox/Walker* BGB AT § 18 Rn. 21 f.

179　*Medicus* BGB AT Rn. 758.

180　*Brox/Walker* BGB AT § 18 Rn. 21; Hk-BGB/*Dörner* § 119 Rn. 14; Palandt/*Ellenberger* BGB § 119 Rn. 20; BeckOK BGB/*Wendtland* § 119 Rn. 34; PWW/*Ahrens* BGB § 119 Rn. 33; vgl. OLG Frankfurt/M. WM 2001, 565; LG Aachen NJW 1982, 1106; LG Kleve NJW 1991, 1066.

181　*Medicus* BGB AT Rn. 759; PWW/*Ahrens* BGB § 119 Rn. 33; vgl. Palandt/*Ellenberger* BGB § 119 Rn. 21; MüKoBGB/*Armbrüster* § 119 Rn. 93.

182　*Brox/Walker* BGB AT § 18 Rn. 21; *Medicus* BGB AT Rn. 760; Hk-BGB/*Dörner* § 119 Rn. 14; BeckOK BGB/*Wendtland* § 119 Rn. 34; PWW/*Ahrens* BGB § 119 Rn. 33; vgl. OLG Frankfurt/M. MDR 1971, 841.

183　Vgl. dazu AnwK-BGB/*Krebs* § 313 Rn. 75 ff.

verpflichtet. Den Vertragspartner trifft im Regelfall auch keine Erkundigungspflicht.[184] Ausnahmsweise kann es aber eine gegen § 242 verstoßende **unzulässige Rechtsausübung** darstellen, wenn der Erklärungsgegner sich auf die Wirksamkeit des Vertrages beruft, obwohl er den Berechnungsfehler positiv erkannt hat. Eine solche Ausnahme kann vor allem durch das besonders schwere Ausmaß des Kalkulationsirrtums und seiner Folgen begründet werden. Danach verstößt die Annahme eines fehlerhaft berechneten Vertragsange-bots gegen Treu und Glauben, wenn die Durchführung des Vertrages für den Erklärenden schlechthin unzu-mutbar ist, weil sie ihn in erhebliche wirtschaftliche Schwierigkeiten bringt.[185] Gleiches gilt, wenn der Erklärungsgegner sich der Kenntnis eines sich aufdrängenden schweren Berechnungsfehlers verschlossen hat.[186]

Hat der **Erklärungsgegner** den Kalkulationsirrtum des Erklärenden selbst in zurechenbarer Weise **hervor-gerufen**, kommt ein Anspruch des Irrenden wegen Verschuldens bei Vertragsverhandlungen (§§ 311 Abs. 2, 241 Abs. 2, 280 Abs. 1) in Betracht. Dieser Anspruch ist gem. § 249 Abs. 1 auf die Befreiung vom Vertrag gerichtet.[187]   **60**

f) Irrtum über die Sollbeschaffenheit. Irrt der Erklärende über eine bestimmte **Eigenschaft des Ver-tragsgegenstandes**, berechtigt dieser Eigenschaftsirrtum grundsätzlich nur in den Grenzen des Abs. 2 zur Anfechtung. Die Lehre vom Irrtum über die Sollbeschaffenheit geht allerdings darüber hinaus und ordnet Eigenschaftsirrtümer unter bestimmten Voraussetzungen als beachtliche Inhaltsirrtümer ein. Danach liegt ein Irrtum iSd Abs. 1, 1. Fall auch dann vor, wenn die Eigenschaften, welche die Person oder die Sache nach dem Inhalt der Willenserklärung haben sollen, nicht mit denjenigen Eigenschaften übereinstimmen, die der Erklärende zum Inhalt seiner Willenserklärung machen wollte. Ein Beispiel ist der Kauf eines Buches, bei dem sich der Erklärende wegen des Buchtitels ein anderes Genre oder einen ganz anderen Inhalt vorstellt. Da der Käufer erkläre, das Buch unter seinem Titel zu kaufen, könne ein Irrtum über die Bedeutung der Willenserklärung im Hinblick auf die Titelangabe vorliegen.[188]   **61**

Indessen berechtigen derartige Eigenschaftsirrtümer den Erklärenden entgegen der Lehre vom Irrtum über die Sollbeschaffenheit nicht allgemein, sondern nur dann als Inhaltsirrtümer zur Anfechtung, wenn er den Vertragsgegenstand durch einen in seiner Willenserklärung verwendeten Begriff **individualisiert** hat. In diesem Fall handelt es sich um einen nach Abs. 1, 1. Fall beachtlichen Verlautbarungsirrtum (dazu → Rn. 43). Hauptbeispiele sind Irrtümer bei **Produktbezeichnungen**. Kauft der Erklärende zB „einen Bal-len Kattun" in der irrigen Annahme, der Begriff „Kattun" bezeichne Leinwand (und nicht Baumwolle),[189] liegt ein Verlautbarungsirrtum vor. Kauft der Erklärende dagegen „diesen Ballen Stoff", enthält seine Wil-lenserklärung objektiv keinen Begriff, der eine Fehlvorstellung über eine bestimmte Eigenschaft enthält und zum Ausdruck bringt. Er identifiziert die Kaufsache richtig, so dass seine Erklärung keinen Fehler aufweist. Dass er insgeheim von bestimmten Eigenschaften der Sache ausgeht, ist lediglich ein unbeachtlicher Reali-täts- oder Motivirrtum.[190]   **62**

4. Irrtum über eine verkehrswesentliche Eigenschaft der Person oder Sache – „Eigenschaftsirr-tum" (Abs. 2). a) Begriff. Nach Abs. 2 kann der Erklärende seine Willenserklärung anfechten, wenn er bei ihrer Abgabe über solche Eigenschaften der Person oder der Sache im Irrtum war, die im Verkehr als wesentlich angesehen werden. Anders als bei den Irrtümern iSd Abs. 1 stimmen hier Wille und Erklärung überein. Der Erklärende erklärt weder objektiv etwas anderes als dasjenige, was er subjektiv erklären wollte, noch irrt er über die Bedeutung des Erklärungszeichens, das er verwendet. Stattdessen irrt er über bestimmte Eigenschaften der Person oder der Sache, auf die sich seine Willenserklärung bezieht.[191] Dieser Irrtum ist ihm bereits im Vorfeld der Willenserklärung, bei der **Willensbildung**, unterlaufen. Deshalb han-delt es sich beim Eigenschaftsirrtum nach herrschender Lehre, die sich auch auf die Protokolle stützen   **63**

184 Vgl. BGH NJW-RR 1986, 569 f.; 1995, 1360; BGHZ 139, 177 (181) = BGH NJW 1998, 3192 (3193).

185 BGHZ 139, 177 (184 f.) = BGH NJW 1998, 3192 (3194); vgl. BGH NJW 2001, 284 (285); OLG Mün-chen NJW 2003, 367; OLG Celle BauR 2015, 258; OLG Düsseldorf BauR 2017, 1031; LAG Hamm 8.11.2012 – 15 Sa 806/12, Rn. 83; LAG Köln AE 2014, 27 (29); Palandt/*Ellenberger* BGB § 119 Rn. 18, 21 b; Erman/*Arnold* BGB § 119 Rn. 30; BeckOK BGB/*Wendtland* § 119 Rn. 33, 34.

186 BGHZ 139, 177 (184 f.) = BGH NJW 1998, 3192 (3194); vgl. BGH NJW 2001, 284 (285); OLG Jena OLG-NL 2002, 73 (75); Palandt/*Ellenberger* BGB § 119 Rn. 18, 21 b; Erman/*Arnold* BGB § 119 Rn. 30.

187 *Brox/Walker* BGB AT § 18 Rn. 21; *Medicus* BGB AT Rn. 761.

188 Soergel/*Hefermehl* BGB § 119 Rn. 25 f. mwN; bei Soergel/*Hefermehl* BGB § 119 Rn. 26 findet sich das Bsp., dass ein Tertianer ein Buch mit dem Titel „Wie fessele ich Männer?" in der irrigen Annahme kauft, es handele sich um ein Indianerbuch.

189 Bsp sowohl nach MüKoBGB/*Armbrüster* § 119 Rn. 81, der die Lehre vom Irrtum über die Sollbe-schaffenheit befürwortet, als auch nach Hk-BGB/ *Dörner* § 119 Rn. 10, der diese Lehre ablehnt.

190 So etwa Staudinger/*Singer*, Bearbeitung 2017, § 119 Rn. 47; Hk-BGB/*Dörner* § 119 Rn. 10; Erman/ *Arnold* BGB § 119 Rn. 26; vgl. auch Brox/*Walker* BGB AT § 18 Rn. 23 f.; Palandt/*Ellenberger* BGB § 119 Rn. 18, 21; BeckOK BGB/*Wendtland* § 119 Rn. 36.

191 Dazu und zur in bestimmten Fällen schwierigen Abgrenzung von Inhalts- und Eigenschaftsirrtum OLG Hamm 4.4. 2019 – 5 U 40/18, juris Rn. 88 ff.

kann,[192] um einen **Spezialfall des Motivirrtums**, der unter den engen Voraussetzungen des Abs. 2 ausnahmsweise zur Anfechtung berechtigt.[193] Die Rechtsprechung beschäftigt sich weniger mit der dogmatischen Einordnung der Vorschrift. Stattdessen konkretisiert sie ihren Anwendungsbereich durch die Definition des Tatbestandsmerkmals „Eigenschaft" und grenzt so die beachtlichen Eigenschaftsirrtümer von den unbeachtlichen Motivirrtümern ab.[194]

64   **b) Eigenschaft.** Der nach Abs. 2 beachtliche Irrtum muss sich auf eine Eigenschaft einer Person oder Sache beziehen. Das ist zunächst die **natürliche Beschaffenheit** der Person oder Sache, die durch ihre natürlichen Merkmale gebildet wird. Darüber hinaus versteht die wesentlich von der Rechtsprechung geprägte hM unter einer Eigenschaft alle **tatsächlichen oder rechtlichen Beziehungen** zur Umwelt, die infolge ihrer Beschaffenheit und Dauer nach der Verkehrsanschauung für die Wertschätzung oder Verwendbarkeit von Bedeutung sind.[195] Diese Umstände müssen zwar für die Person oder Sache nicht wesensbestimmend sein, aber zumindest eine unmittelbare Beziehung zum Inhalt des Geschäfts aufweisen. Bloß vorübergehende Umstände kommen als Eigenschaften iSd Abs. 2 regelmäßig ebenso wenig in Betracht wie zukünftige Umstände.[196]

65   Als **Person**, über deren verkehrswesentliche Eigenschaft sich der Erklärende geirrt hat, kommt vor allem der Erklärungsempfänger oder Vertragspartner in Betracht.[197] Nach dem Sinn und Zweck des konkreten Geschäfts kann sich der Irrtum auch auf einen Dritten beziehen, wenn es zB bei einem Vertrag zugunsten Dritter um die Eigenschaften des begünstigten Dritten geht.[198] Ausnahmsweise kann es sogar um eine erkennbar der Erklärung zugrunde gelegte Eigenschaft des Erklärenden selbst gehen, wenn er beispielsweise bei einem Vertrag, der auf die Erbringung einer persönlichen Leistung gerichtet ist, irrtümlich annimmt, er besitze die dazu erforderlichen persönlichen Voraussetzungen.[199]

66   Unter den Begriff der **Sache**, über deren verkehrswesentliche Eigenschaft sich der Erklärende geirrt hat, fallen nicht nur körperliche Gegenstände iSd § 90. In Betracht kommen auch nichtkörperliche Gegenstände wie zB Forderungen, Rechte oder Sachgesamtheiten, sofern sie nach der Verkehrsanschauung anerkanntermaßen Objekte des Rechtsverkehrs sind und sich das konkrete Rechtsgeschäft auf sie bezieht.[200]

67   **c) Verkehrswesentlichkeit.** Weitere Anfechtungsvoraussetzung ist nach Abs. 2, dass die Eigenschaft der Person oder Sache, über die sich der Erklärende geirrt hat, im Verkehr als wesentlich angesehen wird. Das Merkmal der Verkehrswesentlichkeit hat den Sinn, die Anfechtung wegen solcher Eigenschaften auszuschließen, die allein aus der Sicht des Erklärenden und damit rein subjektiv erheblich sind. Deshalb kommt es vor allem auf den typischen wirtschaftlichen Zweck des Geschäfts an.[201] Sinn und Zweck des Abs. 2 gebieten es allerdings, den Geschäftszweck nicht ausschließlich nach dem objektiven Moment der Verkehrsanschauung und abstrakt, sondern stets mit Bezug auf das konkrete Rechtsgeschäft und dessen Zielrichtung zu bestimmen. Die Verkehrswesentlichkeit bestimmt sich der heute wohl hM zufolge sowohl **anhand des typischen als auch des konkreten Geschäftszwecks.**[202]

192 Vgl. Prot. I, S. 114 = *Mugdan* I, S. 720; ausf. zur Entstehungsgeschichte und den verschiedenen dogmatischen Ansätzen HKK/*Schermaier* BGB §§ 116–124 Rn. 55, 60 ff.

193 Staudinger/*Singer*, Bearbeitung 2017, § 119 Rn. 79; Hk-BGB/*Dörner* § 119 Rn. 15; Palandt/*Ellenberger* BGB § 119 Rn. 23; Erman/*Arnold* BGB § 119 Rn. 34; BeckOK BGB/*Wendtland* § 119 Rn. 39; *Brox/Walker* BGB AT § 18 Rn. 11; *Wolf/Neuner* BGB AT § 41 Rn. 51; vgl. Jauernig/*Mansel* BGB § 119 Rn. 11; RGRK/*Krüger-Nieland* BGB § 119 Rn. 2; anders *Flume* BGB AT Bd. 2, § 24, 2; ihm folgend *Medicus* BGB AT Rn. 770: Abstellen auf den Inhalt des konkreten Rechtsgeschäfts; Soergel/*Hefermehl* BGB § 119 Rn. 35: Erklärungsirrtum eigener Art; MüKo-BGB/*Armbrüster* § 119 Rn. 110 ff.: rudimentäre Regelung eines „Sachverhaltsirrtums" als Ausgangspunkt für eine letztlich auf § 242 zurückzuführende Verteilung des Irrtumsrisikos, die ähnlich der Lehre von der Geschäftsgrundlage zu erfolgen hat; vgl. auch die abweichende Konzeption der Irrtumslehre bei HKK/*Schermaier* BGB §§ 116–124 Rn. 73 ff.

194 So die Bewertung von *Medicus* BGB AT Rn. 769; vgl. dazu etwa BGHZ 16, 54 (57); 34, 32, 41; 70, 47, 48; 88, 240, 245.

195 BGHZ 16, 54 (57); 34, 32, 41; 70, 47, 48; 88, 240, 245; Hk-BGB/*Dörner* § 119 Rn. 16; Palandt/*Ellen-*

berger BGB § 119 Rn. 24; Erman/*Arnold* BGB § 119 Rn. 35; BeckOK BGB/*Wendtland* § 119 Rn. 40.

196 Soergel/*Hefermehl* BGB § 119 Rn. 37; Palandt/*Ellenberger* BGB § 119 Rn. 24; Erman/*Arnold* BGB § 119 Rn. 35; vgl. OLG Stuttgart MDR 1983, 751.

197 Palandt/*Ellenberger* BGB § 119 Rn. 26; Erman/*Arnold* BGB § 119 Rn. 37; BeckOK BGB/*Wendtland* § 119 Rn. 41.

198 Vgl. RGZ 98, 206 (207); 158, 166, 170.

199 Vgl. BAG NJW 1992, 2173 (2174).

200 Vgl. RGZ 149, 235 (238); BGH WM 1963, 252 (253); OLG Frankfurt/M. MDR 1980, 576 (577).

201 *Brox/Walker* BGB AT, § 18 Rn. 14; Erman/*Arnold* BGB § 119 Rn. 36; vgl. Staudinger/*Singer*, Bearbeitung 2017, BGB § 119 Rn. 80 ff.

202 Vgl. BGHZ 88, 240 (246); BAG NJW 1992, 2173 (2174); *Flume* BGB AT Bd. 2, § 24, 2 b und d; *Brox/Walker* BGB AT, § 18 Rn. 14; Hk-BGB/*Dörner* § 119 Rn. 17; Palandt/*Ellenberger* BGB § 119 Rn. 25; Erman/*Arnold* BGB § 119 Rn. 36; BeckOK BGB/*Wendtland* § 119 Rn. 40.1; PWW/*Ahrens* BGB § 119 Rn. 36; vgl. dazu auch Staudinger/*Singer*, Bearbeitung 2017, BGB § 119 Rn. 80 ff., der aus Gründen der Rechtssicherheit das Merkmal der Verkehrswesentlichkeit nicht allzu streng handhaben und nach anderen Kriterien bestimmen möchte.

Die Verkehrswesentlichkeit kann sich demnach bereits aus dem Inhalt und den **Umständen des konkreten** **68** **Rechtsgeschäfts** ergeben. Für einen Irrtum über die Echtheit eines antiken Gegenstandes oder die Herkunft eines Porzellanservices aus einer Traditionsmanufaktur kann es zB einen maßgeblichen Unterschied machen, ob diese Sachen teuer bei einem renommierten Antiquitätenhändler oder billig bei einem Trödler gekauft worden sind.[203] Die Vertrauenswürdigkeit eines Arbeitnehmers begründet nur bei besonderen Vertrauenspositionen eine verkehrswesentliche Eigenschaft.[204] Eine Vorstrafe wegen Betrugs oder Untreue kann etwa bei einer Einstellung als Buchhalter, nicht aber als Lagerarbeiter verkehrswesentlich sein.[205]

Ergeben sich aus dem Inhalt und den Umständen des konkreten Rechtsgeschäfts keine hinreichenden **69** Anhaltspunkte, wird die Verkehrswesentlichkeit der Eigenschaft, über die sich der Erklärende geirrt hat, anhand objektiver Kriterien nach Maßgabe der **allgemeinen Verkehrsanschauung** bestimmt. Danach darf bei einem bestimmten Geschäftstyp und Geschäftsgegenstand ohne Weiteres davon ausgegangen werden, dass bestimmte Eigenschaften typischerweise vorliegen.[206]

d) Verkehrswesentliche Eigenschaften einer Person. Nach den obigen Grundsätzen (→ Rn. 63 ff., **70** 67 ff.) kommen als verkehrswesentliche Eigenschaften einer Person zum einen alle **natürlichen Persönlichkeitsmerkmale** in Betracht, die der Person unmittelbar anhaften. Das sind vor allem ihr körperlicher und geistiger Zustand. Zum anderen können die **rechtlichen oder tatsächlichen Verhältnisse einer Person** verkehrswesentliche Eigenschaften sein, sofern sie nach ihrer Beschaffenheit und ihrer vorausgesetzten Dauer Einfluss auf die Wertschätzung dieser Person in allen oder zumindest in bestimmten, das konkrete Rechtsgeschäft betreffenden Bereichen auszuüben pflegen.[207]

Geht es um die Eigenschaften eines **Arbeitnehmers**, so sind sie nur dann verkehrswesentlich, wenn sie sich **71** auf die Eignung zur Erbringung der konkreten vertraglich geschuldeten Arbeitsleistung auswirken.[208] Ist die Frage des Arbeitgebers nach der entsprechenden Eigenschaft im Einstellungsgespräch nicht zulässig (vgl. dazu → § 123 Rn. 51 ff.), berechtigt ein Irrtum über das Vorliegen oder Nichtvorliegen dieser Eigenschaft in der Regel auch nicht zur Anfechtung gem. Abs. 2. Sie ist dann nicht verkehrswesentlich.[209]

In der Rechtsprechung finden sich etwa die folgenden **Beispiele** dafür, welche Eigenschaften **je nach** **72** **Inhalt und Zweck des konkreten Rechtsgeschäfts** verkehrswesentliche Eigenschaften einer Person sein können: die berufsrechtliche Qualifikation des Vertragspartners, wie sie für eine Eintragung in die Handwerksrolle erforderlich ist;[210] die Zugehörigkeit eines Personalberaters zu einer Sekte;[211] die Sachkunde, Vertrauenswürdigkeit und Zuverlässigkeit des Vertragspartners bei solchen Verträgen, die auf eine vertrauensvolle Zusammenarbeit angelegt sind,[212] nicht jedoch bei Verträgen über den reinen Austausch von Gütern;[213] die Zahlungsfähigkeit, Kreditwürdigkeit und Vertrauenswürdigkeit eines Käufers, der ein zu privatisierendes Unternehmen in den neuen Bundesländern erwerben will;[214] bei Miet- und Pachtverträgen die Vertrauenswürdigkeit und Zuverlässigkeit des Pächters[215] ebenso wie auf der Gegenseite die Zuverlässigkeit, Vertrauenswürdigkeit und Zahlungsfähigkeit des Vermieters,[216] bei **Arbeitnehmern** das Alter, sofern darauf ausnahmsweise gem. §§ 8 Abs. 1, 10 AGG abgestellt werden darf;[217] das Geschlecht, wenn es unverzichtbare Voraussetzung für die Ausübung der konkret geschuldeten Tätigkeit ist und es deshalb ausnahmsweise gem. § 8 Abs. 1 AGG darauf ankommen darf;[218] nicht dagegen die Schwangerschaft der Arbeitneh-

---

203 Hk-BGB/*Dörner* § 119 Rn. 17; BeckOK BGB/ *Wendtland* § 119 Rn. 40.1.

204 BAG AP Nr. 17 zu § 123 BGB; ArbG Frankfurt/M.v. 4.3.2003 – 5 Ca 8810/02; ErfK/*Preis* BGB § 611 a Rn. 354; vgl. auch OLG Düsseldorf BauR 1996, 574 ff.

205 ErfK/*Preis* BGB § 611 a Rn. 354; vgl. BAG NJW 1999, 3653 (3654).

206 Hk-BGB/*Dörner* § 119 Rn. 17; Staudinger/*Singer*, Bearbeitung 2017, BGB § 119 Rn. 82; Erman/*Arnold* BGB § 119 Rn. 36; BeckOK BGB/*Wendtland* § 119 Rn. 40.1; vgl. Palandt/*Ellenberger* BGB § 119 Rn. 25.

207 Erman/*Arnold* BGB § 119 Rn. 38 ff.; PWW/*Ahrens* BGB § 119 Rn. 37; vgl. BGHZ 16, 54 (57); 88, 240, 246; BAG NJW 1991, 2723 (2725).

208 BAG NJW 1991, 2723 (2725 f.); ErfK/*Preis* BGB § 611 a Rn. 350; MHdB ArbR/*Benecke*, § 34 Rn. 28.

209 Vgl. ErfK/*Preis* BGB § 611 a Rn. 350.

210 BGHZ 88, 240 (246 f.); vgl. auch OLG Hamm NJW-RR 1990, 523; LG Görlitz NJW-RR 1994, 117 (118).

211 LG Darmstadt NJW 1999, 365 (366).

212 BGH WM 1969, 292; 1970, 906; LG Darmstadt NJW 1999, 365 (366).

213 BGH BB 1960, 152; LG Darmstadt NJW 1999, 365 (366).

214 BezG Potsdam VIZ 1994, 249 (250 f.).

215 RGZ 102, 225 (226); vgl. LG Berlin Grundeigentum 2018, 1002 zu einer Täuschung über die Bonität des Mieters.

216 LG Konstanz WuM 2017, 258.

217 MüKoBGB/*Thüsing* AGG § 8 Rn. 27 ff., AGG § 10 Rn. 3 ff.; vgl. auch *Körner* NZA 2008, 497 ff.; ausf. zum Einfluss des AGG auf das Fragerecht des Arbeitgebers *Szech*, Die Anfechtung des Arbeitsvertrages durch den Arbeitgeber und das Allgemeine Gleichbehandlungsgesetz, 2012, S. 88 ff.

218 Vgl. dazu MüKoBGB/*Thüsing* AGG § 8 Rn. 22 ff.; *Rolfs/Wessel* NJW 2009, 3329 (3330); die Entscheidung BAG NJW 1991, 2723 (2725 f.), der zufolge die weibliche Identität einer (transsexuellen) Arzthelferin eine verkehrswesentliche Eigenschaft sein kann, dürfte nach Inkrafttreten des AGG kaum noch haltbar sein, vgl. auch ErfK/*Preis* BGB § 611 a Rn. 353.

merin, und zwar weniger wegen der vorübergehenden Natur der Schwangerschaft[219] als vielmehr wegen des Verbots der unmittelbaren Benachteiligung wegen des Geschlechts gem. § 7 Abs. 1 iVm §§ 1, 3 Abs. 1 S. 2 AGG;[220] die Krankheit des Arbeitnehmers,[221] sofern ihm aus diesem Grund nicht bloß vorübergehend die notwendige Fähigkeit fehlt oder er erheblich beeinträchtigt ist, die vertraglich geschuldete Arbeitsleistung zu erbringen, wie etwa im Fall der epileptischen Erkrankung eines Berufskraftfahrers.[222]

73 **e) Verkehrswesentliche Eigenschaften einer Sache.** Als verkehrswesentliche Eigenschaften einer Sache kommen nach den obigen Grundsätzen (→ Rn. 63 f., 66 ff.) neben der **natürlichen Beschaffenheit** diejenigen **tatsächlichen und rechtlichen Verhältnisse** in Betracht, welche infolge ihrer Beschaffenheit und Dauer unmittelbaren Einfluss auf den Wert oder die Brauchbarkeit der Sache ausüben. Diese Beziehungen der Sache zur Umwelt müssen außerdem in der Sache selbst ihren Grund haben, von ihr ausgehen und die Sache kennzeichnen oder näher beschreiben.[223] Danach können nur **wertbildende Faktoren**, welche die Sache unmittelbar kennzeichnen, verkehrswesentliche Eigenschaften der Sache sein.[224] Soweit das Fehlen einer verkehrswesentlichen Eigenschaft gleichzeitig einen Sach- oder Rechtsmangel begründet, ist der Vorrang der Mängelgewährleistungsvorschriften (§§ 437 ff.) zu beachten (vgl. dazu → Rn. 15 ff.).

74 Nach der Rechtsprechung können zB die folgenden Faktoren mangels hinreichend enger Beziehung zur Sache **keine verkehrswesentlichen Eigenschaften** sein: der Wert eines Gegenstandes als solcher;[225] die wirtschaftliche Verwertungsmöglichkeit der Sache;[226] die subjektive Verträglichkeit des Klimas bei einem Grundstückskauf;[227] das Eigentum an der Sache.[228]

75 Im Gegensatz dazu finden sich in der Rechtsprechung etwa die folgenden Beispiele dafür, welche Eigenschaften **im Hinblick auf den Inhalt und Zweck des konkreten Rechtsgeschäfts** als verkehrswesentliche Eigenschaften einer Sache **anerkannt** worden sind: das Alter oder Baujahr eines gebrauchten Kraftfahrzeugs;[229] die Ausstattung des zu einem Liebhaberpreis gekauften Oldtimer-Motorrades mit einem Originalrahmen;[230] das Alter und der Stammbaum eines Pferdes,[231] die Echtheit eines Kunstwerks[232] und die Urheberschaft eines bestimmten Künstlers an einem Gemälde;[233] die Überschuldung eines Nachlasses oder seine Belastung mit wesentlichen Verbindlichkeiten;[234] die Grenzen, der Umfang, die Lage und die Bebaubarkeit eines Grundstücks;[235] die belastenden Festsetzungen eines Bebauungsplans für das gekaufte Grundstück.[236]

III. Kausalität des Irrtums für die Abgabe der Willenserklärung

76 Die Anfechtbarkeit wegen eines Erklärungs-, Inhalts- oder Eigenschaftsirrtums setzt gem. § 119 Abs. 1 letzter Hs. weiter voraus, dass der Erklärende die Willenserklärung bei Kenntnis der Sachlage und bei verständiger Würdigung des Falles nicht abgegeben haben würde. Diese Voraussetzung einer „**vernünftigen Kausalität**"[237] enthält ein subjektives und ein objektives Element, um diejenigen Fehlvorstellungen auszuschließen, die keinen Einfluss auf die Abgabe der Willenserklärung gehabt haben.[238]

77 Die **subjektive Erheblichkeit** des Irrtums fehlt, wenn sich feststellen lässt, dass der Erklärende die Willenserklärung auch bei Kenntnis der Sachlage, also ohne den Irrtum, abgegeben hätte.[239] Die Einschränkung dürfte kaum praktische Bedeutung haben, weil der Erklärende in diesem Fall regelmäßig schon nicht anfechten wird. Diese subjektive Voraussetzung bedeutet keine Einschränkung wegen eines Verschuldens. Auch ein grob fahrlässiger Irrtum berechtigt den Erklärenden zur Anfechtung.[240]

---

219 So BAG NJW 1992, 2173 (2174) mwN.
220 Vgl. dazu *Pallasch* NZA 2007, 306 ff.
221 Vgl. zum Krankheitsbegriff nach Inkrafttreten des AGG ausführlich unter § 123.
222 BAG AP Nr. 3 zu § 119 BGB.
223 RGZ 149, 235 (238); BGHZ 16, 54 (57); 34, 32, 41; 70, 47, 48.
224 BeckOK BGB/*Wendtland* § 119 Rn. 44; vgl. BGHZ 16, 54 (57).
225 RG JW 1912, 525; LZ 1926, 742; HRR 1932 Nr. 224; BGHZ 16, 54 (57); BGH LM § 123 Nr. 52; LM § 779 Nr. 2.
226 BGHZ 16, 54 (57).
227 BGH DB 1972, 479 (481).
228 RG Recht 1908 Nr. 686; BGHZ 34, 32 (41 f.).
229 BGH NJW 1979, 160 (161).
230 Vgl. OLG Karlsruhe NJW-RR 1993, 1138 (1139).
231 OLG Hamm 4.4.2019 – 5 U 40/18, juris Rn. 93
232 OLG Düsseldorf NJW 1992, 1326.

233 BGHZ 63, 369 (371) = BGH NJW 1975, 970; 1988, 2597, 2599.
234 BGHZ 106, 359 (363); OLG Düsseldorf NJW-RR 2009, 12 (13); OLG München 28.7.2015 – 31 Wx 54/15; vgl. BGHZ 158, 50; BGH NJW 1997, 392 (394); OLG Hamm NJW 1966, 1080; BayObLG NJW-RR 1999, 590 (591 f.).
235 BGHZ 32, 34 (41); vgl. bereits RG WarnRspr. 1911 Nr. 172 und Nr. 368; 1912 Nr. 205; Recht 1912 Nr. 2797.
236 OLG Köln VersR 2000, 243 (244 f.).
237 Vgl. *Medicus* BGB AT Rn. 773.
238 Erman/*Arnold* BGB § 119 Rn. 45; Staudinger/*Singer*, Bearbeitung 2017, § 119 Rn. 101; *Brox/Walker* BGB AT § 18 Rn. 28 f.; vgl. RGRK/*Krüger-Nieland* BGB § 119 Rn. 67.
239 Erman/*Arnold* BGB § 119 Rn. 46; *Brox/Walker* BGB AT § 18 Rn. 28.
240 Erman/*Palm* BGB § 119 Rn. 45.

Die **objektive Erheblichkeit** fehlt, wenn der Erklärende bei verständiger Würdigung des Falles nicht ange- **78** fochten hätte. Anzulegen ist der Maßstab eines verständigen Menschen, der die Lage ohne Launenhaftigkeit und Willkür bewertet. Es kommt zwar auf die persönlichen Verhältnisse und Umstände des Irrenden an, aber nicht auf eine etwaige Willkür, Eigensinn oder Unverstand.[241] Danach ist die Anfechtungsmöglichkeit in der Regel ausgeschlossen, wenn der Irrende durch die angefochtene Erklärung keinen wirtschaftlichen Nachteil erlitten hat oder ohne die Anfechtung sogar wirtschaftlich besser steht.[242] Das gilt jedoch zB nicht beim Verkauf von Kunstwerken, weil dort der wirtschaftliche Wert nicht allein den Ausschlag gibt.[243] An der objektiven Erheblichkeit des Irrtums kann es auch fehlen, wenn die Abgabe der Willenserklärung rechtlich geboten war[244] oder sich der Irrtum lediglich auf unwesentliche Nebenpunkte bezieht.[245]

IV. Rechtsfolgen

Liegen die Voraussetzungen des § 119 vor, kann der Erklärende die irrtumsbehaftete Willenserklärung **79** **anfechten**, sofern die Anfechtung nicht ausnahmsweise ausgeschlossen ist (vgl. dazu → Rn. 11 ff., 20 ff.). Die unverzügliche Anfechtung (§ 121 Abs. 1 S. 1) führt grundsätzlich zur rückwirkenden Nichtigkeit der Erklärung (§ 142 Abs. 1; zu Ausnahmen von der Rückwirkung → Rn. 23 sowie ausf. → § 142 Rn. 7 ff.). Der Anfechtende muss dem Anfechtungsgegner gem. § 122 den Vertrauensschaden ersetzen (vgl. zur Berechnung des ersatzfähigen Schadens → § 122 Rn. 9 f.).

C. Weitere praktische Hinweise

Will der Erklärende die Nichtigkeit seiner Willenserklärung wegen einer Irrtumsanfechtung geltend **80** machen, trägt er die Darlegungs- und **Beweislast** für alle Anfechtungsvoraussetzungen (zur Darlegungs- und Beweislast des Anfechtungsgegners für die Verspätung der Anfechtung → § 121 Rn. 18). Dazu gehört neben dem Irrtum die „vernünftige Kausalität" gem. Abs. 1 letzter Hs.[246] Zum Nachweis dieser Kausalität genügt es, wenn der Anfechtende die Tatsachen darlegt und beweist, welche die Schlussfolgerung zulassen, dass er die irrtumsbehaftete Willenserklärung bei Kenntnis der Sachlage und bei verständiger Würdigung des Falles nicht abgegeben hätte.[247]

§ 120 Anfechtbarkeit wegen falscher Übermittlung

Eine Willenserklärung, welche durch die zur Übermittlung verwendete Person oder Einrichtung unrichtig übermittelt worden ist, kann unter der gleichen Voraussetzung angefochten werden wie nach § 119 eine irrtümlich abgegebene Willenserklärung.

Literatur: *Allgaier*, Postalische Briefverzögerung im Rechtsverkehr – Rechtliche Bedeutung der Brieflaufzeiten, JurBüro 2012, 396; *Joussen*, Abgabe und Zugang von Willenserklärungen unter Einschaltung einer Hilfsperson, Jura 2003, 577; *Kiehnle*, Der Bereicherungsausgleich nach Zuvielüberweisung, VersR 2008, 1606; *Kocher*, Anfechtung bei falscher Kaufpreisauszeichnung im Internet, JA 2006, 144; *Marburger*, Absichtliche Falschübermittlung und Zurechnung von Willenserklärungen, AcP 173 (1973), 137; *Musielak*, Die Anfechtung einer Willenserklärung wegen Irrtums, JuS 2014, 491; *Petersen*, Der Irrtum im Bürgerlichen Recht, Jura 2006, 660; *Schwung*, Die Verfälschung von Willenserklärungen durch Boten, JA 1983, 12; vgl. zu den Rechtsfragen elektronischer Willenserklärungen: *Borges*, Verträge im elektronischen Rechtsverkehr. Vertragsabschluß, Beweis, Form, Lokalisierung, anwendbares Recht, 2003; *Clemens*, Die elektronische Willenserklärung, NJW 1985, 1998; *Paal*, Internetrecht – Zivilrechtliche Grundlagen, JuS 2010, 953; *Taupitz/Kritter*, Electronic Commerce – Probleme bei Rechtsgeschäften im Internet, JuS 1999, 839; *Vehslage*, Elektronisch übermittelte Willenserklärungen, AnwBl. 2002, 86; speziell zu den Rechtsfragen im Zusammenhang mit autonomen Systemen *Gra-*

---

241 RGZ 62, 201 (206); BGH NJW 1988, 2597 (2599); BAG NJW 1991, 2723 (2726); Staudinger/*Singer*, Bearbeitung 2017, BGB § 119 Rn. 101; MüKoBGB/*Armbrüster* § 119 Rn. 146 ff.; RGRK/*Krüger-Nieland* BGB § 119 Rn. 67; BeckOK BGB/*Wendtland* § 119 Rn. 45.

242 RGZ 128, 116 (121); BGH NJW 1988, 2597 (2599); Staudinger/*Singer*, Bearbeitung 2017, BGB § 119 Rn. 101; Soergel/*Hefermehl* BGB § 119 Rn. 67; Palandt/*Ellenberger* BGB § 119 Rn. 31; Erman/*Arnold* BGB § 119 Rn. 46.

243 BGH NJW 1988, 2597 (2599).

244 OLG München WRP 1985, 237 (238); Palandt/*Ellenberger* BGB § 119 Rn. 31; BeckOK BGB/*Wendtland* § 119 Rn. 45; PWW/*Ahrens* BGB § 119 Rn. 43.

245 RG Recht 1915 Nr. 2214; Palandt/*Ellenberger* BGB § 119 Rn. 31; Staudinger/*Singer*, Bearbeitung 2017, BGB § 119 Rn. 101; PWW/*Ahrens* BGB § 119 Rn. 43.

246 Palandt/*Ellenberger* BGB § 119 Rn. 32; Erman/*Arnold* BGB § 119 Rn. 49; BeckOK BGB/*Wendtland* § 119 Rn. 47.

247 RG HRR 1935 Nr. 1372; Staudinger/*Singer*, Bearbeitung 2017, BGB § 119 Rn. 119; Erman/*Arnold* BGB § 119 Rn. 49; PWW/*Ahrens* BGB § 119 Rn. 44; abw. RGRK/*Krüger-Nieland* BGB § 119 Rn. 91: Unzulässigkeit eines Anscheinsbeweises.

pentin, Die Erosion der Vertragsgestaltungsmacht durch das Internet und den Einsatz Künstlicher Intelligenz, NJW 2019, 181; *Riehm,* Von Drohnen, Google-Cars und Software-Agenten, ITRB 2014, 113.

A. Allgemeines 1   II. Rechtsfolgen 11
B. Regelungsgehalt 2   C. Weitere praktische Hinweise 16
   I. Voraussetzungen 2

A. Allgemeines

1   Übermittelt der Erklärende seine Willenserklärung dem Empfänger nicht selbst, sondern bedient er sich einer Mittelsperson oder einer Einrichtung, trägt er gem. § 120 das damit verbundene **Risiko**. Trotz einer **unrichtigen Übermittlung** durch einen Boten oder eine technische Einrichtung wird die Erklärung mit dem Zugang beim Erklärungsempfänger zunächst wirksam (vgl. § 130 Abs. 1 S. 1). Der Empfänger darf im Interesse des Verkehrsschutzes auf ihre Gültigkeit und Richtigkeit vertrauen. Der Erklärende kann die von seinem „Erklärungswerkzeug" verfälschte Willenserklärung aber so anfechten, als hätte er sich selbst bei der Erklärungshandlung geirrt. § 120 stellt die unrichtige Übermittlung einer Willenserklärung einem Erklärungsirrtum gem. § 119 Abs. 1, 2. Fall (vgl. dazu → § 119 Rn. 30 ff.) gleich.[1] Ficht der Erklärende wegen der Falschübermittlung an, muss er dem Empfänger, wie bei einer Anfechtung nach § 119, den Vertrauensschaden ersetzen (§ 122).

B. Regelungsgehalt

I. Voraussetzungen

2   § 120 setzt voraus, dass der Erklärende eine Person oder Einrichtung zur Übermittlung seiner Willenserklärung verwendet. **Übermittlungspersonen** können vor allem Boten und Dolmetscher[2] sein. Der Begriff der **Einrichtung** (bis 31.7.2001: Anstalt)[3] ist nach dem Gesetzeszweck weit auszulegen. Er erfasst, unabhängig von der jeweiligen Organisation und Übermittlungstechnik, alle öffentlichen und privaten Einrichtungen, die, auf welche Art auch immer, eine fremde Willenserklärung an den Adressaten übermitteln.[4] War der Anlass für die Regelung des § 120 noch ein Fehler auf dem Telegrafenamt (vgl. dazu auch → Rn. 8),[5] so zählen zu den Einrichtungen iSd § 120 heute vor allem diejenigen der **modernen Telekommunikation** und des **elektronischen Rechtsverkehrs**. § 120 erfasst zB die Übermittlung von Willenserklärungen per Telegramm, Fernschreiben, Telefax, Teletext, SMS, E-Mail oder E-Postbrief über Einrichtungen der Deutschen Telekom AG, der Deutschen Post AG oder privater Anbieter oder Provider.[6] Für die Anwendbarkeit des § 120 genügt es, wenn die Einrichtung lediglich die Leitung zur Verfügung stellt.[7] Die schlichte Nutzung des Telefons erfüllt dagegen nicht den Tatbestand, weil eine eigene Willenserklärung abgegeben wird und keine Fremdübermittlung stattfindet (vgl. auch § 147 Abs. 1 S. 2). Irrtümer am Telefon sind unmittelbar nach § 119 Abs. 1 zu beurteilen.[8] Ein Übermittlungsirrtum liegt jedoch vor, wenn der Erklärungsinhalt aufgrund eines technischen Defekts (Störung der Telefonleitung) verfälscht an den Empfänger weitergeleitet wird oder die Post den Inhalt eines Telegramms fernmündlich falsch zuspricht.[9] § 120 findet auch Anwendung, wenn eine **automatisierte Willenserklärung aufgrund eines Softwarefehlers falsch übermittelt** wird (→ § 119 Rn. 32). Das gilt etwa, wenn eine vom Computer erstellte Auftragsbestätigung (vgl. § 312 i Abs. 1 Nr. 3) mit nur einem Hundertstel des richtigen Preises an den Empfänger übermittelt wird, weil der Erklärende nicht erkennt, dass sein Provider die Software geändert hat, und deshalb bei den glatten Beträ-

---

1   Soergel/*Hefermehl* BGB § 120 Rn. 1; MüKoBGB/
    Armbrüster § 120 Rn. 1; RGRK/*Krüger-Nieland*
    BGB § 120 Rn. 1 f.; Erman/*Arnold* BGB § 120 Rn. 1;
    BeckOK BGB/*Wendtland* § 120 Rn. 1; PWW/*Ahrens*
    BGB § 120 Rn. 1.
2   Vgl. BGH WM 1963, 165 (166) = BB 1963, 204.
3   Den Begriff „Anstalt" hat Art. 1 Nr. 1 des Gesetzes
    zur Anpassung der Formvorschriften des Privatrechts
    und anderer Formvorschriften an den modernen
    Rechtsgeschäftsverkehr v. 13.7.2001 (BGBl. I
    S. 1542) zum 1.8.2001 durch den Begriff „Einrich-
    tung" ersetzt.
4   Erman/*Arnold* BGB § 120 Rn. 3; *Fritzsche/Malzer*
    DNotZ 1995, 3 (13 f.) (jew. noch zur „Anstalt").

5   Vgl. zum „Telegraphen-Fall" als Anlass für die
    Regelung des § 120 und zur weiteren Entstehungsge-
    schichte HKK/*Schermaier* BGB §§ 116–124
    Rn. 86 ff.
6   Vgl. Jauernig/*Mansel* BGB § 120 Rn. 2; Erman/
    Arnold BGB § 120 Rn. 3; MüKoBGB/*Armbrüster*
    § 120 Rn. 2; BeckOK BGB/*Wendtland* § 120 Rn. 4;
    Fritzsche/Malzer DNotZ 1995, 3 (13 f.); *Paal* JuS
    2010, 953; speziell zu E-Mails *Ultsch* NJW 1997,
    3007 (3009).
7   Jauernig/*Mansel* BGB § 120 Rn. 2; *Fritzsche/Malzer*
    DNotZ 1995, 3 (13 f.)
8   Hk-BGB/*Dörner* § 120 Rn. 2; Erman/*Arnold* BGB
    § 120 Rn. 3.
9   Soergel/*Hefermehl* BGB § 120 Rn. 2; Staudinger/*Sin-
    ger*, Bearbeitung 2017, BGB § 120 Rn. 6.

gen, die der Erklärende korrekt auf der zugrunde liegenden Website eingegeben hat, zwei Kommastellen gesetzt worden sind (aus 7.215 DM wurden 72,15 DM).[10]

Die Mittelsperson oder Einrichtung muss eine **fremde Willenserklärung** übermitteln; sie muss ein „Werkzeug" des Erklärenden sein.[11] Deshalb greift § 120 nur bei der Botenschaft, aber nicht bei der Stellvertretung ein. Da der Stellvertreter im Unterschied zum Boten eine eigene Willenserklärung abgibt (vgl. § 164 Abs. 1; zur Definition der Botenschaft und zur Abgrenzung von der Stellvertretung → § 164 Rn. 47 ff.), kommt es für das Vorliegen eines Willensmangels auf die Person des Vertreters und nicht auf diejenige des Vertretenen an (§ 166 Abs. 1).[12] **3**

Die Mittelsperson oder Einrichtung muss dem **Machtbereich des Erklärenden** zuzurechnen sein.[13] Nur dann ist es gerechtfertigt, dass er gem. § 120 das Übermittlungsrisiko trägt (→ Rn. 1). Die Vorschrift erfasst daher nur Erklärungsboten. Wird die Willenserklärung dagegen richtig an einen Empfangsboten (vgl. zur Abgrenzung von Erklärungs- und Empfangsboten → § 164 Rn. 47 ff.; 103) übermittelt und leitet dieser sie dann verfälscht an den Erklärungsempfänger weiter, ist § 120 auch nicht analog anwendbar. Mit der Einstellung der Erklärung in den Machtbereich des Empfängers geht das Verfälschungsrisiko auf ihn über (vgl. § 130 Abs. 1 S. 1).[14] Dieselben Grundsätze gelten im elektronischen Rechtsverkehr bei der Übermittlung von Willenserklärungen per E-Mail oder SMS. Das Risiko für Verfälschungen auf dem Transportweg, zB aufgrund technischer Defekte, trägt der Erklärende. Die Anwendung des § 120 scheidet aus, sobald die elektronische Erklärung unverfälscht in den Machtbereich des Empfängers (Mailbox) gelangt ist.[15] **4**

Nach der Rechtsprechung[16] und der herrschenden Lehre[17] erfasst § 120 nur die **unbewusste Falschübermittlung**. Verfälscht der Bote die Erklärung dagegen **bewusst** (vorsätzlich), soll es sich nicht mehr um eine Erklärung des Auftraggebers, sondern um eine eigene Erklärung des Boten handeln.[18] Da der Bote seine Befugnisse bewusst überschreitet, seien die Regelungen des § 177 ff. analog anwendbar („Bote ohne Botenmacht"). Genehmigt der Auftraggeber nicht, haftet der Bote dem Erklärungsgegner danach entsprechend § 179 Abs. 1 wahlweise auf Erfüllung oder Schadensersatz. Der Auftraggeber selbst müsse die Erklärung weder anfechten noch hafte er gem. § 122. Er soll dem Erklärungsgegner nur dann gem. §§ 311 Abs. 2, 241 Abs. 2, 280 Abs. 1 (Verschulden bei Vertragsverhandlungen) zum Ersatz des Vertrauensschadens verpflichtet sein, wenn er schuldhaft (§ 276 Abs. 1) eine unzuverlässige Mittelsperson oder Einrichtung ausgesucht hat. **5**

Gegen die herrschende Auffassung spricht vor allem, dass die Regelung des § 120 auf dem Gedanken der **Risikoverteilung im Verkehrsschutzinteresse** beruht (vgl. bereits → Rn. 1). Da der Erklärende durch die Einschaltung eines Boten überhaupt erst die Gefahr einer Verfälschung schafft, muss er auch das damit verbundene Risiko tragen. Außerdem wählt er den Boten aus und instruiert ihn. Er kann die Zuverlässigkeit des Boten einschätzen und ihn in gewissem Umfang überwachen. Deshalb kann er das Risiko einer bewussten Verfälschung viel eher beherrschen als der Empfänger, der den Boten weder einsetzt noch steuern kann. Schließlich macht es für den Empfänger keinen wesentlichen, die Anwendung oder Nichtanwendung des § 120 rechtfertigenden Unterschied, ob der Bote die Erklärung unbewusst oder bewusst verfälscht hat. Oft kann er diesen Unterschied nicht einmal erkennen, und in der Praxis dürfte das im Einzelfall auch schwer nachzuweisen sein (vgl. zur Beweislast → Rn. 16). Nach dem Risikoprinzip (oder Veranlassungsprinzip), das § 120 zugrunde liegt, erfasst die Vorschrift somit entgegen der hM auch die **bewusste Falschübermitt-** **6**

10 OLG Frankfurt/M. MMR 2003, 405 (406 f.) = MDR 2003, 677 f.; ähnlich OLG Hamm NJW 2004, 2601 sowie BGH NJW 2005, 976; vgl. dazu *Kocher* JA 2006, 144 (146); *Spindler* JZ 2005, 793 (794).
11 MüKoBGB/*Armbrüster* § 120 Rn. 2; vgl. RGRK/ *Krüger-Nieland* BGB § 120 Rn. 1.
12 Staudinger/*Singer*, Bearbeitung 2017, BGB § 120 Rn. 7; Hk-BGB/*Dörner* § 120 Rn. 2; Soergel/*Hefermehl* BGB § 120 Rn. 2; Palandt/*Ellenberger* BGB § 120 Rn. 2; Jauernig/*Mansel* BGB § 120 Rn. 2; MüKoBGB/*Armbrüster* § 120 Rn. 2; BeckOK BGB/ *Wendtland* § 120 Rn. 3.
13 Vgl. HKK/*Schermaier* BGB §§ 116–124 Rn. 89.
14 Staudinger/*Singer*, Bearbeitung 2017, BGB § 120 Rn. 7; MüKoBGB/*Armbrüster* § 120 Rn. 7; Erman/ *Arnold* BGB § 120 Rn. 2; PWW/*Ahrens* BGB § 120 Rn. 3; vgl. Soergel/*Hefermehl* BGB § 120 Rn. 3.
15 BeckOK BGB/*Wendtland* § 120 Rn. 4; PWW/*Ahrens* BGB § 120 Rn. 3; *Ultsch* NJW 1997, 3007 (3009).

16 BGH WM 1963, 165 (166) = BB 1963, 204; NJW 2008, 2702 (2704 f.); OLG Oldenburg NJW 1978, 951; OLG Hamm VersR 1984, 173; OLG Koblenz BB 1994, 819 (820); OLG Düsseldorf OLGR Düsseldorf 2009, 67.
17 § 120 Rn. 9; Hk-BGB/*Dörner* § 120 Rn. 3 f.; Soergel/ *Hefermehl* BGB § 120 Rn. 4; Palandt/*Ellenberger* BGB § 120 Rn. 4; Jauernig/*Mansel* BGB § 120 Rn. 3 f.; RGRK/*Krüger-Nieland* BGB § 120 Rn. 5, 11; Erman/*Arnold* BGB § 120 Rn. 5; BeckOK BGB/ *Wendtland* § 120 Rn. 5; PWW/*Ahrens* BGB § 120 Rn. 4; *Flume* BGB AT Bd. 2, § 23, 3; *Wolf/Neuner* BGB AT § 41 Rn. 40; *Brox/Walker* BGB AT § 18 Rn. 10.
18 Vgl. ausf. zur Überschreitung der Botenmacht bei Zuviel-Überweisung durch die Bank *Kiehnle* VersR 2008, 1606 (1609 ff.).

lung.[19] Dieses Ergebnis steht im Einklang mit den allgemeinen Grundsätzen der Zurechnung von Willenserklärungen: Wer einen Boten einsetzt, muss alle von ihm vorgenommenen Verfälschungen verantworten.[20]

7   Hat der Erklärende dagegen überhaupt keinen Boten eingeschaltet, sondern geriert sich ein Dritter als **vermeintlicher Bote** („Scheinbote", „Pseudo-Bote"), kann die von diesem frei erfundene Willenserklärung dem scheinbaren Erklärenden nicht zugerechnet werden. Hier hat der Erklärende kein Risiko gesetzt. Deshalb greift § 120 mit der herrschenden Auffassung nicht ein. Stattdessen kommt die analoge Anwendung der §§ 177 ff. auf den vermeintlichen Boten in Betracht, und der angebliche Erklärende haftet dem Empfänger uU aus §§ 311 Abs. 2, 241 Abs. 2, 280 Abs. 1 (→ Rn. 12).[21] Die gleichen Grundsätze gelten, wenn ein **unbefugter Dritter** die Erklärung auf dem Transportweg verfälscht, indem zB ein Hacker unverschlüsselte und nicht elektronisch signierte E-Mails manipuliert.[22]

8   Der Bote übermittelt die Willenserklärung **unrichtig**, wenn er sie dem Empfänger mit einem anderen Inhalt oder einem anderen Sinn überbringt. Berühmtes Beispiel ist der „Telegraphen-Fall" (→ Rn. 2), der den Anlass für die Regelung des § 120 bildete: Das Telegramm enthielt statt des Worts „kaufen" das Wort „verkaufen".[23] Beispiele aus dem Bereich der modernen Telekommunikation (vgl. auch → Rn. 2) sind Datentransportschäden bei der Versendung von E-Mails, die in der Sphäre des Providers entstanden sind.[24] Nicht mehr in den Anwendungsbereich des § 120 fallen Erklärungen, die **völlig unverständlich**, sinnlos oder verstümmelt weitergegeben werden. Hier fehlt es bereits am Tatbestand einer (anfechtbaren) Willenserklärung.[25] Dagegen ist § 120 grundsätzlich anwendbar, wenn die Erklärung einem **falschen Adressaten** übermittelt wird. Konnte der Empfänger allerdings aufgrund der Adressierung erkennen, dass die Erklärung nicht an ihn gerichtet war, bedarf es mangels Vertrauensschutzes keiner Anfechtung. Ist die Erklärung in Bezug auf den Empfänger mehrdeutig, weil zB zwei Parteien mit demselben Namen im Haus wohnen, kommt die Anwendung des § 155 zum versteckten Dissens in Betracht.[26]

9   Die Anfechtbarkeit gem. § 120 setzt die **Unkenntnis des Empfängers** vom wahren Inhalt der Erklärung voraus. Unerheblich ist, wie bei § 119, ob er den Übermittlungsfehler hätte erkennen können oder sogar müssen. Das Kennenmüssen erlangt erst im Rahmen des Schadensersatzanspruchs gem. § 122 Abs. 2 Bedeutung. Hat der Empfänger die Erklärung dagegen trotz des Fehlers richtig verstanden, muss er den wirklichen Willen des Erklärenden gegen sich gelten lassen. Dann handelt es sich um eine unschädliche Falschbezeichnung (falsa demonstratio non nocet; vgl. dazu → § 133 Rn. 46).[27]

10   Da § 120 für die Anfechtbarkeit auf § 119 verweist, müssen die dort genannten zusätzlichen Voraussetzungen vorliegen. Der Erklärende dürfte die Willenserklärung bei **Kenntnis der Sachlage** und bei **verständiger Würdigung des Falles** (vgl. zu diesen Voraussetzungen → § 119 Rn. 76 ff.) nicht so abgegeben haben, wie sie dem Empfänger (unrichtig) übermittelt worden ist.[28]

II. Rechtsfolgen

11   Liegen die Voraussetzungen des § 120 (und die ergänzenden Voraussetzungen des § 119) vor, kann der Erklärende die unrichtig übermittelte Willenserklärung **anfechten**. Die unverzügliche Anfechtung (§ 121) führt grundsätzlich zur rückwirkenden Nichtigkeit der Erklärung (§ 142 Abs. 1; zu Ausnahmen von der Rückwirkung → § 142 Rn. 7 ff.).

12   Der **Anfechtungsgegner** hat gegen den **Anfechtenden** Anspruch auf Ersatz des Vertrauensschadens gem. § 122 (vgl. zur Berechnung des ersatzfähigen Schadens → § 122 Rn. 9 f.). Der Anspruch besteht unabhängig davon, ob den Boten ein Verschulden an der Falschübermittlung trifft.[29] Hat der Erklärende **schuldhaft** einen unzuverlässigen Boten ausgewählt, kommt auch eine Haftung gem. §§ 311 Abs. 2, 241 Abs. 2, 280 Abs. 1 (Verschulden bei Vertragsverhandlungen) in Betracht.[30]

19   *Marburger* AcP 173 (1973), 137 ff.; HKK/*Schermaier* BGB §§ 116–124 Rn. 89; MüKoBGB/*Armbrüster* § 120 Rn. 4; *Bork* BGB AT Rn. 1361; *Medicus* BGB AT Rn. 748; *Petersen* Jura 2006, 660 (661).

20   HKK/*Schermaier* BGB §§ 116–124 Rn. 89.

21   HKK/*Schermaier* BGB §§ 116–124 Rn. 90; vgl. auch BGH NJW 2008, 2702 (2704 f.).

22   Vgl. *Hoffmann* NJW 2001, Beilage zu Heft 14, S. 3, 9.

23   Staudinger/*Singer*, Bearbeitung 2017, BGB § 120 Rn. 5; vgl. Soergel/*Hefermehl* BGB § 120 Rn. 5; RGRK/*Krüger-Nieland* BGB § 120 Rn. 4.

24   BeckOK BGB/*Wendtland* § 120 Rn. 6; vgl. *Fritzsche/Malzer* DNotZ 1995, 3 (13 f.); *Ultsch* NJW 1997, 3007 (3009).

25   MüKoBGB/*Armbrüster* § 120 Rn. 5; BeckOK BGB/*Wendtland* § 120 Rn. 6.

26   MüKoBGB/*Armbrüster* § 120 Rn. 6; BeckOK BGB/*Wendtland* § 120 Rn. 6; aA bei Mehrdeutigkeit RGRK/*Krüger-Nieland* BGB § 120 Rn. 4; vgl. auch Soergel/*Hefermehl* BGB § 120 Rn. 7 f.

27   RGRK/*Krüger-Nieland* BGB § 120 Rn. 8; Erman/*Arnold* BGB § 120 Rn. 6; BeckOK BGB/*Wendtland* § 120 Rn. 7; PWW/*Ahrens* BGB § 120 Rn. 5.

28   Hk-BGB/*Dörner* § 120 Rn. 5.

29   Staudinger/*Singer*, Bearbeitung 2017, BGB § 120 Rn. 1 f.; Erman/*Arnold* BGB § 120 Rn. 8.

30   Erman/*Arnold* BGB § 120 Rn. 8.

Bei einer **bewussten Falschübermittlung** sollen nach herrschender Auffassung, anders als hier vertreten **13**
(→ Rn. 6), nicht § 120 und § 122 eingreifen. Danach hat der **Empfänger** der verfälschten Erklärung stattdessen die Wahl, ob er den **Boten** in entsprechender Anwendung des § 179 Abs. 1 auf Erfüllung oder Schadensersatz in Anspruch nehmen will, sofern der Geschäftsherr die Erklärung nicht genehmigt (→ Rn. 5).
Die bewusste Verfälschung durch den Boten oder einen **Dritten** (zB durch einen Hacker) kann ferner deliktische Ansprüche des Empfängers begründen.[31] Eine Haftung des **Erklärenden** gem. §§ 311 Abs. 2, 241
Abs. 2, 280 Abs. 1 (Verschulden bei Vertragsverhandlungen) gegenüber dem Empfänger kommt in Betracht,
wenn er schuldhaft einen unzuverlässigen Boten ausgewählt hat.[32]

Die Haftung des **Boten** gegenüber dem **Geschäftsherrn** richtet sich nach dem Innenverhältnis (zB Auftrag, **14**
Geschäftsbesorgungsvertrag, Provider-Vertrag, Gefälligkeit).[33] Unter besonderen Umständen können auch
deliktische Ansprüche, vor allem aus § 826, gegeben sein.[34]

Die Haftung der Anbieter von **Telekommunikationsdienstleistungen** ist spezialgesetzlich geregelt (§ 44 a **15**
TKG; vgl. ferner §§ 8 ff. TDG aF). Sie wird regelmäßig beschränkt.[35]

C. Weitere praktische Hinweise

Die Darlegungs- und **Beweislast** trägt auch im Rahmen des § 120 grundsätzlich der Anfechtende (vgl. all- **16**
gemein → § 119 Rn. 80). Er muss darlegen und im Bestreitensfall beweisen, dass die Anfechtungsvoraussetzungen vorlagen und dass er seine Willenserklärung fristgerecht angefochten hat. Beruft sich der Erklärende auf eine bewusste Verfälschung des Boten (→ Rn. 5 f.) oder darauf, dass der Empfänger die Erklärung
trotz des Übermittlungsfehlers richtig verstanden hat (→ Rn. 9), erstreckt sich die Darlegungs- und Beweislast auf diese für ihn günstigen Behauptungen. Macht er dagegen geltend, die Erklärung sei erst im Machtbereich des Empfängers verfälscht worden (zB durch die unrichtige Weitergabe des Empfangsboten), richtet
sich die Darlegungs- und Beweislast nach der Risikoverteilung (vgl. dazu → Rn. 4). Sie obliegt dem Erklärenden für die unverfälschte Übermittlung in den Einflussbereich des Empfängers und dann dem Empfänger
(gegenbeweislich) dafür, dass die Erklärung bei ihm nicht verfälscht worden ist.[36]

Anwendbar ist § 120 auch auf Willenserklärungen, die auf den Abschluss von **Fernabsatzverträgen** **17**
gerichtet sind. Hier hat die Vorschrift allerdings auf Seiten der Verbraucher kaum Bedeutung, weil für sie
die Ausübung des Widerrufsrechts gem. § 312 g iVm §§ 355 ff. günstiger ist. Der Widerruf muss, anders als
die Anfechtung, nicht unverzüglich (§ 121 Abs. 1 S. 1) erklärt werden, sondern es gilt eine Frist von zwei
Wochen (§ 355 Abs. 2). Außerdem löst er im Gegensatz zur Anfechtung keine Schadensersatzpflicht (§ 122)
aus.[37] Bedeutung hat § 120 bei Fernabsatzverträgen eher für den Unternehmer.[38]

§ 121 Anfechtungsfrist

(1) ¹**Die Anfechtung muss in den Fällen der §§ 119, 120 ohne schuldhaftes Zögern (unverzüglich)**
erfolgen, nachdem der Anfechtungsberechtigte von dem Anfechtungsgrund Kenntnis erlangt hat.
²**Die einem Abwesenden gegenüber erfolgte Anfechtung gilt als rechtzeitig erfolgt, wenn die Anfech-**
tungserklärung unverzüglich abgesendet worden ist.

(2) Die Anfechtung ist ausgeschlossen, wenn seit der Abgabe der Willenserklärung zehn Jahre ver-
strichen sind.

A. Allgemeines 1
B. Regelungsgehalt 3
   I. Anwendungsbereich 3
   II. Ausschlussfrist des Abs. 1 4
      1. Kenntnis vom Anfechtungsgrund 4

    2. Unverzüglichkeit der Anfechtung
      (Abs. 1 S. 1) 9
    3. Unverzügliche Absendung (Abs. 1 S. 2) .. 15
   III. Ausschlussfrist des Abs. 2 17
C. Weitere praktische Hinweise 18

---

31 BeckOK BGB/*Wendtland* § 120 Rn. 8; vgl. RGRK/
   Krüger-Nieland BGB § 120 Rn. 11.
32 Erman/*Arnold* BGB § 120 Rn. 8.
33 MüKoBGB/*Armbrüster* § 120 Rn. 8; BeckOK BGB/
   Wendtland BGB § 120 Rn. 8; PWW/*Ahrens* BGB § 120
   Rn. 6.
34 Erman/*Arnold* BGB § 120 Rn. 9.

35 Vgl. Palandt/*Ellenberger* BGB § 120 Rn. 5; Erman/
   Arnold BGB § 120 Rn. 9.
36 BeckOK BGB/*Wendtland* § 120 Rn. 9; PWW/*Ahrens*
   BGB § 120 Rn. 7.
37 BeckOK BGB/*Wendtland* § 120 Rn. 1; vgl. *Hoffmann*
   NJW 2001, Beilage zu Heft 14, S. 3, 8.
38 Vgl. den Sachverhalt in OLG Frankfurt/M. MMR
   2003, 405 = MDR 2003, 677.

A. Allgemeines

1 Hat sich der Erklärende bei der Abgabe einer Willenserklärung gem. § 119 geirrt oder ist die Erklärung gem. § 120 unrichtig übermittelt worden, führt das nicht zu ihrer Nichtigkeit, sondern nur zur **Anfechtbarkeit**. Der Erklärende hat die freie Wahl, ob er die Willenserklärung durch eine Anfechtung rückwirkend vernichten will (§ 142 Abs. 1), verbunden mit einer möglichen Schadensersatzpflicht (§ 122), oder ob er sie trotz des Willensmangels gelten lassen möchte (vgl. allgemein → § 143 Rn. 1). Diese Entscheidung kann der Erklärungsgegner rechtlich nicht beeinflussen. Er kann dem Erklärenden weder eine Frist setzen, anders als etwa in Bezug auf die Entscheidung des gesetzlichen Vertreters seines minderjährigen Vertragspartners, ob er dessen Erklärung genehmigen will (vgl. § 108 Abs. 2; s. dazu → § 108 Rn. 10 ff.), noch steht ihm ein Widerrufsrecht zu (vgl. § 109 Abs. 1; s. dazu → § 109 Rn. 2 ff.). Der **Schwebezustand** darf indessen vor allem in seinem Interesse, aber auch im Interesse des allgemeinen Verkehrsschutzes, nicht zu lange dauern.[1] Der Anfechtungsberechtigte soll nicht auf Kosten des Anfechtungsgegners spekulieren können, ob sich die Umstände zukünftig so zu seinen Gunsten ändern, dass er seine Erklärung besser gelten lässt.[2] Deshalb muss er die Erklärung, wenn er sie vernichten will, unverzüglich anfechten, nachdem er Kenntnis vom Anfechtungsgrund erlangt hat (Abs. 1 S. 1). Ohne Rücksicht auf seine Kenntnis ist die Anfechtung ausgeschlossen, wenn seit der Abgabe der Willenserklärung zehn Jahre verstrichen sind (Abs. 2).

2 Die subjektive Anfechtungsfrist des Abs. 1 („unverzüglich") und die objektive Ausschlussfrist[3] des Abs. 2 (zehn Jahre) sind von Amts wegen zu berücksichtigende **Ausschlussfristen**. Mit ihrem Ablauf erlischt das Anfechtungsrecht. Eine verspätet erklärte Anfechtung ist unwirksam.[4]

B. Regelungsgehalt

I. Anwendungsbereich

3 Die Ausschlussfristen des § 121 gelten nur für die **Anfechtung** wegen **Irrtums** (§ 119) und wegen **unrichtiger Übermittlung** (§ 120). Bei einer Anfechtung wegen Täuschung oder Drohung (§ 123) sind die Fristen des § 124 einschlägig.[5] **Spezialregelungen** wie zB § 1954 Abs. 1, 3 und 4 (Anfechtung der Annahme oder Ausschlagung einer Erbschaft) können abweichende Anfechtungsfristen vorsehen.[6] Geht es allerdings um die Anfechtung der Anfechtungserklärung der Annahme oder Ausschlagung der Erbschaft sowie der Versäumung der Ausschlagungsfrist (§ 1956), gelten die Fristen des § 121 und nicht diejenigen des § 1954.[7]

II. Ausschlussfrist des Abs. 1

4 **1. Kenntnis vom Anfechtungsgrund.** Die Ausschlussfrist des Abs. 1 S. 1 beginnt zu laufen, wenn der Anfechtungsberechtigte Kenntnis vom Anfechtungsgrund, also dem Irrtum gem. § 119 oder der Falschübermittlung gem. § 120, erlangt hat. Außerdem setzt der **Fristbeginn** voraus, dass der Anfechtungsberechtigte die Person des Anfechtungsgegners (§ 143; s. dazu → § 143 Rn. 13 ff.) kennt, damit er seine fehlerhafte Willenserklärung wirksam anfechten kann.[8]

5 Erforderlich ist die **positive Kenntnis** des Anfechtungsberechtigten von den **Tatsachen**, welche die Anfechtbarkeit nach § 119 oder § 120 begründen.[9] Bloße Vermutungen oder Zweifel, ob ein Anfechtungsgrund vorliegt, genügen nicht.[10] Ebenso wenig reicht die bloße Vorstellung vom Vorliegen eines Anfechtungsgrundes oder die fahrlässige Unkenntnis – das Kennenmüssen – aus.[11] Grundsätzlich trifft den Anfechtungsberechtigten auch keine Pflicht, sich erst durch besondere Nachforschungen Kenntnis über

1   MüKoBGB/*Armbrüster* § 121 Rn. 1 f.; Erman/*Arnold* BGB § 121 Rn. 1; BeckOK BGB/*Wendtland* § 121 Rn. 1; Palandt/*Ellenberger* BGB § 121 Rn. 1.
2   Vgl. Prot. I, S. 113 = *Mugdan* I, S. 718 f.
3   So die Terminologie bei HKK/*Schermaier* BGB §§ 116–124 Rn. 91.
4   Palandt/*Ellenberger* BGB § 121 Rn. 1; Erman/*Arnold* BGB § 121 Rn. 1; BeckOK BGB/*Wendtland* § 121 Rn. 1, 11; *Wolf/Neuner* BGB AT § 41 Rn. 26; vgl. RGZ 110, 19 (20), 34.
5   Hk-BGB/*Dörner* § 121 Rn. 1; Jauernig/*Mansel* BGB § 121 Rn. 1; BeckOK BGB/*Wendtland* § 121 Rn. 1.
6   Näher zu NK-BGB/*Ivo* § 1954 Rn. 19 ff.
7   BGH NJW 2015, 2729 (2730).
8   RGZ 124, 115 (118); Hk-BGB/*Dörner* § 121 Rn. 2; Jauernig/*Mansel* BGB § 121 Rn. 2.

9   Vgl. RGZ 134, 25 (32); BayObLG NJW-RR 1997, 72 (74); Erman/*Arnold* BGB § 121 Rn. 2; BeckOK BGB/*Wendtland* § 121 Rn. 2.
10 BGH DB 1961, 1021; WM 1973, 750 (751); BAG NJW 1984, 446 (447); OLG Bamberg WM 1994, 194 (196); BayObLG NJW-RR 1998, 797 (798); Palandt/*Ellenberger* BGB § 121 Rn. 2; MüKoBGB/*Armbrüster* § 121 Rn. 2; BeckOK BGB/*Wendtland* § 121 Rn. 2; PWW/*Ahrens* BGB § 121 Rn. 3.
11 Soergel/*Hefermehl* BGB § 121 Rn. 3; MüKoBGB/*Armbrüster* § 121 Rn. 6; Erman/*Arnold* BGB § 121 Rn. 2; BeckOK BGB/*Wendtland* § 121 Rn. 2; PWW/*Ahrens* BGB § 121 Rn. 3.

mögliche Anfechtungsgründe zu verschaffen.[12] Andererseits wird die Frist des Abs. 1 S. 1 nicht erst dann in Gang gesetzt, wenn alle Zweifelsfragen geklärt sind. Der Berechtigte muss nicht vollständig von der Wahrheit des ihm mitgeteilten oder bekannt gewordenen Sachverhalts überzeugt sein, der die Anfechtung begründet.[13] Nach dem Sinn und Zweck des § 121 genügt es vielmehr, dass die Mitteilung zuverlässig ist und kein Anlass zu ernsthaften, vernünftigen Zweifeln daran besteht.[14] Eine bloße Behauptung des Erklärungsgegners erfüllt diese Voraussetzungen allerdings in der Regel nicht.[15] Enthält eine **zuverlässige Mitteilung** dagegen ernst zu nehmende Hinweise auf einen Anfechtungsgrund gem. § 119 oder § 120, muss der Berechtigte ihnen nachgehen, soweit ihm entsprechende Nachforschungen zumutbar sind; dann trifft ihn ausnahmsweise eine Nachforschungspflicht bzw. -obliegenheit.[16] Gegebenenfalls muss er zunächst vorsorglich anfechten (**Eventualanfechtung**).[17] Der Berechtigte hat die erforderliche Tatsachenkenntnis auch, wenn er fälschlicherweise meint, er brauche nicht anzufechten, weil ein Dissens vorliege; in diesem Fall irrt er sich nur über die Anfechtungsbedürftigkeit (vgl. zum Rechtsirrtum noch → Rn. 12).[18]

Die Kenntnis seines **Stellvertreters** muss der Vertretene gem. § 166 Abs. 1 grundsätzlich gegen sich gelten lassen. In Bezug auf den Beginn der Anfechtungsfrist des Abs. 1 S. 1 ist allerdings nach der Reichweite der Vertretungsmacht zu differenzieren. Erstreckt sie sich nicht auf die Ausübung des Anfechtungsrechts, beginnt die Anfechtungsfrist erst zu laufen, sobald der Vertretene Kenntnis vom Anfechtungsgrund erlangt hat. Ist der Vertreter dagegen auch zur Anfechtung berechtigt, wird seine Kenntnis dem Vertretenen zugerechnet. Die Frist läuft dann ab der Kenntniserlangung des Vertreters oder des Vertretenen.[19] **6**

Gibt es **mehrere Anfechtungsberechtigte**, beginnt die Frist für jeden Anfechtungsberechtigten erst mit seiner Kenntniserlangung zu laufen. Die Kenntnis eines Berechtigten ist den anderen Berechtigten insoweit grundsätzlich nicht zuzurechnen (vgl. auch → § 143 Rn. 10).[20] **7**

Hat der Berechtigte **mehrere Anfechtungsgründe**, ist die Anfechtungsfrist für jeden einzelnen Grund eigenständig zu berechnen. Der Fristbeginn gem. Abs. 1 S. 1 richtet sich nach der Kenntnis des jeweiligen Grundes. Hat der Berechtigte seine Anfechtung auf eine bestimmte tatsächliche Begründung gestützt, kann er daher keine weiteren Anfechtungsgründe nachschieben, soweit für sie die Ausschlussfrist des Abs. 1 bereits abgelaufen ist (näher zum Nachschieben von Anfechtungsgründen → § 143 Rn. 9).[21] **8**

2. Unverzüglichkeit der Anfechtung (Abs. 1 S. 1). Abs. 1 S. 1 sieht im Unterschied zu anderen Vorschriften (§§ 124 Abs. 1, 1954 Abs. 1 u. 3) keine starre, für alle Fälle gleichermaßen geltende Anfechtungsfrist vor. Stattdessen muss die Anfechtung unverzüglich, dh ohne schuldhaftes Zögern erklärt werden. „Unverzüglich" bedeutet nicht „sofort".[22] Der Anfechtungsberechtigte muss nicht etwa stets schon am Tag nach der Kenntniserlangung anfechten.[23] Er darf sich vielmehr vergewissern, ob wirklich ein Anfechtungsgrund vorliegt. Außerdem darf er das Für und Wider einer Anfechtung, vor allem die schadensersatzrechtlichen Folgen (§ 122), prüfen. Dazu darf er gegebenenfalls Rechtsrat einholen.[24] Die Länge der zulässigen Überlegungsfrist bestimmt sich daher nach den **Umständen des konkreten Einzelfalles**. Der Anfechtungsberechtigte zögert erst dann schuldhaft, wenn sein Zuwarten mit der Anfechtung nicht durch die Umstände des Falles geboten ist.[25] **9**

Die Unverzüglichkeit der Anfechtung bestimmt sich demnach unter angemessener Berücksichtigung der berechtigten Belange beider Beteiligten.[26] Der wertausfüllungsbedürftige Rechtsbegriff „ohne schuldhaftes **10**

12 Staudinger/*Singer*, Bearbeitung 2017, BGB § 121 Rn. 4; BeckOK BGB/*Wendtland* § 121 Rn. 2.
13 BayObLG NJW-RR 1998, 797 (798); Palandt/*Ellenberger* BGB § 121 Rn. 2; Erman/*Arnold* BGB § 121 Rn. 2; BeckOK BGB/*Wendtland* § 121 Rn. 2; PWW/*Ahrens* BGB § 121 Rn. 3; vgl. auch KG NJW-RR 2004, 941 (942).
14 BGH DB 1967, 1807; Erman/*Arnold* BGB § 121 Rn. 2; BeckOK BGB/*Wendtland* § 121 Rn. 2.
15 Soergel/*Hefermehl* BGB § 121 Rn. 3.
16 Ebenso RGRK/*Krüger-Nieland* BGB § 121 Rn. 10; Erman/*Arnold* BGB § 121 Rn. 2; vgl. auch PWW/*Ahrens* BGB § 121 Rn. 3.
17 BGH NJW 1968, 2099; 1979, 765; Palandt/*Ellenberger* BGB § 121 Rn. 2; RGRK/*Krüger-Nieland* BGB § 121 Rn. 10; Erman/*Arnold* BGB § 121 Rn. 2.
18 Erman/*Arnold* BGB § 121 Rn. 2; vgl. RGZ 134, 25 (32); BeckOK BGB/*Wendtland* § 121 Rn. 2.
19 BGH MDR 1965, 646; RGRK/*Krüger-Nieland* BGB § 121 Rn. 13; Erman/*Arnold* BGB § 121 Rn. 2.
20 BeckOK BGB/*Wendtland* § 121 Rn. 3; PWW/*Ahrens* BGB § 121 Rn. 3.
21 BGH NJW 1966, 39; MüKoBGB/*Armbrüster* § 121 Rn. 3; BeckOK BGB/*Wendtland* § 121 Rn. 4; vgl. BAG AP Nr. 5 zu § 119 BGB; RGRK/*Krüger-Nieland* BGB § 121 Rn. 2.
22 RGZ 124, 115 (118); OLG Oldenburg NJW 2004, 168.
23 Staudinger/*Singer*, Bearbeitung 2017, BGB § 121 Rn. 9; MüKoBGB/*Armbrüster* § 121 Rn. 7; insoweit nicht verallgemeinerungsfähig RGZ 64, 159 (163); vgl. auch BeckOK BGB/*Wendtland* § 121 Rn. 7.
24 Vgl. RGZ 124, 115 (117); 156, 334, 336; OLG Oldenburg NJW 2004, 168; Staudinger/*Singer*, Bearbeitung 2017, BGB § 121 Rn. 9; RGRK/*Krüger-Nieland* BGB § 121 Rn. 6; Erman/*Arnold* BGB § 121 Rn. 4; PWW/*Ahrens* BGB § 121 Rn. 5.
25 RGZ 124, 115 (118); vgl. BGH DB 1962, 600 f.
26 Soergel/*Hefermehl* BGB § 121 Rn. 7; BeckOK BGB/*Wendtland* § 121 Rn. 7; vgl. Hk-BGB/*Dörner* § 121 Rn. 3; Palandt/*Ellenberger* BGB § 121 Rn. 3.

Zögern" wird durch eine **Interessenabwägung** konkretisiert.[27] Dem Interesse des Anfechtungsberechtigten, die vor allem hinsichtlich der möglichen Schadensersatzpflichten bedeutsame Entscheidung über die Anfechtung hinreichend zu überdenken, steht das Interesse des Anfechtungsgegners gegenüber, den Schwebezustand der bloß vorläufig wirksamen Willenserklärung (auch im Interesse des allgemeinen Verkehrsschutzes) möglichst rasch zu beenden.[28]

11 Allgemein lässt sich wegen der Einzelfallbezogenheit und der Notwendigkeit einer Interessenabwägung nur sagen, dass die zulässige Überlegungsfrist umso länger ausfällt, je komplexer die rechtlichen und wirtschaftlichen Konsequenzen sind, die eine Anfechtung hätte. Daher ist die Frist etwa bei Dauerschuldverhältnissen tendenziell länger als bei Verträgen über einen einmaligen Leistungsaustausch.[29] Im Regelfall muss die Anfechtung innerhalb weniger Tage nach Erlangung der Kenntnis vom Anfechtungsgrund erklärt werden.[30] Da es stets auf den Einzelfall ankommt, lässt sich **keine generelle Obergrenze** festlegen.[31] Daher kann die Zwei-Wochen-Frist des § 626 Abs. 2 BGB, auf die vor allem bei der Anfechtung einer zum Abschluss eines Arbeitsvertrages führenden Willenserklärung abgestellt wird,[32] lediglich einen Anhaltspunkt dafür abgeben, wie lange eine Anfechtung höchstens noch unverzüglich sein kann;[33] keinesfalls kann sie als generelle Anfechtungsfrist herangezogen werden, innerhalb derer eine Anfechtung stets unverzüglich erfolgt. Eine Anfechtung mehr als drei Wochen nach Kenntnis des Anfechtungsgrundes dürfte regelmäßig nicht mehr unverzüglich sein,[34] es sei denn, dass sie krankheitsbedingt ist.[35]

12 Der Anfechtungsberechtigte darf zwar das Vorliegen eines Anfechtungsgrundes und das Für und Wider einer Anfechtung prüfen und gegebenenfalls in gebotener Eile Rechtsrat einholen, bevor er seine Willenserklärung anficht (→ Rn. 9). Will er aber vor der Anfechtung die **gerichtliche Klärung** seiner Ansprüche abwarten, ist die damit verbundene Verzögerung in aller Regel schuldhaft.[36] Gleiches gilt, wenn er erst zwei Monate nach Kenntniserlangung anficht, weil er der Ansicht war, der Vertrag sei wegen Dissenses nichtig, so dass es keiner Anfechtung bedürfe. In solchen und anderen Fällen eines **Rechtsirrtums**[37] ist dem Anfechtungsberechtigten regelmäßig eine vorbeugende Anfechtung (Eventualanfechtung; → Rn. 5) zumutbar.[38] Das Zögern ist nur dann nicht schuldhaft, wenn der Anfechtungsberechtigte dem Irrtum über die Anfechtungsbedürftigkeit nicht fahrlässig unterlegen ist.[39] Verspätet ist die Anfechtung auch, wenn die Verzögerung auf der Überlastung einer Behörde oder auf **Mängeln** der kaufmännischen **Organisation** beruht (vgl. dazu § 347 HGB).[40] Dagegen darf der Berechtigte vor der Anfechtung noch ein vordringliches Geschäft abschließen oder seine Rechte durch eine einstweilige Verfügung sichern,[41] um **größere Schäden** zu vermeiden.

13 § 121 verpflichtet den Anfechtungsberechtigten nicht, für die Anfechtungserklärung die schnellstmögliche **Übermittlungsart** (Telegramm,[42] Fax, E-Mail, SMS) zu wählen. Er verzögert die Anfechtung nicht schuldhaft, wenn er die Erklärung per Brief an den Anfechtungsgegner übermittelt. Nach Abs. 1 S. 2 reicht inso-

---

27 Vgl. BGH WM 1982, 511 (513); DB 1962, 600; RGRK/*Krüger-Nieland* BGB § 121 Rn. 6; vgl. allg. zur Konkretisierung wertausfüllungsbedürftiger Rechtsbegriffe (Generalklauseln, unbestimmte Rechtsbegriffe) durch eine normativ strukturierte Interessenabwägung *Feuerborn*, Sachliche Gründe im Arbeitsrecht, 2003, S. 103 ff. mwN.

28 BeckOK BGB/*Wendtland* § 121 Rn. 7; vgl. Staudinger/*Singer*, Bearbeitung 2017, BGB § 121 Rn. 9.

29 Vgl. BAG NJW 1980, 1302 (1303); OLG Hamm NJW-RR 1990, 523; BeckOK BGB/*Wendtland*, § 121 Rn. 7.1.

30 *Wolf/Neuner* BGB AT § 41 Rn. 26.

31 Dagegen für eine „maximale Zeitdauer von höchstens zwei Wochen" LG Frankfurt/M.v. 17.1.2011 – 2–24 S 185/10, Rn. 14; für eine „Frist von 2 Wochen nach ständiger Rechtsprechung" als „die Obergrenze" OLG Jena OLG-NL 2000, 37 (39).

32 BAG NJW 1980, 1302 (1303); vgl. BAG NJW 1991, 2723 (2726); MüKoBGB/*Armbrüster* § 121 Rn. 12; dem gegenüber gegen jede Heranziehung des § 626 Abs. 2 Soergel/*Hefermehl* BGB § 121 Rn. 7; *Picker* ZfA 1981, 1 (15 ff.), 103.

33 Allgemein (ohne Bezugnahme auf § 626 Abs. 2) für eine regelmäßige Obergrenze von zwei Wochen etwa

OLG Hamm NJW-RR 1990, 523; LG Wiesbaden 1.2.2018 – 9 O 164/17, juris Rn. 17; Palandt/*Ellenberger* BGB § 121 Rn. 3; für eine regelmäßige Obergrenze von etwa zwei Wochen für einen Erklärungsirrtum bei einer Internetauktion, die mit dem Ende der Bietzeit zu laufen beginnt, OLG Oldenburg NJW 2004, 168 (169).

34 Vgl. OLG Hamm NJW-RR 1990, 523; PWW/*Ahrens* BGB § 121 Rn. 5; vgl. auch BAG NZA 2007, 1227 (1228).

35 Vgl. *Wolf/Neuner* § 41 Rn. 27.

36 Erman/*Arnold* BGB § 121 Rn. 5.

37 Vgl. dazu RGZ 134, 25 (32); LAG Düsseldorf DB 1964, 1032; BayObLG NJW-RR 1997, 72 (74); DNotZ 1999, 78; Soergel/*Hefermehl* BGB § 121 Rn. 8.

38 MüKoBGB/*Armbrüster* § 121 Rn. 8; Soergel/*Hefermehl* BGB § 121 Rn. 8; BeckOK BGB/*Wendtland* § 121 Rn. 8.

39 RGRK/*Krüger-Nieland* BGB § 121 Rn. 8; vgl. Staudinger/*Singer*, Bearbeitung 2017, BGB § 121 Rn. 7, 9.

40 MüKoBGB/*Armbrüster* § 121 Rn. 9.

41 RGZ 124, 115 (117); Soergel/*Hefermehl* BGB § 121 Rn. 7; Palandt/*Ellenberger* BGB § 121 Rn. 3.

42 Vgl. Soergel/*Hefermehl* BGB § 121 Rn. 10.

weit die rechtzeitige Absendung aus. Dagegen genügt die Erklärung der Anfechtung in einer Klageschrift diesen Anforderungen nicht (näher dazu → Rn. 15).

Auf die **Erkennbarkeit des Irrtums** für den Erklärungsgegner kommt es bei § 121 nicht an. Hat dieser den **14** Irrtum bei Abgabe der Willenserklärung erkannt, handelt es sich nicht um einen Fall des Irrtums, sondern es gilt das wirklich Gewollte („falsa-demonstratio"-Grundsatz; näher dazu → § 133 Rn. 46). Erkennt der Gegner den Irrtum nachträglich, schließt das weder das Erfordernis der Anfechtung selbst noch die Einhaltung der Anfechtungsfrist aus, wenn der Anfechtungsberechtigte nicht an die Erklärung gebunden sein will. In solchen Fällen handelt der Erklärungsgegner ohne das Hinzutreten weiterer Umstände nicht arglistig (§ 242), wenn er sich auf die Verspätung der Anfechtung beruft.[43]

3. Unverzügliche Absendung (Abs. 1 S. 2). Da die Anfechtungserklärung eine einseitige empfangsbe- **15** dürftige Willenserklärung ist (→ § 143 Rn. 3), wird sie gem. § 130 Abs. 1 S. 1 erst mit dem Zugang beim Erklärungsgegner wirksam. Für die Anfechtung unter Abwesenden trifft Abs. 1 S. 2 insoweit eine abweichende Regelung, als es für die **Rechtzeitigkeit** – nicht für das Wirksamwerden – der Anfechtung nicht auf den Zeitpunkt des Zugangs, sondern der Absendung ankommt. Bei unverzüglicher Absendung erfolgt die Anfechtungserklärung rechtzeitig iSd Abs. 1 S. 1, auch wenn sie verspätet zugeht. Das setzt voraus, dass der Anfechtungsberechtigte nicht schuldhaft einen unzuverlässigen oder umständlichen Übermittlungsweg wählt. Er muss die Anfechtung zwar nicht per Telegramm, Fax, E-Mail oder SMS erklären (→ Rn. 13). Die Einreichung einer Klageschrift, welche die Anfechtungserklärung enthält, ist regelmäßig aber keine unverzügliche Absendung, weil sie dem Gegner nicht unmittelbar zugeht, sondern erst vom Gericht zugestellt wird (§§ 253, 271 ZPO) und weil diese Übermittlungsart mit einem erkennbaren Verzögerungsrisiko behaftet ist.[44]

Abs. 1 S. 2 betrifft nur das Verzögerungs-, **nicht** das **Verlustrisiko.** Geht die rechtzeitig abgesandte Anfech- **16** tungserklärung auf dem Übermittlungsweg verloren, wird sie mangels Zugangs beim Gegner nicht wirksam.[45] Der Anfechtende kann die rückwirkende Nichtigkeit (§ 142 Abs. 1) aber durch eine erneute unverzügliche Anfechtung erreichen.[46]

III. Ausschlussfrist des Abs. 2

Das Anfechtungsrecht erlischt gem. Abs. 2 **unabhängig von der Kenntnis** des Berechtigten vom Anfech- **17** tungsgrund, wenn seit der Abgabe der irrtumsbehafteten Willenserklärung zehn Jahre[47] verstrichen sind. Diese objektive Ausschlussfrist kann weder unterbrochen noch gehemmt werden. Sie wird nur gewahrt, wenn der Berechtigte die irrtumsbehaftete Willenserklärung unverzüglich nach Entdeckung des Irrtums anficht (Abs. 1 S. 1) und wenn die Anfechtungserklärung dem Anfechtungsgegner vor dem Ablauf der Zehn-Jahres-Frist **zugeht.** Die Regelung des Abs. 1 S. 2 ist nicht analog anwendbar.[48]

C. Weitere praktische Hinweise

Die Darlegungs- und **Beweislast** für das Vorliegen eines Anfechtungsgrundes trägt nach den allgemeinen **18** Regeln der Anfechtende.[49] In Bezug auf die Verspätung der Anfechtung, die gem. Abs. 1 oder 2 zur Unwirksamkeit der Anfechtung führt (→ Rn. 2), trifft sie dagegen den Anfechtungsgegner. Er muss darlegen und im Bestreitensfall beweisen, wann der Anfechtungsberechtigte Kenntnis vom Anfechtungsgrund erlangt und wann er angefochten hat,[50] im Fall des Abs. 1 S. 2 also den Zeitpunkt der Absendung und den des Zugangs.[51] Ist die Anfechtung danach verzögert erfolgt, muss wiederum der Anfechtungsberechtigte

43 Vgl. RGRK/*Krüger-Nieland* BGB § 121 Rn. 8; vgl. auch MüKoBGB/*Armbrüster* § 121 Rn. 4.

44 BGH NJW 1975, 39 m. krit. Anm. *Schubert* JR 1975, 152 f.; BGH WM 1981, 1302; BAG NZA 2007, 1227 (1228); BVerwG NJW 2010, 3048 (3050); Soergel/ *Hefermehl* BGB § 121 Rn. 10.

45 Vgl. BGHZ 101, 49 (52).

46 Vgl. Soergel/*Hefermehl* BGB § 121 Rn. 10; Erman/ *Arnold* BGB § 121 Rn. 5.

47 Die frühere 30-jährige Frist wurde durch das SchuldRModG an das neue Verjährungsrecht angepasst; vgl. zum Übergangsrecht Art. 229 EGBGB § 6 Rn. 65 ff.

48 Vgl. RGZ 110, 19 (34); Palandt/*Ellenberger* BGB § 121 Rn. 5; BeckOK BGB/*Wendtland* § 121 Rn. 10;

Staudinger/*Singer*, Bearbeitung 2017, BGB § 121 Rn. 14; MüKoBGB/*Armbrüster* § 121 Rn. 15; PWW/ *Ahrens* BGB § 121 Rn. 7; *Wolf/Neuner* BGB-AT § 41 Rn. 29.

49 BGH WM 1959, 348 f.; RGRK/*Krüger-Nieland* BGB § 121 Rn. 17.

50 RGZ 57, 358 (362); BGH WM 1959, 348 f.; 1983, 825, 826; BAG NJW 1980, 1302 (1303); Soergel/ *Hefermehl* BGB § 121 Rn. 12; PWW/*Ahrens* BGB § 121 Rn. 9; kritisch zur Beweislast bei einem non liquet in Bezug auf das Verstreichenlassen der Anfechtungsfrist *Arnold* AcP 209 (2009), 285 ff.

51 OLG München NJW-RR 1988, 497 (498); BeckOK BGB/*Wendtland* § 121 Rn. 12.

diejenigen Tatsachen darlegen und beweisen, aus denen sich ergibt, dass sein Zögern nicht schuldhaft war.[52] Ob ein bestimmtes Verhalten eine schuldhafte Verzögerung gem. Abs. 1 darstellt, ist dagegen eine revisible Rechtsfrage.[53]

19 Die **Legaldefinition der Unverzüglichkeit** in Abs. 1 S. 1 „ohne schuldhaftes Zögern" gilt nicht nur im BGB, sondern darüber hinaus in allen Rechtsbereichen.[54] Beispiele sind § 377 Abs. 1 und 3 HGB, § 92 Abs. 1 AktG, § 17 Abs. 1 S. 2 MuSchG,[55] § 216 Abs. 2 ZPO, § 44 S. 1 BRAO,[56] § 4 Abs. 2 S. 1 BORA,[57] § 23 Abs. 2 S. 1 und 3 VwVfG und § 26 Abs. Nr. 3, 2. Fall AsylG.[58] Im Zweifel gilt sie auch dann, wenn die Parteien den Begriff „unverzüglich" in einem Tarifvertrag,[59] in AGB[60] oder in einem anderen Rechtsgeschäft verwenden.[61]

20 Kann sich der Anfechtungsberechtigte innerhalb der tendenziell kurzen Fristen des Abs. 1 S. 1 keine hinreichende Klarheit über das Vorliegen eines Anfechtungsgrundes verschaffen, sollte er im Zweifel zunächst vorsorglich anfechten, damit sein Anfechtungsrecht nicht erlischt. Auf eine solche **Eventualanfechtung** verweisen Rechtsprechung und Lehre auch in den Fällen des Rechtsirrtums (→ Rn. 5 und 12).

§ 122 Schadensersatzpflicht des Anfechtenden

(1) Ist eine Willenserklärung nach § 118 nichtig oder auf Grund der §§ 119, 120 angefochten, so hat der Erklärende, wenn die Erklärung einem anderen gegenüber abzugeben war, diesem, andernfalls jedem Dritten den Schaden zu ersetzen, den der andere oder der Dritte dadurch erleidet, dass er auf die Gültigkeit der Erklärung vertraut, jedoch nicht über den Betrag des Interesses hinaus, welches der andere oder der Dritte an der Gültigkeit der Erklärung hat.

(2) Die Schadensersatzpflicht tritt nicht ein, wenn der Beschädigte den Grund der Nichtigkeit oder der Anfechtbarkeit kannte oder infolge von Fahrlässigkeit nicht kannte (kennen musste).

Literatur: *Clasen*, Die Haftung für Vertrauensschaden, NJW 1952, 14; *Fleckner/Vollmuth*, Geschäfte zu nicht marktgerechten Preisen (Mistrades) im außerbörslichen Handel, WM 2004, 1263; *Leßmann*, Schadensersatzpflicht nach Irrtumsanfechtung des Meistbietenden – BGH, NJW 1984, 1950, JuS 1986, 112; *Mankowski*, Selbstanfechtungsrecht des Erblassers beim Erbvertrag und Schadensersatzpflicht nach § 122 BGB, ZEV 1998, 46; *Prütting/Fischer*, Vertragsnahe gesetzliche Schuldverhältnisse: § 122 BGB, Jura 2016, 511.

A. Allgemeines 1
B. Regelungsgehalt 3
   I. Voraussetzungen der Schadensersatzpflicht
     (Abs. 1) 3

II. Umfang der Schadensersatzpflicht 9
III. Ausschluss und Minderung der Schadensersatzpflicht (Abs. 2) 14
C. **Weitere praktische Hinweise** 19

A. Allgemeines

1 Die Schadensersatzpflicht des § 122 ist der Preis, den der Irrende dafür zahlen muss, dass seine Scherzerklärung entgegen dem Gedanken des Verkehrsschutzes gem. § 118 nichtig ist (vgl. dazu → § 118 Rn. 2) oder dass er seine Willenserklärung unter den Voraussetzungen der §§ 119, 120 durch eine Anfechtung rückwirkend vernichtet hat (§ 142 Abs. 1). Da er nicht an den objektiven Erklärungstatbestand gebunden wird, den er selbst gesetzt hat, muss er zum Ausgleich demjenigen Erklärungsempfänger oder Dritten, der auf die Wirksamkeit der Erklärung vertraut hat, den daraus resultierenden Schaden ersetzen.[1] Der Erklärende trägt das Risiko für Mängel seiner Willenserklärung.[2] Nach der Nichtigkeit gem. § 118 oder der

---

52   Vgl. OLG München NJW-RR 1988, 497 (498); OLG Brandenburg NJW-RR 2002, 578 (580); Soergel/*Hefermehl* BGB § 121 Rn. 12.
53   Soergel/*Hefermehl* BGB § 121 Rn. 9; MüKoBGB/*Armbrüster* § 121 Rn. 13; RGRK/*Krüger-Nieland* BGB § 121 Rn. 9; vgl. RGZ 64, 159 (161); 124, 115, 118.
54   Palandt/*Ellenberger* BGB § 121 Rn. 3; Staudinger/*Singer*, Bearbeitung 2017, BGB § 121 Rn. 8; Jauernig/*Mansel* BGB § 121 Rn. 1; BeckOK BGB/*Wendtland* § 121 Rn. 6; PWW/*Ahrens* BGB § 121 Rn. 4.
55   BAG DB 1988, 2107 (zu § 9 Abs. 1 S. 1 Hs. 2 MuSchG aF).
56   Vgl. dazu etwa *Feuerich/Weyland* BRAO § 44 Rn. 6.

57   Vgl. dazu etwa *Römermann/Praß* BeckOK BORA § 4 Rn. 11.
58   VG Freiburg (Breisgau) v. 16.4.2019 – A 5 K 2488/18, juris Rn. 18.
59   Vgl. LAG Köln DB 1983, 1771 f.
60   Vgl. BGH NJW-RR 1994, 1108 (1109); OLG Bamberg NJW 1993, 2813 (2815); OLG Hamm NJW-RR 2004, 58 (59).
61   Vgl. RGZ 75, 354 (357).
1   Näher zur Entstehungsgeschichte des § 122 und zu anderen Regelungsmodellen HKK/*Schermaier* BGB §§ 116–124 Rn. 92 ff.
2   Den Risiko- bzw. Sphärengedanken betonen besonders *Canaris*, Die Vertrauenshaftung im deutschen Privatrecht, 1971, S. 479 ff., 532 ff.; *Flume* BGB AT Bd. 2, § 21, 7; MüKoBGB/*Armbrüster* § 122 Rn. 3.

Anfechtung besteht diese Verantwortlichkeit in der abgeschwächten Form der Schadensersatzpflicht fort.[3] Deshalb handelt es sich um eine **verschuldensunabhängige Haftung** nach dem **Veranlassungsprinzip**[4] und nicht um eine Haftung wegen Verschuldens bei Vertragsverhandlungen (culpa in contrahendo).[5]

§ 122 ist insoweit eine **Vertrauenshaftung**, als sie an das enttäuschte, schutzwürdige Vertrauen des Rechtsverkehrs in den Bestand einer Willenserklärung anknüpft. Kannte der geschädigte Erklärungsempfänger oder Dritte den Mangel der Willenserklärung oder musste er ihn zumindest kennen, tritt die Schadensersatzpflicht nach Abs. 2 nicht ein. Zwischen der unwirksamen Willenserklärung und dem Schaden muss ein **Kausalzusammenhang** bestehen, demzufolge der Schaden nicht eingetreten wäre, wenn der Geschädigte nicht auf die Wirksamkeit der Erklärung vertraut hätte (vgl. dazu noch → Rn. 8).[6]

B. Regelungsgehalt

I. Voraussetzungen der Schadensersatzpflicht (Abs. 1)

Der **unmittelbare Anwendungsbereich** des § 122 beschränkt sich nach dem klaren Wortlaut des Abs. 1 auf die Nichtigkeit einer Scherzerklärung gem. § 118 und die Anfechtung einer Willenserklärung aufgrund der §§ 119, 120. Dazu zählt auch die aufgrund eines Irrtums erfolgende Stornierung einer Gutschrift im Bankverkehr.[7] Andere Anfechtungen wie etwa nach § 123 oder andere Nichtigkeitsgründe wie etwa § 105 Abs. 1 erfasst § 122 nicht. Liegt neben §§ 118, 119 oder 120 noch ein anderer Nichtigkeits- oder Anfechtungsgrund vor, greift die Norm ebenfalls nicht ein. War zB die wegen eines Erklärungsirrtums angefochtene Willenserklärung schon formnichtig, muss der Anfechtende keinen Schadensersatz nach § 122 leisten.[8] Die Anwendung des § 122 kann durch **Spezialvorschriften** ausgeschlossen sein, wie zB gem. § 2078 Abs. 3 für die Testamentsanfechtung. Dieser Ausschluss gilt auch für die Anfechtung eines Erbvertrags durch den Erblasser.[9]

Darüber hinausgehend wird vertreten, § 122 enthalte – wie auch § 179 Abs. 2 – den allgemeinen Rechtsgrundsatz einer Vertrauenshaftung, die auf einem Mangel der eigenen Sphäre beruhe. Danach hat derjenige, der auf den Bestand einer Willenserklärung vertraut hat und darauf auch vertrauen durfte, einen Schadensersatzanspruch gegen den anderen Teil, wenn die Willenserklärung allein aus einem Grund unwirksam ist oder wird, der in der Sphäre des anderen Teils liegt.[10] Indessen lässt sich § 122 **kein** solcher **genereller Haftungstatbestand für „Mängel der eigenen Sphäre"** entnehmen,[11] und er wäre als eigenständige Anspruchsgrundlage auch nicht sehr scharf konturiert.

Stattdessen müssen im Einzelfall die Voraussetzungen einer **analogen Anwendung** des § 122 geprüft werden.[12] Sie liegen vor allem bei den sog. abhanden gekommenen Willenserklärungen vor, in denen mangels rechtsgeschäftlichen Handelns lediglich der **unrichtige Anschein einer Willenserklärung** gesetzt wird (vgl. dazu → § 130 Rn. 9). Sendet zB ein Angehöriger oder Angestellter die vom „Erklärenden" lediglich vorbereitete, aber noch nicht gem. § 130 Abs. 2 abgegebene Erklärung (Bsp.: Angebotsentwurf auf dem Schreibtisch) irrtümlich ab und vertraut der Empfänger auf ihren Bestand, ist die Interessenlage die gleiche

3 Vgl. *Wolf/Neuner* BGB AT § 41 Rn. 152.
4 BGH NJW 1969, 1380; Hk-BGB/*Dörner* § 122 Rn. 1; Palandt/*Ellenberger* BGB § 122 Rn. 1; Jauernig/*Mansel* BGB § 122 Rn. 2; Erman/*Arnold* BGB § 122 Rn. 1; BeckOK BGB/*Wendtland* § 122 Rn. 1; PWW/*Ahrens* BGB § 122 Rn. 1; Brox/*Walker* BGB AT § 18 Rn. 44; vgl. RGRK/*Krüger-Nieland* BGB § 122 Rn. 1; *Medicus* BGB AT Rn. 783; *Prütting/Fischer* Jura 2016, 511 (512); vgl. auch bereits RGZ 81, 395 (399); 94, 195, 197; aA Staudinger/*Singer*, Bearbeitung 2017, BGB § 122 Rn. 2: Risikoprinzip.
5 Vgl. Staudinger/*Singer*, Bearbeitung 2017, BGB § 122 Rn. 2, 20; Soergel/*Hefermehl* BGB § 122 Rn. 1, 7; *Wolf/Neuner* BGB AT § 41 Rn. 153 Fn. 307; anders HKK/*Schermaier* BGB §§ 116–124 Rn. 99: besonderer Tatbestand der c.i.c. im System der Erklärungshaftung.
6 Vgl. BeckOK BGB/*Wendtland* § 122 Rn. 5; Staudinger/*Singer*, Bearbeitung 2017, BGB § 122 Rn. 1.
7 Vgl. *Otto/Stierle* WM 1978, 538 (546 f.); Palandt/*Ellenberger* BGB § 122 Rn. 2; vgl. zur Anwendbarkeit des § 122 BGB im Falle der Vereinbarung außer-

borslicher Mistrade-Regeln BGH NJW-RR 2002, 1344 (1345); *Fleckner/Vollmuth* WM 2004, 1263 (1268 ff.)
8 Staudinger/*Singer*, Bearbeitung 2017, BGB § 122 Rn. 3; Erman/*Arnold* BGB § 122 Rn. 2, vgl. BeckOK BGB/*Wendtland* § 122 Rn. 2.
9 OLG München NJW 1997, 2331; BeckOK BGB/*Wendtland* § 122 Rn. 2; PWW/*Ahrens* BGB § 122 Rn. 2; vgl. Erman/*Arnold* BGB § 122 Rn. 2; vgl. allg. zum Anwendungsbereich der §§ 2078 ff. NK-BGB/*Fleindl* § 2078 Rn. 9 f.
10 So etwa MüKoBGB/*Armbrüster* § 122 Rn. 4; RGZ 170, 65 (69); vgl. ferner BGH WM 1986, 608 (610); *Canaris*, Die Vertrauenshaftung im deutschen Privatrecht, 1971, S. 532 ff.
11 Ebenso Palandt/*Ellenberger* BGB § 122 Rn. 2; Soergel/*Hefermehl* BGB § 122 Rn. 2; PWW/*Ahrens* BGB § 122 Rn. 2.
12 Vgl. Palandt/*Ellenberger* BGB § 122 Rn. 2; Erman/*Arnold* BGB § 122 Rn. 3; BeckOK BGB/*Wendtland* § 122 Rn. 3; im Erg. ähnlich differenzierend trotz der Annahme eines generellen Haftungstatbestandes MüKoBGB/*Armbrüster* § 122 Rn. 5 ff.

wie in den von § 122 geregelten Fällen. Der (vermeintliche) Erklärende wird mit der Schadensersatzpflicht zum Ausgleich dafür belastet, dass er, seinem subjektiven Willen entsprechend, nicht an den objektiven Erklärungsgehalt – den unrichtigen Schein einer Willenserklärung – gebunden ist.[13] Gleiches gilt für den versehentlich ausgeführten Sendebefehl im elektronischen Rechtsverkehr.[14] Fehlte dem Erklärenden das **Erklärungsbewusstsein** und hat er seine Willenserklärung analog § 119 Abs. 1 angefochten („Trierer Weinversteigerungsfall"; vgl. dazu → Vor § 116 Rn. 7, → § 119 Rn. 33), findet § 122 ebenfalls analoge Anwendung.[15] Unanwendbar ist § 122 dagegen mangels vergleichbarer Interessenlage, wenn der Empfänger auf die Erklärung eines geschäftsunfähigen Vertreters vertraut hat.[16] Das **Risiko der Geschäftsfähigkeit** trägt grundsätzlich der Erklärungsgegner, so dass eine Haftung des Vertretenen nur wegen Verschuldens bei Vertragsverhandlungen in Betracht kommt.[17] Bei der bewussten Falschübermittlung eines Boten haftet der Erklärende nicht (nur) wegen Verschuldens bei Vertragsverhandlungen, sondern verschuldensunabhängig unmittelbar aus § 122, weil § 120 nicht bloß die unbewusste Falschübermittlung erfasst (anders die hM; vgl. dazu → § 120 Rn. 5 f.).

6   Der zum Schadensersatz aus § 122 **Verpflichtete** ist derjenige, dessen Willenserklärung nach § 118 nichtig oder aufgrund der §§ 119, 120 wirksam angefochten wurde. Das ist der Erklärende oder der Vertretene im Falle der Stellvertretung.

7   **Anspruchsberechtigter** ist bei einer empfangsbedürftigen Willenserklärung gem. Abs. 1 S. 1, 1. Fall nur der Erklärungsempfänger. Das gilt auch bei einem Vertrag zugunsten Dritter.[18] Bei nicht empfangsbedürftigen Willenserklärungen wie zB einer Auslobung (§ 657) ist gem. Abs. 1 S. 1, 2. Fall jeder Dritte anspruchsberechtigt, der im Vertrauen auf den Bestand der Willenserklärung einen Schaden erlitten hat. Hierzu zählen auch amtsempfangsbedürftige Willenserklärungen.[19] Deshalb muss der Meistbietende bei der Zwangsversteigerung eines Grundstücks, der sein Gebot wegen Irrtums anficht, einem Gläubiger des Grundstückseigentümers gem. Abs. 1 den Vertrauensschaden ersetzen, wenn dieser auf die Wirksamkeit des Gebots vertraut und ihm daher nicht widersprochen hat.[20]

8   Die Unwirksamkeit der Willenserklärung verpflichtet den Erklärenden nur dann zum Schadensersatz, wenn der Geschädigte in schutzwürdiger Weise auf die Wirksamkeit der Erklärung vertraut hat. An diesem **Kausalzusammenhang**[21] fehlt es zunächst gem. Abs. 2, wenn der Geschädigte den Anfechtungs- oder Nichtigkeitsgrund kannte oder kennen musste (näher dazu → Rn. 14). Außerdem scheiden Ansprüche aus § 122 bei wechselseitigen Anfechtungen aus, weil keiner der beiden Vertragspartner geltend machen kann, er habe auf die Wirksamkeit des von ihm selbst angefochtenen Vertrages vertraut.[22]

II. Umfang der Schadensersatzpflicht

9   Der Anspruch ist gerichtet auf den Ersatz desjenigen Schadens, den der Erklärungsempfänger oder Dritte dadurch erleidet, dass er auf die Wirksamkeit der Willenserklärung vertraut hat. Zu ersetzen ist also nur der **Vertrauensschaden**, das **negative Interesse**. Der Geschädigte muss wirtschaftlich so gestellt werden, wie er stünde, wenn die Willenserklärung nicht abgegeben worden wäre.[23] Er hat also Anspruch auf Ersatz der **Kosten des Vertragsabschlusses** (Porto, Telefon, Reise zum Ort des Vertragsschlusses, Beurkundungsgebühren), der (begonnenen) **Durchführung des Vertrages** und der **eigenen Schadensersatzleistungen**, die er Dritten gegenüber erbringen muss, weil er sie wegen der Unwirksamkeit der Willenserklärung nicht beliefern kann.[24] Es kommt immer darauf an, ob dem Geschädigten der Vermögensnachteil dadurch ent-

13   Palandt/*Ellenberger* BGB § 122 Rn. 2; Erman/*Arnold* BGB § 122 Rn. 3; BeckOK BGB/*Wendtland* § 122 Rn. 3.1; Hk-BGB/*Dörner* § 122 Rn. 6; vgl. auch *Wolf/Neuner* BGB AT § 32 Rn. 18; für die unmittelbare Anwendung des § 122 MüKoBGB/*Armbrüster* § 122 Rn. 6.

14   *Taupitz/Kritter* JuS 1999, 839 (840).

15   Erman/*Arnold* BGB § 122 Rn. 3; vgl. auch *Habersack* JuS 1996, 585 (586); für die unmittelbare Anwendung des § 122 MüKoBGB/*Armbrüster* § 122 Rn. 5; für die verschuldensabhängige Haftung aus c.i.c. *Medicus* BGB AT Rn. 608.

16   Für die analoge Anwendung des § 122 aber MüKoBGB/*Armbrüster* § 122 Rn. 8; ebenso wohl *Prütting/Fischer* Jura 2016, 511 (520).

17   Erman/*Arnold* BGB § 122 Rn. 3; vgl. Hk-BGB/*Dörner* § 122 Rn. 6.

18   Soergel/*Hefermehl* BGB § 122 Rn. 3; Erman/*Arnold* BGB § 122 Rn. 4; BeckOK BGB/*Wendtland* § 122

Rn. 4; differenzierend MüKoBGB/*Armbrüster* § 122 Rn. 14 unter Verweis auf die Regeln der Drittschadensliquidation.

19   Palandt/*Ellenberger* BGB § 122 Rn. 3; Erman/*Arnold* BGB § 122 Rn. 4; BeckOK BGB/*Wendtland* § 122 Rn. 4; PWW/*Ahrens* BGB § 122 Rn. 4.

20   BGH NJW 1984, 1950 f.

21   Vgl. BeckOK BGB/*Wendtland* § 122 Rn. 5.

22   BeckOK BGB/*Wendtland* § 122 Rn. 5; vgl. Soergel/*Hefermehl* BGB § 122 Rn. 3.

23   RGZ 170, 281 (284); vgl. BGH NJW 1984, 1950 f.; 2004, 2601, 2601 f.; *Brox/Walker* BGB AT § 18 Rn. 46: Jauernig/*Mansel* BGB § 122 Rn. 3; RGRK/*Krüger-Nieland* BGB § 122 Rn. 7; Erman/*Arnold* BGB § 122 Rn. 5; PWW/*Ahrens* BGB § 122 Rn. 5.

24   Vgl. Soergel/*Hefermehl* BGB § 122 Rn. 4; MüKoBGB/*Armbrüster* § 122 Rn. 17; Erman/*Arnold* § 122 Rn. 5.

standen ist, dass er auf die Gültigkeit der Erklärung vertraut und sein Verhalten danach ausgerichtet hat. Daher umfasst der zu ersetzende Vertrauensschaden auch den **entgangenen Gewinn aus einem anderen Geschäft**, dessen Abschluss der Geschädigte im Vertrauen auf die Wirksamkeit des nichtigen oder vernichteten Geschäfts unterlassen hat.[25] Nicht unter § 122 fällt dagegen der entgangene Gewinn, den der Geschädigte bei der Durchführung des nichtigen oder vernichteten Geschäfts gemacht hätte; dieser gehört zum Erfüllungsschaden oder positiven Interesse. Deshalb hat zB der Auktionator einer Internet-Live-Auktion keinen Provisionsanspruch in Höhe von 3 % eines Gebotes aus § 122, wenn das Gebot wirksam angefochten worden ist.[26]

Entgegen einer alten Entscheidung des BGH[27] erfasst § 122 den Ersatz der **Prozesskosten**, wenn der Beklagte seine Willenserklärung erst nach Erhebung der Erfüllungsklage anficht, ohne dass der Kläger das vorher erkennen konnte, und deshalb die Klage abgewiesen wird. Hier ist das Vertrauen auf die Gültigkeit der Erklärung kausal für die Klageerhebung, und der Schaden ist erst durch die Anfechtung im Prozess entstanden, so dass die §§ 91 ff. ZPO nicht als vorrangige Regeln § 122 ausschließen.[28] **10**

Schließlich kann der Ersatzberechtigte, der im Vertrauen auf die Wirksamkeit der Erklärung bereits Leistungen an den Erklärenden erbracht hat, das **Geleistete** nach Abs. 1 zurückfordern. Dieser **Rückforderungsanspruch** besteht neben dem Bereicherungsanspruch aus § 812. Er hat den Vorteil, dass sich der Erklärende insoweit nicht auf den Wegfall der Bereicherung (§ 818 Abs. 3) berufen kann.[29] Der Ersatzberechtigte trägt also nicht das Risiko der zufälligen Verschlechterung oder des zufälligen Untergangs der von ihm erbrachten Leistung.[30] **11**

Die **Berechnung** des zu ersetzenden Schadens richtet sich nach den allgemeinen Schadensersatzregeln der §§ 249 ff. (zur Minderung oder zum Ausschluss des Anspruchs gem. § 254 analog → Rn. 15).[31] Danach kann der Schaden auch abstrakt berechnet werden.[32] Für die Bestimmung des zu ersetzenden Schadens kommt es auf den **Zeitpunkt** an, in dem der Berechtigte von der Nichtigkeit der Erklärung erfahren hat oder in dem er die Nichtigkeit bei Anwendung der erforderlichen Sorgfalt hätte erkennen können. Letzteres folgt aus Abs. 2 iVm § 142 Abs. 2.[33] **12**

Der Anspruch wird gem. Abs. 1 aE in seiner Höhe auf das Erfüllungsinteresse **begrenzt**. Der Geschädigte soll durch die Unwirksamkeit der Willenserklärung nicht besser gestellt werden, als er bei ihrer Wirksamkeit stünde. Die Höchstgrenze des Anspruchs aus Abs. 1 ist demnach der Zustand, der bei Gültigkeit der Erklärung und ordnungsgemäßer Erfüllung der versprochenen Leistung eingetreten wäre.[34] Der Ersatzberechtigte kann daher, wenn er an dem unwirksamen Geschäft zB nur 100 EUR verdient hätte, nicht den höheren Betrag von 200 EUR mit der Begründung ersetzt verlangen, er hätte ohne das Vertrauen auf das unwirksame Geschäft ein anderes, günstigeres Geschäft abgeschlossen und damit den höheren Gewinn von 200 EUR erzielt.[35] Hätte das unwirksame Geschäft dem Erklärungsempfänger überhaupt keinen wirtschaftlichen Vorteil gebracht, steht ihm auch kein Schadensersatz aus Abs. 1 zu.[36] **13**

III. Ausschluss und Minderung der Schadensersatzpflicht (Abs. 2)

Nach **Abs. 2** ist der Anspruch auf Schadensersatz ausgeschlossen, wenn der Geschädigte den Nichtigkeits- oder Anfechtungsgrund kannte oder kennen musste. Dann fehlt es am schutzwürdigen Vertrauen und an der Kausalität (vgl. bereits → Rn. 2 und 8). Eine **Kenntnis** in diesem Sinne liegt nur vor, wenn der Anfechtungsgegner zwar den Irrtum des Erklärenden, aber nicht auch seinen wahren Willen erkannt hat. Anderenfalls scheidet bereits eine Anfechtung aus, weil dann nach dem Vorrang der Auslegung anstelle des irrtümlich Erklärten das erkannte wirklich Gewollte gilt.[37] Das **Kennenmüssen** ist nach der für das gesamte Pri- **14**

---

25 RGZ 170, 281 (284); BGH NJW 1984, 1950 f.; 2004, 2601, 2601 f.; Erman/*Arnold* BGB § 122 Rn. 5; BeckOK BGB/*Wendtland* § 122 Rn. 7; PWW/*Ahrens* BGB § 122 Rn. 5.

26 OLG Koblenz VersR 2012, 320 (321).

27 BGH NJW 1962, 1670 (1671); ebenso OLG Celle OLGZ 1972, 193 (194); Soergel/*Hefermehl* BGB § 122 Rn. 4; *Prütting/Fischer* Jura 2016, 511 (516).

28 Staudinger/*Singer*, Bearbeitung 2017, BGB § 122 Rn. 14; Palandt/*Ellenberger* BGB § 122 Rn. 4; BeckOK BGB/*Wendtland* § 122 Rn. 8; PWW/*Ahrens* BGB § 122 Rn. 5; ebenso wohl RGRK/*Krüger-Nieland* BGB § 122 Rn. 8.

29 *Prütting/Fischer* Jura 2016, 511 (514).

30 Soergel/*Hefermehl* BGB § 122 Rn. 4; MüKoBGB/*Armbrüster* § 122 Rn. 18; Erman/*Arnold* BGB § 122

Rn. 6; BeckOK BGB/*Wendtland* § 122 Rn. 7; PWW/*Ahrens* BGB § 122 Rn. 5; *Wolf/Neuner* BGB AT § 41 Rn. 154.

31 BeckOK BGB/*Wendtland* § 122 Rn. 6; *Prütting/Fischer* Jura 2016, 511 (513); aA Staudinger/*Singer*, Bearbeitung 2017, BGB § 122 Rn. 19.

32 RGRK/*Krüger-Nieland* BGB § 122 Rn. 8.

33 RGRK/*Krüger-Nieland* BGB § 122 Rn. 8; Erman/*Arnold* § 122 Rn. 7.

34 RGZ 170, 281 (284).

35 Bsp. nach *Medicus* BGB AT Rn. 784.

36 BeckOK BGB/*Wendtland* § 122 Rn. 9.

37 Soergel/*Hefermehl* BGB § 122 Rn. 5; MüKoBGB/*Armbrüster* § 122 Rn. 21; Erman/*Arnold* BGB § 122 Rn. 9; BeckOK BGB/*Wendtland* § 122 Rn. 10; *Wolf/Neuner* BGB AT § 41 Rn. 153.

vatrecht geltenden Legaldefinition[38] des Abs. 2 aE gegeben, wenn der Geschädigte den Grund der Nichtigkeit – die Scherzerklärung gem. § 118 – oder den Grund der Anfechtbarkeit – den Irrtum gem. § 119 oder die Falschübermittlung gem. § 120 – infolge von **Fahrlässigkeit nicht kannte**. Der Anspruch wird nicht erst bei grober Fahrlässigkeit ausgeschlossen.[39] Es genügt bereits, dass tatsächliche Anhaltspunkte im konkreten Fall Zweifel daran wecken, ob die Willenserklärung irrtumsfrei zustande gekommen ist, und der Erklärungsempfänger diesen Zweifeln entgegen der im Verkehr erforderlichen Sorgfalt nicht durch eine Rückfrage beim Erklärenden nachgeht.[40]

15 Hat der **Geschädigte** den **Anfechtungsgrund** durch sein eigenes Verhalten **hervorgerufen**, ist umstritten, wie sich seine (Mit-)Verursachung auf den Anspruch aus Abs. 1 auswirkt. Kannte er den Anfechtungsgrund oder musste er ihn kennen, wird der Anspruch bereits gem. **Abs. 2** ausgeschlossen. Diese Norm ist lex specialis gegenüber § 254.[41] Außerdem kann der Anspruch aus Abs. 1 nach allgemeinen Grundsätzen wegen **Rechtsmissbrauchs gem. § 242** ausgeschlossen sein. Dazu genügt allerdings nicht die bloße (Mit-)Verursachung des Irrtums als solche,[42] sondern es müssen weitere Umstände hinzutreten, aufgrund derer die Geltendmachung des Anspruchs gegen Treu und Glauben verstößt. Rechtsmissbräuchlich handelt danach etwa, wer einen Flug im Internet mit einem offensichtlich viel zu niedrig angegebenen Preis nur deshalb bucht, um nach der online erfolgten Bestätigung eine „Vergleichssumme" für die Nichtinanspruchnahme des gebuchten Fluges zu kassieren.[43] Greift weder Abs. 2 noch § 242 ein, ist umstritten, ob die (Mit-)Verursachung des Irrtums durch den Geschädigten wegen **Mitverschuldens gem. § 254 Abs. 1 analog** zur Minderung oder sogar zum Ausschluss des Anspruchs führen kann. Zwar scheidet die unmittelbare Anwendung des § 254 aus, weil der Anspruch aus Abs. 1 verschuldensunabhängig ist.[44] Wegen der vergleichbaren Interessenlage kann die Vorschrift aber analog angewendet werden, so dass der Anspruch je nach dem Grad der **Mitveranlassung** zu mindern ist oder ganz entfällt.[45] Hat der Geschädigte den Nichtigkeits- oder Anfechtungsgrund dagegen **schuldhaft herbeigeführt**, steht dem Erklärenden ein Schadensersatzanspruch wegen Verschuldens bei Vertragsverhandlungen (§§ 311 Abs. 2, 241 Abs. 2, 280 Abs. 1) zu. Dieser Gegenanspruch wird durch § 122 nicht berührt.[46]

16 Im Wesentlichen unstreitig ist demgegenüber die (analoge) Anwendbarkeit des **§ 254 Abs. 2**. Verletzt der Geschädigte seine **Schadensminderungspflicht**, wird der Anspruch aus Abs. 1 entsprechend gemindert.[47]

17 Der Anspruch aus Abs. 1 unterliegt wegen der Begrenzung auf das Erfüllungsinteresse keiner längeren **Verjährung** als der Anspruch, den der Ersatzberechtigte bei Wirksamkeit der Erklärung aus dem jetzt nichtigen Geschäft hätte.[48] Die Verjährungshöchstfrist bestimmt sich nach § 199 Abs. 3 (näher dazu → § 199 Rn. 87 ff.).[49]

18 **Neben** dem Anspruch aus Abs. 1 können Ansprüche aus **Delikt** (§§ 823 ff.) und vor allem wegen **Verschuldens bei Vertragsverhandlungen** (§§ 311 Abs. 2, 241 Abs. 2, 280 Abs. 1) bestehen.[50] Der letztgenannte

---

38 Vgl. Palandt/*Ellenberger* BGB § 122 Rn. 5; BeckOK BGB/*Wendtland* § 122 Rn. 10.
39 So aber HKK/*Schermaier* BGB §§ 116–124 Rn. 99.
40 Vgl. RGZ 104, 191 (194); BGH NJW 1990, 387 (388); NJW-RR 1992, 1005 (1006); Soergel/*Hefermehl* BGB § 122 Rn. 5; RGRK/*Krüger-Nieland* BGB § 122 Rn. 4; BeckOK BGB/*Wendtland* § 122 Rn. 10; vgl. auch differenzierend MüKoBGB/*Armbrüster* § 122 Rn. 21.
41 Soergel/*Hefermehl* BGB § 122 Rn. 6; Palandt/*Ellenberger* BGB § 122 Rn. 5; RGRK/*Krüger-Nieland* BGB § 122 Rn. 6; BeckOK BGB/*Wendtland* § 122 Rn. 10; vgl. dagegen HKK/*Schermaier* BGB §§ 116–124 Rn. 98 ff.: Abwägung der Verschuldens- bzw. Verursachungsbeiträge im Rahmen des § 122.
42 So noch RGZ 81, 395 (399).
43 OLG München NJW 2003, 367.
44 Vgl. *Flume* BGB AT Bd. 2, § 21, 7.
45 BGH NJW 1969, 1380; Hk-BGB/*Dörner* § 122 Rn. 4; Soergel/*Hefermehl* BGB § 122 Rn. 6; Palandt/*Ellenberger* BGB § 122 Rn. 5; Jauernig/*Mansel* BGB § 122 Rn. 4; RGRK/*Krüger-Nieland* BGB § 122 Rn. 6; BeckOK BGB/*Wendtland* § 122 Rn. 6; *Wolf/Neuner* BGB AT § 41 Rn. 153; vgl. Erman/*Arnold* § 122 Rn. 10; für einen völligen Ausschluss der Haftung des Irrenden nach § 122: Staudinger/*Singer*,

Bearbeitung 2012, BGB § 122 Rn. 19; aA MüKo-BGB/*Armbrüster* § 122 Rn. 23; *Medicus* BGB AT Rn. 786; anders auch HKK/*Schermaier* BGB §§ 116–124 Rn. 98 ff.: Abwägung der Verschuldens- bzw. Verursachungsbeiträge im Rahmen des § 122.
46 Staudinger/*Singer*, Bearbeitung 2017, BGB § 122 Rn. 19; Soergel/*Hefermehl* BGB § 122 Rn. 8; BeckOK BGB/*Wendtland* § 122 Rn. 4; vgl. BGH NJW 1969, 1380; RGRK/*Krüger-Nieland* BGB § 122 Rn. 6: Wegfall des Anspruchs aus § 122 Abs. 1.
47 RGZ 116, 15 (19); Soergel/*Hefermehl* BGB § 122 Rn. 6; Palandt/*Ellenberger* BGB § 122 Rn. 5; RGRK/*Krüger-Nieland* BGB § 122 Rn. 6; BeckOK BGB/*Wendtland* § 122 Rn. 6; PWW/*Ahrens* BGB § 122 Rn. 7.
48 BGHZ 49, 77 (83); 57, 191, 196; BGH NJW 1972, 630; Soergel/*Hefermehl* BGB § 122 Rn. 6; RGRK/*Krüger-Nieland* BGB § 122 Rn. 9; BeckOK BGB/*Wendtland* § 122 Rn. 11.
49 Jauernig/*Mansel* BGB § 122 Rn. 2.
50 AA für den Anspruch wegen Verschuldens bei Vertragsverhandlungen *Früh* JuS 1995, 125; ebenso wohl *Prütting/Fischer* Jura 2016, 511 (516); abw. auch HKK/*Schermaier* BGB §§ 116–124 Rn. 99: § 122 als besonderer Tatbestand der c.i.c.

Anspruch setzt, ebenso wie derjenige aus § 823 und anders als derjenige aus Abs. 1, ein Verschulden des Erklärenden voraus und ist in seiner Höhe nicht auf das Erfüllungsinteresse begrenzt.[51]

C. Weitere praktische Hinweise

Die Anordnung der Ersatzpflicht in § 122 ist **nicht zwingend**. Sie kann durch individuelle Parteivereinbarung abbedungen werden.[52] Ein Ausschluss in Allgemeinen Geschäftsbedingungen ist hingegen gem. § 307 Abs. 1 S. 1, Abs. 2 Nr. 1 wegen Verstoßes gegen das Veranlassungsprinzip (dazu → Rn. 1), das den wesentlichen Grundgedanken der gesetzlichen Regelung bildet, unwirksam.[53]   **19**

Der **Geschädigte** trägt die Darlegungs- und **Beweislast** für alle Tatsachen, die seinen Anspruch aus Abs. 1 begründen. Daher muss er darlegen und im Bestreitensfall beweisen, dass die Erklärung gem. § 118 nichtig oder gem. §§ 119, 120 angefochten ist, dass er Erklärungsempfänger oder Dritter ist, dass ihm der geltend gemachte Schaden in der geltend gemachten Höhe entstanden ist und dass dieser Schaden auf seinem Vertrauen in die Wirksamkeit der nichtigen oder angefochtenen Willenserklärung beruht. Der **Erklärende** muss hingegen diejenigen Tatsachen darlegen und beweisen, die einen Ausschluss oder eine Minderung des Anspruchs begründen. Das können sein die Kenntnis oder das Kennenmüssen des Geschädigten in Bezug auf den Unwirksamkeitsgrund gem. Abs. 2, die niedrigere Höhe des Erfüllungsinteresses gem. Abs. 1 aE und die gem. § 254 analog zu berücksichtigende Mitverursachung des Irrtums oder Verletzung der Schadensminderungspflicht (vgl. dazu → Rn. 14 ff.).[54]   **20**

§ 123 Anfechtbarkeit wegen Täuschung oder Drohung

(1) Wer zur Abgabe einer Willenserklärung durch arglistige Täuschung oder widerrechtlich durch Drohung bestimmt worden ist, kann die Erklärung anfechten.

(2) ¹Hat ein Dritter die Täuschung verübt, so ist eine Erklärung, die einem anderen gegenüber abzugeben war, nur dann anfechtbar, wenn dieser die Täuschung kannte oder kennen musste. ²Soweit ein anderer als derjenige, welchem gegenüber die Erklärung abzugeben war, aus der Erklärung unmittelbar ein Recht erworben hat, ist die Erklärung ihm gegenüber anfechtbar, wenn er die Täuschung kannte oder kennen musste.

Literatur: *Annuß*, Das Allgemeine Gleichbehandlungsgesetz im Arbeitsrecht, BB 2006, 1629; *Arnold*, Die arglistige Täuschung im BGB, JuS 2013, 865; *Asgari*, Datenschutz im Arbeitsverhältnis, DB 2017, 1325; *Boemke*, Fragerecht des Arbeitnehmers nach Mitgliedschaft im Arbeitgeberverband?, NZA 2004, 142; *Boemke/Danko*, AGG im Arbeitsrecht, 2007; *Braun*, Fragerecht und Auskunftspflicht – Neue Entwicklungen in Gesetzgebung und Rechtsprechung, MDR 2004, 64; *Büchler*, Die Anfechtungsgründe des § 123 BGB, JuS 2009, 976; *Derleder*, Die Rechte des über Fehler der Kaufsache getäuschten Käufers, NJW 2001, 1161; *Ebers*, Beeinflussung und Manipulation von Kunden durch Behavioral Microtargeting – Verhaltenssteuerung durch Algorithmen aus der Sicht des Zivilrechts, MMR 2018, 423; *Eggert*, Arglistiges Verhalten beim Gebrauchtwagenkauf, DAR 2015, 43; *Ehrich*, Fragerecht des Arbeitgebers bei Einstellungen und Folgen der Falschbeantwortung, DB 2000, 421; *Eschenbacher*, Datenerhebung im arbeitsrechtlichen Vertragsanbahnungsverhältnis, 2008; *Fischer*, Anfechtung von Willenserklärungen im Mietrecht, NZM 2005, 567; *Fischinger*, Die arbeitsrechtlichen Regelungen des Gendiagnostikgesetzes, NZA 2010, 65; *Fleischer*, Konkurrenzprobleme um die culpa in contrahendo: Fahrlässige Irreführung versus arglistige Täuschung, AcP 200 (2000), 91; *Fuhlrott*, Der Begriff der Behinderung im AGG: Nationale Folgen der europäischen Begriffskorrektur, ArbR 2014, 307; *Genenger*, Begrenzung genetischer Untersuchungen und Analysen im Arbeitsrecht, AuR 2009, 285; *Grigoleit*, Neuere Tendenzen zur schadensrechtlichen Vertragsaufhebung, NJW 1999, 900; *Hamann*, Bewerberauswahl und Arbeitgeberkündigung im Lichte des Allgemeinen Gleichbehandlungsgesetzes, Jura 2007, 641; *Hammer/Oberlinger*, Neuausrichtung des Kirchlichen Arbeitsrechts oder Ende eines Sonderwegs – eine Zwischenbilanz; ZTR 2019, 127; *Hampe/Köhlert*, Branchenverzeichnisse im Internet – Arglistige Täuschung durch wettbewerbswidrige Formularschreiben?, MMR 2012, 722; *Hanau*, Das allgemeine Gleichbehandlungsgesetz (arbeitsrechtlicher Teil) zwischen Bagatellisierung und Dramatisierung, ZIP 2006, 2189; *Hausmann*, Die Reaktion auf Willensmängel beim Arbeitsvertragsschluss, 2008; *Heyers*, Anfechtung von Verträgen zugunsten Dritter, Jura 2012, 539; *Hitzig*, Das Fragerecht des Arbeitgebers gegenüber Arbeitnehmern mit Sonderkündigungsschutz, 2008; *Hunold*, Die Frage des Arbeitgebers nach der Verfügbarkeit von Bewerbern, DB 2000, 573; *ders.*, Ausgewählte Rechtsprechung zur Gleichbehandlung im Betrieb (1. Teil) – Personalgewinnung, laufendes Arbeitsentgelt, Zulagen, NZA-RR 2006, 561; *Immenga*, Der Begriff des „Dritten" nach

---

51 Hk-BGB/*Dörner* § 122 Rn. 5; Palandt/*Ellenberger* BGB § 122 Rn. 6; MüKoBGB/*Armbrüster* § 122 Rn. 13; Erman/*Arnold* BGB § 122 Rn. 11; BeckOK BGB/*Wendtland* § 122 Rn. 12; PWW/*Ahrens* BGB § 122 Rn. 8; für eine Begrenzung auf das Erfüllungsinteresse wegen § 122 Abs. 1 hingegen Soergel/*Hefermehl* BGB § 122 Rn. 7; differenzierend Staudinger/*Singer*, Bearbeitung 2017, BGB § 122 Rn. 20 f.

52 Soergel/*Hefermehl* BGB § 122 Rn. 2; RGRK/*Krüger-Nieland* BGB § 122 Rn. 5.

53 *Prütting/Fischer* Jura 2016, 511 (512 f.); vgl. *Faust* BGB AT § 23 Rn. 13.

54 BeckOK BGB/*Wendtland* § 122 Rn. 13; vgl. Palandt/*Ellenberger* BGB § 122 Rn. 7; MüKoBGB/*Armbrüster* § 122 Rn. 27; RGRK/*Krüger-Nieland* BGB § 122 Rn. 10; PWW/*Ahrens* BGB § 122 Rn. 9.

§ 123 Abs. 2 BGB beim finanzierten Beitritt zu einer Abschreibungsgesellschaft, BB 1984, 5; *Iraschko-Luscher/Kiekenbeck*, Welche Krankheitsdaten darf der Arbeitgeber von seinem Mitarbeiter abfragen?, NZA 2009, 1239; *Jacobs*, Aktuelle Entwicklungen im deutschen und europäischen Antidiskriminierungsrecht, RdA 2018, 263; *Joussen*, Schwerbehinderung, Fragerecht und positive Diskriminierung nach dem AGG, NZA 2007, 174; *ders.*, § 9 AGG und die europäischen Grenzen für das kirchliche Arbeitsrecht, NZA 2008, 675; *ders.*, § 9 Abs. 1 AGG – Der EuGH und die Kirchenzugehörigkeit von Beschäftigten, EuZA 2018, 421; *Junker*, Gleichbehandlung und kirchliches Arbeitsrecht – Ein deutscher Sonderweg endet vor dem EuGH, NJW 2018, 1850; *Kamanabrou*, Die arbeitsrechtlichen Vorschriften des Allgemeinen Gleichbehandlungsgesetzes, RdA 2006, 321; *Karakatsanes*, Die Widerrechtlichkeit in § 123 BGB, 1974; *Klocke/Wolters*, Die Reichweite der Religionsfreiheit im Rahmen kirchlicher Arbeitsverhältnisse, BB 2018, 1460; *Knappmann*, Rechtliche Stellung des arglistigen Versicherungsnehmers, VersR 2011, 724; *v. Koppenfels-Spies*, Schwangerschaft und Schwerbehinderung – zwei weiterhin unbeliebte Fragen im Arbeitsrecht, AuR 2004, 43; *Kort*, Eignungsdiagnose von Bewerbern unter der Datenschutz-Grundverordnung (DS-GVO), NZA Beilage 2016, Nr. 2, S. 62; *Künzl*, Das Fragerecht des Arbeitgebers bei der Einstellung, ArbR 2012, 235; *Löhnig*, Vertragsaufhebung wegen „fahrlässiger Täuschung", JA 2003, 553; *Looschelders*, Aktuelle Probleme der vorvertraglichen Anzeigepflicht des Versicherungsnehmers, VersR 2011, 697; *v. Lübtow*, Zur Anfechtung von Willenserklärungen wegen arglistiger Täuschung, in: FS Bartholomeyczik 1973, S. 249; *Mankowski*, Arglistige Täuschung durch vorsätzlich falsche oder unvollständige Antworten auf konkrete Fragen, JZ 2004, 121; *Martens*, Wer ist „Dritter"? – Zur Abgrenzung der §§ 123 I und II 1 BGB, JuS 2005, 887; *ders.*, Das Anfechtungsrecht bei einer Drohung durch Dritte, AcP 207 (2007), 371; *Messingschlager*, „Sind Sie schwerbehindert?" – Das Ende einer (un)beliebten Frage, NZA 2003, 301; *Milthaler*, Das Fragerecht des Arbeitgebers nach den Vorstrafen des Bewerbers, 2005; *Müller*, Wer fragt, der führt oder Drum prüfe, wer sich ewig bindet – Das Fragerecht des Arbeitgebers, AiB 2007, 709; *Müller-Frank*, Täuschung durch Antragsteller und Wissen des vom Versicherer beauftragten Arztes, NVersZ 2001, 447; *Musielak*, Die Anfechtung wegen Irrtums, JuS 2014, 583; *Neuhaus*, Versicherungsvertrag – aktuelle Fragen der vorvertraglichen Anzeigepflichtverletzung, MDR 2010, 1360; *Notthoff*, Die spontane Anzeigepflicht des VN vor dem Hintergrund der aktuellen obergerichtlichen Rspr. – eine Bestandsaufnahme, r+s 2018, 169; *Ohlendorf/Schreier*, AGG-konformes Einstellungsverfahren – Handlungsanleitung und Praxistipps, BB 2008, 2458; *Pallasch*, Diskriminierungsverbot wegen Schwangerschaft bei der Einstellung, NZA 2007, 306; *Peters*, Die Rechtsfolgen der widerrechtlichen Drohung, JR 2006, 133; *Petersen*, Täuschung und Drohung im Bürgerlichen Recht, Jura 2006, 904; *Piontek*, Die Überlagerung der Arglistanfechtung durch § 19 VVG bei Verletzung der vorvertraglichen Anzeigeobliegenheit – ein ungelöstes Problem!, r+s 2019, 1; *Preis/Bender*, Recht und Zwang zur Lüge – Zwischen List, Tücke und Wohlwollen im Arbeitsleben, NZA 2005, 1321; *Schaub*, Ist die Frage nach der Schwerbehinderung zulässig?, NZA 2003, 299; *Schlachter*, Kopftuchverbot auf „Kundenwunsch"? – Die Religionsfreiheit als notwendiger Bestandteil der Rechtfertigungsprüfung im Diskriminierungsrecht, EuZA 2018, 173; *Schnabel*, Die Richtlinie 2000/78/EG und das kirchliche Arbeitsrecht in Deutschland, ZfA 2008, 413; *Schubert*, Unredliches Verhalten Dritter bei Vertragsschluß, AcP 168 (1968), 470; *Seel*, AGG – Schadensersatz für Diskriminierungen im Bewerbungsverfahren, MDR 2006, 1321; *Söhl*, Anfechtung und Abänderung von Arbeitsverträgen, ArbR 2014, 166; *Spindler/Seidel*, Die zivilrechtlichen Konsequenzen von Big Data für Wissenszurechnung und Aufklärungspflichten, NJW 2018, 2153; *Staudinger/Ewert*, Täuschung durch den Verkäufer, JA 2010, 241; *Stürmer*, Bewerbung und Schwangerschaft – Die Entscheidung des EuGH in der Rechtssache „Mahlburg", NZA 2001, 526; *Szech*, Die Anfechtung des Arbeitsvertrages durch den Arbeitgeber und das Allgemeine Gleichbehandlungsgesetz, 2012; *Thüsing/Lambrich*, Das Fragerecht des Arbeitgebers – aktuelle Probleme zu einem klassischen Thema, BB 2002, 1146; *Trümmer*, Das Fragerecht des Arbeitgebers, FA 2003, 34; *Wälzholz*, Die fehlerhafte stille Gesellschaft und deren Rückabwicklung – Ein Schrecken ohne Ende oder ein Ende mit Schrecken, DStR 2003, 1533; *Wege*, Religion im Arbeitsverhältnis – Freiheitsgarantien und Diskriminierungsschutz in Kooperation, 2007; *Wiese*, Gendiagnostikgesetz und Arbeitsleben, BB 2009, 2198; *Windel*, Welche Willenserklärungen unterliegen der Einschränkung der Täuschungsanfechtung gem. § 123 Abs. 2 BGB?, AcP 199 (1999), 421; *Wisskirchen*, Der Umgang mit dem Allgemeinen Gleichbehandlungsgesetz – Ein „Kochrezept" für Arbeitgeber, DB 2006, 1491; *Wisskirchen/Bissels*, Das Fragerecht des Arbeitgebers bei Einstellung unter Berücksichtigung des AGG, NZA 2007, 169.

A. Allgemeines	1	6. Arglist	61
B. Regelungsgehalt	4	7. Person des Täuschenden und Täuschungen durch Dritte (Abs. 2)	65
I. Anwendungsbereich	5	a) Allgemeines	65
1. Allgemeines	5	b) Täuschung durch einen Dritten	
2. Vorrangige Spezialregelungen	10	(Abs. 2 S. 1)	68
3. Weitere Ausschlussgründe	16	c) Anfechtung gegenüber dem Begünstigten (Abs. 2 S. 2)	72
4. Abweichende Sonderwertungen	19	III. Widerrechtliche Drohung (Abs. 1, 2. Fall)	79
II. Arglistige Täuschung (Abs. 1, 1. Fall, Abs. 2)	23	1. Drohung	80
1. Täuschungshandlung	24	2. Abgabe einer Willenserklärung	84
a) Vorspiegelung oder Entstellung von Tatsachen (Täuschung durch aktives Tun)	26	3. Kausalität Drohung – Abgabe der Willenserklärung	85
b) Verschweigen von Tatsachen (Täuschung durch Unterlassen)	30	4. Widerrechtlichkeit der Drohung	88
2. Irrtum	37	a) Widerrechtlichkeit des Mittels	89
3. Abgabe einer Willenserklärung	40	b) Widerrechtlichkeit des Zwecks	91
4. Kausalität Täuschung – Irrtum – Abgabe der Willenserklärung	41	c) Widerrechtlichkeit der Mittel-Zweck-Relation	92
5. Widerrechtlichkeit der Täuschung	44	5. Subjektiver Tatbestand	97
a) Ungeschriebenes Tatbestandsmerkmal	44	6. Person des Drohenden	99
b) Ausdrückliche gesetzliche Regelungen in Bezug auf die Rechtswidrigkeit	48	IV. Rechtsfolgen	100
c) Keine Rechtswidrigkeit der Täuschung bei fehlendem Fragerecht des Arbeitgebers	51	V. Konkurrenzen	101
		C. Weitere praktische Hinweise	109

A. Allgemeines

§ 123 hat vor allem den Zweck, die **Freiheit der rechtsgeschäftlichen Willensentschließung** zu schützen.[1] **1**
Darüber hinaus soll die Norm auch der Prävention unerwünschter, missbilligter Verhaltensweisen dienen.[2]
Anders als bei § 119 Abs. 1 und § 120 beruht die Anfechtbarkeit der Willenserklärung nicht darauf, dass ihr
Inhalt (unbewusst) vom zugrunde liegenden Willen des Erklärenden abweicht (vgl. dazu → § 119 Rn. 1). In
den Fällen des § 123 stimmen das Erklärte und das (manipulierte) Gewollte vielmehr überein. Der Fehler ist
bereits im Vorfeld der Willenserklärung, nämlich bei der Willensbildung, entstanden.[3] Solche Fehler sind
grundsätzlich unbeachtlich und berechtigen bloß ausnahmsweise, unter den engen Voraussetzungen des
§ 119 Abs. 2, zur Anfechtung (→ § 119 Rn. 63). Prinzipiell muss der Erklärende das Risiko tragen, dass er
seinen Willen korrekt bildet. Anders liegt das in den Fällen des § 123, weil der Erklärende in seiner freien,
privatautonomen Willensbildung und Willensentschließung durch äußere **Einwirkungen Dritter** beeinträchtigt worden ist, die ihm nicht verantwortlich zugerechnet werden können.[4] Da § 123 ausschließlich die
Entschließungsfreiheit und nicht (auch) das Vermögen schützt, muss – anders als bei den insoweit engeren
Straftatbeständen des § 263 StGB (Betrug) und des § 253 StGB (Erpressung) – durch die Täuschung oder
Drohung **kein Vermögensschaden** entstanden sein.[5]

Die Regelung des § 123 muss, ähnlich wie diejenige des § 119 (vgl. dazu → § 119 Rn. 2), sowohl die Inter- **2**
essen des getäuschten oder bedrohten Erklärenden als auch die des Rechtsverkehrs im Allgemeinen und des
Erklärungsempfängers im Besonderen berücksichtigen.[6] Die **Interessen des Getäuschten oder Bedrohten**
schützt § 123 vor allem dadurch, dass dieser seine Willenserklärung anfechten kann, wenn sie auf einem
fremdbeeinflussten Motivirrtum oder bestimmten Zwangseinwirkungen auf seine Willensbildung beruht.
Wie bei einer irrtumsbehafteten Willenserklärung (§§ 119, 120) kann er frei entscheiden, ob er sie gem.
§ 142 Abs. 1 rückwirkend vernichten oder ob er sie gelten lassen möchte. Daran zeigt sich zugleich, dass
ein Rechtsgeschäft, welches auf einer arglistigen Täuschung oder auf einer widerrechtlichen Drohung
beruht, nicht ohne Weiteres sittenwidrig und gem. § 138 Abs. 1 nichtig ist.[7] Anders als bei der Irrtumsanfechtung braucht der Getäuschte oder Bedrohte dem Erklärungsempfänger nicht gem. § 122 Abs. 1 den Vertrauensschaden zu ersetzen, weil er das Opfer unzulässiger Beeinflussungen seiner Entschließungsfreiheit
geworden ist.[8] Außerdem gilt nicht die kurze Anfechtungsfrist des § 121 („unverzüglich"), sondern die Jahresfrist des § 124.

Die **Interessen des Erklärungsgegners oder Erklärungsempfängers** werden berücksichtigt, indem eine **3**
Täuschung oder Drohung erst dann gem. § 123 zur Anfechtung berechtigt, wenn sie auf einer besonders
gearteten inneren Einstellung beruht, welche die zusätzlichen Voraussetzungen der Arglist oder Widerrechtlichkeit erfüllt.[9] Dieser Schutz genügt für den Regelfall, in dem der Erklärungsgegner oder Erklärungsempfänger der Täuschende oder Drohende ist. Hat dagegen ein Dritter die Drohung oder Täuschung verübt, differenziert § 123 bei empfangsbedürftigen Willenserklärungen, soweit es um den Vertrauensschutz des Empfängers geht. Keinen zusätzlichen Schutz gewährt die Vorschrift im Fall der **Drohung**. Eine Drohung
bedeutet nach der Wertung des Gesetzgebers einen so schweren Eingriff in die Entschließungsfreiheit, dass
sogar die Interessen eines unbeteiligten Geschäftsgegners zurücktreten müssen (vgl. auch → Rn. 99).[10]
Anders liegt es gem. Abs. 2 im Fall der **Täuschung** durch einen Dritten. Hier kann der Getäuschte nur
anfechten, wenn der Geschäftsgegner oder der durch die Willenserklärung Begünstigte die Täuschung des
Dritten kannte oder zumindest kennen musste (näher dazu → Rn. 68 ff.).

---

1 BGHZ 51, 141 (147); vgl. BGHZ 8, 348 (357); 25,
   217, 223; BAG NZA 2015, 676 (679); vgl. auch
   Motive I, S. 204 = *Mugdan* I, S. 465: „Die Rechtsordnung kann nicht gestatten, daß die freie Selbstbestimmung auf rechtsgeschäftlichem Gebiet in widerrechtlicher Weise beeinträchtigt wird."; krit. dazu
   HKK/*Schermaier* BGB §§ 116–124 Rn. 104 ff.
2 *Arnold* JuS 2013, 865 (866 f.), 870.
3 Vgl. Staudinger/*Singer*, Bearbeitung 2017, BGB
   § 123 Rn. 1.
4 *Wolf/Neuner* BGB AT § 41 Rn. 3; vgl. Soergel/*Hefermehl* BGB § 123 Rn. 1; Palandt/*Ellenberger* BGB
   § 123 Rn. 1; RGRK/*Krüger-Nieland* BGB § 123
   Rn. 1; Erman/*Arnold* BGB § 123 Rn. 1; BeckOK
   BGB/*Wendtland* § 123 Rn. 1.
5 BGHZ 51, 141 (147); vgl. BGH WM 1973, 560;
   NJW 1974, 1505 (1506); Soergel/*Hefermehl* BGB

§ 123 Rn. 1; RGRK/*Krüger-Nieland* BGB § 123
Rn. 1; Erman/*Arnold* BGB § 123 Rn. 1; *Medicus*
BGB AT Rn. 789.
6 Näher dazu sowie zur Entstehungsgeschichte und zu
   den Lösungen vor dem BGB HKK/*Schermaier*,
   §§ 116–124 Rn. 108 ff.
7 BGHZ 60, 102 (104 f.); BGH NJW 1988, 902 (903);
   2002, 2774, 2775; 2005, 2991, 2992; OLG Düsseldorf 3.7.2017 – I-4 U 146/14, juris Rn. 231; PWW/
   Ahrens BGB § 123 Rn. 1.
8 Vgl. *Wolf/Neuner* BGB AT § 41 Rn. 4.
9 BeckOK BGB/*Wendtland* § 123 Rn. 2; vgl. BGHZ 8,
   348 (357); 25, 217, 223 f.
10 *Wolf/Neuner* BGB AT § 41 Rn. 4; Erman/*Arnold*
   BGB § 123 Rn. 56; abw. MüKoBGB/*Armbrüster*
   § 123 Rn. 127 f.: Anspruch auf Ersatz des Vertrauensschadens gem. § 122 analog.

B. Regelungsgehalt

4 Die Anfechtbarkeit nach § 123 setzt zunächst die **Anwendbarkeit** der Vorschrift voraus (dazu → Rn. 5 ff.). Dann muss der Erklärende entweder durch **arglistige Täuschung** (dazu → Rn. 23 ff.) oder **widerrechtlich durch Drohung** (dazu → Rn. 79 ff.) zur Abgabe einer Willenserklärung bestimmt worden sein. Liegen diese Voraussetzungen vor, ist die Willenserklärung **anfechtbar** (dazu → Rn. 100). Daneben können dem Getäuschten oder Bedrohten **Schadensersatzansprüche** aus Delikt oder wegen Verschuldens bei Vertragsverhandlungen zustehen (dazu → Rn. 104).

I. Anwendungsbereich

5 **1. Allgemeines.** § 123 ist seinem Wortlaut nach zunächst auf alle Arten von (privatrechtlichen) **Willenserklärungen** anwendbar. Es kommt nicht darauf an, ob es sich um empfangsbedürftige oder nicht empfangsbedürftige, um ausdrückliche oder konkludente Willenserklärungen oder um einseitige Willenserklärungen handelt (→ § 119 Rn. 6).[11] Bei **gesetzlich fingierten Willenserklärungen** kommt eine analoge Anwendung der Anfechtungsregeln und damit auch des § 123 bloß ausnahmsweise in Betracht (vgl. ausf. → § 119 Rn. 7). Eine Anfechtung ist möglich, wenn das Schweigen innerhalb einer bestimmten Frist als Zustimmung oder Billigung fingiert wird und der Entschluss zum Schweigen durch eine Täuschung oder Drohung iSd § 123 hervorgerufen worden ist.[12] Auf **geschäftsähnliche Handlungen** wie zB Mahnungen ist § 123 wegen der Vergleichbarkeit der Interessenlage analog anwendbar.[13]

6 **Keine Anwendung** findet § 123, wenn das durch die Täuschung oder Drohung hervorgerufene Verhalten die Voraussetzungen einer Willenserklärung nicht erfüllt. Überschreitet die Beeinflussung die Grenzen des psychischen Zwangs – der vis compulsiva – und wird zu einem physischen unwiderstehlichen Zwang – zur **vis absoluta** –, liegt mangels Handlungswillens gar keine Willenserklärung vor (vgl. dazu → Vor § 116 Rn. 6). Dann scheidet eine Anfechtung nach § 123 aus (vgl. noch → Rn. 80).[14] Ebenso wenig ist § 123 auf bloße **Realakte** anwendbar.[15] Daher kann etwa der Widerruf einer ehrkränkenden Behauptung, der durch eine Täuschung oder Drohung herbeigeführt wurde, nicht angefochten werden. In einem solchen Fall kann allerdings ein Anspruch auf die Herausgabe des schriftlichen Widerrufs gem. § 1004 analog in Betracht kommen.[16]

7 Eine **Prozesshandlung** ist mangels ihres rechtsgeschäftlichen Charakters grundsätzlich nicht gem. § 123 anfechtbar. Etwas anderes gilt, wenn es sich, wie zB bei einem Prozessvergleich, gleichzeitig um ein materiellrechtliches Rechtsgeschäft handelt. Die erfolgreiche Anfechtung der materiellrechtlichen Willenserklärung (§§ 123, 142 Abs. 1) führt gem. § 139 analog auch zur Nichtigkeit der Prozesshandlung (näher dazu → § 119 Rn. 9; zur Anfechtbarkeit eines Vergleichs → Rn. 11).[17]

8 Im **öffentlichen Recht** finden die §§ 123 f. auf Vertragserklärungen bei öffentlich-rechtlichen Verträgen gem. §§ 59 Abs. 1, 62 VwVfG entsprechende Anwendung. Gleiches gilt für verwaltungsrechtliche Erklärungen von Bürgern gegenüber Behörden. Unanwendbar sind die §§ 123 f. bei Verwaltungsakten (vgl. dazu → § 119 Rn. 10).[18]

9 Die Anfechtbarkeit gem. § 123 setzt voraus, dass die unzulässige Beeinflussung der Entschließungsfreiheit den Erklärenden zur Bildung eines bestimmten Willens veranlasst hat, den er dann erklärt hat. Der „manipulierte" Wille und das Erklärte müssen **übereinstimmen** (→ Rn. 1). Daran fehlt es, wenn der Erklärende durch eine Drohung zur Abgabe einer Willenserklärung bestimmt werden soll, er diese Erklärung aber nur zum Schein abgibt, weil er glaubt, bereits dadurch das angedrohte Übel vermeiden zu können, ohne dass es noch auf den Eintritt der mit der Erklärung verbundenen Rechtsfolge ankommt. Bleibt der Vorbehalt unentdeckt, ist er nach § 116 S. 1 unbeachtlich, und der Bedrohte muss die Willenserklärung gem. Abs. 1 anfechten.[19] Bemerkt der Drohende dagegen in diesem – allerdings eher theoretischen – Fall, dass der Bedrohte die Erklärung insgeheim nicht abgeben will, ist die Erklärung **gem. § 116 S. 2 nichtig** (→ § 116 Rn. 2, 7 ff.).

---

11 Palandt/*Ellenberger* BGB § 123 Rn. 1; MüKoBGB/*Armbrüster* § 123 Rn. 3; RGRK/*Krüger-Nieland* BGB § 123 Rn. 4; BeckOK BGB/*Wendtland* § 123 Rn. 3.

12 BeckOK BGB/*Wendtland* § 123 Rn. 5; vgl. MüKoBGB/*Armbrüster* § 123 Rn. 11, Vor § 116 Rn. 12 ff.

13 Vgl. *Ulrici* NJW 2003, 2053 (2054 f.).

14 *Brox/Walker* BGB AT § 19 Rn. 21; Staudinger/*Singer*, Bearbeitung 2017, BGB § 123 Rn. 68; BeckOK BGB/*Wendtland* § 123 Rn. 3.

15 Palandt/*Ellenberger* BGB § 123 Rn. 1; BeckOK BGB/*Wendtland* § 123 Rn. 3.

16 BGH NJW 1952, 417; Staudinger/*Singer*, Bearbeitung 2017, BGB § 123 Rn. 2; RGRK/*Krüger-Nieland* BGB § 123 Rn. 4.

17 Vgl. BAG NZA 1998, 33 (34); 2010, 1250, 1253; 2015, 185; LAG BW 4.8.2015 – 3 Sa 46/14, juris Rn. 158; MüKoBGB/*Armbrüster* § 123 Rn. 4, § 119 Rn. 41; Erman/*Arnold* BGB § 123 Rn. 2.

18 Vgl. MüKoBGB/*Armbrüster* § 123 Rn. 11, § 119 Rn. 42 ff.; Erman/*Arnold* BGB § 123 Rn. 2.

19 Vgl. MüKoBGB/*Kramer* § 123 Rn. 127.

Diese erzwungene Erklärung muss nicht mehr gem. Abs. 1 angefochten werden.[20] Die Nichtigkeit schützt den Erklärenden grundsätzlich besser als die bloße Anfechtbarkeit.

2. Vorrangige Spezialregelungen. Vorrangige Spezialregelungen können die Anwendbarkeit der §§ 123 f. auf die Anfechtung privatrechtlicher Willenserklärungen ausschließen oder modifizieren. Solche Regelungen finden sich vor allem im **Familien- und Erbrecht**.[21] Beispiele sind die §§ 1314 Abs. 2 Nr. 3 und 4, 1315 Abs. 1 Nr. 4, 1317 (Eheschließung), § 1760 Abs. 2 lit. c und d (Annahme als Kind) und die §§ 2078, 2080 ff., 2281, 2283 (letztwillige Verfügungen). Auf die Anfechtung der zu einem Ehevertrag führenden Willenserklärungen ist § 123 anwendbar.[22] — **10**

Aufgrund der Spezialregelung des § 779 Abs. 1 ist die Irrtumsanfechtung bei einem **Vergleich** ausgeschlossen, soweit sich beide Parteien über einen Umstand irren, den sie im Vergleichsvertrag als feststehend zugrunde gelegt haben (→ § 119 Rn. 12). Dagegen kann ein arglistig Getäuschter seine zum Vergleichsabschluss führende Willenserklärung ohne eine derartige Einschränkung gem. § 123 anfechten. Es kommt ausschließlich darauf an, dass er den Vergleich ohne die arglistige Täuschung mit diesem Inhalt nicht abgeschlossen hätte.[23] Entsprechendes gilt für ein Schuldanerkenntnis.[24] — **11**

Wegen einer widerrechtlichen Drohung können die zum Abschluss eines **Versicherungsvertrages** führenden Willenserklärungen nur insoweit gem. § 123 angefochten werden, als nicht die spezielleren Vorschriften der §§ 19 ff. VVG (§§ 16 ff. VVG aF) eingreifen (vgl. auch → § 119 Rn. 14). Dagegen eröffnet § 22 VVG einem Versicherer grundsätzlich die Möglichkeit, den Versicherungsvertrag gem. § 123 anzufechten, wenn er vom Versicherungsnehmer arglistig getäuscht worden ist (näher dazu → Rn. 22).[25] — **12**

Im Anwendungsbereich des **Vermögensgesetzes** scheidet die Anfechtung gem. § 123 aus, weil dessen Restitutionsregelungen Vorrang zukommt. Das gilt auch dann, wenn die Anfechtung bereits vor dem Inkrafttreten des Vermögensgesetzes am 29.9.1990 erklärt worden ist.[26] — **13**

Im Unterschied zur Irrtumsanfechtung gem. § 119 Abs. 2 (vgl. dazu → § 119 Rn. 15 ff.) wird die Täuschungsanfechtung der zum Abschluss eines Kaufvertrages führenden Willenserklärungen gem. § 123 durch die **kaufrechtlichen Gewährleistungsvorschriften der §§ 437** ff. nicht ausgeschlossen.[27] Der Getäuschte kann wählen, ob er den Kaufvertrag rückwirkend vernichten oder Gewährleistungsansprüche geltend machen will. Im Vergleich zu einem Rücktritt gem. § 437 Nr. 2, 1. Fall ist die Anfechtung günstiger, wenn sich – wie im Regelfall – die Täuschung auch auf das Erfüllungsgeschäft bezieht. Die Anfechtung der Willenserklärungen zu beiden Verträgen führt dann zu einem dinglichen Herausgabeanspruch (§ 985), während der Rücktritt nur ein schuldrechtliches Rückgewährschuldverhältnis (§§ 346 ff.) begründet.[28] Die Anfechtung kann auch noch nach der Geltendmachung von Gewährleistungsrechten, selbst nach dem Rücktritt, erklärt werden.[29] Ist die Anfechtung erfolgt, scheiden Gewährleistungsansprüche allerdings wegen der Vernichtung des Kaufvertrages (§ 142 Abs. 1) aus.[30] Dieselben Grundsätze gelten für das Verhältnis der — **14**

---

20 BeckOK BGB/*Wendtland* § 123 Rn. 4; Jauernig/*Mansel*, § 116 Rn. 4; MüKoBGB/*Armbrüster* § 116 Rn. 14; vgl. Soergel/*Hefermehl*, § 116 Rn. 11; aA RGRK/*Krüger-Nieland*, § 116 Rn. 5: nur Anfechtbarkeit wegen des durch § 123 eröffneten Wahlrechts des Bedrohten.

21 Vgl. dazu *Petersen* Jura 2006, 904 (906 f.); *Röthel* Jura 2017, 1042 (1043 ff.) (Familienrecht); *dies.*, Jura 2017, 1183 (1185 ff.) (Erbrecht).

22 BGH NJW-RR 1996, 1281; PWW/*Ahrens* BGB § 123 Rn. 2.

23 BGH WM 1972, 1443 (1446); BAG NZA 1998, 33 (34); OLG Hamm NJW-RR 2016, 1412 (1413); LAG Köln 27.3.2012 – 12 Sa 811/11, Rn. 51; MüKoBGB/*Armbrüster* § 123 Rn. 4.

24 BAG NJW 2011, 630 (632), 633; OLG Koblenz 15.1.2014 – 5 U 1243/13, Rn. 8; OLG Hamm 26.2.2015 – I-18 U 82/14, 18 U 82/14; OLG Düsseldorf 3.7.2017 – I-4 U 146/14.

25 Vgl. MüKoBGB/*Armbrüster* § 123 Rn. 5; Erman/*Arnold* BGB § 123 Rn. 3; *Knappmann* VersR 2011, 724 (726); *Looschelders* VersR 2011, 697 (701); vgl. auch OLG Koblenz VersR 1992, 229; OLG Köln 2.12.2011 – 20 U 53/09, Rn. 69 ff.; OLG Köln VersR 2013, 487; OLG Karlsruhe NJW-RR 2013, 869; OLG Saarbrücken NJW-RR 2018, 1510; OLG Saarbrücken VersR 2018, 667; OLG Hamm 8.3.2017 – 20 U 9/17.

26 BGHZ 118, 34 (38 f.) mwN; Palandt/*Ellenberger* BGB § 123 Rn. 29; BeckOK BGB/*Wendtland* § 123 Rn. 40.

27 RGZ 96, 156 (157 f.); BGH NJW 1958, 177; OLG Saarbrücken NJW-RR 1989, 1211; *Brox/Walker* BGB AT § 19 Rn. 17; *Wolf/Neuner* BGB AT § 41 Rn. 120; *Medicus* BGB AT Rn. 809; Staudinger/*Singer*, Bearbeitung 2017, BGB § 123 Rn. 103; Hk-BGB/*Dörner* § 123 Rn. 14; Soergel/*Hefermehl* BGB § 123 Rn. 62; Palandt/*Ellenberger* BGB § 123 Rn. 29; MüKoBGB/*Armbrüster* § 123 Rn. 101; RGRK/*Krüger-Nieland* BGB § 123 Rn. 86; Erman/*Arnold* BGB § 123 Rn. 6; BeckOK BGB/*Wendtland* § 123 Rn. 40; PWW/*Ahrens* BGB § 123 Rn. 45; vgl. BGHZ 53, 144; 57, 137; 110, 220, 221 f.

28 *Brox/Walker* BGB AT § 19 Rn. 17.

29 Staudinger/*Singer*, Bearbeitung 2017, BGB § 123 Rn. 102 f.; MüKoBGB/*Armbrüster* § 123 Rn. 101; RGRK/*Krüger-Nieland* BGB § 123 Rn. 86; vgl. BGHZ 110, 220 (221 f.); OLG München NJW 1953, 424; OLG Hamburg MDR 1966, 49.

30 *Brox/Walker* BGB AT § 19 Rn. 17; *Wolf/Neuner* BGB AT § 41 Rn. 120; *Medicus* BGB AT Rn. 809; Staudinger/*Singer*, Bearbeitung 2017, BGB § 123 Rn. 103; Hk-BGB/*Dörner* § 123 Rn. 14; MüKoBGB/*Armbrüster* § 123 Rn. 101; RGRK/*Krüger-Nieland* BGB § 123 Rn. 86; Erman/*Arnold* BGB § 123 Rn. 6.

Anfechtung gem. § 123 zur Sach- und Rechtsmängelhaftung bei **Werk- und Mietverträgen** (§§ 633 ff., 536 ff.).[31]

15 Die Anfechtungsmöglichkeiten wegen Täuschung oder Drohung nach § 123 und wegen Irrtums nach **§ 119** schließen sich nicht gegenseitig aus, weil sie unterschiedliche Voraussetzungen und Rechtsfolgen haben.[32] Eine Frage der Auslegung ist es, ob eine Anfechtung nach § 123 zugleich eine solche nach § 119 enthält (vgl. dazu → § 143 Rn. 8).[33]

16 **3. Weitere Ausschlussgründe.** Das Recht zur Anfechtung gem. § 123 kann, ebenso wie dasjenige gem. §§ 119, 120, grundsätzlich **vertraglich ausgeschlossen** werden. Wird ein solcher Ausschluss im Voraus vereinbart, ist er allerdings dann nicht mit dem von § 123 BGB bezweckten Schutz der freien Selbstbestimmung vereinbar und deshalb unwirksam, wenn die Täuschung vom Geschäftspartner selbst oder von einer Person verübt wird, die nicht Dritte iSd § 123 Abs. 2 ist.[34] Ein Ausschluss in AGB verstößt regelmäßig gegen § 307 Abs. 2 Nr. 1 (→ § 119 Rn. 20). Die Vereinbarung eines Haftungsausschlusses für Mängel der Kaufsache ist gem. § 444 unwirksam, wenn der Verkäufer den Mangel arglistig verschwiegen hat.

17 Aufgrund der Disponibilität der §§ 119 ff. ist auch ein **Verzicht** auf das Anfechtungsrecht des § 123 möglich,[35] gem. § 307 Abs. 1 Nr. 2 allerdings regelmäßig nicht in AGB (→ § 119 Rn. 21). Ein Sonderfall des Verzichts ist die **Bestätigung** des anfechtbaren Rechtsgeschäfts gem. § 144 (→ § 144 Rn. 2).

18 Nach allgemeinen Grundsätzen kann das Anfechtungsrecht des § 123 gem. § 242 durch **Verwirkung**[36] erlöschen (vgl. dazu → § 124 Rn. 13). Es kann ferner wegen eines sonstigen **Verstoßes gegen Treu und Glauben** im Einzelfall ausgeschlossen sein. Einen solchen Verstoß gegen § 242 nimmt die Rechtsprechung an, wenn die arglistige Täuschung die Rechtsposition des Getäuschten im Zeitpunkt der Anfechtungserklärung nicht oder nicht mehr beeinträchtigt.[37] Danach kann der Getäuschte zB nicht mehr anfechten, wenn die Baugenehmigung, deren Fehlen ihm der Vertragspartner arglistig verschwiegen hatte, zwischenzeitlich erteilt worden ist,[38] oder wenn der Erklärende aufgrund der Täuschung sogar Vorteile erlangt hat. Indessen ist zu beachten, dass das bloße Fehlen eines Vermögensschadens allein noch keinen Verstoß der Anfechtung gegen § 242 begründen kann, weil § 123 einen Vermögensschaden gerade nicht voraussetzt (→ Rn. 1). War der Anfechtungsgrund im Zeitpunkt der Anfechtungserklärung bloß vorübergehend weggefallen und liegt er später, bei der Entscheidung über die Wirksamkeit der Anfechtung, wieder vor, weil zB die zwischenzeitlich erteilte Zulassung wieder entzogen worden ist, steht § 242 der Anfechtung nicht entgegen.[39]

19 **4. Abweichende Sonderwertungen.** Wie bei der Irrtumsanfechtung, so gelten auch bei der Täuschungs- und Drohungsanfechtung in bestimmten Rechtsgebieten besondere Wertungen, welche die Anfechtung ausschließen oder in ihren Wirkungen beschränken (vgl. dazu bereits → § 119 Rn. 23 ff.). Im **Arbeitsrecht** können zwar die zum Abschluss eines Arbeitsvertrages führenden Willenserklärungen gem. § 123 angefochten werden;[40] hier kommen vor allem arglistige Täuschungen des Arbeitnehmers über solche Umstände in Betracht, die für die Durchführung des Arbeitsverhältnisses von Bedeutung sind (näher dazu und zum Fragerecht des Arbeitgebers → Rn. 45 f., 51 ff.).[41] Die Anfechtung wirkt aber entgegen § 142 Abs. 1 grundsätzlich nicht zurück (keine ex-tunc-Wirkung), wenn das Arbeitsverhältnis bereits in Vollzug gesetzt worden ist, weil die Rückwirkung dann zu erheblichen Rückabwicklungsschwierigkeiten (§§ 812 ff.) führen würde und auch nicht den Interessen der Vertragsparteien entspräche. Erklärt der Arbeitgeber die Anfechtung, nachdem der Arbeitnehmer die ihm zugewiesene Arbeit aufgenommen hat, kommt der Anfechtung grundsätzlich nur noch die kündigungsähnliche Wirkung einer Auflösung des Arbeitsverhältnisses für die Zukunft zu (ex-nunc-Wirkung). Diese Einschränkung des § 142 Abs. 1 ist nach – allerdings bestrittener – Meinung nicht nur bei der Irrtums-, sondern auch bei der Täuschungsanfechtung zu beachten (näher dazu → § 142 Rn. 8).

---

31 Ausf. zur Anfechtung von Willenserklärungen im Mietrecht *Fischer* NZM 2005, 567 ff.

32 BGHZ 34, 32 (38); 78, 216, 221; BGH NJW-RR 1996, 1281 (1282); Palandt/*Ellenberger* BGB § 123 Rn. 28; Erman/*Arnold* BGB § 123 Rn. 4; BeckOK BGB/ *Wendtland* § 119 Rn. 14; PWW/*Ahrens* BGB § 123 Rn. 42.

33 Erman/*Arnold* BGB § 123 Rn. 4; vgl. BGH NJW 1979, 160 (161); 1981, 224, 225.

34 BGH NJW 2007, 1058 f.; 2012, 296; VersR 2012, 615 (617); MüKoBGB/*Armbrüster* § 123 Rn. 86.

35 Vgl. Erman/*Arnold* BGB § 123 Rn. 59.

36 Näher zur Verwirkung AnwK-BGB/*Krebs*, § 242 Rn. 99 ff.

37 Vgl. BGH WM 1977, 343 (344); 1983, 1055, 1056; OLG Frankfurt NJW-RR 1986, 1205 (1206); BAG BB 1988, 632; ebenso Palandt/*Ellenberger* BGB § 123 Rn. 25; MüKoBGB/*Armbrüster* § 123 Rn. 89; BeckOK BGB/*Wendtland* § 123 Rn. 39.

38 BGH WM 1983, 1055 (1056).

39 BGH NJW 1992, 2346 (2348); Palandt/*Ellenberger* BGB § 123 Rn. 25; MüKoBGB/*Armbrüster* § 123 Rn. 92; BeckOK BGB/*Wendtland* § 123 Rn. 39.

40 BAGE 5, 159 = BAG AP Nr. 2 zu § 123 BGB; AP Nr. 19 zu § 123 BGB = RdA 1976, 273; AP Nr. 40 zu § 123 BGB = NZA 1996, 371; AP Nr. 59 zu § 123 BGB; MHdB ArbR/*Benecke* § 34 Rn. 22; Schaub ArbR-HdB/*Linck* § 34 Rn. 23.

41 ErfK/*Preis* BGB § 611 a Rn. 359.

Im **Gesellschaftsrecht** gelten vergleichbare Wertungen. Sind Gesellschaftsverträge und Beitrittserklärungen **20** in Vollzug gesetzt, entfalten sie erhebliche Drittwirkungen. Deshalb können die entsprechenden Willenserklärungen grundsätzlich ebenfalls nur mit ex-nunc-Wirkung angefochten werden (näher dazu → § 142 Rn. 9). Das gilt zB auch für einen arglistig getäuschten stillen Gesellschafter, der sich als Massenanleger an einer AG beteiligt hat.[42]

Im **Wertpapierrecht** hat der Verkehrsschutz besondere Bedeutung, weil die Umlauffähigkeit von Inhaber- **21** und Orderpapieren gewährleistet werden muss. Deshalb kann ein Getäuschter oder Bedrohter die Anfechtbarkeit seiner Erklärung auf solchen umlauffähigen Papieren – vor allem auf Wechseln – einem gutgläubigen Erwerber nur entgegenhalten, wenn sich die Anfechtbarkeit aus dem Papier selbst ergibt (vgl. § 364 Abs. 2 HGB, Art. 16 Abs. 2, 17 WG, Art. 21, 22 ScheckG).

Im **Versicherungsrecht** hat das OLG Nürnberg früher vertreten, bei einer arglistigen Täuschung des Versi- **22** cherungsnehmers über eine Vorerkrankung bleibe die Leistungspflicht des Versicherers für solche Versicherungsfälle bestehen, die mit der verschwiegenen Erkrankung nichts zu tun hätten.[43] Diese Auffassung hat das Gericht im Jahr 2005 aufgegeben.[44] Nach aktueller Rechtsprechung kann der Versicherer seine Willenserklärung auf Abschluss des Versicherungsvertrages wegen arglistiger Täuschung gem. §§ 22 VVG, 123 Abs. 1, 1. Fall anfechten, wenn der Versicherungsnehmer Fragen im Versicherungsantrag objektiv falsch beantwortet und in subjektiver Hinsicht erkennt und billigt, dass der Versicherer seinen Antrag bei Kenntnis des wahren Sachverhalts gar nicht oder nur zu anderen Konditionen annehmen werde.[45] Unterschiedlich beurteilt wird nach der Neufassung der §§ 19 ff. VVG, ob dem Versicherer dieses Anfechtungsrecht auch zusteht, wenn der Versicherungsnehmer zwar einen gefahrerheblichen Umstand verschwiegen hat, aber nach § 19 Abs. 1 VVG keine Anzeigepflicht bestand, weil eine formgerechte Frage des Versicherers fehlte. Da § 22 VVG den § 123 und damit auch die entsprechenden zivilrechtlichen Grundsätze für anwendbar erklärt, leiten einige Autoren eine spontane Anzeigepflicht des Versicherungsnehmers aus §§ 311 Abs. 2, 241 Abs. 2, 242 (vorvertragliches Schuldverhältnis) her, deren praktische Bedeutung wegen der umfassenden Fragenkataloge – jedenfalls bei den Personenversicherungen – allerdings gering sei.[46] Die Rechtsprechung schränkt diese spontane Anzeigepflicht auf solche Umstände ein, die zwar offensichtlich gefahrerheblich, aber so ungewöhnlich sind, dass eine auf sie abzielende Frage nicht erwartet werden kann.[47]

II. Arglistige Täuschung (Abs. 1, 1. Fall, Abs. 2)

Nach Abs. 1, 1. Fall kann der Erklärende seine Willenserklärung anfechten, wenn er durch arglistige Täu- **23** schung zu ihrer Abgabe bestimmt worden ist. Das setzt vor allem eine **Täuschungshandlung** voraus. Wie im Fall des strafrechtlichen Betrugs (§ 263 StGB) muss der Täuschende beim Getäuschten einen Irrtum hervorrufen, aufrechterhalten oder bestärken, indem er falsche Tatsachen vorspiegelt oder wahre Tatsachen entstellt oder unterdrückt.[48] Im Unterschied zu § 263 StGB setzt § 123 jedoch weder einen Vermögensschaden beim Getäuschten voraus (→ Rn. 1) noch die Absicht rechtswidriger Bereicherung.[49] Außerdem muss die Täuschung, über den Wortlaut des Abs. 1, 1. Fall hinaus, **rechtswidrig** bzw. widerrechtlich sein (dazu → Rn. 44 ff.). Schließlich muss der Täuschende **arglistig** handeln (dazu → Rn. 61 ff.). Für die Täuschung durch **Dritte** finden sich Sonderregelungen in Abs. 2 (dazu → Rn. 65 ff.).

1. Täuschungshandlung. Eine Täuschungshandlung iSd § 123 kann begrifflich nur vorliegen, wenn der **24** Täuschende beim Erklärenden bewusst einen Irrtum hervorrufen oder aufrechterhalten will. Er muss die Irrtumserregung bezwecken, insoweit also vorsätzlich handeln. Dieser **Täuschungsvorsatz** ist begriffsnot-

42 *Wälzholz* DStR 2003, 1533 ff.
43 OLG Nürnberg VersR 1998, 217 = NJW RR 1998, 535; VersR 2000, 437; 2001, 1368; ähnlich KG Berlin VersR 1998, 1362.
44 OLG Nürnberg VersR 2006, 1627 f.; ebenso OLG Saarbrücken VersR 2001, 751 f.; ähnlich KG Berlin VersR 1998, 1362; vgl. auch BGH VersR 2005, 1065 f.m. krit. Anm. *Looschelders* JR 2006, 423 f.; Palandt/*Ellenberger* BGB § 123 Rn. 25.
45 BGH VersR 2004, 1297; 2007, 785; OLG Hamm 8.3.2017 – I-20 U 9/17, juris Rn. 21; vgl. OLG Saarbrücken VersR 2018, 667; NJW-RR 2018, 1510 ff.
46 *Knappmann* VersR 2011, 724 (726); *Looschelders* VersR 2011, 697 (701); weitergehend MüKoBGB/ *Armbrüster* § 123 Rn. 5.

47 OLG Celle VersR 2017, 211 (213 f.); OLG Hamm, r+s 2017, 68; vgl. zum Meinungsstand auch OLG Karlsruhe VersR 2018, 866, f. mAnm *Neuhaus*; *Piontek*, r+s 2019, 1, 5 sowie *Notthoff*, r+s 2018, 169, 170, jew. mwN.
48 *Brox/Walker* BGB AT § 19 Rn. 2; Erman/*Arnold* BGB § 123 Rn. 11; Staudinger/*Singer*, Bearbeitung 2017, BGB § 123 Rn. 6; vgl. Palandt/*Ellenberger* BGB § 123 Rn. 2; BeckOK BGB/*Wendtland* § 123 Rn. 7; Soergel/*Hefermehl* BGB § 123 Rn. 2; Jauernig/*Mansel* BGB § 123 Rn. 3; RGRK/*Krüger-Nieland* BGB § 123 Rn. 6.
49 BGH NJW-RR 2008, 258 (259); Palandt/*Ellenberger* BGB § 123 Rn. 2; MüKoBGB/*Armbrüster* § 123 Rn. 20; PWW/*Ahrens* BGB § 123 Rn. 4; vgl. BeckOK BGB/*Wendtland* § 123 Rn. 7.

wendiger Bestandteil der Täuschungshandlung.[50] Dessen ungeachtet verlangt § 123 ausdrücklich, dass die Täuschung arglistig sein muss. Der Täuschungsvorsatz und die weiteren subjektiven Anforderungen sind daher unter dem Tatbestandsmerkmal der Arglist zusammengefasst (vgl. dazu → Rn. 61 ff.).[51]

25 Im Übrigen stellt § 123 keine speziellen Anforderungen auf, was die Art der Täuschungshandlung betrifft. Die Täuschung kann durch **aktives Tun** (dazu → Rn. 26 ff.) oder, falls eine entsprechende Aufklärungs- oder Offenbarungspflicht besteht, durch **Unterlassen** (dazu → Rn. 30 ff.) begangen werden.

26 **a) Vorspiegelung oder Entstellung von Tatsachen (Täuschung durch aktives Tun).** Eine Täuschung durch aktives Tun liegt vor bei der **wahrheitswidrigen Behauptung bedeutsamer Umstände**.[52] In Betracht kommen vor allem die Vorspiegelung unwahrer und die Entstellung wahrer Tatsachen. Dabei kann es sich einerseits um **äußere** Tatsachen handeln.[53] Solche sinnlich wahrnehmbaren Umstände sind zB der Kilometerstand eines Pkw,[54] das Alter von Teppichen, Möbeln und Kunstgegenständen,[55] Vorbeschäftigungen und in Arbeitszeugnissen dokumentierte Leistungen eines Stellenbewerbers[56] und die leibliche Abstammung eines Kindes vom Ehemann.[57] Eine solche Täuschung liegt auch vor, wenn eine Vertragspartei der anderen Partei eine neue Vertragsurkunde mit der Behauptung vorlegt, sie unterschreibe nur eine Reinschrift des bereits zuvor geschlossenen Vertrages, der noch handschriftliche Zusätze aufwies, und nicht einen gänzlich neuen, deutlich weitergehenden Auftrag.[58] Andererseits kann der Erklärende über **innere** Tatsachen getäuscht werden.[59] Eine solche innere Einstellung eines Menschen ist zB die Absicht des Vertragspartners, den Vertrag nicht oder im Wesentlichen nicht ordnungsgemäß erfüllen zu wollen,[60] oder es kann die politische Einstellung eines Arbeitnehmers im öffentlichen Dienst („politische Treuepflicht") sein.[61] Zusammenfassend kommen als Gegenstand der Täuschung **alle objektiv nachprüfbaren tatsächlichen und rechtlichen Umstände** in Betracht, die Bedeutung für den Entschluss des Erklärenden haben, das Geschäft vorzunehmen.[62] Dagegen findet § 123 keine Anwendung bei bloß subjektiven Werturteilen[63] oder marktschreierischen Anpreisungen ohne sachlichen Gehalt, die ein verständiger Mensch ohnehin nicht ernst nimmt.[64] Behauptet beispielsweise der Verkäufer, sein Unternehmen verwende und beachte sog. CRS-Codes, also Nachhaltigkeitskodizes, kommt es darauf an, ob und inwieweit diese werbende Äußerung einen nachprüfbaren Tatsachenkern enthält.[65] Soweit es hier um Werbeaussagen geht, können die Vorschriften des UWG anwendbar sein. Die Beeinflussung des Kaufverhaltens des Kunden durch speziell auf ihn zugeschnittene Offerten (sog. Behavioral Microtargeting; vgl. dazu → § 119 Rn. 26) fällt in der Regel ebenfalls nicht unter § 123. Hier täuscht das Unternehmen den Kunden nicht durch wahrheitswidrige Informationen, sondern verleitet ihn durch Ausnutzung seiner kognitiven oder voluntativen Schwächen oder durch sachfremde Anreize zur Abgabe der Willenserklärung.[66]

27 Die Täuschung muss nicht ausdrücklich, sondern sie kann auch **konkludent** erfolgen.[67] Ob ein bestimmtes Verhalten die Behauptung unzutreffender Tatsachen enthält, ist gem. §§ 133, 157 nach den allgemeinen Auslegungsregeln zu ermitteln. Es kommt entscheidend darauf an, wie der sorgfältige Empfänger das Verhalten nach Treu und Glauben unter Berücksichtigung der Verkehrssitte verstehen durfte (→ § 133 Rn. 41). Danach erklärt zB derjenige, der Waren auf Kredit, auf Rechnung oder auf Ratenzahlung kauft, durch den Abschluss des Vertrages konkludent auch, dass er bei Fälligkeit des Kaufpreises bzw. der jeweiligen Kauf-

---

50 Jauernig/*Mansel* BGB § 123 Rn. 3, 7; vgl. Hk-BGB/*Dörner* § 123 Rn. 5; MüKoBGB/*Armbrüster* § 123 Rn. 14; *Medicus* BGB AT Rn. 788.

51 Jauernig/*Mansel* BGB § 123 Rn. 7; vgl. auch die Definition der Arglist in BGH NJW 2000, 2497 (2499) mwN.

52 Erman/*Arnold* BGB § 123 Rn. 12; *Brox/Walker* BGB AT § 19 Rn. 2.

53 Hk-BGB/*Dörner* § 123 Rn. 3.

54 BGH NJW 1960, 237 f.; OLG Köln NJW-RR 1988, 1136.

55 BGH DB 1977, 671; OLG Düsseldorf NJW 2002, 612.

56 LAG BW 4.8.2015 – 3 Sa 46/14, juris Rn. 160.

57 BGH FamRZ 2012, 1623 (1624).

58 LG Potsdam 31.1.2018 – 6 O 482/16, juris Rn. 35,

59 Hk-BGB/*Dörner* § 123 Rn. 3; Palandt/*Ellenberger* BGB § 123 Rn. 4; BeckOK BGB/*Wendtland* § 123 Rn. 8.

60 BGH LM § 123 Nr. 12; Staudinger/*Singer*, Bearbeitung 2017, BGB § 123 Rn. 8; vgl. OLG Köln NJW 1967, 740.

61 BAG NZA-RR 2012, 43 (45 f.)

62 Soergel/*Hefermehl* BGB § 123 Rn. 3; Erman/*Arnold* BGB § 123 Rn. 12; *Brox/Walker* BGB AT § 19 Rn. 2; PWW/*Ahrens* BGB § 123 Rn. 5; vgl. Staudinger/*Singer*, Bearbeitung 2017, BGB § 123 Rn. 7; MüKoBGB/*Armbrüster* § 123 Rn. 29.

63 BAG NZA 2006, 624; NZA-RR 2012, 43 (46); ZIP 2015, 700 (702).

64 BGH NJW 2007, 357 (358 f.); 2007, 3200, 3202; *Flume* BGB AT Bd. 2, § 29, 1; Staudinger/*Singer*, Bearbeitung 2017, BGB § 123 Rn. 7; Soergel/*Hefermehl* BGB § 123 Rn. 3; MüKoBGB/*Armbrüster* § 123 Rn. 29; RGRK/*Krüger-Nieland* BGB § 123 Rn. 9; BeckOK BGB/*Wendtland* § 123 Rn. 8; PWW/ *Ahrens* BGB § 123 Rn. 5; vgl. Palandt/*Ellenberger* BGB § 123 Rn. 3.

65 *Asmussen* NJW 2017, 118 (121).

66 *Ebers* MMR 2018, 423 (426).

67 AG Kaiserslautern NJW-RR 1997, 1073; Palandt/ *Ellenberger* BGB § 123 Rn. 4; BeckOK BGB/*Wendtland* § 123 Rn. 10.1.

preisrate zahlungsfähig und zahlungswillig ist.[68] Offenbart der andere Teil einen Mangel der Sache, kann darin nach den Umständen des Einzelfalles zugleich die Erklärung liegen, dass die Sache keine weiteren Mängel aufweist.[69] Geht es um den Abschluss eines Automatenaufstellungsvertrages, kann die wahrheitsgemäße Angabe, welcher Gewinn bei diesen Automaten üblich oder jedenfalls möglich ist, eine konkludente Täuschung enthalten, wenn sie beim Erklärenden die Fehlvorstellung hervorrufen kann und soll, dass er ebenfalls einen entsprechenden Gewinn erzielen werde.[70] Das Zusenden rechnungsähnlich gestalteter Vertragsofferten, die auf den Abschluss eines Anzeigenvertrages[71] oder eines Vertrages über den kostenpflichtigen Eintrag in ein Branchenbuch[72] gerichtet sind, kann den Kunden, der das Vertragsangebot nicht als solches erkannt hat, zur Anfechtung seiner Willenserklärung wegen arglistiger Täuschung berechtigen. Gleiches gilt, wenn Internetseiten irreführend so gestaltet sind, dass sie bei einem durchschnittlich verständigen Internetnutzer eine Fehlvorstellung über den entgeltlichen Charakter der angebotenen Leistung wecken.[73]

Als für die Abgabe der Willenserklärung maßgebliche Umstände im oben (→ Rn. 26) genannten Sinn und **28** damit als Gegenstand der ausdrücklichen oder konkludenten Täuschung kommen vor allem **wertbildende Merkmale** in Betracht.[74] Bei **Kraftfahrzeugen**[75] sind das, neben dem bereits erwähnten Kilometerstand und dem Alter (→ Rn. 26), zB der für die Hauptuntersuchung nach § 29 StVZO geeignete verkehrssichere Zustand und die durchgeführte Hauptuntersuchung bei der Angabe „TÜV neu" oder „HU neu",[76] die Unfallfreiheit,[77] soweit es sich nicht um Bagatellschäden handelt[78] und der Erklärende auch nicht ausdrücklich nach Vorschäden gefragt hat,[79] die mögliche Verkehrsunsicherheit bei einer nicht vollständig durchgeführten Reparatur,[80] der „graue" Import eines Pkw, der zum vollen für das Inland geltenden Richtpreis verkauft wird,[81] und der Import oder Re-Import eines gebrauchten Kraftfahrzeugs aus dem Ausland.[82] Bei **Grundstücken und Hausgrundstücken** können Gegenstände einer Täuschung zB sein der Befall mit Hausbockkäfern,[83] erhebliche Feuchtigkeitsschäden,[84] das Bestehen einer Einsturzgefahr,[85] die Kontamination mit Öl[86] und andere Altlasten,[87] das Fehlen einer Baugenehmigung[88] und andere öffentlich-rechtliche Nutzungsverbote oder -beschränkungen,[89] aber auch die fehlende erforderliche Zustimmung des Nachbarn zur Bebauung,[90] die Eigentumsverhältnisse an der Grundstückseinfahrt,[91] die jahrzehntelange schikanöse Belästigung durch Nachbarn oder Miteigentümer[92] und erhebliche Mietrückstände im Hauptmietverhältnis bei einer Untervermietung.[93] Bei **anderen Kaufobjekten** kommen beispielsweise der Umsatzsteuer-Rückstand des verkauften Unternehmens,[94] erhebliche Zahlungsrückstände und Verbindlichkeiten beim Verkauf eines GmbH-Anteils,[95] die erhebliche Differenz zwischen der Mietpreisgarantie und der gezahlten Miete bei der Beteiligung an einem Bauherrenmodell[96] in Betracht.

Die arglistige Täuschung über **andere Umstände** berechtigt ebenfalls zur Anfechtung gem. § 123, soweit **29** diese Umstände für das abgeschlossene Rechtsgeschäft von Bedeutung sind. Beispiele sind unrichtige Angaben zum Gesundheitszustand in einem Antrag auf Abschluss einer Berufsunfähigkeitsversicherung[97]

68 BGH NJW 1960, 237; OLG Köln NJW 1967, 740 (741).
69 OLG Köln OLGZ 1987, 228 (229).
70 OLG Braunschweig MDR 1971, 44.
71 Näher dazu *Alexander/Pützhoven* DB 2001, 1133 ff.
72 *Hampe/Köhlert* MMR 2012, 722 (725); *Amery* NJW 2017, 2309 (2310 f.).
73 *Alexander* NJW 2012, 1985 (1986).
74 Vgl. dazu die ausf. Einzelfallübersichten bei Palandt/*Ellenberger* BGB § 123 Rn. 7 ff.; PWW/*Ahrens* BGB § 123 Rn. 6.
75 Vgl. dazu auch den Überblick bei *Eggert* DAR 2015, 43 ff.
76 BGHZ 103, 275 (280 ff.) = MDR 1988, 574; NJW 2015, 1669 (1670).
77 BGHZ 29, 148 (150 f.); 63, 382, 386 f. = BGH NJW 1975, 642 (644); 1982, 1386; 2014, 211, 212; OLG Karlsruhe DAR 1992, 151; OLG Köln VersR 1994, 111; OLG Koblenz DAR 2002, 452 und 510.
78 BGH NJW 1982, 1386; 2014, 211, 212; vgl. OLG München DAR 2002, 454.
79 BGHZ 74, 383 (394); BGH NJW 1977, 1914 (1915); WM 1987, 137 (138); KG VRS 87, 241.
80 OLG Hamm DAR 1996, 499.
81 LG Düsseldorf DAR 1987, 385.
82 OLG Saarbrücken NJW-RR 1999, 1063 f.
83 KG NJW-RR 1989, 972.
84 BGH NJW 1993, 1703; vgl. LG Düsseldorf 20.11.2015 – 13 O 22/14.
85 BGH NJW 1990, 975.
86 BGH NJW 2002, 1867.
87 BGH NJW 2001, 64; vgl. auch BGH NJW 1991, 2900; 1992, 1953; 1995, 1549; OLG Düsseldorf NJW 1996, 3284.
88 BGH NJW 1979, 2243; 2003, 2380, 2381; 2014, 3296.
89 Vgl. etwa BGH NJW-RR 1988, 394 und 1290; OLG Schleswig SchlHA 1999, 118; OLG Frankfurt NJW-RR 2002, 523 f.; OLG Düsseldorf NJW-RR 2003, 448 (449); OLG Rostock NJW-RR 2016, 1523.
90 OLG Koblenz NJW-RR 2003, 119 (120).
91 OLG Saarbrücken MDR 2010, 801.
92 BGH NJW 1991, 1673 (1674); OLG Hamm NJW-RR 1997, 1168.
93 OLG Köln NJW-RR 1999, 882.
94 OLG Köln NJW-RR 1994, 1064.
95 BGH NJW-RR 1998, 1406 f.
96 OLG Düsseldorf DNotZ 1998, 901.
97 OLG Hamm NJW-RR 1995, 286 f.; OLG Frankfurt/Main 23.6.2010 – 7 U 90/09; OLG Hamm 8.3.2017 – 20 U 9/17, juris Rn. 21 ff.; OLG Saarbrücken VersR 2018, 667.

oder einer Kranken- oder Unfallversicherung[98] sowie zu gefahrerheblichen Umständen bei einer Brandschutzversicherung[99] (vgl. zur Anwendbarkeit des § 123 beim Abschluss von Versicherungsverträgen § 22 VVG sowie → Rn. 22). Das Vortäuschen eines Selbstmordversuchs ist ein Anfechtungsgrund gem. Abs. 1, 1. Fall, wenn es den Ehepartner dazu bringen sollte und gebracht hat, einen Ehevertrag zu unterschreiben.[100] Verschweigt die Ehefrau dem Ehemann, dass er möglicherweise nicht der leibliche Vater des Sohnes ist, kann das seine Anfechtung einer schenkweisen Zuwendung an die Ehefrau wegen arglistiger Täuschung begründen.[101] Die Manipulation von Internetauktionen durch nur zum Schein abgegebene höhere (Eigen-)Gebote (sog. **Shill Bidding**) führt nicht nur dazu, dass diese Angebote gem. § 117 unwirksam sind (→ § 117 Rn. 27), sondern berechtigt den Höchstbietenden auch dazu, sein Gebot gem. § 123 Abs. 1, 1. Fall anzufechten.[102] Hat der Mieter vor Abschluss des Mietvertrages falsche Angaben zu seiner Bonität gemacht, kann der Vermieter seine Willenserklärung wegen dieser arglistigen sogar noch nach dem Vollzug des Mietverhältnisses anfechten.[103] Im Arbeitsrecht berechtigen Täuschungen des Arbeitnehmers über solche Eigenschaften, welche die Durchführung des Arbeitsverhältnisses im Allgemeinen und die Erbringung der geschuldeten Arbeitsleistung im Besonderen beeinträchtigen, den Arbeitgeber zur Anfechtung, wenn er ein entsprechendes Fragerecht hatte oder eine Offenbarungspflicht des Arbeitnehmers bestand (näher dazu → Rn. 51 ff.).

30   **b) Verschweigen von Tatsachen (Täuschung durch Unterlassen).** Um eine Täuschung durch Unterlassen handelt es sich beim **Verschweigen** oder bei der **Unterdrückung von Tatsachen** oder von objektiv nachprüfbaren bedeutsamen Umständen im oben (→ Rn. 26) erläuterten Sinn. Ein Unterlassen steht dem aktiven Tun gleich, wenn eine Rechtspflicht zum Handeln besteht. Daher stellt das Verschweigen von Tatsachen nur dann eine Täuschungshandlung dar, wenn dem Schweigenden hinsichtlich der verschwiegenen Umstände eine **Aufklärungs- oder Offenbarungspflicht** obliegt.[104] Gibt es keine spezialgesetzliche Grundlage, ist die **Eigenverantwortlichkeit jeder Partei** zu beachten, die ihre eigenen Interessen grundsätzlich selbst wahrnehmen muss. Deshalb gibt es keine allgemeine Pflicht zur Offenbarung aller Umstände, die für den Geschäftsgegner relevant sein könnten.[105] So ist zB der Verkäufer nicht verpflichtet, den Käufer ungefragt über alle für ihn erheblichen Umstände aufzuklären.[106] Das gilt auch in Bezug auf solche Mängel, die der Käufer bei einer im eigenen Interesse gebotenen Sorgfalt selbst wahrnehmen kann.[107] Ungünstige Eigenschaften der Person oder des Vertragsgegenstandes muss der Vertragspartner grundsätzlich nicht ungefragt offenbaren.[108] Das gilt auch für die schon bei Abschluss eines Geschäfts bestehende Absicht, den anderen Partner demnächst in sittenwidriger Weise zu schädigen.[109]

31   Wegen dieser Eigenverantwortlichkeit jeder Partei kann eine Aufklärungs- oder Offenbarungspflicht der anderen Partei nur unter der Voraussetzung angenommen werden, dass zulasten der anderen Partei ein **Informationsgefälle** oder ein **Wissensvorsprung** besteht.[110] Die Rechtsgrundlage dieser Pflicht ist § 242.[111] Es kommt darauf an, ob der andere Teil im Einzelfall nach **Treu und Glauben** unter Berücksichtigung der Verkehrsanschauung eine Aufklärung über die verschwiegenen Umstände erwarten durfte.[112]

---

98 OLG Hamburg VersR 1971, 902 f.; OLG Oldenburg 21.4.2010 – 5 U 78/09; OLG Saarbrücken NJW-RR 2018, 1510.
99 Vgl. OLG Hamm MDR 2011, 163 f.
100 BGH NJW-RR 1996, 1281 (1282).
101 BGH FamRZ 2012, 1623 (1624).
102 BGH NJW 2017, 468 (471); *Eckel* MMR 2017, 373 (375); *Pfeiffer* NJW 2017, 1437 (1438 f.).
103 LG Berlin 27.3.2018 – 63 S 163/17, juris Rn. 24 ff.
104 BGH NJW 1989, 763 (764); NJW-RR 1991, 439 (440); 2005, 1082, 1083; NZG 2005, 809 (810); BAG NJW 2012, 3390 (3391); Staudinger/*Singer*, Bearbeitung 2017, BGB § 123 Rn. 10; Soergel/*Hefermehl* BGB § 123 Rn. 6; MüKoBGB/*Armbrüster* § 123 Rn. 32; RGRK/*Krüger-Nieland* BGB § 123 Rn. 16; BeckOK BGB/*Wendtland* § 123 Rn. 11; PWW/*Ahrens* BGB § 123 Rn. 8.
105 BGH NJW 1971, 1795 (1799); 1983, 2493, 2494; 2003, 424, 425; Hk-BGB/*Dörner* § 123 Rn. 2; Palandt/*Ellenberger* BGB § 123 Rn. 5; Jauernig/*Mansel* BGB § 123 Rn. 5; BeckOK BGB/*Wendtland* § 123 Rn. 11.
106 BGH NJW 1998, 1406.
107 BGH NJW-RR 1994, 907; BGHZ 132, 30 (34) = BGH NJW 1996, 1339 (1340); NJW 2001, 64; LG Düsseldorf 20.11.2015 – 13 O 22/14, juris Rn. 14.
108 OLG München NJW 1967, 158; LG Darmstadt NJW 1999, 365 (366); Palandt/*Ellenberger* BGB § 123 Rn. 5.
109 OLG Hamm NZG 2005, 211 (212 f.).
110 BGH NJW 2012, 3294 (3295) mwN; BKR 2013, 280; OLG Brandenburg NJW-RR 1999, 724; OLG Frankfurt NJW-RR 1999, 1064; Palandt/*Ellenberger* BGB § 123 Rn. 5; BeckOK BGB/*Wendtland* § 123 Rn. 11; PWW/*Ahrens* BGB § 123 Rn. 8; zum Einfluss der Nutzung von „Big Data" und daraus resultierender Informationsasymmetrien *Spindler/Seidel* NJW 2018, 2153 (2155 f.).
111 Palandt/*Ellenberger* BGB § 123 Rn. 5; Jauernig/*Mansel* BGB § 123 Rn. 4; vgl. Staudinger/*Singer*, Bearbeitung 2017, BGB § 123 Rn. 11 f.
112 BGH NJW 1970, 653 (655); 1983, 2493, 2494; 1989, 763, 764; 1998, 1315, 1316; NJW-RR 1998, 1406; ZIP 2001, 1678 (1680 f.); NZG 2005, 809 (810); *Wolf/Neuner* BGB AT § 41 Rn. 105; *Medicus* BGB AT Rn. 795; Soergel/*Hefermehl* BGB § 123 Rn. 6; Jauernig/*Mansel* BGB § 123 Rn. 5; RGRK/*Krüger-Nieland* BGB § 123 Rn. 18; Erman/*Arnold* BGB § 123 Rn. 13; BeckOK BGB/*Wendtland* § 123 Rn. 11; vgl. bereits RGZ 111, 233 (234).

Danach können Aufklärungs- und Offenbarungspflichten vor allem in den **folgenden Fallgruppen** bestehen.

Auf **gezielte Fragen** des anderen Teils muss der Gefragte grundsätzlich vollständig und richtig antwor- **32** ten.[113] Er muss dem Fragenden auch mitteilen, wenn er einen konkreten Verdacht in Bezug auf den Umstand hat, nach dem er gefragt worden ist.[114] Einer konkreten Nachfrage wird es zT gleichgestellt, wenn der Erklärende etwa in einer Ausschreibung, in einer Leistungsbeschreibung oder in einem Inserat ganz bestimmte Anforderungsmerkmale bezeichnet und dem anderen Teil damit zu erkennen gegeben hat, dass diese Umstände seine Willenserklärung beeinflussen.[115] Der Erklärende kann also durch zulässige Fragen die Informationsverantwortung, die er grundsätzlich selbst tragen muss, auf den Erklärungsadressaten verlagern. Will der Adressat die Frage nicht beantworten und muss er das auch nicht, weil ihm nicht ausnahmsweise eine Pflicht zur Beantwortung der Frage obliegt, hat er nur die Möglichkeit, die Antwort offen zu verweigern. Antwortet er stattdessen falsch oder nicht erkennbar unvollständig, begründet das eine Täuschung iSd Abs. 1, 1. Fall.[116] So muss der Verkäufer zB die ihm bekannten Baupläne der Grundstücksnachbarn offenbaren, wenn der Käufer des Hausgrundstücks ausdrücklich nach sichtbehindernden Bauabsichten der Nachbarn fragt.[117] Wird der Verkäufer eines Gebrauchtwagens konkret gefragt, ob das Auto bereits einmal in einen Unfall verwickelt war, muss er jeden Unfall angeben, selbst wenn dieser nur Bagatellschäden verursacht hat und er ihn deshalb ungefragt nicht offenbaren müsste (vgl. dazu → Rn. 28).[118] Die obigen Grundsätze gelten ausnahmsweise nicht, wenn die Fragen unzulässig sind und der Gefragte wegen besonderer gesetzlicher Wertungen, wie sie vor allem im Arbeitsrecht bestehen, falsch antworten darf (näher dazu und zum Fragerecht des Arbeitgebers → Rn. 45, 51 ff.).

Eine weitere, große Fallgruppe betrifft solche Umstände, die für den Erklärenden **erkennbar von besonde-** **33** **rer Wichtigkeit** sind. Hierüber muss der andere Teil ungefragt aufklären. Die erforderliche wesentliche Bedeutung haben vor allem solche Umstände, die den Vertragszweck vereiteln oder zumindest gefährden können. Kennt nur der andere Teil diese Umstände, und kennt er auch ihre Bedeutung für den Erklärenden oder muss er diese Bedeutung zumindest erkennen, darf der Erklärende die Mitteilung der betreffenden Tatsache nach Treu und Glauben unter Berücksichtigung der Verkehrsauffassung erwarten.[119] Klärt der Verkäufer den Käufer über einen wesentlichen Umstand der Kaufsache nicht auf, obwohl er weiß oder zumindest damit rechnet, dass dem Käufer die wahre Sachlage unbekannt geblieben ist, und nimmt er in Kauf, dass die Unkenntnis des Käufers seinen Willensentschluss beeinflussen kann, bedeutet das Schweigen des Verkäufers eine Täuschung seines Vertragspartners.[120] Weiß etwa der Verkäufer eines Hausgrundstücks, dass die Gemeinde eine tiefgreifende Verkehrsumgestaltung plant, welche den Vertragszweck gefährdet, demzufolge die auf dem Grundstück stehenden Gebäude modernisiert und die zu bildenden Eigentumswohnungen verkauft werden sollen, und rechnet er auch damit, dass der Käufer diese Planung der Gemeinde nicht kennt, so muss er den Käufer ungefragt über die Planung informieren.[121] Gleiches gilt, wenn der Verkäufer weiß, dass die geplante Bebauung des angebotenen Grundstücks problematisch wird, weil zur Grenzbebauung das Einverständnis der betroffenen Nachbarn fehlt und eine Baulast erforderlich ist,[122] oder wenn er Kellerräume als Wohnraum anpreist, obwohl die für eine solche Nutzung erforderliche baurechtliche Genehmigung fehlt.[123] Ebenso muss der Verkäufer einer Eigentumswohnung, zu der zur Wohnnutzung vorgesehene Räume im Dachgeschoss gehören, über einen bestehenden Defizite der Dachdämmung wie eine zu geringe Dicke der Dämmschicht aufklären.[124] Beim Erwerb einer sog. Schrottimmobilie begründet das Nichterwähnen eines Reparaturstaus oder einer zeitlich begrenzten Zinssubventionierung oder ein erheblicher Leerstand in der Wohnanlage eine Täuschung durch Unterlassen.[125] Der Verkäufer des Anteils an einer GmbH, die sich in finanziell angespannter Lage befindet, muss dem Käufer auch ungefragt sämtliche Ver-

---

113 BGHZ 74, 383 (392); BGH NJW 1967, 1222; 1977, 1914, 1915; BAG MDR 1994, 1227; Palandt/*Ellenberger* BGB § 123 Rn. 5 a; Erman/*Arnold* BGB § 123 Rn. 14; BeckOK BGB/*Wendtland* § 123 Rn. 12; PWW/*Ahrens* BGB § 123 Rn. 9.

114 OLG Bremen DAR 1980, 373; Palandt/*Ellenberger* BGB § 123 Rn. 5 a; BeckOK BGB/*Wendtland* § 123 Rn. 12.

115 Vgl. LG Stuttgart NJW-RR 1992, 1360.

116 OLG Nürnberg DAR 1978, 198 f.; LG Köln VersR 1978, 957; Erman/*Arnold* BGB § 123 Rn. 14; ausf. *Mankowski* JZ 2004, 121 ff.

117 BGH NJW 1993, 1323 (1324).

118 BGHZ 74, 383 (394); BGH NJW 1977, 1914 (1915); WM 1987, 137 (138); KG VRS 87, 241.

119 BGH NJW 1980, 2460 (2461); NJW-RR 1988, 2010; NJW 1989, 769; NJW-RR 1991, 439 (440); 1996,

429; NJW 1998, 1315 (1316); NJW-RR 1998, 1406; NJW 2001, 64; NJW-RR 2008, 258 (259); NZM 2010, 788; NJW 2010, 3362; OLG Koblenz NJW-RR 2003, 119 (120); OLG Brandenburg 4.5.2009 – 5 W 23/08; vgl. OLG Saarbrücken MDR 2010, 801; LG Düsseldorf 20.11.2015 – 13 O 22/14, juris Rn. 14.

120 BGH NJW-RR 1998, 1406; OLG Brandenburg GmbHR 2011, 375; OLG Saarbrücken 27.12.2017 – 1 U 145/14, juris Rn. 41 ff.

121 OLG Frankfurt NJW-RR 2002, 523 f.

122 OLG Koblenz NJW-RR 2003, 119 (120).

123 BGH NJW 2014, 3296.

124 OLG Saarbrücken 27.12.2017 – 1 U 145/14, juris Rn. 40.

125 *Junglas* NJOW 2013, 49.

bindlichkeiten der GmbH offenbaren, und zwar vor allem dann, wenn diese erst in ihrer Gesamtheit die Insolvenzreife der GmbH begründen.[126] Geht es bei einem Unternehmenskaufvertrag um die Beteiligung des Erwerbers an einem lebensfähigen Unternehmen, erstreckt sich die Aufklärungspflicht des Verkäufers auch auf alle Umstände, welche die Überlebensfähigkeit ernsthaft gefährden, also insbesondere auf eine drohende oder bereits eingetretene Zahlungsunfähigkeit oder Überschuldung.[127] Werden gebrauchte Fahrzeuge, Maschinen oder ähnliche Gegenstände verkauft, besteht eine Offenbarungspflicht des Verkäufers vor allem in Bezug auf bekannte Unfallschäden, soweit es sich nicht lediglich um Bagatellschäden handelt.[128] Sie erstreckt sich sogar auf bloß vermutete Unfallschäden, wenn diese schwer sind, und zwar insbesondere dann, wenn die Verkehrssicherheit gefährdet ist (vgl. auch → Rn. 28).[129] Verkauft ein gewerblicher Gebrauchtwagenhändler einen Pkw aus „erster Hand", muss er den Käufer wegen der damit verbundenen Wertminderung darüber aufklären, dass das Fahrzeug beim Voreigentümer ausschließlich als Mietwagen benutzt wurde.[130] Kommt es bei der Übernahme einer Dienst- oder Werkleistung wie zB einer Architektenleistung oder bei einer Geschäftsbesorgung nach gesetzlichen Vorschriften oder der Verkehrsüblichkeit auf eine bestimmte Qualifikation an, muss der Übernehmende den Vertragspartner ungefragt informieren, wenn er diese Qualifikation nicht besitzt.[131] Will ein Makler einen Vertrag in der Form eines Makleralleinauftrags schließen, muss er den Kunden vorher darüber aufklären, dass er als „Projektentwickler" gleichzeitig ein eigenes wirtschaftliches Interesse am Abschluss eines Erwerbsvertrages hat, der es bestimmten Architekten ermöglicht, eine bereits erbrachte Planungsleistung dem Erwerber gegenüber entgeltlich zu erbringen.[132] Ein Mieter[133] muss dem Vermieter seine politische Gesinnung zwar grundsätzlich nicht offenbaren, doch kann eine Aufklärungspflicht daraus resultieren, dass diese Einstellung ihn in der Vergangenheit zu einem mehrfachen Ziel von Straftaten, insbesondere von Beschädigungen an der bewohnten Immobilie, gemacht hat.[134] Im Versicherungsrecht wird unter bestimmten Voraussetzungen eine „spontane Anzeigepflicht" des Versicherungsnehmers im Rahmen der §§ 22 VVG, 123 BGB bejaht, die über seine Pflicht aus § 19 Abs. 1 VVG hinausgeht, ordnungsgemäß gestellte Fragen zu Gefahrumständen korrekt zu beantworten (dazu → Rn. 22).

34 Aufklärungs- und Offenbarungspflichten können sich ferner daraus ergeben, dass zwischen dem Erklärenden und dem Erklärungsempfänger ein so enges, **besonderes Vertrauensverhältnis** besteht, dass die Mitteilung der verschwiegenen Umstände nach der Verkehrsauffassung redlicherweise erwartet werden konnte.[135] Wegen der grundsätzlichen Eigenverantwortlichkeit der Parteien (→ Rn. 30) müssen Vertrauensverhältnisse mit solchen Aufklärungspflichten die Ausnahme bilden.[136] Sie können zB angenommen werden bei einer engen familiären oder persönlichen Verbundenheit der Vertragspartner[137] und bei Dauerschuldverhältnissen sowie insbesondere bei Gesellschaftsverhältnissen mit einer engen persönlichen Vertrauensbeziehung.[138]

35 In ähnlicher Weise kann die Aufklärungs- oder Offenbarungspflicht aus einer **besonderen Stellung** des Erklärenden und des Erklärungsempfängers im Wirtschaftsverkehr folgen. Die besondere Vertrauensstellung und die Handlungspflicht des Erklärungsempfängers können zum einen darauf beruhen, dass Letzterer über eine **besondere Sach- und Fachkunde** verfügt, auf die sich der Erklärende verlassen darf, weil er selbst nicht sachkundig oder geschäftlich unerfahren ist.[139] In Betracht kommen solche Aufklärungspflichten etwa bei Bankiers,[140] Finanzdienstleistern und Anlageberatern,[141] Warenterminhändlern und ähnlichen

---

126 BGH NJW-RR 1998, 1406.
127 BGH NJW 2001, 2163; OLG Düsseldorf 3.7.2017 – I-4 U 146/14, juris Rn. 160; allgemein zur Arglist des Verkäufers bei Unternehmenskaufverträgen und Multiseller-Transaktionen *Schaper/Ullrich* GmbHR 2019, 625 (626 f.), 628 ff.
128 BGHZ 29, 148 (150 f.); 63, 382, 386 f.; BGH NJW 2014, 211 (212); OLG Köln VersR 1994, 1434 (1435); OLG Frankfurt/Main 10.5.2012 – 12 U 173/10, Rn. 31; LG Potsdam 4.5.2018 – 6 O 326/17, juris Rn. 24.
129 Vgl. OLG Frankfurt NJW-RR 1999, 1064; vgl. auch OLG Koblenz DAR 2002, 510; NJW-RR 2002, 1578.
130 OLG Stuttgart NJW-RR 2009, 551; LG Limburg 9.6.2017 – 2 O 197/16, juris Rn. 32 ff.
131 Vgl. OLG Düsseldorf NJW-RR 1993, 1173 (1175); OLG Nürnberg NJW-RR 1998, 1713 (1714); Erman/*Arnold* BGB § 123 Rn. 17.
132 OLG Hamm ZMR 2018, 722.
133 Allgemein zu den Informations- und Aufklärungspflichten von Mietern und Vermietern bei der Wohn- und Geschäftsraummiete *Wietz* WuM 2016, 323 ff.
134 AG Göttingen 24.10.2017 – 18 C 41/17.
135 BGH NJW 1970, 653 (655); Staudinger/*Singer*, Bearbeitung 2017, BGB § 123 Rn. 12, 15; Palandt/*Ellenberger* BGB § 123 Rn. 5 c; RGRK/*Krüger-Nieland* BGB § 123 Rn. 18; Erman/*Arnold* BGB § 123 Rn. 15; PWW/*Ahrens* BGB § 123 Rn. 10.
136 Vgl. Erman/*Arnold* BGB § 123 Rn. 15.
137 BGH NJW 1992, 300 (302).
138 BGH LM § 123 Nr. 8 und Nr. 52.
139 Erman/*Arnold* BGB § 123 Rn. 16; vgl. Palandt/*Ellenberger* BGB § 123 Rn. 5 c.
140 So bereits RGZ 111, 233 (234 f.); zu den nur in besonderen Fallgruppen bestehenden Aufklärungspflichten finanzierender Banken vgl. etwa BGH WM 2007, 115; 2007, 876, 877; NJW 2012, 3294 (3295) mwN; BKR 2013, 280; OLG Karlsruhe WM 2010, 1408 (1409 ff.).
141 BGH NJW 1998, 2675 f.; vgl. auch *v. Heymann* NJW 1999, 1577 (1579); *Stüsser* NJW 1999, 1586 (1588).

Personen,[142] aber auch bei Architekten[143] und Gebrauchtwagenhändlern.[144] Zum anderen kann die Vertrauensstellung des Erklärungsempfängers auf der **besonderen Schutzbedürftigkeit** des Erklärenden beruhen. Danach kann vor allem ein erkennbarer Mangel an Lebens- und Geschäftserfahrung des Vertragsgegners, wie er etwa bei Jugendlichen infrage kommt, Aufklärungspflichten für den anderen Teil begründen.[145]

Keine Aufklärungspflicht besteht dagegen grundsätzlich bei Geschäften mit **spekulativem Charakter**, soweit die maßgeblichen Umstände in den Risikobereich des eingegangenen Wagnisses fallen.[146] So kann beispielsweise ein Aktienverkäufer davon ausgehen, dass der Käufer hinreichend informiert ist, wenn es sich um einen Hauptaktionär und Brancheninsider handelt.[147]   36

2. Irrtum. Die Anfechtungsmöglichkeit des Abs. 1, 1. Fall setzt weiter voraus, dass beim Erklärenden ein Irrtum erregt worden ist. Ein Irrtum ist eine **unbewusste Fehlvorstellung von der Wirklichkeit** (ausf. → § 119 Rn. 26 ff.). Daran fehlt es, wenn der getäuschte Erklärende die Wahrheit kennt (vgl. auch noch → Rn. 42, 43).[148] Aus dem gleichen Grund scheidet die Täuschungsanfechtung aus, wenn der Erklärende die Täuschung zwar nicht erkannt hat, mit einer Täuschung aber rechnet und ihr Vorliegen oder zumindest die Gefahr einer Täuschung bei der Abgabe seiner Willenserklärung bewusst in Kauf nimmt.[149] Selbst in einem solchen Fall steht dem Erklärenden – etwa beim Abschluss eines Vergleichsvertrags – ein Anfechtungsrecht allerdings dann zu, wenn die tatsächlich begangene Täuschung erheblich über dasjenige hinausgeht, was er erwartet oder in Kauf genommen hatte.[150] Ein Irrtum liegt ferner vor, wenn der Erklärende zwar zunächst an der Wahrheit der vom anderen Teil behaupteten Umstände zweifelt, nach einer Abwägung des Für und Wider letztlich aber an die Richtigkeit der behaupteten Umstände glaubt.[151]   37

Auf ein **Verschulden des Getäuschten** und darauf, ob er die Unwahrheit erkennen konnte, kommt es nicht an.[152] Im Unterschied zu § 119 stellt § 123 nicht darauf ab, ob der Getäuschte seine Willenserklärung auch bei verständiger Würdigung des Falles abgegeben haben würde. Deshalb schließen weder Fahrlässigkeit noch grobe Fahrlässigkeit oder sogar Leichtfertigkeit des Getäuschten hinsichtlich des Irrtums seine Anfechtungsmöglichkeit aus.[153] Daher ist das Anfechtungsrecht auch nicht ausgeschlossen, wenn der Irrtum auf einer „professionellen Unsorgfalt" eines erfahrenen Kaufmannes beruht.[154] In der Praxis wird es dem Anfechtenden in solchen Fällen allerdings schwerer fallen, das Vorliegen eines Irrtums nachzuweisen (vgl. zur Darlegungs- und Beweislast → Rn. 108 f.).   38

Unerheblich ist ferner die **Art des Irrtums**, dem der Getäuschte unterliegt. Abs. 1, 1. Fall unterscheidet nicht danach, ob es sich um einen Erklärungs-, Inhalts- oder Eigenschaftsirrtum handelt.[155]   39

3. Abgabe einer Willenserklärung. Der Getäuschte muss eine **Willenserklärung** abgegeben haben (ausf. → Rn. 5 ff.). Handelt es sich um eine geschäftsähnliche Handlung wie etwa eine Mahnung, findet § 123 analoge Anwendung (→ Rn. 5).   40

4. Kausalität Täuschung – Irrtum – Abgabe der Willenserklärung. Die Anfechtbarkeit gem. Abs. 1, 1. Fall setzt voraus, dass der Erklärende durch die Täuschung zur Abgabe der Willenserklärung **bestimmt worden** ist. Die Täuschung muss den Irrtum des Getäuschten verursacht haben, und der Irrtum muss für die Abgabe seiner Willenserklärung kausal geworden sein. Erforderlich ist also eine zweistufige oder **doppelte Kausalität**.   41

Die **Kausalität zwischen der Täuschung und dem Irrtum** liegt vor, wenn sich die unbewusste Fehlvorstellung des Erklärenden auf diejenigen Umstände bezieht, über die der andere Teil getäuscht hat. Der Irrtum muss der Täuschungshandlung entsprechen. Der Erklärende muss zB glauben, der angebotene Gebrauchtwagen sei unfallfrei, wie es der Verkäufer wahrheitswidrig behauptet hat. Gibt er dagegen seine   42

142 BGHZ 80, 80 (82); 124, 151, 154 = BGH NJW 1994, 512; NJW 1994, 997; NJW-RR 1996, 947; 1997, 176; 1998, 1271.
143 BGH MDR 1978, 1009.
144 Vgl. etwa BGH NJW 1977, 1055; 2006, 2839, 2840; OLG Hamburg NJW-RR 1992, 1399; OLG Düsseldorf VersR 1993, 1027 (1028); OLG Köln NJW-RR 1997, 1214.
145 BGH NJW 1966, 1451 f.; 1974, 849, 851; 1992, 300, 302.
146 Vgl. OLG Bamberg MDR 1971, 44; OLG München NJW 1980, 786; Erman/*Arnold* BGB § 123 Rn. 13.
147 BGH LM § 123 Nr. 56; Palandt/*Ellenberger* BGB § 123 Rn. 5 c.
148 BAG NJW 2001, 1885.
149 BGH LM § 123 Nr. 4; Erman/*Arnold* BGB § 123 Rn. 24; vgl. BGH DB 1953, 272; WM 1972, 1443 (1446); DB 1976, 141; BAG NZA 1998, 33 (34);

ebenso im Ergebnis Staudinger/*Singer*, Bearbeitung 2017, BGB § 123 Rn. 48 (zwar Irrtum, aber keine Kausalität).
150 BGH WM 1972, 1443 (1446); BAG NZA 1998, 33 (34); RGRK/*Krüger-Nieland* BGB § 123 Rn. 67; Erman/*Arnold* BGB § 123 Rn. 24.
151 Erman/*Arnold* BGB § 123 Rn. 24.
152 BAG NJW 2001, 1885.
153 BGH NJW 1962, 1907; 1971, 1795, 1798; 1997, 1845; NJW-RR 2005, 1082 (1083); KG NJW 1998, 1082 (1083); MüKoBGB/*Armbrüster* § 123 Rn. 23; Erman/*Arnold* BGB § 123 Rn. 24; vgl. Soergel/*Hefermehl* BGB § 123 Rn. 23; Staudinger/*Singer*, Bearbeitung 2017, BGB § 123 Rn. 5, 48.
154 LG Potsdam 31.1.2018 – 6 O 482/16, juris Rn. 44; Staudinger/*Singer*, Bearbeitung 2017, BGB Vor §§ 116–144 Rn. 68, 70 mwN auch zur aA.
155 RGRK/*Krüger-Nieland* BGB § 123 Rn. 7.

Willenserklärung aufgrund einer anderen Fehlvorstellung ab, weil er zB zwar nicht glaubt, dass die angebotene Ikone echt ist, sie aber irrtümlich für vergoldet hält, fehlt es an einem kausal durch die Täuschung erregten Irrtum;[156] hier kommt nur eine Anfechtung gem. § 119 Abs. 2 in Betracht. Auch das bloße Ausnutzen eines bereits bestehenden Irrtums ist keine Irrtumserregung iSd Abs. 1, 1. Fall.[157] Davon zu unterscheiden ist das Unterhalten eines Irrtums. Beseitigt oder verschleiert etwa der andere Teil Umstände, die den Irrtum aufklären könnten, oder klärt er den Irrenden pflichtwidrig nicht auf (vgl. dazu → Rn. 30 ff.), liegt eine Täuschung vor, die den Irrtum des Getäuschten mit verursacht hat.[158] Die bloße **Mitursächlichkeit** reicht aus.[159] Dagegen **fehlt** es von vornherein an einem ursächlich durch die Täuschung hervorgerufenen **Irrtum**, wenn die Unrichtigkeit der vorgespiegelten Tatsache für den Erklärenden offenkundig ist und deshalb ein Irrtum gar nicht entstanden sein kann. Verneint zB ein offensichtlich schwerbehinderter Mensch im Einstellungsgespräch die Frage, ob er schwerbehindert sei, berechtigt diese Falschbeantwortung den Arbeitgeber unabhängig davon nicht zur Anfechtung, ob er den Bewerber überhaupt nach einer Schwerbehinderung fragen durfte (vgl. zu diesem Fragerecht noch → Rn. 57 ff.).[160]

43 Der **Irrtum** ist **kausal für die Abgabe der Willenserklärung**, wenn der Erklärende seine Willenserklärung ohne den Irrtum überhaupt nicht oder jedenfalls nicht in dieser Form, dh nicht mit diesem Inhalt[161] oder nicht zu diesem Zeitpunkt,[162] abgegeben hätte.[163] Auch hier genügt die bloße Mitursächlichkeit.[164] Es reicht regelmäßig aus, dass sich die Täuschung oder das pflichtwidrige Verschweigen auf einen bedeutsamen Umstand des Geschäfts bezieht, der nach der Lebenserfahrung bei der Art des konkreten Geschäfts die Entscheidung zu seinem Abschluss zumindest mit beeinflusst (vgl. zur Darlegungs- und Beweislast noch → Rn. 108 f.).[165] An dieser Kausalität fehlt es, wenn der Irrtum für die Abgabe der Willenserklärung ohne jede Bedeutung ist und sie gar nicht beeinflusst hat, weil zB der Arbeitgeber den Arbeitnehmer auch dann eingestellt hätte, wenn dieser die Frage im Bewerbungsgespräch wahrheitsgemäß beantwortet hätte.[166] Hat beispielsweise die getäuschte Partei den Vergleichsvertrag ohne Rücksicht auf die Behauptungen der anderen Partei abgeschlossen, scheidet eine Anfechtung gem. Abs. 1, 1. Fall mangels der erforderlichen Kausalität aus; hat sie dagegen die Täuschung erkannt und sich trotzdem – in zutreffender Kenntnis der tatsächlichen Umstände – zum Abschluss des Vergleichs entschlossen, liegt bereits **kein Irrtum** vor.[167] Schließlich kann eine Täuschung auch **nicht mehr kausal** werden, wenn sie nach der Abgabe der Willenserklärung erfolgt.[168]

44 **5. Widerrechtlichkeit der Täuschung. a) Ungeschriebenes Tatbestandsmerkmal.** Nach dem Wortlaut des Abs. 1 muss nur die Drohung widerrechtlich sein, nicht aber die Täuschung. Denn der Gesetzgeber ging davon aus, eine Täuschung sei selbstverständlich – ipso facto – rechtswidrig.[169] Indessen gibt es Fallgestaltungen, in denen der andere Teil den Erklärenden zwar bewusst täuscht, diese Täuschung aber nicht rechtswidrig erscheint, weil der Täuschende die Umstände, über die er getäuscht hat, aufgrund gesetzlicher Vorschriften nicht offenbaren musste. So erlaubt es § 53 Abs. 1 Nr. 2 BZRG einem Vorbestraften, sich trotzdem als unbestraft zu bezeichnen, wenn die Verurteilung nach Ablauf der in § 46 BZRG festgelegten Tilgungsfrist zu tilgen ist. Hier handelt es sich um eine **gesetzlich gestattete Täuschung** (vgl. zu solchen ausdrücklichen gesetzlichen Regelungen in Bezug auf die Rechtswidrigkeit noch → Rn. 48 ff.).

45 Derartige Fallgestaltungen finden sich vor allem im Arbeitsrecht. Stellt der **Arbeitgeber** Stellenbewerberinnen oder -bewerbern im Einstellungsgespräch eine **unzulässige Frage** – zB nach nicht einschlägigen Vor-

---

156 Erman/*Arnold* BGB § 123 Rn. 25.
157 OLG Düsseldorf NJW 1969, 623 (624); Erman/*Arnold* BGB § 123 Rn. 25.
158 Vgl. RGZ 134, 43 (51); BGH NJW 1964, 811.
159 Erman/*Arnold* BGB § 123 Rn. 26; vgl. RGZ 77, 309 (314); OLG Stuttgart DB 1962, 94; OLG JR/JZ 1964, 350; BGH NJW 1995, 2361 (2362); NJW-RR 1999, 1063 (1064); Staudinger/*Singer*, Bearbeitung 2017, BGB § 123 Rn. 48.
160 BAG NJW 2001, 1885 f.
161 BGH NJW 1964, 811; NJW-RR 2015, 158 (159).
162 BGHZ 2, 287 (299) = BGH NJW 1951, 643 (645); NJW-RR 2015, 158 (159).
163 Erman/*Arnold* BGB § 123 Rn. 26; vgl. Soergel/*Hefermehl* BGB § 123 Rn. 20; Palandt/*Ellenberger* BGB § 123 Rn. 24; MüKoBGB/*Armbrüster* § 123 Rn. 21; BeckOK BGB/*Wendtland* § 123 Rn. 37; vgl. auch Staudinger/*Singer*, Bearbeitung 2017, BGB § 123 Rn. 48.

164 Erman/*Arnold* § 123 Rn. 26; vgl. RGZ 77, 309 (314); OLG Stuttgart DB 1962, 94; KG JR 1964, 350; BGH NJW 1995, 2361 (2362); OLG Saarbrücken NJW-RR 1999, 1063 (1064); OLG Celle NJW-RR 2005, 545 (547); Staudinger/*Singer*, Bearbeitung 2017, BGB § 123 Rn. 48; Soergel/*Hefermehl* BGB § 123 Rn. 20; Palandt/*Ellenberger* BGB § 123 Rn. 24; MüKoBGB/*Armbrüster* § 123 Rn. 24; BeckOK BGB/*Wendtland* § 123 Rn. 37.
165 Vgl. BGH NJW 1995, 2361 (2362); OLG Saarbrücken NJW-RR 1999, 1063 (1064).
166 BAG NZA 2012, 34 (35).
167 Vgl. zu beiden Fallgestaltungen BGH DB 1953, 272; WM 1972, 1443 (1446); DB 1976, 141; BAG NZA 1998, 33 (34 f.).
168 Erman/*Arnold* BGB § 123 Rn. 26.
169 Bericht der XII. Kommission über den Allgemeinen Theil v. 12.6.1896, S. 39, abgedruckt bei *Mugdan* I, S. 965; vgl. *v. Lübtow* FS Bartholomeyczik 1973, S. 249, 273.

strafen,[170] nach **Ermittlungsverfahren**[171] oder nach der **Schwangerschaft** (vgl. dazu → Rn. 56) –, können sie eine bewusste Täuschung des Arbeitgebers nur dadurch vermeiden, dass sie entweder wahrheitsgemäß antworten oder die Antwort verweigern. In beiden Fällen wird der Arbeitgeber von einer Einstellung absehen. Den Arbeitnehmerinnen und Arbeitnehmern hilft es nicht, wenn der Arbeitgeber eine Frage wegen eines überwiegenden Arbeitnehmerinteresses zwar nicht stellen darf, die Unzulässigkeit der Frage ihnen aber bloß das Recht gibt, die Antwort zu verweigern. Zur Beantwortung einer Frage im Einstellungsgespräch könnten sie ohnehin nicht gezwungen werden, weil sie dem Arbeitgeber in diesem vorvertraglichen Verhandlungsstadium nicht zur Auskunft verpflichtet sind.[172] Ihr Schutzinteresse wird vielmehr erst dadurch gewahrt, dass sie unzulässige Fragen falsch beantworten dürfen. Diese Möglichkeit, zulässiger Weise die Unwahrheit zu sagen, wird auch als „**Recht zur Lüge**" bezeichnet.[173] Die Falschbeantwortung einer unzulässigen Arbeitgeber-Frage – in den obigen Beispielen die wahrheitswidrige Verneinung der nicht einschlägigen Vorstrafen und der Schwangerschaft – ist eine bewusste und damit arglistige,[174] zugleich aber **rechtmäßige Täuschung**.[175]

Aus dem grundrechtlichen Schutz der Koalitionsfreiheit in **Art. 9 Abs. 3 GG** wird abgeleitet, dass der **46** Arbeitgeber den Arbeitnehmer im Einstellungsgespräch grundsätzlich nicht nach seiner **Gewerkschaftszugehörigkeit** fragen darf (vgl. dazu → Rn. 53).[176] Gleiches gilt im bestehenden Arbeitsverhältnis während laufender Tarifvertragsverhandlungen, weil das Verlangen nach der Offenlegung der Gewerkschaftszugehörigkeit dann eine gegen die gewerkschaftliche Koalitionsbetätigungsfreiheit gerichtete Maßnahme ist.[177] Da Art. 9 Abs. 3 GG indessen nicht nur die Koalitionsfreiheit des Arbeitnehmers, sondern auch diejenige des Arbeitgebers schützt, wird entgegen der Auffassung des BAG[178] eine vergleichbare Einschränkung für das **Fragerecht des Arbeitnehmers** in Bezug auf die **Verbandszugehörigkeit des Arbeitgebers** diskutiert.[179]

Da der Gesetzgeber die – seltenen – Fälle rechtmäßiger Täuschungen nicht gesehen hat, enthält Abs. 1, **47** 1. Fall eine Lücke, die durch eine **teleologische Reduktion** zu schließen ist. Nicht nur die Drohung, auch die Täuschung muss **widerrechtlich** sein, um die Anfechtung zu begründen.[180] Der Schutzzweck des § 123, die Freiheit der rechtsgeschäftlichen Willensentschließung zu schützen (→ Rn. 1), wird nicht berührt, wenn der Anfechtende die arglistige Täuschung selbst durch eine rechtswidrige Handlung, nämlich das Stellen einer unzulässigen Frage, hervorgerufen hat.[181]

b) Ausdrückliche gesetzliche Regelungen in Bezug auf die Rechtswidrigkeit. Das ausdrücklich in **48** **§ 53 Abs. 1 BZRG** geregelte Recht, sich trotz einer **Vorstrafe** als unbestraft zu bezeichnen, wurde oben (→ Rn. 44) bereits kurz angesprochen. Nach § 53 Abs. 1 Nr. 2 BZRG darf sich der Verurteilte als unbestraft bezeichnen und braucht auch den der Verurteilung zugrunde liegenden Sachverhalt nicht zu offenbaren, wenn die Verurteilung gem. § 45 BZRG nach Ablauf der in § 46 BZRG festgelegten Tilgungsfrist zu tilgen ist. Das gleiche Recht hat der Verurteilte nach § 53 Abs. 1 Nr. 1, wenn die Verurteilung gem. § 32 Abs. 2 BZRG nicht in das Führungszeugnis oder nur nach § 32 Abs. 3, 4 BZRG in ein Führungszeugnis für Behörden (§§ 30 Abs. 5, 31 BZRG) aufzunehmen ist.[182] Deshalb muss ein Stellenbewerber, der pauschal nach

---

170 Vgl. dazu BAG in st. Rspr. seit BAGE 5, 159, 163 = BAG AP Nr. 2 zu § 123 BGB; aus neuerer Zeit etwa BAG NZA 1999, 975 (976) = AP Nr. 50 zu § 123 BGB; NJW 2013, 1115 (1116); NZA 2014, 1131 (1133); LAG Düsseldorf PersR 2008, 465; vgl. auch BAG NJW 2006, 252 (254); *Milthaler*, S. 109 ff.; *Walker/Schmitt-Kästner* RdA 2015, 120 (122 f.).

171 Vgl. dazu etwa BAG NJW 2013, 1115 (1116); NZA 2014, 1131 (1133).

172 MHdB ArbR/*Benecke*, § 33 Rn. 141.

173 So etwa *Preis*, Arbeitsrecht – Individualarbeitsrecht, 3. Aufl. 2009, § 20 III 4 a).

174 Anders zB BAGE 5, 159, 163; 11, 270, 273; BAG NJW 1993, 1154 (1156).

175 BAG NJW 1991, 2723 (2724); NZA 1998, 1052 (1053); NJW 1999, 3653; NZA 2003, 848; LAG Düsseldorf PersR 2008, 465; *Ehrich* DB 2000, 421 (427); ErfK/*Preis* BGB § 611 a Rn. 361; MüKoBGB/*Armbrüster* § 123 Rn. 19; Erman/*Arnold* BGB § 123 Rn. 20; vgl. auch MHdB ArbR/*Benecke*, § 33 Rn. 142, § 38 Rn. 34; vgl. BAG NJW 2013, 1115 (1116); NZA 2014, 1131 (1133).

176 BAG NZA 2000, 1294 (1296); 2003, 1207, 1208; *Boemke* NZA 2004, 142 (143); *Braun* MDR 2004, 64 (66); *Ehrich* DB 2000, 421 (426); ErfK/*Preis* BGB

§ 611 a Rn. 278; Schaub ArbR-HdB/*Linck* § 26 Rn. 24; MHdB ArbR/*Benecke*, § 33 Rn. 13.

177 BAG NJW 2015, 1548; vgl. zum Auskunftsanspruch im bestehenden Arbeitsverhältnis auch *Lembke*, Die Arbeitskampfbeteiligung von Außenseitern, S. 193.

178 BAG NZA 2003, 1207 (1208).

179 *Boemke* NZA 2004, 142 ff.; vgl. *Thüsing/Lambrich* RdA 2002, 193 (199).

180 *V. Lübtow* FS Bartholomeyczik 1973, S. 249, 273, 275; *Hofmann* ZfA 1975, 1 (62); *Neumann-Duesberg* JR 1967, 1 ff.; MüKoBGB/*Armbrüster* § 123 Rn. 19; Erman/*Arnold* BGB § 123 Rn. 20; vgl. BAG NJW 1991, 2723 (2724); NZA 1998, 1052 (1053); 2003, 848; *Brox/Walker* BGB AT § 19 Rn. 6; *Ehrich* DB 2000, 421 (427); Palandt/*Ellenberger* BGB § 123 Rn. 10; MHdB ArbR/*Benecke*, § 38 Rn. 34; BeckOK BGB/*Wendtland* § 123 Rn. 15; vgl. ferner *Medicus* BGB AT Rn. 792 ff.: unwahre Angaben ohne Täuschungscharakter, keine Täuschung im Rechtssinn.

181 ErfK/*Preis* BGB § 611 a Rn. 361.

182 Dazu etwa BAG NZA 2014, 1131 (1134 f.) mwN; LAG Düsseldorf PersR 2008, 465; LAG BW 21.2.2019 – 3 Sa 65/17, juris Rn. 56; vgl. bereits BAG NJW 1991, 2723 (2724).

dem Vorliegen von Vorstrafen gefragt wird, im Bundeszentralregister getilgte Verurteilungen selbst dann nicht angeben, wenn er sich um eine Stelle im Justizvollzugsdienst bewirbt.[183]

49 Eine weitere ausdrückliche gesetzliche Regelung findet sich in **Art. 136 Abs. 3 S. 1 WRV**, der sog. „Lohengrin-Klausel".[184] Nach dieser gem. Art. 140 GG fortgeltenden Vorschrift ist niemand verpflichtet, seine **religiöse Überzeugung** zu offenbaren. Jeder hat das Recht zu verschweigen, was er glaubt oder nicht glaubt.[185] Dabei handelt es sich um eine Ausprägung des Rechts auf informationelle Selbstbestimmung.[186] Art. 136 Abs. 3 S. 1 WRV enthält ein **Frageverbot**, soweit es um die Zugehörigkeit zu einer Religionsgemeinschaft geht.[187]

50 Schließlich stellt § 7 Abs. 2 BGleiG zugunsten der Beschäftigten bei Bundesgerichten, Behörden und Verwaltungsstellen der unmittelbaren Bundesverwaltung einschließlich solcher im Bereich der Streitkräfte sowie Körperschaften, Anstalten und Stiftungen des öffentlichen Rechts des Bundes, auf die das Bundesgleichberechtigungsgesetz[188] gem. § 2 S. 1 iVm § 3 Nr. 5 BGleiG anwendbar ist, einen **Katalog unzulässiger Fragen** auf. Danach sind in Vorstellungsgesprächen und besonderen Auswahlverfahren insbesondere Fragen nach dem Familienstand, einer bestehenden oder geplanten Schwangerschaft sowie nach bestehenden oder geplanten Familien- oder Pflegeaufgaben unzulässig.

51 **c) Keine Rechtswidrigkeit der Täuschung bei fehlendem Fragerecht des Arbeitgebers.** Am häufigsten kommen rechtmäßige Täuschungen bei der Begründung des Arbeitsverhältnisses vor (→ Rn. 45). Ob die arglistige Täuschung seitens der Arbeitnehmerin oder des Arbeitnehmers im Einstellungsgespräch rechtmäßig oder rechtswidrig ist, hängt davon ab, ob die falsch beantwortete Frage des Arbeitgebers zulässig oder unzulässig war. Es kommt darauf an, ob der Arbeitgeber diese Frage unter Abwägung der beiderseitigen Interessen stellen durfte. Bestand kein diesbezügliches **Fragerecht des Arbeitgebers**, kann er seine zum Abschluss des Arbeitsvertrages führende Willenserklärung mangels Rechtswidrigkeit nicht wegen arglistiger Täuschung anfechten.[189] Zur Anfechtung gem. Abs. 1, 1. Fall berechtigt nach ständiger Rechtsprechung nur die wahrheitswidrige Beantwortung einer in zulässiger Weise gestellten Frage.[190]

52 Der Umfang und die Grenzen des dem Arbeitgeber zustehenden Fragerechts werden durch eine **Abwägung der beiderseitigen berechtigten Interessen** bestimmt.[191] Der Arbeitgeber hat grundsätzlich das berechtigte, aus seiner Handlungs- und seiner Vertragsfreiheit folgende Interesse, sich vor dem Abschluss des Arbeitsvertrages möglichst umfassend über die für ihn maßgeblichen Verhältnisse des Arbeitnehmers zu informieren. Der Arbeitnehmer hat demgegenüber das aus seinem allgemeinen Persönlichkeitsrecht (Art. 2 Abs. 1, 1 Abs. 1 GG) resultierende berechtigte Interesse, möglichst wenige persönliche Dinge preiszugeben.[192] Die Rechtsprechung beschreibt dieses Abwägungsgebot mit der Formel, dass das Fragerecht des Arbeitgebers ein **berechtigtes, billigenswertes und schutzwürdiges Interesse** an der Beantwortung seiner Fragen im Hinblick auf das Arbeitsverhältnis voraussetzt.[193] Dieses Interesse muss so **gewichtig** sein, dass das Interesse des Arbeitnehmers, seine persönlichen Lebensumstände zum Schutz seines Persönlichkeitsrechts und zur Sicherung der Unverletzlichkeit seiner Intimsphäre geheim zu halten, dahinter zurückzutreten hat.[194] Wesentliche Konsequenz dieser Abwägung ist, dass sich das Fragerecht des Arbeitgebers auf **arbeitsplatzrelevante Umstände** beschränkt. Die Umstände, nach denen der Arbeitgeber fragt, müssen objektiv geeignet sein, die Durchführung des in Aussicht genommenen Arbeitsverhältnisses positiv oder negativ zu beeinflussen. Demgemäß sind insbesondere Fragen nach der Ausbildung, den Qualifikationen

183　BAG NZA 2014, 1131 (1134 f.); dazu *Walker/Schmitt-Kästner* RdA 2015, 121 ff.

184　Dreier/*Morlok*, Grundgesetz, Kommentar, 3. Aufl. 2018, Art. 140GG/Art. 136 WRV Rn. 21, unter Verweis auf *Richard Wagner*, Lohengrin, 1. Akt, 3. Szene, Lohengrin zu Elsa von Brabant: „Nie sollst Du mich befragen ..." in Fn. 45.

185　BVerfGE 12, 1 (4).

186　BVerfGE 65, 1 (41 ff.); Dreier/*Morlok*, 3. Aufl. 2018, Art. 140 GG/Art. 136 WRV Rn. 21.

187　*Medicus* BGB AT Rn. 794.

188　Gesetz für die Gleichstellung von Frauen und Männern in der Bundesverwaltung und in den Unternehmen und Gerichten des Bundes (Bundesgleichstellungsgesetz – BGleiG) v. 24.4.2015 (BGBl. I S. 642, 643).

189　*Ehrich* DB 2000, 421 (427); ErfK/*Preis* BGB § 611 a Rn. 361; MüKoBGB/*Armbrüster* § 123 Rn. 46 ff.; Erman/*Arnold* BGB § 123 Rn. 20; MHdB ArbR/

Benecke, § 33 Rn. 142, § 38 Rn. 34; vgl. Schaub ArbR-HdB/*Linck* § 26 Rn. 16, § 36 Rn. 23 ff.

190　Vgl. etwa BAG NJW 1991, 2723 (2724); NZA 1996, 371 f.; 1998, 1052, 1053; NJW 1999, 3653; NZA 2003, 848; NJW 2013, 1115 (1116); NZA 2014, 1131 (1133), jew. mwN; LAG Düsseldorf PersR 2008, 465; LAG BW 21.2.2019 – 3 Sa 65/17, juris Rn. 54.

191　Ausf. dazu ErfK/*Preis* BGB § 611 a Rn. 271 ff.

192　*Braun* MDR 2004, 64 f.; *Ehrich* DB 2000, 421; *Thüsing/Lambrich* BB 2002, 1146; ErfK/*Preis* BGB § 611 a Rn. 271 ff.; Schaub ArbR-HdB/*Linck* § 26 Rn. 16; ausf. zu den beiderseitigen berechtigten Interessen MHdB ArbR/*Benecke*, § 33 Rn. 5 ff.

193　BAGE 75, 77, 81 = BAG NZA 1994, 407 (408) = NJW 1994, 1363 (1364); NZA 1996, 371 f.; 1998, 1052, 1053; NJW 1999, 3653; NZA 2003, 848, jew. mwN; vgl. BAG NZA 2005, 1243 (1245 f.).

194　BAG NZA 1996, 371 (372); vgl. BAG NZA 1985, 57; vgl. für die Einstellung in ein öffentliches Amt BAG NJW 2006, 252 (254).

und dem beruflichen Werdegang einschließlich Aus- und Weiterbildungszeiten grundsätzlich zulässig.[195] Stets unzulässig sind demgegenüber solche Fragen des Arbeitgebers, die für den konkreten Arbeitsplatz ohne Bedeutung sind.[196] **Datenschutzrechtlich** bilden vor allem § 32 Abs. 1 S. 1 BDSG und Art. Art. 6 Abs. I Buchst. f. DS-GVO, gegebenenfalls in Verbindung mit Betriebsvereinbarungen, die Grundlagen für das Fragerecht des Arbeitgebers.[197]

Eine gegenüber diesem Abwägungsgebot weitergehende Beschränkung des Fragerechts kann sich aus Spezialregelungen wie etwa Art. 9 Abs. 3 GG (→ Rn. 46), Art. 136 Abs. 3 S. 1 WRV iVm Art. 140 GG (→ Rn. 49) und den Diskriminierungsverboten des AGG (dazu → Rn. 54, 55 ff.) ergeben. Soweit derartige **spezialgesetzliche Frageverbote** reichen, darf der Arbeitgeber selbst nach arbeitsplatzrelevanten Umständen nicht fragen.[198] Wegen dieser weitreichenden Wirkung werden sie auch als **absolute Frageverbote** bezeichnet. Dem gegenüber handelt es sich bei den oben (→ Rn. 52) erläuterten Beschränkungen, die nur bei konkretem Bezug zum Arbeitsverhältnis eingreifen, um **relative Frageverbote**.[199]   **53**

Frageverbote im Bewerbungsgespräch können sich seit dem 18.8.2006 vor allem aus den **Diskriminierungsverboten des Allgemeinen Gleichbehandlungsgesetzes** (AGG)[200] ergeben,[201] welche die bis dahin geltenden Diskriminierungsverbote ergänzt oder ersetzt haben. Das AGG dient der Umsetzung vier Europäischer Richtlinien[202] und hat gem. § 1 AGG das Ziel, Benachteiligungen aus Gründen der Rasse oder wegen der ethnischen Herkunft, des Geschlechts, der Religion oder Weltanschauung, einer Behinderung, des Alters oder der sexuellen Identität zu verhindern oder zu beseitigen. Wegen dieser **verpönten Merkmale** dürfen Beschäftigte (§ 6 AGG) nicht benachteiligt werden (§ 7 Abs. 1 AGG). Da gem. § 6 Abs. 1 S. 2 AGG auch Bewerberinnen und Bewerber als Beschäftigte iSd AGG gelten, führt das AGG zu einer **Beschränkung des Arbeitgeber-Fragerechts** im Einstellungsgespräch. Die überwiegende Auffassung in der Literatur geht zutreffend davon aus, dass solche Fragen, die an eines der verpönten Merkmale des § 1 AGG anknüpfen, grundsätzlich unzulässig sind. Nur wenn ausnahmsweise einer der im AGG normierten Rechtfertigungsgründe eingreift, darf die Frage gestellt werden.[203] Dabei handelt es sich um den allgemeinen Rechtfertigungsgrund des § 8 Abs. 1 AGG und um die besonderen Rechtfertigungsgründe für Ungleichbehandlungen wegen der Religion oder Weltanschauung (§ 9 AGG)[204] und wegen des Alters (§ 10 AGG). Unter den Voraussetzungen des § 5 AGG sind ferner sog. positive Diskriminierungen zulässig.   **54**

Nach welchen Umständen der Arbeitgeber im Einzelnen fragen darf und hinsichtlich welcher Umstände sein Fragerecht Einschränkungen unterliegt, ist Gegenstand einer **großen Zahl arbeitsgerichtlicher Entscheidungen und Stellungnahmen in der Literatur** (vgl. zur Frage nach Vorstrafen bereits → Rn. 45).[205]   **55**

---

195 LAG BW 21.2.2019 – 3 Sa 65/17, juris Rn. 58; ErfK/ *Preis* BGB § 611 a Rn. 273, jew. mwN.

196 BAG NJW 2000, 2444 (2445).

197 Näher dazu *Kort* NZA Beilage 2016, Nr. 2, S. 62, 67 ff.; vgl. ferner *Asgari* DB 2017, 1325 ff.

198 *Thüsing/Lambrich* BB 2002, 1146; vgl. *Boemke* NZA 2004, 142 (143).

199 *Thüsing/Lambrich* BB 2002, 1146.

200 Art. 1 des Gesetzes zur Umsetzung Europäischer Richtlinien zur Verwirklichung des Grundsatzes der Gleichbehandlung v. 14.8.2006 (BGBl. I S. 1897).

201 Ausf. dazu *Szech*, S. 122 ff.

202 Richtlinie 2000/43/EG des Rates v. 29.6.2000 zur Anwendung des Gleichbehandlungsgrundsatzes ohne Unterschied der Rasse oder der ethnischen Herkunft (ABl. EG Nr. L 180 S. 22), sog. Antirassismus-Richtlinie; Richtlinie 2000/78/EG des Rates v. 27.11.2000 zur Festlegung eines allgemeinen Rahmens für die Verwirklichung der Gleichbehandlung in Beschäftigung und Beruf (ABl. EG Nr. L 303 S. 16), sog. Rahmenrichtlinie Beschäftigung; Richtlinie 2002/73/EG des Europäischen Parlaments und des Rates v. 23.9.2002 zur Änderung der Richtlinie 76/207/EWG des Rates zur Verwirklichung des Grundsatzes der Gleichbehandlung von Männern und Frauen hinsichtlich des Zugangs zur Beschäftigung, zur Berufsbildung und zum beruflichen Aufstieg sowie in Bezug auf die Arbeitsbedingungen (ABl. EG Nr. L 269 S. 15), sog. Gender-Richtlinie; Richtlinie 2004/113/EG des Rates v. 13.12.2004 zur Verwirk-

lichung des Grundsatzes der Gleichbehandlung von Männern und Frauen beim Zugang zu und bei der Versorgung mit Gütern und Dienstleistungen (ABl. EG Nr. L 373 S. 37).

203 *Boemke/Danko*, § 10 Rn. 24; ErfK/*Preis* BGB § 611 a Rn. 272; *Hitzig*, S. 154 ff.; Jauernig/*Mansel* AGG § 7 Rn. 5; *Nollert-Borasio/Perreng* AGG, 4. Aufl. 2015, § 2 Rn. 12; *Szech*, S. 318; *Wege*, S. 294 ff.; *Hamann* Jura 2007, 641 (643); *Ohlendorf/Schreier* BB 2008, 2458 (2460); *Seel* MDR 2006, 1321 (1322); so bereits auch *Preis/Bender* NZA 2005, 1321 (1322); aA *Bauer/Göpfert/Krieger* AGG, 4. Aufl. 2015, § 2 Rn. 23 a.

204 Vgl. zur Reichweite des § 9 AGG EuGH NZA 2018, 569 „*Egenberger*"; dazu BAG NZA 2019, 455; EuGH NZA 2018, 1187 „*Chefarzt*"; dazu BAG NZA 2019, 901; dazu etwa *Hammer/Oberlinger* ZTR 2019, 127; *Joussen* EuZA 2018, 421; *Junker* NJW 2018, 1850; *Klocke/Wolters* BB 2018, 1460; *Schlachter* NZA 2018, 173; vgl. auch bereits ArbG Hamburg AiB 2008, 296; *Deinert* EuZA 2009, 332 (339 ff.); *Joussen* NZA 2008, 675 ff.; *Schnabel* ZfA 2008, 413 ff.

205 Vgl. dazu die ausf. Untersuchung von *Szech*, S. 128 ff. sowie die Übersichten bei *Braun* MDR 2004, 64 (65 ff.); *Ehrich* DB 2000, 421 ff.; *Thüsing/ Lambrich* BB 2002, 1146 ff.; MHdB ArbR/*Benecke*, § 33 Rn. 26 ff.; ErfK/*Preis* BGB § 611 a Rn. 271 ff.; Schaub ArbR-HdB/*Linck* § 26 Rn. 17 ff.; vgl. weiterhin *Eschenbacher*, S. 48 ff.; *Hausmann*, S. 76 ff.

Aufgrund des AGG haben sich vor allem Änderungen in Bezug auf die Frage nach der Schwangerschaft, der Schwerbehinderung, Krankheiten und dem Alter ergeben.

56 Die Frage nach der **Schwangerschaft** einer Bewerberin war bereits vor Inkrafttreten des AGG wegen des Verstoßes gegen das Diskriminierungsverbot des § 611 a BGB aF unzulässig. Das galt selbst dann, wenn für die vereinbarte Tätigkeit ein Beschäftigungsverbot nach dem Mutterschutzgesetz bestand und die Frau die Tätigkeit daher zunächst nicht aufnehmen konnte.[206] Damit hatte sich das BAG der Rechtsprechung des EuGH in Bezug auf die Richtlinie 76/207/EWG angeschlossen, deren Umsetzung § 611 a BGB aF diente.[207] Die Frage ist weiterhin **unzulässig**, obwohl § 1 AGG den Begriff der Schwangerschaft in seiner abschließenden Aufzählung der Diskriminierungsmerkmale[208] nicht ausdrücklich nennt. Dass die Frage nach der Schwangerschaft im Bewerbungsgespräch unzulässiger Weise an das Geschlecht anknüpft, folgert die ganz überwiegende Ansicht in der Lehre zutreffend aus § 7 Abs. 1 iVm §§ 1, 3 Abs. 1 S. 2 AGG.[209] Der Arbeitgeber darf die Frage trotz des Rechtfertigungsgrundes des § 8 Abs. 1 AGG nach wie vor selbst dann nicht stellen, wenn die Bewerberin nur befristet eingestellt werden soll und wegen der mutterschutzrechtlichen Beschäftigungsverbote während eines wesentlichen Teils nicht arbeiten kann[210] oder das sogar für die gesamte Vertragslaufzeit gilt.[211] Zwar wird vertreten, die vollständige oder weitgehende Unmöglichkeit der Leistungserbringung und die damit verbundene erhebliche Störung des Synallagma sei ein Grund iSd § 8 Abs. 1 AGG, der wegen der Art der auszuübenden Tätigkeit oder der Bedingungen ihrer Ausübungen eine wesentliche und entscheidende berufliche Anforderung darstellt, sofern der Zweck rechtmäßig und die Anforderung angemessen ist.[212] Obwohl diese Überlegungen einiges für sich haben, lässt sich doch nicht verkennen, dass der EuGH – jedenfalls bisher – allein darauf abstellt, dass nur Frauen schwanger werden können, und jedes Anknüpfen an die Schwangerschaft eine unzulässige Diskriminierung wegen des Geschlechts darstellt.[213] Bei Vorstellungs- und Auswahlgesprächen im Bereich der Bundesverwaltung und der Bundesgerichte verbietet § 7 Abs. 2 BGleiG ausdrücklich die Frage nach einer bestehenden oder geplanten Schwangerschaft (→ Rn. 50).

57 Die Frage nach der **Schwerbehinderteneigenschaft** wurde früher allgemein für zulässig gehalten, weil das Gesetz eine Reihe dauerhafter und kostenintensiver Pflichten des Arbeitgebers an die Schwerbehinderteneigenschaft eines Arbeitnehmers knüpft.[214] Mit dem Inkrafttreten des SGB IX[215] am 1.7.2001 wurde sie allerdings nach zutreffender Ansicht unzulässig. Sie verstieß gegen das neu eingeführte Diskriminierungsverbot des § 81 Abs. 2 S. 2 Nr. 1 SGB IX aF, das in seinem Wortlaut fast identisch dem Diskriminierungsverbot wegen des Geschlechts in § 611 a Abs. 1 aF nachgebildet war.[216] Der Gesetzgeber des AGG hat dieses spezielle Diskriminierungsverbot durch eine Generalklausel ersetzt, zu deren Ausfüllung § 164 Abs. 2 S. 2 SGB IX auf die Regelungen des AGG verweist. Deshalb bleibt die Frage nach der Schwerbehinderteneigenschaft im Bewerbungsgespräch[217] gem. § 7 Abs. 1 iVm § 1 AGG **unzulässig**.[218] Von der Frage nach der Schwerbehinderteneigenschaft zu trennen ist allerdings diejenige nach einer **Behinderung**.[219] Diese Frage

206 BAG NZA 2003, 848 (849) = SAE 2004, 125 (126) m. krit. Anm. *Löwisch*, unter teilweiser Aufgabe der bisherigen Rechtsprechung in BAG NZA 1993, 257 (258); 933, 934 f.

207 EuGH NZA 2000, 255 = AP Nr. 18 zu § 611 a BGB *„Mahlburg“*; NZA 2001, 1241 = AP Nr. 27 zu EWG-Richtlinie Nr. 76/207 *„Brandt-Nielsen“*; vgl. ferner EuGH NZA 2003, 3737 = AP Nr. 31 zu EWG-Richtlinie Nr. 76/207 *„Busch“*.

208 EuGH NZA 2006, 839 (840) *„Navas“*; MüKoBGB/*Thüsing* AGG § 1 Rn. 59.

209 Vgl. nur ErfK/*Preis* BGB § 611 a Rn. 274; *Hamann* Jura 2007, 641 (643); *Müller* AiB 2007, 709 (711), jew. mwN.

210 LAG Köln NZA-RR 2013, 232.

211 Ebenso *Szech*, S. 128 ff.; *Wege*, S. 298 f.; Jauernig/*Mansel* AGG § 7 Rn. 5; vgl. dazu auch m. krit. Würdigung BeckOK BGB/*Fuchs* AGG § 7 Rn. 10.

212 *Adomeit/Mohr* AGG, 2. Auflage 2011, § 8 Rn. 34; Däubler/Bertzbach/*Däubler* AGG, 3. Aufl. 2013, § 7 Rn. 28; *Eschenbacher*, S. 93 ff., 100 f.; *Hausmann*, S. 88 ff.; weiter gehend *Pallasch* NZA 2007, 306 (307 ff.).

213 EuGH NZA 2001, 1241 = AP Nr. 27 zu EWG-Richtlinie Nr. 76/207 *„Brandt-Nielsen“*; NZA 2003, 3737 = AP Nr. 31 zu EWG-Richtlinie Nr. 76/207 *„Busch“*.

214 BAG NZA 1985, 57 (58); 1994, 407 f.; 1998, 371, 372; 2001, 315 f., jew. mwN.

215 Sozialgesetzbuch (SGB) Neuntes Buch (IX) – Rehabilitation und Teilhabe behinderter Menschen – v. 19.6.2001, BGBl. I S. 1046.

216 *Braun* MDR 2004, 64 (69); *Joussen* NJW 2003, 2857 (2860 f.); *Löwisch*, Anm. zu BAG 6.2.2003 – SAE 2004, 126 (129); *Messingschlager* NZA 2003, 301 (303 f.); vgl. *Thüsing/Lambrich* BB 2002, 1146 (1148 f.); aA *Schaub* NZA 2003, 299 (300 f.)

217 Zur Zulässigkeit der Frage im seit mehr als sechs Monaten bestehenden Arbeitsverhältnis BAGE 141, 1 = NZA 2012, 555.

218 *Hunold* NZA-RR 2006, 561 (563); *Joussen* NZA 2007, 174 (177); *Szech*, S. 229; *Wisskirchen/Bissels* NZA 2007, 169 (173); MHdB ArbR/*Benecke*, § 33 Rn. 24, 40 ff.; offengelassen in BAG NZA 2012, 34 (35).

219 Streitig ist, ob der Begriff der Behinderung in § 1 AGG nach den nationalen Vorschriften der § 2 Abs. 1 SGB IX und § 3 BGG ausgelegt werden muss – so BT-Drs. 16/1780, 31; BR-Drs. 329/06, 31; Däubler/Bertzbach/*Däubler* AGG, 3. Aufl. 2013, § 1 Rn. 75, oder ob er gemeinschaftsrechtlich auszulegen ist – so ArbG Berlin NZA-RR 2005, 608 (610); BeckOK BGB/*Fuchs* AGG § 1 Rn. 13; *Hanau* ZIP 2006, 2189 (2190); *Szech*, S. 215.

soll ausnahmsweise dann gestellt werden dürfen, wenn das Fehlen einer Behinderung eine wesentliche und entscheidende berufliche Anforderung für die Tätigkeit iSd **§ 8 Abs. 1 AGG** darstellt.[220] Darüber hinaus kann die Frage gem. **§ 5 AGG** gerechtfertigt sein, wenn der Arbeitgeber behinderte Arbeitnehmer besonders fördern will. Da § 5 AGG im Gegensatz zu Art. 7 Abs. 1 der Richtlinie 2000/78/EG nicht nur die Mitgliedstaaten, sondern auch Arbeitgeber, Tarifvertrags- und Betriebspartner in den personellen Anwendungsbereich der Vorschrift einbezieht,[221] werden in der Literatur Zweifel an der Europarechtskonformität der Vorschrift angemeldet.[222]

Das Diskriminierungsverbot der Behinderung in § 1 AGG ist darüber hinaus auch für die Zulässigkeit der **58** Frage nach **Krankheiten** von Bedeutung.[223] Nachdem der EuGH im Jahr 2006 zunächst entschieden hatte, dass die Begriffe Behinderung und Krankheit nicht per se gleichgesetzt werden können,[224] hat er 2013 präzisiert, dass eine Behinderung eine langfristige Beeinträchtigung voraussetzt. Danach kann eine Krankheit unter den Begriff der Behinderung iSd Gleichbehandlungsrahmen-Richtlinie 2000/78/EG fallen, wenn sie eine Einschränkung mit sich bringt, die insbesondere auf physische, geistige oder psychische Beeinträchtigungen zurückzuführen ist, die in Wechselwirkung mit verschiedenen Barrieren den Betreffenden an der vollen und wirksamen Teilhabe am Berufsleben, gleichberechtigt mit den anderen Arbeitnehmern, hindern können, und wenn diese Einschränkung von langer Dauer ist.[225] Daran anknüpfend nimmt das BAG eine Behinderung iSv § 1 AGG an, wenn die körperliche Funktion, geistige Fähigkeit oder seelische Gesundheit eines Menschen langfristig eingeschränkt ist und dadurch – in Wechselwirkung mit verschiedenen sozialen Kontextfaktoren (Barrieren) – seine Teilhabe an der Gesellschaft, wozu auch die Teilhabe am Berufsleben gehört, substanziell beeinträchtigt sein kann; auf einen bestimmten GdB komme es nicht an.[226] Das Gericht nimmt eine Meistbegünstigung vor, indem es den Behindertenbegriff des AGG für maßgeblich erklärt, soweit das nationale Recht von einem weiteren Behindertenbegriff als das supranationale Recht ausgeht, und im Übrigen den Behindertenbegriff des Unionsrechts zu Grunde legt.[227] Es will die mögliche „Entgrenzung" durch die konkrete Prüfung der Barrieren und der Auswirkungen im Arbeitsverhältnis einschränken,[228] während in der Literatur teilweise auf die voraussichtliche Heilbarkeit der gesundheitlichen Beeinträchtigung abgestellt wird.[229] Handelt es sich **nicht um eine Behinderung** und greift daher das AGG nicht ein, darf der Arbeitgeber trotzdem nur nach solchen Krankheiten fragen, welche die Eignung für die vorgesehene Tätigkeit auf Dauer oder in periodisch wiederkehrenden Abständen einschränken, sowie nach ansteckenden Krankheiten, welche die künftigen Kollegen oder andere Dritte gefährden können.[230] Ein weit darüber hinausgehendes Frageverbot ordnet § 19 GenDG bezüglich **genetischer Untersuchungen** oder Analysen an.[231]

Seit dem Inkrafttreten des AGG wird die Frage nach dem **Alter** der Bewerberin oder des Bewerbers über- **59** wiegend als grundsätzlich unzulässig abgelehnt.[232] Allerdings ergibt sich ihr oder sein Lebensalter regelmäßig bereits aus den Bewerbungsunterlagen wie den Zeugnissen und aus dem bisherigen beruflichen Werdegang.[233] Außerdem kann hier, neben § 8 Abs. 1 AGG, der spezielle Rechtfertigungsgrund des § 10 AGG[234] eingreifen. Schließlich kann die Frage nach dem Alter gem. § 5 AGG ausnahmsweise zulässig sein, wenn der Arbeitgeber Personen einer bestimmten Altersgruppe besonders fördern will, um bestehende Nachteile der aktuellen Beschäftigungspolitik auszugleichen.[235]

220 *Adomeit/Mohr* AGG, 2. Aufl. 2011, § 2 Rn. 40 ff.; *Rupp*, ArbRKomm AGG § 7 Rn. 3; *Hitzig*, S. 262 ff.; *Hamann* Jura 2007, 641 (643); *Wisskirchen* DB 2006, 1491 (1494).

221 Vgl. dazu auch BT-Drs. 16/1780, 33 f.

222 Vgl. dazu ErfK/*Schlachter* AGG § 5 Rn. 2; *Annuß* BB 2006, 1629 (1634); *Hamann* Jura 2007, 641 (642 f.); *Kamanabrou* RdA 2006, 321 (333).

223 Ausf. dazu *Szech*, S. 233 ff.

224 EuGH NZA 2006, 839 (840) „*Navas*".

225 EuGH NZA 2013, 553 (555) „*Ring*"; 4.7.2013 – Rs. C-312/11, BeckRS 81408 „*Kommission/Italien*"; vgl. auch *Fuhlrott*, ArbR 2014, 307 ff.; *Hausmann*, S. 81 f.; Jauernig/*Mansel* AGG § 1 Rn. 6; *Wisskirchen/Bissels* NZA 2007, 169 (172).

226 BAG NZA 2014, 372 (378 ff.); vgl. zur Entschädigungspflicht gem. § 15 Abs. 2 AGG wegen einer nur angenommenen Behinderung BAG NZA 2010, 383.

227 BAG NZA 2014, 372 (378); näher dazu etwa ErfK/*Preis* BGB § 611 a Rn. 274 c mwN; *Fuhlrott*, ArbR 2014, 307 ff.

228 BAG NZA 2014, 372 (380).

229 Vgl. dazu ErfK/*Preis* BGB § 611 a Rn. 274 c; *Szech*, S. 237 f.

230 BAG EzA § 123 BGB Nr. 24; *Iraschko-Luscher/Kiekenbeck* NZA 2009, 1239 (1240).

231 Dazu *Fischinger* NZA 2010, 65 (66 f.); *Genenger* AuR 2009, 285 (287).

232 *Rupp*, ArbRKomm AGG § 7 Rn. 3; ErfK/*Preis* BGB § 611 a Rn. 274; *Eschenbacher*, S. 140 ff.; *Hausmann*, S. 92 f.; *Wisskirchen* DB 2006, 1491 (1494); aA *Hanau* ZIP 2006, 2189 (2193).

233 *Wisskirchen/Bissels* NZA 2007, 169 (172); vgl. *Szech*, S. 258 f.

234 Vgl. zu den mit dieser Vorschrift verbundenen vielfältigen Fragestellungen statt vieler nur ErfK/*Schlachter* AGG § 10 Rn. 1 ff. mwN.

235 Vgl. aber zur möglichen Europarechtswidrigkeit des § 5 AGG ErfK/*Schlachter* AGG § 5 Rn. 2; *Annuß* BB 2006, 1629 (1634); *Hamann* Jura 2007, 641 (642 f.); *Kamanabrou* RdA 2006, 321 (333); vgl. auch *Szech*, S. 259.

60 Vom Fragerecht des Arbeitgebers und der Pflicht zur Beantwortung zulässigerweise gestellter Fragen zu trennen ist eine entsprechende **Aufklärungs- oder Offenbarungspflicht** des Arbeitnehmers. Eine Verknüpfung besteht nur insoweit, als der Arbeitnehmer keine Umstände zu offenbaren braucht, nach denen der Arbeitgeber schon nicht fragen darf. Im umgekehrten Fall besteht dagegen nicht ohne Weiteres eine Pflicht des Arbeitnehmers, den potenziellen Arbeitgeber ungefragt über solche Umstände aufzuklären, nach denen dieser ihn fragen dürfte. Denn eine solche Offenbarungspflicht, deren Verletzung den Arbeitgeber zur Anfechtung gem. Abs. 1, 1. Fall wegen pflichtwidrigen Verschweigens berechtigt, kann wegen der Eigenverantwortlichkeit der Parteien nur in Ausnahmefällen angenommen werden (vgl. dazu → Rn. 30). Sie setzt voraus, dass die Tatsachen oder Umstände geeignet sind, den **Vertragszweck zu vereiteln**. Die verschwiegenen Umstände müssen so gravierend sein, dass sie dem Arbeitnehmer die Erbringung der geschuldeten Arbeitsleistung unmöglich machen, oder sie müssen sonst für die in Aussicht genommene Tätigkeit von ausschlaggebender Bedeutung sein.[236] Das wird zB angenommen, wenn der Arbeitnehmer aus gesundheitlichen Gründen oder wegen fehlender Qualifikationen außer Stande ist, die Tätigkeit aufzunehmen, oder wenn er unter einer ansteckenden Krankheit leidet, die Dritte und vor allem andere Arbeitnehmer des Betriebes gefährden würde.[237]

61 **6. Arglist.** Die Anfechtung gem. Abs. 1, 1. Fall setzt schließlich voraus, dass die Täuschung arglistig ist. Dabei bedeutet Arglist nur, dass der Täuschende **vorsätzlich** in Bezug auf die Täuschung, die Irrtumserregung und die Abgabe der Willenserklärung gehandelt hat.[238] Obwohl der Begriff der Arglist das nahe zu legen scheint, sind dagegen **keine verwerfliche Gesinnung**[239] und auch **kein Schädigungsvorsatz**[240] erforderlich. Da § 123 ausschließlich die Freiheit der rechtsgeschäftlichen Willensentschließung schützt, setzt die arglistige Täuschung iSd Abs. 1, 1. Fall keinen Vermögensschaden voraus, so dass es, anders als etwa bei den §§ 263 und 253 StGB, auch keines darauf gerichteten Vorsatzes bedarf (→ Rn. 1). Wegen dieses Schutzzwecks, der nicht auf die Gesinnung des Täuschenden abstellt, täuscht selbst derjenige arglistig, der „nur das Beste" für den Getäuschten erreichen oder dessen Willensentschließung aus seiner Sicht bloß wohlmeinend beeinflussen will. Was „sein Bestes" ist, soll der Getäuschte selbst entscheiden können.[241]

62 Der danach (nur) erforderliche Vorsatz liegt vor, wenn der Täuschende bei einer **Täuschung durch aktives Tun** (vgl. dazu → Rn. 26 ff.) die Unrichtigkeit der für den Getäuschten bedeutsamen Umstände kennt, wenn er durch die Täuschung beim Getäuschten einen Irrtum über diese Umstände erregen oder aufrechterhalten will und wenn er schließlich erreichen will, dass der Getäuschte aufgrund des Irrtums eine Willenserklärung abgibt, die er anderenfalls so nicht abgegeben hätte.[242] Geht es um eine **Täuschung durch Unterlassen** (vgl. dazu → Rn. 30 ff.), muss der Täuschende die Tatsachen kennen, die seine Aufklärungs- oder Offenbarungspflicht begründen, und er muss wissen oder jedenfalls damit rechnen und es billigend in Kauf nehmen, dass der andere Teil die verschwiegenen Umstände nicht kennt.[243] Der Täuschende handelt selbst dann arglistig, wenn er zwar glaubt, der andere Teil könne die ungünstigen Eigenschaften der Kaufsache erkennen, bei seinem Schweigen aber zugleich bewusst in Kauf nimmt, dass der andere Teil eine Prüfung unterlässt und in Unkenntnis der ungünstigen Eigenschaften einen Vertrag schließt, den er bei deren Kenntnis nicht

---

236 BAG NJW 1991, 2723 (2724); 2013, 1115, 1116; NZA 2014, 1131 (1133); vgl. BAG AP Nr. 19 zu § 123 BGB; NZA 1986, 635; vgl. ErfK/*Preis* BGB § 611 a Rn. 288.

237 Vgl. dazu näher MHdB ArbR/*Benecke*, § 33 Rn. 131 ff.; *Hausmann*, S. 54 f.

238 BGH NJW 2000, 2497 (2499); OLG Rostock NJW-RR 2016, 1523 (1524); Hk-BGB/*Dörner* § 123 Rn. 5; Soergel/*Hefermehl* BGB § 123 Rn. 27; Jauernig/*Jauernig* BGB § 123 Rn. 7; MüKoBGB/*Armbrüster* § 123 Rn. 18; Erman/*Arnold* BGB § 123 Rn. 27; BeckOK BGB/*Wendtland* § 123 Rn. 17; PWW/ *Ahrens* BGB § 123 Rn. 25; vgl. Staudinger/*Singer*, Bearbeitung 2017, BGB § 123 Rn. 49 f.

239 Staudinger/*Singer*, Bearbeitung 2017, BGB § 123 Rn. 49; Hk-BGB/*Dörner* § 123 Rn. 5; Soergel/*Hefermehl* BGB § 123 Rn. 25; Jauernig/*Mansel* BGB § 123 Rn. 7; MüKoBGB/*Armbrüster* § 123 Rn. 18; Erman/ *Arnold* BGB § 123 Rn. 29; BeckOK BGB/*Wendtland* § 123 Rn. 19; aA BGH BB 1954, 785; RGRK/ *Krüger-Nieland* BGB § 123 Rn. 14; vgl. aber auch BGHZ 109, 327 (333), BGH NJW 2001, 2326 (2327) in Bezug auf die nach § 463 S. 2 aF erforderliche Arglist: nur bedingter Vorsatz, kein moralisch vorwerfbares Verhalten notwendig.

240 BGH NJW 1974, 1505 (1506); WM 1977, 343; NJW 2000, 2497 (2499); Palandt/*Ellenberger* BGB § 123 Rn. 11; Staudinger/*Singer*, Bearbeitung 2017, BGB § 123 Rn. 50; Hk-BGB/*Dörner* § 123 Rn. 5; BeckOK BGB/*Wendtland* § 123 Rn. 19; PWW/*Ahrens* BGB § 123 Rn. 25.

241 Staudinger/*Singer*, Bearbeitung 2017, BGB § 123 Rn. 49; Soergel/*Hefermehl* BGB § 123 Rn. 25; Jauernig/ *Mansel* BGB § 123 Rn. 7; MüKoBGB/ *Armbrüster* § 123 Rn. 18; Erman/*Arnold* BGB § 123 Rn. 29; BeckOK BGB/*Wendtland* § 123 Rn. 19; PWW/*Ahrens* BGB § 123 Rn. 25; aA BGH BB 1954, 785.

242 Vgl. BGH NJW-RR 1991, 411 (412); 2005, 1082, 1083; OLG Hamm NJW-RR 1995, 286 (287); OLG Rostock NJW-RR 2016, 1523 (1524); BAG NZA 1998, 33 (35); NJW 2013, 1115 (1116); Erman/ *Arnold* BGB § 123 Rn. 28; BeckOK BGB/*Wendtland* § 123 Rn. 17.

243 Vgl. BGH NJW-RR 1996, 690; NJW 1998, 1315 (1316); 2001, 2326, 2327; OLG Koblenz NJW-RR 2003, 119 (120); OLG Rostock NJW-RR 2016, 1523 (1524); Erman/*Arnold* BGB § 123 Rn. 28; BeckOK BGB/*Wendtland* § 123 Rn. 17.

abgeschlossen hätte.[244] An der Arglist fehlt es dagegen, wenn der Täuschende gutgläubig unrichtige Angaben macht, und zwar selbst dann, wenn seine Gutgläubigkeit auf grober Fahrlässigkeit oder sogar auf Leichtfertigkeit beruht.[245] Versichert der Verkäufer im Kaufvertrag, dass ihm erhebliche Mängel nicht bekannt seien, handelt er trotz Vorliegens eines solchen Mangels nicht arglistig, wenn er im Zeitpunkt des Vertragsschlusses keine Erinnerung mehr an das Vorhandensein des Mangels hatte.[246]

Begriffsnotwendig zur Täuschungshandlung gehört der **Täuschungswille**. Der Täuschende muss die Täuschungshandlung zu dem Zweck begehen, beim Getäuschten einen Irrtum zu erregen oder aufrechtzuerhalten (→ Rn. 24). Außerdem muss sein Wille darauf gerichtet sein, den Getäuschten zur Abgabe der irrtumsbedingten Willenserklärung zu bewegen. Hieran fehlt es, wenn der Täuschende davon überzeugt ist, dass seine unrichtigen Angaben keine Bedeutung für die Entschließung des Getäuschten haben, eine Willenserklärung abzugeben.[247] Das kann etwa bei der unrichtigen Beantwortung von Fragen des Versicherten der Fall sein.[248] Mangels der erforderlichen Bedeutungskenntnis des eigenen Verhaltens liegt der Täuschungswille ferner dann nicht vor, wenn der andere Teil unbewusst lediglich ungeschickte oder missverständliche und damit irreführende Formulierungen gebraucht hat und zB als Laie die Begriffe Patent- und Gebrauchsmuster verwechselt hat.[249]

63

Für die erforderliche Arglist genügt bereits **bedingter Vorsatz** des Täuschenden.[250] Bedingter Vorsatz liegt vor allem in den Fällen vor, in denen der Täuschende tatsächliche Behauptungen ohne jede sachliche Grundlage „**ins Blaue hinein**" abgibt.[251] Die Arglist kann zunächst darin bestehen, dass der Täuschende die fehlende Grundlage seiner Behauptung verschweigt. So liegt es etwa, wenn der Gebrauchtwagenhändler ohne vorherige Prüfung des Autos angibt, es sei unfallfrei.[252] Diese Prüfungsobliegenheit beschränkt sich grundsätzlich auf eine fachmännische äußere Besichtigung („Sichtprüfung") des Gebrauchtwagens; erst wenn sich daraus Anhaltspunkte für einen Vorschaden ergeben, kann der Händler verpflichtet sein, sich vor dem Weiterverkauf Kenntnis von einer beim Hersteller geführten „Reparaturhistorie" des Fahrzeugs zu verschaffen.[253] Die Arglist kann ferner daraus folgen, dass dem Täuschenden jegliche zur sachgemäßen Beantwortung erforderliche Kenntnis fehlt, ihm das bewusst ist und er dem Erklärenden das Fehlen der Sachkenntnis gleichwohl verschweigt. So liegt es etwa, wenn der Verkäufer eines Hauses dem Käufer den Wassereintritt im Keller verschweigt, weil er ihn, ohne über Fachkenntnisse zu verfügen, auf eine harmlose Ursache zurückführt.[254]

64

7. Person des Täuschenden und Täuschungen durch Dritte (Abs. 2). a) Allgemeines. Die Möglichkeit, eine Willenserklärung wegen der unzulässigen Beeinflussung der rechtsgeschäftlichen Entschließungsfreiheit anfechten zu können, schützt die Interessen des Getäuschten (→ Rn. 2). Diesen Interessen stehen diejenigen des Erklärungsgegners oder des Erklärungsempfängers an der Rechtsbeständigkeit der Willenserklärung gegenüber (→ Rn. 3). Die einseitige Berücksichtigung nur der Interessen des Getäuschten würde dort zu unbilligen Ergebnissen führen, wo der andere Teil nicht an der Täuschung, also an der unzulässigen Einflussnahme auf die Willensbildung des Erklärenden, beteiligt war.[255] Deshalb können die Grundsätze des **Verkehrsschutzes** dazu führen, dass die Anfechtungsmöglichkeit entfällt, wenn ein Dritter die Täuschung begangen hat.

65

244 BGH NJW 1990, 42 f.; 1992, 1953, 1954; NJW-RR 1997, 270; Erman/*Arnold* BGB § 123 Rn. 28.
245 BGH NJW 1980, 2460 (2461); OLG Celle NJW-RR 1987, 744; BAG NZA 1998, 33 (35); Palandt/*Ellenberger* BGB § 123 Rn. 11; BeckOK BGB/*Wendtland* § 123 Rn. 17; PWW/*Ahrens* BGB § 123 Rn. 25; vgl. BAG NZA-RR 2012, 43 (46); NJW 2013, 1115 (1116); NZA 2014, 1131 (1133); Soergel/*Hefermehl* BGB § 123 Rn. 26.
246 BGH NJW 2001, 2326 (2327).
247 Soergel/*Hefermehl* BGB § 123 Rn. 29; BeckOK BGB/*Wendtland* § 123 Rn. 18.
248 Vgl. BGH NJW 1957, 988; OLG Köln VersR 1973, 1161; OLG Brandenburg NJW-RR 2014, 1501 (1503); OLG Karlsruhe NJW 2014, 3733.
249 BGH NJW-RR 1998, 904 (905 f.).
250 BGH NJW 1999, 2804 (2806); 2000, 2497, 2499; 2001, 2326, 2327; BAG NZA 1998, 33 (35); Soergel/ *Hefermehl* BGB § 123 Rn. 27; Palandt/*Ellenberger*

BGB § 123 Rn. 11; MüKoBGB/*Armbrüster* § 123 Rn. 15; BeckOK BGB/*Wendtland* § 123 Rn. 17.
251 BGH NJW 1980, 2460 (2461); 1981, 1441, 1442; 1998, 302, 303; 2001, 2326, 2327; 2006, 2839, 2840; 2008, 644, 648; 2014, 211, 212; OLG Karlsruhe WM 2010, 1408 (1410); Palandt/*Ellenberger* BGB § 123 Rn. 11; MüKoBGB/*Armbrüster* § 123 Rn. 16; Erman/ *Arnold* BGB § 123 Rn. 27; BeckOK BGB/*Wendtland* § 123 Rn. 17; PWW/*Ahrens* BGB § 123 Rn. 25.
252 BGHZ 63, 382 (388) = BGH NJW 1975, 642 (644); NJW 2014, 211 (212); OLG Düsseldorf NJW-RR 1998, 1751; OLG Koblenz NJW-RR 2002, 1578.
253 BGH NJW 2014, 211 (212); vgl. LG Bielefeld 3.2.2010 – 3 O 222/09; OLG Frankfurt/Main v. 10.5.2012 – 12 U 173/10, Rn. 44.
254 OLG Celle NJW-RR 1987, 744.
255 MüKoBGB/*Armbrüster* § 123 Rn. 69; Erman/*Arnold* BGB § 123 Rn. 31; vgl. Motive I, S. 206 = *Mugdan* I, S. 466.

66   Bei **nicht empfangsbedürftigen Willenserklärungen** bedarf es keines derartigen besonderen Verkehrsschutzes, weil sie keinen Adressaten voraussetzen. Solche Willenserklärungen können ohne Rücksicht darauf angefochten werden, wer getäuscht hat.[256]

67   Bedeutung gewinnt der Verkehrsschutz dagegen bei **empfangsbedürftigen Willenserklärungen**. Hier muss danach unterschieden werden, ob die Täuschung durch den Erklärungsempfänger oder eine Person begangen worden ist, deren Verhalten er sich zurechnen lassen muss, oder ob ein außenstehender Dritter den Erklärenden getäuscht hat. Im letztgenannten Fall setzt die Anfechtungsmöglichkeit gem. Abs. 2 zusätzlich voraus, dass der Erklärungsempfänger oder derjenige, der aus der Erklärung unmittelbar ein Recht erworben hat, die Täuschung kannte oder kennen musste.[257]

68   **b) Täuschung durch einen Dritten (Abs. 2 S. 1).** Nach Abs. 2 S. 1 ist eine empfangsbedürftige Willenserklärung, deren Abgabe auf einer Täuschung durch einen Dritten beruht, nur dann anfechtbar, wenn der Erklärungsempfänger die Täuschung des Dritten kannte oder kennen musste. Daraus ergibt sich, dass die Willenserklärung gegenüber einem **bösgläubigen Erklärungsempfänger** stets anfechtbar ist. Kannte dieser die Täuschung des anderen oder musste er sie kennen, kommt es nicht darauf an, ob der Täuschende im Verhältnis zum Erklärungsempfänger Dritter ist oder nicht.[258] Entscheidend ist hier das Merkmal der Bösgläubigkeit. Handelt es sich dagegen um einen **gutgläubigen Erklärungsempfänger,** hängen die Anfechtungsmöglichkeit und ihre Beschränkung davon ab, wie der Begriff des Dritten zu definieren ist.[259]

69   **Bösgläubig** ist der Erklärungsempfänger gem. Abs. 2 S. 1, wenn er die Täuschung des anderen positiv kannte oder wenn er sie zumindest kennen musste. Für die Feststellung des Kennenmüssens kommt es entsprechend § 122 Abs. 2 darauf an, ob er die Täuschung infolge von Fahrlässigkeit nicht kannte. Insoweit genügt jede Fahrlässigkeit. Sie liegt etwa dann vor, wenn der Erklärungsempfänger Anhaltspunkten nicht nachgeht, denen zufolge die Willenserklärung nicht einwandfrei zustande gekommen ist, oder wenn er sich nicht nach dem Verhalten des Dritten erkundigt, obwohl dazu Anlass bestand.[260]

70   Nach dem Sinn und Zweck des Abs. 2, den angemessenen Verkehrsschutz zu gewährleisten (→ Rn. 60), kann **Dritter** iSd Abs. 1 S. 1 nur ein **Außenstehender** sein, der am Geschäft des Erklärungsempfängers unbeteiligt ist und dessen Verhalten sich der Erklärungsempfänger auch nicht zurechnen lassen muss.[261] Das trifft zB für die Mitglieder der Kammer eines Gerichts oder den Vorsitzenden zu, wenn die Prozessparteien einen gerichtlichen Vergleichsvorschlag akzeptieren.[262] Der Begriff des Dritten wird nach Billigkeitserwägungen eng ausgelegt, um die Anfechtungsmöglichkeit des Erklärenden nicht zu stark zu beschränken.[263] Ein solcher Dritter ist regelmäßig der **Makler**, weil er den Abschluss des Vertrages lediglich vermittelt.[264] Das gilt jedoch nicht mehr, wenn er zugleich die Verhandlungen für die ihn beauftragende Vertragspartei führt und damit – neben seinen eigenen Interessen – auch die Interessen dieser Partei wahrnimmt, wenn er aufgrund enger Beziehungen zu einer Partei als ihre Vertrauensperson anzusehen ist oder wenn er Aufgaben übernimmt, die typischerweise einer Partei obliegen (vgl. auch → Rn. 71).[265] Ähnlich wird bei einem **Versicherungsmakler** danach differenziert, ob er eine Sachwalterstellung für den Versicherungsnehmer hat und damit in dessen Lager steht, oder ob er Dritter ist, weil ihn beide Seiten beauftragt haben oder er nicht allein im Interessenbereich des Versicherungsnehmers tätig wird.[266] Dritter iSd Abs. 2 S. 1 ist ferner eine solche Person, die einen Vertragsschluss anderer Parteien aus eigenem Antrieb anbahnt und deren Verhalten nicht nachträglich durch eine Partei als Auftreten eines Verhandlungsgehilfen gebilligt wird.[267] Bringt ein Darlehensnehmer eine andere Person durch eine Täuschung dazu, die Mithaftung für seinen Kredit bei einer Bank zu übernehmen, ist dieser Darlehensnehmer Dritter im Verhältnis zur Bank, weil er **ausschließlich eigene Interessen** verfolgt. Der Getäuschte kann seine Erklärung, mit der er die Haftung gegenüber der Bank übernommen hat, also nur anfechten, wenn die Bank die Täuschung des Darlehensnehmers kannte oder kennen musste.[268] Eine engere Verknüpfung sieht § 358 vor, wenn es um den Widerruf bei

256 Hk-BGB/*Dörner* § 123 Rn. 6; Erman/*Arnold* BGB § 123 Rn. 30; BeckOK BGB/*Wendtland* § 123 Rn. 20.

257 Vgl. Erman/*Arnold* BGB § 123 Rn. 31; BeckOK BGB/*Wendtland* § 123 Rn. 20; ausf. *Windel* AcP 199 (1999), 421 ff.; *Martens* JuS 2005, 887 ff.

258 *Brox/Walker* BGB AT § 19 Rn. 10; Erman/*Arnold* BGB § 123 Rn. 32.

259 Vgl. MüKoBGB/*Kramer* BGB § 123 Rn. 24; *Martens* JuS 2005, 887.

260 BGH NJW 1990, 387 (388); NJW-RR 1992, 1005 (1006); Palandt/*Ellenberger* BGB § 123 Rn. 12; BeckOK BGB/*Wendtland* § 123 Rn. 20; PWW/*Ahrens* BGB § 123 Rn. 30.

261 BAG NZA 1998, 33 (35); Erman/*Arnold* BGB § 123 Rn. 33; BeckOK BGB/*Wendtland* § 123 Rn. 21; PWW/*Ahrens* BGB § 123 Rn. 28.

262 LAG Hamm 8.11.2012 – 15 Sa 806/12, Rn. 60 f.

263 Vgl. *Medicus* BGB AT Rn. 801.

264 BGH NJW 1978, 2144; 1996, 1051; OLG Hamm MDR 2011, 163 (164).

265 Vgl. BGH NJW 1996, 451 f.; 2001, 358; OLG Schleswig SchlHA 2008, 356; OLG Hamm MDR 2011, 163 (164); BeckOK BGB/*Wendtland* § 123 Rn. 21.1; Staudinger/*Singer*, Bearbeitung 2017, BGB § 123 Rn. 56.

266 OLG Saarbrücken 15.5.2019 – 5 U 60/18, juris, Rn. 42.

267 BGH NJW 1996, 1051.

268 LG Ulm WM 1984, 27 (28).

einem **finanzierten Vertrag** geht, also um den Widerruf bei einem Verbrauchervertrag über die Lieferung einer Ware oder die Erbringung einer anderen Leistung, der mit einem Verbraucherdarlehensvertrag so verbunden ist, dass beide Verträge eine wirtschaftliche Einheit bilden.[269] Bei einer **externen Schuldübernahme** durch einen Vertrag zwischen Gläubiger und Übernehmer (§ 414) ist der Schuldner, der den Übernehmer getäuscht hat, Dritter iSd Abs. 2 S. 1, so dass die Anfechtbarkeit von der Bösgläubigkeit des Gläubigers abhängt (vgl. noch hierzu und zur internen Schuldübernahme gem. → § 415 Rn. 77 sowie zur Vertragsübernahme → Rn. 78).[270]

Kein Dritter ist nach dem Wortlaut des Abs. 2 S. 1 zunächst derjenige, dem gegenüber die Willenserklärung abgegeben werden muss, so dass es zB genügt, wenn nur einer von mehreren Mitverkäufern den Käufer arglistig getäuscht hat.[271] Das Gleiche soll in anderen Fällen sog. Multiseller-Transaktionen gelten, wenn dem Getäuschten aus seiner Sicht die Vertragspartner gemeinsam gegenüberstehen.[272] Ebenfalls kein Dritter iSd Abs. 2 S. 1 ist ein sonst am Zustandekommen eines Vertrages Beteiligter, dessen Verhalten demjenigen des Anfechtungsgegners gleichzusetzen ist.[273] Dabei handelt es sich zunächst um gesetzliche oder rechtsgeschäftliche Vertreter, deren Handeln dem Vertretenen gem. §§ 164 ff. zuzurechnen ist.[274] Gleiches gilt für einen vollmachtlosen Vertreter nach der Genehmigung durch den Vertretenen.[275] Über den Bereich der Stellvertretung hinaus sind auch Verhandlungsführer oder Verhandlungsgehilfen, die der Erklärungsempfänger beauftragt hat, keine Dritten.[276] Deren Täuschung hat der Erklärungsempfänger bereits gem. § 278 zu vertreten, so dass die Anfechtung ohne Rückgriff auf Abs. 2 S. 1 uneingeschränkt gem. Abs. 1 möglich ist.[277] Gleiches gilt schließlich, wenn der Erklärungsempfänger sich das Verhalten des täuschenden Beteiligten wegen besonders enger Beziehungen zu diesem Beteiligten oder wegen sonstiger besonderer Umstände billigerweise zurechnen lassen muss (§ 242).[278] Die allgemeine Voraussetzung für eine derartige Zurechnung ist stets, dass der Täuschende interessenmäßig auf der Seite oder **„im Lager des Erklärungsempfängers"** steht.[279] Danach muss sich beispielsweise eine Bank beim finanzierten Kauf grundsätzlich die arglistige Täuschung des Verkäufers oder Vermittlers zurechnen lassen, die dieser gegenüber dem Käufer begeht.[280] Kann der Verbraucher seine auf den Abschluss des Kaufvertrages gerichtete Willenserklärung widerrufen, ist auch hier wieder die in § 358 geregelte Verknüpfung mit dem Verbraucherdarlehensvertrag zu beachten (vgl. dazu → Rn. 70).[281] Auf Zurechnungsfragen kam es ferner im sog. **Abgasskandal** oder „VW-Dieselgate"[282] an, weil die Händler regelmäßig nichts von den Hersteller-Manipulationen wussten und daher selbst bei Abschluss der Kaufverträge die Autokäufer nicht arglistig getäuscht hatten.[283] Allein die Eigenschaft als Vertragshändler genügt noch nicht, um das für eine Zurechnung hinreichende Vertrauens- und Näheverhältnis zum Hersteller zu begründen.[284] Ist die Händlerin hingegen eine 100 %ige Tochter des Herstellers und wirbt sie damit bewusst nach außen hin, nimmt sie besonderes Vertrauen in Anspruch mit der Folge, dass sie im Lager des Herstellers steht und sich seine etwaigen Täuschungshandlungen zurechnen lassen muss.[285]

71

269 Näher dazu AnwK-BGB/*Ring*, § 358 Rn. 5 ff.

270 Soergel/*Hefermehl* BGB § 123 Rn. 38; MüKoBGB/*Armbrüster* § 123 Rn. 84; Erman/*Arnold* BGB § 123 Rn. 37.

271 BGH NJW 2014, 3296 (3297).

272 *Schaper/Ullrich* GmbHR 2019, 625 (630); vgl. OLG Koblenz NJW-RR 2003, 119 (120) zum Verkauf durch eine Erbengemeinschaft; anders BGH NJW 1998, 531 (532 f.)ür einen mehrseitigen Mietübernahmevertrag.

273 BGH NJW 1990, 1661 (1662); NJW-RR 1992, 1005 (1006); NJW 1996, 1051; PWW/*Ahrens* BGB § 123 Rn. 29.

274 BGHZ 20, 36 (39); BGH NJW 1996, 1051.

275 BGH WM 1979, 235 (237).

276 BGH NJW 1962, 2195; BGHZ 47, 224 (230) = BGH NJW 1967, 1026; 1978, 2144; 1996, 1051; 2001, 358.

277 BAG NZA 1998, 33 (35); LAG RhPf 23.2.2015 – 2 Sa 513/14; vgl. BGH WM 2011, 1760; BGH 26.8.2014 – VIII ZR 335/13, Rn. 15.

278 BGHZ 20, 36 (41) = BGH NJW 1956, 705; BGHZ 33, 302 (310) = BGH NJW 1961, 164 (165 f.); 1978, 2144, 2145; 1989, 2679, 2680; 1990, 1661, 1662; 1996, 1051.

279 Vgl. *Medicus* BGB AT Rn. 803.

280 Vgl. etwa BGHZ 33, 302 (310) = BGH NJW 1961, 164 (165 f.); 1978, 2144, 2145; 2006, 1955, 1957; 2008, 644, 648; OLG Karlsruhe 18.5.2010 – 17 U 60/09, Rn. 29; *Medicus* BGB AT Rn. 802; Palandt/*Ellenberger* BGB § 123 Rn. 14; MüKoBGB/*Armbrüster* § 123 Rn. 75; BeckOK BGB/*Wendtland* § 123 Rn. 22.

281 Vgl. *Medicus* BGB AT Rn. 802.

282 Vgl. dazu etwa die Rechtsprechungsübersichten von *Krämer* SVR 2017, 56 ff. und *Sievers* DAR 2016, 543 f.; vgl. ferner *Bendig* ZfSch 2017, 8 ff.; *Fuhrmann* ZJS 2016, 124 ff.; *Oechsler* NJW 2017, 2865 ff.

283 *Witt* NJW 2017, 3681 (3685); *Kamp/Weiß* VuR 2018, 412.

284 OLG Koblenz MDR 2018, 24; NJW 2019, 2246 (2247 f.); OLG Karlsruhe 18.7.2019 – 17 U 160/18 und 17 U 204/18; LG Magdeburg 8.3.2018 – 10 O 1245/17; LG Itzehoe 18.7.2018 – 6 O 391/17, juris Rn. 44 ff.; vgl. BGH NJW 2014, 2183 (2185) mwN für Vorlieferanten des Verkäufers.

285 LG Frankfurt / Main v. 20.10.2017 – 2–25 O 547/16, juris Rn. 78; vgl. LG München I DAR 2016, 389 f.; *Ring* NJW 2016, 3121 (3125 f.).

72   **c) Anfechtung gegenüber dem Begünstigten (Abs. 2 S. 2).** Hat ein anderer als der Erklärungsempfänger aus der Willenserklärung, die aufgrund der Täuschung abgegeben worden ist, unmittelbar ein Recht erlangt, so kann die Erklärung gem. Abs. 2 S. 2 gegenüber dem Begünstigten angefochten werden, wenn dieser die Täuschung kannte oder kennen musste. Diese Fallkonstellation setzt regelmäßig vier Beteiligte voraus: den Erklärenden, den Erklärungsempfänger, den Begünstigten und den Täuschenden. Die Vorschrift regelt in erster Linie den Fall, in dem der **Täuschende** ein unbeteiligter **Außenstehender** ist. Hat zB eine Versicherung mit dem Versicherungsnehmer einen Lebensversicherungsvertrag zugunsten des Begünstigten abgeschlossen, weil sie von einem solchen außenstehenden „Vierten" getäuscht worden ist, kann sie ihre auf den Vertragsschluss gerichtete Willenserklärung nur anfechten, wenn der Begünstigte die Täuschung des „Vierten" kannte oder kennen musste.[286]

73   Kannte in diesem Fall allerdings (auch) der **Erklärungsempfänger** die Täuschung des Außenstehenden oder musste er sie kennen, kann der Erklärende ihm gegenüber gem. S. 1 des Abs. 2 anfechten. Für diese Anfechtungsmöglichkeit kommt es nicht darauf an, ob der Begünstigte die Täuschung gem. S. 2 kannte oder kennen musste; sie besteht auch, wenn der Begünstigte gutgläubig ist. Ist der Begünstigte ebenfalls bösgläubig, kann der Erklärende sowohl gem. Abs. 2 S. 1 gegenüber dem Erklärungsempfänger als auch gem. Abs. 2 S. 2 gegenüber dem Begünstigten anfechten.[287]

74   Handelt es sich nur um drei Personen, weil der **Begünstigte** selbst die arglistige Täuschung begangen hat, kann der Erklärende erst recht gem. Abs. 2 S. 2 anfechten. In diesem Fall sind Begünstigter und „anderer" Täuschender dieselbe Person, so dass die erforderliche Kenntnis des Begünstigten von der Täuschung zwingend vorliegt. Der Erklärende kann daher auch dann gegenüber dem Erklärungsempfänger anfechten, wenn dieser die Täuschung weder kannte noch kennen musste.[288]

75   Täuscht kein Dritter, sondern der **Erklärungsempfänger** selbst, richtet sich die Anfechtbarkeit allein nach Abs. 1. Das Gleiche gilt, wenn die arglistige Täuschung durch eine Person verübt worden ist, deren Verhalten sich der Erklärungsempfänger zurechnen lassen muss (vgl. zu dieser Zurechnung → Rn. 71).[289]

76   Hauptanwendungsfall des Abs. 2 S. 2 ist der **echte Vertrag zugunsten Dritter** gem. § 328 Abs. 1, also zB ein Lebensversicherungsvertrag.[290] War nur der Begünstigte bösgläubig, kann der Erklärende (der Versprechende, der Versicherer) seine Erklärung zum Abschluss des diesen begünstigenden Vertrages nur dem Begünstigten gegenüber und, wie sich aus dem **„soweit"** in Abs. 2 S. 2 ergibt, nur in Bezug auf seine Begünstigung anfechten. Gegenüber dem gutgläubigen Erklärungsempfänger (Versprechensempfänger) bleibt die Verpflichtung aus dem Vertrag dagegen bestehen. Da dieser regelmäßig ein Interesse am Fortbestehen der vertraglichen Verpflichtung haben dürfte, um einen neuen Begünstigten bestimmen zu können, lässt sich nicht über § 139 die Gesamtnichtigkeit des Vertrages begründen.[291]

77   Bei der **Schuldübernahme** wird danach differenziert, ob sie gem. § 414 durch einen Vertrag zwischen Gläubiger und Übernehmer erfolgt oder gem. § 415 durch einen Vertrag zwischen Schuldner und Übernehmer, welcher der Genehmigung durch den Gläubiger bedarf. Ist bei der externen Schuldübernahme gem. **§ 414** der Übernehmer vom Schuldner getäuscht worden, kann er seine Übernahmeerklärung unstreitig gem. Abs. 2 S. 1 nur dann anfechten, wenn der Gläubiger die Täuschung kannte oder kennen musste, weil der Schuldner Dritter im Sinne der Vorschrift ist.[292] Handelt es sich dagegen um eine interne Schuldübernahme gem. **§ 415**, soll der Übernehmer, den der Schuldner arglistig getäuscht hat, seine Willenserklärung, die zu dem vom Gläubiger genehmigten Übernahmevertrag mit dem Schuldner geführt hat, auch dann anfechten können, wenn der Gläubiger die Täuschung weder kannte noch kennen musste.[293] Daran ist zwar richtig, dass die Täuschung vom Erklärungsempfänger ausgeht und deshalb kein Fall des Abs. 2 S. 2 vorliegt. Dass

286   *Brox/Walker* BGB AT § 19 Rn. 11 f.; Erman/*Arnold* BGB § 123 Rn. 40; vgl. Soergel/*Hefermehl* BGB § 123 Rn. 36.

287   Vgl. *Brox/Walker* BGB AT § 19 Rn. 12; Erman/ *Arnold* BGB § 123 Rn. 39; BeckOK BGB/*Wendtland* § 123 Rn. 24.

288   *Brox/Walker* BGB AT § 19 Rn. 12; Erman/*Arnold* § 123 Rn. 39; vgl. *Flume* BGB AT Bd. 2, § 29, 3; Hk-BGB/*Dörner* § 123 Rn. 8; Palandt/*Ellenberger* BGB § 123 Rn. 12; RGRK/*Krüger-Nieland* BGB § 123 Rn. 63; BeckOK BGB/*Wendtland* § 123 Rn. 24.

289   Erman/*Arnold* BGB § 123 Rn. 39; vgl. Soergel/ *Hefermehl* BGB § 123 Rn. 36; vgl. auch BeckOK BGB/*Wendtland* § 123 Rn. 24.

290   *Brox/Walker* BGB AT § 19 Rn. 11; MüKoBGB/*Armbrüster* § 123 Rn. 84; Erman/*Arnold* BGB § 123

Rn. 40; PWW/*Ahrens* BGB § 123 Rn. 31; vgl. OLG Hamm VersR 1988, 458 (459); BGH NJW-RR 2006, 1210 (1212).

291   AA Erman/*Arnold* BGB § 123 Rn. 40; MüKoBGB/ *Armbrüster* § 123 Rn. 84; anders Soergel/*Hefermehl* BGB § 123 Rn. 37, der im Fall der Gesamtnichtigkeit gem. § 139 eine analoge Anwendung des § 122 zugunsten des gutgläubigen Erklärungsempfängers befürwortet.

292   Soergel/*Hefermehl* BGB § 123 Rn. 38; MüKoBGB/ *Armbrüster* § 123 Rn. 84; Erman/*Arnold* § 123 Rn. 37.

293   So BGHZ 31, 321 (326); bestätigt durch BGH BB 1976, 1103; ebenso Palandt/*Ellenberger* BGB § 123 Rn. 12.

der konstruktive Unterschied zwischen § 414 und § 415 diese Differenzierung hinsichtlich der Anfechtbarkeit im Ergebnis jedoch nicht tragen kann, folgt aus einer analogen Anwendung des § 417 Abs. 2.[294]

Im Fall einer **Vertragsübernahme** muss der im Vertrag verbleibende Teil sowohl dem Ausscheiden des **78** alten als auch dem Eintritt des neuen Vertragspartners zustimmen. Wegen dieser Doppelwirkung der Zustimmungserklärung setzt ihre Anfechtung voraus, dass der Zustimmende gegenüber beiden Adressaten anfechten kann. Der Zustimmende kann daher nur dann wegen einer arglistigen Täuschung anfechten, wenn entweder beide Partner getäuscht haben oder wenn der nicht täuschende Partner die Täuschung des anderen gem. Abs. 2 kannte oder zumindest kennen musste.[295]

III. Widerrechtliche Drohung (Abs. 1, 2. Fall)

Nach Abs. 1, 2. Fall kann der Erklärende eine Willenserklärung anfechten, zu deren Abgabe er widerrecht- **79** lich durch Drohung bestimmt worden ist. Das setzt vor allem eine offene oder versteckte **Drohung** voraus, durch die der Drohende die Willensentschließung des Bedrohten in die gewünschte Richtung lenken will. Ein Vermögensschaden muss, wie bei der Täuschung, weder eingetreten noch beabsichtigt sein, weil § 123 ausschließlich die Freiheit der rechtsgeschäftlichen Willensentschließung schützt (→ Rn. 1 sowie → Rn. 61).

1. Drohung. Unter einer Drohung versteht man das **In-Aussicht-Stellen eines Übels**, auf dessen Eintritt **80** der Drohende **Einfluss** zu haben vorgibt.[296] Der Drohende muss beim Bedrohten den Eindruck erwecken, er werde das angedrohte Übel verwirklichen, falls der Bedrohte die ihm angesonnene Willenserklärung nicht abgibt.[297] Auf diese Weise muss er den Bedrohten in die **Zwangslage** bringen, die § 124 Abs. 2 S. 1, 2. Fall anspricht:[298] Der Bedrohte muss den Eindruck haben, er könne nur noch zwischen zwei Übeln wählen, von denen die Abgabe der verlangten Willenserklärung das geringere Übel ist.[299] Der Zwang darf daher nur so stark sein, dass er die Willensentschließung des Bedrohten in die vom Drohenden gewünschte Richtung lenkt (psychischer Zwang – vis compulsiva). Geht der Zwang darüber hinaus und wird der „Erklärende" körperlich überwältigt, indem der andere ihm beispielsweise bei der Unterschrift die Hand führt, fehlt es mangels eines zurechenbaren Handlungswillens bereits am Tatbestand einer Willenserklärung (unwiderstehlicher körperlicher Zwang – vis absoluta; vgl. dazu → Rn. 6 sowie → Vor § 116 Rn. 6). In diesem Fall scheidet eine Anfechtung nach Abs. 1, 2. Fall aus.[300] Eine Drohung kann, anders als die Täuschung, nur in einem aktiven Tun, aber nicht in einem Unterlassen bestehen.[301]

Als **Übel**, dessen Verwirklichung der Drohende in Aussicht stellt, genügt jeder Nachteil, der den Bedrohten **81** in die gerade (→ Rn. 80) beschriebene Zwangslage versetzt. Anders als im Strafrecht bedarf es insoweit nicht der Unterscheidung zwischen einem gegenwärtigen und einem künftigen Übel – also zwischen gegenwärtiger Gewalt (vis compulsiva) und Drohung –, weil Gewalt im zivilrechtlichen Sinn zugleich eine Drohung mit der Fortsetzung des gegenwärtigen Übels bedeutet.[302] Das angedrohte Übel kann **materieller oder ideeller Art** sein.[303] Dabei kann es sich beispielsweise um die Drohung mit einer Strafanzeige[304] oder mit der Kündigung eines Kreditvertrages[305] oder eines Arbeitsvertrages[306] handeln. Wirkt der Kammervorsitzende eines Landesarbeitsgerichts mit wiederholten unsachlichen Äußerungen so massiv auf einen Vergleich hin, dass seine Verhandlungsführung den Eindruck erweckt, die Partei müsse sich zwingend der Autorität des Gerichts beugen, kann das angedrohte Übel darin liegen, dass der Partei bei endgültiger

294 *Flume* BGB AT Bd. 2, § 29, 3; Soergel/*Hefermehl* BGB § 123 Rn. 38; MüKoBGB/*Armbrüster* § 123 Rn. 84; Erman/*Arnold* BGB § 123 Rn. 37.

295 BGHZ 137, 255 (262) = BGH NJW 1998, 531 (533); Palandt/*Ellenberger* BGB § 123 Rn. 12; Erman/ *Arnold* BGB § 123 Rn. 37; BeckOK BGB/*Wendtland* § 123 Rn. 24.

296 BGHZ 2, 287 (295) = BGH NJW 1951, 643 (644); BGHZ 6, 348 (351) = BGH NJW 1952, 1094 (1095); 1988, 2599, 2600 f.; NJW-RR 1996, 1281 (1282); MDR 2017, 1244; BAG NJW 1999, 2059 (2060 f.); NZA 2002, 731 (732); 2010, 1250, 1253.

297 BGH NJW 1988, 2599 (2600 f.); NJW-RR 1996, 1281 (1282); BAG NJW 1999, 2059 (2061).

298 Vgl. Staudinger/*Singer*, Bearbeitung 2017, BGB § 123 Rn. 69; Palandt/*Ellenberger* BGB § 123 Rn. 15.

299 BAG NZA 2010, 1250 (1253); 2016, 1409, 1414 f.; LAG Nds 19.8.2011 – 16 Sa 833/10, Rn. 105; *Wolf/ Neuner* BGB AT § 41 Rn. 126.

300 Vgl. BGH NJW 1966, 2399 (2400); WM 1975, 1002; *Brox/Walker* BGB AT § 19 Rn. 21; *Wolf/ Neuner* BGB AT § 41 Rn. 125; Staudinger/*Singer*, Bearbeitung 2017, BGB § 123 Rn. 68; Erman/*Arnold* § 123 Rn. 41; BeckOK BGB/*Wendtland* § 123 Rn. 3, 25.

301 LAG Hamm LAGE § 123 BGB 2002 Nr. 8, Rn. 45.

302 Motive I, S. 207 = *Mugdan* I, S. 466; Erman/*Arnold* BGB § 123 Rn. 41.

303 Palandt/*Ellenberger* BGB § 123 Rn. 15, RGRK/ *Krüger-Nieland* BGB § 123 Rn. 41; Erman/*Arnold* BGB § 123 Rn. 41; BeckOK BGB/*Wendtland* § 123 Rn. 27; PWW/*Ahrens* BGB § 123 Rn. 33.

304 BGHZ 25, 217 (218) = BGH NJW 1957, 1796 (1797); 1988, 2599, 2601; vgl. BAG NZA 2016, 1409 (1415).

305 BGH NJW 1997, 1980 (1981).

306 BAG NJW 1980, 2213; 1983, 2782; NZA 1996, 1030; 2000, 27; 2002, 731, 732 f.; 2006, 841, 842; vgl. BAG NZA 2016, 1409 (1415).

Ablehnung des Vergleichsabschlusses ein Fortgang des Prozesses in Aussicht gestellt wird, der nicht den Grundsätzen eines fairen Verfahrens entspricht (vgl. auch noch → Rn. 89).[307] Kein Übel ist dagegen die Ankündigung eines Arbeitgebers, das Arbeitsverhältnis mit Ablauf der Befristung enden zu lassen, wenn der Arbeitnehmer sich nicht zu einer (objektiv unwirksam) befristeten Fortsetzung bereit erklärt, weil er dem Arbeitnehmer die Möglichkeit zu einer Fortsetzung der Erwerbstätigkeit anbietet, auf die dieser keinen Anspruch hatte.[308] Das Übel muss sich nicht auf den Bedrohten selbst, sondern es kann sich auch auf **andere Personen** wie etwa den Ehepartner des Bedrohten[309] oder sogar auf **Sachen**[310] beziehen. Eine besondere objektive **Schwere des Übels** setzt Abs. 1, 2. Fall nicht voraus. Ist der Erklärende allerdings bloß mit einem geringfügigen Nachteil bedroht worden, kann die Kausalität der Drohung für die Abgabe der Willenserklärung (vgl. dazu → Rn. 85 ff.) fraglich sein. In der Regel versetzt die Drohung mit einer Lappalie den Bedrohten nicht in eine Zwangslage und beeinflusst die Freiheit seiner Willensentschließung nicht maßgeblich.[311] Anders als die angedrohte Kündigung des Arbeitsverhältnisses (näher dazu → Rn. 96) ist jedenfalls der **bloße Zeitdruck** allein, unter den der Arbeitgeber einen Arbeitnehmer bei der Unterzeichnung eines Aufhebungsvertrages setzt, kein Übel iSv Abs. 1, 2. Fall.[312] Die Verweigerung einer Bedenkzeit rechtfertigt auch als „Überrumpelung" keine analoge Anwendung der Vorschrift, weil das Fehlen einer Überlegungsfrist der gesetzlichen Wertung des § 147 Abs. 1 S. 1 entspricht, der zufolge ein Antrag unter Anwesenden grundsätzlich nur sofort angenommen werden kann.[313] In diesen Fällen kommt eine Drohungsanfechtung unter dem Gesichtspunkt des Zeitdrucks allenfalls dann in Betracht, wenn ein einschlägiger Tarifvertrag dem Arbeitnehmer eine Bedenkzeit einräumt.[314]

82 Da die Drohung eine Zwangslage beim Bedrohten erzeugen muss (→ Rn. 80), setzt die Anfechtbarkeit gem. Abs. 1, 2. Fall voraus, dass der Eintritt oder Nichteintritt des angedrohten Übels **vom Willen des Drohenden abhängt**. Entscheidend ist die **Sicht des Bedrohten**. Auch eine nicht ernst gemeinte Drohung berechtigt zur Anfechtung, wenn der Erklärende sie ernst genommen und deshalb die Willenserklärung abgegeben hat.[315] Dagegen liegt mangels der erforderlichen unzulässigen Willensbeeinflussung keine Drohung, sondern eine **Warnung** vor, wenn der andere lediglich auf ein bereits bestehendes oder ohnehin eintretendes Übel hinweist. Danach kann beispielsweise der Verkäufer eines Grundstücks seine Willenserklärung nicht gem. Abs. 1, 2. Fall anfechten, wenn der Käufer ihm vor Augen gehalten hat, ohne den Verkauf sei ein Insolvenzverfahren unvermeidlich.[316] Gleiches gilt, wenn der Warnende auf ein Übel hinweist, zu dessen Herbeiführung er gesetzlich verpflichtet ist.[317] Das bloße Vorliegen einer **seelischen Zwangslage** und selbst deren Ausnutzen können ebenfalls keine Drohungsanfechtung begründen.[318] Hat zB der Erklärende lediglich aufgrund der objektiven Sachlage damit gerechnet, der andere Teil werde eine Strafanzeige gegen einen nahen Angehörigen erstatten, ohne dass dieser die Anzeigenerstattung irgendwie in Aussicht gestellt hat, kann er nicht gem. Abs. 1, 2. Fall anfechten.[319] Gleiches gilt für den Ehemann, der einen Ehevertrag wegen der Suizidgefährdung seiner schwangeren Frau unterzeichnet hat, ohne dass diese für den Fall der Nichtunterzeichnung einen (weiteren) Selbstmordversuch in Aussicht gestellt hat.[320] Die Ausnutzung einer solchen seelischen Zwangslage kann aber nach den Umständen des Einzelfalles sittenwidrig sein und zur Nichtigkeit der Willenserklärung gem. § 138 führen.[321]

---

307 BAG NZA 2010, 1250 (1254).
308 BAG NZA-RR 2008, 341 (342).
309 Vgl. RGZ 60, 371 (373); BGHZ 25, 217 (218 f.) = BGH NJW 1957, 1796 (1797); vgl. auch BGH NJW 1988, 2599 (2601); NJW-RR 1996, 1281 (1282).
310 Erman/*Arnold* BGB § 123 Rn. 41.
311 BeckOK BGB/*Wendtland* § 123 Rn. 27; vgl. Soergel/*Hefermehl* BGB § 123 Rn. 41; Palandt/*Ellenberger* BGB § 123 Rn. 15; MüKoBGB/*Armbrüster* § 123 Rn. 114; PWW/*Ahrens* BGB § 123 Rn. 33.
312 BAG AP Nr. 22 zu § 123 BGB = NJW 1983, 2958 (2959); LAG Düsseldorf NZA 1993, 702 (703); LAG Hamm 24.8.2011 – 3 Sa 397/11, Rn. 82; *Feuerborn*, Sachliche Gründe im Arbeitsrecht, 2003, S. 168; *Medicus* BGB AT Rn. 814; Palandt/*Ellenberger* BGB § 123 Rn. 15; *Zwanziger* DB 1994, 982 (983); vgl. LAG Hamm LAGE § 123 BGB 2002 Nr. 8, Rn. 54.
313 *Ernst*, Aufhebungsverträge zur Beendigung von Arbeitsverhältnissen, 1993, S. 240 f.; *Feuerborn*, Sachliche Gründe im Arbeitsrecht, 2003, S. 168; ebenso im Erg. BAG AP Nr. 22 zu § 123 BGB = NJW 1983, 2958 (2959); 1994, 1021, 1022.

314 Vgl. *Ernst*, Aufhebungsverträge zur Beendigung von Arbeitsverhältnissen, 1993, S. 240 f.; *Feuerborn*, Sachliche Gründe im Arbeitsrecht, 2003, S. 168.
315 BGH NJW 1982, 2301 (2302); NJW-RR 1996, 1281 (1282); Staudinger/*Singer*, Bearbeitung 2017, BGB § 123 Rn. 69; Palandt/*Ellenberger* BGB § 123 Rn. 16; Erman/*Arnold* BGB § 123 Rn. 42; BeckOK BGB/*Wendtland* § 123 Rn. 26; PWW/*Ahrens* BGB § 123 Rn. 34.
316 *Medicus* BGB AT Rn. 814.
317 BGHZ 6, 348 (351) = BGH NJW 1952, 1094 (1095) (In-Aussicht-Stellen einer gebotenen Strafanzeige in der Nachkriegszeit); *Medicus* BGB AT Rn. 814.
318 BGHZ 2, 287 (295) = BGH NJW 1951, 643 (644 f.); 1988, 2599, 2601; LAG Hamm LAGE § 123 BGB 2002 Nr. 10, Rn. 30; Palandt/*Ellenberger* BGB § 123 Rn. 17; RGRK/*Krüger-Nieland* BGB § 123 Rn. 39; BeckOK BGB/*Wendtland* § 123 Rn. 26; PWW/*Ahrens* BGB § 123 Rn. 32.
319 BGH NJW 1988, 2599 (2601).
320 BGH NJW-RR 1996, 1281 (1282).
321 Vgl. BGH NJW 1988, 2599 (2601 f.); *Medicus* BGB AT Rn. 814; RGRK/*Krüger-Nieland* BGB § 123 Rn. 39.

Die Abgrenzung zwischen einer zur Anfechtung berechtigenden Drohung und einer bloßen **Warnung** oder **83** eines **Hinweises** kann im Einzelfall fließend sein. Denn die Drohung braucht nicht ausdrücklich zu erfolgen, sondern sie kann auch in einer „Warnung" oder in einem „Hinweis auf Schwierigkeiten" bestehen. Eine solche Warnung ist eine tatbestandsmäßige **konkludente** oder „**versteckte Drohung**", wenn sie beim Erklärenden den Eindruck erweckt, der „Warnende" habe Einfluss auf das Übel und werde es verwirklichen, wenn die gewünschte Erklärung nicht abgegeben wird.[322] Keine Drohung iSv Abs. 1, 2. Fall ist danach für sich allein regelmäßig der nachdrückliche Hinweis eines Arbeitgebers auf die eigene wirtschaftlich desolate Lage, den er mit dem Angebot verbindet, der Arbeitnehmer möge selbst kündigen und ein Arbeitsverhältnis mit einem auswärtigen Unternehmen begründen.[323]

2. Abgabe einer Willenserklärung. Der Bedrohte muss eine **Willenserklärung** abgegeben haben (ausf. **84** → Rn. 5 ff.). Handelt es sich um eine geschäftsähnliche Handlung wie zB eine Mahnung, findet § 123 analoge Anwendung (→ Rn. 5).

3. Kausalität Drohung – Abgabe der Willenserklärung. Die Anfechtbarkeit gem. Abs. 1, 2. Fall setzt **85** ferner voraus, dass der Erklärende durch die Drohung zur Abgabe der Willenserklärung **bestimmt worden** ist. Die Drohung muss also eine Zwangslage beim Bedrohten hervorgerufen haben (vgl. dazu → Rn. 80), aufgrund derer der Bedrohte dann die Willenserklärung abgegeben hat.[324]

Der erforderliche Kausalzusammenhang liegt vor, wenn der Bedrohte die Willenserklärung ohne die Dro- **86** hung entweder überhaupt nicht oder zumindest nicht in dieser Form, also nicht mit diesem Inhalt oder nicht zu diesem Zeitpunkt,[325] abgegeben hätte.[326] Auch hier genügt, wie bei der arglistigen Täuschung (vgl. dazu → Rn. 42), die bloße **Mitursächlichkeit**.[327] Dabei kann zwischen der Drohung und der Abgabe der Willenserklärung ein längerer Zeitraum liegen.[328] Am erforderlichen Kausalzusammenhang fehlt es indessen, wenn der Bedrohte die gewünschte Willenserklärung nicht wegen des angedrohten Übels und aus einer dadurch erzeugten Zwangslage heraus, sondern aufgrund eigener, selbstständiger Überlegungen abgegeben hat. Auf derartigen eigenständigen Überlegungen kann etwa eine Willenserklärung beruhen, die erst nach einer ausführlichen Erörterung aller Konsequenzen der angedrohten Strafanzeige abgegeben wird.[329] Die bloß entfernte Möglichkeit, dass die Abgabe der Willenserklärung auf solchen eigenständigen inneren Vorgängen beruht, schließt die Kausalität jedoch noch nicht aus.[330] An der gem. Abs. 1, 2. Fall erforderlichen Kausalität fehlt es auch in dem Lehrbuchfall, dass der Vermieter sein Hausgrundstück veräußert, um den Auseinandersetzungen mit einem rabiaten Mieter aus dem Weg zu gehen, der ihm Gewalttätigkeiten angedroht hat, falls er nicht die Miete herabsetzt. Zwar hat die Drohung die Veräußerung mitverursacht; sie war aber nicht auf diesen Entschluss gerichtet, den der Vermieter freiwillig gefasst hat, um der vom Mieter verursachten Zwangslage – Herabsetzung der Miete oder Gewalttätigkeiten – zu entgehen.[331]

Die bestimmende Wirkung der Drohung ist nicht nach einem objektiven, sondern nach einem subjektiven **87** Maßstab zu beurteilen. Es kommt nicht darauf an, wie die Drohung auf einen „besonnenen Menschen" gewirkt hätte.[332] Entscheidend ist vielmehr die **Sicht des Bedrohten** (vgl. bereits → Rn. 82).[333] Eine Drohung ist auch dann kausal, wenn sie zwar objektiv nur ein geringfügiges Übel in Aussicht gestellt hat, aufgrund der besonderen psychischen Verfassung aber gerade auf den Bedrohten bestimmend eingewirkt hat.[334] Danach kann sogar die Drohung mit einem bloß imaginären Übel ausreichen.[335] In der Praxis wird es in solchen Fällen verstärkt auf eine entsprechende Darlegung und Beweisbarkeit ankommen (vgl. zur Darlegungs- und Beweislast noch → Rn. 108 f.).

4. Widerrechtlichkeit der Drohung. Die Anfechtbarkeit einer Willenserklärung gem. Abs. 1, 2. Fall setzt **88** weiter voraus, dass der Erklärende widerrechtlich durch Drohung zur Abgabe der Willenserklärung

322 Staudinger/*Singer*, Bearbeitung 2017, BGB § 123
     Rn. 69; vgl. BGH NJW 1988, 2599 (2601); NJW-RR
     1996, 1281 (1282); BAG NZA 1994, 209 (210);
     1996, 1030, 1031; 2002, 731, 733; 2010, 1250, 1254;
     Palandt/*Ellenberger* BGB § 123 Rn. 17; BeckOK
     BGB/*Wendtland* § 123 Rn. 26.
323 BAG NZA-RR 2012, 129.
324 Erman/*Arnold* BGB § 123 Rn. 43.
325 BGHZ 2, 287 (299) = BGH NJW 1951, 643 (645).
326 RGZ 134, 49 (51); BAG AP Nr. 23 zu § 123 BGB;
     NZA 2006, 841 (843); Staudinger/*Singer*, Bearbei-
     tung 2017, BGB § 123 Rn. 74; MüKoBGB/*Armbrüs-
     ter* § 123 Rn. 124; PWW/*Ahrens* BGB § 123 Rn. 35.
327 BGHZ 2, 287 (299) = BGH NJW 1951, 643 (645);
     BAG AP Nr. 23 zu § 123 BGB; NZA 2006, 841
     (843); 2010, 1250, 1254; Staudinger/*Singer*, Bearbei-
     tung 2017, BGB § 123 Rn. 74; MüKoBGB/*Armbrüs-
     ter* § 123 Rn. 124.

328 Staudinger/*Singer*, Bearbeitung 2017, BGB § 123
     Rn. 74; Soergel/*Hefermehl* BGB § 123 Rn. 43.
329 Vgl. BGH WM 1957, 1361 (1363); 1974, 1023;
     Staudinger/*Singer*, Bearbeitung 2017, BGB § 123
     Rn. 74; Soergel/*Hefermehl* BGB § 123 Rn. 43;
     Erman/*Arnold* BGB § 123 Rn. 43.
330 BGH BB 1963, 452 (453).
331 *Wolf/Neuner* BGB AT § 41 Rn. 127.
332 Vgl. Motive I, S. 208 = *Mugdan* I, S. 467.
333 BGH NJW 1982, 2301 (2302); NJW-RR 1996, 1281
     (1282).
334 Soergel/*Hefermehl* BGB § 123 Rn. 43; Erman/*Arnold*
     BGB § 123 Rn. 43; vgl. Staudinger/*Singer*, Bearbei-
     tung 2017, BGB § 123 Rn. 74.
335 Staudinger/*Singer*, Bearbeitung 2017, BGB § 123
     Rn. 74.

bestimmt worden ist. Anders als bei der Täuschung (vgl. dazu → Rn. 44) hat der Gesetzgeber des BGB hier gesehen, dass ein Recht bestehen kann, einen anderen zur Abgabe einer Willenserklärung zu nötigen, und dass in diesem Fall die abgenötigte Erklärung gültig ist.[336] Daher berechtigt die Drohung nach allgemeinen Grundsätzen schon dann nicht zur Anfechtung, wenn ein Rechtfertigungsgrund – zB einer der in den §§ 227 ff. geregelten Tatbestände – eingreift.[337] Im Übrigen muss die Widerrechtlichkeit der Drohung positiv festgestellt werden. Sie kann sich aus der Widerrechtlichkeit des angedrohten Mittels, des erstrebten Zwecks oder der Mittel-Zweck-Relation ergeben.[338]

89 **a) Widerrechtlichkeit des Mittels.** Die Drohung ist zunächst immer dann widerrechtlich, wenn das Verhalten, das der andere Teil für den Fall der Nichtabgabe der gewünschten Willenserklärung androht, bereits für sich allein betrachtet gegen die Rechtsordnung verstößt. Die Drohung mit einer **strafbaren, rechtswidrigen oder sittenwidrigen Handlung** ist also stets widerrechtlich.[339] Da § 123 die Freiheit der rechtsgeschäftlichen Willensentschließung schützt (→ Rn. 1), gilt das selbst für den Fall, dass der Drohende mit der erzwungenen Willenserklärung einen erlaubten Zweck erreichen will. Mit widerrechtlichen Mitteln darf man einem anderen auch keinen erlaubten Erfolg abverlangen[340] und beispielsweise eine bestehende Forderung durchsetzen.[341] Droht etwa ein Gläubiger seinem Schuldner mit Gewalttätigkeiten oder einer Sachbeschädigung, falls dieser nicht leistet, und zahlt der Schuldner daraufhin die ausstehende Summe, kann er seine Erklärung zur Übereignung der Geldscheine (§ 929 S. 1) gem. Abs. 1, 2. Fall anfechten.[342] Widerrechtlich sind demnach zB Drohungen, die den Straftatbestand der Nötigung (§ 240 StGB) oder der Erpressung (§ 253 StGB) erfüllen,[343] die Androhung einer Körperverletzung (§§ 223 ff. StGB) oder einer Sachbeschädigung (§ 303 StGB),[344] die Drohung mit einem Vertragsbruch[345] und die Drohung gegenüber einem akut behandlungsbedürftigen Patienten, man werde ihm die Notaufnahme in das Krankenhaus verweigern, wenn nicht er oder ein naher Angehöriger die Formulare zur Kostenübernahme bei bestimmten Wahlleistungen unterzeichne.[346] Gleiches gilt für die konkludente Drohung eines Bordellbetreibers, er werde die Fotos eines Bordellbesuchers erst nach der Unterzeichnung eines notariellen Schuldanerkenntnisses aus dem Internet entfernen, weil die Publikation der Fotos gem. § 22 KunstUrhG verboten und damit ohne Weiteres zu unterlassen war.[347] Widerrechtlich handelt ferner, wer einen Selbstmord androht, weil er dadurch gegen die guten Sitten verstößt.[348] Der BGH hat sogar die Ankündigung des Kammervorsitzenden eines Landgerichts, dass ohne erneute Beratung eine für die Partei ungünstige Entscheidung ergehen werde, falls diese nicht in einen Vergleich einwillige, wegen des Verstoßes gegen § 156 ZPO als widerrechtliche Drohung iSd Abs. 1, 2. Fall angesehen.[349] Eine solche widerrechtliche Drohung liegt jedenfalls dann vor, wenn der Kammervorsitzende eines Landesarbeitsgerichts nicht lediglich gem. §§ 64 Abs. 2, 57 Abs. 2 ArbGG auf eine gütliche Beilegung des Rechtsstreits hinwirkt, indem er sachlich die Prozessrisiken verdeutlicht, sondern stattdessen durch wiederholte unsachliche und unangemessene Äußerungen den Eindruck erweckt, die Partei müsse sich zwingend der Autorität des Gerichts beugen und habe bei einer endgültigen Ablehnung des Vergleichsabschlusses kein unbefangenes, abgewogenes Urteil mehr zu erwarten.[350]

90 **Rechtmäßig** ist die Androhung solcher Verhaltensweisen, welche die Rechts- und Sittenordnung ausdrücklich vorsieht oder die sie jedenfalls nicht verbietet.[351] Dazu gehören beispielsweise die Drohungen mit der

---

336 Vgl. Motive I, S. 207 = *Mugdan* I, S. 466.

337 Staudinger/*Singer*, Bearbeitung 2017, BGB § 123 Rn. 75; Erman/*Arnold* BGB § 123 Rn. 44.

338 BGHZ 25, 217 (220) = BGH NJW 1957, 1796 (1797); NJW 2005, 2766 (2767 f.); MDR 2017, 1244 (1245); BAG NJW 1999, 2059 (2061); Staudinger/*Singer*, Bearbeitung 2017, BGB § 123 Rn. 75 ff.; Hk-BGB/*Dörner* § 123 Rn. 10; Jauernig/*Mansel* BGB § 123 Rn. 13 ff.; Soergel/*Hefermehl* BGB § 123 Rn. 44 ff.; Palandt/*Ellenberger* BGB § 123 Rn. 19; MüKoBGB/*Armbrüster* § 123 Rn. 115 ff.; RGRK/*Krüger-Nieland* BGB § 123 Rn. 42; Erman/*Arnold* BGB § 123 Rn. 44; PWW/*Ahrens* BGB AT § 19 Rn. 24; *Brox/Walker* BGB AT § 41 Rn. 130; *Medicus* BGB AT Rn. 815.

339 Soergel/*Hefermehl* BGB § 123 Rn. 45; Palandt/*Ellenberger* BGB § 123 Rn. 19; Erman/*Arnold* BGB § 123 Rn. 45; BeckOK BGB/*Wendtland* § 123 Rn. 29; PWW/*Ahrens* BGB § 123 Rn. 37.

340 *Wolf/Neuner* BGB AT § 41 Rn. 131.

341 BGH LM § 123 Nr. 32.

342 Vgl. Soergel/*Hefermehl* BGB § 123 Rn. 45; MüKoBGB/*Armbrüster* § 123 Rn. 116; *Wolf/Neuner* BGB AT § 41 Rn. 132.

343 *Medicus* BGB AT Rn. 815.

344 BeckOK BGB/*Wendtland* § 123 Rn. 29.1.

345 BGH NJW 1995, 3052 (3053); Palandt/*Ellenberger* BGB § 123 Rn. 19; Erman/*Arnold* BGB § 123 Rn. 45; BeckOK BGB/*Wendtland* § 123 Rn. 29.1.

346 OLG Köln VersR 1982, 677; Palandt/*Ellenberger* BGB § 123 Rn. 19; BeckOK BGB/*Wendtland* § 123 Rn. 29.1.

347 OLG Koblenz 15.1.2014 – 5 U 1243/13, Rn. 11.

348 Erman/*Arnold* BGB § 123 Rn. 45; BeckOK BGB/*Wendtland* § 123 Rn. 29.1; vgl. auch BGH NJW-RR 1996, 1281 (1282).

349 BGH NJW 1966, 2399; zust. etwa *Ostler* NJW 1966, 2401; krit. etwa *Arndt* NJW 1967, 1585; *Kubisch* NJW 1967, 1605; *Schneider* NJW 1966, 2401; *Wenzel* NJW 1967, 1587; Palandt/*Ellenberger* BGB § 123 Rn. 19.

350 BAG NZA 2010, 1250 (1254); vgl. dagegen OVG Bln-Bbg 24.6.2015 – OVG 5 N 7.14, Rn. 5 ff. zum nicht ausreichenden Vorbringen, der Vergleich sei „mehr auf Drängen des verhandlungsführenden Richters" zustande gekommen.

351 Erman/*Arnold* BGB § 123 Rn. 45.

Erhebung einer Klage,[352] selbst wenn der geltend gemachte Anspruch nicht besteht,[353] mit der Geltendmachung eines Zurückbehaltungsrechts,[354] mit dem Betreiben der Zwangsvollstreckung,[355] mit der Erstattung einer Strafanzeige, wenn ein entsprechender Verdacht besteht,[356] mit einer Information der Presse, wenn die angedrohte Presseveröffentlichung ihrerseits nicht rechtswidrig wäre,[357] und mit einer vertraglich zulässigen Kündigung.[358] Die Widerrechtlichkeit der Drohung mit einer solchen Kündigung kann regelmäßig nur aus der Inadäquanz von Mittel und Zweck folgen. Das betrifft vor allem die Drohung des Arbeitgebers, das Arbeitsverhältnis durch eine außerordentliche Kündigung zu beenden, falls der Arbeitnehmer nicht den angebotenen Aufhebungsvertrag unterzeichnet (näher dazu → Rn. 96).[359]

b) Widerrechtlichkeit des Zwecks. Die Drohung ist ferner dann widerrechtlich, wenn zwar nicht das **91** angedrohte Verhalten, wohl aber die abgenötigte Willenserklärung selbst oder der damit erstrebte **Zweck strafbar, rechtswidrig oder sittenwidrig** ist.[360] Insoweit genügt es nicht, dass der Drohende bloß keinen Rechtsanspruch auf die Abgabe der erwünschten Willenserklärung hat.[361] Vielmehr muss darüber hinaus der mit der erzwungenen Erklärung angestrebte Erfolg verboten oder sittenwidrig sein.[362] Als Beispiele werden genannt die Androhung einer ordentlichen Kündigung zu dem Zweck, die Mitwirkung an einer Steuerhinterziehung zu erzwingen,[363] und die Drohung der sofortigen Einziehung einer fälligen Forderung, falls der Bedrohte dem Drohenden keine verbotenen Betäubungsmittel veräußert.[364] Dieser Fallgruppe kommt allerdings **kaum praktische Bedeutung** zu, weil die abgenötigte Willenserklärung regelmäßig ohnehin wegen Gesetzes- oder Sittenwidrigkeit gem. § 134 oder § 138 nichtig ist.[365] **Rechtmäßig** ist dagegen zB die Drohung mit einer Strafanzeige, wenn sie nur den Zweck hat, den Täter zur Wiedergutmachung des Schadens zu veranlassen.[366]

c) Widerrechtlichkeit der Mittel-Zweck-Relation. Die Beurteilung der Widerrechtlichkeit bereitet **92** Schwierigkeiten in solchen Fällen, in denen jemand ein Übel androht, dessen Verwirklichung an sich weder rechts- noch sittenwidrig ist, und in denen die dadurch erzwungene Willenserklärung des Bedrohten oder der damit verfolgte Zweck ebenfalls weder rechts- noch sittenwidrig ist. Diese Fallkonstellationen der **Erlaubtheit des Mittels und des Zwecks**[367] kommen am weitaus häufigsten vor und können nur ausnahmsweise eine Drohungsanfechtung gem. Abs. 1, 2. Fall begründen. Droht etwa der Gläubiger einer bereits seit längerem fälligen Forderung seinem Schuldner mit der Erhebung einer Zahlungsklage, falls dieser nicht umgehend die Forderung begleicht, ist diese Drohung zulässig und rechtlich nicht zu beanstanden.[368] Benutzt der Drohende einen der Rechtsbehelfe, die ihm die Rechtsordnung für seine Interessendurchsetzung zur Verfügung stellt, und nötigt er dem Bedrohten nur ab, was seiner bereits bestehenden, ursprünglichen Verpflichtung entspricht, ist die Drohung nicht widerrechtlich.[369] Unter diesen Voraussetzungen darf der Gläubiger nicht bloß mit einer Klage, sondern auch mit der Ausübung eines Zurückbehaltungsrechts, der Einleitung von Zwangsvollstreckungsmaßnahmen, der Stellung eines Insolvenzantrages oder sogar mit Maßnahmen berechtigter Selbsthilfe gem. § 229 drohen (vgl. bereits → Rn. 90).[370] Die Drohung mit einer Klage wird auch nicht etwa dadurch widerrechtlich, dass die Klageforderung tatsächlich nicht besteht[371] oder dass der Drohende die Zweifelhaftigkeit oder sogar die Unbegründetheit der Klage kennt.[372] Grundsätzlich muss jeder die Drohung mit einer Klage ertragen, und zwar selbst dann, wenn die Klage unberechtigt ist.[373]

352 BGHZ 79, 131 (143).
353 BGH WM 1972, 946; vgl. aber auch OLG Karlsruhe OLGZ 1986, 90.
354 OLG Düsseldorf WM 1970, 998.
355 BGH WM 1984, 1249.
356 BGHZ 25, 217 (219 f.) = BGH NJW 1957, 1796 (1797); BAG NJW 1999, 2059 (2061), 2011, 630, 633 f., vgl. BAG NZA 2016, 1409 (1415).
357 BGH NJW 2005, 2766 (2768).
358 BGH DB 1978, 1174.
359 Vgl. nur BAG NJW 1997, 676 (677) mwN.
360 Palandt/*Ellenberger* BGB § 123 Rn. 20; MüKoBGB/*Armbrüster* § 123 Rn. 118; BeckOK BGB/*Wendtland* § 123 Rn. 30; PWW/*Ahrens* BGB § 123 Rn. 38.
361 BGHZ 2, 287 (296) = BGH NJW 1951, 643; BGHZ 25, 217 (219) = BGH NJW 1957, 1796 (1797); NJW 1996, 1274 (1275); 1997, 1980, 1981; NJW 2005, 2766 (2768), 2771.
362 Soergel/*Hefermehl* BGB § 123 Rn. 46; Palandt/*Ellenberger* BGB § 123 Rn. 20; BeckOK BGB/*Wendtland* § 123 Rn. 30; PWW/*Ahrens* BGB § 123 Rn. 38.

363 *Scheuerle* BB 1962, 884; Staudinger/*Singer*, Bearbeitung 2017, BGB § 123 Rn. 77; Erman/*Arnold* BGB § 123 Rn. 46; BeckOK BGB/*Wendtland* § 123 Rn. 30.1.
364 BeckOK BGB/*Wendtland* § 123 Rn. 30.1; *Wolf/Neuner* BGB AT § 41 Rn. 134.
365 Palandt/*Ellenberger* BGB § 123 Rn. 20; BeckOK BGB/*Wendtland* § 123 Rn. 30.1; *Wolf/Neuner* BGB AT § 41 Rn. 134.
366 BAG NZA 2011, 743 (747); 2016, 1409, 1415.
367 Vgl. MüKoBGB/*Armbrüster* § 123 Rn. 119.
368 BGH NJW 2005, 2766 (2768); BeckOK BGB/*Wendtland* § 123 Rn. 31.
369 MüKoBGB/*Armbrüster* § 123 Rn. 121; vgl. auch BeckOK BGB/*Wendtland* § 123 Rn. 31.
370 BGH WM 1972, 946; vgl. *Medicus* BGB AT Rn. 818.
371 BGH WM 1972, 946; NJW 2005, 2766 (2768); vgl. aber auch OLG Karlsruhe OLGZ 1986, 90.
372 BeckOK BGB/*Wendtland* § 123 Rn. 31.
373 *Flume* BGB AT Bd. 2, § 28, 2 b; MüKoBGB/*Armbrüster* § 123 Rn. 117; BeckOK BGB/*Wendtland* § 123 Rn. 31.

93   In solchen Fallkonstellationen kann die Widerrechtlichkeit der Drohung aber ausnahmsweise aus der Verknüpfung von Mittel und Zweck folgen, wenn nämlich der Einsatz gerade des vom Drohenden verwendeten Mittels zur Erreichung des konkreten Zwecks unangemessen und daher zu missbilligen ist. Die Widerrechtlichkeit resultiert hier aus der **Inadäquanz des Mittels im Verhältnis zum damit verfolgten Zweck**.[374] Diese Unangemessenheit lässt sich nicht unmittelbar dem Gesetz entnehmen. Sie muss vielmehr nach den Maßstäben von Treu und Glauben (§ 242) unter Berücksichtigung der zur Zeit der Drohung herrschenden Anschauungen – der Auffassung aller billig und gerecht Denkenden – bestimmt werden. Dabei kommt es auf alle Umstände des konkreten Einzelfalles und besonders auf die konkreten Belange der Beteiligten an. Hierzu ist in erster Linie zu prüfen, ob der Drohende ein berechtigtes Interesse an der Erreichung des von ihm erstrebten Erfolges hat.[375] Die Bestimmung der Widerrechtlichkeit erfolgt also durch eine einzelfallbezogene **Abwägung der Interessen des Drohenden und des Bedrohten**.[376] Wie bei anderen Interessenabwägungen auch, kommt es hier darauf an, die Abwägung nachvollziehbar zu strukturieren und vor allem die Wertungen aus der Verfassung und aus einfachgesetzlichen Vorschriften abzuleiten, wobei ergänzend auf die Verkehrsanschauung und auf sittliche Maßstäbe abgestellt werden kann.[377]

94   Die **Inadäquanz** von Mittel und Zweck und damit die Widerrechtlichkeit liegt danach vor allem dann vor, wenn der Drohende **erkennbar keinen Anspruch auf den Erfolg** hat.[378] Sie kann aber auch gegeben sein, wenn dem Drohenden ein **Anspruch auf den Erfolg** zusteht.[379] Wegen des Anstrebens eines widerrechtlichen Erfolges ist die Drohung mit einer einseitigen Änderung des Arbeitsvertrages wie zB einer Vergütungsreduzierung widerrechtlich, wenn der Arbeitgeber die Vertragsänderung nur im Wege der Änderungskündigung durchsetzen könnte.[380] Ferner ist die Widerrechtlichkeit etwa bejaht worden für die Drohung, das Haus werde nur übergeben, wenn der Bedrohte zuvor die über den vereinbarten Kaufpreis hinausgehenden Forderungen anerkenne und auf jegliche Vorbehalte verzichte.[381] Gleiches gilt für die Drohung, eine unstreitige, geschuldete Leistung erst zu erbringen, nachdem der Bedrohte eine bestrittene Gegenforderung anerkannt hat.[382] Auch die Drohung mit der Geltendmachung eines Pfandrechts wird als widerrechtlich angesehen, wenn sich der Rechtsstandpunkt des Drohenden als nicht mehr objektiv vertretbar erweist.[383] **Keine Inadäquanz** und damit keine Widerrechtlichkeit liegt hingegen zB dann vor, wenn der Gläubiger androht, dass er den Kredit des Schuldners nicht aufstockt, falls nicht dessen Ehepartner eine Bürgschaft für die daraus resultierende Gesamtverbindlichkeit übernimmt,[384] oder wenn der Gläubiger droht, er werde den notleidenden Kredit der GmbH kündigen, falls der Gesellschafter nicht die Bürgschaft für die bestehende Verbindlichkeit übernimmt.[385] Ein Rechtsanwalt darf gegenüber dem Mandanten drohen, er werde das Mandat kündigen, falls ihm keine höhere als die gesetzliche Gebühr bewilligt wird, sofern der erforderliche Arbeitsaufwand tatsächlich erheblich höher ist als der den gesetzlichen Gebühren zugrunde gelegte, durchschnittliche Aufwand.[386] Widerrechtlich ist die Drohung mit einer Mandatsniederlegung zur Durchsetzung einer günstigeren Vergütungsvereinbarung allerdings dann, wenn sie „zur Unzeit", nämlich erstmals unmittelbar vor der Hauptverhandlung in einem Strafprozess[387] oder dem Aufruf der Sache in einem Zivilprozess[388] erfolgt (vgl. § 627 Abs. 2 S. 1).

95   Bei der **Drohung mit einer Strafanzeige** hängt die Widerrechtlichkeit davon ab, ob zwischen der anzuzeigenden Straftat und dem Anspruch, den der Drohende durchsetzen will, ein innerer Zusammenhang besteht. Will der Drohende nur den Ersatz desjenigen Schadens erlangen, den ihm der Bedrohte durch die Straftat zugefügt hat, wird die Drohung mit der Strafanzeige überwiegend für angemessen und damit für rechtmäßig

374   Grundlegend BGHZ 25, 217 (220) = BGH NJW 1957, 1796 (1797).
375   BGHZ 25, 217 (220) = BGH NJW 1957, 1796 (1797); 1982, 2301, 2302; 1983, 384 f.; 2002, 2774, 2775; 2005, 2766, 2771; Staudinger/*Singer*, Bearbeitung 2017, BGB § 123 Rn. 77; Soergel/*Hefermehl* BGB § 123 Rn. 47; Palandt/*Ellenberger* BGB § 123 Rn. 21; MüKoBGB/*Armbrüster* BGB § 123 Rn. 48; RGRK/*Krüger-Nieland* BGB § 123 Rn. 46; Erman/*Arnold* BGB § 123 Rn. 49; BeckOK BGB/*Wendtland* § 123 Rn. 32.
376   Soergel/*Hefermehl* BGB § 123 Rn. 47; Erman/*Arnold* BGB § 123 Rn. 49; zur Konkretisierung dieser Interessenabwägung durch die Bildung von Fallgruppen *Karakatsanes*, S. 84 ff.
377   Vgl. *Wolf/Neuner* BGB AT § 41 Rn. 135; vgl. allg. zur erforderlichen Strukturierung einer solchen Interessenabwägung *Feuerborn*, Sachliche Gründe im Arbeitsrecht, 2003, S. 103 ff. mwN; *Hubmann* AcP

155 (1956), 85, 86 ff.; *Alexy*, Theorie der Grundrechte, 1994, S. 143 ff.
378   BAG AP Nr. 16 zu § 4 TVG Nachwirkung, Rn. 25; LAG Nds 19.8.2011 – 16 Sa 833/10, Rn. 109.
379   MüKoBGB/*Armbrüster* § 123 Rn. 120; vgl. auch *Karakatsanes*, S. 57 ff.
380   BAG AP Nr. 16 zu § 4 TVG Nachwirkung, Rn. 25; LAG Nds 19.8.2011 – 16 Sa 833/10, Rn. 88 ff., 109 ff.
381   BGH NJW 1982, 2301 (2302); vgl. aber auch BGH NJW 1983, 384 f.
382   OLG Saarbrücken MDR 1999, 1313.
383   OLG Hamm 26.2.2015 – I-18 U 82/14, 18 U 82/14, Rn. 56 ff.
384   BGH NJW 1996, 1274 (1275).
385   BGH NJW 1997, 1980 (1981).
386   BGH NJW 2002, 2774 (2775); 2003, 2386, 2387.
387   BGHZ 84, 209 = NJW 2010, 1364.
388   BGH NJW 2013, 1591 (1592 f.).

erachtet.[389] Das gilt, wie zB bei der Drohung mit einer Anzeige wegen Betrugs, sogar dann, wenn der Drohende die Abgabe eines Schuldanerkenntnisses gem. § 781 verlangt, auf das er keinen Anspruch hat.[390] Inadäquat und rechtswidrig ist die Drohung dagegen zB, wenn der Drohende eine zufällig beobachtete Straftat ausnutzen will, um anderweitige zivilrechtliche Ansprüche durchzusetzen,[391] oder wenn er den Bedrohten in dem Fall zu einer überstürzten Entscheidung zwingen will, in dem die Höhe des zu ersetzenden Schadens erst in einem Vergleich festgelegt werden soll (vgl. aber zur Ungeeignetheit des bloßen Zeitdrucks als Drohung → Rn. 81).[392] Diese zur Drohung mit einer Strafanzeige entwickelten Grundsätze kommen auch im Falle der Drohung mit einer Presseveröffentlichung zur Anwendung. Danach ist der Geschädigte berechtigt, die Presse zu informieren und das dem Schädiger gegenüber anzukündigen, wenn eine Presseveröffentlichung dem legitimen Interesse der Öffentlichkeit entspricht.[393]

Droht der Arbeitgeber dem Arbeitnehmer mit einer **außerordentlichen Kündigung des Arbeitsverhältnisses**, um ihn zur Unterzeichnung des angebotenen **Aufhebungsvertrages** zu bewegen, ist diese Drohung nach der Rechtsprechung dann inadäquat und widerrechtlich, wenn ein verständiger Arbeitgeber eine solche Kündigung nicht ernsthaft in Erwägung gezogen hätte. Dabei kommt es nicht darauf an, ob sich die Kündigung, wenn sie ausgesprochen worden wäre, in einem Kündigungsschutzprozess als rechtsbeständig erwiesen hätte.[394] Die Drohung ist vielmehr nur dann widerrechtlich, wenn der Arbeitgeber unter Abwägung aller Umstände des Einzelfalles davon ausgehen muss, die angedrohte Kündigung werde im Falle ihres Ausspruchs einer arbeitsgerichtlichen Überprüfung mit hoher Wahrscheinlichkeit nicht standhalten.[395] Diese Rechtsprechung gilt auch, wenn der Arbeitnehmer zu einer Eigenkündigung veranlasst werden soll,[396] und sie ist ferner auf den Fall zu übertragen, dass der Arbeitgeber mit einer **ordentlichen Kündigung** droht, um den Abschluss des Aufhebungsvertrages zu erreichen.[397] Demgegenüber stellt die Ankündigung des Arbeitgebers, er lasse das Arbeitsverhältnis mit Ablauf der Befristung enden, wenn der Arbeitnehmer sich nicht mit einer (objektiv unwirksam) befristeten Fortsetzung des Arbeitsverhältnisses zu den vom Arbeitgeber vorgegebenen Bedingungen einverstanden erkläre, keine rechtswidrige Drohung dar, die gem. § 123 Abs. 1, 2. Fall zur Anfechtung berechtigt. Das Angebot zur befristeten Fortsetzung des Arbeitsverhältnisses ist kein Übel, sondern ermöglicht dem Arbeitnehmer gerade die Fortsetzung seiner Erwerbstätigkeit, ohne dass er darauf einen Anspruch gegen den Arbeitgeber hatte.[398]

96

5. Subjektiver Tatbestand. Eine Drohung berechtigt den Bedrohten nur dann gem. Abs. 1, 2. Fall zur Anfechtung, wenn sie den Zweck gehabt hat, ihn in eine solche Zwangslage zu versetzen, dass er die gewünschte Willenserklärung abgibt. Diese zweckgerichtete Beeinträchtigung der rechtsgeschäftlichen Entschließungsfreiheit setzt notwendig einen entsprechenden **Vorsatz** des Drohenden voraus. Der Drohende muss es zumindest für möglich halten, dass sein Verhalten die Willensbetätigung des Bedrohten beeinflusst, und er muss mit dem Willen handeln, den Bedrohten zur Abgabe der gewünschten Willenserklärung zu veranlassen.[399] Da § 123 ausschließlich die Freiheit der Willensentschließung schützt, bedarf es weder einer Schädigungsabsicht noch der Absicht, die Drohung tatsächlich zu verwirklichen.[400] Wegen dieser objektiven Schutzrichtung braucht der Drohende nicht schuld- bzw. deliktsfähig (§§ 827 f.) zu sein.[401]

97

389 BGHZ 25, 217 (220 f.) = BGH NJW 1957, 1796 (1797); WM 1964, 1296 (1297); BAG NJW 1999, 2059 (2061); 2011, 630, 633 f.; NZA 2016, 1409 (1415); Palandt/*Ellenberger* BGB § 123 Rn. 21; MüKoBGB/*Armbrüster* § 123 Rn. 120; Erman/*Arnold* BGB § 123 Rn. 50 a; vgl. dazu auch LAG Hamm LAGE § 123 BGB 2002 Nr. 10, Rn. 35 ff.

390 MüKoBGB/*Armbrüster* § 123 Rn. 120; vgl. OLG Hamm FamRZ 1986, 269; BAG NJW 1999, 2059 (2061); 2011, 630, 633 f.

391 *Wolf/Neuner* BGB AT § 41 Rn. 136; MüKoBGB/*Armbrüster* § 123 Rn. 120; Erman/*Arnold* BGB § 123 Rn. 50 a; BAG NJW 1999, 2059 (2061).

392 *Flume* BGB AT Bd. 2, § 28, 2 c; MüKoBGB/*Armbrüster* § 123 Rn. 120; BAG NJW 1999, 2059 (2061).

393 BGH NJW 2005, 2766 (2771).

394 BAGE 41, 229, 239 f. = BAG NJW 1983, 2782; BAGE 74, 281, 285; BAG NJW 1997, 676 (677); NZA 2002, 731 (733); 2006, 841, 843 f.; 2008, 348, 353; NZA 2016, 1409 (1415); LAG Bln-Bbg LAGE § 123 BGB 2002 Nr. 7, Rn. 26; LAG Hamm 24.8.2011 – 3 Sa 397/11, juris Rn. 99 f.; LAG RhPf 20.1.2016 – 4 Sa 180/15, juris Rn. 29; vgl. auch

BGH NJW 2005, 2766 (2768 f.); BAG NZA 2015, 676 (679).

395 BAG NZA 1996, 875 (877); NJW 1997, 676 (677); NZA 2000, 27 f.; 2002, 731, 733; NZA 2006, 841 (844); 2008, 348, 353; LAG Hamm 24.8.2011 – 3 Sa 397/11, Rn. 101; HessLAG NZA-RR 2010, 341 (342); vgl. dazu auch LAG RhPf ZTR 2009, 662; NK-BGB/*Klappstein* § 620 Rn. 53.

396 LAG Hamm 27.5.2011 – 10 Sa 1921/10.

397 ErfK/*Müller-Glöge* BGB § 620 Rn. 11 a.

398 BAG NZA-RR 2008, 341 ff.

399 Vgl. BGH LM § 123 Nr. 28 = WM 1962, 843; NJW-RR 1996, 1281 (1282); BAG NZA 2006, 841 (843); LAG Hamm LAGE § 123 BGB 2002 Nr. 10, Rn. 30, 32; MüKoBGB/*Armbrüster* § 123 Rn. 113; BeckOK BGB/*Wendtland* § 123 Rn. 35; PWW/*Ahrens* BGB § 123 Rn. 40.

400 BAG NZA 2006, 841 (843); Soergel/*Hefermehl* BGB § 123 Rn. 51; Erman/*Arnold* BGB § 123 Rn. 53; BeckOK BGB/*Wendtland* § 123 Rn. 35; PWW/*Ahrens* BGB § 123 Rn. 40.

401 Soergel/*Hefermehl* BGB § 123 Rn. 51; Palandt/*Ellenberger* BGB § 123 Rn. 23; Jauernig/*Mansel* BGB § 123 Rn. 17; BeckOK BGB/*Wendtland* § 123 Rn. 35.

98   Bei einem **Irrtum** des Drohenden über die **Widerrechtlichkeit** der Drohung muss danach unterschieden werden, ob sich der Drohende über tatsächliche Umstände geirrt hat, welche die Widerrechtlichkeit begründen (Sachverhaltsirrtum), oder ob er aus den richtig erkannten tatsächlichen Umständen den falschen Schluss gezogen hat, die Drohung sei nicht widerrechtlich (Wertungsirrtum).[402] Der letztgenannte **Wertungsirrtum** ist nach allgemeiner Auffassung unbeachtlich, weil Abs. 1, 2. Fall allein dem Schutz des Bedrohten dient und daher beim Drohenden kein Bewusstsein der Rechtswidrigkeit voraussetzt.[403] Gleiches gilt für einen **verschuldeten Sachverhaltsirrtum**.[404] Dagegen soll nach der Rechtsprechung bei einem **unverschuldeten Sachverhaltsirrtum** die Anfechtungsmöglichkeit gem. Abs. 1, 2. Fall entfallen, weil ein derartiger Irrtum nicht so schwer wiege, dass dem Drohenden deswegen der „Makel" einer rechtswidrigen Drohung und die sich daraus ergebenden wirtschaftlichen Nachteile zugemutet werden müssten. Danach soll der Bedrohte nicht anfechten können, wenn der Drohende das angedrohte, objektiv vertragswidrige Verhalten subjektiv für rechtmäßig hält und wenn diese Würdigung vertretbar ist.[405] Hiergegen wird zu Recht eingewandt, dass eine schuldlose Unkenntnis nichts an der Rechtswidrigkeit ändert (vgl. auch § 231). Abs. 1, 2. Fall will nicht den Drohenden vor der unberechtigten Zuweisung eines „Makels", sondern den Bedrohten vor der objektiv rechtswidrigen Beeinflussung seiner Entscheidungsfreiheit schützen.[406] Allenfalls in Ausnahmefällen erscheint es denkbar, dass eine Drohung bei einem unverschuldeten Irrtum unter Abwägung der beiderseitigen Interessen noch als adäquates Mittel zur Erreichung des erstrebten Zwecks gewertet werden kann.[407]

99   **6. Person des Drohenden.** Drohender kann nicht nur der **Erklärungsempfänger, sondern auch jeder Dritte** sein.[408] Dabei kann es sich sogar um ein Gericht oder eines seiner Mitglieder handeln.[409] Die Einschränkung des Abs. 2 bezieht sich lediglich auf die arglistige Täuschung und nicht auf die widerrechtliche Drohung.[410] War der Erklärungsempfänger in Bezug auf die Täuschung des Dritten gutgläubig, ist ihm sein Vertrauensschaden nicht gem. § 122 analog zu ersetzen.[411] Da der Bedrohte besonders schutzwürdig ist, hat der Gesetzgeber auf jeden Gutglaubensschutz des Erklärungsempfängers verzichtet (vgl. auch → Rn. 2, 3).[412]

IV. Rechtsfolgen

100   Liegen die Voraussetzungen des § 123 vor, kann der Erklärende die auf der Täuschung oder Drohung beruhende Willenserklärung **anfechten**, sofern die Anfechtung nicht ausnahmsweise ausgeschlossen ist (vgl. dazu → Rn. 16 ff.). Die Anfechtung muss innerhalb eines Jahres ab Entdeckung der Täuschung oder Beendigung der durch die Drohung geschaffenen Zwangslage (§ 124) gegenüber dem richtigen Anfechtungsgegner (§ 143) erklärt werden. Sie führt grundsätzlich zur rückwirkenden Nichtigkeit der angefochtenen Erklärung (§ 142 Abs. 1; zu Ausnahmen von der Rückwirkung → Rn. 19 ff. sowie ausf. → § 142 Rn. 7 ff.). Der Anfechtende muss dem Anfechtungsgegner, anders als bei der Irrtumsanfechtung (§§ 119 f.), nicht gem. § 122 den Vertrauensschaden ersetzen (→ Rn. 2).

V. Konkurrenzen

101   Die **Täuschungsanfechtung** gem. Abs. 1, 1. Fall und die **Drohungsanfechtung** gem. Abs. 1, 2. Fall schließen sich nicht gegenseitig aus. Beide Anfechtungsrechte können vielmehr nebeneinander bestehen.[413] Das kommt zB in Betracht, wenn eine schwangere Ehefrau einen Selbstmordversuch vortäuscht, um ihren Ehe-

---

402 Erman/*Arnold* BGB § 123 Rn. 54.
403 Erman/*Arnold* BGB § 123 Rn. 55; BeckOK BGB/
Wendtland § 123 Rn. 35; vgl. RGZ 104, 79; 108, 102, 104; BGHZ 25, 217 (225) = NJW 1957, 1796 (1798); 1982, 2301, 2302; Soergel/*Hefermehl* § 123 Rn. 51; Jauernig/*Mansel* BGB § 123 Rn. 16.
404 Erman/*Arnold* BGB § 123 Rn. 54.
405 BGHZ 25, 217 (224 f.) = NJW 1957, 1796 (1798); vgl. auch BGH LM § 123 Nr. 28 = WM 1962, 843.
406 Soergel/*Hefermehl* BGB § 123 Rn. 51; Jauernig/ *Mansel* BGB § 123 Rn. 16; MüKoBGB/*Armbrüster* § 123 Rn. 123; Erman/*Arnold* BGB § 123 Rn. 54; *Flume* BGB AT Bd. 2, § 28, 3; *Medicus* BGB AT Rn. 820; *Wolf/Neuner* BGB AT § 41 Rn. 137.
407 Soergel/*Hefermehl* BGB § 123 Rn. 51; Erman/*Arnold* BGB § 123 Rn. 54.
408 BGH NJW 1966, 2399 (2401); vgl. ausführlich zum Anfechtungsrecht bei Drohung durch Dritte *Martens* AcP 207 (2007), 371 ff.

409 BGH NJW 1966, 2399; BAG NZA 2010, 1250 (1253).
410 Palandt/*Ellenberger* BGB § 123 Rn. 18; MüKoBGB/ *Armbrüster* § 123 Rn. 69, 106; Erman/*Arnold* BGB § 123 Rn. 56; BeckOK BGB/*Wendtland* § 123 Rn. 36; *Büchler* JuS 2009, 976 (978); vgl. für den Fall der Drohung mit der Kündigung eines Arbeitsvertrages durch einen Vorgesetzten, der ersichtlich nicht selbst kündigungsberechtigt war, BAG NZA 2006, 841 ff.
411 Erman/*Arnold* BGB § 123 Rn. 33; grds. auch *Wolf/ Neuner* BGB AT § 41 Rn. 128 ff., der allerdings im Fall einer reinen Schadensverlagerung das Anfechtungsrecht des Bedrohten gem. § 242 BGB ausschließen will; aA MüKoBGB/*Armbrüster* § 123 Rn. 129.
412 Vgl. Prot. I, S. 120 = *Mugdan* I, S. 722.
413 BGH NJW-RR 1996, 1281; Erman/*Arnold* BGB § 123 Rn. 4; PWW/*Ahrens* BGB § 123 Rn. 42.

mann zur Unterzeichnung eines für ihn nachteiligen Ehevertrages zu veranlassen.[414] Auch die Anfechtungsmöglichkeiten wegen Täuschung oder Drohung nach § 123 und wegen **Irrtums** nach § 119 können wegen ihrer unterschiedlichen Voraussetzungen und Rechtsfolgen nebeneinander bestehen (→ Rn. 15).

Eine arglistige Täuschung oder eine widerrechtliche Drohung allein führt regelmäßig noch nicht zur **Sitten-** **widrigkeit** des Geschäftes (vgl. jedoch zur Drohung, mit der ein sittenwidriges Geschäft erzwungen wird, → Rn. 91). Zur Täuschung oder Drohung können allerdings weitere Umstände hinzutreten, aufgrund derer das Rechtsgeschäft wegen des zusätzlichen auffälligen Missverhältnisses von Leistung und Gegenleistung gem. § 138 Abs. 2 oder sonst wegen seines Inhalts, seines Beweggrundes oder seines Zwecks gem. § 138 Abs. 1 nichtig wird (vgl. dazu → § 138 Rn. 34 ff., 141 ff.).[415] Dann erübrigt sich regelmäßig eine Anfechtung, sofern nicht ein Fall vorliegt, in dem auch ein Interesse an der Anfechtung einer nichtigen Willenserklärung besteht (vgl. dazu → § 142 Rn. 5).[416]

Die Anfechtung gem. § 123 wird, anders als diejenige gem. § 119 Abs. 2, nicht durch das Eingreifen der **103** **kaufrechtlichen Gewährleistungsvorschriften** der §§ 437 ff. ausgeschlossen. Gleiches gilt für das Verhältnis zur **werk- und mietvertraglichen Sach- und Rechtsmängelhaftung** der §§ 633 ff. und 536 ff. (→ Rn. 14).

In Rechtsprechung und Literatur umstritten ist die Frage, inwieweit eine arglistige Täuschung oder eine **104** widerrechtliche Drohung neben dem Anfechtungsrecht nach § 123 **Schadensersatzansprüche wegen Ver-** **schuldens bei Vertragsverhandlungen** (§§ 280 Abs. 1, 241 Abs. 2, 311 Abs. 2) begründen kann. Nach **ständiger Rechtsprechung** kommt den Anfechtungsvorschriften hier, ebenso wie gegenüber der delikti-schen Schadensersatzhaftung (vgl. dazu → Rn. 105), kein Vorrang zu. Neben der Anfechtungsmöglichkeit kann der Getäuschte oder Bedrohte danach über den Schadensersatzanspruch wegen Verschuldens bei Vertragsverhandlungen im Wege der Naturalrestitution (§ 249 Abs. 1) die **Befreiung von der eingegangenen** **Verbindlichkeit** verlangen.[417] Das gilt im Einzelfall selbst dann, wenn eine Anfechtung ausscheidet, weil die Anfechtungsfrist des § 124 bereits abgelaufen ist oder der Täuschende nicht arglistig, sondern nur fahr-lässig gehandelt hat.[418] Die Rechtsprechung verlangt, über die Irreführung des künftigen Vertragspartners oder die rechtswidrige Ausübung von Zwang im Rahmen des vorvertraglichen Schuldverhältnisses iSd § 311 Abs. 2 hinaus, nunmehr ausdrücklich, dass durch diese Pflichtverletzung beim getäuschten oder bedrohten Vertragspartner ein **Vermögensschaden** entstanden ist.[419] Nach der Differenzhypothese liegt ein solcher Schaden vor, wenn der Vergleich der Gesamtvermögenslage nach Abschluss des Vertrages mit der hypothetischen Vermögenslage ohne den Vertrag ein rechnerisches Minus ergibt. Selbst bei objektiver Wert-haltigkeit von Leistung und Gegenleistung kann der getäuschte oder bedrohte Vertragspartner dadurch einen Vermögensschaden erleiden, dass die Leistung für seine Zwecke nicht voll brauchbar ist.[420]

Diese Möglichkeit der schadensrechtlichen Vertragsaufhebung neben § 123 wird in der **Literatur** teilweise **105** abgelehnt. Die wesentlichen **Gegenargumente** liefern die Beschränkung der Anfechtungsmöglichkeit auf arglistiges Verhalten und die Jahresfrist des § 124. Diese Beschränkungen werden ausgehöhlt, wenn prak-tisch das gleiche Ergebnis, nämlich die Lösung vom Vertrag, als Schadensersatz für eine fahrlässige Verlet-zung vorvertraglicher Pflichten über den gem. § 195 regelmäßig erst in drei Jahren verjährenden Anspruch aus §§ 280 Abs. 1, 241 Abs. 2, 311 Abs. 2 erreicht werden kann.[421] Der von der aktuellen Rechtsprechung verlangte Vermögensschaden wird als Abgrenzungskriterium abgelehnt, weil die Naturalrestitution gem. § 249 Abs. 1, anders als die Geldentschädigung gem. § 253, gerade keinen Vermögensschaden voraus-setzt.[422] Nach dieser Auffassung kommt ein Schadensersatzanspruch nur insoweit in Betracht, als ein ande-

414 Vgl. BGH NJW-RR 1996, 1281 (1282).
415 Hk-BGB/*Dörner* § 123 Rn. 1; MüKoBGB/*Armbrüs-ter* § 123 Rn. 100; RGRK/*Krüger-Nieland* BGB § 123 Rn. 84; Erman/*Arnold* BGB § 123 Rn. 5; vgl. etwa BGHZ 60, 102 (104 f.); BGH NJW 1988, 902 (903); 2002, 2774, 2775; BAG NJW 1999, 2059 (2061); OLG Düsseldorf 3.7.2017 – I-4 U 146/14, juris Rn. 231.
416 MüKoBGB/*Armbrüster* § 123 Rn. 100.
417 BGH NJW 1962, 1196 (1198); 1968, 986, 987; 1969, 1625, 1626; 1974, 1505; 1979, 1983 f.; 1998, 302, 303; NJW-RR 1998, 1406; 1407; 2002, 308, 309 f.; NJW 2002, 2774 (2775); OLG Frankfurt NJW-RR 2002, 523 (524); OLG Saarbrücken MDR 2010, 801; wie die Rspr. etwa Hk-BGB/*Dörner* § 123 Rn. 14; Soergel/*Hefermehl* BGB § 123 Rn. 63; Palandt/*Ellen-berger* BGB § 123 Rn. 27; Jauernig/*Mansel* BGB § 123 Rn. 19; RGRK/*Krüger-Nieland* BGB § 123 Rn. 88.

418 Vgl. nur BGH NJW 1998, 302 (303); NJW-RR 2002, 308 (309 f.), jew. mwN.
419 So ausdr. BGH NJW 1998, 302 (304) unter ausf. Würdigung der bisherigen Rspr.; ebenso etwa BGH NJW 1998, 988; NJW-RR 2002, 308 (310); OLG Frankfurt NJW-RR 2002, 523 (524); vgl. BGH NJW-RR 1998, 904 (906); vgl. zu dieser Rspr. etwa *Grigo-leit* NJW 1999, 900 ff.
420 BGH NJW 1998, 302 (304) mwN.
421 *Brox/Walker* BGB AT § 19 Rn. 19; Erman/*Arnold* BGB § 123 Rn. 8; vgl. MüKoBGB/*Armbrüster* § 123 Rn. 103; *Grigoleit* NJW 1999, 900 (902 f.); speziell in Bezug auf die Änderungen durch die Schuld-rechtsreform *Löhnig* JA 2003, 553 ff.; *Wolf/Neuner* BGB AT § 41 Rn. 119; vgl. zur älteren Lit. die Nachw. in BGH NJW 1998, 302 (304).
422 *Medicus* BGB AT Rn. 450; *Grigoleit* NJW 1999, 900 (901 f.)

rer Schaden, der nicht in dem aufgrund der Täuschung oder Drohung abgeschlossenen Vertrag besteht, in Geld ersetzt werden soll.[423] Stattdessen wird auch vorgeschlagen, die Haftung aus c.i.c. möglichst eng am Regelungsmodell des § 123 zu orientieren und vor allem die Jahresfrist des § 124, die Beweislast und die weitergehende Haftung für Hilfspersonen anzuwenden.[424]

106 In der **Praxis** wird man sich an die Vorgaben der Rechtsprechung zu halten haben. Bei der Geltendmachung des vertragsrechtlichen Aufhebungsanspruchs kommt es danach, anders als bei der Anfechtungsmöglichkeit, auch auf die Darlegung und den Beweis des **Vermögensschadens** an, der dem Getäuschten oder Bedrohten durch den Vertragsabschluss entstanden ist. Im Gegenzug kann der Täuschende oder Drohende gegenüber diesem verschuldensabhängigen Anspruch gegebenenfalls ein **Mitverschulden** des Getäuschten oder Bedrohten gem. § 254 geltend machen.[425]

107 Führt eine arglistige Täuschung oder eine widerrechtliche Drohung iSd § 123 zu einem Vermögensschaden des Getäuschten oder Bedrohten, begründet dieses Verhalten regelmäßig zugleich einen **deliktischen Schadensersatzanspruch** gem. § 823 Abs. 2 iVm § 263 oder § 240 StGB oder gem. § 826. Dieser Anspruch kommt neben der Anfechtung nach § 123 in Betracht, wobei beide Möglichkeiten nach fast einhelliger Auffassung gleichwertig nebeneinander stehen.[426] Eine „Aushöhlung" der Anfechtungsvorschriften steht hier, anders als beim Anspruch wegen Verschuldens bei Vertragsverhandlungen (vgl. dazu → Rn. 104), nicht in Rede, weil die genannten Schadensersatzansprüche jeweils Vorsatz voraussetzen und eine fahrlässige Täuschung nicht ausreicht. Der Schadensersatzanspruch geht regelmäßig nur auf das negative Interesse. Danach ist dem Getäuschten oder Bedrohten die Differenz zu ersetzen, die sich bei einem Vergleich seiner hypothetischen Vermögenslage ohne die Täuschung oder Drohung mit derjenigen Vermögenslage ergibt, die durch die Täuschung oder Drohung im Zeitpunkt des Vertragsschlusses herbeigeführt worden ist. Das kann beispielsweise die angefallene Steuer sein, wenn davon auszugehen ist, dass der Getäuschte bei einem pflichtgemäßen Hinweis des Täuschenden den Vertrag nicht ohne Anrechnung der Steuerforderung auf den Kaufpreis abgeschlossen hätte.[427] Im Wege der Naturalrestitution gem. § 249 Abs. 1 kann der Anspruch auch auf die Aufhebung des Vertrages gerichtet sein, ohne dass die Frist des § 124 gewahrt werden muss.[428] Den Ersatz des Erfüllungsinteresses kann der Getäuschte oder Bedrohte ausnahmsweise verlangen, wenn er nachweislich den Vertrag ohne die Täuschung oder Drohung ebenfalls, dann aber zu besseren Bedingungen abgeschlossen hätte.[429] Die Einrede aus § 853 kann er dem Vertragsgegner noch nach Ablauf der Jahresfrist des § 124 entgegenhalten.[430]

108 In einer aktuellen Entscheidung hat das BAG in einem Fall, in dem es um die Rückgängigmachung eines Aufhebungsvertrages ging (vgl. dazu → Rn. 96), einen **Verstoß gegen das Gebot fairen Verhandelns** angenommen und festgestellt, dieses Gebot schütze unterhalb der Schwelle der von §§ 105, 119 ff. erfassten Willensmängel die Entscheidungsfreiheit bei Vertragsverhandlungen.[431] Ein solcher Verstoß gegen die Verpflichtungen aus § 241 Abs. 2 liege vor, wenn eine Partei, regelmäßig der Arbeitgeber,[432] eine psychische Drucksituation schaffe oder ausnutze, die eine freie und überlegte Entscheidung des Vertragspartners erheblich erschwere oder sogar unmöglich mache. Als Rechtsfolge einer schuldhaften Missachtung des Gebots fairen Verhandelns falle, dem Zweck der Naturalrestitution Rechnung tragend, der Aufhebungsvertrag weg und das Arbeitsverhältnis besteh fort.[433] Diese Entscheidung wird in ersten Anmerkungen begrüßt.[434] Zu klären wird allerdings, zunächst durch die Instanzrechtsprechung und eventuell durch weitere Entscheidungen des BAG, wann die erforderliche „psychische Drucksituation" vorliegt, die in concreto in einer krankheitsbedingten Schwäche bestand.[435]

---

423 Vgl. *Brox/Walker* BGB AT § 19 Rn. 19; Erman/ *Arnold* BGB § 123 Rn. 8; *Grigoleit* NJW 1999, 900 (903); vgl. auch HKK/*Schermaier*, §§ 116–124 Rn. 119 f.
424 *Wolf/Neuner* BGB AT § 41 Rn. 119.
425 Vgl. BGH NJW 1998, 302 (305); dazu *Grigoleit* NJW 1999, 900 (904).
426 BGH NJW 1998, 302 (304); NJW-RR 1998, 904 (906); Palandt/*Ellenberger* BGB § 123 Rn. 26; MüKoBGB/*Armbrüster* § 123 Rn. 1020; Erman/*Palm* BGB § 123 Rn. 7; BeckOK BGB/*Wendtland* § 123 Rn. 40.
427 OLG Köln NJW-RR 1994, 1064 (1066); vgl. zu dieser Schadensberechnung auch BGH NJW 1960, 237 f.
428 BGH NJW 1998, 302 (303 f.); vgl. BGH NJW 1962, 1196 (1198); 1979, 1983, 1984.

429 RGZ 103, 49 (154), 160; BGH DB 1969, 877 (878); Palandt/*Ellenberger* BGB § 123 Rn. 26.
430 BGH NJW 1969, 604 (605); 1980, 782, 784; Staudinger/*Singer*, Bearbeitung 2017, BGB § 123 Rn. 105; Hk-BGB/*Dörner* § 124 Rn. 4; Palandt/ *Ellenberger* BGB § 123 Rn. 26, § 124 Rn. 1; Jauernig/*Mansel* BGB § 124 Rn. 2; MüKoBGB/*Armbrüster* § 124 Rn. 9; BeckOK BGB/*Wendtland* § 124 Rn. 6.1; vgl. Soergel/*Hefermehl* BGB § 124 Rn. 8.
431 BAG NZA 2019, 688 (691).
432 *Fischer*, jurisPR-ArbR 23/2019 Anm. 5, unter C.
433 BAG NZA 2019, 688 (691 ff.).
434 So etwa *Fischer*, jurisPR-ArbR 23/2019 Anm. 5, unter C; *Bachmann/Ponßen* NJW 2019, 1969 (1970); *Schmidt* AP BGB § 620 Aufhebungsvertrag Nr. 50 unter III 1.
435 Vgl. *Bauer* ArbRAktuell 2019, 93.

C. Weitere praktische Hinweise

Die Darlegungs- und **Beweislast** für alle Voraussetzungen des § 123 trägt der Anfechtende.[436] Das gilt auch **109** dann, wenn die **Täuschungshandlung** in einem arglistigen Verschweigen besteht.[437] Hier muss der Anfechtende nachweisen, dass der Gegner die zu offenbarende Tatsache bei Vertragsschluss bewusst war.[438] Im Gegenzug obliegt es dem Anfechtungsgegner, die ihn entlastende Aufklärung darzulegen und zu behaupten, wann, wo und wie er die Tatsache offenbart hat.[439] Gelingt ihm das, muss der Anfechtende diese Aufklärung widerlegen;[440] das gilt dem BGH zufolge auch für den Fall, dass der Verkäufer behauptet, er habe einen durch vorheriges aktives Tun bei dem anfechtenden Käufer hervorgerufenen Irrtum durch spätere Aufklärung beseitigt.[441] Hat der Anfechtungsgegner zunächst eine nachweislich falsche oder bagatellisierte schriftliche Information gegeben, muss er eine ihn entlastende nachträgliche Aufklärung des Anfechtenden darlegen und beweisen.[442] Zu den Tatbestandsvoraussetzungen der Anfechtung gem. § 123, die der Anfechtende darlegen und beweisen muss, gehören neben der Täuschung oder Drohung die **Widerrechtlichkeit**[443] und die **Arglist**.[444] Hat allerdings der Versicherungsnehmer Fragen im Versicherungsantrag objektiv falsch beantwortet, wird hinsichtlich der Arglist vom ihm verlangt, plausible Gründe darzulegen, warum und wie es zu diesen Falschangaben gekommen ist.[445]

Schließlich muss der Anfechtende die **Kausalität** der Täuschung oder Drohung für die Abgabe der ange- **110** fochtenen Willenserklärung darlegen und beweisen. Insoweit kommt ihm nach der Rechtsprechung grundsätzlich kein Anscheinsbeweis zugute, weil dieser einen typischen Geschehensablauf voraussetzt, wohingegen die Entscheidung zu einem Vertragsschluss von den individuellen Umständen des Einzelfalles abhängt.[446] Lediglich ausnahmsweise soll bei bestimmten Rechtsgeschäften und unter besonderen Umständen aufgrund der allgemeinen Lebenserfahrung eine ausreichende Typizität bejaht werden können.[447] Danach spricht zB der Wunsch des Käufers, ihm eine bestimmte Eigenschaft zuzusichern, dafür, dass die Täuschung über das Vorliegen dieser Eigenschaft für seinen Vertragsschluss zumindest mitursächlich war.[448] Außerdem kann das Verhalten des Getäuschten nach Entdeckung der Täuschung einen Rückschluss auf die Kausalität zulassen. Hält der Getäuschte zunächst am Vertrag fest, nachdem er den wahren Sachverhalt erfahren hat, kann das Zweifel daran wecken, ob er den Vertrag nicht auch in Kenntnis des wahren Sachverhalts geschlossen hätte.[449] Geht es um eine Täuschung, darf das Gericht den Irrtum des Getäuschten nicht feststellen, ohne zuvor den vom Täuschenden beantragten Beweis zu erheben, der Anfechtende habe die Tatsachen gekannt und sei gar keinem Irrtum unterlegen.[450]

§ 124 Anfechtungsfrist

(1) Die Anfechtung einer nach § 123 anfechtbaren Willenserklärung kann nur binnen Jahresfrist erfolgen.

(2) ¹Die Frist beginnt im Falle der arglistigen Täuschung mit dem Zeitpunkt, in welchem der Anfechtungsberechtigte die Täuschung entdeckt, im Falle der Drohung mit dem Zeitpunkt, in welchem die Zwangslage aufhört. ²Auf den Lauf der Frist finden die für die Verjährung geltenden Vorschriften der §§ 206, 210 und 211 entsprechende Anwendung.

(3) Die Anfechtung ist ausgeschlossen, wenn seit der Abgabe der Willenserklärung zehn Jahre verstrichen sind.

436 BGH NJW 1957, 988; 2001, 64, 65; BAG NZA 1998, 33 (35); 2008, 348, 354; OLG Köln NJW-RR 1992, 908 (910); LAG Hamm LAGE § 123 BGB 2002 Nr. 10, Rn. 30; LAG RhPf 20.1.2016 – 4 Sa 180/15, juris Rn. 29.
437 BAG NZA 1998, 33 (35); vgl. BGH NJW 2001, 64 (65); 2003, 754, 755.
438 Vgl. BGH NJW 2001, 2326 (2327); Palandt/Ellenberger BGB § 123 Rn. 30.
439 BGH NJW 2001, 64 (65); vgl. OLG Köln VersR 1996, 831.
440 Palandt/Ellenberger BGB § 123 Rn. 30; vgl. BGH NJW 2001, 64 (65); OLG Köln NJW-RR 1992, 908 (910).
441 BGH NJW 2014, 3296 (3297) mwN.
442 OLG Schleswig MDR 2002, 758.
443 Dazu LAG Hamm 17.5.2013 – 10 Sa 13/13, Rn. 28.

444 BGH NJW 1957, 988; WM 1983, 1019; BAG NZA-RR 2012, 43 (46); NZA 2012, 1316 (1317); OLG Stuttgart NJW 1983, 1200; allgemein zum Beweis der Arglist Geipel ZAP Fach 13, 2039 ff.
445 BGH VersR 2011, 1121; OLG Hamm VersR 2015, 1289; OLG Hamm 8.3.2017 – I-20 U 9/17, juris Rn. 21, jew. mwN.
446 BGH WM 1958, 991 (992); NJW 1968, 2139; 1996, 1051.
447 BGH WM 1976, 111 (113); NJW 1995, 2361 (2362); weitergehend Palandt/Ellenberger BGB § 123 Rn. 24, 30; OLG Saarbrücken MDR 2010, 801; näher dazu auch RGRK/Krüger-Nieland BGB § 123 Rn. 58.
448 BGH NJW 1995, 2361 (2362).
449 OLG Köln NJW-RR 1992, 908 (910).
450 BGH VersR 2012, 1429 (1431).

A. Allgemeines 1
B. Regelungsgehalt 3
  I. Anwendungsbereich 3
  II. Ausschlussfrist des Abs. 1 5
    1. Beginn der Jahresfrist (Abs. 2 S. 1) 5
    2. Berechnung und Hemmung der Jahresfrist
      (Abs. 2 S. 2) 8

    3. Rechtsfolgen des Ablaufs der Jahresfrist .. 11
    4. Ausschluss des Anfechtungsrechts vor
      Ablauf der Jahresfrist 12
  III. Ausschlussfrist des Abs. 3 15
C. Weitere praktische Hinweise 16

A. Allgemeines

1 Wer gem. § 123 anficht, weil er durch arglistige Täuschung oder widerrechtliche Drohung zur Abgabe einer Willenserklärung bestimmt worden ist, steht in Bezug auf die Anfechtungsfrist besser als derjenige, der seine Willenserklärung wegen Irrtums gem. § 119 oder wegen Falschübermittlung gem. § 120 anfechten kann. Er muss die Anfechtung nicht unverzüglich erklären (vgl. § 121 Abs. 1 S. 1), sondern nur die **Jahresfrist** des Abs. 1 wahren. Denn der Getäuschte oder Bedrohte ist schutzwürdiger als der Irrende, und der Täuschende oder Drohende verdient keinen Schutz. Trotzdem darf der Schwebezustand im Interesse des allgemeinen Verkehrsschutzes nicht zu lange dauern. Deshalb muss binnen Jahresfrist ab Entdeckung der Täuschung oder Beendigung der Zwangslage angefochten werden. Unabhängig davon ist die Anfechtung gem. Abs. 3, ebenso wie gem. § 121 Abs. 2 diejenige aufgrund der §§ 119, 120, **spätestens nach zehn Jahren** ausgeschlossen.[1]

2 Die Fristen des Abs. 1 und 3 sind von Amts wegen zu beachtende **Ausschlussfristen**. Mit ihrem Ablauf erlischt das Anfechtungsrecht aus § 123.[2]

B. Regelungsgehalt

I. Anwendungsbereich

3 Die Ausschlussfristen des Abs. 1 und 3 gelten nur für die Anfechtung wegen arglistiger **Täuschung** oder widerrechtlicher **Drohung** gem. § 123. Eine Anfechtung wegen Irrtums (§ 119) oder unrichtiger Übermittlung (§ 120) unterliegt der kürzeren subjektiven Anfechtungsfrist des § 121 Abs. 1 und der objektiven Ausschlussfrist des § 121 Abs. 3 (→ § 121 Rn. 3). Die jeweilige Anfechtungsfrist ist für jeden Anfechtungsgrund eigenständig zu berechnen. Schiebt der Anfechtende nach Fristablauf einen anderen Anfechtungsgrund nach, beurteilt sich die Rechtzeitigkeit der Anfechtung nach der für diesen Grund geltenden Anfechtungsfrist. Das **Nachschieben** eines neuen Anfechtungsgrundes führt nicht zu einer Ausdehnung der Frist des Abs. 1 (vgl. zum Nachschieben von Anfechtungsgründen allgemein → § 143 Rn. 9 und zur Geltung der Anfechtungsfrist des besonders § 121 → § 121 Rn. 8).[3] **Spezialregelungen** wie § 318 Abs. 2 S. 2 und 3 (Anfechtung der Leistungsbestimmung) oder § 2082 iVm § 2078 (Anfechtung einer letztwilligen Verfügung wegen Irrtums oder Drohung) können abweichende Anfechtungsfristen vorsehen.

4 Die Anfechtungsfrist des Abs. 1 gilt auch im **Arbeitsrecht**. Deshalb zieht die Rechtsprechung hier, anders als im Rahmen des § 121 (vgl. dazu → § 121 Rn. 11), die Zwei-Wochen-Frist des § 626 Abs. 2 nicht als Anhaltspunkt heran.[4] Zutreffend lehnt sie auch eine teleologische Reduktion des § 124 Abs. 1 in den Fällen ab, in denen der Arbeitgeber widerrechtlich mit dem Ausspruch einer außerordentlichen Kündigung gedroht und dadurch den Arbeitnehmer zum Abschluss eines Aufhebungsvertrages bestimmt hat. Entgegen einer in der Lehre vertretenen Auffassung[5] lassen die klare Regelung des § 124 Abs. 1 und die zugrunde liegende gesetzgeberische Wertung (dazu oben → Rn. 1) keinen Raum für eine analoge Anwendung der Dreiwochenfrist, die § 2 S. 2 KSchG für die Annahme eines Änderungsangebotes unter Vorbehalt vorschreibt.[6] Im **Versicherungsrecht** kommt ein von den Fristen des § 124 unberührtes Leistungsverweigerungsrecht des Versicherers nur dort in Betracht, wo die Regelung der §§ 19 ff. VVG (§§ 16 ff. aF) nicht eingreift oder wo sie andere geschützte Interessen des Versicherers nicht abschließend behandelt. Ersteres ist zB bei Täu-

1 Vgl. Staudinger/*Singer*, Bearbeitung 2017, BGB § 124 Rn. 8; Soergel/*Hefermehl* BGB § 124 Rn. 1; BeckOK BGB/*Wendtland* § 124 Rn. 1; vgl. auch Motive I, S. 209 = *Mugdan* I, S. 468.
2 Palandt/*Ellenberger* BGB § 124 Rn. 1; Erman/*Arnold* BGB § 124 Rn. 1; BeckOK BGB/*Wendtland* § 124 Rn. 6, 7.
3 Vgl. BGH NJW 1966, 39; VersR 1989, 465 (466); NJW-RR 1993, 948; RGRK/*Krüger-Nieland* BGB § 124 Rn. 9; Staudinger/*Singer*, Bearbeitung 2017, BGB § 124 Rn. 9.
4 Vgl. etwa BAG DB 1984, 298; NZA 1998, 374; ErfK/*Preis* BGB § 611 a Rn. 363; Schaub ArbR-HdB/*Linck* § 34 Rn. 27 f.; aA *Picker* ZfA 1981, 1 (149) Fn. 298, der die starre Jahresfrist des § 124 Abs. 1 BGB in der Mehrheit der Anfechtungsfälle durch den unbestimmten Rechtsbegriff der „Unverzüglichkeit" (§ 121 Abs. 1 S. 1 BGB) ersetzen will.
5 *Hromadka* FS Zöllner, 1998, S. 785, 790 ff.
6 BAG NZA 2008, 348 (352).

schungen über andere als gefahrerhebliche Umstände gegeben, Letzteres bei Ansprüchen aus unerlaubten Handlungen.[7]

II. Ausschlussfrist des Abs. 1

1. Beginn der Jahresfrist (Abs. 2 S. 1). Im Fall der **arglistigen Täuschung** beginnt die Jahresfrist des 5 Abs. 1 mit dem Zeitpunkt zu laufen, in dem der Anfechtungsberechtigte die Täuschung entdeckt (Abs. 2 S. 1, 1. Fall). Der Getäuschte muss **positive Kenntnis** sowohl vom Irrtum als auch von seiner arglistigen Herbeiführung erlangen. Der bloße Verdacht, vom Erklärungsempfänger getäuscht worden zu sein, ist ebenso wenig eine Entdeckung der Täuschung wie die fahrlässige Unkenntnis, also das bloße Kennenmüssen.[8] Den Getäuschten trifft auch keine Nachforschungspflicht; er muss Verdachtsmomenten nicht nachgehen.[9] Werden die Daten, aus denen sich die arglistige Täuschung ergibt, elektronisch gespeichert (zB bei einem Antrag auf Abschluss einer Krankenversicherung), steht die Datenspeicherung der Kenntnis nicht gleich, wenn die Daten wegen Besonderheiten der Speicherung (zB unübliche Abspeicherung der Daten unter dem Vornamen) nicht nutzbar sind.[10] Andererseits braucht der Getäuschte nicht jede einzelne falsche Angabe erkannt zu haben (vgl. auch → § 121 Rn. 5). Er entdeckt die Täuschung, sobald er nach seinem Gesamteindruck erkennt, dass er überhaupt arglistig getäuscht worden ist und dass diese Täuschung ihn zur Abgabe seiner Willenserklärung veranlasst hat.[11] Mit dieser Kenntnis, nicht erst mit der Beschaffung der notwendigen Beweismittel, beginnt die Frist.[12]

Im Fall der **widerrechtlichen Drohung** beginnt die Jahresfrist mit dem Zeitpunkt zu laufen, in dem die 6 Zwangslage aufhört (Abs. 2 S. 1, 2. Fall). Da die Zwangslage darin besteht, dass der Bedrohte den Eintritt des angedrohten Übels vermeiden will (zur Definition der Drohung → § 123 Rn. 80), hört sie auf, wenn sich der Bedrohte vor diesem Übel nicht mehr fürchtet.[13] Danach endet die Zwangslage mit dem **Eintritt des Übels**, wenn zB die angedrohte Strafanzeige erstattet wird und der Bedrohte davon erfährt.[14] Sie endet auch, wenn der Bedrohte glaubt, dass er mit dem Eintritt des Übels **nicht mehr ernsthaft zu rechnen braucht**. Diesbezüglich kommt es auf den subjektiven Standpunkt des Bedrohten an, unter Berücksichtigung seiner Eigenart, seiner Persönlichkeit und seines Verhaltens.[15]

Für die – praktisch ohnehin kaum bedeutsamen – Fälle **nicht empfangsbedürftiger Willenserklärungen** 7 (zB Auslobung, § 657) hat der Gesetzgeber den Beginn der Anfechtungsfrist bewusst nicht ausdrücklich geregelt.[16] Nach allgemeiner Meinung[17] setzt der Fristbeginn hier neben der Entdeckung der Täuschung oder dem Ende der Zwangslage weiter voraus, dass ein **Anfechtungsgegner** gem. § 143 Abs. 4 S. 1 (dazu → § 143 Rn. 13 ff.) vorhanden ist. Denn erst mit diesem Zeitpunkt entsteht eine konkrete Anfechtungsmöglichkeit.[18]

2. Berechnung und Hemmung der Jahresfrist (Abs. 2 S. 2). Für die Berechnung der Jahresfrist gelten 8 die §§ 186 ff. Daher zählt für den **Fristbeginn** der Tag, an dem der Anfechtungsberechtigte die Täuschung entdeckt oder an dem die Zwangslage für ihn endet, gem. § 187 Abs. 1 nicht mit.[19]

Auf die **Hemmung** der Ausschlussfrist finden gem. Abs. 2 S. 2 die für die Verjährung geltenden Vorschrif- 9 ten der §§ 206, 210 und 211 entsprechende Anwendung. Andere als diese ausdrücklich genannten Vorschriften können nicht analog angewendet werden.[20] Die Ausschlussfrist ist also nur gehemmt bei höherer Gewalt, bei nicht voll Geschäftsfähigen ohne gesetzlichen Vertreter und in Fällen, in denen das Anfechtungsrecht zu einem Nachlass gehört oder sich gegen einen Nachlass richtet.

7   BGH NJW 1984, 2814 (2815).
8   BGH WM 1973, 750 (751); VersR 2012, 615 (617); KG NJW 1998, 1082 (1083 f.); Palandt/*Ellenberger* BGB § 124 Rn. 2; PWW/*Ahrens* BGB § 124 Rn. 4; vgl. BGH NJW 1971, 1798.
9   RG JW 1936, 1950; BeckOK BGB/*Wendtland* § 124 Rn. 2; vgl. KG NJW 1998, 1082 (1083 f.)
10 OLG Hamm NJW-RR 1996, 406 (407).
11 RG JW 1938, 2202; Soergel/*Hefermehl* BGB § 124 Rn. 2; BeckOK BGB/*Wendtland* § 124 Rn. 2.
12 RGRK/*Krüger-Nieland* BGB § 124 Rn. 4; Erman/*Arnold* BGB § 124 Rn. 3.
13 Vgl. BGH NJW-RR 2002, 308 (309); Hk-BGB/*Dörner* § 124 Rn. 2; Jauernig/*Mansel* BGB § 124 Rn. 2.
14 RGZ 60, 371 (374); Erman/*Arnold* BGB § 124 Rn. 4.
15 RG JW 1929, 242; RGZ 90, 411; RGRK/*Krüger-Nieland* BGB § 124 Rn. 5.

16 Motive I, S. 209 = *Mugdan* I, S. 468; vgl. Staudinger/*Singer*, Bearbeitung 2017, BGB § 124 Rn. 6; MüKo-BGB/*Armbrüster* § 124 Rn. 5; Erman/*Palm* BGB § 124 Rn. 4.
17 So Palandt/*Ellenberger* BGB § 124 Rn. 3.
18 MüKoBGB/*Armbrüster* § 124 Rn. 5; Erman/*Arnold* BGB § 124 Rn. 4; BeckOK BGB/*Wendtland* § 124 Rn. 4; PWW/*Ahrens* BGB § 124 Rn. 5; vgl. Staudinger/*Singer*, Bearbeitung 2017, BGB § 124 Rn. 6.
19 Vgl. MüKoBGB/*Kramer* § 124 Rn. 4; Erman/*Arnold* BGB § 124 Rn. 7.
20 Vgl. Soergel/*Hefermehl* BGB § 124 Rn. 4; Jauernig/*Mansel* BGB § 124 Rn. 2; MüKoBGB/*Armbrüster* § 124 Rn. 6; Erman/*Arnold* BGB § 124 Rn. 7; BeckOK BGB/*Wendtland* § 124 Rn. 5; *Boemke/Dorr* NJOZ 2017, 1578 (1579 f.).

10 Das **Ende** der Jahresfrist ist gem. § 188 Abs. 2 der Ablauf desjenigen Tages der letzten Woche oder des letzten Monats, der durch seine Benennung oder seine Zahl dem Tag entspricht, an dem der Anfechtungsberechtigte die Täuschung entdeckt oder an dem die Zwangslage für ihn aufgehört hat (vgl. allgemein → § 188 Rn. 2 f.). Bis zum Ablauf dieses Tages muss die Anfechtungserklärung dem Anfechtungsgegner **zugegangen** sein (vgl. § 130 Abs. 1 S. 1). Die rechtzeitige Absendung genügt nicht; § 121 Abs. 1 S. 2 (dazu → § 121 Rn. 15 f.) ist wegen der Länge der Frist des Abs. 1 nicht entsprechend anzuwenden.[21] Auch eine rechtzeitige Einreichung des Schriftsatzes bei Gericht reicht nicht aus, wenn der Schriftsatz dem Anfechtungsgegner erst nach Fristablauf zugestellt wird.[22]

11 **3. Rechtsfolgen des Ablaufs der Jahresfrist.** Da es sich bei der einjährigen Anfechtungsfrist des Abs. 1 um eine Ausschlussfrist handelt, **erlischt** mit ihrem Ablauf das **Anfechtungsrecht** aus § 123 (vgl. bereits → Rn. 2).[23] Abs. 1 erfasst nicht die Geltendmachung anderer Ansprüche, die sich stattdessen nach den einschlägigen Verjährungsfristen richtet. Stehen dem Getäuschten oder Bedrohten aufgrund der Täuschung oder Bedrohung **Schadensersatzansprüche** aus Delikt (§§ 823 Abs. 2, 826) zu (vgl. dazu → § 123 Rn. 107), kann er diese auch nach Ablauf der Jahresfrist noch geltend machen bzw. dem Vertragsgegner die Einrede aus § 853 entgegen halten.[24] Begründet die Täuschung oder Drohung Schadensersatzansprüche wegen Verschuldens bei Vertragsverhandlungen (vgl. dazu → § 123 Rn. 104), gilt auch für diese eigenständigen Ansprüche nach ständiger BGH-Rechtsprechung nicht die Jahresfrist des Abs. 1.[25] Allerdings kann der Getäuschte oder Bedrohte, der nicht binnen Jahresfrist angefochten hat, die Inanspruchnahme aus dem Vertrag nicht ohne Weiteres mit der **Arglisteinrede** aus § 242 abwehren. Ließe man, wie die Rechtsprechung es im Ergebnis über den Weg der Haftung wegen Verschuldens bei Vertragsverhandlungen tut,[26] allein den Tatbestand des § 123 zur Begründung ausreichen, würde Abs. 1 umgangen und praktisch wertlos gemacht. Die Einrede aus § 242 steht dem Getäuschten oder Bedrohten deshalb nur zu, wenn zur Täuschung oder Drohung weitere Umstände hinzutreten, welche die Berufung auf den Fristablauf als Verstoß gegen Treu und Glauben erscheinen lassen.[27]

12 **4. Ausschluss des Anfechtungsrechts vor Ablauf der Jahresfrist.** Der Anfechtungsberechtigte kann die Jahresfrist des Abs. 1 **grundsätzlich voll ausnutzen**. Die Anfechtung ist auch dann wirksam, wenn sie dem Gegner erst am letzten Tag der Frist zugeht (→ Rn. 10). Nur in Ausnahmefällen kann das Anfechtungsrecht schon früher ausgeschlossen sein.

13 Liegen besondere Umstände vor, aufgrund derer die Anfechtung bereits vor Fristablauf als Verstoß gegen Treu und Glauben erscheint, ist das Anfechtungsrecht gem. § 242 verwirkt. Eine solche **Verwirkung** ist zunächst dann anzunehmen, wenn der Anfechtungsberechtigte sich über einen längeren Zeitraum (Zeitmoment) so verhält, dass der Anfechtungsgegner schon vor Ablauf eines Jahres nicht mehr mit einer Anfechtung rechnen muss (Umstandsmoment).[28] Lässt er sich zB im Prozess trotz Kenntnis des Anfechtungsgrundes verurteilen, ohne das Anfechtungsrecht geltend zu machen, kann er nach Treu und Glauben später nicht mehr anfechten. Gem. § 767 Abs. 2 ZPO könnte er auch keine Vollstreckungsgegenklage mehr auf die Anfechtung stützen.[29] Verwirkung liegt ferner dann vor, wenn die Täuschung oder Drohung für die weitere Durchführung des Vertrages keine Bedeutung mehr hat; das kommt vor allem bei Dauerschuldverhältnissen

---

21 Vgl. Staudinger/*Singer*, Bearbeitung 2017, BGB § 124 Rn. 7; Hk-BGB/*Dörner* § 124 Rn. 3; Soergel/*Hefermehl* BGB § 124 Rn. 6; Palandt/*Ellenberger* BGB § 124 Rn. 4; MüKoBGB/*Armbrüster* § 124 Rn. 6; Erman/*Arnold* BGB § 124 Rn. 6; BeckOK BGB/*Wendtland* § 124 Rn. 6.

22 LG Nürnberg-Fürth MDR 2006, 413 f.

23 Palandt/*Ellenberger* BGB § 124 Rn. 1; MüKoBGB/*Armbrüster* § 124 Rn. 8; Erman/*Arnold* BGB § 124 Rn. 1, 9; BeckOK BGB/*Wendtland* § 124 Rn. 6.

24 BGH NJW 1969, 604 (605); 1980, 782, 784; Staudinger/*Singer*, Bearbeitung 2017, BGB § 124 Rn. 10 f.; Hk-BGB/*Dörner* § 124 Rn. 4; Palandt/*Ellenberger* BGB § 124 Rn. 1; Jauernig/*Mansel* § 124 Rn. 2; MüKoBGB/*Armbrüster* § 124 Rn. 9; BeckOK BGB/*Wendtland* § 124 Rn. 6.1; PWW/*Ahrens* BGB § 124 Rn. 8; vgl. Soergel/*Hefermehl* BGB § 124 Rn. 8.

25 BGH NJW 1979, 1983; 1998, 302, 303; NJW-RR 2002, 308 (310); NJW 2006, 1955 (1957); vgl. auch Soergel/*Hefermehl* BGB § 124 Rn. 9; Palandt/*Ellenberger* BGB § 124 Rn. 1; Jauernig/*Mansel* BGB § 124 Rn. 2; BeckOK BGB/*Wendtland* § 124 Rn. 6.1;

PWW/*Ahrens* BGB § 124 Rn. 8; anders Staudinger/*Singer*, Bearbeitung 2017, BGB § 124 Rn. 10: analoge Anwendung des § 121 im Fall einer fahrlässigen Täuschung und des § 124 im Fall einer vorsätzlichen Täuschung bei gleichzeitigem Verzicht auf die Voraussetzung eines Vermögensschadens.

26 Vgl. zB BGH NJW 1979, 1983 f.; 1998, 302, 303 f.; NJW-RR 2002, 308 (309), jew. mwN; ebenso etwa Hk-BGB/*Dörner* § 124 Rn. 4; vgl. auch Soergel/*Hefermehl* BGB § 124 Rn. 9.

27 MüKoBGB/*Armbrüster* § 124 Rn. 7; RGRK/*Krüger-Nieland* BGB § 124 Rn. 10; Erman/*Arnold* BGB § 124 Rn. 9; PWW/*Ahrens* BGB § 124 Rn. 8; vgl. BGH NJW 1969, 604 f.; Jauernig/*Mansel* § 124 Rn. 2; vgl. auch Staudinger/*Singer*, Bearbeitung 2017, BGB § 124 Rn. 11; Soergel/*Hefermehl* BGB § 124 Rn. 9, 10.

28 Vgl. dazu BAG NZA 2008, 348 (352); LAG Hamm 24.8.2011 – 3 Sa 397/11, Rn. 75 ff.; AnwK-BGB/*Krebs*, § 242 Rn. 106 ff.

29 Vgl. BGHZ 42, 37 (40); RGRK/*Krüger-Nieland* BGB § 124 Rn. 7.

in Betracht. So scheidet die Anfechtung der Einigungserklärung zum **Arbeitsvertrag** aus, wenn der Arbeitgeber die arglistige Täuschung des Arbeitnehmers erst nach mehrjähriger beanstandungsfreier Durchführung des Arbeitsverhältnisses entdeckt.[30]

Gem. § 144 erlischt das Anfechtungsrecht durch eine **Bestätigung** des anfechtbaren Rechtsgeschäfts. Eine konkludente Bestätigung ist allerdings nicht bereits dann anzunehmen, wenn der Käufer in Kenntnis des Anfechtungsgrundes Gewährleistungsansprüche geltend macht.[31] Weist der Arbeitgeber dem Arbeitnehmer nach dem Abschluss eines Aufhebungsvertrages, den der Arbeitnehmer für anfechtbar hält, weniger Arbeit zu, kann ebenfalls keine Bestätigung darin gesehen werden, dass dieser es unterlässt, mehr Arbeit anzufordern.[32] **14**

III. Ausschlussfrist des Abs. 3

Gem. Abs. 3 erlischt das Anfechtungsrecht **unabhängig von der Entdeckung der Täuschung oder dem Ende der Zwangslage**, wenn seit der Abgabe der Willenserklärung zehn Jahre[33] verstrichen sind. Diese Ausschlussfrist kann, anders als diejenige des Abs. 1, weder unterbrochen noch gehemmt werden.[34] **15**

C. Weitere praktische Hinweise

Die Darlegungs- und **Beweislast** für das Erlöschen des Anfechtungsrechts trägt der Anfechtungsgegner.[35] Er muss daher darlegen und im Bestreitensfall beweisen, wann der Anfechtungsberechtigte Kenntnis von der arglistigen Täuschung erlangt hat[36] oder wann die Zwangslage geendet hat.[37] **16**

§ 125 Nichtigkeit wegen Formmangels

[1]**Ein Rechtsgeschäft, welches der durch Gesetz vorgeschriebenen Form ermangelt, ist nichtig.** [2]**Der Mangel der durch Rechtsgeschäft bestimmten Form hat im Zweifel gleichfalls Nichtigkeit zur Folge.**

Literatur: *Armbrüster*, Treuwidrigkeit der Berufung auf Formmängel, NJW 2007, 3317; *Bernard*, Formbedürftige Rechtsgeschäfte, 1979; *Besgen*, Der neue § 309 Nr. 13 BGB: Wichtige Auswirkungen auf bestehende und neue Arbeitsverträge, jM 2017, 105; *Binder*, Gesetzliche Form, Formnichtigkeit und Blankett im bürgerlichen Recht, AcP 2007, 155; *Böhm*, Das Abgehen von rechtsgeschäftlichen Formgeboten, AcP 179 (1979), 425; *Bydlinski, P.*, Formgebote für Rechtsgeschäfte und die Folgen ihrer Verletzung, in: Bydlinski/Ebers/Grigoleit (Hrsg.), Informationspflichten und Vertragsschluss im Acquis communautaire, 2003, S. 141; *Cahn*, Zum Begriff der Nichtigkeit im Bürgerlichen Recht, JZ 1997, 8; *Freitag*, „Specific performance" und „causa-Lehre" über alles im Recht des Vorvertrags?, AcP 207 (2007), 287; *Gernhuber*, Formnichtigkeit und Treu und Glauben, in: FS Schmidt-Rimpler 1957, S. 151; *Häsemeyer*, Die Bedeutung der Form im Privatrecht, JuS 1980, 1; *ders.*, Die gesetzliche Form der Rechtsgeschäfte, 1971; *Hagen*, Formzwang, Formzweck und Rechtssicherheit, in: FS Schippel 1996, S. 173; *ders.*, Formnichtigkeit und Treu und Glauben – Abschied von der Legende relevanter Existenzgefährdungen, in: FS Kanzleiter 2010, S. 185; *Harke*, Formzweck und Heilungsziel. Funktion und Voraussetzungen der Konvaleszenz formnichtiger Verpflichtungsgeschäfte im Grundstücks- und Geschäftsanteilsverkehr, WM 2004, 357; *Heiss*, Formmängel und ihre Sanktionen, 1999; *Hoffmann/Höpfner*, Kündigung per E-Mail im elektronischen Geschäftsverkehr, BB 2016, 2952; *Hromadka*, Schriftformklauseln in Arbeitsverträgen, DB 2004, 1261; *Johnson*, Arbeitsrechtliche Fallstricke infolge der Neufassung des § 309 Nr. 13 BGB, BB 2017, 2805; *Jud*, Formfragen bei Abschluss befristeter Mietverträge, NZM 2006, 913; *Krüger*, Von der Heilung formungültiger Verpflichtungsverträge, in: FS 25 Jahre Deutsches Notarinstitut 2018, S. 183; *Laskawy/Martin*, Heilung einer formunabhängigen Befristung durch nachträgliche Befristungsabrede, DB 2017, 2614; *Lindner-Figura/Reuter*, Nach dem Ende der Schriftformheilungsklauseln in Mietverträgen: Was nun?, NJW 2018, 897; *dies.*, Die Entwicklung des Gewerberaummietrechts 2017, NJW 2018, 1060; *Lingemann*, Strenge Schriftform für Arbeitsverträge durch die Hintertür!, NZA 2018, 889; *Lingemann/Otte*, Der neue 309 Nr. 13 – Das Ende der schriftlichen Geltendmachens arbeitsvertraglicher Ausschlussfristen, NZA 2016, 519; *Lunk/Seidler*, Neue Formvorschriften für Anzeigen und Erklärungen – (ungewollte?) Auswirkungen im Arbeitsrecht, NJW 2016, 2153; *Maier-Reimer*, Vorwirkung von Formvorschriften – Formzwang aus nicht abgeschlossenen Verträgen?, NJW 2015, 273; *Mertens,* Die Reichweite gesetzlicher Formvorschriften im BGB, JZ 2004, 431; *Pawlowski*, Rechtsge-

30   Vgl. BAG NJW 1970, 1565; DB 1984, 298; NZA
     1988, 731; NJW 1994, 1363 (1365); NZA 1998,
     1052 (1055); 1999, 975; LAG BW 21.2.2019 – 3 Sa
     65/17, juris Rn. 65; ErfK/*Preis* BGB § 611 a Rn. 347;
     vgl. für einen Pachtvertrag ferner BGH WM 1977,
     343.
31   BGH ZIP 1990, 314 (315); MüKoBGB/*Armbrüster*
     § 124 Rn. 9.
32   BAG NZA 2008, 348 (352).
33   Die frühere dreißigjährige Frist wurde durch das
     SchuldRModG an das neue Verjährungsrecht ange-

passt; vgl. zum Übergangsrecht Art. 229 EGBGB § 6
Rn. 65 ff.
34   BeckOK BGB/*Wendtland* § 124 Rn. 7; PWW/*Ahrens*
     BGB § 124 Rn. 7; vgl. Palandt/*Ellenberger* BGB
     § 124 Rn. 1, 4, § 121 Rn. 5; MüKoBGB/*Armbrüster*
     § 124 Rn. 8.
35   OLG Nürnberg VersR 2001, 1368 (1369).
36   BGH NJW 1992, 2346 (2347 f.).
37   Staudinger/*Singer*, Bearbeitung 2017, BGB § 124
     Rn. 12; Erman/*Arnold* BGB § 124 Rn. 10; BeckOK
     BGB/*Wendtland* § 124 Rn. 8.

schäftliche Folgen nichtiger Willenserklärungen, 1966; *Pohlmann*, Die Heilung formnichtiger Verpflichtungsgeschäfte durch Erfüllung, 1992; *Reinhart*, Das Verhältnis von Formnichtigkeit und Heilung des Formmangels im bürgerlichen Recht, 1969; *Roloff*, Vertragsänderungen und Schriftformklausel, NZA 2004, 1191; *Roßnagel*, Neue Regelungen zur Anpassung des deutschen Rechts an die EU-eIDAS-VO, MMR 2018, 31; *Schmidt*, Gesetzliche Formenstrenge bei GmbH-Beschlüssen?, NJW 2006, 2599; *Schmucker*, Das verbundene Geschäft und seine Auswirkungen auf den Umfang der Beurkundungspflicht, DNotZ 2002, 900; *Schröder*, Altersgrenzen und Befristungsrecht – eine explosive Mischung, ArbRAktuell 2018, 91; *Schweitzer*, Die Mietvertragsänderung: Alarmstufe rot für das Wahren der Schriftform, NJW 2019, 198; *Timme/Hülk*, Schriftform bei langfristigen Mietverträgen – ein Dauerproblem, NJW 2007, 3313; *Wagner/Wagner*, Abschied von der Schriftform: Zum Änderungsbedarf bei AGB für B2C-Geschäfte nach der jüngsten Änderung des AGB-Rechts, BB 2016, 707; *Wais*, Zentrale Form- und Heilungsvorschriften des BGB im Überblick, JuS 2020, 7; *ders.*, Form und Vorkaufsrecht, NJW 2017, 1569; *Weber*, Beurkundungspflicht des § 311 b Abs. 1 bei zusammengesetzten Verträgen – Versuch einer Systematisierung und Typisierung, RNotZ 2016, 377; *Wesser/Saalfrank*, Formfreier Grundstückserwerb durch Miterben, NJW 2003, 2937; *Westerhoff*, Wie begründen wir Formnichtigkeit?, AcP 184 (1984), 341; *Wolfsteiner*, Wird ein formnichtiger Gesellschaftsvertrag durch Auflassung und Eintragung geheilt?, DNotZ 2003, 626.

A. Allgemeines	1
B. Regelungsgehalt	5
I. Gesetzliche Formerfordernisse (S. 1)	5
1. Gesetzliche Formvorschriften	5
2. Zwecke der Formvorschriften	9
3. Umfang des Formerfordernisses	11
a) Änderung eines formbedürftigen Rechtsgeschäfts	13
b) Vorvertrag	16
c) Verbindung selbstständiger Rechtsgeschäfte	17
d) Unselbstständige Nebenabreden	19
e) Aufhebung	22
f) Gestaltungserklärungen, Leistungsbestimmungsrechte, Vorkaufs- und Wiederkaufsrecht	23
g) Vollmacht, Zustimmung	26
4. Auslegung	28
5. Rechtsfolge	30
a) Nichtigkeit	30
b) Sonderregelungen	33
aa) Mietverträge über Wohnraum, Grundstücke und Gewerberäume	34
bb) Befristete Arbeitsverträge	37
cc) Verbraucherdarlehensverträge und ähnliche Geschäfte	38
dd) Fehlerhafte Gründung einer Kapitalgesellschaft	39
ee) Fehlerhafte Beschlüsse einer Kapitalgesellschaft	40
c) Heilungsvorschriften	41
d) Vollzogene Gesellschafts- und Arbeitsverträge	43
6. Treu und Glauben	45
a) Arglistige Täuschung über das Formerfordernis	48
b) Unachtsamkeit führt zu Formmangel	50
c) Schutzzweck der Formvorschrift	52
II. Vereinbarte Formerfordernisse (S. 2)	54
1. Mangel der gewillkürten Form	54
2. Verhältnis zu § 154 Abs. 2	58
3. Vereinbarung in AGB	59
4. Reichweite der Formvereinbarung	62
5. Aufhebung der Formvereinbarung	64
6. Treuwidrige Berufung auf die Formvereinbarung	69
III. Öffentlich-rechtliche Formvorschriften	70
C. Prozesssituation	76

A. Allgemeines

1 Privatrechtliche Geschäfte sind in der Regel formfrei wirksam. Sie können auf jede beliebige Art (mündlich, elektronisch, schriftlich, konkludent) abgeschlossen werden.[1] Der **Grundsatz der Formfreiheit** dient der **Leichtigkeit und Schnelligkeit des Rechtsverkehrs**. Nur in wenigen Ausnahmefällen verlangt das Gesetz eine besondere Form, deren Verletzung aber nach S. 1 grundsätzlich die Unwirksamkeit des gesamten Rechtsgeschäfts nach sich zieht. Weiterhin können die Parteien sich dafür entscheiden, ihre künftigen Rechtsgeschäfte und deren Änderungen einem Formgebot zu unterstellen (**gewillkürte Form**, dazu → Rn. 54 ff. und → § 127 Rn. 4 zu S. 2).

2 **Gesetzliche Formarten** sind: Schriftform (§ 126 Abs. 1, Abs. 2); elektronische Form (§§ 126 Abs. 3, 126 a); Textform (§ 126 b); öffentliche Beglaubigung (§ 129 iVm §§ 36 ff. BeurkG); notarielle Beurkundung (§ 128 iVm §§ 6 ff. BeurkG); gerichtlicher Vergleich (§ 127 a). Die gesetzlichen Formen werden teilweise modifiziert: Bei der Auflassung (§ 925), dem Ehevertrag (§ 1410) und dem Erbvertrag (§ 2276) ist die gleichzeitige Anwesenheit beider Teile erforderlich. Bei der Eheschließung (§ 1310) muss ein Standesbeamter mitwirken. Wird ein Testament eigenhändig errichtet (§ 2231 Nr. 2), muss nicht nur die Unterschrift, sondern auch die Erklärung eigenhändig abgefasst werden (§ 2247 Abs. 1), allerdings nicht zwingend mit dem Namen unterschrieben werden (§ 2247 Abs. 3 S. 2). Für die Unterschrift des Ausstellers einer Inhaberschuldverschreibung genügt sogar „eine im Wege der mechanischen Vervielfältigung hergestellte Namensunterschrift" (§ 793 Abs. 2 S. 2).[2]

3 Die strengere Form ersetzt stets die schwächere; die notarielle Beurkundung und der gerichtliche Vergleich ersetzen also sowohl die Schriftform (§ 126 Abs. 4) als auch die öffentliche Beglaubigung (§ 129 Abs. 2),

---

1 Zur historischen Entwicklung *Wolf/Neuner* BGB AT § 44 Rn. 2.

2 Ebenso § 13 S. 1 AktG: „vervielfältigte Unterschrift".

die elektronische Form als Substitut der Schriftform (§§ 126 Abs. 3, 126 a Abs. 1) und – erst recht – die Textform als schwächste Form.

Nach den Regeln des internationalen Privatrechts ist ein Rechtsgeschäft formgültig, wenn es die Formerfordernisse des Geschäftsrechts oder diejenigen des Ortsrechts erfüllt (Art. 11 Abs. 1 EGBGB; zur Auslandsbeurkundung → § 128 Rn. 8). Für Rechtsgeschäfte innerhalb von EU/EWR ist ergänzend auf Art. 11 Rom I-VO zurückzugreifen, bei einseitigen, ein außervertragliches Schuldverhältnis betreffenden Rechtshandlungen auf Art. 21 Rom II-VO. **4**

B. Regelungsgehalt

I. Gesetzliche Formerfordernisse (S. 1)

1. Gesetzliche Formvorschriften. Es muss sich nicht um ein **Gesetz** im formellen Sinne handeln, vielmehr ist **jede Rechtsnorm** als Gesetz anzusehen (Art. 2 EGBGB), also auch Rechtsverordnungen[3] und Satzungen. Freilich sind derzeit keine Verordnungs- oder Satzungsnormen ersichtlich, die Formerfordernisse iSd S. 1 aufstellen. Dies gilt auch für § 1 S. 1 VerstV, wonach der Versteigerer nur aufgrund eines schriftlichen Vertrags tätig werden darf. Weder aus dem Wortlaut noch aus Sinn und Zweck ergibt sich ein für die zivilrechtliche Wirksamkeit des Versteigerungsauftrags maßgebliches Formerfordernis, vielmehr handelt es sich um eine bloße Ordnungsvorschrift, die der Behörde die Prüfung der Zulässigkeit der Versteigerung anhand eines schriftlichen Auftrags ermöglichen soll.[4] Die in Art. 246 ff. EGBGB enthaltenen Belehrungs- und Hinweispflichten beim Abschluss von Verbraucher-, Reise- und Bankverträgen begründen gleichfalls keinen Formzwang, soweit dort nicht ausdrücklich wie in Art. 246 b § 2 Abs. 1 S. 1 EGBGB die Mitteilung der Informationen auf einem „dauerhaften Datenträger" iSd § 126 b S. 2 vorgeschrieben wird. **5**

Landesrechtliche Vorschriften können für den Bereich des Bürgerlichen Rechts keine Formerfordernisse aufstellen, weil der Bundesgesetzgeber von seiner konkurrierenden Befugnis (Art. 74 Nr. 1 GG) insoweit abschließend Gebrauch gemacht hat (Art. 72 GG; Art. 3, 55 EGBGB). Eine Bestimmung des Landes-Nachbarrechts, die einen Formzwang für Vereinbarungen über den Grenzabstand einführt, ist daher verfassungswidrig.[5] Formerfordernisse des Landesrechts, die nicht zivilrechtliche Rechtsverhältnisse betreffen, sind selbstverständlich möglich und bei Verstoß ggf. entsprechend § 125 sanktioniert.[6] **6**

Normen in **Tarifverträgen**, mit denen die Tarifvertragsparteien Schriftformerfordernisse begründen, sind nicht als rechtsgeschäftliche, sondern wegen der **Rechtsnormwirkung** aus § 1 Abs. 1 TVG iVm Art. 2 EGBGB als gesetzliche Formvorschriften einzuordnen.[7] Allerdings hängt die Wirksamkeit des Arbeitsverhältnisses nur bei echten tariflichen **Abschlussnormen** von der Beachtung der Form ab.[8] Meistens wird zum Schutz des Arbeitnehmers davon auszugehen sein, dass diese Schriftformerfordernisse vorrangig Dokumentations- und Informationszwecken dienen; dann handelt es sich etwa um – nach Inkrafttreten des NachwG (1995) an sich überflüssige – Inhaltsnormen, die einen Anspruch auf Niederlegung des Arbeitsvertrages in Textform (§ 126 b) begründen.[9] Auch bei tarifvertraglichen Ausschlussfristen wird der „schriftlichen" Geltendmachung von Ansprüchen bereits durch Wahrung der Textform (§ 126 b) genügt.[10] Bei Formvorschriften für Nebenabreden (vgl. § 2 Abs. 3 S. 1 TVöD-AT) ist hingegen von Abschlussnormen auszugehen, deren Nichteinhaltung in der Regel zur Nichtigkeit führt.[11] Die Nichtigkeit kann jedoch entfallen, wenn das formunwirksam abgeschlossene Rechtsgeschäft gem. § 141 Abs. 1 BGB bestätigt wird. Eine Bestätigung setzt voraus, dass die Gründe, die zur Nichtigkeit des Rechtsgeschäfts geführt haben, nicht mehr vorliegen. Die Ersetzung eines gewillkürten, konstitutiven Schriftformerfordernisses durch ein deklaratorisches Schriftformerfordernis ermöglicht es den Beteiligten, eine zunächst formunwirksame Nebenabrede zu bestätigen und ihr zur Wirksamkeit zu verhelfen.[12] **7**

In etlichen Vorschriften (§ 2 Abs. 1 S. 1 NachwG; § 11 Abs. 1 S. 1 BBiG) wird bestimmt, dass nach Abschluss des Vertrags dessen wesentlicher **Inhalt schriftlich niederzulegen** ist. Dieses Erfordernis ist **8**

3   AG Frankfurt 16.6.1995 – 32 C 533/95, NJW-RR 1996, 1268 (GOZ).

4   BGH 1.7.1999 – I ZR 181/96, NJW 2001, 600 (601); Landmann/Rohmer/*Schönleiter* VerstV § 1 Rn. 3.

5   OLG Hamm 14.3.1985 – 5 U 204/84, NJW-RR 1986, 239 (240).

6   AG Köln 10.6.1993 – 136 C 165/92, NJW-RR 1993, 471 (Baulastbestellung).

7   BAG 11.10.2000 – 5 AZR 313/99, NJW 2001, 989 (990); LAG BW 28.9.2017 – 11 Sa 39/17, NZA-RR 2018, 130 (131); ErfK/*Preis*, §§ 125–127 Rn. 6; *Gotthardt/Beck* NZA 2002, 876 (882); *Gragert/*

Wiehe NZA 2001, 311 (312); zweifelnd *Hromadka* DB 2004, 1261 (1266).

8   BAG 7.7.1955 – 2 AZR 27/53, BB 1955, 669.

9   *Gotthardt/Beck* NZA 2002, 876 (882 f.).

10 *Gotthard/Beck* NZA 2002, 876 (883); *Röger* NJW 2004, 1764 (1767); aA für § 59 Abs. 3 BAT BAG 1.12.2004 – 7 AZR 135/04, NZA 2006, 211 (213 f.).

11 BAG AP Nr. 1, 4, 5, 8 zu § 4 BAT; BAG AP Nr. 9 zu § 17 BAT; BAG AP Nr. 1 zu § 3 TV Arb Bundespost.

12 BAG 30.1.2019 – 5 AZR 450/17, NZG 2019, 1065 (1070 f.).

keine Wirksamkeitsvoraussetzung des Vertrags,[13] sondern eine zusätzliche Pflicht, deren Verfehlung nicht die Rechtsfolge der Nichtigkeit nach sich zieht.[14]

9   **2. Zwecke der Formvorschriften.** Die wenigen gesetzlichen Formgebote regulieren wichtige und/oder besonders gefährliche Rechtsgeschäfte. Freilich gibt es **keinen einheitlichen Formzweck**, sondern man hat danach zu unterscheiden, ob die Form den Parteien des Rechtsgeschäfts, einzelnen Dritten oder öffentlichen Interessen dient.[15] Der Zweck einer Formvorschrift ist von Bedeutung für die Ermittlung der Reichweite eines Formerfordernisses, für die Möglichkeit der Auslegung über das unmittelbar in der Erklärung Enthaltene hinaus sowie für die Möglichkeit, ein Rechtsgeschäft trotz Formverstoßes ausnahmsweise als gültig zu behandeln (dazu → Rn. 52 f.).

10   Der Zweck der gesetzlichen Form ist durch Auslegung der sie begründenden Norm zu ermitteln. Mit Blick auf die Parteien des Rechtsgeschäfts beabsichtigt die Form einen **Übereilungsschutz** bei riskanten oder besonders bedeutsamen Geschäften (**Warnfunktion**,[16] so etwa bei §§ 518 Abs. 1 S. 1, 766 S. 1) oder sie soll die Dokumentation erleichtern (**Beweisfunktion/Informationsfunktion**,[17] so etwa bei § 550 S. 1). Bei hervorgehobenen Geschäften ist aufgrund der Einschaltung eines Notars auch noch eine **Beratungsfunktion** gegeben (Grundstücksgeschäfte, § 311 b Abs. 1, Schenkungen, § 518 Abs. 1 S. 1). Alle drei Funktionen können nen kumuliert auftreten, wie zum Beispiel bei einem Grundstückskauf (§ 311 b Abs. 1).[18] Teilweise liegt die Funktion einer Formvorschrift auch allein in der **Erschwerung** ungewollter Rechtsgeschäfte. So dient § 15 Abs. 4 S. 1 GmbHG der Verhinderung des spekulativen Handels mit GmbH-Anteilen durch Verringerung der Umlauffähigkeit.[19] Ausnahmsweise können Formvorschriften auch der Erleichterung der **behördlichen Kontrolle** dienen, zB § 30 Abs. 2 S. 1 GWB im Hinblick auf die Preisbindung von Zeitungen und Zeitschriften.

11   **3. Umfang des Formerfordernisses.** Grundsätzlich erstreckt sich das Formerfordernis auf den **gesamten Inhalt**[20] und auf **alle Parteien**[21] des Rechtsgeschäfts (→ § 126 Rn. 12). **Verweisungen auf mündliche Abreden** sind im Fall eines gesetzlichen Formerfordernisses nur ausreichend, soweit sich der gesamte Bedeutungsgehalt der vertraglichen Vereinbarungen bereits aus der Urkunde ergibt.[22]

12   Das Gesetz ordnet vereinzelt an, dass sich das Formgebot nur auf die Willenserklärung **einer** Partei bezieht (§§ 518 Abs. 1 S. 1, 761 S. 1, 766 S. 1, 780 S. 1, 781 S. 1, 1154 Abs. 1 S. 1). Im Übrigen ist nach den verschiedenen Modalitäten der **Zusammengehörigkeit rechtsgeschäftlicher Abreden** zu unterscheiden:

13   **a) Änderung eines formbedürftigen Rechtsgeschäfts.** Die Änderung und Ergänzung eines formbedürftigen Rechtsgeschäfts erfordert die Einhaltung einer bestimmten Form ebenso wie deren erstmalige Vornahme, wobei die **Beweisfunktion** im Vordergrund steht und die ursprünglich vereinbarten Pflichten betroffen sind.[23] Die Rechtsprechung[24] verwendet die Formel, wonach bei für das Vertragsverhältnis „wesentlichen" Änderungen die Änderungsvereinbarung formbedürftig sein soll.[25] Beispiele aus der Rechtsprechung sind ua die nachträgliche Änderung der Miethöhe bei einem nach § 550 S. 1 BGB formbedürftigen Mietvertrag,[26] sowie die Vereinbarung eines verlorenen Baukostenzuschusses.[27]

---

13   BAG 21.8.1997 – 5 AZR 713/96, NJW 1998, 922 (923) (zu § 4 BBiG aF); LAG Köln 15.11.2019 – 4 Sa 771/18, NZA-RR 2020, 82 (86).

14   Zu den Rechtsfolgen einer Missachtung exemplarisch ErfK/*Preis* NachwG § 2 Rn. 36 ff.

15   *Medicus/Petersen* BGB AT Rn. 614; Staudinger/*Hertel* (2017) BGB § 125 Rn. 35.

16   Hierzu PWW/*Ahrens* BGB § 125 Rn. 3.

17   Hierzu Hk-BGB/*Dörner* § 125 Rn. 2; *Wolf/Neuner* BGB AT § 44 Rn. 4 ff.; Staudinger/*Hertel* (2017) BGB § 125 Rn. 43 ff.

18   BGH 26.5.2000 – V ZR 399/99, BGHZ 144, 334.

19   BGH 14.12.2016 – IV ZR 7/15, DStR 2017, 163 (164); 25.9.1996 – VIII ZR 172/95, NJW 1996, 3338 (3339); Scholz/*Seibt* GmbHG § 15 Rn. 1, 47 GmbHG; Baumbach/Hueck/*Servatius* GmbHG § 15 Rn. 30.

20   BGH 13.4.1978 – III ZR 89/76, WM 1978, 846 (847); 24.3.1994 – III ZR 65/93, NJW-RR 1994, 778.

21   BGH 11.9.2002 – XII ZR 187/00, NJW 2002, 3389 (3391).

22   BGH 12.7.1996 – V ZR 202/95, NJW 1996, 2792 (2793); 6.4.1979 – V ZR 72/74, BGHZ 74, 346, 349 ff.

23   BGH 26.10.1973 – V ZR 194/72, NJW 1974, 271; LAG Hamm 16.2.2016 – 14 Sa 1473/15 zur Formunwirksamkeit eines konkludent vereinbarten Wettbewerbsverbots; *Mertens* JZ 2004, 631 (633).

24   BGH 11.12.1998 – V ZR 377/97, BGHZ 140, 218, 221; 27.10.1972 – V ZR 37/71, NJW 1973, 37; 29.9.1999 – XII ZR 313/98, NJW 2000, 354 (358).

25   Strittig ist etwa die Form der Verlängerung der Widerrufsfrist bei einem gerichtlichen Vergleich; s. dazu (für Formpflicht) LG Bonn 30.12.1996 – 9 O 173/96, NJW-RR 1998, 427; VG Hamburg 17.12.1981 – 1 VG 198/81, MDR 1982, 962; wohl auch OLG Hamm 9.7.1987 – 1 UF 67/87, FamRZ 1988, 535 (536); aA *Schneider* MDR 1997, 904.

26   BGH 25.11.2015 – XII ZR 114/14, NJW 2016, 311; 312; BGH 27.9.2017 – XII ZR 114/16, BGHZ 216, 68, 76.

27   OLG Düsseldorf 19.4.2007 – 10 U 122/06, NZM 2007, 643 f.

Keine Formpflicht ist für eine begünstigende Änderung anzunehmen, soweit der Hauptzweck der Formvorschrift in der **Warnfunktion** nur für einen der Beteiligten liegt. Daher kann etwa eine formwirksame Bürgenverpflichtung formlos beschränkt oder erleichtert werden.[28] **14**

Eine Besonderheit gilt bei **Grundstücksgeschäften**. Nach der Rechtsprechung sind wegen § 311 b Abs. 1 S. 2 bereits ab den Auflassungserklärungen Änderungen formlos wirksam, da dann die nach dem Kaufvertrag geschuldeten Leistungshandlungen der Parteien unwiderruflich erbracht seien.[29] Nach einer starken Ansicht in der Literatur[30] soll hingegen die Änderung erst mit Vollendung des Erwerbstatbestandes, mithin durch die Eintragung im Grundbuch, formlos möglich sein. Sehr restriktiv wird die Änderung schließlich von einer dritten Literaturmeinung gesehen, die alle Änderungsverträge grundsätzlich der Form des § 311 b Abs. 1 S. 1 unterwirft.[31] **15**

b) Vorvertrag. Ein Vorvertrag ist formbedürftig, wenn sich der Zweck des Formerfordernisses für den Hauptvertrag nicht in der Klarstellungs- und Beweisfunktion erschöpft, sondern zumindest auch eine **Warnfunktion** daneben tritt, wie dies bei Grundstücksgeschäften, der Bürgschaft, dem Ehevertrag, nachvertraglichen Wettbewerbsverboten oder arbeitsrechtlichen Aufhebungsverträgen der Fall ist.[32] Im Fall des § 550 S. 1 ist hingegen der Vorvertrag formlos möglich, da die Formvorschrift dort gerade keine Warnfunktion hat und deshalb auch kein Wirksamkeitserfordernis des Hauptvertrages ist (→ Rn. 34).[33] Allerdings kann ein solcher formfreier Vorvertrag die Parteien zum Abschluss des schriftlichen Mietvertrags verpflichten.[34] Keiner Form bedürfen unverbindliche Vereinbarungen im Vorfeld, etwa beim „Letter of Intent" (Absichtserklärung).[35] **16**

c) Verbindung selbstständiger Rechtsgeschäfte. Werden mehrere Rechtsgeschäfte zu einem einheitlichen Geschäft verbunden, sind grundsätzlich **alle Rechtsgeschäfte formbedürftig**, wenn auch nur eines dem Formzwang unterliegt.[36] Ob eine solche rechtliche Verbindung vorliegt, richtet sich danach, ob die Vereinbarungen nach dem Willen der Parteien miteinander „**stehen und fallen**" sollen.[37] Dies ist beispielsweise zu bejahen für verbundene Geschäfte iSd § 358 Abs. 1, etwa bei der Verknüpfung eines nach § 492 Abs. 1 schriftlich abzuschließenden Verbraucherkreditvertrags mit einem Kaufvertrag.[38] Ausreichend ist es, wenn die eine Partei den erkennbaren Verbundwillen der anderen Partei hinnimmt.[39] Eine rechtliche Einheit liegt auch dann vor, wenn ein Grundstücksübertragungsvertrag unter der aufschiebenden Bedingung der Wirksamkeit eines öffentlich-rechtlichen Durchführungsvertrages geschlossen wird.[40] Von einer Geschäftseinheit ist hingegen nicht zu sprechen, wenn die Parteien die formpflichtige Erstvereinbarung auch ohne die mangels Formwahrung nichtige Zweitvereinbarung getroffen hätten (§ 139 entsprechend).[41] Die Frage, ob die Geschäfte miteinander „stehen und fallen", ist also aus dem Blickwinkel des formauslösenden Rechtsgeschäfts zu betrachten. Die Niederlegung mehrerer selbstständiger Verträge in verschiedenen Urkunden **17**

28 BGH 29.11.1967 – VIII ZR 101/65, NJW 1968, 393; 17.3.1994 – IX ZR 102/93, NJW 1994, 1656; *Mertens* JZ 2004, 431 (433); *Häsemeyer*, Die gesetzliche Form der Rechtsgeschäfte, S. 191, 238.

29 BGH 14.9.2018 – V ZR 213/17, NJW 2018, 3523 (3524); BGH 6.5.1988 – V ZR 50/87, BGHZ 104, 276, 277; s. dazu auch *Hagen* FS Schippel 1996, S. 173, 177.

30 *Mertens* JZ 2004, 431 (433); Staudinger/*Schumacher* (2018) BGB § 311 b Rn. 207 ff.

31 MüKoBGB/*Einsele* § 125 Rn. 18.

32 BGH 12.5.2006 – V ZR 97/05, NJW 2006, 2843 (2844); 7.2.1986 – V ZR 176/84, BGHZ 97, 147, 152; 18.12.1981 – V ZR 233/80, BGHZ 82, 398, 403 (für Vorvertrag zur Grundstücksveräußerung); 7.6.1973 – III ZR 71/71, BGHZ 61, 48 (Jagdpachtvertrag); BGH LM § 766 Nr. 8 I (Bürgschaftsvorvertrag); BAG 17.12.2009 – 6 AZR 242/09, NJW 2010, 1100 (1102) (arbeitsrechtlicher Aufhebungsvertrag); BAG 19.12.2018 – 10 AZR 130/18, NZA 2019, 383 (385) und LAG RhPf 16.2.2017 – 5 Sa 425/16, BeckRS 2017, 107364 (für Vorvertrag für nachvertragliches Wettbewerbsverbot); gegen die Erstreckung des Formerfordernisses der Übernahmeerklärung auf den Übernahmeverpflichtungsvertrag zwischen GmbH und Übernehmer Scholz/*Priester* GmbHG § 55 Rn. 117; *Freitag* AcP 207 (2007), 287, 295 zur Formbedürftigkeit des Vorvertrages.

33 BGH LM § 566 Nr. 1.

34 BGH 7.3.2007 – XII ZR 40/05, NJW 2007, 1817 (1818); 6.4.2005 – XII ZR 132/03, NJW 2005, 2225 (2227).

35 *Heussen*, Letter of Intent, Rn. 126 ff. (Formbedürftigkeit nur bei Abschlusszwang oder verbindlicher Vereinbarung von Pflichten aus dem Hauptvertrag, wenn dieser formbedürftig ist).

36 BGH 24.9.1987 – VII ZR 306/86, BGHZ 101, 393, 396; zu verbundenen Verträgen bei Grundstücksgeschäften *Wedemann* WM 2010, 395; krit. *Maier-Reimer* NJW 2015, 273.

37 St. Rspr., vgl. BGH 12.2.2009 – VII ZR 230/07, NJW-RR 2009, 953; 24.9.1987 – VII ZR 306/85, BGHZ 101, 393, 396; 6.11.1980 – VII ZR 12/80, BGHZ 78, 346, 349; 6.12.1979 – VII ZR 313/78, BGHZ 76, 43, 48 f.; BGH 26.11.1999 – V ZR 251/98, NJW 2000, 951; OLG Köln 16.5.2019 – 19 U 207/18, RNotZ 2019, 469 (473); OLG München 25.11.2010 – 1 U 3490/09, BeckRS 2011, 282; *Schmucker* DNotZ 2002, 900 (904).

38 BGH 18.12.2007 – XI ZR 325/06, WM 2008, 967 (968 ff.).

39 BGH 22.3.1991 – V ZR 318/89, NJW-RR 1991, 1032.

40 OLG Köln 16.5.2019 – 19 U 207/18, RNotZ 2019, 469 (473).

41 BGH 20.6.1980 – V ZR 84/79, NJW 1981, 222.

begründet allerdings eine Vermutung dafür, dass die Verträge nicht in rechtlichem Zusammenhang stehen sollen, zumal wenn die Verträge keine mittelbare oder unmittelbare Bezugnahme aufeinander enthalten.[42]

18 Eine Ausnahme von diesem Grundsatz ist anzunehmen, wenn der **Zweck der Formvorschrift** des formbedürftigen Rechtsgeschäfts eine Erstreckung auf das mit ihm verbundene, selbstständige Rechtsgeschäft nicht erfordert.[43] Erfolgt im Zusammenhang mit einer Gesellschaftervereinbarung, welche die Verpflichtung zur Übertragung von GmbH-Geschäftsanteilen enthält und daher gem. § 15 Abs. 4 S. 1 GmbH notariell beurkundet werden muss, die Übernahme neuer, infolge einer Kapitalerhöhung entstandener Geschäftsanteile, ist beim Übernahmevertrag nur das Formerfordernis des § 55 Abs. 1 GmbHG für die Übernahmeerklärung des Übernehmers zu beachten.[44] Da das Formerfordernis des § 15 Abs. 4 S. 1 GmbH den Handel mit GmbH-Geschäftsanteilen erschweren und der Beweiserleichterung dienen soll,[45] (→ Rn. 10) ist eine Erstreckung auf die Übernahmevereinbarung nicht erforderlich. Der Formzweck wird vollständig erreicht, wenn lediglich die Verpflichtung zur Abtretung der GmbH-Geschäftsanteile beurkundet wird.[46]

Den Parteien kann eine gewollte Aufspaltung eines einheitlichen Vorgangs zuweilen auch verwehrt sein. Das ist der Fall, wenn der **Formzweck** eine **behördliche Überprüfung** erleichtern soll. Dann können sich die Parteien einer Beurteilung des wirtschaftlichen Vorgangs durch Aufspaltung in rechtlich getrennte Verträge nicht entziehen.[47]

19 **d) Unselbstständige Nebenabreden.** Das Rechtsgeschäft ist grundsätzlich vollumfänglich zu beurkunden **(Grundsatz der Gesamtbeurkundung).**[48] Maßgebend ist aber immer der Zweck der Formvorschrift.[49] Für Grundstücksgeschäfte ist daher aufgrund der hier ua betroffenen Beweis- und Informationsfunktion ein strenger Formzwang anzunehmen, während Nebenabreden anlässlich einer Übernahmeerklärung bei der GmbH-Stammkapitalerhöhung (§ 55 Abs. 1 GmbHG) formlos wirksam sind.[50]

20 **Nebenpflichten**, die sich bereits aus Sinn und Zweck des Vertrags, der Verkehrssitte oder Treu und Glauben gem. § 157 ergeben, bedürfen nicht der Einhaltung der Form, soweit der vereinbarte Vertragsinhalt in allgemeiner Fassung zum Ausdruck kommt.[51]

21 Die Nichtigkeit wegen eines Formverstoßes spielt im Übrigen dann keine Rolle, wenn sich die gewollten Rechtsfolgen bereits aus dem Gesetz oder aus einer anderen wirksamen rechtlichen Grundlage[52] ergeben. So ist zB **Zubehör** bei einem formgültigen Grundstückskaufvertrag auch dann mitverkauft, wenn darüber ein eigener, allerdings formunwirksamer Kaufvertrag geschlossen wurde (§ 311 c).

22 **e) Aufhebung.** Die formlose Aufhebung eines Rechtsgeschäfts, das unter Wahrung der vorgeschriebenen Form abgeschlossen wurde, ist in der Regel möglich.[53] Im Erbrecht ordnet das Gesetz in zwei Fällen allerdings gerade hierfür einen Formzwang an (Erbvertrag: §§ 2290 Abs. 4, 2276 Abs. 1; Erbverzicht: §§ 2351, 2348). Verallgemeinerbar sind diese Sondervorschriften indes nicht. Für den **Grundstückskauf** ist ein Beurkundungszwang für den Aufhebungsvertrag nicht nur anzunehmen, wenn der Eigentumswechsel vollzogen wurde,[54] sondern grundsätzlich schon dann, wenn der Auflassungsempfänger ein Anwartschaftsrecht erlangt hat oder eine Vormerkung eingetragen ist.[55] Wenn der BGH jedoch abweichend hiervon zugleich die Möglichkeit zur formlosen Aufhebung des Auflassungsvertrags durch einen Anwartschaftsberechtigten

---

42   OLG München 25.11.2010 – 1 U 3490/09, BeckRS 2011, 282.

43   OLG Frankfurt aM 12.5.2015 – 11 U 71/13, GmbHR 2015, 1040 (1042); *Maier-Reimer* NJW 2015, 273; **diff.** *Lieder* FS Bergmann 2018, S. 473, 503 ff., der den Vollständigkeitsgrundsatz nicht zur Anwendung gelangen lassen will, wenn die Formvorschrift keine Übereilungs- oder Warnfunktion hat; ebenso MüKo-GmbHG/*Reichert/Weller* § 15 Rn. 113 ff. mwN.

44   OLG Frankfurt aM 12.5.2015 – 11 U 71/13, GmbHR 2015, 1040 (1042); offen gelassen von BGH 17.10.2017 – KZR 24/15, NZG 2018, 29 unter Verweis auf die Heilung etwaiger Formmängel des Übernahmevertrags mit Eintragung der Kapitalerhöhung ins Handelsregister.

45   Ständige Rechtsprechung s. BGH 10.3.2008 – II ZR 312/06, NZG 2008, 377 (378); BGH 14.12.2016 – IV ZR 7/15, ZfBR 2017, 239 (240).

46   OLG Frankfurt aM 12.5.2015 – 11 U 71/13, GmbHR 2015, 1040 (1042).

47   BGH 29.6.1982 – KZR 19/81, BGHZ 84, 322 (zum früheren Schriftformerfordernis nach § 34 GWB).

48   *Wolf/Neuner* BGB AT § 44 Rn. 20; Staudinger/*Hertel* (2017) BGB § 125 Rn. 58.

49   BGH 2.2.1989 – IX ZR 99/88, NJW 1989, 1484; *Lieder* FS Bergmann 2018, S. 473, 503.

50   BGH 20.1.1977 – II ZR 222/75, NJW 1977, 1151; Scholz/*Priester* GmbHG § 55 Rn. 89.

51   BGH 12.7.1996 – V ZR 202/95, NJW 1996, 2792; *Wolf/Neuner* BGB AT § 44 Rn. 21.

52   BGH 18.5.1982 – KZR 15/81, BGHZ 84, 125 (zulässige Wettbewerbsabrede aufgrund Vertragszweck).

53   OLG Karlsruhe 1.3.2004 – 16 UF 180/03, NJW-RR 2004, 1305.

54   BGH 30.4.1982 – V ZR 104/81, BGHZ 83, 395, 397; anders aber nach BGH 7.10.1994 – V ZR 102/93, BGHZ 127, 168, 174, wenn die Rückabwicklung bewusst dem Bereicherungsrecht überlassen bleibt (ein ganz unwahrscheinlicher Fall).

55   BGH 30.4.1982 – V ZR 104/81, BGHZ 83, 395, 399 ff.; MüKoBGB/*Einsele* § 125 Rn. 15.

bejaht, bedeutet das praktisch, dass der die Auflassung mitumfassende Aufhebungsvertrag über das gesamte Grundstücksgeschäft formfrei ist, weil damit auch das Anwartschaftsrecht des Käufers entfällt.[56]

f) Gestaltungserklärungen, Leistungsbestimmungsrechte, Vorkaufs- und Wiederkaufsrecht. Die **Anfechtungserklärung** (§ 143 Abs. 1) bedarf ebenso wenig wie die **Rücktrittserklärung** (§ 349) der Form des zugrunde liegenden Rechtsgeschäfts, Formerfordernisse kennen insoweit allerdings das Familien- und Erbrecht, vgl. §§ 1597 Abs. 1, 2282 Abs. 3, 2271 Abs. 1 S. 1, 2296 Abs. 2 S. 2. **23**

Leistungsbestimmungsrechte (§§ 315, 317) müssen in der für das betreffende Rechtsgeschäft erforderlichen Form eingeräumt werden, die Ausübung ist hingegen formlos möglich.[57] **24**

Die **Ausübung eines Vorkaufsrechts** bzw. einer **Option** bedarf nicht der Form des Kaufvertrages (§ 464 Abs. 1 S. 2). Eine entsprechende Regelung findet sich in § 456 Abs. 1 S. 2 für den Wiederkauf. Nach der zutreffenden hM ist daher bei der **Einräumung** eines Vor- oder Wiederkaufsrechts über ein Grundstück die Form des § 311 b Abs. 1 zu wahren.[58] Nach anderer Ansicht bedarf nur die spätere Ausübungserklärung der Form, während die Einräumung formfrei möglich sein soll.[59] Spätestens mit dem Inkrafttreten von § 577 Abs. 3 (dazu → § 577 Rn. 29 ff.) ist dieser Ansicht, die sich auf ein Versehen des Gesetzgebers beruft, die Grundlage entzogen, denn dort ist Formpflicht nur für diesen speziellen Sachverhalt angeordnet. Bei der Einräumung eines dinglichen Vorkaufsrechts nach § 1094 BGB ist zu beachten, dass nur die schuldrechtliche Verpflichtung, ein dingliches Vorkaufsrecht zu bestellen, dem Formerfordernis des § 311 b Abs. 1 unterfällt. Die dingliche Einigung über die Belastung eines Grundstücks mit einem Vorkaufsrecht ist hingegen formfrei möglich.[60] **25**

g) Vollmacht, Zustimmung. Die Bevollmächtigung für die Vornahme eines formpflichtigen Rechtsgeschäfts (§ 167 Abs. 2) bedarf grundsätzlich **nicht der für das Rechtsgeschäft bestimmten Form**. Eine gesetzliche **Ausnahme** hiervon statuiert § 492 Abs. 4 S. 1 für Verbraucherdarlehensverträge; vgl. auch § 12 Abs. 1 S. 2 HGB für Vollmachten wegen Anmeldungen zum Handelsregister. Darüber hinaus besteht die Rechtsprechung in einigen Fallgruppen auf der Formbedürftigkeit einer Vollmachtserteilung, wenn sonst die Warnfunktion einer Formvorschrift nicht gewahrt werden kann. Denn die Warnfunktion soll gerade denjenigen vor Übereilung schützen, der einen Rechtsverlust erleidet bzw. sich hierzu verpflichtet, was aber auf den Vertreter nicht zutrifft. Dementsprechend wird insbes. bei unwiderruflicher Vollmacht,[61] bei Vertragsstrafeversprechen und bei Blankobürgschaften[62] die Formbedürftigkeit auch der Vollmachtserklärung verlangt. Die bessere Lösung liegt aber nicht in der kasuistischen Durchbrechung des § 167 Abs. 2, sondern im Abstellen darauf, ob nach dem Parteiwillen ausnahmsweise eine rechtliche Einheit zwischen dem Kausalgeschäft und der Vollmachterteilung besteht.[63] **26**

Die **Zustimmung** zu einem Rechtsgeschäft bedarf nach § 182 Abs. 2 nicht der für das Rechtsgeschäft erforderlichen Form. Die Rechtsprechung schränkt die Regelung für die unwiderrufliche (vorherige) **Einwilligung** jedoch entsprechend der Vollmachtserteilung ein.[64] Für die (nachträgliche) **Genehmigung** wird eine solche teleologische Restriktion hingegen abgelehnt.[65] **27**

4. Auslegung. Fraglich ist, ob eine ergänzende Vertragsauslegung auch aufgrund von Umständen erfolgen darf, die in der Urkunde keinen Niederschlag gefunden haben. Nach überwiegender Ansicht gilt insoweit die „**Andeutungstheorie**", wonach außerhalb der Urkunde liegende Umstände nur mit berücksichtigt werden dürfen, soweit sie in der förmlichen Erklärung zumindest andeutungsweise zum Ausdruck gekommen sind.[66] **28**

56 BGH 30.9.1993 – IX ZR 211/92, NJW 1993, 3323 (3326); abl. *Eckardt* JZ 1996, 934; MüKoBGB/*Einsele* § 125 Rn. 16.

57 BGH 7.2.1986 – V ZR 176/84, BGHZ 97, 147, 154; BGH 8.11.1968 – V ZR 58/65, NJW 1969, 131 (132); RG 8.11.1940 – VII 40/40, RGZ 165, 161, 163 f.

58 BGH 12.5.2006 – V ZR 97/05, NJW 2006, 2843 (2844); 28.6.1996 – V ZR 136/95, NJW-RR 1996, 1167; *Wolf* DNotZ 1995, 179 (184 ff.); *Mertens* JZ 2004, 431 (436 f.); Staudinger/*Schermaier* (2013) BGB § 463 Rn. 6.

59 MüKoBGB/*Einsele* § 125 Rn. 27; *Einsele* DNotZ 1990, 325 f.

60 BGH 8.4.2016 – V ZR 73/15, NJW 2016, 2035 (2036); *Wais* NJW 2017, 1569 (1571).

61 BGH 23.2.1979 – V ZR 171/77, NJW 1979, 2306.

62 BGH 29.2.1996 – IX ZR 153/95, BGHZ 132, 119; so iE auch *Binder* AcP 2007, 155 (197), der für Blan-

kette eine analoge Anwendung des § 167 Abs. 2 ablehnt, damit eine grundsätzliche Formbedürftigkeit für solche statuiert und nur von der Wahrung der gesetzlichen Form ausgeht, wenn das einschlägige Formerfordernis nicht dem Schutz vor Übereilung dient.

63 So *Mertens* JZ 2004, 431 (435).

64 BGH 23.1.1998 – V ZR 272/96, NJW 1998, 1482 (1484) zu Grundstückskaufverträgen (obiter dictum).

65 BGH 25.2.1994 – V ZR 63/93, BGHZ 125, 218, 220 ff. zu Grundstückskaufverträgen/Time-Sharing; BGH 25.9.1996 – VIII ZR 172/95, NJW 1996, 3338 (3339) zu § 15 Abs. 4 S. 1 GmbHG.

66 BGH 30.6.1999 – XII ZR 55/97, NJW 1999, 2591 (2592 f.); 12.7.1996 – V ZR 202/95, NJW 1996, 2792 (2793); 14.2.1997 – V ZR 114/95, WM 1997, 1024 (1025); 25.3.1983 – V ZR 268/81, BGHZ 87, 150, 154.

29 Die **unwissentliche Falschbeurkundung** ist bei Grundstückskaufverträgen in der Regel unbeachtlich. Es gilt der Grundsatz „falsa demonstratio non nocet", so dass bei irrtümlicher Falschbezeichnung das übereinstimmend Gewollte wirksam vereinbart ist, selbst wenn sich hierfür in der notariellen Urkunde keine Andeutung findet.[67] Die insoweit im Vordergrund stehende Warn- und Schutzfunktion des § 311 b Abs. 1 ist durch die tatsächlich durchgeführte Beurkundung gewahrt, die Beweisfunktion hat hingegen bei § 311 b Abs. 1 eine nur untergeordnete Bedeutung. Bei wissentlicher Falschbeurkundung ist das verdeckte Rechtsgeschäft (§ 117 Abs. 2) hingegen stets formunwirksam.

30 **5. Rechtsfolge. a) Nichtigkeit.** Die Nichtigkeitsrechtsfolge des S. 1 lässt nicht die tatbestandlichen Voraussetzungen, sondern etwaige Erfüllungsansprüche aus dem formwidrigen Rechtsgeschäft entfallen. Ein besonderer **Akt der Geltendmachung** ist **nicht vonnöten**. Auch **Dritte** können die Nichtigkeit des Rechtsgeschäfts geltend machen, ohne hieran ein rechtliches Interesse nachweisen zu müssen.[68]

31 Von der Nichtigkeit unberührt bleiben **vertragsähnliche Schadensersatzansprüche**, etwa aus §§ 311 Abs. 2, 280 Abs. 1 (culpa in contrahendo), sowie gesetzliche Ansprüche aus Delikt (§ 823 Abs. 2 iVm § 263 StGB), Bereicherungsrecht oder Vindikation. Der Schadensersatzanspruch erstreckt sich auf das (nicht durch den Wert der Erfüllung begrenzte) negative Interesse, geht also auf Ersatz des Schadens, der dem Anspruchsberechtigten durch das Vertrauen auf die Gültigkeit des Vertrags entstanden ist.

32 Wenn sich der Formmangel nur auf einen Teil des Rechtsgeschäfts bezieht, ist nach § 139 zu beantworten, ob der formgerechte Teil aufrechterhalten werden kann. Im Zweifel führt demnach **Teilnichtigkeit** zur Unwirksamkeit des ganzen Rechtsgeschäfts.[69] Waren sich die Parteien jedoch der Formunwirksamkeit eines Teils ihrer Vereinbarungen (Nebenabreden) bewusst, so wird ihr Wille grundsätzlich auf Erhaltung der wirksamen Bestimmungen gerichtet sein.[70] Durch eine sog. **salvatorische Vertragsklausel**, wonach der Vertrag gültig bleibt, wenn einzelne Bestimmungen nicht wirksam geworden sind, kann § 139 grundsätzlich wirksam abbedungen werden und führt zur Umkehrung der Vermutung in ihr Gegenteil.[71] Die Nichtigkeit des gesamten Vertrags tritt nur dann ein, wenn die Aufrechterhaltung des Rechtsgeschäfts trotz der salvatorischen Klausel im Einzelfall nicht mehr durch den mittels Auslegung festzustellenden Parteiwillen getragen wird.[72] Dies ist insbesondere der Fall, wenn eine wesentliche Vertragsbestimmung unwirksam ist und durch die Teilnichtigkeit der Gesamtcharakter des Vertrages verändert würde.[73] Wegen §§ 306 Abs. 3, 307 Abs. 2 Nr. 1 kann § 139 allerdings nicht in Allgemeinen Geschäftsbedingungen abbedungen werden.

33 **b) Sonderregelungen.** Sonderregeln über die Konsequenzen eines Formverstoßes gehen der Bestimmung der Rechtsfolge nach S. 1 vor.[74] In Betracht kommen **gesetzliche Spezialvorschriften über die Rechtsfolgen**, insbesondere die Bestimmungen über die Heilung formnichtiger Geschäfte, sowie die anerkannten **Grundsätze** über fehlerhafte Gesellschafts- und Arbeitsverträge. Meistens knüpfen diese Regelungen an eine von den Parteien, manchmal auch an eine von staatlicher Seite bewirkte Handlung an, insbesondere eine Registereintragung.[75]

34 **aa) Mietverträge über Wohnraum, Grundstücke und Gewerberäume.** Ein Mietvertrag über Wohnraum, der für **längere Zeit als ein Jahr** nicht in schriftlicher Form geschlossen wurde, ist nicht im Ganzen nichtig, sondern gilt für unbestimmte Zeit (§ 550 S. 1)[76] und kann frühestens zum Ablauf des ersten Jahres gekündigt werden. Die Vorschrift gilt gem. § 578 Abs. 1 ebenfalls für Mietverträge über Grundstücke und gem. § 578 Abs. 2 S. 1, Abs. 1 auch für Mietverhältnisse über Räume, die keine Wohnräume sind (Gewerberäume). Zur Wahrung der Schriftform ist eine formwirksame Abrede über alle wesentlichen Vertragsbedingungen, insbesondere Mietgegenstand, Mietzins, Mietdauer und die Parteien des Mietvertrags ausreichend.[77] Einseitige Willenserklärungen, die eine Vertragsänderung herbeiführen, unterfallen demgegenüber

67 BGH 25.3.1983 – V ZR 268/81, BGHZ 87, 150, 152 f.

68 RG 3.6.1918 – IV 11/18, RGZ 93, 74, 76; Erman/*Arnold* BGB § 125 Rn. 21.

69 Zur Widerlegung der Vermutung etwa BGH 17.3.2000 – V ZR 363/98, NJW 2000, 2100.

70 BGH 22.9.2016 – III ZR 427/15, NJW 2016, 3525 (3527), der allerdings auf den objektiv erkennbaren Willen und nicht auf die innere Vorstellung der Vertragsparteien abstellt.

71 BGH 15.3.2010 – II ZR 84/09, NJW 2010, 1660 (1661); 30.1.1997 – IX ZR 133/96, NJW-RR 1997, 684 (865); einschr. BGH 7.4.2000 – V ZR 83/99, NJW 2000, 2017.

72 BGH 15.3.2010 – II ZR 84/09, NJW 2010, 1660 (1661).

73 BGH 11.10.1995 – VIII ZR 25/94, NJW 1996, 773 (774).

74 *Medicus/Petersen* BGB AT Rn. 626; Staudinger/*Hertel* (2017) BGB § 125 Rn. 98.

75 BGH 17.10.2017 – KZR 24/15, GmbHR 2018, 148 (150) für die Heilung eines Formmangels einer Übernahmeerklärung im Rahmen einer Kapitalerhöhung bei der GmbH; so auch *Wachter* GmbHR 2018, 134 (137) mit Verweis auf eine analoge Anwendung des § 242 Abs. 1 AktG.

76 Zum Schutzzweck des § 550 s. BGH 7.5.2008 – XII ZR 69/06, NJW 2008, 2178; OLG Celle 6.1.2017 – 2 U 101/16, NJW-RR 2017, 1223 (1225); LG Frankfurt/Main 22.9.2006 – 19 O 48/05, NJW-RR 2007, 589 (590); *Jacoby* NZM 2011, 1 (6 ff.).

77 BGH 11.4.2018 – XII ZR 43/17, NJW-RR 2018, 1101; BGH 22.1.2014 – XII ZR 68/10, NZM 2014, 239 (240); *Burbulla* MDR 2017, 1401.

nicht dem Schriftformerfordernis des § 550 S. 1, wenn die Ausübung des einseitigen Änderungsrechts bereits in der mietvertraglichen Vereinbarung vorgesehen ist.[78] Erfasst werden hiervon zB Mieterhöhungserklärungen des Vermieters oder Optionsverlängerungserklärungen des Mieters.[79] Unbeachtlich für die Formwahrung sind auch falsche oder nur durch Auslegung bestimmbare Angaben zum Mietbeginn im Mietvertrag (dazu auch → § 126 Rn. 13).[80] Es genügt insoweit, wenn die Parteien die Vertragslaufzeit festlegen und den Vertragsbeginn an den Zeitpunkt der Übergabe des Mietobjekts knüpfen.[81]

Nichtig ist bei fehlender Schriftform des Mietvertrags nur die **Laufzeitvereinbarung**.[82] Diese wird jedoch **35** wirksam, wenn die Parteien nachträglich einen schriftlichen Vertrag abschließen, der die nicht formgerechte Vereinbarung bestätigt.[83] Entsprechendes gilt, wenn der Vertrag zunächst nur der äußeren Form nach die Schriftform gewahrt hat, insbesondere weil die Annahmeerklärung einer Partei erst nach Ablauf einer hierfür gesetzten Frist erfolgt ist, die Parteien sodann aber den Vertrag durch ihr Handeln inhaltsgleich bestätigt haben.[84] Umgekehrt kann der zunächst formwahrende Mietvertrag durch nachträgliche, nicht schriftliche Änderungen wesentlicher Vertragsbedingungen die Schriftform verlieren mit der Folge, dass § 550 S. 1 greift.[85]

Findet sich im (nicht schriftlich abgeschlossenen) Mietvertrag eine sog. salvatorische Erhaltungs- und **36** Ersetzungsklausel, kann hieraus kein Anspruch auf Nachholung der Schriftform abgeleitet werden mit der Folge, dass die Befristung des Mietvertrags nachträglich herbeigeführt wird.[86] Eine vertragliche Pflicht zur Nachholung der Schriftform besteht auch nicht aufgrund einer sog. Schriftformheilungsklausel.[87] Schriftformheilungsklauseln sind, unabhängig davon, ob sie individualvertraglich vereinbart oder in AGB gestellt wurden, mit dem Schutzzweck der nicht disponiblen Formvorschrift des § 550 S. 1 unvereinbar und daher unwirksam.[88] Das Berufen auf den Schriftformverstoß kann einer Partei jedoch ggf. nach Treu und Glauben verwehrt sein[89] (→ Rn. 45 ff.). Wurde die Schriftform rechtsgeschäftlich vereinbart, findet § 550 keine Anwendung; vielmehr ist im Zweifel anzunehmen, dass dann vor Beachtung dieser Form der Vertrag noch nicht zustande gekommen ist (vgl. § 154 Abs. 2). Haben sich aber die Parteien bereits über die Essentialia des Vertrags geeinigt und über Monate dem zu beurkundenden Vertrag entsprechend verhalten, findet § 154 Abs. 2 keine Anwendung.[90]

bb) Befristete Arbeitsverträge. Ein **Arbeitsvertrag**, der eine **Befristung** enthält, bedarf der Schriftform **37** (§ 14 Abs. 4 TzBfG). Die Schriftform der Befristungsabrede ist nur gewahrt, wenn die von beiden Parteien unterzeichnete Befristungsabrede dem Erklärungsempfänger vor Vertragsbeginn zugeht.[91] Das Schriftformerfordernis des § 14 Abs. 4 TzBfG gilt auch für Arbeitsverträge, die auf den Zeitpunkt des Erreichens der Regelaltersgrenze befristet sind.[92] Ein Verstoß führt gem. § 16 S. 1 TzBfG nicht zur Nichtigkeit des Vertrages, sondern nur zur **Nichtigkeit der Befristungsabrede**, die auch durch eine nachträgliche Ausfertigung

78 BGH 21.11.2018 – XII ZR 78/17, NJW 2019, 990 (992); BGH 5.2.2014 – XII ZR 65/13, NJW 2014, 1300 (1301); BGH 11.4.2018 – XII ZR 43/17, NJW-RR 2018, 1101 (1102); KG Berlin 15.6.2017 – 8 U 116/16, ZMR 2018, 209 (211); *Burbulla* MDR 2017, 1401 (1402).

79 BGH 5.2.2014 – XII ZR 65/13, NJW 2014, 1300 (1301); KG Berlin 11.4.2019 – 8 U 147/17, NZG 2020, 186 (188); OLG Dresden 22.2.2017 – 5 U 961/16, NZM 2017, 442 (444).

80 BGH 2.5.2007 – XII ZR 178/04, NJW 2007, 3273; 2.11.2005 – XII ZR 212/03, NJW 2006, 139 (140); OLG Rostock 18.4.2005 – 3 U 90/04, MDR 2006, 145; allgemein zur Schriftform bei § 550 *Leo* NZM 2005, 688; *Jud* NZM 2006, 913; *Timme/Hülk* NJW 2007, 3313.

81 BGH 5.2.2014 – XII ZR 65/13, NJW 2014, 1300 (1301) Rn. 22.

82 Zur Nichtigkeit des Verzichts auf die Eigenbedarfskündigung BGH 4.4.2007 – VIII ZR 223/06, NJW 2007, 1742.

83 BGH 29.4.2009 – XII ZR 142/07, NJW 2009, 2195 (2196).

84 BGH 24.2.2010 – XII ZR 120/06, NJW 2010, 1518 ff.

85 BGH 22.1.2014 – XII ZR 68/10, NZM 2014, 239 (240); *Lindner-Figura/Reuter* NJW 2018, 1060 (1061).

86 BGH 25.7.2007 – XII ZR 143/05, NJW 2007, 3202 (3203 f.); OLG Hamm 16.2.2011 – I-30 U 53/10, IBR 2011, 229; Thüringisches OLG 13.3.2008 – 1 U 130/07, NZM 2008, 572 (573); *Timme/Hülk* NJW 2007, 3313 (3316 f.).

87 BGH 27.9.2017 – XII ZR 114/16, NJW 2017, 3772 (3776).

88 BGH 27.9.2017 – XII ZR 114/16, NJW 2017, 3772 (3775 f.); BGH 11.4.2018 – XII ZR 43/17, NJW-RR 2018, 1101 (1102 f.); **abw.** KG Berlin 9.5.2016 – 8 U 54/15, ZMR 2016, 775 (776); zu alternativen Gestaltungsmöglichkeiten zur Verhinderung von Schriftformverstößen s. *Linder-Figura/Reuter* NJW 2018, 1060 (1061).

89 BGH 27.9.2017 – XII ZR 114/16, NJW 2017, 3772 (3776).

90 KG 10.3.2005 – 8 U 217/04, MDR 2005, 1276 (1277).

91 BAG 14.12.2016 – 7 AZR 797/14, NZA 2017, 638 (642); BAG 25.10.2017 – 7 AZR 632/15, NZA 2018, 507 (513); HessLAG 4.6.2019 – 9 Sa 506/18, juris Rn. 52.

92 BAG 25.10.2017 – 7 AZR 632/15, NZA 2018, 507 (514); **abw.** *Schröder* ArbRAktuell 2018, 91 (93) sowie *Lingemann* NZA 2018, 889 (891 f.) für eine teleologische Reduktion des Anwendungsbereichs des § 14 Abs. 4 TzBfG.

eines schriftlichen Vertrags nicht wiederhergestellt werden kann.[93] Vereinbaren die Parteien jedoch später schriftlich eine selbstständige und neue, von früheren Absprachen der Parteien unabhängige Befristungsabrede, genügt diese der Form des § 14 Abs. 4 TzBfG.[94] Eine nachträgliche Befristungsabrede setzt jedoch stets entsprechende Willenserklärungen der Parteien voraus, die auf Herbeiführung dieser Rechtsfolge gerichtet sind.[95] Daher wird der Mangel der Schriftform nicht bereits dadurch geheilt, dass dem Erklärungsempfänger nach Arbeitsbeginn ein unterzeichnetes Exemplar seines Arbeitsvertrages zugeht.[96] Hiermit erfüllt der Arbeitgeber zunächst nur seine Pflicht aus § 2 Abs. 1 S. 1 NachwG (→ Rn. 8). Das mangels wirksamer Befristungsabrede unbefristete Arbeitsverhältnis kann allerdings auch vor dem Zeitpunkt der eigentlich geplanten Befristung ordentlich gekündigt werden (§ 16 S. 2 TzBfG).

38   **cc) Verbraucherdarlehensverträge und ähnliche Geschäfte.** Ein **Verbraucherdarlehensvertrag** kommt ungeachtet der Nichteinhaltung der Schriftform (§ 492 Abs. 1 S. 1) zustande, soweit der Darlehensnehmer das Darlehen empfängt, freilich **ändert sich der Inhalt** ex lege (§ 494 Abs. 2). Entsprechendes gilt für Teilzahlungsgeschäfte (§ 507 Abs. 2).

39   **dd) Fehlerhafte Gründung einer Kapitalgesellschaft.** **Kapitalgesellschaften** (AG, KGaA, GmbH), deren Satzung nicht oder nicht korrekt notariell beurkundet wurde (§ 23 Abs. 1 S. 1 AktG; § 2 Abs. 1 S. 1 GmbHG), sind ab ihrer Eintragung in das Handelsregister (§ 41 Abs. 1 AktG; § 11 Abs. 1 GmbHG) in keiner Weise der Nichtigkeitsfolge unterworfen (arg. §§ 275 ff. AktG; §§ 75 ff. GmbHG). Bereits vor der Eintragung gelten für in Vollzug gesetzte Vorgesellschaften die Sonderregeln über die fehlerhafte Gesellschaft (→ Rn. 43).

40   **ee) Fehlerhafte Beschlüsse einer Kapitalgesellschaft.** Die Formwidrigkeit von **Hauptversammlungsbeschlüssen** einer Aktiengesellschaft, denen es an der erforderlichen notariellen Beurkundung (§ 130 Abs. 1 AktG) mangelt (§ 241 Nr. 2 AktG), wird durch die **Eintragung im Handelsregister geheilt** (§§ 241 Nr. 2, 242 Abs. 1 AktG);[97] dasselbe gilt nach allgemeiner Meinung für Gesellschafterbeschlüsse einer GmbH. Bei unter Missachtung von § 48 Abs. 2 GmbHG gefassten Beschlüssen der Gesellschafter ist der betroffene Beschluss nichtig.[98]

41   **c) Heilungsvorschriften.** Die **Erfüllung** formungültiger Verträge führt in einigen gesetzlich bestimmten Fällen zur Gültigkeit des Vertrags. Der Erfüllungsakt, der nach Maßgabe der an sich nichtigen Vereinbarung vollzogen wird, wird als „Heilung" der Formnichtigkeit bezeichnet. Heilung kann erst eintreten, **wenn erfüllt wurde**, eine Leistung erfüllungshalber iSd § 364 genügt nicht. Sind mehrere Verträge als einheitliches Geschäft abgeschlossen, müssen sämtliche zum Gesamtgeschäft gehörende Pflichten erfüllt werden.[99] Heilungsregeln idS enthalten im BGB die §§ 311 b Abs. 1 S. 2, 494 Abs. 2, 507 Abs. 2 S. 2, 518 Abs. 2, 766 S. 3, 2301 Abs. 2; s. ferner § 15 Abs. 4 S. 2 GmbHG für den Anteilserwerb.[100] Ein formungültiger Vorvertrag, der die Verpflichtung enthält, eine Wohnung zurückzukaufen, kann durch Abschluss eines formgültigen Hauptvertrages nur dann geheilt werden, wenn die Parteien von Vorvertrag und Hauptvertrag identisch sind.[101] Eine Heilung einer fehlerhaften Eheschließung tritt nach § 1310 Abs. 3 nur ein, soweit die Ehegatten mindestens zehn Jahre als Ehegatten zusammengelebt haben und die dort genannten weiteren Voraussetzungen erfüllt sind. Bei § 1031 Abs. 6 ZPO ist Heilungsgrund eine **Verfahrenshandlung**. Durch die Heilungsvorschriften wird aber nur der Formfehler geheilt, andere Unwirksamkeitsgründe werden von der Heilung nicht erfasst.

Eine Heilung kann daneben auch durch die Eintragung in Register, die dem Vorgang **Publizität verschafft**, eintreten. Neben den oben bereits erwähnten Registereintragungen bei Gründung und Beschlussfassung (→ Rn. 39 f.) ist noch zu nennen die Handelsregistereintragung in den Fällen der §§ 20 Abs. 1 Nr. 4 (Verschmelzung), 131 Abs. 1 Nr. 4 (Spaltung) und § 202 Abs. 1 Nr. 3 UmwG (Formwechsel), die das Fehlen der notariellen Beurkundung überwinden.

Aus den verschiedenen Bestimmungen kann **kein allgemeiner Rechtsgrundsatz** gewonnen werden, dass die Ausführung des formnichtigen Geschäfts stets eine Heilung der Nichtigkeit zur Folge hat.[102] Die Zwecksetzungen sind zu unterschiedlich; man muss je nach den besonderen Zwecken der einzelnen Form-

93   BAG 25.10.2017 – 7 AZR 632/15, NZA 2018, 507 (514); BAG 7.10.2015 – 7 AZR 40/14, NJW 2016, 1403 (1404); BAG 16.3.2005 – 7 AZR 289/04, BAGE 114, 146; 1.12.2004 – 7 AZR 198/04, BAGE 113, 75.

94   BAG 15.2.2017 – 7 AZR 223/15, NJW 2017, 2489 (2492 f.); BAG 13.6.2007 – 7 AZR 700/06, BAGE 123, 109.

95   BAG 7.10.2015 – 7 AZR 40/14, NJW 2016, 1403 (1404).

96   BAG 14.12.2016 – 7 AZR 797/14, NZA 2017, 638 (643).

97   Zu Wirkung und Umfang der Heilung s. KölnKomm-AktG/*Noack/Zetzsche* § 242 Rn. 65 ff.

98   BGH 16.1.2006 – II ZR 135/04, NJW 2006, 2044; dazu *Schmidt* NJW 2006, 2599.

99   BGH 7.4.2000 – V ZR 83/99, NJW 2000, 2017.

100   Hierzu *Harke* WM 2004, 357; MüKoGmbHG/*Reichert/Weller* GmbHG § 15 Rn. 120 ff.

101   BGH 13.7.2012 – V ZR 176/11, NJW 2012, 3171.

102   BGH 2.2.1967 – III ZR 193/64, NJW 1967, 1128; aA (Heilung stets bei vollständiger beiderseitiger Erfüllung) *Heiss*, S. 277 ff.

vorschriften bestimmen, ob die freiwillige Erfüllung der nicht formgerechten Vereinbarung zur Heilung führen kann.[103]

Die Heilung betrifft den **gesamten Inhalt** des Rechtsgeschäfts. Sie wirkt ex nunc, doch gilt nach der Rechtsprechung eine tatsächliche Vermutung, dass die Parteien einander dasjenige gewähren wollten, was sie haben würden, wenn der Vertrag von Anfang an gültig gewesen wäre (§ 141 Abs. 2 entsprechend).[104] **42**

d) Vollzogene Gesellschafts- und Arbeitsverträge. Die im Kern gewohnheitsrechtlichen **Regeln über fehlerhafte Personengesellschaften** besagen: Ist durch Vollzug eines mangelhaften Vertrages ein Gesellschaftsverhältnis begründet worden, so kann dieses nicht mehr rückwirkend beseitigt, sondern nur noch für die Zukunft aufgelöst werden. Formwidrigkeit gibt einen Grund für die Auflösungsklage entsprechend § 133 Abs. 1 HGB.[105] Für das Stadium zwischen formnichtigem Abschluss und Ausführung des Gesellschaftsvertrags[106] bleibt es hingegen bei den allgemeinen Vorschriften und damit auch bei der von selbst eintretenden Nichtigkeitsfolge. **43**

Da für das Arbeitsverhältnis ein Formerfordernis idR nur aufgrund von Tarifverträgen besteht (dazu → Rn. 7, zu § 2 Abs. 1 S. 1 NachwG → Rn. 8), spielt die Lehre vom **fehlerhaften Arbeitsverhältnis** insoweit kaum eine Rolle. Sie besagt, dass die Nichtigkeit nur mit Wirkung für die Zukunft geltend gemacht werden kann.[107] **44**

6. Treu und Glauben. Die wenigen Vorschriften über einen Formzwang für Rechtsgeschäfte sind als gesetzliche Ausnahme vom Grundsatz der Formfreiheit sehr **ernst zu nehmen**. Das Beharren auf der gesetzlich vorgeschriebenen Form entspricht der **Ordnungsaufgabe der zwingenden Formbestimmungen**.[108] Eine allgemeine Berufung auf den Grundsatz von Treu und Glauben (§ 242) zur Vermeidung der scharfen Nichtigkeitsfolge ist nicht gestattet.[109] **45**

Die Rechtsprechung hat gleichwohl eine **Korrektur mittels § 242** zugelassen. Um die Formvorschriften nicht gänzlich auszuhöhlen, werden allerdings hohe Anforderungen hieran gestellt.[110] Vorab ist klarzustellen, dass der **Anwendungsbereich** des Einwands aus § 242 auf **Verpflichtungsgeschäfte** beschränkt ist. Bei Verfügungsgeschäften ist nicht nur das Verhältnis der Vertragsparteien betroffen, sondern auch das Schutzinteresse Dritter an eindeutigen rechtlichen Verhältnissen. Dies gilt grundsätzlich auch für die Verträge des Familien- und Erbrechts. Insoweit sind allein auf dem Gebiet des Höferechts (Hoferbenbestimmung) Ausnahmen gemacht worden, die allerdings auf den Besonderheiten dieses Gebiets beruhen.[111] § 242 findet grundsätzlich keine Anwendung, wenn beide Parteien die Formbedürftigkeit des Rechtsgeschäfts kennen,[112] selbst wenn eine Partei die Erfüllung des formfehlerhaften Vertrages in Aussicht stellt.[113] Eine Ausnahme ist unter dem Gesichtspunkt des venire contra factum proprium nur denkbar, wenn sich der Erklärende auf einen Formmangel beruft, obwohl er zuvor mit ganz besonderer Verbindlichkeit und Endgültigkeit deutlich machte, sich nicht auf den Formmangel berufen zu wollen, so dass der Erklärungsgegner in seinem Vertrauen auf die Gültigkeit der Erklärung besonders schutzwürdig war.[114] **46**

103 *Wolf/Neuner* BGB AT § 44 Rn. 60; *Pawlowski* BGB AT § 4 Rn. 414.

104 BGH 25.3.1998 – VIII ZR 185/96, BGHZ 138, 195; BGH 10.11.1978 – V ZR 181/76, MDR 1979, 298; *Jauernig/Mansel* BGB § 125 Rn. 12; PWW/*Ahrens* BGB § 125 Rn. 21; *Pohlmann*, Die Heilung formnichtiger Verpflichtungsgeschäfte durch Erfüllung, S. 167–178.

105 *Windbichler* GesR, § 12 Rn. 15.

106 Zum Streitstand über das Ausführungskriterium MüKoBGB/*Schäfer* § 705 Rn. 331.

107 BAG 15.11.1957 – 1 AZR 189/57, AP § 125 Nr. 2; *Zöllner/Loritz/Hergenröder*, Arbeitsrecht, § 5 Rn. 3, § 14 Rn. 5.

108 BAG 16.9.2004 – 2 AZR 659/03, NJW 2005, 844; *Köhler* BGB AT § 12 Rn. 16; MüKoBGB/*Einsele* § 125 Rn. 56.

109 BGH 28.1.1993 – IX ZR 259/91, BGHZ 121, 224, 233; 20.9.1984 – III ZR 47/83, BGHZ 92, 164, 172; 25.2.1966 – V ZR 126/64, BGHZ 45, 179, 182; *Wolf/Neuner* BGB AT § 44 Rn. 61.

110 HessLAG 26.2.2013 – 13 Sa 845/12, BeckRS 2013, 67961.

111 BGH 16.10.1992 – V ZR 125/91, BGHZ 119, 387; 5.5.1983 – V BLw 12/82, BGHZ 87, 237; 15.2.1979 – V BLw 12/78, BGHZ 73, 324; 15.3.1967 – V ZR 127/65, BGHZ 47, 184; 5.2.1957 – V BLw 37/56, BGHZ 23, 249; 16.2.1954 – V BLw 60/53, BGHZ 12, 286.

112 BGH 14.12.2016 – IV ZR 7/15, NZG 2017, 476 (478); BGH LM § 313 Nr. 23.

113 RG 21.5.1927 – V 476/26, RGZ 117, 121, 124 f. (Edelmannsfall); s. aber auch BGH 6.4.2005 – XII ZR 132/03, NJW 2005, 2225 (2226 f.); 27.10.1967 – V ZR 153/64, BGHZ 48, 396, 399 (Berufung auf die Formnichtigkeit als unzulässige Rechtsausübung); aA *Hagen* FS Kanzleiter (2010), 185, 187 ff.

114 BGH 3.11.2016 – III ZR 286/15, NJW-RR 2017, 596 (597); LAG Hamm 28.4.2017 – 1 Sa 1524/16, NZA-RR 2018, 76 (77); HessLAG 26.2.2013 – 13 Sa 845/12, BeckRS 2013, 67961.

47 Eine Abweichung von der Rechtsfolge der Nichtigkeit unter Berufung auf Treu und Glauben ist allenfalls dann möglich, wenn nicht etwa nur ein hartes, sondern ein **schlechthin untragbares Ergebnis** droht.[115] Das ist nach der Rechtsprechung anzunehmen bei **Existenzgefährdung**[116] oder besonders **schwerer Treupflichtverletzung**.[117] So verstößt es gegen Treu und Glauben, wenn sich eine Partei auf die Formnichtigkeit einer lediglich ihr vorteilhaften Abrede beruft, um sich vom (lästig gewordenen) Vertrag insgesamt zu lösen.[118] Nicht erforderlich ist, dass Schadensersatzansprüche (insbes. aus §§ 311 Abs. 2 Nr. 1, 280 Abs. 1) oder Bereicherungsansprüche unzureichend zur Korrektur des Missverhältnisses im Sinne einer Subsidiarität des Einwandes unzulässiger Rechtsausübung sind.[119] Im Einzelnen lassen sich vor diesem Hintergrund einige Fallgruppen unterscheiden:

48 **a) Arglistige Täuschung über das Formerfordernis.** Der arglistig Getäuschte kann seine Willenserklärung grundsätzlich anfechten (§ 123 Abs. 1). Dies bringt ihm allerdings keinen Vorteil, da das Rechtsgeschäft schon wegen des Formmangels nichtig ist. Außerdem hat er idR Schadensersatzansprüche aus §§ 280 Abs. 1, 311 Abs. 2 Nr. 1, 241 Abs. 2, die aber nur auf das negative Interesse gehen und nicht auf Erfüllung. Der Täuschende würde demnach sein Ziel erreichen, ein verbindliches Rechtsgeschäft zu vermeiden.

49 Daher gibt man dem Getäuschten die **Wahl**, ob er sich selbst auf die Nichtigkeit des Rechtsgeschäfts berufen will oder ob er dem Nichtigkeitseinwand der Gegenseite mit § 242 begegnet.[120] Im Ergebnis bedeutet Letzteres, dass das Rechtsgeschäft trotz des Formmangels als gültig anzusehen und zu erfüllen ist. Es muss sich allerdings stets um eine **vorsätzliche Irreführung** durch eine Partei zu deren Gunsten handeln.[121]

50 **b) Unachtsamkeit führt zu Formmangel.** Soweit nur Unachtsamkeit zum Formmangel geführt hat, ist eine Berufung auf die Grundsätze von Treu und Glauben grundsätzlich ausgeschlossen. Ein schuldlos erzeugter Irrtum[122] oder eine fahrlässig schuldhafte Verursachung des Formmangels[123] reichen nicht zur Begründung einer besonders schwerwiegenden Pflichtverletzung. Vielmehr muss jede Partei selbst dafür Sorge tragen, dass die Form gewahrt wird. Hieran ändern auch eine langjährige Durchführung des Vertrags[124] oder eine besonders komplizierte[125] oder nachteilige[126] Rückabwicklung nichts. Der unterbliebene Hinweis auf ein Formerfordernis kann jedoch eine Pflichtverletzung darstellen, die eine Partei daran hindert, sich auf den Formmangel zu berufen. Die Rechtsprechung hat dies zB für die Vereinbarung einer steuerberatungsrechtlichen Pauschalvergütung angenommen: Weist der Steuerberater seinen Mandanten nicht auf die Formbedürftigkeit einer Pauschalvergütungsabrede gem. § 14 Abs. 1 S. 2 StBVV hin, begründet dies eine Pflichtverletzung.[127] Hat der Steuerberater die vereinbarte Vergütung erhalten und hat der Mandant auf die Verbindlichkeit der Vereinbarung vertraut, ist dem Steuerberater verwehrt, sich zum eigenen Vorteil auf die Formunwirksamkeit der Pauschalvereinbarung zu berufen.[128]

51 Die Berufung auf die Formnichtigkeit ist einer Partei auch untersagt, wenn sie eine **Betreuungspflicht** für den anderen Teil übernommen hat. Dies wurde zuweilen bei Wohnungsbauunternehmen angenommen,[129] im Arbeitsverhältnis aber selbst für öffentliche Arbeitgeber mit Blick auf deren Fürsorgepflichten zu Recht

115 BAG 22.4.2010 – 6 AZR 828/08, NJOZ 2010, 2078; BGH 24.4.1998 – V ZR 197/97, BGHZ 138, 339, 348; 20.9.1984 – III ZR 47/83, BGHZ 92, 164, 171; 19.11.1982 – V ZR 161/81, BGHZ 85, 315, 318; BGH 27.10.1967 – V ZR 153/64, BGHZ 48, 396, 398; zusammenfassend *Armbrüster* NJW 2007, 3317.

116 BGH 22.1.2014 – XII ZR 68/10, NZM 2014, 239 (240); BAG 22.4.2010 – 6 AZR 828/08, NJOZ 2010, 2078; BGH 19.11.1982 – V ZR 161/81, BGHZ 85, 315; BGH 21.4.1972 – V ZR 42/70, NJW 1972, 1189; BGH 25.9.1957 – V ZR 188/55, WM 1957, 1440.

117 BAG 16.9.2004 – 2 AZR 659/03, NJW 2005, 844 (Verbot des widersprüchlichen Verhaltens); LG Frankfurt/Main 22.9.2006 – 2 O 48/05, NJW-RR 2007, 589 (590) (zu § 550 S. 1).

118 BGH 27.9.2017 – XII ZR 114/16, NJW 2017, 3772 (3776); 25.11.2015 – XII ZR 114/14, NJW 2016, 311 (313).

119 MüKoBGB/*Einsele* § 125 Rn. 68; **aA** *Wolf/Neuner* BGB AT § 44 Rn. 77; BGH 16.2.1954 – V BLw 60/53, BGHZ 12, 286, 304, BGH 3.11.2016 – III ZR 286/15, NJW-RR 2017, 596 (597).

120 BGH 21.3.1969 – V ZR 87/67, NJW 1969, 1167; 18.2.1955 – V ZR 108/53, BGHZ 16, 334, 338; RG

10.10.1919 – III 73/19, RGZ 96, 313, 315; *Medicus/ Petersen* BGB AT Rn. 631; *Bork* BGB AT Rn. 1079; *Wolf/Neuner* BGB AT § 44 Rn. 76.

121 OLG Hamm 20.9.2005 – 28 U 39/05, NJOW 2005, 428 (434 f.).

122 BGH 10.6.1977 – V ZR 99/75, NJW 1977, 2072; abw. allerdings BGH 10.2.1971 – VIII ZR 208/69, WM 1971, 383 (384).

123 BGH 29.1.1965 – V ZR 53/64, NJW 1965, 812; 21.3.1969 – V ZR 87/67, NJW 1969, 1167.

124 BGH 22.6.1973 – V ZR 146/71, NJW 1973, 1455 (1456); 9.3.1965 – V ZR 97/72, WM 1965, 480 (482).

125 BGH 8.4.1964 – V ZR 94/63, WM 1964, 828 (830 f.).

126 BGH 21.4.1972 – V ZR 42/70, NJW 1972, 1189.

127 OLG Celle 9.2.1994 – 3 U 83/93, DStR 1994, 630 (631).

128 OLG Schleswig-Holstein 11.1.2019 – 17 U 21/18, BeckRS 2019, 1563; OLG Celle 9.2.1994 – 3 U 83/93, DStR 1994, 630 (631).

129 BGH 21.4.1972 – V ZR 42/70, NJW 1972, 1189; *Medicus/Petersen* BGB AT Rn. 633 f.; anders aber BGH 29.1.1965 – V ZR 53/64, NJW 1965, 812; 21.3.1969 – V ZR 87/67, NJW 1969, 1167.

verneint.[130] Im Höferecht genügte früher die Existenzgefährdung der Beteiligten bei Scheitern des Geschäfts, um den Formmangel zu überwinden, vgl. aber nunmehr § 7 Abs. 2 HöfeO.[131]

c) Schutzzweck der Formvorschrift. Soweit eine Norm ausschließlich dem Schutz einer Partei dient, **52** kann sich die andere nicht auf die Formnichtigkeit berufen, sofern dies den **Schutzzweck vereiteln** würde. So liegt es etwa, wenn der Beauftragte die Herausgabe des von ihm erworbenen Grundstücks unter Hinweis auf die nicht gewahrte Form des § 311 b Abs. 1 verweigert.[132] Mit dieser Heranziehung des Schutzzwecks der jeweils betroffenen Formvorschrift kann der „Treu und Glauben"-Rechtsprechung ein überzeugender Maßstab zur Seite gestellt oder sie gar dadurch ersetzt werden. Soweit die hinter einer Formvorschrift stehenden Zwecke (Beweis, Dokumentation, Warnung, oben → Rn. 9 ff.) auf anderem Wege erreicht wurden, ist die Berufung auf die Formnichtigkeit regelmäßig als treuwidrig anzusehen. Auf subjektive Gesichtspunkte kommt es hiernach grundsätzlich nicht mehr an.

Am ehesten relevant wird dies bei der **Textform** (§ 126 b), die **ausschließlich Dokumentations- und** **53** **Informationszwecken** dient (→ § 126 b Rn. 3). Eine Berufung auf die Nichtigkeit einer Erklärung wegen Fehlens eines Merkmals der Textform wird vielfach treuwidrig sein; der Formverstoß kann allerdings zu Beweisnachteilen in einem späteren Prozess führen.

II. Vereinbarte Formerfordernisse (S. 2)

1. Mangel der gewillkürten Form. Zur Vertragsfreiheit gehört, dass die Parteien bei gesetzlich nicht **54** formpflichtigen Rechtsgeschäften vereinbaren können, es solle eine bestimmte Form gelten. Die Wahrung dieser vereinbarten Form kann als Gültigkeitsvoraussetzung gewollt sein („konstitutiv") **oder nur** der **Dokumentation** dienen („deklaratorisch").

Bei **deklaratorischer Form** kommt es den Parteien auf Klarstellung[133] und Beweissicherung an. So verhält **55** es sich idR bei der im Handelsverkehr zu findenden Abrede, der Vertrag solle schriftlich bestätigt werden.[134] Nach einer älteren Entscheidung des BGH soll auch bei Personenhandelsgesellschaften der Schriftformklausel lediglich Klarstellungsfunktion zukommen.[135] Der Verstoß gegen ein rein deklaratorisches Formerfordernis führt nicht zur Nichtigkeit der Erklärung, sondern zu einem Anspruch auf Nachholung der Form zu Dokumentationszwecken.[136]

Wenn die Auslegung kein überzeugendes Ergebnis in die eine oder andere Richtung bringt, ist bei Nichtein- **56** haltung der Form von der Nichtigkeit des Rechtsgeschäfts auszugehen. „**Im Zweifel**" soll die vereinbarte Form also **konstitutiv** wirken. Zur **Beweislast** im Rechtsstreit → § 127 Rn. 26.

Die Verabredung deklaratorischer und konstitutiver Formerfordernisse für einen einheitlichen rechtsge- **57** schäftlichen Vorgang ist denkbar, etwa dann, wenn nur für einen bestimmten Bereich ein konstitutives Erfordernis vereinbart wird, während im Übrigen die Form nur der Dokumentation dienen soll. **Kein** Praxisbeispiel einer solchen Vermengung ist hingegen die Vereinbarung zur Übermittlung einer Erklärung durch Einschreibebrief. Hierin kann die konstitutive Festlegung der Schriftform liegen, während es schief ist, hinsichtlich der Übermittlungsart von deklaratorischer Form zu sprechen.[137] Die Übermittlungsart (**Einschreiben**) **ist gerade keine Form**, sondern betrifft allein den Zugang der Erklärung, der auch durch eine andere als die vereinbarte Übermittlungsart (Fax statt Einschreiben) herbeigeführt werden kann.[138]

2. Verhältnis zu § 154 Abs. 2. Entspricht ein Vertrag (noch) nicht der **rechtsgeschäftlich vereinbarten** **58** **Form**, so gilt er nach der für Verträge vorrangigen Regelung des § 154 Abs. 2 im Zweifel als noch nicht geschlossen; Beurkundung meint insoweit jede Form und nicht nur die notarielle Beurkundung nach § 128.[139] Während S. 2 alle Willenserklärungen betrifft, erfasst § 154 Abs. 2 nur solche Erklärungen, die auf

130 BAG 1.12.2004 – 7 AZR 135/04, NZA 2006, 211 (215).

131 Zu § 7 HöfeO vgl. OLG Köln 27.10.2005 – 23 WLw 6/05, NJW-RR 2006, 225.

132 BGH 5.11.1982 – V ZR 228/80, BGHZ 85, 245, 251; *Wolf/Neuner* BGB AT § 44 Rn. 75.

133 BGH 21.2.1996 – IV ZR 297/94, NJW-RR 1996, 641 (642); BAG 19.12.2007 – 5 AZR 1008/06, NZA 2008, 464 (465).

134 BGH 18.3.1964 – VIII ZR 281/62, NJW 1964, 1269; für Werkvertrag über Hausbau OLG Brandenburg 13.1.2011 – 12 U 129/09, BeckRS 2011, 2102.

135 BGH 5.2.1968 – II ZR 85/67, BGHZ 49, 365; zurückhaltend Baumbach/Hopt/*Roth* HGB § 105 Rn. 63.

136 BGH 30.1.2018 – VIII ZB 74/16, NJW-RR 2018, 524 (525); Hk-BGB/*Dörner* § 125 Rn. 17; MüKo-BGB/*Einsele* § 125 Rn. 69.

137 BGH 3.11.1999 – I ZR 145/97, NJW-RR 2000, 1560 (1561); OLG Düsseldorf 27.10.2009 – 24 U 38/09, MDR 2010, 616; OLG Hamm 4.11.1994 – 30 U 185/94, NJW-RR 1995, 750 (751).

138 BGH 23.1.2013 – XII ZR 35/11, NJW 2013, 1082; BGH 21.1.2004 – XII ZR 214/00, NJW 2004, 1320 (Kündigung Mietvertrag); OLG Dresden 22.2.2017 – 5 U 961/16, NZM 2017, 442 (443); OLG Düsseldorf 27.10.2009 – 24 U 38/09, BeckRS 2010, 4609 (Kündigung Dienstvertrag); PWW/*Ahrens* BGB § 125 Rn. 23.

139 BeckOK BGB/*Eckert*, § 154 Rn. 13; Staudinger/*Hertel* (2017) BGB § 125 Rn. 125.

den Abschluss von Verträgen gerichtet sind. Deshalb kommt S. 2 erst zur Anwendung, wenn geklärt ist, dass der Vertrag unbeschadet der gegenteiligen Auslegungsregel des § 154 Abs. 2 geschlossen wurde. Dann kommt es darauf an, ob das Beurkundungserfordernis als konstitutives Merkmal gewollt war (Folge: Nichtigkeit) oder lediglich der Beweissicherung dienen sollte (Folge: Anspruch auf Nachholung der Form).[140]

59 **3. Vereinbarung in AGB.** In AGB kann ein Formerfordernis grundsätzlich zulässig vereinbart werden.[141] Die Wirksamkeit einer **(Schrift-)Formklausel** hängt von ihrer Ausgestaltung und ihrem Anwendungsbereich ab;[142] auf die Unwirksamkeit nach einer Inhaltskontrolle kann sich jedoch nur der Verwendungsgegner berufen.[143] Die Verschärfung eines gesetzlichen Schriftformerfordernisses in Allgemeinen Geschäftsbedingungen ist wegen § 307 Abs. 2 Nr. 1 unwirksam.[144] Im Arbeitsverhältnis können sog. **doppelte oder qualifizierte Schriftformklauseln**, welche auch die Aufhebung des Formerfordernisses der Schriftform unterwerfen (dazu → Rn. 64 ff.), nach § 307 Abs. 1 S. 1 in AGB unwirksam sein.[145]

60 Nicht formwahrende, individuelle Abreden bei oder nach Vertragsschluss gehen vor (§ 305 b).[146] Unwirksam ist deshalb eine Schriftformklausel, wenn sie dazu dient, Individualvereinbarungen zu unterlaufen, indem sie beim anderen Vertragsteil den Eindruck erweckt, eine lediglich mündliche Abrede sei entgegen allgemeinen Rechtsgrundsätzen unwirksam.[147] Die abweichende Vereinbarung mit einem Vertreter setzt eine entsprechende Vertretungsmacht voraus (auch: § 54 HGB, Anscheinsvollmacht).[148]

61 In **AGB** kann bei nach dem 30.9.2016 abgeschlossenen Verträgen, die nicht der notariellen Beurkundung bedürfen, für Anzeigen und Erklärungen des anderen Teils keine strengere Form als die Textform verlangt werden (§ 309 Nr. 13 b). Für notarielle Verträge darf seitdem Schriftform vorgeschrieben werden, § 309 Nr. 13 a. Bei älteren Verträgen darf der Verwender für Erklärungen des anderen Teils keine strengere Form als die Schriftform des § 126 vorschreiben, § 309 Nr. 13 aF. Davon an sich nicht erfasst ist das Erfordernis, bestimmte Formulare zu benutzen, doch verwirft die AGB-rechtliche Literatur diese Formularanforderungen als unzulässig.[149] Das ist jedenfalls dann zutreffend, wenn durch AGB nicht nur die Verwendung eines Formulars, sondern zwingend inhaltliche Bestandteile einer Erklärung als Wirksamkeitsvoraussetzung vorgeschrieben werden.[150] Ebenfalls unzulässig wegen Verstoßes gegen § 307 Abs. 1 S. 1 BGB ist eine Klausel in AGB, die für die **Beendigung des Vertragsverhältnisses** eine **strengere Form** verlangt als für dessen Begründung.[151] Es ist kein sachlicher Grund denkbar, der den Wunsch des Verwenders solcher AGB nach Verhinderung von Vertragsbeendigungen durch Formhürden rechtfertigen kann.[152]

61a Die Ersetzung durch die elektronische Form kann in Verbraucherverträgen aufgrund § 309 Nr. 13 b BGB nicht wirksam festgelegt werden, da die elektronische Form nach § 126 a BGB eine strengere Form als die Textform darstellt. Im unternehmerischen Verkehr ist der Vereinbarung ausschließlich der elektronischen Form wohl zulässig (jedoch praxisfern), da weder eine Unvereinbarkeit mit wesentlichen gesetzlichen Grundgedanken noch eine Vertragszweckgefährdung im Sinne von § 307 Abs. 2 anzunehmen ist.

62 **4. Reichweite der Formvereinbarung.** Das hauptsächliche Anwendungsfeld für gewillkürte Formerfordernisse sind **Änderungen** des Vertrages. Das Rechtsgeschäft wird insgesamt von der Formvereinbarung erfasst, sofern die Parteien nichts Abweichendes vereinbart haben.[153] Diese Vereinbarung ist ggf. durch **Auslegung** festzustellen (§§ 133, 157).

140 BGH 8.10.2008 – XII ZR 66/06, NJW 2009, 433 (434); *Bork* BGB AT Rn. 1086.
141 Zu spezifischen arbeitsvertraglichen Problemen *Hromadka* DB 2004, 1261 (1264).
142 BGH 15.2.1995 – VIII ZR 93/94, NJW 1995, 1488.
143 BAG 27. 10. 2005 – 8 AZR 3/05, NZA 2006, 257 (258); LAG Köln 21.8.2013 – 11 Sa 171/13, BeckRS 2013, 73936.
144 OLG Köln 27.4.2010 – 3 U 160/09, MMR 2010, 619 (zu § 438 Abs. 4 S. 1 HGB).
145 BAG 20.5.2008 – 9 AZR 382/07, BAGE 126, 364; LAG SchlH 23.5.2013 – 5 Sa 375/12.
146 BGH 25.1.2017 – XII ZR 69/16, NJW 2017, 1017 (1018); BAG 20.5.2008 – 9 AZR 382/07, BAGE 126, 364; BGH 15.6.1988 – VIII ZR 316/87, BGHZ 104, 396; LAG Köln 15.11.2019 – 4 Sa 771/18, NZA-RR 2020, 82 (85).
147 BGH 10.5.2007 – VII ZR 288/05, NJW 2007, 3712; 27.9.2000 – VIII ZR 155/99, BGHZ 145, 203; 15.2.1995 – VIII ZR 93/94, NJW 1995, 1488.
148 BGH 26.3.1986 – VIII ZR 85/85, NJW 1986, 1809 (1810).

149 BeckOK BGB/*Becker* § 309 Nr. 13 Rn. 4; Palandt/ *Grüneberg* BGB § 309 Rn. 112.
150 LG München I 30.1.2014 – 12 O 18571/13, MMR 2014, 474 = *Kremer/Schmidt*, juris PR-ITR 10/2014 Anm. 6; OLG Frankfurt aM 13.1.2015 – 9 W 1/15, BeckRS 2015, 03434.
151 BGH 14.7.2016 – III ZR 387/15, NJW 2016, 2800 (2801); LG München I 30.1.2014 – 12 O 18571/13, MMR 2014, 474 = *Kremer/Schmidt*, juris PR-ITR 10/2014 Anm. 6; *Hoffmann/Höpfner* BB 2016, 2952 (2953); ähnlich: AG Bremerhaven 21.1.2014 – 51 C 0233/13, BeckRS 2014, 3320.
152 *Kremer/Schmidt*, juris PR-ITR 10/2014 Anm. 6; **diff**. BGH 14.7.2016 – III ZR 387/15, NJW 2016, 2800 (2801), der das Bestehen eines sachlichen Grundes nicht von vornherein ausschließt, im zu entscheidenden Fall jedoch verneint.
153 Zur Erstreckung der Formvereinbarung auf zusätzliche Vergütungsabreden BGH 10.5.2007 – VII ZR 288/05, NJW 2007, 3712.

Das Formerfordernis gilt im Zweifel auch für einen **Vorvertrag**, wenn der Hauptvertrag gewillkürt formbe- **63**
dürftig ist.[154] Es greift hingegen **nicht** bei **Aufhebung** des Vertrages. Die Aufhebung ist (ebenso wie beim
gesetzlichen Formzwang, → Rn. 22) formfrei möglich, sofern nicht ausnahmsweise *dafür* ein Formzwang
vereinbart wurde. Dies ist ebenfalls im Wege der Auslegung zu klären, wobei hier die Beweislast bei demjenigen liegt, der eine Formbedürftigkeit behauptet. In einem **arbeitsrechtlichen Sonderfall** ist für die Aufhebung (Kündigung) die Schriftform gesetzlich angeordnet (vgl. § 623);[155] dies gilt auch für den auf Aufhebung des Arbeitsverhältnisses gerichteten Vorvertrag.[156]

5. Aufhebung der Formvereinbarung. Die Parteien können die von ihnen getroffene Formvereinbarung **64**
einvernehmlich jederzeit wieder aufheben.[157] Umstritten ist allerdings, inwiefern diese **Aufhebungsabrede**
ihrerseits der vereinbarten Form unterliegt. Eine eindeutige Regelung trifft insofern Art. 29 Abs. 2 CISG für
den internationalen Handelskauf, wonach eine einmal vereinbarte Schriftform auch für Vertragsänderungen
beachtet werden muss. Im Übrigen soll aber die Aufhebungsvereinbarung auch formlos getroffen werden
können,[158] dies nach mancher Auffassung selbst dann, wenn der Vertrag für die Aufhebung über eine **qualifizierte (doppelte) Schriftformklausel** ausdrücklich Formzwang vorsieht.[159] Im Prozess ist aufgrund dieser Auffassung der Formmangel nur auf Rüge zu beachten (→ Rn. 76).[160]

Indessen ist die Ansicht, die die doppelte Schriftformklausel beiseite schiebt, abzulehnen.[161] Vielmehr muss **65**
man die **Parteivereinbarung** ernst nehmen – das ist genau die Achtung der durch § 125 S. 2 für diesen Fall
geschützten Vertragsfreiheit, welche die Gegenmeinung für sich reklamiert.[162] Nur so kann ein wirksamer
Übereilungsschutz bei konstitutiven Formerfordernissen erreicht werden. Sollte eine an sich formbedürftige
Vertragsänderung unter den Parteien praktiziert worden sein, so ist es ihnen aber unter Umständen verwehrt,
einen die Nichtigkeit begründenden Formmangel geltend zu machen (→ Rn. 45 ff., → Rn. 69).[163] Dieser
Weg führt im Ergebnis vielfach zu denselben Resultaten wie die in → Rn. 64 genannte Auffassung, die von
einer formlosen Aufhebung ausgeht. Aber er respektiert im Grundansatz sowohl die ursprüngliche Parteiabrede als auch im Einzelfall die konträr dazu sich entwickelnde Lebenswirklichkeit.

Ein Teil der Rechtsprechung und der Literatur geht sogar noch einen Schritt weiter als die bei → Rn. 64 **66**
dargestellte Ansicht: Hiernach soll eine Aufhebungsvereinbarung sogar durch **schlüssiges Verhalten**
begründet werden können.[164] Auch wenn sich die Parteien über die Formabrede keine Vorstellung gemacht
haben, weil sie nicht mehr daran dachten,[165] soll in ihrem Verhalten eine stillschweigende Aufhebung oder
Einschränkung der Formvereinbarung zu finden sein.[166] Damit verlässt man aber endgültig die Grundsätze
privatautonomer Vertragsbindung. Diese Kritik ist nicht nur dogmatisches Beharren, sondern findet ihre
sachliche Rechtfertigung in den Interessen der Parteien. Diese Interessen haben ihren Ausdruck in der Formabrede gefunden, mit der regelmäßig ein Dokumentationszweck verfolgt wird und die Parteien sich vor
übereilten Erklärungen schützen wollen. Darüber darf nicht mit Willensfiktionen leichtfertig hinweggegan-
gen werden. Auch hier handelt es sich also in Wahrheit um einen Fall der Treuwidrigkeit (→ Rn. 45 ff.,
→ Rn. 69), wenn eine Partei nach längerer Praxis einer abweichenden Rechtslage auf der Formnotwendig-
keit und der an sich gegebenen Nichtigkeitsfolge beharrt.

Eine Ausnahme von dem Grundsatz formloser Formaufhebung wird für qualifizierte Schriftformklauseln **67**
gemacht, durch die **Kaufleute** in einem **Individualvertrag** vereinbaren, auf die zwischen ihnen vereinbarte

---

154 BGH 3.6.1958 – I ZR 83/57, NJW 1958, 1281.
155 Anders für die Beendigung des Arbeitsvertrags vor
Inkrafttreten des § 623: BAG 16.5.2000 – 9 AZR
245/99, BAGE 94, 325; *Richardi/Annuß* NJW 2000,
1231.
156 BAG 17.12.2009 – 6 AZR 242/09, NJW 2010, 1100
(1102).
157 BGH 2.6.1976 – VIII ZR 97/74, BGHZ 66, 378, 380.
158 BAG 25.4.2007 – 5 AZR 504/06, NZA 2007, 801
(802); BGH 21.9.2005 – XII ZR 312/02, BGHZ 164,
133; 15.5.1991 – VIII ZR 38/90, NJW 1990, 1750
(1751), Palandt/*Ellenberger* BGB § 125 Rn. 19;
Stadler JA 2016, 464; **abw**. MüKoBGB/Einsele
§ 125 Rn. 70.
159 *Häsemeyer* JuS 1980, 1 (8); *Bork* BGB AT Rn. 1066;
ebenso für Nebenabreden im Arbeitsverhältnis BAG
20.5.2008 – 9 AZR 382/07, BAGE 126, 364.
160 *Schneider* MDR 2000, 354 (357).
161 BAG 24.6.2003 – 9 AZR 302/02, NJW 2003, 3725
(3727); LG Köln 7.1.2010 – 8 O 120/09, BeckRS

2010, 00846; Palandt/*Ellenberger* BGB § 125 Rn. 19;
krit. auch OLG Koblenz 8.11.2004 – 12 U 244/03,
NJOZ 2005, 2919 (2923).
162 KG 18.8.2005 – 8 U 106/04, NZM 2005, 908; repräsentativ *Bork* BGB AT Rn. 1066 aE.
163 Zur Berufung auf die Formnichtigkeit als unzulässige
Rechtsausübung bei einem anderen Sachverhalt BGH
27.10.1967 – V ZR 153/64, BGHZ 48, 396, 399.
164 BGH 20.6.1962 – V ZR 157/60, NJW 1962, 1908;
BAG 10.1.1989 – 3 AZR 460/87, NJW 1989, 2149;
Brandenburgisches OLG 18.7.2001 – 4 U 184/00,
NJW-RR 2001, 1673.
165 BGH 19.9.1966 – VIII ZR 106/64, WM 1966, 1200;
26.11.1964 – VII ZR 111/63, NJW 1965, 293.
166 BGH 30.9.1992 – VIII ZR 196/91, BGHZ 119, 283,
291; 15.5.1991 – VIII ZR 38/90, NJW 1990, 1750
(1751); 2.7.1975 – VIII ZR 223/73, NJW 1975, 1653
(1654); 26.11.1964 – VII ZR 111/63, NJW 1965,
293; OLG Düsseldorf 1.6.2006 – 10 U 1/06, ZMR
2007, 35; Palandt/*Ellenberger* BGB § 125 Rn. 19.

Schriftform könne unter Einhaltung der Schriftform verzichtet werden.[167] Dasselbe sollte allerdings auch für Nicht-Kaufleute gelten, wenn nur die Abrede Entsprechendes vorsieht.[168]

68 Eine von den Parteien erstellte Vertragsurkunde hat weiterhin stets die **Vermutung der Vollständigkeit und Richtigkeit** für sich, so dass derjenige, der sich auf eine **formlose Vertragsänderung** oder -aufhebung beruft, diese beweisen muss (→ Rn. 77).

69 **6. Treuwidrige Berufung auf die Formvereinbarung.** Ebenso wie bei der gesetzlich angeordneten Form ist es möglich, dass sich die Berufung auf die Rechtsfolge der Nichtigkeit als treuwidrig erweist. Die Berufung auf Treu und Glauben folgt grundsätzlich denselben **engen Kriterien**, die unter → Rn. 45 ff. für die gesetzlichen Formgebote dargelegt wurden. Freilich wird man bei rechtsgeschäftlich vereinbarter Form eher noch auf die besonderen Verhältnisse der Parteien untereinander Rücksicht nehmen können.

III. Öffentlich-rechtliche Formvorschriften

70 Die **Gemeindeordnungen** der Länder sehen zumeist vor, dass privatrechtliche Verpflichtungsgeschäfte der Gemeinde der Schriftform sowie ggf. weiterer Förmlichkeiten bedürfen, wie zB der eigenhändigen Unterzeichnung bestimmter Vertretungsorgane oder der Verwendung von Dienstsiegeln.[169] Ausgenommen sind im Regelfall Geschäfte der laufenden Verwaltung.[170]

71 Bei den jeweiligen landesrechtlichen Vorschriften handelt es sich entgegen ihrem irreführenden Wortlaut nach ganz hM im Bereich des Privatrechts nicht um Formvorschriften, sondern um **Vertretungsregeln**.[171] Für die Aufstellung von Formvorschriften fehlt den Ländern aufgrund von Art. 55 EGBGB die Gesetzgebungskompetenz. Als wirksame Formvorschriften können diese Regelungen daher nur bei öffentlich-rechtlichen Erklärungen angesehen werden, im Privatrechtsverkehr wären sie hingegen ohne Wirkung.[172]

72 Ein Verstoß gegen diese landesrechtlichen Vorschriften im Bereich des Privatrechts führt wegen ihrer Natur als Vertretungsregelungen zur Anwendung der §§ 177 ff. Die Wirksamkeit des Geschäfts hängt dann von der **Genehmigung** des zuständigen Aufsichtsorgans ab.

73 Die Regeln der **Anscheins- und Duldungsvollmacht** sind nicht anzuwenden, da diese Grundsätze nicht dazu dienen, den im öffentlichen Interesse bestehenden Vertretungsregeln im Einzelfall jegliche Wirkung zu nehmen. Wenn die Vertretungsmacht an die Beachtung gewisser Förmlichkeiten gebunden ist, so können nicht die Regeln der Anscheins- oder Duldungsvollmacht einer Verpflichtungserklärung, bei der diese Förmlichkeiten erkennbar missachtet worden sind, trotzdem bindende Wirkung verschaffen.[173]

74 Im Einzelfall kann allerdings dennoch das Vereinbarte auch ohne Genehmigung gelten, wenn der Grundsatz von Treu und Glauben (§ 242) dies aufgrund eines ansonsten bestehenden, schlechthin untragbaren Ergebnisses gebietet (→ Rn. 45 ff.).[174] Vorschriften über die Vertretungsmacht der zur Vertretung berufenen Organe können (anders als Bestimmungen über reine Förmlichkeiten wie Schriftform, Angabe der Dienstbezeichnung, Beifügung des Amtssiegels) freilich nicht durch den Einwand des Verstoßes gegen Treu und Glauben außer Kraft gesetzt werden.[175] In Betracht kommt weiterhin ein auf das negative Interesse, also nicht auf Erfüllung, gerichteter Schadensersatzanspruch gem. §§ 280 Abs. 1, 311 Abs. 2, 241 Abs. 2.[176]

167 BGH 2.6.1976 – VIII ZR 97/74, BGHZ 66, 378.

168 Zutr. BAG 24.6.2003 – 9 AZR 302/02, NJW 2003, 3725 (3727) (zum Verhältnis von doppelter Schriftformklausel zur abweichenden betrieblichen Übung); BFH 31.7.1991 – I S 1/91, DB 1991, 2521 (zum Vertrag eines GmbH-Geschäftsführers); MüKoBGB/*Einsele* § 125 Rn. 71; *Medicus/Petersen* BGB AT Rn. 641; *Wolf/Neuner* BGB AT § 44 Rn. 85.

169 Bad.-Württ. § 54 Abs. 1 GO; Bay. Art. 38 Abs. 2 S. 1 GO; Brandenburg § 57 Abs. 2 KVerf; NRW § 64 Abs. 1 GO; Sachsen § 60 Abs. 1 GO; Sachsen-Anhalt § 70 Abs. 1 GO; Thüringen § 31 Abs. 2 KommunalO; Berlin § 23 S. 1 Gesetz über die Zuständigkeiten in der allgemeinen Berliner Verwaltung; Hessen § 71 Abs. 2 GO; Mecklenburg-Vorpommern §§ 38 Abs. 6, 143 Abs. 2 Kommunalverfassung; Rheinland-Pfalz § 49 Abs. 1 GO; Saarland § 62 Abs. 1 KommunalselbstverwaltungsG; Schleswig-Holstein §§ 51 Abs. 2, 56 Abs. 2, 64 Abs. 2 GO; Niedersachsen § 63 Abs. 2 GO.

170 Vgl. zur Auslegung des Begriffs: BGH 20.9.1984 – III ZR 47/83, BGHZ 92, 164, 173.

171 BGH 4.12.1981 – V ZR 241/08, NJW 1982, 1036 (1037); OLG Köln 3.12.2019 – 14 U 25/19, BeckRS 2019, 37345; LG Trier 9.5.2018 – 5 O 209/17, BeckRS 2018, 27656; Palandt/*Ellenberger* BGB § 125 Rn. 15; BeckOK BGB/*Wendtland* § 125 Rn. 5; aA MüKoBGB/*Einsele* § 125 Rn. 31.

172 BGH 4.12.1981 – V ZR 241/08, NJW 1982, 1036 (1037); MüKoBGB/*Einsele* § 125 Rn. 30.

173 BGH 13.10.1983 – III ZR 158/82, NJW 1984, 606 (607); 6.7.1995 – III ZR 176/94, NJW 1995, 3389 (3390); OLG Köln 29.1.2004 – 7 U 109/03, BeckRS 2004, 149803.

174 BGH 16.11.1978 – III ZR 81/77, NJW 1980, 117 f.; 15.4.1998 – VIII ZR 129/97, NJW 1998, 3058 (3060).

175 BGH 20.9.1984 – III ZR 47/83, BGHZ 92, 164, 174.

176 BGH 20.9.1984 – III ZR 47/83, BGHZ 92, 164; 11.6.1992 – VII ZR 110/91, NJW-RR 1992, 1435 (1436).

Das Vorstehende gilt auch bei vergleichbaren landesrechtlichen Vorschriften für öffentlich-rechtliche Körperschaften wie zB **Kirchengemeinden**,[177] nicht hingegen bei Formvorschriften für **Sparkassen**, da aufgrund der Regelung des Art. 99 EGBGB den Ländern hierfür die Gesetzgebungskompetenz zusteht.[178] **75**

C. Prozesssituation

Die Nichtbeachtung von Formerfordernissen ist eine **von Amts wegen zu beachtende** (rechtshindernde) **Einwendung**; daher ist weder von Bedeutung, ob sich eine Partei auf die Formunwirksamkeit berufen hat, noch, ob beide Vertragsparteien den Vertrag als wirksam behandeln wollen. **76**

Wer aus einem Rechtsgeschäft Rechte herleitet, muss die Einhaltung der Formerfordernisse **beweisen**, es handelt sich hierbei also um ein Merkmal des anspruchsbegründenden Tatbestands. Für das förmlich Vereinbarte gilt dann aber die **Vermutung der Richtigkeit und Vollständigkeit**.[179] Eine Partei, die – entgegen der vereinbarten Formpflicht – die formlose Abänderung oder Ergänzung des Rechtsgeschäfts behauptet (s. aber zum Streit über die Zulässigkeit einer solchen Abänderung → Rn. 64 ff.), muss diesen Umstand beweisen.[180] Bei Verträgen, die über einen **längeren Zeitraum** zu den behaupteten abgeänderten Konditionen praktiziert wurden, ist eine tatsächliche Vermutung für die streitige formlose Vertragsrevision anzunehmen;[181] dies führt zu einer Umkehr der Darlegungs- und Beweislast. **77**

§ 126 Schriftform

(1) Ist durch Gesetz schriftliche Form vorgeschrieben, so muss die Urkunde von dem Aussteller eigenhändig durch Namensunterschrift oder mittels notariell beglaubigten Handzeichens unterzeichnet werden.

(2) ¹Bei einem Vertrag muss die Unterzeichnung der Parteien auf derselben Urkunde erfolgen. ²Werden über den Vertrag mehrere gleichlautende Urkunden aufgenommen, so genügt es, wenn jede Partei die für die andere Partei bestimmte Urkunde unterzeichnet.

(3) Die schriftliche Form kann durch die elektronische Form ersetzt werden, wenn sich nicht aus dem Gesetz ein anderes ergibt.

(4) Die schriftliche Form wird durch die notarielle Beurkundung ersetzt.

Literatur: *Abram*, Schriftformprobleme im Internet – Eine Bestandsaufnahme, NVersZ 2002, 202; *Ackermann*, Vertretung bei formgebundenen Willenserklärungen, NZM 2005, 491; *Borges*, Verträge im elektronischen Geschäftsverkehr: Vertragsabschluß, Beweis, Form, Lokalisierung, anwendbares Recht, 2003; *Dzida/Krois*, Schriftformerfordernis in AGB unzulässig? – Was künftig für arbeitsvertragliche Ausschlussfristen zu beachten ist, MDR 2016, 1357; *Eberle*, Geltendmachung der Unwirksamkeit der mündlichen Kündigung, NZA 2003, 1122; *Gores/Podann,* Kündigung eines Vertrages – Die wichtigsten Formalien und ihre Fallstricke in der Praxis, MDR 2018, 1032; *Gragert/Wiehe*, Das BAG im Strudel neuer Medien, NZA 2001, 311; *Häsemeyer*, Die Bedeutung der Form im Privatrecht, JuS 1980, 1; *Hagen*, Formzwang, Formzweck und Rechtssicherheit, in: FS Schippel 1996, S. 173; *Heinemann*, Nochmals: Zu den Anforderungen an die Unterschrift der Beteiligten in der notariellen Niederschrift, DNotZ 2003, 243; *Hergenröder*, Testieren 2.0: Einrichtung eines digitalen Testaments mittels Touch- oder Smartpen?, ZEV 2018, 7; *Holzhauer*, Die eigenhändige Unterschrift, 1973; *Jacoby*, Die gesetzliche Schriftform bei Abschluss und Änderung von Gewerberaummietverträgen, NZM 2011, 1; *Jakob*, Schriftlichkeitserfordernisse im Mitbestimmungsrecht, NZA 2006, 345; *Köhler*, Die Unterschrift als Rechtsproblem, in: FS Schippel 1996, S. 209; *Kuckein*, Einhaltung der gesetzlichen Schriftform bei Unterzeichnung eines Mietvertrags für eine Kapitalgesellschaft, NZM 2010, 148; *Lindner-Figura*, Die gesetzliche Schriftform von Geschäftsraummietverträgen, in: FS Blank 2006, 301; *Leonhard*, Schriftformrisiken bei formlosen Änderungsvereinbarungen, NZM 2008, 353; *Mertens, B.*, Die Reichweite gesetzlicher Formvorschriften im BGB, JZ 2004, 431; *Michalski*, Schriftformklauseln in Individual- und Formularverträgen, DStR 1998, 771; *Röger*, Gesetzliche Schriftform und Textform bei arbeitsrechtlichen Erklärungen, NJW 2004, 1764; *Rösler*, Formbedürftigkeit der Vollmacht, NJW 1999, 1150; *Schippers*, Form und Erklärung – Verkörperungsform, Abgabeform, Zugangsform, DNotZ 2006, 726; *Schneider*, Über gekrümmte Linien, Bogen, Striche, Haken und Unterschriften, NJW 1998, 1844; *Schweitzer*, Die Mietvertragsänderung: Alarmstufe rot für das Wahren der Schriftform, NJW 2019, 198; *Timme/Hülk*, Schriftform bei langfristigen Mietverträgen – ein Dauerproblem, NJW 2007, 3313; *Toussaint*, Form- und Fristwahrung durch Telefax, NJW 2015, 3207; *Tschentscher*, Beweis und Schriftform bei Telefaxdokumenten, CR 1991, 141; *Weinbrenner/Portnjagin*, Aktuelles zum Schriftformerfordernis im (öffentlich-rechtlichen) Arbeitsverhältnis, öAT 2016, 219; *Weitemeyer*, Die Schriftform bei Vertretung einer GbR, NZG 2006, 10 (vgl auch § 125; zur elektronischen Form auch § 126 a).

177 OLG Hamm 17.9.1991 – 7 U 74/91, NJW-RR 1992, 1402; 7.10.1993 – 2 U 82/93, NVwZ 1994, 205; OLG Köln 21.4.1993 – 13 U 240/92, NJW-RR 1994, 211.

178 BGH 10.5.1978 – IV ZR 51/77, WM 1978, 895.

179 BGH 19.3.1980 – VIII ZR 183/79, NJW 1980, 1680; 5.2.1999 – V ZR 353/97, NJW 1999, 1702.

180 *Medicus/Petersen* BGB AT Rn. 643.

181 BGH LM § 305 aF Nr. 17; LM § 105 HGB Nr. 22; OLG Frankfurt 4.2.1981 – 17 U 24/77, MDR 1981, 498.

A. **Allgemeines** 1
   I. Normzweck 1
   II. Anwendungsbereich 2
B. **Regelungsgehalt** 9
   I. Gesetzliche Schriftform (Abs. 1) 9
     1. Urkunde 9
       a) Allgemeines 9
       b) Inhalt 12
       c) Einheitlichkeit 15
       d) Beweiskraft 18
     2. Eigenhändige Unterzeichnung durch
       Namensunterschrift 19
       a) Funktionen der Unterschrift 19
       b) Blankounterschrift 23
       c) Namensunterschrift 27
       d) Eigenhändigkeit 32
       e) Handzeichen 36
       f) Unterschrift durch Vertreter.......... 37

       g) Ersetzung der Unterschrift durch
         gerichtlichen Vergleich 40
     3. Empfangsbedürftige Willenserklärung 41
   II. Schriftform bei Verträgen (Abs. 2) 43
   III. Elektronische Form (Abs. 3) 48
     1. Ersetzung durch die elektronische Form .. 48
       a) Bedeutung der Ersetzung 48
       b) Umfang der Ersetzung 49
     2. Ausschluss der Ersetzung 52
       a) Ausschluss durch gesetzliche Anord-
         nung 52
        aa) Ausdrücklicher Ausschluss 53
        bb) Ausschluss kraft Natur der Sache ... 55
       b) Ausschluss wegen fehlendem Einver-
         ständnis 56
       c) Ausschluss im Vereins- und Gesell-
         schaftsrecht 60
   IV. Notarielle Beurkundung (Abs. 4) 61

A. Allgemeines

I. Normzweck

1 § 126 regelt die Anforderungen, die zur Einhaltung der gesetzlich vorgeschriebenen Schriftform zu erfüllen sind. Die Vorschrift dient dem **Schutz vor Übereilung** und hat vor allem **Klarheits- und Beweissicherungsfunktion**.[1] Um Letzteres zu gewährleisten, soll durch das Erfordernis der Schriftform (Abs. 1) der Aussteller der Urkunde erkennbar (Identitätsfunktion) und die Urheberschaft des Ausstellers überprüfbar sein (Echtheitsfunktion). Dasselbe gilt bei elektronischen Dokumenten für die qualifizierte elektronische Signatur, welche die Schriftform grundsätzlich ersetzen kann (Abs. 3).

II. Anwendungsbereich

2 Die Vorschrift findet Anwendung, wenn das Gesetz die Einhaltung der Schriftform vorschreibt.[2] **Schriftform wird verlangt im BGB** ua in §§ 32 Abs. 2, 33 Abs. 1 S. 2, 37 Abs. 1, 81 Abs. 1, 111 S. 2, 368 S. 1, 409 Abs. 1 S. 2, 410 Abs. 1 S. 1, Abs. 2, 416 Abs. 2 S. 2, 484 Abs. 1, 492 Abs. 1, 510 Abs. 11 S. 1,[3] 550 S. 1,[4] 557 a Abs. 1, 557 b Abs. 1, 568 Abs. 1, 574 b Abs. 1, 575 Abs. 1 S. 1, 577 Abs. 3, 585 a, 594 f, 623,[5] 630 S. 1 (bei Arbeitnehmern iVm § 109 Abs. 1 S. 1 GewO), 655 b Abs. 1 S. 1, 702 a Abs. 2, 761 S. 1, 766 S. 1, 780 S. 1, 781 S. 1, 784 Abs. 2, 792 Abs. 1 S. 2, 793 Abs. 1 S. 1, 1128 Abs. 2, 1154 Abs. 1 S. 1, 1906 Abs. 5 S. 1. Die gesetzlichen Formulierungen sind uneinheitlich. Das BGB spricht nicht immer von Schriftform bzw. schriftlicher Form, sondern belässt es vielerorts bei dem bloßen, die Schriftform kennzeichnenden Zusatz „schriftlich": schriftliches Verlangen (§ 37 Abs. 1), schriftliche Anzeige (§ 410 Abs. 2), schriftliche Mitteilung (§§ 416 Abs. 2 S. 2, 575 Abs. 1 S. 1, 626 Abs. 2 S. 3), schriftliche Vereinbarung (§§ 557 a Abs. 1, 557 b Abs. 1), schriftliche Erteilung einer Erklärung (§§ 574 b Abs. 1 S. 1, 577 Abs. 3, 702 a Abs. 2, 766 S. 1, 761 S. 1, 780 S. 1, 781 S. 1, 1906 Abs. 5 S. 1), schriftliche Erteilung einer Zustimmung (§§ 32 Abs. 2, 33 Abs. 1 S. 2, 1128 Abs. 2); schriftliche Geltendmachung (§ 15 Abs. 4 S. 1 AGG); schriftlichen Vermerk (§ 784 Abs. 2). Auch von der Ausstellung einer Urkunde (§§ 409 Abs. 1 S. 2, 410 Abs. 1 S. 1, 793 Abs. 1 S. 1) und eines schriftlichen Empfangsbekenntnisses (Quittung) ist die Rede (§ 368 S. 1).

3 Gesetz ist jede Rechtsnorm (Art. 2 EGBGB, → § 125 Rn. 5 ff.). Daher gilt § 126 für alle (privatrechtlichen) Normen, die Schriftform anordnen. **Außerhalb des BGB** ist die Schriftform zB vorgeschrieben in § 15 Abs. 4 S. 1 **AGG**; §§ 20 Abs. 1 S. 1, 32 Abs. 1, 108 Abs. 3 S. 1, 122 Abs. 1 **AktG**; § 12 Abs. 1 **AÜG;**[6] § 22

---

1 *Wolf/Neuner* BGB AT § 44 Rn. 27; MüKoBGB/*Einsele* § 126 Rn. 1.

2 Palandt/*Ellenberger* BGB § 126 Rn. 1; MüKoBGB/*Einsele* § 126 Rn. 3.

3 Zur Ausnahme bei geringwertigen Verträgen BGH 5.2.2004 – I ZR 90/01, NJW-RR 2004, 841 (842).

4 Für § 127: *Ormanschick/Rieke* MDR 2002, 247; dagegen zutreffend *Timme/Hülk* NJW 2007, 3313 (3315).

5 Zur Entbehrlichkeit der Gegenzeichnung einer schriftlich erteilten Klageverzichtserklärung nach

Kündigung OLG Hamm 9.10.2003 – 11 Sa 515/03, ZIP 2004, 476; *Pomberg* EWiR 2004, 795 f.; zur fehlenden Anwendbarkeit von § 623 auf Umschulungsverträge BAG 19.1.2006 – 6 AZR 638/04, NJW 2006, 2796 f.

6 Schriftform gilt nur für den Arbeitnehmerüberlassungsvertrag zwischen Verleiher und Entleiher, nicht für die Konkretisierung der Person des Leiharbeitnehmers gem. § 1 Abs. 1 S. 6 AÜG, die formlos erfolgen kann, so auch Urban-Crell/Germakowski/Bissels/Hurst AÜG § 1 Rn. 292 (str.).

Abs. 3 **BBiG**; §§ 26 Abs. 26 Abs. 2 S. 3, 31 Abs. 2 S. 1 Nr. 4 a), 32 Abs. 2 S. 2, 33 Abs. 2 S. 2, 51 Abs. 2, 57 Abs. 6 S. 1, 58 Abs. 6 S. 1, 59 Abs. 2, 62 Abs. 3 S. 1, Abs. 6, 69 Abs. 3 S. 1, 70 Abs. 3 **BDSG**; §§ 7 Abs. 1 S. 1, 16 Abs. 1 S. 1 **BEEG**; §§ 76 Abs. 3 S. 4,[7] 77 Abs. 2, 112 Abs. 1 S. 1 **BetrVG**;[8] § 11 **BJagdG**; § 7 **BKleingG**; § 9 Abs. 2 **BPersVG**;[9] § 5 Abs. 1 S. 2, 10 Abs. 1, Abs. 2, 12 Abs. 1 S. 2, 13 Abs. 1 S. 2, 15 Abs. 2, 20 Abs. 2, Abs. 3 S. 2, 24 Abs. 1 **DepotG**; § 3 Abs. 1 **FernUSG**; § 30 Abs. 2 **GWB**; § 7 Abs. 1 **HOAI**; § 17 Abs. 2 S. 1 **KHEntgG**;[10] § 10 Abs. 1 S. 1 **RVG** §§ 5, 11 Abs. 2 Nr. 1 **GenG**; §§ 74 Abs. 1, 90 a Abs. 1 S. 1, 363 **HGB**; § 1 Abs. 2 **TVG**; §§ 8 Abs. 5, 14 Abs. 4 **TzBfG**; § 4 Abs. 2, 8 Abs. 1 S. 1. 12 Abs. 1 S. 1, 22 Abs. 1 S. 1, 45 Abs. 3, 91 Abs. 1, 100, 122 j Abs. 1 S. 2, 127, 133 Abs. 5, 157 Abs. 3, 192 Abs. 1, 224 Abs. 4 **UmwG**; §§ 31 a Abs. 1 S. 1, S. 2; 40 Abs. 1 S. 1 **UrhG**. Auch die durch Tarifvertrag bestimmte Schriftform fällt unter § 126 (→ § 125 Rn. 7).

Die Formvorschriften gelten nicht nur für **Rechtsgeschäfte** bzw. **Willenserklärungen**, sondern auch für **4** **geschäftsähnliche Handlungen**.[11] Aus dem Wortlaut des § 126 Abs. 1 und der Terminologie der durch das FormVAnpG mit Wirkung zum 1.8.2001 in das BGB eingefügten elektronischen Form und Textform (§§ 126 a, 126 b), die ebenso wie § 371 a Abs. 1 S. 2 ZPO schlicht an eine „Erklärung" anknüpfen (→ § 126 a Rn. 42), lässt sich eine Beschränkung der Formvorschriften auf Rechtsgeschäfte bzw. Willenserklärungen nicht ableiten. Angesichts des gesetzlichen Anwendungsbereichs des § 126 b, der sich im Wesentlichen auf geschäftsähnliche Handlungen erstreckt[12] (Aufzählung bei → § 126 b Rn. 4 f.), und der Vorgehensweise des jüngeren Gesetzgebers, der vielfach die Schriftform durch die Textform ersetzt hat (→ § 126 b Rn. 5), lässt sich die Stellung der Formvorschriften im Abschnitt 3 des Allgemeinen Teils unter dem Titel 2 „Willenserklärungen" nicht für ein anderes Ergebnis heranziehen. Dies wird durch §§ 630 S. 1 und 109 Abs. 1 S. 1 GewO bestätigt, wonach für die Zeugniserteilung die elektronische Form gem. §§ 630 S. 3, 109 Abs. 3 GewO ausdrücklich ausgeschlossen ist. Fänden §§ 126 Abs. 3, 126 a auf geschäftsähnliche Handlungen keine Anwendung, wäre der gesetzlich angeordnete Ausschluss der elektronischen Form entbehrlich.[13]

Soweit das BGB von „schriftlich" in §§ 1712 Abs. 1, 1715 Abs. 1 S. 1, 1901 a Abs. 1 S. 1, Abs. 2 S. 3 **5** spricht oder wie in § 260 Abs. 1 eine schriftliche Erklärung verlangt,[14] sind keine rechtsgeschäftlichen oder geschäftsähnlichen Vorgänge betroffen, weshalb für § 126 kein unmittelbarer Anwendungsbereich eröffnet ist.

Über §§ 62 S. 2, 57 VwVfG gilt § 126 grds. auch für **öffentlich-rechtliche Verträge**,[15] nicht aber ohne Wei **6** teres im sonstigen öffentlichen Recht (zu landesrechtlichen Verwaltungsvorschriften → § 125 Rn. 70 ff.).[16] Die Vorschrift gilt mit Ausnahme von §§ 38 Abs. 2 S. 2, Abs. 3, 1031 Abs. 1 ZPO auch nicht für schriftlich vorzunehmende Prozesshandlungen im **Zivilprozess**.[17] Für Prozesshandlungen maßgebend sind vielmehr die verfahrensrechtlichen Vorschriften, die als Sondervorschriften geeigneter sind, den Grad des Formerfor-

---

7   BAG 5.10.2010 – 1 ABR 31/09, , NZA 2011, 420 (422) Rn. 19, aber keine Ersetzung durch elektronische Form oder Textform; insg. krit. *Tschöpe/Geißler* NZA 2011, 545 (546 f.).

8   Zu § 112 Abs. 1 S. 1 BetrVG BAG 6.7.2006 – 2 AZR 520/05, NZA 2007, 266 (268).

9   OVG Hamburg 15.1.2010 – 8 Bf 272/09, NZA-RR 2010, 332 (333).

10 BGH 20.12.2007 – III ZR 144/07, NJW 2008, 987 (989).

11 ErfK/*Preis*, §§ 125–127 Rn. 13 a; *Röger* NJW 2004, 1764 (1765); *Ulrici* NJW 2003, 2053 (255); ArbG Bielefeld 15.1.2003 – 3 BV 78/02, NZA-RR 2004, 88 (89); aA BAG 7.7.2010 – 4 AZR 549/08, NZA 2010, 1068 (1079 f.) (zu § 70 S. 1 BAT); BAG 11.10.2000 – 5 AZR 313/99, NJW 2001, 989 (990); 11.6.2002 – 1 ABR 43/01, NJW 2003, 843 (844); *Anschütz/Kothe* JR 2001, 263 (264); *Gragert/Wiehe* NZA 2001, 311 (312); *Köhler* AcP 182 (1982), 126, 151; für analoge Anwendung BGH 14.3.2006 – VI ZR 335/04, NJW 2006, 2482 (2483) (zu § 12 Abs. 3 VVG aF); Palandt/*Ellenberger* BGB § 126 Rn. 1; zum Begriff der geschäftsähnlichen Handlung *Wolf/ Neuner* BGB AT § 28 Rn. 8 ff.

12 *Röger* NJW 2004, 1764 (1766).

13 MüKoBGB/*Einsele* § 126 Rn. 4.

14 BGH 28.11.2007 – XII ZB 225/05, NJW 2008, 917 f.

15 OVG Lüneburg 13.8.1991 – 9 L 362/89, NJW 1992, 1404 (1405); 25.7.1997 – 1 L 5856/95, NJW 1998, 2921; wobei jedoch nach hM die von Abs. 2 geforderte Urkundeneinheit für das öffentliche Recht nicht stets gilt, vgl. BVerwG 24.8.1994 – 11 C 14/93, BVerwGE 96, 326, 332 ff.; OVG Bln-Bbg 28.5.2015 – OVG 4 B 28/14, BeckRS 2015, 47516; VG Berlin, Gerichtsbescheid v. 25.7.2012 – 3 K 119.12, BeckRS 2012, 56345; Stelkens/Bonk/Sachs/*Bonk/Neumann/ Siegel* VwVfG § 57 Rn. 18 f.; für die Geltung des Grundsatzes der Urkundeneinheit VG Düsseldorf 30.1.2015 – 26 K 1561/14, BeckRS 2015, 49503.

16 BVerwG 15.12.2016 – 5 P 9/15, BVerwGE 157, 117, 120; BGH 12.11.2019 – EnVR 108/18, BeckRS 2019, 32896 für die Anwendbarkeit des § 126 auf Erklärungen, die auf das materielle Rechtsverhältnis der Beteiligten einwirken; Palandt/*Ellenberger* BGB § 126 Rn. 1; MüKoBGB/*Einsele* § 126 Rn. 55; RGRK/*Krüger-Nieland* BGB § 126 Rn. 3; aA Soergel/*Hefermehl* BGB § 126 Rn. 2.

17 GmS-OGB 5.4.2000 – GmS-OGB 1/98, BGHZ 144, 164 ff.; BGH 28.7.2005 – III ZR 416/04, WM 2005, 2056 f.; MüKoBGB/*Einsele* § 126 Rn. 5; Hk-BGB/ *Dörner* § 126 Rn. 2; RGRK/*Krüger-Nieland* BGB § 126 Rn. 3; Jauernig/*Mansel* BGB § 126 Rn. 1.

dernisses zu bestimmen.[18] Obwohl jedenfalls im Zivilprozess die eigenhändige Unterzeichnung **bestimmender Schriftsätze** grundsätzlich verlangt wird,[19] hat die Rechtsprechung[20] zahlreiche **Erleichterungen** zugelassen, so für deren Einlegung per **Fernschreiben**,[21] durch **Telefax**[22] oder durch Aufgabe eines **Telegramms**.[23] Zur elektronischen Einreichung von Schriftsätzen → § 126a Rn. 84 ff.

7　§ 126 ist bei einem Schriftformerfordernis, das sich aus einer **EU-Verordnung** ergibt, durch die dort getroffene besondere Regelung verdrängt. Denn der Zweck der Unionsrechtsnorm entscheidet über die Anforderungen an das Schriftformerfordernis, nicht das nationale Recht.[24]

8　Für die von den Parteien **rechtsgeschäftlich vereinbarte Schriftform** gilt § 127, der wiederum – aber nur „im Zweifel" – auf die Anforderungen des § 126 verweist.

B. Regelungsgehalt

I. Gesetzliche Schriftform (Abs. 1)

9　**1. Urkunde. a) Allgemeines.** Die rechtsgeschäftliche Erklärung muss **in einer Urkunde ausgedrückt** sein. Unter einer Urkunde im Sinne von § 126 ist jede verkörperte, schriftliche Erklärung zu verstehen, die zum Beweis im Rechtsverkehr geeignet und bestimmt ist und die ihren Aussteller erkennen lässt.[25] Dass die Erklärung nur in Schriftzeichen ausgedrückt wird, entspricht den gängigen Anforderungen, ist aber zweifelhaft. Es kommt vielmehr auf den Erklärungsinhalt an, der für die Parteien und die übrigen durch den jeweiligen Formzweck (→ § 125 Rn. 9 f.) Begünstigten eindeutig zu sein hat. Dies können auch Bilder- und Zeichenfolgen sein.[26]

10　Die **Art der Abfassung** ist gleichgültig, so dass die Parteien sie mit der Hand oder einem technischen Hilfsmittel (Computer, Schreibmaschine, Kopiergerät) schreiben, drucken oder vervielfältigen können.[27] Die Urkunde kann in jeder lebenden oder toten Sprache errichtet werden. Die Abfassung in deutscher Sprache ist nicht erforderlich. Mit der Einhaltung der Schriftform hat die Frage nichts zu tun, ob der Inhalt der Urkunde im Wege der Übersetzung allgemein verständlich gemacht werden kann.[28]

11　Für die **Herstellung der Urkunde** kann jeder Stoff verwendet werden, der geeignet ist, die schriftliche Erklärung dauerhaft festzuhalten.[29] Nicht geeignet als „Stoff" einer Urkunde idS sind elektronische Dokumente, selbst wenn die Erklärung nachträglich ausgedruckt wird. Es fehlt schlichtweg an der Verkörperung, so zB bei einer auf einem Tablet unter einer Erklärung mit einem elektronischen Stift geleisteten „Unterschrift".[30] Zur Wirksamkeit einer Erklärung in elektronischer Form → Rn. 48 ff., → § 126a Rn. 13 ff.

12　**b) Inhalt.** Grundsätzlich muss die Urkunde das **gesamte formbedürftige Rechtsgeschäft** mit allen wesentlichen Vertragsbedingungen vollständig enthalten.[31] Es sind alle Einzelheiten, die nach dem Willen der Parteien das Rechtsgeschäft kennzeichnen, schriftlich niederzulegen.[32] Der Inhalt der Urkunde kann

---

18　BVerfG 19.2.1963 – 1 BvR 610/62, BVerfGE 15, 288; BGH 27.5.1957 – VII ZR 223/56, BGHZ 24, 297, 300; MüKoBGB/*Einsele* § 126 Rn. 5; Hk-BGB/*Dörner* § 126 Rn. 2.

19　BGH 31.3.2003 – II ZR 192/02, NJW 2003, 2028; abw. Musielak/Voit/*Stadler*, ZPO § 129 Rn. 8, der den in § 130 ZPO enthaltenen Verweis auf die Unterschrift als „Soll"-Anforderung versteht.

20　GmS-OGB 5.4.2000 – GmS-OGB 1/98, BGHZ 144, 164 ff.; dazu *Düwell* NJW 2000, 3334.

21　BGH 25.3.1986 – IX ZB 15/86, BGHZ 97, 283, 284 ff.

22　Vgl. (seit 1.8.2001) § 130 Nr. 6 ZPO; früher dazu BVerfG 1.8.1996 – 1 BvR 121/95, NJW 1996, 2857; FG Hamburg 21.11.2000 – II 137/00, NJW 2001, 992 (Computerfax); zur Form- und Fristwahrung durch Telefax im Zivilprozess vgl. *Toussaint* NJW 2015, 3207 ff.

23　BGH 27.5.1957 – VII ZR 223/56, BGHZ 24, 297, 299 f.

24　BGH 22.9.1982 – VIII ZR 215/79, NJW 1983, 519 (521); 6.12.2005 – XI ZR 139/05, NJW 2006, 681 (683) Rn. 30; EuGH Slg 1982, 1363, 1378; MüKoBGB/*Einsele* § 126 Rn. 5; BeckOK BGB/*Wendtland* § 126 Rn. 1; zum elektronischen Format in der

DSGVO siehe Schwartmann/Jaspers/Thüsing/Kugelmann/*Kremer* Art. 27 Rn. 23 ff. mwN.

25　Erman/*Arnold* BGB § 126 Rn. 3; BeckOK BGB/*Wendtland* § 126 Rn. 3.

26　Ebenso *Borges*, S. 426 f.

27　Palandt/*Ellenberger* BGB § 126 Rn. 2; MüKoBGB/*Einsele* § 126 Rn. 6; Soergel/*Hefermehl* BGB § 126 Rn. 3.

28　So aber Brandenburgisches OLG 29.7.1998 – 7 U 29/98, NJW-RR 1999, 543 (545 f.); MüKoBGB/*Einsele* § 126 Rn. 6.

29　BeckOK BGB/*Wendtland* § 126 Rn. 3; Erman/*Arnold* BGB § 126 Rn. 3; MüKoBGB/*Einsele* § 126 Rn. 6; *Wolf/Neuner* BGB AT § 44 Rn. 25.

30　OLG München 4.6.2012 – 19 U 771/ 12, NJW 2012, 3584; abw. *Hergenröder* ZEV 2018, 7 (8 f.) für die digitale Anfertigung eines Testaments mittels Touchpen auf einem Touchscreen unter Verweis auf § 2247 Abs. 1 als lex specialis.

31　BGH 30. 1. 2013 – XII ZR 38/12, NJW 2013, 1083.

32　BGH 23.6.1999 – XII ZR 163/97, NZM 1999, 763; BGH 26.5.1999 – VIII ZR 141/98, NJW 1999, 2664 (2667); *Mertens* JZ 2004, 431 f.; BeckOK BeckOK BGB/*Wendtland* BGB § 126 Rn. 4; Erman/*Arnold* BGB § 126 Rn. 4; MüKoBGB/*Einsele* BGB § 126 Rn. 7; RGRK/*Krüger-Nieland* BGB § 126 Rn. 6.

---

sich auch aus dem Gesetz ergeben, wenn nur eine Willenserklärung dem Schriftformerfordernis unterliegt (vgl. § 781 S. 1).

Der notwendige **Mindestinhalt** der Urkunde richtet sich, soweit das Gesetz keine entsprechenden ausdrück- **13** lichen Festlegungen enthält (vgl. insoweit § 492 Abs. 2 iVm Art. 247 §§ 6 ff. EGBGB), maßgeblich nach dem jeweiligen Zweck der im Einzelfall einzuhaltenden Formvorschrift.[33] So verlangt der Warnzweck des § 766 S. 1 für die schriftliche Bürgschaftserklärung neben dem Willen, für eine fremde Schuld einzustehen, die Bezeichnung des Gläubigers, des Hauptschuldners und der verbürgten Forderung.[34] § 550 S. 1 BGB (dazu → § 125 Rn. 34 ff.) verlangt die Bestimmbarkeit der Mietvertragsparteien, der vermieteten Räumlich-keiten[35] und des Mietbeginns im Zeitpunkt des Vertragsschlusses.[36]

Die Angabe von **Ort und Datum** der Abfassung der Urkunde ist grundsätzlich kein Wirksamkeitserforder- **14** nis.[37] Ist das Datum der Herstellung ausnahmsweise entscheidend, etwa für die Frage der Geschäftsfähig-keit, trägt der Erklärende die Beweislast für die Behauptung, er sei bei Unterzeichnung geschäftsunfähig gewesen.[38]

c) Einheitlichkeit. Grundsätzlich muss das gesamte formbedürftige Rechtsgeschäft äußerlich erkennbar in **15** **einer Urkunde** enthalten sein.[39] **Mehrere Blätter** gelten nur bei eindeutiger Zusammenfassung als „eine" Urkunde.[40] Zur Kenntlichmachung der Urkundeneinheitlichkeit können sich die Parteien jedes geeigneten Mittels bedienen.[41] Nach der sog. „Auflockerungsrechtsprechung" des BGH[42] ist dafür eine **körperliche Verbindung** der einzelnen Blätter der Urkunde nicht zwingend erforderlich.[43] Es ist ausreichend, wenn sich die Einheit der Urkunde aus fortlaufender Paginierung, fortlaufender Nummerierung der einzelnen Ver-tragsbestimmungen, einheitlicher grafischer Gestaltung der äußeren Erscheinung der Urkunde, dem nach Sachlage eindeutigen inhaltlichen Zusammenhang des Textes, der Verweisung bzw. Bezugnahme auf alle ergänzenden Urkunden (→ Rn. 16) oder ähnlichen, verlässlichen Merkmalen ergibt, aus denen die Zusam-mengehörigkeit einer mehrseitigen Urkunde zweifelsfrei erkennbar ist.[44]

Es besteht die Möglichkeit, hinsichtlich eines wesentlichen Vertragsbestandteils auf weitere, von den Par- **16** teien nicht unterzeichnete Urkunden Bezug zu nehmen. In diesem Fall müssen diese – sofern sich die Zusammengehörigkeit nicht aus der einheitlichen Gestaltung bzw. dem inhaltlichen Zusammenhang des Textes ergibt – für die Erfüllung der Schriftform darüber hinaus körperlich fest mit der Haupturkunde so verbunden sein, dass die Auflösung entweder nur mit zeitweiser Substanzverletzung möglich ist (Fadenhef-tung, Leimung) oder Gewaltanwendung erfordert (Drahtheftung).[45] Dem Schriftformerfordernis kann im Einzelfall auch genügt sein, wenn nur die Anlage und nicht der Vertrag selbst unterschrieben ist.[46]

33 BGH 15.7.1997 – XI ZR 154/96, BGHZ 136, 357, 362; BGH 16.9.1971 – VII ZR 312/69, BGHZ 57, 53, 57 ff.; BeckOK BGB/*Wendtland* § 126 Rn. 4; MüKoBGB/*Einsele* § 126 Rn. 7; RGRK/*Krüger-Nie-land* BGB § 126 Rn. 5.

34 BGH 29.2.1996 – IX ZR 153/95, BGHZ 132, 119, 123; MüKoBGB/*Einsele* § 126 Rn. 7; RGRK/*Krüger-Nieland* BGB § 126 Rn. 5.

35 BGH 15.11.2006 – XII ZR 92/04, NJW 2007, 288 (290) (fehlender Lageplan).

36 BGH 2.11.2005 – XII ZR 212/03, NJW 2006, 139 (140); 2.11.2005 – XII ZR 233/03, NJW 2006, 140 (141) (zur Vermietung „vom Reißbrett"); 2.5.2007 – XII ZR 178/04, NJW 2007, 3273 (3275) (Heilung durch das Mietobjekt konkretisierenden Nachtrag); OLG Jena 13.3.2008 – 1 U 130/07, NZM 2008, 572 (573 f.); MüKoBGB/*Einsele* § 126 Rn. 7; im Einzel-nen *Lindner-Figura* FS Blank, S. 301 ff.; *Achsnik/Habich* NZI 2008, 671 ff.

37 LG Frankfurt/Main 7.4.2009 – 19 O 211/08, WM 2009, 947 (948); BeckOK BGB/*Wendtland* § 126 Rn. 4; Erman/*Arnold* BGB § 126 Rn. 3; MüKoBGB/*Ein-sele* § 126 Rn. 6.

38 BGH 9.2.1972 – IV ZR 122/71, NJW 1972, 681 (683); MüKoBGB/*Einsele* § 126 Rn. 6.

39 *Wolf/Neuner* BGB AT § 44 Rn. 26.

40 BGH 30.6.1999 – XII ZR 55/97, BGHZ 142, 160 f.; MüKoBGB/*Einsele* § 126 Rn. 8; BeckOK BGB/*Wendtland* § 126 Rn. 5.

41 BGH 30. 1. 2013 – XII ZR 38/12, NJW 2013, 1083.

42 BGH 23.2.2000 – XII ZR 251/97, NZM 2000, 381.

43 BGH 30. 1. 2013 – XII ZR 38/12, NJW 2013, 1083; BAG 4.11.2015 – 7 AZR 933/13, NJW 2016, 2134 (2135); *Häsemeyer* JuS 1980, 1 (4); *Weinbrenner/Portnjagin* öAT 2016, 219; MüKoBGB/*Einsele* § 126 Rn. 8; BeckOK BGB/*Wendtland* § 126 Rn. 5; Erman/*Arnold* BGB § 126 Rn. 5.

44 BGH 30. 1. 2013 – XII ZR 38/12, NJW 2013, 1083; BGH 24.9.1997 – XII ZR 234/95, BGHZ 136, 357, 369 f.; BGH 21.1.1999 – VII ZR 93/97, NJW 1999, 1104 (1105); BAG 4.11.2015 – 7 AZR 933/13, NJW 2016, 2134 (2135); MüKoBGB/*Einsele* § 126 Rn. 88; OLG Koblenz 22.8.2013 – 1 U 1314/12, NZM 2013, 767; BeckOK BGB/*Wendtland* § 126 Rn. 5; Erman/*Arnold* BGB § 126 Rn. 5. Dazu im Hinblick auf Mietverträge *Lindner-Figura* NJW 1998, 731; *Schlemminger* NJW 1992, 2249; zum Schriftformer-fordernis bei befristeten Arbeitsverträgen BAG 4.11.2015 – 7 AZR 933/13, NZA 2016, 547 (548 f.).

45 BGH 13.11.1963 – V ZR 8/62, BGHZ 40, 255, 263; BAG 6.7.2006 – 2 AZR 520/05, NZA 2007, 266 (269); BeckOK BGB/*Wendtland* § 126 Rn. 5; MüKo-BGB/*Einsele* § 126 Rn. 9.

46 BAG 4.11.2015 – 7 AZR 933/13 – NJW 2016, 2134 (2136).

17 Sind die Urkunden bereits jeweils unterschrieben worden, gelten weniger strenge Anforderungen.[47] Das Schriftformerfordernis ist auch dann erfüllt, wenn in einem **Nachtrags- oder Änderungsvertrag** hinsichtlich weiterer Einzelpunkte auf den Ursprungsvertrag ohne dessen körperliche Beifügung eindeutig verwiesen wird, jedoch nur unter der Voraussetzung, dass die formgerechten Nachtrags- bzw. Änderungsverträge bereits die essentialia negotii enthalten.[48] Praktische Bedeutung erlangt dies vor allem bei der Verlängerung langfristiger **Miet- und Pachtverträge**.

18 **d) Beweiskraft.** Die in der vorgeschriebenen Form errichtete Urkunde stellt eine **Privaturkunde** iSv § 416 ZPO dar. Eine Privaturkunde beweist, dass die in ihr enthaltene Erklärung von dem Aussteller abgegeben wurde. Der Echtheitsbeweis für eine solche Privaturkunde ist nach §§ 439 ff. ZPO zu führen und lediglich entbehrlich, wenn die Echtheit vom Prozessgegner nicht bestritten wird. Durch eine Privaturkunde wird nicht bewiesen, dass auch der Inhalt der Urkunde richtig ist.[49] So beweist zB ein in der Urkunde enthaltenes Datum nur, dass es angegeben, nicht, dass es richtig angegeben ist.[50] Zur Vermutung der Richtigkeit und Vollständigkeit bei formgerechten Erklärungen → § 125 Rn. 77.

19 **2. Eigenhändige Unterzeichnung durch Namensunterschrift. a) Funktionen der Unterschrift.** Die Unterschrift hat vor allem **Identitätsfunktion**, indem sie die Person des Ausstellers erkennbar macht.[51] Zu den dafür geltenden Anforderungen einer Namensunterschrift → Rn. 27 ff. Des Weiteren macht die Unterschrift deutlich, dass die vorstehende Erklärung von dem Unterzeichner herrührt (**Echtheitsfunktion**). Ferner kommt der Unterschrift eine **Warnfunktion** zu. Der Betroffene wird durch das Erfordernis einer eigenhändigen Unterzeichnung in gewisser Weise vor unbedachten Erklärungen geschützt.

20 Schließlich hat die Unterschrift die Funktion eines räumlichen[52] Textabschlusses.[53] Sie muss den Urkundeninhalt vollständig decken, sich dementsprechend am Ende der Urkunde befinden (**Abschlussfunktion**). Erstreckt sich die Urkunde über mehrere Seiten, so genügt zur Wahrung des Schriftformerfordernisses die Unterschrift am Ende der letzten Seite.[54]

21 Eine „Überschrift" bzw. „Oberschrift" ist grundsätzlich nicht ausreichend.[55] Ebenso wenig genügt eine „Nebenschrift" am Rand[56] des Urkundentextes oder die Unterschrift auf einem Briefumschlag.[57] Etwas anderes kann im Einzelfall ausnahmsweise gelten, wenn die „Überschrift" nach der Gestaltung eines Formulars keine andere Funktion haben kann als die einer Unterschrift und die Abschlussfunktion durch die Gestaltung des Formulars gewahrt bleibt.[58] Ausnahmen haben Rechtsprechung und Literatur auch bei **Testamenten** gemacht, so dass dort unter Umständen bei einem Testament, welches aus Vorder- und Rückseite besteht, eine Unterschrift auf der Vorderseite ausreichen kann, wenn die Rückseite inhaltlich nur Ergänzungen der Vorderseite enthält.[59] Auch eine Unterschrift auf dem verschlossenen Umschlag statt auf dem Testament oder eine Oberschrift kann ausnahmsweise ausreichen.[60]

22 Damit eine Erklärung nicht nachträglich formunwirksam wird,[61] müssen **Nachträge** zu einer der Schriftform unterworfenen Erklärung erneut unterschrieben werden, wenn es sich um Änderungen der übernom-

47 BGH 21.1.1999 – VII ZR 93/97, NJW 1999, 1104; KG 5.3.1998 – 8 U 7326/96, NJW-RR 1998, 943 f.; *Schultz* NZM 1999, 298; *Lenz-Schlößer* MDR 1998, 1.

48 BGH 2.12.2004 – IX ZR 200/03, NJW 2005, 884 (885); 30.6.1954 – V ZR 7/63, BGHZ 42, 333, 338; im Einzelnen *Lindner-Figura* NJW 2009, 1861 ff.

49 BGH 17.4.1986 – III ZR 215/84, NJW 1986, 3086; Musielak/Voit/*Huber*, ZPO § 416 Rn. 4.

50 BGH 29.11.1989 – VIII ZR 228/88, BGHZ 109, 244.

51 BGH 25.10.2002 – V ZR 279/01, NJW 2003, 1120; LAG Düsseldorf 13.3.2019 – 12 Sa 631/18, juris Rn. 213; *Gores/Podann* MDR 2018, 1032.

52 Zuweilen wird auch von einer **zeitlichen** Abgrenzung durch die Unterschrift gesprochen, wonach sie das Entwurfsstadium beende (so wohl Jauernig/*Mansel* BGB § 126 Rn. 2). Aber damit wird dieser Vorgang mit der Abgabe der Willenserklärung vermengt (zutr. *Bork* BGB AT Rn. 1056 Fn. 17).

53 BGH 20.11.1990 – XI ZR 107/89, BGHZ 113, 48 ff.; *Köhler* AcP 182 (1982), 126, 147 ff.; MüKoBGB/*Einsele* § 126 Rn. 10; Palandt/*Ellenberger* BGB § 126 Rn. 6; BeckOK BGB/*Wendtland* § 126 Rn. 6; Erman/*Arnold* BGB § 126 Rn. 7; RGRK/*Krüger-Nieland* BGB § 126 Rn. 9.

54 Erman/*Arnold* BGB § 126 Rn. 7.

55 BGH 20.11.1990 – XI ZR 107/89, BGHZ 113, 48, 51 (zu §§ 416, 440 Abs. 2 ZPO); RG 13.10.1902 – IV 174/02, RGZ 52, 277, 280; OLG Düsseldorf 2.3.2011 – I-18 U 30/10, BeckRS 2011, 7882 (für Frachtbrief); LG Essen 13.11.2007 – 1 O 270/06, NJOZ 2008, 591 (592) (für ausgefülltes Namensfeld im Kopf eines Formulars); OLG Hamm 31.8.2016 – 17 U 81/16, BeckRS 2016, 128532; Jauernig/*Mansel* BGB § 126 Rn. 2; *Weber* JuS 1991, 543; zweifelnd *Köhler* FS Schippel 1996, S. 209, 220; *ders.* JZ 1991, 408 (409).

56 BGH 21.1.1992 – XI ZR 71/91, NJW 1992, 829 (830) (zu §§ 416, 440 Abs. 2 ZPO).

57 RG 7.2.1925 – IV 485/24, RGZ 110, 166, 168.

58 BGH 18.6.2013 – X ZR 103/11, BeckRS 2013, 13904; MüKoBGB/*Einsele* § 126 Rn. 10; BeckOK BGB/*Wendtland* § 126 Rn. 6; aA *Fülbier* BB 2010, 3029 (3032).

59 MüKoBGB/*Hagena* BGB § 2247 Rn. 26.

60 BayObLG 2.3.1982 – BReg. 1Z 129/81, MDR 1982, 581; 1.7.1988 – BReg. 1 a Z 1/88, FamRZ 1988, 1211 (1212); OLG Hamm 14.3.1986 – 15 W 423/85, NJW-RR 1986, 386 f.; OLG Celle 24.6.1996 – 22 W 18/98, NJW-RR 1996, 1938; Palandt/*Weidlich*, § 2247 Rn. 12.

61 BGH 3.11.2011 – IX ZR 47/11, NJOZ 2012, 926.

menen Pflichten handelt.[62] Wird lediglich der über der Unterschrift befindliche Text so ergänzt, dass er sich als Konkretisierung der bereits ursprünglich enthaltenen – durch Auslegung feststellbaren – Verpflichtungen erweist, ist eine erneute Unterschrift entbehrlich.[63] Dies gilt zB für eine hiernach unwesentliche Änderung eines bereits unterschriebenen Vertrages (dazu auch → § 125 Rn. 15 ff.), die dann nicht erneut unterschrieben werden muss, wenn die Beteiligten über die Änderung einig sind und es ihrem Willen entspricht, dass die Unterschrift für den veränderten Vertragsinhalt Gültigkeit behalten soll.[64] Aus den Gesamtumständen kann sich ergeben, dass die inhaltliche Abschlussfunktion der Unterschrift sich auch auf die Nachträge erstreckt, was für die „Nebenschrift" dann der Fall sein kann, wenn unter der Urkunde kein Platz für die Unterschrift mehr ist.[65] Besonderheiten gelten bei Grundstücksverträgen, die nach erklärter Auflassung formlos geändert werden können, dazu → § 125 Rn. 15.

b) Blankounterschrift. Für die Einhaltung der Schriftform ist es nicht erforderlich, dass die Unterschrift **23** zeitlich nach Fertigstellung des Textes erfolgt.[66] Der Begriff des Unterschreibens ist im Rahmen des § 126 **nicht zeitlich** zu verstehen. Es ist vielmehr zulässig, dass die Urkunde zunächst blanko unterschrieben und der Text später durch den Aussteller oder einen Dritten oberhalb der Unterschrift eingefügt wird.[67] Anders soll dies bei Verbraucherkreditverträgen sein, weil die Schriftform hier sicherstelle, dass dem Verbraucher vor Unterzeichnung des Vertrags bestimmte Mindestinformationen erteilt werden, § 492 Abs. 1 S. 1, Abs. 2.[68] Mit Blick auf den am 30.7.2010 in Kraft getretenen § 492 Abs. 6, der die nachträgliche Übermittlung der fraglichen Informationen auf einem dauerhaften Datenträger (dazu → § 126 b Rn. 13 ff.) gestattet, kann dies nicht länger gelten, so dass eine Blankounterschrift der Schriftform genügt, wenn den Vorgaben aus § 492 Abs. 6 entsprochen wird. Zum Bürgschaftsrecht → Rn. 26. Die gewohnheitsrechtliche Anerkennung der Blankounterschrift, die vor dem Hintergrund der Abschluss- und Identitätsfunktion der Unterschrift problematisch erscheint, lässt sich dadurch rechtfertigen, dass der Rechtsverkehr auch die Blankounterschrift als Zeichen einer inhaltlichen Bestätigung des in der Urkunde Erklärten ansieht und die Erklärung dem Unterzeichnenden zurechnet.[69]

Wird ein freiwillig aus der Hand gegebenes Blankett **abredewidrig ausgefüllt**, haftet der Blankettgeber **24** gutgläubigen Dritten gegenüber gem. § 172 Abs. 2 analog aufgrund Rechtsscheins.[70] Eine Verpflichtung des Blankettgebers scheidet jedoch aus, wenn sich der Unbefugte das Blankett widerrechtlich verschafft und ausgefüllt hat. In diesem Fall handelt der Unbefugte vollmachtlos unter fremdem Namen und haftet dem Erklärungsempfänger nach § 179.[71] Beim Blankowechsel kann sich der bösgläubige oder grob fahrlässig handelnde Erwerber auf die abredewidrigen Vereinbarungen nicht berufen, Art. 10 WG.

Zulässig ist auch eine **Blankozession**, zB die Abtretung einer hypothekarisch gesicherten Forderung, bei **25** welcher der Name des Erwerbers erst nachträglich eingesetzt werden soll. Falls der Erwerber nicht der Kontrahent des Unterzeichnenden ist, erlangt die Verfügung mit der Namenseinsetzung Wirksamkeit.[72]

Eine formbedürftige **Bürgschaft** kann allerdings nicht in der Weise wirksam erteilt werden, dass der Bürge **26** eine Blankounterschrift leistet und einen anderen mündlich ermächtigt, die Urkunde zu ergänzen. Sie erfordert vielmehr eine schriftliche Erteilung der Vollmacht zur Ausfüllung des Blanketts. Dies folgert der BGH in scharfer Abkehr von früherer Rechtsprechung aus dem Sinn und Zweck der Formenstrenge im Bürgschaftsrecht.[73] Eine Blankobürgschaft kann nicht den Zweck erfüllen, das von dem Bürgen übernommene Risiko einzugrenzen.[74] Gleichwohl greift die Rechtsscheinhaftung gem. § 172 Abs. 2 analog (→ Rn. 24).[75]

62 *Mertens* JZ 2004, 431 (433); *Bork* BGB AT Rn. 1056; ähnlich die Rspr., die auf die „Wesentlichkeit" abstellen will: BGH 11.12.1998 – V ZR 377/97, BGHZ 140, 218, 221; 27.10.1972 – V ZR 37/71, NJW 1973, 37; 29.9.1999 – XII ZR 313/98, NJW 2000, 354 (358).

63 BGH 27.6.1994 – III ZR 117/93, NJW 1994, 2300 (2301); 7.2.1973 – VIII ZR 205/71, WM 1973, 386 (387).

64 BGH 27.10.1972 – V ZR 37/71, NJW 1973, 37.

65 MüKoBGB/*Einsele* § 126 Rn. 10.

66 *Köhler* BGB AT § 12 Rn. 9; MüKoBGB/*Einsele* § 126 Rn. 11; Palandt/*Ellenberger* BGB § 126 Rn. 7; RGRK/*Krüger-Nieland* BGB § 126 Rn. 10; abw. *Bork* BGB AT Rn. 1648 unter Hinweis auf die Warnfunktion der Schriftformerfordernisse.

67 BGH 12.1.1984 – IX ZR 83/82, NJW 1984, 798; 27.6.1994 – III ZR 117/93, 1994, 2300, 2301; 31.10.1956 – V ZR 177/55, BGHZ 22, 128, 132; RG 2.12.1911 – V 266/11, RGZ 78, 26, 30.

68 BGH 19.5.2005 – III ZR 240/04, NJW-RR 2005, 1141.

69 RG 1.4.1891 – V 324/90, RGZ 27, 269, 272 f.; MüKoBGB/*Einsele* § 126 Rn. 11.

70 BGH 29.2.1996 – IX ZR 153/95, BGHZ 132, 119, 127; BGH 17.7.2001 – XI ZR 325/00, NJW 2001, 2968 (2969); *Wolf/Neuner* BGB AT § 44 Rn. 31; RGRK/*Krüger-Nieland* BGB § 126 Rn. 10.

71 *Flume* BGB AT, Bd. 2, § 15 II 1 d; Hk-BGB/*Dörner* § 126 Rn. 9; MüKoBGB/*Einsele* § 126 Rn. 11; Jauernig/*Mansel* BGB § 126 Rn. 6.

72 RG 25.4.1906 – V 447/05, RGZ 63, 230, 234; BGH 31.10.1956 – V ZR 177/55, BGHZ 22, 128, 132; RGRK/*Krüger-Nieland* BGB § 126 Rn. 11.

73 BGH 29.2.1996 – IX ZR 153/95, BGHZ 132, 119, 122; BGH 16.12.1999 – IX ZR 36/98, NJW 2000, 1179 (1180); abl. *Benedict* Jura 1999, 78.

74 *Rösler* NJW 1999, 1150 (1151).

75 BGH 29.2.1996 – IX ZR 153/95, BGHZ 132, 119, 127.

27 **c) Namensunterschrift.** Die vom Gesetz ausdrücklich geforderte Namensunterschrift[76] soll den Aussteller erkennbar machen (Identitätsfunktion, → Rn. 19). Aussteller ist, wer die Erklärung in eigener Verantwortung abgibt, sei es in eigenem Namen oder als Vertreter eines Dritten.[77] Der bloße **Schreibgehilfe**, der die Erklärung lediglich mechanisch herstellt, ist nicht als Aussteller anzusehen (→ Rn. 33).[78] Erforderlich ist, dass man die Person des Unterzeichnenden aus dem angegebenen Namen nach den Umständen ohne Weiteres feststellen kann. Diese Voraussetzung ist idR erfüllt bei Unterzeichnung mit dem **Familiennamen**, auch ohne Hinzufügung des Vornamens[79] oder bei Unterzeichnung nur mit einem Teil eines Doppelnamens.[80] In Ausnahmefällen kann auch die versehentliche Unterzeichnung mit einem falschen Nachnamen ausreichend sein, zB bei der Verwendung des vor der Hochzeit geführten Familiennamens.[81]

28 **Kaufleute** können auch mit ihrer Firma unterzeichnen (§§ 17 Abs. 1, 30 HGB). Ausreichend ist grundsätzlich auch die Unterschrift mit einem tatsächlich geführten Namen (**Künstlername, Pseudonym**), sofern die Person des Ausstellers dadurch zweifelsfrei festgestellt werden kann.[82] Einer Eintragung des Pseudonyms im Melderegister und damit (bei deutschen Staatsbürgern) auch im Personalausweis bedarf es hierfür nicht.[83]

29 Eine wirksame Namensunterschrift liegt nicht vor bei Unterzeichnung mit einer **Verwandtschaftsbezeichnung** (Eure Mutter, Euer Vater)[84] oder der **organschaftlichen Stellung** in einem Unternehmen (Der Geschäftsführer). Durch die Unterzeichnung nur mit dem **Vornamen** wird die Schriftform grundsätzlich nicht gewahrt.[85] Die Angabe lediglich des Vornamens ist ausreichend, wenn es sich um Rechtsgeschäfte naher Angehöriger handelt[86] oder eine Zuordnung nach den Umständen zweifelsfrei möglich ist, etwa weil der Unterzeichnende unter diesem Vornamen in der Öffentlichkeit allgemein bekannt ist.[87] Die Auffassung,[88] dass Fürsten und kirchliche Würdenträger nur mit dem Vornamen zu unterschreiben bräuchten, ist heute wohl bedeutungslos.[89] Abweichendes gilt für das Testament (§ 2247 Abs. 3 S. 2). Hier kann die Unterzeichnung „in anderer Weise", etwa mit der Angabe einer Verwandtschaftsbezeichnung, des Vornamens oder eines Kosenamens genügen, sofern der Unterzeichner festgestellt werden kann.[90]

30 Strengere Anforderungen gelten bei notarieller Beurkundung gem. § 13 BeurkG. Erforderlich ist die Unterzeichnung wenigstens mit dem Familiennamen. Die Unterschrift nur mit dem Vornamen hat die Unwirksamkeit der von dem Beteiligten abgegebenen Erklärung zur Folge.[91]

31 Der Name muss ausgeschrieben sein; die Verwendung von Initialen, Anfangsbuchstaben, einer Paraphe[92] oder einem sonstigen Handzeichen, das erkennbar als bewusste und gewollte **Namensabkürzung** erscheint, reicht nicht aus.[93] Auf die **Leserlichkeit** der Unterschrift kommt es nicht an,[94] eine unleserliche Unterschrift kann sogar ein stärkeres Indiz für die Echtheit der Erklärung sein als eine leserliche.[95] Es muss sich jedoch um einen Schriftzug handeln, der die Identität des Unterzeichners ausreichend kennzeichnet und

76 *Köhler* FS Schippel 1996, S. 209 ff.; MüKoBGB/*Einsele* § 126 Rn. 16.
77 RG 6.11.1911 – I 85/11, RGZ 77, 191, 192; 4.5.1911 – VI 143/10, RGZ 76, 191, 193 f.; MüKoBGB/*Einsele* § 126 Rn. 12.
78 MüKoBGB/*Einsele* § 126 Rn. 12.
79 Palandt/*Ellenberger* BGB § 126 Rn. 10; BeckOK BGB/*Wendtland* § 126 Rn. 7; ebenso OLG Köln 7.12.2009 – 2 Wx 83/09 und 2 Wx 84/09, FamRZ 2010, 679 (680), dazu *Baumann* RNotZ 2010, 310 ff.
80 BGH 18.1.1996 – III ZR 73/95, NJW 1996, 997.
81 BayObLG 2.9.1955 – BReg. 1 Z 82–84/55, NJW 1956, 24 (25 f.).
82 BGH 18.1.1996 – III ZR 73/95, NJW 1996, 997; RGRK/*Krüger-Nieland* BGB § 126 Rn. 24; MüKoBGB/*Einsele* § 126 Rn. 16; Palandt/*Ellenberger* BGB § 126 Rn. 10.
83 Wohl ebenso BeckOK BGB/*Wendtland* § 126 Rn. 7; aA *Köhler* FS Schippel 1996, S. 209, 211.
84 RG 2.11.1931 – IV B 30/31, RGZ 134, 308, 310.
85 BGH 25.10.2002 – V ZR 279/01, BGHZ 156, 256; Palandt/*Ellenberger* BGB § 126 Rn. 10.
86 RG 11.7.1932 – IV 80/32, RGZ 137, 214; Palandt/*Ellenberger* BGB § 126 Rn. 10; wohl enger BeckOK BGB/*Wendtland* § 126 Rn. 7, der ein Geschäft im engsten Familien- oder sonst engeren Personenkreis verlangt.
87 BGH 25.10.2002 – V ZR 279/01, BGHZ 156, 256.
88 Staudinger/*Hertel* (2017) BGB § 126 Rn. 141; Palandt/*Ellenberger* BGB § 126 Rn. 10; BeckOK BGB/*Wendtland* § 126 Rn. 7.
89 *Köhler* FS Schippel 1996, S. 209, 211.
90 BGH 19.5.1958 – III ZR 21/57, BGHZ 27, 274, 276; KG 30.1.1996 – 1 W 7243/94, NJW-RR 1996, 1414; MüKoBGB/*Einsele* § 126 Rn. 16; Erman/*Arnold* BGB § 126 Rn. 9; *Baumann* RNotZ 2010, 310 (314).
91 BGH 25.10.2002 – V ZR 279/01, NJW 2003, 1120 f.
92 Zur Abgrenzung von Paraphe und Unterschrift LAG Nürnberg 18.4.2012 – 2 Sa 100/100, Rn. 45, NZA-RR 2012, 409 f.
93 BAG 20.8.2014 – 7 AZR 924/12, NZA-RR 2015, 9 (11); BGH 15.11.2006 – IV ZR 122/05, NJW-RR 2007, 351; 22.10.1993 – V ZR 112/92, NJW 1994, 55; 8.12.1977 – II ZR 153/76, NJW 1978, 1255; 13.7.1967 – I a ZB 1/67, NJW 1967, 2310 f.; OVG Münster 24.10.1996 – 20 A 3106/96, NVwZ-RR 1997, 760 (zu § 84 Abs. 1 S. 2 VwGO); *Köhler* BGB AT § 12 Rn. 8; Staudinger/*Hertel* (2017) BGB § 126 Rn. 173.
94 BGH 15.11.2006 – IV ZR 122/05, NJW-RR 2007, 351; LAG RhPf 2.3.2017 – 7 Sa 286/16, BeckRS 2017, 113286; LAG Berlin-Brandenburg 21.1.2016 – 5 SA 1475/15, BeckRS 2016, 67402; LAG Nürnberg 18.4.2012 – 2 Sa 100/100, NZA-RR 2012, 409; LG Frankfurt/Main 7.4.2009 – 19 O 211/08, WM 2009, 947 (948).
95 Soergel/*Hefermehl* BGB § 126 Rn. 17; zur (strengeren) Rechtslage bei bestimmten Schriftsätzen BVerfG 24.11.1997 – 1 BvR 1023/96, NJW 1998, 1853 m. krit. Anm. *Schneider* NJW 1998, 1844 f.

dem Erklärungsempfänger die Feststellung der Identität des Erklärenden sowie die Echtheit der Unterschrift ermöglicht.[96] Dieses Erfordernis ist erfüllt, wenn der Schriftzug einmalig ist, entsprechende charakteristische Merkmale des Unterzeichners aufweist, die Zusammensetzung aus Buchstaben erkennen lässt, sich insgesamt als Wiedergabe eines Namens darstellt und die Absicht einer vollen Unterschriftsleistung erkennen lässt.[97] Es unterliegt der freien richterlichen Würdigung, ob ein Schriftzug eine Unterschrift darstellt,[98] wobei ein großzügiger Maßstab anzulegen ist, sofern die Autorenschaft des Erklärenden gesichert ist.[99] Kommt der Aussteller aus einem Kulturkreis, in dem lateinische Schriftzeichen nicht gebräuchlich sind, kann er mit der Schrift seines Kulturkreises (zB kyrillisch, arabisch, japanisch) unterzeichnen.[100]

d) Eigenhändigkeit. Der Aussteller der Urkunde muss diese eigenhändig unterzeichnen.[101] Eigenhändigkeit wird allerdings nur **für die Unterschrift**, nicht für den gesamten Urkundentext verlangt. Der Text kann also gedruckt oder maschinenschriftlich gefertigt vorliegen, → Rn. 10. Eine Ausnahme macht § 2247 Abs. 1 für das Testament. Erforderlich ist hier eine Gesamtschriftform, die nur dann gewahrt ist, wenn der Erblasser seine Erklärung eigenhändig geschrieben und unterschrieben hat.[102] Diese weitergehende Voraussetzung findet ihre Berechtigung darin, dass das Testament in besonderem Maße die Echtheits-, Abschluss- und Identitätsfunktionen erfüllen muss, da der Erblasser im Nachhinein nicht mehr zu seinem Testament befragt werden kann. Durch die eigenhändige Abfassung des gesamten Testaments wird sichergestellt, dass der Erblasser diese Erklärung tatsächlich willentlich erteilt hat. Eine eigenhändige Unterschrift gewährleistet dies nicht, da auch ein fremder Text, der möglicherweise nicht gelesen wurde, unterschrieben werden kann.[103] **32**

Eine **Schreibhilfe** ist zulässig, sofern sie lediglich unterstützend wirkt und der Wille des Ausstellers den Schriftzug bestimmt.[104] Unschädlich ist in diesem Zusammenhang, wenn das Schriftbild mehr dem des Schreibhelfers als dem des Ausstellers entspricht.[105] Allerdings sollte aus Gründen der besseren Beweisbarkeit der Urheberschaft in den Fällen, in denen der Unterzeichner nicht mehr selbstständig ein Schreibgerät führen kann, die Unterschrift besser durch öffentlich beglaubigtes Handzeichen (§ 129 Abs. 1 S. 2) ersetzt werden. Im Fall der vis absoluta liegt keine wirksame Unterschrift vor. **33**

Die Verwendung einer Nachbildung der Unterschrift[106] (**Faksimile**), eines Stempels oder die Erteilung der Unterschrift auf einem Tablet[107] reicht zur Wahrung der Schriftform nicht aus.[108] Der Ausdruck einer gescannten oder elektronisch erteilten Unterschrift, zB mittels eines digitalen Stiftes, genügt der Schriftform nur, wenn auf dem Ausdruck sodann eine eigenhändige Unterschrift des Erklärenden erfolgt. Auch die mechanisch hergestellte Unterschrift in Telegrammen erfüllt nicht das Erfordernis der eigenhändigen Unterschrift;[109] dies gilt selbst dann, wenn das Aufgabeformular des Telegramms handschriftlich unterzeichnet war.[110] **34**

Um den Bedürfnissen des **Massenverkehrs** Rechnung zu tragen, erklärt das Gesetz in Ausnahmefällen eine vervielfältigte (also nicht eigenhändig geleistete) Unterschrift für ausreichend. Dies gilt gem. § 492 Abs. 1 S. 3 für die Erklärung des Darlehensgebers, gem. § 793 Abs. 2 S. 2 für Inhaberschuldverschreibungen und gem. § 13 S. 1 AktG für die Unterzeichnung von Aktien und Zwischenscheinen. Weitere Schriftformerfordernisse, bei denen auf eine eigenhändige Unterschrift verzichtet worden ist, hat der Gesetzgeber durch die hierfür geschaffene Textform ersetzt (→ § 126 b Rn. 1). **35**

e) Handzeichen. Die eigenhändige Unterschrift kann nach Abs. 1 grundsätzlich durch nach §§ 39 f. BeurkG **notariell beglaubigte** Handzeichen ersetzt werden. Unter einem Handzeichen versteht man jedes **36**

---

96 BAG 24.1.2008 – 6 AZR 519/07, NJW 2008, 2521; LAG Nürnberg 18.4.2012 – 2 Sa 100/100, NZA-RR 2012, 409.

97 BGH 15.11.2006 – IV ZR 122/05, NJW-RR 2007, 351; 18.1.1996 – III ZR 73/95, NJW 1996, 997; LAG RhPf 2.3.2017 – 7 Sa 286/16, BeckRS 2017, 113286; OLG Köln 28.6.2005 – 22 U 34/01, NJW-RR 2005, 1252 (Unterschrift nach Art einer „Wellenlinie"); „schwungvoll nach oben verlaufende[r], abgerundete[r] Haken" genügt hingegen nicht, s. LG Wuppertal 12.1.2017 – 7 O 189/15, BeckRS 2017, 120617; Palandt/*Ellenberger* BGB § 126 Rn. 10; RGRK/*Krüger-Nieland* BGB § 126 Rn. 25.

98 BGH 8.12.1977 – II ZR 153/76, NJW 1978, 1255.

99 BGH 27.9.2005 – VIII ZB 105/04, NJW 2005, 3775.

100 LAG RhPf 2.3.2017 – 7 Sa 286/16, BeckRS 2017, 113286; *Köhler* FS Schippel 1996, S. 209, 215 f.; MüKoBGB/*Einsele* § 126 Rn. 17; Staudinger/*Hertel* (2017) BGB § 126 Rn. 136; Erman/*Arnold* BGB § 126 Rn. 10.

101 Palandt/*Ellenberger* BGB § 126 Rn. 8; BeckOK BGB/*Wendtland* § 126 Rn. 8.

102 BGH 3.2.1967 – III ZB 14/66, BGHZ 47, 68, 71; MüKoBGB/*Hagena* § 2247 Rn. 14.

103 *Rüthers/Stadler* BGB AT, § 24 Rn. 14.

104 BGH 12.3.1981 – IVa ZR 111/80, NJW 1981, 1900 (1901); Palandt/*Ellenberger* BGB § 126 Rn. 8; MüKoBGB/*Einsele* § 126 Rn. 14.

105 BGH 12.3.1981 – IVa ZR 111/80, NJW 1981, 1900 (1901); MüKoBGB/*Einsele* § 126 Rn. 14.

106 BGH 25.3.1970 – VIII ZR 134/68, NJW 1970, 1078 (1080); RG 8.11.1910 – VII 216/10, RGZ 74, 399; RGRK/*Krüger-Nieland* BGB § 126 Rn. 22.

107 OLG München 4.6.2012 – 19 U 771/12, NJW 2012, 3584.

108 *Schmitz* NVwZ 2013, 410; *Roßnagel* NJW 2012, 3584 (3586).

109 Staudinger/*Hertel* (2017) BGB § 126 Rn. 133.

110 BGH 27.5.1957 – VII ZR 223/56, BGHZ 24, 297, 298.

eigenhändig gesetzte Zeichen, das keine Schriftzeichen verwendet, zB ein Kreuz, ein Fingerabdruck oder Initialen. Dem Unterzeichner steht es frei, welches Handzeichen er verwendet[111] und ob er sich eines Handzeichens oder einer eigenhändigen Unterschrift bedient. Die Möglichkeit der Unterschriftsleistung durch Handzeichen besteht nach allgemeiner Meinung auch, wenn der Aussteller schreiben und lesen kann.[112] Für die Verwendung eines Handzeichens müssen keine Gründe angegeben werden.

37 **f) Unterschrift durch Vertreter.** Ein Vertreter darf aufgrund der ihm zustehenden Vertretungsmacht die Urkunde nach ganz hM mit dem Namen des Vertretenen unterzeichnen,[113] obwohl es bei diesem Handeln **unter** fremdem Namen gerade um kein Handeln **im** fremden Namen iSd §§ 164 ff. geht. Bedenken gegen diese Praxis folgen auch aus dem Umstand, dass die Identitätsfunktion der Unterschrift (→ Rn. 19) nicht erfüllt wird, wenn die Unterschrift nicht von der Person herrührt, deren Name auf dem Papier steht.[114]

38 Der Vertreter kann die Urkunde mit seinem eigenen Namen unterschreiben. In diesem Fall ist die Schriftform gewiss gewahrt, wenn sich das Vertretungsverhältnis aus der Urkunde selbst bzw. aus einem Vermerk bei der Unterschrift ergibt.[115] Der Zusatz „i.V.", aber auch der Zusatz „iA",[116] bei Unterschrift durch einen Vertreter macht deutlich, dass dieser für einen anderen handelt. Nach zu § 550 ergangener Rechtsprechung des BGH ist kein Vertretungszusatz erforderlich, wenn die vertretene Vertragspartei durch die den Vertrag unterzeichnende Person „auf andere Weise" hinreichend bestimmbar ist, insbesondere wenn nur **eine** natürliche Person als Mieter oder Vermieter auftritt.[117] Dann könne die Unterschrift nur bedeuten, dass der Unterzeichnende diese eine Vertragspartei vertreten wolle. Es genügt, wenn sich das Vertretungsverhältnis aus objektiven, auch außerhalb der Urkunde liegenden Umständen ergibt.[118] Bei der **Gesamtvertretung** muss nach der Rechtsprechung des BGH zu § 550 hinreichend deutlich werden, dass der Handelnde die übrigen Vertretungspersonen vertritt, die nicht unterzeichnet haben.[119] Dieser Hinweis kann bei dem Vorstandsmitglied einer AG der Vermerk „i.V." sein.[120] Auch das Hinzusetzen eines Firmenstempels zur Unterschrift macht die Legitimation zur alleinigen Vertretung deutlich.[121] Dieser Grundsatz, dass das Vertretungsverhältnis bei der Gesamtvertretung durch einen Hinweis erkenntlich sein muss,[122] gilt auch bei einer GbR[123] und für die in einer Erbengemeinschaft verbundenen Erben.[124]

39 Ob der (Gesamt-)Vertreter bei Unterzeichnung der formbedürftigen Erklärung tatsächlich im Rahmen der ihm eingeräumten Vertretungsmacht gehandelt hat oder als Vertreter ohne Vertretungsmacht (§ 177 Abs. 1) selbst dem Erklärungsempfänger auf Erfüllung oder Schadensersatz haftet (§ 179 Abs. 1), ist für die Wahrung der Schriftform ohne Bedeutung.[125] Ebenso wenig ist die Vorlage einer Vollmacht Wirksamkeitsvoraussetzung für die Unterzeichnung durch den Vertreter;[126] allerdings besteht das Risiko einer unverzüglichen Zurückweisung gem. § 174 BGB bei einer einseitigen Willenserklärung.

40 **g) Ersetzung der Unterschrift durch gerichtlichen Vergleich.** Eine eigenhändige Unterschrift des Erklärenden ist entbehrlich, wenn die Erklärung in einem gerichtlichen Vergleich protokolliert wird; § 127 a

111 Staudinger/*Hertel* (2017) BGB § 126 Rn. 151.
112 Palandt/*Ellenberger* BGB § 126 Rn. 11.
113 BGH 3.3.1966 – II ZR 18/64, BGHZ 45, 193; st. Rspr. seit RG 27.6.1910 – VI 297/08, RGZ 74, 69; kritisch MüKoBGB/*Einsele* § 126 Rn. 12 und § 129 Rn. 5.
114 *Köhler* FS Schippel 1996, S. 209, 212; *Holzhauer*, Die eigenhändige Unterschrift, 1973, S. 115 ff.; der Rspr. zust. von ihrem Ansatz her, wonach es nicht um eine Identitätsfunktion geht, *Wolf/Neuner* BGB AT § 44 Rn. 29.
115 BGH 16.7.2003 – XII ZR 65/02, NJW 2003, 3053 (3054); LAG Hamm 10.1.2005 – 7 Sa 1480/04, NZA-RR 2005, 428 (Zeichnung mit „ppa" durch Prokuristen); OLG Hamm 11.3.1998 – 33 U 89/97, NJW-RR 1999, 232; *Gores/Podann* MDR 2018, 1032 (1033).
116 Zu „iA" BAG 13.12.2007 – 6 AZR 145/07, NZA 2008, 403 (404); BAG 12.4.2017 – 7 AZR 446/15, NZA 2017, 1125 (1126 f.); aA LG Berlin 7.11.2018 – 26 O 66/18 bei einem Mietvertrag; der Zusatz „i.A." sei als Erklärungsboten zu verstehen.
117 BGH 7.5.2008 – XII ZR 69/06, NJW 2008, 2178 (2180); *Jacoby* NZM 2011, 1 (2 ff.).
118 BGH 6.4.2005 – XII ZR 132/03, NJW 2005, 2225 (2226 f.); 16.7.2003 – XII ZR 65/02, NJW 2003, 3053 (3054); BAG 28.11.2007 – 6 AZR 1108/06, NZA 2008, 348 (350 f.); 21.4.2005 – 2 AZR 162/04,

NJW 2005, 2572 (2573); RG 30.9.1919 – II 105/19, RGZ 96, 286, 289; *Timme/Hülk* NJW 2007, 3313 (3314); *Ackermann* NZM 2005, 491 (492 f.).
119 BGH 23.1.2013 – XII ZR 35/11, NJW 2013, 1082.
120 BGH 4.11.2009 – XII ZR 86/07, NZM 2010,105; *Kuckein* NZM 2010, 148 ff.; krit. wegen der Entkoppelung von den materiellen Anforderungen des § 78 AktG *Timme/Hülk* NZG 2010, 177 („klassische Beraterfalle").
121 BGH 23.1.2013 – XII ZR 35/11, NJW 2013, 1082; OLG Rostock 12.7.2018 – 3 U 23/18, MDR 2018, 1307; KG Berlin 11.4.2019 – 8 U 147/17, NZG 2020, 186 (189); zur GbR bereits OLG Köln 14.12.2004 – 22 U 117/04, BeckRS 2010, 9450.
122 AA *Stapenhorst* NJW 2008, 2181.
123 BGH 11. 2003 – XII ZR 134/02, NJW 2004, 1103; BGH 6.4. 2005 – XII ZR 132/03, NJW 2005, 2225 (2226); dazu *Weitemeyer* NZG 2006, 10; HessLAG 4.3.2013 – 17 Sa 633/12, BeckRS 2013, 68877; OLG Hamm 16.2.2011 – I-30 U 53/10, IBR 2011, 229.
124 BGH 11.9.2002 – XII ZR 187/00, NJW 2002, 3389 (3391).
125 Jeweils zu § 550 S. 1: BGH 19.9.2007 – XII ZR 121/05, NJW 2007, 3346; OLG Jena 13.3.2008 – 1 U 130/07, NZM 2008, 572 (573).
126 OLG Köln 28.6.2005 – 22 U 34/01, NJW-RR 2005, 1252 (1253).

findet insoweit entsprechende Anwendung. Wenn § 127a die Ersetzung der notariellen Beurkundung (§ 128) durch einen gerichtlichen Vergleich gestattet, muss dies ebenso für die Ersetzung der Schriftform gelten, die gegenüber der notariellen Beurkundung ein Weniger ist (→ § 125 Rn. 3). Als gerichtlicher Vergleich gilt auch der Beschluss nach § 278 Abs. 6 S. 2 ZPO (→ § 127a Rn. 8).[127]

3. Empfangsbedürftige Willenserklärung. Empfangsbedürftige Willenserklärungen werden nur wirksam, wenn die formgerecht errichtete Willenserklärung dem Erklärungsempfänger zugeht.[128] Dies bedeutet insbesondere, dass eine Urkunde nicht im Moment der Unterzeichnung zugeht, es sei denn, der Empfänger hat gem. § 151 S. 1 auf den **Zugang** verzichtet.[129] Der Akt der Unterzeichnung stellt lediglich eine vorbereitende Handlung dar;[130] im Grunde handelt es sich nach wie vor um einen Entwurf. Ist für einen Vertrag die gesetzliche Schriftform vorgeschrieben, kommt er nur dann wirksam zustande, wenn sowohl der Antrag als auch die Annahme in der Form des § 126 erklärt werden und in dieser Form dem Vertragspartner zugegangen sind.[131] Ob ein **Verzicht auf den Zugang** im Einzelfall möglich ist, hängt von der jeweiligen Formvorschrift ab. Nicht möglich ist ein Verzicht, wenn eine schriftliche Erklärung „erteilt" werden muss (§§ 766 Abs. 1, 780 S. 1, 781 S. 1, 1154 Abs. 1).[132] Insbesondere gilt § 151 S. 1 auch für formgebundene Erklärungen.[133]

Der **Zugang** erfolgt nach den allgemeinen Grundsätzen für das Wirksamwerden von Willenserklärungen (→ § 130 Rn. 10 ff.). Hierfür genügt ein Telegramm trotz eigenhändiger Unterzeichnung des Aufgabe(!)telegramms (→ Rn. 34) ebenso wenig wie die Übermittlung ausschließlich einer Telefaxkopie der im Original unterschriebenen Urkunde.[134] Durch die Übermittlung eines Telefax werden keine Fristen gewahrt, selbst dann nicht, wenn ihr eine formgültige Erklärung nachfolgt (zum Zivilprozessrecht → Rn. 6).[135] Erfolgt die formbedürftige Kündigung im Schriftsatz eines Rechtsanwalts, ist es ausreichend, wenn auf dem zugestellten Exemplar der Beglaubigungsvermerk unterschrieben ist.[136]

II. Schriftform bei Verträgen (Abs. 2)

Der **Grundsatz der Urkundeneinheit** gilt auch und vor allem für den Vertrag.[137] Daher ist für die Einhaltung der Schriftform bei einem Vertrag erforderlich, dass dieser alle vertragsbegründenden Erklärungen enthält und dass alle Vertragsparteien die Urkunde unterzeichnen.[138] Unerheblich ist hierbei, ob die einzelnen Vertragserklärungen getrennt aufgeführt werden oder ausschließlich das Ergebnis der Einigung in dem Urkundentext niedergelegt wird. Der **gesamte Vertragsinhalt** muss von der Unterschrift der Parteien gedeckt sein, so dass es für § 126 nicht ausreicht, dass jeder Vertragspartner nur die von ihm abgegebene Erklärung unterzeichnet.[139] Entgegen der früheren Rechtsprechung genügt es jedoch, wenn der Annehmende sein Einverständnis auf der schriftlichen Erklärung des Antragenden mit eigenhändiger Unterschrift bestätigt.[140] Wird der Vertrag auf verschiedenen zusammengehörigen Blättern abgefasst,[141] ist es erforderlich, dass die Unterschrift den Gesamtinhalt deckt.[142]

41

42

43

127 BGH 1.2.2017 – XII ZB 71/16, BGHZ 214, 45, 60.
128 BGH 28.1.1993 – IX ZR 259/91, BGHZ 121, 224, 228 ff.; Palandt/*Ellenberger* BGB § 126 Rn. 12; MüKoBGB/*Einsele* § 126 Rn. 20; Hk-BGB/*Dörner* § 126 Rn. 7; aA *Schippers* DNotZ 2006, 726 (734).
129 Staudinger/*Hertel* (2017) BGB § 126 Rn. 159, 165; *Köhler* FS Schippel 1996, S. 209, 218.
130 Soergel/*Hefermehl* BGB § 126 Rn. 14.
131 BAG 14.12.2016 – 7 AZR 142/15, BeckRS 2016, 118165; BAG 25.10.2017 – 7 AZR 632/15, NZA 2018, 507 (513); ArbG Köln 19.10.2017 – 11 Ca 4400/17, BeckRS 2017, 133705 für das Schriftformerfordernis des § 14 Abs. 4 TzBfG für die Befristung eines Arbeitsvertrages; *Weinbrenner/Portnjagin* öAT 2016, 219.
132 BGH 28.1.1993 – IX ZR 259/91, NJW 1993, 1126 f.; *Köhler* FS Schippel 1996, S. 209, 218; Palandt/*Sprau,* § 766 Rn. 4.
133 BGH 27.4.2004 – XI ZR 49/03, NJW-RR 2004, 1683 f.; BGH 27.5.1986 – KZR 38/85, NJW-RR 1986, 1300 (1301) (zu § 34 GWB aF).
134 BGH 14.3.2006 – VI ZR 335/04, NJW 2006, 2482 (2483 f.); 28.1.1993 – IX ZR 259/91, BGHZ 121, 224, 228 ff.; BAG 17.12.2015 – 6 AZR 709/14, BAGE 154, 40, 50; OLG Hamm 20.9.2005 – 28 U

39/05, NJOZ 2005, 428 (431 f.); Palandt/*Ellenberger* BGB § 126 Rn. 8.
135 Palandt/*Ellenberger* BGB § 126 Rn. 12; anders im Prozessrecht, vgl. GmS-OGB 5.4.2000 – GmS-OGB 1/98, BGHZ 144, 164 ff.; OLG Hamm 10.3.1992 – 7 U 136/91, NJW 1992, 1705 (1706).
136 BGH 4.7.1986 – V ZR 41/86, NJW-RR 1987, 395; Palandt/*Ellenberger* BGB § 126 Rn. 12.
137 Soergel/*Hefermehl* BGB § 126 Rn. 7.
138 BGH 16.7.2003 – XII ZR 65/02, NJW 2003, 3053 (3054); für den Auflösungsvertrag im Arbeitsrecht LAG SchlH 5.10.2010 – 3 Sa 110/10, BeckRS 2010, 74860; MüKoBGB/*Einsele* § 126 Rn. 19.
139 OLG Hamm 16.1.1998 – 12 U 74/97, NJW-RR 1998, 811 (812); MüKoBGB/*Einsele* § 126 Rn. 19; Hk-BGB/*Dörner* § 126 Rn. 11.
140 BGH 14.7.2004 – XII ZR 68/02, NJW 2004, 2962 (2963 f.) (unter Aufgabe von RG 19.6.1922 – III 657/21, RGZ 105, 60, 62); BAG 27.6.2006 – 7 AZR 514/05, NJW 2007, 315 (316 f.) (zu § 14 Abs. 4 TzBfG); OLG Koblenz 8.11.2004 – 12 U 244/03, NJOZ 2005, 2919 (2923); kritisch MüKoBGB/*Einsele* § 126 Rn. 19.
141 Zur Einheitlichkeit der Urkunde s. BGH 30.6.1999 – XII ZR 55/97, BGHZ 142, 160 und Rn. 15 ff.
142 RG JW 1924, 796.

44 Die Ausstellung **mehrerer gleich lautender Urkunden** wird für die Parteien nach Abs. 2 S. 2 erleichtert: Es genügt, wenn jede Partei die für die andere Partei bestimmte Urkunde unterzeichnet; die gleichzeitige Unterzeichnung in Gegenwart des Vertragspartners ist nicht erforderlich.[143] Die jeweiligen Urkunden müssen allerdings den gesamten Vertragsinhalt enthalten.[144] Auch hier ist es nicht ausreichend, wenn jede Partei nur die eigene Erklärung unterzeichnet, zB das Angebot.[145] Ebenso wenig genügt in diesem Fall ein Briefwechsel.[146] Anders liegt es bei einer Schiedsvereinbarung nach § 1031 ZPO ohne Beteiligung von Verbrauchern[147] und der gewillkürten Schriftform, vgl. § 127 Abs. 2 (→ § 127 Rn. 16 ff.). Verbraucherrechtliche Vorschriften verzichten zT in Abweichung von Abs. 2 S. 2 auf den einheitlichen Text beider Urkunden, indem sie es genügen lassen, wenn Antrag und Annahme jeweils getrennt schriftlich erklärt werden (zB § 492 Abs. 1 S. 2).

45 Die **Aushändigung** der für die andere Partei bestimmten Urkunde ist nicht mehr Teil des Formerfordernisses.[148] Allerdings wird es bei noch nicht erfolgter Aushändigung bereits an der Abgabe der Erklärung fehlen, bei Erklärungen unter Abwesenden ist gem. § 130 der Zugang der Schriftstücke erforderlich (→ Rn. 41). Hingegen kann das Schriftformerfordernis des § 550 S. 1 durch das Übersenden einer unterzeichneten Telefaxkopie an die andere Vertragspartei gewahrt werden, eine Aushändigung der unterschriebenen Vertragsurkunde ist nicht erforderlich.[149] § 550 S. 1 setzt nicht voraus, dass der Mietvertrag durch schriftlich abgegebene Erklärungen zustande kommt.[150] Der Zugang einer schriftlich abgegebenen Willenserklärung ist daher nicht erforderlich, sondern es reicht zur Wahrung der Schriftform aus, dass eine unterzeichnete Urkunde existiert, in der die vertraglichen Regelungen aufgenommen sind.[151]

46 Unterliegt bei einem Vertrag nur die **Erklärung einer Partei** dem Schriftformerfordernis (vgl. § 766 S. 1), genügt es, wenn nur diese die Vertragsurkunde unterzeichnet.[152]

47 Wird der **Vertragstext** nach der Unterzeichnung **geändert**, so bedarf es nicht einer erneuten Unterschrift, wenn die Änderung einvernehmlich vorgenommen wurde und die Unterschriften für den veränderten Vertragsinhalt nach dem Parteiwillen ihre Gültigkeit behalten sollen.[153] Darin liegt eine – bislang wenig praktisch gewordene – Abkehr von einem streng verstandenen Schriftformerfordernis (vgl. auch → Rn. 22). Ebenso wenig sind solche **Zusatzabreden** formbedürftig, die für den Inhalt des Vertrags nur von nebensächlicher Bedeutung sind; dies gilt insbesondere für solche Bestimmungen, die über den formwahrenden Vertrag nicht hinausgehen oder dessen Inhalt lediglich erläutern oder veranschaulichen.[154]

III. Elektronische Form (Abs. 3)

48 **1. Ersetzung durch die elektronische Form. a) Bedeutung der Ersetzung.** Abs. 3 gestattet die Ersetzung der gesetzlichen Schriftform des Abs. 1 durch die elektronische Form des § 126a als **gleichwertige Alternative** (→ § 126a Rn. 3). Die Vorschrift trägt der Tatsache Rechnung, dass im Rechtsverkehr zunehmend moderne Kommunikationstechnologien genutzt und Willenserklärungen elektronisch abgegeben werden.[155] Durch die Verwendung der elektronischen Form wird es dem Rechtsverkehr nicht nur ermöglicht, formbedürftige Vorgänge ausschließlich elektronisch zu bearbeiten und aufzubewahren, ohne den Umweg über eine eigenhändig unterzeichnete Urkunde zur Wahrung der gesetzlichen Schriftform gehen zu müssen (sog. Medienbruch),[156] sondern auch, das Risiko einer Fälschung oder Veränderung elektronischer Dokumente zu minimieren.[157] Aus der Regelung der elektronischen Form darf aber keinesfalls der Schluss gezogen werden, dass die Abgabe von Erklärungen auf elektronischem Wege nun grundsätzlich der Einhaltung bestimmter Formvorschriften bedarf. Für das Zustandekommen der meisten privatrechtlichen Verträge ist die Schriftform bzw. die sie ersetzende elektronische Form ohne Bedeutung.[158]

143 RG 26.6.1915 – VII 99/15, RGZ 87, 196, 197 f.; RG 19.6.1922 – III 657/22, RGZ 105, 60, 62.

144 Erman/*Arnold* BGB § 126 Rn. 17; RGRK/*Krüger-Nieland* BGB § 126 Rn. 13.

145 RGRK/*Krüger-Nieland* BGB § 126 Rn. 12.

146 Soergel/*Hefermehl* BGB § 126 Rn. 20; aA für Verwaltungsvereinbarungen der Länder nach § 57 VwVfG BVerwG 19.5.2005 – 3 A 3/04, NVwZ 2005, 1083 (1084).

147 Musielak/Voit/*Voit*, ZPO § 1031 Rn. 4.

148 Vgl. Staudinger/*Hertel* (2017) BGB § 126 Rn. 159.

149 BGH 7.3.2018 – XII ZR 129/16, NJW 2018, 1540 (1541).

150 BGH 17.6.2015 – XII ZR 98/13, NJW 2015, 2648 (2649).

151 BGH 7.3.2018 – XII ZR 129/16, NJW 2018, 1540 (1541 f.).

152 BeckOK BGB/*Wendtland* BGB § 126 Rn. 15; MüKo-BGB/*Einsele* § 126 Rn. 19.

153 BGH 7.2.1973 – VIII ZR 205/71, MDR 1973, 404; *Leonhard* NZM 2008, 353 ff.

154 BGH 7.5.2008 – XII ZR 69/06, NJW 2008, 2178 (2179); 12.3.2008 – VIII ZR 71/07, NJW 2008, 1661 f. (Bestimmung des vermieteten Kellers durch mündliche Vereinbarung); 2.12.2004 – IX ZR 200/03, NJW 2005, 844 (845).

155 BT-Drs. 14/4987, 10; MüKoBGB/*Einsele* § 126 Rn. 2; Palandt/*Ellenberger* BGB § 126 Rn. 14.

156 BT-Drs. 14/4987, 15; MüKoBGB/*Einsele* § 126 Rn. 2; Soergel/*Marly* BGB § 126a Rn. 1.

157 Hk-BGB/*Dörner* § 126a Rn. 1; *Borges*, S. 46 ff.

158 *Oertel* MMR 2001, 419.

b) Umfang der Ersetzung. Eine **Ersetzung** durch die elektronische Form ist grundsätzlich (Ausnahmen **49** → Rn. 52 ff.) in den folgenden Fällen eines gesetzlichen Schriftformerfordernisses **im BGB** möglich: §§ 32 Abs. 2, 33 Abs. 1 S. 2, 37 Abs. 1, 81 Abs. 1 S. 1, 111 S. 2, 368 S. 1, 410 Abs. 2, 416 Abs. 2 S. 2, 550 S. 1 (ggf. iVm 581 Abs. 2),[159] 557 a Abs. 1, 557 b Abs. 1, 568 Abs. 1, 574 b Abs. 1 S. 1, 575 Abs. 1 S. 1, 577 Abs. 3, 585 a, 594 S. 3, 594 a Abs. 1 S. 3, 594 d Abs. 2 S. 3, 594 f, 595 Abs. 4 S. 1, 626 Abs. 2 S. 3 (Textform ausreichend, → § 126 b Rn. 6), 702 a Abs. 2, 1128 Abs. 2, 1154 Abs. 1 S. 1, 1901 a Abs. 1 S. 1, 1906 Abs. 5 S. 1. Soweit in §§ 1712 Abs. 1, 1715 Abs. 1, 1901 a Abs. 1 S. 1, Abs. 3 S. 3 von „schriftlich" die Rede ist, sind keine rechtsgeschäftlichen oder geschäftsähnlichen Vorgänge betroffen, so dass sich für Abs. 3 kein Anwendungsbereich ergibt (→ Rn. 5).

Die durch **Tarifvertrag** begründeten, gesetzlichen Schriftformerfordernisse sind grundsätzlich der Erset- **50** zung durch die elektronische Form zugänglich; bei Inhaltsnormen ist aber bereits die Einhaltung der Text- form ausreichend (→ § 125 Rn. 7). Im Übrigen bleibt es den Tarifvertragsparteien überlassen, ob sie (eben- falls durch Tarifvertrag) die Ersetzungsbefugnis des Abs. 3 ausschließen wollen.[160]

Soweit das Gesetz anstelle der gesetzlichen Schriftform die **eigenhändige Unterzeichnung** einer Erklärung **51** vorsieht, ist in entsprechender Anwendung des Abs. 3 ebenfalls die Ersetzung durch die elektronische Form zulässig, vgl. § 10 Abs. 1 S. 1 RVG, § 408 Abs. 2 S. 1 HGB.[161]

2. Ausschluss der Ersetzung. a) Ausschluss durch gesetzliche Anordnung. Die Ersetzung greift **52** grundsätzlich, „soweit sich nicht aus dem Gesetz ein anderes ergibt". In der jeweiligen Formvorschrift kann die Ersetzungsbefugnis ausdrücklich ausgeschlossen werden. Ist das nicht geschehen, kann sich dennoch ein Ausschluss aus dem Zweck- und Sachzusammenhang der Norm ergeben.

aa) Ausdrücklicher Ausschluss. Der Gesetzgeber hat die Ersetzung durch die elektronische Form aus- **53** drücklich in den §§ 623,[162] 630 S. 3 (ggf. iVm § 109 Abs. 3 GewO),[163] 761 S. 2, 766 S. 2, 780 S. 2, 781 S. 2 **BGB** sowie § 2 Abs. 1 S. 3 NachwG ausgeschlossen.[164] In diesen Fällen sind Erklärungen in elektronischer Form gem. § 125 S. 1 wegen Formwidrigkeit nichtig,[165] ggf. kann die Formnichtigkeit aber durch § 242 nach den dafür geltenden allgemeinen Grundsätzen überwunden werden (→ § 125 Rn. 45 ff.) oder aber eine Umdeutung gem. § 140 oder ein Schadensersatzanspruch des Gläubigers aus §§ 280 Abs. 1, 311 Abs. 2, 241 Abs. 2 wegen unzureichender Information über die Formbedürftigkeit der Erklärung in Betracht kom- men.[166]

Diese **Einschränkungen** im Arbeits-,[167] Verbraucher-, Familien- und Erbrecht sollten der Vorstellung **54** Rechnung tragen, dass die **Warnfunktion** einer qualifizierten elektronischen Signatur (→ § 126 a Rn. 12) bei einem Nicht-Unternehmer mangels Erfahrung und Verständnis noch hinter einer eigenhändigen Unter- zeichnung eines abgeschlossenen Dokuments zurückbleibt.[168] Diesen Überlegungen kann – zumal die beab- sichtigte Gleichstellung von elektronischer Form und gesetzlicher Schriftform hierdurch seit mehr als einem Jahrzehnt erheblich relativiert wird[169] – nicht mehr zugestimmt werden. Spätestens mit der Einführung des **elektronischen Personalausweises** im November 2010, der von jedermann optional mit einer qualifizierten elektronischen Signatur (→ § 126 a Rn. 8) ausgestattet werden kann, sollte jeder Rechtsanwender mit den Vor- und Nachteilen sowie den rechtlichen Konsequenzen der Nutzung qualifizierter elektronischer Signa- turen soweit vertraut sein, dass die Warnfunktion bei der Verwendung einer qualifizierten elektronischen Signatur vergleichbar zu der bei Leistung einer eigenhändigen Unterschrift ist. Meint es der Gesetzgeber mit der elektronischen Form ernst, sind deshalb die bisherigen Einschränkungen der Ersetzungsbefugnis zu überprüfen und zu beseitigen, wie es im Verbraucherkreditrecht durch Aufhebung des § 492 Abs. 1 S. 2 aF bereits geschehen ist.

bb) Ausschluss kraft Natur der Sache. Auch durch die Verwendung bestimmter Begriffe in einer Form- **55** vorschrift kann die Verwendung der elektronischen Form ausgeschlossen sein. Dies gilt für den in §§ 409 Abs. 1 S. 2, 410 Abs. 1, 783, 793 Abs. 1 S. 1 **BGB**; § 74 Abs. 1 **HGB**; Art. 1 Nr. 1 **ScheckG**; Art. 1 Nr. 1

---

159 Textform nicht ausreichend, *Mankowski* ZMR 2002, 481 (484).

160 BT-Drs. 14/4987, 15; MüKoBGB/*Einsele* § 126 Rn. 22.

161 BT-Drs. 14/4987, 14; MüKoBGB/*Einsele* § 126 Rn. 21; Palandt/*Ellenberger* BGB § 126 Rn. 14.

162 Der Ausschluss in § 623 erfasst auch spezialgesetzli- che Kündigungstatbestände, selbst wenn diese wie § 22 Abs. 3 BBiG die elektronische Form nicht aus- drücklich ausschließen; nicht erfasst ist jedoch die Befristungsabrede des § 14 Abs. 4 TzBfG, s. *Gott- hardt/Beck* NZA 2002, 876 (877).

163 Zu § 630 S. 3 *Wolf/Neuner* BGB AT § 44 Rn. 37.

164 Zur Vereinbarkeit mit den europarechtlichen Vorga- ben *Borges*, S. 640 ff.

165 *Noack* DStR 2001, 1893 (1895).

166 *Dörner* AcP 202 (2002), 363, 386.

167 *Gotthardt/Beck* NZA 2002, 876.

168 BT-Drs. 14/4987, 22; MüKoBGB/*Einsele* § 126 Rn. 23; Ausschluss in § 484 Abs. 1 S. 2, § 2 Abs. 1 S. 3 NachwG beruht auf europarechtlichen Vorgaben, in § 630 S. 3, § 2 Abs. 1 S. 3 NachwG auch auf Prak- tikabilitätserwägungen, vgl. MüKoBGB/*Einsele* § 126 Rn. 24.

169 *Blaurock/Adam* ZEuP 2001, 93 (110); *Hähnchen* NJW 2001, 2831 (2832).

WG verwendeten Begriff der „Urkunde" (→ Rn. 9 ff.), unter den im Zivilrecht nur verkörperte, ohne weitere technische Hilfsmittel lesbare Gedankenerklärungen fallen,[170] sowie für den in § 74 Abs. 1 **HGB** verwendeten Begriff der „Aushändigung", der die Übergabe einer verkörperten Erklärung voraussetzt.[171] Ebenso soll dies für den „niederzulegenden" Einigungsstellenspruch nach § 76 Abs. 3 S. 4 **BetrVG** sein.[172]

56 **b) Ausschluss wegen fehlendem Einverständnis.** Mit der Formulierung „kann" in Abs. 3 macht der Gesetzgeber deutlich, dass die Ersetzung der gesetzlichen Schriftform durch die elektronische Form nur möglich ist, wenn die beteiligten **Parteien** in ihrer konkreten Rechtsbeziehung den **Gebrauch der elektronischen Form wünschen**.[173] Ein Aufdrängen der elektronischen Form soll es nicht geben, der Empfänger der Erklärung oder bei Verträgen der Vertragspartner muss mit der Ersetzung einverstanden sein.[174] Dies wird auch durch den Vergleich mit den §§ 126 Abs. 4, 127 a, 129 Abs. 2 bestätigt, wonach die notarielle Beurkundung die anderen Formen ersetzt und nicht lediglich ersetzen kann.[175]

57 Die Frage des Einverständnisses der Parteien mit der Ersetzung der gesetzlichen Schriftform durch die elektronische Form darf nicht mit der Problematik des Zugangs der formbedürftigen Erklärung nach § 130 Abs. 1 vermengt werden.[176] Verweigert sich eine der Parteien der Ersetzung, liegt hierin keine Disposition über ein gesetzliches Formerfordernis,[177] weil lediglich die Ersetzungs**befugnis** des Abs. 3 nicht zur Anwendung kommt, es im Übrigen aber bei der gesetzlichen Schriftform nach Abs. 1 bleibt. Auch prozessuale Erwägungen[178] sprechen nicht gegen die hier vertretene Auffassung: Verlangt man für die Ersetzung ein Einverständnis des Erklärungsempfängers, ist hierüber ggf. Beweis zu erheben, während bei der Verlagerung auf die Ebene des Zugangs Beweis über die beim Empfänger vorhandenen (oder eben nicht vorhandenen) Zugangsvorkehrungen für Erklärungen in elektronischer Form erhoben werden müsste; der damit verbundene Aufwand bleibt gleich, ebenso die Zuordnung der Darlegungs- und Beweislast zum Erklärenden. Und ob man schließlich zur Wirksamkeit der in elektronischer Form abgegebenen Erklärung gelangt, weil entsprechend § 151 S. 1 auf den Zugang der Erklärung verzichtet wird oder aber ein konkludentes Einverständnis des Erklärungsempfängers in die Ersetzung bejaht wird, ist vom Ergebnis her bedeutungslos.

58 Das **Einverständnis des Erklärungsempfängers** darf nicht mit einer rechtsgeschäftlichen Vereinbarung der beteiligten Parteien verwechselt werden.[179] Es bedarf nicht der gesetzlichen Schriftform, sondern kann **formlos** ausdrücklich oder durch schlüssiges Verhalten nach Maßgabe der bisherigen Geschäftsgepflogenheiten durch den Erklärungsempfänger zum Ausdruck gebracht werden.[180] Hiervon kann ausgegangen werden, wenn die Parteien ihren Geschäftsverkehr untereinander elektronisch abwickeln, der Empfänger die Erklärung als wirksam behandelt[181] oder der Empfänger seine E-Mail-Adresse als Korrespondenzmöglichkeit ausdrücklich oder in geschäftlichen Unterlagen angegeben hat.[182] Denn wer einen elektronischen Kommunikationsweg in einer Geschäftsbeziehung eröffnet, muss auch mit dem Zugang rechtserheblicher Erklärungen auf diesem Weg rechnen.[183] Im Zweifelsfall können auch die zur Problematik bei der Bezahlung mit Buchgeld anstelle von Bargeld entwickelten Grundsätze herangezogen werden.[184]

59 Von einem Einverständnis mit der Ersetzung der gesetzlichen Schriftform kann nicht ausgegangen werden, wenn der Erklärende eine elektronische Kommunikationsmöglichkeit nur bei Gelegenheit erfahren oder

170 *Czeguhn* JuS 2004, 124; *Steinbeck* DStR 2003, 644. Durch § 371 Abs. 1 S. 2 ZPO hat auch der Gesetzgeber zum Ausdruck gebracht, dass elektronische Dokumente keine Urkunden sind, dazu *Fischer-Dieskau/Gitter/Paul/Steidle* MMR 2002, 709 (710); gegen Wertpapiere in elektronischer Form *Oberndörfer* CR 2002, 358 (361 f.); gegen Konnossemente in elektronischer Form *Ramming* VersR 2002, 539 ff.

171 MüKoBGB/*Einsele* § 126 Rn. 25.

172 Das BAG 5.10.2010 – 1 ABR 31/09, NZA 2011, 420 (422), spricht von einer „auf dem Normcharakter beruhenden Sonderregelung".

173 *Noack* DStR 2001, 1893 (1895).

174 BT-Drs. 14/4987, 41; Palandt/*Ellenberger* BGB § 126 a Rn. 6; Erman/*Arnold* BGB § 126 a Rn. 8; Soergel/*Marly* BGB § 126 a Rn. 2; *Wolf/Neuner* BGB AT, § 44 Rn. 38; **aA** BeckOK BGB/*Wendtland* § 126 Rn. 12.1; *Heinemann* ZNotP 2002, 414 (418); MüKoBGB/*Einsele* § 126 Rn. 29 ff., die das Einverständnis des Erklärungsempfängers lediglich unter dem Gesichtspunkt des Zugangs betrachten und zur Begründung unzutreffend auf das Gesetzgebungsverfahren sowie Erwägungen praktischer Art abstellen; ebenso *Borges*, S. 655, der für § 127 Abs. 2 S. 2 ana-

log eintritt; krit. auch *Steinbeck* DStR 2003, 644 (645 f.).

175 Jauernig/*Mansel* BGB § 126 a Rn. 3.

176 AA *Heinemann* ZNotP 2002, 414 (418); MüKoBGB/*Einsele* § 126 Rn. 27 ff.; *Borges*, S. 655, der für § 127 Abs. 2 S. 2 analog eintritt; krit. auch *Steinbeck* DStR 2003, 644 (645 f.).

177 So aber MüKoBGB/*Einsele* § 126 Rn. 30.

178 S. MüKoBGB/*Einsele* § 126 Rn. 30.

179 Dies war der Vorschlag des Bundesrats, BT-Drs. 14/4987, 34 f.; dazu *Boente/Riehm* Jura 2001, 793 (795).

180 Palandt/*Ellenberger* BGB § 126 a Rn. 6; Soergel/*Marly* BGB § 126 a Rn. 23; *Steinbeck* DStR 2003, 644 (645).

181 Palandt/*Ellenberger* BGB § 126 a Rn. 6.

182 Jauernig/*Mansel* BGB § 126 a Rn. 3; *Noack* DStR 2001, 1893 (1895).

183 AA *Steinbeck* DStR 2003, 644 (645) unter Hinweis auf die mit der Bereithaltung von Entschlüsselungsvorrichtungen verbundenen Kosten (?) und der geringfügigen Verbreitung der elektronischen Form.

184 Jauernig/*Mansel* BGB § 126 a Rn. 3.

selbst im Internet recherchiert hat. Insbesondere bei **Verbrauchern** (§ 13) als Empfängern ist bei der Annahme eines schlüssigen Einverständnisses Zurückhaltung geboten.[185] Aus einer fehlenden unverzüglichen Zurückweisung einer in elektronischer Form abgegebenen Willenserklärung darf nicht auf ein Einverständnis mit der Ersetzung geschlossen werden; anderenfalls würde dem Schweigen des Erklärungsempfängers entgegen der allg. Meinung ein besonderer Erklärungsgehalt zukommen.[186] Diese zurückhaltende Handhabung ergibt sich aus der Eigenart der in elektronischer Form abgegebenen Erklärung. Gegenüber dem Erhalt einer eigenhändig unterschriebenen Urkunde, bei der sich die Prüfung regelmäßig auf das Anschauen von Text und Unterschrift beschränkt, ist die Kontrolle einer in elektronischer Form vorliegenden Erklärung mit mehr Mühe verbunden. Der Empfänger muss zumindest das qualifizierte Zertifikat des Erklärenden bei einem Vertrauensdienstanbieter abfragen, was nicht nur ein gewisses technisches Grundverständnis voraussetzt, sondern auch eine Internet-Verbindung auf Seiten des Empfängers verlangt (im Einzelnen → § 126a Rn. 19, 30 ff.). Zumindest bei Verbrauchern kann bis heute nicht zwingend vom Vorhandensein der erforderlichen technischen Voraussetzungen bzw. Software zur (automatischen) Überprüfung einer qualifizierten elektronischen Signatur ausgegangen werden.[187]

c) Ausschluss im Vereins- und Gesellschaftsrecht. Im Vereins- und Gesellschaftsrecht muss zwischen **60** Erklärungen gegenüber der juristischen Person und Erklärungen unter Mitgliedern mit Rechtswirkungen für die juristische Person unterschieden werden. Ist Erklärungsempfänger die juristische Person (vgl. § 32 Abs. 2), kann die Satzung der juristischen Person die Ersetzungsbefugnis des Abs. 3 ausschließen. Anderenfalls ist die Ersetzung zulässig; insbesondere fehlt dem Vorstand die Befugnis zur Verwerfung der gesetzlich als gleichrangig gewerteten elektronischen Form. Für Erklärungen unter Mitgliedern oder zwischen ihnen und Dritten, die Rechtswirkungen für die juristische Person entfalten, kann auch durch die Satzung die Ersetzungsbefugnis nicht generell ausgeschlossen werden. Formgerecht abgegebene Erklärungen müssen die Vertretungsorgane der juristischen Person akzeptieren. Davon strikt zu trennen ist die Frage, ob eine Erklärung in elektronischer Form den Vertretungsorganen der juristischen Person wirksam zugegangen ist (zum Zugang → § 126a Rn. 54 ff.).

IV. Notarielle Beurkundung (Abs. 4)

Nach § 126 Abs. 4 wird die schriftliche Form durch die notarielle Beurkundung ersetzt. Dies gilt für **jede 61 Art von notarieller Beurkundung**.[188] Die Schriftform wird also auch durch eine solche notarielle Beurkundung ersetzt, bei der das Protokoll nicht unterschrieben bzw. nicht vorgelesen zu werden braucht.[189] Ausreichend ist bei einem **gerichtlichen Vergleich** auch die Aufnahme der Erklärungen in ein nach den Vorschriften der ZPO errichtetes Protokoll, da dieses wiederum die notarielle Beurkundung ersetzt (§ 127a). Darüber hinaus können auch bei **fehlerhafter notarieller Beurkundung** die Voraussetzungen der Schriftform erfüllt sein.[190] Zur notariellen Beurkundung im Einzelnen s. § 128.

§ 126a Elektronische Form

(1) Soll die gesetzlich vorgeschriebene schriftliche Form durch die elektronische Form ersetzt werden, so muss der Aussteller der Erklärung dieser seinen Namen hinzufügen und das elektronische Dokument mit einer qualifizierten elektronischen Signatur versehen.

(2) Bei einem Vertrag müssen die Parteien jeweils ein gleichlautendes Dokument in der in Absatz 1 bezeichneten Weise elektronisch signieren.

Literatur: (vgl auch bei § 126): *Altenhain/Heitkamp*, Altersverifikation mittels des elektronischen Personalausweises, K&R 2009, 619; *Armgardt/Spalka*, Der Anscheinsbeweis gemäß § 371a Abs. 1 S. 2 ZPO vor dem Hintergrund der bestehenden Sicherheitslücken bei digitalen Signaturen, K&R 2007, 26; *Bacher*, Elektronisch eingereichte Schriftsätze im Zivilprozess, NJW 2009, 1548; *Berger*, Beweisführung mit elektronischen Dokumenten, NJW 2005, 1016; *Bergfelder*, Was ändert das 1. Signaturänderungsgesetz? Die qualifizierte elektronische Signatur zwischen Anspruch und Wirklichkeit, CR 2005, 148; *ders.*, Der Beweis im elektronischen Rechtsverkehr, 2006; *Bettendorf*, Elektronische Dokumente und Formqualität, RNotZ 2005, 277; *Blaurock/Adam*, Elektronische Signatur und europäisches Privatrecht, ZEuP 2001, 93; *Borges*, Verträge im elektronischen Geschäftsverkehr. Vertragsabschluss, Beweis, Form, Lokalisierung, anwendbares

---

185 Zustimmend hinsichtlich der restriktiven Herangehensweise bei Verbrauchern *Steinbeck* DStR 2003, 644 (645); ebenso für den Bereich des Verwaltungsrechts *Roßnagel* NJW 2003, 469 (473).

186 AA *Wolf/Neuner* BGB AT § 44 Rn. 38: Einverständnis des Empfängers bei Behandlung der Erklärung als gültig wird unterstellt; zum fehlenden Erklärungs-

gehalt des bloßen Schweigens BGH 4.4.1951 – II ZR 52/50, BGHZ 1, 356; im Einzelnen MüKoBGB/*Busche* § 151 Rn. 4 ff.

187 *Noack* DStR 2001, 1893 (1895).

188 Soergel/*Hefermehl* BGB § 126 Rn. 21.

189 RG 4.5.1911 – VI 143/10, RGZ 76, 191.

190 RG 27.11.1933 – VI 241/33, RGZ 142, 303, 307.

Recht, 2003; *ders.*, Der neue Personalausweis und der elektronische Identitätsnachweis, NJW 2010, 3334; *Borghoff/Rödig/Scheffcyzk/Schmitz*, Langzeitarchivierung. Methoden zur Erhaltung digitaler Dokumente, 2003; *Czeguhn*, Beweiswert und Beweiskraft digitaler Dokumente im Zivilprozess, JuS 2004, 124; *Degen*, Mahnen und Klagen per E-Mail – Rechtlicher Rahmen und digitale Kluft bei Justiz und Anwaltschaft?, NJW 2008, 1473; *Dörner*, Rechtsgeschäfte im Internet, AcP 202 (2002), 363; *Dorndorf/Schneidereit*, E-Signing von Verträgen mittels qualifizierter elektronischer Signatur nach eIDAS; Rechtliche Fallstricke unter besonderer Berücksichtigung des Finanzsektors, CR 2017, 21; *Drechsler*, Elektronischer Zugang zur Verwaltung nach dem EGovG, DuD 2013, 696; *Dreßel/Vieffhues*, Gesetzgeberischer Handlungsbedarf für den elektronischen Rechtsverkehr – werden die wahren Probleme gelöst?, K&R 2003, 434; *Ernst*, Beweisprobleme bei E-Mail und anderen Online-Willenserklärungen, MDR 2003, 1091; *Fischer-Dieskau*, Das elektronisch signierte Dokument als Mittel zur Beweissicherung – Anforderungen an seine langfristige Aufbewahrung, 2006; *Fischer-Dieskau/Gitter/Paul/Steidle*, Elektronisch signierte Dokumente als Beweismittel im Zivilprozess, MMR 2002, 709; *Fischer-Dieskau/Roßnagel/Steidle*, Beweisführung am seidenen Bit-String? – Die Langzeitaufbewahrung elektronischer Signaturen auf dem Prüfstand, MMR 2004, 451; *Gassen*, Digitale Signaturen in der Praxis, 2003; *Gassen/Mödl*, Der elektronische Rechtsverkehr in Grundbuchsachen, ZRP 2009, 77; *Göttlinger*, Notariat und Grundbuchamt im elektronischen Zeitalter, DNotZ 2002, 743; *Gotthardt/Beck*, Elektronische Form und Textform im Arbeitsrecht, NZA 2002, 876; *Hähnchen*, Das Gesetz zur Anpassung der Formvorschriften des Privatrechts und anderer Vorschriften an den modernen Rechtsgeschäftsverkehr, NJW 2001, 2831; *dies.*, Elektronische Akten bei Gericht – Chancen und Hindernisse, NJW 2005, 2257; *Hansen*, Eine überflüssige Übersignatur signierter Urteile, JurPC 2014, Web-Dok. 100/2014; *Heinemann*, Neue Formvorschriften im Privatrecht: Ein Jahr „Gesetz zur Anpassung der Formvorschriften des Privatrechts und anderer Vorschriften an den modernen Rechtsverkehr, ZNotP 2002, 414; *Heinze/Prado Ojea*, Der Beweis mit privaten elektronischen Dokumenten nach ZPO und eIDAS-VO; Für eine einheitlich weite Auslegung von „elektronisches Dokument" in der ZPO, CR 2018, 37; *Hoeren* (Hrsg.), Rechtsfragen der digitalen Signatur, 1999; *Hüsch*, Zur Zulässigkeit von Scanning und Beweiskraft gescannter Dokumente nach Einführung der TR-RESICSCAN, CR 2014, 206; *Jungermann*, Der Beweiswert elektronischer Signaturen, 2002; *Kremer*, Unverschlüsselte E-Mail-Kommunikation mit Kunden und Mandanten – Datenschutz- oder berufsrechtliche Pflicht zur (aufgedrängten) E-Mail-Verschlüsselung?, ITRB 2020, 35; *Krüger*, Das Justizkommunikationsgesetz – weitere Schritte zum „elektronischen Rechtsverkehr", ZVI 2004, 162; *Kunz/Schmidt/Viebeg*, Konzepte für rechtssichere Transformationen signierter Dokumente, DuD 2005, 279; *Jandt*, Die Mitwirkung Dritter bei der Signaturerzeugung – Das Tatbestandsmerkmal der „alleinigen Kontrolle" und seine Auswirkungen auf die Rechtsfolgenvorschriften, K&R 2009, 548; *Leue*, Die neuen Formvorschriften des Privatrechts, 2002; *Lückmann/Aclams*, Die elektronische Signatur in der Rechtspraxis, K&R 2002, 8; *Mankowski*, Zum Nachweis des Zugangs bei elektronischen Erklärungen, NJW 2004, 1901; *Meyer/Mödl*, Die Einführung des elektronischen Rechtsverkehrs im Grundbuchverfahren, DNotZ 2009, 743; *Michel*, Elektronischer Vertrag und Formvorschriften in Deutschland, England und den Vereinigten Staaten von Amerika, Dissertation Düsseldorf 2009; *Müller*, Die Übermittlung und Prüfung der elektronischen Signatur des gegnerischen Schriftsatzes, NJW 2015, 822; *ders.*, Neue Rechtsbegriffe im Zustellungsrecht: Sichere Übermittlungswege und das elektronische Empfangsbekenntnis, NJW 2017, 2713; *ders.*, eJustice – Der elektronische Rechtsverkehr tritt aus der Nische, JuS 2018, 1193; *ders.*, eJustice – Praxishandbuch, 4. Aufl. 2019; *Noack*, Digitaler Rechtsverkehr: Elektronische Signatur, elektronische Form und Textform, DStR 2001, 1893; *Noack/Kremer*, Die qualifizierte elektronische Signatur: Bleibt sie ein Expertenwerkzeug im elektronischen Justizrechtsverkehr?, FS Spiegelberger 2009, 14737; *Oberndörfer*, Digitale Wertpapiere im Licht der neuen Formvorschriften des BGB, CR 2002, 358; *Oertel*, Elektronische Form und notarielle Aufgaben im elektronischen Rechtsverkehr, MMR 2001, 419; *Pordesch*, Die elektronische Form und das Präsentationsproblem, 2003; *Püls*, Signatur statt Siegel? – Notarielle Leistungen im elektronischen Rechtsverkehr, DNotZ Sonderheft 2002, 168; *ders.*, Notarielle Tätigkeit im Lichte des Justizkommunikationsgesetzes, NotBZ 2005, 305; *Ramming*, Ermöglichen die neuen §§ 126 III, 126 a BGB die Ausstellung elektronischer Konnossemente?, VersR 2002, 539; *Rapp*, Rechtliche Rahmenbedingungen und Formqualität elektronischer Signaturen, 2002; *Reithmann*, Urkunden und elektronische Dokumente, ZNotP 2007, 370; *Roßnagel*, Qualifizierte elektronische Signatur mit Einschränkungen für das Besteuerungsverfahren, K&R 2003, 379; *ders.*, Die fortgeschrittene elektronische Signatur, MMR 2003, 164; *ders.*, Fremderzeugung von qualifizierten Signaturen? Ein neues Geschäftsmodell und seine Rechtsfolgen, MMR 2008, 22; *ders.*, Auf dem Weg zur elektronischen Verwaltung – Das E-Government-Gesetz, NJW 2013, 2710; *ders.*, Beweiswirkungen elektronischer Vertrauensdienste: Neue Regelungen durch die eIDAS-Verordnung der Europäischen Union, MMR 2016, 647; *ders.*, Das Vertrauensdienstegesetz: Neue Regelungen zur Anpassung des deutschen Rechts an die EU-eIDAS-VO, MMR 2018, 31; *Roßnagel* (Hrsg.), Die elektronische Signatur in der öffentlichen Verwaltung, 2002; *Roßnagel/Fischer-Dieskau*, Automatisiert erzeugte elektronische Signaturen, MMR 2004, 133; *dies.*, Elektronische Dokumente als Beweismittel – Neufassung der Beweisregelungen durch das Justizkommunikationsgesetz, NJW 2006, 806; *Roßnagel/Fischer-Dieskau/Pordesch/Brandner*, Erneuerung elektronischer Signaturen. Grundfragen der Archivierung elektronischer Dokumente, CR 2003, 301; *Roßnagel/Hornung*, Ein Ausweis für das Internet, DÖV 2009, 301; *Roßnagel/Schmücker*, Beweiskräftige elektronische Archivierung – Bieten elektronische Signaturen Rechtssicherheit?, 2006; *Roßnagel/Wilke*, Die rechtliche Bedeutung gescannter Dokumente, NJW 2006, 2145; *Rupp*, Die Beweisführung mit privaten elektronischen Dokumenten: Eine Untersuchung der §§ 144, 371, 371 a ZPO sowie der Vorschriften der eIDAS-Verordnung über Vertrauensdienste, 2018; *Scherf/Schmieszek/Viefhues*, Elektronischer Rechtsverkehr, 2006; *Schmidt/Pruß/Kast*, Technische und juristische Aspekte zur Authentizität elektronischer Kommunikation, CR 2008, 267; *Schnell*, Signaturmissbrauch und Rechtsscheinhaftung, 2007; *Schulz*, Der neue „E-Personalausweis" – elektronische Identitätsnachweise als Motor des E-Government, E-Commerce und des technikgestützten Identitätsmanagement?, CR 2009, 267; *Siegmund*, Das beA von A bis Z, NJW 2017, 3134; *Sosna*, EU-weite elektronische Identifizierung und Nutzung von Vertrauensdiensten – eIDAS-Verordnung; Ein Überblick über die wichtigsten Inhalte und deren Konsequenzen für Unternehmen, CR 2014, 825; *Spindler/Rockenbauch*, Die elektronische Identifizierung – Kritische Analyse des EU-Verordnungsentwurfs über elektronische Identifizierung und Vertrauensdienste, MMR 2013, 139; *Splittgerber*, Die elektronische Form von bestimmenden Schriftsätzen, CR 2003, 23; *Steinbeck*, Neue Formvorschriften im BGB, DStR 2003, 644; *Stellmann/Süss*, Abschluss von Mietverträgen via Internet?, NZM 2001, 969; *Thomale*, Die Haftungsregelung nach § 11 SigG, MMR 2004, 80; *Ulrich/Schmieder*, Die elektronische Einreichung in der Praxis, NJR 2019, 113; *Viefhues*, Das Gesetz über die Verwendung elektronischer Kommunikationsformen in der Justiz, NJW 2005, 1009; *Viefhues/Hoffmann*, ERVG: Gesetz zur Verhinderung des elektronischen Rechtsverkehrs?, MMR 2003, 71; *Viefhues/Volesky*, Elektronischer Rechtsverkehr – wird die Chance genutzt?, K&R 2003, 59; *War-*

necke, Das Bürgerportalgesetz – Vertrauliche Kommunikation im E-Government und E-Commerce?, MMR 2010, 227; *Werner/Wegener*, Bürgerportale – Technische und rechtliche Hintergründe von DE-Mail und Co., CR 2009, 310; *Wiebe*, Die elektronische Willenserklärung. Rechtsgeschäftliche Grundlagen des elektronischen Geschäftsverkehrs, 2002; *Wilke/Jandt/Löwe/Roßnagel*, Eine Beweisführung von Format – Die Transformation signierter Dokumente auf dem Prüfstand, CR 2008, 607; *Wohlatz*, Rechtsgeschäftlicher Schutz durch neue Formvorschriften, 2007.

A. Allgemeines	1		2. Speicherung auf Datenträger zur dauerhaften Wiedergabe	48
I. Entstehungsgeschichte	1		V. Hinzufügung einer qualifizierten elektronischen Signatur	49
II. Bedeutung	3			
III. Formfunktionen	11		VI. Vertragsschluss unter Verwendung der elektronischen Form (Abs. 2)	51
B. Elektronische Signatur	13		**D. Weitere praktische Hinweise**	54
I. Signaturgesetz, eIDAS-VO und Vertrauensdienstegesetz	13		I. Zugang von Erklärungen in elektronischer Form	54
II. Formen der elektronischen Signatur	15		II. Zurechnung, Stellvertretung, Haftung	56
1. Einfache elektronische Signatur	16		1. Als nicht abgegeben geltende Erklärungen	57
2. Fortgeschrittene elektronische Signatur	17		2. Stellvertretung bei Erklärungen in elektronischer Form	58
3. Qualifizierte elektronische Signatur	19		a) Verwendung eines eigenen Zertifikats durch den Vertreter	59
a) Qualifizierungskriterien	21		b) Verwendung des Zertifikats des Vertretenen durch einen Dritten	61
aa) Beruhen der Signatur auf einem gültigen qualifizierten Zertifikat für elektronische Signaturen	21		3. Haftung bei Missbrauch der elektronischen Form	68
bb) Erzeugung der Signatur mit einer qualifizierten elektronischen Signaturerstellungseinheit	24		a) Haftung des qualifizierten Vertrauensdiensteanbieters	68
b) Beschränkung der Signatur auf bestimmte Anwendungen	25		b) Haftung des Inhabers der elektronischen Signatur	73
c) „Akkreditierte" elektronische Signatur	26		c) Haftung des missbräuchlichen Verwenders der elektronischen Signatur	74
4. Abgrenzung zum elektronischen Identitätsnachweis (eID)	27		III. Rechtsfolgen und Prozessuales	75
III. Funktionsweise qualifizierter elektronischer Signaturen	30		1. Rechtsfolgen	75
IV. Möglichkeit der Verschlüsselung elektronischer Dokumente	36		2. Beweislast und Beweisführung	76
V. Internationale Anerkennung elektronischer Signaturen	37		a) Allgemeines	76
			b) Beweisregel des § 371 a Abs. 1 ZPO	78
VI. Archivierung elektronisch signierter Dokumente	39		c) Beweisführung	82
C. Regelungsgehalt	42		IV. Elektronische Form und qualifizierte elektronische Signatur im Zivilprozess	84
I. Erklärung	42		1. Einreichung elektronischer Schriftsätze	84
II. Aussteller	44		2. Zustellung elektronischer Dokumente	88
III. Hinzufügung des Namens des Ausstellers	45		3. Elektronischer Rechtsverkehr und Justizkommunikation	90
IV. Elektronisches Dokument	47			
1. Träger digitaler Daten	47			

A. Allgemeines

I. Entstehungsgeschichte

Die Vorschrift wurde gemeinsam mit §§ 126 Abs. 3, 126 a und 127 Abs. 3 durch das **Gesetz zur Anpassung** **1** **der Formvorschriften des Privatrechts** und anderer Vorschriften an den modernen Rechtsverkehr vom 13.7.2001[1] eingefügt und ist zum **1.8.2001** in Kraft getreten. Gemeinsam mit dem E-Government-Gesetz vom 25.7.2013[2] (EGovG, → Rn. 6), dem De-Mail-Gesetz vom 28.4.2011 (→ Rn. 9) und der den Rechtsrahmen für die Verwendung elektronischer Signaturen vorgebenden eIDAS-VO bilden diese Vorschriften die Grundlage für den elektronischen Rechtsverkehr.

Die Vorschrift dient zunächst der **Umsetzung der EU-Richtlinie 99/93/EG** über gemeinschaftliche Rah- **2** menbedingungen für elektronische Signaturen vom 13.12.1999.[3] Die Signaturrichtlinie wurde zum 1.7.2016 durch die Verordnung 910/2014/EU über elektronische Identifizierung und Vertrauensdienste für Transaktionen im Binnenmarkt und zur Aufhebung der Richtlinie 1999/93/EG vom 23.7.2014[4] (eIDAS-VO,

---

1 FormVAnpG (BGBl. I 2001 S. 1542), dazu insgesamt *Roßnagel* NJW 2001, 1817 (1818).

2 BGBl. I, 2749; dazu *Frische/Ramsauer* NVwZ 2013, 1505; *Habammer/Denkhaus* MMR 2013, 358; *Drechsler* DuD 2013, 696.

3 Sog. Signaturrichtlinie (ABl. EG 2000 L 13 S. 12); dazu *Borges*, Verträge im elektronischen Geschäftsverkehr. Vertragsabschluss, Beweis, Form, Lokalisierung, anwendbares Recht, 2003, S. 99 ff.; *Lüdemann/Aclams* K&R 2002, 8 f.

4 ABl. EU 2014 L 257 S. 73.

→ Rn. 14) abgelöst. Seitdem setzt § 126 a die eIDAS-VO um.[5] Ein Zusammenhang zwischen § 126 a und der Umsetzung von Art. 9 der EU-Richtlinie 2000/31/EG über bestimmte Aspekte der Dienste der Informationsgesellschaft, insbesondere des elektronischen Geschäftsverkehrs, im Binnenmarkt vom 8.6.2000,[6] besteht demgegenüber nicht. Diese E-Commerce-Richtlinie verpflichtet die Mitgliedstaaten dazu, Möglichkeiten des wirksamen Vertragsschlusses auf elektronischem Weg sicherzustellen. Da aber auch für die durch elektronische Übermittlung von Willenserklärungen geschlossenen Rechtsgeschäfte der Grundsatz der Formfreiheit gilt (→ § 125 Rn. 1), konnten und können die im E-Commerce besonders bedeutsamen Kauf- und Dienstverträge ebenso wie Verträge über die Lieferung von nicht auf einem körperlichen Datenträger befindlichen digitalen Inhalten (vgl. § 356 Abs. 5) allein durch den Austausch elektronisch übermittelter Willenserklärungen wirksam abgeschlossen werden. Bei der Regelung der „elektronischen Form" handelt es sich deshalb um (jedenfalls unter dem Gesichtspunkt des E-Commerce) symbolische Gesetzgebung.[7]

II. Bedeutung

3 Die elektronische Form ist ein **Sonderfall der gesetzlichen Schriftform** und kein eigenständiger Formtyp.[8] Ihr Anwendungsbereich entspricht grundsätzlich dem der gesetzlichen Schriftform (zu den Einschränkungen → § 126 Rn. 52 ff.). Kern der elektronischen Form ist die **qualifizierte elektronische Signatur** iSd Art. 3 Nr. 12 eIDAS-VO (§ 2 Nr. 3 SigG aF).[9] Während die Anbringung einer qualifizierten elektronischen Signatur im Allgemeinen lediglich der Sicherung der Unverfälschtheit eines elektronischen Dokuments bezogen auf Erklärenden und Inhalt dient, kommt ihr in § 126 a darüber hinaus die Funktion eines gleichwertigen Ersatzes für die eigenhändige Unterzeichnung bei der gesetzlichen Schriftform zu. Art. 25 Abs. 2 eIDAS-VO stellt deshalb die rechtliche Gleichwertigkeit von qualifizierter elektronischer Signatur und eigenhändiger Unterschrift ausdrücklich fest.

4 Die **technischen Voraussetzungen** der qualifizierten elektronischen Signatur werden über die **unmittelbare Geltung der eIDAS-VO** eingebunden; der frühere Verweis auf das SigG aF in Abs. 1 ist ersatzlos gestrichen worden. Im Unterschied zur gesetzlichen Schriftform ist es aber bei der elektronischen Form mit der Anbringung einer qualifizierten elektronischen Signatur nicht getan, vielmehr bedarf es zur Authentifizierung des Erklärenden und Sicherung der Integrität des Erklärten einer gewissen technischen Infrastruktur (→ Rn. 33 ff.).[10]

5 In der **Praxis** ist die elektronische Form **weitgehend bedeutungslos** geblieben,[11] obwohl mit der Regelung einer digitalen Signatur im SigG 1997 (→ Rn. 13) Deutschland als erster Mitgliedstaat der EU die Grundlagen für den Einsatz elektronischer Signaturen geschaffen hatte.[12] Im deutschen Prozessrecht ist die qualifizierte elektronische Signatur durch wortgleiche Regelungen etwa in den § 46 c **ArbGG**, § 52 a **FGO**, § 65 a **SGG**, § 32 a **StPO**, § 55 a **VwGO** und § 130 a **ZPO** zwischenzeitlich in allen **Verfahrensordnungen** fest verankert (zum Zivilprozessrecht näher → Rn. 86 ff.). Nach dem schon seit langem digitalisierten gerichtlichen Mahnverfahren ist 2016 mit dem vereinfachten Vollstreckungsauftrag bei Vollstreckungsbescheiden gemäß §§ 754 a, 829 a ZPO auch ein erster Schritt zur Reform des Zwangsvollstreckungsrechts vollzogen worden. Weitere Schritte waren die flächendeckende Einführung des elektronischen Rechtsverkehrs in der Justiz zum 1.1.2018 mit dem Gesetz zur Förderung des elektronischen Rechtsverkehrs mit den Gerichten vom 10.10.2013.[13] Hiermit einhergehend sind Rechtsanwälte seit dem 1.1.2018 zur passiven Nutzung des besonderen elektronischen Anwaltspostfachs (beA)[14] für Zustellungen und den Zugang anderer Mitteilungen gemäß § 31 a Abs. 6 BRAO verpflichtet. Spätestens ab dem 1.1.2022 ist die vollständige elektronische Kommunikation zwischen Rechtsanwalt und Gericht gemäß dem zukünftigen § 130 d ZPO dann verpflichtend für alle Beteiligten.

6 Das hauptsächliche Einsatzgebiet von elektronischer Form und qualifizierter elektronischer Signatur liegt damit immer noch im Handels- und Registerrecht (→ § 129 Rn. 17), wo die qualifizierte elektronische

5 MüKoBGB/*Einsele* § 126 a Rn. 1.
6 Sog. E-Commerce-Richtlinie, Umsetzungsfrist 16.1.2002 (ABl. EG 2000 L 178 S. 1).
7 *Heinemann* ZNotP 2002, 414 (416); aA Staudinger/*Hertel* BGB § 126 a Rn. 15 ff.; Soergel/*Marly* BGB § 126 a Rn. 2; *Roßnagel* NJW 2001, 1817 (1818); *Bettendorf* RNotZ 2005, 277 (283 f.); umfassend *Borges*, S. 635 ff.
8 BT-Drs. 14/4987, 12.
9 Der Begriff der qualifizierten elektronischen Signatur wird zudem in § 309 Nr. 12 aufgegriffen.
10 Jauernig/*Jauernig* BGB § 126 a Rn. 1; *Noack* DStR 2001, 1983.
11 Ähnlich krit. BeckOK BGB/*Wendtland* § 126 a Rn. 1; Soergel/*Marly* BGB § 126 a Rn. 1.
12 *Blaurock/Adam* ZEuP 2001, 93 (107 f.); zum SigG 1997 *Borges*, S. 120 ff.
13 BGBl. I S. 3786.
14 Zum beA *Siegmund* NJW 2017, 3134; *Müller-Teckhof* MMR 2014, 95; *Hoffmann/Borchers* CR 2014, 62; das beA wird ausschließlich Rechtsanwälten bereitgestellt, nicht Anwaltsgesellschaften, s. BGH 6.5.2019 – AnwZ (Brfg) 69/18.

Signatur nach EHUG[15] und ERVGBG[16] einen (gesetzgeberisch angeordneten) Durchbruch feiern konnte. In Teilbereichen durchgesetzt hat sich die qualifizierte elektronische Signatur ferner im **Steuerrecht** und im **öffentlichen Recht.**[17] Seit dem Inkrafttreten des EGovG zum 1.7.2014[18] besteht die Möglichkeit, tatsächlich alle Verwaltungsvorgänge einschließlich der Kommunikation mit den Behörden medienbruchfrei elektronisch durchzuführen (**E-Government**).[19]

Dies ändert aber nichts daran, dass die qualifizierte elektronische Signatur als vermeintlicher **Basistechno-** 7 **logie des elektronischen Rechtsverkehrs**[20] für den Verbraucher zu kompliziert und unübersichtlich ist, was die nur spärliche Verbreitung der qualifizierten elektronischen Signatur außerhalb gesetzgeberischer Nutzungspflichten bestätigt.[21] Hieraus muss man schon seit geraumer Zeit den Schluss ziehen, dass qualifizierte elektronische Signaturen und die korrespondierenden Formvorschriften dauerhaft ein Expertenwerkzeug bleiben werden, dem die Eroberung von Massenmärkten außerhalb der Justiz und der Einsatz in der alltäglichen Kommunikation verwehrt bleibt.[22] Auch die Selbstverständlichkeit, mit der neue Kommunikationstechnologien von Verbrauchern genutzt werden, die noch vor wenigen Jahren undenkbar waren (zu Beginn des Jahrtausends Mobiltelefone, E-Mail und Internet,[23] gestern Blogs, Messenger und soziale Netzwerke, heute das Internet der Dinge),[24] hat nichts daran zu ändern vermocht, dass die qualifizierte elektronische Signatur nebst den korrespondierenden Formvorschriften für Verbraucher schwerfällig, unhandlich und deshalb entbehrlich ist.[25] Dies gilt auch für die Justiz selbst, die zwischenzeitlich mit der flächendeckenden Möglichkeit zur Ersetzung der qualifizierten elektronischen Signatur mittels signierter Einreichung einer Erklärung auf einem anderen sicheren Übermittlungsweg (ua De-Mail, → Rn. 9 f., und besonderes elektronisches Anwaltspostfach, → Rn. 5)[26] eingeräumt hat, dass es nicht stets der qualifizierten elektronischen Signatur für eine sichere Kommunikation bedarf.[27]

Sämtliche Versuche von Gesetzgeber und Wirtschaft, Signaturverfahren mittels dem von Staat und Wirt- 8 schaft gegründeten „Bündnis für elektronische Signaturen" sowie der ursprünglich für 2006 (!) angekündigten „Gesundheitskarte" und „JobCard"[28] für nahezu alle Bürger in Deutschland voranzutreiben, um so die Startschwierigkeiten von qualifizierter elektronischer Signatur und elektronischer Form zu überwinden und deren Nutzung selbstverständlich zu machen, sind gescheitert. Mit der Einführung des auf eine Authentifizierungsfunktion beschränkten elektronischen Identitätsnachweises nach § 18 PAuswG (→ Rn. 30 f.) auf dem zum 1.11.2010 gestarteten elektronischen Personalausweis[29] und dem sicheren Postfach- und Versanddienst gemäß § 5 DeMailG (→ Rn. 9 f.) zeigt der Gesetzgeber ebenfalls, dass er von der qualifizierten elek-

---

15 Gesetz über elektronische Handelsregister und Genossenschaftsregister sowie das Unternehmensregister (EHUG) v. 10.11.2006, BGBl. I S. 2553; dazu *Noack* (Hrsg.), Das neue Gesetz über elektronische Handels- und Unternehmensregister, 2007.

16 Gesetz zur Einführung des elektronischen Rechtsverkehrs und der elektronischen Akte sowie zur Änderung weiterer grundbuch-, register- und kostenrechtlicher Vorschriften (ERVGBG) v. 11.8.2009, BGBl. I S. 2713; dazu *Gassen/Mödl* ZRP 2009, 77.

17 Die Verdingungsordnungen sehen seit 2006 die elektronische Informationsübermittlung im Vergabeverfahren als gleichwertige Alternative vor und gestatten sogar den Verzicht auf die qualifizierte elektronische Signatur zugunsten der fortgeschrittenen elektronischen Signatur nach Art. 3 Nr. 11 eIDAS-VO (Rn. 16 f.); zur eVergabe *Müller* NJW 2004, 1768 (zum früheren § 15 VgV); *Graef* NZBau 2008, 34.

18 BT-Drs. 17/11473, S. 34; *Drechsler* DuD 2013, 697.

19 *Roßnagel* NJW 2013, 2710 (2711); zum Begriff *Schulz* CR 2009, 267 (268).

20 So bezeichnet zur Einführung von § 126a von *Roßnagel* NJW 2001, 1817.

21 *Lüdemann/Aclams* K&R 2002, 8 (11 f.).

22 *Noack/Kremer* FS Spiegelberger, 1437, 1451; ähnlich krit. Jauernig/*Jauernig* BGB § 126 a Rn. 1 (unter Bezugnahme auf die gegenteilige, „zukunftsfrohe" Darstellung in der Voraufl.); *Heinemann* ZNotP 2002, 414 (426).

23 Vgl. für die Entwicklung 1998–2001 *Nowak* MDR 2001, 841.

24 Dazu *Bräutigam/Klindt* NJW 2015, 1137.

25 Zum Funktionsverlust der Formvorschriften insbes. in der privaten Massenkommunikation *Noack/Kremer* FS Spiegelberger, 1437, 1447 f.

26 Ausführlich zu sicheren Übermittlungswegen *Müller* JuS 2018, 1194 f.; *ders.*, NJW 2017, 2713 (2714 f.).

27 Auch § 14 Abs. 1 S. 6 UStG erlaubt seit dem 1.11.2011 in Umsetzung der EU-Richtlinie 2010/45/EU zum sog. „E-Invoicing" elektronische Rechnungen ohne qualifizierte elektronische Signatur, wenn durch „innerbetriebliche Kontrollverfahren" ein verlässlicher Prüfpfad zwischen Rechnung und Leistung geschaffen werden kann. Dies entspricht Art. 233 der Richtlinie, wonach bei elektronischer Rechnungsstellung jedes „innerbetriebliche Steuerungsverfahren" ausreichend ist, das verlässlich „Herkunft der Rechnung" (Authentizität) und „Unversehrtheit des Inhalts" (Integrität) gewährleistet; dazu *Suden* BC 2010, 244 (245); *Schmittmann* MMR 2012, 656; *Lindgens/Lamm/Groß* DStR 2012, 1413.

28 Dazu *Ernestus* DuD 2004, 404; *Hornung/Roßnagel* K&R 2004, 263; in früheren Vorauf. wurde die Job-Card noch als Erfolg versprechende Initiative zur Durchsetzung qualifizierter elektronischer Signaturen gewertet.

29 Dazu *Borges* NJW 2010, 3334.

tronischen Signatur als einer für jedermann verbindlichen, zentralen Infrastrukturkomponente Abstand genommen hat.[30]

9 Der **Dienst De-Mail**, zunächst als sicheres Kommunikationsmedium für „Bürgerportale" gedacht,[31] wurde nicht nur im E-Government (→ Rn. 6), sondern insbesondere auch im E-Commerce als Alternative zur gewöhnlichen E-Mail installiert, die auf der Grundlage des am 3.5.2011 in Kraft getretenen „Gesetzes zur Regelung von De-Mail-Diensten" (DeMailG)[32] den gerichtsfesten Nachweis von Versand und Empfang der De-Mail sowie der Identität der beteiligten Kommunikationspartner sicherstellt.

10 Zu diesem Zweck wird dem De-Mail-Nutzer, der anders als bei der qualifizierten elektronischen Signatur auch ein Unternehmen sein kann (§ 3 Abs. 1–3 DeMailG), vom privaten Diensteanbieter ein individuelles De-Mail-Konto eingerichtet, dass nach einer (dispositiven) sicheren Anmeldung (§ 4 Abs. 1, Abs. 2 DeMailG) einen „Postfach- und Versanddienst" (§ 5 DeMailG)[33] bereitstellt, der „die Vertraulichkeit, die Integrität und die Authentizität der Nachrichten [gewährleistet]" (§ 5 Abs. 3 S. 1 DeMailG). Dabei genügt als sichere Anmeldung nach § 4 Abs. 2 S. 2 DeMailG in jedem Fall der elektronische Identitätsnachweis auf dem Personalausweis (→ Rn. 30 ff.). Besondere Sicherheitsanforderungen an die Form der Erklärung (hier: regelmäßig, aber nicht zwingend Textform, § 126 b) oder deren Unveränderbarkeit (keine Ende-zu-Ende-Verschlüsselung, § 5 Abs. 3 S. 3 DeMailG) werden demgegenüber nicht gestellt. Für De-Mail-Nutzer wird damit die qualifizierte elektronische Signatur im Internet überflüssig, sofern nur der Nachweis von Abgabe, Zugang und Identität der Beteiligten und nicht ausnahmsweise die gesetzliche Schriftform erforderlich ist.[34]

III. Formfunktionen

11 Durch ihre technische Ausgestaltung gewährleistet die der elektronischen Form zugrunde liegende qualifizierte elektronische Signatur (→ Rn. 19 ff.) einen **Sicherheitsstandard**, der nicht hinter dem der gesetzlichen Schriftform zurückbleibt und ihren Funktionen (→ § 125 Rn. 9 f.) im Wesentlichen genügt, sog. **Funktionenäquivalenz**.[35] Mittels der qualifizierten elektronischen Signatur wird eine eindeutige Verbindung zwischen dem Aussteller und seiner Erklärung hergestellt. In Verbindung mit dem ihr zugrunde liegenden qualifizierten Zertifikat (→ Rn. 21) ermöglicht die qualifizierte elektronische Signatur die Identifikation des Ausstellers (Identitätsfunktion, → § 126 Rn. 19)[36] und sichert damit die **Authentizität** der Erklärung. Da die Anbringung der qualifizierten elektronischen Signatur erst nach Fertigstellung der Erklärung erfolgt, gewährleistet sie zugleich die Vollständigkeit und Abgeschlossenheit und damit die **Integrität** der Erklärung (Abschlussfunktion, → § 126 Rn. 20 f.).[37] Das Risiko einer **Fälschung oder missbräuchlichen Verwendung** der qualifizierten elektronischen Signatur ist deshalb nicht größer als bei der gesetzlichen Schriftform.[38] Mittels der Validierungsdaten (→ Rn. 34 f.) wird dem Empfänger der Erklärung die Überprüfung von Authentizität der Erklärung und Identität des Erklärenden ermöglicht, womit die Beweisfunktion (→ § 126 Rn. 1) ebenfalls gewahrt ist.[39] Der **Beweiswert** der elektronischen Form liegt angesichts der in § 371 a Abs. 1 ZPO gesetzlich normierten Beweiskraft elektronischer Dokumente sogar über dem einer

---

30 Im Regierungsentwurf für ein De-Mail-Gesetz v. 8.11.2010, BT-Drs. 17/3630, dort S. 2 unter C., wird dies jedoch geleugnet; krit. zum Verhältnis von De-Mail zur qualifizierten elektronischen Signatur *Noack/Kremer* FS Spiegelberger, 1437, 1445 f.

31 *Warnecke* MMR 2010, 227; *Schulz* CR 2009, 267 (268). Von De-Mail unabhängig ist die E-POST (früher „E-Postbrief", http://www.epost.de), bei der es sich um ein Angebot der Privatwirtschaft handelt. Hier soll allein über die vertragsrechtliche Ausgestaltung zwischen der Deutsche Post AG als Anbieter und den Nutzern eine der De-Mail vergleichbare rechtliche Bindungswirkung der Kommunikation erzielt werden. Die Deutsche Post AG hat 2013 bestätigt, sich mit E-POST nicht als De-Mail-Anbieter akkreditieren zu lassen, siehe https://www.heise.de/newsticker/meldung/E-Post-vs-De-Mail-Deutsche-Post-steigt-endgueltig-bei-De-Mail-aus-1840900.html [31.5.2019].

32 *De-Mail-Gesetz* BGBl. I 2011 S. 666; Gesamtüberblick bei *Werner/Wegener* CR 2009, 310; *Roßnagel* NJW 2011, 1473; *Spindler* CR 2011, 309.

33 Weitere optionale De-Mail-Dienste sind der Identitätsbestätigungsdienst (§ 6 De-Mail-Gesetz), der Ver-

zeichnisdienst (§ 7 De-Mail-Gesetz) und die Dokumentenablage (§ 8 De-Mail-Gesetz), dazu *Werner/Wegener* CR 2009, 310 (312).

34 Zur Kritik am DeMailG vgl. BR-Drs. 645/1/10; *Lapp* DuD 2009, 651; *Warnecke* MMR 2010, 227 (228); zu De-Mail als Alternative zur qualifizierten elektronischen Signatur *Noack/Kremer* FS Spiegelberger, 1437, 1450.

35 Eingehend *Borges*, S. 578 ff., 612 ff.; ferner Palandt/*Ellenberger* BGB § 126 a Rn. 5; Soergel/*Marly* BGB § 126 a Rn. 21.

36 BGH 25.10.2002 – V ZR 279/01, NJW 2003, 1120; MüKoBGB/*Einsele* § 126 a Rn. 22; *Steinbeck* DStR 2003, 644 (648).

37 BeckOK BGB/*Wendtland* § 126 a Rn. 6; MüKoBGB/*Einsele* § 126 a Rn. 22.

38 Palandt/*Ellenberger* BGB § 126 a Rn. 5; zweifelnd *Heinemann* ZNotP 2002, 414 (419); *Skrobotz*, JurPC Web-Dok. 86/2002 Abs. 30; kritisch wegen der zur Nutzung erforderlichen Software und der möglichen Angriffe auf die Einsatzumgebung *Armgardt/Spalka* K&R 2007, 26 (27 ff.).

39 BeckOK BGB/*Wendtland* § 126 a Rn. 5; Palandt/*Ellenberger* BGB § 126 a Rn. 5.

eigenhändig unterzeichneten Urkunde (→ Rn. 80 ff.):[40] dies gilt mittlerweile kraft gesetzgeberischer Anordnung in § 371 a Abs. 2 ZPO auch für bestimmte De-Mails (→ Rn. 9 f.).

Die **Warnfunktion** (→ § 126 Rn. 19) wird zunächst durch die Belehrung des qualifizierten Vertrauensdiensteanbieters (→ Rn. 22) über die Wirkung einer qualifizierten elektronischen Signatur gem. Art. 24 Abs. 2 lit. d) eIDAS-VO iVm § 13 Abs. 1 VDG (→ Rn. 20), dann durch die Prozedur der Installation der Hard- und Software zur Verwendung der qualifizierten elektronischen Signatur, später auch je nach verwendeter Hard- und Software durch entsprechende Hinweise vor der Signierung eines elektronischen Dokuments (→ Rn. 36) gewährleistet. Angesichts der Möglichkeit zur weitgehenden Automatisierung der Verwendung qualifizierter elektronischer Signaturen bleibt allerdings die Frage offen, ob die elektronische Form stets den mit der Warnfunktion verbundenen Schutz des Ausstellers vor Übereilung (→ § 125 Rn. 10) in vollem Umfang gewährleisten kann,[41] zumal der Unterzeichner nach einiger Zeit regelmäßiger Nutzung der Signatur auch für nicht formbedürftige Erklärungen kaum mehr daran denken wird, dass er mit der elektronischen Signierung eine der eigenhändigen Unterzeichnung gleichwertige Handlung vornimmt. Allerdings kann auch die eigenhändige Unterschrift zu einem weitgehend „automatischen" Vorgang im Rechtsverkehr werden, so dass die Erfüllung der Warnfunktion durch eigenhändige Unterschrift oder Verwendung einer qualifizierten elektronischen Signatur maßgeblich von subjektiven Wertungen des Erklärenden abhängt.[42] **12**

B. Elektronische Signatur

I. Signaturgesetz, eIDAS-VO und Vertrauensdienstegesetz

Das **Gesetz über Rahmenbedingungen für elektronische Signaturen und zur Änderung weiterer Vorschriften** (SigG)[43] vom 16.5.2001 war am 22.5.2001 in Kraft getreten und hatte das frühere SigG vom 22.7.1997[44] abgelöst.[45] Es wurde ergänzt durch die im Rahmen des § 24 SigG erlassene SigV[46] vom 16.11.2001, die am 22.11.2001 in Kraft getreten war.[47] Mit SigG und SigV wurden die frühere Signaturrichtlinie (→ Rn. 2) umgesetzt. Geringfügige Korrekturen, die im Wesentlichen auf eine Vereinfachung der Erteilung qualifizierter elektronischer Signaturen abzielten, waren mit dem **Ersten Gesetz zur Änderung des Signaturgesetzes** (1. SigÄndG)[48] vom 4.1.2005 zum 11.1.2005 vorgenommen worden.[49] Mit dem eIDAS-Durchführungsgesetz[50] sind dann mehr als ein Jahr nach dem Wirksamwerden der eIDAS-VO das SigG und die SigV mit Wirkung zum 28.7.2017 außer Kraft und das neue Vertrauensdienstegesetz (VDG, zu Vertrauensdiensteanbietern → Rn. 22) in Kraft gesetzt worden.[51] **13**

Die eIDAS-VO (Rn. 2) hat das Signaturrecht innerhalb von EU und EWR mit Wirkung ab dem 1.7.2016 vollständig neu und erstmals europaweit einheitlich geregelt.[52] Hierdurch wurde die Nutzung elektronischer Signaturen und vergleichbarer Identifikationssysteme vereinfacht und innerhalb des Binnenmarktes harmonisiert, damit Behörden, Unternehmen und Bürgern europaweit eine vertrauenswürdige elektronische Unterzeichnung von Dokumenten möglich ist.[53] Von besonderer Bedeutung für die elektronische Form sind dabei insbesondere die sich aus Art. 28 ff. eIDAS-VO ergebenden zwingenden Anforderungen an qualifizierte Zertifikate (→ Rn. 21), qualifizierte elektronische Signaturerstellungseinheiten (→ Rn. 24) sowie die **14**

40 MüKoBGB/*Einsele* § 126 a Rn. 23; *Steinbeck* DStR 2003, 644 (648).

41 Zweifelnd MüKoBGB/*Einsele* § 126 a Rn. 25; *Heinemann* ZNotP 2002, 414 (417); *Oertel* MMR 2001, 419 (421); *Skrobotz*, JurPC Web-Dok. 86/2002 Abs. 31.

42 Zur Warnfunktion *Steinbeck* DStR 2003, 644 (648 f.); eine Signatur für mehrere Willenserklärungen halten folgerichtig für zulässig *Dorndorf/Schneidereit* CR 2017, 21 (25 f.).

43 BGBl. I S. 876.

44 BGBl. I S. 1870.

45 Zur Entstehungsgeschichte: Hoeren/Sieber/Holznagel/*Brisch/Brisch*, 13.3 Rn. 11 ff.; *Lückmann/Aclams* K&R 2002, 8 (9); *Noack/Kremer* FS Spiegelberger, 1437, 1438 f.

46 BGBl. I S. 3074.

47 Zur SigV *Geis* K&R 2002, 59; vorher galt die SigV v. 22.10.1997 (BGBl. I S. 2498).

48 BGBl. I S. 2; zum Gesetzgebungsverfahren *Roßnagel* NJW 2005, 385 (386); *Bergfelder* CR 2005, 148 (149).

49 Zu den wirtschaftlichen Beweggründen für das 1. SigÄndG *Noack/Kremer*, Die qualifizierte elektronische Signatur: Bleibt sie ein Expertenwerkzeug im elektronischen Justizrechtsverkehr? FS Spiegelberger, 1437, 1442.

50 Gesetz vom 18.7.2017 zur Durchführung der Verordnung (EU) Nr. 910/2014 des Europäischen Parlaments und des Rates vom 23.7.2014 über elektronische Identifizierung und Vertrauensdienste für elektronische Transaktionen im Binnenmarkt und zur Aufhebung der Richtlinie 1999/93/EG BGBl. I S. 2745.

51 Ausführlich zum VDG *Roßnagel* MMR 2018, 31.

52 Zu den Gründen für die Regelung durch eine Verordnung statt einer Richtlinie SWD (2012) 135 final, S. 40 f.; Kritik zur eIDAS-VO bei *Spindler/Rockenbauch* MMR 2013, 139; zu den Inhalten zusammenfassend *Sosna* CR 2014, 825 (826 ff.).

53 Überblick bei *Sosna* CR 2014, 825; *Roßnagel* MMR 2015, 359.

Validierung qualifizierter elektronischer Signaturen (→ Rn. 22 f.), über die der deutsche Gesetzgeber nur noch fakultativ hinausgehen darf. Art. 51 Abs. 2 eIDAS-VO erlaubt jedoch die weitere Verwendung von nach Maßgabe des SigG ausgegebenen qualifizierten Zertifikaten bis zu deren Ablauf.

II. Formen der elektronischen Signatur

15   Art. 3 Nr. 10 eIDAS-VO beschreibt die sog. einfache elektronische Signatur, von der sich die in Art. 3 Nr. 11 eIDAS-VO beschriebene fortgeschrittene Signatur und die in Art. 3 Nr. 12 eIDAS-VO beschriebene qualifizierte elektronische Signatur durch das Hinzufügen weiterer Anforderungen unterscheiden. Dabei besteht hinsichtlich der Sicherheit sowie der Anforderungen an die Wirksamkeit zwischen einfacher, fortgeschrittener und qualifizierter elektronischer Signatur ein **Stufenverhältnis**. Die qualifizierte elektronische Signatur, auf die Abs. 1 verweist, umfasst zugleich sämtliche Merkmale der fortgeschrittenen und der einfachen elektronischen Signatur.

16   **1. Einfache elektronische Signatur.** Nach der Legaldefinition in Art. 3 Nr. 10 eIDAS-VO sind einfache elektronische Signaturen Daten in elektronischer Form, die anderen elektronischen Daten beigefügt oder logisch mit ihnen verbunden werden und die der Unterzeichner zum Unterzeichnen verwendet. Die einfache elektronische Signatur dient damit der Authentifizierung, etwa durch Beifügung einer eingescannten Unterschrift oder „Eintippen" des Namens. Da die einfache elektronische Signatur weder Authentizität noch Integrität eines elektronischen Dokuments sicherstellen kann (schließlich kann jeder einem elektronischen Dokument einen fremden Namen hinzufügen) kommt ihr **keinerlei Sicherheits- und Beweiswert** im elektronischen Rechtsverkehr zu.[54]

17   **2. Fortgeschrittene elektronische Signatur.** Die fortgeschrittene elektronische Signatur iSd Art. 3 Nr. 11 eIDAS-VO iVm Art. 26 eIDAS-VO muss ausgehend von der einfachen elektronischen Signatur zusätzlich den folgenden Anforderungen genügen: (a) eindeutige Zuordnung der Signatur zum Unterzeichner (Art. 2 Nr. 9 eIDAS-VO), (b) Ermöglichung der Identifizierung des Unterzeichners, (c) Erstellung der Signatur unter Verwendung elektronischer Signaturerstellungsdaten, die der Unterzeichner mit einem hohen Maß an Vertrauen unter seiner alleinigen Kontrolle verwenden kann, und (d) Verbindung der Signatur mit den unterzeichneten Daten dergestalt, dass eine nachträgliche Veränderung der Daten erkannt werden kann.[55]

18   Die Verwendung einer fortgeschrittenen elektronischen Signatur erfordert auf Seiten des Unterzeichners die Nutzung seiner privaten, ausschließlich ihm zugeordneten elektronischen Signaturerstellungsdaten iSv Art. 3 Nr. 13 eIDAS-VO (vormals Signaturschlüssel), mit denen die zu signierende Erklärung verknüpft wird. Auf Seiten des Empfängers müssen als Gegenstück die Validierungsdaten hierzu (vormals Signaturprüfschlüssel) bereitstehen, mit dem dieser die Authentizität und Integrität der signierten Erklärung überprüfen kann (ausführlich → Rn. 34 f.). Allerdings stellt die fortgeschrittene elektronische Signatur keine besonderen Sicherheitsanforderungen an Vergabe, Verwaltung und Anwendung der Signaturerstellungsdaten und Validierungsdaten,[56] so dass ihr angesichts der mangelnden Fälschungssicherheit und vielfältigen Manipulationsmöglichkeiten allenfalls ein **eingeschränkter Sicherheitswert und Beweiswert** im elektronischen Rechtsverkehr zukommt, ohne dass an die Verwendung spezifische Rechtsfolgen angeknüpft werden (s. auch Art. 25 Abs. 1 eIDAS-VO).[57]

19   **3. Qualifizierte elektronische Signatur.** Die qualifizierte elektronische Signatur iSv Art. 3 Nr. 12 eIDAS-VO muss neben sämtlichen Merkmalen der einfachen und der fortgeschrittenen elektronischen Signatur zusätzlich den folgenden Anforderungen genügen: (a) Beruhen der Signatur auf einem zum Zeitpunkt der Erzeugung der Signatur gültigen qualifizierten Zertifikat für elektronische Signaturen (Art. 3 Nr. 15 eIDAS-VO, → Rn. 21) und (b) Erstellen der Signatur mit einer qualifizierten elektronischen Signaturerstellungseinheit Art. 3 Nr. 32 eIDAS-VO, → Rn. 24). Nur durch die Einhaltung dieser gesteigerten Anforderungen bietet sie den **höchsten Sicherheitsstandard** bezogen auf **Authentizität und Integrität** eines elektronischen Dokuments.[58]

---

54   Soergel/*Marly* BGB § 126 a Rn. 11; Hoeren/Sieber/ Holznagel/*Brisch/Brisch*, 13.3 Rn. 30.

55   Zu den Anforderungen beim gleichartigen § 2 Nr. 2 SigG aF *Roßnagel* MMR 2003, 164; *Borges*, S. 104 ff.

56   MüKoBGB/*Einsele* § 126 a Rn. 10; Soergel/*Marly* BGB § 126 a Rn. 12.

57   *Roßnagel* MMR 2002, 215; *ders.*, MMR 2003, 164 (166); wesentlich großzügiger in der Bewertung

Schmidl CR 2002, 508 (510), wohl auch *Bettendorf* RNotZ 2005, 277 (283); vom „mittleren Sicherheitsniveau" sprechen Hoeren/Sieber/Holznagel/*Brisch/ Brisch*, 13.3 Rn. 35 ff.; für die Möglichkeit einer Beweisvermutung zugunsten von elektronischen Signaturen bestimmter Güte *Ernst* MDR 2003, 1091 (1092).

58   Hoeren/Sieber/Holznagel/*Brisch/Brisch*, 13.3 Rn. 39 ff.

Erforderlich für die Erteilung einer qualifizierten elektronischen Signatur ist eine Identifizierung des **20** Antragstellers (Art. 24 Abs. 1 eIDAS-VO iVm § 11 VDG), für die der qualifizierte Vertrauensdiensteanbieter (→ Rn. 22) auch auf andere Verfahren als eine persönliche Anwesenheit des Unterzeichners zurückgreifen darf, insbesondere gemäß Art. 24 Abs. 1 S. 2 lit. b) und c) eIDAS-VO auch auf frühere Identifizierungen. Damit ist auch eine rein elektronische Identifizierung als Voraussetzung für die Erteilung eines qualifizierten Zertifikats für elektronische Signaturen möglich.[59] Die nur vor der erstmaligen Erteilung (§ 13 Abs. 2 VDG) erforderliche Unterrichtung des Antragstellers gemäß Art. 24 Abs. 2 lit. d) eIDAS-VO iVm § 13 Abs. 1 VDG über die Bedingungen für die Nutzung der qualifizierten elektronischen Signatur, einschließlich der erforderlichen Sicherheitsmaßnahmen und die Gleichsetzung von eigenhändiger Unterschrift und qualifizierter elektronischer Signatur, können anders als nach dem SigG aF auch mündlich erfolgen; besondere Formvorschriften kennen weder eIDAS-VO noch VDG. Entfallen sind mit der eIDAS-VO auch die Verpflichtung zur Bestätigung des Erhalts der Unterrichtung (§ 6 Abs. 3 S. 1 SigG aF) sowie zur Bestätigung der Übergabe der qualifizierten elektronischen Signaturerstellungseinheit (§ 5 Abs. 2 S. 1 SigV). Die Formfunktionen (→ Rn. 11 f.) werden durch dieses gegenüber dem alten Signaturrecht zurückhaltendere Erteilungsverfahren nicht beeinträchtigt.[60]

a) Qualifizierungskriterien. aa) Beruhen der Signatur auf einem gültigen qualifizierten Zertifikat **21** **für elektronische Signaturen.** Qualifizierte Zertifikate für elektronische Signaturen (Art. 3 Nr. 15 eIDAS-VO iVm Art. 28 Abs. 1 eIDAS-VO und Anhang I hierzu) sind durch qualifizierte Vertrauensdiensteanbieter (Art. 3 Nr. 20 eIDAS-VO iVm Art. 20 ff. eIDAS-VO, → Rn. 22) ausgegebene, zeitlich limitierte **elektronische Bescheinigungen**, welche die Einmaligkeit der auf ihnen beruhenden qualifizierten elektronischen Signaturen gewährleisten. Sie enthalten unter anderem Informationen über den Unterzeichner, den qualifizierten Vertrauensdiensteanbieter sowie Gültigkeit und Reichweite des Zertifikats. Anders als nach dem alten Signaturrecht können qualifizierte Zertifikate gemäß Art. 24 Abs. 1 eIDAS-VO (ebenso wie bei De-Mail, → Rn. 9) auch auf juristische Personen ausgestellt werden, die hiermit jedoch keine qualifizierten elektronischen Signaturen, sondern qualifizierte elektronische Siegel gemäß Art. 3 Nr. 27 eIDAS-VO erzeugen können.[61] Juristische Personen werden damit nicht zum Unterzeichner iSd Art. 3 Nr. 9 eIDAS-VO, sondern zum Siegelersteller iSd Art. 3 Nr. 24 eIDAS-VO mit der Folge, dass die elektronische Form weiterhin nur durch die qualifiziert elektronisch signierte Erklärung einer natürlichen Person gewahrt wird. Ein qualifiziertes Zertifikat für elektronische Signaturen kann auf Verlangen des Unterzeichners gem. Art. 28 Abs. 3 eIDAS-VO iVm § 12 Abs. 1 VDG auch Angaben über die Vertretungsmacht für eine dritte Person (zur Stellvertretung → Rn. 61 ff.) sowie berufsbezogene oder sonstige Angaben zum Unterzeichner (sog. Attribute) enthalten.[62] Anstelle des Namens des Unterzeichners kann dieser gem. § 12 Abs. 2 VDG auch ein Pseudonym aufführen lassen (→ Rn. 49).

Aufgabe der **qualifizierten Vertrauensdiensteanbieter** gem. Art. 3 Nr. 20 iVm Art. 20 ff. eIDAS-VO ist **22** neben der Gewährleistung der technischen Sicherheit qualifizierter elektronischer Signaturen auch die Identifikation der natürlichen Personen, denen ein qualifiziertes Zertifikat für elektronische Signaturen zugeordnet wird (→ Rn. 20). Die Aufnahme einer Tätigkeit als qualifizierter Vertrauensdiensteanbieter (gelegentlich als „Trust-Center" bezeichnet) **bedarf** gem. Art. 3 Nr. 20 eIDAS-VO iVm Art. 21 Abs. 2 eIDAS-VO einer **Genehmigung**; die bloße Anzeige der Tätigkeit bei der gemäß § 1 Abs. 1 Nr. 1 VDG für qualifizierte Vertrauensdienste bei elektronischen Signaturen zuständigen Bundesnetzagentur ist anders als nach dem früheren Signaturrecht nicht mehr ausreichend.[63] Die bisherige Möglichkeit zur staatlichen Akkreditierung der Tätigkeit und der damit einhergehenden Befugnis zur Vergabe sog. „akkreditierter" elektronischer Signaturen (→ Rn. 28 f.) entfällt mit der eIDAS-VO ersatzlos. Stellt ein qualifizierter Vertrauensdiensteanbieter seine Tätigkeit ein, was insolvenzbedingt in der Vergangenheit wiederholt vorgekommen ist, hat er entsprechend des von ihm gemäß Art. 24 Abs. 2 lit. i) eIDAS-VO iVm § 16 VDG vorzuhaltenden Beendigungsplans zu gewährleisten, dass alle von ihm ausgegebenen qualifizierten Zertifikate von einem anderen qualifizierten Vertrauensdiensteanbieter oder in die Vertrauensinfrastruktur der Bundesnetzagentur gemäß § 13 Abs. 5 VDG übernommen werden können. Damit ist anders als nach dem früheren Signaturrecht unter der eIDAS-VO für alle qualifizierten elektronischen Signaturen die dauerhafte Erhaltung ihres Beweiswerts (→ Rn. 42 ff.) gewährleistet.

Die elektronische Form kann auch mit einer qualifizierten elektronischen Signatur gewahrt werden, wenn **23** der Vertrag zwischen Signaturschlüssel-Inhaber und Zertifizierungsdiensteanbieter über die Erteilung der

---

59   Zu den Identifizierungsmöglichkeiten *Roßnagel* MMR 2018, 31 (33).

60   Kritisch zur von ihm wahrgenommenen Absenkung des Sicherheitsniveaus mit der eIDAS-VO *Roßnagel* MMR 2016, 647 (648 f.).

61   Zu elektronischen Siegeln *Heinze/Prado Ojea* CR 2018, 37 (42 f.); *Sosna* CR 2014, 825 (831).

62   Dies ermöglicht die Herausgabe sog. „Kammerkarten" mit dem Berufsattribut „Rechtsanwalt" oder „Notar".

63   Übersicht qualifizierter Vertrauensdiensteanbieter in der Vertrauensliste der Bundesnetzagentur: http://www.nrca-ds.de/ [31.5.2019].

qualifizierten elektronischen Signatur unwirksam ist. Es kommt lediglich auf die Einhaltung der Voraussetzungen des Art. 3 Nr. 12 eIDAS-VO an.[64] So kann ggf. auch ein beschränkt Geschäftsfähiger oder ein Geschäftsunfähiger qualifiziert elektronisch signieren, ohne dass freilich hierdurch der aus der beschränkten oder mangelnden Geschäftsfähigkeit ggf. resultierende Wirksamkeitsmangel des Rechtsgeschäfts (§§ 105, 107 ff.) überwunden wird.

24 **bb) Erzeugung der Signatur mit einer qualifizierten elektronischen Signaturerstellungseinheit.** Qualifizierte elektronische Signaturerstellungseinheiten gem. Art. 3 Nr. 23 eIDAS-VO iVm Art. 29 Abs. 1 eIDAS-VO nebst Anhang II dienen der **Speicherung und Anwendung der elektronischen Signaturerstellungsdaten** (→ Rn. 34 f.) und gewährleisten deren Geheimhaltung, indem sie Fälschungen der Signaturen und Verfälschungen signierter Daten erkennbar machen und den Unterzeichner vor unberechtigter Nutzung seiner elektronischen Signaturerstellungsdaten schützen.[65] Gemeint ist damit nichts anderes als die zur Nutzung der qualifizierten elektronischen Signatur erforderliche **Hard- und Software**, durch die Authentizität und Integrität der signierten Daten sowie der Signatur selbst sichergestellt werden sollen. Da sich biometrische Merkmale als den wissensbasierten Verfahren gleichwertige Identifikation des Unterzeichners bislang nicht durchgesetzt haben und mit Blick auf Art. 4 Nr. 14, Art. 9 DSGVO komplexe Folgefragen aufwerfen, erfolgt der Schutz des Unterzeichners als dem Signaturschlüssel-Inhaber vor unberechtigter Nutzung derzeit in aller Regel durch **Besitz und Wissen**,[66] also der Speicherung der elektronischen Signaturerstellungsdaten auf einer Signatur-Speicherkarte und der Vergabe einer PIN,[67] die jeweils allein dem Unterzeichner zugänglich sind (zur Funktionsweise → Rn. 33 ff.). Daneben gestattet die eIDAS-VO ausdrücklich auch Fernsignaturen, bei denen die qualifizierte Signaturerstellungseinheit vom Vertrauensdiensteanbieter vorgehalten wird.[68]

25 **b) Beschränkung der Signatur auf bestimmte Anwendungen.** Anders als § 7 Abs. 1 Nr. 7 SigG aF sehen eIDAS-VO und VDG keine Möglichkeit vor, die Nutzung der qualifizierten Signaturerstellungsdaten nach Art und Umfang auf bestimmte Anwendungen durch eine Eintragung im qualifizierten Zertifikat für die elektronische Signatur zu beschränken, um damit eine **Risikobegrenzung** bei der Nutzung qualifizierter elektronischer Signaturen zu erzielen.[69] Dies würde der Festlegung in Art. 25 Abs. 2 eIDAS-VO zuwiderlaufen, wonach die qualifizierte elektronische Signatur die gleiche Rechtswirkung wie eine handschriftliche Unterschrift hat.

26 **c) „Akkreditierte" elektronische Signatur.** Für Zertifizierungsdiensteanbieter (→ Rn. 22) bestand gem. § 15 SigG aF die Möglichkeit zur **freiwilligen Akkreditierung** durch die Bundesnetzagentur. Mit der eIDAS-VO bedarf jede Tätigkeit als qualifizierter Vertrauensdiensteanbieter, die Voraussetzung für die Ausgabe qualifizierter Zertifikate für elektronische Signaturen ist, der Verleihung einer entsprechenden Befugnis durch die zuständige Aufsichtsstelle (→ Rn. 22). Den akkreditierten Zertifizierungsdiensteanbieter gibt es damit unter der eIDAS-VO nicht mehr; ebenso ist die „akkreditierte" elektronische Signatur weggefallen.[70] Da sich jedoch in der Praxis in Deutschland ohnehin die akkreditierte elektronische Signatur durchgesetzt hatte, ergibt sich insoweit kein Unterschied zwischen altem und neuem Recht.

27 **4. Abgrenzung zum elektronischen Identitätsnachweis (eID).** Mit Antragstellung, aber auch nach Erteilung kann gem. § 10 Abs. 1–3 PAuswG seit dem 1.11.2010 beim elektronischen Personalausweis (*ein* sog. „ePass")[71] die Nutzung des standardmäßig auf jedem Ausweis enthaltenen[72] elektronischen Identitätsnachweises freigeschaltet werden, wenn der Ausweisinhaber mindestens 16 Jahre[73] alt ist. Beim **elektronischen Identitätsnachweis** (abgekürzt eID) handelt es sich nach § 18 Abs. 1 S. 1, Abs. 2 S. 1 PAuswG um einen elektronischen **Nachweis der Identität des Ausweisinhabers** gegenüber öffentlichen und nichtöf-

---

64 *Dörner* AcP 202 (2002), 363, 385.

65 *Borges*, S. 107 f.

66 Ebenso bei der Maestro-Karte die Kombination Karte & PIN, beim Online-Banking die Nutzung einer starken Kundenauthentifizierung gem. § 1 Nr. 24 ZAG iVm dem zukünftigen § 55 ZAG, dazu *Zahrte* NJW 2018, 337 (339 f.); zu „Besitz und Wissen" und biometrischen Merkmalen *Borges*, S. 63 ff.

67 Zur PIN http://de.wikipedia.org/wiki/Persönliche_Identifikationsnummer [31.5.2019].

68 *Dorndorf/Schneidereit* CR 2017, 21 (22).

69 Zum SigG aF *Fischer-Dieskau/Gitter/Hornung* MMR 2003, 384 f.

70 Zum Begriff *Roßnagel* NJW 2001, 1817 (1822); zur Sicherheit akkreditierter elektronischer Signaturen *Roßnagel* MMR 2002, 215 (216); ob es sich dabei um eine eigene Signaturform oder mit der hM richti-

gerweise um eine Zusatzoption zur qualifizierten elektronischen Signatur handelte, war stets praktisch bedeutungslose Frage.

71 Der Begriff ePass wird oftmals nur für den im November 2005 eingeführten elektronischen Reisepass verwendet, bezeichnet aber richtigerweise alle maschinenlesbaren Ausweisdokumente, also auch den elektronischen Personalausweis, siehe auch die gemeinsame amtliche Darstellung unter www.epass.de (31.5.2019).

72 *Roßnagel/Hornung* DÖV 2009, 301 (302); *Altenhain/Heitkamp* K&R 2009, 619 (622); missverständlich *Schulz* CR 2009, 267 (269); zur Sicherheit des elektronischen Identitätsnachweises *Borges* NJW 2010, 3334 (3336).

73 Zu Recht kritisch zur Altersgrenze *Scholz* CR 2009, 267 (271).

fentlichen Stellen „durch Übermittlung von Daten aus dem elektronischen Speicher- und Verarbeitungsmedium des Personalausweises".[74] Welche Daten hierbei übermittelt werden entscheidet in jedem Einzelfall nach § 18 Abs. 4 S. 1 PAuswG der Ausweisinhaber nach Eingabe seiner PIN (→ Rn. 24) auf dem zur Nutzung erforderlichen Kartenlesegerät,[75] darunter nach § 18 Abs. 3 S. 2 PAuswG ua sein Name, Geburtsdatum und Geburtsort, Anschrift und eine Alterseinstufung. Auf europäischer Ebene entspricht der Prozess der elektronischen Identifizierung gemäß Art. 3 Nr. 1 eIDAS-VO über ein elektronisches Identifizierungsmittel iSv Art. 3 Nr. 2 eIDAS-VO anhand von Personenidentifizierungsdaten gemäß Art. 3 Nr. 3 eIDAS-VO der nationalen Implementierung über den elektronischen Identitätsnachweis. Über das in Art. 6 eIDAS-VO beschriebene Anerkennungsverfahren wird damit eine EU-weite Nutzung der eID ermöglicht.[76]

Der elektronische Identitätsnachweis ist **keine (qualifizierte) elektronische Signatur**, sondern dient ausschließlich dem Identitätsnachweis und damit der Authentifizierung des Ausweisinhabers bei der Inanspruchnahme von Leistungen gegenüber einem Diensteanbieter iSv § 2 Abs. 3 PAuswG, aber gerade nicht der Sicherung der Integrität etwaiger Erklärungen des Ausweisinhabers.[77] Der Identitätsnachweis kann etwa gegenüber Behörden eingesetzt werden, die über das Internet Verwaltungsaufgaben erfüllen, aber auch gegenüber privaten Unternehmen, die hierüber beispielsweise eine **Altersverifikation** (zB für eine geschlossene Benutzergruppe iSd § 4 Abs. 2 S. 2 JMStV) ihrer Nutzer ohne die Preisgabe der Identität des Nutzers[78] durchführen können. Insoweit ersetzt der elektronische Identitätsnachweis Verfahren wie POSTIDENT[79] oder VIDEOIDENT[80] und vermeidet den für eine sichere Identifikation im Internet bislang notwendigen Medienbruch.[81] Voraussetzung für den Zugriff auf den elektronischen Identitätsnachweis ist gem. § 18 Abs. 4 S. 1 PAuswG das Vorhandensein eines gültigen Berechtigungszertifikats (§§ 2 Abs. 4; 21 PAuswG) beim Diensteanbieter, dessen wesentliche Angaben dem Ausweisinhaber vor dem Zugriff nach § 18 Abs. 4 S. 2 PAuswG anzuzeigen sind.[82]   **28**

Vom elektronischen Identitätsnachweis abzugrenzen ist die durch § 22 PAuswG eröffnete Möglichkeit zur **Nutzung des elektronischen Personalausweises zur Erzeugung einer qualifizierten elektronischen Signatur**. Der elektronische Personalausweis kann zu diesem Zweck als qualifizierte elektronische Signaturerstellungseinheit (→ Rn. 24) ausgestaltet werden, so dass der Inhaber seinen Personalausweis durch einen qualifizierten Vertrauensdiensteanbieter zur Signaturkarte „aufrüsten" lassen kann.[83] Ausweisfunktion, elektronischer Identitätsnachweis und qualifizierte elektronische Signatur bleiben aber – trotz der äußeren Vereinigung im Personalausweis – selbstständige und getrennte Funktionalitäten; dies stellt § 22 S. 3 PAuswG durch die Bezugnahme auf das VDG klar.   **29**

III. Funktionsweise qualifizierter elektronischer Signaturen

Wer mit einer qualifizierten elektronischen Signatur am Rechtsverkehr teilnehmen will, muss gem. Art. 3 Nr. 12 eIDAS-VO im Besitz einer qualifizierten elektronischen Signaturerstellungseinheit sein (→ Rn. 24) und von einem qualifizierten Vertrauensdiensteanbieter (→ Rn. 22) ein qualifiziertes Zertifikat für elektronische Signaturen (→ Rn. 21) ausgestellt bekommen haben.   **30**

Durch das qualifizierte Zertifikat werden dem Unterzeichner zwei auf der Technologie der **asymmetrischen Kryptographie** beruhende Schlüssel zugeordnet: ein privater, nur dem Inhaber der Signatur zugänglicher geheimer Schlüssel, der zur Erstellung der Signatur verwendet wird (sog. elektronische Signaturerstellungsdaten, Art. 3 Nr. 13 eIDAS-VO) sowie ein öffentlicher Schlüssel („Public Key", daher **Public-Key-Infrastruktur** = PKI), der zur Überprüfung einer Signatur verwendet wird (sog. Signaturvalidierungsdaten, Art. 32 Abs. 1 eIDAS-VO iVm Art. 3 Nr. 40 eIDAS-VO). Der öffentliche Schlüssel ist das Gegenstück zum privaten Schlüssel, ohne dass sich jedoch aus dem öffentlichen Schlüssel der private Schlüssel rekonstruieren lässt (daher asymmetrische Kryptographie).[84]   **31**

Der private Schlüssel wird vom qualifizierten Vertrauensdiensteanbieter auf einer Signatur-Speicherkarte (sog. **Smartcard**) gespeichert, die dem Unterzeichner als Teil der qualifizierten elektronischen Signaturerstellungseinheit zur Verfügung gestellt wird. Demgegenüber ist der öffentliche Schlüssel frei zugänglich   **32**

---

74 Zu den Anwendungsmöglichkeiten *Roßnagel/ Hornung* DÖV 2009, 301 (305 f.); *Borges* NJW 2010, 3334 (3337); zu datenschutzrechtlichen Aspekten *Roßnagel/Hornung/Schnabel* DuD 2008, 168; zur Bedeutung für das Identitätsmanagement *Schulz* CR 2009, 267.

75 Zur praktischen Nutzung *Borges* NJW 2010, 3334 (3336 f.); *Schulz* CR 2009, 267 (269).

76 Zur grenzüberschreitenden Nutzung elektronischer Identifizierungsmittel *Sosna* CR 2014, 825 (828 f.).

77 Dazu *Roßnagel/Hornung* DÖV 2009, 301 (305).

78 *Roßnagel/Hornung* DÖV 2009, 301 (303 f.).

79 Zu POSTIDENT *Möller* NJW 2005, 1605.

80 Dazu *Ufer* MMR 2017, 83 (87 f.).

81 *Borges* NJW 2010, 3334 (3336); *Altenhain/Heitkamp* K&R 2009, 619.

82 Dazu *Borges* NJW 2010, 3334 (3336); *Schulz* CR 2009, 267 (269).

83 Im Einzelnen *Borges* NJW 2010, 3334 (3335); *Schulz* CR 2009, 267 (269).

84 Vgl. *Borges*, S. 54 ff.; *Blaurock/Adam* ZEuP 2001, 93 (94).

und kann etwa über das Internet durch den Empfänger einer qualifiziert elektronisch signierten Erklärung beim qualifizierten Vertrauensdiensteanbieter abgefragt werden. Zudem besteht die Möglichkeit, dass der Erklärende dem Empfänger den öffentlichen Schlüssel zur Verfügung stellt, beispielsweise per E-Mail oder CD-ROM. Beim qualifizierten Vertrauensdiensteanbieter kann zudem der Inhalt des der elektronischen Signatur zugrunde liegenden qualifizierten Zertifikats für elektronische Signaturen abgefragt und so die Zuordnung des qualifizierten Zertifikats zum Unterzeichner sowie dessen Gültigkeitsdauer überprüft werden.

33 Um eine Erklärung mit einer qualifizierten elektronischen Signatur zu versehen, liest der Aussteller der Erklärung (Unterzeichner iSv Art. 3 Nr. 9 eIDAS-VO) zunächst den auf der Smartcard gespeicherten privaten Schlüssel unter Eingabe einer zusätzlichen **Geheimnummer** (PIN, → Rn. 24) über ein **Kartenlesegerät** (sog. Smartcard-Reader) ein und versieht anschließend unter Verwendung einer speziellen Software oder eines Zusatzprogramms (sog. Plug-In oder Add-On) für die vorhandene Software (etwa ein E-Mail-Programm) die Erklärung mit der so verfügbar gemachten qualifizierten elektronischen Signatur. Dieser **Vorgang** lässt sich je nach verwendeter Hard- und Software **weitgehend automatisieren**, so dass Einschränkungen oder Behinderungen im gewöhnlichen Arbeitsablauf durch die Verwendung einer qualifizierten elektronischen Signatur vermieden werden. In der Praxis genügt zumeist ein Klick auf Schaltflächen wie „Signieren" oder „Prüfen" in der Software, um die geschilderten Vorgänge in Gang zu setzen. Dabei sind auch sog. **Container-Signaturen** möglich, bei denen sich die Signatur auf mehrere elektronische Dokumente erstreckt (zur Unzulässigkeit von Container-Signaturen im Prozessrecht → Rn. 86).[85]

34 Nach Auslösen des Signier-Vorgangs wird aus dem zu signierenden elektronischen Dokument zunächst eine Prüfsumme (sog. **Hash-Wert**)[86] errechnet, die eine mathematische Quersumme des Dokuments darstellt, aus der die ursprüngliche Nachricht nicht zurückberechnet werden kann („Einwegfunktion") und die nur zu diesem einen, zu signierenden Dokument passt („Kollisionsresistenz").[87] Dieser Hash-Wert wird anschließend mit elektronischen Signaturerstellungsdaten verknüpft und das Ergebnis dieser Verknüpfung (dies ist die eigentliche elektronische Signatur, die wiederum keine Rückschlüsse auf die Signaturerstellungsdaten zulässt) dem ursprünglichen elektronischen Dokument beigefügt. Nun wird das unverschlüsselte elektronische Dokument mit der beigefügten Verknüpfung aus Hash-Wert und elektronischen Signaturerstellungsdaten vom Erklärenden dem Empfänger übermittelt. Dies kann auf jede erdenkliche Art der elektronischen Kommunikation (etwa per Datenträger, E-Mail oder sonst über das Internet) geschehen.

35 Wenn die mit einer qualifizierten elektronischen Signatur versehene Erklärung den Empfänger erreicht, kann dieser unter Zuhilfenahme geeigneter Software aus dem elektronischen Dokument erneut einen Hash-Wert errechnen, der anschließend **mit den Signaturvalidierungsdaten verknüpft** wird. Nur wenn das dem elektronischen Dokument beigefügte Ergebnis der Verknüpfung von Hash-Wert und elektronischen Signaturerstellungsdaten mit der vom Empfänger hergestellten Verknüpfung des Hash-Werts des übermittelten elektronischen Dokuments mit den Signaturvalidierungsdaten übereinstimmt, steht fest, dass die Erklärung nach Anbringung der qualifizierten elektronischen Signatur nicht mehr verändert worden ist und vom Erklärenden herrührt (zum Missbrauch → Rn. 71 ff.). Durch die qualifizierte elektronische Signatur werden damit Fälschungen nicht verhindert, sondern nur Veränderungen am signierten Dokument offenbart.[88]

IV. Möglichkeit der Verschlüsselung elektronischer Dokumente

36 Das Anbringen der qualifizierten elektronischen Signatur schützt nicht die Vertraulichkeit des elektronischen Dokuments, vielmehr wird das **signierte Dokument unverschlüsselt im Klartext übermittelt**. Allerdings erlaubt die der qualifizierten elektronischen Signatur zugrunde liegende „Public Key"-Infrastruktur (→ Rn. 34) neben der Signierung elektronischer Dokumente auch deren Verschlüsselung.[89] Zur Verschlüsselung eines elektronischen Dokuments verknüpft der Erklärende das Dokument mit den Signaturvalidierungsdaten des Empfängers, der nach Erhalt des verschlüsselten Dokuments dies mit seinen elektronischen Signaturerstellungsdaten wieder entschlüsseln kann. **Signierung und Verschlüsselung** können dabei ohne Weiteres miteinander **kombiniert** werden. Signiert der Erklärende das elektronische Dokument zunächst mit seinen elektronischen Signaturerstellungsdaten und verschlüsselt es anschließend mit den Signaturvalidierungsdaten des Empfängers, kann der Empfänger zunächst mit seinen elektronischen Signaturerstellungsdaten das Dokument wieder entschlüsseln und anschließend mit den Signaturvalidierungsda-

85 BFH 18.10.2006 – XI R 22/06, MMR 2007, 234 (236); *Bacher* NJW 2009, 1548.
86 Dazu *Borges*, S. 56 f.; Hoeren/Sieber/Holznagel/ *Brisch/Brisch* 13.3 Rn. 2 f.
87 S. a. Soergel/*Marly* BGB § 126 a Rn. 9.
88 *Bettendorf* RNotZ 2005, 277 (280).

89 Staudinger/*Hertel* BGB § 126 a Rn. 5, 6; Die Verschlüsselung elektronisch übermittelter Dokumente kann für bestimmte Berufsgruppen verpflichtend sein, vgl. § 43 a Abs. 2 BRAO, § 18 Abs. 1 BNotO, § 57 Abs. 1 StBerG, § 43 Abs. 1 WPO; ausführlich zur Verschlüsselung *Kremer*, ITRB 2020, 35, 36 ff.

ten des Erklärenden die Authentizität und Integrität des elektronischen Dokuments überprüfen. Für De-Mail (→ Rn. 9) ist die Verschlüsselung der Nachrichten auf dem Weg vom Erklärenden zum Empfänger eine Standardfunktionalität (Transportverschlüsselung), vgl. §§ 4 Abs. 3, 5 Abs. 3 S. 2 De-MailG. Will der De-Mail-Anwender sicherstellen, dass auch die am Transport beteiligten De-Mail-Diensteanbieter keine Kenntnis vom Inhalt der De-Mail erlangen (Inhaltsverschlüsselung, sog. Ende-zu-Ende-Verschlüsselung), muss er selbst für eine geeignete Ende-zu-Ende-Verschlüsselung sorgen, vgl. § 5 Abs. 3 S. 3 DeMailG.

V. Internationale Anerkennung elektronischer Signaturen

Art. 25 Abs. 3 eIDAS-VO stellt sicher, dass qualifizierte elektronische Signaturen, die auf einem in einem Mitgliedstaat ausgestellten qualifizierten Zertifikat beruhen, in allen anderen Mitgliedstaaten als qualifizierte elektronische Signaturen anerkannt werden. Ein weitergehendes Anerkennungs- oder Gleichstellungsverfahren wie noch in § 23 SigG aF ist damit entbehrlich geworden.[90] Unter den Voraussetzungen des Art. 14 eIDAS-VO werden auch Vertrauensdienste von in einem Drittland niedergelassenen Vertrauensdiensteanbietern als gleichwertig anerkannt. **37**

Die europaweite Vereinheitlichung der Grundlagen elektronischer Signaturen kann nicht darüber hinwegtäuschen, dass eine **weltweite Nutzung** elektronischer Signaturen mangels entsprechender Regelungen **derzeit nicht** in Betracht kommt. Bereits 2001 wurde vom United Nations Council of International Trade Law (UNCITRAL) ein Model Law on Electronic Signatures[91] vorgestellt. Es soll die Grundlagen für den weltweiten Umgang mit elektronischen Signaturen als Ersatz für eigenhändige Unterschriften im geschäftlichen Verkehr schaffen, ohne dabei einem bestimmten technologischen Ansatz zu folgen. Bislang hat dies aber nicht zur **Vereinheitlichung signaturrechtlicher Vorschriften** beigetragen. **38**

VI. Archivierung elektronisch signierter Dokumente

Einer Regelung wie im früheren § 4 Abs. 1 SigV, wonach die qualifizierten Zertifikate für elektronische Signaturen auf eine bestimmte Dauer aufzubewahren waren, bedarf es nach der eIDAS-VO nicht mehr. Die qualifizierten Vertrauensdiensteanbieter sind stets zu einem Beendigungsplan verpflichtet, der die dauerhafte Verfügbarkeit der qualifizierten Zertifikate gewährleistet (→ Rn. 22). Jede qualifizierte elektronische Signatur nach der eIDAS-VO gewährleistet damit eine **dauerhafte Prüfbarkeit** und kann zur Begründung der Beweiskraft des § 371 a ZPO herangezogen werden (→ Rn. 80 ff.).[92] **39**

Ungeachtet dessen weisen elektronische Signaturen nur eine **eingeschränkte Haltbarkeit** auf, da die für ihre Erzeugung und Prüfung eingesetzten Algorithmen angesichts der fortschreitenden technischen Entwicklung nur einen **zeitlich begrenzten Sicherheitswert** besitzen.[93] Dieses grundsätzlich bereits von der Schriftform her bekannte Problem (zerfallendes Papier, verblassende Tinte) hat der Gesetzgeber zwar erkannt und in § 15 VDG klargestellt, dass zur langfristigen Beweiserhaltung eines qualifiziert elektronisch signierten Dokuments ggf. eine neue Signierung zu erfolgen hat, bevor der Sicherheitswert der vorhandenen Signatur geringer geworden ist. An konkreten Vorgaben zur Verfahrensweise bei der Erneuerung qualifizierter elektronischer Signaturen fehlt es jedoch. Eine umfassende Lösung zur Archivierung und damit einhergehenden Transformierung elektronisch signierter Dokumente ist in den Forschungsprojekten ArchiSig,[94] ArchiSafe[95] und TransiDoc[96] erarbeitet worden. Zwischenzeitlich steht mit der vom BSI erstellten Technischen Richtlinie TR-03125 zur „Beweiserhaltung kryptographisch signierter Dokumente" (TR-ESOR)[97] ein anerkanntes Instrument zur Gewährleistung einer beweiserhaltenden Langzeitarchivierung zur Verfügung; zur TR-RESISCAN zum Beweiswert erhaltenden ersetzenden Scannen → Rn. 79 a. **40**

---

90 Zum früheren § 23 SigG ausf. *Borges*, S. 127 ff.
91 http://www.uncitral.org/pdf/english/texts/electcom/ml-elecsig-e.pdf [5.3.2019]; in den USA ist am 1.10.2000 der „Electronic Signatures in Global and National Commerce Act" (E-Sign-Act) in Kraft getreten, der elektronische und handschriftliche Signaturen gleichsetzt; zu beidem *Borges*, 110 ff., 155 ff.; *Michel*, 182 ff., 201 ff., ferner das UNCITRAL eBook „Promoting confidence in electronic commerce: legal issues on international use of electronic authentification and signature methods": http://www.uncitral.org/pdf/english/texts/electcom/08-55698_Ebook.pdf [5.3.2019].

92 Unbegründet daher die Bedenken bei MüKoBGB/*Einsele* § 126 a Rn. 4.
93 *Roßnagel/Fischer-Dieskau/Pordesch/Brandner* CR 2003, 301 (302).
94 Dazu *Fischer-Dieskau/Roßnagel/Steidle* MMR 2004, 451.
95 Dazu *Hackel/Schäfer/Hage* StAZ 2008, 209.
96 Dazu *Wilke/Jandt/Löwe/Roßnagel* CR 2008, 607 (609 ff.); *Kunz/Schmidt/Viebeg* DuD 2005, 279; *Roßnagel/Wilke* NJW 2006, 2145; *Roßnagel/Fischer-Dieskau/Wilke* CR 205, 903.
97 https://www.bsi.bund.de/DE/Publikationen/TechnischeRichtlinien/tr03125/index_htm.html [31.5.2019].

41 Droht der Verlust der Sicherheit einer in elektronischer Form abgegebenen Erklärung, haben die Parteien eines formbedürftigen Vertrags gegenseitig einen vertraglichen bzw. nachvertraglichen **Anspruch auf Erneuerung der Signatur** (culpa post contractum finitum).[98]

C. Regelungsgehalt

I. Erklärung

42 Bezugsobjekt der elektronischen Form ist in Abweichung vom üblichen Sprachgebrauch im zweiten Titel, dritter Abschnitt des Allgemeinen Teils des BGB nicht eine „Willenserklärung", sondern schlicht eine „Erklärung"; entsprechend ist die Beweisregel in § 371 a Abs. 1 S. 2 ZPO formuliert (→ Rn. 80 ff.). Mit dieser Terminologie wird deutlich, dass der Anwendungsbereich der Formvorschriften neben der **Willenserklärung** grundsätzlich auch **geschäftsähnliche Handlungen** und Wissenserklärungen[99] erfasst (→ § 126 Rn. 4).

43 Auch für Erklärungen in elektronischer Form gilt der Grundsatz der **Einheitlichkeit der Urkunde** (→ § 126 Rn. 15 ff.), so dass das elektronische Dokument (→ Rn. 50 f.) das gesamte formbedürftige Rechtsgeschäft einschließlich etwaiger Nebenabreden erfassen muss.[100] Liegt bei einem Vertrag nur dieser als elektronisches Dokument vor, während die zum Vertrag gehörenden Anlagen nur in Papierform existieren,[101] ist die elektronische Form nur gewahrt, wenn entweder die Anlagen in ein elektronisches Dokument überführt und diese allein oder gemeinsam mit dem Vertrag mit einer qualifizierten elektronischen Signatur versehen werden oder aber in dem in elektronischer Form geschlossenen Vertrag auf die Anlagen Bezug genommen wird und diese von den beteiligten Parteien zusätzlich mit einer eigenhändigen Unterschrift versehen werden.

II. Aussteller

44 Aussteller der Erklärung ist derjenige, von dem die Erklärung geistig herrührt.[102] Bei mithilfe entsprechender Software automatisiert gefertigten Erklärungen ist Aussteller derjenige, der sich des Programms bedient hat.[103] Anders als bei der gesetzlichen Schriftform ist eine **formgerechte Massenfertigung** von Erklärungen in elektronischer Form ohne Weiteres möglich, auch wenn die Massenfertigung tatsächlich der gesetzlichen Schriftform bedürftiger Rechtsgeschäfte die Ausnahme bleiben sollte.[104]

III. Hinzufügung des Namens des Ausstellers

45 Der Aussteller muss der in digitaler Gestalt vorliegenden Erklärung zwingend seinen Namen hinzufügen, damit diese ebenso wie die in einer Urkunde verkörperte Erklärung aus sich heraus einer natürlichen Person als Aussteller zugeordnet werden kann und der Aussteller im Rechtsverkehr einwandfrei gekennzeichnet ist (Identitätsfunktion, → Rn. 11).[105] Die Hinzufügung des Ausstellernamens hat bei § 126 a keine Abschlussfunktion (→ § 126 Rn. 20), da diese von der elektronischen Signatur übernommen wird (→ Rn. 52), so dass eine **Unterzeichnung** der Erklärung **nicht erforderlich** ist. Genügend ist auch eine Oberschrift[106] oder die Möglichkeit zum eindeutigen Rückschluss auf den Aussteller aus dem übrigen Inhalt der Erklärung.

46 Bei den zulässigen Namensnennungen gelten die allgemeinen Grundsätze (→ § 126 Rn. 27 ff.). Die Hinzufügung eines **Pseudonyms** ist möglich, wenn auch im qualifizierten Zertifikat gem. § 12 Abs. 2 VDG ein Pseudonym anstelle des Namens aufgeführt ist; dann ist der Aussteller über das pseudonyme Zertifikat eindeutig identifizierbar.[107] Handelt auf Seiten des Erklärenden ein **Stellvertreter**, fügt dieser der Erklärung seinen Namen und das Vertretungsverhältnis hinzu, falls sich Letzteres nicht aus dem qualifizierten Zertifikat für die elektronische Signatur (→ Rn. 21) oder den Umständen ergibt. Fraglich ist, ob der Stellvertreter der Erklärung auch den Namen des Vertretenen hinzufügen kann. Dies dürfte angesichts des eindeutigen

98 MüKoBGB/*Einsele* § 126 a Rn. 4.
99 *Roßnagel/Fischer-Dieskau* NJW 2006, 806 (807) (zu § 371 a Abs. 1 S. 2 ZPO).
100 MüKoBGB/*Einsele* § 126 Rn. 33; Palandt/*Ellenberger* BGB § 126 a Rn. 7.
101 Auf diese Konstellation machen *Stellmann/Süss* NZM 2001, 969 (971) aufmerksam.
102 MüKoBGB/*Einsele* § 126 a Rn. 5; *Steinbeck* DStR 2003, 644 (647).
103 *Fritsche/Malzer* DNotZ 1995, 3 (7).
104 Zu solchen „Massenerklärungen" *Roßnagel/Fischer-Dieskau* MMR 2004, 133; zur Fremderzeugung qua-

lifizierter elektronischer Signaturen als Geschäftsmodell *Roßnagel* MMR 2008, 22 (23 ff.); *Jandt* K&R 2009, 548.
105 BeckOK BGB/*Wendtland* § 126 a Rn. 4; Soergel/*Marly* BGB § 126 a Rn. 23.
106 Palandt/*Ellenberger* BGB § 126 a Rn. 8.
107 Zu Bedenken gegen das Namenserfordernis aus Datenschutzgesichtspunkten vgl. die Stellungnahme der Gesellschaft für Informatik DuD 2001, 38; wie hier *Roßnagel* NJW 2001, 1817 (1825).

Wortlauts des §126a (Hinzufügung des – „seines" – Namens des Ausstellers) zu verneinen sein.[108] Zur Stellvertretung → Rn. 61 ff.

IV. Elektronisches Dokument

1. Träger digitaler Daten. Die elektronische Form setzt stets das Vorliegen eines elektronischen Dokuments voraus, so dass die in der Erklärung enthaltenen Buchstaben, Ziffern und Zeichen in digitaler Gestalt vorliegen müssen, gleichgültig ob verschlüsselt oder unverschlüsselt.[109] Dies ist nicht nur bei **Textdokumenten** oder **E-Mails**[110] der Fall, sondern auch bei **multimedial strukturierten Dokumenten**, bei denen Audio- und Videodaten in beliebiger Form mit Grafiken und Texten kombiniert werden können. Daher kann auch mittels einer als Video aufgezeichneten und in digitaler Gestalt vorliegenden mündlichen Erklärung das gesetzliche Schriftformerfordernis gewahrt werden.[111] Eine Möglichkeit zur Wiedergabe der Erklärung in Schriftzeichen verlangt §126a anders als die Textform (→ §126b Rn. 11 f.) gerade nicht.[112] Bei der Nutzung eines multimedial gestalteten elektronischen Dokuments ist allerdings stets auf den Zugang der Erklärung beim Empfänger zu achten (→ Rn. 57 f.). 47

2. Speicherung auf Datenträger zur dauerhaften Wiedergabe. Das elektronische Dokument bedarf einer Speicherung auf einem **nicht flüchtigen Datenträger** (etwa CD, DVD, Festplatte, USB-Stick, Speicherkarte). Der Datenträger muss – auch wenn sich dies anders als bei §126b nicht unmittelbar aus dem Wortlaut ergibt – eine **dauerhafte Wiedergabe** der Erklärung ermöglichen (etwa am Bildschirm oder über einen Ausdruck, dazu → §126b Rn. 16 ff.), da anderenfalls die Beweisfunktion der zu ersetzenden gesetzlichen Schriftform mangels Perpetuierung der Erklärung nicht gewahrt würde.[113] 48

V. Hinzufügung einer qualifizierten elektronischen Signatur

Das gesamte elektronische Dokument (→ Rn. 50 f.) muss mit einer qualifizierten elektronischen Signatur iSd Art. 3 Nr. 12 eIDAS-VO (→ Rn. 19 ff.) versehen werden, die bei der elektronischen Form die **Abschlussfunktion** der eigenhändigen Unterschrift der gesetzlichen Schriftform übernimmt (→ §126 Rn. 20)[114] und damit die formwirksame Erklärung vom unverbindlichen Entwurf abgrenzt.[115] Ausreichend ist es, wenn das elektronische Dokument von einem Dritten mit Zustimmung des Ausstellers mit der qualifizierten elektronischen Signatur des Ausstellers versehen wird.[116] Zu Zurechnung und Stellvertretung → Rn. 59 ff., zur Haftung bei Missbrauch → Rn. 71 ff. 49

Das der qualifizierten elektronischen Signatur zugrunde liegende qualifizierte Zertifikat (→ Rn. 21) ist kein zwingender Bestandteil der qualifizierten elektronischen Signatur, mit der das elektronische Dokument versehen wird. Um einen nachträglichen Austausch des Zertifikats zu verhindern, ist daher ggf. neben dem gesamten elektronischen Dokument auch das der qualifizierten elektronischen Signatur zugrunde liegende qualifizierte Zertifikat mit zu signieren, soweit es nicht bereits Bestandteil der qualifizierten elektronischen Signatur ist.[117] 50

VI. Vertragsschluss unter Verwendung der elektronischen Form (Abs. 2)

Abs. 2 wurde §126 Abs. 2 (→ §126 Rn. 43 ff.) nachgebildet. Die Norm hat im BGB allenfalls für Darlehensvermittlungsverträge, bestimmte gem. §550 S. 1 (ggf. iVm §581 Abs. 2) befristete Miet- und Pachtver- 51

108 So auch MüKoBGB/*Einsele* §126a, Rn. 5, 14.
109 MüKoBGB/*Einsele* §126a Rn. 3.
110 So ausdrücklich der BGH 4.12.2008 – IX ZB 41/08, MMR 2009, 99.
111 Ebenso *Steinbeck* DStR 2003, 644 (646); *Berger* NJW 2005, 1016 (1017); wohl auch *Bettendorf* RNotZ 2005, 277 (278); zu eng die Beschränkung auf eine dauerhaft lesbare Erklärung als Textdatei bei BeckOK BGB/*Wendtland* §126a Rn. 3, oder „Daten in Schriftzeichen lesbar" bei MüKoBGB/*Einsele* §126a Rn. 3 und Staudinger/*Hertel* BGB §126a Rn. 41, die sich zu stark an die Textform des §126b anlehnen; aA *Borges*, S. 611, der für die elektronische Form alle Elemente der Textform verlangt.
112 *Noack* DStR 1893 (1896); ebenso weit *Heinze*/*Prado Ojea* CR 2018, 37 (38 f.).
113 MüKoBGB/*Einsele* §126a Rn. 3; Soergel/*Marly* BGB §126a Rn. 22; *Steinbeck* DStR 2003, 644

(646); dies entspricht dem gesetzgeberischen Willen (BT-Drs. 14/4987, 42).
114 BeckOK BGB/*Wendtland* §126a Rn. 6.
115 MüKoBGB/*Einsele* §126a Rn. 6; nicht ausreichend ist eine eigenhändige Unterschrift mit einem elektronischen Stift auf einem Tablet, da es an der qualifizierten elektronischen Signatur mangelt, vgl. OLG München 4.6.2012 – 19 U 771/12, NJW 2012, 3584.
116 Palandt/*Ellenberger* BGB §126a Rn. 9; Soergel/*Marly* BGB §126a Rn. 23; so auch BGH 21.12.2010 – VI ZB 28/10, Rn. 8, NJW 2011, 1294 zu §130a Abs. 1 S. 2 ZPO für den Fall, dass der Erklärende den Inhalt der Erklärung geprüft und sich zu Eigen gemacht hat; kritisch MüKoBGB/*Einsele* §126a Rn. 21.
117 MüKoBGB/*Einsele* §126a Rn. 19; Soergel/*Marly* BGB §126a Rn. 23; *Roßnagel* NJW 2001, 1817 (1825).

träge[118] sowie die Abtretung hypothekarisch (bzw. durch eine Grundschuld) gesicherter Forderungen nach § 1154 Abs. 1 S. 1 (ggf. iVm § 1192 Abs. 1) einen **Anwendungsbereich**, denn ansonsten ist der Vertragsschluss grundsätzlich formfrei möglich, in elektronischer Form nicht zugelassen (→ § 126 Rn. 52 ff.) oder aber notariell beurkundungsbedürftig (etwa § 311 b Abs. 1 S. 1).

52 Zur Wahrung der elektronischen Form beim Vertragsschluss müssen **gleichlautende elektronische Dokumente** hergestellt werden, die das gesamte formbedürftige Rechtsgeschäft erfassen (→ Rn. 46). Nicht zu folgen ist der Regierungsbegründung in der Aussage, bereits die Angebots- bzw. Annahmeerklärung müsse in elektronischer Form zugehen.[119] Vielmehr ist die anschließende formgerechte Erstellung gleichlautender Dokumente ausreichend. Das – obwohl dies aus Abs. 2 anders als bei § 126 Abs. 2 nicht ausdrücklich hervorgeht – jeweils für die andere Partei bestimmte elektronische Dokument ist aus Gründen des Zugangs und der Beweissicherung elektronisch zu signieren,[120] anschließend sind die Dokumente auszutauschen.[121]

53 Aus dem im Vergleich zu § 127 Abs. 3 eindeutigen Wortlaut ergibt sich, dass es zur Ersetzung der gesetzlichen Schriftform nicht genügt, wenn jede Partei nur ihre eigene Angebots- oder Annahmeerklärung elektronisch signiert (anders bei der vereinbarten elektronischen Form, → § 127 Rn. 23). Die elektronische Form wird beim Vertragsschluss auch dann gewahrt, wenn beide Parteien nur **ein das gesamte formbedürftige Rechtsgeschäft umfassendes elektronisches Dokument** signieren[122] oder eine Partei das Dokument in der gesetzlichen Schriftform, die andere Partei das Dokument in der elektronischen Form errichtet.[123]

D. Weitere praktische Hinweise

I. Zugang von Erklärungen in elektronischer Form

54 Grundsätzlich richtet sich der Zugang einer in elektronischer Form abgegebenen Erklärung nach den **allgemeinen Regeln** (→ § 130 Rn. 13). Der Gesetzgeber hat die Anwendung der für den elektronischen Rechtsverkehr durch Rechtsprechung und Lehre weiterentwickelten allgemeinen Regeln gewollt und eine ausdrückliche Regelung entgegen mancher Anregungen[124] unterlassen.[125] Für den Austausch elektronischer Dokumente über Internet, E-Mail[126] und Messenger finden die Grundsätze der Abgabe von Willenserklärungen unter Abwesenden Anwendung.[127]

55 Wenn der Empfänger sein Einverständnis mit der Verwendung der elektronischen Form zum Ausdruck gebracht hat (→ § 126 Rn. 56 ff.), stellt sich die Frage, wann die **tatsächliche Möglichkeit zur Kenntnisnahme** einer Erklärung in elektronischer Form besteht. Elektronische Dokumente können nicht nur eine nahezu unbegrenzte inhaltliche Vielfalt aufweisen und etwa aus der Kombination mehrerer Multimediaelemente bestehen (→ Rn. 50), sondern zudem in **unterschiedlichen Dateiformaten** vorliegen, die unter Umständen mit gebräuchlicher Hard- und Software nicht wiedergegeben werden können. Soweit dem Empfänger mit gebräuchlicher Hard- und Software eine hinreichende Darstellung des elektronischen Dokuments tatsächlich nicht möglich sein sollte und der Empfänger nicht etwa zuvor eine Wiedergabemöglichkeit der entsprechenden Datei gegenüber dem Erklärenden vorgegeben hat, scheitert der Zugang der Erklärung in elektronischer Form in diesen Fällen an der fehlenden Möglichkeit zur Kenntnisnahme.[128] Zu weiteren Fragen des Zugangs elektronisch abgegebener Willenserklärungen → § 130 Rn. 17, 41 f., 57 f.

II. Zurechnung, Stellvertretung, Haftung

56 Auch Zurechnung, Stellvertretung und Haftung bei Erklärungen in elektronischer Form richten sich, von wenigen Ausnahmen und Besonderheiten abgesehen, nach den allgemeinen Regeln.[129] Ein **Kardinalproblem** ist die Zurechnung der Verwendung einer qualifizierten elektronischen Signatur zu einer bestimmten Person, denn im Gegensatz zur eigenhändigen Unterschrift kann die qualifizierte elektronische Signatur auch von jedem Dritten eingesetzt werden, solange die Zuordnung zum Inhaber allein über technische Legitimationsverfahren und nicht über biometrische Merkmale erfolgt (→ Rn. 24). Dabei dürfte den schwierigen

---

118 Dazu *Stellmann/Süss* NZM 2001, 969.
119 BT-Drs. 14/4987, 18.
120 MüKoBGB/*Einsele* § 126 a Rn. 26; *Heinemann* ZNotP 2002, 414 (419).
121 Soergel/*Marly* BGB § 126 a Rn. 24.
122 Palandt/*Ellenberger* BGB § 126 a Rn. 10; Erman/ *Arnold* BGB § 126 a Rn. 9.
123 Palandt/*Ellenberger* BGB § 126 a Rn. 10; Soergel/ *Marly* BGB § 126 a Rn. 24.
124 Prüfbitte des Bundesrats, BT-Drs. 14/4987, 35; *Vehslage* DB 2000, 1801 (1803 f.).
125 BT-Drs. 14/4987, 11.

126 Ebenso *Heinemann* ZNotP 2002, 414 (420); *Herwig* MMR 2001, 145.
127 Zum Zugang elektronischer Erklärungen bei Internetportalen *Heckmann* CR 2016, 684 (686 ff.), 693 f.
128 Ebenso für alle elektronisch abgegebenen Willenserklärungen *Mankowski* NJW 2004, 1901 (1902); enger *Heinemann* ZNotP 2002, 414 (421): Zugang erst nach tatsächlichem Öffnen und Entschlüsseln des elektronischen Dokuments.
129 BT-Drs. 14/4987, 11; Soergel/*Marly* BGB § 126 a Rn. 25.

und weithin ungeklärten Fragen der Zurechnung und Haftung für eine missbräuchliche Verwendung der qualifizierten elektronischen Signatur angesichts der durch § 371 a Abs. 1 ZPO (→ Rn. 80 ff.) normierten Beweisregel für den Anschein der Echtheit einer in elektronischer Form vorliegenden Erklärung **nur selten praktische Relevanz** zukommen.

1. Als nicht abgegeben geltende Erklärungen. Wird eine vom Inhaber der elektronischen Signaturer- **57** stellungsdaten zunächst gewollte und in elektronischer Form vorliegende Erklärung ohne dessen Einverständnis in den Rechtsverkehr gebracht, gilt diese nach den **allgemeinen Grundsätzen** (→ § 130 Rn. 6 ff.) als nicht abgegeben.[130] Ebenfalls als nicht abgegeben gilt die Erklärung, wenn der Inhaber der elektronischen Signaturerstellungsdaten diese zwar erstellt und signiert, dann aber unbeabsichtigt (sogar fahrlässig) in den Rechtsverkehr bringt, etwa durch das versehentliche Absenden einer E-Mail.[131] Allerdings streitet auch in diesen Fällen die Beweisregel des § 371 a Abs. 1 ZPO zulasten des Inhabers der elektronischen Signaturerstellungsdaten (→ Rn. 80 ff.).

2. Stellvertretung bei Erklärungen in elektronischer Form. Ebenso wie bei einer Erklärung in Schrift- **58** form ist auch bei einer in elektronischer Form abgegebenen Erklärung eine Stellvertretung sowohl auf Seiten des Erklärenden als auch des Erklärungsempfängers **möglich**.

a) Verwendung eines eigenen Zertifikats durch den Vertreter. Versieht der Stellvertreter die von ihm **59** elektronisch abgegebene Erklärung mit seiner eigenen qualifizierten elektronischen Signatur, ist die (zumindest entsprechende) **Anwendung der §§ 164 ff.** sowie der Grundsätze der **Duldungs- und Anscheinsvollmacht** (→ § 167 Rn. 74 ff.) und der für **Blankett-Urkunden** entwickelten Grundsätze (→ § 126 Rn. 23 f.) ohne Weiteres möglich.[132] Denn hier besteht zwischen der Person des Erklärenden und dem verwendeten qualifizierten Zertifikat für die elektronische Signatur Übereinstimmung. Soweit der Stellvertreter ohne oder außerhalb seiner Vertretungsmacht handelt, haftet er als **falsus procurator** nach § 179.[133] Auf § 371 a Abs. 1 ZPO kommt es in dieser Konstellation nur an, wenn der Stellvertreter oder der Vertretene die missbräuchliche Verwendung der qualifizierten elektronischen Signatur des Stellvertreters geltend machen.

Das der qualifizierten elektronischen Signatur des Stellvertreters zugrunde liegende qualifizierte Zertifikat **60** (→ Rn. 21) kann gem. § 12 Abs. 1 S. 1 Nr. 1, S. 2 VDG mit Einwilligung des Vertretenen **Angaben zur Vertretungsmacht** des Stellvertreters enthalten. Spätestens in dieser – gegenüber dem qualifizierten Vertrauensdiensteanbieter (→ Rn. 22) nachzuweisenden – Einwilligung des Vertretenen ist zugleich die Erteilung der Vollmacht gem. § 167 Abs. 1 zu sehen. Die Eintragung zur Vertretungsmacht im qualifizierten Zertifikat steht wertungsmäßig einer Vollmachtsurkunde iSd § 172 Abs. 1 gleich, so dass die **Vorschriften über Vollmachtsurkunden** entsprechende Anwendung finden. Die Vollmacht kann daher nicht durch eine Erklärung nach §§ 168 S. 3, 167 Abs. 1 widerrufen werden, sondern erlischt entsprechend § 172 Abs. 2 erst mit Änderung der Angabe im qualifizierten Zertifikat.[134]

b) Verwendung des Zertifikats des Vertretenen durch einen Dritten. Versieht ein Dritter eine als **61** elektronisches Dokument vorliegende Erklärung nicht mit seiner eigenen, sondern mit der qualifizierten elektronischen Signatur eines anderen (entweder unter Hinzufügung des Namens des Dritten oder aber des Namens des Unterzeichners als dem Inhaber der elektronischen Signaturerstellungsdaten),[135] stellt sich die Frage nach einer vertraglichen Einstandspflicht des Inhabers unter dem Gesichtspunkt einer Stellvertretung durch den handelnden Dritten.

Festzuhalten ist, dass Abs. 1 seinem Wortlaut nach nur verlangt, dass der Aussteller (hier: der Dritte) der **62** Erklärung seinen Namen hinzufügt und die Erklärung mit **einer** qualifizierten elektronischen Signatur versieht. Die Möglichkeit, eine mit seinem eigenen Namen versehene Erklärung mit einer **fremden qualifizierten elektronischen Signatur** zu versehen, ist also ausdrücklich gewollt; anderenfalls hätte der Gesetzgeber längst in § 126 a klarstellen können, dass der Aussteller die Erklärung mit **seiner** qualifizierten elektronischen Signatur zu versehen hat.[136] Dies steht auch nicht im Widerspruch zu § 12 Abs. 1 S. 1 Nr. 1, S. 2 VDG, wonach ein qualifiziertes Zertifikat auch Angaben über die Vertretungsmacht einer dritten Person enthalten kann. Denn hier handelt es sich nicht um den Fall, dass der Zertifikatsinhaber für einen Dritten eine Erklärung abgibt, sondern um den Fall, dass der Dritte als Erklärender das qualifizierte Zertifikat der von ihm vertretenen Person verwendet.

130 Palandt/*Ellenberger* BGB § 126 a Rn. 12; Staudinger/*Hertel* BGB § 126 a Rn. 48.
131 Palandt/*Ellenberger* BGB § 130 Rn. 4.
132 Ohne jede Differenzierung Palandt/*Ellenberger* BGB § 126 a Rn. 12.
133 *Bettendorf* RNotZ 2005, 277 (286).
134 AnwK-SchuldR/*Noack* BGB § 126 a Rn. 24.
135 Zu verschiedenen denkbaren Konstellationen *Jandt* K&R 2009, 548 (549).

136 Krit. zu dieser Fremdsignierung wegen des damit einhergehenden Verlusts der Formfunktionen *Roßnagel* MMR 2008, 22 (25 ff.), sowie *Jandt* K&R 2009, 548 (551 ff.); iE soll wegen eines Verstoßes gegen § 2 Nr. 2 lit. c SigG jedenfalls bei der geschäftsmäßigen Fremdsignierung schon keine qualifizierte elektronische Signatur vorliegen.

63 Allein das Auseinanderfallen der Person des Erklärenden (des Ausstellers, → Rn. 47) und der verwendeten qualifizierten elektronischen Signatur kann für sich noch keine ernstlichen Zweifel iSd § 371 a Abs. 1 S. 2 ZPO (→ Rn. 82) begründen und damit die gesetzliche Beweisregel entkräftigen.[137] Denn dann würde für eine durch Abs. 1 eröffnete Anwendungsmöglichkeit der elektronischen Form der durch § 371 a Abs. 1 S. 2 ZPO bezweckte Schutz des Rechtsverkehrs leer laufen. Sofern also im Übrigen die Wirksamkeitsvoraussetzungen der elektronischen Form gewahrt sind, greift auch hier der Schutz des § 371 a Abs. 1 ZPO, so dass zunächst von einer **wirksamen eigenen Willenserklärung** des Dritten für den Inhaber der elektronischen Signaturerstellungsdaten auszugehen ist.

64 Hieraus lässt sich aber hinsichtlich der **Vertretungsmacht des Dritten** nichts ableiten. Ist eine solche gegeben, greifen ohne Weiteres die §§ 164 ff. (zumindest in entsprechender Anwendung). Versieht der Dritte seine Erklärung mit dem Namen sowie der qualifizierten elektronischen Signatur des Vertretenen und handelt er dabei in Übereinstimmung mit dessen Willen, liegt ein **Handeln unter fremdem Namen** vor, das für und gegen den Vertretenen als Geschäftsherrn nach den allgemeinen Regeln wirkt (→ § 164 Rn. 70 ff.).[138]

65 Fehlt es beim Dritten an der Vertretungsmacht bzw. einem entsprechenden Einverständnis des Vertretenen (und konnte der Vertretene die Beweisregel des § 371 a Abs. 1 ZPO erschüttern), kann das Handeln des Dritten unter **Verwendung fremder elektronischer Signaturerstellungsdaten** (→ Rn. 64) aber im Rechtsverkehr den Anschein erwecken, dass die Verwendung dieser fremden Daten durch den Dritten vom Vertretenen mitgetragen wird. Soweit der Vertretene die Verwendung seiner Signatur nicht nach § 177 Abs. 1 (analog) genehmigt, kann sich eine **vertragliche Einstandspflicht** aus den Grundsätzen der Duldungs- oder Anscheinsvollmacht (→ § 167 Rn. 74 ff.) bzw. nach den für Blankett-Urkunden (→ § 126 Rn. 23 f.) entwickelten Grundsätzen ergeben.[139]

66 Dem Inhaber der elektronischen Signaturerstellungsdaten werden zwar durch eIDAS-VO und VDG unmittelbar keine Verpflichtungen auferlegt. Allerdings impliziert das bei der qualifizierten elektronischen Signatur anzuwendende Verfahren eine Reihe von Anforderungen an die **korrekte Handhabung der zur Verfügung stehenden Technik**.[140] So ergibt sich aus Ziff. (1) lit. c), lit. d) Anhang II der eIDAS-VO mit den dort formulierten Anforderungen an qualifizierte elektronische Signaturerstellungseinheiten die Pflicht des Unterzeichners als dem Inhaber der elektronischen Signaturerstellungsdaten, die qualifizierte elektronische Signaturerstellungseinheit (→ Rn. 24) in persönlichem Gewahrsam und die persönlichen Identifikationsdaten geheim zu halten.[141] Dem **sorgsamen persönlichen Umgang** mit der qualifizierten elektronischen Signaturerstellungseinheit und der Geheimhaltung der elektronischen Signaturerstellungsdaten kommt elementare Bedeutung für die vertrauenswürdige Anwendung qualifizierter elektronischer Signaturen zu.[142] Der Erklärungsempfänger darf demnach – ungeachtet der Häufigkeit oder der Dauer des Handelns des Dritten für den Vertretenen – berechtigterweise erwarten und darauf vertrauen, dass dieser seine **privaten elektronischen Signaturerstellungsdaten nur persönlich gebraucht** und Dritten nicht überlässt bzw. diese so sorgfältig aufbewahrt, dass eine **unwissentliche Nutzung durch Dritte ausgeschlossen** ist.[143]

67 Daneben kommt eine Haftung des Vertretenen aus § 280 Abs. 1 (ggf. iVm §§ 241 Abs. 2, 311 Abs. 2) in Betracht (→ Rn. 76).

68 **3. Haftung bei Missbrauch der elektronischen Form. a) Haftung des qualifizierten Vertrauensdiensteanbieters.** Zentrale Haftungsnorm für den qualifizierten Vertrauensdiensteanbieter (→ Rn. 22) ist **Art. 13 eIDAS-VO.** Dieser wird durch Art. 24 Abs. 2 lit. c) eIDAS-VO iVm § 10 VDG ergänzt, die mit der Regelung einer **Deckungsvorsorge** sicherstellen, dass qualifizierte Vertrauensdiensteanbieter ihren Haftungsverpflichtungen auch nachkommen können. Anders als noch §§ 11, 12 SigG aF gewährt Art. 13 eIDAS-VO allen natürlichen und juristischen Personen einen Haftungsanspruch gegen den qualifizierten Vertrauensdiensteanbieter bei einer von diesem zu vertretenden Verletzung der ihm durch die eIDAS-VO auferlegten Pflichten.

69 Art. 13 Abs. 1 eIDAS-VO begründet eine neben anderen Haftungsnormen stehende, **verschuldensabhängige deliktische Haftung** des qualifizierten Vertrauensdiensteanbieters für die Verletzung einer in der eIDAS-VO festgelegten Pflicht (regelmäßig Organisationsverschulden), etwa bei der Identifizierung eines

---

137 AA *Jandt* K&R 2009, 548 (554 f.).

138 AnwK-SchuldR/*Noack*, § 126 Rn. 26; *Dörner* AcP 202 (2002), 363, 388; offen gelassen v. MüKoBGB/*Einsele*, 5. Aufl. 2007, § 126 a Rn. 5, 21.

139 Palandt/*Ellenberger*, 69. Aufl. 2010, BGB § 126 a Rn. 12; für einen Rechtsscheintatbestand eigener Art *Dörner* AcP 202 (2002), 363, 388 f.

140 Hoeren/Sieber/Holznagel/*Brisch/Brisch*, 13.3 Rn. 163.

141 MüKoBGB/*Einsele* § 126 a Rn. 21; *Bettendorf* RNotZ 2005, 277 (287).

142 Hoeren/Sieber/Holznagel/*Brisch/Brisch*, 13.3 Rn. 164, 167.

143 Dazu *Dörner* AcP 202 (2002), 363, 390 f.; auch wenn zu erwarten ist, dass der Rechtsverkehr ähnlich wie bei der Handhabung von Scheckkarte und PIN sehr großzügig mit den ihm aufgegebenen Sorgfaltsanforderungen umgehen wird, darf dies die grundsätzliche rechtliche Bewertung nicht beeinflussen.

Unterzeichners (→ Rn. 22), der Ausgabe eines qualifizierten Zertifikats für elektronische Signaturen (→ Rn. 21) oder einem ungenügenden Beendigungsplan (→ Rn. 43). Dem Dritten (regelmäßig dem Signaturempfänger) muss hierdurch ein Schaden entstanden sein, der gemäß Art. 13 Abs. 3 eIDAS-VO nach dem nationalen Recht (§§ 249 ff.) zu ermitteln ist. Die **Ersatzpflicht** ist jedoch gemäß Art. 13 Abs. 2 eIDAS-VO **ausgeschlossen**, wenn der Dritte über Beschränkungen der vom Vertrauensdiensteanbieter angebotenen Vertrauensdienste unterrichtet oder diese für ihn ersichtlich waren.

Bei qualifizierten Vertrauensdiensteanbietern, die qualifizierte Zertifikate für elektronische Signaturen ausgegeben haben, wird das Verschulden beim Beweis einer objektiven Pflichtverletzung vermutet. Für ein fehlendes Verschulden ist gemäß Art. 13 Abs. 1 S. 3 eIDAS-VO der **qualifizierte Vertrauensdiensteanbieter beweispflichtig** (gesetzlich angeordnete Beweislastumkehr). Bei **Mitverschulden** findet § 254 Anwendung.[144]   **70**

Für das ihm **zurechenbare Handeln von Dritten** haftet der qualifizierte Vertrauensdiensteanbieter gem. § 6 S. 1 VDG wie für eigenes Handeln, wobei ihm die Exkulpationsmöglichkeit des § 831 Abs. 1 S. 2 gem. § 6 S. 2 VDG ausdrücklich genommen ist. Dabei greift der Ausschluss des § 831 Abs. 1 S. 2 für alle eingesetzten Dritten, gleich, ob diese Verrichtungsgehilfen im eigenen Unternehmen des Vertrauensdiensteanbieters, weisungsgebundene oder selbstständige beauftragte Dritte sind. Nur eine derart **umfassende Haftung ohne Exkulpationsmöglichkeit** vermag das Vertrauen in die Unverfälschtheit qualifizierter elektronischer Signaturen zu gewährleisten.[145]   **71**

Die große Schwäche der Haftung bei missbräuchlicher Verwendung einer qualifizierten elektronischen Signatur ist **das Fehlen eines Auskunfts- oder Einsichtsrechts** gegenüber dem qualifizierten Vertrauensdiensteanbieter insbesondere zugunsten des Signaturempfängers.[146] Ohne Einsichtnahme in die Geschehensabläufe beim qualifizierten Vertrauensdiensteanbieter wird es einem geschädigten Signaturempfänger kaum möglich sein, den ihm obliegenden Nachweis einer objektiven Pflichtverletzung auf Seiten des qualifizierten Vertrauensdiensteanbieters zu führen oder etwa die ladungsfähige Anschrift des Erklärenden als dem Signaturinhaber zu erfahren, um diesen als Zeugen im Rechtsstreit mit dem qualifizierten Vertrauensdiensteanbieter zu benennen.[147]   **72**

b) Haftung des Inhabers der elektronischen Signatur. Neben einer vertraglichen Einstandspflicht (→ Rn. 59 ff.) kommt bei einer missbräuchlichen Verwendung der qualifizierten elektronischen Signatur durch einen Dritten eine Haftung des Signaturinhabers gem. **§§ 280 Abs. 1 (ggf. iVm §§ 241 Abs. 2, 311 Abs. 2)** in Betracht.[148] Die Pflichtverletzung liegt in der schuldhaften Ermöglichung des Zugriffs eines unbefugten Dritten auf die elektronischen Signaturerstellungsdaten sowie die zur Verwendung erforderliche PIN (→ Rn. 24). Der Erklärungsempfänger darf sich darauf verlassen, dass der Signaturinhaber entsprechend seinen Verpflichtungen im Umgang mit der qualifizierten elektronischen Signatur (→ Rn. 69) die Erzeugung formgerechter elektronischer Dokumente unter seiner Kontrolle hält. Dies gilt mit Blick auf § 27 Abs. 2, Abs. 3 PAuswG für den elektronischen Identitätsnachweis (→ Rn. 30 ff.) entsprechend.[149]   **73**

c) Haftung des missbräuchlichen Verwenders der elektronischen Signatur. Wird eine qualifizierte elektronische Signatur durch einen Dritten missbräuchlich verwendet, kommt mangels vertraglicher Beziehungen zwischen dem Dritten und dem Signaturempfänger allenfalls eine **deliktische Haftung** in Betracht. Da zumeist die Schädigung eines der durch § 823 Abs. 1 geschützten absoluten Rechtsgüter ausscheiden wird, bleibt lediglich der Rückgriff auf § 823 Abs. 2 (iVm § 263 a oder § 303 b StGB) und die §§ 824, 826.   **74**

III. Rechtsfolgen und Prozessuales

1. Rechtsfolgen. Sind die Voraussetzungen der elektronischen Form erfüllt und ist das signierte elektronische Dokument dem Empfänger zugegangen, wurde die gesetzliche Schriftform wirksam durch die elektronische Form des § 126 a ersetzt und damit das Schriftformerfordernis gewahrt.   **75**

2. Beweislast und Beweisführung. a) Allgemeines. Zur grundsätzlichen Beweislastverteilung → § 125 Rn. 77. Soweit die Voraussetzungen des § 371 a Abs. 1 ZPO nicht gegeben sind, unterfallen signierte elektronische Dokumente gem. § 286 Abs. 1 ZPO der freien richterlichen Beweiswürdigung, ebenso wie Dokumente in Textform (→ § 126 b Rn. 25).[150] Dies gilt auch bei Verwendung des elektronischen Identitätsnachweises (→ Rn. 30 f.), der insbesondere keinen Anscheinsbeweis dafür vermittelt, dass der Ausweis-   **76**

144 Soergel/*Marly* BGB § 126 a Rn. 18; *Roßnagel* NJW 2001, 1817 (1823).

145 Ebenso zum § 11 Abs. 4 SigG aF *Thomale* MMR 2004, 80 (85).

146 *Hähnchen* NJW 2001, 2831 (2832); *Thomale* MMR 2004, 80 (83).

147 *Skrobotz* DuD 2004, 410 (412 f.).

148 Palandt/*Ellenberger* BGB § 126 a Rn. 12.

149 Ebenso *Borges* NJW 2010, 3334 (3338 f.); *Scholz* CR 2009, 267 (270 f.).

150 Ebenso *Heinze/Prado Ojea* CR 2018, 37 (41); Zum Beweiswert von Digitalfotos *Knopp* ZRP 2008, 156 (158 f.).

inhaber für die im Anschluss an seine Identifizierung über den elektronischen Identitätsnachweis vorgenommenen Handlungen verantwortlich zeichnet.[151] Auch bei einem von einem Dateiformat in ein anderes Dateiformat transformierten elektronischen Dokument (→ Rn. 43) gilt die freie richterliche Beweiswürdigung, selbst wenn die bei Gericht vorgelegten elektronischen Dokumente mit einer qualifizierten elektronischen Signatur versehen sein sollten. Denn es handelt sich nicht um das originäre, die zu beweisende Erklärung verkörpernde Beweismittel.[152]

77   Auch in ein elektronisches Dokument transformierte Urkunden unterfallen nicht § 371 a Abs. 1 ZPO, sondern der freien richterlichen Beweiswürdigung. Dieses Hemmnis für eine elektronische Aufbewahrung von Dokumenten, insbesondere in einem Dokumenten-Management-System (DMS oder ECM, Enterprise Content Management), hat der Gesetzgeber erkannt und die Regelung in § 371 a Abs. 3 ZPO für die Beweiskraft öffentlicher elektronischer Dokumente mit dem durch das „Gesetz zur Förderung des elektronischen Rechtsverkehrs mit den Gerichten" vom 10.10.2013[153] eingeführten § 371 b ZPO auch auf nach dem Stand der Technik gescannte öffentliche Urkunden erstreckt. Der Stand der Technik ist zwischenzeitlich vom BSI mit der Technischen Richtlinie TR-03138 Ersetzendes Scannen (TR-RESISCAN)[154] konkretisiert worden (zur TR-ESOR für die beweiswerterhaltende Langzeitarchivierung → Rn. 43). Versuche mit deren Umsetzung haben einen dem § 371 a Abs. 1 ZPO entsprechenden Beweiswert auch bei gescannten privaten Urkunden bestätigt, auch wenn der Richtlinie keine Gesetzeskraft zukommt.[155]

78   **b) Beweisregel des § 371 a Abs. 1 ZPO.** Nach Art. 25 Abs. 1 eIDAS-VO darf einer elektronischen Signatur die Zulässigkeit als Beweismittel in Gerichtsverfahren nicht allein deshalb abgesprochen werden, weil sie in elektronischer Form vorliegt oder weil sie die Anforderungen an qualifizierte elektronische Signaturen nicht erfüllt. Art. 46 eIDAS-VO ergänzt dies dahin gehend, dass elektronischen Dokumenten die Zulässigkeit als Beweismittel in Gerichtsverfahren nicht allein deshalb abgesprochen werden darf, weil sie in elektronischer Form vorliegen. Zur Umsetzung hätte es damit nicht mehr als der in § 371 Abs. 1 S. 2 ZPO getroffenen Ergänzung bedurft, wonach elektronische Dokumente dem Beweis durch Inaugenscheinnahme unterfallen (→ Rn. 84 f.). Gleichwohl hat sich der deutsche Gesetzgeber bereits zum vergleichbaren Art. 5 Abs. 1 lit. b) der aufgehobenen Signaturrichtlinie dazu entschieden, zunächst in § 292 a ZPO aF einen Anscheinsbeweis zugunsten der Echtheit einer in elektronischer Form vorliegenden Erklärung zu statuieren, der sodann nach zT heftiger Kritik[156] mit dem JKomG (→ Rn. 92) durch die Beweisregel[157] in § 371 a Abs. 1 ZPO abgelöst worden ist.

79   Die Beweisregel in § 371 a Abs. 1 ZPO geht über die Beweiswirkung der gesetzlichen Schriftform hinaus. Bei einer Urkunde muss der Beweisführer nach § 440 Abs. 1 ZPO zunächst den Beweis der Echtheit der eigenhändigen Unterschrift auf der Privaturkunde erbringen, bevor der Beweisführer von der Beweiskraft der Privaturkunde nach § 416 ZPO profitiert.[158] Demgegenüber genügt bei einem elektronischen Dokument wegen § 371 a Abs. 1 S. 2 ZPO schon der Anschein der Echtheit einer nach den Vorgaben der eIDAS-VO erzeugten qualifizierten elektronischen Signatur, um über § 371 a Abs. 1 S. 1 ZPO den Vollbeweis über die Vollständigkeit und Richtigkeit der im elektronischen Dokument verkörperten Erklärung (→ Rn. 45)[159] führen zu können. Durch § 371 a Abs. 1 S. 2 ZPO soll der Empfänger der signierten Erklärung vor unbegründeten Einwänden des Signaturinhabers geschützt werden, wonach die Erklärung nicht von ihm abgegeben worden sei, da der Empfänger keine praktische Möglichkeit hätte, diese zu widerlegen.[160] Dabei erstreckt sich die Beweisregel auf **Integrität, Authentizität und Autorisierung einer Erklärung,**[161] nicht jedoch auf deren Zugang beim Empfänger. Dies gilt über § 371 a Abs. 3 ZPO nunmehr ausdrücklich auch für

151 *Borges* NJW 2010, 3334 (3338).
152 Im Einzelnen sowie zum Beweiswert von nach Maßgabe der bei TransiDoc entwickelten Grundsätze (Rn. 43) transformierten Dokumente *Wilke/Jandt/Löwe/Roßnagel* CR 2008, 607 (609 ff.); *Roßnagel/Wilke* NJW 2006, 2145 (2147 ff.); zu den Anforderungen an das ersetzende Scannen von Papierdokumenten *Jandt/Wilke* K&R 2009, 96 (97 ff.).
153 BGBl. I Nr. 62, 3786; dazu *Müller-Teckhof* MMR 2014, 95; *Bacher* MDR 2014, 998; *Brosch* K&R 2014, 9.
154 https://www.bsi.bund.de/DE/Publikationen/TechnischeRichtlinien/tr03138/index_htm.html [31.5.2019].
155 Dazu *Hüsch* CR 2014, 206 (207); *Roßnagel/Nebel* NJW 2014, 886; dieses Ergebnis war vom Gesetzgeber gewollt, s. BT-Drs. 17/12634, S. 34.
156 Etwa Stellungnahme des Bundesrats, BT-Drs. 14/4987, 37; *Roßnagel* NJW 2001, 1817 (1826); ausführliche Darstellung bei *Borges*, S. 505 ff. und

Fischer-Dieskau/Gitter/Paul/Steidle MMR 2002, 709 ff.
157 Entgegen der Bezeichnung von § 292 a ZPO aF als Anscheinsbeweis handelte es sich nicht um einen solchen, weil es mangels praktischer Erfahrung an der für einen Anscheinsbeweis erforderlichen Typizität der Geschehensabläufe fehlt, vgl. dazu *Musielak/Foerste*, ZPO § 286 Rn. 23 f.; kritisch auch *Staudinger/Hertel* BGB § 126 a Rn. 64; aA *Armgardt/Spalka* K&R 2007, 26 (30).
158 MüKoBGB/*Einsele*, § 126 Rn. 18; *Blaurock/Adam* ZEuP 2001, 93 (110 f.).
159 Zu eng die Beschränkung auf Willenserklärungen bei *Bettendorf* RNotZ 2005, 277 (286).
160 BT-Drs. 14/4987, 25; *Soergel/Marly* BGB § 126 a Rn. 28; *Roßnagel* NJW 2001, 1817 (1826); *Staudinger/Hertel* BGB § 126 a Rn. 62.
161 *Fischer-Dieskau/Gitter/Paul/Steidle* MMR 2002, 709 (710); *Oertel* MMR 2001, 419 (420).

öffentliche elektronische Dokumente im Zivilprozess[162] und über § 371 a Abs. 2 ZPO auch für die nach einer sicheren Anmeldung gem. § 4 Abs. 1 S. 2 DeMailG versendete De-Mail, nicht jedoch für De-Mails ohne Absenderauthentifizierung[163] (zu De-Mail → Rn. 9 f.).

Auf § 371 a Abs. 1 S. 2 ZPO kann sich neben dem Erklärungsempfänger auch der Erklärende und jeder **80** Dritte berufen. Voraussetzung des § 371 a Abs. 1 S. 2 ZPO ist, dass sich aufgrund einer Prüfung der mit dem elektronischen Dokument verbundenen qualifizierten elektronischen Signatur nach der eIDAS-VO (→ Rn. 13) der **Anschein der Echtheit einer in elektronischer Form vorliegenden Erklärung** ergibt; allein die Verwendung einer qualifizierten elektronischen Signatur begründet also nicht automatisch die Anwendbarkeit des § 371 a Abs. 1 ZPO.[164] Diese Prüfung wird **für qualifizierte elektronische Signaturen im Regelfall ohne Weiteres möglich** sein,[165] denn zugunsten des Beweisführers streitet hierbei (→ Rn. 28 f.) die Sicherheitsvermutung insbesondere der Art. 28, 29 eIDAS-VO, mit deren Hilfe die Einhaltung der Voraussetzungen einer qualifizierten elektronischen Signatur nachgewiesen ist.[166] Für andere als qualifizierte elektronische Signaturen iSd eIDAS-VO findet § 371 a Abs. 1 ZPO keine Anwendung. Zur dauerhaften Erhaltung des Beweiswerts ist ggf. eine Erneuerung der qualifizierten elektronischen Signatur erforderlich (→ Rn. 42 ff., Rn. 79 f.).[167]

Der Beweisgegner kann die Beweisregel nur durch Tatsachen erschüttern, die ernstliche Zweifel daran **81** begründen, dass die Erklärung mit dem Willen des Signaturinhabers abgegeben worden ist (zur Haftung → Rn. 71 ff.). Er muss also **die ernsthafte Möglichkeit eines anderen Geschehensablaufs** darlegen und die tatsächliche Grundlage dieser Annahme beweisen.[168] Dies kann ihm gelingen, wenn ein Dritter (beispielsweise ein Arbeitskollege oder Familienangehöriger) an die elektronischen Signaturerstellungsdaten des Erklärenden gelangt ist und Kenntnis von der zugehörigen PIN hat,[169] die zur Erzeugung der qualifizierten elektronischen Signatur verwendete Hard- oder Software (→ Rn. 24) manipuliert worden ist[170] oder Kenntnis von Verstößen gegen die Identifizierungspflicht des Signaturinhabers durch den qualifizierten Vertrauensdiensteanbieter besteht oder die Sicherheit der qualifizierten Signaturerstellungseinheit nicht gewährleistet ist.[171] Zu weit geht es, ernstliche Zweifel schon dann zu bejahen, wenn der für den Signiervorgang verwendete Rechner an ein Netzwerk angeschlossen gewesen ist;[172] dies ist heute bei jedem Rechner mit Internetzugang der Fall. Die beweisbelastete Partei muss dann anderweitig den Beweis der Echtheit der in elektronischer Form vorliegenden Erklärung erbringen.[173]

c) Beweisführung. Die Beweisführung mit elektronischen Dokumenten unterliegt nicht den Vorschriften **82** über den Beweis mit Urkunden, sondern gem. § 371 Abs. 1 S. 2 ZPO den Vorschriften über den **Beweis durch Augenschein**.[174] § 371 Abs. 1 S. 2 ZPO erfasst alle elektronischen Dokumente (→ Rn. 50) unabhängig davon, ob sie der elektronischen Form des § 126 a, einer gewillkürten elektronischen Form (→ § 127 Rn. 22 f.) oder der Textform (→ § 126 b Rn. 27) genügen.[175] § 371 a Abs. 1 S. 1 ZPO ordnet lediglich die entsprechende Anwendung der Vorschriften über die Beweiskraft privater Urkunden an, nicht jedoch der §§ 420 ff. ZPO über die Beweisführung mit Urkunden. Das elektronische Dokument ist gespeichert auf einem Datenträger vorzulegen oder als Datei etwa über das Internet oder per E-Mail zu übermitteln und anschließend über Bildschirm oder Drucker visuell wahrnehmbar zu machen,[176] dies bereits mit Beweisantritt im Schriftsatz und nicht erst im Zeitpunkt der Beweisaufnahme. Der Beweisantritt erfordert ggf. auch die Preisgabe von Passwörtern, die für den Zugriff auf das elektronische Dokument erforderlich sind, sofern dies nicht im Einzelfall dem Beweisführer unzumutbar ist, etwa weil das Passwort den gesamten Datenbestand schützt.[177] Befindet sich das Dokument beim Beweisgegner, bei einem Dritten oder einer Behörde, wird der Beweis nach § 371 Abs. 2 S. 1 ZPO durch den Antrag angetreten, zur Herbeischaffung eine Frist

162 Dazu *Roßnagel/Fischer-Dieskau* NJW 2006, 806 (807 f.); *Püls* NotBZ 2005, 305 (306).

163 OLG Düsseldorf 10.3.2020 – 2 RVS 15/20.

164 *Fischer-Dieskau/Roßnagel/Steidle* MMR 2004, 451 (452).

165 *Oertel* MMR 2001, 419 (420); *Roßnagel* NJW 2001, 1817 (1826); *Bettendorf* RNotZ 2005, 277 (286).

166 Ebenso *Heinze/Prado Ojea* CR 2018, 37 (41 f.); kritisch *Sosna* CR 2014, 825 (827).

167 *Fischer-Dieskau/Roßnagel/Steidle* MMR 2004, 451 (452 f.).

168 *Borges*, S. 508; ein niedriger Maßstab würde den sorglos Handelnden begünstigen, *Heinemann* ZNotP 2002, 414 (422).

169 *Fischer-Dieskau/Gitter/Paul/Steidle* MMR 2002, 709 (713).

170 *Fischer-Dieskau/Gitter/Paul/Steidle* MMR 2002, 709 (713); *Oertel* MMR 2001, 419 (420).

171 Zu diesen Beispielen *Roßnagel* MMR 2016, 647 (649).

172 So aber ausdr. unter Hinweis auf einen für den Signierenden nicht erkennbaren, intelligenten Angriff mittels eines Trojaners *Armgardt/Spalka* K&R 2007, 26 (32).

173 *Palandt/Ellenberger* BGB § 126 a Rn. 11.

174 Dazu *Borges*, S. 453 ff.; zum Gesetzgebungsverfahren *Berger* NJW 2005, 1016 f.

175 *Schmidt/Pruß/Kast* CR 2008, 267 (271).

176 *Oertel* MMR 2001, 419; *Berger* NJW 2005, 1016 (1020).

177 *Berger* NJW 2005, 1016 (1020).

zu setzen oder eine Anordnung des Gerichts nach § 144 ZPO zu erlassen; die §§ 422–432 ZPO finden entsprechende Anwendung.[178]

83 Die Vorlage eines Ausdrucks des elektronischen Dokuments genügt nicht für den Beweisantritt.[179] Im Übrigen ist die **beweisrechtliche Bedeutung von Ausdrucken elektronischer Dokumente** gänzlich ungeklärt und in der Literatur **umstritten**.[180] Da ein solcher Ausdruck weder eine eigenhändige Unterschrift des Erklärenden trägt noch als Urkunde (→ § 126 Rn. 9 ff.) vom Erklärenden gefertigt worden ist,[181] wird es bei der freien richterlichen Beweiswürdigung nach § 286 Abs. 1 ZPO als Beweis durch Augenschein gem. § 371 Abs. 1 S. 1 ZPO und einem Beweiswert bleiben, der vergleichbar dem der Textform gering ist (→ § 126 b Rn. 25).[182]

IV. Elektronische Form und qualifizierte elektronische Signatur im Zivilprozess

84 **1. Einreichung elektronischer Schriftsätze.** Der ebenfalls durch das FormVAnpG (→ Rn. 1) eingeführte und mit Wirkung zum 1.1.2018 neugefasste § 130 a Abs. 1 ZPO[183] lässt als Ersatz für die in der ZPO vorgesehene Schriftform von Schriftsätzen und Erklärungen die **Aufzeichnung als elektronisches Dokument** zu, wenn dieses gemäß § 130 a Abs. 2 ZPO für die Bearbeitung durch das Gericht geeignet ist.[184] Nicht erfasst als elektronisches Dokument werden per (Papier- oder Computer-)Telefax übermittelte Dokumente (sog. Telekopie), die unter § 130 Nr. 6 ZPO fallen.[185] Ebenso wenig soll unter § 130 a Abs. 1 ZPO ein als Anhang zu einer E-Mail dem Gericht übermittelter Scan eines eigenhändig vom Rechtsanwalt unterzeichneten Schriftsatzes fallen, wenn dieser beim Gericht ausgedruckt und damit in einer der Telekopie nach § 130 Nr. 6 ZPO vergleichbaren Form perpetuiert wird.[186]

85 Die Nutzung des elektronischen Rechtsverkehrs setzt allerdings die Schaffung einer entsprechenden organisatorisch-technischen **Infrastruktur** bei den Gerichten voraus, die zum 1.1.2018 endlich für alle Gerichte im Bund und den Ländern geschaffen worden ist (→ Rn. 5).

86 Angesichts des Verzichts auf eine Verweisung auf die §§ 126 Abs. 3, 126 a geht das **Prozessrecht eigene Wege**. Das im **Prozessrecht** einzureichende elektronische Dokument ist gem. § 130 a Abs. 3 ZPO durch die verantwortende Person mit einer qualifizierten elektronischen Signatur iSd Art. 3 Nr. 12 eIDAS-VO (→ Rn. 19 ff.) zu versehen; aus der früheren Soll- ist damit eine Mussvorschrift geworden.[187] Dabei kann die qualifizierte elektronische Signatur auch die einer anderen Person sein als diejenige der Person, welche im Schriftsatz als Aussteller genannt wird; mit dem Anbringen der qualifizierten elektronischen Signatur wird der Anbringende zur verantwortenden Person iSd § 130 a Abs. 3 ZPO. Zu beachten ist, dass sog. Container-Signaturen über mehrere Dateien hinweg gemäß § 4 Abs. 2 ERVV[188] nicht mehr zulässig sind.[189] Daneben lässt § 130 a Abs. 3 ZPO auch die Signierung auf andere Art und Weise bei Einreichung über einen

---

178 Dazu *Berger* NJW 2005, 1016 (1017 ff.).

179 *Borges*, S. 466; *Heinemann* ZNotP 2002, 414 (425); *Schmidt/Pruß/Kast* CR 2008, 267 (269).

180 Darstellung des Streitstandes bei *Borges*, S. 413 ff., 433 ff.

181 *Bettendorf* RNotZ 2005, 277 (279).

182 Ähnlich Thüringer OLG 28.11.2018 – 2 U 524/17, Rn. 23, WRP 2019, 255.

183 Im Wesentlichen inhaltsgleiche Regelungen finden sich in § 46 c ArbGG, § 52 a FGO, § 65 a Abs. 1 SGG und § 55 a VwGO.

184 Zu den Anforderungen ausführlich *Müller* JuS 2018, 1193 (1196).

185 BGH 4.12.2008 – IX ZB 41/08, MMR 2009, 99 (100); Beschl. v. 15.7.2008 – X ZB 8/08, NJW 2008, 2649 (2650); BGH 10.5.2005 – XI ZR 128/04, NJW 2005, 2086 (2087) (Computerfax); zu den mit dieser Rechtsprechung einhergehenden Wertungswidersprüchen *Bacher* NJW 2009, 1548 (1549 f.).

186 BGH 15.7.2008 – X ZB 8/08, NJW 2008, 2649 (2650); dazu *Köbler* MDR 2009, 357; ähnlich BFH 22.6.2010 – VIII R 38/08, MMR 2010, 866 f., für einen eingescannten Schriftsatz mit eigenhändiger Unterschrift, der an einen Dritten per E-Mail übersandt worden ist mit der Bitte, diesen auszudrucken und an das Gericht zu faxen; BAG 10.12.2013 –

1 ABR 45/12, NZA 2014, 862, wonach ein als PDF elektronischer übermittelter Einigungsstellenspruch nicht den Anforderungen des § 76 Abs. 3. S. 4 BetrVG genügt, auch wenn sich die Unterschrift des Einigungsstellenvorsitzenden darin in eingescannter Form befindet.

187 Zur Unterscheidung zwischen „detached", „enveloping" und „enveloped" Signaturen ausführlich *Ulrich/Schmieder* NJW 2019, 113 (115).

188 Verordnung über die technischen Rahmenbedingungen des elektronischen Rechtsverkehrs und über das besondere elektronische Behördenpostfach vom 24.11.2017, BGBl. I S. 3803.

189 BGH 15.5.2019 – XII ZB 573/18; BAG 15.8.2018 – 2 AZN 269/18, NJW 2018, 2978; BSG 9.5.2018 – B 12 KR 26/18 B NJW 2018, 2222; HessLAG 18.10.2018 – 11 Sa 70/18, Rn. 21, BeckRS 2018, 37017; OLG Frankfurt 29.8.2018 – 14 U 52/18; *Müller* JuS 2018, 1193 (1196); anders noch vor Wirksamwerden der ERVV BGH 14.5.2013 – VI ZB 7/13, MMR 2013, 608; vorsorglich sollte auch darauf verzichtet werden, mehrere Dokumente in einer Datei zusammenzufassen und dann die Signatur nur an dieser Datei anzubringen, so jedoch Siegmund NJW 2017, 3134 (3135).

sicheren Übermittlungsweg gemäß § 130a Abs. 4 ZPO zu (→ Rn. 7).[190] Verantwortende Person iSd § 130a Abs. 3 ZPO ist dabei der Rechtsanwalt, so dass dieser die qualifizierte elektronische Signatur selbst anzubringen hat,[191] es sei denn, dass ausnahmsweise die Grundsätze einer wirksamen Blanko-Unterschrift durch den Rechtsanwalt Anwendung finden.[192] Strittig ist, ob bei Nutzung eines sicheren Übermittlungsweges der Versand des von der verantwortenden Person signierten Dokuments durch einen Dritten geschehen kann, wenn es sich nicht um eine qualifizierte elektronische Signatur handelt. Praxisfall ist der Versand durch einen Mitarbeiter des Rechtsanwalts über das beA, wenn der Rechtsanwalt das Dokument nur einfach durch Hinzufügen seiner Unterschrift signiert hat (zur einfachen Signatur → Rn. 15).[193] Mit Blick darauf, dass durch § 130a Abs. 3 ZPO die qualifizierte elektronische Signatur ausdrücklich zugunsten der sicheren Übermittlungswege zurückgedrängt werden sollte und die Befugnis zum Versand durch den Mitarbeiter letztlich an der Befugnis des Rechtsanwalts hängt, ist kein Grund dafür ersichtlich, den Versand einer vom Rechtsanwalt nur einfach signierten Erklärung über den sicheren Übermittlungsweg eines Dritten nicht zuzulassen;[194] anders sieht dies jedoch die Rechtsprechung.[195] Unzulässig ist angesichts des eindeutigen Wortlauts von § 130a Abs. 3 ZPO die Einreichung per E-Mail, selbst wenn diese oder ein als Anlage beigefügtes Dokument mit einer qualifizierten elektronischen Signatur versehen sind.[196]

Eingegangen ist ein elektronisches Dokument gem. § 130a Abs. 5 S. 1 ZPO, wenn es auf der für den Empfang bestimmten Einrichtung des Gerichts gespeichert ist. Entsprechend der Rechtsprechung zur Einreichung papiergebundener Dokumente ist dies der Fall, wenn das Gericht die tatsächliche Verfügungsgewalt über das elektronische Dokument erlangt hat, ohne dass eine Kenntnisnahme, eine ausdrückliche Entgegennahme oder gar ein Ausdruck erforderlich ist.[197] Bei einer Zustellung per E-Mail ist dies mit **Eingang der E-Mail beim Mailserver des Gerichts**, derzeit in der Regel im Elektronischen Gerichts- und Verwaltungspostfach (EGVP)[198] der Fall, ohne dass es auf einen Abruf der E-Mail ankommt. Bei einem „Hochladen" (Upload) des elektronischen Dokuments auf einen Server des Gerichts (mittels HTTP/HTTPS oder FTP/FTPS) besteht die Verfügungsgewalt unmittelbar nach erfolgreicher **Beendigung des Uploads**.[199] Dem Absender ist der Zeitpunkt des Empfangs gemäß § 130a Abs. 5 S. 2 ZPO automatisiert vom Gericht zu bestätigen. Sollte das Gericht im Anschluss an die Einreichung des elektronischen Dokuments feststellen, dass dieses zur Bearbeitung nicht geeignet ist, hat das Gericht dies dem Absender unter Angabe der geltenden technischen Rahmenbedingungen (→ Rn. 86 f.) gem. § 130a Abs. 6 S. 1 ZPO mitzuteilen; wird das elektronische Dokument sodann unverzüglich in einer zur Bearbeitung geeigneten Form nachgereicht und die inhaltliche Übereinstimmung mit dem zuerst eingereichten Dokument glaubhaft gemacht, gilt das Dokument gemäß § 130a Abs. 6 S. 2 ZPO als zum Zeitpunkt der früheren Einreichung zugegangen.[200] § 130a Abs. 6 ZPO greift jedoch nicht bei Übermittlungsfehlern; hier kommt lediglich eine Wiedereinsetzung in den vorigen Stand in Betracht.[201]

2. Zustellung elektronischer Dokumente. Dem **in § 174 Abs. 1 ZPO benannten Personenkreis** – insbesondere Anwälte, Notare, Gerichtsvollzieher, Steuerberater und Behörden – sowie mit deren Zustimmung gem. § 174 Abs. 3 S. 2 ZPO auch anderen Verfahrensbeteiligten können Schriftstücke gem. § 174 Abs. 3 S. 1 ZPO als elektronisches Dokument (nicht Telekopie, → Rn. 86) zugestellt werden. Ist Zustellungsemp-

87

88

---

190 Zu Fehlern bei der Einreichung über das besondere elektronische Behördenpostfach (beBPo) OVG Thüringen 28.1.2020 – 3 ZKO 796/19.

191 BGH 21.12.2010 – VI ZB 28/10, Rn. 8, NJW 2011, 1294; ähnlich FG Neustadt 27.10.2010 – K2298/10.

192 Dazu BGH 23.6.2005 – V ZB 45/04, NJW 2005, 2709.

193 Ausführlich zu den Rechtsfragen *Schmieder/Ledy* NJW 2018, 1640.

194 Im Ergebnis ebenso *Ulrich/Schmieder* NJW 2019, 113 f.

195 OLG Braunschweig 8.4.2019 – 11 U 164/18, BeckRS 2019, 8430; bei Anwaltsgesellschaften, denen das Mandat ausschließlich erteilt wird (und nicht den ihr angehörenden Rechtsanwälten zumindest auch) verlangt dies nach einer qualifizierten elektronischen Signatur eines für die Anwaltsgesellschaft vertretungsberechtigten Rechtsanwalts.

196 FG Hamburg, Bescheid v. 22.1.2019 – 2 K 212/18, BeckRS 2019, 3990; *Ulrich/Schmieder* NJW 2019, 113 (116); zu beachten jedoch BGH 18.3.2015 – XII ZB 424/14, und 15.7.2008 – X ZB 8/08, wonach wegen der Vergleichbarkeit zum Telefax der Aus-

druck einer zuvor durch Einscannen erstellten Datei eines vom Rechtsanwalt eigenhändig unterzeichneten Schriftsatzes als schriftlich eingegangen iSv § 130 Nr. 6 ZPO gilt, wenn diese Übersendung zuvor mit dem Gericht abgestimmt worden ist.

197 *Bacher* NJW 2009, 1548 (1550); Die Übersendung eines elektronischen Dokuments auf einem Datenträger fällt nicht unter § 130a Abs. 3 ZPO, sondern ist nach den allgemeinen Zugangsregeln (→ Rn. 51) zu beurteilen, OLG Karlsruhe 22.2.2007 – 9 U 122/06, NJW-RR 2007, 1222.

198 Im Einzelnen s. http://www.egvp.de [31.5.2019]; dazu *Noack/Kremer*, Die qualifizierte elektronische Signatur: Bleibt sie ein Expertenwerkzeug im elektronischen Justizrechtsverkehr?, FS Spiegelberger, 1437, 1443.

199 Ebenso *Bacher* MDR 2002, 669 (670 f.).

200 *Viefhues* NJW 2005, 1009 (1011); *Degen* NJW 2008, 1473 (1474).

201 *Ulrich/Schmieder* NJW 2019, 113; zu den Sorgfaltspflichten des Rechtsanwalts bei einem fehlerhaften Versand über das beA ausführlich BAG 7.8.2019 – 5 AZB 16/19, Rn. 20 ff.

fänger eine juristische Person, hat die Zustellung an einen Geschäftsführer oder Vorstand zu erfolgen, etwa bei der Rechtsanwalts-GmbH oder AG.[202] Auch das Empfangsbekenntnis kann gem. § 174 Abs. 4 S. 2 ZPO als elektronisches Dokument erteilt werden.[203] Erfolgte die Zustellung als elektronisches Dokument, ist zwingend gemäß § 174 Abs. 4 S. 3 ZPO ein **elektronisches Empfangsbekenntnis (eEB)** unter Beachtung der Vorgaben aus § 174 Abs. 4 S. 4, S. 5 ZPO zu erteilen.[204] Das elektronische Empfangsbekenntnis hat den gleichen Beweiswert wie ein solches auf Papier.[205] Zustellungsmängel, etwa wegen technischer oder tatsächlicher Schwierigkeiten bei der Erteilung des elektronischen Empfangsbekenntnisses, können gem. § 189 ZPO geheilt werden.[206]

89   § 174 Abs. 3 S. 3 ZPO verlangt für die Zustellung eines elektronischen Dokuments nunmehr ausdrücklich die Nutzung eines sicheren Übermittlungsweges iSd § 130 a Abs. 4 ZPO (→ Rn. 88) unter Schutz gegen die unbefugte Kenntnisnahme Dritter. Allein die Übermittlung eines qualifiziert elektronisch signierten Dokuments reicht damit für die Zustellung gem. § 174 Abs. 3 S. 1, S. 2 ZPO nicht mehr aus. Deshalb sind die in § 174 Abs. 1 ZPO benannten Personenkreise gem. § 174 Abs. 3 S. 4 ZPO auch zur Eröffnung eines sicheren Übermittlungsweges verpflichtet. Der Schutz gegen die unbefugte Kenntnisnahme kann regelmäßig durch **Verschlüsselung** (etwa durch Verwendung von De-Mail, → Rn. 9, einer qualifizierten elektronischen Signatur, → Rn. 39, oder einer verschlüsselten Verbindung zum Gericht)[207] erreicht werden.

90   **3. Elektronischer Rechtsverkehr und Justizkommunikation.** Weitreichende Änderungen für den elektronischen Rechtsverkehr ergaben sich durch das zum 1.4.2005 in Kraft getretene „Gesetz über die Verwendung elektronischer Kommunikationsformen in der Justiz" (Justizkommunikationsgesetz – JKomG),[208] das den Zivilprozess und die Fachgerichtsbarkeiten für eine elektronische Aktenbearbeitung (**E-Justice**)[209] öffnete. Im Mittelpunkt standen die §§ 130 b, 298, 298 a, 299 Abs. 3 und 299 a ZPO.[210] Diese Regelungen wurden am 1.1.2018 durch das Gesetz zur Förderung des elektronischen Rechtsverkehrs mit den Gerichten (→ Rn. 5) zwecks Angleichung an die dann ebenfalls in Kraft tretenden Änderungen (→ Rn. 88 a, 91) reformiert und ua mit den §§ 130 c, 130 d, 371 b (→ Rn. 79 a) und 945 a ZPO erweitert.

91   § 130 b ZPO[211] ergänzt § 130 a ZPO (→ Rn. 86 ff.) und ermöglicht die Erstellung gerichtlicher elektronischer Dokumente, deren Wirksamkeit voraussetzt, dass die das Dokument verantwortenden Personen (insbes. Richter, Rechtspfleger, Urkundsbeamte der Geschäftsstelle) diesem ihren Namen und jeweils ihre qualifizierte elektronische Signatur (→ Rn. 19 ff.) hinzufügen. Weichen Name und Signaturschlüssel-Inhaber voneinander ab, ist das gerichtliche elektronische Dokument anders als bei der elektronischen Form (→ Rn. 64 ff.) unwirksam.[212] § 298 ZPO verpflichtet bei einer Aktenführung in Papierform die Gerichte zur Fertigung von Ausdrucken elektronischer Dokumente, sofern dies nicht ausnahmsweise unmöglich oder nur mit unverhältnismäßigem Aufwand möglich sein sollte.

92   § 298 a Abs. 1 S. 1 ZPO[213] gestattet den Gerichten nach Maßgabe einer zuvor nach § 298 a Abs. 1 S. 2, S. 3 ZPO zu erlassenden Rechtsverordnung die elektronische Führung der Prozessakten. Spätestens zum 1.1.2026 wird dann gemäß § 298 a Abs. 2 ZPO die elektronische Führung der Prozessakten für alle Gerichte verbindlich. Da es nach dem Willen des Gesetzgebers keine Hybridakten, sondern entweder Papierakten oder elektronische Akten geben soll,[214] sind umgekehrt zu § 298 ZPO auf Papier eingegangene Dokumente nach § 298 a Abs. 3 ZPO in elektronische Dokumente zu übertragen; insoweit besteht eine Übertragungspflicht, jedoch keine Aufbewahrungspflicht. Dabei ist für die Übertragung ein dem Stand der Technik entsprechendes Verfahren zu nutzen. Dies entspricht der Anordnung in § 371 b ZPO und wird damit meist auf eine Anwendung der TR-RESISCAN (→ Rn. 79 a) hinauslaufen.[215]

202   BGH 6.5.2019 – AnwZ (Brfg) 69/18.
203   Insgesamt krit. zu § 174 Abs. 3, 4 ZPO *Dreßel/Viefhues* K&R 2003, 434 (437); zum Verweis auf § 174 ZPO in § 195 ZPO *Häublein* MDR 2002, 563.
204   Dazu *Müller* JuS 2018, 1193 (1998 f.); *ders.*, NJW 2017, 2713 (2716 f.).
205   Auch zur Entkräftigung des Beweiswertes eines elektronischen Empfangsbekenntnisses OVG Saarland 21.2.2020 – 2 E 340/19.
206   Dazu OVG Lüneburg 28.5.2019 – 13 ME 136/19; VG Leipzig 13.5.2019 – 7 K 2184/16.A.
207   *Viefhues* NJW 2005, 1009 (1010).
208   BGBl. I 2005 S. 837.
209   Dazu *Dreßel/Viefhues* K&R 2003, 434; *Krüger* ZVI 2004, 162; *Viefhues/Hoffmann* MMR 2003, 71; *Viefhues/Volesky* K&R 2003, 59; ein Anspruch des Richters auf die Papierakte besteht nicht, vgl. BGH 21.10.2010 – RiZ(R) 5/09, Rn. 22, nv.

210   Gesamtüberblick bei *Viefhues* NJW 2005, 1009; *Fischer* DRiZ 2005, 90; zu Chancen und Risiken *Hähnchen* NJW 2005, 2257 (2258 ff.); zu ersten Praxiserfahrungen *Degen* NJW 2008, 1473 (1477 f.); zur Tätigkeit des Notars nach dem JKomG *Püls* NotBZ 2005, 305 (306).
211   Inhaltsgleiche Regelung in § 46 d ArbGG.
212   *Viefhues* NJW 2005, 1009 (1012); *Degen* NJW 2008, 1473 (1474).
213   Inhaltsgleiche Regelungen in § 46 e ArbGG, § 55 b VwGO, § 52 b FGO und § 65 b SGG.
214   *Viefhues* NJW 2005, 1009 (1010).
215   Zur Wirksamkeit von Transfervermerken für die Vervollständigung der elektronischen Akte durch vormals papiergebundene Akteninhalte BFH 3.4.2019 – III B 80/18.

Mit der elektronischen Prozessakte korrespondiert die Erweiterung des § 299 Abs. 3 S. 1 ZPO, wonach die **93** Akteneinsicht in diesem Fall regelmäßig durch Bereitstellung des Inhalts der Akten zum Abruf gewährt wird, wobei die in § 299 Abs. 4 ZPO genannten Dokumente (Entwürfe, vorbereitende Dokumente und Abstimmungsergebnisse) jedoch ausgenommen sind. Akteneinsicht, Aktenausdruck oder Übersendung eines Datenträgers werden nur noch auf Antrag und in Ausnahmefällen gemäß § 299 Abs. 3 S. 2 ff. ZPO gewährt.

Nach dem rechtskräftigen Abschluss eines Verfahrens tritt an die Stelle der §§ 298 a, 299 Abs. 3 ZPO nun **94** § 299 a ZPO, der die Überführung der Prozessakten in ein Datenträgerarchiv gestattet, gleich ob es sich um eine Mikroverfilmung oder elektronische Speichermedien handelt.[216] Etwaige Papierurkunden sind an die Verfahrensbeteiligten herauszugeben, im Übrigen können die Prozessakten nach der Überführung in das Datenträgerarchiv vernichtet werden. Ausfertigungen, Auszüge und Abschriften von den Prozessakten bzw. dort enthaltenen gerichtlichen Entscheidungen sind ab diesem Zeitpunkt für die in § 299 Abs. 1, Abs. 2 ZPO genannten Personen[217] aus dem Datenträgerarchiv zu fertigen.

§ 126 b Textform

[1]Ist durch Gesetz Textform vorgeschrieben, so muss eine lesbare Erklärung, in der die Person des Erklärenden genannt ist, auf einem dauerhaften Datenträger abgegeben werden. [2]Ein dauerhafter Datenträger ist jedes Medium, das

1. es dem Empfänger ermöglicht, eine auf dem Datenträger befindliche, an ihn persönlich gerichtete Erklärung so aufzubewahren oder zu speichern, dass sie ihm während eines für ihren Zweck angemessenen Zeitraums zugänglich ist, und

2. geeignet ist, die Erklärung unverändert wiederzugeben.

Literatur: *Baudenbacher/Haas*: Webseiten als dauerhafte Datenträger, GRUR Int. 2015, 519; *Bonke/Gellmann*, Die Widerrufsfrist bei eBay-Auktionen – Ein Beitrag zur Problematik der rechtzeitigen Belehrung des Verbrauchers in Textform, NJW 2006, 3169; *Janal*, Die Errichtung und der Zugang einer Erklärung in Textform gem. § 126 b BGB, MDR 2006, 368; *Kremer/Schmidt*, Übermittlung elektronischer Entgeltabrechnungen an Arbeitnehmer, CR 2014, 228; *Lammel*, Zur Textform im (Wohnraum-)Mietrecht, ZMR 2002, 333; *Mankowski*, Textform und Formerfordernisse im Miet- und Wohnungseigentumsrecht, ZMR 2002, 481; *Nies*, Schrift- oder Textform im Mietrecht, NZM 2001, 1071; *Noack*, Digitaler Rechtsverkehr: Elektronische Signatur, elektronische Form und Textform, DStR 2001, 1893; *Reiff*, Die Wahrung der Textform nach § 126 b BGB durch den Inhalt einer Webseite, ZJS 2012, 432; *Röger*, Gesetzliche Schriftform und Textform bei arbeitsrechtlichen Erklärungen, NJW 2004, 1764; *Thalmair*, Kunden-Online-Postfächer: Zugang von Willenserklärungen und Textform, NJW 2011, 14; *Wendehorst*, Das neue Gesetz zur Umsetzung der Verbraucherrechterichtlinie, NJW 2014, 577; *Zenker*, Textform im WWW, insbesondere bei eBay, JZ 2007, 816. (S.a. §§ 126, 126 a).

A. Allgemeines 1
  I. Bedeutung 1
  II. Anwendungsbereich 4
    1. Gesetzliche Bestimmung der Textform ... 4
    2. Bestimmung der Textform durch Auslegung 6
    3. Rechtsgeschäftliche Vereinbarung der Textform 7
B. Regelungsgehalt 8
  I. Erklärung 9
  II. Lesbarkeit der Erklärung 10
  III. Person des Erklärenden 12
  IV. Keine Kenntlichmachung des Abschlusses der Erklärung 14

V. Abgabe der Erklärung auf einem dauerhaften Datenträger 15
  1. Ermöglichung der Aufbewahrung oder Speicherbarkeit 16
  2. Zugänglichkeit während eines für den Erklärungszweck angemessenen Zeitraums 19
  3. Eignung zur unveränderten Wiedergabe .. 20
  4. Sonderfall: Internetseiten 21
  VI. Zugang der Erklärung 23
C. Rechtsfolgen 24
D. Prozessuales 25

A. Allgemeines

I. Bedeutung

Die Textform[1] ist ein ursprünglich durch das FormVAnpG (→ § 126 a Rn. 1) in das BGB aufgenommener **1** **neuer Formtyp der lesbaren, aber unterschriftslosen Erklärung**. Mit der Textform wurden die zuvor im

---

216 Musielak/*Huber* ZPO § 299 a Rn. 1; zu den Anforderungen an die Überführung von Papierdokumenten in elektronische Dokumente *Jandt/Wilke* K&R 2009, 96 (97 ff.).

217 MüKoZPO/*Prütting* § 299 a Rn. 10.
1 Den Begriff hält *Medicus* BGB AT Rn. 623 a für „unsinnig".

BGB und den Nebengesetzen verstreuten Formvorschriften, die zwar eine schriftliche Erklärung verlangten, aber auf eine eigenhändige Unterschrift verzichteten, in einem Formtyp zusammengeführt.[2] Dies betraf etwa die „einfache Schriftlichkeit" in § 361a Abs. 1 S. 2 aF und die „Erklärung auf einem dauerhaften Datenträger" in § 361a Abs. 1 S. 2, 3 aF (jeweils idF bis 31.12.2001) sowie die „mithilfe automatischer Einrichtungen erstellte Erklärung" in den früheren § 8 MHG, § 4 Abs. 1 S. 3 VerbKrG. Freilich wurden nicht alle vergleichbaren Formgebote auf die Textform umgestellt (→ § 126 Rn. 35). Die bei Umsetzung der eine Vollharmonisierung bezweckenden Richtlinie über die Rechte der Verbraucher[3] (VR-RL) erfolgte Neufassung des § 126b hat wieder zum „dauerhaften Datenträger" zurückgeführt (→ Rn. 15 ff.), ohne dass hiermit inhaltliche Änderungen bezweckt wurden;[4] siehe jedoch zum Verzicht auf den bislang erforderlichen Abschluss der Erklärung → Rn. 14.

2   Mit der Einführung einer solchen erleichterten Form ist der Gesetzgeber einerseits der Rechtswirklichkeit gefolgt, die insbesondere bei **Massenerklärungen** zum Verzicht auf die eigenhändige Unterzeichnung zwecks Vereinfachung des Rechtsverkehrs gedrängt,[5] gleichwohl aber ein Bedürfnis für den Nachweis bestimmter Erklärungen gesehen hat.[6] Andererseits hat der Gesetzgeber mit der Textform der **Erosion der Schriftform** durch Etablierung eines neuen Formtyps mit erheblich reduzierten Anforderungen im Allgemeinen Teil des BGB entgegengewirkt.[7] Dabei tritt die Textform neben Normen, die unterhalb der strengen Schriftform anstelle einer eigenhändigen Unterzeichnung eine vervielfältigte Unterschrift zur Formwahrung genügen lassen, so § 492 Abs. 1 S. 3; § 793 Abs. 2 S. 2; § 13 S. 1 AktG.

3   Die Textform erfüllt keine der klassischen Formfunktionen (→ § 125 Rn. 9 f., → § 126a Rn. 11 f.), sondern erschöpft sich in einer spezifischen **Informationsfunktion**.[8] Sie ist für Erklärungen vorgesehen, bei denen eine mündliche Äußerung zur Dokumentation und Information des Empfängers als nicht ausreichend erscheint, gleichzeitig aber den Erklärungen ihrem Zweck nach nur eine **geringe Warn- und Beweisfunktion** zukommt und deshalb eine eigenhändige Unterzeichnung entbehrlich ist, weil sie für den Erklärungsempfänger keinen funktionellen Mehrwert besitzt.[9] Sie findet Verwendung, wenn die mit der Erklärung in Textform verbundenen Rechtsfolgen nicht erheblich oder leicht rückgängig zu machen sind und bei denen kein Beteiligter oder Dritter ein ernsthaftes Interesse an einer Fälschung der Erklärung haben kann.[10] Die Textform steht als **einfachste gesetzliche Form** unterhalb der gesetzlichen Schriftform des § 126 und der elektronischen Form des § 126a (→ § 125 Rn. 3).

II. Anwendungsbereich

4   **1. Gesetzliche Bestimmung der Textform.** Im **BGB** hat die Textform mittlerweile ein breites Anwendungsfeld erhalten. Sie wird in §§ 309 Nr. 13 lit. b (dazu → § 125 Rn. 61), 312h, 356a Abs. 1, 479 Abs. 2, 482 Abs. 1 S. 1, 482a S. 1, 484 Abs. 2 S. 3, 486a Abs. 1 S. 3, 504a Abs. 1 S. 3, 510 Abs. 1 S. 3, 514 Abs. 2 S. 4, 555c Abs. 1 S. 1, 556a Abs. 2 S. 1, 556b Abs. 2 S. 1, 556c Abs. 2, 556g Abs. 4, 557b Abs. 3 S. 1, 558a Abs. 1,[11] 559b Abs. 1 S. 1,[12] 560 Abs. 1 S. 1, Abs. 4, 613a Abs. 5, 630c Abs. 3 S. 1, 630e Abs. 2 S. 1, 640 Abs. 2 S. 2, 650b Abs. 2 S. 1, 650i Abs. 2, 650r Abs. 1 S. 2, 655b Abs. 1 S. 3, 675 Abs. 3, 675a zugelassen.

5   Außerhalb des BGB findet die Textform unter anderem in §§ 90 Abs. 4 S. 2, Abs. 5 S. 2, 109 Abs. 3, 123 Abs. 4 S. 1, 134 Abs. 3 S. 3, 394 S. 3 **AktG**; § 26 Abs. 2 S. 4 **BDSG**; § 6a Abs. 2 S. 2 **BerHG**; §§ 4a Abs. 4, 20 Abs. 2 S. 1 **BetrAVG**; § 16 Abs. 3 S. 1 **BGG**; §§ 5 Abs. 3 S. 1, 8 Nr. 1, 9 Abs. 1 Nr. 1, 12 Abs. 2 S. 2 **BKleingG**; § 85 Abs. 3 **BNotO**; § 43e Abs. 3 S. 1, S. 2 **BRAO**; Art. 246 Abs. 3 S. 1, Art. 246a § 1 Abs. 2 S. 2, Art. 246b § 2 Abs. 3, Art. 247 § 1 Abs. 2 S. 1, S. 5, § 2 Abs. 1 S. 2, Abs. 3 S. 1, Art. 249 § 1, § 3 Abs. 1

---

2   BT-Drs. 14/4987, 18; Übersicht bei *Dörner* AcP 202 (2002), 363, 394 f.

3   ABl. 2011 L 304, S. 64, dazu *Wendehorst* NJW 2014, 577; *Möller* BB 2014, 1411.

4   BT-Drs. 17/12637, 44; kritisch *Wendehorst* NJW 2014, 577 f.

5   Vom „praktischen Bedürfnis für die Textform" spricht *Heinemann* ZNotP 2002, 414 (415).

6   OLG Karlsruhe 28.8.2014 – 2 U 2/14.

7   *Noack* DStR 2001, 1893 (1896); *Lückmann/Adams* K&R 2002, 8 (11); *Steinbeck* DStR 2003, 644 (649).

8   Zum Übereilungsschutz durch § 126b *Mankowski* ZMR 2002, 481 (483); zur Information als Formzweck Palandt/*Ellenberger* BGB § 125 Rn. 4; abweichend für eine primäre Dokumentationsfunktion MüKoBGB/*Einsele* § 126b Rn. 9.

9   BT-Drs. 14/4987, 19; MüKoBGB/*Einsele* § 126b Rn. 1; für eine grundsätzliche Schutz- und Warnfunktion des Textformerfordernisses, OLG Karlsruhe 28.8.2014 – 2 U 2/14.

10   BT-Drs. 14/4987, 18; Soergel/*Marly* BGB § 126b Rn. 2.

11   Schriftformklauseln im Mietvertrag für Vertragsänderungen gelten nicht für ein Mieterhöhungsverlangen nach § 558a Abs. 1 in Textform BGH 10.11.2010 – VIII ZR 300/09, NJW 2011, 295 (296).

12   Stellt ein Mieterhöhungsverlangen nach den §§ 557b Abs. 3 S. 1, 558a Abs. 1, 559b Abs. 1 S. 1 eine wesentliche Änderung eines Zeitmietvertrags dar, bedarf es wegen § 550 S. 1 ausnahmsweise der Schriftform, vgl. *Mankowski* ZMR 2002, 481 (486); *Nies* NZM 2001, 1071 (1072).

S. 1, Abs. 2, Art. 252 Abs. 1 S. 1 **EGBGB**; §§ 10 Abs. 2 S. 1, 13 Abs. 5 S. 1, S. 2, 15 Abs. 3 S. 1 **EntgTranspG**; §§ 17 S. 2, 27 Abs. 3 S. 2 **EuRAG**; § 5 Abs. 1 S. 1 **GBBerG**; § 108 Abs. 1 S. 1 **GewO**; §§ 47 Abs. 3, 48 Abs. 2 **GmbHG**; §§ 134 Abs. 1 S. 1, 169 Abs. 1 **GWB**; §§ 410 Abs. 1, 438 Abs. 4 S. 1, 439 Abs. 3 S. 2,[13] 455 Abs. 1 S. 2, 468 Abs. 1 S. 1 **HGB**; §§ 125 Abs. 3, 166 Abs. 6 S. 6, 270 Abs. 2 S. 1 Nr. 5, 302 Abs. 2 S. 1, Abs. 3, Abs. 5, 305 Abs. 1 S. 1, Abs. 8 S. 2 **KAGB**; § 23 a Abs. 1 S. 2, Abs. 2 **KWG**; §§ 6 Abs. 3 S. 1, Abs. 4 S. 1, 11 Abs. 3 S. 1, 14 Abs. 1 S. 1, 16 Abs. 3 S. 1 **MsbG**; § 6 Abs. 1 S. 1 **NutzEV**; § 39 c Abs. 3 S. 1, S. 2 **PAO**; § 26 Abs. 3 S. 1, Abs. 6 S. 1 **ProstSchG**; §§ 13 Abs. 3 S. 1, 15 Abs. 5 S. 2 **RDG**; § 3 a Abs. 1 S. 1 **RVG**; § 2 Abs. 3 S. 2, Abs. 4 S. 3 **SaRegG**; § 296 Abs. 1 S. 4 **SGB III**; § 28 a Abs. 5 **SGB IV**; § 36 Abs. 3 **SEAG**; § 62 a Abs. 3 S. 1, S. 2 **StBerG**; § 41 b Abs. 3 S. 3, 99 Abs. 1 S. 1, S. 3, S. 4 **TKG**; §§ 8 Abs. 2 S. 1, 9 S. 1 **TzBfG**; §§ 89 Abs. 2, 182 S. 1, 216, 230 Abs. 1, 256 Abs. 3, 260 Abs. 1 S. 1, 267 Abs. 1 S. 1 **UmwG**; §§ 10 Abs. 2, 11, 14 Abs. 3 S. 1, 16 Abs. 1, 19 Abs. 2, 21 Abs. 1 S. 1, 33 Abs. 2 S. 2, 34 Abs. 1 S. 2, 37 Abs. 2 **VSBG**; §§ 3 Abs. 1, 5 Abs. 1, Abs. 2 S. 1, 6 Abs. 3 S. 2, 7 Abs. 1 S. 1, 7 a Abs. 5 S. 1, 7 d S. 3, 8 Abs. 1 S. 2, Abs. 2 S. 1, Abs. 5 S. 1, 10 S. 2, 37 Abs. 2 S. 2, 38 Abs. 1 S. 1, 61 Abs. 2 S. 2, 120, 192 Abs. 8 S. 1, 193 Abs. 8 S. 1, 208 S. 2 **VVG**; § 24 Abs. 4 S. 1 **WEG**; §§ 48 Abs. 1, 49 Abs. 3 S. 1 **WpHG**; § 50 a Abs. 3 S. 1, S. 2 **WPO**; §§ 3 a Abs. 6 S. 1, 8 Abs. 1 S. 4 **WpPG**; § 14 Abs. 1 **ZAG**; §§ 9 Abs. 1, 13 Abs. 1 S. 1, 34 Abs. 3 S. 1, Abs. 4 S. 1, 43 Abs. 1 S. 1 **ZKG** und § 608 Abs. 4 **ZPO** Verwendung. Weitere Anwendungsfälle kommen bei Gesetzesnovellen laufend hinzu.

2. Bestimmung der Textform durch Auslegung. Die vorstehende Übersicht zeigt, dass die Textform in 6 den meisten Rechtsbereichen heimisch geworden ist. Doch auch dort, wo der Gesetzgeber bislang die „Umstellung" auf die Textform unterlassen hat, ist stets zu prüfen, ob der **Normzweck** der jeweiligen Formvorschrift eine **Erleichterung** gegenüber der gesetzlichen Schriftform **durch** die **Verwendung der Textform gebietet.**[14] Das ist regelmäßig der Fall, wenn die Gesetzesauslegung ergibt, dass die strenge Schriftform bzw. die elektronische Form wegen einer untergeordneten Bedeutung der Warn- und Beweisfunktion nicht erforderlich sind, wie bei den schriftlichen Erklärungen nach § 626 Abs. 2 S. 3;[15] § 15 Abs. 4 S. 1 **AGG**;[16] § 99 Abs. 3 S. 1 **BetrVG**[17] und § 20 Abs. 1 S. 1 **AktG**[18] sowie der Mitteilung der Betriebskostenabrechnung gemäß § 556 Abs. 3 S. 2.[19] Auch bei den meisten der durch Tarifvertrag begründeten Schriftformerfordernisse (→ § 125 Rn. 7), bei denen in der Praxis bereits auf das Erfordernis einer eigenhändigen Unterzeichnung verzichtet wird, ist die Verwendung der Textform ausreichend. Hier kommt der Schriftform im Wesentlichen eine **Ordnungsfunktion** zu, so dass zwar die Einhaltung der Textform notwendig, aber auch ausreichend ist; schließlich kam es aus diesem Grund zur Einführung der Textform (→ Rn. 3). Anders wird dies wegen der damit verbundenen Folgen für Arbeitgeber und Arbeitnehmer zu Recht für die schriftliche Ablehnung eines Teilzeitverlangens durch den Arbeitgeber gesehen; hier bleibt es bei der Schriftform des § 126 Abs. 1.[20] Zur Form vorbereitender und bestimmender Schriftsätze → § 126 a Rn. 86 ff.

3. Rechtsgeschäftliche Vereinbarung der Textform. Gem. § 127 Abs. 1 gilt § 126 b im Zweifel entsprechend bei der rechtsgeschäftlichen Vereinbarung der Textform (→ § 127 Rn. 15). Es besteht allerdings kein Anspruch auf eine dem § 126 entsprechende nachträgliche Beurkundung;[21] die vereinbarte Textform würde dann höheren Anforderungen genügen als die gesetzliche Textform.

B. Regelungsgehalt

Die Textform erfordert weder eine Verkörperung der Erklärung in einer Urkunde noch eine eigenhändige 8 Unterzeichnung (→ § 126 Rn. 19 ff.) oder eine fortgeschrittene oder qualifizierte elektronische Signatur iSd Art. 3 Nr. 11, 12 eIDAS-VO (→ § 126 a Rn. 19 ff.).[22] Sie ist nicht mehr als die **Fixierung einer lesbaren**

---

13 Die Ersetzung der früheren Schriftform durch die Textform noch abgelehnt von OLG München 23.7.2008 – 7 U 2446/08, MDR 2008, 1169 unter Berufung auf die Gesetzesmaterialien und den Zweck der Norm.

14 Zust. *Röger* NJW 2004, 1764 (1766); *Gotthardt/Beck* NZA 2002, 876 (878); aA *Heinemann* ZNotP 2002, 414 (423); *Steinbeck* DStR 2003, 644 (649); iE wie hier MüKoBGB/*Einsele* § 126 b Rn. 3 durch allgemeine Erwägungen zur Formwirksamkeit des Rechtsgeschäfts trotz Nichteinhaltung der gesetzlichen Form.

15 *Gotthardt/Beck* NZA 2002, 876 (880); *Röger* NJW 2004, 1764 (1767).

16 BAG 16.2.2012 – 8 AZR 697/10, Rn. 27, NZA 2012, 667 (669); 27.1.2011 – 8 AZR 580/09, Rn. 24, NZA 2011, 737 (738).

17 *Röger* NJW 2004, 1764 (1767); das BAG 11.6.2002 – 1 ABR 43/01, NJW 2003, 843 (844), kommt wegen der Nichtanwendung von § 126 Abs. 1 auf rechtsgeschäftsähnliche Handlungen zum selben Ergebnis (dazu § 126 Rn. 4); aA ArbG Bielefeld 15.1.2003 – 3 BV 78/02, NZA-RR 2004, 88 (89 f.).

18 Insoweit genügt nach hM ein Telefax; MüKoAktG/ *Bayer* § 20 Rn. 35; *Hüffer/Koch* AktG § 20 Rn. 8; s. a. § 3 Abs. 1 WpAIV für kapitalmarktrechtliche Anzeigen.

19 *Lützenkirchen* NZM 2018, 266 (267 f.).

20 BAG 27.6.2017 – 9 AZR 368/16, Rn. 33 ff. (BeckRS 2017, 123671).

21 *Heinemann* ZNotP 2002, 414 (426).

22 Ebenso OLG Düsseldorf 5.12.2018 – I-24 U 164/17, DAR 2019, 199.

Erklärung in Schriftzeichen[23] und kann damit **durch jede strengere Form ersetzt** werden (→ § 125 Rn. 3).[24] Ob sich dies für die Ersetzung durch die notarielle Beurkundung erst durch eine analoge Anwendung des § 126 Abs. 4 ergibt, ist angesichts des unstrittigen Ergebnisses bedeutungslos.[25]

I. Erklärung

9 Der notwendige Mindestinhalt der Erklärung bestimmt sich nach der im Einzelfall einzuhaltenden Formvorschrift. Die Angabe von Ort und Datum ist in der Regel nicht erforderlich.[26] Neben **Willenserklärungen** können auch **geschäftsähnliche Handlungen** in Textform vorgenommen werden (→ § 126 Rn. 4).

II. Lesbarkeit der Erklärung

10 Das Merkmal der „lesbaren Erklärung" ersetzt die frühere Formulierung der Abgabe in „Schriftzeichen", ohne eine inhaltliche Änderung zu bewirken (→ Rn. 1). Eine lesbare Erklärung setzt voraus, dass die Erklärung irgendwie in Schriftzeichen lesbar gemacht werden kann (weiter gehend § 239 Abs. 4 S. 2 HGB, der eine Verfügbarkeit der Erklärung während der Aufbewahrungsfrist verlangt).[27] Es ist **weder** eine **Speicherung** der Erklärung in Schriftzeichen[28] **noch** eine **unmittelbare Lesbarkeit** der Erklärung **erforderlich**. Ausreichend ist, wenn der Empfänger die Erklärung mittels eines Hilfsgerätes (beispielsweise Drucker, Bildschirm oder VR-Brille) wiedergeben[29] und damit den der Erklärung innewohnenden, durch Schriftzeichen dargestellten Sinn optisch wahrnehmen kann.[30] Sollte dies nicht mittels handelsüblicher Software möglich sein, fehlt es regelmäßig am Zugang der Erklärung (→ Rn. 23). Der Begriff des Schriftzeichens ist weit zu verstehen (→ § 126 Rn. 9)[31] und erfasst neben Buchstaben und Ziffern auch visuelle Zeichen (Graphiken, Zeichnungen, Icons), die für die Parteien des Rechtsverhältnisses einen Erklärungsgehalt besitzen.

11 Wegen des eindeutigen, auf Lesbarkeit abstellenden Wortlauts genügt anders als bei der elektronischen Form (→ § 126 a Rn. 50) die Nutzung **gesprochener und digitalisierter Mitteilungen** (Hinterlassen einer Erklärung auf einem Anrufbeantworter) nicht der Textform, auch wenn der Empfänger diese Erklärung möglicherweise durch geeignete Software in Schriftzeichen umwandeln könnte. Anders wiederum, wenn eine Erklärung zwar in Schriftzeichen dem Empfänger zugegangen ist, dieser die Erklärung aber nicht optisch wahrnimmt, sondern sich durch Nutzung entsprechender Software oder diesbezüglicher Dienstleistungen vorlesen oder sonst visualisieren lässt.[32]

III. Person des Erklärenden

12 Der Begriff des Erklärenden entspricht dem des Ausstellers (→ § 126 a Rn. 47).[33] Damit die Erklärung dem Erklärenden zugeordnet werden kann, muss dieser an **beliebiger Stelle** der Erklärung **namentlich genannt** werden, einer Unterschrift (→ § 126 Rn. 19 ff.) bedarf es nicht.[34] Die Nennung des bürgerlichen Namens des Erklärenden ist nicht zwingend erforderlich, ausreichend ist es, wenn aus der Erklärung im konkreten Fall aufgrund der zwischen den Parteien bestehenden Beziehungen die zweifelsfreie Identifikation des Erklärenden möglich ist (durch Vorname, Pseudonym, Spitzname).[35] Da die Vorschrift nicht die „Angabe", sondern die „Benennung" der Person des Erklärenden verlangt, ist es nicht ausreichend, wenn sich lediglich aus den Umständen (etwa der Verwendung eines Firmenlogos) eine Zuordnung ergibt.[36]

13 Ebenso wie bei der gesetzlichen Schriftform (→ § 126 Rn. 37) kann bei der durch einen Vertreter erteilten Erklärung statt des Vertreters auch der Vertretene benannt werden. Wird die Erklärung für eine juristische Person oder rechtsfähige Personenvereinigung abgegeben, ist die Benennung auch der handelnden natürli-

23 *Noack* DStR 2001, 1893 (1896).
24 BT-Drs. 14/4987, 20.
25 Dafür Palandt/*Ellenberger* BGB § 126 b Rn. 2; dagegen MüKoBGB/*Einsele* § 126 b Rn. 10.
26 BeckOK BGB/*Wendtland* § 126 b Rn. 5.
27 Soergel/*Marly* BGB § 126 b Rn. 4; *Lückmann/Adams* K&R 2002, 8 (9); ungenau Jauernig/*Jauernig* BGB § 126 b Rn. 2; MüKoBGB/*Einsele* § 126 b Rn. 4.
28 BeckOK BGB/*Wendtland* § 126 b Rn. 4; *Boente/Riehm* Jura 2001, 793 (795).
29 BT-Drs. 14/4987, 19.
30 BeckOK BGB/*Wendtland* § 126 b Rn. 3.
31 BT-Drs. 14/4987, 20.
32 BT-Drs. 14/4987, 20.

33 MüKoBGB/*Einsele* § 126 b Rn. 7; bei Erklärungen von Personenmehrheiten ist die Textform bereits bei Benennung eines Erklärenden gewahrt, während die Wirksamkeit der Erklärung von der Benennung aller Beteiligten abhängt, vgl. im Mietrecht *Lammel* ZMR 2002, 333 (334).
34 OLG Hamm 8.8.2006 – 19 U 2/06, NJW-RR 2007, 852; LG Berlin 11.8.2003 – 62 S 126/03, WuM 2003, 568: Nicht ausreichend ist unleserlicher Schriftzug des Erklärenden.
35 MüKoBGB/*Einsele* § 126 b Rn. 7; Soergel/*Marly* BGB § 126 b Rn. 5.
36 *Steinbeck* DStR 2003, 644 (650); aA *Dörner* AcP 202 (2002), 363, 394; *Heinemann* ZNotP 2002, 414 (423); ungenau *Mankowski* ZMR 2002, 481 (482).

chen Person neben der juristischen Person oder rechtsfähigen Personenvereinigung nicht erforderlich.[37] Auch wenn der Wortlaut des § 126 b („die Person des Erklärenden") ebenso wie bei den anderen gesetzlichen Formvorschriften an die natürliche Person des Erklärenden anknüpfen dürfte, ist es für die mit der Textform bezweckte Information und Klarstellung ausreichend, wenn in der Erklärung benannt ist, wer für den Inhalt letztlich rechtlich einzustehen hat.[38]

IV. Keine Kenntlichmachung des Abschlusses der Erklärung

Nach § 126 b aF musste der Abschluss der Erklärung durch Nachbildung der Namensunterschrift oder **14** anders erkennbar gemacht werden. Dieses Erfordernis ist in der Neufassung vollständig entfallen, obwohl inhaltliche Änderungen insoweit nicht bezweckt waren (→ Rn. 1). Durch den in den Materialien geäußerten Willen des Gesetzgebers kann jedoch der Wortlaut einer Norm nicht ausgehebelt werden, so dass die Kenntlichmachung des Abschlusses der Erklärung für die Einhaltung der Textform nicht mehr erforderlich ist.[39]

V. Abgabe der Erklärung auf einem dauerhaften Datenträger

Die Formulierung „auf einem dauerhaften Datenträger abgegeben" ersetzt in der Neufassung die bisherige **15** Formulierung „in einer Urkunde oder auf andere zur dauerhaften Wiedergabe (...) geeignete Weise abgegeben". Der Begriff „dauerhafter Datenträger" wird in verschiedenen europäischen Richtlinien verwendet (zB Art. 2 lit. f RL 2002/65/EG; Art. 2 Nr. 12 RL 2002/92/EG; Art. 5 Abs. 1 RL 1997/7/EG); der nationale Gesetzgeber wollte mit der Änderung bewusst eine terminologische Angleichung an das Gemeinschaftsrecht herbeiführen.[40] Dauerhafter Datenträger ist dabei nach dem Wortlaut in § 126 b S. 2 jedes Medium, das es dem Empfänger ermöglicht, eine auf dem Datenträger befindliche, an ihn persönlich gerichtete Erklärung so aufbewahren oder zu speichern, dass sie ihm während eines für ihren Zweck angemessenen Zeitraums zugänglich ist (§ 126 b S. 2 Nr. 1) und das Medium dabei geeignet ist, die Erklärung unverändert wiederzugeben (§ 126 b S. 2 Nr. 2).

1. Ermöglichung der Aufbewahrung oder Speicherbarkeit. Der frühere Wortlaut von § 126 b gab kei- **16** nen Aufschluss über die Partei des Rechtsverhältnisses, der die dauerhafte Wiedergabe der Erklärung möglich sein sollte. Durch die Neufassung ist nunmehr klargestellt, dass der dauerhafte Datenträger dem **Erklärungsempfänger** ermöglichen soll, die Erklärung aufzubewahren oder zu speichern. Ob der Empfänger von dieser Möglichkeit Gebrauch macht, ist ohne Bedeutung, entscheidend ist allein die Eignung des dauerhaften Datenträgers hierzu.[41] Ein bloßes **Zugänglichmachen** der Erklärung in einem vom Erklärenden exklusiv beherrschten Medium, das unter regulären Umständen keine Speicherung erlaubt (etwa im Videotext eines Fernsehsenders bei Kauf-Angeboten) ist zur dauerhaften Wiedergabe beim Empfänger ebenso **ungeeignet** wie die **Ablage in einem flüchtigen Speicher** (beispielsweise im Arbeitsspeicher eines Computers). Dann gelangt nur eine nicht den gesetzlichen Anforderungen der Textform entsprechende Erklärung in den Machtbereich des Empfängers, die wegen eines Formmangels gem. § 125 S. 1 nichtig ist.[42] Ausreichend sind demgegenüber „Nur-Lese-Dateien", solange diese in den Machtbereich des Erklärungsempfängers gelangt sind und dieser jederzeit die Möglichkeit hat, die Erklärung in Schriftzeichen (→ Rn. 8) sichtbar zu machen,[43] etwa bei lediglich zur Anzeige am Bildschirm geeigneten (nicht druckbaren) Dokumenten im PDF-Format.

Mit dem zur Aufbewahrung geeigneten Datenträger ist regelmäßig die Urkunde (dazu → § 126 Rn. 9 ff.) **17** aus der Vorfassung gemeint. Hierunter fallen alle **schriftlich abgefassten Erklärungen** auf Papier oder einem anderen Trägermedium (beispielsweise einem T-Shirt)[44] zur körperlich-visuellen Aufbewahrung, ungeachtet der Herstellungsart (Handschrift, Vordruck, Fotokopie), in beliebiger Sprache, also auch das (Papier-)Telefax, Telegramm oder Fernschreiben,[45] ebenso das gerichtliche Sitzungsprotokoll über eine in der mündlichen Verhandlung abgegebene Erklärung.[46]

37 BGH 1.7.2014 – VIII ZR 72/14; 7.7.2010 – VIII ZR 321/09, Rn. 16, NZM 2010, 734 (zur Erklärung mithilfe automatischer Einrichtungen); OLG Düsseldorf 5.12.2018 – I 24 U 164/17, DAR 2019, 199; aA LG Berlin 11.8.2003 – 62 S 126/03, WuM 2003, 568 (569); LG Hamburg 15.1.2004 – 333 S 82/03, NZM 2005, 255 f.

38 *Janal* MDR 2006, 368 (369 f.).

39 Überholt damit BGH 3.11.2011 – IX ZR 47/11, Rn. 19 ff., NJOZ 2012, 926 (927 f.); aA *Schrader/Mahler* ArbRAktuell 2016, 32.

40 BT- Drs. 17/12637, S. 44.

41 BT-Drs. 14/4987, 19; MüKoBGB/*Einsele* § 126 b Rn. 5; Palandt/*Ellenberger* BGB § 126 b Rn. 3.

42 Ungenau MüKoBGB/*Einsele* § 126 b Rn. 5, die den Zugang verneint, dabei aber nicht weiter auf das Erfordernis der Reproduzierbarkeit der Erklärung eingeht.

43 AA Staudinger/*Hertel* BGB § 126 b Rn. 28.

44 Zu eng Hk-BGB/*Dörner* § 126 b Rn. 4 („Papierdokument").

45 Soergel/*Marly* BGB § 126 b Rn. 4.

46 LG Krefeld 14.10.2010 – 3 O 49/10, VuR 2011, 20.

18 Der zur Speicherbarkeit geeignete Datenträger setzt einen geeigneten Erklärungsträger voraus. Als Träger der Erklärung kommen nach einer Speicherung der Erklärung in digitalen Binärdaten **alle elektronischen Speichermedien** (etwa Festplatte und andere Speichermedien, Telefax, Computerfax,[47] E-Mail, SMS oder Nachrichten in Chat-Anwendungen)[48] in Betracht.[49] Auch Cloud-Services sind grundsätzlich als Erklärungsträger geeignet.[50] Ungeeignet ist die Einbindung der Erklärung (im konkreten Fall die Kündigung eines Abonnements) in das Feld „Verwendungszweck" bei einer Online-Überweisung.[51] Ungeachtet der Frage, ob die Bank, welche die Erklärung über den Kontoauszug an den Empfänger übermittelt, zugleich Empfangs- und Erklärungsbote wäre, fehlt es dem Erklärungsträger „Online-Überweisung" bereits an einer unmittelbaren Möglichkeit zum Zugriff auf den Server der Bank als relevanten dauerhaften Datenträger, weil dem Empfänger der Zugang hierzu nicht möglich ist, sondern er sich auf die Angaben in dem aus der „Online-Überweisung" durch die Bank generierten Kontoauszug verlassen muss (dazu → Rn. 16).

19 **2. Zugänglichkeit während eines für den Erklärungszweck angemessenen Zeitraums.** Die Erklärung darf nicht nur vorübergehend, sondern muss für einen ihren Zweck angemessenen Zeitraum zugänglich sein. Eine starre Festlegung verbietet sich damit. Ausreichend ist, wenn die Erklärung für eine den **konkreten Umständen nach angemessene Zeit** durch den Empfänger zur Kenntnis genommen werden kann, in der Regel also bis zur vollständigen Abwicklung des betroffenen Rechtsgeschäfts.[52] Dabei ist der Zeitraum etwaiger Mängelhaftungs- oder Garantieansprüche oder die Laufzeit von Dauerschuldverhältnissen zu beachten.

20 **3. Eignung zur unveränderten Wiedergabe.** Die Eignung zur unveränderten Wiedergabe (§ 126 b S. 2 Nr. 2) ist mit Blick auf die Informationsfunktion der Textform (→ Rn. 3) gegeben, wenn die Erklärung nach ihrem Zugang (→ Rn. 23) vom Erklärenden nachträglich nicht mehr einseitig verändert werden kann, so dass dem Erklärungsempfänger das inhaltlich unveränderte (s. § 361 a Abs. 3 S. 1 idF bis 31.12.2001) Reproduzieren und ggf. Speichern der Erklärung mit verkehrsüblichen technischen Mitteln möglich ist.[53] Unerheblich sind spätere Änderungen durch den Erklärungsempfänger. Eine Verpflichtung des Erklärenden zum Schutz seiner Erklärung von Änderungen zB durch technische Maßnahmen besteht deshalb nicht.

21 **4. Sonderfall: Internetseiten.** Auch Internetseiten sind grundsätzlich ein geeigneter dauerhafter Datenträger.[54] Diese sind stets so gestaltet, dass sie dem Aufrufenden die einfache Möglichkeit zur unveränderten Wiedergabe bieten.[55] Nach der herrschenden, zwischenzeitlich durch EuGH[56] und BGH[57] bestätigten Auffassung soll allerdings ein vom Erklärenden in das Internet eingestellter Text, der nicht zusätzlich in einer anderen der Textform entsprechenden Weise dem Empfänger übermittelt wurde (etwa als E-Mail oder Fax), nur dann der Textform genügen, wenn es tatsächlich zu einem Download oder Ausdruck des in das Internet eingestellten Textes durch den Empfänger gekommen ist, also eine „Verkörperung" der Erklärung beim Erklärungsempfänger stattgefunden hat.[58] Diese Auffassung ist auch mit dem neugefassten Wortlaut des § 126 b nicht in Einklang zu bringen. § 126 b S. 2 Nr. 2 normiert ebenso wie die zugrunde liegende Definition des dauerhaften Datenträgers in Art. 2 Nr. 10 Verbraucherrechterichtlinie (→ Rn. 1) nur die Eignung bzw. Möglichkeit zur unveränderten Wiedergabe. Nicht gemeint ist damit eine **Unveränderbarkeit** der

---

47 Soergel/*Marly* BGB § 126 b Rn. 4.
48 BeckOK BGB/*Wendtland* § 126 b Rn. 8; *Kremer/ Schmidt* CR 2014, 228 (230), 229; *Funk/Zeifang* ITRB 2005, 121 (123); gegen E-Mail und SMS als Textform im Wohnraummietrecht *Lammel* ZMR 2002, 333 (335 f.).
49 Siehe exemplarisch Aufzählung in Erwägungsgrund 23 RL 2011/83/EU; MüKoBGB/*Einsele* § 126 b Rn. 6; Palandt/*Ellenberger* BGB § 126 b Rn. 3.
50 Ausführlich *Kremer/Schmidt* CR 2014, 228 (230).
51 AA AG München 3.8.2006 – 122 C 18573/06, NJW-RR 2007, 60.
52 *Boente/Riehm* Jura 2001, 793 (794); kritisch zu SMS *Janal* MDR 2006, 368 (372); noch weitreichender EFTA-Gerichtshof 27.1.2010 – E-4/09, Rn. 44, CR 2010, 262 (264).
53 BeckOK BGB/*Wendtland* § 126 b Rn. 9.
54 EFTA-Gerichtshof 27.1.2010 – E-4/09, Rn. 65, CR 2010, 262 (265); MüKoBGB/*Einsele* § 126 b Rn. 11; Soergel/*Marly* BGB § 126 b Rn. 4; *Heinemann* ZNotP 2002, 414 (423); *Steinbeck* DStR 2003, 644 (649); OLG München CR 2001, 401 zu § 361 a Abs. 3 aF; einschränkend Art. 2 Nr. 12

RL 2002/92/EG (nur wenn Anforderungen eines dauerhaften Datenträgers iÜ erfüllt sind); aA KG 17.7.2006 – 5 W 156/06, NJW 2006, 3215 (3216); OLG Hamburg 24.8.2006 – 3 U 103/06, NJW-RR 2007, 839 (840); dazu *Dietrich* CR 2007, 660; Palandt/*Ellenberger* BGB § 126 a Rn. 3; *Bonke/Gellmann* NJW 2006, 3169 (3170).
55 BT-Drs. 14/4987, 20; so auch *Reiff* ZJS 2012, 612 (646).
56 EuGH 5. 7. 2012 – C-49/11 Rn. 46 ff.
57 BGH 15.5.2014 – III ZR 368/13; 29.4.2010 – I ZR 66/08, Rn. 19 (Holzhocker), NJW 2010, 3566 (3567 f.); ebenso LG Berlin 24.5.2007 – MMR 2007, 734.
58 BGH 29.4.2010 – I ZR 66/08, Rn. 19 (Holzhocker), NJW 2010, 3566 (3567 f.); KG 17.7.2006 – 5 W 156/06, NJW 2006, 3215 (3216); OLG Hamburg 24.8.2006 – 3 U 103/06, NJW-RR 2007, 839 (840); *Cimiano/Herlitz* NZM 2016, 409 (411); *Wäßle* K&R 2010, 815 (816); *Hoffmann* NJW 2007, 2594 f.; *Bonke/Gellmann* NJW 2006, 3169 (3170); *Lammel* ZMR 2002, 333 (335) mwN aus der Zeit vor Inkrafttreten des § 126 b.

Erklärung.[59] Daher reicht es aus, wenn der Erklärende seine Erklärung so in das Internet eingestellt hat, dass der Empfänger ohne Weiteres die **Möglichkeit zur Speicherung** dieser Erklärung hat, etwa durch die im Browser integrierte Funktion zur Speicherung einer Internetseite auf dem Computer des Empfängers oder aber durch die Bereitstellung einer ausdrücklich zur Speicherung vorgesehenen Form der Erklärung auf der Internetseite (beispielsweise Angebot zum Download der Erklärung als PDF-Datei). Wenn dies unter Hinweis auf den Begriff des „dauerhaften Datenträgers" bei Fernabsatzgeschäften als nicht ausreichend erachtet wird,[60] wird verkannt, dass auch die Internetseite geeignet ist, eine „Information derart zu speichern, dass [der Erklärungsempfänger] sie in der Folge für eine für die Zwecke der Information angemessene Dauer einsehen kann, und das die unveränderte Wiedergabe der gespeicherten Informationen ermöglicht".[61] Denn mit der Bereitstellung der geschuldeten Informationen auf der Internetseite als dem dauerhaften Datenträger hat der Erklärende das ihm Zumutbare und Gebotene zur Erteilung der Erklärung unternommen.[62] § 126 S. 2 Nr. 1 verlangt gerade nicht die „Aushändigung" des dauerhaften Datenträgers; dies wäre ein auch von der EU ungewolltes, erhebliches Hemmnis für den elektronischen Geschäftsverkehr.

Ob der Empfänger die Erklärung dann tatsächlich herunterlädt, hat für die Einhaltung der Textform keine **22** Bedeutung.[63] Soweit ausnahmsweise durch technische Maßnahmen seitens des Erklärenden diese Möglichkeiten ausgeschlossen sein sollten, wurde die Erklärung nicht in Textform abgegeben und ist damit wegen eines Formmangels gem. § 125 S. 1 nichtig (→ Rn. 16). Dass der Erklärende die Internetseite nach Belieben gestalten und die Erklärung nachträglich verändern kann, spielt für die **Formwirksamkeit** der Erklärung keine Rolle.[64] Die Neuformulierung kann allenfalls Bedeutung gewinnen, wenn Streit um die zum **Zugangszeitpunkt** maßgebliche Fassung besteht. Dann muss derjenige, der sich auf die ihm günstige Formulierung der Erklärung beruft, beweisen, dass eine solche Erklärung bestand. Entsprechendes gilt für die Frage, ob überhaupt eine Erklärung in Textform vorgelegen hat: Hierfür ist im Zweifel der vom Erklärungsinhalt profitierende Erklärende darlegungs- und beweisbelastet (→ Rn. 24). Verlässt sich dieser auf die Übermittlung der in Textform geschuldeten Pflichtinformationen bei Fernabsatzgeschäften (§ 312 d Abs. 1, Abs. 2 iVm Art. 246a, 246 b EGBGB) über seine Internetseite, wird er den Zugang der Erklärung beim Empfänger ggf. nicht beweisen können mit der Folge, dass die geschuldeten Informationen als durch den Erklärenden nicht erteilt gelten und der Empfänger, so er denn Verbraucher (§ 13) ist, von einer verlängerten Widerrufsfrist (§ 356 Abs. 3) profitiert. Sinn und Zweck des § 126 b, nämlich die Informationsfunktion (→ Rn. 3), wird also auch bei Erstreckung der Textform auf Internetseiten (→ Rn. 21) erreicht. Dies gilt unabhängig davon, ob im Einzelfall die jeweilige Information vom Erklärenden an den Empfänger aktiv zu übermitteln oder nur passiv bereitzustellen ist.[65]

Aus den zuvor genannten Gründen ergibt sich zugleich, dass die Textform auch bei einer Übermittlung von Erklärungen gewahrt ist, die über ein Bildschirmformular, einen **Internetdialog** oder eine Chatfunktion in einer Kollaborationsanwendung (etwa Messenger, Groupware) eingegeben werden.[66] Hier werden die eingegebenen Daten in einer Datenbank gespeichert, aus der die Erklärung (etwa die Stimmrechtsvollmacht nach § 134 Abs. 3 S. 3 AktG) beim Erklärungsempfänger jederzeit abgerufen und dauerhaft in Schriftzeichen wiedergegeben werden kann. Der Kenntlichmachung des Abschlusses der Erklärung bedarf es seit der Neufassung von 126 b nicht mehr (→ Rn. 14).

59 *Borges*, Verträge im elektronischen Geschäftsverkehr. Vertragsabschluss, Beweis, Form, Lokalisierung, anwendbares Recht, 2003, S. 605; *Kremer/Schmidt* CR 2014, 228 (230).

60 Bezogen auf die Fernabsatzrichtlinie 97/7/EG OLG Naumburg 13.7.2007 – U 14/07, NJW-RR 2008, 776.

61 Grundsätzlich zustimmend EFTA-Gerichtshof 27.1.2010 – E-4/09, Rn. 31, 62 ff., CR 2010, 262 (264 f.); unter Bedingungen auch *Thalmair* NJW 2011, 14 (18 f.).

62 Ähnlich *Janal* MDR 2006, 368 (369), im Übrigen aber ablehnend auf S. 371; aA BGH 29.4.2010 – I ZR 66/08, Rn. 19 (Holzhocker), NJW 2010, 3566 (3567 f.); zustimmend für „fortgeschrittene Websites", bei denen sichergestellt ist, dass der Verbraucher die Internetseite „mit an Sicherheit grenzender Wahrscheinlichkeit ... speichern" wird, EFTA-Gerichtshof 27.1.2010 – E-4/09, Rn. 65, CR 2010,

262 (265); ebenso *Baudenbacher/Haas* GRUR Int. 2015, 519 (528); ähnlich für einen „persönlichen Bereich" auf der Internetseite, der dem rechtlichen und tatsächlichen Zugriff des Unternehmers entzogen ist, *Schirmbacher* BB 2010, 3111 (3114).

63 AA BGH 15.5.2014 – III ZR 368/13.

64 AA EFTA-Gerichtshof 27.1.2010 – E-4/09, Rn. 62, CR 2010, 262 (265); *Thalmair* NJW 2011, 14 (18 f.).

65 Zu dieser möglichen Differenzierung ausführlich *Baudenbacher/Hass* GRUR Int. 2015, 519 (520), 523; EuGH 5. 7. 2012 – C-49/11, Rn. 33 ff.

66 So die Gesetzesbegründung (BR-Drs. 847/08, 48 f.) zur Umstellung der Schriftform auf die Textform für die Stimmrechtsvollmacht in § 134 Abs. 3 S. 2 AktG zum 1.9.2009 durch das Gesetz zur Umsetzung der Aktionärsrechterichtlinie (ARUG) v. 30.7.2009, BGBl. I S. 2479; dazu *Götze* NZG 2010, 93 (94); *Noack* WM 2009, 2289.

VI. Zugang der Erklärung

23   Zwar wird durch den Wortlaut der Vorschrift nur bestimmt, dass die Erklärung auf einem dauerhaften Datenträger abgegeben werden muss. Das ändert aber nichts daran, dass auch bei der Übermittlung in Textform die allgemeinen Anforderungen für den Zugang einer Willenserklärung gemäß § 130 erfüllt sein müssen.[67] Eine Erklärung in Textform ist durch elektronische Übermittlung nur zugegangen, wenn der Empfänger durch Mitteilung einer elektronischen Empfangsvorrichtung an den Absender (etwa Bekanntgabe der Fax-Nummer oder E-Mail-Adresse) oder in sonstiger Weise zu erkennen gegeben hat, dass er mit einer elektronischen Übermittlung einer rechtserheblichen Erklärung einverstanden ist.[68] Dies gilt auch bei der Nutzung von Online-Portalen: allein die Nutzung eines solchen Portals spricht ohne entsprechende Leistungsabrede oder vertragliche Vereinbarung mit dem Anbieter nicht für einen auf den rechtserheblichen Zugang von Erklärungen gerichteten Willen des jeweiligen Nutzers.[69] Am Zugang fehlt es, wenn die elektronisch übermittelte Erklärung nicht mit üblichen und zumutbaren Mitteln (**handelsübliche Software**) in Schriftzeichen lesbar gemacht werden kann (beispielsweise in den **Standardformaten** „HTML", „PDF" oder „DOC/DOCX"); dann fehlt es dem Empfänger an der zumutbaren Möglichkeit zur Kenntnisnahme der in seinen Machtbereich gelangten Erklärung,[70] → § 126 a Rn. 57 f. Vgl. zum Zugang einer elektronisch abgegebenen Willenserklärung → § 130 Rn. 13, 33, 42, 57 f.

C. Rechtsfolgen

24   Wenn die vorgenannten Voraussetzungen gewahrt wurden, ist die der Textform unterliegende Erklärung formwirksam abgegeben worden; anderenfalls ist das Rechtsgeschäft gem. § 125 S. 1 formnichtig.[71] Zur Überwindung der Formnichtigkeit genügt es nicht, wenn die Erteilung der formbedürftigen Erklärung sich lediglich aus solchen Umständen ergibt, die nicht in Textform dokumentiert sind;[72] zu § 242, → § 125 Rn. 53. Sieht das Gesetz wie in § 479 Abs. 2 die Textform nur fakultativ vor, berührt die Nichteinhaltung der Textform die Wirksamkeit ausnahmsweise nicht, vgl. § 479 Abs. 3.

D. Prozessuales

25   Bereits aus dem Normzweck der Textform (→ Rn. 3) ergibt sich der **geringe Beweiswert** einer Erklärung in Textform.[73] Eine dem § 371 a Abs. 1 ZPO (→ § 126 a Rn. 80 ff.) entsprechende Vorschrift fehlt, so dass die Erklärungen der **freien richterlichen Beweiswürdigung** gem. § 286 Abs. 1 ZPO unterliegen.[74] Dies gilt sowohl für die formgerechte Erteilung, den Inhalt als auch für den Zugang der Erklärung in Textform.

26   **Beweisbelastet** ist die Partei, die aus der Einhaltung der Textform Rechte ableiten will,[75] in der Regel der Erklärende. Die beweisbelastete Partei muss nicht nur die Abgabe der Erklärung, sondern auch deren Zugang in Textform (→ Rn. 23) beweisen.[76] Dies dürfte auf einer Internetseite (→ Rn. 21 f.) allenfalls durch Registrierungsmechanismen oder Bestätigungsanforderungen möglich sein. Andernfalls wird ebenso wie bei E-Mails der Zugang im Bestreitensfall kaum nachweisbar sein.[77] Soll die Bestätigung mittels Anklicken eines Kontrollkastens erfolgen, kann diese als AGB einzuordnen sein und wäre dann wegen der mit ihr bezweckten Beweiswirkung gem. § 309 Nr. 12 lit. b unwirksam.[78]

27   Als (Papier-)Urkunde vorliegende Erklärungen in Textform unterfallen auch ohne eigenhändige Unterzeichnung den Regelungen über den Urkundsbeweis,[79] ohne allerdings von der Beweiskraft einer Privaturkunde nach § 416 ZPO oder der Echtheitsvermutung aus § 440 Abs. 2 ZPO zu profitieren. Für die übrigen Erklä-

---

67   Erman/*Arnold* BGB § 126 b Rn. 9.
68   MüKoBGB/ Palandt/*Ellenberger* § 126 b Rn. 3; Staudinger/*Hertel* BGB § 126 b Rn. 33; *Thalmair* NJW 2011, 14 (15); anders MüKoBGB/*Einsele* § 126 b Rn. 12, wonach bei fehlendem Einverständnis die Textform nicht gewahrt sei.
69   Ähnlich *Cimiano/Herlitz* NZM 2016, 409 (411).
70   *Noack/Beurskens*, Abgabe und Zugang der Willenserklärung im Wandel der Zeit GS Wolf, 2011, S. 687, 711; *Mankowski* NJW 2004, 1901 (1902); BeckOK BGB/*Wendtland* § 126 b Rn. 3, 4; *Noack* DStR 2001, 1893 (1897); *Janal* MDR 2006, 368 (370 ff.).
71   AA für geschäftsähnliche Handlungen *Janal* MDR 2006, 368 (373).
72   BGH 21.2.2017 – XI ZR 381/16, Rn. 16 f., NJW-RR 2017, 886.

73   BeckOK BGB/*Wendtland* § 126 b Rn. 14; MüKo-BGB/*Einsele* § 126 b Rn. 9.
74   Soergel/*Marly* BGB § 126 b Rn. 7; *Boente/Riehm* Jura 2001, 793 (795); für den Zugang einer E-Mail in Textform fordert *Mankowski* (NJW 2004, 1901 (1903), 1906) bei der Verwendung von Eingangs- und Lesebestätigungen die Anerkennung eines Anscheinsbeweises.
75   Palandt/*Ellenberger* BGB § 126 b Rn. 6; Staudinger/ *Hertel* BGB § 126 b Rn. 40.
76   MüKoBGB/*Einsele* § 126 b Rn. 13.
77   OLG Nürnberg 20.4.2006 – 5 U 456/06 (verlorene E-Mail), NJW 2006, 2195.
78   BGH 15.5.2014 – III ZR 368/13, NJW 2014, 2857 (2859).
79   Zöller/*Greger/Geimer* ZPO Vor § 415 Rn. 2.

rungen gelten die Regeln über den Beweis durch Augenschein.[80] Bei einem elektronischen Dokument (zB E-Mail) wird der Beweis durch Vorlegung oder Übermittlung der Datei angetreten (§ 371 Abs. 1 S. 2 ZPO), dazu → § 126 a Rn. 84 f.

§ 127 Vereinbarte Form

(1) Die Vorschriften des § 126, des § 126 a oder des § 126 b gelten im Zweifel auch für die durch Rechtsgeschäft bestimmte Form.

(2) [1]Zur Wahrung der durch Rechtsgeschäft bestimmten schriftlichen Form genügt, soweit nicht ein anderer Wille anzunehmen ist, die telekommunikative Übermittlung und bei einem Vertrag der Briefwechsel. [2]Wird eine solche Form gewählt, so kann nachträglich eine dem § 126 entsprechende Beurkundung verlangt werden.

(3) [1]Zur Wahrung der durch Rechtsgeschäft bestimmten elektronischen Form genügt, soweit nicht ein anderer Wille anzunehmen ist, auch eine andere als die in § 126 a bestimmte elektronische Signatur und bei einem Vertrag der Austausch von Angebots- und Annahmeerklärung, die jeweils mit einer elektronischen Signatur versehen sind. [2]Wird eine solche Form gewählt, so kann nachträglich eine dem § 126 a entsprechende elektronische Signierung oder, wenn diese einer der Parteien nicht möglich ist, eine dem § 126 entsprechende Beurkundung verlangt werden.

Literatur: *Bloching/Ortolf*, Ist die Schriftformklausel ergänzungsbedürftig?, BB 2011, 2571; *Borges*, Verträge im elektronischen Geschäftsverkehr: Vertragsabschluß, Beweis, Form, Lokalisierung, anwendbares Recht, 2003; *Böhm*, Das Abgehen von rechtsgeschäftlichen Formgeboten, AcP 1979, 425; *Grziwotz*, Vereinsversammlung – Einberufung durch E-Mail trotz satzungsmäßiger Anordnung der Schriftform; MDR 2012, 741; *Schäfer*, „Schriftliche" Einladung zur Mitgliederversammlung eines eingetragenen Vereins auch per E-Mail?, NJW 2012, 891; *Scheffer*, Vereinsrecht: Fallstricke bei der Einberufung und Durchführung von Mitgliederversammlungen, DStR 2011, 2053; *Weber*, „Schriftlich zu bestätigen", „schriftlich zu erklären": Die Verwendung von Schriftformklauseln für einseitige Erklärungen in notariell beurkundeten Verträgen, notar 2016, 172. (S.a. §§ 125, 126, 126 a).

A. Allgemeines	1	1.	Telekommunikative Übermittlung	
B. Regelungsgehalt	5		(Abs. 2 S. 1)	16
I. Durch Rechtsgeschäft bestimmte Form		2.	Nachträgliches Verlangen der Formvollendung (Abs. 2 S. 2)	21
(Abs. 1)	5	III.	Erleichterung bei gewillkürter elektronischer	
1. Bestimmung	5		Form (Abs. 3)	22
2. Ausgestaltung	8	1.	Signatur	22
3. Formarten	12	2.	Modus	23
a) Vereinbarte Schriftform	12	3.	Nachträgliches Verlangen der Formvollendung (Abs. 3 S. 2)	24
b) Vereinbarte elektronische Form	14	IV.	Vereinbarung der Textform	25
c) Vereinbarte Textform	15	C.	Prozessuales	26
II. Erleichterungen bei gewillkürter Schriftform (Abs. 2)	16			

A. Allgemeines

Die Bestimmung wurde zum 1.8.2001 durch das Gesetz zur Anpassung der Formvorschriften des Privatrechts und anderer Vorschriften an den modernen Rechtsgeschäftsverkehr vom 13.7.2001[1] **neu gefasst**. Gegenüber dem früheren § 127 ist die Vorschrift in drei Absätze unterteilt worden. **1**

Die Beteiligten eines Rechtsgeschäfts können für ihre Beziehung vereinbaren (→ Rn. 5), dass bestimmte, von ihnen näher umrissene Formen einzuhalten sind. Die Parteien sind hierbei **nicht** auf den gesetzlichen **Formenkanon** festgelegt, sondern können auch andere, von der Rechtsordnung nicht geregelte Förmlichkeiten verabreden. Es liegt ganz in der Hand der Parteien, welche Formen sie untereinander zur Geltung bringen und mit welchen Rechtsfolgen diese Formerfordernisse ausgestattet sein sollen (dazu → § 125 Rn. 54 ff.). Dabei steht es ihnen grundsätzlich frei, eine strengere als die gesetzliche Form zu vereinbaren (zu den Grenzen in AGB → § 125 Rn. 59 ff.), nicht jedoch umgekehrt eine gesetzlich angeordnete Form abzubedingen oder zu beschränken. **2**

Die Norm gibt eine **Auslegungsregel** für die rechtsgeschäftlich vereinbarte Schrift-, Text- oder elektronische Form. Nur „im Zweifel" sollen die Vorgaben der gesetzlichen Formvorschriften gelten (Abs. 1). Vorbehaltlich eines anderen Willens der Parteien sind bei vereinbarter Schriftform (Abs. 2) und vereinbarter elektronischer Form (Abs. 3) einige Erleichterungen anzunehmen. **3**

---

80 Soergel/*Marly* BGB § 126 b Rn. 7.
1 FormVAnpG (BGBl. I 2001 S. 1542), dazu insgesamt *Roßnagel* NJW 2001, 1817 (1818).

4 Die **Bedeutung** des Formzwangs ergibt sich aus der – ggf. auszulegenden – Vereinbarung. Die Form kann nur **deklaratorische Funktion** im Sinne einer Beweissicherung haben; dann ist die formwidrige Erklärung gültig (→ § 125 Rn. 55). Ist die Form hingegen als Gültigkeitsvoraussetzung gewollt (**konstitutive Bedeutung**), so ist die formwidrige Erklärung im Zweifel nichtig, § 125 S. 2 (→ § 125 Rn. 56). Zur Verbindung konstitutiver und deklaratorischer Elemente → § 125 Rn. 57; zur (formlosen; str.) Aufhebung des Formzwangs → § 125 Rn. 22, 64 ff.

B. Regelungsgehalt

I. Durch Rechtsgeschäft bestimmte Form (Abs. 1)

5 **1. Bestimmung.** Das Gesetz spricht von einer „durch Rechtsgeschäft bestimmten Form". Das ist im Normalfall die (grundsätzlich formlos mögliche) **Übereinkunft der Parteien**, ihre künftigen Rechtsbeziehungen auf dem entsprechenden Gebiet einem Formerfordernis zu unterstellen. Ein entsprechender Wille der Parteien kann sich auch aus schlüssigem Verhalten ergeben, etwa wenn die Parteien gemeinsam einen umfangreichen Vertragsentwurf fertigen oder über den von einer Partei gestellten mehrseitigen Vertragsentwurf verhandeln.[2] Ebenso kann in **Allgemeinen Geschäftsbedingungen** für vertragsbezogene Erklärungen und Vertragsänderungen eine Schriftformklausel enthalten sein; allerdings ist sie für „Anzeigen und Erklärungen" in Verbraucherverträgen (nach dem 30.9.2016), gem. § 309 Nr. 13 a BGB nur noch in notariell beurkundeten Verträgen wirksam[3] (→ § 125 Rn. 59 ff.).

6 Besteht ein **Handelsbrauch** (§ 346 HGB), wonach ein Vertrag erst mit Austausch übereinstimmender Bestätigungsschreiben zustande kommt, ist zwar von einem gewillkürten Formerfordernis auszugehen. Freilich können die Parteien (auch stillschweigend) übereinkommen, dass bereits eine formlose Vereinbarung wirksam sei.[4]

7 Das Formerfordernis braucht nicht stets vereinbart zu sein, sondern kann in Ausnahmefällen auch **einseitig** aufgestellt („bestimmt") werden.[5] So liegt es etwa, wenn der Antragende erklärt, dass er nur durch eine schriftliche oder elektronische Annahme gebunden sein wolle. Dasselbe gilt, wenn der Vollmachtgeber die Vollmacht auf einen schriftlichen Geschäftsabschluss beschränkt.[6] Zur Bestimmung durch AGB → § 125 Rn. 59 ff.

8 **2. Ausgestaltung.** Wenn Schriftform, elektronische Form oder Textform vereinbart wurde, dann ist es den Parteien überlassen, ob sie statt der gesetzlichen Voraussetzungen **strengere oder schwächere Kriterien** für die Wahrung der verabredeten Grundform vorsehen. Haben die Parteien die Anforderungen an die Form eines an sich formlos gültigen Rechtsgeschäfts nicht selbst bestimmt und verläuft die Auslegung auch unter Berücksichtigung der Verkehrssitte ergebnislos, greift die Regelung des Abs. 1 ein, wonach die gesetzlichen Vorgaben der §§ 126, 126 a, 126 b gelten.

9 Auch wenn keine Erleichterung der Schriftform ausdrücklich vereinbart wurde, hat die Rechtsprechung solches vor dem Hintergrund der damit verfolgten Zwecke angenommen. Sofern das Schriftformerfordernis lediglich einem **Dokumentations- und Klarstellungsinteresse** dient, soll zugunsten von automatisch eingefügten Unterschriften, Faksimilestempeln usw auf die eigenhändige Unterschrift verzichtet werden.[7] Selbst die bloße Namensnennung des Erklärenden ohne jede Unterschrift hat der Rechtsprechung genügt.[8] Diese Linie lässt sich nach Einführung der zwischenzeitlich auch in Verträgen etablierten Textform (§ 126 b), die derlei Erleichterungen als Wesensmerkmal in sich birgt, nicht länger aufrechterhalten. Die

---

2   OLG Düsseldorf 15.6.2009 – 24 U 210/08, BeckRS 2009, 27563; OLG Koblenz 4.11.1993 – 5 U 651/93, MDR 1994, 1110; vgl. auch OLG Dresden 22.2.2017 – 5 U 961/16, NZM 2017, 442 (443) zur Auslegung des Erfordernisses des eingeschriebenen Briefes als gewillkürte Schriftform.

3   MüKoBGB/*Wurmnest* § 309 Nr. 13 Rn. 7; Palandt/ *Grüneberg* BGB § 309 Rn. 112.

4   BGH 24.10.2006 – X ZR 124/03, WM 2007, 303 (305); 18.3.1964 – VIII ZR 281/62, NJW 1964, 1269 (1270).

5   AA wohl Erman/*Arnold* BGB § 127 Rn. 2, der dem Antragenden eines Vertragsangebots jedoch die Befugnis einräumt, die Form der Annahme zu

bestimmen; aA wohl auch MüKoBGB/*Einsele* § 127 Rn. 3.

6   *Flume* BGB AT, Bd. 2, § 15 II 2 a; aA offenbar MüKoBGB/*Einsele* § 127 Rn. 3.

7   BGH 27.4.2016 – VIII ZR 46/15, NJW 2016, 3713 (3715); BGH 19.12.2018 – VIII ZR 336/18, BeckRS 2018, 35152; OLG Frankfurt 16.3.2015 – 4 U 265/14, NJW-Spezial 2016, 174; OLG Hamburg 6.5.2013 – 2 W 35/13, BeckRS 2013, 8576; bereits RG 27.2.1923 – VII 124/22, RGZ 106, 330, 331 f.; 25.6.1929 – VII 653/28, RGZ 125, 68, 72 f.; Staudinger/*Hertel* (2017) BGB § 127 Rn. 45.

8   BGH 21.2.1996 – IV ZR 297/94, NJW-RR 1996, 641 (642); OLG Dresden 22.2.2017 – 5 U 961/16, NZM 2017, 442 (443 f.).

Wahl der Parteien zwischen Schrift- und Textform muss wieder ernst genommen werden.[9] Dies beachtet die jüngere Rechtsprechung. Haben die Parteien bereits bewusst zwischen Schriftform und E-Mail für verschiedene Erklärungen differenziert, wird deutlich, dass die Parteien Schriftform und E-Mail nicht gleichsetzen wollen.[10] Das gilt ebenso, wenn die Parteien eine doppelte Schriftformklausel (→ § 125 Rn. 59, 64 ff.) vereinbart und nach Vertragsschluss bereits Zusatzvereinbarungen in gesetzlicher Schriftform geschlossen haben; nachfolgende Änderungen in Textform sind dann formunwirksam.[11] Das Kammergericht Berlin stellt daher in einer jüngeren Entscheidung zu Recht heraus, dass es einen allgemeinen Auslegungsgrundsatz, wonach bei der gewillkürten Schriftform auf eine eigenhändige Unterschrift verzichtet werden könne, nicht gibt.[12]

Ob die gewillkürte Form als Gültigkeitserfordernis ausgestaltet ist oder ihr lediglich deklaratorische Bedeutung zukommt, ist per Auslegung festzustellen (→ § 125 Rn. 54 ff.).[13] Ausgehend von **Sinn und Zweck** der in dem Gesellschaftsvertrag einer Personengesellschaft enthaltenen Schriftformklausel hat der BGH bereits die Protokollierung des Änderungsbeschlusses statt der Unterzeichnung durch sämtliche Gesellschafter genügen lassen.[14] Gleichwohl findet auch eine solche erleichternde Auslegung eines vereinbarten Formerfordernisses ihre **Grenze im Willen der Vertragsparteien**.[15] So reicht die Protokollierung eines Gesellschafterbeschlusses bei bestehender Schriftformklausel nicht aus, soweit es um die Erhöhung der gesellschaftsvertraglichen Verpflichtungen eines Gesellschafters geht.[16] Dies gilt ebenso, wenn für die Beschlussfassung im Gesellschaftsvertrag notarielle Beurkundung (§ 128) vorgesehen ist, da dies in der Regel als Gültigkeitserfordernis gewollt ist.[17] **10**

Bei einem **Prozessvergleich**, der unter dem Vorbehalt des Widerrufs steht, welcher durch Schriftsatz an das Gericht zu erfolgen hat, gilt hinsichtlich der Form der Widerrufserklärung die Anforderung an bestimmende Schriftsätze (§ 129 ZPO, → § 126 Rn. 6).[18] **11**

3. Formarten. a) Vereinbarte Schriftform. Die rechtsgeschäftlich vereinbarte schriftliche Form kann grds. auch durch die **elektronische Form** (§§ 126 Abs. 3, 126 a) **ersetzt** werden. Die Auslegungsregel des Abs. 1 verweist einschränkungslos auf § 126 (und damit auch auf dessen Abs. 3).[19] Da Voraussetzung für die Ersetzung das Einverständnis der Parteien mit der Nutzung der elektronischen Form ist (→ § 126 Rn. 56 ff.), kann die elektronische Form keiner Partei aufgedrängt werden. **12**

Eine Erklärung mittels Textform (§ 126 b), die bei gesetzlicher Anordnung der Schriftform grundsätzlich nicht möglich ist, kann bei der vereinbarten Schriftform im Konsens der Parteien ebenfalls wirksam erfolgen. Dies bedarf jedoch einer entsprechenden Einigung der Parteien, wonach für die gewillkürte Schriftform auch die Textform genügt (→ Rn. 9). **13**

b) Vereinbarte elektronische Form. Die vereinbarte elektronische Form kann **nicht** durch die Schriftform ersetzt werden.[20] Diese Ersetzung wird in der Regel dem Parteiwillen widersprechen, Zeit und Kosten durch eine elektronische Dokumentenbearbeitung zu sparen. Die mit einem Schriftstück verbundene Zusatzarbeit bedeutet einen Medienbruch, dessen Vermeidung die Verabredung elektronischer Kommunikation gerade zum Ziel hat. Zur **nachträglichen** Beurkundung in Schriftform → Rn. 24. **14**

c) Vereinbarte Textform. Von der vereinbarten Textform kann grundsätzlich auf die Schriftform übergegangen werden, denn die Vermeidung eines Medienbruchs steht hier nicht im Vordergrund. Die Textform ist vorbehaltlich anderer Abreden der Parteien nicht auf ein Trägermedium festgelegt (→ § 126 b Rn. 17). Bei einem „Upgrade" auf die vereinbarte elektronische Form (→ Rn. 22 ff.) wird man ein Einverständnis unter- **15**

9 In diese Richtung auch KG Berlin 9.7.2018 – 8 W 31/18, BeckRS 2018, 21688; anders Staudinger/*Hertel* (2017) BGB § 127 Rn. 44 c, der hinsichtlich des Unterschriftserfordernisses nach der Übermittlungsart der Erklärung differenziert; aA auch OLG Hamm 24.9.2015 – I-27 W 104/15, ZIP 2015, 2273 f., wonach das Schriftformerfordernis in einer Vereinssatzung für die Einladung der Mitglieder per E-Mail (= Textform) gewahrt ist.

10 OLG Hamm 29.4.2011 – I-12 U 144/10, BeckRS 2012, 20075.

11 OLG München 23.10.2013 – 7 U 321/13, GWR 2013, 490 (mit Anm. *Eckhoff*).

12 KG Berlin 9.7.2018 – 8 W 31/18, BeckRS 2018, 21688.

13 *Gores/Podann* MDR 2018, 1032 (1033); Zur Schriftformvereinbarung in einem Gesellschaftsvertrag:

Baumbach/Hopt/*Roth* HGB § 119 Rn. 28; EBJS/*Freitag* HGB § 119 Rn. 60.

14 BGH 24.11.1975 – II ZR 89/74, BGHZ 66, 82; vgl. auch Baumbach/Hopt/*Roth* HGB § 119 Rn. 28.

15 Baumbach/Hopt/*Roth* HGB § 119 Rn. 28.

16 BGH 24.11.1975 – II ZR 89/74, BGHZ 66, 82.

17 Baumbach/Hopt/*Roth* HGB § 119 Rn. 28; EBJS/*Freitag* HGB § 119 Rn. 61.

18 BAG 31.5.1989 – 2 AZR 548/88, NJW 1989, 3035 (3036); LAG Düsseldorf 17.1.1990 – 4 Sa 1227/89, BB 1990, 562 (Ls.).

19 Im Zweifel für einen Ausschluss der Ersetzungsbefugnis *Steinbeck* DStR 2003, 644 (647); für einen grundsätzlichen Ausschluss der Ersetzungsbefugnis BeckOK BGB/*Wendtland* § 127 Rn. 8.

20 *Steinbeck* DStR 2003, 644 (647 f.); aA *Borges*, S. 657; *Heinemann* ZNotP 2002, 414 (426).

stellen dürfen, da mit Vereinbarung der Textform der Weg für eine elektronische Kommunikation frei ist; anders aber, wenn die Parteien sich auf eine „urkundliche" Textform verständigt haben.[21]

II. Erleichterungen bei gewillkürter Schriftform (Abs. 2)

16 **1. Telekommunikative Übermittlung (Abs. 2 S. 1).** Die im früheren S. 2 enthaltenen Worte „telegraphische Übermittlung" wurden 2001 durch „**telekommunikative Übermittlung**" ersetzt. Diese Formulierung öffnet den Anwendungsbereich für alle Übermittlungskanäle der Telekommunikation; zum Begriff der Telekommunikation mittels einer Telekommunikationsanlage vgl. § 3 Nr. 22 und 23 TKG. Als Übermittlungsarten kommen in erster Linie E-Mail[22] und Fax[23] in Betracht, ferner Telegramm und Fernschreiben. Die in einer Vereinssatzung festgelegte Schriftform zur Einberufung einer Mitgliederversammlung kann demzufolge auch per E-Mail ohne Unterschrift an die Vereinsmitglieder erfolgen.[24] § 58 Nr. 4 knüpft lediglich an den Sollinhalt der Vereinssatzung an, nicht hingegen an eine bestimmte Form. Eine in der Satzung angeordnete Schriftform ist deshalb ein gewillkürtes Schriftformerfordernis.[25] Zu weitreichend ist es demgegenüber, in einer im „Verwendungszweck" einer Online-Überweisung erklärten Kündigung eine Übermittlung in Textform zu sehen, die der gewillkürten Schriftform des § 127 Abs. 2 S. 1 entspricht (→ § 126 b Rn. 18).

17 Die **Norm ist unklar** gefasst und darum ist der Anwendungsbereich umstritten. Wörtlich genommen modifiziert S. 1 aE für den wichtigen Bereich des Vertrages nur den § 126 Abs. 2, indem – vorbehaltlich der Feststellung eines anderen Willens – auf das Erfordernis einer gemeinsamen Urkunde verzichtet wird und insoweit der „Briefwechsel"[26] genügt. Unverändert bliebe hiernach allerdings das Erfordernis eigenhändiger Namensunterschrift nach § 126 Abs. 1. Damit könnte bei rechtsgeschäftlich vereinbarter Schriftform für Vertragsschlüsse und Vertragsänderungen kein telekommunikativer Akt eingesetzt werden, denn ein auf diese Weise übermitteltes Dokument kann nicht eigenhändig unterschrieben sein. Instanzgerichtliche Entscheidungen gehen in die Richtung. Nur die Übermittlung dürfe auf telekommunikativem Wege erfolgen, die Erklärung selbst sei aber weiter der Schriftform bedürftig. Demzufolge könnte per E-Mail nur eine eingescannte eigenhändig unterschriebene Erklärung übermittelt werden, die E-Mail selbst würde nicht der Form genügen.[27] Eine Übermittlung des unterschriebenen Originals ist für die Wahrung des gewillkürten Schriftformerfordernisses jedenfalls nicht erforderlich.[28]

18 Eine solche **Marginalisierung des Anwendungsbereichs** ist allerdings nicht veranlasst. Sinn und Zweck sowie das vom Gesetzgeber mit der Vorschrift Gewollte ist die formwirksame telekommunikative Übermittlung auch bei einem Vertrag, vorbehaltlich eines anderen Willens der Parteien (→ Rn. 9). Alles andere würde heutigen Standards und der gelebten Praxis zuwider laufen;[29] niemand druckt im Geschäftsverkehr einen Vertrag aus und unterzeichnet diesen eigenhändig, um ihn sodann zu digitalisieren und zu versenden. Der letzte Hs. ist nach diesem Verständnis eine zu den telekommunikativen Übermittlungen hinzutretende **Erweiterung**, nicht aber eine exklusive Festlegung auf den dort genannten Modus des klassischen Brief-

21   AA *Steinbeck* DStR 2003, 644 (650).
22   BT-Drs. 14/4987, S. 20; BAG 16.12.2009 – 5 AZR 888/08, NZA 2010, 401 (404); OLG Zweibrücken 4.3.2013 – 3 W 149/12, ZStV 2013, 229; LG München 20.8.2015 – 22 O 17570/14, ZMR 2015, 930 (932); OLG Hamm 4.10.2016 – 21 U 142/15, BeckRS 2016, 119491.
23   BT-Drs. 14/4987, S. 20; BGH 22.4.1996 – II ZR 65/95, NJW-RR 1996, 866 (867); OLG Düsseldorf 27.10.2009 – 24 U 38/09, MDR 2010, 616; OLG Frankfurt 21.1.1999 – 4 U 61/98, NJW-RR 1999, 955; AG Hamburg 22.9.2017 – 12 C 92/16, BeckRS 2017, 129583.
24   OLG Hamburg 6.5.2013 – 2 W 35/13, RPfleger 2013, 457; OLG Zweibrücken 4.3.2013 – 3 W 149/12, FGPrax 2013, 223 (224); *Grziwotz* MDR 2012, 741 (742); *Schäfer* NJW 2012, 891; *Scheffer* DStR 2011, 2053.
25   BGH 22.4.1996 – II ZR 65/95, NJW-RR 1996, 866; OLG Hamburg 6.5.2013 – 2 W 35/13, RPfleger

2013, 457; ebenso OLG Frankfurt aM 25.9.2018 – 5 U 130/18, NZG 2019, 22 (29) für die in der Satzung einer Stiftung angeordnete Schriftform.
26   Das ist auch der Austausch von Bestätigungsschreiben BGH 20.9.1961 – VIII ZR 99/60, WM 1961, 1359 (1361).
27   LG Köln 7.1.2010 – 8 O 120/09, BeckRS 2010, 00846, im Anschluss an AG Wedding 26.2.2009 – 21 a C 221/08, MMR 2009, 436 (Ls.); *Weber* notar 2016, 172 f. für einseitige Erklärungen; unklar Spindler/Schuster/*Spindler* BGB § 127 Rn. 3; *Bloching/Ortolf* BB 2011, 2571 (2572).
28   OLG Frankfurt 8.6.2017 – 7 U 8/15, juris Rn. 97; Staudinger/*Hertel* (2017) BGB § 127 Rn. 44.
29   BT-Drs. 14/4987, S. 20; OLG München 26.1.2012 – 23 U 3798/11, GWR 2012, 110 = *Kremer/Sander,* jurisPR-ITR 19/2012 Anm. 4; AG Bremerhaven 21.1.2014 – 51 C 0233/13, BeckRS 2014, 3320.

wechsels. Der Austausch von E-Mails, Faxen und Telegrammen[30] reicht also aus.[31] Möglich ist auch eine Kombination von Briefen und den übrigen Übermittlungsgestaltungen.

Damit ergibt sich, dass **im Zweifel die eigenhändige Unterschrift entbehrlich** ist; vielmehr genügt es, wenn der Name des Erklärenden aus dem Dokument mit hinreichender Deutlichkeit hervorgeht.[32] Briefe müssen nur dann unterschrieben sein, wenn nach den Umständen zweifelhaft ist, ob es sich bei der brieflichen Erklärung lediglich um einen Entwurf oder bereits um eine Willenserklärung handelt.[33]   **19**

Nach Sinn und Zweck der Vorschrift wird auf die Unterschrift, nicht aber auf das Vorliegen einer **textlich verkörperbaren Erklärung** verzichtet. Gegenstand des Transports mittels Telekommunikation sind alphanumerische Zeichen. Die Übermittlung im Wege der Sprache ist ausgeschlossen.[34] Telefonische Erklärungen und Voice-Mail genügen nicht zur Erfüllung der vereinbarten Schriftform. Im Ergebnis ist kein Unterschied zur Textform gegeben (→ § 126 b Rn. 11).[35]   **20**

2. Nachträgliches Verlangen der Formvollendung (Abs. 2 S. 2). Wird dies von einer Partei verlangt, so ist die in der gewillkürten Schriftform abgegebene Erklärung nachträglich in der gesetzlichen Schriftform nach § 126 Abs. 1 zu errichten. Das nachträgliche Verlangen nach Formvollendung hat keine Auswirkungen auf die Wirksamkeit des Rechtsgeschäfts, die sich allein nach den Erfordernissen der gewillkürten Schriftform richtet.[36] Die nachträgliche Formvollendung dient lediglich Beweiszwecken.[37] Der durch Abs. 2 S. 2 gewährte Anspruch auf nachträgliche Formvollendung verjährt in der regelmäßigen Verjährungsfrist (§§ 195, 199 Abs. 1).   **21**

III. Erleichterung bei gewillkürter elektronischer Form (Abs. 3)

1. Signatur. Wenn die Parteien nichts anderes vereinbart haben, ist es zur Wahrung der gewillkürten elektronischen Form ausreichend, wenn das **elektronische Dokument** mit irgendeiner elektronischen Signatur versehen ist. Nicht erforderlich ist, dass es sich um eine einfache elektronische Signatur iSd Art. 3 Nr. 10 eIDAS-VO oder um eine fortgeschrittene elektronische Signatur iSd Art. 3 Nr. 11 eIDAS-VO i.V.m. Art. 26 eIDAS-VO handelt[38] (zu den Begriffen → § 126 a Rn. 16 ff.). Ggf. ist sogar der **völlige Verzicht auf eine Signatur** zur Wahrung der gewillkürten elektronischen Form ausreichend. Denn diese darf keinen höheren Anforderungen als die gewillkürte Schriftform nach Abs. 2 unterliegen,[39] dort ist der Verzicht auf eine eigenhändige Unterschrift im Zweifel zulässig (→ Rn. 19). Äquivalent der eigenhändigen Unterschrift ist bei der elektronischen Form aber die Signatur (→ § 126 a Rn. 3, 11 f.), auf die demnach im Zweifel ebenfalls verzichtet werden kann, solange der Name des Ausstellers aus der Erklärung anderweitig hervorgeht.[40] Die Einhaltung der gesetzlichen Textform des § 126 b mittels einer elektronischen Erklärung genügt unter diesen Voraussetzungen vorbehaltlich eines abweichenden Parteiwillens (→ Rn. 9) zur Wahrung der gewillkürten elektronischen Form.[41]   **22**

2. Modus. Abweichend von § 126 a Abs. 2 (→ § 126 a Rn. 53) ist bei der gewillkürten elektronischen Form die Formwahrung auch durch den **Austausch** elektronisch signierter Angebots- und Annahmeerklärungen zwischen den Parteien (mittels Telekommunikation, → Rn. 16, oder Datenträgern)[42] möglich. Damit können auch mittels einer E-Mail-Korrespondenz Verträge geschlossen werden.   **23**

---

30 Für Telegramme und Fernschreiben ganz hM RGRK/ *Krüger-Nieland* BGB § 127 Rn. 7; Staudinger/*Hertel* (2017) BGB § 127 Rn. 28; Soergel/*Hefermehl* BGB § 127 Rn. 6; *Medicus/Petersen* BGB AT Rn. 638.

31 BAG 16.12.2009 – 5 AZR 888/08, NZA 2010, 401 (403); OLG München 26.1.2012 – 23 U 3798/11, GWR 2012, 110 = *Kremer/Sander,* jurisPR-ITR 19/2012 Anm. 4; AG Bremerhaven 21.1.2014 – 51 C 0233/13, BeckRS 2014, 3320; *Wagner/Mann* BB 2014, 2842; diff. Staudinger/*Hertel* (2017) BGB § 127 Rn. 44 c, der eine eigenhändige Unterschrift auf dem Originaldokument verlangt, wenn das Dokument üblicherweise mit einer Unterschrift versehen wird; aA OLG München 23.10.2014 – 7 U 321/13, MMR 2014, 109.

32 BGH 21.2.1996 – IV ZR 297/94, NJW-RR 1996, 641 (642); 24.11.1998 – XI ZR 327/97, NJW-RR 1999, 697; anders für eine an die gesetzliche Schriftform aus § 550 S. 1 anknüpfende Schriftformklausel in einem Mietvertrag OLG Koblenz 8.11.2004 – 12 U 244/03, NJOZ 2005, 2919 (2923).

33 MüKoBGB/*Einsele* § 127 Rn. 11; strenger noch RG 5.2.1923 – VI 310/22, RGZ 106, 268, 269; aA LG Essen 13.11.2007 – 1 O 270/06, NJOZ 2008, 591 (592); Staudinger/*Hertel* (2017) BGB § 127 Rn. 44 c.

34 BT-Drs. 14/4987, 21; der vom Bundesrat geforderten Klarstellung (BT-Drs. 14/4987, 35 f.) bedarf es nicht.

35 BAG 16.12.2009 – 5 AZR 888/08, NZA 2010, 401 (404).

36 MüKoBGB/*Einsele* § 127 Rn. 15.

37 BeckOK BGB/*Wendtland* § 127 Rn. 8; Palandt/*Ellenberger* BGB § 127 Rn. 4.

38 MüKoBGB/*Einsele* BGB § 127 Rn. 13.

39 BT-Drs. 14/4987, 21; BeckOK BGB/*Wendtland* § 127 Rn. 5.

40 MüKoBGB/*Einsele* BGB § 127 Rn. 13; Palandt/*Ellenberger* BGB § 127 Rn. 5; Soergel/*Marly* BGB § 127 Rn. 12.

41 AA *Heinemann* ZNotP 2002, 414 (425); Staudinger/ *Hertel* (2017) BGB § 127 Rn. 78, der mindestens eine einfache elektronische Signatur mit einer der eigenhändigen Unterschrift gleichwertigen Abschluss- und Deckungsfunktion fordert.

42 Soergel/*Marly* BGB § 127 Rn. 13.

24   **3. Nachträgliches Verlangen der Formvollendung (Abs. 3 S. 2).** Wird dies von einer Partei verlangt, so ist die in der vereinbarten elektronischen Form abgegebene Erklärung nachträglich mit einer qualifizierten elektronischen Signatur zu versehen oder, sofern dies der erklärenden Partei nicht ohne unzumutbaren Aufwand möglich sein sollte, eine **Urkunde** iSd § 126 Abs. 1 zu errichten. Das nachträgliche Verlangen nach Formvollendung hat keine Auswirkungen auf die Wirksamkeit des Rechtsgeschäfts, die sich allein nach den Erfordernissen der vereinbarten elektronischen Form richtet.[43] Die nachträgliche Formvollendung dient lediglich Beweiszwecken.[44] Zur Verjährung des Anspruchs → Rn. 21.

IV. Vereinbarung der Textform

25   Zur rechtsgeschäftlichen Vereinbarung der Textform → § 126 b Rn. 7. Erleichterungen für die rechtsgeschäftliche Vereinbarung der Textform sieht § 127 nicht vor, da es sich bei der Textform ohnehin um die einfachste Form handelt. Würde man hier eine weitere Vereinfachung zulassen, wäre die **Grenze zur Formfreiheit** überschritten.[45]

C. Prozessuales

26   Behauptet eine Partei die Vereinbarung einer bestimmten Form für ein Rechtsgeschäft, das auch formlos geschlossen werden kann, ist diese Partei für das Formerfordernis als für sie günstige Tatsache **beweispflichtig**.[46] Soweit die Parteien unstreitig Schrift-, Text- oder elektronische Form durch Rechtsgeschäft bestimmt haben, eine Partei aber die Vereinbarung eines von den Regeln des § 127 abweichenden Inhalts der Formabrede behauptet, ist diese Partei dafür darlegungs- und beweispflichtig.[47] Wenn eine andere als eine der typischen Formen vereinbart wurde (→ Rn. 2), liegt die Beweislast für die Ausgestaltung bei demjenigen, der sich darauf beruft.[48] Zur Beweislast ergänzend → § 125 Rn. 77.

§ 127 a Gerichtlicher Vergleich

Die notarielle Beurkundung wird bei einem gerichtlichen Vergleich durch die Aufnahme der Erklärungen in ein nach den Vorschriften der Zivilprozessordnung errichtetes Protokoll ersetzt.

Literatur: *Cordes*, Erfüllt der Beschlussvergleich das Formerfordernis der notariellen Beurkundung?, MDR 2016, 64; *Deckenbrock/Dötsch*, Gerichtlicher Vergleich – Unanwendbarkeit des § 127 a BGB im Verfahren nach § 278 Abs. 6 ZPO?, MDR 2006, 1325; *Knauer/Wolf,* Zivilprozessuale und strafprozessuale Änderungen durch das Erste Justizmodernisierungsgesetz – Teil 1: Änderungen der ZPO, NJW 2004, 2857; *Rupietta*, Die Erklärung der Auflassung in einem gerichtlichen Vergleich, ZfIR 2017, 381; *Schnelle*, Befristung durch gerichtlichen Vergleich: Welche Mitwirkung des Gerichts ist erforderlich?, NZA 2018, 1445; *Trappe*, Die Erklärung der Auflassung nach § 278 Abs. 6 ZPO – Ein Plädoyer für die Vereinfachung der Auflassung durch schriftlichen Vergleich, ZfIR 2018, 302; *Zempel*, Gerichtliche Protokollierung an Stelle notarieller Beurkundung – Möglichkeiten und Grenzen, NJW 2015, 2859; *Zimmer*, Der Beschlussvergleich als Ersatz für die notarielle Beurkundung?, NJW 2013, 3280.

A. Allgemeines	1	2. Gericht ... 8
I. Normzweck und Inhalt	1	3. Verfahren ... 9
II. Anwendungsbereich	2	4. Gegenstand ... 13
B. Regelungsgehalt	7	5. Protokollierung ... 14
I. Prozessvergleich	7	6. Prüfungs- und Belehrungspflichten ... 15
1. Allgemeines	7	II. Rechtsfolgen ... 16

A. Allgemeines

I. Normzweck und Inhalt

1   Für **Beurkundungen** sind in Deutschland grundsätzlich nur die **Notare** zuständig (§§ 1 Abs. 1, 63 Abs. 4 BeurkG, für das Ausland beachte §§ 10 ff. KonsularG). § 127 a trägt dem früher bereits gewohnheitsrecht-

---

43   MüKoBGB/*Einsele* § 127 Rn. 15; Soergel/*Marly* BGB § 127 Rn. 14.

44   BeckOK BGB/*Wendtland* § 127 Rn. 9; Palandt/*Ellenberger* BGB § 127 Rn. 6.

45   BT-Drs. 14/4987, 21; BeckOK BGB/*Wendtland* § 127 Rn. 7.

46   Palandt/*Ellenberger* BGB § 127 Rn. 7; MüKoBGB/*Einsele* § 127 Rn. 16; Soergel/*Marly* BGB § 127 Rn. 15; aA Soergel/*Hefermehl* BGB § 127 Rn. 10.

47   MüKoBGB/*Einsele* § 127 Rn. 16; Palandt/*Ellenberger* BGB § 127 Rn. 7.

48   ErfK/*Preis* BGB §§ 125–127 Rn. 48; Soergel/*Marly* BGB § 127 Rn. 15.

lich anerkannten Grundsatz Rechnung, nach dem die Protokollierung in einem **Prozessvergleich** die Beurkundung des entsprechenden Geschäfts ersetzt.[1] Die Norm erkennt die Gleichwertigkeit des ordnungsgemäßen gerichtlichen Vergleichs mit der notariellen Beurkundung an.[2]

II. Anwendungsbereich

Der Anwendungsbereich des § 127 a erstreckt sich auf alle Erklärungen, für die kraft Gesetzes oder kraft **2** rechtsgeschäftlicher Vereinbarung die **notarielle Beurkundung** (§ 128) vorgesehen ist. Da die notarielle Beurkundung die **Schriftform** (§ 126 Abs. 4) und die **öffentliche Beglaubigung** (§ 129 Abs. 2) ersetzt, sind auch diese Formen durch den gerichtlichen Vergleich gewahrt.[3] Auch **Auflassungserklärungen** können nach § 925 Abs. 1 S. 3 in einen gerichtlichen Vergleich aufgenommen werden. Dies gilt jedoch nicht für den Beschlussvergleich nach § 278 Abs. 6 ZPO. Dieser ersetzt zwar auch die notarielle Beurkundung (→ Rn. 8), jedoch steht der Aufnahme der Auflassungserklärungen in einen Beschlussvergleich die materiellrechtliche Wirksamkeitsvoraussetzung des § 925 Abs. 1 S. 1 BGB entgegen, wonach die Auflassung bei gleichzeitiger Anwesenheit der Beteiligten erklärt werden muss.[4]

Sind für den Erklärungsempfang bestimmte Stellen ausschließlich zuständig – insbesondere der Standesbeamte für die Eheschließung nach § 1310 Abs. 1 – kann das entsprechende Rechtsgeschäft allerdings schon deshalb nicht Gegenstand eines Prozessvergleichs sein.[5]

Eine Sonderregelung gilt für formpflichtige Willenserklärungen, die in einem **Insolvenzplan** getroffen wer- **3** den. Der Insolvenzplan bedarf der Bestätigung durch das Insolvenzgericht (§ 248 Abs. 1 InsO). Nach § 254 a Abs. 1 InsO gelten die in den Plan aufgenommenen Willenserklärungen der Beteiligten, die sich auf Rechtsänderungen an Gegenständen (§ 228 InsO) oder GmbH-Geschäftsanteilen beziehen, als in der vorgeschriebenen Form abgegeben, ebenso nach § 254 a Abs. 2 InsO die in den Plan aufgenommenen Beschlüsse der Anteilsinhaber oder sonstigen Willenserklärungen der Parteien betreffend die Anteils- oder Mitgliedschaftsrechte der am Schuldner beteiligten Personen (§ 225 a InsO) und nach § 254 a Abs. 3 InsO die den vorgenannten Maßnahmen zugrunde liegenden und in den Insolvenzplan aufgenommenen Verpflichtungserklärungen.

Für die vergleichsweise Beendigung eines schiedsgerichtlichen Verfahrens gilt eine § 127 a entsprechende **4** Regelung, soweit die an sich notariell zu beurkundenden Parteierklärungen durch die Aufnahme in einen **Schiedsspruch mit vereinbartem Wortlaut** ersetzt werden (§ 1053 Abs. 3 ZPO).

Auch die Errichtung bzw. der Widerruf eines **Testaments** können in einen gerichtlichen Vergleich aufge- **5** nommen werden,[6] was zuweilen bezweifelt wird.[7] Anerkannt ist, dass ein Testament durch einen **Erbvertrag**, der als Prozessvergleich geschlossen wurde, widerrufen werden kann.[8] Bedenkt man, dass sowohl das Testament (§ 2064) als auch der Erbvertrag (§ 2274) eine persönliche Errichtung bzw. einen persönlichen Abschluss voraussetzen, ist eine solche Unterscheidung zwischen Erbvertrag und Testament nicht tragfähig.[9] Nicht überzeugend ist der Einwand, dass die Errichtung und der Widerruf eines Testaments wegen der Regelung des § 2302 BGB nicht Bestandteil eines Vergleichs sein können.[10] § 2302 BGB erfasst als Ausprägung des Schutzes der Testierfreiheit nur den erbrechtlichen Verpflichtungsvertrag,[11] nicht jedoch die

1 BGH 5.10.1954 – V BLw 25/54, BGHZ 14, 381, 386 f.; 28.6.1961 – V ZR 29/60, BGHZ 35, 309, 310; BayObLG 5.6.1997 – 2Z BR 19/97, NJW-RR 1997, 1511 (1512); MüKoBGB/*Einsele* § 127 a Rn. 1; Palandt/*Ellenberger* BGB § 127 a Rn. 1; BeckOK BGB/*Wendtland* § 127 a Rn. 1; RGRK/*Krüger-Nieland* BGB § 127 a Rn. 1; Staudinger/*Hertel* (2017) BGB § 127 a Rn. 1.

2 Erman/*Arnold* BGB § 127 a Rn. 1; MüKoBGB/*Einsele* § 127 a Rn. 1.

3 MüKoBGB/*Einsele* § 127 a Rn. 1; Palandt/*Ellenberger* BGB § 127 a Rn. 1; BeckOK BGB/*Wendtland* § 127 a Rn. 2.

4 OLG Hamm 28.2.2018 – 15 W 292/17, NJW-RR 2018, 915; OLG Frankfurt aM 18.1.2018 – 20 W 308/17, NJOZ 2018, 1646 (1647); OLG Düsseldorf 28.8.2006 – 3 Wx 137/06, NJW-RR 2006, 1609 (1610); Palandt/*Herrler* BGB § 925 Rn. 8; BeckOK BGB/*Wendtland* § 127 a Rn. 4.1; *Rupietta* ZflR 2017, 381 (383); *Böttcher* NJW 2016, 844 (845); *Schneider* NZFam 2017, 279, abw. *Bergschneider* FamRZ

2017, 606 (607) unter Hinweis darauf, dass der Beschlussvergleich nach § 278 Abs. 6 ZPO ein vollwertiger Vergleich sei; *Trappe* ZflR 2018, 302 (303 ff.); *Uhlig* NotBZ 2018, 341 (342 ff.).

5 MüKoBGB/*Einsele* § 127 a Rn. 2; Soergel/*Hefermehl* BGB § 127 a Rn. 1.

6 Palandt/*Ellenberger* BGB § 127 a Rn. 3.

7 BGH 6.5.1959 – V ZR 97/58, FamRZ 1960, 28 (30); Erman/*Arnold* BGB § 127 a Rn. 7; Staudinger/*Hertel* (2017) BGB § 127 a Rn. 31.

8 OLG Köln 20.10.1969 – 2 Wx 125/69, OLGZ 70, 114, 116; RGRK/*Krüger-Nieland* BGB § 127 a Rn. 4. Zur Eingehung eines Erbvertrags durch Prozessvergleich OLG Düsseldorf 24.10.2006 – 3 Wx 185/06, NJW 2007, 1290 (1291).

9 MüKoBGB/*Einsele* § 127 a Rn. 2; für eine Gleichstellung von Testament und Erbverzichtsvertrag bereits BayObLG 18.3.1965 – BReg. 1 b Z 4/65, NJW 1965, 1276.

10 Vgl. MüKoBGB/*Habersack* § 779 Rn. 8, 44.

11 MüKoBGB/*Musielak* § 2302 Rn. 1.

Aufnahme einer Verfügung von Todes wegen in einen Prozessvergleich. Für die Zulässigkeit kommt es daher auf den Inhalt der Erklärung und die Zielsetzung der Verfahrensbeendigung an.

6 Auf Vereinbarungen über den **Versorgungsausgleich**, die notariell beurkundet werden müssen, ist § 127 a gem. § 7 Abs. 2 VersAusglG entsprechend anzuwenden.[12]

B. Regelungsgehalt

I. Prozessvergleich

7 **1. Allgemeines.** Dem Prozessvergleich kommt eine **Doppelnatur** zu:[13] Einerseits ist er ein privatrechtlicher Vertrag, der nach § 779 zu beurteilen ist und durch den die Parteien das bestehende Rechtsverhältnis regeln; andererseits ist er eine Prozesshandlung, die sich nach den Vorschriften der ZPO richtet und einen vollstreckbaren Titel darstellt.[14] Erforderlich sind daher ein gegenseitiges Nachgeben der Parteien (§ 779 Abs. 1) und ihre Verfügungsbefugnis über den Streitgegenstand (§ 1030 Abs. 1 S. 2 ZPO).[15] Es genügt ein geringfügiges gegenseitiges Nachgeben, etwa die Übernahme eines Teils der Kosten, der Verzicht auf Zinsforderungen, die Bewilligung von Ratenzahlungen oder eine Stundung (im Einzelnen → § 779 Rn. 18 ff.).

8 **2. Gericht.** Der Vergleich muss vor einem Gericht geschlossen werden; ob in mündlicher Verhandlung oder nicht, spielt nach der Neufassung von § 159 Abs. 1 ZPO keine Rolle mehr. Auch ein nach § 278 Abs. 6 ZPO vor Gericht schriftlich abgeschlossener Vergleich fällt unter § 127 a, weil die Feststellung durch Beschluss nach § 278 Abs. 6 S. 2 ZPO einer gerichtlichen Protokollierung in der mündlichen Verhandlung gleichwertig ist. Einem schriftlichen Vergleich ohne mündliche Verhandlung gehen regelmäßig entsprechende Erörterungen mit dem Gericht oder zwischen den Parteien voraus, so dass der Übereilungsschutz ebenso gegeben ist wie bei einem ansonsten zur bloßen Förmelei verkommenen Termin zur Protokollierung eines zwischen den Parteien zuvor ohne Mitwirkung des Gerichts abgestimmten Vergleichs.[16] Inzwischen ist höchstrichterlich entschieden, dass § 127 a BGB analog auf den Beschlussvergleich anwendbar ist.[17] Die gerichtliche Feststellung des Vergleichs ersetzt daher unabhängig davon, ob dem Vergleich gem. § 278 Abs. 6 S. 1 Alt. 2 ZPO ein Vergleichsvorschlag des Gerichts zugrunde lag oder ob der Vergleich dem Gericht von den Parteien gem. § 278 Abs. 6 S. 1 Alt. 1 ZPO zur Feststellung vorgelegt wurde, die notarielle Beurkundung.[18] Die Zugehörigkeit zu einer bestimmten Gerichtsbarkeit ist nicht erforderlich, es kommen Gerichte aller Gerichtszweige in Betracht, deren Verfahrensordnungen den Abschluss von Vergleichen kennen.[19] Mit Blick auf § 794 Abs. 1 Nr. 1 ZPO wurde bislang einheitlich davon ausgegangen, dass es sich um ein deutsches Gericht handeln müsse, doch sollte es im Grunde genügen, wenn der Vergleichsprotokollierungsvorgang gleichwertig ist.[20]

9 **3. Verfahren.** § 127 a gilt für **Verfahren jeder Art**, auch für das Prozesskostenhilfe-Verfahren,[21] für das FamFG-Verfahren (vormals FGG)[22] sowie für das Arrest-, Einstweilige Verfügungs- und Vollstreckungsverfahren.[23] Ein Prozessvergleich kann ferner geschlossen werden im selbstständigen Beweissicherungsverfah-

---

12 Zum Beschlussvergleich nach § 278 Abs. 6 ZPO s. OLG Frankfurt aM 7.9.2015 – 4 UF 91/14, BeckRS 2016, 06295.
13 BGH 22.12.1982 – V ZR 89/80, BGHZ 86, 184, 186; Erman/*Arnold* BGB § 127 a Rn. 7; MüKoBGB/*Einsele* § 127 a Rn. 3; Musielak/Voit/*Lackmann*, ZPO § 794 Rn. 3 mwN zu den in der Lit. vertretenen abweichenden Ansichten.
14 BGH 10.3.1955 – II ZR 201/53, BGHZ 16, 388, 390; *Rosenberg/Schwab/Gottwald* ZPO § 131 Rn. 36; Stein/Jonas/*Münzberg* ZPO § 794 Rn. 8, 16.
15 Erman/*Arnold* BGB § 127 a Rn. 7; MüKoBGB/*Einsele* § 127 a Rn. 3.
16 *Deckenbrock/Dötsch* MDR 2006, 1325 (1328); *Bergschneider* FamRZ 2013, 260 (262); MüKo-ZPO/*Prütting* ZPO § 278 Rn. 44; *Cordes* MDR 2016, 64 (66 ff.); krit. Musielak/Voit/*Foerste* ZPO § 278 Rn. 18 a; aA OLG Celle14.6.2013 – 4 W 65/13, NJW 2013, 2979; OLG Brandenburg 9.10.2007 – 10 UF 123/07, FamRZ 2008, 1192 (1993); OLG Düsseldorf 28.8.2006 – 3 Wx 137/06, NJW-RR 2006, 1609

(1610) (zu § 925 Abs. 1); LAG Köln 21.4.2005 – 6 Sa 87/05, juris Rn. 13; BeckOK BGB/*Wendtland* § 127 a Rn. 4.
17 BGH 1.2.2017 – XII ZB 71/16, BGHZ 214, 45, 53 ff.; zuvor bereits BAG 23.11.2006 – 6 AZR 394/06, NJW 2007, 1831 (1833 f.); *Schnelle* NZA 2018, 1445,1446.
18 BGH 1.2.2017 – XII ZB 71/16, BGHZ 214, 45, 60.
19 BVerwG 13.3.1995 – 4 A 1/92, NJW 1995, 2179 (Verwaltungsgerichtsbarkeit); BeckOK BGB/*Wendtland* § 127 a Rn. 4; Erman/*Arnold* BGB § 127 a Rn. 2; MüKoBGB/*Einsele* § 127 a Rn. 4.
20 So OLG Bamberg 21.11.2001 – 2 UF 200/01, NJW-RR 2002, 1153 (1154) offengelassen von OLG Schleswig 19. 8. 2011 – 10 UF 179/10, NJW-RR 2012, 75.
21 Palandt/*Ellenberger* BGB § 127 a Rn. 2; MüKoBGB/*Einsele* § 127 a Rn. 4.
22 BGH 5.10.1954 – V BLw 25/54, BGHZ 14, 381.
23 OLG München 9.7.1969 – 12 U 1277/69, DNotZ 1971, 544.

ren sowie im Privatklage- und Adhäsionsverfahren.[24] Schließlich kann ein Vergleich auch in Verfahren vor dem Rechtspfleger getroffen werden.[25]

10 Notwendige Voraussetzung ist die **Rechtshängigkeit** des Verfahrens[26] Daher gilt die Vorschrift weder im Rahmen eines Anwaltsvergleichs nach § 796 a Abs. 1 ZPO noch im Rahmen eines vor einer Gütestelle abgeschlossenen Sühnevergleichs im Sinne von § 794 Abs. 1 Nr. 1 ZPO. Der Vergleich wird „zur Beilegung eines Rechtsstreits" geschlossen, so dass für ihn nach vollständigem rechtskräftigem Abschluss des Verfahrens kein Raum mehr bleibt.[27]

11 Da keine Sachentscheidung ergeht, scheitert die Wirksamkeit eines gerichtlichen Vergleichs nicht daran, dass die **Prozessvoraussetzungen** für ein Sachurteil nicht gegeben sind,[28] das Gericht fehlerhaft besetzt[29] oder für das Verfahren nicht zuständig ist.[30]

12 § 127 a erfordert einen formell und materiell **wirksamen Prozessvergleich**.[31] In einem Anwaltsprozess müssen sich die Parteien daher durch einen vor dem jeweiligen Gericht postulationsfähigen Rechtsanwalt vertreten lassen.[32] Ein Dritter kann dem Vergleich beitreten, ohne dass für ihn Anwaltszwang besteht; dieser wird durch § 78 Abs. 1 ZPO auf die Parteien des Rechtsstreits beschränkt.[33] Ist in einem Anwaltsprozess die persönliche Abgabe einer Erklärung durch eine Partei erforderlich, so muss sie von dem Anwalt und der Partei gemeinsam abgegeben werden;[34] dies gilt ebenso, wenn sich die Partei außerhalb eines Anwaltsprozesses anwaltlich im Rechtsstreit vertreten lässt.[35] Dabei muss die Zustimmung der Partei ausdrücklich im Protokoll (→ Rn. 14) festgestellt oder sonst durch die Partei nachgewiesen werden können, etwa durch Vernehmung der im Termin anwesenden Personen.[36]

13 **4. Gegenstand.** Ein Anspruch der Parteien auf gerichtliche Protokollierung eines Vergleichs besteht nur, wenn die Parteien den Streitgegenstand des Verfahrens teilweise oder abschließend regeln.[37] Dann kann der Vergleich auch inhaltlich **über den eigentlichen Streitgegenstand hinausgehen**.[38] Er braucht sich nicht auf das zu beschränken, was schon von vornherein objektiv einen Zusammenhang mit dem Prozessgegenstand hat, sondern kann auch und gerade dasjenige umfassen, was die Parteien beim Vergleichsabschluss in einen solchen Zusammenhang bringen, indem sie die Regelung des Prozessgegenstandes von der Regelung jenes anderen Punktes abhängig machen und umgekehrt.[39] Ein weiteres gegenseitiges Nachgeben der Parteien ist wegen dieser – über den Streitgegenstand hinausgehenden – Regelungen nicht mehr erforderlich. Der Vergleich muss aber in einem inneren Zusammenhang mit dem Rechtsstreit stehen, um eine missbräuchliche Umgehung der nach dem BeurkG grundsätzlichen Zuständigkeit der Notare zu verhindern.[40] Wird ein Vergleich nach Rücknahme der Berufung protokolliert, so handelt es sich um einen gerichtlichen Vergleich iSd § 127 a, wenn die Parteien schon vor der Rücknahme der Berufung ihren Willen zum Abschluss eines Vergleichs haben erkennen lassen.[41]

14 **5. Protokollierung.** Der Prozessvergleich muss gem. §§ 159 ff. ZPO **ordnungsgemäß protokolliert** werden. Im Protokoll ist der Vergleich „festzustellen" (§ 160 Abs. 3 Nr. 1 ZPO). Die Parteien müssen von dem

24 OLG Stuttgart 30.7.1963 – 8 W 111/63, NJW 1964, 110 f.
25 OLG Nürnberg 16.5.1972 – 3 U 153/71, RPfleger 1972, 305; PWW/*Ahrens* BGB § 127 a Rn. 2.
26 Staudinger/*Hertel* (2017) BGB § 127 a Rn. 11; BeckOK BGB/*Wendtland* § 127 a Rn. 5; Erman/*Arnold* BGB § 127 a Rn. 3.
27 BGH 18.11.1954 – IV ZR 96/54, BGHZ 15, 190, 195; MüKoBGB/*Einsele* § 127 a Rn. 5; Palandt/*Ellenberger* BGB § 127 a Rn. 2; BeckOK BGB/*Wendtland* § 127 a Rn. 5; differenzierend nach der Zeit- und Sachnähe Erman/*Arnold* BGB § 127 a Rn. 3; **aA** OLG München 20.12.1996 – 23 U 3933/96, NJW 1997, 2331 (2332).
28 Palandt/*Ellenberger* BGB § 127 a Rn. 3.
29 BGH 28.6.1961 – V ZR 29/60, BGHZ 35, 309.
30 Palandt/*Ellenberger* BGB § 127 a Rn. 3.
31 BGH 31.1.1963 – III ZR 117/62, BGHZ 39, 60, 63 ff.; Erman/*Arnold* BGB § 127 a Rn. 2; MüKo-BGB/*Einsele* § 127 a Rn. 3.
32 BGH 20.2.1991 – XII ZB 125/88, NJW 1991, 1743 (1744); OLG Köln 28.2.1997 – 25 UF 248/96, NJW-RR 1997, 965 (966); BeckOK BGB/*Wendtland* § 127 a Rn. 8; MüKoBGB/*Einsele* § 127 a Rn. 7; Palandt/*Ellenberger* BGB § 127 a Rn. 3; Staudinger/*Hertel* (2017) BGB § 127 a Rn. 18.
33 BGH 16.12.1982 – VII ZR 55/82, BGHZ 86, 160, 163; aA MüKoZPO/*Wolfsteiner* § 794 Rn. 32; MüKoBGB/*Einsele* § 127 a Rn. 7.
34 BayObLG 18.3.1965 – BReg. 1 b Z 4/65, NJW 1965, 1276 (1277); Palandt/*Ellenberger* BGB § 127 a Rn. 3.
35 OLG Düsseldorf 24.10.2006 – 3 Wx 185/06, NJW 2007, 1290 (1291 f.).
36 OLG Düsseldorf 24.10.2006 – 3 Wx 185/06, NJW 2007, 1290 (1292).
37 BGH 3.8.2011 – XII ZB 153/10, NJW 2011, 3451.
38 BGH 3.8.2011 – XII ZB 153/10, NJW 2011, 3451; BGH 5.10.1954 – V BLw 25/54, BGHZ 14, 381, 387; 28.6.1961 – V ZR 29/60, BGHZ 35, 309, 316.
39 BGH 28.6.1961 – V ZR 29/60, BGHZ 35, 309, 317; OLG München 20.12.1996 – 23 U 3933/96, NJW 1997, 2331 (2332).
40 BGH 3.8.2011 – XII ZB 153/10, NJW 2011, 3451; 18.6.1999 – V ZR 40/98, BGHZ 142, 84; 1.7.1982 – IX ZR 32/81, BGHZ 84, 333, 335; Erman/*Arnold* BGB § 127 a Rn. 3; MüKoBGB/*Einsele* § 127 a Rn. 6; Palandt/*Ellenberger* BGB § 127 a Rn. 2; RGRK/*Krüger-Nieland* BGB § 127 a Rn. 2; BeckOK BGB/*Wendtland* § 127 a Rn. 7.
41 OLG München 20.12.1996 – 23 U 3933/96, NJW 1997, 2331 (2332).

Vergleichstext Kenntnis nehmen können, indem ihnen entweder der Text vorgelesen oder zur Durchsicht vorgelegt wird; wurde der Vergleich vorläufig auf einem Tonträger aufgezeichnet (§ 160 a ZPO), ist den Beteiligten wegen § 162 Abs. 1 S. 2 ZPO der Vergleichstext vorzuspielen. Dadurch sollen Missverständnisse und Protokollierungsfehler vermieden werden.[42] In das gerichtliche Protokoll müssen alle Erklärungen der Parteien aufgenommen werden, die der Beurkundungspflicht unterliegen.[43] Hierzu gehören ebenfalls Anlagen, auf die im Vergleich Bezug genommen wird.[44] Gem. § 160 Abs. 5 ZPO können die Erklärungen auch in eine Schrift aufgenommen werden, die dem Protokoll als Anlage beigefügt und in ihm als solche bezeichnet wird. Die Kenntnisnahme und die Genehmigung durch die Parteien sollen ebenfalls im Protokoll vermerkt werden (§ 162 Abs. 1 S. 3 ZPO). Ein solcher Vermerk ist aber nicht Wirksamkeitsvoraussetzung,[45] denn auch die Beurkundung bedarf zu ihrer Wirksamkeit keines entsprechenden Vermerks des Notars. § 162 Abs. 1 S. 3 ZPO stellt an die Wirksamkeit eines vor Gericht abgeschlossenen Vergleichs keine höheren Anforderungen als das BeurkG an den Vergleich zur Niederschrift des Notars.[46] Die Genehmigung durch die Parteien kann abgekürzt in das Protokoll aufgenommen werden (zB: anstelle von „vorgelesen und genehmigt" „v.u. g.").[47] Eine Unterschrift der Parteien und der am Vergleich beteiligten Dritten ist nicht erforderlich, selbst dann nicht, wenn dies nach materiellrechtlichen Formvorschriften ansonsten geboten wäre.[48] Schließlich ist nach § 163 Abs. 1 S. 1 ZPO eine Unterschrift des Vorsitzenden und des Urkundsbeamten der Geschäftsstelle erforderlich.

15 **6. Prüfungs- und Belehrungspflichten.** Die §§ 17 ff. BeurkG regeln umfassende Prüfungs- und Belehrungspflichten im Zusammenhang mit der notariellen Beurkundung. Gerichte sind jedoch außerhalb von § 67 BeurkG keine zuständigen Stellen iSv § 1 Abs. 2 BeurkG, weshalb der Anwendungsbereich des BeurkG beim gerichtlichen Vergleich nicht eröffnet ist. Gleichwohl erfordern es Sinn und Zweck der Prüfungs- und Belehrungspflichten, diese auch bei der Protokollierung eines gerichtlichen Vergleichs zu beachten.[49] Prüfungen und Belehrungen sind jedoch entbehrlich, wenn die Parteien anwaltlich vertreten werden und bereits im Rahmen der Beratung die entsprechenden Prüfungs- und Belehrungspflichten ordnungsgemäß erfüllt worden sind;[50] hiervon ist regelmäßig auszugehen.

II. Rechtsfolgen

16 Eine nach dieser Vorschrift ordnungsgemäß zustande gekommene Niederschrift des Prozessvergleichs ersetzt sowohl die notarielle Beurkundung nach § 128 als auch die öffentliche Beglaubigung nach § 129 Abs. 2 und das gesetzliche Schriftformerfordernis (→ Rn. 2). Im Zeitpunkt des wirksamen Vergleichsschlusses ist auch das protokollierte Rechtsgeschäft zustande gekommen.[51] Von der Ersetzung unberührt bleibt aber der Zugang der Erklärung beim Erklärungsempfänger;[52] hierfür gelten die allgemeinen Grundsätze (→ § 130 Rn. 16).

§ 128 Notarielle Beurkundung

Ist durch Gesetz notarielle Beurkundung eines Vertrags vorgeschrieben, so genügt es, wenn zunächst der Antrag und sodann die Annahme des Antrags von einem Notar beurkundet wird.

Literatur: *Baumann,* Anforderungen an Namensunterschriften unter beurkundeten Verfügungen von Todes wegen, RNotZ 2010, 310; *Bayer,* Übertragung von GmbH-Geschäftsanteilen im Ausland nach der MoMiG-Reform, GmbHR 2013, 897; *Becht/Stephan-Wimmer,* Die rechtliche Anerkennung österreichischer notarieller Beurkundungen über die Gründung einer GmbH, GmbHR 2019, 45; *Bindseil,* Konsularisches Beurkundungswesen, DNotZ 1993, 5; *Goette,* Auslandsbeurkundungen im Kapitalgesellschaftsrecht, in: FS Boujong, 1996, S. 131; *Haerendel,* Die Beurkundung gesellschaftsrechtlicher Akte im Ausland, DStR 2001, 1802; *Heckschen,* Die Formbedürftigkeit der Veräußerung des gesamten Vermögens im Wege des ‚asset deal', NZG 2006, 772; *ders.,* Die Gründung der GmbH im Ausland, DB 2018, 685; *Keim,* Das notarielle Beurkundungsverfahren, 1990; *Krafka,* Der Umgang des Notars mit aktuellen Rechtsentwicklungen, DNotZ 2002, 667; *Kröll,* Beurkundung gesellschaftsrechtlicher Vorgänge durch einen ausländischen Notar, ZGR 2000,

42　BGH 18.1.1984 – IVb ZB 53/83, NJW 1984, 1465 (1466); Musielak/Voit/*Stadler* ZPO § 162 Rn. 1.
43　LG München I 26.6.2019 – 1 S 5268/18 WEG, MDR 2019, 1338.
44　LG München I 26.6.2019 – 1 S 5268/18 WEG, MDR 2019, 1338; OLG Hamm 21.12.1999 – 24 U 48/99, NZBau 2000, 295; OLG Naumburg 28.11.2001 – 5 W 201/01, BeckRS 2001, 30223146; offen gelassen von BGH 21.11.2013 – VII ZR 48/12, NZBau 2014, 102 (103).
45　AA LAG Bln-Bbg 22.10.2010 – 6 Sa 1580/10, BeckRS 2010, 75424.

46　BGH 18.6.1999 – V ZR 40/98, BGHZ 142, 84.
47　RG 6.12.1902 – V 297/02, RGZ 53, 150, 152.
48　BGH 18.6.1999 – V ZR 40/98, BGHZ 142, 84; Musielak/Voit/*Stadler* ZPO § 162 Rn. 2; MüKoBGB/*Einsele* § 127 a Rn. 8; RGRK/*Krüger-Nieland* BGB § 127 a Rn. 2.
49　BGH 3.8.2011 – XII ZB 153/10, NJW 2011, 3451.
50　Staudinger/*Hertel* (2017) BGB § 127 a Rn. 33.
51　BeckOK BGB/*Wendtland* § 127 a Rn. 10.
52　Staudinger/*Hertel* (2017) BGB § 127 a Rn. 36.

111; *Lieder*, Auslandsbeurkundung umwandlungsrechtlicher Strukturmaßnahmen, ZIP 2018, 1517; *ders.*, Beurkundung der Gesellschaftsgründung durch einen schweizerischen Notar, ZIP 2018, 805; *ders.*, Formbedürftigkeit der Kapitalerhöhung und verbundene Geschäfte, in: FS Bergmann, 2018, S. 473; *Loritz*, Rechtsfragen der notariellen Beurkundung bei Verkauf und Abtretung von GmbH-Geschäftsanteilen, DNotZ 2000, 90; *Reithmann*, Warnpflicht des Notars bei der Beurkundung, NJW 1995, 3370; *Schmucker*, Das verbundene Geschäft und seine Auswirkungen auf den Umfang der Beurkundungspflicht, DNotZ 2002, 900; *Tebben*, Zur Substitution der notariellen Beurkundung bei Umwandlungsvorgängen, GmbHR 2018, 1190.

A. Allgemeines	1		1. Zuständigkeit	6
I. Normzweck	1		2. Insbesondere: Beurkundung im Ausland	8
II. Anwendungsbereich	2		II. Verfahren	9
III. Ersetzungswirkung	5		1. Beurkundungsgesetz	9
B. Regelungsgehalt	6		2. Besonderheiten bei Verträgen	12
I. Beurkundung	6		C. Beweiskraft	16

A. Allgemeines

I. Normzweck

Für Beurkundungen sind grundsätzlich nur die **Notare** zuständig (vgl. aber die Substitution durch § 127 a). **1** Durch § 128 soll sichergestellt werden, dass die Beteiligten bei der Abgabe von Willenserklärungen von besonderer Tragweite durch einen Notar **sachkundig über die rechtlichen Folgen beraten und belehrt** werden.[1] Dies gilt insbesondere bei der Beteiligung von Verbraucherinnen und Verbrauchern sowie bei besonders riskanten oder komplexen Rechtsgeschäften, denn dort ist der Gedanke des „Schutzes des Schwächeren" zur Erzielung angemessener Risikoverteilung besonders präsent.[2] Darüber hinaus soll durch die Mitwirkung eines Notars erreicht werden, dass die abgegebenen Erklärungen mit dem tatsächlichen Willen der Parteien übereinstimmen und im Vertragstext eindeutig und klar formuliert werden (§ 17 Abs. 1 BeurkG). Der Notar soll schließlich auch auf erforderliche behördliche Genehmigungen und Unbedenklichkeitsbescheinigungen[3], gesetzliche Vorkaufsrechte und die Möglichkeit zur Registrierung von Vorsorgevollmachten[3] beim Zentralen Vorsorgeregister nach § 78 a BNotO hinweisen (§§ 18–20 a BeurkG). Die notarielle Beurkundung dient damit insbesondere den klassischen Formzwecken des **Übereilungsschutzes**, der **Klarstellung** und der **Beweissicherung** (→ § 125 Rn. 9 f.).[4] Dabei erleichtert § 128 durch die Möglichkeit zur sukzessiven Beurkundung (→ Rn. 12 ff.) den Abschluss beurkundungspflichtiger Verträge.[5]

II. Anwendungsbereich

§ 128 findet auf **Verträge** Anwendung, die kraft Gesetzes einer **notariellen Beurkundung** bedürfen, wie **2** beispielsweise in den Fällen der §§ 311 b Abs. 1, Abs. 3,[6] Abs. 5 S. 2, 873 Abs. 2, 877, 1491 Abs. 2 S. 2, 1492 Abs. 2 S. 2,1501 Abs. 2 S. 2, 2033 Abs. 1 S. 2, 2348, 2351, 2385 Abs. 1; §§ 2 Abs. 1 S. 1, 15 Abs. 3 u. 4 **GmbHG**; § 23 Abs. 1 S. 1 **AktG**, § 6 **UmwG**.

§ 128 findet dagegen **keine Anwendung**, wenn die **Willenserklärung nur einer Partei** der notariellen **3** Beurkundung bedarf, wie bei §§ 518 Abs. 1, 1516 Abs. 2 S. 2, 1597 Abs. 1, 1626 d Abs. 1, 1750 Abs. 1 S. 1, 2282 Abs. 3, 2291 Abs. 1, 2296 Abs. 2 S. 2, 2301; ferner nicht, falls die gleichzeitige Anwesenheit der Parteien bei dem Vorgang vorgeschrieben ist, wie bei §§ 925 Abs. 1, 1410, 2276 Abs. 1 S. 1, 2290 Abs. 4 und § 7 **LPartG**.[7] Hieraus lässt sich allerdings nicht der Schluss ziehen, dass die notarielle Beurkundung in diesen Fällen insgesamt entbehrlich ist oder durch eine öffentliche Beglaubigung (§ 129) ersetzt werden könnte.[8]

Ferner bedarf ein Vertrag, der als solcher nicht dem Formerfordernis des § 311 b Abs. 1 unterliegt, dann der **4** notariellen Beurkundung, wenn er mit einem Grundstücksgeschäft im Sinne dieser Vorschrift eine **rechtli-**

---

1   Zu den konsultativen Pflichten des Notars *Reithmann* NJW 1995, 3370 f., im Anschluss an BGH 22.6.1995 – IX ZR 122/94, NJW 1995, 2713 und 13.6.1995 – IX ZR 203/04, NJW 1995, 2794.

2   *Krafka* DNotZ 2002, 677, 679.

3   Zur notariellen Beurkundung von Vorsorgevollmachten *Spanl* Rpfleger 2006, 455.

4   MüKoBGB/*Einsele* § 128 Rn. 1; *Wolf/Neuner* BGB AT § 44 Rn. 9; *Bork* BGB AT Rn. 1069.

5   MüKoBGB/*Einsele* § 128 Rn. 2; Soergel/*Hefermehl* BGB § 128 Rn. 5.

6   Zu § 311 Abs. 3 bei der Veräußerung eines Unternehmens als ‚asset deal' *Heckschen* NZG 2006, 772.

7   Erman/*Arnold* BGB § 128 Rn. 1; MüKoBGB/*Einsele* § 128 Rn. 2; BeckOK BGB/*Wendtland* § 128 Rn. 3; Palandt/*Ellenberger* BGB § 128 Rn. 2; Staudinger/*Hertel* (2017) BGB § 128 Rn. 2.

8   OLG München 26.11.2008 – 34 Wx 88/08, NJW-RR 2009, 738 (739).

che Einheit bildet.[9] Das ist nach dem BGH der Fall, wenn die Verträge nach dem Willen der Parteien derart voneinander abhängen, dass sie miteinander stehen und fallen sollen (→ § 125 Rn. 17 f.).

III. Ersetzungswirkung

5 Die nach dieser Vorschrift ordnungsgemäß erstellte notarielle Urkunde ersetzt die öffentliche Beglaubigung (§ 129 Abs. 2) und die Schriftform (§ 126 Abs. 4). Die notarielle Beurkundung kann ihrerseits durch einen wirksamen Prozessvergleich ersetzt werden (§ 127 a).

B. Regelungsgehalt

I. Beurkundung

6 **1. Zuständigkeit.** Das Beurkundungsverfahren ist im BeurkG geregelt. Es bestimmt die **grundsätzliche Zuständigkeit der Notare** (§§ 1 Abs. 1, 63 Abs. 4). Nur in Ausnahmefällen sind Gerichte (§ 67 BeurkG) oder Behörden (§§ 41 ff. PStG) zur Beurkundung ermächtigt; zur Ersetzung der Beurkundung durch den Notar nach § 127 a, → § 127 a Rn. 15.

7 Eine **örtliche Zuständigkeit** für die Beurkundung ist nicht vorgesehen, doch darf ein Notar eine Beurkundung außerhalb seines Amtsbezirks nur bei Gefahr in Verzug oder mit Genehmigung der Aufsichtsbehörde vornehmen, § 11 Abs. 2 BNotO. Ein Verstoß gegen diese Bestimmung berührt jedoch die Wirksamkeit der Beurkundung im Inland nicht (§ 11 Abs. 3 BNotO, § 2 BeurkG), so dass die Beteiligten sich an jeden beliebigen Notar wenden können.[10] Eine Beurkundung im Ausland ist dem deutschen Notar nicht möglich, sie wäre unwirksam.

8 **2. Insbesondere: Beurkundung im Ausland.** Art. 11 Abs. 1 Alt. 2 EGBGB lässt bei Rechtsgeschäften grundsätzlich die Form ausreichen, die am Ort der Vornahme des Geschäfts vorgeschrieben ist. Grundstücksverträge (Art. 4 Abs. 1 Rom I-VO), sachenrechtliche Rechtsgeschäfte (Art. 11 Abs. 4 EGBGB) und statusrechtliche Geschäfte, wie die Gründung, Satzungsänderung, Spaltung, Umwandlung oder Verschmelzung bei Kapitalgesellschaften, werden jedoch von diesem **Ortstatut** nicht erfasst.[11] Sie bedürfen notarieller Beurkundung, auch wenn sie im Ausland vorgenommen werden. Falls diese Rechtsgeschäfte vor einem Notar im Ausland abgeschlossen werden, liegt darin eine wirksame Beurkundung nur dann, wenn dessen Tätigkeit statthaft[12] und derjenigen eines inländischen Notars gleichwertig ist.[13] Der BGH hat dies einmal in einem GmbH-rechtlichen Fall für die Änderung des Gesellschaftsvertrages angenommen, „wenn die ausländische Urkundsperson nach Vorbildung und Stellung im Rechtsleben eine der Tätigkeit des deutschen Notars entsprechende Funktion ausübt und für die Errichtung der Urkunde ein Verfahrensrecht zu beachten hat, das den tragenden Grundsätzen des deutschen Beurkundungsrechts entspricht".[14] Dies wurde für die Schweiz (Züricher Notariat) bejaht.[15] Allerdings haben sich (seinerzeitige) Mitglieder des 2. Zivilsenats des BGH von dieser früheren Entscheidung distanziert und es abgelehnt, dass bei Statusakten (Satzungsänderungen) eine Gleichwertigkeitsprüfung eröffnet sei, weshalb insoweit nur ein deutscher Notar in Betracht komme.[16] Die instanzgerichtliche Rechtsprechung ist uneinheitlich. Sie verfährt teils restriktiv,[17] teils weit-

9 BGH 13.6.2002 – VII ZR 321/00, DNotZ 2002, 944 f.; *Schmucker* DNotZ 2002, 900 (904); zu einem „Vorvertrag" OVG Lüneburg 17.11.2016 – 13 ME 112/16, NVwZ-RR 2017, 227.

10 Erman/*Arnold* BGB § 128 Rn. 2; MüKoBGB/*Einsele* § 128 Rn. 3.

11 KG Berlin 24.1.2018 – 22 W 25/16, GmbHR 2018, 376 (377); *Becht/Stephan-Wimmer* GmbHR 2019, 45 (47); *Goette* DStR 1996, 709 (711); zur grds. Anwendung auf gesellschaftsrechtliche Vorgänge *Hermann* RNotZ 2018, 271.

12 Staudinger/*Winkler von Mohrenfels* (2016) Rom I-VO Art. 11 Rn. 91; *Tebben* GmbHR 2018, 1190 (1193).

13 BGH 17.12.2013 – BGHZ 199, 270, 275 ff.; BGH 21.10.2014 – II ZR 330/13, DNotZ 2015, 207 (210); BGH 16.2.1981 – II ZB 8/80, BGHZ 80, 76 ff.; KG Berlin 26.7.2018 – 22 W 2/18, NZG 2018, 1195 (1196); näher → EGBGB Art. 11 Rn. 20 ff.

14 BGH 16.2.1981 – II ZB 8/80, BGHZ 80, 76, 78; abl. OLG Stuttgart 17.5.2000 – 20 U 68/99, NZG 2001, 40 ff. für den kalifornischen „notary public".

15 BGH 22.5.1989 – II ZR 211/88, NJW-RR 1989, 1259 (1261); OLG München 19.11.1997 – 7 U 2511/97, NJW-RR 1998, 758.

16 *Goette*, Auslandsbeurkundungen im Kapitalgesellschaftsrecht, FS Boujong 1996, S. 131, 140 (auch DStR 1996, 709 ff.) und Großkomm-AktG/*Röhricht*, 4. Aufl., AktG § 23 Rn. 56; die Zulässigkeit der Auslandsbeurkundung bei AG-Gründungen jetzt annehmend Großkomm-AktG/*Röhricht/Schall* AktG § 23 Rn. 78.

17 LG Augsburg 4.6.1996 – 2 HK T 2093/96, BB 1998, 120 (Verschmelzungsvertrag); LG Köln 13.10.1989 – 87 T 20/89, DB 1989, 2214; LG Nürnberg-Fürth 20.8.1991 – 4 HK T 489/91, DB 1991, 2029; abw. LG Kiel 25.4.1997 – 3 T 143/97, BB 1998, 120.

herzig.[18] Das KG hat in zwei jüngeren Entscheidungen die Substitution der notariellen Beurkundung durch einen ausländischen Notar bei statusändernden Vorgängen einer GmbH für zulässig gehalten. Sowohl bei der Gründung einer GmbH[19] als auch bei der Verschmelzung einer GmbH auf einen anderen Rechtsträger[20] seien die Formvorschriften der §§ 2 Abs. 1 S. 1 GmbHG, 6, 13 Abs. 3 S. 1 UmwG der Substitution zugänglich und die Gleichwertigkeitsprüfung eröffnet. Da Notarpersonen im Kanton Basel-Stadt und im Kanton Bern nach der Auffassung des Gerichts eine mit der Tätigkeit einer deutschen Notarsperson vergleichbare Tätigkeit ausüben, konnte die notarielle Beurkundung in den zu entscheidenden Fällen durch eine ausländische Beurkundung ersetzt werden.[21]

Die wohl überwiegende Ansicht in der (von Notaren dominierten) Literatur ist der Auffassung, dass die zentralen Formzwecke der sachkundigen Beratung und der materiellen Richtigkeitsgewähr, die sowohl mit § 2 Abs. 1 S. 1 GmbHG als auch mit § 6 UmwG verfolgt werden, durch eine ausländische notarielle Beurkundung nicht erfüllt werden und eine Substitution daher ausscheidet.[22] Da eine höchstrichterliche Entscheidung zur Substitution der notariellen Beurkundung bei Statusänderungen von Kapitalgesellschaften durch eine Auslandsbeurkundung noch nicht vorliegt und die Entscheidungen des Kammergerichts Berlin in der Literatur auf ein lebhaftes und kritisches Echo gestoßen sind, ist in der Praxis von einer Auslandsbeurkundung jedenfalls bei **Gründung** oder **Satzungsänderung von Kapitalgesellschaften sowie umwandlungsrechtlichen Vorgängen weiterhin** abzuraten, während dies grundsätzlich bei der Abtretung von Geschäftsanteilen möglich ist[23] (s. auch → EGBGB Art. 11 Rn. 27).

II. Verfahren

1. Beurkundungsgesetz. Das Verfahren der Beurkundung ist in den §§ 6 ff. BeurkG geregelt. Über die Verhandlung beim Notar wird eine **Niederschrift** aufgenommen, die die Bezeichnung des Notars und der Beteiligten sowie deren Erklärungen zu enthalten hat (§§ 8, 9 Abs. 1 BeurkG). Zur Niederschrift gehören alle Dokumente, die den rechtsgeschäftlichen Inhalt der Beurkundung zum Gegenstand haben, sei es, dass sie das zu beurkundende Rechtsgeschäft selbst enthalten, sei es, dass sie seinen Inhalt ergänzen.[24]   **9**

Die Niederschrift muss vorgelesen, genehmigt und von den Beteiligten und dem Notar eigenhändig unterschrieben werden (§ 13 BeurkG). Anders als im Falle der Aufnahme rechtsgeschäftlicher Erklärungen in ein gerichtliches Protokoll (§§ 160 Abs. 3 Nr. 1, 162 Abs. 1 S. 3 ZPO; → § 127 a Rn. 14), genügt bei der notariellen Beurkundung das Zeugnis des Notars darüber, dass die Beteiligten die über ihre Erklärungen aufgenommene Niederschrift genehmigt haben, nicht.[25] Die Genehmigung muss vielmehr in der **eigenhändigen Unterschrift der Beteiligten** ihren Ausdruck finden, § 13 Abs. 1 S. 1 BeurkG. Die Unterzeichnung der Urkunde muss mit dem **Familiennamen** erfolgen;[26] zur Unterschrift allgemein → § 126 Rn. 19 ff.   **10**

Liegt eine Unterschrift der Parteien vor, so wird vermutet, dass ihnen die Niederschrift in Gegenwart des Notars vorgelesen bzw. vorgelegt wurde und sie ihre Genehmigung erteilt haben, § 13 Abs. 1 S. 3 BeurkG. Diese Vermutung wird nicht allein durch die abschließende Unterschrift des Notars unter die Urkunde begründet, sondern der Unterschrift der Beteiligten kommt neben der Notarunterschrift eine selbstständige und gleichrangige Bedeutung zu. Nach dem BeurkG führt nur noch die Verletzung dieser zwingenden und wesentlichen Formvorschriften zur Unwirksamkeit der Beurkundung und damit zur Nichtigkeit des Vertrages; eine fehlende oder falsche Datierung ist ebenso unschädlich wie die Nichtangabe des Ortes der Verhandlung (§ 9 Abs. 2 BeurkG).[27]   **11**

2. Besonderheiten bei Verträgen. Bei der Beurkundung eines Vertrages müssen sowohl die **Angebotserklärung** als auch die **Annahmeerklärung** notariell beurkundet werden.[28] Der Vertrag kommt auch ohne   **12**

---

18   OLG Düsseldorf 2.3.2011 – I-3 Wx 236/10, BB 2011, 785; KG Berlin 26.7.2018 – 22 W 2/18, NZG 2018, 1195 (1196) (Verschmelzungsvertrag); KG Berlin 24.1.2018 – 22 W 25/16, GmbHR 2018, 376 (378) (Gründung einer GmbH).

19   KG Berlin 24.1.2018 – 22 W 25/16, GmbHR 2018, 376 (378).

20   KG Berlin 26.7.2018 – 22 W 2/18, NZG 2018, 1195 (1196).

21   KG Berlin 24.1.2018 – 22 W 25/16, GmbHR 2018, 376 (378 ff.); KG Berlin 26.7.2018 – 22 W 2/18, NZG 2018, 1195 (1196 f.).

22   Zu § 2 GmbHG: *Cziupka* EWiR 2018, 137 (138); *Heckschen* DB 2018, 685 (689); *Herrmanns* RNotZ 2018, 271 (272 f.); *Lieder* ZIP 2018, 805 (811 ff.); *Stelmaszcyk* GWR 2018, 103 (105 f.); *Wicke* GmbHR

2018, 380 f.; zu § 6 UmwG: DNotI-Report 2016, 93 (97 ff.); *Lieder* ZIP 2018, 1517 (1522 ff.); *Tebben* GmbHR 2018, 1190 (1194).

23   BGH 17.12.2013 – II ZB 6/13, BGHZ 199, 270, 275; Baumbach/Hueck/*Servatius* GmbHG § 15 Rn. 22 a.

24   Zur Abgrenzung von bloßen „Beilagen" KG 22.11.1996 – 5 U 1304/96, NJW-RR 1997, 1259 (1260) (Handelsregisterauszug nicht verlesungspflichtig).

25   BGH 25.10.2002 – V ZR 279/01, DNotZ 2003, 269 (271).

26   BGH 25.10.2002 – V ZR 279/01, DNotZ 2003, 269 (271).

27   Palandt/*Ellenberger* BGB § 128 Rn. 1; MüKoBGB/*Einsele* § 128 Rn. 5.

28   MüKoBGB/*Einsele* § 128 Rn. 6.

Zugang der Annahmeerklärung bereits mit Beurkundung der Annahme zustande, sofern nicht ein anderes bestimmt ist (§ 152). Ist im Antrag eine Annahmefrist genannt, so kann darin eine solche andere Bestimmung liegen, mit der Folge, dass der Vertrag erst mit Zugang der Annahmeerklärung innerhalb der Frist oder zumindest mit Kenntnis des Antragenden von der Annahme zustande kommt.[29] Der Zugang der Annahmeerklärung bei der anderen Vertragspartei ist jedoch kein zwingender Gegenstand der Beurkundung.[30]

13 Soweit gesetzlich nicht die gleichzeitige Anwesenheit der Parteien vorgeschrieben ist (dann ist § 128 nicht anwendbar, → Rn. 3), ermöglicht § 128 die **sukzessive Beurkundung** von Angebot und Annahme, und zwar auch an verschiedenen Orten und durch verschiedene Notare.[31] Hierbei muss jedoch stets zuerst das Angebot und erst danach die Annahmeerklärung beurkundet werden; eine Beurkundung in umgekehrter Reihenfolge ist unzulässig.[32]

14 Ist die **notarielle Beurkundung vertraglich vereinbart**, entscheidet der Parteiwille, ob eine sukzessive Beurkundung zulässig sein soll.[33] Im Zweifel wird dies anzunehmen sein,[34] auch im Hinblick auf die §§ 126, 127, aus denen sich für Schriftform und elektronische Form ergibt, dass an die rechtsgeschäftlich vereinbarte Form nicht strengere Anforderungen zu stellen sind als an die gesetzlich vorgeschriebenen Formen (→ § 127 Rn. 2).[35]

15 Dem Erfordernis des § 128 ist auch Genüge getan, wenn der Notar die Erklärungen der Parteien nacheinander protokolliert und die **Niederschrift nur einmal unterschreibt**.[36]

C. Beweiskraft

16 Die Beweiskraft einer ordnungsgemäß erstellten notariellen Urkunde ergibt sich aus § 415 Abs. 1 ZPO und erstreckt sich – wegen § 286 Abs. 2 ZPO unter Ausschluss freier richterlicher Beweiswürdigung – darauf, dass die in ihr bezeichneten Erklärungen **vollständig und richtig wiedergegeben** und von den in ihr bezeichneten Personen vor dem beurkundenden Notar abgegeben worden sind.[37] Nach § 415 Abs. 2 ZPO ist der Beweis zulässig, dass der Vorgang unrichtig beurkundet ist.[38] Der Beweis kann sich jedoch ausschließlich auf die Beurkundung der abgegebenen Erklärung beziehen, nicht auf ihre inhaltliche Richtigkeit oder auf Willensmängel.[39] Zu weitgehend ist es deshalb, die Beweiskraft eines notariell beurkundeten Vertrags selbst auf solche Vertragsbestandteile zu erstrecken, die in der notariellen Urkunde bezeichnet, tatsächlich aber der notariellen Urkunde nicht beigefügt waren.[40]

Anhang zu § 128: Die Amtshaftung des Notars

Literatur: *Achenbach*, Notarhaftung – Zur Kausalitätsfrage bei Nichteinhaltung der Regelfrist des § 17 Abs. 2 a Satz 2 Nr. 2 BeurkG, DNotZ 2016, 4; *Ganter*, Die Rechtsprechung des BGH zu den Belehrungs-, Hinweis- und Warnpflichten des Notars, WM 1996, 701; *Ganter*, Zweifelsfragen im Notarhaftungsrecht, DNotZ 1998, 851; *Ganter*, Die Beweislast im Notarhaftpflichtprozess, ZNotP 2000, 176; *Ganter*, Die jüngste Rechtsprechung des Bundesgerichtshofs zum Notarhaftungsrecht, ZNotP 2003, 442; ZNotP 2006, 458 und ZNotP 2006, 42; *Ganter*, Aktuelle Rechtsprechung zum Notarhaftungsrecht, DNotZ 2007, 246, DNotZ 2009, 173 und DNotZ 2013, 165; *Hager/Müller-Teckhof*, Die Entwicklung des Notarrechts in den Jahren 2014/2015, NJW 2015, 1857; *dies.*, Die Entwicklung des Notarrechts in den Jahren 2015 bis 2016, NJW 2016, 1857; *dies.*, Die Entwicklung des Notarrechts in den Jahren 2016 bis 2017, NJW 2017,1860; *dies.*, Die Entwicklung des Notarrechts in den Jahren 2017 bis 2018, NJW 2018,1853; *dies.*, Die Entwicklung des Notarrechts in den Jahren 2018 bis 2019, NJW 2019,1922; *Herrmann*, Die aktuelle Rechtsprechung des III. Zivilsenats des Bundesgerichtshofs zum Notarhaftungsrecht, ZNotP 2018, 381; *Jungk*, Bedarf der Begriff des Rechtsmittels i.S.v. § 839 Abs. 3

29 RG 17.9.1919 – V 131/19, RGZ 96, 273, 275; RG 26.10.1901 – V 223/01, RGZ 49, 127, 132; MüKo-BGB/*Einsele* § 128 Rn. 7; Erman/*Arnold* BGB § 128 Rn. 3.
30 BGH 10.7.2013 – IV ZR 224/12, NJW 2013, 3306.
31 MüKoBGB/*Einsele* § 128 Rn. 6; *Wolf/Neuner* BGB AT § 44 Rn. 51; Palandt/*Ellenberger* BGB § 128 Rn. 3; Jauernig/*Mansel* BGB § 128 Rn. 2; Erman/*Arnold* BGB § 128 Rn. 1.
32 BGH 10.7.2013 – IV ZR 224/12, NJW 2013, 3306; Soergel/*Hefermehl* BGB § 128 Rn. 5; BeckOK BGB/*Wendtland* § 128 Rn. 4.
33 MüKoBGB/*Einsele* § 128 Rn. 2.
34 MüKoBGB/*Einsele* § 128 Rn. 2; Soergel/*Hefermehl* BGB § 128 Rn. 7; BeckOK BGB/*Wendtland* § 128 Rn. 3.

35 So auch MüKoBGB/*Einsele* § 128 Rn. 2.
36 RG 2.7.1908 – IV 583/07, RGZ 69, 130, 132 ff.; MüKoBGB/*Einsele* § 128 Rn. 6; Soergel/*Hefermehl* BGB § 128 Rn. 5; Palandt/*Ellenberger* BGB § 128 Rn. 3.
37 Musielak/Voit/*Huber* ZPO § 415 Rn. 10; Zöller/*Geimer* ZPO § 415 Rn. 5; MüKoBGB/*Einsele* § 128 Rn. 8; BeckOK BGB/*Wendtland* § 128 Rn. 6; Hk-BGB/*Dörner* § 128 Rn. 4.
38 Dazu BGH 22.6.1965 – V ZR 55/64, NJW 1965, 1714 (kein Gegenbeweis durch Parteivernehmung).
39 MüKoBGB/*Einsele* § 128 Rn. 8; BeckOK BGB/*Wendtland* § 128 Rn. 6.
40 *Altmeppen* NJW 2006, 3761 f., gegen KG 4.11.2005 – 14 U 136/04, NJW 2006, 3786 (3787 ff.).

BGB im Notarhaftungsrecht einer restriktiven Auslegung?, DNotZ 2001, 99; *Kapsa,* Aktuelle Probleme des Notarhaftungsrechts, ZNotP 2007, 2 und 402 sowie ZNotP 2008, 468; *Lorz,* Verfassungs- und Europafestigkeit der deutschen Notariatsverfassung, NJW 2012, 3406; *Plaß,* Der Mitverschuldenseinwand des Notars, DNotZ 2002, 23; *Rossak,* Darf der Notar seine Haftung ausschließen oder beschränken?, VersR 1985, 1121; *Schlick,* Aktuelle Probleme des Notarhaftungsrechts, ZNotP 2013, 2; *ders.,* Rechtsprechung des III. Zivilsenats zur Notarhaftung, ZNotP 2013,362; *Schmitz,* Haftungsfreistellung des Notars bei konkurrierender Staatshaftung, VersR 2008, 1049; *Terner,* Verbraucherschutz durch Notare, NJW 2013,1404; *Tombrink,* Die aktuelle Rechtsprechung des Bundesgerichtshofs zum Notarhaftungsrecht, ZNotP 2019, 361; *Zugehör,* Aktuelle Fragen der Notarhaftung, ZNotP 2000, 250.

A. **Vorbemerkung** 1
B. **Anspruchsgrundlagen** 3
  I. § 19 BNotO 3
  II. Ausnahme: Staatliches Notariat in Baden-
     Württemberg 6
C. **Anspruchsvoraussetzungen des § 19 BNotO** ... 7
  I. Notartätigkeit 8
    1. Allgemeines 8
    2. Problembereich: Anwaltsnotar 9
      a) § 14 Abs. 1 S. 2 BNotO 11
      b) § 24 Abs. 2 BNotO 12
      c) Gesetzliche Mitwirkungsverbote 14
  II. Amtspflichtverletzung 15
    1. Allgemeines 15
    2. Wichtige Amtspflichten des Notars 17
      a) Prüfungs- und Belehrungspflichten ... 17
      aa) Allgemeine Belehrungspflichten bei
         Urkundstätigkeit 18
      bb) Die erweiterte Belehrungspflicht,
         § 14 Abs. 1 S. 2 BNotO 29
      cc) Außerordentliche Belehrungspflicht ... 30
      dd) Grenzen der Belehrungspflicht 31
      b) Pflichten bei der Urkundsgestaltung .. 33
      aa) Verfahren 34
      bb) Inhalt 35
      c) Pflichten bei Einreichungs- und Voll-
         zugstätigkeit 37
      d) Pflichten bei Betreuung und Vertre-
         tung 40
      e) Sonstige Pflichten 46
      aa) Unparteilichkeit 47
      bb) Redlichkeit 49
      cc) Verschwiegenheitspflicht 50
      dd) Ausführungspflicht, § 15 BNotO 51
      ee) Weisungsgebundenheit 52
      ff) Wahl des sichersten Weges 53
  III. Drittbezogenheit der Amtspflicht 54
    1. Beteiligte 57
    2. Mittelbar Beteiligte 60
    3. Sonstige „Andere" 62
  IV. Rechtswidrigkeit und Verschulden 66
    1. Rechtswidrigkeit 67

    2. Verschulden 69
  V. Schaden, Kausalität 74
    1. Schaden 75
    2. Mitverschulden 78
    3. Kausalität 81
  VI. Einschränkungen der Notarhaftung 86
    1. Subsidiarität, § 19 Abs. 1 S. 2 BNotO 87
      a) Kein Vorsatz 90
      b) Keine Tätigkeit gem.
         §§ 23, 24 BNotO 91
      c) Keine Anspruchskonkurrenz mit
         Ansprüchen gegen den Staat oder
         anderen Notar 93
      d) Bestehen, Durchsetzbarkeit und
         Zumutbarkeit der Ersatzmöglichkeit .. 95
      e) Rechtsfolge 100
    2. Unterlassenes Rechtsmittel § 19 Abs. 1
      S. 3 BNotO, § 839 Abs. 3 BGB 102
      a) Rechtsmittel 103
      b) Kausalität 106
      c) Verschulden 107
      d) Rechtsfolge 108
    3. Entscheidung der Aufsichtsbehörde,
      § 18 Abs. 3 S. 2 BNotO 109
D. **Beteiligung Dritter** 110
  I. Haftung des Notars für Hilfspersonen 110
    1. Notarassessor 111
    2. Notarvertreter 115
    3. Personal 116
  II. Persönliche Haftung von Hilfspersonen 119
    1. Haftung des Notarassessors 119
    2. Notarvertreter 122
    3. Haftung des Notariatsverwalters 125
    4. Haftung des Personals 126
  III. Sozietät 128
E. **Prozessuale Besonderheiten** 130
  I. Zulässigkeit 131
  II. Passivlegitimation 134
  III. Darlegungs- und Beweislast 135
F. **Verjährung** 138
G. **Vertragliche Haftungsbeschränkungen** 141
H. **Berufshaftpflichtversicherung** 142

A. Vorbemerkung

Obwohl der Notar – anders als der Rechtsanwalt – Träger eines öffentlichen Amtes (§ 1 BNotO) ist, findet **1** im Falle von Amtspflichtverletzungen nicht das allgemeine Staatshaftungsrecht (§ 839 iVm Art. 34 GG) Anwendung. Auch die allgemeine Vertragshaftung gem. § 280, die bei der Dienstleistung von Anwälten einen Schadensersatzanspruch begründet, ist bei einer Notartätigkeit nicht anwendbar. Der Gesetzgeber hat in der BNotO vielmehr eine **eigenständige Regelung der Haftung für Amtspflichtverletzungen der Notare** geschaffen (§ 19 BNotO). Diese Vorschrift regelt die Haftung des Notars umfassend und gilt nicht nur bei Amtshandlungen im engeren Sinne, etwa Beurkundungen, sondern auch bei beratender Tätigkeit im Rahmen des § 24 BNotO.[1]

Aus Sicht der Versicherungswirtschaft ist ein Trend hinsichtlich einer Zunahme von Haftpflichtfällen bei **2** Notaren zu erkennen. In den Jahren 1990–2000 wurden Leistungen in einer Größenordnung von 100 Mio.

---

1 Vgl. nur BGH VersR 1972,1049; BGH DNotZ 1990,
    661; BGH ZNotP 1999, 247; *Haug/Zimmermann*
    Rn. 1, 2; *Arndt/Lerch/Sandkühler* BNotO § 19 Rn. 2.

EUR erbracht; der durchschnittliche Aufwand je Versicherungsfall hatte sich auf 10.000 EUR annähernd verdoppelt.[2] Folge waren starke Prämienerhöhungen bei den Versicherern.[3]

B. Anspruchsgrundlagen

I. § 19 BNotO

3 **Zentrale Anspruchsgrundlage** für Amtpflichtverletzungen der Notare ist **§ 19 BNotO**. Ergänzt wird die Vorschrift durch § 46 BNotO, der die Haftung des Vertreters des Notars festschreibt und durch § 61 BNotO, der die Haftung des Notariatsverwalters regelt.

4 Die **Haftung** des Notars gem. § 19 BNotO ist **abschließend**. Eine Haftung des Staates anstelle des Notars ist ausgeschlossen (§ 19 Abs. 1 S. 4 BNotO). Dieser einfach gesetzliche Ausschluss der Staatshaftung ist verfassungsrechtlich zulässig, da Art. 34 GG keine voll umfängliche Staatshaftung erfordert.[4] Der Ausschluss der Staatshaftung wird dadurch kompensiert, dass Notare gem. § 19a BNotO verpflichtet sind, eine Berufshaftpflichtversicherung mit einer Mindestversicherungssumme von 500.000 EUR zu unterhalten. Das Fehlen einer Haftpflichtversicherung führt zur Amtsenthebung (§ 50 Abs. 1 Nr. 10 BNotO).

5 Die **Struktur** der Amtshaftung der Notare ist vergleichbar mit der allgemeinen Amtshaftung gem. § 839. Diese Regelungen sind gem. § 19 Abs. 1 S. 3 BNotO auch ergänzend heranzuziehen, soweit Sonderregelungen in der BNotO fehlen.

II. Ausnahme: Staatliches Notariat in Baden-Württemberg

6 Neben dem hauptberuflichen Notariat und dem Anwaltsnotariat (§ 116 Abs. 1 BNotO) gab es in Baden-Württemberg noch bis zum 31.12.2017 eine Sonderform des Notariats, die sog. „**Notare im Landesdienst**" (§ 114 Abs. 1 BNotO). Für diese staatlichen Notare, die Beamtenstatus hatten, galt die BNotO nicht, mit der Folge, dass für Amtpflichtverletzungen die allgemeine Haftung gem. § 839 iVm Art. 34 GG Anwendung fand.[5] Ab dem 1.1.2018 werden nach der Neufassung des § 114 Abs. 1 BnotO, die verfassungsgemäß ist,[6] nur noch hauptberufliche Notare iSv § 3 Abs. 1 BNotO bestellt, für die § 19 BNotO Anwendung findet.

C. Anspruchsvoraussetzungen des § 19 BNotO

7 Der Amtshaftungsanspruch ist strukturell dem Amtshaftungsanspruch gem. § 839 vergleichbar; seiner Rechtsnatur nach handelt es sich um einen Deliktsanspruch des Zivilrechts.[7] Es müssen die nachfolgend dargestellten Tatbestandsmerkmale erfüllt sein, damit eine Schadensersatzpflicht des Notars begründet ist:

I. Notartätigkeit

8 **1. Allgemeines.** Voraussetzung einer Haftung gem. § 19 BNotO ist zunächst, dass die schadensverursachende Handlung bei einer „Notartätigkeit" erfolgt ist. Da der Notar gem. § 1 BNotO Träger eines öffentlichen Amtes ist, erfordert eine Notartätigkeit, dass der Notar **in** diesem Amt tätig wird.[8] Eine Anwendung des § 19 BNotO scheidet daher aus, wenn der Notar außerhalb der Amtstätigkeit, etwa bei einer genehmigten Nebentätigkeit Pflichten verletzt.[9] Eine privatrechtliche Tätigkeit, die keine Amtstätigkeit darstellt, ist etwa die Kündigung von Kanzleiräumen durch den Notar.[10]

Dass nach Auffassung des EuGH notarielle Tätigkeiten nicht mit der Ausübung öffentlicher Gewalt im Sinne des Art. 45 Abs. 1 EG (jetzt: Art. 51 Abs. 1 AEUV) verbunden sind,[11] macht die einschlägigen Bestimmungen des deutschen Rechts (insbesondere § 1 BNotO zur notariellen Amtsträgereigenschaft und die Regelungen zur notariellen Amtstätigkeit in §§ 20 ff. BNotO) nach Auffassung des BVerfG nicht unanwendbar. Das Unionsrecht verlange lediglich, dass die durch Art. 49 AEUV gewährleistete Niederlassungsfreiheit für Notarinnen und Notare nicht an der Staatsangehörigkeit scheitert, weil der Ausnahmetatbestand des Art. 51 Abs. 1 AEUV nicht greift.[12]

---

2   Vgl. BNotK-Intern, 2002, 1, S. 4 (s. bei www.bnotk. de).

3   BNotK-Intern 2003, 1, S. 1–2.

4   BGHZ 135, 356 = NJW 1998, 142; *Arndt/Lerch/ Sandkühler* BNotO § 9 Rn. 3; *Schlüter/Knippenkötter* Rn. 7.

5   Einzelheiten bei *Haug/Zimmermann* Rn. 443 ff.

6   BVerfG 24.2.2017 – 2 BvR 2524/16, DNotZ 2017, 706.

7   Eylmann/Vaasen/*Frenz* BNotO § 19 Rn. 3; Schippel/ Bracker/*Schramm* BNotO § 19 Rn. 2 mwN.

8   Ganter/Hertel/Wöstmann/*Wöstmann* Rn. 293.

9   *Haug/Zimmermann* Rn. 4; *Tremml/Karger/Luber* Rn. 1450; Eylmann/Vaasen/*Frenz* BNotO § 19 Rn. 6.

10   BGH DNotZ 1992, 453; *Haug/Zimmermann* Rn. 4.

11   EuGH NJW 2011, 2941.

12   BVerfG NJW 2012, 2639 mit Anm. *Lorz* NJW 2012, 3406.

2. Problembereich: Anwaltsnotar. Während sich beim hauptberuflichen Notar die Abgrenzung zwischen **9** der Ausübung von Amtstätigkeit und den außerhalb der Amtstätigkeit wahrgenommenen Rechtsgeschäften in der Regel problemlos treffen lässt, ergeben sich im Bereich des Anwaltsnotariats erhebliche Probleme. Gem. § 3 Abs. 2 BNotO werden in den Gerichtsbezirken, in denen am 1.4.1961 das Amt des Notars nur im Nebenberuf ausgeübt worden ist, weiterhin ausschließlich Rechtsanwälte als **Notare** zur **gleichzeitigen Amtsausübung neben dem Beruf des Rechtsanwalts** bestellt (Anwaltsnotare). Da der Anwaltsnotar zwei Berufe ausübt, die unterschiedlichen Haftungskreisen zugeordnet sind, ist in jedem Einzelfall eine Abgrenzung der verschiedenen Tätigkeitsbereiche als Rechtsanwalt und als Notar vorzunehmen.

Der Anwaltsnotar **haftet** gem. § 19 BNotO, wenn er eine Notartätigkeit entfaltet. Demgegenüber haftet er **10** gem. § 280 iVm §§ 241 Abs. 2, 675, soweit er als Rechtsanwalt tätig geworden ist. Eine sorgfältige Abgrenzung ist auch deshalb erforderlich, weil sich in der Sache erhebliche Unterschiede zwischen der Anwalts- und Notarhaftung ergeben. Zu den maßgeblichen Abgrenzungskriterien ist Folgendes anzumerken:

a) § 14 Abs. 1 S. 2 BNotO. Im Hinblick darauf, dass ein Notar nicht Vertreter einer Partei sondern unab- **11** hängiger und unparteiischer Betreuer aller Beteiligten sein muss, ist für die Abgrenzung zunächst folgendes **Kriterium** relevant: Agiert ein Anwaltsnotar als einseitiger Interessenvertreter seines Auftraggebers, ist er im Zweifel als Rechtsanwalt tätig geworden. Entspricht die Rolle jedoch der eines unparteiischen Betreuers aller Beteiligten, wird seine Tätigkeit als notarielle Tätigkeit aufzufassen sein.[13]

b) § 24 Abs. 2 BNotO. Eine **gesetzliche Abgrenzungsregelung** findet sich in § 24 Abs. 2 BNotO für die **12** Fälle der Betreuung und Vertretung der Beteiligten iSv § 24 Abs. 1 BNotO. Danach ist immer dann von einer Notartätigkeit auszugehen, wenn der Anwaltsnotar eine Tätigkeit iSd §§ 20 bis 23 BNotO vorbereitet oder ausführt (§ 24 Abs. 2 S. 1 BNotO). In den übrigen Fällen ist im Zweifel anzunehmen, dass er als Rechtsanwalt tätig geworden ist (§ 24 Abs. 2 S. 2 BNotO). Hierbei kann es zu schwierigen Abgrenzungsfällen kommen. Die Art der Tätigkeit spielt eine maßgebliche Rolle. Ist sie auf einseitige Interessenwahrnehmung gerichtet, liegt Anwaltstätigkeit vor, bei neutraler, unparteiischer Berücksichtigung aller Belange liegt Notartätigkeit vor.[14] Der Erklärungsinhalt aus der Sicht des Empfängers kann im Einzelfall maßgeblich sein.[15] Für den in der Praxis relevanten Fall, dass der **Anwaltsnotar einen Vertrag entwerfen** soll, gilt folgende Abgrenzung: Entscheidend ist, ob der Auftrag von **einem** Auftraggeber erteilt wird und die Interessen dieses Auftraggebers wahrgenommen werden sollen; in einem solchen Fall liegt eine Tätigkeit als Rechtsanwalt vor.[16] Erfolgt die Erstellung des Vertragsentwurfs einvernehmlich aufgrund eines Auftrags beider oder mehrerer Vertragsparteien, handelt es sich um eine notarielle Tätigkeit, auch wenn eine spätere Beurkundung nicht vorgesehen ist.[17]

Für den Fall, dass ein **Anwaltsnotar die Beteiligten über ein Rechtsgeschäft berät**, das er anschließend **13** beurkundet, treffen ihn regelmäßig die Pflichten eines Notars.[18] War die vorausgegangene Beratung dazu bestimmt, die Beurkundung vorzubereiten, bestand auch insoweit eine Notartätigkeit (§ 24 Abs. 2 S. 1 BNotO). Eine Tätigkeit als Rechtsanwalt liegt in solchen Fällen jedoch dann vor, wenn die Beratung einseitig auf die Interessen des Auftraggebers gerichtet ist.[19]

c) Gesetzliche Mitwirkungsverbote. Die Abgrenzungsregelung des § 24 Abs. 2 BNotO wird ergänzt **14** durch gesetzliche Mitwirkungsverbote, die die **Unabhängigkeit des Notars wahren** sollen. Die Mitwirkung als Notars wird gem. § 3 Abs. 1 BeurkG iVm § 16 BNotO beschränkt. Für Anwaltsnotare ist in diesem Zusammenhang auch § 3 Abs. 1 Nr. 7 BeurkG (Vorbefassung) von besonderer Bedeutung. Immer dann wenn der Anwaltsnotar bereits als Rechtsanwalt tätig war, ist in der gleichen Angelegenheit eine Notartätigkeit ausgeschlossen. Dies gilt auch umgekehrt. In § 45 Abs. 1 Nr. 1 und 2 BRAO ist bestimmt, dass auch eine Rechtsanwaltstätigkeit unzulässig ist, wenn in derselben Angelegenheit bereits eine Vortätigkeit als Notar vorlag.

II. Amtspflichtverletzung

1. Allgemeines. Der Schadensersatzanspruch gem. § 19 BNotO setzt voraus, dass der Notar eine **Amts-** **15** **pflichtverletzung** begeht. Wann eine Amtspflichtverletzung vorliegt, ist nicht im Einzelnen geregelt. Die den Notar treffenden Pflichten ergeben sich aus den allgemeinen Vorschriften, insbesondere aus der BNotO,

---

13 Zur Abgrenzung vgl. BGH NJW 2009, 71; BGH WM 2001, 1204 f.; BGH WM 1996, 518.

14 BGH NJW-RR 2001,1639 (Rn. 18).

15 BGHZ 134, 100 ff. = WM 1997, 78.

16 Dazu Eylmann/Vaasen/*Hertel* BNotO § 24 Rn. 63, 64.

17 BGH VersR 1972, 1049; Fischer/Vill/*Rinkler* Anwaltshaftung Rn. 149.

18 BGH NJW 1993, 2747 f.

19 BGH NJW 1998, 1864; NJW 1993, 2747.

dem BeurkG und der Dienstordnung für Notare (DONot).[20] Die Regelungen der Dienstordnung betreffend die Pflichten der Notare sind verfassungsrechtlich nicht zu beanstanden.[21]

16 Daraus folgt, dass bei den unterschiedlichen Tätigkeitsbereichen eines Notars eine unübersehbar große Anzahl von einzelnen Amtspflichten besteht, die in diesem Kontext nicht dargestellt werden können. Es sollen daher nachfolgend nur die **Kernpflichten eines Notars** behandelt werden.

17 **2. Wichtige Amtspflichten des Notars. a) Prüfungs- und Belehrungspflichten.** Die Verletzung von Belehrungspflichten bildet in der Praxis einen großen Anteil der Haftpflichtfälle bei Notaren.[22] Dieser Bereich der Amtspflichten wird in Rechtsprechung und Literatur traditionell in folgende Kernbereiche untergliedert:

18 **aa) Allgemeine Belehrungspflichten bei Urkundstätigkeit.** Bei der Beurkundung ergeben sich die Amtspflichten eines Notars insbesondere aus §§ 17 ff. BeurkG. Danach hat der Notar folgende Pflichten zu beachten:

- Pflicht zur Erforschung des Willens der Beteiligten (§ 17 Abs. 1 S. 1 BeurkG);
- Pflicht zur Sachverhaltsaufklärung (§ 17 Abs. 1 S. 1 BeurkG);
- Pflicht zur Belehrung über die rechtliche Tragweite des Geschäfts (§ 17 Abs. 1 S. 1 BeurkG);
- Pflicht zur klaren und unzweideutigen Wiedergabe der Erklärungen in der Niederschrift (§ 17 Abs. 1 S. 1 BeurkG);
- Vermeidung von Irrtümern und Benachteiligungen (§ 17 Abs. 1 S. 2 BeurkG);
- Erörterungspflicht bei Zweifel an der Wirksamkeit des Geschäfts (§ 17 Abs. 2 S. 1 BeurkG);
- Pflicht bei Verbraucherverträgen, die rechtsgeschäftlichen Erklärungen des Verbrauchers persönlich oder durch eine Vertrauensperson einzuholen (§ 17 Abs. 2a S. 2 Nr. 1 BeurkG);
- Pflicht zur Vorabinformation der Verbraucher (§ 17 Abs. 2a S. 2 Nr. 2 BeurkG);
- Pflicht zum Hinweis auf ausländisches Recht (§ 17 Abs. 3 S. 1 BeurkG);
- Pflicht zum Hinweis auf Genehmigungserfordernisse (§ 18 BeurkG);
- Pflicht zum Hinweis auf Unbedenklichkeitsbescheinigungen (§ 19 BeurkG);
- Pflicht zum Hinweis auf ein ggf. bestehendes Vorkaufsrecht (§ 20 BeurkG).

19 Die Einzelheiten zu diesen Pflichten sind von der Rechtsprechung näher konkretisiert worden, insoweit wird auf das Spezialschrifttum zum BeurkG Bezug genommen. Lediglich folgende **wesentlichen Grundsätze** seien hervorgehoben:

20 § 17 Abs. 1 Satz 1 BeurkG soll gewährleisten, dass der Notar eine rechtswirksame Urkunde über den **wahren Willen** der Beteiligten errichtet. Diese Belehrungspflicht geht daher nur soweit, wie eine Belehrung für das Zustandekommen einer formgültigen Urkunde erforderlich ist, die den wahren Willen der Beteiligten vollständig und unzweideutig in der für das beabsichtigte Rechtsgeschäft richtigen Form und rechtswirksam wiedergibt.[23] Die Belehrungspflicht erstreckt sich nach Auffassung des BGH nicht auf die wirtschaftliche Tragweite eines Rechtsgeschäfts.[24]

21 Dabei hat der Notar in der Urkunde den **Willen der Beteiligten so eindeutig wie möglich** zu fassen. Für Schäden aus unklaren Formulierungen haftet der Notar.[25] Gleiches gilt, wenn das beurkundete Geschäft nicht der richtigen Form entspricht.[26] Daher ist es von der Rechtsprechung als Pflichtverletzung gewertet worden, dass der Notar bei der Beurkundung eines Grundstückkaufvertrages eine im Vertrag angeführte Baubeschreibung nicht mitbeurkundet hatte.[27]

22 Bei der **Klärung des Willens** der Beteiligten und des Sachverhaltes muss der Notar darauf hinwirken, dass sich die Beteiligten vollständig und eindeutig über ihre Vorstellungen äußern[28] und muss mit den Beteiligten erörtern, ob die zu beurkundende Fassung des Geschäfts ihrem wahren Willen entspricht.[29] Dabei muss der Notar bedenken, dass die Beteiligten möglicherweise entscheidende Gesichtspunkte übersehen haben, so dass er ggf. **nachzufragen** hat, wenn er hierfür Anhaltspunkte sieht.[30] Solche Anhaltspunkte können bestehen, wenn das beabsichtigte Rechtsgeschäft einen Aspekt aufwirft, der üblicherweise zum Gegenstand vertraglicher Abreden gemacht wird.[31]

20 Vgl. auch *Tremml/Karger/Luber* Rn. 1457; *Haug/ Zimmermann* Rn. 15; *Eylmann/Vaasen/Frenz* BNotO § 19 Rn. 8; speziell zur DONot vgl. auch BGH DNotZ 1986, 418.
21 BVerfG NJW 2012, 2639 betreffend Regelungen zu Verwahrungsgeschäften mit Anm. *Lorz* NJW 2012, 3406.
22 *Haug/Zimmermann* Rn. 449.
23 BGHZ 125, 218, 225 = NJW 1994, 1344; BGH NJW 1993, 2741 (2742); BGH WM 1988, 722 f.
24 BGH DNotZ 2011, 196 (Rn. 16).

25 BGH NJW 2004, 69 (70); *Ganter* ZNotP 2004, 458.
26 BGH DNotZ 2006, 918.
27 BGH WM 2008, 1697.
28 BGH NJW 1987, 1266.
29 BGH WM 1996, 30 f.; BGH WM 1991, 1046 (1048).
30 BGH MDR 2011, 266 = ZNotP 2011, 75 = NJW 2011, 1355.
31 BGH MDR 2011, 266 Rn. 17; vgl. dazu *Ganter* DNotZ 2013, 165 (167) sowie *Schlick* ZNotP 2013, 2 ff.

Ein Unterfall der Sachverhaltsaufklärung ist die in § 21 Abs. 1 BeurkG geregelte **Unterrichtung über den** 23 **Grundbuchinhalt**. Diese Unterrichtung dient dazu, zu klären, ob dem zu beurkundenden Recht rechtliche Hindernisse entgegenstehen oder ob Eintragungen – etwa Belastungen – für das Rechtsgeschäft von Bedeutung sind.[32] Bei der Unterrichtung über den Grundbuchinhalt darf sich der Notar auch Hilfspersonen bedienen, für deren Fehler er dann nach Auffassung des BGH – systemwidrig – analog § 278 einzustehen hat (vgl. dazu → Rn. 116.).[33] Allerdings folgt weder aus § 21 Abs. 1 BeurkG noch aus § 17 Abs. 1 S. 1 BeurkG eine weiter gehende Pflicht zur Einsicht auch in die **Grundakten**. Eine solche Pflicht besteht nur bei besonderen Umständen, etwa bei Unklarheiten oder einer erkennbaren Gefahrenlage für einen Urkundsbeteiligten[34] oder für den Fall, dass sich aus dem Grundbuch oder auf andere Weise Hinweise auf einen unerledigten Antrag ergeben.[35]

Der Notar unterliegt **keiner Pflicht zur Amtsermittlung**, dh er darf sich in der Regel auf die Angaben der 24 Beteiligten verlassen.[36]

Die erforderliche **rechtliche Belehrung** soll gewährleisten, dass eine rechtswirksame Urkunde über den 25 wahren Willen der Beteiligten errichtet wird.[37] Dies gilt besonders bei der Übernahme von **Risiken** durch eine Partei, etwa bei dem Fall, dass eine **ungesicherte Vorleistung** von einer Partei erbracht werden soll.[38] In diesen Fällen trifft den Notar eine **doppelte Belehrungspflicht**: er ist gehalten, die mit einer ungesicherten Vorleistung verbundenen Gefahren aufzuzeigen und muss darüber aufklären, wie diese Risiken möglichst zu vermeiden sind.[39] Diese Grundsätze hat der BGH auch auf den Fall eines Darlehensvertrages mit Sicherungsgrundschuld angewandt.[40]

Die doppelte Belehrungspflicht entfällt nicht schon dann, wenn der Notar weiß, dass der Urkundsbeteiligte anwaltlichen oder anderweitig notariellen Rat in derselben Angelegenheit erhalten hat; er muss sich vielmehr selbst vergewissern, dass der Anwalt/Notar die Belehrung erteilt und der Urkundsbeteiligte diese Belehrung auch verstanden hat.[41] Bei unklarer Rechtslage muss der Notar über die **offene Rechtsfrage** und das damit verbundene Risiko belehren.[42] Dazu zählt auch, **Entwicklungen der Rechtsprechung** – etwa bei der Inhaltskontrolle von AGB – zu berücksichtigen.[43] Mangels gefestigter Rechtsprechung war eine Beurkundung von befristeten Fortgeltungsklauseln im Jahre 2008 keine schuldhafte Pflichtverletzung des Notars.[44] Die Belehrungspflicht entfällt auch dann, wenn die Vertragsbeteiligten über die **Rechtslage** – etwa über die Formnichtigkeit einer Regelung – **im Klaren sind**.[45]

Besondere **Haftungsrisiken** für eine Partei, etwa bei einer Kapitalerhöhung einer Gesellschaft, führen 26 ebenfalls zu einer besonderen Belehrungspflicht des Notars.[46] Ebenso gilt eine Hinweispflicht bei anderen möglichen **Rechtsnachteilen**, etwa zu der Gefahr eines unwirksamen Rangrücktritts bei Nichtvorlage eines Grundschuldbriefes.[47]

Die rechtliche Belehrung muss sich allerdings im Regelfall **nicht** auf **steuerrechtliche** Aspekte erstrecken.[48] **Ausnahmen** gelten nur für den Fall einer **Schenkung**[49] oder einer **Zweckzuwendung** (§ 8 Abs. 1 27 S. 6 und Abs. 4 ErbStDV), im Falle der besonderen Übernahme einer steuerrechtlichen Beratung durch den Notar und für den Fall, dass besondere Umstände die Annahme rechtfertigen, dass allen Beteiligten konkrete Nachteile drohen, denen sie sich nicht bewusst sind.[50] Gleiches kann gelten, wenn der Notar einen von einem Steuerberater entworfenen Vertrag ändern soll und der Notar die steuerrechtlichen Konsequenzen nicht überblickt; dann muss er steuerrechtlichen Rat empfehlen.[51]

32 BGH WM 1995, 1502 f.; *Ganter* WM 2000, 641 (643).
33 BGHZ 131, 200 ff. = NJW 1996, 464; ebenso *Haug/Zimmermann* Rn. 353.
34 BGH NJW 2009, 279; dazu *Ganter* DNotZ 2009, 173 (174).
35 OLG Karlsruhe notar 2015,198; dazu *Hager/Müller-Teckhof* NJW 2016, 1857 (1861).
36 BGH VersR 1996, 336.
37 BGH NJW 2007, 3566 (3567); BGH NJW 2005, 3495; BGH WM 1995, 118 ff.
38 BGH WM 1995, 118 f.; BGH WM 2000, 1355; BGH NJW 2008, 1319; BGH NJW 2008, 1321.
39 BGH NJW-RR 2012, 300; dazu *Schlick* ZNotP 2013, 2 (5 ff.); vgl. auch BGH NJW 1999, 2188; BGH ZNotP 2004, 290; BGH NJW-RR 2005, 284; BGH NJW 2008, 1321; *Ganter* DNotZ 2009, 173 (175).
40 BGH NJW 2006, 3065 (3066); näher dazu *Ganter* DNotZ 2007, 246 (251 f.).
41 OLG Frankfurt MDR 2012, 1319.

42 BGH NJW 2016,1324.
43 BGH NJW 2016,1324; kritisch *Zimmer* NJW 2016, 1328.
44 BGH NJW 2017, 3161.
45 BGH NJW 2016, 3525.
46 BGH NJW 2007, 3566; BGH WM 2008, 1318; OLG Oldenburg DB 2006, 777; dazu *Ganter* DNotZ 2009, 173 (177 f.); *Kapsa* ZNotP 2008, 468 (471 f.); *Matz* VersR 2008, 1365.
47 BGH WM 2010, 91.
48 BGH WM 1995, 1502 f.; BGH WM 1992, 1533 (1535); BGH NJW 2008, 1085; vgl. dazu *Moes* DNotZ 2008, 373 ff.
49 Vgl. zur Haftung wegen fehlender Aufklärung über die Schenkungsteuer OLG Oldenburg MDR 2010, 55 f. und OLG Hamm 27.7.2012 – 11 U 74/11, juris Rn. 30; dazu *Ganter* DNotZ 2013, 165 (176).
50 BGH WM 1995, 1502 f.; BGH DNotZ 1992, 813.
51 BGH VersR 2004, 479.

28 Auch über die **Kosten** – Notarkosten und Gerichtskosten – muss der Notar grundsätzlich **nicht** belehren.[52] Aufgrund besonderer Umstände können sich insoweit Ausnahmen ergeben. Etwa dann, wenn der Notar Anhaltspunkte für eine schlechte finanzielle Situation eines Beteiligten hat.[53] In diesem Fall ist der Notar gem. § 17 Abs. 2 BNotO außerdem verpflichtet – wenn die Voraussetzungen für die Gewährung von Prozesskostenhilfe erfüllt wären – die Urkundstätigkeit vorläufig gebührenfrei oder gegen Ratenzahlung zu gewähren. Auch im Rahmen einer **planenden Beratung** als Betreuungstätigkeit iSv § 24 BNotO kann der Notar verpflichtet sein, über die Kosten der ins Auge gefassten Beurkundungen zu informieren.[54]

29 **bb) Die erweiterte Belehrungspflicht, § 14 Abs. 1 S. 2 BNotO.** Nach ständiger Rechtsprechung des BGH folgt aus der Verpflichtung zur Unabhängigkeit und Unparteilichkeit iSv § 14 Abs. 1 S. 2 BNotO eine **besondere (erweiterte) Belehrungspflicht.** Diese Belehrungspflicht besteht, wenn der Notar aufgrund besonderer Umstände des Falles Anlass zur Besorgnis haben muss, einem Beteiligten drohe ein Schaden, weil er sich wegen mangelnder Kenntnis der Rechtslage oder von vermögensrelevanten Sachumständen der Gefährdung seiner Interessen nicht bewusst ist.[55] Die Belehrungspflicht tritt allerdings nicht ein hinsichtlich solcher Schäden, die aufgrund wirtschaftlicher Überlegung eines Beteiligten drohen und in keinem Zusammenhang mit der rechtlichen Konstruktion des Vertrages oder der Art seiner Durchführung stehen.[56] Nur in Ausnahmefällen kann sie sich auf die wirtschaftlichen Folgen erstrecken, wenn der Notar Anlass zu der Vermutung hat, einem Beteiligten drohe wegen mangelnder Kenntnis der Rechtslage die Gefahr wirtschaftlicher Nachteile.[57] Eine Aufklärung zur **Angemessenheit des Kaufpreises** schuldet der Notar allerdings nicht.[58]

30 **cc) Außerordentliche Belehrungspflicht.** Diese zusätzliche besondere Belehrungspflicht gilt ausnahmsweise dann, wenn die Vertrauensstellung des Notars zur Schädigung von Urkundsbeteiligten und anderen Personen missbraucht wird.[59] Dies ist etwa in Fällen anzunehmen, bei denen ein Beteiligter zulasten der anderen Vertragspartei oder zulasten eines Dritten unberechtigte Vorteile ziehen will, sowie dann, wenn der Notar an einem Betrug mitwirken soll.[60]

31 **dd) Grenzen der Belehrungspflicht.** Die Belehrungspflichten des Notars bestehen allerdings grundsätzlich nur dann, wenn die Beteiligten **belehrungsbedürftig** sind, was bei rechtskundigen Personen entfallen kann, jedoch nicht entfallen muss. Entscheidend ist hier der Einzelfall.[61] Nach Auffassung des BGH würde die Belehrungspflicht gemäß § 17 Abs. 1 BeurkG überspannt, wenn der Notar auch eine (mögliche) **zukünftige Entwicklung** in den Blick nehmen müsste.[62]

32 Die Belehrungspflicht kann auch durch die **Pflicht zur Unparteilichkeit** (§ 14 Abs. 1 S. 2 BNotO) eingeschränkt sein.[63]

33 **b) Pflichten bei der Urkundsgestaltung.** Bei der Beurkundung von Rechtsgeschäften ist zwischen Amtspflichten des Notars in verfahrensmäßiger Hinsicht und solchen bei der inhaltlichen Gestaltung zu unterscheiden.

34 **aa) Verfahren.** In **formeller Hinsicht** muss der Notar gem. § 17 Abs. 1 BeurkG insbesondere den Willen der Beteiligten in konkreter Form formulieren. Dies erfordert etwa bei Kaufverträgen die genaue Bezeichnung des Kaufgegenstandes.[64] Ebenso kann eine unklare Fälligkeitsregelung zu einer Haftung führen.[65] Die Beurkundung muss wahrheitsgemäß erfolgen.[66] Die notarielle Niederschrift muss vollständig sein,[67] und es sind die Verfahrensregeln des § 13 BeurkG zu beachten.

Bei **Verbraucherverträgen** muss der Notar hinsichtlich der Verfahrensgestaltung die besonderen Regelungen des **§ 17 Abs. 2 a BeurkG** beachten. Danach sind insbesondere die rechtsgeschäftlichen Erklärungen des Verbrauchers von diesem persönlich oder durch eine Vertrauensperson vor dem Notar abzugeben, und der Notar soll den beabsichtigten Text des Rechtsgeschäfts im Regelfall zwei Wochen vor der Beurkundung dem Verbraucher zur Verfügung stellen. Die Regelfrist von zwei Wochen nach § 17 Abs. 2 a Satz 2 Nr. 2

52 OLG Zweibrücken DNotZ 1988, 391; BayObLG DNotZ 1989, 707 f.; OLG Brandenburg 15.8.2018 – 7 W 18/18; *Haug/Zimmermann* Rn. 525.

53 Vgl. Ganter/Hertel/Wöstmann/*Ganter* Rn. 448.

54 KG MDR 2015, 890.

55 BGH NJW-RR 2005, 1003; BGH ZNotP 2004, 243; BGH DNotZ 2003, 426; BGH NJW 1993, 2744 (2749 f.); *Ganter* WM 2000, 641 (645 f.), *ders.* ZNotP 2003, 442 (444) und ZNotP 2004, 458 (459 ff.).

56 BGH DNotZ 1991, 759.

57 BGH MittBayNot 2009, 394; BGH DNotZ 2011, 196 (Rn. 17).

58 BGH MittBayNotK 2009, 394.

59 BGH NJW 1990, 3219 f.; OLG Hamm DNotZ 1997, 658; *Garter* WM 2000, 641 (646).

60 *Haug/Zimmermann* Rn. 595.

61 BGH DNotZ 1982, 505; BGH WM 1984, 700; vgl. auch *Tremml/Karger/Luber* Rn. 1488.

62 BGH NJW-RR 2014, 1399.

63 OLG Düsseldorf DNotZ 1985, 767; einschränkend jetzt BGH NJW 2010, 3243 (Rn. 23).

64 BGH NJW 2004, 69 f.; *Ganter* ZNotP 2004, 458.

65 BGH DNotZ 2004, 849 (850); kritisch dazu *Kesseler* DNotZ 2004, 852.

66 BGH WM 1992, 1497 (1500); BGH NJW 1997, 661 f.

67 BGH DNotZ 2001, 194; *Arndt/Lerch/Sandkühler* BNotO § 14 Rn. 205.

BeurkG steht nicht zur Disposition der Urkundsbeteiligten.[68] Der Notar hat dann, wenn die Regelfrist von zwei Wochen noch nicht abgelaufen ist und die Zwecke der Wartefrist nicht anderweitig erfüllt sind, die Amtspflicht, eine Beurkundung auch dann abzulehnen, wenn diese von den Urkundsbeteiligten gewünscht wird.[69]

Ein Abweichen von der Regelfrist kommt ausnahmsweise dann in Betracht, wenn im Einzelfall unter Beachtung der Schutzinteressen des Verbrauchers nachvollziehbare Sachgründe es rechtfertigen, die Schutzfrist zu verkürzen und der Überlegungsschutz auf andere Weise sichergestellt ist.[70] Ein sachlicher Grund kann vorliegen, wenn der Verbraucher nicht nur geschäftserfahren ist, sondern sich mit dem ihm übersandten Kaufvertragsentwurf bereits umfassend auseinandergesetzt und dem Notar Änderungswünsche zum Entwurf übersandt hat, die der Notar eingearbeitet, mit einem Antwortschreiben kommentiert in einem neuen Entwurf zurückgesandt hat.[71] Nimmt der Notar die Beurkundung ohne Einhaltung der Regelfrist vor, trifft ihn die Darlegungs- und Beweislast dafür, dass der Käufer die Beurkundung nach Ablauf der Regelfrist genauso wie geschehen vorgenommen hätte.[72] Bei einer solchen Fristunterschreitung sind die Gründe in der Niederschrift festzuhalten (§ 17 Abs. 2 a S. 2 Nr. 2 BeurkG).

bb) Inhalt. Bei der **inhaltlichen Gestaltung** von Urkunden besteht eine Pflicht des Notars zur konkreten **35** Vertragsgestaltung, dh, zur umfassenden, ausgewogenen und interessengerechten Vertragsgestaltung.[73] Gem. § 14 Abs. 2 BNotO darf der Notar nicht an unredlichen oder unerlaubten Zweckverfolgungen teilnehmen. Daher sind insbesondere Vorschriften, die eine Vertragspartei schützen sollen (etwa die Vorschriften der Makler- und Bauträgerverordnung) streng zu beachten, so dass abweichende, eine Vertragspartei gefährdende, vertragliche Regelungen nicht beurkundet werden dürfen.[74]

Darüber hinaus unterliegen die notariellen Vertragsregelungen der **richterlichen Inhaltskontrolle** gem. **36** §§ 305 ff. oder gem. § 242.[75] Gem. § 310 Abs. 3 Nr. 1 findet die Inhaltskontrolle auch bei Drittbedingungen, die auf Vorschlag eines Notars Vertragsinhalt geworden sind, Anwendung.[76] Dies bedeutet, dass der Notar die einzelnen Klauseln streng prüfen muss (Klauselkontrolle) und bei unwirksamen Klauseln, die zu Nachteilen bei einer Partei führen (etwa ein Sachmängelgewährleistungsausschluss),[77] ggf. haftet.[78]

c) Pflichten bei Einreichungs- und Vollzugstätigkeit. Gem. § 53 BeurkG ist der Notar verpflichtet, die **37** Einreichung der von ihm beurkundeten, beim **Grundbuchamt oder Registergericht** einzutragenden Willenserklärung zu veranlassen. Diese Regelung erfasst allerdings nicht die **Beseitigung** der sonstigen **Vollzugshindernisse**, wie die Einholung von Löschungsbewilligungen, Genehmigungen oder Vorkaufsverzichtserklärungen der Kommunen. **Derartige Maßnahmen** stellen jedoch den „**sichersten" Weg** dar und müssen **vom Notar angeregt** werden.[79] Außerdem muss der Notar auch beim Urkundenvollzug darauf achten, dass keiner der Beteiligten Schäden oder Nachteile erleidet.[80]

Bei diesen Amtspflichten ergeben sich in der Praxis aufgrund von **vermeidbaren Verzögerungen** häufig **38** **Amtshaftungsprozesse.** § 53 BeurkG bestimmt hierzu, dass der Notar das Notwendige zu veranlassen hat, „sobald die Urkunde eingereicht werden kann". Dies verlangt eine Handlungsweise des Notars und seiner Mitarbeiter **ohne schuldhaftes Zögern (§ 121)**.[81] Dies bedeutet, der Notar ist verpflichtet, einzureichende Willenserklärungen und Unterlagen mit der ihm möglichen und zumutbaren Beschleunigung einzureichen.[82]

In der älteren Rechtsprechung ist für den Regelfall ein Zeitraum von drei bis vier Arbeitstagen noch nicht als Amtspflichtverletzung angesehen worden.[83] Ob dies allerdings aufgrund der heutigen Kommunikationsmöglichkeiten noch in gleicher Weise Geltung hat, ist zweifelhaft. Jedenfalls kann sich aus dem Gegenstand des Rechtsgeschäfts auch ergeben, dass ein schnelleres Tätigwerden erforderlich ist (ein Tag), so bei Kredit-

---

68 BGH NJW 2013, 1451 mit Anm. *Schlick* ZNotP 2013, 362; BGH DNotZ 2015,314; dazu *Hager/Müller-Teckhof* NJW 2015, 1857 (1862 f.).

69 BGH NJW 2013,1451; näher dazu *Terner* NJW 2013, 1404.

70 BGH MDR 2018,1241; vgl. auch BGH NJW 2013,1451; OLG Frankfurt 11.7.2018 – 4 U 98/17; zur Abgrenzung *Terner* NJW 2013, 1404 (1406).

71 BGH MDR 2018, 1241 Rn. 21; nähere Erläuterung bei *Herrmann* ZNotP 2018,381 ff.

72 BGH NJW 2015, 2646; OLG Hamm 29.3.2017 – 11 U 73/16; kritisch *Achenbach* DNotZ 2016, 4.

73 BGH DNotZ 2002, 768 (769); BGH VersR 1994, 1310 f.

74 BGH NJW 2007, 1360; näher zu den Einzelheiten vgl. *Arndt/Lerch/Sandkühler* BNotO § 14 Rn. 91 ff.

75 BGH NJW 1988, 135; BGH NJW 1989, 2748.

76 Vgl. auch *Heinrichs* NJW 1995, 153 ff.

77 Vgl. dazu OLG Köln DNotZ 2012,126; *Ganter* DNotZ 2013,165 (173 ff.).

78 BGH NJW 2007, 1360; dazu *Vogel* NJW 2007, 1361; *Ganter* DNotZ 2009, 173 (184).

79 BGH NJW 2009, 71; dazu *Tremml/Karger/Luber* Rn. 1499 mwN.

80 Vgl. BGH WM 2004, 1290.

81 Mit gleicher Tendenz BGH NJW 2002, 3391 (3392) (zumutbare Beschleunigung).

82 BGH AnwBl 2015, 184.

83 Vgl. etwa OLG Zweibrücken DNotZ 1973, 442; in diese Richtung auch *Tremml/Karger/Luber* Rn. 1500; *Ganter/Hertel/Wöstmann/Wöstmann* Rn. 1490 hält acht Tage im Regelfall für zulässig.

sicherungsmitteln wie etwa einer Sicherungshypothek, bei Vormerkungen oder bei anderen Eintragungen, sofern mit der Gefahr von Zwischeneintragungen gerechnet werden muss.[84]

Der mit dem Vollzug eines Kaufvertrags betraute Notar konnte nach bisherigem Kostenrecht ein Tätigwerden hinsichtlich der Eigentumsumschreibung nicht nach § 141 KostO (aF) iVm § 10 Abs. 1 KostO (aF) mit der Begründung verweigern, der Käufer habe Gebührenansprüche noch nicht erfüllt.[85] Nunmehr sind §§ 15, 16 Nr. 5 GNotKG zu beachten.

39   Darüber hinaus hat der Notar die allgemeine **Amtspflicht**, sein **Büro** so zu **organisieren**, dass für einen reibungslosen Geschäftsgang Sorge getragen wird und alle wesentlichen Maßnahmen vom Notar selbst getroffen werden können.[86] Daher verletzt der Notar seine notariellen Pflichten aus § 14 BNotO zur Büroorganisation, wenn er seinen Mitarbeitern allein die Entscheidung überantwortet, ob an ihn als Notar gerichtete – ggf. auch unverlangt zugesandte – Unterlagen seiner persönlichen Bearbeitung bedürfen oder nicht.[87]

40   **d) Pflichten bei Betreuung und Vertretung.** Die **Betreuungstätigkeit** des Notars für die Beteiligten ist in **§ 24 Abs. 1 BNotO** geregelt. Diese kann etwa in der Weise ausgestaltet sein, dass der Notar eine besondere Beratungstätigkeit übernimmt, zB über seine allgemeinen Pflichten hinaus die Beratung über steuerrechtliche Konsequenzen des Rechtsgeschäfts durchführt.[88] Verletzt der Notar seine Pflichten im Rahmen solcher Beratungstätigkeit, liegt eine Amtspflichtverletzung vor, die zu einem Anspruch gem. § 19 BNotO führen kann.[89]

41   Zur **Abgrenzung** der notariellen Beratungstätigkeit von derjenigen des Anwalts bei Anwaltsnotaren findet sich eine gesetzliche Abgrenzung in § 24 Abs. 2 BNotO (vgl. dazu → Rn. 12 f.).

42   Ein Betreuungsverhältnis iSv § 24 Abs. 1 BNotO kann jedoch auch einen anderen Inhalt als lediglich die Übernahme von besonderen Beratungspflichten haben. Typischer Fall ist etwa der **Treuhandauftrag** eines finanzierenden Kreditinstituts. Im Falle eines Grundstückskaufvertrages kann die Bank den Darlehensbetrag auf ein Notaranderkonto zahlen und den Notar anweisen, über diesen Betrag (zugunsten des Verkäufers) erst dann zu verfügen, wenn die Eintragung einer Grundschuld zugunsten der Bank hinreichend gesichert ist.[90] Bei dieser Fallgestaltung geht die Rechtsprechung von der Kombination eines Treuhandgeschäftes iSv § 24 BNotO mit einem Verwahrungsgeschäft iSv § 23 BNotO aus.[91] Risiken für den Notar ergeben sich aus der Verpflichtung zur **Absicherung** des Auftraggebers. Eine erforderliche Grundbucheintragung des Auftraggebers ist erst dann „sichergestellt", wenn sie nur noch vom Handeln des Notars und des Grundbuchamtes abhängt.[92]

Konnte ein Notar nicht auf die Eintragung der Grundschuld vertrauen und zahlt er trotzdem einen ihm zu treuen Händen überlassenen Betrag aus, kann dies folglich eine Haftung des Notars begründen.[93]

43   Die Einzelheiten der **Verwahrungstätigkeit** regeln nunmehr die Sondervorschriften der §§ 57–62 BeurkG. Verwahrungsgeschäfte sind Teil der hoheitlichen notariellen Amtstätigkeit des Notars.[94] Beim Verwahrungsvertrag treffen den Notar dieselben Prüfungs- und Belehrungspflichten wie bei der Beurkundung.[95]

44   Ein weiterer Fall notarieller Treuhandtätigkeit ist die Ausstellung sogenannter „**Notarbestätigungen**". Diese liegt vor, wenn der Notar eine Erklärung abgibt, die die Feststellung von Tatsachen sowie das Ergebnis einer rechtlichen Prüfung enthält und Grundlage einer Vermögensdisposition eines Dritten ist,[96] etwa Fälligkeitsmitteilungen oder Rangbestätigungen.[97] Eine Haftung für eine fehlerhafte Rangbestätigung besteht insbesondere auch gegenüber einem Grundschuldgläubiger, der im Hinblick auf die Rangbestätigung das Darlehen auszahlt.[98]

45   Der Notar hat den Treuhandauftrag in peinlicher Genauigkeit durchzuführen.[99] Eine Verletzung von Pflichten aus dem Treuhandverhältnis führt zu einer Amtshaftung gem. § 19 BNotO.[100]

---

84   BGH DNotZ 1979, 311 (Sicherungshypothek); *Tremml/Karger/Luber* Rn. 1500.

85   BGH AnwBl 2015, 184.

86   BGH DNotZ 1989, 452 f.; Schippel/Bracker/*Kanzleiter* BNotO § 14 Rn. 51 mwN.

87   KG MDR 2015, 124; näher dazu *Hager/Müller-Teckhof* NJW 2015,1857 (1861).

88   BGH VersR 1983, 181; Eylmann/Vaasen/*Frenz* BNotO § 24 Rn. 13 mwN; Schippel/Bracker/*Reithmann* BNotO § 24 Rn. 20.

89   *Arndt/Lerch/Sandkühler* BNotO § 24 Rn. 3.

90   BGH DNotZ 2004, 218 für einen vergleichbaren Fall; ausführlich zu Treuhandtätigkeiten Schippel/Bracker/*Reithmann* BNotO § 24 Rn. 40 ff.

91   BGH DNotZ 1990, 661 f.

92   Dazu BGH WM 2008, 1662.

93   OLG Köln 22.12.2011 – 7 U 55/11, juris Rn. 22, 24.

94   BVerfG NJW 2012, 2639 mit Anm. *Lorz* NJW 2012, 3406.

95   BGH DNotZ 2009, 45; OLG Frankfurt OLGR 2008, 618.

96   BGH WM 1997, 325 f.; BGH DNotZ 1986, 406 (407) mAnm *Hanau*; *Haug/Zimmermann* Rn. 670 ff.; *Arndt/Lerch/Sandkühler* BNotO § 24 Rn. 30.

97   OLG Brandenburg RNotZ 2009, 114.

98   BGH 12.3.2009 – III ZR 158/08.

99   BGH DNotZ 1987, 556 f.

100   Vgl. etwa BGH WM 2008, 1662; BGH DNotZ 2004, 218.

e) Sonstige Pflichten. Aus der großen Anzahl der den Notar treffenden Amtspflichten sind folgende **Ein- 46 zelpflichten** in der Amtshaftungspraxis von besonderer Relevanz:

aa) Unparteilichkeit. § 14 Abs. 1 S. 2 BNotO schreibt vor, dass der Notar nicht Vertreter einer Partei, son- **47** dern **unparteiischer Betreuer** der Beteiligten sein muss. Diese wesentliche Kernpflicht wird durch weitere Regelungen in der BNotO konkretisiert. Die Verpflichtung geht dabei so weit, dass auch jeder Anschein der Parteilichkeit vermieden werden muss, § 14 Abs. 3 S. 2 BNotO.

Soweit in § 14 Abs. 1 S. 2 BNotO auch die Unabhängigkeit angesprochen ist, handelt es sich um eine Sta- **48** tusbeschreibung, die unmittelbar keine Amtspflichten gegenüber Dritten begründet[101] und erst in der Ausprägung in konkreten Vorschriften (zB §§ 8 Abs. 3 S. 2; 9 Abs. 3; 14 Abs. 4 und 5 BNotO) haftungsrelevant wird.

bb) Redlichkeit. Der Notar hat die Pflicht, sich **redlich zu verhalten**.[102] Als Rechtsgrundlage für diese **49** Verpflichtung wird teilweise § 14 Abs. 2 BNotO, teilweise § 14 Abs. 3 S. 1 BNotO, teilweise auch der Amtscharakter der Tätigkeit herangezogen.[103] Ausprägungen des Redlichkeitsgebots sind insbesondere die Pflicht zu rechtmäßigem Handeln, das Verbot des Amtsmissbrauchs, die Pflicht, wahr zu bezeugen sowie das Verbot unwirksamer Beurkundung.[104] Der Notar hat daher seine Amtstätigkeit zu versagen, wenn seine Mitwirkung bei Handlungen verlangt wird, mit denen erkennbar unerlaubte oder unredliche Zwecke verfolgt werden. Diese Pflicht erstreckt sich auf die gesamte Amtstätigkeit des Notars.[105]

cc) Verschwiegenheitspflicht. Gem. § 18 BNotO ist der Notar **grundsätzlich zur Verschwiegenheit** **50** **verpflichtet**. Diese Pflicht bezieht sich auf alles, was ihm bei Ausübung seines Amtes bekannt geworden ist. Sie bleibt auch nach Erlöschung des Amtes bestehen (§ 18 Abs. 4 BNotO). Bei Zweifeln über die Verpflichtung kann der Notar um die Entscheidung der Aufsichtsbehörde nachsuchen (§ 18 Abs. 3 S. 1 BNotO). Diese Vorgehensweise hat für den Notar den Vorteil, dass im Falle der Verneinung einer Verschwiegenheitspflicht durch die Aufsichtsbehörde, Ansprüche von Urkundsbeteiligten gegen den Notar nicht hergeleitet werden können (§ 18 Abs. 3 S. 2 BNotO).

dd) Ausführungspflicht, § 15 BNotO. Der Notar darf seine Urkundstätigkeit **nicht ohne ausreichenden** **51** **Grund verweigern** (§ 15 Abs. 1 BNotO). Eine Ablehnung, der kein hinreichender Sachgrund zugrunde liegt, kann zu einer Schadensersatzverpflichtung des Notars führen.[106]

ee) Weisungsgebundenheit. Obwohl der Notar unabhängiger Träger eines öffentlichen Amtes ist (§ 1 **52** BNotO), bejaht die Rechtsprechung ein **generelles Weisungsrecht** der Urkundsbeteiligten.[107] Allerdings ist die Weisungsgebundenheit des Notars eingeschränkt, etwa im Falle des § 14 Abs. 2 BNotO oder etwa dann, wenn feststeht, dass das zu beurkundende Rechtsgeschäft unwirksam wäre.[108]

ff) Wahl des sichersten Weges. Auch der Notar ist – ebenso wie ein Anwalt – verpflichtet, zugunsten **53** der Beteiligten den **sichersten Weg mit den geringsten Risiken** zu wählen und drohende Nachteile zu vermeiden.[109]

III. Drittbezogenheit der Amtspflicht

Weitere Anspruchsvoraussetzung eines Schadensersatzanspruchs gem. § 19 BNotO ist, dass die **Amts-** **54** **pflicht einem „anderen" gegenüber verletzt** worden ist. Dieses Merkmal der Drittbezogenheit ist vergleichbar dem Merkmal „Dritten" in § 839.

Für die Abgrenzung, unter welchen Voraussetzungen eine „drittgerichtete" Amtspflicht vorliegt, sind ver- **55** schiedene Theorien entwickelt worden.[110] Nach der herrschenden **„Zwecktheorie"** ist von Relevanz, ob die Amtspflicht den Schutz des Dritten bezweckt oder jedenfalls mitbezweckt.[111]

Die Rechtsprechung fasst den **Begriff des „Anderen"** auf der Grundlage der Zwecktheorie recht weit. Dar- **56** unter fallen nicht nur die an dem Amtsgeschäft unmittelbar Beteiligten und etwaige weitere gem. § 17 BeurkG zu belehrende Personen, sondern auch alle diejenigen, deren Interesse durch das Amtsgeschäft berührt wird und in deren Rechtskreis eingegriffen werden kann; dies gilt sogar dann, wenn sie durch die

101 *Schlüter/Knippenkötter* Rn. 89 mwN.
102 *Ganter* DNotZ 2013, 165 (166); *Arndt/Lerch/Sandkühler* BNotO § 14 Rn. 79.
103 Vgl. zu den unterschiedlichen Begründungen *Schlüter/Knippenkötter* Rn. 98 mwN.
104 Näher dazu *Arndt/Lerch/Sandkühler* BNotO § 14 Rn. 80 ff.; *Schlüter/Knippenkötter* Rn. 99 ff.
105 BGH NJW-RR 2009, 488.
106 Schippel/Bracker/*Reithmann* BNotO § 15 Rn. 15.
107 BGH DNotZ 1997, 70 (72); DNotZ 1990, 441 f.
108 BGH NJW 1992, 3237 f.

109 BGH ZNotP 2009, 33 (Rn. 18); BGH NJW-RR 2005, 1148; BGH WM 1992, 1662 (1665) = NJW 1992, 3237 (3239).
110 Überblick bei Schippel/Bracker/*Schramm* BNotO § 19 Rn. 15 ff.
111 BGH DNotZ 1960, 157; Eylmann/Vaasen/*Frenz* BNotO § 19 Rn. 10; Schippel/Bracker/*Schramm* BNotO § 19 Rn. 18 f.; *Arndt/Lerch/Sandkühler* BNotO § 19 Rn. 95; *Haug/Zimmermann* Rn. 42 ff. (45).

Amtsausübung nur mittelbar betroffen sind und bei der Beurkundung nicht zugegen waren.[112] Danach ist wie folgt zu differenzieren:

57 **1. Beteiligte.** Unproblematisch gehören in den geschützten Personenkreis die **unmittelbaren Urkundsbeteiligten** iSv § 6 Abs. 2 BeurkG. Dabei ist auch unbeachtlich, ob sie persönlich erscheinen oder durch Dritte vertreten werden. So besteht etwa die Amtspflicht des Notars, die Vertretungsmacht eines als Vertreter auftretenden Beteiligten zu prüfen, auch gegenüber dem nicht erschienenen Vertretenen.[113]

58 Belehrungen haben dem Vertreter gegenüber zu erfolgen, jedoch ausgerichtet an den Interessen des Vertretenen.[114] Amtspflichten gegenüber dem Vertreter selbst bestehen nur dann, wenn er mit eigenen Interessen an dem Rechtsgeschäft beteiligt ist.[115]

59 Neben den Urkundsbeteiligten sind grundsätzlich auch solche Personen geschützt, denen gegenüber der Notar eine Betreuungs- oder Verwahrungstätigkeit wahrnimmt.[116]

60 **2. Mittelbar Beteiligte.** Der Kreis der geschützten Personen erstreckt sich auch auf die **mittelbaren Beteiligten**. Dazu zählen nach der Rechtsprechung diejenigen Personen, die nicht in einem besonderen Rechtsverhältnis zum Notar stehen, aber am Amtsgeschäft eines anderen ein schutzwürdiges Interesse haben und deswegen mit dem Notar in Kontakt treten.[117]

61 Zu diesen mittelbar Beteiligten zählen insbesondere Personen, **zu deren Gunsten Sicherheiten bestellt werden**[118] oder **Vorkaufsberechtigte**.[119] Darüber hinaus zählen zum geschützten Personenkreis Vertreter, soweit sie an dem vorzunehmenden Geschäft ein besonderes Eigeninteresse haben.[120] Schließlich kommen weitere Personen in Betracht, die erkennbar Gefahr laufen, durch ein Amtsgeschäft eines Anderen beeinträchtigt zu werden.[121]

62 **3. Sonstige „Andere".** Neben den unmittelbar und mittelbar Beteiligten gibt es nach der Rechtsprechung noch eine weitere Gruppe, die zum geschützten Personenkreis gehört. Dies sind all diejenigen Personen, die von dem **Schutzzweck der Amtspflicht** erfasst werden, weil ihre rechtlichen oder wirtschaftlichen Interessen von dem Amtsgeschäft berührt werden.[122] Dies wird angenommen, wenn der Notar für einen Beteiligten ein Testament zugunsten eines Dritten beurkundet. Wenn das Testament infolge eines Beurkundungsfehlers nichtig ist, unterfällt der Dritte dem Schutzbereich der Norm, mit der Folge, dass sich insoweit Ansprüche aus § 19 BNotO ergeben können.[123]

63 Ein weiterer Beispielsfall ist eine Vollmachtsbeurkundung, deren Zweck in der Bezeugung der Vertretungsmacht nach außen besteht. Sofern die Vollmachtsbeurkundung unwirksam ist, haftet der Notar jedem gegenüber, der wegen der fehlerhaften Beurkundung Schaden erleidet.[124]

64 Bei Beurkundungen im Bereich des **Gesellschaftsrechts** erstreckt sich die Amtspflicht auch auf die Gründer und die Gründungsgesellschaft, sowie – im Falle einer Satzungsänderung – auf die an dem Urkundsgeschäft nicht beteiligte Gesellschaft.[125]

65 Die Amtspflicht erstreckt sich bei der Beurkundung eines Grundstückskaufvertrages grundsätzlich nicht auf den beteiligten **Makler**, auch wenn er als Bevollmächtigter einer Partei auftritt.[126] Etwas anderes gilt nur für den Fall, dass in den Hauptvertrag ein Maklervertrag aufgenommen worden ist.[127]

IV. Rechtswidrigkeit und Verschulden

66 Ein Schadensersatzanspruch gem. § 19 BNotO setzt voraus, dass die Pflichtverletzung rechtswidrig und schuldhaft erfolgt ist.

67 **1. Rechtswidrigkeit.** Als allgemeiner Deliktsanspruch setzt die Haftung voraus, dass die **Pflichtverletzung rechtswidrig** erfolgt ist. Die Rechtswidrigkeit wird durch die objektive Amtspflichtverletzung indi-

112 BGH WM 1988, 545 (547); BGH NJW 1988, 63 f.
113 BGH WM 1988, 545 (547).
114 Schippel/Bracker/*Schramm* BNotO § 19 Rn. 21.
115 Eylmann/Vaasen/*Frenz* BNotO § 19 Rn. 13; Schippel/Bracker/*Schramm* BNotO § 19 Rn. 23.
116 *Tremml/Karger/Luber* Rn. 1518; Schippel/Bracker/*Schramm* BNotO § 19 Rn. 25; dazu näher *Zugehör* ZNotP 2000, 250.
117 BGH NJW 2004, 1865; BGH NJW 2003, 1940; BGH WM 1993, 1963; BGH DNotZ 1992, 813.
118 BGH DNotZ 1969, 507.
119 BGH DNotZ 2003, 426.
120 BGH NJW-RR 1992, 393; BGH DNotZ 1964, 178; *Tremml/Karger/Luber* Rn. 1522.

121 BGH DNotZ 2003, 426; BGH NJW 1989, 43 f.; OLG Hamm 3.2.2012 – 11 U 237/10, juris Rn. 35.
122 BGH WM 2010, 91; OLG Celle RnotZ 2006, 190.
123 BGH WM 1982, 615; BGH NJW 1988, 63 (64); BGH DNotZ 1997, 45 ff.; Schippel/Bracker/*Schramm* BNotO § 19 Rn. 37 f.
124 BGH NJW 1985, 730; Eylmann/Vaasen/*Frenz* BNotO § 19 Rn. 16.
125 BGH NJW-RR 1990, 462; BGH NJW 2000, 664 (666).
126 Ganter/Hertel/Wöstmann/*Ganter* Rn. 1182, 1183.
127 BGH NJW-RR 1991, 820 (821).

ziert und entfällt nur bei Vorliegen besonderer Rechtfertigungsgründe (zB Wahrnehmung berechtigter Interessen).[128]

Sofern sich der in Anspruch genommene Notar ausnahmsweise auf einen Rechtfertigungsgrund stützen will, trägt er insoweit die Beweislast.[129]   **68**

2. Verschulden. Ein Verschulden des Notars iSv § 19 BNotO kommt sowohl als vorsätzliches als auch als   **69**
fahrlässiges Verhalten in Betracht, wobei für den Fahrlässigkeitsbegriff die allgemeine Vorschrift des § 276 Abs. 2 gilt. Für die Notarhaftung ist grundsätzlich jeder Grad der Fahrlässigkeit ausreichend.

Nach der Rechtsprechung handelt ein Notar **fahrlässig**, wenn er bei Beobachtung der erforderlichen Sorg-   **70**
falt die Pflichtwidrigkeit seines Verhaltens erkennt und den sich daraus ergebenden Nachteil für den Geschädigten hätte vermeiden können und müssen.[130] Soweit es um den Bereich der erforderlichen Rechtskenntnisse geht, stellt die Rechtsprechung auf einen **erfahrenen, pflichtbewussten und gewissenhaften Durchschnittsnotar** ab.[131] Konkret ist der Notar verpflichtet, unter Anstellung einer Rechtsprechungsprognose eine wirksame Urkunde zu erstellen.[132] Darüber hinaus kann ein Notar verpflichtet sein, die Billigkeit gesetzlicher Norm zu überprüfen, um den Beteiligten eine andere als die (dispositive) gesetzliche Regelung vorzuschlagen.[133] Zusammenfassend lässt sich sagen, dass die Rechtsprechung vergleichbar strenge Maßstäbe wie im Bereich des Anwaltshaftungsrechts entwickelt hat.[134] Für sein fehlendes Verschulden ist der Notar darlegungs- und beweispflichtig.[135]

Ebenso wie im Bereich des Amtshaftungsrechts kann nach hM bei der Notarhaftung ein Verschulden des   **71**
Notars ausgeschlossen sein im Hinblick auf eine gleichlautende **Kollegialgerichtsentscheidung**.[136] Allerdings ist dieser Grundsatz von der Rechtsprechung inzwischen stark eingeschränkt worden.[137] Nach der neueren Rechtsprechung handelt es sich lediglich um eine allgemeine Richtlinie, die bereits dann unanwendbar ist, wenn das Kollegialgericht im entscheidenden Punkt von einem unrichtigen Sachverhalt ausgegangen ist oder diesen nicht erschöpfend gewürdigt hat.[138] Eine Anwendung scheidet ferner aus, wenn das Kollegialgericht einen handgreiflichen Rechtsfehler begangen hat.[139] Außerdem muss eine wirklich zweifelhafte und nicht einfach zu lösende Rechtsfrage falsch beantwortet worden sein.[140]

Der III. Zivilsenat hat den Anwendungsbereich dieser Rechtsprechung dadurch weiter abgeschwächt, dass   **72**
der Notar auch dann nicht exkulpiert ist, wenn das Kollegialgericht die für die Beurteilung des Falles maßgebliche höchstrichterliche Rechtsprechung zwar angeführt hat, und – ohne sich hinreichend damit auseinander zu setzen – ihr gleichwohl nicht gefolgt ist.[141]

Im Ergebnis ist der Anwendungsbereich soweit abgeschwächt, dass eine **Kollegialgerichtsentscheidung**   **73**
nur ein „**Indiz**" für **fehlendes Verschulden** darstellen kann, somit das Vorliegen einer schuldhaften Handlung in Einzelfall besonders sorgfältig zu prüfen ist. Hinzu kommt, dass der BGH in dem Fall einer von einem Kollegialgericht bestätigten, aber gleichwohl unklaren Rechtslage dem Notar die Nichteinhaltung des „sichersten Weges" zum Vorwurf gemacht hat.[142] Durch diesen Aspekt wird die Kollegialgerichtsrichtlinie noch weiter zurückgedrängt.[143]

V. Schaden, Kausalität

Ein Schadensersatzanspruch setzt darüber hinaus voraus, dass kausale Folge der Amtspflichtverletzung ein   **74**
Schaden ist. Für die Tatbestandsmerkmale „Schaden" und „Kausalität" gelten im Prinzip die allgemeinen Grundsätze des Schadensersatzrechts. Folgende ergänzende Bemerkungen erscheinen erforderlich:

128 *Arndt/Lerch/Sandkühler* BNotO § 19 Rn. 25; *Haug/*
     Zimmermann Rn. 68 mwN.
129 BGH NJW 1985, 2028.
130 BGH DNotZ 1997, 70 (72).
131 BGH NJW 2009, 45; BGH NJW 2008, 1321; BGH
     WM 1983, 343 (345).
132 BGH NJW 1993, 3323.
133 BGH NJW 1994, 2283 f.; kritisch *Grziwotz* NJW
     1995, 641; *Dänekamp* NJW 1994, 2271.
134 Vgl. zur Anwaltshaftung *v. Stein* in Praxishandbuch
     Anwaltsrecht § 18 Rn. 25 ff. Krit. zu den Anforderungen der Rechtsprechung im Bereich der Notarhaftung
     Kesseler DNotZ 2004, 853; aM *Ganter* ZNotP 2006,
     42 (48).
135 BGH NJW 2011, 1355 (Rn. 21).
136 BGH DNotZ 1992, 457 ff. und 813; BGH WM 2003,
     1116; BGH NJW-RR 2005, 1148; Eylmann/Vaasen/

Frenz BNotO § 19 Rn. 28; Schippel/Bracker/
Schramm BNotO § 19 Rn. 65 ff.; aM: *Ganter* DNotZ
1998, 851 ff., der eine Übertragung auf den Notar
ablehnt.
137 Vgl. dazu *Ganter* DNotZ 2013, 165 (184) „praktisch
     nie anwendbar".
138 BGH MDR 2011, 266 Rn. 21 = NJW 2011,1355;
     BGH NJW 1996, 520; BGH NJW 1994, 2283 f.;
     BGH WM 1992, 1533 (1536).
139 BGH NJW 2009, 71; BGH NJW 2008, 841; BGH
     NJW 2005, 2495; dazu *Ganter* ZNotP 2006, 42 (46).
140 BGH WM 1992, 527 (530).
141 BGH WM 2001, 1116.
142 BGH NJW-RR 2005, 1148.
143 Ebenso *Ganter* ZNotP 2006, 42 (46).

75   **1. Schaden.** Der Schaden beurteilt sich auch im Bereich des § 19 BNotO nach der **Differenzhypothese.**[144] Mit Rücksicht auf die besondere Struktur der Haftung wird teilweise – ebenso wie bei § 839 – die Auffassung vertreten, dass aufgrund der öffentlich-rechtlichen Besonderheit des Schadensersatzanspruchs eine Beschränkung auf „**Geldersatz**" eingreift.[145] Demgegenüber wird zunehmend betont, dass gem. § 249 Abs. 1 nF grundsätzlich – soweit möglich – Naturalrestitution geschuldet wird, allerdings regelmäßig aus Sachgründen Geldersatz zu leisten sei.[146]

Hat die Amtspflichtverletzung den davon Betroffenen auch **Vorteile** gebracht, so sind diese im Rahmen der Differenzrechnung schadensmindernd zu berücksichtigen, wenn Vor- und Nachteile bei wertender Betrachtung gleichsam zu einer Rechnungseinheit verbunden sind.[147] Als anzurechnender Vorteil kommt danach insbesondere die Tilgung anderweitiger Verbindlichkeiten in Betracht. Hierfür trifft den Notar die Darlegungs- und Beweislast.[148]

76   Besteht der Schaden – wie häufig – in einer Zahlungsverpflichtung gegenüber einem Dritten, so ist der Notar zur Freistellung von dieser Verpflichtung verpflichtet.[149]

77   Entstanden ist der **Schaden** bereits dann, wenn sich die **Vermögenslage** des Betroffenen **verschlechtert** hat, auch wenn der Umfang und die Höhe sowie die Endgültigkeit der Beeinträchtigung noch ungewiss sind.[150] Vor diesem Hintergrund hat der BGH bereits dann einen Schaden bejaht, wenn eine Bank im Zusammenhang mit einer Darlehensauszahlung aufgrund eines Fehlers des Notars keine Sicherung durch eine Grundschuld erlangt. Allein die ungesicherte und in ihrem Wert verringerte Darlehensforderung stelle keinen Ausgleich dar, zumal die Frage, ob tatsächlich Rückzahlungen erfolgen werden, ungewiss sei.[151]

78   **2. Mitverschulden.** Auf den Schadensersatzanspruch aus § 19 BNotO findet grundsätzlich § 254 Anwendung, mit der Folge, dass es zu einer **Schadensquotelung** kommen kann,[152] etwa weil eine Vertragspartei einen veralteten Grundbuchauszug überließ, den Vertragsentwurf nicht gehörig überprüfte und im Beurkundungstermin unaufmerksam war.[153] Etwaiges Mitverschulden hat der Notar zu beweisen.[154] Eine Haftung des Notars wegen behaupteter pflichtwidriger Untätigkeit im Hinblick auf die Fertigstellung eines Entwurfs für eine letztwillige Verfügung kann wegen überwiegenden Mitverschuldens seiner Mandanten auch **ganz ausgeschlossen** sein, wenn die Mandanten nicht mehr ernsthaft davon ausgehen konnten, dass der Notar noch für sie tätig würde und wenn darüber hinaus auch ausreichend Zeit vor dem Erbfall bestand, einen anderen Notar zu beauftragen.[155]

79   In diesem Kontext kann der Notar jedoch nicht geltend machen, den Geschädigten treffe ein Mitverschulden, weil dieser der notariellen Auskunft vertraut habe, denn auf notarielle Auskünfte soll sich der Bürger regelmäßig verlassen können.[156] Dies gilt in der Regel auch dann, wenn der Beteiligte selbst rechtskundig ist.[157]

80   Soweit in § 254 Abs. 2 S. 2 auf § 278 verwiesen wird, findet diese Vorschrift auch **zulasten des Geschädigten** Anwendung. Zwar ist für eine Anwendung immer Voraussetzung, dass zwischen Schädiger und Geschädigtem eine rechtliche Sonderverbindung besteht, in deren Rahmen der Dritte tätig geworden ist. Diese Voraussetzung kann nach Auffassung der Rechtsprechung erfüllt sein, da sie bei **Betreuungs- und Vertretungsgeschäften (§§ 23,24 BNotO)** im Verhältnis zwischen Notar und Geschädigtem von einer **vertragsähnlichen, öffentlich-rechtlichen Beziehung ausgeht.**[158] Diese muss allerdings im Zeitpunkt der Pflichtverletzung durch den Erfüllungsgehilfen schon bestanden haben.[159]

Problematisch ist die Anwendung des § 278 wenn der Notar als Urkundsnotar tätig geworden ist. Hier kann die subsidiäre Haftung des Notars gemäß § 19 Abs. 1 Satz 2 BNotO bei Ansprüchen wegen Mitverschuldens von Hilfspersonen des Geschädigten zu einem Haftungsausschluss führen.[160] Die – nicht unumstrittene – Rechtsprechung wendet wegen einer öffentlich-rechtlichen Sonderverbindung zwischen Notar und Mandant ergänzend auch insoweit § 254 Abs. 2 Satz 2 iVm § 278 an.[161]

---

144   OLG Hamm 23.5.2012 – 11 U 68/11 – juris Rn. 32.
145   BGHZ 34, 99 = NJW 1961, 658 (zu § 839); *Arndt/Lerch/Sandkühler* BNotO § 19 Rn. 162.
146   BGH NJW 2002, 2787 (2790).
147   BGH NJW 2000, 734 (Rn. 33).
148   BGH NJW 2000, 734; *Haug/Zimmermann* Rn. 128.
149   BGH VersR 1991, 1028 f.
150   BGH WM 1992, 1742 f.; WM 2000, 1345 (1347).
151   BGH NJW 1987, 3201 f.
152   BGH NJW 1999, 2038; BGH NJW 2004, 1290; näher dazu *Plaß* DNotZ 2002, 23 ff.; *Schlüter/Knippenkötter* Rn. 601 ff.
153   BGH NJW 2011, 1355 (Rn. 29).
154   BGH DNotZ 2009, 45.

155   BGH 30.4.2014 – III ZR 342/13, juris Rn. 2 f.; näher dazu *Hager/Müller-Teckhof* NJW 2015, 1857 (1863).
156   BGH NJW 1997, 661 (664); OLG Celle MDR 2004, 1328.
157   BGH NJW 2005, 2495.
158   BGH WM 1981, 942 f.; Schippel/Bracker/*Schramm* BNotO § 19 Rn. 105.
159   BGH NJW-RR 2006, 1431 (Rn. 14); *Haug/Zimmermann* Rn. 256.
160   *Haug/Zimmermann* Rn. 253.
161   BGH WM 1981, 942; OLG München 11.10.2007 – 1 U 2537/07, juris Rn. 50; ablehnend *Haug/Zimmermann* Rn. 253.

3. Kausalität. Ebenso wie im allgemeinen Schadensersatzrecht muss auch bei der Notarhaftung die Amts- **81** pflichtverletzung den geltend gemachten Schaden verursacht haben (haftungsausfüllende Kausalität).[162] Insoweit kommt dem Geschädigten die Beweiserleichterung des § 287 ZPO zugute.[163]

Bei der Frage der Kausalität gilt auch im Bereich des Notarhaftungsrechts die **Adäquanztheorie.** Danach **82** kann die notarielle Haftung entfallen, wenn der Betroffene in völlig ungewöhnlicher und unsachgemäßer Weise in den Schadensverlauf eingegriffen hat und eine weitere Ursache für den Schaden setzt.[164] Demgegenüber entfällt ein adäquater Zurechnungszusammenhang nicht bereits dadurch, dass der durch den Notarfehler Begünstigte in Kenntnis des Fehlers, entgegen der wahren Sach- und Rechtslage, bewusst von der vorteilhaften Lage Gebrauch macht und sie zu der gerichtlichen Durchsetzung materiell unberechtigter Ansprüche nutzt.[165] Auch das **Hinzutreten einer Amtspflichtverletzung des Grundbuchamtes oder der Fehler einer Bank führt** in der Regel **nicht** dazu, dass der **Kausalzusammenhang unterbrochen wird**.[166] Schließlich entfällt die Kausalität auch dann nicht, wenn für die Zweithandlung des Geschädigten ein rechtfertigender Anlass bestand oder diese herausgefordert wurde und sie eine nicht ungewöhnliche Reaktion auf die Herausforderung darstellt.[167] Daher kann auch in dem Abschluss eines Vergleichs keine Unterbrechung des Zurechnungszusammenhangs gesehen werden, wenn sich der Abschluss in der konkreten Situation als eine verständliche, gut nachvollziehbare Maßnahme darstellt, um drohende finanzielle Risiken zu begrenzen.[168]

Ein adäquater Zurechnungszusammenhang besteht auch im Falle eines – durch die Amtspflichtverletzung **83** veranlassten – verloren gegangenen Vorprozesses, sofern das Vorgehen durch die Amtspflichtverletzung „herausgefordert" worden ist. Diese Voraussetzung ist erfüllt, wenn sich das Klageverfahren aus damaliger Sicht als vertretbare Maßnahme mit gewisser Erfolgsaussicht dargestellt hat.[169]

Darüber hinaus ist für die Kausalität erforderlich, dass der Schaden nicht außerhalb des „**Schutzbereichs** **84** **der Haftungsnorm**" eingetreten ist.[170] Wie allgemein im Schadensrecht kann auch im Notarhaftungsrecht nur für solche Schadensersatzfolgen Ersatz verlangt werden, die innerhalb des **Schutzbereichs der verletzten Norm** liegen. Es muss sich um Folgen handeln, die in den Bereich der Gefahren fallen, um derentwillen die Rechtsnorm erlassen wurde. Deswegen muss zwischen der durch den Schädiger geschaffenen Gefahrenlage und dem Schaden ein innerer Zusammenhang bestehen; eine bloß zufällige äußere Verbindung genügt nicht.[171]

Schließlich ist auch im Notarhaftungsrecht relevant, dass die Rechtsprechung die Berufung des Notars auf **85** „**rechtmäßiges Alternativverhalten**" für zulässig ansieht.[172] Daher kann der Notar zur Abwendung eines Anspruchs geltend machen, der Schaden wäre auch eingetreten, wenn er die Amtspflicht korrekt erfüllt hätte.

VI. Einschränkungen der Notarhaftung

Ebenso wie im Bereich des allgemeinen Amtshaftungsanspruchs (§ 839) hat der Gesetzgeber auch die **86** Notarhaftung nur mit erheblichen Einschränkungen gewährleistet, die in der Praxis bei der Geltendmachung eines Haftungsanspruchs gegenüber einem Notar besonders beachtet werden müssen.

1. Subsidiarität, § 19 Abs. 1 S. 2 BNotO. Der Notarhaftungsanspruch wird vom Gesetz grundsätzlich als **87** **Subsidiäranspruch** ausgestaltet. Dies bedeutet, ein Anspruch gegenüber einem Notar wegen einer fahrlässigen Amtspflichtverletzung kann nur dann durchgesetzt werden, wenn nicht anderweitiger Ersatz in zumutbarer Weise zu erlangen ist (§ 19 Abs. 1 S. 2 BNotO). Die Subsidiärklausel ist als negative Tatsache ausgestaltet, mit der Folge, dass der Ausschluss der anderweitigen Ersatzmöglichkeit zur **Schlüssigkeit des Klagevortrags** in einem Notarhaftungsprozess gehört.[173] Die Subsidiarität gilt nur hinsichtlich solcher Ersatzmöglichkeiten, die aus demselben Sachverhalt resultieren, aus dem sich die Schadenshaftung des Notars ergibt.[174]

162 Allg. zur Kausalität BGH DNotZ 2009, 45; Eylmann/Vaasen/*Frenz* BNotO § 19 Rn. 30.
163 BGH DNotZ 2009, 45; *Ganter* DNotZ 2013, 165 (185).
164 BGH MDR 2011, 266 Rn. 24; BGH VersR 1998, 115 (117).
165 BGH WM 2003, 1131.
166 BGH NJW 2009, 71; BGH NJW-RR 2008, 1377.
167 BGH MDR 2011, 266 Rn. 24.
168 BGH NJW 2013,1451 (Rn. 30); ähnlich *Ganter* DNotZ 2013, 165 (185).

169 BGH VersR 1993, 890 (892); BGH NJW 2004, 69 f.; OLG Koblenz 27.5.2009 – 1 U 596/08, juris Rn. 52.
170 Vgl. nur BGH WM 2008, 1662; BGH WM 2001, 1246 f.; BGH DNotZ 1997, 70 (74).
171 BGH DNotZ 2014, 837 (Rn. 25).
172 BGH WM 1997, 325 f.; BGH DNotZ 1989, 48.
173 BGH VersR 1996, 336 f.; BGH WM 1993, 1896; OLG Köln VersR 1991, 890 (892); Schippel/Bracker/*Schramm* BNotO § 19 Rn. 124 mwN.
174 BGH VersR 2004, 476 (478); BGH NJW 2003, 202 (204); BGH NJW 1993, 2744 (2747); vgl. auch OLG Oldenburg DB 2006, 777.

88   Strittig ist, zu welchem Zeitpunkt die anderweitige Ersatzmöglichkeit bestehen muss, um den Einwand des § 19 Abs. 1 S. 2 BNotO erheben zu können. Die Rechtsprechung des nunmehr zuständigen III. Zivilsenats geht im Grundsatz davon aus, dass es auf den **Zeitpunkt der Erhebung der Klage** gegen den Notar ankommt.[175] Der früher zuständige Senat ging – jedenfalls für den Fall, dass die Ersatzmöglichkeit nachträglich ohne Verschulden des Geschädigten wegfällt – davon aus, dass es auf den Zeitpunkt der letzten mündlichen Verhandlung ankommt.[176] Weitergehend vertritt die hM in der Literatur die Auffassung, dass es in **allen** Fällen auf den **Zeitpunkt der letzten mündlichen Verhandlung ankommt**, so dass auch anderweitige Ersatzmöglichkeiten, die sich erst während des Prozessverlaufs ergeben, zu berücksichtigen sind, sofern dies im Einzelfall zumutbar ist.[177] Richtigerweise dürfte es sich – wie im Fall des § 839 Abs. 1 Satz 2 – um eine (negative) Anspruchsvoraussetzung handeln, die zum Zeitpunkt der Klageerhebung vorliegen muss.[178]

89   Der **Einwand einer subsidiären Haftung** durch den Notar kann nur unter folgenden Voraussetzungen geltend gemacht werden:

90   **a) Kein Vorsatz.** Die Subsidiarität gem. § 19 Abs. 1 S. 2 BNotO gilt nur für den Fall einer **fahrlässigen** Amtspflichtverletzung. Anwendbar ist insoweit die allgemeine Definition in § 276 Abs. 2. Handelt der Notar vorsätzlich, kann jeder Schadensersatzanspruch direkt geltend gemacht werden.

91   **b) Keine Tätigkeit gem. §§ 23, 24 BNotO.** Gem. § 19 Abs. 1 S. 1 Hs. 2 BNotO ist von der Subsidiärhaftung ausdrücklich die Verwahrungstätigkeit gem. § 23 BNotO sowie die selbstständige Betreuungstätigkeit iSv § 24 BNotO im Verhältnis zum Auftraggeber ausgenommen. In diesem Kontext sind jedoch nur die **selbstständigen Betreuungstätigkeiten** relevant. Unselbstständige Betreuungstätigkeiten, die unmittelbar im Zusammenhang mit der Beurkundung des Geschäfts stehen und mit diesem gleichsam eine Einheit bilden,[179] fallen nicht darunter. Insoweit bleibt es bei der Subsidiärklausel. Derartige unselbstständige Betreuungstätigkeiten hat die Rechtsprechung etwa angenommen für die Einreichung von Anträgen zum Grundbuchamt im Zusammenhang mit Beurkundungen oder Beglaubigungen.[180] Demgegenüber ist die Verwendung von treuhänderisch überlassenen Löschungsunterlagen bei der Abwicklung eines Kaufvertrages als selbstständige Betreuungstätigkeit angesehen worden.[181] Gleiches gilt, wenn im Zusammenhang mit der Einreichung von Anträgen besondere Überwachungspflichten vereinbart werden, die als selbstständige Betreuungstätigkeit des Notars zu qualifizieren ist.[182]

92   Die Subsidiärhaftung entfällt für alle selbstständigen in § 24 BNotO geregelten Tätigkeiten des Notars, so dass etwa im Falle einer übernommenen Beratung die Haftungseinschränkung 1 nicht greift. Dieser Grundsatz findet in erster Linie im Verhältnis zum Auftraggeber Anwendung. Ein Ausschluss der Subsidiärhaftung kann sich aber auch im Verhältnis zu einem Dritten ergeben, wenn ein anderer Rechtsberater, der ein Geschäft gem. §§ 23, 24 BNotO übernommen hätte, nach den Grundsätzen eines Vertrages mit Schutzwirkung zugunsten Dritter gehaftet hätte.[183]

93   **c) Keine Anspruchskonkurrenz mit Ansprüchen gegen den Staat oder anderen Notar.** Die **Subsidiärklausel** findet auch dann **keine Anwendung**, wenn die anderweitige Ersatzmöglichkeit gegenüber einem Haftpflichtigen geltend zu machen wäre, dem ebenfalls ein Subsidiäreinwand zusteht. Dies gilt insbesondere im Verhältnis zu einem anderen Notar oder bei Beteiligung des Staates.[184] Derartige Konstellationen können sich auch ergeben, wenn mehrere Notare nacheinander mit einer Sache befasst sind, im Verhältnis zwischen Notar und Gerichtsvollzieher bzw. zwischen Notar und Grundbuchbeamten. Die Amtsträger haften in diesen Fällen als Gesamtschuldner.[185]

Der Schadensausgleich im Innenverhältnis richtet sich gem. §§ 426 Abs. 1 S. 1, 254 nach dem Maß der jeweiligen Verursachungsbeiträge, so dass die Haftung des Notars – sofern der Verursachungsbeitrag ganz untergeordnete ist – auch vollständig entfallen kann.[186]

---

175 BGHZ 120, 124, 131 = NJW 1993, 1647.

176 BGH WM 1999, 976 (978) = NJW 1999, 2038 ff.

177 *Arndt/Lerch/Sandkühler* BNotO § 19 Rn. 195; Schippel/Bracker/*Schramm* BNotO § 19 Rn. 124; *Tremml/Karger/Luber* Rn. 1550; *Ganter* WM 1996, 701 (708); *ders.* DNotZ 1998, 851 (863); *Schlüter/Knippenkötter* Rn. 646 f.; differenzierend nach tatsächlichen Geschehnissen und juristischen Wertungen *Haug/Zimmermann* Rn. 223 ff.

178 Ebenso BGH NJW 2002, 1266 (für § 839).

179 BGH NJR-RR 2003, 563 f.

180 BGH WM 1977, 1259; Schippel/Bracker/*Schramm* BNotO § 19 Rn. 110.

181 BGH ZNotP 1999, 247.

182 BGH DNotZ 2006, 857; dazu *Kapsa* ZNotP 2007, 2 (3 f.).

183 BGH ZNotP 1999, 247; Eylmann/Vaasen/*Frenz* BNotO § 19 Rn. 37; Schippel/Bracker/*Schramm* BNotO § 19 Rn. 120 ff., 123.

184 BGH NJW 1998, 142; BGH WM 1996, 336 f.; *Arndt/Lerch/Sandkühler* BNotO § 19 Rn. 191; dazu *Schmitz* VersR 2008, 1049.

185 Vgl. dazu OLG Brandenburg 17.1.2012 – 11 U 58/10, juris Rn. 35; *Tremml/Karger/Luber* Rn. 1557 mwN; Schippel/Bracker/*Schramm* BNotO § 19 Rn. 119.

186 Vgl. dazu *Schmitz* VersR 2008, 1049 (1050).

Der **Subsidiäreinwand** entfällt auch in dem Sonderfall, dass ein **Anwaltsnotar** nicht nur seine Amtspflich-   **94**
ten als Notar sondern **zusätzlich noch anwaltliche Pflichten** gegenüber dem Geschädigten verletzt hat.[187]

d) Bestehen, Durchsetzbarkeit und Zumutbarkeit der Ersatzmöglichkeit. Weitere Voraussetzung der   **95**
Subsidiärklausel ist, dass im Zusammenhang mit einer Amtspflichtverletzung die **tatsächliche Möglichkeit**
für den Geschädigten besteht, von einem Dritten **Schadensersatz zu verlangen**. In der Praxis ergibt sich
eine solche Schadensersatzmöglichkeit häufig gegenüber den vom Geschädigten eingeschalteten Rechtsanwälten, Maklern oder Steuerberatern.[188]

Eine Ersatzmöglichkeit kann sich gegenüber einem Verkäufer als Vertragspartner aus den Gewährleistungsvorschriften oder (ausnahmsweise) im Fall eines eigenständigen Beratervertrages im Zusammenhang mit
dem Kauf ergeben.[189]

Keine andere Ersatzmöglichkeit ist eine Schadloshaltung des Geschädigten bei der Haftpflichtversicherung   **96**
des Notars (§ 19 a BNotO), da diese nicht als Direktversicherung ausgestaltet und dem Geschädigten nicht
unmittelbar verpflichtet ist.[190] Anders ist dies allerdings bei den von den Notarkammern abgeschlossenen
Vertrauensschadenversicherungen. Diese gewähren dem Geschädigten einen Direktanspruch und bilden
somit eine anderweitige Ersatzmöglichkeit iSd § 19 Abs. 1 S. 2 BNotO.[191]

Darüber hinaus muss die andere Ersatzmöglichkeit nicht nur rechtlich begründet, sondern auch **tatsächlich**   **97**
durchsetzbar sein.[192] Daher kommt etwa ein bestehender, aber wegen Vermögenslosigkeit des Schuldners
wertloser Anspruch nicht in Betracht.[193]

Außerdem muss die Durchsetzung des Anspruchs „**zumutbar**" sein.[194] Dies wird etwa verneint, wenn   **98**
gegen einen Ersatzpflichtigen im Ausland vollstreckt werden müsste.[195] Auch dann, wenn der Geschädigte
zur Realisierung der Ersatzmöglichkeit längere und schwierigere Prozesse zu führen hätte, um einen rechtlich zweifelhaften Anspruch durchzusetzen, braucht er sich nicht auf die unsichere Ersatzmöglichkeit verweisen zu lassen.[196] Anders ist es, wenn der Geschädigte in einem mit einem anderen Schädiger abgeschlossenen Vergleich auf Schadensersatzansprüche ganz oder teilweise verzichtet hat, obwohl ihm die weitere Rechtsverfolgung gegenüber dem anderen Schädiger zuzumuten war.[197]

Ein weiterer Fall, in dem die Rechtsprechung den Subsidiaritätsgrundsatz **mangels Zumutbarkeit** nicht   **99**
durchgreifen lässt, ist der Fall, dass ein **Dritter** in Anspruch genommen werden müsste, der seinerseits in
den **Schutzbereich der verletzten Amtspflicht** gehört.[198]

e) Rechtsfolge. Besteht nach den vorgenannten Grundsätzen eine **andere Ersatzmöglichkeit**, die den   **100**
Schaden des Geschädigten vollständig abdeckt, entfällt eine Haftung des Notars. Eine dennoch eingereichte
Klage ist, wenn die Voraussetzungen der alternativen Ersatzmöglichkeit noch nicht abschließend geklärt
sind, „**als zur Zeit unbegründet**" abzuweisen.[199]

Der Kläger muss es **schuldhaft unterlassen** haben, eine andere Ersatzmöglichkeit wahrzunehmen.[200]   **101**
Schuldhaft ist der Verlust einer Ersatzmöglichkeit, wenn der Geschädigte in Kenntnis der Entstehung des
Schadens die ihm mögliche und zumutbare anderweitige Deckung seines Schadens unterlassen hat,[201] etwa
einen Ersatzanspruch verjähren lässt.[202]

2. Unterlassenes Rechtsmittel § 19 Abs. 1 S. 3 BNotO, § 839 Abs. 3 BGB. Eine weitere Einschrän-   **102**
kung der Möglichkeit zur Inanspruchnahme eines Notars ergibt sich daraus, dass § 19 Abs. 1 S. 3 BNotO
das **Haftungsprivileg des § 839 Abs. 3** bei Amtshaftungsansprüchen für entsprechend anwendbar erklärt.
Damit entfällt die Notarhaftung, wenn der Geschädigte es schuldhaft unterlassen hat, durch Einlegung eines
Rechtsmittels den Schaden abzuwenden. Die Haftungseinschränkung hat folgende Voraussetzungen:

187 BGH WM 1993, 1889 ff.; *Ganter* WM 1996, 701
     (709).
188 Vgl. etwa BGH NJW 2005, 2495; BGH DNotZ
     2004, 362; BGH WM 1992, 1533 (1537); OLG
     Hamm 16.5.2012 – 11 U 228/10, juris Rn. 34 (alle
     bezogen auf Rechtsanwälte); BGH WM 2000, 35
     (37) (Steuerberater); BGH WM 1993, 1896 (1898)
     (Makler); OLG München DNotZ 1987, 694 (Bank);
     vgl. dazu *Schlüter/Knippenkötter* Rn. 632 ff.
189 BGH NJW 2013,1451 (Rn. 28 u. 32).
190 OLG Hamm VersR 1981, 1037 f.
191 BGHZ 135, 354 = NJW 1998, 142.
192 BGH NJW-RR 2005, 284; BGH WM 1996, 2071
     (2073).
193 BGH WM 1996, 2071 (2073); BGH NJW 1999,
     2038 (2039) (eidesstattliche Versicherung); Schippel/

     Bracker/*Schramm* BNotO § 19 Rn. 118; *Tremml/*
     Karger/Luber Rn. 1560.
194 BGH NJW 1995, 2713 f.
195 BGH NJW 1988, 1143 (1145).
196 BGH WM 1995, 64 (68); vgl. auch BGH DNotZ
     2006, 918 (919); *Ganter* WM 1996, 701 (708).
197 KG MDR 2017, 1272.
198 BGH NJW 2003, 202; WM 2000, 1808 f.; *Ganter*
     ZNotP 2003, 442 ff.
199 BGH MDR 2017,1359; vgl. auch bereits BGH NJW
     1995, 2713 (2715); BGH NJW 2000, 664 (666);
     näher dazu Schippel/Bracker/*Schramm* BNotO § 19
     Rn. 124 mwN.
200 BGH NJW 1995, 2713 f.; BGH NJW 2000, 664
     (666); *Haug/Zimmermann* Rn. 177.
201 BGH NJW 1995, 2713 f.
202 OLG Hamm 16.5.2012 – 11 U 228/10, juris Rn. 44.

103 **a) Rechtsmittel.** Unter Rechtsmittel iSd § 19 Abs. 1 S. 3 BNotO iVm § 839 Abs. 3 sind nach hM nicht nur die förmlichen Rechtsmittel zu verstehen, sondern alle Rechtsbehelfe im weitesten Sinne, die sich unmittelbar gegen die **schädigende Amtshandlung** des Notars richten und geeignet sind, diese zu beseitigen oder zu berichtigen, um dadurch die Schadensabwehr zu ermöglichen.[203] Dabei muss die Amtspflichtverletzung schon begangen sein. Das Unterlassen von Hinweisen zur Verhinderung einer möglichen – zukünftigen – Amtspflichtverletzung fällt unter § 19 Abs. 1 S. 3 BNotO.[204]

104 In Betracht kommen in diesem Zusammenhang nur **Rechtsmittel gegen die fehlerhafte Amtshandlung des Notars**. Soweit neben einem Fehler des Notars auch ein Fehler einer anderen Stelle in Betracht kommt (zB des Grundbuchamtes) führt das Unterlassen eines Rechtsmittels gegenüber dem Grundbuchamt nicht zu einem Haftungsausschluss, sondern kann nur unter Mitverschuldensgesichtspunkten (§ 254) gewürdigt werden.[205] Bei den Rechtsmitteln gegenüber dem Notar kommt insbesondere eine **Beschwerde gem. § 15 Abs. 2 BNotO** in Betracht, die über den Wortlaut der Vorschrift hinaus auch auf notarielle Verwahrungs- und Betreuungstätigkeit (§§ 23, 24 BNotO) Anwendung findet.[206]

105 Neben § 15 BNotO kommen alle weiteren Rechtsbehelfe in Betracht, die die Folgen einer Amtspflichtverletzung beseitigen oder vermindern können, etwa Erinnerungen, Gegenvorstellungen, Mahnungen und Dienstaufsichtsbeschwerden.[207] Demgegenüber plädiert *Ganter*[208] für eine restriktive Interpretation des Begriffs „Rechtsmittel".

106 **b) Kausalität.** Ein Haftungsausschluss kommt nur in Betracht, wenn die Einlegung des Rechtsmittels den Schaden auch verhindert hätte.[209] Die **Unterlassung muss kausal für den Schadenseintritt** geworden sein.[210] Wenn etwa das unterlassene Rechtsmittel den Schaden nur teilweise hätte abwenden können, so entfällt die Ersatzpflicht auch nur in diesem Umfang.[211] Ist im Prozess zu entscheiden, ob etwa das Rechtsmittel der Beschwerde nach § 15 Abs. 2 BNotO Erfolg gehabt hätte, so ist im Grundsatz darauf abzustellen, wie das Beschwerdegericht richtigerweise hätte entscheiden müssen.[212] Lässt sich jedoch ermitteln, wie das Gericht entschieden hätte, so ist auf die absehbare Entscheidung abzustellen.[213]

107 **c) Verschulden.** Die Versäumung des Rechtsmittels muss schuldhaft erfolgt sein. Für das Verschulden des Geschädigten gilt in diesem Kontext ein **subjektiver Maßstab**.[214] Ein fahrlässiger und damit schuldhafter Nichtgebrauch eines Rechtsmittels liegt regelmäßig vor, wenn die Annahme einer Amtspflichtverletzung dringlich nahe gelegen hat und sich eine Erinnerung gegenüber dem Notar hätte aufdrängen müssen.[215]

108 **d) Rechtsfolge.** Das schuldhafte Unterlassen eines Rechtsmittels führt, da § 19 Abs. 1 S. 3 BNotO iVm § 839 Abs. 3 lex specialis zu § 254 ist, zu einem völligen **Haftungsausschluss**. Dies gilt auch dann, wenn der Geschädigte nur leicht fahrlässig, der Notar jedoch grob fahrlässig gehandelt hat.[216]

109 **3. Entscheidung der Aufsichtsbehörde, § 18 Abs. 3 S. 2 BNotO.** Eine Haftungseinschränkung kann sich auch daraus ergeben, dass der Notar in dem Fall, dass Zweifel über die Verschwiegenheit bestehen, gem. § 18 Abs. 3 S. 1 BNotO um eine Entscheidung der Aufsichtsbehörde nachsucht. Wird eine Verschwiegenheitspflicht von der Aufsichtsbehörde verneint, können im Falle einer Äußerung des Notars Notarhaftungsansprüche nicht mehr geltend gemacht werden, § 18 Abs. 3 S. 2 BNotO.

D. Beteiligung Dritter

I. Haftung des Notars für Hilfspersonen

110 Bei der Ausübung seines Berufs ist der Notar in vielfältiger Weise auf die Unterstützung von Mitarbeitern und Hilfspersonen angewiesen. Soweit diesen Personen Pflichtverletzungen unterlaufen, ergibt sich das

---

203 BGH NJW 2009, 71; BGH MDR 2004, 446 f.; BGH NJW 1991, 1172 (1174); Eylmann/Vaasen/*Frenz* BNotO § 19 Rn. 42.

204 BGH MDR 2004, 446.

205 BGH NJW 2009, 71 für den Fall einer Grundbuchbeschwerde gem. § 71 GBO; *Ganter* DNotZ 2013,165 (189).

206 BGH NJW 1980, 1106; OLG Düsseldorf DNotZ 1994, 125.

207 BGH MDR 2004, 446; BGH WM 1997, 1398 (1400); NJW 1991, 1172 (1174); *Jungk* DNotZ 2001, 99 ff.; *Arndt/Lerch/Sandkühler* BNotO § 19 Rn. 219; *Schlüter/Knippenkötter* Rn. 685 ff.

208 DNotZ 1998, 851 ff.; ebenso *Zugehör* ZNotP 2000, 250 ff.

209 BGH WM 2002, 1068 (1072).

210 BGH WM 1997, 1398 (1401).

211 BGH NJW 1986, 1924.

212 BGH NJW 1986, 1925.

213 BGH NJW 1986, 1924 f.; für § 839 auch BGH NJW 2003, 1308 (abl. *Wißmann* NJW 2003, 3455); idS auch die hM in der Lit. vgl. *Ganter* DNotZ 1998, 851 ff.; Eylmann/Vaasen/*Frenz* BNotO § 19 Rn. 44; *Arndt/Lerch/Sandkühler* BNotO § 19 Rn. 233; *Schlüter/Knippenkötter* Rn. 701 ff.

214 BGH WM 2004, 1290; BGH WM 2002, 1068 (1070); BGH WM 1997, 1398 (1400); Eylmann/ Vaasen/*Frenz* BNotO § 19 Rn. 43.

215 BGH NJW 1974, 639 f.; OLG Bremen DNotZ 1989, 59.

216 BGH NJW 1974, 639; Schippel/Bracker/*Schramm* BNotO § 19 Rn. 133.

Problem, ob und ggf. inwieweit aufgrund der Pflichtverletzungen Ansprüche gegenüber dem Notar geltend gemacht werden können. Es ist wie folgt zu differenzieren:

1. Notarassessor. Wird im Büro des Notars ein Notarassessor tätig, **haftet** der **Notar grundsätzlich** **111**
nicht. Eine **Ausnahme** gilt nur in folgenden Fällen:

Gem. § 19 Abs. 2 S. 2 Hs. 1 BNotO haftet der Ausbildungsnotar für Pflichtverletzungen, die der Notaras- **112**
sessor bei der selbstständigen Erledigung eines Betreuungsgeschäfts gem. §§ 23, 24 BNotO begeht, sofern der Notar das **Geschäft** dem Notarassessor **zur selbstständigen Erledigung** überlassen hatte. Sind diese Voraussetzungen erfüllt, haften Notar und Notarassessor grundsätzlich als Gesamtschuldner.

Ist der Notarassessor zum **Vertreter** des Notars bestellt, haftet der Notar neben dem Notarassessor ebenfalls **113**
als Gesamtschuldner (§ 46 S. 1 BNotO iVm § 19 Abs. 2 S. 4 BNotO).

Für den Fall, dass der Assessor bei der Erledigung von **Urkundsgeschäften mitwirkt**, ohne selbstständig **114**
tätig zu werden, haftet der Notar für etwaige Pflichtverletzungen des Assessors unter denselben Voraussetzungen wie bei der Einschaltung anderer Hilfspersonen (→ Rn. 117). Außerdem kann sich eine Haftung des Notars wegen **ungenügender Überwachung** des Assessors ergeben.[217]

2. Notarvertreter. Bei Pflichtverletzung des amtlich bestellten Vertreters haftet der Notar neben dem Ver- **115**
treter als Gesamtschuldner, §§ 46, 39 Abs. 4, 19 BNotO. Voraussetzung dieser Haftung ist, dass der Vertreter ordnungsgemäß von der zuständigen Stelle der Landesjustizverwaltung (zumeist Landgerichtspräsident) bestellt worden ist, § 40 BNotO.[218]

3. Personal. Nach früherer hM wurde eine **Haftung für Hilfspersonen** mangels Rechtsgrundlage einhel- **116**
lig abgelehnt.[219] In seiner Entscheidung vom 23.11.1995 hat der BGH seine Rechtsprechung geändert.[220] Danach hält der BGH eine Haftung des Notars analog § 278 für möglich, wenn der Notar Hilfspersonen mit „selbstständigen", nicht in vollem Umfang nachprüfbaren Vorarbeiten für die Beurkundung betraut, insbesondere mit der Einsicht ins Grundbuch. Begründet wird diese Änderung der Rechtsauffassung damit, dass der Grundgedanke des § 278 analog auch im öffentlichen Recht gelte und auch auf nichtvertragliche öffentlich-rechtliche Sonderverbindungen anzuwenden sei.[221] Nunmehr hat das OLG Frankfurt diese Rechtsprechung auf den Fall eines Treuhandauftrages übertragen.[222]

Soweit die Hilfskräfte **„unselbstständige"** Hilfstätigkeiten wahrnehmen, kommt eine Haftung nach der bis- **117**
herigen Rechtsprechung nicht in Betracht.[223] Die sich möglicherweise ergebenden **Haftungslücken** hat die Rechtsprechung dadurch geschlossen, dass dem Notar weitgehende Überwachungs- und Kontrollpflichten gegenüber seinem Mitarbeiter auferlegt werden.[224] Außerdem wird dem Notar als eigenes Verschulden eine unzureichende Büroorganisation angelastet, so dass sich auch insoweit eine Haftung des Notars ergeben kann (vgl. dazu → Rn. 39).

Darüber hinaus darf der Notar die von ihm persönlich wahrzunehmenden Aufgaben nicht seinem Personal **118**
überlassen. Insbesondere ist der **Notar** für **jegliche Belehrung** und die **Erteilung von Rechtsauskünften** **persönlich zuständig.**[225]

II. Persönliche Haftung von Hilfspersonen

1. Haftung des Notarassessors. Der Notarassessor haftet nach der ausdrücklichen gesetzlichen Bestim- **119**
mung in **§ 19 Abs. 2 S. 1 BNotO direkt den Geschädigten**, sofern er bei der selbstständigen Abwicklung von Betreuungsgeschäften iSv §§ 23, 24 BNotO tätig geworden ist. Gleiches gilt, wenn eine Beurkundung (§§ 20–22 BNotO) – rechtswidrig – eigenmächtig vom Notarassessor vorgenommen worden ist. In anderen Fällen kann der Geschädigte den Notarassessor nicht direkt in Anspruch nehmen. § 19 Abs. 2 S. 3 BNotO schließt auch Ansprüche gegen den Staat im Zusammenhang mit der Tätigkeit des Notarassessors aus.

Außerhalb des vorgenannten Falles kann sich allerdings eine **direkte Haftung** des Notarassessors ergeben, **120**
falls er gem. § 39 Abs. 3 S. 2 BNotO zum Vertreter des Notars bestellt worden ist (§§ 46, 19 Abs. 2 S. 4 BNotO). Außerdem kommt eine Haftung in Betracht, wenn der Notarassessor als Notariatsverwalter bestellt ist gem. § 61 BNotO.

---

217 *Haug/Zimmermann* Rn. 351.
218 *Haug/Zimmermann* Rn. 336.
219 BGH DNotZ 1976, 506 (508); vgl. die Nachw. bei Schippel/Bracker/*Schramm* BNotO § 19 Rn. 160.
220 BGH NJW 1996, 464.
221 Vgl. BGH NJW 1996, 464 f.; dazu *Haug/Zimmermann* Rn. 353.

222 OLGR Frankfurt 2008, 368; offengelassen v. BGH NJW-RR 2008, 1377; dazu *Kapsa* ZNotP 2008, 468 (473).
223 BGH NJW 1996, 464 f.; für eine weitergehende Haftung des Notars *Schlüter/Knippenkötter* Rn. 31; *Arndt/Lerch/Sandkühler* BNotO § 19 Rn. 21.
224 Vgl. BGH DNotZ 1989, 452 f.; Schippel/Bracker/ *Schramm* BNotO § 19 Rn. 161.
225 Näher dazu *Haug/Zimmermann* Rn. 355 ff.

121 Im **Innenverhältnis** haftet der Notarassessor grundsätzlich von Gesetzes wegen alleine (§ 19 Abs. 2 S. 2 Hs. 2 BNotO). Diese Rechtsfolge wird nicht zuletzt mit Rücksicht auf den Ausbildungszweck der Tätigkeit für unbillig gehalten. In der Literatur wird daher für eine einschränkende Interpretation des Gesetzes plädiert, mit der Folge, dass bei bloß fahrlässigen Pflichtverletzungen eine quotenmäßige Aufteilung angenommen wird.[226] Unabhängig von dieser restriktiven Gesetzesinterpretation machen die Notarkammern die Zuweisung eines Assessors zu einem Notar regelmäßig von einer vertraglichen Rückgriffsbeschränkung abhängig, die der Notar mit dem Assessor vereinbaren muss.[227]

122 **2. Notarvertreter.** Der Notarvertreter haftet dem Geschädigten persönlich neben dem vertretenden Notar als **Gesamtschuldner** (§ 46 S. 1 BNotO).

123 Im **Innenverhältnis** haftet der Notarvertreter nach dem Wortlaut des Gesetzes (§ 46 S. 2 BNotO) allein. Diese Regel ist jedoch zu modifizieren, wenn der vertretene Notar durch eine eigene Pflichtverletzung den Schaden mit zu verantworten hat, etwa weil der Schaden durch ungeschultes Personal oder durch mangelhafte Büroorganisation begünstigt wurde. In diesem Fall ist eine Haftungsquote zu bilden.[228] Außerdem wird auch hier in der Praxis häufig eine vertragliche Regelung des Innenverhältnisses vereinbart.[229]

124 § 46 BNotO findet keine Anwendung, wenn der Vertreter nicht ordnungsgemäß iSv §§ 39, 40 BNotO bestellt worden ist. Insoweit können dem Geschädigten ggf. Ansprüche gem. § 823 Abs. 2 iVm einem besonderen Schutzgesetz oder aus § 826 zustehen.[230]

125 **3. Haftung des Notariatsverwalters.** Der Notariatsverwalter untersteht in der Regel der für Notare geltenden Vorschriften (§ 57 Abs. 1 BNotO) und haftet deshalb **persönlich im Außenverhältnis** gem. § 19 Abs. 1 BNotO. Gem. § 61 Abs. 1 BNotO haftet für eine Amtspflichtverletzung des Notariatsverwalters dem Geschädigten die **Notarkammer** neben dem Notariatsverwalter als Gesamtschuldner. Eine Haftung des Staates für Amtspflichtverletzungen des Notariatsverwalters ist ausdrücklich ausgeschlossen (§ 61 Abs. 3 BNotO).

126 **4. Haftung des Personals.** Das Personal des Notars haftet bei eigenen Fehlleistungen grundsätzlich **nicht** im Außenverhältnis **gegenüber dem Geschädigten**. Eine Ausnahme ist nach den allgemeinen **deliktsrechtlichen Vorschriften** möglich.

127 **Darüber hinaus** kommt eine **Haftung im Außenverhältnis** dann in Betracht, wenn Notariatsangestellte als Auflassungs- oder Vollzugsbevollmächtigte auftreten. Nach Auffassung des BGH[231] haften Notariatsangestellte aus positiver Vertragsverletzung (nunmehr §§ 280, 241 Abs. 2), wenn diese bei der Durchführung des Auftrages nicht mehr vom Willen der Auftraggeber gedeckte Rechtshandlungen vornehmen. Regelmäßig wird in diesen Fällen auch eine Haftung des Notars vorliegen, wenn dieser in die Durchführung des Auftrages neben seinem Personal involviert war. In diesem Fall kann der Notar allerdings nicht auf seine Angestellte als anderweitige Ersatzmöglichkeit verweisen, da er diese nach arbeitsrechtlichen Grundsätzen im Innenverhältnis freistellen muss.[232]

III. Sozietät

128 Anders als im Bereich von Rechtsanwaltssozietäten ergibt sich im Falle der Sozietätsbindung von Notaren (§ 9 BNotO) **keine gesamtschuldnerische Haftung** der Sozietät. Die hoheitliche Funktion des Notars als unabhängiger Amtsträger und die besondere öffentlich-rechtliche Beziehung zwischen dem Notar und den beteiligten Personen lässt eine derartige gesamtschuldnerische Haftung nicht zu.[233]

129 Von diesem Grundsatz abweichend, ist **ausnahmsweise** dann eine **gesamtschuldnerische Haftung** von Notaren möglich, wenn zwei Notare (außerhalb oder innerhalb einer Sozietät) jeweils selbstständig tätig werden und jeder durch eine Amtspflichtverletzung denselben Schaden (mit-)verursacht hat.[234]

---

226 Vgl. etwa Eylmann/Vaasen/*Frenz* BNotO § 19 Rn. 59; Schippel/Bracker/*Schramm* BNotO § 19 Rn. 157 mwN.

227 Vgl. näher dazu Schippel/Bracker/*Schramm* BNotO § 19 Rn. 158.

228 Vgl. dazu OLG Celle DNotZ 1985, 246; *Haug/ Zimmermann* Rn. 367; Eylmann/Vaasen/*Frenz* BNotO § 46 Rn. 8 mwN.

229 Vgl. Eylmann/Vaasen/*Frenz* BNotO § 46 Rn. 7.

230 BGH NJW 1998, 2830 f.

231 NJW 2003, 578; näher dazu *Peters* DNotZ 2003, 840 ff.

232 BGH NJW 1998, 2830 f.; vgl. dazu auch *Ganter* ZNotP 2003, 442 (448); *Schlüter/Knippenkötter* Rn. 34.

233 BayObLG DNotZ 1981, 317; *Haug/Zimmermann* Rn. 327.

234 BGH NJW-RR 1998, 133 (135); *Haug/Zimmermann* Rn. 330.

E. Prozessuale Besonderheiten

Bei einer **Notarhaftungsklage** gelten die allgemeinen prozessualen Grundsätze. Folgende Besonderheiten sind zu beachten: **130**

I. Zulässigkeit

Bei den Zulässigkeitsvoraussetzungen einer Notarhaftungsklage bestehen grundsätzlich keine Sonderregelungen. Eine Ausnahme gilt für die Frage der Zuständigkeit. Gem. § 19 Abs. 3 BNotO sind für die Klagen die **Landgerichte** ohne Rücksicht auf den Streitwert zuständig. Dies gilt ebenso für Klagen gegen den Notarvertreter, den Notariatsverwalter oder den Notarassessor.[235] **131**

Hinsichtlich des Klageantrags ist zu beachten, dass in der Regel nur Schadensersatz in Geld verlangt werden kann (vgl. dazu → Rn. 75). **132**

Nach den allgemeinen prozessrechtlichen Vorschriften ist auch eine **Feststellungsklage** gegen den Notar auf Schadensersatz zulässig, wobei jedoch als zusätzliche Voraussetzung zu beachten ist, dass der **Einwand der subsidiären Haftung ausgeschlossen sein muss**, sonst ist die Klage **unschlüssig**.[236] **133**

II. Passivlegitimation

Die Klage ist gegen den Notar selbst zu richten. Eine Haftungsüberleitung auf den Staat ist ausdrücklich ausgeschlossen, § 19 Abs. 1 S. 4, § 61 Abs. 3 BNotO. Eine Ausnahme gilt nur bei den Staatsnotaren in Baden-Württemberg, bei denen eine Amtshaftungsklage gegen das Land zu richten ist (vgl. dazu → Rn. 6). Ein Anspruch kann regelmäßig auch nicht direkt gegen die Berufshaftpflichtversicherung des Notars geltend gemacht werden, es sei denn der Notar ist insolvent oder unbekannten Aufenthalts (§ 115 Abs. 1 Nr. 2 u. 3 VVG). **134**

III. Darlegungs- und Beweislast

Für eine Amtshaftungsklage gegen einen Notar gelten grundsätzlich die **allgemeinen Beweislastregeln**, wonach der Kläger die anspruchsbegründenden Tatsachen zu beweisen hat.[237] **135**

Danach muss der **Kläger** für eine schlüssige Klage vortragen und im Streit beweisen: **136**

– Das Vorliegen einer Amtspflichtverletzung.[238]
– Der Beweis von **negativen Tatbestandsmerkmalen**, etwa dann, wenn die Amtspflichtverletzung einer unterlassenen **Belehrung** vorliegen soll.[239] Der beklagte **Notar** darf in einem solchen Fall nicht bloß bestreiten, sondern muss **substantiiert darlegen,** in welcher Weise eine Belehrung erfolgt sein soll.[240] Soweit gesetzlich vorgeschrieben ist (zB § 17 Abs. 2 S. 2 BeurkG), dass ein Belehrungsvermerk in der Urkunde aufzunehmen ist, tritt eine **Umkehr der Beweislast** ein. Der Notar muss den Gegenbeweis erbringen, dh, er muss das Vorliegen einer Belehrung ungeachtet des fehlenden Vermerks beweisen.[241] Außerhalb derartiger Vorschriften besteht keine allgemeine Verpflichtung, Belehrungen schriftlich zu dokumentieren.[242] Im Fall eines **Beratungsfehlers** kann der Beweis des ersten Anscheins dafür sprechen, dass die Beteiligten einem konkreten Rat gefolgt wären, sofern nach der Lebenserfahrung lediglich ein bestimmtes Verhalten nahegelegen hätte.[243]
– Nach hM findet § 282 aF, **§ 280 Abs. 1, S. 2 nF** mit Rücksicht auf das öffentlich-rechtliche Rechtsverhältnis zwischen Notar und Beteiligten Anwendung, mit der Folge, dass der beklagte **Notar** im Falle einer bestehenden Pflichtverletzung sein **fehlendes Verschulden nachweisen muss**.[244] Anderes gilt nur, wenn der Geschädigte vorsätzliches Handeln des Notars geltend machen will; hierfür ist er beweispflichtig.[245]

---

235 *Tremml/Karger/Luber* Rn. 1589.
236 *Haug/Zimmermann* Rn. 893.
237 BGH WM 1984, 700 (701); *Tremml/Karger/Luber* Rn. 1594.
238 BGH DNotZ 1989, 48; *Ganter* ZNotP 2000, 176.
239 BGH NJW 2006, 3065; BGH NJW 1987, 1322; OLG Saarbrücken MDR 2002, 1399; *Tremml/Karger/Luber* Rn. 1595; *Ganter* ZNotP 2000, 176.
240 BGH WM 1996, 84 f.; *Tremml/Karger/Luber* Rn. 1596.
241 BGH DNotZ 1974, 296; Eylmann/Vaasen/*Frenz* BNotO § 19 Rn. 64.
242 BGH NJW 2006, 3065; *Ganter* ZNotP 2000, 176 f.
243 OLG Hamm 17.4.2019 – 11 U 93/18.
244 BGH MDR 2011, 266 Rn. 21; BGHZ 145, 265, 275 = NJW 2001, 70; BGH NJW-RR 1989, 153; *Ganter* ZNotP 2000, 176 (178).
245 Ganter/Hertel/Wöstmann/*Ganter* Rn. 2178.

– Der Kläger hat darüber hinaus die haftungsausfüllende Kausalität darzulegen und zu beweisen. Hierfür und für den Eintritt und die Höhe des Schadens ergeben sich gegenüber dem allgemeinen Deliktsrecht keine Besonderheiten.[246] Daher kommt dem Kläger die Beweiserleichterung des § 287 ZPO zugute.[247]

– Das **Fehlen** einer **anderweitigen Ersatzmöglichkeit** als negative Anspruchsvoraussetzung muss der **Kläger** ebenfalls darlegen und ggf. beweisen.[248] Ist eine andere Ersatzmöglichkeit nicht ohne Weiteres erkennbar, so muss der beklagte Notar eine solche Möglichkeit schlüssig darlegen und ggf. beweisen.[249] Sofern dies dem Notar gelingt, muss der Kläger seinerseits Umstände darlegen und beweisen, dass diese Möglichkeit nicht realisiert werden kann.[250]

137 Für die Darlegungs- und Beweislast des **Notars** ergeben sich folgende Gesichtspunkte:

– Nach hM indiziert eine Amtspflichtverletzung des Notars die Rechtswidrigkeit; für Rechtfertigungsgründe, die die Rechtswidrigkeit entfallen lassen können, trägt der Notar daher die Darlegungs- und Beweislast.[251]

– Der **Notar** muss darüber hinaus darlegen und beweisen, dass es der Kläger ggf. **schuldhaft unterlassen hat, ein Rechtsmittel einzulegen.** Dies ergibt sich aus § 19 Abs. 1 S. 3 BNotO iVm § 839 Abs. 3. Die Vorschrift des § 839 Abs. 3 ist als Ausnahmetatbestand formuliert, mit der Folge, dass derjenige, der sich auf diesen Tatbestand beruft, auch die Darlegungs- und Beweislast trägt.[252]

– Im Falle von Mitverschulden nach allgemeinen Grundsätzen trägt der Notar für die Tatsachen, die ein Mitverschulden des Geschädigten gem. § 254 begründen sollen, die Darlegungs- und Beweislast.[253]

F. Verjährung

138 Die Verjährung des Amtshaftungsanspruchs richtet sich nach Inkrafttreten der Schuldrechtsreform nunmehr nach § 19 Abs. 1 S. 3 BNotO iVm §§ 195, 199. Danach gilt eine regelmäßige **dreijährige Verjährungsfrist**, die für alle Ansprüche aus unerlaubter Handlung und damit auch für Amtshaftungsansprüche Anwendung findet, → § 3 Rn. 11. Die Frist beginnt mit dem Schluss des Jahres, in dem der Anspruch entstanden ist und der Gläubiger von den, den Anspruch begründenden Umständen und der Person des Schuldners Kenntnis erlangt hat oder ohne grobe Fahrlässigkeit erlangen musste (§ 199 Abs. 1). Maßgeblich ist, ob aus **Sicht des Laien** das Vorgehen des Notars als **irregulär erscheint**, wobei eine **unübersichtliche Rechtslage** den Verjährungsbeginn **hinausschieben** kann.[254] Die Übermittlung einer Eintragungsnachricht des Grundbuchamts kann im Einzelfall – insbesondere bei sehr einfach gelagerten Sachverhalten – schon für die Erfüllung der subjektiven Voraussetzungen des Verjährungsbeginns nach § 199 Abs. 1 Nr. 2 BGB (Kenntnis oder grob fahrlässige Unkenntnis von einer Amtspflichtverletzung des Notars) ausreichen.[255] Geht es jedoch um komplexe, für den Geschädigten schwer überschaubare Grundbuchvorgänge, so kann nicht ohne Weiteres davon ausgegangen werden, dass dieser mit der Übersendung einer Veränderungsmitteilung zugleich Kenntnis von einer Amtspflichtverletzung des Notars erlangt oder diesbezüglich fortan grob fahrlässig keine Kenntnis hat.[256]

Hängt die **Inanspruchnahme vom Fehlen einer anderweitigen Ersatzmöglichkeit ab**, so beginnt die Verjährung erst, wenn der Geschädigte **erfährt** (etwa nach Durchführung eines Prozesses), dass er **nicht in anderer Weise Ersatz verlangen kann**, was ggf. zu langen Verjährungsfristen führt.[257] Allerdings muss die anderweitige Ersatzmöglichkeit begründete Aussicht auf Erfolg bieten; **bei zweifelhafter Erfolgsaussicht wird die Verjährung des Amtshaftungsanspruchs nicht hinausgeschoben.**[258]

139 Als Haftungshöchstfrist gilt nunmehr für eine große Anzahl von Fällen eine 10-jährige Verjährungsfrist (§ 199 Abs. 3 Nr. 1). Lediglich in Fällen, in denen der Schaden noch nicht entstanden ist, gilt gem. § 199 Abs. 3 Nr. 2 noch die 30-jährige Verjährungsfrist. Entstanden ist der Schaden erst dann, wenn sich die Vermögenslage des Geschädigten konkret verschlechtert hat und der Geschädigte zumutbar eine Schadensersatzklage erheben könnte.[259]

---

246 BGH NJW 1992, 3237 (3241); *Ganter* ZNotP 2000, 176 (180).

247 Vgl. nur *Haug/Zimmermann* Rn. 959.

248 BGH WM 1993, 1896 (1898); *Arndt/Lerch/Sandkühler* BNotO § 19 Rn. 199.

249 BGH NJW 2003, 202 (204); *Ganter* ZNotP 2000, 176 (181).

250 *Tremml/Karger/Luber* Rn. 1612; *Ganter* ZNotP 2000, 176 (181).

251 *Tremml/Karger/Luber* Rn. 1615; *Ganter* ZNotP 2000, 178.

252 *Arndt/Lerch/Sandkühler* BNotO § 19 Rn. 230 *Ganter* ZNotP 2000, 176 ff.

253 BGH WM 2000, 35 (38); *Ganter* ZNotP 2000, 181.

254 BGH NJW 2020, 466.

255 BGH DNotZ 2015, 37.

256 BGH DNotZ 2015, 37.

257 BGHZ 102, 246 ff. = NJW 1988, 1146; BGH WM 1999, 974 f.; BGH ZNotP 2000, 201; zum Problemkreis *Zugehör* ZNotP 2000, 250 ff.

258 BGH DNotZ 2006, 918; ebenso *Ganter* DNotZ 2007, 246 (262); großzügiger aber noch BGH NJW-RR 2005, 1148 (1149).

259 BGH NJW-RR 2005, 69.

Anders als nach früherer Rechtsprechung bei Rechtsanwälten, muss ein Notar nicht auf eine eigene Pflicht- **140**
verletzung hinweisen; es existiert daher im Notarhaftungsrecht keine Sekundärverjährung.[260]

G. Vertragliche Haftungsbeschränkungen

Im Gegensatz zum Anwaltshaftungsrechts besteht für den Notar nicht die Möglichkeit, die Haftung gem. **141**
§ 19 BNotO vertraglich zu beschränken.[261] Dies gilt auch für die Tätigkeiten im Rahmen der §§ 23, 24
BNotO, da bei einer Übernahme der Tätigkeit in vollem Umfang Amtspflichten entstehen, für die der Notar
unbeschränkt haftet.[262]

H. Berufshaftpflichtversicherung

Gem. § 19a BNotO ist jeder Notar verpflichtet, eine Berufshaftpflichtversicherung zu unterhalten, zur **142**
Deckung der Haftpflichtgefahren von Vermögensschäden, die sich aus seiner Berufstätigkeit und der Tätigkeit von Personen ergeben, für die er haftet. Ein **Verstoß gegen diese Verpflichtung** kann zur **Amtsenthebung** führen, § 50 Abs. 1 Nr. 10 BNotO. Die Versicherungssumme beträgt 500.000 EUR für jeden Versicherungsfall, § 19a Abs. 3 S. 1 BNotO.

Zur Geltendmachung von Schadensersatzansprüchen erteilt die Landesjustizverwaltung oder die Notarkammer, der der Notar angehört, auf Antrag Auskunft über den Namen und die Adresse der Berufshaftpflichtversicherung des Notars sowie über die Versicherungsnummer, soweit der Notar kein überwiegendes
schutzwürdiges Interesse an der Nichterteilung der Auskunft hat (§ 19a Abs. 6 BNotO).

Darüber hinaus sind gem. § 67 Abs. 3 Nr. 3 BNotO die von der vom Notar abzuschließenden Versicherung **143**
nicht gedeckten Schäden zu versichern, weil die durch sie verursachten Vermögensschäden die Deckungssumme übersteigen oder weil sie als vorsätzliche Handlungen durch die allgemeinen Versicherungsbedingungen vom Versicherungsschutz ausgenommen sind. Für diese Versicherungsverträge gilt, dass die Versicherungssumme für jeden versicherten Notar und für jeden Versicherungsfall mindestens 250.000 EUR für
Schäden aus wissentlichen Pflichtverletzungen und mindestens 500.000 EUR für Schäden aus sonstigen
Pflichtverletzungen betragen muss. Die Leistung kann jedoch für alle innerhalb eines Versicherungsjahres
von einem Notar verursachten Schäden auf den vierfachen Betrag der Mindestversicherungssumme
begrenzt werden. Dieser Pflichtversicherungsbereich wird von den Notarkammern durch Abschluss der
„**Vertrauensschadenversicherung**" abgedeckt.[263]

Schließlich haben die Notarkammern im Bundesgebiet aufgrund von § 67 Abs. 4 S. 2 Nr. 3 u. 4 BNotO auf **144**
freiwilliger Basis einen **Notarversicherungsfonds** als zweckgebundenes Sondervermögen der Notarkammern gebildet, der die Aufgabe hat, bei Schäden aus **vorsätzlicher Handlung** von Notaren, Notariatsver-
waltern oder Notarvertretern – **ohne rechtliche Verpflichtung** – Leistungen zu ermöglichen, wenn ein
ansonsten nicht gedeckter Vertrauensschaden vorliegt.[264]

§ 129 Öffentliche Beglaubigung

(1) [1]Ist durch Gesetz für eine Erklärung öffentliche Beglaubigung vorgeschrieben, so muss die Erklärung schriftlich abgefasst und die Unterschrift des Erklärenden von einem Notar beglaubigt werden.
[2]Wird die Erklärung von dem Aussteller mittels Handzeichens unterzeichnet, so ist die im § 126
Abs. 1 vorgeschriebene Beglaubigung des Handzeichens erforderlich und genügend.

(2) Die öffentliche Beglaubigung wird durch die notarielle Beurkundung der Erklärung ersetzt.

Literatur: *Bettendorf/ Apfelbaum*, Die persönliche Erzeugung der Signatur bei der Erstellung elektronischer notarieller
Urkunden, DNotZ 2008, 85; *Bohrer,* Notarielle Form, Beurkundung und elektronischer Rechtsverkehr, DNotZ 2008, 39;
Büttner/Frohn, Elektronische Antragstellung in Grundbuchsachen (Teil 1), NotBZ 2016, 201 (1. Teil) und NotBZ 2016,
241 (2. Teil); *Jeep/Wiedemann*, Die Praxis der elektronischen Registeranmeldung – Die Umsetzung des EHUG aus notarieller und richterlicher Sicht, NJW 2007, 2439; *Gassen/Wegerhoff*, Elektronische Beglaubigung und elektronische Handelsregisteranmeldung in der Praxis, 2. Aufl. 2009; *Krampen-Lietzke*, Analoge Anwendung des § 55 GmbHG auf den Übernahmeverpflichtungsvertrag?, RNotZ 2016, 20; *Malzer*, Die öffentliche Beglaubigung – Wesen, Funktion, Bedeutung und
Perspektive einer zivilrechtlichen Formvorschrift, DNotZ 2000, 169; *ders.,* Elektronische Beglaubigung und Medientrans-

---

260 OLG Hamm DNotZ 1995, 416; *Schlüter/Knippenköt-*
ter Rn. 746.

261 Schippel/Bracker/*Schramm* BNotO § 19 Rn. 100.

262 HM vgl. nur Schippel/Bracker/*Schramm* BNotO § 19
Rn. 101 mwN; **aM** *Rossak* VersR 1985, 1121.

263 Vgl. zu den Einzelheiten der verschiedenen Versicherungen *Haug/Zimmermann* Rn. 834 ff. und *Bresgen*
SchlHA 2007, 233 ff.

264 Vgl. näher dazu *Haug/Zimmermann* Rn. 849 ff.

fer durch den Notar nach dem Justizkommunikationsgesetz, DNotZ 2006, 9; *Preuß*, Das digitale Notarsiegel und elektronische öffentliche Urkunden, DNotZ-Sonderheft 2013, 96; *Ulrich*, Persönliches Erscheinen vor dem ausländischen Notar bei öffentlicher Beglaubigung, GmbHR 2018, R55.

A.	**Allgemeines**	1		3. Unterschrift	14
	I. Normzweck	1		4. Handzeichen	16
	II. Anwendungsbereich	5		5. Elektronische Beglaubigung	17
	1. Gesetzliche Fälle	5		II. Nachträgliche Änderungen	18
	2. Amtliche Beglaubigung	8		III. Verhältnis Beglaubigung/Beurkundung	
B.	**Regelungsgehalt**	9		(Abs. 2)	19
	I. Beglaubigung	9		IV. Rechtsfolgen	20
	1. Zuständigkeit	9		V. Ausländische Urkunden	21
	2. Verfahren	10			

A. Allgemeines

I. Normzweck

1 Die öffentliche Beglaubigung ist vorgesehen in Fällen einer besonderen **Nachweis- und Zuordnungsbedürftigkeit** hinsichtlich Erklärung und erklärender Person, um bei der Abgabe einer Willenserklärung diese Person zuverlässig feststellen zu können.[1] Durch die öffentliche Beglaubigung wird bezeugt, dass die Unterschrift in Gegenwart einer Urkundsperson zu dem angegebenen Zeitpunkt von dem Erklärenden vollzogen oder anerkannt worden ist (vgl. §§ 39, 40 Abs. 1 BeurkG) und dass die im Beglaubigungsvermerk namentlich genannte Person mit dem Erklärenden identisch ist (§ 40 Abs. 3 S. 1, Abs. 4 BeurkG).[2] Dasselbe gilt für das Handzeichen (§ 126 Abs. 1; § 40 Abs. 6 BeurkG; → Rn. 16). Diesem Zweck entsprechend ist die öffentliche Beglaubigung gesetzlich vor allem für Erklärungen gegenüber einem Gericht oder einer Behörde vorgeschrieben.[3]

2 Die öffentliche Beglaubigung bezieht sich regelmäßig nur auf die **Echtheit der Unterschrift** bzw. des Handzeichens, **nicht** dagegen auf den **Inhalt** der Erklärung.[4] Ausnahmsweise hat der Notar auch den Inhalt der Urkunde auf Gründe zu überprüfen, die zur Versagung seiner Amtstätigkeit führen könnten (§ 40 Abs. 2 BeurkG), insbesondere, wenn seine Mitwirkung bei Handlungen verlangt wird, mit denen erkennbar unerlaubte oder unredliche Zwecke verfolgt werden.[5]

3 Neben dieser **Authentifizierungsfunktion** sind weitere Zwecke der Beglaubigung die Gewährleistung der Handlungsfähigkeit des Unterzeichners frei von physischem Zwang und die Prüfung der Geschäftsfähigkeit dem äußeren Anschein nach. Darüber hinaus erfüllt die öffentliche Beglaubigung im täglichen Rechtsverkehr gewichtige Funktionen zugunsten der **Rechtssicherheit** und der **unparteiischen Rechtsbetreuung**, da dem Notar von der rechtsuchenden Bevölkerung in besonderem Maße Vertrauen entgegengebracht wird. Dies hat zur Folge, dass von dem als neutral und rechtskundig bekannten Notar nicht nur die reine Unterschriftsbeglaubigung, sondern auch eine begleitende Prüfung des unterzeichneten Textes erwartet wird.[6] Dadurch wird gleichzeitig eine persönliche und unmittelbare Sachverhaltsaufklärung gewährleistet. Der allgemein anerkannten Stellung des Notars entsprechend ist die Hemmschwelle sehr hoch, Erklärungen öffentlich beglaubigen zu lassen, die zB gegen die guten Sitten verstoßen.[7]

4 Bei **empfangsbedürftigen Erklärungen** ist zur Wirksamkeit erforderlich, dass die Erklärung in der Form des § 129 zugeht.[8] Die Übermittlung einer Abschrift oder einer Kopie der Erklärung reicht nicht aus.[9]

II. Anwendungsbereich

5 **1. Gesetzliche Fälle.** Die öffentliche Beglaubigung ist vorgesehen im **BGB** in den §§ 77 S. 1, 371 S. 2, 403 S. 1, 411 S. 1, 1035 S. 2, 1154 Abs. 1 S. 2, 1155 S. 1, 1355 Abs. 3 S. 2 und Abs. 4 S. 5, 1491 Abs. 1 S. 2,

---

1 *Malzer* DNotZ 2000, 169; *Wolf/Neuner* BGB AT § 44 Rn. 46; BeckOK BGB/*Wendtland* § 129 Rn. 1; HK-BGB/*Dörner* § 129 Rn. 1; MüKoBGB/*Einsele* § 129 Rn. 1.

2 Palandt/*Ellenberger* BGB § 129 Rn. 1; *Wolf/Neuner* BGB AT § 44 Rn. 46; Erman/*Arnold* BGB § 129 Rn. 1.

3 MüKoBGB/*Einsele* § 129 Rn. 1; *Wolf/Neuner* BGB AT § 44 Rn. 48.

4 BGH 4.6.1962 – V ZR 110/60, BGHZ 37, 79, 86; LG Duisburg 22.2.2012 – 7 T 185/11, BeckRS 2012, 7264; Palandt/*Ellenberger* BGB § 129 Rn. 1; MüKo-

BGB/*Einsele* § 129 Rn. 1; Jauernig/*Mansel* BGB § 129 Rn. 1.

5 OLG Frankfurt aM 24.6.2014 – 2 Not 1/13, BeckRS 2014, 16741.

6 *Malzer* DNotZ 2000, 169 (178).

7 *Malzer* DNotZ 2000, 169 (178).

8 Palandt/*Ellenberger* BGB § 129 Rn. 1; Erman/*Arnold* BGB § 129 Rn. 2.

9 BayObLG 19.3.1992 – 1 Z 56/91, DtZ 1992, 284 (285); Palandt/*Ellenberger* BGB § 129 Rn. 1; BeckOK BGB/*Wendtland* § 129 Rn. 7.

1560 S. 2, 1617 Abs. 1 S. 2, 1617a Abs. 2 S. 3, 1617b Abs. 2 S. 2, 1617c Abs. 1 S. 3, 1618 S. 5, 1945 Abs. 1, Abs. 3 S. 1, 1955, 2120 S. 2, 2121 Abs. 1 S. 2, 2198 Abs. 1 S. 2, 2215 Abs. 2; ferner in § 12 Abs. 1 **HGB**; §§ 726 Abs. 1, 727 Abs. 1, 750 Abs. 2, 751 Abs. 2, 756 Abs. 1 **ZPO**; §§ 71 Abs. 2, 81 Abs. 2, Abs. 3, 84 Abs. 2, 91 Abs. 2, 143, 144 Abs. 1 S. 1 **ZVG**; §§ 29 Abs. 1 S. 1, 30, 32 Abs. 1 S. 3 **GBO**; § 17 Abs. 1 **UmwG**; § 26 Abs. 3 **WEG**; § 3 Abs. 1 S. 4, Abs. 2 S. 5 **LPartG**. Der praktisch häufigste Anwendungsfall der öffentlichen Beglaubigung resultiert aus den Anforderungen des § 29 Abs. 1 GBO, wonach Eintragungen in das **Grundbuch** nur vorgenommen werden sollen, wenn die Eintragungsbewilligung oder die sonstigen zu der Eintragung erforderlichen Erklärungen durch öffentliche oder öffentlich beglaubigte Urkunden nachgewiesen werden. Nicht genügend ist deshalb für § 29 Abs. 1 GBO die Beglaubigung einer Abschrift nach § 42 BeurkG, weil diese lediglich die Übereinstimmung einer Kopie mit einem Original bestätigt, jedoch keinerlei Aussage über die Echtheit der Unterschrift auf dem Original erlaubt.[10]

Erklärungen im Sinne des § 129 sind neben Willenserklärungen auch verfahrensrechtliche Erklärungen.[11] § 129 gilt entsprechend für diejenigen Fälle, bei denen die öffentliche Beglaubigung als **Formerfordernis rechtsgeschäftlich vereinbart** ist.[12] **6**

Die notarielle Beurkundung (Abs. 2) und der ihr gleichstehende Prozessvergleich (§ 127a) ersetzen die öffentliche Beglaubigung (→ § 127a Rn. 2). **7**

2. Amtliche Beglaubigung. Keine öffentliche Beglaubigung im Sinne des § 129 stellt die **amtliche** **8** **Beglaubigung** einer Verwaltungsbehörde dar (§ 34 Abs. 1 S. 2 Nr. 2 VwVfG) oder die Beglaubigung einer Abschrift aus dem Handelsregister (§ 9 Abs. 4 S. 3 HGB iVm § 30 Abs. 2 bis 5 HRV). Für solche amtlichen Beglaubigungen gelten die Vorschriften des BeurkG nicht (§ 70 S. 1 BeurkG).[13] Die amtliche Beglaubigung kann deshalb die öffentliche Beglaubigung nicht ersetzen.[14] Öffentliche Urkunden (§ 415 Abs. 1 ZPO) stehen der öffentlichen Beglaubigung nur dann gleich, wenn dies gesetzlich angeordnet ist (Hauptanwendungsfall: § 29 Abs. 1 S. 1 GBO).

B. Regelungsgehalt

I. Beglaubigung

1. Zuständigkeit. § 20 Abs. 1 S. 1 BNotO statuiert die grundsätzliche Zuständigkeit der **Notare** für die **9** öffentliche Beglaubigung. Nur in Ausnahmefällen kann sich die Befugnis anderer Stellen oder Behörden aufgrund von Regelungen der Länder ergeben, vgl. § 68 BeurkG. Soweit eine Zuständigkeit sonstiger Urkundspersonen nach § 1 Abs. 2 BeurkG besteht, sollen diese – mit Ausnahme der Konsule (§ 10 Abs. 1 Nr. 2 KonsG) sowie der Betreuungsbehörden bei Vorsorgevollmachten und Betreuungsverfügungen (§ 6 Abs. 2 S. 1 BtBG) – nicht zur Beglaubigung von Handzeichen berechtigt sein.[15] Nach § 2 Abs. 1 S. 1 PStG können Beurkundungen und Beglaubigungen für Zwecke des Personenstandswesens im Standesamt auch von den Standesbeamten vorgenommen werden. Die Zuständigkeit der Notare und anderer Stellen für öffentliche Beurkundungen und Beglaubigungen bleibt gem. § 2 Abs. 1 S. 3 PStG unberührt.

§ 129 Abs. 1 ist neutral formuliert, beschränkt den Anwendungsbereich also nicht auf die öffentliche **9a** Beglaubigung vor einem deutschen Notar. Soll diese durch einen ausländischen Notar vorgenommen werden, muss die ausländische Beglaubigung einer deutschen gleichwertig sein. Dies ist der Fall, wenn die ausländische Urkundenperson nach ihrer Vorbildung und Stellung im Rechtsleben eine dem deutschen Notar entsprechende Funktion ausübt (s. auch → § 128 Rn. 8).[16] Bestätigt der ausländische Notar allerdings nicht, dass die Unterschrift in seiner Gegenwart vollzogen oder anerkannt wurde, mangelt es an einem mit dem deutschen Recht vergleichbaren Verfahren mit der Folge, dass eine Substitution ausscheidet.[17]

2. Verfahren. Die Einzelheiten des Verfahrens der Beglaubigung sind in den §§ 39 ff. BeurkG geregelt. **10** Gem. § 40 Abs. 1 BeurkG soll die Unterschrift nur beglaubigt werden, wenn sie in Gegenwart eines Notars vollzogen oder anerkannt wird. Der Erklärende muss sie also **vor dem Notar eigenhändig handschriftlich** herstellen oder, falls dies nicht geschieht, die bereits auf der Urkunde angebrachte Unterschrift vor dem Notar als eigene anerkennen. **Widerruft** die Unterschriftsperson ihr Anerkenntnis, bevor der Notar die

---

10 OLG Köln 24.11.2008 – 2 Wx 41/08, FGPrax 2009, 6 (8).

11 OLG Düsseldorf 28.3.1984 – 3 W 395/83, OLGZ 1984, 259 (261 f.); MüKoBGB/*Einsele* § 129 Rn. 2; Palandt/*Ellenberger* BGB § 129 Rn. 1; Armbrüster/ Preuß/*Renner/Preuß* BeurkG § 40 Rn. 1.

12 BeckOK BGB/*Wendtland* § 129 Rn. 3; Erman/*Arnold* BGB § 129 Rn. 2.

13 Palandt/*Ellenberger* BGB § 129 Rn. 2; MüKoBGB/ *Einsele* § 129 Rn. 4; Staudinger/*Hertel* (2017) BGB § 129 Rn. 47.

14 AA BGH 7.4.2011 – V ZB 207/10, NJW-RR 2011, 953; 20.6.1966 – IV ZB 60/66, BGHZ 45, 362, 365 f.

15 *Winkler* BeurkG § 40 Rn. 11.

16 *Schaub* NZG 2000, 953 (956); näher zu den Voraussetzungen: jurisPK-BGB/*Ludwig* BGB § 129 Rn. 26 ff.

17 *Ulrich* GmbHR 2018, R55.

Urkunde aus seinem Amtsbereich herausgegeben hat, so bleibt die vollzogene Beglaubigung wirksam, da es sich um eine **Tatsachenmitteilung** handelt und keine empfangsbedürftige Willenserklärung darstellt.[18]

11 Eine sogenannte **Fernbeglaubigung** (etwa per Telefon oder Videoschaltung) ist **unwirksam**, da der Gesetzeswortlaut von der Anerkennung in (gemeint: physisch-präsenter) Gegenwart eines Notars spricht.[19] Bestätigt der Notar in einem solchen Fall im Beglaubigungsvermerk dennoch, dass die Unterschrift vor ihm vollzogen bzw. anerkannt worden ist, so begeht er einen Verstoß gegen seine Dienstpflichten[20] und eine Falschbeurkundung im Amt gem. § 348 Abs. 1 StGB.[21]

12 Es ist ein **Beglaubigungsvermerk** (§ 39 BeurkG) zu erstellen. Dieser muss zwingend die Echtheit der Unterschrift bezeugen, die Bezeichnung der Person, die die Unterschrift vollzogen oder anerkannt hat (§ 40 Abs. 3 S. 1 BeurkG) sowie die Unterschrift und das Siegel des Notars enthalten. Bei Fehlen eines dieser notwendigen Erfordernisse ist der Vermerk als öffentliche Urkunde (§ 415 Abs. 1 ZPO) wirkungslos.[22]

13 Zu beglaubigen ist **nur die Unterschrift**, denn es ist nicht die Aufgabe des Beglaubigungsvermerks, zu bescheinigen, welche Erklärungen der Unterzeichnende abgeben wollte.[23] Der Notar darf seine Unterschrift erst nach Vollzug oder Anerkennung leisten, da eine Blankounterschrift des Notars unzulässig ist.[24] Der Beglaubigungsvermerk ist räumlich auf die Urkunde zu setzen, auf der die Unterschrift steht. Zwischen Unterschrift und Vermerk kann weiterer Text stehen.[25] Lässt es sich wegen Platzmangels nicht vermeiden, dass der Beglaubigungsvermerk nicht auf dem gleichen Blatt wie die Unterschrift gesetzt werden kann, so sind beide Blätter fest miteinander zu verbinden.[26]

14 **3. Unterschrift.** Beglaubigt werden kann nur eine handschriftlich, unter Verwendung von haltbarer Tinte oder Kugelschreiber geleistete Unterschrift.[27] Diese muss nicht lesbar,[28] jedoch vollständig sein, wobei Abkürzungen in der Unterschrift nicht schaden, soweit der Namenszug erkennbar bleibt;[29] zur Unterschrift allgemein → § 126 Rn. 19 ff. Auch die Unterschrift bzw. das Handzeichen eines Vertreters, der mit dem Namen des Vertretenen unterzeichnet hat, kann Gegenstand einer Beglaubigung sein.[30] Der Beglaubigungsvermerk muss dann auch die Person des die Unterschrift leistenden Vertreters bezeichnen (§ 40 Abs. 3 S. 1 BeurkG).[31]

15 Die Beglaubigung einer **Blankounterschrift** ist gem. § 40 Abs. 5 BeurkG zulässig (zur Blankounterschrift → § 126 Rn. 23 ff.). Dies soll jedoch nur erfolgen, wenn dargelegt wird, dass die Beglaubigung vor der Festlegung des Urkundeninhalts benötigt wird. In diesem Fall soll der Beglaubigungsvermerk beinhalten, dass im Zeitpunkt der Beglaubigung ein durch die Unterschrift gedeckter Text nicht vorhanden war. Das Merkmal „dargelegt" ist erfüllt, wenn kein Anlass besteht, den Behauptungen der Beteiligten zu misstrauen.[32]

16 **4. Handzeichen.** Über die öffentliche Beglaubigung des Handzeichens (§ 40 Abs. 6 BeurkG) können auch Personen, die nicht in der Lage sind, ihren Namen zu schreiben, die Schriftform erfüllen (§ 126 Abs. 1, Var. 2). Unter einem Handzeichen versteht man jedes **eigenhändig gesetzte Zeichen**, das keine Schriftzeichen verwendet, zB ein Kreuz oder einen Fingerabdruck (→ § 126 Rn. 36). Auf die Beglaubigung von Handzeichen finden die Vorschriften über die Unterschriftsbeglaubigung entsprechende Anwendung, so dass auch Handzeichen in Gegenwart des Notars vollzogen oder anerkannt werden müssen.[33]

17 **5. Elektronische Beglaubigung.** Nach § 39 a BeurkG können Beglaubigungen und sonstige Zeugnisse iSd § 39 BeurkG auch elektronisch errichtet werden.[34] Dies war erforderlich geworden, nachdem der Gesetzgeber zum 1.1.2007 mit dem EHUG[35] in § 12 Abs. 1 S. 1, Abs. 2 S. 2 HGB die Verpflichtung normiert hat, Anmeldungen zur Eintragung und Einreichungen zum Handelsregister elektronisch vorzuneh-

18 OLG Köln 10.5.1993 – 2 Wx 15/93, NJW-RR 1994, 756 f.; *Winkler* BeurkG § 40 Rn. 33.

19 *Malzer* DNotZ 2000, 169 (174); BGH 10.8.1987 – NotZ 6/87, DNotZ 1988, 259.

20 BGH 10.8.1987 – NotZ 6/87, DNotZ 1988, 259 f.

21 OLG Köln 24.3.1976 – 2 X (Not) 1/75, DNotZ 1977, 763; OLG Frankfurt 19.4.1985 – 5 Ss 608/84, DNotZ 1986, 421; aA BGH 5.1.1968 – 4 StR 432/67, BGHSt 22, 32 ff., sofern die Unterschrift echt ist.

22 *Winkler* BeurkG § 40 Rn. 54.

23 *Winkler* BeurkG § 40 Rn. 51.

24 RG 8.1.1915 – III 297/14, RGZ 86, 102, 104.

25 KG 7.3.1980 – 1 W 4820/79, DNotZ 1980, 487.

26 *Winkler* BeurkG § 40 Rn. 61.

27 *Winkler* BeurkG § 40 Rn. 23.

28 BGH Urt. v. 14.5.1964 – VII ZR 57/63, BB 1964, 699; *Malzer* DNotZ 2000, 169 (176); *Winkler* BeurkG § 40 Rn. 24.

29 *Winkler* BeurkG § 40 Rn. 25.

30 *Flume* BGB AT, Bd. 2, § 15 II 4; Erman/*Arnold* BGB § 129 Rn. 4; Palandt/*Ellenberger* BGB § 129 Rn. 2; Soergel/*Hefermehl*, § 126 Rn. 6; zweifelnd MüKo-BGB/*Einsele* BGB § 126 Rn. 12 und § 129 Rn. 5.

31 *Winkler* BeurkG § 40 Rn. 28.

32 *Winkler* BeurkG § 40 Rn. 65.

33 *Winkler* BeurkG § 40 Rn. 75; Staudinger/*Hertel* (2017) BGB § 129 Rn. 61.

34 Zu § 39 a BeurkG *Preuß* DNotZ-Sonderheft 2012, 96; *Jeep/Wiedemann* NJW 2007, 2439; *Malzer* DNotZ 2006, 9.

35 Gesetz über elektronische Handelsregister und Genossenschaftsregister sowie das Unternehmensregister (EHUG) v. 10.11.2006, BGBl. I S. 2553; dazu *Noack*, Das neue Gesetz über elektronische Handels- und Unternehmensregister, 2007.

men. Die Eintragungsbewilligung nach § 29 GBO kann gem. § 137 Abs. 1 S. 1 GBO ebenfalls als ein mit einem einfachen elektronischen Zeugnis nach § 39 a BeurkG versehenes elektronisches Dokument übermittelt werden. Da notarielle Eigenurkunden vom Anwendungsbereich des § 137 Abs. 1 S. 2 GBO erfasst sind, kann der Notar sogar von der Erstellung eines Papierdokuments mit Unterschrift und Siegel und anschließender elektronischer Übermittlung absehen und ausschließlich ein öffentliches elektronisches Dokument unter Beachtung der in § 137 Abs. 1 S. 2 GBO aufgestellten Voraussetzungen übermitteln.[36] An die Stelle von Unterschrift und Siegel des Notars treten bei der „elektronischen Beglaubigung" nach § 39 a Abs. 1 S. 2 BeurkG dessen qualifizierte elektronische Signatur (→ § 126 a Rn. 19 ff.), die nach § 39 a Abs. 1 S. 3 BeurkG auf einem dauerhaft prüfbaren Zertifikat (→ § 126 a Rn. 21 ff.) beruhen soll.

II. Nachträgliche Änderungen

Nachträgliche Änderungen der Erklärung unter Zustimmung des Erklärenden sind zulässig und **beeinträchtigen die Formgültigkeit nicht**,[37] denn die Unterschriftsbeglaubigung bescheinigt ausschließlich die Echtheit der Unterschrift, nicht die Echtheit des darüber stehenden Textes. Dies gilt selbst dann, wenn die nachträgliche Textänderung über die bloße Berichtigung eines offensichtlichen Schreibversehens hinausgeht.[38] Allerdings können erkennbare textliche Änderungen die Beweiskraft der beglaubigten Urkunde dahin gehend beeinträchtigen, dass die Vermutung der Echtheit nach § 440 Abs. 2 ZPO (→ Rn. 20) der durch die Privaturkunde verkörperten Erklärung widerlegt werden kann.[39] Als Folge kann die Erklärung bei Zweifeln darüber, ob der Erklärende die Änderung gebilligt hat, zurückgewiesen werden.

18

III. Verhältnis Beglaubigung/Beurkundung (Abs. 2)

Gem. Abs. 2 wird die öffentliche Beglaubigung durch die notarielle Beurkundung ersetzt. Der notariellen Beurkundung kommt mithin eine **stärkere Wirkung** zu, sie stellt gegenüber der Beglaubigung ein Mehr dar (→ § 125 Rn. 3).[40] Der maßgebende Unterschied zwischen beiden Formen ist darin zu sehen, dass bei der notariellen Beurkundung die Willenserklärung vom Erklärenden mündlich abgegeben und von der Urkundsperson **inhaltlich wahrgenommen** wird, während sich bei der öffentlichen Beglaubigung die Tätigkeit der Urkundsperson auf die Bezeugung der Richtigkeit (Echtheit) der Unterschrift beschränkt.[41] Im Gegensatz zur Beglaubigung erstreckt sich demnach die Beurkundung auch auf den Inhalt der Niederschrift, wohingegen bei der Beglaubigung nur die Echtheit der Unterschrift oder des Handzeichens bezeugt wird (→ Rn. 2). Eine mangelhafte Beurkundung kann deshalb gegebenenfalls die Form der öffentlichen Beglaubigung wahren.

19

IV. Rechtsfolgen

Durch die Beglaubigung wird lediglich bezeugt, dass die Unterschrift von demjenigen herrührt, der im Vermerk als Unterzeichner der Urkunde genannt ist (→ Rn. 2, 19). Die unterzeichnete Erklärung bleibt daher Privaturkunde.[42] Den Charakter einer **öffentlichen Urkunde** im Sinne der §§ 415 Abs. 1, 418 Abs. 1 ZPO besitzt nur der **Beglaubigungsvermerk**.[43] Er begründet vollen Beweis dafür, dass die Unterschrift oder das Handzeichen von dem Aussteller stammt. Daran knüpft allerdings § 440 Abs. 2 ZPO die Vermutung, dass die über der Unterschrift stehende Schrift echt ist. Über den Einfluss von Durchstreichungen, Radierungen oder anderen Mängeln auf die Beweiskraft der Urkunde entscheidet das Gericht nach freier Überzeugung (§ 419 ZPO).[44]

20

---

36   Vgl. OLG Stuttgart 21.3.2018 – 8 W 437/16, NJW-RR 2018, 758 (759).

37   OLG Brandenburg 17.2.2010 – 7 Wx 15/09, MDR 2010, 713; OLG Frankfurt 8.3.2006 – 20 W 21/05, DNotZ 2006, 767; LG Düsseldorf 12.1.1984 – 19 T 6/84, MittBayNot 1984, 207; LG Kassel 11.1.2002 – 13 T 9/01, MittBayNot 2002, 526; KG 4.9.2012 – 1 W 154/12, FGPrax 2013, 8; *Winkler* DNotZ 1985, 224 f.; MüKoBGB/*Einsele* § 129 Rn. 5; Palandt/*Ellenberger* BGB § 129 Rn. 2; BeckOK BGB/*Wendtland* § 129 Rn. 6; Erman/*Arnold* BGB § 129 Rn. 4; Staudinger/*Hertel* (2017) BGB § 129 Rn. 128.

38   LG Kassel 11.1.2002 – 13 T 9/01, RNotZ 2003, 147.

39   OLG Frankfurt 8.3.2006 – 20 W 21/05, DNotZ 2006, 767 (768); BayObLG 23.11.1984 – BReg 2 Z 77/84,

DNotZ 1985, 220 (222); LG Itzehoe 18.10.1988 – 4 T 278/88, DNotZ 1990, 519 (520 f.); Erman/*Arnold* BGB § 129 Rn. 4; Palandt/*Ellenberger* BGB § 129 Rn. 2; PWW/*Ahrens* BGB § 129 Rn. 3.

40   *Malzer* DNotZ 2000, 169 (171); Palandt/*Ellenberger* BGB § 129 Rn. 3.

41   BGH 4.4.1962 – V ZR 110/60, BGHZ 37, 79, 86.

42   *Malzer* DNotZ 2000, 169 (177).

43   *Winkler* BeurkG § 40 Rn. 17; Palandt/*Ellenberger* BGB § 129 Rn. 1; MüKoBGB/*Einsele* § 129 Rn. 5; Erman/*Arnold* BGB § 129 Rn. 1.

44   Dazu BayObLG 23.11.1984 – BReg 2 Z 77/84, DNotZ 1985, 220 (222); LG Itzehoe 18.10.1988 – 4 T 278/88, DNotZ 1990, 519 (521).

V. Ausländische Urkunden

21 Zum Nachweis der Echtheit ausländischer Urkunden (Legalisation und Apostille) → EGBGB Art. 11 Rn. 58 ff.

§ 130 Wirksamwerden der Willenserklärung gegenüber Abwesenden

(1) ¹Eine Willenserklärung, die einem anderen gegenüber abzugeben ist, wird, wenn sie in dessen Abwesenheit abgegeben wird, in dem Zeitpunkt wirksam, in welchem sie ihm zugeht. ²Sie wird nicht wirksam, wenn dem anderen vorher oder gleichzeitig ein Widerruf zugeht.

(2) Auf die Wirksamkeit der Willenserklärung ist es ohne Einfluss, wenn der Erklärende nach der Abgabe stirbt oder geschäftsunfähig wird.

(3) Diese Vorschriften finden auch dann Anwendung, wenn die Willenserklärung einer Behörde gegenüber abzugeben ist.

Literatur: *Behn*, Das Wirksamwerden von schriftlichen Willenserklärungen mittels Einschreiben: Zur Bedeutung der Zurücklassung des Benachrichtigungszettels, AcP 178 (1978), 505; *Bruns*, Zugang einer textgebundenen Willenserklärung unter Abwesenden, NJW 2019, 3618; *Burgard*, Das Wirksamwerden empfangsbedürftiger Willenserklärungen im Zeitalter moderner Telekommunikation, AcP 195 (1995), 74; *Dörner*, Rechtsgeschäfte im Internet, AcP 202 (2002), 363; *Faulhaber/Riesenkampff*, Die Beweiskraft des OK-Vermerks des Telefax-Sendeberichts, DB 2006, 376; *Gregor*, Der OK-Vermerk des Telefaxsendeprotokolls als Zugangsnachweis, NJW 2005, 2885; *Hosenfeld*, Zugangsnachweise für miet- und wohnungseigentumsrechtliche Erklärungen – Segnungen und Fluch des Einwurf-Einschreibens, NZM 2002, 93; *John*, Grundsätzliches zum Wirksamwerden empfangsbedürftiger Willenserklärungen, AcP 184 (1984), 385; *J. Kaiser*, Beweis von Zugang und Inhalt vorprozessualer Schreiben, NJW 2009, 2187; *Leipold*, Der Zugang von Willenserklärungen im 21. Jahrhundert, FS Medicus 2009, S. 251; *Mankowski*, Zum Nachweis des Zugangs bei elektronischen Erklärungen, NJW 2004, 1901; *Mrosk*, Der Nachweis des Zugangs von Willenserklärungen im Rechtsverkehr, NJW 2013, 1481; *Noack/Uhlig*, Der Zugang von Willenserklärungen, JA 2012, 740; *Putz*, Beweisfragen bei Einschreibesendungen, NJW 2007, 2450; *Riesenkampff*, Beweisbarkeit der form- und fristgerechten Übermittlung durch Telefaxgeräte, NJW 2004, 3296; *A. Roth*, Probleme des postmortalen Zugangs von Willenserklärungen – Ein Beitrag zum Anwendungsbereich des § 130 II BGB, NJW 1992, 791; *Schlechtriem*, Das „Sprachrisiko" – ein neues Problem?, FS Weitnauer 1980, S. 129; *Thalmair*, Kunden-Online-Postfächer: Zugang von Willenserklärungen und Textform, NJW 2011, 14; *Ultsch*, Zugangsprobleme bei elektronischen Willenserklärungen – Dargestellt am Beispiel der Electronic Mail, NJW 1997, 3007; *Weiler*, Der Zugang von Willenserklärungen, JuS 2005, 788; *Wietzorek*, Der Beweis des Zugangs von Anhängen in E-Mails, MMR 2007, 156.

A. Allgemeines	1
I. Bedeutung der Regelung	1
II. Parteivereinbarungen	3
III. Die Abgabe von Willenserklärungen	5
B. Regelungsgehalt	10
I. Das Wirksamwerden empfangsbedürftiger Willenserklärungen	10
1. Anwendungsbereich des § 130	10
a) Empfangsbedürftige Willenserklärungen	10
b) Willenserklärungen unter Abwesenden	12
c) Nicht gespeicherte Willenserklärungen	13
d) Willenserklärungen gegenüber Behörden (Abs. 3)	14
e) Formbedürftige Willenserklärungen	16
f) Verurteilung zur Abgabe einer Willenserklärung	17
g) Benachrichtigung gemäß § 666	18
2. Bedeutung des Zugangs	19
3. Abgabe gegenüber dem Empfänger	20
4. Der Begriff des Zugangs	22
a) Die grundlegende Definition	22
b) Der Machtbereich des Empfängers	27
aa) Gespeicherte Erklärungen	27
bb) Nicht gespeicherte Erklärungen	34
cc) Boten	36

c) Erwartbarkeit der Kenntnisnahme	38
aa) Zulässige Kommunikationsmittel	39
bb) Sprache	45
cc) Die „gewöhnlichen Umstände"	49
(1) Grundsätze	49
(2) In den Briefkasten des Empfängers eingeworfene Erklärungen	53
(3) Ins Postfach des Empfängers eingelegte Erklärungen	55
(4) Auf dem Anrufbeantworter des Empfängers hinterlassene Erklärungen	56
(5) Erklärungen per Telefax	58
(6) Elektronische Erklärungen	59
(7) Empfangsboten	61
(8) Aushang von Erklärungen am Schwarzen Brett	65
5. Zugangsvereitelung	66
II. Das Wirksamwerden nicht empfangsbedürftiger Willenserklärungen	76
III. Widerruf (Abs. 1 S. 2)	77
IV. Tod oder Geschäftsunfähigkeit des Erklärenden (Abs. 2)	78
V. Beweislast	80
C. Weitere praktische Hinweise	83
I. Einschreiben der Deutschen Post AG	83
II. Beweissichere Übermittlung durch Boten	90

A. Allgemeines

I. Bedeutung der Regelung

§ 130 regelt einen Teilbereich – und zwar den praktisch wichtigsten – des Wirksamwerdens von Willenser- **1**
klärungen, nämlich das **Wirksamwerden empfangsbedürftiger Willenserklärungen unter Abwesenden**.
Keine gesetzlichen Regeln finden sich über das Wirksamwerden empfangsbedürftiger Erklärungen unter
Anwesenden (s. dazu → Rn. 12) und nicht empfangsbedürftiger Erklärungen (s. dazu → Rn. 76). Nicht
gesetzlich geregelt ist auch die Frage, wann eine Willenserklärung abgegeben ist (s. dazu → Rn. 5 ff.).

Die Festlegung des Zeitpunkts, zu dem eine Willenserklärung wirksam wird, ist für die Verteilung des **2**
Übermittlungsrisikos zwischen Erklärendem und Erklärungsempfänger von Bedeutung: Jedenfalls nach
dem Wirksamwerden eintretende Störungen fallen in den Risikobereich des Empfängers. Indem das BGB
auf den Zugang abstellt, hat es sich für einen mittleren Zeitpunkt entschieden: Einerseits gehört die Über-
mittlungsphase noch zum Risikobereich des Erklärenden, andererseits ist aber das Wirksamwerden nicht
davon abhängig, dass der Empfänger die Erklärung zur Kenntnis genommen hat.[1] Allerdings sind der Zeitpunkt des „Risikoübergangs" und derjenige des Zugangs nicht notwendig identisch (→ Rn. 22 f.).

II. Parteivereinbarungen

§ 130 ist **dispositiv**; die Parteien können also für das Wirksamwerden von Willenserklärungen einen ande- **3**
ren Zeitpunkt als denjenigen des Zugangs vereinbaren oder die Voraussetzungen des Zugangs anders festlegen, als dies die hM tut. Bei **formbedürftigen Erklärungen** gilt dies freilich nur, soweit dadurch der Formzweck nicht vereitelt wird. So kann vereinbart werden, dass bei einer Erklärung, die notarieller Beurkundung bedarf, keine Ausfertigung (§ 47 BeurkG) zugehen muss (→ Rn. 16); die Formzwecke werden hier
schon durch die notarielle Beurkundung gewahrt.[2] Eine entsprechende Vereinbarung kann schon dadurch
zustande kommen, dass der Erklärende durch die Übermittlung einer bloßen Abschrift dem Empfänger konkludent einen Verzicht auf das Zugangserfordernis anträgt und der Empfänger diesen konkludent dadurch
annimmt, dass er dem Erklärenden eine formgerechte Annahme des angetragenen beurkundungsbedürftigen
Vertrags übermittelt.[3] Anders verhält es sich dagegen bei Erklärungen, die der einfachen Schriftform bedürfen. Der Zweck der Formvorschrift verlangt hier, dass der Erklärende das Originalurkunde aus der Hand
gibt (→ Rn. 16), und deshalb kann nicht vereinbart werden, dass etwa eine Übermittlung per Fax genügt.[4]

Sofern die Parteien die **Zugangsvoraussetzungen vertraglich anheben**, ist § 309 Nr. 13 zu beachten. **4**
Zugangsfiktionen müssen sich im Anwendungsbereich des AGB-Rechts an § 308 Nr. 6 messen lassen.
Wenn vertraglich vereinbart wird, dass eine **Erklärung durch Einschreiben** erfolgen soll, ist dies nicht als
Vereinbarung einer Form iSv § 127 anzusehen, deren Nichtbeachtung gem. § 125 S. 2 zur Nichtigkeit führt.
Vielmehr sollen lediglich Beweisprobleme vermieden werden, so dass jede andere Form des Zugangs
genügt, wenn feststeht, dass der Empfänger von der Erklärung Kenntnis genommen hat.[5]

III. Die Abgabe von Willenserklärungen

Zeitlich vor dem Zugang der Erklärung liegt deren Abgabe. Auf den Zeitpunkt der Abgabe kommt es an für **5**
die **in der Person des Erklärenden liegenden Wirksamkeitsvoraussetzungen**, namentlich die Rechts-
und Geschäftsfähigkeit (Abs. 2, → Rn. 78 f.), das Vorliegen von Willensmängeln, die Kenntnis oder fahrlässige Unkenntnis bestimmter Umstände und die subjektiven Umstände der Sittenwidrigkeit.[6] Die **Verfü-**
gungsbefugnis muss dagegen prinzipiell im Zeitpunkt der Vollendung des Rechtserwerbs vorliegen
(→ § 185 Rn. 4). Während es grundsätzlich für die **Rechtzeitigkeit** einer Erklärung auf deren Zugang
ankommt, erklärt das Gesetz zB in Bezug auf die Anfechtungserklärung (§ 121 Abs. 1 S. 2), die Ausübung
eines verbraucherschützenden Widerrufsrechts (§ 355 Abs. 1 S. 5) und die Rüge beim Handelskauf (§ 377
Abs. 4 HGB) die Absendung für relevant. Dadurch wird nach hM jedoch nur das Verzögerungsrisiko, nicht
aber das Verlustrisiko auf den Empfänger verlagert; es ändert sich also nichts an der Zugangsbedürftigkeit
der Erklärung. Falls die rechtzeitig abgesandte Erklärung verloren geht, kann der Erklärende die Erklärung
aber unverzüglich nachholen.[7]

1   S. zu den verschiedenen Theorien zum Zeitpunkt des
     Wirksamwerdens Motive I, S. 156; *Flume* BGB AT
     Bd. 2 § 14 1, S. 223 ff.
2   BGH NJW 1995, 2217 f.
3   *Armbrüster* NJW 1996, 438 (439 f.).
4   *Armbrüster* NJW 1996, 438 (439).
5   RGZ 77 (70 f.); BGH NJW 2004, 1320; OLG Frank-
     furt aM NJW-RR 1999, 955.

6   *Flume* BGB AT Bd. 2 § 14 2, S. 226; Soergel/*Hefer-*
     mehl BGB § 130 Rn. 7.
7   Palandt/*Ellenberger* BGB § 130 Rn. 20; *Wolf/Neuner*
     BGB AT § 33 Rn. 23. S. etwa zu § 377 HGB BGHZ
     101, 49 (55 f.) = NJW 1987, 2235 (2237); *Mössle*
     NJW 1988, 1190 f.; *Reinicke* JZ 1987, 1030 (1033).

6 Eine Willenserklärung ist abgegeben, wenn der Erklärende alles getan hat, was er selbst tun muss, damit die Erklärung wirksam wird. Bei **nicht empfangsbedürftigen Willenserklärungen** genügt es, dass er den Erklärungsvorgang abgeschlossen hat, **empfangsbedürftige Willenserklärungen** muss er auf den Weg zum Empfänger gebracht haben. Letzteres liegt auch vor, wenn er erstens die Erklärung einem Erklärungsboten ausgehändigt oder mitgeteilt hat, zweitens diesen beauftragt hat, die Erklärung an den Empfänger zu übermitteln, und drittens ihm alle hierfür erforderlichen Informationen (insbesondere die Anschrift des Empfängers) mitgeteilt hat. Dass er den Erklärungsboten eventuell nachträglich noch stoppen oder die Erklärung zurückholen kann, steht der Abgabe nicht entgegen, sofern er nur einen unbedingten Auftrag zur Übermittlung erteilt hat. Eine elektronische Erklärung ist abgegeben, wenn der Sendebefehl erteilt ist,[8] auch wenn technisch noch die Möglichkeit der Löschung besteht.[9]

7 **Verkörperte Erklärungen unter Anwesenden** sind erst abgegeben, wenn der Erklärende dem Empfänger die Erklärung ausgehändigt oder den Zugriff darauf gestattet hat.[10] Ist in einem **Testament** eine empfangsbedürftige Willenserklärung (etwa ein Schenkungswiderruf) enthalten, so liegt eine Abgabe zu Lebzeiten des Erblassers vor, wenn dieser damit gerechnet hat, die Erklärung werde (gegebenenfalls nach dem Tod des Erblassers durch Eröffnung des Testaments, Abs. 2) dem Empfänger zugehen; wirksam wird die Erklärung nur, wenn dieser Zugang tatsächlich erfolgt.[11]

8 **Mängel der Abgabe** sind – sofern überhaupt eine Abgabe erfolgt ist – unschädlich, wenn die Erklärung dem Empfänger trotzdem zugeht. Ist etwa eine falsche Anschrift angegeben, wird die Erklärung dennoch wirksam, wenn sie zugeht (zur Adressierung an eine falsche Person → Rn. 40). Falls allerdings das Gesetz die Rechtzeitigkeit der Erklärung von der Abgabe abhängig macht (→ Rn. 5), kommt es bei Abgabemängeln auf den Zugang an.

9 Wenn die Erklärung **ohne oder gegen den Willen des Erklärenden** in den Verkehr kommt und dem Empfänger zugeht, handelt es sich um einen Fall fehlenden Erklärungsbewusstseins.[12] Es kommt also darauf an, ob nach den allgemeinen Auslegungsgrundsätzen von einer Abgabe auszugehen ist und ob dem Erklärenden zuzurechnen ist, dass die Erklärung in den Verkehr gelangte.[13] Zurechenbarkeit liegt dabei vor, wenn der Erklärende bei Anwendung der verkehrserforderlichen Sorgfalt hätte erkennen und vermeiden können, dass seine Erklärung in den Verkehr gelangte; hierfür genügt auch, dass er schuldhaft eine Möglichkeit zur Rückholung der Erklärung nicht genutzt hat. Liegen diese Voraussetzungen vor, wird die Erklärung trotz der fehlenden Abgabe mit Zugang wirksam, der Erklärende kann sie jedoch anfechten. Sonst wird die Erklärung nicht wirksam, und der Empfänger kann auch nicht analog § 122 Ersatz seines Vertrauensschadens verlangen (str.).

B. Regelungsgehalt

I. Das Wirksamwerden empfangsbedürftiger Willenserklärungen

10 **1. Anwendungsbereich des § 130. a) Empfangsbedürftige Willenserklärungen.** Die Empfangsbedürftigkeit von Willenserklärungen ist der Regelfall, da es normalerweise der Sinn einer Willenserklärung ist, Rechtsfolgen gegenüber einer bestimmten Person auszulösen, und diese Person daher über die Erklärung informiert werden muss. Teilweise folgt die Empfangsbedürftigkeit aus dem Gesetzeswortlaut (zB §§ 143 Abs. 1, 146, 167 Abs. 1, 182 Abs. 1, 349, 388 S. 1), zum Teil aus dem Sinn der betreffenden Willenserklärung. Nicht empfangsbedürftig sind etwa der Zuschlag bei einer Versteigerung (§ 156),[14] die Auslobung (§ 657), die Aufgabe des Eigentums (§ 959) und letztwillige Verfügungen in einem Testament (§ 2231). Die Annahme eines Antrags zum Vertragsschluss kann gemäß § 151 nicht empfangsbedürftig sein.

11 Auf **geschäftsähnliche Handlungen** ist § 130 entsprechend anwendbar.[15]

8 Erman/*Arnold* BGB § 130 Rn. 4; *Fritzsche/Malzer* DNotZ 1995, 3 (11); MüKoBGB/*Einsele* § 130 Rn. 13; *Ultsch* NJW 1997, 3007.

9 BeckOGK/*Gomille* BGB § 130 Rn. 94.2.

10 Vgl. RGZ 61, 414 ff.; BGH NJW 1998, 3344.

11 RGZ 170, 380 (382 ff.); OLG Köln NJW 1950, 702 f.; *Flume* BGB AT Bd. 2 § 14 2, S. 226; Soergel/*Hefermehl* BGB § 130 Rn. 6.

12 BeckOGK/*Gomille* BGB § 130 Rn. 43; BeckOK BGB/*Wendtland* § 130 Rn. 6; Erman/*Arnold* BGB § 130 Rn. 4; *Leenen* BGB AT § 6 Rn. 73; *Medicus/ Petersen* AT BGB Rn. 266 f. (Gleichstellung); MüKoBGB/*Einsele* § 130 Rn. 14; Palandt/*Ellenber-*

ger BGB § 130 Rn. 4; Soergel/*Hefermehl* BGB § 130 Rn. 5; Staudinger/*Singer* BGB Vor §§ 116–144 Rn. 49; *Wolf/Neuner* BGB AT § 32 Rn. 17. AA *Bork* BGB AT Rn. 615, weil kein willentliches Verhalten des Absenders gegenüber der Außenwelt vorliege.

13 BGHZ 91, 324 (327 ff.) = NJW 1984, 2279 (2280); MüKoBGB/*Einsele* § 130 Rn. 14. AA *Canaris* NJW 1984, 2281 f.; Staudinger/*Singer* BGB Vor §§ 116–144 Rn. 49; *Wolf/Neuner* BGB AT § 32 Rn. 14 ff.

14 BGHZ 138, 339 (342) = NJW 1998, 2350.

15 Erman/*Arnold* BGB § 130 Rn. 6; MüKoBGB/*Einsele* § 130 Rn. 4; Palandt/*Ellenberger* BGB § 130 Rn. 3; Staudinger/*Singer/Benedict* BGB § 130 Rn. 14.

b) Willenserklärungen unter Abwesenden. § 130 bezieht sich seinem Wortlaut nach nur auf Willenser- **12** klärungen unter Abwesenden. In Bezug auf das Wirksamwerden einer Willenserklärung, die gegenüber einem anwesenden Empfänger abgegeben wird, enthält das Gesetz keine Regelung. Die Gesetzesverfasser nahmen wohl an, dass sich insofern in aller Regel keine Probleme stellten, weil die Abgabe der Erklärung und ihre Kenntnisnahme zusammenfielen. Doch ist das keineswegs stets der Fall, etwa wenn dem anwesen- den Empfänger eine umfangreiche schriftliche Erklärung übergeben oder wenn eine mündliche Erklärung in einer Fremdsprache oder kodiert abgegeben wird. Bei Willenserklärungen unter Anwesenden können sich daher genau dieselben Fragen stellen wie bei Willenserklärungen unter Abwesenden, und es wäre nicht gerechtfertigt, nur wegen der An- oder Abwesenheit des Empfängers eine unterschiedliche Risikoverteilung zu treffen. § 130 ist daher auf **Willenserklärungen unter Anwesenden analog anzuwenden.**[16]

c) Nicht gespeicherte Willenserklärungen. In der Literatur wird teilweise statt zwischen Willenserklä- **13** rungen unter Abwesenden und Willenserklärungen unter Anwesenden zwischen gespeicherten und nicht gespeicherten Willenserklärungen unterschieden und die Anwendung von § 130 auf erstere beschränkt.[17] Dem kann nicht gefolgt werden. Die Speicherung gehört zwar zu den für die sachgerechte Risikoverteilung zwischen Erklärendem und Empfänger maßgeblichen Gesichtspunkten, weil der Empfänger eine gespei- cherte Erklärung wiederholt zur Kenntnis nehmen und dadurch das Risiko eines Fehlverständnisses mini- mieren kann, während er bei nicht gespeicherten Erklärungen nur *eine* Chance hat. Doch rechtfertigt dies nicht, das Wirksamwerden nicht gespeicherter Erklärungen von vornherein von anderen Voraussetzungen abhängig zu machen und auf die Elemente, die im Rahmen von § 130 maßgeblich sind – das Erreichen des Machtbereichs des Empfängers und die Erwartbarkeit der Kenntnisnahme – zu verzichten. Insbesondere fal- len beide Elemente auch bei nicht gespeicherten Erklärungen nicht notwendig zusammen, wie das Beispiel einer mündlich durch Boten übermittelten oder kodierten Erklärung zeigt. Auch nicht gespeicherte Erklä- rungen werden daher gemäß Abs. 1 S. 1 durch Zugang wirksam; bei der Frage, wann die Zugangsvorausset- zungen erfüllt sind, ist allerdings die fehlende Speicherung zu berücksichtigen.

d) Willenserklärungen gegenüber Behörden (Abs. 3). Gemäß Abs. 3 gelten die Vorschriften des § 130 **14** auch für Willenserklärungen, die **gegenüber Behörden** abzugeben sind. Das sind etwa Erklärungen nach §§ 376 Abs. 2 Nr. 1 und 2, 928 Abs. 1, 1945 Abs. 1 und § 2081 Abs. 1, aber auch Erklärungen, die nach Wahl des Erklärenden entweder gegenüber einer Behörde oder gegenüber einer Privatperson abgegeben werden können, sofern sie gegenüber der Behörde abgegeben werden (zB §§ 875 Abs. 1 S. 2, 876 S. 3, 1168 Abs. 2 S. 1, 1180 Abs. 2 S. 1). Bei Erklärungen, die **vor einer Behörde** abzugeben sind (zB §§ 925 Abs. 1, 2231 Nr. 1, 2249 Abs. 1, 2276 Abs. 1), ist dagegen nicht die Behörde Erklärungsempfänger.

Nicht gilt § 130 dagegen in Bezug auf die **Übermittlung fristwahrender Schriftsätze** an eine Behörde **15** oder ein Gericht. Insofern kommt es nicht darauf an, ob unter normalen Umständen innerhalb der Frist mit der Kenntnisnahme der Erklärung zu rechnen ist, es genügt der rechtzeitige Eingang bei der Behörde oder dem Gericht.[18] Bei der Übermittlung per Telefax kommt es insofern auf den Ausdruck an, weil erst dieser die Kenntnisnahme ermöglicht.[19] Scheitert allerdings der korrekte Ausdruck an Gründen aus der Sphäre der Behörde oder des Gerichts, darf dies nicht zulasten des Absenders gehen.[20]

e) Formbedürftige Willenserklärungen. Eine Willenserklärung muss in derjenigen Form zugehen, die **16** für ihre Abgabe vorgeschrieben ist.[21] Ist **Schriftform** vorgeschrieben, muss daher dem Empfänger das unterschriebene Original zugehen; eine Übermittlung per Fax oder einer Kopie genügt nicht (→ § 126 Rn. 41 f.). Nach der arbeitsgerichtlichen Rechtsprechung ist allerdings nicht erforderlich, dass der Empfän- ger die Verfügungsgewalt über das Schriftstück dauerhaft erlangt; es genügt vielmehr, dass dem Empfänger das Schriftstück zum Durchlesen überlassen und ihm die für ein Verständnis nötige Zeit eingeräumt wird.[22] Bedarf eine Erklärung der **notariellen Beurkundung,** muss dem Empfänger eine Ausfertigung (§ 47

---

16 Ebenso *Burgard* AcP 195 (1995), 74 (87 ff.); *Noack/* *Uhlig* JA 2012, 740 (742).

17 BeckOGK/*Gomille* BGB § 130 Rn. 32; Erman/ *Arnold* BGB § 130 Rn. 6; *John* AcP 184 (1984), 385 ff.; *Medicus/Petersen* AT BGB Rn. 291; MüKo- BGB/*Einsele* § 130 Rn. 2; Soergel/*Hefermehl* BGB § 130 Rn. 3. Ablehnend *Burgard* AcP 195 (1995), 74 (91 f.). Auf die Möglichkeit zeitgleicher Kommuni- kation stellen ab: *Bork* BGB AT Rn. 605 f.; *Wolf/ Neuner* BGB AT § 33 Rn. 34 ff. Die Möglichkeit unmittelbarer sinnlicher Wahrnehmung halten für relevant: Staudinger/*Singer/Benedict* BGB § 130 Rn. 15 ff.

18 BVerfG NJW 1996, 2857 f.; BGHZ 101, 276 (280) = NJW 1987, 2586 (2587).

19 BGH NJW 1994, 2097.

20 Vgl. BGHZ 105, 40 (44 f.) (Fernschreiben) = NJW 1988, 2788 (2789); BVerfG NJW 1996, 2857 (Fin- gierung des Zugangs eines Telefax, wenn Anhalts- punkte dafür vorliegen, dass die abgesandten Signale eingegangen sind, das Empfangsgerät daraus aber keinen vollständigen Ausdruck gefertigt hat).

21 BeckOGK/*Gomille* BGB § 130 Rn. 90; Erman/ *Arnold* BGB § 130 Rn. 19; MüKoBGB/*Einsele* § 130 Rn. 33; Palandt/*Ellenberger* BGB § 130 Rn. 10. AA *Leenen* BGB AT § 6 Rn. 63 ff.; Staudinger/*Singer/ Benedict* BGB § 130 Rn. 93 ff.

22 BAG NJW 2005, 1533 f.; LAG München NZA-RR 2009, 527 (528).

BeurkG) der Erklärung zugehen; eine beglaubigte Abschrift reicht nicht aus.[23] Abweichende Vereinbarungen sind teilweise möglich (→ Rn. 3 f.).

17 **f) Verurteilung zur Abgabe einer Willenserklärung.** Wenn jemand zur Abgabe einer Willenserklärung verurteilt wird, gilt die Erklärung mit **Rechtskraft des Urteils** als abgegeben (§ 894 S. 1 ZPO). Der **Zugang** muss allerdings nach den Regeln des BGB erfolgen.[24] Problematisch hieran ist, dass die Zustellung des Urteils häufig schon vor seiner Rechtskraft erfolgen wird, also zu einem Zeitpunkt, in dem die Erklärung noch gar nicht als abgegeben gilt. Berücksichtigt man jedoch, dass ein Widerruf gemäß Abs. 1 S. 2 in diesen Fällen ohnehin nicht in Betracht kommt und es deshalb allein um den Schutz des Empfängers geht, kann man eine Zustellung oder eine Kenntnisnahme auf andere Weise (etwa durch Anwesenheit bei der Urteilsverkündung) auch schon vor Rechtskraft ausreichen lassen. Die Erklärung geht dann mit Rechtskraft des Urteils und damit gleichzeitig mit ihrer „Abgabe" zu.[25]

18 **g) Benachrichtigungen gemäß § 666.** Auf Auskunfts- und Rechenschaftspflichten gemäß § 666 ist § 130 nicht – auch nicht analog – anzuwenden. Denn hier geht es um die Erfüllung von Leistungspflichten, für die die allgemeinen Regeln gelten (§ 269), nicht darum, dass durch eine Willenserklärung oder geschäftsähnliche Handlung Rechtsfolgen ausgelöst werden.[26]

19 **2. Bedeutung des Zugangs.** Bei empfangsbedürftigen Willenserklärungen führt der Zugang gemäß Abs. 1 S. 1 zum Wirksamwerden der Willenserklärung. Soll durch die Willenserklärung eine Frist gewahrt werden, kommt es also – vorbehaltlich anderer gesetzlicher Regelung (→ Rn. 5) – darauf an, ob die Erklärung innerhalb der Frist zugegangen ist (zur Gegenansicht → Rn. 25). Ab Zugang kann der Erklärende die Erklärung nicht mehr widerrufen (Abs. 1 S. 2, → Rn. 77). Für die Bestimmung des Inhalts der Willenserklärung kommt es dagegen nicht auf den Zeitpunkt des Zugangs an, sondern auf denjenigen Zeitpunkt, zu dem die Erklärung so in den Machtbereich des Empfängers gelangt, dass alsbald mit ihrer Kenntnisnahme gerechnet werden kann (→ Rn. 22 f.).[27]

20 **3. Abgabe gegenüber dem Empfänger.** Empfänger der Willenserklärung ist bei der Verwendung von **Erklärungs- oder Empfangsboten** der Geschäftsherr, dem der Bote die Willenserklärung übermitteln soll; entscheidend ist der Zugang an ihn. Im Fall der **passiven Stellvertretung** (§ 164 Abs. 1 und 3) ist dagegen der passive Stellvertreter Erklärungsempfänger, dem die Willenserklärung zugehen muss; auf den Zugang beim Geschäftsherrn kommt es nicht an.[28] Bei **Gesamtvertretung** genügt es, wenn die Willenserklärung einem der Gesamtvertreter zugeht (allgemeines Prinzip,[29] gesetzlich geregelt zB in §§ 26 Abs. 2 S. 2, 1450 Abs. 2, 1629 Abs. 1 S. 2 Hs. 2 BGB, § 125 Abs. 2 S. 3, 150 Abs. 2 S. 2 HGB, § 35 Abs. 2 S. 2 GmbHG, § 78 Abs. 2 S. 2 AktG, § 170 Abs. 3 ZPO).

21 Der Zugang beim Empfänger darf **nicht zufällig** erfolgen, sondern muss auf dem Willen des Erklärenden beruhen, dh dieser muss die Erklärung **gerade gegenüber dem Empfänger** (und nicht gegenüber einem Dritten) abgegeben haben; einen Heilungstatbestand nach Art des § 189 ZPO gibt es im BGB nicht.[30] So genügt es nicht, wenn ein Grundstückskäufer sein vertragliches Rücktrittsrecht durch Erklärung gegenüber dem beurkundenden Notar ausübt und dieser die Erklärung an den Verkäufer weiterleitet; erforderlich ist vielmehr, dass der Käufer damit rechnen konnte und gerechnet hat, die Rücktrittserklärung werde (auf welchem Wege auch immer) den Verkäufer erreichen.[31] Allerdings ist zu beachten, dass der Erklärende seine Erklärung nicht nur an eine bestimmte Person richten kann, sondern auch **alternativ an mehrere Personen**; geht sie dann einer von diesen zu, wird sie ihr gegenüber wirksam.[32] So ist mangels anderer Anzeichen (etwa der Adressierung „persönlich") anzunehmen, dass eine Erklärung nicht nur gegenüber dem genannten Empfänger, sondern stets gleichzeitig gegenüber dessen Empfangsvertretern abgegeben wird, wäre es doch gänzlich lebensfremd, etwa einer an den Firmeninhaber gerichteten Erklärung nur deshalb die Wirksamkeit zu versagen, weil sie wegen der unternehmensinternen Aufgabenverteilung nicht dem Inhaber selbst, son-

23 BGHZ 48, 374 (377 f.); BGH NJW 1995, 2217.
24 Erman/*Arnold* BGB § 130 Rn. 19; MüKoBGB/*Einsele* § 130 Rn. 23.
25 Vgl. RGZ 160, 321 (325); *Flume* BGB AT Bd. 2 § 14 3 i, S. 243; MüKoBGB/*Einsele* § 130 Rn. 23.
26 BGH NJW 2002, 2703 (2704) in Abgrenzung zu BGH NJW 1989, 1671. AA BeckOGK/*Gomille* BGB § 130 Rn. 15.2; Staudinger/*Singer/Benedict* BGB § 130 Rn. 14.
27 AA MüKoBGB/*Einsele* § 130 Rn. 3.
28 BGH NJW-RR 1989, 757 (758); Palandt/*Ellenberger* BGB § 130 Rn. 8 f. Staudinger/*Singer/Benedict* BGB § 130 Rn. 54 ff. stellen aufgrund der von ihnen vertretenen Definition des Zugangs (s. Rn. 25) Empfangsboten und passive Stellvertreter gleich.

29 RGZ 53, 227 (230 f.); BGHZ 62, 166 (173) = NJW 1974, 1194.
30 *Bork* BGB AT Rn. 613 f.; MüKoBGB/*Einsele* § 130 Rn. 13; Palandt/*Ellenberger* BGB § 130 Rn. 4. Für die Mitteilung über eine Kontosperrung BGH NJW 1989, 1671 f.; für die Kündigung eines Ausbildungsverhältnisses BAG NZA 2012, 495 Rn. 19; für die Niederlegung eines Aufsichtsratsmandats OLG Stuttgart BeckRS 2009, 18606 unter B I 1 b aa (2), die Nichtzulassungsbeschwerde wurde durch BGH BeckRS 2010, 23141 zurückgewiesen. AA Staudinger/*Singer/Benedict* BGB § 130 Rn. 33 f.
31 BGH NJW 1979, 2032 f.
32 Vgl. BGH WM 1989, 650 (652).

dern einem Prokuristen vorgelegt wird. Dies gilt unabhängig davon, ob der Erklärende von der Existenz des betreffenden Empfangsvertreters weiß und ob der Empfangsvertreter bei Abgabe der betreffenden Erklärung schon bestellt war. Wird eine Erklärung gegenüber einem volljährigen Geschäftsunfähigen abgegeben, wird sie daher – entgegen der Ansicht des BAG[33] – gleichzeitig auch gegenüber dem erst später bestellten Betreuer abgegeben. Umgekehrt ist anzunehmen, dass normalerweise eine an einen Empfangsvertreter gerichtete Willenserklärung stets auch gegenüber dem Vertretenen selbst abgegeben wird.[34]

4. Der Begriff des Zugangs. a) Die grundlegende Definition. Der Begriff des Zugangs ist immer noch umstritten. Die Rechtsprechung und die hL nehmen einen Zugang an, sobald erstens die Erklärung in den **Machtbereich** des Empfängers gelangt ist und zweitens unter gewöhnlichen Verhältnissen mit ihrer **Kenntnisnahme** durch den Empfänger zu rechnen ist.[35] Die Erklärung muss also physisch den Machtbereich des Empfängers erreichen; ab dem Zeitpunkt, in dem dies geschehen ist, ist ein Zugang möglich. Von da an kommt es prinzipiell nicht mehr auf den tatsächlichen, sondern nur noch auf den **(hypothetischen) „normalen" Geschehensablauf** an: Entscheidend ist nicht, ob der Empfänger die Erklärung tatsächlich zur Kenntnis nimmt, sondern ob und wann er sie unter gewöhnlichen Verhältnissen zur Kenntnis nehmen würde. Entscheidend ist auch nicht, mit welchem Inhalt er sie tatsächlich zur Kenntnis nimmt, sondern mit welchem Inhalt er sie unter gewöhnlichen Verhältnissen zur Kenntnis nehmen würde. Das Risiko, dass in Abweichung von den gewöhnlichen Verhältnissen die Erklärung verloren geht, nicht oder verzögert zur Kenntnis genommen wird oder inhaltlich verfälscht wird, trifft also ab dem Erreichen seines Machtbereichs den Empfänger.[36] Das ist deshalb gerechtfertigt, weil der Absender zwar beeinflussen kann, wann und auf welche Weise die Erklärung in den Machtbereich des Empfängers gelangt, dieser Machtbereich selbst jedoch dem Einfluss des Absenders entzogen ist und nur vom Empfänger abstrakt beherrscht werden kann. Eine **Sonderregelung** trifft § 312 i Abs. 1 S. 2 für den Zugang von Bestellung und Empfangsbestätigung im elektronischen Geschäftsverkehr. 22

Die Zugangsdefinition der hL verteilt das Risiko also nach Sphären, wobei der Sphärenwechsel und damit die Risikoverlagerung (aber nicht der Zugang!) dann stattfindet, wenn die Erklärung den Machtbereich des Empfängers erreicht. Der Absender wird dadurch geschützt, dass außerhalb der von ihm beherrschbaren Sphäre – nämlich in der Empfängersphäre – zu seinen Gunsten der gewöhnliche Geschehensablauf unterstellt wird. Und der Empfänger wird dadurch geschützt, dass eine Willenserklärung nur dann wirksam wird, ohne dass er von ihr Kenntnis genommen hat, wenn die fehlende Kenntnisnahme auf Umständen in seiner Sphäre beruht, die vom gewöhnlichen Geschehensablauf abweichen. 23

Auf den tatsächlichen Geschehensablauf in der Empfängersphäre kommt es nur dann an, wenn der Empfänger von der Erklärung tatsächlich Kenntnis nimmt, ohne dass dies nach dem gewöhnlichen Geschehensablauf (schon) zu erwarten war. Denn sobald der Empfänger tatsächlich Kenntnis genommen hat, braucht er nicht geschützt zu werden; mit **tatsächlicher Kenntnisnahme** geht die Erklärung auf jeden Fall zu.[37] Der tatsächlichen Kenntnisnahme ist es gleichzustellen, wenn der Empfänger für den Erklärenden erkennbar auf eine **Kenntnisnahme verzichtet**. In diesem Fall geht die Erklärung schon zu, wenn sie in der vorgesehenen Weise den Machtbereich des Empfängers erreicht; auf die zu erwartende Kenntnisnahme kommt es nicht an. Das gilt etwa für elektronische Erklärungen, die automatisch weiterverarbeitet werden, und für Erklärungen, die bei der Bedienung eines **Automaten** abgegeben werden.[38] 24

Eine von *Singer/Benedict* vertretene **Mindermeinung** nimmt den Zugang einer Erklärung schon an, wenn diese zur sinnlichen Wahrnehmung des Empfängers oder in eine zum Zweck der späteren Kenntnisnahme gewidmete Empfangseinrichtung gelangt ist; darauf, wann mit der Kenntnisnahme zu rechnen ist, soll es nicht ankommen.[39] Dies ist indes mit den Interessen des Empfängers nicht vereinbar, da Erklärungen, von denen er nichts weiß und nichts wissen muss, ihm gegenüber Wirkung entfalten können; die von *Singer/* 25

33 BAG NJW 2011, 872 Rn. 35.
34 Ähnlich BeckOGK/*Gomille* BGB § 130 Rn. 44.1.
35 BGHZ 67, 271 (275) = NJW 1977, 194; BGHZ 137, 205 (208) = NJW 1998, 976 (977); BGH NJW 2004, 1320; 2019, 1151 Rn. 11; BAG AP Nr. 4 zu § 130 BGB; BAG NJW 1989, 606; BeckOK BGB/*Wendtland* § 130 Rn. 9; *Bork* BGB AT Rn. 622 f.; Erman/*Arnold* BGB § 130 Rn. 7 f.; *Franzen* JuS 1999, 429 (431); *Medicus/Petersen* AT BGB Rn. 274 f., 278 f.; MüKoBGB/*Einsele* § 130 Rn. 16, 21; Palandt/*Ellenberger* BGB § 130 Rn. 5; *Wolf/Neuner* BGB AT § 33 Rn. 21.
36 *Dörner* AcP 202 (2002), 363 (371 f.). AA BeckOGK/*Gomille* BGB § 130 Rn. 47; *Burgard* AcP 195

(1995), 74 (108); *John* AcP 184 (1984), 385 (408) und offenbar BeckOK BGB/*Wendtland* § 130 Rn. 35.
37 Erman/*Arnold* BGB § 130 Rn. 8 a; *John* AcP 184 (1984), 385 (409 f.); *Medicus/Petersen* AT BGB Rn. 276; MüKoBGB/*Einsele* § 130 Rn. 16; Palandt/*Ellenberger* BGB § 130 Rn. 5; Soergel/*Hefermehl* BGB § 130 Rn. 8; *Wolf/Neuner* BGB AT § 33 Rn. 26.
38 *Fritzsche/Malzer* DNotZ 1995, 3 (13).
39 Staudinger/*Singer/Benedict* BGB § 130 Rn. 45, 59, 73 ff. Ähnlich *Burgard* AcP 195 (1995), 74 (109 ff.) (außer, wenn die Frist primär dem Schutz des Empfängers bezweckt oder einen Schwebezustand beenden soll); erwogen auch von *Foerste* JZ 2020, 49 (50). Dagegen BeckOGK/*Gomille* BGB § 130 Rn. 45.2.

Benedict zum Ausgleich vorgeschlagene Möglichkeit, die Widmung von Empfangseinrichtungen durch entsprechende Erklärung auf bestimmte Zeiten zu beschränken, ist wenig praktikabel. Ähnlich wollen manche Autoren Zugang schon mit der Möglichkeit der Kenntnisnahme annehmen, unabhängig davon, ob diese zu erwarten ist; sie wollen dadurch einen Wertungswiderspruch zu § 180 S. 2 ZPO vermeiden,[40] dazu → § 132 Rn. 6. Weniger weitgehend trennen *Flume* und *Hefermehl* zwischen dem Zugang und der Rechtzeitigkeit der Erklärung. Während es für den Zugang nur darauf ankomme, wann die Erklärung in den Machtbereich des Empfängers gelangt sei, sei für die Frage der Rechtzeitigkeit außerdem zu berücksichtigen, wann die Kenntnisnahme zu erwarten sei.[41] Von der hL unterscheidet sich diese Mindermeinung in Bezug auf die Widerrufsmöglichkeit gemäß Abs. 1 S. 2: Während nach der hL ein Widerruf auch nach Erreichen des Machtbereichs des Empfängers noch so lange möglich ist, bis der Empfänger unter gewöhnlichen Verhältnissen die Erklärung zur Kenntnis nehmen würde, scheidet nach der Mindermeinung ein Widerruf schon aus, sobald die Erklärung den Machtbereich des Empfängers erreicht. Dies überzeugt nicht. Abs. 1 S. 1 koppelt das Wirksamwerden einer Willenserklärung an den Zugang; für eine Differenzierung zwischen Zugang und Rechtzeitigkeit der Erklärung lässt das Gesetz keinen Raum. Überdies benachteiligt diese Ansicht den Erklärenden, weil sie ihn schon zu einem Zeitpunkt endgültig an die Erklärung bindet, zu dem sie zu seinen Gunsten noch nicht wirkt. Zum Schutz des Empfängers ist dies nicht erforderlich, betrifft es doch nur Fälle, in denen er die Erklärung noch gar nicht zur Kenntnis genommen hat. Denn nimmt er von einer in seinen Machtbereich gelangten Erklärung Kenntnis, obwohl dies unter normalen Umständen noch nicht zu erwarten war, geht die Erklärung auch nach hL in diesem Zeitpunkt zu (→ Rn. 24), so dass ein Widerruf ausgeschlossen ist.

26   Eine **weitere Mindermeinung** sieht es nicht als eigenständiges Erfordernis an, dass die Erklärung in den Machtbereich des Empfängers gelangt, und nimmt Zugang an, wenn mit der Kenntnisnahme durch den Empfänger zu rechnen ist.[42] Praktische Unterschiede zur hL ergeben sich in den Fällen der **Zugangsverhinderung**, wenn also etwa der Empfänger ein an ihn gerichtetes Übergabe-Einschreiben nicht abholt. Während die hL hier mit § 242 operieren muss (→ Rn. 66 ff.), kann die Mindermeinung einen Zugang annehmen, weil der Empfänger bei normalem Geschehensablauf das Einschreiben abgeholt hätte. Trotz dieses scheinbaren Vorteils ist die Mindermeinung abzulehnen. Denn zum einen ist sie schwerlich mit dem Begriff „Zugang" vereinbar, der zumindest ein wie auch immer geartetes „Erreichen" des Empfängers impliziert. Zum anderen führt die Mindermeinung bei konsequenter Durchführung dazu, dass sämtliche vom normalen Geschehensablauf abweichende Störungen nach Abgabe der Erklärung den Empfänger treffen, auch zB der Verlust der Erklärung auf dem Postweg. Der Empfänger hätte also auch das Risiko von Störungen in der allein vom Absender beherrschbaren Sphäre zu tragen. Dies wäre unbillig, würde dem ausdrücklichen Willen des Gesetzgebers widersprechen[43] und würde in dieser Konsequenz wohl auch von den Vertretern der Mindermeinung nicht angenommen. Es ist also zwangsläufig eine Abgrenzung der Risikosphären erforderlich, wie sie die hL vornimmt.

27   **b) Der Machtbereich des Empfängers. aa) Gespeicherte Erklärungen.** Der Machtbereich des Empfängers umfasst seinen **räumlichen Herrschaftsbereich** sowie den Bereich seiner **Empfangsboten**. Auf den Besitz des Empfängers kommt es nicht an.[44]

28   Eine **schriftliche Erklärung** erreicht den Machtbereich des Empfängers, wenn sie in seinen **Hausbriefkasten** geworfen oder in sein **Postfach** gelegt wird; denn auch das Postfach zählt als räumlich abgetrennter, der Nutzung durch den Empfänger vorbehaltener Bereich zu dessen Machtbereich. Nicht dagegen genügt es, wenn das Schreiben für den Empfänger bei der **Postfiliale verwahrt** wird (etwa bei postlagernden Sendungen),[45] und zwar auch dann nicht, wenn der Empfänger durch eine Benachrichtigungskarte (zB bei Übergabe-Einschreiben) zur Abholung aufgefordert wurde. Denn die Aufbewahrung in der Postfiliale liegt nicht im Machtbereich des Empfängers, und die Benachrichtigungskarte kann nicht der Erklärung selbst gleichgesetzt werden, ermöglicht sie allein doch gerade nicht die Kenntnisnahme.[46] Eine Sendung, die nach einem

40   *Effer-Uhe* JZ 2016, 770 (778); *Leipold* FS Medicus 2009, S. 251 ff.

41   *Flume* BGB AT Bd. 2 § 14 3 b, S. 231 ff.; Soergel/ *Hefermehl* BGB § 130 Rn. 8, 11. Wohl auch BAG NJW 1997, 146 (147). Dagegen BeckOGK/*Gomille* BGB § 130 Rn. 45.1.

42   *Behn* AcP 178 (1978), 505 (524 ff.); *Richardi* Anm. zu BAG AP Nr. 4 zu § 130 BGB; *Singer* Anm. zu BGH LM Nr. 27 zu § 130 BGB (anders aber Staudinger/*Singer/Benedict* BGB § 130 Rn. 48). Im Erg. auch *Wolf/Neuner* BGB AT § 33 Rn. 16, 24, die zwar am Erfordernis des Machtbereichs festhalten, aber annehmen, ein Schreiben sei schon dann in den

Machtbereich des Empfängers gelangt, wenn zu erwarten sei, dass er es anderswo abhole. Dagegen BeckOGK/*Gomille* BGB § 130 Rn. 45.3.

43   Motive I, S. 156 f.

44   MüKoBGB/*Einsele* § 130 Rn. 16.

45   AA BAG NJW 1963, 554 (555); BeckOGK/*Gomille* BGB § 130 Rn. 52.

46   AA *Flume* BGB AT Bd. 2 § 14 3 c, S. 235 mit der Begründung, durch die Benachrichtigung sei der Brief bereits in den Bereich des Empfängers gelangt, sowie *Wolf/Neuner* BGB AT § 33 Rn. 16, die postlagernde und in ein Postfach eingelegte Sendungen gleichsetzen.

vergeblichen Zustellversuch für den Empfänger bei der Postfiliale hinterlegt wird, geht daher nicht zu, bevor der Empfänger sie tatsächlich abholt (aber → Rn. 69).[47] Ist ein Brief nicht ausreichend frankiert und wird er dem Empfänger deshalb nur gegen Zahlung von Nachporto ausgehändigt, erreicht er den Machtbereich des Empfängers nur, wenn dieser das Nachporto tatsächlich zahlt.

Eine schriftliche Erklärung erreicht den Machtbereich des Empfängers auch, wenn sie nicht in einer Empfangsvorrichtung, sondern an **anderer Stelle** beim Empfänger deponiert wird, etwa auf den Schreibtisch des Empfängers gelegt,[48] in seine Tasche gesteckt oder sogar in seinem Haus verborgen wird.[49] Denn auf all diese Orte hat der Absender später nicht mehr ohne Weiteres Zugriff, während sie zur generellen Herrschaftssphäre des Empfängers gehören. Der notwendige Schutz des Empfängers wird dadurch erreicht, dass ein Zugang nur und erst dann stattfindet, wenn der Empfänger unter gewöhnlichen Umständen von der Erklärung Kenntnis genommen hätte (→ Rn. 39). **29**

Wann ein **Telefax** den Machtbereich des Empfängers erreicht, ist umstritten. Nach der restriktivsten Auffassung ist erforderlich, dass das Fax beim Empfänger ausgedruckt wird.[50] Andere lassen genügen, dass das Faxgerät des Empfängers die Daten richtig abspeichert.[51] Richtigerweise ist keines von beidem erforderlich, sondern es reicht aus, dass das Fax die Schnittstelle zwischen dem allgemeinen Telefonnetz und der Hausleitung des Empfängers passiert, da Letztere schon zum Risikobereich des Empfängers zählt.[52] Es ist daher überflüssig, im Fall fehlenden Ausdrucks oder fehlender Speicherung auf die Grundsätze der Zugangsvereitelung (→ Rn. 66 ff.) zurückzugreifen. **30**

Erklärungen, die auf einen **Anrufbeantworter** des Empfängers aufgesprochen werden, gelangen in den Machtbereich des Empfängers, sobald sie die Schnittstelle zwischen dem allgemeinen Telefonnetz und der Hausleitung des Empfängers passieren; ob tatsächlich eine Aufzeichnung erfolgt, ist unerheblich, weil der Aufzeichnungsvorgang in die Risikosphäre des Empfängers fällt.[53] Wenn die Aufzeichnung nicht auf einem Gerät in den Räumen des Empfängers erfolgen soll, sondern auf Geräten der Telefongesellschaft (**Voicemail**), gelangt die Erklärung in den Machtbereich des Empfängers, wenn sie dort aufgezeichnet wird. Denn die Voice-Mailbox des Empfängers ist – ähnlich wie ein Postfach – seinem Machtbereich zugeordnet. Wird die Erklärung allerdings auf der externen Voice-Mailbox nicht gespeichert (etwa weil der dem Empfänger zustehende Speicherplatz voll ist), gelangt sie nicht in den Machtbereich des Empfängers, da der der Box vorgelagerte Bereich, in dem die Erklärung „zurückgewiesen" wird, anders als die Hausleitung zu einem eigenen Aufzeichnungsgerät des Empfängers nicht dessen Machtbereich zuzuordnen ist – die Situation ist die gleiche, wie wenn eine Sendung etwa wegen Übergröße nicht in das Postfach des Empfängers eingelegt wird. In Betracht kommt nur eine Zugangsvereitelung (s. dazu → Rn. 69). **31**

Elektronische Erklärungen (E-Mail, Internet) gelangen in den Machtbereich des Empfängers, sobald sie die Schnittstelle vom allgemeinen Netz zur Leitung oder zum Gerät des Empfängers passieren. Ob sie in der Mailbox des Empfängers gespeichert werden oder nicht (etwa, weil kein Speicherplatz zur Verfügung steht), spielt – ebenso wie bei Erklärungen, die auf den Anrufbeantworter gesprochen werden (→ Rn. 31) – keine Rolle.[54] Ist die Mailbox des Empfängers – wie in der Regel – nicht auf dessen eigenem Rechner, sondern auf dem Server seines Providers angelegt, gelangt die Erklärung nur dann in den Machtbereich des Empfängers, wenn sie dort gespeichert wird,[55] es gelten insofern die gleichen Erwägungen wie bei Voicemail (→ Rn. 31). Richtet ein Unternehmen auf seinem Internet-Portal ein durch Benutzernamen und Passwort geschütztes **Online-Postfach** für einen Kunden ein und stellt es eine Erklärung in dieses Postfach ein, ist die Erklärung nicht erst dann in den Machtbereich des Kunden gelangt, wenn er sie aus dem Postfach abruft. Es genügt vielmehr das bloße Einstellen, wenn das Unternehmen nicht berechtigt ist, die Erklärung noch zurückzuholen oder zu verändern oder den Zugriff des Kunden darauf zu blockieren. Die bloß faktische Möglichkeit des Unternehmens hierzu hindert das Erreichen des Machtbereichs nicht, denn auch eine in den Hausbriefkasten des Empfängers geworfene Erklärung gelangt unabhängig davon in seinen Machtbe- **32**

---

47 BGHZ 67, 271 (275) = NJW 1977, 194; BGH NJW 1996, 1967 (1968); BGHZ 137, 205 (208) = NJW 1998, 976 (977); BAG NJW 1997, 146 (147); OLG Brandenburg NJW 2005, 1585 (1586); MüKoBGB/*Einsele* § 130 Rn. 21, anders aber Rn. 19 für postlagernde Sendungen.

48 BGH NJW-RR 1996, 641 (642) (Niederlegen auf dem gemeinsamen Wohnzimmertisch).

49 BeckOGK/*Gomille* BGB § 130 Rn. 49.

50 MüKoBGB/*Einsele* § 130 Rn. 20, 36; Palandt/*Ellenberger* BGB § 130 Rn. 7.

51 BeckOGK/*Gomille* BGB § 130 Rn. 56; BeckOK BGB/*Wendtland* § 130 Rn. 15; *Bork* BGB AT

Rn. 628; *Dörner* AcP 202 (2002), 363 (366 f.); Erman/*Arnold* BGB § 130 Rn. 14; vgl. auch BGH NJW 2007, 2045 (2046) zur Rechtzeitigkeit des Eingangs eines Schriftsatzes bei Gericht.

52 *Burgard* AcP 195 (1995), 74 (101, 104 und 122 f.).

53 AA BeckOGK/*Gomille* BGB § 130 Rn. 61.

54 Erman/*Arnold* BGB § 130 Rn. 14. *Ultsch* NJW 1997, 3007 (3008) lehnt bei fehlender Speicherung einen Zugang ab und wendet die Grundsätze über die Zugangsvereitelung an.

55 BeckOGK/*Gomille* BGB § 130 Rn. 58.

reich, ob der Absender die Erklärung wieder aus dem Briefkasten herausfischen oder den gesamten Brief-kasteninhalt zerstören könnte.[56]

33 Eine empfangsbedürftige Erklärung, die am **Schwarzen Brett** (etwa eines Betriebs, eines Sportvereins oder eines Fitnessstudios) ausgehängt wird, gelangt erst dann in den Machtbereich des Empfängers, wenn dieser sie tatsächlich zur Kenntnis nimmt.[57]

34 **bb) Nicht gespeicherte Erklärungen.** Eine Willenserklärung wird nicht gespeichert, wenn sie mündlich (auch per Telefon, außer bei Speicherung auf einem Anrufbeantworter), durch Gesten oder dadurch abgege-ben wird, dass ein Schriftstück für kurze Zeit vorgezeigt wird. Eine solche Erklärung erreicht den Machtbe-reich des Empfängers nicht schon, wenn dieser bemerkt, dass ihm gegenüber eine Erklärung abgegeben wird. Denn der Empfänger kann eine solche Erklärung nicht wiederholt zur Kenntnis nehmen und dadurch das Risiko eines Fehlverständnisses minimieren, sondern hat nur *eine* Chance; er kann zwar gegebenenfalls rückfragen, wird jedoch häufig den Bedarf für eine solche Rückfrage nicht erkennen. Anders als bei gespei-cherten Erklärungen kann darum das Risiko eines fehlenden oder falschen Verständnisses nicht einseitig dem Empfänger aufgebürdet werden. Deshalb werden derartige Erklärungen nach einer Ansicht nur wirk-sam, wenn der Empfänger sie akustisch richtig verstanden hat (**reine Vernehmungstheorie**).[58] Für visuell (durch Gesten oder – nicht übergebene – Schriftzeichen) übermittelte Erklärungen muss es danach darauf ankommen, ob der Empfänger die Erklärung visuell richtig wahrgenommen hat,[59] für haptisch übermittelte Erklärungen darauf, ob er die Berührung richtig wahrgenommen hat. Ob der Empfänger dagegen den akus-tischen, visuellen oder haptischen Reiz richtig interpretiert, ist keine Frage des Wirksamwerdens der Erklä-rung, sondern eine solche der Auslegung.

35 Diese reine Vernehmungs- oder besser Wahrnehmungstheorie[60] würde freilich für den Erklärenden wie den Rechtsverkehr ein hohes Maß an Unsicherheit mit sich bringen. Denn da sich die Wahrnehmung durch den Empfänger weitgehend dem Einfluss- und auch Wahrnehmungsbereich des Erklärenden entzieht, könnte er kaum je sicher sein, dass seine Erklärung wirksam wurde. Die hM lässt es daher zu Recht genügen, dass für den Erklärenden bei Anwendung verkehrserforderlicher Sorgfalt keinerlei Anhaltspunkte für eine falsche Wahrnehmung durch den Empfänger bestanden (**eingeschränkte Vernehmungs- oder Wahrnehmungs-theorie**).[61] Bestehen derartige Anhaltspunkte (etwa eine bekannte Schwerhörigkeit), muss er rückfragen, bis die Bedenken ausgeräumt sind; sonst trägt er das Risiko, dass die Erklärung nur wirksam wurde, wenn der Empfänger sie tatsächlich richtig wahrgenommen hat.

36 **cc) Boten.** **Empfangsboten** (zum Begriff und zur Abgrenzung von Empfangsvertretern → § 164 Rn. 103) gehören zum Machtbereich des Empfängers. Es genügt daher, wenn die Erklärung nach den dargelegten Grundsätzen in den Machtbereich eines Empfangsboten des Empfängers gelangt, also etwa in den Briefkas-ten des Empfangsboten geworfen wird. Zu beachten ist allerdings, dass jemand nicht notwendig schlechthin Empfangsbote ist, sondern nur innerhalb eines bestimmten zeitlichen, räumlichen und/oder situativen Kon-texts. Arbeitnehmer sind zB nur während ihrer Arbeitszeit Empfangsboten. Bittet etwa der Erklärende einen Arbeitnehmer während dessen Freizeit, eine Erklärung an den Arbeitgeber zu übermitteln, fungiert der Arbeitnehmer nicht als Empfangsbote des Arbeitgebers, sondern als Erklärungsbote. Die Erklärung erreicht daher erst dann den Machtbereich des Arbeitgebers, wenn der Bote sie diesem oder einem Empfangsvertre-ter mitteilt. Ein Ehegatte ist nach Ansicht des BAG dagegen auch dann Empfangsbote des in derselben Wohnung lebenden anderen Ehegatten, wenn ihm die Willenserklärung außerhalb der Wohnung übermittelt wird (auch → Rn. 40).[62]

37 Wird eine **nicht gespeicherte Erklärung** durch Boten übermittelt, kommt die eingeschränkte Wahrneh-mungstheorie (→ Rn. 35) beim „Sphärenwechsel" zum Tragen; beim Einsatz eines Empfangsboten ist also entscheidend, ob für den Erklärenden (oder gegebenenfalls dessen Erklärungsboten) Anhaltspunkte dafür bestanden, dass der Empfangsbote die Erklärung nicht richtig wahrgenommen hat.[63] *Einsele* will demge-genüber auf die Wahrnehmung durch den Empfänger selbst abstellen, also bei nicht gespeicherten Erklärun-gen nur Erklärungs-, aber keine Empfangsboten anerkennen.[64] Dazu besteht jedoch kein Anlass. Der Emp-

56   S. auch BeckOGK/*Gomille* BGB § 130 Rn. 58.1;
      Thalmair NJW 2011, 14 (15 f.); *Wolf/Neuner* BGB
      AT § 33 Rn. 15.
57   AA Erman/*Arnold* BGB § 130 Rn. 15 (Möglichkeit
      der Kenntnisnahme).
58   *Flume* BGB AT Bd. 2 § 14 3 f., S. 241; *Neuner* NJW
      2000, 1822 (1825 f.); *Wolf/Neuner* BGB AT § 33 Rn.
      39. Vgl. auch BGH WM 1989, 650 (652 f.); BAG
      NJW 1983, 2835; BayObLG NJW-RR 1996, 524
      (525).
59   MüKoBGB/*Einsele* § 130 Rn. 28.

60   MüKoBGB/*Einsele* § 130 Rn. 28.
61   BeckOGK/*Gomille* BGB § 130 Rn. 98; BeckOK
      BGB/*Wendtland* § 130 Rn. 28; *Bork* BGB AT
      Rn. 631; Erman/*Arnold* BGB § 130 Rn. 23; *John* AcP
      184 (1984), 385 (392 ff.); MüKoBGB/*Einsele* § 130
      Rn. 28; Palandt/*Ellenberger* BGB § 130 Rn. 14;
      Soergel/*Hefermehl* BGB § 130 Rn. 21.
62   BAG NJW 2011, 2604 Rn. 12 ff. = JuS 2012, 68 ff.
      (*Faust*).
63   Vgl. *Weiler* JuS 2005, 788 (790).
64   MüKoBGB/*Einsele* § 130 Rn. 30.

fänger wird ausreichend dadurch geschützt, dass sich die Empfangsbotenstellung speziell auch auf nicht gespeicherte Erklärungen beziehen muss (→ Rn. 36).[65]

c) Erwartbarkeit der Kenntnisnahme. Wenn die Willenserklärung in den Machtbereich des Empfängers   **38** gelangt ist, kommt es darauf an, ob nach den gewöhnlichen Umständen die Kenntnisnahme zu erwarten ist. Die Bestimmung dieser „gewöhnlichen Umstände" bereitet erhebliche Schwierigkeiten.

aa) Zulässige Kommunikationsmittel. Maßgeblich ist zunächst, ob die Erklärung auf eine Weise in den   **39** Machtbereich des Empfängers gelangt, mit der dieser **rechnen musste**. Ist dies nicht der Fall, gibt es keinen gewöhnlichen Verlauf der Dinge, bis der Empfänger von der Existenz der Erklärung tatsächlich Kenntnis nimmt; erst ab diesem Zeitpunkt kommt es auf den gewöhnlichen Verlauf der Dinge an.[66] Legt etwa der Erklärende einen Brief auf den Schreibtisch des Empfängers, ohne dass dies vereinbart war oder der Empfänger damit rechnen musste,[67] kommt es erst ab demjenigen Zeitpunkt auf den gewöhnlichen Verlauf der Dinge an, zu dem der Empfänger den Brief tatsächlich bemerkt und als an ihn gerichtete Erklärung wahrnimmt. Der Brief geht alsbald nach diesem Zeitpunkt zu, weil es dem gewöhnlichen Verlauf der Dinge entspricht, dass jemand einen an ihn gerichteten Brief alsbald liest. Dagegen kann sich der Erklärende nicht darauf berufen, es entspreche dem gewöhnlichen Lauf der Dinge, mindestens einmal pro Woche seinen Schreibtisch aufzuräumen, und bei diesem Aufräumen hätte der Empfänger den Brief bemerkt. Denn es kann dem Empfänger nicht die Obliegenheit aufgebürdet werden, im Hinblick auf den etwaigen Zugang von Willenserklärungen sein ganzes Leben „gewöhnlich" einzurichten; dies kann von ihm nur erwartet werden, soweit er mit dem Eingang von Willenserklärungen auf einem bestimmten Weg rechnen muss.[68]

Das Gleiche gilt, wenn eine Erklärung mit einem an sich zulässigen Kommunikationsmittel den Machtbe-   **40** reich des Empfängers auf eine Weise erreicht, die **keinen typischen Geschehensablauf** bis zur Kenntnisnahme in Gang setzt. Ist etwa ein Brief **falsch adressiert** und wird er dem Empfänger trotzdem ausgehändigt, geht er erst zu, wenn der Empfänger tatsächlich von ihm Kenntnis nimmt.[69] Denn normalerweise wird ein Empfänger nicht an ihn adressierte Sendungen nicht öffnen. Wird deshalb eine Erklärung statt an den **gesetzlichen Vertreter** an den nicht voll Geschäftsfähigen selbst gerichtet (→ Rn. 21), geht sie dem gesetzlichen Vertreter erst zu, wenn er tatsächlich von ihr Kenntnis nimmt (unmittelbar oder nach Weiterleitung durch den nicht voll Geschäftsfähigen), und zwar auch dann, wenn er mit dem nicht voll Geschäftsfähigen im gleichen Haushalt lebt und selbst den Briefkasten leert. Ist bei einer **E-Mail** ein **Betreff** angegeben, der auf eine Spam Mail hindeutet, geht die Nachricht erst zu, wenn der Empfänger sie tatsächlich liest, da Spam Mail häufig ungelesen gelöscht wird. Erhält ein **Empfangsbote** eine Erklärung unter so ungewöhnlichen Umständen, dass nicht mit einer korrekten Weiterleitung zu rechnen ist, so gibt es erst ab dem Zeitpunkt der Weiterleitung einen typischen Geschehensablauf (etwa wenn die Ehefrau auf einer Party gebeten wird, ihrem – nicht anwesenden – Mann etwas auszurichten, s. auch → Rn. 36).[70]

Liegt der **Fehler im Machtbereich des Empfängers**, wird der gewöhnliche Geschehensablauf in Gang   **41** gesetzt. Eine auf den Anrufbeantworter aufgesprochene Nachricht geht daher auch dann nach den normalen Regeln zu, wenn die Signallampe für neue Nachrichten defekt ist und der Anrufbeantworter daher nicht abgehört wird. Der Zugang einer E-Mail wird nicht dadurch gehindert, dass sie wegen eines Defekts beim Empfänger nicht abgespeichert oder nicht aufgerufen werden kann oder dass der Spam-Filter des Empfängers sie fälschlich in einen Spam-Ordner verschiebt oder gar löscht.[71] Ein Fax geht auch dann zu, wenn es beim Empfänger nicht in lesbarer Form ausgedruckt wird. Führt der Fehler allerdings dazu, dass die Erklärung schon nicht den Machtbereich des Empfängers erreicht, scheidet ein Zugang aus, und es kommt nur die Anwendung der Regeln über die Zugangsverhinderung in Betracht (→ Rn. 66 ff.).

Falls nicht eine **bestimmte Art der Übermittlung vereinbart** ist, muss der Empfänger auf jeden Fall mit   **42** der Zustellung eines Briefs durch die Post rechnen. Ist er unter **mehreren Adressen** postalisch erreichbar, gilt dies aber nicht auch in Bezug auf jede dieser Adressen. Maßgeblich ist insofern primär, unter welcher Anschrift er selbst bislang mit dem Erklärenden korrespondiert hat. Ein Geschäftsmann muss normalerweise nicht damit rechnen, dass Geschäftsbriefe an seine Privatanschrift gesandt werden und umgekehrt.[72] Von den Umständen des Einzelfalls hängt ab, ob damit zu rechnen ist, dass Erklärungen an die Zweigstelle eines Unternehmens gesandt werden. Dies ist jedenfalls dann der Fall, wenn diese Zweigstelle die betreffende Angelegenheit bearbeitet oder in der Vergangenheit bearbeitet hat.[73] Mit der Einlegung eines Briefs in sein **Postfach** muss der Empfänger nur dann rechnen, wenn er die Postfachanschrift entweder dem Erklärenden mitgeteilt hat oder sie auf seinen Briefen, in seinem Werbematerial, auf seiner Homepage etc angibt.

65   Vgl. RGZ 60, 334 (336 f.); Soergel/*Hefermehl* BGB § 130 Rn. 16 b.
66   BeckOGK/*Gomille* BGB § 130 Rn. 64.
67   Vgl. BGH NJW-RR 1996, 641 (642).
68   Vgl. Soergel/*Hefermehl* BGB § 130 Rn. 8.
69   Vgl. RGZ 125, 68 (75).

70   *Faust* JuS 2012, 68 (70).
71   Vgl. LG Bonn MMR 2014, 709 (711); *Bergt* ITRB 2014, 133 f.
72   AA BeckOGK/*Gomille* BGB § 130 Rn. 65.
73   BGH NJW 1965, 965 (966); BeckOK BGB/*Wendtland* § 130 Rn. 14.

43 Mit Erklärungen durch Aufsprechen auf einen **Anrufbeantworter** oder per **Fax** muss der Empfänger rechnen, wenn er die betreffende Telefon- oder Faxnummer dem Erklärenden angegeben hat, wenn sie auf seinem Briefpapier, in seinem Werbematerial oder auf seiner Homepage angegeben ist oder in öffentliche Verzeichnisse aufgenommen wurde.

44 Das Gleiche gilt für Erklärungen per **E-Mail**.[74] Aus der bloßen Verwendung einer E-Mail-Adresse für private Zwecke oder auch unverbindliche Anfragen wie zB Kataloganforderungen kann bei Privatleuten nicht geschlossen werden, dass sie auch damit einverstanden sind, dass geschäftliche Erklärungen per E-Mail an diese Adresse gesandt werden.[75] Wenn der Empfänger mit einer Übermittlung per E-Mail rechnen muss, gilt das mangels besonderer Anhaltspunkte nur für Erklärungen, die in der E-Mail selbst enthalten sind, nicht dagegen für in Anhängen enthaltene Erklärungen.[76] Denn erstens kann zumindest von Privatleuten nicht erwartet werden, dass sie über die nötige Software verfügen, um den Anhang zu öffnen. Das gilt selbst dann, wenn diese Software kostenlos erhältlich ist wie der Adobe Reader; denn von einem Privatmann kann nicht verlangt werden, die Mühe des Herunterladens mit den evtl. damit verbundenen technischen Problemen nur deshalb in Kauf zu nehmen, um eine Willenserklärung zur Kenntnis nehmen zu können. Zweitens kann durch das Öffnen eines Anhangs ein Virus aktiviert und dadurch der Empfänger geschädigt werden. Als **pdf-Dokumente** versandte Erklärungen werden deshalb gegenüber Privatleuten normalerweise erst wirksam, wenn sie das Dokument öffnen und es korrekt auf ihrem Bildschirm angezeigt oder ausgedruckt wird. Eine Ausnahme gilt, wenn der Erklärende aufgrund der vorherigen Kommunikation der Parteien schließen kann, dass der Empfänger über die erforderliche Software verfügt, und wenn der Empfänger nicht berechtigterweise befürchten kann, dass der Anhang virenverseucht ist.[77] Bei Unternehmen sind strengere Maßstäbe anzulegen. Wenn ein Unternehmen zur Kommunikation eine E-Mail-Adresse angibt, kann von ihm erwartet werden, zumindest über die gängigsten Programme zum Öffnen von Anhängen zu verfügen, wenn auch nicht stets in der neuesten Version.[78]

45 **bb) Sprache.** Mit der verwendeten Sprache verhält es sich ebenso wie mit dem verwendeten Kommunikationsmittel:[79] Es kommt darauf an, ob der Empfänger mit einer Erklärung in der betreffenden Sprache **rechnen musste**.[80] Maßgeblich ist prinzipiell diejenige Sprache, in der die **Vertragsverhandlungen** geführt wurden; diese muss nicht notwendig mit der Sprache übereinstimmen, in der die Vertragsurkunde abgefasst ist. Führt etwa ein deutsches Unternehmen mit einem türkischen Arbeitnehmer die Vertragsverhandlungen auf Türkisch und unterzeichnen dann beide einen in deutscher Sprache gehaltenen Arbeitsvertrag (oder kommt es zum Nachweis nach § 2 NachwG in deutscher Sprache), muss der Arbeitnehmer nicht damit rechnen, dass ihm gegenüber später Erklärungen in deutscher Sprache abgegeben werden; der schriftliche Arbeitsvertrag, der von dem Arbeitnehmer wohl eher als „Formalie" angesehen wird, fällt gegenüber den mündlichen Verhandlungen nicht ins Gewicht. Eine in deutscher Sprache gehaltene Kündigung geht dem Arbeitnehmer daher erst zu, wenn er sie entweder liest und sprachlich versteht oder sich übersetzen lässt; das Risiko einer Falschübersetzung trägt dabei der Arbeitgeber, der die Erklärung abgegeben hat. Den Arbeitnehmer trifft auch nicht etwa die Obliegenheit oder gar Pflicht, sich die Erklärung **übersetzen** zu lassen; wer ein nicht vertragsgemäßes Kommunikationsmittel einsetzt oder eine andere als die Vertragssprache verwendet, handelt auf eigenes Risiko.[81]

46 Macht die **Bestimmung der Vertragssprache** Schwierigkeiten (etwa, wenn ein Tourist in seinem Ferienort einkauft, wobei sich sowohl er als auch der Verkäufer mit Gesten behelfen), kann der Rechtsgedanke der Art. 4 ff. VO (EG) Nr. 593/2008 (Rom I) herangezogen werden.[82]

47 Eine **andere als die Vertragssprache** kann der Erklärende nur auf eigenes Risiko verwenden (→ Rn. 39). Das gilt selbst dann, wenn er weiß, dass der Empfänger die betreffende Sprache beherrscht.[83] Denn zum einen gewährleistet die Beherrschung der Alltagssprache nicht, dass der Empfänger auch rechtlich relevante Erklärungen richtig versteht. Und zum anderen kann der Empfänger Empfangsvertreter einsetzen, die die

74   *Mankowski* NJW 2004, 1901 (1902) ist der Auffassung, Erklärungen per E-Mail seien stets zulässig.

75   MüKoBGB/*Einsele* § 130 Rn. 18; *Ultsch* NJW 1997, 3007. Weitergehend *Dörner* AcP 202 (2002), 363 (367 f.).

76   AA BeckOGK/*Gomille* BGB § 130 Rn. 77.

77   Vgl. *Wietzorek* MMR 2007, 156 (158).

78   *Dörner* AcP 202 (2002), 363 (374).

79   Vgl. BAG NJW 1985, 823 (824). MüKoBGB/*Einsele* § 130 Rn. 32 und *Neuner* NJW 2000, 1822 (1825) verstehen die Sprachenfrage dagegen nicht als Zugangs-, sondern als Auslegungsproblem. Dagegen *John* AcP 184 (1984), 385 (397 ff.). Der praktische Unterschied dürfte gering sein.

80   Nicht erörtert von LAG Köln NJW 1988, 1870 (1871).

81   BeckOGK/*Gomille* BGB § 130 Rn. 88; *Bork* BGB AT Rn. 629. AA BeckOK BGB/*Wendtland* § 130 Rn. 27; Erman/*Arnold* BGB § 130 Rn. 10; *Noack/ Uhlig* JA 2012, 740 (742); *Schlechtriem* FS Weitnauer 1980, S. 129 (137); wohl auch Palandt/*Ellenberger* BGB § 130 Rn. 5 und Soergel/*Hefermehl* BGB § 130 Rn. 8, ohne auf die Frage der Vertragssprache einzugehen.

82   BeckOGK/*Gomille* BGB § 130 Rn. 88. Zurückhaltend *Schlechtriem* FS Weitnauer 1980, S. 129 (134).

83   AA *Schlechtriem* FS Weitnauer 1980, S. 129 (137).

betreffende Sprache nicht beherrschen; von ihm kann nicht erwartet werden, nur wegen der theoretischen Möglichkeit des Eingangs einer fremdsprachigen Willenserklärung nur Vertreter einzusetzen, die sprachlich genauso bewandert sind wie er selbst. Anders verhält es sich bei Unternehmen. Wenn ein Unternehmen etwa eine mehrsprachige Homepage unterhält, Werbematerial auch in Fremdsprachen abfasst oder ein Schild „English spoken. On parle français." ins Schaufenster hängt, gibt es dadurch zu erkennen, auch Erklärungen in diesen Sprachen entgegenzunehmen, und diese gehen daher unter den gleichen Voraussetzungen zu wie deutschsprachige Erklärungen.

Erklärungen in der Vertragssprache gehen nach den allgemeinen Grundsätzen zu. Wenn der Empfänger **48** die Vertragssprache nicht beherrscht, wird der Zugang nicht etwa um eine Frist zur Übersetzung hinausgeschoben, da es sich bei der Sprachunkenntnis um ein Spezifikum aus der Empfängersphäre handelt (→ Rn. 50).[84]

cc) Die „gewöhnlichen Umstände". (1) Grundsätze. Das Hauptproblem bei der Bestimmung der **49** „gewöhnlichen" Umstände ist, inwieweit vom Einzelfall abstrahiert wird. Es widerstreiten hier das Interesse des Empfängers daran, eine Erklärung nicht gegen sich gelten lassen zu müssen, solange er sie nicht mit vertretbarem Aufwand zur Kenntnis nehmen kann, und das Interesse des Erklärenden daran, den Zeitpunkt des Wirksamwerdens der Erklärung abschätzen zu können. So hat etwa eine Privatperson ein durchaus legitimes Interesse daran, während ihres **Urlaubs** keine Vorkehrungen für die Weiterleitung von Post treffen und keinen Empfangsvertreter einsetzen zu müssen, nur um eventuelle Erklärungen ihres Arbeitgebers, ihrer Bank oder ihres Vermieters zur Kenntnis nehmen zu können. Umgekehrt sind Arbeitgeber, Bank oder Vermieter berechtigterweise daran interessiert, dass ihre Willenserklärungen dem Arbeitnehmer, Kunden oder Mieter auch während dessen Urlaubs zugehen, da sich sonst für sie eine erhebliche Planungsunsicherheit ergeben würde und sie etwa Kündigungen vorsorglich jeweils lange vor Ablauf der Kündigungsfrist erklären müssten.

Zu beachten ist, dass es ausschließlich um Vorgänge innerhalb des Machtbereichs des Empfängers geht, da **50** der Zugang keinesfalls erfolgen kann, bevor die Willenserklärung den Machtbereich des Empfängers erreicht hat (→ Rn. 26). Dieser Machtbereich ist ausschließlich vom Empfänger beherrschbar; nur er kann Vorkehrungen dafür treffen, dass er von eingegangenen Erklärungen Kenntnis nehmen kann. Diese Vorkehrungen mögen in manchen Fällen unsinnig sein und deshalb vom Empfänger unterlassen werden. Das ändert aber nichts daran, dass allein der Empfänger in der Lage ist darüber zu entscheiden, ob er durch geeignete Maßnahmen eine umgehende Kenntnisnahme gewährleistet oder wegen des damit verbundenen Aufwands lieber das Risiko in Kauf nimmt, von eingegangenen Erklärungen erst nach ihrem Wirksamwerden zu erfahren. Jegliche **Spezifika aus der Empfängersphäre** müssen deshalb im Rahmen der „gewöhnlichen Umstände" außer Betracht bleiben. Die Tatsache, dass der Empfänger sich im Urlaub, auf Reisen, im Krankenhaus oder in Haft befindet, beeinflusst den Zugang an ihn gerichteter Willenserklärungen daher grundsätzlich nicht.[85]

Dies gilt auch, wenn der Erklärende diese Spezifika **kennt**.[86] Denn die Kenntnis des Erklärenden ändert **51** nichts am Beherrschbarkeitsvorsprung des Empfängers. Der Empfänger darf den fristgerechten Zugang an ihn gerichteter Erklärungen nicht einfach dadurch verhindern können, dass er den Erklärenden darüber informiert, vor Fristablauf nicht zur Kenntnisnahme in der Lage zu sein. Sorgt der Erklärende, um sich Vorteile zu verschaffen, allerdings bewusst ohne sachlichen Grund dafür, dass seine Erklärung den Empfänger zu einem Zeitpunkt erreicht, in dem dieser zur Kenntnisnahme nicht in der Lage ist, handelt er **rechtsmissbräuchlich** (§ 242), wenn er sich auf den Zugang beruft. So kann sich etwa ein Arbeitgeber nicht auf den Zugang der Kündigung berufen, wenn er die schon beschlossene Kündigung einzig zu dem Zweck hinausgezögert hat, dass sie dem Arbeitnehmer während dessen urlaubsbedingter Abwesenheit zugestellt wird und dieser deshalb die Klagefrist des § 4 S. 1 KSchG versäumt.[87] Die Beweislast für die den Rechtsmissbrauchseinwand tragenden Tatsachen trifft allerdings den Empfänger.[88]

Diese Grundsätze schließen freilich eine **Typisierung** nicht aus. Dabei sollte jedoch nur an Umstände angeknüpft **52** werden, die für den Erklärenden erkennbar sind, da er die Möglichkeit haben muss, abzuschätzen,

---

84 AA möglicherweise LAG Hamm NJW 1979, 2488, wo jedoch auf die Vertragssprache nicht eingegangen wird.

85 BGH NJW 2004, 1320 f.; BAG NJW 1989, 606; 1989, 2213 f.; 1993, 1093 (1094); BeckOGK/*Gomille* BGB § 130 Rn. 83; BeckOK BGB/*Wendtland* § 130 Rn. 9; Erman/*Arnold* BGB § 130 Rn. 11; MüKoBGB/ *Einsele* § 130 Rn. 19; Palandt/*Ellenberger* BGB § 130 Rn. 5; Soergel/*Hefermehl* BGB § 130 Rn. 8; *Wolf/Neuner* BGB AT § 33 Rn. 27.

86 BAG NJW 1989, 606 f.; 1989, 2213 (2214); NJOZ 2012, 2088 Rn. 23; BeckOGK/*Gomille* BGB § 130 Rn. 84; MüKoBGB/*Einsele* § 130 Rn. 19; Palandt/ *Ellenberger* BGB § 130 Rn. 5; Staudinger/*Singer*/ *Benedict* BGB § 130 Rn. 71. AA BAG NJW 1981, 1470; BeckOK BGB/*Wendtland* § 130 Rn. 9; *Burgard* AcP 195 (1995), 74 (105 f.); *Flume* BGB AT Bd. 2 § 14 3 e, S. 239. Widersprüchlich Soergel/ *Hefermehl* BGB § 130 Rn. 26.

87 *Wolf/Neuner* BGB AT § 33 Rn. 27.

88 MüKoBGB/*Schubert* § 242 Rn. 85.

wann die von ihm abgegebene Erklärung zugeht. Möglich ist damit etwa eine Unterscheidung zwischen Privatleuten und Unternehmern, nicht dagegen eine solche nach den Zustellzeiten in unterschiedlichen Gemeinden oder Ortsteilen.[89] Nach einer BGH-Entscheidung ist es zu berücksichtigen, wenn in einer bestimmten Branche üblicherweise an Silvester nachmittags nicht gearbeitet wird.[90]

53   **(2) In den Briefkasten des Empfängers eingeworfene Erklärungen.** **Privatleute** leeren ihren Hausbriefkasten unter gewöhnlichen Umständen an jedem Tag mit Postzustellung und nehmen dann von den eingeworfenen Schriftstücken Kenntnis. Der genaue Zeitpunkt ist schwer festzulegen, da es hierfür keinerlei überindividuelle Gewohnheiten gibt: Frühestens wird der Briefkasten wohl zur normalen Zeit der Postzustellung geleert, spätestens wenn der Empfänger abends nach Hause kommt. Zum Schutz des Empfängers sollte der Zugangszeitpunkt eher spät angesetzt werden – nimmt der Empfänger die Erklärung tatsächlich früher zur Kenntnis, geht sie ohnehin zu diesem früheren Zeitpunkt zu (→ Rn. 24).[91] Da viele Privatleute den ganzen Tag über außer Haus sind und auch nach ihrer Arbeit nicht unbedingt sofort nach Hause gehen, wird hier ein – zugegeben willkürlich gewählter – Zugangszeitpunkt von 23 Uhr vorgeschlagen.[92] Dieser kann freilich nur für Erklärungen gelten, die bis zur normalen Zeit der Postzustellung (ca. 14 Uhr)[93] in den Briefkasten eingeworfen wurden. Wird die Erklärung danach – etwa vom Erklärenden selbst oder einem anderen Zustelldienst als der Post – eingeworfen, sollte sie erst am nächsten Tag mit Postzustellung[94] um 23 Uhr zugehen. Denn sonst gingen Erklärungen, die nach der normalen Post in den Briefkasten eingeworfen werden, auch dann noch am gleichen Tag zu, wenn der Empfänger seinen Briefkasten (regelmäßig oder ausnahmsweise) unmittelbar nach der Postzustellung leert. Das wäre nicht damit vereinbar, dass sich die Mehrheit der Privatleute trotz der wachsenden Bedeutung anderer Zustelldienste im Hinblick auf die Leerung ihrer Briefkästen (noch?) an den Zustellzeiten der Post orientiert, sofern sie tagsüber zu Hause sind.[95]

54   Bei **Unternehmen** verhält es sich anders. Eine Leerung des Geschäftsbriefkastens ist alsbald nach Zustellung anzunehmen, eine Kenntnisnahme von eingeworfenen Schreiben bis ca. 14 Uhr. Dies gilt allerdings nur von Montag bis Freitag. An Samstagen kann mit einer Kenntnisnahme von eingeworfenen Schriftstücken generell nicht gerechnet werden, und zwar mE auch dann nicht, wenn der Briefkasten zu einem am Samstag geöffneten Geschäftslokal gehört, da die Erledigung von Büroarbeiten am Samstag nicht erwartet werden kann. Dass der Briefkasten mehrmals täglich geleert wird, kann mE auch bei Unternehmen (noch) nicht erwartet werden;[96] eine Differenzierung danach, wie häufig das betreffende Unternehmen Sendungen von anderen Zustelldiensten als der Post erhält, widerspräche der von Abs. 1 S. 1 intendierten Typisierung, die nur die Berücksichtigung von Faktoren erlaubt, die der Erklärende zumindest allgemein abschätzen kann. Falls allerdings ein Unternehmen allgemein dazu auffordert, ohne Zwischenschaltung der Post Erklärungen in seinen Briefkasten zu werfen (zB eine Bank in Bezug auf Überweisungsaufträge), muss es diesen Briefkasten zu Ende der Geschäftszeit nochmals leeren.

55   **(3) Ins Postfach des Empfängers eingelegte Erklärungen.** Es ist anzunehmen, dass Postfächer spätestens um die Mittagszeit geleert werden,[97] allerdings nur von Montag bis Freitag.

56   **(4) Auf dem Anrufbeantworter des Empfängers hinterlassene Erklärungen.** Bei Willenserklärungen, die auf den Anrufbeantworter von **Privatleuten** aufgesprochen werden, ist – ähnlich wie bei von der Post zugestellten Briefen – eine Kenntnisnahme um 23 Uhr anzunehmen, da unter gewöhnlichen Umständen der Anrufbeantworter jedenfalls abgehört wird, wenn man abends nach Hause kommt. Allerdings sollte hier mE der Empfänger die Möglichkeit haben, im Ansagetext auf ein **späteres Abhören** (etwa nach Rückkehr aus dem Urlaub) **hinzuweisen**, und wenn er dies tut, sollte Zugang erst zu dem genannten Zeitpunkt angenommen werden. Denn normalerweise ist der Empfänger überhaupt nicht gehalten, das Aufsprechen auf einen Anrufbeantworter zu ermöglichen. Tut er das nicht, kann eine telefonische Erklärung überhaupt nicht in seinen Machtbereich gelangen und ein Zugang scheidet damit aus. Es wäre daher nicht angemessen, einem Empfänger, der überobligationsmäßig einen Anrufbeantworter bereithält, die Möglichkeit zu nehmen, den Zeitpunkt des Abhörens nach seinem Belieben festzusetzen.[98] Nur wenn der Nicht-Einsatz des

---

89   AA BAG NJW 2019, 3666 Rn. 15 mit krit. Anm. *Foerste* JZ 2020, 49 und *Ulrici* jurisPR-ArbR 5/2020 Anm. 2.

90   BGH NJW 2008, 843 Rn. 9.

91   Überholt RGZ 60, 334 (335 f.), das bei Briefen Zugang schon mit Einwurf in den Hausbriefkasten annimmt.

92   AA BAG NJOZ 2012, 2088 Rn. 21 (zum Zeitpunkt der üblichen Postzustellung).

93   AA *Bruns* NJW 2019, 3618 (3619) (generell 12 Uhr).

94   So BAG NJW 1984, 1651 f.; 1989, 606 (607); LAG Bln BeckRS 1999, 30454705; LAG München BeckRS 2008, 51133.

95   AA (Briefkastenleerung um 18 Uhr) BeckOGK/ *Gomille* BGB § 130 Rn. 67; Palandt/*Ellenberger* BGB § 130 Rn. 6; *Wolf/Neuner* BGB AT § 33 Rn. 24.

96   OLG Stuttgart NJW 2012, 2360 (2361). AA BeckOGK/*Gomille* BGB § 130 Rn. 68. Offengelassen von BGH NJW 2008, 843 Rn. 9.

97   BeckOGK/*Gomille* BGB § 130 Rn. 70. AA BeckOK BGB/*Wendtland* § 130 Rn. 13 (Öffnung des Postgebäudes); *Behn* AcP 178 (1978), 505 (529) (Leerung zweimal täglich).

98   Ebenso *Bork* BGB AT Rn. 625. AA BeckOGK/ *Gomille* BGB § 130 Rn. 79.

Anrufbeantworters einen Fall der Zugangsvereitelung (→ Rn. 66 ff.) darstellen würde – etwa, weil überhaupt nur eine telefonische Übermittlung von Erklärungen in Betracht kommt –, ist dem Empfänger diese Freiheit zu versagen.

Wird eine Erklärung auf den Anrufbeantworter eines **Unternehmens** aufgesprochen, so ist innerhalb der 57 normalen Geschäftszeiten (auch am Samstag) eine zeitnahe Kenntnisnahme (maximal zwei Stunden nach dem Aufsprechen) zu erwarten, da normalerweise das Telefon nur dann auf Anrufbeantworter gestellt wird, wenn Anrufe vorübergehend etwa wegen hohen Kundenandrangs nicht entgegengenommen werden können und der Anrufbeantworter nach Wegfall des Hindernisses alsbald abgehört wird. Allerdings gilt auch für Unternehmen, dass sie prinzipiell im Ansagetext auf einen späteren Abhörzeitpunkt (etwa bei Geschäftsschluss) verweisen können (→ Rn. 56).

(5) Erklärungen per Telefax. Erklärungen per Telefax, die an einen **Privatmann** gerichtet sind, gehen 58 spätestens am Eingangstag um 23 Uhr zu (bzw. bei Eingang nach 23 Uhr am Morgen des nächsten Tages), da ein Privatmann unter gewöhnlichen Umständen von per Fax eingegangenen Erklärungen Kenntnis nimmt, wenn er abends nach Hause kommt (bei Eingang während der Nacht am folgenden Morgen).[99] Bei **Unternehmen** ist bei Eingang am Montag bis Freitag während der üblichen Bürozeiten eine Kenntnisnahme kurz nach Eingang zu erwarten, bei Eingang außerhalb dieser Zeiten eine Kenntnisnahme am nächsten Morgen bzw. am Montagmorgen der nächsten Woche.[100]

(6) Elektronische Erklärungen. Bei Erklärungen per E-Mail kommt es auf die gewöhnlichen Umstände 59 ohnehin nur an, wenn eine Übermittlung per E-Mail zulässig war (→ Rn. 44). Falls der Empfänger deshalb mit dem Eingang solcher Erklärungen rechnen muss, ist er gehalten, die empfangenen Nachrichten wenigstens **einmal täglich** abzufragen. Dafür, wann er das normalerweise tut, gibt es aber keinerlei Regeln. Zum Schutz des Empfängers ist daher anzunehmen, dass mit einer Kenntnisnahme erst 24 Stunden nach Eingang der Erklärung zu rechnen ist.[101] Anders als beim Anrufbeantworter (→ Rn. 56) kann der Empfänger nicht durch eine Abwesenheitsnotiz den Zeitpunkt des Zugangs hinausschieben, da die Abwesenheitsnotiz erst nach der E-Mail versandt wird und eine umgehende Kenntnisnahme durch den Erklärenden nicht gewährleistet ist. Nicht zu erwarten ist die tägliche Überprüfung von **Online-Postfächern.** Der Inhaber eines solchen Postfachs ist aber gehalten, die dort eingegangenen Nachrichten umgehend zur Kenntnis zu nehmen, wenn er per E-Mail auf den Eingang einer solchen Nachricht hingewiesen wird[102] oder wenn aufgrund konkreter Umstände der Eingang einer solchen Nachricht naheliegt. Wie oft von ihm eine anlasslose Kontrolle erwartet werden kann, hängt ganz von den Umständen des Einzelfalls ab, insbesondere davon, wie häufig normalerweise Erklärungen in dem betreffenden Postfach eingehen.

Für **Unternehmen** gilt prinzipiell das Gleiche wie für Privatleute: Es kann normalerweise nur erwartet wer- 60 den, dass eingegangene Nachrichten einmal täglich abgefragt werden, so dass sie – mangels früherer Kenntnisnahme – 24 Stunden nach Eingang zugehen; falls dieser Zeitpunkt auf einen Samstag oder Sonntag fällt, am folgenden Montag. Verfügt allerdings ein Unternehmen über einen Online-Shop mit Bestellmöglichkeit, hält es im Internet ein „Kontaktformular" für elektronische Kommunikation bereit oder geht aus anderen Umständen hervor, dass es vorrangig zu elektronischer Kommunikation ermuntern will, ist ein Abruf eingegangener Nachrichten mindestens am Beginn und am Ende jedes Geschäftstags zu erwarten.[103]

(7) Empfangsboten. Beim Einsatz von Empfangsboten ist alsbald nach der Weiterleitung der Erklärung 61 durch den Empfangsboten mit deren Kenntnisnahme zu rechnen; entscheidend ist also der **voraussichtliche Zeitpunkt der Weiterleitung.** Nicht überzeugt die Ansicht des BGH, der danach differenziert, ob der Empfangsbote die Erklärung innerhalb oder außerhalb der Räume des Adressaten entgegennimmt, und im ersten

99 Vgl. BGH NJW 2004, 1320 f.; BeckOGK/*Gomille* BGB § 130 Rn. 71; MüKoBGB/*Einsele* § 130 Rn. 20. AA *Bruns* NJW 2019, 3618 (3620) (Zugang am selben Tag, wenn das Fax das Empfangsgerät bis 12 Uhr erreicht; sonst am Folgetag). Unzutreffend *Ebnet* NJW 1992, 2985 (2990) (Zugang mit Abschluss des Druckvorgangs).

100 BeckOGK/*Gomille* BGB § 130 Rn. 71; BeckOK BGB/*Wendtland* § 130 Rn. 15; *Riesenkampff* NJW 2004, 3296 (3297). Vgl. OLG Rostock NJW-RR 1998, 526 (527). Von einem sofortigen Zugang bei Erreichen des Machtbereichs geht dagegen wohl OLG Karlsruhe DB 2008, 2479 (2480) aus.

101 BeckOGK/*Gomille* BGB § 130 Rn. 75. Ähnlich BeckOK BGB/*Wendtland* § 130 Rn. 15; *Bork* BGB

AT Rn. 628; *Mankowski* NJW 2004, 1901 (1902); *Thalmair* NJW 2011, 14 (16). AA *Bruns* NJW 2019, 3618 (3620) (Zugang am selben Tag, wenn die Erklärung das Empfangsgerät bis 12 Uhr erreicht; sonst am Folgetag; *Dörner* AcP 202 (2002), 363 (369) (Abfrage abends); *Janal* MDR 2006, 368 (372) (erst nach einigen Tagen); *Ultsch* NJW 1997, 3007 (3008) (am Tag des Eintreffens).

102 *Thalmair* NJW 2011, 14 (16 f.).

103 So generell *Dörner* AcP 202 (2002), 363 (369); *Thalmair* NJW 2011, 14 (16). AA BeckOK BGB/*Wendtland* § 130 Rn. 15 (Abfrage während der Geschäftszeit unmittelbar nach Eingang zu erwarten).

Fall annimmt, die Zeit für die Weiterleitung reduziere sich auf Null.[104] Denn es entspricht nicht den gewöhnlichen Umständen, dass der Adressat ständig in seinen Räumen anwesend ist.

62 Maßgeblich sind daher ähnliche Grundsätze wie beim Einsatz eines Anrufbeantworters: Da ein **privater Empfänger** normalerweise nicht gehalten ist, Empfangsboten vorzuhalten, ist dann, wenn der Empfangsbote dem Erklärenden den voraussichtlichen Zeitpunkt der Weiterleitung mitteilt, dieser Zeitpunkt maßgeblich. Erfolgt keine derartige Mitteilung, ist der gleiche Zeitpunkt wie bei Briefen maßgeblich, nämlich 23 Uhr desselben Tages.

63 Setzt ein **Unternehmen** Empfangsboten ein, ist mit der Weiterleitung der Erklärung an den Empfänger oder einen passiven Stellvertreter bis zum Geschäftsschluss desselben Tages zu rechnen. Ob der Empfangsbote einen späteren Weiterleitungszeitpunkt angeben kann, hängt davon ab, wie die Erklärung dem Empfangsboten mitgeteilt wird: Geschieht dies telefonisch, ist eine solche Angabe prinzipiell möglich, da es keinen Unterschied machen kann, ob der Erklärende sich gegenüber einem Empfangsboten äußert oder die Erklärung auf einen Anrufbeantworter aufspricht (→ Rn. 56 f. und 62). Geschieht es dagegen in einem Büro oder Ladenlokal innerhalb der allgemeinen Geschäftsstunden, ist die Angabe eines späteren Zeitpunkts durch den Empfangsboten irrelevant. Denn wenn der Empfänger ein Büro oder Ladenlokal mit festgelegten Geschäftsstunden unterhält, kann der Erklärende darauf vertrauen, eine Erklärung dadurch übermitteln zu können, dass er sie während der Geschäftsstunden jederzeit einer dort anwesenden Person mitteilt. Der Gedanke, dass das überobligationsmäßige Bereithalten von Empfangseinrichtungen sich nicht zulasten des Empfängers auswirken darf (→ Rn. 56), kommt hier also nicht zum Tragen.

64 Leitet der Empfangsbote die Erklärung **nicht oder unrichtig** weiter, ist dies unerheblich, da es ab dem Zeitpunkt, in dem die Erklärung den Machtbereich des Empfängers (also hier den Empfangsboten) erreicht, auf den realen Geschehensablauf nicht ankommt (→ Rn. 22).[105]

65 **(8) Aushang von Erklärungen am Schwarzen Brett.** Bei Erklärungen, die durch Aushang am Schwarzen Brett erfolgen, stellt sich die Frage nach den „gewöhnlichen Umständen" nicht, da diese Erklärungen erst mit Kenntnisnahme in den Machtbereich des Empfängers gelangen (→ Rn. 33). Kommt es nicht zu dieser Kenntnisnahme, handelt es sich daher um ein Problem der Zugangsvereitelung (→ Rn. 74).

66 **5. Zugangsvereitelung.** Auf den normalen Geschehensablauf kommt es erst ab demjenigen Zeitpunkt an, zu dem die Erklärung den Machtbereich des Empfängers erreicht (→ Rn. 22). Tut sie dies nicht, kommt ein Zugang nicht in Betracht; tut sie es nur entstellt, kann sie nur in der entstellten Form zugehen. **Geschehnisse vor Erreichen des Machtbereichs** fallen also in die Risikosphäre des Erklärenden. Dies ist prinzipiell auch angemessen und entspricht der vom Gesetz gewollten Risikoverteilung. Probleme treten jedoch auf, wenn diese Geschehnisse aus der Empfängersphäre herrühren, insbesondere wenn es am Empfänger liegt, dass die Erklärung den Machtbereich des Empfängers gar nicht oder nur mit Verzögerung erreicht, etwa weil der Empfänger eine für ihn bei der Post hinterlegte Erklärung nicht abholt, das Telefon nicht abnimmt oder mit (Verzögerung!) oder ohne Stellung eines Nachsendeantrags umzieht.

67 Entscheidend ist zunächst, ob der Empfänger überhaupt gehalten war, entsprechende **Empfangseinrichtungen** zu unterhalten. Eine allgemeine Pflicht, Empfangseinrichtungen vorzuhalten, besteht zwar nicht.[106] Nach ständiger Rechtsprechung muss derjenige, der aufgrund bestehender oder angebahnter vertraglicher Beziehungen mit dem Zugang rechtserheblicher Erklärungen zu rechnen hat, aber geeignete Vorkehrungen treffen, dass ihn derartige Erklärungen auch erreichen.[107] Dies gilt allerdings nur für Erklärungen, die mithilfe eines zulässigen Kommunikationsmittels erfolgen (→ Rn. 39 ff.).

68 Kommt der Empfänger seinen Obliegenheiten nicht nach, führt dies **nicht** zu einer **Fiktion des Zugangs**. Denn durch sie würde dem Erklärenden der Widerruf abgeschnitten (§ 130 Abs. 1 S. 2), obwohl die Erklärung noch nicht einmal in den Machtbereich des Empfängers gelangt ist; zum Schutz des Empfängers ist dies nicht geboten.[108] Es kann dem Empfänger jedoch nach **§ 242** verwehrt sein, sich auf den fehlenden oder verspäteten Zugang zu berufen.[109] Eine Sonderregelung trifft **§ 13 VVG** für Erklärungen gegenüber Versicherungsnehmern.

---

104 BGH NJW-RR 1989, 757 (758 f.) Ebenso wohl RGZ 60, 334 (336); RGZ 91, 60 (62 f.); *Schwarz* NJW 1994, 891; Soergel/*Hefermehl* BGB § 130 Rn. 8.
105 S. zB OLG Saarbrücken WM 1988, 1227 (1228).
106 BGHZ 67, 271 (278) = NJW 1977, 194; BGH NJW 1996, 1967 (1968); OLG Brandenburg NJW 2005, 1585 (1586).
107 RGZ 110, 34 (36); BGH NJW 1996, 1967 (1968); BGHZ 137, 205 (208) = NJW 1998, 976 (977); BAG NZA 2006, 204 Rn. 15. AA Staudinger/*Singer/Benedict* BGB § 130 Rn. 88 (wegen der Möglichkeit des

§ 132). Zu restriktiv LG Berlin ZMR 2000, 295 und *Mrosk* NJW 2013, 1481 (1484) (Bestehen eines Mietvertrags allein führt nicht dazu, dass der Mieter bei der Post hinterlegte Einschreibsendung des Vermieters abholen muss).
108 Vgl. BAG NJW 1997, 146 (147); *Medicus/Petersen* AT BGB Rn. 278 f.; Soergel/*Hefermehl* BGB § 130 Rn. 27 f.; *Wolf/Neuner* BGB AT § 33 Rn. 53 f. AA *Burgard* AcP 195 (1995), 74 (114 ff.). Unklar MüKoBGB/*Einsele* § 130 Rn. 36 ff.
109 BAG NJW 1997, 146 (147); NZA 2006, 204 Rn. 15.

Damit die Berufung auf den fehlenden oder verspäteten Zugang rechtsmissbräuchlich ist, muss ein **objekti-** **69** **ves Zugangshindernis im Bereich des Empfängers** vorliegen, dh es muss an Umständen aus der Empfängersphäre liegen, dass die Erklärung nicht oder nicht rechtzeitig in den Machtbereich des Empfängers gelangt. In Betracht kommt etwa, dass der Empfänger mit dem Eingang rechtserheblicher Erklärungen rechnen muss und mit unbekannter Anschrift verzieht,[110] dass er eine für ihn bei der Post hinterlegte Sendung (insbesondere ein Übergabe-Einschreiben) nicht spätestens am zweiten Tag nach der Benachrichtigung, an dem dies möglich ist, abholt,[111] dass er die Annahme grundlos verweigert[112] oder den Zugang arglistig vereitelt.[113] Liegt dagegen ein berechtigter Grund für die Annahmeverweigerung vor (etwa Unterfrankierung oder unklare Adressierung, s. auch → Rn. 28), kommt eine Zugangsvereitelung nicht in Betracht.[114] Muss der Empfänger zu einem bestimmten Zeitpunkt mit dem Eingang telefonischer Erklärungen rechnen, kann eine Zugangsvereitelung vorliegen, wenn er das Telefon nicht abnimmt und auch nicht durch einen Anrufbeantworter dafür sorgt, dass ihn die Erklärung erreicht.[115] Das Gleiche gilt, wenn eine Erklärung per Voicemail oder E-Mail zulässig ist und auf der externen Mailbox des Empfängers nicht aufgezeichnet wird, etwa weil diese voll ist. Scheitert dagegen die Aufzeichnung auf einer internen Mailbox des Empfängers, hindert das den Zugang nicht, da die Erklärung dann schon den Machtbereich des Empfängers erreicht hat (→ Rn. 31 f.).

Die **Annahmeverweigerung durch einen Empfangsboten** soll sich der Empfänger nach Ansicht des BAG **70** nur dann zurechnen lassen müssen, wenn der Empfangsbote im Einvernehmen mit dem Empfänger gehandelt hat.[116] Dies ist abzulehnen. Denn das Risiko des Einsatzes von Empfangsboten trägt der Empfänger. Es ist nicht einzusehen, warum es zwar zu seinen Lasten gehen soll, wenn der Empfangsbote die Erklärung vergisst oder verliert, aber nicht, wenn er die Annahme verweigert. Eine sachgerechte Risikoverteilung kann hier nicht im Rahmen von § 130 vorgenommen werden, sondern nur durch eine angemessene Bestimmung des Kreises der Empfangsboten.

Umstritten ist, ob der Empfänger das Zugangshindernis **verschuldet** haben muss.[117] Nach zutreffender **71** Ansicht ist dies nicht erforderlich. Denn der Empfänger muss sich nach § 242 nur so behandeln lassen, als hätte er sich ordnungsgemäß verhalten (also zB die hinterlegte Sendung rechtzeitig abgeholt); weitere Nachteile werden ihm nicht auferlegt. Das Verschuldenserfordernis, das typischerweise die Voraussetzung für Schadensersatzpflichten ist, ist daher zum Schutz des Empfängers nicht erforderlich. Der Rechtsmissbrauchseinwand kommt deswegen zB auch in Betracht, wenn der Empfänger die hinterlegte Sendung nicht abholt, weil er krank ist.

Gelangt die Erklärung mit **Verzögerung** in den Machtbereich des Empfängers, weil dieser umgezogen oder **72** vorübergehend abwesend ist und einen Nachsendeauftrag gestellt hat, muss er sich so behandeln lassen, als wäre keine Nachsendung erforderlich gewesen; mit der Nachsendung verbundene Verzögerungen und Verlustrisiken gehen also zu seinen Lasten.[118]

Ob die Berufung auf den unterbliebenen oder verspäteten Zugang rechtsmissbräuchlich ist, kann nicht auf- **73** grund des Verhaltens des Empfängers allein beurteilt werden. Vielmehr kann der Erklärende nach den Grundsätzen von Treu und Glauben aus seiner (noch) nicht zugegangenen Willenserklärung ihm günstige Rechtsfolgen nur dann ableiten, wenn er **alles Erforderliche und ihm Zumutbare getan** hat, damit seine Erklärung den Adressaten erreichen konnte. Dazu gehört in der Regel, dass er nach Kenntnis von dem nicht erfolgten Zugang unverzüglich einen **erneuten Versuch** unternimmt, seine Erklärung derart in den Machtbereich des Empfängers zu bringen, dass diesem ohne Weiteres eine Kenntnisnahme ihres Inhalts möglich

110 MüKoBGB/*Einsele* § 130 Rn. 36.
111 LG Freiburg NJW-RR 2004, 1377 f.; Palandt/*Ellenberger* BGB § 130 Rn. 18. Vgl. auch BGHZ 137, 205 ff. = NJW 1998, 976 f.
112 BGH NJW 1983, 929 (930 f.); BGHZ 137, 205 (209 f.) = NJW 1998, 976 (977); MüKoBGB/*Einsele* § 130 Rn. 36.
113 BGHZ 137, 205 (209 f.) = NJW 1998, 976 (977); MüKoBGB/*Einsele* § 130 Rn. 36.
114 Erman/*Arnold* BGB § 130 Rn. 27; Palandt/*Ellenberger* BGB § 130 Rn. 16.
115 MüKoBGB/*Einsele* § 130 Rn. 36.

116 BAG NJW 1993, 1093 (1094). Ebenso BeckOK BGB/*Wendtland* § 130 Rn. 24; Palandt/*Ellenberger* BGB § 130 Rn. 16; Soergel/*Hefermehl* BGB § 130 Rn. 8 f. AA *Schwarz* NJW 1994, 891 (892).
117 Dafür BGH NJW 1996, 1967 (1968); Palandt/*Ellenberger* BGB § 130 Rn. 18. Dagegen Erman/*Arnold* BGB § 130 Rn. 29; *Flume* BGB AT Bd. 2 § 14 3 e, S. 238 f.; MüKoBGB/*Einsele* § 130 Rn. 37; *Noack/Uhlig* JA 2012, 740 (744); Soergel/*Hefermehl* BGB § 130 Rn. 28.
118 BeckOK BGB/*Wendtland* § 130 Rn. 13; Erman/*Arnold* BGB § 130 Rn. 31; MüKoBGB/*Einsele* § 130 Rn. 37. AA BGH NJW 1996, 1967 (1968). Differenzierend *Wolf/Neuner* BGB AT § 33 Rn. 55.

ist.[119] Bei offenkundiger **Sinnlosigkeit** bedarf es freilich keines erneuten Zustellversuchs. Dies ist etwa der Fall, wenn der Empfänger die Annahme grundlos verweigert oder den Zugang arglistig vereitelt.[120]

74 Bei empfangsbedürftigen Erklärungen, die durch **Aushang am Schwarzen Brett** (zB eines Betriebs, eines Sportvereins oder eines Fitnessstudios) erfolgen sollen, kann eine Zugangsvereitelung nur angenommen werden, wenn diese Übermittlungsweise vertraglich erlaubt ist, bei Arbeitsverhältnissen etwa durch Tarifvertrag, Betriebsvereinbarung oder eine betriebliche Übung.[121] Ist das der Fall, kommt es darauf an, wann die Mitteilungen am Schwarzen Brett normalerweise gelesen werden. Bei Arbeitnehmern ist anzunehmen, dass sie an jedem Arbeitstag einmal das Schwarze Brett überprüfen. Sonst lassen sich keine allgemeinen Regeln aufstellen. Allerdings führt die Vereinbarung eines Schwarzen Bretts als zulässiges Kommunikationsmittel dazu, dass es regelmäßig überprüft werden muss. Bei den Kunden eines Fitnessstudios oder den Mitgliedern eines Sportvereins scheint ein Rhythmus von etwa 14 Tagen angemessen, so dass der Rechtsmissbrauchseinwand eingreifen kann, wenn die ausgehängte Erklärung zwei Wochen nach dem Aushang noch nicht zur Kenntnis genommen wurde.

75 Stellt sich die Frage des **Zugangs einer Kündigung** im Hinblick darauf, ob ein Arbeitnehmer die Klagefrist des § 4 KSchG gewahrt hat, stellt das BAG nicht auf die genannten Grundsätze ab, sondern auf die Grundsätze über die Verwirkung.[122]

II. Das Wirksamwerden nicht empfangsbedürftiger Willenserklärungen

76 Wann nicht empfangsbedürftige Willenserklärungen (→ Rn. 10) wirksam werden, ist im Gesetz nicht geregelt. Da es hier nicht darum geht, irgendjemanden vom Inhalt der Willenserklärung in Kenntnis zu setzen, werden nicht empfangsbedürftige Willenserklärungen mit dem Abschluss des Erklärungsvorgangs wirksam. Abgabe (→ Rn. 5 ff.) und Wirksamwerden fallen also zusammen.[123]

III. Widerruf (Abs. 1 S. 2)

77 Abs. 1 S. 2 ermöglicht dem Erklärenden, seine Erklärung bis zu ihrem Zugang zu widerrufen. Der Widerruf – auch von formbedürftigen Erklärungen[124] – kann dabei **formlos** mit jedem beliebigen Medium erfolgen, insbesondere auch mit einem anderen als die widerrufene Erklärung. Für die Rechtzeitigkeit des Widerrufs kommt es auf den **Zeitpunkt des Zugangs** von Erklärung und Widerruf an. Falls der Empfänger von der Erklärung schon Kenntnis nimmt, bevor dies nach den normalen Umständen zu erwarten ist, wird er dadurch geschützt, dass mit tatsächlicher Kenntnisnahme auf jeden Fall Zugang eintritt und ein Widerruf somit nicht mehr möglich ist (→ Rn. 24). Nimmt der Empfänger erst nach dem Zugang Kenntnis, wird vereinzelt ein Widerruf bis zur Kenntnisnahme für möglich gehalten, da der Empfänger zuvor nicht auf den Bestand der Erklärung vertraue.[125] Dem ist jedoch nicht zu folgen. Wenn das Gesetz sowohl hinsichtlich des Wirksamwerdens als auch hinsichtlich des Widerrufs auf den Zugang abstellt, erstrebt es damit eine ausgewogene Risikoverteilung: Die Wirkungen der Willenserklärung sollen für beide Parteien zum selben Zeitpunkt bindend eintreten. Das darf nicht dadurch konterkariert werden, dass man dem Erklärenden – etwa über § 242 – einen Widerruf auch noch nach Zugang – also nach dem Zeitpunkt, zu dem die Willenserklärung wirksam wurde – gestattet.[126]

IV. Tod oder Geschäftsunfähigkeit des Erklärenden (Abs. 2)

78 Abs. 2 ist eine Ausprägung des Grundsatzes, dass es für die in der Person des Erklärenden liegenden Wirksamkeitsvoraussetzungen auf den Zeitpunkt der Abgabe der Erklärung ankommt (→ Rn. 5). Der Tod, der Eintritt eines Zustands iSv § 104 Nr. 2 oder die Anordnung eines **Einwilligungsvorbehalts** (§ 1903) nach

119 BGHZ 137, 205 (209) = NJW 1998, 976 (977); BAG NZA 2006, 204 Rn. 15. Möglicherweise aA BGHZ 67, 271 (275) = NJW 1977, 194. S. auch RGZ 110, 34 (36 f.). *Burgard* AcP 195 (1995), 74 (117 f.) hält das Verhalten des Erklärenden nicht im Hinblick auf den Zugang, sondern nur im Hinblick auf eine Schadensersatzpflicht für relevant.
120 BGH NJW 1983, 929 (930 f.); BGHZ 137, 205 (209 f.) = NJW 1998, 976 (977).
121 Vgl. MüKoBGB/*Einsele* § 130 Rn. 22.
122 BAG NJW 1997, 146 (147).
123 Erman/*Arnold* BGB § 130 Rn. 2; Palandt/*Ellenberger* BGB § 130 Rn. 1; Soergel/*Hefermehl* BGB § 130 Rn. 1.

124 BeckOGK/*Gomille* BGB § 130 Rn. 93; BeckOK BGB/*Wendtland* § 130 Rn. 30; MüKoBGB/*Einsele* § 130 Rn. 40.
125 *Hübner* BGB AT Rn. 737.
126 RGZ 60, 334 (337 f.); 91, 60 (62 f.); BGH NJW 1975, 382 (384); BeckOGK/*Gomille* BGB § 130 Rn. 94; BeckOK BGB/*Wendtland* § 130 Rn. 30; *Bork* BGB AT Rn. 649; Erman/*Arnold* BGB § 130 Rn. 20; MüKoBGB/*Einsele* § 130 Rn. 40; Palandt/*Ellenberger* BGB § 130 Rn. 11; Soergel/*Hefermehl* BGB § 130 Rn. 29; Staudinger/*Singer/Benedict* BGB § 130 Rn. 101 f. Für ein Wahlrecht des Empfängers *Wolf/Neuner* BGB AT § 33 Rn. 58.

Abgabe der Erklärung ist daher ohne Einfluss auf deren Wirksamwerden. Der Erbe oder der Betreuer, der das Wirksamwerden der Erklärung verhindern will, muss sie also vor ihrem Zugang widerrufen (Abs. 1 S. 2). Nicht entsprechend anwendbar ist Abs. 2 auf den Verlust der **Verfügungsbefugnis** (→ Rn. 5). Auch Abs. 2 ist dispositiv.[127]

Nach Ansicht des BGH gilt der Grundsatz, dass der **zeitliche Abstand** zwischen Abgabe und Zugang einer Willenserklärung regelmäßig bedeutungslos ist, für den Fall des zwischenzeitlichen Todes des Erklärenden nicht einschränkungslos. Denn Abs. 2 solle den Empfänger schützen, der meist nicht sofort vom Tod des Erklärenden oder dem Verlust der Geschäftsfähigkeit erfahre. Dieser Gedanke des Vertrauensschutzes könne entfallen, wenn die Erklärung nach einem vergeblichen Übermittlungsversuch erst nach dem Tod (wieder) auf den Weg gebracht werde und erst zu einem Zeitpunkt zugehe, zu dem der Empfänger längst Bescheid wisse. Zumindest der Widerruf eines gemeinschaftlichen Testaments müsse unter diesen Umständen scheitern.[128] — **79**

V. Beweislast

Der Zugang einer Willenserklärung ist von derjenigen Partei zu beweisen, die sich auf die Erklärung beruft; das gilt auch hinsichtlich des Zugangszeitpunkts.[129] Bei **brieflichen Erklärungen** – auch bei solchen per Einschreiben – begründet die Absendung keinen Beweis des ersten Anscheins für den Zugang, da nach allgemeiner Lebenserfahrung abgeschickte Postsendungen den Empfänger nicht stets erreichen.[130] Bei Erklärungen per **Fax** kann der Erklärende den Beweis nicht einfach durch Vorlage des Sendeprotokolls seines Faxgeräts führen, denn dadurch wird allenfalls die Absendung irgendeiner Erklärung an den Empfänger bewiesen; so kann etwa die Übermittlung an einer Netzstörung gescheitert sein oder der Erklärende kann die Vorlage falsch ins Fax eingelegt haben, so dass beim Empfänger nur leere Blätter ankamen. Das Sendeprotokoll kann daher nicht einmal Anknüpfungspunkt für einen Anscheinsbeweis sein, sondern allenfalls Indiz (sehr str.).[131] Eingangs- und Lesebestätigungen für E-Mails begründen dagegen einen Anscheinsbeweis für den Zugang.[132] — **80**

Fordert der Erklärende den Empfänger auf, sich darüber zu äußern, ob er den Zugang einer Erklärung in Abrede stellt, und verneint der Empfänger dies, ist ein späteres Bestreiten in der Regel rechtsmissbräuchlich (§ 242).[133] — **81**

Die Beweislast in Bezug auf diejenigen Umstände, die eine Zugangsvereitelung begründen, trägt der Erklärende.[134] — **82**

C. Weitere praktische Hinweise

I. Einschreiben der Deutschen Post AG

Die Deutsche Post AG bietet zwei verschiedene Formen des Einschreibens an: das „Einschreiben" und das „Einschreiben Einwurf". Beide Formen bringen unterschiedliche Vorteile und Gefahren. — **83**

Das „Einschreiben" (auch **„Übergabe-Einschreiben"** genannt, allerdings nicht von der Post) entspricht der herkömmlichen Einschreibsendung. Der Empfänger erhält bei der Einlieferung einen Einlieferungsbeleg, — **84**

127 OLG Zweibrücken VersR 2007, 195 (196).
128 BGHZ 48, 374 (377 ff.); *A. Roth* NJW 1992, 791 f.; Soergel/*Hefermehl* BGB § 130 Rn. 30.
129 BeckOGK/*Gomille* BGB § 130 Rn. 127; BeckOK BGB/*Wendtland* § 130 Rn. 35; Erman/*Arnold* BGB § 130 Rn. 33 f.; Palandt/*Ellenberger* BGB § 130 Rn. 21; Soergel/*Hefermehl* BGB § 130 Rn. 23. Vgl. BGHZ 70, 233 (234) = NJW 1978, 886; BGHZ 101, 49 (54 f.) = NJW 1987, 2235 (2236).
130 BGHZ 24, 308 (312 f.) = NJW 1957, 1230 (1231); BGH NJW 1964, 1176 f.; 2017, 68 Rn. 32; BAG NJW 1961, 2132; LG Potsdam NJW 2000, 3722; BeckOGK/*Gomille* BGB § 130 Rn. 128; *Burgard* AcP 195 (1995), 74 (127 f.); Erman/*Arnold* BGB § 130 Rn. 33; *Mrosk* NJW 2013, 1481 (1482); Palandt/*Ellenberger* BGB § 130 Rn. 21; Soergel/ *Hefermehl* BGB § 130 Rn. 23. AA AG Erfurt MDR 2007, 1338 (1339).
131 BGH NJW 1995, 665 (666 f.); BeckRS 2011, 21743 Rn. 3; OLG München NJW 1993, 2447 f.; KG NJW

1994, 3172 f.; OLG Brandenburg BeckRS 2008, 06149; OLG Schleswig GRUR-RR 2008, 138 (139); LG Darmstadt NJW 1993, 2448; Erman/*Arnold* BGB § 130 Rn. 33; *Fritzsche/Malzer* DNotZ 1995, 3 (14 f.); *Mrosk* NJW 2013, 1481 (1484); MüKoBGB/ *Einsele* § 130 Rn. 46; Soergel/*Hefermehl* BGB § 130 Rn. 13 c. AA (Anscheinsbeweis) OLG München NJW 1994, 527; MDR 1999, 286; OLG Karlsruhe DB 2008, 2479 (2480); AG Rudolstadt NJW-RR 2004, 1151 f.; *Bork* BGB AT Rn. 641; *Faulhaber/ Riesenkampff* DB 2006, 376 ff. Differenzierend *Burgard* AcP 195 (1995), 74 (129 ff.); *Gregor* NJW 2005, 2885 ff.
132 *Bork* BGB AT Rn. 641; *Mankowski* NJW 2004, 1901 ff.; *Mrosk* NJW 2013, 1481 (1484); MüKo-BGB/*Einsele* § 130 Rn. 21. Vgl. auch BGH NJW 2014, 556 Rn. 11.
133 BGHZ 24, 308 (313 f.) = NJW 1957, 1230.
134 MüKoBGB/*Schubert* § 242 Rn. 85.

der jedoch zum Beweis des Zugangs untauglich ist (→ Rn. 80). Das Einschreiben wird dem Empfänger oder einem sonstigen Empfangsberechtigten gegen schriftliche Empfangsbestätigung und Nachweis der Empfangsberechtigung abgeliefert (Nr. 4 Abs. 2 S. 4 AGB Brief National, Stand: 1.2.2017). Der Lauf der Sendung kann im Internet unter www.deutschepost.de/briefstatus verfolgt oder unter Tel. 0228/43 33 112 erfragt werden. Im Internet wird nach der Zustellung auch der Auslieferungsbeleg angezeigt. Außerdem kann der Absender gegen Gebühr von der Post eine Reproduktion des Auslieferungsbelegs anfordern. Wird die Zusatzleistung **„Rückschein"** gewählt, wird dem Absender eine unterschriebene Empfangsbestätigung des Empfängers oder sonstigen Empfangsberechtigten zugesandt, die nach der Wertung von § 175 ZPO zum Beweis des Zugangs genügt. Es empfiehlt sich unbedingt, diese Möglichkeit zu nutzen.

85   Das „Einschreiben mit Rückschein" bietet dem Erklärenden also gute Möglichkeiten der **Beweissicherung**. Allerdings bestehen auch insofern Gefahren: Denn das Einschreiben darf **nicht nur dem Empfänger selbst** oder einem durch schriftliche Vollmacht ausgewiesenen Empfangsberechtigten ausgeliefert werden, sondern auch einer von der Leitung einer Gemeinschaftseinrichtung (zB Haftanstalt, Gemeinschaftsunterkunft, Krankenhaus) mit dem Empfang von Postsendungen beauftragten Person (Nr. 4 Abs. 2 S. 2 Hs. 2 AGB Brief National, Stand: 1.2.2017), Angehörigen des Empfängers (Nr. 4 Abs. 3 S. 3 Nr. 1 AGB Brief National, Stand: 1.2.2017) oder anderen, in den Räumen des Empfängers anwesenden Personen (Nr. 4 Abs. 3 S. 3 Nr. 2 AGB Brief National, Stand: 1.2.2017). Bei all diesen Personen ist keineswegs gesichert, dass es sich um Empfangsboten des Empfängers handelt, so dass der Erklärende eventuell das Weiterleitungsrisiko zu tragen hat. Selbst wenn die Weiterleitung erfolgt ist, stellen sich für den Erklärenden erhebliche Beweisprobleme, da das Auslieferungsdokument der Post und der Rückschein über die Weiterleitung nichts besagen.

86   Dieses Risiko kann dadurch vermieden werden, dass die Zusatzleistung **„Eigenhändig"** gewählt wird; das Einschreiben wird dann nur dem Empfänger selbst oder einem zum Empfang besonders Bevollmächtigten ausgehändigt (Nr. 4 Abs. 2 S. 5 AGB Brief National, Stand: 1.2.2017). Erheblich vergrößert wird dadurch allerdings das Risiko, dass die Zustellung scheitert:

87   Wenn bei einem Übergabe-Einschreiben der Zusteller den Empfänger **nicht antrifft**, hinterlässt er eine Benachrichtigung und hinterlegt die Sendung bei der Post zur Abholung durch den Empfänger; Zugang erfolgt erst dann, wenn der Empfänger die Sendung tatsächlich abholt. Der Absender wird zwar durch die Grundsätze über die Zugangsvereitelung (→ Rn. 66 ff.) geschützt. Dieser Schutz versagt jedoch insbesondere dann, wenn der vergebliche Zustellversuch kurz vor Ablauf der Frist erfolgt, die das Schreiben wahren soll, da der Empfänger dann nicht treuwidrig handelt, wenn er das Schreiben erst nach Fristablauf abholt und sich auf die Fristversäumung beruft.

88   Das **„Einschreiben Einwurf"** unterscheidet sich vom Übergabe-Einschreiben dadurch, dass es dem Empfänger nicht ausgehändigt, sondern wie normale Briefe in seinen Briefkasten oder sein Postfach eingelegt wird und der Zusteller diesen Vorgang mit seiner Unterschrift bestätigt. Hierdurch wird das Risiko minimiert, dass gar keine Zustellung erfolgt oder die Sendung einer Person ausgehändigt wird, die nicht Empfangsbote ist. Als **Beweis des Zugangs** steht allerdings nur die Unterschrift des Zustellers zur Verfügung, die dokumentiert, dass die Erklärung den Machtbereich des Empfängers erreicht hat. Die Option „Rückschein" bietet die Post bei Einwurf-Einschreiben nicht an, so dass das Originaldokument mit der Unterschrift des Zustellers bei der Post verbleibt. Im Internet wird dieses Dokument nicht angezeigt, der Absender kann aber von der Post gegen Gebühr eine Reproduktion anfordern. Allerdings stellt diese keine öffentliche Urkunde iSv § 418 ZPO dar, da die Post keine Behörde und insofern nicht beliehen ist, sondern allenfalls[135] eine Privaturkunde iSv § 416 ZPO, deren Beweiswert beschränkt ist.[136] Ob die Rechtsprechung diese Urkunde wenigstens zur Grundlage eines **Anscheinsbeweises** machen wird, ist zweifelhaft.[137] Der BGH hat einen Anscheinsbeweis bejaht, „wenn das vorbeschriebene Verfahren eingehalten wurde";[138] wer insofern die Beweislast trägt, bleibt unklar. Eine Entscheidung des LG Potsdam[139] deutet darauf hin, dass der Auslieferungsbeleg in der Praxis vorschriftswidrig nicht stets unmittelbar beim Einwurf der Sendung in den Empfängerbriefkasten erstellt wird, sondern auch schon vorher in der Postfiliale. Falls dies in einer

---

135 Möglicherweise handelt es sich bei dem Datenauszug, den das Lesezentrum nach dem Einscannen des Originalbelegs erstellt, nur um eine technische Aufzeichnung; s. AG Paderborn NJW 2000, 3722 (3723); *Bauer/Diller* NJW 1998, 2795 f.; *Hosenfeld* NZM 2002, 93 (95); *Reichert* NJW 2001, 2523 (2524); *Saenger/Gregoritza* JuS 2001, 899 (901).

136 OLG Saarbrücken NJOZ 2008, 840 (848); LAG Hamm BeckRS 2002, 30460829; *Bauer/Diller* NJW 1998, 2795 (2796); *Hosenfeld* NZM 2002, 93 (95); *Saenger/Gregoritza* JuS 2001, 899 (901 f.). AA *Düb-*

bers NJW 1997, 2503 (2504); *Putz* NJW 2007, 2450 (2451).

137 Dafür AG Paderborn NJW 2000, 3722 (3723); AG Erfurt MDR 2007, 1338 (1339 f.); ArbG Karlsruhe BeckRS 2004, 17214; *Mrosk* NJW 2013, 1481 (1485); Palandt/*Ellenberger* BGB § 130 Rn. 21; *Putz* NJW 2007, 2450 (2452); Staudinger/*Singer/Benedict* BGB § 130 Rn. 108. Dagegen LAG Hamm BeckRS 2009, 73680; AG Kempen NJW 2007, 1215; LAG RhPf BeckRS 2014, 65241.

138 BGH NJW 2017, 68 Rn. 33.

139 LG Potsdam NJW 2000, 3722.

nicht unerheblichen Zahl von Fällen geschieht, ist der Beleg für einen Anscheinsbeweis untauglich, da nicht ausgeschlossen ist, dass das Einschreiben nach der Belegerstellung nicht ordnungsgemäß zugestellt wird.[140]

Beide Formen von Einschreiben bergen damit **erhebliche Probleme**: Das **Übergabe-Einschreiben mit** 89 **Rückschein** bietet, insbesondere wenn es mit der Zusatzleistung „eigenhändig" versandt wird, eine gute Möglichkeit, den Zugang zu beweisen. Dafür besteht bei fristgebundenen Erklärungen das beträchtliche Risiko, dass es nicht rechtzeitig zum Zugang kommt, weil der Zusteller den Empfänger nicht antrifft. Ein Übergabe-Einschreiben sollte daher immer so rechtzeitig versandt werden, dass es bei durchschnittlichem Postlauf mehrere Tage vor Fristablauf beim Empfänger zugestellt wird. Scheitert der Zugang dann daran, dass das Schreiben zunächst bei der Post hinterlegt und vom Empfänger nicht abgeholt wird, wird der Absender durch die Grundsätze über die Zugangsverhinderung geschützt. Allerdings sollte der Absender, wenn er mehrere Tage vor Fristablauf den Rückschein noch nicht erhalten hat, unbedingt im Internet oder durch Anruf (→ Rn. 84) überprüfen, dass zumindest schon ein Zustellversuch unternommen wurde, und den Empfänger, wenn er das Schreiben noch nicht abgeholt hat, nochmals separat und beweisbar zur Abholung auffordern oder die Erklärung nochmals auf anderem (beweisbaren!) Weg übermitteln. Denn sonst besteht die Gefahr, dass sich der Empfänger darauf beruft, nicht benachrichtigt worden zu sein, der Absender das Gegenteil nicht beweisen kann und deshalb die Grundsätze über die Zugangsverhinderung nicht eingreifen. Beim **Einwurf-Einschreiben** besteht dagegen eine hohe Wahrscheinlichkeit, dass es tatsächlich fristgerecht zugeht, dagegen ist der Zugang nur sehr eingeschränkt beweisbar.

II. Beweissichere Übermittlung durch Boten

Ein grundlegendes Problem bei jeder Form von Einschreibsendungen ist, dass nur der Zugang einer Ein- 90 schreibsendung dokumentiert wird, aber nichts über deren **Inhalt**. Wenn der Empfänger vorbringt, es habe sich nur um ein leeres oder mit einem anderen Schriftstück gefülltes Kuvert gehandelt, ist die Beweissituation des Absenders nicht besser als bei einem einfachen Brief.[141] In wirklich wichtigen Fällen, in denen die Bedeutung der Erklärung den Aufwand rechtfertigt, sollte daher der Zugang einer Erklärung auf einem sichereren Weg als durch Einschreiben erfolgen. In Betracht kommt eine Zustellung durch einen **Boten**, der das Schriftstück in den Briefkasten des Empfängers wirft oder diesem persönlich überreicht und hierüber später als Zeuge aussagen kann. Dabei sollte dem Boten das Schriftstück offen übergeben werden, damit er später auch bezeugen kann, dass es sich tatsächlich um die betreffende Erklärung gehandelt hat. Einen sicheren Weg bietet auch **§ 132**.

§ 131 Wirksamwerden gegenüber nicht voll Geschäftsfähigen

(1) Wird die Willenserklärung einem Geschäftsunfähigen gegenüber abgegeben, so wird sie nicht wirksam, bevor sie dem gesetzlichen Vertreter zugeht.

(2) ¹Das Gleiche gilt, wenn die Willenserklärung einer in der Geschäftsfähigkeit beschränkten Person gegenüber abgegeben wird. ²Bringt die Erklärung jedoch der in der Geschäftsfähigkeit beschränkten Person lediglich einen rechtlichen Vorteil oder hat der gesetzliche Vertreter seine Einwilligung erteilt, so wird die Erklärung in dem Zeitpunkt wirksam, in welchem sie ihr zugeht.

Literatur: *Boemke/Schönfelder*, Wirksamwerden von Willenserklärungen gegenüber nicht voll Geschäftsfähigen, JuS 2013, 7; *Hackenbroich*, Das Wirksamwerden von Willenserklärungen im System des Schutzes nicht voll Geschäftsfähiger, Jura 2019, 136.

A. Allgemeines	1		3. Ausnahmen	11
B. Regelungsgehalt	3		a) Rechtlich lediglich vorteilhafte Erklärungen (Abs. 2 S. 2 Alt. 1)	11
I. Anwendungsbereich	3			
II. Geschäftsunfähige (Abs. 1)	4		b) Einwilligung (Abs. 2 S. 2 Alt. 2)	15
1. Anwendungsbereich	4		c) Bei geschäftsfähigen Betreuten: Geringfügige Angelegenheiten des täglichen Lebens (§ 1903 Abs. 3 S. 2)	18
2. Rechtsfolgen	6			
III. Beschränkt Geschäftsfähige (Abs. 2)	9		IV. Beweislast	19
1. Anwendungsbereich	9		C. Weitere praktische Hinweise	20
2. Grundsatz	10			

---

140 *Saenger/Gregoritza* JuS 2001, 899 (902 f.). S. auch OLG Saarbrücken NJOZ 2008, 840 (848 f.); LAG Köln BeckRS 2010, 66142.

141 *Hohmeister* BB 1998, 1477.

A. Allgemeines

1 § 131 regelt das Wirksamwerden von Willenserklärungen gegenüber nicht voll Geschäftsfähigen. Es kann hier nicht genügen, dass der nicht voll Geschäftsfähige die Möglichkeit erlangt, von der Erklärung Kenntnis zu nehmen, denn die Kenntnisnahme ist nicht Selbstzweck, sondern soll dem Empfänger ermöglichen, sich auf die rechtlichen Folgen der Erklärung einzustellen und dementsprechend zu handeln. Dies ist nur bei voller Geschäftsfähigkeit gewährleistet. § 131 trifft daher für das Wirksamwerden von Willenserklärungen gegenüber nicht voll Geschäftsfähigen eine Regelung, die derjenigen für die **Abgabe von Willenserklärungen** durch nicht voll Geschäftsfähige ähnelt: Für Geschäftsunfähige kann nur der gesetzliche Vertreter Willenserklärungen abgeben (§ 105 Abs. 1), und Willenserklärungen, die ein Dritter einem Geschäftsunfähigen gegenüber abgibt, werden nur wirksam, wenn sie dem gesetzlichen Vertreter zugehen (Abs. 1). Beschränkt Geschäftsfähige können nur dann selbstständig eine Willenserklärung abgeben, wenn diese ihnen entweder rechtlich lediglich einen Vorteil bringt oder wenn der gesetzliche Vertreter eingewilligt hat (§ 107); die gleichen Voraussetzungen gelten nach Abs. 2 für das Wirksamwerden von Willenserklärungen gegenüber beschränkt Geschäftsfähigen.

2 **Keine Sonderregeln** finden sich in § 131 in Bezug auf das Wirksamwerden von Willenserklärungen gegenüber volljährigen Geschäftsunfähigen bei Geschäften des täglichen Lebens (vgl. § 105 a) sowie gegenüber beschränkt Geschäftsfähigen bei Geschäften iSv § 110 und im Fall der Genehmigung eines Vertrags durch den gesetzlichen Vertreter (vgl. § 108). Dies liegt daran, dass die Rechtsfolgen von §§ 105 a, 108 und 110[1] sich jeweils nicht nur auf die vom nicht voll Geschäftsfähigen abgegebene Willenserklärung beziehen, sondern auf den von ihm geschlossenen Vertrag (insbesondere zu § 108 → Rn. 17). Sofern diese Normen den Vertrag für wirksam erklären, stellt sich das Problem, ob die vom Vertragspartner gegenüber dem nicht voll Geschäftsfähigen abgegebene Willenserklärung wirksam wurde, nicht mehr, da deren Bedeutung allein in der Herbeiführung des Vertragsschlusses liegt.

B. Regelungsgehalt

I. Anwendungsbereich

3 § 131 gilt nur für **empfangsbedürftige Willenserklärungen**. Nicht empfangsbedürftige Willenserklärungen werden auch insofern mit ihrer Abgabe wirksam, als sie die Rechtsstellung nicht voll Geschäftsfähiger tangieren (wie zB eine Erbeinsetzung durch Testament).[2] Keine Rolle spielt, ob die Willenserklärung in Anwesenheit oder in Abwesenheit des nicht voll Geschäftsfähigen abgegeben wird. Entsprechend anwendbar ist § 131 auf **geschäftsähnliche Handlungen**.[3]

II. Geschäftsunfähige (Abs. 1)

4 **1. Anwendungsbereich.** **Geschäftsunfähig** sind Personen, die nicht das siebte Lebensjahr vollendet haben oder sich in einem nicht nur vorübergehenden, die freie Willensbestimmung ausschließenden Zustand krankhafter Störung der Geistestätigkeit befinden (§ 104). Nicht dagegen gilt Abs. 1 für Personen, die sich im Zustand der Bewusstlosigkeit oder **vorübergehenden Störung der Geistestätigkeit** befinden (§ 105 Abs. 2).[4] Denn sonst könnte ein derartiger Zustand bewusst herbeigeführt werden, um den (fristgerechten) Zugang einer Willenserklärung zu vereiteln. Eine Kündigung, die von der Post am letzten Tag der Kündigungsfrist in den Briefkasten des Arbeitnehmers oder Mieters geworfen wird, geht also auch dann rechtzeitig zu, wenn sich dieser in einem Vollrausch befindet, der bis Fristablauf anhält. Das Wirksamwerden nicht gespeicherter Erklärungen wird allerdings im Fall des § 105 Abs. 2 regelmäßig daran scheitern, dass die Erklärung schon nicht in den Machtbereich des Empfängers gelangt (→ § 130 Rn. 34 f.).

5 Abs. 1 bezieht sich nicht auf den Fall, dass eine Willenserklärung, die dem Geschäftsunfähigen gegenüber wirken soll, unmittelbar **gegenüber dem gesetzlichen Vertreter abgegeben** wird, denn dann stellt sich das Problem des Wirksamwerdens durch Zugang an den Geschäftsunfähigen gar nicht; es handelt sich um einen

---

1   § 110 stellt im Übrigen einen Unterfall von Abs. 2 S. 2 Alt. 2 dar, da in der Überlassung eine spezielle Form der konkludenten Einwilligung liegt, die auch den Zugang der Vertragserklärung an den beschränkt Geschäftsfähigen umfasst. AA *Leenen* BGB AT § 9 Rn. 41, 51 ff.

2   Motive I, S. 139; *Boemke/Schönfelder* JuS 2013, 7 (8); MüKoBGB/*Einsele* § 131 Rn. 1; Soergel/*Hefermehl* BGB § 131 Rn. 1.

3   BGHZ 47, 352 (357); *Boemke/Schönfelder* JuS 2013, 7 (8); Erman/*Arnold* BGB § 131 Rn. 1; MüKoBGB/ *Einsele* § 131 Rn. 1.

4   Prot. I, S. 72 f.; BeckOGK/*Gomille* BGB § 131 Rn. 13; *Boemke/Schönfelder* JuS 2013, 7 (10); MüKoBGB/*Einsele* § 131 Rn. 2; Soergel/*Hefermehl* BGB § 131 Rn. 2.

einfachen Fall der passiven Stellvertretung (§ 164 Abs. 1 und 3).[5] Es geht vielmehr um Erklärungen, die gegenüber dem Geschäftsunfähigen abgegeben werden, also an ihn selbst und nicht an den gesetzlichen Vertreter gerichtet sind.

2. Rechtsfolgen. Nach Abs. 1 wird eine Willenserklärung, die gegenüber einem Geschäftsunfähigen abgegeben wird, erst wirksam, wenn sie dem gesetzlichen Vertreter zugeht. Abs. 1 ist insofern von doppelter Bedeutung: Erstens ordnet er an, dass die Erklärung durch Zugang an den Geschäftsunfähigen nicht wirksam wird. Und zweitens stellt er klar, dass sie durch Zugang an den gesetzlichen Vertreter wirksam wird, obwohl sie ihm gegenüber nicht abgegeben wurde;[6] es handelt sich dabei um einen Anwendungsfall des allgemeinen Satzes, dass eine Erklärung stets auch gegenüber den Passivvertretern des Adressaten abgegeben wird (→ § 130 Rn. 21). Entgegen der hM wird also eine Erklärung, die gegenüber dem Geschäftsunfähigen abgegeben und von diesem (ohne Auftrag des Erklärenden) an seinen gesetzlichen Vertreter übermittelt wird, mit Zugang an den gesetzlichen Vertreter wirksam. Dabei ist der Geschäftsunfähige – entgegen der hM – keinesfalls **Empfangsbote** des gesetzlichen Vertreters, denn sonst würde er (in seiner Rolle als Vertretener) das Risiko tragen, dass er die Erklärung gar nicht oder entstellt an den gesetzlichen Vertreter übermittelt, und das würde der Wertung des Abs. 1 widersprechen, der eine Einwilligung des gesetzlichen Vertreters gerade nicht zulässt.[7]

Im Falle der **Gesamtvertretung** genügt es, wenn die Erklärung einem der Gesamtvertreter zugeht (allgemeiner Rechtsgrundsatz).[8] § 1629 Abs. 1 S. 2 Hs. 2 ordnet dies in Bezug auf die Eltern ausdrücklich an, formuliert dabei allerdings nicht exakt, da das Entscheidende nicht die Abgabe gegenüber nur einem Elternteil, sondern der Zugang an nur einen Elternteil ist.

Eine Erklärung, die dem gesetzlichen Vertreter nicht zugegangen ist, wird nicht dadurch wirksam, dass der Empfänger unbeschränkt geschäftsfähig wird.[9] Denn es kann nicht erwartet werden, dass sich der Empfänger zum Zeitpunkt des Eintritts der Geschäftsfähigkeit noch an die Erklärung erinnert und die nötigen Folgerungen daraus zieht. Es müssen also die Zugangsvoraussetzungen nach Eintritt der unbeschränkten Geschäftsfähigkeit verwirklicht sein. Dies ist der Fall, wenn nach Eintritt der unbeschränkten Geschäftsfähigkeit der Empfänger tatsächlich von der Erklärung Kenntnis nimmt (→ § 130 Rn. 24) oder zumindest ein Geschehensablauf in Gang gesetzt wird, nach dem er unter normalen Umständen von der sich schon in seinem Machtbereich befindenden Erklärung Kenntnis nehmen würde, etwa wenn er vom Erklärenden auf die – noch vorhandene – Erklärung hingewiesen wird.[10]

III. Beschränkt Geschäftsfähige (Abs. 2)

1. Anwendungsbereich. **Beschränkt geschäftsfähig** ist, wer das siebte, nicht aber das achtzehnte Lebensjahr vollendet hat (§§ 2, 106). Gleichgestellt sind (geschäftsfähige)[11] **Betreute**, soweit ein **Einwilligungsvorbehalt** angeordnet ist (§ 1903 Abs. 1 S. 2); auf sie wird im Folgenden nur dann eigens verwiesen, wenn Besonderheiten gelten. Soweit der beschränkt Geschäftsfähige gemäß **§§ 112, 113** voll geschäftsfähig ist, gilt Abs. 2 nicht.[12] Nicht einschlägig ist Abs. 2 auch, wenn die Erklärung, die gegenüber dem beschränkt Geschäftsfähigen abgegeben wird, nicht gegenüber ihm selbst wirken soll, sondern an ihn als **Passivvertreter** eines Dritten gerichtet wird (§ 165). Eine **Ausnahme** von Abs. 2 enthält § 109 Abs. 1 S. 2.

2. Grundsatz. Nach Abs. 2 S. 1 gilt für beschränkt Geschäftsfähige prinzipiell das Gleiche wie für Geschäftsunfähige: Die Willenserklärung eines Dritten entfaltet ihnen gegenüber nur Wirkung, wenn sie dem gesetzlichen Vertreter (bei Gesamtvertretung einem der Gesamtvertreter) zugeht, unabhängig davon, ob sie unmittelbar gegenüber dem gesetzlichen Vertreter abgegeben wurde oder ob sie gegenüber dem

6

7

8

9

10

---

5 Soergel/*Hefermehl* BGB § 131 Rn. 3; Staudinger/*Singer/Benedict* BGB § 131 Rn. 3.
6 LAG Hamm DB 1975, 407; BeckOGK/*Gomille*, BGB § 131 Rn. 10.1; *Boemke/Schönfelder* JuS 2013, 7 (9); Staudinger/*Singer/Benedict* BGB § 131 Rn. 3; *Wolf/Neuner* BGB AT § 34 Rn. 11, 59. AA BAG NJW 2011, 872 Rn. 20 ff.; NZA 2012, 495 Rn. 24; OLG Düsseldorf VersR 1961, 878; LG Berlin MDR 1982, 321; AG Meldorf NJW 1989, 2548; BeckOK BGB/*Wendtland* § 131 Rn. 4; Erman/*Arnold* BGB § 131 Rn. 3; MüKoBGB/*Einsele* § 131 Rn. 3; Palandt/*Ellenberger* BGB § 131 Rn. 2; Soergel/*Hefermehl* BGB § 131 Rn. 3.
7 BeckOGK/*Gomille* BGB § 131 Rn. 11; Staudinger/*Singer/Benedict* BGB § 131 Rn. 4. AA BeckOK BGB/*Wendtland* § 131 Rn. 4; *Boemke/Schönfelder* JuS 2013, 7 (11); Erman/*Arnold* BGB § 131 Rn. 3;

Flume BGB AT Bd. 2 § 14 3 g, S. 242; MüKoBGB/*Einsele* § 131 Rn. 3; Palandt/*Ellenberger* BGB § 131 Rn. 2; Soergel/*Hefermehl* BGB § 131 Rn. 3.
8 RGZ 53, 227 (230 f.); BGHZ 62, 166 (172 f.) = NJW 1974, 1194; Palandt/*Götz* BGB § 1797 Rn. 3 (für mehrere Vormünder).
9 BAG NJW 2011, 872 Rn. 39; BeckOGK/*Gomille* BGB § 131 Rn. 22.
10 *Boemke/Schönfelder* JuS 2013, 7 (11 f.).
11 BeckOK BGB/*Müller-Engels* § 1903 Rn. 21; MüKoBGB/*Schwab* § 1903 Rn. 60; Palandt/*Götz* BGB § 1903 Rn. 10; Soergel/*Zimmermann* BGB § 1903 Rn. 13.
12 BeckOGK/*Gomille* BGB § 131 Rn. 15; MüKoBGB/*Einsele* § 131 Rn. 7; Soergel/*Hefermehl* BGB § 131 Rn. 7.

beschränkt Geschäftsfähigen abgegeben wurde und dann dem gesetzlichen Vertreter zugeht. Anders als ein Geschäftsunfähiger (→ Rn. 6) kann jedoch ein beschränkt Geschäftsfähiger in Bezug auf ihn betreffende Willenserklärungen vom gesetzlichen Vertreter zum **Empfangsboten** bestellt werden; denn Abs. 2 S. 2 lässt sogar zu, dass der gesetzliche Vertreter in den Zugang nur an den beschränkt Geschäftsfähigen einwilligt.[13]

11   **3. Ausnahmen. a) Rechtlich lediglich vorteilhafte Erklärungen (Abs. 2 S. 2 Alt. 1).** Erklärungen, die dem beschränkt Geschäftsfähigen rechtlich lediglich einen Vorteil bringen, werden durch Zugang an ihn selbst wirksam. Diese Regelung entspricht spiegelbildlich § 107, nach dem der beschränkt Geschäftsfähige Erklärungen, durch die er rechtlich lediglich einen Vorteil erlangt, selbstständig abgeben kann. Wie § 107 ist auch Abs. 2 S. 2 Alt. 1 auf **rechtlich neutrale Erklärungen** zu erstrecken, also auf solche, die dem beschränkt Geschäftsfähigen rechtlich weder einen Vorteil noch einen Nachteil bringen.[14]

12   Rechtlich nur einen Vorteil bringt dem beschränkt Geschäftsfähigen namentlich das Wirksamwerden eines ihm gegenüber abgegebenen **Vertragsantrags**, und zwar unabhängig vom Inhalt dieses Vertragsantrags.[15] Denn durch dieses Wirksamwerden erweitert sich lediglich der Handlungsspielraum des beschränkt Geschäftsfähigen; gebunden wird er in keiner Weise: Wenn er will, kann er (unter Mitwirkung des gesetzlichen Vertreters) den Antrag annehmen, er muss es aber nicht. Will er nicht, kann er einfach untätig bleiben (vgl. § 146 Alt. 2).

13   Anders verhält es sich dagegen mit dem Zugang einer **Annahmeerklärung**, nachdem der beschränkt Geschäftsfähige oder sein gesetzlicher Vertreter einen **wirksamen Antrag** gemacht hat. Denn in diesem Fall führt der Zugang und damit das Wirksamwerden (§ 130 Abs. 1 S. 1) der Annahme unmittelbar zum Entstehen der vertraglichen Bindung. Ob diese vertragliche Bindung dem beschränkt Geschäftsfähigen einen rechtlichen Nachteil bringt, hängt vom Vertragsinhalt ab; s. insofern die Kommentierung zu § 107.

14   Hat der beschränkt Geschäftsfähige den **Antrag selbst abgegeben, ohne dass die Voraussetzungen von § 107 vorliegen**, wird der beschränkt Geschäftsfähige durch das Wirksamwerden der Annahme nicht gebunden; selbst wenn die Annahme wirksam ist, hängt die Wirksamkeit des Vertrags nach § 108 Abs. 1 von der Genehmigung des gesetzlichen Vertreters ab. Das Wirksamwerden der Annahme ist für den beschränkt Geschäftsfähigen daher keinesfalls rechtlich nachteilig, so dass die Annahme analog Abs. 2 S. 2 Alt. 1 (→ Rn. 11) durch Zugang an ihn selbst wirksam wird.[16]

15   **b) Einwilligung (Abs. 2 S. 2 Alt. 2).** Durch Zugang an einen beschränkt Geschäftsfähigen wird eine ihm gegenüber abgegebene, für ihn rechtlich nachteilige (denn sonst greift schon Abs. 2 S. 2 Alt. 1 ein) Willenserklärung wirksam, wenn der gesetzliche Vertreter eingewilligt hat. Die **Einwilligung** – also die vorherige Zustimmung (§ 183 S. 1) – muss sich auf den Zugang der Erklärung an den beschränkt Geschäftsfähigen beziehen. Falls nicht besondere Anhaltspunkte vorliegen, ist anzunehmen, dass eine Einwilligung des gesetzlichen Vertreters zum Abschluss eines Vertrags sich nicht nur auf die Abgabe der Willenserklärung des beschränkt Geschäftsfähigen bezieht, sondern auch auf den Zugang der Annahme des Vertragspartners (zum Antrag → Rn. 12) an den beschränkt Geschäftsfähigen; nicht dagegen umfasst sie normalerweise Erklärungen im Rahmen der Abwicklung des Vertrags (etwa eine Mahnung gegenüber dem beschränkt Geschäftsfähigen).[17] Im Falle der **Gesamtvertretung**, namentlich durch die Eltern (§ 1629 Abs. 1 S. 2 Hs. 1), muss die Einwilligung durch sämtliche Gesamtvertreter erteilt werden.[18] Dass der Zugang einer für den beschränkt Geschäftsfähigen bestimmten Willenserklärung an einen der Gesamtvertreter genügt (→ Rn. 7, 10), ändert hieran nichts, denn in diesem Fall ist die Information immerhin eines der Gesamtvertreter gewährleistet, während es bei der Einwilligung um eine Erweiterung der Rechtsmacht des beschränkt Geschäftsfähigen geht.

16   Die Möglichkeit, den Zugang einer Willenserklärung an den beschränkt Geschäftsfähigen zu **genehmigen**, ihm also nachträglich zuzustimmen (§ 184 Abs. 1), sieht das Gesetz nicht vor. Eine Analogie etwa zu §§ 108, 177, 1366, 1829 scheidet aus, da der Gesetzgeber Abs. 2 S. 2 aus Gründen der Rechtssicherheit bewusst anders ausgestaltet hat und deshalb keine Regelungslücke vorliegt.[19] **Einseitige Rechtsgeschäfte**

---

13 AA BeckOGK/*Gomille* BGB § 131 Rn. 11.

14 BeckOGK/*Gomille* BGB § 131 Rn. 17; *Boemke/Schönfelder* JuS 2013, 7 (10); Erman/*Arnold* BGB § 131 Rn. 5; MüKoBGB/*Einsele* § 131 Rn. 5; Soergel/*Hefermehl* BGB § 131 Rn. 5; Staudinger/*Singer/Benedict* BGB § 131 Rn. 5.

15 BeckOGK/*Gomille* BGB § 131 Rn. 17; *Boemke/Schönfelder* JuS 2013, 7 (10); Erman/*Arnold* BGB § 131 Rn. 5; MüKoBGB/*Einsele* § 131 Rn. 5; Soergel/*Hefermehl* BGB § 131 Rn. 5.

16 *Hackenbroich* Jura 2019, 136 (140); Staudinger/*Singer/Benedict* BGB § 131 Rn. 7.

17 BGHZ 47, 352 (359 f.); BeckOGK/*Gomille* BGB § 131 Rn. 18; *Boemke/Schönfelder* JuS 2013, 7 (10); Erman/*Arnold* BGB § 131 Rn. 7; MüKoBGB/*Einsele* § 131 Rn. 6; Soergel/*Hefermehl* BGB § 131 Rn. 6; Staudinger/*Singer/Benedict* BGB § 131 Rn. 5.

18 BeckOGK/*Gomille* BGB § 131 Rn. 16.

19 Motive I, S. 140; BGHZ 47, 352 (358); BeckOGK/*Gomille* BGB § 131 Rn. 20; *Boemke/Schönfelder* JuS 2013, 7 (10); Erman/*Arnold* BGB § 131 Rn. 6; MüKoBGB/*Einsele* § 131 Rn. 6; Soergel/*Hefermehl* BGB § 131 Rn. 6; Staudinger/*Singer/Benedict* BGB § 131 Rn. 6.

(wie eine Kündigung, ein Rücktritt, eine Anfechtung, eine Aufrechnung), die gegenüber einem beschränkt Geschäftsfähigen vorgenommen werden, werden – soweit Abs. 2 S. 2 nicht eingreift – daher erst wirksam, sobald die entsprechende Erklärung dem gesetzlichen Vertreter zugeht, etwa weil der beschränkt Geschäftsfähige sie an ihn weiterleitet. Die Möglichkeit, den Zeitpunkt des Wirksamwerdens durch Genehmigung auf den Zeitpunkt des Zugangs an den beschränkt Geschäftsfähigen zurückzuverlagern, besteht nicht.

Für den **Abschluss von Verträgen** gilt dies allerdings nicht.[20] Denn § 108 deckt den Fall der fehlenden Einwilligung iSv Abs. 2 S. 2 sowohl von seinem Tatbestand als auch von seiner Rechtsfolge her ab. Für den Abschluss eines Vertrags durch einen beschränkt Geschäftsfähige ist die Einwilligung eben nicht nur hinsichtlich der vom beschränkt Geschäftsfähigen abgegebenen Willenserklärung erforderlich (§ 107), sondern auch hinsichtlich des Zugangs der Willenserklärung des Vertragspartners (Abs. 2 S. 2). Und §§ 108 Abs. 1, 184 Abs. 1 ordnen für den Fall der Genehmigung nicht nur die rückwirkende Wirksamkeit der vom beschränkt Geschäftsfähigen abgegebenen Willenserklärung an, sondern diejenige des Vertrags. Die isolierte Frage der Wirksamkeit der Annahmeerklärung des Dritten stellt sich damit gar nicht mehr (s. schon → Rn. 2). **17**

c) Bei geschäftsfähigen Betreuten: Geringfügige Angelegenheiten des täglichen Lebens (§ 1903 Abs. 3 S. 2). Nach § 1903 Abs. 3 S. 2 bedarf ein Betreuter, für den ein Einwilligungsvorbehalt angeordnet ist, in Ermangelung einer anderweitigen Anordnung für solche Willenserklärungen keiner Einwilligung, die eine geringfügige Angelegenheit des täglichen Lebens betreffen. Dies gilt nicht nur für die Abgabe, sondern auch für den Empfang von Willenserklärungen.[21] Zum Begriff der geringfügigen Angelegenheiten des täglichen Lebens s. die Kommentierung zu § 1903. **18**

IV. Beweislast

Wer sich darauf beruft, dass der Empfänger einer Willenserklärung zum Zeitpunkt des Zugangs an ihn nicht voll geschäftsfähig war und deshalb § 131 eingreift, trägt insofern die Beweislast.[22] Der Zugang der Erklärung an den gesetzlichen Vertreter oder dessen Einwilligung in den Zugang an den beschränkt Geschäftsfähigen ist von demjenigen zu beweisen, der sich darauf beruft. **19**

C. Weitere praktische Hinweise

Wenn eine Willenserklärung abgegeben werden soll, die gegenüber einem nicht voll Geschäftsfähigen wirken soll, empfiehlt es sich, sie **unmittelbar an den gesetzlichen Vertreter**, bei Gesamtvertretung an einen der gesetzlichen Vertreter zu richten. Denn wird sie an den nicht voll Geschäftsfähigen selbst gerichtet, führt nach hM auch der spätere Zugang an den gesetzlichen Vertreter nicht zum Wirksamwerden; nach der hier vertretenen Ansicht trägt der Erklärende das Risiko, dass der nicht voll Geschäftsfähige die Erklärung nicht oder inhaltlich unrichtig an den gesetzlichen Vertreter weiterleitet (→ Rn. 6, 10). Ist unklar, ob der Empfänger der Erklärung schon volljährig ist, sollte vorsichtshalber die Erklärung sowohl ihm gegenüber als auch dem eventuellen gesetzlichen Vertreter gegenüber abgegeben werden, und zwar mittels getrennter Briefe. **20**

§ 132 Ersatz des Zugehens durch Zustellung

(1) ¹Eine Willenserklärung gilt auch dann als zugegangen, wenn sie durch Vermittlung eines Gerichtsvollziehers zugestellt worden ist. ²Die Zustellung erfolgt nach den Vorschriften der Zivilprozessordnung.

(2) ¹Befindet sich der Erklärende über die Person desjenigen, welchem gegenüber die Erklärung abzugeben ist, in einer nicht auf Fahrlässigkeit beruhenden Unkenntnis oder ist der Aufenthalt dieser Person unbekannt, so kann die Zustellung nach den für die öffentliche Zustellung geltenden Vorschriften der Zivilprozessordnung erfolgen. ²Zuständig für die Bewilligung ist im ersteren Falle das Amtsgericht, in dessen Bezirk der Erklärende seinen Wohnsitz oder in Ermangelung eines inländischen Wohnsitzes seinen Aufenthalt hat, im letzteren Falle das Amtsgericht, in dessen Bezirk die Per-

---

20 Motive I, S. 140; BGHZ 47, 352 (358); *Boemke/ Schönfelder* JuS 2013, 7 (10); Erman/*Arnold* BGB § 131 Rn. 6; MüKoBGB/*Einsele* § 131 Rn. 6; Palandt/*Ellenberger* BGB § 131 Rn. 3. Für nur ana-

loge Anwendung von § 108 Soergel/*Hefermehl* BGB § 131 Rn. 6.
21 MüKoBGB/*Schwab* § 1903 Rn. 49.
22 BAG NJW 2010, 2681 Rn. 17; *Boemke/Schönfelder* JuS 2013, 7 (8).

son, welcher zuzustellen ist, den letzten Wohnsitz oder in Ermangelung eines inländischen Wohnsitzes den letzten Aufenthalt hatte.

A. Allgemeines ....　1　　II. Öffentliche Zustellung (Abs. 2) ....　9
B. Regelungsgehalt ....　3　　C. Weitere praktische Hinweise ....　13
　I. Förmliche Zustellung (Abs. 1) ....　3

A. Allgemeines

1　§ 132 bietet zwei Möglichkeiten, den Zugang einer Willenserklärung zu ersetzen: Abs. 1 erlaubt eine Ersetzung durch **förmliche Zustellung** nach den Regeln der ZPO, Abs. 2 eine **öffentliche Zustellung**, wenn der Erklärende die Person des Empfängers unverschuldet nicht kennt oder wenn der Aufenthalt des Empfängers unbekannt ist. Auf die Zugangsvoraussetzungen kommt es in diesen Fällen nicht an. Die Norm hilft deshalb weiter, wenn es nicht möglich ist, die Erklärung in den Machtbereich des Empfängers zu bringen, und auch die Voraussetzungen einer Zugangsvereitelung (→ § 130 Rn. 66 ff.) nicht vorliegen; sie macht das Wirksamwerden der Erklärung **vom Verhalten des Empfängers unabhängig**. Selbst wenn ein Zugang herbeigeführt werden kann, bietet eine förmliche Zustellung Vorteile, da sie einen sicheren **Beweis** sowohl des Wirksamwerdens als auch der Art des zugestellten Schriftstücks[1] vermittelt (→ § 130 Rn. 83 ff.).

2　Die Norm hilft allerdings nichts, wenn das Gesetz Rechtsfolgen nicht an die Wirksamkeit einer Erklärung, sondern an die **Kenntnis** des Inhalts der Erklärung knüpft. Denn da der Zugang nur die zu erwartende – nicht die tatsächliche – Kenntnisnahme erfordert (→ § 130 Rn. 22), führen die Zugangssurrogate des § 132 nicht zu einer Fiktion der Kenntnis.[2]

B. Regelungsgehalt

I. Förmliche Zustellung (Abs. 1)

3　Nach Abs. 1 kann der Zugang einer Erklärung dadurch ersetzt werden, dass sie durch Vermittlung eines Gerichtsvollziehers nach den Vorschriften der ZPO zugestellt wird; **„Zustellung"** ist in § 166 Abs. 1 ZPO legaldefiniert als „die Bekanntgabe eines Dokuments an eine Person in der in diesem Titel [der ZPO] bestimmten Form".

4　Der **Adressat** und die **Form** der zuzustellenden Erklärung (→ § 130 Rn. 16) richten sich nach materiellem Recht;[3] §§ 170–172 ZPO gelten nicht.[4]

5　Die Zustellung muss durch Vermittlung eines **Gerichtsvollziehers** (§ 154 GVG) erfolgen. Es handelt sich dabei um eine Zustellung auf Betreiben der Parteien iSv §§ 191 ff. ZPO. Da die Mitwirkung eines Gerichtsvollziehers unabdingbare Voraussetzung des Abs. 1 ist,[5] führt eine Zustellung von Anwalt zu Anwalt (§ 195 ZPO) nicht zur Fiktion des Zugangs nach Abs. 1.[6] Bei **Prozessbürgschaften** wird allerdings verbreitet eine Zustellung von Anwalt zu Anwalt als ausreichend angesehen.[7] Nach hM kann der Gerichtsvollzieher nicht gemäß §§ 183 Abs. 2 S. 2, 191 ZPO durch Einschreiben mit Rückschein im **Ausland** zustellen.[8]

6　Der Gerichtsvollzieher kann die Zustellung **selbst ausführen** (§ 193 ZPO) oder die **Post** beauftragen (§§ 193 Abs. 1 S. 2, 194 ZPO). Die Zustellung erfolgt nach §§ 177, 191 ZPO; auch eine Ersatzzustellung nach §§ 178–181, 191 ZPO ist möglich, nicht dagegen eine Zustellung gegen Empfangsbekenntnis (§ 174 ZPO) oder durch Einschreiben mit Rückschein (§ 175 ZPO),[9] die der Geschäftsstelle vorbehalten sind (vgl. § 168 Abs. 1 S. 1 ZPO). Problematisch ist, dass nach §§ 180 S. 2, 181 Abs. 1 S. 4 ZPO ein Schriftstück mit

1　BGHZ 36, 201 (206) = NJW 1962, 736.

2　RGZ 87, 412 (417 f.); BeckOK BGB/*Wendtland* § 132 Rn. 1; Erman/*Arnold* BGB § 132 Rn. 1; MüKo-BGB/*Einsele* § 132 Rn. 1.

3　BGHZ 36, 201 (206 f.); BGH NJW 1981, 2299 (2300); BeckOGK/*Gomille* BGB § 132 Rn. 10; BeckOK BGB/*Wendtland* § 132 Rn. 5; MüKoBGB/ *Einsele* § 132 Rn. 4; Soergel/*Hefermehl* BGB § 132 Rn. 2.

4　Vgl. MüKoBGB/*Einsele* § 132 Rn. 4; Soergel/*Hefermehl* BGB § 132 Rn. 2. AA Palandt/*Ellenberger* BGB § 132 Rn. 1.

5　BGHZ 67, 271 (277) = NJW 1977, 194 (195).

6　BeckOGK/*Gomille* BGB § 132 Rn. 8; BeckOK BGB/ *Wendtland* § 132 Rn. 4; Soergel/*Hefermehl* BGB § 132 Rn. 2.

7　LG Augsburg NJW-RR 1998, 1368 (1369); LG Mannheim WM 2009, 1976; Thomas/Putzo/*Hüßtege* ZPO § 108 Rn. 11; Zöller/*Herget* ZPO § 108 Rn. 11. AA LG Lübeck IBRRS 64771; Stein/Jonas/ *Muthorst* ZPO § 108 Rn. 32.

8　BeckOGK/*Gomille* BGB § 132 Rn. 9; BeckOK BGB/ *Wendtland* § 132 Rn. 4; *Hornung* Rpfleger 2002, 493 (502); MüKoZPO/*Häublein* § 191 Rn. 3, § 192 Rn. 2; Soergel/*Hefermehl* BGB § 132 Rn. 4. AA *Möller* NJW 2003, 1571 ff.

9　BeckOGK/*Gomille* BGB § 132 Rn. 9; Erman/*Arnold* BGB § 132 Rn. 2; *Wunsch* JuS 2003, 276 (280); Zöller/*Schultzky* ZPO § 192 Rn. 4. AA *Möller* NJW 2003, 1571 ff.

der Einlegung in den Briefkasten oder der Abgabe einer schriftlichen Mitteilung über die Niederlegung als zugestellt gilt, ohne dass es darauf ankommt, ob der Empfänger von dem Schriftstück schon Kenntnis nehmen kann. Zum Schutz des Empfängers und um einen Widerspruch zum allgemeinen Zugangsbegriff zu vermeiden, ist anzunehmen, dass diese Normen, die erst am 1.7.2002 durch das ZustRG eingeführt wurden, für den Zugang iSd BGB nicht gelten; Abs. 1 ist entsprechend teleologisch zu reduzieren. Auch im Fall einer Ersatzzustellung durch Einlegen in den Briefkasten (§ 180 ZPO) oder durch Niederlegung (§ 181 ZPO) geht die Erklärung daher erst zu, wenn der Empfänger unter gewöhnlichen Verhältnissen von ihr Kenntnis nehmen würde.[10]

Nach hM findet § 189 ZPO Anwendung, nach dem Zustellungsmängel durch tatsächlichen Zugang **geheilt** werden.[11] Da § 189 ZPO jedoch tatsächlichen Zugang an den Empfänger verlangt, ist nicht ersichtlich, was die Norm im Rahmen von Abs. 1 bringen soll. Denn in den Fällen des Abs. 1 liegt der Sinn der Zustellung ja gerade darin, ein Wirksamwerden der Erklärung zu bewirken, wenn sich der Zugang nicht bewerkstelligen lässt.[12]   **7**

Soll durch die Erklärung eine Frist gewahrt werden oder die Verjährung neu beginnen oder nach § 204 gehemmt werden, so ist umstritten, ob die Zustellung nach § 167 ZPO **Rückwirkung** entfaltet, obwohl der Erklärende hier nicht zwingend auf die Mitwirkung der Justiz angewiesen ist.[13]   **8**

II. Öffentliche Zustellung (Abs. 2)

Eine öffentliche Zustellung kann erfolgen bei **unverschuldeter Unkenntnis über die Person des Erklärungsgegners** (zB wenn der ursprüngliche Erklärungsgegner verstorben ist und die Erben unbekannt sind) oder wenn der **Aufenthalt des Erklärungsgegners unbekannt** ist (vgl. § 185 Nr. 1 ZPO). Damit Letzteres der Fall ist, muss der Aufenthalt allgemein, nicht nur dem Erklärenden, unbekannt sein. Normalerweise ist eine ergebnislose Auskunft beim zuständigen Einwohnermeldeamt oder der Gemeindeverwaltung und der zuletzt zuständigen Postfiliale zu verlangen.[14]   **9**

Umstritten ist, ob die öffentliche Zustellung wirksam ist, wenn sie **mit unzutreffenden Angaben erschlichen** wurde. Die Rechtsprechung hat das ursprünglich bejaht,[15] die Berufung auf die öffentlich zugestellte Erklärung aber für rechtsmissbräuchlich (§ 242) gehalten, wenn der Erklärende wusste, dass die Voraussetzungen für eine öffentliche Zustellung nicht vorlagen.[16] Mittlerweile hält der BGH in Anlehnung an das BVerfG die öffentliche Zustellung zumindest dann für unwirksam, wenn das Fehlen der Zustellungsvoraussetzungen für das Gericht ersichtlich war. Begründet wird das mit dem Anspruch auf rechtliches Gehör (Art. 103 Abs. 1 GG).[17] Bei Zustellungen nach Abs. 2, die ja außerhalb eines gerichtlichen Verfahrens erfolgen, ist dieser Gesichtspunkt jedoch nicht einschlägig. Aus Gründen der Rechtssicherheit sollte man deshalb die Wirksamkeit der Zustellung annehmen[18] und nur im Einzelfall den Rechtsmissbrauchseinwand zulassen.   **10**

Die öffentliche Zustellung muss **vom Gericht bewilligt** werden. **Zuständig** ist nach Abs. 2 S. 2 bei Zustellung infolge Unbekanntheit der Person das Amtsgericht, in dessen Bezirk der Erklärende seinen Wohnsitz oder hilfsweise seinen Aufenthalt hat, bei Zustellung infolge Unbekanntheit des Aufenthalts das Amtsgericht, in dessen Bezirk der Empfänger seinen letzten Wohnsitz oder hilfsweise Aufenthalt hatte. Gegen die **Ablehnung der öffentlichen Zustellung** ist sofortige Beschwerde nach § 567 Abs. 1 Nr. 2 ZPO zulässig.   **11**

Die Zustellung erfolgt nach § 186 Abs. 2 S. 1 ZPO durch **Aushang einer Benachrichtigung** an der Gerichtstafel oder durch Einstellung in ein elektronisches Informationssystem, das im Gericht öffentlich   **12**

---

10   Ähnlich Stein/Jonas/*Roth* ZPO § 180 Rn. 2, nach dem die Wirkung des § 180 S. 2 ZPO erst eintritt, wenn üblicherweise mit der Leerung des Briefkastens gerechnet werden kann.

11   BGH NJW 1967, 823 (824); BeckOK BGB/*Wendtland* § 132 Rn. 8; Erman/*Arnold* BGB § 132 Rn. 2; MüKoBGB/*Einsele* § 132 Rn. 5; Palandt/*Ellenberger* BGB § 132 Rn. 2; Soergel/*Hefermehl* BGB § 132 Rn. 2. AA BGHZ 36, 201 (207) = NJW 1962, 736.

12   BeckOGK/*Gomille* BGB § 132 Rn. 16.

13   Dafür BGHZ 177, 319 Rn. 20 ff. = NJW 2009, 765; Zöller/*Greger* ZPO § 167 Rn. 3 a; BeckOK BGB/*Wendtland* § 132 Rn. 9 (für Abs. 2); Thomas/Putzo/*Hüßtege* ZPO § 167 Rn. 4. Dagegen LG Nürnberg-Fürth MDR 2006, 413 f.; BeckOGK/*Gomille* BGB § 132 Rn. 23; Stein/Jonas/*Roth* ZPO § 167 Rn. 3; Staudinger/*Singer/Benedict* BGB § 132 Rn. 6. Differenzierend MüKoZPO/*Häublein* § 167 Rn. 5.

14   Vgl. OLG Köln NJW-RR 1998, 1683 (1684); LG Berlin NJW-RR 1991, 1152; Staudinger/*Singer/Benedict* BGB § 132 Rn. 9 (als Minimum).

15   Dafür BGHZ 57, 108 (110 f.) = NJW 1971, 2226; BGHZ 64, 5 (8) = NJW 1975, 827. Ebenso BeckOK BGB/*Wendtland* § 132 Rn. 9; MüKoBGB/*Einsele* § 132 Rn. 7; Soergel/*Hefermehl* BGB § 132 Rn. 5.

16   BGHZ 64, 5 (8 ff.) = NJW 1975, 827; BGHZ 118, 45 (48) = NJW 1992, 2280 (2281); BeckOK BGB/*Wendtland* § 132 Rn. 9; MüKoBGB/*Einsele* § 132 Rn. 7; Soergel/*Hefermehl* BGB § 132 Rn. 5.

17   BVerfG NJW 1988, 2361; BGHZ 149, 311 ff. = NJW 2002, 827 ff. Zweifelnd schon BGHZ 118, 45 (47 f.) = NJW 1992, 2280 f.

18   Staudinger/*Singer/Benedict* BGB § 132 Rn. 11. AA KG NJW-RR 2006, 1380 (1381); Erman/*Arnold* BGB § 132 Rn. 4.

zugänglich ist; zusätzlich kann die Veröffentlichung der Benachrichtigung nach § 186 Abs. 2 S. 2 ZPO oder nach § 187 ZPO angeordnet werden. Die Zustellung gilt mangels anderer Festlegung durch das Gericht als erfolgt, wenn seit dem Aushang oder der Einstellung der Benachrichtigung **ein Monat** vergangen ist (§ 188 ZPO). Zur Frage der **Rückwirkung der Zustellung** nach § 167 ZPO → Rn. 8.

C. Weitere praktische Hinweise

13   Die Zustellung nach Abs. 1 ist das **sicherste Mittel**, das Wirksamwerden einer Willenserklärung sowohl zu erreichen als auch beweisen zu können. Großer Vorteil ist, dass der Erklärende eine **öffentliche Urkunde** (§ 418 ZPO) über die Zustellung erlangt (§§ 182 Abs. 1 S. 2, 191, 193 Abs. 3 ZPO), die nicht nur vollen Beweis hinsichtlich der Zustellung (irgend-)eines Schriftstücks erbringt, sondern hinsichtlich der **Zustellung der konkreten Erklärung**, da der Gerichtsvollzieher die Zustellung entweder auf der Urschrift des zuzustellenden Schriftstücks oder auf einem mit dieser zu verbindenden Vordruck beurkundet (§ 193 Abs. 1 S. 1 ZPO) und die Urschrift (ggf. mit dem ausgefüllten Vordruck) dem Auftraggeber zuleitet (§ 193 Abs. 3 ZPO); bei Ausführung der Zustellung durch die Post wird die Urschrift mit dem Postübergabezeugnis verbunden (§ 194 Abs. 1 S. 2 ZPO) und dadurch der Beweis ermöglicht, welches Schriftstück zugestellt wurde.

14   Nachteil der Zustellung gemäß Abs. 1 ist erstens, dass sie **nicht so schnell** erfolgen kann wie die Zusendung eines Einschreibbriefs; insofern bieten dem Erklärenden §§ 167, 191 ZPO Schutz, deren Anwendbarkeit allerdings umstritten ist (→ Rn. 8).

15   Nachteil sind ferner die relativ hohen **Kosten**. Gemäß GV-KV 100–101 kostet eine Zustellung durch den Gerichtsvollzieher persönlich 10 EUR, eine sonstige Zustellung 3 EUR. Die Beglaubigung oder Herstellung der zuzustellenden Abschrift (§ 192 Abs. 2 S. 2 ZPO) kostet je 0,50 EUR für die ersten 50 Seiten und 0,15 EUR für jede weitere Seite (GV-KV 102, 700). Hinzu kommen die Auslagen insbesondere nach GV-KV 701 (Entgelte für Zustellungen mit Zustellungsurkunde), 702 (Kosten, die durch öffentliche Bekanntmachung entstehen), 710 (Pauschale für die Benutzung von eigenen Beförderungsmitteln), 711 (Wegegeld; nicht bei sonstiger Zustellung), 716 (Pauschale für sonstige bare Auslagen, 3 EUR bis 10 EUR). Die Post verlangt für die Ausführung eines Postzustellungsauftrags (§ 194 ZPO) zurzeit 4,11 EUR, die dem Gerichtsvollzieher nach GV-KV 701 zu ersetzen sind. Angesichts dieser Kosten ist zu überlegen, ob eine Zustellung durch Boten (→ § 130 Rn. 90) billiger ist. Keinesfalls sollte ohne sorgfältige Abwägung zur Kostenersparnis statt einer Zustellung nach Abs. 1 eine Übermittlung per Einschreiben gewählt werden (s. zu den Risiken → § 130 Rn. 83 ff.).

16   Ein **Rechtsanwalt** hat durch Auswahl der Versendungsart dafür zu sorgen, dass der Zugang einer empfangsbedürftigen Erklärung nachgewiesen werden kann. Von mehreren in Betracht kommenden Möglichkeiten hat er regelmäßig diejenige zu wählen, welche Nachteile am wahrscheinlichsten vermeidet.[19] Verletzt er diese Pflicht, haftet er gemäß § 280 Abs. 1.

§ 133 Auslegung einer Willenserklärung

Bei der Auslegung einer Willenserklärung ist der wirkliche Wille zu erforschen und nicht an dem buchstäblichen Sinne des Ausdrucks zu haften.

Literatur: *Betti*, Allgemeine Auslegungslehre als Methode der Geisteswissenschaft, 1967; *Biehl*, Grundsätze der Vertragsauslegung, JuS 2010, 195; *Braun*, Die objektive Auslegung des Insolvenzplans, NZI 2019, 526; *Brox*, Der Bundesgerichtshof und die Andeutungstheorie, JA 1984, 761; *Bydlinski*, Juristische Methodenlehre und Rechtsbegriff, 2. Auflage 1991; *Flume*, Testamentsauslegung bei Falschbezeichnung, NJW 1983, 2007; *Greiner*, Die Auslegung empfangsbedürftiger Willenserklärungen zwischen „Normativität" und subjektivem Empfängerhorizont, AcP 217 (2017), 492; *Grunewald*, Die Auslegung von Gesellschaftsverträgen und Satzungen, ZGR 1995, 68; *Grunewald*, Gesellschaftsrecht, 10. Auflage 2017; *Hager*, Gesetzes- und sittenkonforme Auslegung und Aufrechterhaltung von Rechtsgeschäften, 1983; *Hellwege*, Handelsbrauch und Verkehrssitte, AcP 214 (2014), 853; *Honsell*, Die rhetorischen Wurzeln der juristischen Auslegung, ZfPW 2016, 106; *Kötz*, Vertragsauslegung – eine rechtsvergleichende Skizze, in: FS Zeuner 1994, S. 219; *Krüper* (Hrsg.), Grundlagen des Rechts, 2. Aufl. 2013; *Larenz*, Die Methode der Auslegung des Rechtsgeschäfts, 1930, Nachdruck 1966; *Looschelders*, Das allgemeine Vertragsrecht des Common European Sales Law, AcP 212 (2012), 581; *Looschelders/Roth*, Juristische Methodik im Prozess der Rechtsanwendung, 1996; *Lüderitz*, Auslegung von Rechtsgeschäften, 1966; *May*, Auslegung individueller Willenserklärungen durch das Revisionsgericht?, NJW 1983, 980; *Medicus*, Vertragsauslegung und Geschäftsgrundlage, in: FS Flume Bd. I 1978, S. 629; *Mittelstädt*, Die Auslegung empfangsbedürftiger Willenserklärungen, 2016; *ders.*, Falsa demonstratio: Und sie schadet doch! Eine Kritik der natürlichen Auslegung empfangsbedürftiger Willenserklärungen, ZfPW 2017, 175; *Muthorst*, Auslegung: Eine Einführung, JA 2013, 721; *Neuner*, Vertragsauslegung – Vertragsergänzung – Vertragskorrektur, in: FS Canaris Bd. I 2007, S. 901; *Olzen/Looschelders*, Erbrecht, 6. Auflage 2020; *Petersen*, Die Auslegung von Rechtsgeschäften, Jura 2004, 536; *Roth*, Testamentsauslegung mit Umständen

---

19   OLG Nürnberg NJW-RR 1991, 414 f.

außerhalb der Testamentsurkunde, NJW-Spezial 2019, 423; *Rüthers/Fischer/Birk*, Rechtstheorie, 10. Auflage 2018; *Schäfer*, Die Revisibilität der Vertragsauslegung nach der ZPO-Reform, NJW 2007, 3463; *Schaub*, Auslegung und Regelungsmacht von Tarifverträgen, NZA 1994, 597; *Scherer*, Die Auslegung von Willenserklärungen „klaren und eindeutigen" Wortlauts, Jura 1988, 302; *Schimmel*, Zur Auslegung von Willenserklärungen, JA 1998, 979; *ders.*, Zur ergänzenden Auslegung von Verträgen, JA 2001, 339; *Schmidt-Kessel* (Hrsg.), Der Entwurf für ein Gemeinsames Europäisches Kaufrecht, 2014; *Smid*, Probleme bei der Auslegung letztwilliger Verfügungen, JuS 1987, 283; *Stöhr*, Der objektive Empfängerhorizont und sein Anwendungsbereich im Zivilrecht, JuS 2010, 292; *Trupp*, Die Bedeutung des § 133 BGB für die Auslegung von Willenserklärungen, NJW 1990, 1346; *Vogenauer*, Auslegung von Verträgen, in: Basedow/Hopt/Zimmerman (Hrsg.), Handwörterbuch des Europäischen Privatrecht, Bd. 1, S. 134; *Wagner*, Interpretationen in Literatur- und Rechtswissenschaft, AcP 165 (1965), 520; *Wank*, Die Auslegung von Tarifverträgen, RdA 1998, 71; *Wieacker*, Die Methode der Auslegung des Rechtsgeschäfts, JZ 1967, 385; *Wieling*, Die Bedeutung der Regel „falsa demonstratio non nocet" im Vertragsrecht, AcP 172 (1972), 297; *ders.*, Falsa demonstratio non nocet, Jura 1979, 524; *Wieser*, Zurechenbarkeit des Erklärungsinhalts?, AcP 184 (1984), 40; *ders.*, Empirische und normative Auslegung, JZ 1985, 407; *ders.*, Wille und Verständnis bei der Willenserklärung, AcP 189 (1989), 112; *Zimmermann*, Die Auslegung von Verträgen: Textstufen transnationaler Modellregelungen, in: FS Picker 2010, 1353; *Zöllner*, Das Wesen der Tarifnormen, RdA 1964, 443.

A. Allgemeines	1
I. Auslegung	1
II. Das Zusammenspiel von § 133 und § 157	2
III. Einfache (erläuternde) und ergänzende Auslegung	4
IV. Anwendungsbereich der §§ 133, 157	6
1. Privatrechtliche Willenserklärungen und Verträge	6
2. Prozesshandlungen	9
3. Öffentliches Recht	10
4. Gesetze	11
5. Internationales Privatrecht, UN-Kaufrecht und Gemeinsames Europäisches Kaufrecht	12
V. Abgrenzungen	13
1. Anfechtung wegen Irrtums, §§ 119 ff.	13
2. Treu und Glauben und Verkehrssitte, § 242	14
3. Störung der Geschäftsgrundlage, § 313	18
4. Umdeutung, § 140	19
VI. Sonderregelungen	21
1. Teilnichtigkeit, § 139	21
2. Grundsatz der wohlwollenden Auslegung, § 2084	22
3. Mehrdeutige Klauseln in AGB, § 305 c Abs. 2	23
B. Erläuternde Auslegung	24
I. Gegenstand, Ziel und Grenzen der Auslegung	24
II. Die gesetzlichen Auslegungskriterien	29
1. Der Wortlaut der Erklärung	30
a) Berücksichtigung der Begleitumstände	31
b) Konkludentes Verhalten und Schweigen	32
c) Widerspruch von tatsächlichem Verhalten und verbaler Verlautbarung	33
2. Der wirkliche Wille des Erklärenden	34
a) Der wirkliche Wille als innere Tatsache	34
b) Nicht empfangsbedürftige Willenserklärungen	38
c) Empfangsbedürftige Willenserklärungen	41
aa) Maßgeblichkeit des Empfängerhorizonts	41
bb) Bedeutung des wirklichen Willens des Erklärenden	45
cc) Konkretisierung des Empfängerhorizonts	50
3. Treu und Glauben	52
a) Das Ziel eines gerechten Interessenausgleichs	53
b) Grundsatz der beiderseits interessengerechten Auslegung	55
c) Grundsatz der engen Auslegung einseitig belastender Vereinbarungen	58
4. Die Verkehrssitte	59
a) Begriff der Verkehrssitte	59
b) Voraussetzungen	63
c) Relevanz der Verkehrssitte für die Auslegung	65
III. Methoden der Auslegung	67
1. Grammatische und systematische Auslegung	68
2. Historische Auslegung	71
3. Teleologische Auslegung	72
IV. Sonderfälle der Auslegung	74
1. Formbedürftige Willenserklärungen	74
a) Die Bedeutung der Andeutungstheorie	74
b) Die falsa-demonstratio-Regel bei formbedürftigen Willenserklärungen	77
aa) Grundstücksverträge	78
bb) Bürgschaftserklärungen	80
cc) Testamente	81
c) Vermutung der Vollständigkeit und Richtigkeit der Urkunde	83
2. Grundbucheintragungen und dingliche Grundstücksgeschäfte	85
3. Allgemeine Geschäftsbedingungen	87
4. Automatisierte Willenserklärungen	89
5. Tarifverträge	90
a) Objektive und subjektive Theorie	90
b) Der Maßstab der Auslegung	91
c) Durchführung der Auslegung	93
6. Auslegung von Betriebsvereinbarungen	96
7. Gesellschaftsverträge und Satzungen	97
C. Weitere praktische Hinweise	99
I. Abgrenzung von Tat- und Rechtsfrage	99
II. Revisibilität	103
1. Grundsatz	103
2. Individualvereinbarungen	105
3. AGB, Formularverträge und typische Klauseln	110
4. Prozesshandlungen und Prozessvergleiche	112
5. Gesellschaftsverträge und Satzungen	114

A. Allgemeines

I. Auslegung

1　Willenserklärungen sind nicht in jedem Fall klar und eindeutig. Sie können der Auslegung bedürfen. Mitunter zeigt sich auch erst bei der Auslegung, dass Unklarheiten bestehen.[1] Im Einzelfall kann schon zweifelhaft sein, ob überhaupt eine Willenserklärung vorliegt (→ Rn. 7).[2] Die Auslegung hat somit das Ziel, den **Sinn einer (möglichen) Gedankenäußerung** zu ermitteln.[3] Die Auslegung von Willenserklärungen betrifft insofern einen Ausschnitt aus dem allgemeinen Problem der **Hermeneutik** als methodisch geleitetem Bemühen, schriftlich oder auf andere Weise fixierte Geisteswerke und sonstige Gedankenäußerungen richtig zu verstehen.[4] Hermeneutische Probleme treten nicht nur bei juristischen Texten und Gedankenäußerungen, sondern auch bei Geisteswerken aus anderen Bereichen (zB Religion, Philosophie, Literatur) auf. In der Literatur gibt es Ansätze, **allgemeine hermeneutische Gesichtspunkte** herauszuarbeiten, die für die Interpretation aller Texte und Gedankenäußerungen gültig sind.[5] Solche Ansätze sind jedoch zurückhaltend zu beurteilen, weil der unterschiedliche Gegenstand der Auslegung maßgeblichen Einfluss auf die konkrete Gestaltung der Interpretationsregeln hat.[6] Dies zeigt sich schon in Bezug auf juristische Texte und Gedankenäußerungen. So lassen sich die Regeln über die Auslegung von Willenserklärungen und Verträgen (§§ 133, 157) nicht unbesehen auf die Auslegung von Gesetzen übertragen.[7]

II. Das Zusammenspiel von § 133 und § 157

2　§ 133 regelt die Auslegung von **Willenserklärungen**. Die Vorschrift wird ergänzt durch § 157, der auf die Auslegung von **Verträgen** bezogen ist. Nach der Konzeption des historischen Gesetzgebers waren die Anwendungsbereiche beider Vorschriften strikt voneinander getrennt.[8] Nach Inkrafttreten des BGB hat sich jedoch gezeigt, dass eine solche Trennung nicht aufrechterhalten werden kann. Einerseits besteht jeder Vertrag aus zwei miteinander korrespondierenden Willenserklärungen; die Wertungen des § 133 müssen daher auch bei Verträgen berücksichtigt werden.[9] Andererseits enthält § 157 mit dem Grundsatz von Treu und Glauben und der Verkehrssitte Kriterien, die für die Auslegung jeder Willenserklärung relevant sind.[10] Rechtsprechung und Literatur stimmen daher überein, dass die §§ 133, 157 bei der Auslegung von Willenserklärungen und Verträgen **nebeneinander** anzuwenden sind.[11]

3　Bei der praktischen Rechtsanwendung ist zu beachten, dass § 133 und § 157 teilweise in unterschiedliche Richtungen weisen. Während § 133 den wirklichen Willen des Erklärenden als **subjektives Kriterium** betont, stellt § 157 mit dem Grundsatz von Treu und Glauben und der Verkehrssitte **objektive Kriterien** in den Vordergrund.[12] Diese unterschiedlichen Akzentsetzungen dürfen nicht dadurch überspielt werden, dass man der einen oder der anderen Vorschrift einen generellen Vorrang einräumt. Nach der Systematik des Gesetzes sind beide Vorschriften prinzipiell **gleichrangig**.[13] Rechtsprechung und Literatur haben damit die

---

1　Vgl. BGH NJW 2002, 1260 (1261); Jauernig/*Mansel* BGB § 133 Rn. 2; *Muthorst* JA 2013, 721 (723).

2　Vgl. Jauernig/*Mansel* BGB § 133 Rn. 1; *Brox/Walker* BGB AT § 6 Rn. 5.

3　Vgl. Soergel/*Wolf* BGB § 157 Rn. 1; Staudinger/*Singer* BGB § 133 Rn. 2; *Wolf/Neuner* BGB AT § 35 Rn. 1.

4　Zum Begriff der Hermeneutik vgl. *Gadamer*, Die Universalität des hermeneutischen Problems, 1966, Gesammelte Werke, Bd. 2, S. 219 ff.; zum Verständnis der juristischen Auslegung als Teildisziplin der Hemeneutik MüKoBGB/*Busche* § 133 Rn. 3; *Engisch*, S. 112 ff.; *Honsell/Mayer-Maly* Rechtswissenschaft, S. 99; *Krüper/Sauer* § 9 Rn. 15; *Honsell* ZfPW 2016, 106.

5　Grundlegend *Betti*, S. 600 ff.; vgl. auch *Coing*, Grundzüge der Rechtsphilosophie, S. 261 ff.

6　Vgl. Staudinger/*Singer* BGB § 133 Rn. 2; *Betti*, S. 613 ff.; *Looschelders/Roth*, S. 72 f.; *Wagner* AcP 165 (1965), 520 ff.; zu den Besonderheiten der juristischen Auslegung s. auch *Gadamer*, Klassische und philosophische Hermeneutik, 1968, in Gesammelte Werke, Bd. 2, S. 92, 106 ff.; *Honsell* ZfPW 2016, 106 f.

7　Vgl. AK/*Hart* BGB §§ 133, 157 Rn. 24 ff.; HKK/*Vogenauer* BGB §§ 133, 157 Rn. 33; *Flume* BGB AT Bd. 2 § 16, 1 c; *Medicus/Petersen* BürgerlR Rn. 307 ff.; *Bydlinski*, S. 465 ff.

8　Vgl. HKK/*Vogenauer* BGB §§ 133, 157 Rn. 17 ff.; MüKoBGB/*Busche* BGB § 133 Rn. 9.

9　HKK/*Vogenauer* BGB §§ 133, 157 Rn. 31; MüKoBGB/*Busche* § 133 Rn. 18; Soergel/*Hefermehl* BGB § 133 Rn. 16; *Medicus/Petersen* BürgerlR Rn. 319 ff.

10　Vgl. BGHZ 21, 319 (328); Erman/*Armbrüster* BGB § 157 Rn. 2; Soergel/*Hefermehl* BGB § 133 Rn. 2; Staudinger/*Singer* BGB § 133 Rn. 6; *Bork* BGB AT Rn. 501; *Flume* BGB AT Bd. 2 § 16, 3 a.

11　Vgl. BGHZ 47, 75 (78); 105, 24, 27; 160, 83, 92; BGH NJW-RR 2002, 1096; 2003, 926; 2005, 1323, 1324; Jauernig/*Mansel* BGB § 133 Rn. 7; Palandt/*Ellenberger* BGB § 133 Rn. 2; MüKoBGB/*Busche* § 133 Rn. 19; Staudinger/*Singer* BGB § 133 Rn. 3; PWW/*Ahrens* BGB § 133 Rn. 2.

12　Vgl. BeckOK BGB/*Wendtland* § 133 Rn. 19; Soergel/*Hefermehl* BGB § 133 Rn. 2; Soergel/*Wolf* BGB § 157 Rn. 10; Staudinger/*Singer* BGB § 133 Rn. 4 ff.

13　So auch MüKoBGB/*Busche* § 133 Rn. 20; Soergel/*Wolf* BGB § 157 Rn. 14; Staudinger/*Singer* BGB § 133 Rn. 6.

Aufgabe, aus den hiernach maßgeblichen Kriterien eine in sich stimmige Auslegungslehre zu entwickeln, mit der sich im Einzelfall sach- und interessengerechte Ergebnisse erzielen lassen.[14] Die Akzentuierung hängt dabei nicht zuletzt davon ab, ob es um die Auslegung einer einseitigen, vielleicht nicht einmal empfangsbedürftigen **Willenserklärung** (zB Testament) oder eines **Vertrages** geht. So kann bei der Vertragsauslegung – anders als bei der Auslegung von Testamenten – nicht einseitig auf den Willen einer Partei abgestellt werden (→ Rn. 37 und 39). Bei empfangsbedürftigen Willenserklärungen muss auf die Verständnismöglichkeiten des Erklärungsempfängers Rücksicht genommen werden (→ Rn. 41). Dies ist bei nicht empfangsbedürftigen Willenserklärungen nicht erforderlich.

III. Einfache (erläuternde) und ergänzende Auslegung

In methodischer Hinsicht lassen sich zwei Arten der Auslegung unterscheiden: die einfache (erläuternde) 4 und die ergänzende Auslegung.[15] Ziel der **einfachen (erläuternden) Auslegung** ist es, den Inhalt einer Willenserklärung oder eines Vertrages zu ermitteln (→ Rn. 24 ff.). Dabei kommt dem **wirklichen Willen** der Parteien maßgebliche Bedeutung zu. Die **ergänzende Auslegung** hat dagegen den Zweck, Lücken in der rechtsgeschäftlichen Regelung zu schließen (→ § 157 Rn. 2). Da der wirkliche Wille der Parteien in dieser Hinsicht keinen unmittelbaren Aufschluss geben kann, stehen hier **objektive Kriterien** im Vordergrund.

Bei der Kommentierung der **Regelungsgehalte** werden die für die einfache (erläuternde) Auslegung von 5 Willenserklärungen und Verträgen maßgeblichen Grundsätze gemeinsam bei **§ 133** erörtert (→ Rn. 24 ff.). Die ergänzende Vertragsauslegung soll demgegenüber einheitlich bei **§ 157** (dort → Rn. 17 ff.) behandelt werden. Diese Aufteilung wahrt den inneren Zusammenhang von § 133 und § 157 und trägt gleichzeitig dem unterschiedlichen Gewicht Rechnung, das subjektiven und objektiven Kriterien im Rahmen der verschiedenen Auslegungsarten zukommt.

IV. Anwendungsbereich der §§ 133, 157

1. Privatrechtliche Willenserklärungen und Verträge. Die §§ 133, 157 gelten für die Auslegung sämt- 6 licher **privatrechtlicher** Willenserklärungen und Verträge. Ob die infrage stehende Willenserklärung **empfangsbedürftig** ist oder nicht, ist für die Anwendbarkeit der §§ 133, 157 grundsätzlich irrelevant, kann aber bei der Gewichtung der einzelnen Auslegungskriterien Bedeutung gewinnen (→ Rn. 41 ff.).[16] Ebenso wenig kommt es prinzipiell darauf an, ob die Willenserklärung **formbedürftig** ist (vgl. aber → Rn. 74 ff.).[17] Da der **Insolvenzplan** einen privatrechtlichen Vertrag sui generis darstellt, sind die §§ 133, 157 auf die darin enthaltenen Regelungen zumindest entsprechend anwendbar. Maßgeblich ist also das individuelle Verständnis derjenigen, die den Insolvenzplan beschlossen haben.[18]

Die §§ 133, 157 betreffen an sich nur die Frage, welchen **Inhalt** eine Willenserklärung hat. **Ob** überhaupt 7 eine Willenserklärung vorliegt, beurteilt sich aber nach den gleichen Grundsätzen.[19]

Bei **geschäftsähnlichen Handlungen** (zB Mahnungen, Anzeigen, Fristsetzungen)[20] können die gleichen 8 Auslegungsfragen wie bei Willenserklärungen auftreten. Da es auch hier um (empfangsbedürftige) Willensäußerungen geht, sind die §§ 133, 157 nach allgemeiner Ansicht entsprechend anwendbar.[21]

2. Prozesshandlungen. Die Auslegung von Prozesshandlungen richtet sich nach den gleichen Grundsät- 9 zen wie die Auslegung von Willenserklärungen. Die §§ 133, 157 sind also auch hier zumindest entsprechend anwendbar.[22] Der Rechtsanwender darf somit auch bei Prozesshandlungen nicht am buchstäblichen

14 Vgl. Palandt/*Ellenberger* BGB § 133 Rn. 1.
15 Zur Unterscheidung zwischen einfacher (erläutern-
    der) und ergänzender Auslegung vgl. Erman/*Arnold*
    BGB § 133 Rn. 14 ff.; MüKoBGB/*Busche* § 157
    Rn. 26; Soergel/*Wolf* BGB § 157 Rn. 3; Staudinger/
    Roth BGB § 157 Rn. 3 f.
16 Vgl. Soergel/*Wolf* BGB § 157 Rn. 15; Staudinger/
    Singer BGB § 133 Rn. 6.
17 MüKoBGB/*Busche* § 133 Rn. 30 f.
18 BGH NJW-RR 2006, 491 Rn. 16; NJW 2015, 2660
    Rn. 26; NJW-RR 2018, 817 Rn. 18; OLG Schleswig
    ZIP 2017, 1075 = BeckRS 2017, 111990 Rn. 30;
    MüKoBGB/*Busche* § 133 Rn. 46; aA *Braun* NZI
    2019, 526: objektive Auslegung.
19 Vgl. BGH NJW 1986, 3131 (3132); BAG NZA
    2019, 1592 Rn. 21; Erman/*Arnold* BGB § 133
    Rn. 11; Jauernig/*Mansel* BGB § 133 Rn. 1; PWW/

Ahrens BGB § 133 Rn. 1; Hk-BGB/*Dörner* BGB
§ 133 Rn. 2.
20 Zur Rechtsnatur der Fristsetzung nach § 323 vgl.
    BeckOGK/*Looschelders* BGB § 323 Rn. 126; Soe-
    gel/*Gsell* BGB § 323 Rn. 58; aA MüKoBGB/*Ernst*
    § 323 Rn. 50 (Willenserklärung).
21 BGHZ 47, 352 (357); BGH NJW 1995, 45 (46);
    Palandt/*Ellenberger* BGB § 133 Rn. 3; MüKoBGB/
    Busche § 133 Rn. 49; BeckOK BGB/*Wendtland*
    § 133 Rn. 16; Hk-BGB/*Dörner* § 133 Rn. 2; RGRK/
    Krüger-Nieland/Zöller BGB § 133 Rn. 1.
22 Vgl. BGHZ 22, 267 (269); BGH NJW-RR 1994,
    568; NJW 2007, 1460; BAG NJW 2016, 2054
    Rn. 14; BayObLG NJW-RR 1996, 650 (651);
    Palandt/*Ellenberger* BGB § 133 Rn. 4; PWW/*Ahrens*
    BGB § 133 Rn. 12; Hk-BGB/*Dörner* § 133 Rn. 2;
    Soergel/*Hefermehl* BGB § 133 Rn. 6; Thomas/Putzo/
    Seiler Einl. III Rn. 16.

Sinn des Ausdrucks haften, sondern muss sich darum bemühen, den **wirklichen Willen** der betreffenden Partei zu erforschen.[23] Ist eine Prozesshandlung widersprüchlich oder missverständlich, so ist der Richter nach § 139 ZPO primär gehalten, die Partei durch einen Hinweis zur **Klarstellung** zu veranlassen.[24] Bei der Auslegung von Prozesshandlungen ist zudem zu beachten, dass die durch das Grundgesetz gewährleisteten Verfahrensgarantien es verbieten, den Zugang zu den in den Verfahrensordnungen eingerichteten Instanzen in einer sachlich nicht mehr zu rechtfertigenden Weise zu erschweren.[25]

10 **3. Öffentliches Recht.** Die §§ 133, 157 gelten für die Auslegung von **Willenserklärungen** im öffentlichen Recht entsprechend.[26] Für öffentlich-rechtliche Verträge stellt § 62 S. 2 VwVfG dies ausdrücklich klar.[27] §§ 133, 157 finden aber auch auf sonstige öffentlich-rechtliche Erklärungen Anwendung. Dies gilt insbesondere bei der Ermittlung des Inhalts der Erklärungen von Privatpersonen gegenüber Behörden.[28] Bei der Auslegung von **Verwaltungsakten** können die §§ 133, 157 ebenfalls herangezogen werden.[29] Der Adressat des Verwaltungsakts hat also nach Möglichkeit den wirklichen Willen der Behörde zu erforschen und darf nicht am buchstäblichen Sinn des Ausdrucks haften.[30] Im Zweifelsfall ist aber nicht der innere Wille der Behörde maßgeblich. Entscheidend ist vielmehr, wie der Bürger die Erklärung unter Berücksichtigung der ihm bekannten Umstände verstehen musste. Unklarheiten gehen also zulasten der Behörde.[31]

11 **4. Gesetze.** Auf die Auslegung von Gesetzen sind die §§ 133, 157 nicht unmittelbar anwendbar. Inwieweit eine entsprechende Anwendung in Betracht kommt, ist streitig.[32] Letztlich ist eine differenzierte Betrachtung notwendig. Einerseits enthalten die §§ 133, 157 **allgemeine Interpretationsregeln**, die auch für die Auslegung von Gesetzen relevant sind. Dies gilt insbesondere für den Grundsatz, dass nicht am buchstäblichen Sinne des Ausdrucks zu haften ist.[33] Andererseits bestehen zwischen der Auslegung von Willenserklärungen und Gesetzen jedoch auch deutliche **Unterschiede**, die durch den unterschiedlichen Gegenstand der Auslegung bedingt sind (→ Rn. 24). Die Grundsätze der Gesetzesauslegung werden daher im Anhang zu § 133 gesondert dargestellt.

12 **5. Internationales Privatrecht, UN-Kaufrecht und Gemeinsames Europäisches Kaufrecht.** Die Anwendung der §§ 133, 157 setzt voraus, dass das Rechtsgeschäft nach den Regeln des **Internationalen Privatrechts** dem deutschen Recht unterliegt. Das deutsche Internationale Privatrecht ist in den Art. 3 ff. EGBGB geregelt. Es gibt aber einige vorrangige EU-Verordnungen, die in Art. 3 Nr. 1 EGBGB aufgeführt sind. Für vertragliche Schuldverhältnisse ist seit 17.12.2009 die Rom I-VO maßgeblich (vgl. Art. 3 Nr. 1 lit. b EGBGB). Ist das Rechtsgeschäft nach dem **Recht eines ausländischen Staates** zu beurteilen, so ist dieses Recht auch für die Auslegung maßgeblich.[34] Dies ergibt sich für Schuldverträge aus Art. 12 lit. a Rom I-VO.[35] Im Anwendungsbereich des **UN-Kaufrechts** richtet sich die Auslegung der Erklärungen und des Verhaltens der Parteien nach Art. 8 CISG (s. dazu Anh. VI zu §§ 433–480: UN-Kaufrecht/CISG → Rn. 19 f.). Der Vorschlag der Kommission für eine Verordnung über ein **Gemeinsames Europäisches Kaufrecht** (GEK-E) vom 11.10.2011[36] enthielt in Kapitel 6 (Art. 58–65) ausführliche Regelungen über die Auslegung von Verträgen. Für die Auslegung einseitiger Erklärungen sah Art. 12 (1) und (2) GEK-E einige Sonderregeln vor; im Übrigen wurde in Art. 12 (3) GEK-E auf die Vorschriften über die Auslegung von Verträgen verwiesen. Der Vorschlag ist zwar am Widerstand der Mitgliedstaaten gescheitert und wird von der Kommission nicht mehr verfolgt. Die primäre Ausrichtung der Auslegungsregeln auf Verträge entspricht aber praktischen Bedürfnissen und findet sich auch im französischen und englischen Recht sowie in den PECL und im DCFR.[37] Die Auslegung einseitiger Erklärungen darf dabei allerdings nicht vernachlässigt werden. So muss man zunächst durch Auslegung der Vertragserklärungen feststellen, ob überhaupt ein Vertrag zustande gekommen ist.[38]

23   Vgl. BGH NJW-RR 1994, 568; NJW 2010, 3779.
24   BeckOK BGB/*Wendtland* § 133 Rn. 33; *Schilken* ZivilProzR Rn. 157.
25   BGH NJW 2010, 3779; NJW-RR 2010, 277.
26   BGHZ 86, 104 (110); BGH NJW 1998, 2138 (2140); Soergel/*Hefermehl* BGB § 133 Rn. 7.
27   Vgl. BVerwG NJW 1990, 1926 (1928); MüKoBGB/ *Busche* § 133 Rn. 47.
28   BVerwG NVwZ 2014, 676 Rn. 15 f.
29   BVerwGE 67, 305 = NVwZ 1984, 518; BFH NJW 2010, 1552 Rn. 13; BGH NJW 1994, 2893; Soergel/ *Hefermehl* BGB § 133 Rn. 7; MüKoBGB/*Busche* § 133 Rn. 47; *Peine/Siegel* Allgemeines Verwaltungsrecht Rn. 344.
30   BVerwG NVwZ 1984, 518.
31   BVerwG NVwZ 1984, 36 (37).
32   Vgl. HKK/*Vogenauer* BGB §§ 133, 157 mwN.

33   BGHZ 2, 176 (184); 13, 28, 30; RGRK/*Krüger-Nieland/Zöller* BGB § 133 Rn. 1, 50; Palandt/*Grüneberg* Einl. Rn. 40; *Looschelders/Roth* S. 58 ff.; *Rüthers/ Fischer/Birk* Rechtstheorie Rn. 714 ff.
34   Vgl. BGH NJW-RR 1990, 248 (249); Soergel/*Hefermehl* BGB § 133 Rn. 8.
35   Vgl. Palandt/*Thorn* Rom I-VO Art. 12 Rn. 4; NK-BGB/*Leible* Rom I-VO Art. 12 Rn. 7 ff.; *Looschelders* EGBGB IPR Art. 32 Rn. 6 ff.
36   KOM (2011) 635 endg.
37   Vgl. Schmidt-Kessel/*Maultzsch* GEK-E Vor Art. 58 ff. Rn. 2; *Looschelders* AcP 212 (2012), 581, 636; *Zimmerman* FS Picker 2010, S. 1353, 1355; *Vogenauer* in Basedow/Hopt/Zimmermann (Hrsg.), Handwörterbuch des Europäischen Privatrechts, Bd. 1, 2009, S. 134 ff.
38   *Looschelders* AcP 212 (2012), 581, 637.

V. Abgrenzungen

1. Anfechtung wegen Irrtums, §§ 119 ff. Die Auslegung steht in einem engen Zusammenhang mit der Anfechtung von Willenserklärungen wegen Irrtums nach §§ 119 ff. Bevor eine Anfechtung in Betracht gezogen wird, muss aber der Inhalt der infrage stehenden Willenserklärungen ermittelt werden. Denn sonst lässt sich nicht beurteilen, ob überhaupt eine Diskrepanz zwischen Willen und Erklärtem vorliegt und welche Partei gegebenenfalls die Anfechtungslast trägt. Die **Auslegung geht** daher nach allgemeiner Ansicht **der Anfechtung vor**.[39] **13**

2. Treu und Glauben und Verkehrssitte, § 242. § 157 nennt als wesentliche Auslegungskriterien den Grundsatz von Treu und Glauben sowie die Verkehrssitte. Die gleichen Kriterien finden sich auch in § 242. Nach der ursprünglichen Konzeption des Gesetzes waren beide Vorschriften klar voneinander getrennt, weil der Regelungsgehalt des § 242 auf die Konkretisierung der **Modalitäten der Leistung** beschränkt war.[40] Nachdem Rechtsprechung und Lehre die Vorschrift des § 242 zu einer **umfassenden Generalklausel** ausgeweitet haben, kann es aber zu Überschneidungen kommen. Dies gilt insbesondere für den Bereich der ergänzenden Vertragsauslegung. **14**

Auch wenn der Anwendungsbereich des § 242 erheblich ausgeweitet worden ist, hat § 157 daneben aber doch nach wie vor eigenständige Bedeutung.[41] Zu beachten ist nämlich, dass Treu und Glauben und die Verkehrssitte bei der Auslegung nach §§ 133, 157 nicht die gleiche Bedeutung haben wie im Rahmen des § 242. Der Unterschied ergibt sich aus dem großen Gewicht des **Parteiwillens** für die Auslegung.[42] Die objektiven Maßstäbe von **Treu und Glauben** und Verkehrssitte können sich hier nur **mittelbar** durchsetzen – nämlich über die Annahme, dass der Wille einer redlichen Partei auf eine Lösung gerichtet ist, die Treu und Glauben mit Rücksicht auf die Verkehrssitte entspricht.[43] Demgegenüber stellt § 242 unmittelbar auf Treu und Glauben und die Verkehrssitte ab. Dies ändert freilich nichts daran, dass der Parteiwille auch nicht durch Rückgriff auf § 242 überspielt werden darf.[44] **15**

In Rechtsprechung und Literatur ist allgemein anerkannt, dass die Auslegung nach §§ 133, 157 gegenüber der (rein) objektiven Beurteilung des Sachverhalts nach § 242 vorrangig ist. Zur Begründung wird darauf hingewiesen, dass sich die Frage nach dem **rechtlichen Sollen** (§ 242) erst stellt, wenn aus dem **rechtlichen Wollen** der Parteien (s. §§ 133, 157) keine ausreichenden Anhaltspunkte für eine Entscheidung abgeleitet werden können.[45] Nach dem Grundsatz der Privatautonomie geht der Wille der Parteien also grundsätzlich vor.[46] **16**

Bei der praktischen Rechtsanwendung können beide Bereiche ineinander übergehen.[47] Je weniger Anhaltspunkte sich dem Parteiwillen entnehmen lassen, desto größeres Gewicht gewinnen nämlich die objektiven Kriterien von Treu und Glauben und der Verkehrssitte. Dies gilt namentlich für die **ergänzende Vertragsauslegung** (→ § 157 Rn. 22). So spricht die Rechtsprechung teilweise von einer ergänzenden Vertragsauslegung auf der Grundlage des § 242.[48] Dies schafft jedoch die Gefahr, dass unter dem Deckmantel der Auslegung reine Billigkeitslösungen entwickelt werden. Die Rückbindung an den (mutmaßlichen) Willen der Parteien darf daher auch bei der ergänzenden Auslegung nicht aufgegeben werden.[49] **17**

3. Störung der Geschäftsgrundlage, § 313. Die **Auslegung** ist auch gegenüber den Regeln über die Störung der Geschäftsgrundlage (§ 313) **vorrangig**. Eine Anpassung des Vertrages nach § 313 kommt also nur in Betracht, wenn sich durch Auslegung keine Abhilfe schaffen lässt.[50] Dies gilt auch für die **ergänzende Auslegung**.[51] Die Regeln über die Störung der Geschäftsgrundlage sind hier schon deshalb nachrangig, weil sie nur bei einer **schwerwiegenden** Störung der Geschäftsgrundlage angewendet werden können.[52] Außerdem steht die ergänzende Vertragsauslegung dem Gedanken der Privatautonomie insofern **18**

---

39 Vgl. MüKoBGB/*Busche* § 133 Rn. 22; *Brox/Walker* BGB AT § 18 Rn. 1 ff.; *Wolf/Neuner* BGB AT § 41 Rn. 11 f.

40 Vgl. Prot. I S. 624 = *Mugdan* II, S. 522; MüKoBGB/*Schubert* § 242 Rn. 16 ff.; *Flume* BGB AT Bd. 2 BGB § 16, 3 a; *Looschelders* SchuldR AT § 4 Rn. 1 f.

41 Vgl. Soergel/*Wolf* BGB § 157 Rn. 28.

42 Vgl. BGHZ 9, 273 (278); 19, 269, 273; BGH NZM 2009, 741 (742).

43 Vgl. Soergel/*Wolf* BGB § 157 Rn. 26; Staudinger/*Looschelders/Olzen* BGB § 242 Rn. 358.

44 BGHZ 9, 273 (277); Erman/*Armbrüster* BGB § 157 Rn. 3.

45 Vgl. BGHZ 16, 4 (8); MüKoBGB/*Busche* § 133 Rn. 20; RGRK/*Piper* BGB § 157 Rn. 3.

46 Staudinger/*Looschelders/Olzen* BGB § 242 Rn. 359 f.

47 Vgl. Staudinger/*Looschelders/Olzen* BGB § 242 Rn. 357; MüKoBGB/*Schubert* § 242 Rn. 124; BeckOK BGB/*Sutschet* § 242 Rn. 34; *Flume* BGB AT Bd. 2 BGB § 16, 3 a; *Looschelders* SchuldR AT § 4 Rn. 12.

48 Vgl. BGH NJW 1993, 3067 (3068); 2009, 1482, 1483.

49 So zutr. MüKoBGB/*Busche* § 133 Rn. 20.

50 Vgl. MüKoBGB/*Busche* § 133 Rn. 23; zur Abgrenzung zwischen Auslegung und Geschäftsgrundlage eines Vergleichs BGH LM 779 Nr. 31 = MDR 1968, 225.

51 BGHZ 81, 135 (143); 90, 69, 74; Erman/*Armbrüster* BGB § 157 Rn. 15; Soergel/*Wolf* BGB § 157 Rn. 108; differenzierend MüKoBGB/*Busche* § 157 Rn. 35.

52 Staudinger/*Roth* BGB § 157 Rn. 10.

näher, als sie im Unterschied zur Vertragsanpassung nach § 313 **notwendig** am hypothetischen Parteiwillen orientiert ist (→ § 157 Rn. 22).

19 **4. Umdeutung, § 140.** Die Umdeutung nach § 140 weist ebenfalls deutliche Berührungspunkte mit der Auslegung auf. Zu beachten ist zunächst, dass eine Umdeutung erst in Betracht kommt, wenn die Gültigkeit des Geschäfts nicht schon im Wege der gesetzes- und sittenkonformen Auslegung begründet werden kann. Die **Auslegung geht** insofern also der **Umdeutung vor.**[53]

20 Aus dem Wortlaut des § 140 folgt, dass man sich bei der Umdeutung am **mutmaßlichen Willen** der Parteien zu orientieren hat.[54] Die Umdeutung folgt damit den gleichen Grundsätzen wie die **ergänzende Vertragsauslegung** (→ § 157 Rn. 21).[55] Die mit der Umdeutung verbundenen Gestaltungsmöglichkeiten gehen aber über die ergänzende Vertragsauslegung hinaus.[56]

VI. Sonderregelungen

21 **1. Teilnichtigkeit, § 139.** Für den Fall der Teilnichtigkeit enthält § 139 eine besondere Auslegungsregel.[57] Soweit sich nach den allgemeinen Regeln der Auslegung (s. §§ 133, 157) nichts anderes ergibt, ist hiernach davon auszugehen, dass die Nichtigkeit eines Teils des Rechtsgeschäfts nach dem **mutmaßlichen Parteiwillen** zur Nichtigkeit des ganzen Rechtsgeschäfts führen soll.[58]

22 **2. Grundsatz der wohlwollenden Auslegung, § 2084.** Die Auslegung von **letztwilligen Verfügungen** richtet sich primär nach § 133 (→ Rn. 39, 74 ff.). Ergänzend hierzu stellt § 2084 klar, dass bei mehreren möglichen Auslegungsergebnissen dasjenige zu bevorzugen ist, bei dem die Verfügung Erfolg haben würde (Grundsatz der wohlwollenden Auslegung). Diese Auslegungsregel beruht auf dem Gedanken, dass dem **Willen des Erblassers** nach Möglichkeit Rechnung zu tragen ist.[59] Sie gilt über § 2279 Abs. 1 auch für Erbverträge. Im Übrigen entspricht die Aufrechterhaltung des Geschäfts regelmäßig dem mutmaßlichen Parteiwillen (→ Rn. 57).

23 **3. Mehrdeutige Klauseln in AGB, § 305 c Abs. 2.** Für mehrdeutige Klauseln in AGB sieht § 305 c eine spezielle Auslegungsregel vor. Lässt sich der Inhalt einer Klausel durch Auslegung nicht klären, so ist diejenige Auslegungsmöglichkeit maßgeblich, die für den Verwender **ungünstiger** ist. Da § 305 c auf der besonderen Schutzbedürftigkeit der anderen Partei gegenüber formularmäßigen Vertragsklauseln beruht, lässt sich die Unklarheitenregel auf **Individualvereinbarungen** nicht übertragen.[60] Eine Ausnahme kommt nur in Betracht, wenn eine Partei aufgrund wirtschaftlicher Überlegenheit oder besonderer Sachkunde die Formulierung der Vereinbarungen übernommen hat.[61] Für **automatisierte Willenserklärungen** gilt § 305 c Abs. 2 analog (→ Rn. 89). Im Übrigen geht die Mehrdeutigkeit einer Erklärung aber nicht notwendig zulasten des Erklärenden.[62]

B. Erläuternde Auslegung

I. Gegenstand, Ziel und Grenzen der Auslegung

24 Gegenstand der Auslegung ist die infrage stehende **Willenserklärung**. Die Auslegung hat das Ziel, den rechtlich maßgeblichen Inhalt dieser Erklärung zu ermitteln.[63] Dabei muss im Konfliktfall ein angemessener Ausgleich zwischen den Interessen des Erklärenden und des Erklärungsempfängers hergestellt werden (→ Rn. 41 ff.).[64] Bestehen Zweifel, ob überhaupt eine Willenserklärung vorliegt, so ist auch diese Frage durch Auslegung zu klären (→ Rn. 7).

---

53 BAG NJW 2006, 2284 (2286); Erman/*Arnold* BGB § 140 Rn. 3; Jauernig/*Mansel* BGB § 140 Rn. 3.

54 Vgl. BeckOK BGB/*Wendtland* § 133 Rn. 18.

55 BGHZ 19, 269 (272 f.); BeckOK BGB/*Wendtland* § 133 Rn. 18; Erman/*Arnold* BGB § 140 Rn. 4; vgl. auch Staudinger/*Otte* BGB § 2084 Rn. 1: Umdeutung als „Unterfall der ergänzenden Auslegung".

56 MüKoBGB/*Busche* § 140 Rn. 2; Staudinger/*Roth* BGB § 157 Rn. 6; aA Erman/*Arnold* BGB § 140 Rn. 4: § 140 als Spezialfall der ergänzenden Vertragsauslegung.

57 Zu § 139 als Auslegungsregel vgl. BGHZ 85, 315 (318); Erman/*Arnold* BGB § 139 Rn. 1.

58 Zur Maßgeblichkeit des mutmaßlichen Parteiwillens im Rahmen des § 139 vgl. Hk-BGB/*Dörner* § 139 Rn. 1; MüKoBGB/*Busche* § 139 Rn. 1.

59 Vgl. BeckOK BGB/*Wendtland* § 133 Rn. 21; MüKo-BGB/*Leipold* § 2084 Rn. 6; Staudinger/*Otte* BGB § 2084 Rn. 1.

60 MüKoBGB/*Busche* § 157 Rn. 8; Staudinger/*Singer* BGB § 133 Rn. 63; *Wolf/Neuner* BGB AT § 35 Rn. 54.

61 Vgl. OLG Frankfurt OLGZ 1973, 230 (232); Soergel/*Wolf* BGB § 157 Rn. 59.

62 So schon Motive I, S. 155 = *Mugdan* I, S. 437; vgl. auch Jauernig/*Mansel* BGB § 133 Rn. 11.

63 RGRK/*Krüger-Nieland/Zöller* BGB § 133 Rn. 2.

64 Zur Problemstellung Staudinger/*Singer* BGB § 133 Rn. 2.

Der **wirkliche (innere) Wille** des Erklärenden ist als solcher kein Gegenstand der Auslegung.[65] Er kann **25** aber ein wichtiges Mittel sein, um den rechtlich maßgeblichen Inhalt der Erklärung zu bestimmen.

Bei der Auslegung müssen auch die **Begleitumstände** (zB sonstiges Verhalten der Parteien, Inhalt der Vor- **26** verhandlungen) berücksichtigt werden, unter denen die Erklärung abgegeben worden ist (→ Rn. 31). Die Begleitumstände sind zwar ebenfalls kein Gegenstand der Auslegung, können aber einen Schluss auf den Inhalt der Erklärung zulassen.[66]

Nach einer in Rechtsprechung und Literatur verbreiteten Auffassung besteht für die Auslegung kein Raum, **27** wenn die Willenserklärung **eindeutig** ist.[67] Hier fehle es an der **Auslegungsbedürftigkeit**. Dies ist indes missverständlich. Ob der Sinn einer Willenserklärung eindeutig ist, kann nur durch Auslegung festgestellt werden.[68] Nach der Wertung des § 133 darf dabei nicht allein auf den klaren Wortlaut der Erklärung verwiesen werden.[69] Vielmehr sind auch außerhalb der Erklärung liegende Umstände zu beachten.[70]

In Rechtsprechung und Literatur ist anerkannt, dass die Auslegung in Ausnahmefällen an dem absolut **28** widerspruchsvollen oder widersinnigen Inhalt der Willenserklärung oder des Vertrags scheitern kann.[71] Dabei wird teilweise davon gesprochen, dass solchen Willenserklärungen oder Verträgen die **Auslegungsfähigkeit** fehlt.[72] Dies darf jedoch nicht zu der Annahme verleiten, bei widerspruchsvollen oder widersinnigen Erklärungen müsse auf jede Auslegung verzichtet werden. Der Rechtsanwender hat sich vielmehr primär darum zu bemühen, die Erklärung so auszulegen, dass die Widersprüche entfallen und das Geschäft einen Sinngehalt erhält, der den Interessen aller Beteiligten gerecht wird.[73] Zum Grundsatz der interessengerechten Auslegung → Rn. 55 ff. Dabei darf er sich wiederum nicht allein am Wortlaut der Erklärung orientieren, sondern muss auch den Willen der Beteiligten und die Begleitumstände berücksichtigen.[74] Lässt sich der Inhalt der Erklärung trotz aller Bemühungen nicht feststellen, kann die Erklärung **keine Rechtsfolgen** nach sich ziehen.[75]

II. Die gesetzlichen Auslegungskriterien

Die §§ 133, 157 nennen **vier Kriterien**, die bei der Auslegung von Willenserklärungen und Verträgen zu **29** beachten sind: den Wortlaut der Erklärung, den Willen des Erklärenden, den Grundsatz von Treu und Glauben sowie die Verkehrssitte. Die Aufzählung ist **nicht abschließend**.[76] Denn schon der historische Gesetzgeber war sich bewusst, dass eine Aufzählung aller möglicherweise relevanten Aspekte im Gesetz ausgeschlossen ist.[77]

1. Der Wortlaut der Erklärung. Ausgangspunkt der Auslegung ist bei sprachlich verlautbarten Erklärun- **30** gen der Wortlaut (näher dazu → Rn. 68 ff.).[78] § 133 stellt jedoch klar, dass man nicht am **buchstäblichen**

---

65 Soergel/*Hefermehl* BGB § 133 Rn. 1.
66 BGH NJW-RR 2000, 1002 (1003); NJW 2002, 1260 (1261); 2002, 2872, 2873; Jauernig/*Mansel* BGB § 133 Rn. 3; RGRK/*Krüger-Nieland/Zöller* BGB § 133 Rn. 17; aA MüKoBGB/*Busche* § 133 Rn. 52; Soergel/*Hefermehl* BGB § 133 Rn. 9: Gesamtverhalten und Umstände als Teil des Auslegungsgegenstands.
67 Vgl. RGZ 160, 109 (11); BGHZ 25, 318 (319); 32, 60, 63; BGH NJW 1996, 2648 (2650); 2007, 1460; Palandt/*Ellenberger* BGB § 133 Rn. 6; *Hübner* BGB AT Rn. 744; krit. zu dieser aus dem gemeinen Recht übernommenen Regel schon Motive I, S. 155 = *Mugdan* I, S. 438; eingehend zum historischen Hintergrund *Honsell* ZfPW 2016, 106 (114).
68 BeckOK BGB/*Wendtland* § 133 Rn. 22 f.; MüKo-BGB/*Busche* § 133 Rn. 54; PWW/*Ahrens* BGB § 133 Rn. 14.
69 Staudinger/*Singer* BGB § 133 Rn. 9; missverständlich daher BGH NJW 1996, 2648 (2650): „Auslegung setzt erst ein, wenn der Wortlaut einer Erklärung zu Zweifeln überhaupt Anlass gibt".
70 So zutr. BGH NJW 2002, 1260 (1261); Soergel/*Hefermehl* BGB § 133 Rn. 27; Hk-BGB/*Dörner* § 133 Rn. 3; vgl. auch BGH NJW 2007, 1460, wo

neben dem Wortlaut auch auf das sonstige (Prozess-)Verhalten des Erklärenden abgestellt wird.
71 BGHZ 20, 109 (110 f.); BGH NJW-RR 2006, 281 (282); NJW 2013, 2367 (2370); Jauernig/*Mansel* BGB § 133 Rn. 2; MüKoBGB/*Busche* § 133 Rn. 53; Staudinger/*Singer* BGB § 133 Rn. 10, 23.
72 Palandt/*Ellenberger* BGB § 133 Rn. 6 a; RGRK/*Krüger-Nieland/Zöller* BGB § 133 Rn. 5; vgl. dazu HKK/*Vogenauer* BGB §§ 133, 157 Rn. 119.
73 MüKoBGB/*Busche* § 133 Rn. 53.
74 BGHZ 20, 109 (110 f.); MüKoBGB/*Busche* § 133 Rn. 53; Jauernig/*Mansel* BGB § 133 Rn. 2.
75 BGH NJW 2013, 2367 (2370); BeckOK BGB/*Wendtland* § 157 Rn. 25; Erman/*Arnold* BGB § 133 Rn. 13; Staudinger/*Singer* BGB § 133 Rn. 10, 23.
76 HKK/*Vogenauer* BGB §§ 133, 157 Rn. 45.
77 Motive I, S. 155 = *Mugdan* I, S. 437.
78 BGHZ 124, 39 (45) = NJW 1994, 188; BGH NJW 1998, 2966; NJW-RR 2000, 1002 (1003); 2006, 1139, 1141; BGHZ 195, 126 = NJW 2013, 598 Rn. 18; MDR 2015, 141 Rn. 48; BAG NZA 2019, 1592 Rn. 21; MüKoBGB/*Busche* § 133 Rn. 60; BeckOK BGB/*Wendtland* § 133 Rn. 23; PWW/*Ahrens* BGB § 133 Rn. 31.

Sinn des Ausdrucks haften darf, sondern den **wirklichen Willen** des Erklärenden zu erforschen hat. Bei Willenserklärungen bildet somit selbst ein klarer und eindeutiger Wortlaut keine Grenze der Auslegung.[79]

31 **a) Berücksichtigung der Begleitumstände.** Der Wortlaut ist nicht das einzige Mittel der Auslegung. Vielmehr sind auch die außerhalb der Erklärung liegenden **Begleitumstände** zu berücksichtigen, soweit sie einen Rückschluss auf den Inhalt der Erklärung ermöglichen.[80] Maßgeblich sind die Umstände bei **Abgabe der Willenserklärung**. Spätere Entwicklungen sind nur zu berücksichtigen, soweit sie einen Rückschluss auf den wirklichen oder mutmaßlichen Willen des Erklärenden (→ Rn. 34 ff.) oder die Verständnismöglichkeiten des Empfängers (→ Rn. 41 ff.) in diesem Zeitpunkt zulassen.[81] Beim Kauf auf einer **Internet-Plattform** (ebay) sind auch die AGB des Betreibers der Plattform bei der Auslegung der Erklärungen der Parteien zu berücksichtigen.[82] Etwas anderes gilt aber, wenn eine der Parteien erkennbar von den AGB des Betreibers abrückt. Da die AGB des Betreibers im Verhältnis zwischen dem Anbieter und dem Kaufinteressenten keine unmittelbare Wirkung haben, haben die individuellen Parteivereinbarungen in diesem Verhältnis Vorrang.[83]

32 **b) Konkludentes Verhalten und Schweigen.** Willenserklärungen müssen nicht notwendig sprachlich verlautbart werden. Sie können sich vielmehr auch aus **konkludentem Verhalten**[84] oder – in Ausnahmefällen – aus bloßem **Schweigen**[85] ergeben. In diesen Fällen hilft die Anknüpfung an den **Wortlaut** naturgemäß nicht weiter. Man muss daher aus den **Begleitumständen** ermitteln, ob dem Verhalten bzw. dem Schweigen überhaupt ein rechtsgeschäftlicher Erklärungswert zukommt und welchen Inhalt eine solche Erklärung gegebenenfalls hat (s. dazu → § 116 Rn. 12 f.). Dabei haben der Grundsatz von **Treu und Glauben** und die **Verkehrssitte** große Bedeutung.

33 **c) Widerspruch von tatsächlichem Verhalten und verbaler Verlautbarung.** Hat das tatsächliche Verhalten einen eindeutigen Erklärungswert, so ist dieser auch dann maßgeblich, wenn der Erklärende sich verbal ausdrücklich gegen eine entsprechende Deutung seines Verhaltens verwahrt hat. Nach dem Grundsatz von Treu und Glauben ist die verbale Verwahrung in einem solchen Fall unbeachtlich (**protestatio facto contraria non valet**).[86] Eindeutig ist dies in dem Fall, dass der verbale Protest dem tatsächlichen Verhalten zeitlich nachfolgt. Ist die konkludente Erklärung einmal wirksam geworden, so kann sie durch einen **nachträglichen** Verbalprotest nicht mehr infrage gestellt werden (vgl. § 130 Abs. 1 S. 2).[87] Nach hM ist auch eine **vorausgehende** oder **gleichzeitige** protestatio irrelevant. Dies lässt sich in vielen Fällen schon damit rechtfertigen, dass das tatsächliche Verhalten einen stärkeren Erklärungswert als ein bloßer Verbalprotest hat.[88] Zumindest ist der Betreffende wegen des Verbots widersprüchlichen Verhaltens nach Treu und Glauben gehindert, sich auf die verbale Verwahrung zu berufen.[89] Da das tatsächliche Verhalten im Allgemeinen vom Willen des Erklärenden getragen wird, verstößt die Außerachtlassung des verbalen Protests auch nicht gegen den Grundsatz der Privatautonomie.[90] Fehlt es bei dem tatsächlichen Verhalten an einem Erklärungsbewusstsein, kommt aber eine Anfechtung nach § 119 Abs. 1 Alt. 1 in Betracht.[91]

34 **2. Der wirkliche Wille des Erklärenden.** **a) Der wirkliche Wille als innere Tatsache.** Als zentrales Auslegungskriterium nennt § 133 den **wirklichen Willen** des Erklärenden. Dies entspricht der Funktion der

79 BGHZ 86, 41 (47) = NJW 1983, 672; BGH NJW 2002, 1260 (1261); BGH MDR 2015, 141 Rn. 50; Soergel/*Hefermehl* BGB § 133 Rn. 27; PWW/*Ahrens* BGB § 133 Rn. 34; einschr. RGRK/*Krüger-Nieland/Zöller* BGB § 133 Rn. 19.

80 BGH NJW-RR 2000, 1002 (1003); NJW 2002, 2872 (2873); NJW-RR 2008, 683 (684); NJW 2010, 2422 (2425); BAG NZA 2019, 1592 Rn. 31; MüKoBGB/*Busche* § 133 Rn. 56; *Wolf/Neuner* BGB AT § 35 Rn. 4 ff.; *Looschelders* AcP 212 (2012), 581, 639 f.

81 Vgl. BGH NJW-RR 1998, 259; 2007, 529 f.; VersR 2009, 1098 (1099); MüKoBGB/*Busche* § 133 Rn. 5; BeckOK BGB/*Wendtland* § 133 Rn. 25; Palandt/*Ellenberger* BGB § 133 Rn. 17; HKK/*Vogenauer* BGB §§ 133, 157 Rn. 53; PWW/*Ahrens* BGB § 133 Rn. 36.

82 BGHZ 149, 135 f. = NJW 2002, 363 (365); BGH NJW 2011, 2643 Rn. 15 f.; 2012, 2723 Rn. 29; 2014, 1292 Rn. 18 ff.; 2016, 395 Rn. 16; 2017, 468 Rn. 19; 2017, 1660 Rn. 12; Hk-BGB/*Dörner* § 133 Rn. 8; Jauernig/*Mansel* BGB § 133 Rn. 10.

83 BGHZ 149, 129 (136 f.) = NJW 2002, 363 (366); BGH NJW 2017, 1660 Rn. 13.

84 BGHZ 186, 269 = NJW 2010, 3510 Rn. 43; MüKo-BGB/*Busche* § 133 Rn. 34.

85 MüKoBGB/*Busche* § 133 Rn. 62; zum Schweigen als Willenserklärung *Brox/Walker* BGB AT § 8 Rn. 42 ff.; *Wolf/Neuner* BGB AT § 31 Rn. 13 ff.

86 Vgl. BGHZ 95, 395 (399); BGH NJW 1965, 387 (388); 2000, 3429, 3431; MüKoBGB/*Busche* § 133 Rn. 57; Soergel/*Wolf* BGB § 157 Rn. 51; krit. Staudinger/*Singer* BGB § 133 Rn. 59.

87 MüKoBGB/*Armbrüster* Vor § 116 Rn. 10; Staudinger/*Olzen* BGB § 241 Rn. 101; *Hübner* BGB AT Rn. 1015.

88 Vgl. MüKoBGB/*Busche* § 133 Rn. 57.

89 So Staudinger/*Olzen* BGB § 241 Rn. 102 f.; Staudinger/*Looschelders/Olzen* BGB § 242 Rn. 286 ff.; ähnlich *Medicus/Petersen* BürgerlR Rn. 191.

90 Vgl. Soergel/*Wolf* BGB § 157 Rn. 51; nach *Medicus/Petersen* BürgerlR Rn. 191 handelt es sich um eine zulässige Einschränkung der Privatautonomie.

91 Vgl. BGHZ 91, 324 (327); *Wolf/Neuner* BGB AT § 41 Rn. 47.

Willenserklärung, dem Erklärenden eine eigenverantwortliche (privatautonome) Gestaltung seiner rechtlichen Verhältnisse zu ermöglichen.[92]

Mit dem wirklichen Willen bezieht § 133 sich nicht auf eine normative Gegebenheit, sondern auf eine **psychische Tatsache**. Als innere Tatsache ist der wirkliche Wille keiner unmittelbaren Feststellung zugänglich.[93] Er muss daher anhand des Wortlauts und der Umstände der Erklärung ermittelt werden. In der Literatur wird dies teilweise als **natürliche** oder **empirische Auslegung** bezeichnet.[94]   **35**

Soweit der wirkliche Wille des Erklärenden nach den gegebenen Indizien nicht feststellbar ist, muss auf den **mutmaßlichen Willen** abgestellt werden.[95] Auslegungsmittel sind auch hier der Wortlaut der Erklärung und die Begleitumstände. Dabei kommen dem Grundsatz von **Treu und Glauben** (→ Rn. 52 ff.) und der **Verkehrssitte** (→ Rn. 59 ff.) große Bedeutung zu.   **36**

Bei der Ermittlung des **Inhalts von Verträgen** kann nicht allein auf den Willen einer Partei abgestellt werden. Nach dem Grundgedanken der Vertragsfreiheit sollen die Parteien die Möglichkeit haben, ihre rechtlichen Verhältnisse gemeinschaftlich (einvernehmlich) nach ihrem Willen zu gestalten. Bei der Auslegung muss daher auf den **übereinstimmenden Willen** der Parteien abgestellt werden.[96] Lässt sich ein übereinstimmender Wille feststellen, so geht dieser allen anderen Auslegungsmöglichkeiten vor (→ Rn. 46).   **37**

b) Nicht empfangsbedürftige Willenserklärungen. Die Anknüpfung an den wirklichen oder mutmaßlichen Willen trägt allein den Interessen des Erklärenden Rechnung. Bei nicht empfangsbedürftigen Erklärungen ist dies sachgemäß, weil hier die **Interessen anderer nicht betroffen** oder zumindest **nicht schutzwürdig** sind.   **38**

Praktisch wichtigstes Beispiel für eine nicht empfangsbedürftige Willenserklärung ist das **einseitige Testament**. Hier ist zu Recht anerkannt, dass man sich bei der Auslegung allein am wirklichen oder mutmaßlichen Willen des Erblassers zu orientieren hat.[97] Zur Ermittlung des Erblasserwillens können **alle Begleitumstände** der Erklärung herangezogen werden, auch wenn sie für andere **nicht erkennbar** waren.[98] Ob der Wille des Erblassers durch den Wortlaut des Testaments gestützt wird, ist für die Auslegung unerheblich.[99] Eine andere Frage ist, ob das Testament mit dem durch Auslegung ermittelten Inhalt **formgültig** ist (→ Rn. 75).   **39**

Besonderheiten gelten bei der **Auslobung**. Diese besteht zwar aus einer einseitigen, nicht empfangsbedürftigen Willenserklärung.[100] Da die Auslobung andere Personen zur Vornahme einer Handlung veranlassen soll, kann hier jedoch nicht allein auf die Interessen des Erklärenden abgestellt werden. Aus Gründen des Vertrauensschutzes muss vielmehr von den Verständnismöglichkeiten eines durchschnittlichen Angehörigen des durch die Auslobung angesprochenen Adressatenkreises ausgegangen werden (→ Rn. 51).[101]   **40**

c) Empfangsbedürftige Willenserklärungen. aa) Maßgeblichkeit des Empfängerhorizonts. Bei empfangsbedürftigen Willenserklärungen widerspräche es dem Grundsatz von Treu und Glauben, die Auslegung allein auf den wirklichen Willen des Erklärenden auszurichten. Das Ziel eines gerechten **Interessenausgleichs** und der Grundsatz des **Vertrauensschutzes** (→ Rn. 53 ff.) gebieten vielmehr, die Interessen des Erklärungsempfängers in angemessener Weise zu berücksichtigen. Soweit dieser den wirklichen Willen des Erklärenden weder kennt noch erkennen kann, muss er sich auf den **objektiven Gehalt der Erklärung** verlassen können.[102] Der objektive Erklärungsgehalt bestimmt sich nach dem **Empfängerhorizont**. Entscheidend ist, wie der Empfänger die Erklärung nach Treu und Glauben mit Rücksicht auf die Verkehrssitte   **41**

---

92 Vgl. BGH NJW 1984, 721; Erman/*Arnold* BGB § 133 Rn. 1; *Flume* BGB AT Bd. 2 § 16, 3 b; *Brox/Walker* BGB AT §°6 Rn.°3,°7°ff.,°13; *Looschelders/Roth* S. 60.
93 Vgl. MüKoBGB/*Busche* § 133 Rn. 9.
94 So Erman/*Arnold* BGB § 133 Rn. 15; PWW/*Ahrens* BGB § 133 Rn. 16; Staudinger/*Singer* BGB § 133 Rn. 12; *Brox/Walker* BGB AT § 6 Rn. 7; *Muthorst* JA 2013, 721 (726).
95 BGHZ 86, 41 (45); Hk-BGB/*Dörner* § 133 Rn. 7.
96 Vgl. BGHZ 20, 109 (110); 71, 75, 77 f.; BGH NJW 1996, 1678 (1679); WM 2009, 1755 (1757); MüKo-BGB/*Busche* § 133 Rn. 14; Soergel/*Wolf* BGB § 157 Rn. 29; Palandt/*Ellenberger* BGB § 133 Rn. 8.
97 BGHZ 80, 242 (249); 86, 41, 45; BGH ZEV 2009, 459 (461); Palandt/*Ellenberger* BGB § 133 Rn. 13; Soergel/*Hefermehl* BGB § 133 Rn. 11; *Wieacker* JZ 1967, 385 (389); *Pawlowski* BGB AT Rn. 432, 440; *Brox/Walker* ErbR § 16 Rn. 1 ff.; *Olzen/Looschelders* Erbrecht Rn. 577; zu den Besonderheiten bei gemein-

schaftlichen Testamenten und Erbverträgen → § 157 Rn. 31.
98 BGH ZEV 2009, 459 (461); BeckOK BGB/*Wendtland* § 133 Rn. 31.
99 Vgl. Erman/*Arnold* BGB § 133 Rn. 16; PWW/*Ahrens* BGB § 133 Rn. 18; *Brox/Walker* BGB AT § 6 Rn. 8; *Roth* NJW-Spezial 2019, 423.
100 BeckOK BGB/*Kotzian-Marggraf* § 657 Rn. 8; *Looschelders* SchuldR BT § 38 Rn. 1.
101 BeckOK BGB/*Wendtland* § 133 Rn. 31; Palandt/*Ellenberger* BGB § 133 Rn. 12; PWW/*Ahrens* BGB § 133 Rn. 19; Staudinger/*Singer* BGB § 133 Rn. 17; *Köhler* BGB AT § 9 Rn. 6.
102 Zur Maßgeblichkeit des objektiven Erklärungsgehalts (-werts) bei empfangsbedürftigen Willenserklärungen BGHZ 36, 30 (33); 103, 275, 280; BGH NJW 2006, 3777 (3778); 2010, 2422, 2425; Erman/*Arnold* BGB § 133 Rn. 19; Staudinger/*Singer* BGB § 133 Rn. 18; MüKoBGB/*Busche* § 133 Rn. 29; Jauernig/*Mansel* BGB § 133 Rn. 10.

(s. § 157) verstehen durfte.[103] Die Auslegung folgt damit keinem tatsächlichen, sondern einem rechtlichen Maßstab.[104] Man spricht deshalb von **normativer Auslegung**.[105]

42   Dass der wirkliche (innere) Wille des Erklärenden bei empfangsbedürftigen Willenserklärungen nicht allein maßgeblich sein kann, wird durch die Regelungen über die **Irrtumsanfechtung** (s. §§ 119 ff.) bestätigt. Käme es nur auf den wirklichen Willen an, so wäre ein Irrtum als Abweichung von Wille und Erklärung von vornherein ausgeschlossen.[106] Einen weiteren wichtigen Anknüpfungspunkt für die Maßgeblichkeit des Empfängerhorizonts enthält § 116. Bei empfangsbedürftigen Willenserklärungen ist der innere Wille im Fall eines **geheimen Vorbehalts** hiernach nur dann relevant, wenn der Empfänger den Vorbehalt kennt.

43   Gegenüber dem Erklärenden wird die Abweichung vom wirklichen Willen dadurch legitimiert, dass er für die objektive Bedeutung seiner Erklärung **verantwortlich** ist.[107] Problematisch ist daher der Fall, dass die Diskrepanz von wirklichem Willen und objektivem Erklärungsgehalt auf Gründen beruht, die der Erklärende nicht in Betracht ziehen konnte. Dieses Problem kann auftreten, wenn der Erklärungsempfänger bei der Auslegung Umstände berücksichtigt hat und berücksichtigen durfte, die für den Erklärenden **nicht erkennbar** waren.[108]

44   In solchen Fällen ist zunächst zu prüfen, ob die objektive Bedeutung dem Erklärenden ohne Rücksicht auf die Erkennbarkeit **zurechenbar** ist, weil die infrage stehenden Umstände in seinem Risikobereich liegen.[109] Diese Voraussetzung trifft auf das viel diskutierte Schulbeispiel zu, dass ein Gast seine Bestellung aufgrund einer veralteten Speisekarte abgibt, die ein Dritter in der Gastwirtschaft zurückgelassen hat. Der Vertrag kommt auch dann zu den in der Speisekarte ausgewiesenen (niedrigeren) Preisen zustande, wenn der Austausch der Speisekarte für den Wirt nicht erkennbar war. Entscheidend ist, dass der Wirt das Risiko für die ausliegenden Speisekarten trägt.[110] Ist die Zurechenbarkeit **zu verneinen**, kann die Willenserklärung **keine Rechtswirkungen** entfalten, weil sie für den Erklärenden einen anderen Inhalt als für den Empfänger hat.[111] In der Praxis kommt dieser Konstellation freilich keine große Bedeutung zu.[112] Denn die für das Auseinanderfallen der Verständnishorizonte maßgeblichen Gründe werden meist in den Risikobereich eines Beteiligten fallen.

45   **bb) Bedeutung des wirklichen Willens des Erklärenden.** Auch bei empfangsbedürftigen Willenserklärungen ist § 133 keineswegs obsolet.[113] Aus Gründen der Verhältnismäßigkeit geht der Verständnishorizont des Empfängers dem wirklichen Willen des Erklärenden vielmehr nur insoweit vor, wie dies zum Schutz des Empfängers **erforderlich** und **angemessen** ist. Folgende Fälle sind zu unterscheiden.

46   Haben beide Beteiligten der Erklärung den gleichen Inhalt beigemessen, so gilt die Erklärung mit diesem Inhalt, auch wenn sie aus Sicht eines objektiven Dritten einen anderen Inhalt hätte. Denn es gibt keinen sachlichen Grund, den **übereinstimmenden Willen** beider Parteien gegenüber den Verständnismöglichkeiten eines unbeteiligten Dritten zurücktreten zu lassen. Der übereinstimmende Wille der Beteiligten setzt sich deshalb auch dann durch, wenn der **Wortlaut** der Erklärung aufgrund einer bewussten oder unbewussten Falschbezeichnung eindeutig in eine andere Richtung weist (**falsa demonstratio non nocet**).[114]

---

103   BGHZ 30, 33 (36); 47, 75, 78; 103, 275, 280; NJW 2006, 3777 (3778); NJW-RR 2007, 976; NJW 2009, 2443; 2010, 2422, 2425; Erman/*Arnold* BGB § 133 Rn. 19; Palandt/*Ellenberger* BGB § 133 Rn. 9; Jauernig/*Mansel* BGB § 133 Rn. 10; Soergel/*Hefermehl* BGB § 133 Rn. 14; Staudinger/*Singer* BGB § 133 Rn. 18; Hk-BGB/*Dörner* § 133 Rn. 8; *Wolf/Neuner* BGB AT § 35 Rn. 11, 29; aA noch Motive I, S. 155 = *Mugdan* I, S. 437 f.

104   *Wolf/Neuner* BGB AT § 35 Rn. 29.

105   Erman/*Arnold* BGB § 133 Rn. 19; PWW/*Ahrens* BGB § 133 Rn. 22; Staudinger/*Singer* BGB § 133 Rn. 18; *Brox/Walker* BGB AT §6 Rn.°13; *Muthorst* JA 2013, 721 (726).

106   Grundlegend *Larenz*, Auslegung, S. 6; vgl. auch Staudinger/*Singer* BGB § 133 Rn. 18; *Brox/Walker* BGB AT § 6 Rn. 14; *Trupp* NJW 1990, 1346 ff.; einschr. gegenüber dem Irrtumsargument MüKoBGB/*Busche* § 133 Rn. 13.

107   Vgl. *Larenz*, Auslegung, S. 76; MüKoBGB/*Busche* § 133 Rn. 13; Staudinger/*Singer* BGB § 133 Rn. 21; *Brox/Walker* BGB AT § 6 Rn. 14; *Wolf/Neuner* BGB AT § 35 Rn. 19.

108   Zur Problemstellung *Larenz*, Methode, S. 70 ff.; ferner *Flume* BGB AT Bd. 2 § 16, 3 c; *Wolf/Neuner*

BGB AT § 35 Rn. 19 f.; *Medicus/Petersen* BürgerlR Rn. 324 ff.; gegen eine Berücksichtigung des Verständnishorizonts des Erklärenden *Wieser* AcP 184 (1984), 40 ff.

109   Vgl. *Medicus/Petersen* BürgerlR Rn. 325 f.

110   Zu diesem Beispiel Staudinger/*Singer* BGB § 133 Rn. 20 ff.; *Wolf/Neuner* BGB AT § 35 Rn. 21.

111   Für Unwirksamkeit der Erklärung *Lüderitz*, Auslegung, S. 305; *Stathopoulos* FS Larenz 1973, S. 366, 369; für Dissens *Larenz* BGB AT 7. Aufl. § 19 IIa aE.

112   Vgl. *Flume* BGB AT Bd. 2 § 16, 3 c; *Medicus/Petersen* BürgerlR Rn. 326.

113   So auch MüKoBGB/*Busche* § 133 Rn. 12 ff.; HKK/*Vogenauer* BGB §§ 133, 157 Rn. 57.

114   Vgl. BGHZ 20, 109 (110); 71, 75, 77; BGH NJW-RR 1996, 1458; BGH NJW 2005, 1950 (1951); NJW-RR 2008, 1658 (1659); BeckRS 2014, 10546 Rn. 17; NJW 2015, 409 Rn. 11; OLG Stuttgart NJOZ 2012, 1250 (1251); BeckOK BGB/*Wendtland* § 133 Rn. 27; Staudinger/*Singer* BGB § 133 Rn. 13; MüKoBGB/ *Busche* § 155 Rn. 7; Palandt/*Ellenberger* BGB § 133 Rn. 8; Jauernig/*Mansel* BGB § 133 Rn. 9; krit. *Mittelstädt* ZfPW 2017, 175 (182 ff.).

Hat der Empfänger den **wirklichen Willen** des Erklärenden **gekannt**, so kann er sich nicht darauf berufen, **47** dass die Erklärung bei objektiver Betrachtung einen anderen Inhalt hat.[115] Dies gilt auch dann, wenn der Empfänger den wirklichen Willen des Erklärenden nicht geteilt hat.[116] Denn der Empfänger ist auch in diesem Fall **nicht schutzwürdig**.

In den übrigen Fällen hat sich der Empfänger nach Treu und Glauben im Rahmen seiner Erkenntnismöglichkeiten darum zu **bemühen**, den **wirklichen Willen** des Erklärenden **zu ermitteln**.[117] Welche **Sorgfaltsanforderungen** an den Empfänger zu stellen sind, lässt sich nicht abstrakt-generell umschreiben, sondern hängt von einer Interessenabwägung im Einzelfall ab. Dabei ist in einem ersten Schritt festzustellen, welche Umstände dem Empfänger bekannt waren und welche Maßnahmen **erforderlich** gewesen wären, um die ihm unbekannten (relevanten) Umstände zu ermitteln. In einem zweiten Schritt muss geprüft werden, ob die erforderlichen Kenntnisverschaffungsmaßnahmen dem Empfänger **zumutbar** waren. Ist der Wortlaut der Erklärung eindeutig, so darf der Empfänger sich damit grundsätzlich zufrieden geben, sofern er keine Anhaltspunkte für einen abweichenden Willen des Erklärenden hat. Ansonsten muss der Empfänger uU weitere Nachforschungen anstellen. Dabei kann auch eine Nachfrage beim Erklärenden zumutbar sein.[118]

Die Einhaltung der für das richtige Verständnis erforderlichen und zumutbaren Sorgfalt ist keine echte **49** Rechtspflicht, sondern eine bloße **Obliegenheit**. Die Verletzung dieser Sorgfalt löst also grundsätzlich keine Schadensersatzpflicht aus. Der Empfänger muss die Erklärung aber so gegen sich gelten lassen, wie sie dem wirklichen Willen des Erklärenden entspricht.

cc) Konkretisierung des Empfängerhorizonts. Ist die Erklärung an einen bestimmten Empfänger **50** gerichtet, so sind dessen individuelle Verständnismöglichkeiten bei Wirksamwerden der Erklärung zugrunde zu legen.[119] Etwaiges **Sonderwissen** ist zu berücksichtigen. Aus Gründen des Vertrauensschutzes müssen **individuelle Defizite** des Empfängers dagegen außer Betracht bleiben, sofern sie dem Erklärenden bei Wirksamwerden der Erklärung weder bekannt noch erkennbar waren.[120]

Ist die Erklärung an eine **unbestimmte Vielzahl** von Personen gerichtet, so sind die Verständnismöglichkeiten **51** eines durchschnittlichen Angehörigen des Adressatenkreises maßgeblich. Das Gleiche gilt für **AGB**, Formularverträge und typische Klauseln (dazu → Rn. 87 f.). Bei **Wechselerklärungen** und **Inhaberschuldverschreibungen** sind außerhalb der Urkunde liegende Umstände nur dann erheblich, wenn sie allgemeinkundig oder für außenstehende Dritte erkennbar sind.[121] Die Erkennbarkeit für außenstehende Dritte ist auch für die Auslegung des körperschaftlichen Teils von **Gesellschaftsverträgen** und **Satzungen der Kapitalgesellschaften** oder **Vereine** maßgeblich. Dies gilt jedenfalls dann, wenn seit dem Abschluss des Gesellschaftsvertrages oder der Errichtung der Satzung neue Mitglieder hinzugekommen sind oder ein Mitgliederwechsel stattgefunden hat (→ Rn. 97 f.).

3. Treu und Glauben. Als weiteres Auslegungskriterium nennt § 157 Treu und Glauben. Es handelt sich **52** um eine sog. **Paarformel**, bei der beide Begriffe weitgehend synonym sind.[122] Im Verhältnis zur **Verkehrssitte** handelt es sich um das vorrangige Kriterium.[123] Dies ergibt sich aus der Formulierung „mit Rücksicht auf die Verkehrssitte".[124] Eine im Widerspruch zu Treu und Glauben stehende Verkehrssitte kann daher bei der Auslegung nicht herangezogen werden (→ Rn. 57). Auf der anderen Seite hat die Verkehrssitte Einfluss auf den Inhalt von Treu und Glauben. In welchem Sinne der Empfänger den Erklärenden nach Treu und Glauben verstehen darf, kann oft nur „mit Rücksicht auf die Verkehrssitte" festgestellt werden.

a) Das Ziel eines gerechten Interessenausgleichs. Ebenso wie bei § 242 hat der Grundsatz von Treu **53** und Glauben auch bei § 157 keinen fest umrissenen Inhalt, sondern gibt nur eine allgemeine Zielrichtung vor: nämlich die Gewährleistung eines gerechten Interessenausgleichs im Einzelfall.[125] Der Sache nach geht es insbesondere um die **Rücksichtnahme** auf die Interessen anderer, den **Schutz berechtigten Vertrauens** und die Wahrung der **Redlichkeit im Geschäftsverkehr**.[126] Diese Zielvorgaben haben für die Auslegung von Willenserklärungen und Verträgen nach §§ 133, 157 aber nicht die gleichen Konsequenzen wie für die

---

115 BGH NJW 1984, 721; Palandt/*Ellenberger* BGB § 133 Rn. 8; Soergel/*Hefermehl* BGB § 133 Rn. 13.

116 BGH NJW 2002, 1038 (1039); Staudinger/*Singer* BGB § 133 Rn. 12; *Wolf/Neuner* BGB AT § 35 Rn. 27.

117 BGH NJW 2008, 2702 (2704); BAG NJW 2006, 2284 (2286); BeckOK BGB/*Wendtland* § 133 Rn. 27; PWW/*Ahrens* BGB § 133 Rn. 23; MüKoBGB/*Busche* § 133 Rn. 29; Staudinger/*Singer* BGB § 133 Rn. 18; *Wolf/Neuner* BGB AT § 35 Rn. 15.

118 Vgl. Erman/*Arnold* BGB § 133 Rn. 19.

119 MüKoBGB/*Busche* § 133 Rn. 12; Soergel/*Hefermehl* BGB § 133 Rn. 26.

120 Vgl. Staudinger/*Singer* BGB § 133 Rn. 18.

121 BGHZ 64, 11 (14); vgl. auch BGHZ 28, 259 (263 ff.); BeckOK BGB/*Wendtland* § 133 Rn. 28; MüKoBGB/*Busche* § 133 Rn. 36; *Wolf/Neuner* BGB AT § 35 Rn. 33 ff.

122 Vgl. HKK/*Vogenauer* BGB §§ 133, 157 Rn. 70; Staudinger/*Looschelders/Olzen* BGB § 242 Rn. 141.

123 MüKoBGB/*Busche* § 157 Rn. 18; Soergel/*Wolf* BGB § 157 Rn. 54.

124 Vgl. MüKoBGB/*Busche* § 157 Rn. 17; zur parallelen Problematik bei § 242 Staudinger/*Looschelders/Olzen* BGB § 242 Rn. 167.

125 Vgl. MüKoBGB/*Busche* § 157 Rn. 7.

126 Vgl. *Looschelders* SchuldR AT § 4 Rn. 8.

Konkretisierung und Ergänzung des Pflichtenprogramms der Parteien und die Begrenzung der Rechtsaus-übung nach § 242.[127] Denn aufgrund des Zusammenspiels mit § 133 kommt dem **Parteiwillen** im Rahmen des § 157 eine wesentlich größere Bedeutung als bei § 242 zu (→ Rn. 34 ff.).

54   Der Gedanke eines **gerechten Interessenausgleichs** erfordert, dass man bei der Definition des Auslegungs-maßstabs nicht einseitig auf die Sichtweise einer Partei – etwa des Erklärenden – abstellt, sondern die Inter-essen beider Parteien berücksichtigt.[128] Diese Vorgabe wird durch die **Lehre vom Empfängerhorizont** (→ Rn. 41 ff.) verwirklicht.[129] Denn sie schützt das Interesse des Erklärenden an der Verwirklichung seines wirklichen Willens nur insoweit, wie es mit dem berechtigten Vertrauen des Erklärungsempfängers auf die Geltung des objektiven Erklärungsgehalts vereinbar ist. Sie verpflichtet darüber hinaus aber auch den Emp-fänger, durch sorgfältige Erforschung des wirklichen Willens des Erklärenden auf dessen Interessen Rück-sicht zu nehmen. Letztlich ist auch das **Verbot der buchstabenverhafteten Interpretation** in § 133 (→ Rn. 30) ein Ausfluss von Treu und Glauben. Denn der Empfänger verhielte sich treuwidrig, wenn er an der wörtlichen Bedeutung der Erklärung festhalten wollte, obwohl er den wirklichen Willen des Erklären-den erkannt hat oder erkennen konnte.

55   **b) Grundsatz der beiderseits interessengerechten Auslegung.** Der Grundsatz von Treu und Glauben gebietet weiter, Verträge möglichst so auszulegen, dass sie einen widerspruchsfreien und vernünftigen Inhalt haben, der den **berechtigten Interessen beider Parteien** gerecht wird.[130] Der Richter darf diese Aus-legungsmaxime allerdings nicht heranziehen, um dem Vertrag einen Inhalt beizulegen, den er selbst für interessengerecht hält.[131] Ausgangspunkt müssen vielmehr die Interessen- und Risikowertungen der Par-teien sein. Haben die Parteien ein bestimmtes Kriterium in den Vordergrund gestellt, so darf die ungleiche Gewichtung nicht durch interessengerechte Auslegung überspielt werden. Davon abgesehen ist die interes-sengerechte Auslegung für sich genommen im Allgemeinen auch nicht geeignet, eine Auslegung gegen den Wortlaut der Vereinbarung zu rechtfertigen.[132]

56   Welche Auslegung interessengerecht ist, hängt von einer umfassenden Abwägung der Parteiinteressen ab.[133] Den Maßstab der Abwägung bilden in erster Linie die **Wertungen der Parteien**, soweit sie in der Vereinbarung zum Ausdruck gekommen sind. Führt dies zu keinem eindeutigen Ergebnis, ist auf die **Wer-tungen** abzustellen, die in der **gesamten Rechtsordnung** verankert sind.[134] Dabei kommt den **Grundrech-ten** besonders große Bedeutung zu.[135] Im Unterschied zum Gesetzgeber (Art. 1 Abs. 3 GG) sind die Par-teien zwar nicht an die Grundrechte gebunden. Mangels gegenteiliger Anhaltspunkte kann aber davon aus-gegangen werden, dass sie dem Vertrag einen Inhalt geben wollten, der mit der Wertordnung des Grundgesetzes in Einklang steht. So wird man einem Arbeitgeber im Zweifel nicht unterstellen dürfen, er wolle seine weiblichen Arbeitnehmer diskriminieren.

57   Sind mehrere Auslegungsmöglichkeiten gleichwertig, so ist die Alternative maßgeblich, nach welcher der Inhalt des Vertrages mit dem **Gesetz** und den **guten Sitten** vereinbar ist (rechts- und sittenkonforme Ausle-gung).[136] Denn die Nichtigkeit des Geschäfts nach §§ 134, 138 widerspricht jedenfalls den Interessen ver-nünftiger Parteien.[137] Für letztwillige Verfügungen und Erbverträge ist diese Auslegungsmaxime in §§ 2084, 2279 (→ Rn. 22) ausdrücklich geregelt.

58   **c) Grundsatz der engen Auslegung einseitig belastender Vereinbarungen.** Dem Gedanken eines gerechten Interessenausgleichs entspricht es, Vereinbarungen, welche **wesentliche Rechte einer Partei ein-schränken** (zB Haftungsbeschränkungen, Gewährleistungsausschlüsse, Verzichtserklärungen), im Zweifel

---

127 Vgl. MüKoBGB/*Busche* § 157 Rn. 4 ff.; Soergel/*Wolf* BGB § 157 Rn. 26.
128 BGH NJW-RR 2003, 1053 (1054); Soergel/*Wolf* BGB § 157 Rn. 56.
129 So auch MüKoBGB/*Busche* § 157 Rn. 9; Soergel/*Wolf* BGB § 157 Rn. 56; Staudinger/*Singer* BGB § 133 Rn. 18 f.
130 Vgl. BGHZ 115, 1 (5) = NJW 1991, 2488; 131, 136, 138 = NJW 1996, 248; 143, 146, 148; 146, 280, 284 = NJW 2001, 1928; 152, 153, 156 = NJW 2003, 819; BGH NJW 2000, 1333 (1335); BGH NJW-RR 2002, 852; 2003, 227, 228; 2003, 1136; 2007, 1309, 1310; NJW 2009, 1810 (1812); 2009, 2443, 2446; NZM 2009, 741 (743); GRUR 2011, 946 Rn. 18; Palandt/*Ellenberger* BGB § 133 Rn. 18, 26; Soergel/*Wolf* BGB § 157 Rn. 35, 60; krit. MüKoBGB/*Busche*

§ 133 Rn. 64; HKK/*Vogenauer* BGB §§ 133, 157 Rn. 73.
131 BGHZ 146, 280 (284); BGH NJW 1998, 3268 (3269).
132 BGH NJW-RR 2002, 646; Jauernig/*Mansel* BGB § 133 Rn. 10.
133 MüKoBGB/*Busche* § 157 Rn. 7; Soergel/*Wolf* BGB § 157 Rn. 62.
134 MüKoBGB/*Busche* § 157 Rn. 12.
135 MüKoBGB/*Busche* § 157 Rn. 13; Soergel/*Wolf* BGB § 157 Rn. 33.
136 Vgl. BGH NJW 1971, 1034 (1035); NJW-RR 1990, 817 (818); Palandt/*Ellenberger* BGB § 133 Rn. 25; *Neuner* FS Canaris I 2007, S. 901 (908); ausführlich dazu *Hager*, Gesetzes- und sittenkonforme Ausle-gung, S. 169 ff.
137 Vgl. Erman/*Arnold* BGB § 133 Rn. 30.

eng auszulegen.[138] Wichtigster Anwendungsbereich dieser Regel waren früher **formularmäßige** Haftungsbeschränkungen.[139] Hier greifen heute jedoch die Unklarheitenregel des § 305c Abs. 2 sowie die Inhaltskontrolle nach §§ 307 ff. ein. Vor diesem Hintergrund wird die Auffassung vertreten, die Rechtsprechung zur engen Auslegung von Haftungsbeschränkungen sei obsolet.[140] Die hM hält aber auch bei **individualvertraglichen** Haftungsbeschränkungen am Grundsatz der engen Auslegung fest.[141] Da § 305c Abs. 2 bei Individualverträgen nicht angewendet werden kann (→ Rn. 23), muss dies jedoch unter dem Vorbehalt stehen, dass sich aus dem sonstigen Auslegungsmaterial keine gegenteiligen Anhaltspunkte ergeben.

4. Die Verkehrssitte. a) Begriff der Verkehrssitte. § 157 hebt die Verkehrssitte als Auslegungskriterium hervor. Im Unterschied zum Grundsatz von Treu und Glauben handelt es sich hier um **kein normatives Kriterium**. Der Begriff bezeichnet vielmehr eine **tatsächliche Übung**, die in den einschlägigen Verkehrskreisen anerkannt und über längere Zeit beachtet worden ist.[142] Im Verkehr unter Kaufleuten gelten die **Handelsbräuche** (§ 346 HGB) als besondere Ausprägung der Verkehrssitte.[143]   **59**

Die Verkehrssitte ist als solche **kein Gewohnheitsrecht**.[144] Eine auf langer Übung beruhende Verkehrssitte kann jedoch bei entsprechender Anerkennung zu Gewohnheitsrecht erstarken. Ein Beispiel hierfür ist die Lehre vom **kaufmännischen Bestätigungsschreiben**.[145]   **60**

Auch wenn die Verkehrssitte kein normatives Kriterium ist, muss sie sich doch an **normativen Kriterien** messen lassen. Verstößt eine Verkehrssitte gegen das Gesetz, die guten Sitten oder Treu und Glauben, so muss sie bei der Auslegung außer Acht bleiben.[146]   **61**

Die Verkehrssitte kann **örtlich verschieden** sein. Nach hM ist in diesem Fall grundsätzlich der Ort maßgeblich, an dem die Erklärung abgegeben worden ist.[147] Bei empfangsbedürftigen Willenserklärungen muss aber zum Schutz des Empfängers auf den Ort des Zugangs (§ 130) abgestellt werden.[148] Im Verhältnis zur allgemeinen Verkehrssitte geht ein etwa abweichender lokaler oder regionaler Gebrauch aus Gründen der Spezialität grundsätzlich vor.[149]   **62**

b) Voraussetzungen. Bei der Auslegung von empfangsbedürftigen Willenserklärungen und Verträgen kann die Verkehrssitte grundsätzlich nur dann zugrunde gelegt werden, wenn **beide Beteiligte** einem Verkehrskreis angehören, für welchen die Verkehrssitte gilt.[150] Gehört nur der Erklärende einem solchen Verkehrskreis an, so muss der Erklärungsempfänger sich die Verkehrssitte nur dann entgegenhalten lassen, wenn er sie **kannte** oder doch wenigstens **kennen musste**.[151] Hat ein Nichtkaufmann wie ein Kaufmann am Handelsverkehr teilgenommen, so können die Handelsbräuche bei der Auslegung daher auch zu seinen Lasten berücksichtigt werden.[152]   **63**

Gilt die Verkehrssitte für den Verkehrskreis des Erklärenden, so muss sie aus Gründen der Rechtssicherheit auch dann beachtet werden, wenn sie dem Erklärenden **nicht bekannt** gewesen ist.[153] Eine Ausnahme kann nur anerkannt werden, wenn der in der Erklärung zum Ausdruck gekommene Wille des Erklärenden der Verkehrssitte eindeutig widerspricht.[154]   **64**

138 Palandt/*Ellenberger* BGB § 133 Rn. 24; Soergel/*Wolf* BGB § 157 Rn. 97. Zu den historischen Grundlagen dieser Auslegungsregel vgl. HKK/*Vogenauer* BGB §§ 133, 157 Rn. 108 ff. Speziell zur Auslegung von Verzichtserklärungen RGRK/*Krüger-Nieland/Zöller* BGB § 133 Rn. 35.

139 Vgl. BGHZ 22, 90 (96); 24, 39, 45.

140 So Soergel/*Hefermehl* BGB § 133 Rn. 34.

141 Vgl. BGH NJW 1978, 261; BeckOK BGB/*Lorenz* § 276 Rn. 47; BeckOK BGB/*Faust* § 444 Rn. 5; Jauernig/*Stadler* BGB § 276 Rn. 56; Palandt/*Grüneberg* BGB § 276 Rn. 36.

142 BGH NJW 1990, 1723 (1724); Palandt/*Ellenberger* BGB § 133 Rn. 21; Staudinger/*Singer* BGB § 133 Rn. 65; Staudinger/*Looschelders/Olzen* BGB § 242 Rn. 160 ff.; *Flume* BGB AT Bd. 2 § 16, 3 d.

143 Vgl. BGH NJW 1993, 1798; MüKoBGB/*Busche* § 157 Rn. 16; zu möglichen dogmatischen Unterschieden *Hellwege* AcP 214 (2014), 853 ff.

144 BGH LM § 157 (B) BGB Nr. 1; PWW/*Brinkmann* BGB § 157 Rn. 10; Soergel/*Wolf* BGB § 157 Rn. 70 f.; zur Abgrenzung vgl. auch Staudinger/*Looschelders/Olzen* BGB § 242 Rn. 166.

145 Vgl. *Canaris* HandelsR § 23 Rn. 8 ff.

146 Vgl. BGHZ 16, 4 (12); RGRK/*Piper* BGB § 157 Rn. 14; *Flume* BGB AT Bd. 2 § 16, 3 d; einschr. *Canaris* HandelsR § 22 Rn. 34 ff.

147 Vgl. BGHZ 6, 127 (134); MüKoBGB/*Busche* § 157 Rn. 24; aA PWW/*Brinkmann* BGB § 157 Rn. 12: Ort, zu dem das Geschäft den engsten Bezug hat.

148 BGHZ 6, 127 (134); *Wolf/Neuner* BGB AT § 35 Rn. 15; aA MüKoBGB/*Busche* § 157 Rn. 24.

149 BGH LM § 157 (B) BGB Nr. 1.

150 PWW/*Brinkmann* BGB § 157 Rn. 12; RGRK/*Piper* BGB § 157 Rn. 8.

151 MüKoBGB/*Busche* § 157 Rn. 24; *Wolf/Neuner* BGB AT § 35 Rn. 15.

152 Vgl. BGHZ 11, 1 (3); RGRK/*Piper* BGB § 157 Rn. 13; Soergel/*Wolf* BGB § 157 Rn. 65; MüKoBGB/*Busche* § 147 Rn. 18; *Canaris* HandelsR § 22 Rn. 46 ff.; *K. Schmidt* HandelsR § 19 Rn. 72 ff.

153 OLG Frankfurt aM NJW-RR 1986, 911 (912); MüKoBGB/*Busche* § 157 Rn. 18; PWW/*Brinkmann* BGB § 157 Rn. 13.

154 RGZ 114, 9 (12); BGH LM § 157 (B) BGB Nr. 1; Staudinger/*Singer* BGB § 133 Rn. 68 f.

65 **c) Relevanz der Verkehrssitte für die Auslegung.** Die Verkehrssitte kann bei der **einfachen** (erläuternden) **Auslegung** Hinweise auf den wirklichen oder mutmaßlichen **Willen des Erklärenden** geben.[155] Denn im Zweifel kann davon ausgegangen werden, dass der Erklärende sich an der Verkehrssitte orientiert hat.[156] Bei empfangsbedürftigen Willenserklärungen ist der **Erklärungsempfänger** deshalb grundsätzlich berechtigt, der Erklärung die Bedeutung beizumessen, die der Verkehrssitte entspricht.[157] Hat der Erklärende sich im konkreten Fall nicht an die Verkehrssitte gehalten, ohne dass dies für den Empfänger erkennbar war, bleibt sein wirklicher Wille damit außer Betracht.

66 Zur Bedeutung der Verkehrssitte für die **ergänzende Auslegung** → § 157 Rn. 21 f.

III. Methoden der Auslegung

67 In methodischer Hinsicht gelten für die Auslegung von Willenserklärungen dem Grundsatz nach die gleichen Regeln wie für die **Auslegung von Gesetzen** (dazu Anh. zu § 133). Im Detail sind jedoch einige Besonderheiten zu beachten.

68 **1. Grammatische und systematische Auslegung.** Bei sprachlich verlautbarten Willenserklärungen beginnt die Auslegung mit dem Wortlaut (grammatische Interpretation).[158] Ausgangspunkt ist das **einzelne Wort**. Bei der Ermittlung des Wortsinns ist grundsätzlich vom allgemeinen Sprachgebrauch auszugehen.[159] Dabei kann die Heranziehung von Wörterbüchern sinnvoll sein.[160] Gehören beide Parteien einem Verkehrskreis mit fachspezifischem Sprachgebrauch an, so ist dies zu berücksichtigen.[161] Ob **juristische Termini** fachspezifisch zu verstehen sind, hängt von den Kenntnissen der im Einzelfall beteiligten Personen ab. So wird sich ein Volljurist in der Regel nicht auf das falsche Verständnis von juristischen Fachbegriffen berufen können.[162] Lassen die sonstigen Umstände darauf schließen, dass der Erklärende sich eines **besonderen Sprachgebrauchs** bedient hat, so ist die Erklärung in diesem Sinne zu verstehen. Dabei kann auch von einem nach dem allgemeinen Sprachgebrauch eindeutigen Wortsinn abgewichen werden.[163] Bedeutung hat dies vor allem für die Auslegung von nicht empfangsbedürftigen Willenserklärungen, namentlich Testamenten. Bei empfangsbedürftigen Erklärungen kann ein besonderer Sprachgebrauch nur dann berücksichtigt werden, wenn der Empfänger ihn gekannt hat oder kennen musste.[164]

69 Mit der Untersuchung des einzelnen Wortes darf man es indes nicht bewenden lassen. Das Wort muss im Kontext des jeweiligen **Satzes** sowie im Zusammenhang mit der **gesamten Erklärung** verstanden werden.[165] Eine solche **systematische Auslegung** kann insbesondere bei umfangreichen und detaillierten Vertragswerken wichtige Erkenntnisse liefern.[166]

70 In einem weiteren Sinne gehören zur systematischen Auslegung auch die **Bezüge** der Willenserklärung oder des Vertrages **zur gesamten Rechtsordnung** (→ Rn. 56). Da der wirkliche oder mutmaßliche Wille der Parteien nicht mit den Wertungen der Rechtsordnung übereinstimmen muss, hat dieser Aspekt bei der Auslegung von Willenserklärungen aber eine wesentlich geringere Bedeutung als bei der Auslegung von Gesetzen.[167]

71 **2. Historische Auslegung.** Nach der grammatischen Auslegung der Erklärung muss man in einem zweiten Schritt die **außerhalb der Erklärung liegenden Umstände** berücksichtigen, weil diese wichtige Indizien für den wirklichen bzw. mutmaßlichen Willen des Erklärenden sowie (bei empfangsbedürftigen Willenserklärungen) die Verständnismöglichkeiten des Empfängers geben können. Dabei kann die historische Auslegung relevant werden. Sie beruht auf dem Gedanken, dass die **Entstehungsgeschichte der Erklärung** häufig Rückschlüsse auf deren Inhalt zulässt. Dies gilt insbesondere für die zeitlichen und örtlichen Verhältnisse bei Abgabe der Erklärung, den Gang der Vorverhandlungen und den Zusammenhang mit vor

---

155 Zur Erläuterungsfunktion der Verkehrssitte vgl. Soergel/*Wolf* BGB § 157 Rn. 68.
156 *Köhler* BGB AT § 9 Rn. 12.
157 Vgl. BGH NJW 1966, 502 (503).
158 BGHZ 121, 13 (16); 150, 32, 37; Palandt/*Ellenberger* BGB § 133 Rn. 14; Staudinger/*Singer* BGB § 133 Rn. 45.
159 Vgl. OLG München NJW-RR 1996, 239; MüKo-BGB/*Busche* § 133 Rn. 58; BeckOK BGB/*Wendtland* § 133 Rn. 23; PWW/*Ahrens* BGB § 133 Rn. 31; Staudinger/*Singer* BGB § 133 Rn. 45.
160 Vgl. BGH LM § 133 (C) Nr. 17.
161 BGH NJW-RR 2007, 1470 (1471): „Sprachgebrauch im Rechtsverkehr zwischen Versicherern".

162 LG Berlin NJW 2005, 993 (994); Palandt/*Ellenberger* BGB § 133 Rn. 14; PWW/*Ahrens* BGB § 133 Rn. 32.
163 BGH MDR 2015, 141 Rn. 48.
164 BeckOK BGB/*Wendtland* § 133 Rn. 23; Soergel/*Hefermehl* BGB § 133 Rn. 25.
165 Vgl. BGHZ 101, 271 (273); BGH NJW-RR 2007, 1470 (1471); PWW/*Ahrens* BGB § 133 Rn. 33; Soergel/*Wolf* BGB § 157 Rn. 32; Staudinger/*Singer* BGB § 133 Rn. 47; *Köhler* BGB AT § 9 Rn. 11; *Muthorst* JA 2013, 721 (726).
166 Vgl. BGH NJW 2006, 3413; AK/*Hart* BGB §§ 133, 157 Rn. 31.
167 Vgl. *Flume* BGB AT Bd. 2 § 16, 3 b.

herigen Verträgen.[168] Zu berücksichtigen sind außerdem die **persönlichen Verhältnisse**, Eigenarten und Zielsetzungen **des Erklärenden**.[169] Bei empfangsbedürftigen Willenserklärungen muss aber geprüft werden, ob die betreffenden Gegebenheiten dem Empfänger bekannt waren oder sein mussten.

3. Teleologische Auslegung. Neben der historischen kommt der teleologischen Auslegung auch bei Willenserklärungen große Bedeutung zu. Die teleologische Auslegung setzt beim **Zweck des Rechtsgeschäfts** an und versucht hieraus Rückschlüsse auf den Inhalt der Willenserklärung abzuleiten.[170] **72**

Wegen des grundsätzlichen Vorrangs des Parteiwillens muss bei der teleologischen Auslegung von Verträgen grundsätzlich auf den Zweck abgestellt werden, den die Parteien mit der fraglichen Vereinbarung verfolgt haben (**subjektiv-teleologische Auslegung**). Eine **objektiv-teleologische Auslegung** nach dem „vernünftigen" Zweck des Vertrages kommt nur insoweit in Betracht, wie die subjektive Zwecksetzung der Parteien nicht feststellbar ist.[171] In diesem Fall muss der mutmaßliche Zweck des Vertrages auf der Grundlage einer Analyse und Abwägung der **Interessen** beider Parteien ermittelt werden.[172] Dahinter steht der Gedanke, dass redliche Parteien im Allgemeinen eine vernünftige Regelung treffen wollen, die den beiderseitigen Interessen gerecht wird.[173] Das Gebot einer beiderseits interessengerechten Auslegung (→ Rn. 55 ff.) ist somit eine wichtige Ausprägung des teleologischen Ansatzes. **73**

IV. Sonderfälle der Auslegung

1. Formbedürftige Willenserklärungen. a) Die Bedeutung der Andeutungstheorie. Die Auslegung formbedürftiger Willenserklärungen (zB Grundstücksverträge, Bürgschaftserklärungen, Testamente) richtet sich nach den allgemeinen Regeln. Auch hier ist also nicht allein der Wortlaut maßgeblich; es können (und müssen) vielmehr auch außerhalb der Erklärung liegende Umstände berücksichtigt werden.[174] Nach der Rechtsprechung gilt allerdings die Einschränkung, dass der Wille der Parteien in der formgerechten Urkunde wenigstens andeutungsweise zum Ausdruck gekommen sein muss (sog. **Andeutungstheorie**).[175] Dieser Auffassung wird teilweise entgegengehalten, dass die Frage nach dem Inhalt der Erklärung nicht mit der Frage der Formgültigkeit vermengt werden dürfe.[176] Welchen **Inhalt** die Erklärung habe, bestimme sich gemäß §§ 133, 157 nach dem Willen des Erklärenden bzw. (bei empfangsbedürftigen Erklärungen) den Verständnismöglichkeiten des Empfängers. Die Form sei dagegen nur für die Frage relevant, ob überhaupt ein wirksames Testament vorliege. Diese Auffassung verkennt jedoch den **inneren Zusammenhang** von Inhalt und Form. In welcher Weise der Inhalt der Erklärung in der Urkunde zum Ausdruck gekommen sein muss, hängt nämlich vom **Zweck der jeweiligen Formvorschrift** ab.[177] Entscheidend ist damit die Auslegung der jeweiligen Formvorschrift. Ein wesentliches Ziel der meisten **Formvorschriften** ist die Gewährleistung von **Rechtssicherheit**. Konkret geht es etwa bei den erbrechtlichen Formerfordernissen darum, dass der letzte Wille des Erblassers **vollständig** und **sicher verfügbar** und **beweisbar** sein soll.[178] Dieser Zweck wird verfehlt, wenn der Wille des Erblassers in der Urkunde nicht wenigstens andeutungsweise zum Ausdruck gekommen ist.[179] Diese Überlegungen lassen sich auf Grundstücksgeschäfte und Bürgschaftserklärungen übertragen. Der Andeutungstheorie ist daher zuzustimmen. **74**

Die Notwendigkeit einer solchen Trennung wird in neuerer Zeit auch von BGH und BAG anerkannt.[180] Bei formbedürftigen Willenserklärungen ist hiernach ein **zweistufiges Prüfungsverfahren** geboten. Zunächst muss durch **Auslegung** ermittelt werden, welchen Inhalt die Erklärung hat. Dabei können die außerhalb der **75**

168 Vgl. Motive I, S. 155 = *Mugdan* I, S. 437; BGH NJW-RR 1998, 259; BeckOK BGB/*Wendtland* § 133 Rn. 25; Staudinger/*Singer* BGB § 133 Rn. 48; HKK/*Vogenauer* BGB §§ 133, 157 Rn. 52.
169 Staudinger/*Singer* BGB § 133 Rn. 48.
170 Zur Relevanz des Zwecks des Rechtsgeschäfts für die Auslegung vgl. Motive I, S. 155 = *Mugdan* I, S. 437; BGHZ 2, 379 (385); BGH LM § 133 (C) BGB Nr. 81 = NJW-RR 1993, 464 (465); BGH NJW-RR 1998, 259; Soergel/*Hefermehl* BGB § 133 Rn. 25.
171 AK /*Hart* BGB §§ 133/157 Rn. 32 ff.; vgl. auch HKK/*Vogenauer* BGB §§ 133, 157 Rn. 66.
172 Zur Bedeutung der Interessenlage für die Auslegung vgl. Erman/*Arnold* BGB § 133 Rn. 27; Palandt/*Ellenberger* BGB § 133 Rn. 18; Soergel/*Wolf* BGB § 157 Rn. 60; *Muthorst* JA 2013, 721 (726).
173 Staudinger/*Singer* BGB § 133 Rn. 52.
174 Vgl. BGHZ 86, 41 (45); 87, 150, 154; BGH NJW 2000, 1569 (1570); BAG NZA 2005, 635 (636);

MüKoBGB/*Busche* § 133 Rn. 31; Palandt/*Ellenberger* BGB § 133 Rn. 19; PWW/*Ahrens* BGB § 133 Rn. 9; *Wolf/Neuner* BGB AT § 35 Rn. 36.
175 Vgl. RGZ 59, 217 (219); 160, 109, 111; BGHZ 32, 60 (63); 80, 246, 249; BGH ZEV 1997, 376; NJW-RR 2010, 821.
176 Vgl. BeckOK BGB/*Wendtland* § 133 Rn. 26 f.; Soergel/*Hefermehl* BGB § 133 Rn. 28; *Medicus/Petersen* BürgerlR Rn. 330; *Brox/Walker* ErbR § 16 Rn. 4; *Smid* JuS 1987, 283 (286).
177 *Schlüter/Röthel* ErbR § 19 Rn. 6.
178 *Olzen/Looschelders* Erbrecht Rn. 269; einschränkend *Brox/Walker* ErbR § 16 Rn. 4.
179 Staudinger/*Otte* BGB Vor §§ 2064–2086 Rn. 38; *Olzen/Looschelders* Erbrecht Rn. 591.
180 BGHZ 86, 41 (46 f.); BGH ZEV 1997, 376 (Testament); NJW 1996, 2792 (2793) (Grundstückskauf); 2000, 1569, 1570 (Bürgschaft); BAG NJW 2007, 250 (252); 2007, 3228, 3230.

Urkunde liegenden Umstände uneingeschränkt berücksichtigt werden. In einem zweiten Schritt ist dann die **Formgültigkeit** der Erklärung zu untersuchen.[181] In diesem Zusammenhang hält die hM bei **Testamenten** an der Andeutungstheorie fest (→ § 2084 Rn. 15 ff.).[182] Das Testament ist hiernach nur dann formwirksam, wenn der Wille des Erklärenden im Text der Urkunde eine **hinreichende Stütze** gefunden hat.[183] Dies gilt nicht nur für die erläuternde, sondern auch für die ergänzende Auslegung (dazu → § 157 Rn. 33).[184]

76 Die Andeutungstheorie gilt auch bei **Bürgschaftserklärungen**. Im Rahmen der **Auslegung** kann zwar auch hier auf außerhalb der Urkunde liegende Umstände zurückgegriffen werden. Die Bürgschaft ist aber nach §§ 766, 125 formnichtig, wenn der durch Auslegung festgestellte Inhalt der Erklärung nicht irgendwie in der Urkunde zum Ausdruck gekommen ist.[185]

77 **b) Die falsa-demonstratio-Regel bei formbedürftigen Willenserklärungen.** Inwieweit die falsa-demonstratio-Regel (→ Rn. 46) bei formbedürftigen Willenserklärungen Anwendung finden kann, ist umstritten. Da die Entscheidung vom **Zweck der jeweiligen Formvorschriften** abhängt, scheidet eine allgemeine Lösung aus. Vielmehr ist zwischen den verschiedenen Formvorschriften zu unterscheiden.

78 **aa) Grundstücksverträge.** Bei Grundstücksverträgen dient das Erfordernis der notariellen Beurkundung (§ 311 b Abs. 1) in erster Linie dem Schutz vor Übereilung (Warnfunktion). Außerdem soll die Belehrung und Beratung durch den Notar gewährleistet (Belehrungsfunktion) und der Inhalt des Vertrages klargestellt werden (Beweisfunktion).[186] Die ersten beiden Funktionen werden durch eine Falschbezeichnung nicht gefährdet. Die mögliche Beeinträchtigung der Beweisfunktion hat bei **irrtümlicher Falschbezeichnung** kein so großes Gewicht, dass sie die Außerachtlassung des übereinstimmenden Willens beider Parteien rechtfertigen könnte.[187] Das Gleiche gilt im Rahmen des § 925 bei irrtümlicher Falschbezeichnung des Auflassungsgegenstands (→ § 925 Rn. 9).[188] Auf die Grundbucheintragung als solche kann die falsa-demonstratio-Regel dagegen aus Gründen des Verkehrsschutzes nicht angewendet werden (→ Rn. 85).[189]

79 Haben die Parteien **bewusst etwas Falsches beurkunden lassen**, so sind sie nicht schutzwürdig. Auch wenn die Warn- und Belehrungsfunktion gewahrt sein mag, erscheint es daher nicht gerechtfertigt, den wirklichen Willen der Parteien mithilfe der falsa-demonstratio-Regel zum Tragen zu bringen.[190] Der Grundstücksvertrag ist daher mit dem gewollten Inhalt nach §§ 117 Abs. 2, 311 b Abs. 2 S. 1, 125 nichtig. Mit dem beurkundeten Inhalt ist der Vertrag als Scheingeschäft nach § 117 Abs. 1 unwirksam (→ § 117 Rn. 9 ff.).

80 **bb) Bürgschaftserklärungen.** Bei Bürgschaftserklärungen dient das Schriftformerfordernis (§ 766) ebenfalls in erster Linie dem **Schutz vor Übereilung**. Die hM geht daher zu Recht davon aus, dass eine **irrtümliche** Falschbezeichnung durch beide Parteien auch hier grundsätzlich unschädlich ist.[191]

81 **cc) Testamente.** Bei Testamenten haben **Beweiszwecke** große Bedeutung.[192] Da diese bei einer Falschbezeichnung gefährdet sind, muss die falsa-demonstratio-Regel wesentlich zurückhaltender als bei Grundstücksverträgen angewendet werden. Dies gilt umso mehr, als die falsa-demonstratio-Regel maßgeblich darauf beruht, dass der Empfänger die Falschbezeichnung „richtig" verstanden hat. Bei der Auslegung von Testamenten kommt es aber allein auf den Willen des Erblassers an.[193] Dieser Wille ist auch bei einer möglichen Falschbezeichnung nach den allgemeinen Auslegungsregeln unter Beachtung der Andeutungstheorie zu ermitteln.

---

181 Zu dieser zweistufigen Prüfung vgl. BGH NJW 1995, 1886 (1887); 2000, 1569, 1570; ZEV 1997, 376; Palandt/*Ellenberger* BGB § 133 Rn. 19; *Medicus/Petersen* BürgerlR Rn. 330; einschränkend BayObLG ZEV 2004, 200 (201); MüKoBGB/*Leipold* § 2084 Rn. 13.

182 Vgl. BGHZ 80, 242 (245 f.); 86, 41, 47; BGH ZEV 1997, 376; BayObLG ZEV 2004, 200; MüKoBGB/*Leipold* § 2084 Rn. 14; *Lange/Kuchinke* ErbR § 34 III 3; *Schlüter/Röthel* ErbR § 19 Rn. 6; krit. *Brox/Walker* ErbR § 16 Rn. 4.

183 BGH FamRZ 2002, 26.

184 Vgl. BGH FamRZ 1983, 380 (382); FamRZ 2000, 119; BayObLG ZEV 2004, 200; MüKoBGB/*Leipold* § 2084 Rn. 94 ff.; *Olzen/Looschelders* Erbrecht Rn. 587 f.; aA Palandt/*Ellenberger* BGB § 133 Rn. 19; *Lange/Kuchinke* ErbR § 34 III 5; *Flume* NJW 1983, 2007 ff.

185 Vgl. BGH NJW 1995, 1886 (1887); ZIP 2000, 740 (741); MüKoBGB/*Busche* § 133 Rn. 39; MüKoBGB/*Habersack* § 766 Rn. 6. Zur Bedeutung der Andeu-

tungstheorie für das Schriftformerfordernis nach § 57 Abs. 2 HOAI vgl. BGH NJW-RR 2010, 821.

186 Zu den Zwecken des § 311 b Abs. 1 vgl. Palandt/*Grüneberg* BGB § 311 b Rn. 2.

187 BGHZ 87, 150 (153); MüKoBGB/*Ruhwinkel* § 311 b Rn. 74; Palandt/*Grüneberg* BGB § 311 b Rn. 37; Staudinger/*Schumacher* BGB § 311 b Abs. 1 Rn. 243 ff.; *Looschelders* SchuldR AT § 7 Rn. 13.

188 Vgl. BGH NJW 2002, 1038; FGPrax 2008, 6 (7); MüKoBGB/*Kanzleiter* § 925 Rn. 24.

189 *Köhler* BGB AT § 9 Rn. 16.

190 So auch BGHZ 54, 56 (62 f.); 89, 41, 43; Palandt/*Grüneberg* BGB § 311 b Rn. 36; Staudinger/*Schumacher* BGB § 311 b Abs. 1 Rn. 239 ff.; *Wolf/Neuner* BGB AT § 35 Rn. 39; *Looschelders* SchuldR AT BGB § 7 Rn. 14.

191 BGH NJW 1995, 1886 (1887); MüKoBGB/*Habersack* § 766 Rn. 7.

192 Vgl. BGHZ 80, 242 (251); *Olzen/Looschelders* Erbrecht Rn. 269; *Schlüter/Röthel* ErbR Rn. 192.

193 *Olzen/Looschelders* Erbrecht Rn. 589.

Hat der Erblasser einen **besonderen Sprachgebrauch** (→ Rn. 68) gepflegt, so ist die Falschbezeichnung **82** leicht feststellbar. In diesem Fall widerspricht es daher nicht dem Zweck des Formzwangs, dem wirklichen Willen des Erblassers Rechnung zu tragen.[194] Hat der Erblasser dagegen **im Einzelfall** (zB aufgrund eines Irrtums) einen unzutreffenden Ausdruck verwendet, so kann seinem wirklichen Willen nur Rechnung getragen werden, wenn die vom Wortsinn abweichende Auslegung im sonstigen Text der Urkunde eine gewisse Stütze findet.[195]

c) Vermutung der Vollständigkeit und Richtigkeit der Urkunde. Aus prozessualer Sicht ist bei der **83** Auslegung formbedürftiger Willenserklärungen zu beachten, dass nach hM eine Vermutung für die Richtigkeit und Vollständigkeit der Urkunde besteht. Wer aus den Begleitumständen einen abweichenden Inhalt des Geschäfts ableiten will, muss dies also **beweisen**.[196] Das Gleiche gilt für den Fall, dass die Parteien zu Beweiszwecken eine Urkunde über das Geschäft errichtet haben.[197] Der **übereinstimmende Wille der Parteien** hat aber auch bei formbedürftigen Geschäften Vorrang und darf daher nicht mit Rücksicht auf die Vermutung der Vollständigkeit und Richtigkeit der Urkunde außer Acht gelassen werden.[198]

Die Vermutung der Vollständigkeit und Richtigkeit soll schon dann gelten, wenn der Text der Urkunde nach **84** Wortlaut und innerem Zusammenhang unter Berücksichtigung der Verkehrssitte einen bestimmten, **nicht notwendig eindeutigen** Inhalt zum Ausdruck bringt. Die außerhalb der Urkunde liegenden Umstände bleiben dabei außer Betracht. Sie werden erst in einem zweiten Schritt herangezogen, wenn es um die **Widerlegung der Vermutung** geht.[199] Diese Auffassung kann indes nicht überzeugen. Lässt sich durch die Auslegung der Urkunde kein eindeutiger Inhalt des Geschäfts ermitteln, so kann dessen Inhalt nur unter **Heranziehung der Begleitumstände** geklärt werden. Es ist daher nicht gerechtfertigt, dem Wortlaut eine größere Bedeutung beizumessen als den außerhalb der Urkunde liegenden Umständen.

2. Grundbucheintragungen und dingliche Grundstücksgeschäfte. Bei der Auslegung von Grund- **85** bucheintragungen kommt dem Gedanken des Verkehrsschutzes wegen des öffentlichen Glaubens des Grundbuchs (§ 891) große Bedeutung zu. Daher ist in erster Linie auf den **Wortlaut der Eintragung** abzustellen. Daneben kann auch die in Bezug genommene **Eintragungsbewilligung** herangezogen werden.[200] Maßgeblich ist die nächstliegende Bedeutung, welche der Eintragung aufgrund dieser Urkunden aus Sicht eines unbefangenen Dritten zukommt.[201] **Sonstige Umstände** dürfen nur dann berücksichtigt werden, wenn sie nach den Umständen des Einzelfalls für jedermann ohne Weiteres erkennbar sind.[202] So können etwa die Verhältnisse der betroffenen Grundstücke Hinweise auf den Inhalt einer Grunddienstbarkeit geben. Ist der eingetragene Inhalt eindeutig, so darf er jedoch nicht mit Rücksicht auf außerhalb des Grundbuchs liegende Umstände verändert werden.[203]

Bei der Auslegung von **dinglichen Geschäften über Grundstücke oder Rechte an Grundstücken** müs- **86** sen außerhalb der Urkunde liegende Umstände aus Gründen der Rechtssicherheit und des Verkehrsschutzes grundsätzlich ebenfalls außer Betracht bleiben. Dies gilt jedenfalls dann, wenn das betreffende Geschäft **formbedürftig** ist (zB Auflassung nach §§ 873, 925, Abtretung einer Hypothek oder Grundschuld nach §§ 1154, 1192 Abs. 1).[204]

3. Allgemeine Geschäftsbedingungen. Bei Allgemeinen Geschäftsbedingungen handelt es sich nicht **87** um Rechtsnormen, sondern um Vertragsvereinbarungen. Entgegen einer in Rechtsprechung und Literatur verbreiteten Ansicht[205] hat die Auslegung von AGB daher im Ausgangspunkt nach den allgemeinen Regeln der §§ 133, 157 zu erfolgen.[206] Zu beachten ist aber, dass AGB an eine Vielzahl von Adressaten gerichtet sind. Soweit es auf den Empfängerhorizont ankommt, muss daher auf die Verständnismöglichkeiten eines

194 Vgl. MüKoBGB/*Leipold* § 2084 Rn. 19.
195 BGHZ 80, 242 (251 f.); MüKoBGB/*Leipold* § 2084 Rn. 20; Staudinger/*Otte* BGB Vor §§ 2064–2086 Rn. 49; *Wolf/Neuner* BGB AT § 35 Rn. 48; krit. *Brox/Walker* ErbR § 16 Rn. 4; *Flume* BGB AT Bd. 2 § 16, 5.
196 Vgl. BGH NJW 1995, 3258; ZIP 2002, 1809 (1810); HKK/*Vogenauer* BGB §§ 133, 157 Rn. 83; Palandt/*Ellenberger* BGB § 125 Rn. 21; krit. MüKoBGB/*Busche* § 133 Rn. 67.
197 MüKoBGB/*Einsele* § 125 Rn. 39.
198 BGH NJW 1995, 1494 (1496).
199 Vgl. BGH NJW 2002, 3164.
200 BGH NJW 1965, 2398 (2399); RGRK/*Krüger-Nieland/Zöller* BGB § 133 Rn. 38.
201 BGHZ 145, 16 (20); BGH NJW 1965, 2398 (2399); Jauernig/*Berger* BGB § 873 Rn. 35.
202 BGHZ 57, 205 (209); 92, 351, 355; 145, 16, 20; BGH NJW 1992, 2885 (2886); 2002, 1797, 1798;

BayObLG DNotZ 2003, 541; OLG Hamm FGPrax 2005, 240 (241); OLG München NJW-RR 2014, 528 (529); OLG Frankfurt aM NJW-RR 2018, 851 Rn. 17; Palandt/*Ellenberger* BGB § 133 Rn. 27; MüKoBGB/*Busche* § 133 Rn. 45.
203 BGH NJW 2002, 1797 (1798).
204 Vgl. BGHZ 60, 226 (231); BGH NJW-RR 1992, 178 (179); Staudinger/*Roth* BGB § 157 Rn. 45.
205 Sehr deutlich Palandt/*Grüneberg* BGB § 305 c Rn. 16; Erman/*Roloff* BGB § 305 c Rn. 20; für objektive Auslegung auch BGHZ 79, 117 (118 f.); BGH NJW-RR 2007, 1697 (1700); NJW 2008, 3772.
206 BeckOK BGB/*Schmidt* § 305 c Rn. 58; Staudinger/*Schlosser* BGB § 305 c Rn. 126 ff.; Wolf/Lindacher/Pfeiffer/*Lindacher* BGB § 305 c Rn. 106; Looschelders/Pohlmann/*Pohlmann* VVG Einl. B Rn. 43.

rechtlich nicht vorgebildeten **Durchschnittskunden** bzw. eines **durchschnittlichen Vertragspartners** des Verwenders abgestellt werden.[207] Dabei geht es nicht darum, die **tatsächlichen** Verständnismöglichkeiten eines solchen durchschnittlichen Vertragspartners zu ermitteln. Der Inhalt der AGB muss vielmehr auf der Grundlage einer **rechtlichen Interessenabwägung** festgestellt werden. Die Figur des Durchschnittskunden oder durchschnittlichen Vertragspartners umschreibt den Abwägungsmaßstab: Entscheidend sind der **objektive Inhalt** und der **typische Sinn** der jeweiligen Klauseln, so wie sie von verständigen und redlichen Vertragspartnern unter Abwägung der Interessen der normalerweise beteiligten Kreise verstanden werden (**objektive** und **einheitliche Auslegung**).[208] Die individuellen Vorstellungen und Absichten der Parteien bleiben grundsätzlich außer Betracht.[209] Haben die Parteien einer Klausel übereinstimmend einen abweichenden Inhalt beigemessen, so ist dieser **im Individualverfahren** aber maßgeblich (vgl. § 305 b).[210] Zusammenfassend ist festzustellen, dass die sachgemäße Anwendung der §§ 133, 157 im Allgemeinen zu den gleichen Ergebnissen wie die objektive Methode der hM führt; der Vorrang des gemeinsamen Parteiwillens wird auch von dieser anerkannt. Der Meinungsstreit betrifft damit vor allem die dogmatische Einordnung der Lösung.[211]

88   Bleibt eine Klausel nach Ausschöpfung aller Auslegungsmöglichkeiten **mehrdeutig**, so ist nach § 305 c Abs. 2 der für den Verwender **ungünstigere Inhalt** zugrunde zu legen (→ Rn. 23).[212] Macht ein Verbraucherschutzverband nach § 1 UKlaG die Unwirksamkeit einer Klausel geltend, so ist danach die kundenfeindlichste Auslegung heranzuziehen.[213] In Individualverfahren ist die kundenfeindlichste Auslegung dagegen nur dann maßgeblich, wenn sie zur Unwirksamkeit der Klausel führt und dies für den Vertragspartner günstiger als eine kundenfreundliche Auslegung ist. Erweist sich die Klausel als wirksam, so gilt sie im Individualverfahren mit dem Inhalt, den sie bei kundenfreundlichster Auslegung hat.[214] Die Unklarheitenregel greift im Individualprozess allerdings nicht ein, wenn die Parteien die Klausel **übereinstimmend** in einem bestimmten Sinne verstanden haben.[215]

89   **4. Automatisierte Willenserklärungen.** Die §§ 133, 157 gelten auch für die Auslegung von automatisierten Willenserklärungen. Der Inhalt der Erklärung muss also auch hier nach dem **objektiven Empfängerhorizont** bestimmt werden. Der objektive Empfängerhorizont entscheidet daher zB auch darüber, ob die „Bestätigung" einer Bestellung eine reine Wissenserklärung darstellt oder darüber hinaus auch einen rechtsgeschäftlichen Gehalt (iS einer Annahme oder Ablehnung des Angebots) hat.[216] Werden automatisierte Willenserklärungen im geschäftlichen Verkehr eingesetzt, so sind sie allerdings oft an einen **unbestimmten Kreis** von potenziellen Kunden gerichtet. Bei der Auslegung solcher Erklärungen muss man sich daher an den Verständnismöglichkeiten eines **durchschnittlichen Angehörigen des betreffenden Kundenkreises** orientieren.[217] Maßgeblich ist auch hier eine Interessenabwägung. Da der Erklärende die Automatisierung im eigenen Interesse nutzt, muss er sich einerseits um verständliche Formulierungen bemühen.[218] Auf der anderen Seite darf er aber darauf vertrauen, dass der Vertragspartner mit den Besonderheiten des eingesetzten Mediums vertraut ist. Bleiben nach Ausschöpfung aller dem Empfänger zumutbaren Erkenntnismöglichkeiten Zweifel, so ist **§ 305 c Abs. 2 analog** anzuwenden.[219] Die Erklärung gilt also mit dem Inhalt, der für den Erklärenden am ungünstigsten ist.

90   **5. Tarifverträge. a) Objektive und subjektive Theorie.** Bei der Auslegung von Tarifverträgen ist zwischen dem schuldrechtlichen und dem normativen Teil zu unterscheiden. Für den **schuldrechtlichen Teil** gelten die allgemeinen Auslegungsgrundsätze der §§ 133, 157.[220] Maßgeblich ist daher in erster Linie der **gemeinsame Wille** der Vertragsparteien. Welche Auslegungsgrundsätze für den **normativen Teil von**

207 Vgl. BGHZ 108, 52 (60); 123, 83, 85; BGH NJW 2006, 1056; VersR 2008, 1056 (1057); NJW 2009, 3716; 2010, 2877, 2878; BAG NZA 2008, 219 (221); MüKoBGB/*Busche* § 133 Rn. 25; Palandt/*Grüneberg* BGB § 305 c Rn. 16; Looschelders/Pohlmann/*Pohlmann* VVG Einl. B Rn. 43.

208 Vgl. BGHZ 77, 116 (118); 96, 182, 191; 102, 384, 389; 108, 52, 60; BGH NJW 1999, 1105 (1106); 2001, 2165, 2166; 2007, 2912; NJW-RR 2007, 1697 (1700); NJW 2009, 3716; BAG NZA 2008, 219.

209 Vgl. BGH VersR 2009, 341 (342); Soergel/*Hefermehl* BGB § 133 Rn. 31.

210 BGHZ 113, 251 (259); BGH NJW 1995, 1494 (1496); 2002, 2102, 2103; WM 2008, 1350 (1352); 2009, 1643, 1644; BAG NZA 2009, 896 (898); Staudinger/*Singer* BGB § 133 Rn. 71; Palandt/*Grüneberg* BGB § 305 c Rn. 16; Looschelders/*Pohlmann* VVG Einl. B Rn. 43.

211 So auch BeckOK BGB/*Schmidt* § 305 c Rn. 49; Wolf/Lindacher/Pfeiffer/*Lindacher* BGB § 305 c Rn. 106.

212 BGH WM 2009, 1180 (1182); NJW 2009, 3716; Palandt/*Grüneberg* BGB § 305 c Rn. 18 f.

213 BGHZ 100, 157 (178); 119, 152, 172; 139, 190, 199; 180, 257, 269; Staudinger/*Schlosser* BGB § 305 c Rn. 108.

214 BGHZ 176, 244 = NJW 2008, 2172 (2173); BGH NJW 2010, 2877 (2878); Palandt/*Grüneberg* BGB § 305 c Rn. 18.

215 BGH NJW 2002, 2102 (2103); Staudinger/*Singer* BGB § 133 Rn. 14.

216 BGH NJW 2013, 598 Rn. 19.

217 Vgl. Palandt/*Ellenberger* BGB § 133 Rn. 26 a; MüKoBGB/*Busche* § 133 Rn. 25.

218 Dies betonen zu Recht *Medicus/Petersen* BürgerlR Rn. 332.

219 Palandt/*Ellenberger* BGB § 133 Rn. 23; MüKoBGB/*Busche* § 133 Rn. 25; *Paeffgen* JuS 1988, 592 (595).

220 Vgl. *Löwisch/Rieble* TVG § 1 Rn. 1752.

Tarifverträgen gelten, ist dagegen streitig. Die hM stellt auf die Regeln für die **Auslegung von Gesetzen** ab (objektive Theorie).[221] Nach der Gegenauffassung sind auch insoweit die Regeln für die **Auslegung von Verträgen** maßgeblich (subjektive Theorie).[222] Letztlich erscheint eine **vermittelnde Auffassung** vorzugswürdig. Da auch der normative Teil des Tarifvertrages auf einer vertraglichen Vereinbarung beruht, ist die Anwendung der Grundsätze der Vertragsauslegung im Ausgangspunkt zutreffend; diese müssen aber wegen der Auswirkungen des normativen Teils von Tarifverträgen auf Dritte modifiziert werden.[223] Dies führt zu einer gewissen Annäherung an die Grundsätze der Gesetzesauslegung. Die gleichen Ergebnisse lassen sich im Regelfall freilich auch durch eine Modifikation der Grundsätze der Gesetzesauslegung erzielen. Für die praktische Rechtsanwendung ist der Theorienstreit daher weitgehend irrelevant.[224]

b) Der Maßstab der Auslegung. Für die Auslegung von Tarifverträgen ist – ebenso wie für die Auslegung von Verträgen – primär der **wirkliche Wille der Tarifvertragsparteien** maßgeblich.[225] Da der normative Teil des Tarifvertrags gemäß § 4 Abs. 1 TVG auch für die nicht an den Tarifvertragsverhandlungen beteiligten (tarifgebundenen) Arbeitgeber und Arbeitnehmer gilt, muss bei der Auslegung und Anwendung tarifvertraglicher Normen aber auch auf deren Interessen Rücksicht genommen werden. Außerdem hat der Gedanke der Rechtssicherheit und Rechtsklarheit große Bedeutung.[226] Die hM stellt deshalb auf die **Verständnismöglichkeiten eines unbeteiligten Dritten** ab.[227] Der Wille der Tarifvertragsparteien ist hiernach nur insoweit maßgeblich, wie er im Wortlaut der tariflichen Norm für Dritte erkennbaren Niederschlag gefunden hat (sog. Andeutungstheorie).[228] Die falsa-demonstratio-Regel soll dementsprechend bei Tarifverträgen nicht anwendbar sein.[229] **91**

Der hM ist entgegenzuhalten, dass der Abschluss von Tarifverträgen auf dem Gedanken der **kollektiven Privatautonomie** beruht.[230] Dies spricht dafür, einen aus anderen Quellen klar feststellbaren Willen der Tarifvertragsparteien auch dann zu berücksichtigen, wenn er im Wortlaut keinen Niederschlag gefunden hat. Etwas anderes ergibt sich auch nicht, wenn man die Grundsätze der Gesetzesauslegung heranzieht, denn die Auslegung von **Rechtsnormen** hängt anerkanntermaßen nicht von den Verständnismöglichkeiten des Normunterworfenen ab (→ Anh. zu § 133 Rn. 1).[231] Soweit der Normunterworfene auf einen bestimmten Inhalt der Norm vertrauen durfte, muss dies zwar bei der **Anwendung** der Norm zu seinen Gunsten berücksichtigt werden. Der Inhalt der Norm als solcher wird hierdurch aber nicht berührt. Im Übrigen ist es für die Schutzwürdigkeit Dritter nicht entscheidend, ob der Norminhalt im Wortlaut einen Niederschlag gefunden hat. Eine solche **Andeutungstheorie** mag geeignet sein, die Einhaltung von **Formzwecken** zu gewährleisten (→ Rn. 74). Die Schutzwürdigkeit der Dritten ist jedoch eine **materielle Frage**, die hierdurch nicht beantwortet werden kann.[232] Eine falsa demonstratio ist daher auch bei der Ermittlung des Inhalts von Tarifverträgen unschädlich.[233] **92**

c) Durchführung der Auslegung. Ausgangspunkt der Auslegung ist der **Wortlaut** der tarifvertraglichen Regelung.[234] Dieser darf jedoch nicht isoliert betrachtet werden; vielmehr ist die **systematische Stellung** der Norm im tarifvertraglichen Gefüge zu berücksichtigen (sog. tarifrechtlicher Gesamtzusammenhang).[235] Da dieser Gesamtzusammenhang für einen unbeteiligten Dritten erkennbar ist, kann er auch nach hM eine Auslegung gegen den Wortlaut rechtfertigen.[236] Wenn Wortlaut und tarifrechtlicher Gesamtzusammenhang zu keinem eindeutigen Ergebnis führen, greift die Rechtsprechung auf weitere Kriterien zurück. Besondere Bedeutung haben die **Tarifgeschichte**, die **praktische Tarifübung** und die **Entstehungsgeschichte** des **93**

221 BAG NJW 1961, 1837; BB 1989, 986 (987); AP Nr. 37 zu TVG § 1 Rn. 25; NZA 2008, 950 (952); 2011, 1293, 1294 f.; 2015, 1152 Rn. 17; 2015, 1207 Rn. 26; 2016, 54 Rn. 22; MüKoBGB/*Busche* § 133 Rn. 41; Erman/*Armbrüster* BGB § 157 Rn. 5; Soergel/*Hefermehl* BGB § 133 Rn. 15.

222 Vgl. *Wank* RdA 1998, 71 (78 ff.); *Zöllner* RdA 1964, 443 (448 f.).

223 *Löwisch/Rieble* TVG § 1 Rn. 1675 ff.

224 Vgl. Staudinger/*Singer* BGB § 133 Rn. 76. *Rüthers/Heilmann* JZ 1991, 422 sprechen zu Recht von einer „(überflüssigen) Konstruktionskontroverse".

225 BAGE 46, 308, 313; BAG JZ 1991, 419 (420).

226 Vgl. BAG JZ 1991, 419 (420); *Schaub* NZA 1994, 597 (599).

227 BAG JZ 1991, 419 (420); Erman/*Arnold* BGB § 133 Rn. 33; MüKoBGB/*Busche* § 133 Rn. 41.

228 BAGE 42, 86, 89; 46, 308, 313; 60, 219 = NZA 1989, 351 (352); NZA 2011, 1293 (1295); BAG NJW 1961, 1837; JZ 1991, 419 (420); NZA 2015, 1152 Rn. 17; BAG NZA 2016, 54 Rn. 22; Soergel/

Hefermehl BGB § 133 Rn. 15; Staudinger/*Singer* BGB § 133 Rn. 75; ErfK/*Franzen* TVG § 1 Rn. 93; krit. *Rüthers/Heilmann* JZ 1991, 422 (423); *Wank* RdA 1998, 71 (80).

229 BAG NJW 1961, 1837; Soergel/*Hefermehl* BGB § 133 Rn. 15; einschränkend Erman/*Arnold* BGB § 133 Rn. 33; aA Staudinger/*Singer* BGB § 133 Rn. 76; *Wank* RdA 1998, 71 (80).

230 Hierauf abstellend auch Staudinger/*Singer* BGB § 133 Rn. 76.

231 *Wank* NZA 1998, 71 (80).

232 Ähnlich *Rüthers/Heilmann* JZ 1991, 422 (423).

233 So auch Staudinger/*Singer* BGB § 133 Rn. 76.

234 Vgl. *Löwisch/Rieble* TVG § 1 Rn. 1658 ff.

235 Zur Bedeutung des tarifrechtlichen Gesamtzusammenhangs vgl. BAGE 46, 308, 313; 56, 113, 126; BAG JZ 1991, 419 (420); NZA 2011, 1293 (1295); MüKoBGB/*Busche* § 133 Rn. 41; NK-TVG Einl. Rn. 595; *Löwisch/Rieble* TVG § 1 Rn. 1696 ff.; *Schaub* NZA 1994, 597 (598 f.).

236 BAG JZ 1991, 419 (420).

jeweiligen Tarifvertrages (historische und genetische Auslegung).[237] Die Bindung an eine bestimmte Prüfungsreihenfolge wird abgelehnt.[238] Die „Auffassung der beteiligten Berufskreise" wird nicht mehr als eigenständiges Kriterium betrachtet; sie kann jedoch ergänzend herangezogen werden.[239]

94 Ein weiteres wichtiges Auslegungskriterium ist der **Zweck** der Tarifnorm (teleologische Auslegung).[240] Im Zweifel ist davon auszugehen, dass die Tarifvertragsparteien eine vernünftige, sachgerechte, zweckorientierte und praktisch brauchbare Regelung schaffen wollten,[241] die mit den **Gesetzen** und der **Verfassung** (gesetzes- und verfassungskonforme Auslegung)[242] sowie dem **Europäischen Unionsrecht** (europarechtskonforme Auslegung)[243] vereinbar ist.

95 Zur Möglichkeit einer **ergänzenden Auslegung** von Tarifverträgen → § 157 Rn. 42.

96 **6. Auslegung von Betriebsvereinbarungen.** Die Auslegung von Betriebsvereinbarungen richtet sich wegen der normativen Wirkung (§§ 77 Abs. 4 S. 1, 112 Abs. 1 BetrVG) nach den gleichen Grundsätzen wie bei Tarifverträgen.[244] Die hM geht also auch hier von einer gesetzesähnlichen Auslegung aus.[245] Der wirkliche Wille der Betriebspartner und der von ihnen verfolgte Regelungszweck haben dabei zwar maßgebliche Bedeutung. Nach hM ist aber erforderlich, dass Wille und Zwecksetzung im **Wortlaut** einen erkennbaren Niederschlag gefunden haben.[246]

97 **7. Gesellschaftsverträge und Satzungen.** Besondere Grundsätze gelten schließlich für die Auslegung der Satzungen von **Vereinen** und **Kapitalgesellschaften**. Die Rechtsprechung unterscheidet hier danach, ob die infrage stehende Regelung dem individualrechtlichen oder dem körperschaftsrechtlichen Bereich zuzuordnen ist.[247] Zum **individualrechtlichen Bereich** gehören alle Regelungen, die nur die Verhältnisse der bei Vertragsschluss vorhandenen Gesellschafter untereinander betreffen. Da die Satzung ein von den Gründern geschlossener Vertrag ist, können die §§ 133, 157 hier uneingeschränkt angewendet werden.[248] Wichtigstes Auslegungskriterium ist damit der **Wille der Gesellschafter**. Regelungen aus dem **körperschaftsrechtlichen Bereich** haben dagegen auch für künftige Gesellschafter und die Gläubiger der Gesellschaft Bedeutung. Sie müssen daher aus Gründen der Rechtssicherheit und Rechtsklarheit nach objektiven Kriterien aus sich heraus einheitlich ausgelegt werden.[249] Maßgeblich ist in erster Linie der **Wortlaut** der Satzung. Außerhalb der Satzung liegende Umstände müssen grundsätzlich außer Betracht bleiben. Dies gilt für die Absichten und Interessen der Gründer ebenso wie für die Entstehungsgeschichte der Satzung.[250] Eine Ausnahme wird nur für Umstände anerkannt, deren Kenntnis bei den infrage stehenden Personen allgemein erwartet werden kann.[251]

98 Die Objektivierung der Auslegung von Satzungen wird traditionell damit begründet, dass eine **juristische Person** mit ihrer Eintragung ein von den Gründern unabhängiges rechtliches Eigenleben erlangt.[252] Die gleichen Probleme können jedoch auch bei einer **Personengesellschaft** auftreten. Denn auch hier kann der Gesellschaftsvertrag Regelungen enthalten, welche die Rechtsstellung von künftigen Gesellschaftern oder Gesellschaftsgläubigern beeinflussen. Nach der Rechtsprechung sind die persönlichen Vorstellungen der Gründungsgesellschafter bei der Auslegung des Gesellschaftsvertrages einer **Publikumsgesellschaft** deshalb nur insoweit zu berücksichtigen, wie sie in dem Gesellschaftsvertrag zum Ausdruck gekommen sind.[253] Denn die nach Abschluss des Gesellschaftsvertrages beitretenden Gesellschafter müssen sich darauf

237 Vgl. BAGE 46, 308, 314; 56, 113, 126; BAG NZA 2011, 1293 (1295); NZA 2015, 1152 Rn. 17; NK-TVG Einl. Rn. 615.

238 BAGE 46, 308, 314; BAG NZA 2011, 1293 (1295).

239 BAGE 46, 308, 314; NK-TVG Einl. Rn. 595.

240 Vgl. BAG 1991, 419 (420); *Löwisch/Rieble* TVG § 1 Rn. 1702 ff.; *Rüthers/Heilmann* JZ 1991, 422 (423).

241 BAGE 54, 113, 127; BAG NZA 2011, 1293 (1295); NZA 2015, 1152 Rn. 17; NK-TVG Einl. Rn. 596.

242 BAGE 54, 113, 127; BAG DB 1994, 1294; 2000, 2613, 2614; ErfK/*Franzen* TVG § 1 Rn. 99.

243 BAG DB 1993, 737; eingehend dazu *Löwisch/Rieble* TVG § 1 Rn. 1715 ff.

244 BAGE 160, 237 = NZA 2018, 803 Rn. 24; BAG AP BetrVG 1972 § 77 Nr. 114 Rn. 15; MüKoBGB/*Busche* § 133 Rn. 41; Palandt/*Ellenberger* BGB § 133 Rn. 28.

245 BAGE 27, 187, 191; 60, 94, 98; BAG NZA 2016, 54 Rn. 22; *Richardi* BetrVG § 77 Rn. 73.

246 BAGE 60, 94, 98; BAG AP Nr. 64 zu § 1 BetrAVG Auslegung Rn. 20; BAG NZA 2016, 54 Rn. 22; GK-BetrVG/*Kreutz* § 77 Rn. 73.

247 Vgl. BGHZ 14, 25 (36 f.); 48, 141, 144; 116, 359, 364; 123, 347, 350; BGH NJW 1997, 1510 (1511); Staudinger/*Singer* BGB § 133 Rn. 73; speziell zur AG *Hüffer/Koch* AktG § 23 Rn. 39 f.

248 Soergel/*Hefermehl* BGB § 133 Rn. 15.

249 BGHZ 46, 172 (180); 123, 347, 350; BGH NJW-RR 2007, 832 (833); Soergel/*Hefermehl* BGB § 133 Rn. 15; *K. Schmidt* GesR § 5 I 4; einschränkend *Grunewald* ZGS 1995, 68 (84); *Passarge* BB 2006, 2796 (2770).

250 BGHZ 96, 245 (250); MüKoBGB/*Busche* § 133 Rn. 40; Palandt/*Ellenberger* BGB § 133 Rn. 12; Soergel/*Hefermehl* BGB § 133 Rn. 15.

251 BGHZ 63, 282 (290); 123, 347, 350; BeckOK BGB/*Schöpflin* § 25 Rn. 14; Erman/*Westermann* BGB § 25 Rn. 12.

252 Vgl. BGHZ 46, 172 (179 f.); MüKoBGB/*Busche* § 133 Rn. 40.

253 BGH NJW 1979, 419 (420); DB 1982, 218; NJW-RR 2005, 1347 (1348); 2006, 829, 830; 2007, 832, 833; 2016, 550 Rn. 12 ff.; OLG Hamburg NJW-RR 1996, 1436; vgl. auch Palandt/*Ellenberger* BGB § 133 Rn. 12; MüKoBGB/*Busche* § 133 Rn. 40; Staudinger/*Singer* BGB § 133 Rn. 73 f.

verlassen können, dass ihnen nur die im Vertragstext enthaltenen Belastungen auferlegt werden können. Vor diesem Hintergrund wird in der Literatur teilweise gefordert, den Grundsatz der objektiven Auslegung bei Personengesellschaften auf alle Klauseln des Gesellschaftsvertrages zu erstrecken, welche nicht nur die internen Verhältnisse der aktuellen Gesellschafter regeln.[254] Wenn seit der Gründung noch kein Mitgliederwechsel stattgefunden hat, besteht aber kein Anlass, das übereinstimmende individuelle Verständnis der Gründer gegenüber einem „objektiven" Verständnis zurücktreten zu lassen.[255]

Bei **reinen Innengesellschaften** stellen sich keine vergleichbaren Probleme. Hier sind daher in jedem Fall die allgemeinen Grundsätze über die Auslegung von Verträgen maßgeblich.[256]

C. Weitere praktische Hinweise

I. Abgrenzung von Tat- und Rechtsfrage

Welchen Inhalt eine Willenserklärung oder ein Vertrag hat, muss im Prozess aufgrund einer **rechtlichen Würdigung** des Auslegungsmaterials festgestellt werden. Die Auslegung als solche betrifft also eine **Rechtsfrage** und ist daher **von Amts wegen** vorzunehmen. Fragen der Darlegungs- und Beweislast sind insoweit irrelevant.[257]   **99**

Von der eigentlichen Auslegung zu unterscheiden ist die Feststellung der Tatsachen, die für die rechtliche Würdigung Bedeutung haben können. Es handelt sich hier um eine **Tatfrage**, die nach den allgemeinen Regeln der Darlegungs- und Beweislast zu behandeln ist. Der Richter ist daher nicht gehalten, alle in Betracht kommenden Tatsachen von Amts wegen aufzuklären.[258] Macht eine Partei geltend, dass der übereinstimmende Wille der Parteien eine **vom eindeutigen Wortlaut des Vertrages abweichende Auslegung** rechtfertigt, so muss sie die Umstände darlegen und beweisen, aus denen sich ergibt, dass die Parteien dem Vertrag einen vom Wortlaut nicht gedeckten Inhalt beimessen wollten (vgl. auch → Rn. 37).[259]   **100**

Zu den bei der Auslegung (möglicherweise) relevanten Tatsachen gehören zum einen die objektiven Gegebenheiten wie insbesondere der **Wortlaut** und die **Begleitumstände** der Erklärung sowie die Frage nach der Existenz einer bestimmten **Verkehrssitte**.[260] Darüber hinaus werden aber auch subjektive (innere) Tatsachen wie der **wirkliche Wille des Erklärenden** erfasst.[261] Ob dem Empfänger der wirkliche Wille des Erklärenden **bekannt** war, ist ebenfalls eine Tatfrage.[262] Das Gleiche gilt für die Feststellung der sonstigen Umstände, die dem Empfänger bei Wirksamwerden der Erklärung bekannt waren. In welchem Sinne der Empfänger die Erklärung nach diesen Umständen verstehen **musste**, ist dagegen eine Rechtsfrage.[263]   **101**

Bei Verträgen gehört die Feststellung des **übereinstimmenden Willens beider Parteien** zur Tatfrage.[264] Ist das Vorliegen eines übereinstimmenden Willens unstreitig oder bewiesen, so ist dieses Ergebnis auch dann maßgeblich, wenn sich bei objektiver (normativer) Auslegung ein hiervon abweichendes Verständnis eröffnen würde (→ Rn. 46).[265] Das Gleiche gilt, wenn die Parteien sich **im Nachhinein** darauf verständigt haben, dass der von ihnen geschlossene Vertrag in einem bestimmten Sinne zu verstehen sein soll.[266]   **102**

II. Revisibilität

1. Grundsatz. Soweit es im Rahmen der Auslegung um die Klärung von **Tatfragen** (→ Rn. 100 ff.) geht, ist eine inhaltliche Nachprüfung durch das Revisionsgericht von vornherein ausgeschlossen.[267] In diesem Bereich ist daher nur eine **Verfahrensrüge** möglich (vgl. § 559 Abs. 2 ZPO).[268]   **103**

---

254 So *K. Schmidt* GesR § 5 I 4; aA *Grunewald* GesR § 1 Rn. 29.

255 So MüKoBGB/*Busche* § 133 Rn. 40; Staudinger/*Singer* BGB § 133 Rn. 74.

256 RGZ 156, 129 (133); *K. Schmidt* GesR § 5 I 4.

257 Zur prozessualen Einordnung der Auslegung vgl. BGHZ 20, 109; 111; BGH NJW-RR 1989, 1282; BeckOK BGB/*Wendtland* § 133 Rn. 32; MüKoBGB/*Busche* § 133 Rn. 67 ff.; Soergel/*Hefermehl* BGB § 133 Rn. 35; Staudinger/*Singer* BGB § 133 Rn. 78; *Wolf/Neuner* BGB AT § 35 Rn. 71 ff.

258 BGHZ 20, 109 (111); BeckOK BGB/*Wendtland* § 133 Rn. 32; RGRK/*Krüger-Nieland/Zöller* BGB § 133 Rn. 57; Soergel/*Hefermehl* BGB § 133 Rn. 35.

259 BGH NJW 2001, 144 (145); Palandt/*Ellenberger* BGB § 133 Rn. 29.

260 Vgl. BGHZ 40, 332 (333 f.); BGH NJW 1990, 1723 (1724); MüKoBGB/*Busche* § 133 Rn. 68; PWW/*Ahrens* BGB § 133 Rn. 50; Soergel/*Hefermehl* BGB § 133 Rn. 35.

261 BGH NJW 2001, 144 (145); Palandt/*Ellenberger* BGB § 133 Rn. 29; Staudinger/*Singer* BGB § 133 Rn. 78; *Wolf/Neuner* BGB AT § 35 Rn. 81.

262 MüKoBGB/*Busche* § 133 Rn. 68.

263 MüKoBGB/*Busche* § 133 Rn. 69; Soergel/*Hefermehl* BGB § 133 Rn. 35.

264 Soergel/*Hefermehl* BGB § 133 Rn. 35.

265 BGH LM § 157 (Gf) BGB Nr. 2; Soergel/*Hefermehl* BGB § 133 Rn. 18; *Wieser* JZ 1985, 405 (409).

266 MüKoBGB/*Busche* § 133 Rn. 67.

267 Palandt/*Ellenberger* BGB § 133 Rn. 30; Soergel/*Hefermehl* BGB § 133 Rn. 36.

268 BGH NJW-RR 1990, 455; Soergel/*Hefermehl* BGB § 133 Rn. 36; Staudinger/*Singer* BGB § 133 Rn. 80.

104　Die eigentliche Auslegung als normative Würdigung der relevanten Tatsachen ist **Rechtsfrage**. Hier kommt eine revisionsgerichtliche Kontrolle nach §§ 545, 546 ZPO daher in Betracht. Soweit es um die Revisibilität der Auslegung von Individualvereinbarungen geht, hat die Reform des Revisionsrechts zu keinen Änderungen geführt.[269] Bei AGB und Formularverträgen lassen sich dagegen neuere Entwicklungen verzeichnen (→ Rn. 110).

105　**2. Individualvereinbarungen.** Im Hinblick auf den **Umfang der revisionsgerichtlichen Kontrolle** ist die Rechtsprechung bei Individualvereinbarungen **sehr zurückhaltend**. Die Auslegung ist hiernach grundsätzlich Sache des Tatrichters, wobei das **Berufungsgericht** die erstinstanzliche Auslegung einer Individualvereinbarung aber auch nach der Reform des Rechtsmittelgerichts in vollem Umfang darauf zu überprüfen hat, ob die Auslegung überzeugt.[270] Das Revisionsgericht überprüft die Auslegung durch den Tatrichter dagegen nur daraufhin, ob gesetzliche oder allgemein anerkannte Auslegungsregeln, Denkgesetze oder Erfahrungssätze verletzt worden sind.[271] Eine konkrete Revisionsrüge ist dabei nicht erforderlich (§ 557 Abs. 3 ZPO).[272]

106　**Gesetzliche Auslegungsregeln** sind insbesondere das Verbot der Buchstabenauslegung (§ 133) und das Gebot der Berücksichtigung von Treu und Glauben und der Verkehrssitte (§ 157).[273] Die Rechtsprechung zählt hierzu außerdem den Grundsatz, dass der Tatrichter alle für die Auslegung relevanten Umstände umfassend zu würdigen und seine Erwägungen in den Entscheidungsgründen nachvollziehbar darzulegen hat.[274] Die Revision kann daher auch darauf gestützt werden, dass der Tatrichter eine für die Auslegung relevante Tatsache bei der Entscheidung nicht berücksichtigt oder in ihrer rechtlichen Bedeutung verkannt hat.[275]

107　Zu den **allgemein anerkannten Auslegungsregeln** gehört etwa, dass bei der Auslegung von dem Wortlaut der Willenserklärung auszugehen ist (→ Rn. 68)[276] und dass die Auslegung nach beiden Seiten hin interessengerecht zu erfolgen hat (→ Rn. 55 ff.).[277] Ein Verstoß gegen **Denkgesetze** liegt vor, wenn der Tatrichter allgemeine Regeln der Logik außer Acht gelassen hat und deshalb zB zu einem in sich widersprüchlichen Auslegungsergebnis gekommen ist.[278] Ein Verstoß gegen **allgemeine Erfahrungssätze** wird angenommen, wenn der Tatrichter die Bedeutung des allgemeinen Sprachgebrauchs verkannt hat.[279]

108　Ist dem Tatrichter ein revisibler Auslegungsfehler unterlaufen, so kann das **Revisionsgericht** die **Auslegung selbst vornehmen**, wenn die Sache zu einer abschließenden Entscheidung reif ist, weil keine weiteren tatsächlichen Feststellungen erforderlich sind (vgl. § 563 Abs. 3 ZPO).[280] Dies gilt auch für die **ergänzende Auslegung** (dazu → § 157 Rn. 76).[281]

109　Die eingeschränkte revisionsgerichtliche Kontrolle der Auslegung ist in der Literatur auf beachtliche **Kritik** gestoßen.[282] Sie lässt sich jedoch damit rechtfertigen, dass die tatsächlichen und normativen Elemente bei der Auslegung von Individualvereinbarungen besonders eng miteinander verknüpft sind. Der für die Feststellung der Tatsachen zuständige Tatrichter ist daher im Allgemeinen **„näher dran"** als das Revisionsgericht, die mit der Auslegung verbundenen Rechtsfragen zu beurteilen.[283] Außerdem kommt den Revisionszwecken **„Wahrung der Rechtseinheit"** und **„Rechtsfortbildung"** bei der Auslegung von Individualvereinbarungen keine Bedeutung zu, weil die hier maßgeblichen Erwägungen am Einzelfall orientiert sind und

269　Vgl. *Schäfer* NJW 2007, 3463 ff.
270　BGHZ 160, 83 (87); MüKoBGB/*Busche* § 133 Rn. 70.
271　BGHZ 131, 136 (138) = NJW 1996, 248; 137, 69, 72 = NJW 1998, 449;; 190, 212 = NJW 2011, 3287 Rn. 8; BGH NJW-RR 1990, 455; NJW 1999, 1022; 2003, 819; 2008, 2702, 2704; NJW-RR 2008, 683 (684); WM 2009, 2321; NJW 2013, 678 Rn. 13; 2019, 1674 Rn. 30; NJW-RR 2019, 1076 Rn. 11; BAG NJW 2007, 250 (252); 2011, 1469, 1470; vgl. auch Palandt/*Ellenberger* BGB § 133 Rn. 30; Soergel/*Hefermehl* BGB § 133 Rn. 36; Staudinger/*Singer* BGB § 133 Rn. 80; MüKoBGB/*Busche* § 133 Rn. 72; Thomas/Putzo/*Reichold* ZPO § 546 Rn. 6; MüKoZPO/*Krüger* § 546 Rn. 9; *Schäfer* NJW 2007, 3463 (3465).
272　BGH NJW-RR 1990, 455; NJW 1998, 3268 (3270).
273　Vgl. BGH NJW 2005, 2618 (2619); 2006, 2773, 2774; 2008, 2702, 2704.
274　Vgl. BGH NJW 1999, 1022 (1023); 2010, 3436 Rn. 17; NJW-RR 2013, 51 Rn. 11.

275　BGH NJW 1995, 45 (46); 1998, 3268, 2369; 2000, 2099; 2010, 3436 Rn. 17; BeckOK BGB/*Wendtland* § 133 Rn. 32; Palandt/*Ellenberger* BGB § 133 Rn. 30.
276　BGH NJW-RR 2006, 976 (977); 2006, 1139, 1141; NJW 2010, 64 Rn. 18.
277　BGHZ 131, 136 (138); 137, 69, 72; BGH NJW 2003, 819; BB 2005, 2097 f.; NJW 2009, 2449; 2010, 64 Rn. 18; 2019, 1674 Rn. 30.
278　Vgl. BGH FamRZ 1980, 1104.
279　BGH LM § 133 (C) BGB Nr. 17; LM § 133 (Fb) BGB Nr. 4; Soergel/*Hefermehl* BGB § 133 Rn. 36.
280　BGHZ 65, 107 (112); 121, 284, 289; BGH NJW 1991, 1180 (1181); 2000, 2099, 2100; 2007, 912; NJW-RR 2007, 1309 (1310); 2008, 683, 684.
281　BGH NJW 1998, 1219; NJW-RR 2000, 894 (895); NJW 2018, 2469 Rn. 29; Thomas/Putzo/*Reichold* ZPO § 546 Rn. 6.
282　Vgl. etwa MüKoBGB/*Busche* § 133 Rn. 75; Staudinger/*Singer* BGB § 133 Rn. 82 ff.; *May* NJW 1983, 980.
283　Vgl. BGHZ 96, 245 (250); *Wolf/Neuner* BGB AT § 35 Rn. 82 mit Fn. 161.

daher kaum auf andere Streitigkeiten übertragen werden können.[284] Dass das Revisionsgericht die Auslegung bei ausreichenden Tatsachenfeststellungen selbst vornehmen kann, steht hierzu in keinem Widerspruch, weil eine Zurückverweisung in solchen Fällen mit dem Gedanken der **Prozessökonomie** unvereinbar wäre.[285]

3. AGB, Formularverträge und typische Klauseln. Inländische Allgemeine Geschäftsbedingungen, **110** Formularverträge und typische Klauseln, die im Geschäftsverkehr für bestimmte Geschäfte häufig verwendet werden, unterliegen nach ständiger Rechtsprechung einer **uneingeschränkten Kontrolle** durch das Revisionsgericht.[286] Die Sonderbehandlung solcher Klauseln erklärt sich daraus, dass die Besonderheiten des Einzelfalles hier wegen der Objektivierung der Auslegung (→ Rn. 87) keine Rolle spielen und eine einheitliche Handhabung aus Gründen der Rechtssicherheit geboten erscheint.[287] Rechtsprechung und Literatur haben die Zulässigkeit der Auslegung durch das Revisionsgericht allerdings bis in die neuere Zeit hinein davon abhängig gemacht, dass die AGB über den **Bezirk eines Oberlandesgerichts** hinaus gelten.[288] Dahinter stand die Erwägung, AGB seien wie revisible Rechtsnormen zu behandeln. Bei Rechtnormen konnte die Revision aber nur darauf gestützt werden, dass die Entscheidung auf der Verletzung des Bundesrechts oder einer Vorschrift beruht, deren Geltungsbereich sich über den Bezirk eines Oberlandesgerichts hinaus erstreckt (vgl. § 545 Abs. 1 bzw. § 549 Abs. 1 ZPO aF).[289] Der BGH hat jedoch in einer grundlegenden Entscheidung vom 5.7.2005 klargestellt, dass die Reform des Rechtsmittelrechts durch das Reformgesetz vom 27.7.2001[290] bei AGB zu einer Ausweitung der Revisibilität geführt hat. Nachdem die Revision nunmehr auch gegen Urteile der Landgerichte eröffnet sei, könne das Revisionsgericht AGB schon dann selbst auslegen, wenn eine unterschiedliche Auslegung durch verschiedene Berufungsgerichte – also auch durch verschiedene **Landgerichte** – denkbar sei. Dass die Klausel nur im Bezirk eines Oberlandesgerichts anwendbar sei, stehe der Auslegung durch das Revisionsgericht also nicht mehr entgegen.[291] Diese Rechtsprechung wurde dadurch bestätigt, dass der Gesetzgeber sich bei der Neufassung des § 545 Abs. 1 ZPO – unter ausdrücklicher Anknüpfung an die fraglichen Entscheidungen[292] – dafür entschieden hat, die einschränkenden räumlichen Voraussetzungen für die Revisibilität von Rechtsnormen mit Wirkung vom 1.9.2009 entfallen zu lassen (vgl. § 545 Abs. 1 ZPO). In neuerer Zeit spricht der BGH daher allgemein davon, dass AGB im Hinblick auf die revisionsgerichtliche Überprüfung der Auslegung wie revisible Rechtsnormen zu behandeln sind, weil bei ihnen unabhängig davon, ob sie über den räumlichen Bezirk des Berufungsgerichts hinaus Anwendung finden, ein Bedürfnis nach einheitlicher Auslegung besteht.[293] Desgleichen geht das BAG auf der Grundlage von § 73 ArbGG davon aus, dass die Auslegung von Formularverträgen und typischen Vertragsklauseln der uneingeschränkten Überprüfung durch das Revisionsgericht zugänglich ist.[294]

Die Auslegung **ausländischer AGB** ist der revisionsgerichtlichen Nachprüfung dagegen nach wie vor **111** grundsätzlich entzogen.[295] Hieran hat auch die Neufassung des § 545 ZPO nichts geändert. Das Revisionsgericht kann allerdings nachprüfen, ob es sich überhaupt um ausländische AGB handelt[296] und ob die Anwendung der AGB im Einzelfall zu einem Ergebnis führt, das mit wesentlichen Grundsätzen des deutschen Rechts offensichtlich unvereinbar ist (vgl. Art. 6 EGBGB, Art. 21 Rom I-VO).[297] Der Sache nach gel-

---

284 Vgl. *Wolf/Neuner* BGB AT § 35 Rn. 83.
285 Vgl. BGH NJW 2000, 2099 (2100).
286 BGHZ 1, 83 (86); 22, 109, 113; 62, 251, 252 f.; 67, 101, 103; 98, 256, 258; 112, 204, 210; 122, 256, 260; 144, 245, 248; BGH NJW 2001, 1270 (1271); 2005, 2919, 2921; MüKoBGB/*Busche* § 133 Rn. 71; Palandt/*Ellenberger* BGB § 133 Rn. 31; Staudinger/*Singer* BGB § 133 Rn. 81.
287 Vgl. Staudinger/*Roth* BGB § 157 Rn. 55.
288 Vgl. etwa BGHZ 112, 204 (210); 144, 245, 248; BGH NJW 2005, 1426 (1427); RGRK/*Krüger-Nieland*/Zöller BGB § 133 Rn. 61, 67; Soergel/*Hefermehl* BGB § 133 Rn. 37.
289 Vgl. BeckOK BGB/*Schmidt* § 305 c Rn. 59.
290 BGBl. I, 1887.
291 BGHZ 163, 321 (323 f.) = NJW 2005, 2919 (2921); ebenso BGH NJW-RR 2008, 251 (252); NJOZ 2010,

651 (654) Tz 48; vgl. auch Thomas/Putzo/*Reichold* ZPO § 546 Rn. 7.
292 Vgl. Begr. BT-Drs. 16/9733 S. 301 f.
293 BGHZ 200, 362 = NJW 2014, 2269 Rn. 25; NJW-RR 2013, 1067 Rn. 14; NJW 2010, 2877 Rn. 11; vgl. auch Thomas/Putzo/*Reichold* ZPO § 546 Rn. 7; BeckOK BGB/*Schmidt* § 305 c Rn. 65.
294 BAG NZA 2017, 597 Rn. 21; 2018, 47 Rn. 21.
295 BGHZ 49, 356 (362); 112, 204, 210; BGH NJW 2013, 3656 Rn. 15; 2014, 1244 Rn. 14; Palandt/*Ellenberger* BGB § 133 Rn. 31; MüKoBGB/*Busche* § 133 Rn. 72; Prütting/Gehrlein/*Ackermann* ZPO § 546 Rn. 5; krit. MüKoBGB/*Basedow* § 305 c Rn. 68; BeckOK BGB/*Schmidt* § 305 c Rn. 67.
296 BGHZ 112, 204 (210).
297 Thomas/Putzo/*Reichold* ZPO § 545 Rn. 10.

ten also die gleichen Grundsätze wie für die Auslegung **ausländischer Rechtsnormen**, die nach §§ 545 Abs. 1, 560 ZPO und § 72 Abs. 1 FamFG grundsätzlich ebenfalls nach wie vor nicht revisibel ist.[298]

112 **4. Prozesshandlungen und Prozessvergleiche.** Die Auslegung von **Prozesshandlungen** (→ Rn. 9) ist nach ständiger Rechtsprechung auch dann **in vollem Umfang revisibel**, wenn es sich um Individualerklärungen handelt.[299] Dieser Auffassung ist jedoch entgegenzuhalten, dass die Gründe, die für eine Einschränkung der revisionsgerichtlichen Kontrolle bei Individualvereinbarungen sprechen (→ Rn. 105 ff.), grundsätzlich auch auf Prozesshandlungen zutreffen, sofern nicht ausnahmsweise eine Vertypung (zB Formular für Erteilung der Prozessvollmacht) vorliegt, so dass eine unterschiedliche Auslegung durch verschiedene Berufungsgerichte denkbar ist (oben → Rn. 110). Eine Ausweitung des Prüfungsumfangs ist nur gerechtfertigt, wenn sich die Prozesshandlung auf eine Prozessvoraussetzung bezieht, die von Amts wegen zu prüfen ist.[300]

113 Ob der Grundsatz der uneingeschränkten Revisibilität auch für die Auslegung von **Prozessvergleichen** gilt, wird von der hM wegen der Doppelnatur dieses Rechtsinstituts als Prozesshandlung und Rechtsgeschäft im materiellrechtlichen Sinne uneinheitlich beurteilt. Der überwiegende Teil von Rechtsprechung und Literatur spricht sich für eine Gleichbehandlung mit Individualvereinbarungen aus. Die Auslegung des materiellrechtlichen Inhalts eines Prozessvergleichs kann somit vom Revisionsgericht nur daraufhin überprüft werden, ob der Tatrichter gesetzliche oder allgemein anerkannte Auslegungsregeln, Denkgesetze, Erfahrungssätze oder Verfahrensvorschriften verletzt hat.[301]

114 **5. Gesellschaftsverträge und Satzungen.** Soweit bei der Auslegung der Satzungen von **Kapitalgesellschaften** aus Gründen der Rechtssicherheit eine **objektivierte Betrachtung** geboten ist (s. dazu → Rn. 97 f.), treffen die für die Einschränkung der revisionsgerichtlichen Kontrolle maßgeblichen Gründe nicht zu. Die hM geht daher zu Recht davon aus, dass die Auslegung der körperschaftlichen Regelungen solcher Satzungen in vollem Umfang durch das Revisionsgericht überprüft werden kann.[302] Das Gleiche muss dann aber auch für die Auslegung der körperschaftlichen Regelungen der Gesellschaftsverträge von **Personengesellschaften** (→ Rn. 98) gelten.[303]

115 Die Auslegung der **individualrechtlichen Bestimmungen** von Satzungen oder Gesellschaftsverträgen ist primär Sache des Tatrichters. Die revisionsgerichtliche Kontrolle ist hier ebenso eingeschränkt wie bei der Auslegung sonstiger Individualvereinbarungen.[304]

116 Bei rechtsfähigen und nicht rechtsfähigen **Vereinen** wird traditionell davon ausgegangen, dass die Auslegung der Satzung nur dann der uneingeschränkten Kontrolle durch das Revisionsgericht unterliegt, wenn der Wohnsitz der Mitglieder in mehr als einem OLG-Bezirk liegt.[305] Diese Auffassung kann jedoch nicht überzeugen. Der oft eher zufällige, schwer feststellbare und vielleicht sogar wechselnde Wohnsitz einzelner Vereinsmitglieder ist kein geeignetes Kriterium für die Frage, in welchem Umfang die Auslegung einer Vereinssatzung der revisionsgerichtlichen Kontrolle unterliegen soll.[306] Es ist daher zu begrüßen, dass der BGH

298 Vgl. BGHZ 198, 14 = NJW 2013, 1894 Rn. 18 ff.; NJW 2014, 1244 Rn. 14; MüKoZPO/Krüger § 545 Rn. 11; Thomas/Putzo/Reichold ZPO § 545 Rn. 8/9; Prütting/Gehrlein/Ackermann ZPO § 545 Rn. 6; Staudinger/Looschelders Einl. IPR Rn. 1296; H. Roth NJW 2014, 1224 ff.; Prütting FS Schütze (2014), 449 ff.; noch offengelassen von BGHZ 188, 177 = NJW 2011, 1818 Rn. 14; BGH NJW 2010, 1070 Rn. 21; zum alten Recht BGHZ 27, 45 (50 f.); BGH NJW 1992, 2027 (2029); Looschelders IPR EGBGB Vor Art. 3–6 Rn. 57 ff.; zur abweichenden Rechtslage in arbeitsgerichtlichen Verfahren BAG AP Internat. Privatrecht, Arbeitsrecht Nr. 12; BAG NZA 1990, 841 (843); Staudinger/Looschelders Einl. IPR Rn. 1296; jetzt offengelassen von BGH NJW 2016, 473 Rn. 41.

299 BGHZ 4, 328 (334); 115, 286, 290 = NJW 1992, 566; BGH NJW-RR 1996, 1210 (1211); NJW 2000, 3216 (3217) mAnm Olzen EWiR 2000, 195; NJW-RR 2006, 862 (863); Thomas/Putzo/Reichold ZPO § 546 Rn. 4; MüKoZPO/Krüger ZPO § 546 Rn. 11.

300 So auch Stein/Jonas/Grunsky 21. Aufl. ZPO §§ 549, 550 IV Rn. 45.

301 So RGZ 154, 319 (320); BGH MDR 1968, 576; NJW-RR 1996, 932; BAG NJW 2005, 524; Palandt/Ellenberger BGB § 133 Rn. 30; MüKoBGB/Habersack § 779 Rn. 45; MüKoZPO/Krüger ZPO § 546 Rn. 12; Staudinger/Marburger BGB § 779 Rn. 92; Thomas/Putzo/Reichold ZPO § 546 Rn. 6; aA (für uneingeschränkte Nachprüfung) BAG MDR 1983, 1053; BLAH/Hartmann ZPO § 546 Rn. 9. Der BGH hat die Frage in neuerer Zeit wiederholt offen gelassen, vgl. BGH NJW 1995, 652 (654); 1997, 250, 252; 1997, 731, 732; 2000, 1942, 1943; NJW-RR 1995, 1201 (1202).

302 Vgl. BGHZ 14, 25 (36); 68, 142, 146; 116, 359, 364; 123, 347, 350; BGH NJW 1994, 184 (185); Soergel/Hefermehl BGB § 133 Rn. 38; Thomas/Putzo/Reichold ZPO § 546 Rn. 10.

303 BGH DB 1982, 218; Palandt/Ellenberger BGB § 133 Rn. 31.

304 BLAH/Hartmann ZPO § 546 Rn. 7.

305 So BGHZ 21, 370 (374); 27, 297, 300; BGH NJW 1967, 1657 (1658); Thomas/Putzo/Reichold ZPO § 546 Rn. 9; Soergel/Hefermehl BGB § 133 Rn. 38.

306 So auch Soergel/Hadding BGB § 25 Rn. 36; Staudinger/Weick BGB § 25 Rn. 17.

in neuerer Zeit nicht mehr auf dieses Kriterium zurückgegriffen hat.[307] Dies gilt umso mehr, seit die räumliche Einschränkung der Revisibilität von Rechtsnormen in § 545 Abs. 1 ZPO entfallen ist. Die revisionsgerichtliche Kontrolle der Auslegung von Vereinssatzungen unterliegt damit den gleichen Grundsätzen wie die Kontrolle der Auslegung sonstiger Satzungen. Nach dem Zweck der Revision kann es auch hier nur darauf ankommen, ob eine unterschiedliche Auslegung durch verschiedene Berufungsgerichte denkbar ist.

Anhang zu § 133: Auslegung von Gesetzen und Rechtsfortbildung

Literatur: *Anweiler*, Die Auslegungsmethoden des Gerichtshofs der Europäischen Gemeinschaften, 1997; *Bärenz*, Die Auslegung der überschießenden Umsetzung von Richtlinien am Beispiel des Gesetzes zur Modernisierung des Schuldrechts, DB 2003, 375; *Betti*, Allgemeine Auslegungslehre als Methode der Geisteswissenschaft, 1967; *Bruns*, Zivilrichterliche Rechtsschöpfung und Gewaltenteilung, JZ 2014, 162; *Bydlinski*, Juristische Methodenlehre und Rechtsbegriff, 2. Auflage 1991; *Canaris*, Die Feststellung von Lücken im Gesetz, 2. Auflage 1983; *ders.*, Das Rangverhältnis der „klassischen" Auslegungskriterien, demonstriert an Standardproblemen aus dem Zivilrecht, in: FS Medicus 1999, S. 25; *ders.*, Die richtlinienkonforme Auslegung und Rechtsfortbildung im System der juristischen Methodenlehre, in: FS Bydlinski 2002, S. 47; *ders.*, Die verfassungskonforme Auslegung und Rechtsfortbildung im System der juristischen Methodenlehre, in: FS Kramer 2004, S. 141; *ders.*, Gemeinsamkeiten zwischen verfassungs- und richtlinienkonformer Auslegung, in: FS Reiner Schmidt 2006, S. 41; *Danwerth*, Analogie und teleologische Reduktion – zum Verhältnis zweier scheinbar ungleicher Schwestern, ZfPW 2017, 230; *Deckert*, Die Methodik der Gesetzesauslegung, JA 1994, 412; *Durner*, Verfassungsrechtliche Grundlagen und Grenzen des Richterrechts, JA 2008, 7; *Ehricke*, Die richtlinienkonforme und die gemeinschaftsrechtskonforme Auslegung nationalen Rechts, RabelsZ 59 (1995), 598; *Engisch*, Einführung in das juristische Denken, 12. Auflage 2018; *Enneccerus/Nipperdey*, Allgemeiner Teil des Bürgerlichen Rechts, 1. Halbband, 15. Auflage 1959; *Everling*, Zur Auslegung des durch EG-Recht angeglichenen nationalen Rechts, ZGR 1992, 376; *Gebauer*, Der Durchbruch zur richtlinienkonformen Rechtsfortbildung, GPR 2009, 82; *ders.*, Kapitel 4: Europäische Auslegung des Zivilrechts, in: Gebauer/Wiedmann (Hrsg.), Zivilrecht unter europäischem Einfluss, 2. Auflage 2010; *Grigoleit*, Dogmatik – Methodik – Teleologik, in: FS Canaris, 2017, 241; *Gruber*, Methoden des internationalen Einheitsrechts, 2004; *Grundmann*, Richtlinienkonforme Auslegung im Bereich des Privatrechts – insbesondere: der Kanon der nationalen Auslegungsmethoden als Grenze?, ZEuP 1996, 399; *Gsell*, Zivilrechtsanwendung im Europäischen Mehrebenensystem, AcP 214 (2014), 99; *Hassold*, Wille des Gesetzgebers oder objektiver Sinn des Gesetzes – subjektive oder objektive Theorie der Gesetzesauslegung, ZZP 94 (1981), 192; *ders.*, Strukturen der Gesetzesauslegung, in: FS Larenz 1983, S. 211; *Heiderhoff*, Europäisches Privatrecht, 4. Auflage 2016; *Herresthal*, Die Grenzen der richtlinienkonformen Rechtsfortbildung im Kaufrecht, WM 2007, 1354; *ders.*, Die Richtlinienwidrigkeit der Nutzungsersatzes bei Nachlieferung im Verbrauchsgüterkauf, NJW 2008, 2475; *ders.*, Die richtlinienkonforme und die verfassungskonforme Auslegung im Privatrecht, JuS 2014, 289; *Honsell*, Die rhetorischen Wurzeln der juristischen Auslegung, ZfPW 2016, 106; *Höpfner*, Die systemkonforme Auslegung, 2008; *Höpfner/Rüthers*, Grundlagen einer europäischen Methodenlehre, AcP 209 (2009), 1; *Horn*, Einführung in die Rechtswissenschaft und Rechtsphilosophie, 6. Auflage 2016; *U. Huber*, Savignys Lehre von der Auslegung der Gesetze in heutiger Sicht, JZ 2003, 1; *Koch/Rüßmann*, Juristische Begründungslehre, 1982; *Köhler*, Unbestellte Leistungen – Die richtlinienkonforme Auslegung am Beispiel des neugefassten § 241 a BGB, JuS 2014, 865; *ders.*, Die Auslegung von Gesetzen als methodisches Problem, in: Huang/Säcker/Schubert (Hrsg.), Juristische Methodenlehre und Immobiliarsachenrecht, 2015, S. 1; *Kramer*, Juristische Methodenlehre, 5. Auflage 2016; *Langenbucher*, Die Entwicklung und Auslegung von Richterrecht, 1996; *Larenz*, Methodenlehre der Rechtswissenschaft, 6. Auflage 1991; *Larenz/Canaris*, Methodenlehre der Rechtswissenschaft (Studienausgabe), 3. Auflage 1995; *Leenen*, Die Auslegung von Richtlinien und die richtlinienkonforme Auslegung und Fortbildung des nationalen Rechts, Jura 2012, 753; *Looschelders*, Schuldrecht Allgemeiner Teil, 17. Auflage 2019; *Looschelders/Roth*, Juristische Methodik im Prozess der Rechtsanwendung, 1996; *Lüdemann*, Die verfassungskonforme Auslegung von Gesetzen, JuS 2004, 27; *Lüderitz*, Die Auslegung von Rechtsgeschäften, 1966; *Martens*, Methodenlehre des Unionsrechts, 2013; *Mayer/Schürnbrand*, Einheitlich oder gespalten? – Zur Auslegung nationalen Rechts bei überschießender Umsetzung von Richtlinien, JZ 2004, 545; *Michael/Payandeh*, Richtlinienkonforme Rechtsfortbildung zwischen Unionsrecht und Verfassungsrecht, NJW 2015, 2392; *Müller/Christensen*, Juristische Methodik, Bd. 1, Grundlagen für die Arbeitsmethoden der Rechtspraxis, 11. Auflage 2013; Bd. 2, Europarecht, 3. Auflage 2012; *Nazari-Khanachayi/Höhne*, Verfassungsrechtliche Vorgaben für die Methodenlehre, Rechtstheorie 45 (2014), 79; *Neuner*, Die Rechtsfindung contra legem, 1992; *ders.*, Die Kontrolle zivilrechtlicher Entscheidungen durch das Bundesverfassungsgericht, JZ 2016, 435; *Pawlowski*, Methodenlehre für Juristen, 3. Auflage 1999; *Pfeiffer*, Richtlinienkonforme Auslegung gegen den Wortlaut des nationalen Gesetzes – Die Quelle-Folgeentscheidung des BGH, NJW 2009, 412; *Potacs*, Effet utile als Auslegungsgrundsatz, EuR 2009, 465; *Regenfus*, Die „doppelte Analogie" – Erscheinungsformen und Voraussetzungen, JA 2009, 579; *Reimer*, Juristische Methodenlehre, 2016; *Riesenhuber* (Hrsg.), Europäische Methodenlehre, 3. Auflage 2015; *Rosenkranz*, Die Auslegung von „Ausnahmevorschriften", Jura 2015, 783; *Rüthers*, Methodenrealismus in Jurisprudenz und Justiz, JZ 2006, 53; *ders.*, Methodenfragen als Verfassungsfragen?, Rechtstheorie 40 (2009), 253; *Rüthers/Fischer/Birk*, Rechtstheorie, 10. Auflage 2018; *Sauer*, Juristische Methodenlehre, in: Krüper (Hrsg.), Grundlagen des Rechts, 2. Aufl. 2013, S. 172; *Schön*, Die Analogie im Europäischen (Privat-) Recht, in: FS Canaris, 2017, 147; *Schröder*, Die Vorlagepflicht zum EuGH aus europarechtlicher und nationale Perspektive, EuR 2011, 808; *Schroeder*, Die Auslegung des EU-Rechts, JuS 2004, 180; *Sehl*, Was will der Gesetzgeber? – Ziel und Methode rationaler Argumentation mit Gesetzesmaterialien, 2019; *Wank*, Die Auslegung von Gesetzen, 6. Auflage 2015; *Wiedemann*, Richterliche Rechtsfortbildung, NJW 2014, 2407; *Würdinger*, Die Analogiefähigkeit von Normen, AcP 206 (2006), 946; *ders.*, Ausnahmevorschriften sind analogiefähig!, JuS 2008, 949; *ders.*, Das Ziel der Gesetzesauslegung – ein juristischer Klassiker

---

307 BGHZ 96, 245 (250); BGH WM 1997, 1701 (1702); vgl. auch BeckOK BGB/*Schöpflin* § 25 Rn. 14, wonach die ältere einschränkende Rechtsprechung des BGH überholt ist.

und Kernstreit der Methodenlehre, JuS 2016, 1; *Würdinger/Bergmeister*, Analogie und Umkehrschluss, Jura 2007, 15; *Zippelius*, Juristische Methodenlehre, 11. Auflage 2012.

A. **Allgemeines**	1	
I. Bedeutung der §§ 133, 157	1	
II. Ziel, Gegenstand und Mittel der Gesetzesauslegung	2	
III. Der Maßstab der Gesetzesauslegung	3	
1. Subjektive und objektive Theorie	3	
2. Der Wille des Gesetzgebers	5	
3. Praktische Bedeutung des Meinungsstreits	8	
4. Vertrauensschutz des Normadressaten	10	
IV. Der Wortlaut als Grenze der Auslegung	12	
B. **Die Auslegung von Gesetzen**	14	
I. Grammatische Auslegung	15	
II. Systematische Auslegung	18	
III. Historische und genetische Auslegung	20	
1. Historische Auslegung	20	
2. Genetische Auslegung	22	
IV. Teleologische Auslegung	25	
1. Sinn und Zweck des Ergebnisses	25	
2. Vereinbarkeit mit höherrangigem Recht	27	
a) Verfassungskonforme Auslegung	28	
b) Unionsrechts- und richtlinienkonforme Auslegung	30	

aa) Grundsatz	30	
bb) Voraussetzungen und Grenzen der richtlinienkonformen Auslegung	32	
cc) Überschießende Umsetzung von Richtlinien und „gespaltene" Auslegung des innerstaatlichen Rechts	35	
dd) Auslegung von Unionsrecht und Vorabentscheidung durch den EuGH	36	
V. Verhältnis zwischen den Auslegungsmethoden	37	
C. **Richterliche Rechtsfortbildung**	38	
I. Ergänzende Rechtsfortbildung	39	
1. Planwidrige Regelungslücke	39	
2. Methoden der ergänzenden Rechtsfortbildung	41	
II. Abändernde Rechtsfortbildung	45	
1. Teleologische Reduktion	45	
2. Teleologische Extension und teleologische Modifikation	48	

A. Allgemeines

I. Bedeutung der §§ 133, 157

1 Im Unterschied zu anderen kontinentaleuropäischen Zivilrechtskodifikationen (zB §§ 6–8 österr. ABGB, Art. 1 schweiz. ZGB) ist die Auslegung von Gesetzen im BGB nicht einmal ansatzweise geregelt. Für die Auslegung von Rechtsgeschäften enthalten die §§ 133, 157 zwar einige allgemeine Regeln, die auch für die Gesetzesauslegung relevant sind, wie etwa das Verbot der Buchstabeninterpretation in § 133.[1] Insoweit handelt es sich jedoch um hermeneutische Selbstverständlichkeiten.[2] Bei konkreten Problemen lässt sich dagegen oft feststellen, dass die für die Auslegung von Rechtsgeschäften entwickelten Grundsätze auf die Auslegung von Gesetzen **nicht passen**. So kann man sich bei der Auslegung von Gesetzen nicht entsprechend der Lehre vom Empfängerhorizont an den Verständnismöglichkeiten der Normadressaten orientieren, weil dies die notwendige Einheitlichkeit des Gesetzesinhalts infrage stellen würde (→ Rn. 10). In anderen Fällen mag man **aus unterschiedlichen Gründen** zu gleichen Ergebnissen kommen.[3] So hat der Wille des Gesetzgebers bei der Auslegung von Gesetzen aus verfassungsrechtlichen Gründen eine ähnlich große Bedeutung wie der Wille des Erklärenden bei der Auslegung von Willenserklärungen (→ Rn. 3 ff.). Bei allen methodischen Parallelen folgt die Auslegung von Gesetzen also letztlich **eigenständigen Regeln**. Die §§ 133, 157 haben damit in diesem Bereich keine praktische Bedeutung.

II. Ziel, Gegenstand und Mittel der Gesetzesauslegung

2 Die Gesetzesauslegung hat das Ziel, den für die Entscheidung maßgebenden **Inhalt des Gesetzes** mit Blick auf einen konkreten Lebenssachverhalt zu ermitteln.[4] Gegenstand und primäres Mittel der Auslegung ist der **Gesetzestext**.[5] Denn dieser stellt aus verfassungsrechtlichen Gründen die allein verbindliche Verkörperung („Objektivierung") des gesetzgeberischen Willens dar.[6] Bei Auftreten von Unklarheiten ist der Rechtsanwender aber nicht darauf beschränkt, den Inhalt der Norm aus deren Wortlaut und systematischer Stellung heraus zu ermitteln (**textinterne Auslegung**); er kann (und muss) vielmehr auch außerhalb des Gesetzestextes liegende Kriterien berücksichtigen (**textexterne Auslegung**).[7]

---

1   Vgl. BGHZ 2, 176 (184); 13, 28, 30; Palandt/*Grüneberg* Einl. Rn. 40; RGRK/*Krüger-Nieland/Zöller* BGB § 133 Rn. 50; krit. Soergel/*Hefermehl* BGB Anh. § 133 Rn. 1.
2   So MüKoBGB/*Busche* § 133 Rn. 50.
3   Zu den Gemeinsamkeiten MüKoBGB/*Säcker* Einl. BGB Rn. 156.
4   Soergel/*Hefermehl* BGB Anh. § 133 Rn. 1; PWW/ *Prütting* Einl. Rn. 40; *Flume* BGB AT § 16, 1 b;

Looschelders/Roth, S. 21; aA *Rüthers/Fischer/Birk* Rechtstheorie Rn. 725: Normzweck als Ziel der Auslegung.
5   *Larenz*, S. 313; *Kramer*, S. 61 ff., 188.
6   Vgl. *Looschelders/Roth*, S. 21 ff.; vgl. auch *Kramer*, S. 57.
7   Zu dieser Unterscheidung vgl. *Looschelders/Roth*, S. 28 f.

III. Der Maßstab der Gesetzesauslegung

1. Subjektive und objektive Theorie. An welchem Maßstab der Rechtsanwender sich bei der Auslegung   **3**
von Gesetzen zu orientieren hat, ist umstritten.[8] Die **subjektive Theorie** stellt auf den wirklichen (subjektiven) Willen des historischen Gesetzgebers ab.[9] Nach der **objektiven Theorie** ist dagegen der vom subjektiven Willen des historischen Gesetzgebers losgelöste objektivierte Wille des Gesetzes maßgeblich.[10] In der neueren Literatur werden zunehmend **vermittelnde Auffassungen** vertreten, wonach subjektive und objektive Kriterien bei der Auslegung nebeneinander relevant sind.[11] Der Sache nach entspricht dies auch der Ansicht des BVerfG und der neueren Rechtsprechung des BGH, die auf den „objektivierten Willen" des Gesetzgebers abstellen.[12]

Bei der **Würdigung des Meinungsstreits** ist davon auszugehen, dass die verschiedenen Theorien unter-   **4**
schiedliche Erkenntnisinteressen befriedigen und daher aus **allgemeiner hermeneutischer Sicht** prinzipiell gleichwertig sind.[13] Die Entscheidung muss daher auf spezifisch rechtliche Erwägungen gestützt werden. Zentrale Bedeutung kommt dabei der **verfassungsrechtlichen Verteilung der Kompetenzen** zu. Wenn der Richter nach Art. 20 Abs. 3 und Art. 97 Abs. 1 GG an das Gesetz gebunden ist, so beschränkt sich dies nicht auf eine formale Bindung an den Wortlaut des Gesetzes; bei materieller Betrachtung kann es vielmehr nur um eine Bindung an die im Gesetz zum Ausdruck gekommenen Entscheidungen des Gesetzgebers gehen.[14] Art. 20 Abs. 3 GG steht dabei in einem unmittelbaren Zusammenhang mit Art. 20 Abs. 2 S. 2 GG. Während dort das Gewaltenteilungsprinzip statuiert ist, regelt Art. 20 Abs. 3 GG das Verhältnis zwischen den Gewalten im Sinne eines **grundsätzlichen Primats des Gesetzgebers**.[15] Im Ergebnis ergibt sich damit eine deutliche Parallele zu § 133. Dies darf jedoch nicht darüber hinwegtäuschen, dass die Maßgeblichkeit des Willens des „Erklärenden" bei Willenserklärungen und Gesetzen auf unterschiedlichen Erwägungen beruht.

2. Der Wille des Gesetzgebers. Da das Gesetz seine Legitimation von dem Gesetzgeber ableitet, der es   **5**
erlassen hat, muss der Rechtsanwender sich bei der Auslegung im Ausgangspunkt am Willen des **historischen Gesetzgebers** orientieren.[16] Dass eine Rückbindung an den Willen des aktuellen Gesetzgebers nicht legitimierbar ist, zeigt auch die Rechtsprechung des BVerfG zu Art. 100 GG, wonach vorkonstitutionelle Gesetze nicht automatisch dem aktuellen Gesetzgeber zuzurechnen sind.[17]

Jeder Gesetzgeber ist sich indessen bewusst, dass sich die tatsächlichen und rechtlichen Verhältnisse im   **6**
Laufe der Zeit ändern können. Bei **älteren Gesetzen** ist es daher zulässig und geboten, den Willen des Gesetzgebers mit Blick auf die aktuellen tatsächlichen und rechtlichen Verhältnisse „fortzuschreiben".[18] Dabei gewinnen objektiv-teleologische Kriterien große Bedeutung.[19] Ausgangspunkt bleiben aber die Wertungen des historischen Gesetzgebers.

Auch bei **neueren Gesetzen** lässt sich die Bindung an den tatsächlichen Willen des historischen Gesetzge-   **7**
bers bei der praktischen Rechtsanwendung nicht uneingeschränkt verwirklichen. Dies beruht häufig darauf, dass der Gesetzgeber die infrage stehende Problematik nicht bedacht und deshalb insoweit überhaupt keine Wertentscheidung getroffen hat. In anderen Fällen mag sich die gesetzgeberische Wertentscheidung nicht sicher feststellen lassen. Auf der Grundlage einer subjektiven Auslegungstheorie muss in solchen Fällen

8   Ausf. zum Streitstand Staudinger/*Honsell* Einl. zum
     BGB Rn. 132 ff.; *Looschelders/Roth*, S. 29 ff.; Krü-
     per/*Sauer* § 9 Rn. 28 ff.

9   Vgl. BGHZ 13, 28 (30); BGH NJW 1997, 1695
     (1696 f.) = ZIP 1997, 1507 m. krit. Anm. *Canaris*;
     MüKoBGB/*Säcker* Einl. BGB Rn. 80, 124 ff.;
     Engisch, S. 133 ff., 143 ff.; *Enneccerus/Nipperdey*
     BGB AT-1 S. 324 ff.; *Heck*, Gesetzesauslegung und
     Interessenjurisprudenz, 1914, S. 64 ff.; *Looschelders/
     Roth*, S. 28 ff.; *Hassold* ZZP 94 (1981), 192 ff., 210;
     Rüthers JZ 2006, 53; *Rüthers/Fischer/Birk* Rechts-
     theorie Rn. 796 ff.; *Nazari-Khanachayi/Höhne*, S. 79,
     91 ff.

10 So etwa BGHZ 2, 176 (184); BGHSt 1, 74 (76);
     Scherner BGB, 1995, S. 10.

11 Vgl. etwa Soergel/*Hefermehl* BGB Anh. § 133 Rn. 2;
     Staudinger/*Honsell* Einl. zum BGB Rn. 137; PWW/
     Prütting Einl. Rn. 40; *Kramer*, S. 137 ff.; *Larenz*,
     S. 316 ff.; *Larenz/Canaris*, Methodenlehre, S. 137 ff.;
     Rüthers/Fischer/Birk Rechtstheorie Rn. 806 ff.; *Hüb-
     ner* BGB AT Rn. 103; *Würdinger* JuS 2019, 1 (6).

12 Vgl. BVerfGE 1, 299 (312); 11, 126, 129 ff.; 71, 81,
     106; 79, 106, 121; BGHZ 46, 74 (76); 49, 221, 223;

     ferner Palandt/*Grüneberg* Einl. Rn. 40; RGRK/
     Krüger-Nieland/Zöller BGB § 133 Rn. 50.
13 So auch *Zippelius* § 4 IIb.
14 Vgl. BVerfGE 35, 263 (278 f.); *Larenz*, S. 316;
     Looschelders/Roth, S. 51; *Rüthers/Fischer/Birk*
     Rechtstheorie Rn. 722.
15 Vgl. *Looschelders/Roth*, S. 54; *Reimer* Rn. 255.
16 MüKoBGB/*Säcker* Einl. BGB Rn. 124 ff.;
     Looschelders/Roth, S. 62; *Reimer*, Rn. 251 ff.;
     Engisch, S. 143; Krüper/*Sauer* § 9 Rn. 30 ff.; auf den
     aktuellen Gesetzgeber abstellend *Pawlowski* Rn. 3 c,
     486; *Wank*, S. 32 ff. Eine Ausnahme gilt für Gesetze
     aus der NS-Zeit, vgl. *Looschelders/Roth*, S. 212.
17 Vgl. BVerfGE 63, 181 (188); 70, 126, 129 ff.;
     BVerfG NJW 1998, 3557.
18 *Betti*, S. 632; *Larenz*, S. 319 Fn. 16; *Looschelders/
     Roth*, S. 64; MüKoBGB/*Säcker* Einl. BGB Rn. 127;
     Würdinger JuS 2019, 1 (6). Zu einem praktischen
     Beispiel BGHZ 124, 128 (144): Anpassung des Haf-
     tungsrechts an die Fortschritte der Medizin.
19 Vgl. BGHZ 47, 324 (326), wonach der Wille des
     historischen Gesetzgebers in solchen Fällen gegen-
     über objektiven Auslegungskriterien zurücktritt.

hilfsweise auf den **mutmaßlichen Willen des Gesetzgebers** abgestellt werden.[20] Da der Wille des Gesetzgebers im Zweifel auf eine vernünftige und interessengerechte Lösung gerichtet sein wird, haben objektiv-teleologische Erwägungen auch hier große Bedeutung.[21]

8 **3. Praktische Bedeutung des Meinungsstreits.** Da auch nach einer richtig verstandenen subjektiven Theorie objektiv-teleologische Erwägungen in den meisten Zweifelsfällen den Ausschlag geben, kommt es bei der praktischen Rechtsanwendung regelmäßig nicht auf den Streit über den Auslegungsmaßstab an. Dies gilt insbesondere für **ältere Gesetze** wie das BGB, bei denen die notwendige „Aktualisierung"[22] der gesetzgeberischen Wertentscheidung dem Rechtsanwender genügend Spielraum gibt, um eine interessengerechte Lösung für neue tatsächliche und rechtliche Probleme zu entwickeln.

9 Mit dem Schuldrechtsmodernisierungsgesetz ist indes eine Vielzahl von Vorschriften in das BGB aufgenommen worden, die auf einer **aktuellen gesetzgeberischen Wertentscheidung** beruhen; infolge der Fülle der zugänglichen Materialien kann diese Wertentscheidung auch oft mit der notwendigen Sicherheit festgestellt werden.[23] Die Rechtsprechung argumentiert in diesem Bereich daher nicht selten sehr dezidiert mit dem **„gesetzgeberischen Anliegen"** bzw. dem **„Normkonzept des Gesetzgebers".**[24] Teleologische Erwägungen können auch hier zwar ergänzend herangezogen werden. Dies gilt insbesondere dann, wenn die gesetzgeberische Wertentscheidung im Einzelfall doch nicht sicher feststellbar ist oder für das konkrete Auslegungsproblem keine eindeutigen Vorgaben enthält. Liegt eine klare und irrtumsfreie gesetzgeberische Entscheidung vor, die nicht aufgrund eines Wandels der tatsächlichen oder rechtlichen Verhältnisse „aktualisiert" werden muss, so ist der Richter dagegen nach Art. 20 Abs. 3 GG gehindert, sich hierüber unter Berufung auf objektiv-teleologische Kriterien hinwegzusetzen.[25] Die Rechtsprechung geht deshalb zu Recht davon aus, dass die Möglichkeit der Auslegung dort endet, wo sie mit dem **Wortlaut** und dem **klar erkennbaren Willen des Gesetzgebers** in Widerspruch treten würde.[26] Dem Richter ist es in diesem Fall verwehrt, seine eigenen Vorstellungen an die Stelle des verbindlichen Gesetzesrechts zu setzen.[27] Dies schließt auch eine Rechtsfortbildung gegen die eindeutige Regelungsabsicht des Gesetzgebers aus. Auch in der neueren Rechtsprechung gibt es zwar Beispiele dafür, dass eine vom Gesetzeswortlaut abweichende Gesetzesanwendung mit objektiv teleologischen Argumenten gerechtfertigt wird. Der BGH weist dabei jedoch ausdrücklich darauf hin, dass die Gesetzesmaterialien keine Hinweise für die Annahme enthalten, der Gesetzgeber habe ein abweichendes Regelungsziel verfolgt.[28] Wenn in der Literatur davon gesprochen wird, dass im Konfliktfall die objektive Normauslegung vorgehe,[29] ist dies zumindest missverständlich.

10 **4. Vertrauensschutz des Normadressaten.** Anders als bei der Auslegung von Willenserklärungen (dazu → § 133 Rn. 24 ff.) sind die **Verständnismöglichkeiten der** (potenziellen) **Adressaten** bei der Auslegung von Gesetzen grundsätzlich **irrelevant**.[30] Die Lehre vom Empfängerhorizont kann hier schon deshalb nicht herangezogen werden, weil der Sinn des Gesetzes für alle Adressaten gleich sein muss. Der Normadressat hat daher im Zweifel rechtlichen Rat einzuholen. Im Übrigen enthalten das materielle Recht und das Prozessrecht aber zahlreiche Möglichkeiten, um den verfassungsrechtlich gebotenen Vertrauensschutz (Art. 20 Abs. 3 GG) zu verwirklichen.

11 In materiellrechtlicher Hinsicht kommt dabei dem **Verschuldensprinzip** große Bedeutung zu. Verschärft die Rechtsprechung in einem bestimmten Bereich die Anforderungen an die im Verkehr erforderliche Sorgfalt (§ 276 Abs. 2), so kann das Verhalten des Schädigers als nicht schuldhaft zu qualifizieren sein, wenn er sich an der bisherigen Rechtsprechung orientiert hat.[31] Bei einem Rechtsanwalt oder Notar ist die objektiv unrichtige Anwendung einer Vorschrift im Allgemeinen nicht schuldhaft, wenn er sich an der seinerzeit maßgeblichen Rechtsprechung orientiert hat.[32] Darüber hinaus kann der Umstand, dass der Normadressat sich an der bisherigen Rechtsprechung orientiert hat, bei der Entscheidung über die Missbräuchlichkeit eines Verhaltens im Rahmen von **Treu und Glauben** (§ 242 BGB) berücksichtigt werden.[33] Greift kein materiellrechtliches Korrektiv ein, so haben die Gerichte die Möglichkeit, die mit einer **Änderung der**

---

20 *Looschelders/Roth*, S. 65 f., 160 ff.; *Krüper/Sauer* § 9 Rn. 32.

21 Vgl. RGZ 74, 69 (72); *Engisch*, S. 144.

22 *Zimmermann* NJW 1956, 1262 (1263 f.).

23 Zu den Auswirkungen der Schuldrechtsreform auf die Methodendiskussion vgl. *Dauner-Lieb* in Artz/Gsell/Lorenz, Zehn Jahre Schuldrechtsmodernisierung, 267, 274 ff.

24 Vgl. etwa BGH NJW 2009, 2674 (2676).

25 Vgl. BVerfGE 8, 28 (33 ff.); 18, 97, 111; BGHZ 46, 74 (85); BGH NJW 1997, 1695 (1697); RGRK/*Krüger-Nieland/Zöller* BGB § 133 Rn. 52; *Looschelders/Roth*, S. 195 ff.

26 Vgl. BVerfGE 98, 17 (45); 101, 312, 319; BGH NJW 2006, 3200 (3201).

27 BVerfGE 132, 99 Rn. 75; BGH NJW 2009, 2523 (2526); BGHZ 202, 59 = NJW 2014, 2579 Rn. 24; *Neuner* JZ 2016, 435; *Würdinger* JuS 2019, 1 (6).

28 So etwa BGH NJW 2003, 290 (291).

29 So PWW/*Prütting* Einl. Rn. 40.

30 MüKoBGB/*Säcker* Einl. BGB Rn. 134; *Flume* BGB AT II § 16, 1 c; *Larenz*, S. 347; *Looschelders/Roth*, S. 14; *Rüthers/Fischer/Birk* Rechtstheorie Rn. 715.

31 Vgl. BGH NJW 1985, 620; 1995, 2631.

32 BGH NJW 2000, 70 (73).

33 BGH VersR 2010, 97 (99).

Rechtsprechung verbundenen Folgen aus Gründen des Vertrauensschutzes ausnahmsweise **auf künftige Fälle** zu **beschränken**.[34]

IV. Der Wortlaut als Grenze der Auslegung

Auch wenn dem Willen des Gesetzgebers bei der Auslegung von Gesetzen zentrale Bedeutung zukommt, so ist der Text des Gesetzes aus verfassungsrechtlichen Gründen doch die allein verbindliche „Objektivierung" dieses Willens (→ Rn. 4). Die Auslegung hat die Aufgabe, den Inhalt des Gesetzes zu ermitteln. Was mit dem möglichen Wortsinn nicht vereinbar ist, kann aber nicht Inhalt des Gesetzes sein. Die hM geht daher zu Recht davon aus, dass die Auslegung durch den Wortlaut des Gesetzes begrenzt wird.[35] Dies bedeutet zwar nicht, dass der Wille des Gesetzgebers nicht auch über die Wortlautgrenze hinaus berücksichtigt werden darf. Man befindet sich dann jedoch im Bereich der **richterlichen Rechtsfortbildung**, die einer besonderen Legitimation bedarf. In der Rechtsprechung wird dieser Unterschied freilich nicht immer hinreichend deutlich. So wird etwa davon gesprochen, dass eine „vom Gesetzeswortlaut abweichende Anwendung des Gesetzes ... durch Sinn und Zweck der Vorschrift gerechtfertigt sein" kann.[36] Der Terminus „Anwendung des Gesetzes" zeigt aber, dass es sich hier nicht mehr um die bloße Auslegung des Gesetzes handelt.

In der älteren Rechtsprechung und Literatur ist teilweise die Auffassung vertreten worden, der Wille des Gesetzgebers könne im Rahmen der Auslegung nur insoweit berücksichtigt werden, wie er im Text des Gesetzes zumindest „wenn auch noch so unvollkommenen Ausdruck" gefunden habe.[37] Wenn damit gesagt werden soll, der Wille des Gesetzgebers müsse irgendwie aus dem Gesetzestext herzuleiten sein, so kann dem nicht gefolgt werden.[38] Die **Andeutungstheorie** mag bei der Auslegung formbedürftiger Willenserklärungen einen legitimen Sinn haben (→ § 133 Rn. 74 ff.). Bei der Auslegung von Gesetzen genügt es aber den verfassungsrechtlichen Anforderungen an die „Verkörperung" des gesetzgeberischen Willens, dass das Ergebnis der Auslegung mit dem möglichen Wortsinn vereinbar ist.[39]

B. Die Auslegung von Gesetzen

Bei der Gesetzesauslegung kann man auf einen weitgehend anerkannten **„Kanon"** von Methoden zurückgreifen, der sich im Wesentlichen auf die von *Friedrich Carl v. Savigny*[40] entwickelte Lehre zurückführen lässt.[41] Im Einzelnen handelt es sich um die grammatische, die systematische, die historische und genetische sowie die teleologische Auslegung.

I. Grammatische Auslegung

Die Auslegung von geschriebenen Gesetzen[42] beginnt mit der grammatischen Interpretation des Gesetzestextes.[43] Ausgangspunkt ist wie bei der Auslegung von Willenserklärungen (→ § 133 Rn. 24 ff.) das **einzelne Wort**. Aufgabe des Rechtsanwenders ist es, den Sinn zu ermitteln, den der Gesetzgeber damit verbunden hat. Dabei ist das **Wortverständnis des historischen Gesetzgebers** zugrunde zu legen.[44] Ändert sich der Sprachgebrauch, so führt dies grundsätzlich nicht zu einer Änderung des Norminhalts. Etwas anderes kann aber gelten, wenn die Änderung des Sprachgebrauchs mit einer Änderung der tatsächlichen oder rechtlichen Verhältnisse einhergeht; in diesem Fall kommt eine Fortschreibung der gesetzgeberischen Wertent-

34 Vgl. BGH NJW 1996, 924 (925); 2003, 1803, 1805; BAGE 24, 177, 194; 26, 333, 336 ff. Ausf. zum Problem der Rückwirkung von Rspr. *Medicus* NJW 1995, 2577 ff.

35 Vgl. BVerfGE 71, 81 (115); 83, 130, 144; 92, 1, 12; BGHZ 46, 74 (76); 179, 27, 34; Soergel/*Hefermehl* Anh. BGB § 133 Rn. 5; *Bydlinski*, S. 441, 467 f.; *Larenz*, S. 322, 343; *Looschelders/Roth*, S. 66 ff.; Krüper/*Sauer* § 9 Rn. 34; *Neuner* JZ 2016, 435 (436); aA *Höpfner* EuZW 2009, 159, wonach die Auslegung allein durch den Normzweck begrenzt wird.

36 So BGH NJW 2003, 290 (291) im Anschluss an BGHZ 26, 78 (79).

37 So etwa RGZ 52, 334 (342); *Enneccerus/Nipperdey* BGB AT-1 S. 325; *Hassold* FS Larenz, S. 211, 218 f. Ausf. dazu *Lüderitz*, S. 31 ff.

38 Abl. auch MüKoBGB/*Säcker* Einl. BGB Rn. 117 ff.; *Rüthers/Fischer/Birk* Rechtstheorie Rn. 734 ff.

39 *Looschelders/Roth*, S. 69 f.

40 *V. Savigny*, System des heutigen Römischen Rechts, Bd. 1, 1840, S. 213 ff. Zur Bedeutung *v. Savignys* für die aktuelle Methodik der Auslegung vgl. Krüper/*Sauer* § 9 Rn. 17 f.; *Huber* JZ 2003, 1 ff.

41 Vgl. Staudinger/*Honsell* Einl. zum BGB Rn. 138 ff.; PWW/*Prütting* Einl. Rn. 40.

42 Zum Gewohnheitsrecht Staudinger/*Honsell* Einl. zum BGB Rn. 138 ff.; *Larenz*, S. 356 ff.

43 Vgl. BGHZ 46, 74 (76); BGH NJW 2003, 290 (291); 2009, 2674, 2675; Palandt/*Grüneberg* Einl. Rn. 41; Staudinger/*Honsell* Einl. zum BGB Rn. 139 ff.; Soergel/*Hefermehl* Anh. § 133 Rn. 5; *Wolf/Neuner* BGB AT § 4 Rn. 33; *Larenz/Canaris*, Methodenlehre, S. 141 ff.; *Honsell* ZfPW 2016, 106 (120).

44 BGHZ 3, 162 (166 f.); *Larenz/Canaris*, Methodenlehre, S. 144; Staudinger/*Honsell* Einl. zum BGB Rn. 140; iE auch Soergel/*Hefermehl* Anh. § 133 Rn. 5.

scheidung (dazu → Rn. 6) in Betracht, um eine Anpassung des Norminhalts an die veränderten Verhältnisse zu ermöglichen.[45] Im Übrigen ist grundsätzlich der **allgemeine Sprachgebrauch** maßgeblich.[46] Hat ein Wort eine **technisch-juristische Bedeutung**, so geht diese aber im Allgemeinen der umgangssprachlichen Bedeutung vor.[47]

16 Bei der grammatischen Auslegung von Gesetzen darf der Rechtsanwender nicht beim einzelnen Wort stehen bleiben, sondern muss dieses im Kontext des infrage stehenden Satzes und der gesamten Rechtsnorm sehen.[48] Eine solche **kontextuale Auslegung** ist häufig geeignet, den Kreis der möglichen Wortbedeutungen einzuschränken, weil das Wort mit einer bestimmten Bedeutung nicht sinnvoll in das Gefüge des Satzes eingepasst werden kann.[49] Darüber hinaus muss auch die **Struktur des jeweiligen Satzes** (Satzstellung, Formulierung als Ausnahme etc) berücksichtigt werden.[50] So deutet eine **doppelte Negation** auf eine Beweislastumkehr hin (vgl. etwa §§ 280 Abs. 1 S. 2, 311a Abs. 2 S. 2). Verwendet der Gesetzgeber die **Regel-/Ausnahmetechnik**, so heißt dies zwar nicht, dass die betreffende Ausnahmevorschrift generell eng auszulegen und nicht analogiefähig ist.[51] Die Ausnahmevorschrift darf jedoch nicht so erweitert werden, dass die Regel obsolet wird.[52] Enthält eine Vorschrift eine **abschließende Auflistung** einzelner Tatbestände (zB §§ 1821 Abs. 1, 1822, § 6 Abs. 1 InsO), so scheidet eine Ausweitung auf weitere, vergleichbare Tatbestände durch Analogie im Allgemeinen aus.[53] Eine extensive Auslegung der einzelnen Tatbestände kann aber in Betracht kommen.[54] In vielen Fällen wird das Problem freilich dadurch gelöst, dass das Gesetz einen Auffangtatbestand vorsieht (zB §§ 311 Abs. 2 Nr. 3, 286 Abs. 2 Nr. 4, 323 Abs. 2 Nr. 3).

17 Entgegen einer in der älteren Rechtsprechung verbreiteten Auffassung[55] schließt der (scheinbar) **eindeutige Wortlaut** des Gesetzes die Auslegung nicht von vornherein aus. Denn ob der Wortlaut eindeutig ist, muss erst durch Auslegung geklärt werden.[56] Davon abgesehen können die Aspekte, die bei der weiteren (textexternen) Auslegung ermittelt werden, bei eindeutigem Wortlaut immer noch für die Notwendigkeit einer Rechtsfortbildung sprechen.

II. Systematische Auslegung

18 Die systematische Auslegung geht (anders als die kontextuale Auslegung) über die einzelne Norm hinaus und versucht, deren Inhalt aus der **Stellung im Gefüge des betreffenden Gesetzes** oder dem **Inhalt von anderen Normen** zu bestimmen.[57] Ein solches Vorgehen rechtfertigt sich aus dem Gedanken, dass die Rechtsordnung ein geschlossenes Ganzes darstellt, dessen einzelne Teile weitgehend aufeinander abgestimmt sind und einander in vielen Bereichen inhaltlich bedingen (**Einheit der Rechtsordnung**).[58] Besondere Ausprägungen sind der lex-specialis- und der lex-posterior-Satz, wonach die speziellere Vorschrift der allgemeineren und die spätere Vorschrift der früheren vorgeht.[59]

19 Bei einem weiteren Verständnis gehört hierhin auch die **verfassungskonforme Auslegung** (dazu → Rn. 28 f.).[60] Da es bei dieser Methode nicht mehr darum geht, die Systematik des Gesetzes nachzuvoll-

45 Vgl. BGHZ 3, 162 (168); Staudinger/*Honsell* Einl. zum BGB Rn. 142.
46 Vgl. *Horn*, Rn. 178; *Looschelders/Roth*, S. 140.
47 Vgl. Palandt/*Grüneberg* Einl. Rn. 41; *Engisch*, S. 115 ff.
48 Vgl. *Betti*, S. 220; *Larenz*, S. 324 ff.
49 Vgl. *Looschelders/Roth*, S. 141.
50 Vgl. *Wolf/Neuner* BGB AT § 4 Rn. 33 ff.
51 So aber noch BGHZ 11, 135 (143); BGH NJW 1989, 460 (461); zutr. dagegen BVerfGE 37, 363 (404); *Bydlinski*, S. 440; *Larenz/Canaris*, Methodenlehre, S. 175 f.; MüKoBGB/*Säcker* Einl. BGB Rn. 121 ff.; Palandt/*Grüneberg* Einl. Rn. 53; *Rosenkranz* Jura 2015, 783 ff.; *Würdinger* AcP 206 (2006), 946 (956 ff.); JuS 2008, 949 ff.; *Honsell* ZfPW 2016, 106 (124).
52 *Larenz/Canaris*, Methodenlehre, S. 176; *Canaris*, S. 181; *Looschelders/Roth*, S. 145; *Reimer*, Rn. 585; *Würdinger* JuS 2008, 949 (950).
53 Zur grundsätzlichen Unzulässigkeit einer Analogie bei §§ 1821, 1822 BGHZ 52, 316 (319); BGH NJW 1985, 136; Palandt/*Götz* BGB § 1821 Rn. 1; zu § 6 Abs. 1 InsO BGH NZI 2010, 159 Rn. 7; MüKoInsO/*Ganter/Lohmann* § 6 Rn. 6a.

54 Einschr. zu §§ 1821, 1822 BGHZ 38, 26 (28); 52, 316, 319; Staudinger/*Veit* BGB Vor §§ 1821, 1822 Rn. 9 f.: Grundsatz der „formalen Auslegung"; hiergegen MüKoBGB/*Kroll-Ludwigs* § 1821 Rn. 5.
55 BVerfGE 1, 63 (264); BGHZ 4, 369 (375); BGH NJW 1951, 369.
56 Vgl. BGHZ 2, 176 (184 f.); MüKoBGB/*Säcker* Einl. BGB Rn. 116; Palandt/*Grüneberg* Einl. Rn. 41; Soergel/*Hefermehl* Anh. § 133 Rn. 5; *Larenz*, S. 343. Zur parallelen Problematik bei der Auslegung von Willenserklärungen → § 133 Rn. 27.
57 Soergel/*Hefermehl* Anh. § 133 Rn. 6; Staudinger/*Honsell* Einl. zum BGB Rn. 143 ff.; MüKoBGB/*Säcker* Einl. BGB Rn. 140; *Krüper/Sauer* § 9 Rn. 25; *Riesenhuber* § 10 Rn. 21.
58 Grundlegend *Engisch*, Die Einheit der Rechtsordnung, 1935, S. 26 ff.; vgl. auch BVerfGE 51, 304 (323); *Larenz*, S. 264 ff., 437 ff.; *Rüthers/Fischer/Birk* Rechtstheorie Rn. 744 ff.
59 Vgl. Staudinger/*Honsell* Einl. zum BGB Rn. 147; *Rüthers/Fischer/Birk* Rechtstheorie Rn. 770 ff.
60 Vgl. MüKoBGB/*Säcker* Einl. BGB Rn. 141; Palandt/*Grüneberg* Einl. Rn. 42; *Engisch*, S. 124 f. mit Anm. 51; *Rüthers/Fischer/Birk* Rechtstheorie Rn. 763 ff.

ziehen, überwiegen aber die teleologischen Elemente.[61] Der Übergang zwischen systematischer und teleologischer Auslegung ist insoweit freilich fließend.[62]

III. Historische und genetische Auslegung

1. Historische Auslegung. Die historische Auslegung setzt bei den **Vorläufern einer Norm** an und versucht, aus dem Verständnis, das diesen Vorschriften beigelegt wurde, auf den Inhalt der in Frage stehenden Norm zu schließen.[63] Sie stützt sich dabei auf die Erwägung, dass der spätere Gesetzgeber – soweit keine gegenteiligen Anhaltspunkte ersichtlich sind – die aus der Vorläufernorm entnommenen Begriffe nicht in einem abweichenden Sinne verwenden wollte.[64]   **20**

Bei der Auslegung des BGB hat die historische Auslegung nach Inkrafttreten des **Schuldrechtsmodernisierungsgesetzes** an Bedeutung gewonnen.[65] Denn die Verfasser des Gesetzes haben in vielen Fällen nicht die Absicht gehabt, die geltende Rechtslage inhaltlich zu verändern. Teilweise wird in der Gesetzesbegründung sogar ausdrücklich auf die Vorgängervorschriften und die hierzu ergangene Rechtsprechung Bezug genommen.[66] Zu beachten ist allerdings, dass die neuen Vorschriften häufig der Umsetzung der Verbrauchsgüterkaufrichtlinie dienen. Die Grundsätze der **richtlinienkonformen Auslegung** oder **Rechtsfortbildung** können daher im Einzelfall doch ein Ergebnis rechtfertigen, das von dem Verständnis der Vorgängernormen abweicht.[67]   **21**

2. Genetische Auslegung. Im Unterschied zur historischen Auslegung knüpft die genetische Auslegung an die **Entstehungsgeschichte der Norm** selbst an.[68] Wichtigste Hilfsmittel sind die **Gesetzesmaterialien** (Entwürfe, Begründungen, Parlamentsdebatten, Verhandlungen in Ausschüssen etc).[69] Bei der Auslegung des BGB kommt traditionell den **Motiven** zum Entwurf der ersten Kommission (1888) und den **Protokollen** zum Entwurf der zweiten Kommission (1897/99) große Bedeutung zu. In neuerer Zeit hat das Schuldrechtsmodernisierungsgesetz der genetischen Auslegung mit einer Vielzahl von Materialien zahlreiche neue Anwendungsmöglichkeiten verschafft.[70] Zentrale Bedeutung hat dabei die amtliche Begründung des Regierungsentwurfs (BT-Drs. 16/6040).[71]   **22**

Gegen die Heranziehung der Gesetzesmaterialien wird teilweise eingewandt, dass die Äußerungen von einzelnen an der Entstehung des Gesetzes beteiligten Personen nicht mit dem „Willen des Gesetzgebers" gleichgesetzt werden können.[72] Dieser Einwand ist insofern berechtigt, als man die **privaten Äußerungen** der an der Vorbereitung des Gesetzes beteiligten Personen in der Tat nicht überbewerten darf. Große Bedeutung haben jedoch die Stellungnahmen der am Gesetzgebungsverfahren **verfassungs- und geschäftsordnungsmäßig beteiligten Organe und Ausschüsse** (Bundesregierung, Bundesrat, Rechtsausschuss etc). Auch diese Stellungnahmen können zwar nicht ohne Weiteres mit dem „Willen des Gesetzgebers" gleichgesetzt werden. Mangels gegenteiliger Anhaltspunkte ist jedoch davon auszugehen, dass die Mitglieder des Gesetzgebungsorgans diese Stellungnahmen zur Kenntnis genommen und sich zu Eigen gemacht haben.[73]   **23**

---

61 *Looschelders/Roth*, S. 150; vgl. auch *Stern* StaatsR I S. 136, wonach es bei der verfassungskonformen Auslegung weniger um die „Einheit der Rechtsordnung" als um die „Beachtung der grundgesetzlichen Wertordnung" geht; aA *Hesse*, Grundzüge des Verfassungsrechts der Bundesrepublik Deutschland, Rn. 81.

62 Vgl. *Engisch*, S. 117 f.

63 *Looschelders/Roth*, S. 155 ff.; *Müller/Christensen*, Rn. 360 ff.

64 Repräsentativ BGHZ 121, 116 (120 f.); zur Argumentation mit einer gegenteiligen Regelungsabsicht des späteren Gesetzgebers BGH NJW 2003, 290 (292).

65 Vgl. etwa BGH NJW 2009, 1660 (1662 f.) (mit Bezug auf den „Dachziegelfall"); 2009, 2674, 2676 (mit Verweis auf die Rechtsprechung zum früheren Werkvertragsrecht).

66 Vgl. etwa BGH NJW 2014, 3229 Rn. 34 (BT-Drs. 14/6040, 216 f. zu § 459 aF); NJW 2014, 2183 Rn. 32 (BT-Drs. 14/6040, 209 zur Unanwendbarkeit des § 278 auf Hersteller der Ware und Lieferanten des Verkäufers).

67 Vgl. BGHZ 192, 148 Rn. 25 ff.; 195, 135 Rn. 16 (richtlinienkonforme Auslegung des § 439 Abs. 1 Alt. 2 aF).

68 Zur Unterscheidung von historischer und genetischer Auslegung vgl. *Müller/Christensen* Rn. 360 ff.; *Engisch*, S. 120 mit Anm. 40; *Deckert* JA 1994, 412 (415).

69 Zur Bedeutung der Gesetzesmaterialien vgl. BVerfGE 1, 117 (127); 63, 266, 289 ff.; 92, 365, 409 f.; BGHZ 46, 74 (79 ff.); 62, 340, 350; 179, 27, 35 ff.; BGH NJW 1997, 1695 (1697); 2003, 290, 291 ff.; 2006, 3200, 3201; 2009, 2674, 2675 f.; Palandt/*Grüneberg* Einl. Rn. 45; RGRK/*Krüger-Nieland/Zöller* BGB § 133 Rn. 51; Soergel/*Hefermehl* Anh. § 133 Rn. 8.

70 Vgl. etwa BGHZ 179, 27 (35 ff.); BGH NJW 2006, 3200 (3201); 2009, 2674, 2675 f.

71 Vgl. *Dauner-Lieb* in Artz/Gsell/Lorenz, Zehn Jahre Schuldrechtsmodernisierung, 267, 276.

72 Verweis auf das Schuldrechtsmodernisierungsgesetz *Huber* AcP 202 (2002), 179, 239 f. Fn. 205.

73 Sog. Paktentheorie; vgl. MüKoBGB/*Säcker* Einl. BGB Rn. 129; *Engisch*, S. 142; *Looschelders/Roth*, S. 158; *Reimer*, Rn. 252; einschr. *Larenz*, S. 329; *Sehl*, S. 128 ff.

24 Welche Bedeutung den Gesetzesmaterialien bei der praktischen Rechtsanwendung zukommt, kann nur auf-grund einer **Gesamtwürdigung im Einzelfall** festgestellt werden.[74] Lässt sich den Gesetzesmaterialien eine klare Wertentscheidung zugunsten einer bestimmten sachlichen Lösung entnehmen, so haben sie einen hohen Stellenwert.[75] Sind die Materialien unklar oder in sich widersprüchlich, so kann ihnen dagegen keine große Bedeutung beigemessen werden.

IV. Teleologische Auslegung

25 **1. Sinn und Zweck des Ergebnisses.** Bei der praktischen Rechtsanwendung steht die teleologische Aus-legung häufig im Vordergrund. Entscheidendes Auslegungskriterium ist hiernach der **Sinn und Zweck des Gesetzes**.[76] Ausgangspunkt sind die **konkreten Zwecke**, die der Gesetzgeber nach dem Ergebnis der historischen und genetischen Auslegung mit der infrage stehenden Vorschrift verfolgt.[77] Soweit sich keine konkreten Zwecksetzungen feststellen lassen, kann auf eine Vielzahl von **allgemeinen Zwecken** zurückge-griffen werden, die der Gesetzgeber **typischerweise** verfolgt. Zu nennen sind etwa die Einzelfallgerechtig-keit und der Wert des Ergebnisses, aber auch die Rechtssicherheit sowie die Praktikabilität und Effektivität der Regelung.[78]

26 Die Schwierigkeit der teleologischen Auslegung liegt darin, dass der Gesetzgeber mit einem Gesetz nicht selten verschiedene Zwecke verfolgt, die nicht in die gleiche Richtung weisen. So mag der Gesetzgeber die Einzelfallgerechtigkeit verwirklichen wollen, ohne dass die Rechtssicherheit und Praktikabilität infrage gestellt werden sollen. Die Entscheidung kann hier nur aufgrund einer **Interessenabwägung im Einzelfall** getroffen werden. Dabei hat der Richter sich an den Wertungen des Gesetzgebers zu orientieren, so wie sie in dem auslegungsbedürftigen Gesetz und in der gesamten Rechtsordnung zum Ausdruck gekommen sind. Soweit sich hieraus keine stringente Lösung ableiten lässt, muss er den Konflikt aber aufgrund einer **eige-nen wertenden Entscheidung** auflösen.[79]

27 **2. Vereinbarkeit mit höherrangigem Recht.** Zu den **allgemeinen teleologischen Kriterien** gehört auch die Erwägung, dass der Gesetzgeber im Regelfall darauf bedacht sein wird, der Norm einen Inhalt zu geben, der mit der Verfassung und anderem höherrangigen Recht vereinbar ist.[80] Dies ist der methodische Hinter-grund für die verfassungskonforme und die europarechtskonforme Auslegung.

28 **a) Verfassungskonforme Auslegung.** Die verfassungskonforme Auslegung hat im Privatrecht große Bedeutung, weil auch der Privatrechtsgesetzgeber – ebenso wie die Zivilgerichte[81] – nach Art. 1 Abs. 3 GG in vollem Umfang an die Grundrechte gebunden ist.[82] Da der Privatrechtsgesetzgeber die grundrechtlichen Interessen mehrerer Privatrechtssubjekte zum Ausgleich bringen muss, steht ihm zwar im Allgemeinen ein beträchtlicher Gestaltungsspielraum zu.[83] Gleichwohl gibt es auch im Privatrecht mitunter (mindestens) **zwei Auslegungsmöglichkeiten**, von denen die eine zu einem verfassungskonformen, die andere aber zu einem verfassungswidrigen Norminhalt führt. In dieser Situation muss der Richter alle Auslegungsmöglich-keiten ausscheiden, die der Norm einen Inhalt beimessen, der mit den Grundrechten oder anderen verfas-sungsrechtlichen Bestimmungen unvereinbar ist.[84] Die verfassungskonforme Auslegung weist damit deutli-che Parallelen zur Berücksichtigung der grundgesetzlichen Wertordnung im Rahmen der zivilrechtlichen

---

74 *Looschelders/Roth*, S. 159. Zum Streit über den Stel-
    lenwert der Gesetzesmaterialien vgl. auch Soergel/
    Hefermehl Anh. § 133 Rn. 8.
75 Vgl. BGH NJW 1997, 1695 (1696 f.); 2009, 2674,
    2675 f.; Palandt/*Grüneberg* Einl. Rn. 45.
76 Vgl. BGHZ 18, 44 (49); 54, 264, 268; 78, 263, 265;
    87, 381, 383; Palandt/*Grüneberg* Einl. Rn. 46;
    MüKoBGB/*Säcker* Einl. BGB Rn. 143; Soergel/
    Hefermehl Anh. § 133 Rn. 7; Staudinger/*Honsell*
    Einl. zum BGB Rn. 148; *Riesenhuber* § 10 Rn. 41;
    Honsell ZfPW 2016, 106 (121).
77 Vgl. *Zippelius*, § 10 II.
78 Vgl. *Larenz*, S. 333 ff.; *Looschelders/Roth*, S. 182 f.;
    Wank, S. 71 ff.; krit. *Rüthers/Fischer/Birk* Rechts-
    theorie Rn. 801 ff. Zur Bedeutung der Einzelfallge-
    rechtigkeit und des Wertes des Ergebnisses vgl. auch
    BGHZ 51, 125 (130); 57, 245, 248; Staudinger/*Hon-
    sell* Einl. zum BGB Rn. 148; zur Effektivität und

Praktikabilität BVerfGE 73, 118 (177); *Enneccerus/
Nipperdey* BGB AT-1 S. 335.
79 Vgl. Palandt/*Grüneberg* Einl. Rn. 46; *Bydlinski*
    S. 416 f.; *Larenz*, S. 293 ff.; *Looschelders/Roth*,
    S. 186; *Honsell* ZfPW 2016, 106 (127 f.).
80 Vgl. *Looschelders/Roth*, S. 177; *Köhler* in Huang/
    Säcker/Schubert S. 1, 7.
81 Dazu *Koch/Rüßmann* Begründungslehre S. 262 ff.
82 Zur Grundrechtsbindung des Privatrechtsgesetzge-
    bers vgl. BVerfGE 84, 168 (178 ff.); 87, 114, 135 ff.;
    Wank, S. 62 ff.; *Looschelders/Roth* JZ 1995, 1034
    (1038).
83 Zu diesem Gestaltungsspielraum *Böckenförde* NJW
    1976, 2089 ff.; *Looschelders* SchuldR AT § 2 Rn. 8.
84 Vgl. BVerfGE 40, 88 (94); 48, 40, 45; 88, 145, 166;
    BGH NJW 2009, 2744 (2746); RGRK/*Krüger-Nie-
    land/Zöller* BGB § 133 Rn. 52; Soergel/*Hefermehl*
    Anh. § 133 Rn. 9; *Larenz*, S. 339 ff.; *Looschelders/
    Roth*, S. 177 f.; *Lüdemann* JuS 2004, 27 ff.

Generalklauseln (§§ 138 Abs. 1, 242, 826) auf.[85] Beide Methoden sind Ausfluss des Grundsatzes der „verfassungsorientierten" Auslegung.[86]

Die verfassungskonforme Auslegung darf nicht dem eindeutig feststellbaren **Willen des Gesetzgebers**   **29** widersprechen oder diesen sogar verfälschen.[87] Im Übrigen wird die verfassungskonforme Auslegung wie jede Auslegung (→ Rn. 12 f.) durch den **möglichen Wortsinn** begrenzt.[88] Jenseits der Wortlautgrenze kommt aber eine verfassungskonforme Rechtsfortbildung in Betracht (dazu → Rn. 47).[89] Kann das Verdikt der **Verfassungswidrigkeit** durch verfassungskonforme Auslegung oder Rechtsfortbildung nicht vermieden werden, so ist die Norm **nichtig**. Bei formellen nachkonstitutionellen Gesetzen muss der Richter aber nach Art. 100 Abs. 1 GG die Entscheidung des BVerfG einholen.[90]

b) Unionsrechts- und richtlinienkonforme Auslegung. aa) Grundsatz. Eng mit der verfassungskon-   **30** formen Auslegung verwandt ist die unionsrechtskonforme Auslegung, nach der Normen möglichst im Einklang mit dem EU-Recht auszulegen sind.[91] Verstößt eine deutsche Norm gegen **unmittelbar anwendbares** EU-Recht, so führt dies nach hM zwar nicht zur Nichtigkeit; aufgrund des **Anwendungsvorrangs des EU-Rechts** darf der Richter die unionsrechtswidrige innerstaatliche Norm aber nicht anwenden.[92]

Der Grundsatz der unionsrechtskonformen Auslegung gilt auch mit Blick auf **EU-Richtlinien**. Da die   **31** Richtlinien in den Mitgliedstaaten **nicht unmittelbar** gelten, haben sie zwar nicht am Anwendungsvorrang des Unionsrechts teil.[93] Gleichwohl ist der Richter im Anwendungsbereich einer Richtlinie nach Art. 288 Abs. 3 AEUV gehalten, alle innerstaatlichen Vorschriften möglichst im Einklang mit der Richtlinie auszulegen.[94] Hierzu muss zunächst einmal die Richtlinie nach den für die Auslegung von Unionsrechts maßgeblichen Grundsätzen ausgelegt werden.[95] Gegebenenfalls kommt auch eine Vorlage an den EuGH in Betracht (→ Rn. 36 a). Die Pflicht zur richtlinienkonformen Auslegung besteht auch dann, wenn der innerstaatliche Gesetzgeber eine Richtlinie nicht fristgerecht umgesetzt hat.[96] In diesem Fall muss die richtlinienkonforme Anwendung des deutschen Rechts insbesondere im Rahmen der zivilrechtlichen Generalklauseln verwirklicht werden.[97] Nach hM können die nationalen Vorschriften darüber hinaus auch schon vor Ablauf der Umsetzungsfrist richtlinienkonform ausgelegt werden, ohne dass dafür allerdings eine europarechtliche Verpflichtung besteht.[98] Da ein wachsender Teil des deutschen Privatrechts, namentlich des Schuldrechts, auf europäischen Richtlinien beruht, gewinnt die **richtlinienkonforme Auslegung** immer größere Bedeutung.

bb) Voraussetzungen und Grenzen der richtlinienkonformen Auslegung. Da der Anwendungsvor-   **32** rang des Unionsrechts für EU-Richtlinien nicht gilt, ist eine richtlinienkonforme Auslegung nur insoweit möglich, wie das innerstaatliche Recht einen entsprechenden **Auslegungsspielraum** gibt.[99] Dies erkennt

85 Vgl. Soergel/*Hefermehl* Anh. § 133 Rn. 9; *Looschelders* SchuldR AT § 2 Rn. 8; *Wank*, S. 62 ff. sieht in der Einwirkung der Grundrechte über die Generalklauseln des BGB sogar einen Anwendungsfall der verfassungskonformen Auslegung.

86 Vgl. *Stern*, Das Staatsrecht der Bundesrepublik Deutschland, Bd. I S. 136; *Lüdemann* JuS 2004, 27 (28).

87 Vgl. BVerfGE 18, 97 (111); 52, 357, 368 f.; 90, 263, 275; BVerfG NJW 2007, 2977 (2980); BGH NJW 2009, 2744 (2746); *Wolf/Neuner* BGB AT § 5 Rn. 22.

88 BVerfGE 18, 97 (111); 52, 357, 368 f.; 90, 263, 275; BVerfG NJW 2007, 2977 (2980); BGH NJW 2009, 2744 (2746); Soergel/*Hefermehl* Anh. § 133 Rn. 10.

89 Zur Unterscheidung zwischen verfassungskonformer Auslegung und verfassungskonformer Rechtsfortbildung vgl. *Koch/Rüßmann* Begründungslehre S. 266 ff.; *Larenz*, S. 340 f.; *Looschelders/Roth*, S. 242 f.; *dies.* JZ 1995, 1038 (1044); Krüper/*Sauer* § 9 Rn. 33.

90 Vgl. BGH NJW 2009, 2744 (2746); Palandt/*Grüneberg* Einl. Rn. 42.

91 Vgl. EuGH NJW 1994, 921 (922); BVerfGE 75, 223 (237); BGHZ 63, 261 (264 f.); 87, 59, 61; BGH NJW 2002, 1881; PWW/*Prütting* Einl. Rn. 35; *Looschelders/Roth*, S. 178; *Pawlowski* Rn. 363, 1067 ff.

92 Vgl. BVerfGE 75, 223 (244); 85, 191, 203; BAG DB 2003, 1387 (1391); Gebauer/Wiedmann/*Gebauer* Kap. 4 Rn. 15; *Oppermann/Classen/Nettesheim* EuropaR § 10 Rn. 32 ff.; *Ehricke* RabelsZ 59 (1995), 569, 624 ff.

93 Vgl. BVerfG NJW 2009, 2267 (2286) Tz 342 (betr. Vertrag von Lissabon).

94 Zur richtlinienkonformen Auslegung vgl. EuGH Slg 1984, 1891, 1909 = NJW 1984, 2021; Slg 1990, I-4135, 4159; EuGH NJW 1994, 921 (922); 2004, 3547; 2006, 2465; 2008, 1433; BGHZ 63, 261 (264 f.); 87, 59, 61; 179, 27, 33 ff.; BGH NJW 1993, 1594 (1595); 2002, 1881; BAG DB 2003, 1392; MüKoBGB/*Säcker* Einl. BGB Rn. 146 ff.; Palandt/*Grüneberg* Einl. Rn. 43; PWW/*Prütting* Einl. Rn. 35; Gebauer/Wiedmann/*Gebauer* Kap. 4 Rn. 17 ff.; *Heiderhoff* § 4 Rn. 120 ff.; *Ehricke* RabelsZ 59 (1995), 598 ff.; *Everling* ZGR 1992, 376 ff.; *Herresthal* WM 2007, 1354 ff.; *Köhler* JuS 2014, 865 (867), *Roth/Jopen* in Riesenhuber § 13 Rn. 3.

95 Vgl. *Köhler* JuS 2014, 865 (867).

96 EuGH NJW 2000, 2571 (2572); 2004, 3547.

97 Palandt/*Grüneberg* Einl. Rn. 43; *Looschelders* SchuldR AT § 2 Rn. 9.

98 Vgl. BGH NJW 1998, 2208 (2210 f.); Palandt/*Grüneberg* Einl. Rn. 29; *Heiderhoff* § 4 Rn. 132; zum Fehlen einer entsprechenden europarechtlichen Verpflichtung EuGH NJW 2006, 2465 (2468).

99 Zur Notwendigkeit eines solchen Auslegungsspielraums EuGH Slg 1984, 1891, 1909; Slg 1990, I-4135, 4159; BVerfG NJW 2012, 669 (670 f.); BGH NJW 2002, 1881 (1882); BAG DB 2003, 1387 (1389); BVerfG 2012, 669 Rn. 46; *Ehricke* RabelsZ 59 (1995), 598, 617; *Everling* ZGR 1992, 367 (381); *Bruns* JZ 2014, 162 (170).

auch der EuGH an; eine Auslegung des nationalen Rechts *contra legem* ist also auch aus unionsrechtlicher Sicht nicht geboten.[100] Ob ein Auslegungsspielraum besteht, richtet sich nach dem jeweiligen nationalen Recht.[101] Nach den methodischen Grundsätzen des deutschen Rechts wird daher auch die richtlinienkonforme Auslegung durch den Wortlaut der Norm und den Willen des Gesetzgebers begrenzt.[102]

33   Nach der Rechtsprechung des EuGH sind die nationalen Gerichte allerdings gehalten, den ihnen nach innerstaatlichem Recht bei der Rechtsanwendung zustehenden „Beurteilungsspielraum" voll auszuschöpfen, um die Richtlinienkonformität zu gewährleisten.[103] Nach methodischen Grundsätzen des deutschen Rechts kommt daher auch eine **richtlinienkonforme Rechtsfortbildung**, etwa in Gestalt einer richtlinienkonformen Reduktion, in Betracht.[104] Die Wortlautgrenze steht der richtlinienkonformen Rechtsanwendung also letztlich nicht entgegen; diese kann nur am entgegenstehenden Willen des Gesetzgebers scheitern. Der BGH ist dabei zunächst davon ausgegangen, dass die für eine richtlinienkonforme Rechtsfortbildung erforderliche **Regelungslücke** nur dann vorliegt, wenn der Gesetzgeber seine Absicht zur Schaffung einer richtlinienkonformen Regelung hinsichtlich der konkreten Frage in der Gesetzesbegründung explizit zum Ausdruck gebracht hat.[105] In neueren Entscheidungen hat der BGH auf diese Einschränkung aber verzichtet und sich mit der Feststellung begnügt, dass das ausdrücklich angestrebte Ziel einer richtlinienkonformen Umsetzung durch die betreffende Regelung nicht erreicht worden ist und ausgeschlossen werden kann, dass der Gesetzgeber die Regelung in gleicher Weise erlassen hätte, wenn ihm bekannt gewesen wäre, dass sie nicht richtlinienkonform ist.[106] Für diese Auffassung spricht der allgemeine methodische Grundsatz, dass eine verdeckte Regelungslücke auch dann denkbar ist, wenn der Gesetzgeber das Problem überhaupt nicht erkannt hat. Die weite Zulässigkeit der richtlinienkonformen Rechtsfortbildung hat aber zur Folge, dass der Richtlinie **faktisch** eine **unmittelbare Drittwirkung** beigemessen wird.[107] Erhebliche Bedenken ergeben sich überdies daraus, dass die richtlinienkonforme Rechtsfortbildung notwendig zur **Benachteiligung des Privatrechtssubjekts** führt, das auf die bestehende nationale Regelung vertraut hat. Dies widerspricht den Gedanken der Rechtssicherheit und des Vertrauensschutzes. Die damit verbundene Belastung wird außerdem weder durch die Richtlinie (wegen fehlender Drittwirkung) noch durch eine Entscheidung des nationalen Gesetzgebers legitimiert und ist daher aus verfassungsrechtlicher Sicht schwer zu rechtfertigen.[108] Davon abgesehen verstößt eine zu weitgehende richtlinienkonforme Rechtsfortbildung gegen das Gewaltenteilungsprinzip.[109]

34   Kann eine richtlinienkonforme Rechtsanwendung mit allen nach inländischem Recht zulässigen methodischen Mitteln nicht verwirklicht werden, so ist die Norm im Verhältnis zwischen den beteiligten Privatrechtssubjekten mit ihrem richtlinienwidrigen Inhalt anzuwenden. Der Anwendungsvorrang des EU-Rechts (→ Rn. 30) greift nicht ein, weil Richtlinien im Verhältnis zwischen den Bürgern keine unmittelbare Wirkung entfalten.[110] Der benachteiligte Bürger ist damit auf **Schadensersatzansprüche** gegen den Staat wegen fehlerhafter Umsetzung der Richtlinie verwiesen.[111]

35   **cc) Überschießende Umsetzung von Richtlinien und „gespaltene" Auslegung des innerstaatlichen Rechts.** Der deutsche Gesetzgeber hat den Anwendungsbereich der zur Umsetzung einer Richtlinie erlassenen Vorschriften in einigen Fällen auf Sachverhalte erweitert, die von der Richtlinie selbst nicht erfasst werden. So gilt der auf Art. 2 Kauf-RL beruhende Sachmangelbegriff des § 434 nicht nur für den

100   Vgl. EuGH NJW 2012, 509 Rn. 25; NJW 2013, 141 Rn. 55; BVerfG NJW 2012, 669 Rn. 47; *Reimer* Rn. 652; *Gsell* AcP 214 (2014), 99, 136 ff.

101   BVerfG NJW 2012, 669 (671); *Reimer* Rn. 650.

102   BVerfG NJW 2012, 669 (670 ff.); BGH NJW 2006, 3200 (3201); BAG DB 2003, 1387 (1389); *Reimer*, Rn. 650; *Everling* ZGR 1992, 367 (388).

103   EuGH Slg 1984, 1891, 1909; Slg 1990, I-4135, 4149; NJW 2006, 2465; 2008, 1433.

104   So BGHZ 179, 27 (34 ff.) (Quelle-Herd) mAnm *Lorenz* LMK 2009, 273611, *Höpfner* EuZW 2009, 159 und *Looschelders* JA 2009, 462; BGHZ 192, 148 Rn. 30 ff. (zu § 439 III 3 Hs. 2 aF); BGHZ 201, 101 Rn. 20 ff. (zu § 5a Abs. 2 S. 4 VVG aF); der Sache nach auch schon BGH NJW 2002, 1881 (1882) (Heininger). Aus der Lit. vgl. auch Gebauer/Wiedmann/ *Gebauer* Kap. 4 Rn. 37 ff.; *Gsell* AcP 214 (2014), 99, 136 ff.; *Herresthal* WM 2007, 1354 ff.; *ders.* NJW 2008, 2475 (2477); *Staudinger* NJW 1999, 3664 (3668); *ders.* NJW 2002, 653 (655).

105   So BGHZ 179, 27 (36); ablehnend *Höpfner* EuZW 2009, 159 (160).

106   BGHZ 192, 148 Rn. 34; 201, 101 Rn. 23.

107   Vgl. *Lorenz* LMK 2009, 273611; *Looschelders* JA 2009, 462 (463).

108   Krit. insoweit zu Recht *Gsell* AcP 214 (2014), 97, 136 ff.

109   Zur Bedeutung des Gewaltenteilungsprinzips als Grenze der Rechtsfortbildung *Looschelders/Roth*, S. 250 ff.; *Michael/Payandeh* NJW 2015, 2392; *Krüper/Sauer* § 9 Rn. 35; *Wank* S. 86.

110   BAG DB 2003, 1387 (1391); Gebauer/Wiedmann/ *Gebauer* Kap. 4 Rn. 17 f., 31.

111   Vgl. EuGH Slg 1991, I-5357 = NJW 1992, 165 (166) (Francovich); *Looschelders* SchuldR AT § 2 Rn. 9; *Pfeiffer* NJW 2009, 412 (413); *Staudinger* NJW 2002, 653 (655); *Koenigs* DB 2003, 1392; *Gsell* AcP 214 (2014), 99, 139. Zu den Voraussetzungen des unionsrechtlichen Staatshaftungsanspruchs vgl. BGH VersR 2013, 324; NJW-RR 2019, 528.

Verbrauchsgüterkauf, sondern für sämtliche Kaufverträge.[112] In solchen Fällen ist der nationale Richter aus europarechtlicher Sicht nicht verpflichtet, die Umsetzungsvorschriften im **„überschießenden" Bereich** richtlinienkonform auszulegen.[113] Erstreckt der nationale Gesetzgeber den Anwendungsbereich einer Umsetzungsvorschrift auf weitere Sachverhalte, so bringt er damit jedoch zum Ausdruck, dass eine **Gleichbehandlung** sachgemäß ist.[114] Eine „gespaltene" Auslegung würde dieser Wertung zuwiderlaufen. Davon abgesehen wäre es aus Gründen der Rechtssicherheit und der Rechtsklarheit problematisch, einem Begriff in derselben Vorschrift unterschiedliche Bedeutungen beizumessen.[115] Im Allgemeinen wird daher eine **einheitliche** (richtlinienkonforme) Auslegung geboten sein.[116] Eine andere Beurteilung ist aber geboten, wenn sich den Gesetzesmaterialien entnehmen lässt, dass der deutsche Gesetzgeber bei der überschießenden Umsetzung von einem anderen Verständnis der Norm ausgegangen ist, so dass eine Ausdehnung der richtlinienkonformen Auslegung auf den von der Richtlinie nicht erfassten Bereich seinem mutmaßlichen Willen widerspräche. Hiervon ist der BGH zB bei der richtlinienkonformen Ausweitung des Anspruchs auf Ersatzlieferung aus § 439 Abs. 1 Alt. 2 auf den Ausbau der mangelhaften Sache und den Einbau der mangelfreien Ersatzsache ausgegangen.[117] Das Gleiche gilt für die **richtlinienkonforme Rechtsfortbildung**. Wird etwa eine teleologische Reduktion notwendig, um die Vereinbarkeit einer nationalen Vorschrift mit einer EU-Richtlinie zu gewährleisten (dazu → Rn. 47), so bleibt die Vorschrift außerhalb des Anwendungsbereichs der Richtlinie uneingeschränkt anwendbar. Denn die fehlende Richtlinienkonformität kann insoweit keine planwidrige Regelungslücke begründen.[118]

dd) Auslegung von Unionsrecht und Vorabentscheidung durch den EuGH. Kommt es für die Auslegung einer inländischen Norm auf den Inhalt einer unionsrechtlichen Vorschrift an, so hat der Rechtsanwender die unionsrechtliche Vorschrift nach den für die Auslegung des Unionsrechts maßgeblichen Grundsätzen auszulegen (→ Rn. 31). Ausgangspunkt ist der **Wortlaut** der Norm. Dabei sind auch die anderen Sprachfassungen zu berücksichtigen.[119] Zentrale Bedeutung haben **Sinn und Zweck** der jeweiligen Norm und die mit ihnen verfolgten **Ziele**.[120] Dabei ist insbesondere dem Gedanken des „effet utile" Rechnung zu tragen, wonach eine Norm so auszulegen ist, dass sie die vom Gesetzgeber bezweckte „volle" bzw. „praktische Wirksamkeit" entfaltet.[121] Weitere wichtige Auslegungskriterien sind der **systematische Kontext** der Norm in dem jeweiligen Rechtsakt und im Unionsrecht[122] sowie die **allgemeinen Rechtsgrundsätze**, die sich aus der Gesamtheit der innerstaatlichen Rechtsordnungen ergeben.[123] In diesem Zusammenhang kann eine **rechtsvergleichende** Betrachtung Bedeutung gewinnen.[124] Darüber hinaus ist die **Entstehungsgeschichte** des betreffenden Rechtsakts und der jeweiligen Norm zu beachten.[125] Die **Erwägungsgründe** eines europäischen Rechtsaktes haben als solche zwar keine normative Bedeutung (vgl. Art. 296 Abs. 2 AEUV); sie enthalten aber nicht selten wertvolle Hinweise auf den Sinn und Zweck einer Norm oder den

36

---

112 Vgl. Hk-BGB/*Saenger* § 434 Rn. 1; *Bärenz* DB 2003, 375; zu weiteren Beispielen BGH NJW 2002, 1881 (1884); *Habersack/Mayer* JZ 1999, 913 ff.

113 EuGH Slg 1998, I-4695, 4725 = EuZW 1999, 20 (23); BGHZ 195, 135 Rn. 20; *Heiderhoff* § 4 Rn. 130; *Bärenz* DB 2003, 375.

114 Vgl. BGH NJW 2002, 1882 (1884); *Heiderhoff* § 4 Rn. 131.

115 Vgl. *Bärenz* DB 2003, 375 (376).

116 So auch BGH NJW 2002, 1882 (1884); MüKoBGB/ *Lorenz* Vor § 474 Rn. 4; Gebauer/Wiedmann/ *Gebauer* Kap. 4 Rn. 23; *Bärenz* DB 2003, 375; *Canaris* FS Bydlinski, 47, 74; *Heiderhoff* § 4 Rn. 131; *Staudinger* NJW 2002, 653 (655); einschr. Palandt/*Grüneberg* Einl. Rn. 44; *Lorenz* NJW 2009, 1633 (1636).

117 BGHZ 195, 135 Rn. 17 ff.; vgl. auch *Looschelders* SchuldR BT § 4 Rn. 11.

118 Vgl. BGHZ 179, 27 (38) (zu § 439 IV aF); 201, 101 Rn. 28 (zu § 5 a Abs. 2 S. 4 VVG aF); BGH r+s 2015, 60 Rn. 27 ff. (zu § 8 Abs. 4 S. 4 und Abs. 5 S. 4 VVG aF).

119 Vgl. *Reimer* Rn. 290; Gebauer/Wiedmann/*Gebauer* Kap. 4 Rn. 4; *Looschelders/Roth*, S. 217.

120 Vgl. EuGH EuZW 2013, 66 Rn. 43 ff. (Purely Creative Ltd); *Köhler* JuS 2014, 865 (867).

121 Zur Bedeutung des „effet utile"-Grundsatzes bei der Auslegung von Unionsrecht vgl. EuGH Slg 1982, 1035 Rn. 15 (Levin); Slg 1988, 5013 Rn. 18 (Saarland); Slg 1999, I-7081 Rn. 24 = NJW 2000, 2337 (2338) (Adidas); Palandt/*Grüneberg* Einl. Rn. 26, 50 a; Calliess/Ruffert/*Wegener* EUV Art. 19 Rn. 15; *Reimer*, Rn. 271; Gebauer/Wiedmann/*Gebauer* Kap. 4 Rn. 4; *Looschelders/Roth*, S. 217 f.; *Potacs* EuR 2009, 465 ff.

122 EuGH Slg 1982, 3415 Rn. 20 (CIFIT); Slg 1999, I-7081 Rn. 23; Gebauer/Wiedmann/*Gebauer* Kap. 4 Rn. 6.

123 Vgl. EuGH Slg 1976, 1541 Rn. 3 = NJW 1976, 489 (490); Gebauer/Wiedmann/*Gebauer* Kap. 4 Rn. 8; sehr weitgehend EuGH Slg 2005, I-10013 = NJW 2005, 3675 Rn. 75 (Mangold): Verbot der Altersdiskriminierung als allgemeiner Grundsatz des Gemeinschaftsrechts.

124 Vgl. *Reimer* Rn. 271. Zur Bedeutung der Rechtsvergleichung für die Auslegung nationalen Rechts *Bydlinski*, S. 461 ff.

125 Zur Relevanz der Entstehungsgeschichte bei der Auslegung des Unionsrechts *Martens*, S. 378 ff.; *Looschelders/Roth*, S. 218; *Köhler* JuS 2014, 865 (867).

dahinter stehenden Willen des europäischen Gesetzgebers.[126] Es finden sich daher zahlreiche Entscheidungen des EuGH, in denen auf die Erwägungsgründe abgestellt wird.

36a Eine verbindliche Entscheidung über die Auslegung einer unionsrechtlichen Vorschrift kann letztlich allerdings nur durch den EuGH getroffen werden.[127] Bei Zweifeln über die Auslegung von Unionsrecht können die nationalen Gerichte die Frage nach dem Inhalt des Unionsrechts daher dem EuGH zur **Vorabentscheidung** vorlegen (Art. 267 AEUV). Vorlageberechtigt sind alle Gerichte (Art. 267 Abs. 2 AEUV). Für letztinstanzliche Gerichte, deren Entscheidung im konkreten Rechtsstreit nicht mehr mit einem innerstaatlichen Rechtsmittel angegriffen werden kann, besteht eine **Pflicht** zur Vorlage (Art. 267 Abs. 3 AEUV).[128] Die Vorlagepflicht entfällt allerdings, wenn der EuGH im Hinblick auf die zu klärende Frage bereits in einem gleichgelagerten Fall eine Vorlageentscheidung getroffen hat (sog. *acte éclairé*) oder wenn kein vernünftiger Zweifel an der Auslegung besteht (sog. *acte-claire*).[129] Verstößt ein deutsches Gericht gegen seine unionsrechtliche Vorlagepflicht, so wird den Rechtsschutzsuchenden dadurch der **gesetzliche Richter** entzogen (Art. 101 Abs. 1 S. 2 GG). Die Betroffenen können hiergegen nach Art. 93 Abs. 1 Nr. 4 a Verfassungsbeschwerde erheben. Nach der Rechtsprechung des BVerfG führt die Verletzung der Vorlagepflicht aus Art. 267 Abs. 3 AEUV allerdings nur dann zu einem Verstoß gegen Art. 101 Abs. 1 S. 2 GG, wenn das letztinstanzliche Gericht seinen diesbezüglichen Beurteilungsspielraum in unvertretbarer Weise überschritten hat.[130] Das BVerfG beschränkt sich insoweit also im Wesentlichen auf eine **Willkürkontrolle**.

36b Die Vorlagepflicht erstreckt sich nicht auf den **„überschießenden" Bereich** der Richtlinienumsetzung (→ Rn. 35). Nach überwiegender Ansicht ist eine Vorlage aber auch hier grundsätzlich zulässig.[131]

V. Verhältnis zwischen den Auslegungsmethoden

37 Das Verhältnis zwischen den einzelnen Auslegungsmethoden ist umstritten.[132] In der Literatur ist zu Recht die Auffassung im Vordringen, dass zwischen den verschiedenen Methoden **keine feste Rangordnung** aufgestellt werden kann.[133] Nach der hier vertretenen Auffassung stehen zwar die verschiedenen **Auslegungskriterien** in einer Rangordnung. Ausgangspunkt und wichtigstes Mittel der Auslegung ist hiernach der **Wortlaut**. Soweit der Wortlaut mehrere Auslegungsmöglichkeiten zulässt, kommt es primär auf den **tatsächlichen Willen** des Gesetzgebers an. Hilfsweise ist auf **objektiv-teleologische Kriterien** zurückzugreifen, weil diese einen Schluss auf den **mutmaßlichen Willen** des Gesetzgebers zulassen. Das Verhältnis zwischen den einzelnen **Auslegungsmethoden** hängt demgegenüber davon ab, welche Methode im Einzelfall zu den verlässlichsten Erkenntnissen über die maßgebenden Auslegungskriterien führt.[134] In den problematischen Fällen darf der Rechtsanwender sich nicht auf eine einzige Auslegungsmethode stützen, sondern muss die verschiedenen Methoden nebeneinander heranziehen und die dabei gewonnenen Erkenntnisse gegeneinander abwägen, um zu einer möglichst überzeugungskräftigen Lösung zu gelangen.[135]

---

126 Zur rechtstheoretischen Einordnung der Erwägungsgründe EuGH Slg 1989, 2789 = BeckRS 2004, 72342 Rn. 31 (Casa Fleischhandel); *Gruber*, S. 171; *Anweiler*, S. 253; *Köhler* JuS 2014, 865 (867); *Looschelders* VersR 2005, 1722 (1723).

127 Zum Auslegungsmonopol des EuGH für das Unionsrecht vgl. *Gsell* AcP 214 (2014), 99, 114 ff.; *Köhler* JuS 2014, 865 (867).

128 Vgl. EuGH EuZW 2016, 111 Rn. 37 (Ferreira da Silva e Brito); BVerfG NJW 2014, 1796 Rn. 26; *Schroeder* JuS 2004, 180 (181).

129 Vgl. EuGH Slg 1982, 3415 Rn. 16 ff. = NJW 1983, 1257 (C.I.L.F.I.T.); EuZW 2016, 111 Rn. 38 (Ferreira da Silva e Brito); EuGH DStR 2018, 2022 Rn. 63; Calliess/Ruffert/*Wegener* AEUV Art. 267 Rn. 33; *Looschelders/Roth*, S. 218 f.; *Schröder* EuR 2011, 809 (809). Zum Streit über das Vorliegen dieser Voraussetzung im Hinblick auf die Richtlinienkonformität von § 5 a VVG aF BVerfG VersR 2014, 609 Rn. 27 ff.; BGH VersR 2014, 1065 Rn. 16 ff.; VersR 2015, 876; *Roth* VersR 2015, 1 (6 ff.); *Brömmelmeyer* VUR 2014, 447 (448 ff.).

130 Vgl. BVerfGE 82, 159 (194 ff.); 126, 286, 316 f. = NJW 2010, 3422 (3427); BVerfG VersR 2001, 1179; NJW 2010, 1268 (1269); SVR 2011, 468 (469); NJW 2014, 2489; NJW 2015, 1294; eingehend dazu *Schröder* EuR 2011, 808 (813 ff.).

131 Vgl. EuGH EuZW 1991, 319 (320); EuZW 1997, 658 (660); Calliess/Ruffert/*Wegener* AEUV Art. 267 Rn. 5; Palandt/*Grüneberg* Einl. Rn. 44.

132 Vgl. dazu Soergel/*Hefermehl* BGB Anh. § 133 Rn. 4; *Engisch*, S. 121 ff.; *Larenz*, S. 343 ff.; *Canaris* FS Medicus 1999, S. 25 ff.

133 Vgl. Soergel/*Hefermehl* BGB Anh. § 133 Rn. 4; RGRK/*Krüger-Nieland/Zöller* BGB § 133 Rn. 50; *Bydlinski*, S. 553 ff.; *Larenz*, S. 345; *Wolf/Neuner* BGB AT § 4 Rn. 43; *Looschelders/Roth*, S. 194.

134 So auch *Larenz*, S. 345; *Looschelders/Roth*, S. 194; *Canaris* FS Medicus 1999, S. 25 ff., 60.

135 Vgl. BGHZ 46, 74 (76); 49, 221, 223; *Enneccerus/Nipperdey* BGB AT-1 S. 335; *Larenz*, S. 343 ff.; *Looschelders/Roth*, S. 196.

C. Richterliche Rechtsfortbildung

Die Befugnis des Richters zur Rechtsfortbildung ist in Deutschland seit langem anerkannt.[136] Unter der Geltung des Grundgesetzes kann man diese Befugnis auf die Erwägung stützen, dass der Richter nach Art. 20 Abs. 3 GG nicht allein an das Gesetz, sondern an Gesetz **und Recht** gebunden ist.[137] Die Rechtsfortbildung wird naturgemäß nicht durch den **Wortlaut** der Norm begrenzt. Nach Art. 20 Abs. 3 und Art. 97 Abs. 1 GG bleibt der Richter aber auch hier an den **Willen** und die **Wertentscheidungen des Gesetzgebers** gebunden.[138] In diesem Sinne ist eine Rechtsfortbildung **contra legem** also unzulässig.[139] Dies gilt auch für die verfassungskonforme[140] sowie die richtlinienkonforme Rechtsfortbildung.[141]   **38**

Bei der richterlichen Rechtsfortbildung lassen sich zwei **Fallgruppen** unterscheiden: die ergänzende und die abändernde (berichtigende) Rechtsfortbildung.[142]

I. Ergänzende Rechtsfortbildung

1. Planwidrige Regelungslücke. Die ergänzende Rechtsfortbildung setzt voraus, dass das infrage stehende Gesetz **bei wertender Betrachtung** eine ausfüllungsbedürftige Regelungslücke aufweist. Aufgrund der Notwendigkeit einer wertenden Betrachtung liegt eine solche Regelungslücke nicht schon dann vor, wenn es keine Rechtsnorm gibt, die für den Sachverhalt eine bestimmte (von mindestens einem Beteiligten begehrte) Rechtsfolge anordnet. Erforderlich ist vielmehr, dass die Regelung nach den in dem betreffenden Gesetz oder in der Gesamtrechtsordnung zum Ausdruck gekommenen Wertungen lückenhaft ist. Ebenso wie bei der ergänzenden Vertragsauslegung (dazu → § 157 Rn. 18 f.) ist also eine **planwidrige Regelungslücke** erforderlich.[143]   **39**

Eine planwidrige Regelungslücke liegt nicht nur dann vor, wenn der Gesetzgeber das zu regelnde Problem übersehen hat (**unbewusste** Regelungslücke). Eine ergänzende Rechtsfortbildung kommt vielmehr auch dann in Betracht, wenn der Gesetzgeber **bewusst** von einer Regelung des Problems abgesehen hat, weil er sich über die sinnvollste Lösung im Unklaren war und die Entscheidung Rechtsprechung und Wissenschaft überlassen wollte.[144] Aufschluss hierüber geben vor allem die Gesetzesmaterialien. Die genetische Auslegung hat daher für die Zulässigkeit der Rechtsfortbildung eine große praktische Bedeutung.[145]   **40**

2. Methoden der ergänzenden Rechtsfortbildung. Wichtigste Methode der ergänzenden Rechtsfortbildung ist die **Einzelanalogie** (Gesetzesanalogie). Hier wird die Rechtsfolgenanordnung einer Norm auf Sachverhalte erstreckt, die zwar nicht unmittelbar von der Norm erfasst werden, den erfassten Sachverhalten aber so **ähnlich** sind, dass es gerechtfertigt ist, für sie dieselbe Rechtsfolge eintreten zu lassen.[146]   **41**

Die Bildung einer Analogie kann durch den allgemeinen Gleichheitssatz (Art. 3 Abs. 1 GG) geboten sein. Da die Analogie **keine wesensmäßige Gleichheit**, sondern eine bloße **Ähnlichkeit** der Sachverhalte voraussetzt,[147] können jedoch auch andere Gründe für die analoge Anwendung einer Norm sprechen. Der Rechtsanwender kann dabei insbesondere an die Kriterien anknüpfen, die bei der teleologischen Auslegung (→ Rn. 25) herausgearbeitet worden sind. Im Vordergrund steht deshalb auch hier der **Zweck** der Norm. Darüber hinaus können aber auch verfassungs- und unionsrechtliche Erwägungen eine Analogie rechtferti-   **42**

136 Vgl. BVerfGE 34, 269 (286 ff.); 49, 304, 318; 82, 6, 11 f.; 111, 54, 82; BGHZ 4, 153 (158); 17, 266, 276; 179, 27, 38; Palandt/*Grüneberg* Einl. Rn. 54; RGRK/*Krüger-Nieland/Zöller* BGB § 133 Rn. 53; Soergel/*Hefermehl* BGB Anh. § 133 Rn. 12 ff.; *Larenz*, S. 366 ff.

137 Vgl. BVerfGE 34, 269; 287; 88, 145, 166 f. = NJW 1993, 2861 (2863); BVerfG NJW 1997, 2230; NJW 2012, 669 Rn. 45; MüKoBGB/*Säcker* Einl. Rn. 153; Soergel/*Hefermehl* BGB Anh. § 133 Rn. 15; *Reimer*, Rn. 549; Krüper/*Sauer* § 9 Rn. 35; *Bruns* JZ 2014, 162 ff.; *Wiedemann* NW 2014, 2407, 2408.

138 *Looschelders/Roth*, S. 258, 288 ff.; Krüper/*Sauer* § 9 Rn. 35.

139 Zur Rechtsfortbildung contra legem *Neuner*, S. 182 ff.; ferner *Engisch*, S. 237 ff.; *Koch/Rüßmann* Begründungslehre S. 255; *Larenz*, S. 428; *Köhler* in Huang/Säcker/Schubert S. 1, 9.

140 Zu den Grenzen der verfassungskonformen Rechtsfortbildung BVerfGE 69, 315 (372); 82, 6, 12; *Looschelders/Roth* JZ 1995, 1038 (1044 f.).

141 Speziell dazu BGHZ 179, 27 (34).

142 Zu dieser Unterscheidung vgl. *Enneccerus/Nipperdey* BGB AT-1 S. 315, 344 f.; *Looschelders/Roth*, S. 220 ff.; *Zippelius*, § 11.

143 Vgl. nur BGHZ 65, 300 (302); 149, 165, 174; NJW 2007, 3124 (3125); 2008, 1446, 1447; 2015, 1176 Rn. 9; Palandt/*Grüneberg* Einl. Rn. 48, 55; Soergel/*Hefermehl* BGB Anh. § 133 Rn. 12; *Canaris*, S. 31 ff.; *Larenz*, S. 374; *Engisch*, S. 194; *Looschelders/Roth*, S. 280 ff.; Krüper/*Sauer* § 9 Rn. 40; *Nazari-Khanachayi/Höhne*, S. 79, 86 ff.; *Wiedemann* NJW 2014, 2407 (2411).

144 *Looschelders/Roth*, S. 289; *Reimer* Rn. 572.

145 Vgl. etwa BGH NJW 2007, 3124 (3125).

146 Vgl. BVerfGE 82, 6 (12); Soergel/*Hefermehl* BGB Anh. § 133 Rn. 13; Palandt/*Grüneberg* Einl. Rn. 48; *Larenz*, S. 304; *Looschelders/Roth*, S. 304.

147 Vgl. Staudinger/*Looschelders/Olzen* BGB § 242 Rn. 350; *Engisch*, S. 204; *Looschelders/Roth*, S. 305 ff.; *Reimer* Rn. 555.

gen. Die Einzelanalogie weist damit eine enge Verwandtschaft mit der teleologischen Auslegung auf.[148] Anders als diese ist sie aber nicht an den möglichen Wortsinn gebunden.

43 Von der Einzelanalogie zu unterscheiden ist die **Gesamtanalogie** (Rechtsanalogie), bei der mehreren Einzelvorschriften ein gemeinsamer Grundgedanken entnommen wird; trifft dieser Grundgedanke auf den zu regelnden Sachverhalt zu, so kann die übereinstimmende Rechtsfolgenanordnung der betreffenden Vorschriften hierauf übertragen werden.[149]

44 Jenseits der in konkreten Rechtsnormen verankerten Wertungen kann die ergänzende Rechtsfortbildung schließlich auch auf **allgemeine Prinzipien der Rechtsordnung** (zB Treu und Glauben, Vertrauensgrundsatz, Grundsatz der Verhältnismäßigkeit) gestützt werden.[150] Eine solche **gesetzesübersteigende Rechtsfortbildung**[151] setzt aber voraus, dass sich den einschlägigen Prinzipien hinreichend klare Leitlinien für die Lösung der Problematik entnehmen lassen.[152] Dies ist bei der **„Natur der Sache"** grundsätzlich zu verneinen.[153]

II. Abändernde Rechtsfortbildung

45 **1. Teleologische Reduktion.** Im Rahmen der richterlichen Rechtsfortbildung kann auch die Abänderung (Korrektur) einer bestehenden Norm zulässig und geboten sein. Wichtigste Methode der abändernden Rechtsfortbildung ist die **teleologische Reduktion**, bei welcher der Anwendungsbereich einer Norm entgegen dem möglichen Wortsinn eingeschränkt wird.[154]

46 Die teleologische Reduktion setzt ebenso wie die ergänzende Rechtsfortbildung (→ Rn. 39 ff.) eine **planwidrige Regelungslücke** voraus.[155] Diese besteht darin, dass eine einschränkende Regelung entgegen den in dem betreffenden Gesetz oder in der Gesamtrechtsordnung verankerten Wertungen fehlt. Da der infrage stehende Sachverhalt vom Wortlaut der Norm scheinbar erfasst wird, spricht man auch von einer **verdeckten** Regelungslücke.[156]

47 Die teleologische Reduktion kann unmittelbar durch den **Zweck** der infrage stehenden Norm geboten sein. Dies ist der Fall, wenn die Norm dem Wortlaut nach auch für Sachverhalte gilt, die nach dem Zweck der Norm nicht erfasst werden sollen.[157] In anderen Fällen lässt sich die teleologische Reduktion auf die **negative Komponente des Gleichheitssatzes** (Art. 3 Abs. 1 GG) stützen, wonach wesentlich ungleiche Sachverhalte ungleich zu behandeln sind. Darüber hinaus kann es eine Vielzahl **anderer Gründe** geben, die für die Einschränkung einer zu weit gefasst Norm sprechen. So muss eine **verfassungskonforme Reduktion** vorgenommen werden, wenn der Wortlaut der Norm Sachverhalte erfasst, die aus verfassungsrechtlichen Gründen nicht erfasst werden dürfen.[158] Parallel hierzu kann die **richtlinienkonforme Reduktion** eingesetzt werden, um den Anwendungsbereich einer zu weit gefassten Vorschrift nach den Vorgaben der zugrunde liegenden EG-Richtlinie einzuschränken (→ Rn. 33).[159]

48 **2. Teleologische Extension und teleologische Modifikation.** Weitere Methoden der abändernden Rechtsfortbildung sind die teleologische Extension und die teleologische Modifikation. Die **teleologische Extension** greift ein, wenn das Gesetz nicht sämtliche Fälle erfasst, die zur **Verwirklichung des Normzwecks** erfasst werden müssen.[160] Der **Unterschied zur Analogie** liegt darin, dass die Ausdehnung der

148 Vgl. Soergel/*Hefermehl* BGB Anh. § 133 Rn. 13: „nicht wesensverschieden".

149 Zur Gesamtanalogie vgl. Palandt/*Grüneberg* Einl. Rn. 48; Soergel/*Hefermehl* BGB Anh. § 133 Rn. 13; *Larenz*, S. 383 ff.; *Looschelders/Roth*, S. 310 ff.; *Reimer* Rn. 586 ff.; *Kramer*, S. 217 ff.

150 Vgl. Palandt/*Grüneberg* Einl. Rn. 57; RGRK/*Krüger-Nieland/Zöller* BGB § 133 Rn. 53; Soergel/*Hefermehl* BGB Anh. § 133 Rn. 15; *Wolf/Neuner* BGB AT § 4 Rn. 73 ff.; *Kramer*, S. 249 ff.

151 Zur Unterscheidung von gesetzesimmanenter und gesetzesübersteigender Rechtsfortbildung vgl. *Larenz/Canaris*, Methodenlehre, S. 191 ff., 232 ff.; *Bruns* JZ 2014, 162 (163).

152 Vgl. BGHZ 108, 305 (309); BGH NJW 1994, 852 (855); Palandt/*Grüneberg* Einl. Rn. 57; Soergel/*Hefermehl* BGB Anh. § 133 Rn. 15.

153 Vgl. *Larenz*, S. 418; *Looschelders/Roth*, S. 315.

154 Zur teleologischen Reduktion vgl. BVerfGE 88, 145 (166 ff.) = NJW 1993, 2861; BVerfG NJW 1997, 2230; NJW 2012, 669 Rn. 57; MüKoBGB/*Säcker*

Einl. BGB Rn. 144; Soergel/*Hefermehl* BGB Anh. § 133 Rn. 14; *Larenz*, S. 391 ff.; *Looschelders/Roth*, S. 261 ff.; *Reimer* Rn. 614 ff.

155 Vgl. BGHZ 179, 27 (35); Palandt/*Grüneberg* Einl. Rn. 49; *Engisch*, S. 245 ff.; *Kramer*, S. 234 („Ausnahmelücke").

156 BGHZ 179, 27 (35); Soergel/*Hefermehl* BGB Anh. § 133 Rn. 12, 14; *Larenz/Canaris*, Methodenlehre, S. 198.

157 *Rüthers/Fischer/Birk* Rn. 902 ff.; Krüper/*Sauer* § 9 Rn. 36; *Looschelders/Roth*, S. 261 f.; *Reimer* Rn. 619.

158 Zur verfassungskonformen Reduktion vgl. BVerfGE 88, 145 (166 ff.) = NJW 1993, 2861; BVerfG NJW 1997, 2230; *Looschelders/Roth* JZ 1995, 1038 (1044 f.).

159 BGHZ 179, 27 (35 ff.).

160 Zur teleologischen Extension vgl. *Canaris*, S. 267 ff.; *Larenz*, S. 397 ff.; *Looschelders/Roth*, S. 267 ff.; *Reimer* Rn. 623 ff.; *Pawlowski* Rn. 497 ff.; *Nazari-Khanachayi/Höhne*, S. 79, 98 f.

Vorschrift nicht auf den allgemeinen Gleichheitssatz oder auf andere außerhalb der Norm liegende Erwägungen gestützt werden muss, sondern unmittelbar durch den Zweck der Norm selbst geboten wird.

Der Zweck der Norm kann nicht nur die Einschränkung oder Ausweitung des Anwendungsbereichs einer **49** Norm rechtfertigen oder gebieten, sondern auch **sonstige Modifikationen**. In Betracht kommt insbesondere eine Korrektur auf der **Rechtsfolgenseite**.[161] So ist es nach dem Schutzzweck des § 844 Abs. 2 geboten, den Schadenersatzanspruch der Angehörigen unter Korrektur des zu engen Gesetzeswortlauts auf die Nachteile zu erstrecken, die dadurch entstehen, dass der Getötete durch sein vorzeitiges Ableben daran gehindert worden ist, für den Unterhalt der Angehörigen **nach** seinem Tod Vorsorge zu treffen.[162]

§ 134 Gesetzliches Verbot

Ein Rechtsgeschäft, das gegen ein gesetzliches Verbot verstößt, ist nichtig, wenn sich nicht aus dem Gesetz ein anderes ergibt.

Literatur: *Beater*, Der Gesetzesbegriff von § 134 BGB, AcP 197 (1997), 505; *Benecke*, Gesetzesumgehung im Zivilrecht, 2004; *Bosch*, Verstöße gegen § 1 II Nr. 2 SchwarzArbG nF und der Grundsatz von Treu und Glauben, NJOZ 2008, 3044; *Bydlinski*, „Schwarze" Werkverträge und allgemeines (deutsches) Zivilrecht, FS Roth 2011, S. 79; *Canaris*, Gesetzliches Verbot und Rechtsgeschäft, 1983; *Damm*, Kontrolle von Vertragsgerechtigkeit durch Rechtsfolgenbestimmung, JZ 1986, 913; *Deinert*, Zwingendes Recht, grenzen rechtsgeschäftlicher Gestaltungsmacht und Verbotsgesetz, 2002; *Hager*, Gesetzes- und sittenkonforme Auslegung und Aufrechterhaltung von Rechtsgeschäften, 1983; *ders.*, Die gesetzeskonforme Aufrechterhaltung übermäßiger Vertragspflichten – BGHZ 89, 316 und 90, 69, JuS 1985, 264; *Jäpel*, Rechtliche Unmöglichkeit und gesetzliches Verbot, 2014; *Jerger*, Von der Nichtigkeit zur Wirksamkeit zurück zur Nichtigkeit des gesamten Vertrags bei Schwarzarbeit, NZBau 2013, 608; *ders.*, Nachträgliche Schwarzgeldabrede und deren Auswirkung auf den Werkvertrag, NZBau 2016, 137; *ders.*, Die nachträgliche Schwarzgeldabrede als Fremdkörper in der allgemeinen Rechtsgeschäftslehre, NZBau 2017, 592; *Kern*, Die zivilrechtliche Beurteilung von Schwarzarbeitsverträgen, FS Gernhuber 1993, S. 191; *Köhler*, Einschränkungen der Nichtigkeit von Rechtsgeschäften, JuS 2010, 665; *ders.*, Wettbewerbsverstoß und Vertragsnichtigkeit, JZ 2010, 767; *Kötz*, Die Ungültigkeit von Verträgen wegen Gesetz- und Sittenwidrigkeit, RabelsZ 58 (1994), 209; *Kramer*, Der Verstoß gegen ein gesetzliches Verbot und die Nichtigkeit von Rechtsgeschäften (§ 134 BGB), 1976; *Krampe*, Aufrechterhaltung von Verträgen und Vertragsklauseln, AcP 194 (1994), 1; *Lorenz*, „Brauchen Sie eine Rechnung?": Ein Irrweg und sein gutes Ende, NJW 2013, 3132; *Petersen*, Gesetzliches Verbot und Rechtsgeschäft, Jura 2003, 532; *Schick*, Die Gesetzesumgehung im Licht der nationalen und gemeinschaftsrechtlichen Rechtsprechung, 2008; *Schippers*, Die rechtlichen Auswirkungen nachträglicher Schwarzgeldabreden auf den ursprünglichen Werkvertrag, 2018; *K. Schmidt*, Vertragsnichtigkeit nach § 134 durch nicht-regelnde Behördenmitteilung, NJW 1995, 2255; *ders.*, Nichtigkeit oder Abwicklung kartellrechtswidriger Gemeinschaftsunternehmen?, BB 2014, 515; *Schurig*, Die Gesetzesumgehung im Privatrecht, FS Ferid 1988, S. 375; *Seiler*, Über verbotswidrige Rechtsgeschäfte (§ 134 BGB), in: GS Martens 1987, S. 719; *Sieker*, Umgehungsgeschäfte, 2001; *Stamm*, Die Rechtsvereinheitlichung der Schwarzarbeitsproblematik im Lichte der neuesten Rechtsprechung des BGH zum reformierten Schwarzarbeitsbekämpfungsgesetz, NZBau 2014, 131; *ders.*, Wechselseitiger Kondiktionsausschluss bei Schwarzarbeit, NJW 2015, 2406; *Stodolkowitz*, Umgehung von Rechtsnormen und vertraglichen Regelungen, JuS 2019, 1144; *Taupitz*, Berufsständische Satzungen als Verbotsgesetze im Sinne des § 134 BGB, JZ 1994, 221; *Teichmann*, Die Gesetzesumgehung, 1962; *ders.*, Die „Gesetzesumgehung" im Spiegel der Rechtsprechung, JZ 2003, 761; *Ulrici*, Verbotsgesetz und zwingendes Gesetz, JuS 2005, 1073; *Weyer*, Leistungskondiktion und Normzweck des Verbotsgesetzes, WM 2002, 627; *ders.*, Privatautonomie und gesetzliches Verbot, 2008; *Windel*, „Unsinnige", rechtlich unmögliche und verbotswidrige Leistungsversprechen, ZGS 2003, 466.

A. Allgemeines	1	
I. Normzweck	1	
II. Entstehungsgeschichte	6	
III. Anwendungsbereich	7	
1. Privatrechtliche Rechtsgeschäfte	7	
2. Öffentliches Recht	8	
IV. Verhältnis zu anderen Vorschriften	10	
1. Verbotsgesetze mit eigener Regelung der zivilrechtlichen Rechtsfolgen	10	
2. Sittenwidriges Rechtsgeschäft und Wucher, § 138	11	
3. Gesetzliche oder behördliche Verfügungsverbote	13	
4. Anfechtung wegen arglistiger Täuschung oder Drohung, § 123	15	
5. Inhaltskontrolle von AGB, §§ 307 ff.	16	

6. Rechtliche Unmöglichkeit, §§ 275 Abs. 1, § 311 a	17	
B. Regelungsgehalt	19	
I. Gesetzliches Verbot	19	
1. Gesetz	20	
a) Überblick	20	
b) Allgemeine Rechtsgrundsätze	21	
c) Berufsordnungen und Standesrecht	22	
d) Tarifverträge und Betriebsvereinbarungen	25	
e) Verfassungsrecht	27	
aa) Die mittelbare Drittwirkung der Grundrechte	27	
bb) Bedeutung der Grundrechte im Arbeitsrecht	28	
cc) Unmittelbare Drittwirkung verfassungsrechtlicher Normen	30	

---

161 Vgl. *Looschelders/Roth*, S. 272 f.; *Zippelius* § 11 IIc.
162 BGHZ 32, 246 (249); Palandt/*Sprau* BGB § 844 Rn. 16; MüKoBGB/*Wagner* § 844 Rn. 42; *Larenz/Canaris* SchuldR BT II § 83 II 1 a (betr. Witwen-

rente); einschr. Staudinger/*Röthel* BGB § 844 Rn. 199. Vgl. dazu aus methodischer Sicht *Canaris*, S. 90 f.; *Larenz*, S. 397 f.

dd)	Rechtsgeschäftliches Handeln der öffentlichen Hand	33
f)	Recht der Europäischen Union	35
g)	Völkerrecht	37
h)	Fälle mit Auslandsberührung	39
2.	Verbot	41
a)	Grundsatz	41
b)	Abgrenzungen	42
aa)	Beschränkungen der Gestaltungs- und Verfügungsmacht	42
bb)	Zustimmungs- oder genehmigungsbedürftige Rechtsgeschäfte	44
c)	Auslegungskriterien	47
aa)	Wortlaut	47
bb)	Teleologische Erwägungen	48
II.	Verstoß gegen das gesetzliche Verbot	51
III.	Maßgeblicher Zeitpunkt	53
1.	Nachträgliche Verbotswidrigkeit	53
2.	Nachträglicher Wegfall des gesetzlichen Verbots	55
IV.	Rechtsfolgen	56
1.	Bedeutung der Normzweckklausel	56
2.	Auslegungskriterien	58
a)	Überblick	58
b)	Interessenabwägung im Einzelfall	59
3.	Umfang der Nichtigkeit	64
a)	Grundsatz	64
b)	Durchbrechungen des Grundsatzes der Totalnichtigkeit	65
aa)	Ex-nunc-Nichtigkeit von Gesellschafts- und Arbeitsverträgen	65
bb)	Verbotswidrigkeit von einzelnen Bestimmungen des Rechtsgeschäfts	68
cc)	Insbesondere: Verstöße gegen Preisvorschriften	69
c)	Verpflichtungs- und Verfügungsgeschäft	72
4.	Sonstige Rechtsfolgen	75
a)	Rückabwicklung nach Bereicherungsrecht	75
b)	Schadensersatz	76
c)	Vergütungsansprüche bei Nichtigkeit des Vertrages	78
5.	Treuwidrige Geltendmachung der Nichtigkeit	81
V.	Gesetzesumgehung	83
1.	Problemstellung	83
2.	Würdigung	85
3.	Konsequenzen	87
VI.	Besonders wichtige Bereiche	89
1.	Arbeitsrecht	89
a)	Arbeitnehmerüberlassung	89
aa)	Arbeitnehmerüberlassung ohne Erlaubnis	90
bb)	Vereinbarung schlechterer Arbeitsbedingungen	91
cc)	Einstellungsverbot und Abreden mit gleicher Wirkung	92
b)	Arbeitsvermittlung	93
c)	Arbeitszeitvereinbarungen	94
d)	Ausländische Arbeitnehmer	97
e)	Benachteiligungsverbote nach dem AGG	99
f)	Berufsausbildung	101
g)	Betriebsrentenrecht	102
h)	Betriebsübergang	104
i)	Betriebsverfassungsrecht	105
j)	Entgeltfortzahlung	106
k)	Jugendliche und Kinder als Arbeitnehmer	108
l)	Kündigungsschutz	109
m)	Maßregelungsverbot	111
n)	Mindestlohn	112
o)	Mutterschutz	113
p)	Schwarzarbeit	115
aa)	Verstoß gegen das SchwarzArbG	116
(1)	Zweck des SchwarzArbG	117
(2)	Beiderseitiger Gesetzesverstoß	118
(3)	Einseitiger Gesetzesverstoß	120
(4)	Umgehungsgeschäfte	121
bb)	Schwarzgeldabreden	122
q)	Schwerbehinderte	124
r)	Teilzeit- und Befristungsgesetz	125
s)	Urlaub	127
2.	Ärzte und Heilpraktiker	129
3.	Arzneimittel und Apotheker	138
4.	Bankrecht	140
a)	Betreiben von Bankgeschäften ohne Erlaubnis	141
b)	Verstoß gegen sonstige Bestimmungen	142
5.	Baurecht (insbesondere Bauverträge)	144
a)	Verstoß gegen Genehmigungspflichten	144
b)	Verstoß gegen bauplanungsrechtliche Vorschriften	146
c)	Verstoß gegen bauordnungsrechtliche Vorschriften	149
d)	Bauträgerverträge	150
6.	Ehe und Familie	153
7.	Erbrecht	155
8.	Gesellschafts- und Vereinsrecht	157
a)	Nichtigkeit des Gesellschaftsvertrages	157
aa)	Grundlagen	157
bb)	Vorratsgründung	159
cc)	Berufsrecht, Gewerbe und Handwerk	161
dd)	Unzulässige Rechtsberatung als Zweck der Gesellschaft	164
ee)	Weitere Verbotsnormen	165
b)	Nichtigkeit einzelner Abreden	167
aa)	Vereinbarungen über das Stimmrecht	167
bb)	Kapitalaufbringung und Kapitalerhaltung	170
cc)	Sonstiges	173
9.	Gewerbe und Handwerk	174
a)	Genehmigungserfordernisse	175
b)	Andere Ordnungsvorschriften	179
10.	Gewerblicher Rechtsschutz	182
11.	Glücksspiel	183
a)	Vermittlungsverträge	183
b)	Spielverträge	184
12.	Handelsrecht	185
a)	Firmenrecht	185
b)	Handelsvertreter und Handlungsgehilfen	186
c)	Auswahl der Abschlussprüfer	191
13.	Maklerrecht	192
14.	Mietrecht	195
15.	Rechtsanwälte und Notare	201
a)	Mandantenschutzklauseln	202
b)	Tätigkeitsverbote	203
c)	Gebühren	204
d)	Schweigepflicht	208
e)	Mehrfachvertretung und Vertretung widerstreitender Interessen	211
f)	Maklertätigkeit	213
16.	Rechtsdienstleistungen	215
a)	Allgemeines	215
b)	Fallgruppen	220
aa)	Bauträger- und Bauerherrenmodelle	220

bb) Vollmacht 223
cc) Abtretungen, Inkassodienstleistun-
    gen, Factoring 224
dd) Weitere Einzelfälle 227
17. Schenkungen 231
18. Sport 232
19. Steuerberater und Wirtschaftsprüfer 238
20. Steuerrecht 241
    a) Steuerhinterziehung 241
    aa) Ohne-Rechnung-Abreden 242
    bb) Weitere Einzelfälle 244
    b) Vertragliche Erweiterung der Steuer-
       pflicht 246
21. Strafrecht und Recht der Ordnungswidrig-
    keiten 247
    a) Allgemeines 247

b) Einzelfälle 249
c) Ordnungswidrigkeiten 258
22. Versicherungsrecht 259
    a) Verstoß gegen aufsichtsrechtliche Vor-
       schriften 259
    b) Abtretung von Ansprüchen und Aner-
       kenntnis des Versicherungsnehmers ... 262
    c) Obligatorischer Selbstbehalt bei der
       D&O-Versicherung 263
23. Wertpapierrecht 266
24. Wettbewerbs- und Lauterkeitsrecht 269
    a) Kartellrecht 269
    b) Lauterkeitsrecht 275
25. Zivilprozessrecht 278
C. Weitere praktische Hinweise 279

A. Allgemeines

I. Normzweck

Der Grundsatz der **Privatautonomie** findet seine Grenze in den geltenden Gesetzen. Besondere Bedeutung **1** haben in diesem Zusammenhang Vorschriften, welche ein Rechtsgeschäft ausdrücklich oder konkludent verbieten. Solche Vorschriften finden sich weniger im BGB als vielmehr im öffentlichen Recht und im Strafrecht.[1] Entsprechend ihrer systematischen Stellung beschäftigen sich die meisten der einschlägigen Vorschriften nicht damit, welche Auswirkungen der Gesetzesverstoß auf die Wirksamkeit des infrage stehenden Rechtsgeschäfts hat. Der Grundsatz der **Einheit und Widerspruchsfreiheit der Rechtsordnung** verbietet es jedoch, den Gesetzesverstoß im Zivilrecht außer Betracht zu lassen.[2] Insbesondere kann es nicht angehen, dass jemand sich wirksam zu einer Leistung verpflichtet, deren Erbringung gesetzlich verboten ist.[3] Der Gesetzgeber hat gleichwohl davon abgesehen, verbotswidrige Rechtsgeschäfte generell für nichtig zu erklären. Nach § 134 greift diese Rechtsfolge vielmehr nur ein, wenn sich nicht aus dem Gesetz, insbesondere aus dessen **Zweck**, etwas anderes ergibt.

Nach hM dient § 134 in erster Linie dem **Schutz der Allgemeinheit**.[4] Dies heißt jedoch nicht, dass die Vor- **2** schrift nicht auch die individuellen Interessen des Vertragspartners oder Dritter schützen kann.[5] Letztlich kommt es auch hier auf den Zweck des zugrunde liegenden Verbotsgesetzes an. § 134 hat damit die Aufgabe, die Wertungen der (meist) öffentlich-rechtlichen oder strafrechtlichen Verbotsgesetze in das Zivilrecht hinein zu „verlängern".[6]

Auch wenn § 134 die Wertungen des jeweiligen Verbotsgesetzes in Bezug nimmt, hat die Vorschrift doch **3** einen **eigenständigen Regelungsgehalt**.[7] Zu beachten ist zunächst, dass die Nichtigkeit des Rechtsgeschäfts nicht allein aus dem Zweck der Verbotsnorm abgeleitet werden kann. Bei der Entscheidung über die Nichtigkeit muss zwar auf die Wertungen des jeweiligen Verbotsgesetzes abgestellt werden; die Rechtsfolgenanordnung ergibt sich aber aus § 134.[8] § 134 wird daher in der Literatur zu Recht als **„Transformationsnorm"** bezeichnet.[9]

§ 134 stellt außerdem klar, dass ein Rechtsgeschäft **nicht bei jedem Gesetzesverstoß nichtig** ist. Ob die **4** Vorschrift darüber hinaus eine Vermutung für die Nichtigkeit eines verbotswidrigen Rechtsgeschäfts begründet, ist dagegen zweifelhaft (dazu → Rn. 56).

In der Literatur wird teilweise die Auffassung vertreten BGB § 134 enthalte eine „Grundentscheidung **5** zugunsten des grundsätzlichen Vorrangs staatlicher Wirtschaftsordnung und -lenkung gegenüber der Privat-

---

1   Vgl. Motive I, S. 210 = *Mugdan*, S. 469 mit dem
    Hinweis, dass die Vorschrift „namentlich die gegen
    Rechtsgeschäfte gerichteten Verbotsgesetze des
    öffentlichen Rechtes, insbes. des Strafrechtes, im
    Auge" habe.
2   Vgl. BeckOGK/*Vossler* BGB § 134 Rn. 10; *Medicus/
    Petersen* BürgerlR Rn. 647; *Stadler* BGB AT § 26
    Rn. 2.
3   Vgl. *Pawlowski* BGB AT Rn. 489.
4   BGHZ 13, 179 (182); BeckOK BGB/*Wendtland*
    § 134 Rn. 2; Erman/*Arnold* BGB § 134 Rn. 1; PWW/
    Ahrens BGB § 134 Rn. 2.

5   AK/*Damm* BGB § 138 Rn. 15; PWW/*Ahrens* BGB
    § 134 Rn. 2.
6   *Medicus/Petersen* BürgerlR Rn. 646.
7   MüKoBGB/*Armbrüster* § 138 Rn. 4; BeckOGK/
    Vossler BGB § 134 Rn. 10; aA *Flume* BGB AT Bd. 2
    § 17, 1: „Die Vorschrift des § 134 besagt in Wirklich-
    keit nichts".
8   BeckOGK/*Vossler* BGB § 134 Rn. 10; *Bork* BGB AT
    Rn. 1089 f.; *Wolf/Neuner* BGB AT § 40 Rn. 2; Stadler
    BGB AT § 26 Rn. 2; aA *Flume* BGB AT Bd. 2 § 17,
    1; *Medicus/Petersen* BürgerlR Rn. 646.
9   BeckOGK/*Vossler* BGB § 134 Rn. 10.

autonomie".[10] Dies ist jedoch missverständlich.[11] § 134 regelt lediglich den (selbstverständlichen) **Vorrang der staatlichen Gesetze** gegenüber der privatautonomen Gestaltungsmacht der Parteien. In welchem Umfang die **Wirtschaft** auf Kosten der Privatautonomie gesetzlich **geordnet und gelenkt** werden soll, ist eine politische Frage, die durch § 134 nicht präjudiziert wird. Richtig ist aber, dass § 134 zu diesen Zwecken nutzbar gemacht werden kann.

II. Entstehungsgeschichte

6 Dass der Verstoß gegen ein Verbotsgesetz nicht in jedem Fall zur Nichtigkeit des Rechtsgeschäfts führt, war schon im **römischen Recht** anerkannt.[12] Auch im **gemeinen Recht** wurde dieser Grundsatz nicht infrage gestellt. Streitig war lediglich, ob ein verbotswidriges Rechtsgeschäft wenigstens im Regelfall für nichtig zu erachten ist. Die **Verfasser des BGB** haben diese Frage im Einklang mit der damals hM bejaht. Um der „gegenteiligen Absicht des Gesetzes" Rechnung tragen zu können, haben sie jedoch nicht die generelle Nichtigkeit verbotswidriger Rechtsgeschäfte angeordnet, sondern die Nichtigkeit unter den Vorbehalt gestellt, dass „sich nicht aus dem Gesetz etwas anderes ergibt".[13] Eine Sonderstellung hatten aus Sicht der Gesetzesverfasser die Fälle, in denen das Verbot nur gegen eine Partei gerichtet war; hier sollte das Rechtsgeschäft der Regel nach als wirksam anzusehen sein. Letztlich sollte es aber in beiden Fällen auf die „Absicht des Gesetzes im Einzelfalle" ankommen.[14] Der Entstehungsgeschichte des § 134 ist damit zu entnehmen, dass die Verfasser des Gesetzes eine möglichst flexible Regelung schaffen wollten, die es dem Richter erlaubt, den Zweck des jeweiligen Verbotsgesetzes in angemessener Weise zu berücksichtigen.[15]

III. Anwendungsbereich

7 **1. Privatrechtliche Rechtsgeschäfte.** § 134 gilt für alle **Rechtsgeschäfte** auf dem Gebiet des Privatrechts. Der Begriff des Rechtsgeschäfts beurteilt sich nach allgemeinen Grundsätzen. Erfasst werden sowohl einseitige Rechtsgeschäfte (zB Kündigung) als auch Verträge und Beschlüsse.[16] Die Vorschrift ist auch auf **Normenverträge** (Tarifverträge, Betriebsvereinbarungen) anwendbar.[17] Die **Aussperrung** wird ebenfalls als Rechtsgeschäft iSd § 134 angesehen.[18] Die auf den Abschluss eines Vertrages gerichteten Willenserklärungen (**Angebot** und **Annahme**) sind dagegen keine Rechtsgeschäfte.[19] Teilweise wird zwar die entsprechende Anwendung des § 134 auf Angebote befürwortet.[20] Ob hierfür ein Bedürfnis besteht, ist jedoch zweifelhaft, weil der gesetzwidrige Inhalt einer solchen Erklärung bei der Würdigung des Vertrages im Ganzen berücksichtigt werden kann.

8 **2. Öffentliches Recht.** § 59 Abs. 1 VwVfG verweist für die Nichtigkeit von **öffentlich-rechtlichen Verträgen** auf die Vorschriften des BGB. § 134 ist damit auch hier grundsätzlich anwendbar.[21] Da die differenzierte Regelung des § 59 Abs. 2 VwVfG nicht unterlaufen werden darf, wendet die hM die Vorschrift aber zurückhaltend an. Ein öffentlich-rechtlicher Vertrag ist damit nur dann nach § 134 nichtig, wenn eine **zwingende Rechtsnorm** besteht, die den **Inhalt** des Vertrages sowie seinen **Erfolg** verbietet, und zugleich der **Normzweck** die Nichtigkeit im öffentlichen Interesse verlangt.[22]

9 § 134 gilt auch für die Vergabe öffentlicher Aufträge nach **Vergaberecht**.[23]

10 So *Canaris*, Gesetzliches Verbot, S. 19; dem folgend AK/*Damm* BGB § 134 Rn. 14.
11 Krit. auch MüKoBGB/*Armbrüster* § 134 Rn. 2.
12 Vgl. Staudinger/*Sack/Fischinger* BGB § 138 Rn. 1; *Flume* BGB AT Bd. 2 § 17, 1; *Seiler* GS Martens 1987, S. 719, 720 ff.; ausführlich zur historischen Entwicklung HKK/*Dorn* BGB §§ 134–137 Rn. 4 ff.
13 Motive I, S. 210 = *Mugdan* I, S. 468.
14 Motive I, S. 210 = *Mugdan* I, S. 468.
15 Vgl. *Beater* AcP 197 (1997), 505, 510.
16 Vgl. Hk-BGB/*Dörner* § 134 Rn. 2.
17 BAGE 1, 258, 269; BeckOK BGB/*Wendtland* § 134 Rn. 3; MüKoBGB/*Armbrüster* § 134 Rn. 29; Palandt/ *Ellenberger* BGB § 134 Rn. 12; Staudinger/*Sack/ Seibl* BGB § 134 Rn. 12 f.
18 ArbG Paderborn DB 1975, 1655 (1656); Staudinger/ *Sack/Seibl* BGB § 134 Rn. 15.

19 MüKoBGB/*Busche* § 145 Rn. 5; Soergel/*Wolf* BGB § 145 Rn. 3.
20 So etwa Palandt/*Ellenberger* BGB § 134 Rn. 12; aA BeckOK BGB/*Wendtland* § 134 Rn. 4; MüKoBGB/ *Armbrüster* § 134 Rn. 25; Staudinger/*Sack/Seibl* BGB § 134 Rn. 15.
21 Vgl. BVerwG DVBl. 1960, 106, 107; NJW 1976, 686 (aber ohne direkte Bezugnahme auf § 134); Erman/*Arnold* BGB § 134 Rn. 6; MüKoBGB/*Armbrüster* § 134 Rn. 27; Staudinger/*Sack/Seibl* BGB § 134 Rn. 14; ausf. dazu *Bleckmann* NVwZ 1990, 601 ff.; *Erichsen* Jura 1994, 47 ff.
22 BVerwGE 89, 7 (10); BVerwG DVBl. 1990, 438; OVG Münster NVwZ 1992, 988 f.; *Erichsen* Jura 1994, 47 (50).
23 Vgl. BGH NJW 1997, 61; MüKoBGB/*Armbrüster* § 134 Rn. 28.

IV. Verhältnis zu anderen Vorschriften

1. Verbotsgesetze mit eigener Regelung der zivilrechtlichen Rechtsfolgen. Verbotsgesetze mit **10** eigener Nichtigkeitsanordnung gehen § 134 als leges speciales vor.[24] Spricht das Verbotsgesetz die **Nichtig- keit** selbst aus (zB §§ 248 Abs. 1, 311 b Abs. 2 und 4, 723 Abs. 3, 1136, 1229), so ist § 134 daher nicht anwendbar. Das Gleiche gilt für den Fall, dass das Verbotsgesetz eine **abweichende zivilrechtliche Rechts- folge** vorsieht (zB § 61 Abs. 1 HGB).[25] Bei der Eheschließung sind die Folgen eines Verstoßes gegen die §§ 1303 ff. in den §§ 1313 ff. speziell geregelt.[26]

2. Sittenwidriges Rechtsgeschäft und Wucher, § 138. § 138 bildet neben § 134 die zweite allgemeine **11** Schranke der Privatautonomie. Im **Verhältnis zu § 138 Abs. 1** ist § 134 dabei vorrangig anzuwenden (→ § 138 Rn. 14).[27] Ist das Rechtsgeschäft bereits nach § 134 nichtig, so muss nicht zusätzlich auf § 138 Abs. 1 abgestellt werden.[28] Ergibt sich die Nichtigkeit nicht schon aus dem Verstoß gegen ein Verbotsge- setz, so kann § 138 Abs. 1 aber ergänzend angewendet werden.[29] Die Voraussetzungen des § 138 Abs. 1 können in diesen Fällen aber nur dann bejaht werden, wenn neben dem Gesetzesverstoß weitere Umstände vorliegen, welche die Sittenwidrigkeit im Einzelfall begründen.[30]

In den Fällen des **Wuchers** geht die hM davon aus, dass § 134 iVm § 291 StGB und § 138 Abs. 2 nebenei- **12** nander anwendbar sind (→ § 138 Rn. 356 f.). Im Fall einer **Mietpreisüberhöhung** hat § 134 iVm § 5 WiStG aber Vorrang gegenüber § 138 Abs. 2 (→ § 138 Rn. 358).

3. Gesetzliche oder behördliche Verfügungsverbote. Der Verstoß gegen ein **gesetzliches Verfügungs- 13 verbot** ist ein Sonderfall des Gesetzesverstoßes.[31] Bezweckt das Verfügungsverbot nur den Schutz bestimmter Personen (sog. **relatives** Verfügungsverbot), so wird § 134 durch die Sonderregelung des § 135 verdrängt (→ § 135 Rn. 1).[32] Für **absolute** gesetzliche Verfügungsverbote gilt aber § 134.[33]

Eine entsprechende Differenzierung ist bei **gerichtlichen** oder **behördlichen Verfügungsverboten** gebo- **14** ten. Für **relative** Verfügungsverbote verweist § 136 auf § 135.[34] Nach welchen Regeln **absolute** gerichtliche oder behördliche Verfügungsverbote zu behandeln sind, ist im Gesetz nicht geregelt. Zur Lückenfüllung kann § 134 analog angewendet werden.[35]

4. Anfechtung wegen arglistiger Täuschung oder Drohung, § 123. Ist eine Partei durch **Betrug** oder **15 Erpressung** zur Abgabe einer Willenserklärung veranlasst worden, so ist das Rechtsgeschäft nicht nach § 134 iVm § 253 StGB bzw. § 263 StGB nichtig. Die Willenserklärung ist aber wegen arglistiger Täuschung oder Drohung nach § 123 anfechtbar. § 123 ist insofern also **lex specialis** zu § 134.[36]

5. Inhaltskontrolle von AGB, §§ 307 ff. Bei AGB sind die §§ 307 ff. neben § 134 anwendbar. Verstößt **16** eine Klausel sowohl gegen ein gesetzliches Verbot als auch gegen die §§ 307 ff., so kann die Unwirksamkeit nebeneinander auf beide Rechtsgrundlagen gestützt werden.[37] Die Anwendbarkeit der §§ 307 ff. bei gesetz- widrigen Klauseln hat im Übrigen den Vorteil, dass die Unwirksamkeit auch im Verbandsklageverfahren nach § 1 UKlaG geltend gemacht werden kann.[38]

6. Rechtliche Unmöglichkeit, §§ 275 Abs. 1, § 311 a. Verbietet das Gesetz die **Erfüllung** eines Rechts- **17** geschäfts, so liegt ein Fall der rechtlichen Unmöglichkeit vor. Soweit das rechtliche Leistungshindernis bereits bei Vertragsschluss vorlag, wurde die Unwirksamkeit des **Verpflichtungsgeschäfts** vor Inkrafttreten des SchuldRModG meist sowohl auf § 134 als auch auf § 306 aF gestützt.[39] Diese Praxis war insofern

24 Vgl. MüKoBGB/*Armbrüster* § 134 Rn. 3; Erman/ *Arnold* BGB § 134 Rn. 2; BeckOGK/*Vossler* BGB § 134 Rn. 13; *Medicus/Petersen* BürgerlR Rn. 644; der Sache nach auch BGHZ 143, 283 (286).

25 Vgl. MüKoBGB/*Armbrüster* § 134 Rn. 3; Soergel/ *Hefermehl* BGB § 134 Rn. 3; Staudinger/*Sack/Seibl* BGB § 134 Rn. 67.

26 Vgl. Soergel/*Hefermehl* BGB § 134 Rn. 3; Staudinger/*Sack/Seibl* BGB § 134 Rn. 67, 225.

27 BGH NJW 1983, 868 (869); MüKoBGB/*Armbrüster* § 134 Rn. 4; Palandt/*Ellenberger* BGB § 138 Rn. 13; BeckOGK/*Vossler* BGB § 134 Rn. 21; PWW/*Ahrens* BGB § 138 Rn. 5; *Köhler* JZ 2010, 767.

28 Erman/*Schmidt-Räntsch* BGB § 138 Rn. 10; MüKo- BGB/*Armbrüster* § 134 Rn. 4; Soergel/*Hefermehl* BGB § 138 Rn. 63; aA BGHZ 53, 152 (160); *Hübner* BGB AT Rn. 923.

29 MüKoBGB/*Armbrüster* § 134 Rn. 4; Soergel/*Hefer- mehl* BGB § 138 Rn. 63.

30 BGHZ 138, 291 (299) = NJW 1998, 2592; BeckOGK/*Vossler* BGB § 134 Rn. 21.

31 Staudinger/*Kohler* BGB § 135 Rn. 1.

32 BeckOGK/*Vossler* BGB § 134 Rn. 19; MüKoBGB/ *Armbrüster* BGB § 135 Rn. 1.

33 Vgl. BGHZ 19, 355 (359); MüKoBGB/*Armbrüster* § 135 Rn. 6; Soergel/*Hefermehl* BGB §§ 135, 136 Rn. 2; Staudinger/*Kohler* BGB § 135 Rn. 4; *Brox/ Walker* BGB AT § 14 Rn. 32.

34 RGZ 105, 71 (75 f.)

35 BeckOGK/*Vossler* BGB § 134 Rn. 20; Soergel/*Hefer- mehl* BGB §§ 135, 136 Rn. 5; Staudinger/*Kohler* BGB § 136 Rn. 2.

36 Vgl. BeckOK BGB/*Wendtland* § 134 Rn. 4; Soergel/ *Hefermehl* BGB § 134 Rn. 24; Staudinger/*Sack/Seibl* BGB § 134 Rn. 15.

37 Vgl. MüKoBGB/*Wurmnest* Vor § 307 Rn. 9.

38 Wolf/Lindacher/*Pfeiffer* BGB § 307 Rn. 12; vgl. zB BGH NJW 2003, 1241 (1243) zu § 89 b HGB.

39 BGHZ 143, 283 (286); BGH NJW 1995, 2026 (2027); vgl. auch BGH NJW-RR 2005, 1619 (1620).

gerechtfertigt, als der Verstoß gegen ein gesetzliches Verbot nach § 309 aF die gleichen Rechtsfolgen wie die anfängliche objektive Unmöglichkeit hatte. Nach geltendem Recht führt die anfängliche Unmöglichkeit **nicht mehr** zur **Nichtigkeit des Vertrages** (§ 311 a Abs. 1). Der Schadensersatzanspruch ist nach § 311 a Abs. 2 auf das **positive Interesse** gerichtet.[40] Ist das Geschäft nach § 134 nichtig, so kommt dagegen nur ein Anspruch aus **culpa in contrahendo** (§§ 280 Abs. 1, 311 Abs. 2, 241 Abs. 2) auf Ersatz des **negativen Interesses** in Betracht (→ Rn. 76 f.). Daher ist eine genaue Abgrenzung erforderlich.[41]

18 Ausgangspunkt der Überlegungen muss die **Funktion des § 311 a Abs. 1** sein. Die Vorschrift stellt lediglich klar, dass die anfängliche Unmöglichkeit als solche nicht zur Nichtigkeit des Vertrages führt. Sie schließt aber nicht aus, dass der Vertrag aus anderen Gründen nichtig ist.[42] Dies gilt insbesondere mit Blick auf § 134. Verstößt die **Erfüllung des Vertrages** gegen ein gesetzliches Verbot, so ist das **Verpflichtungsgeschäft** grundsätzlich **nach § 134 nichtig** (→ Rn. 72 ff.).[43] Ein Anspruch auf Ersatz des Erfüllungsinteresses aus § 311 a Abs. 2 kommt damit nicht in Betracht. Denn ein solcher Anspruch setzt einen wirksamen Vertrag voraus.[44] Der Geschädigte ist daher auf einen Schadensersatzanspruch aus § 280 Abs. 1, 311 Abs. 2, 241 Abs. 2 verwiesen, der auf den Ersatz des Vertrauensinteresses gerichtet ist. Umgekehrt kann der Schuldner – vorbehaltlich der Kondiktionssperre aus § 817 S. 2 – gem. §§ 812 Abs. 1 S. 1 Alt. 1 die Herausgabe einer bereits erbrachten Leistung zurückverlangen oder Wertersatz (§ 818 Abs. 2) verlangen.[45] Ist der Vertrag nicht nach § 134 unwirksam, so ist die Leistungspflicht des Schuldners bei rechtlicher Unmöglichkeit nach § 275 Abs. 1 ausgeschlossen. Dem Gläubiger kann aber ein Schadensersatzanspruch aus § 311 a Abs. 2 zustehen. Welche Ansprüche der Gläubiger geltend machen kann, hängt somit davon ab, ob das Verpflichtungsgeschäft nach § 134 nichtig ist. Dies muss daher **vorrangig** geprüft werden.[46]

B. Regelungsgehalt

I. Gesetzliches Verbot

19 Die Anwendung des § 134 setzt voraus, dass das Rechtsgeschäft gegen ein **Verbot** verstößt, welches in einem **Gesetz** enthalten ist.

20 **1. Gesetz. a) Überblick.** Der Begriff des Gesetzes bestimmt sich nach Art. 2 EGBGB. Erfasst wird grundsätzlich jede Rechtsnorm. Das Verbot muss damit nicht in einem **formellen Gesetz** enthalten sein. Es kann sich vielmehr auch aus einer **Rechtsverordnung** oder einer **öffentlich-rechtlichen Satzung** ergeben,[47] nicht aber aus einem **Verwaltungsakt**[48] oder aus einer **Verwaltungsvorschrift**.[49] Ob es sich um Bundes- oder Landesrecht handelt, ist grundsätzlich unerheblich.[50] Darüber hinaus kommen auch **gewohnheitsrechtliche** Rechtsnormen als Verbotsgesetze in Betracht.[51] Solange ein richterrechtlich entwickelter Rechtssatz noch nicht zu Gewohnheitsrecht erstarkt ist, handelt es sich dagegen um keine Rechtsnorm.[52] **Richterrecht** fällt daher als solches nicht in den Anwendungsbereich des § 134; es kann aber im Rahmen des § 138 Abs. 1 als Erkenntnisquelle für die guten Sitten herangezogen werden (→ § 138 Rn. 78 f.). **Privatrechtliche Vereins- oder Verbandssatzungen** können ebenfalls keine gesetzlichen Verbote iSd § 134 begründen;[53] auch hier bleibt jedoch der Rückgriff auf § 138 Abs. 1 (→ § 138 Rn. 304 ff.) möglich. Der **Haushaltsplan** einer Körperschaft des öffentlichen Rechts begründet kein Verbotsgesetz iSd § 134, da es an der erforderlichen Außenwirkung fehlt. Die Nichtbeachtung von Vorschriften über die Aufstellung des

40 Palandt/*Grüneberg* BGB § 311 a Rn. 7; Staudinger/ *Feldmann* BGB § 311 a Rn. 34 ff.; *Looschelders* SchuldR AT § 28 Rn. 9, 16.

41 So auch MüKoBGB/*Ernst* § 311 a Rn. 25; *Windel* ZGS 2003, 466 (471).

42 Vgl. BT-Drs. 14/6040, S. 165; Palandt/*Grüneberg* BGB § 311 a Rn. 5.

43 Zur Abgrenzung vgl. Staudinger/*Feldmann* BGB § 311 a Rn. 62 ff.

44 Vgl. Jauernig/*Stadler* BGB § 311 a Rn. 6; Looschelders SchuldR AT § 28 Rn. 3 f.

45 *Köhler* JZ 2010, 767 (770).

46 So auch *Windel* ZGS 2003, 466 (472); für grundsätzlichen Vorrang der „Unmöglichkeitslösung" *Köhler* JZ 2010, 767 (769 ff.).

47 Vgl. BGHZ 205, 117 = NJW 2015, 2248 Rn. 66; BGH NJW 1986, 2360 (2361); Palandt/*Thorn* EGBGB Art. 2 Rn. 1; BeckOGK/*Vossler* BGB § 134 Rn. 25; Erman/*Arnold* BGB § 134 Rn. 8; Staudinger/

Sack/Seibl BGB § 134 Rn. 16; *Beater* AcP 197 (1997), 505, 514; *Armbrüster* VersR 2011, 1 (8).

48 Soergel/*Hefermehl* BGB § 134 Rn. 5.

49 BGHZ 205, 117 = NJW 2015, 2248 Rn. 66.

50 BGH NJW 1986, 2360 (2361); Palandt/*Ellenberger* BGB § 134 Rn. 2; BeckOGK/*Vossler* BGB § 134 Rn. 25.

51 BGHZ 205, 117 = NJW 2015, 2248 Rn. 66; BGH NJW 2007, 2106 (2108); MüKoBGB/*Armbrüster* § 134 Rn. 32; Palandt/*Ellenberger* BGB § 134 Rn. 2; BeckOGK/*Vossler* BGB § 134 Rn. 27; Staudinger/ *Sack/Seibl* BGB § 134 Rn. 17; *Beater* AcP 197 (1997), 505, 526 f.

52 Palandt/*Sprau* Einl. Rn. 22; *Pawlowski* BGB AT Rn. 61.

53 BGH NJW 2000, 1028; BeckOK BGB/*Wendtland* § 134 Rn. 8; BeckOGK/*Vossler* BGB § 134 Rn. 28.2; Staudinger/*Sack/Seibl* BGB § 134 Rn. 28.

Haushaltsplans hat daher nicht zur Folge, dass ein mit einem öffentlichen Auftraggeber geschlossener Vertrag nach § 134 unwirksam ist.[54]

b) Allgemeine Rechtsgrundsätze. Nach hM können gesetzliche Verbote iSd § 134 auch aus allgemeinen **21** Rechtsgrundsätzen abgeleitet werden.[55] So hat der BGH vor der Reform des Schiedsverfahrensrechts die Auffassung vertreten, dass Rechtsgeschäfte, die gegen das auch für Schiedsgerichte geltende und im Gesetz (§§ 1025 Abs. 2, 1032 ZPO aF) zum Ausdruck gekommene **Gebot überparteilicher Rechtspflege** verstoßen, nach § 134 nichtig sind (vgl. zur aktuellen Rechtslage → Rn. 278).[56] Weiterhin spricht aus Sicht des BGH vieles dafür, den „Grundsatz, dass der Staat (die staatliche Verwaltung) kein Recht zu ‚Geschenken‘ hat", unter bestimmten Voraussetzungen als Verbotsgesetz iSd § 134 anzusehen.[57] Aus systematischen Gründen erscheint es jedoch vorzugswürdig, den Anwendungsbereich des § 134 auf Fälle zu beschränken, in denen das Rechtsgeschäft gegen ein **konkretes** gesetzliches Verbot verstößt. Allgemeine Rechtsgrundsätze sind regelmäßig so abstrakt, dass sie nicht als Verbotsgesetze verstanden werden können.[58] Hier ist deshalb allein § 138 Abs. 1 anwendbar.[59]

c) Berufsordnungen und Standesrecht. Verbotsgesetze können auch in öffentlich-rechtlichen Satzun- **22** gen enthalten sein (→ Rn. 20). § 134 erfasst damit auch den Verstoß gegen die Satzungen autonomer Berufsverbände (Kammern), die auf der Grundlage einer **gesetzlichen Ermächtigung** erlassen worden sind.[60] Zu nennen sind hier in erster Linie die **ärztlichen Berufsordnungen.**[61]

In der Literatur wird die Anwendbarkeit des § 134 teilweise dahin gehend eingeschränkt, dass der betref- **23** fende Verband die **Kompetenz** haben müsse, die **Nichtigkeit des Rechtsgeschäfts selbst anzuordnen**, was für die derzeit bestehenden Kammern nicht zutreffe.[62] Diese Auffassung beruht auf der Prämisse, dass die Nichtigkeit des Rechtsgeschäfts nicht aus § 134, sondern aus dem Verbotsgesetz selbst folgt.[63] Geht man dagegen wie hier (→ Rn. 3) davon aus, dass die Nichtigkeit auf der Rechtsfolgenanordnung des § 134 beruht, so besteht für eine solche Einschränkung kein Anlass.[64] § 134 hat dann auch die Funktion, über kompetenzrechtliche Probleme hinwegzuhelfen. Dies enthebt freilich nicht von der Feststellung, dass die Anordnung der Nichtigkeit dem Zweck der infrage stehenden Regelung entspricht.[65]

Von den öffentlich-rechtlichen Satzungen der Berufsverbände zu unterscheiden sind bloße **Standesrichtli-** **24** **nien**, die von den Kammern der freien Berufe (zB Rechtsanwaltskammern) erlassen werden. Das BVerfG hat klargestellt, dass es sich bei den Standesrichtlinien – im Gegensatz zum gesetzlich ausgestalteten Berufsrecht – trotz ihrer Normähnlichkeit nicht um verbindliche Rechtssätze handelt.[66] Standesrichtlinien bringen lediglich die vorhandenen Standesauffassungen, teilweise sogar nur die Meinung angesehener und erfahrener Standesgenossen, zum Ausdruck.[67] Sie können daher nicht herangezogen werden, um Beschränkungen des Grundrechts auf Berufsausübung (Art. 12 GG) zu rechtfertigen. Der Verstoß gegen Standesrichtlinien führt daher nicht zur Nichtigkeit eines Rechtsgeschäfts nach § 134.[68] Demgegenüber können die Wertungen der Standesrichtlinien zwar grundsätzlich bei der Konkretisierung der Sittenwidrigkeit im Rahmen des § 138 (→ § 138 Rn. 87) berücksichtigt werden. Auch dort können die Richtlinien jedoch für sich genommen keine berufsbeschränkende Wirkung entfalten.[69]

d) Tarifverträge und Betriebsvereinbarungen. Tarifvertragliche Regelungen sind in ihrem normativen **25** Teil als **Rechtsnormen** iSd Art. 2 EGBGB anzusehen.[70] Dem Grundsatz nach können Verbotsgesetze daher

---

54 BGH NJW 2014, 2354 (2355).
55 MüKoBGB/*Armbrüster* § 134 Rn. 32; Palandt/*Ellenberger* BGB *§ 134* Rn. 2; BeckOGK/*Vossler* BGB § 134 Rn. 27; *Bork* BGB AT Rn. 1091.
56 BGHZ 51, 255 (262); 54, 392, 400; vgl. auch Palandt/*Ellenberger* BGB § 134 Rn. 2.
57 BGHZ 47, 30 (40).
58 Vgl. zu dieser Abgrenzung *Beater* AcP 197 (1997), 504, 524.
59 So auch Staudinger/*Sack/Seibl* BGB § 134 Rn. 22; *Beater* AcP 197 (1997), 504, 528.
60 BGH NJW 1986, 2360 (2361); BayObLGZ 2000, 301 (308); BeckOK BGB/*Wendtland* § 134 Rn. 7; MüKoBGB/*Armbrüster* § 134 Rn. 30; Palandt/*Ellenberger* BGB § 134 Rn. 2; *Beater* AcP 197 (1997), 505, 526; aA Staudinger/*Dilcher*, 12. Aufl., BGB § 134 Rn. 46.
61 Zur Rechtsnormqualität der ärztlichen Berufsordnungen vgl. BVerfGE 76, 171 (186).

62 So *Taupitz*, Die Standesordnungen der freien Berufe, 1991, S. 1073 ff.; *ders.* JZ 1994, 221 (224 ff.); dem folgend Staudinger/*Sack/Seibl* BGB § 134 Rn. 27; ähnlich Erman/*Arnold* BGB § 134 Rn. 8.
63 Besonders deutlich *Taupitz*, Die Standesordnungen der freien Berufe, 1991, S. 1081 ff.; *ders.* JZ 1994, 221 (221 ff.).
64 So auch BayObLGZ 2000, 301 (308); MüKoBGB/*Armbrüster* § 134 Rn. 30; BeckOGK/*Vossler* BGB § 134 Rn. 28.
65 Vgl. *Beater* AcP 197 (1997), 505, 526.
66 BVerfGE 76, 171 = NJW 1988, 191; BVerfGE 76, 196 = NJW 1988, 194.
67 BVerfGE 76, 171 (189).
68 So auch BeckOGK/*Vossler* BGB § 134 Rn. 28.1; MüKoBGB/*Armbrüster* § 134 Rn. 30.
69 BVerfGE 76, 171 = NJW 1988, 191; BVerfGE 76, 196 = NJW 1988, 194; MüKoBGB/*Armbrüster* § 138 Rn. 46; Staudinger/*Sack/Seibl* BGB § 138 Rn. 29.
70 BAGE 1, 258, 262; 46, 206, 210; Soergel/*Hefermehl* BGB § 134 Rn. 7; *Beckmann* JZ 2001, 150.

durchaus in Tarifverträgen enthalten sein.[71] § 4 Abs. 3 TVG lässt jedoch zu, dass von den Regelungen eines Tarifvertrages zugunsten des Arbeitnehmers abgewichen wird. Die Nichtigkeit einer für den Arbeitnehmer ungünstigen Abweichung ergibt sich dagegen schon aus dem zwingenden Charakter des Tarifvertrags (vgl. § 4 Abs. 1 TVG).[72] Tarifvertragliche Normen haben daher im Rahmen des § 134 keine praktische Bedeutung.[73]

26   In Rechtsprechung und Literatur wird überwiegend angenommen, dass **Betriebsvereinbarungen** ebenfalls die Qualität von Verbotsgesetzen haben können.[74] Die Frage kann jedoch dahinstehen. Da Betriebsvereinbarungen nach § 77 Abs. 4 S. 1 BetrVG ebenso wie Tarifverträge unmittelbar und zwingend gelten, führt der Verstoß gegen Betriebsvereinbarungen per se zur Nichtigkeit des entgegenstehenden Rechtsgeschäfts.[75] Verzichtet ein Arbeitnehmer entgegen § 77 Abs. 4 S. 2 BetrVG ohne Zustimmung des Betriebsrats auf die ihm durch eine Betriebsvereinbarung eingeräumten Rechte, so ist der **Verzicht** aber nach § 134 unwirksam.[76]

27   **e) Verfassungsrecht. aa) Die mittelbare Drittwirkung der Grundrechte.** Verbotsgesetze können auch in verfassungsrechtlichen Normen enthalten sein. Erforderlich ist aber, dass diese Normen **konkrete Verbote** enthalten und im Privatrechtsverkehr **unmittelbar anwendbar** sind. Die zweite Voraussetzung trifft auf die **Grundrechte** im Allgemeinen nicht zu. Nach der ganz hM können die Grundrechte im Privatrechtsverkehr regelmäßig nur eine **mittelbare Drittwirkung** entfalten, weil eine unmittelbare Bindung an die Grundrechte die Privatautonomie des Einzelnen übermäßig einschränken würde.[77] Da die Grundrechte eine objektive Wertordnung konstituieren, kommt ihnen aber bei der Auslegung und Anwendung der privatrechtlichen Normen große Bedeutung zu (→ Anh. § 133 Rn. 28). „Einbruchstelle" der Grundrechte sind vor allem die **Generalklauseln** (§§ 138, 157, 242, 315, 826).[78] Die grundrechtlichen Wertungen können daher insbesondere herangezogen werden, um die **guten Sitten** im Rahmen des § 138 Abs. 1 zu konkretisieren (→ § 138 Rn. 40). Dogmatisch lässt sich dies damit rechtfertigen, dass der Richter nach Art. 1 Abs. 3 GG auch im Privatrecht an die Grundrechte gebunden ist und daher keine Geschäfte für wirksam erklären darf, die in unzulässiger Weise die Grundrechte einer Partei beeinträchtigen.[79]

28   **bb) Bedeutung der Grundrechte im Arbeitsrecht.** Der Grundsatz der **mittelbaren Drittwirkung** der Grundrechte gilt auch im Arbeitsrecht.[80] Zwar hat das BAG früher im Anschluss an *Nipperdey*[81] die Auffassung vertreten, dass die Grundrechte im Verhältnis von Arbeitgeber und Arbeitnehmer unmittelbare Geltung beanspruchen und etwaige Grundrechtsverstöße deshalb nach § 134 zur Nichtigkeit des Rechtsgeschäfts

71   Vgl. BGHZ 143, 283 (286) = NJW 2000, 1186 (1187); BAG NJW 1999, 2541; BeckOK BGB/*Wendtland* § 134 Rn. 7; Palandt/*Ellenberger* BGB § 134 Rn. 2; *Bork* BGB AT Rn. 1091; einschr. Staudinger/*Sack/Seibl* BGB § 134 Rn. 24; Erman/*Arnold* BGB § 134 Rn. 9; *Beckmann* JZ 2001, 150 (151); aA MüKoBGB/*Armbrüster* § 134 Rn. 31; BeckOGK/*Vossler* BGB § 134 Rn. 29.

72   BeckOGK/*Vossler* BGB § 134 Rn. 29.

73   Vgl. BGHZ 143, 283 (288) = NJW 2000, 1186 (1188) (zu § 10 Abs. 1 BAT); *Beckmann* JZ 2001, 150 (151); MüKoBGB/*Armbrüster* § 134 Rn. 31; iE auch Staudinger/*Sack/Seibl* BGB § 134 Rn. 24, die § 4 Abs. 3 TVG als vorrangige Sonderregelung zu § 134 qualifizieren.

74   So LAG Saarbrücken NJW 1966, 2136 (2137); BeckOK BGB/*Wendtland* § 134 Rn. 6; Palandt/*Ellenberger* BGB § 134 Rn. 2; aA Erman/*Arnold* BGB § 134 Rn. 9; MüKoBGB/*Armbrüster* § 134 Rn. 31; Staudinger/*Sack/Seibl* BGB § 134 Rn. 25; BeckOGK/*Vossler* BGB § 134 Rn. 29. Zum normativen Charakter von Betriebsvereinbarungen s. a. BAGE 3, 1, 4 f.; GK-BetrVG/*Kreutz* § 77 Rn. 229.

75   Vgl. BeckOGK/*Vossler* BGB § 134 Rn. 29.

76   BAG NZA 2016, 1475 Rn. 49.

77   BVerfGE 7, 198 (204 ff.); 66, 116, 135; 73, 261, 269; 81, 242, 256; 84, 192, 194; 89, 214, 229 ff.; 137, 273, 313 = NZA 2014, 1387 Rn. 109; NJW 2018, 1667 Rn. 31 ff.; BGHZ 97, 304 (306); BGH NJW 1999, 1326; Erman/*Arnold* BGB § 134 Rn. 10; Erman/*Schmidt-Räntsch* BGB § 138 Rn. 10; MüKoBGB/*Armbrüster* § 134 Rn. 34; Palandt/*Grüneberg* BGB

§ 242 Rn. 8; Soergel/*Hefermehl* BGB § 134 Rn. 7; Staudinger/*Honsell* BGB Einl. Rn. 193 ff.; Staudinger/*Sack/Seibl* BGB § 134 Rn. 41; Staudinger/*Olzen* BGB Einl. zu §§ 241 ff. Rn. 269; *Canaris* AcP 184 (1984), 201 ff.; *Dürig* FS Nawiasky (1956), S. 157 ff.; *Looschelders/Roth* JZ 1995, 1034 (1037 ff.); *Medicus* AcP 192 (1992), 35, 43; *Singer* JZ 1995, 1133 (1135); *Zöllner* AcP 196 (1996), 1 ff.; aA (unmittelbare Drittwirkung) *Enneccerus/Nipperdey* BGB AT-1 § 15 II 4 c.

78   Vgl. BVerfGE 7, 198 (206); 89, 214, 229; 138, 377 = NJW 2015, 1506 Rn. 39; BVerfG NJW 2018, 1167 Rn. 32; MüKoBGB/*Armbrüster* § 134 Rn. 34; Soergel/*Hefermehl* BGB § 134 Rn. 7; Staudinger/*Sack/Seibl* BGB § 134 Rn. 41; BeckOGK/*Vossler* BGB § 134 Rn. 35; für Berücksichtigung der Grundrechte „über das Medium des § 134" aber *Hübner* BGB AT Rn. 882.

79   Vgl. BVerfGE 81, 242 (255 f.); MüKoBGB/*Armbrüster* § 134 Rn. 34; *Canaris* AcP 184 (1984), 201, 225 ff.; *ders.* JuS 1989, 161 ff.; *Looschelders/Roth* JZ 1995, 1034 (1040 ff.).

80   Vgl. BVerfG NJW 2018, 1667 Rn. 32; BAGE 62, 59, 67 f. = NJW 1990, 203; 77, 128, 132 ff. = NJW 1995, 275; MüKoBGB/*Armbrüster* § 134 Rn. 34; BeckOGK/*Vossler* BGB § 134 Rn. 33; MAH ArbR/*Fischinger* § 7 Rn. 10 f. Ausführlich zur Bedeutung der Grundrechte im Arbeitsrecht *Zachert* BB 1998, 1310 ff.

81   *Nipperdey* RdA 1949, 214 (216); *ders.* RdA 1950, 121 ff.

führen.[82] In neuerer Zeit ist auch das BAG jedoch dazu übergegangen, die grundrechtlichen Wertungen im Rahmen der zivilrechtlichen Generalklauseln (§§ 138, 315, 242) zu berücksichtigen.[83] Da zwischen Arbeitgeber und Arbeitnehmer ein **strukturelles Ungleichgewicht der Verhandlungsstärke** besteht, sind dabei strenge Maßstäbe anzulegen (→ § 138 Rn. 140 ff.).

In Bezug auf die **Tarifvertragsparteien** geht das BAG weiter von der unmittelbaren Wirkung der Grundrechte aus, weil es sich hier um Gesetzgebung iSd Art. 1 Abs. 3 GG handeln soll.[84] Das BVerfG hat die unmittelbare Grundrechtsbindung der Tarifvertragsparteien bislang offen gelassen.[85] Im Hinblick auf die – ebenfalls normativ wirkenden – **Betriebsvereinbarungen** hat es eine unmittelbare Grundrechtswirkung dagegen verneint.[86] Da die Tarifvertragsparteien selbst Grundrechtsträger sind (vgl. Art. 9 Abs. 3 GG), spricht vieles für die Annahme, dass sie ebenso wie die Betriebspartner nur mittelbar an die Grundrechte gebunden sind.[87] **29**

cc) Unmittelbare Drittwirkung verfassungsrechtlicher Normen. Es gibt jedoch einige verfassungsrechtliche Normen, deren unmittelbare Wirkung im Privatrechtsverkehr allgemein anerkannt ist. So richtet sich der Schutz der **Koalitionsfreiheit** durch Art. 9 Abs. 3 S. 2 GG nach dem klaren Wortlaut der Vorschrift auch gegen Vereinbarungen oder Handlungen von Privatrechtssubjekten zur Einschränkung oder Behinderung der Koalitionsfreiheit.[88] Eine Gewerkschaft kann daher ihre Mitglieder durch Satzung nicht wirksam verpflichten, im Fall des Austritts eine erhaltene Streikunterstützung zurückzuzahlen.[89] Da die Nichtigkeit hier von Art. 9 Abs. 3 S. 2 GG selbst angeordnet wird, ist ein Rückgriff auf § 134 aber entbehrlich.[90] **30**

Unmittelbare Wirkung im Privatrechtsverkehr hat auch der **Grundsatz des freien Mandats** (Art. 38 Abs. 1 S. 2 GG). Nach § 134 sind daher rechtsgeschäftliche Vereinbarungen über die **Niederlegung des Mandats**[91] ebenso nichtig wie etwa **Stimmenkaufverträge**.[92] **31**

Art. 48 Abs. 2 S. 1 GG verbietet den Abschluss von Rechtsgeschäften, die den Abgeordneten **an der Übernahme oder Ausübung seines Mandats hindern**. Gesellschaftsverträge, die den Abgeordneten dazu verpflichten, seine gesamte Arbeitskraft der Gesellschaft zu widmen, sind daher insoweit nach § 134 unwirksam.[93] Nach der Rechtsprechung schützt Art. 48 Abs. 2 S. 1 GG aber nicht vor sämtlichen Nachteilen, die für die Übernahme oder Ausübung des Mandats „hinderlich" sind; verboten ist vielmehr nur das **zielgerichtete** Verhindern oder Erschweren dieser Tätigkeiten.[94] Art. 48 Abs. 2 S. 2 GG stellt klar, dass eine Kündigung oder Entlassung wegen der Übernahme oder Ausübung des Mandats unzulässig ist. Die Vorschrift bezieht sich indes nur auf die Kündigung des Dienst- oder Arbeitsverhältnisses von **unselbstständig** Beschäftigten; bei der Kündigung von Gesellschaftsverträgen muss daher auf Art. 48 Abs. 2 S. 1 GG zurückgegriffen werden. In einer Rechtsanwalts-Sozietät ist die Kündigung eines Sozius in solchen Fällen daher nicht per se unzulässig.[95] **32**

dd) Rechtsgeschäftliches Handeln der öffentlichen Hand. Soweit staatliche Institutionen mit den Mitteln des Privatrechts **öffentlich-rechtliche Aufgaben** wahrnehmen (zB Daseinsvorsorge durch Versorgungs- und Verkehrsbetriebe der Gemeinden), bleiben sie uneingeschränkt an die Grundrechte gebunden.[96] Ein Grundrechtsverstoß kann daher über § 134 zur Nichtigkeit des Rechtsgeschäfts führen.[97] Erforderlich **33**

---

82 Vgl. BAGE 1, 185, 191 ff.; 4, 275, 285; 13, 168, 176 ff. = NJW 1962, 1981 ff.; für unmittelbare Drittwirkung der Grundrechte im Arbeitsrecht auch ebenso *Gamillscheg* AcP 164 (1964), 385, 406 ff.

83 Grundlegend BAG GrS AP Nr. 14 zu § 611 BGB – Beschäftigungspflicht; vgl. auch BAG BB 1990, 212; NJW 1995, 275 (276); LAG Nds NZA-RR 2009, 249 (252); Staudinger/*Sack/Seibl* BGB § 134 Rn. 40; zusammenfassend *Fabisch*, Die unmittelbare Drittwirkung der Grundrechte im Arbeitsrecht, 2010, S. 147 ff., 222 ff.

84 Grundlegend BAG AP Nr. 4 zu Art. 3 GG; ebenso BAGE 69, 257, 264; vgl. auch Soergel/*Hefermehl* BGB § 134 Rn. 7; Staudinger/*Sack/Seibl* BGB § 134 Rn. 38.

85 BVerfGE 90, 46 (58).

86 BVerfGE 73, 261 (269); ausf. dazu MAH ArbR/*Fischinger* § 7 Rn. 35 ff.; Staudinger/*Richardi*/*Fischinger* BGB Vor §§ 611 ff. Rn. 630 ff.

87 Vgl. *Löwisch/Rieble* TVG § 1 Rn. 610 ff.; MAH ArbR/*Fischinger* § 7 Rn. 23.

88 Zur unmittelbaren Geltung des Art. 9 Abs. 3 S. 2 GG im Privatrechtsverkehr MüKoBGB/*Armbrüster* § 134

Rn. 33; Palandt/*Ellenberger* BGB § 134 Rn. 4; Staudinger/*Sack/Seibl* BGB § 134 Rn. 40.

89 AG Ahrensburg NJW 1996, 2516 (2517).

90 MüKoBGB/*Armbrüster* § 134 Rn. 33; BeckOGK/*Vossler* BGB § 134 Rn. 34.

91 LG Braunschweig DVBl. 1970, 591, 592; MüKoBGB/*Armbrüster* § 134 Rn. 35.

92 Zu Art. 38 Abs. 1 S. 2 GG als Verbotsgesetz Palandt/*Ellenberger* BGB § 134 Rn. 4; zur Nichtigkeit von Stimmenkaufverträgen Sachs/*Magiera* GG Art. 38 Rn. 48.

93 BGHZ 43, 384 (387); BeckOGK/*Vossler* BGB § 134 Rn. 34; RGRK/*Krüger-Nieland/Zöller* BGB § 134 Rn. 27.

94 BVerfGE 42, 312 (329); BGHZ 94, 248 (251); vgl. dazu Dreier/*Schulze-Fielitz* GG, 3. Aufl. 2015, Art. 48 Rn. 15; Sachs/*Magiera* GG Art. 48 Rn. 6 ff.

95 BGHZ 94, 248 (252 ff.); Dreier/*Schulze-Fielitz* GG Art. 48 Rn. 16; Sachs/*Magiera* GG Art. 48 Rn. 12.

96 BGHZ 29, 76 (80); 37, 1, 27; 52, 325, 327; 91, 84, 96 f.; v. Münch/Kunig/*v. Münch* GG Vor Art. 1–19 Rn. 20; Soergel/*Hefermehl* BGB § 134 Rn. 7.

97 Erman/*Arnold* BGB § 134 Rn. 10; Staudinger/*Sack/Seibl* BGB § 134 Rn. 37.

ist aber, dass sich aus den verletzten Grundrechten ein **hinreichend konkretes Verbot** ableiten lässt (→ Rn. 27), was jedenfalls für die Gleichheitssätze des Art. 3 GG anzunehmen ist.

34 Bei **rein fiskalischem Handeln** (Bedarfsdeckung, Teilnahme am allgemeinen Wirtschaftsverkehr) geht die Rechtsprechung dagegen traditionell davon aus, dass die Träger der öffentlichen Verwaltung nicht unmittelbar an die Grundrechte gebunden sind.[98] Die Grundrechte können also auch hier nur über die zivilrechtlichen Generalklauseln herangezogen werden. Berücksichtigt man bei der Interessenabwägung im Rahmen der Generalklauseln, dass es sich um einen Träger der öffentlichen Verwaltung handelt,[99] so gelangt man im Allgemeinen aber zu den gleichen Ergebnissen wie die Lehre von der Fiskalgeltung der Grundrechte.

35 **f) Recht der Europäischen Union.** Die Nichtigkeit eines Rechtsgeschäfts kann sich auch aus einem Verbot ergeben, das in einer Vorschrift des Unionsrechts enthalten ist.[100] Erforderlich ist jedoch auch hier, dass die infrage stehenden Normen **konkrete Verbote** enthalten und im Verhältnis zwischen den beteiligten Privatrechtssubjekten **unmittelbar** anwendbar sind. Diese Voraussetzungen treffen auf **EU-Verordnungen** zu (vgl. Art. 288 Abs. 2 AEUV).[101] Dagegen entfalten **EU-Richtlinien** im Verhältnis zwischen den Bürgern keine unmittelbare Wirkung[102] und können daher grundsätzlich auch nicht als Verbotsgesetze iSd § 134 angesehen werden. Besonderheiten gelten für den Fall, dass eine EU-Richtlinie nicht rechtzeitig umgesetzt wird. Sofern die Richtlinie hinreichend bestimmte Vorgaben enthält, kommt ihr bei Rechtsgeschäften **zwischen Bürger und Staat** ausnahmsweise eine unmittelbare Wirkung zu.[103] Insoweit kann also § 134 anwendbar sein. Im Verhältnis zwischen den Bürgern ist eine unmittelbare Drittwirkung dagegen auch hier aus Gründen der Rechtssicherheit abzulehnen, so dass § 134 nicht zur Anwendung gelangt.[104] Die Ziele der Richtlinie lassen sich aber oft durch eine richtlinienkonforme Anwendung des nationalen Rechts, insbesondere der Generalklauseln verwirklichen. Hierbei kann auch auf § 138 zurückgegriffen werden (vgl. dazu → § 138 Rn. 68 ff.). Darüber hinaus kommt auch eine richtlinienkonforme Rechtsfortbildung in Betracht (→ Anh. zu § 133 Rn. 33). Die Grundrechte der **Europäischen Grundrechte-Charta** entfalten im Verhältnis zwischen den Bürgern ebenfalls nur mittelbare Drittwirkung. Auch hier kann also nur auf § 138 Abs. 1 zurückgegriffen werden.[105]

36 Verbotsgesetze können sich auch aus dem **AEUV** ergeben. Voraussetzung ist aber auch hier die unmittelbare Wirkung der Bestimmung gegenüber Privatrechtssubjekten. Dies trifft auf das **Verbot von wettbewerbsbeschränkenden Vereinbarungen und Verhaltensweisen** nach Art. 101 AEUV zu. Da die Nichtigkeit verbotswidriger Vereinbarungen oder Beschlüsse von Art. 101 Abs. 2 AEUV selbst angeordnet wird, ist § 134 jedoch nicht anwendbar.[106] Demgegenüber begründen Verstöße gegen das **Verbot wettbewerbsverfälschender Beihilfen** (Art. 107 Abs. 1, 108 Abs. 3 S. 3 AEUV) über § 134 die Nichtigkeit des betreffenden Rechtsgeschäfts.[107] Ob die **Grundfreiheiten** des AEUV im Verhältnis zwischen Privaten unmittelbar wirken, ist nicht abschließend geklärt. Der EuGH hat in mehreren Entscheidungen eine unmittelbare Drittwirkung bejaht.[108] Bei privatrechtlichen Einrichtungen in öffentlicher Hand entspricht dies auch der Rechtsprechung des BVerfG.[109] Inwieweit die einschlägigen Entscheidungen sich verallgemeinern lassen, ist jedoch fraglich.[110] Nach der Systematik des deutschen Rechts ist es vorzugswürdig, die Vorgaben der Grundfreiheiten nicht über § 134, sondern über § 138 umzusetzen.[111] Denn hierdurch wird der Einklang mit der mittelba-

98 Vgl. BGHZ 36, 91 (95 ff.); BGH NJW 1977, 628 (629); aA etwa MüKoBGB/*Armbrüster* § 134 Rn. 33; Sachs/*Höfling* GG Art. 1 Rn. 107 ff.; differenzierend Maunz/Dürig/*Kirchhof* GG Art. 83 Rn. 105 f.

99 IdS etwa BGH NJW 1977, 628 (629).

100 BeckOK BGB/*Wendtland* § 134 Rn. 6; Erman/*Arnold* BGB § 134 Rn. 11; MüKoBGB/*Armbrüster* § 134 Rn. 37; Palandt/*Ellenberger* BGB § 134 Rn. 3; Staudinger/*Sack/Seibl* BGB § 134 Rn. 43 ff.

101 Vgl. BGH NJW 1994, 858; NVwZ 2020, 330 Rn. 28; Callies/Ruffert/*Ruffert* AEUV Art. 288 Rn. 20; MüKoBGB/*Armbrüster* § 134 Rn. 37; BeckOGK/*Vossler* BGB § 134 Rn. 39.

102 Zur fehlenden horizontalen Drittwirkung von Richtlinien vgl. EuGH NJW 1994, 2473 (2474); EuZW 2007, 545 (546); NZA 2010, 85 (88).

103 BeckOK BGB/*Wendtland* § 134 Rn. 6; Erman/*Arnold* BGB § 134 Rn. 11; MüKoBGB/*Armbrüster* § 134 Rn. 37; Staudinger/*Sack/Seibel* BGB § 134 Rn. 45; BeckOGK/*Vossler* BGB § 134 Rn. 40; vgl. auch *Sack* VersR 1994, 1383 (1386 f.).

104 BeckOK BGB/*Wendtland* § 134 Rn. 6; Erman/*Arnold* BGB § 134 Rn. 11; MüKoBGB/*Armbrüster* § 134 Rn. 37; Staudinger/*Sack/Seibl* BGB § 134 Rn. 45.

105 Palandt/*Ellenberger* BGB § 134 Rn. 4; Erman/*Arnold* BGB § 134 Rn. 11; BeckOGK/*Vossler* BGB § 134 Rn. 38.

106 Erman/*Arnold* BGB § 134 Rn. 11; MüKoBGB/*Armbrüster* § 134 Rn. 37; Staudinger/*Sack/Seibl* BGB § 134 Rn. 43; *Köhler* JZ 2010, 767.

107 Vgl. BGHZ 188, 326 Rn. 40 = EuZW 2011, 440; 173, 129 Rn. 34 ff. = NJW-RR 2008, 429; BGH EuZW 2004, 252 (253); MüKoBGB/*Armbrüster* § 134 Rn. 37; Palandt/*Ellenberger* BGB § 134 Rn. 3; BeckOGK/*Vossler* BGB § 134 Rn. 38.1. Ausf. zum Ganzen *Steindorff* EuZW 1997, 7 ff.

108 EuGH NJW 1975, 1093; 1996, 505, 508 ff.; EuZW 2000, 468; EuZW 2008, 246.

109 BVerfG NJW 2016, 3153 (3156 f.).

110 Vgl. *Looschelders* SchuldR AT § 2 Rn. 10.

111 Vgl. MüKoBGB/*Armbrüster* § 134 Rn. 38; Erman/*Arnold* BGB § 134 Rn. 11; BeckOGK/*Vossler* BGB § 134 Rn. 38.

ren Drittwirkung der Grundrechte des Grundgesetzes (→ Rn. 27) und der Grundrechte-Charta (→ Rn. 35) gewahrt.

g) Völkerrecht. Verbotsnormen iSd § 134 können schließlich auch in **völkerrechtlichen Verträgen** ent- **37** halten sein. Erforderlich ist aber, dass diese Verträge nach Art. 59 Abs. 2 GG in innerstaatliches Recht umgesetzt worden sind und nicht ausschließlich die Rechtsbeziehungen zwischen den beteiligten Staaten regeln, sondern auch Rechte und Pflichten von Privatrechtssubjekten begründen.[112] Diese Voraussetzungen treffen nach einer verbreiteten Auffassung auf die **Europäische Menschenrechtskonvention** (EMRK) und die **Europäische Sozialcharta** zu.[113] Zu beachten ist jedoch, dass sich die Gewährleistungen beider Konventionen in erster Linie gegen den Staat richten und im Verhältnis zwischen Privatrechtssubjekten nur mittelbare Wirkungen entfalten. Ebenso wie bei den Grundrechten ist es daher vorzugswürdig, den Wertungen der Konventionen im Rahmen des § 138 Abs. 1 Rechnung zu tragen.[114]

Die **allgemeinen Regeln des Völkerrechts** bedürfen keiner Transformation in innerstaatliches Recht, son- **38** dern sind nach Art. 25 GG unmittelbare Bestandteile des Bundesrechts. Von daher ist es normtheoretisch nicht ausgeschlossen, den allgemeinen Regeln des Völkerrechts Verbotsnormen iSd § 134 zu entnehmen.[115] Da das Völkerrecht nur wenige allgemeine Regeln enthält, welche für den Einzelnen konkrete Verbote aussprechen,[116] ist die praktische Bedeutung dieser Möglichkeit aber gering. Dies gilt umso mehr, als die infrage stehenden Verbote (zB Piraterie, Blockadebruch, Angriff auf ausländische Staatsoberhäupter und Diplomaten)[117] im Allgemeinen durch das innerstaatliche Strafrecht konkretisiert werden, so dass die entsprechenden Strafvorschriften als Verbotsnormen herangezogen werden können.

h) Fälle mit Auslandsberührung. In Fällen mit Auslandsberührung setzt die Anwendung des § 134 vor- **39** aus, dass das Rechtsgeschäft nach den Vorschriften des Internationalen Privatrechts dem deutschen Recht unterliegt. Bei Anwendbarkeit ausländischen Rechts können die deutschen Verbotsgesetze daher nicht über § 134 zur Geltung gebracht werden.[118] Die zwingenden Vorschriften des **deutschen Rechts**, die für die Wahrung öffentlicher Interessen so entscheidend sind, dass sie ohne Rücksicht auf das kollisionsrechtlich an sich zur Anwendung berufene Recht angewendet werden sollen (sog. **Eingriffsnormen**, vgl. Art. 9 Abs. 1 Rom I-VO), bleiben jedoch in jedem Fall nach Art. 9 Abs. 2 Rom I-VO (Art. 34 EGBGB aF) maßgeblich. Insoweit kommt dann doch ein Rückgriff auf § 134 in Betracht.

§ 134 bezieht sich nach der hM allein auf deutsche Rechtsnormen. **Ausländische Verbotsgesetze** können **40** daher bei deutschem Vertragsstatut nicht über § 134 zur Nichtigkeit eines Rechtsgeschäfts führen.[119] Soweit ausländische Verbotsgesetze als Eingriffsnormen zu qualifizieren sind, kann ihnen nach Art. 9 Abs. 3 Rom I-VO „Wirkung verliehen werden". Dies kann insbesondere dadurch erfolgen, dass man ihre Wertungen im Rahmen des § 138 Abs. 1 berücksichtigt (→ § 138 Rn. 80).[120]

2. Verbot. a) Grundsatz. Die Anwendung des § 134 setzt voraus, dass das Rechtsgeschäft durch die **41** infrage stehende Rechtsnorm **verboten** wird. Das Verbot muss nicht **ausdrücklich** erfolgen; ausreichend ist, dass es der Norm durch **Auslegung** entnommen werden kann.[121] Sinn und Zweck der Norm entscheiden damit häufig bereits über das Vorliegen eines gesetzlichen Verbots. Hiervon zu unterscheiden ist die Frage, ob der Verstoß gegen ein gesetzliches Verbot nach Sinn und Zweck der Norm die Nichtigkeit des Rechtsgeschäfts begründet (dazu → Rn. 56).[122] Da beide Fragen nach den gleichen Kriterien zu beurteilen sind, gehen sie bei der praktischen Rechtsanwendung nicht selten ineinander über.[123] So kann man den Verbotscharakter einer Norm offen lassen, wenn feststeht, dass der Verstoß jedenfalls keine Nichtigkeit auslöst.

b) Abgrenzungen. aa) Beschränkungen der Gestaltungs- und Verfügungsmacht. § 134 betrifft **42** nur Gesetze, nach denen das Rechtsgeschäft nicht vorgenommen werden **darf**. Nicht erfasst werden Vor-

---

112 Vgl. BGHZ 69, 295 (297); MüKoBGB/*Armbrüster* § 134 Rn. 39; Palandt/*Ellenberger* BGB § 134 Rn. 3.
113 Vgl. MüKoBGB/*Armbrüster* § 134 Rn. 39.
114 So auch BeckOGK/*Vossler* BGB § 134 Rn. 42.
115 Vgl. MüKoBGB/*Armbrüster* § 134 Rn. 39; Palandt/ *Ellenberger* BGB § 134 Rn. 3; Soergel/*Hefermehl* BGB § 134 Rn. 8; Staudinger/*Sack/Seibl* BGB § 134 Rn. 46.
116 Vgl. dazu Sachs/*Streinz* GG Art. 25 Rn. 74.
117 Vgl. Sachs/*Streinz* GG Art. 25 Rn. 74.
118 BGHZ 55, 334 (339); 59, 82, 85; 69, 295, 296; BeckOGK/*Vossler* BGB § 134 Rn. 43; Staudinger/ *Sack/Seibl* BGB § 134 Rn. 47.
119 Vgl. BGHZ 55, 334 (339); 59, 82, 85; *Looschelders* IPR EGBGB Art. 34 Rn. 31 ff.; MüKoBGB/*Armbrüs-*

ter § 134 Rn. 40; Staudinger/*Sack/Seibl* BGB § 134 Rn. 48; MüKoBGB/*Martiny* Rom I-VO Art. 9 Rn. 47; MüKoBGB/*Spellenberg* Rom I-VO Art. 10 Rn. 123.
120 Vgl. Staudinger/*Looschelders* Einl. IPR Rn. 35, 47; MüKoBGB/*v. Hein* Einl. IPR Rn. 272, 289; MüKoBGB/*Martiny* Rom I-VO Art. 9 Rn. 115.
121 BGHZ 85, 39 (43); MüKoBGB/*Armbrüster* § 134 Rn. 41; Palandt/*Ellenberger* BGB § 134 Rn. 2; Soergel/*Hefermehl* BGB § 134 Rn. 14; Staudinger/ *Sack/Seibl* BGB § 134 Rn. 31.
122 MüKoBGB/*Armbrüster* § 134 Rn. 41; Staudinger/ *Sack/Seibl* BGB § 134 Rn. 34.
123 Vgl. MüKoBGB/*Armbrüster* § 134 Rn. 42; Staudinger/*Sack/Seibl* BGB § 134 Rn. 34.

schriften, nach denen das Geschäft überhaupt nicht vorgenommen werden **kann**.[124] Beschränkt eine Rechtsnorm die rechtsgeschäftliche Gestaltungs- und Verfügungsmacht der Parteien, so handelt es sich daher nicht um ein Verbotsgesetz iSd § 134. Überschreitet das Rechtsgeschäft die Gestaltungs- oder Verfügungsmacht der Parteien, so ist es in jedem Fall nichtig; für eine Differenzierung nach dem Zweck des jeweiligen Gesetzes besteht hier von vornherein kein Raum.[125] Keine Verbotsgesetze sind deshalb das „Verbot" des Selbstkontrahierens nach § 181[126] sowie das „Abtretungsverbot" für unpfändbare Forderungen nach § 400.[127] Das Gleiche gilt für den sachenrechtlichen Typenzwang.[128]

43 Nicht zu den Verbotsgesetzen zählen auch Vorschriften, die es einer Partei **verwehren, sich auf eine Vereinbarung zu berufen**, durch die zum Nachteil einer anderen, aus bestimmten Gründen (zB als Verbraucher oder wegen Arglist des Vertragspartners) besonders schutzwürdigen Partei von der gesetzlichen Regelung abgewichen wird. Solche Vorschriften finden sich sowohl im BGB (vgl. §§ 444, 476 Abs. 1 S. 1, 536 d) als auch in anderen zivilrechtlichen Gesetzen, insbesondere im VVG (vgl. §§ 18, 32, 42 VVG). Der Gesetzgeber hat hier bewusst auf die Nichtigkeitsanordnung verzichtet, weil er klarstellen wollte, dass die Unwirksamkeit der Vereinbarung nicht über § 139 zur Nichtigkeit des ganzen Vertrages führt.[129] Einseitig zwingende Vorschriften, von denen nicht zum Nachteil der geschützten Partei abgewichen werden darf, sind dagegen als Verbotsgesetze anzusehen. Ein Verstoß gegen die einseitig zwingenden Vorschriften des Zahlungsdiensterechts (§§ 675 c ff. iVm § 675 e Abs. 1) führt daher nach § 134 zur Nichtigkeit der entsprechenden Klausel.[130] Daneben kommt auch eine Unwirksamkeit nach § 307 in Betracht.

44 **bb) Zustimmungs- oder genehmigungsbedürftige Rechtsgeschäfte.** Wird die Wirksamkeit eines Rechtsgeschäfts von der **Zustimmung eines Privatrechtssubjekts** abhängig gemacht (zB §§ 107, 108, 177, 1365, 1369), so handelt es sich ebenfalls nicht um gesetzliche Verbote, sondern um Beschränkungen des rechtsgeschäftlichen **Könnens**.[131] Bei Fehlen einer Einwilligung ist das Geschäft nicht nach § 134 nichtig, sondern nach den einschlägigen Sonderregeln (§§ 108 f., 177 f., 182 ff., 1366 Abs. 4) bis zur Erteilung oder Verweigerung der Genehmigung **schwebend unwirksam**.[132]

45 Nach verschiedenen privatrechtlichen und öffentlich-rechtlichen Vorschriften hängt die Wirksamkeit eines Rechtsgeschäfts von der Erteilung einer **gerichtlichen oder behördlichen Genehmigung** ab. Ob die betreffenden Vorschriften als Verbotsgesetze iSd § 134 anzusehen sind, ist umstritten.[133] Die Frage kann jedoch dahinstehen. Denn im Ergebnis besteht Einigkeit, dass ein **zweiseitiges Rechtsgeschäft** bei Fehlen der Genehmigung zunächst nur schwebend unwirksam ist.[134] Mit der Genehmigung oder dem Wegfall der Genehmigungspflicht wird das Geschäft wirksam.[135] Wird die Genehmigung bestandskräftig versagt, so ist das Geschäft endgültig unwirksam.[136] Das Gleiche gilt nach Ansicht des BGH, wenn die Erteilung der Genehmigung offensichtlich ausgeschlossen ist, weil die oberste Genehmigungsbehörde generell bekannt gemacht hat, dass solche Genehmigungen versagt werden, und an der Rechtmäßigkeit der Versagung kein Zweifel besteht.[137] Keine Nichtigkeit tritt indes ein, wenn die zuständige Behörde bei der Verweigerung der Genehmigung zu Unrecht von der Genehmigungsbedürftigkeit des Rechtsgeschäfts ausgegangen ist.[138]

---

124 Zu dieser Unterscheidung Palandt/*Ellenberger* BGB § 134 Rn. 5; Staudinger/*Sack/Seibl* BGB § 134 Rn. 33.

125 Jauernig/*Mansel* BGB § 134 Rn. 2; MüKoBGB/*Armbrüster* § 134 Rn. 5; Palandt/*Ellenberger* BGB § 134 Rn. 5; Soergel/*Hefermehl* BGB § 134 Rn. 2; Staudinger/*Sack/Seibl* BGB § 134 Rn. 33; BeckOGK/*Vossler* BGB § 134 Rn. 14; *Flume* BGB AT Bd. 2 § 17, 2; *Wolf/Neuner* BGB AT § 45 Rn. 4 f.

126 Soergel/*Hefermehl* BGB § 134 Rn. 2; Staudinger/*Sack/Seibl* BGB § 134 Rn. 33.

127 Jauernig/*Mansel* BGB § 134 Rn. 5; MüKoBGB/*Armbrüster* § 134 Rn. 6; BeckOGK/*Vossler* BGB § 134 Rn. 15 und 15.1; auf § 134 abstellend dagegen BGH NJW 1997, 2823.

128 Vgl. BGHZ 23, 293 (298 ff.); MüKoBGB/*Armbrüster* § 134 Rn. 5; Palandt/*Ellenberger* BGB § 134 Rn. 5; RGRK/*Krüger-Nieland/Zöller* BGB § 134 Rn. 3.

129 Vgl. BT-Drs. 14/6040, S. 240; BeckOK BGB/*Faust* § 444 Rn. 14 und § 476 Rn. 22; BeckOK BGB/*Wiederhold* § 536 d Rn. 1.

130 BGH NJW 2015, 3025 Rn. 42; Palandt/*Sprau* § 675 e Rn. 2.

131 Vgl. Staudinger/*Sack/Seibl* BGB § 134 Rn. 165; aA in Bezug auf §§ 1365, 1369 RGRK/*Krüger-Nieland/Zöller* BGB § 134 Rn. 34.

132 MüKoBGB/*Armbrüster* § 134 Rn. 7; BeckOGK/*Vossler* BGB § 134 Rn. 16.

133 Auf § 134 abstellend BGHZ 37, 233 (235); 127, 368, 375 = NJW 1995, 318; Palandt/*Ellenberger* BGB § 134 Rn. 11 a; Soergel/*Hefermehl* BGB § 134 Rn. 42 ff.; BeckOGK/*Vossler* BGB § 134 Rn. 17; *K. Schmidt* NJW 1995, 2255 (2256); aA Erman/*Arnold* BGB § 134 Rn. 5; Jauernig/*Mansel* BGB § 134 Rn. 6; MüKoBGB/*Armbrüster* § 134 Rn. 7; Staudinger/*Sack/Seibl* BGB § 134 Rn. 167 ff.

134 BGHZ 127, 368 (375); Erman/*Arnold* BGB § 134 Rn. 5; MüKoBGB/*Armbrüster* § 134 Rn. 7; Soergel/*Hefermehl* BGB § 134 Rn. 44; Staudinger/*Sack/Seibl* BGB § 134 Rn. 168.

135 Speziell zum Wegfall der Genehmigungspflicht BGHZ 37, 233 (236); 127, 368, 375.

136 BGH NJW 1993, 648 (650); RGRK/*Krüger-Nieland/Zöller* BGB § 134 Rn. 29.

137 BGHZ 127, 368 (377); vgl. dazu *K. Schmidt* NJW 1995, 2255 (2257 f.).

138 BGH NZI 2013, 483 Rn. 11 mAnm *Bangha-Szabo*; BeckOGK/*Vossler* BGB § 134 Rn. 18; *K. Schmidt* NJW 1995, 2255 (2257).

Einseitige Rechtsgeschäfte (zB Aufrechnung, Kündigung) sind bei Fehlen der erforderlichen Genehmigung grundsätzlich unheilbar nichtig.[139] Eine Ausnahme ist für genehmigungsbedürftige Vermächtnisse anerkannt. Diese sind bei Fehlen der Genehmigung ebenso wie zweiseitige Rechtsgeschäfte schwebend unwirksam, weil die Rechtssicherheit bei Vermächtnissen durch den Schwebezustand nicht unerträglich beeinträchtigt wird.[140]

c) Auslegungskriterien.   aa) Wortlaut. Ob ein Verbotsgesetz vorliegt, muss im Zweifel durch Auslegung bestimmt werden (→ Rn. 41). Ausgangspunkt ist nach allgemeinen Grundsätzen (→ Anh. § 133 Rn. 14 ff.) der Wortlaut der infrage stehenden Norm. Die Formulierungen **„soll nicht"** oder **„darf nicht"** legen die Annahme eines Verbotsgesetzes nahe. **„Kann nicht"** deutet dagegen auf eine Beschränkung der rechtsgeschäftlichen Gestaltungs- oder Verfügungsmacht (→ Rn. 42) hin. Das Gleiche gilt für Vorschriften, die ein bestimmtes Recht für **nicht übertragbar** erklären.[141] Da die Gesetzesformulierungen nicht auf die Abgrenzung von Verbotsnormen und sonstigen Vorschriften zugeschnitten sind, ist ihre Indizwirkung jedoch im Allgemeinen nur schwach.[142]

bb) Teleologische Erwägungen. In den meisten Fällen kann der Gesetzeswortlaut allenfalls einen ersten Anhaltspunkt liefern. Die Entscheidung über das Vorliegen einer Verbotsnorm richtet sich daher im Allgemeinen nach teleologischen Erwägungen. Ein Verbotsgesetz ist hiernach anzunehmen, wenn die infrage stehende Rechtsnorm die **Vornahme** des Rechtsgeschäfts oder den Eintritt des mit dem Geschäft verbundenen **rechtlichen oder wirtschaftlichen Erfolgs verhindern** soll.[143] Dieser Zweck kann durch **dispositive Vorschriften** nicht erreicht werden. Sie sind daher grundsätzlich nicht als Verbotsgesetze iSd § 134 anzusehen.[144] Jedenfalls führt ein Verstoß gegen dispositive Rechtsnormen nicht zur Nichtigkeit des Rechtsgeschäfts.[145]

Umgekehrt kann nicht jede **zwingende Rechtsnorm** ohne Weiteres als Verbotsgesetz qualifiziert werden.[146] Keine Verbotsnormen sind insbesondere die zwingenden Vorschriften, welche die rechtsgeschäftliche Gestaltungs- und Verfügungsmacht der Parteien beschränken (→ Rn. 42).[147] Knüpft das Gesetz an die Vornahme einer bestimmten Handlung eine **strafrechtliche Sanktion**, so liegt dem dagegen notwendig eine (meist ungeschriebene) Verbotsnorm zugrunde.[148] Die Vorschriften des StGB bilden daher traditionell einen wichtigen Anwendungsbereich des § 134 (→ Rn. 2).[149] Das heißt freilich nicht, dass jeder Verstoß gegen eine strafrechtliche Vorschrift zur Nichtigkeit des Rechtsgeschäfts führt.[150]

Bei zwei- oder mehrseitigen Rechtsgeschäften (insbesondere Verträgen) kommt es für die Annahme eines Verbotsgesetzes nicht darauf an, ob das Verbot nur an **einen** oder an **alle Beteiligte** gerichtet ist. Diese Unterscheidung kann lediglich für die Frage relevant werden, ob der Verstoß gegen das Gesetz zur Nichtigkeit des Geschäfts führt (dazu → Rn. 56).[151]

II. Verstoß gegen das gesetzliche Verbot

Unter welchen Voraussetzungen ein Geschäft gegen das gesetzliche Verbot **verstößt**, hängt von der jeweiligen Verbotsnorm ab. Im Allgemeinen liegt ein Verstoß gegen das gesetzliche Verbot schon dann vor, wenn die **objektiven Merkmale** der Norm verwirklicht sind.[152] Dass die Parteien das Verbot gekannt oder infolge von Fahrlässigkeit nicht gekannt haben, ist grundsätzlich nicht erforderlich. Die **subjektiven Merkmale**

139 BGHZ 11, 27 (37); OLG Braunschweig NJW-RR 1992, 440; MüKoBGB/*Armbrüster* § 134 Rn. 7; BeckOGK/*Vossler* BGB § 134 Rn. 18; RGRK/*Krüger-Nieland/Zöller* BGB § 134 Rn. 32.

140 BGHZ 37, 233 (235 f.); Soergel/*Hefermehl* BGB § 134 Rn. 43; Staudinger/*Sack/Seibl* BGB § 134 Rn. 167.

141 Vgl. *Wolf/Neuner* BGB AT § 45 Rn. 5; Soergel/*Hefermehl* BGB § 134 Rn. 12 f.

142 Vgl. BGH NJW 1992, 2021 (2022) („darf nicht"); MüKoBGB/*Armbrüster* § 134 Rn. 43 ff.; Staudinger/*Sack/Seibl* BGB § 134 Rn. 31.

143 BeckOK BGB/*Wendtland* § 134 Rn. 10 f.; Soergel/*Hefermehl* BGB § 134 Rn. 14; Staudinger/*Sack/Seibl* BGB § 134 Rn. 30.

144 Erman/*Arnold* BGB § 134 Rn. 13; MüKoBGB/*Armbrüster* § 134 Rn. 46; Staudinger/*Sack/Seibl* BGB § 134 Rn. 32.

145 BGHZ 143, 283 (288).

146 Erman/*Arnold* BGB § 134 Rn. 13; MüKoBGB/*Armbrüster* § 134 Rn. 46.

147 *Wolf/Neuner* BGB AT § 45 Rn. 4.

148 *Wolf/Neuner* BGB AT § 45 Rn. 9. Vgl. dazu aus normtheoretischer Sicht *Looschelders*, Die Mitverantwortlichkeit des Geschädigten im Privatrecht, 1999, S. 201 ff.

149 Vgl. schon Motive I, S. 210 = *Mugdan* I, S. 469.

150 Einschr. insoweit BGHZ 53, 152 (157); Erman/*Arnold* BGB § 134 Rn. 67; Soergel/*Hefermehl* BGB § 134 Rn. 23; Staudinger/*Sack/Seibl* BGB § 134 Rn. 290.

151 Vgl. BGHZ 78, 263 (264 ff.); 143, 283, 286 ff.; MüKoBGB/*Armbrüster* § 134 Rn. 48; Soergel/*Hefermehl* BGB § 134 Rn. 15; Staudinger/*Sack/Seibl* BGB § 134 Rn. 35; aA noch RGZ 60, 273 (277).

152 BGHZ 37, 363 (366); BeckOK BGB/*Wendtland* § 134 Rn. 18; Erman/*Arnold* BGB § 134 Rn. 14; Hk-BGB/*Dörner* § 134 Rn. 6; Jauernig/*Mansel* BGB § 134 Rn. 8; MüKoBGB/*Armbrüster* § 134 Rn. 128; Palandt/*Ellenberger* BGB § 134 Rn. 12 a; PWW/*Ahrens* BGB § 134 Rn. 14; Staudinger/*Sack/Seibl* BGB § 134 Rn. 84.

können jedoch bei der Frage berücksichtigt werden, ob der Gesetzesverstoß zur Nichtigkeit des Geschäfts führt.[153]

52 Bei **Strafgesetzen** geht die hM davon aus, dass grundsätzlich auch der **subjektive Tatbestand** erfüllt sein muss.[154] Der Schutzzweck der einschlägigen Strafnorm könne es jedoch gebieten, dem Rechtsgeschäft allein wegen des objektiven Verstoßes die Anerkennung zu verweigern.[155] Gegen diese Sonderbehandlung von Strafgesetzen spricht, dass es bei § 134 allein um die Verbotswidrigkeit des Geschäfts geht. Ob die Beteiligten bestraft werden können, ist unerheblich.[156] Der **Gesetzesverstoß** lässt sich daher auch bei Strafgesetzen in den meisten Fällen rein objektiv beurteilen. Hiervon zu unterscheiden ist dann die Frage, ob die **Nichtigkeit** des Geschäfts nach Sinn und Zweck der Norm nur bei Verwirklichung des subjektiven Tatbestands eintreten soll. Dies mag bei Strafgesetzen regelmäßig der Fall sein; es gibt jedoch Ausnahmen.

III. Maßgeblicher Zeitpunkt

53 **1. Nachträgliche Verbotswidrigkeit.** Die Anwendung des § 134 setzt voraus, dass das Verbotsgesetz im Zeitpunkt der **Vornahme des Rechtsgeschäfts** in Kraft war. Durch den späteren Erlass eines Verbotsgesetzes wird das Rechtsgeschäft als solches grundsätzlich nicht unwirksam.[157] Eine andere Beurteilung kommt aber bei **Dauerschuldverhältnissen** in Betracht, wenn das Verbotsgesetz nach **Sinn und Zweck** die Nichtigkeit des Vertrages fordert. Die Nichtigkeit tritt aber auch hier nur **für die Zukunft** ein.[158] Ist das Geschäft noch nicht abgewickelt, so kann der Erfüllungsanspruch in den übrigen Fällen unter dem Aspekt der (nachträglichen) rechtlichen Unmöglichkeit (§ 275 Abs. 1) ausgeschlossen sein.[159] Denkbar ist außerdem, dass sich die Geltendmachung des Erfüllungsanspruchs im Einzelfall als rechtsmissbräuchliches Verhalten (§ 242) darstellt.

54 Rückwirkungsprobleme können auch auftreten, wenn der Anwendungsbereich eines Verbotsgesetzes von der **Rechtsprechung** im Nachhinein durch Auslegung oder Rechtsfortbildung auf das Rechtsgeschäft erstreckt wird. Wenn die Parteien mit einer Änderung der Rechtsprechung nicht rechnen mussten, kann es in besonderen Härtefällen mit Rücksicht auf den Grundsatz des **Vertrauensschutzes** (Art. 20 Abs. 1 GG) geboten sein, das Rechtsgeschäft ganz oder partiell als wirksam zu behandeln (vgl. auch → Anh. § 133 Rn. 10 f.).[160] Wird das Rechtsgeschäft aufgrund einer nachträglichen **Änderung der tatsächlichen Verhältnisse** von einem gesetzlichen Verbot erfasst, so bleibt es grundsätzlich wirksam.[161]

55 **2. Nachträglicher Wegfall des gesetzlichen Verbots.** War das Rechtsgeschäft im Zeitpunkt der Vornahme nach § 134 nichtig, so führt der Wegfall der Verbotsnorm nicht zu einer automatischen „Heilung". Erforderlich ist vielmehr, dass die Parteien das Geschäft zumindest konkludent durch Neuvornahme nach § 141 **bestätigen**.[162] Das Geschäft wird auch dann wirksam, wenn die Parteien es gerade **für den Fall geschlossen** haben, dass das Verbotsgesetz **aufgehoben** wird.[163] Dies folgte früher aus §§ 309, 308 aF Die Streichung der Vorschriften durch das SchuldRModG hat hieran nichts geändert.[164]

IV. Rechtsfolgen

56 **1. Bedeutung der Normzweckklausel.** Ob ein Rechtsgeschäft wegen Verstoßes gegen ein gesetzliches Verbot nichtig ist, beurteilt sich gem. § 134 Hs. 2 nach dem **Sinn und Zweck** der jeweils verletzten Norm. Der Rechtsanwender hat daher durch **Auslegung** zu ermitteln, ob die Nichtigkeitsfolge nach dem Zweck der Norm eintreten soll oder nicht.[165] Was gilt, wenn die Auslegung zu keinem eindeutigen Ergebnis führt,

153 Vgl. BGHZ 89, 369 (372); Staudinger/*Sack/Seibl* BGB § 134 Rn. 84.

154 BGHZ 132, 314 (318) = NJW 1996, 1812; MüKo-BGB/*Armbrüster* § 134 Rn. 128.

155 So BGHZ 115, 123 (130); 116, 268, 276; 122, 115, 122, jeweils zur Verletzung von Privatgeheimnissen nach § 203 StGB; BeckOK BGB/*Wendtland* § 134 Rn. 18; Palandt/*Ellenberger* BGB § 134 Rn. 24; Staudinger/*Sack/Seibl* BGB § 134 Rn. 84.

156 Staudinger/*Sack/Seibl* BGB § 134 Rn. 84.

157 OLG Düsseldorf NJW-RR 1993, 249 (250); Erman/*Arnold* BGB § 134 Rn. 15; MüKoBGB/*Armbrüster* § 134 Rn. 20; Palandt/*Ellenberger* BGB § 134 Rn. 12 a; Staudinger/*Sack/Seibl* BGB § 134 Rn. 55; *Canaris* DB 2002, 930; *Medicus* NJW 1995, 2577 (2578); aA OLG Düsseldorf DB 2002, 943; von BGHZ 45, 322 (326) offen gelassen.

158 Vgl. BGHZ 154, 21 (26 f.); LG Hannover ZfWG 2009, 75.

159 Staudinger/*Sack/Seibl* BGB § 134 Rn. 55; *Canaris* DB 2002, 930 (931).

160 BGHZ 114, 127 (137); Palandt/*Ellenberger* BGB § 134 Rn. 12 a; *Medicus* NJW 1995, 2577 (2581 ff.).

161 BayObLG BB 2002, 907 (908).

162 RGZ 138, 52 (55); BGHZ 11, 59 (60); OLG Brandenburg MDR 1995, 30; Erman/*Arnold* BGB § 134 Rn. 21; MüKoBGB/*Armbrüster* § 134 Rn. 21 f.; Soergel/*Hefermehl* BGB § 134 Rn. 49; Staudinger/*Sack/Seibl* BGB § 134 Rn. 56.

163 RGZ 138, 52 (55); OLG Brandenburg MDR 1995, 30; Palandt/*Ellenberger* BGB § 134 Rn. 12 a.

164 Vgl. Jauernig/*Mansel* BGB § 134 Rn. 17 m. Hinw. auf § 158 Abs. 1.

165 BVerfG NJW 2016, 3153 Rn. 46.

ist streitig. Die hM geht davon aus, dass das Geschäft immer dann nichtig ist, wenn sich dem Gesetz keine abweichende Rechtsfolge entnehmen lässt. § 134 Hs. 2 begründet bei dieser Betrachtung eine **Vermutung** für die Nichtigkeit des Geschäfts.[166] Ein Teil der Literatur will die Nichtigkeitsfolge dagegen nur dann eintreten lassen, wenn dies **nach dem Zweck der Verbotsnorm erforderlich** ist.[167] Die Rechtsprechung unterscheidet zwischen beiderseitigen und einseitigen Verboten. Richtet sich das Verbot gegen **beide Seiten**, so führt der Verstoß in der Regel zur Nichtigkeit des Rechtsgeschäfts. Der Verstoß gegen ein **einseitiges Verbot** macht das Geschäft dagegen nur in Ausnahmefällen nichtig. Hier muss positiv feststehen, dass es mit dem Zweck des Verbotsgesetzes unvereinbar wäre, die rechtsgeschäftliche Regelung bestehen zu lassen.[168]

Für die Auffassung der hM spricht die **negative Formulierung** der Normzweckklausel. Die Nichtigkeit des Rechtsgeschäfts erscheint danach als Regelfall. Dass eine abweichende Rechtsfolge angemessen ist, muss mit dem Zweck des Gesetzes begründet werden. Diese Auffassung wird durch den **Bericht der Reichstagskommission** gestützt, in dem § 134 als Interpretationsregel in dem Sinne angesehen wird, dass „wenn sich aus dem Gesetz kein anderer Sinn ergebe, Nichtigkeit als die gewollte Folge betrachtet werden müsse."[169] Ein Blick in die **Motive** zum Ersten Entwurf zeigt demgegenüber eine differenziertere Betrachtungsweise. Die Verfasser des Ersten Entwurfs sind zwar davon ausgegangen, dass der Verstoß gegen ein gesetzliches Verbot zur Nichtigkeit des Rechtsgeschäfts führt. Eine andere Beurteilung wurde jedoch bei einseitigen Verboten für richtig gehalten. Hier sollte „der Regel nach … anzunehmen sein, dass der Vertrag als solcher nicht ungültig ist".[170] Die genetische Auslegung führt damit zu dem Ergebnis, dass die Verfasser des BGB **keine generelle Auslegungsregel** aufstellen, sondern die Entscheidung in jedem Fall dem Zweck des jeweiligen Verbotsgesetzes überlassen wollten. Im Ausgangspunkt ist damit dem differenzierenden Ansatz der Rechtsprechung zu folgen. Die herkömmliche Unterscheidung zwischen einseitigen und zweiseitigen Verboten erscheint aber zu unflexibel, um der Vielzahl der möglichen Fallgestaltungen Rechnung zu tragen.[171] Es sind daher **weitere Auslegungskriterien** heranzuziehen, die eine sachgemäße Entscheidung im Einzelfall ermöglichen (dazu → Rn. 58). Das Geschäft ist hiernach zwar letztlich nur dann nichtig, wenn der Zweck des Gesetzes die Nichtigkeit **fordert**. In einigen Fallgruppen besteht aber eine gewisse **Vermutung** dafür, dass eine solche Zwecksetzung vorliegt.

2. Auslegungskriterien. a) Überblick. In Rechtsprechung und Literatur ist eine Vielzahl von Kriterien herausgearbeitet worden, die bei der Anwendung des Normzweckvorbehalts zu beachten sind. Neben der bereits angesprochenen Unterscheidung zwischen **einseitigen und zweiseitigen Verboten** (→ Rn. 56) soll es insbesondere darauf ankommen, ob das Verbotsgesetz den **Inhalt** des Geschäfts als solchen oder nur die **Modalitäten des Abschlusses** missbilligt; im letzteren Fall soll das Geschäft regelmäßig wirksam sein.[172] Ergänzend wird teilweise damit argumentiert, dass gesetzliche Verbote, die gegen die äußeren Umstände des Geschäftsabschlusses gerichtet sind, im Allgemeinen als bloße **Ordnungsvorschriften** anzusehen sind.[173] Andere unterscheiden primär danach, ob das **Geschäft** bereits ganz oder teilweise **durchgeführt** worden ist oder nicht.[174] Hat die Verbotsnorm den Zweck, einen **Vertragspartner zu schützen**, dann darf sich die Nichtigkeit nicht zu dessen Nachteil auswirken. Soll das Verbotsgesetz **Dritte** oder die **Allgemeinheit** schützen, so führt der Verstoß im Regelfall zur vollständigen Nichtigkeit des Geschäfts.[175] Schließlich

57

58

---

166 So MüKoBGB/*Armbrüster* § 134 Rn. 1; Palandt/*Ellenberger* BGB § 134 Rn. 7; Soergel/*Hefermehl* BGB § 134 Rn. 1; Staudinger/*Sack/Seibl* BGB § 134 Rn. 58; *Bork* BGB AT Rn. 1111; *Canaris*, Gesetzliches Verbot, S. 14 ff.; *Wolf/Neuner* BGB AT § 45 Rn. 2; *Medicus/Petersen* BürgerlR Rn. 646.

167 So etwa Erman/*Arnold* BGB § 134 Rn. 16 f.; BeckOGK/*Vossler* BGB § 134 Rn. 11; Jauernig/*Mansel* BGB § 134 Rn. 8; Staudinger/*Dilcher*, 12. Aufl., BGB § 134 Rn. 3; *Flume* BGB AT Bd. 2 § 17, 1; *Schapp/Schur* BürgerlR Rn. 469; *Schwab/Löhnig*, Einführung in das Zivilrecht, Rn. 666; *Köhler* JZ 2010, 767 (768).

168 Vgl. RGZ 60, 273 (276 f.); BGHZ 89, 369 (372 f.); 132, 313, 318; 143, 283, 287; 159, 334, 341 f.; BGH NJW-RR 2011, 1426 Rn. 12 ff.; BeckOK BGB/*Wendtland* § 134 Rn. 18.

169 Vgl. *Mugdan* I, S. 969.

170 Motive I, S. 210 = *Mugdan* I, S. 468.

171 Krit. auch MüKoBGB/*Armbrüster* § 134 Rn. 48; Soergel/*Hefermehl* BGB § 134 Rn. 15; *Pawlowski* BGB AT Rn. 483; zu weitgehend aber Staudinger/

Sack/Seibl BGB § 134 Rn. 75, die der Unterscheidung jeden indiziellen Charakter absprechen.

172 Vgl. BGHZ 71, 358 (361); BGH WM 1966, 1101 (1102); NJW 1974, 1374 (1377); AK/*Damm* BGB § 134 Rn. 36; BeckOK BGB/*Wendtland* § 134 Rn. 11; Soergel/*Hefermehl* BGB § 134 Rn. 14, 16 ff.; *Canaris*, Gesetzliches Verbot, S. 34 ff.; *Wolf/Neuner* BGB AT § 45 Rn. 10, 14, 16.

173 BGHZ 118, 142 (145); Soergel/*Hefermehl* BGB § 134 Rn. 20; *Brox/Walker* BGB AT §°14 Rn.°4; *Wolf/Neuner* BGB AT § 45 Rn. 16. Dass die Verletzung von Ordnungsvorschriften grundsätzlich nicht zur Nichtigkeit des Geschäfts führt, entspricht st. Rspr., vgl. etwa BGHZ 37, 363 (365); 93, 264, 267; 108, 364, 368; 131, 385, 389; Palandt/*Ellenberger* BGB § 134 Rn. 8; aA AK/*Damm* BGB § 134 Rn. 36; Staudinger/*Sack/Seibl* BGB § 134 Rn. 77; *Flume* BGB AT Bd. 2 § 17, 4.

174 So *Pawlowski* BGB AT Rn. 489 ff.; vgl. auch *Medicus/Petersen* BürgerlR Rn. 648 ff.

175 AK/*Damm* BGB § 134 Rn. 37 ff.; *Pawlowski* BGB AT Rn. 491, 494 ff.

ist anerkannt, dass die Nichtigkeit nicht auf den Verstoß gegen **dispositive Vorschriften** gestützt werden kann (→ Rn. 48).[176] Andererseits führt aber nicht jeder Verstoß gegen **zwingende Vorschriften** zur Nichtigkeit des Geschäfts.[177] Dies gilt selbst dann, wenn die Vornahme des Geschäfts mit einer **Strafe** oder **Buße** bedroht ist.[178]

59   **b) Interessenabwägung im Einzelfall.** Da die oben genannten Kriterien auf **typischen** Interessenwertungen beruhen, haben sie bei der praktischen Rechtsanwendung lediglich indizielle Bedeutung.[179] Zwischen den einzelnen Kriterien lässt sich **keine feste Rangordnung** aufstellen. Weisen mehrere Kriterien in dieselbe Richtung, so verstärkt sich die Indizwirkung. Umgekehrt kann die Indizwirkung eines Kriteriums durch die gegenläufige Tendenz eines anderen Kriteriums abgeschwächt werden. Ob der Verstoß gegen ein Verbotsgesetz in concreto die Nichtigkeit des Geschäfts begründet, muss deshalb aufgrund einer **Interessenabwägung im Einzelfall** festgestellt werden.[180]

60   Zur Vorbereitung der Interessenabwägung muss in einem ersten Schritt festgestellt werden, welche Interessen durch die Verbotsnorm geschützt werden. Hier kann man danach unterscheiden, ob es sich um die Interessen des **anderen Geschäftspartners**, die Interessen eines **Dritten** oder die Interessen der **Allgemeinheit** handelt. In einem zweiten Schritt ist dann festzustellen, welches Gewicht die geschützten Interessen im Einzelfall haben.[181] Schützt das Verbotsgesetz bloße **Ordnungsinteressen**, so ist das Gewicht typischerweise gering. Wird der Verstoß gegen die Verbotsnorm durch **strafrechtliche Sanktionen** oder **Bußgeld** bewehrt, so deutet dies dagegen auf ein hohes Gewicht der geschützten Interessen hin.

61   Bei der Abwägung selbst kommt es auf der einen Seite darauf an, wie schwer die geschützten Interessen durch die Wirksamkeit des Rechtsgeschäfts beeinträchtigt würden. Missbilligt die Verbotsnorm nur die **äußeren Umstände des Vertragsschlusses**, so werden die geschützten Interessen durch die Aufrechterhaltung des Geschäfts weniger beeinträchtigt, als wenn sich das Verbot gegen den **Inhalt des Geschäfts** richtet und den Eintritt des damit angestrebten wirtschaftlichen Erfolgs verhindern soll. Ist die **Leistung bereits erbracht** worden, so kann die Wirksamkeit des Geschäftes eher hingenommen werden als bei einer noch nicht erbrachten Leistung. Im letzteren Fall ist nämlich zu beachten, dass man den Schuldner nicht von Rechts wegen zur Erbringung einer verbotswidrigen Leistung anhalten kann.[182] Dies gilt auch dann, wenn die Verbotsnorm bloße Ordnungsinteressen schützt.[183] Das Gewicht der Beeinträchtigung kann durch **präventive Erwägungen** verstärkt werden.[184] Andererseits nimmt das Gewicht ab, soweit die geschützten Interessen durch **anderweitige Rechtsbehelfe** (zB Widerrufsrecht) oder **Sanktionen** (Strafrecht, Verwaltungsrecht, Standesrecht) hinreichend gewahrt werden können.[185]

62   Auf der anderen Seite ist zu berücksichtigen, welche Interessen durch die Nichtigkeitsfolge beeinträchtigt würden. Hier gewinnt die Unterscheidung zwischen **einseitigen** und **zweiseitigen Verboten** zentrale Bedeutung. Richtet sich das Verbot nur gegen eine Partei, so ist der mit der Nichtigkeitsfolge verbundene Eingriff in die **Privatautonomie** gegenüber der anderen Partei schwer legitimierbar.[186] Dies gilt insbesondere, wenn das einseitige Verbot an die **internen Verhältnisse** der betreffenden Partei anknüpft und die andere Partei das Verbot **nicht kennt**. Das besondere Gewicht der durch die Aufrechterhaltung des Geschäfts beeinträchtigten Interessen kann aber auch hier die Nichtigkeitsfolge rechtfertigen.[187]

63   Schützt das gesetzliche Verbot die **Interessen der anderen Partei**, so kann die Nichtigkeit dem Schutzzweck der Norm nachgerade zuwiderlaufen. In diesem Fall muss das Geschäft insoweit aufrechterhalten werden, wie die berechtigten Interessen des geschützten Geschäftspartners die für die Nichtigkeit streitenden Erwägungen überwiegen.

64   **3. Umfang der Nichtigkeit. a) Grundsatz.** Entspricht die Nichtigkeitsfolge dem Zweck der verletzten Verbotsnorm, so ist grundsätzlich das **gesamte** Rechtsgeschäft **von Anfang an** unwirksam.[188] In Rechtspre-

---

176 BGHZ 143, 283 (288); MüKoBGB/*Armbrüster* § 134 Rn. 46.
177 MüKoBGB/*Armbrüster* § 134 Rn. 46.
178 BGHZ 53, 152 (157); 118, 142, 145; Staudinger/ *Sack/Seibl* BGB § 134 Rn. 78.
179 BeckOGK/*Vossler* BGB § 134 Rn. 59; MüKoBGB/ *Armbrüster* § 134 Rn. 49; aA PWW/*Ahrens* BGB § 134 Rn. 19: auch keine indizielle Bedeutung.
180 MüKoBGB/*Armbrüster* § 134 Rn. 49; vgl. auch RGRK/*Krüger-Nieland/Zöller* BGB § 134 Rn. 16; *Medicus/Petersen* BürgerlR Rn. 657; *Seiler* GS Martens 1987, S. 719, 726.
181 Vgl. RGRK/*Krüger-Nieland/Zöller* BGB § 134 Rn. 16.
182 Vgl. BGHZ 37, 258 (262); *Pawlowski* BGB AT Rn. 489.

183 Vgl. *Flume* BGB AT Bd. 2 § 17, 4; einschr. *Canaris*, Gesetzliches Verbot, S. 35, der den Erfüllungsanspruch mit der Einrede der Unzumutbarkeit (§ 242) abwehren will.
184 Zur Bedeutung präventiver Erwägungen vgl. *Medicus/Petersen* BürgerlR Rn. 648 ff.
185 Vgl. BGHZ 71, 358 (362); 131, 385, 389 f.; Staudinger/*Sack/Seibl* BGB § 134 Rn. 79.
186 *Scherner* BGB AT S. 221.
187 Vgl. BGHZ 37, 258 (261 ff.); *Canaris*, Gesetzliches Verbot, S. 41 ff.; vgl. auch BVerfG NJW 2016, 3153 (3156) zu den Rechtsfolgen von Verstößen gegen Diskriminierungsverbote.
188 BeckOK BGB/*Wendtland* § 134 Rn. 21; MüKoBGB/ *Armbrüster* § 134 Rn. 123; Palandt/*Ellenberger* BGB § 134 Rn. 13; Soergel/*Hefermehl* BGB § 134 Rn. 30.

chung und Literatur ist jedoch anerkannt, dass der Zweck der Verbotsnorm eine **Einschränkung der Nichtigkeitsfolge** fordern kann.[189] Dies gilt insbesondere dann, wenn die (partielle) Aufrechterhaltung des Geschäfts im Interesse der durch das Verbot geschützten Partei erforderlich ist. Die Einschränkung der Nichtigkeitsfolge kann auf den **Normzweckvorbehalt** des § 134 Hs. 2 gestützt werden.[190] Historisch betrachtet liegt zwar die Annahme nahe, dass die Verfasser des BGB mit der Klausel lediglich die Frage nach dem „Ob" der Nichtigkeit regeln wollten.[191] Da dem historischen Gesetzgeber die Notwendigkeit einer Einschränkung der Nichtigkeitsfolge nicht bewusst war, ist es aber zulässig, den Anwendungsbereich des § 134 Hs. 2 auf diese Problematik zu erstrecken. Soweit der Zweck der Verbotsnorm die Aufrechterhaltung des Geschäfts gebietet, kann die vollständige Nichtigkeit auch nicht aus § 139 abgeleitet werden. Denn § 134 Hs. 2 geht insofern als speziellere Regelung dem § 139 vor.[192]

b) Durchbrechungen des Grundsatzes der Totalnichtigkeit. aa) Ex-nunc-Nichtigkeit von Gesellschafts- und Arbeitsverträgen. Ist ein Gesellschafts- oder Arbeitsvertrag bereits **in Vollzug gesetzt** worden, so führt die anfängliche Nichtigkeit des Rechtsgeschäfts zu schwer lösbaren Rückabwicklungsproblemen. Im Arbeitsrecht kommt hinzu, dass die ex-tunc-Wirkung der Nichtigkeit den Arbeitnehmer unangemessen benachteiligen kann. Insbesondere erscheint es im Regelfall nicht gerechtfertigt, dem Arbeitnehmer einen Anspruch auf Lohn für die geleistete Tätigkeit zu versagen. In Rechtsprechung und Literatur ist daher anerkannt, dass die Nichtigkeit bei vollzogenen Gesellschafts- und Arbeitsverträgen grundsätzlich nur ex nunc geltend gemacht werden kann (Lehre von der **fehlerhaften Gesellschaft** bzw. vom **fehlerhaften Arbeitsverhältnis**).[193] **65**

Bei **Arbeitsverträgen** erscheint die ex-tunc-Nichtigkeit wegen Gesetzesverstoßes insbesondere dann unangemessen, wenn das Verbotsgesetz die **Interessen des Arbeitnehmers** schützen soll.[194] Die Rechtsprechung wendet die Regeln über fehlerhafte Arbeitsverhältnisse aber auch auf Verbotsgesetze zum **Schutz der Allgemeinheit** an. Dies gilt selbst für Gesetze, die die vereinbarte Tätigkeit für strafbar erklären. Die Aufrechterhaltung des Vertrages für die Vergangenheit setzt hier aber voraus, dass der Arbeitnehmer sich der Verbotenheit bzw. Strafbarkeit seiner Tätigkeit nicht bewusst war. Anderenfalls kann die Nichtigkeit ex tunc geltend gemacht werden, weil der Arbeitnehmer nicht schutzwürdig ist.[195] **66**

Bei **Gesellschaftsverträgen** steht die ex-nunc-Wirkung der Nichtigkeit unter dem Vorbehalt, dass „die rechtliche Anerkennung des tatsächlich vorhandenen Zustandes [nicht] mit gewichtigen Interessen der Allgemeinheit oder einzelner schutzwürdiger Personen in Widerspruch treten" darf.[196] Ein Gesellschaftsvertrag soll daher im Regelfall von Anfang an nichtig sein, wenn der Zweck der Gesellschaft auf eine verbotene Tätigkeit gerichtet ist.[197] Die damit verbundene Einschränkung der Grundsätze über die fehlerhafte Gesellschaft ist jedoch zu weitgehend.[198] Verfolgt die Gesellschaft einen verbotswidrigen Zweck, so muss eine Aufrechterhaltung für die Zukunft zwar ausscheiden. Für die Vergangenheit spricht das Interesse an der Vermeidung von Rückabwicklungsproblemen aber dafür, die Nichtigkeit nur eintreten zu lassen, wenn sonst **konkrete** Interessen der Allgemeinheit oder Dritter verletzt würden. **67**

bb) Verbotswidrigkeit von einzelnen Bestimmungen des Rechtsgeschäfts. Sind einzelne Bestimmungen eines Rechtsgeschäfts wegen Verstoßes gegen ein gesetzliches Verbot nach § 134 nichtig, so muss geprüft werden, ob dies zur Nichtigkeit des ganzen Rechtsgeschäfts führt. Welche Auswirkungen die Nichtigkeit von einzelnen Bestimmungen auf das gesamte Rechtsgeschäft hat, ist allgemein in § 139 geregelt.[199] Die Vorschrift stellt in erster Linie auf den **hypothetischen Parteiwillen** ab.[200] Im Zweifel kann hiernach angenommen werden, dass die Verbotswidrigkeit einer einzelnen Bestimmung den Bestand des Rechtsgeschäfts im Ganzen nicht infrage stellt.[201] Soweit sich aus dem **Zweck der Verbotsnorm** eine Entscheidung **68**

---

189 Vgl. BGHZ 89, 316 (319 ff.); Jauernig/*Mansel* BGB § 134 Rn. 15; MüKoBGB/*Armbrüster* § 134 Rn. 122; Palandt/*Ellenberger* BGB § 134 Rn. 13; Soergel/*Hefermehl* BGB § 134 Rn. 29; Staudinger/*Sack/Seibl* BGB § 134 Rn. 86 ff.; *Bork* BGB AT Rn. 1112; *Hager* JuS 1985, 264; *Kohte* NJW 1982, 2803 (2804); *Krampe* AcP 194 (1994), 1, 28 ff.

190 BGHZ 89, 316 (319); Staudinger/*Sack/Seibl* BGB § 134 Rn. 86 ff.; *Krampe* AcP 194 (1994), 1, 29.

191 In diesem Sinne insbesondere *Zimmermann*, Richterliches Moderationsrecht oder Totalnichtigkeit?, 1979, S. 113 ff.; *Hager* JuS 1985, 264.

192 BGHZ 49, 172 (179); Jauernig/*Mansel* BGB § 134 Rn. 15; MüKoBGB/*Armbrüster* § 134 Rn. 127.

193 Zur Einschränkung der Nichtigkeit bei fehlerhaften Gesellschaften und Arbeitsverhältnissen vgl. allgemein MüKoBGB/*Armbrüster* § 134 Rn. 120; Staudinger/*Olzen* BGB Einl. zu §§ 241 ff. Rn. 227 ff.

194 Vgl. BAGE 8, 47, 50 = NJW 1959, 2036 (Überschreitung der zulässigen Höchstarbeitszeit); BAG NZA 2005, 1409 (1410); *Joussen* NZA 2006, 963 (965).

195 BGHZ 53, 152 (158 ff.); Staudinger/*Sack/Seibl* BGB § 134 Rn. 123.

196 BGHZ 3, 285 (288); 55, 5, 9; 75, 214, 217 f.; 97, 243, 250; BGH WM 2003, 247 (249); OLG Hamm NJW-RR 2000, 1566; MüKoBGB/*Schäfer* § 705 Rn. 333 f.

197 Vgl. BGHZ 62, 234 (241); 75, 214, 217; 97, 243, 250; Soergel/*Hefermehl* BGB § 134 Rn. 31.

198 IdS auch MüKoBGB/*Armbrüster* § 134 Rn. 120; Staudinger/*Sack/Seibl* BGB § 134 Rn. 133; *Pawlowski* BGB AT Rn. 496.

199 Vgl. Staudinger/*Sack/Seibl* BGB § 139 Rn. 63 ff.

200 Vgl. Soergel/*Hefermehl* BGB § 139 Rn. 34.

201 Vgl. Staudinger/*Sack/Seibl* BGB § 134 Rn. 88.

ableiten lässt, tritt § 139 jedoch zurück (→ Rn. 64). Die unterschiedlichen Ansätze lassen sich an der Rechtsprechung des BGH zu sog. **„Ohne-Rechnung"-Abreden** verdeutlichen. Nach der früheren Rechtsprechung des BGH war ein Vertrag nicht schon deshalb nach §§ 134, 139 im Ganzen unwirksam, weil die Parteien zur Ermöglichung einer Steuerhinterziehung auf eine Rechnung verzichtet hatten. Etwas anderes sollte nur gelten, wenn die Steuerhinterziehung den Hauptzweck des Vertrages bildete.[202] Diese Auffassung hat der BGH in neuerer Zeit aufgegeben. Maßgeblich ist dafür die Erwägung, dass der Vertrag nach dem **Zweck des § 1 Abs. 2 Nr. 2 SchwarzArbG** im Ganzen nach § 134 nichtig ist.[203] Dabei genügt es, dass der Besteller den Verstoß des Unternehmers kennt und bewusst zum eigenen Vorteil ausnutzt. Da es hiernach nicht mehr auf § 139 ankommt, ist auch der hypothetische Parteiwille irrelevant. Dem Unternehmer stehen somit keine vertraglichen Zahlungsansprüche zu. Auf der anderen Seite kann der Besteller auch keine Gewährleistungsansprüche geltend machen.[204] Ob eine **nachträgliche Schwarzgeldabrede** ebenfalls zur Nichtigkeit des gesamten Vertrages führt, war zunächst sehr umstritten. Teilweise wurde die Auffassung vertreten, dass nur die nachträgliche Schwarzgeldabrede nichtig sei, während der ursprüngliche Werkvertrag wirksam bleiben sollte.[205] Der BGH lehnt eine solche Aufspaltung jedoch ab und geht stattdessen auch bei nachträglichen Schwarzgeldabreden von der Nichtigkeit des ganzen Vertrags aus.[206] Auch in dieser Konstellation bestehen also weder Zahlungsansprüche des Unternehmers noch Gewährleistungs- oder Rückzahlungsansprüche des Bestellers (→ Rn. 78 ff.).

69   **cc) Insbesondere: Verstöße gegen Preisvorschriften.** Nach dem Grundsatz der Vertragsfreiheit liegt die Festlegung des Preises prinzipiell in der alleinigen Verantwortung der Parteien. Das deutsche Recht kennt jedoch einige Vorschriften, welche die zulässige Höhe des Preises aus ordnungs- oder sozialpolitischen Erwägungen begrenzen.[207] Solche Preisvorschriften sind zwar als Verbotsgesetze iSd § 134 anzusehen. Da sie sich nicht gegen das Geschäft als solches wenden, sondern nur einen angemessenen Preis gewährleisten sollen, führen Verstöße aber **nicht** zur **Nichtigkeit des gesamten Rechtsgeschäfts**.[208] Dies gilt entgegen der älteren Rechtsprechung[209] nicht nur für Verträge über lebenswichtige Gegenstände (zB Wohnungsmiete) und Umsatzgeschäfte des täglichen Lebens, sondern für alle Rechtsgeschäfte, die von einer Preisvorschrift erfasst werden.[210]

70   Ob der Vertrag mit dem angemessenen (marktüblichen) oder dem höchstzulässigen Preis aufrechterhalten werden soll, ist streitig. Die hM stellt auf den **höchstzulässigen Preis** ab.[211] Zur Begründung wird darauf verwiesen, dass die Teilnichtigkeit nur so weit wie das Verbotsgesetz reichen könne. Praktische Bedeutung hat diese Auffassung vor allem im **Mietrecht**. Verstößt die vereinbarte Miete gegen § 5 WiStG, so ist sie nach der hM auf das höchstzulässige Maß von 20 % über der ortsüblichen Vergleichsmiete zu kürzen (→ Rn. 195 f.).[212] Nach der Gegenauffassung ist bei Verstößen gegen § 5 WiStG die **ortsübliche Vergleichsmiete** (ohne Zuschlag) maßgeblich, weil der Vermieter sonst ohne Risiko in den Genuss des höchstzulässigen Mietzinses kommen würde.[213] Entsprechende Grundsätze gelten bei einem Verstoß gegen die Höchst- und Mindestsätze für Architektenleistungen nach § 7 Abs. 1 **HOAI**, von denen nur in Ausnahmefällen abgewichen werden darf. In Rechtsprechung und Literatur ist anerkannt, dass § 7 Abs. 1 HOAI ein

202 Vgl. BGHZ 176, 198 (201 f.); BGH NJW 2003, 2742; NJW-RR 2008, 1051 (1052).

203 Vgl. BGHZ 198, 141 Rn. 13 ff. = NJW 2013, 3167; BGHZ 201, 1 Rn. 13 = NJW 2014, 1805; BGHZ 206, 69 Rn. 10 = NJW 2015, 2406; MüKoBGB/*Armbrüster* § 134 Rn. 59; *Looschelders* SchuldR AT, 10. Aufl. 2015, Rn. 633; *Bosch* NJOZ 2008, 3044 (3049 f.); krit. zur Begründung *Lorenz* NJW 2013, 3132 (3135).

204 BGHZ 198, 141 Rn. 27 = NJW 2013, 3167; BGHZ 206, 69 Rn. 11 = NJW 2015, 2406.

205 So *Jerger* NZBau 2016, 137 ff.; *Lorenz* NJW 2013, 3132 (3134); *Schippers*, S. 75 ff.

206 BGHZ 214, 228 = NJW 2017, 1808 (1809); zustimmend MüKoBGB/*Armbrüster* § 134 Rn. 59; *Singbartl/Frank* GWR 2017, 158; krit. *Schippers*, S. 183 ff.; *Jerger* NZBau 2017, 592 (593 f.).

207 Vgl. Palandt/*Ellenberger* BGB § 134 Rn. 26 mwN.

208 Vgl. BGHZ 51, 174 (181); 81, 308, 319; 89, 316, 319; 145, 66, 76; 108, 147, 150; BGH NJW 2008, 55 (56); Palandt/*Ellenberger* BGB § 134 Rn. 27; Soergel/*Hefermehl* BGB § 134 Rn. 62; Staudinger/

Sack/Seibl BGB § 134 Rn. 269; *Wolf/Neuner* BGB AT § 45 Rn. 12 f., 29; aA *Zimmermann*, Richterliches Moderationsrecht, S. 110 ff.; *ders.* JR 1982, 96 f.

209 RGZ 166, 89 (96); 168, 91. 96 ff.; 168, 307, 313; BGH LM Nr. 8 zu § 134 BGB.

210 BGH NJW 2008, 55 (56); Soergel/*Hefermehl* BGB § 134 Rn. 62; Staudinger/*Sack/Seibl* BGB § 134 Rn. 270.

211 BGHZ 89, 316 (321); 145, 66, 77; BGH NJW-RR 1990, 276; NJW 2008, 55 (56); Erman/*Arnold* BGB § 134 Rn. 20; Jauernig/*Mansel* BGB § 134 Rn. 15; Soergel/*Hefermehl* BGB § 134 Rn. 63; Staudinger/*Sack/Seibl* BGB § 134 Rn. 269. BVerfG NJW 1994, 993 hat diese Rechtsprechung gebilligt.

212 Vgl. BGH NZM 2004, 381; Jauernig/*Mansel* BGB § 139 Rn. 8.

213 So MüKoBGB/*Armbrüster* § 134 Rn. 124; Palandt/*Ellenberger* BGB § 134 Rn. 27; *Hager* JuS 1985, 264 (270); *Kohte* NJW 1982, 2803; iE auch *Canaris*, Gesetzliches Verbot, S. 29 ff.; aus der Rspr. vgl. BGH NZM 2006, 291 (292); OLG Stuttgart NJW 1981, 2365.

gesetzliches Verbot iSd § 134 enthält.[214] Der Vertrag ist hiernach aber nicht im Ganzen nichtig, sondern wird insoweit aufrechterhalten, wie die zulässige Höchst- oder Mindestgrenze nicht über- oder unterschritten ist.[215] Es gelten damit die jeweiligen Höchst- oder Mindestsätze. In einem aktuellen Urteil hat der EuGH allerdings festgestellt, dass die Mindest- und Höchstsätze der HOAI **mit der Richtlinie 2006/123/EG** über Dienstleistungen im Binnenmarkt **unvereinbar** sind.[216] Welche Auswirkungen die Richtlinienwidrigkeit auf bestehende Verträge hat, ist umstritten. Einige Gerichte gehen davon aus, dass die Höchst- und Mindestsätze der HOAI für bestehende Verträge maßgeblich bleiben.[217] Andere Gerichte haben entschieden, dass das Preisrecht der HOAI auch auf bestehende Verträge nicht mehr anwendbar ist.[218] Eine Entscheidung des BGH steht aus.[219]

Für die Auffassung der hM spricht, dass die Herabsetzung des Preises bzw. Mietzinses einen gravierenden **Eingriff in die Privatautonomie** der Parteien darstellt. Dieser Eingriff muss aus Gründen der Verhältnismäßigkeit auf das Maß beschränkt bleiben, welches zur Verwirklichung des Zwecks der Verbotsnorm erforderlich ist. Die notwendige Prävention kann jedenfalls im Rahmen des § 5 WiStG durch strafrechtliche Sanktionen bzw. Geldbußen gewährleistet werden. **71**

c) Verpflichtungs- und Verfügungsgeschäft. Ob das Rechtsgeschäft nach dem Zweck der Verbotsnorm für nichtig zu erachten ist, muss für das Verpflichtungs- und das Verfügungsgeschäft gesondert geprüft werden.[220] Dies ergibt sich aus dem **Trennungs- und Abstraktionsprinzip.** Ist das Verpflichtungsgeschäft wegen Verstoßes gegen ein Verbotsgesetz nichtig, so schlägt dies nicht auf das Verfügungsgeschäft durch. Denkbar ist aber, dass auch die Aufrechterhaltung des Verfügungsgeschäfts mit dem Zweck der Verbotsnorm unvereinbar ist.[221] Eine solche „**Fehleridentität**"[222] ergibt sich bei verbotswidrigen Rechtsgeschäften nicht selten. **72**

Nach § 134 ist ein Rechtsgeschäft insbesondere dann nichtig, wenn das Gesetz den **Eintritt des angestrebten wirtschaftlichen Erfolgs** (also die Vermögensverschiebung) verhindern soll (→ Rn. 48). In diesem Fall entspricht es dem Zweck der Verbotsnorm, nicht nur das Verpflichtungs-, sondern auch das Verfügungsgeschäft für nichtig zu erachten.[223] So folgt aus dem Verbot des Handeltreibens mit Betäubungsmitteln nicht nur die Nichtigkeit des Verpflichtungsgeschäfts und des Verfügungsgeschäfts über das Betäubungsmittel, sondern auch die Nichtigkeit des Verfügungsgeschäfts über das als Kaufpreis gezahlte Geld.[224] **73**

Richtet sich das gesetzliche Verbot gegen das **Erfüllungsgeschäft**, so ist das zugrunde liegende **Verpflichtungsgeschäft** im Allgemeinen ebenfalls nach § 134 nichtig.[225] Die Rechtsprechung hat die Nichtigkeit des Erfüllungsgeschäfts in solchen Fällen teilweise auch auf § 306 aF gestützt.[226] Dies ist jedoch nach geltendem Recht obsolet (→ Rn. 17 f.).[227] **74**

4. Sonstige Rechtsfolgen. a) Rückabwicklung nach Bereicherungsrecht. Sind Verpflichtungs- und Verfügungsgeschäft nichtig, so kommt ein Anspruch auf Herausgabe der jeweiligen Leistungsgegenstände aus § 985 in Betracht. Beschränkt sich die Nichtigkeit nach § 134 auf das Verpflichtungsgeschäft, so erfolgt die Rückabwicklung dagegen allein nach Bereicherungsrecht.[228] Dabei ist besonders § 817 S. 2 zu beachten. Nach dieser Vorschrift ist die Rückforderung ausgeschlossen, wenn dem Leistenden (auch oder allein) ein Gesetzes- oder Sittenverstoß zur Last fällt. Diese **Kondiktionssperre** greift aber nur dann ein, wenn der Leistende sich der Gesetzwidrigkeit bewusst war.[229] Im Übrigen kann auch der Zweck des Verbotsgesetzes **75**

214 Vgl. BGH NJW-RR 1990, 276 NJW 2008, 55 (56); PWW/*Ahrens* § 134 Rn. 39; Fuchs/Berger/Seifert/ *Berger* HOAI § 7 Rn. 35; *Fuchs/van der Hout/Opitz* NZBau 2019, 483 (486).

215 BGH NJW-RR 1990, 276; NJW 1998, 2672 (2673); NJW 2008, 55 (56) m. krit. Anm. *Scholtissek*; zustimmend Korbion/Mantscheff/Vygen/*Galda* HOAI § 7 Rn. 88 ff.

216 EuGH NJW 2019, 2529.

217 So OLG Hamm NJW 2020, 247; OLG Naumburg NJW-RR 2017, 1231; KG BauR 2019, 1947; ebenso BeckOGK/*Bernhardt* BGB § 650 q Rn. 147.

218 So OLG Celle NJW 2019, 3593; 2019, 3596; ZfBR 2020, 54; OLG Schleswig NJW-RR 2020, 208.

219 Vgl. BeckOGK/*Bernhardt* BGB § 650 q Rn. 147 mwN.

220 Vgl. BGHZ 122, 115 (122); Jauernig/*Mansel* BGB § 134 Rn. 16.

221 Vgl. BGHZ 47, 364 (369); 115, 123, 130; 122, 115, 122; BGH NJW 1983, 636.

222 Zum Begriff der Fehleridentität Palandt/*Ellenberger* BGB Vor § 104 Rn. 23; *Bork* BGB AT Rn. 482; *Medicus/Petersen* BürgerlR Rn. 231 ff.; krit. *Leenen* BGB AT § 14 Rn. 78 mit dem zutreffenden Hinweis, dass es in solchen Fällen nicht um ein „Übergreifen der Ungültigkeit des Grundgeschäfts auf das Erfüllungsgeschäft" geht.

223 Vgl. MüKoBGB/*Armbrüster* § 134 Rn. 10.

224 BGH NJW 1983, 636.

225 BGHZ 116, 268 (276 f.) (Übergabe einer Patientenkartei); BGH NJW 1995, 2026 (2027) (Verkauf von Honorarforderungen einer Anwaltskanzlei).

226 Vgl. BGHZ 143, 283 (286); BGH NJW-RR 2005, 1619 (1620).

227 Jauernig/*Mansel* BGB § 134 Rn. 16.

228 Ausf. dazu *Weyer* WM 2002, 627.

229 MüKoBGB/*Armbrüster* § 134 Rn. 131; Soergel/ *Hefermehl* BGB § 134 Rn. 36.

eine Einschränkung des § 817 S. 2 gebieten (→ Rn. 78 f.).[230] Umgekehrt trifft den Empfänger nach § 819 Abs. 2 eine **verschärfte Haftung**, wenn er durch die Annahme der Leistung bewusst gegen ein gesetzliches Verbot oder die guten Sitten verstoßen hat.[231]

76 **b) Schadensersatz.** Bis 2002 war die Schadensersatzpflicht bei gesetzwidrigen Verträgen in **§ 309 aF** durch **Verweis auf § 307 aF** geregelt. Hatte eine Partei gewusst oder infolge von Fahrlässigkeit nicht gewusst, dass der Vertrag gegen ein gesetzliches Verbot verstößt, so war sie der anderen Partei zum Ersatz des Vertrauensschadens verpflichtet. Die Haftung war auf das Erfüllungsinteresse begrenzt. Der Anspruch war ausgeschlossen, wenn der andere Teil die Gesetzwidrigkeit ebenfalls kannte oder kennen musste.

77 Die §§ 307, 309 aF sind durch das SchuldRModG aufgehoben worden. Der Anspruch ist damit aber nicht entfallen. Es ist vielmehr danach zu unterscheiden, ob der Gesetzesverstoß zur **Nichtigkeit des Vertrages** führt oder nicht (oben → Rn. 17 f.). Bei Nichtigkeit des Vertrages ist § 311 a Abs. 2 nicht anwendbar, maßgeblich sind vielmehr die Vorschriften über die culpa in contrahendo (§§ 280 Abs. 1, 311 Abs. 2, 241 Abs. 2).[232] Der Anspruch ist damit auf das **Vertrauensinteresse** gerichtet, wird aber nicht durch das Erfüllungsinteresse begrenzt.[233] Hat der Anspruchsteller die Gesetzwidrigkeit ebenfalls gekannt oder kennen müssen, wird der Schaden nach allgemeinen Regeln (§ 254) zwischen den Parteien verteilt.[234]

78 **c) Vergütungsansprüche bei Nichtigkeit des Vertrages.** Ist ein Dienst- oder Werkvertrag wegen Verstoßes gegen ein gesetzliches Verbot (zB RDG, SchwarzArbG) nichtig, so steht dem Leistenden kein vertraglicher Anspruch auf das vereinbarte Entgelt zu.[235] Ansprüche aus **Geschäftsführung ohne Auftrag** werden im Allgemeinen daran scheitern, dass die Aufwendungen in einer gesetzlich verbotenen Tätigkeit bestehen; die Ausführung einer solchen Tätigkeit darf der Leistende nicht „den Umständen nach für erforderlich halten" (§§ 683, 670).[236] Sofern der Leistende nicht bewusst gegen das gesetzliche Verbot verstoßen hat, kommt aber ein **bereicherungsrechtlicher Vergütungsanspruch** aus §§ 812, 818 Abs. 2 in Betracht.[237] War sich der Leistende der Gesetzwidrigkeit bewusst, so ist der Anspruch grundsätzlich nach § 817 S. 2 ausgeschlossen. Im Einzelfall kann es nach Treu und Glauben (§ 242) aber geboten sein, die Vorschrift des § 817 S. 2 außer Betracht zu lassen.[238] Dabei ist insbesondere zu prüfen, ob der Zweck des Verbotsgesetzes bereits durch den Ausschluss von vertraglichen Ansprüchen gewahrt wird.[239]

79 Der BGH hat diese Voraussetzung früher bei Verstößen gegen das SchwarzArbG bejaht.[240] Dabei hat das Gericht damit argumentiert, dass es zur Durchsetzung der Ziele des Gesetzes nicht geboten sei, den Auftraggeber in den Genuss einer unentgeltlichen Leistung des Schwarzarbeiters kommen zu lassen.[241] Auf der Grundlage des neuen SchwarzArbG (in Kraft seit 1.8.2004) geht der BGH jedoch davon aus, dass der Zweck des Verbotes der Schwarzarbeit eine strikte Anwendung des § 817 S. 2 gebietet.[242] Dies entspricht auch dem Grundgedanken des § 817 S. 2, dem rechtswidrig Leistenden den Rechtsschutz zu verweigern (vgl. dazu auch → Rn. 75).[243] Bei einem Verstoß gegen das SchwarzArbG besteht also **kein bereicherungsrechtlicher Vergütungsanspruch** aus §§ 812, 818 Abs. 2. Auf der anderen Seite kann der Besteller aber auch nicht nach § 812 Abs. 1 Alt. 1 den gezahlten Werklohn zurückverlangen.[244]

d) Ansprüche des Vertragspartners bei Schlechtleistung

80 Auf der anderen Seite stellt sich die Frage, welche Ansprüche der Vertragspartner des Leistenden im Fall der Schlechtleistung geltend machen kann. Bei einem Verstoß gegen das neue **SchwarzArbG** wird seit dem Urteil des BGH vom 1.8.2013[245] überwiegend davon ausgegangen, dass dem Vertragspartner keine

---

230 Vgl. Staudinger/*Looschelders/Olzen* BGB § 242 Rn. 892; *Looschelders* SchuldR BT § 54 Rn. 42; *Armgardt* NJW 2006, 2070 (2071); *Weyer* WM 2002, 627 (630).

231 Vgl. BGH NJW 1958, 1725; Staudinger/*Sack/Seibl* BGB § 134 Rn. 141.

232 Vgl. BT-Drs. 14/6040, S. 165; MüKoBGB/*Ernst* § 311 a Rn. 25; Staudinger/*Feldmann* BGB § 311 a Rn. 74 ff.; Staudinger/*Sack/Seibl* BGB § 134 Rn. 143.

233 Vgl. allg. BeckOK BGB/*Lorenz* § 280 Rn. 50 ff.

234 BT-Drs. 14/6040, S. 165; Staudinger/*Feldmann* BGB § 311 a Rn. 81.

235 Vgl. BGH NJW 2014, 1805; OLG Schleswig MDR 2013, 1399; Staudinger/*Looschelders/Olzen* BGB § 242 Rn. 487.

236 BGHZ 37, 258 (263 f.); BGH NJW 2000, 1560 (1562) (unzulässige Rechtsberatung); BGHZ 111, 308 (311); BGH NJW 2014, 1805 (Schwarzarbeit); *Looschelders* SchuldR BT § 33 Rn. 2.

237 BGH NJW 2000, 1560 (1562).

238 Vgl. BGHZ 75, 299 (305 f.); 85, 39; 111, 308, 312 f.; BGH NJW 1990, 2542; VersR 2006, 419; Staudinger/*Looschelders/Olzen* BGB § 242 Rn. 892; Staudinger/*Sack/Seibl* BGB § 134 Rn. 191.

239 Vgl. BGHZ 111, 308 (312 f.); 118, 182, 193; Soergel/*Hefermehl* BGB § 134 Rn. 55.

240 Vgl. BGHZ 111, 308 (312 f.); Soergel/*Hefermehl* BGB § 134 Rn. 55; MüKoBGB/*Schubert* § 242 Rn. 265 f.; *Köhler* JZ 1990, 466 (467); aA Staudinger/*Sack/Seibl* BGB § 134 Rn. 278; *Larenz/Canaris* SchuldR BT II § 68 III 3 g; zu § 120 Abs. 1 Nr. 2 OWiG auch BGHZ 118, 182 (193).

241 BGHZ 111, 308 (313).

242 BGHZ 206, 69 Rn. 17 = NJW 2015, 2406; BGHZ 201, 1 Rn. 27 = NJW 2014, 1805; vgl. auch OLG Schleswig MDR 2013, 1399; *Palandt/Ellenberger* BGB § 134 Rn. 22; Staudinger/*Looschelders/Olzen* BGB § 242 Rn. 893; *Stamm* NJW 2014, 2145.

243 *Looschelders* SchuldR BT § 54 Rn. 42.

244 BGHZ 206, 69 = NJW 2015, 2406 Rn. 13 ff.

245 BGHZ 198, 141 (148 ff.) = NJW 2013, 3167 (3169).

Gewährleistungsansprüche zustehen (vgl. noch → Rn. 82).[246] Verletzt der Leistende die Rechtsgüter oder Interessen des Vertragspartners, so kann diesem aber ein Schadensersatzanspruch aus culpa in contrahendo (§§ 280 Abs. 1, 311 Abs. 2, 241 Abs. 2) zustehen.[247] Desgleichen haftet ein **Steuerberater** gegenüber seinem Klienten auch dann nach vertraglichen Grundsätzen, wenn der Vertrag wegen **Verstoßes gegen das RBerG** bzw. das **RDG** nach § 134 nichtig ist.[248]

5. Treuwidrige Geltendmachung der Nichtigkeit. In Rechtsprechung und Literatur ist anerkannt, dass **81** die Beteiligten in Ausnahmefällen nach Treu und Glauben (§ 242) gehindert sein können, sich auf die Nichtigkeit eines Rechtsgeschäfts zu berufen. Rechtsprechung und hL wenden diesen Grundsatz auch im Rahmen des § 134 an.[249] Der Rückgriff auf § 242 ist hier jedoch problematisch.[250] Hat man einmal festgestellt, dass der **Zweck des Verbotsgesetzes** die Nichtigkeit des Rechtsgeschäfts gebietet, so darf dies grundsätzlich nicht unter Berufung auf Treu und Glauben wieder infrage gestellt werden.[251] Die Treuwidrigkeit kann sich daher nur aus **besonderen Umständen** ergeben, die vom Zweck der Verbotsnorm nicht erfasst sind.[252]

In diesem Sinne ist der BGH vor dem Inkrafttreten des neuen SchwarzArbG davon ausgegangen, dass ein **82** Werkunternehmer bei einer „**Ohne-Rechnung-Abrede**" gegen Treu und Glauben verstößt, wenn er die Unwirksamkeit des Vertrages geltend macht, um sich seiner **Mängelhaftung** zu entziehen.[253] Zur Begründung wurde auf die spezifische Interessenlage bei Bauverträgen abgestellt. Inzwischen hat der BGH jedoch auch für den Fall einer „Ohne-Rechnung-Abrede" entschieden, dass eine nach § 134 im öffentlichen Interesse und zum Schutz des allgemeinen Rechtsverkehrs angeordnete Nichtigkeit allenfalls **in ganz engen Grenzen** unter Berufung auf Treu und Glauben überwunden werden kann. Die in der früheren Entscheidungen aufgestellten Kriterien sollen hierfür nicht mehr ausreichen.[254] Für den Ausnahmetatbestand der treuwidrigen Geltendmachung der Nichtigkeit verbleibt im Rahmen des § 134 somit nur ein sehr geringer Anwendungsbereich.[255]

V. Gesetzesumgehung

1. Problemstellung. Besondere Probleme bereitet bei § 134 die Beurteilung von Umgehungsgeschäften. **83** Gesetzesumgehungen sind dadurch gekennzeichnet, dass die Parteien den Zweck einer zwingenden Rechtsnorm zu vereiteln suchen, indem sie zur Verwirklichung des von der Norm missbilligten Erfolgs eine Gestaltung wählen, die von der Norm nicht erfasst zu sein scheint.[256] Der Begriff der Gesetzesumgehung umschreibt damit zunächst einmal ein **tatsächliches Problem**. Ob es darüber hinaus auch ein **eigenständiges Rechtsinstitut** der Gesetzesumgehung gibt, ist umstritten.[257] Die hM verneint diese Frage; das Problem der Gesetzesumgehung soll vielmehr durch **teleologische Auslegung** oder **analoge Anwendung** der infrage stehenden Norm gelöst werden.[258] Nach der Gegenauffassung in der Literatur lässt sich das Problem nicht allein mit den Mitteln der Auslegung und Analogie lösen. Die Gesetzesumgehung sei vielmehr ein eigenständiges Rechtsinstitut.[259]

---

246 So Palandt/*Ellenberger* BGB § 134 Rn. 22; Staudinger/*Sack/Seibl* BGB § 134 Rn. 276; Staudinger/*Looschelders/Olzen* BGB § 242 Rn. 487; *Lorenz* NJW 2013, 3132 (3134); aA noch Soergel/ *Hefermehl* BGB § 134 Rn. 55; von zwei unterschiedlichen Lösungsmodellen des BGH ausgehend *Stamm* NZBau 2014, 131 ff.

247 Palandt/*Ellenberger* BGB § 134 Rn. 22; *Köhler* JZ 1990, 466 (470 ff.).

248 BGH NJW 2000, 69 (70).

249 Vgl. BGHZ 85, 39 (47 ff.); 118, 182, 191; BGH NJW 2007, 1130 (1131); NJW-RR 2008, 1050; 2008, 1051, 1052; Palandt/*Ellenberger* BGB § 134 Rn. 13; Soergel/*Hefermehl* BGB § 134 Rn. 30; Staudinger/ *Sack/Seibl* BGB § 134 Rn. 188; Staudinger/ *Looschelders/Olzen* BGB § 242 Rn. 485 ff.; *Bosch* NJOZ 2008, 3044 (3054).

250 Krit. auch Jauernig/*Mansel* BGB § 134 Rn. 17; MüKoBGB/*Armbrüster* § 134 Rn. 130; BeckOGK/ *Vossler* BGB § 134 Rn. 98.

251 So zutr. BGH NJW 1986, 2360 (2361 f.); Staudinger/ *Sack/Seibl* BGB § 134 Rn. 187.

252 Staudinger/*Sack/Seibl* BGB § 134 Rn. 188; BeckOGK/*Vossler* BGB § 134 Rn. 98; Staudinger/ *Looschelders/Olzen* BGB § 242 Rn. 487 ff.

253 BGHZ 176, 178 (180 ff.); BGH NJW-RR 2008, 1051 (1052); krit. *Ahrens* LMK 2008, 266104; *Popescu/ Majer* NZBau 2008, 424 (425).

254 BGHZ 198, 141 (149) = NJW 2013, 3167 (3169); *Lorenz* NJW 2013, 3132 (3134).

255 Für restriktive Anwendung des § 242 auf Fälle des § 134 auch Staudinger/*Looschelders/Olzen* BGB § 242 Rn. 486.

256 Vgl. BGHZ 85, 39 (46); BAG NJW 1999, 2541; BeckOK BGB/*Wendtland* § 134 Rn. 19 ff.; Erman/ *Arnold* BGB § 134 Rn. 23; MüKoBGB/*Armbrüster* § 134 Rn. 11; Palandt/*Ellenberger* BGB § 134 Rn. 28; Soergel/*Hefermehl* BGB § 134 Rn. 37; Staudinger/*Looschelders/Olzen* BGB § 242 Rn. 396.

257 Zu dieser Unterscheidung vgl. *Sieker*, S. 8 ff.; *Benecke*, S. 208 ff.; *Schick*, S. 57 ff.

258 Grundlegend *Teichmann*, S. 67 ff., 105; ebenso BGHZ 110, 47 (64); HKK/*Dorn* BGB § 134 Rn. 25; Jauernig/*Mansel* BGB § 134 Rn. 18; MüKoBGB/ *Armbrüster* § 134 Rn. 15; BeckOGK/*Vossler* BGB § 134 Rn. 78; Soergel/*Hefermehl* BGB § 134 Rn. 37; *Benecke*, S. 209; *Flume* BGB AT § 17, 5; *Wolf/ Neuner* BGB AT § 45 Rn. 27; *Medicus/Petersen* BürgerlR Rn. 660; *Sieker*, S. 9; *Teichmann* JZ 2003, 761 (765 ff.); *Stodolkowitz* JuS 2019, 1144 (1145 f.).

259 So noch MüKoBGB/*Mayer-Maly/Armbrüster* (4. Aufl. 2001) § 134 Rn. 14.

84 Der Meinungsstreit hat entgegen einer verbreiteten Auffassung[260] nicht nur theoretische Bedeutung. Praktisch geht es darum, ob es für die Gesetzesumgehung **zusätzliche Kriterien** gibt, welche es erlauben, über die methodischen Grenzen der Auslegung und Analogie hinaus die Nichtigkeit eines Rechtsgeschäfts zu begründen. Als ein solches zusätzliches Kriterium kommt die **Umgehungsabsicht** in Betracht, welche von den Vertretern der „Eigenständigkeitstheorie" für die Nichtigkeitsfolge grundsätzlich verlangt wird.[261]

85 **2. Würdigung.** Bei der Würdigung ist zu beachten, dass der **historische Gesetzgeber** bewusst darauf verzichtet hat, die Gesetzesumgehung als eigenständigen Nichtigkeitsgrund zu regeln. Maßgeblich war die Erwägung, dass das Problem „durch Auslegung des rechtsgeschäftlichen Tatbestandes und der diesen Tatbestand erfassenden Norm" angemessen gelöst werden könne; eine Sonderregelung der Gesetzesumgehung würde dagegen die Gefahr begründen, dass „eine Reihe erlaubter Rechtsgeschäfte für nichtig erklärt werde".[262] Diese Einschätzung ist auch heute noch aktuell.[263] Inwieweit ein Verbotsgesetz die **Privatautonomie** einschränkt, muss durch Auslegung der jeweiligen Norm entschieden werden. Wählen die Parteien eine Gestaltung, die auch bei sachgemäßer Anwendung der Norm nicht erfasst wird, so ist dies grundsätzlich legitim. Dass die Parteien die betreffende Gestaltung gerade deshalb gewählt haben, damit das Geschäft nicht erfasst wird, ist nicht zu missbilligen. Die Umgehungsabsicht kann daher allein nicht ausreichen, um die Nichtigkeit des Geschäfts zu begründen.[264] Umgekehrt ist sie aber auch nicht erforderlich, wenn sich die Unwirksamkeit des Rechtsgeschäfts durch sachgemäße Anwendung der Verbotsnorm begründen lässt.[265]

86 Ein abweichendes Verständnis wird auch nicht durch die **gesetzlichen Umgehungsverbote** im **Verbraucherschutzrecht** (§§ 241 a Abs. 3 S. 2, 306 a, 312 k Abs. 1 S. 2, 361 Abs. 2 S. 2, 476 Abs. 1 S. 2, 478 Abs. 2 S. 3, 487 S. 2, 512 S. 2, 655 e Abs. 1 S. 2) begründet.[266] Diese Vorschriften stellen den Richter nicht von den allgemeinen methodischen Grundsätzen frei. Sie machen ihm lediglich deutlich, dass eine am Schutzzweck der jeweiligen Vorschrift orientierte (weite) Auslegung geboten ist.[267] Maßgeblich sind die objektiven Verhältnisse; eine Umgehungsabsicht ist auch hier nicht erforderlich.[268] Da die einschlägigen Regelungen auf EU-Richtlinien beruhen, sind allerdings die besonderen Auslegungsgrundsätze für europäisches Recht zu berücksichtigen. Dies gilt insbesondere mit Blick auf den **Effektivitätsgrundsatz** (effet utile), wonach Normen so auszulegen sind, dass sie das vom Gesetzgeber angestrebte Ziel möglichst vollständig verwirklichen (→ Anh. zu § 133 Rn. 36).[269]

87 **3. Konsequenzen.** Da es auf den Zweck der jeweiligen Rechtsnorm ankommt, lassen sich generelle Regeln für die Auslegung von Verbotsnormen in Umgehungsfällen schwer entwickeln. Allgemein kann aber festgestellt werden, dass eine Ausweitung der Verbotsnorm auf das Umgehungsgeschäft immer dann nahe liegt, wenn die Norm nicht nur einen bestimmten **Weg** zur Verwirklichung des infrage stehenden Erfolgs missbilligt, sondern den **Erfolg als solchen** verhindern soll.[270]

88 Auch wenn die teleologische Rechtsanwendung in den meisten Fällen eine befriedigende Reaktion auf Gesetzesumgehungen ermöglicht, so mögen doch Fälle übrig bleiben, in denen das Umgehungsgeschäft nicht auf methodisch einwandfreie Weise unter den Tatbestand der Verbotsnorm subsumiert werden kann. Enge Grenzen bestehen vor allem bei strafrechtlichen Verbotsnormen, weil eine Überschreitung der Wortlautgrenze hier nach Art. 103 Abs. 2 GG prinzipiell ausgeschlossen ist.[271] In solchen Fällen können die Wertungen der infrage stehenden Normen jedoch im Rahmen des § 138 Abs. 1 herangezogen werden, um die **Sittenwidrigkeit** des Rechtsgeschäfts zu begründen.[272] Dabei ist allerdings zu beachten, dass nicht jeder

260 BeckOK BGB/*Wendtland* § 134 Rn. 20.1; Palandt/
     Ellenberger BGB § 134 Rn. 28.
261 RGRK/*Krüger-Nieland/Zöller* BGB § 134 Rn. 139;
     Schick, S. 114 ff.
262 Prot. I, S. 257 = *Mugdan* I, S. 725.
263 *Flume* BGB AT Bd. 2 § 17, 5; aA Staudinger/*Sack/*
     Seibl BGB § 134 Rn. 151.
264 So auch BGH NJW 1997, 2599 (2600); BeckOGK/
     Vossler BGB § 134 Rn. 79; *Bork* BGB AT Rn. 1121.
265 BGHZ 56, 285 (287); 110, 230, 234; BGH NJW
     2006, 1066 Rn. 13; BGHZ 200, 293 = NJW 2014,
     1658 Rn. 19; BAG NJW 1999, 2541; Erman/*Arnold*
     BGB § 134 Rn. 25; MüKoBGB/*Armbrüster* § 134
     Rn. 16; Staudinger/*Sack/Seibl* BGB § 134 Rn. 145;
     Teichmann JZ 2003, 761 (764); *Stodolkowitz* JuS
     2019, 1144 (1145).
266 Hierauf abstellend aber MüKoBGB/*Mayer-Maly/*
     Armbrüster (4. Aufl. 2001) § 134 Rn. 14; Staudinger/
     Sack/Seibl BGB § 134 Rn. 151; *Benecke,* S. 170;
     Schick, S. 62; dagegen Jauernig/*Mansel* BGB § 134

Rn. 18; MüKoBGB/*Armbrüster* § 134 Rn. 15; *Medicus/Petersen* BürgerlR Rn. 661; *Stodolkowitz* JuS
     2019, 1144.
267 Vgl. BGHZ 113, 287 (289); MüKoBGB/*Lorenz*
     § 476 Rn. 35 (zu § 476 Abs. 1 S. 2); *Müller* NJW
     2003, 1975; *Teichmann* JZ 2003, 761 (767); *Stodolkowitz* JuS 2019, 1144.
268 Vgl. BGH NJW 1997, 1069 (1070); 2006, 1066
     Rn. 13; MüKoBGB/*Lorenz* § 476 Rn. 34.
269 Vgl. hierzu *Looschelders/Roth,* Juristische Methodik
     im Prozess der Rechtsanwendung, 1996, S. 217 f.;
     Oppermann/Classen/Nettesheim EuropaR § 9
     Rn. 178.
270 Vgl. BeckOK BGB/*Wendtland* § 134 Rn. 20.1;
     Palandt/*Ellenberger* BGB § 134 Rn. 28.
271 Zur Problemstellung *Medicus/Petersen* BürgerlR
     Rn. 660.
272 Vgl. BGH NJW 1983, 2873; Erman/*Arnold* BGB
     § 138 Rn. 10; Staudinger/*Sack/Seibl* BGB § 134
     Rn. 152; abl. MüKoBGB/*Armbrüster* § 134 Rn. 17.

Verstoß gegen die Wertungen eines Verbotsgesetzes die Annahme der Sittenwidrigkeit rechtfertigt.[273] Die Missbilligung muss vielmehr durch weitere Umstände verstärkt werden. Erforderlich ist eine Interessenabwägung im Einzelfall (→ § 138 Rn. 77). Dabei können auch subjektive Elemente wie die Umgehungsabsicht berücksichtigt werden.[274]

VI. Besonders wichtige Bereiche

1. Arbeitsrecht

Literatur: *Ascheid/Preis/Schmidt,* Kündigungsrecht, 5. Auflage 2017; *Bayreuther,* Der gesetzliche Mindestlohn, NZA 2014, 865; *Buchner/Becker,* MuSchG und BEEG, 8. Auflage 2008; *Bunte,* Nichtigkeit eines Erlassvertrags zur Umgehung der Rechtsfolgen des § 613 a I 1 BGB, NZA 2010, 319; *Dahl,* Die Arbeitsvermittlungsprovision nach vorangegangener Arbeitnehmerüberlassung, DB 2002, 1374; *Erfurter* Kommentar zum Arbeitsrecht, 19. Auflage 2019; *Fischinger,* Vom richtigen Zeitpunkt: Sittenwidrigkeitskontrolle arbeitsvertraglicher Lohnabreden, JZ 2012, 546; *Huber,* Das Arbeitsrecht der illegal beschäftigten Drittstaatsangehörigen, NZA 2012, 477; *Kamanabrou,* Die arbeitsrechtlichen Vorschriften des allgemeinen Gleichbehandlungsgesetzes, RdA 2006, 321; *Köhler,* Schwarzarbeitsverträge: Wirksamkeit, Vergütung, Schadensersatz, JZ 1990, 466; *Lembke,* Mindestlohngesetz – erste Rechtsprechung und praktische Erfahrungen, NZA 2016, 1; *Münchener* Handbuch zum Arbeitsrecht, 4. Auflage 2018; *Rambach/Begerau,* „Unechte" Vermittlungsprovisionen aus dem Arbeitnehmerüberlassungsvertrag?, BB 2002, 937; *Sandmann/Marschall,* AÜG, 78. EL, Stand: August 2018; *Schüren/Hamann,* Arbeitnehmerüberlassungsgesetz, 5. Auflage 2018; *Ulber,* AÜG, 5. Auflage 2017.

a) Arbeitnehmerüberlassung. § 9 AÜG enthält verschiedene **Unwirksamkeitsgründe** für Vereinbarungen, die mit der Arbeitnehmerüberlassung im Zusammenhang stehen.   **89**

aa) Arbeitnehmerüberlassung ohne Erlaubnis. Ein Vertrag zwischen **Verleiher und Entleiher** sowie   **90** zwischen **Verleiher und Leiharbeitnehmer** ist nach § 9 Abs. 1 Nr. 1 AÜG **unwirksam,** wenn der Verleiher die nach § 1 Abs. 1 S. 1 AÜG erforderliche Erlaubnis für die Arbeitnehmerüberlassung nicht hat. Gem. § 10 Abs. 1 S. 1 AÜG wird dann ein Arbeitsverhältnis zwischen **Entleiher und Leiharbeitnehmer** fingiert. Da § 9 Abs. 1 Nr. 1 AÜG die Unwirksamkeit selbst anordnet, ist ein Rückgriff auf § 134 freilich nicht erforderlich. Bei der **bereicherungsrechtlichen Rückabwicklung** kann der Verleiher sich nicht an den Arbeitnehmer halten und den bereits gezahlten Lohn zurückverlangen.[275] Dies würde dem in § 10 AÜG enthaltenen Sicherungszweck zugunsten des Arbeitnehmers zuwiderlaufen.[276] Vielmehr hat der Verleiher **gegen den Entleiher** gem. §§ 267, 812 Abs. 1 S. 1 Alt. 2 einen Anspruch auf Herausgabe dessen, was der Entleiher dadurch gespart hat, dass der Verleiher für ihn die Lohnzahlung aus dem fingierten Arbeitsverhältnis mit dem Leiharbeitnehmer bewirkt hat.[277] Dass es hier ausnahmsweise nicht darauf ankommen soll, ob der Verleiher bei der Lohnzahlung den Willen hatte, die für ihn fremde Schuld zu begleichen,[278] ist im Ergebnis sachgemäß.[279] Die Leistung des Dritten (also des Verleihers) hat nämlich jedenfalls eine **erfüllungsähnliche Wirkung:** Der Arbeitnehmer muss den erhaltenen Lohn nicht zurückgeben; er darf ihn aber nach dem Schutzzweck des § 10 Abs. 1 AÜG auch nicht aufgrund des fiktiven Arbeitsverhältnisses noch einmal vom Entleiher fordern.[280] Ein Ausschluss des Anspruchs nach § 817 S. 2 kommt nicht in Betracht, weil der Verleiher durch die Lohnzahlung einer gesetzlichen Pflicht des Entleihers nachkommt, was rechtlich nicht zu missbilligen ist.[281]

bb) Vereinbarung schlechterer Arbeitsbedingungen. Vereinbarungen, die für die Leiharbeitnehmer   **91** schlechtere als die ihnen nach § 8 AÜG zustehenden Arbeitsbedingungen einschließlich des Arbeitsentgelts vorsehen, sind nach § 9 Abs. 1 Nr. 2 AÜG unwirksam. Dies führt jedoch nicht zur Unwirksamkeit des Arbeitnehmer-Überlassungsvertrags. Der Leiharbeitnehmer wird dadurch ausreichend geschützt, dass er nach § 10 Abs. 4 AÜG vom Verleiher die im Betrieb des Entleihers für einen vergleichbaren Arbeitnehmer geltenden Arbeitsbedingungen einschließlich des Arbeitsentgelts verlangen kann.[282]

cc) Einstellungsverbot und Abreden mit gleicher Wirkung. Vereinbarungen, die dem Entleiher die   **92** Einstellung des Leiharbeitnehmers nach beendeter Arbeitnehmerüberlassung untersagen, sind nach **§ 9**

---

273 Vgl. MüKoBGB/*Armbrüster* § 138 Rn. 54 f.
274 So auch BeckOGK/*Vossler* BGB § 134 Rn. 80.
275 Sandmann/*Marschall* Art. 1 § 10 Rn. 9; *Ulber* § 9 Rn. 17.
276 BGHZ 75, 299 (303) = NJW 1980, 452; Sandmann/ *Marschall* Art. 1 § 10 Rn. 9.
277 BGHZ 75, 299 (302 ff.); BGH NJW 2002, 3317; Schüren/Hamann/*Schüren* AÜG § 9 Rn. 64; Staudinger/*Sack/Seibl* BGB § 134 Rn. 204.
278 So BGHZ 75, 299 (303).
279 Anders *Ulber* § 9 Rn. 17 f., der die §§ 267, 812 nur für anwendbar hält, wenn der Verleiher bei der Lohn-

zahlung weiß, dass lediglich ein Arbeitsverhältnis zwischen Entleiher und Arbeitnehmer besteht; im Übrigen sollen die Grundsätze des Gesamtschuldnerausgleichs (§ 426) anwendbar sein. Gegen Annahme eines Gesamtschuldverhältnisses zwischen Verleiher und Entleiher aber ausdrücklich BGH NJW 2000, 3492 (3494 f.).
280 BGHZ 75, 299 (303 f.); Sandmann/*Marschall* Art. 1 § 10 Rn. 10.
281 BGHZ 75, 299 (305 f.).
282 BGH BeckRS 2015, 02169 Rn. 2; BeckOGK/*Vossler* BGB § 134 Rn. 118.

Abs. 1 Nr. 3 AÜG unwirksam.[283] Die Vorschrift regelt zwar unmittelbar nur den Fall des **Einstellungsverbotes**, ist aber auch auf Abreden **mit gleicher Wirkung** wie die Vereinbarung einer **Vertragsstrafe**[284] bei Übernahme des Leiharbeitnehmers anwendbar. Solche Vereinbarungen berühren den Schutzzweck der Vorschrift, die freie Arbeitsplatzwahl des Arbeitnehmers zu gewährleisten.[285] Die Nichtigkeitsfolge erstreckt sich lediglich auf die **konkrete Abrede**, nicht auf den gesamten Vertrag. Ein Rückgriff auf § 138 ist dabei nicht erforderlich.[286] Die vorgenannten Grundsätze galten nach der Rechtsprechung auch für die Vereinbarung einer **Vermittlungsprovision** zwischen Verleiher und Entleiher.[287] Bei der Neufassung des § 9 Abs. 1 Nr. 3 AÜG zum 1.1.2004[288] ist die Zulässigkeit einer angemessenen Vermittlungsprovision aber ausdrücklich festgeschrieben worden.[289]

93 **b) Arbeitsvermittlung.** Die Nichtigkeit bestimmter Vereinbarungen im Rahmen von **Arbeitsvermittlungsverträgen** folgt unmittelbar aus § 297 SGB III.[290] Unwirksam sind insbesondere Vereinbarungen zwischen Vermittler und Arbeitsuchenden, die eine unzulässige oder überhöhte Vergütung vorsehen. Ein durch die Vermittlung zustande gekommener **Arbeitsvertrag** wird hiervon nicht berührt.[291]

94 **c) Arbeitszeitvereinbarungen.** Nach hM ist eine einzelvertragliche oder kollektivrechtliche Arbeitszeitregelung, die gegen die in § 3 ArbZG festgelegten Grenzen für **werktägliche Arbeitszeiten** oder die in § 9 ArbZG normierte **Sonn- und Feiertagsruhe** verstößt, nach § 134 **nichtig**.[292] Da das ArbZG im Wesentlichen dem Schutz des Arbeitnehmers dient und sich nicht gegen die Arbeitsleistung als solche, sondern nur gegen bestimmte zeitliche Modalitäten richtet, bleibt der **Arbeitsvertrag** im Übrigen **wirksam**.[293] Bei einem Verstoß gegen § 3 ArbZG gilt dann die **höchstzulässige Arbeitszeit** als vereinbart (zur parallelen Problematik bei Verstößen gegen Preisvorschriften → Rn. 69). Der Arbeitnehmer kann nach § 612 Abs. 1 aber auch die Vergütung der darüber hinausgehenden Arbeitsleistung verlangen.[294] Soll die Arbeit ausschließlich oder zu einem erheblichen Teil zu unzulässigen Zeiten geleistet werden, ist der Vertrag **insgesamt nichtig**.[295]

95 Werden die Grenzen des ArbZG wegen eines **Doppelarbeitsverhältnisses** nicht nur vorübergehend überschritten, so ist der **später abgeschlossene** Arbeitsvertrag nichtig.[296] Bei nur **vorübergehender Überschreitung** ist der Vertrag **wirksam**; es besteht aber ein Beschäftigungsverbot, das zu einem Leistungsverweigerungsrecht führt.[297]

96 Zu Arbeitszeitregelungen in Verträgen mit **Jugendlichen** → Rn. 108.

97 **d) Ausländische Arbeitnehmer.** Nach § 4 Abs. 3 AufenthG dürfen Ausländer, die weder einem EU-Staat noch einem Mitgliedstaat des Abkommens über den Europäischen Wirtschaftsraum angehören, eine Beschäftigung nur mit einem Aufenthaltstitel ausüben, der zur Ausübung einer Erwerbstätigkeit berechtigt. Dies setzt gem. §§ 4 Abs. 2, 39 AufenthG regelmäßig eine **Genehmigung der Bundesagentur für Arbeit** voraus. Gem. § 4 Abs. 3 AufenthG dürfen Ausländer von Arbeitgebern nur beschäftigt werden, wenn sie eine solche Genehmigung besitzen. Welche Auswirkungen das Fehlen der Genehmigung auf die Wirksamkeit des Arbeitsvertrages hat, war schon auf der Grundlage der Vorgängervorschriften (§§ 43 AVAVG, 19 AFG, 284 SGB III aF) umstritten. Das BAG hat bislang eine differenzierte Betrachtung befürwortet. Hiernach ist der Arbeitsvertrag nach § 134 nichtig, wenn die Parteien ihn **trotz Kenntnis der Genehmigungs-**

283 Vgl. BGHZ 155, 311 (314) = NJW 2003, 2906; *Ulber* § 9 Rn. 81 ff.
284 *Dahl* DB 2002, 1374 (1376); *Rambach/Begerau* BB 2002, 937 (943).
285 BGHZ 155, 311 = NJW 2003, 2906; LG Mannheim NJW-RR 2003, 561; LG München I BB 2002, 1595 (1596); aA für den Fall der Vermittlungsprovision *Dahl* DB 2002, 1374 (1377).
286 BeckOGK/*Vossler* BGB § 134 Rn. 120; MüKoBGB/*Armbrüster* § 134 Rn. 82.
287 Vgl. BGH NJW 2003, 2906; LG Mannheim NJW-RR 2003, 561; LG München I BB 2002, 1595 (1596) m. zust. Anm. *Mechlem/Lipinski*; bereits damals abl. *Dahl* DB 2002, 1374 (1376 f.); *Rambach/Begerau* BB 2002, 937 (941).
288 BGBl. I 2003 S. 2848 (Hartz III).
289 *Ulber* § 9 Rn. 92 ff.
290 MüKoBGB/*Armbrüster* § 134 Rn. 84; Staudinger/*Sack/Seibl* BGB § 134 Rn. 284.
291 BAG NJW 1972, 973 (975); Palandt/*Ellenberger* BGB § 134 Rn. 14; Staudinger/*Sack/Seibl* BGB § 134 Rn. 284.
292 BGH NJW 1986, 1486 (1487); BAGE 8, 47, 49 f. = NJW 1959, 2036; BAG NJW 2010, 394 Rn. 35; NZA

2017, 58; ErfK/*Wank* ArbZG § 3 Rn. 4 u. ArbZG § 9 Rn. 1; Palandt/*Ellenberger* BGB § 134 Rn. 15; Staudinger/*Sack/Seibl* BGB § 134 Rn. 200; Landmann/*Rohmer* UmweltR/*Neumann* GewO § 9 Rn. 4; aA v. *Stebut* NZA 1987, 257 (260), wonach den betroffenen Arbeitnehmern lediglich ein Leistungsverweigerungsrecht zusteht; ebenso in Bezug auf die Grenzen der werktäglichen Arbeitszeiten MAH ArbR/*Reichold* § 40 Rn. 103, 64.
293 BAG NZA 2004, 656 (660); BeckOK BGB/*Wendtland* § 134 Rn. 24; Palandt/*Ellenberger* BGB § 134 Rn. 15; Staudinger/*Sack/Seibl* BGB § 134 Rn. 200; offen gelassen von BGH NJW 1986, 1486 (1487); aA LAG Nürnberg AP Nr. 9 zu § 134; in Bezug auf Verstöße gegen die Sonn- und Feiertagsruhe auch MAH ArbR/*Reichold* § 40 Rn. 103, 64.
294 BAG NZA 2017, 58 Rn. 39 ff.
295 BAGE 8, 47, 49 f.; Staudinger/*Sack/Seibl* BGB § 134 Rn. 201.
296 BAGE 8, 47, 49 f.; MüKoBGB/*Armbrüster* § 134 Rn. 87; Staudinger/*Sack/Seibl* BGB § 134 Rn. 201.
297 BAG AP § 1 AZO Nr. 2.

pflicht ohne die erforderliche Erlaubnis durchführen wollten.[298] Nach dem Schutzzweck des § 4 Abs. 3 AufenthG tritt die Nichtigkeit in diesem Fall – anders als sonst bei Arbeitsverträgen – sogar mit **ex tunc-Wirkung** ein.[299] Andererseits soll ein unbefristetes Arbeitsverhältnis **nicht** dadurch nach § 134 **unwirksam** werden, dass eine abgelaufene Arbeitserlaubnis **nicht wieder erteilt** wird.[300] Maßgeblich ist die Erwägung, dass § 4 Abs. 3 AufenthG nicht den Vertragsabschluss an sich, sondern nur die **tatsächliche Beschäftigung** verhindern soll.[301] Der durch Gesetz vom 22.11.2011[302] eingefügte § 98 a AufenthG gebietet allerdings eine neue Bewertung.[303] Die Vorschrift sieht vor, dass der Arbeitgeber einem Ausländer, den er ohne die nach § 284 Abs. 1 SGB III erforderliche Genehmigung oder ohne die nach § 4 Abs. 3 AufenthG erforderliche Berechtigung zur Erwerbstätigkeit beschäftigt hat, die vereinbarte Vergütung zu zahlen hat. Ausweislich der amtlichen Gesetzesbegründung ist der Gesetzgeber dabei davon ausgegangen, dass das Fehlen der erforderlichen Genehmigung bzw. Berechtigung zur Erwerbstätigkeit **nicht** nach § 134 zur **Unwirksamkeit des Arbeitsvertrags** führt.[304] Ist die Versagung der Arbeitserlaubnis rechtskräftig, so ist der Arbeitnehmer indes auf Dauer gehindert, die geschuldeten Leistungen zu erbringen. Eine **ordentliche Kündigung** wird daher regelmäßig nach § 1 KSchG sozial gerechtfertigt sein. Vor der rechtskräftigen Entscheidung über die Arbeitserlaubnis ist die soziale Rechtfertigung zu bejahen, wenn für den Arbeitgeber bei objektiver Beurteilung mit der Erteilung der Erlaubnis in absehbarer Zeit nicht zu rechnen war und der Arbeitsplatz für den Arbeitnehmer ohne erhebliche betriebliche Beeinträchtigungen nicht freigehalten werden konnte.[305] Hat der Arbeitnehmer dem Arbeitgeber bewusst verschwiegen, dass seine Arbeitserlaubnis abgelaufen ist, so kommt auch Anfechtung wegen arglistiger Täuschung nach § 123 oder eine **Kündigung aus wichtigem Grund** nach § 626 in Betracht.[306]

Problematisch ist der Fall, dass die **Arbeitserlaubnis bei Vertragsschluss** fehlt, von dem betreffenden Arbeitnehmer aber beantragt ist oder noch beantragt werden soll. Nach der älteren Rechtsprechung war der Vertrag in einem solchen Fall **schwebend unwirksam**, wenn und solange mit der Erteilung der Arbeitserlaubnis vor Arbeitsbeginn noch gerechnet werden konnte; wurde die Genehmigung nicht erteilt, so war der Vertrag endgültig unwirksam.[307] Hiervon ist das BAG bislang noch nicht ausdrücklich abgerückt. Geht man mit der neueren Rechtsprechung des BAG davon aus, dass die einschlägigen Vorschriften nicht den Vertragsschluss als solchen, sondern nur die tatsächliche Beschäftigung von Ausländern bei Fehlen der erforderlichen Genehmigung verhindern sollen, so erscheint es jedoch auch hier vorzugswürdig, den **Vertrag als solchen** für **wirksam** zu erachten und dem Arbeitgeber wegen des Leistungshindernisses ein **Kündigungsrecht** zuzubilligen.[308] Der Gesetzgeber geht ebenfalls davon aus, dass das Fehlen der Arbeitserlaubnis nicht zur Nichtigkeit des Vertrags führt.[309]

98

e) Benachteiligungsverbote nach dem AGG. Verstöße gegen die in § 7 Abs. 1 AGG iVm Art. 1, 2 Abs. 1 AGG normierten Benachteiligungsverbote aus Gründen der Rasse oder wegen der ethnischen Herkunft, des Geschlechts, der Religion oder Weltanschauung, einer Behinderung, des Alters oder der sexuellen Identität führen zur **Nichtigkeit** des Rechtsgeschäfts.[310] § 7 Abs. 2 AGG ordnet ausdrücklich an, dass Bestimmungen in **Vereinbarungen**, die eine Benachteiligung enthalten, unwirksam sind. Dies gilt für arbeitsrechtliche Vereinbarungen aller Art, also Individualarbeitsverträge, Tarifverträge und Betriebsvereinbarungen.[311] Nach hM hat § 7 Abs. 2 AGG allerdings nur **deklaratorische** Bedeutung, da sich die Nichtigkeit der Vereinbarung bei einem Verstoß gegen ein Benachteiligungsverbot nach § 7 Abs. 1 AGG schon aus

99

298 So bereits BAGE 22, 22, 28 = AP Nr. 4 zu § 43 AVAVG; vgl. auch BAG DB 2003, 1581; Erman/*Arnold* BGB § 134 Rn. 29; Soergel/*Hefermehl* BGB § 134 Rn. 54; Staudinger/*Sack/Seibl* BGB § 134 Rn. 284; einschränkend BeckOGK/*Vossler* BGB § 134 Rn. 124.

299 BAG AP Nr. 4 zu § 35 AVAVG; Erman/*Arnold* BGB § 134 Rn. 27, 29; Staudinger/*Sack/Seibl* BGB § 134 Rn. 284.

300 BAG AP Nr. 2 zu § 19 AFG; AP Nr. 3 zu § 19 AFG mAnm *Engels*; BAG NZA 1991, 341 (342); MüKoBGB/*Armbrüster* § 134 Rn. 85; MüKoBGB/*Henssler* § 626 Rn. 198; Soergel/*Hefermehl* BGB § 134 Rn. 54; für schwebende Unwirksamkeit Staudinger/*Sack/Seibl* BGB § 134 Rn. 284.

301 BAG AP Nr. 2 zu § 19 AFG.

302 BGBl. I, 2258.

303 So auch MüKoBGB/*Armbrüster* § 134 Rn. 85.

304 BT-Drs. 17/5470, 28; vgl. auch *Huber* NZA 2012, 477 (478).

305 BAG NZA 1991, 341 (343 ff.); LAG Hamm NZA-RR 1999, 240.

306 BeckOGK/*Vossler* BGB § 134 Rn. 124; MüKoBGB/*Henssler* § 626 Rn. 198; Palandt/*Weidenkaff* BGB § 626 Rn. 47.

307 BAGE 22, 22, 28 = AP Nr. 4 zu § 35 AVAVG; LAG BW AP Nr. 1 zu § 19 AFG.

308 Vgl. MüKoBGB/*Armbrüster* § 134 Rn. 85; MAH ArbR/*Benecke* § 30 Rn. 33; aA (schwebende Unwirksamkeit) Staudinger/*Sack/Seibl* BGB § 134 Rn. 284.

309 BT-Drs. 17/5470, 28.

310 BAGE 132, 210 = NZA 2010, 327 Rn. 46; BAG NZA 2014, 33 Rn. 16; LAG Nürnberg NZA-RR 2018, 356 Rn. 35 mAnm *Spielberger*; ErfK/*Schlachter* AGG § 7 Rn. 6; MüKoBGB/*Thüsing* AGG § 7 Rn. 11; Staudinger/*Sack/Seibl* BGB § 134 Rn. 195 a.

311 Zum Anwendungsbereich EuGH NZA 2014, 153 Rn. 27 ff. (Anwendbarkeit auf Tarifverträge); BAGE 132, 210 = NZA 2010, 327 Rn. 46; BeckOGK/*Benecke* AGG § 7 Rn. 32 f.; ErfK/*Schlachter* AGG § 7 Rn. 6.

§ 134 ergeben soll.[312] Die neuere Rechtsprechung des BAG stellt bei der Prüfung der Wirksamkeit arbeitsrechtlicher Vereinbarungen allerdings oft allein auf § 7 Abs. 2 AGG ab.[313] Teilweise werden § 7 Abs. 2 AGG und § 134 auch nebeneinander zitiert.[314] Aus systematischer Sicht erscheint die alleinige Anwendung von § 7 Abs. 2 AGG vorzugswürdig.[315]

100 Auf **einseitige Rechtsgeschäfte** (zB Kündigung) ist § 7 Abs. 2 AGG nach seinem klaren Wortlaut („Bestimmungen in Vereinbarungen") nicht anwendbar. Wegen des deklaratorischen Charakters der Vorschrift ist auch keine Analogie erforderlich. Bei einem Verstoß gegen das Verbot der geschlechtsbezogenen Diskriminierung ergibt sich die Nichtigkeitsfolge vielmehr aus § 134.[316] Die Bedeutung des § 7 Abs. 1 AGG für einseitige Rechtsgeschäfte wird allerdings dadurch gemindert, dass Kündigungen nach § 2 Abs. 4 AGG ausschließlich den Bestimmungen zum allgemeinen und besonderen Kündigungsschutz unterliegen. Nach der Rechtsprechung sind die Diskriminierungsverbote des AGG im Anwendungsbereich des KSchG als Konkretisierungen der Sozialwidrigkeit zu beachten.[317] Die Unwirksamkeit der Kündigung ergibt sich daher gegebenenfalls nicht aus § 134, sondern aus § 1 Abs. 1 KSchG. Außerhalb des Anwendungsbereichs des KSchG (zB bei Kleinbetrieben) führt ein Verstoß gegen § 7 Abs. 1 AGG dagegen nach § 134 zur Unwirksamkeit der Kündigung (→ Rn. 109).

101 **f) Berufsausbildung.** Für Vereinbarungen im Rahmen von Ausbildungsverhältnissen enthält § 12 BBiG **spezielle Nichtigkeitsgründe.** Nach **§ 12 Abs. 1 S. 1 BBiG** sind Vereinbarungen, die den Auszubildenden für die Zeit nach Beendigung des Ausbildungsverhältnisses in der Ausübung seiner beruflichen Tätigkeit beschränken, nichtig. Hierunter fällt auch eine sog. **Weiterarbeitsklausel,** nach der der Auszubildende drei Monate vor Beendigung des Ausbildungsverhältnisses anzeigen muss, dass er nach der Ausbildung kein anschließendes Arbeitsverhältnis eingehen möchte.[318] Das in **§ 12 Abs. 2 Nr. 1 BBiG** enthaltene Verbot, eine **Entschädigung** für die Ausbildung zu zahlen, erfasst auch **Zahlungen durch Dritte** (zB die Eltern).[319] Eine solche weite Auslegung gebietet der Schutzzweck der Vorschrift, die Kosten der Ausbildung möglichst dem Ausbilder aufzuerlegen.[320] Wird der Abschluss eines Ausbildungsvertrages **von einem Kaufvertrag abhängig** gemacht, so verstößt dies gegen das in § 12 Abs. 2 Nr. 1 BBiG enthaltene Entschädigungsverbot.[321] Da die Nichtigkeitsfolge sich schon aus § 12 BBiG ergibt, ist § 134 nicht anwendbar.[322] Führt der Verstoß gegen die in § 17 Abs. 1 S. 1 BBiG geregelte Pflicht des Ausbilders, dem Auszubildenden eine **angemessene Vergütung** zu gewähren, nach § 134 zur Unwirksamkeit der Vereinbarung einer unangemessen niedrigen Vergütung, steht dem Auszubildenden ein Anspruch auf eine angemessene Vergütung zu.[323] Des Weiteren ist ein **Anlernvertrag**, in dessen Rahmen der Vertragspartner die nach der einschlägigen Ausbildungsordnung in den ersten zwei Jahren der Berufsausbildung zu vermittelnden Grundkenntnisse und Fertigkeiten für den Beruf des Maler und Lackierers erwerben soll, wegen Verstoßes gegen §§ 25 Abs. 2 HandwO, 4 Abs. 2 BBiG gem. § 134 nichtig, da eine Ausbildung in einem anerkannten Ausbildungsberuf nicht außerhalb eines ordentlichen Berufsausbildungsverhältnisses erfolgen darf.[324]

102 **g) Betriebsrentenrecht.** Nach § 19 Abs. 3 BetrAVG (§ 17 Abs. 3 S. 3 BetrAVG aF) sind einzelvertragliche Abweichungen vom BetrAVG **zuungunsten des Arbeitnehmers** verboten; entgegenstehende Vereinbarungen sind **nichtig.** Da sich die Unwirksamkeit schon unmittelbar aus § 19 Abs. 3 BetrAVG ergibt, ist § 134 entgegen der Rechtsprechung des BGH und des BAG[325] nicht heranzuziehen.[326]

103 In der Rechtsprechung finden sich verschiedene Beispiele für die Nichtigkeit abweichender einzelvertraglicher Vereinbarungen. So führt ein Verstoß gegen das in § 3 Abs. 1 BetrAVG normierte grundsätzliche **Verbot der Abfindung** einer unverfallbaren Anwartschaft nach Beendigung des Arbeitsverhältnisses zur Nich-

312 Begr. RegE, BT-Drs. 16/1780, S. 34; BeckOGK/*Benecke* AGG § 7 Rn. 35; ErfK/*Schlachter* AGG § 7 Rn. 6; MüKoBGB/*Thüsing* AGG § 7 Rn. 11; Staudinger/*Sack/Seibl* BGB § 134 Rn. 195 a; *Kamanabrou* RdA 2006, 321 (333).

313 Vgl. BAGE 132, 210 = NZA 2010, 327 Rn. 46; BAG NZA 2014, 33 Rn. 16; 2014, 208 Rn. 35; vgl. auch LAG Nürnberg NZA-RR 2018, 356 Rn. 35.

314 BAGE 141, 73 = NJW 2012, 3465 Rn. 10.

315 BeckOGK/*Vossler* BGB § 134 Rn. 132; MüKoBGB/*Armbrüster* § 134 Rn. 89.

316 So auch BAGE 147, 60 = NZA 2014, 372 Rn. 14; BeckOGK/*Benecke* AGG § 7 Rn. 33; ErfK/*Schlachter* AGG § 7 Rn. 6.

317 BAGE 147, 60 = NZA 2014, 372 Rn. 16.

318 BAG AP Nr. 2 zu § 5 BBiG m. zust. Anm. *Natzel*; ErfK/*Schlachter* BBiG § 12 Rn. 2; MüKoBGB/*Arm-*

brüster § 134 Rn. 85; Soergel/*Hefermehl* BGB § 134 Rn. 52; Staudinger/*Sack/Seibl* BGB § 134 Rn. 212.

319 Soergel/*Hefermehl* BGB § 134 Rn. 52.

320 MAH ArbR/*Natzel* § 149 Rn. 8; Staudinger/*Sack/Seibl* BGB § 134 Rn. 212 hält entsprechende Vereinbarungen für Umgehungsgeschäfte und kommt damit zum gleichen Ergebnis.

321 OLG Hamm NJW 1983, 2708; MüKoBGB/*Armbrüster* § 134 Rn. 86.

322 BeckOGK/*Vossler* BGB § 134 Rn. 125; MüKoBGB/*Armbrüster* § 134 Rn. 86.

323 BAG NZA 2012, 211 = AP Nr. 11 zu § 10 BBiG; BeckOGK/*Vossler* BGB § 134 Rn. 126.

324 LAG Nds EzB BBiG § 17 Abs. 1 Nr. 65 a.

325 BGH NJW 2002, 3632 (3633); BAG AP BetrAVG § 2 Nr. 74 = BeckRS 2015, 65714 Rn. 24 (jeweils zu § 17 Abs. 3 S. 3 BetrAVG aF).

326 So auch BeckOGK/*Vossler* BGB § 134 Rn. 127.

tigkeit entgegenstehender Abreden.[327] Das Gleiche gilt, wenn eine ausnahmsweise zulässige Abfindung nicht nach den in § 3 Abs. 2 BetrAVG aF (§ 3 Abs. 5 iVm § 4 Abs. 5 BetrAVG nF) aufgestellten Maßstäben **berechnet** wird.[328] Unwirksam ist auch eine Vereinbarung, wonach einem vorzeitig ausscheidenden Arbeitnehmer kein Anspruch zustehen soll, obwohl er vor seinem Ausscheiden nach § 1 Abs. 1 S. 1 BetrAVG eine gesetzlich **unverfallbare Anwartschaft** erworben hatte.[329] Der **Verzicht** des Arbeitnehmers auf die Versorgungsanwartschaft verstößt dagegen nicht gegen § 19 Abs. 3 BetrAVG (§ 17 Abs. 3 S. 3 BetrAVG aF) iVm § 3 BetrAVG, wenn er im laufenden Arbeitsverhältnis erklärt wird.[330] Denn zum einen bezieht sich § 3 BetrAVG nur auf Vereinbarungen, die im Zusammenhang mit der Beendigung des Arbeitsverhältnisses stehen; zum anderen enthält § 19 Abs. 3 BetrAVG kein allgemeines Verschlechterungsverbot, das unabhängig von den übrigen Vorschriften des BetrAVG gilt. Das Abfindungsverbot ist auch dann nicht berührt, wenn dem Versorgungsberechtigten in der Pensionszusage das Recht eingeräumt wurde, anstelle der Rente eine Kapitalleistung zu verlangen (**Kapitaloptionsrecht**), und dieses Wahlrecht nach Beendigung des Dienstverhältnisses, aber vor Eintritt des Versorgungsfalles ausgeübt wird.[331]

h) Betriebsübergang. Eine **Kündigung** aufgrund eines Betriebsübergangs ist nach **§ 613 a Abs. 4 S. 1** unwirksam.[332] Vereinbarungen, durch die § 613 a Abs. 1 **umgangen** werden soll, sind nach § 134 nichtig.[333] So ist ein **Erlassvertrag** zur Umgehung der Rechtsfolgen des § 613 a nach § 134 nichtig.[334] Das Gleiche gilt für einen **Aufhebungsvertrag** oder eine **Eigenkündigung** anlässlich eines Betriebsübergangs, wenn lediglich die Beseitigung der Kontinuität des Arbeitsverhältnisses bezweckt wird, der Arbeitnehmer aber beim neuen Arbeitgeber weiter beschäftigt werden soll.[335] Scheidet der Arbeitnehmer **endgültig** aus dem Arbeitsverhältnis aus, ist die einvernehmliche Beendigung des Arbeitsverhältnisses jedoch möglich.[336] Auch der **Verzicht** des Arbeitnehmers **auf die betriebliche Altersversorgung** ist wegen Umgehung des § 613 a Abs. 1 S. 1 nichtig.[337] Ebenso ist der Verzicht auf rückständige Vergütung für den Fall des Betriebsübergangs gem. § 613 a nichtig.[338]

i) Betriebsverfassungsrecht. Bestimmungen des kollektiven Arbeitsrechts sind regelmäßig **keine Verbotsgesetze** iSd § 134.[339] Ein Arbeitsvertrag ist daher auch dann wirksam, wenn er ohne die nach § 99 Abs. 1 BetrVG erforderliche Unterrichtung des Betriebsrats abgeschlossen wurde.[340] Es gibt aber auch Ausnahmen. So ist ein Betriebsratsbeschluss, der gegen das Arbeitskampfverbot zwischen Arbeitgeber und Betriebsrat (§ 74 Abs. 2 S. 1 BetrVG) verstößt, nach § 134 nichtig.[341] Werden Außendienstmitarbeiter bei der betrieblichen Altersversorgung entgegen § 75 Abs. 1 BetrVG benachteiligt, so ist die Betriebsvereinbarung insoweit nach § 134 unwirksam.[342] Ein Verstoß gegen das Benachteiligungs- und Begünstigungsverbot nach § 78 S. 2 BetrVG führt ebenfalls nach § 134 zur Unwirksamkeit der betreffenden Vereinbarung.[343] Aus **§ 102 Abs. 1 S. 3 BetrVG** folgt unmittelbar die Unwirksamkeit einer Kündigung, die ohne Anhörung des Betriebsrats erfolgt ist.[344]

j) Entgeltfortzahlung. Für den Arbeitnehmer ungünstige Abweichungen von den gesetzlichen Bestimmungen zur Entgeltfortzahlung sind nach **§ 12 EFZG** unzulässig; entsprechende **Abreden** sind daher nach

104

105

106

327 BAG AP Nr. 1 zu § 3 BetrAVG; AP Nr. 14 zu § 1 BetrAVG Betriebsübergang; AP Nr. 12 zu § 3 BetrAVG; NZA 2016, 1475 Rn. 54; BeckRS 2019, 38564 Rn. 52 ff.; Karst/Cisch/*Jumpertz* BetrAVG § 3 Rn. 2; Staudinger/*Sack/Seibl* BGB § 134 Rn. 214; zur Verrechnungsabrede über einen Teilbetrag der Abfindung BAG AP Nr. 10 zu § 3 BetrAVG mAnm *Höfer/Stryzek*.

328 BGH NJW 2002, 3632 (3633).

329 BAG AP BetrAVG § 2 Nr. 74 = BeckRS 2015, 65714 Rn. 24.

330 BAG NZA 2004, 331 = AP Nr. 13 zu § 3 BetrAVG = EWiR § 3 BetrAVG 1/03, 1003 (*Schnitker/Grau*).

331 BGH VersR 2010, 276 (277).

332 BAG AP Nr. 147 zu § 613 a BGB; AP Nr. 40 zu § 613 a BGB; MüKoBGB/*Müller-Glöge* § 613 a Rn. 187; BeckOGK/*Vossler* BGB § 134 Rn. 128.

333 Ascheid/Preis/Schmidt/*Steffan* BGB § 613 a Rn. 195.

334 BAGE 130, 90 Rn. 23 ff. = NJW 2009, 3260; ErfK/*Preis* BGB § 613 a Rn. 82; *Bunte* NZA 2010, 319 ff.

335 BAGE 55, 228, 233 = NZA 1988, 198; 90, 260, 270 = NZA 1999, 422; 130, 90 Rn. 27 = NJW 2009, 3260; 139, 52 Rn. 32 = NZA 2012, 152; Ascheid/Preis/Schmidt/*Steffan* BGB § 613 a Rn. 197; Staudinger/*Sack/Seibl* BGB § 134 Rn. 217.

336 BAG AP Nr. 2 zu § 613 a BGB; BAGE 90, 260, 269 f.; Ascheid/Preis/Schmidt/*Steffan* BGB § 613 a Rn. 196; ErfK/*Preis* BGB § 613 a Rn. 83.

337 BAG AP Nr. 4 zu § 1 BetrAVG Betriebsveräußerung; AP Nr. 14 zu § 1 BetrAVG Betriebsübergang; ErfK/*Preis* BGB § 613 a Rn. 83.

338 BAG NJW 2009, 3260 (3261); ErfK/*Preis* BGB § 613 a Rn. 83.

339 MüKoBGB/*Armbrüster* § 134 Rn. 90; BeckOGK/*Vossler* BGB § 134 Rn. 129.

340 MüKoBGB/*Armbrüster* § 134 Rn. 90; Staudinger/*Sack/Seibl* BGB § 134 Rn. 215.

341 MüKoBGB/*Armbrüster* § 134 Rn. 90; Staudinger/*Sack/Seibl* BGB § 134 Rn. 215.

342 LAG Düsseldorf NZA-RR 2002, 38 (39 ff.).

343 BAG NZA 2018, 528 Rn. 31; NJW 2010, 2077 Rn. 10; NZA 2007, 1301 (1303); NZA-RR 2005, 556; MüKoBGB/*Armbrüster* § 134 Rn. 90; BeckOGK/*Vossler* BGB § 134 Rn. 130.

344 Vgl. dazu BAGE 26, 219, 222; MüKoBGB/*Armbrüster* § 134 Rn. 90; Staudinger/*Sack/Seibl* BGB § 134 Rn. 215.

§ 134 **nichtig**.[345] Ob Abreden, die im Krankheitsfall die Kürzung von freiwilligen Sonderzahlungen in Form von **Anwesenheitsprämien** vorsehen, eine **Umgehung** des EFZG darstellen und somit nichtig sind, war lange Zeit umstritten.[346] In einer Entscheidung aus dem Jahre 1990 hat das BAG entsprechende Abreden als **wirksam** betrachtet.[347] Inzwischen hat der Gesetzgeber die begrenzte Zulässigkeit solcher Vereinbarungen in **§ 4 a EFZG** ausdrücklich anerkannt.[348] Wird das nach § 4 a EFZG zulässige Maß der Kürzung überschritten, so ist die Vereinbarung nach § 134 unwirksam.[349] Bei formularmäßigen Vergütungsvereinbarungen würde es dem Zweck der Nichtigkeit widersprechen, die Klausel mit dem gerade noch zulässigen Inhalt aufrechtzuerhalten. Es ist daher von einer vollständigen Nichtigkeit der Kürzungsvereinbarung auszugehen.[350] Der Arbeitsvertrag bleibt im Übrigen aber wirksam.

107   Nach zutreffender Ansicht ist der **Verzicht** auf den Entgeltfortzahlungsanspruch mit § 12 EFZG vereinbar, wenn er **bei oder nach Beendigung des Arbeitsverhältnisses** erklärt wird und sich auf Ansprüche nach deren Entstehung und Fälligkeit bezieht; im Übrigen ist er unwirksam.[351] Diese Differenzierung ist sachgerecht, da für den Arbeitnehmer nach Beendigung des Arbeitsverhältnisses erkennbar ist, ob er den Lohn für seinen Lebensunterhalt benötigt.[352]

108   **k) Jugendliche und Kinder als Arbeitnehmer.** Arbeitsverträge mit **Kindern**, die gegen die Beschäftigungsverbote der §§ 5, 7 JArbSchG verstoßen, sind gem. § 134 ex nunc **nichtig**.[353] Die Arbeitszeitregelungen für **Jugendliche** in §§ 8 ff. JArbSchG (zB Verbot der Samstagsarbeit, § 16 JArbSchG) sind Verbotsgesetze. Ein Verstoß führt jedoch wie auch sonst bei Verstößen gegen Arbeitszeitregelungen (dazu → Rn. 94) nur zur **Nichtigkeit der Arbeitszeitabrede**, nicht des gesamten Arbeitsvertrages.[354] Hat der Arbeitsvertrag ausschließlich unzulässige Arbeitszeitregelungen zum Inhalt, so ist er aber ausnahmsweise im Ganzen nichtig.[355] Die gleichen Grundsätze gelten bei Verstößen gegen die Beschäftigungsbeschränkungen und -verbote für Jugendliche nach §§ 22 ff. JArbSchG, wie zB das Verbot gefährlicher Arbeiten und das Akkordarbeitsverbot.[356]

109   **l) Kündigungsschutz.** Die Unwirksamkeit von Kündigungen ergibt sich häufig aus **Spezialvorschriften**. So sind **sozial ungerechtfertigte** Kündigungen nach § 1 Abs. 1 KSchG unwirksam. Ist das Kündigungsschutzgesetz (noch) nicht anwendbar, etwa im Falle von Kündigungen während der Wartezeit oder in Kleinbetrieben, kann sich die Unwirksamkeit einer Kündigung bei Verstoß gegen ein Gesetz auch aus § 134 ergeben. Besondere Bedeutung hat dabei das **Benachteiligungsverbot** auch aus § 7 Abs. 1 AGG iVm §§ 1, 3 AGG (→ Rn. 100). Nach § 2 Abs. 4 AGG gelten für Kündigungen zwar ausschließlich die Bestimmungen zum allgemeinen und besonderen Kündigungsschutz. Diese Vorschrift regelt für Kündigungen jedoch lediglich das Verhältnis zwischen dem AGG und dem KSchG sowie anderen speziell auf die Kündigung zugeschnittenen Bestimmungen. Sind diese nicht anwendbar, ist die Frage nach der Wirksamkeit einer ordentlichen Kündigung während der Wartezeit oder in Kleinbetrieben unmittelbar anhand des AGG zu beurteilen; bei einem Verstoß gegen Art. 7 Abs. 1 AGG ist die Kündigung dann gemäß § 134 unwirksam.[357] Viel diskutiert wird in diesem Zusammenhang die Kündigung einer Arbeitnehmerin wegen Tragens eines islamischen Kopftuchs als Ausdruck der Glaubens- und Bekenntnisfreiheit (→ § 138 Rn. 152 f.). Im Fall einer **Massenentlassung** ist eine Kündigung nach § 134 unwirksam, wenn die nach § 17 KSchG erforderliche Anzeige gegenüber der Agentur für Arbeit im Zeitpunkt des Zugangs der Kündigung noch nicht wirksam erfolgt

---

345   BAG AP Nr. 55 zu § 4 EFZG = NJW 2002, 1819; ErfK/*Reinhard* EFZG § 12 Rn. 9 f.; MüKoBGB/*Armbrüster* § 134 Rn. 86; Staudinger/*Sack/Seibl* BGB § 134 Rn. 227; gegen Rückgriff auf § 134 in diesen Fällen BeckOGK/*Vossler* BGB § 134 Rn. 131. Zur Wirksamkeit einer Vereinbarung, die die Pflicht zur Vorlage einer ärztlichen Arbeitsunfähigkeitsbescheinigung bereits am ersten Tag der Arbeitsunfähigkeit enthält, vgl. BAG DB 2003, 1395 = AP Nr. 8 zu § 5 EFZG.

346   Für Nichtigkeit zB Soergel/*Hefermehl* BGB § 134 Rn. 53; vgl. auch BAG AP Nr. 12 zu § 611 BGB Anwesenheitsprämie.

347   BAG AP Nr. 15 zu § 611 BGB Anwesenheitsprämie m. krit. Anm. *Mayer-Maly*; AP Nr. 18 zu § 611 BGB Anwesenheitsprämie.

348   Vgl. ErfK/*Reinhard* EFZG § 4 a Rn. 3; MüKoBGB/ *Müller-Glöge* § 611 Rn. 786; zu § 4 a EFZG s. a. BAG AP Nr. 2 zu § 4 a EFZG.

349   Vgl. *Reinartz* NZA 2015, 83 (84).

350   Vgl. LAG Hamm NZA-RR 2011, 289; BeckOK ArbR/*Ricken* EFZG § 4 a Rn. 14.

351   BAG AP Nr. 11 zu § 6 LFZG; AP Nr. 18 zu § 6 LFZG; Staudinger/*Sack/Seibl* BGB § 134 Rn. 227; ErfK/*Reinhard* EFZG § 12 Rn. 9; MAH ArbR/*Greiner* § 82 Rn. 46.

352   BAG AP Nr. 11 zu § 6 LFZG.

353   BAG AP Nr. 3 zu § 7 JArbSchG; MAH ArbR/ *Benecke* § 32 Rn. 15; ErfK/*Schlachter* JArbSchG § 5 Rn. 12; MüKoBGB/*Armbrüster* § 134 Rn. 85; Staudinger/*Sack/Seibl* BGB § 134 Rn. 256.

354   MAH ArbR/*Benecke*, § 32 Rn. 19; ErfK/*Schlachter* JArbSchG § 8 Rn. 1; Staudinger/*Sack/Seibl* BGB § 134 Rn. 256.

355   MAH ArbR/*Benecke* § 32 Rn. 19; Staudinger/*Sack/ Seibl* BGB § 134 Rn. 256.

356   Vgl. MAH ArbR/*Benecke* § 32 Rn. 20; Staudinger/ *Sack/Seibl* BGB § 134 Rn. 256.

357   Vgl. BAGE 147, 60 = NZA 2014, 372 Rn. 14 ff., 22; BGHZ 2015, 734 = NJW 2015, 1899 Rn. 32; BAG NZA 2015, 1368 = NJW 2016, 268 Rn. 22; MüKo-BGB/*Armbrüster* § 134 Rn. 89.

war.[358] Unwirksamkeitsgründe für eine Kündigung bei **Teilzeitarbeit** sind in § 11 TzBfG geregelt (Einzelheiten zum TzBfG → Rn. 125). Kündigungsverbote gelten unter bestimmten Voraussetzungen auch bei einem **Betriebsübergang** (→ Rn. 104) oder bei einer **Schwangerschaft** (→ Rn. 113).

Bei Vereinbarungen, die auf die Beendigung eines Arbeitsverhältnisses gerichtet sind, hat § 134 unter dem **110** Gesichtspunkt der **Umgehung der Kündigungsschutzvorschriften** (insbes. §§ 620 ff., §§ 1 ff. KSchG) besondere Bedeutung. Die Rechtsprechung des BAG, wonach **auflösende Bedingungen**[359] oder **Befristungen**[360] unwirksam sind, wenn dafür kein sachlicher Grund besteht, ist seit 2001 allerdings im Wesentlichen im **Teilzeit- und Befristungsgesetz** gesetzlich fixiert (dazu → Rn. 125). Bei **Aufhebungsverträgen** ist die Umgehung des Kündigungsschutzes aber nach wie vor bedeutsam. So ist ein Aufhebungsvertrag nach § 134 **nichtig**, der die Beendigung des Arbeitsverhältnisses für den Fall vorsieht, dass der Arbeitnehmer nicht rechtzeitig aus dem Urlaub zurückkehrt.[361] Eine das Arbeitsverhältnis auflösende Vereinbarung kann auch unwirksam sein, wenn dem Arbeitnehmer unter bestimmten Bedingungen die **Wiedereinstellung** versprochen wird.[362] Ein Aufhebungsvertrag, der lediglich eine nicht nach § 1 KSchG auf Sozialwidrigkeit zu überprüfende Kündigung ersetzt, ist allerdings nicht wegen Umgehung der Kündigungsvorschriften unwirksam.[363] Wegen **Umgehung der Kündigungsvorschriften** nichtig ist eine Vereinbarung, nach der der Arbeitgeber die vertraglich festgelegte Arbeitszeit bei arbeitszeitabhängiger Vergütung nach Bedarf einseitig kürzen kann.[364] Nichtig ist außerdem ein **Verzicht** auf den Kündigungsschutz seitens des Arbeitnehmers **vor der Kündigung** durch den Arbeitgeber.[365] Wird ein Arbeitsverhältnis in der vertraglichen Vereinbarung der Parteien als selbstständiges Dienstverhältnis deklariert, um den Kündigungsschutz (§§ 1 KSchG), die Entgeltfortzahlung im Krankheitsfall (§ 3 EntgeltFG) sowie die Pflicht zur Abführung von Sozialabgaben und Lohnsteuer (§§ 28 e SGB IV, 41 a EStG) zu umgehen (sog. **Scheinselbständigkeit**), so ist der Vertrag nicht nach § 134 unwirksam. Weist der Vertrag die objektiven Merkmale eines Arbeitsvertrages auf, so finden die arbeitsrechtlichen Schutzvorschriften vielmehr unabhängig von einer möglichen Umgehungsabsicht Anwendung.[366]

m) Maßregelungsverbot. Der Verstoß gegen das Maßregelungsverbot (§ 612 a) führt nach § 134 zur **111** **Nichtigkeit** des benachteiligenden Rechtsgeschäfts (zB Kündigung).[367]

n) Mindestlohn. Unterschreitet eine Vergütungsvereinbarung den gesetzlichen Mindestlohn nach § 1 **112** MiLoG, so ist sie nach § 3 S. 1 MiLoG unwirksam.[368] Ein Rückgriff auf § 134 ist nicht erforderlich. Der Verstoß stellt die Wirksamkeit des Arbeitsvertrages nicht in Frage. Bei einer Unterschreitung des gesetzlichen Mindestlohns schuldet der Arbeitgeber nach der Rechtsprechung des BAG aber nicht nach § 612 den tariflichen oder üblichen Lohn,[369] sondern nur die Differenz zum gesetzlichen Mindestlohn.[370] Die Rechtsprechung zur Nichtigkeit von Vergütungsvereinbarungen wegen Lohnwuchers nach § 138 (→ § 138 Rn. 377) bleibt daneben weiter zu beachten.[371]

o) Mutterschutz. Verstöße gegen die in §§ 3–8 MuSchG oder in der Mutterschutzverordnung vom **113** 25.4.1997[372] festgelegten **Beschäftigungsverbote** führen **nicht zur Nichtigkeit** des Arbeitsvertrages nach § 134. Dies war für den Fall, dass die **Schwangerschaft nach Abschluss des Arbeitsvertrages** eintritt,

358 BAGE 144, 47 = NZA 2013, 845 Rn. 37 ff.; BAGE 151, 83 = NZA 2015, 881 Rn. 31 ff.; BAGE 157, 1 = NZA 2017, 175 Rn. 20 ff.; BeckOGK/*Vossler* BGB § 134 Rn. 134.

359 BAG AP Nr. 2 zu § 620 BGB Bedingung; AP Nr. 4 zu § 620 BGB Bedingung; s. a. Staudinger/*Sack/Seibl* BGB § 134 Rn. 217; Däubler/Deinert/Zwanziger/*Däubler* KSchR Einl. Rn. 112 ff.

360 BAG AP Nr. 16 zu § 620 BGB Befristeter Arbeitsvertrag; AP Nr. 47 zu § 620 BGB Befristeter Arbeitsvertrag; AP Nr. 64 zu § 620 BGB Befristeter Arbeitsvertrag; ErfK/*Müller-Glöge* TzBfG § 14 Rn. 2; Däubler/Deinert/Zwanziger/*Däubler* KSchR Einl. Rn. 41.

361 BAG AP Nr. 3 zu § 620 BGB Bedingung.

362 BAG AP Nr. 8 zu § 620 BGB Bedingung; AP Nr. 22 zu § 620 BGB Aufhebungsvertrag; BeckOGK/*Vossler* BGB § 134 Rn. 134.1.

363 BAG AP Nr. 22 zu § 620 BGB Aufhebungsvertrag mAnm *Bauer*.

364 BAG AP Nr. 6 zu § 2 KSchG 1969; MüKoBGB/*Armbrüster* § 134 Rn. 87 ff.; Staudinger/*Sack/Seibl* BGB § 134 Rn. 217.

365 ErfK/*Oetker* KSchG § 1 Rn. 13; *v. Hoyningen-Huene/Linck* KSchG § 1 Rn. 25.

366 BGH MDR 2018, 1506 Rn. 12.

367 BAGE 55, 190, 195 ff. = NZA 1988, 18; Ascheid/Preis/Schmidt/*Linck* BGB § 612 a Rn. 30; ErfK/*Preis* BGB § 612 a Rn. 24; MüKoBGB/*Armbrüster* § 134 Rn. 89; PWW/*Lingemann* BGB § 612 a Rn. 5; Staudinger/*Sack/Seibl* BGB § 134 Rn. 217; BeckOGK/*Vossler* BGB § 134 Rn. 136.

368 Vgl. *Bayreuther* NZA 2014, 865.

369 So aber *Bayreuther* NZA 2014, 865 (866); ebenso noch Voraufl.

370 BAG NZA 2016, 1327 Rn. 22 ff.; BeckOGK/*Vossler* BGB § 134 Rn. 145; *Lembke* NZA 2016, 1 (4).

371 Vgl. *Bayreuther* NZA 2014, 865 (866 ff.); *Fischinger* JZ 2012, 546 ff.

372 BGBl. I S. 986.

schon früher anerkannt.[373] Mit Rücksicht auf die Rechtsprechung des EuGH[374] muss das Gleiche aber auch dann gelten, wenn das Arbeitsverhältnis erst **nach Eintritt der Schwangerschaft** begründet worden ist.[375] Denn zum Schutz der Arbeitnehmerin genügt es, dass die tatsächliche Beschäftigung aufgrund vorübergehender Unmöglichkeit zeitweise unterlassen wird.[376]

114   Aus § 17 MuSchG iVm § 134 ergibt sich, dass die **Kündigung** einer Frau während der Schwangerschaft und bis zum Ablauf von vier Monaten nach der Entbindung **unwirksam** ist, wenn dem Arbeitgeber zur Zeit der Kündigung die Schwangerschaft oder Entbindung bekannt war oder innerhalb von zwei Wochen nach Zugang der Kündigung mitgeteilt wird.[377]

115   **p) Schwarzarbeit.** Bei der Schwarzarbeit ist zwischen einem Verstoß gegen das **SchwarzArbG** durch Vereinbarungen zwischen dem Auftraggeber und dem „Schwarzarbeiter" und der Verletzung steuer- und strafrechtlicher Vorschriften durch sog. **Schwarzgeldabreden** zwischen dem Arbeitgeber und dem Arbeitnehmer zu unterscheiden.[378] Zum Arbeitsrecht gehört genau genommen nur die zweite Fallgruppe; die Problematik soll wegen des Zusammenhangs aber gemeinsam behandelt werden.

116   **aa) Verstoß gegen das SchwarzArbG.** Unter **Schwarzarbeit** versteht man die Erbringung von Dienst- und Werkleistungen ohne Beachtung der in § 1 Abs. 2 Nr. 1–5 SchwarzArbG normierten Mitteilungs-, Melde-, Steuer-, Anzeige- und Zulassungspflichten. Seit der Neufassung des Gesetzes vom 23.7.2004 stellt auch das Ausführenlassen von Dienst- oder Werkleistungen bei gleichzeitiger Nichtbefolgung der in § 1 Abs. 2 Nr. 1–3 SchwarzArbG aufgeführten Pflichten Schwarzarbeit dar (§ 1 Abs. 2 SchwarzArbG). Das Verbot richtet sich somit ausdrücklich auch an den Auftraggeber und enthält damit ein **beiderseitiges Verbot**.

117   **(1) Zweck des SchwarzArbG.** Das Verbot der Schwarzarbeit hat verschiedene **ordnungspolitische Zwecke**, die nur durch die Nichtigkeit des Vertrages erreicht werden können.[379] Zum einen soll die **Konkurrenzfähigkeit** der ordnungsgemäß geführten Betriebe sichergestellt werden. Zum anderen dient das Verbot dazu, die Verringerung von **Steuereinnahmen** und von Abgaben zur **Sozial- und Arbeitslosenversicherung** zulasten der Allgemeinheit zu vermeiden.[380] Außerdem soll der Auftraggeber vor **mangelhafter Ausführung** der Arbeit geschützt werden.[381]

118   **(2) Beiderseitiger Gesetzesverstoß.** Nach einhelliger Auffassung ist ein Vertrag, durch den **beide Vertragsparteien** gegen das SchwarzArbG verstoßen, nach § 134 **nichtig**.[382] Bei einem **einseitigen Verstoß** des Auftragnehmers ist der Vertrag dagegen nur dann nichtig, wenn der Auftraggeber **Kenntnis** von dem Verstoß hat und diesen bewusst zu seinem Vorteil **ausnutzt**.[383] Aus der Nichtigkeit des Vertrages folgt, dass dem **Auftraggeber** weder vertragliche Erfüllungs- noch Mängelgewährleistungsansprüche zustehen (→ Rn. 68).[384]

119   Umgekehrt kann der **Auftragnehmer** nicht die vereinbarte Vergütung verlangen. Ein Anspruch auf Aufwendungsersatz nach §§ **683, 670** scheitert daran, dass der Auftragnehmer seine Leistungen wegen der Gesetzeswidrigkeit nicht für erforderlich halten durfte (vgl. dazu → Rn. 78).[385] Der Anspruch des Auftrag-

373 Vgl. nur BAG AP Nr. 1 zu § 8 MuSchG 1968; *Buchner/Becker* MuSchG Vor §§ 3–8 Rn. 23 ff.; MAH ArbR/*Benecke* § 32 Rn. 27.

374 EuGH NJW 1994, 2077, wonach ein Arbeitsvertrag, der gegen das Nachtarbeitsverbot für Schwangere nach § 8 Abs. 1 MuSchG verstößt, nicht nichtig sein darf, weil anderenfalls das Diskriminierungsverbot der Richtlinie 76/207/EWG verletzt ist.

375 LAG Hamm DB 1999, 2114 f.; MAH ArbR/*Benecke* § 32 Rn. 28; *Buchner/Becker* MuSchG Vor §§ 3–8 Rn. 24.

376 *Buchner/Becker* MuSchG § 8 Rn. 10; Staudinger/*Sack/Seibl* BGB § 134 Rn. 265.

377 BAG NJW 2015, 1899 Rn. 10; BeckOK ArbR/*Dahm* MuSchG § 17 Rn. 38.1; *Buchner/Becker* MuSchG § 9 Rn. 165; ErfK/*Schlachter* MuSchG § 17 Rn. 3 ff.; Staudinger/*Sack/Seibl* BGB § 134 Rn. 265.

378 Zu dieser Unterscheidung Schaub ArbR-HdB/*Schaub/Koch*, „Schwarzarbeit".

379 Vgl. aus Ganzen BGHZ 85, 39 (43) = NJW 1983, 109; BGHZ 89, 369 (373 f.) = NJW 1984, 1175; *BGHZ 198, 141 (144 ff.)* = NJW 2012, 3167; Staudinger/*Sack/Seibl* BGB § 134 Rn. 275; *Köhler* JZ 1990, 466; *Lorenz* NJW 2013, 3132 (3133); *Tiedtke* NJW 1983, 713 (716).

380 Fehn/*Fehn*, Schwarzarbeitsbekämpfungsgesetz, § 1 Rn. 7.

381 BGHZ 89, 369 (374) = NJW 1984, 1175; Staudinger/*Sack/Seibl* BGB § 134 Rn. 275; *Tiedtke* NJW 1983, 713 (716).

382 BGHZ 85, 39 (44); 111, 308, 311; 198, 141, 143 ff.; Palandt/*Ellenberger* BGB § 134 Rn. 22; Soergel/*Hefermehl* BGB § 134 Rn. 55; Staudinger/*Sack/Seibl* BGB § 134 Rn. 276.

383 BGH NJW 1985, 2403 (2404) mAnm *Canaris*; BGHZ 198, 141 (147) = NJW 2013, 3167 (3168 f.); Palandt/*Ellenberger* BGB § 134 Rn. 22; Staudinger/*Sack/Seibl* BGB § 134 Rn. 276; *Köhler* JZ 1990, 466 (467).

384 BGHZ 198, 141 (148 ff.) = NJW 2013, 3167 (3169 f.); BGHZ 206, 69 Rn. 11 = NJW 2015, 2406; OLG Saarbrücken OLGR 2000, 303 (304); *Lorenz* NJW 2013, 3132 (3133 ff.); Staudinger/*Sack/Seibl* BGB § 134 Rn. 276; *Tiedtke* NJW 1983, 713 (715 f.); aA noch BGHZ 176, 198 = NJW-RR 2008, 1050; NJW-RR 2008, 1051; Soergel/*Hefermehl* BGB § 134 Rn. 55.

385 BGHZ 111, 308 (311); BGHZ 201, 1 = NJW 2014, 1805; Staudinger/*Sack/Seibl* BGB § 134 Rn. 277; *Köhler* JZ 1990, 466 (469).

nehmers auf Wertersatz nach §§ 812 Abs. 1 S. 1 Alt. 1, 818 Abs. 2 ist nach § 817 S. 2 ausgeschlossen (→ Rn. 79). Dass der ebenfalls rechtswidrig handelnde Auftraggeber auf diese Weise eine unentgeltliche Leistung erlangt, kann hieran nichts ändern. Denn durch den Ausschluss der Mängelrechte des Auftraggebers wird eine Gleichbehandlung beider Parteien erreicht.[386]

(3) Einseitiger Gesetzesverstoß. Verstößt der Auftragnehmer einseitig **ohne Kenntnis des Auftraggebers** gegen das SchwarzArbG, so ist der Vertrag nach der Rechtsprechung des BGH **nicht** gem. § 134 **nichtig.**[387] Hier ist der **Auftraggeber** nämlich nicht schutzwürdig; ihm sollen vertragliche Erfüllungs- und Gewährleistungsansprüche zustehen. Da der **Auftragnehmer** bei der Geltendmachung des Erfüllungsanspruches durch den Auftraggeber eine gesetzwidrige Leistung erbringen müsste, hat er sich zur legalen Erfüllung seines Vertrages eines anderen Unternehmers zu bedienen. Im Regelfall ist dies mit erheblichen Kosten für den Auftragnehmer verbunden, so dass die **generalpräventiven Zwecke** des SchwarzArbG erreicht werden.[388] Daher bedarf es hier keiner Annahme einer „halbseitigen Teilnichtigkeit", wonach zwar dem Auftraggeber vertragliche Rechte zustehen, der Auftragnehmer jedoch auf bereicherungsrechtliche Ansprüche verwiesen ist.[389]   120

(4) Umgehungsgeschäfte. Wird durch eine **besondere Gestaltung** das SchwarzArbG **umgangen,** so ist der Vertrag nach § 134 **nichtig.** So ist ein Vertrag zwischen einem Baubetreuer und Auftraggeber mit dem Inhalt, ein Wohnhaus „so weit wie möglich in Nachbarschaftshilfe" – und damit unter Einsatz von Schwarzarbeitern – zu errichten, als Umgehungsgeschäft unwirksam.[390]   121

bb) Schwarzgeldabreden. Eine zwischen Arbeitnehmer und Arbeitgeber getroffene Vereinbarung, dass die Beschäftigung – zumindest teilweise – ohne Entrichtung von Lohnsteuern und Sozialversicherungsbeiträgen erfolgt (sog. **Schwarzgeldabrede**), verstößt gegen §§ 263, 266 a StGB und § 370 AO sowie gegen steuer- und sozialversicherungsrechtliche Meldepflichten (zB §§ 41 a Abs. 1, 41 b Abs. 1 EStG, § 28 a SGB IV) und ist daher nach § 134 unwirksam.[391] Nach der Rechtsprechung des BAG und der überwiegenden Auffassung in der Literatur ist in diesen Fällen aber **nicht der gesamte Arbeitsvertrag nichtig**; die Nichtigkeitsfolge betrifft vielmehr allein Schwarzgeldabrede.[392]   122

Der entscheidende Unterschied zu Verstößen gegen das SchwarzArbG besteht darin, dass die **Arbeitsleistung** als solche bei einer Schwarzgeldabrede **nicht verboten** ist.[393] Der gesamte Arbeitsvertrag wird daher nur dann für nichtig erachtet, wenn die Hinterziehung der Steuern und Sozialversicherungsbeiträge den **Hauptzweck** der Vereinbarung bildet. Wird nur ein Teil der Vergütung ohne Entrichtung von Steuern und Sozialversicherungsbeiträgen bezahlt, so ist in der Regel nicht davon auszugehen, dass die Hinterziehung der Hauptzweck ist.[394] Im Übrigen lässt sich § 14 Abs. 2 SGB IV entnehmen, dass auch der Gesetzgeber von der Wirksamkeit des Arbeitsvertrages ausgeht.[395] Danach gilt ein **Nettoarbeitsentgelt** als vereinbart, wenn Steuern und Sozialabgaben bei illegaler Beschäftigung nicht entrichtet werden. Die Fiktion des § 14 Abs. 2 SGB IV hat allerdings keine weiteren arbeitsrechtlichen Wirkungen. Da die Schwarzgeldabrede nicht auf die Übernahme der Steuern und Sozialversicherungsbeiträge durch den Arbeitgeber abzielt, kann der Arbeitnehmer daraus auch keinen Anspruch auf Zahlung des vereinbarten Betrages als Nettolohn ableiten.[396]   123

q) Schwerbehinderte. Die Kündigung eines Schwerbehinderten durch den Arbeitgeber ohne die nach § 168 SGB IX (§ 85 SGB IX aF) erforderliche **vorherige Zustimmung des Integrationsamtes** ist nach § 134 unwirksam.[397] Dies gilt auch, wenn die Zustimmung zwar zunächst erteilt, in der Rechtsmittelinstanz aber **aufgehoben** wird.[398] Da § 168 SGB IX ausdrücklich eine **vorherige** Zustimmung verlangt, kann der Fehler durch nachträgliche Einholung der Zustimmung nicht „geheilt" werden.[399] Bei einer außerordentli-   124

---

386 BGHZ 201, 1 = NJW 2014, 1805 (1807).
387 BGHZ 89, 369 (373); BGH NJW-RR 2002, 557; OLG Düsseldorf NJW-RR 1998, 1710; Staudinger/*Sack/Seibl* BGB § 134 Rn. 279; aA *Kern* FS Gernhuber 1993, S. 191, 198.
388 BGHZ 89, 369 (374 f.)
389 Dazu *Canaris* NJW 1985, 2403 (2404); dem folgend LG Bonn NJW-RR 1991, 180 f.; für Schadensersatzanspruch des Auftraggebers aus § 311 a Abs. 2 MüKoBGB/*Armbrüster* § 134 Rn. 82.
390 BGHZ 85, 39 (46 f.)
391 BAG AP Nr. 24 zu § 134 BGB = DB 2003, 1581.
392 BAG NZA 2004, 313 (315); BAGE 133, 332 = NJW 2010, 2604 Rn. 12; LAG MV 25.11.2008 – 5 Sa 174/08; ErfK/*Preis* BGB § 611 a Rn. 342; Staudinger/*Sack/Seibl* BGB § 134 Rn. 283; BeckOGK/*Vossler* BGB § 134 Rn. 139.

393 BAG NZA 2004, 313 (315).
394 *Marschall*, Anm. zu BAG AP § 134 Nr. 24.
395 BAG NZA 2004, 313 (316).
396 BAG NZA 2010, 2604.
397 BAGE 76, 142 = AP Nr. 21 zu Einigungsvertrag Anlage I Kap. XIX (zu §§ 15, 21 Abs. 1 SchwbG aF); BAG NJW 2005, 3514; NJW 2013, 1898 Rn. 16; NJW 2017, 684 Rn. 18; ErfK/*Rolfs* SGB IX § 168 Rn. 1; Staudinger/*Sack/Seibl* BGB § 134 Rn. 284; BeckOK SozR/*Gutzeit* SGB IX § 168 Rn. 32.
398 LAG Köln ArbR 2003, 196.
399 BAGE 124, 43 = NZA 2008, 407 Rn. 15; BeckOGK/*Vossler* BGB § 134 Rn. 140; *v. Hoyningen-Huene/Linck* KSchG § 1 Rn. 983; BeckOK SozR/*Gutzeit* SGB IX § 168 Rn. 32.

chen Kündigung reicht es aber, dass das Integrationsamt die Zustimmung im Zeitpunkt der Kündigung bereits getroffen und dem Arbeitgeber mündlich oder fernmündlich mitgeteilt hatte; eine vorherige Zustellung der schriftlichen Entscheidung des Integrationsamtes ist nach § 174 SGB IX (§ 91 SGB IX aF) nicht erforderlich.[400] Der Arbeitnehmer muss den Verstoß gegen § 168 SGB IX gem. § 4 S. 1 iVm § 7 KSchG innerhalb von drei Wochen ab Zugang der Kündigung geltend machen; ansonsten kann er sich nicht auf die Unwirksamkeit der Kündigung gem. § 134 iVm § 168 SGB IX berufen.[401] Eine Vereinbarung oder Maßnahme, die gegen das **Benachteiligungsverbot** des § 164 Abs. 2 SGB IX (§ 81 Abs. 2 SGB IX) iVm § 7 AGG verstößt, ist nach § 134 nichtig.[402] Dagegen ist die Kündigung eines Schwerbehinderten durch den Arbeitgeber nicht allein deshalb unwirksam, weil die **Schwerbehindertenvertretung** entgegen § 178 Abs. 2 SGB IX (§ 95 Abs. 2 SGB IX aF) nicht angehört wurde.[403]

125 **r) Teilzeit- und Befristungsgesetz.** Das am 1.1.2001 in Kraft getretene Teilzeit- und Befristungsgesetz (**TzBfG**)[404] bestimmt in § 11, dass die **Kündigung** eines Arbeitnehmers wegen der Weigerung, von einem Vollzeit- in ein Teilzeitbeschäftigungsverhältnis oder umgekehrt zu wechseln, **unwirksam** ist. Von dem in § 4 TzBfG enthaltenen Verbot, teilzeitbeschäftigte oder befristet beschäftigte Arbeitnehmer ohne sachlichen Grund zu **diskriminieren**, darf nicht zum Nachteil des Arbeitnehmers abgewichen werden. Ein Verstoß gegen dieses Verbot führt nach § 134 zur Nichtigkeit der betreffenden individual- oder tarifvertraglichen Vereinbarung.[405] Das Gleiche gilt bei einem Verstoß gegen das **Benachteiligungsverbot** des § 5 TzBfG (vgl. auch § 22 TzBfG).[406]

126 In Bezug auf **Befristungen und auflösende Bedingungen** gibt das TzBfG im Wesentlichen die bis dahin geltende Rechtsprechung des BAG zur Umgehung des Kündigungsschutzes wieder (dazu → Rn. 110).[407] Eine **Befristung** des Arbeitsverhältnisses ist nur unter den Voraussetzungen des § 14 TzBfG zulässig. Ein Verstoß gegen § 14 TzBfG führt nach § 16 S. 1 TzBfG dazu, dass der Arbeitsvertrag als **auf unbestimmte Zeit** geschlossen gilt. § 134 ist also nicht anwendbar. Für **auflösende Bedingungen** gilt nach § 21 TzBfG grundsätzlich das Gleiche.

127 **s) Urlaub.** Soweit von den Vorschriften des Bundesurlaubsgesetzes (BUrlG) nicht zum Nachteil des Arbeitnehmers abgewichen werden darf (§ 13 Abs. 1 S. 3 BUrlG), begründet ein entsprechender Verstoß die **Nichtigkeit** der einzel- oder tarifvertraglichen oder betrieblichen Abrede.[408] So sind Vereinbarungen, die gegen das grundsätzliche **Abgeltungsverbot von Urlaubsansprüchen** nach § 7 Abs. 4 BUrlG verstoßen, unwirksam.[409] Ist ein Anspruch auf Abgeltung des Urlaubs ausnahmsweise wegen Beendigung des Arbeitsverhältnisses entstanden, so kann der Arbeitnehmer weder vor noch nach der Beendigung des Arbeitsverhältnisses wirksam darauf **verzichten**.[410] Denn die Abgeltung des Urlaubs steht in so engem Zusammenhang mit dessen Gewährung, dass auch dieser Fall vom Schutzzweck der Mindesturlaubsregelung erfasst wird.[411] Entsteht durch die Nichtigkeit einer Abrede im Arbeitsvertrag eine **Lücke,** wird diese durch die Bestimmungen des BUrlG **ausgefüllt.**[412] Das BAG stellt in neuerer Zeit auch auf § 134 ab;[413] genau genommen ist der zusätzliche Rückgriff auf § 134 aber entbehrlich.[414]

128 Der Verstoß gegen § 8 BUrlG führt nicht dazu, dass der **Vertrag** über die Ausübung einer **urlaubszweckwidrigen Tätigkeit gegen Entgelt** nach § 134 unwirksam ist.[415] Dies folgt insbesondere daraus, dass der Vertragspartner des Arbeitnehmers im Regelfall von der verbotenen Tätigkeit nichts weiß und insofern

400 BAG NJW 2005, 3514; Staudinger/*Sack/Seibl* BGB § 134 Rn. 284; ErfK/*Rolfs* SGB IX § 174 Rn. 7.
401 BAG NZA 2008, 1055 Rn. 43 ff.
402 BeckOGK/*Vossler* BGB § 134 Rn. 140; ErfK/*Schlachter* AGG § 7 Rn. 6.
403 AP Nr. 1 zu § 22 SchwbG; Palandt/*Ellenberger* BGB § 134 Rn. 15; Staudinger/*Sack/Seibl* BGB § 134 Rn. 284.
404 BGBl. I 2000 S. 1966.
405 BAGE 150, 334 = NZA 2015, 1005 Rn. 493; BAG NZA 2019, 1588 Rn. 11; 2020, 255 Rn. 19; BeckOGK/*Vossler* BGB § 134 Rn. 142.
406 BeckOGK/*Vossler* BGB § 134 Rn. 142; ErfK/*Preis* TzBfG § 4 Rn. 5; Meinel/Heyn/*Herms* TzBfG § 4 Rn. 47, 152, § 5 Rn. 17; *Ring* TzBfG § 4 Rn. 41, § 5 Rn. 8.
407 *Rolfs* TzBfG Einf. Rn. 3 f., 8; *Meinel/Heyn/Herms* TzBfG § 21 Rn. 1; Einzelheiten zur Rspr. bei ErfK/*Müller-Glöge* TzBfG § 1 Rn. 3 f., TzBfG § 14 Rn. 2; TzBfG § 16 Rn. 1; TzBfG § 21 Rn. 1.
408 Vgl. BAG NZA 2017, 655 Rn. 23; 2016, 1462 Rn. 25; 2014, 383, 384; NJW 2010, 2987 (2989); 2001, 460, 461; *Neumann/Fenski/Kühn* BUrlG § 13 Rn. 51 f.; MüKoBGB/*Armbrüster* § 134 Rn. 88.
409 *Neumann/Fenski/Kühn* BUrlG § 7 Rn. 104; Soergel/*Hefermehl* BGB § 134 Rn. 51; Staudinger/*Sack/Seibl* BGB § 134 Rn. 223.
410 BAGE 20, 24, 26 ff.; Staudinger/*Sack/Seibl* BGB § 134 Rn. 223; Palandt/*Ellenberger* BGB § 134 Rn. 15.
411 BAGE 20, 24, 26 f.
412 *Neumann/Fenski/Kühn* BUrlG § 13 Rn. 51 f.
413 BAG NZA 2017, 655 Rn. 23; 2016, 1462 Rn. 25.
414 MüKoBGB/*Armbrüster* § 134 Rn. 88.
415 BAG AP Nr. 3 zu § 8 BUrlG m. krit. Anm. *Clemens* = NZA 1988,607; ErfK/*Gallner* BUrlG § 8 Rn. 3; BeckOK ArbR/*Lampe* BUrlG § 8 Rn. 4; *Leinemann/Linck* § 8 BUrlG Rn. 11; Soergel/*Hefermehl* BGB § 134 Rn. 51; aA MüKoBGB/*Armbrüster* § 134 Rn. 87; Palandt/*Ellenberger* BGB § 134 Rn. 15; Staudinger/*Sack/Seibl* BGB § 134 Rn. 223; *Neumann/Fenski/Kühn* BUrlG § 8 Rn. 7.

schutzwürdig ist. Auch der **Anspruch** des Arbeitnehmers auf Fortzahlung des Entgelts während des Urlaubs nach §§ 1, 3 BUrlG wird von dem Verstoß gegen das Erwerbstätigkeitsverbot nicht berührt.[416]

2. Ärzte und Heilpraktiker

Literatur: *Gramberg-Danielsen/Kern*, Die Schweigepflicht des Arztes gegenüber privaten Verrechnungsstellen, NJW 1998, 2708; *Laufs/Katzenmeier/Lipp*, Arztrecht, 7. Auflage 2015; *Spickhoff*, Medizinrecht, 3. Auflage 2018.

Die Vertragsfreiheit von **Ärzten** wird insbesondere durch die Vorschriften der **ärztlichen Berufsordnung** **129** eingeschränkt, die Gesetze im Sinne des Art. 2 EGBGB sind (→ Rn. 20). § 134 ist dabei im Verhältnis zu § 138 vorrangig zu prüfen.[417] Zwar richten sich die Regeln der ärztlichen Berufsordnung als Disziplinarvorschriften einseitig gegen den Arzt, gleichwohl kann ein Verstoß zur Nichtigkeit eines Rechtsgeschäfts zwischen Arzt und Nichtarzt führen, wenn das Verbot besonders wichtige Gemeinschaftsbelange oder die Interessen Dritter schützt.[418] Dies ist bei der grundlegenden Berufsregel, wonach eine ärztliche Praxis **nicht in gewerblicher Weise**, also nicht mit der primären Absicht möglichst hoher Gewinnerzielung, betrieben werden darf, der Fall. Wird eine Arztpraxis dergestalt in ein gewerbliches Hotel-Sanatorium einbezogen, dass es offenbar nur noch um die Verschreibung möglichst vieler Heilleistungen des Sanatoriums geht, so liegt eine solche gewerbsmäßige Ausübung des Arztberufs vor.[419]

Auch ein Verstoß gegen die berufsordnungsrechtliche Regelung, wonach sich der Arzt bei der **Überwei-** **130** **sung an andere Ärzte** nicht durch sachfremde Kriterien, namentlich das Versprechen eines Entgeltes durch andere Ärzte, binden darf, begründet gem. § 134 die Nichtigkeit entsprechender Vereinbarungen.[420] Ein Entgelt in diesem Sinne ist jedoch nicht schon darin zu sehen, dass bei ambulanten Operationen der Anästhesist dem Operateur einen Kostenanteil für die Bereitstellung des Operationssaals und des Personals zu zahlen hat.[421]

Nach § 134 nichtig ist auch ein Arbeitsvertrag mit einem Krankenhausträger über die Ausübung des ärztli- **131** chen Berufs, wenn die erforderliche Approbation oder Erlaubnis weder vorliegt noch erteilt werden kann. Die Regeln über das fehlerhafte Arbeitsverhältnis sind hier nicht anwendbar. Der Vertrag ist vielmehr ex tunc unwirksam.[422] Die zwischen einem nicht approbierten Arzt und seinen Patienten geschlossenen Behandlungverträge sind ebenfalls nach § 134 unwirksam.[423] Ein Vertrag zwischen einem niedergelassenen Arzt und einem Vertreter, nach dem der Vertreter unter Verstoß gegen die einschlägigen Vorschriften der Ärzteordnung **ohne Approbation** und **ohne die Erlaubnis zur vorübergehenden Ausübung des ärztlichen Berufs** tätig werden soll, ist ebenfalls nach § 134 nichtig.[424] Desgleichen begründet der Verstoß gegen die Regelungen der Zulassungsverordnung für Ärzte, wonach ein Kassenarzt seine Tätigkeit persönlich **in freier Praxis** auszuüben hat und **nicht in einem Beschäftigungsverhältnis stehen** darf, die Nichtigkeit eines Praxisübernahmevertrages, der auf eine abhängige Beschäftigung hinausläuft.[425]

Nichtig sind auch die **Überlassung der Patientenkartei**, die oftmals aus Anlass eines **Praxisverkaufs** **132** bzw. -tauschs erfolgt, sowie – wegen der damit verbundenen Weiterleitung von Patientendaten[426] – die **Abtretung ärztlicher Honorarforderungen**, insbesondere an gewerbliche oder privatärztliche Verrechnungsstellen ohne Einverständnis des Patienten.[427] Denn diese Rechtsgeschäfte stellen sich bei fehlendem Einverständnis des Patienten als unbefugtes Offenbaren eines unter die ärztliche Schweigepflicht fallenden Geheimnisses dar und laufen damit dem gesetzlichen Verbot aus § 203 Abs. 1 Nr. 1 StGB zuwider.[428] Ein **stillschweigend erklärtes Einverständnis** des Patienten scheidet im Regelfall aus, es sei denn, der Patient

416 BAG AP Nr. 3 zu § 8 BUrlG = NJW 1988, 2757; *Leinemann/Linck* § 8 Rn. 15; aA *Neumann/Fenski/Kühn* BUrlG § 8 Rn. 9, 11.
417 Vgl. BayObLG NJOZ 2001, 902 (906), 908.
418 BayObLG NJOZ 2001, 902 (907).
419 BayObLG NJOZ 2001, 902.
420 BGH NJW 1986, 2360 (2361); Erman/*Arnold* BGB § 134 Rn. 34; Soergel/*Hefermehl* BGB § 134 Rn. 16; aA *Taupitz* JZ 1994, 221 (227).
421 BGH NJW-RR 2003, 1175.
422 BAGE 112, 299 = NZA 2005, 1409; BeckOGK/*Vossler* BGB § 134 Rn. 186.
423 OLG Düsseldorf NJW 1988, 2308; BeckOGK/*Vossler* BGB § 134 Rn. 186; Erman/*Arnold* BGB § 134 Rn. 33.
424 OLG Düsseldorf NJW 1988, 2308; Erman/*Arnold* BGB § 134 Rn. 33.

425 OLG München NJW-RR 1998, 1441; Erman/*Arnold* BGB § 134 Rn. 33.
426 MüKoBGB/*Armbrüster* § 134 Rn. 54.
427 BGHZ 115, 123 (125 ff.) = NJW 1991, 2955; BGHZ 116, 268 = NJW 1992, 737; BGH NJW 1992, 2348 (2349); 2005, 1505, 1506; 2014, 141, 142; OLG Köln NJW 1993, 793; OLG Karlsruhe NJW 1998, 831; Erman/*Arnold* BGB § 134 Rn. 34; Palandt/*Ellenberger* BGB § 134 Rn. 22 a; Staudinger/*Sack/Seibl* BGB § 134 Rn. 292; zur Abtretung an private Verrechnungsstellen Laufs/Katzenmeier/Lipp/*Katzenmeier* ArztR Kap. IX Rn. 36 ff.; *Gramberg-Danielsen/Kern* NJW 1998, 2708 ff.; zur abweichenden älteren Rspr. vgl. BGH NJW 1974, 602.
428 BGHZ 115, 123 (125 ff.); 116, 268; BGH NJW 2014, 141 (142); OLG Köln NZG 1999, 607 (608); OLG Karlsruhe GesR 2002, 101 (102); ausf. dazu *Laufs/Katzenmeier/Lipp* ArztR Kap. IX Rn. 32 ff.

hat sich auch dem neuen, die Praxis übernehmenden Arzt zur ärztlichen Behandlung anvertraut.[429] Formularmäßig verwendete Einverständniserklärungen, die vorsehen, dass der Patient der Abtretung der ärztlichen Honorarforderung an eine gewerbliche Abrechnungsstelle und ggf. der weiteren Abtretung an ein Kreditinstitut zum Zwecke der Refinanzierung zustimmt, enthalten inhaltlich voneinander trennbare, einzeln aus sich heraus verständliche Regelungen, die Gegenstand einer gesonderten Wirksamkeitsprüfung sein können.[430]

133 Die Nichtigkeit tritt nicht ein, wenn die Patientendaten an keinen außenstehenden Dritten, sondern nur **innerhalb der Arztpraxis bzw. des Krankenhauses** weitergeleitet werden, zB wenn der Chefarzt seine Honorarforderung zwecks Geltendmachung an den Krankenhausträger abtritt.[431] Hier fehlt es schon an dem Merkmal der „Offenbarung" aus § 203 Abs. 1 Nr. 1 StGB. Davon abgesehen ist in solchen Fällen regelmäßig von einer konkludenten Einwilligung des Patienten in die Weiterleitung seiner Daten auszugehen. Die Abtretung einer Honorarforderung an die **kassenärztliche Vereinigung** verstößt nicht gegen § 203 Abs. 1 Nr. 1 StGB, wenn die Informationsrechte des Zessionars aus § 402 ausdrücklich oder konkludent abbedungen sind.[432]

134 Die Unwirksamkeit der Abtretung von Honorarforderungen gilt für **Ärzte** und **Zahnärzte,** aber auch für **Alten- und Krankenpfleger.**[433] Ob es sich um eine **generelle** Abtretung handelt oder ob die Abtretung **im Einzelfall** zur Beitreibung der Forderung erfolgt, nachdem der Patient seine Zahlungsunwilligkeit gegenüber dem Arzt zum Ausdruck gebracht hat, ist unerheblich.[434] Die Abtretung ist auch dann nichtig, wenn sie keine Honorarforderung, sondern eine **Schadensersatzforderung** des Arztes gegenüber dem Patienten wegen entgangenen Gewinns betrifft.[435] **Tierärzte** werden von § 203 Abs. 1 Nr. 1 StGB gleichfalls erfasst. Gleichwohl können Tierärzte ihre Honorarforderungen wirksam abtreten, weil die bloße Weitergabe veterinärmedizinischer Behandlungsunterlagen im Allgemeinen nicht gegen den Schutzzweck der Strafnorm verstößt.[436]

135 Der BGH hat mit Blick auf den Verkauf von Anwaltskanzleien entschieden, dass eine Nichtigkeit wegen Verstoßes gegen § 203 Abs. 1 StGB entfällt, wenn der **Veräußerer als freier Mitarbeiter** für eine Übergangszeit in der Kanzlei verbleibt[437] (→ Rn. 208). Diese Überlegung lässt sich auf den Verkauf von Arztpraxen übertragen.[438] Die Ausweitung der **Abtretbarkeit von Honorarforderungen** durch **§ 49 Abs. 4 BRAO** (→ Rn. 209) ist dagegen nach der klaren gesetzgeberischen Entscheidung auf Rechtsanwälte beschränkt. Das Geheimhaltungsinteresse des Patienten gegenüber dem Arzt wird damit zwar stärker geschützt als das Geheimhaltungsinteresse des Mandanten gegenüber dem Rechtsanwalt. Die Differenzierung ist aber nicht willkürlich und verstößt daher nicht gegen Art. 3 Abs. 1 GG.[439] Die Vereinbarung einer Wahlleistung ist nach § 134 nichtig, wenn der Arzt nicht zu dem in § 17 Abs. 3 S. 1 KHEntgG umschriebenen Kreis der liquidationsberechtigten Wahlärzte gehört.[440]

136 Die Zulässigkeit der gesonderten Berechnung von **ärztlichen Wahlleistungen** ist in § 17 KHEntgG geregelt. § 17 Abs. 3 S. 1 KHEntgG begrenzt den Kreis der liquidationsberechtigten Wahlärzte zum Schutz des Patienten auf die an der Behandlung beteiligten angestellten oder beamteten Ärzte des Krankenhauses, soweit diese zur gesonderten Berechnung ihrer Leistungen berechtigt sind.[441] Ein Verstoß gegen diese Vorschrift führt nach § 134 zur Nichtigkeit der Vereinbarung über die Wahlleistung bzw. die gesonderte Vergütung.[442] Zu Verstößen gegen das **Embryonenschutzgesetz** → Rn. 153; zur Beurteilung von Verträgen über den **Schwangerschaftsabbruch** → Rn. 257.

137 Ein Behandlungsvertrag mit einem **Heilpraktiker**, der nicht die erforderliche Zulassung nach § 1 Abs. 1 Heilpraktikergesetz hat, ist nach § 134 nichtig.[443]

429 BGHZ 116, 268 (275) = NJW 1992, 737 (740).
430 BGH NJW 2014, 141.
431 LG Bonn NJW 1995, 2419.
432 BGH NJW 2019, 2156.
433 OLG Hamm NJW 2007, 849 (850); Palandt/*Ellenberger* BGB § 134 Rn. 22 a.
434 BGH NJW 1993, 2371.
435 BGH NJW 1996, 775; 2010, 2509, 2510; Erman/*Arnold* BGB § 134 Rn. 34.
436 OLG Celle NJW 1995, 786; MüKoBGB/*Armbrüster* § 134 Rn. 54; Palandt/*Ellenberger* BGB § 134 Rn. 22 a; *Wilhelms* NJW 1993, 1537; aA LG Bochum NJW 1993, 1535 (1536); Staudinger/*Sack/Seibl* BGB § 134 Rn. 292.

437 BGH NJW 2001, 2462.
438 Palandt/*Ellenberger* BGB § 134 Rn. 22 a.
439 BGHZ 171, 252 (259).
440 BGH NJW 2019, 1519.
441 Näher dazu *Spickhoff* KHEntgG § 17 Rn. 11 ff.
442 BGH NJW 2015, 1375 Rn. 23; Palandt/*Ellenberger* BGB § 134 Rn. 16; BeckOGK/*Vossler* BGB § 134 Rn. 190.
443 OLG München NJW 1984, 1826; zur Verfassungsmäßigkeit von § 1 Abs. 1 Heilpraktikergesetz BVerfG NJW 1988, 2290; vgl. auch OLG Celle BeckRS 2013, 16294 zum entschädigungsfähigen Firmenwert bei Beendigung einer ärztlichen Tätigkeit eines Gesellschafters für die Gesellschaft.

3. Arzneimittel und Apotheker

Literatur: *Rehmann*, Arzneimittelgesetz, 4. Auflage 2014.

Der BGH hat in einer älteren Entscheidung die Auffassung vertreten, dass Kaufverträge über **Arzneimittel**, **138** die gegen die **Apotheken- und Rezeptpflicht** nach dem AMG verstoßen, nicht nach § 134 unwirksam sind.[444] In der neueren Rechtsprechung zeichnet sich eine Wende ab. So sind Verträge über die **Lieferung im Inland nicht zugelassener Medikamente** nach Ansicht des OLG Karlsruhe wegen Verstoßes gegen § 73 Abs. 1, 2 AMG nichtig.[445] Zur Begründung wird darauf hingewiesen, dass das Arzneimittelrecht nicht mehr nur Verwaltungsfunktion hat, sondern auch den Schutz des Verbrauchers bezweckt. Mit ähnlicher Begründung hat das LG Düsseldorf aus § 51 AMG (Verbot des Verkaufs von Arzneimitteln im Reisegewerbe) die Nichtigkeit eines entsprechenden Vertrages abgeleitet.[446]

Nach der Rechtsprechung des BGH war die **stille Beteiligung** an einer Apotheke durch nicht approbierte **139** Gesellschafter zulässig, wenn der Apotheker weisungsfrei handeln konnte und nicht in persönlicher oder wirtschaftlicher Abhängigkeit stand.[447] Dies begründete die Gefahr, dass die Approbationspflicht für Apotheker durch stille Beteiligungen umgangen wird. Seit der Novellierung des ApoG von 1980[448] sind Beteiligungen in Form der stillen Gesellschaft und andere **Beteiligungen am Umsatz der Apotheke** als Gegenleistung für überlassene Vermögenswerte außerhalb des Pachtverhältnisses gem. § 8 S. 2, 3 ApoG nichtig.[449] Das in Deutschland gem. § 2 Abs. 1 Nr. 3 iVm §§ 7, 8 ApoG geltende „**Fremdbesitzverbot**", wonach ausschließlich Apotheker Eigentümer und Betreiber einer Apotheke sein dürfen, verstößt nicht gegen Art. 49 und 54 AEUV (vormals Art. 43, 48 EGV).[450]

4. Bankrecht

Literatur: *Boos/Fischer/Schulte-Mattler*, Kreditwesengesetz, 5. Auflage 2016; *Eckhold*, Privatrechtliche Konsequenzen unerlaubter Inverstmentgeschäfte, ZBB 2016, 102.

Verbotsnormen iSd § 134 finden sich für das Bankrecht im **Kreditwesengesetz** (KWG). Auch wenn es sich **140** zumeist um **einseitige Verbote** handelt, kann es zum Schutz des anderen Vertragspartners oder gewichtiger Interessen Dritter doch geboten sein, die Nichtigkeit eines verbotswidrigen Rechtsgeschäfts zu bejahen. Jede einzelne Vorschrift ist daher gesondert im Hinblick auf ihren Zweck und die Auswirkungen eines Verstoßes zu untersuchen.

a) Betreiben von Bankgeschäften ohne Erlaubnis. Nach § 54 Abs. 2 KWG ist das gewerbsmäßige **141** Betreiben von Bankgeschäften oder das gewerbsmäßige Erbringen von Finanzdienstleistungen ohne die nach § 32 Abs. 1 KWG erforderliche Erlaubnis mit Strafe bedroht. Ein Verstoß gegen die Genehmigungspflicht führt nach ständiger Rechtsprechung nicht zur Nichtigkeit der geschlossenen **Darlehensverträge**, da sich die Vorschrift einseitig an den Kreditgeber und nicht gegen die privatrechtlichen Wirkungen der Kreditverträge richtet.[451] Etwas anderes gilt aber für **Einlagegeschäfte** und **Sparkaufverträge**; hier muss der Vertragspartner wegen der Gefahr des Verlustes das Recht haben, seine Einlage zurückzufordern.[452]

b) Verstoß gegen sonstige Bestimmungen. § 3 Nr. 3 KWG enthält das Verbot, Kredit- und Einlagege- **142** schäfte zu betreiben, wenn die Möglichkeit ausgeschlossen oder erheblich erschwert ist, durch Barabhebung zu verfügen. Ein Verstoß gegen diese Vorschrift führt nach hM zur **Nichtigkeit einer entsprechenden**

---

444 BGH NJW 1968, 2286 (2287); dem folgend Erman/ *Arnold* BGB § 134 Rn. 32; PWW/*Ahrens* BGB § 134 Rn. 35; aA MüKoBGB/*Armbrüster* § 134 Rn. 98; Palandt/*Ellenberger* BGB § 134 Rn. 16; vermittelnd (Heilung durch Erfüllung) Staudinger/*Sack/Seibl* BGB § 134 Rn. 203.

445 OLG Karlsruhe NJW-RR 2002, 1206; Palandt/*Ellenberger* BGB § 134 Rn. 16.

446 LG Düsseldorf NJW 1980, 647; vgl. auch Palandt/ *Ellenberger* BGB § 134 Rn. 10; Erman/*Arnold* BGB § 134 Rn. 32; *Rehmann*, § 51 Rn. 3.

447 Vgl. zur alten Rechtslage BGHZ 75, 214 = NJW 1980, 638; Soergel/*Hefermehl* BGB § 134 Rn. 72.

448 Vgl. Art. 2 Abs. 3 des Gesetzes zur Änderung des Gesetzes über das Apothekenwesen vom 4.8.1980 (BGBl. I S. 1142).

449 Staudinger/*Sack/Seibl* BGB § 134 Rn. 198.

450 EuGH NJW 2009, 2112 (2114 f.).

451 BGH WM 1966, 1101 (1102); 1978, 1268, 1269; 1980, 374, 377; 2011, 1168; BGHZ 76, 119 (126 f.); OLG Hamm VersR 2010, 609 (610); Palandt/*Ellenberger* BGB § 134 Rn. 20; Soergel/*Hefermehl* BGB § 134 Rn. 80; Staudinger/*Sack/Seibl* BGB § 134 Rn. 258; Boos/Fischer/Schulte-Mattler/*Fischer* § 32 Rn. 30.

452 MüKoBGB/*Armbrüster* § 134 Rn. 71; Staudinger/ *Sack/Seibl* BGB § 134 Rn. 258; BeckOGK/*Vossler* BGB § 134 Rn. 149; *Canaris*, Gesetzliches Verbot, S. 42 f.; zum Sparkaufvertrag OLG Stuttgart NJW 1980, 1798 (1800); Soergel/*Hefermehl* BGB § 134 Rn. 80; zur Beteiligung an einer stillen Gesellschaft OLG Schleswig VuR 2002, 445 (446).

Beschränkung.[453] Dies erscheint sachgerecht, da der Vertragspartner schutzwürdig ist. Der Verstoß gegen die Verbote nach § 3 Nr. 1 und Nr. 2 KWG führt dagegen nicht dazu, dass das betreffende Rechtsgeschäft nach § 134 unwirksam ist.[454] Die **Abtretung** von Darlehensforderungen durch eine Bank verstößt weder gegen die Bestimmungen des Datenschutzgesetzes noch gegen § 203 StGB und ist daher auch nicht nach § 134 unwirksam. Etwas anderes ergibt sich auch nicht aus dem sog. **Bankgeheimnis**, weil dieses kein gewohnheitsrechtlich anerkanntes Verbotsgesetz darstellt.[455]

143   Die **Nichtigkeit** von Großkrediten bzw. Krediten über 250.000 EUR kann **nicht** aus einem Verstoß gegen die in **§§ 13, 13 a KWG** bzw. **§ 18 KWG** normierten Anforderungen hergeleitet werden.[456] Für §§ 13, 13 a KWG ergibt sich dies bereits aus dem Gesetzestext („unbeschadet der Wirksamkeit der Rechtsgeschäfte"). Im Übrigen dienen die Vorschriften als einseitige Verbote der Risikobegrenzung für Kreditinstitute;[457] dem Vertragspartner soll hierdurch kein Nachteil entstehen. Nach der Rechtsprechung sind auch Kreditverträge, die entgegen einem Kreditgewährungsverbot der Bundesanstalt für Finanzdienstleistungsaufsicht nach **§ 46 Abs. 1 S. 2 Nr. 2 KWG** geschlossen wurden, **nicht** nach § 134 **nichtig**.[458] Dies folgt insbesondere daraus, dass der Schutz der Bankgläubiger den Nachteil für den Kreditvertragspartner nicht rechtfertigt.[459] Wenn der Vertragspartner die Zuwiderhandlung der Bank kannte und die Voraussetzungen der Anfechtbarkeit nach der InsO vorliegen, kommt aber Nichtigkeit nach § 138 in Betracht.[460]

5. Baurecht (insbesondere Bauverträge)

Literatur: *Battis/Krautzberger/Löhr*, BauGB, 13. Aufl. 2016; *Drasdo*, Rechtsfolgen des Verstoßes gegen MaBV-Normen, NJW 2007, 2741; *Pauly*, Architektenvertrag – Neues zum Koppelungsverbot des Art. 10 § 3 MRVG, MDR 2011, 898.

144   **a) Verstoß gegen Genehmigungspflichten.** Das Fehlen einer **Baugenehmigung** hat nicht ohne Weiteres zur Folge, dass Verträge in Bezug auf das Bauobjekt unwirksam sind (zu Mietverträgen → Rn. 200).[461] Jedoch ist der Anspruch auf Bauleistungen noch nicht fällig, so dass ein Bauunternehmer nicht wegen Verzugs schadensersatzpflichtig ist.[462] Nichtig sind allerdings solche Verträge, die die Vertragsparteien bewusst zur **Umgehung des Genehmigungserfordernisses** eingehen.[463]

145   Verträge mit Bauträgern und Baubetreuern, die keine gem. **§ 34 c Abs. 1 Nr. 32 GewO** erforderliche Erlaubnis für die Ausübung ihrer Tätigkeit haben, sind ebenfalls wirksam, soweit sie nicht die Umgehung der Vorschrift bezwecken.[464]

146   **b) Verstoß gegen bauplanungsrechtliche Vorschriften.** Verträge, die entgegen § 1 Abs. 3 S. 2 BauGB die **Verpflichtung zum Erlass eines Bebauungsplans** beinhalten, sind gem. § 134 unwirksam.[465] Soweit sich nicht aus § 139 etwas anderes ergibt, bezieht sich die Unwirksamkeit auf den gesamten Vertrag.

147   Verträge, durch die das gesetzliche **Vorkaufsrecht einer Gemeinde** (§§ 24 ff. BauGB) vereitelt werden soll, sind als Umgehungsgeschäfte (dazu → Rn. 83) unwirksam.[466]

148   § 129 Abs. 1 S. 3 BauGB regelt die gesetzliche Verpflichtung der Gemeinde, mindestens 10 % des beitragsfähigen **Erschließungsaufwands** zu tragen. Nach dem Schutzzweck der Vorschrift waren Verträge, die die Kosten für die Erschließung entgegen dieser Vorschrift zulasten des Grundstückerwerbers regelten, **nicht insgesamt unwirksam.**[467] Vielmehr beschränkte sich die Nichtigkeitsanordnung auf den Ausschluss der Selbstbeteiligung der Gemeinde. Für Erschließungsverträge sah § 124 Abs. 2 S. 3 BauGB indes schon seit dem 20.7.2004 die Unanwendbarkeit des § 129 Abs. 1 S. 3 BauGB vor. Seit dem 1.10.2017 ergibt sich die Zulässigkeit städtebaulicher Verträge über die Übernahme von Kosten und Aufwendungen der Gemeinden

---

453 OLG Stuttgart NJW 1980, 1798 (1800); MüKoBGB/*Armbrüster* § 134 Rn. 71; Palandt/*Ellenberger* BGB § 134 Rn. 20; Staudinger/*Sack/Seibl* BGB § 134 Rn. 258; Boos/Fischer/Schulte-Mattler/*Schäfer* § 3 Rn. 30; offen gelassen von BGHZ 129, 90 (92) = NJW 1995, 1494.

454 Boos/Fischer/Schulte-Mattler/*Schäfer* § 3 Rn. 29.

455 BGH NJW 2007, 2106 (2107 f.); Palandt/*Ellenberger* BGB § 134 Rn. 22 a.

456 Palandt/*Ellenberger* BGB § 134 Rn. 20; zu § 13 KWG BGH WM 1978, 785 (787); OLG München WM 1984, 469 (470); Staudinger/*Sack/Seibl* BGB § 134 Rn. 258; zu § 18 KWG OLG München WM 1984, 469 (470); LG Essen WM 1997, 814 (816).

457 Vgl. OLG München WM 1984, 469 (470).

458 *BGH NJW 1990, 1356* f.; vgl. auch Palandt/*Ellenberger* BGB § 134 Rn. 20; Soergel/*Hefermehl* BGB § 134 Rn. 80; Staudinger/*Sack/Seibl* BGB § 134 Rn. 259.

459 Vgl. BGH NJW 1990, 1356 (1357).

460 Vgl. BGH NJW 1990, 1356 (1357) zur KO.

461 MüKoBGB/*Armbrüster* § 134 Rn. 94.

462 BGH NJW 1974, 1080.

463 Staudinger/*Sack/Seibl* BGB § 134 Rn. 175, 210.

464 Vgl. nur MüKoBGB/*Armbrüster* § 134 Rn. 97; Staudinger/*Sack/Seibl* BGB § 134 Rn. 232.

465 BGHZ 76, 16 (22); BVerwG NJW 1980, 2538 (2539); DNotZ 2006, 905 (906); 2016, 119 Rn. 10; MüKoBGB/*Armbrüster* § 134 Rn. 94; *Vierling* DNotZ 2006, 891 (892).

466 BGHZ 34, 200 (205) (zu § 14 Aufbaugesetz Rheinland-Pfalz v. 1.8.1949); Palandt/*Ellenberger* BGB § 134 Rn. 29; Staudinger/*Sack/Seibl* BGB § 134 Rn. 208.

467 BGHZ 65, 368 (370 f.); PWW/*Ahrens* BGB § 134 Rn. 41; aA OLG Celle OLGZ 1971, 161 (162 ff.); MüKoBGB/*Armbrüster* § 134 Rn. 94.

für städtebauliche Maßnahmen aus § 11 Abs. 1 S. 1 Nr. 3 BauGB. § 129 Abs. 1 S. 3 BauGB ist demnach auf solche Verträge nicht anwendbar.[468] Die Rechtsprechung zur Unwirksamkeit eines vertraglichen Ausschlusses der Selbstbeteiligung der Gemeinde ist damit obsolet.[469] Bei einem Verstoß gegen das **Kopplungsverbot** aus § 11 Abs. 2 S. 2 BauGB ist ein städtebaulicher Vertrag dagegen gemäß § 134 nichtig,[470] wobei der bereicherungsrechtliche Rückzahlungsanspruch nach Sinn und Zweck des § 11 Abs. 2 S. 2 BauGB nicht nach § 817 S. 2 gesperrt ist.[471] Desgleichen ist ein städtebaulicher Vertrag wegen Verstoßes gegen das Kopplungsverbot aus § 56 Abs. 1 S. 2 VwVfG nichtig, wenn er die Baugebietsausweisung mit einer planerisch damit nicht zusammenhängenden Leistung verknüpft.[472]

c) Verstoß gegen bauordnungsrechtliche Vorschriften. Der Verstoß gegen bauordnungsrechtliche **149** Vorschriften führt allein regelmäßig nicht zur Unwirksamkeit des Vertrages.[473] So ist ein **Mietvertrag**, der nicht im Einklang mit den Vorschriften über die **Mindesthöhe von Wohnräumen** steht, wirksam.[474]

d) Bauträgerverträge. **Vollstreckungsunterwerfungsklauseln** in **notariellen Bauträgerverträgen**, die **150** auf den Nachweis der Kaufpreisfälligkeit verzichten, verstoßen gegen §§ 3, 12 Makler- und Bauträgerverordnung (MaBV).[475] Durch solche Vereinbarungen könnte der Bauträger nämlich entgegen § 3 Abs. 2 MaBV ohne Rücksicht auf den Bauverlauf Vermögenswerte des Käufers einfordern. Entsprechende Klauseln müssen daher zum Schutz des Käufers nach § 134 unwirksam sein.[476] Die Wirksamkeit des Vertrages bleibt im Übrigen unberührt.

Die Rechtsprechung hat auch in anderen Fällen entschieden, dass eine Vereinbarung, die zum Nachteil des **151** Käufers von den **§§ 3, 12 MaBV** abweicht, nach § 134 nichtig ist.[477] Dies gilt etwa für einen **Zahlungsplan**, wonach die erste Zahlung schon vor Beginn der Erdarbeiten zu erfolgen hat.[478] Der Vertrag bleibt auch hier wirksam. Zur Lückenfüllung wird nicht auf den Zahlungsplan des § 3 Abs. 2 MABV oder § 632 a zurückgegriffen, sondern auf § 641 Abs. 1.[479]

Zivilrechtliche Verträge mit baurechtlichem Bezug können wegen Verstoßes gegen **Kopplungsverbote** **152** unzulässig sein. So regelt **Art. 10 § 3 MRVerbG** die Nichtigkeit einer Vereinbarung, durch die sich der Erwerber eines Grundstücks im Zusammenhang mit dem Erwerb verpflichtet, bei der Planung und Ausführung eines Bauwerks auf dem Grundstück die Leistungen eines bestimmten **Architekten oder Ingenieurs** in Anspruch zu nehmen (→ § 138 Rn. 317). Verstöße gegen dieses Verbot begründen nach § 134 neben der Nichtigkeit der Vereinbarung auch die Nichtigkeit des Architektenvertrags.[480] Der Kaufvertrag über das Grundstück bleibt dagegen grundsätzlich wirksam (Art. 10 § 3 MRVerbG).[481] Art. 10 § 3 MRVerbG erfasst allerdings nicht den Fall, dass ein Bauwilliger an einen Architekten mit der Bitte herantritt, ein passendes Grundstück zu vermitteln, und dem Architekten gleichzeitig in Aussicht stellt, ihn im Erfolgsfall mit den Architektenleistungen zu beauftragen. Da die Initiative vom Erwerber ausgeht, bedarf dieser nicht des Schutzes durch das Koppelungsverbot.[482] Der Architektenvertrag ist daher wirksam.

6. Ehe und Familie

Literatur: *Coester-Waltjen*, Künstliche Fortpflanzung und Zivilrecht, FamRZ 1992, 369; *Dethloff*, Familienrecht, 32. Auflage 2018; *dies.*, Leihmütter, Wunscheltern und ihre Kinder, JZ 2014, 922; *Deutsch*, Embryonenschutz in Deutschland, NJW 1991, 721; *Heiderhoff*, Rechtliche Abstammung im Ausland geborener Leihmutterkinder, NJW 2014, 2673; *Taupitz/Hermes*, Eizellspende verboten – Embryonenspende erlaubt?, NJW 2015, 1802; *Weyrauch*, Zulässigkeitsfragen

468 Battis/Krautzberger/Löhr/*Reidt* BauGB § 11 Rn. 37.
469 Staudinger/*Sack/Seibl* BGB § 134 Rn. 209; BeckOGK/*Vossler* BGB § 134 Rn. 167.1.
470 BGH NJW 2010, 297; Staudinger/*Sack/Seibl* BGB § 134 Rn. 210 a.
471 BeckOGK/*Vossler* BGB § 134 Rn. 167; Staudinger/*Sack/Seibl* BGB § 134 Rn. 210 a; von BGH NJW 2010, 297 offen gelassen.
472 VGH München NVwZ-RR 2005, 781 zu Art. 56 Abs. 1 S. 2 BayVwVfG.
473 BeckOK BGB/*Wendtland* § 134 Rn. 26; Palandt/ *Ellenberger* BGB § 134 Rn. 16.
474 BGHZ 75, 366 (368); MüKoBGB/*Armbrüster* § 134 Rn. 94; Staudinger/*Sack/Seibl* BGB § 134 Rn. 211.
475 BGHZ 139, 387 (390 ff.); so auch OLG Köln NJW-RR 1999, 22 (23 f.), 74; zust. *Blomeyer* NJW 1999, 472 (474); MüKoBGB/*Armbrüster* § 134 Rn. 95; Staudinger/*Sack/Seibl* BGB § 134 Rn. 232; krit. *Pause* NJW 2000, 769 (770).
476 BGHZ 139, 387 (392).

477 BGHZ 146, 250 (257 ff.) = NJW 2001, 818; 171, 364, 370 f. = NJW 2007, 1947; BGH NJW 2007, 1360 (1361) m. abl. Anm. *Vogel*; OLG München NJW-RR 2001, 13; zusammenfassend *Drasdo* NJW 2007, 2741.
478 BGHZ 171, 364 (370 f.)
479 Vgl. BGH NJW 2007, 1947 Rn. 20 ff.; PWW/*Ahrens* BGB § 134 Rn. 41.
480 Vgl. BGH NJW 2000, 2354 (2355); NJW-RR 1998, 952; NJW 1982, 2189 f.; 1978, 1434; BGHZ 64, 173 = NJW 1975, 1218; KG NJW-RR 1992, 916; OLG Hamm BauR 2014, 1027; MüKoBGB/*Armbrüster* § 134 Rn. 95; Staudinger/*Sack/Fischinger* BGB § 138 Rn. 553; Palandt/*Sprau* BGB § 650 p Rn. 9. Zur Verfassungskonformität der Vorschrift BVerfG NJW 2011, 2782; ebenso schon BGH NJW 2010, 3154; krit. *Pauly* MDR 2011, 898 ff.
481 Zu möglichen Ausnahmen BGHZ 71, 33 (39 f.)
482 BGHZ 178, 130 Rn. 18 ff.

und abstammungsrechtliche Folgeprobleme bei künstlicher Fortpflanzung im deutschen und US-amerikanischen Recht, 2003.

153 Im Familienrecht stellen die §§ 5, 6, 13 c, 13 d AdVermiG Verbotsgesetze iSd § 134 dar.[483] Nichtig sind damit insbesondere Verträge, die auf die **Vermittlung und den Nachweis einer Ersatzmutter** iSd §§ 13 a, 13 b AdVermG gerichtet sind. Desgleichen löst ein Verstoß gegen die Tatbestände des **ESchG** die Nichtigkeitsfolge des § 134 aus.[484] Hiernach ist zB ein Vertrag nichtig, der entgegen § 6 EschG das **Klonen eines Menschen** zum Gegenstand hat.[485] Das Gleiche gilt für einen Vertrag über die künstliche Befruchtung einer anderen Frau mit dem Samen des Wunschvaters (**Ersatzmutterschaft**) oder die Übertragung einer befruchteten Eizelle auf eine andere Frau (**Leihmutterschaft**),[486] die bereit ist, das Kind gegen Entgelt auszutragen und nach der Geburt Dritten auf Dauer zu überlassen (§ 1 Nr. 7 EschG).[487] Dies führt nach der neueren Rechtsprechung des BGH aber nicht notwendig dazu, dass einer **ausländischen Gerichtsentscheidung**, die eine auf einem im Ausland wirksam geschlossenen Leihmuttervertrag beruhende Elternschaft der Wunscheltern begründet oder feststellt, wegen Unvereinbarkeit mit dem **ordre public** nach § 109 Abs. 1 Nr. 4 FamFG die Anerkennung zu versagen ist (→ § 138 Rn. 175).[488] Schließen die Wunscheltern im Ausland einen Behandlungsvertrag, der auf die Durchführung einer nach deutschem Recht unzulässigen Fortpflanzungsmethode gerichtet ist, so greift § 134 mangels Anwendbarkeit deutschen Rechts nicht ein. Eine private Krankenversicherung kann die Erstattung der hierfür erforderlichen Aufwendungen aber jedenfalls gemäß § 242 nach Treu und Glauben verweigern.[489]

154 Ob für Verträge, mit denen sich eine Frau **gegenüber einem Dritten** zum **Austragen und zur späteren Übergabe des Kindes** verpflichtet, ein gesetzliches Verbot besteht, ist streitig. AdVermiG und EschG enthalten insoweit kein ausdrückliches Verbot.[490] Sinn und Zweck des § 1 Nr. 7 EschG sprechen jedoch dafür, das gesetzliche Verbot auf entsprechende Abreden mit Dritten zu erstrecken.[491] Folgt man dieser Auffassung nicht, so sind solche Abreden jedenfalls sittenwidrig und daher nach § 138 Abs. 1 unwirksam (→ § 138 Rn. 175). Eine Vereinbarung, die einen Ehegatten verpflichtet, einem **Scheidungsantrag** des anderen Ehegatten zuzustimmen oder die Zustimmung nicht zu widerrufen, ist nach § 134 iVm § 134 Abs. 2 FamFG nichtig.[492]

7. Erbrecht

Literatur: *Brox/Walker*, Erbrecht, 28. Auflage 2018; *Karl*, Auswirkungen der Länderregelungen zum Heimrecht in der erbrechtlichen Praxis, ZEV 2009, 544; *Keim*, Die Testierverbote nach den Heimgesetzen der Länder, notar 2017, 119; *Olzen/Looschelders*, Erbrecht, 6. Auflage 2020.

155 § 134 ist auch im Erbrecht anwendbar. Praktische Bedeutung hat insoweit vor allem die Regelung des **§ 14 Abs. 1 und Abs. 5 HeimG**.[493] Hiernach ist es dem Heimträger und seinen Mitarbeitern verboten, sich von den Heimbewohnern Geld oder geldwerte Leistungen über das vereinbarte Entgelt hinaus versprechen oder gewähren zu lassen. Das Verbot richtet sich zwar nur gegen den Träger des Heims und dessen Mitarbeiter. Der Schutzzweck des § 14 HeimG gebietet es aber, verbotswidrige Rechtsgeschäfte nach § 134 für unwirksam zu erachten.[494] Nichtig sind insbesondere **Erbverträge**, in denen ein Heimbewohner den Heimträger

483 Staudinger/*Sack/Seibl* BGB § 134 Rn. 195; BeckOGK/*Vossler* BGB § 134 Rn. 184; *Dethloff* FamR § 15 Rn. 6; *dies.*, JZ 2014, 922 (923) m. Fn. 23; auf § 138 abstellend Palandt/*Ellenberger* BGB § 138 Rn. 48; Palandt/*Brudermüller* BGB Vor § 1591 Rn. 22.

484 OLG München VersR 2016, 1301 (1303); Staudinger/*Sack/Seibl* BGB § 134 Rn. 226; *Deutsch* NJW 1991, 721 (723).

485 Erman/*Palm/Arnold*[13] BGB § 134 Rn. 53; Staudinger/*Sack/Seibl* BGB § 134 Rn. 226; Maunz/Dürig/*Herdegen* GG Art. 1 I Rn. 105 konstatiert hier einen Verstoß gegen Art. 1 GG.

486 Zur Unterscheidung von Leih- und Ersatzmutterschaft *Dethloff*, Familienrecht, § 10 Rn. 74.

487 Vgl. PWW/*Ahrens* BGB § 138 Rn. 104; Erman/*Kaiser* LPartG § 9 Rn. 21; *Spickhoff* BGB Vor §§ 1591 ff. Rn. 12; zur Unzulässigkeit der Ersatz- und Leihmutterschaft in Deutschland *Weyrauch*, S. 129 ff.; zur Rechtslage im Ausland *Heiderhoff* NJW 2014, 2673 f.

488 BGH NJW 2015, 479 mAnm *Heiderhoff*; ebenso schon *Dethloff* JZ 2014, 922 ff.

489 OLG München VersR 2016, 1301 (1303 ff.).

490 Hierauf abstellend *Coester-Waltjen* FamRZ 1992, 369 (371).

491 So auch Palandt/*Brudermüller* BGB Vor § 1591 Rn. 20; Staudinger/*Sack/Seibl* BGB § 134 Rn. 226; *Ebeling/Zimmermann* DEuFamR 1999, 24, 37; *Looschelders* IPRax 1999, 420 (422); aA *Coester-Waltjen* FamRZ 1992, 369 (371), die im Einzelfall § 138 Abs. 1 prüfen will.

492 OLG Hamburg NJW 2020, 409 Rn. 22; MüKo-FamFG/*Heiter* § 134 Rn. 20.

493 Das HeimG wurde nach Inkrafttreten der Föderalismusreform in den meisten Bundesländern durch entsprechende Landesgesetze ersetzt. In anderen Ländern gilt es aber gem. Art. 125 a Abs. 1 GG als Bundesrecht fort. Zu den Einzelheiten vgl. *Karl* ZEV 2009, 544 ff.; *Keim* notar 2017, 119 ff.

494 BGHZ 110, 235 (240) = NJW 1990, 1603; BGH NJW 2012, 155 Rn. 15; Palandt/*Ellenberger* BGB § 134 Rn. 19; BeckOGK/*Vossler* BGB § 134 Rn. 200. Zur Verfassungsmäßigkeit des damit verbundenen Testierverbots vgl. BVerfG NJW 1998, 2964.

oder einen Mitarbeiter des Heims als Erben oder Vermächtnisnehmer einsetzt.[495] Die hM wendet § 14 Abs. 1, 5 HeimG auch auf **testamentarische Einsetzungen** an.[496] Um eine übermäßige Beschränkung der Testierfreiheit zu vermeiden, tritt die Unwirksamkeit hier jedoch nur ein, wenn der Begünstigte zu Lebzeiten des Erblassers gewusst hat, dass er von diesem als Erbe oder Vermächtnisnehmer eingesetzt worden ist.[497] Der Heimträger muss sich dabei nach allgemeinen Regeln das Wissen des Heimpersonals zurechnen lassen.[498] Die gleichen Grundsätze gelten für den Fall, dass ein Angehöriger eines Heimbewohners eine letztwillige Verfügung zugunsten des Heimträgers trifft. Die letztwillige Verfügung ist also wirksam, wenn der Heimträger zu Lebzeiten des Heimbewohners von ihr keine Kenntnis hatte.[499]

Hat der Heimbewohner einen **nahen Angehörigen** (Ehefrau, Kind) des Heimleiters oder eines anderen Verbotsadressaten als Erben oder Vermächtnisnehmer eingesetzt, so ist § 14 Abs. 1, 5 HeimG analog anwendbar.[500] Die Einsetzung ist auch in diesem Fall nach § 134 nichtig. Der Schutzzweck des § 14 HeimG passt dagegen nicht auf letztwillige Verfügungen zugunsten der Angehörigen eines ambulanten **Pflegedienstes**, die den Erblasser in dessen eigenem Haus gepflegt haben.[501] Eine analoge Anwendung des § 14 HeimG muss hier daher ausscheiden. Im Verhältnis zwischen **Betreuer und Betreutem** ist § 14 HeimG ebenfalls nicht anwendbar.[502] **156**

8. Gesellschafts- und Vereinsrecht

Literatur: *Baumbach/Hueck*, GmbHG, 21. Auflage 2017; *Canaris*, Die Rückgewähr von Gesellschaftereinlagen durch Zuwendung an Dritte, in: FS Fischer, 1979, S. 31; *Flume*, Der Gesellschafter und das Vermögen der Kapitalgesellschaft und die Problematik der verdeckten Gewinnausschüttung, ZHR 144 (1980), 18; *Hachenburg*, GmbHG, 8. Auflage 1992; *Henssler/Strohn*, Gesellschaftsrecht, 4. Auflage 2019; *Hüffer/Koch*, Aktiengesetz, 13. Auflage 2018; *Kraft*, Gesellschaftsrechtliche Probleme der Vorratsgründung einer Aktiengesellschaft und einer Gesellschaft mit beschränkter Haftung, DStR 1993, 101; *Lutter/Hommelhoff*, GmbHG, 19. Auflage 2016; Münchener Kommentar zum Aktiengesetz, Bd. 1, 3. Auflage 2008; Bd. 2, 4. Auflage 2014; Münchener Kommentar zum GmbHG, 2016; *Säcker/Stenzel*, Das zivilrechtliche Schicksal von gegen § 87 Abs. 1 AktG verstoßenden Vergütungsvereinbarungen, JZ 2006, 1151; *K. Schmidt*, Gesellschaftsrecht, 4. Auflage 2002; *Scholz*, GmbHG, Bd. 1, 12. Aufl. 2018; *Wicke*, Risiko Mantelverwendung – Die wirtschaftliche Neugründung vor der Reform des GmbH-Rechts, NZG 2005, 409; *Zöbeley*, Vergütungsvorgaben in Banken und Versicherungen, 2014.

a) Nichtigkeit des Gesellschaftsvertrages. aa) Grundlagen. Der Gesellschaftsvertrag ist nach der ständigen Rechtsprechung des BGH als **von Anfang an nichtig** anzusehen, wenn der **Gesellschaftszweck** ein Verbotsgesetz verletzt[503] oder gegen die guten Sitten verstößt (→ § 138 Rn. 201). Maßgeblich ist die Erwägung, dass eine rechtliche Anerkennung des tatsächlich vorhandenen Zustandes in diesen Fällen mit **gewichtigen Interessen der Allgemeinheit oder einzelner schutzwürdiger Personen** in Widerspruch treten würde. Eine einzelne verbotswidrige Klausel führt hingegen nicht zur Nichtigkeit des Gesellschaftsvertrages, sofern der Gesellschaftszweck nicht missbilligt wird.[504] **157**

Verstößt der Gesellschaftszweck gegen eine Verbotsnorm, so tritt die Nichtigkeit nach der Rechtsprechung mit **ex-tunc-Wirkung** ein. Die Rückabwicklung findet demgemäß nicht nach den Grundsätzen über die fehlerhafte Gesellschaft, sondern nach **Bereicherungsrecht** statt.[505] Eine Ausnahme soll allenfalls bei Vorliegen besonderer Umstände in Betracht kommen.[506] **158**

---

495 *Brox/Walker* ErbR § 18 Rn. 7 ff.; *Olzen/Looschelders* Erbrecht Rn. 245 f.

496 Vgl. BGH ZEV 1996, 145; NJW 2012, 155 Rn. 15; BayObLG NJW 1992, 55 (56 f.); NJW-RR 2004, 1592; OLG München NJW 2006, 2642; Palandt/*Ellenberger* BGB § 134 Rn. 19; *Olzen/Looschelders* Erbrecht Rn. 247; *Brox/Walker* ErbR § 18 Rn. 10.

497 BGH NJW 2012, 155 Rn. 16; BayObLG NJW 1992, 55 (56 f.); NJW-RR 1999, 1454 (1455); OLG Karlsruhe ZEV 1996, 146; ZEV 2011, 424 (426); OLG München NJW 2006, 2642; *Rossak* ZEV 1996, 146; OLG Stuttgart MittBayNot 2014, 353 (354) mAnm *Müller*.

498 Vgl. OLG Karlsruhe ZEV 1996, 146; Palandt/*Ellenberger* BGB § 134 Rn. 19.

499 BGH NJW 2012, 155 Rn. 18 ff.; anders noch OLG München NJW 2006, 2642.

500 BGH NJW 2000, 1875 (1876); OLG Düsseldorf FamRZ 1998, 192 (193); OLG Frankfurt NJW 2001, 1504.

501 OLG Düsseldorf FG-Prax 2001, 122; OLG Köln FamRZ 2019, 1955 (zu § 7 WTG NRW); PWW/*Ahrens* BGB § 134 Rn. 47; *Olzen/Looschelders* Erbrecht Rn. 248.

502 BayObLG NJW 1998, 2369 (2370).

503 BGHZ 3, 285 (288); 55, 5, 9; 62, 234, 241; 75, 214, 217 f.; 97, 243, 250; 153, 214 = WM 2003, 247 (249); OLG Hamm NRW-RR 2000, 1566; PWW/*Ahrens* BGB § 134 Rn. 43; BeckOGK/*Vossler* BGB § 134 Rn. 228; aA MüKoBGB/*Schäfer* § 705 Rn. 334.

504 Vgl. BGH NJW 1970, 1540 (1541) (zu § 138); 1982, 877, 879; RGRK/*Krüger-Nieland/Zöller* BGB § 138 Rn. 79; MüKoBGB/*Schäfer* § 705 Rn. 333.

505 Vgl. BGHZ 62, 234 (240 ff.); 75, 214, 217; 97, 243, 250 f.; MüKoBGB/*Armbrüster* § 134 Rn. 120; aA BeckOGK/*Vossler* BGB § 134 Rn. 228; Staudinger/*Sack/Seibl* BGB § 134 Rn. 133: grundsätzlich Auflösung der Gesellschaft ex nunc.

506 BGHZ 62, 234 (241).

159 **bb) Vorratsgründung.** Sehr umstritten ist die Frage, ob die sog. **Vorratsgründung einer Aktiengesellschaft** zulässig ist.[507] Die hM unterscheidet zwischen der offenen und der verdeckten Vorratsgründung. Eine **offene Vorratsgründung** liegt vor, wenn die Gesellschaft als „Mantel für die spätere Aufnahme eines Geschäftsbetriebes"[508] dienen soll und dieser Unternehmensgegenstand offenkundig gemacht wird. Hier wird ein Verstoß gegen § 23 Abs. 3 Nr. 2 AktG verneint.[509] Anders beurteilt der BGH die **verdeckte Vorratsgründung**,[510] bei der der in der Satzung genannte Unternehmensgegenstand nicht verwirklicht werden soll.[511] Da es an der ernsthaften Absicht zur Verwirklichung des Unternehmensgegenstands fehlt, ist die entsprechende Satzungsbestimmung nach § 117 oder § 134 nichtig.[512]

160 Ob die **Vorratsgründung einer GmbH** gegen § 3 Abs. 1 Nr. 2 GmbHG verstößt, ist ebenfalls streitig.[513] Konsequenterweise muss auch hier zwischen der offenen und der verdeckten Vorratsgründung differenziert werden. Nur die verdeckte Vorratsgründung ist nach § 134 nichtig.[514]

161 **cc) Berufsrecht, Gewerbe und Handwerk.** Nach Ansicht des BGH ist ein Gesellschaftsvertrag nichtig, dessen Zweck darin liegt, dass ein nicht öffentlich bestellter Vermessungstechniker mit einem öffentlich bestellten Vermessungstechniker gemeinsam und gleichberechtigt den Beruf ausübt. Hierin sei ein Verstoß gegen die Berufsordnung für die öffentlich bestellten Vermessungsingenieure in Nordrhein-Westfalen zu sehen, die im Interesse einer **geordneten Vermessungspflege** die Unabhängigkeit und Unparteilichkeit der öffentlich bestellten Vermessungsingenieure schützen solle.[515] Zur Unzulässigkeit von **stillen Beteiligungen an Apotheken** → Rn. 139.

162 Nach § 3 GüKG ist es nicht erlaubt, den **gewerblichen Güterkraftverkehr** ohne die erforderliche Genehmigung zu betreiben (→ Rn. 45), soweit sich nicht unmittelbar aus dem europäischen Gemeinschaftsrecht etwas anderes ergibt. Die Vorschrift soll eine besondere **Kompetenz und Zuverlässigkeit** bei der Geschäftsführung sicherstellen. Dieser Schutzzweck würde verfehlt, wenn durch einen Gesellschaftsvertrag einem Mitgesellschafter, der keine Güterfernverkehrsgenehmigung besitzt, die Möglichkeit eröffnet wird, die dem anderen Mitgesellschafter erteilte Genehmigung wie ein Inhaber oder Pächter zu nutzen. Aus diesem Grund erkennt der BGH einen derartigen Gesellschaftsvertrag nicht als wirksam an.[516]

163 Ein Verstoß gegen § 1 Abs. 1 HandwO liegt vor, wenn ein zulassungspflichtiges Handwerk als stehendes Gewerbe selbstständig betrieben wird, ohne dass der Gewerbetreibende **in der Handwerksrolle eingetragen** ist (→ Rn. 175). Nach hM ist ein Gesellschaftsvertrag nach § 134 nichtig, wenn er im Wesentlichen darauf abzielt, dass ein Gesellschafter „nach außen hin" seinen Meistertitel zur Verfügung stellt, obwohl Arbeit und Betriebsführung bei einem nicht in die Handwerksrolle eingetragenen Gesellschafter liegen.[517]

164 **dd) Unzulässige Rechtsberatung als Zweck der Gesellschaft.** Besteht der Zweck einer Gesellschaft darin, dass ein nicht zugelassener Rechtsberater mit Rechtsuchenden Geschäftsbesorgungsverträge abschließt, so ist der Gesellschaftsvertrag nach § 134 iVm § 3 RDG **von Anfang an** nichtig (→ Rn. 217). Die Grundsätze über die fehlerhafte Gesellschaft sind auch hier nicht anwendbar, weil der Vertrag das Interesse der Allgemeinheit an einer **zuverlässigen Rechtspflege** verletzt.[518] Allgemein zur Rechtsberatung → Rn. 215 ff.

165 **ee) Weitere Verbotsnormen.** Das **öffentliche Recht** enthält zahlreiche weitere Verbotsnormen zum Schutz der Allgemeinheit, die zur Nichtigkeit eines Gesellschaftsvertrages führen können. Zu denken ist zB an den Fall, dass der Gesellschaftszweck in dem Betreiben von Geschäften liegt, die gegen die Verschreibungs- und Apothekenpflicht von Arzneimitteln nach **§§ 43 ff. AMG** verstoßen.[519] Die betreffenden Vorschriften dienen dem Erhalt der Volksgesundheit durch Vorbeugung von Gefahren, die aus dem übermäßigen und unkontrollierten Konsum von Medikamenten folgen. Dieser Zweck ist so wichtig, dass solche

---

507 Vgl. die Nachw. bei MüKoAktG/*Pentz* § 23 Rn. 89 ff.; *Kraft* DStR 1993, 101 f.

508 BGHZ 117, 323 = NJW 1992, 1824 (1827).

509 Vgl. 117, 323, 330 ff.; PWW/*Ahrens* BGB § 134 Rn. 43; Hüffer/Koch/*Koch* AktG § 23 Rn. 25; Henssler/Strohn/*Vetter* AktG § 23 Rn. 27; MüKoAktG/*Pentz* AktG § 23 Rn. 91 ff.

510 BGHZ 117, 323 (3333 ff.) = NJW 1992, 1824 (1827).

511 Hüffer/Koch/*Koch* AktG § 23 Rn. 25; *Kraft* DStR 1993, 101.

512 Henssler/Strohn/*Vetter* AktG § 23 Rn. 27. Ob § 117 oder § 134 einschlägig ist, ist umstritten; vgl. dazu Hüffer/Koch/*Koch* AktG § 23 Rn. 25; *K. Schmidt* GesR § 4 III 2 b aa; BGHZ 117, 323 (334) hat diese Frage offen gelassen.

513 Vgl. Baumbach/Hueck/*Fastrich* § 3 Rn. 11 ff.; *Kraft* DStR 1993, 101 (103 f.).

514 BeckOGK/*Vossler* BGB § 134 Rn. 229.

515 BGHZ 97, 243 (250); vgl. Soergel/*Hefermehl* BGB § 134 Rn. 78.

516 BGH WM 1967, 229 (231); vgl. Staudinger/*Sack/Seibl* BGB § 134 Rn. 247.

517 BAG NJW 2009, 2554 (2556); OLG Koblenz NJW-RR 1994, 493; OLG Hamm NJW-RR 2000, 1565; vgl. aber BAG NJW 1994, 2973 (2974), wonach die Übernahme der Konzessionsträgerschaft nach der HandwO einen „gesellschaftsrechtlich erlaubten Zweck" bildet.

518 BGHZ 62, 234 (240), 242; BGH WM 2003, 247 (249); vgl. Staudinger/*Sack/Seibl* BGB § 134 Rn. 130.

519 Zum Verbot des Versandhandels mit verschreibungspflichtigen Medikamenten vgl. EuGH MMR 2004, 149 (154).

Gesellschaften auch nicht für die Vergangenheit aufrechterhalten werden können. Von Anfang an nichtig sind auch Gesellschaften, deren Zweck gegen das **EmbryonenschutzG** oder das **TransplantationsG** verstößt.

Wird der Beitritt eines Gesellschafters zu einer KG rückdatiert, um diesen in den Genuss eines ungerechtfertigten Steuervorteils zu bringen, so ist der Beitrittsvertrag jedenfalls dann **ex tunc** nichtig, wenn die **Steuerhinterziehung** der **Hauptzweck** des Beitritts ist (→ Rn. 245).[520] **166**

b) Nichtigkeit einzelner Abreden. aa) Vereinbarungen über das Stimmrecht. Abreden, die unter **167** Verstoß gegen die in §§ 34 BGB, 136 Abs. 1 AktG, 47 Abs. 4 GmbHG, 43 Abs. 6 GenG normierten **Stimmverbote** bei Entscheidungen in eigener Sache Stimmrechte gewähren, sind nach § 134 nichtig.[521] Die Rechtsprechung hat diesen Vorschriften einen **allgemeinen Rechtsgrundsatz** entnommen, wonach die Stimmabgabe in eigener Sache im Gesellschaftsrecht generell – also zB auch bei Personengesellschaften – unzulässig ist.[522] Der BGH wendet bei einem Verstoß gegen diesen Grundsatz jedoch § 138 Abs. 1 an.[523] Nach der hier vertretenen Auffassung ist dem schon deshalb zuzustimmen, weil allgemeine Rechtsgrundsätze nicht als Verbotsgesetze iSd § 134 anzusehen sind (→ Rn. 21).[524]

§ 134 führt auch zur Nichtigkeit von Vereinbarungen, in denen ein Gesellschafter sein **Stimmrecht** in der **168** Weise auf einen Dritten **überträgt**, dass er selbst auf dessen Ausübung vollständig verzichtet.[525] Wäre eine solche „**verdrängende Bevollmächtigung**" zulässig, so könnte das Stimmrecht des Gesellschafters von dem Gesellschaftsanteil abgespalten und damit gesondert übertragen werden.[526] Demgegenüber sind **schuldrechtliche Stimmbindungsverträge** nach hM grundsätzlich wirksam.[527]

Im **Vereinsrecht** kann das **Stimmrecht einzelner Mitglieder** durch die Satzung **beschränkt** oder **ausge-** **169** **schlossen** werden.[528] Eine Ausnahme gilt aber, wenn die Beschränkung bzw. der Ausschluss des Stimmrechts durch keine sachlichen Gründe gerechtfertigt wird und damit gegen den vereinsrechtlichen Grundsatz der Gleichbehandlung aller Mitglieder und das Willkürverbot verstößt. Nach der hier vertretenen Auffassung folgt die Unwirksamkeit der Satzung aber auch in diesem Fall nicht aus § 134,[529] sondern aus § 138 Abs. 1.

bb) Kapitalaufbringung und Kapitalerhaltung. Im GmbH-Recht waren Vereinbarungen zwischen der **170** Gesellschaft und einem Gesellschafter über die Erbringung **verdeckter Sacheinlagen** nach § 134 iVm den Vorschriften über die **Sachgründung** (§§ 5 Abs. 4, 19 Abs. 5, 55 Abs. 4 GmbHG) unwirksam.[530] Die Nichtigkeit erstreckte sich dabei nach hM entsprechend § 27 Abs. 3 AktG aF auch auf den schuldrechtlichen Teil des zur Verschleierung der Sacheinlage vereinbarten Rechtsgeschäfts (zB Kaufvertrag) und auf das dingliche Erfüllungsgeschäft.[531] Diese Auffassung lässt sich nach Inkrafttreten des MoMiG vom 23.10.2008 jedoch nicht mehr aufrechterhalten. Nach § 19 Abs. 4 S. 1 GmbHG befreit eine verdeckte Sacheinlage die Gesellschafter zwar weiter nicht von ihrer Einlagepflicht. § 19 Abs. 4 S. 2 GmbHG stellt aber ausdrücklich klar, dass die Verträge über die Sacheinlage und die Rechtshandlungen zu ihrer Erfüllung nicht unwirksam sind.[532]

Hat eine **Genossenschaft** einem Genossen entgegen § 22 Abs. 4 S. 2 GenG einen Kredit nur zum Zweck der **171** Leistung von Einzahlungen auf den Geschäftsanteil gewährt, so ist der Darlehensvertrag nach § 134 unwirksam. Nach dem Schutzzweck des § 22 Abs. 4 S. 2 GenG erfasst die Nichtigkeit in diesem Fall auch das Erfüllungsgeschäft.[533]

Nach der Rechtsprechung des BGH sind Vereinbarungen zwischen Gesellschafter und GmbH, die gegen **172** das Verbot der **Rückgewähr des zur Erhaltung des Stammkapitals erforderlichen Gesellschaftsvermögens** verstoßen (§ 30 GmbHG), nicht nach § 134 nichtig. Dies gilt auch bei einem bewussten Verstoß gegen

520 Vgl. OLG Koblenz WM 1979, 1435 (1436); Soergel/ *Hefermehl* BGB § 134 Rn. 65; Staudinger/*Sack/Seibl* BGB § 134 Rn. 130, 287.

521 Staudinger/*Sack/Seibl* BGB § 134 Rn. 21; RGRK/ *Krüger-Nieland/Zöller* BGB § 134 Rn. 82.

522 RGZ 136, 236 (245); BGHZ 108, 21 (27); ausf. *K. Schmidt* GesR § 21 II 2.

523 BGHZ 108, 21 (27); anders noch BGHZ 51, 255 (262). Für Anwendung des § 134 auch Palandt/*Ellenberger* BGB § 134 Rn. 23.

524 So auch Staudinger/*Sack/Seibl* BGB § 134 Rn. 22.

525 BGHZ 3, 354 (359); BGH NJW 1987, 780 (781); RGRK/*Krüger-Nieland/Zöller* BGB § 134 Rn. 83.

526 BGHZ 3, 354 (357); ausf. zum Abspaltungsverbot MüKoAktG/*Heider* § 8 Rn. 89 ff.; *K. Schmidt* GesR § 19 III 4.

527 Vgl. BGHZ 48, 163; 179, 13 Rn. 13 ff = NJW 2009, 669; Hüffer/Koch/*Koch* AktG § 133 Rn. 27; MüKo-GmbHG/*Drescher* § 47 Rn. 237; Baumbach/Hueck/ *Zöllner* § 47 Rn. 113; *K. Schmidt* GesR § 21 II 4.

528 MüKoBGB/*Leuschner* § 32 Rn. 32 f.

529 So aber KG NJW 1962, 1917; Palandt/*Ellenberger* BGB § 134 Rn. 23.

530 BGHZ 155, 329 (338 f.) = NJW 2003, 2127; BGHZ 166, 8 (15 f.) = NJW 2006, 1736.

531 Vgl. BGHZ 155, 329 (339) = NJW 2003, 2127; von BGH NJW 1998, 1951 (1952) in Bezug auf das Erfüllungsgeschäft noch offen gelassen.

532 Zu den Einzelheiten Staudinger/*Sack/Seibl* BGB § 134 Rn. 245; Scholz/*Veil* GmbHG § 19 Rn. 133.

533 BGH NJW 1983, 1420; Soergel/*Hefermehl* BGB § 134 Rn. 79; Staudinger/*Sack/Seibl* BGB § 134 Rn. 230.

§ 30 GmbHG.[534] Denn § 31 GmbHG trifft für den Fall der verbotenen Rückzahlung eine Sonderregelung, die § 134 verdrängt.[535] Bei Hinzutreten weiterer Umstände kommt freilich ein Rückgriff auf § 138 Abs. 1 in Betracht.[536] Die gleiche Rechtslage besteht im **Aktienrecht**. § 57 AktG statuiert zwar ein gesetzliches **Verbot der Rückgewähr von Einlagen**. Ebenso wie § 31 GmbHG enthält aber auch § 62 AktG eine **spezielle Erstattungsvorschrift**, die § 134 vorgeht.[537]

173 **cc) Sonstiges.** § 87 Abs. 1 AktG enthält nach hM kein Verbotsgesetz iSd § 134.[538] Verstöße gegen die dort geregelten Vorgaben für die **Bezüge der Vorstandsmitglieder** führen also weder zur Nichtigkeit des Anstellungsvertrages noch zur Nichtigkeit der betreffenden Vergütungsvereinbarung. Im Einzelfall kommt ein Rückgriff auf § 138 Abs. 1 in Betracht.[539] Außerdem sind die Aufsichtsratsmitglieder uU nach §§ 116 S. 1, 93 Abs. 2 AktG schadensersatzpflichtig.[540] **Beratungsverträge** zwischen einer Aktiengesellschaft und einem Aufsichtsratsmitglied müssen den Anforderungen der §§ 113, 114 AktG entsprechen. Ist die Höhe der Vergütung nicht schon in der Satzung festgelegt, so muss die Hauptversammlung darüber entscheiden. Wird ein Beratungsvertrag ohne ausdrückliche Zustimmung der Hauptversammlung über eine **Tätigkeit** geschlossen, die dem Aufsichtsrat schon **aufgrund seiner Organstellung** obliegt, so ist der Vertrag nicht nach § 114 AktG genehmigungsfähig, sondern nach § 134 nichtig.[541]

9. Gewerbe und Handwerk

Literatur: *Erbs/Kohlhaas*, Strafrechtliche Nebengesetze, Stand: 222. Lfg. Dezember 2018; *Landmann/Rohmer*, Gewerbeordnung, Stand: 79. Lfg. Juni 2018.

174 Gewerbe- und Handwerksrecht enthalten zahlreiche Vorschriften, die als **Verbotsgesetze** iSd des § 134 einzuordnen sind. Bei einem Verstoß ist durch **Auslegung** zu ermitteln, ob der Zweck der jeweiligen Vorschriften die Nichtigkeit des Vertrages gebietet (→ Rn. 58). In Betracht kommen vor allem Verstöße gegen die Gewerbeordnung (GewO), das Gaststättenrecht (GastG, Gaststättengesetze und -verordnungen der Länder), die Handwerksordnung (HandwO), das Ladenschlussrecht (LSchlG, Ladenöffnungsgesetze der Länder) sowie das Güterkraftverkehrsgesetz (GüKG) und das Personenbeförderungsgesetz (PBefG); zu gewerbsmäßigen Maklerverträgen § 34 c GewO → Rn. 192. In sachlicher Hinsicht kann zwischen gewerbe- und handwerksrechtlichen **Genehmigungserfordernissen** und **sonstigen Ordnungsvorschriften** unterschieden werden.

175 **a) Genehmigungserfordernisse.** Gewerbetreibende bedürfen zur Ausübung ihres Gewerbes häufig einer behördlichen **Genehmigung** (vgl. §§ 30 ff., 55 Abs. 2 GewO, §§ 2, 3 GastG, § 3 GüKG, § 2 PBefG); für Handwerker gilt das Erfordernis der **Eintragung in die Handwerksrolle** (§§ 1, 7 HandwO). Schließt der Gewerbetreibende oder Handwerker im Rahmen einer nicht genehmigten Tätigkeit Verträge mit Kunden oder Warenlieferanten, so sind diese **nicht** nach § 134 **nichtig**.[542] Denn das Genehmigungserfordernis dient dazu, die Geeignetheit des Gewerbetreibenden oder Handwerkers zur Führung seines Betriebs zu gewährleisten;[543] es wendet sich also **nicht gegen den Inhalt** der abgeschlossenen Verträge. Hinzu kommt, dass das **Verbot einseitig** ist, sich also nur an den Gewerbetreibenden oder Handwerker richtet.

176 Bezweckt ein Vertrag die **Umgehung** eines gewerbe- oder handwerksrechtlichen Genehmigungserfordernisses, so ist er nach § 134 **nichtig**.[544] Dies gilt insbesondere für **Vereinbarungen**, wonach der Inhaber einer

534 BGHZ 136, 125 (129 ff.) = NJW 1997, 2599; BGHZ 138, 291 (298) = NJW 1998, 2592; OLG Düsseldorf NZG 2012, 1150 (1151); Staudinger/*Sack/Seibl* BGB § 134 Rn. 245; PWW/*Ahrens* BGB § 134 Rn. 43; aA Soergel/*Hefermehl* BGB § 134 Rn. 79; *Canaris*, Gesetzliches Verbot, S. 21 f.; *ders.* FS Fischer 1979, S. 33 f.; *Geßler* FS Fischer 1979, S. 131, 144.

535 BGHZ 136, 125 (129); anders noch BGHZ 69, 274 (280).

536 BGHZ 138, 291 (298); Staudinger/*Sack/Seibl* BGB § 134 Rn. 245.

537 BGH NJW 2013, 1742 Rn. 15 ff.; OLG München NZG 2012, 706 (709); Hüffer/Koch/*Koch* AktG § 57 Rn. 32; MüKoAktG/*Bayer* AktG § 57 Rn. 1; Staudinger/*Sack/Seibl* BGB § 134 Rn. 245; aA RGZ 107, 161 (166); 121, 99, 106; Soergel/*Hefermehl* BGB § 134 Rn. 79; Henssler/Strohn/*Lange* AktG § 57 Rn. 18.

538 Hüffer/Koch/*Koch* AktG § 87 Rn. 22; MüKoAktG/*Spindler* AktG § 87 Rn. 142; *Zöbeley*, S. 151 ff.; aA *Säcker/Stenzel* JZ 22006, 1151, 1152 ff.

539 Hüffer/Koch/*Koch* AktG § 87 Rn. 22; MüKoAktG/*Spindler* AktG § 87 Rn. 142.

540 Ausführlich dazu *Zöbeley*, S. 152 ff.

541 BGHZ 114, 127 (129); 126, 340, 344; BGH NZG 2007, 103 (104); NZG 2007, 516 (518); OLG Köln NZG 2019, 1351 Rn. 18; PWW/*Ahrens* BGB § 134 Rn. 35; MüKoAktG/*Habersack* AktG § 114 Rn. 22.

542 Vgl. BGHZ 88, 240 (242 ff.); BGH NJW 1985, 2403 (2404); NJW-RR 2002, 557; PWW/*Ahrens* BGB § 134 Rn. 44; MüKoBGB/*Armbrüster* § 134 Rn. 97; Palandt/*Ellenberger* BGB § 134 Rn. 29; Staudinger/*Sack/Seibl* BGB § 134 Rn. 229, 251; *Köhler* JZ 2010, 767 (769).

543 BGHZ 88, 240 (244); RGRK/*Krüger-Nieland/Zöller* BGB § 134 Rn. 75.

544 BAG NJW 2009, 2554 (2555) (HandwO); OLG Hamm NJW 1986, 2440 (2441) (GastG); BB 1988, 236 (GüKG); OLG Koblenz NJW-RR 1994, 493 (HandwO); Soergel/*Hefermehl* BGB § 134 Rn. 69; Staudinger/*Sack/Seibl* BGB § 134 Rn. 158, 229; vgl. aber auch BAG NJW 1994, 2973 (2974).

Konzession **nach außen hin als Inhaber des Betriebs auftreten** soll, weil der wirkliche Inhaber nicht über die erforderliche Konzession verfügt.[545] Denn eine solche Vereinbarung verstößt gegen den Zweck des Gesetzes, die Ausübung des Gewerbes ohne die erforderliche Konzession zu verhindern.

Täuschen die Parteien in diesem Zusammenhang ein **Arbeits- oder Pachtverhältnis** vor, so kann dieses im Einzelfall bereits nach **§ 117 Abs. 1** unwirksam sein.[546] Ein Scheingeschäft liegt insbesondere vor, wenn der Inhaber einer Konzession die Geschäftsräume von einem konzessionslosen Dritten pachtet bzw. einen konzessionslosen Dritten als Arbeitnehmer einstellt, obwohl die Parteien sich darüber einig sind, dass die damit verbundenen Rechtsfolgen nicht eintreten sollen. Hier dient die Vereinbarung also lediglich dazu, den Anschein zu erwecken, als führe der Genehmigungsinhaber die Geschäfte, während tatsächlich der konzessionslose Dritte gewerblich tätig wird. Das damit verbundene verdeckte Umgehungsgeschäft ist gem. **§ 117 Abs. 2 iVm § 134** unwirksam. **177**

Ein Vertrag über die Durchführung einer **Versteigerung** ohne die nach **§ 34 b Abs. 1 GewO** erforderliche Genehmigung ist nach § 134 nichtig.[547] Die auf der Versteigerung geschlossenen Kaufverträge bleiben aber unberührt.[548] § 34 b Abs. 1 GewO erfasst im Übrigen nur Versteigerungen iSd § 156 und ist daher auf Internet-Auktionen (zB ebay) im Regelfall ohnehin nicht anwendbar.[549] Wird eine **Taxikonzession** entgegen **§ 2 Abs. 3 PBefG** übertragen, ohne dass das ganze Unternehmen oder wesentliche selbstständige Teile davon mit übertragen werden, so folgt aus dem Zweck der Vorschrift, die Chancengleichheit der Konzessionsbewerber zu fördern, dass der Übertragungsvertrag nach § 134 nichtig ist.[550] Die einzelnen Beförderungsverträge sind jedoch wirksam.[551] **178**

b) Andere Ordnungsvorschriften. Neben den Genehmigungserfordernissen dienen zahlreiche weitere Vorschriften in den gewerbe- und handwerksrechtlichen Gesetzen ordnungspolitischen Zwecken. So rechtfertigen Ordnungsinteressen die Festlegung von allgemeinen Ladenschlusszeiten[552] (**§ 3 LSchlG**)[553] sowie von Sperrzeiten für Gastwirte (**§ 18 GastG iVm Landesrecht**).[554] Darüber hinaus sind hier auch die für das Reisegewerbe geltenden Verbote für bestimmte Tätigkeiten (**§ 56 Abs. 1 GewO**) einzuordnen.[555] Werden Verträge ohne Rücksicht auf solche Vorschriften abgeschlossen, kann zwar **keine Erfüllung** verlangt werden (→ Rn. 58).[556] Ein durchgeführter Vertrag ist aber **nicht** nach § 134 **nichtig**, da das Verbot nicht gegen den Erfolg des Rechtsgeschäfts, sondern nur gegen die Modalitäten der Erfüllung gerichtet ist.[557] **179**

Nach traditioneller Auffassung führte der Verstoß gegen das Verbot des Abschlusses und der Vermittlung von **Darlehensverträgen im Reisegewerbe** (§ 56 Abs. 1 Nr. 6 GewO aF) zur Nichtigkeit der entsprechenden Verträge.[558] Nach Inkrafttreten der Vorschriften über den Widerruf von Haustürgeschäften (HWiG, jetzt §§ 312 b, 312 g) stellte sich die Frage, ob der **Darlehensvertrag** bei einem Verstoß gegen § 56 Abs. 1 Nr. 6 GewO aF weiterhin nach § 134 nichtig ist oder ob der Verbraucher durch das Widerrufsrecht ausreichend geschützt wird.[559] Der BGH hat die Frage dahin gehend entschieden, dass der Verstoß gegen § 56 Abs. 1 Nr. 6 GewO aF **nicht** nach § 134 zur **Nichtigkeit des Darlehensvertrages** führt, wenn dem Darlehensneh- **180**

545 OLG Düsseldorf NJW-RR 1987, 687; OLG Hamm NJW 1986, 2440 (2441); BeckOK BGB/*Wendtland* § 134 Rn. 19.1; Palandt/*Ellenberger* BGB § 134 Rn. 29.

546 Die hM stellt auf § 134 ab; vgl. etwa MüKoBGB/*Armbrüster* § 134 Rn. 18; Staudinger/*Sack/Seibl* BGB § 134 Rn. 229.

547 OLG Hamm NJW-RR 1994, 546 (547); Staudinger/*Sack/Seibl* BGB § 134 Rn. 232.

548 BGHZ 149, 129 (139) = NJW 2002, 363 (365); Staudinger/*Sack/Seibl* BGB § 134 Rn. 232.

549 Vgl. KG NJW 2001, 3272; Landmann/Rohmer UmweltR/*Bleutge* GewO § 34 b Rn. 60; Tettinger/Wank/*Ennuschat* GewO § 34 b Rn. 7; aA LG Hamburg MMR 1999, 678 (679); von BGHZ 149, 129 (139) offengelassen.

550 BGHZ 108, 364 (368 ff.); MüKoBGB/*Armbrüster* § 134 Rn. 97; Staudinger/*Sack/Seibl* BGB § 134 Rn. 267.

551 Staudinger/*Sack/Seibl* BGB § 134 Rn. 267.

552 Vgl. Staudinger/*Sack/Seibl* BGB § 134 Rn. 260.

553 § 3 LSchlG gilt nur bis zur Regelung der Ladenöffnung durch die Länder: § 3 LadÖG Bad.-Württ.; § 3 LadÖffG Berlin; § 3 LÖG Brandenburg; § 3 LadSchlG Bremen; § 3 LÖG Hamburg; § 3 LÖG Hessen; § 3 LÖffG Mecklenburg-Vorpommern; § 3 LÖffVZG

Niedersachsen; § 4 LÖG NRW; § 3 LÖG Rheinland-Pfalz; § 3 LÖG Saarland; § 3 LadÖffG Sachsen; § 3 LÖffZeitG Sachsen-Anhalt; § 3 LÖffZG Schleswig-Holstein; § 3 LadÖffG Thüringen. Zu einem Überblick vgl. Landmann/Rohmer UmweltR/*Neumann* LadSchlG § 3 Rn. 1; Erbs/Kohlhaas/*Ambs* LadSchlG § 3 Rn. 4 a.

554 Palandt/*Ellenberger* BGB § 134 Rn. 17; Staudinger/*Sack/Seibl* BGB § 134 Rn. 229. Die Sperrzeiten sind in den Bundesländern durch Rechtsverordnung geregelt; § 18 GastG enthält hierfür die Ermächtigungsgrundlage. Näher dazu Erbs/Kohlhaas/*Ambs* GastG § 18 Rn. 1.

555 Zu § 56 Abs. 1 Nr. 2 GewO (Verkauf von Edelmetallen usw) RGRK/*Krüger-Nieland/Zöller* BGB § 134 Rn. 120.

556 Staudinger/*Sack/Seibl* BGB § 134 Rn. 104; *Flume* BGB AT Bd. 2 § 17, 4.

557 Staudinger/*Sack/Seibl* BGB § 134 Rn. 104, 229 spricht von Heilung des Vertrags durch Vornahme der Erfüllungshandlung.

558 Vgl. BGHZ 71, 358 (361 f.); RGRK/*Krüger-Nieland/Zöller* BGB § 134 Rn. 122.

559 Ausf. hierzu MüKoBGB/*Masuch* § 312 Rn. 84; Staudinger/*Sack/Seibl* BGB § 134 Rn. 233 ff.

mer ein Widerrufsrecht nach § 1 HWiG zusteht.[560] Die Problematik hat heute keine praktische Bedeutung mehr, weil § 56 Abs. 1 Nr. 6 GewO nF nur noch die entgeltliche **Vermittlung** von Darlehen im Reisegewerbe verbietet.[561]

181 Für die entgeltliche **Vermittlung** von Darlehensverträgen ist der BGH davon ausgegangen, dass der Verstoß gegen § 56 Abs. 1 Nr. 6 GewO trotz Geltung des HWiG (jetzt § 312 b BGB) zur **Nichtigkeit des Darlehensvermittlungsvertrages** (jetzt § 655 a) führt, weil der Vertragspartner vor den Gefahren des Haustürgeschäfts sowie unnötigen Vermittlungskosten geschützt werden müsse.[562] Das Widerrufsrecht nach § 1 HWiG könne den Vertragspartner nicht effektiv schützen, weil es bei unterbliebener Belehrung gem. § 2 Abs. 1 S. 4 HWiG schon einen Monat nach Zahlung der Provision erlösche. Ob diese Auffassung in Anbetracht der zwischenzeitlichen Änderungen in Bezug auf das Erlöschen des Widerrufsrechts bei Fehlen einer ordnungsgemäßen Belehrung aufrechtzuerhalten ist, wird in der Literatur nicht einheitlich beurteilt. Bis zum Inkrafttreten des Gesetzes zur Umsetzung der Verbraucherrechte-Richtlinie[563] am 13.6.2014 sah der durch das OLG-VertrÄndG vom 23.7.2002[564] eingefügte § 355 Abs. 3 S. 3 aF vor, dass das Widerrufsrecht nicht erlischt, wenn der Verbraucher nicht ordnungsgemäß über sein Widerrufsrecht belehrt worden ist. Hieraus wurde teilweise abgeleitet, dass der Schutz des Verbrauchers durch das Widerrufsrecht ausreiche, so dass für eine weitergehende Nichtigkeit nach § 134 kein Raum sei.[565] Dies würde umso mehr gelten, als der Verbraucher bei Darlehensvermittlungsverträgen zusätzlich noch durch die §§ 655 a ff. geschützt werde.[566] Bei außerhalb von Geschäftsräumen geschlossenen Verträgen besteht seit dem 13.6.2014 im Fall einer fehlenden Belehrung kein „ewiges" Widerrufsrecht mehr; vielmehr sieht § 356 Abs. 3 S. 2 grundsätzlich vor, dass das Widerrufsrecht spätestens zwölf Monate und 14 Tage nach dem Beginn der regulären Widerrufsfrist erlischt. Die objektive Begrenzung des Widerrufsrechts gilt jedoch nicht für Verträge über Finanzdienstleistungen (§ 355 Abs. 3 S. 3) und erfasst damit auch nicht den Darlehensvermittlungsvertrag.[567] Es ist somit davon auszugehen, dass der Verbraucher durch das Widerrufsrecht nach §§ 312 b, 312 g und die §§ 655 a ff. ausreichend geschützt ist.[568]

182 **10. Gewerblicher Rechtsschutz.** Im Bereich des Gewerblichen Rechtsschutzes enthalten einige Gesetze, wie das Markengesetz oder das Patentgesetz, spezielle Verbotsnormen (vgl. etwa §§ 14, 15 MarkenG). Diese Vorschriften behandeln jedoch keine **rechtsgeschäftlichen Verstöße** gegen ein Markenrecht, sondern nur die markenrechtswidrige Verwendung, also ein rein tatsächliches Verhalten. Der **wirtschaftliche Erfolg** einer Vereinbarung, die das Markenrecht eines Dritten verletzt, soll hierdurch nicht verhindert werden. Vielmehr schützt das MarkenG das Vermögen des Markeninhabers.[569] Diesem steht gegebenenfalls ein Schadensersatzanspruch aus § 14 Abs. 6 MarkenG zu. Ob § 14 MarkenG darüber hinaus auch eine **Verbotsnorm** im Sinne des § 134 ist, hat der BGH offen gelassen.[570] Ein Kaufvertrag über eine Sache, deren Marke gegen das Recht eines anderen aus § 14 MarkenG verstößt, ist nach Ansicht des Senats aber allenfalls dann nach § 134 unwirksam, wenn beide Parteien das Verbot vorsätzlich verletzt haben. Gegen die Anwendbarkeit des § 134 spricht im Übrigen, dass die in § 14 MarkenG geregelten Ansprüche des Markeninhabers keine Nichtigkeit solcher Kaufverträge voraussetzen. Die Anwendung des § 134 ist daher auch nicht zum Schutz des Markeninhabers erforderlich.[571] Insgesamt ist damit festzustellen, dass § 134 im Bereich des Gewerblichen Rechtsschutzes keine große Rolle spielt.

11. Glücksspiel

Literatur: *Peters*, Die Sperre des Glücksspielers nach dem Glücksspielstaatsvertrag der Länder, NJOZ 2010, 1197; *ders.*, Die Wirkungen der Sperre von Spielern in Spielbanken, ZfWG 2014, 157; *Schmidt/Wittig*, Poker: Alles nur Glück?, JR 2009, 45.

560 BGHZ 131, 385 (388 ff.)
561 Vgl. MüKoBGB/*Masuch* § 312 Rn. 84.
562 BGH NJW 1999, 1636 (1637) = ZIP 1999, 653; ebenso Palandt/*Ellenberger* BGB § 134 Rn. 10; PWW/*Ahrens* BGB § 134 Rn. 44; Staudinger/*Sack/Seibl* BGB § 134 Rn. 237; Landmann/Rohmer/*Schönleiter* GewO § 56 Rn. 104.
563 BGBl. I 2013, 3642.
564 BGBl. I S. 2850.
565 So etwa *Habersack/Schürnbrand* WM 2003, 261 (264).
566 *Habersack/Schürnbrand* WM 2003, 261 ff.
567 Zur Einordnung der Darlehensvermittlung als Finanzdienstleistung Palandt/*Grüneberg* BGB § 312 Rn. 26.

568 So Staudinger/*Herresthal* BGB § 655 a Rn. 14; MüKoBGB/*Wendehorst* § 312 b Rn. 59; Erman/*Arnold* BGB § 134 Rn. 40; MüKoBGB/*Armbrüster* § 134 Rn. 96; Staudinger/*Sack/Seibl* BGB § 134 Rn. 238; PWW/*Ahrens* BGB § 134 Rn. 44.
569 *Fezer* MarkenR, 4. Aufl. 2009, Einl. zum MarkenG Rn. 10; *Ingerl/Rohnke*, 3. Aufl. 2010, Einl. zum MarkenG Rn. 1, 6.
570 BGHZ 132, 313 (317 f.) = NJW 1996, 1812 (1813) = WRP 1996, 744 (745) (zu § 25 d WZG), zum Urheberrecht *Lührs* GRUR 1994, 264 (266).
571 BGHZ 132, 313 (317 f.)

a) Vermittlungsverträge. Ein Geschäftsbesorgungsvertrag über die **Vermittlung von Spielaufträgen per** **183** **Internet** ist gem. § 134 nichtig.[572] Das gesetzliche Verbot ergibt sich dabei aus § 4 Abs. 4 GlüStV,[573] der das Veranstalten und Vermitteln öffentlicher Glücksspiele im Internet verbietet.[574] Die Nichtigkeitsfolge gilt auch für **Dauerschuldverhältnisse**, die vor Inkrafttreten des Glücksspielstaatsvertrags geschlossen wurden. Dahinter steht die Erwägung, dass die in § 1 GlüStV geregelten Ziele des Glücksspielstaatsvertrags nicht verwirklicht werden könnten, wenn das Verbot nur auf Neuverträge anwendbar wäre.[575] Altverträge sind aber erst ab dem Inkrafttreten des Glückspielvertrags am 1.1.2009 nichtig (vgl. allg. → Rn. 53).[576]

b) Spielverträge. Der Verstoß gegen §§ 284, 285 StGB führt grundsätzlich zur Nichtigkeit des Spielver- **184** trags nach § 134.[577] Spielverträge, die unter Missachtung einer auf Wunsch des Spielers ausgesprochenen Spielsperre geschlossen wurden, sind nicht nach § 134 nichtig.[578] Dem Spieler kann aber ein Schadensersatzanspruch gegen die Spielbank aus § 280 Abs. 1 zustehen. Ein Verstoß gegen **Auflagen** der behördlichen Genehmigung stellt die Wirksamkeit des Spielvertrages ebenfalls nicht in Frage.[579] Dagegen sind Spielverträge, bei denen von staatlich genehmigten **Spielbedingungen** abgewichen wird, gem. § 134 nichtig.[580] Die Unwirksamkeit des Spielvertrags führt dazu, dass § 762 nicht anwendbar ist, da diese Vorschrift einen wirksamen Spielvertrag voraussetzt.[581] Die erbrachten Leistungen können daher grundsätzlich nach § 812 Abs. 1 S. 1 Alt. 1 zurückverlangt werden; die Rückforderung kann aber über § 817 S. 2 ausgeschlossen sein.[582]

12. Handelsrecht

Literatur: *Baumbach/Hopt*, Handelsgesetzbuch, 38. Auflage 2018; *Koller/Kindler/Roth/Drüen*, Handelsgesetzbuch, 9. Auflage 2019; *Mayer-Maly*, Handelsrechtliche Verbotsgesetze, in: FS Hefermehl 1976, S. 103; Münchener Kommentar zum Handelsgesetzbuch, 4. Auflage 2016; *Schürnbrand*, Rechtsfolgen von Verstößen gegen die EU-Verordnung zur Abschlussprüfung, AG 2016, 70.

a) Firmenrecht. Nach **§ 23 HGB** kann eine Firma nicht ohne das Handelsgeschäft, für das sie geführt **185** wird, veräußert werden. Die hM zieht hieraus den Schluss, § 23 HGB enthalte ein gesetzliches Verbot iSd § 134 und das **Erfüllungsgeschäft** sei aus diesem Grund nichtig.[583] Die Formulierung des § 23 HGB ("kann nicht") zeigt jedoch, dass die Vorschrift dem Firmeninhaber von vornherein die Möglichkeit nimmt, über seine Firma ohne das Handelsgeschäft zu verfügen.[584] Es handelt sich somit um eine Beschränkung der rechtsgeschäftlichen Verfügungsmacht, die nicht von § 134 erfasst wird (→ Rn. 42).[585] Das **Verpflichtungsgeschäft** ist in jedem Fall auf eine von Anfang an unmögliche Leistung gerichtet, so dass ein Schadensersatzanspruch aus § 311 a Abs. 2 in Betracht kommt.[586]

b) Handelsvertreter und Handlungsgehilfen. § 89 Abs. 2 S. 1 Hs. 2 HGB schreibt vor, dass die Frist für **186** die Kündigung eines Handelsvertretervertrags für den Unternehmer nicht kürzer als für den Handelsvertreter sein darf. Bei Vereinbarung einer kürzeren Frist gilt die für den Handelsvertreter vereinbarte Frist gemäß § 89 Abs. 2 S. 2 HGB auch für den Unternehmer. Ein Rückgriff auf § 134 ist daher nicht erforderlich.[587] Eine einseitige Beschränkung der Kündigungsfreiheit kann sich mittelbar aber auch daraus ergeben, dass an die Kündigung des Handelsvertreters wesentliche Nachteile geknüpft werden, die zu einer unangemessenen Erschwerung der Kündigung führen. Diesbezügliche Vereinbarungen sind nach § 134 unwirksam.[588]

Nach § 89 b Abs. 4 HGB kann der **Ausgleichsanspruch eines Handelsvertreters** gegen den Unternehmer **187** im Voraus nicht ausgeschlossen werden. Nach Sinn und Zweck der Regelung soll der Handelsvertreter

572 OLG Schleswig ZfWG 2009, 312; OLG Celle BeckRS 2009, 18409.
573 Glücksspielstaatsvertrag vom 15.12.2011. Der Staatsvertrag wurde inzwischen von allen Bundesländern ratifiziert.
574 Vgl. BGH GRuR 2012, 201 (Poker im Internet); LG Hannover ZfWG 2009, 75. Zur grundsätzlichen Zulässigkeit dieses Verbots aus Sicht des Unionsrechts EuGH NVwZ 2010, 1422 (1427 f.) – Carmen Media Group; BGH GRuR 2012, 201 Rn. 36 ff.; OLG Köln MMR 2010, 856; OLG Celle BeckRs 2009, 18409; zur Einordnung der Hausversteigerung im Internet als Glücksspiel VG Göttingen NJW 2010, 785.
575 LG Hannover ZfWG 2009, 75; aA OLG Koblenz ZfWG 2009, 346 (347).
576 LG Hannover ZfWG 2009, 75; OLG Celle BeckRS 2009, 18409; vgl. auch BGHZ 154, 21 (27).
577 MüKoBGB/*Habersack* § 762 Rn. 14; *Schmidt/Wittig* JR 2009, 45 (46).

578 BGHZ 165, 276 (281) = NJW 2006, 362; BGH NJW 2008, 2026 Rn. 17 ff.; BeckOGK/*Vossler* BGB § 134 Rn. 220; für Nichtigkeit OLG Hamm NJW-RR 2003, 971 (972 ff.); *Peters* NJOZ 2010, 1197 (1200 f.); *ders.* ZfWG 2015, 157 (158 f.).
579 BGH NJW 2008, 2026 (2027); PWW/*Ahrens* BGB § 134 Rn. 45.
580 MüKoBGB/*Habersack* § 762 Rn. 15.
581 BGH NJW 2006, 45 (46); Erman/*Müller* BGB § 762 Rn. 10, 14; *Schmidt/Wittig* JR 2009, 45 (46).
582 Jauernig/*Stadler* BGB § 762 Rn. 10; *Schmidt/Wittig* JR 2009, 45 (49).
583 So RGZ 63, 226 (228 f.); MüKoHGB/*Heidinger* HGB § 23 Rn. 17; Baumbach/*Hopt* HGB § 23 Rn. 3; KKRD HGB § 23 Rn. 3.
584 Vgl. Soergel/*Hefermehl* BGB § 134 Rn. 13.
585 So auch BeckOGK/*Vossler* BGB § 134 Rn. 222.
586 MüKoHGB/*Heidinger* HGB § 23 Rn. 17.
587 BeckOGK/*Vossler* BGB § 134 Rn. 224.
588 BGH NJW 2016, 242 Rn. 27 ff.

davor geschützt werden, sich aufgrund seiner **wirtschaftlichen Abhängigkeit** auf wirtschaftlich nachteilige Vereinbarungen mit dem Unternehmer einzulassen.[589] Dieser Schutzzweck gebietet es, entsprechende Vereinbarungen nach § 134 als nichtig anzusehen.[590] Nichtig sind sämtliche Abreden, die den Ausgleichsanspruch in irgendeiner Weise im Voraus beschränken, ohne eine **adäquate Gegenleistung** zu bieten.[591] Erfasst werden auch Vereinbarungen, wonach ein Teil der dem Handelsvertreter laufend zu zahlenden Vergütung auf den künftigen Ausgleichsanspruch angerechnet wird.[592] Bei formularmäßigem Ausschluss des Anspruchs folgt die Unwirksamkeit auch aus § 307.[593] § 89 b Abs. 4 HGB gilt nicht für Abfindungsvereinbarungen im Rahmen von **Aufhebungsverträgen**, die gleichzeitig den Handelsvertretervertrag beenden.[594] Die Vorschrift greift aber ein, wenn die vereinbarte Vertragsauflösung erst in einem späteren Zeitpunkt wirksam werden soll.[595] Denn auch in diesem Fall besteht das von § 89 b Abs. 4 HGB vorausgesetzte **Abhängigkeitsverhältnis** nach Abschluss der Vereinbarung fort.

188   Der ausscheidende Handelsvertreter wird durch § 89 b HGB nicht daran gehindert, seinen **Nachfolger** zu verpflichten, ihn an den künftig anfallenden Provisionen zu beteiligen. Hat der Ausscheidende den Abschluss des Handelsvertretervertrages mit dem Nachfolger vermittelt und ihn bei der Kundschaft eingeführt, so ist eine entsprechende Vereinbarung auch dann nicht nach § 134 oder § 138 nichtig, wenn dem Unternehmer davon keine Mitteilung gemacht wird.[596]

189   Auch **§ 90 a Abs. 4 HGB** stellt nach hM eine Verbotsnorm iSd § 134 dar.[597] Da § 90 a HGB das rechtliche Können begrenzt, ergibt sich die Unwirksamkeit entgegenstehender Vereinbarungen jedoch schon unmittelbar aus dieser Vorschrift.[598]

190   Gem. § 60 Abs. 1 HGB darf ein **Handlungsgehilfe** ohne Einwilligung des Prinzipals weder ein Handelsgewerbe betreiben noch in dem Handelszweig des Prinzipals für eigene oder für fremde Rechnung Geschäfte machen. Eine Verletzung dieser Norm führt jedoch weder zur Nichtigkeit des Zweitarbeitsverhältnisses[599] noch zur Nichtigkeit von Rechtsgeschäften, die der Handlungsgehilfe im Rahmen des Zweitarbeitsverhältnisses mit Dritten abgeschlossen hat.[600] Maßgeblich hierfür ist die Erwägung, dass **§ 61 HGB** die Wirksamkeit dieser Rechtsgeschäfte voraussetzt. Denn bei Unwirksamkeit könnte der Prinzipal nicht verlangen, dass der Handlungsgehilfe die für eigene Rechnung gemachten Rechtsgeschäfte als für Rechnung des Prinzipals eingegangen gelten lässt und die aus Geschäften für fremde Rechnung bezogene Vergütung herausgibt oder seinen Anspruch auf die Vergütung abtritt.

191   **c) Auswahl der Abschlussprüfer.** Wird einem nach § 319 Abs. 2 oder 3 HGB wegen der Gefahr der Befangenheit ausgeschlossenen Wirtschaftsprüfer oder Wirtschaftsprüfungsunternehmen ein **Prüfungsauftrag** erteilt, so ist dieser nach § 134 nichtig.[601] Denn die Mitwirkungsverbote des § 319 Abs. 2 und 3 HGB richten sich nicht nur gegen die äußeren Umstände der Beauftragung des Abschlussprüfers, sondern gerade auch gegen die Tätigkeit der Prüfer als wirtschaftlichem Erfolg. Der **Jahresabschluss** als solcher bleibt zwar wirksam.[602] Ein bereicherungsrechtlicher Wertersatzanspruch des Prüfers ist jedoch nach § 817 S. 2 ausgeschlossen.[603]

192   **13. Maklerrecht.** Wer gewerbsmäßig den Abschluss von Verträgen über bestimmte Gegenstände vermitteln oder die Gelegenheit zum Abschluss solcher Verträge nachweisen will, bedarf nach § 34 c Abs. 1 S. 1 Nr. 1 GewO einer **behördlichen Erlaubnis.** Verfügt ein Makler über keine solche Erlaubnis, so sind die

---

589   BGH NJW 1990, 2889; 1996, 2867, 2868; Baumbach/*Hopt* § 89 b Rn. 70.
590   BGH NJW-RR 2002, 1548 (1551); Staudinger/*Sack/Seibl* BGB § 134 Rn. 250; PWW/*Ahrens* BGB § 134 Rn. 46.
591   Vgl. MüKoHGB/*von Hoyningen-Huene* HGB § 89 b Rn. 209; Soergel/*Hefermehl* BGB § 134 Rn. 78; *Mayer-Maly* FS Hefermehl 1976, S. 103, 108.
592   BGHZ 58, 61 (70); BGH NJW 2016, 3439 Rn. 28 f.; BeckOGK/*Vossler* BGB § 134 Rn. 225; MüKoHGB/*von Hoyningen-Huene* HGB § 89 b Rn. 215; RGRK/*Krüger-Nieland/Zöller* BGB § 134 Rn. 87.
593   BGH NJW 2003, 290 (293); 2003, 1241, 1243; MüKoHGB/*von Hoyningen/Huene* HGB § 89 b Rn. 205.
594   BGHZ 51, 184 (188 f.); MüKoHGB/*von Hoyningen-Huene* HGB § 89 b Rn. 209.
595   BGH NJW 1990, 2889.
596   BGH NJW 1975, 1926; RGRK/*Krüger-Nieland/Zöller* BGB § 134 Rn. 87; vgl. auch MüKoBGB/*Armbrüster* § 134 Rn. 73.

597   BVerfG NJW 1990, 1469 (1471); Staudinger/*Sack/Seibl* BGB § 134 Rn. 250; PWW/*Ahrens* BGB § 134 Rn. 46.
598   So zutreffend BeckOGK/*Vossler* BGB § 134 Rn. 223.
599   MüKoHGB/*von Hoyningen-Huene* HGB § 60 Rn. 56; MAH ArbR/*Benecke* § 32 Rn. 191.
600   MüKoHGB/*von Hoyningen-Huene* HGB § 60 Rn. 56; Staudinger/*Sack/Seibl* BGB § 134 Rn. 250.
601   BGHZ 118, 142 (147 ff.); WM 2010, 410 (im konkreten Fall verneinend); Baumbach/*Hopt/Merkt*, HGB § 319 Rn. 32; Palandt/*Ellenberger* BGB § 134 Rn. 18; PWW/*Ahrens* BGB § 134 Rn. 46; BeckOGK/*Vossler* BGB § 134 Rn. 226; Staudinger/*Sack/Seibl* BGB § 134 Rn. 250; *Schürnbrand* AG 2016, 70 (72).
602   BGHZ 118, 142 (149). Bei Verstoß gegen die allg. Voraussetzungen des § 319 Abs. 1 HGB ist dagegen auch der Jahresabschluss nichtig (Baumbach/*Hopt/Merkt* HGB § 319 Rn. 3, 30).
603   BGHZ 118, 142 (150); Staudinger/*Sack/Seibl* BGB § 134 Rn. 250.

von ihm geschlossenen Maklerverträge **nicht** nach § 134 **nichtig.**[604] Denn das Erfordernis der Erlaubnis bezieht sich allein auf den Zugang zu dem Gewerbe und soll nicht den wirtschaftlichen Erfolg einer nicht zugelassenen Maklertätigkeit verhindern. Im Übrigen handelt es sich um ein einseitiges Verbot, das nicht gegen die Kunden des Maklers gerichtet ist.

Besonderheiten gelten für die Vermittlung von **Mietverträgen über Wohnräume.** Nach § 6 Abs. 1 WoVermittG darf ein Wohnungsvermittler Wohnräume nur anbieten, wenn er vom Vermieter oder von einem anderen Berechtigten **beauftragt** worden ist. Die Vorschrift soll unlautere Geschäftsmethoden verhindern und den Wohnungssuchenden Zeit und Kosten durch die vergebliche Besichtigung von Wohnungen ersparen.[605] Im Fall eines Verstoßes liegt eine Ordnungswidrigkeit nach § 8 Abs. 1 Nr. 3 WoVermittG vor.[606] Nach Ansicht des BGH führt der Verstoß gegen § 6 Abs. 1 WoVermittG gleichwohl **nicht zur Nichtigkeit des Maklervertrages** nach § 134.[607] Dahinter steht die Erwägung, dass der Provisionsanspruch des Maklers nach § 652 Abs. 1 vom Zustandekommen des Mietvertrages abhängt. In diesem Fall realisiert sich aber nicht das Risiko, dass der Wohnungssuchende für die vergebliche Besichtigung einer Wohnung Zeit und Kosten aufwendet. Der Schutz des Wohnungssuchenden erfordert es also nicht, den Maklervertrag nach § 134 für nichtig zu erachten.[608] Durch das Gesetz zur Dämpfung des Mietanstiegs auf angespannten Wohnungsmärkten und zur Stärkung des Bestellerprinzips bei der Wohnungsvermittlung vom 21.4.2015[609] wurde der Schutz der Wohnungssuchenden weiter verbessert. Nach § 2 Abs. 1a WoVermittG steht dem Makler ein Provisionsanspruch gegen den Wohnungssuchenden nur zu, wenn er nicht aufgrund eines in Textform mit diesem geschlossenen Vertrages ausschließlich in dessen Interesse tätig geworden ist.[610] Ist der Makler (auch) im Auftrag des Vermieters tätig geworden, so ist ein Entgeltanspruch gegen den Wohnungssuchenden grundsätzlich ausgeschlossen. Eine Ausnahme gilt nur für den Fall, dass der Makler den Auftrag des Vermieters nach § 6 Abs. 1 WoVermittG ausschließlich wegen des Vermittlungsvertrages mit dem Wohnungssuchenden einholt (§ 3 Abs. 1a WoVermittG). Da sich die Unwirksamkeit abweichender Vereinbarungen schon aus § 2 Abs. 5 WoVermittG ergibt, ist § 134 nicht einschlägig.

Zur Maklertätigkeit von **Rechtsanwälten** und **Steuerberatern** → Rn. 214 und 239.

193

194

14. Mietrecht

Literatur: *Hannemann/Wiegner,* Münchener Anwaltshandbuch Mietrecht, 4. Auflage 2014; *Lammel,* Theorie und Praxis der Mietpreisüberhöhung nach § 5 WiStrG, NZM 1999, 989; *Langenberg,* Zur neuen Rechtsprechung des BGH zu § 5 WiStG, FS Blank, 2006, 291; *Schmidt-Futterer,* Mietrecht, 13. Auflage 2017; *Sternel,* Mietrecht, 4. Auflage 2009.

Nach **§ 5 Abs. 1 WiStG** ist die Annahme oder das Sich-Versprechen-Lassen einer unangemessen hohen Miete eine Ordnungswidrigkeit. Nach allgemeiner Ansicht handelt es sich um ein Verbotsgesetz iSd § 134. Bei einem Verstoß erfasst die Nichtigkeit jedoch nicht den gesamten Mietvertrag. Der Schutzzweck des § 5 WiStG gebietet vielmehr, die Nichtigkeit auf die **Mietzinsvereinbarung** zu beschränken.[611] Auch diese ist aber nach hM nur insoweit **unwirksam,** wie sie die in § 5 Abs. 2 WiStG konkretisierte Angemessenheits- oder Wesentlichkeitsgrenze übersteigt (→ Rn. 70). Nichtig ist mithin lediglich der Teil der Mietzinsvereinbarung, der die **Vergleichsmiete um mehr als 20 % überschreitet.**[612] Ändert sich die Höhe der Vergleichsmiete, so ist auch der zulässige Mietzins neu festzustellen.[613]

195

---

604 BGHZ 78, 263 (267); 78, 269, 271 ff.; MüKoBGB/
     Armbrüster § 134 Rn. 93; PWW/*Ahrens* BGB § 134
     Rn. 49; Soergel/*Hefermehl* BGB § 134 Rn. 74;
     Staudinger/*Sack/Seibl* BGB § 134 Rn. 232.
605 BGHZ 152, 10 (12) = NJW 2002, 3015 (3016).
606 Vgl. Erbs/Kohlhaas/*Ambs/Häberle* WoVermittG § 6
     Rn. 1.
607 BGHZ 152, 10 (12 f.); ebenso OLG Karlsruhe NJW
     1976, 1408; Staudinger/*Sack/Seibl* BGB § 134
     Rn. 307; Erman/*Arnold* BGB § 134 Rn. 47; PWW/
     Ahrens BGB § 134 Rn. 49; Staudinger/*Arnold* BGB
     §§ 652, 653 Rn. 48; aA LG Hannover NJW-RR 1991,
     1295 (1296); MüKoBGB/*Armbrüster* § 134 Rn. 93.
608 BGHZ 152, 10 (13).
609 BGBl. 2015 I, 610.
610 Vgl. *Looschelders* SchuldR BT § 37 Rn. 15. Zur Ver-
     fassungskonformität der Regelung s. BVerfG NJW-
     RR 2016, 1497.
611 BGH NJW 1984, 722 (723); Staudinger/*Sack/Seibl*
     BGB § 134 Rn. 92; Soergel/*Hefermehl* BGB § 134
     Rn. 63; BeckOK OWiG/*Kudlich* WiStG § 5 Rn. 2;
     Kothe NJW 1982, 2803 (2804); aA *Zimmermann* JR
     1982, 96 f.
612 BGHZ 89, 316 (319 ff.) = NJW 1984, 722 (723);
     BGH NJW 2004, 1740 (1741); NJW 2005, 2156;
     NZM 2006, 291; LG Berlin ZMR 1994, 19 (Ls.);
     Schmidt-Futterer/*Blank* Anh. zu § 535 Rn. 68;
     Soergel/*Hefermehl* BGB § 134 Rn. 63; Staudinger/
     Sack/Seibl BGB § 134 Rn. 306; MAH MietR/*Flin-
     trop* § 21 Rn. 49; *Sternel* ZMR 1983, 73 (79).
613 OLG Hamm NJW 1983, 1622 (1623); OLG Frank-
     furt ZMR 1985, 200 (201); OLG Hamburg WuM
     2000, 111; *Lammel* NZM 1999, 989 (990 f.); *Sternel*
     III Rn. 33; aA LG Hamburg NJW-RR 1999, 1170;
     Schmidt-Futterer/*Blank* Anh. zu § 535 Rn. 69.

196 In der Literatur ist die Ansicht verbreitet, die geschuldete Miete sei bei einem Verstoß gegen § 5 WiStG auf die **Höhe der Vergleichsmiete** zu reduzieren.[614] Zur Begründung wird darauf hingewiesen, dass die Lösung der hM – Zurückführung der Miete auf das gerade noch zulässige Maß – dem Vermieter das Risiko seines Rechtsbruchs abnimmt und einen Anreiz für die Vereinbarung überhöhter Mieten gibt.[615] Dem ist jedoch entgegenzuhalten, dass sich die Nichtigkeitsfolge nur insoweit rechtfertigen lässt, wie das Rechtsgeschäft – konkretisiert durch die tatbestandlichen Voraussetzungen des jeweiligen Verbotsgesetzes – gegen das Gesetz verstößt.[616] Die erforderliche Abschreckungswirkung für den Vermieter wird im Übrigen schon durch die Bußgelddrohung des § 5 Abs. 3 WiStG gewährleistet.

197 In neuerer Zeit hat die praktische Bedeutung des § 5 WiStG deutlich abgenommen. Zu beachten ist nämlich, dass die vereinbarte Miete die ortsüblichen Entgelte infolge der **Ausnutzung eines geringen Angebots an vergleichbaren Wohnungen** um mehr als 20 % übersteigen muss (§ 5 Abs. 2 WiStG). Diese Voraussetzung wurde in neueren Entscheidungen meistens verneint. Nach der Rechtsprechung des BGH liegt das Merkmal des „**Ausnutzens**" nämlich nur vor, wenn die vereinbarte Miethöhe gerade auf dem geringen Angebot beruht; die Beweislast für diesen Zusammenhang trägt der Mieter, ohne dass ihm insoweit Beweiserleichterungen zugutekommen.[617] Darüber hinaus fordert der BGH noch, dass der Vermieter erkennt oder in Kauf nimmt, dass der Mieter sich in einer Zwangslage befindet.[618] Sofern diese subjektive Komponente vorliegt, handelt es sich aber meist schon um einen Fall des Mietwuchers nach § 138 Abs. 2 (dazu → § 138 Rn. 376).[619]

198 Bei **öffentlich geförderten Wohnungen** sind die Vereinbarung eines die Kostenmiete übersteigenden Mietzinses (**§ 8 Abs. 1, 2 WoBindG**) und die Vereinbarung einer einmaligen Leistung für die Überlassung der Wohnung (**§ 9 Abs. 1 WoBindG**) verboten.[620] Da § 8 Abs. 2 WoBindG und § 9 Abs. 1 WoBindG die Unwirksamkeit entgegenstehender Abreden selbst anordnen, muss in beiden Fällen aber nicht auf § 134 zurückgegriffen werden.[621]

199 § 134 steht nicht der Wirksamkeit eines Mietvertrages über **öffentlich gefördertem Wohnraum** entgegen, wenn der Mieter nicht über die nach § 4 Abs. 2, 3 und § 7 WoBindG erforderliche Berechtigung verfügt.[622] Zwar ahndet § 26 Abs. 1 Nr. 2 WoBindG solche Fälle als Ordnungswidrigkeit. Dies gilt jedoch nur **einseitig** in Bezug auf den Vermieter. Im Übrigen soll das Berechtigungserfordernis lediglich die **tatsächliche** Zweckentfremdung verhindern, eine Beschränkung der Vertragsfreiheit ist dagegen nicht intendiert.[623] Aus gleichen Erwägungen sind Verträge, in denen Wohnraum entgegen den Bestimmungen zur **Wohnraumbewirtschaftung** (zB Art. 6 § 1 MRVerbG) ohne die erforderliche behördliche Genehmigung zweckentfremdet vermietet wird, **nicht** nach § 134 **nichtig**.[624]

200 Der Verstoß gegen **baurechtliche Bestimmungen** führt nicht nach § 134 zur Nichtigkeit des Mietvertrages.[625] Denn solche Bestimmungen sollen keine vertraglichen Vereinbarungen, sondern allein die tatsächliche Schaffung baurechtswidriger Zustände verhindern (vgl. auch → Rn. 144). Mietverträge, die eine baurechtswidrige Nutzung zum Gegenstand haben, sind damit rechtswirksam. Dies gilt unabhängig davon, ob der Mietvertrag von vornherein auf eine baurechtswidrige Nutzung gerichtet ist oder der Mieter nach Abschluss des Mietvertrages eigenmächtig eine baurechtswidrige Nutzung des Mietobjekts aufnimmt.[626]

---

614 So MüKoBGB/*Armbrüster* § 134 Rn. 124; Palandt/ *Ellenberger* BGB § 134 Rn. 27; PWW/*Ahrens* BGB § 134 Rn. 49; Staudinger/*Emmerich* BGB Vor § 535 Rn. 118; *Kothe* NJW 1982, 2803 (2806 f.); ebenso in der älteren Rspr. OLG Karlsruhe NJW 1982, 1161 f.; OLG Hamburg NJW 1983, 1004; OLG Stuttgart NJW 1981, 2365.

615 OLG Karlsruhe NJW 1982, 1161; OLG Stuttgart NJW 1981, 2365; Staudinger/*Emmerich* BGB Vor § 535 Rn. 118; *Finger* ZMR 1983, 37 (39 f.); *Hager* JuS 1985, 264 (270).

616 BGH NJW 1984, 722 (724); Staudinger/*Sack/Seibl* BGB § 134 Rn. 93 f.; *Sternel* ZMR 1983, 73 (80); zur verfassungsrechtlichen Rechtfertigung BVerfG NJW 1994, 993 (994).

617 BGH NJW 2004, 1740; NZM 2006, 291 (292); krit. *Langenberg* FS Blank, S. 291, 294 f.; vgl. zum Merkmal des „Ausnutzens" auch *Lammel* NZM 1999, 989 (991 ff.).

618 BGH NZM 2005, 534.

619 Krit. *Langenberg* FS Blank, S. 291, 295 f.

620 *Sternel*, III Rn. 29.

621 Vgl. MüKoBGB/*Armbrüster* § 134 Rn. 91.

622 LG Aachen ZMR 1973, 379 (380); Staudinger/*Sack/ Seibl* BGB § 134 Rn. 307; Erman/*Arnold* BGB § 134 Rn. 48; MüKoBGB/*Armbrüster* § 134 Rn. 92; aA *Weimar* MDR 1967, 806 f.

623 LG Aachen ZMR 1973, 379 (380); AG Eschweiler WuM 1974, 123 (124).

624 BGH NJW 1994, 320; OLG Köln VersR 1992, 361 (362); VGH München NJW-RR 1993, 1422; LG Dortmund ZMR 1967, 79 (80) (zu § 21 Wohnraumbewirtschaftungsgesetz); AG Berlin-Tiergarten ZMR 1967, 180; MüKoBGB/*Armbrüster* § 134 Rn. 92; Schmidt-Futterer/*Eisenschmid* BGB § 536 Rn. 99; Staudinger/*Sack/Seibl* BGB § 134 Rn. 264; MAH MietR/*Bellinghausen* § 8 Rn. 15; *Sternel* VIII Rn. 45 a.

625 BGHZ 75, 366 (368) = NJW 1980, 366 (368); VGH Kassel NJW 1964, 2444; LG Frankfurt NJW 1977, 1885; Staudinger/*Sack/Seibl* BGB § 134 Rn. 211; *Sternel* I Rn. 46; *Schwemer* ZMR 1999, 463 ff.; aA AG Celle ZMR 1999, 488; AG Hamburg NZM 1999, 460.

626 Mit dieser Differenzierung aber AG Celle ZMR 1999, 488.

15. Rechtsanwälte und Notare

Literatur: *Gehrlein*, Die Rechtsprechung des IX. Zivilsenats des BGH zur Steuerberaterhaftung in den Jahren 2018 und 2019, DStR 2020, 305; *Henssler*, Das Verbot der Vertretung widerstreitender Interessen, NJW 2001, 1521; *ders.*, Mandantsschutzklauseln in Sozietätsverträgen, in: FS Geiss (2000), 71; *Kilian*, Das Gesetz zur Neuregelung des Verbots der Vereinbarung von Erfolgshonoraren, NJW 2008, 1905; *ders.*, Das Verbot der Finanzierung fremder Rechtsverfolgungskosten, NJW 2010, 1845; *Kleine-Cosack*, Vom regulierten zum frei vereinbarten (Erfolgs-) Honorar, NJW 2007, 1405; *Taupitz*, Berufsständische Satzungen als Verbotsgesetze im Sinne des § 134 BGB, JZ 1994, 221; *Wasmuth*, Honoraranspruch des Verteidigers im Fall der Mehrfachverteidigung?, NStZ 1989, 348; *Weyland*, Bundesrechtsanwaltsordnung: BRAO, 10. Aufl. 2020.

Bei der Beurteilung von Rechtsgeschäften mit Rechtsanwälten ist zu beachten, dass Standesrichtlinien keine **201** Rechtsnormen iSd Art. 2 EGBGB darstellen und daher auch keine Verbotsgesetze iSd § 134 enthalten können (→ Rn. 20). Der Verstoß gegen **anwaltliche Standesrichtlinien** kann daher grundsätzlich nur im Rahmen des § 138 Abs. 1 berücksichtigt werden (→ § 138 Rn. 87). Gesetzliche Verbote, die zu einem großen Teil als kodifiziertes Standesrecht verstanden werden können, finden sich aber in der BRAO.

a) Mandantenschutzklauseln. Nach Auffassung des LAG Baden-Württemberg verstößt eine **Mandan-** **202** **tenschutzklausel,** durch die sich ein Rechtsanwalt zur Ablehnung von Mandanten verpflichtet, gegen das Recht auf freie Wahl des Rechtsanwalts aus **§ 3 Abs. 3 BRAO** und ist daher gem. § 134 nichtig.[627] Gegen diese Auffassung spricht jedoch, dass § 3 Abs. 3 BRAO ein Abwehrrecht des Mandanten gegen den Staat begründet und daher nicht unmittelbar auf das Verhältnis von Mandant und Rechtsanwalt angewendet werden kann. Die Wirksamkeit von Mandantenschutzklauseln ist daher im Rahmen des § 138 Abs. 1 zu prüfen (→ § 138 Rn. 351).[628] Im Vordergrund steht dabei die Berufsfreiheit des betroffenen Rechtsanwalts (Art. 12 Abs. 1 GG). Daneben sind aber auch die Wertungen des § 3 Abs. 3 BRAO zu berücksichtigen.[629]

b) Tätigkeitsverbote. Wird ein abhängig beschäftigter Rechtsanwalt für seinen Arbeitgeber in einer **203** Angelegenheit, mit der er bereits zuvor aufgrund seines Beschäftigungsverhältnisses befasst war, selbstständig rechtsbesorgend tätig, so liegt darin ein Verstoß gegen **§ 46 Abs. 2 Nr. 1 BRAO**.[630] Der Verstoß führt nach § 134 zur Nichtigkeit des Anwaltsvertrages; ein Anspruch des Anwalts auf Zahlung des Honorars ist gem. § 817 S. 2 ausgeschlossen.[631] Gleiches gilt, wenn der Anwalt entgegen **§ 45 Abs. 1 Nr. 1 BRAO** in einer Rechtssache tätig wird, mit der er bereits in einer anderen Funktion (zB als Richter, Staatsanwalt, Notar) beschäftigt war.[632] Obwohl sich die Tätigkeitsverbote nur an den Rechtsanwalt richten, ist von der **Nichtigkeit des Gesamtvertrages** auszugehen. Die Tätigkeitsverbote würden nämlich ihren Zweck verfehlen, wenn der Anwalt gleichwohl einen Honoraranspruch geltend machen könnte.[633] Die Nichtigkeit des Anwaltsvertrags wegen Vorbefassung kann im **Kostenfestsetzungsverfahren** nicht festgestellt werden, weil dieses Verfahren auf die formale Prüfung der Kostentatbestände und die Prüfung einfacher Fragen des Kostenrechts beschränkt ist.[634]

c) Gebühren. Die Vereinbarung **geringerer** als der gesetzlich vorgesehenen **Gebühren und Auslagen** ist **204** nach dem RVG grundsätzlich unzulässig. Solche Vereinbarungen verstoßen gegen § 49 b Abs. 1 S. 1 BRAO und sind daher gem. § 134 nichtig.[635] Es gibt aber Ausnahmen.[636] So lässt § 49 b Abs. 1 BRAO iVm § 4 Abs. 1 RVG für den Bereich der außergerichtlichen Vertretung die Vereinbarung einer niedrigeren Vergütung zu. Im Bereich der gerichtlichen Vertretung kann der Ausnahmetatbestand des § 49 b Abs. 1 S. 2 BRAO eingreifen. Der Rechtsanwalt kann danach im Einzelfall besonderen Umständen in der Person des Auftraggebers, insbesondere dessen Bedürftigkeit, Rechnung tragen, indem er nach Erledigung des Auftrags Gebühren oder Auslagen ermäßigt oder erlässt.

Nach der ursprünglichen Fassung des § 49 b Abs. 2 BRAO war die Vereinbarung eines **Erfolgshonorars** **205** generell unzulässig. Entsprechende Vereinbarungen wurden daher in jedem Fall nach § 134 als nichtig angesehen.[637] Diese Rechtslage war indes verfassungswidrig.[638] Nach dem neugefassten § 49 b Abs. 2 S. 1

627 LAG BW AnwBl. 1987, 142 = EWiR BGB § 611 7/85 (*Kraft*); vgl. auch Staudinger/*Sack/Seibl* BGB § 134 Rn. 220; aA Schaub/*Vogelsang* ArbR-HdB § 55 Rn. 23.

628 So auch BGH NJW 1986, 2944 (2945); 2000, 2584, 2585.

629 Ausführlich dazu *Henssler* FS Geiß 2000, S. 271, 276 ff.

630 BGHZ 141, 69 (79) = NJW 1999, BGH 1715; NJW 2001, 1569; PWW/*Ahrens* BGB § 134 Rn. 58.

631 BGH NJW 1999, 1715 (1717).

632 BGH NJW 2011, 373; AG Emmerich NJW 1999, 1875.

633 BGH NJW 1999, 1715 (1717); Staudinger/*Sack/Seibl* BGB § 134 Rn. 220; Zum Verbot der Vertretung widerstreitender Interessen vgl. noch *Henssler* NJW 2001, 1521.

634 BGH NJW-RR 2007, 422.

635 Erman/*Arnold* BGB § 134 Rn. 55.

636 Zu den Einzelheiten BeckOK RVG/*von Seltmann* § 3 a Rn. 3 ff.

637 Vgl. BGH NJW 2009, 3297 (3298) mwN Vor Einführung des § 49 b BRAO wurde in st. Rspr. Sittenwidrigkeit gem. § 138 angenommen, so etwa BGHZ 22, 162 (165); 51, 290, 293; BGH NJW 1981, 998; 1987, 3203, 3204; 1992, 681, 682; 1996, 2499, 2500.

638 BVerfG NJW 2007, 979 (985).

BRAO iVm § 4 a Abs. 1 RVG ist die Vereinbarung eines Erfolgshonorars zulässig, wenn der Auftraggeber aufgrund seiner finanziellen Verhältnisse anderenfalls von der Rechtsverfolgung abgehalten würde. Nach § 49 b Abs. 2 S. 3 BRAO liegt kein Erfolgshonorar im Sinne dieser Bestimmungen vor, wenn lediglich vereinbart wird, dass sich die gesetzlichen Gebühren ohne weitere Bedingungen erhöhen. Eine unzulässige Umgehung des grundsätzlichen Verbots von Erfolgshonoraren iSd § 49 b Abs. 2 S. 1 RVG ist jedoch gegeben, wenn die mit der Führung des Prozesses mandatierten Rechtsanwälte mit der prozessfinanzierenden GmbH eine stille Gesellschaft gegründet haben und die Erfolgsbeteiligung ohne Auskehrung an die prozessfinanzierende GmbH unmittelbar unter den Rechtsanwälten als stillen Gesellschaftern aufgeteilt wird.[639] In neuerer Zeit hat der BGH in Abkehr von seiner früheren Rechtsprechung entschieden, dass eine Vergütungsvereinbarung zwischen Rechtsanwalt und Mandant, die gegen die Formvorschriften des § 3 a Abs. 1 S. 1 und 2 RVG oder die Voraussetzungen für den Abschluss einer Erfolgshonorarvereinbarung nach § 4 a Abs. 1 und 2 RVG verstößt, wirksam ist.[640] Die Vergütung beschränkt sich in diesen Fällen gemäß § 4 b S. 1 RVG auf die gesetzliche Gebühr. Der BGH legt überzeugend dar, dass es dieser Regelung nicht bedurft hätte, wenn die Vereinbarung bereits wegen des Verstoßes gegen die in § 4 a RVG festgelegten Voraussetzungen nach § 134 nichtig wäre. Liegt die gesetzliche Gebühr höher als das vereinbarte Erfolgshonorar, so kann nur die vereinbarte Vergütung verlangt werden.[641]

206   § 49 b Abs. 2 S. 2 BRAO verbietet dem Rechtsanwalt Vereinbarungen, in denen er sich zur **Finanzierung von Gerichtskosten, Verwaltungskosten oder Kosten anderer Beteiligter** verpflichtet. Die Gesetzesbegründung spricht davon, dass solche Verpflichtungen nicht im Rahmen der Vereinbarung über ein Erfolgshonorar übernommen werden dürfen.[642] Nach dem Gesetzeswortlaut sowie dem Sinn und Zweck des § 49 Abs. 2 S. 2 BRAO setzt das Verbot jedoch keinen solchen Zusammenhang voraus.[643] Der Verstoß gegen § 49 b Abs. 2 S. 2 BRAO führt nach § 134 zur Nichtigkeit der Vereinbarung über die Finanzierung der Kosten; im Übrigen bleibt der Vertrag wirksam.[644] Entsprechende Verbote gelten für Steuerberater, Wirtschaftsprüfer und Patentanwälte (§§ 9 a Abs. 1 S. 2 StBerG, 55 a Abs. 1 S. 2 WPO, 43 b Abs. 1 S. 2 PatO).[645] Die gewerbliche Prozessfinanzierung ist dagegen grundsätzlich zulässig. Entsprechende Vereinbarungen sind daher weder nach § 134[646] noch nach § 138 (→ § 138 Rn. 320) nichtig.

207   Die vorstehenden Verbote gelten nur in Bezug auf die Stellung des Anwalts als Organ der deutschen Rechtspflege. Vereinbarungen mit einem **ausländischen Rechtsanwalt**, nach dessen Heimatrecht Erfolgshonorare zulässig sind, sind daher wirksam.[647]

208   **d) Schweigepflicht.** Ein Verstoß gegen die **anwaltliche Schweigepflicht** führt gem. **§ 203 Abs. 1 Nr. 3 StGB** iVm § 134 zur Nichtigkeit des Rechtsgeschäfts.[648] Ein solcher Verstoß kommt in Betracht, wenn der Rechtsanwalt seine Honorarforderung an einen Dritten abtritt. Denn mit einer Abtretung geht gem. § 402 eine umfassende Informationspflicht gegenüber dem neuen Gläubiger einher, die regelmäßig die Offenlegung von Mandantengeheimnissen umfasst.[649] Dies gilt nach der Rechtsprechung des BGH jedoch nicht in Fällen, in denen ein zum Betreuer bestellter Rechtsanwalt seinen Anspruch auf **Betreuervergütung** an eine anwaltliche Verrechnungsstelle – auch ohne Zustimmung des Betroffenen – abtritt.[650] Der Rechtsanwalt erlangt in diesem Zusammenhang personenbezogene Daten nicht etwa aufgrund eines Mandantenverhältnisses, sondern in seiner Funktion als Betreuer. Mit der Abtretung wird daher nicht gegen § 203 Abs. 1 Nr. 3 StGB verstoßen. Im Übrigen liegt auch kein Verstoß gegen den sich nur auf die Anwaltsvergütung beziehenden § 49 b Abs. 4 S. 2 BRAO vor.[651] Entsprechende Probleme können sich auch bei Vereinbarungen über die Abtretung von Honorarforderungen im Rahmen eines **Praxisverkaufs** stellen.[652] Bis zur Einführung des § 49 b Abs. 4 BRAO durch das Gesetz vom 2.9.1994[653] war es nach der Rechtsprechung irrelevant, ob es sich bei dem Abtretungsempfänger um einen anderen Rechtsanwalt oder einen Berufsfremden handelte.[654] Hatte der Zessionar die Angelegenheiten des Mandanten bereits als Mitarbeiter oder Sozius des Zedenten rechtmäßig kennen gelernt, so war die Abtretung aber nicht nach § 203 Abs. 1 Nr. 3 StGB iVm

639 OLG München NJW 2012, 2207.
640 BGHZ 202, 334 = NJW 2014, 2653 (2654 ff.) mAnm *v. Seltmann*; BGH NJW 2015, 1093 Rn. 13; vgl. auch OLG München NJW-RR 2020, 243 Rn. 27 ff.
641 BGHZ 202, 334 = NJW 2014, 2653 (2654 ff.); Staudinger/*Sack/Seibl* BGB § 134 Rn. 220.
642 BT-Drs. 16/8384 S. 11.
643 *Kilian* NJW 2010, 1845 (1848).
644 *Kilian* NJW 2010, 1845 (1848).
645 Ausführlich *Kilian* NJW 2010, 1845 ff.
646 OLG München NJW-RR 2015, 1333 Rn. 21 ff.
647 BGHZ 22, 162 (163).

648 BGHZ 122, 115 (117) (betr. Rechtslage vor Inkrafttreten des § 49 b Abs. 4 BRAO); 148, 97, 101 f.; BGH NJW 2005, 507 (508); Erman/*Arnold* BGB § 134 Rn. 53.
649 BGHZ 122, 115 (117 f.); 148, 97, 101 f.; zur entspr. Problematik bei Ärzten vgl. BGHZ 115, 123 (125 ff.) = NJW 1991, 2955; NJW 1992, 2348; Erman/*Arnold* BGB § 134 Rn. 34.
650 BGH NJW 2013, 2961.
651 BGH NJW 2013, 2961.
652 Vgl. BGH NJW 1995, 2026; Erman/*Arnold* BGB § 134 Rn. 53.
653 BGBl. I S. 2278.
654 Vgl. BGH NJW 1993, 1912.

§ 134 unwirksam.[655] Das Gleiche galt für den Fall, dass der Erwerber in die bisher bestehende (Außen-) Sozietät eintrat und der Veräußerer darin für eine Übergangszeit als freier Mitarbeiter weiter tätig blieb.[656]

Diese Rechtsprechung konnte auf der Grundlage des § 49 b Abs. 4 BRAO nicht aufrechterhalten werden.[657] **209** Die Vorschrift sieht schon in ihrer ursprünglichen Fassung vor, dass die **Abtretung** von Vergütungsansprüchen **an einen anderen Rechtsanwalt** ohne Zustimmung des Mandanten zulässig ist.[658] Der Verzicht auf die Zustimmung des Mandanten verstößt nicht gegen die Verfassung.[659] Die Regelung greift zwar in das Grundrecht des Mandanten auf informationelle Selbstbestimmung (Art. 1, 2 Abs. 1 GG) ein.[660] Bei der Ausgestaltung privatrechtlicher Beziehungen hat der Gesetzgeber aber einen weiten Gestaltungsspielraum.[661] Gelangt er zu dem Ergebnis, dass der Mandant durch die Schweigepflicht des Zessionars hinreichend geschützt wird, so ist dies von Verfassungs wegen nicht zu beanstanden. Dies gilt umso mehr, als sich die Zulässigkeit nur auf die Abtretung von Honorarforderungen bezieht und nicht auch auf die Übergabe von Handakten im Rahmen eines Praxisverkaufs.[662]

Die Abtretung von Gebührenforderungen oder die Übertragung ihrer Einziehung an einen **nicht als Rechts-** **210** **anwalt zugelassenen Dritten** war dagegen nach § 49 b Abs. 4 S. 2 BRAO aF grundsätzlich unzulässig.[663] Eine Ausnahme galt nur, wenn die Forderung rechtskräftig festgestellt und ein erster Vollstreckungsversuch erfolglos geblieben war; auch hier musste der Rechtsanwalt aber noch die ausdrückliche, schriftliche Einwilligung des Mandanten einholen. Diese Regelung war **aus verfassungsrechtlicher Sicht bedenklich,** weil sie die Freiheits- und Eigentumsrechte des Rechtsanwalts übermäßig einschränkte. Zum Schutz des Mandanten ist es nämlich ausreichend, die Zulässigkeit der Abtretung von der Einwilligung des Mandanten abhängig zu machen; die weitergehenden Einschränkungen der Abtretbarkeit verstießen somit gegen den Grundsatz der Verhältnismäßigkeit.[664] Der Gesetzgeber hat § 49 b Abs. 4 S. 2 BRAO deshalb durch Gesetz vom 12.12.2007[665] dahin gehend gefasst, dass die Abtretung oder Übertragung von Honorarforderungen an Dritte zulässig ist, wenn eine ausdrückliche, schriftliche Einwilligung des Mandanten vorliegt *oder* die Forderung rechtskräftig festgestellt ist; der neue Gläubiger oder Einziehungsberechtigte ist dann nach Abs. 4 S. 4 ebenso zur Verschwiegenheit verpflichtet wie der beauftragte Rechtsanwalt. Die Neuregelung ist zwar erst am 18.12.2007 in Kraft getreten; da der vorherige Zustand verfassungswidrig war, ist sie aber auch schon auf „Altfälle" anzuwenden.[666]

e) Mehrfachvertretung und Vertretung widerstreitender Interessen. Lässt sich ein Anwalt in einem **211** Strafverfahren von mehreren Beschuldigten gleichzeitig beauftragen, so ist der Vertrag wegen Verstoßes gegen das **Verbot der Mehrfachvertretung** (§ 146 StPO) nach § 134 nichtig.[667] Eine Honorarforderung ist daher ausgeschlossen. Dabei kommt es nicht darauf an, ob und zu welchem Zeitpunkt der Anwalt vom Gericht nach § 146 a StPO als Verteidiger zurückgewiesen worden ist.[668]

Der BGH hat lange Zeit offengelassen, ob der Verstoß gegen das in § 43 a Abs. 4 BRAO geregelte Verbot, **212** **widerstreitende Interessen** zu vertreten, nach § 134 zur Nichtigkeit des Vertrages führt.[669] Nun bejaht er dies mit der hM in der Literatur.[670] Das Verbot richtet sich zwar allein an den Rechtsanwalt. Für die Nichtigkeit spricht aber der Zweck der Verbotsnorm, das Vertrauen der Mandanten und der Allgemeinheit in die Zuverlässigkeit und Integrität der Anwaltstätigkeit zu schützen.[671] Auf ein Verschulden des Rechtsanwalts

---

655 BGH NJW 1995, 2915.
656 Vgl. BGHZ 124, 47 (51); 148, 97, 101 ff.
657 BGHZ 171, 252 (258); NJW 2005, 505 (508).
658 BGHZ 171, 252 (258); OLG München NJW 2000, 2592 (2594); LG Baden-Baden NJW-RR 1998, 202; Jauernig/*Mansel* BGB § 134 Rn. 12; MüKoBGB/ *Armbrüster* § 134 Rn. 56; Palandt/*Ellenberger* BGB § 134 Rn. 22 a; aA OLG Koblenz DStRE 2000, 555 (556); LG München I NJW 2004, 451 (453).
659 So auch BGHZ 171, 252 (259); aA LG Karlsruhe NJW-RR 2002, 706 (707 ff.); *Prechtel* NJW 1997, 1813 (1814 f.).
660 Vgl. MüKoBGB/*Armbrüster* § 134 Rn. 56.
661 Vgl. *Looschelders* SchuldR AT § 2 Rn. 8; *ders.* AcP 204 (2004), 136, 140.
662 OLG München NJW 2000, 2592 (2594).
663 Zur Unwirksamkeit der Abtretung in solchen Fällen BGH NJW 1997, 188.
664 BGH NJW-RR 2008, 1647 (1648).
665 BGBl. I S. 2840.
666 BGH NJW-RR 2008, 1647 (1648); Jauernig/*Mansel* BGB § 134 Rn. 12.

667 OLG München NJW 1983, 1688; LG Koblenz NStZ-RR 1998, 96; LG Freiburg NStZ 1985, 330; AG Arnsberg NJW-RR 1999, 63; PWW/*Ahrens* BGB § 134 Rn. 58; Weyland/*Träger* BRAO § 43 a Rn. 69; ausf. *Wasmuth* NStZ 1989, 348.
668 LG Koblenz NStZ-RR 1998, 96; LG Freiburg NStZ 1985, 330; AG Arnsberg NJW-RR 1999, 63; *Pfeiffer* StPO § 146 Rn. 4; aA LG Bamberg NStZ 1989, 387; von BGH NJW 1991, 3095 (3097) und BGH WM 2010, 673 Tz 45 offen gelassen.
669 BGH NJW 2004, 1169 (1171); 2009, 3297, 3299; 2013, 3725 Rn. 7 ff.; offen gelassen auch vom OLG Hamm BeckRS 2012, 18128; für Nichtigkeit nach § 134 schon OLG Brandenburg MDR 2003, 1024 = BeckRS 2003, 12291 Rn. 27; KG NJW 2008, 1458 (1459); LAG Köln NZA-RR 2001, 253.
670 BGH NJW 2016, 2561; NJW 2019, 1147 Rn. 19 ff.; MüKoBGB/*Armbrüster* § 134 Rn. 115; Staudinger/ *Sack/Seibl* BGB § 134 Rn. 220; Weyland/*Träger* BRAO § 43 a Rn. 83.
671 Vgl. BGH NJW 2016, 2651 (2562); LAG Köln NZA-RR 2001, 253 (254); *Gehrlein* DStR 2020, 305 (309 f.).

kommt es dabei nicht an.[672] Dem Rechtsanwalt stehen damit auch keine Vergütungsansprüche gegen den Mandanten zu.[673] Die Prozessvollmacht und die von dem Rechtsanwalt bereits vorgenommenen Prozesshandlungen bleiben aber unberührt.[674]

213 **f) Maklertätigkeit.** Nach § 14 Abs. 4 S. 1 BNotO dürfen **Notare** weder Grundstücksgeschäfte vermitteln noch sich in irgendeiner Weise an der Vermittlung von Urkundsgeschäften beteiligen. Wird ein Notar als Makler tätig, so entspricht es dem Zweck des § 14 Abs. 4 S. 1 BNotO, die unparteiische Amtsführung zu sichern, dass der Maklervertrag nach § 134 nichtig ist.[675]

214 Für **Rechtsanwälte** besteht dagegen kein allgemeines Verbot der Maklertätigkeit.[676] Das Verbot des § 14 Abs. 4 S. 1 BNotG gilt allerdings auch für Anwaltsnotare. Es erfasst darüber hinaus Rechtsanwälte, die mit einem Anwaltsnotar in einer **Sozietät** verbunden sind.[677]

16. Rechtsdienstleistungen

Literatur: *Buschbell/Höke*, Münchener Anwaltshandbuch Straßenverkehrsrecht, 5. Aufl. 2020; *Eversloh*, Das neue Rechtsdienstleistungsgesetz, 2008; *Fries*, Rechtsberatung durch Inkassodienstleister: Totenglöcklein für das Anwaltsmonopol, NJW 2020, 193; *Henssler*, Prozessfinanzierende Inkassodienstleister – Befreit von den Schranken des anwaltlichen Berufsrechts?, NJW 2019, 545; *Jagenburg*, Die Entwicklung des Baubetreuungs-, Bauträger- und Wohnungseigentumsrechts seit 1999, NJW 2001, 3453; *Kleine-Cosack*, Restriktive Auslegung des Rechtsberatungsgesetzes – Abwägungsgebot als oberstes Auslegungsprinzip, NJW 2003, 3009; *ders.*, Öffnung des Rechtsberatungsmarkts – Rechtsdienstleistungsgesetz verabschiedet, BB 2007, 2637; *ders.*, Rechtsdienstleistungsgesetz, 3. Auflage 2015; *Krenzler*, Rechtsdienstleistungsgesetz, 2. Aufl. 2017; *Langen*, Rechtsberatung als Annextätigkeit von Architekten und Bausachverständigen, AnwBl 2009, 436; *Morell*, Wirksamkeit der Inkassozession bei RDG-Verstoß, NJW 2019, 2574; *Otting*, Das Rechtsdienstleistungsgesetz (RDG) und die Klage aus abgetretenem Recht, SVR 2011, 8; *Prütting*, Legal Tech vor den Toren der Anwaltschaft – Die Digitalisierung der Rechtsdienstleistungen, ZIP 2020, 49; *Römermann*, RDG – zwei Schritte vor, einen zurück, NJW 2008, 1249; *ders.*, Legal Tech: Der BGH macht den Weg frei – aber wohin führt er?, VuR 2020, 43; *Römermann/Günther*, Legal Tech als berufsrechtliche Herausforderung, NJW 2019, 551; *Sauer/Wittemann*, Das Rechtsberatungsgesetz und die Wirksamkeit von Geschäftsbesorgungsverträgen – Vorgaben des Verfassungsrechts, BKR 2003, 656.

215 **a) Allgemeines.** Die Zulässigkeit der Rechtsberatung war bis zum 30.6.2008 im Rechtsberatungsgesetz (RBerG) geregelt. Seit 1.7.2008 ist das Rechtsdienstleistungsgesetz (RDG) maßgeblich. Der Gesetzgeber hat mit der Neuregelung den Zweck verfolgt, den Verbotsbereich des Gesetzes auf Fälle echter Rechtsanwendung zu beschränken.[678] Die Notwendigkeit für eine solche Beschränkung ergab sich zum einen aus der Rechtsprechung des BVerfG zur **allgemeinen Handlungsfreiheit** (Art. 2 Abs. 1 GG)[679] und zur **Berufsfreiheit** (Art. 12 GG);[680] zum anderen musste der wachsenden Bedeutung der **Grundfreiheiten auf der europäischen Ebene** Rechnung getragen werden.[681] Die damit verbundenen Einschränkungen des Verbotsbereichs führen dazu, dass die Rechtsprechung zur Nichtigkeit von Verträgen wegen Verstoßes gegen das RBerG nicht unbesehen auf das RDG übertragbar ist. Zu beachten ist allerdings, dass das RBerG in neuerer Zeit wegen der verfassungs- und europarechtlichen Vorgaben von der Rechtsprechung bereits sehr restriktiv ausgelegt worden ist.[682]

216 Der Begriff der Rechtsdienstleistung ist in § 2 RDG geregelt. Abs. 1 erfasst jede Tätigkeit in **konkreten fremden Angelegenheiten**, sobald sie eine **rechtliche Prüfung des Einzelfalles** erfordert. Die Gesetzesbegründung weist darauf hin, dass diese Definition den von der Rechtsprechung zum RBerG entwickelten Begriff der „Rechtsbesorgung"[683] einschränkt, weil nunmehr eine individuelle Prüfung der Rechtslage im Sinne einer Subsumtion vorausgesetzt wird.[684] Unabhängig von den Voraussetzungen des Abs. 1 sind **Inkassodienstleistungen** nach Abs. 2 S. 1 als Rechtsdienstleistung anzusehen, sofern die Forderungseinziehung als eigenständiges Geschäft betrieben wird und keine erlaubte Nebentätigkeit nach § 5 Abs. 1 RDG darstellt. Nach § 10 Abs. 1 S. 1 Nr. 1 RDG dürfen natürliche und juristische Personen sowie Gesellschaften ohne Rechtspersönlichkeit, die bei der zuständigen Behörde registriert sind (registrierte Personen), aber auf-

---

672   BGH NJW 2019, 1147 Rn. 24.

673   BGH NJW 2013, 2561 (2562); 2019, 1147 Rn. 24 ff.

674   OLG Brandenburg MDR 2003, 1024 = BeckRS 2003, 12291 Rn. 28; OLG Rostock BeckRS 2009, 4219; Staudinger/*Sack/Seibl* BGB § 134 Rn. 220; Weyland/*Träger* BRAO § 43 a Rn. 83.

675   BGHZ 147, 39 (44); Hk-BGB/*Dörner* BGB § 134 Rn. 8; PWW/*Ahrens* BGB § 134 Rn. 50.

676   BGH NJW 2000, 3067 (3068); PWW/*Ahrens* BGB § 134 Rn. 58.

677   BGHZ 147, 39 (42 ff.)

678   Vgl. Begr. RegE, BT-Drs. 16/3655 S. 35; Palandt/*Ellenberger* BGB § 134 Rn. 21.

679   BVerfG NJW 2004, 2662; FamRZ 2006, 539.

680   BVerfGE 97, 12 = NJW 1998, 3481; BVerfG NJW 2002, 3531.

681   Zu den verfassungs- und europarechtlichen Vorgaben Begr. RegE, BT-Drs. 16/3655 S. 35.

682   Ausf. *Kleine-Cosack* NJW 2003, 3009 ff.

683   Vgl. zB BGH NJW 2005, 969.

684   BT-Drs. 16/3655 S. 35; vgl. dazu *Römermann* NJW 2008, 1249 (1250 f.).

grund besonderer Sachkunde Inkassodienstleistungen iSd § 2 Abs. 2 S. 1 RDG erbringen (→ Rn. 224).[685] Abs. 3 nennt einige Tätigkeiten, die keine Rechtsdienstleistung darstellen (zB Erstattung wissenschaftlicher Gutachten). § 5 Abs. 1 RDG erlaubt Rechtsdienstleistungen im Zusammenhang mit einer anderen Tätigkeit, wenn sie als **Nebenleistung** zum Berufs- oder Tätigkeitsbild gehören.[686] Rechtsdienstleistungen im Zusammenhang mit der Testamentsvollstreckung,[687] der Haus- und Wohnungsverwaltung sowie der Fördermittelberatung gelten nach § 5 Abs. 2 RDG kraft Gesetzes stets als erlaubte Nebenleistungen. Nach § 6 RDG sind **unentgeltliche** Rechtsdienstleistungen – den Vorgaben des BVerfG folgend[688] – grundsätzlich erlaubt. Das Merkmal der Unentgeltlichkeit liegt allerdings nicht vor, wenn eine als solche kostenlose Rechtsberatung im Zusammenhang mit einer entgeltlichen Tätigkeit erfolgt.[689]

Ebenso wie schon das RBerG hat auch das RDG den **Zweck**, die Rechtsuchenden, den Rechtsverkehr und die Rechtsordnung vor unqualifizierten Rechtsdienstleistungen zu schützen (§ 1 Abs. 1 S. 2 RDG).[690] Bei den Vorschriften des RBerG und des RDG handelt es sich somit nicht um bloße Ordnungsvorschriften, die nur dem Allgemeininteresse dienen; vielmehr enthält § 3 RDG (Art. 1 § 1 RBerG) ein **gesetzliches Verbot** iSd § 134.[691] **217**

Verstöße gegen das RBerG bzw. das RDG führen gem. § 134 zur **Nichtigkeit des gesamten Vertrages**.[692] Zwar richtet sich das Gesetz nur gegen den Rechtsberater und nicht gegen den Auftraggeber. Der intendierte Schutz vor sachgemäßer Beratung und Vertretung erfordert aber die Nichtigkeit des verbotswidrigen Geschäftsbesorgungsvertrages im Ganzen.[693] Der Verstoß gegen das RBerG bzw. das RDG wird nicht dadurch ausgeschlossen, dass der Vertragspartner des Rechtsuchenden sich zur Erfüllung seiner Beratungspflichten eines zugelassenen Rechtsberaters als **Erfüllungsgehilfen** bedient.[694] Der Regierungsentwurf zum RDG hatte in § 5 Abs. 3 RDG-E zwar eine entsprechende Ausnahme vorgesehen. Diese Ausnahmeregelung ist jedoch auf Empfehlung des Rechtsausschusses entfallen.[695] Eine nachträgliche Zulassung bzw. Registrierung führt mangels Rückwirkung nicht zur Wirksamkeit des Vertrages.[696] **218**

Ob eine angebotene Dienstleistung als **Besorgung fremder Rechtsangelegenheiten** oder nur als **wirtschaftliche Hilfeleistung** einzuordnen war, konnte auf der Grundlage des Art. 1 § 1 RBerG im Einzelfall fraglich sein. Bei der Abgrenzung wurde auf den Kern und Schwerpunkt der Tätigkeit abgestellt. Entscheidend war, ob die Tätigkeit überwiegend auf wirtschaftlichem Gebiet lag oder ob die rechtliche Seite der Angelegenheit im Vordergrund stand.[697] § 2 Abs. 1 RDG präzisiert diese Unterscheidung dahin gehend, dass es auf die Notwendigkeit einer **rechtlichen Prüfung des Einzelfalles** ankommt (→ Rn. 216). Allgemeine Hilfestellungen, etwa durch Kfz-Werkstätten oder Mietwagenunternehmen bei der **Abwicklung von Verkehrsunfällen**, werden damit nicht erfasst.[698] Eine stringente Abgrenzung ist aber auch auf der Grundlage des § 2 Abs. 1 RDG nicht möglich. Ob eine bestimmte Betätigung zum Schutz der Rechtsuchenden und der Rechtspflege verboten werden muss, hängt damit in den Grenzfällen weiterhin von einer Abwägung mit der verfassungsrechtlich geschützten Berufsfreiheit des Auftragnehmers (Art. 12 GG) ab.[699] **219**

685 Zu den Einzelheiten Staudinger/*Sack/Seibl* BGB § 134 Rn. 272; BeckOK RDG/*Römermann* § 2 Rn. 90 ff. Zur Abgrenzung zwischen einer erlaubnispflichtigen Inkassodienstleistung und einem echten Forderungskauf BGH NJW 2014, 847.

686 Vgl. *Römermann* NJW 2008, 1249 (1251 f.); speziell zur „Annextätigkeit" von Architekten und Bausachverständigen *Langen* AnwBl 2009, 436 ff.

687 Zur Beurteilung der Testamentsvollstreckung nach dem RBerG BGH NJW 2005, 969 (Bank); NJW 2005, 968 (Steuerberater): keine Besorgung fremder Rechtsangelegenheiten.

688 BVerfG NJW 2004, 2662; FamRZ 2006, 539.

689 *Römermann* NJW 2008, 1249 (1252).

690 Vgl. BGH NJW 2009, 3242 (3244); 2014, 847 Rn. 14; 2020, 208 Rn. 39; BeckOK RDG/*Römermann* § 1 Rn. 3; Staudinger/*Sack/Seibl* BGB § 134 Rn. 272; *Langen* AnwBl 2009, 436; zum RBerG BGHZ 37, 258 (261); BGH NJW 2007, 3570 (3572).

691 Vgl. BGH NJW 2014, 847 Rn. 31; BeckOK RDG/*Römermann* § 3 Rn. 1; *Kleine-Cosack* § 3 Rn. 1; *Eversloh*, S. 39; zu Art. 1 § 1 RBerG BGHZ 37, 258 (261).

692 Vgl. BGHZ 37, 258; 50, 90; 70, 12, 16 f.; 145, 265; BGH NJW 1995, 516; 1995, 3122, 3124; 1996,

1954, 1955; 1999, 1717; 2000, 1560, 1562; 2001, 3774, 3775; 2002, 2325, 2326; 2004, 847; 2008, 3069, 3070; WM 2011, 1076; NJW 2014, 847 Rn. 31; VersR 2017, 277 Rn. 34; OLG Schleswig NJW 2004, 868; Staudinger/*Sack/Seibl* BGB § 134 Rn. 272; MüKoBGB/*Armbrüster* § 134 Rn. 100 ff.; PWW/*Ahrens* BGB § 134 Rn. 52; BeckOGK/*Vossler* BGB § 134 Rn. 270; *Langen* AnwBl 2009, 436.

693 BGHZ 37, 258 (262); BGH NJW 2000, 1560 (1562); Soergel/*Hefermehl* BGB § 134 Rn. 57; Staudinger/*Sack/Seibl* BGB § 134 Rn. 272.

694 BGH NJW 2008, 3069; NJW 2009, 3242.

695 Vgl. BGH NJW 2008, 3069 (3070); NJW 2009, 3242 (3244).

696 BGH VersR 2017, 277 Rn. 19.

697 Vgl. BGHZ 36, 321 (322) = NJW 1962, 807; BGHZ 102, 128 (130) = NJW 1988, 561; BGH NJW 1987, 3005; NJW 2006, 1952; offengelassen in BGHZ 70, 12 (13) = NJW 1978, 322.

698 BeckOK RDG/*Römermann* § 2 Rn. 52 ff.; MAH StraßenVerkehrsR/*Buschbell/Vater* § 38 Rn. 25; Staudinger/*Sack/Seibl* BGB § 134 Rn. 272 f.

699 Vgl. BVerfG NJW 1998, 3481 (3482 f.); BGH NJW 2001, 3774; Erman/*Arnold* BGB § 134 Rn. 58; *Römermann* NJW 2008, 1249 (1251).

220 **b) Fallgruppen. aa) Bauträger- und Bauerherrenmodelle.** Mit Urteil vom 28.9.2000[700] hat der BGH entschieden, dass derjenige, der die rechtliche Abwicklung eines Grundstückserwerbs im Rahmen eines **steuersparenden Bauträger- bzw. Bauherrenmodells** für den Erwerber besorgt, der Genehmigung nach Art. 1 § 1 RBerG bedarf. Liegt eine solche Genehmigung nicht vor, ist der Geschäftsbesorgungsvertrag nichtig. Das Gleiche gilt für den Beitritt zu einem **steuersparenden Immobilienfonds**.[701] Auf der Grundlage des RDG dürften die in Frage stehenden Geschäfte weiter als Rechtsdienstleistung anzusehen sein.[702] Im Einzelfall muss aber genau geprüft werden, ob es bei der Tätigkeit der Bauträgergesellschaft um eine **erlaubte Nebenleistung** iSd § 5 Abs. 1 RDG handelt.[703]

221 Abzugrenzen ist das steuersparende Bauträgermodell von der **gewerblichen Baubetreuung** im engeren Sinne, die nach der Rechtsprechung mit Rücksicht auf den Ausnahmetatbestand des Art. 1 § 5 RBerG (jetzt § 5 Abs. 1 RDG) schon bislang erlaubnisfrei war.[704]

222 Die Nichtigkeit des Geschäftsbesorgungsvertrages erfasst grundsätzlich nicht den **Darlehensvertrag**, den der Geschäftsbesorger bzw. Treuhänder im Zusammenhang mit dem Bauträger- oder Bauherrenmodell mit einem Dritten abschließt.[705] Ein solcher Vertrag ist – jedenfalls wenn der Dritte nicht an dem Geschäftsbesorgungsvertrag beteiligt ist – nicht auf eine geschäftsmäßige Besorgung fremder Rechtsangelegenheiten gerichtet. Allerdings ist zu beachten, dass sich die Unwirksamkeit des Darlehensvertrages aus dem **Fehlen einer wirksamen Vollmacht** des Geschäftsbesorgers ergeben kann (s. dazu sogleich → Rn. 223).

223 **bb) Vollmacht.** Nach der Zielsetzung des RBerG und des RDG erstreckt sich die Nichtigkeit des Geschäftsbesorgungsvertrages auch auf die dem Geschäftsbesorger zur Ausführung des nichtigen Geschäftsbesorgungsvertrags erteilte **Vollmacht**.[706] Es widerspräche dem Schutzzweck der Erlaubnispflicht, wenn der unbefugte Rechtsberater rechtlich bindende Geschäfte zulasten des Rechtsuchenden abschließen könnte.[707] Dies zeigt sich besonders deutlich bei der Problematik der **Schrottimmobilien**.[708] Da die Nichtigkeit der Vollmacht unmittelbar aus dem Zweck des RBerG bzw. des RDG folgt, kommt es auch nach der neueren Rechtsprechung des XI. Zivilsenats des BGH nicht auf die Voraussetzungen des § 139 an.[709] Die Unwirksamkeit der Vollmacht hat idR zur Folge, dass der Geschäftsbesorger als **Vertreter ohne Vertretungsmacht** (§§ 177 ff.) handelt. Im Einzelfall kann die Vertretung aber unter Rechtsscheinaspekten nach **§§ 171, 172** wirksam sein.[710]

224 **cc) Abtretungen, Inkassodienstleistungen, Factoring.** Nach § 2 Abs. 2 S. 1 RDG stellen auch die **Abtretung** und die **Einziehung von Forderungen** Rechtsdienstleistungen dar. Lässt sich eine **Schutzgemeinschaft von Kleinaktionären** als eingetragener Verein Schadensersatzansprüche von Mitgliedern abtreten, um diese im eigenen Namen gerichtlich geltend machen zu können, so betreibt sie daher eine unerlaubte Rechtsbesorgung.[711] Hieran hat auch § 7 Abs. 1 S. 1 Nr. 1 RDG nichts geändert.[712] Ist die Gesellschaft ausschließlich zur Bündelung der Einzelinteressen ihrer Gesellschafter gegründet worden, so fehlt es nämlich an einer Wahrung gemeinschaftlicher Interessen. Die Abtretung ist somit wegen Verstoßes gegen § 3 RDG nach § 134 nichtig.[713] Im Prozess führt dies dazu, dass der Vereinigung die **Aktivlegitimation** fehlt.[714]

700 BGHZ 145, 265 = NJW 2001, 70; seitdem st. Rspr.
701 Vgl. auch BGH NJW 2001, 3774; 2002, 66; 2002, 2325; NJOZ 2004, 1498 (1500); NJW 2006, 654 (655); 2006, 1952; Palandt/*Ellenberger* BGB § 134 Rn. 21 a; einschränkend OLG München ZIP 2006, 1667.
702 So auch Hk-RDG/*Krenzler* § 2 Rn. 34 ff.; BeckOK RDG/*Römermann* § 2 Rn. 49 ff.
703 Staudinger/*Sack/Seibl* BGB § 134 Rn. 273; BeckOK RDG/*Hirtz* § 5 Rn. 97 ff.; *Kleine-Cosack* § 5 Rn. 190.
704 Zum RBerG BGHZ 145, 265 (272 f.) = NJW 2001, 70; BGH NJW 2002, 66 (67); NJOZ 2004, 1498 (1500); *Jagenburg* NJW 2001, 3453 ff.; *Sauer/Wittemann* BKR 2003, 656 (659 ff.); zum RDG BeckOK RDG/*Hirtz* § 5 Rn. 90 ff.; *Kleine-Cosack* § 5 Rn. 181 ff.
705 BGH NJW 2001, 3774 (3775); NJW-RR 2004, 1275 (1276); NJW 2004, 2378 (2379); von BGH NJW 2004, 2736 (2737) offen gelassen.
706 Zum RBerG BGH NJW 2002, 60; 2002, 2325, 2326; 2003, 1594; 2004, 847; NJOZ 2004, 1498 (1500); NJW 2005, 264 (266); NJW-RR 2007, 1199 (1200 f.); OLG Schleswig NJW 2004, 868; Palandt/*Ellenberger* BGB § 134 Rn. 21 a; Erman/*Arnold*

BGB § 134 Rn. 57; zur entspr. Rechtslage bei der Prozessvollmacht vgl. BGH NJW 2003, 1594; 2004, 59, 60; 2004, 62, 63.
707 BGH NJW 2002, 66 (67); 2005, 264, 265; Staudinger/*Sack/Seibl* BGB § 134 Rn. 272; aA zum RDG *Kleine-Cosack* § 3 Rn. 26 f.
708 Vgl. Palandt/*Ellenberger* BGB § 134 Rn. 21 a.
709 Vgl. BGH NJW 2006, 664 (665); 2004, 2378, 2379; 2003, 2088 im Anschluss an BGH NJW 2002, 66 (III. Senat); von BGH NJW 2001, 3774 (3775) noch offen gelassen.
710 BGH NJW-RR 2004, 1275 (1276); 2007, 1199, 1201; PWW/*Ahrens* BGB § 134 Rn. 54.
711 BGH NJW 1995, 516.
712 BGH WM 2013, 1559 Rn. 7; *Römermann* NJW 2008, 1249 (1252); differenzierend Staudinger/*Sack/Seibl* BGB § 134 Rn. 273.
713 BGH NJW 1995, 516; WM 2013, 1559 Rn. 1; PWW/*Ahrens* BGB § 134 Rn. 56; BeckOK RDG/*Römermann* § 2 Rn. 97; vgl. auch BVerfG NJW 2000, 1251.
714 BGH NJW 1995, 516; WM 2013, 1559 Rn. 1; Staudinger/*Sack/Seibl* BGB § 134 Rn. 273.

Ob eine **Inkassozession** auch dann nach § 134 iVm § 3 RDG nichtig sein kann, wenn der Zessionar gem. § 10 Abs. 1 S. 1 Nr. 1 RDG **als Inkassodienstleister registriert** ist (→Rn. 216), war bislang sehr umstritten.[715] Der BGH hat die Frage mit Urteil vom 27.11.2019 grundsätzlich bejaht.[716] Ein Verstoß gegen § 3 RDG liegt aber nur dann vor, wenn der Zessionar seine Inkassodienstleistungsbefugnis überschreitet. In diesem Zusammenhang ist besonders umstritten, unter welchen Voraussetzungen die von Onlineplattformen erbrachten **digitalen Rechtsdienstleistungen** (Legal Tech) durch § 10 Abs. 1 S. 1 Nr. 1 RDG gedeckt werden.[717] Nach den vom BGH entwickelten Grundsätzen ist hierzu keine allgemeingültige Aussage möglich; es kommt vielmehr auf die konkrete Ausgestaltung des jeweiligen Geschäftsmodells an.[718] Dabei soll allerdings eine eher großzügige Betrachtung geboten sein. Im konkreten Fall hat der BGH eine mit einem im Internet angebotenen „Mietpreisrechner" verbundene Inkassozession im Zusammenhang mit der Geltendmachung von Ansprüchen aus der **„Mietpreisbremse"** (noch) für zulässig erachtet. Auch bei **Überschreitung der Inkassodienstleistungsbefugnis** ist die Abtretung nach Ansicht des BGH nicht ohne Weiteres gem. § 134 nichtig. Nichtigkeit tritt vielmehr nur ein, wenn die Überschreitung aus der objektivierten Sicht eines verständigen Auftraggebers **eindeutig** vorliegt und nach der Zielsetzung des RDG als **nicht nur geringfügig** anzusehen ist.[719] Der BGH will damit das Vertrauen des Auftraggebers in die Wirksamkeit der Abtretung schützen.[720] § 2 Abs. 2 S. 1 RDG greift im Übrigen nur ein, wenn die Forderungseinziehung als **eigenständiger Inkassobetrieb** erfolgt; sonst muss geprüft werden, ob die Inkassotätigkeit sich als Rechtsdienstleistung iSd § 2 Abs. 1 RDG darstellt und gegebenenfalls als **Nebenleistung zu einer anderen Tätigkeit** nach § 5 RDG (→ Rn. 216) zulässig ist.[721] Stellt sich die Inkassotätigkeit als eigenständiges Geschäft dar, so ist § 5 RDG dagegen nicht anwendbar.[722]

Vereinbarungen, in denen sich Banken, Sachverständige, Kfz-Werkstätten, Mietwagenunternehmen etc   **225**
Schadensersatzansprüche aus Kfz-Unfällen abtreten lassen, waren nach der Rechtsprechung zum **RBerG** gem. § 134 nichtig, wenn die Abtretung die geschäftsmäßige Durchsetzung der Ansprüche ermöglichen sollte („**Unfallhelferringe**").[723] Von der Nichtigkeit wurden auch andere Verträge erfasst, die im Zusammenhang mit der Abtretung standen. So war ein „Unfallhelfer-Kreditvertrag" auf der Grundlage des RBerG ebenso nichtig wie die Bestellung einer entsprechenden Bürgschaft.[724] Auf der Grundlage des **RDG** stellt sich die Rechtslage differenzierter dar. Ist die Abtretung nicht im Rahmen eines eigenständigen Inkassobetriebs erfolgt, ergibt sich das Vorliegen einer Rechtsdienstleistung nicht schon aus § 2 Abs. 2 S. 1 RDG (→ Rn. 224). Zu prüfen ist dann, ob die Voraussetzungen des § 2 Abs. 1 RDG erfüllt sind, also eine **rechtliche Prüfung** des Einzelfalls erforderlich ist, und ob es sich ggf. um eine zulässige **Nebenleistung** nach § 5 Abs. 1 RDG handelt.[725] Nach der Rechtsprechung des BGH kommt die Annahme einer Nebenleistung in Betracht, wenn die allgemeine, nicht rechtliche Leistung im Vordergrund steht und für die Rechtsdienstleistung nicht die volle Kompetenz eines Rechtsanwalts erforderlich ist. Außerdem muss zwischen der Haupt- und der Nebenleistung ein sachlicher Zusammenhang bestehen.[726] Nach diesen Kriterien ist die Einziehung einer an ein Mietwagenunternehmen abgetretenen Schadensersatzforderung des Geschädigten nach § 5 Abs. 1 RDG grundsätzlich erlaubt, wenn allein die Höhe der Mietwagenkosten streitig ist.[727]

Die hM geht davon aus, dass das **Factoring** nicht gegen das RDG verstößt. Dies gilt nicht nur für das **echte**,   **226**
sondern auch für das **unechte** Factoring, da der Factor in beiden Fällen keine fremden, sondern eigene Rechtsangelegenheiten besorgt.[728] Eine andere Beurteilung kommt jedoch nach § 2 Abs. 2 S. 1 RDG in Betracht, wenn der Zessionar die Einziehung fremder Forderungen als eigenständiges Geschäft betreibt

---

715 Vgl. einerseits (bejahend) *Henssler* NJW 2019, 545 (550); andererseits (ablehnend) *Morell* NJW 2019, 2574 ff.

716 BGH NJW 2020, 208 Rn. 42 ff.; dem folgend BeckOGK/*Lieder* BGB § 398 Rn. 273; krit. dazu *Römermann* VuR 2020, 43 (44 ff.).

717 Zur Problemstellung vgl. einerseits *Römermann/ Günther* NJW 2019, 551 ff.; andererseits *Henssler* NJW 2019, 545 ff.

718 BeckOGK/*Lieder* BGB § 398 Rn. 272.1; näher dazu *Fries* NJW 2020, 193 ff.; *Prütting* ZIP 2020, 49 ff.

719 BGH NJW 2020, 208 Rn. 42 ff.

720 Zum Aspekt des Vertrauensschutzes *Römermann* VuR 2020, 43 (46 f.).

721 Vgl. BGH NJOZ 2015, 673 Rn. 30; BGH NJW 2020, 208 Rn. 75; BeckOK RDG/*Römermann* § 2 Rn. 98.

722 BGH NJW 2013, 59; 2014, 857; BeckOK RDG/ *Römermann* § 2 Rn. 98.

723 BGHZ 47, 364 (366); 61, 317; BGH NJW 1977, 38 (40); OLG Frankfurt aM OLGZ 1979, 56; vgl. auch Palandt/*Ellenberger* BGB § 134 Rn. 21 a; Staudinger/ *Sack/Seibl* BGB § 134 Rn. 272.

724 BGH NJW 1977, 38 (40) (Kredit); OLG Frankfurt OLGZ 1979, 56 (Bürgschaft); vgl. dazu auch Erman/ *Arnold* BGB § 134 Rn. 61; Staudinger/*Sack/Seibl* BGB § 134 Rn. 272.

725 Vgl. OLG Köln GRuR-RR 2014, 292; BeckOK RDG/*Römermann* § 2 Rn. 52 ff. und Rn. 99.

726 BGHZ 192, 270 Rn. 11 = VersR 2012, 458.

727 BGHZ 192, 270 Rn. 7 ff. = VersR 2012, 458; BGH VersR 2012, 1451 Rn. 12; 2013, 330 Rn. 7; 2013, 730 Rn. 10; Erman/*Arnold* BGB § 134 Rn. 61; ausf. zu dieser Problematik *Otting* SVR 2011, 8 ff.

728 Vgl. BGH NJW 2018, 2254 Rn. 18 f.; BeckOK RDG/*Römermann* § 2 Rn. 101; Staudinger/*Sack/Seibl* BGB § 134 Rn. 273; Palandt/*Ellenberger* BGB § 134 Rn. 21 c; zum RBerG BGHZ 58, 364; 76, 119.

(sog. Inkassodienstleistung).[729] Nach der Rechtsprechung des BGH hängt die Abgrenzung von erlaubnispflichtiger Inkassozession und erlaubnisfreiem Forderungskauf dann davon ab, ob die einzuziehende Forderung **endgültig** auf den Erwerber **übertragen** wird und dieser das **volle wirtschaftliche Risiko** der Beitreibung der Forderung übernimmt.[730] Im Fall eines Verstoßes gegen die Erlaubnispflicht sind nicht nur die Verpflichtungsgeschäfte, sondern auch die Verfügungsgeschäfte wie die Forderungsabtretung nach § 134 unwirksam, da sie auf eine unerlaubte Rechtsdienstleistung gerichtet sind.[731] In diesem Sinne hat der BGH entschieden, dass die Abtretung einer Forderung durch einen Sachverständigen an ein Factoring-Unternehmen, das nicht über eine Registrierung nach § 10 Abs. 1 Nr. 1 RDG verfügt, wegen Verstoßes gegen § 2 Abs. 2 S. 1 Fall 2 RDG iVm § 3 RDG gemäß § 134 nichtig ist, sofern das Factoring-Unternehmen nicht das volle wirtschaftliche Risiko der Beitreibung übernimmt.[732]Gleiches soll für den Leasinggeber gelten, der das Schadensmanagement des Leasingnehmers übernimmt.[733] Die Abtretung von Rechten aus einer **Kapitallebensversicherung** an ein Unternehmen, das sich geschäftsmäßig mit der Rückabwicklung solcher Versicherungsverträge befasst, ist ebenfalls nach § 134 nichtig, sofern das Unternehmen nicht das volle wirtschaftliche Risiko der Beitreibung der Ansprüche aus der Versicherung übernommen hat.[734]

227 **dd) Weitere Einzelfälle.** Wegen Verstoßes gegen § 3 RDG nichtig ist ein Vertrag zwischen einem Bauunternehmer und einem **Architekten**, in dem Letzterer sich verpflichtet, neben der Erbringung der Architektenleistungen die Kaufverträge für die Immobilie und eine Teilungserklärung zu entwerfen.[735] Etwas anderes ergibt sich auch nicht aus § 5 Abs. 1 RDG, weil es an dem erforderlichen inneren Zusammenhang zwischen den Rechtsdienstleistungen und der Tätigkeit als Architekt fehlt.[736] Die Genehmigungsfähigkeit des geplanten Objekts gehört dagegen zum geschuldeten Werkerfolg.[737] Die Prüfung der baurechtlichen Zulässigkeit stellt daher eine erlaubte Nebenleistung nach § 5 Abs. 1 RDG dar.[738] Die fachtechnische Überprüfung von Architektenleistungen ist ebenfalls keine unerlaubte Rechtsdienstleistung.[739]

228 Eine unzulässige Rechtsdienstleistung wird auch dann angenommen, wenn eine Gemeinde einen als **Energieberater** tätigen Diplomingenieur damit beauftragt, die von der Gemeinde mit einem Energieversorgungsunternehmen langfristig abgeschlossenen Konzessionsverträge zwecks Erlangung einer höheren Konzessionsabgabe zu überprüfen.[740] Wird der Energieberater mit der Kündigung des bestehenden und dem Abschluss eines neuen **Standardvertrages** über die Energieversorgung betraut, greift dagegen § 5 Abs. 1 RDG ein.[741] Die Tätigkeit eines **Erbenermittlers** verstieß als solche nicht gegen Art. 1 § 1 RBerG.[742] Etwas anderes galt aber, wenn damit die Vertretung des Erben bei der Abwicklung des Nachlasses verbunden war.[743] Hieran ist auf der Grundlage des RDG festzuhalten, weil die Abwicklung des Nachlasses keine bloße Nebenleistung nach § 5 Abs. 1 RDG darstellt.[744]

229 Übernahm ein **Steuerberater** die geschäftsmäßige Besorgung fremder Rechtsangelegenheiten, so war der Vertrag nach Ansicht des BGH gem. Art. 1 § 1 RBerG iVm § 134 nichtig.[745] Ein Steuerberater konnte sich daher nicht wirksam verpflichten, Rückübertragungsansprüche nach dem VermG geltend zu machen und die so erworbenen Grundstücke zu veräußern.[746] Auf der Grundlage des RDG stehen dem Steuerberater weitergehende Befugnisse zu. Insbesondere muss geprüft werden, ob der Steuerberater nicht bloß eine **zulässige Nebenleistung** iSd § 5 Abs. 1 RDG erbringt. Dies setzt allerdings einen sachlichen Zusammenhang mit der Steuerberatung als Haupttätigkeit voraus,[747] der bei der Geltendmachung von Ansprüchen nach dem VermG und der Veräußerung von Grundstücken zu verneinen wäre.[748]

230 § 7 RDG erlaubt Rechtsdienstleistungen, die von **Berufs- und Interessenvereinigungen** sowie Genossenschaften erbracht werden. Erforderlich ist aber, dass die Rechtsdienstleistungen gegenüber den übrigen sat-

---

729 BGH NJW 2018, 2254 Rn. 38 ff.; BeckOGK/*Vossler* BGB § 134 Rn. 280.

730 BGH NJW 2013, 59 Rn. 13 f.; 2014, 847 Rn. 18; r+s 2015, 45 Rn. 7; VersR 2017, Rn. 23 ff.; vgl. auch Begr. RegE, BT-Drs. 16/3645, S. 36, 48 f.; Erman/*Arnold* BGB § 134 Rn. 58.

731 BGH NJW 2014, 847 Rn. 31; VersR 2017, 277 Rn. 34.

732 BGH r+s 2015, 45. Im konkreten Fall handelte es sich um einen Anspruch auf Erstattung von Sachverständigenkosten, der dem Sachverständigen durch den Geschädigten abgetreten worden war.

733 AG Hannover NJW 2018, 170 (172).

734 BGH NJW 2014, 847 Rn. 18; VersR 2017, 277 Rn. 23.

735 PWW/*Ahrens* BGB § 134 Rn. 53; zum RBerG BGHZ 70, 12; Staudinger/*Sack/Seibl* BGB § 134 Rn. 273.

736 Hk-RDG/*Krenzler* § 5 Rn. 49; vgl. auch BeckOK RDG/*Hirtz* § 5 Rn. 80.

737 BGH NJW-RR 1999, 1105; NJW 2003, 287.

738 *Langen* AnwBl 2009, 436 (437).

739 Vgl. zum RBerG BGH NJW 2007, 842.

740 Zum RBerG BGH NJW 1995, 3122.

741 BeckOK RDG/*Hirtz*, § 5 RDG Rn. 107; Hk-RDG/*Krenzler* § 2 Rn. 38; ähnlich zu Art. 1 § 5 RBerG bereits OLG Düsseldorf NJW-RR 2004, 489 (490).

742 BVerfG NJW 2002, 3531.

743 BGH NJW 2003, 3046 (3047 ff.) = ZEV 2003, 467 mAnm *Grunewald.*

744 BeckOK RDG/*Hirtz* § 5 Rn. 111; *Grunewald* ZEV 2008, 258 (258).

745 BGH NJW-RR 2008, 1594 (1595).

746 BGH NJW 2000, 1560 (1561 f.).

747 BeckOK RDG/*Hirtz*, § 5 Rn. 160.

748 BeckOGK/*Vossler* BGB § 134 Rn. 274; *Kleine-Cosack* § 5 Rn. 195.

zungsgemäßen Aufgabe nicht von übergeordneter Bedeutung sind. Die Vorschrift gilt insbesondere für Arbeitergeberverbände und Gewerkschaften, Mieter- sowie Haus- und Grundbesitzervereine, aber auch für **Automobilclubs** (zB ADAC).[749] Die Rechtsprechung zur Unzulässigkeit der Rechtsberatung durch Automobilclubs nach dem RBerG[750] ist also obsolet. Beauftragt ein Strafgefangener einen eingetragenen Verein, der sich die **rechtliche Unterstützung Gefangener** durch „unbegrenzte Hilfe zur Zahlung von Schmerzensgeld" zum Ziel gesetzt hat, mit der Wahrung seiner Interessen, so verstieß die Vereinbarung gegen Art. 1 § 1 RBerG und war damit gem. § 134 nichtig.[751] Nach geltendem Recht müsste geprüft werden, ob die Voraussetzungen des § 7 RDG vorliegen, was in dem betreffenden Fall aber abzulehnen wäre, weil die rechtliche Unterstützung und Vertretung von Gefangenen den hauptsächlichen Zweck des Vereins bildete. Zu Verstößen gegen das RDG durch **Spielervermittler** im Rahmen von Sportmanagementverträgen → Rn. 234; zur Nichtigkeit von **Gesellschaftsverträgen** wegen Verstoßes gegen das RDG → Rn. 164.

17. Schenkungen

Literatur: *Dubischar*, Die untersagte Vorteilsannahme nach § 14 Heimgesetz, DNotZ 1993, 419.

Das an den Träger eines Heims und die dort beschäftigten Mitarbeiter gerichtete Verbot, sich Geld oder **231** geldwerte Leistungen über das vereinbarte Entgelt hinaus versprechen oder gewähren zu lassen (§ 14 Abs. 1 und Abs. 5 HeimG oder die entsprechenden landesrechtlichen Regelungen), hat nicht nur für Verfügungen von Todes wegen (dazu → Rn. 155), sondern auch für **unentgeltliche Zuwendungen unter Lebenden** Bedeutung. Der Gesetzgeber will mit dem Verbot verhindern, dass alte und pflegebedürftige Menschen, die in einem Heim untergebracht sind, in ihrer Hilflosigkeit und Arglosigkeit ausgenutzt werden.[752] Dieser Schutzzweck kann nur verwirklicht werden, wenn Schenkungen, die gegen das Verbot verstoßen, nach § 134 für **unwirksam** erachtet werden.[753]

18. Sport

Literatur: *Kelber*, Die Transferpraxis beim Vereinswechsel im Profifußball auf dem Prüfstand, NZA 2001, 11; *Reuter*, Probleme der Transferentschädigung im Fußballsport, NJW 1983, 649; *Schloßer*, Führen Vertragsverhandlungen durch Spielervermittler zur Unwirksamkeit der Vermittlungsverträge?, NZA 2001, 16; *Wertenbruch*, Die „Gewährleistungsansprüche" des übernehmenden Bundesligavereins bei Transfer eines nicht einsetzbaren DFB-Lizenzspielers, NJW 1993, 179; *ders.*, Die Vereinbarkeit der Beratungs- und Vermittlungstätigkeit für Berufssportler/Lizenzspieler mit dem Rechtsberatungsgesetz und dem neuen Arbeitsförderungsgesetz, NJW 1995, 223.

Wegen Verstoßes gegen Art. 45 AEUV (vormals Art. 39 EGV) sind Satzungen und Ordnungen von Sport- **232** verbänden nichtig, wenn sie das Recht eines Sportlers aus einem EU-Mitgliedstaat auf Freizügigkeit und freie Wahl des Arbeitsplatzes einschränken, zB durch das Erfordernis von **Transferentschädigungszahlungen** oder durch **Ausländerbeschränkungen**.[754] Das Gleiche gilt mit Blick auf das Grundrecht der Sportler auf Berufsfreiheit (Art. 12 Abs. 1 GG). Da die Grundfreiheiten ebenso wie die Grundrechte im Allgemeinen keine unmittelbare Drittwirkung haben (→ Rn. 36), folgt die Unwirksamkeit aber nicht aus § 134, sondern aus § 138 Abs. 1.[755]

Aufgrund eines Verstoßes gegen Art. 12 GG nichtig ist eine Regelung, wonach der abgebende Verein die **233** nach den Statuten für den Einsatz des Spielers notwendige **Freigabeerklärung** nur Zug um Zug gegen die Zahlung der Ablösesumme abgeben muss.[756] Denn dies führt dazu, dass dem Spieler ein Vereinswechsel – und damit ein durch Art. 12 GG geschützter Arbeitsplatzwechsel – so lange unmöglich ist, bis sich die Vereine über eine Ablösesumme geeinigt haben. Ebenfalls wegen einer Einschränkung des Grundrechts des Spielers aus Art. 12 GG nichtig ist eine verbandsrechtliche Regelung, die den neuen Verein zur Zahlung einer Transferentschädigung an den alten Verein auch dann verpflichtet, wenn der Spieler arbeitsrechtlich nicht mehr an seinen alten Verein gebunden ist.[757] Die Nichtigkeit ergibt sich allerdings auch hier nicht aus § 134, sondern aus § 138 Abs. 1.[758]

Die Verpflichtung eines Fußballvereins zur Zahlung eines Honorars an einen nicht lizenzierten **Spielerver- 234 mittler** für die Vermittlung eines Fußballspielers wurde unter Geltung des Arbeitsförderungsgesetzes wegen

749 Vgl. BT-Drs. 16/3655, 60; *Kleine-Cosack* RDG § 7 Rn. 23 ff.; Hk-RDG/*Schmidt* § 7 RDG Rn. 27; *Römermann* NJW 2008, 1249 (1252); Staudinger/*Sack/Seibl* BGB § 134 Rn. 273.

750 BGH NJW 2004, 847.

751 OLG Schleswig NJW 2004, 868.

752 Vgl. BGHZ 110, 235 (239); vgl. auch *Dubischar* DNotZ 1993, 419 ff.

753 Vgl. BGH NJW-RR 1995, 1272; Palandt/*Ellenberger* BGB § 134 Rn. 19.

754 EuGH NJW 1996, 505 – Bosman.

755 Vgl. BGHZ 142, 304 (308 ff.); BeckOGK/*Vossler* BGB § 134 Rn. 213 f.

756 LAG Bln NJW 1979, 2582 – Baake; dazu *Reuter* NJW 1983, 649; vgl. zur Problematik insgesamt auch *Wertenbruch* NJW 1993, 179.

757 BAG NZA 1997, 647 – Kienass; vgl. auch EuGH NJW 1996, 505.

758 Vgl. *Arens* SpuRt 1997, 126 (127).

Verstoßes gegen dessen § 4 als nichtig angesehen.[759] Gleiches wurde für die Nachfolgeregelung des § 291 SGB III (Arbeitsförderung) angenommen.[760] Nach der ersatzlosen Aufhebung der Erlaubnispflicht für Ausbildungs- und Arbeitsvermittlung durch Art. 3 des „Gesetzes zur Vereinfachung der Wahl der Arbeitnehmervertreter in den Aufsichtsrat"[761] ist diese Auffassung allerdings überholt.[762] Hier kommt nunmehr allenfalls eine Überprüfung am Maßstab der Gewerbeordnung in Betracht.[763]

235   Unter welchen Voraussetzungen **Sportmanagement- oder Spielervermittlungsverträge** zwischen Sportlern und Spielerberatern/-vermittlern gegen § 3 RDG (Art. 1 § 1 RBerG) verstoßen und damit nach § 134 nichtig sind, ist umstritten. Das Problem beruht darauf, dass die Spielerberater regelmäßig im Auftrag des Sportlers für die selbstständige Durchführung der **Vertragsverhandlungen** mit aktuellen oder möglichen zukünftigen Arbeitgebern des Sportlers zuständig sind. Da die Beratungstätigkeit sich auf die konkrete Gestaltung von Arbeitsverhältnissen bezieht, liegt eine **Rechtsdienstleistung** iSd § 2 Abs. 1 RDG vor.[764] Fraglich ist allerdings, ob es sich dabei um eine nach § 5 RDG **erlaubnisfreie Nebenleistung** handelt. Die hM verneint dies mit der zutreffenden Erwägung, die Durchführung der Vertragsverhandlungen mit den Arbeitgebern des Sportlers stelle idR kein bloßes „Hilfsgeschäft", sondern eine **charakteristische Hauptleistung** des Spielerberaters dar.[765] Der Schutzzweck des RDG steht damit der Annahme einer erlaubnisfreien Nebenleistung entgegen.

236   Nicht zu beanstanden ist die Zusage eines sog. **Handgeldes** für einen Berufsfußballspieler im Zusammenhang mit einem Vereinswechsel.[766] Ein entsprechendes Verbot im Lizenzspielerstatut kann nicht nach § 134 zur Nichtigkeit der Vereinbarung führen, weil solche Statute nicht als Gesetze iSd Art. 2 EGBGB anzusehen sind (→ Rn. 20).

237   Vereinbarungen zwischen Sportlern und Ärzten über die Einnahme verbotener leistungssteigernder Mittel (**Doping**) sind nicht nur sittenwidrig und damit nach § 138 (→ § 138 Rn. 310) nichtig, sondern können auch gem. § 2 AntiDopG (§ 6a AMG aF) iVm § 134 unwirksam sein.[767] Zu Schiedsvereinbarungen zwischen Berufssportlern und ihren Verbänden → Rn. 272.

238   **19. Steuerberater und Wirtschaftsprüfer.** Ein Vertrag über die Steuerberatung mit einer nicht als Steuerberater zugelassenen Person ist nach § 5 Abs. 1 S. 2 StBerG iVm § 134 **nichtig**.[768] Parallel zum RDG richtet sich das Verbot der unbefugten Steuerberatung allein gegen den Beratenden; der Gesetzeszweck, eine unsachgemäße Beratung und Vertretung des Steuerpflichtigen zu vermeiden, kann jedoch nur erreicht werden, wenn die Erfüllungsansprüche beider Parteien ausgeschlossen sind.[769] Der Vertrag mit dem Steuerpflichtigen ist auch dann nichtig, wenn der nicht zugelassene Berater sich eines zugelassenen Steuerberaters als **Erfüllungsgehilfen** bedient.[770] Der Vertrag zwischen dem nicht zugelassenen Berater und dem als Erfüllungsgehilfen hinzugezogenen Steuerberater ist dagegen grundsätzlich wirksam.[771] Zur Nichtigkeit von Steuerberaterverträgen wegen **Verstoßes gegen das RDG** → Rn. 229.

239   § 57 Abs. 4 Nr. 1 StBerG verbietet einem Steuerberater eine **gewerbliche Tätigkeit**. Die zuständige Steuerberaterkammer kann von diesem Verbot aber Ausnahmen zulassen, soweit durch die Tätigkeit eine Verletzung von Berufspflichten nicht zu erwarten ist. Nach der Rechtsprechung des BGH führt die ohne Genehmigung ausgeübte **gewerbliche Maklertätigkeit** eines Steuerberaters nicht nach § 134 zur Nichtigkeit des Vertrages. Dahinter steht die Erwägung, dass das Verbot des § 57 Abs. 4 Nr. 1 StBerG sich **ausschließlich gegen den Steuerberater** und nicht auch gegen dessen Vertragspartner richtet. Außerdem könne dem Sinn und Zweck der Verbotsnorm mit berufsrechtlichen Maßnahmen hinreichend Rechnung getragen werden.[772] Die berufsrechtlichen Maßnahmen der berufsständischen Organisationen reichen indes allein nicht aus, um die durch ein Maklergeschäft auftretenden Interessenkollisionen zu verhindern, da solche Maßnahmen nicht

759 LG Gera NJW-RR 1996, 1335 (zu § 4 AFG).
760 *Schloßer* NZA 2001, 16; *Wertenbruch* NJW 1995, 223.
761 BGBl. 2002 I S. 1130.
762 BeckOGK/*Vossler* BGB § 134 Rn. 215; *Lampe/Müller* SpuRt 2003, 133 (135).
763 Allg. zum Sozialrecht der Arbeitsvermittlung *Rixen* NZS 2002, 466 (467 f.).
764 BeckOK RDG/*Hirtz* § 5 Rn. 154; zum RBerG *Schloßer* NZA 2001, 16; *Wertenbruch* NJW 1995, 223.
765 BeckOGK/*Vossler* BGB § 134 Rn. 216; BeckOK RDG/*Hirtz* § 5 Rn. 156; *Wertenbruch* NJW 1995, 223 (226); differenzierend Hk-RDG/*Krenzler* § 5 RDG Rn. 104, wonach das Führen von Vertragsverhandlungen eine erlaubte Nebenleistung darstellt, nicht aber die Ausformulierung des Spielervertrages.

766 LAG Hamm NZA-RR 2000, 11; BeckOGK/*Vossler* BGB § 134 Rn. 214.
767 Vgl. BeckOGK/*Vossler* § 134 BGB Rn. 196, 217; für schwebende Unwirksamkeit mit Heilung durch Erfüllung Staudinger/*Sack/Seibl* BGB § 134 Rn. 203.
768 BGHZ 132, 229 (231) = NJW 1996, 1954 (1955); BGH NJW-RR 2005, 1290 (1291); VersR 2008, 1227 (1228); Staudinger/*Sack/Seibl* BGB § 134 Rn. 286.
769 BGH 132, 229, 232 = NJW 1996, 1954 (1955).
770 BGHZ 132, 229 (232) = NJW 1996, 1954 (1955); Palandt/*Ellenberger* BGB § 134 Rn. 23.
771 BGHZ 132, 229 (232 ff.)
772 BGHZ 78, 263 (265 ff.) = NJW 1981, 399; BGH WM 2011, 1524; vgl. auch BGH NJW 2014, 3568 (3569); aA Staudinger/*Sack/Seibl* BGB § 134 Rn. 286; *Stober* GewArch 1981, 313 (318), 322.

vorbeugend eingreifen können. Die Wirksamkeit des Vertrages führt überdies dazu, dass der Steuerberater seine unerlaubte Tätigkeit fortsetzen muss und seinen Vergütungsanspruch behält. Dies wiederum widerspricht dem Berufsbild des Steuerberaters, dessen freiberufliche Tätigkeit gerade nicht dem für eine gewerbliche Tätigkeit kennzeichnenden Gewinnstreben unterliegen soll.[773]

§ 57 Abs. 4 Nr. 1 StBerG verbietet auch den **gewerblichen Ankauf von Honorarforderungen**. Nach **239a** Ansicht des BGH hat der Verstoß gegen § 57 Abs. 4 Nr. 1 StBerG aber auch in diesen Fällen nicht zur Folge, dass die betreffenden Rechtsgeschäfte – hier: Kaufvertrag und Abtretung der Honorarforderung – nach § 134 nichtig sind.[774] Der BGH geht zwar mit dem BVerfG[775] und dem BVerwG[776] davon aus, dass § 64 Abs. 2 StBerG keine Genehmigungsfreiheit einer gewerblichen Inkassotätigkeit zugunsten der dort genannten Personen und Vereinigungen zu entnehmen ist. Sinn und Zweck des § 57 Abs. 4 Nr. 1 StBerG würden aber auch hier keine Nichtigkeit der Rechtsgeschäfte erfordern. Dies soll auch dann gelten, wenn die Vertragspartner ebenfalls Steuerberater sind.[777] Aus §§ 72 Abs. 1, 57 Abs. 2, Abs. 4 Nr. 1 StBerG iVm § 134 kann sich dagegen die Nichtigkeit der **Verschmelzung** einer Steuerberater-GmbH mit einer GmbH, die ein Handelsgewerbe betreibt, ergeben.[778]

Ein Verstoß gegen die berufsrechtliche **Schweigepflicht** des Steuerberaters führt gem. **§ 203 StGB** iVm **240** § 134 zur Nichtigkeit des Rechtsgeschäfts.[779] Daran ist zu denken, wenn der Steuerberater seine Honorarforderung an einen Dritten abtritt; denn mit einer Abtretung geht gem. § 402 eine umfassende Informationspflicht gegenüber dem neuen Gläubiger einher.[780] Nach § 64 Abs. 2 StBerG sind Abtretungen an Angehörige des gleichen Berufs aber zulässig (zur parallelen Problematik bei Rechtsanwälten → Rn. 209).[781] Entsprechendes gilt nach § 55 Abs. 3 WPO für die Abtretung durch **Wirtschaftsprüfer**. Zum Verbot der Finanzierung fremder Rechtsverfolgungskosten durch Steuerberater (§ 9 a Abs. 1 S. 2 StBerG) und Wirtschaftsprüfer (§ 55 a Abs. 1 S. 2 WPO) → Rn. 206.

20. Steuerrecht

Literatur: *Peters*, Die Leistung ohne Rechnung, NJW 2008, 2478; *Stamm*, Zur Rechtsvereinheitlichung der Schwarzarbeitsproblematik – Ein Lösungsmodell unter besonderer Berücksichtigung der neuesten Rechtsprechung zur so genannten Ohne-Rechnung-Abrede, NZBau 2009, 78; *ders.*, Kehrtwende des BGH bei der Bekämpfung der Schwarzarbeit, NJW 2014, 2145.

a) Steuerhinterziehung. Nach der Rechtsprechung des BGH ist der mit einer Steuerhinterziehung (§ 370 **241** AO) verbundene Vertrag im Ganzen nur dann nichtig, wenn die Hinterziehung den **Hauptzweck** des Geschäfts bildet; im Übrigen beschränkt sich die Nichtigkeit auf die konkrete Abrede.[782]

aa) Ohne-Rechnung-Abreden. Die entscheidende Frage ist damit, unter welchen Voraussetzungen die **242** Steuerhinterziehung als Hauptzweck des Geschäfts anzusehen ist. Die Rechtsprechung ist hier im Allgemeinen recht streng. So werden **Kaufverträge**, bei denen zum Zweck der Steuerhinterziehung keine Rechnung ausgestellt wird, schon dann nach § 139 für insgesamt unwirksam angesehen, wenn die „**Ohne Rechnung**"-**Abrede** Einfluss auf den vereinbarten Preis hatte.[783] Ebenso hat der BGH in einer Entscheidung zum **Mietrecht** ausdrücklich auf die Rechtsprechung zu „Ohne Rechnung"-Abreden im Kaufrecht Bezug genommen. Ist die in dem schriftlichen Vertrag ausgewiesene „Ohne Miete" wesentlich geringer als die tatsächlich vereinbarte Miete, so kann die Vermietung des Grundstücks nur dann als Hauptzweck des Geschäfts angesehen werden, wenn der Mietvertrag ohne die nichtigen steuerlichen Abreden zu **denselben Bedingungen**, insbesondere mit derselben Miete, abgeschlossen worden wäre.[784] Nach der Rechtsprechung ist jedoch weder die Eignung der Vereinbarung zur Steuerhinterziehung noch eine tatsächliche Durchführung der Vereinbarung notwendig, um Steuerhinterziehung als Hauptzweck des Geschäfts ansehen zu können.[785]

Demgegenüber hat der BGH die Wirksamkeit eines **Architekten- und Bauvertrags** bejaht, bei dem zwecks **243** Steuerhinterziehung auf eine Rechnung verzichtet worden war.[786] Nach der neueren Rechtsprechung des

773 *Stober* GewArch 1981, 313 (322); Staudinger/*Sack/Seibl* BGB § 134 Rn. 286.
774 BGH NJW 2014, 3568 (3569) = DStR 2015, 143 mAnm *Scaraggi*.
775 BVerfG DStR 2014, 974 mAnm *Mutschler*.
776 BVerwGE 144, 211 Rn. 23 f.
777 BGH NJW 2014, 3568 (3569).
778 OLG Hamm NJW 1997, 666; Staudinger/*Sack/Seibl* BGB § 134 Rn. 286.
779 BGHZ 122, 115 (117).
780 BGH NJW 1996, 2087 (2088); 1999, 1544, 1546.
781 Vgl. LG Mönchengladbach BeckRS 2013, 19575; Palandt/*Ellenberger* BGB § 134 Rn. 22 a.

782 So zB BGHZ 14, 25 (30); 136, 125, 132; BGH NJW 1983, 1843 (1844); ZIP 2001, 202 (204); NJW-RR 2002, 1527; NJW 2003, 2472; NJW-RR 2008, 1051 (1052); st. Rspr.; vgl. auch Erman/*Arnold* BGB § 134 Rn. 66; Soergel/*Hefermehl* BGB § 134 Rn. 65; Staudinger/*Sack/Seibl* BGB § 134 Rn. 287.
783 BGH MDR 1968, 834; Soergel/*Hefermehl* BGB § 134 Rn. 65; *Stamm* NZBau 2009, 78 (81).
784 BGH NJW 2003, 2742.
785 BGH BeckRS 2016, 109926.
786 BGH ZIP 2001, 202 (204) = NJW-RR 2001, 380.

BGH kann sich die Nichtigkeit des Vertrages in solchen Fällen aber aus einem Verstoß gegen das **SchwarzArbG** ergeben (→ Rn. 118).

244   **bb) Weitere Einzelfälle.** Wird bei einem **Grundstückskauf** der Kaufpreis zum Zweck der Steuerhinterziehung falsch zusammengesetzt oder zu niedrig angegeben, so führt dies ohne Hinzutreten weiterer Umstände nicht zur Nichtigkeit des gesamten Vertrages nach § 134 iVm § 370 AO, § 139.[787] Erforderlich ist auch hier, dass die Steuerhinterziehung Hauptzweck des Vertrages ist. Im Allgemeinen wird der Vertrag aber zu den notariell beurkundeten Konditionen nach § 117 Abs. 1 und zu den tatsächlich vereinbarten Konditionen nach §§ 311 b Abs. 1, 125 unwirksam sein.[788]

245   Ein **Gesellschafterbeschluss über Gewinnausschüttungen** bei einer GmbH ist nicht nach § 134 unwirksam, wenn die Gesellschafter ihn zum Zweck der Steuerhinterziehung durch die Abrede ergänzt haben, dass die Ausschüttung nicht offen erfolgen soll. Hauptzweck des Beschlusses bleibt nämlich die Gewinnausschüttung.[789] Wird der Beitritt zu einer KG zum Zweck der Steuerhinterziehung rückdatiert, so ist der Beitrittsvertrag nichtig (→ Rn. 166).[790]

246   **b) Vertragliche Erweiterung der Steuerpflicht.** Verträge über die **Erweiterung der Steuerpflicht** sind nach § 134 iVm § 59 VwVfG nichtig.[791] Dies gilt auch für eine Klausel, durch die sich eine Gesellschaft in einem Pachtvertrag über gemeindeeigene Grundstücke gegenüber der Gemeinde verpflichtet, die Betriebs- und Gesellschaftsverhältnisse so zu gestalten, dass die im Unternehmen anfallenden Gewerbesteuern ausschließlich der betreffenden Gemeinde zufließen.[792]

247   **21. Strafrecht und Recht der Ordnungswidrigkeiten. a) Allgemeines.** In Rechtsprechung und Literatur ist allgemein anerkannt, dass der Verstoß gegen Strafvorschriften nicht in jedem Fall nach § 134 zur Nichtigkeit des betreffenden Rechtsgeschäfts führt.[793] Entscheidend ist vielmehr, ob der **Zweck der verletzten Strafnorm** die Nichtigkeit des zugrunde liegenden Rechtsgeschäfts erfordert (→ Rn. 49).[794]

248   Nach Ansicht der Rechtsprechung führt der Verstoß gegen Strafvorschriften in der Regel dann zur Nichtigkeit des Geschäfts, wenn sich das Verbot **gegen beide Vertragsparteien richtet**.[795] Dies ist jedenfalls dann zu bejahen, wenn der Straftatbestand von beiden Seiten objektiv und subjektiv verwirklicht worden ist.[796] Das Rechtsgeschäft kann aber auch bei Verstoß gegen ein einseitiges Verbot nach § 134 nichtig sein, wenn der **Zweck** des Verbotsgesetzes **nicht anders zu erreichen** ist und die rechtsgeschäftliche Regelung **nicht hingenommen** werden darf.[797] So verstoßen die Überlassung von Patientendaten (etwa im Zuge eines Praxisverkaufs) und die Abtretung von Arztforderungen ohne Einwilligung des Patienten gegen § 203 Abs. 1 Nr. 1 StGB. Die hierauf bezogenen Rechtsgeschäfte sind nach § 134 nichtig, obwohl sich die Strafnorm nur gegen den Praxisinhaber (Zessionar) richtet (→ Rn. 132). Entsprechendes galt bis zum Inkrafttreten des § 49 b Abs. 4 BRAO für die Abtretung von anwaltlichen Gebührenforderungen und die damit verbundene Überlassung von Mandantendaten (→ Rn. 208).

249   **b) Einzelfälle.** Die Differenzierung zwischen einseitigen und zweiseitigen Verboten bzw. einseitigen und zweiseitigen Verstößen ist besonders bei Vermögensstraftaten relevant. So ist ein durch **Betrug** gem. **§ 263 StGB** zustande gekommenes Rechtsgeschäft nicht nach § 134 nichtig, sondern lediglich nach § 123 anfechtbar,[798] da nur der Betrüger strafbar ist.[799] Davon abgesehen kann § 123 insoweit als lex specialis zu § 134 angesehen werden (→ Rn. 15). Anders verhält es sich, wenn die Parteien einen Vertrag schließen, um einen Dritten (zB den Versicherer) zu täuschen.[800] Hier richtet sich die Strafdrohung gegen beide Parteien. Außerdem ist es zum Schutz des Dritten erforderlich, den Vertrag nach § 134 iVm § 263 StGB für unwirksam zu erachten. Auch beim **Submissionsbetrug** bejaht die Rechtsprechung die Nichtigkeit. Diese beschränkt sich jedoch auf die Preisvereinbarung, weil dem betrogenen Auftraggeber der Anspruch auf vertragsgemäße Erfüllung erhalten bleiben soll.[801]

---

787 BGH NJW-RR 2002, 1527; Soergel/*Hefermehl* BGB § 134 Rn. 65; Staudinger/*Sack/Seibl* BGB § 134 Rn. 287; BeckOGK/*Vossler* BGB § 134 Rn. 349.

788 BGH DNotZ 2003, 123 (124); MüKoBGB/*Armbrüster* § 117 Rn. 27.

789 BGHZ 136, 125 (132); Staudinger/*Sack/Seibl* BGB § 134 Rn. 287.

790 OLG Koblenz WM 1979, 1435 (1436 f.); Soergel/*Hefermehl* BGB § 134 Rn. 65.

791 Vgl. Staudinger/*Sack/Seibl* BGB § 134 Rn. 289.

792 BGHZ 66, 199 (202); Palandt/*Ellenberger* § 134 Rn. 23; Soergel/*Hefermehl* BGB § 134 Rn. 67.

793 BGHZ 53, 152 (157) = NJW 1970, 609; Staudinger/*Sack/Seibl* BGB § 134 Rn. 290.

794 Vgl. BGHZ 53, 152 (156 f.); 115, 123, 125 = NJW 1991, 2955.

795 BGHZ 115, 123 (125) = NJW 1991, 2955 (2956); BGHZ 132, 313 (318) = NJW 1996, 1812 (1813); BGHZ 46, 24 (26) = NJW 1966, 1507 (1508).

796 BGHZ 132, 313 (318) = NJW 1996, 1812 (1813); vgl. auch MüKoBGB/*Armbrüster* § 134 Rn. 48, 52 und Staudinger/*Sack/Seibl* BGB § 134 Rn. 74 mit dem zutreffenden Hinweis, dass die Strafbarkeit beider Parteien nicht mit der Frage des Adressatenkreises identisch ist.

797 BGHZ 123, 313 (318) = NJW 1996, 1812 (1813).

798 Vgl. Staudinger/*Sack/Seibl* BGB § 134 Rn. 294.

799 Soergel/*Hefermehl* BGB § 134 Rn. 24; PWW/*Ahrens* BGB § 134 Rn. 61.

800 OLG Karlsruhe DAR 1990, 183; Staudinger/*Sack/Seibl* BGB § 134 Rn. 294.

801 OLG München NJW-RR 2002, 886 (887).

Verträge, durch die eine Partei sich der **Untreue** (§ 266 StGB) schuldig macht, sind nach § 134 wirksam, **250**
wenn der anderen Partei der Verstoß nicht bekannt ist. Denn in diesem Fall ist die gutgläubige Partei schutzwürdig. Wirkt die andere Partei mit dem Täter kollusiv zum Nachteil eines Dritten zusammen, so ist es nach
dem Schutzzweck des § 266 StGB geboten, die verbotswidrigen Verpflichtungs- und Verfügungsgeschäfte
für unwirksam zu erachten.[802] Das Gleiche dürfte – zumindest nach § 138 – gelten, wenn sich der anderen
Partei das treuwidrige Verhalten ihres Vertragspartners nachgerade aufdrängen musste.

Nach verbreiteter Auffassung sind Rechtsgeschäfte, die den Tatbestand der **Hehlerei** (§ 259 StGB) erfüllen, **251**
nach § 134 nichtig.[803] Dem ist für das Verpflichtungsgeschäft zuzustimmen.[804] Für das Erfüllungsgeschäft
enthalten die §§ 932 ff., 185 dagegen vorrangige Sonderregelungen. Die Übereignung gestohlener Sachen
ist hiernach zwar unwirksam (§ 935 Abs. 1); der Eigentümer kann die Verfügung aber genehmigen (§ 185
Abs. 1). Diese Möglichkeit darf dem Eigentümer nicht durch den Rückgriff auf § 134 genommen werden.[805]

Entsprechendes gilt für die Veräußerung **unterschlagener** oder **veruntreuter** Sachen (§ 246 StGB). Die **252**
Wirksamkeit des Erfüllungsgeschäfts richtet sich hier allein nach §§ 932 ff.[806] Das Verpflichtungsgeschäft
ist dagegen jedenfalls dann nach § 134 iVm § 246 StGB unwirksam, wenn der andere Teil kollusiv mit dem
Täter zusammengewirkt hat.

Verträge, die eine **Begünstigung oder Strafvereitelung** (§§ 257, 258 StGB) zum Inhalt haben, sind nach **253**
§ 134 nichtig.[807] Zu beachten ist jedoch, dass die Zahlung einer Geldstrafe für einen anderen nach der
Rechtsprechung des BGH nicht den Tatbestand der Strafvereitelung (§ 258 StGB) erfüllt.[808] Verspricht eine
Partei der anderen die Übernahme der Geldstrafe für eine künftige Straftat, so wird die Vereinbarung aber
regelmäßig zumindest nach § 138 Abs. 1 unwirksam.[809] Stellt das Versprechen im Einzelfall eine psychische Beihilfe dar, so kommt auch ein Rückgriff auf § 134 in Betracht.[810]

Eine Vereinbarung, die das Verbot der **Bestechung** und der **Vorteilsnahme** (§§ 299 ff., 331 ff. StGB) ver- **254**
letzt, ist gem. § 134 nichtig.[811] Demgegenüber ist ein Vertrag, der aufgrund einer Bestechung abgeschlossen
worden ist, nicht automatisch nichtig. Vielmehr muss der **Folgevertrag** seinerseits von der Rechtsordnung
derart missbilligt sein, dass auch ihm die Wirksamkeit zu versagen ist (vgl. hierzu auch → § 138 Rn. 301).
Denn die Strafnormen beziehen sich auf die Bestechung selbst und nicht auf die Folgeverträge.[812]

Rechtsgeschäfte, die auf die strafbare **Verbreitung pornografischer Schriften** (§ 184 StGB) abzielen, sind **255**
nach § 134 nichtig.[813] Das Gleiche gilt für Verträge, die die **Beteiligung und Veranstaltung unerlaubten**
Glücksspiels (§§ 284 ff. StGB)[814] oder die Gewährung eines **Darlehens** für die Teilnahme an einem verbotenen Glücksspiel[815] zum Gegenstand haben.

Erfüllt ein Rechtsgeschäft den Tatbestand des **§ 283 c StGB** oder des **§ 288 StGB**, so gehen die Anfech- **256**
tungsregeln der Insolvenzordnung und des Anfechtungsgesetzes der Nichtigkeit aus § 134 grundsätzlich
vor. Sofern besondere, über die Gläubigerbenachteiligung hinausgehende Umstände hinzukommen, kann
das Geschäft aber nach § 134 oder § 138 Abs. 1 nichtig sein.[816]

802 RGZ 78, 347 (352); Staudinger/*Sack/Seibl* BGB
§ 134 Rn. 294.

803 So etwa MüKoBGB/*Armbrüster* § 134 Rn. 53; *Wolf/
Neuner* BGB AT § 45 Rn. 15.

804 Für Nichtigkeit des Verpflichtungsgeschäfts auch
Soergel/*Hefermehl* BGB § 134 Rn. 24; *Scherner*
BGB S. 225; aA Staudinger/*Sack/Seibl* BGB § 134
Rn. 293 (schwebende Unwirksamkeit).

805 Staudinger/*Sack/Seibl* BGB § 134 Rn. 293;
BeckOGK/*Vossler* BGB § 134 Rn. 321; *Scherner*
BGB S. 224 f.

806 Vgl. Soergel/*Hefermehl* BGB § 134 Rn. 24;
Staudinger/*Sack/Seibl* BGB § 134 Rn. 293;
BeckOGK/*Vossler* BGB § 134 Rn. 321.

807 Vgl. BGHZ 41, 223 ff.; Staudinger/*Sack/Seibl* BGB
§ 134 Rn. 293; BeckOGK/*Vossler* BGB § 134
Rn. 325.

808 BGHSt 37, 226 (229) = NJW 1991, 990; vgl.
BeckOK StGB/*Ruhmannseder* § 258 Rn. 36.

809 Vgl. Staudinger/*Sack/Seibl* BGB § 134 Rn. 293;
Kapp NJW 1992, 2796 ff.; aA Erman/*Schmidt-
Räntsch* BGB § 138 Rn. 155.

810 MüKoBGB/*Armbrüster* § 134 Rn. 61; *Kapp* NJW
1992, 2796 (2797).

811 BGHZ 141, 357 (359) = NJW 1999, 2266; OLG
Karlsruhe BB 2000, 635; Erman/*Arnold* BGB § 134
Rn. 68; Soergel/*Hefermehl* BGB § 134 Rn. 25.

812 BGHZ 141, 357 (360) = NJW 1999, 2266 (2267).

813 Zu § 184 Abs. 3 StGB vgl. OLG Hamburg MDR
1975, 226; zu § 184 Abs. 1 StGB BGH NJW 1981,
1439 (dort iE wegen fehlender Verwirklichung des
Straftatbestandes verneint); OLG Hamburg GRUR
1980, 998 (999); Staudinger/*Sack/Seibl* BGB § 134
Rn. 291; BeckOGK/*Vossler* BGB § 134 Rn. 351.

814 OLG Köln OLGZ 71, 392, 394 (nicht genehmigte
öffentliche Lotterie); OLG Nürnberg MDR 1978,
669 (verbotenes Glücksspiel); Erman/*Arnold* BGB
§ 134 Rn. 68; BeckOGK/*Vossler* BGB § 134 Rn. 351;
aA MüKoBGB/*Armbrüster* § 134 Rn. 117 (für
Anwendung von § 138 Abs. 1).

815 OLG Celle NJW-RR 1987, 1190; Palandt/*Ellenberger* BGB § 134 Rn. 17.

816 BGH DB 1993, 1353 (1354); NJW 1973, 513; BB
1968, 1057; MüKoBGB/*Armbrüster* § 134 Rn. 60;
aA zu § 288 StGB Palandt/*Ellenberger* BGB § 134
Rn. 25.

257   Verträge, die auf die Vornahme eines **strafbaren Schwangerschaftsabbruchs** gerichtet sind, sind nach § 134 iVm § 218 StGB nichtig.[817] Der Vertrag über einen nach dem Beratungskonzept **rechtswidrigen, aber straflosen Schwangerschaftsabbruch** (§§ 218, 218 a StGB) ist dagegen weder nach § 134 noch nach § 138 unwirksam.[818]

258   **c) Ordnungswidrigkeiten.** Die Nichtigkeit von Rechtsgeschäften kann auch aus einem Verstoß gegen das **OWiG** resultieren, wobei im Grundsatz darauf abzustellen ist, ob sich die Verbotsnorm an alle Vertragsparteien richtet oder nur eine Partei betrifft. Besonders relevant war in diesem Zusammenhang früher das Verbot der **Werbung für Prostitution** (§ 120 Abs. 1 Nr. 2 OWiG aF). Der Verstoß gegen dieses Verbot führte zur Nichtigkeit des Vertrags.[819] Hieran hat sich durch das ProstG im Kern nichts geändert,[820] da der Zweck des § 120 Abs. 1 Nr. 2 OWiG aF, der Jugendschutz, dadurch nicht infrage gestellt worden ist.[821] Nach den Wertungen des ProstG war allerdings eine restriktive Auslegung des § 120 Abs. 1 Nr. 2 OWiG aF geboten.[822] § 120 Abs. 1 Nr. 2 OWiG aF wurde inzwischen jedoch mit Wirkung vom 1.7. 2017 gestrichen und durch § 32 Abs. 3 ProstSchG ersetzt. Dabei wurde die einschränkende Auslegung des BGH in § 32 Abs. 3 Nr. 2 ProstSchG kodifiziert.[823] § 32 Abs. 3 Nr. 1 und 3 ProstSchG regeln zwei weitere, generelle Werbeverbote für sexuelle Dienstleistungen (→ Anh. zu § 138 Rn. 26). Der entsprechende Ordnungswidrigkeitstatbestand findet sich in § 33 Abs. 2 Nr. 14 ProstSchG. Werbeverträge, die gegen § 32 Abs. 3 ProstSchG verstoßen, sind nach § 134 BGB unwirksam.[824]

22. Versicherungsrecht

Literatur: *Armbrüster*, Neue Vorgaben zur Managervergütung im Versicherungssektor, VersR 2011, 1; *ders.*, Privatversicherungsrecht, 2. Auflage 2019; *Armbrüster/Schilbach*, Nichtigkeit von Versicherungsverträgen wegen Verbots- oder Sittenverstoßes, r+s 2016, 109; *Ayasse*, Die Grenzen des Datenschutzes im Bereich der privaten Versicherungswirtschaft, VersR 1987, 536; *Bähr* (Hrsg.), Handbuch des Versicherungsaufsichtsrechts, 2011; Berliner Kommentar zum VVG, 1999; *Bruck/Möller* (Begr.), Versicherungsvertragsgesetz, Bd. 4, 9. Auflage 2013; *Bürkle*, Vorbeugender Rechtsschutz gegen (angedrohte) Anordnungen der BaFin zur Durchsetzung des Provisionsabgabeverbots, VersR 2018, 1421; *Dauner-Lieb/Tettinger*, Vorstandshaftung, D&O-Versicherung, Selbstbehalt, ZIP 2009, 1555; *Diller/Arnold*, Vergütungsverordnungen für Banken und Versicherungen: Pflicht zum Mobbing?, ZIP 2011, 837; *Evers/Eikelmann*, Abrechnung als Straftat?, VW 2009, 529; *Fiedler*, Der Pflichtselbstbehalt nach § 93 Abs. 2 S. 3 AktG und seine Auswirkung auf Vorstandshaftung und D&O-Versicherung, MDR 2009, 1077; *Gädtke*, Implizites Verbot der D&O-Selbstbehaltsversicherung, VersR 2009, 1565; *Hamelmann*, Rabatte auf Versicherungsprämien als unzulässige Sondervergütung?, VersR 2018, 1426; *Hölters*, Aktiengesetz, 3. Auflage 2017; *Kaulbach/Bähr/Pohlmann*, Versicherungsaufsichtsgesetz, 6. Auflage 2019; *Koch*, Einführung eines obligatorischen Selbstbehalt in der D&O Versicherung durch das VorstAG, AG 2009, 637; *Lange*, Die Selbstbehaltsvereinbarungspflicht gem. § 93 Abs. 2 S. 3 AktG n.F., VersR 2009, 1011; *Langheid/Wandt* (Hrsg.), Münchener Kommentar zum VVG, Bd. 3, 2. Aufl. 2017; *Looschelders/Pohlmann* (Hrsg.), Versicherungsvertragsgesetz, 3. Aufl. 2016; *Pammler*, Die gesellschaftsfinanzierte D&O-Versicherung im Spannungsfeld des Aktienrechts, 2006; *Prölss/Dreher*, Versicherungsaufsichtsgesetz, 13. Auflage 2018; *Prölss/Martin*, Versicherungsvertragsgesetz, 30. Auflage 2018; *Spindler/Stilz*, Aktiengesetz, 4. Auflage 2018; *Thüsing/Traut*, Angemessener Selbstbehalt bei D&O-Versicherungen – Ein Blick auf die Neuerungen nach dem VorstAG, NZA 2010, 140; *Winter*, Das Provisionsabgabeverbot in der Lebensversicherung – Grenzen und zivilrechtliche Auswirkungen, VersR 2002, 1055; *Zöbeley*, Vergütungsvorgaben in Banken und Versicherungen, 2014.

259   **a) Verstoß gegen aufsichtsrechtliche Vorschriften.** Im Versicherungsrecht führt ein Verstoß gegen **aufsichtsrechtliche Vorschriften** regelmäßig nicht zur Nichtigkeit des Versicherungsvertrags. So ist ein Versicherungsvertrag, der ohne die zum Geschäftsbetrieb erforderliche Erlaubnis (**§ 8 Abs. 1 VAG**) oder auf der Grundlage einer nicht genehmigten Geschäftsplanänderung (**§ 12 VAG**) geschlossen wird, **nicht** nach § 134 **nichtig**.[825] Die Verbote richten sich nur einseitig an das Versicherungsunternehmen und zielen nicht darauf ab, dem Versicherungsnehmer den Versicherungsschutz zu nehmen. Vergütungsvereinbarungen zwischen den Versicherungsunternehmen und ihren Geschäftsleitern, Mitarbeitern oder Aufsichtsratmitgliedern, die gegen konkrete Vorgaben der auf der Grundlage des § 34 Abs. 2 S. 1 erlassenen **Versicherungs-Vergütungsverordnung** (VersVergV) vom 18.4.2016[826] verstoßen (zB § 3 Abs. 6 VersVergV), sind dage-

---

817   Vgl. AG Oeynhausen NJW 1998, 1799; Palandt/*Ellenberger* BGB § 134 Rn. 14.

818   BVerfG 88, 203, 295 = NJW 1993, 1751 (1763); Erman/*Arnold* BGB § 134 Rn. 26; MüKoBGB/*Armbrüster* § 134 Rn. 53; Staudinger/*Sack/Seibl* BGB § 134 Rn. 292; *Deutsch* NJW 1993, 2361 ff.

819   BGHZ 118, 182 = NJW 1992, 2557; aA AG Berlin-Köpenick NJW 2002, 1885.

820   MüKoBGB/*Armbrüster* ProstG § 1 Rn. 17; aA Palandt/*Ellenberger* § 138 Rn. 52.

821   Ebenso *Armbrüster* NJW 2002, 2763 (2765).

822   Vgl. BGHZ 168, 314 (319) = NJW 2006, 3490 (3491 f.); OLG Zweibrücken MMR 2008, 468.

823   Vgl. BeckOGK/*Vossler* BGB § 134 Rn. 352.

824   Staudinger/*Fischinger* ProstG § 1 Rn. 77.

825   Prölss/Dreher/*Präve* VAG § 9 Rn. 12 und § 12 Rn. 6; BeckOGK/*Vossler* BGB § 134 Rn. 158; *Armbrüster/Schilbach* VersR 2016, 109 (115); *Koch* VersR 2009, 141 (144); *Winter* VersR 2002, 1055 (1062).

826   BGBl. I, 763.

gen nach § 134 im Umfang des Verstoßes nichtig.[827] Verstöße gegen bloße Leitlinien (zB § 3 Abs. 1 Nr. 1 und 2 VersVergV) führen dagegen aus Gründen der Bestimmtheit nicht zur Nichtigkeit nach § 134.

Ob der Verstoß gegen das in **§ 15 VAG** (§ 7 Abs. 2 VAG aF) geregelte Verbot, versicherungsfremde **260** Geschäfte zu betreiben, die Nichtigkeit von entsprechenden Geschäften nach sich zieht, ist **umstritten**. Nach zutreffender hM sind Verträge über versicherungsfremde Leistungen **nicht** nach § 134 **nichtig**.[828] Das Verbot richtet sich wieder nur einseitig an das Versicherungsunternehmen. Auch der Schutz des Vertragspartners bzw. der Gedanke des Verbraucherschutzes gebietet keine andere Betrachtungsweise.[829] Vielmehr würde die Nichtigkeit des Vertrages gerade zum Nachteil des Vertragspartners wirken, da dieser nicht mehr die Erfüllung des Vertrages verlangen könnte und auf etwaige Bereicherungsansprüche verwiesen wäre.[830]

Sehr umstritten war lange Zeit auch, ob ein Verstoß gegen die durch eine Verordnung nach **§ 81 Abs. 3** **261** **VAG aF** erlassenen Verbote zur Nichtigkeit des Geschäfts führt. Der Sache nach geht es insbesondere um **Provisionsabgabeverbote**, die Vereinbarungen zwischen Versicherungsvermittler und Versicherungsnehmer über die Teilung der Provision untersagen.[831] Das Provisionsabgabeverbot dient nach verbreiteter Ansicht zumindest auch dem **Schutz der Versichertengemeinschaft.** Man sieht die Gefahr, dass der Versicherungsvermittler sich von dem Versicherungsunternehmen höhere Provisionen gewähren lässt, um seine Zahlungen an die Versicherungsnehmer auszugleichen; die höheren Provisionen würden dann vom Versicherungsunternehmen auf die Versichertengemeinschaft umgelegt.[832] Zudem hätte die Abschaffung des Provisionsabgabeverbots eine Verringerung der Markttransparenz zur Folge.[833] Mit diesen Argumenten wurde früher **teilweise** die Nichtigkeit entsprechender Abreden begründet.[834] Die hM ging hingegen von der Wirksamkeit der Provisionsabreden aus.[835] Dabei wurde darauf verwiesen, dass sich das Verbot nur einseitig gegen den Versicherungsvermittler richte.[836] Dem lässt sich freilich entgegenhalten, dass der Verstoß gegen ein einseitiges Verbot durchaus zur Nichtigkeit des Rechtsgeschäfts führen kann, wenn gewichtige Interessen Dritter, hier der Versichertengemeinschaft, berührt werden. Auch nach der Gegenauffassung blieben die **Versicherungsverträge** selbst aber von der Nichtigkeit der Abreden unberührt.[837]

Nach einer rechtskräftigen Entscheidung des VG Frankfurt aM war das Provisionsabgabeverbot nach § 81 Abs. 3 VAG aF iVm den einschlägigen Verordnungen wegen Unbestimmtheit **nichtig**.[838] Gleichwohl hat § 298 Abs. 4 VAG 2016 die bisherige Rechtslage zunächst aufrechterhalten. Das Gesetz zur Umsetzung der Versicherungsvertriebsrichtlinie (Richtlinie 2016/97/EU – IDD) vom 20.7.2018[839] hat dann aber § 298 Abs. 4 VAG 2016 aufgehoben und das Provisionsabgabe- und Sondervergütungsverbot in § 48 b VAG mit Wirkung vom 29.7.2017 unmittelbar gesetzlich geregelt.[840] Da der Begriff der Sondervergütung in § 48 b VAG definiert wird, sind die Bedenken hinsichtlich der Bestimmtheit des Verbots entfallen.[841] Dementsprechend geht jetzt auch das VG Frankfurt aM von der Wirksamkeit des Verbots aus.[842] § 48 b Abs. 1 S. 3 VAG sieht ausdrücklich vor, dass eine entgegenstehende vertragliche Vereinbarung **unwirksam** ist. Ein Rückgriff

827 Zur entsprechenden Rechtslage nach der VersVergV vom 6.10.2010 vgl. *Armbrüster* VersR 2011, 1 (8); *Zöbeley*, S. 339 ff.; aA *Diller/Arnold* ZIP 2011, 837 ff.; hieran anknüpfend BeckOGK/*Vossler* BGB § 134 Rn. 160.

828 OLG Hamm VersR 2010, 609 (610); Kaulbach/Bähr/ Pohlmann/*Pohlmann* VAG § 15 Rn. 33; Prölss/ Dreher/*Präve* VAG § 15 Rn. 7; BeckOGK/*Vossler* BGB § 134 Rn. 158; Bähr VAG-HdB/*Eilert* § 5 Rn. 21; *Armbrüster/Schilbach* r+s 2016, 109, 114; *Michael/Kaulbach* VersR 2010, 1161 (1163); aA LG Hamburg NVersZ 1999, 32 (35); OLG Hamburg Ver- BAV 2000, 163, 164; *Schwintowski* VuR 2000, 200.

829 Kaulbach/Bähr/Pohlmann/*Pohlmann* VAG § 15 Rn. 33; aA OLG Hamburg VerBAV 2000, 163, 164.

830 So auch OLG Hamm VersR 2010, 609 (610); Kaul- bach/Bähr/Pohlamm/*Pohlmann* VAG § 15 Rn. 33; Prölss/Dreher/*Präve* VAG § 15 Rn. 7.

831 Langheid/Wandt/*Gause* AufsichtsR Rn. 472. Eine andere Frage ist, ob Sondervergütungen durch den Versicherer selbst nach § 134 nichtig sind (dazu LG Hamburg NVersZ 1999, 32 (33)).

832 BGHZ 93, 177 (182) = NJW 1985, 3018; OLG Ham- burg VerBAV 2000, 163, 165; VersR 1995, 817; OLG Celle VersR 1994, 856; OLG Köln VersR 1991, 1373 (1374); AG Hamburg NJW-RR 1993, 1372; *Schwarz* NJW 1995, 491 (492 ff.); aA MüKoBGB/

Armbrüster § 134 Rn. 70; *Dreher* VersR 1995, 1 (2); krit. auch *Winter* VersR 2002, 1055 (1057 f.).

833 Langheid/Wandt/*Gause* AufsichtsR Rn. 472.

834 OLG Hamburg VerBAV 2000, 163, 165; *Schwintow- ski* VuR 2000, 200; OLG Köln VersR 1991, 1373 (1374); *Schwarz* NJW 1995, 491 (492 ff.).

835 BGHZ 159, 334 (338 ff.) = VersR 2004, 1029 (1030); OLG Frankfurt VersR 1995, 92 (94); OLG Hamburg VersR 1995, 817; OLG Celle VersR 1994, 856; MüKoBGB/*Armbrüster* § 134 Rn. 70; Palandt/*Ellen- berger* BGB § 134 Rn. 24; Staudinger/*Sack/Seibl* BGB § 134 Rn. 306; *Armbrüster/Schilbach* VersR 2016, 109 (116); *Winter* VersR 2002, 1055 (1064).

836 BGHZ 159, 334 (338 ff.) = VersR 2004, 1029 (1030); OLG Hamburg VersR 1995, 817; OLG Frankfurt VersR 1995, 92 (94); Berliner Kommentar/*Gruber* VVG Anh. § 48 Rn. 21; *Dreher* VersR 1995, 1 (2); *Winter* VersR 2002, 1055 (1063).

837 *Winter* VersR 2002, 1055 (1064 f.); aA *Schwintowski* VuR 2000, 200 (201).

838 VG Frankfurt aM VersR 2012, 358 (360 f.).

839 BGBl. I, 2789.

840 Vgl. Begr. RegE, BT-Drs. 18/11627, 40; Prölss/ Dreher/*Dreher* VAG § 298 Rn. 1.

841 Kaulbach/Bähr/Pohlmann/*Bähr* VAG § 48 b Rn. 4.

842 VG Frankfurt aM VersR 2018, 1431; näher dazu *Bürkle* VersR 2018, 1421; vgl. auch *Hamelmann* VersR 2018, 1426.

auf § 134 ist insoweit also nicht mehr erforderlich. Andererseits bleibt es dabei, dass ein Verstoß gegen das Verbot nicht nach §§ 134, 139 zur Nichtigkeit des **Versicherungsvertrages** führt.[843]

262 **b) Abtretung von Ansprüchen und Anerkenntnis des Versicherungsnehmers.** Tritt ein Angehöriger eines Unternehmens der privaten Kranken-, Unfall- oder Lebensversicherung seine Honarar- oder Provisionsansprüche aus der Vermittlung eines Versicherungsvertrages an einen Dritten ab, so verstößt er damit gegen das Verbot der **Verletzung von Privatgeheimnissen** aus § 203 Abs. 1 Nr. 6 StGB; die Abtretung ist daher nach § 134 nichtig.[844] Dies entspricht der Rechtslage bei der Abtretung von Arzthonoraren (→ Rn. 132). § 203 Abs. 1 Nr. 6 StGB schützt dabei nicht nur die Gesundheitsdaten, die der Betroffene dem Versicherungsunternehmen bekannt machen muss; die Pflicht zur Geheimhaltung gilt auch für den Umstand, dass der Betroffene überhaupt eine private Personenversicherung abgeschlossen hat.[845] Der Begriff des Angehörigen eines Versicherungsunternehmens wird nach dem Schutzzweck des § 203 Abs. 1 Nr. 6 StGB weit verstanden und erfasst nicht nur die Organe, Organmitglieder und Arbeitnehmer des Unternehmens, sondern jede Person, die aufgrund ihrer Funktion mit Geheimnissen des Unternehmens in Berührung kommen kann. Dazu gehört auch ein selbstständiger Versicherungsvertreter.[846] Der Versicherungsmakler ist dagegen Sachwalter des Versicherungsnehmers und wird daher von § 203 Abs. 1 Nr. 6 StGB nicht erfasst.[847]

In der Haftpflichtversicherung ist eine Vereinbarung, die die Leistungspflicht des Versicherers ausschließt, wenn der Versicherungsnehmer ohne seine Einwilligung den geschädigten Dritten **befriedigt** oder dessen Anspruch **anerkennt**, nach § 105 VVG unwirksam. Da § 105 VVG die Gestaltungsfreiheit der Parteien beschränkt, ergibt sich die Unwirksamkeit unmittelbar aus der Vorschrift. Ein Rückgriff auf § 134 ist daher nicht erforderlich.[848]

263 **c) Obligatorischer Selbstbehalt bei der D&O-Versicherung.** Seit der Einführung des Gesetzes zur Angemessenheit der Vorstandsvergütung (VorstAG) vom 31.7.2009[849] ist in § 93 Abs. 2 S. 3 AktG vorgesehen, dass jede D&O-Versicherung, die eine Aktiengesellschaft zur Absicherung ihrer Organe gegen Risiken aus der Organtätigkeit abschließt, einen **Selbstbehalt** vorzusehen hat. Zweck dieser Vorschrift ist eine Verhaltenssteuerung des handelnden Organs.[850] Gem. § 23 Abs. 2 EGAktG gilt diese Vorgabe ab dem 1.7.2010 auch für Versicherungsverträge, die vor dem Inkrafttreten des Gesetzes am 5.8.2009 geschlossen wurden. Die dogmatische Einordnung des § 93 Abs. 2 S. 3 AktG ist umstritten. Nach überwiegender Auffassung regelt § 93 Abs. 2 S. 3 AktG nur das **gesellschaftsrechtliche Innenverhältnis**; der Verstoß gegen die Vorschrift führe daher nicht nach § 134 zur Unwirksamkeit des Versicherungsvertrages, sondern könne lediglich eine Schadensersatzpflicht des bei Abschluss des Versicherungsvertrages gesetzwidrig handelnden Organs begründen.[851] Wortlaut sowie Sinn und Zweck der Vorschrift sprechen indes für die Gegenauffassung, wonach es sich um ein **Verbotsgesetz** iSd § 134 handelt.[852]

264 Als Rechtsfolge eines Verstoßes gegen § 93 Abs. 2 S. 3 AktG kommt allerdings nur **Teilnichtigkeit** in Betracht. Das Verbot richtet sich nämlich nicht gegen den Abschluss einer D&O-Versicherung als solcher, sondern allein dagegen, dass die Gesellschaft eine D&O-Versicherung für ihre Organe **ohne Selbstbehalt** abschließt.[853] Soweit ein Selbstbehalt nicht vereinbart ist oder nicht den gesetzlichen Vorgaben entspricht, wird die Vereinbarung durch den gem. § 93 Abs. 2 S. 3 AktG vorgesehenen Mindestselbstbehalt ersetzt.[854]

843 MüKoBGB/*Armbrüster* § 134 Rn. 70; BeckOGK/ *Vossler* BGB § 134 Rn. 159; für Anwendbarkeit von § 134 aber Kaulbach/Bähr/Pohlmann/*Bähr* VAG § 48 b Rn. 4.

844 BGH NJW 2010, 2509 Rn. 11; BeckOGK/*Vossler* BGB § 134 Rn. 332; MüKoBGB/*Armbrüster* § 134 Rn. 54.

845 So BGH NJW 2010, 2509 Rn. 17 ff.; MüKoStGB/ *Cierniak/Niehaus* § 203 Rn. 25; *Ayasse* VersR 1987, 536 (537); aA *Evers/Eikelmann* VW 2009, 529.

846 BGH NJW 2010, 2509 (2510); MüKoStGB/*Cierniak/Niehaus* § 203 Rn. 40; Lackner/Kühl/*Heger* StGB § 203 Rn. 6.

847 *Evers/Eikelmann* VW 2009, 529.

848 Bruck/Möller/*Koch* VVG § 105 Rn. 22.

849 BGBl. I, S. 2509 ff.

850 Beschlussempfehlung des Rechtsausschusses, BT-Drs. 16/13433, S. 11; *Ulmer* FS Canaris, Bd. 2, 2007, 453, 464; *Gädtke* VersR 2009, 1565 (1567); *Koch* AG 2009, 637.

851 Hüffer/Koch/*Koch* § 93 Rn. 59; Spindler/Stilz/*Fleischer* § 93 Rn. 252; Henssler/Strohn/*Dauner-Lieb* AktG § 93 Rn. 63; *Hölters* § 93 Rn. 407; *Dauner-Lieb/Tettinger* ZIP 2009, 1555 (1556 f.); *Fiedler* MDR 2009, 1077 (1079 ff.); *Thüsing/Traut* NZA 2010, 140 f.; *Armbrüster/Schilbach* r+s 2016, 109, 113.

852 Bruck/Möller/*Baumann* Ziff. 4 AVB-AVG Rn. 54; Prölss/Martin/*Voit* Ziff. 4.3 AVB-AVG Rn. 8; *Armbrüster* Rn. 1769; *Gädtke* VersR 2009, 1565 (1567); *Koch* AG 2009, 637 (639); *Lange* VersR 2009, 1011 (1016); ebenso schon zu § 93 Abs. 2 AktG aF *Pammler*, S. 96; *Ulmer* FS Canaris Bd. 2, 2007, 451, 468 ff.

853 *Armbrüster* Rn. 1944; *Gädtke* VersR 2009, 1565 (1572); *Koch* AG 2009, 637 (639).

854 Bruck/Möller/*Baumann* Ziff. 4 AVB-AVG Rn. 54; Prölss/Martin/*Voit* Ziff. 4.3 AVB-AVG Rn. 8; *Gädtke* VersR 2009, 1565 (1572); *Koch* AG 2009, 637 (639); *Lange* VersR 2009, 1011 (1023).

Der Abschluss einer **Eigenversicherung des Selbstbehalts** durch das Organ verstößt nicht gegen ein **265** gesetzliches Verbot.[855] In der Literatur wird zwar die Auffassung vertreten, der Abschluss einer solchen Eigenversicherung stelle eine Umgehung des gesetzlichen Verbots aus § 93 Abs. 2 S. 3 AktG dar, weil die Versicherung des Selbstbehalts den Zweck der Verhaltenssteuerung unterlaufe.[856] Dem ist jedoch entgegenzuhalten, dass das Organ bei einer Eigenversicherung die Prämien aus dem eigenen Vermögen aufbringen muss.[857] Davon abgesehen wäre das Verbot einer Eigenversicherung des Selbstbehalts auch nicht mit den Grundrechten des Organs (Art. 2 Abs. 1, Art. 12 GG) vereinbar.[858]

23. Wertpapierrecht. Art. 4 S. 1 ScheckG sieht vor, dass ein Scheck nicht angenommen werden kann. **266** Bereits der Wortlaut der Vorschrift macht deutlich, dass es hier nicht um ein rechtliches Dürfen geht, sondern um eine Beschränkung der rechtlichen Gestaltungsmöglichkeit. Einem Rechtsgeschäft, bei dem sich jemand verpflichtet, den Scheck einzulösen, steht die Vorschrift nicht entgegen.[859]

Einlösungszusagen werden auch durch das **Scheckrückgabeabkommen** vom 1.11.1960 verboten.[860] **267** Rechtsgeschäfte, die hiergegen verstoßen, sind jedoch schon deshalb **nicht** nach § 134 **unwirksam**, weil das Abkommen lediglich zwischen den Spitzenverbänden des Kreditgewerbes getroffen wurde und damit keine Rechtsnormen iSd Art. 2 EGBGB enthält.[861]

Der **Widerruf eines Schecks** ist gem. Art. 32 Abs. 1 ScheckG erst nach Ablauf der Vorlegungsfrist wirk- **268** sam. Auch dies ist indes keine Verbotsnorm iSd § 134.[862] Bezogener und Aussteller können daher wirksam vereinbaren, den Widerruf vorher zu beachten.

24. Wettbewerbs- und Lauterkeitsrecht

Literatur: *Antweiler*, Vergaberechtsverstöße und Vertragsnichtigkeit, DB 2001, 1975; *Köhler/Bornkamm/Feddersen*, Gesetz gegen den unlauteren Wettbewerb, 37. Auflage 2019; *Boesen*, Das Vergaberechtsänderungsgesetz im Lichte der europarechtlichen Vorgaben, EuZW 1998, 551; *Canaris*, Nachträgliche Gesetzeswidrigkeit von Verträgen, geltungserhaltende Reduktion und salvatorische Klauseln im deutschen und europäischen Kartellrecht, DB 2002, 930; *Fikentscher*, Horizontale Wettbewerbsbeschränkungen und Verträge mit Dritten, BB 1956, 793; *Harte-Bavendamm/Henning-Bodewig*, Gesetz gegen den unlauteren Wettbewerb (UWG), 4. Auflage 2016; *Herrmann*, Die Sportgerichtsbarkeit nach dem Pechstein-Urteil des BGH, NJW 2016, 2224; *Immenga/Mestmäcker*, Wettbewerbsrecht Band 2: GWB, 5. Auflage 2014; *Köhler*, Das neue UWG, NJW 2004, 2121; *Kühne*, Billigkeitskontrolle und Verbotsgesetz, NJW 2006, 2520; *Loewenheim/Meessen/Riesenkampff*, Kartellrecht, 3. Auflage 2016; *Ohly/Sosnitza*, Gesetz gegen den unlauteren Wettbewerb, 7. Auflage 2016; *Reichelsdorfer*, § 1 UWG – ein Verbotsgesetz im Sinne von § 134 BGB?, WRP 1998, 142; *Sack*, Unlauterer Wettbewerb und Folgevertrag, WRP 1974, 445; *ders.*, Die Durchsetzung unlauter zustande gebrachter Verträge als unlauterer Wettbewerb?, WRP 2002, 396; *ders.*, Folgeverträge unlauteren Wettbewerbs, GRUR 2004, 625.

a) Kartellrecht. Wichtigste Norm des deutschen Kartellrechts ist **§ 1 GWB**. Die Vorschrift soll die Hand- **269** lungsfreiheit des einzelnen Marktteilnehmers schützen und so den Wettbewerb fördern.[863] § 1 GWB dient also sowohl dem **Individualschutz** als auch dem **Schutz der Institution Wettbewerb**.[864] Um diesen doppelten Schutzzweck zu verwirklichen, muss der Verstoß gegen § 1 GWB gem. § 134 die Nichtigkeit entsprechender Vereinbarungen nach sich ziehen.[865] Hiermit ist aber noch nicht geklärt, ob sich die Nichtigkeit auch auf Ausführungs- oder Folgeverträge erstreckt.[866]

Für den Begriff des **„Ausführungsvertrags"** existiert zwar keine eindeutige Definition, doch wird hierun- **270** ter meist ein Vertrag verstanden, der mit der Kartellvereinbarung in unmittelbarem Zusammenhang steht,

855 Looschelders/Pohlmann/*Haehling von Lanzenauer/Kreienkamp* Anh. C Rn. 190 f.; Bruck/Möller/*Baumann* Ziff. 4 AVB-AVG 2011/2013 Rn. 59; Prölss/Martin/*Voit* Ziff. 4.3 AVB-AVG Rn. 10; *Armbrüster* Rn. 1770; *Dauner-Lieb/Tettinger* ZIP 2009, 1555 (1557); *Lange* VersR 2009, 1011 (1022); *Fiedler* MDR 2009, 1077 (1082); *Thüsing/Traut* NZA 2009, 140 (142); *Armbrüster/Schilbach* r+s 2016, 109, 113; aA *Koch* AG 2009, 637 (646).
856 *Koch* AG 2009, 637 (645).
857 Vgl. *Dauner-Lieb/Tettinger* ZIP 2009, 1555 (1557).
858 *Gädtke* VersR 2009, 1565 (1569).
859 BGH WM 1956, 1293; WM 1975, 466; OLG Karlsruhe WM 1971, 877; RGRK/*Krüger-Nieland/Zöller* BGB § 134 Rn. 123; Soergel/*Hefermehl* BGB § 134 Rn. 84; Staudinger/*Sack/Seibl* BGB § 134 Rn. 274.
860 Abgedruckt bei Baumbach/*Hefermehl*, Wechsel- und Scheckgesetz, Anh. 11.
861 OLG Karlsruhe WM 1971, 877 (878); Soergel/*Hefermehl* BGB § 134 Rn. 84; Staudinger/*Sack/Seibl* BGB § 134 Rn. 274; *Mayer-Maly* FS Hefermehl 1976, S. 103, 110.
862 BGHZ 35, 217 (220); RGRK/*Krüger-Nieland/Zöller* BGB § 134 Rn. 123; Staudinger/*Sack/Seibl* BGB § 134 Rn. 274; MüKoBGB/*Armbrüster* § 134 Rn. 80, *Mayer-Maly* FS Hefermehl 1976, S. 103, 110.
863 Vgl. Immenga/Mestmäcker/*Zimmer* GWB § 1 Rn. 11 ff.
864 Immenga/Mestmäcker/*Zimmer* GWB § 1 Rn. 11 f.
865 BGH NJW-RR 2011, 835; 2010, 615, 616; Immenga/Mestmäcker/*Zimmer* GWB § 1 Rn. 6; MüKoBGB/*Armbrüster* § 134 Rn. 66; RGRK/*Krüger-Nieland/Zöller* BGB § 134 Rn. 135; BeckOGK/*Vossler* BGB § 134 Rn. 236; Staudinger/*Sack/Seibl* BGB § 134 Rn. 248.
866 MüKoBGB/*Armbrüster* § 134 Rn. 67.

zB dessen Durchführung unterstützen soll.[867] Wird eine derartige Abrede zwischen den **Parteien** des nichtigen Kartellvertrags getroffen, so ist sie ebenfalls nach § 134 nichtig.[868] **Verträge mit Nichtwettbewerbern** können hingegen an sich nicht gegen § 1 GWB verstoßen, da es an einem Wettbewerbsverhältnis fehlt.[869] Allerdings erstreckt sich die Nichtigkeit des Kartellvertrages auf die Vereinbarung mit dem Dritten, wenn allein diese Vertikalvereinbarung der Kartellvereinbarung zur **Durchsetzung** verhelfen soll.

271 **Folgeverträge** sind Verträge mit Dritten, die auf einen Leistungsaustausch gerichtet sind und nicht der Durchführung der Kartellvereinbarung dienen.[870] Solche Verträge sind aus Gründen der **Rechtssicherheit** grundsätzlich wirksam.[871] Denn eine generelle Erstreckung des Kartellverbotes auf alle Einzelverträge würde unabsehbare Störungen des Wirtschaftslebens nach sich ziehen.[872] Den Kunden wird jedoch ein Schadensersatzanspruch nach § 33 Abs. 3 GWB gewährt.[873]

272 Ob der Verstoß gegen das **Missbrauchsverbot** aus § 19 Abs. 1 GWB oder das **Diskriminierungsverbot** nach § 19 Abs. 2 Nr. 1 GWB (§ 20 GWB aF) nach § 134 zur Nichtigkeit eines Vertrages führt, ist umstritten. Im Ausgangspunkt ist davon auszugehen, dass die § 19 Abs. 1 GWB und § 19 Abs. 2 Nr. 1 GWB (§ 20 GWB aF) Verbotsgesetze iSd § 134 darstellen.[874] Zu beachten ist jedoch, dass die Nichtigkeit diskriminierender Verträge und deren Rückabwicklung nach Bereicherungsrecht häufig nicht den Interessen der benachteiligten Marktteilnehmer entsprechen.[875] Der Schutz des Benachteiligten kann in vielen Fällen besser durch den Schadensersatzanspruch aus § 33 a GWB gewährleistet werden. Erfolgt die Diskriminierung durch Bevorzugung anderer Marktteilnehmer, die an dem Verstoß nicht beteiligt sind, so gebieten deren Interessen die Aufrechterhaltung der mit ihnen geschlossenen Verträge.[876] Die Nichtigkeit sollte daher nur dann eintreten, wenn die Interessen des Benachteiligten auf andere Weise nicht geschützt werden können.[877] Das Verlangen eines Sportverbands gegenüber einem Berufssportler nach Abschluss einer Schiedsvereinbarung stellt nach Ansicht des BGH keinen Missbrauch einer marktbeherrschenden Stellung iSd § 19 Abs. 1 GWB dar; entsprechende Schiedsvereinbarungen sind daher weder nach § 134 noch nach § 138 Abs. 1 unwirksam (→ § 138 Rn. 309).[878]

273 Die **§§ 169 Abs. 1 und 173 Abs. 1, 3 GWB** (§§ 115 Abs. 1 GWB und 118 Abs. 1, 3 GWB aF) sind ebenfalls Verbotsgesetze iSd § 134.[879] Hiergegen verstoßende Abreden sind aus Gründen des Wettbewerbsschutzes nichtig.[880] Der Verstoß gegen die Vorgaben des Vergaberechts (**§§ 97 ff. GWB**) führt dagegen grundsätzlich nicht nach § 134 zur Nichtigkeit des Vertrages.[881] Nach § 135 Abs. 1 GWB (§ 101 b Abs. 1 GWB aF) ist der Vertrag allerdings dann unwirksam, wenn der öffentliche Auftraggeber gegen die Informations- und Wartepflicht aus § 134 GWB (§ 101 a GWB aF) verstoßen oder den Auftrag ohne Veröffentlichung im Amtsblatt der EU vergeben hat. Voraussetzung für die Unwirksamkeit ist nach § 135 Abs. 2 GWB, dass der Verstoß in einem Nachprüfungsverfahren festgestellt worden ist, wobei das Nachprüfungsverfahren aus Gründen der Rechtssicherheit innerhalb von 30 Kalendertagen ab der Information der Bieter und Bewerber über den Vertragsschluss geltend gemacht werden muss. Diese spezielle Regelung darf nicht durch Rückgriff auf § 134

---

867 Vgl. Immenga/Mestmäcker/*Zimmer* GWB § 1 Rn. 183.

868 OLG Frankfurt OLGZ 1968, 279 (283 f.); Immenga/Mestmäcker/*Zimmer* GWB § 1 Rn. 183; RGRK/*Krüger-Nieland/Zöller* BGB § 134 Rn. 136.

869 Vgl. auch OLG Frankfurt OLGZ 1968, 279 (281).

870 Vgl. die Fallkonstellation bei BGH NJW 1956, 1201.

871 Vgl. BGH NJW-RR 2010, 51 (53); Staudinger/*Sack/Seibl* BGB § 134 Rn. 249; BeckOGK/*Vossler* BGB § 134 Rn. 236.1; *Fikentscher* BB 1956, 793 (794); für Fallgruppenbildung MüKoBGB/*Armbrüster* § 134 Rn. 67.

872 Vgl. BGH NJW 1956, 1201; Immenga/Mestmäcker/*Zimmer* § 1 Rn. 187; RGRK/*Krüger-Nieland/Zöller* BGB § 134 Rn. 135.

873 Vgl. BGHZ 64, 232 (237 f.); 86, 324, 330; Staudinger/*Sack/Seibl* BGB § 134 Rn. 249.

874 Zu § 19 GWB BGH NJW-RR 2010, 51 (53); NJW 2016, 2266 Rn. 46; OLG Düsseldorf NJW 2009, 1087 (1088); Immenga/Mestmäcker/*Fuchs* GWB § 19 Rn. 78 ff.; Loewenheim/Meessen/Riesenkampff/*Götting* GWB § 19 Rn. 116; Staudinger/*Sack/Seibl* BGB § 134 Rn. 248; MüKoBGB/*Armbrüster* § 134 Rn. 66; zu § 20 GWB aF BGHZ 199, 289 = NZBau 2014, 514 Rn. 102 ff.; Immenga/Mestmäcker/*Markert* GWB § 20 Rn. 117; Loewenheim/Meesen/

Riesenkampff/*Loewenheim* GWB § 20 Rn. 104; vgl. auch *van Venrooy* BB 1979, 555 (556) (zu § 26 GWB aF).

875 Staudinger/*Sack/Seibl* BGB § 134 Rn. 249.

876 Immenga/Mestmäcker/*Markert* GWB § 20 Rn. 117; Loewenheim/Meessen/Riesenkampff/*Loewenheim* GWB § 20 Rn. 110.

877 BGHZ 199, 289 = NZBau 2014, 514 Rn. 105; MüKoBGB/*Armbrüster* § 134 Rn. 66.

878 BGH NJW 2016, 2266 Rn. 46; ebenso OLG Frankfurt aM SpuRT 2018, 81 = BeckRS 2017, 139118 Rn. 21 ff.; aA OLG München SchiedsVZ 2015, 40 (42).

879 Vgl. BGHZ 183, 95 (100); Staudinger/*Sack/Seibl* BGB § 134 Rn. 249; *Antweiler* DB 2001, 1975 (1979); *Boesen* EuZW 1998, 551 (558); zu § 115 GWB Immenga/Mestmäcker/*Dreher* § 115 Rn. 7.

880 OLG Düsseldorf NJW 2009, 1087 (1089); Staudinger/*Sack/Seibl* BGB § 134 Rn. 249; *Kühne* NJW 2006, 2520 (2521).

881 BGHZ 146, 202 = BGH NJW 2001, 1492 (1494 f.); Erman/*Arnold* BGB § 134 Rn. 70; MüKoBGB/*Armbrüster* § 134 Rn. 28; Staudinger/*Sack/Seibl* BGB § 134 Rn. 249; Immenga/Mestmäcker/*Dreher* § 101 b Rn. 76.

unterlaufen werden. In krassen Fällen (zB kollusives Zusammenwirken) kommt aber die Anwendung von § 138 Abs. 1 in Betracht.[882]

Auf **europäischer Ebene** sind die Art. 28, 30, 101 und 102 AEUV (vormals Art. 23, 25, 81 und 82 EGV) von kartellrechtlichem Interesse. **Art. 28 und 30 AEUV** (vormals Art. 23 und 25 EGV) verbieten Ein- und Ausfuhrzölle oder Abgaben gleicher Wirkung zwischen den Mitgliedstaaten. Vereinbarungen, die gegen Art. 28 und 30 AEUV (vormals Art. 23 und 25 EGV) verstoßen, sind nach § 134 nichtig.[883] Nach **Art. 101 Abs. 1 AEUV** (vormals Art. 81 Abs. 1 EGV) sind wettbewerbsbeschränkende Vereinbarungen verboten. Da Art. 101 Abs. 2 AEUV (vormals Art. 81 Abs. 2 EGV) die Nichtigkeit selbst anordnet, kommt ein Rückgriff auf § 134 aber nicht in Betracht.[884] Der **Missbrauch einer marktbeherrschenden Stellung** auf dem Binnenmarkt wird durch Art. 102 AEUV (vormals Art. 82 EGV) verboten. Die Vorschrift enthält keine eigene Nichtigkeitsanordnung. Hier muss daher auf § 134 zurückgegriffen werden.[885] **274**

b) Lauterkeitsrecht. Verträge zwischen einem Unternehmer und seinen Kunden, die aufgrund eines Verstoßes gegen die Generalklausel des **§ 3 UWG** zustande kommen (sog. **Folgeverträge**), sind nach allgemeiner Ansicht nicht nach § 134 nichtig, weil das UWG nicht den **Inhalt** derartiger Rechtsgeschäfte verbietet.[886] Die Interessen des Kunden werden durch die Möglichkeit der Anfechtung nach §§ 119, 123 sowie die sonstigen zivilrechtlichen Ansprüche und Rechte (zB Anspruch auf Schadensersatz aus §§ 311 Abs. 2, 241 Abs. 2, 280 Abs. 1, 249 Abs. 1 auf Auflösung des Vertrags) gewahrt.[887] Ist ein Vertrag **unmittelbar** auf die Begehung unlauteren Wettbewerbs gerichtet, so ist § 134 dagegen anwendbar.[888] Die Rechtsprechung setzt hierfür voraus, dass „der rechtsgeschäftlichen Verpflichtung selbst die Wettbewerbswidrigkeit des Verhaltens innewohnt".[889] So wurde ein Vertrag, der eine Verpflichtung zu getarnter Werbung in einem Kinofilm (sog. Product-Placement) zum Gegenstand hatte, wegen Verstoßes gegen § 1 UWG aF für nichtig angesehen.[890] **275**

Für die Beispielstatbestände der **§§ 4–7 UWG** gilt schon aus systematischen Gründen das Gleiche wie für § 3 UWG. Der Verstoß gegen diese Tatbestände führt also grundsätzlich nicht nach § 134 zur Unwirksamkeit von Folgeverträgen. Eine Ausnahme gilt wiederum, wenn der Vertrag gerade auf Begehung unlauteren Wettbewerbs gerichtet ist. Der Basisvertrag, mit den sich der Betreiber eines Call-Centers entgegen § 7 Abs. 2 Nr. 2 UWG verpflichtet, bei Dritten ohne deren Einwilligung **Telefonwerbung** zu betreiben, ist daher nach § 134 nichtig.[891] **276**

Da das Verbot irreführender Werbung nach **§ 16 Abs. 1 UWG** sich nicht gegen den Inhalt der aufgrund der Werbung geschlossenen Folgeverträge richtet, ist § 134 bei Verstößen nicht anwendbar.[892] Den Kunden können aber Gewährleistungsansprüche nach §§ 434 Abs. 1 S. 3, 437 zustehen.[893] Im Übrigen kommt eine Anfechtung des Vertrages nach § 123 in Betracht.[894] Demgegenüber stellt das Verbot der progressiven Kundenwerbung in **§ 16 Abs. 2 UWG** ein Verbotsgesetz iSd § 134 dar (→ § 138 Rn. 342).[895] Desgleichen sind Vereinbarungen über den Verrat von Geschäfts- und Betriebsgeheimnissen nach § 134 iVm **§ 17 UWG** nichtig.[896] **277**

---

882 Vgl. OLG Düsseldorf NJW 2004, 1331 (1334); Immenga/Mestmäcker/*Dreher* § 101 b Rn. 78.

883 BVerwGE 70, 41 (44 f.).

884 BeckOGK/*Vossler* BGB § 134 Rn. 242.

885 Staudinger/*Sack/Seibl* BGB § 134 Rn. 313; *Emmerich* AG 2001, 520 (523 ff.).

886 So zu § 3 UWG Köhler/Bornkamm/Feddersen/*Köhler* UWG § 3 Rn. 10.3; *Köhler* NJW 2004, 2121 (2123); *Sack* GRUR 2004, 625 (626); zu § 1 UWG aF BGHZ 110, 156 (174 f.); BGH NJW 1998, 2531 (2533); 1999, 2266, 2267; *Ohly/Sosnitza* Einf. D. Rn. 67; MüKoBGB/*Armbrüster* § 134 Rn. 69; Staudinger/*Sack/Seibl* BGB § 134 Rn. 304.

887 Vgl. *Köhler* JZ 2010, 767 (768); *Sack* GRUR 2004, 625 ff.

888 Vgl. Harte-Bavendamm/Henning-Bodewig/*Ahrens* Einl. G Rn. 149; *Sack* GRUR 2004, 625 (626); zu § 1 UWG aF BGHZ 110, 156 (175); BGH NJW 1998, 2531 (2533); 1999, 2266, 2267; MüKoBGB/*Armbrüster* § 134 Rn. 69; Staudinger/*Sack/Seibl* BGB § 134 Rn. 300; *Reichelsdorfer* WRP 1998, 142 (144).

889 BGH NJW 1998, 2531 (2533); 1999, 2266, 2267 (zu § 1 UWG aF).

890 Vgl. OLG München NJW-RR 2006, 768 (769); BeckOGK/*Vossler* BGB § 134 Rn. 250; PWW/*Ahrens* BGB § 134 Rn. 63.

891 OLG Stuttgart NJW 2008, 3071 (3072); vgl. auch LG Düsseldorf ZD 2014, 200 zur Beschaffung von Kundendaten zum Zweck des Verkaufs.

892 Köhler/Bornkamm/Feddersen/*Bornkamm* UWG § 16 Rn. 32; *Alexander* WRP 2004, 407 (421).

893 Begr. BT-Drs. 15/1487, S. 14 f.; *Sack* GRUR 2004, 625 (627 f.).

894 Köhler/Bornkamm/Feddersen/*Bornkamm* UWG § 16 Rn. 32.

895 BeckOGK/*Vossler* BGB § 134 Rn. 251; Köhler/Bornkamm/Feddersen/*Bornkamm* UWG § 16 Rn. 59; *Ohly/Sosnitza* UWG § 16 Rn. 55; *Alexander* WRP 2004, 407 (421).

896 Vgl. Staudinger/*Sack/Seibl* BGB § 134 Rn. 299. Zu den zivilrechtlichen Ansprüchen des Geschädigten in solchen Fällen vgl. Köhler/Bornkamm/Feddersen/*Köhler* UWG § 17 Rn. 51 ff.

25. Zivilprozessrecht

Literatur: *Lachmann*, Schiedsvereinbarungen im Praxistest, BB 2000, 1633.

278   Bis zur Reform des Schiedsverfahrensrechts durch das SchiedsVfG v. 22.12.1997 war eine vertragliche Vereinbarung, die gegen das **Gebot der überparteilichen Besetzung des Schiedsgerichts** verstieß, nach § 134 nichtig (→ Rn. 21).[897] Nach geltendem Recht trifft § 1034 Abs. 2 ZPO hierzu eine spezielle Regelung, die § 134 verdrängt.[898] Dies gilt auch dann, wenn eine Partei es unterlassen hat, einen Schiedsrichter zu benennen, und folglich nach der vertraglichen Absprache allein der Schiedsrichter der anderen Partei den Schiedsspruch fällt.[899]

C. Weitere praktische Hinweise

279   Die Nichtigkeit nach § 134 ist eine **Einwendung**, die von Amts wegen zu beachten ist. Die tatsächlichen Voraussetzungen für die Annahme eines Gesetzesverstoßes müssen aber von der Partei **dargelegt** und **bewiesen** werden, die sich auf die Nichtigkeit des Geschäfts beruft.[900]

280   Verstößt eine einzelne Vertragsklausel (möglicherweise) gegen eine Verbotsnorm, so können die Parteien die Aufrechterhaltung des Vertrages im Ganzen nicht ohne Weiteres dadurch sicherstellen, dass sie in den Vertrag eine Klausel aufnehmen, wonach die Nichtigkeit einzelner Vereinbarungen die Gültigkeit des Vertrages im Ganzen unberührt lässt (sog. **salvatorische Klausel**).[901] Ob der Gesetzesverstoß zur Nichtigkeit des gesamten Vertrages führt, hängt nämlich im Rahmen des § 134 allein vom Zweck des Gesetzes ab; der Parteiwille ist insoweit irrelevant. Salvatorische Klauseln können daher nur dann relevant werden, wenn sich aus dem Zweck des Verbotsgesetzes keine eindeutige Aussage über die Wirksamkeit oder Nichtigkeit des Vertrages im Ganzen gewinnen lässt.[902] Die salvatorische Klausel führt in einem solchen Fall allerdings nicht dazu, dass die vom Nichtigkeitsgrund nicht unmittelbar erfassten Teile des Geschäfts unter allen Umständen als wirksam zu behandeln sind. Sie kehrt vielmehr nur die Vermutung des § 134 für die Gesamtnichtigkeit des Geschäfts in ihr Gegenteil um.[903]

§ 135 Gesetzliches Veräußerungsverbot

(1) ¹Verstößt die Verfügung über einen Gegenstand gegen ein gesetzliches Veräußerungsverbot, das nur den Schutz bestimmter Personen bezweckt, so ist sie nur diesen Personen gegenüber unwirksam. ²Der rechtsgeschäftlichen Verfügung steht eine Verfügung gleich, die im Wege der Zwangsvollstreckung oder der Arrestvollziehung erfolgt.

(2) Die Vorschriften zugunsten derjenigen, welche Rechte von einem Nichtberechtigten herleiten, finden entsprechende Anwendung.

Literatur: *Beckmann*, Nichtigkeit und Personenschutz, 1998; *Beer*, Die Relative Unwirksamkeit, 1975; *Berger*, Rechtsgeschäftliche Verfügungsbeschränkungen, 1998; Berliner Kommentar zum VVG, 1999; *Bülow*, Grundfragen der Verfügungsverbote, JuS 1994, 1; *Denck*, Die Relativität im Privatrecht, JuS 1981, 9; *Foerste*, Grenzen der Durchsetzung von Verfügungsbeschränkung und Erwerbsverbot im Grundstücksrecht, 1986; *Kohler*, Das Verfügungsverbot gemäß § 938 Abs. 2 ZPO im Liegenschaftsrecht, 1983; *ders.*, Das Verfügungsverbot lebt, JZ 1983, 586; *ders.*, Eigentumserwerb des durch Verfügungsverbot Geschützten an verbotswidrig veräußerten Mobilien, Jura 1991, 349; *ders.*, Einstweilig verfügtes Gebrauchsüberlassungsverbot, insbesondere bei Doppelvermietung – Besitzerwerbsverbot in Analogie zu §§ 135, 136 BGB, ZZP 123 (2010), 439; *ders.*, Verfügungsbeschränkungen bei Gesellschaften bürgerlichen Rechts und § 899a BGB, ZIP 2013, 362; *Looschelders/Pohlmann* (Hrsg.), Versicherungsvertragsgesetz, 3. Auflage 2016; *Mülbert*, Erwerberschutz bei gestreckten Erwerbsvorgängen, AcP 214 (2014), 309; *Petersen*, Veräußerungs- und Verfügungsverbote, Jura 2009, 768; *Prölss/Martin* (Begr.), Versicherungsvertragsgesetz, 30. Auflage 2018; *Ruhwedel*, Grundlagen und Rechtswirkungen sogenannter relativer Veräußerungsverbote, JuS 1980, 161; *Wieling*, Jus ad rem durch einstweilige Verfügung, JZ 1982, 839.

A. Allgemeines 1
   I. Normzweck 1

II. Abgrenzungen............................... 2
   1. Relative und absolute Veräußerungsverbote 2

---

897   BGHZ 51, 255 (262) = NJW 1969, 750 (751); Staudinger/*Sack/Seibl* BGB § 134 Rn. 308.
898   So auch Thomas/Putzo/*Seiler* § 1034 Rn. 4; *Lachmann* BB 2000, 1633 (1638).
899   Vgl. Thomas/Putzo/*Seiler* § 1034 Rn. 3 mit Hinweis auf BGHZ 54, 392 (396 f.)

900   Vgl. BGH NJW 1983, 2018 (2019); BeckOK BGB/*Wendtland* § 134 Rn. 30; Palandt/*Ellenberger* BGB § 134 Rn. 12a.
901   MüKoBGB/*Armbrüster* § 134 Rn. 127.
902   BeckOGK/*Vossler* BGB § 134 Rn. 101.
903   BGHZ 196, 254 = WM 2013, 2185 Rn. 52 ff.

2.	Gesetzliche Verfügungsbeschränkungen	4		2.	Verwirklichung des Veräußerungsverbots	24
3.	Güterrechtliche Verfügungsbeschränkungen, §§ 1365, 1369	5		a)	Verbotswidrige Veräußerung beweglicher Sachen	25
4.	Verlust der Verfügungsbefugnis nach § 81 InsO	6		b)	Verbotswidrige Veräußerung unbeweglicher Sachen	28
B.	**Regelungsgehalt**	7		c)	Verbotswidrige Veräußerung von Forderungen und Rechten	29
I.	Gesetzliches Veräußerungsverbot zum Schutz bestimmter Personen	7		3.	Gutgläubiger Erwerb (Abs. 2)	30
1.	Begriff des gesetzlichen Veräußerungsverbots	7		a)	Gutgläubiger Erwerb im Vollstreckungsverfahren	31
2.	Beispiele	10		b)	Die einzelnen Möglichkeiten des gutgläubigen Erwerbs	33
3.	Fazit	14		c)	Sonstige Ansprüche des Geschützten	34
II.	Geschützte Personen	15		aa)	Ansprüche gegen den Veräußerer	34
III.	Reichweite des Schutzes	16		bb)	Ansprüche gegen den Erwerber	35
1.	Verfügung	16		4.	„Heilung" der relativen Unwirksamkeit	36
2.	Gegenstand	20		**C.**	**Weitere praktische Hinweise**	37
IV.	Rechtsfolgen	23				
1.	Relative Unwirksamkeit der Verfügung	23				

A. Allgemeines

I. Normzweck

§ 135 regelt die Wirkungen gesetzlicher Veräußerungsverbote. Wenn ein Rechtsgeschäft gegen ein solches **1** Verbot verstößt, ist dies an sich ein Fall des § 134.[1] Soll das Veräußerungsverbot die **Interessen Einzelner** schützen, so würde die regelmäßige Rechtsfolge des § 134 (Totalnichtigkeit) jedoch über den Schutzzweck hinausgehen. Es genügt, dass das Rechtgeschäft im Verhältnis zu dem Geschützten unwirksam ist. Der Gesetzgeber hat sich deshalb dafür entschieden, das verbotswidrige Geschäft in diesen Fällen für **relativ unwirksam** zu erklären (Abs. 1).[2] Die Vorschrift begründet dabei selbst kein relatives Veräußerungsverbot; sie hat lediglich die Funktion, die Rechtsfolgen eines solchen Verbotes für den Fall zu regeln, dass diese in der betreffenden Verbotsvorschrift nicht eigenständig geregelt sind.[3] Man spricht daher auch von einer „Blankettnorm".[4] Im Verhältnis zu § 134 handelt es sich um eine vorrangige Sonderregelung.[5] Für die praktisch wesentlich wichtigeren **absoluten Veräußerungsverbote**, die dem Schutz von Interessen der Allgemeinheit dienen, bleibt aber § 134 maßgeblich (→ § 134 Rn. 2).

II. Abgrenzungen

1. Relative und absolute Veräußerungsverbote. Die Abgrenzung zwischen relativen und absoluten **2** Veräußerungsverboten richtet sich nach dem **Schutzzweck** der jeweiligen Verbotsnorm. Soll die Norm lediglich einzelne Personen schützen, so handelt es sich um ein relatives Veräußerungsverbot. Dient die Norm dem Schutz von Allgemeininteressen, so ist von einem absoluten Veräußerungsverbot auszugehen.[6] Nicht von § 135 erfasst werden auch Veräußerungsverbote zum Schutz des Verfügenden. Die Vorschrift hat nämlich nicht den Zweck, den Verfügenden vor sich selbst zu schützen.[7]

Absolute Veräußerungsverbote finden sich lediglich außerhalb des BGB. Zu nennen sind etwa die Ver- **3** bote in Bezug auf den Verkehr mit Lebensmitteln nach der Verordnung (EG) Nr. 178/2002 (sog. Lebensmittel-Basis-VO) und den §§ 5 ff. LFGB (bis 6.9.2005 §§ 8 f. LMBG), das Verbot des Handeltreibens mit Betäubungsmitteln nach § 29 BtMG sowie die Regelungen über den Handel mit Arzneimitteln nach §§ 43, 50 und 52 ArzneimittelG.[8] Auch die Vorschrift des § 55 Abs. 2 S. 3 BNotO, wonach ein Notar während der Dauer einer vorläufigen Amtsenthebung keine Amtsgeschäfte führen kann, enthält kein relatives Veräußerungsverbot iSd § 135, sondern eine absolut wirkende gesetzliche Verfügungsbeschränkung.[9] Verstößt eine Verfügung gegen ein absolutes Veräußerungsverbot, so ist sie im Allgemeinen nach § 134 **im Verhältnis zu**

---

1 PWW/*Ahrens* BGB § 136 Rn. 1; Staudinger/*Kohler* BGB § 135 Rn. 1.

2 Vgl. Motive I, S. 212 = *Mugdan* I, S. 469 f.; BeckOGK/*Muthorst* BGB § 135 Rn. 21 ff.

3 MüKoBGB/*Armbrüster* § 135 Rn. 1; *Beckmann*, S. 173.

4 So etwa MüKoBGB/*Armbrüster* § 135 Rn. 1; *Beer*, S. 179; *Bülow* JuS 1994, 1 (2).

5 PWW/*Ahrens* BGB § 136 Rn. 1; HKK/*Dorn* BGB §§ 134–137 Rn. 28; Staudinger/*Kohler* BGB § 135

Rn. 1; BeckOGK/*Muthorst* BGB § 135 Rn. 5; *Beckmann*, S. 172.

6 Motive I, S. 212 = *Mugdan* I, S. 469 f.; Staudinger/*Kohler* BGB § 135 Rn. 43 ff.

7 Vgl. MüKoBGB/*Armbrüster* § 135 Rn. 7; *Medicus*/*Petersen* BürgerlR Rn. 667.

8 Vgl. BGH NJW 1983, 636 (zu § 29 BtMG); MüKoBGB/*Armbrüster* BGB § 135 Rn. 9.

9 BGH NJW 2006, 294 (295); PWW/*Ahrens* BGB § 136 Rn. 3.

jedermann (absolut) **nichtig.**[10] Anders als bei relativen Veräußerungsverboten (Abs. 2) kommt ein **gutgläubiger Erwerb** nicht in Betracht.[11] Eine Eintragung ins Grundbuch ist daher grundsätzlich weder erforderlich noch zulässig.[12]

4   **2. Gesetzliche Verfügungsbeschränkungen.** Ebenso wie § 134 (→ § 134 Rn. 13 f.) bezieht § 135 sich allein auf das rechtliche **Dürfen**. Die Vorschrift setzt damit voraus, dass der Adressat die Verfügung an sich vornehmen kann. Sie gilt also nicht für Verfügungsbeschränkungen, die schon das rechtliche **Können** betreffen,[13] wie zB der vertragliche Ausschluss der Abtretung nach § 399 Alt. 2[14] und das „Verbot" von Verfügungen des Gesellschafters über seinen Anteil am Gesellschaftsvermögen in § 719 Abs. 1.[15]

5   **3. Güterrechtliche Verfügungsbeschränkungen, §§ 1365, 1369.** Keine Anwendungsfälle des § 135 sind auch die güterrechtlichen Verfügungsbeschränkungen nach §§ 1365, 1369. Die hM begründet dies damit, dass die §§ 1365, 1369 **absolute Veräußerungsverbote** statuieren.[16] Die Gegenauffassung stellt darauf ab, dass es sich um gesetzliche **Beschränkungen der Verfügungsmacht** handelt.[17] Einigkeit besteht jedenfalls darüber, dass das Rechtsgeschäft bei einem Verstoß gegen die §§ 1365, 1369 absolut unwirksam ist und dass ein gutgläubiger Erwerb nach Abs. 2 nicht in Betracht kommt.[18] Bei der Veräußerung einzelner Gegenstände ist § 1365 nach hM allerdings nur dann anwendbar, wenn der Vertragspartner positiv weiß, dass es sich um nahezu das ganze Vermögen des Ehegatten handelt, oder wenn er zumindest die Umstände kennt, aus denen sich dies ergibt.[19]

6   **4. Verlust der Verfügungsbefugnis nach § 81 InsO.** Kein relatives Veräußerungsverbot ist schließlich der Verlust der Verfügungsbefugnis nach § 81 Abs. 1 S. 1 InsO. Verfügt der Schuldner nach Eröffnung des Insolvenzverfahrens über einen Gegenstand der Insolvenzmasse, so ist die Verfügung gegenüber jedermann **(absolut) unwirksam.**[20] Zur Einordnung des Verfügungsverbots durch das Insolvenzgericht nach § 21 Abs. 2 Nr. 2 InsO → § 136 Rn. 4. Der Ausschluss von Einreden aus der Person der Partei (§ 126 Abs. 2 ZPO, sog. **Verstrickung**) gegenüber dem Beitreibungsrecht des Rechtsanwalts der Partei nach § 126 Abs. 1 ZPO soll die Vergütungsansprüche des Anwalts sichern und tritt deshalb bereits mit Entstehung des Kostenerstattungsanspruchs ein.[21] Eine Leistung des Kostenschuldners an die Partei ist somit gemäß § 135 Abs. 1 BGB zugunsten des Anwalts unwirksam.[22]

B. Regelungsgehalt

I. Gesetzliches Veräußerungsverbot zum Schutz bestimmter Personen

7   **1. Begriff des gesetzlichen Veräußerungsverbots.** § 135 setzt zunächst ein gesetzliches Veräußerungsverbot voraus. Der Begriff der Veräußerung ist in einem weiten Sinne zu verstehen. Erfasst wird nicht nur die **Übertragung** eines Rechts, sondern auch dessen **Aufhebung, Änderung** oder **Belastung.**[23] Die Vorschrift gilt somit für sämtliche **Verfügungen.**[24] Ob § 135 auf **gesetzliche Erwerbsverbote** entsprechend anwendbar ist, kann dahinstehen, weil das deutsche Recht keine solchen Verbote mehr kennt.[25] Insbesondere sind gesetzliche Erwerbsbeschränkungen für Ausländer und ausländische juristische Personen gem. Art. 86 S. 1 EGBGB seit dem 30.7.1998 nicht mehr anwendbar.[26] Zur Anwendbarkeit der §§ 135, 136 auf **gerichtliche Erwerbsverbote** → § 136 Rn. 17.

10   BGHZ 19, 355 (359); BGH NJW 2006, 294 (295); BeckOK BGB/*Wendtland* § 135 Rn. 6; Palandt/*Ellenberger* BGB §§ 135, 136 Rn. 2.

11   Soergel/*Hefermehl* BGB § 135 Rn. 5; PWW/*Ahrens* BGB § 136 Rn. 3.

12   Soergel/*Hefermehl* BGB § 135 Rn. 7.

13   BGHZ 13, 179 (184); Jauernig/*Mansel* BGB §§ 135, 136 Rn. 3; MüKoBGB/*Armbrüster* § 135 Rn. 5.

14   Vgl. BGHZ 40, 156 (160); 56, 228, 231; 70, 299, 303; BeckOGK/*Muthorst* BGB § 135 Rn. 60; Staudinger/*Kohler* BGB § 135 Rn. 25; *Bülow* JuS 1994, 1 (8); aA *Denck* JuS 1981, 9 (12).

15   BGHZ 13, 179 (184); BeckOGK/*Muthorst* BGB § 135 Rn. 66; Staudinger/*Kohler* BGB § 135 Rn. 24; *Medicus/Petersen* BürgerlR Rn. 669.

16   BGHZ 40, 218 (219 ff.); Jauernig/*Budzikiewicz* BGB Vor §§ 1365–1369 Rn. 11.

17   PWW/*Ahrens* BGB § 136 Rn. 4; Soergel/*Hefermehl* BGB §§ 135, 136 Rn. 11; MüKoBGB/*Armbrüster* § 135 Rn. 22; *Medicus/Petersen* BürgerlR Rn. 670.

18   Vgl. Palandt/*Ellenberger* BGB §§ 135, 136 Rn. 2 a; Staudinger/*Kohler* BGB § 135 Rn. 55.

19   Sog. subjektive Theorie, vgl. BGHZ 43, 174 (177); 64, 246, 247; 132, 218, 220; MüKoBGB/*Koch* § 1365 Rn. 27 ff.; Jauernig/*Budzikiewicz* BGB § 1365 Rn. 3.

20   Vgl. MüKoBGB/*Armbrüster* § 135 Rn. 28; Staudinger/*Kohler* BGB § 135 Rn. 46.

21   BGH FamRZ 2016, 206 Rn. 14.

22   Staudinger/*Kohler* BGB § 135 Rn. 42; MüKoBGB/*Armbrüster* § 135 Rn. 28.

23   Motive I, S. 212 = *Mugdan* I, S. 470; Soergel/*Hefermehl* BGB §§ 135, 136 Rn. 1.

24   Staudinger/*Kohler* BGB § 135 Rn. 32; BeckOGK/*Muthorst* BGB § 135 Rn. 31.

25   Staudinger/*Kohler* BGB § 135 Rn. 35.

26   Vgl. Staudinger/*Looschelders* Einl. IPR Rn. 484.

Das Verbot muss sich gegen das **Verfügungsgeschäft** richten. § 311 b Abs. 2 und 4 beziehen sich auf das **8**
Verpflichtungsgeschäft und werden daher von § 135 nicht erfasst.[27]

Das Veräußerungsverbot darf nur den Schutz von **bestimmten Personen** bezwecken. Soll das Verbot die **9**
Interessen der **Allgemeinheit** oder eines **unbestimmten Personenkreises** schützen, so ist § 135 nicht
anwendbar.[28] Maßgeblich ist vielmehr § 134 (→ Rn. 1).

2. Beispiele. Welche Bestimmungen ein gesetzliches Veräußerungsverbot zum Schutz von bestimmten **10**
Personen enthalten, ist umstritten. Einigkeit besteht aber darüber, dass der **unmittelbare Anwendungsbe-**
reich des § 135 **gering** ist.[29] Die praktische Bedeutung der Vorschrift ergibt sich vor allem daraus, dass
§ 136 für behördliche Veräußerungsverbote auf sie verweist.[30]

Ob § 135 **im Rahmen des BGB** überhaupt einen **Anwendungsbereich** hat, ist zweifelhaft. Die Rechtspre- **11**
chung geht davon aus, dass die Unübertragbarkeit des Vorkaufsrechts nach § 473 (§ 514 aF) ein gesetzliches
Veräußerungsverbot iSd § 135 darstellt.[31] Vorzugswürdig ist jedoch die Annahme, dass § 473 (ebenso wie
etwa § 719) nicht das rechtliche **Dürfen**, sondern das rechtliche **Können** beschränkt (s. allgemein → Rn. 4).
Der Verstoß gegen § 473 führt daher zu absoluter Unwirksamkeit. § 135 ist nicht anwendbar.[32]

Relative Veräußerungsverbote enthalten die **§§ 1124, 1126, 1128, 1130**. Da die Folgen eines Verstoßes hier **12**
abschließend geregelt werden, bleibt für § 135 jedoch kein Raum.[33] Nach anderer Auffassung handelt es
sich schon gar nicht um relative Verfügungsverbote.[34]

Auch **außerhalb des BGB** finden sich nur vereinzelt relative Veräußerungsverbote. Die einschlägigen **13**
Bestimmungen enthalten überdies meist eigenständige Rechtsfolgeregelungen, so dass auf § 135 nicht
zurückgegriffen werden muss.[35] Wichtigstes Beispiel ist **§ 108 Abs. 1 VVG** (§ 156 Abs. 1 VVG aF),[36]
wonach Verfügungen des Versicherungsnehmers über den Freistellungsanspruch gegen den Versicherer in
der Haftpflichtversicherung dem geschädigten Dritten gegenüber unwirksam sind. Da die Rechtsfolgen
abschließend in § 108 Abs. 1 VVG geregelt sind, hat § 135 hier jedoch keine Bedeutung.[37] Die hM sah auch
den Abtretungsausschluss bei der Feuerversicherung nach **§ 98 VVG aF** als relatives Veräußerungsverbot
an.[38] Nach richtiger Auffassung handelte es sich aber um eine Verfügungsbeschränkung. Der Verstoß gegen
§ 98 VVG aF führte daher zur absoluten Unwirksamkeit der Abtretung.[39] Das Problem hat sich allerdings
dadurch erledigt, dass die Vorschrift bei der VVG-Reform von 2008 ersatzlos gestrichen wurde.[40] Im neuen
VVG wird teilweise noch das Abtretungsverbot bei unpfändbaren Sachen nach **§ 17 VVG** (§ 15 VVG aF)
als relatives Verfügungsverbot betrachtet.[41] Auch hierbei handelt es sich jedoch um eine Verfügungsbeschränkung; der Verstoß gegen § 17 VVG führt daher ebenfalls zur **absoluten Unwirksamkeit** der Abtretung.[42] Im Bauplanungsrecht verweist § 172 Abs. 1 S. 4 BauGB auf § 135, so dass eine Verfügung ohne
Genehmigung in den Fällen des § 172 Abs. 1 S. 3 BauGB der Behörde gegenüber unwirksam ist.[43]

3. Fazit. Der geringe unmittelbare Anwendungsbereich des § 135 beruht auf einem **Wandel des Rechts-** **14**
verständnisses. Der historische Gesetzgeber hat sich bei der Kodifizierung des § 135 noch davon leiten lassen, dass das relative gesetzliche Veräußerungsverbot im römischen und im gemeinen Recht ein anerkanntes Rechtsinstitut war.[44] Das moderne Recht hat dagegen zahlreiche andere Mittel entwickelt, um die Inter-

27 Vgl. BeckOGK/*Muthorst* BGB § 135 Rn. 59;
    Soergel/*Hefermehl* BGB §§ 135, 136 Rn. 4;
    Staudinger/*Kohler* BGB § 135 Rn. 15.
28 MüKoBGB/*Armbrüster* § 135 Rn. 7; Staudinger/
    Kohler BGB § 135 Rn. 44.
29 Vgl. BGHZ 13, 179 (184); Palandt/*Ellenberger* BGB
    §§ 135, 136 Rn. 3; *Bork* BGB AT Rn. 1137.
30 HKK/*Dorn* BGB §§ 134–137 Rn. 35.
31 RGZ 148, 105 (111 ff.); 163, 142, 155; BGH WM
    1963, 617 (619); dem folgend Hk-BGB/*Saenger*
    § 473 Rn. 1; Palandt/*Weidenkaff* BGB § 473 Rn. 2;
    RGRK/*Mezger* BGB § 514 Rn. 1.
32 So MüKoBGB/*Armbrüster* § 135 Rn. 17; Staudinger/
    Kohler BGB § 135 Rn. 23; Soergel/*Hefermehl* BGB
    §§ 135, 136 Rn. 13; *Bülow* JuS 1994, 1 (3).
33 So auch MüKoBGB/*Armbrüster* § 135 Rn. 21;
    Palandt/*Ellenberger* BGB §§ 135, 136 Rn. 3; *Bülow*
    JuS 1994, 1 (2).
34 Vgl. BeckOGK/*Muthorst* BGB § 135 Rn. 71 f. mwN.
35 Vgl. *Bülow* JuS 1994, 1 (2); MüKoBGB/*Armbrüster*
    § 135 Rn. 29.
36 Zur Einordnung der Vorschrift als relatives Verfü-
    gungsverbot vgl. Begr. RegE, BT-Drs. 16/3945 S. 86;
    Looschelders/Pohlmann/*Schulze Schwienhorst* VVG

§ 108 Rn. 1 ff.; Prölss/Martin/*Lücke* VVG § 108
Rn. 15; MüKoBGB/*Armbrüster* § 135 Rn. 29; aA
Staudinger/*Kohler* BGB § 135 Rn. 30: absolute
Unwirksamkeit.
37 BeckOGK/*Muthorst* BGB § 135 Rn. 96.
38 BGH VersR 1994, 172; Prölss/Martin/*Kollhosser*,
    27. Aufl. 2004, VVG § 98 Rn. 3; PWW/*Ahrens* BGB
    § 136 Rn. 5.
39 PWW/*Ahrens* BGB § 135 Rn. 5; Berliner Kommen-
    tar zum VVG/*Dörner/Staudinger* § 98 Rn. 7.
40 Vgl. Begr. RegE, BT-Drs. 16/3945 S. 83.
41 So PWW/*Ahrens* BGB § 136 Rn. 5.
42 Looschelders/Pohlmann/*Klenk* VVG § 17 Rn. 9;
    MüKoVVG/*Langheid/Wandt/Fausten* VVG § 17
    Rn. 40; Prölss/Martin/*Armbrüster* VVG § 17 Rn. 11;
    Berliner Kommentar zum VVG/*Gruber* § 15 VVG
    aF Rn. 9; BeckOGK/*Muthorst* BGB § 135 Rn. 60;
    Staudinger/*Kohler* BGB § 135 Rn. 29.
43 Vgl. BGH NJW 2017, 1546,1548.
44 *Ruhwedel* JuS 1980, 161 (165); allgemein zur Ent-
    wicklung HKK/*Dorn* BGB §§ 134–137 Rn. 31 ff. Ein
    historisch wichtiges Beispiel sind die Verfügungsbe-
    schränkungen bei Fideikommissen.

essen Einzelner wirksam zu schützen. Im Vordergrund stehen nicht mehr Veräußerungsverbote, sondern Beschränkungen der Verfügungsmacht.[45] Schon bei Inkrafttreten des BGB gab es deshalb für § 135 nur wenige Anwendungsfälle. Seitdem ist die Bedeutung des § 135 weiter zurückgegangen, weil sich das dogmatische Verständnis bei einigen einschlägigen Vorschriften (zB §§ 399, 473, 719) gewandelt hat. Soweit relative Veräußerungsverbote heute im Gesetz überhaupt noch vorkommen, werden die Rechtsfolgen in den jeweiligen Vorschriften meist eigenständig geregelt.[46] § 135 hat daher auch in dieser Hinsicht keine praktische Bedeutung.

II. Geschützte Personen

15 Welche Personen geschützt sind, ist nicht dem § 135 selbst zu entnehmen, sondern ergibt sich aus dem jeweiligen **Verbotsgesetz**.[47] Sieht man § 473 als relatives gesetzliches Veräußerungsverbot an (→ Rn. 11), so ist die Übertragung des Vorkaufsrechts nur dem Verkaufsverpflichteten gegenüber unwirksam.[48] Für die Haftpflichtversicherung ordnet § 108 Abs. 1 VVG ausdrücklich an, dass Verfügungen über den Freistellungsanspruch gegen den Versicherer (nur) dem geschädigten Dritten gegenüber unwirksam sind.[49]

III. Reichweite des Schutzes

16 **1. Verfügung.** § 135 gilt für alle **rechtsgeschäftlichen Verfügungen** (→ Rn. 8). Die zugrunde liegenden Verpflichtungsgeschäfte werden dagegen nicht erfasst.[50]

17 Nach Abs. 1 S. 2 stehen Verfügungen im Wege der **Zwangsvollstreckung** oder der **Arrestvollziehung** den rechtsgeschäftlichen Verfügungen gleich. Die geschützten Personen können gegen entsprechende Maßnahmen nach §§ 772 S. 2, 771 ZPO Drittwiderspruchsklage erheben.[51] Daneben kommt eine Erinnerung nach § 766 ZPO oder eine sofortige Beschwerde nach § 793 ZPO in Betracht.[52] Eine entsprechende Ausweitung auf Verfügungen im Wege der Zwangsvollstreckung oder Arrestvollziehung findet sich für die Haftpflichtversicherung in § 108 Abs. 1 S. 2 VVG.[53]

18 Auf Verfügungen durch den **Insolvenzverwalter** ist § 135 nicht anwendbar.[54] Ein gegen den Schuldner bestehendes relatives Veräußerungsverbot nach §§ 135, 136 ist im Insolvenzverfahren grundsätzlich unbeachtlich (§ 80 Abs. 2 S. 1 InsO). Die Vorschriften über die Wirkungen einer Pfändung oder einer Beschlagnahme im Wege der Zwangsvollstreckung bleiben aber unberührt (§ 80 Abs. 2 S. 2 InsO).

19 Für **Verwaltungsakte** ist die Kategorie der relativen Unwirksamkeit nicht sachgemäß. § 135 kann daher weder direkt noch entsprechend angewendet werden. Das Verbot von Beitragserstattungen nach dem früheren § 10 d VAHRG war damit kein Anwendungsfall des § 135.[55] Das Gleiche gilt heute für das an den Versorgungsträger gerichtete Verbot des § 29 VersAusglG, bis zum wirksamen Abschluss des Verfahrens über den Versorgungsausgleich Zahlungen an ausgleichspflichtige Personen vorzunehmen, die sich auf die Höhe des Ausgleichswerts auswirken können.[56] Nimmt der Versorgungsträger in Unkenntnis des laufenden Verfahrens eine Auszahlung vor, so ist diese daher nicht nach § 135 unwirksam.[57]

20 **2. Gegenstand.** Die Verfügung muss sich auf einen Gegenstand beziehen. Der Begriff des Gegenstands ist weit zu verstehen. Nach allgemeiner Ansicht umfasst er alles, was **Objekt von Rechten** sein kann.[58] Dazu gehören neben den beweglichen und unbeweglichen Sachen auch unkörperliche Objekte wie Elektrizität, Forderungen, Immaterialgüterrechte und sonstige Vermögensrechte.[59]

21 Nach dem Schutzzweck des § 135 muss der betreffende Gegenstand als **Objekt einer Verfügung** in Betracht kommen.[60] Keine tauglichen Verfügungsobjekte sind Gegenstände, die aufgrund ihrer Natur gene-

45   Vgl. *Berger*, S. 23.
46   *Berger*, S. 23.
47   Jauernig/*Mansel* BGB §§ 135, 136 Rn. 5; Palandt/*Ellenberger* BGB §§ 135, 136 Rn. 4.
48   Vgl. RGZ 148, 105 (111 ff.); RGRK/*Mezger* BGB § 514 Rn. 1.
49   Zu den Folgen einer verbotswidrigen Verfügung bei § 108 Abs. 1 VVG vgl. Prölss/Martin/*Lücke* VVG § 108 Rn. 22; Looschelders/Pohlmann/*Schulze Schwienhorst* VVG § 108 Rn. 8.
50   BeckOK BGB/*Wendtland* § 135 Rn. 2; Soergel/*Hefermehl* BGB §§ 135, 136 Rn. 24.
51   Vgl. Palandt/*Ellenberger* BGB §§ 135, 136 Rn. 6; Staudinger/*Kohler* BGB § 135 Rn. 17; BeckOGK/*Muthorst* BGB § 135 Rn. 122, 201 ff.
52   Vgl. BeckOGK/*Muthorst* BGB § 135 Rn. 205; *Ruhwedel* JuS 1980, 161 (166).
53   Dazu Looschelders/Pohlmann/*Schulze Schwienhorst* VVG § 108 Rn. 4.
54   MüKoBGB/*Armbrüster* § 135 Rn. 42; Staudinger/*Kohler* BGB § 135 Rn. 18.
55   BGH NJW 1995, 135; BGHZ 153, 393 (396) = FamRZ 2003, 664; BSGE 90, 127, 133 = FÜR 2003, 327 (Ls.); Staudinger/*Kohler* BGB § 135 Rn. 14.
56   Staudinger/*Kohler* BGB § 135 Rn. 14; MüKoBGB/*Ackermann-Sprenger* VersAusgG § 29 Rn. 12; Johannsen/Henrich/*Holzwarth* § 29 Rn. 4.
57   Johannsen/Henrich/*Holzwarth* § 29 Rn. 4.
58   BeckOK BGB/*Wendtland* § 135 Rn. 3; Palandt/*Ellenberger* BGB Vor § 90 Rn. 2.
59   Staudinger/*Kohler* BGB § 135 Rn. 20; MüKoBGB/*Armbrüster* § 135 Rn. 3.
60   MüKoBGB/*Stresemann* § 90 Rn. 1.

rell **unveräußerlich** sind.[61] **Forderungen**, die gem. §§ 399 Alt. 1, 400 **nicht abtretbar** sind, werden daher ebenso wenig von § 135 erfasst wie der **Nießbrauch** (§ 1059 S. 1).[62]

Der Begriff des Gegenstands umfasst auch Unternehmen und Praxen.[63] Unternehmen und Praxen sind als   **22** solche zwar keine tauglichen Verfügungsobjekte.[64] Nach dem Schutzzweck des § 135 reicht es jedoch, dass eine Verfügung über die Einzelgegenstände möglich ist, aus denen das Unternehmen bzw. die Praxis besteht.

IV. Rechtsfolgen

1. Relative Unwirksamkeit der Verfügung. Verstößt eine Verfügung gegen ein Veräußerungsverbot iSd   **23** § 135, so ist sie lediglich im Verhältnis zu der geschützten Person (→ Rn. 1) unwirksam, im Übrigen aber wirksam. Welche genauen Auswirkungen die relative Unwirksamkeit im Fall einer verbotswidrigen Verfügung hat, ist umstritten.[65] Ein Teil der Literatur[66] geht im Anschluss an *Planck*[67] und *v. Tuhr*[68] von einer „**Duplizität des Rechtssubjekts**" aus. Danach bleibt der Veräußerer im Verhältnis zu den geschützten Personen Eigentümer der Sache oder Inhaber des Rechts; im Verhältnis zu allen anderen Personen (einschließlich des Veräußerers) wird hingegen der Erwerber zum neuen Eigentümer bzw. Rechtsinhaber. Eine solche Aufspaltung der Eigentümerstellung oder Rechtsinhaberschaft ist dem deutschen Recht jedoch fremd.[69] Vorzugswürdig ist deshalb die Auffassung, dass der Erwerber im Verhältnis zu jedermann Eigentümer der Sache oder Inhaber des Rechts wird; im Verhältnis zu dem Geschützten behält der Veräußerer jedoch die Rechtsmacht, weiter über die Sache oder das Recht zu verfügen.[70] Das Verfügungsverbot verschafft dem Berechtigten somit **keine dingliche Rechtsposition**.[71] Die genaue dogmatische Einordnung in das System des Sachenrechts bleibt gleichwohl schwierig und lässt sich letztlich nur im Hinblick auf den Schutzzweck des jeweiligen Verfügungsverbots vornehmen.[72] Bei der Konkretisierung der Rechtsfolgen muss man sich damit an dem Ziel orientieren, den Begünstigten vor den beeinträchtigenden Wirkungen der verbotenen Verfügung zu schützen.[73]

2. Verwirklichung des Veräußerungsverbots. Die Durchsetzung eines relativen Veräußerungsverbots   **24** kann erhebliche Schwierigkeiten bereiten. Besonders problematisch ist dabei die Verwirklichung obligatorischer **Erwerbsansprüche** (zB aus § 433 Abs. 1). Hier lässt sich dem Abs. 1 allgemein entnehmen, dass der Erwerbsanspruch trotz der Veräußerung nicht nach § 275 Abs. 1 ausgeschlossen ist, weil der Veräußerer seine Verfügungsmacht im Verhältnis zu dem Geschützten nicht verloren hat. Auf welche Weise der Geschützte seinen Anspruch konkret durchsetzen kann, hängt von der **Art des Gegenstands** ab, auf den sich der geschützte Erwerbsanspruch bezieht.[74]

a) Verbotswidrige Veräußerung beweglicher Sachen. Ist eine bewegliche Sache unter Verstoß gegen   **25** ein Veräußerungsverbot an einen Dritten veräußert worden, so stellt sich die Frage, ob der Geschützte **den Erwerber unmittelbar** auf Herausgabe der Sache in Anspruch nehmen kann. Dies wird von einem Teil der Literatur bejaht.[75] Nach hM muss der Geschützte sich dagegen **zunächst an den Veräußerer halten**. Rechtsgrundlage ist das zwischen dem Geschützten und dem Veräußerer bestehende Rechtsverhältnis (zB Anspruch auf Übereignung aus § 433 Abs. 1). Erst wenn der Veräußerer das Eigentum aufgrund der ihm verbliebenen Rechtsmacht auf den Geschützten übertragen hat, kann dieser vom Erwerber nach § 985 Herausgabe der Sache verlangen.[76]

61 Vgl. BeckOK BGB/*Wendtland* § 135 Rn. 3; Staudinger/*Kohler* BGB § 135 Rn. 20 ff.
62 Vgl. Staudinger/*Kohler* BGB § 135 Rn. 20; *Bülow* JuS 1994, 1 (2).
63 BeckOK BGB/*Wendtland* § 135 Rn. 3.
64 MüKoBGB/*Stresemann* § 90 Rn. 3, 45.
65 Zum Meinungsstand vgl. HKK/*Dorn* BGB §§ 134–137 Rn. 36; *Foerste*, S. 22 ff.
66 Jauernig/*Mansel* Vor § 104 Rn. 19 und §§ 135, 136 Rn. 6; RGRK/*Krüger-Nieland/Zöller* BGB § 135 Rn. 15; *Brox/Walker* BGB AT § 14 Rn. 35; *Larenz/Wolf* BGB AT⁹ § 44 Rn. 36.
67 *Planck*, 2. Aufl. 1898, BGB § 135 Anm. 2.
68 *V. Tuhr* BGB AT Bd. 2/1 1914, S. 327 ff.
69 *Mülbert* AcP 214 (2014), 309, 316 f.
70 So BGHZ 111, 364 (368) = NJW 1990, 2459 = JZ 1991, 40 mAnm *Mayer-Maly*; Palandt/*Ellenberger* BGB §§ 135, 136 Rn. 6; PWW/*Ahrens* BGB § 136

Rn. 7; MüKoBGB/*Armbrüster* § 135 Rn. 36; BeckOK BGB/*Wendtland* § 135 Rn. 8.1; Soergel/*Hefermehl* BGB §§ 135, 136 Rn. 18; Staudinger/*Kohler* BGB § 135 Rn. 97; *Flume* BGB AT Bd. 2 § 17, 6 d; *Wolf/Neuner* BGB AT § 55 Rn. 37; *Medicus/Petersen* BürgerlR Rn. 493; *Gursky* JR 1984, 3 (4); *Mülbert* AcP 214 (2014), 309, 317.
71 OLG Hamm FGPrax 2015, 243 (244).
72 Staudinger/*Kohler* BGB § 135 Rn. 98; BeckOGK/*Muthorst* BGB § 135 Rn. 161.
73 BeckOGK/*Muthorst* BGB § 135 Rn. 162.
74 Vgl. MüKoBGB/*Armbrüster* § 135 Rn. 38; Staudinger/*Kohler* BGB § 135 Rn. 114.
75 So *Mayer-Maly* JZ 1991, 40 (41).
76 So BGHZ 111, 364 (368 f.); Palandt/*Ellenberger* BGB §§ 135, 136 Rn. 7; Soergel/*Hefermehl* BGB §§ 135, 136 Rn. 26; Staudinger/*Kohler* BGB § 135 Rn. 123; *Flume* BGB AT Bd. 2 § 17, 6 d.

26 Der hM ist zuzustimmen. Ein unmittelbarer Herausgabeanspruch gegen den Erwerber scheitert daran, dass die relative Unwirksamkeit sich zunächst nur im Verhältnis zwischen dem Geschützten und dem Veräußerer auswirkt. Solange der Veräußerer dem Geschützten nicht das Eigentum an der Sache übertragen hat, besteht für einen **Herausgabeanspruch gegen den Erwerber** (vorbehaltlich des § 826)[77] **keine Grundlage**. Die Konstruktion eines unmittelbaren Herausgabeanspruchs gegen den Erwerber ist auch nicht deshalb erforderlich, weil der Anspruch gegen den Veräußerer aus rechtlichen oder tatsächlichen Gründen (Insolvenz oder unbekannter Aufenthalt des Veräußerers) schwer oder gar nicht zu verwirklichen sein mag.[78] Denn diese Risiken werden vom Schutzzweck des § 135 nicht erfasst.

27 Fraglich ist allerdings, auf welche Weise der Veräußerer das Eigentum an der Sache auf den Geschützten übertragen kann. Ein Teil der Literatur wendet die §§ 929, 931 an. Die Übertragung erfolgt danach durch **Einigung** und **Abtretung des Herausgabeanspruchs** gegen den Erwerber.[79] Dieser Absatz steht jedoch vor dem Problem, dass sich ein Herausgabeanspruch des Veräußerers gegen den Erwerber schwer begründen lässt.[80] Es ist daher vorzugswürdig, die dingliche Einigung zwischen Veräußerer und Geschütztem ausreichen zu lassen.[81]

28 **b) Verbotswidrige Veräußerung unbeweglicher Sachen.** Bei verbotswidriger Verfügung über eine unbewegliche Sache muss der Geschützte sich ebenfalls primär an den Veräußerer halten. Dieser ist nach Abs. 1 S. 1 weiter in der Lage, die **Auflassung** (§§ 873, 925) wirksam zu erklären.[82] Ist der Dritterwerber schon als Eigentümer in das Grundbuch eingetragen worden – was mangels Grundbuchsperre (→ Rn. 33) möglich ist –, so kann der Geschützte von ihm nach § 888 Abs. 2 die Abgabe der grundbuchrechtlich erforderlichen **Eintragungsbewilligung** verlangen (vgl. auch → § 888 Rn. 39).[83]

29 **c) Verbotswidrige Veräußerung von Forderungen und Rechten.** Im Fall der verbotswidrigen Veräußerung einer Forderung oder eines sonstigen Rechts kann der Geschützte aus dem zugrunde liegenden Rechtsverhältnis (zB Forderungskauf) von dem Veräußerer weiter Abtretung der Forderung oder des Rechts verlangen.[84] Tritt der Veräußerer die Forderung oder das Recht an den Geschützten ab, so verliert der Dritterwerber automatisch ex nunc seine Rechtsinhaberschaft.[85] Hat der Schuldner zwischenzeitig an den Dritterwerber geleistet, so muss der Geschützte dies aber **analog §§ 407, 408** gegen sich gelten lassen, wenn der Schuldner das Veräußerungsverbot im Zeitpunkt der Leistung nicht gekannt hat (→ Rn. 33). Dem Geschützten steht in diesem Fall ein Schadenersatzanspruch gegen den Veräußerer aus §§ 280, 283 zu. Darüber hinaus kommt auch ein Anspruch gegen den Dritterwerber auf Herausgabe des Erlangten aus **§ 816 Abs. 2 analog** in Betracht.[86] Die analoge Anwendung des § 816 Abs. 2 ist zwar aus dogmatischer Sicht nicht unproblematisch.[87] Schwächt man die Position des Geschützten entgegen den Vorstellungen des historischen Gesetzgebers[88] durch analoge Anwendung der §§ 407, 408, so muss man ihm zum Ausgleich aber einen Anspruch aus § 816 Abs. 2 gegen den Dritterwerber zubilligen.

30 **3. Gutgläubiger Erwerb (Abs. 2).** Ist der Erwerber gutgläubig, so kann er den von dem Veräußerungsverbot betroffenen Gegenstand nach Abs. 2 mit Wirkung gegenüber jedermann (einschließlich des Geschützten) erwerben. Die Voraussetzungen des gutgläubigen Erwerbs richten sich nach den Vorschriften über den **Erwerb vom Nichtberechtigten**. Da der Veräußerer kein Nichtberechtigter ist, müssen diese Vorschriften allerdings entsprechend angewendet werden.[89] Zu beachten ist insbesondere, dass der **gute Glaube** des Erwerbers sich nicht auf das Eigentum bzw. die Rechtsinhaberschaft des Veräußerers, sondern auf das **Nichtbestehen eines Veräußerungsverbots** zu beziehen hat.[90]

31 **a) Gutgläubiger Erwerb im Vollstreckungsverfahren.** Die hM geht davon aus, dass der gute Glaube nur bei **rechtsgeschäftlichem Erwerb** über das relative Veräußerungsverbot hinweghelfen kann, weil die von Abs. 2 in Bezug genommenen Gutglaubensvorschriften einen rechtsgeschäftlichen Erwerb vorausset-

---

77 Dazu *Hübner* BGB AT Rn. 969.

78 Hierauf abstellend *Mayer-Maly* JZ 1991, 40 (41).

79 So Soergel/*Hefermehl* BGB §§ 135, 136 Rn. 26; Hk-BGB/*Dörner* § 136 Rn. 7; Staudinger/*Kohler* BGB § 135 Rn. 121 ff.; MüKoBGB/*Armbrüster* § 135 Rn. 39; *Wolf/Neuner* BGB AT § 55 Rn. 38.

80 So zutr. BGHZ 111, 364 (369); für Annahme eines obligatorischen Herausgabeanspruchs aus §§ 326 Abs. 4, 283 S. 2, 281 Abs. 5 aber MüKoBGB/*Armbrüster* § 135 Rn. 39.

81 So auch BGHZ 111, 364 (369); Jauernig/*Mansel* BGB §§ 135, 136 Rn. 6.

82 Vgl. Soergel/*Hefermehl* BGB § 135 Rn. 27; Staudinger/*Kohler* BGB § 135 Rn. 116.

83 MüKoBGB/*Armbrüster* § 135 Rn. 38; Staudinger/*Kohler* BGB § 135 Rn. 117.

84 Erman/*Arnold* BGB § 136 Rn. 10; Soergel/*Hefermehl* BGB §§ 135, 136 Rn. 28.

85 Staudinger/*Kohler* BGB § 135 Rn. 125.

86 Für Direktanspruch gegen den Dritterwerber auch MüKoBGB/*Armbrüster* § 135 Rn. 40.

87 Vgl. Staudinger/*Kohler* BGB § 135 Rn. 132.

88 Motive I, S. 214 = *Mugdan* I, S. 470.

89 Vgl. Jauernig/*Mansel* BGB §§ 135, 136 Rn. 7; *Hübner* BGB AT Rn. 971.

90 RGZ 90, 335 (338); Soergel/*Hefermehl* BGB §§ 135, 136 Rn. 22; Staudinger/*Kohler* BGB § 135 Rn. 70; *Wolf/Neuner* BGB AT § 55 Rn. 39; *Mülbert* AcP 214 (2014), 309, 319.

zen.[91] Da Abs. 2 die entsprechende Anwendung der betreffenden Vorschriften anordnet, ist dieses Argument jedoch nicht zwingend. Die Gegenauffassung verweist darauf, dass Abs. 2 sich systematisch auch auf Abs. 1 S. 2 bezieht. Ein gutgläubiger Erwerb sei daher auch bei Verfügungen im Wege der **Zwangsvollstreckung** und der **Arrestvollziehung** möglich.[92]

Bei der **Würdigung** des Meinungsstreits ist zu beachten, dass der Gesetzgeber mit Abs. 2 das Ziel verfolgt **32** hat, den gutgläubigen Erwerb bei Bestehen eines relativen Veräußerungsverbots **in gleichem Maße** zuzulassen wie bei fehlender Rechtsinhaberschaft des Veräußerers.[93] Bei Verfügungen im Wege der Zwangsvollstreckung und der Arrestvollziehung kann die Gutgläubigkeit des Erwerbers daher nur dann über das Veräußerungsverbot hinweghelfen, wenn der gute Glaube auch im Hinblick auf die fehlende Rechtsinhaberschaft relevant wäre. Gem. § 898 ZPO sind die Vorschriften über den gutgläubigen Erwerb vom Nichtberechtigten auch auf die **Vollstreckung von Individualansprüchen** nach §§ 894, 897 ZPO anwendbar, weil es sich hier um einen Vorgang handelt, der dem rechtsgeschäftlichen Erwerb funktionell entspricht.[94] Insoweit ist ein gutgläubiger vollwirksamer Erwerb daher auch bei relativen Veräußerungsverboten möglich.[95] Dient die Zwangsvollstreckung der **Durchsetzung einer Geldforderung**, so können die §§ 892, 932 ff. die fehlende Rechtsinhaberschaft nicht „heilen".[96] Ein gutgläubiger Erwerb muss daher auch bei Abs. 2 ausscheiden.[97] Bei der **Zwangsversteigerung** führt der Zuschlag nach hM selbst dann zum vollwirksamen Eigentumserwerb, wenn der Ersteher bösgläubig war.[98] Dem Geschützten bleibt damit nur, die Verwertung nach §§ 772, 771 ZPO zu verhindern.[99]

b) Die einzelnen Möglichkeiten des gutgläubigen Erwerbs. Für den gutgläubigen Erwerb von **beweg- 33 lichen Sachen** verweist Abs. 2 auf die §§ 932 ff., 1032, 1207, 1244 sowie auf § 366 HGB. Analog § 932 Abs. 2 scheidet ein gutgläubiger Erwerb damit schon dann aus, wenn der Erwerber das Veräußerungsverbot infolge grober Fahrlässigkeit nicht gekannt hat.[100] Bei **unbeweglichen Sachen** muss der Erwerber sich ein relatives Veräußerungsverbot gem. § 892 Abs. 1 S. 2 nur entgegenhalten lassen, wenn die Beschränkung aus dem Grundbuch ersichtlich war oder der Erwerber sie gekannt hat. Diese Regelung lässt den Schluss zu, dass relative Veräußerungsverbote **eintragungsfähig** sind.[101] Die Eintragung bewirkt zwar **keine Grundbuchsperre**; sie hindert aber den gutgläubigen Erwerb.[102] Dem Geschützten ist daher dringend anzuraten, die Eintragung des Veräußerungsverbots zu bewirken. Ist das Veräußerungsverbot noch nicht eingetragen, so darf das Grundbuchamt den Dritterwerber nicht eintragen, wenn es von dem Veräußerungsverbot Kenntnis erlangt hat (vgl. dazu → § 888 Rn. 36).[103] Bei **Forderungen** kommt ein gutgläubiger Erwerb auch im Rahmen der §§ 135, 136 grundsätzlich in Betracht.[104] Die hM wendet die §§ 407, 408 aber analog an, wenn der Schuldner in Unkenntnis des Veräußerungsverbots an den Gläubiger geleistet hat.[105] Der Geschützte hat in diesem Fall einen Anspruch gegen den Dritterwerber auf Herausgabe des Erlangten aus § 816 Abs. 2 analog (→ Rn. 29).

c) Sonstige Ansprüche des Geschützten. aa) Ansprüche gegen den Veräußerer. Hat der **34** Geschützte seine Rechtsposition durch gutgläubigen Erwerb verloren, so kann er den **Veräußerer** aus dem zugrunde liegenden Rechtsverhältnis (zB Kaufvertrag) auf Schadenersatz in Anspruch nehmen. In Betracht kommen Schadenersatzansprüche wegen nachträglicher Unmöglichkeit aus **§§ 280 Abs. 1, 3, 283** sowie Ansprüche auf Herausgabe des Verkaufserlöses aus **§ 285**. Ein Schadenersatzanspruch aus **§ 823 Abs. 1** scheidet dagegen aus, weil die gesicherte Forderung durch das Veräußerungsverbot nicht zu einem sonstigen (absoluten) Recht erstarkt.[106] Ein Schadenersatzanspruch aus **§ 823 Abs. 2** scheitert daran, dass § 135

91 RGZ 90, 335 (338); BGH NJW 1971, 799 (800); BeckOK BGB/*Wendtland* § 135 Rn. 11; Erman/*Arnold* BGB § 136 Rn. 13; Palandt/*Ellenberger* BGB §§ 135, 136 Rn. 9; PWW/*Ahrens* BGB § 136 Rn. 10; Soergel/*Hefermehl* BGB §§ 135, 136 Rn. 22; differenzierend Staudinger/*Kohler* BGB § 135 Rn. 74 ff.
92 So MüKoBGB/*Armbrüster* § 135 Rn. 49; *Larenz/Wolf* BGB AT⁹ § 44 Rn. 68; *Bülow* JuS 1994, 1 (6); *Ruhwedel* JuS 1980, 161 (167) Fn. 44.
93 Vgl. Motive I, S. 213 = *Mugdan* I, S. 470.
94 Soergel/*Stürner* BGB § 892 Rn. 18; Thomas/Putzo/*Seiler* ZPO § 898 Rn. 1.
95 So auch Staudinger/*Kohler* BGB § 135 Rn. 75.
96 Vgl. MüKoBGB/*Kohler* § 892 Rn. 29.
97 Staudinger/*Kohler* BGB § 135 Rn. 76.
98 Vgl. BGHZ 55, 20 (25); BGHZ 119, 75 (76); Staudinger/*Kohler* BGB § 135 Rn. 895 ff.; aA MüKoBGB/*Armbrüster* § 135 Rn. 44; *Wolf/Neuner* BGB AT § 55 Rn. 32.
99 Vgl. dazu Staudinger/*Kohler* BGB § 135 Rn. 89, 110.
100 PWW/*Ahrens* BGB § 136 Rn. 10; Soergel/*Hefermehl* BGB §§ 135, 136 Rn. 22. Zur groben Fahrlässigkeit bei gerichtlichen Verfügungsverboten BGH NJW-RR 2000, 576.
101 Vgl. Soergel/*Hefermehl* BGB §§ 135, 136 Rn. 23; Staudinger/*Kohler* BGB § 135 Rn. 105; *Wolf/Neuner* BGB AT § 55 Rn. 40.
102 RGZ 71, 38 (40); BGH NJW 1997, 1581 (1582); Soergel/*Hefermehl* BGB §§ 135, 136 Rn. 18; *Mülbert* AcP 214 (2014), 309, 319.
103 Vgl. Palandt/*Herrler* BGB § 888 Rn. 10.
104 LG Gera NJW-RR 2000, 937 (938); *Wolf/Neuner* BGB AT § 55 Rn. 41.
105 BGHZ 86, 337 (338); LG Stralsund ZIP 1995, 578 (579); Jauernig/*Mansel* BGB §§ 135, 136 Rn. 7; MüKoBGB/*Armbrüster* § 135 Rn. 47; Soergel/*Hefermehl* BGB §§ 135, 136 Rn. 22; Staudinger/*Kohler* BGB § 135 Rn. 72; aA noch Motive I, S. 214 = *Mugdan* I, S. 470.
106 Staudinger/*Kohler* BGB § 135 Rn. 135.

aus systematischen Gründen nicht als Schutzgesetz angesehen werden kann.[107] Da § 135 obligatorische Ansprüche absichert, muss der Geschützte sich auf die Ansprüche verweisen lassen, die sich aus seinem Verhältnis zum Veräußerer ergeben.[108]

35 **bb) Ansprüche gegen den Erwerber.** Hat der Dritte die infrage stehende Sache gutgläubig erworben, so versteht sich von selbst, dass er keinen Ansprüchen des Geschützten ausgesetzt ist. Welche Ansprüche dem Geschützten gegen einen bösgläubigen Erwerber zustehen, ist dagegen umstritten. Fest steht, dass der Geschützte nach § 985 Herausgabe der Sache verlangen kann, sobald der Veräußerer ihm das Eigentum daran übertragen hat (→ Rn. 25). Probleme entstehen jedoch, wenn der Erwerber die Sache zwischenzeitig **beschädigt** oder an einen gutgläubigen Vierten **weiterveräußert** hat. In der Literatur wird teilweise davon ausgegangen, dass dem Geschützten in solchen Fällen ein Schadenersatzanspruch aus **§ 823** bzw. ein Anspruch auf Herausgabe des Erlöses aus **§ 816 Abs. 1 S. 1** analog gegen den (Erst-) Erwerber zusteht.[109] Da das Veräußerungsverbot weder ein absolutes Recht begründet (→ Rn. 34) noch zum rückwirkenden Wegfall der Eigentümerstellung des (Erst-)Erwerbers führt,[110] kommt ein Schadenersatzanspruch aus § 823 Abs. 1 indes nur in Betracht, wenn der Geschützte im Zeitpunkt der schädigenden Handlung bereits Eigentümer der Sache war.[111] Gegen die entsprechende Anwendung des § 816 Abs. 1 S. 1 auf zwischenzeitige Verfügungen spricht, dass die Unwirksamkeit des ersten Veräußerungsgeschäfts auf das Verhältnis zwischen Geschütztem und Veräußerer beschränkt ist. Da die Veräußerung im Übrigen vollwirksam ist, hat der (Erst-)Erwerber über die Sache als Berechtigter verfügt.[112]

36 **4. „Heilung" der relativen Unwirksamkeit.** Da das Veräußerungsverbot allein den Interessen des Geschützten dient, kann dieser eine verbotswidrige Verfügung nach § 185 Abs. 2 analog **genehmigen.** Die Verfügung wird dann rückwirkend wirksam.[113] Darüber hinaus wird die Verfügung auch dann vollwirksam, wenn das **Veräußerungsverbot aufgehoben** wird oder das durch das Verbot **geschützte Recht entfällt.**[114] Hat das geschützte Recht schon bei Erlass des Veräußerungsverbots nicht bestanden, so ist die Verfügung von vornherein vollwirksam.[115] Analog zu §§ 937, 945 kommt schließlich auch ein vollwirksamer Eigentumserwerb durch **Ersitzung** in Betracht.[116] Die Ersitzung ist aber nach § 937 Abs. 2 analog ausgeschlossen, wenn der Dritte beim Erwerb der Sache in Bezug auf das Verfügungsverbot bösgläubig war oder später von dem Verbot erfahren hat.

C. Weitere praktische Hinweise

37 Die relative Unwirksamkeit der Verfügung wird im Prozess **nicht von Amts wegen** berücksichtigt. Erforderlich ist vielmehr, dass der Geschützte sich darauf beruft.[117]

38 Der Geschützte muss alle Tatsachen **darlegen** und **beweisen,** aus denen sich die relative Unwirksamkeit der Verfügung ergibt.[118] In Bezug auf einen möglichen **gutgläubigen Erwerb** richtet sich die Beweislast nach den für die jeweilige Gutglaubensvorschrift maßgeblichen Regeln.[119] Der Geschützte muss also darlegen und beweisen, dass der Erwerber die Unrichtigkeit des Grundbuchs kannte (§ 892) bzw. bösgläubig (§ 932 Abs. 2) war.

107 Staudinger/*Kohler* BGB § 135 Rn. 137; aA Staudinger/*Dilcher*[12] BGB § 135 Rn. 17.
108 So auch Staudinger/*Kohler* BGB § 135 Rn. 135; *Berger*, S. 36.
109 In diesem Sinne BeckOK BGB/*Wendtland* § 135 Rn. 8.1; Soergel/*Hefermehl* BGB §§ 135, 136 Rn. 26; Staudinger/*Dilcher*[12] BGB § 135 Rn. 17; *Flume* BGB AT Bd. 2 § 17, 6 d.
110 *Mülbert* AcP 214 (2014), 309, 318.
111 Gegen Anwendung des § 823 Abs. 1 in solchen Fällen auch Staudinger/*Kohler* BGB § 135 Rn. 135.
112 In diesem Sinne auch Staudinger/*Kohler* BGB § 135 Rn. 140; *Berger*, S. 36.
113 BGH NJW 1997, 1581 (1582); 2007, 81; MüKo-BGB/*Armbrüster* § 135 Rn. 50.
114 BVerfG NJW-RR 1992, 898; BGH NJW 1997, 1581 (1582); 2007, 81; BeckOK BGB/*Wendtland* § 135 Rn. 10.
115 Staudinger/*Kohler* BGB § 135 Rn. 69.
116 Vgl. Motive I, 214 = *Mugdan* I, S. 470; Staudinger/*Kohler* BGB § 135 Rn. 82.
117 BeckOK BGB/*Wendtland* § 135 Rn. 12; MüKoBGB/*Armbrüster* § 135 Rn. 37; RGRK/*Krüger-Nieland/Zöller* BGB §§ 135, 136 Rn. 13; aA Erman/*Palm*[12] BGB §§ 135, 136 Rn. 10.
118 BeckOK BGB/*Wendtland* §§ 135 Rn. 12.
119 Staudinger/*Kohler* BGB § 135 Rn. 133.

§136 Behördliches Veräußerungsverbot

Ein Veräußerungsverbot, das von einem Gericht oder von einer anderen Behörde innerhalb ihrer Zuständigkeit erlassen wird, steht einem gesetzlichen Veräußerungsverbot der in §135 bezeichneten Art gleich.

Literatur: *Kohler*, Doppelvermietung – ein Glücksspiel für den Mieter?, NZM 2008, 545; *ders.*, Einstweilig verfügtes Gebrauchsüberlassungsverbot, insbesondere bei Doppelvermietung – Besitzerwerbsschutz in Analogie zu §§ 135, 136 BGB, ZZP 2010, 439; *Streyl*, Doppelvermietung – Eine Erwiderung auf *Kohler*, NZM 2008, 545, NZM 2008, 878; *Tolani*, Einstweilige Verfügung bei Doppelvermietung? Zur Zulässigkeit, Begründetheit und Rechtsfolge des Sicherungsmittels, Jura 2010, 887; *Ulrici*, Einstweiliges Überlassungsverbot bei Doppelvermietung, ZMR 2002, 881. Vgl auch die Literaturangaben zu § 135.

A. Allgemeines 1
   I. Normzweck 1
   II. Relative und absolute Veräußerungsverbote ... 3
B. Regelungsgehalt 5
   I. Veräußerungsverbot 5
     1. Überblick 5
     2. Gerichtliche Veräußerungsverbote 7

    a) Einstweilige Verfügung 7
    b) Maßnahmen der Zwangsvollstreckung 11
    c) Sonstige gerichtliche Veräußerungs-
      verbote 14
   II. Konkurrenz von Veräußerungsverboten 15
   III. Gerichtliche Erwerbsverbote 16

A. Allgemeines

I. Normzweck

§ 136 verweist für **behördliche Veräußerungsverbote** auf § 135. Da behördliche Veräußerungsverbote in der Praxis wesentlich häufiger vorkommen als gesetzliche, liegt hier der **wichtigste Anwendungsbereich des § 135** (→ § 135 Rn. 10). **1**

§ 136 stellt sicher, dass behördliche Veräußerungsverbote die **gleichen Rechtsfolgen** wie gesetzliche Veräußerungsverbote (dazu → § 135 Rn. 23 ff.) haben.[1] Dies gilt nicht nur für die **relative Unwirksamkeit** der Verfügung nach § 135 Abs. 1, sondern auch für die Möglichkeit eines **gutgläubigen vollwirksamen Erwerbs** nach § 135 Abs. 2.[2] Hiervon geht auch § 23 Abs. 2 ZVG aus, der die Kenntnis des Versteigerungsantrags im Zusammenhang mit dem gutgläubigen Erwerb nach § 135 Abs. 2 der Kenntnis der Beschlagnahme gleichstellt.[3] **2**

II. Relative und absolute Veräußerungsverbote

Aus dem systematischen Zusammenhang mit § 135 ergibt sich, dass § 136 nur für behördliche Veräußerungsverbote gilt, die lediglich den Schutz von bestimmten Personen bezwecken (sog. **relative Veräußerungsverbote**). Dient ein behördliches Veräußerungsverbot dem Schutz der Allgemeinheit, so ist § 136 nicht anwendbar. Hier gilt vielmehr § 134 entsprechend (→ § 134 Rn. 14).[4] Verstößt eine Verfügung gegen ein **absolutes** behördliches Veräußerungsverbot, so ist sie daher gegenüber jedermann **unwirksam**, sofern sich aus dem Zweck des Veräußerungsverbots nichts Anderes ergibt. Ein gutgläubiger Erwerb kommt nicht in Betracht.[5] **3**

Ob ein behördliches Veräußerungsverbot relative oder absolute Wirkung entfaltet, hängt vom Schutzzweck des jeweiligen Verbots ab. Absolute Wirkung hat insbesondere das durch das Insolvenzgericht angeordnete allgemeine Verfügungsverbot nach **§ 21 Abs. 2 Nr. 2 InsO**.[6] Dies ergibt sich schon daraus, dass § 24 Abs. 1 InsO auf den Verlust der Verfügungsbefugnis durch Eröffnung des Insolvenzverfahrens nach § 81 InsO verweist,[7] dem unstreitig absolute Wirkung zukommt (→ § 135 Rn. 6). Demgegenüber war die Vorgängernorm des § 106 Abs. 1 S. 3 KO überwiegend als relatives behördliches Verfügungsverbot iSd § 136 angesehen worden.[8] **4**

---

1 Vgl. Staudinger/*Kohler* BGB § 136 Rn. 33.
2 Zur Möglichkeit eines gutgläubigen Erwerbs LG Gera NJW-RR 2000, 937 (938); MüKoBGB/*Armbrüster* § 136 Rn. 7; *Zeiss/Holthaus* Jura 1996, 281 (284).
3 Vgl. Staudinger/*Kohler* BGB § 136 Rn. 34.
4 RGZ 105, 71 (75); Staudinger/*Kohler* BGB § 136 Rn. 2; Soergel/*Hefermehl* BGB §§ 135, 136 Rn. 5; RGRK/*Krüger-Nieland/Zöller* BGB § 136 Rn. 1; BeckOK BGB/*Wendtland* § 136 Rn. 3; aA MüKo-BGB/*Armbrüster* § 136 Rn. 2, wonach eine Analogie

zu § 134 entbehrlich ist, weil mit dem Wirksamwerden des Verfügungsverbots die Verfügungsmacht entfällt.
5 Soergel/*Hefermehl* BGB §§ 135, 136 Rn. 7; Staudinger/*Kohler* BGB § 136 Rn. 2.
6 PWW/*Ahrens* BGB § 136 Rn. 4.
7 MüKoBGB/*Armbrüster* § 136 Rn. 2; Rattunde/Smid/Zeuner/*Thiemann* InsO § 21 Rn. 32.
8 BGHZ 135, 140 (143) = NJW 1997, 1857; OLG Düsseldorf ZIP 1995, 1100 (1101); Kilger/Schmidt/ *Schmidt* KO § 106 Anm. 3.

B. Regelungsgehalt

I. Veräußerungsverbot

5 **1. Überblick.** § 136 gilt für alle (relativen) Veräußerungsverbote, die von einer **zuständigen Behörde** erlassen worden sind. Der Begriff des Veräußerungsverbots hat die gleiche Bedeutung wie bei § 135. Erfasst werden also alle Entscheidungen, die dem Betroffenen die **Verfügung** über einen Gegenstand verbieten (→ § 135 Rn. 7).

6 Praktische Bedeutung haben vor allem **gerichtliche** Veräußerungsverbote. **Behördliche** Veräußerungsverbote dienen meistens dem Schutz der Allgemeinheit und werden dann von § 136 nicht erfasst. Eine Ausnahme ist insoweit der Enteignungsbeschluss nach § 113 BauGB.[9]

7 **2. Gerichtliche Veräußerungsverbote. a) Einstweilige Verfügung.** Ein gerichtliches Veräußerungsverbot kann insbesondere im Wege der einstweiligen Verfügung (§§ 935, 938 ZPO) zur **Sicherung eines Individualanspruchs** erlassen werden.[10] § 938 Abs. 2 ZPO stellt ausdrücklich klar, dass das Gericht dem Gegner die **Veräußerung, Belastung** oder **Verpfändung eines Grundstücks** verbieten kann. Das Veräußerungsverbot konkurriert in diesem Bereich häufig mit der **Vormerkung** (§§ 883 ff.). Es kann aber auch zur Sicherung von Ansprüchen an Grundstücken eingesetzt werden, bei denen eine Vormerkung nicht in Betracht kommt (→ § 888 Rn. 34).[11] Zu nennen ist insbesondere der Restitutionsanspruch aus § 3 Abs. 3 S. 1 VermG.[12] Zur Vermeidung eines gutgläubigen Erwerbs (§ 135 Abs. 2) ist darauf zu achten, dass das Veräußerungsverbot im Grundbuch eingetragen wird (→ § 135 Rn. 33). Zur Durchsetzung des gesicherten Anspruchs → § 135 Rn. 28.

8 Die einstweilige Verfügung kann auch zur Sicherung von Ansprüchen auf Übereignung **beweglicher Sachen** oder **Abtretung von Forderungen und sonstigen Rechten** eingesetzt werden.[13] Dies gilt insbesondere im Fall des **Doppelverkaufs** einer Sache oder eines Rechts.[14] Zur Verwirklichung des gesicherten Anspruchs in diesen Fällen → § 135 Rn. 25 ff., 29. Im Fall der **Doppelvermietung** kann ein Mieter seinen Anspruch auf Besitzüberlassung dagegen nicht durch einstweilige Verfügung durchsetzen.[15] Teilweise wird zwar ein gerichtliches Besitzüberlassungsverbot vorgeschlagen.[16] Da die Besitzüberlassung keine Verfügung darstellt und damit aus systematischen und teleologischen Gründen auch nicht gleichgestellt werden kann, sind die §§ 135, 136 insoweit jedoch weder direkt noch analog anwendbar.[17]

9 Die einstweilige Verfügung kann schließlich auch erwirkt werden, um eine nach § 137 S. 2 wirksame **Verpflichtung zur Unterlassung einer Verfügung** abzusichern.[18] Eine Vormerkung kommt in solchen Fällen dagegen grundsätzlich nicht in Betracht (→ § 137 Rn. 21).

10 Die Voraussetzungen der einstweiligen Verfügung richten sich nach allgemeinen Grundsätzen. Erforderlich ist also, dass der Antragsteller einen **Verfügungsanspruch** und einen **Verfügungsgrund** glaubhaft macht. Bezieht sich das Veräußerungsverbot auf ein Grundstück, so muss der Antragsteller die Gefährdung seines Anspruchs aber nicht glaubhaft machen (§§ 885 Abs. 1 S. 2, 899 Abs. 2 S. 2 analog; s. a. → § 888 Rn. 35).[19]

11 **b) Maßnahmen der Zwangsvollstreckung.** Ein weiterer wichtiger Anwendungsbereich des § 136 ergibt sich aus Veräußerungsverboten, die vom Gericht im Zusammenhang mit einer Vollstreckungsmaßnahme angeordnet werden.[20] So hat das Gericht dem Schuldner bei der **Pfändung von Geldforderungen** zu gebieten, sich jeder Verfügung über die Forderung, insbesondere ihrer Einziehung, zu enthalten (§ 829 Abs. 1 S. 2 ZPO). Verfügt der Schuldner gleichwohl über die gepfändete Forderung, so ist dies dem Pfändungsgläubi-

9   Vgl. RGZ 62, 215 (218); Hk-BGB/*Dörner* § 136 Rn. 6; MüKoBGB/*Armbrüster* § 136 Rn. 6; Staudinger/*Kohler* BGB § 136 Rn. 32.

10 Vgl. RGZ 135, 378 (384); BGH NZI 2007, 39; MüKoBGB/*Armbrüster* § 136 Rn. 4; Palandt/*Ellenberger* BGB §§ 135, 136 Rn. 4; PWW/*Ahrens* BGB § 136 Rn. 6.

11 Vgl. MüKoBGB/*Kohler* § 883 Rn. 9.

12 BGHZ 124, 147 (148) = NJW 1994, 457; BezG Erfurt DtZ 1991, 252 (253); Palandt/*Ellenberger* BGB §§ 135, 136 Rn. 4; Staudinger/*Kohler* BGB § 136 Rn. 7.

13 Staudinger/*Kohler* BGB § 136 Rn. 8.

14 Vgl. BeckOGK/*Muthorst* BGB § 136 Rn. 23; Zöller/*Vollkommer* ZPO § 938 Rn. 12.

15 OLG Hamm NJW-RR 2004, 521; OLG Frankfurt NJW-RR 1997, 77; KG NJW-RR 2007, 1167; OLG

Koblenz NZM 2008, 248; OLG Celle ZMR 2009, 113; *Streyl* NZM 2008, 878.

16 So OLG Düsseldorf NJW 1991, 137; Staudinger/*Kohler* BGB § 136 Rn. 15; *Kohler* NZM 2008, 545 (553); ders. ZZP 2010, 439 ff.; *Tolani* Jura 2010, 887 ff.; tendenziell auch Staudinger/*Emmerich* BGB § 536 Rn. 87.

17 Vgl. MüKoBGB/*Armbrüster* § 135 Rn. 2; *Streyl* NZM 2008, 878; *Ulrich* ZMR 2002, 881 ff.; krit. BeckOGK/*Muthorst* BGB § 135 Rn. 36.1.

18 BGHZ 134, 182 (187); Jauernig/*Mansel* BGB § 137 Rn. 3; Zöller/*Vollkommer* ZPO § 938 Rn. 12; aA Staudinger/*Kohler* BGB § 136 Rn. 14.

19 OLG Köln NJW 1955, 717 f.; OLG Frankfurt NJW 1978, 2100; MüKoBGB/*Kohler* § 888 Rn. 27.

20 MüKoBGB/*Armbrüster* § 136 Rn. 5; Staudinger/*Kohler* BGB § 136 Rn. 20 ff.

ger gegenüber nach §§ 135, 136 unwirksam.[21] Ein gutgläubiger vollwirksamer Erwerb der Forderung scheidet nach allgemeinen Grundsätzen aus. Zugunsten des Drittschuldners können die §§ 407, 408 jedoch entsprechend angewendet werden, wenn dieser in Unkenntnis der Pfändung an den Schuldner gezahlt hat (→ § 135 Rn. 29, 33). Bei **Pfändung sonstiger Vermögensrechte** gilt § 829 Abs. 1 S. 2 ZPO entsprechend (§ 857 Abs. 1 ZPO).

12 Für die Vollstreckung in **unbewegliche Sachen** stellt § 23 Abs. 1 ZVG klar, dass die Beschlagnahme (durch Anordnung der Zwangsversteigerung nach § 20 ZVG oder Anordnung der Zwangsverwaltung nach § 146 ZVG) die Wirkung eines Veräußerungsverbots iSd § 136 hat.[22] Ein gutgläubiger vollwirksamer Erwerb ist gem. § 135 Abs. 2 iVm § 892 möglich. Nach § 23 Abs. 2 ZVG steht die Kenntnis des Versteigerungsantrags dabei aber der Kenntnis der Beschlagnahme gleich (→ § 135 Rn. 33).

13 Ob die **Pfändung beweglicher Sachen** nach §§ 803 ff. ZPO mit einem Veräußerungsverbot verbunden ist, ist umstritten. Eine ausdrückliche gesetzliche Regelung fehlt. Die hM geht davon aus, dass die Beschlagnahme (Verstrickung) der Sache im Rahmen der Pfändung zu einem Veräußerungsverbot iSd § 136 führt.[23] Gem. § 135 Abs. 2 iVm § 932 ff. ist aber ein gutgläubiger vollwirksamer Erwerb möglich (→ § 135 Rn. 33).

14 **c) Sonstige gerichtliche Veräußerungsverbote.** Ein relatives gerichtliches Veräußerungsverbot wird auch durch die **Zahlungssperre** im Aufgebotsverfahren zur Kraftloserklärung eines Inhaberpapiers nach § 480 FamFG (§ 1019 ZPO aF) begründet.[24] Weitere Beispiele für ein relatives gerichtliches Veräußerungsverbot sind die Anordnung der **Einziehung** von Gegenständen nach §§ 73 ff. StGB, die **Beschlagnahme** zur Sicherung der Vollstreckung der Einziehung oder Unbrauchbarmachung nach § 111 b StPO sowie die Vollziehung des **Vermögensarrests** zur Sicherung der Wertersatzeinziehung nach § 111 e StPO. § 75 Abs. 3 StGB, § 111 d Abs. 1 StPO und § 111 h Abs. 1 StPO verweisen insoweit ausdrücklich auf § 136.[25] Der polizeilichen präventiven Sicherstellung (zB Art. 25 bay. PAG) kommt ebenfalls die Wirkung eines relativen Veräußerungsverbots zugunsten des Staates zu.[26]

II. Konkurrenz von Veräußerungsverboten

15 Im Fall des **Doppelverkaufs einer Sache** kann jeder Käufer durch einstweilige Verfügung ein Veräußerungsverbot erwirken, um seinen Erwerbsanspruch zu sichern. In einem solchen Fall heben sich die gegenläufigen Veräußerungsverbote nicht wechselseitig auf.[27] Es gilt vielmehr das **Prioritätsprinzip**. Das zweite Veräußerungsverbot ist gegenüber dem durch das erste Veräußerungsverbot Geschützten nach § 135 Abs. 1 S. 2 (relativ) unwirksam.[28]

III. Gerichtliche Erwerbsverbote

16 Nach Rechtsprechung und hL können die Gerichte durch einstweilige Verfügung nach §§ 935, 938 Abs. 2 ZPO auch Erwerbsverbote verhängen.[29] In der Praxis werden solche Verbote insbesondere eingesetzt, wenn der Verkäufer **verhindern** will, dass ein **formnichtiger Grundstückskaufvertrag** durch Eintragung des Käufers nach § 311 b Abs. 1 S. 2 **geheilt** wird.[30] Dem Käufer kann dann durch einstweilige Verfügung aufgegeben werden, keinen Eintragungsantrag zu stellen oder einen bereits gestellten Antrag wieder zurückzunehmen.[31] Die Unwirksamkeit des Kaufvertrags beruht dabei meist darauf, dass der Kaufpreis in dem notariell beurkundeten Vertrag aus Gründen der Steuerersparnis zu niedrig angegeben worden ist. In diesem Fall

---

21 BGHZ 58, 25 (26 f.); 100, 36, 45; BGH NJW 1998, 746; 2007, 81; PWW/*Ahrens* BGB § 136 Rn. 6; Palandt/*Ellenberger* BGB §§ 135, 136 Rn. 4.

22 Vgl. BGH NJW 1997, 1581 (1582); MüKoBGB/ *Armbrüster* § 136 Rn. 5.

23 MüKoBGB/*Armbrüster* § 136 Rn. 5; BeckOGK/*Muthorst* BGB § 136 Rn. 23; Zöller/*Herget* ZPO § 804 Rn. 1; Thomas/Putzo/*Seiler* ZPO § 803 Rn. 7; *Petersen* Jura 2009, 768 (769): zweifelnd Staudinger/*Kohler* BGB § 136 Rn. 22.

24 MüKoBGB/*Armbrüster* § 136 Rn. 6; Palandt/*Ellenberger* BGB §§ 135, 136 Rn. 4; BeckOGK/*Muthorst* BGB § 135 Rn. 26.

25 BVerfG BeckRS 2018, 20553 Rn. 28; BGH NJW 2007, 3350 (3351); Jauernig/*Mansel* BGB §§ 135, 136 Rn. 4; Palandt/*Ellenberger* BGB §§ 135, 136 Rn. 4; BeckOGK/*Muthorst* BGB § 136 Rn. 27.

26 VGH München BayVBl. 2018, 128 Rn. 32; BeckOGK/*Muthorst* BGB § 136 Rn. 27.

27 So aber OLG Frankfurt NJW-RR 1997, 77 (betr. Doppelvermietung); *Wieling* JZ 1982, 839 (842) („Pattsituation").

28 BGH NJW 2008, 376; Soergel/*Hefermehl* BGB §§ 135, 136 Rn. 26; Staudinger/*Kohler* BGB § 135 Rn. 63 ff. und § 136 Rn. 6; MüKoBGB/*Kohler* § 883 Rn. 9.

29 Vgl. RGZ 117, 287 (290 f.); 120, 118, 119 f.; BayObLG NJW-RR 2001, 1086; OLG Hamm NJW-RR 2001, 1086; BeckOK BGB/*Wendtland* § 136 Rn. 7; Palandt/*Ellenberger* BGB §§ 135, 136 Rn. 5; Soergel/*Hefermehl* BGB §§ 135, 136 Rn. 31; MüKoBGB/*Armbrüster* § 136 Rn. 8 f.; *Wolf/Neuner* BGB AT § 55 Rn. 34; krit. MüKoBGB/*Kohler* § 888 Rn. 31 ff.

30 Vgl. BeckOGK/*Muthorst* BGB § 135 Rn. 31; MüKoBGB/*Armbrüster* § 136 Rn. 8.

31 Zur Problemstellung vgl. *Wolf/Neuner* BGB AT § 55 Rn. 35.

ist das Geschäft mit dem beurkundeten Inhalt nach § 117 Abs. 1 nichtig; das Geschäft mit dem gewollten Inhalt ist nach §§ 311 b Abs. 1 S. 1, 125 formnichtig.

17 Ein durch einstweilige Verfügung ausgesprochenes Erwerbsverbot kann nicht in das Grundbuch eingetragen werden, weil es sich nicht gegen eine im Grundbuch eingetragene Person richtet. Es stellt aber ein **Eintragungshindernis** iSd § 18 Abs. 1 GBO dar.[32] Ist der Käufer gleichwohl als Eigentümer im Grundbuch eingetragen worden, so ist der Erwerb gegenüber dem Geschützten nach §§ 135, 136 analog **relativ unwirksam**.[33] Der Käufer kann sich auch nicht auf § 878 berufen, weil diese Vorschrift auf Erwerbsverbote weder direkt noch entsprechend angewendet werden kann (s. a. → § 878 Rn. 30).[34] Da das Erwerbsverbot dem Käufer zugestellt werden muss, kommt ein gutgläubiger Erwerb im Allgemeinen nicht in Betracht.[35]

§ 137 Rechtsgeschäftliches Verfügungsverbot

[1]Die Befugnis zur Verfügung über ein veräußerliches Recht kann nicht durch Rechtsgeschäft ausgeschlossen oder beschränkt werden. [2]Die Wirksamkeit einer Verpflichtung, über ein solches Recht nicht zu verfügen, wird durch diese Vorschrift nicht berührt.

Literatur: *Berger*, Rechtsgeschäftliche Verfügungsbeschränkungen, 1998; *Bitter*, Rechtsträgerschaft für fremde Rechnung, 2006; *Canaris*, Die Verdinglichung obligatorischer Rechte, in: FS Flume Bd. I 1978, S. 371; *Däubler*, Rechtsgeschäftlicher Ausschluss der Veräußerlichkeit von Rechten?, NJW 1968, 1117; *Foerste*, Vollstreckungsvereitelung durch Rechtsgeschäft, DNotZ 2017, 583; *Großfeld/Gersch*, Zeitliche Grenzen von privaten Schuldverträgen, JZ 1988, 937; *Gruber*, Der Treuhandmissbrauch, AcP 202 (2002), 435; *Kohler*, Das Verfügungsverbot gemäß § 938 Abs. 2 ZPO im Liegenschaftsrecht, 1984; *ders.*, Vormerkbarkeit eines durch abredewidrige Veräußerung bedingten Rückerwerbsanspruchs, DNotZ 1989, 339; *Liebs*, Die unbeschränkbare Verfügungsbefugnis, AcP 175 (1975), 1; *Löhnig*, Treuhand, 2006; *Merrem*, Sicherung vertraglicher Verfügungsverbote, JR 1993, 53; *Oertzen/Blüm*, Aktuelle Gestaltungsfragen der Vermögensnachfolgeplanung von Traditionsvermögen, ZEV 2016, 71; *Pauli*, Unternehmensnachfolge unter Vorbehalt von Rückforderungsrechten, ZEV 2013, 289; *Timm*, Auswirkungen vertraglicher Verfügungsverbote?, JZ 1989, 13; *Wagner*, Rechtsgeschäftliche Unübertragbarkeit und § 137 BGB, AcP 194 (1994), 451; *Wiesmann*, Zur Tragweite des § 137 BGB, 1991. Vgl. auch die Literaturangaben zu § 135.

A. Allgemeines	1		3. Verdrängende unwiderrufliche Vollmacht und Verfügungsermächtigung	14
I. Normzweck	1			
II. Abgrenzungen	5		4. Auflösende Bedingung und bedingter Rückübereignungsanspruch	15
III. Fälle mit Auslandsberührung	8			
B. Regelungsgehalt	9		III. Wirksamkeit der schuldrechtlichen Verpflichtung	17
I. Unwirksamkeit rechtsgeschäftlicher Verfügungsbeschränkungen	9		IV. Verstärkung und Sicherung des Unterlassungsanspruchs	20
II. Einzelfälle	12		V. Schadensersatzansprüche des Gläubigers	23
1. Erbrechtliche Verfügungsbeschränkungen	12			
2. Treuhandverhältnisse	13			

A. Allgemeines

I. Normzweck

1 § 137 regelt im Anschluss an die §§ 135, 136 die Wirkung von **rechtsgeschäftlichen** Veräußerungsverboten.[1] S. 1 stellt klar, dass solche Verbote **keine dingliche Wirkung** haben. Eine solche Klarstellung war schon deshalb erforderlich, weil das ALR und einige andere Partikularrechte vertragliche Veräußerungsverbote mit dinglicher Wirkung anerkannt hatten.[2] Die Verfasser des BGB sind demgegenüber davon ausgegangen, dass der Grundsatz der Vertragsfreiheit auf das Schuldrecht beschränkt ist. Die Parteien sollten deshalb nicht die Möglichkeit haben, die Wirkungen dinglicher Rechte durch Vertrag abzuändern oder auszuschließen.[3] Da diese Überlegung auf die **schuldrechtlichen Wirkungen** einer entsprechenden Vereinbarung nicht zutrifft, bleiben diese nach S. 2 unberührt.

---

32   Vgl. BGH FamRZ 1969, 151 (152); BayObLG NJW-RR 1997, 913 (914); MüKoBGB/*Armbrüster* § 136 Rn. 8; BeckOGK/*Muthorst* BGB § 135 Rn. 31; RGRK/*Krüger-Nieland/Zöller* BGB § 136 Rn. 10; aA Staudinger/*Kohler* BGB § 136 Rn. 36.

33   Palandt/*Ellenberger* BGB §§ 135, 136 Rn. 5; Soergel/*Hefermehl* BGB §§ 135, 136 Rn. 31.

34   RGZ 120, 118 (120); BayObLG NJW-RR 1997, 913 (914); krit. MüKoBGB/*Kohler* § 878 Rn. 37.

35   Vgl. Staudinger/*Kohler* BGB § 136 Rn. 36.

1   Zum systematischen Zusammenhang der §§ 135–137 vgl. HKK/*Dorn* BGB §§ 134–137 Rn. 41.

2   Vgl. Motive III, S. 77 = *Mugdan* III, S. 43; HKK/*Dorn* BGB §§ 134–137 Rn. 45.

3   Motive III, S. 77 = *Mugdan* III, S. 43.

Der genaue Zweck des § 137 ist umstritten. Der Meinungsstreit hat praktische Bedeutung, weil die Lösung einiger konkreter Auslegungsfragen durch den Zweck der Norm präjudiziert wird.[4] Indem S. 1 die Wirkungen dinglicher Rechte der privatautonomen Gestaltungsfreiheit entzieht (→ Rn. 9 ff.), schützt die Vorschrift den **numerus clausus der Sachenrechte**.[5] Gleichzeitig wird verhindert, dass dingliche Rechte durch rechtsgeschäftliche Vereinbarung dem Rechtsverkehr entzogen (und damit „extra commercium" gestellt) werden können.[6] Primärer Schutzzweck ist damit die **Klarheit, Sicherheit** und **Funktionsfähigkeit des Rechtsverkehrs**.[7] Dritte sollen sich darauf verlassen können, dass die Verfügungsmacht des Berechtigten nicht durch rechtsgeschäftliche Vereinbarungen beschränkt oder ausgeschlossen ist.[8] 2

Der Vorschrift des S. 1 kommt darüber hinaus im **Vollstreckungsrecht** eine wichtige Funktion zu.[9] Diese Funktion ergibt sich daraus, dass nicht übertragbare Forderungen und Rechte nach §§ 851 Abs. 1, 857 ZPO grundsätzlich nicht der Pfändung unterworfen sind. Eine solche Verknüpfung von Pfändbarkeit und Übertragbarkeit ist nur durchführbar, soweit die Übertragbarkeit von Forderungen und sonstigen Rechten nicht durch rechtsgeschäftliche Vereinbarung ausgeschlossen werden kann. Denn sonst hätten die Parteien die Möglichkeit, Forderungen und Rechte der Zwangsvollstreckung zu entziehen.[10] Da die Verknüpfung von Pfändbarkeit und Übertragbarkeit nicht denknotwendig ist, könnte der Gesetzgeber zwar auch Sondervorschriften vorsehen, die einen wirksamen Ausschluss der Übertragbarkeit aus vollstreckungsrechtlicher Sicht für unbeachtlich erklären (vgl. § 851 Abs. 2 ZPO).[11] Solange die Verknüpfung besteht, muss S. 1 jedoch so ausgelegt werden, dass die Funktionsfähigkeit der Zwangsvollstreckung in Forderungen und sonstige Rechte nicht beeinträchtigt wird.[12] 3

Nach einer in Rechtsprechung und Literatur verbreiteten Auffassung hat § 137 schließlich den Zweck, die **individuelle Verfügungsfreiheit des Rechtsinhabers** zu schützen.[13] Zu beachten ist allerdings, dass die freiheitssichernde Funktion des § 137 begrenzt ist, weil die schuldrechtliche Verpflichtung zur Unterlassung einer Verfügung nach S. 2 wirksam ist.[14] Der Schutz der Freiheit des Rechtsinhabers ist damit jedenfalls nicht das primäre Ziel des § 137. Die Vorschrift kann deshalb nicht als Ausfluss der Menschenwürde angesehen werden.[15] 4

II. Abgrenzungen

§ 137 setzt voraus, dass das infrage stehende Recht prinzipiell **veräußerlich** ist.[16] Die Vorschrift kann daher nicht auf Rechte angewendet werden, die schon kraft Gesetzes nicht veräußerlich sind. Beispiele sind die Mitgliedschaft in einem Verein (§ 38), das Vorkaufsrecht (§ 473), der Nießbrauch (§ 1059), die beschränkte persönliche Dienstbarkeit (§ 1092 Abs. 1) und die subjektiv-persönliche Reallast bei Nichtübertragbarkeit des Anspruchs auf die einzelne Leistung (§ 1111 Abs. 2).[17] Forderungen sind gem. § 399 Alt. 1 nicht übertragbar, wenn die Leistung an einen anderen Gläubiger nicht ohne Veränderung ihres Inhalts erfolgen kann. 5

Ob der **vertragliche Ausschluss der Abtretung** nach § 399 Alt. 2 zur prinzipiellen Unveräußerlichkeit des Rechts führt oder eine Durchbrechung des S. 1 darstellt, ist umstritten. Die hM geht davon aus, dass der vertragliche Ausschluss der Abtretung die Forderung von vornherein als ein unveräußerliches Recht entstehen lässt oder sie (bei nachträglicher Vereinbarung) in ein solches umwandelt.[18] Bei dieser Betrachtung liegt im Fall des § 399 Alt. 2 also schon gar kein veräußerliches Recht vor. Eine entgegenstehende Verfü- 6

---

4 Vgl. HKK/*Dorn* BGB §§ 134–137 Rn. 48; *Berger*, S. 60.

5 Vgl. BGHZ 134, 182 (186) = NJW 1997, 861; BGH NJW 2012, 3162 Rn. 14; MüKoBGB/*Armbrüster* § 137 Rn. 5; PWW/*Ahrens* BGB § 137 Rn. 1; Erman/*Arnold* BGB § 137 Rn. 1; Staudinger/*Kohler* BGB § 137 Rn. 7; *Canaris* FS Flume I 1978, S. 371, 420; *Berger*, S. 78 ff.; *Löhnig*, S. 715.

6 Motive III, S. 77 = *Mugdan* III, S. 42; BGHZ 56, 275 (278 f.); BeckOK BGB/*Wendtland* § 137 Rn. 2; Staudinger/*Kohler* BGB § 137 Rn. 6.

7 Staudinger/*Kohler* BGB § 137 Rn. 8.

8 Vgl. *Mülbert* AcP 214 (2014), 314; 309, 314; *Berger*, S. 79; vgl. auch *Kohler* DNotZ 1989, 339 (347).

9 Vgl. BGHZ 134, 182 (186); Erman/*Arnold* BGB § 137 Rn. 1; MüKoBGB/*Armbrüster* § 137 Rn. 6.

10 Vgl. BGHZ 32, 151 (157 f.); HKK/*Dorn* BGB §§ 134–137 Rn. 46; *Foerste* DNotZ 2017, 583 ff.

11 Vgl. MüKoBGB/*Armbrüster* § 137 Rn. 6; Staudinger/*Kohler* BGB § 137 Rn. 11.

12 Zur Sicherung der Zwangsvollstreckung als Schutzzweck des § 137 BGH NJW 2012, 3162 Rn. 14.

13 Vgl. BayObLG NJW 1978, 700 (701); OLG Düsseldorf OLGZ 1984, 90 (91); Jauernig/*Mansel* BGB § 137 Rn. 2; Palandt/*Ellenberger* BGB § 137 Rn. 1; *Baur* JZ 1961, 334 (335); *Bülow* JuS 1994, 1 (4); *Mülbert* AcP 214 (2014), 309, 314.

14 BGHZ 134, 182 (186); BGH NJW 2012, 3162 Rn. 14; MüKoBGB/*Armbrüster* § 137 Rn. 3; Soergel/*Hefermehl* BGB § 137 Rn. 1; Staudinger/*Kohler* BGB § 137 Rn. 5; Erman/*Arnold* BGB § 137 Rn. 1; *Medicus*/*Petersen* BürgerlR Rn. 678; *Berger*, S. 66 ff.

15 Soergel/*Hefermehl* BGB § 137 Rn. 1; *Berger*, S. 67 ff.; aA *Baur* JZ 1961, 334 (335).

16 MüKoBGB/*Armbrüster* § 137 Rn. 9.

17 Vgl. Staudinger/*Kohler* BGB § 137 Rn. 13.

18 So BGHZ 40, 156 (160); 112, 387, 389; MüKoBGB/*Armbrüster* § 137 Rn. 11; Soergel/*Hefermehl* BGB § 137 Rn. 6; Staudinger/*Kohler* BGB § 137 Rn. 17; iE auch *Berger*, S. 249; aA *E. Wagner* AcP 194 (1994), 451.

gung ist damit nicht nur relativ, sondern **absolut** unwirksam. Die Vorschrift stellt dementsprechend keine Ausnahme zu § 137 dar.[19] Der Meinungsstreit über die dogmatische Einordnung des § 399 Alt. 2 hat indes keine praktische Bedeutung.[20] Zu beachten ist insbesondere, dass ein vertragliches Abtretungsverbot der **Pfändung** der Forderung nach § 851 Abs. 2 ZPO nicht entgegensteht.[21]

Bei Weiterveräußerungsverboten für **Eintrittskarten** ist danach zu unterscheiden, ob es sich um ein kleines Inhaberpapier iSd § 807 oder um ein qualifiziertes Legitimationspapier iSd § 808 handelt. Soweit Eintrittskarten den Berechtigten nicht individualisieren, sind sie als kleine Inhaberpapiere nach §§ 929 ff. zu übertragen. Ein zwischen dem Veranstalter und dem Erwerber vereinbartes Weiterveräußerungsverbot kann nach § 137 S. 1 keine dingliche Wirkung entfalten.[22] Personalisierte Eintrittskarten sind dagegen qualifizierte Legitimationspapiere. Die Übertragung des in der Karte verbrieften Rechts richtet sich nach §§ 398 ff. Die Parteien können die Abtretung daher nach § 399 Alt. 2 mit dinglicher Wirkung einschränken oder ausschließen.[23] Bei Abtretungsverboten in AGB ist aber eine Inhaltskontrolle nach § 307 erforderlich.[24]

7   § 399 Alt. 2 gilt nur für Vereinbarungen zwischen **Gläubiger und Schuldner**. Vereinbarungen zwischen dem Gläubiger und einem Dritten beurteilen sich dagegen nach § 137.[25]

III. Fälle mit Auslandsberührung

8   Da § 137 im deutschen Recht wesentliche Funktionen wahrnimmt (→ Rn. 3), handelt es sich nach hM um eine Ausprägung des inländischen **ordre public**. Lässt das nach den Regeln des deutschen IPR maßgebliche ausländische Recht rechtsgeschäftliche Veräußerungsverbote mit dinglicher Wirkung zu (zB dingliche Veräußerungsverbote nach ausländischem Güterrecht), so sollen die einschlägigen Bestimmungen daher nach Art. 6 EGBGB oder den entsprechenden Bestimmungen einer einschlägigen EU-Verordnung (im Güterrecht jetzt Art. 31 EuGüVO) unanwendbar sein.[26] Dieser Auffassung ist grundsätzlich zuzustimmen. Nach allgemeinen Regeln kann Art. 6 EGBGB allerdings nur dann eingreifen, wenn der Sachverhalt einen hinreichenden **Inlandsbezug** aufweist.[27] Das Gleiche gilt für den Vorbehalt des ordre public in Art. 21 Rom I-VO, der dem Art. 6 EGBGB für Verträge vorgeht.[28] Die dingliche Wirkung von rechtsgeschäftlichen Veräußerungsverboten verstößt daher nicht gegen den ordre public, wenn der inländische Rechtsverkehr und die inländische Sachenrechtsordnung hierdurch nicht tangiert werden. Ausländische Sachenrechte, die mit dinglichen Verfügungsbeschränkungen verbunden sind (zB trust), lassen sich dagegen im Inland als solche nicht verwirklichen. Dies ergibt sich schon aus Art. 43 Abs. 2 EGBGB, so dass auf Art. 6 EGBGB nicht zurückgegriffen werden muss.

B. Regelungsgehalt

I. Unwirksamkeit rechtsgeschäftlicher Verfügungsbeschränkungen

9   Nach S. 1 sind Rechtsgeschäfte, welche darauf abzielen, die Befugnis zur Verfügung über ein veräußerliches Recht (→ Rn. 1) mit **Wirkung gegenüber Dritten** zu beschränken oder ganz auszuschließen, unwirksam. Haben die Parteien die Verfügungsbeschränkung mit der Übertragung eines Rechts (zB Sicherungsabtretung) verknüpft, so ist auch dieses Geschäft nach § 139 unwirksam, sofern nicht davon auszugehen ist, dass die Parteien das Recht auch ohne die Verfügungsbeschränkung übertragen hätten.[29]

10   Wird entgegen einem rechtsgeschäftlichen Verfügungsverbot über ein Recht verfügt, so ist die **Verfügung** gleichwohl gegenüber jedermann wirksam. Dies gilt auch dann, wenn der Dritterwerber das Verbot gekannt hat oder kennen musste (vgl. auch → Rn. 1).[30]

---

19 Staudinger/*Kohler* BGB § 137 Rn. 17; aA *Wolf/ Neuner* BGB AT § 20 Rn. 27.
20 MüKoBGB/*Armbrüster* § 137 Rn. 20; Soergel/*Hefermehl* BGB § 137 Rn. 6; vgl. auch BGHZ 56, 275 (279).
21 BGHZ 56, 228 (232); Staudinger/*Kohler* BGB § 137 Rn. 18.
22 MüKoBGB/*Habersack* § 807 Rn. 10, 14.
23 LG Hamburg GRUR-RR 2015, 72 – Helene Fischer Konzertkarten; LG München I SpuRt 2017, 258.
24 Vgl. BGH NJW 2006, 3486 Rn. 14; LG Hamburg GRUR-RR 2015, 72.

25 Staudinger/*Kohler* BGB § 137 Rn. 19; BeckOGK/ *Muthorst* BGB § 137 Rn. 36; MüKoBGB/*Armbrüster* § 137 Rn. 20; *Bülow* JuS 1994, 1 (4 f.); *Berger*, S. 91.
26 Vgl. KG OLGZ 1973, 163 (167) = NJW 1973, 428; MüKoBGB/*Armbrüster* § 137 Rn. 7; BeckOK BGB/ *Wendtland* § 137 Rn. 2.
27 Vgl. Palandt/*Thorn* EGBGB Art. 6 Rn. 6; *Looschelders* IPR Art. 6 Rn. 18.
28 Zur Notwendigkeit eines Inlandsbezugs PWW/*Brödermann/Wegen* Rom I-VO Art. 21 Rn. 4.
29 BGH NJW 1993, 1640 (1641); PWW/*Ahrens* BGB § 137 Rn. 4.
30 Palandt/*Ellenberger* BGB § 137 Rn. 4; *Henssler* JuS 2000, 156 (158).

§ 137 bezieht sich allein auf **rechtsgeschäftliche** Verfügungsbeschränkungen. Auf gesetzliche oder behörd- **11** liche Verfügungsbeschränkungen ist die Vorschrift nicht anwendbar. Hier richten sich die Rechtsfolgen nach §§ 135, 136 (→ § 135 Rn. 7).

II. Einzelfälle

1. Erbrechtliche Verfügungsbeschränkungen. S. 1 erfasst nicht nur Verträge und sonstige Rechtsge- **12** schäfte unter Lebenden, sondern auch **Verfügungen von Todes wegen**.[31] Verfügungsbeschränkungen können vom Erblasser also nur in Form der Nacherbfolge (§§ 2113 ff.) oder der Testamentsvollstreckung (§ 2211) angeordnet werden.[32] Bei Testamentsvollstreckung können der Testamentsvollstecker und die Erben **gemeinsam** auch dann über einen Nachlassgegenstand verfügen, wenn der Erblasser dies durch Verfügung von Todes wegen verboten hat.[33] Denn sonst wäre entgegen dem Schutzzweck des § 137 überhaupt keine Verfügung über die Nachlassgegenstände möglich.

2. Treuhandverhältnisse. S. 1 gilt auch im Rahmen von **Treuhandverhältnissen**.[34] Der Treugeber kann **13** die Verfügungsmacht des fiduziarischen Rechtsinhabers daher nicht durch Vereinbarung in der Weise beschränken, dass dieser nur mit Zustimmung des Treugebers über das Recht verfügen kann. Die Regeln über die Unwirksamkeit des Vertretergeschäfts bei **erkennbarem Missbrauch der Vollmacht** sind nicht entsprechend anwendbar. Der Dritte erwirbt daher auch dann das Recht, wenn die Verletzung der treuhänderischen Bindung für den Dritten erkennbar war.[35] Haben der Dritte und der Treunehmer **kollusiv** zusammengewirkt, so wird das Verfügungsgeschäft aber im Allgemeinen nach § 138 Abs. 1 nichtig sein. Außerdem kommt ein Schadenersatzanspruch des Treugebers gegen den Dritten aus § 823 Abs. 2 iVm § 266 StGB und § 826 in Betracht.[36] Im Übrigen hat der Treugeber andere Möglichkeiten, sich vor vertragswidrigen Verfügungen des Treunehmers wirksam zu schützen (→ Rn. 20 ff.).

3. Verdrängende unwiderrufliche Vollmacht und Verfügungsermächtigung. Ob eine **unwiderrufli-** **14** **che Vollmacht** zur Vornahme von Verfügungen mit dem Inhalt erteilt werden kann, dass der Rechtsinhaber (Vollmachtgeber) selbst nicht mehr über das fragliche Recht verfügen kann, ist streitig. Die hM lehnt dies mit Rücksicht auf S. 1 zu Recht ab.[37] Maßgeblich ist die Erwägung, dass die Verfügungsbefugnis über ein Recht aus Gründen des **Verkehrsschutzes** nicht vollständig von der Rechtsinhaberschaft getrennt werden kann. Die gleichen Erwägungen gelten für eine **verdrängende Verfügungsermächtigung** nach § 185 Abs. 1. Entsprechende Vereinbarungen sind daher ebenfalls nach S. 1 unwirksam.[38]

4. Auflösende Bedingung und bedingter Rückübereignungsanspruch. Nach hM kann eine Verfü- **15** gung unter der **auflösenden Bedingung** (§ 158 Abs. 2) getroffen werden, dass der Erwerber über die Sache oder das Recht vereinbarungswidrig weiter verfügt.[39] Die Anerkennung einer solchen Gestaltung widerspricht nicht dem Zweck des S. 1, weil der numerus clausus der Sachenrechte unberührt bleibt und der Rechtsverkehr durch die Möglichkeit eines gutgläubigen Erwerbs nach § 161 Abs. 3 hinreichend geschützt wird.

Bei der Übereignung von Grundstücken kommt eine auflösende Bedingung wegen § 925 Abs. 2 nicht in **16** Betracht. Die Parteien können jedoch vereinbaren, dass dem Veräußerer ein durch die vertragswidrige Weiterveräußerung des Grundstücks **bedingter Rückübereignungsanspruch** zustehen soll, der durch Eintragung einer **Vormerkung** im Grundbuch gesichert werden kann.[40]

---

31 Erman/*Arnold* BGB § 137 Rn. 3.
32 Soergel/*Hefermehl* BGB § 137 Rn. 8.
33 Vgl. BGHZ 40, 115 (117 ff.); 56, 275, 278 ff.
34 BGHZ 11, 37 (43); BGH NJW 1968, 1471; BB 1982, 890 (891); MüKoBGB/*Armbrüster* § 137 Rn. 18; BeckOK BGB/*Wendtland* § 137 Rn. 10; Erman/ *Arnold* BGB § 137 Rn. 6; Soergel/*Hefermehl* BGB § 137 Rn. 9; *Löhnig*, S. 715 ff.; für teleologische Reduktion des § 137 bei der Treuhand *Bitter*, S. 514.
35 BGH NJW 1968, 1471; WM 1977, 525 (527); NJW-RR 1998, 1057 (1058 f.); Staudinger/*Kohler* BGB § 137 Rn. 39; aA *Gruber* AcP 202 (2002), 435, 444 ff.; *Wiegand* AcP 190 (1990), 112, 136 f.
36 Vgl. BGH NJW 1968, 1471; NJW-RR 1999, 1057 (1059); *Henssler* JuS 2000, 156 (158).

37 Erman/*Arnold* BGB § 137 Rn. 6; MüKoBGB/*Armbrüster* § 137 Rn. 17; Soergel/*Hefermehl* BGB § 137 Rn. 10; aA *Müller-Freienfels*, Die Vertretung beim Rechtsgeschäft, 1955, S. 124 ff.
38 BeckOK BGB/*Wendtland* § 137 Rn. 11.
39 BGHZ 134, 182 (187) = NJW 1997, 861; BayObLG NJW 1978, 700 (701) = DNotZ 1978, 159; BeckOK BGB/*Wendtland* § 137 Rn. 8; MüKoBGB/*Armbrüster* § 137 Rn. 15; Palandt/*Ellenberger* BGB § 137 Rn. 4; Staudinger/*Kohler* BGB § 137 Rn. 31; aA Jauernig/*Mansel* BGB § 137 Rn. 2; *Flume* BGB AT Bd. 2 § 17, 7.
40 BGHZ 134, 182 (186); BayObLG NJW 1978, 700; MüKoBGB/*Armbrüster* § 137 Rn. 35; Staudinger/ *Kohler* BGB § 137 Rn. 58 ff.; *Kohler* DNotZ 1989, 339 ff.; *Merrem* JR 1993, 53 ff.; aA Jauernig/*Mansel* BGB § 137 Rn. 2.

III. Wirksamkeit der schuldrechtlichen Verpflichtung

17 S. 2 stellt klar, dass die Wirksamkeit einer **schuldrechtlichen Verpflichtung** zur Nichtvornahme einer Verfügung durch S. 1 nicht infrage gestellt wird. Ob eine solche Verpflichtung wirksam begründet worden ist, richtet sich damit nach allgemeinen Regeln. Die Verpflichtung kann grundsätzlich auch dann formfrei übernommen werden, wenn sie sich auf ein Grundstück bezieht. § 311 b Abs. 1 ist hier weder direkt noch entsprechend anwendbar.[41]

18 Der Grundsatz des S. 2 wird von § 1136 durchbrochen. Hiernach kann sich der Eigentümer eines Grundstücks gegenüber dem **Gläubiger einer Hypothek** nicht wirksam verpflichten, das Grundstück nicht zu veräußern oder nicht weiter zu belasten (→ § 1136 Rn. 1). Eine weitere Ausnahmevorschrift zu S. 2 findet sich in § 2302, wonach schuldrechtliche Beschränkungen der **Testierfreiheit** unwirksam sind. Nach der Grundregel des S. 2 kann der Erblasser sich aber wirksam verpflichten, eine Verfügung unter Lebenden zu unterlassen.[42]

19 Ob für die schuldrechtliche Verpflichtung nach § 137 S. 2 eine **zeitliche Obergrenze** besteht, war lange Zeit sehr umstritten. In der Literatur war die Auffassung verbreitet, dass schuldrechtliche Verfügungsverbote nach 30 Jahren erlöschen.[43] Der BGH hat sich jedoch der Gegenauffassung[44] angeschlossen, wonach es keine allgemeine zeitliche Obergrenze von 30 Jahren für schuldrechtliche Verfügungsverbote gebe.[45] Die unbegrenzte Geltung schuldrechtlicher Verfügungsverbote widerspreche auch nicht dem Zweck des § 137 S. 1, weil es dort nicht um den Schutz der persönlichen Freiheit des Rechtsinhabers, sondern um die Sicherung des numerus clausus der Sachenrechte und der Zwangsvollstreckung gehe (→ Rn. 2 ff.). Im Einzelfall kann ein schuldrechtliches Verfügungsverbot allerdings nach § 138 Abs. 1 nichtig sein. Hieran ist insbesondere zu denken, wenn die **Entfaltungsmöglichkeiten** des Belasteten übermäßig eingeschränkt werden, weil er nicht die Zustimmung zu einer den Grundsätzen ordnungsgemäßer Wirtschaft entsprechenden Verfügung (zB Belastung) verlangen kann. Nach Ansicht des BGH kommt aber eine **ergänzende Vertragsauslegung** (§§ 133, 157) in Betracht, wonach die Vereinbarungen der Parteien um einen Anspruch des Belasteten auf Zustimmung zu solchen Verfügungen zu ergänzen sind, um die Nichtigkeit der Vereinbarung zu vermeiden.[46]

IV. Verstärkung und Sicherung des Unterlassungsanspruchs

20 Die Verpflichtung des Schuldners zur Unterlassung der Verfügung korrespondiert mit einem **Unterlassungsanspruch** des Gläubigers. Zur Verstärkung des Anspruchs ist es zulässig, dass der Gläubiger sich für den Fall der Zuwiderhandlung eine **Vertragsstrafe** (§§ 339 ff.) versprechen lässt. Der Anspruch auf Zahlung der Vertragsstrafe kann dann seinerseits wieder nach allgemeinen Grundsätzen gesichert werden. Dabei kommt insbesondere die Bestellung einer Sicherungshypothek oder eines anderen Grundpfandrechts in Betracht.[47]

21 Betrifft der Unterlassungsanspruch die Verfügung über ein Grundstück, so stellt sich die Frage, ob er durch Eintragung einer **Vormerkung** gesichert werden kann. Die hM lehnt dies zu Recht ab.[48] Die Vormerkung hat die Funktion, dem Gläubiger bis zur Eintragung der Rechtsänderung einen vorläufigen Schutz zu gewähren. Sie kann daher nicht zur Sicherung von Ansprüchen eingesetzt werden, die nicht auf Eintragung einer Rechtsänderung gerichtet sind.[49] Hat der Gläubiger sich einen durch die vertragswidrige Veräußerung des Grundstücks bedingten Rückauflassungsanspruch einräumen lassen, so kann dieser Anspruch aber durch Vormerkung gesichert werden (→ Rn. 16).

22 Nach überwiegender Ansicht kann der Unterlassungsanspruch des Gläubigers schließlich auch durch ein **gerichtliches Veräußerungsverbot** gesichert werden, das im Wege der **einstweiligen Verfügung** (§§ 935,

---

41 BGHZ 103, 235 (238 f.); BeckOK BGB/*Wendtland* § 137 Rn. 12; Jauernig/*Mansel* BGB § 137 Rn. 3; PWW/*Ahrens* BGB § 137 Rn. 5.

42 BGHZ 31, 13 (18 f.); BeckOK BGB/*Wendtland* § 137 Rn. 17; MüKoBGB/*Armbrüster* § 137 Rn. 26.

43 So zB MüKoBGB/*Armbrüster* § 137 Rn. 25; *Großfeld/Gersch* JZ 1988, 937 (943 f.); *Berger*, S. 116 f.; *Wiesmann*, S. 101 f.

44 Staudinger/*Kohler* BGB § 137 Rn. 47, der aber im Einzelfall darauf abstellen will, ob dem Unterlassungsanspruch noch ein anerkennenswertes Interesse zugrunde liegt. Der Ablauf einer Frist von 30 Jahren soll dabei ein Indiz für den Wegfall des Interesses sein.

45 BGH NJW 2012, 3162 Rn. 13 ff.; zu den Konsequenzen für die Übertragung von Familienunternehmen *Pauli* ZEV 2013, 289 (296); zu den Auswirkungen auf die Vermögensnachfolgeplanung mit Traditionsvermögen *Oertzen/Blüm* ZEV 2016, 71 (74).

46 BGH NJW 2012, 3162 Rn. 32 ff.

47 Vgl. RGZ 73, 16 (18); Erman/*Arnold* BGB § 137 Rn. 9.

48 BeckOK BGB/*Wendtland* § 137 Rn. 15; MüKoBGB/*Armbrüster* § 137 Rn. 31; Erman/*Arnold* BGB § 137 Rn. 10; Palandt/*Ellenberger* BGB § 137 Rn. 6; Soergel/*Hefermehl* BGB § 137 Rn. 13.

49 MüKoBGB/*Kohler* § 883 Rn. 16 f.

938 Abs. 2 ZPO) erlassen wird.[50] Die Rechtswirkungen ergeben sich dann aus §§ 135, 136. Zu beachten ist insbesondere, dass ein solches Veräußerungsverbot im Grundbuch eingetragen werden kann (→ § 136 Rn. 7).[51] Der Zulässigkeit einer einstweiligen Verfügung wird in der Literatur zwar entgegengehalten, dass es in diesen Fällen an der notwendigen Vorläufigkeit des einstweiligen Rechtsschutzes fehle.[52] Wenn ein Recht nur durch eine einstweilige Verfügung gewahrt werden kann, entspricht es jedoch dem Gebot effektiven Rechtsschutzes, das Erfordernis der Vorläufigkeit ausnahmsweise zurücktreten zu lassen.[53]

V. Schadenersatzansprüche des Gläubigers

Verfügt der Schuldner entgegen einer wirksamen Verpflichtung über ein Recht, so muss man danach unter-   23
scheiden, ob der Dritterwerber zur Rückübertragung des Rechts bereit ist oder nicht. Bei einer entsprechen-
den Bereitschaft des Dritterwerbers muss der Schuldner sich in den Grenzen des § 275 Abs. 2 um den
Rückerwerb des Rechts bemühen.[54] Bei fehlender Bereitschaft des Drittwerbers zur Rückübertragung des
Rechts wird die Erfüllung der Unterlassungspflicht für den Schuldner nach § 275 Abs. 1 **unmöglich**.[55] Dem
Gläubiger steht daher ein Schadenersatzanspruch aus §§ 280 Abs. 1, 3, 283 zu.[56] Hatte der Schuldner die
Verfügung schon vor Eingehung der Verpflichtung vorgenommen, handelt es sich um einen Fall **anfängli-
cher Unmöglichkeit**. Der Schadenersatzanspruch ergibt sich damit aus § 311 a Abs. 2. Hat der Dritterwerber sich selbst gegenüber dem Gläubiger verpflichtet, den infrage stehenden Gegenstand nicht vom Schuldner zu erwerben, so haftet er nach den gleichen Grundsätzen.[57]

Deliktrechtlich kommen Schadenersatzansprüche **gegen den Schuldner** aus § 823 Abs. 2 iVm § 266 StGB   24
und § 826 in Betracht.[58] Bei kollusivem Zusammenwirken zwischen Schuldner und Dritterwerber kann dem
Gläubiger nach überwiegender Auffassung auch ein Schadenersatzanspruch **gegen den Dritterwerber** aus
§ 826 zustehen.[59] Der Gläubiger kann hiernach gem. § 249 Abs. 1 die Rückübertragung des Rechts auf den
Schuldner verlangen.

§ 138 Sittenwidriges Rechtsgeschäft; Wucher

(1) Ein Rechtsgeschäft, das gegen die guten Sitten verstößt, ist nichtig.

**(2) Nichtig ist insbesondere ein Rechtsgeschäft, durch das jemand unter Ausbeutung der Zwangslage,
der Unerfahrenheit, des Mangels an Urteilsvermögen oder der erheblichen Willensschwäche eines
anderen sich oder einem Dritten für eine Leistung Vermögensvorteile versprechen oder gewähren
lässt, die in einem auffälligen Missverhältnis zu der Leistung stehen.**

Literatur: *Andelewski,* Staatliche Mindestentgeltregelungen, DStR 2008, 2114; *Armbrüster,* Anfechtbarkeit oder Nichtig-
keit von Rechtshandlungen, FS Canaris, Bd. 1, 2007, 23; *Auer,* Materialisierung, Flexibilisierung, Richterfreiheit, 2005;
Bayreuther, Gesetzlicher Mindestlohn und sittenwidrige Arbeitsbedingungen, NJW 2007, ders., Der gesetzliche Mindestlohn, NZA 2014, 865; *Bezzenberger,* Ethnische Diskriminierung, Gleichheit und Sittenordnung im bürgerlichen Recht,
AcP 196 (1996), 395; *Boemke,* Kontenkündigung als Sittenverstoß, JuS 2001, 444; *Canaris,* Grundrechte und Privatrecht,
AcP 184 (1984), 201; *ders.,* Wandlungen des Schuldvertragsrechts – Tendenzen zu seiner „Materialisierung", AcP 200
(2000), 273; *Damm,* Kontrolle von Vertragsgerechtigkeit durch Rechtsfolgenbestimmung, JZ 1986, 913; *Drexl,* Verbraucherrecht – Allgemeines Privatrecht – Handelsrecht, in: Schlechtriem, Wandlungen des Schuldrechts, 2002, S. 97; *Eckert,*
Sittenwidrigkeit und Wertungswandel, AcP 199 (1999), 337; *Fischinger,* Vom richtigen Zeitpunkt: Sittenwidrigkeitskontrolle arbeitsvertraglicher Lohnabreden, JZ 2012, 546; *Hager,* Gesetzes- und sittenkonforme Auslegung und Aufrechterhaltung von Rechtsgeschäften, 1983; *ders.,* Die gesetzeskonforme Aufrechterhaltung übermäßiger Vertragspflichten –

50 BGH LM § 137 Nr. 2; BGHZ 134, 182 (187);
    BayObLG NJW 1978, 700 (701); Palandt/*Ellenber-
    ger* BGB § 137 Rn. 6; Erman/*Arnold* BGB § 137
    Rn. 10; PWW/*Ahrens* BGB § 137 Rn. 6; Soergel/
    Hefermehl BGB § 137 Rn. 13; Jauernig/*Mansel* BGB
    § 137 Rn. 3; RGRK/*Krüger-Nieland/Zöller* § 137
    Rn. 27; Zöller/*Vollkommer* ZPO § 938 Rn. 12; *Bülow*
    JuS 1994, 1 (8); *Däubler* NJW 1968, 1117 (1119);
    Mülbert AcP 214 (2014), 309, 315.
51 BeckOK BGB/*Wendtland* § 137 Rn. 15; Erman/
    Arnold BGB § 137 Rn. 10.
52 So MüKoBGB/*Armbrüster* § 137 Rn. 31; BeckOGK/
    Muthorst BGB § 137 Rn. 105; Staudinger/*Kohler*
    BGB § 137 Rn. 56; *Kohler,* S. 293 ff.; *ders.* DNotZ
    1989, 342 ff.; *Merrem* JR 1993, 53 (55).
53 *Mülbert* AcP 214 (2014), 309, 316.

54 BeckOGK/*Muthorst* BGB § 137 Rn. 98.
55 Vgl. BGHZ 37, 137 (151); Staudinger/*Olzen* BGB
    § 241 Rn. 140; *Berger,* S. 119 ff.
56 Vgl. Staudinger/*Kohler* BGB § 137 Rn. 50;
    BeckOGK/*Muthorst* BGB § 137 Rn. 99.
57 Vgl. OLG Köln NJW-RR 1996, 327; MüKoBGB/
    Armbrüster § 137 Rn. 32; BeckOGK/*Muthorst* BGB
    § 137 Rn. 101.
58 Staudinger/*Kohler* BGB § 137 Rn. 50; MüKoBGB/
    Armbrüster § 137 Rn. 32.
59 BGH NJW 1968, 1471; BeckOK BGB/*Wendtland*
    § 137 Rn. 16; MüKoBGB/*Armbrüster* § 137 Rn. 32;
    Soergel/*Hefermehl* BGB § 137 Rn. 11; Staudinger/
    Kohler BGB § 137 Rn. 51; BeckOGK/*Muthorst* BGB
    § 137 Rn. 101; Palandt/*Ellenberger* BGB § 137
    Rn. 6; *Mülbert* AcP 214 (2014), 309, 315.

BGHZ 89, 316 und 90, 69, JuS 1985, 264; *Henssler/Sittard*, Flexibler Mindestlohn durch Konkretisierung des Sittenwidrigkeitsurteils, RdA 2007, 159; *Honsell*, Die zivilrechtliche Sanktion der Sittenwidrigkeit, JA 1986, 573; *Joussen*, Das BAG und der Lohnwucher: Der Versuch einer Grenzziehung, SAE 2010, 95; *Jung*, Wucherähnliches Rechtsgeschäft – Tatbestand und Beweis, ZGS 2005, 95; *Kamanabrou*, Die Interpretation zivilrechtlicher Generalklauseln, AcP 202 (2002), 662; *Kapellmann*, Sittenwidrige Höhe einer einzelnen Nachtragsposition?, NJW 2009, 1380; *Kötz*, Die Ungültigkeit von Verträgen wegen Gesetz- und Sittenwidrigkeit, RabelsZ 58 (1994), 209; *Kulke*, Sittenwidrigkeit und Beschaffenheitsvereinbarungen bei Internetauktionen, NJW 2012, 2697; *Lindacher*, Grundsätzliches zu § 138 BGB, AcP 173 (1973), 124; *Looschelders*, Diskriminierung und Schutz vor Diskriminierung im Privatrecht, JZ 2012, 105; *ders.*, Schuldrecht Allgemeiner Teil, 16. Auflage 2018; *ders.*, Schuldrecht Besonderer Teil, 14. Auflage 2019; *Looschelders/Roth*, Juristische Methodik im Prozeß der Rechtsanwendung, 1996; *S. Lorenz*, Sittenwidrigkeit und Vertragsanbahnung – „procedural unconscionability" im deutschen Recht?, FS Canaris, Bd. 1, 2007, 777; *Majer*, Sittenwidrigkeit und Äquivalenzstörung – das wucherähnliche Geschäft, DNotZ 2013, 644; *Mayer-Maly*, Das Bewusstsein der Sittenwidrigkeit, 1971; *ders.*, Wertungswandel und Privatrecht, JZ 1981, 801; *ders.*, Die guten Sitten als Maßstab des Rechts, JuS 1986, 596; *ders.*, Was leisten die guten Sitten?, AcP 194 (1994), 105; *Medicus*, Über die Rückwirkung von Rechtsprechung, NJW 1995, 2577; *Naumann*, Sittenverstoß und Privatautonomie, 2003; *Ohly*, Generalklausel und Richterrecht, AcP 201 (2001), 1; *Otte*, Die Nichtigkeit letztwilliger Verfügungen wegen Gesetzes- oder Sittenwidrigkeit, JA 1985, 192; *Paulus/Zenker*, Grenzen der Privatautonomie, JuS 2001, 1; *Picker*, Antidiskriminierung als Zivilrechtsprogramm?, JZ 2003, 540; *Petersen*, Der Verstoß gegen die guten Sitten, Jura 2005, 387; *Reich*, Testamentsgestaltung zum Schutz des Familienheims vor dem sozialrechtlichen Zugriff, ZEV 2011, 639; *Rühle*, Das Wucherverbot – effektiver Schutz des Verbrauchers vor überhöhten Preisen?, 1978; *Sack*, Das Anstandsgefühl aller billig und gerecht Denkenden und die Moral als Bestimmungsfaktoren der guten Sitten, NJW 1985, 761; *ders.*, Der subjektive Tatbestand des § 826 BGB, NJW 2006, 945; *Schapp/Schur*, Einführung in das Bürgerliche Recht, 4. Aufl. 2007; *Schmoeckel*, Der maßgebliche Zeitpunkt zur Bestimmung der Sittenwidrigkeit nach § 138 I BGB, AcP 197 (1997), 1; *Schnabl/Hamelmann*, Das Ende der Sittenwidrigkeit sog. Geliebtentestamente, Jura 2009, 161; *Smid*, Rechtliche Schranken der Testierfreiheit aus § 138 I BGB, NJW 1990, 409; *Teubner*, Standards und Direktiven in Generalklauseln, 1971; *Thüsing*, Religion und Kirche in einem neuen Anti-Diskriminierungsrecht, JZ 2004, 172; *Wagner*, Die Sittenwidrigkeit von Angehörigenbürgschaften nach Einführung der Restschuldbefreiung und Kodifizierung der cic, NJW 2005, 2956.

A. Allgemeines 1
  I. Normzweck 1
    1. Sittenwidriges Rechtsgeschäft (Abs. 1) ... 1
    2. Wucher (Abs. 2) 7
  II. Entstehungsgeschichte 8
  III. Anwendungsbereich 10
    1. Privatrechtliche Rechtsgeschäfte 10
    2. Öffentliches Recht 13
  IV. Verhältnis zu anderen Vorschriften 14
    1. Gesetzliches Verbot, § 134 14
    2. Ergänzende Vertragsauslegung, § 157 16
    3. Treu und Glauben, § 242 17
      a) Die unterschiedlichen Standards 17
      b) Wirksamkeits- und Ausübungskontrolle 18
      c) Geltendmachung der Sittenwidrigkeit als unzulässige Rechtsausübung 19
        aa) Einseitiger Sittenverstoß 20
        bb) Beiderseitiger Sittenverstoß 21
        cc) Wandel der Verhältnisse oder Wertvorstellungen 22
      d) Geltendmachung der Wirksamkeit als unzulässige Rechtsausübung 23
    4. Fehlen der Geschäftsgrundlage, § 313 24
    5. Anfechtung wegen arglistiger Täuschung oder Drohung, § 123 25
    6. Sittenwidrige Schädigung, § 826 26
    7. Inhaltskontrolle von AGB, §§ 307 ff.; Widerrufsrechte § 312 ff. 28
    8. Gläubiger- bzw. Insolvenzanfechtung, § 3 AnfG, §§ 129 ff. InsO 30
    9. Gesellschaftsrecht 31
    10. Ordre public (Art. 6 EGBGB, Art. 21 Rom I-VO) 33
B. Regelungsgehalt 34
  I. Der Begriff der guten Sitten 34
    1. Grenzen der Auslegung 34
    2. Die Anstandsformel 35
  II. Rechtliche Maßstäbe 39
    1. Die Bedeutung der Grundrechte 40
      a) Mittelbare Drittwirkung der Grundrechte 40

      b) Grundrechtsverstoß und Sittenwidrigkeit 42
    2. Die einzelnen Grundrechte 45
      a) Menschenwürde, Art. 1 Abs. 1 GG 45
      b) Freie Entfaltung der Persönlichkeit, Art. 2 Abs. 1 GG 48
      c) Gleichheitssätze, Art. 3 GG 51
      d) Religions-, Weltanschauungs- und Gewissensfreiheit, Art. 4 GG 54
      e) Meinungsfreiheit, Art. 5 GG 56
      f) Ehe und Familie, Art. 6 GG 57
      g) Vereinigungs-, Koalitionsfreiheit und Parteienfreiheit, Art. 9, 21 GG 60
      h) Freizügigkeit, Art. 11 GG 62
      i) Berufsfreiheit, Art. 12 GG 63
      j) Eigentumsordnung und Erbrecht, Art. 14 GG 64
    3. Die sonstigen Verfassungsprinzipien 65
    4. Unionsrecht 68
    5. Einfachgesetzliche Wertentscheidungen .. 71
      a) Schutz von bestimmten Personengruppen 72
      b) Schutz des typischerweise schwächeren Vertragspartners 73
      c) Störung der Verhandlungsparität im Einzelfall 74
      d) Unzulässige Einflussnahme auf die Willensbildung 75
      e) Schutz vor unzulässiger Diskriminierung 76
      f) Vorbereitung, Förderung oder Ausnutzung strafbarer Handlungen 77
    6. Umgehungsgeschäfte 78
    7. Gewohnheits- und Richterrecht 79
    8. Ausländisches Recht 80
  III. Außerrechtliche Maßstäbe 81
    1. Mittelbarer Einfluss außerrechtlicher Maßstäbe 81
    2. Unmittelbarer Einfluss außerrechtlicher Maßstäbe 82
    3. Bedeutung der Sexualmoral 84
    4. Schutz der Ehe- und Familienordnung 85
    5. Bedeutung der Geschäftsmoral 86

6. Verletzung von Standesregeln 87
IV. Sittenwidrigkeit und Rechtswidrigkeit 88
V. Der Gegenstand der Bewertung 91
VI. Subjektive Merkmale 93
1. Meinungsstand 93
2. Würdigung 95
3. Personale Zuordnung subjektiver Merkmale 98
a) Allgemeines 98
b) Besondere subjektive Voraussetzungen 99
VII. Allgemeine Wertungskriterien 100
1. Überblick 100
2. Schutz des Geschäftspartners 102
a) Selbstbestimmungsrecht in höchstpersönlichen Angelegenheiten 103
b) Materiale Privatautonomie 104
aa) Die einzelnen Kriterien 105
(1) Inhaltliche Unausgewogenheit des Rechtsgeschäfts 106
(2) Beeinträchtigung der freien Selbstbestimmung 107
(3) Subjektive Elemente 109
bb) Das Verhältnis zwischen den Kriterien 110
3. Schutz Dritter 111
a) Vereitelung von Ansprüchen Dritter ... 112
b) Gefährdung des Vermögens Dritter (Gläubigergefährdung) 113
c) Verletzung einer Vertrauensstellung gegenüber dem Dritten 116
4. Schutz von Interessen der Allgemeinheit . 118
VIII. Zeitpunkt der Bewertung 122
1. Meinungsstand 122
2. Wandel der Wertvorstellungen 123
3. Änderung der tatsächlichen Verhältnisse .. 126
IX. Rechtsfolgen 128
1. Der Grundsatz der Totalnichtigkeit 128
2. Durchbrechungen der Totalnichtigkeit 132
a) Ex-nunc-Nichtigkeit von Gesellschafts- und Arbeitsverträgen 132
b) Teilnichtigkeit und geltungserhaltende Reduktion; Umdeutung 133
3. Nichtigkeit des Verfügungsgeschäfts 136
4. Schadensersatz 137
5. Rückabwicklung nach Bereicherungsrecht 138
X. Besonders wichtige Bereiche 140
1. Arbeitsrecht 140
a) Sittenwidrigkeit des Arbeitsvertrages und einzelner Klauseln 141
aa) Grundrechtswidrige Abreden 142
bb) Sittenwidrige Verlagerung von Arbeitgeberrisiken 143
cc) Inhaltskontrolle 146
dd) Besonderheiten bei den Rechtsfolgen 148
b) Sittenwidrige Beendigung des Arbeitsvertrags 149
aa) Verhältnis zum KSchG und zum AGG 149
bb) Maßstab der Sittenwidrigkeit 151
cc) Darlegungs- und Beweislast 156
dd) Auflösende Bedingungen und Aufhebungsverträge 157
2. Arztverträge 159
3. Bierlieferungs- und Tankstellenverträge .. 163
a) Grundlagen 163
b) Vertragsdauer 167
c) Weitere Vertragsbedingungen 172
d) Rechtsfolgen 174

4. Ehe und Familie 175
a) Ersatz- und Leihmutterschaft 175
b) Heterologe Insemination 176
c) Vereinbarungen über Kinderlosigkeit und Empfängnisverhütung 179
d) Nichteheliche Kinder 180
e) Adoption 182
f) Verlöbnis 183
g) Schutz der Ehe 185
h) Ehescheidung 186
i) Unangemessene Benachteiligung in Eheverträgen 187
j) Insbesondere: Vereinbarungen über nachehelichen Unterhalt 190
k) Vereinbarungen über den Zugewinnausgleich und den Versorgungsausgleich 194
5. Erbrecht 195
a) Allgemeines 195
b) Das Geliebtentestament 197
c) Behinderten- und Bedürftigentestament 199
d) Ebenbürtigkeitsklauseln 200
6. Gesellschaftsrecht 201
a) Allgemeines 201
b) Das Verhältnis von Gesellschaft und Gesellschaftern 203
aa) Ausschlussklauseln 203
bb) Abfindungsklauseln 204
cc) Sonstiges 210
c) Das Verhältnis der Gesellschafter untereinander 211
d) Das Verhältnis von Gesellschaft und Gesellschaftern zu Dritten 213
aa) Stimmbindungsvertrag 213
bb) Konzernverrechnungsklausel 215
7. Gewerblicher Rechtsschutz 216
8. Handelsrecht 217
9. Kaufverträge 218
a) Missverhältnis von Leistung und Gegenleistung 218
b) Außerhalb von Geschäftsräumen geschlossene Verträge 219
c) Sonstige Fälle 220
10. Kredit- und Kreditsicherungsgeschäfte ... 222
a) Kreditverträge 222
aa) Darlehensverträge 222
(1) Das wucherähnliche Geschäft 222
(2) Objektive Sittenwidrigkeit 224
(a) Ermittlung der Markt- und Vertragszinsen 225
(b) Vergleich 228
(3) Subjektive Sittenwidrigkeit 229
(4) Rechtsfolgen 230
bb) Besondere Kreditverträge und Einzelprobleme 234
(1) Kettenkreditverträge 234
(2) Finanzierungsleasingverträge über bewegliche Sachen 236
(3) Kreditverträge mit Kapitallebensversicherung 237
b) Personalsicherheiten, insbesondere Bürgschaften 238
aa) Allgemeines 238
bb) Sittenwidrigkeit von Bürgschaften bei besonderem Näheverhältnis 241
(1) Besonderes Näheverhältnis 242
(2) Krasse finanzielle Überforderung ... 243
(3) Widerlegung der Sittenwidrigkeitsvermutung 246

	cc)	Arbeits- und Gesellschaftsverhältnisse	249
	dd)	Sonstige Fälle sittenwidriger Bürgschaften	251
	ee)	Schuldbeitritt und Mithaftungsübernahme	253
	c)	Mobiliarsicherheiten und Sicherungszession	254
	aa)	Übersicherung	255
	(1)	Anfängliche Übersicherung	256
	(2)	Nachträgliche Übersicherung	259
	(3)	Kumulation von Sicherheiten	262
	bb)	Knebelung	263
	cc)	Kollision von Sicherungsrechten	264
	(1)	Sicherungszession und verlängerter Eigentumsvorbehalt	264
	(2)	Sonderfall: Factoring	268
	dd)	Verarbeitungsklauseln	271
	ee)	Kredittäuschung und Insolvenzverschleppung	273
	d)	Immobiliarsicherheiten	276
	aa)	Übersicherung	277
	bb)	Krasse finanzielle Überforderung des Sicherungsgebers	281
	cc)	Sittenwidrige Grundschuldbestellung wegen überhöhter Zinsen?	282
11.		Maklerverträge	284
12.		Miet- und Pachtverträge	290
13.		Rechtsanwälte und Inkassodienstleistungen	296
14.		Schenkung	297
15.		Schmiergeldvereinbarungen	300
16.		Sexualbezogene Leistungen	303
17.		Sport und Verbandsrecht	304
	a)	Allgemeines	304
	b)	Sittenwidrige Statuten	305
	c)	Verstoß gegen Verbandsstatut	310
	d)	Weitere Einzelfälle	311
18.		Standesrecht	313
	a)	Gefährdung der ordnungsgemäßen Berufsausübung	314
	b)	Vergütungsvereinbarungen	318
	aa)	Allgemeines	318
	bb)	Erfolgshonorare und Prozessfinanzierungsverträge	319
	cc)	Provisionsvereinbarungen	321
	c)	Praxisverkauf	323
19.		Straf- und Strafprozessrecht	324
	a)	Allgemeines	324

	b)	Einzelfälle	326
20.		Versicherungsrecht	329
21.		Verwaltungsrecht	331
22.		Wertpapierrecht	335
	a)	Wechselreiterei	335
	b)	Scheckreiterei	337
	c)	Diskontierung	339
23.		Wettbewerbsrecht	340
	a)	Unlauterer Wettbewerb	340
	aa)	Allgemeines	340
	bb)	Abwerbung von Arbeitskräften	341
	cc)	Schneeballsystem	342
	b)	Kartellrecht	343
24.		Wettbewerbsverbote	344
	a)	Handelsrecht	345
	b)	Gesellschaftsrecht	348
	c)	Freiberufler	350
25.		Zivilprozessrecht	353
	a)	Zwangsvollstreckung	353
	b)	Prozessvergleich	354
XI.		Wucher (Abs. 2)	355
1.		Allgemeines	355
2.		Verhältnis zu anderen Vorschriften	356
3.		Voraussetzungen	359
	a)	Allgemeines	359
	b)	Auffälliges Missverhältnis zwischen Leistung und Gegenleistung	361
	c)	Unterlegenheit des Vertragspartners	365
	aa)	Zwangslage	366
	bb)	Unerfahrenheit	368
	cc)	Mangelndes Urteilsvermögen	370
	dd)	Erhebliche Willensschwäche	371
	d)	Ausbeutung der Unterlegenheit	372
4.		Beweisrechtliche Wirkungen des besonders groben Missverhältnisses	373
5.		Rechtsfolgen	374
	a)	Umfang der Nichtigkeit	375
	aa)	Mietwucher	376
	bb)	Lohnwucher	377
	cc)	Kreditwucher	378
	b)	Schadensersatz	379
C.		**Weitere praktische Hinweise**	380
I.		Prozessuales	380
1.		Sittenwidrigkeit als Einwendung	380
2.		Beweislast	381
3.		Revisibilität	382
II.		Rückwirkungsprobleme bei Wandel der Wertanschauungen	383

A. Allgemeines

I. Normzweck

1 **1. Sittenwidriges Rechtsgeschäft (Abs. 1).** Die privatautonome **Gestaltungsfreiheit** wird nicht nur durch gesetzliche Verbote (§ 134), sondern auch durch die guten Sitten (Abs. 1) begrenzt. Beide Vorschriften stehen in einem engen funktionalen Zusammenhang. Mit dem Verweis auf die guten Sitten erkennt der Gesetzgeber an, dass er etwaigen Missbräuchen der Vertragsfreiheit nicht umfassend durch gesetzliche Verbote begegnen kann. Zusätzlich muss vielmehr eine **Generalklausel** bereitgestellt werden, die dem Richter den notwendigen Freiraum gibt, um der Vielgestaltigkeit der möglichen Lebenssachverhalte Rechnung zu tragen und neuere Entwicklungen zu berücksichtigen, ohne das Eingreifen des Gesetzgebers abwarten zu müssen.[1] Die Vorschrift hat demnach (ebenso wie im Deliktsrecht § 826) eine gewisse Auffangfunktion.[2]

---

1   Vgl. AK/*Damm* BGB § 138 Rn. 3; MüKoBGB/*Armbrüster* § 138 Rn. 3; *Wolf/Neuner* BGB AT § 46 Rn. 1. Allg. zur Funktion von Generalklauseln *Looschelders/Roth*, S. 198 ff.; *Teubner*, S. 60 ff.,

65 ff.; *Mayer-Maly* AcP 194 (1994), 105, 131 f.; *Ohly* AcP 201 (2001), 1, 7.
2   Staudinger/*Sack/Fischinger* BGB § 138 Rn. 68.

Mit dem Merkmal der „guten Sitten" enthält Abs. 1 einen **ausfüllungsbedürftigen Wertbegriff**, der außer- **2** rechtliche Maßstäbe in Bezug nimmt.[3] Dies beruht auf der Einsicht, dass die Achtung der für die Gesellschaft **grundlegenden Wertvorstellungen** für ein gedeihliches Zusammenleben unerlässlich ist.[4] Der Verweis auf außerrechtliche Maßstäbe ist notwendig, weil der Gesetzgeber diese Wertvorstellungen nicht für alle denkbaren Interessenkonflikte in konkreten Normen positivieren kann.[5] Abs. 1 löst das Problem, indem er die in Bezug genommenen außerrechtlichen Maßstäbe in **rechtliche** Maßstäbe transformiert.[6]

Die Bezugnahme auf die „guten Sitten" bedeutet nicht, dass der Richter die in der Gesellschaft **tatsächlich** **3** herrschenden Wertanschauungen ermitteln und der Entscheidung zugrunde legen soll.[7] Welche außerrechtlichen Wertungen über den Begriff der guten Sitten in rechtliche transformiert werden, ist vielmehr eine **normative** Wertungsfrage, die im Einklang mit den in der Rechtsordnung verankerten Wertungen beantwortet werden muss.[8] Dabei kommt der Wertordnung des Grundgesetzes eine herausragende Bedeutung zu (näher dazu → Rn. 40 ff.).[9]

Die Nichtigkeitsfolge des Abs. 1 beruht in erster Linie auf der Erwägung, dass die Rechtsordnung sitten- **4** widrigen Geschäften die Anerkennung verweigern muss, wenn sie die für die Gesellschaft **grundlegenden Wertvorstellungen** nicht destabilisieren will.[10] Die Vorschrift soll damit verhindern, „dass Rechtsgeschäfte in den Dienst des Unsittlichen gestellt werden".[11] Nachdem die meisten grundlegenden Wertvorstellungen heute einen **rechtlichen** Niederschlag gefunden haben, werden damit auch die **wesentlichen Grundsätze der Rechtsordnung** aufrechterhalten.[12] Gleichzeitig geht es um den Schutz der **individuellen** oder **öffentlichen Interessen**, die durch das sittenwidrige Geschäft beeinträchtigt werden.[13] Soweit andere Privatrechtssubjekte betroffen sind, kann dieser Schutz in krassen Fällen sogar verfassungsrechtlich geboten sein.[14] Dies gilt insbesondere für Rechtsgeschäfte, die die Menschenwürde oder das Selbstbestimmungsrecht des anderen Vertragspartners verletzen.[15]

Als weiterer Zweck des Abs. 1 wird teilweise die **Abschreckung** von der Vornahme sittenwidriger **5** Geschäfte genannt.[16] Richtig ist hieran, dass die Parteien nicht durch rechtliche Anerkennung zum Abschluss sittenwidriger Geschäfte ermuntert werden dürfen.[17] Ob die Nichtigkeitsfolge darüber hinaus abschreckend wirkt, erscheint zweifelhaft. Die Abschreckungsfunktion wird insoweit eher durch die Schadensersatzpflicht nach § 826 wahrgenommen.

Dass Abs. 1 nicht den Zweck hat, die Beteiligten wegen der Vornahme des Rechtsgeschäfts oder gar wegen **6** der dabei zu Tage getretenen verwerflichen Gesinnung zu **bestrafen**, ist heute allgemein anerkannt.[18] Die Irrelevanz pönaler Zwecke zeigt sich schon daran, dass Abs. 1 sich nicht auf das Verhalten der Beteiligten, sondern auf das von ihnen vorgenommene Rechtsgeschäft bezieht (→ Rn. 91).

2. Wucher (Abs. 2). Die Generalklausel des Abs. 1 wird durch den Wuchertatbestand des Abs. 2 konkreti- **7** siert. Da Abs. 2 einen **Sonderfall der Sittenwidrigkeit** regelt, muss die Vorschrift gegenüber Abs. 1 vorrangig geprüft werden. Liegen die Voraussetzungen des Wuchers nicht vor, so kann auf die Generalklausel des Abs. 1 zurückgegriffen werden.[19] Dabei muss die fehlende Voraussetzung für die Nichtigkeit des Rechtsgeschäfts nach Abs. 2 aber durch das besondere Gewicht der übrigen Merkmale des Abs. 2 oder das Vorliegen sonstiger sittenwidrigkeitsrelevanter Umstände kompensiert werden.[20] Praktische Bedeutung hat dies vor

3 Zur „Verweisungsfunktion" bzw. „Rezeptionsfunktion" vgl. *Teubner*, S. 65 ff.; *Ohly* AcP 201 (2001), 1, 7.

4 Vgl. MüKoBGB/*Armbrüster* § 138 Rn. 11.

5 Vgl. Erman/*Schmidt-Räntsch* BGB § 138 Rn. 1; *Looschelders/Roth* S. 199.

6 Vgl. PWW/*Ahrens* BGB § 138 Rn. 1.

7 So auch MüKoBGB/*Armbrüster* § 138 Rn. 14; Staudinger/*Sack/Fischinger* BGB § 138 Rn. 59; ferner *Larenz/Canaris* SchuldR BT II § 78 II 1 a (zu § 826): kein empirisch feststellbares Kriterium.

8 Vgl. Staudinger/*Dilcher*, 12. Aufl., BGB § 138 Rn. 5; *Looschelders/Roth*, S. 202.

9 Vgl. BVerfGE 89, 214 (229); BGHZ 106, 336 (338); 140, 118, 128; 142, 304, 307; BGH NJW 1986, 2944; Palandt/*Ellenberger* BGB § 138 Rn. 4; PWW/*Ahrens* BGB § 138 Rn. 17; MüKoBGB/*Armbrüster* § 138 Rn. 20 ff.; Jauernig/*Mansel* BGB § 138 Rn. 6; *Bork* BGB AT Rn. 1182.

10 Treffend *Leonhard* FS Bekker 1907, S. 89, 106: „Der Verstoß gegen die guten Sitten liegt in der Gefährdung ihrer Fortdauer"; vgl. auch *Lindacher* AcP 173 (1973), 124, 125.

11 *Medicus/Petersen* BürgerlR Rn. 680; vgl. auch Erman/*Schmidt-Räntsch* BGB § 138 Rn. 1.

12 BGHZ 106, 336 (338); Palandt/*Ellenberger* BGB § 138 Rn. 3.

13 *Eckert* AcP 199 (1999), 337, 351; ferner AK/*Damm* BGB § 138 Rn. 96 ff.

14 Vgl. BVerfGE 89, 214 (229 ff.)

15 Vgl. *Esser/Schmidt* Schuldrecht AT I § 10 II 2 a: Schutz der Menschenwürde und des Selbstbestimmungsrechts als zentrale Funktion des § 138 Abs. 1.

16 So MüKoBGB/*Armbrüster* § 138 Rn. 2; BeckOGK/*Jakl* BGB § 138 Rn. 5; RGRK/*Krüger-Nieland/Zöller* BGB § 138 Rn. 2; *Lindacher* AcP 173 (1973), 124, 125.

17 Vgl. BGHZ 60, 102 (105 f.); *Lindacher* AcP 173 (1973), 124, 129.

18 Dies betont zutr. *Eckert* AcP 199 (1999), 337, 351.

19 BGH NJW 2007, 2841; PWW/*Ahrens* BGB § 138 Rn. 51; Soergel/*Hefermehl* BGB § 138 Rn. 73; Staudinger/*Sack/Fischinger* BGB § 138 Rn. 236.

20 Vgl. BGHZ 146, 298 (301); BGH NJW 2002, 3165 (3166); NJW-RR 2013, 1258 (1260); 2014, 653, 654; MüKoBGB/*Armbrüster* § 138 Rn. 142.

allem für die Beurteilung von **wucherähnlichen Geschäften** (dazu → Rn. 222 ff.). Auch sonst können die einzelnen Merkmale des Abs. 2 aber herangezogen werden, um im Zusammenspiel mit anderen sittenwidrigkeitsrelevanten Umständen die Nichtigkeit des Rechtsgeschäfts nach Abs. 1 zu begründen (→ Rn. 105 ff.).

II. Entstehungsgeschichte

8 Dass Verträge, die gegen die **guten Sitten** verstoßen, unwirksam bzw. rechtlich nicht durchsetzbar sind, war schon im römischen Recht anerkannt.[21] Die Verfasser des Ersten Entwurfs hatten die guten Sitten noch um die **öffentliche Ordnung** ergänzt. Maßgeblich war die Erwägung, dass der Inhalt eines Rechtsgeschäfts nicht nur „gegen die moralischen, sondern auch gegen die allgemeinen Interessen des Staates verstoßen kann und ein Verstoß gegen die letzteren nicht immer einen Verstoß gegen die ersteren enthält".[22] Die zweite Kommission hat den Verweis auf die öffentliche Ordnung gestrichen, weil ein Verstoß gegen die öffentliche Ordnung zumeist auch als Verstoß gegen die Rechts- und Sittlichkeitsordnung anzusehen sei.[23] Ein Antrag, die Wendung „gegen die guten Sitten" durch den Ausdrücke „gegen die Sittlichkeit" zu ersetzen, wurde mit der Begründung abgelehnt, dass die Bezugnahme auf die guten Sitten der Vorschrift einen umfassenderen Geltungsbereich sichere und den richtigen **objektiven Maßstab** enthalte.[24] Diese Erwägungen zeigen, dass es bei Abs. 1 nicht auf die Gebote der **Sittlichkeit** als Ausfluss innerer (individueller) Überzeugungen ankommt; vielmehr ist ein äußerer (gemeinschaftsbezogener) Maßstab zugrunde zu legen.[25] Deutlich wird außerdem, dass der Begriff der guten Sitten auch rechtlich verankerte Wertmaßstäbe als **Teil der öffentlichen Ordnung** umfasst. Da die öffentliche Ordnung einen weiter gehenden Inhalt aufweist, wurde sie aber zu Recht nicht neben die guten Sitten gestellt.[26]

9 Der **Wuchertatbestand** wurde erst von der Reichstagskommission in den § 138 eingefügt. Die Kommission hat sich dabei von der Erwägung leiten lassen, dass die Nichtigkeit wucherischer Geschäfte im BGB ausdrücklich ausgesprochen werden soll, weil „eine so wichtige, ins Civilrecht tief eingreifende Vorschrift … im BGB nicht unerwähnt bleiben" dürfe.[27] Praktische Bedeutung hatte die Einfügung des Abs. 2 für Fälle des Sachwuchers, der nur bei gewohnheitsmäßiger Begehung strafbar war. Da die Strafbarkeit wegen Wuchers nach § 291 StGB (§ 302a StGB aF) und das zivilrechtliche Wucherverbot des Abs. 2 inzwischen durch das 1. WiKG vom 29.7.1976[28] aufeinander abgestimmt worden sind, ist die letztere Überlegung obsolet. Es stellt sich daher die Frage, welche Bedeutung Abs. 2 neben § 134 iVm § 291 StGB heute noch zukommt (dazu → Rn. 357).

III. Anwendungsbereich

10 **1. Privatrechtliche Rechtsgeschäfte.** Soweit keine Sonderregelungen eingreifen, ist § 138 für **alle Rechtsgeschäfte** auf dem Gebiet des **Privatrechts** maßgeblich. Die Vorschrift ermöglicht (neben § 242) auch eine gerichtliche Inhaltskontrolle der internen Normen eines **Vereins oder Verbandes**, welche die Rechtsstellung der Mitglieder regeln. Dies gilt jedenfalls für den Fall, dass die Vereinigung im wirtschaftlichen oder sozialen Bereich eine überragende Machtstellung hat.[29] Im **Zivilprozessrecht** hat § 138 keine große Bedeutung, weil Prozesshandlungen grundsätzlich allein durch das Prozessrecht geregelt werden.[30] Eine Ausnahme besteht für den **Prozessvergleich**. Dieser ist nicht nur Prozesshandlung, sondern auch materiellrechtlicher Vertrag, der nach den Regeln der allgemeinen Rechtsgeschäftslehre zu beurteilen ist. Insoweit ist daher auch § 138 anwendbar.[31]

11 Der Begriff des **Rechtsgeschäfts** hat die gleiche Bedeutung wie in § 134 (dort → Rn. 7). Die Vorschrift gilt daher ebenfalls nicht nur für Verpflichtungs-, sondern auch für Verfügungsgeschäfte.[32] Nach dem Trennungs- und Abstraktionsprinzip schlägt die Sittenwidrigkeit des Verpflichtungsgeschäfts jedoch nicht auf das Verfügungsgeschäft durch (→ Rn. 137). Denkbar ist aber, dass beide Geschäfte nach § 138 sittenwidrig und damit unwirksam sind.

---

21   Vgl. *Flume* BGB AT Bd. 2 § 18, 1.
22   *Mugdan* I, S. 469.
23   *Mugdan* I, S. 725.
24   *Mugdan* I, S. 725.
25   Zur Abgrenzung von guten Sitten und Sittlichkeit
     s. *Schapp/Schur* Rn. 474.
26   So auch *Flume* BGB AT Bd. 2 § 18, 1; *Wolf/Neuner*
     BGB AT § 46 Rn. 12; zu weitgehend BeckOK BGB/
     Wendtland § 138 Rn. 17 und Palandt/*Ellenberger*
     BGB § 138 Rn. 3, die die öffentliche Ordnung ohne
     Einschränkung als Bestandteil der guten Sitten anse-
     hen.

27   *Mugdan* I, S. 970; vgl. dazu auch *Rühle*, S. 28.
28   BGBl. I S. 2034.
29   Vgl. BGHZ 105, 306 (316 ff.); 128, 93, 101 ff.; 142,
     304, 306.
30   RGZ 162, 65 (67 f.); *Rosenberg/Schwab/Gottwald*
     ZivilProzR § 65 Rn. 50 ff.
31   BGHZ 28, 171 (172); PWW/*Ahrens* BGB § 138
     Rn. 14.
32   Soergel/*Hefermehl* BGB § 138 Rn. 12; PWW/*Ahrens*
     BGB § 138 Rn. 13.

In **Fällen mit Auslandsberührung** ist § 138 nur anwendbar, wenn das Rechtsgeschäft nach den Regeln des **12** deutschen Internationalen Privatrechts (insbesondere Art. 3 ff. EGBGB und Art. 1 ff. Rom I-VO) dem deutschen Recht unterliegt. § 138 ist **keine** international zwingende **Eingriffsnorm** iSd Art. 9 Rom I-VO (Art. 34 EGBGB aF).[33] Im Einzelfall kann den Wertungen des § 138 aber über die Vorbehaltsklausel des Art. 21 Rom I-VO bzw. des Art. 6 EGBGB Geltung verschafft werden (→ Rn. 33). Zur Berücksichtigung **ausländischer Eingriffsnormen** im Rahmen des § 138 Abs. 1 → Rn. 80.

2. Öffentliches Recht. Aufgrund der Verweisung des § 59 Abs. 1 VwVfG ist § 138 auch auf **öffentlich-** **13** **rechtliche Verträge** anwendbar.[34] Für die Nichtigkeit von **Verwaltungsakten** wegen Sittenwidrigkeit gilt dagegen die Sonderregelung des § 44 Abs. 2 Nr. 6 VwVfG.[35] Im Übrigen kann sich die Sittenwidrigkeit privatrechtlicher Rechtsgeschäfte aus einer unzulässigen Verknüpfung mit der Vornahme von Verwaltungsakten oder sonstigen öffentlich-rechtlichen Handlungen ergeben (→ Rn. 331 ff.).

IV. Verhältnis zu anderen Vorschriften

1. Gesetzliches Verbot, § 134. Da Abs. 1 Fälle erfassen soll, in denen ein gesetzliches Verbot fehlt **14** (→ Rn. 21), ist **§ 134 vorrangig** anzuwenden.[36] Ist das Rechtsgeschäft hiernach unwirksam, so besteht für die zusätzliche Anwendung des Abs. 1 kein Anlass.[37] Führt der Gesetzesverstoß für sich genommen nach dem Zweck des Gesetzes nicht zur Unwirksamkeit des Rechtsgeschäfts, so kann aber auf Abs. 1 abgestellt werden.[38] Zu beachten ist dabei jedoch, dass die Sittenwidrigkeit nicht allein mit dem Verstoß gegen die gesetzliche Norm begründet werden kann.[39] Da ein sittenwidriges Rechtsgeschäft nach Abs. 1 (nahezu) immer nichtig ist (dazu → Rn. 129 ff.), verstieße ein solches Verständnis nämlich gegen die Wertung des § 134, wonach die Gesetzwidrigkeit gerade nicht in jedem Fall zur Nichtigkeit führen soll.[40] Die tatbestandlichen Voraussetzungen des Abs. 1 können jedoch vorliegen, wenn der Gesetzesverstoß durch weitere sittenwidrigkeitsrelevante Umstände verstärkt wird.

Zum Verhältnis von **Abs. 2** zu § 134 iVm § 291 StGB und § 5 WiStG → Rn. 356 ff. **15**

2. Ergänzende Vertragsauslegung, § 157. Die Feststellung der Sittenwidrigkeit setzt voraus, dass der **16** Inhalt des Rechtsgeschäfts durch Auslegung geklärt worden ist. Besondere Bedeutung kommt dabei der ergänzenden Vertragsauslegung (§ 157) zu. Bei der ergänzenden Auslegung von Verträgen hat man sich daran zu orientieren, was **redliche Vertragsparteien** nach Treu und Glauben vereinbart hätten, wenn sie den zu regelnden Fall bedacht hätten (→ § 157 Rn. 21 ff.). Redliche Vertragsparteien hätten aber keine Vereinbarungen getroffen, die mit den guten Sitten unvereinbar sind. Gelangt man mit dieser Überlegung zu dem Ergebnis, dass der Inhalt des Vertrages nicht zu missbilligen ist, scheidet ein Rückgriff auf Abs. 1 aus.[41]

3. Treu und Glauben, § 242. a) Die unterschiedlichen Standards. Neben Abs. 1 enthält § 242 die **17** zweite zentrale Generalklausel des BGB. Während der Standard der guten Sitten nur die Einhaltung eines „**sozialethischen Minimums**" (→ Rn. 89) gebietet, umschreiben die Gebote von Treu und Glauben aber **gesteigerte sozialethische Anforderungen**.[42] Die unterschiedlichen Maßstäbe erklären sich daraus, dass beide Vorschriften im Ausgangspunkt unterschiedliche Problemkreise regeln. Im Vordergrund des § 242 steht die Frage, wie man sich bei der Erfüllung seiner Pflichten und der Ausübung seiner Rechte im Rahmen eines **Schuldverhältnisses** bzw. einer rechtlichen **Sonderverbindung** zu verhalten hat. Hier ist ein strengerer Maßstab gerechtfertigt als im Verkehr zwischen „Jedermann", bei dem nur die niedrigeren Stan-

33 BGHZ 135, 124 (139); MüKoBGB/*Martiny* Rom I-VO Art. 9 Rn. 60; *Looschelders* IPR EGBGB Art. 34 Rn. 24.

34 Vgl. BGH NJW 1972, 1657; PWW/*Ahrens* BGB § 138 Rn. 14.

35 Vgl. PWW/*Ahrens* BGB § 138 Rn. 14; RGRK/*Krüger-Nieland/Zöller* BGB § 138 Rn. 8.

36 BGH NJW 1983, 868 (869 f.); BAG NJW 1993, 2701 (2703); Staudinger/*Sack/Fischinger* BGB § 138 Rn. 161.

37 Erman/*Schmidt-Räntsch* BGB § 138 Rn. 10; Soergel/*Hefermehl* BGB § 138 Rn. 63; aA BGHZ 53, 152 (160).

38 BGHZ 67, 119 (122 ff.); MüKoBGB/*Armbrüster* § 134 Rn. 4; PWW/*Ahrens* BGB § 138 Rn. 5; Soergel/*Hefermehl* BGB § 138 Rn. 63.

39 BGHZ 138, 291 (299); BAG NJW 1993, 2701 (2703); MüKoBGB/*Armbrüster* § 134 Rn. 4; Soergel/*Hefermehl* BGB § 138 Rn. 194.

40 BAG NJW 1993, 2701 (2703); Staudinger/*Sack/Fischinger* BGB § 138 Rn. 162; *Bork* BGB AT Rn. 1154.

41 Vgl. Palandt/*Ellenberger* BGB § 138 Rn. 14; RGRK/*Krüger-Nieland/Zöller* BGB § 138 Rn. 11.

42 Vgl. Staudinger/*Looschelders/Olzen* BGB § 242 Rn. 365; Staudinger/*Sack/Fischinger* BGB § 138 Rn. 31; *Schapp/Schur* Rn. 487; *Looschelders* SchuldR AT § 4 Rn. 5, 14; aA Staudinger/*Sack*, Neubearb. 2003, BGB § 138 Rn. 154 f.

dards der guten Sitten (§ 826) einzuhalten sind.[43] Abs. 1 regelt die Frage, wann ein Rechtsgeschäft wegen Missbrauchs der Privatautonomie nichtig sein soll. Da die Nichtigkeitsanordnung einen schweren Eingriff in die Privatautonomie darstellt, hat der Gesetzgeber hier einen weniger strengen Maßstab zugrunde gelegt. Ein Rechtsgeschäft ist danach nur nichtig, wenn es gegen die Mindeststandards verstößt, die im Verkehr zwischen „**Jedermann**" einzuhalten sind.[44] Dem lässt sich nicht entgegenhalten, dass § 138 von „Rechtsgeschäften" ausgeht und damit ebenfalls an eine Sonderverbindung anknüpft.[45] Entscheidend ist, dass im Rahmen des § 138 der gleiche Maßstab wie im Verkehr zwischen „Jedermann" gilt. Die unterschiedliche Strenge der Anforderungen spiegelt sich auch in den Formulierungen wider. Während Abs. 1 **negativ** vorschreibt, dass ein Rechtsgeschäft nicht gegen die guten Sitten verstoßen darf,[46] verlangt § 242 **positiv**, dass der Schuldner die Gebote von Treu und Glauben einzuhalten hat.

18 **b) Wirksamkeits- und Ausübungskontrolle.** Bei der praktischen Rechtsanwendung ist der Anwendungsbereich des § 242 stetig ausgeweitet worden.[47] Überschneidungen mit Abs. 1 ergeben sich insbesondere aus dem Gedanken der **unzulässigen Rechtsausübung**,[48] der die Privatautonomie im Vorfeld der Sittenwidrigkeit beschränkt.[49] Im Ausgangspunkt bleiben beide Vorschriften aber auch in diesem Bereich klar voneinander getrennt. Ist ein Rechtsgeschäft sittenwidrig, so ist es nach Abs. 1 nichtig. Verstößt die Ausübung eines Rechtes „lediglich" gegen den Grundsatz von Treu und Glauben, so greifen die flexibleren Rechtsfolgen des § 242 ein. Die Rechtsprechung hat hierzu im Hinblick auf die Inhaltskontrolle von Eheverträgen ein **zweistufiges Prüfungsverfahren** entwickelt. In einem ersten Schritt wird geprüft, ob das Rechtsgeschäft wegen Verstoßes gegen die guten Sitten nach Abs. 1 nichtig ist (Wirksamkeitskontrolle). Wird diese Frage verneint, so muss in einem zweiten Schritt der Frage nachgegangen werden, ob der Begünstigte im Einzelfall nach Treu und Glauben (§ 242) gehindert ist, die Rechte aus dem Geschäft geltend zu machen (Ausübungskontrolle).[50]

19 **c) Geltendmachung der Sittenwidrigkeit als unzulässige Rechtsausübung.** Eine andere Frage ist, ob der benachteiligte Vertragspartner unter dem Aspekt der unzulässigen Rechtsausübung (§ 242) **gehindert** sein kann, **sich auf die Sittenwidrigkeit des Rechtsgeschäfts** zu berufen. Diese Frage wird von der hM grundsätzlich bejaht.[51] Da sittenwidrige Rechtsgeschäfte nicht über den Grundsatz von Treu und Glauben Wirksamkeit erlangen dürften, müsse die Anwendung des § 242 jedoch auf besonders gelagerte Ausnahmefälle beschränkt bleiben. Dieser Auffassung ist grundsätzlich zuzustimmen. Da die Sittenwidrigkeit nach Abs. 1 als Einwendung **von Amts wegen** beachtet werden muss, kann die Geltendmachung der Sittenwidrigkeit als solche zwar nicht treuwidrig sein.[52] Denkbar ist jedoch, dass der Einwand der unzulässigen Rechtsausübung durch besondere Umstände gerechtfertigt wird. Drei Fallgruppen lassen sich hier unterscheiden.

20 **aa) Einseitiger Sittenverstoß.** Nach hM kommt die Anwendung des § 242 gegenüber der Geltendmachung der Sittenwidrigkeit vor allem in Fällen des **einseitigen Sittenverstoßes** in Betracht. Grundsätzlich kann sich zwar selbst die Vertragspartei auf die Nichtigkeit nach § 138 berufen, die bewusst gegen die guten Sitten verstoßen hat.[53] Etwas anderes soll jedoch gelten, wenn der sittenwidrig Handelnde dadurch einen unangemessenen Vorteil zulasten der redlichen Partei erlangen würde.[54] Hier stellt sich jedoch die Frage, ob das Problem nicht besser durch eine teleologische Reduktion der Nichtigkeitsfolge gelöst wird.[55] Bei einsei-

43 *Fikentscher/Heinemann*, Schuldrecht, Rn. 199; *Looschelders* SchuldR AT § 4 Rn. 5 f. Dass § 242 im Ausgangspunkt ein Schuldverhältnis oder zumindest eine rechtliche Sonderverbindung voraussetzt, ist weitgehend anerkannt (vgl. Soergel/*Teichmann* BGB § 242 Rn. 30 ff.). Nach verbreiteter Ansicht enthält § 242 zwar einen allg. Rechtsgedanken, der auch außerhalb von rechtlichen Sonderverbindungen gilt (vgl. *Medicus/Lorenz* Schuldrecht I § 14 Rn. 129). Dies ändert jedoch nichts daran, dass die sozialethischen Anforderungen im Rahmen von Sonderverbindungen höher sind (vgl. Staudinger/*Looschelders/Olzen* BGB § 242 Rn. 129).

44 Ähnlich *Schapp/Schur* Rn. 487; *Bähr* DB 1981, 1759 (1767).

45 So aber Staudinger/*Schmidt* (1995) BGB § 242 Rn. 270.

46 Vgl. *Flume* BGB AT Bd. 2 § 18, 1; *Schapp/Schur* Rn. 475.

47 Ausf. zu dieser Entwicklung Staudinger/*Looschelders/Olzen* BGB § 242 Rn. 50 ff.

48 Vgl. Staudinger/*Looschelders/Olzen* BGB § 242 Rn. 213 ff.

49 BeckOK BGB/*Wendtland* § 138 Rn. 8.

50 Vgl. BGH NJW 2004, 930 (935); 2005, 2386, 2388; 2007, 2848, 2849; 2008, 3426, 3427; zusammenfassend Staudinger/*Looschelders/Olzen* BGB § 242 Rn. 366 ff.

51 BGH NJW 1981, 1439 (1440); 1986, 2944, 2945; Palandt/*Ellenberger* BGB § 138 Rn. 21; Soergel/*Hefermehl* BGB § 138 Rn. 61; Staudinger/*Sack/Fischinger* BGB § 138 Rn. 33 ff.; Staudinger/*Looschelders/Olzen* BGB § 242 Rn. 490 ff.; aA RGZ 150, 181 (186); 160, 52, 56; BAG NJW 1976, 1958 (1959); Jauernig/*Mansel* BGB § 138 Rn. 27; MüKoBGB/*Armbrüster* § 138 Rn. 155.

52 BAG NJW 1976, 1758 (1759); MüKoBGB/*Armbrüster* § 138 Rn. 155.

53 BGHZ 27, 172 (180); 60, 103, 105; BAG NJW 1976, 1959; Soergel/*Hefermehl* BGB § 138 Rn. 61.

54 BGH WM 1972, 486 (488); RGRK/*Krüger-Nieland/Zöller* BGB § 138 Rn. 40.

55 So Staudinger/*Looschelders/Olzen* BGB § 242 Rn. 495.

tigen Sittenverstößen soll Abs. 1 die redliche Partei schützen. Dieser Schutzzweck würde in sein Gegenteil verkehrt, wenn der sittenwidrig Handelnde durch die Nichtigkeit unangemessen begünstigt würde.

bb) Beiderseitiger Sittenverstoß. In Ausnahmefällen soll die Anwendung des § 242 auch bei einem **bei-** **21** **derseitigen Sittenverstoß** gerechtfertigt sein.[56] Der BGH hat dies für einen Fall bejaht, in dem die Beklagte einen pornographischen Spielfilm über einen längeren Zeitraum verwertet und sich dann auf die Sittenwidrigkeit des Verleihvertrages über den Film berufen hatte.[57] Maßgeblich war die Erwägung, dass es widersprüchlich sei, zunächst für einen längeren Zeitraum die Vorteile des Vertrages für sich in Anspruch zu nehmen und dann die Sittenwidrigkeit geltend zu machen, um sich der Gegenleistungspflicht zu entziehen. Problematisch erscheint hier vor allem, dass der treuwidrig Handelnde die Vorteile des Rechtsgeschäfts behalten darf, weil bereicherungsrechtliche Ansprüche an § 817 S. 2 scheitern. Um dieses unangemessene Ergebnis zu vermeiden, muss man jedoch nicht die Nichtigkeitsfolge des Abs. 1 einschränken. Es genügt vielmehr, die Sperre des § 817 S. 2 außer Kraft zu setzen.[58]

cc) Wandel der Verhältnisse oder Wertvorstellungen. § 242 soll die Geltendmachung der Sittenwid- **22** rigkeit auch dann hindern, wenn das in Frage stehende Rechtsgeschäft im Zeitpunkt seiner Vornahme sittenwidrig war, im Zeitpunkt der Entscheidung aber aufgrund einer Änderung der tatsächlichen Verhältnisse oder der Wertanschauungen unbedenklich ist.[59] Diese Fallgruppe betrifft eine Problematik, die in erster Linie durch die **angemessene Bestimmung des Bewertungszeitpunkts** gelöst werden muss (dazu → Rn. 122 ff.). Soweit hierdurch keine Abhilfe geschaffen werden kann, ist der Rückgriff auf § 242 aber gerechtfertigt. Sind die für die Missbilligung des Rechtsgeschäfts maßgeblichen Gründe entfallen, kann die Geltendmachung der Sittenwidrigkeit treuwidrig sein.

d) Geltendmachung der Wirksamkeit als unzulässige Rechtsausübung. Umgekehrt kann sich auch **23** das Problem stellen, dass ein im Zeitpunkt der Vornahme wirksames Rechtsgeschäft im Zeitpunkt der Entscheidung aufgrund eines Wandels der tatsächlichen Verhältnisse oder der Wertvorstellungen für sittenwidrig zu erachten ist. Die hM greift auch hier auf § 242 zurück. Die Geltendmachung des Anspruchs kann demnach rechtsmissbräuchlich sein, wenn das zugrunde liegende Rechtsgeschäft **nach den gegenwärtigen Verhältnissen und Wertvorstellungen sittenwidrig** ist (ausführlich dazu → Rn. 125, 127).[60] Ebenso kann die Geltendmachung einer objektiv, nicht aber subjektiv sittenwidrigen Abrede eine unzulässige Rechtsausübung nach § 242 darstellen.[61]

4. Fehlen der Geschäftsgrundlage, § 313. Der unangemessene Inhalt des Rechtsgeschäfts kann darauf **24** beruhen, dass die Parteien sich bei Abschluss des Vertrages über wesentliche Umstände geirrt haben. In diesem Fall kommt eine **Anpassung des Vertrages** nach § 313 Abs. 2 in Betracht. Lässt sich die Sittenwidrigkeit hierdurch vermeiden, so scheidet die Anwendung des Abs. 1 aus.[62]

5. Anfechtung wegen arglistiger Täuschung oder Drohung, § 123. In welchem Verhältnis § 138 zu **25** § 123 steht, ist umstritten. Teilweise wird angenommen, § 123 statuiere eine gegenüber § 138 vorrangige Sonderregelung für den Fall, dass die Sittenwidrigkeit allein in der unzulässigen Einflussnahme auf den Willen des anderen Vertragspartners durch arglistige Täuschung oder Drohung liegt.[63] Dies ist jedoch insofern missverständlich, als die unzulässige Einflussnahme auf den Willen des Vertragspartners für sich genommen schon gar nicht den Tatbestand des Abs. 1 verwirklicht.[64] Denn Abs. 1 setzt voraus, dass das **Rechtsgeschäft** als solches sittenwidrig ist. Die Vorschrift ist daher nur einschlägig, wenn die arglistige Täuschung oder Drohung durch weitere Umstände flankiert wird, die das Geschäft nach seinem **Gesamtcharakter** sittenwidrig erscheinen lassen.[65] Für diesen Fall ist aber anerkannt, dass § 123 keine Vorrangstel-

56 Vgl. BGH NJW 1981, 1439 (1440); 1986, 2944, 2945; Palandt/*Ellenberger* BGB § 138 Rn. 21; PWW/ *Ahrens* BGB § 138 Rn. 7; Staudinger/*Sack/Fischinger* BGB § 138 Rn. 34.
57 BGH NJW 1981, 1439 (1440).
58 Zur Einschränkung des § 817 S. 2 aus Schutzzweckgründen MüKoBGB/*Schwab* § 817 Rn. 22.
59 Vgl. Staudinger/*Sack/Fischinger* BGB § 138 Rn. 138; PWW/*Ahrens* BGB § 138 Rn. 7; *Schmoeckel* AcP 197 (1997), 1, 23.
60 Palandt/*Ellenberger* BGB § 138 Rn. 10; MüKoBGB/ *Armbrüster* § 138 Rn. 138; Staudinger/*Sack/Fischinger* BGB § 138 Rn. 36; *Medicus* NJW 1995, 2577 (2578).
61 BGH NJW 2013, 1963.
62 Vgl. BGHZ 126, 226 (241).

63 So etwa RGZ 114, 338 (342); 115, 378, 383; BGHZ 60, 102 (104); BGH NJW 1997, 254; BAG NJW 1997, 1940 (1942); AK/*Damm* BGB § 138 Rn. 102; BeckOK BGB/*Wendtland* § 138 Rn. 5; Erman/ *Schmidt-Räntsch* BGB § 138 Rn. 6; RGRK/*Krüger-Nieland/Zöller* BGB § 138 Rn. 10; Soergel/*Hefermehl* BGB § 123 Rn. 64; krit. Staudinger/*Sack/ Fischinger* BGB § 138 Rn. 28.
64 Zutr. RGZ 72, 216 (217 f.); MüKoBGB/*Armbrüster* § 123 Rn. 88; Staudinger/*Sack/Fischinger* BGB § 138 Rn. 28.
65 Vgl. BGH NJW 1995, 1425 (1428); 1995, 3315; 2005, 2991, 2992; 2008, 982, 983 (arglistige Täuschung); 2002, 2274, 2275 (Drohung); Soergel/ *Hefermehl* BGB § 138 Rn. 64; *Lorenz* FS Canaris, Bd. 1, 2007, 777, 779.

lung zukommt. Das Rechtsgeschäft ist vielmehr nach Abs. 1 nichtig.[66] Nach der Lehre von den **Doppelwirkungen im Recht** kann es darüber hinaus nach § 123 angefochten werden.[67] Für den Getäuschten oder Bedrohten ist dies sinnvoll, wenn Zweifel daran bestehen, ob das Rechtsgeschäft nach seinem Gesamtcharakter als sittenwidrig anzusehen ist.

26 **6. Sittenwidrige Schädigung, § 826.** Abs. 1 weist eine deutliche Parallele zu § 826 auf. In beiden Fällen handelt es sich um **Generalklauseln mit Auffangfunktion**. Indem beide Vorschriften das Merkmal der „Sittenwidrigkeit" verwenden, nehmen sie auf die gleichen außerrechtlichen Standards Bezug. Bei der Konkretisierung der Sittenwidrigkeit in Abs. 1 hat die Rechtsprechung daher ohne Bedenken auf die Gesetzesmaterialien zu § 826 zurückgegriffen (→ Rn. 35). Gleich ist jedoch nur der Bewertungsmaßstab. Erhebliche Unterschiede bestehen dagegen im Hinblick auf den Gegenstand der Bewertung sowie die Rechtsfolgen. Abs. 1 regelt die Frage, wann ein **Rechtsgeschäft** wegen Sittenwidrigkeit **unwirksam** ist. In § 826 geht es dagegen darum, wann ein **Verhalten** wegen Sittenwidrigkeit zum **Schadensersatz** verpflichtet.[68]

27 Aufgrund dieser Unterschiede laufen beide Vorschriften keineswegs notwendig parallel.[69] So lässt die Sittenwidrigkeit des Rechtsgeschäfts keinen sicheren Schluss auf die Sittenwidrigkeit des Handelns eines (oder beider) Beteiligten zu.[70] Die Sittenwidrigkeit nach Abs. 1 löst daher nicht immer Schadensersatzansprüche nach § 826 aus, sondern führt regelmäßig nur zu bereicherungsrechtlichen Ansprüchen.[71] Beruht die Nichtigkeit des Rechtsgeschäfts nach Abs. 1 auf einem **einseitigen Sittenverstoß** zulasten des anderen Teils, so werden im Allgemeinen aber auch die Voraussetzungen des § 826 erfüllt sein.[72] Darüber hinaus kommt ein Anspruch aus **culpa in contrahendo** (§§ 280 Abs. 1, 311 Abs. 2, 241 Abs. 2) in Betracht.[73]

28 **7. Inhaltskontrolle von AGB, §§ 307 ff.; Widerrufsrechte §§ 312 ff.** Die Inhaltskontrolle von AGB nach §§ 307 ff. richtet sich gegen **einzelne** unzulässige Klauseln. Sie folgt einem **wesentlich strengeren Maßstab** als Abs. 1.[74] So sind nach § 307 Abs. 1 alle Bestimmungen in AGB unwirksam, die den Vertragspartner entgegen den Geboten von **Treu und Glauben** unangemessen benachteiligen. Die Unwirksamkeit einer Klausel berührt die Wirksamkeit des Vertrages im Ganzen grundsätzlich nicht (§ 306 Abs. 1).

Abs. 1 regelt die Frage, ob das **Rechtsgeschäft im Ganzen** wegen Verstoßes gegen die guten Sitten als unwirksam anzusehen ist. Sind einzelne AGB-Klauseln nach §§ 307 ff. unangemessen, so begründet dies im Allgemeinen noch nicht die Sittenwidrigkeit des ganzen Vertrages. Etwas anderes muss aber gelten, wenn der Vertrag insgesamt aus sittlich verwerflicher Gesinnung so einseitig gefasst wurde, dass nur der eine Teil seine Rechte auf Kosten des anderen durchsetzt.[75] Insofern müssen bei der Prüfung der Sittenwidrigkeit auch solche Klauseln berücksichtigt werden, die nach §§ 307 ff. unwirksam sind.[76] Bei der Überprüfung formularmäßiger Verträge steht die Inhaltskontrolle nach §§ 307 ff. zwar im Vordergrund. Dies schließt den Rückgriff auf Abs. 1 aber in Extremfällen nicht aus.[77]

29 Nach der Rechtsprechung des BGH kann der Verbraucher ein Fernabsatzgeschäft auch dann nach §§ 312 c, 312 g (§ 312 d aF) **widerrufen**, wenn es den Kauf eines Radarwarngeräts zum Gegenstand hat und damit nach Abs. 1 nichtig ist (→ Rn. 220, 326).[78] Dies entspricht der hM, wonach das Widerrufsrecht nach § 355 generell unabhängig von der Wirksamkeit des Vertrages gewährt wird.[79] Nach dem Schutzzweck des Widerrufsrechts soll der Verbraucher sich durch ein einfach auszuübendes Recht einseitig vom Vertrag lösen können. Zudem erweisen sich die Rechtsfolgen des Widerrufs gegenüber einer Rückabwicklung nach §§ 812 ff. oftmals als günstiger. Dies gilt insbesondere im Hinblick auf die Kondiktionssperre des § 817 S. 2, welche auf den Anspruch auf Rückgewähr der empfangenen Leistungen aus § 355 Abs. 3 (§ 357 aF iVm § 346) keine Anwendung findet.[80] Wegen der besonderen Schutzbedürftigkeit des Verbrauchers hat der BGH es auch zu Recht abgelehnt, das Widerrufsrecht auszuschließen, wenn der Verbraucher den die Ver-

66   BeckOK BGB/*Wendtland* § 138 Rn. 5; Erman/
     Schmidt-Räntsch BGB § 138 Rn. 6; MüKoBGB/*Armbrüster* § 123 Rn. 88; MüKoBGB/*Armbrüster* § 138
     Rn. 6; Staudinger/*Sack/Fischinger* BGB § 138
     Rn. 29.
67   MüKoBGB/*Armbrüster* § 123 Rn. 88; Jauernig/*Mansel* BGB Vor § 104 Rn. 22; Staudinger/*Dilcher*,
     12. Aufl., BGB § 138 Rn. 120; zur parallelen Problematik beim Widerruf BGH NJW 2010, 610 (611).
68   Zu diesem Unterschied BeckOK BGB/*Wendtland*
     § 138 Rn. 9; Palandt/*Ellenberger* BGB § 138 Rn. 17;
     Soergel/*Hefermehl* BGB § 138 Rn. 65; Staudinger/
     Sack/Fischinger BGB § 138 Rn. 229.
69   Zur Notwendigkeit einer getrennten Betrachtung
     BGHZ 10, 228 (232); Staudinger/*Oechsler* BGB
     § 826 Rn. 43 ff.
70   Palandt/*Ellenberger* BGB § 138 Rn. 17; Staudinger/
     Sack/Fischinger BGB § 138 Rn. 229.

71   ´Staudinger/*Oechsler* BGB § 826 Rn. 44.
72   BeckOK BGB/*Wendtland* § 138 Rn. 9.
73   Vgl. BGHZ 99, 101 (106 f.); PWW/*Ahrens* BGB
     § 138 Rn. 10.
74   Vgl. BGHZ 94, 105 (112); 147, 279, 287; PWW/
     Ahrens BGB § 138 Rn. 8.
75   BGH NJW 2001, 2466 (2468).
76   BGHZ 136, 347 (355).
77   So auch BGHZ 136, 347 (355 f.); Staudinger/*Sack/
     Fischinger* BGB § 138 Rn. 40 ff.; aA BeckOK BGB/
     Wendtland § 138 Rn. 10; MüKoBGB/*Armbrüster*
     § 138 Rn. 5.
78   BGH NJW 2010, 610 mAnm *Möller*.
79   MüKoBGB/*Fritsche* § 355 Rn. 39 f.; Erman/*Koch*
     BGB § 355 Rn. 6; krit. *Möller* NJW 2010, 610 (612).
80   Vgl. *Möller* NJW 2010, 610 (612).

tragsnichtigkeit begründenden Umstand zumindest teilweise zu vertreten hat.[81] Ein solcher Ausschluss des Widerrufsrechts nach § 242 komme nur bei besonderer Schutzbedürftigkeit des Unternehmers (zB bei arglistigem Handeln des Verbrauchers gegenüber dem Unternehmer) in Betracht, welche aber im Falle eines beiderseitigen Verstoßes gegen die guten Sitten von vornherein ausscheide.[82]

8. Gläubiger- bzw. Insolvenzanfechtung, § 3 AnfG, §§ 129 ff. InsO. Die Vorschriften über die Gläubiger- bzw. Insolvenzanfechtung gehen dem Abs. 1 vor.[83] Anders als im Verhältnis zu § 123 gilt hier der Grundsatz der **Spezialität**, weil Fälle der Gläubigerbenachteiligung regelmäßig sittenwidrig sind.[84] Für die praktische Rechtsanwendung bedeutet dies, dass das Rechtsgeschäft grundsätzlich nicht schon kraft Gesetzes nach Abs. 1 nichtig ist, sondern angefochten werden muss. Eine Ausnahme wird für den Fall anerkannt, dass die Sittenwidrigkeit des Rechtsgeschäfts auf **besonderen Umständen** beruht, die über die Gläubigerbenachteiligung hinausgehen.[85] Hier folgt die Nichtigkeit des Rechtsgeschäfts unmittelbar aus Abs. 1. Eine Anfechtung ist also entbehrlich. **30**

9. Gesellschaftsrecht. Abs. 1 ist auch im Gesellschaftsrecht anwendbar. Für die Sittenwidrigkeit von **Hauptversammlungsbeschlüssen einer AG** enthält § 241 Abs. 1 Nr. 4 AktG jedoch eine vorrangige Sonderregelung. Die Vorschrift ist enger als Abs. 1, da sich die Sittenwidrigkeit gerade aus dem **Inhalt** des Beschlusses ergeben muss.[86] Folgt die Sittenwidrigkeit aus den sonstigen Umständen, so führt dies nicht kraft Gesetzes zur Nichtigkeit des Beschlusses; dieser kann aber nach § 243 Abs. 2 AktG anfechtbar sein.[87] Bei der **GmbH** bestehen für **Beschlüsse der Gesellschafterversammlung** keine Sonderregelungen; die Rechtsprechung wendet die Vorschriften des AktG aber entsprechend an.[88] **31**

Die **Nichtigkeit der AG** selbst ist in § 275 AktG geregelt. Für die GmbH findet sich eine entsprechende Vorschrift in § 75 GmbHG. Erforderlich ist jeweils eine Klage auf Nichtigerklärung der Gesellschaft. Ein Rückgriff auf Abs. 1 kommt damit nicht in Betracht.[89] Aus Gründen des Verkehrsschutzes ist Abs. 1 darüber hinaus auch nicht auf die Beitrittserklärung zu einer Kapitalgesellschaft anwendbar.[90] **32**

10. Ordre public (Art. 6 EGBGB, Art. 21 Rom I-VO). Für Fälle mit Auslandsberührung hatte Art. 30 EGBGB aF vorgeschrieben, dass ausländische Gesetze nicht anzuwenden sind, „wenn die Anwendung gegen die **guten Sitten** oder gegen den **Zweck eines deutschen Gesetzes**" verstoßen würde. Bei der Reform des Internationalen Privatrechts von 1986 ist die Bezugnahme auf die guten Sitten entfallen. Nach der geltenden Fassung der Vorbehaltsklausel (Art. 6 EGBGB) sind ausländische Vorschriften nicht anzuwenden, wenn ihre Anwendung zu einem Ergebnis führt, das mit **wesentlichen Grundsätzen des deutschen Rechts**, namentlich den **Grundrechten** unvereinbar ist.[91] Da die Bedeutung außerrechtlicher Maßstäbe in Abs. 1 einen gesetzlichen Ausdruck gefunden hat, können diese indessen auch auf der Grundlage des Art. 6 EGBGB zur Geltung gebracht werden.[92] Dabei ist jedoch zu beachten, dass der Vorbehalt des **ordre public** im Internationalen Privatrecht nur sehr zurückhaltend eingesetzt werden darf, weil sonst die grundsätzliche Gleichwertigkeit von inländischem und ausländischem Recht in Frage gestellt wäre.[93] Im Anwendungsbereich der **Rom I-VO** wird Art. 6 EGBGB durch Art. 21 Rom I-VO verdrängt. Entsprechendes gilt im Anwendungsbereich der anderen EU-Verordnungen zum IPR (vgl. Art. 26 Rom II-VO, Art. 12 Rom III-VO, Art. 31 EuGüVO, Art. 31 EuPartVO, Art. 35 EuErbVO). Hier gelten jedoch jeweils die gleichen Grundsätze wie nach Art. 6 EGBGB.[94] **33**

81 So aber MüKoBGB/*Fritsche* § 355 Rn. 40.
82 BGH NJW 2010, 610 (611).
83 BGHZ 53, 174 (180); 130, 314, 331; 138, 291, 299; BGH BB 2002, 1227 (1229); BeckOK BGB/*Wendtland* § 138 Rn. 12; Jauernig/*Mansel* § 138 Rn. 5; PWW/*Ahrens* § 138 Rn. 11; MüKoBGB/*Armbrüster* § 138 Rn. 6; Staudinger/*Sack/Fischinger* BGB § 138 Rn. 49.
84 Vgl. BGH BB 2002, 1227 (1229); ausf. *Armbrüster* FS Canaris, Bd. 1, 23 ff.
85 BGHZ 53, 174 (180); 138, 291, 299; BGH BB 2002, 1227 (1229); WM 2018, 1422 Rn. 33 ff. = NJW 2018, 2412 (Ls.); Erman/*Schmidt-Räntsch* § 138 Rn. 6; Palandt/*Ellenberger* BGB § 138 Rn. 16; Staudinger/*Sack/Fischinger* BGB § 138 Rn. 49; *Armbrüster* FS Canaris, Bd. 1, 23, 32 ff.; zur parallelen Problematik bei § 826 vgl. BGH NJW 2018, 2404 Rn. 50 ff. mAnm *Paulus*.

86 Vgl. BGHZ 15, 382 (384 ff.)
87 MüKoBGB/*Armbrüster* § 138 Rn. 7; MüKoAktG/*Hüffer/Schäfer* § 241 Rn. 36.
88 Vgl. BGHZ 11, 231 (235); 51, 209, 210 f.; 134, 364, 365 f.
89 Vgl. BeckOK BGB/*Wendtland* § 138 Rn. 14.
90 Vgl. RGZ 123, 102 (108) (GmbH); 124, 279, 287 (AG); 147, 257, 270 (Genossenschaft); Erman/*Schmidt-Räntsch* BGB § 138 Rn. 4; Palandt/*Ellenberger* BGB § 138 Rn. 11; Soergel/*Hefermehl* BGB § 138 Rn. 13.
91 Staudinger/*Looschelders* Einl. IPR Rn. 1280.
92 Vgl. *Looschelders* IPR Art. 6 Rn. 3; MüKoBGB/v. *Hein* EGBGB Art. 6 Rn. 136 f.
93 *Looschelders* IPR Art. 6 Rn. 10; Palandt/*Thorn* EGBGB Art. 6 Rn. 4.
94 Vgl. Staudinger/*Looschelders* Einl. IPR Rn. 1281.

B. Regelungsgehalt

I. Der Begriff der guten Sitten

34 **1. Grenzen der Auslegung.** Zentrales Merkmal des Abs. 1 sind die „guten Sitten". In Rechtsprechung und Literatur ist anerkannt, dass der Inhalt eines solchen ausfüllungsbedürftigen Wertbegriffs durch Auslegung nur schwer zu konkretisieren ist.[95] Gewisse Anhaltspunkte lassen sich jedoch aufzeigen. So ist dem Wort „Sitten" zu entnehmen, dass die Vorschrift auf **außerrechtliche Maßstäbe** verweist. Die negative Formulierung des Abs. 1 (→ Rn. 17) macht darüber hinaus deutlich, dass die guten Sitten nur eine **äußerste Grenze** der privatautonomen Gestaltungsfreiheit sind.

35 **2. Die Anstandsformel.** Bei der weiteren Konkretisierung des Begriffs hat die Rechtsprechung sich an den Motiven zu § 826 orientiert, die das „**Anstandsgefühl aller billig und gerecht Denkenden**"[96] in Bezug nehmen.[97] Der Aussagewert dieser Formel ist allerdings umstritten.[98] Das entscheidende Problem besteht darin, dass sich nicht rational bestimmen lässt, welche Personen zum Kreis der „billig und gerecht Denkenden" zu zählen sind.[99] Die Anstandsformel begründet damit die Gefahr eines Zirkelschlusses. Denn wer zu den „billig und gerecht Denkenden" gehört, lässt sich nur sagen, wenn man weiß, was im Einzelfall „billig und gerecht" ist. Dies soll durch die Anknüpfung an das „Anstandsgefühl aller billig und gerecht Denkenden" aber gerade festgestellt werden.[100] Der Rückgriff auf das Anstandsgefühl einer nicht klar umrissenen Personengruppe eröffnet darüber hinaus erheblichen Raum für **Manipulationen**, der in der Zeit des Dritten Reiches unter Berufung auf das „gesunde Volksempfinden" genutzt worden ist, um der „nationalsozialistischen Weltanschauung" Geltung zu verschaffen.[101] Schließlich wird zu Recht darauf hingewiesen, dass die Wendung „Anstandsgefühl" nach dem heutigen Sprachempfinden unglücklich ist.[102] Man sollte daher besser von **Wertvorstellungen** sprechen.

36 Bei allen berechtigten Einwänden hat die Anstandsformel aber doch eine gewisse Aussagekraft.[103] Die Bezugnahme auf das „Anstandsgefühl aller billig und gerecht Denkenden" verdeutlicht nämlich, dass der Richter sich **nicht** an seinen **eigenen persönlichen Wertvorstellungen** orientieren darf.[104] Davon abgesehen kann es auch weder auf die individuellen Anschauungen der Beteiligten noch auf die besonderen Vorstellungen einzelner Bevölkerungskreise oder Glaubensgemeinschaften ankommen.[105] Maßgeblich sind vielmehr die in der **Gesellschaft im Ganzen** anerkannten Wertvorstellungen.[106] Dabei können im Einzelfall aber auch die Anschauungen der beteiligten Kreise berücksichtigt werden.[107]

37 Entscheidend ist weiter, dass die in der Gesellschaft herrschenden Wertvorstellungen nicht „ungefiltert" übernommen werden dürfen, sondern am Maßstab von **Billigkeit und Gerechtigkeit** zu messen sind.[108] „Unsitten" müssen daher auch dann außer Betracht bleiben, wenn sie in der Gesellschaft weithin verbreitet und akzeptiert sind.[109] Der Maßstab von Billigkeit und Gerechtigkeit ist zwar ebenfalls sehr unbestimmt. Man kann sich hier jedoch an den Grundwerten der Rechtsordnung orientieren (ausführlich dazu → Rn. 39 ff.).

38 In Rechtsprechung und Literatur wird häufig betont, dass es nach der Anstandsformel auf einen **durchschnittlichen Standard** ankommt.[110] Dies heißt jedoch nichts anderes, als dass die besonders hoch stehenden Anschauungen einzelner Bevölkerungsgruppen bei der Konkretisierung der guten Sitten ebenso außer Betracht bleiben müssen wie etwaige Missbräuche und Unsitten.[111] Eine positive Definition des durch-

---

95 Allg. zu dieser Problematik *Looschelders/Roth*, S. 198 ff.

96 Motive II, 727 = *Mugdan* II, 406.

97 Das RG hat die „Anstandsformel" zunächst zur Konkretisierung des § 826 aufgegriffen (RGZ 48, 114 (124) und später in st. Rspr. auch bei § 138 Abs. 1 verwendet (so erstmals RGZ 80, 219 (221)). Dem ist der BGH gefolgt (vgl. BGHZ 10, 228 (232); 69, 295, 297; 141, 357, 361; BGH NJW 1994, 187 (188); 2009, 1346 Rn. 10; 2014, 1098 Rn. 23; 2014, 1380 Rn. 8). Ausf. zu dieser Entwicklung Staudinger/*Sack/ Fischinger* BGB § 138 Rn. 57.

98 Eingehend dazu *Sack* NJW 1985, 761 ff.

99 Zur Kritik vgl. nur *Wolf/Neuner* BGB AT § 46 Rn. 8; *Medicus/Petersen* BürgerlR Rn. 682.

100 *Looschelders/Roth*, S. 201.

101 Vgl. RGZ 150, 1 (2), 4; krit. PWW/*Ahrens* BGB § 138 Rn. 15; Staudinger/*Schiemann* Eckpfeiler C. Rn. 174. Ausf. dazu HKK/*Haferkamp* BGB § 138 Rn. 17, 23 ff.

102 *Flume* BGB AT Bd. 2 § 18, 1.

103 So auch MüKoBGB/*Armbrüster* § 138 Rn. 14; Staudinger/*Sack/Fischinger* BGB § 138 Rn. 61; *Flume* BGB AT Bd. 2 § 18, 1.

104 Vgl. Erman/*Schmidt-Räntsch* BGB § 138 Rn. 12 a; Soergel/*Hefermehl* BGB § 138 Rn. 8; *Wolf/Neuner* BGB AT § 46 Rn. 7; *Looschelders/Roth*, S. 201; *Kamanabrou* AcP 202 (2002), 662, 676.

105 BGHZ 21, 340 (350).

106 RGRK/*Krüger-Nieland/Zöller* BGB § 138 Rn. 19.

107 BGHZ 10, 228 (232); MüKoBGB/*Armbrüster* § 138 Rn. 14; PWW/*Ahrens* BGB § 138 Rn. 16.

108 MüKoBGB/*Armbrüster* § 138 Rn. 14.

109 Vgl. RGZ 120, 144 (148); BGHZ 10, 228 (232); MüKoBGB/*Armbrüster* § 138 Rn. 14.

110 BGHZ 10, 228 (232); Staudinger/*Sack/Fischinger* BGB § 138 Rn. 116; Jauernig/*Mansel* BGB § 138 Rn. 6; *Brox/Walker* BGB AT § 14 Rn. 11.

111 Vgl. Hk-BGB/*Dörner* § 138 Rn. 3; *Bork* BGB AT Rn. 1181; *Looschelders/Roth*, S. 200 f.

schnittlichen Standards erscheint dagegen schwer möglich. Die Anstandsformel liefert damit lediglich einen groben **Rahmen**, in dem der Begriff der guten Sitten weiter konkretisiert werden muss.[112]

II. Rechtliche Maßstäbe

Auf der Grundlage des geltenden Rechts wird die Konkretisierung der „guten Sitten" dadurch erleichtert, dass die meisten der für unsere Gesellschaft fundamentalen sozialethischen Wertungen ihren Niederschlag in der Rechtsordnung gefunden haben.[113] Bei der praktischen Rechtsanwendung empfiehlt es sich daher im Allgemeinen nicht, unmittelbar auf die guten Sitten abzustellen. Denn dieser Begriff ist zu abstrakt, um eine stringente Argumentation zu ermöglichen. Das Gleiche gilt für die „Anstandsformel", die letztlich nur eine etwas ausführlichere Umschreibung der guten Sitten liefert. Es ist daher primär mit den jeweiligen **Rechtsprinzipien** zu arbeiten, die im konkreten Fall betroffen sind. Soweit diese Prinzipien in unterschiedliche Richtungen weisen, muss die Entscheidung auf der Grundlage einer **Interessenabwägung** getroffen werden.[114] Der Richter kann dabei gezwungen sein, eine eigene Wertentscheidung zu treffen.[115] Er darf sich jedoch auch hier nicht an seinen persönlichen Gerechtigkeitsvorstellungen orientieren.[116]   **39**

1. Die Bedeutung der Grundrechte. a) Mittelbare Drittwirkung der Grundrechte. Bei der Konkretisierung der guten Sitten kommt den **Grundrechten** zentrale Bedeutung zu.[117] Es ist heute zwar anerkannt, dass die Grundrechte im Verhältnis zwischen den Bürgern im Allgemeinen keine unmittelbare Wirkung entfalten. Sie konstituieren aber eine objektive Wertordnung, die insbesondere bei der Auslegung der zivilrechtlichen Generalklauseln zu berücksichtigen ist (sog. **mittelbare Drittwirkung**, ausführlich dazu → § 134 Rn. 27 ff.).[118]   **40**

In der Literatur wird teilweise die Gefahr gesehen, dass der Rückgriff auf die Grundrechte die spezifischen Interessenwertungen des Privatrechts untergraben könnte.[119] Dem ist jedoch entgegenzuhalten, dass die Grundrechte lediglich eine „**Rahmenordnung**" konstituieren, die bei dem Erlass und der Auslegung privatrechtlicher Normen zu beachten ist.[120] Den Grundrechten lassen sich deshalb im Allgemeinen keine positiven Aussagen darüber entnehmen, wie ein privatrechtlicher Interessenkonflikt konkret aufzulösen ist. Sie können aber negativ aufzeigen, in welcher Weise der Interessenkonflikt nicht aufgelöst werden darf. Diese Grenzen stehen zwar in einem gewissen Spannungsverhältnis zum Grundsatz der **Privatautonomie**. Bei einem materiellen Verständnis der Privatautonomie lassen sich privatrechtliche und verfassungsrechtliche Wertungen jedoch miteinander versöhnen (→ 104 ff.).[121]   **41**

b) Grundrechtsverstoß und Sittenwidrigkeit. In Rechtsprechung und Literatur ist die Auffassung verbreitet, dass das Urteil der **Sittenwidrigkeit nicht bei jedem Grundrechtsverstoß** begründet sei.[122] Die Kriterien werden dabei unterschiedlich beschrieben. So hat der BGH in einer Entscheidung vom 9.2.1978 die Auffassung vertreten, dass Verstöße gegen Art. 3 GG im Erbrecht nur dann zur Nichtigkeit des Geschäfts führen, wenn sie „aus besonderen Gründen als anstößig empfunden werden".[123] In neuerer Zeit hat der BGH dagegen auf die objektive Schwere und den subjektiven Zweck des Grundrechtseingriffs abgestellt.[124] *Canaris* hat aus der restriktiven Haltung des BGH den Schluss gezogen, dass „der auf Extremfälle beschränkte Minimalschutz des § 138 BGB" nicht ausreicht, um den Grundrechten im Privatrecht Geltung zu verschaffen.[125]   **42**

---

112 Ähnlich Staudinger/*Sack/Fischinger* BGB § 138 Rn. 61.
113 Jauernig/*Mansel* BGB § 138 Rn. 6; PWW/*Ahrens* BGB § 138 Rn. 17.
114 Soergel/*Hefermehl* BGB § 138 Rn. 10.
115 Vgl. Staudinger/*Sack/Fischinger* BGB § 138 Rn. 111; *Bydlinski*, Juristische Methodenlehre, S. 416 f.; *Looschelders/Roth*, S. 186.
116 BGHZ 140, 118 (129); MüKoBGB/*Armbrüster* § 138 Rn. 14.
117 Vgl. BVerfGE 7, 198 (206); 89, 214, 229; BVerfG NJW 2004, 2008 (2009); NJW 2018, 1667 Rn. 31 ff.; BGHZ 70, 313 (324); 140, 118, 128; BGH NJW 1986, 2944; MüKoBGB/*Armbrüster* § 138 Rn. 20; PWW/*Ahrens* BGB § 138 Rn. 17; Soergel/*Hefermehl* BGB § 138 Rn. 10; Staudinger/*Sack/Fischinger* BGB § 138 Rn. 97 ff.
118 BVerfGE 7, 198 (205 f.); 84, 192, 194 f.; 89, 214, 229; BGHZ 70, 313 (324); 140, 118, 128; BAG NJW 1995, 210 (212); Jauernig/*Mansel* BGB § 138 Rn. 6; *Guckelberger* JuS 2003, 1151 ff.

119 Krit. insbes. *Diederichsen* AcP 198 (1998), 171 ff.
120 Vgl. Staudinger/*Sack/Fischinger* BGB § 138 Rn. 97 ff. Zum Rahmencharakter der Verfassung *Böckenförde* NJW 1976, 2089 ff.; *Wahl* Der Staat 20 (1981), 485, 502 ff.; *ders.* NVwZ 1984, 401 ff.
121 Vgl. *Canaris* AcP 200 (2000), 273, 295 ff.; Schlechtriem/*Drexl*, S. 97, 114 ff.; krit. Jauernig/*Mansel* BGB § 138 Rn. 12.
122 Vgl. BGHZ 70, 313 (325); 140, 118, 128 ff.; Hk-BGB/*Dörner* § 138 Rn. 3; Staudinger/*Sack/Fischinger* BGB § 138 Rn. 97 ff.; *Canaris* AcP 184 (1984), 201, 232 ff.; *Staudinger* Jura 2000, 467 ff.; einschr. auch MüKoBGB/*Armbrüster* § 138 Rn. 20.
123 BGHZ 70, 313 (325).
124 BGHZ 140, 118 (128 ff.); zustimmend Hk-BGB/*Dörner* § 138 Rn. 3; krit. in Bezug auf den konkreten Fall *Staudinger* Jura 2000, 467 ff.; vgl. auch BVerfG NJW 2004, 2008.
125 *Canaris* AcP 184 (1984), 201, 232 ff.

43 Bei genauerer Betrachtung zeigt sich, dass das Problem weniger bei Abs. 1 als bei der Auslegung der Grundrechte liegt. Richtig ist zwar, dass Abs. 1 nur einen **Mindeststandard** sichern soll; dieser wird aber gerade eben durch die Grundrechte konstituiert. Für das Internationale Privatrecht stellt Art. 6 S. 2 EGBGB klar, dass jede Grundrechtsverletzung einen Verstoß gegen den ordre public darstellt.[126] Eine Differenzierung zwischen tragbaren und untragbaren Grundrechtsverletzungen kommt hier also nicht in Betracht.[127] Diese Wertung lässt sich auf Abs. 1 übertragen. Verstößt ein Rechtsgeschäft gegen die Grundrechte, so muss es als sittenwidrig qualifiziert werden.[128] Eine Unterscheidung zwischen mehr oder weniger anstößigen oder schweren Grundrechtsverstößen ist unzulässig.

44 Die entscheidende Frage ist damit, wann ein **Grundrechtsverstoß** vorliegt. Bei der Beantwortung dieser Frage ist zu beachten, dass das Privatrecht einen Interessenkonflikt zwischen zwei (oder mehreren) Rechtssubjekten regelt, von denen sich jedes auf Grundrechte berufen kann. Bei der Anwendung der privatrechtlichen Generalklauseln ist der Richter deshalb gehalten, die grundrechtlich geschützten Interessen der Parteien nach dem Grundsatz der **praktischen Konkordanz** zu einem Ausgleich zu bringen.[129] Beeinträchtigt das Rechtsgeschäft die grundrechtlich geschützten Interessen eines Beteiligten, so liegt darin keineswegs notwendig eine Grundrechtsverletzung; der Eingriff kann nämlich durch die grundrechtlich geschützten Interessen des anderen Beteiligten gerechtfertigt sein.[130] Besondere Bedeutung haben dabei die **Vertragsfreiheit** (Art. 2 Abs. 1 GG)[131] und die **Testierfreiheit** (Art. 14 Abs. 1 GG).[132] Ob ein Rechtsgeschäft wegen Beeinträchtigung der grundrechtlich geschützten Interessen einer Partei sittenwidrig ist, muss daher durch eine sorgfältige **Interessenabwägung** ermittelt werden. Wird die Beeinträchtigung der grundrechtlich geschützten Interessen einer Partei nicht durch die Grundrechte der anderen Partei gerechtfertigt, so ist das Rechtsgeschäft nach Abs. 1 nichtig. Eine „besondere Anstößigkeit" muss dann nicht zusätzlich festgestellt werden.

45 **2. Die einzelnen Grundrechte. a) Menschenwürde, Art. 1 Abs. 1 GG.** Besonders große Bedeutung hat im Rahmen des Abs. 1 die Menschenwürde (Art. 1 Abs. 1 GG).[133] Der Inhalt der Menschenwürde lässt sich positiv schwer umschreiben. Negativ kann aber festgestellt werden, dass die Menschenwürde tangiert ist, „wenn der konkrete Mensch zum **Objekt**, zu einem bloßen Mittel, zur vertretbaren Größe herabgewürdigt wird".[134]

46 Bei der praktischen Rechtsanwendung wird die Menschenwürde insbesondere herangezogen, um die Sittenwidrigkeit von Rechtsgeschäften zu begründen, welche die **Sexualsphäre** berühren. So hat das BVerwG in einer umstrittenen Entscheidung die Auffassung vertreten, eine **Peep-Show** könne nicht nach § 33 a GewO genehmigt werden, weil die zur Schau gestellten Frauen dadurch in ihrer Menschenwürde verletzt würden. Problematisch ist in solchen Fällen, dass die Betroffenen die Beeinträchtigung regelmäßig freiwillig auf sich nehmen. Die Versagung der Genehmigung oder die Nichtigerklärung des zugrunde liegenden Rechtsgeschäfts scheint damit dem Grundsatz zu widersprechen, dass es nicht Sache des Staates ist, den Einzelnen vor sich selbst zu schützen.[135] Bei genauerer Betrachtung zeigt sich jedoch, dass diese Bedenken unberechtigt sind. Zu beachten ist zunächst, dass die „Freiwilligkeit" der Entscheidung zur Aufsichnahme einer Beeinträchtigung nicht selten zweifelhaft ist, weil der Betroffene sich in einer gewissen Zwangslage befinden mag.[136] Zum anderen gehört die Beachtung der Menschenwürde zu den Grundbedingungen des Zusammenlebens in der Gesellschaft, die nach der Wertordnung des Grundgesetzes auch bei einem freiwilligen Verzicht aufrechterhalten werden müssen.[137] Diese Wertungen werden durch das **ProstG** nicht grundsätzlich in Frage gestellt. Mit Rücksicht auf die Menschenwürde des Betroffenen kann eine rechtliche Verpflichtung zur Vornahme sexueller Handlungen auch nach Inkrafttreten dieses Gesetzes nicht anerkannt werden (→ Anh. zu § 138 Rn. 12). Die Bundesagentur für Arbeit ist dementsprechend auch nicht verpflich-

---

126 Vgl. BT-Drs. 10/504, S. 44.
127 Vgl. BT-Drs. 10/504, S. 44; BGHZ 120, 29 (34); MüKoBGB/*v. Hein* EGBGB Art. 6 Rn. 137; *Looschelders* IPR EGBGB Art. 6 Rn. 23; *ders.* RabelsZ 65 (2001), 463, 479.
128 Zutr. AK/*Damm* BGB § 138 Rn. 55.
129 Vgl. BVerfG NJW 2018, 1667 Rn. 32 (Stadionverbot); *Canaris* AcP 184 (1984), 201, 214; *Looschelders/Roth* JZ 1995, 1034 (1040 ff.).
130 Zutr. MüKoBGB/*Armbrüster* § 138 Rn. 20; *Medicus/Petersen* BürgerlR Rn. 694.
131 Vgl. BVerfGE 8, 274 (328); 12, 341, 347; 89, 214, 231; 98, 218, 259; BGHZ 142, 304 (314); *Wolf/Neuner* BGB AT § 10 Rn. 33; *Looschelders* SchuldR AT § 3 Rn. 1 f.
132 Zum Schutz der Testierfreiheit durch Art. 14 Abs. 1 GG BVerfGE 91, 346 (358); BVerfG NJW 2000,

2495; 2004, 2008, 2010; BGHZ 111, 36 (39); 123, 368, 371; 140, 118, 128.
133 Für Anwendung des § 134 bei Verstößen gegen die Menschenwürde Maunz/Dürig/*Herdegen* GG Art. 1 I Rn. 78.
134 Grundlegend *Dürig* AöR 81 (1956), 117, 127; hieran anknüpfend BVerwGE 64, 274 (278).
135 Zur grundsätzlichen Unzulässigkeit eines staatlichen Schutzes des Menschen vor sich selbst vgl. ausf. *Hillgruber*, Der Schutz des Menschen vor sich selbst, 1992, S. 111 ff.
136 Vgl. dazu *Singer* JZ 1995, 1133 ff.
137 Zutr. insoweit BVerwGE 64, 274 (279); ebenso BSG NJW 2010, 1627 (1630); vgl. auch *Looschelders*, Die Mitverantwortlichkeit des Geschädigten im Privatrecht, 1999, S. 182.

tet, Prostituierte an Bordellbetreiber zu vermitteln.[138] Nach den heutigen Wertanschauungen scheitert die Genehmigung von Peep-Shows gem. § 33 a GewO dagegen im Allgemeinen nicht mehr am Verdikt der Sittenwidrigkeit.[139] Zur zivilrechtlichen Bewertung von Verträgen über die Mitwirkung an Peep-Shows → Anh. § 138 Rn. 21.

Die Bedeutung des Art. 1 Abs. 1 GG beschränkt sich freilich nicht auf Verträge mit Bezug zur Sexualsphäre. So werden zB auch **Leihmutter-Verträge** sowie Verträge über die **heterologe Insemination** unter dem Aspekt der Menschenwürde erörtert (→ Rn. 175 ff.). **47**

b) Freie Entfaltung der Persönlichkeit, Art. 2 Abs. 1 GG. Der Schutz der Menschenwürde wird in vielen Bereichen durch das Recht auf freie Entfaltung der Persönlichkeit (Art. 2 Abs. 1 GG) flankiert. Beide Grundrechte schützen zunächst einen Kern **höchstpersönlicher Entscheidungen**, die nicht Gegenstand einer rechtsgeschäftlichen Bindung sein können. Dazu gehören zB Entscheidungen über die geschlechtliche Hingabe,[140] die Ausübung des Rechts auf Scheidung,[141] die Zahl der Kinder[142] oder die Einnahme empfängnisverhütender Mittel.[143] In diesem Bereich kann man sich freilich fragen, ob wirklich auf Abs. 1 zurückgegriffen werden muss oder ob es sich nicht um Fragen handelt, die der privatautonomen Gestaltungsmacht von vornherein entzogen sind.[144] **48**

In einem weiteren Sinne kann Art. 2 Abs. 1 GG auch herangezogen werden, um den Einzelnen davor zu schützen, dass er durch den Inhalt eines Rechtsgeschäfts **übermäßig belastet** wird. Dies gilt insbesondere, wenn eine Vertragspartei im konkreten Fall ein so großes Übergewicht hat, dass sie den Vertragsinhalt faktisch einseitig bestimmen kann.[145] Die Fälle möglicher Sittenwidrigkeit gehen allerdings weit über den (verfassungsrechtlich gebotenen) Schutz der schwächeren Vertragspartei bei **Störung der Verhandlungsparität** hinaus. So wird in der Literatur zu Recht hervorgehoben, dass die Wahrung der **wirtschaftlichen Entscheidungsfreiheit** ganz allgemein ein zentrales Ziel des Abs. 1 darstellt.[146] Normativer Hintergrund ist auch hier Art. 2 Abs. 1 GG. Anders als bei höchstpersönlichen Entscheidungen kann die Sittenwidrigkeit in diesem Bereich aber nur aufgrund einer sorgfältigen Abwägung mit den grundrechtlich geschützten Interessen des anderen Vertragspartners festgestellt werden. **49**

Das Recht auf freie Entfaltung der Persönlichkeit umfasst auch die Freiheit, die Privatsphäre im Bereich des Geschlechtslebens nach eigener Entscheidung zu gestalten. Der Arbeitgeber wird deshalb durch Art. 2 Abs. 1 GG daran gehindert, seinem Arbeitnehmer allein wegen dessen **sexueller Orientierung** (Homosexualität) zu kündigen.[147] Dieses Ergebnis wird durch die Wertungen der §§ 1, 7 AGG gestützt, die eine Benachteiligung von Beschäftigten wegen der sexuellen Identität verbieten. Da die Vorschriften des AGG auf Kündigungen nicht anwendbar sind (§ 2 Abs. 4 AGG), muss die Unwirksamkeit einer solchen Kündigung aber auch nach Inkrafttreten des AGG auf § 138 Abs. 1 oder § 242 gestützt werden.[148] **50**

c) Gleichheitssätze, Art. 3 GG. Die Bedeutung der Gleichheitsgrundrechte des Art. 3 GG im Rahmen des § 138 Abs. 1 wird unterschiedlich beurteilt. Die hM folgt auch hier der Lehre von der **mittelbaren Drittwirkung** der Grundrechte.[149] Dabei wird aber betont, dass man die Gleichheitsgrundrechte im Privatrecht besonders zurückhaltend anwenden müsse, weil sonst die Vertrags- und Testierfreiheit obsolet wären.[150] Auf der anderen Seite wird aber zu Recht darauf hingewiesen, dass Verstöße gegen Art. 3 Abs. 3 GG im Privatrecht „nicht unbegrenzt hingenommen" werden könnten, weil die Diskriminierungsverbote einen engen Bezug zur Menschenwürde (Art. 1 Abs. 1 GG) und zum allgemeinen Persönlichkeitsrecht (Art. 2 **51**

138 BSG NJW 2010, 1627.
139 Vgl. BeckOK GewO/*Ennuschat*, § 33 a Rn. 53.1; Tettinger/Wank/Ennuschat/*Ennuschat* GewO § 33 a Rn. 59 ff.
140 Vgl. *Pawlowski*, Methodenlehre, Rn. 109.
141 BGHZ 97, 304 (307) mit Bezugnahme auf Art. 6 GG; *Medicus/Petersen* BürgerlR Rn. 645.
142 RG JW 1908, 28; Soergel/*Hefermehl* BGB § 138 Rn. 216.
143 BGHZ 97, 372 (378); LAG Hamm DB 1969, 2353; Soergel/*Hefermehl* BGB § 138 Rn. 21; MüKoBGB/ *Armbrüster* § 138 Rn. 69; *Medicus/Petersen* BürgerlR Rn. 193 a; *Looschelders* Jura 2000, 169 (171).
144 Vgl. Soergel/*Hefermehl* BGB § 138 Rn. 21; *Medicus/ Petersen* BürgerlR Rn. 645; *Looschelders* Jura 2000, 169 (170).
145 Vgl. zu dieser Problematik BVerfGE 81, 242 (255); 89, 214, 233; *Looschelders* SchuldR AT § 3 Rn. 5; *Canaris* AcP 200 (2000), 273, 277 ff.

146 Vgl. MüKoBGB/*Armbrüster* § 138 Rn. 71; Soergel/ *Hefermehl* BGB § 138 Rn. 116 ff.
147 BVerfG NJW 2018, 1667 Rn. 31 ff. (Stadionverbot); BAG NJW 1995, 275 (277); Staudinger/ *Looschelders/Olzen* BGB § 242 Rn. 819; *Preis* NZA 1997, 1256 (1256). Eine Ausnahme mag für kirchliche Arbeitgeber gelten, vgl. *Thüsing* JZ 2004, 172 (179).
148 MüKoBGB/*Hergenröder* KSchG § 13 Rn. 37; Palandt/*Ellenberger* AGG § 2 Rn. 17; Staudinger/ *Looschelders/Olzen* BGB § 242 Rn. 820.
149 BGHZ 140, 118 (132); *Looschelders* JZ 2012, 105 (106).
150 Vgl. BGHZ 140, 118 (132); Staudinger/*Otte* Einl. zum ErbR Rn. 88 f.; *Pawlowski* BGB AT Rn. 147 a; *Lange/Kuchinke* ErbR § 35 III 2; *Bezzenberger* AcP 196 (1996), 395, 408 ff.; aA *Canaris* AcP 184 (1984), 201, 235 ff., der die besonderen Gleichheitssätze des Art. 3 Abs. 2 und 3 über § 134 uneingeschränkt zur Geltung bringen will.

Abs. 1 GG) des Benachteiligten aufweisen.[151] Welche Bedeutung die Diskriminierungsverbote des Art. 3 Abs. 3 GG im Verhältnis zur Vertrags- und Testierfreiheit haben, kann damit wieder nur aufgrund einer umfassenden **Interessenabwägung im Einzelfall** entschieden werden.

52 Eine gewisse Leitlinie für die Abwägung lässt sich gewinnen, wenn man darauf abstellt, ob das Rechtsgeschäft den Kernbereich der persönlichen Lebensführung betrifft oder nach den sonstigen Wertungen unserer Rechtsordnung legitimerweise durch individuelle Vorstellungen beeinflusst wird.[152] Eine striktere Kontrolle ist hiernach bei Rechtsgeschäften geboten, die einen Bezug zur **Öffentlichkeit** haben. In diese Richtung geht auch § 19 AGG, der den Anwendungsbereich des zivilrechtlichen Benachteiligungsverbotes grundsätzlich auf **Massengeschäfte** und ähnliche Geschäfte beschränkt und Schuldverhältnisse mit engem Bezug zur Privatsphäre sowie die Bereiche des Familien- und Erbrechts davon ausnimmt.[153] Erfasst werden damit vor allem Verträge, die von einem **Unternehmer** (§ 14) abgeschlossen werden. Der Gesetzgeber weist in der amtlichen Begründung ausdrücklich darauf hin, dass der mit dem Benachteiligungsverbot verbundene Eingriff in die Vertragsfreiheit bei Unternehmern eher zu rechtfertigen ist, weil sie sich mit ihrem Leistungsangebot in die **öffentliche Sphäre** begeben und es damit grundsätzlich an die **Allgemeinheit** richten.[154]

53 Mit Rücksicht auf das Grundrecht der Testierfreiheit (Art. 14 Abs. 1 S. 1 GG) wird dem Erblasser bei der **Errichtung letztwilliger Verfügungen** ein besonders großer Spielraum zugebilligt.[155] Nach der Rechtsprechung des BVerfG umfasst die Testierfreiheit auch die Freiheit, die Vermögensnachfolge nicht an den allgemeinen gesellschaftlichen Überzeugungen oder den Anschauungen der Mehrheit ausrichten zu müssen.[156] So soll es dem Erblasser grundsätzlich freistehen, mögliche Erben aus Gründen des Geschlechts,[157] der Rasse, der Religion oder der Weltanschauung zu benachteiligen.[158] Dies heißt aber nur, dass das Vorliegen einer Grundrechtsverletzung auch in diesen Fällen nicht ohne Weiteres feststeht, sondern aufgrund einer Abwägung mit den grundrechtlich geschützten Interessen des Erblassers festgestellt werden muss.[159] Entscheidend ist der **Gesamtcharakter** des Rechtsgeschäfts. Dabei ist auch die Motivation des Erblassers zu berücksichtigen.[160] So ist eine letztwillige Verfügung nach Abs. 1 grundsätzlich nichtig, wenn der Erblasser damit in erster Linie das Ziel verfolgt, höchstpersönliche Entscheidungen der Erben (zB Wahl des Ehegatten,[161] Scheidung,[162] Wechsel der Religionszugehörigkeit)[163] zu beeinflussen.[164] Die Sittenwidrigkeit folgt hier jedoch nicht aus Art. 3 Abs. 3 GG. Vielmehr lässt sich den jeweils einschlägigen Grundrechten (Art. 1, 2 Abs. 1, Art. 4, 6 GG) entnehmen, dass **höchstpersönliche Entscheidungen** in freier Selbstverantwortung zu treffen sind und nicht durch In-Aussicht-Stellen finanzieller Vorteile beeinflusst werden dürfen.[165] Beruht die letztwillige Verfügung auf Erwägungen, die nach den Wertungen unserer Rechtsordnung achtenswert sind, kann eine damit verbundene Einflussnahme auf höchstpersönliche Entscheidungen des Erben aber gerechtfertigt sein.[166] Diese Voraussetzung trifft auf die Wahrung des Ebenbürtigkeitsprinzips allerdings nicht mehr zu (näher dazu → Rn. 200).[167]

54 **d) Religions-, Weltanschauungs- und Gewissensfreiheit, Art. 4 GG.** Im Einzelfall kann auch die Religions-, Weltanschauungs- und Gewissensfreiheit nach Art. 4 GG im Rahmen des Abs. 1 Bedeutung erlangen. So ist in Rechtsprechung und Literatur anerkannt, dass die **Wahl der Religionszugehörigkeit** eine höchstpersönliche Entscheidung ist, die nicht zum Gegenstand einer vertraglichen Bindung gemacht

151 Vgl. auch *Rädler* NJW 1998, 1621 (1622).
152 Vgl. *Bezzenberger* AcP 196 (1996), 395, 415 ff.
153 Näher dazu *Looschelders* JZ 2012, 105 (108 ff.).
154 Begr. RegE, BT-Drs. 16/1780 S. 41 im Anschluss an *Bydlinski* AcP 180 (1980), 1, 39; vgl. auch MüKo-BGB/*Thüsing* AGG § 19 Rn. 36.
155 Vgl. BGHZ 70, 313 (325); 140, 118, 132; Erman/*Schmidt* BGB Vor §§ 2064 Rn. 14; MüKoBGB/*Armbrüster* § 138 Rn. 21; Staudinger/*Otte* Einl. zum ErbR Rn. 76 und 89; *Brox/Walker* ErbR § 18 Rn. 15; *Lange/Kuchinke* ErbR § 35 III 2; *Bezzenberger* AcP 196 (1996), 395, 416 ff.
156 BVerfG NJW 2000, 2495; 2004, 2008, 2010.
157 Dazu BGHZ 70, 313 (324 ff.); Staudinger/*Otte* Einl. zum ErbR Rn. 89.
158 So *Brox/Walker* ErbR § 18 Rn. 15; *Bezzenberger* AcP 196 (1996), 395, 418; grundsätzlich auch Staudinger/*Otte* BGB Vor §§ 2064–2086 Rn. 145 ff.; für strikte Anwendung des Art. 3 Abs. 3 GG im Erbrecht aber *Canaris* AcP 184 (1984), 201, 236.
159 Vgl. BVerfG NJW 2000, 2495; 2004, 2008, 2010; *Staudinger* Jura 2000, 467 (470).

160 Vgl. BGHZ 140, 118 (132); krit. *Smid* NJW 1990, 409 ff.
161 Vgl. BVerfG NJW 2004, 2008 (2010); BGHZ 140, 118 (130); *Brox/Walker* ErbR § 18 Rn. 15; *Lange/Kuchinke* ErbR § 35 IV 3 a; *Staudinger* Jura 2000, 467 (471).
162 Vgl. Staudinger/*Sack/Fischinger* BGB § 138 Rn. 686; *Brox/Walker* ErbR § 18 Rn. 15; *Flume* BGB AT Bd. 2 § 18, 2 b cc; *Smid* NJW 1990, 409 (415); zweifelhaft daher BGH FamRZ 1956, 130; dem BGH zust. *Lange/Kuchinke* ErbR § 35 IV 3 a.
163 RG SeuffArch. Band 69 Nr. 48; Soergel/*Hefermehl* BGB § 138 Rn. 22; vgl. auch BVerfGE 12, 1; *Thüsing* JZ 2004, 172 (174).
164 Staudinger/*Otte* Einl. zum ErbR Rn. 76 f.; *Bezzenberger* AcP 196 (1996), 395, 418.
165 Vgl. *Brox/Walker* ErbR § 18 Rn. 15; *Kipp/Coing* § 16 III; *Bezzenberger* AcP 196 (1996), 395, 418.
166 BGHZ 140, 118 (132); OLG Düsseldorf NJW 1988, 1615; Staudinger/*Otte* Einl. zum ErbR Rn. 76; *Lange/Kuchinke* ErbR § 35 IV 3.
167 BVerfG NJW 2004, 2008 (2010 f.); Staudinger/*Looschelders/Olzen* BGB § 242 Rn. 978.

werden kann.[168] Ebenso ist es grundsätzlich unzulässig, durch die Ausgestaltung einer letztwilligen Verfügung Einfluss auf die Wahl der Religionszugehörigkeit zu nehmen (→ Rn. 53). Es sind jedoch auch Ausnahmen denkbar. So hat es das OLG Düsseldorf für zulässig erachtet, dass der Erblasser eine Erbin für die Dauer ihrer Zugehörigkeit zu einer Sekte durch Anordnung der Testamentsvollstreckung belastet, um den Fortbestand der zum Nachlass gehörenden Firma zu gewährleisten.[169] Das Interesse des Erblassers am Fortbestand der Firma ist hiernach ein billigenswerter Beweggrund, der den Eingriff in die Religionsfreiheit der Erbin rechtfertigt. Die Wirksamkeit einer Klausel in einem Erbbauvertrag, nach der eine Kirchengemeinde berechtigt ist, bei einem Kirchenaustritt des Erbbauberechtigten ihr Heimfallrecht auszuüben, erscheint dagegen sehr zweifelhaft.[170]

Noch schwierigere Abwägungsprobleme ergeben sich im Hinblick auf die Freiheit, seine religiösen und weltanschaulichen Überzeugungen kundzutun (sog. **Bekenntnisfreiheit**). Zur Bekenntnisfreiheit gehört das Recht, eine Kleidung (zB **Kopftuch**) zu tragen, die den Geboten der eigenen Religion entspricht. Wird einer Arbeitnehmerin gekündigt, weil sie aufgrund ihrer religiösen Überzeugungen bei der Arbeit ein Kopftuch trägt, so kann die Kündigung nach § 138 Abs. 1 unwirksam sein.[171] Voraussetzung ist aber, dass der Eingriff in die Bekenntnisfreiheit (Art. 4 GG) nicht durch die Berufsfreiheit des Arbeitgebers (Art. 12 GG) gerechtfertigt wird. Entsprechende Grundsätze gelten bei der Beurteilung der Rechtmäßigkeit einer Weisung des Arbeitgebers an eine Arbeitnehmerin, während der Arbeitszeit kein Kopftuch zu tragen.[172] In neuerer Zeit kommt ein Verstoß gegen § 1 AGG in Betracht, der nach § 134 BGB zur Nichtigkeit der Kündigung führt. Ein Rückgriff auf § 138 Abs. 1 ist damit nicht mehr erforderlich (→ Rn. 152). **55**

e) Meinungsfreiheit, Art. 5 GG. Neben der Religions-, Weltanschauungs- und Gewissensfreiheit kommt der Meinungsfreiheit (Art. 5 GG) im Rahmen von Abs. 1 eine gewisse Bedeutung zu. Dies gilt insbesondere für das **Arbeitsrecht**.[173] So kann die Kündigung eines Arbeitsvertrages sittenwidrig sein, wenn sie sich als Reaktion auf eine durch Art. 5 GG geschützte Meinungsäußerung des Arbeitnehmers darstellt.[174] Zu beachten ist aber, dass das Recht der freien Meinungsäußerung nach der Rechtsprechung des BAG durch die Grundregeln über das Arbeitsverhältnis beschränkt wird.[175] Die Kündigung ist daher nicht sittenwidrig, wenn die Äußerungen des Arbeitnehmers die Interessen des Arbeitgebers in unzulässiger Weise beeinträchtigen (vgl. dazu → Rn. 153). **56**

f) Ehe und Familie, Art. 6 GG. Eine wichtige Rolle spielt im Rahmen des Abs. 1 der Schutz von Ehe und Familie (Art. 6 GG). Hier geht es zunächst darum, dass Entscheidungen über die Eingehung oder Scheidung einer Ehe wegen ihres **höchstpersönlichen Charakters** weder Gegenstand einer vertraglichen Vereinbarung sein können noch mittelbar durch In-Aussicht-Stellen finanzieller Vorteile beeinflusst werden dürfen (→ Rn. 48). Aus den gleichen Gründen ist die Kündigung eines Arbeitsvertrages wegen Verletzung einer **Zölibatsklausel** sittenwidrig.[176] **57**

In neuerer Zeit hat Art. 6 GG für die **inhaltliche Kontrolle von Eheverträgen** große Bedeutung gewonnen. Ausgangspunkt ist die Überlegung, dass Art. 6 GG von einem Leitbild der Ehe ausgeht, welches unter dem Einfluss des Art. 3 Abs. 2 GG durch eine gleichberechtigte Partnerschaft von Mann und Frau geprägt wird. Das BVerfG hat deshalb klargestellt, dass die Freiheit der Ehegatten zur Gestaltung von Eheverträgen rechtlich begrenzt werden muss, wenn der Vertrag nicht auf einer gleichberechtigten Partnerschaft beruht, sondern „eine auf **ungleichen Verhandlungspositionen** basierende **einseitige Dominanz eines Ehegatten** widerspiegelt" (zu den Konsequenzen → Rn. 188 ff.).[177] **58**

Weitere Wertungen des Art. 6 GG, die bei der Konkretisierung der Sittenwidrigkeit im Rahmen des Abs. 1 fruchtbar gemacht werden können, sind der **Vorrang des Kindeswohls** gegenüber den Interessen der Eltern (Art. 6 Abs. 2 GG), der **Anspruch von Müttern auf Schutz und Fürsorge** der Gemeinschaft (Art. 6 Abs. 4 GG)[178] sowie die **Gleichstellung von nichtehelichen Kindern** (Art. 6 Abs. 5 GG). Im Erbrecht kann die Sittenwidrigkeit einer letztwilligen Verfügung aber grundsätzlich nicht damit begründet werden, der Erblasser habe seine nichtehelichen Kinder gegenüber den ehelichen diskriminiert. Denn eine solche letztwillige **59**

168 RGZ 57, 250 (256); Soergel/*Hefermehl* BGB § 138 Rn. 21; *Looschelders* Jura 2000, 169 (171); *Smid* NJW 1990, 409 (415).

169 OLG Düsseldorf NJW 1988, 2615; iE zust. *Smid* NJW 1990, 409 ff.

170 Für Wirksamkeit einer solchen Klausel aber LG Flensburg BeckRS 2019, 32263.

171 Vgl. BAG NJW 2003, 1685 = NZA 2003, 483; BVerfG NJW 2003, 2815 (betr. Unwirksamkeit der Kündigung nach § 1 KSchG).

172 LAG Nürnberg NZA-RR 2018, 356 mAnm *Spielberger*. Das BAG hat die Sache mit Beschluss vom 30.1.2019 (10 AZR 299/18 (A)) dem EuGH zur Vorabentscheidung vorgelegt.

173 Vgl. Erman/*Schmidt-Räntsch* BGB § 138 Rn. 65.

174 Vgl. *Boemke* JuS 2001, 444 (445).

175 Vgl. BAGE 24, 438, 444 = NJW 1973, 77.

176 BAGE 4, 274, 279 f., 285; Staudinger/*Sack/Fischinger* BGB § 138 Rn. 595.

177 BVerfG NJW 2001, 957 (958); 2001, 2248; hieran anknüpfend BGHZ 158, 81 = NJW 2004, 930; BGH NJW 2005, 137 (138); 2007, 904, 905; 2008, 1080, 1081; 2009, 842, 844. Ausf. zum Ganzen *Bergschneider* FamRZ 2001, 1337 (1339); *Dauner-Lieb* AcP 201 (2001), 295 ff.

178 BVerfG NJW 2001, 957 (958).

Verfügung wird durch die Testierfreiheit (Art. 14 Abs. 1 GG) gedeckt. Das nichteheliche Kind wird durch das Pflichtteilsrecht ausreichend geschützt.

60 **g) Vereinigungs-, Koalitionsfreiheit und Parteienfreiheit, Art. 9, 21 GG.** Die Sittenwidrigkeit eines Rechtsgeschäfts kann sich auch daraus ergeben, dass es in unzulässiger Weise die **Vereinigungs- oder Parteienfreiheit** eines Beteiligten (Art. 9 Abs. 1 GG) beeinträchtigt. Zu denken ist etwa an den Fall, dass der Arbeitgeber seinem Arbeitnehmer wegen der Mitgliedschaft zu einer bestimmten Vereinigung oder politischen Partei kündigt.[179] Dies gilt nach hM selbst dann, wenn es sich um eine extremistische Partei handelt, sofern diese (noch) nicht gem. Art. 21 Abs. 2 GG durch das BVerfG verboten worden ist.[180] Eine Ausnahme muss aber anerkannt werden, wenn der Arbeitnehmer durch seine Betätigung die Interessen des Arbeitgebers in unzulässiger Weise beeinträchtigt.[181]

61 Verstößt das Rechtsgeschäft gegen das Grundrecht der **Koalitionsfreiheit** (Art. 9 Abs. 3 GG), so folgt die Nichtigkeit schon aus § 134 (→ § 134 Rn. 29). Denn nach Art. 9 Abs. 3 S. 2 GG kommt der Koalitionsfreiheit im Privatrecht eine unmittelbare Drittwirkung zu.[182]

62 **h) Freizügigkeit, Art. 11 GG.** Die Sittenwidrigkeit eines Rechtsgeschäfts kann auch aus den Wertungen des Art. 11 GG folgen. So ist eine Vereinbarung zwischen geschiedenen Ehegatten, in welcher ein Ehegatte sich zur Verlegung seines **Wohnsitzes** verpflichtet, nach Abs. 1 unwirksam.[183]

63 **i) Berufsfreiheit, Art. 12 GG.** Die Sittenwidrigkeit kann ferner darauf gestützt werden, dass das Rechtsgeschäft die von Art. 12 Abs. 1 GG geschützte Berufsfreiheit verletzt. Problematisch sind unter diesem Aspekt insbesondere **Wettbewerbsverbote** (dazu → Rn. 343 ff.).[184] Darüber hinaus hat der BGH aber auch etwa die in den Statuten des Niedersächsischen Fußballverbandes vorgesehene Verpflichtung zur Zahlung einer Ausbildungs- und Förderungsentschädigung bei der Verpflichtung eines Amateurspielers durch einen Verein der Regionalliga wegen Verstoßes gegen Abs. 1 iVm Art. 12 Abs. 1 GG für nichtig erklärt (s. a. → Rn. 305).[185]

64 **j) Eigentumsordnung und Erbrecht, Art. 14 GG.** Die Sittenwidrigkeit kann schließlich daraus folgen, dass das Rechtsgeschäft wesentliche Grundsätze der Eigentumsordnung oder das Erbrecht (Art. 14 GG) verletzt. In Bezug auf das Eigentum ist zu beachten, dass Art. 14 GG nicht nur die Freiheit des Eigentümers schützt, sondern auch dessen **Sozialbindung** betont.[186] Vor diesem Hintergrund können Rechtsgeschäfte, welche die Freiheit des Eigentümers übermäßig beschränken, ebenso sittenwidrig sein wie solche, in denen der Eigentümer seine Eigentumsrechte entgegen der Sozialbindung ausübt. Im Bereich des Erbrechts liegt Sittenwidrigkeit nahe, wenn das Rechtsgeschäft die **Testierfreiheit** des Erblassers in unzulässiger Weise beeinträchtigt.[187] Die meisten Fälle sind allerdings in § 2339 Abs. 1 Nr. 3 gesondert geregelt. Die Enterbung naher Angehöriger ist als solche nicht sittenwidrig, weil die Angehörigen durch das Pflichtteilsrecht (§§ 2303 ff. BGB) ausreichend geschützt werden (→ Rn. 195).[188]

65 **3. Die sonstigen Verfassungsprinzipien.** Die sonstigen Prinzipien der Verfassung können das Urteil der Sittenwidrigkeit ebenfalls beeinflussen. Besondere Bedeutung hat in diesem Zusammenhang das **Sozialstaatsprinzip** (Art. 20 Abs. 1, 28 Abs. 1 GG).[189] Das BVerfG zieht dieses Prinzip ergänzend heran, wenn es um den Schutz des schwächeren Vertragspartners geht.[190] Im Vordergrund der Argumentation stehen aber die Grundrechte der benachteiligten Partei.[191] Größere Bedeutung hat das Sozialstaatsprinzip für die Frage, ob Rechtsgeschäfte nach Abs. 1 unwirksam sind, wenn sie sich zulasten des Sozialhilfeträgers auswirken.

179 *Boemke* JuS 2001, 444 (447).
180 *Boemke* JuS 2001, 444 (445); *Polzer/Powietzka* NZA 2000, 970 (976).
181 BAGE 24, 438 = NJW 1973, 77; Staudinger/*Sack/Fischinger* BGB § 138 Rn. 595.
182 Vgl. BAG NJW 1987, 2893; 1999, 3281, 3284; BeckOK GG/*Cornils* Art. 9 Rn. 82; *Boemke* JuS 2001, 444 (447).
183 BGH NJW 1972, 1414; Erman/*Schmidt-Räntsch* BGB § 138 Rn. 107; Staudinger/*Sack/Fischinger* BGB § 138 Rn. 663; einschr. Soergel/*Hefermehl* BGB § 138 Rn. 167; für entspr. Anwendung des § 888 Abs. 2 ZPO in solchen Fällen *Canaris* AcP 184 (1984), 201, 232.
184 Vgl. BVerfG NJW 1990, 1469; BGH NJW 1986, 2944 (2945); 1997, 3089; 2000, 2584, 2585; 2010, 1206, 1207; MüKoBGB/*Armbrüster* § 138 Rn. 21; Staudinger/*Sack/Fischinger* BGB § 138 Rn. 448 ff.

185 BGH NJW 1999, 3552; ebenso BGH NJW 2000, 1028 (betr. Eishockey).
186 Vgl. *Baur/Stürner* SachenR § 1 Rn. 1.
187 BGHZ 50, 63 (70 ff.) (betr. Erbvertrag); vgl. auch *Röthel* AcP 210 (2010), 32 ff.
188 Vgl. BGHZ 111, 36 (40); BayObLG NJW 1990, 2055 (2056 f.); *Olzen/Looschelders* Erbrecht Rn. 258 f.
189 Vgl. BGHZ 80, 153 (157); BeckOK BGB/*Wendtland* § 138 Rn. 17; MüKoBGB/*Armbrüster* § 138 Rn. 22; Palandt/*Ellenberger* BGB § 138 Rn. 5; Erman/*Schmidt-Räntsch* BGB § 138 Rn. 12 a.
190 Vgl. BVerfGE 89, 214 (232); *Canaris* AcP 200 (2000), 273, 297; zur Bedeutung des Sozialstaatsprinzips vgl. auch *Limbach* Festgabe Zivilrechtslehrer 1934/35 (1999), 390 ff.
191 Dies betont zu Recht Schlechtriem/*Drexl*, S. 97, 115.

Auch hier ist im Einzelfall eine sorgfältige Abwägung mit der Vertrags- und Testierfreiheit erforderlich (vgl. dazu → Rn. 199).[192]

Neben dem Sozialstaatsprinzip kann das **Rechtsstaatsprinzip** (Art. 20 Abs. 3, 28 Abs. 1 GG) bei der Konkretisierung der guten Sitten Bedeutung erlangen. Das Rechtsstaatsprinzip enthält für den Bereich des Zivilrechts die Gewährleistung eines effektiven Rechtsschutzes.[193] Schiedsverträge, die den Rechtsschutz einer Partei in unangemessener Weise einschränken, sind daher nach Abs. 1 nichtig (→ Rn. 309; vgl. aber auch → § 134 Rn. 278).[194] **66**

Nachdem der **Schutz der natürlichen Lebensgrundlagen** in Art. 20a GG zum Staatsziel erklärt worden ist, können auch ökologische Erwägungen im Rahmen des Abs. 1 berücksichtigt werden.[195] Bei der praktischen Rechtsanwendung hat dieser Aspekt aber noch keine Bedeutung erlangt. Dies dürfte darauf beruhen, dass die Missachtung von Vorschriften über den Umweltschutz im Allgemeinen schon über § 134 zur Nichtigkeit des Vertrages führt. Zu denken ist etwa an Verträge über die umweltgefährdende Abfallentsorgung. **67**

4. Unionsrecht. Auch die Wertungen des Unionsrechts können bei der Konkretisierung der guten Sitten zu berücksichtigen sein.[196] Zu nennen sind insbesondere die **Grundfreiheiten des AEUV** (vormals EGV), die Grundrechte der Europäischen **Grundrechte-Charta** sowie die **Menschenrechte der EMRK**.[197] Bei der praktischen Rechtsanwendung muss hierauf jedoch im Allgemeinen nicht zurückgegriffen werden, weil die Grundrechte des GG bereits parallele Vorgaben enthalten. **68**

Bei der Konkretisierung des § 138 Abs. 1 können auch die Wertungen Bedeutung erlangen, die sich in den **Europäischen Richtlinien** zum Privatrecht niedergeschlagen haben.[198] Zu beachten ist nämlich, dass die innerstaatlichen Vorschriften im Einklang mit der jeweiligen Richtlinie auszulegen sind (sog. **richtlinienkonforme Auslegung**). Nach der Rechtsprechung des EuGH hat der nationale Richter den nach seinem innerstaatlichen Recht zustehenden „Beurteilungsspielraum" voll auszuschöpfen, um die Richtlinienkonformität zu gewährleisten (→ Anh. zu § 133 Rn. 33). Dabei kann im Einzelfall auch der Rückgriff auf Generalklauseln wie § 138 Abs. 1 erforderlich sein. **69**

Die Pflicht zur richtlinienkonformen Auslegung besteht auch dann, wenn der deutsche Gesetzgeber die Richtlinie nicht **fristgerecht umgesetzt** hat.[199] In diesem Fall muss insbesondere geprüft werden, ob den Wertungen der Richtlinie mithilfe der zivilrechtlichen Generalklauseln wie § 138 Abs. 1 Rechnung getragen werden kann (→ Anh. zu § 133 Rn. 31).[200] **70**

5. Einfachgesetzliche Wertentscheidungen. Bei der Bestimmung der guten Sitten sind auch die in den einfachen deutschen Gesetzen verankerten Wertungen zu berücksichtigen.[201] Diese Wertungen haben zum Teil einen verfassungs- oder unionsrechtlichen Hintergrund. Auch in diesem Fall haben sie aber **eigenständige Bedeutung**, weil sie die Vorgaben des höherrangigen Rechts konkretisieren. Welche einfachgesetzlichen Wertungen im Rahmen des Abs. 1 relevant werden können, lässt sich schwer systematisieren. Einige wichtige Aspekte sollen aber hervorgehoben werden. **71**

a) Schutz von bestimmten Personengruppen. Eine wichtige Gruppe einfachgesetzlicher Wertungen trifft den Schutz von bestimmten Personengruppen. Zu nennen sind insbesondere **Kinder** und andere nicht voll geschäftsfähige Personen (zB §§ 104 ff.), **Behinderte** (zB SGB IX) und **Mütter** (zB MuSchG). **72**

b) Schutz des typischerweise schwächeren Vertragspartners. In einer zweiten Gruppe geht es um den Schutz des typischerweise schwächeren Vertragspartners. Zu nennen sind insbesondere Vorschriften zum Schutz von **Arbeitnehmern**, **Mietern**, **Verbrauchern** und **Versicherungsnehmern**. Das besondere Schutzbedürfnis ergibt sich häufig daraus, dass der Vertragspartner den Vertragsgegenstand zur Befriedigung seiner existenziellen Bedürfnisse benötigt (Mieter, Arbeitnehmer); in anderen Fällen gibt die besondere Situation des Vertragsschlusses (zB Vertragsschluss außerhalb von Geschäftsräumen oder im Fernab- **73**

---

192 Vgl. BVerfG NJW 2001, 957 (959); BGH NJW 1992, 3164; OLG Hamm ZEV 2009, 471; *Bruns*, Haftungsbeschränkung und Mindesthaftung, 2003, S. 171 f.

193 Vgl. BVerfGE 54, 277 (291); Sachs/*Sachs* GG Art. 19 Rn. 143 ff.

194 BGHZ 106, 336 (338); LG München I SchiedsVZ 2014, 100 (105).

195 Vgl. OLG Oldenburg NdsRpfl 1996, 120; Palandt/*Ellenberger* BGB § 138 Rn. 45; *Esser/Schmidt* Schuldrecht AT I § 10 II 2 a.

196 BeckOK BGB/*Wendtland* § 138 Rn. 17; Staudinger/*Sack/Fischinger* BGB § 138 Rn. 103 f.

197 BGHZ 142, 304 (314); PWW/*Ahrens* BGB § 138 Rn. 18; *Wolf/Neuner* BGB AT § 46 Rn. 13. Inwieweit

die Grundfreiheiten Drittwirkungen entfalten, ist allerdings umstritten, dazu *Looschelders* SchuldR AT § 2 Rn. 10; *Martiny* ZEuP 2001, 663 (572); *Streinz/Leible* EuZW 2000, 459 ff.

198 PWW/*Ahrens* BGB § 138 Rn. 18 (zu den Antidiskriminierungsrichtlinien).

199 EuGH NJW 2000, 2571 (2572); 2006, 2465, 2468; *Streinz* Rn. 506.

200 Palandt/*Sprau* Einl. Rn. 43; einschränkend mit Rücksicht auf das Lissabon-Urteil des BVerfG (NJW 2009, 2267) Palandt/*Ellenberger* AGG Vor § 1 Rn. 6.

201 Vgl. Staudinger/*Sack/Fischinger* BGB § 138 Rn. 96 ff.

satz) oder die besondere Komplexität des Vertragsgegenstands den Ausschlag (Verbraucher, Versicherungs-nehmer).[202]

74 **c) Störung der Verhandlungsparität im Einzelfall.** Besondere Bedeutung für die Konkretisierung des Abs. 1 haben die Wertungen des Abs. 2 (→ Rn. 105 ff.). Die Vorschrift verdeutlicht, dass die Störung der Verhandlungsparität die Sittenwidrigkeit des Rechtsgeschäfts begründen kann, wenn sie sich in einem **inhaltlich unausgewogenen Vertragsinhalt** niederschlägt.[203] Es handelt sich um den gleichen Gedanken, den das BVerfG in seiner Rechtsprechung zur Inhaltskontrolle von Bürgschaften naher Familienangehöriger aus dem Selbstbestimmungsrecht des beeinträchtigten Angehörigen (Art. 2 Abs. 1 GG) abgeleitet hat.[204]

75 **d) Unzulässige Einflussnahme auf die Willensbildung.** Das deutsche Recht enthält zahlreiche Vor-schriften, welche die unzulässige Einflussnahme auf die Willensbildung (arglistige Täuschung, Drohung) missbilligen (vgl. §§ 123, 318 Abs. 2, 438 Abs. 3, 442 Abs. 1 S. 2 Hs. 2 Alt. 1, 444, 634a Abs. 3, 1314 Abs. 1 Nr. 3 und 4, 2339 Nr. 3). Die einschlägigen Vorschriften sprechen dem Getäuschten oder Bedrohten zwar ein Anfechtungsrecht zu oder sehen sonstige Rechtsnachteile für den Täuschenden bzw. Drohenden vor.[205] Im Zusammenspiel mit anderen sittenwidrigkeitsrelevanten Kriterien kann die **Täuschung** oder **Drohung** aber auch nach Abs. 1 zur Nichtigkeit des Rechtsgeschäfts führen.

76 **e) Schutz vor unzulässiger Diskriminierung.** Ein weiteres zentrales Wertungskriterium ist seit Inkraft-treten des AGG der Schutz vor Diskriminierungen.[206] Die Diskriminierungsverbote des AGG setzen die **Antidiskriminierungs-Richtlinien** um.[207] Darüber hinaus können sie in weiten Bereichen als Konkretisie-rung des **Art. 3 Abs. 3 GG** sowie des **Art. 14 EMRK** und der Diskriminierungsverbote des **Art. 21 Grund-rechte-Charta** verstanden werden.[208] Das AGG enthält zwar eigenständige Rechtsfolgeregelungen. Die all-gemeinen Vorschriften der §§ 134, 138 werden hierdurch aber nicht verdrängt.[209] Auf Kündigungen ist das AGG nach seinem § 2 Abs. 4 nicht anwendbar. Auch hier müssen die Wertungen des AGG aber im Rahmen des § 138 Abs. 1 bzw. des § 242 berücksichtigt werden (→ Rn. 150).

77 **f) Vorbereitung, Förderung oder Ausnutzung strafbarer Handlungen.** Aus den Wertungen der einzel-nen **Strafvorschriften** folgt die Sittenwidrigkeit von Rechtsgeschäften, die auf die Vorbereitung, Förderung oder Ausnutzung einer strafbaren Handlung gerichtet sind.[210] Nach allgemeinen Grundsätzen ist § 134 bei der Verletzung von Strafvorschriften zwar vorrangig anwendbar (→ § 134 Rn. 253 ff.). Abs. 1 hat jedoch zumindest dann eigenständige Bedeutung, wenn die subjektiven Voraussetzungen des Straftatbestands nicht bei beiden Parteien vorliegen. Während die meisten Straftatbestände Vorsatz voraussetzen, reicht es für die Sittenwidrigkeit nämlich aus, dass sich die Parteien der Kenntnis der relevanten Umstände grob fahrlässig verschlossen haben (→ Rn. 93).

78 **6. Umgehungsgeschäfte.** Ob die Nichtigkeit von Umgehungsgeschäften nach § 134 oder nach § 138 richtet, ist umstritten. Nach der hier vertretenen Auffassung (→ § 134 Rn. 81 ff.) ist zunächst zu prüfen, ob die Verbotsnorm durch **Auslegung** oder **Analogie** auf den gegebenen Fall erstreckt werden kann. Soweit dies möglich ist, muss § 134 vorrangig angewendet werden. In den übrigen Fällen stellt sich die Frage, ob die Voraussetzungen des Abs. 1 vorliegen.[211] Die Entscheidung ist auf der Grundlage einer umfassenden Interessenabwägung zu treffen. Dabei kommt den **Wertungen der umgangenen Vorschriften** besondere Bedeutung zu. Allgemein lässt sich feststellen, dass nicht jede Gesetzesumgehung das Geschäft sittenwidrig macht.[212] Die Annahme der Sittenwidrigkeit liegt aber umso näher, je gewichtiger die Rechtsgüter und Interessen sind, die durch das Verbotsgesetz geschützt werden. So ist die Umgehung von Vorschriften zum Schutz von Arbeitnehmern,[213] Mietern[214] und Verbrauchern[215] oder lebenswichtigen Belangen der Allge-meinheit[216] regelmäßig als sittenwidrig anzusehen.[217]

---

202 Schlechtriem/*Drexl*, S. 97, 121 ff.; *Looschelders* SchuldR AT § 3 Rn. 7 ff.
203 Vgl. *Canaris* AcP 200 (2000), 273, 280 ff.; *Majer* DNotZ 2013, 644 (652); Schlechtriem/*Drexl*, S. 97, 114.
204 *Canaris* AcP 200 (2000), 273, 296 ff.
205 Speziell zur Bedeutung der Arglist *Looschelders* GS Hübner 2012, S. 147 ff.
206 Ausführlich dazu *Looschelders* JZ 2012, 105 ff.
207 Palandt/*Ellenberger* AGG Vor § 1 Rn. 1.
208 Palandt/*Ellenberger* AGG Vor § 1 Rn. 7.
209 Palandt/*Grüneberg* AGG § 21 Rn. 2.
210 Vgl. BGH DB 1971, 39 (zu § 263 StGB); NJW-RR 1990, 750 (zu § 180a StGB); NJW 1992, 310 (zu § 259 StGB); 1995, 2026, 2027 (zu § 203 StGB); Palandt/*Ellenberger* BGB § 138 Rn. 42.
211 So auch Erman/*Palm*[12] BGB § 138 Rn. 183; Staudinger/*Sack/Fischinger* BGB § 138 Rn. 100.

212 So auch MüKoBGB/*Armbrüster* § 138 Rn. 54.
213 Vgl. BAGE 10, 67, 70; 26, 417, 419; BAG AP Nr. 15 zu § 611 BGB Anwesenheitsprämie; Staudinger/*Sack/Seibl* BGB § 134 Rn. 144; krit. *Bickel* JuS 1987, 861 ff.
214 Vgl. BGHZ 56, 285 (289) (zu § 134); LG Hamburg NJW 1971, 1084 (1086) (zu § 138).
215 Im Verbraucherschutzrecht hat das allgemeine Insti-tut der Gesetzesumgehung freilich keine große Bedeutung mehr, weil in den meisten Fällen gesetzli-che Umgehungsverbote eingreifen. Vgl. dazu §§ 241a Abs. 3 S. 2, 312k Abs. 1 S. 2, 476 Abs. 1 S. 2; 487 S. 2, 512 S. 2.
216 BGHZ 39, 169 (177): Umgehung amerikanischer Embargo-Bestimmungen.
217 MüKoBGB/*Armbrüster* § 138 Rn. 53.

7. Gewohnheits- und Richterrecht. Die Sittenwidrigkeit eines Rechtsgeschäfts kann sich auch aus Wertungen ergeben, die in **gewohnheitsrechtlich** anerkannten Rechtssätzen verankert sind. Da solche Rechtssätze als Rechtsnormen iSd Art. 2 EGBGB anzusehen sind, gelten die gleichen Grundsätze wie bei der Berücksichtigung einfachgesetzlicher Wertungen.[218] Wegen der schwindenden Bedeutung des Gewohnheitsrechts ist diese Möglichkeit heute aber in der Praxis kaum noch relevant. **79**

Wesentlich größere Bedeutung hat demgegenüber das **Richterrecht**. Nach hM kann Richterrecht zwar nicht als eigenständige Rechtsquelle angesehen werden.[219] Es handelt sich jedoch um eine wichtige „**Rechtserkenntnisquelle**", die eine gleichmäßige Behandlung gleich gelagerter Fälle ermöglicht.[220] Bei der Anwendung von Generalklauseln hat das Richterrecht damit eine unentbehrliche Hilfsfunktion.

8. Ausländisches Recht. Besondere Probleme stellen sich in Fällen mit Auslandsberührung. Hier muss zunächst geklärt werden, ob deutsches Recht (und damit auch die §§ 134, 138) nach den Regeln des deutschen Internationalen Privatrechts (Art. 3 ff. EGBGB) überhaupt anwendbar ist. Wird diese Frage bejaht, so richtet sich zwar auch die Konkretisierung der guten Sitten im Rahmen des Abs. 1 grundsätzlich nach den Wertungen des inländischen Rechts.[221] Dies heißt jedoch nicht, dass die **Wertungen einer verdrängten ausländischen Rechtsordnung** in jedem Fall irrelevant sind. Diese Wertungen können vielmehr bei der Anwendung des Abs. 1 berücksichtigt werden.[222] So verstößt die Umgehung international zwingender **ausländischer Verbotsgesetze** (sog. **Eingriffsnormen**) nach der Rechtsprechung gegen die guten Sitten, wenn die verletzten Bestimmungen einem auch national anerkannten Interesse (zB Tierschutz, Schutz von Kulturgütern, Kriegswaffenembargo) dienen.[223] Darüber hinaus kann der Verstoß gegen ausländische Bestimmungen über die Strafbarkeit der Bestechung und Bestechlichkeit von Amtsträgern die Nichtigkeit eines Rechtsgeschäfts nach Abs. 1 begründen.[224] Für vertragliche Schuldverhältnisse sieht Art. 9 Abs. 3 Rom I-VO ausdrücklich vor, dass den Eingriffsnormen des Staates, in dem die durch den Vertrag begründeten Verpflichtungen erfüllt werden sollen oder erfüllt worden sind, „Wirkung verliehen werden" kann, soweit diese Eingriffsnormen die Erfüllung des Vertrags unrechtmäßig werden lassen. Die Vorschrift entfaltet jedoch gegenüber der **materiellrechtlichen** Berücksichtigung der Wertungen ausländischer Verbotsgesetze **keine Sperrwirkung**.[225] Eine **kollisionsrechtliche Sonderanknüpfung** ist dagegen nur unter den Voraussetzungen des Art. 9 Abs. 3 Rom I-VO zulässig. Im Übrigen können die Wertungen einer ausländischen Rechtsordnung es auch rechtfertigen, die nach deutschem Recht an sich gegebene **Sittenwidrigkeit** zu **verneinen**. Dies kommt insbesondere in Betracht, wenn das Rechtsgeschäft enge Verbindungen zu einer anderen Rechtsordnung aufweist, nach der es nicht sittenwidrig ist.[226] **80**

III. Außerrechtliche Maßstäbe

1. Mittelbarer Einfluss außerrechtlicher Maßstäbe. Durch die Anknüpfung an die Grundrechte und andere zentrale normative Prinzipien wird die prinzipielle Bedeutung außerrechtlicher Maßstäbe nicht in Frage gestellt. Zu beachten ist nämlich, dass die Grundrechte selbst an zahlreichen Stellen mehr oder weniger offen an außerrechtliche Wertmaßstäbe anknüpfen. So lässt sich die Frage, was unter der „Würde des Menschen" (Art. 1 Abs. 1 GG) zu verstehen ist, nur vor dem Hintergrund eines bestimmten Menschenbildes beantworten.[227] Rechtliche und außerrechtliche Wertungen stehen dabei in einer **Wechselwirkung**.[228] Auf der einen Seite haben außerrechtliche Wertvorstellungen einen erheblichen Einfluss auf die Herausbildung und Auslegung von Rechtsprinzipien. Auf der anderen Seite werden die außerrechtlichen Wertvorstellungen aber auch ihrerseits durch den Inhalt der geltenden Rechtsprinzipien geprägt. **81**

2. Unmittelbarer Einfluss außerrechtlicher Maßstäbe. Ob außerrechtliche Maßstäbe bei der Konkretisierung des Abs. 1 auch dann zu berücksichtigen sind, wenn sie in der Rechtsordnung (noch) keinen Ausdruck gefunden haben, ist umstritten. In der Literatur wird teilweise die Auffassung vertreten, dass Abs. 1 nur Verstöße gegen die der Rechtsordnung selbst **immanenten** Prinzipien und Wertmaßstäbe erfasst; der **82**

---

218 Vgl. Staudinger/*Sack/Fischinger* BGB § 138 Rn. 106.

219 Vgl. *Larenz*, Methodenlehre, S. 429 ff.; *Wolf/Neuner* BGB AT § 4 Rn. 9ff; *Looschelders/Roth*, S. 321 ff.; *Pawlowski* BGB AT Rn. 61.

220 *Larenz*, Methodenlehre, S. 432; *Wolf/Neuner* BGB AT § 4 Rn. 9ff; Staudinger/*Sack/Fischinger* BGB § 138 Rn. 108.

221 MüKoBGB/*Armbrüster* § 138 Rn. 16.

222 MüKoBGB/*v. Hein* Einl. IPR Rn. 272, 289; MüKoBGB/*Martiny* Rom I-VO Art. 9 Rn. 47; Staudinger/*Looschelders* Einl. IPR Rn. 35 ff.; *Looschelders* IPR Vor Art. 3 Rn. 54.

223 Vgl. BGHZ 34, 169 (177); 59, 82, 85 f.

224 BGHZ 94, 268 (271); MüKoBGB/*Armbrüster* § 138 Rn. 18; Staudinger/*Looschelders* Einl. IPR Rn. 36.

225 EuGH NJW 2017, 141 Rn. 55 – Nikiforidis; Staudinger/*Looschelders* Einl. IPR Rn. 47; Staudinger/*Magnus* Rom I-VO Art. 9 Rn. 124; aA Hk-BGB/*Staudinger* Rom I-VO Art. 9 Rn. 13.

226 Vgl. BGHZ 40, 391 (zu § 1 UWG aF).

227 Vgl. *Looschelders/Roth*, S. 202 f.m Fn. 23.

228 MüKoBGB/*Armbrüster* § 138 Rn. 13; Soergel/*Hefermehl* BGB § 138 Rn. 11.

Rückgriff auf außerrechtliche (sozialethische) Maßstäbe sei dagegen abzulehnen.[229] Die hM hält dagegen daran fest, dass außerrechtliche Maßstäbe im Rahmen des Abs. 1 eine **eigenständige Bedeutung** haben können.[230] Dabei wird aber anerkannt, dass die in der Rechtsordnung verankerten Wertungen im Konfliktsfall vorgehen.[231]

83 Bei der Würdigung des Meinungsstreits ist zu beachten, dass der Rückgriff auf nicht positivierte sozialethische Wertungen mit zahlreichen Unsicherheiten belastet ist (s. dazu → Rn. 34 ff.). Diese Unsicherheiten wachsen in einer pluralistischen Gesellschaft, weil der Grundkonsens über die Beurteilung sozialethischer Fragen schwindet.[232] Gleichzeitig verschärft sich das Problem der Legitimation einer Entscheidung, die nicht von den Wertvorstellungen **aller** gerecht und billig Denkenden gedeckt ist. Dies gilt umso mehr, als die Nichtanerkennung eines Rechtsgeschäftes wegen Sittenwidrigkeit einen erheblichen Eingriff in die verfassungsrechtlich geschützte Privatautonomie der Parteien darstellt. Letztlich stellen sich hier die gleichen Legitimationsprobleme wie bei der Schranke des Sittengesetzes in Art. 2 Abs. 1 GG.[233] Grundsätzlich ist es zwar auch in einer pluralistischen Gesellschaft legitim, Wertvorstellungen zu schützen, deren Beachtung für ein gedeihliches Zusammenleben unerlässlich ist.[234] Soweit solche Wertentscheidungen weder in der Verfassung noch in anderen Teilen der Rechtsordnung einen Niederschlag gefunden haben, muss man sich jedoch fragen, ob sie für das Zusammenleben wirklich eine so fundamentale Bedeutung haben. Dem Grundgedanken nach haben außerrechtliche Maßstäbe damit zwar wie vor eine eigenständige Bedeutung; bei der praktischen Rechtsanwendung **treten** sie jedoch **immer stärker zurück**.[235]

84 **3. Bedeutung der Sexualmoral.** Besonders große Bedeutung hat der Rückgriff auf außerrechtliche Maßstäbe traditionell bei der **Sexualmoral**.[236] Es handelt sich dabei um einen Bereich, in dem sich die Auffassungen über den Inhalt der guten Sitten seit Inkrafttreten des BGB in besonders gravierender Weise gewandelt haben.[237] Tangiert ein Rechtsgeschäft die Sexualsphäre, so liegt ein **moralisches Unwerturteil** zwar auch heute noch nahe.[238] Maßgeblich ist aber allein, ob das Geschäft **von Rechts wegen** zu missbilligen ist. Bei der Beantwortung dieser Frage muss man strikt darauf achten, dass moralische Wertungen nicht ohne Weiteres auf die normative Beurteilung eines Rechtsgeschäfts durchschlagen dürfen. Die Argumentation muss deshalb in erster Linie an rechtlichen Kriterien ausgerichtet sein. Besondere Bedeutung haben in diesem Zusammenhang die **Menschenwürde** (Art. 1 Abs. 1 GG) und die **Entscheidungsfreiheit in höchstpersönlichen Angelegenheiten** (Art. 2 Abs. 1 GG).[239] In neuerer Zeit sind außerdem die Wertungen des **ProstG** zu beachten (s. Anh. zu § 138). Außerrechtliche Maßstäbe treten damit zurück. Dahinter steht die Erwägung, dass es nicht Sache der staatlichen Rechtsordnung sein kann, den Bürgern eine bestimmte Sexualmoral vorzugeben.[240]

85 **4. Schutz der Ehe- und Familienordnung.** Ein weiterer Bereich, in dem außerrechtlichen Maßstäben traditionell große Bedeutung beigemessen wird, ist die Ehe- und Familienordnung. So soll es dem „**Wesen der Ehe**" widersprechen, wenn ein Ehegatte sich seine Rechte aus der Ehe abkaufen lässt, insbesondere aus dem ehewidrigen Verhalten des anderen Ehegatten einen materiellen Nutzen zu ziehen sucht.[241] Das Gleiche soll für eine Vereinbarung gelten, in welcher sich ein Ehegatte gegen Vertragsstrafe dazu verpflichtet, aus Gründen der Überwachung keine Geschäftsreisen ohne Begleitperson vorzunehmen.[242] Nach geltendem Recht ist der **unmittelbare Rückgriff** auf das „Wesen der Ehe" jedoch **nicht unproblematisch**. Denn letztlich geht es auch im Zusammenhang mit der Ehe- und Familienordnung um Fragen, die in den Schutzbereich verschiedener Grundrechte fallen. Zu nennen sind neben dem Schutz von Ehe und Familie (Art. 6

229 So *Pawlowski* BGB AT Rn. 498 b ff.; ähnlich BeckOGK/*Jakl* BGB § 138 Rn. 42; AK/*Damm* BGB § 138 Rn. 26.

230 Vgl. BeckOK BGB/*Wendtland* § 138 Rn. 16 f.; Jauernig/*Mansel* BGB § 138 Rn. 6; Palandt/*Ellenberger* BGB § 138 Rn. 2; Soergel/*Hefermehl* BGB § 138 Rn. 9; Staudinger/*Sack/Fischinger* BGB § 138 Rn. 105 ff.; *Wolf/Neuner* BGB AT § 46 Rn. 13 ff.

231 Vgl. BeckOK BGB/*Wendtland* § 138 Rn. 18.1; Palandt/*Ellenberger* BGB § 138 Rn. 6; Soergel/*Hefermehl* BGB § 138 Rn. 11; *Wolf/Neuner* BGB AT § 46 Rn. 16.

232 Vgl. zu dieser Problematik Soergel/*Hefermehl* BGB § 138 Rn. 9.

233 Vgl. dazu etwa Maunz/Dürig/*Di Fabio* GG Art. 2 Rn. 45 f.; Hömig/Wolff/*Antoni* Hk-GG Art. 2 Rn. 7; *Sachs* Verfassungsrecht II Grundrechte Teil I, 14 Rn. 28 ff.

234 Zutreffend MüKoBGB/*Armbrüster* § 138 Rn. 11, wonach keine Rechtsgemeinschaft ohne „ein Minimum gemeinsamer Wertung" bestehen kann.

235 So auch AK/*Damm* BGB § 138 Rn. 60; BeckOK BGB/*Wendtland* § 138 Rn. 18; Palandt/*Ellenberger* BGB § 138 Rn. 3; *Eckert* AcP 199 (1999), 337, 348 ff.

236 Vgl. MüKoBGB/*Armbrüster* § 138 Rn. 55; RGRK/*Krüger-Nieland/Zöller* BGB § 138 Rn. 191.

237 Vgl. Soergel/*Hefermehl* BGB § 138 Rn. 206; Staudinger/*Sack/Fischinger* BGB § 138 Rn. 722; MüKoBGB/*Armbrüster* § 138 Rn. 55. Eingehend zu diesem Wandel *Rother* AcP 172 (1972), 498 ff.

238 So auch PWW/*Ahrens* BGB § 138 Rn. 22.

239 Vgl. PWW/*Ahrens* BGB § 138 Rn. 22; *Pawlowski* BGB AT Rn. 498 b, 499 a.

240 Soergel/*Hefermehl* BGB § 138 Rn. 206.

241 Soergel/*Hefermehl* BGB § 138 Rn. 216; ähnlich RGRK/*Krüger-Nieland/Zöller* BGB § 138 Rn. 226.

242 RGZ 158, 294 (298); Soergel/*Hefermehl* BGB § 138 Rn. 216.

Abs. 1 GG) vor allem die höchstpersönlichen Rechte jedes einzelnen Ehegatten (Art. 1, 2 Abs. 1, 4 GG)[243] sowie der Grundsatz der Gleichberechtigung von Mann und Frau (Art. 3 Abs. 2 GG).[244] Ein Rückgriff auf außerrechtliche Maßstäbe kommt daher nur in Betracht, soweit diese Grundrechte selbst ausfüllungsbedürftig sind. Die Argumentation mit dem „Wesen der Ehe" bleibt aber auch in diesem Restbereich problematisch, weil es weder in der Rechtswissenschaft noch in der Gesellschaft ein einheitliches Eheverständnis gibt.[245]

5. Bedeutung der Geschäftsmoral. Bei der Konkretisierung der guten Sitten sind auch die Vorstellungen 86 zu berücksichtigen, die in den jeweils **einschlägigen Verkehrskreisen** über die „Anständigkeit" und „Lauterkeit" eines bestimmten geschäftlichen Verhaltens herrschen.[246] Auch in diesem Bereich ist jedoch zu beachten, dass die Sittenwidrigkeit nicht allein damit begründet werden kann, dass die Angehörigen des betreffenden Verkehrskreises ein solches Rechtsgeschäft mehrheitlich missbilligen. Denn der Abschluss des Rechtsgeschäfts kann gleichwohl durch die verfassungsrechtlich geschützte **Privatautonomie** der Parteien (Art. 2 Abs. 1 GG) gedeckt sein. Man muss daher in jedem Fall die konkreten Gründe herausarbeiten, auf denen die Missbilligung beruht. Diese Gründe sind dann mit den Interessen der Parteien an der Wirksamkeit des Rechtsgeschäfts abzuwägen. Die außerrechtliche Missbilligung ist also auch hier ein bloßes **Indiz** für die Sittenwidrigkeit des Rechtsgeschäfts.

6. Verletzung von Standesregeln. Soweit Standesregeln in Gesetzen einen Niederschlag gefunden 87 haben, muss ein Verstoß gegen Standesrecht bereits unter dem Aspekt des § 134 geprüft werden (→ § 134 Rn. 22 ff.). Im Übrigen kann auf § 138 zurückgegriffen werden. Nach der Rechtsprechung des BVerfG begründet ein Verstoß gegen kodifizierte Standesregeln aber nicht automatisch die Sittenwidrigkeit des Rechtsgeschäfts.[247] Da Standesregeln als solche keine verbindlichen Rechtssätze darstellen, können sie auch nicht über § 138 herangezogen werden, um einen Eingriff in die **Berufsfreiheit** (Art. 12 GG) zu rechtfertigen. Erforderlich ist vielmehr, dass die verletzte Standespflicht Ausdruck der anerkannten Rechts- und Sittenordnung iSd § 138 Abs. 1 ist.[248] Besondere Bedeutung hat in diesem Zusammenhang die Frage, welche Bedeutung die ordnungsgemäße Ausübung des Berufs für die Allgemeinheit hat.[249] Hat ein bestimmter Beruf **wichtige Gemeinschaftsaufgaben** zu erfüllen, so besteht ein besonderes Interesse der Allgemeinheit an dessen ordnungsgemäßer Ausübung. Wenn die verletzte Standespflicht hierfür wesentlich ist, führt der Verstoß regelmäßig zur Sittenwidrigkeit des Geschäfts.[250] Dies gilt insbesondere für Standespflichten, die Ausdruck einer **besonderen Berufsverantwortlichkeit** sind, weil deren Verletzung in hohem Maße geeignet ist, das Vertrauen in den jeweiligen Berufsstand zu untergraben (näher dazu → Rn. 312 ff.).[251]

IV. Sittenwidrigkeit und Rechtswidrigkeit

In welchem Verhältnis die Sittenwidrigkeit nach Abs. 1 zur Rechtswidrigkeit steht, ist umstritten. In der 88 Literatur wird teilweise die Auffassung vertreten, dass jedes rechtswidrige Verhalten das Urteil der Sittenwidrigkeit rechtfertige.[252] Die hM geht demgegenüber davon aus, dass die Feststellung der Sittenwidrigkeit ein „**gesteigertes Unwerturteil**" beinhaltet.[253]

Bei der Würdigung des Meinungsstreits ist zu beachten, dass die **Funktion des § 138 Abs. 1** sich auf den 89 Schutz solcher Wertvorstellungen beschränkt, die für das Zusammenleben in unserer Gesellschaft von fundamentaler Bedeutung sind. Die Vorschrift gewährleistet deshalb (ebenso wie § 826) nur das „**sozialethische Minimum**".[254] Die Gesetze beschränken sich dagegen nicht auf den Schutz des sozialethischen Minimums. Soweit sie darüber hinausgehen, begründet der Gesetzesverstoß keine Sittenwidrigkeit. Im Ergebnis ist damit festzuhalten, dass nicht jedes rechtswidrige Verhalten die Anwendung des § 138 Abs. 1 rechtfertigt.

Dass § 138 im Vergleich mit § 134 ein gesteigertes Unwerturteil voraussetzt, wird durch die unterschiedli- 90 chen **Rechtsfolgenanordnungen** bestätigt. Nach Abs. 1 sind sittenwidrige Rechtsgeschäfte generell nichtig.

243 Vgl. *Looschelders* Jura 2000, 169 (171).
244 Vgl. dazu BVerfG NJW 2001, 957; 2001, 2248; *Bergschneider* FamRZ 2001, 1337.
245 Zu den verschiedenen Ehelehren Gernhuber/Coester-Waltjen FamR § 17 Rn. 1 ff.; *Dethloff* FamR § 1 Rn. 71 ff.
246 Vgl. *Larenz/Wolf* BGB AT § 41 Rn. 11.
247 BVerfGE 76, 171; vgl. auch BGHZ 132, 229 (236); BGH NJW 1999, 2360; MüKoBGB/*Armbrüster* § 138 Rn. 47; Staudinger/*Sack/Fischinger* BGB § 138 Rn. 633; PWW/*Ahrens* BGB § 138 Rn. 78.
248 Erman/*Schmidt-Räntsch* BGB § 138 Rn. 82.
249 Vgl. BGHZ 132, 229 (236); Palandt/*Ellenberger* BGB § 138 Rn. 57; differenzierend *Taupitz*, S. 1244.

250 Vgl. *Taupitz*, S. 1244.
251 Erman/*Schmidt-Räntsch* BGB § 138 Rn. 82.
252 So AK/*Damm* BGB § 138 Rn. 82, 92.
253 So MüKoBGB/*Armbrüster* § 138 Rn. 2 („schwerer Vorwurf"); *Wolf/Neuner* BGB AT § 46 Rn. 1; *Canaris* AcP 184 (1984), 201, 234 ff.; *Dauner-Lieb* AcP 201 (2001), 295, 325; Staudinger/*Sack/Fischinger* BGB § 138 Rn. 75 ff.
254 Hk-BGB/*Dörner* § 138 Rn. 3; Jauernig/*Mansel* BGB § 138 Rn. 6; *Wolf/Neuner* BGB AT § 46 Rn. 1; *Looschelders/Roth,* S. 203; *Bezzenberger* AcP 196 (1996), 196, 198.

Bei § 134 hängt die Nichtigkeit dagegen vom Zweck der jeweiligen Verbotsnorm ab. Nach Einschätzung des Gesetzgebers wiegt die Sittenwidrigkeit demnach – anders als die Gesetzeswidrigkeit – in jedem Fall so schwer, dass das Geschäft vor der Rechtsordnung keinen Bestand haben kann (s. dazu → Rn. 129 ff.).[255]

V. Der Gegenstand der Bewertung

91   Gegenstand des Sittenwidrigkeitsurteils ist das **Rechtsgeschäft**.[256] Das heißt jedoch nicht, dass außerhalb des Rechtsgeschäfts liegende Umstände außer Betracht bleiben müssen. Zwei Fallgruppen sind vielmehr zu unterscheiden. Die Sittenwidrigkeit kann sich zum einen unmittelbar aus dem Inhalt des Rechtsgeschäfts ergeben (sog. **Inhaltssittenwidrigkeit**). Hier kommt es auf weitere Umstände nicht an. Ein Rechtsgeschäft kann zum anderen nach seinem aus der Zusammenfassung von Inhalt, Beweggrund und Zweck zu entnehmenden Gesamtcharakter gegen die guten Sitten verstoßen (sog. **Umstandssittenwidrigkeit**). Dabei sind neben dem Inhalt des Rechtsgeschäfts auch die Umstände seines Zustandekommens sowie die Absichten und Beweggründe der Beteiligten zu berücksichtigen.[257] Anders als bei § 826 (→ Rn. 27) ist das **Verhalten** der Parteien **als solches** damit bei Abs. 1 zwar kein Gegenstand der Bewertung. Es handelt sich jedoch um einen Umstand, der bei der Würdigung des Gesamtcharakters des Rechtsgeschäfts von Bedeutung sein kann.[258]

92   Bei der praktischen Rechtsanwendung können beide Fallgruppen ineinander übergehen.[259] Ob ein Rechtsgeschäft allein aufgrund seines **Inhalts** sittenwidrig ist, kann nämlich offen bleiben, wenn **zusätzliche Umstände** vorliegen, die für das Urteil der Sittenwidrigkeit relevant sind.

VI. Subjektive Merkmale

93   **1. Meinungsstand.** Welche Bedeutung subjektiven Merkmalen im Rahmen des Abs. 1 zukommt, ist umstritten. In früherer Zeit war die Auffassung verbreitet, dass Abs. 1 in jedem Fall subjektive Elemente voraussetze.[260] Die heute hM orientiert sich an der Unterscheidung zwischen Inhalts- und Umstandssittenwidrigkeit.[261] Verstößt schon der **Inhalt** des Rechtsgeschäfts gegen die guten Sitten, so sollen subjektive Merkmale entbehrlich sein.[262] Dabei wird teilweise allerdings darauf hingewiesen, die Beteiligten würden in diesen Fällen ohnehin stets die Umstände kennen, durch welche die Sittenwidrigkeit begründet wird.[263] Ergebe sich die Sittenwidrigkeit – wie etwa bei den wucherähnlichen Geschäften (dazu unten → Rn. 222 ff.) – erst aus den **Umständen**, so sei Abs. 1 nur anwendbar, wenn die Beteiligten die Tatsachen kennen, aus denen sich die Sittenwidrigkeit ergibt.[264] Dem wird der Fall gleichgestellt, dass die Beteiligten sich der Kenntnis dieser Tatsachen bewusst oder grob fahrlässig verschließen.[265] Das Vorliegen einer Schädigungsabsicht und das Bewusstsein der Sittenwidrigkeit werden heute allgemein für entbehrlich erachtet.[266] Demgegenüber verlangt die Rechtsprechung aber noch, dass der Begünstigte mit **„verwerflicher**

---

255   Zu diesem Zusammenhang Staudinger/*Sack/Fischinger* BGB § 138 Rn. 17, die die Rechtsfolgenanordnung des § 138 aber im Wege der Rechtsfortbildung um einen Normzweckvorbehalt ergänzen wollen.

256   BGHZ 53, 369 (375); MüKoBGB/*Armbrüster* § 138 Rn. 9; *Flume* BGB AT Bd. 2 § 18, 2 a; *Medicus/Petersen* BürgerlR Rn. 685 ff.

257   Zur Unterscheidung von Inhalts- und Umstandssittenwidrigkeit vgl. Palandt/*Ellenberger* BGB § 138 Rn. 7 ff.; MüKoBGB/*Armbrüster* § 138 Rn. 9; *Wolf/Neuner* BGB AT § 46 Rn. 21 ff.; *S. Lorenz* FS Canaris Bd. 1, 2007, 777. Zu den Kriterien der Umstandssittenwidrigkeit BGHZ 86, 82 (88); 107, 92, 97; BGH NJW-RR 1998, 590 (591); BAG NJW 2005, 3164 (3167).

258   BGHZ 53, 369 (375); Staudinger/*Sack/Fischinger* BGB § 138 Rn. 11; *Wolf/Neuner* BGB AT § 46 Rn. 23.

259   Vgl. AK/*Damm* BGB § 138 Rn. 85.

260   Vgl. RGZ 150, 1 (3 ff.); BGHZ 10, 228 (232); RGRK/*Krüger-Nieland/Zöller* BGB § 138 Rn. 30.

261   Vgl. BeckOK BGB/*Wendtland* § 138 Rn. 22 ff.; Jauernig/*Mansel* BGB § 138 Rn. 10 f.; Palandt/*Ellen-*

berger BGB § 138 Rn. 7 f.; *Lindacher* AcP 173 (1973), 124 ff.

262   BGHZ 94, 268 (272); Erman/*Schmidt-Räntsch* BGB § 138 Rn. 17; Jauernig/*Mansel* BGB § 138 Rn. 10; Palandt/*Ellenberger* BGB § 138 Rn. 7; *Wolf/Neuner* BGB AT § 46 Rn. 18.

263   So BGHZ 94, 268 (273); Erman/*Schmidt-Räntsch* BGB § 138 Rn. 19; Jauernig/*Mansel* BGB § 138 Rn. 10.

264   BGHZ 146, 298 (301); 160, 8, 14; BGH NJW-RR 1998, 590 (591); NJW 2002, 3165 (3166); 2010, 363, 364; BeckOK BGB/*Wendtland* § 138 Rn. 23; Palandt/*Ellenberger* BGB § 138 Rn. 8; *Flume* BGB AT Bd. 2 § 18, 3.

265   BGHZ 10, 228 (233); 20, 43, 52; BGH NJW-RR 1998, 590 (591); NJW 2001, 1127; Palandt/*Ellenberger* BGB § 138 Rn. 8; RGRK/*Krüger-Nieland/Zöller* BGB § 138 Rn. 31.

266   BGHZ 146, 298 (301); BGH NJW 1988, 1373 (1374); 1993, 1587, 1588; Hk-BGB/*Dörner* § 138 Rn. 4; *Flume* BGB AT Bd. 2 § 18, 3; *Köhler* BGB AT § 13 Rn. 23.

Gesinnung" gehandelt hat.[267] Erforderlich sei, dass ihm seine „persönliche Einstellung zum sittlichen Vorwurf gemacht werden" könne.[268] Diese Voraussetzung wird oft ohne Weiteres aus den objektiven Umständen – etwa dem groben Missverhältnis von Leistung und Gegenleistung beim wucherähnlichen Geschäft (unten → Rn. 222 ff.) – abgeleitet.[269] Insoweit besteht eine **tatsächliche** Vermutung, die im Einzelfall aber aufgrund besonderer Umstände erschüttert sein kann.[270] Im Übrigen ist die durch das Geschäft nachteilig betroffene Partei auch bei Eingreifen der Vermutung nicht von der **Behauptungslast** hinsichtlich der subjektiven Voraussetzungen des § 138 Abs. 1 befreit.[271]

In der neueren Literatur ist die Auffassung im Vordringen, dass das Vorliegen von subjektiven Merkmalen **94** in beiden Fallgruppen **keine notwendige Voraussetzung** für die Annahme der Sittenwidrigkeit ist. Dabei wird aber nicht in Frage gestellt, dass subjektive Elemente im Einzelfall bei der Begründung der Sittenwidrigkeit relevant werden können.[272]

2. Würdigung. Die Lehre von der Notwendigkeit eines subjektiven Elements beruht auf der Prämisse, dass **95** die Beteiligung an einem sittenwidrigen Rechtsgeschäft den Begünstigten mit einem persönlichen „Makel" behaftet und ihn einem sittlichen Vorwurf aussetzt.[273] Dieser Vorwurf sei nur gerechtfertigt, wenn der Begünstigte in verwerflicher Gesinnung gehandelt oder wenigstens die maßgeblichen Tatsachen gekannt habe. Dem ist jedoch entgegenzuhalten, dass es im Fall des Abs. 1 allein um die Bewertung des **Rechtsgeschäfts** geht. Wird das Rechtsgeschäft als sittenwidrig qualifiziert, so heißt dies nicht notwendig, dass sich die Parteien oder der Begünstigte sittenwidrig **verhalten** haben.[274] Von daher ist auch die persönliche (subjektive) Vorwerfbarkeit kein notwendiges Element der Sittenwidrigkeit iSd Abs. 1. Besonders deutlich ist dies in Fällen, in denen der **Inhalt** des Rechtsgeschäfts gegen fundamentale Rechtsprinzipien (Menschenwürde, Selbstbestimmungsrecht, Religionsfreiheit etc) verstößt. Ein solches Rechtsgeschäft kann von der Rechtsordnung auch dann nicht anerkannt werden, wenn die Beteiligten nicht alle maßgeblichen Umstände gekannt haben.[275]

Offen ist damit noch, ob die **Umstandssittenwidrigkeit** ein subjektives Element zwingend voraussetzt. **96** Gegen eine solche Differenzierung spricht, dass sich beide Fallgruppen nicht immer klar voneinander abgrenzen lassen.[276] Davon abgesehen fehlt jede Begründung, warum subjektive Elemente gerade bei der Umstandssittenwidrigkeit unentbehrlich sein sollen.[277] Richtig ist zwar, dass die Sittenwidrigkeit hier nicht allein aus dem Inhalt des Rechtsgeschäfts folgt, sondern mit weiteren Kriterien begründet werden muss, wobei es sich sowohl um objektive als auch um subjektive Gegebenheiten handeln kann. Im Einzelfall können die objektiven Kriterien aber ein solches Gewicht haben, dass subjektive Merkmale entbehrlich sind.[278]

Aus den vorstehenden Überlegungen folgt, dass subjektive Elemente bei der Begründung der Sittenwidrig- **97** keit durchaus eine Rolle spielen können. Dies gilt sowohl für die **Kenntnis** der maßgeblichen Umstände als auch für das Merkmal der **verwerflichen Gesinnung**. Eigenständigen Begründungswert haben subjektive Merkmale aber nur, wenn ihr Vorliegen nicht fingiert, sondern aufgrund **konkreter Anhaltspunkte** festgestellt wird.[279]

3. Personale Zuordnung subjektiver Merkmale. a) Allgemeines. Soweit subjektive Merkmale für die **98** Begründung der Sittenwidrigkeit relevant sind, stellt sich die Frage, ob sie bei allen oder nur bei einzelnen Beteiligten vorliegen müssen. Hierbei ist danach zu unterscheiden, welche Interessen durch das sittenwidrige Rechtsgeschäft verletzt werden. Verletzt das Rechtsgeschäft die Interessen des **anderen Vertragspartners**, so kommt es allein darauf an, ob die subjektiven Merkmale bei der Partei vorliegen, die aus dem Geschäft einen Vorteil ziehen will.[280] Richtet sich das Rechtsgeschäft gegen die Interessen der **Allgemein-**

---

267 Vgl. RGZ 150, 1 (5); BGHZ 33, 361 (366); 125, 218, 227; 146, 298, 303 ff.; 160, 8, 14; NJW 2002, 3165 (3166); 2010, 363; NJOZ 2014, 1461 (1462); krit. MüKoBGB/*Armbrüster* § 138 Rn. 124, 129; *Lindacher* AcP 173 (1973), 124, 126; *Majer* DNotZ 2014, 644 (649).

268 BGHZ 32, 361 (366).

269 So etwa BGHZ 125, 218 (227); 160, 8, 14; BGH NJW 1992, 899 (900); 1995, 2635, 2636 (in BGHZ 130, 101 insoweit nicht abgedruckt); DtZ 1997, 229 (230).

270 BGHZ 98, 174 (178); 128, 255, 267; 146, 298, 305; BGH DtZ 1997, 229 (230); NJW 2010, 363 (364); NJOZ 2014, 1461 (1462 f.); Erman/*Schmidt-Räntsch* BGB § 138 Rn. 19.

271 BGH NJW 2010, 363 (364 f.).

272 So AK/*Damm* BGB § 138 Rn. 86; MüKoBGB/*Armbrüster* § 138 Rn. 124, 130; Soergel/*Hefermehl* BGB § 138 Rn. 37; Staudinger/*Sack/Fischinger* BGB § 138 Rn. 146 ff.; PWW/*Ahrens* BGB § 138 Rn. 33 ff.; *Medicus/Petersen* BürgerlR Rn. 690; Sack NJW 2006, 945 (949).

273 Sehr deutlich idS RGZ 150, 1 (5); ebenso *Enneccerus/Nipperdey* BGB AT-2 § 191 II 2 b; dagegen *Sack* NJW 2006, 945 (950).

274 So auch Soergel/*Hefermehl* BGB § 138 Rn. 19, 37; Staudinger/*Sack/Fischinger* BGB § 138 Rn. 148 ff.

275 MüKoBGB/*Armbrüster* § 138 Rn. 129.

276 So auch AK/*Damm* BGB § 138 Rn. 85 f.

277 IdS auch Soergel/*Hefermehl* BGB § 138 Rn. 37.

278 Soergel/*Hefermehl* BGB § 138 Rn. 19.

279 Zutr. MüKoBGB/*Armbrüster* § 138 Rn. 124.

280 BGHZ 50, 63 (70); BeckOK BGB/*Wendtland* § 138 Rn. 24; Erman/*Schmidt-Räntsch* BGB § 138 Rn. 23; MüKoBGB/*Armbrüster* § 138 Rn. 132; *Wolf/Neuner* BGB AT § 46 Rn. 24.

heit oder **Dritter**, so müssen die subjektiven Merkmale dagegen grundsätzlich bei beiden Parteien vorhanden sein.[281] Denn sonst wäre der Eingriff in die Privatautonomie der gutgläubigen Partei nicht zu rechtfertigen. Hat nur eine Partei sittenwidrig gehandelt, so kann es ihr aber verwehrt sein, sich zum Nachteil der anderen Partei auf deren Gutgläubigkeit zu berufen. Dies gilt jedenfalls dann, wenn die sittenwidrig handelnde Partei davon ausgegangen ist, dass auch die andere Partei bösgläubig sei (→ Rn. 20).[282] Bei **einseitigen Rechtsgeschäften** (zB Kündigung, Testament) bereitet die personale Zuordnung keine Probleme. Hier kann es naturgemäß nur auf die Absicht und die Gesinnung des Erklärenden ankommen.[283] Das Wissen von **Vertretern** und **Erfüllungsgehilfen** ist den Beteiligten nach allgemeinen Grundsätzen (§ 166 bzw. § 278 analog) zuzurechnen.[284]

99   **b) Besondere subjektive Voraussetzungen.** Bei der Verletzung von Interessen der Allgemeinheit oder Dritter wird die Auffassung vertreten, die bloße Kenntnis der sittenwidrigen Beweggründe des Vertragspartners sei im Allgemeinen nicht ausreichend, um die Sittenwidrigkeit des Rechtsgeschäfts zu begründen; vielmehr sei darüber hinaus erforderlich, dass der andere Teil die sittenwidrigen Beweggründe des Vertragspartners **billigt**, **fördert** oder zu seinem eigenen Vorteil **ausnutzt**.[285] Betrachtet man die zugrunde liegenden Entscheidungen genauer, so zeigt sich, dass es in beiden Fällen um die mögliche Förderung oder Ausnutzung einer strafbaren Handlung ging.[286] In diesen Fällen stellt sich die Frage, unter welchen Voraussetzungen ein objektiv neutrales Rechtsgeschäft mit einem Vertragspartner, der eine strafbare Handlung begeht oder plant, als sittenwidrig anzusehen ist. Ein Beispiel hierfür ist der Abschluss eines Werkvertrages über Bauleistungen an einem Gebäude, welches zur Ausbeutung von Prostituierten (§ 180 a StGB) genutzt wird. Hat der Vertrag den gleichen Inhalt wie in den Fällen, in denen das Gebäude zu einem erlaubten Zweck genutzt wird, so kann die Kenntnis der rechtswidrigen Nutzung durch den Bauunternehmer nicht ausreichen, um die Sittenwidrigkeit des Vertrages zu begründen.[287] Da der Gegenstand des Vertrages **keinen unmittelbaren Bezug** zu dem sittenwidrigen Zweck hat, wird das Verhalten des Unternehmers nur missbilligt, wenn weitere subjektive Elemente hinzutreten. Hieraus lässt sich der Schluss ziehen, dass die Kenntnis der sittenwidrigen Beweggründe des anderen Teils genügt, wenn der Gegenstand des Vertrages objektiv einen engeren Bezug zu dem rechtswidrigen Zweck hat. So ist der Verkauf eines Brotmessers als Mordwaffe schon dann sittenwidrig, wenn der Verkäufer die Absicht des Käufers kennt.[288]

VII. Allgemeine Wertungskriterien

100   **1. Überblick.** Die vorstehenden Überlegungen ermöglichen die Formulierung allgemeiner Kriterien für die Bewertung eines Rechtsgeschäfts als sittenwidrig. Solche Kriterien können wegen der Komplexität des Sittenwidrigkeitsurteils nicht abschließend sein. Sie kennzeichnen aber **typische Situationen**, in denen die Annahme der Sittenwidrigkeit nahe liegt. Die Sittenwidrigkeit lässt sich dabei meist nicht auf ein einzelnes Merkmal stützen, sondern muss aus dem Zusammenspiel mehrerer Kriterien heraus begründet werden.[289] Bei Abs. 1 gilt also das „**Sandhaufentheorem**": Entscheidend ist die Summenwirkung der im Einzelfall verwirklichten Kriterien.[290] Aus rechtstheoretischer Sicht handelt es sich damit um ein **bewegliches System** im Sinne von *Wilburg*.[291] Zu beachten ist allerdings, dass die Sittenwidrigkeit im Allgemeinen nicht nur aus der Verwirklichung eines einzelnen Kriteriums abgeleitet werden kann (→ Rn. 110).

281 BGH WM 1966, 495 (496); NJW 1990, 567 (568);
     1992, 310; 1995, 2284; 2005, 1490, 1491; Jauernig/
     Mansel BGB § 138 Rn. 11; PWW/*Ahrens* BGB § 138
     Rn. 35; MüKoBGB/*Armbrüster* § 138 Rn. 132;
     Palandt/*Ellenberger* BGB § 138 Rn. 8; Soergel/
     Hefermehl BGB § 138 Rn. 35.
282 BGH NJW-RR 1990, 750 (751); BeckOK BGB/
     Wendtland § 138 Rn. 25; Palandt/*Ellenberger* BGB
     § 138 Rn. 40; *Wolf/Neuner* BGB AT § 46 Rn. 23.
283 BeckOK BGB/*Wendtland* § 138 Rn. 23; *Wolf/Neuner*
     BGB AT § 46 Rn. 25.
284 BGH NJW-RR 1990, 750 (751); NJW 1992, 899;
     BeckOK BGB/*Wendtland* § 138 Rn. 23; *Wolf/Neuner*
     BGB AT § 46 Rn. 23.
285 BGH DB 1971, 39; BeckOK BGB/*Wendtland* § 138
     Rn. 25; Palandt/*Ellenberger* BGB § 138 Rn. 40. Dass
     die bloße Kenntnis nicht ausreicht, betont auch RGZ
     71, 192 (194).
286 RGZ 71, 192 (strafbarer Betrieb eines Bordells);
     BGH DB 1971, 39 (Betrug).

287 So iE RGZ 71, 192.
288 Vgl. Jauernig/*Mansel* BGB § 138 Rn. 11; *Stadler*
     BGB AT § 26 Rn. 31, 33.
289 MüKoBGB/*Armbrüster* § 138 Rn. 27; Soergel/*Hefermehl* BGB § 138 Rn. 19.
290 BGHZ 80, 153 (159); Staudinger/*Sack/Fischinger*
     BGB § 138 Rn. 119; BeckOK BGB/*Wendtland* § 138
     Rn. 56.
291 So auch MüKoBGB/*Armbrüster* § 138 Rn. 29;
     Soergel/*Hefermehl* BGB § 138 Rn. 8; Staudinger/
     Sack/Fischinger BGB § 138 Rn. 120; hieran anknüpfend BGH WM 2012, 458 Rn. 20; ebenso § 242
     Staudinger/*Looschelders/Olzen* BGB § 242 Rn. 158;
     krit. BeckOGK/*Jakl* BGB § 138 Rn. 104 ff.; *Wolf/
     Neuner* BGB AT § 46 Rn. 29. Zum Modell eines
     beweglichen Systems grundlegend *Wilburg*, Die Elemente des Schadensrechts, 1941; *ders.*, Entwicklung
     eines beweglichen Systems im Recht, 1950; *ders.*
     AcP 163 (1963), 346 ff.

Bei der Systematisierung der allgemeinen Wertungskriterien kann man sich daran orientieren, welche **Interessen** durch das Geschäft verletzt werden. Hiernach lassen sich drei **Fallgruppen** unterscheiden, je nachdem ob die Interessen des anderen Geschäftspartners, eines Dritten oder der Allgemeinheit tangiert werden.[292] Diese Fallgruppenbildung ist zwar nicht frei von Überschneidungen. Denkbar ist insbesondere, dass ein Rechtsgeschäft zulasten des Geschäftspartners oder eines Dritten gleichzeitig Interessen der Allgemeinheit beeinträchtigt. Dies aber entspricht dem allgemeinen Gedanken, dass die Sittenwidrigkeit sich aus dem Zusammenspiel mehrerer Kriterien ergeben kann. **101**

2. Schutz des Geschäftspartners. Beim Schutz des Geschäftspartners gibt es verschiedene Wertungskriterien, mit denen die Sittenwidrigkeit typischerweise begründet werden kann. **102**

a) Selbstbestimmungsrecht in höchstpersönlichen Angelegenheiten. Aus den Wertungen der einschlägigen Grundrechte ergibt sich zunächst einmal, dass Entscheidungen in **höchstpersönlichen Angelegenheiten** nicht zum Gegenstand einer rechtsgeschäftlichen Bindung gemacht werden können (→ Rn. 48); bei schwerwiegenden Eingriffen kann selbst eine mittelbare Einflussnahme (zB durch Erbeinsetzung) unzulässig sein (→ Rn. 200). Problematisch sind unter diesem Aspekt insbesondere Verträge oder auch Testamente, die einen Bezug zu höchstpersönlichen Entscheidungen im Bereich der Religion, der Eheschließung und Ehescheidung, der Zeugung von Kindern oder der Ausübung des Geschlechtsverkehrs haben. Besonders missbilligt wird die **Kommerzialisierung** solcher Entscheidungen.[293] Dies ist der innere Grund für die traditionelle Auffassung, dass Verträge über sexuelle Leistungen (insbesondere Prostitution) sittenwidrig sind. In diesem Bereich hat das Inkrafttreten des ProstG (dazu Anh. zu § 138) zwar zu einer partiellen Änderung der Wertanschauungen geführt.[294] Es bleibt aber dabei, dass die **Erbringung von sexuellen Leistungen** nicht zum Gegenstand einer rechtlichen Verpflichtung gemacht werden kann. **103**

b) Materiale Privatautonomie. Eine weitere wichtige Funktion des Abs. 1 ist der Schutz der **Selbstbestimmung** des Einzelnen im Privatrechtsverkehr. Die Tragweite dieser Funktion hat sich in der Auseinandersetzung mit der Rechtsprechung des BVerfG zur Nichtigkeit der Bürgschaften von nahen Familienangehörigen (dazu → Rn. 241 ff.)[295] erwiesen. Ausgangspunkt ist die Überlegung, dass die durch den Grundsatz der Privatautonomie gewährleistete Selbstbestimmung des Einzelnen im Privatrechtsverkehr nicht in eine **Fremdbestimmung** des Stärkeren über den Schwächeren umschlagen darf.[296] Es ist daher ein materiales Verständnis der Privatautonomie geboten. Maßgeblich ist hiernach, „ob und inwieweit beide Vertragspartner über den Abschluss und den Inhalt des Vertrages **tatsächlich** frei entscheiden konnten".[297] **104**

aa) Die einzelnen Kriterien. Wann die materiale Privatautonomie die Anwendung des Abs. 1 gebietet, hängt von verschiedenen Faktoren ab. Wie *Canaris* überzeugend herausgearbeitet hat, kann man sich bei der Kategorisierung dieser Faktoren an den **Wertungen des Abs. 2** orientieren.[298] **105**

(1) Inhaltliche Unausgewogenheit des Rechtsgeschäfts. Erforderlich ist zunächst, dass der Vertrag einen unangemessenen Inhalt aufweist, durch den ein Vertragspartner ungewöhnlich stark belastet wird. Repräsentativ für die inhaltliche Unausgewogenheit eines Rechtsgeschäfts ist das „auffällige Missverhältnis" von Leistung und Gegenleistung (Abs. 2), das bei der Beurteilung der **wucherähnlichen Geschäfte** im Rahmen des Abs. 1 relevant wird (dazu → Rn. 222 ff.). Weitere wichtige Fallgruppen der inhaltlichen Unausgewogenheit sind die „**Knebelung**" des Sicherungsgebers (→ Rn. 263), die krasse Überforderung des **Bürgen** (→ Rn. 243 ff.) sowie die einseitige Lastenverteilung in **Eheverträgen** (→ Rn. 188 ff.). Problematisch ist schließlich auch die **übermäßige Dauer der Bindung** bei Dauerschuldverhältnissen (→ Rn. 167 ff.). In all diesen Fällen liegt der innere Grund für das Unwerturteil darin, dass das Rechtsgeschäft die persönliche und wirtschaftliche Entfaltungsfreiheit des benachteiligten Vertragspartners allzu stark beschränkt. Die Unverhältnismäßigkeit der Belastung wird verschärft, wenn der stärkere Vertragspartner **kein anerkennenswertes wirtschaftliches Interesse** an der Höhe oder Dauer der Belastung hat.[299] **106**

(2) Beeinträchtigung der freien Selbstbestimmung. Ein zweites wichtiges Kriterium für die Begründung der Sittenwidrigkeit ist das Vorliegen von Umständen, welche es fraglich erscheinen lassen, ob die **107**

292 Zu ähnlichen Unterscheidungen vgl. Palandt/*Ellenberger* BGB § 138 Rn. 24 ff.; RGRK/*Krüger-Nieland*/*Zöller* BGB § 138 Rn. 43 ff.; Soergel/*Hefermehl* BGB § 138 Rn. 70 ff.

293 Zur Missbilligung der Kommerzialisierung höchstpersönlicher Entscheidungen Erman/*Schmidt-Räntsch* BGB § 138 Rn. 140; Hk-BGB/*Dörner* § 138 Rn. 8; MüKoBGB/*Armbrüster* § 138 Rn. 127 f.

294 *Bergmann* JR 2003, 270 (272); zum Telefonsex BGH NJW 2002, 361 f.; NJW 2008, 140.

295 BVerfGE 89, 214 (229 ff.); BVerfG NJW 1994, 2749 (2750); 1996, 2021.

296 Zu dieser Problematik vgl. BVerfGE 81, 242 (255); BVerfG NJW 1996, 2021; *Flume* BGB AT Bd. 2 § 1, 7; *Looschelders* Schuldrecht AT § 3 Rn. 5.

297 BVerfGE 89, 214 (231); hieran anknüpfend *Canaris* AcP 200 (2000), 273, 296 ff.; Schlechtriem/*Drexl*, S. 97, 115 ff.; krit. Jauernig/*Mansel* BGB § 138 Rn. 12.

298 *Canaris* AcP 200 (2000), 273, 280 ff., 296 ff.; für einzelne Fallgruppen (Bürgschaft naher Angehöriger und Globalzession) auch *Naumann*, S. 25 ff., 99 ff., 122 f.

299 Vgl. MüKoBGB/*Armbrüster* § 138 Rn. 92; *Canaris* AcP 200 (2000), 273, 298.

benachteiligte Partei die in Frage stehenden Belastungen wirklich in freier Selbstbestimmung auf sich genommen hat.[300] Der Rechtsanwender muss dieser Frage insbesondere bei einer **strukturellen Ungleichheit der Verhandlungsstärke** nachgehen.[301] Eine solche Ungleichheit kann sich daraus ergeben, dass der Benachteiligte eine besonders schwache oder der Begünstigte eine besonders starke Stellung hat. Repräsentativ für die **besondere Schwäche des Benachteiligten** ist wieder Abs. 2, der auf die Zwangslage, die Unerfahrenheit, den Mangel an Urteilsvermögen und die erhebliche Willensschwäche des Benachteiligten abstellt. Hieran anknüpfend hat der BGH festgestellt, dass Abs. 1 auch vor einer „Ausnutzung der emotionalen Zwangslage und der persönlichen Verstrickung" schützt.[302] In diesem Zusammenhang stellt sich auch die Frage der Sittenwidrigkeit von **Spielverträgen**. So kann Abs. 1 einschlägig sein, wenn der Spielvertrag unter Ausnutzung der Unerfahrenheit, des Leichtsinns oder einer Zwangslage eines Beteiligten zustande kommt oder darauf angelegt ist, eine Spielsucht zu fördern.[303] Auf der anderen Seite kann die **besondere Stärke des Begünstigten** zB auf einer Monopolstellung[304] oder einer Vertrauensstellung gegenüber dem Benachteiligten[305] beruhen. Nicht selten werden beide Elemente zusammentreffen oder sogar einander bedingen. So ergibt sich die besondere Stärke der Verhandlungsposition des Arbeitgebers daraus, dass der Arbeitnehmer auf den Arbeitsplatz existenziell angewiesen ist.[306] Vergleichbare Ungleichgewichte bestehen im Verhältnis zwischen Vermieter und Mieter.

108 Praktische Beispiele für eine strukturelle Ungleichheit der Verhandlungsstärke sind die **Bürgschaften** für Ehegatten und nahe Angehörige (→ Rn. 241 ff.) sowie die einseitige Ausgestaltung von **Eheverträgen** zulasten der schwangeren Frau (→ Rn. 188 ff.). Im Einzelfall treten nicht selten weitere Faktoren hinzu, welche das Unwerturteil verstärken. Dies gilt insbesondere, wenn der stärkere Vertragspartner die mit dem Rechtsgeschäft verbundenen Risiken verharmlost oder den schwächeren Partner unter Druck gesetzt hat.[307] Nach der Rechtsprechung des BGH muss die Störung der Vertragsparität nicht in jedem Fall positiv festgestellt werden; es besteht vielmehr die Möglichkeit, aus der Unausgewogenheit des Vertragsinhalts auf die Ungleichheit der Verhandlungsstärke zu schließen.[308]

109 **(3) Subjektive Elemente.** Die Unangemessenheit des Vertragsinhalts und die Ungleichheit der Verhandlungsstärke müssen grundsätzlich durch ein subjektives Element flankiert werden. Mindesterfordernis ist, dass der Begünstigte die maßgeblichen Umstände **kennt**. Die Rechtsprechung fordert darüber hinaus im Allgemeinen, dass der Begünstigte mit **verwerflicher Gesinnung** gehandelt hat. Dies entspricht dem Merkmal des „Ausbeutens" in Abs. 2. Zu beachten ist aber, dass die verwerfliche Gesinnung im Rahmen des Abs. 1 häufig aus dem besonders groben Missverhältnis von Leistung und Gegenleistung abgeleitet wird (→ Rn. 229). Bei **familienrechtlichen Verträgen** lässt sich allein aus der Einseitigkeit der Lastenverteilung hingegen keine tatsächliche Vermutung für die erforderliche verwerfliche Gesinnung ableiten. Vielmehr müssen außerhalb der Vereinbarung liegende Umstände hinzukommen, die auf die Ausnutzung einer unterlegenen Verhandlungsposition des belasteten Ehegatten deuten.[309]

110 **bb) Das Verhältnis zwischen den Kriterien.** Die Sittenwidrigkeit wegen Verletzung der materialen Privatautonomie ergibt sich in den meisten Fällen aus einem **Zusammenspiel aller Kriterien**. Liegt nur ein einzelnes Kriterium vor, so soll dies im Allgemeinen nicht ausreichen. Weitgehend anerkannt ist insbesondere, dass die Sittenwidrigkeit nicht allein aus dem objektiven Missverhältnis von Leistung und Gegenleistung abgeleitet werden kann.[310] Diese Auffassung beruht auf der zutreffenden Erwägung, dass es nach dem Grundsatz der Vertragsfreiheit in erster Linie Sache der Parteien ist, den Inhalt des Vertrages in eigener Verantwortung festzulegen.[311] Nach dem Gedanken des **beweglichen Systems** muss man sich aber fragen, ob nicht ein besonders krasses Missverhältnis von Leistung und Gegenleistung in Ausnahmefällen doch ausreichen kann, um die Anwendung des Abs. 1 zu rechtfertigen. Bei der praktischen Rechtsanwendung hätte diese Sichtweise den Vorteil, dass man nicht mehr in jedem Fall gezwungen wäre, aus dem objektiven Missverhältnis auf die Ungleichheit der Verhandlungsstärke und die verwerfliche Gesinnung des Begünstigten zu schließen. Umgekehrt ist die strukturell ungleiche Verhandlungsstärke kein Kriterium, das für sich

300 Vgl. BGH NJW 1991, 1046 (1047): „ohne hinreichende Entschließungsfreiheit".

301 Vgl. BVerfGE 89, 214 (233); *Looschelders* SchuldR AT § 3 Rn. 5; *Limbach* JuS 1985, 10 (12); krit. ggü. diesem Kriterium *Canaris* AcP 200 (2000), 273, 296.

302 BGH NJW 1991, 1046 (1047).

303 BGH NJW 2008, 2026 (2027); MüKoBGB/*Habersack* § 762 Rn. 17.

304 Zur Ausnutzung einer Monopolstellung BGHZ 19, 85 (94); Jauernig/*Mansel* BGB § 138 Rn. 13; MüKoBGB/*Armbrüster* § 138 Rn. 87; *Flume* BGB AT Bd. 2 § 18, 2.

305 Zum Missbrauch einer Vertrauensstellung zum Nachteil des Vertragspartners vgl. MüKoBGB/*Armbrüster* § 138 Rn. 95; *Flume* BGB AT Bd. 2 § 18, 2.

306 MüKoBGB/*Armbrüster* § 138 Rn. 90.

307 Vgl. BGHZ 120, 272 (277); BGH NJW 1999, 135 (136); Palandt/*Ellenberger* BGB § 138 Rn. 38 f.

308 Vgl. BGHZ 136, 347 (351) (betr. Ehegattenbürgschaft).

309 Vgl. BGH NJW 2009, 842; 2013, 457, 460; 2013, 380, 382; 2014, 1101, 1105.

310 Vgl. BGH NJW 2002, 55; MüKoBGB/*Armbrüster* § 138 Rn. 37; Erman/*Schmidt-Räntsch* BGB § 138 Rn. 18; Staudinger/*Sack/Fischinger* BGB § 138 Rn. 327.

311 *Canaris* FS Lerche 1993, S. 873, 884.

genommen die Sittenwidrigkeit begründen kann. Hier muss vielmehr immer die inhaltliche Unangemessenheit des Geschäfts hinzutreten. Ebenso wenig kann das besondere Gewicht des subjektiven Elements für sich genommen die Sittenwidrigkeit des Geschäfts begründen.[312]

3. Schutz Dritter. Die zweite Fallgruppe des Abs. 1 ist dadurch gekennzeichnet, dass das Rechtsgeschäft die Rechte und Interessen eines **Dritten** in sittenwidriger Weise beeinträchtigt. Maßgeblich ist die Erwägung, dass die Privatautonomie den Parteien einen großen Freiraum gibt; dieser darf nicht dazu missbraucht werden, die eigenen Interessen auf Kosten Dritter zu verwirklichen. **111**

a) Vereitelung von Ansprüchen Dritter. Die Sittenwidrigkeit kann sich daraus ergeben, dass das Rechtsgeschäft einen Eingriff in die Ansprüche Dritter beinhaltet. Wichtige Beispiele sind das **Verleiten zum Vertragsbruch** und das **Abwerben von Arbeitnehmern**. Bei der Würdigung dieser Fallgruppe ist zu beachten, dass schuldrechtliche Ansprüche grundsätzlich nur im Verhältnis zwischen den jeweiligen Vertragspartnern geschützt sind.[313] Greift das Rechtsgeschäft in die schuldrechtlichen Ansprüche eines Dritten gegenüber einem Vertragspartner ein, so wird es daher im Allgemeinen nur mit Blick auf den gebundenen Vertragspartner missbilligt. Dies kann aber grundsätzlich nicht ausreichen, um die Nichtigkeit des Rechtsgeschäfts zu begründen.[314] Es müssen vielmehr **besondere Umstände** hinzutreten, welche das Geschäft auch mit Blick auf den nicht gebundenen Vertragspartner sittenwidrig erscheinen lassen. In Betracht kommt etwa die **Freistellung des gebundenen Vertragspartners** von den Ersatzansprüchen des Dritten.[315] Sittenwidrig ist auch das **kollusive Zusammenwirken** der Parteien, wenn es gerade den Zweck hat, die Ansprüche des Dritten zu vereiteln oder ihn sonst zu schädigen.[316] **112**

b) Gefährdung des Vermögens Dritter (Gläubigergefährdung). Auch wenn das Rechtsgeschäft nicht in konkrete Ansprüche Dritter eingreift, so kann es doch deren Vermögensinteressen beeinträchtigen. Die Parteien sind zwar grundsätzlich nicht verpflichtet, beim Abschluss von Rechtsgeschäften auf die Vermögensinteressen Dritter Rücksicht zu nehmen. Im Bereich des Kreditsicherungsrechts gibt es jedoch zahlreiche Gestaltungen, in denen die Gefährdung des Vermögens Dritter sittenwidrig ist. Abs. 1 erfasst insbesondere Rechtsgeschäfte, durch die Dritte **über die Kreditfähigkeit** eines Geschäftspartners **getäuscht** werden.[317] Praktische Bedeutung hat diese Form der Gläubigergefährdung vor allem für Kredit- und Sicherungsverträge, die im Zusammenhang mit einer drohenden Insolvenz des Kreditnehmers abgeschlossen werden (dazu → Rn. 273 ff.). **113**

Missbilligt wird auch die **Übersicherung** (dazu → Rn. 255 ff.). Hier geht es einerseits darum zu verhindern, dass der Sicherungsgeber jede wirtschaftliche Bewegungsfreiheit verliert (sog. **Knebelung**, dazu → Rn. 263). Andererseits ist die Übersicherung auch im Hinblick auf die Interessen der anderen Sicherungsgläubiger bedenklich, weil diese Gefahr laufen, bei einer Insolvenz des Sicherungsgebers leer auszugehen (Problem der „**Aussaugung**", → Rn. 263).[318] Schließlich birgt die Einräumung allzu weit reichender Sicherungsrechte gegenüber einem Geldkreditgeber die Gefahr, dass der Sicherungsgeber seine Warenkreditgeber **täuschen** muss, um weitere Lieferungen zu erhalten (dazu → Rn. 264).[319] **114**

Die Rechtsprechung fordert in all diesen Fällen, dass die objektive Unangemessenheit durch eine **verwerfliche Gesinnung** des Begünstigten flankiert wird.[320] Dem ist jedoch entgegenzuhalten, dass es in den Fällen der Gläubigergefährdung in erster Linie um eine sachgemäße Risikoverteilung zwischen Geld- und Warenkreditgeber geht.[321] Bei dieser Betrachtung muss es für die Bejahung der Sittenwidrigkeit grundsätzlich genügen, dass die Gestaltung **objektiv** in besonders hohem Maße unangemessen erscheint. Subjektive Elemente sollten nur berücksichtigt werden, wenn sie einen eigenständigen Begründungswert haben, also nicht nur aus den objektiven Elementen abgeleitet werden. **115**

c) Verletzung einer Vertrauensstellung gegenüber dem Dritten. Beeinträchtigt das Rechtsgeschäft die Rechte oder Interessen eines Dritten, so liegt die Annahme von Sittenwidrigkeit auch dann nahe, wenn **116**

---

312 BeckOGK/*Jakl* BGB § 138 Rn. 108.
313 BGHZ 12, 308 (317); BGH NJW 1981, 2184 (2185); Palandt/*Ellenberger* BGB § 138 Rn. 61.
314 RGZ 114, 338 (341); BGH NJW 1964, 540 (541); BGHZ 60, 98 (102 ff.); Erman/*Schmidt-Räntsch* BGB § 138 Rn. 77; zur parallelen Problematik bei § 826 BGH NJW 1981, 2184 (2185) (Mitwirkung am Vertragsbruch); BGH NJW 1992, 2152 (2153) (Vereitelung eines Vermächtnisses).
315 BGH NJW 1981, 2184 (2185); vgl. auch BGHZ 60, 98 (102 ff.).
316 Vgl. BGH NJW 1964, 540 (541); NJW-RR 2005, 1534 (1535) (Vereitelung des Vorkaufsrechts eines Dritten); 1996, 869 (Bauherrengemeinschaft); Palandt/*Ellenberger* BGB § 138 Rn. 61.

317 Vgl. BGHZ 10, 228 (233); 20, 43, 49 f.; BGH NJW 1998, 2592 (2594 f.); Erman/*Schmidt-Räntsch* BGB § 138 Rn. 149 ff.; Palandt/*Ellenberger* BGB § 138 Rn. 86; MüKoBGB/*Armbrüster* § 138 Rn. 96.
318 MüKoBGB/*Armbrüster* § 138 Rn. 101.
319 Vgl. BGHZ 30, 149 (151 ff.); 69, 254, 257 f.; 72, 308, 310; BGH NJW 1999, 940; MüKoBGB/*Armbrüster* § 138 Rn. 102.
320 Vgl. statt vieler BGHZ 32, 362 (366); 72, 308, 310; BGH NJW 1999, 940; aus der Lit. MüKoBGB/*Armbrüster* § 138 Rn. 97, 124; MüKoBGB/*Roth/Kieninger* § 398 Rn. 129.
321 MüKoBGB/*Mayer-Maly/Armbrüster*, 4. Aufl. 2001, § 138 Rn. 97.

ein Geschäftspartner eine besondere Vertrauensstellung gegenüber dem Dritten hat, die durch das Geschäft verletzt wird (sog. **Treubruch**).[322] Voraussetzung ist allerdings, dass der andere Geschäftspartner die Umstände kennt, aus denen sich der Missbrauch der Vertrauensstellung ergibt, oder dass er sich dieser Kenntnis grob fahrlässig verschließt. Repräsentativ ist der Fall, dass der **Vertreter** oder **Sachwalter** des Dritten zu dessen Nachteil kollusiv mit einem Geschäftspartner zusammenwirkt.[323] Die Sittenwidrigkeit der Absprachen zwischen dem Vertreter bzw. Sachwalter und dem Geschäftspartner schlägt dabei grundsätzlich auf den Hauptvertrag zwischen dem Dritten und dem Geschäftspartner durch.[324] Das Geschäft ist damit nach Abs. 1 nichtig. Eine „Heilungsmöglichkeit" besteht an sich nicht. In der Literatur wird jedoch mit beachtlichen Gründen die Auffassung vertreten, dass dem Vertretenen das Recht zustehen solle, das Geschäft nach § 177 Abs. 1 analog zu genehmigen.[325]

117 Wegen der Verletzung eines Vertrauensverhältnisses werden auch Vereinbarungen über die Zahlung von **Schmiergeldern** an den Vertreter oder Sachwalter eines Dritten missbilligt (näher dazu → Rn. 300 ff.).[326] Die Missbilligung wird hier jedoch nicht selten dadurch verstärkt, dass auch die individuellen **Interessen der Mitbewerber** sowie das öffentliche Interesse an einem **lauteren Wettbewerb** (und damit Interessen der Allgemeinheit) verletzt werden.[327]

118 **4. Schutz von Interessen der Allgemeinheit.** Die Sittenwidrigkeit kann sich schließlich daraus ergeben, dass das Rechtsgeschäft Interessen der Allgemeinheit verletzt. In dieser Fallgruppe kann eine Vielzahl von Aspekten relevant werden. Generell lässt sich feststellen, dass die Allgemeinheit ein berechtigtes Interesse daran hat, dass die für das Zusammenleben in der Gesellschaft unerlässlichen rechtsethischen Grundanforderungen eingehalten werden. Hierzu gehört insbesondere die **Wertordnung des Grundgesetzes** (→ Rn. 3). Die Grundrechte schützen damit nicht nur die Interessen der einzelnen Privatrechtssubjekte; sie geben vielmehr auch objektive Maßstäbe vor, die unabhängig von einer individuellen Betroffenheit relevant sind.

119 Ein weiteres wichtiges Schutzgut ist die **Funktionsfähigkeit des Staates und seiner Einrichtungen**.[328] Sittenwidrig sind danach Rechtsgeschäfte, welche die Arbeit der verfassungsmäßigen Organe oder der Gerichte und Behörden in unangemessener Weise beeinträchtigen. Sehr problematisch ist dagegen die Beurteilung von Rechtsgeschäften, mit denen die Parteien das Ziel verfolgen, sich oder einem Dritten auf unangemessene Weise einen Anspruch auf **öffentliche Leistungen** (Sozialhilfe, Wohngeld etc) zu verschaffen.[329] Beispiele sind der Unterhaltsverzicht (dazu → Rn. 194), die erbrechtliche Zurücksetzung eines behinderten Angehörigen (dazu → Rn. 199) oder die Ausschlagung einer Erbschaft (dazu → Rn. 199) zulasten der Sozialhilfe.[330]

120 Des Weiteren schützt Abs. 1 das Vertrauen der Öffentlichkeit in die **Sinnhaftigkeit von öffentlichen Ämtern und Titeln**. Das Ansehen von öffentlichen Ämtern und Titeln beruht maßgeblich darauf, dass der Einzelne sie durch besondere Leistungen oder Verdienste erwerben muss. Erweisen sich öffentliche Ämter und Titel als käuflich, so geht dieses Ansehen verloren. Es ist daher zu Recht allgemein anerkannt, dass **entgeltliche Geschäfte** über die Verschaffung von öffentlichen Ämtern und Titeln nach Abs. 1 nichtig sind.[331] Verträge über die „Promotionsberatung" sind dagegen allerdings grundsätzlich nicht nach § 138 Abs. 1 unwirksam.[332]

121 Die Allgemeinheit hat auch ein berechtigtes Interesse an der Funktionsfähigkeit von Berufen, die für das Gemeinwohl wichtige Aufgaben erfüllen (zB Rechtsanwälte, Ärzte, Zahnärzte und Apotheker). Soweit die Funktionsfähigkeit dieser Berufe durch **Standesregeln** gesichert wird, kann deren Verletzung die Sittenwidrigkeit des Rechtsgeschäfts begründen (→ Rn. 199).

---

322 Zum Treubruch vgl. Palandt/*Ellenberger* BGB § 138 Rn. 62.

323 Vgl. BGH NJW 1989, 26 (27); NJW-RR 1989, 642; NJW 2008, 1225 (1227); NZG 2014, 389; NJW 2014, 2790 Rn. 23 ff.; OLG Düsseldorf NJW-RR 1997, 737 (738); OLG München NJW 2012, 2207 (2209); Erman/*Schmidt-Räntsch* BGB § 138 Rn. 78; MüKoBGB/*Schubert* § 164 Rn. 215; *Bork* BGB AT Rn. 1575.

324 BGH NJW 1989, 26 (27); MüKoBGB/*Schubert* § 164 Rn. 215 f.

325 Vgl. *Bork* BGB AT Rn. 1575.

326 BGHZ 141, 357 (359); BGH NJW 1962, 1099; 1973, 363; 1989, 26; 2000, 511, 512; 2001, 1065, 1067; Erman/*Schmidt-Räntsch* BGB § 138 Rn. 79; Palandt/ *Ellenberger* BGB § 138 Rn. 63; RGRK/*Krüger-Nie-*

land/Zöller BGB § 138 Rn. 177; Staudinger/*Sack/ Fischinger* BGB § 138 Rn. 498 ff.

327 Vgl. BGHZ 141, 357 (360).

328 Vgl. Erman/*Schmidt-Räntsch* BGB § 138 Rn. 132.

329 Erman/*Schmidt-Räntsch* BGB § 138 Rn. 75.

330 Zum Unterhaltsverzicht zulasten der Sozialhilfe vgl. BGHZ 86, 82 (86); BGH NJW 1991, 913 (914 f.); 1992, 3164, 3165; zum sog. Behindertentestament BGHZ 111, 36 (40 ff.); VGH Mannheim NJW 1993, 2953 (2954); Erman/*Schmidt* BGB Vor §§ 2064 Rn. 16.

331 BGH NJW 1994, 187; OLG Koblenz MDR 1999, 537; Palandt/*Ellenberger* BGB § 138 Rn. 56; Soergel/*Hefermehl* BGB § 138 Rn. 25.

332 OLG Köln MDR 1999, 792; vgl. auch LG Düsseldorf BeckRS 2012, 01839.

VIII. Zeitpunkt der Bewertung

1. Meinungsstand. Welcher Zeitpunkt für die Bewertung des Rechtsgeschäfts maßgeblich sein soll, ist streitig. Die hM stellt auf die **Vornahme des Rechtsgeschäfts** ab.[333] Nicht vorhergesehene Änderungen der tatsächlichen Verhältnisse müssen damit grundsätzlich ebenso außer Betracht bleiben wie ein zwischenzeitiger Wandel der Wertvorstellungen. Eine Ausnahme wird überwiegend für die **Sittenwidrigkeit von Testamenten** anerkannt. Hier soll es auf den Zeitpunkt des Erbfalls oder den Zeitpunkt der Entscheidung ankommen.[334] Im Vordergrund stehen dabei die Fälle, in denen der Wertewandel zugunsten der Wirksamkeit des Testaments wirkt. Hier ist die Anknüpfung an den Vornahmezeitpunkt besonders misslich, weil eine Heilung durch Bestätigung (§ 141) im Regelfall an der Verletzung der Formvorschriften scheitert und nach Eintritt des Erbfalls naturgemäß ohnehin nicht mehr in Betracht kommt.[335] **122**

Eine in der Literatur vertretene Mindermeinung will immer an den Zeitpunkt anknüpfen, zu dem die **Wirkungen** des Rechtsgeschäfts **eintreten**.[336] Da die Wirkungen eines Vertrages grundsätzlich mit dessen Abschluss, die Wirkungen eines Testaments dagegen erst mit dem Erbfall eintreten, führt dies im Allgemeinen aber zu den gleichen Ergebnissen wie die hM.

2. Wandel der Wertvorstellungen. Für die Anknüpfung des Sittenwidrigkeitsurteils an die Vornahme des Rechtsgeschäfts spricht, dass sich die Parteien nur auf die zu diesem Zeitpunkt bestehenden tatsächlichen und rechtlichen Verhältnisse einstellen können. Auf der anderen Seite streiten bei Abs. 1 jedoch gewichtige Gründe dafür, einen **Wandel der Wertvorstellungen** zu berücksichtigen. Denn eine rückwärts gerichtete Betrachtung lässt sich kaum mit dem Ziel vereinbaren, die für ein gedeihliches Zusammenleben unverzichtbaren Wertvorstellungen zu schützen. Außerdem ist es den Parteien gegenüber schwer legitimierbar, einem Rechtsgeschäft unter Berufung auf veraltete Wertvorstellungen die Wirksamkeit zu versagen. Bei der Beurteilung der Sittenwidrigkeit ist ein Wandel der Wertvorstellungen daher insoweit zu beachten, wie dies mit den Gedanken der **Rechtssicherheit** und des **Vertrauensschutzes** vereinbar ist.[337] Im Übrigen bleibt nur die Möglichkeit, im Einzelfall auf der Grundlage des § 242 Abhilfe zu schaffen. Im Ergebnis sind hiernach **zwei Fallgruppen** zu unterscheiden. **123**

War das Rechtsgeschäft nach den **bei seiner Vornahme** gültigen Wertvorstellungen **wirksam**, so darf dies aus Gründen der Rechtssicherheit und des Vertrauensschutzes nicht nachträglich wieder in Frage gestellt werden.[338] Soweit die Ausübung der aus dem Geschäft folgenden Rechte den aktuell gültigen Wertvorstellungen widerspricht, kann sie aber nach § 242 unzulässig sein (→ Rn. 22). Im Einzelfall kommt auch eine Anpassung des Geschäfts nach den Regeln der ergänzenden Vertragsauslegung (§ 157) oder des Wegfalls der Geschäftsgrundlage (§ 313) in Betracht.[339] Diese Überlegungen gelten grundsätzlich auch im Erbrecht. Eine Sonderanknüpfung an den Zeitpunkt des Erbfalls ist hier nicht gerechtfertigt, weil das Vertrauen des Erblassers in die Wirksamkeit des Testaments geschützt werden muss. **124**

War das Rechtsgeschäft nach den **bei seiner Vornahme** maßgeblichen Wertvorstellungen **sittenwidrig**, während es nach den aktuell gültigen Maßstäben unbedenklich erscheint, so gibt es an sich keine berechtigten **Parteiinteressen**, die der Berücksichtigung des Wertewandels entgegenstehen könnten.[340] Die hM macht die Wirksamkeit des Geschäfts dennoch von einer **Bestätigung** (§ 141) abhängig.[341] Dies entspricht **125**

333 BGHZ 7, 111 (114); 20, 71, 73; 100, 353, 359; 107, 92, 96; BGH NJW 1983, 2692; 2002, 429, 431; 2012, 1570, 1571; 2015, 2248 Rn. 69; BeckOK BGB/*Wendtland* § 138 Rn. 26; Palandt/*Ellenberger* BGB § 138 Rn. 9; Soergel/*Hefermehl* BGB § 138 Rn. 40; Staudinger/*Sack/Fischinger* BGB § 138 Rn. 131; *Flume* BGB AT § 18, 6; *Wolf/Neuner* BGB AT § 46 Rn. 26; differenzierend Erman/*Schmidt-Räntsch* BGB § 138 Rn. 24; MüKoBGB/*Armbrüster* § 138 Rn. 133 ff.; *Schmoeckel* AcP 197 (1997), 1 ff.

334 Vgl. EGMR NJW 2005, 875 (878) (Tz. 62); OLG Hamm OLGZ 1979, 425 (427 f.); BeckOK BGB/*Wendtland* § 138 Rn. 28; Erman/*Schmidt-Räntsch* BGB § 138 Rn. 36; Soergel/*Hefermehl* BGB § 138 Rn. 44; krit. Staudinger/*Sack/Fischinger* BGB § 138 Rn. 142; PWW/*Ahrens* BGB § 138 Rn. 39; *Flume* BGB AT Bd. 2 18, 6; *Wolf/Neuner* BGB AT § 46 Rn. 28; von BGHZ 140, 118 (128) offen gelassen; gegen Sonderbehandlung von Testamenten BGHZ 20, 71 (73 ff.); BayObLGZ 1996, 225; OLG Stuttgart ZEV 1998, 185 (186); RGRK/*Krüger-Nieland/Zöller* BGB § 138 Rn. 24.

335 Vgl. BGHZ 20, 71 (74); Staudinger/*Sack/Fischinger* BGB § 138 Rn. 142.

336 *Brox/Walker* BGB § 14 Rn. 14; *Pawlowski* BGB AT Rn. 499 b; *Eckert* AcP 199 (1999), 337, 355 ff.

337 IdS auch *Mayer-Maly* JZ 1981, 801 (804).

338 BGH NJW 1983, 2692; Erman/*Schmidt-Räntsch* BGB § 138 Rn. 34; MüKoBGB/*Armbrüster* § 138 Rn. 138; Staudinger/*Sack/Fischinger* BGB § 138 Rn. 131; PWW/*Ahrens* BGB § 138 Rn. 37; *Mayer-Maly* JZ 1981, 801 (804); *Schmoeckel* AcP 197 (1997), 1, 41 ff.; aA *Pawlowski* BGB AT Rn. 499 b.

339 Vgl. BGHZ 126, 226 (241); Palandt/*Ellenberger* BGB § 138 Rn. 10; *Medicus* NJW 1995, 2577 (2579).

340 Erman/*Schmidt-Räntsch* BGB § 138 Rn. 36; MüKoBGB/*Armbrüster* § 138 Rn. 137; *Pawlowski* BGB AT Rn. 499 b; einschr. *Schmoeckel* AcP 197 (1997), 1, 54 ff.

341 Vgl. BGH NJW 2012, 1570 (1571); BeckOK BGB/*Wendtland* § 138 Rn. 27; Palandt/*Ellenberger* BGB § 138 Rn. 10; PWW/*Ahrens* BGB § 138 Rn. 38.

dem Grundsatz, dass ein nichtiges Rechtsgeschäft nicht allein wegen des Wegfalls des Nichtigkeitsgrundes wirksam wird.[342] Das Argument ist zwar insofern nicht zwingend, als die Prämisse – ursprüngliche Nichtigkeit des Rechtsgeschäfts – durch die Verlagerung des Beurteilungszeitraums gerade in Frage gestellt wird. Letztlich erscheint es aus Gründen der **Rechtssicherheit** aber geboten, auf einen klar fixierten Zeitpunkt – nämlich den Abschluss des Rechtsgeschäfts – abzustellen. Bei Fehlen einer Bestätigung kann die durch die Nichtigkeit begünstigte Partei aber nach Treu und Glauben (§ 242) gehindert sein, sich auf die Sittenwidrigkeit zu berufen.[343] Im Einzelfall kann damit auch den berechtigten Parteiinteressen an einer Berücksichtigung des Wertewandels Rechnung getragen werden. Bei **letztwilligen Verfügungen** hilft das Institut der Bestätigung im Regelfall nicht weiter (→ Rn. 122). Außerdem tritt das Interesse der Rechtssicherheit gegenüber dem Ziel einer möglichst weitgehenden Verwirklichung des Erblasserwillens zurück. Es erscheint daher sachgemäß, den Wandel der Wertvorstellungen schon im Rahmen des § 138 zu berücksichtigen. Da das **Testament** nicht als sittenwidrig anzusehen ist, muss die Wirksamkeit der Verfügung von Todes wegen nicht auf die Annahme gestützt werden, dass sie unter der aufschiebenden Bedingung ihrer Gültigkeit im Zeitpunkt des Erbfalls getroffen worden sei.[344]

126 **3. Änderung der tatsächlichen Verhältnisse.** Bei einer Änderung der tatsächlichen Verhältnisse sind ebenfalls zwei Fallgruppen zu unterscheiden. Denkbar ist zunächst, dass ein Rechtsgeschäft, das bei seiner Vornahme unter dem Aspekt des Abs. 1 unbedenklich war, aufgrund der neuen Gegebenheiten als sittenwidrig anzusehen wäre. So können sich der Wert von Leistung und Gegenleistung nach Abschluss eines Vertrages so auseinander entwickeln, dass es zu einem auffälligen Missverhältnis kommt. Für solche Fälle ist anerkannt, dass die veränderten Verhältnisse bei der sozialethischen Bewertung des Rechtsgeschäfts nur dann zu berücksichtigen sind, wenn die betreffende Entwicklung bei Abschluss des Vertrages **vorsehbar** war. Ansonsten kann die Veränderung **nicht im Nachhinein** die **Sittenwidrigkeit** des Geschäfts begründen.[345] Im Einzelfall mag es aber geboten sein, den veränderten tatsächlichen Gegebenheiten durch ergänzende Vertragsauslegung (§ 157) oder Anpassung des Vertrages nach den Grundsätzen über die Störung der Geschäftsgrundlage (§ 313) Rechnung zu tragen.[346] Lässt sich auf diese Weise keine wirksame Abhilfe schaffen, so kann es dem Begünstigten nach § 242 verwehrt sein, die aus dem Geschäft folgenden Rechte geltend zu machen (→ Rn. 23).

127 Fraglich ist dagegen, ob eine von den Parteien nicht vorhergesehene Änderung der tatsächlichen Verhältnisse die Unwirksamkeit des Rechtsgeschäfts „heilen" kann. In der Literatur wird teilweise dafür plädiert, Änderungen der tatsächlichen Verhältnisse bei der Feststellung der Sittenwidrigkeit nach den gleichen Grundsätzen wie Änderungen der Wertanschauungen zu behandeln.[347] Dem ist jedoch entgegenzuhalten, dass die für eine Berücksichtigung des Wertewandels maßgeblichen Erwägungen (→ Rn. 123) auf die Änderung der tatsächlichen Umstände nicht zutreffen. Im Ergebnis bleibt ein Rechtsgeschäft damit zB auch dann sittenwidrig, wenn das Missverhältnis von Leistung und Gegenleistung nachträglich durch nicht vorhergesehene wirtschaftliche Entwicklungen aufgehoben wird.[348] Da der Grund für die Missbilligung entfallen ist, kann es dem Benachteiligten im Einzelfall aber nach § 242 verwehrt sein, sich auf die Sittenwidrigkeit zu berufen (→ Rn. 22).

IX. Rechtsfolgen

128 **1. Der Grundsatz der Totalnichtigkeit.** Als Rechtsfolge ordnet Abs. 1 die Nichtigkeit des Rechtsgeschäfts an. Nach dem Gesetzeswortlaut gilt dies uneingeschränkt. Die Vorschrift enthält – anders als § 134 – **keinen Vorbehalt,** der eine vollständige oder partielle Aufrechterhaltung des Geschäfts nach Sinn und Zweck der verletzten (Sitten-) Norm ermöglichen würde.[349] Die Nichtigkeit umfasst damit grundsätzlich das **ganze Rechtsgeschäft**, und zwar mit Wirkung ex tunc.[350]

129 Rechtsprechung und hM haben verschiedene Konstellationen herausgearbeitet, in denen die Nichtigkeitsfolge nach dem Zweck der verletzten (Sitten-)Norm oder aus anderen (übergeordneten) Erwägungen **im Einzelfall eingeschränkt** werden muss (→ Rn. 132 ff.). In der Literatur wird teilweise darüber hinaus

---

342 Vgl. Jauernig/*Mansel* BGB § 141 Rn. 1.

343 Staudinger/*Sack/Fischinger* BGB § 138 Rn. 138; vgl. auch Staudinger/*Looschelders/Olzen* BGB § 242 Rn. 497.

344 So aber Staudinger/*Sack* BGB § 138 Rn. 87; BeckOK BGB/*Wendtland* § 138 Rn. 28.

345 Vgl. BGHZ 7, 111 (114); 123, 281, 284; 126, 226, 242; Palandt/*Ellenberger* BGB § 138 Rn. 9; Staudinger/*Sack/Fischinger* BGB § 138 Rn. 135.

346 Vgl. BGHZ 123, 281 (284); 126, 226, 242; *Schmoeckel* AcP 197 (1997), 1, 24.

347 So Erman/*Schmidt-Räntsch* BGB § 138 Rn. 35; Soergel/*Hefermehl* BGB § 138 Rn. 44; *Brox/Walker* BGB AT § 14 Rn. 14; für letztwillige Verfügungen auch Staudinger/*Sack/Fischinger* BGB § 138 Rn. 139 ff.; *Medicus/Petersen* BürgerlR Rn. 692.

348 BGH NJW 2002, 429 (431).

349 MüKoBGB/*Armbrüster* § 138 Rn. 157.

350 BeckOK BGB/*Wendtland* § 138 Rn. 29, 32; Erman/*Schmidt-Räntsch* BGB § 138 Rn. 26; Palandt/*Ellenberger* BGB § 138 Rn. 19; *Bork* BGB AT Rn. 1201.

gefordert, die Nichtigkeitsanordnung in Anlehnung an § 134 durch teleologische Reduktion unter einen **generellen Normzweckvorbehalt** zu stellen.[351] Ein sittenwidriges Rechtsgeschäft soll hiernach nur dann und nur insoweit sittenwidrig sein, wenn und wie dies dem Zweck der verletzten Sittennorm entspricht.[352] Ob eine vollständige Parallelisierung der Rechtsfolgenanordnungen von § 138 und § 134 angebracht ist, erscheint indes fraglich. Zwei Problemkreise sind zu unterscheiden.

Ob das Rechtsgeschäft überhaupt nichtig ist, wird von § 134 durch Verweis auf den Zweck der jeweiligen Verbotsnorm beantwortet. Bei Abs. 1 hat der Gesetzgeber von einem solchen Verweis abgesehen. Dahinter steht die Erwägung, dass die Sittenwidrigkeit in jedem Fall zur Nichtigkeit führen soll. Diese Entscheidung ist auch heute noch aktuell. Bei Abs. 1 muss das „Ob" der Nichtigkeit also nicht in jedem Einzelfall eingehend geprüft werden.[353] **130**

Eine andere Ausgangslage besteht in Bezug auf die **Reichweite** der Nichtigkeit. Diese Problematik ist vom Gesetzgeber weder bei § 134 noch bei § 138 bedacht worden. Dass der Normzweckvorbehalt des § 134 hierauf nicht abzielt, ergibt sich schon aus dem Gesetzeswortlaut („wenn" statt „soweit").[354] Methodisch bestehen zwar keine Hindernisse, das Wort „wenn" im Sinne von „soweit" zu deuten. Diese Möglichkeit ist jedoch auch bei Abs. 1 gegeben.[355] Die Gesetzesmaterialien deuten ebenfalls darauf hin, dass der Gesetzgeber mit dem Normzweckvorbehalt des § 134 vor allem (wenn nicht sogar ausschließlich) die Frage regeln wollte, **„ob** ... das dem Verbote zuwider vorgenommene Rechtsgeschäft der Regel nach nichtig sei".[356] Inwieweit die Nichtigkeitsfolge **eingeschränkt** werden kann, ist damit für beide Vorschriften offen. Insofern erscheint es gerechtfertigt, die Problematik in § 134 und in Abs. 1 nach den gleichen Grundsätzen zu beurteilen. Die Nichtigkeitsfolge ist damit einzuschränken, soweit dies nach dem Zweck der verletzten Norm geboten ist. Eine Einschränkung kommt hiernach insbesondere dann in Betracht, wenn die verletzte Norm den **Vertragspartner** schützen soll und die vollständige Nichtigkeit des Rechtsgeschäfts diesem Schutzzweck zuwiderliefe. Geht es um den Schutz der Interessen von **Dritten** oder der **Allgemeinheit**, so ist dagegen grundsätzlich an der Totalnichtigkeit festzuhalten.[357] **131**

2. Durchbrechungen der Totalnichtigkeit. a) Ex-nunc-Nichtigkeit von Gesellschafts- und Arbeitsverträgen. Nach der Lehre von der **fehlerhaften Gesellschaft** bzw. vom **fehlerhaften Arbeitsverhältnis** kann die Nichtigkeit eines in Vollzug gesetzten Gesellschafts- oder Arbeitsvertrages grundsätzlich nur **ex nunc** geltend gemacht werden. Dies gilt auch im Rahmen des Abs. 1.[358] Ausnahmen werden nur anerkannt, wenn es wegen der Schwere des Mangels zum Schutz von überwiegenden Interessen der Allgemeinheit oder einzelner Privatrechtssubjekte geboten ist, das Rechtsgeschäft als von Anfang an nichtig zu behandeln.[359] Im Arbeitsrecht liegt diese Voraussetzung vor, wenn die vereinbarte Tätigkeit als solche sittenwidrig ist.[360] Das Gleiche wird im Gesellschaftsrecht angenommen, wenn der Zweck der Gesellschaft sittenwidrig ist.[361] **132**

b) Teilnichtigkeit und geltungserhaltende Reduktion; Umdeutung. Besteht das Rechtsgeschäft aus **mehreren Teilen**, die klar und eindeutig voneinander abgegrenzt werden können, so erfasst die Nichtigkeit nach Abs. 1 nur den sittenwidrigen Teil. Ob das gesamte Rechtsgeschäft nichtig ist, beurteilt sich nach § 139.[362] Zu prüfen ist also, ob die Aufrechterhaltung des nicht sittenwidrigen Teils dem mutmaßlichen Parteiwillen entspricht. Handelt es sich um eine **einheitliche Regelung**, so ist der ganze Vertrag nichtig.[363] Die **geltungserhaltende Reduktion** einer allzu weit reichenden Verpflichtung auf das gerade noch erträgliche Maß kommt grundsätzlich nicht in Betracht, weil man dem Begünstigten keinen Anreiz zu einer sittenwidrigen Gestaltung verschaffen darf.[364] Aus dem gleichen Grunde darf die Leistungspflicht des Benachteiligten auch nicht durch **Umdeutung** (§ 140) auf ein erträgliches Maß zurückgeführt werden.[365] Eine Ausnahme **133**

351 So Staudinger/*Sack/Fischinger* BGB § 138 Rn. 158 ff.; für generelle Einschränkung der Nichtigkeitsfolge bei § 138 Abs. 1 auch AK/*Damm* BGB § 138 Rn. 87 ff.; *Pawlowski* BGB AT Rn. 499; *Hager*, S. 87 ff., 145 ff.; *Damm* JZ 1986, 913 (919 ff.); *Lindacher* AcP 173 (1973), 124, 131 ff.

352 So Staudinger/*Sack/Fischinger* BGB § 138 Rn. 159.

353 IdS MüKoBGB/*Armbrüster* § 138 Rn. 157.

354 *Hager* JuS 1985, 264; iE auch *Zimmermann*, Richterliches Moderationsrecht oder Totalnichtigkeit?, 1979, S. 113 ff.

355 Vgl. Staudinger/*Sack/Fischinger* BGB § 138 Rn. 159 f.; *Lindacher* AcP 173 (1973), 124, 131.

356 Motive I, S. 210 = *Mugdan* I, S. 468.

357 Vgl. zu dieser Unterscheidung AK/*Damm* BGB § 138 Rn. 96 ff.

358 Vgl. BAG AP § 611 BGB Nr. 18 Faktisches Arbeitsverhältnis; BGH NJW-RR 1988, 1379 (betr. fehler-

hafte Gesellschaft); BeckOK BGB/*Wendtland* § 138 Rn. 29 f.; Palandt/*Ellenberger* BGB § 138 Rn. 21; Staudinger/*Sack/Fischinger* BGB § 138 Rn. 172 ff.

359 Vgl. BGHZ 3, 285 (288); 26, 330, 335; 55, 5, 9; BAG AP § 611 Nr. 18 Faktisches Arbeitsverhältnis; RGRK/*Krüger-Nieland/Zöller* BGB § 138 Rn. 39.

360 BGH NJW 1976, 1958 (1959) (öffentliche Vorführung des Geschlechtsverkehrs).

361 BGH NJW-RR 1988, 1379 (Betrieb eines Bordells).

362 BGHZ 44, 158 (162); Palandt/*Ellenberger* BGB § 138 Rn. 19; Soergel/*Hefermehl* BGB § 138 Rn. 35.

363 BGHZ 44, 158 (162); BeckOK BGB/*Wendtland* § 138 Rn. 32.

364 BGHZ 107, 351 (357); BGH NJW 2001, 815 (817); Soergel/*Hefermehl* BGB § 138 Rn. 46.

365 BGHZ 68, 204 (207); BGH NJW 1986, 2944 (2945); BeckOK BGB/*Wendtland* § 138 Rn. 34.

kommt auch hier in Betracht, soweit die geltungserhaltende Reduktion oder Umdeutung notwendig ist, um die berechtigten Interessen des benachteiligten Vertragspartners zu schützen.

134 Bei der praktischen Umsetzung neigt die **Rechtsprechung** dazu, das Merkmal der Teilbarkeit weit auszulegen. Nach allgemeinen Grundsätzen setzt die Teilbarkeit voraus, dass nach dem „Herausstreichen" des nichtigen Teils ein Vertragsinhalt übrig bleibt, der für sich genommen einen Sinn behält. Die Rechtsprechung wendet § 139 jedoch auch dann an, wenn die Parteien bei Kenntnis der Nichtigkeit eine andere, auf das zulässige Maß beschränkte Regelung vereinbart hätten und sich der nichtige und der von der Nichtigkeit nicht betroffene Teil eindeutig voneinander abgrenzen lassen.[366] In diesem Fall muss sich allerdings feststellen lassen, was die Parteien anstelle der nichtigen Regelung vereinbart hätten.[367] So hat der BGH eine gesellschaftsvertragliche Bestimmung, welche dem begünstigten Gesellschafter das Recht einräumt, **andere Gesellschafter** nach freiem Ermessen aus der Gesellschaft **auszuschließen**, insoweit aufrechterhalten, als sie die Ausschließung aus wichtigem Grund zulässt.[368] Mit der gleichen Argumentation hat der BGH eine **Mithaftungsvereinbarung** für sittenwidrig erklärt, soweit sie nicht den für die Ablösung der gemeinsamen Altschulden der Beklagten und ihres Ehemannes erforderlichen Teil des von dem Ehemann aufgenommenen Darlehens betraf.[369] Ist ein Dauerschuldverhältnis (zB Bierlieferungs-, Tankstellenvertrag; Wettbewerbsverbot) wegen der **übermäßigen Laufzeit der Bindung** sittenwidrig, so soll das Geschäft analog § 139 mit der zulässigen Höchstlaufzeit aufrechterhalten werden können.[370] Dies gilt auch im Falle einer übermäßig langen Bindungsdauer einer Kaufzwangklausel oder eines Ankaufsangebots in einem Erbbaurechtsbestellungsvertrag.[371]

135 Ergibt sich die Sittenwidrigkeit aus der **übermäßigen Höhe des vereinbarten Entgelts**, so lehnt es die Rechtsprechung dagegen ab, den Preis analog § 139 auf eine angemessene Höhe zurückzuführen.[372] Zur Begründung wird auf den Präventionsgedanken (→ Rn. 5) verwiesen. Dies kann jedoch schon deshalb nicht überzeugen, weil der Präventionsgedanke auch in den meisten anderen Fällen gegen die teilweise Aufrechterhaltung des Rechtsgeschäfts streitet. Tragfähiger ist die Überlegung, dass es nicht Sache des Richters sein kann, die Höhe des Entgelts anstelle der Parteien festzulegen.[373] Denn zum einen fällt diese Entscheidung in den Kernbereich der Privatautonomie. Zum anderen fehlt es meist an normativen Maßstäben, nach denen der Richter die Höhe der Gegenleistung bestimmen könnte. Eine Ausnahme vom Verbot der geltungserhaltenden Reduktion kommt daher nur in Betracht, wenn der angemessene Preis gesetzlich festgelegt oder nach rechtlichen Kriterien zu ermitteln ist (→ Rn. 376).[374]

136 **3. Nichtigkeit des Verfügungsgeschäfts.** Nach dem **Trennungs- und Abstraktionsprinzip** schlägt die Sittenwidrigkeit des Verpflichtungsgeschäfts grundsätzlich nicht auf das Verfügungsgeschäft durch. Beide Geschäfte sind vielmehr getrennt zu beurteilen. In den meisten Fällen ist nur das Verpflichtungsgeschäft unwirksam; das Verfügungsgeschäft ist dagegen im Allgemeinen „sittlich neutral".[375] Zu den Besonderheiten beim **Wucher** → Rn. 374. Eine Ausnahme ist für den Fall anerkannt, dass der **Vollzug der Leistung** als solcher **sittenwidrig** ist.[376] Praktische Bedeutung hat dies für den Vollzug sittenwidriger Sicherungsgeschäfte (→ Rn. 254).

137 **4. Schadensersatz.** Ist das Geschäft sittenwidrig, so kann dem Benachteiligten ein Anspruch auf Schadensersatz aus **§ 826** zustehen. Außerdem kommt ein Schadensersatzanspruch aus **culpa in contrahendo** (§§ 241 Abs. 2, 311 Abs. 2, 280 Abs. 1) in Betracht, der auch auf Rückgängigmachung des Geschäfts gerichtet werden kann.[377]

138 **5. Rückabwicklung nach Bereicherungsrecht.** Ist das Verpflichtungsgeschäft nach Abs. 1 nichtig, so richtet sich die Rückabwicklung grundsätzlich nach **Bereicherungsrecht**. Ansprüche aus § 985 kommen nur in Betracht, wenn ausnahmsweise auch das Verfügungsgeschäft nach Abs. 1 nichtig ist.

---

366 BGHZ 107, 351 (355); BGH NJW 2001, 815 (817).
367 BGH NJW 2009, 1135 (1137).
368 BGHZ 107, 351.
369 BGH NJW 2001, 815 (817).
370 Vgl. BGHZ 68, 204 (207); 143, 103, 115 = NJW 2000, 1110; BGH NJW 1991, 699 (700); BeckOK BGB/*Wendtland* § 138 Rn. 33; Soergel/*Hefermehl* BGB § 138 Rn. 49.
371 BGH NJW-RR 2013, 1028 (1030).
372 BGHZ 44, 158 (162); 68, 204, 207; BGH NJW 1983, 1420 (1421); BeckOK BGB/*Wendtland* § 138 Rn. 32; Soergel/*Hefermehl* BGB § 138 Rn. 48.
373 Zur grundsätzlichen Unzulässigkeit des Eingriffs in das Äquivalenzverhältnis vgl. MüKoBGB/*Armbrüster* § 138 Rn. 161; Soergel/*Hefermehl* BGB § 138 Rn. 47.

374 Jauernig/*Mansel* BGB § 139 Rn. 8 f.; Palandt/*Ellenberger* BGB § 139 Rn. 10.
375 BGH NJW 1990, 384 (385); DtZ 1997, 229; NJW 2002, 429 (432); BeckOK BGB/*Wendtland* § 138 Rn. 36; MüKoBGB/*Armbrüster* § 138 Rn. 165; Palandt/*Ellenberger* BGB § 138 Rn. 20; Soergel/*Hefermehl* BGB § 138 Rn. 50.
376 BGH NJW 1973, 613 (615); 1985, 3006, 3007; 1997, 860; DtZ 1997, 229; BeckOK BGB/*Wendtland* § 138 Rn. 36; Jauernig/*Mansel* BGB § 138 Rn. 25; Palandt/*Ellenberger* BGB § 138 Rn. 20; Soergel/*Hefermehl* BGB § 138 Rn. 52.
377 BGHZ 99, 101 (106); NJW 2001, 1127 (1129); BeckOK BGB/*Wendtland* § 138 Rn. 38.

Bei der bereicherungsrechtlichen Rückabwicklung ist der **Ausschlusstatbestand** des § 817 S. 2 zu beach- **139**
ten. Nach hM ist § 817 S. 2 auch dann anwendbar, wenn nur dem Leistenden ein Verstoß gegen die guten
Sitten zur Last fällt.[378] Der Ausschluss bezieht sich aber nur auf die konkrete Leistung. Bei Kreditverträgen
ist der Kreditgeber also nicht gehindert, die Darlehenssumme als solche zurückzuverlangen. Er kann diesen
Anspruch aber erst nach Ablauf der vereinbarten Zeit geltend machen. Ob der Kreditgeber für den Zeitraum
der Überlassung den angemessenen Zinssatz geltend machen kann, ist streitig (s. dazu → Rn. 232).

X. Besonders wichtige Bereiche

1. Arbeitsrecht

Literatur: *Ascheid/Preis/Schmidt*, KSchG, 5. Auflage 2017; *Berkowsky*, Kündigungsschutz außerhalb des KSchG – Eine
Herausforderung für die Praxis, NJW 2009, 113; *Däubler/Bertzbach*, Allgemeines Gleichbehandlungsgesetz, 4. Aufl.
2018; Erfurter Kommentar zum Arbeitsrecht, 19. Auflage 2019; *Hamacher/Ulrich*, Die Kündigung von Arbeitsverhältnissen nach Inkrafttreten und Änderung des AGG, NZA 2007, 657; *Hein*, AGG x KSchG = Europa²? – Die Kündigung zwischen allgemeinem und besonderem Kündigungsschutz, Allgemeinem Gleichbehandlungsgesetz und Europarecht, NZA
2008, 1033; *Lettl*, Der arbeitsrechtliche Kündigungsschutz nach den zivilrechtlichen Generalklauseln, NZA-RR 2004, 57;
Münchener Handbuch zum Arbeitsrecht, 3. Auflage 2009; *Oetker*, Die Ausprägung der Grundrechte des Arbeitnehmers in
der Arbeitsordnung der Bundesrepublik Deutschland, RdA 2004, 8.

Da das Arbeitsrecht aufgrund des hohen Schutzbedürfnisses von Arbeitnehmern weitgehend gesetzlich nor- **140**
miert und zwingend ausgestaltet ist, bleibt für Abs. 1 im Allgemeinen kein großer Anwendungsbereich.[379]
Die Frage der Sittenwidrigkeit erlangt jedoch Relevanz bei der Durchsetzung **verfassungsrechtlich
geschützter Werte**. Inhaltlich ist zwischen der Sittenwidrigkeit des **Arbeitsvertrages** bzw. einzelner Klauseln desselben und der sittenwidrigen **Beendigung des Arbeitsverhältnisses** (insbesondere Kündigung) zu
unterscheiden.

a) Sittenwidrigkeit des Arbeitsvertrages und einzelner Klauseln. Unter welchen Voraussetzungen ein **141**
Arbeitsvertrag sittenwidrig ist, kann nicht schematisch festgelegt werden. Wie auch bei anderen Verträgen
kommt es auf den **Gesamtcharakter des Rechtsgeschäfts** und die konkreten Umstände des Einzelfalls
an.[380] Von besonderer Bedeutung waren bisher die Fälle der sittenwidrigen Arbeitsleistung mit **sexuellem
Bezug**.[381] Wirksamkeit und Rechtsfolgen solcher Verträge bestimmen sich nunmehr aber nach dem **Prostitutionsgesetz** (vgl. Anh. zu § 138). Bei Arbeitsverträgen beschränkt sich der praktische Anwendungsbereich des § 138 Abs. 1 damit im Wesentlichen auf **grundrechtsbeschränkende Abreden** und die sittenwid-
rige **Verlagerung des Arbeitgeberrisikos** auf den Arbeitnehmer. Hinzu kommt die **Inhaltskontrolle** des
Arbeitsvertrages vor dem Hintergrund des strukturellen Ungleichgewichts der Vertragspartner. Spezielle
Fragen ergeben sich im Zusammenhang mit der Übernahme von **Bürgschaften** durch Arbeitnehmer
(→ Rn. 249), der Vereinbarung von **Wettbewerbsverboten** (→ Rn. 344 ff.) sowie dem **Lohnwucher**
(→ Rn. 377).

aa) Grundrechtswidrige Abreden. Eine Abrede, die in sittenwidriger Weise in grundrechtlich geschützte **142**
Bereiche des Arbeitnehmers eingreift, ist nach Abs. 1 nichtig. Vor dem Hintergrund des Art. 6 Abs. 1 GG ist
etwa eine sog. **Zölibatsklausel** unwirksam, die eine Arbeitnehmerin zur Einnahme empfängnisverhütender
Mittel verpflichtet[382] oder eine Heirat als auflösende Bedingung des Arbeitsvertrags bestimmt.[383] Zu grund-
rechtswidrigen **Kündigungen** → Rn. 152.

bb) Sittenwidrige Verlagerung von Arbeitgeberrisiken. Eine Vereinbarung, durch die dem Arbeitneh- **143**
mer das **Betriebs- und Wirtschaftsrisiko** des Arbeitgebers **ohne angemessene Gegenleistung** auferlegt
wird, ist sittenwidrig.[384] Dies gilt beispielsweise für eine Vergütungsabrede, die eine **Verlustbeteiligung** des
Arbeitnehmers ohne entsprechenden Ausgleich vorsieht.[385]

In der Rechtsprechung finden sich zahlreiche weitere Beispiele: So ist die Vereinbarung einer verschuldens- **144**
unabhängigen Haftung für Fehlbeträge (sog. **Mankoabrede**) sittenwidrig, wenn der Arbeitnehmer keine
angemessenen Einfluss- bzw. Kontrollmöglichkeiten hinsichtlich des Mankos hat.[386] Eine Umkehr der
Beweislast für das Vertretenmüssen weicht zulasten des Arbeitnehmers von § 619 a ab und ist daher schon

---

378 BGHZ 50, 90 (92); MüKoBGB/*Armbrüster* § 138
     Rn. 166; Palandt/*Sprau* BGB § 817 Rn. 1.
379 Vgl. Erman/*Schmidt-Räntsch* BGB § 138 Rn. 5.
380 ErfK/*Preis* BGB § 611 a Rn. 337.
381 Vgl. etwa BAG AP Nr. 34 zu § 138 BGB = NJW
     1976, 1958: Vorführung des Geschlechtsverkehrs auf
     einer Bühne.
382 MüKoBGB/*Armbrüster* § 138 Rn. 69; Staudinger/
     Sack/Fischinger BGB § 138 Rn. 726.
383 BAG AP Nr. 1 zu Art. 6 Abs. 1 GG Ehe und Familie.

384 BAG NJW 1991, 860 (861); Erman/*Schmidt-Räntsch*
     BGB § 138 Rn. 68; ErfK/*Preis* BGB § 611 a Rn. 340;
     MAH ArbR/*Benecke* BGB § 38 Rn. 16; krit.
     Staudinger/*Sack/Fischinger* BGB § 138 Rn. 554 ff.
385 BAG NJW 1991, 860 (861) mAnm *Wank* EWiR
     § 138 BGB 5/91, 341; Erman/*Schmidt-Räntsch* BGB
     § 138 Rn. 68.
386 BAG AP Nr. 67 zu § 626 BGB = NJW 1974, 1155;
     MüKoBGB/*Armbrüster* § 138 Rn. 90.

nach § 309 Nr. 12 unwirksam.[387] Die Verpflichtung eines Kraftfahrers, seinem Arbeitgeber **alle Unfallschä-den zu ersetzen**, ist sittenwidrig, sofern keine adäquate Gegenleistung erfolgt.[388]

145 Die Vereinbarung einer **Provision** ohne Fixum oder garantierte Mindestprovision ist nicht ohne Weiteres sittenwidrig; hier kommt es entscheidend auf die Gepflogenheiten der jeweiligen Branche an.[389] Eine Provisionsabrede kann aber sittenwidrig sein, wenn der Arbeitnehmer keine realistische Möglichkeit hat, eine angemessene Entlohnung für seine Tätigkeit zu erhalten.[390]

146 **cc) Inhaltskontrolle.** Die Rechtsprechung hat vor Inkrafttreten des Schuldrechtsmodernisierungsgesetzes **formularmäßige Arbeitsverträge** einer Inhaltskontrolle nach §§ 242, 138, 315 Abs. 3 unterzogen.[391] Seitdem unterliegen formularmäßige Arbeitsverträge nach § 310 Abs. 4 S. 2 der Inhaltskontrolle nach §§ 307 ff.[392] Der Rückgriff auf § 138 oder § 242 kann damit nur noch bei Individualvereinbarungen oder in den von der Anwendbarkeit des AGB-Rechts ausgenommenen Bereichen (Tarifverträge, Betriebs- und Dienstvereinbarungen) notwendig werden. Mit Blick auf **Individualvereinbarungen** hat das BAG allerdings klargestellt, dass der Grundsatz der Vertragsfreiheit auch im Arbeitsrecht gilt. Bei Individualvereinbarungen finde daher keine Billigkeitskontrolle nach § 242 im Sinne einer allgemeinen, nicht auf die Besonderheiten des Falles bezogenen Angemessenheitsprüfung statt. Eine Ausnahme soll nur dann gelten, wenn der Arbeitgeber seine wirtschaftliche Überlegenheit gegenüber dem Arbeitgeber ausnutzt, um ein für diesen ungünstiges Verhandlungsergebnis herbeizuführen. Im Übrigen werde die Gestaltungsfreiheit der Parteien bei Individualvereinbarungen lediglich durch die **Sittenwidrigkeit** nach § 138 begrenzt.[393] So verstößt eine – grundsätzlich zulässige[394] – individuelle Abrede über die **Rückzahlung von Ausbildungskosten** bei Kündigung gegen § 138 Abs. 1, wenn sie auch für den Fall eine Erstattung vorsieht, dass der Kündigungsgrund aus der Sphäre des Arbeitgebers stammt.[395] **Vertragsstrafen** für Vertragsbruch sind ebenfalls grundsätzlich zulässig.[396] Unwirksam ist eine Vertragsstrafe aber, wenn neben der unverhältnismäßigen Höhe weitere den Arbeitnehmer übermäßig belastende Umstände hinzukommen.[397] **Verfallklauseln** für Ansprüche aus einem Arbeitsvertrag sind einzelvertraglich grundsätzlich zulässig, sofern sie nicht eine Seite ungewöhnlich belasten und für einen Interessenausgleich offensichtlich ungeeignet sind.[398]

147 Die Sittenwidrigkeit kann sich auch aus der **geringen Höhe des Entgelts** ergeben.[399] Die hM verlangt dafür ein **auffälliges Missverhältnis** von Leistung und Gegenleistung, wobei auf das allgemeine Lohnniveau für ähnliche Arbeiten abgestellt wird.[400] Sittenwidrigkeit kommt danach in Betracht, wenn der vereinbarte Lohn **zwei Drittel** des üblichen Tariflohns unterschreitet und ein **zusätzliches Merkmal** (insbes. „verwerfliche Gesinnung") vorliegt.[401] Bei Lehrkräften an Privatschulen in Brandenburg hat das BAG auf die im Schulrecht des Landes geregelte Mindestvergütung von 75 % der Vergütung für vergleichbare Lehrkräfte im öffentlichen Dienst abgestellt.[402] Zum **Lohnwucher** → Rn. 377; zur Unwirksamkeit von Vergütungsvereinbarungen wegen Verstoßes gegen das **MiLoG** → § 134 Rn. 112.

148 **dd) Besonderheiten bei den Rechtsfolgen.** Ein bereits vollzogener sittenwidriger Arbeitsvertrag ist grundsätzlich nur mit ex-nunc-Wirkung nichtig (→ Rn. 132).[403] Da **§ 139** im Arbeitsvertragsrecht zum Schutz des Arbeitnehmers überdies meist außer Betracht bleibt, erstreckt sich die Nichtigkeit im Regelfall nur auf die **konkrete sittenwidrige Abrede**; der Arbeitsvertrag selbst bleibt bestehen.[404] Etwaige Lücken

387 Staudinger/*Richardi/Fischinger* BGB § 619 a Rn. 6.
388 ArbG Marburg BB 1969, 1479; Erman/*Schmidt-Räntsch* BGB § 138 Rn. 68; MüKoBGB/*Armbrüster* § 138 Rn. 90.
389 LAG Bln AP Nr. 14 zu § 65 HGB.
390 LAG Bln AP Nr. 14 zu § 65 HGB; Staudinger/*Sack/Fischinger* BGB § 138 Rn. 557.
391 Vgl. BAG NZA 2005, 1111 (1114); Staudinger/*Looschelders/Olzen* BGB § 242 Rn. 468; ausf. *Hunold* NZA-RR 2002, 225 f. mit vielen Bsp aus der Rspr.
392 Vgl. Staudinger/*Coester* BGB § 307 Rn. 218 ff.; *Thüsing* BB 2002, 2666 ff.
393 BAG NZA 2005, 1111 (1116); Wolf/Lindacher/Pfeiffer/*Stoffels* Anh. zu § 310 ArbR Rn. 42.
394 BAG NJW 1999, 443; NJW 1996, 1916 (1917).
395 BAG NJW 1999, 443 (444) (betriebsbedingte Kündigung); Staudinger/*Sack/Fischinger* BGB § 138 Rn. 580.
396 BAG AP Nr. 9 zu § 339 BGB; *Hunold* NZA-RR 2002, 225 (230 f.).
397 LAG Köln NZA-RR 1999, 350 (352); MüKoBGB/*Gottwald* § 339 Rn. 10; *Hunold* NZA-RR 2002, 225 (231 f.).
398 So jetzt BAG NZA 2005, 1111 (1116); vgl. auch BAG NZA 2004, 852 (855); NZA 2001, 723 = RdA 2002, 38 mAnm *Preis*; BB 1989, 223 (224); Staudinger/*Sack/Fischinger* BGB § 138 Rn. 577 f.
399 Vgl. Palandt/*Ellenberger* BGB § 138 Rn. 79; *Bayreuther* NJW 2007, 2022 ff.; *ders.* NZA 2014, 865 (866); *Andelewski* DStR 2008, 2114 ff.; *Schmidt* NJW Spezial 2006, 561 f.; *Henssler/Sittard* RdA 2007, 159 ff.
400 BAG AP Nr. 30 zu § 138 BGB; NZA 2006, 1354 (1355).
401 BAG NZA 2009, 837 (838); 2012, 978; 2013, 266.
402 BAG NZA 2006, 1354 (1355).
403 Staudinger/*Sack/Fischinger* BGB § 138 Rn. 172 ff.; Soergel/*Hefermehl* BGB § 138 Rn. 14 f.
404 ErfK/*Preis* BGB § 611 a Rn. 342; *Sandrock* AcP 159 (1960), 481 (519); Beispiele: BAG AP Nr. 11 zu § 611 BGB Anwesenheitsprämie; BAGE 4, 272, 285 f.

sind – soweit möglich – durch **dispositives Gesetzesrecht** (zB § 612) auszufüllen.[405] Im Übrigen ist eine angemessene Lösung durch **ergänzende Vertragsauslegung** herbeizuführen.[406]

b) Sittenwidrige Beendigung des Arbeitsvertrags. aa) Verhältnis zum KSchG und zum AGG. Bei **149** der Frage der sittenwidrigen Beendigung des Arbeitsvertrages steht die Beurteilung einer **Kündigung durch den Arbeitgeber** wegen des besonderen Schutzbedürfnisses des Arbeitnehmers praktisch im Vordergrund.[407] Die Bedeutung des Abs. 1 hängt daher von dessen Verhältnis zum KSchG ab. Zusammenfassend gilt Folgendes. Soweit eine Kündigung nach § 1 KSchG gerechtfertigt ist, kann sie nicht wegen Sittenwidrigkeit nach Abs. 1 unwirksam sein.[408] Andererseits belegt § 13 Abs. 2 KSchG, dass über § 1 KSchG hinausgehende **besondere Umstände** die Sittenwidrigkeit einer Kündigung begründen können.[409] Seit der Änderung des KSchG durch Gesetz vom 24.12.2003[410] muss zwar nicht nur die sozial ungerechtfertigte Kündigung, sondern auch die **Rechtsunwirksamkeit aus anderen Gründen** innerhalb von **drei Wochen nach Zugang der Kündigung** geltend gemacht werden (§ 4 S. 1 KSchG).[411] Wegen der unterschiedlichen Darlegungs- und Beweislast (→ Rn. 156) bleibt die Unterscheidung zwischen sozial ungerechtfertigter und sittenwidriger Kündigung aber auch im Anwendungsbereich des KSchG relevant. Praktische Bedeutung hat § 138 Abs. 1 im Übrigen vor allem **außerhalb des Anwendungsbereichs des KSchG**.[412]

Das **AGG** ist nach seinem Wortlaut **nicht auf Kündigungen anwendbar**; insoweit gelten vielmehr die **150** Bestimmungen zum Kündigungsschutz (§ 2 Abs. 4 AGG). Da die einschlägigen Richtlinien eine solche Bereichsausnahme nicht vorsehen, bestehen aber erhebliche Zweifel an der Europarechtskonformität dieses Ausschlusses.[413] Nach hM muss den Wertungen des Unionsrechts im Anwendungsbereich des KSchG jedenfalls über § 1 KSchG Geltung verschafft werden.[414] Außerhalb des Anwendungsbereichs des KSchG wurden die Wertungen des AGG früher meist über die Generalklauseln des BGB (§§ 138 Abs. 1, 242) berücksichtigt.[415] In neuerer Zeit wird aber überwiegend eine teleologische Reduktion des § 2 Abs. 4 KSchG befürwortet, die einen unmittelbaren Rückgriff auf das AGG ermöglicht. Dies hat zur Folge, dass sich die Unwirksamkeit einer gegen das AGG verstoßenden Kündigung schon aus § 134 ergibt (→ § 134 Rn. 100, 109).[416] Für einen Rückgriff auf § 138 Abs. 1 besteht insoweit also kein Raum mehr.

bb) Maßstab der Sittenwidrigkeit. Bei der Prüfung der Sittenwidrigkeit ist Abs. 1 im Lichte der nach **151** Art. 12 GG gewährleisteten Berufsfreiheit des Arbeitnehmers auszulegen.[417] Auf der anderen Seite ist zu berücksichtigen, dass die Kündigung Ausdruck des **privatautonomen Selbstbestimmungsrechts** des Arbeitgebers ist. Das BVerfG hat im Einklang mit der ständigen Rechtsprechung des BAG betont, dass die Generalklauseln vor allem Schutz vor willkürlichen oder auf sachfremden Motiven beruhenden Kündigungen vermitteln sollen.[418] Der Schutz dürfe indes nicht dazu führen, dass dem Arbeitgeber auch außerhalb des Anwendungsbereichs des KSchG de facto die Maßstäbe der Sozialwidrigkeit auferlegt werden.[419] Die Sittenwidrigkeit muss daher anhand strenger Maßstäbe beurteilt werden.[420]

405 ErfK/*Preis* BGB § 611 a Rn. 344. So kann bei Nichtigkeit der Lohnabrede die übliche Vergütung (§ 612 Abs. 2) als Maßstab herangezogen werden, vgl. nur Staudinger/*Sack/Fischinger* BGB § 138 Rn. 565.

406 BAG AP Nr. 176 zu § 611 BGB Gratifikation; ErfK/*Preis* BGB § 611 a Rn. 344.

407 Zur möglichen Sittenwidrigkeit eines Kündigungsausschlusses zum Nachteil des Arbeitgebers BAG AP Nr. 60 zu § 138 BGB m. Bespr. *Bengelsdorf* RdA 2005, 306.

408 Erman/*Schmidt-Räntsch* BGB § 138 Rn. 5; Staudinger/*Sack/Fischinger* BGB § 138 Rn. 592; *Lettl* NZA-RR 2004, 57 (58); *Preis* NZA 1997, 1256 (1264).

409 BAG NZA 2001, 833 (834 f.); Erman/*Schmidt-Räntsch* BGB § 138 Rn. 5; Staudinger/*Sack/Fischinger* BGB § 138 Rn. 592 f.; ErfK/*Kiel* KSchG § 13 Rn. 6; *Berkowsky* NJW 2009, 113.

410 BGBl. I S. 3002.

411 Vgl. zu § 138 Ascheid/Preis/Schmidt/*Hesse* § 4 Rn. 10 a.

412 Vgl. BAG NZA 2020, 171 Rn. 11; Erman/*Schmidt-Räntsch* BGB § 138 Rn. 5; Staudinger/*Sack/Fischinger* BGB § 138 Rn. 591.

413 Ausf. hierzu Hk-AGG/*Däubler* § 2 Rn. 292 ff.; MüKoBGB/*Thüsing* AGG § 2 Rn. 17 ff. *Hamacher/Ulrich* NZA 2007, 657 ff. jew. mwN.

414 BAGE 128, 238 = NZA 2009, 361 (364); 2010, 280 Rn. 15; 2012, 443 Rn. 18; Staudinger/*Richardi/Fischinger* BGB § 611 Rn. 500; MüKoBGB/*Thüsing* AGG § 2 Rn. 25; *Adomeit/Mohr* NJW 2009, 2255 (2256); *Hein* NZA 2008, 1033 ff.

415 Vgl. *Hein* NZA 2008, 1033 (1035 f.); *Berkowsky* NJW 2009, 113 (115).

416 BAGE 147, 60 = NZA 2014, 372 Rn. 14 f.; NZA 2015, 1380 Rn. 22 ff.; Staudinger/*Sack/Fischinger* BGB § 138 Rn. 597; Staudinger/*Richardi/Fischinger* BGB § 611 Rn. 501; MüKoBGB/*Thüsing* AGG § 2 Rn. 17; Palandt/*Ellenberger* AGG § 2 Rn. 17.

417 Vgl. BAG NZA 2008, 404 (406) betreffend § 242.

418 BVerfG NJW 1998, 1475 (1476); ebenso BAG NZA-RR 2008, 404 (406); NZA 2020, 171 Rn. 13.

419 BVerfG NJW 1998, 1475 (1476); BAG NJW 1977, 1311; 1995, 275.

420 BAG NZA 2001, 833 (834); v. Hoyningen-Huene/*Linck* § 13 Rn. 57; *Lettl* NZA-RR 2004, 57 (59 f.); *Preis* NZA 1997, 1256 (1265); vgl. auch BVerfGE 97, 169 (179) = NJW 1998, 1475; Staudinger/*Looschelders/Olzen* BGB § 242 Rn. 813.

152 Besondere Bedeutung gewinnen in diesem Zusammenhang Verstöße gegen **grundgesetzlich verankerte Rechte und Werte.**[421] Besondere Bedeutung haben dabei die in Art. 3 Abs. 3 S. 1 GG geregelten Diskriminierungsverbote.[422] So ist etwa eine Kündigung allein wegen der **sexuellen Ausrichtung** des Arbeitnehmers sittenwidrig, da sie gegen das in Art. 2 Abs. 1 GG enthaltene Recht verstößt, das private Leben – einschließlich des sexuellen Bereichs – frei zu gestalten (vgl. dazu auch → Rn. 50).[423] Da die Anknüpfung an die sexuelle Identität auch nach § 1 AGG verpönt ist, ergibt sich die Unwirksamkeit einer solchen Kündigung aber schon aus § 7 Abs. 1 AGG iVm § 134 BGB. Nach Art. 3 Abs. 2, 3 GG, § 1 AGG sind auch **geschlechtsbezogene Benachteiligungen** bei der Kündigung unzulässig. Die Unwirksamkeit ergibt sich jedoch auch hier idR schon aus Art. 7 Abs. 1 AGG iVm § 134. Die Zugehörigkeit zu einer bestimmten **Religion** darf wegen Art. 4 Abs. 1 GG und Art. 21 Abs. 1 GRCh ebenfalls nicht als Kündigungsgrund herangezogen werden. Dies gilt grundsätzlich auch für das Verbot des Tragens einer bestimmten Kleidung (islamisches Kopftuch) als Ausdruck der Glaubens- und Bekenntnisfreiheit.[424] Nach der Rechtsprechung des EuGH ist ein solches Verbot aber zulässig, wenn es zur Gewährleistung einer Politik der Neutralität im Hinblick auf politische, philosophische oder religiöse Überzeugen geeignet ist und diese Politik tatsächlich in kohärenter und systematischer Weise verfolgt wird.[425] Maßgeblich ist die Erwägung, dass alle Arbeitnehmer gleich behandelt werden.[426] Wird die Kündigung nicht durch ein solches Ziel gerechtfertigt, so muss weiter geprüft werden, ob das Nichttragen des Kopftuchs wegen der Art der auszuübenden Tätigkeit oder der Bedingungen ihrer Ausübung eine **wesentliche und entscheidende berufliche Anforderung** darstellt (→ Rn. 153). Bei einem Verstoß gegen diese Grundsätze ergibt sich die Unwirksamkeit der Kündigung im Anwendungsbereich des KSchG allerdings schon aus § 1 Abs. 2 KSchG, im Übrigen aus §§ 1, 7 Abs. 1 AGG iVm § 134.[427] Ein Rückgriff auf § 138 Abs. 1 ist also auch hier nicht erforderlich. Mit Art. 1, 2, 6 Abs. 1 GG unvereinbar ist eine Lösung vom Arbeitsverhältnis, wenn die Arbeitnehmerin entgegen der vertraglichen Abrede **heiratet.**[428] Eine hierauf gestützte Kündigung ist nach § 1 Abs. 2 KSchG bzw. § 138 Abs. 1 unwirksam. Eine Kündigung wegen der durch Art. 21 GG geschützten Mitgliedschaft und Betätigung in einer **politischen Partei** oder wegen einer nach Art. 5 Abs. 1 GG geschützten **Meinungsäußerung** ist ebenfalls sittenwidrig bzw. sozial nicht gerechtfertigt (§ 1 Abs. 2 KSchG).[429] Dies gilt auch, wenn der Arbeitnehmer in einer rechtsextremistischen Partei aktiv ist, die nicht verfassungsgerichtlich verboten ist.[430] An Mitarbeiter des **öffentlichen Dienstes** werden aber erhöhte Anforderungen gestellt.[431] Eine Kündigung wegen der Mitgliedschaft oder Betätigung in einer **Gewerkschaft** ist im Hinblick auf Art. 9 Abs. 3 GG sittenwidrig.[432] Mit Rücksicht auf Art. 3 Abs. 3 GG, Art. 18 Abs. 1 AEUV und Art. 21 Abs. 2 GRCh ist eine Kündigung wegen der **Staatsangehörigkeit** ebenfalls gemäß § 1 Abs. 2 KSchG oder § 138 Abs. 1 unwirksam.[433]

153 Eine Kündigung ist trotz der genannten Grundrechtsbeeinträchtigungen nicht sittenwidrig bzw. sozialwidrig, wenn sie durch **berechtigte Interessen** des Arbeitgebers gerechtfertigt wird. Hieran ist insbesondere zu denken, wenn der **Betriebsablauf** durch das Verhalten des Arbeitnehmers **nachweislich gestört** wird.[434] So wurde ein konkret **ausländerfeindliches Verhalten** gegenüber einem Kollegen während der Arbeitszeit als Störung des Betriebsfriedens angesehen, die nicht von Art. 5 Abs. 1 GG gedeckt ist.[435] Im Übrigen ist eine umfassende Abwägung zwischen den grundrechtlich geschützten Interessen des Arbeitnehmers und der **Unternehmerfreiheit des Arbeitgebers** (Art. 12 Abs. 1 GG) erforderlich.[436] Dabei ist insbesondere die

---

421 BAG NZA 1985, 702; BVerfG 7, 198 ff.; *Boemke* NZA 1993, 532 (533); vgl. auch MüKoBGB/*Armbrüster* § 138 Rn. 21.

422 ErfK/*Kiel* KSchG § 13 Rn. 6.

423 BAG NJW 1995, 275 (277) (Homosexualität); ErfK/*Kiel* KSchG § 13 Rn. 6; *v. Hoyningen-Huene/Linck* § 13 Rn. 61. Eine Ausnahme mag für kirchliche Arbeitgeber gelten, *Thüsing* JZ 2004, 172 (179).

424 Vgl. EuGH NZA 2017, 373 Rn. 29 ff. – Achbita; EuGH NZA 2017, 375 Rn. 32 ff. – Bougnaoui; aus der deutschen Rechtsprechung BVerfG NJW 2003, 1908 ff.; BAG AP Nr. 44 zu § 1 KSchG 1969 Verhaltensbedingte Kündigung mAnm *Adam* (jeweils zu § 1 Abs. 2 KSchG).

425 Vgl. EuGH NZA 2017, 373 Rn. 40 ff. – Achbita; EuGH NZA 2017, 375 Rn. 33 – Bougnaoui.

426 Vgl. LAG Nürnberg NZA-RR 2018, 356 Rn. 37.

427 BeckOK ArbR/*Rolfs* KSchG § 1 Rn. 320; MüKoBGB/*Thüsing* AGG § 2 Rn. 17 und § 3 Rn. 17; Staudinger/*Looschelders*/*Olzen* BGB § 242 Rn. 821.

428 BAGE 4, 274, 276 ff.

429 Vgl. nur BAG AP Nr. 2 zu § 1 KSchG 1969 Sicherheitsbedenken; AP Nr. 24 zu § 1 KSchG 1969 Verhaltensbedingte Kündigung; ErfK/*Kiel* KSchG § 13 Rn. 6; *Polzer/Powietzka* NZA 2000, 970 (975).

430 *Polzer/Powietzka* NZA 2000, 970 (975).

431 BAG Nr. 8 zu Art. 5 Abs. 1 GG Meinungsfreiheit; *Polzer/Powietzka* NZA 2000, 970 (972) (Tragen einer „Anti-Atomkraft-Plakette"); aus neuerer Zeit BAG NZA-RR 2012, 43.

432 BAG BeckRS 1987, 30720512; ErfK/*Kiel* KSchG § 13 Rn. 6.

433 *Preis* NZA 1997, 1256 (1266).

434 BAG AP Nr. 24 zu § 1 KSchG Verhaltensbedingte Kündigung; *Polzer/Powietzka* NZA 2000, 970 (971 f.), 974 ff. (politische Betätigung); BAG AP Nr. 44 zu § 1 KSchG Verhaltensbedingte Kündigung (Tragen eines Kopftuches).

435 BAG AP Nr. 11 zu § 15 BBiG; *Polzer/Powietzka* NZA 2000, 970 (972).

436 BAG AP Nr. 44 zu § 1 KSchG Verhaltensbedingte Kündigung; *Oetker* RdA 2004, 8 (14); *Preis* NZA 1997, 1256 (1266).

Bedeutung der Meinungsäußerung **für das Arbeitsverhältnis** zu berücksichtigen. Die Kündigung ist hiernach gerechtfertigt, wenn die in Frage stehende Äußerung des Arbeitnehmers den Berufsstand seines Arbeitgebers im Allgemeinen und den Arbeitgeber selbst in der öffentlichen Meinung herabsetzt.[437] Bei der Ungleichbehandlung wegen eines in § 1 AGG genannten Merkmals richtet sich die **Rechtfertigung** nach § 8 AGG. Eine unterschiedliche Behandlung ist danach nur zulässig, wenn das diskriminierende Merkmal wegen der Art der auszuübenden Tätigkeit oder der Bedingung ihrer Ausübung eine **wesentliche und entscheidende berufliche Anforderung** darstellt. Im Hinblick auf die Kopftuch-Problematik hat der EuGH klargestellt, dass der Wille eines Arbeitgebers, den Wünschen eines Kunden zu entsprechen, keine wesentliche und entscheidende berufliche Anforderung iSd entsprechenden Richtlinienbestimmung ist.[438]

Handelt es sich bei dem Arbeitgeber um einen sog. **Tendenzbetrieb** (zB Kirche, Gewerkschaft), so ist ihm ein besonders großer Entscheidungsspielraum zuzubilligen.[439] Bei kirchlichen Arbeitgebern ist insoweit dem durch Art. 140 GG iVm Art. 137 Abs. 3 S. 1 WRV geschützten **Selbstbestimmungsrecht der Religionsgemeinschaften** Rechnung zu tragen.[440] § 9 Abs. 1 AGG erweitert daher für diese Fälle die Rechtfertigungsmöglichkeiten. Der EuGH hat den Entscheidungsspielraum kirchlicher Arbeitgeber in neuerer Zeit aber deutlich eingeschränkt.[441] Hieran anknüpfend hat das BAG die Vorschrift des § 9 Abs. 2 AGG dahin ausgelegt, dass eine der Kirche zugeordnete Einrichtung nicht berechtigt ist, bei einem Verlangen an das loyale und aufrichtige Verhalten im Sinne ihres Selbstverständnisses Beschäftigte in leitender Funktion je nach deren Konfession oder Konfessionslosigkeit unterschiedlich zu behandeln.[442] Im konkreten Fall ergab sich die Unwirksamkeit der Kündigung des betroffenen Chefarztes eines katholischen Krankenhauses aus § 1 KSchG. Ein Rückgriff auf § 134 oder § 138 war also nicht erforderlich.

An die **subjektive Komponente** des Abs. 1 sind im Bereich des Grundrechtsschutzes keine überhöhten **154** Anforderungen zu stellen. In der Literatur wird teilweise vorgeschlagen, die subjektiven Voraussetzungen nach den Regeln des **Anscheinsbeweises** zu bejahen, wenn die objektiven Voraussetzungen vorliegen.[443] Nach der hier vertretenen Ansicht (→ Rn. 95 ff.) kann bei Grundrechtsverletzungen sogar ganz auf die subjektive Komponente verzichtet werden.

Außerhalb des grundrechtlich geschützten Bereichs ist Abs. 1 bei Kündigungen meist abzulehnen. So ist **155** eine Kündigung nach **Infektion** des Arbeitnehmers **mit einem HI-Virus** jedenfalls dann nicht sittenwidrig, wenn eine längere Zeit der Arbeitsunfähigkeit vorausgegangen war.[444] Auch eine **Kündigung zur Unzeit** ist nicht per se sittenwidrig.[445] Im Einzelfall kann sich die Sittenwidrigkeit aber aus der **Verwerflichkeit des Motivs** ergeben. So ist eine Kündigung aus **Rache oder Vergeltung** wegen Sittenwidrigkeit nach § 138 Abs. 1 nichtig.[446]

cc) Darlegungs- und Beweislast. Für die Sittenwidrigkeit von Kündigungen gelten die **allgemeinen** **156** **Darlegungs- und Beweislastregeln.**[447] Der Arbeitnehmer hat somit die Tatsachen darzulegen und zu beweisen, die für die Sittenwidrigkeit maßgeblich sind. § 1 Abs. 2 S. 4 KSchG, der dem Arbeitgeber die Beweislast für die Tatsachen auferlegt, welche die Kündigung rechtfertigen, ist außerhalb des KSchG nicht anwendbar.[448] Da der Arbeitnehmer die Kündigungsgründe meist nicht im Einzelnen kennt, wird er aber durch eine **abgestufte Darlegungs- und Beweislast** geschützt.[449] Der Arbeitnehmer hat hiernach zunächst nur die ihm bekannten Umstände **darzulegen**, die auf die Sittenwidrigkeit der Kündigung hindeuten. Der Arbeitgeber muss dann den Vortrag des Arbeitnehmers **qualifiziert bestreiten** (§ 138 Abs. 2 ZPO). Trägt der Arbeitgeber ausreichende Gründe vor, die die Sittenwidrigkeit der Kündigung entkräften, so obliegt es dem Arbeitnehmer, die sittenwidrigkeitsbegründenden Tatsachen zu **beweisen**.

437 BAGE 24, 438, 444 ff.; Soergel/*Hefermehl* BGB § 138 Rn. 154; *Boemke* JuS 2001, 443 (447 f.).

438 EuGH NZA 2017, 375 Rn. 37 ff. – Bougnaoui.

439 Zu den Tendenzbetrieben vgl. *Oetker* RdA 2004, 8 (15); *Thüsing* JZ 2004, 172 (179).

440 BAGE 149, 144 = NZA 2014, 1407; LAG Nürnberg NZA-RR 2018, 356 Rn. 32 mAnm *Spielberger*.

441 EuGH NJW 2018, 1869 – Egenberger; NJW 2018, 3086 – IR/JQ; eingehend dazu *Reichold/Beer* NZA 2018, 681 ff.; *Schneedorf* NJW 2019, 177 ff.

442 BAG NZA 2019, 901 Rn. 17.

443 *Lettl* NZA-RR 2004, 57 (59); *Preis* NZA 1997, 1256 (1266).

444 BAG AP Nr. 46 zu § 138 BGB.

445 BAG AP Nr. 88 zu § 626 BGB (Kündigung am 24.12.); AP Nr. 13 zu § 242 Kündigung (Kündigung in unmittelbarem zeitlichen Zusammenhang mit dem Tod des Lebensgefährten); Staudinger/*Sack/Fischinger* BGB § 138 Rn. 596; *Boemke* JuS 2001, 444 (447); *Lettl* NZA-RR 2004, 57 (64).

446 BAG AP Nr. 22 zu § 138 BGB; Palandt/*Ellenberger* BGB § 138 Rn. 91; Staudinger/*Sack/Fischinger* BGB § 138 Rn. 593.

447 Vgl. ErfK/*Oetker* KSchG § 1 Rn. 57 ff.

448 BAG NJW 2002, 532 (534); NZA 2001, 833 (836) (zu § 242); *Lettl* NZA-RR 2004, 57 (64).

449 Dazu BAG NZA 2001, 833 (836) (zu § 242); *v. Hoyningen-Huene/Linck* § 13 Rn. 59; *Lettl* NZA-RR 2004, 57 (64 f.); *Preis* NZA 1997, 1256 (1270).

157 **dd) Auflösende Bedingungen und Aufhebungsverträge.** Für die Sittenwidrigkeit von **auflösenden Bedingungen** des Arbeitsvertrags gelten die gleichen Grundsätze wie für die Sittenwidrigkeit von Kündigungen (→ Rn. 149 ff.).[450]

158 **Aufhebungsverträge** sind nicht per se wegen struktureller Unterlegenheit des Arbeitnehmers nach Abs. 1 bedenklich, da der Arbeitnehmer an einem solchen Vertrag durchaus gleichberechtigt mitwirken kann.[451] Von Bedeutung ist in diesem Zusammenhang aber die **Umgehung** von zwingenden Kündigungsschutzbestimmungen (dazu → § 134 Rn. 107 f.).[452]

159 **2. Arztverträge.** Arztverträge über eine **freiwillige Sterilisation** sind nicht sittenwidrig.[453] Dies gilt auch dann, wenn sich der Arzt nicht der Einwilligung des anderen Ehegatten versichert hat, da die Entscheidung über die Vornahme der Sterilisation eine höchstpersönliche Angelegenheit betrifft, die in den alleinigen Verantwortungsbereich des betroffenen Ehegatten fällt.[454] Für **Minderjährige** sieht § 1631 c ein generelles Verbot der Sterilisation vor. Entsprechende Verträge sind daher schon nach § 134 nichtig.

160 Auch Arzt- und Krankenhausverträge über die Vornahme eines nicht mit Strafe bedrohten **Schwangerschaftsabbruchs** sind nicht nach Abs. 1 nichtig. Das BVerfG betont vielmehr, dass zwischen Arzt und Frau ein wirksames Rechtsverhältnis besteht.[455]

161 Ein auf Veranlassung des Arztes vereinbarter **Haftungsausschluss** ist regelmäßig sittenwidrig. Dies gilt jedenfalls für den Fall, dass sich der Patient in einer Notlage befunden hat.[456] Eine andere Beurteilung kommt in Betracht, wenn die Haftung auf Initiative des Patienten ausgeschlossen wird, weil dieser eine vom Arzt zunächst verweigerte Behandlungsmethode wünscht.[457] Auch eine Individualvereinbarung, in der der Patient **nach einer fehlgeschlagenen Schönheitsoperation** auf weiter gehende Ansprüche verzichtet, wenn der Arzt ihm die Behandlungskosten erstattet und die Nachbehandlungskosten übernimmt, ist nicht gem. § 138 unwirksam.[458]

162 Die **Vergütung von Heilbehandlungen** kann aufgrund ihrer Höhe nach Abs. 1 sittenwidrig sein.[459] Auch hier kommt es auf die Umstände des Einzelfalles an. So darf der Arzt ein besonderes Vertrauensverhältnis nicht ausnutzen, um sich eine Leistung versprechen zu lassen, die in einem „unerträglichen Missverhältnis" zur Gegenleistung steht.[460] Bei Behandlungsverträgen mit **Privatkliniken** ist ein Marktvergleich vorzunehmen. Dabei dürfen jedoch nicht die Sätze der Bundespflegesatzverordnung herangezogen werden; vielmehr ist ein Vergleich mit den Behandlungskosten anderer privater Krankenhäuser vorzunehmen.[461] Sittenwidrig sind Krankenhausverträge, bei denen der Krankenhausträger einem Patienten gegenüber **unnötige Behandlungsleistungen erbringt**, obwohl er weiß, dass der Kostenträger die Bezahlung der Behandlung verweigert hat.[462] Zum Verstoß gegen ärztliches **Standesrecht** → Rn. 315; zur Sittenwidrigkeit von **Wettbewerbsverboten** → Rn. 350 ff.

3. Bierlieferungs- und Tankstellenverträge

Literatur: *Bühler*, Höchstrichterliche Rechtsprechung zum Brauerei- und Gaststättenrecht, 15. Auflage 2018; *Götz*, Der Anschluß-Bierlieferungsvertrag, BB 1990, 1217; *Graf v. Westphalen/Thüsing*, Vertragsrecht und AGB-Klauselwerke, 44. Lfg. 2019; *Jehle*, Bierbezugsverträge und Gemeinschaftsrecht, EuZW 1991, 372; *Wahl*, Der Bierlieferungsvertrag, 3. Auflage 1992.

163 **a) Grundlagen.** Ein praktisch wichtiger Anwendungsbereich des Abs. 1 ist die Sittenwidrigkeit von Bierlieferungsverträgen. In diesen Verträgen verpflichtet sich der Gastwirt gegenüber der Brauerei, über einen längeren Zeitraum hinweg eine bestimmte Mindestmenge Bier abzunehmen; im Gegenzug erhält der Gastwirt von der Brauerei neben der Bierlieferung Unterstützung bei der Eröffnung, dem Betrieb, der Modernisierung oder der Erweiterung der Gaststätte.[463] Die Brauerei versucht dabei, ihre Unterstützung mit einer möglichst langfristigen und umfangreichen **Bezugsbindung** des Gastwirts zu verknüpfen, um einen dauerhaften Absatz der eigenen Produkte und eine Refinanzierung der zusätzlichen Leistungen sicherzustellen.[464]

450 BAGE 4, 272 ff.; Staudinger/*Sack/Fischinger* BGB § 138 Rn. 598.
451 BAG NJW 1996, 2593; Erman/*Schmidt-Räntsch* BGB § 138 Rn. 70.
452 Staudinger/*Sack/Fischinger* BGB § 138 Rn. 599 ff.
453 BGHZ 67, 48 (51) = NJW 1976, 1790; Soergel/*Hefermehl* BGB § 138 Rn. 215; PWW/*Ahrens* BGB § 138 Rn. 73.
454 BGHZ 67, 48 (54 f.)
455 BVerfGE 88, 203 (295) = NJW 1993, 1751 (1763 f.).
456 OLG Saarbrücken NJW 1999, 871 (872); Staudinger/*Hager* BGB § 823 Rn. I 6.
457 OLG Saarbrücken NJW 1999, 871 (872); Palandt/*Grüneberg* BGB § 276 Rn. 35.
458 OLG Düsseldorf NJW-RR 2003, 123.
459 OLG Stuttgart NVersZ 2001, 221; vgl. auch Erman/*Schmidt-Räntsch* BGB § 138 Rn. 83.
460 LG Karlsruhe NJW 2001, 2804: Übertragung eines Hausgrundstücks.
461 BGH NJW 2003, 1596 (1597); s. a. LG Wiesbaden NJW-RR 2003, 1336.
462 BGH NJW 1988, 759 (760).
463 Vgl. BGH NJW 1970, 2243; *Bühler* § 1 Rn. 1.4.
464 Vgl. *Bühler* § 1 Rn. 1.6.

Dies führt aber naturgemäß zu einer **Einengung der wirtschaftlichen Dispositionsfreiheit und Selbstständigkeit** des Gastwirts.

Die Einschränkung der wirtschaftlichen Entscheidungsfreiheit des Gastwirts führt nicht dazu, dass ein langfristiger Bierbezugsvertrag von vornherein gegen die guten Sitten verstößt.[465] Vielmehr wird das **legitime Interesse der Brauerei** an einer langfristigen Sicherstellung des eigenen Absatzes von der Rechtsprechung grundsätzlich anerkannt.[466] Ein Bierbezugsvertrag ist daher nur dann sittenwidrig, wenn der Gastwirt hierdurch seine Selbstständigkeit, Unabhängigkeit und wirtschaftliche Dispositionsfreiheit verliert.[467] Wann eine solche **Knebelung** vorliegt, ist unter Würdigung der schutzwürdigen Interessen beider Vertragspartner nach dem Gesamtcharakter des Vertrages zu beurteilen.[468] **164**

Ist die Laufzeit der Bierbezugsverpflichtung in **AGB** festgelegt worden, so muss die Wirksamkeit der Bindung auch unter dem Aspekt des **§ 307** geprüft werden.[469] Die hM misst dabei den Wertungen der GruppenfreistellungsVO (EU) Nr. 330/2010 Leitbildfunktion zu. Art. 5 Abs. 1 Buchst. a der VO sieht vor, dass die Freistellung nicht für unmittelbare oder mittelbare Wettbewerbsverbote gilt, die für eine unbestimmte Dauer oder für eine Dauer von mehr als fünf Jahren vereinbart werden.[470] Ob eine unangemessene Benachteiligung vorliegt, hängt aber auch im Anwendungsbereich des § 307 davon ab, welche Gegenleistungen die Brauerei erbringt (s. dazu noch → Rn. 169). Erbringt die Brauerei keine erheblichen Gegenleistungen (zB in Form eines Darlehens oder der Überlassung von Inventar), so ist eine Bindung von mehr als **fünf Jahren** entsprechend den Wertungen der GruppenfreistellungsVO grundsätzlich unangemessen.[471] Bei entsprechenden Gegenleistungen soll dagegen auch eine 10-jährige Dauer zulässig sein.[472] Liegt keine unangemessene Benachteiligung iSd § 307 vor, so scheidet eine Nichtigkeit des Vertrages nach § 138 Abs. 1 erst recht aus.[473] **165**

Die gleichen Probleme wie bei Bierlieferungsverträgen stellen sich bei langfristigen Bindungen an Alleinbezugsverpflichtungen in **Tankstellenverträgen**.[474] Die Rechtsprechung greift hier daher auf die zu den Bierlieferungsverträgen entwickelten Kriterien zurück.[475] **166**

b) Vertragsdauer. Bei der Beurteilung der Sittenwidrigkeit eines Bierlieferungsvertrages steht die **Dauer der Bezugsbindung** im Vordergrund. Je länger der Zeitraum ist, für den sich der Gastwirt zum Bezug der Brauereiprodukte verpflichtet, desto näher liegt der Schluss, dass der Gastwirt dadurch in sittenwidriger Weise in seiner wirtschaftlichen Freiheit eingeschränkt wird.[476] **167**

Eine sittenwidrige Benachteiligung des Gastwirts ist jedenfalls dann gegeben, wenn der Bierlieferungsvertrag eine **unkündbare und zeitlich unbefristete Bezugsbindung** vorsieht.[477] Ein derartiger Vertrag ist nichtig und kann auch nicht unter Berücksichtigung des Rechtsgedankens des § 139 mit einer begrenzten Laufzeit aufrechterhalten werden. **168**

Die Vereinbarung **befristeter Bierlieferungsverträge** ist grundsätzlich nicht zu beanstanden. Die **Dauer der Bindung** vermag für sich allein noch keine Sittenwidrigkeit zu begründen.[478] Maßgeblich ist vielmehr die Gesamtheit der Umstände. Dabei kommt der **Gegenleistung der Brauerei** besondere Bedeutung zu. Je größer und wertvoller die Leistungen der Brauerei sind, umso einschneidender können die Bindungen für **169**

---

465 AllgM; vgl. BGH NJW 1970, 2243; 1972, 1459; OLG Düsseldorf MDR 1973, 222 (223); Erman/*Schmidt-Räntsch* BGB § 138 Rn. 86; Soergel/*Hefermehl* BGB § 138 Rn. 126.

466 So ausdr. OLG Köln NJW-RR 1995, 1516; 2007, 488, 489; Erman/*Schmidt-Räntsch* BGB § 138 Rn. 86; vgl. auch BGHZ 147, 279 (283) (zu § 307).

467 St. Rspr.; vgl. RGZ 63, 390; 152, 251; BGH NJW 1970, 2157; 1970, 2243; 1972, 1459; 1979, 2149; OLG Düsseldorf MDR 1973, 222 (223); OLG Köln NJW-RR 1995, 1516; vgl. auch *Bühler* § 9 Rn. 2.17.

468 *Bühler* § 9 Rn. 2.31 ff.; So bereits RG JW 1935, 2553; BGH NJW 1979, 2149.

469 Zum Nebeneinander von § 138 und § 307 in solchen Fällen Graf v. Westphalen/Thüsing/*Graf v. Westphalen*, Vertragsrecht und Klauselwerke, Teil „Klauselwerke", Bierlieferungsvertrag Rn. 2.

470 Palandt/*Grüneberg* BGB § 307 Rn. 78; Staudinger/*Coester* BGB § 307 Rn. 539. Gegen die Berücksichtigung der Verordnung im Rahmen des § 307 OLG Karlsruhe MDR 2002, 445; Staudinger/*Sack/Fischinger* BGB § 138 Rn. 353, 359; von BGHZ 143, 103 (115) und BGHZ 147, 279 (285 f.) offen gelassen.

471 OLG München OLGReport München 2008, 585; Staudinger/*Coester* BGB § 307 Rn. 539; Palandt/*Grüneberg* BGB § 307 Rn. 91; Graf v. Westphalen/Thüsing/*Graf v. Westphalen*, Vertragsrecht und Klauselwerke, Teil „Klauselwerke", Bierlieferungsvertrag Rn. 11.

472 BGHZ 147, 279 (285 f.); Staudinger/*Coester* BGB § 307 Rn. 539.

473 BGHZ 147, 279 (287); vgl. auch OLG Karlsruhe MDR 2002, 445.

474 Vgl. BGHZ 52, 171 (176); Staudinger/*Sack/Fischinger* BGB § 138 Rn. 367 ff.

475 Vgl. BGHZ 143, 103 (115); BGH NJW 1998, 156 (159); Erman/*Schmidt-Räntsch* BGB § 138 Rn. 156.

476 *Bühler* § 9 Rn. 2.23; BGH NJW 1970, 279; Staudinger/*Sack/Fischinger* BGB § 138 Rn. 351.

477 RGZ 152, 251; Soergel/*Hefermehl* BGB § 138 Rn. 127; *Bühler* § 10 Rn. 2.238.

478 BGH NJW 1970, 2243; ein strengerer Maßstab gilt bei Verwendung von AGB. Hier ist die Zulässigkeit der jeweiligen Klausel an den §§ 307 ff. zu messen.

den Gastwirt sein.[479] Die Rechtsprechung setzt aber auch hier Schranken. So wurde eine Höchstlaufzeit von 20 Jahren als „äußerste Grenze der in einem Ausnahmefall gerade noch zulässigen Bindungsdauer" bezeichnet.[480] Unter Berücksichtigung der Gegenleistung der Brauerei können indes auch Laufzeiten von mehr als 20 Jahren zulässig sein.[481] Dabei kann für die Beurteilung der Sittenwidrigkeit die Länge mehrerer aufeinander folgender Verträge zusammenzurechnen sein.[482] Umgekehrt lässt sich eine sittenwidrige Gesamtlaufzeit nicht durch die Vertragsübernahme eines Nachfolgers in zwei für sich betrachtet zulässige Laufzeiten aufteilen.[483]

170   In einer Reihe weiterer Entscheidungen geht der BGH von einer im „Normalfall" zulässigen Bezugsdauer von rund **15 Jahren** aus.[484] Dabei gibt es aber **keine Automatik** in dem Sinne, dass bei Überschreiten dieser Fristen die Nichtigkeit zwingend anzunehmen wäre bzw. aus dem Vorliegen einer kürzeren Laufzeit auf die Zulässigkeit der Bezugsbindung geschlossen werden könnte.[485] Es kommt vielmehr darauf an, ob der Gastwirt in nicht mehr hinnehmbarer Weise in seiner wirtschaftlichen Bewegungsfreiheit und Selbstständigkeit eingeschränkt wird. In diesem Zusammenhang ist insbesondere zu beachten, dass dem Gastwirt angesichts eines sich immer rascher ändernden Konsumverhaltens der Verbraucher nicht die Möglichkeit genommen werden darf, das Angebot an der Nachfrage der Gäste zu orientieren.[486] Unter Berücksichtigung dieses Aspekts erscheint der von der Rechtsprechung aufgezeigte Rahmen der zulässigen Dauer von Bezugsbindungen heute eher als zu großzügig gesteckt.

171   Die Vereinbarung unbefristeter **dinglicher** Rechte zur Sicherung einer Bierbezugsverpflichtung begründet aufgrund der Abstraktheit des dinglichen Geschäfts regelmäßig keine Sittenwidrigkeit. Wird zugunsten der Brauerei eine **unbefristete beschränkte persönliche Dienstbarkeit** bestellt, so ist diese Vereinbarung daher auch dann nicht sittenwidrig, wenn sie eine Getränkebezugsverpflichtung erreichen oder absichern soll.[487] Etwas anderes gilt nur, wenn die Bezugsvereinbarung als Bedingung Inhalt des dinglichen Geschäfts selbst geworden ist oder eine Geschäftseinheit zwischen schuldrechtlichem und dinglichem Geschäft besteht.[488]

172   **c) Weitere Vertragsbedingungen.** Ein weiterer zentraler Aspekt bei der Beurteilung der Sittenwidrigkeit von Bierlieferungsverträgen ist die **Ausschließlichkeit der Bezugsbindung**. Regelmäßig wird dem Gastwirt untersagt, weitere Biere anzubieten oder sich anderweitig mit Getränken einzudecken. Vielfach wird diese Verpflichtung auf andere – auch nicht-alkoholische – Getränke erstreckt. Dies führt ebenfalls zu einer Einengung der wirtschaftlichen Bewegungsfreiheit und Selbstständigkeit des Gastwirts. Die Wirksamkeit derartiger Vereinbarungen ist daher eng mit der Bezugsdauer verknüpft: Je strikter der ausschließliche Bierbezug im Vertrag verankert ist, umso kritischer wird die Vertragsdauer beurteilt.[489] Teilweise wird für notwendig erachtet, dem Gastwirt einen **Fremdbezug** von Bier um 15 % einzuräumen, um die Sittenwidrigkeit zu vermeiden.[490]

173   Auch Vereinbarungen von **Mindestabnahmemengen**, **Rechtsnachfolge-** oder **Vertragsstrafeklauseln** in einem Bierlieferungsvertrag sind für sich betrachtet nicht zu beanstanden. Allerdings dürfen auch derartige Vereinbarungen nicht zu gravierenden Beschränkungen der wirtschaftlichen Bewegungsfreiheit und Selbstständigkeit des Gastwirts führen.[491] So kann die Vereinbarung einer im Hinblick auf die Absatzmöglichkeiten der Gaststätte unrealistischen Mindestabnahmemenge in Verbindung mit einer empfindlichen Vertragsstrafe bei Nichtabnahme ebenso sittenwidrig sein wie die Kombination einer Vertragsstrafeklausel mit einer Nachfolgeklausel, durch die dem Gastwirt praktisch die Aufgabe, die Veräußerung oder die Weiterverpachtung der Gaststätte verwehrt wird.[492]

479   BGH NJW 1974, 2089; NJW 1985, 2693 (2694); BGHZ 147, 279 (283 f.); Staudinger/*Sack/Fischinger* BGB § 138 Rn. 351; MüKoBGB/*Armbrüster* § 138 Rn. 75; zur parallelen Problematik bei Tankstellenverträgen BGHZ 143, 103 (115); BGH NJW 1998, 156 (159).

480   BGH ZIP 1984, 335; vgl. auch MüKoBGB/*Armbrüster* § 138 Rn. 75.

481   BGH WM 1973, 824; NJW 1979, 865; Erman/*Schmidt-Räntsch* BGB § 138 Rn. 86.

482   BGH NJW-RR 1990, 816; dazu *Götz* BB 1990, 1217.

483   BGH NJW 1985, 2528; 1988, 2362.

484   BGH NJW 1974, 2089 (16 Jahre); WM 1975, 850 (852) (15 Jahre); MDR 1976, 834 (14 Jahre); NJW 1979, 2149 (2150) (15 Jahre); vgl. auch Graf v. Westphalen/Thüsing/*Graf v. Westphalen*, Vertragsrecht und Klauselwerke, Teil „Klauselwerke", Bierliefe-

rungsvertrag Rn. 3; *Hiddemann* WM 1975, 942 (945).

485   BGH WM 1984, 88 (89); vgl. auch *Wahl*, S. 19.

486   BGH NJW 1970, 2243; Erman/*Schmidt-Räntsch* BGB § 138 Rn. 86.

487   St.Rspr. seit BGH NJW 1988, 2364; 1988, 2362; NJW-RR 1989, 519 unter Aufgabe von BGH NJW 1979, 2149; vgl. auch BGH NJW-RR 1992, 593 (594); OLG München OLG-Report 2004, 76; Soergel/*Hefermehl* BGB § 138 Rn. 127.

488   BGH NJW-RR 1989, 519; 1992, 593, 594.

489   *Wahl*, S. 19.

490   *Wahl*, S. 20; vgl. auch RGZ 152, 251.

491   Vgl. *Bühler* § 9 Rn. 217.

492   OLG Köln NJW-RR 1995, 1516; *Bühler* § 9 Rn. 2.128, § 15 Rn. 2.567.

d) Rechtsfolgen. Ist ein Bierlieferungsvertrag allein wegen überlanger Bindung des Gastwirts sittenwid- **174** rig, so führt dies nicht zwingend zur Nichtigkeit des Gesamtvertrages; vielmehr kann der Vertrag unter **Anwendung von § 139** mit einer **zulässigen Laufzeit** aufrechterhalten werden, sofern dies dem Willen beider Parteien entspricht.[493] Dabei werden die Leistungspflichten der Brauerei aber nicht reduziert.[494] Beruht die Sittenwidrigkeit (auch) auf anderen Gründen, so kommt eine Aufrechterhaltung des Vertrages über § 139 nach allgemeinen Grundsätzen nicht in Betracht. Die Rückführung auf eine zulässige Gesamtdauer scheidet auch dann aus, wenn der Vertrag bei Klageerhebung schon länger als zulässig abgewickelt worden ist.[495] Wurde der Vertrag unter Verwendung von **AGB** abgeschlossen, so ist die durch den Wegfall der Klausel entstandene Lücke gem. § 306 Abs. 2 im Wege ergänzender Vertragsauslegung zu schließen.[496]

4. Ehe und Familie

Literatur: *Dauner-Lieb*, Reichweite und Grenzen der Privatautonomie im Ehevertragsrecht, AcP 201 (2001), 295; *dies.*, Richterliche Überprüfung von Eheverträgen nach dem Urteil des BGH v. 11.2.2004 – XII ZR 265/02, FF 2004, 65; *Dethloff*, Familienrecht, 32. Auflage 2018; *dies.*, Leihmütter, Wunscheltern und ihre Kinder, JZ 2014, 922; *Ernst*, Abstammungsrecht – Die Reform ist vorbereitet!, NZFam 2018, 443; *Heiderhoff*, Rechtliche Abstammung im Ausland geborener Leihmutterkinder, NJW 2014, 2673; *dies.*, Herausforderungen durch neue Familienformen – Zeit für ein Umdenken, NJW 2016, 2629; *Hoffmann*, Außergerichtliche Unterhaltsvereinbarungen, FF 2004, 1; *Kaiser*, Elternglück durch Fremdspende und Leihmutterschaft?, FS Brudermüller 2014, S. 357; *Looschelders*, Schadensersatz bei „einseitiger" Durchkreuzung der Familienplanung durch den kinderwilligen (Ehe-) Partner?, Jura 2000, S. 169–175; *ders.*, Der Anspruch auf Rückzahlung des Brautgelds nach yezidischem Brauchtum, IPRax 2012, 238; *Taupitz/Hermes*, Eizellspende verboten – Embryonenspende erlaubt?, NJW 2015, 1802; *Wellenhofer*, Die Inhaltskontrolle von Verträgen und die gestörte Vertragsparität, NZFam 2020, 229; *Weyrauch*, Zulässigkeitsfragen und abstammungsrechtliche Folgeprobleme bei künstlicher Fortpflanzung im deutschen und US-amerikanischen Recht, 2003.

a) Ersatz- und Leihmutterschaft. Verpflichtet sich eine Frau gegenüber einem Dritten, als **Ersatz-** oder **175** **Leihmutter** gegen Entgelt ein Kind zur Welt zu bringen, um dieses nach der Geburt an den Vertragspartner herauszugeben, so ist der Vertrag bei Einsatz von **künstlichen Fortpflanzungsmethoden** im Allgemeinen schon nach § 134 iVm § 1 Nr. 7 ESchG nichtig (vgl. dazu → § 134 Rn. 154). Soweit kein gesetzliches Verbot eingreift (zB bei natürlicher Zeugung),[497] sind solche Verträge nach Abs. 1 nichtig.[498] Bei der Beurteilung der Sittenwidrigkeit steht die Sorge um das **Wohl und die Würde des Kindes** im Vordergrund. Daneben darf auch die **Würde der gebärenden Frau** nicht vernachlässigt werden.[499] Eine Gefährdung dieser Schutzgüter liegt insbesondere in der **Kommerzialisierung menschlicher Fortpflanzung**.[500] Hinzu kommt die Gefahr psychischer Beeinträchtigungen.[501] Schließlich wäre die Herausgabe des Kindes an den Vertragspartner häufig mit tatsächlichen und rechtlichen Schwierigkeiten verbunden, die dem Wohl des Kindes abträglich sind.[502] Dieses Problem wird durch § 1591 allerdings eher verstärkt, weil die Wunschmutter keine Anfechtungsmöglichkeit hat.[503] Umgekehrt kann es aber auch zu „negativen Konflikten" kommen, wenn sowohl die gebärende Frau als auch die Wunschmutter nach der Geburt kein Interesse an dem Kind hat.[504] Nach einer neueren Entscheidung des BGH ist die **Anerkennung** einer **ausländischen Gerichtsentscheidung**, welche eine auf dem im Ausland wirksam geschlossenen Leihmuttervertrag beruhende Elternschaft der Wunscheltern begründet oder feststellt, aber nicht notwendig wegen Verstoßes gegen den anerkennungsrechtlichen **ordre public** international (§ 109 Abs. 1 Nr. 4 FamFG) abzulehnen.[505] Ein Verstoß gegen den ordre public liegt nach Ansicht des Senats jedenfalls dann nicht vor, wenn eine genetische Verwandtschaft zwischen dem Kind und einem Wunschelternteil, nicht aber zwischen dem Kind und der Leihmutter besteht.[506] Der BGH hat in der Entscheidung auch berücksichtigt, dass die Leihmutter freiwillig an dem Verhältnis mitgewirkt hatte und zur Herausgabe des Kindes bereit war. Unter diesen Voraussetzungen

493 BGH NJW 1972, 1459; 1985, 2693, 2695; 1992, 2145; Erman/*Schmidt-Räntsch* BGB § 138 Rn. 86; MüKoBGB/*Armbrüster* § 138 Rn. 75.
494 BGH NJW 1985, 2693 (2695); 1992, 2145.
495 BGH NJW-RR 1990, 816 (817).
496 Graf v. Westphalen/Thüsing/*Graf v. Westphalen*, Vertragsrecht und Klauselwerke, Teil „Klauselwerke", Bierlieferungsvertrag Rn. 17; aA Staudinger/*Coester* BGB § 307 Rn. 539: Vertrag ohne Laufzeitregelung mit Kündigungsrecht der Brauerei entsprechend § 580 a Abs. 1 Nr. 3.
497 Dazu LG Freiburg NJW 1987, 1486 (1488).
498 Vgl. OLG Hamm NJW 1986, 781; Palandt/*Ellenberger* BGB § 138 Rn. 48; Soergel/*Hefermehl* BGB § 138 Rn. 214; Staudinger/*Sack/Fischinger* BGB § 138 Rn. 703; *Dethloff* FamR § 10 Rn. 76; *dies.* JZ

2014, 922 (923) m. Fn. 23; vgl. auch *Kollhosser* JZ 1986, 446. Ausf. dazu *Weyrauch*, S. 129 ff.
499 Vgl. aber Maunz/Dürig/*Herdegen* GG Art. 1 I Rn. 104: keine Würdeverletzung.
500 MüKoBGB/*Armbrüster* § 138 Rn. 66.
501 Hierzu OLG Hamm NJW 1986, 781 (783).
502 Staudinger/*Sack/Fischinger* BGB § 138 Rn. 703. Zur Auflösung solcher Konflikte in Fällen mit Auslandsberührung vgl. *Looschelders* IPRax 1999, 420 (422 f.).
503 Krit. etwa MüKoBGB/*Wellenhofer* § 1591 Rn. 41 ff.
504 Vgl. Dethloff FamR § 10 Rn. 98; *Weyrauch*, S. 130.
505 BGH NJW 2015, 479 mAnm *Heiderhoff*; ebenso schon *Dethloff* JZ 2014, 922 ff.
506 BGH NJW 2015, 479 Rn. 34. Zur Rechtslage bei fehlender genetischer Verwandtschaft mit beiden Elternteilen *Zwißler* NZFam 2015, 118 (119).

sei die Menschenwürde der Leihmutter nicht verletzt.[507] Die rechtliche Feststellung der Verwandtschaft zwischen dem Kind und den Wuscheltern entspreche dann dem Kindeswohl.[508] Dies gelte auch bei **gleichgeschlechtlichen Wuscheltern**.[509] Auf die Beurteilung der Problematik nach dem deutschen materiellen Recht hat das Urteil keine unmittelbaren Auswirkungen. Nach deutschem Recht sind die betreffenden Verträge also weiter nach § 134 oder § 138 nichtig. In Fällen mit Auslandsberührung können aber schwer lösbare Normenwidersprüche auftreten, wenn der Sachverhalt gem. Art. 19 Abs. 1 EGBGB nach deutschem Recht zu beurteilen ist und keine ausländische Entscheidung vorliegt.[510] Da das Kind hierdurch in eine unzumutbare Situation kommen kann, besteht für den Gesetzgeber Regelungsbedarf.[511]

Die **Vermittlung von Leihmüttern** ist nach § 13 a–d AdVermG verboten. Die Nichtigkeit eines solchen Vermittlungsvertrages ergibt sich daher aus § 134 (→ § 134 Rn. 153).[512]

176   **b) Heterologe Insemination.** Inwiefern Verträge, die die Vornahme einer heterologen Insemination zum Inhalt haben, als sittenwidrig anzusehen sind, ist nach wie vor umstritten.[513] Im Ausgangspunkt ist zu beachten, dass einige Modalitäten der heterologen Insemination nach dem **Embryonenschutzgesetz** verboten sind; die Nichtigkeit einer hierauf gerichteten Vereinbarung folgt dann schon aus § 134 (→ § 134 Rn. 153). Der Regelfall einer heterologen Insemination zur Erfüllung des gemeinsamen Kinderwunsches der Frau und ihres zeugungsunfähigen Ehemanns oder Lebensgefährten ist im Embryonenschutzgesetz indes nicht geregelt. Ein großer Teil der Literatur geht traditionell von der grundsätzlichen **Sittenwidrigkeit** aus.[514] Eine Ausnahme wird teilweise anerkannt, sofern das **Recht des Kindes auf Kenntnis der eigenen Abstammung** gewährleistet ist[515] und das durch das Auseinanderfallen von genetischer und sozialer Vaterschaft hervorgerufene Konfliktpotential beseitigt wird.[516]

177   Konfliktpotenzial ergab sich in den Fällen der heterologen Insemination früher insbesondere daraus, dass der Ehemann nach der Rechtsprechung des BGH durch die Zustimmung zur heterologen Insemination nicht gehindert war, die Vaterschaft **anzufechten**.[517] Der BGH hat die Konsequenzen zwar durch die Annahme gemildert, aufgrund der Vereinbarung zwischen den Eheleuten über die Vornahme der heterologen Insemination komme ein berechtigender Vertrag zugunsten des Kindes zustande, aus dem der Ehemann auch nach der Anfechtung zur **Unterhaltsleistung** verpflichtet sei.[518] Die Rechtslage war aber gleichwohl unbefriedigend.

178   Bei der Würdigung des Meinungsstreits über die rechtliche Bewertung der heterologen Insemination ist zu beachten, dass der Gesetzgeber das eben geschilderte Konfliktpotenzial durch das KindRVerbG vom 9.4.2002[519] deutlich entschärft hat. Denn der durch dieses Gesetz eingefügte § 1600 Abs. 2 (jetzt Abs. 4) sieht vor, dass die **Anfechtung der Vaterschaft** durch den Mann oder die Mutter **ausgeschlossen** ist, wenn das Kind mit Einwilligung des Mannes und der Mutter durch künstliche Befruchtung mittels Samenspende eines Dritten gezeugt worden ist. Der Gesetzgeber hat sich in diesem Zusammenhang zwar einer Stellungnahme bezüglich der Zulässigkeit der heterologen Insemination enthalten.[520] Die Vorschrift des § 1600 Abs. 4 lässt jedoch den Schluss zu, dass er von der **grundsätzlichen Zulässigkeit** dieser Fortpflanzungsmethode ausgegangen ist.[521] Soweit die statusrechtlichen Fragen durch § 1600 Abs. 4 geklärt sind, kann die heterologe Insemination somit nicht mehr als sittenwidrig angesehen werden, es sei denn, das Recht des Kindes auf Kenntnis der eigenen Abstammung ist nicht gewahrt. Nach den aktuellen Vorgaben des ärztlichen Standesrechts ist die Verwendung von Mischsperma oder die Zusicherung von Anonymität gegenüber

---

507 BGH NJW 2015, 479 Rn. 49.
508 BGH NJW 2015, 479 Rn. 56.
509 BGH NJW 2015, 479 Rn. 43 im Anschluss an BVerfGE 133, 59 = NJW 2013, 847 zur Zulässigkeit der Sukzessivadoption durch eingetragene Lebenspartner.
510 Zur Problemstellung *Heiderhoff* NJW 2014, 2673 (2675 ff.).
511 Vgl. Palandt/*Brudermüller* BGB Vor § 1591 Rn. 1, 14; *Ernst* NZFam 2018, 443 ff.
512 Erman/*Palm/Arnold*[13] BGB § 134 Rn. 23; *Coester-Waltjen* FamRZ 1992, 369 (371).
513 Staudinger/*Sack/Fischinger* BGB § 138 Rn. 704 ff.; MüKoBGB/*Armbrüster* § 138 Rn. 66. Ausf. dazu *Weyrauch*, S. 94 ff.
514 So etwa MüKoBGB/*Armbrüster* § 138 Rn. 66; Palandt/*Ellenberger* BGB § 138 Rn. 48; dagegen PWW/*Ahrens* BGB § 138 Rn. 104; vgl. auch Maunz/Dürig/*Herdegen* GG Art. 1 I Rn. 101 (keine Würdeverletzung).

515 Zum Recht auf Kenntnis der eigenen Abstammung vgl. BVerfGE 96, 56 (63 ff.) = NJW 1997, 1769; BVerfG NJW 1988, 3010; Maunz/Dürig/*Di Fabio* GG Art. 2 Rn. 212.
516 IdS etwa Palandt/*Ellenberger* BGB § 138 Rn. 48; Staudinger/*Sack/Fischinger* BGB § 138 Rn. 708.
517 BGHZ 87, 169; BGH NJW 1995, 2921 (2922 f.).
518 Vgl. BGHZ 129, 297 (302) = NJW 1995, 2028; BGH NJW 1995, 2031 (2032); MüKoBGB/*Wellenhofer* § 1600 Rn. 56.
519 BGBl. I S. 239.
520 Vgl. BT-Drs. 14/2096, S. 7.
521 So auch PWW/*Ahrens* BGB § 138 Rn. 104; MüKoBGB/*Wellenhofer* BGB § 1600 Rn. 53; Dethloff FamR § 10 Rn. 77; *A. Roth* JZ 2002, 651 (653); sehr krit. hierzu weiterhin MüKoBGB/*Armbrüster* § 138 Rn. 66 („schwerwiegende Bedenken"); Staudinger/*Rauscher* BGB Anh. zu § 1592 Rn. 4 („grundsätzliche ethische Missbilligung").

den Spendern aber unzulässig,[522] so dass sich auch in dieser Hinsicht im Allgemeinen keine Probleme mehr ergeben dürften. Das Verdikt der Sittenwidrigkeit ist auch dann nicht mehr gerechtfertigt, wenn der Wunschvater und die Mutter **nicht miteinander verheiratet** sind.[523] Denn § 1600 Abs. 4 erfasst auch den Fall, dass der Mann die Vaterschaft nach § 1592 Nr. 2 anerkannt hat.[524] Um statusrechtliche Probleme im Interesse des Kindes zu vermeiden, sollte der nichteheliche Wunschvater die Vaterschaft aber **vor** der Durchführung der künstlichen Befruchtung anerkennen.[525]

c) Vereinbarungen über Kinderlosigkeit und Empfängnisverhütung. Vereinbarungen über die Kinderlosigkeit der Ehe betreffen den **höchstpersönlichen Bereich** der Ehegatten und sind deshalb (und nicht wegen Unvereinbarkeit mit dem „Wesen der Ehe") nach Abs. 1 nichtig.[526] Das Gleiche gilt für Vereinbarungen zwischen Ehegatten oder Partnern nichtehelicher Lebensgemeinschaften über die **Einnahme empfängnisverhütender Mittel**.[527] Verletzt die Frau eine solche Vereinbarung (zB durch heimliches Absetzen der Pille), kommen auch keine Schadensersatzansprüche des Mannes aus § 826 in Betracht.[528]   **179**

d) Nichteheliche Kinder. Nachdem der Gesetzgeber die **Unterscheidung** zwischen ehelichen und nichtehelichen **Kindern** durch das Gesetz zur Reform des Kindschaftsrechts vom 16.12.1997[529] **aufgegeben** hat, können ältere Entscheidungen zur Sittenwidrigkeit von Rechtsgeschäften, die auf die besondere Stellung nichtehelicher Kinder bezogen sind, nur noch mit Vorsicht herangezogen werden. Wegen Sittenwidrigkeit nichtig ist aber weiter die **entgeltliche Vereinbarung** zwischen dem Vater und der Mutter eines nichtehelichen Kindes, den **Namen des Vaters** zu **verheimlichen** und **keine Unterhaltsansprüche des Kindes** gegen den Vater geltend zu machen.[530] Anknüpfungspunkt ist nicht die besondere Stellung des nichtehelichen Kindes, sondern dessen Recht auf Kenntnis der eigenen Abstammung.   **180**

Der leibliche Vater eines Kindes kann gegenüber dem Ehemann der Mutter eine **wirksame Verpflichtung zu Unterhaltszahlungen** eingehen, ohne dass die nach § 1592 Nr. 1 bestehende Vaterschaft des Ehemannes durch Anfechtung beseitigt sein muss.[531] Die Sperrwirkung des § 1594 Abs. 2 steht dem nicht entgegen, weil durch eine solche Verpflichtung weder die Klarheit der statusrechtlichen Zuordnung noch der Familienfrieden beeinträchtigt wird. Der Ehemann kann sich seinerseits aber im Gegenzug nicht wirksam verpflichten, die Vaterschaft nicht anzufechten. Da die Vaterschaftsanfechtung ein höchstpersönliches Recht ist, wäre ein Verzicht nach § 138 Abs. 1 unwirksam.[532] Liegen die Voraussetzungen des § 1600 Abs. 4 nicht vor, so steht auch dem Samenspender als biologischem Vater ein Anfechtungsrecht nach § 1600 Abs. 1 Nr. 2 zu.[533]   **181**

e) Adoption. Die Adoption zur Erreichung eines **gesetzesfremden Zweckes** ist sittenwidrig. Eine rechtsgeschäftliche Abmachung, welche die entgeltliche **Erlangung eines Adelstitels** durch Adoption zum Gegenstand hat, verstößt daher gegen § 138 Abs. 1.[534] Dagegen ist der entsprechende Adoptionsbeschluss, der vor dem Vormundschaftsgericht unter Vorspiegelung eines Eltern-Kind-Verhältnisses erwirkt worden ist, wirksam und kann auch nicht mit Rücksicht auf den gesetzesfremden Zweck aufgehoben werden (vgl. §§ 1759, 1760, 1763, 1771).[535] Nichtig ist auch ein Geschäftsbesorgungsvertrag, der darauf gerichtet ist, den Titel-Interessenten gegen Entgelt mit einem adoptionswilligen Adeligen zusammenzubringen.[536]   **182**

f) Verlöbnis. Die Eingehung eines Verlöbnisses **bei noch bestehender Ehe** eines der Partner ist sittenwidrig, da ein solches Vorgehen mit dem Wesen der Ehe unvereinbar ist.[537] Dies gilt auch dann, wenn sich die   **183**

---

522 Vgl. Staudinger/*Rauscher* BGB Anh. zu § 1592 Rn. 4; Dethloff FamR § 10 Rn. 90; krit. *Heiderhoff* NJW 2016, 2629 (2632).

523 Zu den diesbezüglichen ärztlichen Standesrichtlinien vgl. (krit.) Staudinger/*Rauscher* BGB Anh. zu § 1592 Rn. 4; anders die früher hM (vgl. *Kirchmeier* FamRZ 1998, 1281 (1282 f.)).

524 Vgl. Palandt/*Brudermüller* BGB § 1600 Rn. 11.

525 Zur Zulässigkeit einer solchen Anerkennung Dethloff FamR § 10 Rn. 85.

526 Ähnlich MüKoBGB/*Roth* § 1353 Rn. 10, 42; auf das individuelle Selbstbestimmungsrecht jedes Ehegatten und das Wesen der Ehe abstellend BGHZ 146, 391 (396).

527 BGHZ 97, 372 (379); 146, 391, 396; Soergel/*Hefermehl* BGB § 138 Rn. 21; MüKoBGB/*Roth* § 1353 Rn. 10, 42; *Medicus/Petersen* BürgerlR Rn. 193 a.

528 BGHZ 97, 372 (379); 146, 391, 396; MüKoBGB/ *Roth* § 1353 Rn. 13; aA *Ramm* JZ 1986, 1011 ff. Ausf. zum Ganzen *Looschelders* Jura 2000, 169 ff.

529 BGBl. I S. 2942.

530 Staudinger/*Sack/Fischinger* BGB § 138 Rn. 700.

531 BGHZ 46, 56 (59 f.); Erman/*Hammermann* BGB § 1592 Rn. 26; Staudinger/*Sack/Fischinger* BGB § 138 Rn. 701.

532 So iE auch BGHZ 87, 169 (172 ff.); 129, 297, 301; MüKoBGB/*Wellenhofer* § 1600 Rn. 49 ff.

533 BGH NJW 2013, 2589 (betr. sog. Becherspende); Palandt/*Brudermüller* BGB § 1600 Rn. 12.

534 BGH NJW 1997, 47 (48); MüKoBGB/*Armbrüster* § 138 Rn. 67.

535 KG FamRZ 1987, 635 (637); OLG Schleswig FamRZ 1995, 1016; Palandt/*Götz* BGB § 1771 Rn. 2; aA OLG Köln NJW 1980, 63.

536 BGH NJW 1997, 47 (48).

537 RGZ 170, 72 (76); BGH VRS 36 [1969] 20, 22; OLG Karlsruhe NJW 1988, 3023 (3024); OLG Schleswig NZFam 2014, 1007; OLG Oldenburg FamRZ 2016, 2102 (2103) mAnm *Löhnig*; Staudinger/*Sack/Fischinger* BGB § 138 Rn. 648; Palandt/*Ellenberger* BGB § 138 Rn. 46.

Ehepartner im Scheidungsverfahren befinden.[538] Hierbei trägt nicht so sehr das Argument, die Anerkennung des Verlöbnisses stünde einer Wiederherstellung des ehelichen Lebens entgegen.[539] Vielmehr schützt Art. 6 GG die Ehe, solange sie besteht, also bis zum Abschluss des gerichtlichen Scheidungsverfahrens. Durch die rechtliche Anerkennung eines neuen Verlöbnisses oder Eheversprechens würde der Ehescheidung im Wege des gerichtlichen Verfahrens faktisch vorgegriffen.[540] Nach Scheidung der Ehe kommt aber die Annahme einer konkludenten Bestätigung des Verlöbnisses nach § 141 in Betracht.[541] Davon abgesehen schließt die Sittenwidrigkeit des Verlöbnisses nicht notwendig die Annahme eines **Angehörigenverhältnisses im straf-rechtlichen Sinne** (§ 11 Abs. 1 Nr. 1 a StGB) aus.[542] Das Eheversprechen eines bereits Verlobten verstößt gegen das Wesen des Verlöbnisses und ist daher ebenfalls sittenwidrig.[543] Das zweite Verlöbnisversprechen könnte allerdings einen konkludenten Rücktritt vom ersten Verlöbnis darstellen.[544]

184 Sittenwidrig ist auch eine Vereinbarung über die Zahlung von **Brautgeld** nach yezidischem Brauchtum. Solche Vereinbarungen verstoßen regelmäßig gegen die Menschenwürde und die Freiheitsrechte der Braut. So wird die Vereinbarung üblicherweise von den Verwandten der Verlobten ausgehandelt; das Geld kommt auch nicht der Braut bzw. den Verlobten zugute, sondern dem Vater der Braut. Die Verlobte ist also ein blo-ßes „Objekt" der Verhandlungen.[545] Außerdem wird die Entscheidungsfreiheit der Braut in persönlichen Angelegenheiten verletzt, wenn ihr Vater das Geld aufgrund der Vereinbarung zurückzahlen muss, sofern sie den Bräutigam nach der Eheschließung verlässt.[546] Den Verwandten des Bräutigams steht somit kein vertraglicher Rückzahlungsanspruch zu. Ein bereicherungsrechtlicher Anspruch scheitert an § 817 S. 2.[547] Bei Anwendbarkeit ausländischen Rechts sind Brautgeldvereinbarungen mit dem **ordre public** (Art. 6 EGBGB) unvereinbar.[548] Die Vereinbarung einer **Morgengabe** nach islamischem Recht dient dagegen in erster Linie der finanziellen Absicherung der Ehefrau und stößt daher weder nach § 138 Abs. 1 noch (bei Anwendbarkeit ausländischen Rechts) unter dem Aspekt des ordre public auf durchgreifende Bedenken. Eine Ausnahme kommt in Betracht, wenn die Morgengabe den Ehemann aufgrund ihrer Höhe wirtschaft-lich krass überfordert.[549]

185 **g) Schutz der Ehe.** Nach Abs. 1 sind Vereinbarungen sittenwidrig, die den grundlegenden Entscheidun-gen der Verfassung über das **Institut der Ehe** (Art. 6 GG) zuwiderlaufen (→ Rn. 57 ff.). Dies gilt etwa für die Vereinbarung eines Entgeltes oder einer anderen Vermögenszuwendung, um eine Person zur Eingehung einer **Scheinehe** zu veranlassen.[550] Sittenwidrig ist auch das Versprechen einer **Vertragsstrafe** für den Fall, dass ein Ehepartner seine familienrechtlichen Pflichten verletzt.[551] Eine Vereinbarung, die das Recht zum **dauernden Getrenntleben** zum Gegenstand hat, ohne dass die Voraussetzungen des § 1353 Abs. 2 erfüllt sind, verstößt entgegen der hM[552] nicht gegen die guten Sitten. Denn es ist nicht Sache der staatlichen Rechtsordnung, dem Ehegatten eine bestimmte Lebensgestaltung vorzugeben.[553]

186 **h) Ehescheidung.** Die gesetzliche Möglichkeit der Ehescheidung kann **nicht** durch Vereinbarung **abbe-dungen** oder **wesentlich erschwert** werden. Eine entsprechende Vereinbarung verstößt gegen die Wertun-gen des Art. 6 GG und der §§ 1564 ff. und ist daher sittenwidrig.[554] Die Ehegatten können daher nicht für den Fall der Scheidung die **Geltung des Verschuldensprinzips** vereinbaren.[555] Eine Scheidungsvereinba-rung ist sittenwidrig, wenn sie ein **Wohnsitzverbot** für einen Ehepartner vorsieht und damit dessen Freizü-

538 BayObLG NJW 1983, 831 (832); Staudinger/*Sack/Fischinger* BGB § 138 Rn. 648; aA MüKoBGB/*Roth* § 1297 Rn. 14; *Dethloff* FamR § 2 Rn. 10; von BGH VRS 36 (1969), 20, 22 offen gelassen.

539 So aber BayObLG NJW 1983, 831 (832).

540 Vgl. Staudinger/*Sack*, Neubearb. 2003, BGB § 138 Rn. 429.

541 Vgl. MüKoBGB/*Roth* § 1297 Rn. 14.

542 MüKoBGB/*Roth* § 1297 Rn. 14, 20.

543 RGZ 105, 245; Soergel/*Hefermehl* BGB § 138 Rn. 221; Staudinger/*Sack/Fischinger* BGB § 138 Rn. 649.

544 Vgl. MüKoBGB/*Roth* § 1297 Rn. 14; Staudinger/*Sack/Fischinger* BGB § 138 Rn. 650.

545 Vgl. OLG Hamm IPRax 2012, 257; Staudinger/*Sack/Fischinger* BGB § 138 Rn. 652; *Looschelders* IPRax 2012, 238 (241).

546 *Looschelders* IPRax 2012, 238 (241).

547 OLG Hamm IPRax 2012, 257 (262).

548 Vgl. NK-BGB/*Andrae* Anh. I zu EGBGB Art. 13 Rn. 12; Staudinger/*Mankowski* EGBGB Art. 13 Rn. 386; *Looschelders* IPRax 2012, 238 (241).

549 OLG Oldenburg NJW 2016, 649 Rn. 16 ff.; MüKo-BGB/*Armbrüster* § 138 Rn. 65; Staudinger/*Sack/Fischinger* BGB § 138 Rn. 664; zur Qualifikation der Morgengabe in Fällen mit Auslandsberührung BGHZ 183, 287 = FamRZ 2010, 533 mAnm *Henrich*; Staudinger/*Looschelders* Einl. IPR Rn. 1092, 1107.

550 OLG Düsseldorf FamRZ 1983, 1023; Palandt/*Ellen-berger* BGB § 138 Rn. 46; Staudinger/*Sack/Fischin-ger* BGB § 138 Rn. 659.

551 RGZ 158, 294 (300); Palandt/*Ellenberger* BGB § 138 Rn. 46.

552 OLG Düsseldorf FamRZ 1981, 545 mit abl. Anm. *Knütel*; Palandt/*Ellenberger* BGB § 138 Rn. 46; RGRK/*Krüger-Nieland/Zöller* BGB § 138 Rn. 228; Staudinger/*Sack/Fischinger* BGB § 138 Rn. 658.

553 So auch PWW/*Ahrens* BGB § 138 Rn. 96; MüKo-BGB/*Roth* § 1353 Rn. 34.

554 BGHZ 97, 304 (307 f.); BGH NJW 1990, 703 (704); OLG Hamm FamRZ 1991, 443 (444); MüKoBGB/*Armbrüster* § 138 Rn. 65; Staudinger/*Sack/Fischin-ger* BGB § 138 Rn. 660 f.

555 Palandt/*Ellenberger* BGB § 138 Rn. 46.

gigkeit (Art. 11 GG) beschränkt (→ Rn. 62).[556] Gültig ist dagegen der Verzicht auf ein schon **entstandenes** Scheidungsrecht;[557] allerdings lebt das Scheidungsrecht wieder auf, sobald neue Tatsachen die gesetzlichen Scheidungstatbestände erfüllen.[558] Sittenwidrig ist schließlich ein Rechtsgeschäft, das eine gesetzlich noch nicht zulässige Scheidung ermöglichen soll (zB durch falsche Angaben über die Dauer des Getrenntlebens gegenüber dem Familiengericht).[559]

Auch **vermögensrechtliche Vereinbarungen** können wegen unangemessener Erschwerung der Scheidung sittenwidrig sein. Dies gilt insbesondere, wenn die für den Fall der Scheidung vereinbarte Leistung gerade darauf abzielt, den Versprechenden von der künftigen Erhebung eines Scheidungsantrags abzuhalten, etwa durch eine Abfindung in existenzvernichtender Höhe oder ein entsprechendes Vertragsstrafeversprechen.[560] Eine Vereinbarung, die einen Ehegatten im Falle der Auflösung der Ehe verpflichtet, seinen durch die Eheschließung erworbenen **Ehenamen wieder aufzugeben**, ist grundsätzlich wirksam. Im Einzelfall können aber besondere Umstände vorliegen, welche die Vereinbarung als sittenwidrig erscheinen lassen (zB wenn der Verzicht auf die Fortführung des Ehenamens entgeltlich erfolgt).[561]

i) Unangemessene Benachteiligung in Eheverträgen. Die Ehegatten haben grundsätzlich das Recht, **187** ihre finanziellen Angelegenheiten für den Fall der Scheidung durch Ehevertrag **frei zu gestalten**. Sie können dabei grundsätzlich auch die gesetzlichen Ansprüche auf Unterhalt, Zugewinnausgleich und Versorgungsausgleich durch andere Regelungen ersetzen oder ganz ausschließen. Die Gestaltungsfreiheit wird jedoch durch die **Gleichberechtigung der Ehepartner** (Art. 3 Abs. 2 GG) begrenzt. Ein Verstoß gegen Art. 3 Abs. 2 GG liegt vor, wenn der Vertrag die Lasten einem Ehegatten einseitig aufbürdet und dies auf einer erheblichen Ungleichheit der Verhandlungsstärke beruht, so dass von einer überwiegenden **Fremdbestimmung** des unterlegenen Ehepartners auszugehen ist.[562] Nach der Rechtsprechung des BVerfG (→ Rn. 58) hat der schwächere Ehepartner in solchen Fällen aus Art. 2 Abs. 1 iVm Art. 6 GG ein Recht auf Schutz vor unangemessenen Benachteiligungen durch den Ehevertrag.[563] Dies gilt insbesondere dann, wenn der Vertrag für den Scheidungsfall eine **einseitige Lastenverteilung** zum Nachteil der Frau vorsieht und vor der Ehe im Zusammenhang mit einer Schwangerschaft geschlossen worden ist.[564]

Aus diesen verfassungsrechtlichen Vorgaben hat der BGH in seinem grundlegenden Urteil vom **188** 11.2.2004[565] Konsequenzen gezogen. Dabei hat er zunächst klargestellt, dass es auf die Frage, wann ein Ehevertrag nach Abs. 1 sittenwidrig oder nach § 242 treuwidrig ist, keine allgemein gültige Antwort gibt. Erforderlich sei vielmehr eine **umfassende Würdigung aller Vereinbarungen im Einzelfall**. Die richterliche Kontrolle müsse umso strenger sein, je stärker der Ehevertrag in den **Kernbereich** der gesetzlich vorgesehenen Scheidungsfolgen (insbesondere den Anspruch auf Betreuungsunterhalt nach § 1570) eingreife.[566] Dass der benachteiligte Ehegatte von einem Notar über den Inhalt des Vertrages belehrt worden sei, stehe der Notwendigkeit einer gerichtlichen Inhaltskontrolle nicht entgegen.[567]

Ob die Kontrolle von Eheverträgen auf der Grundlage von Abs. 1 oder § 242 zu erfolgen hat, war zunächst **189** umstritten.[568] Der BGH befürwortet in ständiger Rechtsprechung ein **zweistufiges Vorgehen**. In einem ersten Schritt wird auf der Grundlage des Abs. 1 geprüft, ob die Vereinbarung eine so einseitige Lastenverteilung für den Scheidungsfall vorsieht, dass sie unabhängig von allen künftigen Entwicklungen sittenwidrig ist (**Wirksamkeitskontrolle**).[569] Soweit dies verneint wird, geht das Gericht in einem zweiten Schritt der Frage nach, ob sich der begünstigte Ehegatte nach den Verhältnissen bei Scheitern der Ehe rechtsmissbräuchlich (§ 242) verhält, wenn er sich auf die Vereinbarung beruft (**Ausübungskontrolle**).[570]

---

556 BGH NJW 1972, 1414 f.; Erman/*Schmidt-Räntsch* BGB § 138 Rn. 107; Staudinger/*Sack/Fischinger* BGB § 138 Rn. 663.

557 Staudinger/*Sack/Fischinger* BGB § 138 Rn. 660; *Knütel* FamRZ 1985, 1089 ff.

558 BGHZ 97, 304 (308 f.); MüKoBGB/*Armbrüster* § 138 Rn. 65.

559 BGH NJW 2003, 1860 (1862); Palandt/*Ellenberger* BGB § 138 Rn. 46.

560 BGHZ 97, 304 (307); BGH NJW 1990, 703 (704); 1997, 192; OLG Hamm FamRZ 1991, 443; *Hoffmann* FF 2004, 1 (7).

561 BGH NJW 2008, 1528 (1529) mwN; MüKoBGB/ *Armbrüster* § 138 Rn. 65; Palandt/*Brudermüller* BGB 1355 Rn. 14.

562 Vgl. BVerfG FamRZ 1994, 151 und BVerfGE 103, 89 ff. = NJW 2001, 957 = FamRZ 2001, 343 mAnm *Schwab*; vgl. dazu auch *Hoffmann* FF 2004, 1 (7); *Papier* FF 2003, 4 (7).

563 BVerfGE 103, 89 ff. = NJW 2001, 957 (958); BVerfG NJW 2001, 2248.

564 BVerfGE 103, 89 ff. = NJW 2001, 957 (958); BVerfG NJW 2001, 2248; BGH NJW 2009, 2124; *Papier* FF 2003, 4 (7).

565 BGHZ 158, 81 = NJW 2004, 930; dazu *Dauner-Lieb* FF 2004, 65 ff.

566 BGHZ 158, 81 (97) = NJW 2004, 930 (933).

567 BGHZ 158, 81 (99) = NJW 2004, 930 (934); aA *Langenfeld* DNotZ 2001, 272.

568 Ausf. dazu *Dauner-Lieb* AcP 201 (2001), 295, 324 ff.

569 BGHZ 158, 81 (94 ff.)

570 BGHZ 158, 81 (93 ff.) = NJW 2004, 930 (935); BGH NJW 2005, 137 (138); 2005, 139, 140; 2005, 2386, 2387; 2007, 904, 905; 2007, 907, 2008, 1080, 1081; 2009, 842, 844; 2009, 2124; 2013, 380, 381 ff.; 2013, 457, 458; 2015, 52 Rn. 20 ff. mAnm *Braeuer*; 2017, 1883 Rn. 31; 2018, 1015 Rn. 15; 2018, 2871 Rn. 18 ff.; ausf. dazu Staudinger/*Looschelders/Olzen* BGB § 242 Rn. 966.

Bei der Wirksamkeitskontrolle nach Abs. 1 geht der BGH davon aus, dass die Sittenwidrigkeit nicht allein auf die **evidente Einseitigkeit der Lastenverteilung** gestützt werden kann. Darüber hinaus müsse vielmehr eine **Störung der Vertragsparität** vorliegen. Die Einseitigkeit der Lastenverteilung könne zwar ein gewisses Indiz für die Störung der Vertragsparität sein. Es müssten aber außerhalb der Vertragsurkunde liegende Umstände hinzutreten, die auf ein **subjektives Ungleichgewicht**, insbesondere infolge der Ausnutzung einer Zwangslage, einer sozialen oder wirtschaftlichen Abhängigkeit oder intellektueller Unterlegenheit hindeuten.[571]

190   j) Insbesondere: Vereinbarungen über nachehelichen Unterhalt. Die nach § 1585 c eröffnete Möglichkeit der Ehepartner, für den Fall der Scheidung Vereinbarungen über den nachehelichen Unterhalt zu treffen, schließt grundsätzlich auch einen vollständigen Unterhaltsverzicht ein. Dies gilt auch für den **Betreuungsunterhalt** (§ 1570).[572] Da der Betreuungsunterhalt zum Kernbereich der Scheidungsfolgen gehört, stellt die Rechtsprechung an die Wirksamkeit eines Verzichts aber besonders strenge Anforderungen. Die Einschränkung des Anspruchs auf Betreuungsunterhalt durch das **UntÄndG** vom 21.12.2007[573] hat hieran dem Grundsatz nach nichts geändert. Der Verzicht auf Betreuungsunterhalt ist daher sittenwidrig, wenn die **Verhandlungsparität** zwischen den Ehegatten gestört war oder wenn durch den Verzicht das **Kindeswohl** gefährdet ist.[574] Maßgeblich sind die Verhältnisse bei Abschluss des Ehevertrags. Dabei ist es nicht notwendig, dass die Ehegatten bei Abschluss des Ehevertrags schon einen konkreten Kinderwunsch hatten; es kann ausreichen, dass eine spätere Familiengründung nicht von vornherein ausgeschlossen war.[575] Stellt sich die Berufung auf einen entsprechenden Verzicht erst aufgrund einer späteren Entwicklung als rechtsmissbräuchlich dar, kommt eine Korrektur nach § 242 in Betracht.[576] Der Anspruch auf Unterhalt wegen **Alters und Krankheit** (§§ 1571, 1572) gehört zwar ebenfalls zum Kernbereich der Scheidungsfolgen. Ein Verzicht stößt unter dem Aspekt des § 138 Abs. 1 aber im Allgemeinen auf keine Bedenken, weil im Zeitpunkt der Vereinbarung meist nicht absehbar ist, ob, wann und unter wirtschaftlichen Gegebenheiten ein Ehegatte aus diesen Gründen unterhaltsbedürftig werden könnte.[577]

191   Der Unterhaltsverzicht kann nach § 1585 c bereits **vor der Eheschließung** erklärt werden.[578] Nach den von der Rechtsprechung entwickelten Grundsätzen (→ Rn. 187 ff.) muss in diesem Fall aber besonders genau geprüft werden, ob der Verzicht nicht als Ausdruck **gestörter Verhandlungsparität** sittenwidrig ist oder ob der andere Teil nicht zumindest rechtsmissbräuchlich handelt, wenn er sich auf den Verzicht beruft. Bei dem weitgehend parallelen Anspruch eines **nicht verheirateten Elternteils** auf Betreuungsunterhalt gem. § 1615l Abs. 2 ist ein Verzicht auf Unterhalt für die Zukunft gem. § 1615l Abs. 3 S. 1 iVm § 1614 kraft Gesetzes von vornherein ausgeschlossen. Diese Wertung muss auch bei der Beurteilung der Sittenwidrigkeit des Verzichts auf Betreuungsunterhalt nach § 1570 in den ersten drei Jahren nach der Geburt des Kindes (sog. Basisunterhalt) berücksichtigt werden.[579]

192   Die Freistellung eines Ehegatten von seiner Unterhaltsverpflichtung als Gegenleistung für die **Nichtausübung des Umgangsrechts** ist jedenfalls dann sittenwidrig, wenn das Kindeswohl entgegensteht.[580] Möglich ist jedoch eine Vereinbarung, in der ein Elternteil die elterliche Sorge für das gemeinsame Kind übernimmt und den anderen Elternteil von seiner Unterhaltspflicht dem Kind gegenüber befreit, wenn dies dem Wohl des Kindes entspricht.[581]

193   Ein Unterhaltsverzicht kann auch dann sittenwidrig sein, wenn er objektiv zwangsläufig die **Sozialhilfebedürftigkeit** eines Ehegatten nach sich zieht und die Ehegatten sich dessen bewusst sind.[582] Unerheblich ist, ob eine Schädigung des Trägers der Sozialhilfe beabsichtigt ist.[583] Der Anspruch auf Sozialhilfe soll nur subsidiär eingreifen, wenn keine Privatperson in die Verantwortung genommen werden kann. Der Unterhaltsverzicht darf deshalb nicht dazu eingesetzt werden, um den Unterhalt auf den Sozialhilfeträger abzu-

571   BGH NJW 2014, 1101 Rn. 39; 2017, 1883 Rn. 36; 2018, 1015 Rn. 19; für generelle Vermutung der gestörten Vertragsparität bei evident einseitiger Lastenverteilung *Wellenhofer* NZFam 2020, 229 ff.

572   BGHZ 158, 81 (97) = NJW 2004, 930 (934); NJW 2007, 2851 (2853); 2014, 1101 Rn. 16; FamRZ 2017, 884 Rn. 31 mAnm *Bergschneider*; Palandt/*Brudermüller* BGB § 1585 c Rn. 16; Erman/*Maier* BGB § 1570 Rn. 19.

573   BGBl. I S. 3189.

574   BVerfG FamRZ 2001, 343 (347 f.).

575   BGH NJW 2018, 1015 Rn. 18; einschränkend BGH NJW 2013, 380 Rn. 19.

576   Vgl. BGHZ 158, 81 (100); Staudinger/*Looschelders/Olzen* BGB § 242 Rn. 966.

577   BGH NJW 2013, 380 Rn. 20; FamRZ 2017, 884 Rn. 32.

578   BGH NJW 1992, 3164; Palandt/*Brudermüller* BGB § 1585 c Rn. 3.

579   Näher dazu Staudinger/*Looschelders/Olzen* BGB § 242 Rn. 967.

580   BGH FamRZ 1984, 778; vgl. auch *Hoffmann* FF 2004, 1 (7).

581   BGH NJW 1986, 1168.

582   BGHZ 86, 82 (86 ff.) = NJW 1983, 1851; BGH NJW 1991, 913 (914); 1992, 3164, 3165; OLG Hamm FamRZ 1989, 398; OLG Köln FamRZ 1990, 634; OLG Hamm FamRZ 2000, 31; vgl. auch Erman/*Schmidt-Räntsch* BGB § 138 Rn. 75; Staudinger/*Sack/Fischinger* BGB § 138 Rn. 516 ff.

583   BGH NJW 2007, 904 (905).

wälzen und damit den Verzicht auf Kosten der Allgemeinheit zu vereinbaren.[584] Umgekehrt kann auch die Vereinbarung eines **über den gesetzlichen Unterhalt hinaus** gehenden Ausgleichs sittenwidrig sein, wenn der zahlungspflichtige Ehegatte hierdurch finanziell überfordert wird und deshalb ergänzender Sozialleistungen bedarf.[585]

k) Vereinbarungen über den Zugwinnausgleich und den Versorgungsausgleich. Vereinbarungen   **194** über den Zugewinnausgleich und den Versorgungsausgleich sind nach denselben Kriterien zu prüfen wie ein Unterhaltsverzicht.[586] So ist ein kompensationslos vereinbarter **Ausschluss des Versorgungsausgleichs** sittenwidrig, wenn die Ehefrau bei Abschluss des Vertrags schwanger ist und die Ehegatten bewusst in Kauf nehmen, dass sie wegen der Kinderbetreuung künftig keiner Arbeit mehr nachgehen und keine Versorgungsanrechte erwerben wird.[587] Auch der Ausschluss des Versorgungsausgleichs kann sittenwidrig sein, wenn er zulasten des Sozialhilfeträgers geht. Erforderlich ist, dass nach einer anzustellenden Prognose ein Ehegatte künftig im Alter oder bei Erwerbsminderung auf die Grundsicherung angewiesen ist, was aber ohne die Vereinbarung nicht der Fall sein würde.[588] Der Anspruch auf **Zugewinnausgleich** ist nach der Wertung des § 1414 einer ehevertraglichen Disposition am weitesten zugänglich.[589] Sind einzelne Vereinbarungen der Ehegatten im Hinblick auf den Ausschluss anderer Scheidungsfolgen nach § 138 Abs. 1 unwirksam, so schlägt dies aber nach § 139 auf den Ausschluss des Anspruchs auf Zugewinnausgleichs durch.[590]

5. Erbrecht

Literatur: *Armbrüster*, Die Nachrangigkeit der Sozialhilfe und die guten Sitten, FS Säcker, 2011, 13; *Brox/Walker*, Erbrecht, 28. Auflage 2018; *Gaier*, Die Bedeutung der Grundrechte für das Erbrecht, ZEV 2006, 2; *Gutmann*, Der Erbe und seine Freiheit, NJW 2004, 2347; *Grziwotz*, Von Geliebtentestamenten und leichtfertigen Verzichten – Richterliche Kontrolle erbrechtlich relevanter Urkunden, DNotZ 2016, 732; *Joussen*, Das Testament zugunsten behinderter Kinder, NJW 2003, 1851; *Lange/Kuchinke*, Erbrecht, 5. Auflage 2001; *Leipold*, Testierfreiheit und Sittenwidrigkeit in der Rechtsprechung des BGH, in: FS 50 Jahre BGH, Bd. I, 2000, 1011; *Litzenburger*, Das Bedürftigentestament – Erbfolgegestaltung zu Gunsten von Langzeitarbeitslosen (Hartz IV – Empfängern), ZEV 2009, 278; *Manthey/Trilsch*, Das „Bedürftigentestament": die hohe Schule der Testamentsgestaltung, ZEV 2015, 618; *Olzen/Looschelders*, Erbrecht, 6. Auflage 2020; *Otte*, Die Bedeutung der „Hohenzollern"-Entscheidung des Bundesverfassungsgerichts für die Testierfreiheit, ZEV 2004, 393; *ders.*, Gefährdung der Testierfreiheit? Lehren aus dem „Hohenzollern"-Fall, JURA 2014, 549; *Paal*, Sittenwidrigkeit im Erbrecht, JZ 2005, 436; *Röthel*, Testierfreiheit und Testiermacht, AcP 210 (2010), 32; *Schlüter/Röthel*, Erbrecht, 17. Aufl. 2015; *Schnabl/Hamelmann*, Das Ende der Sittenwidrigkeit sog. Geliebtentestamente, Jura 2009, 161; *Scheuren-Brandes*, Wiederverheiratungsklauseln nach der Hohenzollern-Entscheidung – Handlungsbedarf für die Gerichtspraxis, ZEV 2005, 185; *Smid*, Rechtliche Schranken der Testierfreiheit aus § 138 I BGB, NJW 1990, 409; *A. Staudinger*, Die Nichtigkeit der Verfügungen von Todes wegen und der Erbstreit im Adelshause Hohenzollern, Jura 2000, 467.

a) Allgemeines. Bei der Beurteilung der Sittenwidrigkeit letztwilliger Verfügungen hat die **Testierfreiheit**   **195** des Erblassers (Art. 14 Abs. 1 GG) zentrale Bedeutung (→ Rn. 53).[591] Ein Testament ist nur dann nach § 138 nichtig, wenn **besonders schwerwiegende Gründe** im Einzelfall eine Einschränkung der Testierfreiheit gebieten.[592] Der Erblasser ist daher zB nicht zur Gleichbehandlung seiner Abkömmlinge verpflichtet.[593] Desgleichen ist die Enterbung von Abkömmlingen oder anderen nahen Angehörigen grundsätzlich nicht sittenwidrig, weil diese durch das **Pflichtteilsrecht** hinreichend geschützt sind.[594] Auf der anderen Seite ist der Erbe berechtigt, auf die Erbschaft einschließlich des gesetzlichen Pflichtteils zu **verzichten**. Dies gilt auch bei Überschuldung des Verzichtenden.[595]

Bei der Beurteilung der Sittenwidrigkeit von **letztwilligen Verfügungen** ist grundsätzlich auf den **Zeit-**   **196** **punkt der Vornahme** abzustellen.[596] Eine letztwillige Verfügung bleibt damit auch bei einem Wandel der Wertvorstellungen wirksam. War die letztwillige Verfügung im Zeitpunkt der Errichtung sittenwidrig, so ist es aber gerechtfertigt, einen zum Ausschluss der Sittenwidrigkeit führenden Wandel der Wertvorstellungen zu berücksichtigen (→ Rn. 125).

584   BGHZ 86, 82 (88); BGH NJW 1991, 913 (914); 1992, 3164, 3165.

585   BGH NJW 2009, 842 (845).

586   Zum Versorgungsausgleich BGHZ 158, 81 (98); BGH FamRZ 2008, 582 (584); NJW 2013, 380; NJW 2014, 1101 Rn. 16 ff.; FamRZ 2017, 884 Rn. 34; MüKoBGB/*Armbrüster* § 138 Rn. 63.

587   BGH NJW 2009, 2124; 2014, 1101 Rn. 19.

588   OLG Hamm NJW 2013, 3253.

589   BGH NJW 2017, 1883 Rn. 36; 2018, 1015 Rn. 14.

590   BGH NJW 2013, 457 Rn. 31; 2018, 1015 Rn. 15.

591   BGHZ 111, 36 (39); 123, 368, 371; 140, 118; BVerfGE 91, 346 (358); BVerfG NJW 2000, 2495; 2004, 2008, 2010; *Brox/Walker* ErbR § 18 Rn. 15; ausf. *Röthel* AcP 210 (2010), 32 ff.

592   BGHZ 111, 36 (40); 140, 118, 129; OLG Düsseldorf FamRZ 1998, 583 f.

593   BVerfG NJW 2000, 2495; 2004, 2008, 2010; OLG Hamm BeckRS 2013, 04995; Staudinger/*Otte* Einl. zum ErbR Rn. 88.

594   Vgl. BGHZ 111, 36 (40); BayObLG NJW 1990, 2055 (2056 f.); *Brox/Walker* ErbR § 18 Rn. 14; *Olzen/Looschelders* Erbrecht Rn. 258 f.

595   BGH NJW 1997, 2384.

596   So auch BGHZ 20, 71 (73 ff.); BayObLG ZEV 1997, 119 (120); OLG Stuttgart ZEV 1998, 185 (186); in BGHZ 140, 118 (128) offen gelassen; aA OLG Hamm OLGZ 1979, 425 (427 f.).

197 **b) Das Geliebtentestament.** Die Rechtsprechung zum sog. Geliebten- oder Mätressentestament kann auf eine wechselvolle Geschichte zurückblicken.[597] Nach der neueren Rechtsprechung ist das Testament nur noch dann nach Abs. 1 nichtig, wenn damit ausschließlich der **Zweck** verfolgt wird, die Geliebte für die geschlechtliche Hingabe zu entlohnen oder die Fortsetzung der sexuellen Beziehung zu fördern.[598] Die Verfolgung dieses Zweckes wird jedoch **nicht vermutet**, sondern bedarf des Beweises durch den, der sich auf die Sittenwidrigkeit beruft, konkret also der übergangenen Erben.[599] Dieser Beweis kann in der Praxis aber nicht erbracht werden, weil es in aller Regel (auch) andere Motive für die Erbeinsetzung gibt. Die Ehefrau kann das Testament folglich jedenfalls nicht allein deshalb wegen Sittenwidrigkeit angreifen, weil der in Scheidung lebende Mann seine neue Lebensgefährtin als Alleinerbin eingesetzt hat.[600]

198 Das Inkrafttreten des **Prostitutionsgesetzes** (dazu Anh. zu § 138) am 1.1.2002 hat eine weitere Einschränkung der traditionellen Bewertung von „Geliebtentestamenten" erforderlich gemacht. Nach § 1 S. 1 ProstG begründet die Vornahme sexueller Handlungen gegen ein vorher vereinbartes Entgelt eine rechtswirksame Forderung. Vor diesem Hintergrund kann die Sittenwidrigkeit von Geliebtentestamenten nicht mehr mit der Entlohnung für geschlechtliche Hingabe begründet werden. Dies hätte nämlich zur Folge, dass Geliebtentestamente stärker missbilligt würden als die Prostitution. Geliebtentestamente sind daher grundsätzlich **nicht mehr nach § 138 nichtig.**[601] Sittenwidrigkeit kommt nur noch in Betracht, wenn eine **Gesamtwürdigung** ergibt, dass die letztwillige Verfügung für die erbberechtigten Kinder oder den Ehegatten unzumutbar ist,[602] zB weil sie diese dazu zwingt, mit der Geliebten des verstorbenen Ehegatten in einem Haus zusammenzuleben.[603] Auch hier ist aber Zurückhaltung geboten, um eine unangemessene Einschränkung der **Testierfreiheit** zu vermeiden.[604]

199 **c) Behinderten- und Bedürftigentestament.** Rechtsgeschäfte **zulasten der Allgemeinheit** (insbesondere der Sozialhilfe) sind grundsätzlich sittenwidrig (→ Rn. 119). Dies gilt nach der Rechtsprechung des BGH aber nicht für das sog. **Behindertentestament.**[605] Hier geht es dem Erblasser darum, sein Vermögen vor dem Zugriff des Sozialhilfeträgers zu schützen. Zu diesem Zweck setzt der Erblasser sein behindertes Kind lediglich zum Vorerben ein. Der Erbteil wird dabei so bemessen, dass er knapp über dem Pflichtteil liegt. Nacherbe wird ein anderes Familienmitglied, das bis zum Tod des Kindes dessen Dauertestamentsvollstrecker und gleichzeitig Vollerbe des übrigen Nachlasses ist. Da der auf das behinderte Kind entfallende Erbteil über dem Pflichtteil liegt, ist die Beschwerung durch Einsetzung eines Nacherben und Anordnung der Testamentsvollstreckung nicht nach § 2306 Abs. 1 S. 1 unwirksam. Wegen der Dauervollstreckung (§ 2209) ist der Sozialhilfeträger zu Lebzeiten des Kindes gehindert, auf die Vorerbschaft Zugriff zu nehmen. Nach dem Tod des Kindes scheitern Ansprüche des Sozialhilfeträgers daran, dass das Kind als Vorerbe kein eigenes Vermögen hinterlässt. Der Nachlass ist damit für den Sozialhilfeträger gesperrt.[606] Die Rechtsprechung ist in der Literatur teilweise auf starke Kritik gestoßen.[607] Dabei wird darauf hingewiesen, dass die Erbmasse dem Sozialhilfeträger nach dem **Subsidiaritätsprinzip** jedenfalls nach dem Tod des Kindes zur Verfügung stehen müsse, da die Gestaltung dann nicht mehr dem Schutz des Behinderten, sondern nur noch der Vermögensmehrung des Nacherben diene.[608] Dem ist jedoch entgegenzuhalten, dass das Subsidiaritätsprinzip grundsätzlich nur für das Vermögen des Hilfeempfängers selbst gilt, nicht aber für das Vermögen seiner Verwandten.[609] Die Frage der Sittenwidrigkeit stellt sich auch beim sog. **Bedürftigentestament.** Hier setzt der Erblasser einen Sozialhilfeempfänger zum nichtbefreiten Vorerben ein, damit dieser trotz der Erbschaft weiterhin Sozialleistungen empfangen kann.[610] Konstruktiv bestehen deutliche Parallelen zum Behindertentestament. Gleichwohl hat das SG Dortmund – entgegen der Rechtsprechung des BGH

597 Zusammenfassend *Schnabl/Hamelmann* Jura 2009, 161 ff.
598 BGHZ 112, 259 (262).
599 BGHZ 53, 369 (379); BGH FamRZ 1971, 638 (639); *Schlüter/Röthel* ErbR § 20 Rn. 12.
600 OLG Düsseldorf FamRZ 1998, 583.
601 OLG Düsseldorf FGPrax 2009, 25 (26); PWW/ *Ahrens* BGB § 138 Rn. 106; MüKoBGB/*Armbrüster* ProstG § 1 Rn. 26; Staudinger/*Sack/Fischinger* BGB § 138 Rn. 693; *Olzen/Looschelders* Erbrecht Rn. 260 ff.; *Schlüter/Röthel* ErbR § 20 Rn. 12.
602 BGH NJW 1983, 674 (675 f.).
603 Staudinger/*Sack/Fischinger* BGB § 138 Rn. 695.
604 Vgl. *Grziwotz* DNotZ 2016, 732 ff.
605 BGHZ 111, 36 = NJW 1990, 2055; BGHZ 123, 368 = NJW 1994, 248; BGHZ 188, 96 = NJW 2011, 1586 (1587); BGH DNotZ 2013, 860 (862); ebenso OLG Köln ZEV 2010, 85 (87) mAnm *Armbrüster;*

Palandt/*Ellenberger* BGB § 138 Rn. 50 a; PWW/ *Ahrens* BGB § 138 Rn. 107; *Lange/Kuchinke* § 35 IV 6 d; *Olzen/Looschelders* Erbrecht Rn. 264 ff.; *Schlüter/Röthel* BGB § 20 Rn. 13.
606 Zu den Einzelheiten vgl. *Olzen/Looschelders* Erbrecht Rn. 264 ff.; *Joussen* NJW 2003, 1851. Zur Wirksamkeit des Pflichtteilsverzichts eines behinderten Sozialleistungsbeziehers BGHZ 188, 96 (99 ff.) = NJW 2011, 1586.
607 Vgl. etwa MüKoBGB/*Armbrüster* § 138 Rn. 45; *Armbrüster* FS Säcker, 2011, 13, 19 ff.; *Eichenhofer* JZ 1999, 226 (232 f.); Staudinger/*Sack/Fischinger* BGB § 138 Rn. 522.
608 Staudinger/*Sack/Fischinger* BGB § 138 Rn. 522.
609 So zutr. BGHZ 111, 36 (42); 123, 368, 374; *Lange/ Kuchinke* § 35 IV 6 d.
610 Ausf. dazu *Litzenburger* ZEV 2009, 278; *Manthey/ Trilsch* ZEV 2015, 618 ff.

zum Behindertentestament – zur Sittenwidrigkeit eines solchen Testaments tendiert.[611] Im gleichen Sinne hat das OLG Hamm entschieden, dass die **Ausschlagung einer werthaltigen Erbschaft** durch einen Sozialhilfeempfänger bzw. dessen Betreuer sittenwidrig ist, wenn deshalb die Bedürftigkeit des vorläufigen Erben fortbesteht.[612] Demgegenüber hat das BSG in einer neueren Entscheidung zu einem Bedürftigentestament nicht erkennen können, „wieso die Dauervollstreckung wegen eines Verstoßes gegen die guten Sitten zulasten der öffentlichen Hand nach § 138 BGB anfechtbar sein soll".[613] Das BSG geht dabei von einem Vorrang der erbrechtlichen Gestaltung aus.[614] Die Dauervollstreckung soll daher der Verwertbarkeit von Nachlassvermögen als „bereite Mittel" iSd Sozialrechts entgegenstehen.[615]

d) Ebenbürtigkeitsklauseln. Der BGH hat eine sog. Ebenbürtigkeitsklausel, nach der von den Abkömmlingen des Erblassers nur erben kann, wer aus einer **ebenbürtigen Ehe** stammt oder in einer ebenbürtigen Ehe lebt, noch in neuerer Zeit für **wirksam** erachtet, wenn der Erblasser bei der Vererbung des Nachlasses entsprechend der Familientradition auf den Rang seiner Familie Wert legt. Der Eingriff in die **Eheschließungsfreiheit** der Abkömmlinge und die **Diskriminierung nach Abstammung und Herkunft** (Art. 3 Abs. 3 GG) sei mit Rücksicht auf die Testierfreiheit des Erblassers hinzunehmen, wenn die letztwillige Verfügung nicht auf die Beeinträchtigung dieser Grundrechte, sondern auf die Durchsetzung der beschriebenen legitimen Ziele gerichtet sei.[616] Das BVerfG hat die Entscheidung wegen Verletzung des Art. 6 Abs. 1 GG aufgehoben. Dabei hat es zu Recht darauf hingewiesen, dass es in der heutigen Zeit zweifelhaft sei, ob die vom Erblasser intendierte Wahrung des Ebenbürtigkeitsprinzips einen Eingriff in die Eheschließungsfreiheit rechtfertigen könne.[617] Die verbindliche Entscheidung über den für die Sittenwidrigkeit letztwilliger Verfügungen maßgeblichen **Beurteilungszeitpunkt** ist damit allerdings nicht verbunden.[618] Nach der hier vertretenen Auffassung (→ Rn. 196) kann der Wandel der Wertvorstellungen nicht im Nachhinein zur Sittenwidrigkeit einer letztwilligen Verfügung führen. Das Problem muss daher über den Grundsatz von **Treu und Glauben** (§ 242) gelöst werden.[619]

200

6. Gesellschaftsrecht

Literatur: *Drinkuth*, Hinauskündigungsregeln unter dem Damoklesschwert der Rechtsprechung, NJW 2006, 410; *Gehrlein*, Neue Tendenzen zum Verbot der freien Hinauskündigung eines Gesellschafters, NJW 2005, 1969; *Grunewald*, Gesellschaftsrecht, 10. Auflage 2017; *Haberstroh*, Hinauskündigungsklausel in Gesellschaftsverträgen zur Vorwegnahme der Erbfolge, BB 2010, 1745; *Kilian*, Die Trennung von „missliebigen" Personengesellschafter – Neue Ansätze in Sachen Ausschluss, Hinauskündigung und Kollektivaustritt?, WM 2006, 1567; *Mecklenbrauck*, Abfindungsbeschränkungen in Gesellschaftsverträgen, BB 2000, 2001; *Nassall*, Fort und Hinaus – Zur Zulässigkeit von Hinauskündigungsklauseln in Gesellschaftsverträgen von Personengesellschaften und Satzungen von GmbH, NZG 2008, 851; *K. Schmidt*, Gesellschaftsrecht, 4. Auflage 2002; *Schockenhoff*, Managerbeteiligung und das Verbot der Hinauskündigung, NZG 2018, 201; *Weber/Hikel*, Die Wirksamkeit von „Hinauskündigungsklauseln" im Recht der Personenhandelsgesellschaft, NJW 1986, 2752; *Weidemann*, Beilegung von Gesellschafterstreitigkeiten bei zweigliedrigen Gesellschaften mit identischen Beteiligungsverhältnissen, DStR 2014, 1500; *H.P. Westermann*, Konzernverrechnungsklauseln, WM-Beil. 2/1986, 2, 9.

a) Allgemeines. Sofern nicht speziellere Vorschriften (dazu → Rn. 31 f.) eingreifen, beurteilt sich die Sittenwidrigkeit von Rechtsgeschäften auch im Gesellschaftsrecht nach Abs. 1. Das Problem stellt sich dabei auf **mehreren Ebenen**: Zum einen begründet der Gesellschaftsvertrag zwischen der Gesellschaft und den Gesellschaftern Rechtsbeziehungen, zum anderen stehen die Gesellschafter untereinander in einer rechtlichen Verbindung. Schließlich geht die Gesellschaft im Außenverhältnis mit Dritten Rechtsgeschäfte ein.

201

In seiner Gesamtheit ist der Gesellschaftsvertrag und mit ihm die Gesellschaft als solche **von Anfang an nichtig**, wenn er seinem Inhalt nach auf die Verwirklichung eines sittenwidrigen Tatbestandes gerichtet ist, der **Zweck der Gesellschaft** also für sittenwidrig zu erachten ist (→ Rn. 132).[620] Ist der Gesellschaftsvertrag aus anderen Gründen sittenwidrig, so wird er nach den Grundsätzen über die fehlerhafte Gesellschaft im Allgemeinen nur mit **Wirkung für die Zukunft** als nichtig angesehen.[621] Hier überwiegt nämlich das Interesse an der Vermeidung einer komplizierten Rückabwicklung. Ausnahmsweise wird der Gesellschafts-

202

611 SG Dortmund ZEV 2010, 54 (55) m. abl. Anm. *Keim*.
612 OLG Hamm ZEV 2009, 471 m. zust. Anm. *Leipold*.
613 BSG ZEV 2015, 484 Rn. 26 mAnm *Teerstegen*.
614 *Teerstegen* ZEV 2015, 487 (488).
615 BSG ZEV 2015, 484 Rn. 21 ff.
616 BGHZ 140, 118 (132 ff.) = NJW 1999, 566 (568 ff.); im gleichen Sinne BayObLG FamRZ 2000, 380; BVerfG NJW 2000, 2495; krit. hingegen *Staudinger* Jura 2000, 467 ff.
617 BVerfG NJW 2004, 2008 2010 = FamRZ 2004, 765 mAnm *Staudinger*; zu den Auswirkungen der Entscheidung auf die Beurteilung von Wiederverheiratungsklauseln *Scheuren-Brandes* ZEV 2005, 185 ff.

618 Vgl. Staudinger/*Otte* Einl. zum ErbR Rn. 76.
619 So im Hohenzollern-Fall auch LG Hechingen FamRZ 2006, 1410; ebenso schon OLG Stuttgart ZEV 1998, 185; ferner MüKoBGB/*Armbrüster* § 138 Rn. 138; BeckOK BGB/*Wendtland* § 138 Rn. 28, 75; krit. Staudinger/*Otte* Einl. zum ErbR Rn. 77.
620 BGH WM 1966, 736; NJW 1967, 36 (39); 1970, 1540, 1541; 1973, 900; NJW-RR 2003, 1116; Erman/*Schmidt-Räntsch* BGB § 138 Rn. 112.
621 RGZ 123, 102 (107 f.); 124, 279, 287 f.; 142, 98, 102 f.; BGH WM 1973, 900 (901); PWW/*Ahrens* BGB § 138 Rn. 110.

vertrag jedoch als von Anfang an nichtig betrachtet, wenn er gewichtige Interessen der Allgemeinheit oder einzelner schutzwürdiger Personen verletzt.[622]

203 **b) Das Verhältnis von Gesellschaft und Gesellschaftern. aa) Ausschlussklauseln.** Gesellschaftsvertragliche Klauseln, nach denen ein Gesellschafter **ohne Vorliegen eines wichtigen Grundes** (zB nach freiem Ermessen) von den übrigen Gesellschaftern aus der Gesellschaft **ausgeschlossen** bzw. „**hinausgekündigt**" werden kann, sind grundsätzlich nach Abs. 1 nichtig.[623] Das Gleiche gilt für – neben dem Gesellschaftsvertrag getroffene – schuldrechtliche Vereinbarungen, die dieselbe Wirkung haben sollen.[624] Solche Klauseln begründen die Gefahr, dass der betroffene Gesellschafter sich bei den Entscheidungen, die er im Rahmen des Gesellschaftsvertrages zu treffen hat, von der Erwägung leiten lässt, einen Ausschluss möglichst zu vermeiden. Es wird also ein **unzulässiger Druck** auf die Entscheidungsfreiheit des Betreffenden ausgeübt.[625] In Ausnahmefällen kann eine entsprechende Klausel jedoch aufgrund **besonderer Umstände** gerechtfertigt sein.[626] Der BGH hat in einer älteren Entscheidung darauf abgestellt, dass der ausgeschlossene Gesellschafter seinen Gesellschaftsanteil **unentgeltlich** erhalten habe.[627] Dem wird jedoch zu Recht entgegengehalten, dass die unentgeltliche Zuwendung eines Gesellschaftsanteils den Beschenkten nicht zum Gesellschafter „zweiter Klasse" machen dürfe.[628] In neuerer Zeit zeichnet sich in der Rechtsprechung eine zunehmende Großzügigkeit bei der Annahme besonderer Umstände ab.[629] Zulässig ist danach etwa die Vereinbarung eines Ausschließungsrechts zur **Erprobung der Zusammenarbeit**.[630] Grundsätzlich wirksam ist auch die Hinauskündigungsklausel in einem sog. **Managermodell**, bei dem dem Geschäftsführer gegen Zahlung eines Entgelts in Höhe des Nennwerts eine Minderheitsbeteiligung eingeräumt wird, die er nach Beendigung seines Geschäftsführeramts gegen eine der Höhe nach begrenzte Abfindung zurückübertragen muss.[631] Gleiches gilt für die – konstruktiv ähnlichen – **Mitarbeitermodelle**.[632] Knüpft das Ausschlussoder Kündigungsrecht an einen **festen Tatbestand** (zB Tod eines Mitgesellschafters) an, so soll die Sittenwidrigkeit regelmäßig entfallen, weil für willkürliche Entscheidungen der berechtigten Gesellschafter weniger Raum sei.[633] Auch die Verwendung einer sog. Russian-Roulette-Klausel ist wegen des damit verfolgten Zwecks, eine Selbstblockade der Gesellschaft zu verhindern, jedenfalls bei zweigliedrigen Gesellschaften mit identischen Beteiligungsverhältnissen sachlich gerechtfertigt und verstößt daher nicht gegen § 138 Abs. 1.[634] Ein **zeitlich unbefristetes** Kündigungsrecht gegenüber den Erben des verstorbenen Mitgesellschafters ist dagegen regelmäßig nach Abs. 1 nichtig.[635]

204 **bb) Abfindungsklauseln.** Zahlreiche Bestimmungen sehen beim Ausscheiden eines Gesellschafters vor, dass dieser eine **Abfindung** erhält (vgl. § 738 Abs. 1 S. 2 iVm §§ 105 Abs. 3, 161 Abs. 2 HGB). Solche Abfindungen stellen jedoch häufig eine erhebliche Belastung für die Gesellschaft dar, so dass sich in Gesellschaftsverträgen häufig abweichende Vereinbarungen finden.[636] Dies ist im Grundsatz zulässig.[637] Um eine **übermäßige zeitliche Bindung** an die Gesellschaft und eine unzulässige **Beschränkung des Kündigungsrechtes** („Knebelung") zu verhindern, ist der **vollständige Ausschluss** des Abfindungsanspruchs eines ausscheidenden Gesellschafters aber regelmäßig sittenwidrig.[638] Das Gleiche gilt bei einem auffälligen **Missverhältnis** zwischen Abfindungsanspruch und tatsächlichem Verkehrswert des Gesell-

---

622　BGHZ 3, 285 (288); 26, 330, 335; Staudinger/*Sack/Fischinger* BGB § 138 Rn. 175.

623　BGHZ 105, 213 (217); BGHZ 107, 351 (353); BGHZ 164, 107 (111) = NJW 2005, 3644; Soergel/*Hefermehl* BGB § 138 Rn. 140; Staudinger/*Sack/Fischinger* BGB § 138 Rn. 622; MüKoBGB/*Schäfer* § 737 Rn. 17 ff.; zur Entwicklung der Rechtsprechung *Gehrlein* NJW 2005, 1969 ff.

624　BGHZ 164, 98 (101) = NJW 2005, 3641 (3642).

625　Vgl. BGHZ 81, 263 (267); BGHZ 105, 213 (217); Soergel/*Hefermehl* BGB § 138 Rn. 140; krit. *Drinkuth* NJW 2006, 410 (411); ausf. dazu *K. Schmidt* GesR § 50 III 3.

626　BGHZ 68, 212 (215); 81, 263, 269; 105, 213, 217; 164, 98, 102 ff.; 164, 107, 111 ff.; WM 1996, 133 (135); MüKoBGB/*Armbrüster* § 138 Rn. 83; Staudinger/*Sack/Fischinger* BGB § 138 Rn. 623; *Nassall* NZG 2008, 851 ff.; *Haberstroh* BB 2010, 1745 ff.

627　BGHZ 34, 80 (83) = NJW 1961, 504 (505); Soergel/*Hefermehl* BGB § 138 Rn. 140; Staudinger/*Sack/Fischinger* BGB § 138 Rn. 623.

628　So *K. Schmidt* GesR § 50 III 3 a; dem folgend MüKoBGB/*Armbrüster* § 138 Rn. 83; vgl. auch

629　Vgl. dazu (krit.) MüKoBGB/*Schäfer* § 737 Rn. 19.

630　Vgl. BGH NJW 2004, 2013; WM 2007, 2170; MüKoBGB/*Armbrüster* § 138 Rn. 83.

631　BGHZ 164, 98; eingehend dazu *Schockenhoff* NZG 2018, 201 ff.

632　Vgl. hierzu BGHZ 164, 107; MüKoBGB/*Armbrüster* § 138 Rn. 83.

633　BGHZ 105, 213 (217 f.).

634　OLG Nürnberg NJW-RR 2014, 418 (420); Staudinger/*Sack/Fischinger* BGB § 138 Rn. 623; näher dazu *Willms/Bicker* BB 2014, 1347 ff.; *Weidemann* DStR 2014, 1500 ff.

635　BGHZ 105, 213 (218 f.); weiter gehend noch BGH LM 24 Bb zu § 138 = MDR 1968, 565.

636　*Mecklenbrauck* BB 2000, 2001; *Piltz* BB 1994, 1021.

637　BGH NJW 1993, 2101 (2102); BGHZ 135, 387 (389 f.); Palandt/*Ellenberger* BGB § 138 Rn. 85; Staudinger/*Sack/Fischinger* BGB § 138 Rn. 609; *K. Schmidt* GesR § 50 IV 2 c.

638　MüKoBGB/*Armbrüster* § 138 Rn. 81; MüKoBGB/*Schäfer* § 738 Rn. 45, 60; Soergel/*Hefermehl* BGB § 138 Rn. 140; Staudinger/*Sack/Fischinger* BGB § 138 Rn. 609 ff.

619　BGHZ 112, 40 (48) = NJW 1990, 2616; BGH NJW 1989, 2685 (2686).

schaftsanteils; hier müssen aber weitere sittenwidrigkeitsbegründende Umstände wie insbesondere eine verwerfliche Gesinnung des Begünstigten hinzutreten.[639] Letztlich ist stets eine **Gesamtwürdigung** aller im Zeitpunkt des Vertragsschlusses gegebenen Umstände erforderlich.[640]

Besondere Grundsätze gelten bei Gesellschaften mit **ideeller Zielsetzung**. Da die Gesellschafter hier nicht das Ziel haben, ihre eigene wirtschaftliche Situation zu verbessern, führt der Ausschluss des Abfindungsanspruchs nicht dazu, dass die wirtschaftliche Freiheit des Ausscheidenden unangemessen beeinträchtigt wird.[641] Die Sittenwidrigkeit kann daher auch nicht auf diesen Aspekt gestützt werden. **205**

Ein **nachträglich** auftretende Missverhältnis zwischen der Abfindung und dem tatsächlichen Wert des Gesellschaftsanteils führt nicht zur Unwirksamkeit der Vereinbarung.[642] In krassen Fällen kommt aber eine **Anpassung der Vereinbarung** durch ergänzende Vertragsauslegung, Ausübungskontrolle gem. § 242 oder Anwendung der Grundsätze über die Störung der Geschäftsgrundlage (§ 313) in Betracht (→ Rn. 126).[643] **206**

Grundsätzlich zulässig sind sog. **Buchwertklauseln**.[644] Die Rechtsprechung greift aber auf Abs. 1 zurück, wenn die Abfindung erheblich unter dem tatsächlichen Anteilswert liegt.[645] Soweit die Diskrepanz zwischen Buchwert und tatsächlichem Wert auf **nachträglichen** Veränderungen beruht, ist eine **Vertragsanpassung** indes auch hier vorzugswürdig.[646] **207**

Unter dem Aspekt der **Gläubigergefährdung** sind Abfindungsbeschränkungen sittenwidrig, wenn sie nur für den Fall gelten, dass der ausscheidende Gesellschafter Insolvenz anmeldet oder dass dessen persönliche Gläubiger auf das Gesellschaftsvermögen zugreifen wollen.[647] **208**

Die Unwirksamkeit einer Abfindungsklausel nach § 138 Abs. 1 schlägt nicht auf den Gesellschaftsvertrag durch; dieser bleibt vielmehr wirksam.[648] Zur Lückenfüllung greift die Rechtsprechung nicht auf § 738 zurück, sondern nimmt eine **ergänzende Vertragsauslegung** vor.[649] Zur Begründung wird darauf verwiesen, dass der am objektivierten mutmaßlichen Willen der Parteien orientierten ergänzenden Vertragsauslegung wegen der besonderen Bedeutung der Vertragsfreiheit für das Verhältnis der Gesellschafter untereinander in aller Regel der Vorrang vor dem dispositiven Gesetzesrecht einzuräumen sei.[650] Dahinter steht das Bemühen, im Einzelfall eine interessengerechte Lösung zu entwickeln. Im konkreten Fall wurde dem ausscheidenden Gesellschafter auf dieser Grundlage ein Anspruch auf Zahlung einer **angemessenen Abfindung** zugebilligt.[651] **209**

cc) Sonstiges. Auch eine **schuldrechtliche Abrede** zwischen einer AG und einem Aktionär, die den Aktionär zur unentgeltlichen Rückübertragung seiner Aktien auf die AG verpflichtet, wenn der mit der AG geschlossene Partnerschaftsvertrag beendet wird, kann nach § 138 Abs. 1 nichtig sein. Hieran ist jedenfalls dann zu denken, wenn die Aktien entgeltlich erworben wurden. Denn in diesem Fall greift die Pflicht zu einer unentgeltlichen Rückübertragung unzulässig in das Eigentumsrecht des Aktionärs aus Art. 14 Abs. 1 GG ein.[652] Sittenwidrig sind Klauseln, die das **Stimmenthaltungsgebot** (zB bei Entlastungsbeschlüssen) verletzen (vgl. auch → § 134 Rn. 167).[653] Denn anderenfalls müssten sich die **übrigen Gesellschafter** in die Hand dessen begeben, der sie möglicherweise geschädigt hat.[654] **210**

c) Das Verhältnis der Gesellschafter untereinander. Bei einem **Stimmenpool** handelt es sich um die Vereinbarung zwischen den Gesellschaftern, ihre Stimmen einheitlich abzugeben. Solche Vereinbarungen sind grundsätzlich zulässig, da jedem Gesellschafter die **Freiheit** bleibt, die Stimmrechtsausübung nach sei- **211**

639 BGHZ 116, 359 (369) = NJW 1992, 892; BGH NJW 1993, 2101 (2102); NJW-RR 2013, 1258 (1260); vgl. auch BGH NZG 2014, 820 (Sittenwidrigkeit eines Abfindungsausschlusses wegen grober Pflichtverletzung des Gesellschafters).
640 BGH NJW-RR 2013, 1258 (1260).
641 BGHZ 135, 387 (390 f.); MüKoBGB/*Schäfer* § 738 Rn. 62.
642 BGH NJW 1993, 2101 (2102); BGHZ 123, 281 = NJW 1993, 3193; MüKoBGB/*Schäfer* § 738 Rn. 46; *K. Schmidt* GesR, § 50 IV 2 c dd; *Mecklenbrauck* BB 2000, 2001 (2003).
643 BGH NJW 1993, 2101 (2102); 1993, 3193; zu einer ähnlichen Argumentation bei der Problematik der entgeltlichen Anteilsübernahme vgl. BGH NJW 1994, 2536 (2539).
644 BGH NJW 1989, 2685 (2686); 1989, 3272; 1992, 892, 894; MüKoBGB/*Armbrüster* § 138 Rn. 81; MüKoBGB/*Schäfer* § 738 Rn. 46, 64; vgl. auch *Ebenroth/Müller* BB 1993, 1153 (1154 f.).

645 BGH NJW 1979, 104; 1985, 192, 193.
646 So auch MüKoBGB/*Armbrüster* § 138 Rn. 81; Staudinger/*Sack/Fischinger* BGB § 138 Rn. 615; *K. Schmidt* GesR § 50 IV 2 c ee.
647 Staudinger/*Sack/Fischinger* BGB § 138 Rn. 617.
648 Baumbach/Hopt/*Roth* § 131 Rn. 73.
649 BGH NJW 1985, 192 (193); vgl. auch BGHZ 123, 281 (284 ff.); krit. Staudinger/*Sack/Fischinger* BGB § 138 Rn. 618: geltungserhaltende Reduktion der Abfindungsklausel; ähnlich *K. Schmidt* GesR § 50 IV 2 c dd, der von einer „am Maßstab von Treu und Glauben und § 157 orientierten geltungserhaltenden Reduktion der Abfindungsklausel" spricht.
650 So auch schon BGH NJW 1979, 1705 (1706).
651 Vgl. BGH NJW 1985, 192 (193); Baumbach/Hopt/*Roth* § 131 Rn. 73.
652 Vgl. BGH NJW-RR 2013, 410 (411).
653 BGH WM 1980, 649 (650); BGHZ 108, 21 (27); Staudinger/*Sack/Fischinger* BGB § 138 Rn. 630.
654 BGHZ 108, 21 (27 f.)

nen Vorstellungen zu beeinflussen.[655] Der Gesellschafter einer Kapitalgesellschaft kann sich auch wirksam verpflichten, nach Weisung eines Mitgesellschafters oder eines nur geringfügig an der Gesellschaft beteiligten Konsortialführers abzustimmen.[656] Die Verpflichtung zur Abstimmung nach Weisung der Gesellschaft bzw. ihrer Organe ist aber nach § 136 Abs. 2 AktG unwirksam.[657]

212　Sittenwidrig sind Vereinbarungen zwischen den Gesellschaftern einer OHG, die einen Gesellschafter verpflichten, seine Anteile auf Lebenszeit mit allen Gesellschafterrechten einem **Treuhänder** zu übertragen, wenn der betroffene Gesellschafter den Treuhänder weder abberufen noch durch Weisungen lenken kann.[658] Die Sittenwidrigkeit ergibt sich daraus, dass der Gesellschafter seine **wirtschaftliche Bewegungsfreiheit verliert** und gleichwohl nach § 128 HGB weiter **persönlich** für die Verbindlichkeiten der Gesellschaft einstehen muss.[659]

213　**d) Das Verhältnis von Gesellschaft und Gesellschaftern zu Dritten. aa) Stimmbindungsverträge.** Nach der Rechtsprechung des BGH sind **Stimmbindungsverträge**, bei denen sich ein Gesellschafter verpflichtet, nach der **Weisung eines Dritten** abzustimmen, im Allgemeinen ebenfalls unbedenklich.[660] Dies gilt jedenfalls dann, wenn sie sich nur auf einen einzelnen Beschlussgegenstand beziehen.[661] Grundsätzlich unzulässig sind jedoch **thematisch umfassende** Stimmbindungsverträge, die nicht widerruflich sind.[662] Die Missbilligung beruht auf der Erwägung, dass die Mitverwaltungsrechte eines Gesellschafters mit Rücksicht auf das **Abspaltungsverbot und den Grundsatz der Verbandssouveränität** nicht von der Gesellschafterstellung getrennt werden dürfen.

214　Sittenwidrig ist auch die Verpflichtung gegenüber einem Dritten, nach dessen **Weisung** abzustimmen, sofern sich diese Verpflichtung auch auf den Fall erstreckt, dass die Stimmausübung die gesellschaftsrechtliche Treuepflicht verletzt.[663]

215　**bb) Konzernverrechnungsklausel.** Eine **Konzernverrechnungsklausel** soll dem Begünstigten ermöglichen, mit Forderungen anderer zum Konzern gehörender Gesellschaften aufzurechnen.[664] Zwei Modelle sind hier zu unterscheiden. Zum einen kann vereinbart werden, dass ein Konzernunternehmen gegen die Forderung seines Vertragspartners (zB Lieferanten) mit der Forderung eines anderen Konzernunternehmens aufrechnen kann. Zum anderen kann sich der Begünstigte das Recht einräumen lassen, mit seinen Forderungen gegen den Vertragspartner gegen dessen Forderungen gegenüber anderen Konzernunternehmen aufzurechnen.[665] Der Vorwurf der Sittenwidrigkeit könnte sich für das erste Modell aus einer **Knebelung** des Vertragspartners ergeben. Da die wirtschaftliche Freiheit des Lieferanten nicht so weit eingeschränkt wird, dass er seine **geschäftliche Selbstständigkeit** verliert, liegen die Voraussetzungen der Knebelung indes nicht vor.[666] Der Gedanke der **Gläubigergefährdung** kann bei keinem Modell die Sittenwidrigkeit der Klausel begründen. Durch die Aufrechnung wird den anderen Gläubigern zwar die Forderung des Lieferanten entzogen, dies muss jedoch grundsätzlich als Teil der wirtschaftlichen Dispositionsfreiheit des Lieferanten akzeptiert werden.[667] Die hM geht daher zu Recht davon aus, dass Konzernverrechnungsklauseln in **Individualverträgen** grundsätzlich zulässig sind.[668] Bei **formularmäßiger Vereinbarung** können Konzernverrechnungsklauseln dagegen mit § 307 unvereinbar sein.[669] Im Insolvenzverfahren kann eine Aufrechnung aber nicht mehr auf die Konzernverrechnungsklausel gestützt werden.[670] Ein erweiterter Eigentumsvorbehalt, wonach das Eigentum erst übergeht, wenn der Käufer auch die Forderungen anderer mit dem Verkäufer verbundener Unternehmen erfüllt hat (sog. **Konzernvorbehalt**), ist nach § 449 Abs. 3 unwirksam.

216　**7. Gewerblicher Rechtsschutz.** Im gewerblichen Rechtsschutz wird das Problem der Sittenwidrigkeit in Sondervorschriften behandelt. So sind Marken nach § 8 Abs. 2 Nr. 5 MarkenG von der Eintragung ausge-

655　BGH NJW 2009, 669 (670); MüKoBGB/*Schäfer* § 717 Rn. 23; *Grunewald* GesR § 1 Rn. 77.

656　BGHZ 153, 285 (292) = NJW 2003, 2314; BGH NJW 2009, 669 (670).

657　BGH NJW 2009, 669 (670); MüKoAktG/*Arnold* § 136 Rn. 86.

658　BGHZ 44, 158 (160 f.); Palandt/*Ellenberger* BGB § 138 Rn. 85.

659　BGHZ 44, 158 (161).

660　Vgl. BGHZ 48, 163 (166 ff.); BGH NJW 1983, 1910 (1911); 1987, 1890, 1892; MüKoBGB/*Schäfer* § 717 Rn. 25.

661　RGZ 161, 296 (300); BGH NJW 1951, 268; Palandt/*Ellenberger* BGB § 138 Rn. 99; Staudinger/*Sack*/ *Fischinger* BGB § 138 Rn. 630; *Grunewald* GesR § 1 Rn. 77 für die GbR.

662　MüKoBGB/*Schäfer* § 717 Rn. 25; *Grunewald* GesR § 1 Rn. 78.

663　MüKoBGB/*Armbrüster* § 138 Rn. 84; MüKoAktG/ *Arnold* § 136 Rn. 67, 73; nach BeckOK BGB/*Schöne* § 717 Rn. 16 und *K. Schmidt* GesR § 21 II 4 a steht dem gebundenen Gesellschafter in diesem Fall ein Leistungsverweigerungsrecht zu.

664　Palandt/*Grüneberg* BGB § 387 Rn. 22.

665　*H.P. Westermann* WM-Beil. 2/1986, 2, 3.

666　Vgl. *H.P. Westermann* WM-Beil. 2/1986, 2, 9.

667　Vgl. *H.P. Westermann* WM Beil. 2/1986, 2, 10 im Anschluss an BGHZ 19, 12 (18).

668　Vgl. BGHZ 88, 15 (17); MüKoBGB/*Armbrüster* § 138 Rn. 84.

669　Vgl. BGH GRUR 2005, 62 (69) (im konkreten Fall verneint); Staudinger/*Gursky* BGB Vor §§ 387 ff. Rn. 94; Palandt/*Grüneberg* BGB § 387 Rn. 22.

670　Vgl. BGHZ 160, 107 = NJW 2004, 3185; NZI 2006, 639; Braun/*Kroth* § 94 Rn. 25.

schlossen, wenn sie gegen die **öffentliche Ordnung** oder die **guten Sitten** verstoßen. Die Rechtsprechung bejaht einen Verstoß gegen die guten Sitten, wenn die Marke geeignet ist, das Empfinden eines beachtlichen Teils der Verbraucher zu verletzen. Maßgeblich ist die Sicht des durchschnittlichen Verbrauchers. Dabei wird die fortschreitende Liberalisierung der Anschauungen über Sitte und Moral berücksichtigt. Marken mit politisch diffamierendem, rassistischem oder frauenverachtendem Inhalt sind aber mit den guten Sitten unvereinbar.[671] Die allgemeine Regelung des § 138 wird im Bereich des gewerblichen Rechtsschutzes nur selten herangezogen. So ist es nach Abs. 1 sittenwidrig, eine **Internet-Domain** in der Hoffnung zu **erwerben**, der wahre Namensträger würde die Domain später nutzen wollen und ihm die Rechte dann abkaufen.[672] Dieser Fall des **Domain-Grabbing** stellt eine missbilligte Kommerzialisierung von Immaterialgütern dar.[673] Vereinbarungen zwischen dem Lizenznehmer und dem Inhaber eines gewerblichen Schutzrechtes, das lizenzierte Recht nicht im Wege der Nichtigkeitsklage anzugreifen (sog. **Nichtangriffsabreden**), sind in der Regel nicht nach Abs. 1 sittenwidrig.[674]

8. Handelsrecht. Im Bereich des Handelsrechts wird die Frage der Sittenwidrigkeit vor allem bei **Wettbewerbsverboten** gegenüber Handlungsgehilfen, Handelsvertretern, Auszubildenden und anderen gewerblichen Arbeitnehmern relevant. Vgl. dazu → Rn. 345 ff. **217**

9. Kaufverträge. **a) Missverhältnis von Leistung und Gegenleistung.** Im Kaufrecht kommt die Annahme der Sittenwidrigkeit insbesondere bei wucherischen und wucherähnlichen Geschäften (→ Rn. 223) in Betracht. Nach der Rechtsprechung stellt ein Kaufvertrag ein wucherähnliches Rechtsgeschäft dar, wenn zwischen dem Wert der Kaufsache und dem vereinbarten Kaufpreis ein **auffälliges Missverhältnis** (dazu → Rn. 361 ff.) besteht und ein weiterer Umstand hinzukommt, der den Vertrag in der Gesamtbetrachtung als sittenwidrig erscheinen lässt. In diesem Zusammenhang kann insbesondere die **verwerfliche Gesinnung** des Begünstigten relevant werden.[675] Die Unwirksamkeit des Kaufvertrages nach § 138 Abs. 1 kommt aber nicht in Betracht, wenn das auffällige Missverhältnis sich erst daraus ergibt, dass eine Partei ihre Leistung **nicht mangelfrei** erbracht hat.[676] In diesen Fällen ist das Gewährleistungsrecht (§§ 434 ff.) anzuwenden.[677] **218**

Besondere Grundsätze gelten, wenn das **Missverhältnis** zwischen dem Wert der Kaufsache und dem Kaufpreis **besonders grob** ist. Denn ein besonders grobes Missverhältnis lässt nach der Rechtsprechung für sich genommen den Schluss auf eine **verwerfliche Gesinnung** des Begünstigten zu.[678] Nach der Rechtsprechung ist ein besonders grobes Missverhältnis regelmäßig anzunehmen, wenn der Wert der Leistung knapp doppelt so hoch wie derjenige der Gegenleistung ist.[679] Hierbei handelt es sich aber um keine starre Grenze,[680] sondern um einen für die Bedürfnisse der Praxis geschaffenen Richtwert.[681] So kann insbesondere bei hohen absoluten Kaufpreisen auch eine geringere Überteuerung die Sittenwidrigkeit indizieren.[682] Bei **Kaufverträgen über Immobilien** ist der Grundstückswert zum Zweck der Feststellung einer sittenwidrigen Überhöhung des Kaufpreises grundsätzlich nach dem Vergleichswertverfahren zu bestimmen. Liegen die Voraussetzungen für die Ermittlung des Grundstückswerts nach Vergleichspreisen vor, so muss das Gericht das durch den Vergleich gewonnene Ergebnis auch dann berücksichtigen, wenn eine andere zulässige Ermittlungsmethode zu einem deutlich abweichenden Ergebnis führt. Denn ein Schluss von der objektiven Überhöhung des Kaufpreises auf die verwerfliche Gesinnung ist nicht gerechtfertigt, wenn der direkte Vergleich mit dem maßgeblichen Markt zu keinem besonders groben Missverhältnis führt.[683] Für Grundstückskaufgeschäfte hat der BGH weiter klargestellt, dass ein besonders grobes Missverhältnis grundsätzlich erst ab einer Verkehrswertüber- oder -unterschreitung von 90 % angenommen werden könne.[684] Nach einem Urteil des OLG Bremen liegt ein grobes Missverhältnis jedenfalls dann vor, wenn der Käufer für 50.000 EUR Bilder im Wert von 1.500 EUR erwirbt. Der damit begründete Schluss auf die verwerfliche **218a**

671 Vgl. BPatG BeckRS 2011, 13266; GRUR-RR 2011, 311; BeckOK MarkenR/*Albrecht* § 8 Rn. 657.
672 LG Frankfurt NJW-RR 1998, 999 (1000 f.); Jauernig/*Mansel* BGB § 138 Rn. 18; MüKoBGB/*Armbrüster* § 138 Rn. 127.
673 Vgl. BGH NJW-RR 1998, 694 (696); NJW 2008, 3716 (3718); BeckOK BGB/*Förster* § 826 Rn. 150 (zu § 826).
674 Soergel/*Hefermehl* BGB § 138 Rn. 204.
675 BGH NJW 2014, 1652.
676 BGH BeckRS 2013, 05054 Rn. 10.
677 BGH BeckRS 2013, 05054 Rn. 10.
678 BGHZ 146, 298 (301 ff.) = NJW 2001, 1127; BGH NJW-RR 1998, 1065 (1067); 2008, 1436, 1438; NJW 2010, 363 Rn. 12; 2014, 1652 Rn. 5; ZIP 2019, 313 Rn. 20; OLG Bremen MDR 2004, 738; Palandt/

Ellenberger BGB § 138 Rn. 34 a; krit. gegenüber der Unterscheidung nach dem Grad des Missverhältnisses *Majer* DNotZ 2013, 644 (650).
679 BGHZ 146, 298 (302); 168, 1, 21; BGH WM 1980, 597; NJW-RR 1991, 589; 1998, 1065; NJW 2000, 1254 (1255); WM 2004, 521 (524); 2004, 1221, 1225; NJW-RR 2008, 1436 (1438); 2011, 880, 881; 2014, 653 Rn. 24; NJW 2014, 1652 Rn. 8; vgl. auch Erman/*Schmidt-Räntsch* BGB § 138 Rn. 118; PWW/*Ahrens* BGB § 138 Rn. 122.
680 BGH NJW 1979, 758: Überschreitung um das 2,5-fache nicht sittenwidrig.
681 BGH NJW-RR 1998, 1065.
682 OLG Nürnberg BB 1996, 659.
683 BGH ZIP 2019, 313 Rn. 20.
684 BGH NJW 2014, 1652.

Gesinnung sei nur bei Vorliegen besonderer Umstände erschüttert, zB wenn der wirtschaftlich ungewöhnlich gut gestellte Käufer die Sache ohnehin erwerben wolle. Dies ist gerade bei **Kunstgegenständen** nicht fernliegend, war im konkreten Fall aber gerade nicht anzunehmen. Die Vermutung kann auch in anderen Fällen widerlegt werden. Hat etwa bei einer schwierigen Bewertungssituation ein nicht offensichtlich grob unrichtiges **Verkehrsgutachten** den Preis bestimmt, so lässt das besonders grobe Missverhältnis der Leistungen nicht ohne Weiteres einen Schluss auf die verwerfliche Gesinnung des Begünstigten zu.[685] Bei **Internetauktionen** rechtfertigt auch ein besonders grobes Missverhältnis von Leistung und Gegenleistung noch keinen Schluss auf eine verwerfliche Gesinnung des Bieters.[686] Es macht nämlich gerade den Reiz einer solchen Auktion aus, dass Sachen zu einem günstigen Preis erworben werden können oder der Anbieter einen sehr vorteilhaften Preis erzielt.[687] Der niedrige Preis ist deshalb kein Beleg dafür, dass der Benachteiligte den Vertrag nicht ohne große Not eingegangen wäre.

219 **b) Außerhalb von Geschäftsräumen geschlossene Verträge.** Unabhängig vom Wertverhältnis kommt eine Sittenwidrigkeit von Kaufverträgen auch dort in Betracht, wo der Verkäufer den Käufer im Rahmen von Warenpräsentationen, Kaffeefahrten oder ähnlichen Verkaufsveranstaltungen durch Anwendung **psychologischen Drucks** zum Kauf von Ware bewegt wird, die für den Käufer wertlos ist bzw. deren Bezahlung den Käufer finanziell überfordert.[688] Dies ist zB der Fall, wenn der Verkäufer in einer allein an Spätaussiedler gerichteten, in russischer Sprache durchgeführten Verkaufsveranstaltung eine kaum der deutschen Sprache mächtige Rentnerin mit einem Monatsnettoeinkommen von 1.400 DM einen in deutscher Sprache aufgesetzten Kaufvertrag über den Erwerb mehrerer Bettdecken zum Preis von 3.500 DM unterschreiben lässt.[689] Das Gleiche gilt für den Fall, dass der Kunde an der Haustür überredet wird, für 20.000 DM Möbel zu kaufen.[690] Angesichts der Sittenwidrigkeit des Vertrages ist ein Rückgriff auf das Widerrufsrecht nach §§ 312 b, 312 g entbehrlich.[691] Allerdings schließt die Nichtigkeit des Vertrages den **Widerruf** nicht aus (→ Rn. 29).[692]

220 **c) Sonstige Fälle.** Als sittenwidrig sind des Weiteren Kaufverträge einzustufen, die der **Vorbereitung oder Förderung strafbarer Handlungen** dienen. So sind Kaufverträge über die Lieferung eines Kfz-Radarwarngerätes sittenwidrig, da hierdurch die Begehung von Ordnungswidrigkeiten und Straftaten im Straßenverkehr geradezu herausgefordert wird.[693] Der Abschluss eines Kaufvertrages über ein **Telefonsexvermittlungsunternehmen** soll jedenfalls dann sittenwidrig sein, wenn der vereinbarte Kaufpreis in einem auffälligen Missverhältnis zur Leistung steht.[694] Dagegen sind Kaufverträge über **pornographische Publikationen** nicht ohne Weiteres sittenwidrig, jedenfalls soweit sie die strafrechtliche Grenze des § 184 StGB nicht überschreiten.[695] Sittenwidrig ist schließlich der „Kauf" von **öffentlichen Ämtern** sowie **Titeln und Orden** (vgl. auch → Rn. 120 und 182).[696]

221 Vertragliche **Beschränkungen im Hinblick auf die Verwendung des Kaufgegenstandes** durch den Käufer sind zulässig, sofern sich nicht ausnahmsweise Anhaltspunkte für eine sittenwidrige Knebelung des Käufers ergeben. So ist es nicht zu beanstanden, wenn sich eine Gemeinde in einem Grundstückskaufvertrag ein Rücktrittsrecht für den Fall vorbehält, dass der Käufer auf dem Grundstück keine Kurpension betreibt.[697] Die Vereinbarung eines „Zuchtmietvertrages" über einen Hund, auf den der Verkäufer zu Zuchtzwecken weiter zugreifen will, ist nicht sittenwidrig, selbst wenn sie gegen die Statuten des Züchterverbandes verstößt.[698] Die Sittenwidrigkeit eines Kaufvorvertrags ist jedoch gegeben, wenn dieser die Rechtsposition des Käufers so beschneidet, dass er das Hausgrundstück nur selbst, ohne Möglichkeit der Vermietung oder Vererbung, nutzen kann und andernfalls zur Rückveräußerung an eine vom Verkäufer bestimmte Person zu einem geringeren als dem ursprünglichen Kaufpreis verpflichtet ist.[699]

---

685 BGH ZIP 1997, 931 (932).
686 BGH NJW 2012, 2723; 2015, 548, 549 mAnm *S. Lorenz* LMK 2015, 365443.
687 BGH NJW 2012, 2723; *Kulke* NJW 2012, 2697 (2698).
688 LG Bremen NJW-RR 1998, 570; OLG Hamm JMBl NRW 1974, 32; AG Siegen NJW-RR 2000, 1653; vgl. auch OLG Frankfurt NJW-RR 1988, 501; KG MDR 1984, 405.
689 AG Siegen NJW-RR 2000, 1653.
690 BGH NJW 1988, 1373; vgl. auch OLG Frankfurt NJW-RR 1988, 501: Haustürgeschäft mit 81-jährigem, erkennbar krankem Hauseigentümer über Fassadenanstrich für 14.000 DM.
691 Staudinger/*Sack/Fischinger* BGB § 138 Rn. 50 f.
692 Vgl. BGH NJW 2010, 610 (zum Widerruf nach § 312 d aF).

693 BGH NJW 2010, 610; 2005, 1490; AG Berlin-Neukölln NJW 1995, 2173; LG Bonn NJW 1998, 2681; aA LG München I NJW 1999, 2600.
694 OLG Düsseldorf NJW-RR 1991, 246.
695 OLG Hamburg GRUR 1980, 998; MDR 1975, 226 (227); Soergel/*Hefermehl* BGB § 138 Rn. 213; Staudinger/*Fischinger* Anh. § 138 § 1 ProstG Rn. 75 vgl. auch BGH NJW 1981, 1439 zur Sittenwidrigkeit eines pornografischen Spielfilmverleihs (offengelassen).
696 Vgl. BGH NJW 1994, 187; OLG Stuttgart NJW 1996, 665; Erman/*Schmidt-Räntsch* BGB § 138 Rn. 63; MüKoBGB/*Armbrüster* § 138 Rn. 127.
697 BGH WM 1984, 1252.
698 LG Fulda NJW-RR 1993, 886 (887).
699 OLG Rostock BeckRS 2016, 127436 Rn. 32 ff.

10. Kredit- und Kreditsicherungsgeschäfte

Literatur: *Bodenbenner*, Rechtsfolgen sittenwidriger Ratenkreditverträge, JuS 2001, 1172; *Knops*, Sittenwidrigkeitsprüfung in gestörten Marktlagen am Beispiel von Restschuldversicherungen, NJW 2019, 1847; *Reifner*, Neue Sittenwidrigkeit von Ratenkrediten, BKR 2009, 51; *Schäfer*, Prüfungskriterien zur Sittenwidrigkeit eines Ratenkredits, BB 1990, 1139; *Steinmetz*, Sittenwidrige Ratenkreditverträge in der Rechtspraxis auf der Grundlage der BGH-Rechtsprechung, NJW 1991, 881.

a) Kreditverträge. aa) Darlehensverträge. (1) Das wucherähnliche Geschäft. Darlehensverträge **222** können insbesondere als wucherähnliche Rechtsgeschäfte wegen **überhöhter Zinsen** nach Abs. 1 sittenwidrig sein. Zwar enthält Abs. 2 eine spezielle Regelung für Wuchergeschäfte (dazu → Rn. 355 ff.). Soweit dessen Voraussetzungen nicht erfüllt sind, hat Abs. 1 aber **eigenständige Bedeutung**. Die Sittenwidrigkeit beruht regelmäßig auf der Ausnutzung der **Machtposition des Kreditgebers** bzw. der **Zwangslage des Kreditnehmers**.[700] Als objektives Element kommt die **fehlende Äquivalenz** von Leistung und Gegenleistung hinzu.[701] Bei einem Verbraucherkreditvertrag liegt zudem eine strukturell **ungleiche Verhandlungsstärke** vor.[702]

Nach gefestigter Rechtsprechung ist ein Vertrag **wucherähnlich**, wenn objektiv ein **auffälliges Missverhältnis** **223** zwischen Leistung und Gegenleistung vorliegt und subjektiv eine **verwerfliche Gesinnung** des Begünstigten hervorgetreten ist, insbesondere wenn dieser die wirtschaftlich schwächere Lage des anderen Teils bei der Festlegung der Vertragsbedingungen bewusst zu seinem Vorteil ausgenutzt oder sich zumindest leichtfertig der Einsicht verschlossen hat, dass sich der andere Teil nur aufgrund seiner wirtschaftlich schwächeren Lage auf die nachteiligen Bedingungen eingelassen hat.[703] Für **Ratenkreditverträge mit Kreditinstituten** hat die Rechtsprechung diese Voraussetzungen näher **konkretisiert** (dazu → Rn. 224 ff.). Entscheidend ist aber immer eine **umfassende Würdigung** von Inhalt und Zweck des Darlehensvertrages sowie der Geschäftsumstände.[704] Nicht anwendbar sind die von der Rechtsprechung entwickelten Grundsätze zu Ratenkreditverträgen mit Kreditinstituten auf **Gelegenheitskredite** von nicht gewerbsmäßigen Kreditgebern.[705] Zu den Auswirkungen der Sittenwidrigkeit des Darlehensvertrags auf eine **Grundschuldbestellung** → Rn. 281; zur **bereicherungsrechtlichen Abwicklung** sittenwidriger Ratenkreditverträge → Rn. 230 ff.

(2) Objektive Sittenwidrigkeit. Ob bei einem **Ratenkreditvertrag** ein auffälliges Missverhältnis zwi- **224** schen Leistung und Gegenleistung vorliegt, ist in erster Linie durch einen Vergleich zwischen dem **vertraglich festgelegten effektiven Jahreszins** und dem **marktüblichen Effektivzins** zu ermitteln.[706]

(a) Ermittlung der Markt- und Vertragszinsen. Für die Ermittlung des Marktzinses konnte die Recht- **225** sprechung bis 2003 auf den in den Monatsberichten der Deutschen Bundesbank ausgewiesenen **Schwerpunktzins**, also den durchschnittlichen Zinssatz für Ratenkredite, zum Zeitpunkt des Vertragsschlusses zurückgreifen.[707] Die seitdem von der Bundesbank veröffentlichte **EWU-Zinsstatistik** beruht auf anderen Berechnungsgrundlagen und -methoden und kann daher nicht ohne gewisse Korrekturen anstelle des Schwerpunktzinses verwendet werden.[708] Die Rechtsprechung zieht die EWU-Zinsstatistik teilweise gleichwohl als Ausgangspunkt für die Ermittlung des Marktzinses heran.[709] Vorzugswürdig erscheint es jedoch, den Marktzins durch Einholung einer **Auskunft der Bundesbank** oder eines **Sachverständigengutachtens** über das bei Vertragsschluss im Inland herrschende Zinsniveau für Konsumentenratenkredite zu ermitteln.[710] Der Zinsvergleich richtet sich auch bei **Kontokorrentkrediten** mit variablem Zinssatz und festen Rückzahlungs(mindest)raten (oft mit der Bezeichnung „Idealkredit") nach den allgemeinen Grundsätzen. Der Vertragszins ist dabei auf der Grundlage des anfänglichen Nominalzinses zu berechnen und dem marktüblichen Zinssatz eines Ratenkredits gegenüberzustellen.[711] Bei Gewährung eines **Zusatzkredits** wird der

---

700 Vgl. MüKoBGB/*Armbrüster* § 138 Rn. 35.
701 MüKoBGB/*Armbrüster* § 138 Rn. 112; Soergel/ *Hefermehl* BGB § 138 Rn. 99.
702 Vgl. Staudinger/*Blaschczok*, Neubearb. 1997, § 246 Rn. 105.
703 Vgl. nur BGHZ 80, 153 (160); 128, 256, 257; 146, 298, 302; BGH NJW 2010, 363 (364); NJW-RR 2011, 880 (881).
704 Vgl. *Schäfer* BB 1990, 1139 (1140).
705 BGH NJW-RR 1990, 1199 (1200); NJW 1994, 1056 (1057); Erman/*Schmidt-Räntsch* BGB § 138 Rn. 101; Staudinger/*Sack/Fischinger* BGB § 138 Rn. 260.
706 Vgl. nur BGHZ 104, 102 (104); 110, 336, 338; BGHZ 212, 329 = NJW 2017, 1018 Rn. 34; Staudinger/*Sack/Fischinger* BGB § 138 Rn. 252; MüKoBGB/*Berger* 488 Rn. 107.

707 BGHZ 80, 153 (162); BGH NJW-RR 2000, 1431 (1432); Erman/*Buck-Heeb* BGB § 817 Rn. 20 a; Palandt/*Ellenberger* BGB § 138 Rn. 26; PWW/ *Ahrens* BGB § 138 Rn. 128; Soergel/*Hefermehl* BGB § 138 Rn. 94; zur Kritik vgl. nur Staudinger/ *Blaschczok*, Neubearb. 1997, BGB § 246 Rn. 125.
708 Vgl. Staudinger/*Freitag* BGB § 488 Rn. 136; Staudinger/*Sack/Fischinger* BGB § 138 Rn. 252; PWW/*Ahrens* BGB § 138 Rn. 128.
709 Vgl. OLG Schleswig WM 2010, 1074 (1076); LG Bonn BKR 2008, 78 (81).
710 So auch MüKoBGB/*Berger* § 488 Rn. 108; Staudinger/*Freitag* BGB § 488 Rn. 136; Erman/*Saenger*, Vor §§ 488 Rn. 39 e.
711 BGH NJW 1991, 832 (833).

Zinsvergleich in der Weise durchgeführt, dass die Gesamtkosten der Nachfinanzierung denjenigen Kosten gegenübergestellt werden, die für den Kreditnehmer bei Beendigung des bisherigen Kreditvertrags und anschließender Eingehung eines neuen Kreditverhältnisses zu marktüblichen Bedingungen zwecks Ablösung des alten Kredits und Deckung des Neubedarfs entstanden wären.[712] Bei **grundpfandrechtlich abgesicherten Darlehen** darf der marktübliche Zins für Hypothekenkredite auf Wohngrundstücke nur dann herangezogen werden, wenn die Kreditvaluta nicht mehr als 80 % des Verkehrswertes des belasteten Grundstücks ausmacht.[713]

226 Durch Kosten, die im Zusammenhang mit der Kreditvergabe entstehen, können sich die zu vergleichenden Zinswerte erhöhen (vgl. § 6 Abs. 3 PAngV).[714] So sollten **Bearbeitungsgebühren** nach der früheren Rechtsprechung bei der Berechnung des Vertragszinses[715] und bei der Berechnung des Marktzinses berücksichtigt werden.[716] Nach der neueren Rechtsprechung ist die formularmäßige Vereinbarung einer Bearbeitungsgebühr indes schon nach § 307 unwirksam. Dies gilt sowohl für Verbraucherkreditverträge[717] als auch für Kreditverträge mit Unternehmern.[718] Die frühere Rechtsprechung zur Berücksichtigung von Bearbeitungsgebühren ist damit weitgehend obsolet.[719] **Kreditvermittlungskosten** werden bei Verbraucherkrediten im Rahmen des **Vertragszinses**, nicht jedoch des Marktzinses, in die Berechnung einbezogen, soweit die Vermittlungstätigkeit im Interesse des Kreditgebers erfolgt.[720] In der Regel stellt der Einsatz von Vermittlern für den Kreditgeber einen Vorteil dar, insbesondere wenn sie als Ersatz für ein nicht flächendeckendes Filialnetz dienen.[721] Ausnahmsweise erfolgt die Vermittlungstätigkeit jedoch im Interesse des Darlehensnehmers, zB bei erbetenen Hausbesuchen oder der Kreditvermittlung für kreditunwürdige Kunden.[722] Nicht einzubeziehen sind Vermittlungskosten auch, wenn die Bank von der Einschaltung des Vermittlers nichts weiß.[723] Die Kosten einer **Restschuldversicherung** sind weder für die Berechnung des Vertragszinses noch des Marktzinses relevant, weil der Abschluss einer solchen Versicherung den Interessen beider Parteien dient.[724] Eine Ausnahme gilt aber, wenn das Darlehen ohne die Restschuldversicherung nicht oder nicht zu den vorgesehenen Konditionen gewährt worden wäre (vgl. § 6 Abs. 4 Nr. 2 PAngV).[725] Der Vertrag über die Restschuldversicherung kann im Übrigen für sich genommen nach § 138 Abs. 1 sittenwidrig sein.[726] Ob die Sittenwidrigkeit dieses Vertrages dann auf den Kreditvertrag durchschlägt, beurteilt sich nach den Kriterien des § 139.[727]

227 Die **Berechnung** des Markt- sowie des Vertragszinses unter Berücksichtigung der einzubeziehenden Kosten erfolgte bei Krediten mit einer Laufzeit bis 48 Monate bislang nach der zu Annäherungswerten führenden sog. **Uniformmethode** anhand der Formel 2400 x Gesamtkosten = Nettokredit x (Laufzeit in Monaten + 1).[728] Bei längerer Laufzeit wurde auf die zu finanzmathematisch präziseren Ergebnissen führende Tabelle von *Sièvi/Gillardon/Sièvi*[729] zurückgegriffen.[730] In der neueren Literatur wird für die Anwendung der im Anhang zu § 6 PAngV geregelten taggenauen Methode der Association of International Bond Dealers (AIBD) plädiert.[731]

---

712 BGH NJW 1990, 1599 (1600).
713 BGH NJW-RR 2000, 1431 (1432); Palandt/*Ellenberger* BGB § 138 Rn. 26.
714 MüKoBGB/*Berger* § 488 Rn. 107; BeckOK BGB/*Grothe* § 246 Rn. 6.
715 BGH NJW 1982, 2433 (2434).
716 BGHZ 128, 255 (264 f.) = NJW 1995, 1019 (2,5 %); Soergel/*Hefermehl* BGB § 138 Rn. 91.
717 BGHZ 201, 168 = NJW 2014, 2420 Rn. 23 ff.; BGHZ 203, 115 = NJW 2014, 3713 Rn. 32.
718 BGH NJW 2017, 2986; NJW-RR 2018, 1136.
719 Staudinger/*Freitag* BGB § 488 Rn. 134.
720 Erstmals BGH NJW 1987, 181; außerdem BGHZ 104, 102 (104) = NJW 1988, 1659; NJW 1990, 1048 (1049); Staudinger/*Sack/Fischinger* BGB § 138 Rn. 255.
721 BGH NJW 1987, 181; Soergel/*Hefermehl* BGB § 138 Rn. 89; Staudinger/*Sack/Fischinger* BGB § 138 Rn. 255.
722 BGH ZIP 2002, 563 (565) (Risikofinanzierung); Soergel/*Hefermehl* BGB § 138 Rn. 89.
723 BGH NJW-RR 1988, 236.
724 BGHZ 99, 333 (336); BGH NJW 1988, 1661 (1662); NJW-RR 2012, 416 Rn. 11 ff.; MüKoBGB/*Armbrüster* § 138 Rn. 119; MüKoBGB/*Berger* § 488 Rn. 107;

725 MüKoBGB/*Armbrüster* § 138 Rn. 119; aA BeckOGK/*Binder* § 488 Rn. 145 ff.; von BGH NJW-RR 2012, 416 Rn. 27 ff. offen gelassen.
726 BeckOGK/*Binder* § 488 Rn. 145; *Knops* NJW 2019, 1847 ff.
727 BGH NJW-RR 2012, 416 Rn. 24; OLG Hamm VUR 2008, 104 (106) (im konkreten Fall verneint); *Ahrens* LMK 2012, 334798.
728 Vgl. nur BGHZ 128, 255 (265); Soergel/*Hefermehl* BGB § 138 Rn. 92; MüKoBGB/*Berger* § 488 Rn. 109; Staudinger/*Blaschczok*, Neubearb. 1997, BGB § 246 Rn. 268; *Schäfer* BB 1990, 1139 (1142).
729 Effektivzinssätze für Ratenkredit mit monatlichen Raten, 4. Aufl. 1988.
730 BGHZ 104, 102 (104); 128, 255, 266; OLG Köln NJW-RR 1997, 1549 (1550); Palandt/*Ellenberger* BGB § 138 Rn. 26; Staudinger/*Blaschczok*, Neubearb. 1997, BGB § 246 Rn. 309.
731 MüKoBGB/*Berger* § 488 Rn. 111 f.; BeckOK BGB/*Grothe* § 246 Rn. 7.

Die Kosten einer Restschuldversicherung: BeckOGK/*Binder* § 488 Rn. 145; Staudinger/*Sack/Fischinger* BGB § 138 Rn. 255; Staudinger/*Freitag* BGB § 488 Rn. 134; aA PWW/*Ahrens* BGB § 138 Rn. 127; *Ahrens* LMK 2012, 334798; *Reifner* BKR 2009, 51 (57 ff.).

(b) Vergleich. Auf der Grundlage der ermittelten Markt- und Vertragszinsen ist in einem zweiten Schritt **228** der Vergleich durchzuführen. Bezugspunkte sind entweder der **relative Zinsunterschied** oder die **absoluten Prozentpunkte**. Ein auffälliges Missverhältnis liegt nach ständiger Rechtsprechung vor, wenn der Vertragszins den Marktzins **relativ um rund 100 %** oder **absolut um 12 Prozentpunkte** übersteigt.[732] Dabei handelt es sich jeweils um **Richtwerte**.[733] Entscheidend ist letztlich wieder die **Gesamtwürdigung** der Geschäftsumstände und Vertragsbedingungen.[734] Die Sittenwidrigkeit kann deshalb auch bei einem relativen Zinsunterschied von **90–100 %** und einer absoluten Zinsdifferenz von unter 12 Prozentpunkten bejaht werden, wenn die **sonstigen Kreditbedingungen** für den Kreditnehmer **untragbar** sind.[735] Solche besonders belastenden Kreditbedingungen finden sich häufig in den AGB, die dann Indizwirkung für die Sittenwidrigkeit nach Abs. 1 entfalten.[736] So können Klauseln, die für den Verzugsfall übermäßige Belastungen des Kreditnehmers vorsehen,[737] in die Gesamtwürdigung einbezogen werden, sofern der Verzugsfall zu erwarten war.[738] Überhöhte Restschuldversicherungsprämien sind ebenso zu berücksichtigen wie unzulässig gestaffelte Mahngebühren.[739] Besonders belastend sind auch überhöhte Ablösegebühren für den Fall, dass ein Kredit vorzeitig getilgt wird.[740] Regelmäßig abzulehnen ist die Sittenwidrigkeit, wenn die Differenz **unter 90 %** liegt.[741] Umgekehrt wird eine relative Zinsdifferenz von **mehr als 110 %** bei Ratenkrediten verlangt, die in einer Niedrigzinsphase langfristig ohne Zinsanpassungsklausel gewährt wurden.[742]

(3) Subjektive Sittenwidrigkeit. Während es für die Prüfung der objektiven Sittenwidrigkeit unerheblich **229** ist, ob der Kredit privater oder gewerblicher Art ist,[743] muss bei der subjektiven Komponente differenziert werden. Bei einem **Verbraucherkreditvertrag** werden die subjektiven Voraussetzungen der Sittenwidrigkeit vermutet, wenn objektiv ein auffälliges Missverhältnis zwischen Leistung und Gegenleistung besteht.[744] Diese Vermutung kann in der Praxis selten **widerlegt** werden.[745] Lässt der Vortrag des Kreditnehmers erkennen, dass er sich auf die durch das objektive Missverhältnis begründete Vermutung der verwerflichen Gesinnung beruft,[746] so muss der Kreditgeber nachweisen, dass sich der Kreditnehmer nicht nur wegen seiner wirtschaftlich schwächeren Lage oder seiner mangelnden Rechtskunde bzw. Geschäftserfahrenheit auf die Kreditbedingungen eingelassen hat oder dass er – der Kreditgeber – dies ohne Leichtfertigkeit nicht erkannt hat.[747] Die Rechtsprechung stellt hieran hohe Anforderungen. So kann sich der Kreditgeber zwar darauf berufen, der Kreditnehmer sei nach Art seiner Berufsbildung hinreichend rechts- und geschäftserfahren. Hierfür ist aber nicht ausreichend, dass der Kreditnehmer bereits mehrmals Kredite aufgenommen hat und die Abwicklung ordnungsgemäß erfolgte.[748] Bei **Betriebskrediten an gewerbliche oder freiberufliche Kreditnehmer** greift die Vermutung im Allgemeinen nicht ein.[749] So begründet die Eigenschaft als Vollkaufmann in aller Regel die Vermutung, dass der Begünstigte nicht in verwerflicher Weise die Unerfahrenheit der anderen Partei ausgenutzt hat.[750] Die verwerfliche Gesinnung muss daher im Einzelfall dargelegt und bewiesen werden.

(4) Rechtsfolgen. Für sittenwidrige Kreditverträge bleibt es beim grundsätzlichen **Verbot der geltungserhaltenden Reduktion** (→ Rn. 133).[751] Dies rechtfertigt sich daraus, dass der Schutz des Kreditnehmers **230** keine (partielle) Aufrechterhaltung des Kreditvertrages erfordert.

Ist der Kreditvertrag nichtig, so steht dem **Kreditgeber** ein Anspruch auf **Rückzahlung des Darlehens** aus **231** § 812 Abs. 1 S. 1 Alt. 1 zu. Aus § 817 S. 2 folgt aber, dass die Rückzahlung nur zu dem vertraglich verein-

732 BGHZ 104, 102 (106); 110, 336, 340; BGHZ 212, 329 = NJW 2017, 1018 Rn. 34; BGH NJW 2018, 848 Rn. 25; PWW/*Ahrens* BGB § 138 Rn. 130.

733 Vgl. nur BGH NJW-RR 2000, 1431 (1432); Staudinger/*Omlor* BGB § 246 Rn. 88.

734 BGHZ 80, 153 (161); BGH NJW 1987, 184 (185); WM 1989, 1718 (1719).

735 BGH NJW 1987, 696; BGHZ 104, 102 (105); *Schäfer* BB 1990, 1139 (1143).

736 BGHZ 80, 153 (171); BGH NJW 1987, 184 (185); Erman/*Schmidt-Räntsch* BGB § 138 Rn. 97; krit. MüKoBGB/*Berger* § 488 Rn. 114. Vgl. auch die Übersichten bei Staudinger/*Blaschczok* Neubearb. 1997, BGB § 246 Rn. 136 und *Steinmetz* NJW 1991, 881 (883).

737 ZB BGH NJW 1982, 2436 (2437); 1983, 1420 (1421); 1988, 1967 (1968).

738 BGH NJW-RR 1989, 1320 (1321).

739 BGH NJW 1983, 1420 (1421).

740 BGH NJW 1988, 696 (697) (3 % vom Restsaldo).

741 BGH NJW 1982, 2436; BGHZ 104, 102 (105).

742 BGH NJW 1991, 834 (835).

743 BGH NJW 1991, 1810.

744 BGHZ 98, 174 (178); 104, 102, 107, 1659; 128, 255, 267; *Looschelders* SchuldR BT § 20 Rn. 9; Staudinger/*Omlor* BGB § 246 Rn. 88; krit. MüKo-BGB/*Armbrüster* § 138 Rn. 120, 124 ff.

745 MüKoBGB/*Berger* § 488 Rn. 115; *Steinmetz* NJW 1991, 881 (884).

746 Zur Notwendigkeit eines solchen Vortrags BGH NJW 2010, 363 (364 f.).

747 Vgl. BGHZ 128, 255 (267 f.).

748 BGH NJW 1987, 183.

749 Vgl. BGHZ 128, 255 (268); BGH NJW 1991, 1810 (1811); 1994, 1056, 1057; 2003, 2230, 2231; Palandt/*Ellenberger* BGB § 138 Rn. 34 c.

750 BGH NJW 2003, 2230 (2231).

751 BGH NJW 1958, 1772; 1994, 1275; Soergel/*Hefermehl* BGB § 138 Rn. 101; *Köhler* BGB AT § 13 Rn. 38; krit. Jauernig/*Mansel* BGB § 138 Rn. 10; Staudinger/*Sack/Fischinger* BGB § 138 Rn. 192 ff.; *Steinmetz* NJW 1991, 881 (884 f.).

barten Termin bzw. in der vertraglich vereinbarten Zeitfolge verlangt werden kann.[752] Auf § 818 Abs. 3 kann sich der Kreditnehmer bei ersatzlosem Wegfall der Darlehensvaluta nicht berufen; die Rechtsprechung wendet § 819 Abs. 1 analog an, da dem Kreditnehmer die Rückzahlungspflicht aus dem Darlehensvertrag bekannt war.[753] Neben der Rückzahlung des Darlehens kann der Kreditgeber die Herausgabe der hälftigen angemessenen (also nicht einer überhöhten) **Restschuldversicherungsprämie** fordern.[754] Dahinter steht der Gedanke, dass die Restschuldversicherung beiden Parteien zugute kommt (→ Rn. 226).

232 Nach der **Rechtsprechung** hat der Kreditgeber für den Zeitraum der Überlassung des Darlehens keinen Anspruch auf Zahlung eines angemessenen Zinses.[755] Dem ist jedoch entgegenzuhalten, dass eine solche „Bestrafung" des Kreditgebers über das Ziel eines effektiven Schutzes des Kreditnehmers hinausgeht. Eine **andere Ansicht** billigt dem Kreditgeber deshalb einen Anspruch auf den **angemessenen (marktüblichen) Zins** zu.[756] Da der Anspruch aus § 818 Abs. 2 folgt, ist eine Durchbrechung des Grundsatzes der Totalnichtigkeit dafür nicht erforderlich.[757] Weiter gehende Vorschläge, dem Kreditgeber den **höchstzulässigen Zins** zuzubilligen,[758] sind abzulehnen. Denn unabhängig von allen dogmatischen Erwägungen ist es nicht Aufgabe des Richters, den gerade noch zulässigen Zinssatz festzulegen.[759] Dieser Einwand greift beim Mietwucher nicht durch, da der Gesetzgeber den höchstzulässigen Mietzins in § 5 Abs. 2 WiStG selbst festgelegt hat (dazu → Rn. 376).

233 Der **Kreditnehmer** kann nach Bereicherungsrecht verlangen, was er über die Rückzahlung des Darlehens hinaus an den Kreditgeber geleistet hat. Dazu gehören die Bearbeitungsgebühren, die hälftige Restschuldversicherungsprämie sowie die nicht geschuldeten Zinsen.[760]

234 **bb) Besondere Kreditverträge und Einzelprobleme. (1) Kettenkreditverträge.** Die Sittenwidrigkeit eines Kreditvertrags (Erstvertrag) führt sowohl bei interner Umschuldung als auch bei Umschuldung zwischen denselben Vertragspartnern grundsätzlich nicht zur Nichtigkeit des ablösenden Folgevertrags; beide Verträge sind vielmehr **getrennt** zu beurteilen.[761] Hat der Kreditgeber **positive Kenntnis** von der Sittenwidrigkeit des Erstvertrags und beabsichtigt er mit dem Folgevertrag, den unberechtigten Gewinn aus dem Erstvertrag zu sichern, so ist aber auch der Folgevertrag sittenwidrig.[762] Dass ein Kreditvertrag der Ablösung des Erstvertrags dient, kann im Übrigen im Rahmen der **Gesamtbetrachtung** berücksichtigt werden und hier den Ausschlag für die Sittenwidrigkeit geben.[763] Ist die Ablösung **wirtschaftlich unvertretbar**, weil die Bedingungen im Folgevertrag erheblich ungünstiger als im Erstvertrag sind, so ist dies ein weiteres Indiz für die Sittenwidrigkeit.[764]

235 Soweit die im Folgevertrag festgelegten Bedingungen auf dem **beiderseitigen Irrtum** der Parteien über die Wirksamkeit des Erstvertrags beruhen, kommt bei interner Umschuldung lediglich eine **Vertragsanpassung** nach § 313 Abs. 2 in Betracht.[765] Ansprüche aus dem Folgevertrag erhält der Kreditgeber nur dann, wenn sie ihm billigerweise auch bei Kenntnis und Berücksichtigung der Nichtigkeit des Erstvertrags eingeräumt worden wären.[766]

236 **(2) Finanzierungsleasingverträge über bewegliche Sachen.** Finanzierungsleasingverträge über bewegliche Sachen sind **objektiv** sittenwidrig, wenn ein Vergleich der konkret vereinbarten Leasingrate mit der üblichen Leasingrate ein **auffälliges Missverhältnis** ergibt.[767] Maßstab ist wie bei Darlehensverträgen

752 BGH NJW 1983, 1420 (1422 f.); 1989, 3217; 1993, 2108; Palandt/*Ellenberger* BGB § 138 Rn. 75; Staudinger/*S. Lorenz* BGB § 817 Rn. 12; *Flume* BGB AT Bd. 2 § 18, 10 f.

753 BGHZ 83, 293 (295); 115, 268, 270; *Steinmetz* NJW 1991, 881 (885); iE auch *Bodenbenner* JuS 2001, 1172 (1173).

754 Vgl. BGH NJW 1983, 1420 (1422); MüKoBGB/*Berger* § 488 Rn. 125; *Steinmetz* NJW 1991, 881 (884).

755 BGHZ 99, 333 (338 f.); BGH NJW 1983, 1420 (1422 f.); 1989, 3217; 1993, 2108; 1995, 1152, 1153; zust. BeckOK BGB/*Wendtland* § 138 Rn. 60; MüKoBGB/*Schwab* § 817 Rn. 50; MüKoBGB/*Armbrüster* § 138 Rn. 166; Palandt/*Ellenberger* BGB § 138 Rn. 75; *Larenz/Canaris* SchuldR BT II § 68 III 3 c.

756 So etwa Soergel/*Hefermehl* BGB § 138 Rn. 85; Staudinger/*Sack/Fischinger* BGB § 138 Rn. 193; *Looschelders* SchuldR BT § 20 Rn. 12; *Medicus/Petersen* BürgerlR Rn. 700; *Bunte* NJW 1983, 2674 (2676 ff.).

757 Auf § 818 Staudinger/*S. Lorenz* BGB § 817 Rn. 12; *Flume* BGB AT § 18, 10 f.; für geltungserhaltende

Reduktion der Entgeltvereinbarung Staudinger/*Sack/Fischinger* BGB § 138 Rn. 195 ff., 182; Jauernig/*Mansel* BGB § 139 Rn. 9.

758 So Staudinger/*Sack*, Neubearb. 2003, BGB § 138 Rn. 134.

759 Staudinger/*Sack/Fischinger* BGB § 138 Rn. 204.

760 Vgl. BGH NJW 1987, 830 (831); *Bodenbenner* JuS 2001, 1172 (1175); *Steinmetz* NJW 1991, 881 (884 f.).

761 BGH NJW-RR 1987, 679 (681); BGHZ 99, 333 (336); BGH ZIP 2002, 701 (702); NJW 1990, 1597 (1598) (externe Umschuldung); MüKoBGB/*Berger* § 488 Rn. 119.

762 BGHZ 99, 333 (336) = NJW 1987, 944.

763 BGHZ 99, 333 (337); Staudinger/*Sack/Fischinger* BGB § 138 Rn. 398.

764 BGHZ 104, 102 (106).

765 BGHZ 99, 333 (337); BGH NJW 1990, 1597 (1599); Staudinger/*Sack/Fischinger* BGB § 138 Rn. 397.

766 BGHZ 99, 333 (338); BGH ZIP 2002, 701 (702).

767 BGHZ 128, 255 (260); MüKoBGB/*Armbrüster* § 138 Rn. 121; Soergel/*Hefermehl* BGB § 138 Rn. 105.

(→ Rn. 228) der doppelte Wert.[768] Soweit eine übliche Vergleichsrate nicht existiert oder nicht ermittelbar ist, sind die von der Rechtsprechung entwickelten **Grundsätze zur Sittenwidrigkeit von Darlehensverträgen** (→ Rn. 224 ff.) entsprechend anzuwenden.[769] In Vergleich gesetzt wird der vertraglich vereinbarte effektive Jahreszins zu dem marktüblichen effektiven Jahreszins eines entsprechenden Kredits.[770] Besonderheiten gelten für **Teilamortisationsverträge**, bei denen ein Teil des vom Leasinggeber gewährten Kapitals erst am Ende der Laufzeit zurückzuerstatten ist.[771] Soll mit dem Leasingvertrag die **Ablösesumme** eines früheren Leasingvertrages finanziert werden, so darf die **Berechnungsgrundlage** der Leasingraten nicht dadurch **verschleiert** werden, dass die Ablösesumme nicht in den Vertrag aufgenommen wird.[772] Die **subjektiven Voraussetzungen** des Abs. 1 entsprechen bei Leasingverträgen denen des wucherähnlichen Rechtsgeschäfts (→ Rn. 229).[773] Nach der Rechtsprechung ist also die Feststellung einer verwerflichen Gesinnung des Leasinggebers erforderlich.[774]

(3) Kreditverträge mit Kapitallebensversicherung. Festkreditverträge, die in Verbindung mit einer **Kapitallebensversicherung** abgeschlossen werden, wirken wie ein Ratenkredit mit Monatsraten in Höhe von Zinsen und Prämien.[775] Dies rechtfertigt die Beurteilung der Sittenwidrigkeit nach den **Grundsätzen für Darlehensverträge** anhand eines Vergleichs der Zinssätze (→ Rn. 224 ff.). Voraussetzung ist, dass es sich um einen Verbraucherkredit handelt. Kreditvertrag und Lebensversicherung müssen gleichzeitig abgeschlossen worden sein sowie etwa die gleiche Laufzeit haben.[776] Soweit der Kreditnehmer durch die Kombination Vorteile (Risikoanteile, hypothetische Gewinnbeteiligung, Steuervergünstigungen etc) erlangt, sind diese in **Abzug** zu bringen.[777] **237**

b) Personalsicherheiten, insbesondere Bürgschaften

Literatur: *Ahrens*, Sittenwidrigkeit oder Restschuldbefreiung, NZI 2009, 597; *Braun*, Von den Nahbereichspersonen bis zu den Arbeitnehmern als Bürgen: ein Überblick über die Rechtsprechung des BGH zur Sittenwidrigkeit von Bürgschaften, Jura 2004, 474; *Fischer*, Aktuelle höchstrichterliche Rechtsprechung zur Bürgschaft und zum Schuldbeitritt, WM 2001, 1049; *Homann/Maas*, Sittenwidrige Nahbereichsbürgschaften und Restschuldbefreiung, JuS 2011, 774; *Krüger*, Sittenwidrige Mithaftung: Der Schlussstein in der Rechtsprechung des BGH, NJW 2009, 3408; *Nobbe/Kirchhof*, Bürgschaften und Mithaftungsübernahmen finanziell überforderter Personen, BKR 2001, 5; *Schimansky*, Aktuelle Rechtsprechung des BGH zur krassen finanziellen Überforderung von Mithaftenden bei der Kreditgewährung, WM 2002, 2437; *Seifert*, Die Zulässigkeit von Arbeitnehmerbürgschaften, NJW 2004, 1707; *Tiedtke*, Die Rechtsprechung des BGH auf dem Gebiet des Bürgschaftsrechts, NJW 2003, 1359 und NJW 2005, 2498; *Wagner*, Die Sittenwidrigkeit von Angehörigenbürgschaften nach Einführung der Restschuldbefreiung und Kodifizierung der c.i.c., NJW 2005, 2956.

aa) Allgemeines. Die Sittenwidrigkeit von Personalsicherheiten bestimmt sich allein nach **Abs. 1**. Die Anwendung des **Abs. 2** scheidet mangels Leistungsaustauschverhältnisses aus.[778] **238**

Der in der Praxis häufigste Fall der Personalsicherheit ist die **Bürgschaft**. Bei der Würdigung von Bürgschaftsverträgen ist zu beachten, dass der nicht geschäftsmäßig handelnde **Bürge** besonders **schutzwürdig** ist. Er läuft nämlich Gefahr, aus persönlicher Verbundenheit mit dem Schuldner oder aus anderen altruistischen Gründen eine Verpflichtung einzugehen, die ihn im Falle der Inanspruchnahme wirtschaftlich überfordert. Auf der anderen Seite verfolgt der **Kreditgeber** mit dem Sicherungsverlangen in der Regel berechtigte wirtschaftliche Interessen. Zum einen darf er damit rechnen, dass der Schuldner sich besonders gewissenhaft um die Erfüllung seiner Schuld bemühen wird, um die Inanspruchnahme des Bürgen zu verhindern.[779] Zum anderen kann der Kreditgeber auf die Einbeziehung derjenigen Dritten angewiesen sein, an die zu seinen Lasten Vermögensverlagerungen zu befürchten sind.[780] **239**

Der im Grundgesetz (Art. 2 Abs. 1 GG) verankerte **Grundsatz der Privatautonomie** deckt auch den Abschluss risikoreicher Geschäfte.[781] Wie das BVerfG zutreffend dargelegt hat, ändert dies aber nichts an der Verpflichtung der Rechtsprechung, bei Vorliegen **struktureller Ungleichgewichtslagen** die besonders **240**

---

768 BGHZ 128, 255 (261); PWW/*Ahrens* BGB § 138 Rn. 132.

769 BGHZ 128, 255 (261); BGH NJW 1995, 1146 (1147); Palandt/*Ellenberger* BGB § 138 Rn. 33; PWW/*Ahrens* BGB § 138 Rn. 132; Staudinger/*Sack/Fischinger* BGB § 138 Rn. 262; krit. *Krebs* NJW 1996, 1177 (1178).

770 BGHZ 128, 255 (263).

771 Dazu BGHZ 128, 255 (267) = NJW 1995, 1019 m. Hinw. auf *Schmidt/Schumm* DB 1989, 2109 (2112).

772 OLG Koblenz OLG-Report 2001, 441; *Weber* NJW 2003, 2348 (2351).

773 Vgl. nur Palandt/*Ellenberger* BGB § 138 Rn. 33.

774 PWW/*Ahrens* BGB § 138 Rn. 126.

775 BGH NJW 1988, 1318 (1320); BGHZ 111, 117 (121).

776 BGHZ 111, 117 (120).

777 BGH NJW 1988, 1318 (1320); BGHZ 111, 117 (122).

778 BGH NJW 2001, 2466 (2467); Palandt/*Ellenberger* BGB § 138 Rn. 66; *Nobbe/Kirchhoff* BKR 2001, 5 (7).

779 *Nobbe/Kirchhoff* BKR 2001, 5 (11 f.).

780 Vgl. bereits BGHZ 125, 206 (211 f.); 128, 230, 234 f.

781 Vgl. nur BGHZ 120, 272 (274); 125, 206, 209 f.; BGH NJW 1997, 1980 (1981).

belastenden Folgen von Bürgschaften über die Generalklauseln des BGB zu korrigieren (→ Rn. 108).[782] Hierauf beruht die Rechtsprechung zur Sittenwidrigkeit von **Bürgschaften naher Familienangehöriger** gegenüber Kreditinstituten und anderen gewerblichen und beruflichen Kreditgebern. Im Kern sind danach Bürgschaften sittenwidrig, die den Bürgen finanziell überfordern und weitere sittenwidrigkeitsrelevante Umstände aufweisen.[783] Die früheren Divergenzen[784] zwischen der Rechtsprechung des für Bürgschaften zuständigen IX. und des für Darlehen zuständigen XI. Zivilsenats des BGH sind mit der Verlagerung der Zuständigkeit für Bürgschaften an den XI. Zivilsenat seit dem 1.1.2001 obsolet.

241 **bb) Sittenwidrigkeit von Bürgschaften bei besonderem Näheverhältnis.** Wenn zwischen Schuldner und Bürge ein **besonderes persönliches Näheverhältnis** vorliegt und die Bürgschaft den Bürgen **finanziell krass überfordert**, dann spricht eine widerlegliche **Vermutung** dafür, dass der Gläubiger die psychische bzw. emotionale Zwangslage des Bürgen in sittenwidriger Weise ausgenutzt hat.[785] Entscheidend ist allerdings immer eine Gesamtwürdigung aller Umstände bei Vertragsschluss.[786]

242 **(1) Besonderes Näheverhältnis.** Ein besonderes Näheverhältnis besteht zwischen **Ehegatten**[787] sowie zwischen **Eltern und Kindern,**[788] was durch § 1353 Abs. 1 S. 2 bzw. § 1618 a dokumentiert wird. Gleiches gilt für **Lebenspartner**, **Verlobte** und Partner einer **eheähnlichen Lebensgemeinschaft**.[789] Zwischen **Geschwistern** wird ein besonderes Näheverhältnis nicht ohne Weiteres angenommen; hier kommt es vielmehr im Einzelfall darauf an, ob zwischen den Betroffenen im Zeitpunkt der Verpflichtung eine enge persönliche Beziehung bestanden hat.[790]

243 **(2) Krasse finanzielle Überforderung.** Ob eine **krasse finanzielle Überforderung** vorliegt, hängt nach ständiger Rechtsprechung vom Grad des Missverhältnisses zwischen Verpflichtungsumfang und finanzieller Leistungsfähigkeit des Bürgen ab.[791] Die Voraussetzung ist erfüllt, wenn der Bürge voraussichtlich nicht einmal in der Lage wäre, die **laufenden Zinsen** aus seinem pfändbaren Vermögen oder Einkommen auf Dauer zu bezahlen.[792] Bei Höchstbetragsbürgschaften ist zu beachten, dass Maßstab der krassen finanziellen Überforderung des Bürgen die Zinslast aus der Bürgschaftssumme, nicht hingegen die aus der höheren Hauptschuld ist.[793] Maßgeblich ist eine vom Zeitpunkt des Bürgschaftsversprechens ausgehende **Prognose**, die alle erwerbsrelevanten Umstände und Verhältnisse berücksichtigt.[794] Die Beurteilung erfolgt anhand der Vermögensverhältnisse des Bürgen, nicht auch des Hauptschuldners.[795] Andere Sicherheiten des Gläubigers sind nur zu berücksichtigen, wenn sie das Haftungsrisiko des Bürgen auf ein vertretbares Maß beschränken.[796] Die Annahme einer krassen finanziellen Überforderung scheidet aus, wenn die Bürgenschuld durch den Wert eines im Eigentum des Bürgen stehenden Grundstücks abgedeckt wird. Dabei darf aber nur der effektiv verfügbare Sicherungswert des Grundstücks berücksichtigt werden.[797] **Dingliche Belastungen** des Grundstücks mindern daher die Vermögenssituation des Bürgen.[798] Die **Verwertung des Eigenheims** ist dem Bürgen aber zumutbar.[799]

244 Wird ein Bürgschaftsversprechen im Hinblick auf die **zukünftige Leistungsfähigkeit** des Bürgen abgegeben, so kann die Sittenwidrigkeit im Einzelfall zu verneinen sein.[800] Allerdings muss der Haftungszweck

782 BVerfGE 89, 214; vgl. auch MüKoBGB/*Armbrüster* § 138 Rn. 92.

783 BGHZ 137, 329 (332 f.); BeckOK BGB/*Wendtland* § 138 Rn. 69.

784 Dazu Staudinger/*Sack/Fischinger* BGB § 138 Rn. 404; *Fischer* WM 2001, 1049 (1056 ff.); *Nobbe/Kirchhoff* BKR 2001, 5; *Schimansky* WM 2002, 2437.

785 BGHZ 136, 347 (351); 146, 37, 42; 151, 34, 37; BGH NJW 2002, 744 (745); NJW-RR 2004, 338 (339); NJW 2005, 971 (973); 2009, 2671, 2672; BKR 2010, 63; Jauernig/*Mansel* BGB § 138 Rn. 12.

786 BGHZ 136, 347 (355); Staudinger/*Sack/Fischinger* BGB § 138 Rn. 403.

787 BGH NJW 2005, 973 (975); Palandt/*Ellenberger* BGB § 138 Rn. 38.

788 BGHZ 125, 206 (213 f.); BGH NJW 1997, 52 (53).

789 BGH NJW 1997, 1005; 2000, 1182, 1184; 2002, 744, 745 (eheähnliche Lebensgemeinschaft); BGHZ 136, 347 (350) (Verlobte).

790 BGHZ 137, 329 (334 f.); 140, 395, 399; Soergel/*Hefermehl* BGB § 138 Rn. 230.

791 Vgl. nur BGHZ 151, 34 (36 f.); BGH NJW 2002, 744 (745); NJOZ 2003, 1044 (1045); NJW 2005, 973 (975); NJW 2005, 971 (972).

792 BGHZ 146, 37 (42); BGH NJW 2000, 1182 (1183); 2002, 744, 745; 2002, 2705, 2706; NJOZ 2003, 1044 (1045).

793 BGH NJW 2013, 1534.

794 BGHZ 120, 272 (276); BGH NJW-RR 2002, 1130 (1132); NJOZ 2003, 1044 (1046); *Schimansky* WM 2002, 2437 (2440).

795 So st. Rspr., vgl. BGHZ 146, 37 (43); BGH NJW 2000, 1182 (1183); 2002, 2705, 2706.

796 BGHZ 146, 37 (44); BGH NJW 2002, 2705 (2707); 2009, 2671, 2672 f.; *Nobbe/Kirchhoff* BKR 2001, 5 (10).

797 BGH WM 2014, 1016 = BKR 2014, 285 Rn. 21.

798 BGHZ 151, 34 (38 f.); BGH NJW 2002, 2634 (2635); BKR 2010, 63 (64); WM 2014, 1016 = BKR 2014, 285 Rn. 21; *Nobbe/Kirchhoff* BKR 2001, 5 (9 f.).

799 BGH NJW 2001, 2466 (2467); 2002, 2633; OLG Hamm MDR 2013, 393 (394) (Mithaftung Darlehensvertrag); zust. PWW/*Ahrens* BGB § 138 Rn. 91; *Nobbe/Kirchhoff* BKR 2001, 5 (9); *Tiedtke* NJW 2003, 1359 (1360).

800 BGH NJW 1999, 58 (59); *Nobbe/Kirchhoff* BKR 2002, 5 (10); *Tiedtke* NJW 1999, 1209 (1212 f.).

Bestandteil der vertraglichen Vereinbarung sein.[801] Die **vage Aussicht** auf eine Erbschaft oder auf einen sonstigen Vermögenszuwachs schließt die Sittenwidrigkeit nicht aus.[802] Tritt im Nachhinein doch ein Vermögenszuwachs beim Bürgen ein, so kann er nach Treu und Glauben (§ 242) gehindert sein, sich gegenüber dem Kreditgeber auf die Sittenwidrigkeit der Bürgschaft zu berufen.[803]

Die hM geht zu Recht davon aus, dass die Einführung der **Restschuldbefreiung** nach §§ 286 ff. InsO der **245** Sittenwidrigkeit von Bürgschaften zugunsten naher Angehöriger nicht entgegensteht.[804] Zwar haben die §§ 286 ff. InsO das Risiko lebenslanger finanzieller Überschuldung vermindert. Es widerspricht aber dem Schutzzweck der §§ 286 ff. InsO, sittenwidrige Bürgschaftsverträge deshalb für wirksam zu erklären.[805] Die Restschuldbefreiung setzt einen bestehenden Anspruch des Gläubigers voraus und kann nicht herangezogen werden, um die Entstehung des Anspruchs zu begründen.

(3) Widerlegung der Sittenwidrigkeitsvermutung. Die Vermutung der Sittenwidrigkeit wegen Ausnut- **246** zung einer psychischen Zwangslage ist **widerlegt**, wenn der Bürge ein **eigenes Interesse an der Kreditge-währung** hat oder einen **unmittelbaren wirtschaftlichen Vorteil** aus der Verwendung des Darlehens erlangt.[806] Hier ist der Bürge wirtschaftlich wie ein Mitdarlehensnehmer zu behandeln.[807] Ein geldwerter Vorteil liegt beispielsweise vor, wenn der Erwerb von Miteigentum an den mit den Krediten finanzierten Gegenständen in Aussicht steht.[808] Durch das Auftreten als Verhandlungsführer bei Kreditverhandlungen oder die Einbindung in die Finanzierung durch einen eigenen Lebensversicherungsvertrag bekundet der Bürge kein eigenes Interesse an dem zu finanzierenden Bauvorhaben.[809] Nicht ausreichend sind auch **mittelbare Vorteile** wie die Verbesserung des allgemeinen Lebensstandards, die Möglichkeit, in dem durch den Kredit finanzierten Haus zu leben, die Aussicht auf einen Arbeitsplatz oder auf einen höheren Zugewinnausgleich.[810] Die mögliche **Geschäftserfahrenheit** des nahe stehenden Bürgen steht der Sittenwidrigkeit wegen Ausnutzung einer emotionalen Zwangslage nicht entgegen.[811]

Die Sittenwidrigkeit wird auch nicht allein dadurch ausgeschlossen, dass einziger Zweck der Bürgschaft die **247** Vermeidung von **Vermögensverschiebungen** ist.[812] Etwas anderes kommt allenfalls bei einer **ausdrücklichen Haftungsbeschränkung** in der Bürgschaftsurkunde in Betracht.[813] Der Gläubiger kann sich in diesem Fall aber nur dann an den Bürgen halten, wenn eine Vermögensverlagerung vom Hauptschuldner auf den Bürgen **tatsächlich** stattgefunden hat.[814]

Kennt der Kreditgeber die für die Sittenwidrigkeit maßgeblichen Umstände nicht, so liegen die Vorausset- **248** zungen des Abs. 1 nicht vor. Der Kreditgeber ist aber gehalten, sich über die Umstände der Abgabe des Bürgschaftsversprechens zu erkundigen.[815] Außerdem müssen die Auskünfte des Bürgen einer **sorgfältigen Überprüfung** durch den Kreditgeber standhalten.[816] Verletzt der Kreditgeber diese Verpflichtungen, kann davon ausgegangen werden, dass er die relevanten Umstände bei Vertragsschluss kannte oder sich dieser Kenntnis bewusst verschlossen hat.[817]

cc) Arbeits- und Gesellschaftsverhältnisse. Auf **Arbeitsverhältnisse** ist die Rechtsprechung zur Sit- **249** tenwidrigkeit von Bürgschaften für nahe stehende Personen nicht übertragbar, weil es an einem emotional geprägten persönlichen Näheverhältnis fehlt.[818] Die Sittenwidrigkeit kann sich aber aus einer **Gesamtbetrachtung** der Umstände ergeben. Der BGH hat Sittenwidrigkeit für den Fall bejaht, dass ein Arbeitnehmer **aus Sorge um seinen Arbeitsplatz** für seinen in wirtschaftlichen Schwierigkeiten befindlichen Arbeitgeber eine Bürgschaft übernimmt, die ihn finanziell **krass überfordert.** Im konkreten Fall stand der Bürge vor der Alternative, entweder mit zwei anderen Kollegen die Bürgschaft zu übernehmen oder den Verlust seines

---

801 BGH NJW 1999, 58 (60); dazu *Nobbe/Kirchhoff* BKR 2001, 5 (10); *Schanbacher* WM 2001, 74 ff.

802 BGHZ 120, 272 (276); 125, 206, 211; Staudinger/ *Sack/Fischinger* BGB § 138 Rn. 406.

803 Staudinger/*Sack/Fischinger* BGB § 138 Rn. 406.

804 BGH NJW 2009, 2671 (2673 f.) mwN; Staudinger/ *Sack/Fischinger* BGB § 138 Rn. 425 ff.; Jauernig/ *Mansel* BGB § 138 Rn. 12; MüKoBGB/*Armbrüster* § 138 Rn. 92; *Ahrens* NZI 2009, 597 (598); *Krüger* MDR 2002, 855 (856 ff.); *ders.* NJW 2009, 3408 ff.; *Wagner* NJW 2005, 2956 (2957 f.); aA Staudinger/ *Sack*, Neubearb. 2003, BGB § 138 Rn. 328; *Foerste* JZ 2002, 562 (564); *Medicus* JuS 1999, 833 (836); *Nobbe/Kirchhof* BKR 2001, 5 (8); *Homann/Maas* JuS 2011, 774 ff.

805 BGH NJW 2009, 2671 (2674).

806 BGHZ 146, 37 (45); *Schimansky* WM 2002, 2437 (2438).

807 Staudinger/*Sack/Fischinger* BGB § 138 Rn. 439 f.

808 BGHZ 120, 272 (278); BGH WM 2003, 1563 (1565).

809 BGH NJW 2000, 1182 (1184).

810 BGH NJW 2000, 1182 (1184); BKR 2003, 157 (158); NJOZ 2003, 1044 (1046 f.); NJW 2005, 971 (973); vgl. *Nobbe/Kirchhoff* BKR 2001, 5 (12 f.).

811 BGH NJW 2000, 1182 (1184); BKR 2003, 157 (158); *Tonner* JuS 2003, 325 (327).

812 Vgl. nur BGHZ 151, 34 (39 ff.)

813 BGH NJW 1999, 58 (60); NJW 2002, 2230 (2231 f.); NJOZ 2003, 1044 (1047); krit. *Tiedtke* NJW 2003, 1359 (1361).

814 Staudinger/*Sack/Fischinger* BGB § 138 Rn. 422.

815 *Nobbe/Kirchhoff* BKR 2001, 5 (10).

816 BGH BKR 2014, 285 Rn. 21.

817 BGHZ 125, 206 (212 f.); 128, 230, 232 f.; 146, 37, 44 f.; BGH NJW 1994, 1341 (1343); 1997, 52, 54; 1999, 58, 60; 2000, 1183, 1184.

818 BGHZ 156, 302 (307) = NJW 2004, 161 (162) = WM 2003, 2379 (2381); NJW 2018, 3637 Rn. 13.

Arbeitsplatzes in Kauf zu nehmen. Die damit verbundene Drucksituation hat ihn nach Ansicht des BGH daran gehindert, das Risiko der Bürgschaft realistisch einzuschätzen. Erforderlich ist freilich weiter, dass der Kreditgeber die Umstände erkennt und ausnutzt.[819] Bei formularmäßigen Bürgschaftsverträgen kommt auch ein Verstoß gegen § 305 c und § 307 in Betracht.[820] Hat der Arbeitnehmer die Bürgschaft an seinem Arbeitsplatz übernommen, steht ihm zudem ein **Widerrufsrecht** nach §§ 312 b, 312 g zu. Dies gilt auch dann, wenn es sich bei der gesicherten Verbindlichkeit des Arbeitgebers um einen geschäftlichen Kredit handelt.[821] Fehlt es an einer krassen finanziellen Überforderung, so kann die Sittenwidrigkeit nicht allein darauf gestützt werden, dass der Arbeitnehmer die Bürgschaft ohne Gegenleistung in einer wirtschaftlichen Notlage des Arbeitgebers übernommen hat.[822]

250 Die Vermutungsregeln für sittenwidrige Bürgschaften bei Näheverhältnissen gelten auch nicht für den Fall, dass ein **Gesellschafter** für seine Gesellschaft ein Bürgschaftsversprechen abgibt.[823] Es besteht aber auch ein wesentlicher Unterschied zu Bürgschaften von Arbeitnehmern. Übernimmt ein Gesellschafter für Verbindlichkeiten der Gesellschaft eine Bürgschaft, so darf der Kreditgeber davon ausgehen, dass der Gesellschafter sich aus **eigenen finanziellen Interessen** an der Gesellschaft beteiligt hat und daher mit dem Bürgschaftsversprechen kein unzumutbares Risiko eingeht.[824] Dies gilt jedenfalls für den Fall, dass der Gesellschafter mit **mindestens 10 %** an der Gesellschaft beteiligt ist und nicht lediglich unbedeutende Bagatell- oder Splitterbeteiligungen innehat.[825] Anders zu beurteilen ist jedoch der Fall, dass der Gesellschafter-Bürge als bloßer **Strohmann** tätig wird und die ihn überfordernde Verpflichtung – für den Kreditgeber erkennbar – aus **emotionaler Verbundenheit** zu seinem „Hintermann" ohne eigenes wirtschaftliches Interesse eingeht.[826] Hier richtet sich die Sittenwidrigkeit nach den gleichen Grundsätzen wie bei Bürgschaften für nahe stehende Personen. Es besteht damit die widerlegbare Vermutung, dass der Kreditgeber die emotionale Verbundenheit des Bürgen in verwerflicher Weise **ausgenutzt** hat.[827]

251 **dd) Sonstige Fälle sittenwidriger Bürgschaften.** Auch wenn krasse finanzielle Überforderung und enges Näheverhältnis zwischen Bürgen und Hauptschuldner nicht zusammentreffen, kommt die Sittenwidrigkeit einer Bürgschaft in Betracht. Hier bedarf es jedoch **weiterer erschwerender, dem Kreditgeber zurechenbarer Umstände**, die die Verpflichtung des Bürgen als **nicht hinnehmbar** erscheinen lassen.[828]

252 Ein wichtiger Fall der Sittenwidrigkeit von Bürgschaftsversprechen aus sonstigen Gründen ist die **unzulässige Einwirkung auf die Entscheidungsfreiheit** des Bürgen.[829] Eine unzulässige Einwirkung liegt vor, wenn der Kreditgeber das Risiko der Haftungsübernahme **verharmlost**, zB durch Erteilung einer fehlerhaften Auskunft über das Haftungsrisiko,[830] Bagatellisierung der Bürgenhaftung[831] oder Verschweigen des Haftungsrisikos.[832] Das Gleiche gilt für den Fall, dass der Bürge (zB durch **Überrumpelung**) in eine Lage versetzt wird, die ihm eine eigenverantwortliche Entscheidung unmöglich macht.[833] Schließlich kann auch die **geschäftliche Unerfahrenheit** des Bürgen die Sittenwidrigkeit des Bürgschaftsvertrags begründen, wenn diese Unerfahrenheit dem Kreditgeber bekannt ist.[834]

253 **ee) Schuldbeitritt und Mithaftungsübernahme.** Die für die Bürgschaft entwickelten Grundsätze lassen sich auf den Schuldbeitritt und die Mithaftungsübernahme übertragen, soweit die Einstandspflicht auch hier aus **uneigennützigen Motiven** übernommen wird.[835] Die Bezeichnung als **Mitdarlehensnehmer** im Darle-

819 BGHZ 156, 302 (308 ff.) = NJW 2004, 161 (162) = WM 2003, 2379 (2381); Jauernig/*Mansel* BGB § 138 Rn. 12; Staudinger/*Sack/Fischinger* BGB § 138 Rn. 437; MüKoBGB/*Armbrüster* § 138 Rn. 94; Erman/*Zetzsche* BGB § 765 Rn. 51.
820 BGHZ 156, 302 (310); OLG Zweibrücken NJW-RR 2005, 1652 (1654).
821 Vgl. BGHZ 165, 363 (367 f.); Palandt/*Grüneberg* BGB § 312 Rn. 5; ausführlich dazu *Looschelders* SchuldR BT § 50 Rn. 33; *Schürnbrand* WM 2014, 1157 (1160 f.).
822 BGH NJW 2018, 3637 Rn. 14 ff. mAnm *Kulke*.
823 GmbH: BGHZ 137, 329 (336 f.); BGH NJW 2002, 956; 2002, 1337, 1139; 2003, 967, 968; KG: BGH NJW 2002, 2634 (2635); vgl. Erman/*Zetzsche* BGB § 765 Rn. 51; Staudinger/*Sack/Fischinger* BGB § 138 Rn. 437; *Nobbe/Kirchhoff* BKR 2001, 5 (14 f.); *Schimansky* WM 2002, 2437 (2441).
824 BGHZ 137, 329 (336); BGH NJW 2002, 1337 (1338); 2002, 956; 2002, 1337, 1338; 2003, 967, 968; krit. *Tiedtke* NJW 2003, 1359 (1361).
825 BGH NJW 2002, 956 (25 %); 2003, 967, 968 (10 %).
826 BGHZ 137, 329 (337); BGH NJW 2002, 956; 2002, 1137, 1139; 2002, 2634, 2635.
827 BGH NJW 2002, 1137 (1139).
828 BGHZ 120, 272 (276); 137, 329, 332 f.; BGH NJW 2001, 2466 (2467); 2002, 2634, 2635; zum Ganzen Erman/*Zetzsche* BGB § 765 Rn. 52 ff.; *Nobbe/Kirchhoff* BKR 2001, 5 (13 ff.).
829 BGH NJW 1997, 1980 (1981).
830 BGHZ 120, 272 (277); BGH NJW-RR 2002, 2230 (2231).
831 BGH NJW 1994, 1341 (1343); NJW-RR 2004, 338 (339).
832 BGHZ 125, 206 (217).
833 BGHZ 120, 272 (276 f.); BGH NJW 1997, 1980 (1982); NJW-RR 2002, 1130 (1132 f.).
834 BGHZ 125, 206 (210 ff.); BGH NJW 1997, 1980 (1981); 2002, 956, 957; 2002, 2634.
835 Vgl. BGHZ 120, 272; BGH NJW 1994, 1726 (1727 f.); 1999, 135 (Schuldbeitritt); BGH NJW 2002, 744 (Mithaftung); Erman/*Schmidt-Räntsch* BGB § 138 Rn. 137.

hensvertrag steht der Qualifikation als bloßer Mithaftender nicht notwendig entgegen.[836] Entscheidend ist die materielle Rechtsposition.[837] Hat der Verpflichtete ein eigenes Interesse an der Kreditaufnahme und kann er als im Wesentlichen gleichberechtigter Partner über die Verwendung des Kredits entscheiden, so ist er echter Mitdarlehensnehmer und kann sich grundsätzlich nicht auf eine krasse finanzielle Überforderung berufen.[838]

c) Mobiliarsicherheiten und Sicherungszession

Literatur: *Baur/Stürner*, Sachenrecht, 18. Auflage 2009; *Bülow*, Recht der Kreditsicherheiten, 9. Auflage 2017; *Tetzlaff*, Die anfängliche Übersicherung, ZIP 2003, 1826; *Tiedtke*, Aktuelle Tendenzen in der Rechtsprechung des Bundesgerichtshofs zum Realkredit seit dem 1.1.1997, DStR 2001, 257; *Wellenhofer*, Sachenrecht, 34. Auflage 2019.

Der einer Mobiliarsicherheit (Sicherungsübereignung, Eigentumsvorbehalt) oder einer Sicherungszession **254** zugrunde liegende Sicherungsvertrag kann wegen **Übersicherung** oder **Knebelung** sittenwidrig sein. Da die Sittenwidrigkeit hier gerade im Vollzug der Leistung liegt, erfasst sie auch das **Verfügungsgeschäft**.[839] Außerdem stellt sich das Problem, wie eine **Kollision** zwischen Globalzession und verlängertem Eigentumsvorbehalt (→ Rn. 264 ff.) bzw. Factoring (→ Rn. 268 ff.) aufzulösen ist. Daneben ist zu prüfen, inwiefern **Kredittäuschung** und **Insolvenzverschleppung** zur Sittenwidrigkeit eines Sicherungsgeschäfts führen können.

aa) Übersicherung. **Übersicherung** bedeutet, dass der Waren- oder Geldkreditgeber mehr an Sicherhei- **255** ten erhält, als zur Sicherung seines Kredits notwendig wäre.[840] Sicherungsvereinbarung und dingliches Geschäft sind hier sittenwidrig, wenn der Sicherungsgeber in seiner wirtschaftlichen Betätigungsfreiheit unangemessen eingeschränkt wird.[841] Maßgebliches Kriterium ist damit die Wahrung der **wirtschaftlichen Entscheidungsfreiheit** des Kreditnehmers. Ein weiterer Grund für die Sittenwidrigkeit ist die **Schädigung oder Benachteiligung möglicher sonstiger Gläubiger**.[842] Zu unterscheiden ist zwischen anfänglicher und nachträglicher Übersicherung.

(1) Anfängliche Übersicherung. Die Übersicherung ist **anfänglich**, wenn sie bereits bei Vertragsschluss **256** feststeht.[843] Der Sicherungsvertrag und die entsprechende Verfügung sind hier nach Abs. 1 nichtig, wenn das Geschäft nach seinem **Gesamtcharakter** mit den guten Sitten unvereinbar ist.[844]

Die Annahme von Sittenwidrigkeit liegt nahe, wenn **bei Vertragsschluss gewiss** ist, dass auf Dauer ein **257** **auffälliges Missverhältnis** zwischen dem realisierbaren Wert der Sicherheiten und der gesicherten Forderung besteht oder eintreten wird.[845] Anders als bei Darlehensverträgen hat die Rechtsprechung darüber hinaus keine anerkannte Bewertungsgrundlage entwickelt, sondern stellt jeweils auf die **Besonderheiten im Einzelfall** ab.[846] Will man dennoch eine pauschale Bewertung vornehmen, so ist zu beachten, dass die anfängliche Übersicherung für den Kreditgeber nachteiligere Rechtsfolgen als die nachträgliche Übersicherung hat. Anders als bei nachträglicher Übersicherung hat der Kreditnehmer nämlich keinen bloßen Anspruch auf Freigabe; vielmehr sind die Sicherheitsbestellungen von Anfang an nichtig.[847] Aus diesem Grund wird angenommen, dass die Anforderungen an die Sittenwidrigkeit bei anfänglicher Übersicherung wesentlich höher liegen müssen.[848] Ein **Indiz** für die Sittenwidrigkeit ist die **Überschreitung der Deckungsgrenze** (→ Rn. 260) um **mindestens 200 %**.[849] Entscheidend ist dabei aber nicht der Nennbetrag der bestellten Sicherheiten bei Vertragsschluss; es kommt vielmehr darauf an, welcher Erlös bei Vertrags-

836 BGH NJW 2002, 744; 2002, 2705 f.; *Schimansky* WM 2002, 1437 (1438).

837 Zur Abgrenzung auch vgl. Palandt/*Ellenberger* BGB § 138 Rn. 38 a; *Nobbe/Kirchhoff* BKR 2001, 5 (6 ff.); *Schimansky* WM 2002, 2437 2438 f.; *Tiedtke* NJW 2003, 1359 (1362).

838 BGHZ 146, 37 (41); OLG Saarbrücken NJW-RR 2013, 999.

839 BGHZ 30, 149 (153); BeckOK BGB/*Wendtland* § 138 Rn. 36; Palandt/*Ellenberger* BGB § 138 Rn. 20.

840 *Bülow*, Recht der Kreditsicherheiten, 9. Aufl. 2017, Rn. 1106.

841 Vgl. nur BGHZ 94, 105 (112); 98, 303, 310; 125, 83, 85.

842 BGH NJW-RR 1991, 625; BGHZ 120, 300 (302); *Baur/Stürner* SachenR § 57 Rn. 35; MüKoBGB/*Armbrüster* § 138 Rn. 99.

843 BGH NJW 1998, 2047.

844 BGH NJW 1998, 2047; NJW-RR 2008, 1490 (1492); 2010, 1529, 1530; allg. BGHZ 86, 82 (88); 120, 272, 275; 125, 206, 209; BeckOK BGB/*Rohe* § 398 Rn. 18; Staudinger/*Sack/Fischinger* BGB § 138 Rn. 378.

845 BGH NJW 1998, 2047; NJW-RR 2003, 1490 (1492); *Ganter* WM 2001, 1; *Tiedtke* DStR 2001, 257.

846 BGH NJW 1998, 2047.

847 OLG Hamm NJOZ 2002, 1389 (1400); BGH NJW 1998, 2047; BGHZ 137, 212 (218); *Baur/Stürner* SachenR § 57 Rn. 29 e; *Leible/Sosnitza* JuS 2001, 449 (451).

848 BGH NJW 1998, 2047; *Ganter* WM 2001, 1 (5); Staudinger/*Sack/Fischinger* BGB § 138 Rn. 378.

849 Vgl. Staudinger/*Sack/Fischinger* BGB § 138 Rn. 378; PWW/*Ahrens* BGB § 138 Rn. 145; *Wellenhofer* SachenR § 15 Rn. 35; *Ahcin/Armbrüster* JuS 2000, 965 (967); differenzierd Palandt/*Herrler* BGB § 930 Rn. 24; *Tetzlaff* ZIP 2003, 1826 (1831); gegen Pauschalierung *Ganter* WM 2001, 1 (3).

schluss aus einer Verwertung der Sicherheiten zu erwarten ist.[850] Unabhängig davon müssen aber auch die **sonstigen Bedingungen** des Kreditvertrages gewürdigt werden.[851]

258   Neben dem objektiven Kriterium des auffälligen Missverhältnisses ist subjektiv eine **verwerfliche Gesinnung** des Sicherungsnehmers erforderlich. Diese ist insbesondere gegeben, wenn sich der Sicherungsnehmer aus eigensüchtigen Gründen rücksichtslos gegenüber den berechtigten Belangen des Sicherungsgebers zeigt.[852] Anders als bei (Grundstücks-) Kaufverträgen (oben → Rn. 218 a) begründet im Fall der **anfänglichen Übersicherung** aber selbst ein grobes Missverhältnis **keine tatsächliche Vermutung** für das Vorliegen einer verwerflichen Gesinnung. Bei der anfänglichen Übersicherung kommt es nämlich nicht auf den Nennbetrag der Grundpfandrechte bei Vertragsschluss an. Entscheidend ist vielmehr, welcher Verwertungserlös aus der ex ante-Perspektive im Hinblick auf einen möglichen späteren Verwertungsfall zu erwarten ist.[853] Die verwerfliche Gesinnung muss vom Sicherungsgeber daher substantiiert dargelegt und anhand der Umstände des Einzelfalles nachgewiesen werden. Der Sicherungsgeber muss insbesondere darlegen, mit welchem Verwertungserlös bei Vertragsschluss für einen möglichen späteren Verwertungsfall zu rechnen war, und woraus sich auf dieser Grundlage die von eigensüchtigen Motiven des Sicherungsnehmers getragene Rücksichtslosigkeit ableiten lässt.[854]

259   **(2) Nachträgliche Übersicherung.** Die Gefahr einer nachträglichen Übersicherung besteht bei **revolvierenden Sicherheiten** wie Sicherungsübereignungen von Warenlagern mit wechselndem Bestand und Globalzessionen.[855] Hier ist der Vertrag nicht wegen Sittenwidrigkeit nichtig. Vielmehr hat der Sicherungsgeber einen ermessensunabhängigen vertraglichen Anspruch gegen den Sicherungsnehmer auf **Freigabe** der endgültig nicht mehr benötigten Sicherheiten.[856] Der Anspruch auf Rückübertragung der Sicherheiten folgt aus der Treuhandnatur des Sicherungsvertrages.[857] Daher besteht er auch dann zwingend und vom Ermessen des Sicherungsnehmers unabhängig, wenn der Sicherungsvertrag **keine** oder eine **vom Ermessen des Sicherungsnehmers abhängige Freigabeklausel** enthält.[858] Entgegen der älteren Rechtsprechung bleibt der Sicherungsvertrag im Übrigen wirksam.

260   Enthält der Sicherungsvertrag **keine** oder eine **unangemessene Deckungsgrenze**, so führt dies ebenfalls nicht zur Unwirksamkeit des Sicherungsvertrages, sondern zur Festlegung einer vertragsimmanenten Deckungsgrenze.[859] Die **Deckungsgrenze** beläuft sich, bezogen auf den **realisierbaren Wert der Sicherung** unter Einbeziehung eines pauschalen Zuschlags von 10 % für die Verwertungskosten, auf **110 %** der gesicherten Forderung.[860] Beträgt der **Schätzwert** der bestellten Sicherheiten **150 %** der gesicherten Forderungen, so wird in Anlehnung an § 237 S. 1 **vermutet**, dass die Deckungsgrenze erreicht ist und der Freigabeanspruch besteht.[861] Unter dem Schätzwert versteht man den geschätzten aktuellen Verkehrswert im Zeitpunkt des Freigabeverlangens. Bei Sachen ist das der Marktpreis bzw. – wenn ein solcher nicht ermittelbar ist – der Einkaufs- oder Herstellungspreis. Bei Sicherungszessionen kommt es auf den Nennwert der Forderungen an.[862]

261   Der Sicherungsnehmer hat nach § 262 ein Wahlrecht, welche von **mehreren Sicherheiten** er freigibt.[863] Die Ausübung des Wahlrechts unterliegt dem Gebot von Treu und Glauben (§ 242). Eine Pflicht zur Freigabe einer **nachrangigen** Sicherheit besteht aber nicht.[864]

262   **(3) Kumulation von Sicherheiten.** Übersicherung kann im Einzelfall auch durch die **Kumulation** verschiedener Sicherheiten wie Sicherungsübereignung, Bürgschaft und Grundpfandrecht eintreten.[865] Hier besteht kein Anspruch des Sicherungsgebers auf Freigabe der nicht benötigten Sicherheiten, sondern die Sicherungsverträge und Verfügungen (→ Rn. 254) sind **nichtig**.[866]

263   **bb) Knebelung.** Knebelung bedeutet, dass der Sicherungsnehmer den Sicherungsgeber in seiner **wirtschaftlichen Bewegungsfreiheit** auf andere Weise als durch Übersicherung in sittenwidriger Weise beein-

850 BGH NJW-RR 2010, 1529 (1530).
851 *Tetzlaff* ZIP 2003, 1826 (1836).
852 BGH NJW 1998, 2047.
853 BGH NJW 1998, 2047; NJW-RR 2010, 1529 (1530).
854 BGH NJW-RR 2010, 1529 (1530).
855 Zum einfachen Eigentumsvorbehalt an Sachgesamtheiten vgl. *Schwab* ZIP 2000, 609.
856 BGHZ 137, 212 (218) = NJW 1998, 671; BGH NJW-RR 2003, 1490 (1492).
857 BGHZ 124, 371 (375); 133, 25, 30; BeckOK BGB/ *Rohe* Vor § 398 Rn. 19; *Kindl* Jura 2001, 92 (96); aA *Serick* ZIP 1995, 789 (aus Gewohnheitsrecht).
858 BGHZ 137, 212 (218); ausf. dazu Staudinger/*Sack/ Fischinger* BGB § 138 Rn. 385 ff.; *Baur/Stürner* SachenR § 57 Rn. 18 ff.; *Kindl* Jura 2001, 92 ff.; krit. *Tiedtke* DStR 2001, 257.

859 BGHZ 137, 212 (224 ff.); *Bülow*, Recht der Kreditsicherheiten, 9. Aufl. 2017, Rn. 1122 mwN.
860 BGHZ 137, 212 (224).
861 BGHZ 137, 212 (224), 232; Jauernig/*Berger* BGB § 930 Rn. 58; *Baur/Stürner* SachenR § 57 Rn. 28; *Bülow*, Recht der Kreditsicherheiten, 9. Aufl. 2017, Rn. 1124 ff.
862 BGHZ 137, 224 (234).
863 BGHZ 137, 212 (219); BGH NJW-RR 2003, 45 (46) mAnm *Weber* EWiR 2002, 849; *Wellenhofer* SachenR § 15 Rn. 32.
864 BGH NJW-RR 2003, 45 (46).
865 BGH NJW 1994, 1796 (1798).
866 BGHZ 137, 212 (223).

trächtigt.[867] Kennzeichen für knebelnde **Sicherungsübereignungen** und **Globalzessionen** („Aussaugung") ist, dass der Sicherungsgeber durch die Stellung von Sicherheiten die Freiheit verliert, autonome wirtschaftliche und kaufmännische Entscheidungen zu treffen.[868] Die **schlichte Überforderung** des Sicherungsgebers genügt jedoch nicht. Vielmehr müssen **besondere Umstände** hinzukommen, die die Übertragung der Sicherheit als sittenwidrig erscheinen lassen.[869] So kann die **Ausnutzung der Machtstellung** des Sicherungsnehmers wie auch die Tatsache, dass **andere Gläubiger** nicht mehr befriedigt werden können,[870] die Sittenwidrigkeit begründen.

cc) Kollision von Sicherungsrechten. (1) Sicherungszession und verlängerter Eigentumsvorbehalt. Von besonderer Relevanz für die Praxis ist der Fall, dass eine zwischen Geldkreditgeber und Sicherungsgeber vereinbarte Globalzession mit einem verlängerten Eigentumsvorbehalt zwischen Sicherungsgeber und Lieferanten (Warenkreditgeber) zusammentrifft. Ausgangspunkt ist hier der **Prioritätsgrundsatz.** Vorrang hat also die zeitlich frühere Verfügung.[871] Dies ist regelmäßig die **Globalzession**, da sie nicht wie ein verlängerter Eigentumsvorbehalt immer neu vereinbart wird.[872] Nach ständiger Rechtsprechung ist die Globalzession aber sittenwidrig, soweit sie auch solche Forderungen erfassen soll, die der Sicherungsgeber seinen Lieferanten künftig abtreten muss und abtritt.[873] Das Verdikt der Sittenwidrigkeit beruht auf der **Zwangslage** des Sicherungsgebers. Dieser steht vor der Alternative, auf die für ihn notwendigen Warenkredite zu verzichten oder **Vertragsbruch** gegenüber seinen Warenlieferanten zu begehen, indem er die Globalzession verschweigt.[874] 264

Fehlt es an der **verwerflichen Gesinnung** des Geldkreditgebers, ist die Globalzession nicht wegen Sittenwidrigkeit nichtig.[875] Dies gilt insbesondere, wenn der Geldkreditgeber nach den Umständen des Einzelfalles davon ausgehen durfte, dass ein Zusammentreffen der Sicherungsrechte ausgeschlossen ist, zB weil die Vereinbarung eines verlängerten Eigentumsvorbehalts in dem entsprechenden Wirtschaftszweig unüblich ist.[876] 265

Die Globalzession ist auch dann nicht sittenwidrig, wenn eine **dingliche Teilverzichtsklausel** vereinbart wurde, in der die Vertragsparteien mit dinglicher Wirkung den generellen Vorrang des verlängerten Eigentumsvorbehalts festlegen.[877] Dabei genügt es, wenn sich durch **Auslegung** ergibt, dass die Globalzession hinter Ansprüchen aus einem verlängerten Eigentumsvorbehalt zurücktreten soll.[878] Der Vorrang kann auch auf **branchenübliche** verlängerte Eigentumsvorbehalte beschränkt werden, denn nur mit diesen muss der Geldkreditgeber rechnen.[879] Eine nur **schuldrechtlich** wirkende Teilverzichtsklausel ist dagegen nicht ausreichend, da sie dem Vorbehaltsverkäufer das Risiko der Insolvenz des Geldkreditgebers aufbürdet und ihm die Durchsetzung seiner Rechte unangemessen erschwert.[880] Für die Wirksamkeit der Globalzession genügt auch nicht, dass der Geldkreditgeber den Schuldner verpflichtet, zunächst seine Vorbehaltsverkäufer aus dem Kredit zu bedienen (sog. **Verpflichtungsklausel**).[881] Der **nachträgliche Verzicht** des Zedenten[882] verhindert die Sittenwidrigkeit der Globalzession ebenso wenig wie der Umstand, dass die Forderung nur mit **Zustimmung des Drittschuldners** abgetreten werden kann.[883] Das Gleiche gilt für sog. **Zahlstellenklau-** 266

---

867 MüKoBGB/*Oechsler* Anh. §§ 929–936 Rn. 34; *Bülow*, Recht der Kreditsicherheiten, 9. Aufl. 2017, Rn. 1130.

868 Vgl. statt vieler RGZ 136, 247 (253); BGHZ 19, 12 (18); BGH NJW 1993, 1587 (1588); 2009, 1135, 1136; Staudinger/*Sack/Fischinger* BGB § 138 Rn. 344; *Wolf/Neuner* BGB AT § 46 Rn. 42.

869 Soergel/*Hefermehl* BGB § 138 Rn. 120.

870 BGHZ 19, 12 (16 f.); MüKoBGB/*Armbrüster* § 138 Rn. 73.

871 BGHZ 30, 149 (151); BeckOK BGB/*Rohe* Vor § 398 Rn. 6; Palandt/*Grüneberg* BGB § 398 Rn. 27; Staudinger/*Sack/Fischinger* BGB § 138 Rn. 477; *Baur/Stürner* SachenR § 59 Rn. 51.

872 *Leible/Sosnitza* JuS 2001, 449 (452).

873 BGHZ 30, 149 (152); 72, 308, 310; 98, 303, 314; BGH NJW 1999, 940; vgl. Staudinger/*Busche* BGB Vor §§ 398 ff. Rn. 97 ff.; krit. *Baur/Stürner* SachenR § 59 Rn. 52 ff.

874 BGHZ 30, 149 (153); BGH NJW 1999, 940; MüKoBGB/*Armbrüster* § 138 Rn. 102; Soergel/*Hefermehl* BGB § 138 Rn. 175; *Looschelders* SchuldR BT § 11 Rn. 15.

875 BGHZ 72, 308 (310); BGH NJW 1999, 940; MüKoBGB/*Armbrüster* § 138 Rn. 97; aA Soergel/*Hefermehl* BGB § 138 Rn. 175; Staudinger/*Sack/Fischinger* BGB § 138 Rn. 479.

876 BGH NJW 1999, 940; BeckOK BGB/*Rohe* Vor § 398 Rn. 7.

877 BGHZ 72, 308 (310); BGH NJW 1999, 940; 1999, 2588, 2589; MüKoBGB/*Armbrüster* § 138 Rn. 103; Palandt/*Grüneberg* BGB § 398 Rn. 28; Soergel/*Hefermehl* BGB § 138 Rn. 175; Staudinger/*Sack/Fischinger* BGB § 138 Rn. 479; krit. *Glöckner* DZWiR 2000, 70 (71).

878 BGHZ 30, 149 (153); 72, 308, 316; MüKoBGB/*Armbrüster* § 138 Rn. 104.

879 BGHZ 98, 303 (314).

880 BGHZ 72, 308 (311); BGH NJW 1999, 940 (940); 1999, 2588, 2589; Palandt/*Grüneberg* BGB § 398 Rn. 28; Soergel/*Hefermehl* BGB § 138 Rn. 175; Staudinger/*Sack/Fischinger* BGB § 138 Rn. 479.

881 BGH NJW 1974, 942; Palandt/*Grüneberg* BGB § 398 Rn. 28.

882 BGH NJW 1974, 942 (943); Staudinger/*Sack/Fischinger* BGB § 138 Rn. 479.

883 BGHZ 55, 34 (36); MüKoBGB/*Armbrüster* § 138 Rn. 103.

seln, nach denen der Geldkreditgeber Zahlungen der Drittschuldner lediglich als Zahlstelle für den Sicherungsgeber entgegennimmt.[884]

267   Die Nichtigkeit einer Globalzession wirkt nicht nur gegenüber den Vorbehaltslieferanten, sondern **absolut**, also für und gegen jedermann.[885] Die dargestellten Grundsätze gelten nicht nur für Globalzessionen von Geldkreditgebern, sondern auch für solche von **Warenlieferanten**, da sich der Sicherungsgeber hier in der gleichen Zwangslage befindet.[886]

268   **(2) Sonderfall: Factoring.** Beim **Factoring** tritt der Unternehmer die gegen seine Abnehmer entstehenden Forderungen an einen Factor – regelmäßig in Form einer Globalzession – ab. Der Factor zahlt den Wert der Forderungen abzüglich der vereinbarten Factoringgebühr an den Unternehmer und zieht sie als eigene ein.[887] Ein **Interessenkonflikt** entsteht, wenn der Unternehmer die Forderungen im Rahmen eines verlängerten Eigentumsvorbehalts an einen Vorbehaltsverkäufer abgetreten hat. Bei der Auflösung dieses Konflikts wird zwischen echtem und unechtem Factoring unterschieden, wobei im Einzelfall aber jeweils die **konkrete Ausgestaltung** des Factoringvertrags berücksichtigt werden muss.[888]

269   Das **unechte Factoring** stellt ein Kreditgeschäft dar, wenn die Globalzession auch der Sicherung des Factors im Hinblick auf seine Ansprüche gegen den Unternehmer dient.[889] Lassen sich die abgetretenen Forderungen bei den Abnehmern nicht realisieren, so kann der Factor weiter gegen den Unternehmer vorgehen. Er trägt also nicht das Risiko, dass die Forderungen nicht eingebracht werden.[890] Diese Tatsache rechtfertigt es, die Frage der Sittenwidrigkeit bei Zusammentreffen von verlängertem Eigentumsvorbehalt und unechtem Factoring nach den **gleichen Grundsätzen** zu beurteilen wie bei der Kollision von verlängertem Eigentumsvorbehalt und Globalzession (→ Rn. 264 ff.).[891]

270   Das **echte Factoring** wird als Forderungskauf zwischen Factor und Unternehmer angesehen.[892] Hier kann der Unternehmer den Kaufpreis für die Forderung endgültig behalten; der Factor trägt also das Risiko des Zahlungseingangs.[893] Die Vorbehaltsverkäufer stehen damit nicht wirtschaftlich schlechter, als wenn der Unternehmer die Forderungen selbst eingezogen hätte. Die Globalzession ist daher nicht wegen Verleitens zum Vertragsbruch sittenwidrig.[894] Allerdings handelt der Factor **rechtsmissbräuchlich** (§ 242), wenn er sich im Konfliktsfall auf die Priorität der Globalzession beruft und Grund zu der Annahme hatte, dass der Unternehmer seinen Verpflichtungen gegenüber den Vorbehaltsverkäufern nicht sachgerecht nachkommt.[895] Hier muss der Factor **zumutbare Schutzmaßnahmen** (zB Einrichtung eines Sperrkontos) ergreifen.[896] Der Factor handelt erst recht missbräuchlich, wenn er **aktiv** zur zweckwidrigen Verwendung des Factoring-Erlöses beiträgt.[897]

271   **dd) Verarbeitungsklauseln.** Verarbeitungsklauseln, durch die der Vorbehaltsverkäufer entgegen § 950 Eigentümer der neuen Sache wird, können zu einer sittenwidrigen **Übersicherung** führen, wenn der Wert der Verarbeitung erheblich höher als der Wert der unter Eigentumsvorbehalt gelieferten Sache ist.[898] Besteht die Verarbeitung aus mehreren Einzelteilen, die von verschiedenen Lieferanten unter Eigentumsvorbehalt und Vereinbarung einer Verarbeitungsklausel verkauft wurden, so stellt die **Kollision** dieser Sicherungsrechte ein weiteres Problem dar.[899]

272   Die Gefahr der Übersicherung und die Möglichkeit einer Kollision mit anderen Sicherungsrechten können durch eine Klausel **vermieden** werden, wonach der Vorbehaltsverkäufer nur zu einem Bruchteil Miteigentümer der hergestellten Sache werden soll.[900] Bei der Ausarbeitung der Klausel ist aber der sachenrechtliche

---

884   BGHZ 72, 316 (320); Palandt/*Grüneberg* BGB § 398 Rn. 28.
885   BGH NJW 1999, 2588 (2589) mAnm *Medicus* EWiR 1999, 299; Staudinger/*Sack/Fischinger* BGB § 138 Rn. 479.
886   BGH NJW 1999, 2588 (2589); Soergel/*Hefermehl* BGB § 138 Rn. 175; Staudinger/*Sack/Fischinger* BGB § 138 Rn. 480; *Wellenhofer* SachenR § 14 Rn. 53 ff.
887   Vgl. *Bülow*, Recht der Kreditsicherheiten, 9. Aufl. 2017, Rn. 1677.
888   Soergel/*Hefermehl* BGB § 138 Rn. 176.
889   Vgl. nur BGHZ 82, 50 (61); *Looschelders* SchuldR BT § 12 Rn. 13.
890   BeckOK BGB/*Rohe* § 398 Rn. 101.
891   BGHZ 82, 50 (64); 100, 353, 358; BeckOK BGB/ *Rohe* Vor § 398 Rn. 10; Soergel/*Hefermehl* BGB § 138 Rn. 179; *Looschelders* SchuldR BT § 12 Rn. 17; *Serick* NJW 1981, 794; *ders.* NJW 1981,

1715; krit. MüKoBGB/*Armbrüster* § 138 Rn. 105; für Gleichbehandlung mit echtem Factoring *Canaris* NJW 1981, 249; *ders.* NJW 1981, 1347; *Leible/ Sosnitza* JuS 2001, 449 (453).
892   BGHZ 69, 254 (257); BeckOK BGB/*Rohe* § 398 Rn. 100; *Looschelders* SchuldR BT § 12 Rn. 11.
893   BGHZ 69, 254 (257); BGHZ 100, 353 (358); *Bülow*, Recht der Kreditsicherheiten, 9. Aufl. 2017, Rn. 1677.
894   BGHZ 100, 353 (358); MüKoBGB/*Armbrüster* § 138 Rn. 105.
895   BGHZ 69, 254 (259).
896   BGHZ 69, 254 (259).
897   BGHZ 100, 353 (360).
898   *Leible/Sosnitza* JuS 2001, 449 (456).
899   MüKoBGB/*Westermann* § 449 Rn. 86.
900   BGHZ 46, 117 (119); BeckOK BGB/*Kindl* § 950 Rn. 13; *Leible/Sosnitza* JuS 2001, 449 (456); MüKoBGB/*Westermann* § 449 Rn. 86.

Bestimmtheitsgrundsatz zu beachten. Wirksam ist zB die Vereinbarung, dass der Miteigentumsbruchteil dem Verhältnis des Wertes des gelieferten Rohstoffes zum Wert der hergestellten Sache entspricht.[901]

ee) Kredittäuschung und Insolvenzverschleppung. Die Übertragung von Mobiliarsicherheiten oder **273** Forderungen als Sicherungszession kann auch unter dem Gesichtspunkt der **Kredittäuschung** nach Abs. 1 sittenwidrig sein. Kennzeichnend dafür ist, dass der Sicherungsnehmer im Zusammenwirken mit dem Sicherungsgeber einen **anderen Gläubiger** gefährdet oder schädigt, indem dieser durch die Kreditgewährung über die Kreditwürdigkeit des Sicherungsgebers getäuscht und zu einer eigenen Kreditgewährung veranlasst wird.[902] In subjektiver Hinsicht genügt dabei, dass die Vertragspartner die Schädigung anderer Gläubiger für **möglich** erachten.[903] Der Sicherungsnehmer handelt im Übrigen sittenwidrig, wenn er sich zumindest **grob fahrlässig** über Umstände hinwegsetzt, die den Schluss auf den bevorstehenden Zusammenbruch des Sicherungsgebers nahe legen.[904] Er muss die Auswirkungen der Kreditgewährung auf die wirtschaftlichen Verhältnisse des Sicherungsgebers prüfen, und zwar umso sorgfältiger, je größer und konkreter die Gefahr des Zusammenbruchs ist. Wird diese Prüfung **unterlassen**, so ist das Verhalten des Sicherungsnehmers als **leichtfertig** anzusehen.[905]

Steht der wirtschaftliche Zusammenbruch des Sicherungsgebers schon vor der Gewährung des gesicherten **274** Kredits in Frage, so kommt auch Sittenwidrigkeit wegen **Insolvenzverschleppung** in Betracht. Hier ist das Sicherungsgeschäft nichtig, wenn der Sicherungsnehmer den Kredit lediglich zum eigenen Vorteil vergibt und den Zusammenbruch des Sicherungsgebers nicht verhindern, sondern nur **herauszögern** will.[906] Weitere Voraussetzung ist, dass andere Gläubiger über die Kreditfähigkeit des Sicherungsgebers getäuscht und hierdurch geschädigt werden und dass der Sicherungsnehmer sich dem zumindest leichtfertig verschließt.[907]

Sowohl bei der Kredittäuschung als auch bei der Insolvenzverschleppung sind häufig Schadensersatzan- **275** sprüche aus § 826 (dazu → Rn. 26 f.) gegeben.

d) Immobiliarsicherheiten

Literatur: *Clemente*, Neuere Entwicklungen im Recht der Grundschulden, BKR 2002, 975; *Hoepner*, Die Zweckerklärung bei der Sicherungsgrundschuld in der neueren Rechtsprechung des Bundesgerichtshofs, BKR 2002, 1025.

Immobiliarsicherheiten können ebenfalls wegen **Übersicherung** sittenwidrig sein. Darüber hinaus stellt **276** sich die Frage, ob wie bei Bürgschaften die krasse **finanzielle Überforderung** des Sicherungsgebers die Sittenwidrigkeit begründen kann. Schließlich ist zu überlegen, welche Auswirkungen die Vereinbarung einer **überhöhten Verzinsung** im Darlehensvertrag oder bei der Grundschuldbestellung hat.

aa) Übersicherung. Da sich die **Hypothek** nach dem Bestand der Hauptforderung richtet (§ 1163 Abs. 1), **277** kann hier keine Übersicherung eintreten.

Eine **Grundschuld** ist wegen **anfänglicher** Übersicherung sittenwidrig, wenn bereits bei Vertragsschluss zu **278** erwarten ist, dass dauerhaft ein auffälliges Missverhältnis zwischen dem realisierbaren Sicherungswert und der gesicherten Forderung besteht.[908] Insoweit gelten die **gleichen Grundsätze** wie bei Mobiliarsicherheiten und Globalzessionen (→ Rn. 255 ff.).[909]

Fällt nach Vertragsschluss ein Teil der gesicherten Forderung endgültig weg, so kann eine **nachträgliche** **279** Übersicherung eintreten, wenn die Grundschuld nicht durch teilweise Rückübertragung, Teilverzicht oder Teilaufhebung zurückgewährt wird.[910] Die Bestellung der Grundschuld ist hier aber nicht nichtig; vielmehr besteht ein Anspruch auf **Freigabe** der nicht benötigten Sicherheiten bei Überschreitung der Deckungsgrenze von 110 % (→ Rn. 259 ff.).[911]

Die Pflicht zur Rückgewähr der Grundschuld greift nur bei **endgültiger** Übersicherung ein. Handelt es sich **280** nach der Sicherungsabrede um eine **vorläufige** Übersicherung, zB weil in absehbarer Zeit weitere Kredite zu erwarten sind, so ist eine Rückgewähr nicht erforderlich.[912]

---

901 Vgl. BGHZ 46, 117.
902 BGH NJW 1995, 1668; BeckOK BGB/*Förster* § 826 Rn. 132 ff.; Soergel/*Hefermehl* BGB § 138 Rn. 171; Staudinger/*Sack/Fischinger* BGB § 138 Rn. 472; *Wolf/Neuner* BGB AT § 46 Rn. 46.
903 BGH NJW 1995, 1668; *Bülow*, Recht der Kreditsicherheiten, 9. Aufl. 2017, Rn. 1132 b.
904 BGHZ 10, 228 (233); BGH NJW 1995, 1668.
905 BGH NJW 1995, 1668.
906 BGH NJW 1995, 1668 (1669); BeckOK BGB/*Förster* § 826 Rn. 137 ff.; Erman/*Schmidt-Räntsch* BGB § 138 Rn. 150; Soergel/*Hefermehl* BGB § 138 Rn. 169.

907 BGH NJW 1995, 1668 (1669).
908 BGH NJW 1998, 2047; NJW-RR 2010, 1529; MüKoBGB/*Lieder* § 1191 Rn. 59.
909 BeckOK BGB/*Rohe* § 1192 Rn. 132; Palandt/*Herrler* BGB § 1191 Rn. 21; Staudinger/*Wolfsteiner* BGB Vor §§ 1191 ff. Rn. 80 ff.
910 BGH NJW-RR 1990, 455; 1996, 234, 235; *Hoepner* BKR 2002, 1025 (1031).
911 BGHZ 137, 212 (218); BeckOK BGB/*Rohe* § 1192 Rn. 133; Staudinger/*Wolfsteiner* BGB Vor §§ 1191 ff. Rn. 102.
912 BGH NJW-RR 1990, 455; *Hoepner* BKR 2002, 1025 (1031).

281 **bb) Krasse finanzielle Überforderung des Sicherungsgebers.** Die von der Rechtsprechung entwickelten Grundsätze zur Sittenwidrigkeit von Bürgschaften wegen krasser finanzieller Überforderung des Sicherungsgebers (dazu → Rn. 224 ff.) sind auf die Bestellung einer Sicherungsgrundschuld **nicht übertragbar.**[913] Hier haftet der Sicherungsgeber nämlich nicht persönlich, sondern riskiert allenfalls den Verlust des gegenwärtigen Vermögens, was für sich gesehen im Regelfall **nicht** als **verwerflich** im Sinne des Abs. 1 anzusehen ist.[914]

282 **cc) Sittenwidrige Grundschuldbestellung wegen überhöhter Zinsen?** Ist ein **Darlehensvertrag** wegen überhöhter Zinsen nichtig (dazu → Rn. 222 ff.), so berührt dies – anders als beim Wuchertatbestand des Abs. 2 – die Wirksamkeit der Grundschuldbestellung nicht.[915] Vielmehr **sichert** die Grundschuld in diesem Fall den bereicherungsrechtlichen **Rückgewähranspruch.**[916]

283 Ob die **Grundschuldbestellung** selbst gegen Abs. 1 verstößt, wenn die von der Grundschuldsumme zu entrichtenden Zinsen (§ 1191 Abs. 2) übermäßig hoch sind, ist noch nicht höchstrichterlich geklärt. Problematisch ist, dass die Grundschuldzinsen vom Sicherungsgeber oft für unwichtig erachtet werden,[917] mit dem nach wie vor üblichen Zinssatz von 15–20 %[918] aber auf einen erheblichen Betrag anwachsen und so zu einer **Übersicherung** (→ Rn. 255 ff.) führen können. Die für den Sicherungsgeber nachteilige Folge ist, dass nachrangige Grundpfandrechte an Wert verlieren und neue Sicherheiten nicht gestellt werden können.[919] In der Literatur wird daher teilweise ein Schutz des Grundschuldbestellers über die **Sittenwidrigkeitskontrolle** gefordert.[920] Im gleichen Sinne geht *Lieder* mit Blick auf den üblichen Zinssatz von 15–20 % von der Sittenwidrigkeit der Sicherungsabrede sowie der Grundschuldbestellung wegen planmäßiger **anfänglicher Übersicherung** aus.[921] In Anbetracht der Üblichkeit des Zinssatzes kann allerdings die subjektive Komponente zweifelhaft sein.[922] Bei einem Zinssatz von 48 % liegt aber jedenfalls Sittenwidrigkeit iSd § 138 Abs. 1 vor.[923] Bei formularmäßigen Vereinbarungen kommt schließlich auch ein Verstoß gegen § 305 c und § 307 in Betracht.[924]

11. Maklerverträge

Literatur: *Hamm/Schwerdtner*, Maklerrecht, 7. Auflage 2016.

284 Maklerverträge sind nach Abs. 1 nichtig, wenn sie auf die Vermittlung einer **sittenwidrigen Leistung** gerichtet sind. Dies ist zB anzunehmen, wenn es um die Vermittlung von Geschäften im **Mädchen- und Rauschgifthandel**[925] oder die Vermittlung von **Schmiergeldvereinbarungen** mit ausländischen Amtsträgern[926] geht. Sittenwidrig sind außerdem Maklerverträge, mit denen **Leistungen** in anstößiger Weise **kommerzialisiert** werden. Dies wird – unter Hinweis auf das typischerweise zwischen den Betroffenen bestehende Vertrauensverhältnis – bei der entgeltlichen Vermittlung von Patienten an einen Arzt[927] und von Mandanten an einen Rechtsanwalt[928] angenommenen (→ Rn. 315, 321). Dagegen kann die **Vermittlung von Aufträgen an einen Architekten** zulässigerweise zum Gegenstand eines Maklerauftrages gemacht werden (→ Rn. 322).[929]

285 Das Sittenwidrigkeitsurteil kann daneben an die Verletzung von besonders gesteigerten **Vertragspflichten** bzw. **Loyalitätspflichten gegenüber Dritten** anknüpfen. So ist ein Maklervertrag nichtig, mit dem sich ein Rechtsanwalt, der für einen Mandanten die Hausverwaltung führt, einem Handwerker gegenüber zur Vermittlung von Reparaturaufträgen für das betroffene Gebäude verpflichtet,[930] ebenso ein Maklervertrag, mit dem ein Steuerberater gegen Provision die Vermittlung von Anlagegeschäften an seine Mandanten

---

913 BGH NJW 2002, 2633; Staudinger/*Sack/Fischinger* BGB § 138 Rn. 441.

914 BGH NJW 2002, 2633; Staudinger/*Sack/Fischinger* BGB § 138 Rn. 441; *Clemente* BKR 2002, 975; *Hoepner* BKR 2002, 1025 (1031); ebenso ist eine Bürgschaft, die durch Verwertung des Eigenheims getilgt werden kann, wirksam (BGH NJW 2001, 2466 (2467)).

915 BGH NJW-RR 2000, 1431 (1433); Staudinger/*Wolfsteiner* BGB Vor §§ 1191 ff. Rn. 21.

916 Vgl. nur BGH NJW-RR 2000, 1431 (1433).

917 BGH ZIP 1999, 705 (706); *Clemente* BKR 2002, 975 (977).

918 So BGH NJW 1999, 3705 (3706); MüKoBGB/*Lieder* § 1191 Rn. 56.

919 Vgl. MüKoBGB/*Lieder* § 1191 Rn. 57; *Peters* JZ 2001, 1017.

920 *Peters* JZ 2001, 1017 (1022); aA Staudinger/*Wolfsteiner* BGB Vor §§ 1191 ff. Rn. 21.

921 MüKoBGB/*Lieder* § 1191 Rn. 58 f.

922 MüKoBGB/*Eickmann*, 6. Aufl. 2013, BGB § 1191 Rn. 49.

923 OLG Schleswig DNotZ 2013, 132 (134).

924 Vgl. MüKoBGB/*Lieder* § 1191 Rn. 58.

925 Erman/*Fischer* BGB Vor § 652 Rn. 33.

926 BGHZ 94, 268 (271); BGH WM 1986, 209 (211).

927 OLG Hamm NJW 1985, 679 (680); PWW/*Ahrens* BGB § 138 Rn. 134.

928 KG NJW 1989, 2893 (2894); *Taupitz* NJW 1989, 2871 (2872).

929 BGH NJW 1999, 2360 (2360 f.); aA *Dehner* NJW 2000, 1986 (1989 f.).

930 OLG Frankfurt NJW 1990, 2131 (2131 f.).

zusagt.[931] Die Nichtigkeitsfolge lässt sich in solchen Fällen nur dadurch abwenden, dass dem Dritten spätestens bei der Empfehlung die eigene Provisionserwartung offen gelegt wird.[932] In den vorstehenden Zusammenhang gehört auch der Fall, dass der Makler dienstlich erlangtes Wissen treuwidrig zu Vermittlungszwecken nutzt. Ein Vertrag, bei dem der Makler sein als Kreditsachbearbeiter erlangtes Wissen zur Vermittlung einsetzt, verstößt also gegen § 138.[933]

Maklerverträge können schließlich wegen **Wuchers** nach Abs. 2 nichtig sein. Dabei ist zwischen der Vereinbarung einer erfolgsunabhängigen Provision und der dem gesetzlichen Leitbild des § 652 entsprechenden erfolgsabhängigen Provision zu differenzieren. Bei **erfolgsabhängigen Provisionen** ist die vereinbarte Provision in Relation zur ortsüblichen Provision für vergleichbare Tätigkeiten zu setzen.[934] Bei **erfolgsunabhängigen Provisionen** wird das den Wucher charakterisierende Missverhältnis durch Vergleich zwischen der Höhe des geforderten Entgelts und den tatsächlich erbrachten Leistungen des Maklers ermittelt.[935] Die Rechtsprechung hat in Einzelfällen die Vereinbarung eines den üblichen Provisionssatz um das **Drei- bis Achtfache überschreitenden Satzes** für sittenwidrig erachtet.[936] **286**

Eine **Ausnahme** von diesen Grundsätzen gilt bei Vereinbarung einer sog. **Übererlösklausel**, wonach der einen vorher bestimmten Kaufpreis übersteigende Verkaufserlös dem Makler als Provision zustehen soll. Steht der erzielbare Endpreis bei Abschluss des Maklervertrages noch nicht fest, so ist auch die Vereinbarung eines die übliche Provision um ein Vielfaches überschreitenden Maklerentgeltes möglich.[937] So hat die Rechtsprechung eine Provision in Höhe von umgerechnet 29 % des erzielten Kaufpreises unbeanstandet gelassen.[938] **287**

Die vorstehenden Grundsätze zur Nichtigkeit wegen Wuchers gelten auch für die **Partnerschaftsvermittlung**.[939] Diese unterscheidet sich von der Heiratsvermittlung (§ 656) dadurch, dass der Vertrag keinen unmittelbaren Bezug zu einer künftigen Ehe aufweist.[940] Ein solcher Vertrag ist nicht generell sittenwidrig. Auch wenn der Vertrag unlauterer Weise (→ Rn. 340 ff.) aufgrund eines Inserats des Vermittlungsinstituts mit einer nicht vermittlungsbereiten Person (Lockvogelangebot) zustande gekommen ist, führt dies nicht automatisch zur Bejahung von Abs. 1.[941] Die Rechtsprechung wendet allerdings § 656 analog an und gelangt damit zur **Unklagbarkeit** der Ansprüche des Partnervermittlers.[942] **288**

Die Erteilung eines **Alleinauftrags** beinhaltet grundsätzlich keine sittenwidrige Einschränkung der Entscheidungsfreiheit des Auftraggebers.[943] Die **unwiderrufliche** und **zeitlich unbegrenzte** Vereinbarung eines Alleinauftrags ist aber unter dem Aspekt der **Knebelung** sittenwidrig.[944] Die Unwirksamkeit der unbeschränkten zeitlichen Bindung führt jedoch nicht zur Nichtigkeit des gesamten Vertrages. Die Lücke wird in der Praxis meist dahin gehend geschlossen, dass eine angemessene Dauer der Bindung zugrunde gelegt wird.[945] Bei Grundstücksgeschäften soll eine Bindung von 6 Monaten im Regelfall angemessen sein.[946] Bei einer formularmäßigen Vereinbarung des Alleinauftrags ist die betreffende Klausel schon dann nach § 307 unwirksam, wenn die Dauer der Bindung im Einzelfall **unangemessen lang** erscheint.[947] **289**

12. Miet- und Pachtverträge. Miet- und Pachtverträge sind nach Abs. 1 nichtig, wenn die vermieteten oder verpachteten Gegenstände nach den Vorstellungen der Parteien zur Begehung strafbarer Handlungen **290**

931 BGH NJW 1985, 2523; NJW-RR 1987, 1108; MüKoBGB/*Armbrüster* § 138 Rn. 50; MüKoBGB/*Roth* § 652 Rn. 72; Staudinger/*Sack/Fischinger* BGB § 138 Rn. 642.
932 BGH NJW 1981, 399 (400); 1985, 2523; NJW-RR 1987, 1108.
933 BGH MDR 1977, 209; MüKoBGB/*Roth* § 652 Rn. 72; aA Staudinger/*Reuter* BGB § 653 Rn. 51.
934 BGH JZ 1994, 1075; WM 1976, 189 (290); LG Aachen NJW 1987, 741; aA Staudinger/*Reuter* BGB § 653 Rn. 53 (Nutzen des Auftraggebers als Maßstab).
935 Staudinger/*Reuter* BGB § 653 Rn. 55.
936 OLG Köln MDR 1962, 52 (dreifacher Satz); BGH WM 1976, 289 (290); NJW 2000, 2669 (fünffacher Betrag); OLG Oldenburg NJW-RR 1986, 857 (857 f.) (Überschreitung um das Sechsfache); LG Aachen NJW 1987, 741 (siebenfacher Betrag).
937 BGH NJW 1969, 1628; NJW-RR 1994, 559; Soergel/*Hefermehl* BGB § 138 Rn. 104; Staudinger/*Sack/Fischinger* BGB § 138 Rn. 265; krit. *Hamm/Schwerdtner* MaklerR Rn. 771 ff.
938 BGH DB 1969, 1335.

939 LG Köln NJW-RR 2003, 1426; AG Eltville FamRZ 1989, 1299; LG Krefeld MDR 1984, 491 (492) (Verneinung eines groben Missverhältnisses).
940 Zur Partnerschaftsvermittlung vgl. Erman/*Fischer* BGB § 656 Rn. 12.
941 BGH NJW 2008, 982.
942 BGHZ 112, 122 (124 ff.); BGH NJW 1990, 2550 (2551); NJW-RR 2004, 778; OLG Frankfurt NJW 1983, 397 f.; Erman/*Fischer* BGB § 656 Rn. 12; *Looschelders* SchuldR BT § 37 Rn. 16; aA OLG Bamberg NJW 1984, 1466 (1467); LG Hannover NJW 1981, 1678; *Peters* NJW 1990, 2552 f.
943 Erman/*Fischer* BGB § 652 Rn. 26.
944 BGH WM 1976, 533 (534); NZM 1998, 677 (678); OLG Hamm NJW 1966, 887; LG Hamburg ZMR 2014, 499; Palandt/*Sprau* BGB § 652 Rn. 76; *Hättig* NZM 2000, 113 (115).
945 Vgl. BGH WM 1976, 533 (534); MüKoBGB/*Roth* § 652 Rn. 233; Palandt/*Sprau* BGB § 652 Rn. 76.
946 OLG Hamm NJW 1966, 887; LG Hamburg ZMR 2014, 499.
947 Palandt/*Sprau* BGB § 652 Rn. 76; *Hättig* NZM 2000, 113 (116).

verwendet werden sollen.[948] Mietverträge mit **Prostituierten** und Pachtverträge über **Bordelle** sind aber grundsätzlich nicht mehr als sittenwidrig anzusehen (→ Anh. § 138 Rn. 27).[949]

291   **Zölibatsklauseln** in Mietverträgen verstoßen gegen die Entscheidungsfreiheit in höchstpersönlichen Angelegenheiten (→ Rn. 48) und sind daher nach Abs. 1 nichtig. Das Gleiche gilt für Klauseln, die den Mieter zur **Kinderlosigkeit** verpflichten oder dem **Lebensgefährten** der Mieterin **den Zugang** zur Wohnung **verbieten**.[950] Eine individualvertragliche Vereinbarung, durch die die **ordentliche Kündigung** eines allgemeinen Mietverhältnisses für einen sehr langen Zeitraum[951] oder sogar auf Dauer[952] **ausgeschlossen** wird, ist dagegen grundsätzlich nicht sittenwidrig. Beim **betreuten Wohnen** ist die Bindung des Servicevertrages an den Mietvertrag ebenfalls grundsätzlich nicht sittenwidrig.[953]

292   Miet- und Pachtverträge können als **wucherähnliche Geschäfte** (→ Rn. 223) nach Abs. 1 sittenwidrig sein, wenn Leistung und Gegenleistung in einem auffälligen Missverhältnis zueinander stehen und weitere sittenwidrige Umstände (zB verwerfliche Gesinnung des Vermieters, Unerfahrenheit des Mieters) hinzukommen.[954] Bei der **Wohnungsmiete** werden die relevanten Fälle allerdings von § 5 WiStG erfasst. Verstößt die Vereinbarung über die Miethöhe gegen § 5 WiStG, so ist die Klausel nach § 134 nichtig; der Vertrag wird im Übrigen mit der angemessenen Miete aufrechterhalten (→ § 134 Rn. 70 f., 195 f.).

293   Bei **gewerblichen** Räumen und Immobilien wird ein auffälliges Missverhältnis zwischen Leistung und Gegenleistung angenommen, wenn das vereinbarte Entgelt die ortsübliche Vergleichsmiete bzw. -pacht um knapp 100 % übersteigt.[955] Bei der Bestimmung der angemessenen Miete oder Pacht darf die sog. **EOP-Methode** nicht herangezogen werden. Denn diese Methode stellt auf die Gebrauchsvorteile für den Mieter oder Pächter ab und kann daher keine sichere Auskunft über den tatsächlich zu erzielenden Marktpreis geben.[956] Die marktübliche Miete oder Pacht muss daher im Zweifel für jedes Objekt durch einen mit der konkreten Situation vertrauten Sachverständigen gesondert ermittelt werden.[957] Das auffällige Missverhältnis rechtfertigt bei gewerblichen Miet- und Pachtverträgen für sich genommen keinen Rückschluss auf die verwerfliche Gesinnung des Vermieters oder Verpächters. Die Annahme, der Bevorteilte habe das Missverhältnis von Leistung und Gegenleistung gekannt oder sich zumindest leichtfertig dieser Erkenntnis verschlossen, ist nur gerechtfertigt, wenn der Marktwert der Leistung für ihn ohne Weiteres erkennbar ist. Ob die ungefähre Höhe des marktüblichen Miet- oder Pachtzinses für den Vermieter **erkennbar** war, ist angesichts der Intransparenz der betreffenden Märkte aber oft unklar und muss daher im Einzelfall konkret festgestellt werden.[958]

294   Bei der Anmietung von **Unfallersatzfahrzeugen** ist zu beachten, dass sich in diesem Bereich ein besonderer Markt gebildet hat. Nach der Rechtsprechung können die Besonderheiten dieses Marktes mit Rücksicht auf die Unfallsituation (Vorfinanzierung der Miete, Ausfallrisiko wegen unzutreffender Bewertung der Verursachungsanteile) einen deutlich über dem „Normaltarif" liegenden Preis rechtfertigen, ohne dass dies im Verhältnis des Vermieters zum Mieter oder zum Haftpflichtversicherer des Schädigers als sittenwidrig anzusehen wäre.[959] Rechtsprechung und hM begrenzen die Ersatzpflicht des Schädigers bzw. seines Haftpflichtversicherers in diesen Fällen bei der Berechnung des Schadensersatzanspruchs im Rahmen des § 249 Abs. 2 S 1.[960] Vor diesem Hintergrund kann der Vermieter verpflichtet sein, den Mieter klar und unmissverständlich darauf hinzuweisen, dass die Haftpflichtversicherung des Schädigers den von ihm angebotenen „Unfallersatztarif" möglicherweise nicht vollständig ersetzt. Verletzt der Vermieter schuldhaft diese Pflicht, steht dem Mieter ein **Schadensersatzanspruch** aus §§ 280 Abs. 1, 311 Abs. 2, 241 Abs. 2 zu.[961] Der BGH hat diese Grundsätze in neuerer Zeit auf das Verhältnis zwischen dem Geschädigten eines Verkehrsunfalls

---

948   Erman/*Schmidt-Räntsch* BGB § 138 Rn. 125.

949   BGHZ 63, 365 (367); BGH NJW 1970, 1179; Soergel/*Hefermehl* BGB § 138 Rn. 211 f.; Staudinger/*Emmerich* BGB Vor § 535 Rn. 114; aA noch BGHZ 41, 341 (342).

950   Vgl. Staudinger/*Emmerich* BGB Vor § 535 Rn. 115; LG Gießen NJW-RR 2001, 8.

951   BGH NJW 2013, 2820 Rn. 15 ff. (bis zu 13 Jahre); 2020, 331 Rn. 17 mwN (60 Monate); zur abweichenden Rechtslage bei formularmäßigen Vereinbarungen über den Kündigungsausschluss bei Wohnraummietverträgen vgl. BGH NJW 2015, 3780 Rn. 19 (längstens vier Jahre).

952   BGH NJW-RR 2018, 843 Rn. 15 f.

953   BGH NJW 2006, 1276 (1277).

954   BGHZ 141, 257 (263); BGH NJW 2002, 55 (56 f.); NJW-RR 2002, 1521; Erman/*Schmidt-Räntsch* BGB § 138 Rn. 126; Staudinger/*Emmerich* BGB Vor § 535 Rn. 119.

955   Vgl. BGHZ 128, 255 (261); BGH NJW 2002, 55 (57); NJW-RR 2002, 1521 (1522); Erman/*Schmidt-Räntsch* BGB § 138 Rn. 126; Staudinger/*Emmerich* BGB Vor § 535 Rn. 119.

956   BGHZ 141, 257 (264 ff.) = NJW 1999, 3187; zur Unzulässigkeit der von der EOP-Methode abgeleiteten Vergleichswertmethode BGH NJW 2002, 55 (56); NJW 2003, 152 (1522).

957   BGH NJW-RR 2002, 1521 (1522); Staudinger/*Emmerich* BGB Vor § 535 Rn. 119 a.

958   BGH NJW 2002, 55 (57); 2004, 3553, 3555; Staudinger/*Emmerich* BGB Vor § 535 Rn. 119 b.

959   BGH NJW 2007, 1447 (1448); 2007, 2181; 3782; NJW-RR 2009, 130 (131); krit. *Wagner* NJW 2007, 2149 (2150 f.).

960   Vgl. Palandt/*Grüneberg* BGB § 249 Rn. 32 ff. mwN.

961   BGH NJW 2007, 2181.

und dem **Sachverständigen** übertragen, der vom Geschädigten mit der Erstellung eines Gutachtens zu den Schäden an dem Unfallfahrzeug beauftragt wird. Bietet der Sachverständige die Erstellung des Gutachtens zu einem Honorar an, das deutlich über den ortsüblichen Sätzen liegt, so folgt daraus idR noch keine Sittenwidrigkeit der Vereinbarung; der Sachverständige muss den Geschädigten aber über das Risiko aufklären, dass die Kfz-Haftpflichtversicherung die Kosten nicht vollständig ersetzt.[962]

Zum **Mietwucher** → Rn. 376.　　　　　　　　　　　　　　　　　　　　　　　　　　　**295**

13. Rechtsanwälte und Inkassodienstleistungen. Verträge mit Rechtsanwälten können insbesondere **296** wegen Verstoßes gegen **Standesrecht** sittenwidrig sein. Zu den diesbezüglichen Fragen → Rn. 313 ff. Erbringt ein **Inkassodienstleister** eine Rechtsdienstleistung, die sich in den Grenzen seiner Befugnis nach § 10 Abs. 1 S. 1 Nr. 1 RDG hält, so ist die Abtretung der infrage stehenden Forderung nicht nach § 134 nichtig (→ § 134 Rn. 224). Im Einzelfall kann sich die Nichtigkeit aber aus § 138 Abs. 1 ergeben. Dies gilt etwa in dem Fall, dass der Inkassodienstleister nicht über die notwendige finanzielle Ausstattung verfügt, um bei einem Prozessverlust die Prozesskosten vollständig decken zu können.[963]

14. Schenkung. Schenkungen können wegen unangemessener **Verlagerung von Lasten auf die Allge- 297 meinheit** sittenwidrig sein. So ist ein aus Anlass der Scheidung vereinbarter Unterhaltsverzicht nach Abs. 1 nichtig, wenn dadurch bewusst die Bedürftigkeit eines Ehegatten zulasten der Sozialhilfe herbeigeführt wird (→ Rn. 193). Im Übrigen kann eine Schenkung sittenwidrig sein, wenn sie bewusst **zum Nachteil von Gläubigern** vorgenommen wird. Aus Gründen der Spezialität gehen die Vorschriften über die Gläubiger- bzw. Insolvenzanfechtung (§ 3 AnfG, § 129 ff. InsO) dem Abs. 1 aber grundsätzlich vor (→ Rn. 30). Verfolgt der Schenker den Zweck, einen **Pflichtteilsberechtigten** zu **benachteiligen**, so ist die Sittenwidrigkeit dagegen im Allgemeinen zu verneinen.[964]

Nach bisheriger Rechtsprechung sind **unentgeltliche Zuwendungen an außereheliche Geliebte** sittenwid- **298** rig, wenn sie allein die Belohnung für geschlechtlichen Umgang darstellen.[965] Da eine solche reine Entgelt- funktion kaum einmal vorkommt oder zumindest nicht nachweisbar ist,[966] hat diese Fallgruppe indes keine praktische Bedeutung.[967] Im Übrigen ist ebenso wie bei der parallelen Problematik des Geliebtentestaments (→ Rn. 198) davon auszugehen, dass die Gewährung finanzieller Vorteile für sexuelle Leistungen nach Inkrafttreten des **ProstG** (dazu Anh. § 138) nicht mehr für sittenwidrig erachtet werden kann.

Zur Unwirksamkeit von Schenkungen wegen Verstoßes gegen **§ 14 HeimG** → § 134 Rn. 231.　　　　**299**

15. Schmiergeldvereinbarungen

Literatur: *Passarge*, Besteht tatsächlich ein Anspruch des Arbeitgebers auf Herausgabe von Schmiergeldzahlungen gegen seinen Arbeitnehmer aus §§ 667 2. Alt., 675 BGB?, CCZ 2009, 180; *Sethe*, Zivilrechtliche Rechtsfolgen der Korruption am Beispiel von Bankgeschäften, WM 1998, 2309.

In Rechtsprechung und Literatur ist anerkannt, dass eine **Schmiergeldvereinbarung als solche** in jedem **300** Fall nichtig ist. Soweit die Vereinbarung gegen § 299 StGB (§ 12 UWG aF) oder §§ 263, 266 StGB ver- stößt, folgt dies bereits aus § 134.[968] In den übrigen Fällen führt Abs. 1 zur Nichtigkeit der Vereinbarung.[969] Dabei kommt es nicht darauf an, ob der Geschäftsherr einen wirtschaftlichen Nachteil erlitten hat oder erlei- den sollte. Die Sittenwidrigkeit ergibt sich nämlich bereits aus der Verletzung des Vertrauensverhältnisses gegenüber dem Geschäftsherrn[970] und der Beeinträchtigung des Interesses an einem lauteren Wettbewerb (→ Rn. 117).

Ob die Unwirksamkeit der Schmiergeldvereinbarung auf den **Hauptvertrag** (Folgevertrag) durchschlägt, **301** ist umstritten. Fest steht, dass die Unwirksamkeit des Hauptvertrages jedenfalls nicht auf § 299 StGB iVm § 134 gestützt werden kann, weil die Strafvorschrift des § 299 StGB sich nicht auf den Abschluss des Hauptvertrages bezieht (→ § 134 Rn. 254).[971] Nach der **Rechtsprechung** ist der Hauptvertrag bei Vorliegen einer Schmiergeldvereinbarung jedoch im Allgemeinen nach **Abs. 1** sittenwidrig.[972] Etwas anderes soll nur

962 BGH NJW 2017, 2403 Rn. 14 ff. mAnm *Vuia*.
963 BGH NJW 2020, 208 Rn. 88.
964 BGHZ 59, 132 (134 f.)
965 BGHZ 53, 369 (375); 112, 259, 262; Palandt/*Ellen-berger* § 138 Rn. 50.
966 BGH FamRZ 1971, 638 (639).
967 So auch Palandt/*Ellenberger* § 138 Rn. 50; vgl. zB BGH NJW 1984, 2150 (2151).
968 BGHZ 141, 357 (359); BGH NJW 2018, 2412 Rn. 23; Staudinger/*Sack/Fischinger* BGB § 138 Rn. 498; *Sethe* WM 1998, 2309 (2310); *Passarge* CCZ 2009, 180 (181).

969 Vgl. BGHZ 201, 129 = RdTW 2014, 272 Rn. 33; NJW 2014, 2790 Rn. 23; 2018, 2412 Rn. 23; OLG Brandenburg OLG-NL 2005, 97 (99); *Sethe* WM 1998, 2309 (2312).
970 Vgl. BGH NJW 1962, 1099; 2014, 2790 Rn. 23; 2018, 2412 Rn. 24; Erman/*Schmidt-Räntsch* BGB § 138 Rn. 79; Palandt/*Ellenberger* BGB § 138 Rn. 63; Soergel/*Hefermehl* BGB § 138 Rn. 180.
971 BGHZ 141, 357 (360) = NJW 1999, 2266 (2267); *Passarge* CCZ 2009, 180 (181).
972 BGHZ 2019, 129 = RdTW 2014, 272 Rn. 33 ff.; Jauernig/*Mansel* BGB § 138 Rn. 18.

dann gelten, wenn die Schmiergeldvereinbarung im Einzelfall **keinen** für den Geschäftsherrn **nachteiligen Einfluss** auf den Inhalt des Hauptvertrages gehabt haben kann.[973] In diesem Fall soll der Hauptvertrag jedoch regelmäßig nach § 177 Abs. 1 schwebend unwirksam sein, weil der Vertreter im Zweifel ohne vorherige Information seines Geschäftsherrn nicht befugt sei, für diesen einen Vertrag mit dem Verhandlungspartner zu schließen, der ihn gerade bestochen habe.[974] Bei sittenwidrigen Absprachen über besondere Zuwendungen an den Vertreter wird der **nachteilige Einfluss** auf den Inhalt des Hauptvertrags aber **vermutet**.[975] Hat der Geschäftsherr den von seinem bestochenen Sachwalter ausgehandelten Vertrag selbst abgeschlossen, so hilft der Rückgriff auf § 177 ohnehin nicht weiter. Die Rechtsprechung billigt dem Geschäftsherrn deshalb teilweise einen Schadensersatzanspruch aus **culpa in contrahendo** (§§ 280 Abs. 1, 311 Abs. 2, 241 Abs. 2) gegen seinen Vertragspartner zu.[976] Der in Erfüllung eines sittenwidrigen Hauptvertrags geschlossene dingliche Vertrag ist nach der Rechtsprechung nicht ohne Weiteres unwirksam.[977]

302 In der **Literatur** wird teilweise dafür plädiert, sämtliche Fälle der Schmiergeldvereinbarung über die Regeln der **Vertretung ohne Vertretungsmacht** (§ 177 analog) bzw. der **culpa in contrahendo** zu lösen.[978] Diese Lösung hat den Vorteil, dass die Entscheidung über die Wirksamkeit des Geschäfts generell in den Händen des Geschäftsherrn liegt. In krassen Fällen kann es aber mit Rücksicht auf die Interessen anderer Beteiligter (Sicherungsgeber des Geschäftsherrn, Mitbewerber des Vertragspartners) nach § 242 geboten sein, dem Geschäftsherrn die Möglichkeit einer Genehmigung zu verwehren.[979]

303 **16. Sexualbezogene Leistungen.** Einen wichtigen Anwendungsbereich des Abs. 1 bilden traditionell Verträge über sexuelle Leistungen. Da die diesbezüglichen Grundsätze durch das **ProstG** einen grundlegenden Wandel erfahren haben, werden sie im Zusammenhang mit diesem Gesetz (Anh. zu § 138) erörtert.

17. Sport und Verbandsrecht

Literatur: *Derleder/Deppe*, Die Verantwortung des Sportarztes gegenüber Doping, JZ 1992, 116; *Herrmann*, Die Sportgerichtsbarkeit nach dem Pechstein-Urteil des BGH, NJW 2016, 2224; *Karakaya/Buch*, Sittenwidrigkeit von Sportmanagementverträgen – Exklusivverträge und die Vermarktung der Persönlichkeitsrechte, ZRP 2002, 193; *Kelber*, Die Transferpraxis beim Vereinswechsel im Profifußball auf dem Prüfstand, NZA 2001, 11; *Kreis/Schmid*, Bosman und kein Ende? – Zur Vereinbarkeit von Ausländerklauseln mit dem AKP-EG-Partnerschaftsabkommen, NZW 2003, 1013; *Niedermaier*, Schiedsvereinbarungen im Bereich des organisierten Sports, SchiedsVZ 2014, 280; *Nolte/Polzin*, Grundrechtskollisionen im Sport – zur Grundrechtskonformität sportverbandlicher Satzungsbestimmungen, NZG 2001, 838.

304 **a) Allgemeines.** Die Statuten, Satzungen und Ordnungen von Sportvereinen und -verbänden wurden lange Zeit mit Rücksicht auf die **Verbandsautonomie** (Art. 9 Abs. 1 GG) nur zurückhaltend der Sittenwidrigkeitskontrolle nach § 138 unterworfen. Das **Bosman-Urteil** des EuGH[980] hat jedoch einen Bewusstseinswandel eingeleitet.[981] Die Entscheidung verdeutlicht, dass der Sport Bestandteil des Wirtschaftslebens ist, für den die allgemeinen nationalen und europarechtlichen Gesetze nicht nur subsidiär gelten.[982] Dazu gehört auch die Überprüfung verbandsrechtlicher Regelungen am Maßstab der Sittenwidrigkeit. Eine solche Überprüfung erscheint umso notwendiger, als die Verbandssatzungen nicht mehr allein der **Organisation des eigenen Sports** dienen, sondern immer stärker auch **wirtschaftliche Zusammenhänge** regeln und damit die Grundfreiheiten und Grundrechte der Sportler tangieren.

305 **b) Sittenwidrige Statuten.** Im Bereich des Berufsrechts der Sportler wird die Frage der Sittenwidrigkeit von Statuten insbesondere bei der Problematik von **Transferentschädigungen** relevant. Die Transferentschädigungen dienten ursprünglich dem – für sich selbst betrachtet nicht sittenwidrigen – Zweck, dem abgebenden Verein einen Ausgleich für den sportlichen und wirtschaftlichen Verlust des Spielers zu verschaffen. Eine Regelung, wonach der abgebende Verein die nach den Statuten für den Einsatz des Spielers notwendige **Freigabeerklärung** nur Zug um Zug gegen Zahlung der Ablösesumme abgeben muss, ist jedoch wegen Verstoßes gegen Art. 12 GG sittenwidrig.[983] Denn dem Spieler wird dadurch ein Vereinswechsel so lange unmöglich gemacht, bis sich die Vereine über eine Ablösesumme geeinigt haben. Als sittenwidrige Einschränkung der Berufsfreiheit des Spielers sind auch verbandsrechtliche Regelungen anzusehen, die den

---

973 BGH NJW-RR 1990, 442 (443); NJW 1999, 2266 (2267); 2000, 511 (512); 2014, 2790 (2792).

974 BGH NJW 1989, 26; 2000, 511 (512); 2001, 1065 (1067).

975 BGH NJW 2014, 2790 Rn. 25.

976 BGH NJW 2001, 1065 (1067).

977 BGH NJW 2014, 2790 Rn. 20 ff.

978 So AK/*Damm* BGB § 138 Rn. 176; Staudinger/*Sack/Fischinger* BGB § 138 Rn. 502 ff.; grds. auch Erman/*Schmidt-Räntsch* BGB § 138 Rn. 80; *Thomale* LMK 2014, 362892.

979 Dies entkräftet den Einwand von *Sethe* WM 1998, 2309 (2313 ff.), die Anwendung des § 177 werde den Interessen des Sicherungsgeber des Geschäftsherrn nicht gerecht.

980 EuGH NJW 1996, 505 – Bosman; dazu *Arens* SpuRt 1996, 39 ff.

981 Vgl. Erman/*Schmidt-Räntsch* BGB § 138 Rn. 152; *Fritzweiler* NJW 2002, 1014.

982 Anders noch die Stellungnahme der Bundesregierung im Fall Bosman, wiedergegeben in EuGH NJW 1996, 505 (508) Rn. 72.

983 LAG Bln NJW 1979, 2582 – Fall Baake; dazu *Reuter* NJW 1983, 649.

neuen Verein selbst dann zur Zahlung einer Transferentschädigung an den alten Verein verpflichten, wenn der Spieler arbeitsrechtlich nicht mehr an den alten Verein gebunden ist.[984] Denn hierdurch wird dem Sportler die weitere Berufsausübung unmöglich, wenn kein Verein zur Zahlung der Ablösesumme bereit ist.

Aus den gleichen Gründen ist auch die in Statuten festgelegte Verpflichtung zur Zahlung einer sog. **Ausbildungsentschädigung** für Aufwendungen des Vereins zur Sichtung, Ausbildung und Förderung des Spielers sittenwidrig.[985] Dies gilt jedenfalls dann, wenn der Entschädigungsbetrag in einer pauschalen Summe besteht, die unabhängig von den tatsächlichen Aufwendungen ist.[986] Diese Grundsätze gelten nicht nur für Spieler der Profiligen, sondern für alle Sportler, die mit dem Sport ihren Lebensunterhalt bestreiten.[987]   **306**

In der Praxis ist auf diese Entscheidungen – neben der Abschaffung verbindlicher Transferregelungen in den Statuten – mit einer **Verlängerung der Vertragslaufzeiten** der Sportler reagiert worden, wobei das Recht zur ordentlichen Kündigung regelmäßig ausgeschlossen ist.[988] Will ein anderer Verein den Sportler vor Ablauf des Vertrages verpflichten, bedarf es eines Aufhebungsvertrages, der in Form eines dreiseitigen Vertrages unter Beteiligung des Sportlers geschlossen wird.[989] Die Zustimmung des abgebenden Vereins wird dabei regelmäßig durch **Ablösezahlungen** des neuen Vereins erkauft, so dass von einem „Herauskaufen" des Spielers aus einem laufenden Vertrag bzw. – bei anderer Gestaltung – von einem „Ausleihen" des Spielers gesprochen wird.[990] Auch wenn diese Bezeichnungen eine sittenwidrige Beeinträchtigung des Persönlichkeitsrechts des Spielers vermuten lassen, sind solche Vereinbarungen doch im Hinblick auf § 138 nicht zu beanstanden.[991] Denn hierbei handelt es sich nicht mehr um abstrakte Verbandsregeln, sondern um **individualvertragliche Vereinbarungen** zwischen altem und neuem Arbeitgeber unter Mitwirkung des Sportlers.[992]   **307**

Verbandsregeln, welche die Anzahl der in einem Spiel einsetzbaren **Sportler aus anderen EU-Ländern** beschränken, sind nach § 138 Abs. 1 nichtig. Solche Beschränkungen verstoßen gegen das Recht der Arbeitnehmer auf Freizügigkeit aus Art. 45 AEUV (39 EGV).[993] Beschränkungen für **Nicht-EU-Ausländer** sind dagegen grundsätzlich zulässig.[994] Etwas anderes gilt aber, wenn die EU mit dem betreffenden Drittstatt ein Partnerschaftsabkommen geschlossen hat, das eine Gleichbehandlung mit Inländern gebietet.[995] Da solche Abkommen verbreitet sind,[996] haben Ausländerbeschränkungen im Sport ihre Bedeutung verloren.   **308**

Eine sittenwidrige Einschränkung der Rechte von Sportlern kann auch darin liegen, dass die Verbandsregeln eine **übermäßige Verbandsstrafe** für unsportliches Verhalten festlegen. Eine Sperre für die Dauer von vier Jahren oder gar eine lebenslange Sperre (zB bei Doping) stellen unverhältnismäßige Eingriffe in die Berufsausübungsfreiheit von Sportlern (Art. 12 GG) dar.[997] Eine **Schiedsvereinbarung** zwischen einem Berufssportler und seinem Verband, in der die Parteien für Streitigkeiten über Doping-Verstöße die Zuständigkeit der ordentlichen Gerichte zugunsten der Sportschiedsgerichtsbarkeit ausschließen, ist nach der Rechtsprechung des BGH aber weder nach § 134 (→ § 134 Rn. 272) noch nach § 138 Abs. 1 unwirksam, weil sie nicht auf dem Missbrauch einer marktbeherrschenden Stellung des Sportverbands (§ 19 Abs. 1 GWB) beruht und auch nicht in Widerspruch zur Berufsfreiheit des Sportlers (Art. 12 Abs. 1 GG) und zu dessen Anspruch auf Justizgewährung steht.[998] Demgegenüber nimmt das OLG Frankfurt aM die Sittenwidrigkeit der Unterwerfung eines **Nicht-Verbandsmitglieds** unter die Verbandsgerichtsbarkeit an, wenn gegen die Entscheidung des Verbandsgerichts kein Rechtsmittel zu einem staatlichen Gericht oder Schiedsgericht möglich ist.[999]   **309**

c) Verstoß gegen Verbandsstatut. Ein Verstoß gegen ein Verbandsstatut führt grundsätzlich nicht zur Sittenwidrigkeit des Geschäfts.[1000] Etwas anderes gilt nur, wenn die Verbandsregelung selbst Ausdruck der von § 138 geschützten Wertordnung ist. Nicht sittenwidrig sind die regelmäßig gegen die Statuten versto-   **310**

---

984 BAG NZA 1997, 647 – Fall Kienass; vgl. auch EuGH NJW 1996, 505.

985 BGHZ 142, 305 = NJW 1999, 3552; ArbG Hanau NZA-RR 1998, 108; aA noch OLG Düsseldorf NJW-RR 1996, 558.

986 OLG Oldenburg NJW-RR 1999, 422; BGH NJW 1999, 3552.

987 BGHZ 142, 305 = NJW 1999, 3552.

988 Vgl. *Kelber* NZA 2001, 11 (12).

989 *Kelber* NZA 2001, 11 (12).

990 *Kelber* NZA 2001, 11 (12).

991 Vgl. dazu treffend *Karakaya/Buch* ZRP 2002, 193 (196): „weniger Ausdruck eines sittenwidrigen Vermarktungsvorgangs, sondern eines sportspezifischen Sprachgebrauchs".

992 LAG Köln SpuRt 1999, 77; OLG Düsseldorf NJW-RR 2001,1633; *Arens* SpuRt 1996, 39 (41); *Kelber* NZA 2001, 11 (12).

993 EuGH NJW 1996, 505 Rn. 119; Palandt/*Ellenberger* BGB § 25 Rn. 10.

994 Vgl. *Kreis/Schmid* NZA 2003, 1013.

995 Vgl. EuGH NZA 2003, 845 (Slowakei); EuZW 2005, 337 (Russland).

996 Vgl. die Nachweise bei *Fischer/Groß* EuZW 2005, 340 f.

997 LG München SpuRt 1995, 161 (166); *Nolte/Polzin* NZG 2001, 838 (840).

998 BGH NJW 2016, 2266 Rn. 46 ff.; aA OLG München SchiedsVZ 2015, 40 (42); näher dazu *Heermann* NJW 2016, 2224 ff.; *Niedermaier* SchiedsVZ 2014, 280 ff.

999 OLG Frankfurt SpuRt 2018, 81 = BeckRS 2017, 139118 Rn. 23.

1000 MüKoBGB/*Armbrüster* § 138 Rn. 52.

ßenden Zahlungen von **Handgeldern** oder **Wechselprämien** an Sportler und Dritte. Insoweit fehlt es an einer hinreichenden Beeinträchtigung von Belangen der Allgemeinheit;[1001] die verbandsrechtliche Qualifikation als „unsportliches Verhalten" kann nur verbandsintern zu Sanktionen führen.[1002] Der Verstoß gegen Verbandsstatuten kann aber die Sittenwidrigkeit eines Vertrages begründen, der auf die Verwirklichung eines unsportlichen Verhaltens gerichtet ist; so etwa die Gewährung von Zuwendungen für eine **absichtliche Nicht- oder Schlechtleistung** im Wettkampf[1003] oder **verbotene Leistungssteigerungen** durch Doping.[1004]

311   **d) Weitere Einzelfälle.** Die **Verträge zwischen dem Verein und den Sportlern** sind Arbeitsverträge;[1005] die Sittenwidrigkeit beurteilt sich daher nach den allgemeinen Regelungen über Arbeitsverhältnisse (→ Rn. 141 ff.) unter Berücksichtigung der besonderen Gegebenheiten des Berufssports.[1006] Sittenwidrig ist eine Vereinbarung, wonach der Sportler im Falle des Vertragsbruchs als Vertragsstrafe die bis dahin erhaltenen Bezüge vollständig zurückzahlen muss.[1007]

312   Die allgemeinen Grundsätze über Dienst- und Arbeitsverträge gelten auch für **Verträge zwischen dem Sportler und Dritten**, zB einem Manager oder Spielerberater. Macht ein **Beratervertrag** jede berufliche Veränderung des Sportlers von der Zustimmung des Beraters abhängig, so ist er wegen unverhältnismäßiger Beschränkung des Sportlers sittenwidrig.[1008]

18. Standesrecht

Literatur: *Bruns*, Das Verbot der quota litis und die erfolgshonorierte Prozessfinanzierung, JZ 2000, 232; *Conrad*, Erfolgshonorare – Zulässigkeit von Verträgen für rechtsanwaltliche Prozessfinanzierung und Inkassozession, MDR 2006, 848; *Dethloff*, Verträge zur Prozessfinanzierung gegen Erfolgsbeteiligung, NJW 2000, 2225; *Frechen/Kochheim*, Fremdfinanzierung von Prozessen gegen Erfolgsbeteiligung, NJW 2004, 1213; *Fritzsche/Schmidt*, Eine neue Form der Versicherung?, NJW 1999, 2998; *Taupitz*, Das Standesrecht der freien Berufe, 1991.

313   Die Verletzung von Standesrecht begründet nicht notwendig die Sittenwidrigkeit des Rechtsgeschäfts (→ Rn. 87). Etwas anderes gilt aber, wenn ein Berufsstand **wichtige Gemeinschaftsaufgaben** erfüllt und der Verstoß gegen das Standesrecht geeignet ist, das **Vertrauen der Allgemeinheit** in die ordnungsgemäße Wahrnehmung dieser Aufgaben zu untergraben.

314   **a) Gefährdung der ordnungsgemäßen Berufsausübung.** Zu den grundlegenden Standespflichten des Freiberuflers gehören die **persönliche und sachliche Unabhängigkeit** und die Verpflichtung zur sachbezogenen Wahrnehmung seiner Aufgaben.[1009] Rechtsgeschäfte, welche die Unabhängigkeit oder den Bezug zur eigentlichen Tätigkeit in Frage stellen, begründen Zweifel an der ordnungsgemäßen Berufsausübung und können deshalb sittenwidrig sein. So widerspricht es dem **Ansehen der Rechtsanwaltschaft**, wenn Rechtsanwälte sich erwerbswirtschaftlich mit Tätigkeiten befassen, die nicht zu den für einen Rechtsanwalt typischen Geschäften gehören.[1010] Dies gilt insbesondere für die **ständige Ausübung des Maklerberufs** durch einen Rechtsanwalt.[1011] Beschränkt sich die Tätigkeit als Makler auf Einzelfälle, so kann darin aber – auch bei Verstoß gegen Standesrecht – keine Sittenwidrigkeit gesehen werden.[1012] Entsprechende Geschäfte sind daher nicht nach Abs. 1 nichtig. Dies gilt auch dann, wenn der Rechtsanwalt als Gesellschafter einer GmbH gegenüber dem Geschäftspartner nur in seiner Eigenschaft als Makler aufgetreten ist.[1013] Dagegen ist es sittenwidrig, wenn der Rechtsanwalt bei der Vergabe oder Verschaffung von Aufträgen gegen Provision aus Gewinnstreben zulasten der eigenen Mandantin tätig wird.[1014]

315   Das **Berufsbild des Arztes** wird durch das ärztliche Gelöbnis geprägt, wonach die Erhaltung und Wiederherstellung der Gesundheit der Patienten oberstes Gebot ist; der Arzt hat seine Aufgaben nach seinem Gewissen und den Geboten der ärztlichen Ethik zu erfüllen und muss sich dabei der Achtung und des Vertrauens würdig zeigen, die der ärztliche Beruf erfordert (vgl. § 2 BOÄ). Als sittenwidrig ist es daher anzusehen, wenn sich ein Arzt verpflichtet, einer Apotheke als Gegenleistung für eine finanzielle Unterstützung bei der Errichtung seiner Praxis durch Verschreibungen einen bestimmten (hohen) Kassenrezeptumsatz zu sichern.[1015] Gleiches gilt, wenn sich ein Zahnarzt verpflichtet, bestimmte zahntechnische Leistungen aus-

1001 BAG AP BGB § 138 Nr. 29 Berufssport; LAG Hamm NZA-RR 2000, 411.

1002 LAG Hamm NZA-RR 2000, 411.

1003 RGZ 138, 137 (141); Erman/*Schmidt-Räntsch* BGB § 138 Rn. 153.

1004 *Derleder/Deppe* JZ 1992, 116 (117).

1005 AllgM, vgl. nur BAG NJW 1997, 276; Erman/*Schmidt-Räntsch* BGB § 138 Rn. 152.

1006 Erman/*Schmidt-Räntsch* BGB § 138 Rn. 152.

1007 LAG Köln NZA-RR 1999, 350.

1008 OLG Frankfurt NJW-RR 1996, 1333; ausf. *Karakaya/Buch* ZRP 2002, 193 ff.

1009 BGHZ 78, 263 (267); Palandt/*Ellenberger* BGB § 138 Rn. 59.

1010 BGH NJW 1995, 1425; 1996, 2499; KG NJW 1989, 2893 (2894).

1011 BGH NJW 1992, 681 (682); 2000, 3067, 3068; Staudinger/*Sack/Fischinger* BGB § 138 Rn. 641.

1012 BGH NJW 1992, 681 (682); 1996, 2499.

1013 BGH NJW-RR 2000, 1502.

1014 OLG Frankfurt NJW 1990, 2131.

1015 OLG Frankfurt NJW 2000, 1797.

schließlich an ein bestimmtes Labor zu vergeben.[1016] Ebenfalls sittenwidrig ist ein **Patientenvermittlungs-vertrag** zwischen einem Arzt und einem nichtärztlichen Institut. Denn nichtärztliche Vermittler können das Vertrauensverhältnis zwischen Arzt und Patienten stören und letzteren durch unsachgemäße Informationen zur Aufnahme einer ungeeigneten Behandlung veranlassen.[1017] Hat der Arzt dem Institut für die Vermittlung der Patienten eine Provision zu gewähren, besteht außerdem die Gefahr, dass er sein Honorar zu hoch ansetzt, um dem Vermittler die Vergütung zahlen zu können, ohne selbst auf ein angemessenes Honorar verzichten zu müssen.[1018] Auch ein Vertrag, der die Betreiberin von sog. *Medical Beauty Centern* verpflichtet, zu der dort vorgenommenen Faltenunterspritzung exklusiv Fillerprodukte der Vertragspartnerin zu beziehen, verstößt gegen § 138 Abs. 1, wenn die Gesamtwürdigung der Umstände (Zahlung einer Umsatzgarantie und Leistung von Zuschüssen für das Honorar der behandelnden Ärztin) eine tatsächliche Gefährdung der Therapiefreiheit befürchten lässt.[1019]

Die berufliche Verantwortlichkeit und Entscheidungsfreiheit von **Apothekern** wird durch das ApothekenG geschützt. Verstöße gegen das ApothekenG (zB stille Beteiligung eines Nichtapothekers) führen nach § 134 (→ § 134 Rn. 138) zur Nichtigkeit des Rechtsgeschäfts. **316**

Sog. **Architekten-Bindungsklauseln**, mit denen der Verkäufer den Erwerber eines Grundstücks verpflichtet, die Planung und Ausführung eines Bauwerks von einem bestimmten Architekten durchführen zu lassen, wurden früher grundsätzlich für **standeswidrig** gehalten. Nach der Rechtsprechung waren solche Klauseln aber nicht generell sittenwidrig, weil das notwendige Vertrauensverhältnis zwischen Bauherr und Architekt nicht schon dadurch ausgeschlossen wird, dass der Bauwillige in der Wahl des Architekten nicht völlig frei ist.[1020] Seit 1971 werden derartige Architektenbindungsklauseln durch Art. 10 § 3 des Gesetzes zur Verbesserung des Mietrechts und zur Begrenzung des Mietanstiegs sowie zur Regelung von Ingenieur- und Architektenleistungen (MRVerbG)[1021] untersagt. Die Rechtsfolgen eines Verstoßes richten sich daher nach **§ 134** (→ § 134 Rn. 152). **317**

b) Vergütungsvereinbarungen. aa) Allgemeines. Die Zulässigkeit der Vereinbarung von Vergütungen für Freiberufler richtet sich im Wesentlichen nach den einschlägigen **Gebührenordnungen** (zB HOAI, GOÄ, GOZ, RVG, StBGebV). Verstöße gegen diese Gebührenordnungen sind daher vorrangig nach § 134 zu beurteilen (s. zum RVG → § 134 Rn. 204 ff.; zur HOAI → § 134 Rn. 70).[1022] Soweit die Gebührenordnungen für bestimmte Fälle keine Regelung treffen, gilt der Grundsatz der Vertragsfreiheit. So führte eine Gebührenunterschreitung bei der **HOAI** vor Einführung der Mindestsätze nicht zur Sittenwidrigkeit der Vereinbarung.[1023] Vereinbart ein **Steuerberater** mit einem Mandanten ein pauschales Stundenhonorar, das die Sätze der StBGebV um ca. 30 % unterschreitet, so ist dies ebenfalls nicht sittenwidrig.[1024] Zur Zulässigkeit einer **Gebührenunterschreitung** nach dem **RVG** → § 134 Rn. 204. Soweit das RVG **höhere Honorare** zulässt, kann die Vereinbarung gem. § 138 Abs. 1 oder Abs. 2 unwirksam sein, wenn zwischen der Leistung des Rechtsanwalts und der Höhe des Honorars ein auffälliges Missverhältnis besteht und weitere Umstände (zB Ausnutzung einer Zwangslage des Mandanten) hinzutreten, die für die Sittenwidrigkeit relevant sind.[1025] Dass das vereinbarte Honorar deutlich über den gesetzlichen Sätzen liegt, lässt für sich genommen aber noch nicht auf ein auffälliges Missverhältnis zwischen Leistung und Gegenleistung schließen. Entscheidend ist, ob das Honorar in einem angemessenen Verhältnis zu dem mit der anwaltlichen Tätigkeit verbundenen Aufwand steht.[1026] Im Übrigen besteht die Möglichkeit, überhöhte Honorare wegen Verstoßes gegen das **Mäßigungsgebot** des § 3 a Abs. 2 RVG (früher § 3 Abs. 3 BRAGO) auf einen angemessenen Betrag herabzusetzen.[1027] Überschreitet die bei einer Strafverteidigung oder einer zivilrechtlichen Streitigkeit vereinbarte Vergütung den fünffachen Satz der gesetzlichen Gebühren, so spricht eine tatsächliche Vermutung für die Unangemessenheit der Vergütung und die Verletzung des Mäßigungsverbots. Dem Anwalt steht aber der Nachweis offen, dass die vereinbarte Vergütung im konkreten Fall unter Berücksichtigung aller Umstände angemessen ist.[1028] **318**

1016 OLG Nürnberg MDR 1988, 861; Palandt/*Ellenberger* BGB § 138 Rn. 59.
1017 OLG Hamm NJW 1985, 679 (680); Erman/*Schmidt-Räntsch* BGB § 138 Rn. 83; Staudinger/*Sack/Fischinger* BGB § 138 Rn. 643; vgl. auch BGH NJW 1986, 2360; 1999, 2360. Zur Zulässigkeit einer Internetplattform mit Gegenangeboten von Zahnärzten in Kosten- und Heilplänen ihrer Kollegen BGH NJW 2011, 2209.
1018 OLG Hamm NJW 1985, 679 (680).
1019 OLG München NJOZ 2013, 1846 (1848).
1020 BGHZ 60, 28 (33).
1021 BGBl. I 1971 S. 1745.

1022 Erman/*Schmidt-Räntsch* BGB § 138 Rn. 83.
1023 OLG Stuttgart NJW 1980, 1583 (1584).
1024 BGH NJW 1996, 1954 (1956).
1025 BGHZ 162, 98 (101) = NJW 2005, 2142; BGH NJW 2010, 1364 (1367); BeckOK RVG/*von Seltmann* § 3 a Rn. 14 ff.
1026 BGH NJW 2010, 1364 (1367); OLG München BeckRS 2012, 16179.
1027 Dazu BVerfG NJW-RR 2010, 259; BGHZ 162, 98 (103 ff.); BGH NJW 2010, 1364 (1368).
1028 BGH NJW-RR 2017, 377 (379 f.); BGH NJW 2010, 1364 (1368) unter Modifikation der strengeren Maßstäbe von BGHZ 162, 98.

319 **bb) Erfolgshonorare und Prozessfinanzierungsverträge.** Der BGH hat anwaltliche **Erfolgshonorare** (quota litis) in ständiger Rechtsprechung für standes- und sittenwidrig angesehen, da das finanzielle Interesse des Rechtsanwalts am Prozessausgang dessen Unabhängigkeit und Stellung als Organ der Rechtspflege gefährde.[1029] Seit 1994 ist die Problematik der Erfolgshonorare gesetzlich geregelt. Die ursprüngliche, sehr restriktive Regelung war jedoch im Hinblick auf Art. 12 GG verfassungswidrig.[1030] Nach dem neu gefassten § 49 b Abs. 2 BRAO iVm § 4 a Abs. 1 RVG ist die Vereinbarung eines Erfolgshonorars unter bestimmten Voraussetzungen zulässig. Sofern die Voraussetzungen des § 4 a RVG nicht vorliegen, ist die Vereinbarung nach § 134 unwirksam (zu den Einzelheiten → § 134 Rn. 205).

320 Vereinbarungen über die Finanzierung fremder Rechtsverfolgungskosten sind den Rechtsanwälten nach § 49 b Abs. 2 S. 2 BRAO verboten (→ § 134 Rn. 206). **Prozessfinanzierungsverträge**, bei denen der Rechtssuchende gegen Zahlung eines Erfolgshonorars **mit einem Dritten** (idR einer Finanzierungsgesellschaft) die Finanzierung der Prozesskosten vereinbart,[1031] verstoßen dagegen nicht gegen § 49 b BRAO, weil diese Norm nur an Rechtsanwälte gerichtet ist.[1032] In der Literatur wurde allerdings die Auffassung vertreten, dass solche Verträge im Regelfall wegen Umgehung des Verbots von Erfolgshonoraren sittenwidrig seien.[1033] Dieses Argument hat indes mit der Entscheidung des BVerfG zur eingeschränkten Zulässigkeit von Erfolgshonoraren und der dadurch veranlassten Neufassung des § 49 b Abs. 2 BRAO iVm § 4 a RVG seine Überzeugungskraft verloren.[1034] Davon abgesehen erhält der Anwalt im Allgemeinen nur die ihm gesetzlich zustehenden Gebühren; das Erfolgshonorar kommt dem Prozessfinanzierer zugute. Der überwiegende Teil der neueren Rechtsprechung und Literatur geht daher im Einklang mit der Gesetzesbegründung zu § 49 b Abs. 2 S. 2 BRAO[1035] von der grundsätzlichen Zulässigkeit des Geschäftsmodells aus;[1036] gestritten wird nur noch über die dogmatische Einordnung.[1037] Im Einzelfall kann sich die Sittenwidrigkeit allerdings auch hier aus dem Vorliegen eines groben Missverhältnisses zwischen Leistung und Gegenleistung ergeben.[1038] Hat der Prozessfinanzierungsvertrag die Beitreibung einer anwaltlichen Honorarforderung zum Gegenstand, so ist er bei Fehlen einer Einwilligung des Mandanten nach § 134 iVm § 203 StGB nichtig.[1039]

321 **cc) Provisionsvereinbarungen.** Nach der Rechtsprechung zählt das Verbot jedweder **Provisionsvereinbarungen zwischen Anwälten und Nichtanwälten** zu den unverzichtbaren Grundsätzen für die anwaltliche Tätigkeit.[1040] Die Abgabe oder Entgegennahme eines Teils der Gebühren oder sonstiger Vorteile für die Vermittlung von Aufträgen ist demnach ebenso sittenwidrig[1041] wie eine Vereinbarung über die Zahlung von Provisionen für vermittelte Mandate.[1042] Zur Unzulässigkeit von **Patientenvermittlungsverträgen** mit **Ärzten** → Rn. 315.

322 Für Angehörige sonstiger freier Berufe besteht kein allgemeines Verbot, zur Erlangung von Aufträgen die entgeltlichen Dienste eines Maklers in Anspruch zu nehmen. Verspricht ein **Architekt** einem Makler eine Provision für die Vermittlung von Aufträgen, so ist dies daher nur bei Hinzutreten besonderer Umstände sittenwidrig.[1043]

323 **c) Praxisverkauf.** Die Vereinbarung eines Praxisverkaufs von **Rechtsanwälten** und **Ärzten** wurde vom RG als standes- und sittenwidrig angesehen.[1044] Der BGH ist dem zu Recht nicht gefolgt.[1045] Die Veräußerung einer Anwalts-, Arzt- oder Steuerberaterpraxis ist somit grundsätzlich nicht (mehr) sittenwidrig.[1046] Etwas anderes kann jedoch gelten, wenn der Erwerber durch den Vertrag übermäßig in seiner wirtschaftlichen Freiheit oder in seiner persönlichen Unabhängigkeit beschränkt wird und dies befürchten lässt, dass

1029 BGHZ 22, 162 (165); 51, 290, 293; BGH NJW 1981, 998; 1987, 3203, 3204; 1992, 681, 682; 1996, 2499, 2500.
1030 BVerfG NJW 2007, 979 (985).
1031 Zum Inhalt von Prozessfinanzierungsverträgen *Dethloff* NJW 2000, 2225 (2228).
1032 Staudinger/*Sack/Fischinger* BGB § 138 Rn. 638; *Dethloff* NJW 2000, 2225.
1033 Vgl. *Bruns* JZ 2000, 232 (236 ff.).
1034 Zur Bedeutung dieser Entwicklung für das Geschäftsmodell der Prozesskostenfinanzierung Bruck/Möller/*Baumann* § 1 Rn. 299.
1035 BT-Drs. 16/8384 S. 9.
1036 So OLG München NJW-RR 2015, 1333 Rn. 21 ff.; Palandt/*Ellenberger* BGB § 138 Rn. 58; PWW/*Ahrens* BGB § 138 Rn. 139; Staudinger/*Sack/Fischinger* BGB § 138 Rn. 710; *Conrad* MDR 2006, 848 ff.; *Dethloff* NJW 2000, 2225 (2229); *Frechen/Kochheim* NJW 2004, 1213 (1216); *Grunewald* BB 2000, 729 ff.; differenzierend *Fritzsche/Schmidt* NJW 1999, 2998 (3002).

1037 Dazu MüKoVVG/*Looschelders* § 1 Rn. 107 ff.
1038 PWW/*Ahrens* BGB § 138 Rn. 139; Palandt/*Ellenberger* BGB § 138 Rn. 58.
1039 OLG Köln NJW 2008, 589 (590); LG Bonn NJW-RR 2007, 132; Staudinger/*Sack/Fischinger* BGB § 138 Rn. 711.
1040 KG NJW 1989, 2893 (2894).
1041 BGH NJW 1980, 2407.
1042 KG NJW 1989, 2893; vgl. auch BGH NJW 1999, 2360. Die Nichtigkeit derartiger Provisionsabreden folgt auch aus § 203 StGB und § 49 b Abs. 3 BRAO iVm § 134.
1043 BGH NJW 1999, 2360; Staudinger/*Sack/Fischinger* BGB § 138 Rn. 643; allerdings kann bei solchen Abreden Landesrecht zu beachten sein, so etwa in § 3 HGB 1999, 2360: NWBauKaG iVm § 134.
1044 RGZ 66, 143; 90, 35; einschr. aber RGZ 153, 280.
1045 Vgl. nur BGHZ 16, 71 (74); 43, 46.
1046 Erman/*Schmidt-Räntsch* BGB § 138 Rn. 85; Staudinger/*Sack/Fischinger* BGB § 138 Rn. 635.

die Praxis nicht in einer den Allgemeininteressen entsprechenden Weise fortgeführt wird.[1047] Gleichfalls nicht sittenwidrig ist die Übergabe einer **Patientenkartei** ohne die Zustimmung der Patienten.[1048] Der Vertrag ist in diesen Fällen aber nach § 203 StGB iVm § 134 nichtig (s. dazu → § 134 Rn. 132).

19. Straf- und Strafprozessrecht. a) Allgemeines. Ob Verträge, die straf- oder strafverfahrensrechtlichen Vorschriften zuwiderlaufen, nach § 134 oder § 138 Abs. 1 nichtig sind, ist umstritten.[1049] Auch die Rechtsprechung ist uneinheitlich.[1050] Der BGH stützt die Nichtigkeit jedenfalls dann auf § 138, wenn das Rechtsgeschäft eine Straftat lediglich **fördern oder ausnutzen** soll.[1051] Die Parteien eines Vertrages, der eine Straftat fördert oder ausnutzt, müssen auch **subjektiv sittenwidrig** handeln.[1052] Dabei müssen sich grundsätzlich **alle Vertragsparteien**[1053] der strafrechtlich relevanten Tatsachen bewusst sein[1054] bzw. sich deren **Kenntnis** zumindest **grob fahrlässig verschließen** (→ Rn. 93).[1055]   **324**

Das Rechtsgeschäft kann auch dann nach Abs. 1 sittenwidrig sein, wenn es die Verletzung **ausländischer Strafnormen** fördert. Voraussetzung ist aber, dass die ausländischen Normen nach den in Deutschland herrschenden Wertvorstellungen anzuerkennen sind (→ Rn. 80).[1056]   **325**

b) Einzelfälle. Der BGH hat einen Darlehensvertrag, der den Erwerb eines Schiffes und dessen Umbau in ein „schwimmendes Bordell" ermöglicht hat, wegen der Strafbarkeit des **Bordellbetriebs** als sittenwidrig angesehen.[1057] Ebenso ist ein **Kaufvertrag** gem. § 138 nichtig, wenn er die Grundlage für einen betrügerischen Weiterverkauf darstellt.[1058] Eine Haftungsfreistellung zwischen zwei Parteien, die mithilfe eines Scheinvertrags einen Betrug gegenüber einem Dritten begehen, ist ebenfalls gem. § 138 nichtig.[1059] Sittenwidrig ist auch der **Kauf eines Radarwarngerätes**, weil der Kaufvertrag ein späteres ordnungswidriges und gar strafbares Verhalten des Käufers fördert (→ Rn. 220). Demgegenüber führt der Verstoß gegen den Straftatbestand der irreführenden unwahren Werbung (§ 16 Abs. 1 UWG) weder nach § 134 (dort → Rn. 258) noch nach § 138 zur Nichtigkeit des entsprechenden Folgevertrages.[1060]   **326**

Freilich kann nicht jedes noch so **untergeordnete Hilfsgeschäft** unter dem Aspekt der **Förderung einer Straftat** nach Abs. 1 nichtig sein (→ Rn. 77). Der BGH hat dies für Getränkelieferungen an einen strafbaren Bordellbetrieb anerkannt.[1061] Im Hinblick auf das **Ausnutzen** eines strafrechtlich relevanten Rechtsgeschäfts ist ebenfalls zu bedenken, dass nicht jeder **Folgevertrag** automatisch nichtig ist, wie der BGH für den aus einer Schmiergeldzahlung resultierenden Architektenvertrag festgestellt hat. Entscheidend ist, ob es im Einzelfall zu einer für den Vertragspartner nachteiligen Vertragsgestaltung kommt.[1062]   **327**

Im Zusammenhang mit dem Strafprozessrecht können vertragliche Vereinbarungen über die **Rücknahme eines Strafantrages** oder einer **Strafanzeige** sittenwidrig sein. Dies gilt insbesondere, wenn die psychische Zwangslage und die persönliche Verstrickung des Täters ausgenutzt werden, um eine übermäßig hohe Entschädigung zu erlangen.[1063]   **328**

20. Versicherungsrecht

Literatur: *Armbrüster/Schilbach*, Nichtigkeit von Versicherungsverträgen wegen Verbots- oder Sittenverstoßes, r+s 2016, 109; *Langheid/Wandt* (Hrsg.), Münchener Kommentar zum VVG, Bd. 1, 2. Aufl. 2016.

Bei der **Inhaltskontrolle** von Versicherungsverträgen steht die Überprüfung der AVB nach §§ 307 ff. im Vordergrund. Ein Rückgriff auf § 138 ist daneben meist nicht erforderlich. Ein Verstoß gegen die guten Sitten liegt aber vor, wenn der Versicherungsnehmer mit einem Sachwalter des Versicherers (Versicherungsvertreter, Sachbearbeiter etc) beim **Abschluss des Versicherungsvertrages** zum Nachteil des Versicherers **kollusiv** zusammengewirkt hat.[1064] So ist die Vereinbarung einer Rückwärtsversicherung (§ 2 VVG) nach Abs. 1 unter dem Aspekt der Kollusion nichtig, wenn der Eintritt des Versicherungsfalls bei Vertragsschluss sowohl dem Versicherungsnehmer als auch dem Sachwalter des Versicherers bekannt war.[1065] Eine Rück-   **329**

1047 BGHZ 43, 46 (49); BGH NJW 1989, 763; Palandt/ *Ellenberger* BGB § 138 Rn. 60.

1048 BGH NJW 1974, 602; vgl. auch OLG Düsseldorf NJW 1973, 558.

1049 Hierzu Staudinger/*Sack/Fischinger* BGB § 138 Rn. 535 f.

1050 Vgl. einerseits BGH NJW 1983, 868 (869); andererseits BGH NJW 1995, 2026 (2027).

1051 Vgl. BGH DB 1971, 39; NJW-RR 1990, 750; Staudinger/*Sack/Fischinger* BGB § 138 Rn. 535.

1052 BGH NJW-RR 1990, 750 (751).

1053 BGHZ 53, 152 (159 f.)

1054 RGZ 100, 39 (41 f.)

1055 BGH NJW 1992, 310.

1056 BGHZ 94, 268 (271).

1057 BGH NJW-RR 1990, 750.

1058 BGH DB 1971, 39.

1059 BGH NJW-RR 1990, 1521 (1522).

1060 Vgl. Köhler/Bornkamm/Feddersen/*Bornkamm* UWG § 16 Rn. 32; aA zu § 4 UWG aF OLG Stuttgart NJW-RR 1997, 236 (237).

1061 BGH NJW-RR 1987, 999 (1000).

1062 BGHZ 141, 357 (361).

1063 BGH NJW 1991, 1046 (1047).

1064 Vgl. BGH NJW 1989, 26; 2002, 1497, 1498; Erman/ *Schmidt-Räntsch* BGB § 138 Rn. 164.

1065 BGHZ 111, 29 (35) = NJW 1990, 1851 (1852 f.); OLG Düsseldorf NJW-RR 1997, 158 (159); Bruck/ Möller/*Johannsen* § 2 Rn. 18.

wärtsversicherung unter Abbedingung des § 2 Abs. 2 S. 2 VVG kann auch deshalb sittenwidrig sein, weil sie ein **willkürliches persönliches Geschenk** an den einzelnen Versicherungsnehmer zulasten der Versichertengemeinschaft darstellt.[1066]

330 Die Einbeziehung von **Vorsatz** in den Versicherungsschutz verstößt nach hM grundsätzlich gegen die guten Sitten (§ 138 Abs. 1).[1067] Maßgeblich ist die Erwägung, dass man sich „keinen Freibrief für die Folgen seines vorsätzlichen künftigen Handelns ausbedingen kann".[1068] Diese Erwägung trifft aber nur auf das Handeln des Versicherungsnehmers selbst zu. Es ist daher unbedenklich, wenn der Versicherungsschutz auf die vorsätzliche Herbeiführung des Versicherungsfalls durch Dritte erweitert wird, deren Verhalten der Versicherungsnehmer sich an sich zurechnen lassen müsste.[1069] Versicherungsverträge über die **Erstattung von Geldstrafen und Geldbußen** sind nach überwiegender Ansicht gemäß § 138 Abs. 1 unwirksam.[1070] Wird ein **Kreditvertrag** mit einer **Kapitallebensversicherung** kombiniert, so beurteilt sich die Sittenwidrigkeit nach den gleichen Grundsätzen wie bei Ratenkrediten (→ Rn. 237).

331 **21. Verwaltungsrecht.** Privatrechtliche Verträge zwischen Verwaltung und Bürger sind nach § 138 Abs. 1 nichtig, wenn die Verwaltung ohne gesetzliche Ermächtigung hoheitliche Maßnahmen von Gegenleistungen abhängig macht, die nicht in sachlichem Zusammenhang mit den Maßnahmen selbst stehen (sog. **Kopplungsverbot**).[1071] Dies ist Ausdruck des Grundsatzes der Gesetzmäßigkeit der öffentlichen Verwaltung.[1072] Für **öffentlich-rechtliche Austauschverträge** ist das Kopplungsverbot in § 56 VwVfG niedergelegt. Wird diese Vorschrift verletzt, so ist der Vertrag nach § 59 Abs. 2 Nr. 4 nichtig. Der Rückgriff auf § 138 Abs. 1 ist daher nicht erforderlich.

332 Bei **privatrechtlichen Verträgen im Rahmen bauplanungsrechtlichen Handelns** ist der erforderliche sachliche Zusammenhang gegeben, wenn der an der Baugenehmigung interessierte Bürger sich zu Zahlungen verpflichtet, welche die der Genehmigung entgegenstehenden Gründe entkräften.[1073] So hat die Rechtsprechung die Zulässigkeit sog. **Folgekostenverträge** bejaht, mit denen die Gemeinde die nach der Aufstellung eines Bebauungsplans entstehenden Kosten zu kompensieren sucht.[1074] Ein sachlicher Zusammenhang ist auch dann gegeben, wenn die Gemeinde einen Teil eines im Außenbereich liegenden Grundstücks kauft und dem Verkäufer im Gegenzug in Aussicht stellt, das ganze Grundstück in den Bebauungsplan aufzunehmen.[1075] Dagegen besteht zwischen einer Baugenehmigung und einer vom Antragsteller zu erbringenden Geldzahlung zur Schaffung öffentlicher Parkplätze kein sachlicher Zusammenhang. Etwas anderes gilt nur, wenn die Parkplätze eine von dem konkreten baulichen Vorhaben des Klägers ausgehende Gefährdung des Verkehrs ausräumen sollen.[1076] Steht die von der Behörde versprochene Gegenleistung im Widerspruch zum Bauplanungsrecht, so ist bereits deshalb eine Kopplung unzulässig.[1077]

333 Das Finanzamt darf die Ausstellung einer **steuerlichen Unbedenklichkeitsbescheinigung** nicht davon abhängig machen, dass der Steuerschuldner ihm für **künftige** Steuerforderungen Sicherheiten bestellt.[1078] Denn die Sicherung künftiger Steuerforderungen steht in keinem sachlichen Zusammenhang mit dem Zweck der Unbedenklichkeitsbescheinigung, Auskunft über das Verhalten des Bewerbers **in der Vergangenheit** zu geben.

334 Nicht ohne Weiteres sittenwidrig sind Verträge, durch die sich der Widerspruchsführer gegen Entgelt verpflichtet, den **Widerspruch gegen eine behördliche Genehmigung** zurückzunehmen. So hat der BGH bei einem „Abfindungsvertrag" mit einer Bürgerinitiative die sittenwidrige Ausnutzung einer Zwangslage des Antragstellers verneint.[1079]

22. Wertpapierrecht

Literatur: *Meyer-Cording/Drygala*, Wertpapierrecht, 3. Auflage 1995.

335 **a) Wechselreiterei.** Ein klassischer Fall der Sittenwidrigkeit ist die **Wechselreiterei**, bei der die Beteiligten Finanzwechsel zum Zweck der Kreditbeschaffung vereinbarungsgemäß so untereinander austauschen,

---

1066 BGHZ 111, 29 (35); LG Stuttgart VersR 1973, 455 (456); Berliner Kommentar/*Baumann* § 2 Rn. 53; Looschelders/Pohlmann/*C.Schneider* § 2 Rn. 47.

1067 Prölss/Martin/*Armbrüster* VVG § 81 Rn. 86; MüKoVVG/*Looschelders* § 81 Rn. 154.

1068 BGHZ 33, 97 (101) = NJW 1960, 1903.

1069 MüKoVVG/*Looschelders* § 81 Rn. 154.

1070 Ausführlich dazu *Armbrüster/Schilbach* r+s 2016, 109, 110 ff. mwN.

1071 BGHZ 79, 131 (141); BGH NJW 1999, 208 (209); Erman/*Schmidt-Räntsch* BGB § 138 Rn. 134.

1072 VG München NJW 1998, 2070 (2971 f.).

1073 BGHZ 26, 84; BGH WM 1966, 1039 (1041).

1074 BVerwG NJW 1973, 1895 (1897); DNotZ 2006, 905; BGH WM 1966, 1039 (1041); ausführlich dazu *Vierling* DNotZ 2006, 891 ff.

1075 BGH NJW 1999, 208 (209).

1076 BGH WM 1979, 336 (337).

1077 VG München NJW 1998, 2070 (2971 f.).

1078 BGHZ 94, 125 (129); Erman/*Schmidt-Räntsch* BGB § 138 Rn. 134.

1079 BGHZ 79, 131 (137); krit. MüKoBGB/*Armbrüster* § 138 Rn. 127.

dass es sich dem **äußeren Anschein** nach um Handels- oder Warenwechsel handelt.[1080] Da Handels- oder Warenwechsel im Verkehr deutlich höher bewertet werden, besteht die **Gefahr**, dass künftige Kreditgeber **getäuscht und geschädigt** werden.[1081] Diese Gefahr – und damit der Vorwurf der Sittenwidrigkeit – wird nicht durch die ausdrückliche Bezeichnung als „Finanzwechsel" ausgeschlossen.[1082] Die Sittenwidrigkeit ist auch dann zu bejahen, wenn die Beteiligten ohne Täuschungsabsicht gehandelt haben.[1083] Ob die „Reiterei" gewerbsmäßig oder als Einzelaktion betrieben wird, ist ebenfalls unerheblich.[1084]

In den Fällen des Akzeptaustausches sind nicht nur die **kausalen Grundgeschäfte**, sondern auch die **336** **abstrakten Wechselbegebungsverträge**[1085] nach Abs. 1 nichtig.

b) Scheckreiterei. Anders als der Wechsel ist der Scheck kein Kreditpapier, sondern ein Zahlungsmittel **337** im bargeldlosen Zahlungsverkehr.[1086] Die Begebung eines Schecks zur verdeckten Kreditbeschaffung ist daher nach Abs. 1 nichtig (sog. „**Scheckreiterei**").[1087] Sittenwidrig ist insbesondere die Ausstellung eines Schecks, um dem Nehmer kurzfristig zu Liquidität zu verhelfen, wenn dem keine Warenumsätze oder Zahlungsverpflichtungen zugrunde liegen und die Schecksumme nach erfolgter Gutschrift per Scheck wieder an den Aussteller zurückgezahlt werden soll.[1088] Die Nichtigkeit erfasst sowohl die entsprechenden Vereinbarungen als auch die abstrakten Begebungsverträge.[1089]

Die **Begebung eines Wechsels** gegen einen gedeckten und sofort fälligen Scheck wird nicht als sittenwid- **338** rige Wechsel- oder Scheckreiterei qualifiziert.[1090] Dies gilt auch für die Begebung von Finanzwechseln, die nicht im Zusammenhang mit einem Warengeschäft stehen.[1091]

c) Diskontierung. Die Frage nach der Sittenwidrigkeit eines **Diskontgeschäftes** stellt sich allenfalls bei **339** sog. „**umgedrehten**" Wechseln, die nicht der Aussteller oder ein Nehmer, sondern der Akzeptant selbst seiner Hausbank zum Diskont anbietet.[1092] Auch hier ist das Diskontgeschäft nach hM aber selbst dann nicht sittenwidrig, wenn der Bank die Zahlungsschwierigkeiten ihres Kunden bekannt sind.[1093] Begründet wird dies damit, dass das Risiko des Ausstellers, aus dem Wechsel in Anspruch genommen zu werden, bei dem **Akzeptantenwechsel** nicht größer sei, als wenn er selbst den Wechsel diskontieren lasse. In beiden Fällen hänge das Risiko von der Zahlungsfähigkeit des Akzeptanten ab, die der Aussteller im eigenen Interesse stets selbst zu prüfen habe. Diese Prüfung nehme die Diskontbank dem Aussteller nicht ab, da sie die Bonität des Akzeptanten ausschließlich im eigenen Interesse untersuche.[1094]

23. Wettbewerbsrecht

Literatur: *Harte-Bavendamm/Henning-Bodewig*, Gesetz gegen den unlauteren Wettbewerb (UWG), 4. Auflage 2016; *Köhler*, Das neue UWG, NJW 2004, 2121; *Köhler/Bornkamm/Feddersen*, Gesetz gegen den unlauteren Wettbewerb, 37. Auflage 2019; *Möller*, Die Rechtsprechung des BGH zu sog. Schenkkreisen – ein Überblick, MDR 2010, 297; 136; *Ohly/Sosnitza*, Gesetz gegen den unlauteren Wettbewerb, 7. Auflage 2016; *Omsels*, Zur Unlauterkeit der gezielten Behinderung von Mitbewerbern (§ 4 Nr. 10 UWG), WRP 2004, 136; *Sack*, Folgeverträge unlauteren Wettbewerbs, GRUR 2004, 625; *Willingmann*, Sittenwidrigkeit von Schneeballsystem-Gewinnspielen und Kondiktionsausschluss, NJW 1997, 2932.

a) Unlauterer Wettbewerb. aa) Allgemeines. Das UWG dient dem Schutz der Mitbewerber, der Ver- **340** braucherinnen und Verbraucher sowie der sonstigen Marktteilnehmer vor **unlauteren geschäftlichen Handlungen** (§ 1 UWG). Nach der allgemeinen (großen") Generalklausel des § 3 Abs. 1 UWG sind unlautere geschäftliche Handlungen **unzulässig**. Für geschäftliche Handlungen, die sich an Verbraucher richten oder diese erreichen, präzisiert § 3 Abs. 2 UWG dieses Verbot in Anlehnung an Art. 5 Abs. 2 UGP-Richtlinie (RL 2005/29/EG) dahin gehend, dass Unlauterkeit vorliegt, wenn die betreffenden Handlungen nicht der unternehmerischen Sorgfalt entsprechen und dazu geeignet sind, das wirtschaftliche Verhalten des Verbrau-

1080 Vgl. BGHZ 27, 172; Erman/*Schmidt-Räntsch* BGB § 138 Rn. 167; MüKoBGB/*Armbrüster* § 138 Rn. 110; Staudinger/*Sack/Fischinger* BGB § 138 Rn. 485; *Meyer-Cording/Drygala*, S. 38 ff.
1081 Vgl. BGHZ 27, 172 (179); MüKoBGB/*Armbrüster* § 138 Rn. 110.
1082 BGHZ 27, 172 (179).
1083 BGHZ 27, 172 (176), 179.
1084 MüKoBGB/*Armbrüster* § 138 Rn. 110; Palandt/*Ellenberger* BGB § 138 Rn. 103; Soergel/*Hefermehl* BGB § 138 Rn. 201.
1085 BGHZ 27, 172 (178 f.); BGHZ 121, 279 (280) = NJW 1993, 1068; Staudinger/*Sack/Fischinger* BGB § 138 Rn. 486; *Meyer-Cording/Drygala*, S. 40.
1086 BFH NJW 2001, 2280; MüKoHGB/*Häuser*, Bd. 6 Scheckverkehr Rn. D 1; *Meyer-Cording/Drygala*, S. 80.

1087 BGHZ 121, 279 (280) = NJW 1993, 1068; Erman/*Schmidt-Räntsch* BGB § 138 Rn. 135; MüKoBGB/*Armbrüster* § 138 Rn. 110; Staudinger/*Sack/Fischinger* BGB § 138 Rn. 485.
1088 Vgl. BGHZ 121, 279 (280).
1089 Erman/*Schmidt-Räntsch* BGB § 138 Rn. 135.
1090 BGH NJW 1980, 931 f.; OLG München BB 1988, 95 f.; MüKoBGB/*Armbrüster* § 138 Rn. 110.
1091 BGH NJW 1980, 931 (932).
1092 *Meyer-Cording/Drygala*, S. 39.
1093 BGHZ 56, 264 (265); BGH NJW 1984, 728; JR 1972, 62 (63); OLG Hamm NJW-RR 1995, 617 (618); MüKoBGB/*Armbrüster* § 138 Rn. 110; Palandt/*Ellenberger* BGB § 138 Rn. 103; Staudinger/*Sack/Fischinger* BGB § 138 Rn. 487.
1094 Vgl. BGHZ 56, 264 (268); BGH NJW 1984, 728; OLG Hamm NJW-RR 1995, 617 (618).

chers wesentlich zu beeinflussen. Der Begriff der „Unlauterkeit" in § 3 Abs. 1 und 2 UWG ist keineswegs gleichzustellen mit dem der „guten Sitten" iSd Abs. 1.[1095] Dies war sogar schon unter Geltung des alten Rechts anerkannt, als die Generalklausel des § 1 UWG aF noch ebenfalls auf die „guten Sitten" verwies.[1096] Durch den Wechsel in der Terminologie hat der Gesetzgeber die Bedeutungsverschiedenheit von Unlauterkeit und Sittenwidrigkeit klargestellt. Abs. 1 soll Missbräuchen der Vertragsfreiheit entgegenwirken (→ Rn. 1) und richtet sich daher primär gegen den **Inhalt des Rechtsgeschäfts** und nicht gegen die Art seines Zustandekommens. Derweil zielt das UWG gerade auch auf **Verhinderung einer unlauteren Vertragsanbahnung** ab.[1097] Unlauteres Handeln iSd UWG führt daher nicht automatisch zur Sittenwidrigkeit und damit zur Nichtigkeit des Folgevertrags nach Abs. 1.[1098] Dies gilt auch im Anwendungsbereich der UGP-Richtlinie.[1099] Es müssen vielmehr weitere Umstände hinzukommen, welche das Verdikt der Unlauterkeit im Einzelfall rechtfertigen.[1100]

341 **bb) Abwerbung von Arbeitskräften.** Die Abwerbung von Arbeitnehmern ist nicht generell nach § 4 Nr. 4 UWG unlauter. Sie ist jedoch **wettbewerbswidrig**, wenn unlautere Mittel eingesetzt oder unlautere Zwecke verfolgt werden oder wenn sonstige unlautere Umstände hinzutreten.[1101] Missbilligt wird insbesondere das Verleiten zum Vertragsbruch.[1102] Die wettbewerbsrechtliche Missbilligung führt aber nicht notwendig dazu, dass der **Arbeitsvertrag** zwischen dem „Abgeworbenen" und dem neuen Arbeitgeber nach Abs. 1 nichtig ist. Das BAG legt hier strengere Maßstäbe im Wettbewerbsrecht an, da auch die Berufsfreiheit des abgeworbenen Arbeitnehmers (Art. 12 GG) schutzwürdig ist.[1103] Hat der Arbeitnehmer sich an dem Wettbewerbsverstoß beteiligt, soll der neue Arbeitsvertrag aber nach Abs. 1 nichtig sein.[1104]

342 **cc) Schneeballsystem.** **Progressive Kundenwerbung** nach dem Schneeballsystem ist nicht nur nach § 3 Abs. 3 UWG iVm Nr. 14 Anh. zu § 3 Abs. 3 UWG wettbewerbswidrig, sondern auch nach Abs. 1 sittenwidrig.[1105] Das Gleiche gilt für die Verwendung des Schneeballprinzips bei **Gewinnspielen**.[1106] Auch sog. „**Schenkkreise**", die ebenfalls nach dem Schneeballprinzip organisiert sind, sind sittenwidrig.[1107] Die hohe Gewinnerwartung der Teilnehmer beruht in diesen Fällen nämlich darauf, dass eine immer stärker ansteigende Zahl von Mitgliedern den Einsatz zahlt, was zwangsläufig dazu führt, dass Spieler, die später dem Spiel beitreten, ohne Gewinn bleiben, weil aufgrund des **Vervielfältigungsfaktors** ab einem bestimmten Zeitpunkt keine neuen Mitglieder mehr geworben werden können. Solche Gewinnspiele zielen also darauf ab, die **Leichtgläubigkeit, Spielleidenschaft und Unerfahrenheit der Teilnehmer** auszunutzen.[1108] Die Voraussetzungen des Abs. 1 liegen damit vor. Den getäuschten „Spielern" steht ein Rückzahlungsanspruch aus § 812 Abs. 1 S. 1 Alt. 1 zu, wobei die Kondiktionssperre des § 817 S. 2 nach dem Schutzzweck des § 138 außer Betracht bleibt.[1109] Bei einem Verstoß gegen den Straftatbestand des § 16 Abs. 2 UWG ergibt sich die Nichtigkeit auch aus § 134 (→ § 134 Rn. 277). Dies trifft zB auf Verträge im Rahmen eines Schnee-

1095 Köhler/Bornkamm/Feddersen/*Köhler* Einl. UWG Rn. 7.8.
1096 Vgl. BGHZ 110, 156 (174); BGH NJW 1998, 2531 (2532); 2004, 2080, 2081; Staudinger/*Sack/Fischinger* BGB § 138 Rn. 14.
1097 Köhler/Bornkamm/Feddersen/*Köhler* UWG § 3 Rn. 10.5; Staudinger/*Sack/Fischinger* BGB § 138 Rn. 14.
1098 BGH NJW 2008, 982 (983); MüKoBGB/*Armbrüster* § 138 Rn. 8; Ohly/Sosnitza/*Ohly* Einf. D. Rn. 67 a.
1099 Köhler/Bornkamm/Feddersen/*Köhler* UWG § 3 Rn. 10.5.
1100 Vgl. Köhler/Bornkamm/Feddersen/*Köhler* UWG § 3 Rn. 10.5; BeckOK BGB/*Wendtland* § 138 Rn. 13; Jauernig/*Mansel* BGB § 138 Rn. 5; Staudinger/*Sack/Fischinger* BGB § 138 Rn. 14; *Sack* GRUR 2004, 625 (626 f.); zu § 1 UWG aF BGHZ 110, 156 (174); 280, 286; BGH NJW 1998, 2531 (2532).
1101 Vgl. Köhler/Bornkamm/Feddersen/*Köhler* UWG § 4 Rn. 4.105; Harte-Bavendamm/Henning-Bodewig/*Omsels* UWG § 4 Nr. 4 Rn. 25 ff.; *Omsels* WRP 2004, 136 (142); zu § 1 UWG aF BGH NJW 2004, 2080; MüKoBGB/*Armbrüster* § 138 Rn. 107.
1102 BGH GRUR 2007, 800 f.; Ohly/Sosnitza/*Ohly* UWG § 4 Rn. 28 f.; krit. Köhler/Bornkamm/Feddersen/*Köhler* UWG § 4 Rn. 4.108 ff.

1103 BAG NJW 1963, 124.
1104 So BGH GRUR 1971, 358 (359); Harte-Bavendamm/Henning-Bodewig/*Omsels* UWG § 4 Nr. 4 Rn. 48; Ohly/Sosnitza/*Ohly* UWG § 4 Rn. 4.32; einschr. Köhler/Bornkamm/Feddersen/*Köhler* UWG § 4 Rn. 4.115.
1105 Vgl. BGHZ 15, 356; BGH NJW 1979, 868; Köhler/Bornkamm/Feddersen/*Köhler* UWG § 16 Rn. 59; MüKoBGB/*Armbrüster* § 138 Rn. 111.
1106 Vgl. BGH NJW 1997, 2314 (2315); OLG Celle NJW 1996, 2660; OLG München NJW 1986, 1880 (1881); PWW/*Ahrens* BGB § 138 Rn. 141; Soergel/*Hefermehl* BGB § 138 Rn. 161; Staudinger/*Sack/Fischinger* BGB § 138 Rn. 375; *Kissler* WRP 1997, 625 ff.; *Willingmann* NJW 1997, 2932.
1107 BGH NJW 2006, 45; NJW 2008, 1942; 2009, 984; NJW-RR 2009, 345; OLG Brandenburg NJW-RR 2013, 173; LG Bielefeld 17.12.2009 – 9 O 31/07 = BeckRS 2010, 07221; eingehend dazu *Möller* MDR 2010, 297 ff.
1108 BGH NJW 1997, 2314 (2315); 2006, 45, 46; LG Bielefeld 17.12.2009 – 9 O 31/07 = BeckRS 2010, 07221; Erman/*Schmidt-Räntsch* BGB § 138 Rn. 136.
1109 BGH NJW 2006, 45 (46); 2008, 1942; 2009, 984; NJW-RR 2009, 345; OLG Brandenburg NJW 2013, 173 (175); *Möller* MDR 2010, 297 ff.

ballsystems zu.[1110] Nach der Rechtsprechung schließt § 661 a im Übrigen nicht die Anwendung des § 138 Abs. 1 auf die mithilfe eines Gewinnversprechens herbeigeführten Rechtsgeschäfte aus.[1111]

b) Kartellrecht. Bei kartellrechtlich relevanten Sachverhalten sind Abs. 1 und § 1 GWB nebeneinander   343
anwendbar.[1112] Bei der Anwendung beider Vorschriften ist zu beachten, dass § 1 GWB vornehmlich **Interessen der Allgemeinheit** schützt. Bei Abs. 1 geht es dagegen in erster Linie um einen Interessenausgleich zwischen den beteiligten **Privatrechtssubjekten.** Für die praktische Rechtsanwendung bedeutet dies, dass der Sachverhalt nach beiden Vorschriften unterschiedlich zu bewerten sein kann. Eine Wettbewerbsbeschränkung kann daher auch dann nach Abs. 1 sittenwidrig sein, wenn sie unter dem Aspekt des § 1 GWB unbedenklich ist.[1113] Der Missbrauch einer marktbeherrschenden Stellung ist dagegen nicht nur nach § 19 GWB (§§ 19, 20 GWB aF) verboten, sondern kann auch nach Abs. 1 sittenwidrig sein.[1114] Dies gilt insbesondere, wenn das marktbeherrschende Unternehmen sich einen überhöhten Preis für ein Produkt versprechen lässt, auf das der Abnehmer angewiesen ist.[1115] Eine gegen Art. 101 Abs. 1 AEUV (Art. 81 Abs. 1 EGV) verstoßende **wettbewerbsbeschränkende Vereinbarung** ist schon nach Art. 101 Abs. 2 AEUV (Art. 81 Abs. 2 EGV) nichtig. Auf § 138 Abs. 1 ist daher nicht mehr zurückzugreifen;[1116] zum Verhältnis zu § 134 → § 134 Rn. 256. Die Nichtigkeit von Vereinbarungen, die unter **Missbrauch einer marktbeherrschenden Stellung** zustande gekommen sind, ergibt sich aus § 134 iVm Art. 102 AEUV (Art. 82 EGV) (→ § 134 Rn. 256). Ein Rückgriff auf § 138 Abs. 1 scheidet daneben aus.[1117]

24. Wettbewerbsverbote

Literatur: *Baumbach/Hopt*, Handelsgesetzbuch, 38. Aufl. 2018; *Hirte*, Zivil- und kartellrechtliche Schranken für Wettbewerbsverbote im Zusammenhang mit Unternehmensveräußerungen, ZHR 154 (1990), 443; *Traub*, „Geltungserhaltende Reduktion" bei nichtigen vertraglichen Wettbewerbsverboten?, WRP 1994, 714 und 802; *Wertenbruch*, Die vertragliche Bindung der Kassenarztzulassung eines Gesellschafters an die Ärzte-Personengesellschaft, NJW 2003, 1904.

Wettbewerbsverbote sind unter dem Aspekt der **Berufsfreiheit** (Art. 12 Abs. 1 GG) problematisch   344
(→ Rn. 63).[1118] Dies gilt insbesondere für **nachvertragliche** Wettbewerbsverbote, weil diese die **wirtschaftliche Bewegungsfreiheit** des Betroffenen oft allzu stark einengen. Drei Schwerpunkte lassen sich unterscheiden: das Handelsrecht, das Gesellschaftsrecht sowie das Recht der freien Berufe.

a) Handelsrecht. Im Handelsrecht finden sich für einzelne Berufsgruppen **Sonderregeln** über die Zuläs-   345
sigkeit nachvertraglicher Wettbewerbsverbote. Für **Handlungsgehilfen** sind die §§ 74 ff. HGB maßgeblich. § 74 a Abs. 1 HGB bestimmt, dass das Wettbewerbsverbot unverbindlich ist, soweit es nicht zum Schutze eines berechtigten geschäftlichen Interesses des Prinzipals dient. Auch eine unbillige Erschwerung des Fortkommens des Handlungsgehilfen sowie ein mehr als zweijähriges Wettbewerbsverbot sind unzulässig (§ 74 a Abs. 1 S. 2, 3 HGB). § 74 a HGB greift damit einige wichtige Fälle heraus, in denen die **wirtschaftliche Bewegungsfreiheit** zu stark eingeengt wird. Nach § 74 a Abs. 3 HGB bleibt § 138 subsidiär anwendbar. Die Vorschrift gilt jedoch nur für Wettbewerbsverbote, die über die §§ 74 ff. HGB hinausgehen. So hat das LAG Düsseldorf die Nichtigkeit eines zu unbestimmten und weitreichenden Wettbewerbsverbots auf § 138 Abs. 1 gestützt.[1119]

Vergleichbare Regelungen enthalten für **gewerbliche Angestellte** der § 110 GewO und für Auszubildende   346
der § 5 BBiG. Auf **andere gewerbliche Arbeitnehmer** und **wirtschaftlich abhängige freie Mitarbeiter** sind die §§ 74 ff. HGB analog anwendbar. § 138 Abs. 1 wird daher auch insoweit verdrängt.[1120]

Für **Handelsvertreter** finden sich in § 90 a Abs. 1 S. 2 und 3 HGB Regelungen, welche die Zulässigkeit   347
nachvertraglicher Wettbewerbsverbote beschränken. Auch hier spiegelt sich der Gedanke wider, keine **übermäßige wirtschaftliche und berufliche Einengung** zu dulden.

b) Gesellschaftsrecht. Im Gesellschaftsrecht sind **Wettbewerbsverbote** – sofern sie nicht gesetzlich nor-   348
miert sind (vgl. etwa §§ 112, 113, 161 Abs. 2 HGB, §§ 88, 284 AktG) – nach Abs. 1 sittenwidrig, wenn sie

---

1110 Vgl. Köhler/Bornkamm/Feddersen/*Bornkamm* UWG § 16 Rn. 59; Staudinger/*Sack/Seibl* BGB § 134 Rn. 298; *Alexander* WRP 2004, 407 (421).

1111 BGH NJW 2005, 2991 (2993).

1112 BGH NJW 1994, 384 (386); Staudinger/*Sack/Fischinger* BGB § 138 Rn. 451; Erman/*Schmidt-Räntsch* BGB § 138 Rn. 171.

1113 BGH NJW 1994, 384 (386); RGRK/*Krüger-Nieland/Zöller* BGB § 15.

1114 Vgl. BGH BB 1971, 1177; NJW 1976, 710 (711); MüKoBGB/*Armbrüster* § 138 Rn. 8; RGRK/*Krüger-Nieland/Zöller* BGB § 138 Rn. 16; Staudinger/*Sack/Fischinger* BGB § 138 Rn. 451.

1115 RGRK/*Krüger-Nieland/Zöller* BGB § 138 Rn. 67.

1116 Staudinger/*Sack/Fischinger* BGB § 138 Rn. 451.

1117 Staudinger/*Sack/Fischinger* BGB § 138 Rn. 451.

1118 Vgl. BVerfG NJW 1990, 1469; BGHZ 91, 1 (5); BGH NJW 1997, 3089; 2010, 1206, 1207; Palandt/*Ellenberger* BGB § 138 Rn. 104; *Canaris* JuS 1989, 161 (164).

1119 LAG Düsseldorf BB 1997, 319; Baumbach/Hopt/*Roth* HGB § 74 a Rn. 8.

1120 Vgl. BAGE 22, 125 = NJW 1970, 626; BAG NJW 1998, 99 (100); Baumbach/Hopt/*Roth* HGB § 74 Rn. 3; Staudinger/*Sack/Fischinger* BGB § 138 Rn. 454.

die **wirtschaftliche Betätigungsfreiheit** des betroffenen Gesellschafters nach Art, Dauer und räumlicher Reichweite übermäßig beschränken.[1121] Die **analoge Anwendung der §§ 74 ff. HGB** auf nachvertragliche Wettbewerbsverbote gegenüber **Organmitgliedern** einer Kapitalgesellschaft wird überwiegend abgelehnt.[1122] Dies gilt jedenfalls insoweit, wie die §§ 74 ff. HGB auf die soziale Schutzbedürftigkeit von Arbeitnehmern zugeschnitten sind.[1123] Hier bietet Abs. 1 die flexibleren Lösungsmöglichkeiten. Die §§ 74 ff. HGB sind auch nicht auf den **Geschäftsführer einer GmbH** anwendbar. Da der Geschäftsführer wesentlich stärker als die übrigen Mitarbeiter in die geschäftlichen Beziehungen der Gesellschaft involviert ist und dieser größeren Schaden zufügen kann, erscheint auch hier eine flexiblere Beurteilung von nachvertraglichen Wettbewerbsverboten im Rahmen des Abs. 1 geboten.[1124]

349 **Nachvertragliche Wettbewerbsverbote** sind nach Abs. 1 nur dann wirksam, wenn sie durch ein **schutzwürdiges Interesse** der Gesellschaft gedeckt sind[1125] und die Beschränkung den Gesellschafter nicht unangemessen **knebelt**.[1126] Die Beschränkung darf zeitlich nur so bemessen sein, wie es zur Wahrung der berechtigten Interessen der Gesellschaft erforderlich ist. Einen gewissen Anhaltspunkt gibt die **Zweijahresgrenze** des § 74 a Abs. 1 S. 3 HGB.[1127] Die Beschränkung muss jedoch deutlich kürzer ausfallen, wenn das Gesellschafterverhältnis nur wenige Monate gedauert hat.[1128] Eine unangemessene Beschränkung kann nach § 139 zur Nichtigkeit – *ex nunc* – des gesamten Vertrages führen,[1129] doch können Klauseln, die allein aufgrund überlanger Fristen sittenwidrig sind, **geltungserhaltend reduziert** werden.[1130] Eine solche Reduktion ist zulässig, weil die Regelung des § 74 a Abs. 1 S. 3 HGB dem Richter hierfür einen klaren Rahmen vorgibt.[1131] Beruht die Nichtigkeit des Wettbewerbsverbotes auf **anderen Gründen** als auf überlangen Fristen, so sind entsprechende gesetzliche Vorgaben nicht ersichtlich. In solchen Fällen scheidet eine geltungserhaltende Reduktion daher aus.[1132]

350 **c) Freiberufler.** Bei Freiberuflern werden nachvertragliche Wettbewerbsverbote ebenfalls nicht nach §§ 74 ff. HGB analog, sondern nach Abs. 1 beurteilt.[1133] Das RG hat Wettbewerbsverbote in Verträgen mit **Rechtsanwälten** oder **Ärzten** generell für sittenwidrig erachtet, weil diese Berufe wichtige öffentliche Zwecke zu erfüllen hätten und daher von Beschränkungen zugunsten privater Interessen frei bleiben müssten.[1134] Diese Rechtsprechung ist durch den BGH mit der Begründung gelockert worden, dass es sich bei der Berufsausübung von Freiberuflern – auch wenn kein Gewerbe vorliegt – doch um eine auf Erwerb gerichtete Tätigkeit handelt und die Beteiligten durchaus im Wettbewerb stehen.[1135] Auch hiernach sind Wettbewerbsverbote unter Freiberuflern aber nur zulässig, wenn aufgrund besonderer Umstände ein **anerkennenswertes Bedürfnis** besteht, den Vertragspartner vor illoyaler Verwertung des Erfolgs seiner Arbeit zu schützen.[1136] Überschreitet das Verbot das hierfür erforderliche Maß in räumlicher, gegenständlicher oder zeitlicher Hinsicht, ist Abs. 1 einschlägig.[1137]

351 Eine ähnliche Wirkung wie Wettbewerbsverbote haben **Mandantenschutzklauseln,** mit denen die Parteien verhindern wollen, dass der aus einer Praxis ausscheidende Freiberufler Mandanten, Klienten bzw. Patienten „mitnimmt", die er nur aufgrund seiner Tätigkeit in der Praxis gewinnen konnte. Nach der Rechtsprechung sind solche Klauseln nur dann zulässig, wenn sie räumlich, zeitlich und gegenständlich das notwen-

---

1121 BGH NZG 2002, 475 (476); Erman/*Schmidt-Räntsch* BGB § 138 Rn. 172; Staudinger/*Sack/Fischinger* BGB § 138 Rn. 448.

1122 BGHZ 91, 1 (3 ff.); BGH NJW 1968, 1717; NZG 2002, 475 (476); MüKoAktG/*Spindler* § 88 Rn. 57; Baumbach/Hopt/*Roth* HGB § 74 Rn. 3; Staudinger/*Sack/Fischinger* BGB § 138 Rn. 455.

1123 Vgl. BGH NJW 1992, 1892.

1124 BGHZ 91, 1 (4); Soergel/*Hefermehl* BGB § 138 Rn. 163.

1125 BGH NJW 2000, 2584 (2585); 2002, 3536, 3537; 2002, 3538; MüKoAktG/*Spindler* § 88 Rn. 49. Zur Sittenwidrigkeit eines Wettbewerbsverbots bei Beibehaltung der Gesellschafterstellung bis zur Umsetzung der Austrittsentscheidung vgl. BGH NJW 2010, 1206 (1207).

1126 BGHZ 91, 1 (6 f.); BGH NJW 1986, 2944 f.; NJW-RR 1996, 741 (742); BB 2005, 2098 (2099); Palandt/*Ellenberger* BGB § 138 Rn. 104; Staudinger/*Sack/Fischinger* BGB § 138 Rn. 459.

1127 Vgl. BGH NJW 1994, 384 (385 f.); NJW-RR 1990, 226 (227); 1996, 741, 742; OLG Weimar DB 2001, 1477; Palandt/*Ellenberger* BGB § 138 Rn. 104; Staudinger/*Sack/Fischinger* BGB § 138 Rn. 464.

1128 Vgl. OLG Stuttgart NZG 1999, 252 (254) (fünfmonatige Tätigkeit).

1129 Dazu *Mellulis* WRP 1994, 686 (693); vgl. auch BGH NJW-RR 1989, 800 (801).

1130 BGH NJW-RR 1996, 741 (742); NJW 1997, 3089 (3090); Palandt/*Ellenberger* BGB § 138 Rn. 104; Staudinger/*Sack/Fischinger* BGB § 138 Rn. 467; MüKoAktG/*Spindler* § 88 Rn. 50; *Hirte* ZHR 154 (1990), 443, 459 f.; *Mellulis* WRP 1994, 686 (691 f.); *Traub* WRP 1994, 802 (806).

1131 *Hirte* ZHR 154 (1990), 443, 460.

1132 MüKoAktG/*Spindler* § 88 Rn. 50; *Hirte* ZHR 154 (1990), 443, 460; iE auch Soergel/*Hefermehl* BGB § 138 Rn. 164.

1133 HM, vgl. etwa BGH NJW 1997, 3089; 2000, 2584; BGHZ 151, 389 = NJW 2002, 3536 (3537); Staudinger/*Sack/Fischinger* BGB § 138 Rn. 456; aA *Canaris* JuS 1989, 161 (164).

1134 RGZ 66, 143 (146); 90, 35, 37.

1135 BGH NJW 1986, 2944 (2945); 1997, 3089; 2000, 2584.

1136 BGHZ 91, 1 (6); BGH NJW 1986, 2944 (2945); 1997, 3089; 2000, 2584; 2004, 66; 2005, 3061, 3062.

1137 BGH NJW 2005, 3061 (3062).

dige Maß nicht überschreiten.[1138] Die neuere Rechtsprechung zieht dabei eine zeitliche Grenze von 2 Jahren.[1139] Sind auf Seiten des Berechtigten – über die Ausschaltung des Konkurrenten hinaus – keine schutzwürdigen Interessen zu erkennen, kann die zulässige Dauer des Wettbewerbsverbots im Einzelfall auch kürzer ausfallen. Überschreitet eine Mandantenschutzklausel das zeitlich zulässige Maß, so kommt ebenso wie im Gesellschaftsrecht (→ Rn. 349) eine **geltungserhaltende Reduktion** in Betracht.[1140] Werden die gegenständlichen und räumlichen Grenzen missachtet, ist die Vereinbarung nach Abs. 1 nichtig, ohne das eine Reduktion auf das zulässige Maß erfolgt.[1141]

Unangemessen und damit sittenwidrig ist ein nachvertragliches Wettbewerbsverbot, in dem einem aus einer Gesellschaft ausscheidenden **Tierarzt** ohne zeitliche Begrenzung im Umkreis von 30 km jedwede tierärztliche Tätigkeit untersagt wird.[1142] In einem solchen Fall kann das Wettbewerbsverbot auch nicht durch geltungserhaltende Reduktion aufrechterhalten werden. Eine gesellschaftsvertragliche Regelung, die einem neu eingetretenen **Vertragsarzt** für den Fall seines freiwilligen Ausscheidens aus der Gemeinschaftspraxis die Pflicht auferlegt, auf seine Zulassung zum Kassenarzt in dem betreffenden Bezirk zu verzichten, verstößt dagegen nach Auffassung des BGH jedenfalls dann nicht gegen § 138 iVm Art. 12 Abs. 1 GG, wenn der Ausscheidende wegen der relativ kurzen Zeit seiner Mitarbeit die Gemeinschaftspraxis noch nicht entscheidend mitprägen konnte.[1143] Die für den ausscheidenden Arzt erhebliche Beschränkung seiner Berufsausübungsfreiheit rechtfertigt sich in diesem Fall daraus, dass er seine Zulassung als Vertragsarzt als Mitglied der Gemeinschaftspraxis erhalten hat. Scheidet der Arzt aber nach kurzer Zeit wieder aus der Praxis aus, so wäre es unangemessen, die gewährte Zulassung auf Kosten der Gemeinschaftspraxis, die ihrerseits aufgrund von Zulassungsbeschränkungen keinen Nachfolger einsetzen könnte, aufrechtzuerhalten.[1144]

25. Zivilprozessrecht. a) Zwangsvollstreckung. Im Zivilprozessrecht hat Abs. 1 keine große praktische Bedeutung (→ Rn. 10). Dies gilt grundsätzlich auch im Bereich der **Zwangsvollstreckung**.[1145] Ausnahmsweise kommt ein Verstoß gegen die guten Sitten aber in Betracht, wenn das Rechtsgeschäft darauf abzielt, die **ordnungsgemäße Durchführung von Vollstreckungsmaßnahmen** mit anstößigen Mitteln **zu erschweren** oder zu **verhindern**.[1146] Werden in einem **Zwangsversteigerungsverfahren** Rechte nicht eingeweihter vorrangiger Grundpfandrechtsgläubiger aufgrund eines **negativen Bietabkommens** verkürzt oder geschmälert, so kann das Abkommen nach Abs. 1 nichtig sein.[1147] Ein solches Abkommen gefährdet nämlich den Zweck der Zwangsversteigerung, das Grundstück des Schuldners zu einem angemessenen Preis zu verwerten.[1148]

b) Prozessvergleich. Für die Beurteilung der Sittenwidrigkeit eines **Prozessvergleichs** gem. Abs. 1 kommt es grundsätzlich nicht auf das objektive Missverhältnis zwischen der wahren Ausgangslage und den Leistungen an, die eine Partei in dem Vergleich übernommen hat; vielmehr ist das jeweilige Maß des **beiderseitigen Nachgebens** gegeneinander abzuwägen.[1149] Ein Verstoß gegen die guten Sitten ist zu bejahen, wenn sich die begünstigte Partei des Missverhältnisses der Leistungen **bewusst** war und **weitere Umstände** hinzutreten, aus denen sich eine anstößige Übervorteilung des Vertragspartners ergibt.[1150] Dagegen wird man grundsätzlich **keine Sittenwidrigkeit** annehmen können, wenn den Parteien der Vergleich als **sachgerechte Bereinigung ihrer Streitigkeiten** erscheint, selbst wenn der Abschluss durch die begünstigte Partei mit anstößigen Mitteln herbeigeführt worden ist.[1151]

XI. Wucher (Abs. 2)

1. Allgemeines. Abs. 2 stellt einen **Sonderfall der Sittenwidrigkeit** dar und ist daher im Verhältnis zur Generalklausel des Abs. 1 vorrangig zu prüfen (→ Rn. 7). Da die einzelnen Voraussetzungen des Abs. 2 als Tatbestandsmerkmale ausgestaltet sind, ist das „**Sandhaufentheorem**" (→ Rn. 100) hier **nicht anwend-**

352

353

354

355

1138 BGH NJW 1968, 1717; 1986, 2944, 2945; 1997, 3089; 2000, 2584, 2585; 2004, 66.

1139 BAG NJW 1966, 1677; BGH NJW 2000, 2584 (2585); 2004, 66; etwas großzügiger noch BGHZ 16, 71 (81) (2–3 Jahre); BGH NJW 1964, 2203 (3 Jahre).

1140 BGH NJW 1997, 3089; 2000, 2584, 2585; Soergel/Hefermehl BGB § 138 Rn. 165.

1141 BGH NJW 2000, 2584; 2005, 3061, 3062.

1142 BGH NJW 1997, 3089; Soergel/Hefermehl BGB § 138 Rn. 164.

1143 BGHZ 151, 389 = NJW 2002, 3536; BGH NJW 2002, 3538; Palandt/Ellenberger BGB § 138 Rn. 104.

1144 BGH NJW 2002, 3536 (3537); 2002, 3538; Wertenbruch NJW 2003, 1905 ff.

1145 Soergel/Hefermehl BGB § 138 Rn. 191.

1146 Vgl. Erman/Schmidt-Räntsch BGB § 138 Rn. 175.

1147 BGH NJW-RR 2002, 1504; NJW 1961, 1012 (1012 f.); OLG Köln NJW 1978, 47; Erman/Schmidt-Räntsch BGB § 138 Rn. 88.

1148 BGH NJW 1979, 162 (163).

1149 BGHZ 51, 141 (143); BGH NJW 1964, 1787 (1788); 1969, 925, 926; 1999, 3113; Erman/Schmidt-Räntsch § 138 Rn. 163; RGRK/Krüger-Nieland/Zöller § 138 Rn. 53.

1150 BGHZ 51, 141 (144); BGH NJW 1969, 925 (926).

1151 BGHZ 51, 141 (143); 79, 131, 139; BGH NJW 1969, 925 (926); 1999, 3113.

bar.[1152] Das Fehlen einzelner Tatbestandsmerkmale kann also nicht aufgrund einer Gesamtbetrachtung durch das größere Gewicht anderer Tatbestandsmerkmale ausgeglichen werden. In solchen Fällen kommt aber ein **wucherähnliches Geschäft** in Betracht, das nach **Abs. 1** nichtig ist. Hierbei geht es vor allem um **Kreditgeschäfte** (→ Rn. 222 ff.). In der aktuellen Diskussion stehen auch wucherähnliche Geschäfte im Rahmen von **Vergabeverfahren für Bauverträge**. In einer neueren Entscheidung hat der BGH spekulativ überhöhte Einheitspreise in Leistungsverzeichnissen für sittenwidrig erklärt, wenn diese in einem auffälligen Missverhältnis zur Bauleistung stehen und das Bauunternehmen dem Auftraggeber nicht mitteilt, dass die im Leistungsverzeichnis vorgesehene Menge voraussichtlich nicht ausreichen wird.[1153]

356 **2. Verhältnis zu anderen Vorschriften.** Besondere Ausprägungen des Wucherverbots finden sich in § 291 StGB und § 5 WiStG. Da beide Vorschriften als Verbotsgesetze iSd § 134 zu qualifizieren sind, stellt sich die Frage, in welchem Verhältnis Abs. 2 zu § 134 steht. Dabei ist wie folgt zu unterscheiden.

357 Das Verhältnis zwischen Abs. 2 und **§ 134 iVm § 291 StGB** ist umstritten. Das Problem wird dadurch verschärft, dass Abs. 2 und § 291 StGB die gleichen Voraussetzungen haben (→ Rn. 9). Teilweise wird die Auffassung vertreten, dass **§ 134 vorrangig** sei, womit Abs. 2 praktisch gegenstandslos wäre.[1154] Dem ist aber entgegenzuhalten, dass Abs. 2 (anders als Abs. 1) keine Generalklausel darstellt; der Vorrang des § 134 iVm § 291 StGB lässt sich daher nicht auf den lex specialis-Grundsatz stützen.[1155] Nach anderer Ansicht sind §§ 134 iVm § 291 StGB und Abs. 2 gleichberechtigt nebeneinander anwendbar.[1156] Die hM räumt dagegen Abs. 2 den Vorrang ein.[1157] Hierfür spricht die Absicht des Gesetzgebers, die Rechtsfolgen des Wuchers im BGB ausdrücklich zu regeln (→ Rn. 9). Der Rechtsanwender sollte also gerade nicht auf das StGB zurückgreifen müssen.

358 Im Mietrecht weitet der Tatbestand der **Mietpreisüberhöhung (§ 5 WiStG)** den Schutz der schwächeren Partei gegenüber Abs. 2 und § 291 StGB aus. Diese Vorschriften müssen im Anwendungsbereich des § 5 WiStG **zurücktreten**.[1158] In der Literatur wird teilweise dafür plädiert, § 134 iVm § 5 WiStG und Abs. 2 nebeneinander anzuwenden.[1159] Da Abs. 2 die Wirksamkeit des Vertrages beim Mietwucher ebenfalls unberührt lässt (→ Rn. 376), führt diese Ansicht jedoch zu keinen anderen Ergebnissen.[1160]

359 **3. Voraussetzungen. a) Allgemeines.** Abs. 2 setzt ein **entgeltliches Austauschverhältnis** voraus. Die Vorschrift ist daher weder auf Bürgschaften[1161] (→ Rn. 238) oder Erlassverträge[1162] noch auf familienrechtliche Verträge[1163] anwendbar. Im Übrigen enthält Abs. 2 drei Tatbestandsmerkmale, die als Konkretisierungen allgemeiner Sittenwidrigkeitskriterien verstanden werden können (→ Rn. 74, 105 ff.):[1164] das **auffällige Missverhältnis** von Leistung und Gegenleistung, die **Unterlegenheit** des Vertragspartners sowie deren **Ausbeutung** durch den Wucherer.

360 Die Rechtsprechung legt die einzelnen Merkmale des Abs. 2 eng aus. Maßgeblich ist die Erwägung, dass ein Verstoß gegen Abs. 2 auch die Nichtigkeit des Erfüllungsgeschäfts nach sich zieht (→ Rn. 374) und damit erheblich weiter reichende Rechtsfolgen hat als ein Verstoß gegen Abs. 1.[1165] Die enge Handhabung des Abs. 2 hat zur Folge, dass die Voraussetzungen der Vorschrift in der Praxis nur selten vorliegen bzw. nachweisbar sind. Die hM greift dann unter dem Aspekt des **wucherähnlichen Geschäfts** (→ Rn. 222 f.) auf die wesentlich weiteren und flexibleren Kriterien der Sittenwidrigkeit nach Abs. 1 zurück.[1166] Die praktische Bedeutung des Abs. 2 ist hierdurch stark zurückgedrängt worden.[1167]

361 **b) Auffälliges Missverhältnis zwischen Leistung und Gegenleistung.** Bei der Konkretisierung des erforderlichen „auffälligen Missverhältnisses" kann man sich an den Grundsätzen orientieren, die von der Rechtsprechung zu dem praktisch wichtigeren wucherähnlichen Rechtsgeschäft (→ Rn. 218, 223) herausgearbeitet worden sind.[1168] Ein auffälliges Missverhältnis liegt danach in der Regel vor, wenn der Wert der

1152 BGHZ 80, 153 (159) = NJW 1981, 1206; BeckOK BGB/*Wendtland* § 138 Rn. 56; Soergel/*Hefermehl* BGB § 138 Rn. 72; einschr. Staudinger/*Sack/Fischinger* BGB § 138 Rn. 293.
1153 BGH NJW 2009, 835; krit. *Kapellmann* NJW 2009, 1380.
1154 So Jauernig/*Mansel* BGB § 138 Rn. 19.
1155 MüKoBGB/*Armbrüster* § 138 Rn. 4.
1156 Erman/*Schmidt-Räntsch* BGB § 138 Rn. 10; Soergel/ *Hefermehl* BGB § 138 Rn. 70.
1157 MüKoBGB/*Armbrüster* § 138 Rn. 140; Staudinger/ *Sack/Fischinger* BGB § 138 Rn. 236; Palandt/*Ellenberger* BGB § 138 Rn. 65.
1158 *Bork* BGB AT Rn. 1158.
1159 So etwa Staudinger/*Sack/Fischinger* BGB § 138 Rn. 238.
1160 Palandt/*Ellenberger* BGB § 138 Rn. 76; Staudinger/ *Sack/Fischinger* BGB § 138 Rn. 294 ff.
1161 BGHZ 106, 269 (271 f.) = NJW 1989, 830; BGH NJW 2001, 2466 (2467); BeckOK BGB/*Wendtland* § 138 Rn. 43; MüKoBGB/*Armbrüster* § 138 Rn. 143.
1162 BGH NJW-RR 1998, 590 (591) = WM 1998, 513; PWW/*Ahrens* BGB § 138 Rn. 52.
1163 BGH NJW 1985, 1833; 1992, 3164, 3165.
1164 Vgl. *Canaris* AcP 200 (2000), 273, 280 f.
1165 BGH NJW 1994, 1275; WM 2000, 1580 (1581); s. a. Staudinger/*Sack/Fischinger* BGB § 138 Rn. 266, 307.
1166 BeckOK BGB/*Wendtland* § 138 Rn. 61; Palandt/ *Ellenberger* BGB § 138 Rn. 69 ff.
1167 Vgl. MüKoBGB/*Armbrüster* § 138 Rn. 142.
1168 Vgl. Palandt/*Ellenberger* BGB § 138 Rn. 67; MüKoBGB/*Armbrüster* § 138 Rn. 144.

vertraglich vereinbarten Leistung zum Zeitpunkt des Vertragsschlusses[1169] **annähernd doppelt so hoch** ist wie der Wert der marktüblichen Gegenleistung.[1170] Bei Kaufverträgen über Grundstücke und ähnlich wertvolle Sachen geht die Rechtsprechung davon aus, dass bei dieser Relation sogar schon ein **besonders grobes** Missverhältnis gegeben ist (zu den Konsequenzen → Rn. 373).[1171] Andererseits kann nach einer neueren Entscheidung des BGH bei einer Verkehrswertüberschreitung von „nur" 68 % in Bezug auf ein Grundstück zwar noch nicht von einem groben, aber doch von einem auffälligen Missverhältnis ausgegangen werden.[1172] Das „auffällige Missverhältnis" liegt also unterhalb des Bereichs des „besonders groben Missverhältnisses".[1173] Bei der 100 %-Grenze handelt es sich freilich ohnehin um einen bloßen **Richtwert**, der der Rechtsprechung zum wucherähnlichen Rechtsgeschäft (→ Rn. 228) entspricht.[1174] Entscheidend ist eine **Gesamtbetrachtung** des konkreten Falles.[1175] Bei **verbundenen Geschäften** sind alle Leistungen und Gegenleistungen in die Betrachtung einzubeziehen.[1176]

Bei der Feststellung des auffälligen Missverhältnisses ist auf den **objektiven Wert** der Leistung abzustellen.[1177] Etwaige subjektive Interessen eines Vertragspartners bleiben außer Betracht.[1178] Berücksichtigt wird aber, welche **Risiken** die Parteien übernommen haben.[1179] **362**

Bei **Mietverträgen über Wohnraum** wird ein auffälliges Missverhältnis schon dann angenommen, wenn die übliche Miete um mehr als 50 % überschritten wird.[1180] Bei **Arbeitsverträgen** kann ein auffälliges Missverhältnis schon bei einer Unterschreitung des üblichen Lohns um mehr als 1/3 vorliegen.[1181] Maßstab ist die übliche Vergütung, die sich mangels näherer Anhaltspunkte nach § 612 Abs. 2 richtet.[1182] Dabei ist das allgemeine Lohnniveau des jeweiligen Wirtschaftszweigs zu berücksichtigen. Besteht ein Tarifvertrag, so bilden die Tariflöhne einen wichtigen Anhaltspunkt für die übliche Vergütung (→ Rn. 377).[1183] Letztlich bleibt aber auch hier immer eine Gesamtwürdigung aller Umstände erforderlich.[1184] **363**

Bei **Kreditverträgen** hat sich zum auffälligen Missverhältnis von Leistung und Gegenleistung eine differenzierte Rechtsprechung gebildet, die bei Abs. 1 im Zusammenhang dargestellt ist (dazu → Rn. 222 ff.). Ein auffälliges Missverhältnis liegt damit bei einer relativen Überschreitung des Marktzinses um 100 % vor. Ist eine relative Marktzinsüberschreitung von 200 % gegeben, so liegt sogar ein **besonders grobes Missverhältnis** vor.[1185] Hier wird vermutet, dass die subjektiven Voraussetzungen des Abs. 2 erfüllt sind (vgl. allgemein → Rn. 373). **364**

c) Unterlegenheit des Vertragspartners. Für die Annahme eines wucherischen Rechtsgeschäfts ist erforderlich, dass der Bewucherte sich bei Vertragsschluss in einer unterlegenen Stellung befunden hat. **365**

1169 BGHZ 107, 92 (96 f.) = NJW 1989, 1276; BGH NJW 2000, 1254 (1255); 2002, 429, 431; BeckOK BGB/*Wendtland* § 138 Rn. 44, 47; MüKoBGB/*Armbrüster* § 138 Rn. 145; Soergel/*Hefermehl* BGB § 138 Rn. 75.

1170 BGH NJW 2002, 55 (56); NJW-RR 2005, 1418 (1420); MüKoBGB/*Armbrüster* § 138 Rn. 146, 113 ff.; Palandt/*Ellenberger* BGB § 138 Rn. 67; Staudinger/*Sack/Fischinger* BGB § 138 Rn. 244; BeckOK BGB/*Wendtland* BGB § 138 Rn. 47; *Wolf/Neuner* BGB AT § 46 Rn. 51 f.

1171 BGHZ 146, 298 (302) = NJW 2001, 1127; BGH NJW 2000, 1254 (1255); 2002, 55, 57; NJW-RR 2011, 880; NJW 2014, 1652; Staudinger/*Sack/Fischinger* BGB § 138 Rn. 244; MüKoBGB/*Armbrüster* § 138 Rn. 154.

1172 BGH NJW-RR 2014, 653 Rn. 16; sehr klar hierzu schon BGHZ 160, 8 (16 f.) = NJW 2004, 2671 (2673).

1173 Zur Terminologie MüKoBGB/*Armbrüster* § 138 Rn. 115.

1174 MüKoBGB/*Armbrüster* § 138 Rn. 144; Palandt/*Ellenberger* BGB § 138 Rn. 67; Staudinger/*Sack/Fischinger* BGB § 138 Rn. 244 sprechen von einer „Faustformel".

1175 BeckOK BGB/*Wendtland* § 138 Rn. 49; Soergel/*Hefermehl* BGB § 138 Rn. 74; Staudinger/*Sack/Fischinger* BGB § 138 Rn. 242, 244.

1176 BGH NJW 1980, 1155 (1156) (finanzierter Abzahlungskauf); Palandt/*Ellenberger* BGB § 138 Rn. 66; Staudinger/*Sack/Fischinger* BGB § 138 Rn. 243.

1177 BGHZ 141, 257 (263) = NJW 1999, 3187; BGHZ 146, 298 (303) = NJW 2001, 1127; BGH NJW 2000, 1254 (1255); 2002, 429, 431; Soergel/*Hefermehl* BGB § 138 Rn. 74.

1178 BeckOK BGB/*Wendtland* § 138 Rn. 44.

1179 BGHZ 69, 295 (300 f.) = NJW 1977, 2356 (Fluchthelfervertrag); BGH NJW 1982, 2767; OLG München BeckRS 2014, 10870; MüKoBGB/*Armbrüster* § 138 Rn. 146; Staudinger/*Sack/Fischinger* BGB § 138 Rn. 242.

1180 BGHZ 135, 269 (277) = NJW 1997, 1845; BGH NJW 2000, 3589 (3590); Palandt/*Ellenberger* BGB § 138 Rn. 67; Staudinger/*Sack/Fischinger* BGB § 138 Rn. 244; BeckOK BGB/*Wendtland* § 138 Rn. 47. Zur Unanwendbarkeit dieses Grenzwerts auf die Geschäftsraummiete (dort 100 %) KG NJW-RR 2001, 1092.

1181 So BAG NZA 2009, 837 (838); Staudinger/*Sack/Fischinger* BGB § 138 Rn. 247, 540 ff.; vgl. aus älterer Zeit LAG Bln AuR 1998, 468; BGHSt 43, 53 ff. = NJW 1997, 2689.

1182 BAG AP BGB § 138 Nr. 2; NJW 2000, 3589 (3590); AuR 2001, 509 (510); BeckOK BGB/*Wendtland* § 138 Rn. 58; Jauernig/*Mansel* BGB § 139 Rn. 8; Palandt/*Ellenberger* BGB § 138 Rn. 75; Staudinger/*Sack/Fischinger* BGB § 138 Rn. 191.

1183 LAG Düsseldorf DB 1978, 165 (166); BGHSt 43, 53 (60) = NJW 1997, 2689; MüKoBGB/*Armbrüster* § 138 Rn. 113; vgl. aber auch BAG AuR 2001, 509 (510) mAnm *Peter*.

1184 Staudinger/*Sack/Fischinger* BGB § 138 Rn. 552.

1185 BGH NJW-RR 1990, 1199; Staudinger//*Sack/Fischinger* BGB § 138 Rn. 292.

Diese Unterlegenheit wird durch vier **Schwächesituationen** (Zwangslage, Unerfahrenheit, Mangel an Urteilsvermögen, erhebliche Willensschwäche) konkretisiert,[1186] in denen die **tatsächliche Entscheidungsfreiheit** typischerweise beeinträchtigt ist. Die tatbestandliche Umschreibung dieser Situationen ist abschließend. Abs. 2 kann daher nicht analog auf andere Schwächesituationen angewendet werden, welche die tatsächliche Entscheidungsfreiheit des Vertragspartners in Frage stellen.[1187] Hier kommt aber ein Rückgriff auf Abs. 1 in Betracht.

366 **aa) Zwangslage.** Eine Zwangslage liegt vor, wenn für den Betroffenen ein **dringendes Bedürfnis nach einer Geld- oder Sachleistung** besteht.[1188] Dieses Bedürfnis kann darauf beruhen, dass schwere **wirtschaftliche Nachteile** drohen.[1189] In Betracht kommen aber auch sonstige erhebliche Nachteile, zB gesundheitliche Beeinträchtigungen,[1190] politische Verfolgung,[1191] psychische Bedrängnis[1192] oder die Beschädigung immaterieller Güter.[1193] Eine **vorübergehende** Zwangslage kann ausreichen.[1194] Erforderlich ist, dass **Bestehendes** bedroht wird. Das Scheitern von Zukunftsplänen genügt nicht.[1195] Der Wunsch nach höherem Lebensstandard begründet daher keine Zwangslage.[1196] Auch die **Zwangslage eines Dritten**, etwa eines Angehörigen oder engen Freundes, kann eine Zwangslage des Bewucherten begründen.[1197]

367 Ob eine vom Bewucherten bloß **subjektiv empfundene Zwangslage** genügt, ist umstritten. Die hM verneint in diesem Fall das Bestehen einer Zwangslage.[1198] Hiergegen wird eingewendet, dass Abs. 2 gerade den Schutz des Benachteiligten bezwecke.[1199] Der Benachteiligte wird jedoch durch den allgemeinen Tatbestand des Abs. 1 hinreichend geschützt. Eine weite Auslegung des Abs. 2 ist also nicht erforderlich.

368 **bb) Unerfahrenheit.** Unerfahrenheit bedeutet einen **Mangel an Lebens- oder Geschäftserfahrung**.[1200] Dieser Mangel kann auf geistiger Eingeschränktheit[1201] oder jugendlichem bzw. fortgeschrittenem Alter[1202] beruhen. Die Unerfahrenheit kann sich auch daraus ergeben, dass der Geschäftspartner aus einem anderen Rechts- oder Kulturkreis stammt. So kann das Merkmal bei Ausländern und Aussiedlern erfüllt sein, die noch nicht lange in Deutschland leben.[1203] Eine entsprechende Unerfahrenheit könnte kurz nach der Wiedervereinigung auch bei Bürgern der ehemaligen DDR gegeben sein.[1204]

369 Unklar ist das erforderliche **Ausmaß** der Unerfahrenheit. Die hM verlangt einen **allgemeinen** Mangel an Lebens- und Geschäftserfahrenheit; mangelnde Rechtskenntnisse oder Unerfahrenheit auf einem bestimmten Wirtschafts- oder Lebensgebiet seien nicht ausreichend.[1205] Nach anderer Ansicht genügt es, wenn sich die Unerfahrenheit auf das **konkrete** Geschäft bezieht.[1206] Hierfür kann zwar die Schutzbedürftigkeit des Bewucherten angeführt werden. Der erforderliche Schutz lässt sich indes über Abs. 1 verwirklichen.

370 **cc) Mangelndes Urteilsvermögen.** Mangelndes Urteilsvermögen ist die Unfähigkeit, die für und gegen ein Geschäft sprechenden Gründe **abzuwägen** und die beiderseitigen Leistungen vor diesem Hintergrund zu **bewerten**, um nach dieser Erkenntnis zu handeln.[1207] Der Mangel an Urteilsvermögen muss nicht notwendig auf Verstandesschwäche beruhen, sondern kann auch bei Menschen eines höheren Bildungsgrades auf-

---

1186 Soergel/*Hefermehl* BGB § 138 Rn. 77.
1187 Staudinger/*Sack/Fischinger* BGB § 138 Rn. 307; aA MüKoBGB/*Armbrüster* § 138 Rn. 153.
1188 BT-Drs. 7/3441; Palandt/*Ellenberger* BGB § 138 Rn. 70.
1189 BGH NJW 1994, 1275 (1276); Soergel/*Hefermehl* BGB § 138 Rn. 78.
1190 BGH WM 1981, 1050 (1051) (Pflegebedürftigkeit).
1191 Vgl. BGHZ 69, 295 (299 ff.) = NJW 1977, 2356; BGH NJW 1980, 1574 (1575) (betr. Fluchthelferverträge).
1192 BGH NJW 2003, 1860 (1861).
1193 BeckOK BGB/*Wendtland* § 138 Rn. 51; MüKoBGB/*Armbrüster* § 138 Rn. 149; Staudinger/*Sack/Fischinger* BGB § 138 Rn. 269.
1194 BGH NJW 1982, 2767 (2768); MüKoBGB/*Armbrüster* § 138 Rn. 149.
1195 BGH NJW 1994, 1275 (1276); 2003, 1860, 1861; BeckOK BGB/*Wendtland* § 138 Rn. 51; Palandt/*Ellenberger* BGB § 138 Rn. 70; Staudinger/*Sack/Fischinger* BGB § 138 Rn. 273.
1196 BGH NJW 1980, 1574 (1575 f.).
1197 BGH NJW 1980, 1574 (1575); 2003, 1860, 1861; MüKoBGB/*Armbrüster* § 138 Rn. 149; Palandt/

Ellenberger BGB § 138 Rn. 70; Staudinger/*Sack/Fischinger* BGB § 138 Rn. 278.
1198 BGH WM 1968, 330; Erman/*Schmidt-Räntsch* BGB § 138 Rn. 51; MüKoBGB/*Armbrüster* § 138 Rn. 149; Soergel/*Hefermehl* BGB § 138 Rn. 78; aA BeckOK BGB/*Wendtland* § 138 Rn. 51; Palandt/*Ellenberger* BGB § 138 Rn. 70; Staudinger/*Sack/Fischinger* BGB § 138 Rn. 277.
1199 So BeckOK BGB/*Wendtland* § 138 Rn. 51.
1200 Vgl. nur Palandt/*Ellenberger* BGB § 138 Rn. 71.
1201 RGZ 67, 393 (394); 72, 61, 68 f.
1202 BGH NJW 1966, 1451 (Jugendliche); Erman/*Schmidt-Räntsch* § 138 Rn. 52.
1203 Palandt/*Ellenberger* BGB § 138 Rn. 71.
1204 BGHZ 125, 135 (140) = NJW 1994, 1475 (1476).
1205 BGH BB 1966, 226; WM 1982, 849; BeckOK BGB/*Wendtland* § 138 Rn. 52; Erman/*Schmidt-Räntsch* BGB § 138 Rn. 52; Jauernig/*Mansel* BGB § 138 Rn. 22; Soergel/*Hefermehl* BGB § 138 Rn. 79; *Wolf/Neuner* BGB AT § 46 Rn. 60 f.; einschr. MüKoBGB/*Armbrüster* § 138 Rn. 150.
1206 Palandt/*Ellenberger* BGB § 138 Rn. 71; Staudinger/*Sack/Fischinger* BGB § 138 Rn. 281.
1207 Vgl. dazu BGH NJW 2002, 3165 (3167); Palandt/*Ellenberger* BGB § 138 Rn. 72.

treten, zB bei jungen oder sehr alten Personen[1208] oder bei besonders schwierigen und unklar formulierten Geschäften.[1209] Maßgeblich ist das Urteilsvermögen im Hinblick auf das **konkrete** Rechtsgeschäft.[1210]

dd) Erhebliche Willensschwäche. Geht der Bewucherte aus **Mangel an psychischer Widerstandsfä** **371** **higkeit** auf das Rechtsgeschäft ein, obwohl er dessen Vor- und Nachteile an sich zutreffend beurteilt, so ist das Merkmal der erheblichen Willensschwäche erfüllt. Es kommt insbesondere bei Jugendlichen,[1211] Drogen- oder Alkoholkranken[1212] und Spielsüchtigen[1213] vor. Hier dürfte auch der Fall einzuordnen sein, dass jemand aus **Dankbarkeit** dem Geschäft nicht widerstehen kann.[1214]

d) Ausbeutung der Unterlegenheit. Der Wucherer beutet die Unterlegenheit des Vertragspartners aus, **372** wenn er sie sich bei Abschluss des Geschäfts **bewusst zunutze macht** und von dem auffälligen Missverhältnis **Kenntnis** hat.[1215] Eine besondere Ausbeutungsabsicht ist nicht erforderlich;[1216] fahrlässige Unkenntnis genügt aber nicht.[1217] Die Zurechnung von **Vertreterwissen** erfolgt nach § 166.[1218]

4. Beweisrechtliche Wirkungen des besonders groben Missverhältnisses. Bei einem **besonders** **373** **groben Missverhältnis** zwischen Leistung und Gegenleistung geht die hM davon aus, dass eine tatsächliche Vermutung für die Ausbeutungsabsicht des Wucherers besteht.[1219] In einer neueren Entscheidung hat der BGH allerdings einschränkend betont, dass die im Rahmen des Abs. 1 entwickelte Vermutung der verwerflichen Gesinnung des begünstigten Vertragsteils bei besonders grobem Missverhältnis von Leistung und Gegenleistung nicht ohne Weiteres auf den Ausbeutungsvorsatz des Wucherers übertragen werden kann, weil der Ausbeutungsvorsatz nur bejaht werden könne, wenn dem begünstigten Vertragsteil das **Leistungsmissverhältnis bekannt** sei. Das Missverhältnis von Leistung und Gegenleistung allein sei daher für sich genommen keine tragfähige Grundlage für die Vermutung eines Willens zur vorsätzlichen Ausbeutung einer Schwäche des anderen Teils.[1220] Die vorstehenden Überlegungen des BGH schließen den Rückgriff auf die Grundsätze des wucherähnlichen Geschäfts in solchen Fällen allerdings nicht aus. Dabei kann dann aus dem besonders groben Missverhältnis von Leistung und Gegenleistung auf die verwerfliche Gesinnung geschlossen werden.[1221]

5. Rechtsfolgen. Wichtigste Rechtsfolge des Abs. 2 ist die **Nichtigkeit** des Rechtsgeschäfts. Anders als **374** bei 138 Abs. 1 (→ Rn. 136) erstreckt sich die Nichtigkeit regelmäßig auch auf das **Verfügungsgeschäft des** **Bewucherten**.[1222] Dies ergibt sich aus der Formulierung „gewähren lässt". Das **Verfügungsgeschäft des** **Wucherers** ist dagegen im Allgemeinen wirksam.[1223]

a) Umfang der Nichtigkeit. Ebenso wie bei Abs. 1 erfasst die Nichtigkeit regelmäßig das ganze Geschäft. **375** Eine **geltungserhaltende Reduktion** von überhöhten Entgeltvereinbarungen ist auch hier grundsätzlich unzulässig.[1224] Das Geschäft kann daher im Allgemeinen nicht durch Herabsetzung des Preises aufrechterhalten werden. Ausnahmen sind nur insoweit zulässig, wie dies zum Schutz des Bewucherten erforderlich ist. Nach der Rechtsprechung ist dabei zwischen dem Mietwucher, dem Lohnwucher und dem Kreditwucher zu unterscheiden.

1208 Soergel/*Hefermehl* BGB § 138 Rn. 80.
1209 OLG Stuttgart FamRZ 1983, 498 (499); BeckOK BGB/*Wendtland* § 138 Rn. 53; Staudinger/*Sack/* *Fischinger* BGB § 138 Rn. 282.
1210 Palandt/*Ellenberger* BGB § 138 Rn. 72; Staudinger/ *Sack/Fischinger* BGB § 138 Rn. 282; *Wolf/Neuner* BGB AT § 46 Rn. 60.
1211 Palandt/*Ellenberger* BGB § 138 Rn. 73.
1212 Palandt/*Ellenberger* BGB § 138 Rn. 73; Staudinger/ *Sack/Fischinger* BGB § 138 Rn. 284.
1213 Staudinger/*Sack/Fischinger* BGB § 138 Rn. 284.
1214 Dazu Palandt/*Ellenberger* BGB § 138 Rn. 74; Soergel/*Hefermehl* BGB § 138 Rn. 82; eine Analogie zu 138 Abs. 2 bildet MüKoBGB/*Armbrüster* § 138 Rn. 153.
1215 BGH NJW 1985, 3006 (3007); 1994, 1275, 1276; BeckOK BGB/*Wendtland* § 138 Rn. 55.
1216 BGH NJW 1982, 1767 (2768); 1985, 3006, 3007; MüKoBGB/*Armbrüster* § 138 Rn. 154.
1217 BGH NJW 1985, 3006 (3007); BeckOK BGB/ *Wendtland* § 138 Rn. 55; Soergel/*Hefermehl* BGB § 138 Rn. 82.
1218 Vgl. nur BeckOK BGB/*Wendtland* § 138 Rn. 55; Staudinger/*Sack/Fischinger* BGB § 138 Rn. 288.

1219 BGH NJW-RR 1990, 1199; 1991, 589; NJW 1994, 1275; 2003, 2230, 2231; NJW-RR 2008, 1436 Rn. 35; MüKoBGB/*Armbrüster* § 138 Rn. 154; Staudinger/*Sack/Fischinger* BGB § 138 Rn. 292; Jauernig/*Mansel* BGB § 138 Rn. 23; PWW/*Ahrens* BGB § 138 Rn. 64; aA Erman/*Schmidt-Räntsch* BGB § 138 Rn. 48.
1220 So BGH NJW-RR 2011, 880 (881).
1221 So ausdrücklich BGH NJW-RR 2011, 880 (881).
1222 BGH NJW 1982, 2767 (2768); 2006, 3054, 3056; NJW-RR 2013, 880; Jauernig/*Mansel* BGB § 138 Rn. 25; MüKoBGB/*Armbrüster* § 138 Rn. 164; Soergel/*Hefermehl* BGB § 138 Rn. 55 f.; Staudinger/ *Sack/Fischinger* BGB § 138 Rn. 302; krit. *Zimmermann* JR 1985, 48 (49).
1223 MüKoBGB/*Armbrüster* § 138 Rn. 164; Palandt/ *Ellenberger* BGB § 138 Rn. 75.
1224 BGHZ 44, 158 (162); 68, 204, 207 f.; BGH NJW-RR 2006, 16 (18); BeckOK BGB/*Wendtland* § 138 Rn. 58; Erman/*Schmidt-Räntsch* BGB § 138 Rn. 30; aA Staudinger/*Sack/Fischinger* BGB § 138 Rn. 294 ff.

376 **aa) Mietwucher.** Für den Mietwucher ist in Bezug auf die **Wohnraummiete**[1225] anerkannt, dass die Sittenwidrigkeit der Vereinbarung über die Miethöhe **nicht zur Unwirksamkeit** des Mietvertrages führt, weil der Mieter sonst Gefahr liefe, die Wohnung an den Vermieter herausgeben zu müssen.[1226] In welcher **Höhe** dem Vermieter ein Mietzinsanspruch zusteht, ist umstritten. Die hM geht mit Billigung durch das BVerfG[1227] davon aus, dass die Höhe des Mietzinses auf das **gerade noch zulässige Maß** zu reduzieren ist.[1228] Nach § 5 Abs. 2 WiStG ist der Mietzins danach auf 20 % über der ortsüblichen Vergleichsmiete festzusetzen.[1229] Da § 134 iVm § 5 WiStG dem Abs. 2 vorgeht (→ Rn. 358), kann für die Einzelheiten auf die Ausführungen zu § 134 (→ § 134 Rn. 69 f.) verwiesen werden.

377 **bb) Lohnwucher.** Eine parallele Problematik stellt sich beim Lohnwucher. Ist der vereinbarte Lohn aufgrund von Wucher unangemessen niedrig, so bleibt der Arbeitsvertrag jedenfalls für die Vergangenheit **wirksam** (→ Rn. 132). Nichtig ist allein die Vergütungsvereinbarung. Zur Ausfüllung der Lücke kann § 612 Abs. 2 angewendet werden.[1230] Der Arbeitnehmer hat damit einen Anspruch auf die **übliche Vergütung**.[1231] Besteht ein **Tarifvertrag**, so kann man sich bei der Bestimmung der üblichen Vergütung hieran orientieren.[1232] Nach der Rechtsprechung des BAG kommt Lohnwucher regelmäßig in Betracht, wenn der vereinbarte Lohn die Grenze von **zwei Dritteln** des üblichen Tariflohns unterschreitet.[1233] Diese Rechtsprechung behält auch nach dem Inkrafttreten des MiLoG am 1.1.2015 (→ § 134 Rn. 112) praktische Bedeutung. In Gebieten und Branchen mit hohen Tariflöhnen liegt die Grenze der Sittenwidrigkeit nämlich über dem derzeitigen **Mindestlohn** von 8,50 EUR/Stunde.[1234] Außer diesem objektiven Missverhältnis setzt die Annahme von Lohnwucher voraus, dass der Arbeitgeber einen Unterlegenheitstatbestand iSd § 138 Abs. 2 bewusst **ausgenutzt** hat; ansonsten bleibt bei **verwerflicher Gesinnung** ein Rückgriff auf § 138 Abs. 1 („wucherähnliches Geschäft") möglich.[1235] Für die Feststellung des Lohnwuchers kommt es entgegen der allgemeinen Regel (→ Rn. 122) nicht allein auf den Zeitpunkt des Vertragsschlusses an, sondern auf den **streitgegenständlichen Zeitraum**.[1236] Die Entgeltvereinbarung kann daher auch **nachträglich** sittenwidrig oder wucherisch werden, wenn sie nicht an die allgemeine Lohnentwicklung angepasst wird.[1237]

378 **cc) Kreditwucher.** In den Fällen des Kreditwuchers hält die hM am **Verbot der geltungserhaltenden Reduktion** fest.[1238] Der Kreditgeber hat daher gegen den Kreditnehmer einen Anspruch auf Rückzahlung des Darlehens aus § 812 Abs. 1 S. 1 Alt. 1. Aus § 817 S. 2 folgt aber, dass die Rückzahlung nur zu dem vertraglich vereinbarten Termin bzw. in der vertraglich vereinbarten Zeitfolge verlangt werden kann.[1239] Nach hier vertretener Ansicht steht dem Kreditgeber entgegen der Rechtsprechung der **angemessene (marktübliche) Zins** zu (s. dazu → Rn. 232).

379 **b) Schadensersatz.** Ebenso wie bei Abs. 1 (→ Rn. 137) kann dem Benachteiligten auch bei Abs. 2 ein Schadensersatzanspruch aus §§ 241 Abs. 2, 311 Abs. 2, 280 Abs. 1 und § 826 zustehen. Darüber hinaus kommt ein Anspruch aus § 823 Abs. 2 iVm § 291 StGB in Betracht.

1225 Zur abweichenden Rechtslage bei der Geschäftsraummiete BGH NJW-RR 2006, 16 (18).

1226 Palandt/*Ellenberger* BGB § 138 Rn. 76; Staudinger/*Sack/Fischinger* BGB § 138 Rn. 188.

1227 BVerfGE 90, 22 (26 f.) = NJW 1994, 993.

1228 BGHZ 89, 316 (321 ff.) = NJW 1984, 722; BeckOK BGB/*Wendtland* § 138 Rn. 58; Staudinger/*Sack/Fischinger* BGB § 138 Rn. 188; aA OLG Stuttgart NJW 1981, 2365; MüKoBGB/*Armbrüster* § 134 Rn. 147; Palandt/*Ellenberger* BGB § 134 Rn. 27, BGB § 138 Rn. 76; *Hager* JuS 1985, 264 (270): die ortsübliche Vergleichsmiete ohne Zuschlag.

1229 Die Überlegungen in BGHZ 89, 316 (321 ff.) = NJW 1984, 722 zur sog. Wesentlichkeitsgrenze sind damit überholt, vgl. Jauernig/*Mansel* BGB § 139 Rn. 8.

1230 BAG NZA 2006, 1354 (1357); 2009, 837.

1231 BAG AP BGB § 138 Nr. 2; NJW 2000, 3589 (3590); BeckOK BGB/*Wendtland* § 138 Rn. 58; Palandt/*Ellenberger* BGB § 138 Rn. 75; Staudinger/*Sack/Fischinger* BGB § 138 Rn. 191.

1232 LAG Düsseldorf DB 1978, 165 (166); BGHSt 43, 53 (60) = NJW 1997, 2689; MüKoBGB/*Armbrüster* § 138 Rn. 113; vgl. aber auch BAG AuR 2001, 509

(510) mAnm *Peter*; *Andelewski* DStR 2008, 2114 (2117); ausf. zur Sittenwidrigkeit von Arbeitslöhnen *Bayreuther* NJW 2007, 2022 ff.; *Fischinger* JZ 2012, 546 ff.

1233 BAG NZA 2009, 837 (838); 2012, 978; 2013, 266.

1234 Vgl. *Bayreuther* NZA 2014, 865 (866 ff.) m. Beispielen.

1235 Vgl. BAG NZA 2012, 974 (977); *Fischinger* JZ 2012, 546 (547).

1236 BAG NZA 2006, 1354 (1356); 2009, 837 f.

1237 BAG NZA 2006, 1354 (1356); 2009, 837, 838; Palandt/*Ellenberger* BGB § 138 Rn. 9; aA *Fischinger* JZ 2012, 546 (548 ff.); krit. auch *Joussen* SAE 2010, 95 (97 f.).

1238 BGHZ 99, 333 (338 f.); BGH NJW 1958, 1772; 1983, 1420, 1422 f.; 1994, 1275; 1995, 1152, 1153; Soergel/*Hefermehl* BGB § 138 Rn. 101; krit. Jauernig/*Mansel* BGB § 139 Rn. 9; Staudinger/*Sack/Fischinger* BGB § 138 Rn. 192 ff.

1239 BGH NJW 1983, 1420 (1422 f.); 1989, 3217; 1993, 2108; Palandt/*Ellenberger* BGB § 138 Rn. 75; Staudinger/*S. Lorenz* BGB § 817 Rn. 12; *Flume* BGB AT Bd. 2 § 18, 10 f.

C. Weitere praktische Hinweise

I. Prozessuales

1. Sittenwidrigkeit als Einwendung. Die Sittenwidrigkeit des Rechtsgeschäfts ist eine Einwendung, die **380** von Amts wegen zu berücksichtigen ist.[1240] In Ausnahmefällen kann der durch die Nichtigkeit Begünstigte aber nach **Treu und Glauben** (§ 242) gehindert sein, sich auf die Sittenwidrigkeit zu berufen (→ Rn. 19 ff.). Maßgeblich ist dabei insbesondere die Erwägung, dass man aus seinem eigenen sittenwidrigen Verhalten keine unangemessenen Vorteile erlangen darf.

2. Beweislast. Die **tatsächlichen** Voraussetzungen für die Sittenwidrigkeit des Rechtsgeschäfts sind von **381** der Partei darzulegen und zu beweisen, die sich auf die Sittenwidrigkeit beruft.[1241] Dies gilt sowohl für die **objektiven** als auch für die **subjektiven Merkmale**. In der Praxis ist zu beachten, dass die Rechtsprechung in vielen Fällen aus den objektiven Gegebenheiten auf die subjektiven Merkmale schließt (→ Rn. 229, 373). Es handelt sich dabei um keine Fiktion, sondern um eine widerlegliche **tatsächliche Vermutung**. Da § 292 ZPO nur auf gesetzliche Vermutungen anwendbar ist, muss die durch das Geschäft benachteiligte Partei das Vorliegen der subjektiven Merkmale zunächst einmal **behaupten**. Hierfür reicht aber, dass sich aus dem Kontext des Vortrags zu den objektiven Merkmalen ergibt, dass die benachteiligte Partei sich auf die Vermutung beruft.[1242] Die andere Partei muss dann besondere Umstände darlegen und **beweisen**, nach denen die subjektiven Voraussetzungen im Einzelfall nicht gegeben sind.[1243]

3. Revisibilität. Ob ein Rechtsgeschäft als sittenwidrig zu bewerten ist, ist eine **Rechtsfrage**, die in vollem **382** Umfang der Nachprüfung durch das Revisionsgericht unterliegt.[1244] Hat das Berufungsgericht die rechtlich erheblichen Umstände vollständig festgestellt, so kann das Revisionsgericht selbst über die Frage der Sittenwidrigkeit entscheiden.

II. Rückwirkungsprobleme bei Wandel der Wertanschauungen

Bei der anwaltlichen Beratung bereitet der Zeitpunkt der sozialethischen Bewertung große Probleme. **383** Grundsätzlich ist davon auszugehen, dass es für die Sittenwidrigkeit auf die Wertanschauungen bei **Abschluss des Rechtsgeschäftes** ankommt. Erscheint das Geschäft zu diesem Zeitpunkt unbedenklich, so kann es im Nachhinein nicht mehr als sittenwidrig qualifiziert werden. Dem Begünstigten kann jedoch nach Treu und Glauben (§ 242) verwehrt sein, die aus dem Geschäft folgenden Rechte geltend zu machen (→ Rn. 124, 126).

Die mit dem Wandel der sozialethischen Wertanschauungen verbundenen Unsicherheiten werden dadurch **384** verschärft, dass nicht immer sicher festgestellt werden kann, zu welchem Zeitpunkt der Wandel eingetreten ist. Ändert die Rechtsprechung ihre Auffassung, so argumentiert sie teilweise damit, dass sie einen bereits **vollzogenen Wandel** der Wertanschauungen nur **festgestellt** habe.[1245] Damit können auch Sachverhalte, die nach der bisherigen Rechtsprechung unbedenklich waren, als sittenwidrig qualifiziert werden. Dies führt im Ergebnis zu einer gewissen „Rückwirkung" der Sittenwidrigkeit.[1246] Die Folgen sind wesentlich gravierender als bei einer bloßen Heranziehung des § 242. Ist das Geschäft nach § 138 nichtig, so kommt es nämlich zur Rückabwicklung nach §§ 812 ff.[1247]

1240 BGH NJW 1981, 1439; MüKoBGB/*Armbrüster* § 138 Rn. 155; Palandt/*Ellenberger* BGB § 138 Rn. 21; Staudinger/*Sack/Fischinger* BGB § 138 Rn. 234.

1241 BGHZ 53, 369 (379); BGH NJW 1995, 1427 (1429); BeckOK BGB/*Wendtland* § 138 Rn. 39; Erman/ *Schmidt-Räntsch* BGB § 138 Rn. 38; Staudinger/ *Sack/Fischinger* BGB § 138 Rn. 232.

1242 Zur Behauptungslast der benachteiligten Partei BGH NJW 2010, 363 (364 f.).

1243 BGHZ 98, 174 (178); 128, 255, 267; BGH DtZ 1997, 229 (230).

1244 BGH NJW 1991, 353 (354); Palandt/*Ellenberger* BGB § 138 Rn. 23.

1245 Vgl. BGH NJW 1983, 2692 (2693); 1986, 2568, 2569.

1246 Krit. ggü. dieser Praxis Soergel/*Hefermehl* BGB § 138 Rn. 42; Staudinger/*Sack/Fischinger* BGB § 138 Rn. 137; *Bunte* NJW 1983, 2674 (2675); *Medicus* NJW 1995, 2577 (2578 f.).

1247 Diesen Unterschied betonen zu Recht Staudinger/ *Sack/Fischinger* BGB § 138 Rn. 137.

Anhang zu § 138: Prostitutionsgesetz

Gesetz zur Regelung der Rechtsverhältnisse der Prostituierten
(Prostitutionsgesetz – ProstG)
vom 20. Dezember 2001

(BGBl. I S. 3983)

Literatur: *Armbrüster,* Zivilrechtliche Folgen des Gesetzes zur Regelung der Rechtsverhältnisse der Prostituierten, NJW 2002, 2763; *Augstein,* Prostitutionsgesetz, 2002; *Bergmann,* Das Rechtsverhältnis zwischen Dirne und Freier – Das Prostitutionsgesetz aus zivilrechtlicher Sicht, JR 2003, 270; *Caspar,* Prostitution im Gaststättengewerbe? Zur Auslegung des Begriffs der Unsittlichkeit im Gaststättengesetz, NVwZ 2002, 1322; *Felix,* Die Wertneutralität des Sozialrechts – Zum Bestehen eines Beschäftigungsverhältnisses bei sittenwidrigem oder verbotenem Tun, NZS 2002, 225; *Gräfin von Galen,* Rechtsfragen der Prostitution. Das ProstG und seine Auswirkungen, 2004; *Hagen,* Menschenwürde und gute Sitten, Gedanken zum ProstG, GS Sonnenschein, 2003, 581; *Kreuzer,* Prostitutionsgesetzgebung und Opferschutz, ZRP 2016, 148; *Kurz,* Prostitution und Sittenwidrigkeit, GewArch 2002, 142; *Looschelders,* Schadensersatz bei „einseitiger" Durchkreuzung der Familienplanung durch den kinderwilligen (Ehe-) Partner?, in: Jura 2000, 169; *Majer,* Sittenwidrigkeit und Prostitutionsgesetz bei Vermarktung und Vermittlung, NJW 2008, 1926; *Münchener Handbuch zum Arbeitsrecht,* 3. Auflage 2009; *Pauly,* Gesetz zur Regelung der Rechtsverhältnisse der Prostituierten (Prostitutionsgesetz) sowie Vollzug der Gewerbeordnung und des Gaststättengesetzes, GewArch 2002, 217; *Peifer,* Sittenwidrigkeit von Verträgen über die Bereitstellung von Telefonsexleistungen, NJW 2001, 1912; *Rautenberg,* Prostitution: Das Ende der Heuchelei ist gekommen!, NJW 2002, 650; *Schmidbauer,* Das Prostitutionsgesetz zwischen Anspruch und Wirklichkeit aus polizeilicher Sicht, NJW 2005, 871; *Stiebig,* Sic transit gloria mundi? Das ProstG im Lichte der europäischen Integration oder: Plädoyer wider die Sittenwidrigkeit, BayVBl. 2004, 545; *Stühler,* Das Verhältnis der Erlaubnis für das Betreiben des Prostitutionsgewerbes gem. § 11 iVm § 13 des Referentenentwurfs zum ProstSchG durch die zuständige Behörde zu der Erteilung der Baugenehmigung für ein bauliches prostitutives Vorhaben und seine entsprechende Nutzung, GewArch 2016, 129; *Vahle,* Wahn und Wirklichkeit – Das neue Prostitutionsgesetz, NZA 2002, 1077; *Wesel,* Prostitution als Beruf, NJW 1999, 2865; *Ziethen,* Dogmatische Konsequenzen des Prostitutionsgesetzes für Dirnen- und Freierbetrug, NStZ 2003, 184.

§ 1 ProstG [Begründung einer rechtswirksamen Forderung]

¹**Sind sexuelle Handlungen gegen ein vorher vereinbartes Entgelt vorgenommen worden, so begründet diese Vereinbarung eine rechtswirksame Forderung.** ²**Das Gleiche gilt, wenn sich eine Person, insbesondere im Rahmen eines Beschäftigungsverhältnisses, für die Erbringung derartiger Handlungen gegen ein vorher vereinbartes Entgelt für eine bestimmte Zeitdauer bereithält.**

A. Allgemeines	1		III. Zustandekommen und Inhalt des Prostituti-	
I. Rechtslage vor Inkrafttreten des ProstG	1		onsvertrages	16
II. Überblick	2		IV. Weitere wichtige Bereiche	20
III. Würdigung	4		1. Öffentliche Darbietung sexueller Hand-	
IV. Das Prostituiertenschutzgesetz (ProstSchG)	5		lungen	21
B. Regelungsgehalt	7		2. Telefonsex	26
I. Anwendungsbereich	7		3. Kontaktanzeigen	28
1. Sexuelle Handlungen	7		4. Raumüberlassung an Prostituierte; Bor-	
2. Die geregelten Rechtsverhältnisse	9		dellpacht	29
II. Rechtsfolgen	10		V. Auswirkungen auf das Gaststätten- und	
1. Der Entgeltanspruch der Prostituierten	10		Gewerberecht	30
2. Keine Verpflichtung der Prostituierten	12			
3. Rechtliche Einordnung des Prostitutions-				
vertrages	13			

A. Allgemeines

I. Rechtslage vor Inkrafttreten des ProstG

1   Die Ausübung der Prostitution ist als solche seit längerem nicht strafbar. Gleichwohl war die Rechtsstellung von Prostituierten bis zum Inkrafttreten des ProstG unbefriedigend. Problematisch war insbesondere, dass ihnen kein rechtlich durchsetzbarer Anspruch auf das vereinbarte Entgelt zustand, weil der auf die **entgeltliche Gewährung des Geschlechtsverkehrs** gerichtete Vertrag nach ganz hM **sittenwidrig** und damit **nach**

§ 138 Abs. 1 nichtig war.[1] Die Prostituierten sahen sich damit gezwungen, ihre Ansprüche mit außergerichtlichen Mitteln durchzusetzen, wodurch ihre Abhängigkeit von Zuhältern verstärkt wurde. Keinen rechtlich durchsetzbaren Entgeltanspruch hatten die Prostituierten auch gegen den Bordellbetreiber, bei dem sie beschäftigt waren. Schaffte der Bordellbetreiber den Prostituierten gute Arbeitsbedingungen, so lief er Gefahr, sich nach § 180 a Abs. 1 Nr. 2 StGB aF wegen Förderung der Prostitution strafbar zu machen.[2] Schließlich hatten Prostituierte keinen unmittelbaren Zugang zur Sozialversicherung.

II. Überblick

Mit dem am 1.1.2002 in Kraft getretenen ProstG hat der Gesetzgeber das Ziel verfolgt, die rechtliche **Stellung der Prostituierten** zu **verbessern** und den mit der Prostitution verbundenen kriminellen Begleiterscheinungen die Grundlage zu entziehen.[3] Da das ProstG geschlechtsneutral formuliert ist, schützt es nicht nur **weibliche**, sondern auch **männliche** Prostituierte.[4] De facto steht die Situation weiblicher Prostituierter aber im Vordergrund. Die Rechtsstellung Dritter (Freier, Bordellbetreiber, Zuhälter etc) soll hingegen nicht verbessert werden,[5] zumal dies im Allgemeinen zulasten der Prostituierten ginge. 2

Herzstück des Gesetzes ist § 1 ProstG, der den Prostituierten unter bestimmten Voraussetzungen einen rechtlich durchsetzbaren **Anspruch** gegen den Freier oder den Bordellbetreiber **auf das vereinbarte Entgelt** zubilligt. Zu diesem Entgeltanspruch enthält § 2 ProstG ergänzende Regelungen. Der durch Art. 2 des Gesetzes zur Regulierung des Prostitutionsgewerbes sowie zum Schutz von in der Prostitution tätigen Personen vom 21.10.2016[6] (→ Rn. 4 a) eingefügte § 3 Abs. 1 ProstG schränkt das **Weisungsrecht** des Arbeitgebers in Bezug auf die Erbringung sexueller Dienstleistungen ein. § 3 Abs. 2 ProstG stellt klar, dass das eingeschränkte Weisungsrecht im Rahmen einer abhängigen Tätigkeit der Annahme einer **Beschäftigung im Sinne des Sozialversicherungsrechts** nicht entgegensteht. Mittelbare Auswirkungen auf das Sozialversicherungsrecht hat auch die Aufhebung des § 180 a Abs. 1 Nr. 2 StGB aF durch Art. 2 § 2 ProstG.[7] Dem Bordellbetreiber soll hierdurch ermöglicht werden, die bei ihm freiwillig und ohne Ausbeutung beschäftigten Prostituierten bei der Sozialversicherung anzumelden, ohne sich der Gefahr der Strafverfolgung wegen Förderung der Prostitution auszusetzen.[8] 3

III. Würdigung

Dem ProstG wird in der Literatur entgegengehalten, es könne an den **Realitäten der Prostitution** nichts ändern.[9] Richtig ist hieran, dass die Prostituierten im Allgemeinen auch nach dem Inkrafttreten des ProstG weder ihre Ansprüche gegen Bordellbetreiber oder Freier gerichtlich geltend machen noch in nennenswerter Zahl der Sozialversicherung beitreten.[10] Aus rechtspolitischer Sicht ist das ProstG dennoch zu begrüßen, weil das Recht seine Aufgabe verfehlt, wenn es – etwa aufgrund von moralischen Bedenken – darauf verzichtet, bestimmten Personen einen **angemessenen rechtlichen Rahmen** zur Verfügung zu stellen. Dies gilt umso mehr, als die selbstständig ausgeübte Prostitution nach der Rechtsprechung des EuGH eine gegen Entgelt erbrachte **Dienstleistung** ist, die vom Schutzbereich des Art. 49 AEUV (früher Art. 43 EGV) erfasst wird.[11] In neuerer Zeit ist anerkannt, dass Prostituierte auch in den Schutzbereich der Arbeitnehmerfreizügigkeit (Art. 45 AEUV) und der Dienstleistungsfreiheit (Art. 56 AEUV) fallen.[12] Davon abgesehen hat das ProstG außerhalb seines unmittelbaren Anwendungsbereichs bereits große praktische Bedeutung erlangt, weil die Sittenwidrigkeit von Rechtsgeschäften mit Bezug auf die Sexualsphäre in zahlreichen Bereichen einer Neubewertung unterzogen worden ist. So können Prostituierte bei einer deliktischen Schädigung nun- 4

---

1 BGHZ 67, 119 (122); BGH NJW 1984, 797; RGRK/*Krüger-Nieland/Zöller* BGB § 138 Rn. 193; Soergel/*Hefermehl* BGB § 138 Rn. 208; MüKoBGB/*Armbrüster* § 138 Rn. 57; aA VG Berlin NJW 2001, 983 (987); differenzierend *Rother* AcP 172 (1972), 498, 505; sehr krit. dazu *Wesel* NJW 1999, 2865 ff.

2 Vgl. BT-Drs. 14/5958, S. 4; vgl. dazu *Rautenberg* NJW 2002, 650 (652).

3 BT-Drs. 14/5958, S. 4. Zur Entstehungsgeschichte des Gesetzes vgl. *Augstein* Einf. Rn. 3.

4 MüKoBGB/*Armbrüster* ProstG § 1 Rn. 2; *Stiebig* BayVBl. 2004, 545.

5 BT-Drs. 14/5958, S. 4; BeckOK BGB/*Wendtland* ProstG § 1 Rn. 1.

6 BGBl. I, 2372.

7 Näher dazu *Augstein* Art. 2 Rn. 17.

8 Vgl. BT-Drs. 14/5958, S. 6; Staudinger/*Fischinger* Vorbem. zum ProstG Rn. 10.

9 Vgl. *Vahle* NZA 2002, 1077 ff.

10 Vgl. Palandt/*Ellenberger* Anh. § 138 § 1 ProstG Rn. 1; BeckOK BGB/*Wendtland* ProstG § 1 Rn. 2; Staudinger/*Fischinger* Vorbem. zum ProstG Rn. 10; *Schmidbauer* NJW 2005, 871; nach der Antwort der Bundesregierung vom 5.5.2014 auf eine Kleine Anfrage (BR-Drs. 18/1705, S. 2) stehen keine Daten zur Verfügung, aus denen sich die Auswirkungen des ProstG auf den Anteil der krankenversicherten Prostituierten ableiten lassen.

11 EuGH NVwZ 2002, 326 (328 ff.); vgl. *Stiebig* BayVBl. 2004, 545 (546).

12 Staudinger/*Fischinger* Vorbem. zum ProstG Rn. 17.

mehr Ersatz des vollen Verdienstausfalls verlangen.[13] Außerdem kann die Rechtsprechung zur Sittenwidrigkeit von sog. „Geliebtentestamenten" nicht aufrechterhalten werden (→ § 138 Rn. 198).[14] Auf der anderen Seite kann das erzielte Einkommen aus einer legalen freiwillig ausgeübten Prostitution nach einer Entscheidung des OLG Köln aber auch für **Unterhaltszwecke** herangezogen werden.[15] Das OLG Köln hat freilich zugleich betont, dass die Unterhaltsschuldnerin aufgrund ihrer unterhaltsrechtlichen Erwerbsobliegenheit nicht gehalten ist, die Tätigkeit als Prostituierte fortzusetzen.[16] Desgleichen hält das BSG zu Recht daran fest, dass die Bundesagentur für Arbeit mit Rücksicht auf die **Menschenwürde** der Arbeitsuchenden nicht verpflichtet ist, Bordellbetreibern Prostituierte als Arbeitnehmer zu vermitteln.[17]

IV. Das Prostituiertenschutzgesetz (ProstSchG)

5   Bei einer Evaluation des ProstG im Jahr 2007 hat die Bundesregierung festgestellt, dass die mit dem ProstG verbundenen Erwartungen sich nur teilweise erfüllt hatten, so dass weitere gesetzliche Schritte zur Verbesserung der Situation von Prostituierten notwendig erschienen.[18] Vor diesem Hintergrund hat der Gesetzgeber nach längerer rechtspolitischer Debatte am 1.7.2016 das Gesetz zur Regulierung des Prostitutionsgewerbes sowie zum Schutz von in der Prostitution tätigen Personen[19] erlassen, das am 1.7.2017 in Kraft getreten ist. Im Vordergrund steht dabei das in Art. 1 geregelte Gesetz zum Schutz von in der Prostitution tätigen Personen (ProstSchG), das erstmals umfassende verwaltungsrechtliche Regelungen für das Prostitutionsgewerbe vorsieht.[20] Kern ist die Einführung einer **Erlaubnispflicht** für den Betrieb eines Prostitutionsgewerbes in § 12 Abs. 1 S. 1 ProstSchG. § 14 ProstSchG regelt Gründe für die **Versagung** der Erlaubnis. Ein Versagungsgrund liegt hiernach insbesondere dann vor, wenn aufgrund des Betriebskonzepts, aufgrund der Angebotsgestaltung, aufgrund der Vereinbarungen mit Prostituierten oder aufgrund sonstiger tatsächlicher Umstände Anhaltspunkte dafür bestehen, dass die Art des Betriebes mit der Wahrnehmung des Rechts auf sexuelle Selbstbestimmung unvereinbar ist oder der Ausbeutung von Prostituierten Vorschub leistet (§ 14 Abs. 2 Nr. 1 ProstSchG). Diese Voraussetzung soll etwa bei sog. **Flat-Rate-Bordellen** vorliegen.[21] Die Beauftragten der zuständigen Behörden haben nach §§ 29 ff. ProstSchG weitreichende Überwachungs-, Kontroll- und Betretungsrechte, die durch Auskunftspflichten der Betreiber des Prostitutionsgewerbes flankiert werden. § 32 ProstSchG statuiert eine **Kondompflicht**, die in der Praxis allerdings kaum kontrolliert werden kann.[22]

6   Die Prostituierten trifft vor Aufnahme ihrer Tätigkeit eine **Anmeldepflicht** bei der zuständigen Behörde (§ 3 ProstSchG). Dabei kommt es nicht darauf an, ob sie selbstständig erwerbstätig oder abhängig beschäftigt sind.[23] Die darüber hinaus diskutierte Anhebung der **Mindestaltersgrenze** von Prostituierten auf 21 Jahre ließ sich dagegen mit Rücksicht auf das Grundrecht der Prostituierten auf freie Berufswahl (Art. 12 GG) nicht verwirklichen.[24] Das ProstSchG sieht jedoch im Zusammenhang mit der Anmeldepflicht der Prostituierten einige besondere Schutzvorschriften für die Altersgruppe der 18–21-jährigen vor.[25] So darf der Anmeldebestätigung nach § 5 Abs. 2 Nr. 4 ProstSchG nicht erteilt werden, wenn die Person unter 21 Jahren ist und Anhaltspunkte dafür bestehen, dass sie durch Dritte zur Aufnahme oder Fortsetzung der Prostitution gebracht wurde oder werden soll.

B. Regelungsgehalt

I. Anwendungsbereich

7   **1. Sexuelle Handlungen.** Entgegen der eng gefassten Gesetzesüberschrift beschränkt der Anwendungsbereich des ProstG sich nicht auf die Rechtsverhältnisse der Prostituierten. Dem Wortlaut des § 1 ProstG lässt

---

13   Staudinger/*Fischinger* Vorbem. zum ProstG Rn. 18; Soergel/*Ekkenga//Kuntz* BGB § 252 Rn. 11; Palandt/*Ellenberger* ProstG § 1 Rn. 1; PWW/*Luckey* BGB § 252 Rn. 20; *Armbrüster* NJW 2002, 2763 (2764 f.); einschränkend vor Inkrafttreten des ProstG BGHZ 67, 119 (122 ff.); für vollständigen Ausschluss des Anspruchs auch nach Inkrafttreten des ProstG Staudinger/*Schiemann* BGB § 252 Rn. 15 ff.

14   So auch OLG Düsseldorf FGPrax 2009, 25 (26); Staudinger/*Fischinger* Vorbem. zum ProstG Rn. 23; *Olzen/Looschelders* Rn. 260.

15   OLG Köln FamRZ 2013, 1745 (1746) mAnm *Röttgen.*

16   OLG Köln FamRZ 2013, 1745 (1746).

17   BSG NJW 2010, 1626.

18   Vgl. Begr. RegE, BT-Drs. 18/8556, S. 1.

19   BGBl. 2016 I, S. 2372; zur Gesetzgebungsgeschichte Staudinger/*Fischinger* Vorbem. zum ProstG Rn. 12.

20   Begr. RegE, BT-Drs. 18/8556, S. 2; MüKoBGB/*Armbrüster* ProstG § 1 Rn. 1.

21   Begr. RegE, BT-Drs. 18/8556, S. 78. Zur Sittenwidrigkeit solcher Geschäftsmodelle vgl. Staudinger/*Fischinger* ProstG § 1 Rn. 19.

22   Staudinger/*Fischinger* Vorbem. zum ProstG Rn. 14; *Kreuzer* ZRP 2016, 148 (151).

23   Begr. RegE, BT-Drs. 18/8556, S. 64; Staudinger/*Fischinger* Vorbem. zum ProstG Rn. 14.

24   Vgl. zu dieser Problematik BT-Drs. 18/1705, S. 1, 3.

25   Begr. RegE, BT-Drs. 18/8556, S. 35.

sich vielmehr entnehmen, dass alle Vereinbarungen erfasst werden, welche die Vornahme **sexueller Handlungen** gegen Entgelt zum Gegenstand haben.[26] Bei der Konkretisierung des Begriffs der sexuellen Handlungen kann man sich nicht an der Rechtsprechung zu § 184 h StGB orientieren, weil diese an den Schutzzweck der einschlägigen Straftatbestände anknüpft. Auch das Erfordernis der „**Erheblichkeit**" (§ 184 h Nr. 1 StGB) lässt sich nicht auf das Zivilrecht übertragen.[27] Denn es beruht auf der Erwägung, dass geringfügige Beeinträchtigungen nach dem Grundsatz der Verhältnismäßigkeit nicht mit strafrechtlichen Sanktionen belegt werden dürfen.[28] Diese Erwägung trifft auf die zivilrechtliche Bewertung von Verträgen nicht zu. Da die Anwendung des § 1 ProstG mit einer Einschränkung der privatautonomen Gestaltungsmacht verbunden ist, kann im Einzelfall aber eine restriktive Auslegung des Merkmals „sexuelle Handlungen" geboten sein. Dies gilt etwa im Hinblick auf Darbietungen mit **künstlerischem Anspruch** (Mitwirkung an pornographischen Filmen, Erstellung von Nacktbildern, ggf. auch Striptease), die nicht oder doch nicht primär auf die Befriedigung sexueller Bedürfnisse abzielen (→ Rn. 20 f.).

Nach dem Zweck des ProstG erfasst der Begriff der sexuellen Handlung alle **Handlungen**, die auf die **Befriedigung sexueller Bedürfnisse gegen Entgelt** gerichtet sind.[29] Dazu gehören nicht nur Handlungen, die schon nach dem äußeren Erscheinungsbild einen sexuellen Bezug aufweisen. Das ProstG gilt auch für objektiv mehrdeutige Handlungen (zB Turnübungen, Züchtigungen), die der Befriedigung sexueller Bedürfnisse dienen.[30] Die Handlung muss nicht in einem **aktiven Tun** bestehen; es genügt auch ein bloßes **Dulden**.[31] Eine engere Definition findet sich jetzt allerdings in § 2 Abs. 1 S. 1 ProstSchG. Eine **sexuelle Dienstleistung** ist danach „eine sexuelle Handlung mindestens einer Person an oder vor mindestens einer anderen unmittelbar anwesenden Person gegen Entgelt oder das Zulassen einer sexuellen Handlung an oder vor der eigenen Person gegen Entgelt". Aus dem Erfordernis der unmittelbaren Anwesenheit einer anderen Person folgt, dass sexuelle „Distanzdienstleistungen" wie Telefonsex nicht erfasst werden.[32] § 2 Abs. 1 S. 2 ProstSchG nimmt weiter „Vorführungen mit ausschließlich darstellendem Charakter, bei denen keine weitere der anwesenden Personen sexuell aktiv einbezogen ist", vom Begriff der sexuellen Dienstleistungen aus. Peep-Shows, Table-Dance-Aufführungen und Striptease werden also nicht erfasst.[33] Diese Einschränkungen lassen sich indes nicht auf § 1 ProstG übertragen. Zu beachten ist nämlich, dass § 1 ProstG von **sexuellen Handlungen** spricht, während § 2 Abs. 2 ProstSchG den Begriff der sexuellen Dienstleistungen definiert. Bei der Definition der sexuellen Dienstleistungen greift § 2 Abs. 2 S. 1 ProstSchG zwar auf den Begriff der sexuellen Handlung zurück, schränkt diesen jedoch durch zusätzliche Voraussetzungen ein. Hieraus folgt, dass nicht alle sexuelle Handlungen zugleich sexuelle Dienstleistungen sind. Das engere Verständnis in § 2 Abs. 2 ProstSchG beruht auf dem Zweck des ProstSchG, das Prostitutionsgewerbe verwaltungstechnisch zu regulieren (→ Rn. 5).[34] Der vom Gesetzgeber gewählte Regulierungsansatz passt aber nicht auf sexuelle „Distanzdienstleistungen" wie **Telefonsex**. Die Ausnahme für Vorführungen mit ausschließlich **darstellendem Charakter** (§ 2 Abs. 2 S. 2 ProstSchG) beruht auf der Erwägung, dass solche Veranstaltungen schon der Erlaubnispflicht nach § 33 a GewO unterliegen (→ Rn. 28),[35] so dass für weitere Regulierung kein Bedarf ist.[36]

2. Die geregelten Rechtsverhältnisse. Das ProstG regelt das Rechtsverhältnis zwischen den **Prostituierten und ihren Kunden** (§ 1 S. 1 ProstG) sowie das Rechtsverhältnis zwischen den **Prostituierten und den Betreibern von Bordellen, Clubs oder ähnlichen Einrichtungen**, in denen sich die Prostituierten insbesondere im Rahmen eines Beschäftigungsverhältnisses für die Erbringung sexueller Handlungen gegen ein vorher vereinbartes Entgelt für eine bestimmte Zeitdauer bereithalten (§ 1 S. 2 ProstG).[37] Ob auch das Rechtsverhältnis zwischen den **Kunden und den Bordellbetreibern** erfasst wird, ist zweifelhaft. Da es nach dem Wortlaut des § 1 S. 1 ProstG nicht darauf ankommt, wer Vertragspartner des Kunden ist, könnte das ProstG auch auf Vereinbarungen zwischen Bordellbetreibern und Kunden anzuwenden sein.[38] Gegen diese Deutung spricht jedoch, dass das ProstG nach dem Willen des Gesetzgebers gerade nicht den Zweck hat, die rechtliche Stellung der Bordellbetreiber zu verbessern. Die hM geht daher zu Recht davon aus, dass

26 MüKoBGB/*Armbrüster* ProstG § 1 Rn. 3; Staudinger/*Sack/Fischinger* BGB § 138 Rn. 722.

27 So auch *von Galen* Rn. 41; aA MüKoBGB/*Armbrüster* ProstG § 1 Rn. 4.

28 Vgl. LK-StGB/*Laufhütte/Roggenbuck* StGB § 184 g Rn. 10.

29 Vgl. Staudinger/*Fischinger* ProstSchG § 1 Rn. 6; ähnlich zum Begriff der Prostitution VG Berlin NJW 2001, 983 (985); BeckOK BGB/*Wendtland* § 1 ProstG Rn. 3. Der Begriff der Prostitution ist freilich enger als der Begriff der sexuellen Handlung, weil er die Einbeziehung des eigenen Körpers in die Dienstleistung voraussetzt.

30 So auch MüKoBGB/*Armbrüster* ProstG § 1 Rn. 4.

31 MüKoBGB/*Armbrüster* ProstG § 1 Rn. 4.

32 Staudinger/*Fischinger* ProstG § 1 Rn. 5.

33 Vgl. Begr. RegE, BT-Drs. 18/8556, S. 59.

34 Eingehend dazu Staudinger/*Fischinger* ProstG § 1 Rn. 5.

35 Begr. RegE, BT-Drs. 18/8556, S. 33, 59.

36 Staudinger/*Fischinger* ProstG § 1 Rn. 5.

37 Vgl. BeckOK BGB/*Wendtland* ProstG § 1 Rn. 6 ff.; MüKoBGB/*Armbrüster* ProstG § 1 Rn. 13 ff.

38 So etwa Staudinger/*Sack* (2003) BGB § 138 Rn. 453.

das ProstG auf das Rechtsverhältnis zwischen Bordellbetreiber und Kunden nicht anwendbar ist.[39] Andererseits ist den Wertungen des § 1 ProstG zu entnehmen, dass dem Bordellbetreiber nach Erbringung der sexuellen Dienstleistungen ebenfalls ein wirksamer Anspruch auf Zahlung des Entgelts zustehen muss[40] (der freilich nicht nach § 2 S. 2 und 3 ProstG privilegiert ist).[41] Hiervon geht offenbar auch der Gesetzgeber aus. Den Materialien lässt sich nämlich klar entnehmen, dass der Gesetzgeber eine unmittelbare Entstehung der Forderung bei dem Bordellbetreiber nicht ausschließen wollte.[42]

II. Rechtsfolgen

10 **1. Der Entgeltanspruch der Prostituierten.** § 1 ProstG regelt lediglich den Entgeltanspruch der Prostituierten. Dieser setzt im **Verhältnis zum Freier** nach S. 1 voraus, dass die sexuelle Handlung gegen ein vorher vereinbartes Entgelt **tatsächlich vorgenommen** worden ist. In der Realität wird freilich meist vereinbart, dass der Freier **im Voraus** zu leisten hat. In diesem Fall steht der Prostituierten vor Vornahme der sexuellen Handlungen kein wirksamer Anspruch zu. Zahlt der Freier gleichwohl im Voraus, so kann er nach der Inanspruchnahme der sexuellen Leistung keine Rückzahlung verlangen.[43] Da die Übereignung des Geldes schon bislang nicht nach § 138 Abs. 1 unwirksam war,[44] scheidet ein Anspruch aus § 985 nach Inkrafttreten des ProstG erst recht aus. Ein Bereicherungsanspruch aus § 812 Abs. 1 S. 1 Alt. 1 scheitert daran, dass die Entgeltvereinbarung nach Erbringung der sexuellen Leistung als rechtlicher Grund für die Entgeltzahlung anzusehen ist. Hat die Prostituierte die vereinbarten sexuellen Handlungen nicht vorgenommen, so hat der Freier einen Rückzahlungsanspruch aus § 812 Abs. 1 S. 2 Alt. 2.[45] Der Anspruch wird nicht durch § 817 S. 2 ausgeschlossen. Wenn der Zahlungsanspruch der Prostituierten nach Vornahme der sexuellen Handlung nicht mehr am Verdikt der Sittenwidrigkeit scheitert, so kann auch der Rückzahlungsanspruch des Freiers bei Nichtvornahme der Handlung nicht mehr als sittenwidrig angesehen werden. Nach einer Entscheidung des BGH in Strafsachen steht der Prostituierten kein Anspruch auf Zahlung des vereinbarten Entgelts zu, wenn sie die sexuellen Handlungen nicht einvernehmlich in Erwartung des vereinbarten Entgelts vorgenommen hat, sondern vom Freier gegen ihren Willen dazu gezwungen worden ist.[46] Der BGH geht dabei zu Recht davon aus, dass nur der *freiwillig erbrachten* sexuellen Leistung der Prostituierten Vermögenswert zukommt.[47] Der notwendige Schutz der Prostituierten kann in diesen Fällen über das Sexualstrafrecht gewährleistet werden.

11 Im Verhältnis zwischen **Prostituierten und Bordellbetreibern** setzt § 1 S. 2 ProstG allein das **Bereithalten** für eine sexuelle Handlung voraus. Den Prostituierten steht daher auch dann eine wirksame Forderung zu, wenn sexuelle Handlungen tatsächlich nicht vorgenommen worden sind.[48] Etwas anderes folgt auch nicht daraus, dass § 1 S. 2 ProstG auf S. 1 verweist.[49] Damit wird nämlich nur die Rechtsfolgeanordnung des S. 1 in Bezug genommen.

12 **2. Keine Verpflichtung der Prostituierten.** Ob der Freier oder der Bordellbetreiber gegen die Prostituierte einen wirksamen Anspruch auf Vornahme der sexuellen Handlungen hat, ist im ProstG nicht ausdrücklich geregelt. Es entspricht jedoch allgemeiner Auffassung, dass ein solcher Anspruch mit Rücksicht auf die **Menschenwürde der Prostituierten** (Art. 1 Abs. 1 GG) nicht in Betracht kommen kann.[50] Streitig ist lediglich die Begründung. Ein Teil der Literatur stellt darauf ab, dass der Gesetzgeber beim Erlass des ProstG vom Nichtbestehen eines solchen Anspruchs ausgegangen ist und deshalb die Konstruktion eines

39 Vgl. MüKoBGB/*Armbrüster* ProstG § 1 Rn. 12; Palandt/*Ellenberger* Anh. § 138 ProstG § 1 Rn. 2; Staudinger/*Fischinger* ProstG § 1 Rn. 66.

40 Vgl. MüKoBGB/*Armbrüster* ProstG § 1 Rn. 23; iE auch BGH NJW 2008, 140 (betr. Vermittlung von Telefonsexdienstleistungen); dagegen *Majer* NJW 2008, 1926 ff.

41 BeckOK BGB/*Wendtland* § 1 ProstG Rn. 8, § 2 ProstG Rn. 3.

42 Vgl. BT-Drs. 14/5958, S. 6.

43 So auch MüKoBGB/*Armbrüster* ProstG § 1 Rn. 10; Staudinger/*Fischinger* ProstG § 1 Rn. 43.

44 Vgl. RGRK/*Krüger-Nieland/Zöller* BGB § 138 Rn. 93; Soergel/*Hefermehl* BGB § 138 Rn. 208.

45 *Bergmann* JR 2003, 270 (276); hilfsweise auch MüKoBGB/*Armbrüster* ProstG § 1 Rn. 10, der aber in erster Linie die §§ 326 Abs. 4, 346 analog anwen-

den will. Nach Ansicht von *Ziethen* NStZ 2003, 184 (187) scheitert der Bereicherungsanspruch des Freiers an § 814; gegenüber dem hier befürworteten Anspruch aus § 812 Abs. 1 S. 2 Alt. 2 ist § 814 aber nicht anwendbar.

46 BGH NStZ 2011, 278 (279); krit. *Hecker* JuS 2011, 944 f.

47 *Zimmermann* NStZ 2012, 211 (213).

48 Vgl. BT-Drs. 14/5958, S. 6; BeckOK BGB/*Wendtland* § 1 ProstG Rn. 12.

49 So aber MüKoBGB/*Armbrüster* ProstG § 1 Rn. 9.

50 Vgl. BSG NJW 2010, 1627 (1630); OLG Schleswig NJW 2015, 225 (227); BeckOK BGB/*Wendtland* ProstG § 1 Rn. 3, 5; MüKoBGB/*Armbrüster* ProstG § 1 Rn. 7; Palandt/*Ellenberger* Anh. § 138 ProstG § 1 Rn. 2; HK-BGB/*Dörner* § 138 Rn. 9; Staudinger/*Fischinger* ProstG § 1 Rn. 36.

einseitig verpflichtenden Vertrages gewählt hat.[51] Die Gegenauffassung stellt weiter auf **§ 138 Abs. 1** ab, weil die gesetzgeberischen Vorstellungen im Gesetz nicht zum Ausdruck gekommen sind.[52]

3. Rechtliche Einordnung des Prostitutionsvertrages.
Der vorstehende Meinungsstreit hängt eng mit [13] der Frage zusammen, ob Verträge über die entgeltliche Erbringung sexueller Leistungen nach Inkrafttreten des ProstG noch als **sittenwidrig** anzusehen sind. Diese Frage wird von einem großen Teil der Literatur im Anschluss an die Gesetzesbegründung zum ProstG[53] verneint.[54] Desgleichen geht der BGH davon aus, dass die Vereinbarung zwischen Prostituierten und Kunden über die Vornahme sexueller Handlungen nach § 1 Satz 1 ProstG nicht mehr dem Verdikt der Sittenwidrigkeit unterfällt.[55] Die Gesetzesbegründung zum ProstSchG weist ebenfalls darauf hin, dass „die individuelle Entscheidung, sexuelle Kontakte gegen Entgelt anzubieten oder solche Kontakte gegen Entgelt nachzufragen, … als Ausdruck des Rechts auf sexuelle Selbstbestimmung und des Rechts auf freie Entfaltung der Persönlichkeit auch weiterhin rechtlich respektiert" wird.[56] Nach der Gegenauffassung bleibt der Vertrag über die entgeltliche Erbringung sexueller Leistungen gleichwohl auch nach Inkrafttreten des ProstG sittenwidrig. Zur Begründung wird darauf verwiesen, dass die Sittenwidrigkeit sich aus dem Verstoß des Geschäfts gegen die **Menschenwürde** ergibt, die gerade nicht zur Disposition des Gesetzgebers steht.[57]

Bei genauerer Betrachtung zeigt sich, dass eine differenziertere Betrachtung geboten ist.[58] Der Staat ist mit [14] Rücksicht auf die Menschenwürde der Prostituierten (Art. 1 Abs. 3 GG) daran gehindert, eine **rechtliche Verpflichtung zur Vornahme sexueller Handlungen** anzuerkennen.[59] Dass die in Frage stehende Verpflichtung freiwillig eingegangen wurde, ist dabei unerheblich.[60] Denn zum einen ist die tatsächliche Entscheidungsfreiheit gerade im Bereich der Prostitution oft zweifelhaft. Zum anderen gehört die Achtung der Menschenwürde nach der Wertordnung des Grundgesetzes zu den fundamentalen Bedingungen des menschlichen Zusammenlebens, die auch bei einem freiwilligen Verzicht des betroffenen Individuums aufrechterhalten werden müssen.[61] Dass der Prostituierten nach Vornahme der sexuellen Handlungen ein **Entgeltanspruch** zusteht, widerspricht dagegen weder übergeordneten rechtlichen Wertungen noch den heutigen gesellschaftlichen Wertanschauungen. Dies gibt dem Gesetzgeber den notwendigen Freiraum, um den Entgeltanspruch der Prostituierten unter bestimmten Voraussetzungen für wirksam zu erklären. Hierdurch hat auch das Kriterium der **Kommerzialisierung höchstpersönlicher Entscheidungen** im sexuellen Bereich seine Bedeutung verloren (→ § 138 Rn. 103).

Die differenzierte rechtliche Bewertung des Vertrages über die entgeltliche Erbringung sexueller Leistungen [15] lässt sich im Rahmen des § 138 Abs. 1 nicht sachgemäß abbilden. Denn eine Aufspaltung des Sittenwidrigkeitsurteils ist bei synallagmatisch verknüpften Pflichten grundsätzlich ausgeschlossen.[62] Der Gesetzgeber hat sich daher zu Recht dafür entschieden, für solche Verträge eine **Sonderregelung** zu schaffen, die § 138 Abs. 1 vorgeht.[63] Im unmittelbaren Anwendungsbereich des ProstG kommt es damit nicht mehr auf die Frage der Sittenwidrigkeit an. Wenn § 1 ProstG allein die Leistungspflicht der Kunden bzw. der Bordellbetreiber regelt, folgt hieraus im **Gegenschluss**, dass die Prostituierten **keine Pflicht** zur Erbringung der vereinbarten sexuellen Leistungen trifft.[64] Der Rückgriff auf § 138 Abs. 1 ist insoweit also auch nicht mehr

51 So etwa BeckOK BGB/*Wendland* ProstG § 1 Rn. 5; *Augstein* Art. 1 Rn. 12; MüKoBGB/*Armbrüster* ProstG § 1 Rn. 7, 19 in Anknüpfung an BT-Drs. 14/5958, S. 4 ff.

52 Vgl. Palandt/*Ellenberger* Anh. § 138 ProstG § 1 Rn. 2; Staudinger/*Sack* (2003) BGB § 138 Rn. 454; *Bergmann* JR 2003, 270 (272); *Majer* NJW 2008, 1926 ff.

53 BT-Drs. 14/5958, S. 4.

54 Vgl. BeckOK BGB/*Wendland* ProstG § 1 Rn. 3; HK-BGB/*Dörner* § 138 Rn. 9; Staudinger/*Fischinger* ProstG § 1 Rn. 10 ff.; Staudinger/*Richardi/Fischinger* BGB § 611 Rn. 652; MüKoBGB/*Armbrüster* ProstG § 1 Rn. 7, 19; *Armbrüster* NJW 2002, 2763 (2764); *Caspar* NVwZ 2002, 1322 (1324); *Rautenberg* NJW 2002, 650 (651); *Zimmermann* NStZ 2012, 211 (213); aA Palandt/*Ellenberger* Anh. § 138 ProstG § 1 Rn. 2; Staudinger/*Sack* (2003) BGB § 138 Rn. 455; *Medicus/Petersen* BGB AT Rn. 701; *Kurz* GewArch 2002, 142 (144); *Majer* NJW 2008, 1926 ff.

55 BGHZ 168, 314 (319) = BGH NJW 2006, 3490 Rn. 24.

56 Begr. RegE, BT-Drs. 18/8556, S. 33.

57 OLG Schleswig NJW 2005, 225 (227); Palandt/*Ellenberger* Anh. § 138 ProstG § 1 Rn. 2; *Majer*

NJW 2008, 1926 (1927); *Rauscher* LMK 2008, 254388; vgl. auch BSG NJW 2010, 1626 (1630). Für grundsätzlichen Fortbestand der Sittenwidrigkeit auch BGH NStZ 2011, 278 (279); NStZ 2015, 225 (227); NStZ 2016, 283 (284), jeweils zur Strafbarkeit von Vermögensdelikten (Raub, räuberische Erpressung, Betrug) zulasten von Prostituierten.

58 Vgl. hierzu schon *Rother* AcP 172 (1972), 498 (505).

59 So auch Palandt/*Ellenberger* Anh. § 138 ProstG § 1 Rn. 2; Staudinger/*Fischinger* ProstG § 1 Rn. 36; *Bergmann* JR 2003, 270 (273).

60 Vgl. BSG NJW 2010, 1626 (1630). Auf das Selbstbestimmungsrecht abstellend aber AG Berlin-Köpenick NJW 2002, 1885; hieran anknüpfend BeckOK BGB/*Wendland* ProstG § 1 Rn. 3; ähnlich Staudinger/*Richardi/Fischinger* BGB § 611 Rn. 652.

61 Vgl. BVerwGE 64, 274 (278); *Singer* JZ 1995, 1133 ff.

62 Vgl. MüKoBGB/*Armbrüster* § 138 Rn. 57.

63 So auch MüKoBGB/*Armbrüster* ProstG § 1 Rn. 7.

64 MüKoBGB/*Armbrüster* ProstG § 1 Rn. 7, 19; krit. *Stadler* BGB AT § 26 Rn. 37, wonach die Einseitigkeit der Verpflichtung im Gesetz nicht klar genug zum Ausdruck kommt.

erforderlich. Genau genommen geht es insoweit aber auch nicht mehr um eine sozialethische Missbilligung iS von Sittenwidrigkeit. Entscheidend ist vielmehr allein, dass die Begründung einer *Rechtspflicht* zu sexuellen Handlung mit Rücksicht auf Art. 1 Abs. 1 GG der rechtsgeschäftlichen Gestaltungsfreiheit entzogen ist.[65] Die Vereinbarung zwischen dem Kunden bzw. dem Bordellbetreiber und der Prostituierten begründet damit im Ergebnis einen **einseitig verpflichtenden Vertrag**.

III. Zustandekommen und Inhalt des Prostitutionsvertrages

16 Der Prostitutionsvertrag kommt nach allgemeinen Regeln (§§ 145 ff.) durch **Angebot** und **Annahme** zustande. In den Fällen des § 1 S. 1 ProstG ist die Wirksamkeit des Vertrages nicht von der Vornahme der sexuellen Handlungen abhängig; diese ist lediglich Voraussetzung für die Entstehung des Entgeltanspruchs (→ Rn. 8).[66] Es besteht insoweit eine gewisse Parallele zur Rechtslage beim Maklervertrag (§ 652), wobei die Entstehung des Anspruchs auf die vertragliche Leistung dort aber nicht von der Vornahme eines Realakts, sondern vom Zustandekommen eines anderen Rechtsgeschäfts mit einem Dritten abhängt.[67] Vor der Vornahme der sexuellen Handlungen bestehen zwischen den Parteien jedenfalls bereits **gegenseitige Schutzpflichten** nach § 241 Abs. 2.[68]

17 Da der Prostitutionsvertrag als einseitig verpflichtender Vertrag ausgestaltet ist, können **beschränkt geschäftsfähige Prostituierte** ihn nach hM gemäß § 107 ohne Einwilligung des gesetzlichen Vertreters wirksam abschließen.[69] In den meisten Fällen werden solche Verträge allerdings schon nach § 134 iVm §§ 176, 180 Abs. 2, 182 Abs. 1 Nr. 1 StGB nichtig sein.[70] Im Übrigen könnte die Minderjährigkeit der Prostituierten den Rückgriff auf § 138 Abs. 1 jedenfalls dann rechtfertigen, wenn weitere Umstände erschwerend hinzukommen. Das ProstG steht einer solchen Lösung nicht entgegen, weil es nicht den Zweck hat, Prostitutionsverträgen mit Minderjährigen Wirksamkeit zu verschaffen. Die Annahme der Wirksamkeit ist auch kein geeignetes Mittel, um minderjährigen Prostituierten nach Erbringung der Leistung einen Entgeltanspruch gegen den Freier oder den Bordellbetreiber zu verschaffen. Denn diese Konstruktion hilft bei einem Verstoß gegen § 134 nicht weiter, obwohl die Prostituierten gerade hier doch besonders schutzwürdig sind.[71] Ist der Vertrag wegen der Minderjährigkeit nichtig, steht den Prostituierten aber ein **Bereicherungsanspruch aus §§ 812, 818 Abs. 2** zu, wobei sich der Freier bzw. der Bordellbetreiber nach dem Schutzzweck des ProstG grundsätzlich weder auf den Wegfall der Bereicherung (§ 818 Abs. 3) noch auf die Gesetz- oder Sittenwidrigkeit des Vertrages (§ 817 S. 2) berufen kann.

18 Die Wirksamkeit des Prostitutionsvertrages kann auch in anderen Fällen an § 138 Abs. 1 scheitern, wenn über die Kommerzialisierung sexueller Handlungen hinaus **weitere Umstände** vorliegen, welche die **Sittenwidrigkeit des Vertrages** begründen.[72] Zu denken ist etwa an sexuelle Handlungen mit Tieren oder den Einsatz lebensgefährlicher Praktiken.[73] Die Wirksamkeit des Prostitutionsvertrages wird dagegen nicht allein dadurch ausgeschlossen, dass die Prostituierte **keine uneingeschränkte Freiheit** in Bezug auf das persönliche und räumliche Umfeld, den Kundenkreis sowie die konkrete Ausgestaltung der Beziehung zum jeweiligen Kunden und die jeweilige Dienstleistungsform hat.[74] Solche „Idealbedingungen" werden in der Realität oft fehlen. Daher wäre es mit dem Schutzzweck des ProstG unvereinbar, den Prostituierten aus diesem Grunde den Entgeltanspruch zu versagen.[75]

19 Bei Beschäftigungsverhältnissen iSd § 1 S. 2 ProstG ist allerdings anerkannt, dass dem Bordellbetreiber mit Rücksicht auf die Menschenwürde und das Persönlichkeitsrecht der Prostituierten **kein Direktionsrecht** zustehen kann, das über die Bestimmung von Zeit und Ort der Leistung hinausgeht.[76] Der durch das Gesetz zur Regulierung des Prostitutionsgewerbes sowie zum Schutz von in der Prostitution tätigen Personen vom 21.10.2016 (→ Rn. 3) mit Wirkung vom 1.7.2017 eingefügte § 3 Abs. 1 ProstG stellt dies jetzt ausdrücklich klar. Der Bordellbetreiber kann den Prostituierten daher keine wirksamen Vorgaben betreffend den Kreis der Kunden und die Form der Dienstleistung machen. Außerdem müssen die Prostituierten jederzeit die

65 Zu den Grenzen der Privatautonomie im höchstpersönlichen Bereich Soergel/*Hefermehl* BGB § 138 Rn. 21; *Looschelders* Jura 2000, 169 (170).

66 Vgl. BeckOK BGB/*Wendtland* ProstG § 1 Rn. 10; MüKoBGB/*Armbrüster* ProstG § 1 Rn. 9; aA Palandt/*Ellenberger* Anh. § 138 ProstG § 1 Rn. 2 und *Bergmann* JR 2003, 270 (273), die von einem nachträglichen teilweisen Wirksamwerden des Vertrages ausgehen.

67 Krit. zum Vergleich mit dem Maklervertrag daher Staudinger/*Fischinger* ProstG § 1 Rn. 27.

68 MüKoBGB/*Armbrüster* ProstG § 1 Rn. 11; *Bergmann* JR 2003, 270 (275).

69 Vgl. MüKoBGB/*Armbrüster* ProstG § 1 Rn. 8; krit. *Rautenberg* NJW 2002, 650 (652).

70 Vgl. MüKoBGB/*Armbrüster* ProstG § 1 Rn. 8.

71 So auch MüKoBGB/*Armbrüster* ProstG § 2 Rn. 4; aA Staudinger/*Fischinger* ProstG § 1 Rn. 34; *Bergmann* JR 2003, 270 (274).

72 Näher dazu Staudinger/*Fischinger* ProstG § 1 Rn. 16 ff.

73 MüKoBGB/*Armbrüster* ProstG § 1 Rn. 20.

74 So aber BeckOK BGB/*Wendtland* ProstG § 1 Rn. 4.

75 So auch MüKoBGB/*Armbrüster* ProstG § 1 Rn. 22.

76 BT-Drs. 14/5958, S. 5; 18/1705, S. 1, 6; MüKoBGB/ *Armbrüster* ProstG § 1 Rn. 14.

Möglichkeit haben, das Beschäftigungsverhältnis **ohne Einhaltung einer Kündigungsfrist** zu beenden.[77] Auch diese Leitlinien erscheinen zwar realitätsfern. Bestehen in einem Lebensbereich faktische Zwänge, welche die grundrechtlichen Freiheiten Einzelner beeinträchtigen, so darf die Rechtsordnung diese aber nicht auch noch sanktionieren, sondern muss sich im Gegenteil um einen möglichst effektiven Schutz der Betroffenen bemühen. Ein solcher Schutz kann allerdings weniger durch das Zivilrecht als durch das Strafrecht sowie das Gewerberecht gewährleistet werden. Das ProstSchG (→ Rn. 5) ist hierzu ein erster Ansatz.

IV. Weitere wichtige Bereiche

Neben dem Prostitutionsvertrag ieS gibt es einige praktisch wichtige Verträge, die auf die Erbringung **anderer sexueller Dienstleistungen** gerichtet sind.   **20**

1. Öffentliche Darbietung sexueller Handlungen. Vor Inkrafttreten des ProstG wurden Peep-Shows **21** überwiegend als **sittenwidrig** angesehen (→ § 138 Rn. 46).[78] Nach geltendem Recht wird die Darbietung sexueller Handlungen in Peep-Shows von § 1 ProstG erfasst (→ Rn. 6).[79] Der Vertrag zwischen den Mitwirkenden und dem Betreiber der Peep-Show ist damit zwar nicht mehr per se sittenwidrig. Er begründet für die Mitwirkenden aber mit Rücksicht auf deren Menschenwürde und ihr Recht auf sexuelle Selbstbestimmung keine Rechtspflicht zur Darbietung sexueller Handlungen. Nach der Darbietung haben die Mitwirkenden dagegen gemäß § 1 ProstG einen Anspruch gegen den Betreiber auf Zahlung des vereinbarten Entgelts.[80]

Verträge über die Darbietung von **Striptease** sind nach heute hM nicht nach § 138 Abs. 1 sittenwidrig.[81] **22** Sofern die Darbietung keinen **künstlerischen Anspruch** hat, sondern allein auf die Befriedigung sexueller Interessen ausgerichtet ist, greift aber § 1 ProstG ein.[82] Der Veranstalter hat damit keinen Anspruch gegen die Darsteller auf Durchführung des Striptease. Nach Erbringung der vereinbarten Leistungen steht den Darstellern ein Anspruch auf Zahlung des vereinbarten Entgelts aus § 1 ProstG zu. Der Differenzierung nach dem künstlerischen Anspruch wird teilweise entgegengehalten, die Anerkennung einer Rechtspflicht zur Durchführung des Striptease sei in jedem Fall mit der Menschenwürde der Darsteller unvereinbar.[83] Da die Verurteilung zur Erbringung von unvertretbaren Dienstleistungen nach § 888 Abs. 3 ZPO nicht mit Zwangsmitteln durchgesetzt werden kann, bleibt die Menschenwürde der Darsteller jedoch bei Anerkennung einer solchen Pflicht gewahrt.

Die gleichen Grundsätze wie für die Darbietung von Striptease gelten für die **Mitwirkung an Filmen mit** **23** **pornographischen Inhalten**.[84] Hat der Film einen künstlerischen Anspruch, so ist der Vertrag vollwirksam. Der Schutz der Darsteller wird über § 888 Abs. 3 ZPO gewährleistet. Geht es allein um die Befriedigung sexueller Bedürfnisse, so greift § 1 ProstG zumindest analog ein.[85] Die Darsteller trifft somit keine Pflicht zur Mitwirkung. Nach Vornahme der infrage stehenden Handlungen steht ihnen aber auch hier ein wirksamer Anspruch auf das vereinbarte Entgelt zu.

Verträge über die Anfertigung **pornographischer Fotos** sind grundsätzlich nicht nach § 138 Abs. 1 nichtig. **24** Etwas anderes gilt jedoch, wenn zusätzliche Umstände (zB Ausnutzung einer Zwangslage, ausbeuterischer Charakter des Vertrages) die Sittenwidrigkeit begründen.[86]

Vor Inkrafttreten des ProstG war allgemein anerkannt, dass Verträge über die Vorführung des Geschlechts- **25** verkehrs auf offener Bühne (sog. **Liveshows**) nach § 138 Abs. 1 sittenwidrig sind.[87] Nach der Rechtsprechung des BAG stand den Darstellern auch nach Erbringung der Leistungen kein Anspruch auf Zahlung des vereinbarten Entgelts zu, weil die Regeln über das fehlerhafte Arbeitsverhältnis hier nicht eingreifen soll-

---

77   BT-Drs. 14/5958, S. 5; 18/1705, S. 1, 6; BeckOK BGB/*Wendtland* ProstG § 1 Rn. 9; Staudinger/*Fischinger* ProstG § 1 Rn. 63.

78   Vgl. BVerwGE 64, 274 (278 ff.); 84, 314, 321; BVerwG NJW 1996, 1423 (1424); MüKoBGB/*Armbrüster* § 138 Rn. 58; Soergel/*Hefermehl* BGB § 138 Rn. 109.

79   So auch HK-BGB/*Dörner* § 138 Rn. 9; MüKoBGB/*Armbrüster* ProstG § 1 Rn. 5; Staudinger/*Fischinger* ProstG § 1 Rn. 73.

80   Staudinger/*Fischinger* ProstG § 1 Rn. 73.

81   Vgl. BVerwGE 64, 274 (278); Erman/*Schmidt-Räntsch* BGB § 138 Rn. 144; Palandt/*Ellenberger* BGB § 138 Rn. 52 a; MüKoBGB/*Armbrüster* § 138 Rn. 58; Staudinger/*Fischinger* ProstG § 1 Rn. 72; einschränkend MAH ArbR/*Benecke* § 38 Rn. 15; aA Staudinger/*Sack* (2003) BGB § 138 Rn. 454; von

BAG AP Nr. 18 zu § 611 Faktisches Arbeitsverhältnis = BB 1973, 291 offen gelassen.

82   So auch MüKoBGB/*Armbrüster* ProstG § 1 Rn. 5; krit. im Hinblick auf die Durchführbarkeit einer Unterscheidung nach dem künstlerischen Anspruch Staudinger/*Fischinger* ProstG § 1 Rn. 72.

83   So Staudinger/*Sack* (2003) BGB § 138 Rn. 454.

84   So auch MüKoBGB/*Armbrüster* § 138 Rn. 58 und § 1 ProstG Rn. 5.

85   MüKoBGB/*Armbrüster* ProstG § 1 Rn. 5; Staudinger/*Fischinger* ProstG § 1 Rn. 75.

86   Vgl. OLG Stuttgart NJW-RR 1987, 1434 (1435); Palandt/*Ellenberger* BGB § 138 Rn. 54.

87   BAG AP Nr. 34 zu § 138 = NJW 1976, 1958; Erman/*Schmidt-Räntsch* BGB § 138 Rn. 141; MüKoBGB/*Armbrüster* § 138 Rn. 58; Soergel/*Hefermehl* BGB § 138 Rn. 209; MAH ArbR/*Benecke* § 38 Rn. 15; vgl. auch BVerwGE 64, 280 (283).

---

ten.[88] Diese Rechtsprechung kann nicht mehr aufrechterhalten werden. Es entspricht nämlich nicht nur dem Wortlaut, sondern auch dem Sinn und Zweck des § 1 ProstG, dass den Darstellern in solchen Fällen ein wirksamer Entgeltanspruch zusteht.[89] Eine rechtliche Verpflichtung zur öffentlichen Vornahme des Geschlechtsverkehrs bleibt dagegen auch nach den Wertungen des ProstG ausgeschlossen.[90]

26 **2. Telefonsex.** Ob Verträge über Telefonsex als sittenwidrig zu bewerten sind, war lange Zeit sehr streitig. Mittlerweile hat der BGH aber klargestellt, dass Abs. 1 der Anerkennung von Entgeltforderungen für die Erbringung, Vermittlung und Vermarktung von Telefonsexdienstleistungen seit Inkrafttreten des ProstG nicht mehr entgegensteht.[91] Diese Beurteilung wird auf die **Wertungen des ProstG** sowie den **Wandel der Anschauungen** in der Bevölkerung gestützt. Dem ist insofern zuzustimmen, als dem Gesprächsführenden selbst als Vertragspartner nach Durchführung des Telefonats nach § 1 S. 1 ProstG ein wirksamer Anspruch gegen den Kunden zusteht. Ist der Gesprächsführende bei einem Dritten beschäftigt, so steht ihm nach § 1 S. 2 ProstG ein entsprechender Anspruch gegen den Arbeitgeber zu. Aus den Wertungen des ProstG folgt, dass der Arbeitgeber in diesem Fall seinerseits einen Anspruch gegen den Kunden hat (→ Rn. 7), der durch den Netzbetreiber eingezogen werden kann.[92] Das Abtretungsverbot des § 2 S. 1 ProstG steht dem nicht entgegen, weil es allein die Rechtsstellung der unmittelbaren Erbringer der sexuellen Leistungen schützen soll (→ Rn. 29).[93]

27 Die Rechtsordnung ist aber mit Rücksicht auf die Menschenwürde und das Persönlichkeitsrecht des Gesprächsführenden (Art. 1, 2 Abs. 1 GG) gehindert, eine **Rechtspflicht zur Vornahme von Telefonaten mit sexuellem Inhalt** anzuerkennen. Entsprechende Vereinbarungen sind auch nach den Wertungen des ProstG unwirksam.[94]

28 **3. Kontaktanzeigen.** Kontaktanzeigen, in denen für die Vornahme sexueller Handlungen gegen Entgelt geworben wird, konnten bislang gegen **§ 120 Abs. 1 Nr. 2 aF OWiG** verstoßen. Die Vorschrift diente dem Schutz der Allgemeinheit, insbesondere von Jugendlichen, vor den mit der Prostitution verbundenen Gefahren und Belästigungen. Das Inkrafttreten des ProstG hatte hieran dem Grundsatz nach nichts geändert. Der BGH hat die Vorschrift mit Rücksicht auf die Wertungen des ProstG aber einschränkend ausgelegt. Danach sollte eine abstrakte Gefährdung der Schutzgüter nicht ausreichen. Das Verbot sollte vielmehr nur dann eingreifen, wenn die Werbung **konkret** geeignet war, Rechtsgüter der Allgemeinheit, insbesondere den Jugendschutz, zu beeinträchtigen.[95] Durch das Gesetz zur Regulierung des Prostitutionsgewerbes sowie zum Schutz von in der Prostitution tätigen Personen vom 21.10.2016 wurde § 120 Abs. 1 Nr. 2 OWiG aF gestrichen und durch § 32 Abs. 3 ProstSchG ersetzt. Nach § 32 Abs. 3 Nr. 1 und 3 ProstSchG ist es nunmehr generell verboten, für sexuelle Dienstleistungen unter Hinweis auf die Gelegenheit zum Geschlechtsverkehr ohne Kondom oder auf die Gelegenheit zum Geschlechtsverkehr mit Schwangeren zu werben. In den übrigen Fällen setzt § 32 Abs. 3 Nr. 2 ProstSchG in Anknüpfung an die Rechtsprechung des BGH zu § 120 Abs. 1 Nr. 2 OWIG aF voraus, dass die Werbung für die sexuellen Dienstleistungen nach Art der Darstellung, nach Inhalt und Umfang oder nach Art des Trägermediums oder seiner Verbreitung geeignet ist, schutzbedürftige Rechtsgüter der Allgemeinheit, insbesondere den Jugendschutz, konkret zu beeinträchtigen. Diesem Zweck entspricht es, dass zivilrechtliche Verträge bei einem Verstoß gegen § 120 Abs. 1 Nr. 2 OWiG aF bzw. § 32 Abs. 3 ProstSchG nach § 134 unwirksam sind (→ § 134 Rn. 258).[96]

29 **4. Raumüberlassung an Prostituierte; Bordellpacht.** Schon vor Inkrafttreten des ProstG war anerkannt, dass Mietverträge mit Prostituierten und Pachtverträge über Bordelle grundsätzlich **nicht sittenwidrig** sind.[97] Dies muss nach der Streichung des § 180a Abs. 1 Nr. 2 StGB aF erst recht gelten, sofern nicht der Betrieb des Bordells nach § 180a StGB wegen **Ausbeutung von Prostituierten** strafbar ist.[98]

88 BAG AP Nr. 34 zu § 138.
89 So auch HK-BGB/*Dörner* § 138 Rn. 9; MüKoBGB/ *Armbrüster* ProstG § 1 Rn. 24; PWW/*Ahrens* BGB § 138 Rn. 43; aA Jauernig/*Mansel* BGB § 138 Rn. 7; *Schack* BGB AT Rn. 265; wohl auch MAH ArbR/ *Benecke* § 38 Rn. 15; *Rauscher* LMK 2008, 254388; für Zuerkennung eines bereicherungsrechtlichen Wertersatzanspruchs aus §§ 812 Abs. 1 S. 1 Alt. 1, 818 Abs. 2 Staudinger/*Fischinger* ProstG § 1 Rn. 74.
90 MüKoBGB/*Armbrüster* ProstG § 1 Rn. 7, 24; auf § 138 Abs. 1 abstellend Palandt/*Ellenberger* BGB § 138 Rn. 52a; Staudinger/*Fischinger* ProstG § 1 Rn. 74.
91 BGH NJW 2008, 140; für Neubewertung solcher Verträge schon BGH NJW 2002, 361; krit. *Majer* NJW 2008, 1926.
92 MüKoBGB/*Armbrüster* ProstG § 1 Rn. 25; Staudinger/*Fischinger* ProstG § 1 Rn. 70.

93 Vgl. BT-Drs. 14/5958, S. 6.
94 Staudinger/*Fischinger* ProstG § 1 Rn. 70; für Rückgriff auf § 138 Abs. 1 Erman/*Schmidt-Räntsch* BGB § 138 Rn. 140.
95 BGHZ 168, 314 (319) = NJW 2006, 3490 (3491 f.); zust. *Armbrüster* JZ 2007, 479 (480); vgl. auch OLG Zweibrücken MMR 2008, 468; AG Berlin-Köpenick NJW 2002, 1885.
96 BGHZ 118, 182 = NJW 1992, 2557 (zu § 120 Abs. 1 Nr. 2 OWiG aF); Staudinger/*Fischinger* ProstG § 1 Rn. 77 (zu § 32 Abs. 3 ProstSchG).
97 Vgl. BGHZ 63, 365 (367); Soergel/*Hefermehl* BGB § 138 Rn. 211 f.; Staudinger/*Emmerich* BGB Vor § 535 Rn. 114; aA noch BGHZ 41, 341 (342).
98 Vgl. Palandt/*Ellenberger* BGB § 138 Rn. 52; Staudinger/*Fischinger* ProstG § 1 Rn. 78.

V. Auswirkungen auf das Gaststätten- und Gewerberecht

Welche Auswirkungen das ProstG auf das Gaststätten- und Gewerberecht hat, ist noch nicht abschließend **30** geklärt. Da § 4 Nr. 1 GaststättenG auf das Merkmal der **Unsittlichkeit** und § 33 a Abs. 2 Nr. 2 GewO auf das Merkmal der **guten Sitten** abstellt, hat die sittliche Bewertung der entgeltlichen Vornahme von sexuellen Leistungen auch hier große Bedeutung. Der Gesetzgeber ist ausweislich der Gesetzesbegründung davon ausgegangen, dass das ProstG zumindest insoweit Auswirkungen auf das Gaststättenrecht hat, als bei entgeltlichen sexuellen Handlungen nicht mehr automatisch von Unsittlichkeit ausgegangen werden kann.[99] Dies ist zwar im Ausgangspunkt zutreffend, ändert jedoch nichts daran, dass die Begriffe der Unsittlichkeit und der guten Sitten nach dem **Schutzzweck der jeweiligen Norm** auszulegen sind. Die Wertungen des ProstG sind auf den zivil- und sozialversicherungsrechtlichen Schutz der Prostituierten zugeschnitten und lassen sich daher nicht uneingeschränkt auf das Gaststätten- und Gewerberecht übertragen.[100] So steht den Darstellern bei Striptease-Aufführungen, Peep-Shows und Liveshows nach § 1 ProstG gleichermaßen ein Anspruch auf Zahlung des vereinbarten Entgelts zu. Bei der Genehmigung solcher Veranstaltungen nach § 33 a GewO ist es dagegen gleichwohl geboten, zwischen den verschiedenen Arten von Veranstaltungen zu unterscheiden. Während die Genehmigung von **Striptease-Aufführungen** und **Peep-Shows** im Allgemeinen nicht mehr am Verdikt der Sittenwidrigkeit scheitert, steht § 33 a Abs. 2 Nr. 2 GewO der Genehmigung von **Live-Shows** weiter entgegen.[101] An dieser Rechtslage hat auch das **ProstSchG** nichts geändert, da es nach seinem § 2 Abs. 2 S. 2 auf Vorführungen mit ausschließlich **darstellendem Charakter** nicht anwendbar ist (→ Rn. 6). Zu den verwaltungsrechtlichen Bestimmungen des ProstSchG → Rn. 5 und 6.

§ 2 ProstG [Ausschluss von Abtretung und Einwendungen]

¹Die Forderung kann nicht abgetreten und nur im eigenen Namen geltend gemacht werden. ²Gegen eine Forderung gemäß § 1 Satz 1 kann nur die vollständige, gegen eine Forderung nach § 1 Satz 2 auch die teilweise Nichterfüllung, soweit sie die vereinbarte Zeitdauer betrifft, eingewendet werden. ³Mit Ausnahme des Erfüllungseinwandes gemäß des § 362 des Bürgerlichen Gesetzbuchs und der Einrede der Verjährung sind weitere Einwendungen und Einreden ausgeschlossen.

A. Abtretungsverbot 31
B. Ausschluss von Einwendungen und Einreden . 33
   I. Schlechtleistung 33

II. Erfüllung und Erfüllungssurrogate, Verjährung.. 34
III. Sonstige Einwendungen 35

A. Abtretungsverbot

Das Abtretungsverbot des § 2 S. 1 ProstG beruht auf der Erwägung, dass das Gesetz allein die Rechtsstel- **31** lung der Prostituierten verbessern soll. Das Entgelt soll allein den Prostituierten zu Gute kommen, nicht aber deren Zuhältern, zumal diese die Forderungen als **Erpressungsmittel** nutzen könnten.[102] Aus dem gleichen Grunde schließt § 2 S. 1 ProstG die Geltendmachung der Forderung durch Dritte, insbesondere die Zuhälter, in fremdem Namen aus. Eine **Einziehungsermächtigung** kommt daher nicht in Betracht.[103]

Hat der Freier den **Vertrag** über die sexuellen Leistungen **mit einem Dritten**, namentlich dem Bordellbe- **32** treiber geschlossen, so wird die Geltendmachung der Forderung durch den Dritten durch § 2 S. 1 ProstG nicht ausgeschlossen.[104] Der Prostituierten steht in diesem Fall ein Entgeltanspruch gegen den Dritten aus § 1 S. 2 ProstG zu (→ Rn. 9).

B. Ausschluss von Einwendungen und Einreden

I. Schlechtleistung

Einwendungen des Vertragspartners der Prostituierten werden durch § 2 S. 2 und 3 ProstG weitgehend aus- **33** geschlossen. Nach § 2 S. 2 ProstG kann sich der Freier nur auf die vollständige, der Bordellbetreiber auch

---

99 BT-Drs. 14/5958, S. 6; dem folgend *Caspar* NVwZ
    2002, 1322 ff.
100 So auch BeckOK GewO/*Ennuschat* GewO § 33 a
    Rn. 36; *Pauly* GewArch 2002, 217 ff.; zu § 4 Nr. 1
    GaststättenG Erb/Kohlhaas/*Ambs* GaststättenG § 4
    Rn. 12.
101 Näher dazu BeckOK GewO/*Ennuschat* GewO § 33 a
    Rn. 50 ff.; *Kurz* GewArch 2002, 142 ff.

102 BT-Drs. 14/5958, S. 6; 18/1705, S. 1, 6; MüKoBGB/
    Armbrüster ProstG § 2 Rn. 1; Staudinger/*Fischinger*
    ProstG § 2 Rn. 1; *Augstein* Art. 1 Rn. 14.
103 BeckOK BGB/*Wendtland* ProstG § 2 Rn. 7; Palandt/
    Ellenberger Anh. § 138 ProstG § 2 Rn. 3.
104 BT-Drs. 14/5958, S. 6; MüKoBGB/*Armbrüster*
    ProstG § 2 Rn. 1.

auf die teilweise Nichterfüllung (in Form der Nichteinhaltung der Arbeitszeit)[105] berufen. Weder der Freier noch der Bordellbetreiber kann also geltend machen, die Prostituierte hätte ihre sexuellen Leistungen **nicht wie geschuldet** (schlecht) erbracht.[106] Damit kommen auch Schadensersatzansprüche des Freiers oder des Bordellbetreibers wegen Schlechterfüllung (§§ 280 Abs. 1, 3, 281) nicht in Betracht.[107]

II. Erfüllung und Erfüllungssurrogate, Verjährung

34   Nach § 2 S. 3 ProstG ist der Einwand der **Erfüllung** nach § 362 zulässig. Dies lässt den Gegenschluss zu, dass Erfüllungssurrogate (Aufrechnung, Hinterlegung, Leistung an Erfüllungs statt) nicht in Betracht kommen. Für die **Aufrechnung** ergibt sich dies auch aus § 394 S. 1. Denn die Forderung der Prostituierten ist nach § 2 S. 1 ProstG nicht abtretbar und damit nach § 851 Abs. 1 ZPO unpfändbar.[108] Mit dem Ausschluss der Aufrechnung hat der Gesetzgeber verhindern wollen, dass Bordellbetreiber den Prostituierten den Ausstieg erschweren, indem sie sie zunächst in Schulden verstricken, um dann den Rückzahlungsanspruch gegen ihre Entgeltforderungen aufzurechnen.[109] Aus dem gleichen Grunde ist auch der Einwand der **Stundung** oder des **Erlasses** ausgeschlossen.[110] Die Einrede der **Verjährung** ist dagegen nach § 2 S. 3 ProstG zulässig, weil die Prostituierte insoweit nicht besonders schutzbedürftig ist.

III. Sonstige Einwendungen

35   Nach Sinn und Zweck des § 2 ProstG erfasst der Einwendungsausschluss nur solche Einwendungen, gegenüber denen die Prostituierten **besonders schutzwürdig** erscheinen. Im Übrigen ist – nicht zuletzt aus verfassungsrechtlichen Gründen – eine teleologische Reduktion erforderlich.[111] Der Freier ist damit nicht daran gehindert, sich auf seine **fehlende** oder **eingeschränkte Geschäftsfähigkeit** (§§ 104 ff.) zu berufen oder den Vertrag wegen **arglistiger Täuschung** oder **Drohung** (§§ 123, 142) anzufechten.[112] Er kann darüber hinaus auch die **Sittenwidrigkeit** des Geschäfts (§ 138 Abs. 1) geltend machen, wobei die Sittenwidrigkeit aber auf zusätzliche Umstände gestützt werden muss (→ Rn. 16). In Betracht kommt insbesondere die sittenwidrige Überhöhung des Preises.[113] In Bezug auf Getränkepreise in Animierlokalen ist die Rechtsprechung aber sehr großzügig.[114] Dass der Preis für Getränke und „Serviceleistungen" auch der Entlohnung von Prostituierten dient, kann für sich genommen die Sittenwidrigkeit nicht mehr begründen.[115]

§ 3 ProstG [Sozialversicherungsrecht]

(1) Weisungen, die das Ob, die Art oder das Ausmaß der Erbringung sexueller Dienstleistungen vorschreiben, sind unzulässig.

(2) Bei Prostituierten steht das eingeschränkte Weisungsrecht im Rahmen einer abhängigen Tätigkeit der Annahme einer Beschäftigung im Sinne des Sozialversicherungsrechts nicht entgegen.

36   Ein wesentlicher Zweck des ProstG besteht darin, Prostituierten den **Zugang zur Sozialversicherung** zu verschaffen. Dem dient zum einen die **Streichung des § 180 a Abs. 1 Nr. 2 StGB aF** (→ Rn. 3). Zum anderen sollen die zivilrechtlichen Regelungen des ProstG nach dem Willen des Gesetzgebers deutlich machen, dass der Zugang zur Sozialversicherung nicht an der Frage der **Sittenwidrigkeit** scheitern darf.[116] Diese Klarstellung dürfte indes überflüssig sein. Schon vor Inkrafttreten des ProstG hatte das BSG nämlich festgestellt, dass die Sittenwidrigkeit eines Vertrages nach § 138 Abs. 1 der Annahme eines versicherungs- und beitragspflichtigen Beschäftigungsverhältnisses nicht entgegensteht. Rechtlich missbilligt werde der Zwang zur Vornahme sittenwidriger Handlungen für die Zukunft. Ein solcher Zwang werde durch die Anerken-

105 BeckOK BGB/*Wendtland* ProstG § 2 Rn. 4.
106 BT-Drs. 14/5958, S. 6; 18/1705, S. 6; MüKoBGB/*Armbrüster* ProstG § 2 Rn. 2; Palandt/*Ellenberger* Anh. § 138, § 2 ProstG Rn. 1; Staudinger/*Fischinger* ProstG § 2 Rn. 13; *Bergmann* JR 2003, 270 (274 f.).
107 MüKoBGB/*Armbrüster* ProstG § 2 Rn. 3; *Bergmann* JR 2003, 270 (276).
108 Vgl. MüKoBGB/*Armbrüster* ProstG § 2 Rn. 3; *Bergmann* JR 2003, 270 (274).
109 BT-Drs. 14/5958, S. 6.
110 MüKoBGB/*Armbrüster* ProstG § 2 Rn. 3.
111 MüKoBGB/*Armbrüster* ProstG § 2 Rn. 4; aA Staudinger/*Fischinger* ProstG § 2 Rn. 23, wonach § 2 Abs. 2 S. 3 ProstG aufgrund seiner zu weiten Fas-

sung verfassungswidrig und insgesamt unwirksam ist.
112 BeckOK BGB/*Wendtland* ProstG § 2 Rn. 5; MüKoBGB/*Armbrüster* ProstG § 2 Rn. 4; Palandt/*Ellenberger* Anh. § 138, § 2 ProstG Rn. 1; *Ziethen* NStZ 2003, 184 (186).
113 BGH NJW 1987, 2014 (2015); Palandt/*Ellenberger* Anh. § 138 § 2 ProstG Rn. 1; *Bergmann* JR 2003, 270 (276).
114 Vgl. OLG Köln NJW-RR 2002, 621 (622); OLG Schleswig NJW 2005, 225 (226 f.).
115 LG Flensburg NJW-RR 2003, 417 (418); aA OLG Schleswig NJW 2005, 225 (226 f.).
116 BT-Drs. 14/5958, S. 5.

nung der Versicherungs- und Beitragspflicht für eine aus zivilrechtlicher Sicht sittenwidrige, aber durchgeführte Beschäftigung aber nicht ausgeübt.[117]

§ 3 ProstG enthält weitere Klarstellungen. Der durch das Gesetz zur Regulierung des Prostitutionsgewerbes **37**
sowie zum Schutz von in der Prostitution tätigen Personen vom 21.10.2016[118] (→ Rn. 5) eingefügte § 3
Abs. 1 ProstG kodifiziert zunächst die schon bislang hM, dass das **Weisungsrecht** des Arbeitgebers **gegenüber abhängig beschäftigten Prostituierten** beschränkt ist (→ Rn. 17). Konkret sind Weisungen, die das
Ob, die Art oder das Ausmaß der Erbringung sexueller Dienstleistungen vorschreiben, unzulässig. Im gleichen Sinne sieht § 26 Abs. 1 ProstSchG vor, dass die **Ausgestaltung sexueller Dienstleistungen** ausschließlich zwischen den Prostituierten und deren Kunden und Kundinnen in eigener Verantwortung festgelegt wird. Der Betreiber eines Prostitutionsgewerbes sowie die für den Betreiber handelnden Personen dürfen den Prostituierten daher gemäß § 26 Abs. 2 S. 1 ProstSchG keine Weisungen iSd § 3 Abs. 1 ProstG
erteilen. Weisungen betreffend den Ort und die Zeit der Dienstleistung sind dagegen zulässig.[119]

Die Einschränkung des Weisungsrechts des Arbeitgebers steht in einem gewissen Spannungsverhältnis zu **38**
§ 7 Abs. 1 SGB IV, wonach die „Tätigkeit nach Weisungen" ein wichtiger Anhaltspunkt für die Annahme
eines Beschäftigungsverhältnisses ist. § 3 Abs. 2 ProstG stellt daher klar, dass die Beschränkung des Weisungsrechts der Annahme einer Beschäftigung iSd Sozialversicherungsrechts ebenfalls nicht entgegensteht.[120]

§ 139 Teilnichtigkeit

**Ist ein Teil eines Rechtsgeschäfts nichtig, so ist das ganze Rechtsgeschäft nichtig, wenn nicht anzuneh-
men ist, dass es auch ohne den nichtigen Teil vorgenommen sein würde.**

Literatur: *Beyer*, Salvatorische Klauseln, 1988; *Böhme*, Erhaltungsklauseln – Zugleich ein Beitrag zur Lehre vom teilnichtigen Rechtsgeschäft, 2000; *Canaris*, Gesamtunwirksamkeit und Teilgültigkeit rechtsgeschäftlicher Regelungen, FS
Steindorff 1990, S. 519; *Eisenhardt*, Die Einheitlichkeit des Rechtsgeschäfts und die Überwindung des Abstraktionsprinzips, JZ 1991, 271; *Hager*, Gesetzes- und sittenkonforme Auslegung und Aufrechterhaltung von Rechtsgeschäften, 1983;
ders., Die gesetzeskonforme Aufrechterhaltung übermäßiger Vertragspflichten – BGHZ 89, 316 und 90, 69, JuS 1985,
264; *Keim*, Keine Anwendung des § 139 BGB bei Kenntnis der Parteien von der Teilnichtigkeit?, NJW 1999, 2866;
Krampe, Aufrechterhaltung von Verträgen und Vertragsklauseln, AcP 194 (1994), 1; *H.C. Mayer*, Das „Verbot" der geltungserhaltenden Reduktion und seine Durchbrechungen, 1999; *Oepen*, Zur Dogmatik des § 139 BGB – Grundsätzliche
Überlegungen zu einer zentralen Regelung des Bürgerlichen Rechts, 2000; *Pierer von Esch*, Teilnichtige Rechtsge-
schäfte – Das Verhältnis von Parteiwille und Rechtssatz im Bereich des § 139 BGB, 1968; *Roth*, Geltungserhaltende
Reduktion im Privatrecht, JZ 1989, 411; *Tiedtke*, Teilnichtigkeit eines sittenwidrigen Rechtsgeschäfts, ZIP 1987, 1089;
Ulmer, Offene Fragen zu § 139 BGB, FS Steindorff 1990, S. 798; *Zimmermann*, Richterliches Moderationsrecht oder
Totalnichtigkeit?, 1979.

A. Allgemeines	1		cc) Stellungnahme	31
B. Regelungsgehalt	2	IV.	Nichtigkeit eines Teils des Rechtsgeschäfts	41
I. Anwendungsbereich	2	V.	Der Parteiwille	44
II. Abdingbarkeit	6	VI.	Rechtsmissbrauch	50
III. Einheitlichkeit und Teilbarkeit des Rechtsge-		VII.	Teleologische Reduktion des § 139 bei Nich-	
schäfts	9		tigkeit zum Schutz einer Partei	52
1. Einheitlichkeit des Rechtsgeschäfts	10		1. Grundsatz	52
2. Teilbarkeit des Rechtsgeschäfts	18		2. Arbeitsrecht	53
a) Grundsatz	18		3. Mietrecht	54
b) Objektive Teilbarkeit	19		4. Verbraucherschutzrecht	55
c) Subjektive Teilbarkeit	22	VIII.	Umkehrung der Vermutung des § 139 bei	
d) Quantitative Teilbarkeit und geltungs-			Organisationsverträgen	56
erhaltende Reduktion	23	IX.	Beweislast	57
aa) Problem	23	C.	Weitere praktische Hinweise	59
bb) Rechtsprechung	25			

---

117 BSGE 87, 53 = SozR 3-2400 § 7 Nr. 15 = NJW 2001,
     1965 (betr. Telefonsex); dies sieht auch BT-Drs.
     14/5958, S. 5. Zur Arbeitnehmereigenschaft von Pro-
     stituierten vgl. auch HessLAG NZA 1998, 221;
     Staudinger/*Fischinger* ProstG § 3 Rn. 7. Ausf. zum
     Ganzen *Felix* NZS 2002, 225 ff.

118 BGBl. I, S. 2372.
119 Staudinger/*Fischinger* ProstG § 3 Rn. 3.
120 BT-Drs. 18/1705, S. 6; Staudinger/*Fischinger* ProstG
     § 3 Rn. 8.

A. Allgemeines

1 § 139 regelt das Schicksal von Rechtsgeschäften, deren einer Teil nichtig ist. Ob der andere, an sich wirksame Teil ebenfalls nichtig ist oder wirksam bleibt, richtet sich danach, ob die Parteien das Rechtsgeschäft auch ohne diesen Teil vorgenommen hätten, also nach dem (hypothetischen) Parteiwillen. § 139 statuiert insofern die **Vermutung**, dass die Parteien das Rechtsgeschäft ohne den nichtigen Teil nicht vorgenommen hätten; im Zweifel ist das Rechtsgeschäft also insgesamt unwirksam.[1] Dadurch soll gewährleistet werden, dass die Beteiligten nicht gegen ihren Willen an ein von ihnen so nicht gewolltes Rechtsgeschäft gebunden werden. Die Vermutung kann **widerlegt** werden, indem Umstände dargetan werden, aus denen sich ergibt, dass die Parteien das Rechtsgeschäft auch ohne den nichtigen Teil vorgenommen hätten. Die Rechtsprechung hat die Regel des § 139, nach der im Zweifel Totalnichtigkeit vorliegt, erheblich eingeschränkt.

B. Regelungsgehalt

I. Anwendungsbereich

2 § 139 gilt für **Rechtsgeschäfte aller Art**, für einseitige Rechtsgeschäfte ebenso wie für Verträge, auch für solche auf dem Gebiet des Familien- und Erbrechts. Auch auf **Versammlungsbeschlüsse** mit rechtsgeschäftlichem Inhalt ist die Norm anwendbar.[2] Bei **Arbeits- und Gesellschaftsverträgen** ist der Vorrang der Lehre vom fehlerhaften Arbeitsverhältnis bzw. der fehlerhaften Gesellschaft zu beachten.[3] Im **Zivilprozess** ist § 139 entsprechend anwendbar.[4]

3 Auf **Gesetze im materiellen Sinn** (zB auch Bebauungspläne) findet § 139 keine Anwendung.[5] Das Gleiche gilt für **Vereinssatzungen** und von Vereinsorganen erlassene Geschäftsordnungen, da bei diesen mit der Entstehung des Vereins der Gründerwille hinter dem in der Satzung objektivierten Vereinswillen zurücktritt; die Frage der Teil- oder Gesamtnichtigkeit hängt deswegen davon ab, ob aus dem Satzungsinhalt geschlossen werden kann, dass der verbleibende Teil der Satzung auch ohne den nichtigen Teil dem Vereinszweck und den satzungsmäßigen Mitgliederbelangen gerecht wird und eine in sich sinnvolle Regelung des Vereinslebens bleibt.[6] Auch bei Regelungen in **Tarifverträgen**, die Rechtsnormcharakter haben, ist die Frage der Restgültigkeit rein objektiv zu entscheiden.[7] Für **öffentlich-rechtliche Verträge** gilt § 59 Abs. 3 VwVfG, für **Verwaltungsakte** § 44 Abs. 4 VwVfG.

4 **Spezialvorschriften**, die das Problem der Teilnichtigkeit regeln und § 139 vorgehen, sind §§ 271 a Abs. 4, 306, 1626 e,[8] 2085, 2195 (evtl. iVm § 2279 Abs. 1), 2298 BGB, § 275 AktG, § 75 GmbHG. Nach § 3 S. 2 IngALG wird die Wirksamkeit eines auf den Erwerb eines Grundstücks gerichteten Vertrags nicht dadurch beeinträchtigt, dass der Erwerber gleichzeitig eine – nach § 3 S. 1 IngALG unwirksame – Verpflichtung übernimmt, bei der Planung oder Ausführung eines Bauwerks auf dem Grundstück die Leistungen eines bestimmten Ingenieurs oder Architekten in Anspruch zu nehmen. Die Nichtigkeit einer anwaltlichen Honorarvereinbarung führt nicht zur Nichtigkeit des Anwaltsvertrags.[9] Für Insolvenzpläne gelten allein die Regeln der InsO.[10]

5 Neuerdings sieht der Gesetzgeber zunehmend von der Anordnung der Nichtigkeit einzelner Vertragsbestimmungen ab, um den Anwendungsbereich des § 139 gar nicht erst zu eröffnen. Dies gilt etwa bei Regelungen, die nur zugunsten einer Partei zwingend sind. Weicht eine Vereinbarung zulasten der begünstigten Partei von einer solchen Regelung ab, ist diese Vereinbarung dann nicht unwirksam, sondern die Gegenpartei kann sich lediglich **nicht darauf berufen** (§§ 444, 476 Abs. 1, 478 Abs. 2, 639).[11]

1 BGHZ 128, 156 (165) = NJW 1995, 722 (724); BGH NJW 1996, 2087 (2088); NJW-RR 1997, 684 (685); MüKoBGB/*Busche* § 139 Rn. 1; *Wolf/Neuner* BGB AT § 56 Rn. 1. Für Auslegungsregel: BGH NJW-RR 1989, 800 (801); *Bork* BGB AT Rn. 1209; Erman/ *Arnold* BGB § 139 Rn. 1.

2 BGHZ 124, 111 (122) = BGH NJW 1994, 520 (523) (Aufsichtsratsbeschluss); BGHZ 139, 288 (297 f.) = NJW 1998, 3713 (3715 f.) (Wohnungseigentümerbeschluss); Erman/*Arnold* BGB § 139 Rn. 2; Staudinger/*Roth* BGB § 139 Rn. 27.

3 BGH DB 1976, 2106.

4 Staudinger/*Roth* BGB § 139 Rn. 30.

5 Palandt/*Ellenberger* BGB § 139 Rn. 4; Staudinger/ *Roth* BGB § 139 Rn. 18. AA *Flume* BGB AT Bd. 2 § 32 5, S. 582.

6 BGHZ 47, 172 (179 ff.) = NJW 1967, 1268 (1271); Erman/*Arnold* BGB § 139 Rn. 2; Soergel/*Hefermehl* BGB § 139 Rn. 12; Staudinger/*Roth* BGB § 139 Rn. 19.

7 BAGE 125, 169 = NZA 2008, 892 Rn. 21; Erman/ *Arnold* BGB § 139 Rn. 2. Vgl. auch BAGE 1, 258 (271 f.); BAG BB 1986, 1776.

8 OLG Düsseldorf DNotZ 2008, 708 (709).

9 BGH NJW 2004, 1169 (1171); 2014, 2653 Rn. 12 f.

10 BGH NJW 2015, 2660 Rn. 27.

11 S. BT-Drs. 14/6040, S. 240; BT-Drs. 14/7052, S. 199.

II. Abdingbarkeit

Schon daraus, dass § 139 den hypothetischen Parteiwillen für maßgeblich erklärt, folgt, dass die Norm **dis-** **6** **positiv** ist. Die Parteien können sowohl vereinbaren, dass ein Vertrag auch bei Nichtigkeit einzelner Regelungen wirksam sein soll (salvatorische Klausel), als auch, dass er bei Nichtigkeit einzelner Regelungen unwirksam sein soll. Sie können insofern auch hinsichtlich verschiedener Klauseln differenzieren.

Salvatorische Klauseln „retten" den Vertrag für den Fall der Nichtigkeit einzelner Bestimmungen. In einer **7** solchen Klausel liegt nicht unbedingt eine Abbedingung des § 139; vielmehr stellt sie einfach klar, was der – in diesem Fall nicht hypothetische, sondern tatsächliche – Parteiwille ist, auf den § 139 abstellt.[12] Auch dieser tatsächliche Parteiwille ist jedoch der **Auslegung** zugänglich. Im Einzelfall kann daher trotz einer salvatorischen Klausel Gesamtnichtigkeit vorliegen, etwa wenn eine wesentliche Vertragsbestimmung unwirksam ist und durch die Teilnichtigkeit der Gesamtcharakter des Vertrags verändert wird.[13] Dies hat der BGH bei der Unwirksamkeit der Pflicht zur Übergabe der Patientenkartei in einem Praxisübernahmevertrag in Erwägung gezogen.[14] Die salvatorische Klausel kehrt lediglich die **Beweislast** um (→ Rn. 58).

Salvatorische Klauseln können nicht nur den nicht nichtigen Teil des Vertrags aufrechterhalten (**Erhal-** **8** **tungsklauseln**). Sie können vielmehr auch festlegen, was anstelle der nichtigen Regelungen gelten soll (**Ersetzungsklauseln**), indem sie entweder selbst eine entsprechende Regelung statuieren oder anordnen, dass an die Stelle der nichtigen Vertragsteile eine zumutbare Regelung treten soll, die den Interessen der Vertragspartner am nächsten kommt. Salvatorische Klauseln sind grundsätzlich **zulässig**.[15]

III. Einheitlichkeit und Teilbarkeit des Rechtsgeschäfts

§ 139 setzt erstens voraus, dass ein einheitliches Rechtsgeschäft vorliegt und nicht mehrere nebeneinander **9** stehende, wenn auch inhaltlich im Zusammenhang stehende Rechtsgeschäfte; denn von mehreren Rechtsgeschäften ist nur das vom Nichtigkeitsgrund erfasste unwirksam, sofern die Rechtsgeschäfte nicht durch eine auflösende (§ 158 Abs. 2) oder eventuell auch eine aufschiebende (§ 158 Abs. 1) Bedingung verbunden sind. Zweitens setzt die Norm voraus, dass sich das einheitliche Rechtsgeschäft in einen nichtigen und einen wirksamen Teil zerlegen lässt; andernfalls kommt nur Gesamtnichtigkeit in Frage.

1. Einheitlichkeit des Rechtsgeschäfts. Die Frage, ob ein einheitliches Rechtsgeschäft vorliegt, stellt **10** sich nur, wenn der nichtige und der wirksame Teil jeweils auch für sich Bestand haben können. Bezieht sich die Nichtigkeit dagegen auf einzelne Klauseln eines einheitlichen Vertrags (etwa einen Haftungsausschluss), dann versteht sich die Einheitlichkeit von selbst.

Ob ein einheitliches Rechtsgeschäft vorliegt oder mehrere Rechtsgeschäfte, hängt vom **Parteiwillen** im **11** Zeitpunkt der Vornahme des Rechtsgeschäfts ab.[16] Eine saubere **Trennung** von demjenigen (ggf. hypothetischen) Parteiwillen, der über Gesamtnichtigkeit oder Restgültigkeit entscheidet, wird dabei häufig weder möglich noch nötig sein.[17] Denn für die Parteien stellen sich beide Fragen meist gemeinsam; entscheidend ist für sie allein, ob im Fall der Nichtigkeit der einen Vereinbarung auch die andere nichtig sein soll.[18] Das wird sehr deutlich in der gebräuchlichen Formulierung, ein einheitliches Rechtsgeschäft liege vor, wenn die Verträge nach dem Willen der Parteien miteinander stehen und fallen sollen.[19] Ist dies der Fall, müssen beide Vereinbarungen zwangsläufig als einheitliches Rechtsgeschäft ausgelegt werden. Ist es dagegen nicht der Fall, ist es belanglos, ob die Gültigkeit der einen Vereinbarung daraus folgt, dass sie ein von der anderen getrenntes eigenständiges Rechtsgeschäft darstellt, oder daraus, dass beide zwar Teile desselben Rechtsgeschäfts sind, der hypothetische Parteiwille jedoch nicht auf Totalnichtigkeit, sondern auf Restgültigkeit gerichtet ist.

12 Vgl. *Bork* BGB AT Rn. 1216.
13 BGH NJW 1996, 773 (774); NJW-RR 1997, 684 (685); NJW 1997, 933 (935); 2003, 347 f.; NJW-RR 2005, 1534 (1535); OLG Nürnberg GmbHR 2010, 141 (144); *Bork* BGB AT, Rn. 1216; Erman/*Arnold* BGB § 139 Rn. 10; *Flume* BGB AT Bd. 2 § 32 3, S. 575; MüKoBGB/*Busche* § 139 Rn. 13; Palandt/ *Ellenberger* BGB § 139 Rn. 17; *Wolf/Neuner* BGB AT § 56 Rn. 8. AA BGH NJW 1994, 1651 (1653) („Pronuptia II") (aufgegeben durch BGH NJW 2003, 347 f.).
14 BGH NJW 1996, 773 (774).
15 BGH NJW 1996, 773 (774); NJW-RR 1997, 684 (685); MüKoBGB/*Busche* § 139 Rn. 12; Staudinger/ *Roth* BGB § 139 Rn. 22.

16 BGH NJW-RR 1990, 442 (443); Erman/*Arnold* BGB § 139 Rn. 12; Palandt/*Ellenberger* BGB § 139 Rn. 5; Soergel/*Hefermehl* BGB § 139 Rn. 17; Staudinger/ *Roth* BGB § 139 Rn. 37. Vom objektiven Sinnzusammenhang geht dagegen MüKoBGB/*Busche* § 139 Rn. 15 ff. aus, hält letztlich aber auch den Parteiwillen für entscheidend.
17 Krit. *Bork* BGB AT Rn. 1210; MüKoBGB/*Busche* § 139 Rn. 16.
18 Vgl. BGHZ 112, 288 (293) = NJW 1991, 105 (106); BGH NJW 1994, 2885.
19 ZB BGH NJW 1976, 1931 (1932); 1986, 1988 (1990) (insoweit nicht abgedr. in BGHZ 97, 351); NJW-RR 1990, 442 (443); NJW 1992, 3237 (3238); 1997, 933 (934); NJW-RR 2007, 395 Rn. 17; NJW 2011, 2874 Rn. 24; NJW-RR 2018, 752 Rn. 24.

12 Der Parteiwille ist nach den **allgemeinen Auslegungsgrundsätzen**, also in der Regel nach dem objektiven Empfängerhorizont, zu ermitteln; es genügt, wenn der Wille nur bei einem Partner vorhanden ist, für den anderen jedoch erkennbar ist und von ihm hingenommen wird.[20] Erforderlich ist ein Wille zur rechtlichen, nicht nur zur wirtschaftlichen Verknüpfung.[21] Häufig wird sich der entsprechende Parteiwille nur aus objektiven Indizien erschließen lassen. Von Bedeutung ist insofern, ob ein wirtschaftlicher Zusammenhang zwischen den Geschäften besteht.[22] Die Zusammenfassung mehrerer Geschäfte in einer einzigen **Urkunde** begründet eine Vermutung der Einheitlichkeit und umgekehrt.[23]

13 Die Zusammenfassung zu einem einheitlichen Rechtsgeschäft setzt nicht voraus, dass die einzelnen Teile **gleichzeitig** geschlossen wurden; vielmehr können die Parteien beim Abschluss eines Geschäfts ein schon vorher geschlossenes anderes Geschäft iSv § 139 einbeziehen.[24] Auch die Beteiligung **unterschiedlicher Personen** schließt die Zusammenfassung zu einem einheitlichen Rechtsgeschäft nicht notwendig aus; erforderlich ist aber, dass die Einheitlichkeit auf dem Willen aller Beteiligten beruht.[25]

14 Die Parteien können ganz **verschiedenartige Geschäfte** zu einem einheitlichen Rechtsgeschäft zusammenfassen.[26] § 358 stellt eine Spezialregelung für verbundene Verträge dar,[27] § 360 eine Spezialregelung für zusammenhängende Verträge.

15 **Für möglich gehalten** wurde etwa eine Einheit von Vollmacht und Grundgeschäft,[28] von einem Ehevertrag und einem Erbvertrag,[29] von einem Vertrag über anwaltliche und notarielle Tätigkeit,[30] von Franchisevertrag und dem Kaufvertrag hinsichtlich der Warenerstausstattung,[31] von Franchisevertrag und Mietvertrag,[32] von Grundstückskaufvertrag und Baubetreuungsvertrag (mit verschiedenen Partnern),[33] von Grundstückskaufvertrag und Bierlieferungsvertrag,[34] von dem Geschäft, aus dem die zu sichernde Forderung erwächst, und der Sicherungsabrede,[35] von Wahlleistungsvereinbarung und Arztzusatzvertrag.[36]

16 **Verneint** wurde eine Einheit von mehreren Bürgschaften,[37] von Hauptvertrag und Schiedsvertrag,[38] von dinglicher Einigung und Besitzkonstitut,[39] von Rahmenvertrag und den auf seiner Grundlage geschlossenen und schon erfüllten Einzelverträgen,[40] von Franchisevertrag und Kaufverträgen über Warennachlieferungen,[41] von Kaufvertrag über einen handelsüblichen Computer und Vertrag über Standard-Software (trotz Zusammenfassung in einer einzigen Urkunde),[42] von Treuhandvertrag und Vollmacht des Treuhänders zum Abschluss eines Darlehensvertrags.[43] Bei der **Prozessaufrechnung** besteht eine Einheit von materiellrechtlichem Rechtsgeschäft und Prozesshandlung; ist die Aufrechnung prozessual unzulässig, so ist im Zweifel auch die materiellrechtliche Aufrechnung unwirksam.[44]

20   BGH LM Nr. 46 zu § 139 BGB; BGH NJW 1987, 2004 (2007); BGHZ 101, 393 (396) = NJW 1988, 132; BGH NJW-RR 1990, 340 (341); BGHZ 112, 376 (378) = NJW 1991, 917; BGH NJW 1992, 3237 (3238); 2011, 2874 Rn. 24. Ebenso bei Beteiligung verschiedener Personen an mehreren Rechtsgeschäften BGH NJW-RR 1990, 442 (443).

21   BGH NJW 1987, 2004 (2007); NJW-RR 2007, 395 Rn. 17; NJW 2011, 2874 Rn. 24.

22   BGH NJW-RR 1988, 348 (351); Soergel/*Hefermehl* BGB § 139 Rn. 17.

23   BGHZ 54, 71 (72) = NJW 1970, 1414 (1415); BGH NJW 1976, 1931 (1932); 1987, 2004 (2007); NJW-RR 1988, 348 (351); 1990, 340 (341); NJW 1992, 3237 (3238); 2011, 2874 Rn. 24; BeckOGK/*Jakl* BGB § 139 Rn. 66; Erman/*Arnold* BGB § 139 Rn. 12; Soergel/*Hefermehl* BGB § 139 Rn. 18; Staudinger/*Roth* BGB § 139 Rn. 40 f. (Anscheinsbeweis).

24   *Flume* BGB AT Bd. 2 § 32 2 a, S. 571; *Medicus/Petersen* AT BGB Rn. 502.

25   BGH NJW 1976, 1931 (1932); NJW-RR 1988, 348 (351); 1990, 340 f.; NJW 1992, 3237 (3238); NJW-RR 1993, 1421 (1422); BGHZ 138, 91 (98) = NJW 1998, 1778 (1780); Erman/*Arnold* BGB § 139 Rn. 12; MüKoBGB/*Busche* § 139 Rn. 19; Staudinger/*Roth* BGB § 139 Rn. 39, 43 f. AA *Flume* BGB AT Bd. 2 § 32 2 a, S. 572; *Medicus/Petersen* AT BGB Rn. 502.

26   BGH FamRZ 1966, 445 (446); NJW 1976, 1931 (1932); NJW-RR 1990, 340 f.; NJW 1992, 3237 (3238); Erman/*Arnold* BGB § 139 Rn. 12; Soergel/

Hefermehl BGB § 139 Rn. 19; Staudinger/*Roth* BGB § 139 Rn. 39, 42.

27   *Medicus/Petersen* AT BGB Rn. 502; Staudinger/*Roth* BGB § 139 Rn. 43.

28   BGH BB 1964, 148 (149); BGHZ 102, 60 (62) = NJW 1988, 697 (698); BGHZ 110, 363 (369) = NJW 1990, 1721 (1723); BGH NJW 1992, 3237 (3238); 1994, 2095; NJOZ 2002, 2493 (2495). Abl. Soergel/*Hefermehl* BGB § 139 Rn. 20.

29   OLG Stuttgart FamRZ 1987, 1034 (1035 ff.).

30   BGH NJW 1986, 2576 (2577).

31   BGH NJW 1986, 1988 (1990) (insoweit nicht abgedr. in BGHZ 97, 351); BGHZ 112, 288 (293) = NJW 1991, 105 (106).

32   BGH NJW 1986, 1988 (1990) (insoweit nicht abgedr. in BGHZ 97, 351).

33   BGH NJW 1976, 1931 (1932).

34   BGHZ 112, 376 (378) = NJW 1991, 917 (917 f.).

35   BGH NJW 1994, 2885.

36   BGHZ 138, 91 (98) = NJW 1998, 1778 (1780).

37   OLG Frankfurt aM NJW-RR 1988, 496.

38   BGHZ 53, 315 (318 f.) (insoweit nicht abgedr. in NJW 1970, 1046).

39   MüKoBGB/*Busche* § 139 Rn. 22.

40   BGH NJW 1997, 933 (934).

41   BGH NJW 1986, 1988 (1990) (insoweit nicht abgedr. in BGHZ 97, 351).

42   BGH NJW 1987, 2004 (2007).

43   BGH NJW-RR 2007, 395 Rn. 17 ff.

44   Erman/*Arnold* BGB § 139 Rn. 8; Staudinger/*Roth* BGB § 139 Rn. 30.

Umstritten ist, ob auch **Verpflichtungs- und Verfügungsgeschäft** iSv § 139 zusammengefasst werden kön- **17** nen,[45] da das Abstraktionsprinzip gerade die Unabhängigkeit beider voneinander betont. Allerdings ist kein Grund dafür ersichtlich, um eines rechtstechnischen Prinzips willen die Privatautonomie zu beschränken. Ebenso, wie die Parteien Verpflichtungs- und Verfügungsgeschäft durch eine Bedingung (§ 158) miteinander verknüpfen können, können sie beide als einheitliches Rechtsgeschäft iSv § 139 ausgestalten; eine Ausnahme gilt deshalb, wenn eines der Geschäfte (wie die Auflassung, § 925 Abs. 2) bedingungsfeindlich ist.[46] Das Abstraktionsprinzip gebietet jedoch, eine solche Verknüpfung nur dann anzunehmen, wenn konkrete Anhaltspunkte für einen entsprechenden Parteiwillen sprechen.[47] Im **Grundbuchverfahren** kann das Grundbuchamt daher in aller Regel davon ausgehen, dass das Verfügungsgeschäft von Mängeln des Verpflichtungsgeschäfts nicht beeinträchtigt wird.[48]

2. Teilbarkeit des Rechtsgeschäfts. a) Grundsatz. Teilbarkeit liegt vor, wenn der nicht von der Nich- **18** tigkeit erfasste Teil des Rechtsgeschäfts einer **selbstständigen Geltung** fähig ist.[49] Daran fehlt es etwa, wenn bei einem Vertrag die Erklärung des einen Vertragspartners nichtig ist, weil die Erklärung des anderen Vertragspartners für sich allein gegenstandslos ist. In der Rechtsprechung wird Teilbarkeit meist bejaht.[50] Darüber, ob schließlich Teil- oder Gesamtnichtigkeit eintritt, entscheidet ja letztlich ohnehin der hypothetische Parteiwille.

b) Objektive Teilbarkeit. Werden **mehrere selbstständige Geschäfte** kraft Parteiwillens zu einem ein- **19** heitlichen Rechtsgeschäft verbunden, so ist dieses normalerweise in seine einzelnen Elemente teilbar. Dies setzt allerdings voraus, dass auch die **Gegenleistung** jeweils einzeln festgesetzt wurde. Wurde sie dagegen einheitlich festgesetzt und kann nicht nach objektiven Kriterien aufgespalten werden, scheidet eine Teilbarkeit aus.[51]

Wenn von Haus aus ein einheitliches Rechtsgeschäft vorliegt und **einzelne** von dessen **Bestimmungen** **20** nichtig sind, kommt es darauf an, ob der Rest als selbstständiges Rechtsgeschäft Bestand haben kann. Unerheblich ist dabei, ob die Bestimmungen in eine oder in zwei Klauseln gefasst sind. Gibt etwa eine Klausel eines **Gesellschaftsvertrags** einem Gesellschafter das Recht, Mitgesellschafter nach freiem Ermessen auszuschließen, beinhaltet das zwei voneinander unabhängige Abweichungen von § 140 HGB, nämlich die Entbehrlichkeit erstens eines wichtigen Grundes für den Ausschluss und zweitens einer Gestaltungsklage. Der BGH hat die Klausel deshalb mit dem Inhalt aufrechterhalten, dass ein Ausschluss entsprechend § 140 HGB nur bei Vorliegen eines wichtigen Grundes, in Abweichung von § 140 HGB aber durch Gestaltungserklärung erfolgen konnte.[52]

Bei Teilbarkeit der Leistung(en) kann eine **gemischte Schenkung** in einen wirksamen entgeltlichen und **21** einen wegen Formmangels nichtigen Teil aufgespalten werden,[53] ein **Vertretergeschäft** in einen wirksamen von der Vertretungsmacht gedeckten Teil und einen (schwebend) unwirksamen Rest.[54] Ist der Grundstückserwerber ermächtigt, schon vor seiner Eintragung „im Rahmen der Finanzierung des Kaufpreises" **Grundpfandrechte** zu bestellen, und bestellt er eine Grundschuld zur Sicherung all seiner Verbindlichkeiten, lässt sich die Grundschuldbestellung nicht in einen von der Ermächtigung gedeckten und einen ungedeckten Teil zerlegen.[55] Eine **Staffelmietvereinbarung**, die die Erhöhung für die ersten Jahre betragsmäßig und für die Folgejahre (entgegen § 557 a Abs. 1) prozentual ausweist, kann entsprechend aufgeteilt werden.[56]

c) Subjektive Teilbarkeit. Subjektive Teilbarkeit kommt in Betracht, wenn auf einer oder beiden Seiten **22** des Rechtsgeschäfts **mehrere Personen** beteiligt sind und das Rechtsgeschäft nur in Bezug auf einzelne

---

45   Dafür: BGH NJW 1979, 1495 (1496); 1985, 3006 (3007); NJW-RR 1989, 519; BGHZ 112, 376 (378) = NJW 1991, 917 (918); BGH NJW 1992, 3237 (3238); BeckOGK/*Jakl* BGB § 139 Rn. 110; BeckOK BGB/*Wendtland* § 139 Rn. 10; *Eisenhardt* JZ 1991, 271 (277); *Medicus/Petersen* AT BGB Rn. 241; Palandt/*Ellenberger* BGB § 139 Rn. 7. Dagegen: *Bork* BGB AT Rn. 488; Erman/*Arnold* BGB § 139 Rn. 14; *Flume* BGB AT Bd. 2 § 32 2 a, S. 571; *Leenen* BGB AT § 4 Rn. 37, § 9 Rn. 268; Soergel/*Hefermehl* BGB § 139 Rn. 20; Staudinger/*Roth* BGB § 139 Rn. 54; *Wolf/Neuner* BGB AT § 56 Rn. 12 f.

46   BGH NJW 1979, 1495 (1496); 1985, 3006 (3007); BGHZ 112, 376 (378) = NJW 1991, 917 (918) (jeweils für das Verhältnis von Grundstückskaufvertrag und Auflassung); BeckOK BGB/*Wendtland* § 139 Rn. 9; Palandt/*Ellenberger* BGB § 139 Rn. 9.

47   BGH NJW-RR 1989, 519; BeckOK BGB/*Wendtland* § 139 Rn. 11; *Medicus/Petersen* AT BGB Rn. 241; Palandt/*Ellenberger* BGB § 139 Rn. 8 (Einheit aber in der Regel beim Handkauf).

48   Vgl. BayObLG NJW-RR 1990, 722 (723); 1997, 590; Palandt/*Ellenberger* BGB § 139 Rn. 8; Staudinger/*Roth* BGB § 139 Rn. 58.

49   BGH NJW-RR 1987, 1260; Staudinger/*Roth* BGB § 139 Rn. 60.

50   Staudinger/*Roth* BGB § 139 Rn. 60.

51   BGH BB 1957, 164; NJW 1996, 773 (775); NJW 2014, 1805 Rn. 13; *Flume* BGB AT Bd. 2 § 32 2 d, S. 575; *Keim* NJW 1999, 2866 (2868).

52   BGHZ 107, 351 (356) = NJW 1989, 2681 (2682).

53   RGZ 148, 236 (238 ff.); vgl. Staudinger/*Roth* BGB § 139 Rn. 64.

54   BGH NJW 1970, 240 (241); Soergel/*Hefermehl* BGB § 139 Rn. 26; Staudinger/*Roth* BGB § 139 Rn. 64.

55   BGHZ 106, 1 (5) = NJW 1989, 521 (522).

56   BGH NJW 2012, 1502 Rn. 12 ff.

dieser Personen nichtig ist.[57] Eine Aufteilung ist etwa möglich, wenn mehrere als **Gesamtschuldner** verpflichtet sind (zB als Mitbürgen).[58] Schließt jemand einen Vertrag im eigenen Namen und zugleich als vollmachtloser Vertreter eines Dritten, gilt § 139 selbst dann, wenn der Betreffende nach § 179 Abs. 1 haftet.[59] Die Zustimmung einer Partei (zB des Vermieters) zu einer **Vertragsübernahme** kann nicht in eine Zustimmung zur Entlassung des Ausscheidenden aus dem Vertrag und in eine Zustimmung zum Eintritt des Nachfolgers aufgespalten werden; eine Anfechtung nach § 123 setzt daher voraus, dass in der Person sowohl des Ausscheidenden als auch des Nachfolgers die Voraussetzungen des § 123 Abs. 1 oder 2 vorliegen.[60]

23 **d) Quantitative Teilbarkeit und geltungserhaltende Reduktion. aa) Problem.** § 139 betrifft die Nichtigkeit eines Teils und die Wirksamkeit eines anderen Teils eines Rechtsgeschäfts. Es geht also um Fälle, in denen der Nichtigkeitsgrund nur eine oder einzelne von **mehreren nebeneinander stehenden Klauseln** betrifft. Führt § 139 zur Restgültigkeit, sind die Folgen klar: Die nicht vom Nichtigkeitsgrund erfassten Klauseln sind so, wie sie vereinbart wurden, wirksam und werden durch die gesetzlichen Regelungen ergänzt.

24 Bei der sog. **quantitativen Teilbarkeit** dagegen geht es nicht um die Wirksamkeit einer anderen als der nichtigen Klausel, sondern um die Wirksamkeit dieser Klausel selbst, freilich mit „reduziertem" Inhalt. Es stellt sich also nicht nur die Frage, ob die Klausel aufrechtzuerhalten ist, sondern auch, mit welchem Inhalt. Der Richter muss daher vertragsgestaltend tätig werden und die unwirksame Klausel auf einen noch zulässigen Inhalt zurückführen.[61] Solche Fälle einer geltungserhaltenden Reduktion werden verbreitet unter § 139 gefasst, doch wegen des Erfordernisses einer Rechtsgestaltung gehen sie so weit über den Regelungsbereich der Vorschrift hinaus. Sie sollten deshalb besser nicht als Anwendungsfälle von § 139 verstanden werden.[62]

25 **bb) Rechtsprechung.** Die Rechtsprechung ist in Bezug auf die Zulässigkeit einer geltungserhaltenden Reduktion völlig **uneinheitlich**, und den Begründungen, die der BGH für seine Entscheidungen gibt, lassen sich keine klaren Kriterien entnehmen. Der BGH hält § 139 nach seiner Zielsetzung auch dann für anwendbar, wenn die Vertragsschließenden anstelle der unwirksamen Regelung, hätten sie die Nichtigkeit von Anfang an gekannt, eine andere, auf das zulässige Maß beschränkte vereinbart hätten und sich der Vertragsinhalt in eindeutig abgrenzbarer Weise in den nichtigen Teil und den von der Nichtigkeit nicht berührten Rest aufteilen lässt. Der von § 139 geregelte Bereich sei überschritten, wenn an die Stelle der nichtigen Bestimmung eine von mehreren denkbaren wirksamen Regelungen gesetzt werden müsste.[63]

26 So hat der BGH etwa den sittenwidrigen **Schuldbeitritt** einer Ehefrau für Schulden ihres Mannes insoweit aufrechterhalten, als mit dem betreffenden Darlehen gemeinsame Schulden der Eheleute abgelöst wurden.[64] Ein wegen der damit verbundenen Beweislastumkehr sittenwidriges **abstraktes Schuldanerkenntnis**, das der Beklagte nach einem Nachtclubbesuch abgegeben hatte, hat der BGH entsprechend den zugrundeliegenden Einzel-Rechnungen in einen in Höhe eines Teilbetrags wirksamen Teil und den unwirksamen Rest aufgeteilt.[65] Eine unbefristete **Rückverkaufsverpflichtung** hat der BGH für die Dauer von 30 Jahren aufrechterhalten,[66] eine für die gesamte Laufzeit des Erbbaurechts vereinbarte Ankaufspflicht des Erbbauberechtigten auf die im Einzelfall angemessene Bindungsdauer beschränkt, die er im konkreten Fall mit mehr als 44 Jahren veranschlagte.[67] Die Vereinbarung einer überhöhten **Mietkaution** (§ 551 Abs. 1)[68] und eines überlangen Ausschlusses des Kündigungsrechts beim **Staffelmietvertrag** (§ 557a Abs. 3)[69] hat der BGH jeweils mit dem Argument auf das zulässige Maß reduziert, die betreffenden Normen erklärten die Vereinbarung nicht insgesamt für unwirksam, sondern nur insoweit, als sie das zulässige Maß überschreite. Die Vereinbarung eines **nach § 4a RVG unzulässigen Erfolgshonorars** führt nicht dazu, dass die Honorarvereinbarung nichtig ist und deswegen die (höhere) gesetzliche Vergütung geschuldet wird, sondern zur Deckelung der vereinbarten Vergütung auf die gesetzliche Vergütung.[70]

27 In ständiger Rechtsprechung hält es der BGH für möglich, **Bierlieferungsverträge** und **Automatenaufstellverträge**, die wegen ihrer übermäßig langen Laufzeit gegen § 138 BGB verstoßen, in entsprechender

57 BGH NJW-RR 1987, 1260; NJW 1994, 1470 (1471).
58 RGZ 99, 52 (53 ff.); RGZ 138, 272 ff.; BGH NJW 2001, 3327 (3328).
59 BGH NJW 1970, 240 (241).
60 BGHZ 137, 255 (261 ff.) = NJW 1998, 531 (532 f.).
61 Gänzlich abl. zur geltungserhaltenden Reduktion *Häsemeyer* FS Ulmer 2003, S. 1097 ff.; *Zimmermann* passim.
62 Vgl. *Bork* BGB AT Rn. 1202 (Nichtigkeit der unwirksamen Klausel und Füllung der Lücke mithilfe ergänzender Vertragsauslegung); Soergel/*Hefermehl* BGB § 139 Rn. 29 (analoge Anwendung von § 139); Staudinger/*Roth* BGB § 139 Rn. 68 (allenfalls analoge Anwendung von § 139); *Zimmermann* S. 75 ff. AA MüKoBGB/*Busche* § 139 Rn. 25.

63 BGHZ 105, 213 (221) = NJW 1989, 834 (835 f.); BGHZ 107, 351 (355 f.) = NJW 1989, 2681 (2682); BGHZ 146, 37 (47) = NJW 2001, 815 (817); BGH NJW 2009, 1135 Rn. 12 f.; vgl. auch BGH NJW 1997, 3089 (3090).
64 BGHZ 146, 37 (47 f.) = NJW 2001, 815 (817).
65 BGH NJW 1987, 2014 (2015 f.). Abl. *Tiedtke* ZIP 1987, 1089 (1095 f.).
66 BGH NJW-RR 2007, 1608 Rn. 19.
67 BGH NJW-RR 2013, 1028 Rn. 27 ff.
68 BGH NJW 2004, 3045 (3046 f.).
69 BGH NJW 2006, 2696 Rn. 18 f.
70 BGH NJW 2014, 2653 Rn. 14 ff.

Anwendung von § 139 mit einer dem tatsächlichen oder vermuteten Parteiwillen entsprechenden geringeren Laufzeit aufrechtzuerhalten, wobei er von der längsten zulässigen Laufzeit ausgeht.[71] Dabei wird nur die vereinbarte Laufzeit reduziert; im Übrigen bleibt der Vertrag unverändert.[72] Voraussetzung für eine Reduzierung ist, dass die überlange Dauer den einzigen Grund der Nichtigkeit darstellt.[73] Dabei soll es allerdings nicht schaden, wenn sich in dem Vertrag noch andere – möglicherweise ganz wenige und ihrerseits einer Einschränkung zugängliche – anstößige Klauseln finden lassen. Eine geltungserhaltende Reduktion soll vielmehr nur dann ausscheiden, wenn der Vertrag aufgrund zahlreicher zu beanstandender Klauseln „insgesamt überzogen" sei,[74] so dass die notwendigen Änderungen zu einer gänzlich neuen, von der bisherigen völlig abweichenden Vertragsgestaltung führen würden, die von dem Parteiwillen nicht mehr getragen wäre.[75] Der Unterschied zu den übrigen Sittenwidrigkeitsfällen, in denen der BGH eine geltungserhaltende Reduktion ablehnt (→ Rn. 30), soll darin liegen, dass bei den Bierlieferungsfällen allein die lange Vertragsdauer den Vertrag zum sittenwidrigen mache, während gegen den übrigen Teil des Vertrags nichts einzuwenden sei.[76]

Verstöße gegen **Preisvorschriften** führen nicht zur Nichtigkeit des Vertrags, sondern zur Herabsetzung des Preises auf das zulässige Maß.[77] Im Fall einer Mietpreisüberhöhung nach § 5 WiStG, die nach § 134 nichtig ist, nimmt der BGH eine Reduzierung der Miete auf den nach § 5 WiStG noch zulässigen Betrag (und nicht auf die ortsübliche Vergleichsmiete) an. Er begründet dies mit dem Zweck von § 5 WiStG und verweist darauf, angesichts der Bußgeldbewehrung der Norm könne der Vermieter auch bei dieser Auslegung nicht risikolos eine überhöhte Miete verlangen.[78] Doch auf diese Weise wird zivilrechtlich derjenige begünstigt, dem ein besonders schwerer – nämlich strafbarer oder bußgeldbewehrter – Verstoß zur Last fällt.[79]   **28**

Eine Reduzierung der Zeitdauer kommt in Betracht in den Fällen des **§ 1822 Nr. 5**;[80] bei Lebensversicherungsverträgen scheidet eine Aufrechterhaltung mit kürzerer Laufzeit nach dem hypothetischen Parteiwillen aber wegen der Abhängigkeit der Prämienhöhe von der Vertragsdauer aus.[81]   **29**

Abgelehnt wird eine geltungserhaltende Reduktion in der Regel, wenn die Höhe einer der beiden Leistungen gegen die **guten Sitten** verstößt und deshalb angepasst werden müsste.[82] Denn sittenwidrige Rechtsgeschäfte dürften für den Gläubiger nicht das Risiko verlieren, mit dem sie durch die gesetzlich angeordnete Nichtigkeitssanktion behaftet seien; das wäre aber der Fall, wenn er im Allgemeinen damit rechnen könnte, schlimmstenfalls durch gerichtliche Festsetzung das zu bekommen, was gerade noch rechtlich vertretbar und damit sittengemäß sei.[83] So hat es der BGH abgelehnt, ein zeitlich und örtlich unbeschränktes oder unangemessenes und daher sittenwidriges **Wettbewerbsverbot** auf das zulässige Maß zurückzuführen.[84] Nur wenn konkrete, über allgemeine Billigkeitserwägungen hinausgehende Anhaltspunkte den Schluss rechtfertigen, dass die geltungserhaltende Reduktion dem entspricht, was die Parteien bei Kenntnis der Nichtigkeit geregelt hätten, kommt sie ausnahmsweise in Betracht.[85]   **30**

71 BGH NJW 1972, 1459 f.; 1974, 2089 (2090); 1985, 2693 (2695); NJW-RR 1990, 816; NJW 1992, 2145 (2146). IE zust. *Canaris* FS Steindorff 1990, S. 519 (541 ff.). Abl. *Tiedtke* ZIP 1987, 1089 (1094 f.).

72 BGH NJW 1992, 2145 (2146).

73 BGH NJW 1979, 1605 (1606); OLG Nürnberg GmbHR 2010, 141 (143 f.) (in Bezug auf ein Wettbewerbsverbot); Soergel/*Hefermehl* BGB § 139 Rn. 32 (keinesfalls geltungserhaltende Reduktion bei Bierlieferungsverträgen, die keinerlei zeitliche Begrenzung enthalten); Staudinger/*Roth* BGB § 139 Rn. 69 f.

74 BGH NJW 1985, 2693 (2695) (Bierlieferungsvertrag).

75 BGHZ 51, 55 (56 ff.) = NJW 1969, 230 (Automatenaufstellvertrag); BGH NJW 1983, 159 (162) (Automatenaufstellvertrag).

76 BGHZ 68, 204 (207 f.) = NJW 1977, 1233. So auch BGHZ 105, 213 (221) = NJW 1989, 834 (836) zur Reduktion einer wegen ihrer unbeschränkten zeitlichen Geltung sittenwidrigen Hinauskündigungsklausel in einem Gesellschaftsvertrag.

77 BGHZ 89, 316 (319) = NJW 1984, 722 (723); BeckOK BGB/*Wendtland* § 139 Rn. 6; *Flume* BGB AT Bd. 2 § 32 4, S. 577; Palandt/*Ellenberger* BGB § 139 Rn. 10, 18; Soergel/*Hefermehl* BGB § 139 Rn. 53.

78 BGHZ 89, 316 (320 ff.) = NJW 1984, 722 (723 f.). Nach BVerfG NJW 1994, 993 f. ist diese Auslegung verfassungsgemäß. Scharf abl. *Canaris* FS Steindorff 1990, S. 519 (529 f.).

79 *Hager* JuS 1985, 264 (267).

80 BGHZ 28, 78 (83) = NJW 1958, 1393; *Canaris* FS Steindorff 1990, S. 519 (545).

81 BGHZ 28, 78 (83 f.) = NJW 1958, 1393. AA *Canaris* FS Steindorff 1990, S. 519 (545).

82 BGHZ 68, 204 (207) = NJW 1977, 1233 (zu § 140); BGHZ 146, 37 (47 f.) = NJW 2001, 815 (817); BGH NJW 2009, 1135 Rn. 14; Erman/*Arnold* BGB § 139 Rn. 20; *Flume* BGB AT Bd. 2 § 32 2 d, S. 574; Palandt/*Ellenberger* BGB § 139 Rn. 10; Soergel/*Hefermehl* BGB § 139 Rn. 33. AA Staudinger/*Roth* BGB § 139 Rn. 70.

83 BGHZ 68, 204 (207) = NJW 1977, 1233 (zu § 140); BGHZ 107, 351 (357) = NJW 1989, 2681 (2682); BGHZ 146, 37 (47) = NJW 2001, 815 (817); BGH NJW 2009, 1135 Rn. 14; *Wolf/Neuner* BGB AT § 57 Rn. 11; s. a. OLG Nürnberg GmbHR 2010, 141 (143 f.).

84 BGH NJW-RR 1989, 800 (801); NJW 1997, 3089 (3089 f.).

85 BGH NJW 2009, 1135 Rn. 14.

31   **cc) Stellungnahme.** Eine geltungserhaltende Reduktion verfolgt das Ziel, eine nichtige Vereinbarung mit „reduziertem" Inhalt aufrechtzuerhalten. Das kann von vornherein nur in Betracht kommen, wenn diese Aufrechterhaltung – wie bei § 139 – dem tatsächlichen oder hypothetischen Parteiwillen entspricht. Tut sie das, dient die geltungserhaltende Reduktion letztlich dem Parteiwillen und sollte deshalb – zumindest außerhalb des AGB-Rechts (s. insofern die Kommentierung zu § 306) – **prinzipiell zugelassen** werden. Die Nichtigkeitsnorm steht dem nicht entgegen, da der Vertrag ja in einer Form aufrechterhalten wird, die von dieser Norm nicht erfasst wird. Insbesondere § 138 stellt nur ein Übermaßverbot dar.[86]

32   Hiergegen kann mE nicht angeführt werden, dass dies den Richter zu einer **Vertragsgestaltung** zwinge. Denn das Gesetz selbst ordnet in bestimmten Fällen (§§ 343, 655 BGB, § 74 a Abs. 1 HGB) eine geltungserhaltende Reduktion an und erlegt damit dem Richter eine Vertragsgestaltung auf. Es ist nicht erkennbar, warum er nicht in anderen Fällen ebenso dazu befugt sein sollte. Voraussetzung ist, dass – wie in den gesetzlich vorgesehenen Fällen – die „Richtung" der Vertragsgestaltung klar ist, der Richter also etwa nur die Zeitdauer eines Wettbewerbsverbots oder die Höhe einer Miete festsetzen muss. Ist ein Rechtsgeschäft dagegen aus mehreren verschiedenen Gründen nichtig, so dass nicht nur eine bestimmte Größe reduziert, sondern der Vertrag in mehrerlei Hinsicht umgeschrieben werden müsste, scheidet eine geltungserhaltende Reduktion aus.

33   Grenzen setzt der geltungserhaltenden Reduktion allerdings der **Präventionsgedanke**. Die Gefahr der Nichtigkeit stellt einen Anreiz für die Parteien dar, die – etwa von § 138 – eröffneten Spielräume nicht zu überschreiten; niemand soll seinen Partner risikolos „über den Tisch ziehen" können in der Hoffnung, der andere werde die Nichtigkeit nicht bemerken oder sich auf keinen Prozess einlassen, und mit der Gewissheit, schlimmstenfalls immerhin noch von der reduzierten Regelung zu profitieren. Das Bedürfnis für eine derartige Prävention zieht der geltungserhaltenden Reduktion freilich nur Grenzen, rechtfertigt jedoch nicht ihren vollständigen Ausschluss.

34   Erstens ist das **Maß des Erlaubten** in vielen Fällen nicht eindeutig zu bestimmen. Das Argument, eine geltungserhaltende Reduktion müsse aus Präventionsgründen ausgeschlossen sein, verliert dann stark an Gewicht, da in vielen Fällen die Parteien ihr Tun irrig als erlaubt ansehen werden und darum das Verbot der geltungserhaltenden Reduktion keine Wirkung entfaltet. Schließt man eine geltungserhaltende Reduktion aus, würde das Unsicherheitsrisiko noch wesentlich erhöht. Redliche Parteien könnten entweder dadurch „bestraft" werden, dass einer irrtümlich als erlaubt angesehenen Regelung jegliche Wirksamkeit versagt wird, oder sie könnten dazu veranlasst werden, aus Furcht vor einer Totalnichtigkeit den Spielraum, den ihnen das Gesetz eröffnet, bei weitem nicht auszuschöpfen.

35   Zweitens handelt auch bei eindeutiger Überschreitung des erlaubten Maßes diejenige Partei, zu deren Gunsten die betreffende Regelung ist, keineswegs stets **verwerflich**; sie kann auch einem einfachen Rechtsirrtum unterliegen.

36   Drittens ist außerhalb des Anwendungsbereichs des AGB-Rechts (der bei Verbraucherverträgen durch § 310 Abs. 3 noch ausgeweitet wird) das Bedürfnis für eine Prävention weniger stark, da hier nicht typischerweise eine Partei der anderen **überlegen** ist.

37   Viertens erfordert der Präventionsgedanke nicht zwangsläufig den Ausschluss der geltungserhaltenden Reduktion, sondern es kann ihm dadurch Rechnung getragen werden, dass die unzulässige Regelung nicht auf das gerade noch zulässige Maß reduziert wird, sondern auf ein **angemessenes Maß**.[87] Die Parteien werden dann dadurch abgeschreckt, dass sie durch ein „Überreizen" denjenigen Spielraum, den ihnen das Gesetz zwischen Angemessenheit und Nichtigkeit eröffnet, verlieren.

38   Feste Kriterien für den Ausschluss einer geltungserhaltenden Reduktion lassen sich nicht angeben. Als Richtschnur kann erstens dienen, dass eine geltungserhaltende Reduktion umso eher zulässig ist, je **unsicherer die Grenze des Erlaubten** ist.[88] Denn umso weniger wichtig ist die Prävention, und umso größer ist die Rechtsunsicherheit, die den Parteien bei Ausschluss einer geltungserhaltenden Reduktion aufgebürdet wird. Der gegenläufige Aspekt, dass umso größer auch die dem Richter abverlangte Rechtsgestaltung ist, hat demgegenüber in den Hintergrund zu treten. Eine Ausnahme stellt die starre Grenze des § 1822 Nr. 5 dar. Da bei ihr Präventionsgesichtspunkte keine Rolle spielen, muss eine geltungserhaltende Reduktion möglich sein, obwohl keine Rechtsunsicherheit besteht.[89]

39   Zweitens ist eine geltungserhaltende Reduktion umso eher zulässig, je **geringer das Verhandlungsungleichgewicht** zwischen den Parteien ist. Denn umso geringer ist das Bedürfnis nach dem Präventionseffekt, den der Ausschluss der geltungserhaltenden Reduktion bedeutet.

---

86   BVerfG NJW 1990, 1469 (1470); Staudinger/*Roth* BGB § 139 Rn. 69 a.
87   *Roth* JZ 1989, 411 (417).

88   *Canaris* FS Steindorff 1990, S. 519 (538).
89   *Canaris* FS Steindorff 1990, S. 519 (545).

Ob im Fall einer geltungserhaltenden Reduktion auf das **gerade noch zulässige Maß oder ein angemesse-** **40** **nes Maß** zu reduzieren ist, kann nicht einheitlich beantwortet werden; entscheidend ist insofern der Nichtigkeitsgrund. Soll die Nichtigkeit dem Schutz einer Partei vor **Übervorteilung** dienen, so ist auf ein angemessenes Maß zu reduzieren, denn insofern kann in der Regel nicht auf den – zumindest abgeschwächten – Präventionseffekt verzichtet werden, den diese Art der Reduzierung bedeutet. Hierfür sprechen außerdem die gesetzlich geregelten Fälle der geltungserhaltenden Reduktion (§§ 343, 655 BGB, § 74 a Abs. 1 HGB), bei denen es jeweils um einen solchen Schutz geht und die eine Reduzierung auf das angemessene Maß vorsehen. Dient die Nichtigkeit dagegen **anderen Zwecken** (etwa bei § 1822 Nr. 5), kommt es auf die Prävention nicht an, und das Geschäft ist daher in weitestmöglichem Umfang, also bis zur Grenze des gesetzlich Erlaubten, aufrechtzuerhalten.

IV. Nichtigkeit eines Teils des Rechtsgeschäfts

§ 139 setzt voraus, dass lediglich ein Teil eines Rechtsgeschäfts nichtig ist. Erfasst der Nichtigkeitsgrund **41** daher das ganze Rechtsgeschäft, ist § 139 unanwendbar. Das ist namentlich der Fall, wenn ein Vertrag eine Verpflichtung enthält, das Eigentum an einem Grundstück zu übertragen oder zu erwerben, und nicht notariell beurkundet wird; denn nach § 311 b Abs. 1 S. 1 ist nicht nur die betreffende Verpflichtung, sondern der gesamte Vertrag beurkundungsbedürftig.

Der **Grund der Nichtigkeit** ist unerheblich.[90] § 139 gilt auch bei rückwirkender teilweiser Vernichtung **42** eines Rechtsgeschäfts durch **Teilanfechtung** (§ 142 Abs. 1).[91] Ist ein Teil eines Rechtsgeschäfts **schwebend** **unwirksam**, kommt § 139 gleichfalls zur Anwendung.[92] Entsprechend angewendet werden kann die Norm auf einen **teilweisen Widerruf**[93] oder **Rücktritt**,[94] nicht jedoch, wenn die Vertragsparteien einvernehmlich lediglich einen Teil des Rechtsgeschäfts aufheben, da sie dadurch zum Ausdruck bringen, am Rest festhalten zu wollen.[95]

Falls eine von einem beschränkt Geschäftsfähigen erteilte, nach § 111 nichtige Vollmacht mit einem schwebend **43** unwirksamen Vertrag nach § 139 zu einem einheitlichen Rechtsgeschäft verbunden wurde, führt diese Einheitlichkeit aus Gründen des Minderjährigenschutzes nach Ansicht des BGH nicht zur Unwirksamkeit auch des Vertrags, sondern umgekehrt zur Genehmigungsfähigkeit der Vollmacht.[96]

V. Der Parteiwille

Für die Frage, ob Gesamtnichtigkeit oder Restgültigkeit eintritt, primär maßgeblich ist der **tatsächliche** **44** **Parteiwille** bei Vertragsschluss.[97] Haben die Parteien die Frage der Teilnichtigkeit bedacht und ihren Willen etwa durch eine salvatorische Klausel zum Ausdruck gebracht, ist dies entscheidend. Ebenso ist der nicht vom Nichtigkeitsgrund erfasste Teil des Rechtsgeschäfts wirksam, wenn sich die Parteien bei der Vornahme des Rechtsgeschäfts **der teilweisen Nichtigkeit bewusst** waren; denn wer ein Rechtsgeschäft im Bewusstsein seiner teilweisen Nichtigkeit schließt, will es auch ohne die unwirksamen Teile.[98]

Fehlt es an einem tatsächlichen Parteiwillen, ist auf den **hypothetischen Parteiwillen** abzustellen, also **45** darauf, was die Parteien bei Vertragsschluss[99] vereinbart hätten, wenn sie das Problem der Teilnichtigkeit bedacht hätten. Es kommt folglich nicht darauf an, was objektiv vernünftig ist oder was der Richter für eine angemessene Regelung hält, sondern es geht um die Verwirklichung der Vorstellungen der Parteien, und mögen sie noch so unvernünftig sein.[100] Häufig werden allerdings keine Indizien für den hypothetischen

90 BGHZ 54, 71 (72) = NJW 1970, 1414 (1415); BGHZ 97, 351 (360) = NJW 1986, 1988 (1990); BGH NJW-RR 1993, 243 (246).
91 BGH NJW 1969, 1759 f.; *Flume* BGB AT Bd. 2 § 32 6, S. 583; Palandt/*Ellenberger* BGB § 139 Rn. 2.
92 BGHZ 53, 174 (179) = NJW 1970, 752 (753); BeckOGK/*Jakl* BGB § 139 Rn. 114; BeckOK BGB/*Wendtland* § 139 Rn. 3; MüKoBGB/*Busche* § 139 Rn. 8; Palandt/*Ellenberger* BGB § 139 Rn. 2; Soergel/*Hefermehl* BGB § 139 Rn. 5; Staudinger/*Roth* BGB § 139 Rn. 33.
93 BGHZ 212, 207 Rn. 22 = NJW 2017, 243; BGH NJW 2018, 225 Rn. 20; MüKoBGB/*Busche* § 139 Rn. 8; AA BeckOGK/*Jakl* BGB § 139 Rn. 115.
94 BGH NJW 1976, 1931 (1932); MüKoBGB/*Busche* § 139 Rn. 8; Palandt/*Ellenberger* BGB § 139 Rn. 2.
95 BGH FamRZ 1990, 975 (976).
96 BGHZ 110, 363 (369 ff.) = NJW 1990, 1721 (1723).
97 BAGE 1, 258 (271); Soergel/*Hefermehl* BGB § 139 Rn. 34; Staudinger/*Roth* BGB § 139 Rn. 74.
98 *Keim* NJW 1999, 2866 (2867); MüKoBGB/*Busche* § 139 Rn. 30; Soergel/*Hefermehl* BGB § 139 Rn. 39; Staudinger/*Roth* BGB § 139 Rn. 24. S. auch BGHZ 45, 376 (379 f.) = NJW 1966, 1747 f.; BAGE 1, 258 (270). Vgl. zur Reichweite des Grundsatzes BGH NJW 1999, 351.
99 BGH NJW-RR 1989, 998 (1000); MüKoBGB/*Busche* § 139 Rn. 31; Soergel/*Hefermehl* BGB § 139 Rn. 35; Staudinger/*Roth* BGB § 139 Rn. 77.
100 Erman/*Arnold* BGB § 139 Rn. 22; *Medicus/Petersen* AT BGB Rn. 508; Soergel/*Hefermehl* BGB § 139 Rn. 34; Staudinger/*Roth* BGB § 139 Rn. 75. AA wohl BAGE 1, 258 (271); *Flume* BGB AT Bd. 2 § 32 5, S. 578 f. Unklar MüKoBGB/*Busche* § 139 Rn. 30 ff.

Willen der konkreten Parteien vorliegen. Man kann dann nur annehmen, dass die Parteien eine objektiv vernünftige Regelung getroffen hätten, wenn sie sich über die Teilnichtigkeit Gedanken gemacht hätten.[101] Zu berücksichtigen sind dabei auch die einseitig von einem Vertragspartner verfolgten Interessen, die nicht zum Inhalt des Rechtsgeschäfts geworden sind.[102] Maßgeblich ist insbesondere, ob das **Äquivalenzverhältnis** zwischen Leistung und Gegenleistung bei Aufrechterhaltung nur des nicht nichtigen Teils gewahrt bleibt.[103] Es genügt nicht, dass die Parteien das Rechtsgeschäft auf jeden Fall abgeschlossen hätten; erforderlich ist vielmehr, dass sie es gerade so abgeschlossen hätten, wie es sich ohne den nichtigen Teil darstellt.[104]

46 Wenn der **Nichtigkeitsgrund behebbar** ist (insbesondere bei Formmängeln), hätten die Parteien bei Kenntnis der Nichtigkeit in der Regel das (gesamte) Geschäft wirksam abgeschlossen. Dazu können sie jedoch nicht gezwungen werden; praktisch relevant wird § 139 gerade dann, wenn im Entscheidungszeitpunkt eine Partei nicht zur Heilung oder Neuvornahme des nichtigen Teils bereit ist. Bei der Bestimmung des hypothetischen Parteiwillens muss daher die Möglichkeit eines in vollem Umfang wirksamen Geschäfts außer Betracht bleiben. Entscheidend ist, wie sich die Parteien verhalten hätten, wenn sie bei Vertragsschluss vor der Wahl gestanden wären, das Geschäft teilweise oder überhaupt nicht gelten zu lassen.[105]

47 Problematisch ist, dass nach Vertragsschluss Veränderungen eintreten können, die die Interessenlage der Parteien fundamental verändern. Das kann insbesondere dadurch geschehen, dass der Vertrag **in Vollzug gesetzt** wird. Ist etwa die Bestellung einer Sicherheit für ein Darlehen nichtig, entspricht vor Auszahlung des Darlehens typischerweise die Gesamtnichtigkeit dem Interesse des Kreditgebers, da er sonst verpflichtet wäre, ein ungesichertes Darlehen zu vergeben. Nach Auszahlung des Darlehens würde dagegen Gesamtnichtigkeit dazu führen, dass der Kreditgeber seinen Anspruch auf den Vertragszins verliert und auf Bereicherungsansprüche angewiesen ist. Er ist daher mutmaßlich an der Wirksamkeit des Darlehensvertrags interessiert, den er gemäß §§ 314, 490 Abs. 3 wegen Fehlens der Sicherheit fristlos kündigen kann.[106] Diese unterschiedliche Interessenlage ist bei der Bestimmung des hypothetischen Willens zu berücksichtigen, denn wenn die Parteien sich bei Vertragsschluss die unterschiedlichen Möglichkeiten vergegenwärtigt hätten (etwa weil sie über die Wirksamkeit eines Vertragsteils im Zweifel waren), hätten sie entsprechende vertragliche Vorsorge getroffen.

Im Beispiel wäre die interessengerechte Lösung, bei Unwirksamkeit der Sicherheit den Darlehensvertrag aufschiebend durch die Auszahlung des Darlehens zu bedingen (§ 158 Abs. 1). Mangels anderer Anzeichen ist daher als hypothetischer Parteiwille bei Vertragsschluss eine durch die Auszahlung des Darlehens bedingte Restgültigkeit anzunehmen.

48 Der tatsächliche oder hypothetische Parteiwille muss in Bezug auf den nicht vom Nichtigkeitsgrund erfassten Teil des Rechtsgeschäfts nicht einheitlich sein; vielmehr kann insofern zwischen verschiedenen Teilen des Rechtsgeschäfts bzw. einzelnen Klauseln **differenziert** werden.[107]

49 Für möglich gehalten wurde etwa die Aufrechterhaltung des restlichen Kaufvertrags bei Nichtigkeit eines **Wettbewerbsverbots**.[108] Die Wirksamkeit von **Gerichtstandsklauseln** und **Schiedsabreden** ist normalerweise von der Wirksamkeit des Hauptvertrags unabhängig.[109] Wenn eine Nebenabrede, der zufolge auf den Kaufpreis für ein Erbbaurecht eine schon geleistete Zahlung **anzurechnen** ist, formnichtig ist, ist der beurkundete Kaufvertrag wirksam, wenn der Käufer die Vorauszahlung ohne Weiteres zu belegen vermag.[110] Zur Prozessaufrechnung → Rn. 16.

VI. Rechtsmissbrauch

50 Die Berufung auf die Gesamtnichtigkeit kann wegen Rechtsmissbrauchs (§ 242) ausgeschlossen sein. Dies kommt in Betracht, wenn die nichtige Klausel bei der Vertragsdurchführung bedeutungslos geblieben ist[111] oder wenn sie die Partei, die sich auf die Gesamtnichtigkeit beruft, in der Vergangenheit nicht beeinträchtigt

101 BGH NJW 2004, 3045 (3046); 2006, 2696 Rn. 21; NJW-RR 2008, 1488 Rn. 19; Soergel/*Hefermehl* BGB § 139 Rn. 34.
102 Erman/*Arnold* BGB § 139 Rn. 22; *Flume* BGB AT Bd. 2 § 32 5, S. 580.
103 Soergel/*Hefermehl* BGB § 139 Rn. 41.
104 BGHZ 28, 78 (84) = NJW 1958, 1393; BGHZ 176, 198 Rn. 10 = NJW-RR 2008, 1050 (Ohne-Rechnung-Abrede); BAGE 1, 258 (271).
105 *Flume* BGB AT Bd. 2 § 32 5, S. 579.
106 Vgl. *Canaris* FS Steindorff 1990, S. 519 (534 ff.).
107 BAGE 1, 258 (271).

108 BGH NJW-RR 1989, 800 (801).
109 RGZ 87, 7 (10); BGHZ 53, 315 (322 f.) = NJW 1970, 1046 (1047); BGH NJW 1979, 2567 (2568); Palandt/*Ellenberger* BGB § 139 Rn. 15; Soergel/*Hefermehl* BGB § 139 Rn. 16.
110 BGHZ 85, 315 (318) = NJW 1983, 563 (564); BGH NJW 1994, 720 (721); 2000, 2100 (2101).
111 BGHZ 112, 288 (296) = NJW 1991, 105 (107); BGH NJW 2009, 1135 Rn. 19; *Flume* BGB AT Bd. 2 § 32 7, S. 584 ff.; Soergel/*Hefermehl* BGB § 139 Rn. 45; *Wolf/Neuner* BGB AT § 56 Rn. 29 f.

hat, allein die andere Partei begünstigt und diese am Vertrag festhalten will.[112] Die letztere Einschränkung wird teils statt mit dem Rechtsmissbrauchseinwand damit begründet, derjenigen Partei, in deren ausschließlichem Interesse der unwirksame Teil vereinbart worden sei, stehe ein **Wahlrecht** zu, ob sie den übrigen Teil gelten lassen wolle oder nicht; bis zur Ausübung der Wahl sei der übrige Teil schwebend unwirksam. Die andere Partei soll dem Wahlrecht analog §§ 355, 466 BGB aF eine zeitliche Grenze setzen können.[113] Seit der Schuldrechtsreform kommt insofern eine Analogie zu § 350 in Betracht; mir scheint allerdings eine analoge Anwendung von §§ 108 Abs. 2, 177 Abs. 2, 1366 Abs. 3 vorzugswürdig, da diese gerade die Folgen schwebender Unwirksamkeit regeln, während es in § 350 um vertragliche Rücktrittsrechte geht.

Will derjenige Vertragspartner, der allein durch den nichtigen Vertragsteil begünstigt ist, nicht am Vertrag festhalten, handelt er rechtsmissbräuchlich, wenn der andere Vertragspartner die **Heilung oder (wirksame) Neuvornahme des nichtigen Teils anbietet**.[114] Nach Ansicht des BGH handelt ein Unternehmer rechtsmissbräuchlich, wenn er sich nach Erbringung einer nur schwer rückabzuwickelnden Leistung (wie einer Bauleistung) zur Abwehr von Mängelansprüchen des Bestellers darauf beruht, dass der Bauvertrag, der eine nichtige Ohne-Rechnung-Abrede enthält, gemäß § 139 insgesamt nichtig sei.[115] Ein Verstoß gegen § 1 Abs. 2 S. 1 Nr. 2 SchwarzArbG nF führt allerdings in der Regel nicht nur zur Nichtigkeit der Ohne-Rechnung-Abrede, sondern gemäß § 134 zur Nichtigkeit des gesamten Werkvertrags, so dass für die Anwendung von § 139 kein Raum ist. Diese Nichtigkeit kann – anders als die Gesamtnichtigkeit nach § 139 – allenfalls in ganz engen Grenzen durch § 242 überwunden werden.[116]

51

VII. Teleologische Reduktion des § 139 bei Nichtigkeit zum Schutz einer Partei

1. Grundsatz. Die Regelung des § 139, dass im Zweifel Gesamtnichtigkeit eintritt, ist immer dann unangemessen, wenn die Nichtigkeit eines Vertragsteils darauf beruht, dass gegen Normen verstoßen wird, die dem Schutz einer der Vertragsparteien dienen. Denn für die auf diese Weise geschützte Partei ist ein gänzlich nichtiger Vertrag in aller Regel nicht schlimmer als ein ihr ungünstiger Vertrag. Deshalb trifft § 306 für die Unwirksamkeit von AGB eine Sonderregelung, und neuerdings vermeidet es der Gesetzgeber, in solchen Fällen die Unwirksamkeit der betreffenden Vertragsbestimmungen anzuordnen, und verwehrt es stattdessen der „überlegenen" Partei, sich auf die betreffende Klausel zu berufen (→ Rn. 5). In den Fällen, wo diese Gesetzgebungstechnik noch nicht angewandt wurde, ist § 139 **teleologisch zu reduzieren**.[117] Nach dem hypothetischen Parteiwillen die Wirksamkeit der nicht vom Nichtigkeitsgrund erfassten Vertragsteile anzunehmen wäre hier keine adäquate Lösung, da im Regelfall kein entsprechender gemeinsamer hypothetischer Wille angenommen werden kann, sondern die „überlegene" Partei den Vertrag nicht zu den übrigen unveränderten Bedingungen geschlossen hätte. So führt etwa ein Verstoß gegen § 276 Abs. 3 nicht zur Gesamtnichtigkeit des Vertrags, sondern nur zur Nichtigkeit der **Freizeichnungsklausel**;[118] dasselbe gilt für einen Verstoß gegen § 202 Abs. 1.

52

2. Arbeitsrecht. Arbeitsverträge bleiben bei Verstößen gegen zwingende Arbeitnehmerschutzvorschriften wirksam; an die Stelle der nichtigen Einzelbestimmung tritt die gesetzliche Regelung.[119]

53

3. Mietrecht. Zahlreiche mietrechtliche Vorschriften erklären eine zum Nachteil des Mieters von ihnen abweichende Vereinbarung für unwirksam (zB §§ 547 Abs. 2, 551 Abs. 4, 552 Abs. 2, 553 Abs. 3, 555). Mit dem mieterschützenden Zweck dieser Normen wäre es nicht vereinbar, bei einem Verstoß im Zweifel Totalnichtigkeit des Mietvertrags anzunehmen. Die nichtige Vereinbarung wird vielmehr durch die gesetzliche Regelung ersetzt.[120]

54

---

112 BGH WM 1983, 267 (268); NJW-RR 1989, 800 (802); NJW 1993, 1587 (1589); NJW-RR 1997, 684 (686); NJW 2009, 1135 Rn. 19.
113 *Flume* BGB AT Bd. 2 § 32 8, S. 586 ff.; Soergel/ *Hefermehl* BGB § 139 Rn. 45 ff.; Staudinger/*Roth* BGB § 139 Rn. 89; *Ulmer* FS Steindorff 1990, S. 798 (813 ff.).
114 *Flume* BGB AT Bd. 2 § 32 8, S. 588.
115 BGHZ 176, 198 Rn. 11 ff. = NJW-RR 2008, 1050; BGH NJW-RR 2008, 1052 Rn. 16 ff.; krit. *Faust* JuS 2008, 932 (933).
116 BGHZ 201, 1 = NJW 2013, 3167 Rn. 28 ff.
117 BeckOK BGB/*Wendtland* § 139 Rn. 5; Erman/*Arnold* BGB § 139 Rn. 6; Soergel/*Hefermehl* BGB § 139 Rn. 49 f.; Staudinger/*Roth* BGB § 139 Rn. 13; *Wolf/ Neuner* BGB AT § 56 Rn. 4.

118 BeckOGK/*Jakl* BGB § 139 Rn. 26; BeckOK BGB/ *Wendtland* § 139 Rn. 5.1; Erman/*Arnold* BGB § 139 Rn. 6; *Flume* BGB AT Bd. 2 § 32 4, S. 576 f.; MüKo-BGB/*Busche* § 139 Rn. 6; Soergel/*Hefermehl* BGB § 139 Rn. 51; *Wolf/Neuner* BGB AT § 56 Rn. 5.
119 BAG DB 1979, 553 (555); NJW 1979, 2119 (2120); 1982, 461 (462); BeckOK BGB/*Wendtland* § 139 Rn. 6; Erman/*Arnold* BGB § 139 Rn. 6; Soergel/ *Hefermehl* BGB § 139 Rn. 60; Staudinger/*Roth* BGB § 139 Rn. 15.
120 BGHZ 89, 316 (319 f.) = NJW 1984, 722 (723) (Verstoß gegen § 5 WiStG); BeckOK BGB/*Wendtland* § 139 Rn. 6; Erman/*Arnold* BGB § 139 Rn. 6; Palandt/*Ellenberger* BGB § 139 Rn. 18; Soergel/ *Hefermehl* BGB § 139 Rn. 52; *Wolf/Neuner* BGB AT § 56 Rn. 5.

55 **4. Verbraucherschutzrecht.** Verstöße gegen §§ 312 k Abs. 1, 487, 512, 651 y, 655 e Abs. 1 führen nicht zur Gesamtnichtigkeit, sondern nur zur Teilnichtigkeit.[121]

VIII. Umkehrung der Vermutung des § 139 bei Organisationsverträgen

56 Wenn eine vertragliche Regelung über die Schaffung einer Austauschbeziehung hinausgeht und für längere Zeit die Beziehungen der Parteien organisieren oder gar eine eigenständige Organisation schaffen soll, entspricht es im Zweifel nicht dem Interesse und dem Willen der Parteien, dieses ganze Vorhaben an der Unwirksamkeit einer Vertragsbestimmung scheitern zu lassen. Entgegen § 139 ist daher im Zweifel von der Restgültigkeit des Vertrags auszugehen. Das gilt in Bezug auf Betriebsvereinbarungen,[122] Tarifverträge,[123] Gesellschaftsverträge[124] und Unternehmensverträge.[125] Auf Vereinbarungen mit Rechtsnormcharakter, die etwa in einem Tarifvertrag enthalten sind, ist § 139 ohnehin nicht anwendbar (→ Rn. 3).

IX. Beweislast

57 Ob ein **einheitliches Rechtsgeschäft** vorliegt, ist Tatfrage; wenn die maßgeblichen Umstände aber unstreitig sind, kann das Revisionsgericht entscheiden.[126] Die Darlegungs- und Beweislast dafür, dass mehrere Geschäfte zu einem einheitlichen Rechtsgeschäft zusammengefasst wurden, trägt derjenige, der sich auf die Einheitlichkeit beruft.[127]

58 Die Beweislast dafür, dass ein Rechtsgeschäft auch ohne den unwirksamen Teil vorgenommen worden wäre, liegt bei demjenigen, der sich **auf die Restgültigkeit beruft**.[128] Er muss also entweder einen entsprechenden realen Parteiwillen bei Vertragsschluss beweisen oder Tatsachen, aus denen sich ein entsprechender hypothetischer Parteiwille ergibt. Für die Ermittlung des Parteiwillens sind alle relevanten Umstände heranzuziehen, auch wenn sie nicht Eingang in die Vertragsurkunde gefunden haben.[129] Enthält das Rechtsgeschäft eine **salvatorische Klausel**, so muss derjenige, der sich dennoch auf die Gesamtnichtigkeit beruft, die dafür maßgeblichen Umstände darlegen und beweisen.[130]

C. Weitere praktische Hinweise

59 Da die Anwendung von § 139 mit hoher Unsicherheit behaftet ist, empfiehlt es sich, vertraglich Vorsorge zu treffen. Eine **allgemeine salvatorische Klausel** wird dabei häufig nicht die beste Regelung sein. Denn zum einen bezieht sie sich gleichermaßen auf sämtliche Vertragsteile, und zum anderen führt sie nur zu einer Umkehr der Beweislast (→ Rn. 7).

60 Steht ein bestimmter Vertragsteil in erhöhtem „Nichtigkeitsverdacht", etwa weil die Parteien den Verstoß gegen ein gesetzliches Verbot bewusst in Kauf nehmen oder weil die Rechtslage unklar ist, sollte für den Fall der Nichtigkeit dieses Vertragsteils speziell Vorsorge getroffen werden. Es sollte also entweder ausdrücklich in den Vertrag aufgenommen werden, dass dann der gesamte Vertrag unwirksam ist, oder umgekehrt, dass die Wirksamkeit des Vertrags von der Nichtigkeit nicht berührt wird. Insofern kann noch differenziert werden, welche anderen Vertragsteile von der Nichtigkeit erfasst werden sollen und welche nicht. Ferner sollte nach Möglichkeit vereinbart werden, welche Regelung an die Stelle der nichtigen Klausel treten soll.

121 Erman/*Arnold* BGB § 139 Rn. 6; MüKoBGB/*Busche* § 139 Rn. 6; Palandt/*Ellenberger* BGB § 139 Rn. 18; Staudinger/*Roth* BGB § 139 Rn. 16.

122 Vgl. BAGE 16, 58 (66); Soergel/*Hefermehl* BGB § 139 Rn. 13; Staudinger/*Roth* BGB § 139 Rn. 21.

123 BAGE 1, 258 (272); BAG BB 1986, 1776; Soergel/*Hefermehl* BGB § 139 Rn. 13; Staudinger/*Roth* BGB § 139 Rn. 20.

124 Vgl. BAG DB 1976, 2106 (2107); BGHZ 107, 351 (355, 357) = NJW 1989, 2681 (2682); Palandt/*Ellenberger* BGB § 139 Rn. 15; Soergel/*Hefermehl* BGB § 139 Rn. 58.

125 Staudinger/*Roth* BGB § 139 Rn. 27. Vgl. BGH WM 1986, 1572 (1574).

126 BGHZ 76, 43 (49) = NJW 1980, 829 (830); BGHZ 101, 393 (397) = NJW 1988, 132; BGHZ 112, 376 (378) = NJW 1991, 917; BGH NJW 1992, 3237 (3238); 1994, 2885. AA MüKoBGB/*Busche* § 139 Rn. 34; Staudinger/*Roth* BGB § 139 Rn. 47.

127 BGH NJW 1997, 3304 (3307) („Benetton", insoweit nicht abgedr. in BGHZ 136, 295); BeckOK BGB/ *Wendtland* § 139 Rn. 20; Erman/*Arnold* BGB § 139 Rn. 25.

128 BGHZ 128, 156 (165 f.) = NJW 1995, 722 (724); BGH NJW-RR 2009, 1262 Rn. 9; MüKoBGB/ *Busche* § 139 Rn. 35; Soergel/*Hefermehl* BGB § 139 Rn. 42; Staudinger/*Roth* BGB § 139 Rn. 79. Ebenso für den mit § 139 BGB inhaltsgleichen § 68 Abs. 2 DDR-ZGB: BGH VIZ 2001, 227 (228).

129 BGH NJW 1986, 2576 (2577); Staudinger/*Roth* BGB § 139 Rn. 79.

130 BGH NJW 1996, 773 (774); NJW-RR 1997, 684 (685); NJW 2003, 347 f.; NJW-RR 2005, 1534 (1535); BeckOK BGB/*Jakl* § 139 Rn. 184; Erman/ *Arnold* BGB § 139 Rn. 25; *Flume* BGB AT Bd. 2 § 32 3, S. 575; Palandt/*Ellenberger* BGB § 139 Rn. 17; Staudinger/*Roth* BGB § 139 Rn. 79; *Wolf/ Neuner* BGB AT § 56 Rn. 8.

Auch wenn kein derartiger „spezieller Nichtigkeitsverdacht" besteht, kann es sinnvoll sein, keine allge- **61**
meine salvatorische Klausel in den Vertrag aufzunehmen, sondern eine solche Klausel auf die **Nichtigkeit
einzelner, konkret genannter Vertragsteile** zu beziehen. Die Parteien können auf diese Weise ihre
„Schmerzgrenze" festlegen, jenseits deren sie die Gesamtnichtigkeit der Restgültigkeit vorziehen. Außerdem würde eine derartige maßgeschneiderte salvatorische Klausel nicht nur eine Beweislastumkehr bewirken, sondern endgültig über die Frage der Gesamtnichtigkeit oder Restgültigkeit entscheiden und dadurch
die Rechtssicherheit fördern.

§ 140 Umdeutung

**Entspricht ein nichtiges Rechtsgeschäft den Erfordernissen eines anderen Rechtsgeschäfts, so gilt das
letztere, wenn anzunehmen ist, dass dessen Geltung bei Kenntnis der Nichtigkeit gewollt sein würde.**

Literatur: *Amann*, Unwirksamkeit und Umdeutung von Löschungserleichterungen, DNotZ 1998, 6; *Bürck*, Umdeutung
eines Vertrags bei Ausfall einer Vertragsbedingung – BGH, NJW 1971, 420, JuS 1971, 571; *Derleder*, Die Auslegung und
Umdeutung defizitärer mobiliarsachenrechtlicher Übereignungsabreden, JZ 1999, 176; *J. Hager*, Gesetzes- und sittenkonforme Auslegung und Aufrechterhaltung von Rechtsgeschäften, 1983; *ders.*, Die Umdeutung der außerordentlichen in
eine ordentliche Kündigung, BB 1989, 693; *Kahl*, Grenzen der Umdeutung rechtsgeschäftlicher Erklärungen, 1985;
Krampe, Die Konversion des Rechtsgeschäfts, 1980; *ders.*, Aufrechterhaltung von Verträgen und Vertragsklauseln, AcP
194 (1994), 1; *Molkenbur/Krasshöfer-Pidde*, Zur Umdeutung im Arbeitsrecht, RdA 1989, 337; *Mühlhans*, Die (verkann-
ten?) Auswirkungen der §§ 116, 117 BGB auf die Umdeutung gem. § 140 BGB, NJW 1994, 1049; *Wieacker*, Zur Theorie
der Konversion nichtiger Rechtsgeschäfte, FS Hermann Lange 1992, S. 1017.

A.	Allgemeines	1	II.	Abdingbarkeit 15
	I. Normzweck	1	III.	Das Ersatzgeschäft 17
	II. Abgrenzungen	2		1. Grundsätze 17
	1. Auslegung	2		2. Einzelfälle 19
	2. Teilnichtigkeit (§ 139)	4		a) Allgemeines 19
	3. Geltungserhaltende Reduktion	5		b) Grundstücksrecht 22
B.	Regelungsgehalt	6		c) Arbeitsrecht 23
	I. Anwendungsbereich	6		d) Gesellschaftsrecht 25
	1. Rechtsgeschäft	6		e) Wertpapierrecht 26
	2. Nichtigkeit	10		f) Familien- und Erbrecht 28
	3. Spezialregelungen	14		g) Prozessrecht 29
			IV.	Der Parteiwille 30
			V.	Prozessuales 34
			C.	**Weitere praktische Hinweise** 35

A. Allgemeines

I. Normzweck

§ 140 dient dem Schutz des **Parteiwillens**; ihm soll durch die Umdeutung (Konversion) so weit wie mög- **1**
lich zum Erfolg verholfen werden.[1] § 140 regelt dabei den Fall, dass die Parteien zur Verwirklichung des
angestrebten Ziels ein **untaugliches Mittel** gewählt haben. Sofern dies dem Parteiwillen entspricht, wird
dieses Mittel nach § 140 durch ein anderes ersetzt, mit dem sich das angestrebte Ziel zumindest teilweise
erreichen lässt. Wird dagegen das von den Parteien **angestrebte Ziel** selbst von der Rechtsordnung missbilligt und ist das Rechtsgeschäft deshalb unwirksam, ist § 140 nicht einschlägig.[2]

II. Abgrenzungen

1. Auslegung. Die „normale" Auslegung geht der Umdeutung vor. Kann dem Rechtsgeschäft mithilfe **2**
der Auslegung ein Inhalt gegeben werden, mit dem es wirksam ist, fehlt es an einem nichtigen Rechtsgeschäft iSv § 140, und die Norm ist nicht einschlägig.

Der Unterschied zur **ergänzenden Vertragsauslegung** wird herkömmlich darin gesehen, dass diese eine **3**
Vertragslücke voraussetze, während die Umdeutung bei Nichtigkeit des Vertrags eingreife.[3] Darin liegt mE
aber keine wesensmäßige Ungleichheit. Bei Umdeutung wie bei ergänzender Vertragsauslegung geht es
darum, das von den Parteien tatsächlich Vereinbarte „weiterzudenken" und dadurch eine Regelung für einen

---

1   BGH MDR 1961, 128.
2   BGHZ 68, 204 (206) = NJW 1977, 1233 (1234).

3   Soergel/*Hefermehl* BGB § 140 Rn. 1; Staudinger/
    Roth BGB § 140 Rn. 8. Ähnlich MüKoBGB/*Busche*
    § 140 Rn. 3.

Fall zu gewinnen, den die Parteien nicht bedacht haben. Gäbe es § 140 nicht, könnte das gleiche Resultat mithilfe ergänzender Vertragsauslegung erzielt werden. Deshalb kann § 140 mE durchaus als gesetzlich geregelter Fall der ergänzenden Vertragsauslegung angesehen werden.[4]

4   **2. Teilnichtigkeit (§ 139).** Bei § 139 ist ein Teil eines Rechtsgeschäfts unwirksam, während ein anderer Teil nicht vom Nichtigkeitsgrund erfasst wird. Es geht also darum, ob der Nichtigkeitsgrund auf Regelungen, die von ihm an sich nicht beeinträchtigt werden, „ausstrahlt"; an der Nichtigkeit der von ihm erfassten Regelung ändert sich nichts. § 140 dagegen betrifft das Schicksal der nichtigen Regelung selbst. Er ermöglicht, sie – wenn auch in abgeschwächter Weise – zu „retten" und dadurch wirksam zu machen.

5   **3. Geltungserhaltende Reduktion.** Die geltungserhaltende Reduktion (→ § 139 Rn. 23 ff.) und § 140 gleichen sich darin, dass in beiden Fällen eine nichtige Regelung mit **abgeschwächtem Inhalt** aufrechterhalten wird. Unterschiedlich ist dagegen der **Nichtigkeitsgrund**: Bei der geltungserhaltenden Reduktion wird das mit dem Rechtsgeschäft angestrebte **Ziel** (etwa die lange Dauer eines Wettbewerbsverbots) von der Rechtsordnung missbilligt; es stellt sich die Frage, ob dieses Ziel so weit „beschnitten" werden kann, dass es von der Rechtsordnung akzeptiert und die Regelung der Parteien insoweit aufrechterhalten wird. Bei § 140 dagegen ist das angestrebte Ziel unproblematisch; die Parteien haben sich lediglich in der Wahl des **Mittels**, mit dem sie dieses Ziel anstreben, vergriffen. Das Ziel bleibt daher prinzipiell unverändert, lediglich das untaugliche Mittel wird durch ein anderes, rechtlich mögliches ersetzt (was freilich dazu führen kann, dass auch das Ziel nicht mehr in vollem Umfang erreicht werden kann). Da in Fällen des § 140 mit dem Rechtsgeschäft ein akzeptiertes Ziel verfolgt wird, ist die Zulässigkeit einer Umdeutung – im Gegensatz zu derjenigen einer geltungserhaltenden Reduktion (→ § 139 Rn. 25 ff.) – unproblematisch.

B. Regelungsgehalt

I. Anwendungsbereich

6   **1. Rechtsgeschäft.** § 140 gilt für **alle Arten von Rechtsgeschäften**, für Verträge ebenso wie für einseitige Rechtsgeschäfte (s. dazu → Rn. 32 f.), für Verpflichtungsgeschäfte ebenso wie für Verfügungen (einschließlich Verfügungen von Todes wegen).[5]

7   Eine **Grundbucheintragung** kann nicht umgedeutet werden, da dies mit der Publizitätsfunktion des Grundbuchs nicht vereinbar wäre.[6] Gegenüber dem **Grundbuchamt** abgegebene Parteierklärungen sind dagegen prinzipiell umdeutungsfähig.[7] Eine Umdeutung setzt aber voraus, dass die dem Grundbuchamt vorliegenden Urkunden eine abschließende Würdigung zulassen.

8   **Betriebsvereinbarungen**, die wegen der Überschreitung von Kompetenzen (insbes. § 77 Abs. 3 BetrVG) unwirksam sind, können in gebündelte Vertragsangebote des Arbeitgebers umgedeutet werden. Da eine Betriebsvereinbarung aber in der Regel leichter kündbar ist als die Arbeitsverträge, sind an die Feststellung des hypothetischen Parteiwillens dabei hohe Anforderungen zu stellen. Normalerweise wird sich der Arbeitgeber nicht unabhängig von der betriebsverfassungsrechtlichen Regelungsform binden wollen.[8] Der (hypothetische) Verpflichtungswille des Arbeitgebers wird jedenfalls inhaltlich und auch hinsichtlich der Lösungs- und Abänderungsmöglichkeiten von den Regelungen der Betriebsvereinbarung bestimmt.[9]

9   Auf **Prozesshandlungen** ist § 140 entsprechend anzuwenden (s. a. → Rn. 29).[10] Die Umdeutung fehlerhafter **Verwaltungsakte** ist in § 47 VwVfG geregelt. Auf **öffentlich-rechtliche Verträge** kommt dagegen über § 62 S. 2 VwVfG § 140 zur Anwendung.[11]

4   BeckOGK/*Beurskens* BGB § 140 Rn. 8; Erman/*Palm* 12. Aufl. BGB § 140 Rn. 6 f.; *Hager* BB 1989, 693 (694); ähnlich *Medicus/Petersen* AT BGB Rn. 517.

5   BeckOGK/*Beurskens* BGB § 140 Rn. 21; Staudinger/ *Roth* BGB § 140 Rn. 9.

6   BeckOGK/*Beurskens* BGB § 140 Rn. 29; MüKo-BGB/*Busche* § 140 Rn. 8; Staudinger/*Roth* BGB § 140 Rn. 10; *H.P. Westermann* NJW 1970, 1023 (1027).

7   BayObLG NJW-RR 1987, 1511 (1512); 1999, 620 (621); KG NJW 1967, 2358 (2359); BeckOGK/ *Beurskens* BGB § 140 Rn. 29; BeckOK BGB/*Wendtland* § 140 Rn. 17; MüKoBGB/*Busche* § 140 Rn. 8. Wegen der Unmöglichkeit einer Beweisaufnahme im Grundbuchverfahren zurückhaltend BayObLG NJW 1953, 1914.

8   BAG BB 1989, 2330; BAGE 82, 89 (96 f.) = NZA 1996, 948 (949 f.); BAGE 85, 208 (219 f.) = NZA 1997, 951 (954); BAG ZTR 2000, 75 (76); BeckOGK/*Beurskens* BGB § 140 Rn. 23, 75; Erman/ *Arnold* BGB § 140 Rn. 20; MüKoBGB/*Busche* § 140 Rn. 9. Abl. *Molkenbur/Krasshöfer-Pidde* RdA 1989, 337 (348); Staudinger/*Roth* BGB § 140 Rn. 13. Im konkreten Fall lehnt eine Umdeutung ab BAG EzA § 77 BetrVG 1972 Nr. 70 (unter II.3).

9   BAG AP BGB § 140 Nr. 11.

10   BGH NJW 2007, 1460 (1461); 2014, 3731 Rn. 5; BeckOGK/*Beurskens* BGB § 140 Rn. 24; Erman/ *Arnold* BGB § 140 Rn. 2; MüKoBGB/*Busche* § 140 Rn. 10; Soergel/*Hefermehl* BGB § 140 Rn. 29; Staudinger/*Roth* BGB § 140 Rn. 11.

11   BGHZ 76, 16 (28) = NJW 1980, 826 (828); MüKo-BGB/*Busche* § 140 Rn. 11.

2. Nichtigkeit. § 140 gilt unabhängig vom **Nichtigkeitsgrund**, also auch bei gesetz- oder sittenwidrigen **10** Geschäften. Zu beachten ist jedoch, dass § 140 nicht eingreift, wenn das von den Parteien angestrebte Ziel gesetz- oder sittenwidrig ist (→ Rn. 5); dann kann nur eine geltungserhaltende Reduktion helfen (→ § 139 Rn. 23 ff.). Auch wenn die Nichtigkeit auf einer **Anfechtung** beruht, gelten keine Besonderheiten.[12] Bei Vorliegen eines **Dissenses** oder bei sonstigem Scheitern von Vertragsverhandlungen scheidet eine Umdeutung dagegen mangels Einigung der Parteien aus.[13]

Ein **heilbares Rechtsgeschäft** kann nicht umgedeutet werden; denn wenn die Unwirksamkeit des Geschäfts **11** (etwa durch eine Genehmigung oder nach § 311 b Abs. 1 S. 2) noch behoben werden kann, muss abgewartet werden, ob das Rechtsgeschäft nicht auf diese Weise in seiner ursprünglichen Form wirksam wird.[14] Ist für die Heilung (wie in § 311 b Abs. 1 S. 2) allerdings weder eine Ausschlussfrist noch eine Fristsetzung vorgesehen, muss es genügen, wenn die Erfüllung innerhalb einer angemessenen Frist nicht erfolgt oder eine Partei die Erfüllung ernsthaft und endgültig verweigert.[15] Ein **schwebend unwirksames Geschäft** kann erst umgedeutet werden, wenn es endgültig unwirksam geworden ist.[16]

Bei lediglich **teilnichtigen** Rechtsgeschäften wird überwiegend eine Umdeutung abgelehnt.[17] Das ist jedoch **12** mE nicht veranlasst. Sinn des § 140 ist, dem Parteiwillen so weit wie möglich zum Erfolg zu verhelfen. Dementsprechend ist auch eine nichtige Einzelregelung umzudeuten, sofern dies dem hypothetischen Parteiwillen entspricht.

§ 140 ist entsprechend anzuwenden, wenn ein Rechtsgeschäft an **anderen Gründen als der Nichtigkeit** **13** scheitert, etwa am Fehlen eines wichtigen Grundes für eine außerordentliche Kündigung[18] oder an der Unmöglichkeit einer Leistung.[19]

3. Spezialregelungen. Ordnet eine Norm selbst an, dass ein fehlerhaftes Rechtsgeschäft mit anderem **14** Inhalt zu gelten hat, ist sie **lex specialis** zu § 140; auf die Voraussetzungen einer Umdeutung kommt es nicht an. Eine solche Regelung trifft etwa § 150 für die verspätete oder abändernde Annahme eines Vertragsangebots. § 550 bezieht sich auf Mietverträge über Wohnraum sowie über Grundstücke und Räume (§ 578): Wird ein solcher Mietvertrag für längere Zeit als ein Jahr ohne Beachtung der Schriftform geschlossen, gilt er auf unbestimmte Zeit, kann jedoch nicht vor Ablauf eines Jahres gekündigt werden. Auch wenn die Erfordernisse eines Zeitmietvertrags (§ 575 Abs. 1 S. 2) oder der Befristung eines Arbeitsverhältnisses (§ 16 TzBfG) nicht vorliegen, gelten diese als auf unbestimmte Zeit geschlossen. § 2101 ordnet an, dass eine zur Zeit des Erbfalls noch nicht gezeugte natürliche Person oder noch nicht entstandene juristische Person, die als Erbe eingesetzt ist, im Zweifel als Nacherbe eingesetzt ist. Für Scheingeschäfte geht § 117 dem § 140 vor.[20] Die Vereinbarung eines nach § 4 a RVG unzulässigen Erfolgshonorars führt gemäß § 4 b RVG zur Deckelung der vereinbarten Vergütung auf die gesetzliche Vergütung.[21]

12 BeckOGK/*Beurskens* BGB § 140 Rn. 34; BeckOK BGB/*Wendtland* § 140 Rn. 6; Erman/*Palm* 4. Aufl. BGB § 140 Rn. 11; *Leenen* BGB AT § 9 Rn. 280; Palandt/*Ellenberger* BGB § 140 Rn. 3; Soergel/*Hefermehl* BGB § 140 Rn. 3; Staudinger/*Roth* BGB § 140 Rn. 15; *Wolf/Neuner* BGB AT § 57 Rn. 2. Gegen eine Umdeutung, weil die angefochtene Erklärung gänzlich beseitigt sei, RGZ 79, 306 (310); *Flume* BGB AT Bd. 2 § 32 9 c, S. 592 f.; unklar *Medicus/Petersen* AT BGB Rn. 518; MüKoBGB/*Busche* § 140 Rn. 14.

13 BGH WM 1973, 67 (68); BeckOGK/*Beurskens* BGB § 140 Rn. 42; Erman/*Arnold* BGB § 140 Rn. 9; MüKoBGB/*Busche* § 140 Rn. 12; Staudinger/*Roth* BGB § 140 Rn. 17.

14 BGH WM 1970, 1023 f. (Blankowechsel mit Ausfüllungsermächtigung); ZIP 2009, 264 Rn. 31; BeckOK BGB/*Wendtland* § 140 Rn. 7; Erman/*Arnold* BGB § 140 Rn. 8; *Medicus/Petersen* AT BGB Rn. 518; MüKoBGB/*Busche* § 140 Rn. 12; Staudinger/*Roth* BGB § 140 Rn. 14. AA in Bezug auf die Heilung durch Erfüllung Soergel/*Hefermehl* BGB § 140 Rn. 3.

15 BeckOGK/*Beurskens* BGB § 140 Rn. 37.

16 BGHZ 40, 218 (221 ff.) = NJW 1964, 347 f.; BGH NJW 1971, 420; BeckOGK/*Beurskens* BGB § 140 Rn. 38; Erman/*Arnold* BGB § 140 Rn. 8; *Medicus/*

Petersen AT BGB Rn. 518; *Molkenbur/Krasshöfer-Pidde* RdA 1989, 337; MüKoBGB/*Busche* § 140 Rn. 13; Soergel/*Hefermehl* BGB § 140 Rn. 3; Staudinger/*Roth* BGB § 140 Rn. 14; *Wolf/Neuner* BGB AT § 57 Rn. 3. Gegen jede Umdeutung zunächst nur schwebend unwirksamer Geschäfte RGZ 79, 306 (308 ff.).

17 BeckOGK/*Beurskens* BGB § 140 Rn. 33; BeckOK BGB/*Wendtland* § 140 Rn. 6; MüKoBGB/*Busche* § 140 Rn. 12; Soergel/*Hefermehl* BGB § 140 Rn. 2, 27, anders aber Rn. 28; Staudinger/*Roth* BGB § 140 Rn. 14. AA *Ebel* DB 1979, 1973 (1974 f.); Erman/*Palm* 12. Aufl. BGB § 140 Rn. 6. Offengelassen von BGH NJW 1986, 58 (59).

18 S. zum Arbeitsrecht *Molkenbur/Krasshöfer-Pidde* RdA 1989, 337 sowie → Rn. 23 f. Krit. zur Umdeutung einer mietrechtlichen Kündigung in ein Angebot auf Abschluss eines Auflösungsvertrags BGH NJW 1981, 43 (44); abl. für Pachtverhältnisse BGH WM 1984, 171 (172).

19 Vgl. BGHZ 19, 269 (272) = NJW 1956, 297; MüKoBGB/*Busche* § 140 Rn. 13. AA BeckOGK/*Beurskens* BGB § 140 Rn. 35; Erman/*Arnold* BGB § 140 Rn. 9.

20 BeckOGK/*Beurskens* BGB § 140 Rn. 12; Erman/*Arnold* BGB § 140 Rn. 9; MüKoBGB/*Busche* § 140 Rn. 12; Staudinger/*Roth* BGB § 140 Rn. 17.

21 BGH NJW 2014, 2653 Rn. 14 ff.

II. Abdingbarkeit

15 § 140 ist **dispositiv**. So können die Parteien vertraglich jede Umdeutung ausschließen; ob dies als Abbedingung von § 140 oder als Festlegung des für § 140 relevanten Willens anzusehen ist, ist belanglos.

16 Die Parteien können auch vereinbaren, was für den Fall der Nichtigkeit einer Regelung an deren Stelle gelten soll (**Konversionsklausel**). Eine derartige Regelung stellt nicht nur eine privatautonome Konkretisierung des § 140 dar, sondern beinhaltet dessen Abbedingung. Gleichzeitig wird die Alternativregelung rechtsgeschäftlich festgelegt, allerdings unter der aufschiebenden Bedingung (§ 158 Abs. 1) der Nichtigkeit der primären Regelung. Im Fall der Nichtigkeit kommt es daher auf die Voraussetzungen des § 140 – insbesondere darauf, ob die primäre Regelung den Erfordernissen der Alternativregelung entspricht – nicht an.[22]

III. Das Ersatzgeschäft

17 **1. Grundsätze.** Das Ersatzgeschäft muss dem nichtigen **nicht gleichartig** sein. Es kann daher zB ein Rechtsgeschäft unter Lebenden in ein solches von Todes wegen umgedeutet werden und umgekehrt.[23] Das Ersatzgeschäft muss nicht unbedingt wirksam sein, aber es muss **weniger fehlerhaft** als das umgedeutete Geschäft sein (etwa schwebend unwirksam statt unwirksam).[24] Eine Umdeutung von Geschäften eines **Geschäftsunfähigen** scheidet daher in aller Regel aus;[25] eine Ausnahme ist denkbar, wenn das Ersatzgeschäft nach § 105 a wirksam wäre.[26] Bei **fehlender Verfügungsmacht** ist dagegen eine Umdeutung ohne Weiteres denkbar, sofern das Geschäft endgültig unwirksam ist (→ Rn. 11).[27]

18 Das Ersatzgeschäft muss nicht als „Minus" im nichtigen Geschäft enthalten sein, da § 140 kein Fall der Teilnichtigkeit ist;[28] es kann gegenüber dem umgedeuteten Geschäft auch ein **Aliud** (keinesfalls aber ein Plus) sein.[29] Von seinen **Wirkungen** her darf das Ersatzgeschäft nicht über das umgedeutete Geschäft hinausgehen.[30] So kann etwa eine ordentliche Kündigung nicht in eine fristlose Kündigung oder eine Anfechtung umgedeutet werden.[31] Eine Umdeutung scheitert nicht daran, dass die Leistung, die eine Partei nach dem Ersatzgeschäft schuldet, im **Ungleichgewicht zu dem ursprünglich vereinbarten Entgelt** steht, denn durch das Erfordernis eines entsprechenden hypothetischen Parteiwillens werden die Parteien ausreichend geschützt. Aus diesem Parteiwillen kann sich entweder ergeben, dass die Parteien die Verschiebung des Äquivalenzverhältnisses hinzunehmen bereit sind, oder er kann auf eine Anpassung des Entgelts gerichtet sein.[32]

19 **2. Einzelfälle. a) Allgemeines.** Die unwiderrufliche **Vollmacht** zu einem formbedürftigen Geschäft, die wegen des Formzwecks trotz § 167 Abs. 2 dem Formzwang unterliegt, kann bei Nichtbeachtung der Form in eine (formlos mögliche) widerrufliche Vollmacht umgedeutet werden.[33] Möglich ist auch die Umdeutung einer wegen Nichtbeachtung von § 48 HGB unwirksamen **Prokura** in eine Handlungsvollmacht (§ 54 HGB) oder eine gewöhnliche Vollmacht.[34] Die Umdeutung einer Erklärung, die ein **Gesamtvertreter** unter Verstoß gegen § 181 abgegeben hat, in eine Ermächtigung des anderen Gesamtvertreters ist wegen des

---

22 BeckOGK/*Beurskens* BGB § 140 Rn. 15; BeckOK BGB/*Wendtland* § 140 Rn. 4; MüKoBGB/*Busche* § 140 Rn. 6; Staudinger/*Roth* BGB § 140 Rn. 6.

23 BGHZ 40, 218 (224) = NJW 1964, 347 (348); BGHZ 125, 355 (364) = NJW 1994, 1785 (1787).

24 RGZ 129, 122 (123 f.); BeckOGK/*Beurskens* BGB § 140 Rn. 51; Erman/*Arnold* BGB § 140 Rn. 13; MüKoBGB/*Busche* § 140 Rn. 15; Soergel/*Hefermehl* BGB § 140 Rn. 4; Staudinger/*Roth* BGB § 140 Rn. 14, 20. Deshalb keine Umdeutung einer unstatthaften sofortigen und/oder weiteren Beschwerde in eine gleichfalls unstatthafte Rechtsbeschwerde (BGH NJW 2002, 1958).

25 BeckOGK/*Beurskens* BGB § 140 Rn. 42; Erman/*Arnold* BGB § 140 Rn. 9; MüKoBGB/*Busche* § 140 Rn. 12; Staudinger/*Roth* BGB § 140 Rn. 17.

26 BeckOGK/*Beurskens* BGB § 140 Rn. 42; MüKoBGB/*Busche* § 140 Rn. 12.

27 *Derleder* JZ 1999, 176 (178 f.); Palandt/*Ellenberger* BGB § 140 Rn. 3; Soergel/*Hefermehl* BGB § 140 Rn. 3; Staudinger/*Roth* BGB § 140 Rn. 17. AA RGZ 124, 28 (31).

28 So aber *Flume* BGB AT Bd. 2 § 32 9 c, S. 592 ff. („qualitative Teilnichtigkeit"); ähnlich BGHZ 19, 269 (275) = NJW 1956, 297 (298).

29 BeckOGK/*Beurskens* BGB § 140 Rn. 49; BeckOK BGB/*Wendtland* § 140 Rn. 11; Erman/*Arnold* BGB § 140 Rn. 11; *Medicus/Petersen* AT BGB Rn. 519; MüKoBGB/*Busche* § 140 Rn. 17; Palandt/*Ellenberger* BGB § 140 Rn. 6.

30 BGHZ 20, 363 (370 f.) = NJW 1956, 1198 (1200); BGH BB 1965, 106; Soergel/*Hefermehl* BGB § 140 Rn. 5; Staudinger/*Roth* BGB § 140 Rn. 22 f.

31 BAG DB 1975, 214; NJW 1976, 592; Staudinger/ *Roth* BGB § 140 Rn. 22, 42 (Umdeutung außerordentlicher Kündigung in Anfechtung möglich).

32 BGH NJW 1963, 339 (340); WM 2004, 2178 (2180); BeckOGK/*Beurskens* BGB § 140 Rn. 64; Erman/ *Arnold* BGB § 140 Rn. 11; Soergel/*Hefermehl* BGB § 140 Rn. 5.

33 Palandt/*Ellenberger* BGB § 140 Rn. 13; Soergel/ *Hefermehl* BGB § 140 Rn. 4; Staudinger/*Roth* BGB § 140 Rn. 19, 73. AA *Flume* BGB AT Bd. 2 § 32 9 e, S. 597; MüKoBGB/*Busche* § 140 Rn. 24.

34 Baumbach/Hopt/*Hopt* HGB § 48 Rn. 1; KKRM/*Roth* HGB § 48 Rn. 11; Staudinger/*Roth* BGB § 140 Rn. 72.

Zwecks von § 181 und der anders gestalteten persönlichen Verantwortlichkeit ausgeschlossen.[35] Das Gleiche gilt wegen der teils weitergehenden Rechtsfolgen (§ 122) für die Umdeutung eines **Rücktritts** in eine Irrtumsanfechtung.[36]

Die unwirksame **Abtretung eines Rechts** kann in die Befugnis umgedeutet werden, das Recht im eigenen Namen geltend zu machen, zB eine Forderungsabtretung in eine Einziehungsermächtigung[37] und die Abtretung eines unselbstständigen Gestaltungsrechts in die Ermächtigung, es in eigenem Namen auszuüben.[38] In Betracht kommt auch die Umdeutung der unwirksamen Verfügung über einen Anteil am Gesamtgut einer beendeten fortgesetzten Gütergemeinschaft (vgl. §§ 1419 Abs. 1, 1497 Abs. 2) in die Abtretung des Anspruchs auf das Auseinandersetzungsguthaben.[39] Die Übertragung des Vollrechts kann in die Übertragung des entsprechenden **Anwartschaftsrechts** umgedeutet werden.[40] Ausgeschlossen ist dagegen die Umdeutung einer unwirksamen **Verpfändung** in eine Sicherungsabtretung oder -übereignung, da diese in ihren Wirkungen über die Verpfändung hinausgeht; eine Umdeutung in ein Zurückbehaltungsrecht bis zum Wegfall des Sicherungszwecks ist aber möglich.[41] **20**

Die Umdeutung einer formnichtigen **Bürgschaft** in einen Schuldbeitritt scheidet aus, weil der Schuldbeitritt im Gegensatz zur Bürgschaft nicht zu einer lediglich akzessorischen Haftung führt und sonst die Formvorschrift des § 766 unterlaufen würde.[42] Umgekehrt kann aber ein nichtiger Schuldbeitritt in eine selbstschuldnerische Bürgschaft umgedeutet werden.[43] Eine unwirksame außerordentliche **Kündigung** kann in eine ordentliche umgedeutet werden, wenn eine ordentliche Kündigung dem mutmaßlichen Willen des Kündigenden entspricht und dieser Wille dem Kündigungsempfänger im Zeitpunkt des Zugangs der Kündigung erkennbar geworden ist (s. näher → Rn. 23).[44] Wegen der weitergehenden Rechtsfolgen ist die Umdeutung einer ordentlichen Kündigung in eine außerordentliche dagegen nicht möglich. S. speziell zum Arbeitsrecht → Rn. 23 f., zur Umdeutung einer Kündigung in den Antrag zum Abschluss eines Aufhebungsvertrags → Rn. 33. **21**

b) Grundstücksrecht. Ein mit dinglicher Wirkung gewolltes **Wiederkaufsrecht** kann in ein schuldrechtliches iSd §§ 456 ff. umgedeutet werden.[45] Ebenso kann ein **Vorkaufsrecht**, das nicht wirksam dinglich begründet wurde (§ 1094), in ein schuldrechtliches Vorkaufsrecht (§ 463) umgedeutet werden.[46] Möglich ist bei entsprechendem Parteiwillen auch die Umdeutung eines nichtigen **Grundstückskaufvertrags** in den Vertrag über die Bestellung einer Dienstbarkeit oder eines Nießbrauchs.[47] Die nichtige **Abtretung eines Nießbrauchs** (§ 1059 S. 1) kann in die Überlassung der Ausübung (§ 1059 S. 2) umgedeutet werden,[48] die nichtige **Verpfändung einer Hypothek oder Grundschuld** in die Einräumung eines Zurückbehaltungsrechts am Hypotheken- oder Grundschuldbrief,[49] die nichtige Zusage von **Wohnungseigentum** in die Einräumung eines Dauerwohnrechts.[50] Unzulässig ist dagegen die Umdeutung einer **Grunddienstbarkeit** in eine beschränkte persönliche Dienstbarkeit, da diese gemäß § 1090 zugunsten einer individuell bestimmten Person eingetragen werden muss.[51] **22**

c) Arbeitsrecht. Eine **fristlose Kündigung** kann nach ständiger Rspr. des BAG in eine ordentliche umgedeutet werden, wenn eine ordentliche Kündigung dem mutmaßlichen Willen des Kündigenden entspricht und dieser Wille dem Kündigungsempfänger im Zeitpunkt des Zugangs der Kündigung erkennbar gewor- **23**

35 BGH NJW 1992, 618; BeckOGK/*Beurskens* BGB § 140 Rn. 112; MüKoBGB/*Busche* § 140 Rn. 29.
36 BGH BB 1965, 1083.
37 BGH NJW 1987, 3121 (3122); BeckOGK/*Beurskens* BGB § 140 Rn. 67; Erman/*Arnold* BGB § 140 Rn. 18.
38 BGHZ 68, 118 (125) = NJW 1977, 848 (849); BGH NJW 1998, 896 (897); NJW-RR 2003, 51; BeckOGK/*Beurskens* BGB § 140 Rn. 67; MüKoBGB/*Busche* § 140 Rn. 24.
39 BGH BB 1966, 755.
40 BGHZ 20, 88 (101) = NJW 1956, 665 (667); BeckOGK/*Beurskens* BGB § 140 Rn. 107; Palandt/*Herrler* BGB § 929 Rn. 45; Soergel/*Hefermehl* BGB § 140 Rn. 16; Staudinger/*Roth* BGB § 140 Rn. 73.
41 BeckOGK/*Beurskens* BGB § 140 Rn. 110; MüKoBGB/*Busche* § 140 Rn. 24; Soergel/*Hefermehl* BGB § 140 Rn. 5; Staudinger/*Roth* BGB § 140 Rn. 22, 67.
42 OLG Hamm NJW 1988, 3022; BeckOGK/*Beurskens* BGB § 140 Rn. 46, 76; *Medicus/Petersen* AT BGB Rn. 522; Staudinger/*Roth* BGB § 140 Rn. 30.

43 BGHZ 174, 39 Rn. 24 ff. = NJW 2008, 1070.
44 BGH NJW 1981, 976 (977) (Mietvertrag; sehr restriktiv); BGH NJW 1982, 2603 f. (Belegarztvertrag); BGH NJW 1998, 76 und BGH NJW-RR 2000, 987 (988) (Anstellungsvertrag eines Geschäftsführers); Staudinger/*Roth* BGB § 140 Rn. 46.
45 BGH LM § 497 BGB Nr. 6 = MDR 1965, 283.
46 MüKoBGB/*Busche* § 140 Rn. 25; Staudinger/*Roth* BGB § 140 Rn. 63.
47 RGZ 110, 391 (392 f.); MüKoBGB/*Busche* § 140 Rn. 25; Staudinger/*Roth* BGB § 140 Rn. 63.
48 BeckOGK/*Beurskens* BGB § 140 Rn. 67; NK-BGB/*Lemke* BGB § 1059 Rn. 1; MüKoBGB/*Busche* § 140 Rn. 25.
49 RGZ 66, 24 (27 f.); RGZ 124, 28 (29 ff.); MüKoBGB/*Busche* § 140 Rn. 25; Staudinger/*Roth* BGB § 140 Rn. 63.
50 BGH NJW 1963, 339 (340).
51 BeckOGK/*Beurskens* BGB § 140 Rn. 78; Erman/*Arnold* BGB § 140 Rn. 23; MüKoBGB/*Busche* § 140 Rn. 25; Staudinger/*Roth* BGB § 140 Rn. 66.

den ist.[52] Ein entsprechender mutmaßlicher Wille kann in aller Regel jedenfalls dann angenommen werden, wenn die Tatsachen, aus denen der Kündigende einen wichtigen Grund ableitet, tatsächlich vorliegen.[53] Die Erkennbarkeit ist genau genommen nicht eine Voraussetzung des § 140, sondern dafür, dass die Kündigung gegenüber dem Empfänger als ordentliche wirkt (→ Rn. 32).

24 Notwendig ist selbstverständlich, dass die Voraussetzungen für eine ordentliche Kündigung vorliegen, insbesondere dass der Betriebsrat (hilfsweise) zur ordentlichen Kündigung angehört wurde (§ 102 BetrVG)[54] und eine erforderliche behördliche Genehmigung (zB des Integrationsamts) auch für die ordentliche Kündigung vorliegt.[55] Das BAG hat eine Umdeutung abgelehnt, wenn der Betriebsrat nicht zu der ausgesprochenen außerordentlichen, sondern nur zu der nicht ausgesprochenen ordentlichen Kündigung angehört wurde;[56] dafür besteht jedoch keinerlei Grund. Die Umdeutung einer **ordentlichen Kündigung** in eine außerordentliche scheidet wegen der weitergehenden Rechtsfolgen aus.[57] Das Gleiche gilt für die Umdeutung in eine **Anfechtung**.[58] Eine fristlose Kündigung kann dagegen in eine Anfechtung umgedeutet werden, da auch letztere im Arbeitsrecht nur ex nunc wirkt.[59] Zu **Betriebsvereinbarungen** → Rn. 8.

25 **d) Gesellschaftsrecht.** Der Vertrag über die **Gründung einer OHG** kann in den Vertrag über die Gründung einer BGB-Gesellschaft umgedeutet werden,[60] aber – wegen der teils abweichenden und nicht dispositiven Regelungen für die OHG (zB § 126 HGB) – nicht umgekehrt.[61] Möglich sind auch die Umdeutung der **außerordentlichen Kündigung** eines Gesellschaftsvertrags in eine ordentliche Kündigung[62] und die Umdeutung einer **Stimmrechtsübertragung** in einen gesellschaftsvertraglichen Stimmrechtsausschluss, verbunden mit der Erhöhung des Stimmrechts der anderen Gesellschafter.[63] Dagegen kann eine unwiderrufliche **Stimmrechtsvollmacht** in der GmbH nicht in einen Stimmrechtsverzicht oder in eine Verpflichtung, nicht abzustimmen, umgedeutet werden.[64] Die Umdeutung einer nichtigen **Verschmelzung** oder einer gescheiterten **Umwandlung nach dem LwAnpG** in eine Vermögensübertragung iSv § 419 aF (vgl. Art. 223 a EGBGB) hat der BGH am Fehlen eines entsprechenden hypothetischen Parteiwillens scheitern lassen.[65]

26 **e) Wertpapierrecht.** Da § 140 ein nichtiges Rechtsgeschäft voraussetzt, können Erklärungen auf einem **formgültigen Wechsel** nicht umgedeutet werden, auch wenn der Wechsel präjudiziert ist oder die Wechselansprüche verjährt sind.[66] Ein ungültiger **gezogener Wechsel** kann in eine bürgerlich-rechtliche (§ 783) oder kaufmännische (§ 363 HGB) Anweisung umgedeutet werden.[67] Bei einem ungültigen **Wechsel an eigene Order** scheidet eine Umdeutung in eine bürgerlich-rechtliche Anweisung aus, da diese zwingend Personenverschiedenheit zwischen Anweisendem, Angewiesenem und Anweisungsempfänger voraussetzt; eine Umdeutung in eine kaufmännische Anweisung, die an eigene Order des Ausstellers gestellt werden kann, ist jedoch möglich.[68] Ein formnichtiger **eigener Wechsel** (Art. 75 WG) kann in ein abstraktes Schuldversprechen oder einen kaufmännischen Verpflichtungsschein umgedeutet werden,[69] das **Akzept** eines formnichtigen Wechsels in ein abstraktes Schuldversprechen (§ 780), die Annahme einer (kaufmännischen)

52   BAG NJW 1976, 2366 (2367); 1988, 581 f.; 2002, 2972 (2973). S. ausf. *Hager* BB 1989, 693 ff.; *Molkenbur/Krasshöfer-Pidde* RdA 1989, 337 (341 f.). Gegen das Erfordernis der Erkennbarkeit LAG Hamm BB 1982, 2109 f.

53   BeckOGK/*Beurskens* BGB § 140 Rn. 91. Vgl. BGH NJW 1982, 2603 f. (zur Kündigung eines Belegarztvertrags).

54   BAG NJW 1976, 2366; Erman/*Arnold* BGB § 140 Rn. 20; *Hager* BB 1989, 693 (695 f.); *Molkenbur/Krasshöfer-Pidde* RdA 1989, 337 (343); MüKoBGB/*Busche* § 140 Rn. 30.

55   BAG NJW 2011, 3803 Rn. 36; LAG Bln NZA 1985, 95; *Molkenbur/Krasshöfer-Pidde* RdA 1989, 337 (343); MüKoBGB/*Busche* § 140 Rn. 30; Staudinger/*Roth* BGB § 140 Rn. 39.

56   BAG NJW 1976, 2366 (2368). Zust. *Molkenbur/Krasshöfer-Pidde* RdA 1989, 337 (343 f.).

57   BAG DB 1975, 214; NJW 1976, 592; *Molkenbur/Krasshöfer-Pidde* RdA 1989, 337 (340 f.); MüKoBGB/*Busche* § 140 Rn. 31; Staudinger/*Roth* BGB § 140 Rn. 22, 42.

58   BAG NJW 1976, 592; *Molkenbur/Krasshöfer-Pidde* RdA 1989, 337 (342 f.); MüKoBGB/*Busche* § 140 Rn. 31; Staudinger/*Roth* BGB § 140 Rn. 42.

59   *Molkenbur/Krasshöfer-Pidde* RdA 1989, 337 (343); Staudinger/*Roth* BGB § 140 Rn. 42. AA MüKoBGB/*Busche* § 140 Rn. 31.

60   BGHZ 19, 269 (272) = NJW 1956, 297; BeckOGK/*Beurskens* BGB § 140 Rn. 95; *Medicus/Petersen* AT BGB Rn. 521; MüKoBGB/*Busche* § 140 Rn. 29; Soergel/*Hefermehl* BGB § 140 Rn. 10; Staudinger/*Roth* BGB § 140 Rn. 26, 57; *Wolf/Neuner* BGB AT § 57 Rn. 7. AA Erman/*Arnold* BGB § 140 Rn. 22 (Entstehen einer BGB-Gesellschaft kraft Rechtsformzwangs).

61   MüKoBGB/*Busche* § 140 Rn. 29; Staudinger/*Roth* BGB § 140 Rn. 57. AA Erman/*Arnold* BGB § 140 Rn. 22 (Entstehen einer OHG kraft Rechtsformzwangs).

62   BGH NJW 1998, 1551.

63   BGHZ 20, 363 (370 f.) = NJW 1956, 1198 (1200).

64   BGH BB 1961, 881.

65   BGH NJW 1996, 659 (660); BGHZ 138, 371 (374) = VIZ 1998, 466 (467).

66   BGHZ 3, 238 (239) = NJW 1952, 21; BGH WM 1970, 1023 f.; 1972, 461; Baumbach/Hefermehl/*Casper* WG Art. 2 Rn. 14.

67   *Hueck/Canaris* WertpapierR S. 68.

68   *Hueck/Canaris* WertpapierR S. 68.

69   BGH NJW 1988, 1468 f.; Baumbach/Hefermehl/*Casper* WG Art. 2 Rn. 16; *Hueck/Canaris* WertpapierR S. 69 f.

Anweisung (§ 784 BGB, § 363 HGB) oder einen kaufmännischen Verpflichtungsschein (§ 363 Abs. 1 S. 2 HGB).[70] Die Umdeutung von **Erklärungen des Ausstellers, Indossanten oder Wechselbürgen** in ein abstraktes Schuldversprechen (§ 780) oder einen Garantievertrag ist dagegen ausgeschlossen, da diese wegen Art. 43 f. WG weitergehende Wirkungen entfalten würden als die wechselrechtliche Haftung.[71]

Ein mangels Angabe des Ausstellungstags **unwirksamer Scheck** kann in eine Ermächtigung des Bezogenen, für Rechnung des Ausstellers zu zahlen, und eine Ermächtigung des Inhabers, die Leistung beim Bezogenen zu erheben, umgedeutet werden.[72]   **27**

f) Familien- und Erbrecht. Zur Umdeutung letztwilliger Verfügungen s. NK-BGB/*Fleindl*, → § 2084 Rn. 58 ff., zur Umdeutung von Erbverträgen NK-BGB/*Kornexl*, Vor §§ 2274 ff. → Rn. 32 ff. Die nach § 311 b Abs. 4 unwirksame **Abtretung eines Erbteils** eines Abkömmlings an seine Geschwister kann in einen Erbverzicht (§ 2346) zugunsten des Erblassers umgedeutet werden.[73] Nur in Ausnahmefällen kommt die Umdeutung einer **wegen § 1365 unwirksamen Vermögensübertragung** in einen entsprechenden Erbvertrag in Betracht, da die Schutzfunktion des § 1365 nicht unterlaufen werden darf.[74] Möglich ist dagegen die Umdeutung eines wegen Formmangels nichtigen **Erbteilskaufs** in einen Auseinandersetzungsvertrag, sofern alle Miterben mitgewirkt haben.[75]   **28**

g) Prozessrecht. Ein aus formellen Gründen unwirksamer **Prozessvergleich** kann nach Ansicht des BGH in einen materiellrechtlichen Vergleich (§ 779) umgedeutet werden;[76] hier könnte auch auf § 139 zurückgegriffen werden. Die Umdeutung einer **Prozesshandlung** in eine andere Prozesshandlung setzt voraus, dass die Voraussetzungen der anderen Prozesshandlung tatsächlich vorliegen.[77] **Für möglich gehalten** wurde die Umdeutung einer Leistungsklage in eine Abänderungsklage,[78] einer sofortigen Beschwerde in eine Berufung,[79] einer unzulässigen Hauptberufung in eine unselbstständige Anschlussberufung,[80] einer Berufung in einen Beitritt als Nebenintervenient, verbunden mit der Einlegung der Berufung.[81] **Abgelehnt** wurde dagegen die Umdeutung einer unstatthaften sofortigen und/oder weiteren Beschwerde in eine unzulässige Rechtsbeschwerde,[82] die Umdeutung einer unzulässigen Berufung in den Einspruch gegen ein Versäumnisurteil, weil dieser Einspruch bei einem anderen Gericht hätte eingelegt werden müssen,[83] sowie die Umdeutung einer Revision in eine Beschwerde gegen die Nichtzulassung der Revision, da mit beiden unterschiedliche Ziele verfolgt werden.[84]   **29**

IV. Der Parteiwille

Kannten die Parteien die Nichtigkeit des Rechtsgeschäfts bei seiner Vornahme, kommt eine Umdeutung nicht in Betracht, da die Parteien dann keines Schutzes gegen die Unwirksamkeit bedürfen[85] zum Vorrang von § 117 auch (→ Rn. 14); eine Umdeutung ist aber möglich, wenn sie die Nichtigkeit nicht als endgültig ansahen.[86] Kannten nur **einzelne Beteiligte** die Nichtigkeit, ist § 140 zum Schutz der anderen anwendbar. Entgegen einer Literaturansicht[87] kommt es dann für die Umdeutung auf den hypothetischen Willen sämtlicher Beteiligter an, nicht nur derjenigen Beteiligten, denen die Nichtigkeit unbekannt war. Denn auch den anderen Beteiligten darf keine Regelung aufoktroyiert werden, die mit ihrem (mutmaßlichen) Willen nicht vereinbar ist; eine derartige „Bestrafung" durch Einschränkung der Privatautonomie wäre § 140 fremd.   **30**

70 BGHZ 124, 263 (268 ff.) = NJW 1994, 447 (448 f.); Baumbach/Hefermehl/*Casper* WG Art. 2 Rn. 12; Soergel/*Hefermehl* BGB § 140 Rn. 25; Staudinger/*Roth* BGB § 140 Rn. 61. AA RGZ 136, 209 f.; BGH WM 1955, 1324.

71 BGH NJW 1957, 1837 (1838); Baumbach/Hefermehl/*Casper* WG Art. 2 Rn. 13; BeckOGK/*Beurskens* BGB § 140 Rn. 88; *Hueck/Canaris* WertpapierR S. 69; Soergel/*Hefermehl* BGB § 140 Rn. 25.

72 BGHZ 147, 145 (148) = NJW 2001, 1855; Baumbach/Hefermehl/*Casper* ScheckG Art. 2 Rn. 5; Soergel/*Hefermehl* BGB § 140 Rn. 25.

73 BGH NJW 1974, 43 (44 f.).

74 BGHZ 125, 355 (363 f.) = NJW 1994, 1785 (1787). Weniger streng BGH NJW 1980, 2350 (2351 f.) (insoweit nicht abgedr. in BGHZ 77, 293).

75 RGZ 129, 122 (123); BeckOGK/*Beurskens* BGB § 140 Rn. 82; BeckOK BGB/*Litzenburger* § 2371 Rn. 196; MüKoBGB/*Busche* § 140 Rn. 27; Soergel/*Wolf* BGB § 2033 Rn. 17; Soergel/*Zimmermann* BGB § 2371 Rn. 26; Staudinger/*Roth* BGB § 140 Rn. 50. Einschr. NK-BGB/*Beck/Kroiß* § 2371 Rn. 9.

76 BGH NJW 1985, 1962 (1963).

77 BGH NJW 2002, 1958; NJW-RR 2008, 876 Rn. 8; NJW 2014, 3731 Rn. 5.

78 BGH NJW 1992, 438 (439).

79 BGH NJW 1987, 1204.

80 BGH FamRZ 1987, 154; BGHZ 100, 383 (387 f.) = NJW 1987, 3263.

81 BGH NJW 2001, 1217 (1218).

82 BGH NJW 2002, 1958; 2014, 3731 Rn. 5.

83 BGH VersR 1974, 1099 (1100).

84 BGH DB 1971, 2256 f.

85 BGHZ 125, 355 (364) = NJW 1994, 1785 (1787); BeckOGK/*Beurskens* BGB § 140 Rn. 60; BeckOK BGB/*Wendtland* § 140 Rn. 12; Erman/*Arnold* BGB § 140 Rn. 14; *Mühlhans* NJW 1994, 1049; MüKo-BGB/*Busche* § 140 Rn. 18; Soergel/*Hefermehl* BGB § 140 Rn. 9; Staudinger/*Roth* BGB § 140 Rn. 28.

86 BGHZ 125, 355 (364) = NJW 1994, 1785 (1787); *Wolf/Neuner* BGB AT § 57 Rn. 10.

87 BeckOGK/*Beurskens* BGB § 140 Rn. 60; BeckOK BGB/*Wendtland* § 140 Rn. 12; MüKoBGB/*Busche* § 140 Rn. 18; Staudinger/*Roth* BGB § 140 Rn. 28.

31 Entscheidend ist wie bei § 139 primär der **tatsächliche**,[88] hilfsweise der **hypothetische Parteiwille** (→ § 139 Rn. 44 ff.) im Zeitpunkt der Vornahme des nichtigen (oder auch zunächst schwebend unwirksamen)[89] Rechtsgeschäfts.[90] Es kommt also darauf an, was die Parteien bei Kenntnis der Nichtigkeit vereinbart hätten. Was objektiv vernünftig ist oder was der Richter für eine angemessene Regelung hält, ist nur relevant, wenn es keine anderen Indizien für den hypothetischen Parteiwillen gibt. Deutet aber etwas darauf hin, dass die Parteien eine aus Sicht des Richters unvernünftige Regelung getroffen hätten, dann ist diese maßgeblich.[91] Eine Umdeutung scheidet daher aus, wenn sich der von den Parteien angestrebte wirtschaftliche Erfolg auf einem Weg erreichen lässt, den sie nicht gewünscht haben. Es geht allerdings zu weit, dies schon dann anzunehmen, wenn die Parteien sich auf eine bestimmte Gestaltung festgelegt haben, weil sie den anderen Weg nicht erkannt haben, obwohl sie bei Kenntnis diesen anderen Weg gewollt hätten.[92] Zu berücksichtigen sind auch die einseitig von einem Vertragspartner verfolgten Interessen, die nicht zum Inhalt des Rechtsgeschäfts geworden sind.[93] Wird durch das Ersatzgeschäft der von den Parteien mit dem nichtigen Rechtsgeschäft erstrebte **wirtschaftliche Erfolg** erreicht, ist normalerweise ein auf das Ersatzgeschäft gerichteter hypothetischer Wille anzunehmen.[94]

32 Bei **einseitigen Rechtsgeschäften** kommt es ausschließlich auf den Willen dessen an, der das Rechtsgeschäft vorgenommen hat; der (hypothetische) Wille des Empfängers ist auch bei einseitigen Rechtsgeschäften, die durch eine empfangsbedürftige Willenserklärung vorgenommen werden, belanglos. Allerdings muss der Empfänger davor geschützt werden, dass ihm gegenüber ein einseitiges Rechtsgeschäft eine Wirkung entfaltet, mit der er nicht rechnet und nicht rechnen muss. Ein kraft Umdeutung geltendes einseitiges Rechtsgeschäft, das durch eine empfangsbedürftige Willenserklärung vorgenommen wird, entfaltet daher gegenüber dem Empfänger nur Wirkung, wenn er entweder erkannte oder erkennen musste, dass das tatsächlich Erklärte für den Fall der Nichtigkeit in der „umgedeuteten" Form gilt (vgl. die Auslegung nach dem objektiven Empfängerhorizont gemäß §§ 133, 157);[95] im Unterschied zur normalen Auslegung ist dabei nicht erforderlich, dass er annahm oder annehmen musste, der Erklärende habe tatsächlich für den Fall der Nichtigkeit hilfsweise das Ersatzgeschäft vornehmen wollen, sondern es genügt, dass er annahm oder annehmen musste, der *hypothetische* Wille des Erklärenden sei auf das Ersatzgeschäft gerichtet gewesen und dieses gelte deswegen.[96] So kann etwa eine unwirksame fristlose Kündigung in eine ordentliche umgedeutet werden, wenn diese dem Willen des Kündigenden entspricht. Gegenüber dem Gekündigten entfaltet sie aber als ordentliche nur Wirkung, wenn dieser erkannte oder erkennen musste, dass der – tatsächliche oder hypothetische – Wille des Kündigenden für den Fall der Unwirksamkeit der fristlosen Kündigung auf eine ordentliche Kündigung gerichtet war und die Erklärung deshalb als ordentliche Kündigung gilt.

33 Die Rspr. verlangt für die Umdeutung einer nichtigen **einseitigen rechtsgestaltenden Erklärung** (zB einer Erklärung, kraft eines einseitigen Bestimmungsrechts die Miete zu erhöhen) in einen Antrag auf Abschluss eines entsprechenden Vertrags, dass der Erklärende sich bei Abgabe der Willenserklärung bewusst gewesen ist, dass sie als einseitige nicht wirksam werden könnte und es für diesen Fall zur Herbeiführung des rechtlichen und wirtschaftlichen Erfolgs hilfsweise der Zustimmung des Erklärungsempfängers bedürfe.[97] Das ist verfehlt. § 140 setzt gerade nicht voraus, dass die Parteien mit der Unwirksamkeit des Rechtsgeschäfts rechnen, und es besteht keinerlei Anlass, hiervon bei einseitigen Rechtsgeschäften eine Ausnahme zu machen. Der Abschluss eines entsprechenden Vertrags wird allerdings in aller Regel daran scheitern, dass der Empfänger der Erklärung nicht damit rechnen muss, dass diese entgegen ihrem Wortlaut als Vertragsantrag gilt (→ Rn. 32), und der Erklärende deswegen ein konkludentes Verhalten des Empfängers (etwa die Zahlung der geforderten erhöhten Miete) nicht als Annahme verstehen darf. Etwas großzügiger scheint der BGH hin-

88 BeckOGK/*Beurskens* BGB § 140 Rn. 59; BeckOK BGB/*Wendtland* § 140 Rn. 13; Palandt/*Ellenberger* BGB § 140 Rn. 8.

89 BGHZ 40, 218 (221 ff.) = NJW 1964, 347 (348).

90 BGH NJW 1974, 43 (45); 1980, 2517 f.; NJW-RR 1986, 352 (353); WM 2004, 2178 (2180); BayObLG NJW-RR 1999, 620 (621); BeckOGK/*Beurskens* BGB § 140 Rn. 57; MüKoBGB/*Busche* § 140 Rn. 22; Staudinger/*Roth* BGB § 140 Rn. 27.

91 BGHZ 19, 269 (272 ff.) = NJW 1956, 297 f. (mit äußerst fragwürdiger Anwendung im konkreten Fall); BGH NJW 1980, 2350 (2352) (insoweit nicht abgedr. in BGHZ 77, 293); BGH NJW-RR 1986, 352 (353); Erman/*Arnold* BGB § 140 Rn. 16; Soergel/*Hefermehl* BGB § 140 Rn. 1; Staudinger/*Roth* BGB § 140 Rn. 25.

92 So aber BGH NJW 1971, 420 f. Zust. *Flume* BGB AT Bd. 2 § 32 9 d, S. 595 f. Abl. *Bürck* JuS 1971, 571 (574 f.).

93 *Flume* BGB AT Bd. 2 § 32 9 c, S. 594 f.

94 BGHZ 19, 269 (272 f.) = NJW 1956, 297; BGH NJW 1980, 2350 (2351 f.) (insoweit nicht abgedr. in BGHZ 77, 293); BeckOGK/*Beurskens* BGB § 140 Rn. 58; Erman/*Arnold* BGB § 140 Rn. 15; Soergel/*Hefermehl* BGB § 140 Rn. 1, 8; Staudinger/*Roth* BGB § 140 Rn. 25.

95 BeckOGK/*Beurskens* BGB § 140 Rn. 62; *Molkenbur/Krasshöfer-Pidde* RdA 1989, 337 (341 f.). AA LAG Hamm BB 1982, 2109 f.

96 Ungenau Soergel/*Hefermehl* BGB § 140 Rn. 17; Staudinger/*Roth* BGB § 140 Rn. 36.

97 RGZ 143, 124 (126 f.); BGH NJW 1981, 43 (44); NJW-RR 2005, 1464 (1466); 2007, 1382 Rn. 11. Nach BeckOGK/*Beurskens* BGB § 140 Rn. 60.1 scheidet die Anwendung von § 140 generell aus.

sichtlich der **Umdeutung einer Kündigung in einen Antrag zum Abschluss eines Aufhebungsvertrags** zu sein. Er hat sie schon dann zugelassen, wenn der Erklärung des Kündigenden zu entnehmen ist, dass er mit einer Stellungnahme des Erklärungsgegners rechnet, oder wenn eine Umdeutung den beiderseitigen Interessen entspricht.[98] So hat er die Umdeutung wechselseitiger Kündigungserklärungen in auf Abschluss eines Aufhebungsvertrags gerichtete Willenserklärungen für möglich gehalten.[99]

V. Prozessuales

Da die Rechtsfolge der Umdeutung nach § 140 **automatisch** eintritt, es also keiner wie auch immer gearteten Rechtsgestaltung durch Parteien oder Gericht bedarf, ist die Umdeutung im Prozess **von Amts wegen** zu berücksichtigen.[100] Diejenige Partei, die aus der Umdeutung Rechtsfolgen herleiten will, muss die für die Umdeutung relevanten Umstände darlegen und beweisen.[101]   **34**

C. Weitere praktische Hinweise

Um die mit der Anwendung von § 140 verbundene Unsicherheit zu vermeiden, kann es sinnvoll sein, eine **Konversionsklausel** (→ Rn. 16) in den Vertrag aufzunehmen. Dies empfiehlt sich immer dann, wenn die Parteien einerseits eine Gefahr der Nichtigkeit sehen, ihnen die möglicherweise nichtige Regelung aber andererseits so wichtig ist, dass sie nicht von vornherein zugunsten eines sicheren Wegs auf sie verzichten wollen.   **35**

§ 141 Bestätigung des nichtigen Rechtsgeschäfts

(1) Wird ein nichtiges Rechtsgeschäft von demjenigen, welcher es vorgenommen hat, bestätigt, so ist die Bestätigung als erneute Vornahme zu beurteilen.

(2) Wird ein nichtiger Vertrag von den Parteien bestätigt, so sind diese im Zweifel verpflichtet, einander zu gewähren, was sie haben würden, wenn der Vertrag von Anfang an gültig gewesen wäre.

Literatur: *Graba*, Bestätigung und Genehmigung von Rechtsgeschäften, Diss. München 1967; *Kohte*, Unwirksame Bestätigung eines wucherähnlichen Kreditvertrags – BGH NJW 1982, 1981, JuS 1984, 509; *Markus Müller*, Die Bestätigung nichtiger Rechtsgeschäfte nach § 141 BGB, 1989; *Petersen*, Die Bestätigung des nichtigen und anfechtbaren Rechtsgeschäfts, Jura 2008, 666.

A. Allgemeines	1	5. Weitere Fälle der Bestätigung	7
I. Normzweck	1	B. Regelungsgehalt	8
II. Abgrenzungen	3	I. Anwendungsbereich	8
1. Bestätigung eines anfechtbaren Rechtsge-		1. Rechtsgeschäft	8
schäfts	3	2. Nichtigkeit	9
2. Genehmigung	4	II. Bestätigung	10
3. Heilung durch Leistungsbewirkung	5	III. Rechtsfolgen	16
4. Umdeutung	6	IV. Beweislast	17

A. Allgemeines

I. Normzweck

Ein nichtiges Rechtsgeschäft bleibt auch dann nichtig, wenn der **Nichtigkeitsgrund** später **wegfällt**.[1] Wird ein solches Rechtsgeschäft dann von den Parteien bestätigt, so kann diese Bestätigung nichts an der mangelnden Anerkennung des Geschäfts durch die Rechtsordnung und damit an der Nichtigkeit ändern. Die Bestätigung ist daher gemäß Abs. 1 als Neuvornahme anzusehen. Sie wirkt folglich nur **ex nunc**.[2] Bei **Verträgen** ist allerdings nach der Auslegungsregel[3] des Abs. 2 anzunehmen, dass sich die Parteien durch die   **1**

---

98 BGH NJW 1981, 43 (44); NJW-RR 2014, 1423 Rn. 33.
99 BGH NJW-RR 2014, 1423 Rn. 32 ff.
100 BGH NJW 1963, 339 (340); BAG NJW 2002, 2972 (2973 f.); BeckOGK/*Beurskens* BGB § 140 Rn. 18; BeckOK BGB/*Wendtland* § 140 Rn. 14; Erman/*Arnold* BGB § 140 Rn. 17; MüKoBGB/*Busche* § 140 Rn. 34; Palandt/*Ellenberger* BGB § 140 Rn. 1; Staudinger/*Roth* BGB § 140 Rn. 1, 33.

101 BeckOGK/*Beurskens* BGB § 140 Rn. 18; BeckOK BGB/*Wendtland* § 140 Rn. 15; Erman/*Arnold* BGB § 140 Rn. 17; MüKoBGB/*Busche* § 140 Rn. 34; Staudinger/*Roth* BGB § 140 Rn. 34.
1 *Flume* BGB AT Bd. 2 § 30 5, S. 550 f.
2 Motive I, S. 217.
3 Prot. I, S. 126; Staudinger/*Roth* BGB § 141 Rn. 26.

Bestätigung dazu verpflichten, einander so zu stellen, als wäre der Vertrag von Anfang an wirksam gewesen.

2   Trotz der Regel des Abs. 1 wird heute allgemein angenommen, dass sich die Bestätigung von einer Neuvornahme des Geschäfts dadurch unterscheidet, dass sie **geringere inhaltliche Anforderungen** stellt als diese (→ Rn. 12, 15).[4]

II. Abgrenzungen

3   **1. Bestätigung eines anfechtbaren Rechtsgeschäfts.** Für die Bestätigung eines nicht nichtigen, sondern nur anfechtbaren Rechtsgeschäfts gilt § 144. Die Bestätigung führt hier nicht dazu, dass ein unwirksames Rechtsgeschäft wirksam wird, sondern nur zum Verlust der Möglichkeit, ein wirksames Rechtsgeschäft durch Anfechtung zu vernichten. Deshalb stellt § 144 geringere Anforderungen als § 141: Die Bestätigung eines anfechtbaren Rechtsgeschäfts ist nach hM nicht empfangsbedürftig und gemäß § 144 Abs. 2 generell formfrei möglich.

4   **2. Genehmigung.** Die Genehmigung (§ 184) nach §§ 108 Abs. 1, 177 Abs. 1 oder 1366 Abs. 1 bezieht sich nicht auf ein nichtiges, sondern auf ein schwebend unwirksames Rechtsgeschäft. Im Gegensatz zur Bestätigung wirkt sie in der Regel ex tunc (§ 184 Abs. 1).

5   **3. Heilung durch Leistungsbewirkung.** Eine Heilung durch Leistungsbewirkung (zB nach §§ 311 b Abs. 1 S. 2, 518 Abs. 2, 766 S. 3) ist im Gegensatz zur Bestätigung kein Rechtsgeschäft.[5] Führen die Parteien jedoch einvernehmlich die Heilung herbei, kann die **Auslegungsregel des Abs. 2** entsprechend herangezogen werden; danach sind die Parteien im Zweifel verpflichtet, einander so zu stellen, wie sie stehen würden, wenn das geheilte Rechtsgeschäft von Anfang an wirksam gewesen wäre.[6]

6   **4. Umdeutung.** Bei der Umdeutung wird das Rechtsgeschäft aufgrund des hypothetischen Parteiwillens mit einem anderen als dem ursprünglich vereinbarten Inhalt aufrechterhalten; die Umdeutung tritt automatisch ein (→ § 140 Rn. 34). Die Bestätigung ist dagegen Rechtsgeschäft, das dazu führt, dass das nichtige Rechtsgeschäft mit seinem ursprünglich vereinbarten Inhalt gilt.

7   **5. Weitere Fälle der Bestätigung.** Im **Eherecht** ist nach § 1315 Abs. 1 S. 1 Nr. 1–4, S. 2 bei einer Bestätigung die Aufhebung der Ehe ausgeschlossen. Da die Bestätigung nicht die Ehe wirksam macht, sondern die Aufhebbarkeit ausschließt, ist die Norm eher mit § 144 als mit § 141 verwandt. Das Gleiche gilt für die Bestätigung einer **Lebenspartnerschaft** nach § 15 Abs. 4 LPartG und eines **anfechtbaren Hauptversammlungsbeschlusses** nach § 244 AktG.

B. Regelungsgehalt

I. Anwendungsbereich

8   **1. Rechtsgeschäft.** § 141 gilt für **alle Arten von Rechtsgeschäften**, für Verträge (Abs. 2) ebenso wie für einseitige Rechtsgeschäfte (zB Kündigungen),[7] für Geschäfte unter Lebenden ebenso wie für letztwillige Verfügungen.[8] Ebenso gilt die Norm für **Gesamtakte**, wie etwa Beschlüsse einer Wohnungseigentümerversammlung.[9] Auf **öffentlich-rechtliche Verträge** ist § 141 über § 62 S. 2 VwVfG anwendbar.

9   **2. Nichtigkeit.** Das bestätigte Rechtsgeschäft muss nichtig sein. Ist es dagegen schon **nicht wirksam zustande gekommen**, etwa weil eine erforderliche Willenserklärung nicht gemäß §§ 130 ff. wirksam wurde, scheidet eine Bestätigung aus.[10] Der **Nichtigkeitsgrund** ist unerheblich. In Betracht kommen etwa der Verstoß gegen ein Verbotsgesetz,[11] Sittenwidrigkeit,[12] Formnichtigkeit oder das Vorliegen eines Scheingeschäfts iSv § 117.[13] § 141 gilt auch für Rechtsgeschäfte, die durch **Verweigerung der Genehmigung** endgültig unwirksam wurden; eine (nicht mehr mögliche) „Genehmigung" kann dabei in der Regel als

---

4   BGH NJW 1999, 3704 (3705).

5   RGZ 115, 6 (12); MüKoBGB/*Busche* § 141 Rn. 7; Staudinger/*Roth* BGB § 141 Rn. 4.

6   RGZ 115, 6 (12 f.); BGHZ 32, 11 (12 f.) = NJW 1960, 525 (526); BGHZ 54, 56 (63 f.) = NJW 1970, 1541 (1543); MüKoBGB/*Busche* § 141 Rn. 7; *Reinicke/Tiedtke* NJW 1982, 1430 (1433 f.); Staudinger/*Roth* BGB § 141 Rn. 4. Manche Autoren halten die Anwendung von Abs. 2 für überflüssig, weil der Vertrag gemäß § 311 b Abs. 1 S. 2 „seinem ganzen Inhalt nach" gültig wird: *Flume* BGB AT Bd. 2 § 30 6, S. 552 f.; Soergel/*Hefermehl* BGB § 141 Rn. 12.

7   BAGE 27, 331 (336 f.) = NJW 1976, 1766 (1767).

8   MüKoBGB/*Busche* § 141 Rn. 2; Staudinger/*Roth* BGB § 141 Rn. 10.

9   MüKoBGB/*Busche* § 141 Rn. 2; Staudinger/*Roth* BGB § 141 Rn. 10. Vgl. auch BayObLG NJW 1978, 1387.

10 BAG NJW 2011, 872 Rn. 40.

11 BGHZ 11, 59 (60) = NJW 1954, 549 (550); BGH NJW 1961, 1204; 1973, 1367.

12 RGZ 150, 185 (188); BGH NJW 1982, 1981.

13 MüKoBGB/*Busche* § 141 Rn. 2.

Bestätigung ausgelegt werden.[14] Auch **angefochtene Geschäfte** können bestätigt werden;[15] für anfechtbare Geschäfte gilt dagegen § 144. Auf Rechtsgeschäfte, die nach §§ 52, 53 BörsG aF **unverbindlich** waren, wurde § 141 entsprechend angewendet.[16]

II. Bestätigung

Die Bestätigung ist ein **Rechtsgeschäft**, an dem die gleichen **Personen** beteiligt sein müssen wie an dem **10** bestätigten Rechtsgeschäft. Beruht die Nichtigkeit eines Vertrags darauf, dass eine der Willenserklärungen unwirksam ist, genügt die Bestätigung durch diejenige Partei, die diese Willenserklärung abgegeben hat, wenn die andere Partei noch an ihre Erklärung gebunden ist (vgl. § 146),[17] sonst müssen beide Parteien bestätigen. Möglich ist auch eine nur **teilweise Bestätigung** des nichtigen Rechtsgeschäfts, sofern dieses iSv § 139 teilbar ist (→ § 139 Rn. 18 ff.).[18]

Die Bestätigung muss als Rechtsgeschäft **wirksam** sein. Eine Bestätigung scheidet daher immer dann aus, **11** wenn derjenige Grund, der der Wirksamkeit des ursprünglichen Geschäfts entgegensteht, auch die Bestätigung erfasst.[19] Bei **gesetz- oder sittenwidrigen Rechtsgeschäften** (§§ 134, 138 BGB) wird daher eine Bestätigung nur ausnahmsweise in Betracht kommen, nämlich dann, wenn sich die Umstände, auf denen die Gesetzwidrigkeit oder der Sittenverstoß beruht, geändert haben,[20] wenn das Verbotsgesetz aufgehoben[21] oder geändert wurde oder wenn sich die für das Sittenwidrigkeitsurteil maßgeblichen Wertvorstellungen geändert haben. Insbesondere kommt eine Bestätigung in Betracht, wenn der Vertrag vorher oder gleichzeitig so geändert wird, dass der Gesetzes- oder Sittenverstoß entfällt.[22] Im Fall der **Sittenwidrigkeit** ist zu prüfen, ob die Bestätigung nicht trotz Wegfalls einzelner die Sittenwidrigkeit begründender Umstände nichtig ist, weil die weiterwirkenden übrigen Umstände allein oder zusammen mit hinzutretenden neuen Umständen zur Sittenwidrigkeit führen.[23]

Welche **inhaltlichen Anforderungen** an eine Bestätigung zu stellen sind, hat der Gesetzgeber offengelas- **12** sen; Abs. 1 ordnet nur an, dass die Rechtsfolgen einer wirksamen Bestätigung denen einer Neuvornahme entsprechen.[24] Nach hM unterliegt die Bestätigung nicht denselben inhaltlichen Voraussetzungen wie die erstmalige Vornahme. Sie muss vielmehr nur zum Ausdruck bringen, dass das bisher fehlerhafte Rechtsgeschäft als gültig anerkannt wird.[25] Die Erklärung der Bestätigung muss daher nicht denselben Inhalt haben wie das ursprüngliche Rechtsgeschäft. Bei einem Vertrag braucht etwa nicht über alle einzelnen Abmachungen erneut eine Willensübereinstimmung hergestellt und erklärt zu werden; es genügt vielmehr, dass sich die Parteien in Kenntnis der Abreden „auf den Boden des Vertrags stellen“.[26]

In subjektiver Hinsicht setzt die Bestätigung einen **Bestätigungswillen** voraus. An ihm fehlt es, wenn die **13** Parteien an der Wirksamkeit des Geschäfts keine Zweifel haben.[27] Dass sie seine Nichtigkeit kennen, ist nicht nötig;[28] vielmehr genügt es, dass die Parteien **Zweifel** an der Wirksamkeit des Rechtsgeschäfts haben

14 BGH NJW 1999, 3704 f. S. dazu *K. Schmidt* AcP 189 (1989), 1 (8 ff.).

15 BGH NJW 1971, 1795 (1800); WM 1977, 387 (389) (insoweit nicht abgedr. in NJW 1977, 1151); BGH NJW 1985, 2579 f.; BeckOGK/*Beurskens* BGB § 141 Rn. 13; Soergel/*Hefermehl* BGB § 141 Rn. 1; Staudinger/*Roth* BGB § 141 Rn. 2.

16 BGH NJW 1998, 2528 (2529); 2001, 1863.

17 Ohne diese Einschränkung BGH NJW-RR 2004, 1369 (1370); BeckOGK/*Beurskens* BGB § 141 Rn. 27; BeckOK BGB/*Wendtland* § 141 Rn. 7; MüKoBGB/*Busche* § 141 Rn. 11; Staudinger/*Roth* BGB § 141 Rn. 14.

18 BeckOGK/*Beurskens* BGB § 141 Rn. 30; MüKo-BGB/*Busche* § 141 Rn. 14; Soergel/*Hefermehl* BGB § 141 Rn. 4; Staudinger/*Roth* BGB § 141 Rn. 15.

19 Prot. I, S. 126.

20 BGHZ 60, 102 (108) = NJW 1973, 465 (466); BGH NJW 1973, 1367; 1982, 1981 f.

21 RGZ 125, 3 (7); BGH NJW 1961, 1204.

22 BGH NJW 2012, 1570 Rn. 17 ff.

23 BGH NJW 1982, 1981 (1982); zust. *Kohte* JuS 1984, 509 ff.

24 Prot. I, S. 126.

25 Strenger noch RGZ 61, 264 (266); RGZ 104, 50 (54).

26 BGHZ 11, 59 (60) = NJW 1954, 549 (550); BGH DB 1968, 479; NJW 1982, 1981; 1999, 3704 (3705); ZIP 2009, 264 Rn. 39; BeckOGK/*Beurskens* BGB § 141 Rn. 23; MüKoBGB/*Busche* § 141 Rn. 12; Soergel/*Hefermehl* BGB § 141 Rn. 6; Staudinger/*Roth* BGB § 141 Rn. 15.

27 AA *K. Schmidt* AcP 189 (1989), 1 (8 f.).

28 So noch RGZ 68, 398 (401); RGZ 104, 50 (54).

und es auf alle Fälle gelten lassen wollen.[29] Wird der äußere Tatbestand einer Bestätigung gesetzt, fehlt es aber an dem Bestätigungswillen, so liegt ein Fall des fehlenden **Erklärungsbewusstseins** vor.[30]

14　Eine Bestätigung kann auch **konkludent** erfolgen. Entscheidend ist, ob die betreffende Handlung nach dem objektiven Empfängerhorizont von dem Willen getragen ist, das Rechtsgeschäft trotz seiner Unwirksamkeit oder Zweifeln an seiner Wirksamkeit gelten zu lassen. So kann eine konkludente Bestätigung etwa in der Änderung oder Ergänzung des nichtigen Vertrags,[31] in der Veräußerung der gekauften Sache oder dem Weiterzahlen von Raten[32] liegen. Dabei ist insbesondere zu beachten, ob die betreffende Handlung nicht auch auf **anderen Gründen** beruhen kann.[33] So stellt die **Benutzung einer gekauften Sache** nach Meinung des BGH in der Regel keine Bestätigung dar, wenn sie nur bis zur unverzüglichen Beschaffung einer Ersatzsache oder, wenn diese nicht möglich ist, zur Abwendung größerer Nachteile erfolgt.[34]

15　Die Bestätigung eines Geschäfts, das einem **gesetzlichen Formerfordernis** unterliegt, ist ihrerseits formbedürftig, und zwar auch dann, wenn die Form bei der Vornahme des bestätigten Rechtsgeschäfts beachtet wurde.[35] Insofern kommt der Gedanke zum Tragen, dass die Bestätigung nach Abs. 1 als Neuvornahme zu beurteilen ist. § 182 Abs. 2 kann nicht analog angewendet werden, da die Bestätigung eines nichtigen Rechtsgeschäfts nicht mit der Genehmigung eines schwebend unwirksamen Rechtsgeschäfts auf die gleiche Stufe gestellt werden kann (→ Rn. 4). Die **geringeren inhaltlichen Anforderungen**, denen eine Bestätigung genügen muss, wirken sich aber auch hinsichtlich der Formbedürftigkeit aus: Zumindest wenn der zu bestätigende Vertrag formgerecht abgeschlossen wurde, gehört er nicht zum Regelungsinhalt der Bestätigung. Sein Inhalt braucht deshalb bei der Bestätigung nicht in die Urkunde aufgenommen zu werden, sondern es genügt, dass die die Bestätigung beinhaltende Urkunde auf die Urkunde, die das zu bestätigende Rechtsgeschäft enthält, hinweist.[36] Bei **rechtsgeschäftlichen Formerfordernissen** richtet sich die Formbedürftigkeit nach den Grundsätzen über die konkludente Modifikation rechtsgeschäftlicher Formgebote (→ § 125 Rn. 64 ff.).[37]

III. Rechtsfolgen

16　Da die Bestätigung gemäß Abs. 1 als Neuvornahme zu behandeln ist, wird das bestätigte Geschäft **ex nunc** wirksam; Rückwirkung hat die Bestätigung nicht.[38] Bei **Verträgen** können die Parteien jedoch vereinbaren, einander **schuldrechtlich** so zu stellen, als wäre das bestätigte Rechtsgeschäft von Anfang an wirksam gewesen; bei Bestätigung eines dinglichen Geschäfts stellt diese Vereinbarung einen selbstständigen Schuldvertrag dar.[39] Abs. 2 stellt die **Auslegungsregel** auf, dass im Zweifel eine derartige Vereinbarung anzunehmen ist. Dies gilt wegen des Zwecks des Formerfordernisses nicht bei der nachträglichen schriftlichen Niederlegung einer mündlich und damit formnichtig (§ 14 Abs. 4 TzBfG) getroffenen Befristung eines Arbeitsverhältnisses.[40] Eine Rückwirkung gegenüber **Dritten** kann dagegen nur vereinbart werden, soweit

---

29　RGZ 150, 385 (388); BGH WM 1977, 387 (389) (insoweit nicht abgedr. in NJW 1977, 1151); BGH NJW 1982, 1981; BGHZ 127, 262 (269) = NJW 1995, 2724 (2726); BGHZ 129, 371 (377) = NJW 1995, 2290 (2291); BGH NJW-RR 2008, 1488 Rn. 15; ZIP 2009, 264 Rn. 37; NJW 2012, 1570 Rn. 21; BAGE 27, 331 (337) = NJW 1976, 1766 (1767); BAGE 113, 75 (79 f.) = NJW 2005, 2333 (2334); BeckOGK/*Beurskens* BGB § 141 Rn. 17; BeckOK BGB/*Wendtland* § 141 Rn. 11; MüKoBGB/*Busche* § 141 Rn. 14; Staudinger/*Roth* BGB § 141 Rn. 20; strenger wohl Soergel/*Hefermehl* BGB § 141 Rn. 2; offengelassen von BGH NJW-RR 2003, 769 (770).

30　Erman/*Arnold* BGB § 141 Rn. 3; vgl. auch *Medicus/ Petersen* AT BGB Rn. 531; Staudinger/*Roth* BGB § 141 Rn. 20; offengelassen von BGH NJW-RR 2003, 769 (770).

31　BGHZ 7, 161 (163) = NJW 1952, 1332; BGH NJW 1982, 1981; 2007, 2841 Rn. 14; 2012, 1570 Rn. 21; Soergel/*Hefermehl* BGB § 141 Rn. 6; Staudinger/ *Roth* BGB § 141 Rn. 5, 15.

32　Erman/*Arnold* BGB § 141 Rn. 4; *Medicus/Petersen* AT BGB Rn. 530; Staudinger/*Roth* BGB § 141 Rn. 24.

33　RGZ 150, 385 (389 f.); BGH NJW 1971, 1795 (1800).

34　BGH NJW 1971, 1795 (1800).

35　BGH NJW 1985, 2579 (2580); BeckOGK/*Beurskens* BGB § 141 Rn. 25; BeckOK BGB/*Wendtland* § 141 Rn. 9; *Bork* BGB AT Rn. 1244; Erman/*Arnold* BGB § 141 Rn. 5; *Flume* BGB AT Bd. 2 § 30 6, S. 551 f.; MüKoBGB/*Busche* § 141 Rn. 15; Palandt/*Ellenberger* BGB § 141 Rn. 4; Soergel/*Hefermehl* BGB § 141 Rn. 7; *Wolf/Neuner* BGB AT § 58 Rn. 7. AA *Medicus/Petersen* AT BGB Rn. 532; *K. Schmidt* AcP 189 (1989), 1 (9 f.); Staudinger/*Roth* BGB § 141 Rn. 16.

36　BGH NJW 1999, 3704 (3705); BeckOGK/*Beurskens* BGB § 141 Rn. 25; BeckOK BGB/*Wendtland* § 141 Rn. 9; Palandt/*Ellenberger* BGB § 141 Rn. 4; *Wolf/ Neuner* BGB AT § 58 Rn. 8 f.

37　BeckOGK/*Beurskens* BGB § 141 Rn. 25.1; MüKo-BGB/*Busche* § 141 Rn. 15.

38　BGHZ 127, 262 (268) = NJW 1995, 2724 (2726); BAGE 113, 75 (78) = NJW 2005, 2333 (2334); BeckOGK/*Beurskens* BGB § 141 Rn. 31; MüKo-BGB/*Busche* § 141 Rn. 16; Palandt/*Ellenberger* BGB § 141 Rn. 8; Soergel/*Hefermehl* BGB § 141 Rn. 11; Staudinger/*Roth* BGB § 141 Rn. 25.

39　*Flume* BGB AT Bd. 2 § 30 6, S. 552; Staudinger/ *Roth* BGB § 141 Rn. 28.

40　BAGE 113, 75 (78 f.) = NJW 2005, 2333 (2334).

es um die Begründung von Ansprüchen des Dritten durch einen Vertrag zugunsten Dritter geht; nicht möglich ist insbesondere eine rückwirkende Änderung der **dinglichen Rechtslage**.

IV. Beweislast

Wer sich auf eine Bestätigung beruft, trägt insofern die Darlegungs- und Beweislast.[41] Macht eine Partei **17** eine von Abs. 2 abweichende Rückwirkungsvereinbarung geltend, muss sie deren Voraussetzungen beweisen.[42]

§ 142 Wirkung der Anfechtung

(1) Wird ein anfechtbares Rechtsgeschäft angefochten, so ist es als von Anfang an nichtig anzusehen.

(2) Wer die Anfechtbarkeit kannte oder kennen musste, wird, wenn die Anfechtung erfolgt, so behandelt, wie wenn er die Nichtigkeit des Rechtsgeschäfts gekannt hätte oder hätte kennen müssen.

Literatur: *Brox*, Die Einschränkung der Irrtumsanfechtung, 1960; *ders.*, Die Anfechtung von Dauerrechtsverhältnissen, BB 1964, 523; *Conrad*, Die bereicherungsrechtliche Rückabwicklung nach Anfechtung wegen arglistiger Täuschung (§ 123 Abs. 1 Var. 1 BGB), JuS 2009, 397; *Derleder*, Sachmängel- und Arglisthaftung nach neuem Schuldrecht, NJW 2004, 969; *Fischer*, Anfechtung von Willenserklärungen im Mietrecht, NZM 2005, 567; *Goette*, Fehlerhafte Personengesellschaftsverhältnisse in der jüngeren Rechtsprechung des Bundesgerichtshofs, DStR 1996, 266; *Grigoleit*, Abstraktion und Willensmängel – Die Anfechtbarkeit des Verfügungsgeschäfts, AcP 199 (1999), 379; *Grundmann*, Zur Anfechtbarkeit des Verfügungsgeschäfts, JA 1985, 80; *Haferkamp*, „Fehleridentität" – zur Frage der Anfechtung von Grund- und Erfüllungsgeschäft, Jura 1998, 511; *Herbert*, 100 Jahre Doppelwirkungen im Recht, JZ 2011, 503; *Höpfner*, Vertraglicher Schadensersatz trotz Anfechtung?, NJW 2004, 2865; *Kiehnle*, Unmöglichkeit nach Verjährung: Zu „Doppelwirkungen" und zur Auslegung des § 326 Abs. 1 und Abs. 4 BGB, Jura 2010, 481; *Kipp*, Über Doppelwirkungen im Recht, insbesondere über die Konkurrenz von Nichtigkeit und Anfechtbarkeit, in: FS v. Martitz 1911, S. 211; *Kollhosser*, Fehlerhafte Zweckverbände und allgemeine Grundsätze des Verbandsrechts, NJW 1997, 3265; *Leenen*, Die Anfechtung von Verträgen, Jura 1991, 393; *Lobinger*, Irrtumsanfechtung und Reurechtsausschluß, AcP 195 (1995), 274; *Oechsler*, Die Geschichte der Lehre von der fehlerhaften Gesellschaft und ihre Stellung im europäischen Gesellschaftsrecht, NJW 2008, 2471; *Peter*, Grundsätze der Teilanfechtung unter Berücksichtigung der Besonderheiten im Mehrpersonenverhältnis, Jura 2014, 1; *Petersen*, Doppelwirkungen im Recht, Jura 2007, 673; *Picker*, Die Anfechtung von Arbeitsverträgen, ZfA 1981, 1; *Schmelz*, Die Lehre von der Doppelwirkung im Recht – eine rechtspraktikable Betrachtung, JA 2006, 21; *Schreiber*, Nichtigkeit und Gestaltungsrechte, AcP 211 (2011), 35; *Spieß*, Zur Einschränkung der Irrtumsanfechtung, JZ 1985, 593; *Strick*, Die Anfechtung von Arbeitsverträgen durch den Arbeitgeber, NZA 2000, 695; *Verhoek*, Das fehlerhafte Arbeitsverhältnis, 2005; *Vetter*, Die Beschränkung der Teilanfechtung des angefochtenen Teil, MDR 1998, 573; *Weimar*, Die Bedeutung der Kenntnis des Anfechtungsgrundes gem. § 142 Abs. 2 BGB für Haftungstatbestände, MDR 1975, 116; *Wiegand*, Vertragliche Beschränkungen der Berufung auf Willensmängel, 2000; *Würdinger*, Doppelwirkungen im Zivilrecht, JuS 2011, 769.

A. Allgemeines	1	2. Umfang und Folgen der Nichtigkeit	11
B. Regelungsgehalt	2	III. Gutglaubensschutz Dritter (Abs. 2)	16
I. Anfechtbares Rechtsgeschäft	2	C. Weitere praktische Hinweise	18
II. Wirkung der Anfechtung (Abs. 1)	6		
1. Grundsatz der Rückwirkung und Ausnahmen	7		

A. Allgemeines

Hat sich der Erklärende bei der Abgabe einer Willenserklärung gem. § 119 in einem Irrtum befunden, ist die **1** Erklärung gem. § 120 unrichtig übermittelt worden oder ist der Erklärende gem. § 123 durch arglistige Täuschung oder widerrechtlich durch Drohung zur Abgabe der Willenserklärung bestimmt worden, so führt der Willensmangel nicht zur Nichtigkeit der Willenserklärung. Die Erklärung ist lediglich anfechtbar. Will der Anfechtungsberechtigte sie trotz des Willensmangels gelten lassen, braucht er nichts zu tun und nur die Anfechtungsfrist verstreichen zu lassen. Will er dagegen den Mangel beseitigen, der sich aus der fehlenden Übereinstimmung von Wille und Erklärung oder der unzulässigen Willensbeeinflussung ergibt,[1] muss er die Erklärung durch eine weitere Willenserklärung (die Anfechtungserklärung; vgl. dazu → § 143 Rn. 3 ff.)

---

41 MüKoBGB/*Busche* § 141 Rn. 19; Staudinger/*Roth* BGB § 141 Rn. 30.
42 BeckOK BGB/*Wendtland* § 141 Rn. 13.

1 Vgl. *Spieß* JZ 1985, 593 (599); MüKoBGB/*Busche* § 142 Rn. 1; Staudinger/*Roth*, Bearbeitung 2015, BGB § 142 Rn. 1.

anfechten. Die Anfechtung beseitigt die anfechtbare Willenserklärung rückwirkend, ex tunc.[2] Diese **Rechtsfolge der Anfechtung** regelt Abs. 1 in der Form einer Fiktion.[3] Die Rückwirkung der Anfechtung erfordert die **ergänzende Regelung des Gutglaubensschutzes** bei einem Dritterwerb in Abs. 2. Vernichtet die Anfechtung ein Verfügungsgeschäft, durch das der Anfechtungsgegner ein Recht vom Anfechtungsberechtigten erworben hat, wird er hinsichtlich einer Weiterveräußerung des Rechts an einen Dritten rückwirkend zum Nichtberechtigten. Deshalb schützt Abs. 2 den dritten Erwerber, der in Bezug auf die Anfechtbarkeit gutgläubig war.[4]

B. Regelungsgehalt

I. Anfechtbares Rechtsgeschäft

2 Anfechtbare Rechtsgeschäfte iSd Abs. 1 sind grundsätzlich alle Willenserklärungen, die auf einem **Willensmangel** beruhen. Der **Anwendungsbereich** des § 142 erstreckt sich daher, über die Anfechtung von Willenserklärungen gem. §§ 119, 120 und 123 hinaus, auch auf die erbrechtlichen Anfechtungstatbestände der §§ 1954, 1956, 2078 f., 2281 ff. und 2308.[5] Mangels dieser Voraussetzung ist die Norm **nicht anwendbar** auf die Anfechtungen der Vaterschaft gem. §§ 1599 ff. und des Erbschaftserwerbs wegen Erbunwürdigkeit gem. §§ 2340 ff., die außerdem durch Gestaltungsklage ausgeübt werden müssen.[6] Spezialregelungen gelten für Willensmängel bei der Eheschließung (§§ 1313 ff.) und bei der Annahme als Kind (§§ 1759 ff.).[7] Trotz der irreführenden gleichen Bezeichnung erfasst § 142 ferner nicht die Anfechtungen nach den §§ 1 ff. AnfG (Gläubigeranfechtung) und nach den §§ 129 ff. InsO (Insolvenzanfechtung).[8] Auf reine Prozesshandlungen findet die Norm ebenfalls keine Anwendung.[9] Dagegen ist § 142 auf geschäftsähnliche Handlungen wie zB Mahnungen oder Zahlungsaufforderungen wegen ihrer Vergleichbarkeit mit Willenserklärungen **entsprechend anwendbar**.[10]

3 Das anfechtbare Rechtsgeschäft ist die aufgrund des Willensmangels fehlerhaft zustande gekommene Willenserklärung. Dabei kann es sich um ein **einseitiges Rechtsgeschäft** wie eine Kündigung oder eine Anfechtungserklärung handeln. Dann führt die Anfechtung gem. Abs. 1 unmittelbar zur rückwirkenden Nichtigkeit dieses Rechtsgeschäfts.[11] Handelt es sich um einen **Vertrag**, kann der Anbietende sein Angebot oder der Annehmende seine Annahme anfechten, nicht jedoch – entgegen dem allgemein üblichen, aber ungenauen Sprachgebrauch[12] – den Vertrag als solchen.[13] Die Anfechtung des Angebots oder der Annahme vernichtet gem. Abs. 1 eine dieser beiden, für den Vertragsschluss notwendigen Willenserklärungen und damit im Ergebnis auch den Vertrag selbst.[14]

4 Bei einem **teilbaren Rechtsgeschäft** wird eine Teilanfechtung grundsätzlich als zulässig erachtet.[15] Die Rechtsfolgen einer solchen Teilanfechtung richten sich nach § 139. Sind zB mehrere Personen auf einer Seite an einem Rechtsgeschäft beteiligt, kann danach jede von ihnen ihre Erklärung selbstständig anfechten, sofern sie einen Anfechtungsgrund hat.[16] Gem. § 139 kann es ferner zulässig sein, die Erklärung zum

2 Vgl. dazu Motive I, S. 219 = *Mugdan* I, S. 473: „Unter Anfechtbarkeit wird diejenige Ungültigkeit verstanden, kraft deren einem Rechtsgeschäfte die Gültigkeit nicht sofort, sondern erst dann – dann aber auch rückwärts – entzogen wird, wenn eine darauf bezügliche Willenserklärung von dem hierzu Berechtigten abgegeben wird."

3 Vgl. Staudinger/*Roth* BGB § 142 Rn. 1; PWW/*Ahrens* BGB § 142 Rn. 1.

4 Vgl. BeckOK BGB/*Wendtland* § 142 Rn. 1; Staudinger/*Roth* BGB § 142 Rn. 2.

5 MüKoBGB/*Busche* § 142 Rn. 3; Erman/*Arnold* BGB § 142 Rn. 1; Staudinger/*Roth* BGB § 142 Rn. 6; PWW/*Ahrens* BGB § 142 Rn. 2.

6 MüKoBGB/*Busche* § 142 Rn. 3; Staudinger/*Roth* BGB § 142 Rn. 7.

7 Erman/*Arnold* BGB § 142 Rn. 1; PWW/*Ahrens* BGB § 142 Rn. 2.

8 MüKoBGB/*Busche* § 142 Rn. 3; Staudinger/*Roth* BGB § 142 Rn. 8; BeckOK BGB/*Wendtland* § 142 Rn. 2; PWW/*Ahrens* BGB § 142 Rn. 2.

9 RGRK/*Krüger-Nieland/Zöller* BGB § 142 Rn. 4; Staudinger/*Roth* BGB § 142 Rn. 18; PWW/*Ahrens* BGB § 142 Rn. 2; vgl. BGH NJW 1963, 956 (957) (Klageantrag); OLG Karlsruhe NJW 1975, 1933

(Einlegung eines Rechtsmittels); RGZ 152, 324 (Rücknahme eines Rechtsmittels); RGZ 161, 350 (351 ff.); BGH NJW 1985, 2335; 1991, 2839 (Rechtsmittelverzicht); BGH NJW 1981, 2193 (Anerkenntnis).

10 BGHZ 47, 352 (357); Palandt/*Ellenberger* BGB § 142 Rn. 1; RGRK/*Krüger-Nieland/Zöller* BGB § 142 Rn. 2; Staudinger/*Roth* BGB § 142 Rn. 16.

11 Vgl. Staudinger/*Roth* BGB § 142 Rn. 24; *Wolf/Neuner* BGB AT § 41 Rn. 138 ff.

12 BeckOK BGB/*Wendtland* § 142 Rn. 3.

13 AA *Leenen* Jura 1991, 393 (396 ff.).

14 *Brox/Walker* BGB AT BGB § 18 Rn. 38; Erman/*Arnold* BGB § 142 Rn. 4; Staudinger/*Roth* BGB § 142 Rn. 15; BeckOK BGB/*Wendtland* § 142 Rn. 3.

15 RGZ 56, 423; 62, 184, 186; 76, 306, 312; 146, 234, 237; BGH DNotZ 1984, 684 (685 f.); BAG NZA-RR 2019, 102 (106); OLG Saarbrücken VersR 1996, 488 (489); Soergel/*Hefermehl* BGB § 142 Rn. 6; Jauernig/*Mansel* BGB § 142 Rn. 1; RGRK/*Krüger-Nieland/Zöller* BGB § 142 Rn. 10; Erman/*Arnold* BGB § 142 Rn. 4; Staudinger/*Roth* BGB § 142 Rn. 26; BeckOK BGB/*Wendtland* § 142 Rn. 5; ausf. *Peter* Jura 2014, 1 (3 ff.).

16 RGZ 56, 423; 65, 399, 405.

Abschluss eines Kaufvertrages, der sich auf mehrere Gegenstände bezieht, nur bezüglich derjenigen Gegenstände anzufechten, hinsichtlich derer sich der Erklärende gem. § 119 geirrt hat oder getäuscht worden ist.[17]

Nach heute herrschender Auffassung kann auch ein **nichtiges Rechtsgeschäft** angefochten werden.[18] **5**
Zunächst kann es für den Anfechtungsberechtigten günstiger sein, ein bereits nach § 134 oder § 138 nichtiges Rechtsgeschäft wegen eines Willensmangels anzufechten, weil er die Anfechtungsvoraussetzungen besser nachweisen kann als den Nichtigkeitsgrund.[19] Ähnliches gilt, wenn der Berechtigte nach einer Irrtumsanfechtung (§ 119) erfährt, dass der Gegner ihn arglistig getäuscht hat, und die bereits gem. Abs. 1 vernichtete Willenserklärung nochmals nach § 123 anficht, um der Schadensersatzpflicht des § 122 zu entgehen.[20] Außerdem gibt es Fallgestaltungen, in denen sich aus der Regelung des Abs. 2 das Bedürfnis nach der Anfechtung eines nichtigen Rechtsgeschäfts ergibt. Ist zB der Dritterwerber in Bezug auf die Nichtigkeit des vorherigen Verfügungsgeschäfts gutgläubig, weil er die Minderjährigkeit des Erstverfügenden und die daraus folgende fehlende Berechtigung seines eigenen Vertragspartners nicht kannte, erwirbt er das Eigentum gutgläubig gem. §§ 929 S. 1, 932 Abs. 1. War das vorherige Verfügungsgeschäft nicht nur wegen der Minderjährigkeit des Verfügenden nichtig, sondern zugleich wegen eines Irrtums des Minderjährigen anfechtbar und kannte der Dritterwerber diesen Irrtum, so ist er in Bezug auf die Anfechtbarkeit bösgläubig gem. Abs. 2 (dazu noch → Rn. 16). In diesem Fall kann der Minderjährige den veräußerten Gegenstand nur dann nach § 985 vom Dritterwerber herausverlangen, wenn er die nichtige Einigung zusätzlich anficht.[21]

II. Wirkung der Anfechtung (Abs. 1)

Das anfechtbare Rechtsgeschäft wird erst nichtig, wenn der Berechtigte es innerhalb der maßgeblichen Frist **6**
(§§ 121, 124 oder Spezialregelungen; vgl. dazu → § 121 Rn. 3 und → § 124 Rn. 3) durch eine den Anforderungen des § 143 genügende Erklärung anficht. Bis zur Anfechtung ist das Geschäft voll gültig. Das unterscheidet die **Anfechtbarkeit** von der **Nichtigkeit**.[22] Der anfechtungsberechtigte Schuldner kann seine Leistung daher nicht unter Hinweis auf die Anfechtbarkeit verweigern. Ein derartiges **Leistungsverweigerungsrecht** hat der Gesetzgeber bloß mithaftenden Dritten bis zum Ablauf der Anfechtungsfrist eingeräumt (§§ 770 Abs. 1, 1137, 1211, §§ 129 Abs. 2, 130 Abs. 1, 161 Abs. 2, 176 HGB).[23]

1. Grundsatz der Rückwirkung und Ausnahmen. Die Anfechtung vernichtet das Rechtsgeschäft gem. **7**
Abs. 1 grundsätzlich **rückwirkend (ex tunc)**. Es ist als von Anfang an nichtig anzusehen, also so, als ob es niemals bestanden hätte. Diese Rückwirkung führt allerdings bei Dauerschuldverhältnissen, die bereits in Vollzug gesetzt worden sind, zu erheblichen Schwierigkeiten bei der Rückabwicklung der Leistungen. Außerdem wird sie vielfach den Interessen Dritter, aber auch der Beteiligten, nicht gerecht. Deshalb wirkt die Anfechtung in solchen Konstellationen nach hM, abweichend von Abs. 1, **ausnahmsweise nur für die Zukunft (ex nunc)**.[24]

Das gilt zunächst für **Arbeitsverhältnisse.** Die zum Abschluss eines Arbeitsvertrages führenden Willenser- **8**
klärungen können, wie andere Willenserklärungen, nach §§ 119,[25] 120 und 123[26] angefochten werden

---

17 *Heerstraßen* JuS 1995, 197 (198 f.).
18 *Brox/Walker* BGB AT Rn. 443; Hk-BGB/*Dörner* § 142 Rn. 2; Soergel/*Hefermehl* BGB § 142 Rn. 7; Palandt/*Ellenberger* Vor § 104 Rn. 35; Jauernig/*Mansel* BGB Vor § 104 Rn. 22; Erman/*Arnold* BGB § 142 Rn. 10; BeckOK BGB/*Wendtland* § 142 Rn. 4; vgl. BGH JZ 1955, 500; NJW-RR 2017, 114 (115); RGRK/*Krüger-Nieland/Zöller* BGB § 142 Rn. 11; *Petersen* Jura 2007, 673 ff.; *Kiehnle* Jura 2010, 481 (483 f.); *Würdinger* JuS 2011, 769 (770); einschr. MüKoBGB/*Busche* § 142 Rn. 12; *Medicus* BGB AT Rn. 728 ff.; Staudinger/*Roth* BGB § 142 Rn. 27 ff.; grundlegend *Kipp* FS v. Martitz 1911, S. 211 ff.; ausf. zur Entwicklung HKK/*Schermaier* BGB §§ 142–144 Rn. 8 mwN; *Schmelz* JA 2006, 21 f.; *Herbert* JZ 2011, 503 ff.
19 Vgl. BGH JZ 1955, 500; Palandt/*Ellenberger* Vor § 104 Rn. 35; Staudinger/*Roth* BGB § 142 Rn. 27.
20 Soergel/*Hefermehl* BGB § 142 Rn. 7; BeckOK BGB/*Wendtland* § 142 Rn. 4; vgl. *Kiehnle* Jura 2010, 481 (484); Staudinger/*Roth* BGB § 142 Rn. 28 („offene Gesetzesauslegung").
21 *Brox/Walker* BGB AT § 18 Rn. 43; Palandt/*Ellenberger* Vor § 104 Rn. 35; vgl. Erman/*Arnold* BGB § 142

Rn. 11; ebenso iE, allerdings im Wege einer „offenen Gesetzesauslegung", Staudinger/*Roth* BGB § 142 Rn. 29; vgl. auch *Medicus* BGB AT Rn. 729.
22 MüKoBGB/*Busche* § 142 Rn. 2.
23 Hk-BGB/*Dörner* § 142 Rn. 3; Palandt/*Ellenberger* BGB § 142 Rn. 3; BeckOK BGB/*Wendtland* § 142 Rn. 6.
24 *Brox*, Die Einschränkung der Irrtumsanfechtung, 1960, S. 214 ff.; *Brox/Walker* BGB AT § 18 Rn. 438; Hk-BGB/*Dörner* § 119 Rn. 2 BGB § 142 Rn. 6; Palandt/*Ellenberger* BGB § 119 Rn. 5, § 142 Rn. 2; RGRK/*Krüger-Nieland/Zöller* BGB § 142 Rn. 14 ff.; *Wolf/Neuner* BGB AT § 41 Rn. 145; MüKoBGB/*Busche* § 142 Rn. 17 ff.; Erman/*Arnold* BGB § 142 Rn. 7; Staudinger/*Roth* BGB § 142 Rn. 32 ff.; HKK/*Schermaier* BGB §§ 142–144 Rn. 15; BeckOK BGB/*Wendtland* § 119 Rn. 15 ff. BGB § 142 Rn. 6; PWW/*Ahrens* BGB § 142 Rn. 5; vgl. ferner die Nachw. in den folgenden Fn.
25 BAG AP Nr. 3 zu § 119 BGB.
26 BAGE 5, 159 = BAG AP Nr. 2 zu § 123 BGB; AP Nr. 19 zu § 123 BGB = RdA 1976, 273; AP Nr. 40 zu § 123 BGB = NZA 1996, 371; AP Nr. 59 zu § 123 BGB.

($\rightarrow$ § 119 Rn. 23, $\rightarrow$ § 123 Rn. 19). Da die bereits erbrachte Arbeitsleistung aber nicht rückabgewickelt werden kann[27] und die rückwirkende Nichtigkeit regelmäßig nicht dem Interesse des Arbeitnehmers entspricht, hat die Anfechtung regelmäßig nur die kündigungsähnliche Wirkung einer Auflösung des Arbeitsverhältnisses für die Zukunft (ex-nunc-Wirkung),[28] wenn das Arbeitsverhältnis bereits in Vollzug oder in Funktion gesetzt war.[29] Nach den Grundsätzen des fehlerhaften Arbeitsverhältnisses ist das Arbeitsverhältnis dann für die Vergangenheit so zu behandeln, als sei es fehlerfrei zustande gekommen.[30] Das setzt voraus, dass der Arbeitnehmer nicht bloß beim Arbeitgeber erschienen war, sondern auch schon die ihm vom Arbeitgeber zugewiesene Arbeit aufgenommen hatte. War das Arbeitsverhältnis dagegen zwischenzeitlich außer Funktion gesetzt, wirkt die Anfechtung auf diesen Zeitpunkt zurück. Diese Rückwirkung tritt nach der zutreffenden neueren Rechtsprechung – jedenfalls bei einer arglistigen Täuschung des Arbeitnehmers – auch dann ein, wenn der Arbeitnehmer seine Arbeitsleistung aufgrund einer Erkrankung nicht mehr erbracht hat.[31] Für die Fälle der arglistigen Täuschung wird darüber hinausgehend diskutiert, ob die Anfechtung wegen der fehlenden Schutzwürdigkeit des Arbeitnehmers generell ex tunc wirken müsse, Abs. 1 also nicht eingeschränkt werden dürfe.[32]

9   In der gleichen Weise (keine Rückwirkung der Anfechtung, Anwendung der Grundsätze über die fehlerhafte Gesellschaft) werden bereits in Vollzug gesetzte **Gesellschaftsverträge** behandelt.[33] Danach wirkt die Anfechtung des folgenden Rechtsgeschäfte nur ex nunc: Bildung der Gründergesellschaft einer GmbH,[34] Beitrittserklärung zu einer Genossenschaft,[35] Beitritt zu einer KG,[36] Beitritt zu einer BGB-Gesellschaft,[37] Vereinbarung über das Ausscheiden eines Gesellschafters.[38] Dagegen bleibt es wegen § 16 GmbHG bei der in Abs. 1 vorgesehenen Rückwirkung, wenn die Abtretung oder der Kauf eines GmbH-Anteils angefochten wird.[39]

10   Über diese anerkannten Fallgruppen hinaus kann in Einzelfällen auch bei **anderen Dauerschuldverhältnissen** nach In-Vollzug-Setzung die Rückwirkung der Anfechtung ausgeschlossen sein. Das kommt etwa bei einem Versicherungsvertrag[40] oder bei Zweckverbänden[41] in Betracht. Bei Mietverträgen wird diese Rechtsfolge ebenfalls diskutiert,[42] jedoch mangels besonderer Rückabwicklungsschwierigkeiten abgelehnt.[43]

11   **2. Umfang und Folgen der Nichtigkeit.** Die gem. Abs. 1 eintretende **Nichtigkeit** ist **absolut**. Sie wirkt nicht nur zwischen Anfechtungsberechtigtem und Anfechtungsgegner, sondern gegenüber jedermann. So verliert der Zessionar die Forderung, die aus dem durch die Anfechtung vernichteten Rechtsgeschäft zwischen Zedent und Schuldner stammt, ebenso wie der Makler die Vermittlungsgebühr für das angefochtene Geschäft.[44] Außerdem **kassiert** die Anfechtung das mit einem Willensmangel behaftete Geschäft, indem sie es vollständig vernichtet. Sie reformiert es nicht, indem sie lediglich den Willensmangel beseitigt und an die Stelle des mangelhaften Geschäfts dasjenige setzt, welches ohne den Willensmangel zustande gekommen

---

27 ErfK/*Preis* BGB § 611 a Rn. 366.
28 BAGE 41, 54, 64 f. = AP Nr. 24 zu § 123 BGB; AP Nr. 49 zu § 123 BGB = NZA 1999, 584 (585).
29 BAGE 5, 159, 161 = BAG AP Nr. 2 zu § 123 BGB; BAGE 11, 270 ff. = BAG AP Nr. 15 zu § 123 BGB; BAGE 22, 278 = BAG AP Nr. 17 zu § 123 BGB; BAGE 41, 54, 65 = AP Nr. 24 zu § 123 BGB; AP Nr. 27 zu § 123 BGB = NZA 1985, 58 (59 f.); AP Nr. 49 zu § 123 BGB = NZA 1999, 584 (585); LAG BW 4.8.2015 – 3 Sa 46/14, juris Rn. 175; ErfK/*Preis* BGB § 611 a Rn. 367 ff.; MHdB ArbR/*Benecke* BGB § 38 Rn. 48; Schaub/*Linck*, Arbeitsrechts-Handbuch BGB § 34 Rn. 49 ff.; *Picker* ZfA 1981, 1 (53).
30 ErfK/*Preis* BGB § 611 a Rn. 145, 367; Kittner/Däubler/Zwanziger/*Däubler* BGB §§ 142–144 Rn. 3.
31 BAG AP Nr. 49 zu § 123 BGB = NZA 1999, 584 (585 f.) unter ausdrücklicher Aufgabe der früheren, in BAGE 41, 54, 65 ff. = AP Nr. 24 zu § 123 BGB begründeten Rechtsprechung; ebenso etwa ErfK/*Preis* BGB § 611 a Rn. 369; MHdB ArbR/*Benecke* BGB § 38 Rn. 49 ff.; Kittner/Däubler/Zwanziger/*Däubler* BGB §§ 142–144 Rn. 4; Staudinger/*Roth* BGB § 142 Rn. 34; vgl. LAG BW 4.8.2015 – 3 Sa 46/14, juris Rn. 175; 21.2.2019 – 3 Sa 65/17, juris Rn. 66.

32 So etwa *Ramm* AuR 1963, 97 (106 f.); differenzierend etwa MHdB ArbR/*Benecke* BGB § 38 Rn. 51 ff.; *Verhoek*, S. 186 ff.; *Strick* NZA 2000, 695 (696 ff.), jew. mwN.
33 Vgl. nur *Goette* DStR 1996, 266 (267 ff.) mwN; MüKoBGB/*Busche* § 142 Rn. 19; Staudinger/*Roth* BGB § 142 Rn. 32 ff.
34 BGHZ 13, 320 (324) = NJW 1954, 1562.
35 RGZ 68, 344 (348); BGH DB 1976, 861 f.
36 BGH NJW 1973, 1604.
37 OLG Frankfurt NJW-RR 1994, 1321 (1322 f.); vgl. BGH DStR 1995, 1764 mAnm *Goette* DStR 1995, 1764 (1765).
38 BGH LM § 138 Nr. 11; MüKoBGB/*Busche* § 142 Rn. 19; Staudinger/*Roth* BGB § 142 Rn. 32.
39 BGH NJW 1990, 1915 (1916); NJW-RR 1998, 1406; Staudinger/*Roth* BGB § 142 Rn. 32.
40 OLG Nürnberg NJW-RR 1998, 535 (536 f.); zur rückwirkenden Nichtigkeit eines Krankenversicherungsvertrags gem. § 142 Abs. 1 vgl. LSG Bln-Bbg NZS 2015, 426.
41 *Kollhosser* NJW 1997, 3265 (3268).
42 LG Trier MDR 1990, 342; Staudinger/*Roth* BGB § 142 Rn. 36; Staudinger/*Rolfs* BGB § 542 Rn. 201 ff.
43 BGH NJW 2009, 1266 (1268 f.); *Fischer* NZM 2005, 567 (570 f.); *Schmid* WuM 2009, 155.
44 Erman/*Arnold* BGB § 142 Rn. 3; vgl. RGZ 76, 354 (355); BGH NJW-RR 1987, 1456.

wäre.[45] Daraus folgt allerdings nicht, dass der Anfechtende sich auch dann auf die Nichtigkeit gem. Abs. 1 berufen kann, wenn der Anfechtungsgegner nach der Anfechtung die Vertragsbedingungen akzeptiert, die der Anfechtende ohne den Willensmangel vereinbart hätte.[46] Der Anfechtende muss seine Willenserklärung nach Treu und Glauben in dem von ihm gemeinten Sinn gelten lassen, will er sich nicht widersprüchlich verhalten. Die Zubilligung eines **„Reurechts"** des Anfechtenden verstieße gegen § 242.[47] Im Übrigen kann der Geltendmachung der Nichtigkeitsfolge grundsätzlich nicht der **Einwand unzulässiger Rechtsausübung** (§ 242) entgegengehalten werden.[48]

Die Nichtigkeitsfolge des Abs. 1 ergreift nur das wirksam angefochtene Rechtsgeschäft. Die Anfechtung **12** einer zum **Verpflichtungsgeschäft** gehörenden Willenserklärung vernichtet nicht auch das zu seiner Erfüllung vorgenommene Verfügungsgeschäft, weil die Wirksamkeit beider Geschäfte nach dem **Abstraktionsgrundsatz** getrennt voneinander zu beurteilen ist.[49] Die Vernichtung des Verpflichtungsgeschäfts gem. Abs. 1 lässt die vertraglichen Pflichten rückwirkend entfallen, so dass die Parteien nicht (mehr) zu leisten brauchen. Haben sie bereits erfüllt, können sie ihre Leistungen nach den §§ 812 ff. (Leistungskondiktion) zurückfordern. Anspruchsgrundlage ist § 812 Abs. 1 S. 1, 1. Fall (condictio indebiti), wenn man darauf abstellt, dass der Rechtsgrund gem. Abs. 1 rückwirkend entfallen ist,[50] anderenfalls § 812 Abs. 1 S. 2, 1. Fall (condictio ob causam finitam), weil der Rechtsgrund bis zur Anfechtung bestanden hat.[51] Kannte der Empfänger bei der Leistung die Anfechtbarkeit, haftet er verschärft gem. §§ 819 Abs. 1, 818 Abs. 4 (vgl. dazu noch → Rn. 17).[52]

Kann nur die zum **Verfügungsgeschäft** gehörende Einigungserklärung angefochten werden, weil der Ver- **13** käufer sich zB vergreift und eine falsche Sache übereignet, führt die Anfechtung gem. Abs. 1 dazu, dass der Anfechtungsgegner kein Eigentum erworben hat. Dem Anfechtenden stehen dann die Ansprüche aus § 985 oder, bei einem Willensmangel in Bezug auf die Auflassungserklärung, aus § 894 zu. Ansprüche aus § 861 oder § 1007 scheiden dagegen aus, weil die Besitzaufgabe freiwillig erfolgte.[53]

Die Anfechtung der zum **Verpflichtungsgeschäft** gehörenden Willenserklärung führt nur dann gem. Abs. 1 **14** auch zur rückwirkenden Nichtigkeit des **Verfügungsgeschäfts**, wenn sie gleichzeitig die zum Verfügungsgeschäft gehörende Einigungserklärung erfasst. Der erforderliche Anfechtungsgrund liegt vor, sofern der Irrtum, die Täuschung oder die Drohung, auf dem oder auf der die Willenserklärung zum Verpflichtungsgeschäft beruht, zugleich für die Einigungserklärung zum Verfügungsgeschäft kausal geworden ist. Diese Kausalbeziehung ist das entscheidende Kriterium[54] für die „Einheitlichkeit des Rechtsgeschäfts", die **„Fehleridentität"** und den „Doppelmangel", mit denen Rechtsprechung und Lehre solche Fallgestaltungen schlagwortartig bezeichnen, in denen eine Anfechtung ausnahmsweise beide Rechtsgeschäfte vernichtet.[55] Die Kausalität liegt bei einer widerrechtlichen Drohung vor, wenn die Zwangslage im Zeitpunkt der Verfügung fortbesteht.[56] Ein Irrtum gem. § 119 wird nur selten auch für das Verfügungsgeschäft kausal, weil dieses abgeschlossen wird, um die Pflicht aus dem schuldrechtlichen Geschäft zu erfüllen. Der Irrtum über die Anfechtbarkeit der ersten Verpflichtungserklärung bezieht sich nicht auf den Inhalt der Verfügungserklärung, sondern nur auf die Pflicht zur Leistung (§ 814).[57] Im Fall der arglistigen Täuschung genügt es, dass der Verfügende aufgrund der Täuschung meint, er sei (auch) zu der Verfügung verpflichtet.[58]

Nach Rechtsprechung und herrschender Lehre haben die Anfechtung und die daraus folgende Nichtigkeit **15** gem. Abs. 1 eine **endgültige Wirkung**. Das vernichtete Rechtsgeschäft könne weder durch eine einseitige Rücknahme der Anfechtung noch durch eine Vereinbarung der Parteien wiederbelebt werden. Möglich sei lediglich eine Anfechtung der Anfechtungserklärung oder eine Neubegründung des Rechtsgeschäfts ohne

---

45 *Brox/Walker* BGB AT BGB § 18 Rn. 37; Erman/*Arnold* BGB § 142 Rn. 2.
46 So aber Soergel/*Hefermehl* BGB § 142 Rn. 9; *Spieß* JZ 1985, 593 ff.
47 MüKoBGB/*Armbrüster* § 119 Rn. 152; *Wolf/Neuner* BGB AT BGB § 41 Rn. 150 ff.; *Lobinger* AcP 195 (1995), 274 ff.; *Medicus* BGB AT Rn. 781; Erman/*Arnold* BGB § 142 Rn. 2; Staudinger/*Roth* BGB § 142 Rn. 38; vgl. *Coester-Waltjen* Jura 1990, 362 (367).
48 BGH NJW 1985, 2579 (2580); Erman/*Arnold* BGB § 142 Rn. 2.
49 Vgl. HKK/*Schermaier* BGB §§ 142–144 Rn. 10.
50 So etwa *Coester-Waltjen* Jura 1990, 362 (367); Hk-BGB/*Dörner* § 142 Rn. 5; *Medicus* BGB AT Rn. 726; Staudinger/*Roth* BGB § 142 Rn. 42.
51 Nach *Medicus* BGB AT Rn. 726 ist die Heranziehung des § 812 Abs. 1 S. 2, 1. Fall „unnötig".

52 Vgl. BGHZ 57, 137 (151); Erman/*Arnold* BGB § 142 Rn. 11; ausf. zu diesen Folgeansprüchen auch Soergel/*Hefermehl* BGB § 142 Rn. 10 ff.; RGRK/*Krüger-Nieland/Zöller* BGB § 142 Rn. 21 ff.
53 Erman/*Arnold* BGB § 142 Rn. 5.
54 So zutr. HKK/*Schermaier* BGB §§ 142–144 Rn. 11.
55 Vgl. nur *Haferkamp* Jura 1998, 511 ff.; *Grundmann* JA 1985, 80 ff.; MüKoBGB/*Busche* § 142 Rn. 15; Erman/*Arnold* BGB § 142 Rn. 5; Staudinger/*Roth* BGB § 142 Rn. 22, jew. mwN.
56 RGZ 66, 385 (390); 70, 55, 57; BGHZ 31, 321 (324); OLG Hamm VersR 1975, 814 (815); Staudinger/*Roth* BGB § 142 Rn. 22; HKK/*Schermaier* BGB §§ 142–144 Rn. 11.
57 HKK/*Schermaier* BGB §§ 142–144 Rn. 12; vgl. für einen Fall der Geschäftseinheit aufgrund Parteivereinbarung BGHZ 31, 321 (324).
58 HKK/*Schermaier* BGB §§ 142–144 Rn. 13; vgl. BGH NJW 1995, 2361 (2362).

Rückwirkung.[59] Diese Auffassung ist weder zwingend, noch wird sie den Interessen der beteiligten Parteien gerecht. Nimmt der Anfechtende seine Anfechtungserklärung zurück und stimmt der Anfechtungsgegner zu, begründen die Parteien nicht ein nichtiges Rechtsgeschäft neu, sondern treffen eine nach § 311 Abs. 1 mögliche **Vereinbarung über die Wirkung der Anfechtungserklärung**. Kann der Anfechtende seine Anfechtungserklärung wegen Irrtums anfechten, muss er sie erst recht durch Vereinbarung mit dem Anfechtungsgegner aus der Welt schaffen können. Grenzen solcher Vereinbarungen bilden lediglich Drittinteressen. Haben sich Dritte bereits auf die Nichtigkeit eingerichtet, kann ihnen die Rücknahme der Anfechtung nicht entgegengehalten werden.[60]

III. Gutglaubensschutz Dritter (Abs. 2)

16 Die Regelung des Gutglaubensschutzes in Abs. 2 ergänzt die Rückwirkungsfiktion des Abs. 1 (→ Rn. 1). Ficht der Verfügende seine Einigungserklärung zum **Verfügungsgeschäft** an, verliert der Erwerber mit der Vernichtung des Verfügungsgeschäfts gem. Abs. 1 rückwirkend das dadurch übertragene Eigentum an der Sache. Hat er zwischen der Vornahme des Verfügungsgeschäfts und der Anfechtung über den aufgrund dieses Geschäfts übertragenen Gegenstand zugunsten eines Dritten weiterverfügt, war er zwar im Zeitpunkt der Weiterverfügung noch als Eigentümer verfügungsberechtigt; er hat diese Berechtigung aber nachträglich durch die Rückwirkungsfiktion verloren. Deshalb konnte der Dritte die Sache nur kraft guten Glaubens erwerben, der sich allerdings nicht auf das fehlende Eigentum beziehen kann, weil das Eigentum bei der Verfügung noch bestanden hat. Der gute Glaube muss sich stattdessen auf die rückwirkende Vernichtbarkeit der Berechtigung des Veräußerers durch eine Anfechtung beziehen. Abs. 2 schützt daher den **guten Glauben in Bezug auf das Fehlen der Anfechtbarkeit**, indem er ihn dem guten Glauben an die Verfügungsberechtigung gleichstellt.[61] Wegen dieser Gleichstellung ist Abs. 2 nur in Verbindung mit Regelungen über den gutgläubigen Erwerb wie den §§ 892 f., 932 ff., 1138, 1155, 1207 f. und 1244 oder § 366 HGB anwendbar.[62] Aus diesen Vorschriften ergeben sich die Voraussetzungen der Gut- oder Bösgläubigkeit. Daher schadet beim Grundstückserwerb gem. §§ 142 Abs. 2, 892 Abs. 1 S. 1 nur positive Kenntnis, beim Fahrniserwerb dagegen gem. §§ 142 Abs. 2, 932 Abs. 2 bereits grob fahrlässige Unkenntnis der Anfechtbarkeit.[63] Entscheidend ist nur die Kenntnis (oder das Kennenmüssen) der tatsächlichen Umstände, welche die Anfechtbarkeit begründen, nicht auch der Rechtsfolge der Anfechtung.[64] Die Kenntnis (oder das Kennenmüssen) eines **Vertreters** ist dem Vertretenen gem. § 166 Abs. 1 zuzurechnen.[65]

17 Bedeutung hat Abs. 2 darüber hinaus für die Kondiktionsansprüche bezüglich der ausgetauschten Leistungen, wenn eine Willenserklärung im Zusammenhang mit einem **Verpflichtungsgeschäft** angefochten worden ist (→ Rn. 12). Abs. 2 stellt die Kenntnis des Bereicherungsschuldners von der Anfechtbarkeit derjenigen vom Mangel des rechtlichen Grundes gem. § 819 Abs. 1 gleich, so dass er über § 818 Abs. 4 verschärft nach den allgemeinen Vorschriften haftet.[66] Der gutgläubige Bereicherungsschuldner ist dagegen nach § 818 Abs. 3 privilegiert.[67]

C. Weitere praktische Hinweise

18 Da die **Anfechtung** einer Einigungserklärung gem. Abs. 1 den gesamten Vertrag rückwirkend vernichtet (→ Rn. 3, 11), bleibt daneben für einen **Rücktritt** kein Raum.[68] Im Prozess muss daher zunächst die Wirksamkeit der Anfechtung geprüft werden.[69] Diese Prüfungsreihenfolge kann dadurch abgeändert werden,

59 RGZ 74, 1 (3); 146, 234, 238; Soergel/*Hefermehl* BGB § 142 Rn. 8; Jauernig/*Mansel* BGB § 142 Rn. 3; RGRK/*Krüger-Nieland/Zöller* BGB § 142 Rn. 12; MüKoBGB/*Busche* § 142 Rn. 13; Erman/*Arnold* BGB § 142 Rn. 6; Staudinger/*Roth* BGB § 142 Rn. 25; BeckOK BGB/*Wendtland* § 142 Rn. 8.

60 HKK/*Schermaier* BGB §§ 142–144 Rn. 9; ebenso in Bezug auf die Möglichkeit, entgegen der hM die Kündigung eines Mietvertrages einverständlich zurückzunehmen, *Hattenhauer*, Anm. zu BGH 24.6.1998 – JZ 1999, 412 ff.

61 BGH NJW-RR 1987, 1456 f.; Erman/*Arnold* BGB § 142 Rn. 8; Staudinger/*Roth* BGB § 142 Rn. 40; BeckOK BGB/*Wendtland* § 142 Rn. 9.

62 Erman/*Arnold* BGB § 142 Rn. 8; BeckOK BGB/*Wendtland* § 142 Rn. 9.

63 Palandt/*Ellenberger* BGB § 142 Rn. 4; Erman/*Arnold* BGB § 142 Rn. 8; BeckOK BGB/*Wendtland* § 142

Rn. 9; PWW/*Ahrens* BGB § 142 Rn. 6; anders wohl RGRK/*Krüger-Nieland/Zöller* BGB § 142 Rn. 30, die generell auf Kenntnis und Kennenmüssen abstellen.

64 BGH LM § 142 BGB Nr. 1; NJW-RR 1987, 1456 (1457).

65 Vgl. BGH NJW 1989, 2879 (2880 f.).

66 BGHZ 57, 137 (151).

67 Staudinger/*Roth* BGB § 142 Rn. 42; BeckOK BGB/*Wendtland* § 142 Rn. 10.

68 Palandt/*Ellenberger* BGB § 142 Rn. 2; RGRK/*Krüger-Nieland/Zöller* BGB § 142 Rn. 13; vgl. zum Ausschluss vertraglicher Ansprüche durch die Rückwirkung der Anfechtung *Höpfner* NJW 2004, 2865 ff.; aA *Derleder* NJW 2004, 969 (970 f.).

69 RGZ 74, 1 (3).

dass der Berechtigte die Anfechtung nur hilfsweise erklärt.[70] Fechten beide Vertragsparteien ihre Einigungs-erklärungen mit unterschiedlichen Begründungen an, muss das Gericht trotzdem die Anfechtungen prüfen und darf nicht ohne Weiteres die Unwirksamkeit des Vertrages annehmen.[71]

Da Abs. 2 den **guten Glauben** in Bezug auf das Fehlen der Anfechtbarkeit demjenigen an die Verfügungs-berechtigung gleichstellt, richtet sich die Darlegungs- und **Beweislast** nach den jeweils einschlägigen Gut-glaubensvorschriften (vgl. zu diesen Vorschriften → Rn. 16).   **19**

§143 Anfechtungserklärung

(1) Die Anfechtung erfolgt durch Erklärung gegenüber dem Anfechtungsgegner.

(2) Anfechtungsgegner ist bei einem Vertrag der andere Teil, im Falle des § 123 Abs. 2 Satz 2 derje-nige, welcher aus dem Vertrag unmittelbar ein Recht erworben hat.

(3) [1]Bei einem einseitigen Rechtsgeschäft, das einem anderen gegenüber vorzunehmen war, ist der andere der Anfechtungsgegner. [2]Das Gleiche gilt bei einem Rechtsgeschäft, das einem anderen oder einer Behörde gegenüber vorzunehmen war, auch dann, wenn das Rechtsgeschäft der Behörde gegen-über vorgenommen worden ist.

(4) [1]Bei einem einseitigen Rechtsgeschäft anderer Art ist Anfechtungsgegner jeder, der auf Grund des Rechtsgeschäfts unmittelbar einen rechtlichen Vorteil erlangt hat. [2]Die Anfechtung kann jedoch, wenn die Willenserklärung einer Behörde gegenüber abzugeben war, durch Erklärung gegenüber der Behörde erfolgen; die Behörde soll die Anfechtung demjenigen mitteilen, welcher durch das Rechts-geschäft unmittelbar betroffen worden ist.

Literatur: *Büdenbender*, Begründung von Gestaltungsrechten als Wirksamkeitsvoraussetzung?, AcP 210 (2010), 611; *Dörner*, Anfechtung und Vertragsübernahme, NJW 1986, 2916; *Kellermann*, Problemfelder des Anfechtungsrechts, JA 2004, 405; *Preiß*, Die Berechtigung zur Anfechtung einer Willenserklärung in Mehrpersonenverhältnissen, JA 2010, 6; *Probst*, Zur „Eindeutigkeit" von Anfechtungserklärungen, JZ 1989, 878.

A. Allgemeines	1	2. Anfechtungsgegner bei einer einseitigen	
B. Regelungsgehalt	2	empfangsbedürftigen Willenserklärung	
I. Anfechtungserklärung (Abs. 1)	3	(Abs. 3)	18
II. Anfechtungsberechtigte	10	3. Anfechtungsgegner bei einer einseitigen	
III. Anfechtungsgegner	13	nicht empfangsbedürftigen Willenserklä-	
1. Anfechtungsgegner bei einem Vertrag		rung (Abs. 4)	21
(Abs. 2)	14		

A. Allgemeines

Ein mit einem Willensmangel behaftetes Rechtsgeschäft ist nicht nichtig, sondern nur anfechtbar. Der   **1**
Anfechtungsberechtigte hat die freie Wahl, ob er das Rechtsgeschäft gelten lassen oder durch eine Anfech-tungserklärung gem. § 142 Abs. 1 rückwirkend vernichten will (→ § 142 Rn. 1). § 143 enthält Regelungen zur **Ausübung dieses Gestaltungsrechts**. Die Vorschrift bestimmt in Abs. 1 die **Form** der Anfechtung und in den Abs. 2–4 den **Anfechtungsgegner**.[1]

B. Regelungsgehalt

§ 143 ergänzt § 142[2] und hat denselben **Anwendungsbereich** (vgl. dazu → § 142 Rn. 2). **Spezialvorschrif-**   **2**
ten wie die §§ 1955, 2081, 2282 und 2308 Abs. 2 können abweichende Regelungen zur Form oder zum Adressaten der Anfechtung enthalten.

I. Anfechtungserklärung (Abs. 1)

Die Anfechtung muss gem. Abs. 1 gegenüber dem Anfechtungsgegner erklärt werden. Es handelt sich um   **3**
eine **einseitige empfangsbedürftige Willenserklärung**. Nach dem Grundsatz der Formfreiheit kann die Anfechtung **formfrei** erfolgen, soweit nichts anderes bestimmt ist. Das gilt auch dann, wenn die angefoch-

---

70 Palandt/*Ellenberger* BGB § 142 Rn. 2; *Honsell* JuS 1982, 810 (811).

71 BGH NJW 1958, 1968.

1 Vgl. BeckOK BGB/*Wendtland* § 143 Rn. 1; PWW/ *Ahrens* BGB § 143 Rn. 1.

2 Vgl. Hk-BGB/*Dörner* § 143 Rn. 1; MüKoBGB/ *Busche* § 142 Rn. 1.

tene Willenserklärung ihrerseits einer Form bedarf.[3] Die Parteien können ein Formerfordernis für die Anfechtungserklärung vereinbaren. In AGB können sie, wie sich aus § 309 Nr. 13 ergibt, in den Grenzen der §§ 307, 308 die einfache Schriftform vorsehen.[4] Gesetzliche Spezialregelungen schreiben nur ausnahmsweise eine besondere Form der Anfechtung vor. Beispiele sind § 1955 S. 2 iVm § 1945 und § 2282 Abs. 3.

4　Als Gestaltungsrecht ist die Anfechtungserklärung nach hM **unwiderruflich**.[5] Der hier vertretenen Auffassung zufolge kann der Anfechtende sie indessen mit Zustimmung des Anfechtungsgegners zurücknehmen und sie so, vorbehaltlich entgegenstehender Belange Dritter, einverständlich wieder aus der Welt schaffen (→ § 142 Rn. 15). Außerdem ist die Anfechtungserklärung wegen ihrer Gestaltungswirkung im Interesse des Anfechtungsgegners **befristungsfeindlich**[6] und **bedingungsfeindlich**.[7] Allerdings muss die Anfechtung unter einer solchen Bedingung für zulässig erachtet werden, deren Eintritt allein von einer Handlung des Anfechtungsgegners abhängt (**Potestativbedingung**), weil dann die Rechtslage für ihn nicht unklar ist.[8] Kein Streit besteht über die Zulässigkeit der **Eventualanfechtung**, also der unbedingten Anfechtung für den Fall, dass ein bestimmter, bereits bestehender Zustand erst später erkannt wird.[9] Der Berechtigte kann die Anfechtung zB vorsorglich unter der Voraussetzung erklären, dass das Gericht den Vertrag anders auslegt als er oder dass es den vorrangig geltend gemachten Gewährleistungsanspruch verneint.[10]

5　Die Anfechtungserklärung muss zum Ausdruck bringen, dass der Anfechtende eine bestimmte Willenserklärung nicht gelten lassen oder an einem bestimmten Rechtsgeschäft nicht festhalten will. Er braucht nicht die Fachbegriffe „Anfechtung" oder „anfechten" zu benutzen.[11] Es genügt vielmehr, wenn der Anfechtungserklärung der erforderliche **Wille zur Vernichtung des Rechtsgeschäfts** durch eine Auslegung nach dem objektiven Empfängerhorizont gem. §§ 133, 157 (vgl. dazu → § 133 Rn. 41 ff.) zu entnehmen ist. Soweit darüber hinausgehend die **Eindeutigkeit** oder **Unzweideutigkeit** der Anfechtungserklärung verlangt wird,[12] dürfen daraus keine strengeren Anforderungen an den Erklärungsinhalt abgeleitet werden als bei anderen Willenserklärungen.[13] Die Interessen des Empfängers der Anfechtungserklärung (des Anfechtungsgegners) sind nämlich gewahrt, wenn er den Anfechtungswillen im Wege der Auslegung nach dem Empfängerhorizont aus der Erklärung entnehmen kann. Im gleichen Sinne verfährt die Rechtsprechung. Sie überspannt die Anforderungen an die „Eindeutigkeit" nicht, sondern lässt es ausreichen, dass der Anfechtungswille nicht allein aus der Anfechtungserklärung selbst, sondern erst aus außerhalb der Erklärung liegenden Umständen folgt. Entscheidend und ausreichend ist also, wie bei anderen empfangsbedürftigen Willenserklärungen, der **objektive Erklärungswert**.[14] Danach kann im Einzelfall etwa die Rückforderung des Geleisteten als Anfechtungserklärung auszulegen sein.[15] Ein bloßes Schadensersatzverlangen reicht hingegen regelmäßig nicht aus.[16]

3　Hk-BGB/*Dörner* § 143 Rn. 2; Soergel/*Hefermehl* BGB § 143 Rn. 1; RGRK/*Krüger-Nieland/Zöller* BGB § 143 Rn. 8; MüKoBGB/*Busche* § 143 Rn. 4; Erman/*Arnold* BGB § 143 Rn. 4; Staudinger/*Roth* BGB § 143 Rn. 6; BeckOK BGB/*Wendtland* § 143 Rn. 2; PWW/*Ahrens* BGB § 143 Rn. 2.

4　Vgl. Erman/*Arnold* BGB § 143 Rn. 4; vgl. auch Staudinger/*Roth* BGB § 143 Rn. 7.

5　Palandt/*Ellenberger* BGB § 143 Rn. 2; BeckOK BGB/*Wendtland* § 143 Rn. 2; PWW/*Ahrens* BGB § 143 Rn. 2.

6　Staudinger/*Roth* BGB § 143 Rn. 8; BeckOK BGB/*Wendtland* § 143 Rn. 2; PWW/*Ahrens* BGB § 143 Rn. 2.

7　RGZ 66, 153 (154), 146, 234, 238/240; BGH NJW 1968, 2099; Hk-BGB/*Dörner* § 143 Rn. 3; Palandt/*Ellenberger* BGB § 143 Rn. 3; Soergel/*Hefermehl* BGB § 143 Rn. 3; Jauernig/*Mansel* BGB § 143 Rn. 2; RGRK/*Krüger-Nieland/Zöller* BGB § 143 Rn. 6; PWW/*Ahrens* BGB § 143 Rn. 2.

8　Wie hier Brox/*Walker* BGB AT BGB § 21 Rn. 9; Erman/*Arnold* BGB § 143 Rn. 5; *Wolf/Neuner* BGB AT BGB § 41 Rn. 16; aA MüKoBGB/*Busche* § 143 Rn. 5; Staudinger/*Roth* BGB § 143 Rn. 8; BeckOK BGB/*Wendtland* § 143 Rn. 2; wohl auch RGRK/ *Krüger-Nieland/Zöller* BGB § 143 Rn. 6.

9　Vgl. BAG NZA-RR 2019, 102 (105); MüKoBGB/ *Busche* § 143 Rn. 6; BeckOK BGB/*Wendtland* § 143 Rn. 2; PWW/*Ahrens* BGB § 143 Rn. 2; *Kellermann* JA 2004, 405 (406). Das BAG spricht in den vergleichbaren Fällen der vorsorglichen Kündigung von einer Rechtsbedingung, so etwa BAG AP Nr. 29 zu § 242 BGB Betriebliche Übung Rn. 25; NZA 2008, 812 (813).

10　BGH NJW 1968, 2099; 1991, 1673, 1674; KG WRP 1990, 39 (42); MüKoBGB/*Busche* § 143 Rn. 6; Staudinger/*Roth* BGB § 143 Rn. 9; BeckOK BGB/ *Wendtland* § 143 Rn. 2.

11　BGHZ 88, 240 (245); 91, 324, 331; BGH NJW-RR 1995, 859; NJW 2017, 1660 (1663); OLG Düsseldorf NJW-WW 2016, 1073, 1076.

12　So etwa BGHZ 88, 240 (245); 91, 324, 332; BGH NJW-RR 1988, 566; NJW 1991, 1673 (1674); NJW-RR 1995, 859; RGRK/*Krüger-Nieland/Zöller* BGB § 143 Rn. 2; MüKoBGB/*Busche* § 143 Rn. 2; *Wolf/ Neuner* BGB AT BGB § 41 Rn. 13.

13　Ebenso *Canaris* NJW 1984, 2281 (2282); *Medicus* BGB AT, Rn. 717; Erman/*Arnold* BGB § 143 Rn. 1; *Probst* JZ 1989, 878 (881 ff.).

14　Vgl. BGH NJW-RR 1995, 859; vgl. auch RGRK/ *Krüger-Nieland/Zöller* BGB § 143 Rn. 2 mwN.

15　Palandt/*Ellenberger* BGB § 143 Rn. 3.

16　BGH NJW 1991, 1673 (1674).

Verlangt wird zum Teil ferner, der Wille müsse erkennbar auf die **Rückwirkung** der Nichtigkeit gerichtet   **6**
sein.[17] Diese Voraussetzung muss im Interesse der Rechtssicherheit indessen nicht generell, sondern nur
dann erfüllt sein, wenn statt einer Anfechtung ernsthaft auch ein lediglich ex nunc wirkendes Gestaltungsrecht wie ein Rücktritt oder eine Kündigung in Betracht kommt.[18] Allerdings scheidet dieses Auslegungskriterium ohnehin aus, wenn die Anfechtung bei einem in Vollzug gesetzten Arbeits- oder Gesellschaftsvertrag keine Rückwirkung entfaltet (dazu → § 142 Rn. 7 ff.). Dann kommt es für die Auslegung als Anfech-
tungs- oder als Kündigungs- bzw. Rücktrittserklärung allein auf den – auch sonst wesentlichen – Grund an,
auf den sich der Erklärende stützt (vgl. dazu → Rn. 7).

Umstritten ist seit langem, ob der **Anfechtungsgrund** in der Anfechtungserklärung angegeben werden   **7**
muss.[19] Das RG hatte ursprünglich weder die Angabe des rechtlichen Grundes noch der die Anfechtung
stützenden Tatsachen verlangt.[20] Das wird jedoch dem Interesse des Anfechtungsgegners nicht gerecht. Als
Gegner einer rechtsgestaltenden Erklärung muss für ihn **erkennbar** sein, auf welche tatsächlichen
Umstände, dh auf welchen konkreten **Sachverhalt** der Anfechtende die Anfechtung stützt. Denn er muss
die Berechtigung der Anfechtung überprüfen können, um sein Verhalten darauf einzustellen. Er muss
abschätzen können, ob das angefochtene Rechtsgeschäft gem. § 142 Abs. 1 vernichtet worden ist und er keinen vertraglichen Erfüllungsanspruch mehr hat, oder ob die Anfechtung jeder Grundlage entbehrt. Er muss
sich darauf einrichten können, ob er einen Bereicherungsanspruch in Bezug auf bereits erbrachte Leistungen oder einen Schadensersatzanspruch gem. § 122 hat. Der Anfechtende braucht daher zwar in der Erklärung nicht den genauen rechtlichen Anfechtungsgrund anzugeben. Die Anfechtung muss aber, soweit der
Anfechtungsgegner den Sachverhalt nicht ohnehin kennt, die Information über die zugrunde liegenden **Tat-**
sachen enthalten.[21] Diese Interessen des Anfechtungsgegners werden nicht allein dadurch hinreichend
geschützt, dass er den Anfechtenden nach dem Grund fragen kann und dieser die nachteiligen Folgen einer
Nichtbeantwortung tragen muss.[22] Hinzu kommt, dass sich häufig erst aus der Angabe der zugrunde liegenden Tatsachen entnehmen lässt, ob es sich um eine Anfechtung oder um eine Kündigung bzw. einen Rücktritt handelt (vgl. → Rn. 6).

Eine Frage der **Auslegung** nach dem objektiven Empfängerhorizont ist es auch, ob eine Anfechtung wegen   **8**
arglistiger Täuschung gem. § 123 Abs. 1, 1. Fall zugleich eine Anfechtung wegen des Irrtums über eine
verkehrswesentliche Eigenschaft der Person oder Sache gem. § 119 Abs. 2 enthält und entsprechend
umgedeutet werden kann. Entscheidend muss wiederum, den allgemeinen Auslegungsgrundsätzen folgend,
die Erkennbarkeit eines darauf gerichteten Anfechtungswillens für den Anfechtungsgegner sein.[23] Gegen
diesen Willen kann es sprechen, wenn sich der Anfechtende im Prozess nicht auf die Irrtumsanfechtung
beruft.[24] Ein weiterer Auslegungsgesichtspunkt ist die Schadensersatzpflicht des § 122.[25]

Mit der gerade erörterten Voraussetzung der Erkennbarkeit des Anfechtungsgrundes hängt untrennbar die   **9**
Frage des **Nachschiebens von Anfechtungsgründen** zusammen.[26] Da der Sachverhalt, auf den der
Anfechtende seine Anfechtung stützt, dem Anfechtungsgegner bekannt oder zumindest erkennbar sein
muss, können weitere Anfechtungsgründe nach Abgabe der Anfechtungserklärung grundsätzlich **nicht**
nachgeschoben werden. Jeder weitere Anfechtungssachverhalt (Anfechtungsgrund) kann nur durch eine
neue Anfechtungserklärung geltend gemacht werden, die ihrerseits allen Wirksamkeitsvoraussetzungen und
insbesondere der Einhaltung der Anfechtungsfrist unterliegt (vgl. auch → § 121 Rn. 8, → § 124 Rn. 3).[27]

17   So etwa BGHZ 88, 240 (245); 91, 324, 332; BGH
     NJW 1991, 1673 (1674); NJW-RR 1995, 859;
     Jauernig/*Mansel* BGB § 143 Rn. 2; RGRK/*Krüger-*
     Nieland/Zöller BGB § 143 Rn. 2.
18   *Wolf/Neuner* BGB AT BGB § 41 Rn. 13; Erman/
     Arnold BGB § 143 Rn. 1; vgl. auch MüKoBGB/
     Busche § 143 Rn. 3.
19   Ausdrücklich offen gelassen von BGH NJW 1966,
     39; WM 1980, 983 (985); vgl. auch LG Berlin NJW
     2004, 2831 (2832) sowie zum Meinungsspektrum
     den Überblick bei MüKoBGB/*Busche* § 143 Rn. 7 ff.;
     allg. zur Begründungspflicht bei Gestaltungsrechten
     Büdenbender AcP 210 (2010), 611 ff.
20   RGZ 65, 86 (88).
21   Ebenfalls auf die Erkennbarkeit abstellend LG Berlin
     NJW 2004, 2831 (2832); *Bork* BGB AT Rn. 906;
     Flume BGB AT Bd. 2 BGB § 31, 2; Soergel/*Hefer-*
     mehl BGB § 143 Rn. 2; Palandt/*Ellenberger* BGB
     § 143 Rn. 3; *Wolf/Neuner* BGB AT § 41 Rn. 15;
     Medicus BGB AT, Rn. 724; Staudinger/*Roth* BGB
     § 143 Rn. 11; BeckOK BGB/*Wendtland* § 143 Rn. 4;

     darüber hinaus nach der Art der Anfechtung (Irr-
     tums- oder Täuschungsanfechtung) differenzierend
     MüKoBGB/*Busche* § 143 Rn. 8.
22   Vgl. MüKoBGB/*Busche* § 143 Rn. 8; vgl. auch
     Staudinger/*Roth* BGB § 143 Rn. 11; aA Erman/
     Arnold BGB § 143 Rn. 2.
23   Staudinger/*Roth* BGB § 143 Rn. 12; vgl. BGHZ 34,
     32 (38 f.); BGH NJW 1979, 160 (161); BGHZ 78,
     216 (221); Palandt/*Ellenberger* BGB § 143 Rn. 3;
     BeckOK BGB/*Wendtland* § 143 Rn. 6; krit. *Berg*
     NJW 1981, 2337.
24   Vgl. BGHZ 34, 32 (40); näher dazu *Berg* NJW 1981,
     2337; BeckOK BGB/*Wendtland* § 143 Rn. 6, 6.1.
25   BeckOK BGB/*Wendtland* § 143 Rn. 7.
26   Besonders deutlich MüKoBGB/*Busche* § 143 Rn. 9.
27   BGH NJW 1966, 39; VersR 1989, 465 (466); BB
     1981, 1156 (1157); NJW-RR 1993, 948; NJW 1995,
     190 (191); BAG NJW 2008, 939 (940); MüKoBGB/
     Busche § 143 Rn. 10; Staudinger/*Roth* BGB § 143
     Rn. 13; BeckOK BGB/*Wendtland* § 143 Rn. 5;
     PWW/*Ahrens* BGB § 143 Rn. 4.

Davon zu unterscheiden ist die Möglichkeit des Anfechtenden, im Rahmen des erkennbar gemachten gesetzlichen Anfechtungsgrundes ergänzend solche weiteren Tatsachen vorzutragen, welche die bereits erklärte Anfechtung rechtfertigen können.[28]

II. Anfechtungsberechtigte

10 Zur Anfechtung berechtigt ist grundsätzlich derjenige, von dem die anfechtbare Erklärung **stammt** – der Irrende, der Getäuschte oder der Bedrohte.[29] Sind danach **mehrere Personen** anfechtungsberechtigt, kann und muss grundsätzlich jede von ihnen ihre Willenserklärung eigenständig anfechten.[30] Die Wirkungen einer solchen einzelnen Anfechtung treten ohne Weiteres nur im Verhältnis zwischen diesem Anfechtenden und dem Anfechtungsgegner ein. Die Rechtsfolgen im Verhältnis zu den anderen Anfechtungsberechtigten bestimmen sich nach § 139.[31] Ausnahmsweise müssen alle Berechtigten gemeinschaftlich die Anfechtung erklären, wenn das aus der Besonderheit des zwischen ihnen bestehenden Rechtsverhältnisses folgt. Das gilt zB bei Gesamthandsgemeinschaften im Allgemeinen und Erbengemeinschaften im Besonderen (vgl. §§ 2038, 2040).[32]

11 In Sonderfällen sind andere Personen als die durch die anfechtbare Willenserklärung unmittelbar Betroffenen anfechtungsberechtigt. Verfügungen von Todes wegen können nach dem Tod des Erblassers durch die in § 2080 bestimmten Dritten angefochten werden.[33] Haben die Parteien einem Dritten gem. § 317 die Bestimmung der Leistung überlassen, können gem. **§ 318 Abs. 2** nur die Vertragschließenden, aber nicht der Dritte die Leistungsbestimmung anfechten. Hat sich der **Stellvertreter** bei der Abgabe der Willenserklärung geirrt oder ist er getäuscht oder bedroht worden (§ 166 Abs. 1), muss der Vertretene anfechten, weil er gem. § 164 Abs. 1 durch die irrtumsbehaftete Willenserklärung gebunden wird. Der Vertreter kann nur dann (mit Wirkung für den Vertretenen) anfechten, wenn sich seine Vertretungsmacht darauf erstreckt (Anfechtungsvollmacht).[34]

12 Das Anfechtungsrecht ist als Gestaltungsrecht **nicht selbstständig übertragbar**; es ist weder isoliert abtretbar noch verpfänd- oder pfändbar.[35] Dagegen geht es im Wege der **Gesamtrechtsnachfolge** auf einen anderen als den ursprünglich Berechtigten über; es ist insbesondere vererblich.[36] Beim **Eintritt in ein Vertragsverhältnis** kommt es nach richtiger Auffassung darauf an, wer von der Anfechtung betroffen wird. Deshalb steht etwa bei der Veräußerung des vermieteten Hausgrundstücks (§ 566) oder bei einem Betriebsübergang (§ 613 a) das Anfechtungsrecht nur Veräußerer und Erwerber gemeinsam zu, soweit sie beide gem. § 566 Abs. 2 oder gem. § 613 a Abs. 2 für Pflichten aus dem Vertrag haften.[37] Nach wohl überwiegender Auffassung kann ein Dritter nicht nur zur Ausübung des Anfechtungsrechts bevollmächtigt, sondern auch zur Anfechtung im eigenen Namen **ermächtigt** werden.[38]

III. Anfechtungsgegner

13 Da die Anfechtung gem. Abs. 1 eine empfangsbedürftige Willenserklärung ist, bedarf es der Festlegung des **Adressaten der Anfechtungserklärung**. § 143 bestimmt in den Abs. 2–4 den Anfechtungsgegner bei einem Vertrag, bei einer einseitigen empfangsbedürftigen Willenserklärung und bei einer einseitigen nicht empfangsbedürftigen Willenserklärung.

14 **1. Anfechtungsgegner bei einem Vertrag (Abs. 2).** Geht es um die Anfechtung einer Willenserklärung im Zusammenhang mit einem Vertrag, ist der Anfechtungsgegner gem. Abs. 2, 1. Fall grundsätzlich der **Vertragspartner** oder gem. §§ 1922, 1967 sein Erbe. Bei mehreren Vertragspartnern muss die Anfechtungserklärung gegenüber allen Vertragspartnern abgegeben werden.[39] Die Anfechtung ist auch dann gegen-

---

28   *Wolf/Neuner* BGB AT BGB § 41 Rn. 15; Staudinger/*Roth* BGB § 143 Rn. 13.

29   Vgl. BGHZ 137, 255 (258); Erman/*Arnold* BGB § 143 Rn. 6; Staudinger/*Roth* BGB § 143 Rn. 14.

30   RGZ 56, 423 (424); 65, 399, 405.

31   Soergel/*Hefermehl* BGB § 143 Rn. 7; RGRK/*Krüger-Nieland/Zöller* BGB § 143 Rn. 11; BeckOK BGB/*Wendtland* § 143 Rn. 9; näher dazu *Peter* Jura 2014, 1 (6 ff.).

32   Vgl. RGZ 107, 238 (239); BGH NJW 1951, 308; 2004, 767, 769; Erman/*Arnold* BGB § 143 Rn. 6; PWW/*Ahrens* BGB § 143 Rn. 5.

33   Näher dazu NK-BGB/*Fleindl* § 2080 Rn. 2 ff.

34   Soergel/*Hefermehl* BGB § 143 Rn. 6; RGRK/*Krüger-Nieland/Zöller* BGB § 143 Rn. 12; Erman/*Arnold* BGB § 143 Rn. 6; PWW/*Ahrens* BGB § 143 Rn. 5.

35   Staudinger/*Roth* BGB § 142 Rn. 11 ff.; BeckOK BGB/*Wendtland* § 143 Rn. 8; anders *Bydlinski*, Die Übertragung von Gestaltungsrechten, 1986, S. 45 ff.; ähnlich MüKoBGB/*Busche* § 142 Rn. 7.

36   BGH NJW 2004, 767 (769); Erman/*Arnold* BGB § 143 Rn. 7; BeckOK BGB/*Wendtland* § 143 Rn. 8; PWW/*Ahrens* BGB § 143 Rn. 5.

37   Im Einzelnen str.; wie hier Staudinger/*Roth* BGB § 142 Rn. 10; BeckOK BGB/*Wendtland* § 143 Rn. 8.

38   Soergel/*Hefermehl* BGB § 143 Rn. 6; RGRK/*Krüger-Nieland/Zöller* BGB § 143 Rn. 7; Erman/*Arnold* BGB § 143 Rn. 7; Staudinger/*Roth* BGB § 142 Rn. 11; BeckOK BGB/*Wendtland* § 143 Rn. 8.

39   BGHZ 96, 302 (309 f.) = NJW 1986, 918 f.; vgl. auch Rn. 16.

über dem Vertragspartner zu erklären, wenn er die Rechte aus dem Vertrag an einen Dritten abgetreten oder den Vermögensgegenstand weiterveräußert hat.[40] Gleiches gilt, wenn er sich bei Vertragsschluss hat vertreten lassen, sofern der **Stellvertreter** nicht auch zur Entgegennahme der Anfechtungserklärung bevollmächtigt ist.[41] Dagegen muss die Anfechtung nach Eröffnung des Insolvenzverfahrens gegenüber dem **Insolvenzverwalter** des Vertragspartners erklärt werden, weil die Verwaltungs- und Verfügungsbefugnis über das Vermögen des Vertragspartners auf ihn übergegangen ist.[42]

Die Sonderregelung des Abs. 2, 2. Fall betrifft in erster Linie den echten **Vertrag zugunsten Dritter** **15** (§ 328). Danach muss der Versprechende, der vom Versprechensempfänger arglistig getäuscht worden ist, die Anfechtungserklärung nicht gegen seinen täuschenden Vertragspartner richten, sondern unter den weiteren Voraussetzungen des § 123 Abs. 2 S. 2 gegen den **Dritten**, der gem. § 328 Abs. 1 aus diesem Vertrag unmittelbar ein Recht erworben hat.[43] Anderenfalls ist, wie bei anderen Verträgen, nicht der Begünstigte, sondern der Vertragspartner der Anfechtungsgegner.[44]

Bei einer **Schuldübernahme** bleibt der ursprüngliche Schuldner selbst dann der richtige Gegner für eine **16** Anfechtung durch den Übernehmer, wenn der Gläubiger gem. § 415 Abs. 1 die Übernahme genehmigt hat.[45] Die Anfechtung des Übernehmers gegenüber dem Gläubiger erstreckt sich auf das ganze, aus Grundgeschäft und Schuldübernahme bestehende Geschäft, sofern es sich (ausnahmsweise) um ein einheitliches Rechtsgeschäft handelt.[46] Im Falle einer **Vertragsübernahme** fordert der BGH indessen, dass der eintretende Dritte (Vertragsübernehmer) sowohl gegenüber dem ausgeschiedenen Vertragszedenten als auch gegenüber der im Vertrag verbliebenen Partei anficht, weil die Anfechtung die Interessen aller Beteiligten berühre.[47] Etwas anderes kann bei Teilbarkeit gem. § 139 gelten (vgl. zur Teilanfechtung → § 142 Rn. 4).

Steht dem Anfechtungsberechtigten eine **Personenmehrheit** als Vertragspartei gegenüber, muss die **17** Anfechtung nach der Auffassung des BGH grundsätzlich allen Vertragspartnern erklärt werden.[48] Anerkannt ist das vor allem im Hinblick auf **Gesellschaftsverträge**, wenn die Anfechtung der von einem Gesellschafter abgegebenen Erklärung – zB der Zustimmung zu einer Anteilsabtretung – dazu führt, dass sich die Grundlagen des Gesellschaftsverhältnisses ändern.[49] Andere Grundsätze können bei der Anfechtung gegenüber Personenmehrheiten im Falle der Teilbarkeit gem. § 139 gelten (vgl. zur Teilanfechtung → § 142 Rn. 4).[50]

2. Anfechtungsgegner bei einer einseitigen empfangsbedürftigen Willenserklärung (Abs. 3). Eine **18** einseitige empfangsbedürftige Willenserklärung muss gem. Abs. 3 S. 1 gegenüber dem **Erklärungsempfänger** angefochten werden. Eine Kündigung ist also gegenüber dem Gekündigten anzufechten[51] und eine Anfechtung gegenüber dem Anfechtungsgegner (vgl. zur Anfechtung der Anfechtung → § 142 Rn. 3, 15).[52]

Der **Erklärungsempfänger** ist gem. Abs. 3 S. 2 auch dann der richtige Anfechtungsgegner, wenn die ein- **19** seitige empfangsbedürftige Willenserklärung **wahlweise** ihm oder einer **Behörde** gegenüber abgegeben werden konnte und sie der Behörde gegenüber abgegeben wurde. Beispiele für solche Erklärungen finden sich in den §§ 875 Abs. 1 S. 2, 876 Abs. 3, 880 Abs. 2 S. 3, 1168 Abs. 2 S. 2, 1180 Abs. 2 S. 1 Hs. 2 und 1183 S. 2. Hier muss vorrangig der Erklärungsempfänger von der Anfechtung erfahren, weil sie seine Rechte betrifft.[53]

40 RGZ 86, 305 (310); Palandt/*Ellenberger* BGB § 143 Rn. 5; BeckOK BGB/*Wendtland* § 143 Rn. 10; PWW/*Ahrens* BGB § 143 Rn. 6.

41 BeckOK BGB/*Wendtland* § 143 Rn. 10; PWW/ *Ahrens* BGB § 143 Rn. 6.

42 OLG Bamberg ZInsO 2015, 1338.

43 Hk-BGB/*Dörner* § 143 Rn. 4; Staudinger/*Roth* BGB § 143 Rn. 18.

44 BGH LM PatG § 9 Nr. 8; MüKoBGB/*Busche* § 143 Rn. 14; *Pikart* WM 1963, 1198 (1204); Staudinger/ *Roth* BGB § 143 Rn. 19.

45 BGHZ 31, 321 (325); Palandt/*Ellenberger* BGB § 143 Rn. 5; RGRK/*Krüger-Nieland/Zöller* BGB § 143 Rn. 17; MüKoBGB/*Busche* § 143 Rn. 15; Erman/*Arnold* BGB § 143 Rn. 9; Staudinger/*Roth* BGB § 143 Rn. 21; PWW/*Ahrens* BGB § 143 Rn. 7; aA *Hirsch* JR 1960, 291 (295 f.).

46 BGHZ 31, 321 (323).

47 BGHZ 96, 302 (309 f.) = NJW 1986, 918 f.; vgl. auch BGHZ 137, 255 (258 f.) = NJW 1998, 531; ebenso etwa Soergel/*Hefermehl* BGB § 143 Rn. 8; Erman/ *Arnold* BGB § 143 Rn. 9; Staudinger/*Roth* BGB § 143 Rn. 22; PWW/*Ahrens* BGB § 143 Rn. 7; aA

Dörner NJW 1986, 2916 ff.; auf den Vorrang des § 407 Abs. 1 abstellend LG Stuttgart 24.2.2917 – 12 O 202/16, juris Rn. 33.

48 Vgl. BGHZ 137, 255 (260) = NJW 1998, 531 (532); ebenso etwa *Flume* BGB AT Bd. 2 BGB § 31, 5 d; Soergel/*Hefermehl* BGB § 143 Rn. 8; RGRK/*Krüger-Nieland/Zöller* BGB § 143 Rn. 19; MüKoBGB/ *Busche* § 143 Rn. 17; Staudinger/*Roth* BGB § 143 Rn. 23; PWW/*Ahrens* BGB § 143 Rn. 7.

49 Vgl. BGH DB 1976, 1007 f.; RGRK/*Krüger-Nieland/Zöller* BGB § 143 Rn. 20; MüKoBGB/*Busche* § 143 Rn. 16; Staudinger/*Roth* BGB § 143 Rn. 20.

50 Vgl. RGZ 65, 398 (405); Soergel/*Hefermehl* BGB § 143 Rn. 8; RGRK/*Krüger-Nieland/Zöller* BGB § 143 Rn. 19; MüKoBGB/*Busche* § 143 Rn. 17; restriktiv Staudinger/*Roth* BGB § 143 Rn. 23 ff.; näher dazu *Peter* Jura 2014, 1 (6 ff.).

51 MüKoBGB/*Busche* § 143 Rn. 19; Staudinger/*Roth* BGB § 143 Rn. 26.

52 MüKoBGB/*Busche* § 143 Rn. 19.

53 *Medicus* BGB AT Rn. 719; Staudinger/*Roth* BGB § 143 Rn. 27.

20   Nicht eindeutig in Abs. 3 geregelt sind die Fälle, in denen die einseitige empfangsbedürftige Willenserklärung **wahlweise gegenüber zwei Privatpersonen** abgegeben werden kann. Dabei geht es vor allem um die Erteilung der Vollmacht (§ 167 Abs. 1) und die Zustimmung (§ 182). In Bezug auf die Anfechtung der **Vollmachtserteilung**[54] besteht heute weitgehend Einigkeit, dass richtiger Anfechtungsgegner vor dem Gebrauchmachen von der Vollmacht – also solange der Vertreter noch kein Geschäft abgeschlossen hat – gem. Abs. 3 S. 1 derjenige sein muss, dem gegenüber die Vollmacht erteilt worden ist. Eine Innenvollmacht ist gegenüber dem Vertreter anzufechten und eine Außenvollmacht gegenüber dem Dritten, dem gegenüber die Vertretung stattfinden sollte.[55] Lässt man die Anfechtung trotz der gewichtigen Gegenargumente auch nach dem Gebrauchmachen von der Vollmacht zu (vgl. dazu → § 167 Rn. 24), sollte sie stets – also auch bei einer Innenvollmacht – gegenüber dem dritten Geschäftspartner erklärt werden müssen, weil vor allem seine Rechtsstellung betroffen wird (näher dazu → § 167 Rn. 25).[56] Eine **Zustimmung** gem. § 182 muss nach der Auffassung des BGH gegenüber beiden Beteiligten angefochten werden (näher dazu → § 182 Rn. 42).[57]

21   **3. Anfechtungsgegner bei einer einseitigen nicht empfangsbedürftigen Willenserklärung (Abs. 4).** Eine einseitige nicht empfangsbedürftige Willenserklärung muss gem. Abs. 4 S. 1 gegenüber demjenigen angefochten werden, der daraus **unmittelbar einen rechtlichen Vorteil** erlangt hat. Diese praktisch nicht sehr bedeutsame Vorschrift erfasst vor allem die Auslobung (§ 657) und die Dereliktion (§ 959).[58] Die Eigentumsaufgabe nach § 959 ist demnach gegenüber dem Aneignenden anzufechten. Zwar erlangt dieser den rechtlichen Vorteil erst durch eine eigene Handlung, nämlich die Aneignung gem. § 958 Abs. 1. Für die erforderliche Unmittelbarkeit genügt es aber, dass das Recht ohne ein vermittelndes Rechtsgeschäft mit einem Dritten erworben wird.[59]

22   Eine **amtsempfangsbedürftige Willenserklärung** kann der Erklärende gem. Abs. 4 S. 2 Hs. 1 **wahlweise** gegenüber der Behörde oder dem unmittelbar Betroffenen iSd Abs. 4 S. 1 anfechten. Der Unterschied zu Abs. 3 S. 2 besteht darin, dass die Erklärung dort zwingend gegenüber der Behörde abzugeben war. Anwendungsfälle des Abs. 4 S. 2 sind zB die §§ 928 Abs. 1 und 1109 Abs. 2 S. 2 sowie § 11 ErbbauRG.[60] Abweichende Sonderregelungen treffen die §§ 1955 und 2081. Ficht der Berechtigte seine Erklärung gem. Abs. 4 S. 2 Hs. 1 gegenüber der Behörde an, soll diese den unmittelbar Betroffenen nach dem Hs. 2 der Vorschrift davon unterrichten. Die Unterrichtung ist jedoch keine Wirksamkeitsvoraussetzung.[61]

23   Ist der Anfechtungsgegner iSd Abs. 4 **unbekannt**, kann die Anfechtung durch öffentliche Zustellung gem. § 132 Abs. 2 erfolgen.[62]

§ 144 Bestätigung des anfechtbaren Rechtsgeschäfts

(1) Die Anfechtung ist ausgeschlossen, wenn das anfechtbare Rechtsgeschäft von dem Anfechtungsberechtigten bestätigt wird.

(2) Die Bestätigung bedarf nicht der für das Rechtsgeschäft bestimmten Form.

Literatur: *Petersen*, Die Bestätigung des nichtigen und anfechtbaren Rechtsgeschäfts, Jura 2008, 666; *Regenfus*, Die Rechtsfolgen der Bestätigung: Herstellung des gebotenen Einklangs durch Gesetzesauslegung oder durch Auslegung des konkludenten Erklärungsverhaltens, Jura 2016, 1089.

A. Allgemeines	1	II. Bestätigungserklärung	7
B. Regelungsgehalt	3	III. Rechtsfolgen der Bestätigung	12
I. Voraussetzungen der Bestätigung	3	C. Weitere praktische Hinweise	14

---

54 Vgl. dazu den Überblick über den Meinungsstand bei *Kindl* Rechtsscheintatbestände und ihre rückwirkende Beseitigung, 1999, S. 33 ff.

55 *Medicus* BGB AT Rn. 721; Staudinger/*Roth* BGB § 143 Rn. 33 ff.; PWW/*Ahrens* BGB § 143 Rn. 8; vgl. RGRK/*Krüger-Nieland/Zöller* BGB § 143 Rn. 22.

56 Vgl. *Medicus* BGB AT Rn. 721; Staudinger/*Roth* BGB § 143 Rn. 35; Soergel/*Hefermehl* BGB § 143 Rn. 10; MüKoBGB/*Busche* § 143 Rn. 13; HKK/*Schermaier* BGB §§ 142–144 Rn. 17; PWW/*Ahrens* BGB § 143 Rn. 8.

57 Vgl. BGHZ 137, 255 (260) = NJW 1998, 531 (532).

58 Vgl. Hk-BGB/*Dörner* § 143 Rn. 6; Staudinger/*Roth* BGB § 143 Rn. 29.

59 MüKoBGB/*Armbrüster* § 143 Rn. 21; Staudinger/ *Roth* BGB § 143 Rn. 29; HKK/*Schermaier* BGB §§ 142–144 Rn. 16.

60 Näher dazu § 11 ErbbauRG Rn. 2 ff.; MüKoBGB/ *von Oefele/Heinemann* § 11 ErbbauRG Rn. 4 ff.

61 Hk-BGB/*Dörner* § 143 Rn. 7; MüKoBGB/*Busche* § 143 Rn. 22; Staudinger/*Roth* BGB § 143 Rn. 30, 32; BeckOK BGB/*Wendtland* § 143 Rn. 12; PWW/ *Ahrens* BGB § 143 Rn. 9.

62 BeckOK BGB/*Wendtland* § 143 Rn. 12; vgl. Staudinger/*Roth* BGB § 143 Rn. 17.

A. Allgemeines

Da ein irrtumsbehaftetes Rechtsgeschäft lediglich anfechtbar ist und erst durch die Anfechtung gem. § 142 **1**
Abs. 1 vernichtet wird, besteht bis zum Ablauf der Anfechtungsfrist ein Schwebezustand (→ § 121 Rn. 1).
Möchte der Anfechtungsberechtigte aus wirtschaftlichen oder anderen Gründen schon vorher **verbindlich
klarstellen**, dass er nicht anfechten will und dass das Geschäft wirksam bleiben soll, kann er die anfechtbare Willenserklärung gem. § 144 bestätigen. Die Bestätigung klärt die Rechtslage, indem sie nach Abs. 1
zum Verlust des Anfechtungsrechts führt. Damit handelt es sich um einen gesetzlich geregelten Fall des
Anfechtungsausschlusses.[1] Um dem Berechtigten die gewünschte Klarstellung zu erleichtern, ist die
Bestätigung nach Abs. 2 formlos möglich.[2] Praktische Bedeutung hat die Vorschrift wegen der deutlich längeren, einjährigen Anfechtungsfrist des § 124 eher bei der Täuschungs- als bei der Irrtumsanfechtung.

Die Bestätigung des anfechtbaren Rechtsgeschäfts gem. § 144 ist unkomplizierter als die Bestätigung des **2**
nichtigen Rechtsgeschäfts gem. § 141. Anders als im Fall des § 141 ist das Rechtsgeschäft nicht nichtig, so
dass es nicht neu vorgenommen werden muss. Es genügt vielmehr, die Anfechtbarkeit des im Übrigen wirksamen Geschäfts durch eine einseitige Entscheidung des Anfechtungsberechtigten zu beseitigen. Diese Entscheidung, dass das Geschäft ungeachtet des Anfechtungsgrundes gelten soll,[3] bedeutet in der Sache einen
Verzicht auf das Anfechtungsrecht.[4]

B. Regelungsgehalt

I. Voraussetzungen der Bestätigung

Die Bestätigung muss sich auf ein **anfechtbares Rechtsgeschäft** beziehen. Die Anfechtbarkeit kann sich **3**
vor allem aus den §§ 119, 120 und 123 ergeben; gerade bei der arglistigen Täuschung gem. § 123 Abs. 1, 1.
Fall kommt eine Bestätigung gem. § 144 in Betracht.[5] Das Anfechtungsrecht muss noch bestehen und darf
nicht bereits wegen Ablaufs der Anfechtungsfrist erloschen sein.[6] Eine Bestätigung gem. § 144 scheidet
wegen § 142 Abs. 1 auch aus, wenn die Willenserklärung bereits angefochten worden ist. Dann muss das
nichtige Geschäft gem. § 141 neu vorgenommen werden.[7] Abweichende **Sonderregeln** enthält § 1315
Abs. 1 für die Bestätigung einer aufhebbaren Ehe.

Nach der Rechtsprechung setzt eine Bestätigung gem. § 144 weiter voraus, dass der Anfechtungsberechtigte **4**
Kenntnis von der Anfechtbarkeit[8] oder jedenfalls Zweifel an der Rechtsbeständigkeit des Rechtsgeschäfts
hat.[9] Er muss mindestens mit der Möglichkeit rechnen, dass der Gegner ihn bewusst getäuscht hat[10] oder
dass das Rechtsgeschäft aus anderen Gründen anfechtbar ist.[11] Teilweise wird ausdrücklich die Vorstellung
des Anfechtungsberechtigten vorausgesetzt, dass er etwas gegen das Rechtsgeschäft unternehmen kann,
weil, anders als nach § 141, nicht jeder Argwohn genügen könne.[12] Diese Formulierungen dürfen allerdings
nicht so verstanden werden, dass die Wirksamkeit einer Bestätigung von einer zusätzlichen subjektiven Voraussetzung in der Form eines besonderen Bestätigungswillens abhängt. Entscheidend muss vielmehr, wie
ganz allgemein bei der Auslegung von Willenserklärungen, auf den **äußeren Erklärungstatbestand** abgestellt werden (vgl. dazu → § 133 Rn. 41 ff.). Die Erklärung des Anfechtungsberechtigten ist als Bestätigung
gem. Abs. 1 zu werten, wenn sie nach außen hin erkennen lässt, dass das Rechtsgeschäft trotz erkannter
Zweifel an der Anfechtbarkeit gelten soll.[13]

---

1   Hk-BGB/*Dörner* § 144 Rn. 1.
2   MüKoBGB/*Busche* § 144 Rn. 1; vgl. *Medicus* BGB
    AT Rn. 534.
3   Vgl. *Flume* BGB AT Bd. 2 BGB § 37, 7; MüKo-
    BGB/*Busche* § 144 Rn. 3; HKK/*Schermaier* BGB
    §§ 142–144 Rn. 18; BGHZ 110, 220 (222); vgl. auch
    Prot. I, S. 134 = *Mugdan* I, S. 731.
4   Vgl. RGZ 68, 398 (400); BayObLG NJW 1954, 1039
    (1040); *Früh* JuS 1994, 486 (491); Soergel/*Hefer-
    mehl* BGB § 144 Rn. 1; Palandt/*Ellenberger*
    § 144 Rn. 1; Jauernig/*Mansel* BGB § 144 Rn. 2;
    RGRK/*Krüger-Nieland/Zöller* BGB § 144 Rn. 1;
    Medicus BGB AT Rn. 534; Erman/*Arnold* BGB
    § 144 Rn. 1; Staudinger/*Roth* BGB § 144 Rn. 1 ff.
5   Vgl. BGHZ 110, 220 (221); BGH NJW-RR 1992,
    779; Staudinger/*Roth* BGB § 144 Rn. 3.
6   BeckOK BGB/*Wendtland* § 144 Rn. 2.
7   Erman/*Arnold* BGB § 144 Rn. 1; Staudinger/*Roth*
    BGB § 144 Rn. 3; vgl. BGHZ 110, 220 (223).

8   RGZ 68, 398 (400); BGH NJW 1958, 177; WM
    1961, 785; BGHZ 110, 220 (222); BGH NJW 1995,
    2290 (2291); NJW-RR 1996,1281, 1282; DNotZ
    2016, 265 (267); OLG Hamm ZMR 2018, 722;
    ebenso *Wolf/Neuner* BGB AT BGB § 41 Rn. 169.
9   BGH NJW 1977, 1151; 1995, 2290, 2291; NJW-RR
    1996, 1281 (1282); vgl. BGH NJW 1982, 1981 (zu
    § 141).
10   BGH NJW-RR 1990, 817 (819).
11   Vgl. Hk-BGB/*Dörner* § 144 Rn. 2; Palandt/*Ellenber-
     ger* BGB § 144 Rn. 2; Jauernig/*Mansel* BGB § 144
     Rn. 2; BeckOK BGB/*Wendtland* § 144 Rn. 3.
12   MüKoBGB/*Busche* § 144 Rn. 7; ähnlich Soergel/
     Hefermehl BGB § 144 Rn. 2; RGRK/*Krüger-Nie-
     land/Zöller* BGB § 144 Rn. 2.
13   *Medicus* BGB AT Rn. 531; Erman/*Arnold* BGB
     § 144 Rn. 3; Staudinger/*Roth* BGB § 144 Rn. 8.

5 Geht es um die Bestätigung eines wegen einer **Drohung** gem. § 123 Abs. 1, 2. Fall anfechtbaren Rechtsgeschäfts, darf sich der Anfechtungsberechtigte nicht mehr in der durch die Drohung hervorgerufenen Zwangslage befinden. Eine vor dem **Wegfall der Zwangslage** erklärte Bestätigung ist unwirksam.[14]

6 Bei **mehreren Anfechtungsgründen** kann der Berechtigte die Bestätigung auf einzelne Gründe beschränken.[15] Geschieht das nicht ausdrücklich, kommt es darauf an, ob die Bestätigung nach ihrem äußeren Erklärungstatbestand eine solche Beschränkung erkennen lässt (vgl. gerade → Rn. 4) oder nach außen hin als umfassend zu verstehen ist. Ein arglistig Täuschender kann nur ausnahmsweise von einer umfassenden Bestätigung ausgehen.[16]

II. Bestätigungserklärung

7 Als Bestätigungserklärung kommt jedes Verhalten in Betracht, welches nach außen hin den Willen des Anfechtungsberechtigten offenbart, dass er das Rechtsgeschäft trotz erkannter Zweifel an der Anfechtbarkeit nicht anfechten, sondern es gelten lassen will (→ Rn. 4). Nach herrschender Auffassung handelt es sich um eine **nicht empfangsbedürftige Willenserklärung**, deren Wirksamkeit nicht vom Zugang (§ 130 Abs. 1 S. 1) beim Anfechtungsgegner abhängt.[17] Diese Auffassung kann sich zwar auf die Materialien zum BGB stützen.[18] Sie wird aber den Interessen des Anfechtungsgegners nicht gerecht, der wissen muss, ob er sich auf die Bestätigung und damit auf den endgültigen Bestand des Rechtsgeschäfts verlassen kann. Der Zweck der Bestätigung, schon vor Ablauf der Anfechtungsfrist die Rechtslage verbindlich klarzustellen (→ Rn. 1), kann so nicht erreicht werden. Deshalb muss die Bestätigung gegenüber dem Anfechtungsgegner erfolgen. Solange sie ihm nicht zugeht, ist der Bestätigende daran nicht gebunden.[19] Zu ähnlichen Ergebnissen kommen sowohl die Rechtsprechung, indem sie besonders strenge Anforderungen an konkludente Bestätigungen stellt (vgl. dazu → Rn. 8), als auch die Lehre durch die einschränkende Voraussetzung, das als Bestätigung zu wertende Verhalten müsse dem Anfechtungsgegner erkennbar sein.[20]

8 Die Bestätigung kann **formlos** erklärt werden. Sie bedarf gem. **Abs. 2** insbesondere nicht der für das zu bestätigende Rechtsgeschäft vorgeschriebenen Form. Deshalb kann sie durch **schlüssiges Verhalten** erfolgen.[21] Rechtsprechung und herrschende Lehre unterwerfen konkludente Bestätigungen allerdings besonders strengen Anforderungen, weil von niemandem ohne Weiteres vermutet werden könne, dass er auf bestehende Befugnisse oder Gestaltungsmöglichkeiten verzichte.[22] Danach kann eine stillschweigende Bestätigung gem. § 144 nur angenommen werden, wenn das Verhalten des Anfechtungsberechtigten eindeutig Ausdruck eines Bestätigungswillens ist und jede andere den Umständen nach einigermaßen verständliche Deutung ausscheidet. Sobald das Verhalten auch auf einem anderen Grund beruhen kann, ist es grundsätzlich nicht als Bestätigung zu werten.[23] Diese Formel ist **zu eng**, weil der Richter auch ein schlüssiges Verhalten nach den anerkannten Auslegungsgrundsätzen gem. §§ 133, 157 (vgl. dazu → § 133 Rn. 29 ff.) würdigen muss und eine Bestätigungserklärung nicht allein deshalb von vornherein ausschließen kann, weil noch eine andere Auslegungsmöglichkeit in Betracht kommt.[24] Außerdem sind diese besonderen Auslegungsmaßstäbe überflüssig, wenn man, dem Sinn und Zweck der Bestätigung sowie den Interessen des

14   BAG AP Nr. 16 zu § 123 BGB; Palandt/*Ellenberger* BGB § 144 Rn. 2; Erman/*Arnold* BGB § 144 Rn. 3; Staudinger/*Roth* BGB § 144 Rn. 10; BeckOK BGB/*Wendtland* § 144 Rn. 3; PWW/*Ahrens* BGB § 144 Rn. 2.

15   Hk-BGB/*Dörner* § 144 Rn. 2; Soergel/*Hefermehl* BGB § 144 Rn. 5; RGRK/*Krüger-Nieland/Zöller* BGB § 144 Rn. 3; Staudinger/*Roth* BGB § 144 Rn. 9; BeckOK BGB/*Wendtland* § 144 Rn. 4.

16   Vgl. RG JW 1937, 2651; Staudinger/*Roth* BGB § 144 Rn. 9; vgl. auch RGRK/*Krüger-Nieland/Zöller* BGB § 144 Rn. 9.

17   RGZ 68, 398 (399); BayObLG NJW 1954, 1039; OLG Nürnberg DAR 1962, 202 (204); Hk-BGB/*Dörner* § 144 Rn. 2; Soergel/*Hefermehl* BGB § 144 Rn. 3; Palandt/*Ellenberger* BGB § 144 Rn. 2; Jauernig/*Mansel* BGB § 144 Rn. 2; RGRK/*Krüger-Nieland/Zöller* BGB § 144 Rn. 4; Erman/*Arnold* BGB § 144 Rn. 2; BeckOK BGB/*Wendtland* § 144 Rn. 5; PWW/*Ahrens* BGB § 144 Rn. 4.

18   Nach Prot. I, S. 133 f. = *Mugdan* I, S. 731 muss auch ein nicht in Richtung auf den Anfechtungsgegner abgegebener stillschweigender Verzicht das Rechtsgeschäft unanfechtbar machen.

19   *Wolf/Neuner* BGB AT § 41 Rn. 169; *Medicus* BGB AT Rn. 534; Staudinger/*Roth* BGB § 144 Rn. 4; MüKoBGB/*Busche* § 144 Rn. 4; *Petersen* Jura 2008, 666 (667).

20   Jauernig/*Mansel* BGB § 144 Rn. 2; *Windel* AcP 199 (1999), 421, 442 f.

21   So bereits Prot. I, S. 134 = *Mugdan* I, S. 731.

22   BGH NJW 1967, 720 (721); WM 1982, 1249 (1251); NJW-RR 1992, 779 f.; NJW 2010, 3362 (3363); MDR 2016, 265 (266); BAG NZA 2010, 1250 (1255).

23   BGH NJW 1971, 1795 (1800); WM 1982, 1249 (1251); BGHZ 110, 220 (222); BGH NJW-RR 1992, 779 (780); BAG NJOZ 2006, 2031 (2033); NZA 2008, 348 (352); 2010, 1250, 1255; vgl. Hk-BGB/*Dörner* § 144 Rn. 2; Soergel/*Hefermehl* BGB § 144 Rn. 3; Palandt/*Ellenberger* BGB § 144 Rn. 2; Jauernig/*Mansel* BGB § 144 Rn. 2; RGRK/*Krüger-Nieland/Zöller* BGB § 144 Rn. 6; Erman/*Arnold* BGB § 144 Rn. 2; BeckOK BGB/*Wendtland* § 144 Rn. 5; PWW/*Ahrens* BGB § 144 Rn. 3.

24   MüKoBGB/*Busche* § 144 Rn. 6.

Anfechtungsgegners entsprechend, verlangt, dass die (ausdrückliche oder konkludente) Erklärung gegenüber dem Anfechtungsgegner erfolgt (vgl. → Rn. 7).[25]

Die Rechtsprechung hat konkludente Bestätigungen beispielsweise in den folgenden Fällen[26] **verneint**: **9** Klage des Käufers zur Geltendmachung von Gewährleistungsrechten in Kenntnis der Anfechtbarkeit, weil sein Wahlrecht nicht verkürzt werden dürfe;[27] Annahme oder Gebrauch einer nach dem anfechtbaren Vertrag geschuldeten Leistung aus wirtschaftlicher Notwendigkeit oder zur Abwendung eines größeren Verlusts;[28] Aufnahme des Geschäftsbetriebs in den Mieträumen durch den Mieter und Zahlung nur der Nebenkosten, aber nicht der Miete;[29] Ausspruch einer Kündigung vor oder zeitgleich mit der Anfechtung der zum Abschluss des Arbeitsvertrages führenden Willenserklärung, weil die Kündigung ebenfalls auf die Beendigung des Arbeitsverhältnisses gerichtet ist.[30] **Bejaht** wurde eine konkludente Bestätigung dagegen etwa in den Fällen, dass die Partei trotz Kenntnis des Anfechtungsgrundes aus wirtschaftlichen Gründen zunächst an einem Vergleich festhielt und weiter Zahlungen leistete[31] oder im Anschluss an die Bezugnahme auf bestimmte Mängel der Kaufsache ihre Zufriedenheit mit dem Kaufvertrag zum Ausdruck brachte.[32]

Bei einem gem. § 139 **teilbaren Geschäft** kommt die Bestätigung nur eines Teils dieses Rechtsgeschäfts in **10** Betracht. Insoweit gelten die gleichen Voraussetzungen wie bei einer Teilanfechtung (vgl. dazu → § 142 Rn. 4).[33]

Zur Bestätigung **berechtigt** ist der Anfechtungsberechtigte (vgl. dazu → § 143 Rn. 10 f.). Er kann einen **11** Dritten bevollmächtigen oder ermächtigen (vgl. in Bezug auf die Anfechtung → § 143 Rn. 12). Dabei kann es sich insbesondere um den Prozessbevollmächtigten handeln.[34]

III. Rechtsfolgen der Bestätigung

Nach Abs. 1 führt die Bestätigung zum **Ausschluss des Anfechtungsrechts**. Soweit also die Bestätigung – **12** insbesondere bei einem teilbaren Rechtsgeschäft (→ Rn. 10) – reicht, erlischt das Anfechtungsrecht. Das anfechtbare Rechtsgeschäft ist endgültig wirksam. Mit dem Anfechtungsrecht erlöschen die an die Anfechtbarkeit geknüpften Leistungsverweigerungsrechte Dritter (vgl. dazu → § 142 Rn. 6).[35]

Da die Bestätigung nur die Anfechtbarkeit des Rechtsgeschäfts beseitigt, bleiben etwaige **Schadensersatz-** **13** **ansprüche** grundsätzlich bestehen. Das können bei einer arglistigen Täuschung zB Ansprüche aus § 823 Abs. 2 iVm § 263 StGB oder aus § 826 sein. Ergibt die Auslegung der Bestätigungserklärung allerdings, dass sie auch diese Ansprüche erfassen soll, muss sie durch den anderen Teil angenommen werden, damit ein Erlassvertrag (vgl. § 397) zustande kommt.[36] Das setzt den Zugang der Bestätigung beim Anfechtungsgegner voraus.

C. Weitere praktische Hinweise

Das Erlöschen des Anfechtungsrechts aufgrund einer Bestätigung muss das Gericht **von Amts wegen** prü- **14** fen. Die Darlegungs- und **Beweislast** in Bezug auf die zugrunde liegenden Tatsachen trägt der Anfechtungsgegner oder der Prozessgegner desjenigen, der bestätigt haben soll. Sind die Tatsachen nachgewiesen, wird die nach der herrschenden Auffassung notwendige Kenntnis der Anfechtungsberechtigung (→ Rn. 4) vermutet.[37]

---

25 Staudinger/*Roth* BGB § 144 Rn. 4.
26 Vgl. dazu und zu weiteren Beispielen Palandt/*Ellen-berger* BGB § 144 Rn. 2; RGRK/*Krüger-Nieland/Zöller* BGB § 144 Rn. 7 f.; Erman/*Arnold* BGB § 144 Rn. 4; Staudinger/*Roth* BGB § 144 Rn. 6.
27 BGHZ 110, 220 (222 f.); OLG Schleswig SchlHA 2008, 356.
28 BGH NJW 1971, 1795.
29 BGH NJW-RR 1992, 779 (780).
30 BAG AP Nr. 64 zu § 123 BGB = NJOZ 2006, 2031 (2033 f.).
31 BAG NZA 2010, 1250 (1255); vgl. OLG Koblenz FamRZ 1983, 720.
32 BGH DNotZ 2016, 265 (267).
33 Vgl. BeckOK BGB/*Wendtland* § 144 Rn. 7; Erman/ *Arnold* BGB § 144 Rn. 4.

34 BeckOK BGB/*Wendtland* § 144 Rn. 8; vgl. auch Staudinger/*Roth* BGB § 144 Rn. 11 ff.
35 Soergel/*Hefermehl* BGB § 144 Rn. 6; BeckOK BGB/ *Wendtland* § 144 Rn. 9.
36 BGH DNotZ 2016, 265 (268 f.); Soergel/*Hefermehl* BGB § 144 Rn. 6; Erman/*Arnold* BGB § 144 Rn. 5; Staudinger/*Roth* BGB § 144 Rn. 16; BeckOK BGB/ *Wendtland* § 144 Rn. 9; ausf. *Regenfus* Jura 2016, 1089 (1094 ff.)
37 Vgl. BGH NJW 1967, 720 (721); Soergel/*Hefermehl* BGB § 144 Rn. 6; RGRK/*Krüger-Nieland/Zöller* BGB § 144 Rn. 12; MüKoBGB/*Busche* § 144 Rn. 9; Erman/*Arnold* BGB § 144 Rn. 6; Staudinger/*Roth* BGB § 144 Rn. 17; BeckOK BGB/*Wendtland* § 144 Rn. 10.

Titel 3 Vertrag

Vorbemerkungen zu §§ 145–157

Literatur: *Armbrüster*, Zustandekommen und Wirksamkeit von Verträgen aus gemeineuropäischer Sicht – Ein Vergleich mit den Lando-Principles (PECL) und der Konzeption des gemeinsamen Referenzrahmens (CFR) mit dem deutschen Recht, JURA 2007, 321; *Arnold*, Vertrag und Verteilung, Die Bedeutung der iustitia distributiva im Vertragsrecht, 2014; *Bahntje*, Gentlemen's Agreement und abgestimmtes Verhalten, 1982; *Benedict*, Das Versprechen als Verpflichtungsgrund?, RabelsZ 72 (2008), 302; *Berg*, Die Stipulation in der Rechtsprechung des Reichsgerichts, 2009; *Bischoff*, Vorfeldvereinbarungen im deutsch-amerikanischen Rechtsverkehr, RIW 2002, 609; *ders.*, Vorvertragliche Verhandlungsinstrumente und ihre Wirkungen im deutschen und US-amerikanischen Recht, ZVglRWiss 103 (2004), 190; *Bruns*, Haftungsbeschränkung und Mindesthaftung, 2002; *ders.*, Die Vertragsfreiheit und ihre Grenzen in Europa und den USA, JZ 2007, 385; *Bumke/Röthel* (Hrsg.), Privates Recht, 2012; *G.-P. Callies*, Transnationales Recht, 2014; *Canaris*, Die Reform des Rechts der Leistungsstörungen, JZ 2001, 499; *ders.*, Wandlungen des Schuldvertragsrechts, AcP 200 (2000), 273; *Casper*, Der Optionsvertrag, 2005; *Dammann*, Die Grenzen zulässiger Diskriminierung im allgemeinen Zivilrecht, 2005; *Dannecker*, Absprachen im Besteuerungs- und im Steuerstrafverfahren, in: Horn (Hrsg.), Recht im Pluralismus, 2003, S. 371; *Dauner-Lieb*, Reichweite und Grenzen der Privatautonomie im Privatrecht, AcP 201 (2001), 295; *Dörner*, Haftung für Gewinnzusagen, in: FS Kollhosser, 2004, Bd 2, S. 75; *Fleischer*, Gegenwartsprobleme der Patronatserklärung im deutschen und europäischen Privatrecht, WM 1999, 666; *Freitag*, „Specific performance" und „causa-Lehre" über alles im Recht des Vorvertrags?, AcP 207 (2007), 287; *Frenz*, Selbstverpflichtungen der Wirtschaft, 2001; *Fritzsche*, Der Abschluss von Verträgen, §§ 145 ff BGB, JA 2006, 674; *Fuchs*, Naturalobligationen und unvollkommene Verbindlichkeiten im BGB, in: FS Medicus, 1999, S. 123; *Gebauer*, Der Vertragsschluss im EU-Kaufrecht (Art. 30–39 GEKR), in: Schmidt-Kessel (Hrsg.), Ein einheitliches europäisches Kaufrecht – Eine Analyse des Vorschlags der Kommission, 2012, S. 121; *Giesen*, Wollensbedingung, in: FS Schapp, 2010, S. 159; *Habersack*, Patronatserklärungen ad incertas personas, ZIP 1996, 257; *Häsemeyer*, Das Vertragsangebot als Teil des Vertrages, in: FS Jayme, 2004, S. 1435; *Hebeler*, Versprechungen der Verwaltung – Zusagen, Zusicherungen und ähnliche behördliche Erklärungen, JURA 2010, 881; *Heyers*, Put-Optionen auf Immobilien, DNotZ 2011, 6; *Heussen*, Anwalts-Checkbuch Letter of Intent, 2002; *Jansen/R. Zimmermann*, Vertragsschluss und Irrtum im europäischen Vertragsrecht – Textstufen transnationaler Modellregelungen, AcP 210 (2010), 196; *Kegel*, Vertrag und Delikt, 2002; *Kleinschmidt*, Der Verzicht im Schuldrecht, 2004; *ders.*, Unilateral contract und einseitiges Versprechen, JURA 2007, 249; *ders.*, Delegation zur Privatautonomie auf Dritte, 2014; *Kocher*, Diskriminierende Vertragsverweigerung als vorvertragliche Pflichtverletzung, in: FS Martiny, 2014, S. 411; *Köndgen*, Selbstbindung ohne Vertrag, 1981; *Kötz*, Europäisches Vertragsrecht, 2. Aufl. 2015; *Klingenfuß*, Der Kontrahierungszwang im deutschen und französischen Zivilrecht, 2004; *H. Köhler*, Das Verfahren des Vertragsschlusses, in: Basedow (Hrsg.), Europäische Vertragsrechtsvereinheitlichung und deutsches Recht, 2000, S. 33; *Kramer*, Grundfragen der vertraglichen Einigung, 1972; *ders.*, Anmerkungen zum Konsenserfordernis bei zweiseitig verpflichtenden Verträgen, in: FS Canaris I, 2007, S. 665; *Krebber*, Der nicht zufällige Kontakt ohne Vertragsnähe auf der Grenze zwischen vertraglicher und deliktischer Haftung, VersR 2004, 150; *Krüger*, Vorvertrag und Hauptvertrag, ZNotP 2006, 447; *Leenen*, Abschluß, Zustandekommen und Wirksamkeit des Vertrages, AcP 198 (1998), 381; *ders.*, Faktischer und normativer Konsens, in: Liber amicorum Prölss, 2009, S. 153; *Lobinger*, Rechtsgeschäftliche Verpflichtung und autonome Bindung, 1999; *Lomfeld*, Die Gründe des Vertrages, 2015; *S. Lorenz*, Der Schutz vor dem unerwünschten Vertrag, 1997; *Luig*, Der internationale Vertragsschluß, 2003; *Lust*, Die Vorstufen des verhandelten Vertrages, 2002; *Lutter*, Der Letter of Intent, 3. Auflage 1998; *Maier-Reimer/Etzbach*, Die Patronatserklärung, NJW 2011, 1110; *Martens*, Einigungsmängel im EU-Kaufrecht, in: Schmidt-Kessel (Hrsg.), Ein einheitliches europäisches Kaufrecht – Eine Analyse des Vorschlags der Kommission, 2012, S. 179; *Mankowski*, Verändert die Neurobiologie die rechtliche Sicht auf Willenserklärungen?, AcP 211 (2011), 153; *Maurer*, Vorrechte in der vertraglichen Praxis, BWNotZ 2004, 57; *Mayer-Maly*, Vertrag und Einigung, in: FS Nipperdey I, 1965, S. 509; *ders.*, Von solchen Handlungen, die den Kontrakten in ihrer Wirkung gleich kommen, in: FS Willburg, 1965, S. 129; *ders.*, Der Konsens als Grundlage des Vertrages, in: FS Seidl, 1975, S. 118; *Meder*, Annahme durch Schweigen bei Überweisungsvertrag und Gutschrift, JZ 2003, 443; *Merle*, Die Vereinbarung als mehrseitiger Vertrag, in: FS Wenzel, 2005, S. 251; *Meyer-Pritzl*, Pactum, conventio, contractus. Zum Vertrags- und Konsensverständnis im klassischen römischen Recht, in: Mélanges Schmidlin, 1998, S. 99; *Neuner*, Natürlicher und freier Wille, AcP 218 (2018), 1; *Ohly*, „Volenti non fit iniuria" – die Einwilligung im Privatrecht, 2002; *Petersen*, Das Zustandekommen des Vertrages, JURA 2009, 183; *Rehberg*, Das Rechtfertigungsprinzip, 2014; *Redeker*, Vorvereinbarungen in IT-Projekten, ITRB 2007, 208; *Reuss*, Die Intensitätsstufen der Abreden und die Gentlemen-Agreements, AcP 154 (1955), 485; *G. Roth*, Willensfreiheit, Verantwortlichkeit und Verhaltensautonomie, in: FS Lampe, 2003, S. 43; *M. Roth*, Der allgemeine Bankvertrag, WM 2003, 480; *W.-H. Roth*, Zur Wählbarkeit nichtstaatlichen Rechts, in: FS Jayme, 2004, S. 757; *C. Schäfer*, Die Lehre vom fehlerhaften Vertrag, 2002; *ders.*, Lässt sich die Gewinnzusage nach § 661 a BGB in das System des Bürgerlichen Rechts einordnen?, JZ 2005, 981; *Schapp*, Grundfragen der Rechtsgeschäftslehre, 1986; *Schellhase*, Gesetzliche Rechte zur einseitigen Vertragsgestaltung, 2012; *Schmidlin*, Die beiden Vertragsmodelle des europäischen Zivilrechts: das naturrechtliche Modell der Versprechensübertragung und das pandektistische Modell der vereinigten Willenserklärungen, in: R. Zimmermann/Knütel/Meincke (Hrsg.), Rechtsgeschichte und Privatrechtsdogmatik, 1999, S. 197; *J. Schmidt*, Der Vertragsschluss – Ein Vergleich zwischen dem deutschen, französischen, englischen Recht und dem CESL, 2013; *Schmidt-Kessel* (Hrsg.), Der Vorschlag der Kommission für ein Optionales Instrument – Einleitung, 2014, S. 1 ff.; *Schmolke*, Grenzen der Selbstbindung im Privatrecht, Rechtspaternalismus und Verhaltensökonomik in Familien-, Gesellschafts- und Verbraucherrecht, 2014; *Schreiber*, Unvollkommene Verbindlichkeiten, JURA 1998, 270; *G. Schulze*, Die Naturalobligation, 2008; *ders.*, Verträge zum Schutz gegen sich selbst, in: FS Jayme, 2004, S. 1561; *ders.*, Nicht erzwingbare Leistungsforderungen im Zivilrecht, JuS 2011, 193; *ders.*, Billigkeitsentscheidungen im internationalen Schiedsrecht auf der Grundlage von § 1051 Abs. 3 ZPO, in: FS Kaissis, 2012; *ders.*, Rien d'autre qu'un sentiment? Zur französischen Lehre von der „obligation naturelle", in: Liber amicorum Seul, 2014, S. 470; *Siemon*, Der Vertragsschluss beim Beschlussvergleich, NJW 2011, 426; *Singer*, Vertrauenshaftung beim Abbruch von Vertragsverhandlungen, in: Kontinuität im Wandel der Rechtsordnung, Beiträge für Canaris, 2002, S. 135; *Sigmund*, Bindung durch Versprechen oder Vertrag, 2018; *Stieglmeier*, Vertragsarbitrage und Internationales

Privat- und Zivilverfahrensrecht, 2018; *Stöhr*, Die Vertragsbindung – Legitimation, Herkunft, Grenzen, AcP 214 (2014) 425; *Stoffels*, Gesetzlich nicht geregelte Schuldverträge, 2001; *Tröger/Karampatzos* (Hrsg.), Gestaltung und Anpassung von Verträgen in Krisenzeiten, 2014; *Ulrici*, Geschäftsähnliche Handlungen, NJW 2003, 2053; *v. Bar/R. Zimmermann* (Hrsg.), Grundregeln des Europäischen Vertragsrechts, Teile I und II, 2002, Teil III, 2005; *Wagner*, Prozessverträge. Privatautonomie im Verfahrensrecht, 1998; *Wagner-von Papp*, Die privatautonome Beschränkung der Privatautonomie, AcP 205 (2005), 342; *M.-P. Weller*, Die Vertragstreue, 2009; *M. Weller*, Persönliche Leistungen, 2012; *Wendel*, Der Unilateral Contract, 2005; *Wendenburg/Schneider*, Vertraglicher Gerichtsstand bei Ansprüchen aus Delikt?, NJW 2014, 1633; *Wertenbruch*, Zur Haftung aus culpa in contrahendo bei Abbruch von Vertragsverhandlungen, ZIP 2004, 1525; *Windel*, Personenrechtliche Grenzen der Vertragsbindung, in: FS Schnapp, 2008, S. 859; *ders.*, Die Typologie der Schuldverträge, in: FS Schilken, 2015, S. 153; *Wittig*, Moderne Patronatserklärungen, WM 2003, 1981; *Wittwer*, Vertragsschluss, Vertragsauslegung und Vertragsanfechtung nach europäischem Recht, 2004; *R. Zimmermann*, The Law of Obligations. Roman Foundations of the Civil Tradition, Oxford 1996; *ders.*, Europa und das römische Recht, AcP 202 (2002), 243; *Zwanzger*, Der mehrseitige Vertrag, 2013.

A. Allgemeines 1
  I. Der Vertrag als Rechtsgeschäft 4
    1. Vertragsbegriff und Terminologie 4
    2. Vertragswille und Verbindlichkeit 6
      a) Freier Wille und Selbstbindung 7
      b) Rechtsfolge- und Rechtsbindungs-
        wille 8
      c) Rechtsgeschäftliche Relevanz 9
  II. Vertragsfunktion und Beschränkungen der
    Vertragsfreiheit 10
    1. Gesetzlicher Kontrahierungszwang 11
    2. Bindungsverbote und nicht erzwingbare
      Bindungen 12
  III. Konsens 14
    1. Normativer Konsens 15
    2. Konsensformen 17
B. Einzelerläuterungen 20
  I. Das auf den Vertrag anwendbare Recht (IPR
    und Einheitsrecht) 20
  II. Gefälligkeiten, Gentlemen's Agreements und
    Prozessverträge 21
    1. Gefälligkeiten 21

    2. Gentlemen's Agreements und ähnliche
      Vertrauenspakte 23
      a) Verdeckter Vertrauenspakt 24
      b) Gentlemen's Agreements 26
      aa) Interne (clandestine) Vereinbarun-
          gen 27
      bb) Auf rechtliche Anerkennung gerich-
          tete Vereinbarungen 28
    3. Prozessverträge 29
  III. Erklärungen im Vorfeld des Vertrages 30
    1. Erklärungen im Verhandlungsprozess 31
    2. Das Verhandlungsverhältnis 33
  IV. Vorvertrag 34
  V. Option, Vorrechtsvertrag, Vorhand 36
  VI. Rahmenvertrag, Sukzessivlieferungsvertrag ... 39
  VII. Faktischer Vertrag, Selbstwiderspruch und
    fehlerhafte Vertragsverhältnisse 42
  VIII. Faktische Vertragswirkungen und „Tatsachen-
    verträge" 46

A. Allgemeines

Die §§ 145–156 regeln den Vorgang des Vertragsschlusses. Die §§ 145–149, 151–153, 156 betreffen das **1** Ingeltungsetzen der Vertragswirkungen durch die Vertragsparteien. Das Regelungsziel liegt in der exakten Bestimmung des Eintritts der vertraglichen Rechtswirkungen. Die Funktion der §§ 154, 155 dagegen ist es, im Falle einer inhaltlich oder formal unvollständigen Regelung (fehlender Regelungskonsens) über die gleichwohl mögliche Vertragsgeltung (Geltungskonsens) zu entscheiden. § 150 betrifft den Fall der inhaltlich oder zeitlich fehlgeschlagenen Einigung und ihre Folgen für ein Zustandekommen des Vertrages.

Die Bindung des Offerenten an seinen Antrag für die Zeit ab dessen Zugang beim Empfänger (§§ 145 Hs. 1, **2** 130–132) bis zu dessen Erlöschen (§ 146) ist im BGB als einseitiger Versprechensakt ausgestaltet. Beschrieben werden in „Titel 3. Vertrag" damit zwei Grundmodi rechtsgeschäftlicher Bindungen: Das **Versprechen** und der **Konsens**. Beide bedeuten eine Selbstbindung durch den Willen, knüpfen aber ihre Bindungswirkungen unterschiedlich an. Das Versprechen leitet sich einseitig aus der Erklärungshandlung als Vollzugsakt des Willens („aus dem Wort") ab, der Konsens dagegen aus dem einheitlich gedachten gemeinsamen Vertragswillen. Im Bild der vereinigten Willen der Vertragspartner gehen die jeweiligen Vertragsversprechen als isolierbare Verpflichtungsakte unter und die vertraglichen Rechte und Pflichten entstehen originär aus dem Willenskonsens (sog. Modell der vereinigten Willenserklärungen).[1] Versprechensbindung und Vertragsbindung schließen sich aber nicht gegenseitig aus, sondern ergänzen einander.[2] Die Antragsbindung des § 145 Hs. 1 überbrückt die Schwebezeit bis zum Vertragsschluss und verschafft dem Empfänger eine geschützte Rechtsposition (**Annahmeoption**). Sie erzeugt keine obligatorische Leistungsbindung, sondern nur eine konsequentialistische Bindung an das gegebene Versprechen. Der Antragende ist an seinen Antrag und damit **an** sein Versprechen gebunden, aber noch nicht **aus** diesem Versprechen zur Leistung ver-

---

1 In Abgrenzung zu dem naturrechtlichen Modell der translativen Versprechensübertragung, vgl. *Schmidlin*

    in Zimmermann ua, Rechtsgeschichte und Privatrechtsdogmatik, S. 197, 198 ff., 202.

2 *Häsemeyer* FS Jayme, S. 1435, 1440.

pflichtet. Die Vertragsbindung wird im BGB aus dem Konsens und nicht mehr isoliert aus einem Vertragsversprechen abgeleitet.[3]

3   Immer wieder taucht im politischen wie im wissenschaftlichen Kontext aus ganz unterschiedlichen Gründen die Idee oder sogar das Vorhaben auf, das materielle Vertragsrecht (oder sogar das Vermögensrecht insgesamt)[4] also auf europäischer Ebene zu **vereinheitlichen** und die trotz des harmonisierenden EU-Rechts verbleibenden Unterschiede zu überwinden. Die Chancen des Inkrafttretens eines solchen europäischen Rechts werden unterschiedlich bewertet, überwiegend ist man jedoch aus verschiedenen Gründen pessimistisch.[5] Politisch jedenfalls scheint der Weg derzeit tendenziell in Richtung *weniger Europa* als zu einer Intensivierung der Gemeinschaft zu weisen. Nichtsdestotrotz findet sich sowohl in der Wissenschaft als auch in politischen Dokumenten immer wieder die Möglichkeit erwähnt, dass in größerem zeitlichem Abstand vielleicht doch eine europäische Kodifikation von der Vision zur Wirklichkeit werden könnte.[6] Die derzeitigen Teilvereinheitlichungen auf dem Gebiet des Vertragsrechts werden dabei als Zwischenschritte auf dem Weg zu einem **Europäischen Zivilgesetzbuch** begriffen. Der Erlass eines europäischen Zivilgesetzbuchs steht aktuell freilich nicht auf der politischen Agenda, genauer gesagt: nicht mehr, hatte doch insbesondere das Europäische Parlament seit Ende der 1980er Jahre immer wieder entsprechende Forderungen mit Nachdruck erhoben.[7] Angestachelt durch eine Mitteilung der Kommission aus dem Jahr 2001[8] schlug das Parlament noch im selben Jahr einen nicht nur aus heutiger Perspektive bemerkenswert ambitionierten Zeitplan vor, nach dem ab dem Jahr 2010 ein europäisches Vertragsrecht in Kraft treten sollte.[9] In den Folgejahren hatte die Kommission derartige Pläne jedoch zunächst zurückgestellt, um sie schließlich zu verwerfen.[10] Das zwischenzeitlich verfolgte Projekt eines Gemeinsamen Referenzrahmens (Common Frame of Reference – CFR), von dem nie ganz klar war, was er eigentlich bedeuten sollte,[11] ist sodann überholt worden von dem Vorhaben einer Verordnung über ein Gemeinsames Europäisches Kaufrecht (Common European Sales Law – CESL),[12] das seinerseits ebenfalls scheiterte. Zuletzt hat der europäische Gesetzgeber zwei Richtlinien erlassen, die die Regeln zum Verbrauchsgüterkauf ergänzen und sich mit Verbraucherverträgen über digitale Inhalte und digitale Dienstleistungen beschäftigten.[13] Die Idee einer europäischen Zivilrechtskodifikation ist damit freilich noch lange nicht zu Grabe getragen. Nach wie vor verbreitet ist die politische und juristische Überzeugung, ein gemeineuropäisches Privatrechtsgesetzbuch sei wünschenswert: zur Förderung des Binnenmarkts, als Chance zur Neustrukturierung und Verbesserung des Rechts, für die Herausbildung oder Stärkung einer europäischen Identität.[14] Vor diesem Hintergrund scheint es nur eine Frage der passenden politischen Stimmung zu sein, wann das Projekt einer Kodifikation wiederaufgegriffen wird, vielleicht auch um ein Zeichen gegen die Krise der europäischen Idee zu setzen.

---

3   Vgl. näher *Schulze*, S. 343 ff.

4   Vom sukzessiven Ausbau eines europäischen Vertragsrechts hin zu einer europäischen Kodifikation des Vermögensrechts ist jedoch aus Kohärenzgründen dringend abzuraten: *Rademacher*, Kohärenz des Europäischen Privatrechts: Zusammenspiel vertraglicher und außervertraglicher Kräfte in einem Europäischen Zivilgesetzbuch in Behme ua, Perspektiven einer europäischen Privatrechtswissenschaft – Jahrbuch Junger Zivilrechtswissenschaftler – München 2016, 2017, S. 41, 49 ff.

5   Überblick mwN bei *Kötz*, Europäisches Vertragsrecht, S. 15 ff. Nicht überbewerten sollte man jedenfalls die gegenwärtig wohl fehlende EU-Kompetenz zum Erlass eines Europäischen Zivilgesetzbuchs (dazu *Rutgers* in Hartkamp ua , Towards a European Civil Code, 4. Aufl. 2011, S. 311 ff.). Sollte sich ein politischer Wille zur weitergehenden Vereinheitlichung herausbilden, wäre das Problem durch Erlass einer entsprechenden Kompetenzvorschrift leicht zu lösen.

6   Dies sehen auch im Übrigen kritische Beobachter so: *Zimmermann*, The Law of Obligations, S. X; Staudinger/*Honsell* (2013), Einl BGB Rn. 113 c.

7   Resolution A2–157/89, Official Journal C 158, 26.6.1989, S. 400; Resolution A3–0329/94, Official Journal C 205, 25.7.1994, S. 518; Resolution B5–0228, 0229, 0230/2000, Official Journal C 377,

29.12.2000, S. 326; dazu *Heiderhoff*, Europäisches Privatrecht, 4. Aufl. 2016, Rn. 603 ff.; *Jansen/Rademacher*, European Civil Code in Smits , Elgar Encyclopedia of Comparative Law, 2. Aufl. 2012, S. 299 f. mwN; s. auch *Niglia*, The Struggle for European Private Law: A Critique of Codification, 2015, S. 7 ff.

8   KOM(2001) 398 endg., 11.7.2001.

9   Resolution A5–0384/2001, Official Journal C 140 E, 13.6.2002, S. 541 f.

10   KOM(2003) 68 endg. v. 12.2.2003; KOM(2004) 651 endg. v. 11.10.2004.

11   *Eidenmüller/Faust/Grigoleit/Jansen/Wagner/ Zimmermann* JZ 2008, 529 ff.; *Jansen/Zimmermann* NJW 2009, 3401 ff.

12   Dazu *Eidenmüller/Jansen/Kieninger/Wagner/ Zimmermann* JZ 2012, 269 ff.; *Mansel* WM 2012, 1253 ff., 1309 ff.; s. auch die an *Wagner/Zimmermann* AcP 212 (2012), 467 ff. anschließenden Beiträge und Berichte der Sondertagung der Zivilrechtslehrervereinigung zum Vorschlag für ein Gemeinsames Europäisches Kaufrecht.

13   Richtlinien (EU) 2019/770 und 2019/771 des Europäischen Parlaments und des Rates v. 20.5.2019, ABl. 2019 L 136, 1, 28; s. dazu *Bach* NJW 2019, 1705; *Metzger* JZ 2019, 577.

14   Zum Ganzen *Jansen/Rademacher*, European Civil Code in Smits, Elgar Encyclopedia of Comparative Law, 2. Aufl. 2012, S. 301 f. mwN.

Einen **rechtsvergleichenden Überblick** über das Vertragsrecht, einschließlich des Zustandekommens von Verträgen,[15] bieten für Europa die von *Nils Jansen* und *Reinhard Zimmermann* herausgegebenen **Commentaries on European Contract Laws**. Das Werk rekonstruiert die Textstufen des europäischen Vertragsrechts in ihrer Genese, vergleicht sie in ihren Formulierungen und Wertungen miteinander und setzt sie in Beziehung zu ihrem historisch-vergleichenden Hintergrund. Gefragt wird insbesondere, inwieweit diese Texte sich tatsächlich als Konkretisierung eines europäischen Vertragsrechts verstehen lassen. Den hermeneutischen Ausgangspunkt und Orientierungsrahmen bieten dabei die Principles of European Contract Law (**PECL**)[16] und das europäische Richtlinienrecht. Ebenso finden der Draft Common Frame of Reference (**DCFR**),[17] die UNIDROIT-Principles (**UP**),[18] das CESL und der Entwurf eines Europäischen Vertragsgesetzbuches der Akademie europäischer Privatrechtswissenschaftler[19] Beachtung.

I. Der Vertrag als Rechtsgeschäft

1. Vertragsbegriff und Terminologie. Antrag und Annahme bezeichnen die auf den Abschluss eines Vertrages gerichteten, aufeinander bezogenen Willenserklärungen, die, soweit sie übereinstimmen, den Vertragskonsens bilden. Der Vertragsbegriff selbst wird im BGB nicht definiert, sondern als (vorpositiv) bekannt vorausgesetzt.[20] Der Vertrag ist danach eine **Abstraktion für einen Willenskonsens**. Dieser dient der Verfolgung individueller Interessen und erzeugt aus sich heraus Rechtswirkungen.[21] **4**

In der Diktion der Rechtsgeschäftslehre handelt es sich bei dem Vertrag um eine **einverständlich getroffene, rechtsgeschäftliche Regelung,** die ein **Rechtsverhältnis begründet.**[22] An ihm sind mindestens zwei Personen beteiligt (zweiseitiger Vertrag). Anders als im Prozessrecht, das auf einem strengen Zwei-Parteien-System aufbaut,[23] können jedoch auch mehrere Personen (prinzipiell beliebig viele) Parteien einen Vertrag schließen (mehrseitiger Vertrag).[24] Selbst ganze „Netzwerke" können durch Vertrag begründet werden.[25]

Ein Vertragszweck oder -grund (causa) ist kein notwendiges Begriffsmerkmal des Vertrages.[26] Auch eine Typenbindung an die im besonderen Teil des Schuldrechts gesetzlich normierten Vertragstypen besteht nicht. Das System der Vertragstypen ist durchlässig (gemischttypische Verträge) und offen (atypische Verträge).[27] Kennzeichnend für den schuldrechtlichen Vertrag ist die Entstehung einer oder mehrerer Leis-

---

15 S. dazu auch *J. Schmidt*, Der Vertragsschluss; rechtsvergleichende Analyse von PECL und UP mit den §§ 145 ff. auch bei *Köhler*, Das Verfahren des Vertragsschlusses in Europäische Vertragsrechtsvereinheitlichung und deutsches Recht, S. 33 ff.; Vergleich der Abschlussregeln zwischen CISG, PECL und UP von *Luig*, Der internationale Vertragsschluss, 2003; umfassender Vergleich aus Sicht des österreichischen ABGB bei *Wittwer*, Vertragsschluss, Vertragsauslegung und Vertragsanfechtung nach europäischem Recht, S. 10 ff.; zu den römisch-rechtlichen Grundlagen und aktuellen Bezügen *Zimmermann* AcP 202 (2002), 243 ff.

16 Sog. *Lando*-Prinzipien: *v. Bar/Zimmermann* , Grundregeln des Europäischen Vertragsrechts, Teile I und II, 2002, Teil III, 2005.

17 Principles, Definitions and Model Rules of European Private Law. Draft Common Frame of Reference (DCFR), Full Edition, 2009; s. auch die „DCFR database": https://www.dcfr.uni-osnabrueck.de/.

18 UNIDROIT Principles of International Commercial Contracts, 2016; online abrufbar unter https://www.unidroit.org/instruments/commercial-contracts/unidroit-principles-2016.

19 *Gandolfi* , Code Européen des Contracts – Avantprojet, Mailand 2001; alle genannten nicht-legislativen Kodifikationen finden sich auch abgedruckt in: Schulze/Zimmermann, Europäisches Privatrecht: Basistexte, 5. Aufl. 2016.

20 Zum Vertragsbegriff des BGB vgl. HKK/*Hofer* BGB Vor § 145 Rn. 9 ff., 13 ff.; zu seiner Genese aus dem römischen Recht vgl. *Zimmermann*, The Law of Obligations, S. 561 ff.

21 Die Rechtswirkungen werden durch den Willen der Beteiligten erzeugt und durch das positive Recht anerkannt. Nach positivistischer Lesart beruhen rechtliche Bindung und rechtlicher Erfolg dagegen allein und unmittelbar auf dem Gesetz, vgl. zur bindenden Wirkung des Vertrages *Wolf/Neuner* BGB AT, § 10 Rn. 23 u. Fn. 34; *Mayer-Maly* FS Nipperdey I, 1965, S. 509, 512 f.; nach vorrechtlicher Lesart ist es noch immer Naturrecht, so etwa *Stöhr* AcP 214 (2014) 425, 229.

22 *Flume* BGB AT Bd. 2, § 33, 2 (S. 601 f.).

23 Zum Zwei-Parteien-Prozess s. Wieczorek/Schütze/*Schulze* ZPO Vor § 50 Rn. 1 ff.

24 *Zwanzger*, Der mehrseitige Vertrag, 131 ff. Beispiele sind der Erbauseinandersetzungsvertrag, Rahmenverträge, Vergleiche und Gesellschaftsverträge an denen drei oder mehr Personen als Parteien beteiligt sind (zur Typologie näher S. 37 ff.). Davon abzugrenzen sind bipolar mehrseitige Verträge, dh Verträge, bei denen sich zwei oder mehr Personen eine der beiden Vertragsrollen teilen (bspw. Ehepaar als Käufer einer Immobilie), *Zwanzger*, Der mehrseitige Vertrag, S. 11.

25 *Teubner*, Netzwerk als Vertragsverbund, 2004; *Grundmann* AcP 207 (2007), 718.

26 Seit der Reform von 2016 auch nicht mehr im franz. Recht: Art. 1128 Code civil; dazu *Sonnenberger* ZEuP 2017, 6 (30); rechtsvergleichend *Zimmermann*, Law of Obligations, S. 549 ff., 554 f. (zur angelsächsischen consideration-Lehre).

27 *Windel* FS Schilken, 2015, S. 153, 160 f.; zur Anerkennung der sog. Innominatkontrakte vgl. *Stoffels*, Gesetzlich nicht geregelte Schuldverträge, S. 125 ff., 633 f.

tungspflichten des Vertragsschuldners (Leistungsschuld und korrespondierend die Leistungsforderung des Vertragsgläubigers: § 241 Abs. 1 (obligatio ex contractu nascitur).[28] Wie der von Lehre und Rechtsprechung anerkannte sog. Vertrag ohne primäre Leistungspflicht[29] aber zeigt, ist die Entstehung einer Leistungsforderung nicht begriffsnotwendig (bspw. der Rahmenvertrag[30] oder familienrechtliche Verträge).[31] Auch der dingliche Vertrag (dingliche Einigung) lässt keine vertragliche Schuld entstehen, sondern ist lediglich ein notwendiges Element des Verfügungsgeschäfts.

Der Vertragsbegriff findet sich in allen Bereichen des Zivilrechts, im Kartellrecht[32] und auch im öffentlichen Recht.[33] Im öffentlichen Recht ist daneben eine Typologie von Versprechungen[34] entstanden, auf die hier nur hingewiesen werden kann.

5   Terminologisch ist der Antrag synonym zu Angebot, Offerte und eher untechnisch zu einem Anerbieten. Der Gesetzgeber hat ferner den vormals untechnischen Begriff der „Bestellung" für Versandgeschäfte in das Gesetz übernommen. Gemeint sein können damit je nach Auslegung und Kontext echte aber widerrufliche Vertragsanträge (§§ 241 a, 356 Abs. 2 Nr. 1 lit. b) oder auch nur bloße Einverständniserklärungen zu einer künftigen Lieferung.[35] Bei einer Versteigerung haben Gebote die Funktion von Kaufanträgen und die Annahme erfolgt durch den Zuschlag (§ 156). Die Annahme kann ihrerseits untechnisch auch als Akzept bezeichnet werden. Technisch gebräuchlich meint Akzept im Wechselrecht dagegen die förmliche Annahme eines Wechsels (§ 25 WG) und damit den Abschluss eines gesonderten Annahmevertrags, dh ein abstraktes Schuldversprechen als selbstständige vertragliche Verpflichtung, vgl. ebenso die Annahme einer Anweisung, § 784.[36] Die Schuldverträge lassen sich nach ihrer **Pflichtenstruktur** einteilen in ein-, beid- und allseitig verpflichtende Verträge. Die beidseitig verpflichtenden werden ferner in vollkommen zweiseitige (gegenseitige) und unvollkommen zweiseitige eingeteilt (bspw. Auftrag, § 662). Nach der Anzahl der Beteiligten lassen sich zwei- und mehrseitige Verträge (→ Rn. 4),[37] nach ihrer Funktion im Güterverkehr lassen sich Zuwendungs- und Austauschverträge, nach ihrer Interessenstruktur Kooperationsverträge,

28 Bereits im klassischen römischen Recht galt der Vertrag als Mutterverhältnis, der die Forderung, wie *Gaius* annahm, gleichsam naturgesetzlich gebiert. *Gaius* III, 88: Omnis obligatio vel ex contractu nascitur vel ex delicto; später mit den Quasikontrakten: Inst. 3, 13, 2.

29 Der sog. Vertrag ohne primäre Leistungspflicht geht zurück auf *Larenz* JZ 1962, 105 (109), der bestimmte Fälle der c.i.c. als Verträge ohne primäre Leistungspflichten erfasste. Kraft Gesetzes entstehen derartige Verträge in den Fällen anfänglicher objektiver Unmöglichkeit, § 311 a Abs. 2, vgl. *Canaris* JZ 2001, 499 (506); Jauernig/*Stadler* BGB § 311 a Rn. 4.

30 BGH NJW-RR 1992, 977 (978) – Architektenrahmenvertrag mit Bauübernehmer. Ferner gehört hierher die Rahmenvereinbarung zur Einbeziehung von AGB gem. § 305 Abs. 3, vgl. Staub/*Grundmann*, Bd. 10/1, Bankvertragsrecht, 5. Aufl. 2016, Zweiter Teil Rn. 279; sowie der Allgemeine Bankvertrag, vgl. *M. Roth* WM 2003, 480. Die Aufgabe dieser dogmatischen Figur erfolgte durch BGHZ 152, 114 = NJW 2002, 3695. Gegen die Anerkennung von Rahmenverträgen, Staudinger/*Feldmann/Löwisch* BGB § 311 Rn. 25, der diese als Vorwegnahme des Inhalts künftiger Einzelverträge ansieht, die erst mit den später abgeschlossenen Einzelverträgen wirksam werden. Eine Bindung gehe von Rahmenverträgen nur insoweit aus, als die Parteien bei Abschluss des Einzelvertrages den Inhalt des Rahmenvertrages gelten lassen müssen.

31 Etwa die konkludent geschlossenen sog. Kooperationsverträge bei Arbeitsleistungen eines Ehegatten zugunsten des anderen in erheblichem Umfang, die über erwiesene Gefälligkeiten hinausgehen und bei Scheitern der Ehe eine partielle Rückabwicklung nach § 313 eröffnen, vgl. BGH NJW 2010, 2202 Rn. 53; BGHZ 177, 193, 209 = NJW 2008, 3277; BGHZ 127, 48, 51 = NJW 1994, 2545.

32 Für wettbewerbsrechtliche Vertragsstrafeversprechen gilt das Vertragsprinzip ebenso, vgl. BGH NJW-RR 2006, 1477 (1478); vgl. zum Ganzen auch Erman/*Armbrüster* BGB Vor § 145 Rn. 3; PWW/*Brinkmann* BGB Vor §§ 145 ff. Rn. 8, dort auch zum überholten weiten Vertragsbegriff des GWB aF Zum nun bestehenden Erfordernis einer „Vereinbarung" in § 1 GWB vgl. Immenga/Mestmäcker/*Zimmer* 5. Aufl. 2014, GWB § 1 Rn. 81 ff., insbes. Rn. 83 ff. zur Subsumtion von Gentlemen's Agreements unter den Vereinbarungsbegriff (mE begründet das [erlaubte] Gentlemen's Agreement durchaus rechtliche Bindungen, wobei jedoch Leistungsversprechen nicht erzwingbar sind und damit Naturalobligationen darstellen, vgl. *Schulze*, S. 602 ff.).

33 Eigenständigkeit besitzt der öffentlich-rechtliche Vertrag. Er umfasst den subordinationsrechtlichen Verwaltungsvertrag (§ 54 S. 1 VwVfG, öffentlich-rechtlicher Vertrag im engeren Sinne), der ein Rechtsverhältnis auf dem öffentlichen Rechts regelt und dessen Abschluss gem. § 62 S. 2 VwVfG den §§ 145 ff. folgt, sowie zweitens die verfassungsrechtlichen Verträge (Staatsverträge, Kirchenverträge, Verwaltungsabkommen), vgl. *Höfling/Krings* JuS 2000, 625 ff.

34 *Hebeler* JURA 2010, 881 ff.

35 Jauernig/*Mansel* BGB § 241 a Rn. 3: Einverständnis mit einer später erfolgenden Lieferung durch Antrag oder als invitatio des Verbrauchers. Aber: Bestellung zur Ansicht ist Vertragsantrag (Kauf auf Probe, § 454 Abs. 1); MüKoBGB/*Finkenauer* § 241 a Rn. 12; die unbestellte Zusendung ist ihrerseits eine Realofferte, die nur ausdrücklich angenommen werden kann, Jauernig/*Mansel* BGB § 241 a Rn. 5.

36 MüKoBGB/*Habersack* § 784 Rn. 2. Zur Abgrenzung gegenüber den Kreationstheorien, die in der Annahme einen (einseitigen) Versprechensakt sehen, MüKoBGB/*Habersack* Vor § 793 Rn. 24 ff.

37 *Zwanzger*, Der mehrseitige Vertrag, S. 37 ff.

nach ihrer zeitlichen Struktur Handgeschäft, und Langzeitverträge sowie nach ihrer Abwicklung Versprechensverträge und Realverträge unterscheiden.

Zustandekommen, Abschluss und Wirksamkeit des Vertrages sind häufig synonym oder kombiniert verwendete Begriffe (etwa „wirksam zustande gekommen"). Im engeren Sinne meint **Zustandekommen** die inhaltliche Einigung über das Regelungsprogramm des Vertrages (den Regelungskonsens) während der **Abschluss** die Einigung über das Ingeltungsetzen dieses Regelungsprogramms (Geltungskonsens) ausdrückt. Beide Aspekte sind in der Analyse zu unterscheiden, wenngleich sie bei geglücktem Vertragsschluss untrennbar miteinander verbunden sind. Der Vertrag kommt mit seinem Abschluss zustande und erfasst den konsentierten Inhalt (das Regelungsprogramm; s. näher → Rn. 18) verbunden mit dem hierauf bezogenen Konsens über die Geltung. **Wirksamkeit** bezeichnet dagegen die rechtliche Anerkennung (Gültigkeit) des zustande gekommenen (abgeschlossenen) Vertrages und zugleich die daraus folgende normative Wirkung, dh seine Geltung.[38] Ferner können wirksam geschlossene Verträge unterschieden werden nach dem Eintritt der **Bindung** für eine oder beide Vertragsteile. Man spricht von aufschiebend bedingten (befristeten),[39] schwebend (un-)wirksamen (widerrufbaren, zustimmungsbedürftigen) und anfechtbaren Verträgen. Die bereits entstandene Bindungswirkung ist zeitlich begrenzt bei Verträgen unter einer auflösenden Bedingung (Endtermin) oder solchen, die mit einem Rücktrittsrecht versehen sind.

2. Vertragswille und Verbindlichkeit. Der Vertrag baut auf der Willenserklärung, dem Grundelement der Rechtsgeschäfte, auf. Von dort stammende Unsicherheiten wirken sich auch im Verfahren des Vertragsabschlusses aus. Dies gilt für die Abgrenzung des Vertrages gegenüber Gefälligkeiten, bloßen Absprachen ohne Bindungswirkung und Vorfeldvereinbarungen. Hier entscheidet sich auch, ob nur eine invitatio oder bereits ein bindender (annahmefähiger) Antrag vorliegt.[40] **6**

Vertrag und Vertragsschluss sind ferner von der (Leistungs-)Forderung (Schuld, Leistungspflicht) zu trennen, die erst **aus** dem Vertrag folgt und die nach § 241 Abs. 1 die zentrale systembildende Grundkategorie des gesamten Schuldrechts darstellt. Ist die Forderung mit rechtlichen Zwangsmitteln durchsetzbar, wie im Regelfall, so spricht man von Zivilobligationen. Werden die Zwangsmittel ausgeschlossen, so spricht man von Naturalobligationen oder unvollkommenen Verbindlichkeiten (etwa Spiel- und Wettschulden). Insbesondere Leistungsstörungen, aber auch die Entstehung, der Übergang und das Erlöschen von Vertragspflichten knüpfen regelmäßig nicht an den Vertrag an, sondern an die operationale Figur der Forderung.

a) Freier Wille und Selbstbindung. Wirksamkeitsbedingung für die vertragliche Willenserklärung, den Vertragskonsens sowie die Ausübung und Befolgung vertraglicher Rechte und Pflichten ist der als frei gedachte Wille der Person.[41] Gemeint ist damit der subjektive tatsächliche (natürliche) Wille,[42] wie er im Erklärungsakt vollzogen wird.[43] Der erklärte Wille bindet die Person als Autor und begründet so dessen personale Pflicht. An den natürlichen Willensakt knüpft das Vertragsrecht an und lässt die vertraglichen Rechte und Pflichten aus dem gegenseitig erklärten Willen der Parteien entstehen. Die Willensbindung durch Vertrag ist daher eine kommunikativ hervorgebrachte **Selbstbindung.** Sie leitet sich einerseits aus der Denkfigur der Selbstgesetzgebung als einer Bedingung für Freiheit ab. Die Bindung beruht andererseits aber auch auf einer rationalistischen Vorstellung von Akteuren in einer Kommunikationsgemeinschaft, die **7**

---

38 Vgl. *Petersen* Jura 2009, 183 ff.; ähnlich *Leenen* AcP 198 (1998), 381, 389 f. und 391 f. Die §§ 145–156 betreffen nur Zustandekommen und Abschluss, nicht aber die Wirksamkeit des Vertrages.

39 Hier ist genau genommen nicht der Vertrag bedingt oder befristet, sondern die jeweils aus dem Vertrag entstehende Forderung (§ 241 Abs. 1).

40 Zur Abgrenzung eines Antrages von einer invitatio ad offerendum im deutschen, französischen und englischen Recht sowie im CESL und der unterschiedlichen Behandlung im Einzelfall *J. Schmidt*, Der Vertragsschluss, S. 193 ff.; s. auch *Christandl* in Jansen/Zimmermann, Commentaries on European Contract Laws, 2018, Art. 2:201 Rn. 2, 8, 10.

41 Der freie Wille bildet darüber hinaus den rechtstheoretisch bedeutsamen Geltungsgrund des Vertrages (*Flume, Larenz, Medicus*). Neuere Lehren stellen auf das Prinzip der Vertragsautonomie und daneben oder an deren Stelle auf das berechtigte Vertrauen (schutzwürdige Erwartung – *Canaris, Oechsler, Kramer*), die Vermögensaufstockung (Güter- oder Leistungsaustausch – *Lobinger*), den Vermögensvorteil (Forderungsrecht – *Kegel*), die Selbstbindung (Versprechen

– *Köndgen*) oder eine Kombination und Abwägung verschiedener Gründe (bewegliches System – *Lomfeld*) ab. Vgl. mN *Kegel*, Vertrag und Delikt, S. 103 ff.

42 *Neuner* AcP 218 (2018), 1. Natürlicher, tatsächlicher Wille meint kein empirisch greifbares Datum, sondern nur die vertragstheoretische Grundannahme rechtlichen Handelns und bleibt daher eine juristische Fiktion. Die Willenshandlung im Sinne einer psychosozialen Realität oder auf der Grundlage neuronaler Impulse wird nicht empirisch festgestellt. Zur empirischen Wissenschaft *G. Roth* FS Lampe, 2003, S. 43, 47 ff. Zu den Folgen aus den jüngeren Erkenntnissen der Neurobiologie *Mankowski* AcP 211 (2011), 153.

43 Ausgangspunkt ist daher stets diejenige Handlung, die nach Kriterien der Zurechnung als intentionale Handlung im Sinne einer Willenserklärung erscheint (funktionale Betrachtung), vgl. HKK/*Schermaier* BGB §§ 116–124 Rn. 13 ff.; zur Willens-, Erklärungs- und heute weitestgehend vertretenen Geltungstheorie vgl. *Schapp*, Grundfragen der Rechtsgeschäftslehre, S. 8 ff.

---

aus Gründen handeln.[44] Das liberalistisch idealisierte Bild einer nach freier Willkür handelnden Person, die festlegt, was geschehen soll („stat pro ratione voluntas"),[45] wird daher heute vom Bild einer in einem Relationalverhältnis stehenden gemeinschaftsgebundenen Person überlagert, wenn nicht gar abgelöst.[46] Die Befolgung und Erfüllung übernommener Vertragspflichten ist freiwillige Leistung. Weder eine intrapersonale Selbstbindung des Schuldners (innerer Zwang) noch die dem Gläubiger interpersonal eingeräumten Befugnisse zur Geltendmachung der Forderung einschließlich der Anwendung äußeren Zwanges gegenüber dem Schuldner beseitigen die Freiwilligkeit von dessen Erfüllungsleistung, sondern innerer und äußerer Zwang erhöhen lediglich die Wahrscheinlichkeit der Vertragserfüllung.[47] Die Geltendmachung einer Forderung bis hin zur Ausübung äußeren Vollstreckungszwanges durch den Gläubiger ist rechtmäßig, weil vollzogen wird, was der Schuldner selbstbindend erklärt hatte (**volenti non fit iniuria**).[48] Der entgegenstehende aktuelle Wille des nicht leistungsbereiten Schuldners darf für unbeachtlich gehalten werden, weil der Vertragsschuldner auch nach seinem Selbstverständnis gezwungen ist, das vormals selbstbindend Erklärte zu befolgen. Die innere Befolgungspflicht liefert in diesem Willensmodell die moralische Legitimation der äußeren Forderungs- und Zwangsbefugnis.[49]

8   b) Rechtsfolge- und Rechtsbindungswille. Für die rechtliche Anerkennung einer Vereinbarung als Vertrag ist ein gemeinsamer, auf eine oder mehrere bestimmte Rechtsfolgen gerichteter Wille[50] erforderlich.[51] Im Falle des Schuldvertrages ist Rechtsfolge die Begründung einer oder mehrerer Schuld(-en), weshalb ein gemeinsamer Rechtsbindungswille[52] in Bezug auf diese Schuld(-en) vorliegen muss. Es genügt dabei aber die (laienhafte) Vorstellung der Parteien, sich dem Recht zu unterstellen.[53] Die Begründung und die inhaltliche Ausgestaltung des Vertrages sind allein den Parteien überlassen. Ferner steht der gewählte Vertragstypus und auch die Art und der Umfang der Zwangsbefugnisse des Gläubigers[54] zur Disposition der Parteien. Eine Frage der Auslegung ist es, ob bestimmte Vereinbarungen, Abmachungen und Absprachen als Rechts-

---

44   Aufbauend auf den Lehren von *Jürgen Habermas* zum kommunikativen Handeln. *Habermas*, Faktizität und Geltung, 4. Aufl. 1994, S. 169, 674; *ders.*, Die Einbeziehung des Anderen, 1999, S. 251; *ders.*, Zwischen Naturalismus und Religion, 2005, S. 27, 40. Zu den Regeln einer rationalen Handlungstheorie vgl. *Baumann*, Erkenntnistheorie. Lehrbuch der Philosophie, 2002, S. 185 ff.; *Gutmann*, Freiwilligkeit als Rechtsbegriff, 2000, S. 63 ff.; näher *Schulze*, S. 283 ff.; zu der damit verbundenen Sprechakttheorie (S. 322 ff.) und der Lehre einer Selbstbindung ohne Vertrag durch *Köndgen*, Selbstbindung ohne Vertrag, S. 324 ff.

45   Das ist der Ausgangspunkt der Vertragslehre bei *Flume*, BGB AT Bd. 2, § 1, 4 (S. 6). Gegen den vielfach erhobenen Vorwurf formal libertären Gerechtigkeitsdenkens verteidigt von *Auer*, Materialisierung, Flexibilisierung, Richterfreiheit, 2005, S. 25. Zur Kritik an dieser Parömie vgl. *Mayer-Maly* FS Kramer, 2004, S. 21. Zusammenfassend *Schulze*, S. 416 f.

46   Gegen das auf eine Selbstprogrammierung gerichtete Verständnis *Morlok*, Selbstverständnis als Rechtskriterium, S. 380 f.; zum Schuldverhältnis als prototypische rechtsethische Grundstruktur *Schulze*, S. 404 ff.

47   *Kegel*, Vertrag und Delikt, S. 106; der Zwang ist daher auch kein notwendiges Merkmal für eine rechtliche Verpflichtung. Das ermöglicht die Anerkennung von Naturalobligationen, näher *Schulze*, S. 406 ff.

48   Zu dieser auf eine Ulpian-Stelle zurückgehenden und von Kant aufgegriffenen Parömie vgl. *Schulze*, S. 417 f.; zu dem daraus folgenden Fundamentalsatz für das heutige Zivilrecht *Ohly*, „Volenti non fit iniuria" – Die Einwilligung im Privatrecht.

49   Das gilt bei bestehender Einigung ggf. sogar ungeachtet der Wirksamkeit des Vertrages, vgl. BGH NJW 1994, 2755 (2756) (Zwangsvollstreckung aus einem formnichtigen Vertrag). Der Schuldner hat den Zwang hinzunehmen, weil er ihn im Selbstbestim-

mungsvollzug seiner pflichtenbegründenden Handlung erlebt und durch ihn in seinem Selbstverständnis anerkannt wird, vgl. zum ethischen Gehalt des Autonomiekonzepts *Honneth*, Zwischen Aristoteles und Kant. Skizze einer Moral der Anerkennung in *ders.*, Das Andere der Gerechtigkeit, 2005, S. 171, 180; näher *Schulze*, S. 413 ff.

50   Gleichbedeutend mit dem sog. Geschäftswillen bei der Willenserklärung. Gemeint ist der mit der Erklärung zum Ausdruck gebrachte Wille, einen konkreten, rechtlich gesicherten und anerkannten zumeist wirtschaftlichen Erfolg herbeizuführen, *Hübner* BGB AT, § 32 Rn. 666; vgl. auch BGH NJW 1993, 2100; vgl. Palandt/*Ellenberger*, Einf. v. § 116 Rn. 4; MüKo-BGB/*Kramer*, 5. Aufl. 2006, Vor § 116 Rn. 14; nicht mehr bei MüKoBGB/*Armbrüster* Vor § 116 Rn. 3; ähnlich Erman/*Arnold* BGB Vor § 116 Rn. 5. Der Vertrag erhält damit eine finale Struktur, die allerdings nicht auf die rechtliche Anerkennung und Sicherung selbst gerichtet sein muss.

51   Auf dieses Kriterium stellen auch die nicht-legislativen Entwürfe für ein europäisches Vertragsrecht ab; vgl. *Christandl* in Jansen/Zimmermann, Commentaries on European Contract Laws, 2018, Art. 2:101 (1) Rn. 7 ff., Art. 2:102; *Armbrüster* Jura 2007, 321 f.

52   BGHZ 21, 102, 106; 56, 204, 208: Rechtsbindungswille zur konkreten Schuldbegründung und als Legitimation für die Haftung.

53   Die Rechtsfolgentheorie ist daher kaum noch berechtigt; dennoch MüKoBGB/*Kramer*, 5. Aufl. 2006, Vor § 116 Rn. 14 (dort auch zur Grundfolgentheorie); wie hier Erman/*Armbrüster* BGB Vor § 145 Rn. 4; zur historischen Entwicklung vgl. HKK/*Schermaier* BGB §§ 116–124 Rn. 9.

54   Das kann einzelne Befugnisse, wie etwa die Vereinbarung eines Aufrechnungsverbots betreffen, aber auch bis zum vollständigen Ausschluss der Zwangsbefugnisse führen. So etwa bei Vereinbarung eines Gentlemen's Agreement mit gewillkürten Naturalobligationen, vgl. näher *Schulze*, S. 565 ff. u. 623 f.

geschäfte (Verträge) einzustufen[55] und welchem Vertragstypus sie zuzuordnen sind (→ § 133 Rn. 7). Der sachlich-gegenständliche Anwendungsbereich des Vertragsrechts erfolgt somit nicht ausschließlich nach subjektiven Willenskriterien, sondern unterliegt auch einer normativen Bewertung über die rechtsgeschäftliche Relevanz und die rechtliche Verbindlichkeit des betrachteten Verhaltens.[56] So ist etwa eine (Un-)**Verbindlichkeitsabrede**, deren Ziel darin besteht, sich rechtlicher Kontrolle insgesamt oder auch nur in Teilen zu entziehen, nicht wirksam möglich.[57] Zum pactum de non petendo → Rn. 29. Objektivrechtlichen Einschränkungen unterliegt ebenso eine **Qualifikationsabrede** zugunsten eines bestimmten Vertragstypus, sofern sich diese als sachwidrig darstellt.[58]

c) Rechtsgeschäftliche Relevanz. Die Abgrenzung des Vertragsrechts gegenüber nichtvertraglichen Abreden erfolgt über die Frage, ob Vereinbarungen oder Absprachen rechtsgeschäftliche Relevanz besitzen.[59] Das ist eine aus der Perspektive des Rechts und der Rechtsgeschäftslehre zu treffende wertende Entscheidung über die eigenen Anwendungsgrenzen (zur Abgrenzung gegenüber bloßen Gefälligkeiten des täglichen Lebens näher → Rn. 21). Sie ist der Parteiherrschaft entzogen.[60] Im Hinblick auf die schrankenlose Verrechtlichung menschlicher Lebensbereiche lassen sich damit allerdings kaum klare Grenzen ziehen. Es gibt praktisch keinen Bereich, in dem Absprachen oder Vereinbarungen getroffen werden, die von vornherein rechtlich irrelevant sind.[61] Die Relevanzfrage übernimmt aber eine **regulative Funktion**. Sie ermöglicht es, **Wertungskriterien** zu entwickeln und Indizien zu benennen, mit deren Hilfe das Vorliegen eines Rechtsgeschäfts in Grenzfällen bejaht oder verneint werden kann (→ Rn. 21). Im europäischen Kontext hat der EuGH einen einheitlichen autonom **europäischen Vertragsbegriff** in Abgrenzung zum Deliktsrecht entwickelt und stellt auf eine freiwillig eingegangene Verpflichtung als Kernelement des Vertrages ab.[62] Dabei genügt es, wenn diese Verpflichtung nur angestrebt wird, so dass auch vorvertragliche Konstellationen erfasst sind.[63]

II. Vertragsfunktion und Beschränkungen der Vertragsfreiheit

Die Funktion des Vertrages besteht darin, Handlungsinstrument der Freiheit durch Selbstverpflichtung zu sein. Jeder kann sein eigenes Leistungsverhalten diskontieren und am Waren- und Güteraustausch selbstbestimmt teilnehmen. Aus Gläubigersicht ermöglicht der Vertrag die Schaffung von (Forderungs-)Rechten

---

55 Die §§ 133, 157 sind aufgrund des notwendigen logischen Vorgriffs hier allerdings nur analog anzuwenden, *Lüderitz*, Auslegung von Rechtsgeschäften, 1966, S. 25.

56 Zutr. *Willoweit* JuS 1984, 909 (916), der das Urteil über die Rechtserheblichkeit der konkreten Abrede nicht den Parteien, sondern der Rechtsordnung zuweist.

57 Etwa bei Vereinbarungen, mit denen der institutionelle Rahmen verändert werden soll; BGH MDR 1971, 657: Ausschluss des Zivilrechtsweges ist sittenwidrig; OLG Celle OLGZ 1969, 1: Ausschluss der Klagbarkeit verstößt im Regelfall gegen die guten Sitten. Zu den gesetzlichen Schranken einer gewollten Entrechtlichung näher *Schulze*, S. 617 f. (Verstoß gegen § 242, aus dem ein favor iuris in Gestalt eines Gebots zum Handeln in rechtlichen Formen folgt). Dies Gebot geht auf Kants rechtsethisches „Postulat des öffentlichen Rechts" zurück, *Kant*, Metaphysik der Sitten, *Weischedel*, Werkausgabe Bd. VIII, 1989, S. 424 (AB 157); *Brugger*, Grundlinien der Kantischen Rechtsphilosophie JZ 1991, 893 (896).

58 *Mayer-Maly*, Rangordnung von Normen innerhalb eines Gesetzes in Starck, Rangordnung der Gesetze, 1995, S. 123, 125: Die von den Parteien getroffene Zuordnung ist zu respektieren; ähnlich *Lieb*, Ehegattenmitarbeit, 1970, S. 18 ff.: Qualifizierungswille als Teil des rechtlich Gewollten; anders *Flume* BGB AT Bd. 2, § 20, 2 (S. 406): Die Einordnung der Geschäftspartner ist ohne Belang. Zu den Begrenzungen (Rechtsformgeboten) der parteiautonomen Typenzuordnung vgl. *Stoffels*, Gesetzlich nicht geregelte Schuldverträge, S. 272 ff.

59 Vgl. Jauernig/*Mansel* BGB Vor § 104 Rn. 17; ähnlich *Medicus/Petersen* BGB AT, § 18 Rn. 184 ff.; das gilt in vergleichbarer Weise im öffentlichen Recht, *Hebeler* JURA 2010, 881 ff.

60 Das gilt vergleichbar für das Eingreifen der Kollisionsnormen in Fällen mit Auslandsberührung (Art. 3 aE EGBGB).

61 Das gilt auch für Vereinbarungen, bei denen jede Form der Verhaltens- oder Erfolgsbindung ausgeschlossen ist (BGHZ 97, 372, 381: Empfängnisverhütung; BGH NJW 2007, 912 f.). Die Absprache erhält ihre rechtsgeschäftliche Relevanz hier aus den (für rechtsgeschäftlich erachteten) Erklärungen der Parteien. Zu den gesetzlichen Bindungsverboten → Rn. 12. Das gilt ebenso für unsinnige Leistungsinhalte (Verpflichtung zur Erfindung eines perpetuum mobile), vgl. aber *Canaris* JZ 2001, 499 (505–506); BGH NJW 2011, 756 (Lebensberatung in Verbindung mit Kartenlegen); *Becker*, Absurde Verträge, 2013.

62 EuGH RIW 1994, 680 = BeckRS 2004, 75771 – Handte; EuGH 27.9.1988 – C-189/87 – Kalfelis, Rn. 17 f.; EuGH NJW 2014, 1648 – Brogsitter, Rn. 24 (Verstoß gegen vertragliche Verpflichtungen); s. *Wendenburg/Schneider* NJW 2014, 1633 (1634 f.)

63 Zutreffend *Kocher* FS Martiny, 2014, S. 411, 421 ff. Art. 12 Rom II-VO zählt Ansprüche aus Verschulden bei Vertragsverhandlungen zu den außervertraglichen Schuldverhältnissen, unterwirft sie aber dem (potenziell) auf den Vertrag anzuwendenden Recht.

durch des Vertragspartners Selbstverpflichtungen.[64] Die Möglichkeit, sich einen anderen zur Leistung verpflichten zu lassen (lat. stipulari) und zwar durch die Aufforderung zur Abgabe eines Leistungsversprechens und der darauf folgenden Abgabe des Versprechens („Versprich mir ...! Ich verspreche."), ist im Grundmodell in der römisch-rechtlichen stipulatio bereits angelegt.[65] Das lässt sich bis heute als Modell für die Entstehung der vertraglichen Leistungspflicht zu Grunde legen. Die obligatorische Pflicht entsteht durch die im Vertragsschluss erklärte Anerkennung von Leistungsbefehlen des Vertragspartners.[66] Der Vertrag ist nach § 311 Abs. 1 das Instrument, um Schuldverhältnisse einverständlich zu begründen, zu ändern und aufzuheben. Der Vertrag ist dabei nur die äußere Form, um inhaltlich Forderungen im Sinne von § 241 Abs. 1 als Vermögensrechte operational einzusetzen und auszugestalten.

Die Vertragsfreiheit in Form der Abschluss-, Inhalts- und Ausgestaltungsfreiheit[67] ist Bestandteil der Privatautonomie. Sie steht neben der Eigentumsfreiheit, der Testier- und Vereinigungsfreiheit. Die Vertragsfreiheit ist im Rahmen der allgemeinen Handlungsfreiheit grundgesetzlich geschützt (Art. 2 Abs. 1 GG).[68] Von ihr zu unterscheiden ist die grundlegendere Rechtswahlfreiheit (Parteiautonomie), die es den Vertragsparteien bei Sachverhalten mit einer Verbindung zu einem ausländischen Staat erlaubt, das auf den Vertrag anzuwendende Recht selbst zu wählen und damit von den zwingenden Bestimmungen des nationalen Rechts zu den zwingenden Bestimmungen des gewählten Rechts zu wechseln. Diese weitergehende Freiheit setzt eine entsprechende gesetzliche Einräumung voraus und besteht insbesondere im internationalen Vertragsrecht (Art. 3 Rom I-VO; → Rn. 20).

Gesetzliche Beschränkungen der Privatautonomie sind im Rahmen der verfassungsmäßigen Ordnung (= Rechtsordnung) bis auf einen Kernbereich persönlicher Freiheit zulässig. Gesetze, die die Vertragsfreiheit beschränken (allgemein: §§ 138, 242, 826; zwingende Normen des Arbeits-, Miet-, Reise-, Verbraucher- oder AGB-Rechts), sind ihrerseits im Lichte der Grundrechte auszulegen und anzuwenden. Verträge unterliegen neben die Abschluss- und Inhaltskontrolle ferner einer allgemeinen Rechtsausübungskontrolle, § 242,[69] die an Gesichtspunkten der Fairness ausgerichtet ist.[70] Typisierte sog. Ungleichgewichtslagen werden über die AGB-Kontrolle miterfasst und richterrechtlich korrigiert (→ § 242 Rn. 28 f.).[71] Der vertragliche Einigungsprozess soll stets eine Richtigkeitschance für den Vertrag bieten und die Freiheit wird daher auch nur in einem solchen Richtigkeitskorridor eröffnet.

11 1. Gesetzlicher Kontrahierungszwang. Die Freiheit einen Vertrag zu schließen (Abschlussfreiheit) und die Befugnis, einen einmal begründeten Vertrag wieder aufzuheben, werden im Falle eines Kontrahierungszwangs aufgehoben. Der Kontrahierungszwang kann sich unmittelbar aus dem Gesetz ergeben (etwa §§ 22, 47 Abs. 4 PBefG; § 18 EnWG; § 5 Abs. 2 u. 4 PflVG; §§ 110 Abs. 1 Nr. 1, 23 Abs. 1 S. 1 SGB XI)[72] oder er wird von der Rechtsprechung anerkannt, so im Bereich der öffentlichen Daseinsvorsorge für Unternehmen mit faktischer Monopolstellung, die Verbrauchern lebensnotwendige Güter anbieten,[73] aber etwa auch bei

---

64 Zu den theoretischen Grundannahmen im Vergleich zum angelsächsischen Recht vgl. *Kegel*, Vertrag und Delikt, 2002, S. 97 ff.; *Bruns* JZ 2007, 385 ff. (liberales versus paternalistisches Grundverständnis).

65 S. zur Rezeption der Stipulation als schuldvertragliches Bindungselement, *Berg*, Die Stipulation in der Rechtsprechung des Reichsgerichts, S. 441 f.

66 Stipulation und Anerkennung als Verpflichtungsgrund, s. näher *Schulze*, S. 298 ff. u. 373 f.

67 *Bruns* JZ 2007, 385 (388 ff.)

68 St. Rspr. BVerfGE 103, 197, 215 = NJW 2001, 1709; BVerfG NJW 2001, 2248 (2250); der Schutz gilt aber auch gegenüber dem Staat, vgl. BVerfG NJW 2005, 2363 (2365 f.): „Der ... übereinstimmende Wille der Vertragsparteien lässt ... in der Regel auf einen durch den Vertrag hergestellten sachgerechten Interessenausgleich schließen, den der Staat grundsätzlich zu respektieren hat." Zur Materialisierung der Privatautonomie durch das Unionsrechts *Lüttringhaus*, Vertragsfreiheit und ihre Materialisierung im Europäischen Binnenmarkt, 2018.

69 Der rechtsgeschäftliche Ausschluss des § 242 ist nach § 138 Abs. 1 sittenwidrig. Staudinger/*Looschelders*/*Olzen* BGB § 242 Rn. 108 (Redlichkeitsgebot des § 242 ist unabdingbar); Jauernig/*Mansel* BGB § 242 Rn. 2.

70 Vgl. BGH NJW 2005, 2386 (2387 ff.); BGH NJW 2005, 139 (140); BGH NJW 2004, 930 (931) (jeweils

zu Eheverträgen); zu der zugrundeliegenden Verfassungsrechtsprechung *Dauner-Lieb* AcP 201 (2001), 295 ff. Eine unmittelbare Grundrechtsbindung besteht für privatrechtliches Handeln öffentlichrechtlich beherrschter Unternehmen BGH NJW 2004, 1031 (Postbank unterliegt Art. 3 Abs. 1 GG Willkürverbot). Zum willkürlichen Fußballstadionverbot (mittelbare Drittwirkung von Art. 3 Abs. 1 GG) BVerfG NJW 2018, 1667; zu den Pflichten des Betreibers eines sozialen Netzwerks (Facebook) BVerfG NJW 2019, 1935.

71 Dazu umfassend *Schmolke*, Grenzen der Selbstbindung im Privatrecht Rechtspaternalismus und Verhaltensökonomik im Familien-, Gesellschafts- und Verbraucherrecht, 2014.

72 KG NJOZ 2008, 3426 (3427 f.) (Abwasserentsorgung); BGH NVwZ 2004, 251 (zu § 3 Abs. 1 EEG aF) mAnm *Salje* LMK 2004, 23 f.; ablehnend BGH NJW 2016, 74 (Kabeleinspeisevertrag); Palandt/*Ellenberger* BGB Vor § 145 Rn. 8; Staudinger/*Bork* BGB Vor §§ 145–156 Rn. 17.

73 BGH WM 1994, 1670 (1671); NJW 1990, 762 f. (Krankenhaus hinsichtlich der allg. Krankenhausleistungen); AG Würzburg NJW-RR 1993, 1332 (städtische Badeanstalt); RGZ 133, 388 (abgelehnt für Theaterkritiker auf Zugang zum Theater); bejaht von Palandt/*Ellenberger*, Einf. v. § 145 Rn. 10; abl. Jauernig/*Mansel* BGB Vor § 145 Rn. 10.

einer Verweigerung der Mitgliedschaft in einem monopolartigen (Sport-)Verband.[74] Daneben ergibt sich ein **mittelbarer Kontrahierungszwang** dort, wo die Ablehnung des Vertragsschlusses gegen die guten Sitten, Treu und Glauben oder gegen Diskriminierungsverbote verstößt. Eine dahin gehende sittenwidrige Schädigung liegt vor, wenn der Betreffende auf die Leistung angewiesen ist (Verzicht auf die Leistung wäre unzumutbar), es auch keine zumutbare Ausweichmöglichkeit gibt (faktische Monopolstellung) und die Ablehnung sachlich nicht begründet (willkürlich) ist.[75] Von der Rechtsprechung wurden diese Grundsätze für § 826 entwickelt. Die Vertragsablehnung kann in einem solchen Fall als (schuldhafte) unerlaubte Handlung eingeordnet werden. Der gebotene Vertragsschluss ist dann Schadensersatzleistung (Naturalrestitution, § 249 Abs. 1).[76] Die Gegenansicht stellt dagegen allein auf die Sittenwidrigkeit der Vertragsablehnung ab[77] und bejaht einen verschuldensunabhängigen vorbeugenden Unterlassungsanspruch[78] (genauer: einen Handlungsanspruch auf Naturalprästation, dh Abgabe einer Vertragserklärung).[79] Der letztgenannten Auffassung ist zu folgen, weil die Entstehung der Kontrahierungspflicht kein schuldhaftes Verhalten des Verpflichteten voraussetzt. Ein bestehender Kontrahierungszwang wirkt entsprechend auch als Rechtsausübungssperre (§ 242) in Gestalt eines Kündigungsverbots.[80] Ebenso kommt es bei **Diskriminierungen** nicht auf ein Verschulden an. Auch eine (faktische) Monopolstellung ist hier keine Voraussetzung. Die im AGG erfolgte Umsetzung der Richtlinie 2000/43/EG des Rates zur Anwendung des Gleichbehandlungsgrundsatzes ohne Unterschied der Rasse oder der ethnischen Herkunft[81] statuiert in § 21 nach umstrittener Auffassung jedoch keinen Kontrahierungszwang.[82] Das AGG führt zu einer partiellen Positivierung des Menschenwürdegebotes und des Gleichheitssatzes (Art. 1 Abs. 1, 3 GG; Art. 19 AEUV), bedarf zu deren Wahrung aber regelmäßig nicht den erzwungenen Vertragsschluss.[83]

Ein vertraglicher Kontrahierungszwang entsteht aus einem Vorvertrag (→ Rn. 34). Daneben ist umstritten, ob einseitige Selbstverpflichtungen ebenfalls eine Kontrahierungspflicht (und daraus folgend einen Kontrahierungszwang) begründen können. Sie wurde aufgrund einer **freiwilligen Selbstverpflichtung**[84] einer Sparkasse gegenüber der Senatsverwaltung für das „Girokonto für Jedermann" bejaht,[85] während lediglich eine allgemeine Empfehlung des Kreditausschusses die angeschlossenen Kreditinstitute nicht bindet, was auch der BGH so sieht.[86]

2. Bindungsverbote und nicht erzwingbare Bindungen. Vereinbarungen und Absprachen in einem höchstpersönlichen Privat- und Intimbereich sind einer rechtlichen Bindung nicht zugänglich. Obligatorische Bindung kann in diesem sensiblen Grundrechtsbereich selbst dann nicht entstehen, wenn dies ausdrücklich vereinbart worden ist (etwa der Vertrag über eine Blut- oder Organspende, einen Religionswechsel, Leihmuttervertrag).[87] Derartige Vereinbarungen fallen dadurch aber nicht aus dem Vertragsbegriff heraus.[88] Sie gehören zu den Verträgen ohne primäre Leistungspflichten (→ Rn. 4). Das Privatrecht kennt auch sonst eine Reihe positivrechtlicher Bindungsverbote im Rahmen rechtsgültiger Verträge (einseitig: § 1 **12**

74 BeckOK BGB/*Förster* § 826 Rn. 234 ff. mN.
75 HansOLG RIW 2012, 730; wie hier *Busche*, Privatautonomie und Kontrahierungszwang, 1999, S. 126 ff., 651 ff.; Staudinger/*Bork* BGB Vor §§ 145–156 Rn. 22.
76 Jauernig/*Mansel* BGB Vor § 145 Rn. 11; Soergel/*Wolf* BGB Vor § 145 Rn. 53.
77 *Larenz*, Schuldrecht I, § 4 I a (Abschlusszwang ergibt sich unmittelbar aus der Sittenwidrigkeit); MüKo-BGB/*Busche* Vor § 145 Rn. 23; Palandt/*Ellenberger* BGB Vor § 145 Rn. 9.
78 Staudinger/*Bork* BGB Vor §§ 145–156 Rn. 20 ff. (objektiver Tatbestand des § 826).
79 *Bydlinski* AcP 180 (1980), 1, 13; *Kilian* AcP 180 (1980), 47, 82; Erman/*Armbrüster* BGB Vor § 145 Rn. 29 (Rechtsgedanke des § 826).
80 OLG Saarbrücken NJW-RR 2008, 1632 (Kündigungsverbot für Girovertrag); Verpflichtung zum Entsperren des Accounts in einem sozialen Netzwerk (Facebook) BVerfG NJW 2019, 1935; PWW/*Brinkmann* BGB Vor §§ 145 ff. Rn. 17.
81 ABlEG Nr. L 180 S. 22 ff.; dazu *Neuner* JZ 2003, 57 ff.; *Armbrüster* NJW 2007, 1494 ff.
82 *Armbrüster* NJW 2007, 1494 (1496); Jauernig/*Mansel*, 15. Aufl. 2014, AGG § 21 Rn. 3; *Hey/Kremer* AGG § 21 Rn. 23; aA: MüKoBGB/*Thüsing* AGG § 21 Rn. 17; *Thüsing/von Hoff* NJW 2007, 21 ff.; *Wendt/Schäfer* JuS 2009, 206 ff.; Däubler/Bertzbach/

Deinert AGG § 21 Rn. 83 ff.; einschränkend Palandt/*Grüneberg* AGG § 21 Rn. 3 u. 7 (nur ausnahmsweise).
83 Kritisch zu allzu rigiden Festlegungen im AGG, *Schulze* in Jayme, Kulturelle Identität und Internationales Privatrecht, 2003, S. 155, 172 ff.; zum Diskriminierungsschutz im DCFR vgl. *Haberl* GPR 2009, 202 (207 ff.)
84 Zum schillernden Begriff der sog. freiwilligen Selbstverpflichtung vgl. *Schulze*, S. 554 ff. u. 668 mit dem Vorschlag, dabei von einer bindenden Verpflichtung nur ohne Zwangsbefugnisse für den Gläubiger (Naturalobligation) auszugehen.
85 Bejaht von LG Berlin WM 2003, 1895; zust. Palandt/*Ellenberger* BGB Vor § 145 Rn. 10.
86 Kein Abschlusszwang daher BGH NJW 2013, 1519 (1521); LG Berlin WM 2008, 1825 (Empfehlung der ZKA zum sog. „Girokonto für Jedermann"); OLG Bremen ZIP 2006, 798; anders noch Vorinstanz LG Bremen EwiR § 676, 1/06, S. 9 f.; Erman/*Armbrüster* BGB Vor § 145 Rn. 27; näher *Koch* WM 2006, 2242 ff.; *Segna* BKR 2006, 274; *Geschwandtner/Bornemann* NJW 2007, 1253 (1254).
87 Zur im Ausland durchgeführten Leihmutterschaft BGH NJW 2015, 479.
88 Eingehend und mit einer Typologie s. *Weller*, Persönliche Leistungen, S. 216 ff.

S. 1 ProstG, §§ 74 Abs. 2, 74 a Abs. 1 HGB,[89] § 42 UrhG; beiderseitig: § 2278 Abs. 2).[90] Ferner bestehen Bindungsverbote in Bezug auf einzelne Vertragsinhalte auch ohne spezialgesetzliche Regelungen (Persönlichkeitsrechte). Es handelt sich entweder um bloße **Gestattungen**, die aber im Geschäftsverkehr der Form des Vertrages bedürfen,[91] oder um Verträge, die kraft gesetzlicher Anordnung keine rechtliche Verhaltens- oder Erfolgsbindung zulassen, die deshalb aber nicht sittenwidrig und damit nichtig sind, sondern lediglich insoweit **nicht bindend**.[92] Die Vertragsfreiheit wird durch derartige Bindungsverbote lediglich beschränkt, nicht aber aufgehoben. Der Wegfall des Rechtszwanges ist hier die Folge der fehlenden Leistungsbindung. Beim ärztlichen Heileingriff besteht nach der ausdrücklichen Regelung in den §§ 630 a–h eine vertragliche Behandlungspflicht als Sonderfall der Dienstpflicht, die jedoch nicht notwendig durch die Person erbracht werden muss, die die Behandlung als Vertragspartner verspricht.[93] Eine Erzwingung ist hier ebenso vollstreckungsrechtlich ausgeschlossen (§ 888 Abs. 3 ZPO).[94]

Eigenständige Bedeutung kommt einem Verbot des Rechtszwanges zu, wenn diesem nicht auch ein Bindungsverbot zugrunde liegt. Bindende Leistungspflichten dürfen in diesen Fällen begründet werden, ihre Erfüllung ist aber **nicht erzwingbar** (dh weder klagbar noch vollstreckbar). Das in diesen Fällen bestehende Verbot des Rechtszwanges erstreckt sich auf die Erfüllung rechtlich wirksamer Leistungspflichten sowie daraus abgeleiteter Sekundärpflichten (Schadensersatz). Im Umfang der Forderungserfüllung bildet die Forderung den Rechtsgrund zum Behalten der Gegenleistung. Diese *Entwaffnung des Gläubigers* kann sich aus Gesetz oder Vertrag ergeben. Auch die Rechtsprechung hat derartige nicht erzwingbare (echte) Leistungspflichten anerkannt (→ Rn. 13). Es handelt sich dabei aber nicht um eine Sonderform des Vertrages, sondern um eine Sonderform der Forderung. Die Aufhebung des Rechtszwanges ist auf der Ebene des Forderungsrechts gem. § 241 Abs. 1 angesiedelt. Neben die erzwingbare Zivilobligation tritt die nicht erzwingbare Naturalobligation.[95]

13 **Naturalobligationen**[96] sind Forderungen, die zur Leistung verpflichten, dabei aber nicht einseitig durchsetzbar sind. Anders als bei den nicht verbindlichen Leistungsinhalten (→ Rn. 12), wo es an einer Forderung fehlt, liegt bei den Naturalobligationen eine Leistungsbindung und damit eine Schuld vor (§ 241 Abs. 1). Der Gläubiger kann sein Forderungsrecht lediglich nicht mit rechtlichen Zwangsmitteln durchsetzen. Er ist auf die freiwillige Leistung des gebundenen Schuldners angewiesen. Aus Verträgen können statt der erzwingbaren Zivil- auch die nicht erzwingbaren (schwachen) Naturalobligationen entstehen. Der Gesetzgeber hat im geltenden Recht eine Reihe solcher atypischen Gestaltungen anerkannt und tatbestandlich unterschiedlich ausgeformt. Individualrechtliche und rechtspolitische Gründe können dafür sprechen, eine Forderung anzuerkennen, für sie aber den Erfüllungszwang ausnahmsweise aufzuheben. Im BGB wird der Erfüllungszwang aufgehoben bei der verjährten vertraglichen Forderung (§ 214), beim Lohnanspruch des Ehemaklers (§ 656 Abs. 1),[97] bei Forderungen aus Spiel und Wette (§§ 762 f.), beim Verlöbnis (§ 1297) sowie für das Recht des Kindes auf angemessene Ausstattung (§ 1624). Außerhalb des BGB entstehen

---

89   Nach BGH NJW 2010, 2378 Rn. 26 ist die Einhaltung des unverbindlichen Teils eines Wettbewerbsverbots keine Voraussetzung für die Pflicht zur Zahlung der Karenzentschädigung.

90   Beschränkung bindender erbvertraglicher Verfügungen, vgl. krit. *M. Wolf* FS Musielak, 2004, S. 693, 710.

91   *Ohly*, Die Einwilligung im Privatrecht, S. 259 ff., 470 ff. (zur Kommerzialisierung der Persönlichkeitsrechte). Gestattungsverträge zeichnen sich dadurch aus, dass ein Rechtsinhaber einem Anderen die Ausübung seines Rechts (nur) gestattet und insoweit auf seine Verbotsbefugnisse (bindend) verzichtet.

92   BGH NJW 1995, 2028 ff. (wirksam aber nicht verbindlich, daher Widerrufsrecht statt Nichtigkeit); zust. *S. Lorenz*, S. 87; *Canaris* AcP 184 (1984), 201, 233. Vgl. BGH NJW 2010, 2378 Rn. 25: Das insgesamt unverbindliche Wettbewerbsverbot eröffnet dem Arbeitnehmer ein Wahlrecht. Er enthält sich des Wettbewerbs und erhält die Karenzentschädigung oder er lässt das Verbot unbeachtet und tritt in den Wettbewerb.

93   Jauernig/*Mansel* BGB § 630 a Rn. 4; → § 630 a Rn. 3; s. näher *Katzenmeier* NJW 2013, 817 (818).

94   *M. Weller*, Persönliche Leistungen, S. 221 ff.

95   Nach anderer Auffassung liegt bei einer Naturalobligation keine Forderung vor, was in erster Linie auf

die Formulierungen in §§ 656 Abs. 1 S. 1, 762 Abs. I S. 1 („… wird eine Verbindlichkeit nicht begründet") gestützt wird, vgl. etwa MüKoBGB/*Habersack* § 762 Rn. 3; die Formulierungen sind historisch erklärbar und stehen der hier vertretenen Auffassung einer lediglich nicht erzwingbaren Forderung nicht entgegen. Zum Ganzen eingehend *Schulze*, S. 162 ff. (Gesetzgebungsgeschichte), 432 ff. (Dogmatik); *ders.*, JuS 2011, 193 ff.

96   Die Begriffe „unvollkommene Verbindlichkeit" und „Naturalobligation" werden nicht einheitlich, aber weithin synonym verwendet, vgl. etwa *Gernhuber*, Handbuch des Schuldrechts, Bd. 8, Das Schuldverhältnis, 1989, S. 85; *Schreiber* JURA 1998, 270 f.; *Fuchs* FS Medicus, 1999, S. 123, 130 ff.; *Reuss* AcP 154 (1955), S. 485, 520; zu dem zugrunde liegenden Konzept einer obligatio naturalis und gegen die Verwendung des Begriffs unvollkommene Verbindlichkeit eingehend *Schulze*, S. 262 ff.

97   Für eine entspr. Anwendung auf Partnerschaftsvermittlungs- und Partneranbahnungsverträge, Staudinger/*Arnold* BGB § 656 Rn. 7 f.; st. Rspr. BGH NJW 2010, 2868; BGH NJW 1990, 2550; LG Dresden NJW-RR 2004, 346 (347); abl. OLG Koblenz NJW-RR 2004, 268 (269) (aber: Verbot der Beweisaufnahme wegen Diskretionsbedürfnis und Schutz der Intimsphäre der vermittelten Partner).

Naturalobligationen kraft Gesetzes bei der formfehlerhaften anwaltlichen Vergütungsabrede (§ 4 b RVG), bei der Ausfallforderung des Insolvenzgläubigers nach einem Zwangsvergleich (§ 254 Abs. 3 InsO bestätigter Insolvenzplan) sowie im Falle der Restschuldbefreiung (§ 301 Abs. 3 InsO). Die betroffenen Geschäfte sind zwangsfeindlich, aber nicht bindungsfeindlich. Bei der „sittlichen Pflicht" in §§ 814 Hs. 2, 534 ist der Richter ermächtigt, eine gesellschaftlich bestehende Pflichtstellung festzustellen, wodurch eine rechtliche Pflicht entsteht (feststellungsbedürftige Naturalobligationen).[98] Die rechtlich anerkannte sittliche Pflicht ist Rechtspflicht und bildet bereicherungsrechtlich einen Rechtsgrund zum Behalten der Leistung. Die Naturalobligation bietet damit ein Gestaltungsmittel zur funktionalen Differenzierung der Forderung. Eine solche Beseitigung des Erfüllungszwangs ist auch rechtsgeschäftlich in den Grenzen von §§ 138, 242 zulässig, etwa durch die vertragliche Abbedingung des Erfüllungszwangs, sei es durch Gläubigerverzicht oder durch sonstige Nichtklagbarkeitsabreden (s. auch Gentlemen's Agreement, → Rn. 23).

III. Konsens

Dem BGB liegt das Vertragsmodell der vereinigten Willenserklärungen zugrunde.[99] Danach werden die **14** Willensinhalte der Parteien in den Erklärungen transportiert und im Vertragsschluss zu einem **gemeinsamen Vertragswillen** vereinigt. Die Vereinigung gelingt, wenn beide Erklärungen inhaltlich übereinstimmen (Regelungskonsens) und Einigkeit über die rechtliche Geltung des Vereinbarten besteht (Geltungskonsens). Beide Aspekte (Inhalt und Geltung) zusammen bilden den Vertragskonsens (**Konsens**).[100] Der wesentliche Vertragsinhalt (essentialia negotii) muss bestimmt oder anhand vereinbarter Kriterien (Verkehrswert, üblicher Preis und dergleichen) bestimmbar sein. Für die Bestimmbarkeit genügt es ferner, wenn ein wesentlicher Vertragspunkt durch nachträgliche Bestimmung aufgrund eines Bestimmungsrechts einer Vertragspartei oder eines Dritten (Delegation der Bestimmung, § 375 HGB; §§ 315 ff.) oder im Wege der ergänzenden Auslegung (§ 157)[101] festgestellt werden kann. Der Konsens als der gemeinschaftliche Vertragswille bildet damit die Grundlage für die vertraglichen Rechte und Pflichten. Er legitimiert die Zwangsbefugnisse des Gläubigers und bildet die Grundlage für das rechtsethische Postulat pacta sunt servanda (→ Rn. 7).[102] Das konsentierte bindende Vertragsprogramm wird deshalb auch als lex contractus (lex privata) bezeichnet.[103] Die Vertragsparteien werden damit zu einer Art Gesetzgeber für die gemeinsame Sache stilisiert. Das entspricht der dem Vertrag idealisierend zugedachten Funktion, ein Mittel zum gerechten Interessenausgleich zu sein (sog. Richtigkeitsgewähr).[104] Die Vertragsbindung hat ihre legitimatorische Grundlage aber genauer im personalen Selbstbestimmungsakt der gebundenen Vertragspartei.[105]

1. Normativer Konsens. Die tatsächliche Übereinstimmung der Willensinhalte der Vertragspartner ist **15** eine Modellannahme. Für ihre Feststellung kommt es auf die empirisch feststellbare individuelle Vorstellung von der Bedeutung der Erklärungen grundsätzlich nicht an. Die Übereinstimmung ist vielmehr nach der Bedeutung der ausgelegten Willenserklärungen zu bestimmen, die ein vernünftiger Empfänger den Erklärungen jeweils geben muss. Auf diese Weise entsteht ein normativer Konsens.[106] Eine davon abweichende individuelle Erklärungsbedeutung ist nach den Regeln für Willensmängel zu beurteilen (§§ 116 ff.). Nur wenn beide Parteien dieselbe abweichende Erklärungsbedeutung zugrunde gelegt haben, setzt sich dieser tatsächliche Konsens nach dem Grundsatz falsa demonstratio non nocet durch.[107]

98 *Schulze* FS Seul, 2014, S. 470, 478 ff.
99 *Schmidlin* in Zimmermann ua, Rechtsgeschichte und Privatrechtsdogmatik, S. 198 ff., 202; das Modell geht auf *v. Savigny* zurück, der den Willen „an sich als das einzig Wichtige und Wirksame" dachte, vgl. dazu krit. und mN HKK/*Schermaier* BGB §§ 116– 124 Rn. 4.
100 Konsens ist die Willensübereinstimmung und der beidseitige Geltungsentschluss. Das lässt sich aufteilen in einen Regelungskonsens und einen Geltungskonsens (s. Rn. 18). *Schulze*, S. 303; Der Konsensbegriff meinte bereits im römischen Recht eine innere Übereinstimmung im Sinne von „einheitlicher Meinung sein". Vgl. zum consensus als Voraussetzung des Vertrages *Meyer-Pritzl*, Pactum, conventio, contractus, S. 99, 104 ff.
101 *Finkenauer* AcP 213 (2013), 619 f.
102 Vgl. *Canaris* AcP 200 (2000), 273 ff., 279; BAG NJW 2005, 1820 (1821) (Grundelement des Vertragsrechts); zust. *Weller*, Die Vertragstreue, S. 157;

Stöhr AcP 214 (2014) 425, 428 f. und zu den Wurzeln des Satzes S. 439.
103 Diese wird gesetzlich im Vertragsrecht des BGB anerkannt und konkretisiert. Eine andere, hier nicht vertiefbare Frage ist es, ob im Konzept einer lex mercatoria eine anationale Bindung an den Vertrag ohne nationalstaatliche Rückanbindung anzuerkennen ist, s. *Callies*, Transnationales Recht, S. 8 ff.; Bumke/Röthel, Privates Recht.
104 *Schmidt-Rimpler* AcP 147 (1941) 130 ff.; krit. *Stöhr* AcP 214 (2014) 425, 435.
105 *Wolf/Neuner* BGB AT, § 10 Rn. 23 f.; *Schulze*, S. 363 (Anerkennung des Gläubigerbefehls).
106 Eingehend *Leenen* Liber amicorum Prölss, S. 153 ff.
107 Vgl. *Kramer*, Grundfragen der vertraglichen Einigung, S. 175 ff.; das ist heute allgM, vgl. Erman/*Armbrüster* BGB Vor § 145 Rn. 12; anders aber *Mittelstädt*, Die Auslegung empfangsbedürftiger Willenserklärungen, 2016, S. 126 ff., 152.

16   Die §§ 145 ff. beruhen regelungstechnisch auf dem Konsensprinzip (vgl. § 154 Abs. 1 S. 1). Die vertraglichen Rechte und Pflichten werden nach der Modellannahme aus einer Willensübereinkunft gleichsam geboren und nicht aus den präexistenten Vertragserklärungen (den Versprechen) hergeleitet. Die Willenserklärung als der zugrunde liegende Selbstbestimmungsakt ist im Vertrag nicht operational ausgestaltet.[108] Das **Vertragsversprechen**, das auch die Antragsbindung funktionell erklären könnte,[109] wird vom Gesetz nicht verwendet,[110] und auch die Rechtsgeschäftslehre spricht nicht in einem begrifflich technischen Sinne von Versprechen. Das Vertragsangebot soll vor der Annahme wie ein Vorschlag verstanden werden.[111] Richtigerweise ist zwischen der Bindung an die Angebotserklärung (§§ 145 Hs. 1, 130 Abs. 1) durch einseitiges Versprechen und der Vertragsbindung durch bzw. aus dem Konsens (Willensübereinstimmung) zu unterscheiden (→ Rn. 2).[112]

Als **einseitige Versprechen** ausnahmsweise zugelassen (§ 311 Abs. 1) ist die gesetzlich geregelte Auslobung (§ 657, str.),[113] die Gewinnzusage (§ 661 a)[114] und das einseitige Garantieversprechen (§ 443). Ebenso anzuerkennen sind der einseitige rechtsgeschäftliche Verzicht, der neben Erlass (§ 397) und Aufhebungsvertrag tritt,[115] sowie die einseitige Patronatserklärung (Ausstattungszusage) gegenüber einem unbestimmten Personenkreis[116] als Mittel der Kreditsicherung. In den nicht-legislativen Entwürfen für ein europäisches Vertragsrecht sind einseitige Versprechen als eine mögliche Verpflichtungsform generell zulässig.[117] Um einseitige Bindungstatbestände handelt es sich schließlich auch bei den Treuepflichten aus culpa in contrahendo (grundloser Abbruch von Vertragsverhandlungen) und den Fällen widersprüchlichen Verhaltens (venire contra factum proprium, § 242).[118]

Im öffentlichen Recht ist daneben ebenfalls eine Typologie von Versprechungen[119] entstanden, auf die hier nur hingewiesen werden kann.

17   **2. Konsensformen.** Die §§ 145 ff. regeln nur einen von mehreren möglichen Mechanismen für den Vertragsabschluss und zwar den durch sukzessive Erklärung von Angebot und Annahme. Die Annahme kann dem Antrag inhaltlich nichts hinzufügen (sonst wird aus ihr selbst ein Antrag, § 150 Abs. 2), sie kann den Inhalt des Antrages auch nur durch ein einfaches „Ja" in sich aufnehmen. Die sukzessive Perfektion des Vertrages durch Antrag und Annahme behindert daher eher die Einsicht, dass der Antrag das gewollte Vertragsprogramm bereits vollständig enthält und enthalten muss. Gleichwohl entstehen dabei Schwebezustände, die sicher beherrscht werden müssen. Die gesetzliche Regelung des § 146 in Verbindung mit § 147

---

108   Übersteigertes Konsensdenken kritisiert deshalb *Köndgen*, Selbstbindung ohne Vertrag, S. 156 ff.; krit. zur Annahme einer Verpflichtung aus dem Konsens *Schulze*, S. 303 ff.

109   Das entspricht auch der Vorstellung des historischen BGB-Gesetzgebers, vgl. *v. Kübel*, Das einseitige Versprechen als Grund der Verpflichtung zur Erfüllung in Schubert, Die Vorentwürfe der Redaktoren für die erste Kommission zur Ausarbeitung des Entwurfs eines Bürgerlichen Gesetzbuches, Bd. 3, 1980, S. 1145, 1155; dazu *Schulze*, S. 343 ff.

110   Das Gesetz nähert sich der Vorstellung von einem vertraglichen Versprechensakt durch die Anordnung der Bindungswirkung vor dem Vertragsabschluss zumindest an, § 145 Hs. 1; abl. *Schilder*, Schadensersatz bei Durchbrechung der Bindung an obligatorische Vertragsofferten, 2003, S. 66 ff. (Antragsbindung als gesetzliches Widerrufsverbot).

111   Soergel/*Wolf* BGB § 145 Rn. 1 in Anlehnung an Art. 14 Abs. 1 CISG. Kennzeichen sei die Unselbständigkeit der einzelnen Willenserklärung. Damit soll eine Abgrenzung zum einseitigen Rechtsgeschäft erreicht werden. Ebenso Staudinger/*Bork* BGB § 145 Rn. 1.

112   Zutr. *Häsemeyer* FS Jayme, S. 1435, 1439 (Wirksamkeits- und Wirkungsebene); HKK/*Oestmann* BGB §§ 145–156 Rn. 8.

113   Staudinger/*Bergmann* BGB § 661 a Rn. 18: kein einseitiges Rechtsgeschäft, sondern Vertrag; ablehnend zuletzt BGH NJW 2009, 2737 (Versprechen einer Meisterschaftsprämie).

114   Der Gesetzgeber knüpft in § 661 a die Pflicht zur Zahlung eines zugesagten Gewinns an das „Wort des Unternehmers" und lässt dabei offen, ob es sich um

eine Einstandspflicht aus einem einseitigen Zahlungsversprechen oder um eine Haftung ex lege handelt, BT-Drs. 14/2658, S. 48; vgl. *Schäfer* JZ 2005, 981 (983); *Dörner* FS Kollhosser, Bd. 2, S. 75 ff.; Staudinger/*Bergmann* BGB § 661 a Rn. 12 ff.

115   Zutr. *Kleinschmidt*, Der Verzicht im Schuldrecht, S. 381 f. (einschränkende Auslegung des § 311 Abs. 1). Die hM verneint dagegen bislang einen einseitigen Forderungsverzicht, vgl. Palandt/*Grüneberg* BGB § 397 Rn. 4.

116   *Schneider* ZIP 1989, 619 (624); *Merkel/Richrath* in Schimansky ua, Bankrechtshandbuch, 5. Aufl. 2017, § 98 Rn. 8 ff.; abl. gegenüber der Annahme eines einseitigen Versprechens *Habersack* ZIP 1996, 257 (261); rechtsgeschäftlichen Charakter generell verneinend *Larenz/Canaris*, Schuldrecht II/2, 13. Aufl. 1994, § 64 V 2 d, S. 84; Praxishinweise bei *Wittig* WM 2003, 1981 ff.; *Maier-Reimer/Etzbach* NJW 2011, 1110.

117   Voraussetzung ist nur, dass sie als einseitig bindend gewollt sind, vgl. *Kleinschmidt* JZ 2009, 1121 (1122); *Christandl* in Jansen/Zimmermann, Commentaries on European Contract Laws, 2018, Art. 2:107; das ist nicht immer klar erkennbar, vgl. *Schulze* LMK 2010, 297277 zu BGH NJW 2009, 2737 (Versprechen einer Meisterschaftsprämie).

118   Eine vertragsähnliche Struktur erhalten diese durch die Konstruktion des Vertrauenstatbestandes („Inanspruchnahme von gewährtem Vertrauen"), vgl. *Wertenbruch* ZIP 2004, 1525; Jauernig/*Mansel* BGB § 242 Rn. 48 ff.; für die sog. weiche Patronatserklärung vgl. OLG Düsseldorf GmbHR 2003, 178.

119   *Hebeler* JURA 2010, 881 ff.

ist im Interesse des Verkehrs darauf angelegt, zügige Entscheidungen zur raschen und glatten Abwicklung der Geschäfte herbeizuführen und gleichzeitig den Parteien breiten Raum für die individuelle einseitige oder zweiseitige Ausgestaltung zu gewähren.[120]

Die §§ 145 ff. sind auch nicht auf den zweiseitigen Vertrag beschränkt, sondern gelten ebenso bei mehrseitigen Verträgen (Vermögensauseinandersetzungen, Gesellschaftsverträgen ua). Für den Abschluss eines mehrseitigen Vertrages kommt es nur darauf an, dass die Willenserklärungen aller Vertragspartner mit Bezug aufeinander abgegeben werden.[121]

Das BGB kennt keine Regeln für den Verhandlungsprozess (ausgenommen die Haftung, § 311 Abs. 2). Der Vertrag kann daher ebenso durch Unterzeichnung eines gemeinsam ausgehandelten Vertragsprogramms unter Anwesenden oder etwa durch gleichzeitige Zustimmung zu einem von dritter Seite gefertigten Vertragsentwurf (etwa als Notarvertrag) zustande kommen.[122] Diese Vertragsschlussformen zeichnen sich dadurch aus, dass die inhaltlich übereinstimmenden Erklärungen praktisch gleichzeitig wirksam werden (zugehen) und es keinen Schwebezustand gibt. Der Abschlussmechanismus durch Antrag und Annahme ist in diesen Fällen daher funktionslos.[123] Sobald aber **Schwebezustände** eintreten (zeitlich gestreckte sukzessive Zustimmung zu einem Vertragsentwurf),[124] ist wieder mit Angebot und Annahme zu arbeiten.

Die Zuweisung des Rechts auf Ingeltungsetzung an alle Kontrahenten zur gemeinsamen Rechtsausübung ist kein Alternativmodell zur Antrag/Annahme-Technik,[125] sondern verlagert diese lediglich in den Vorgang einer gemeinsamen Rechtsausübung. Die §§ 145 ff. sind daher auch in diesen Fällen unmittelbar anwendbar.[126]

Das inhaltliche Programm des Vertrages (**Regelungskonsens**) kann von der Geltung des Vertrages (**Geltungskonsens**) analytisch getrennt werden (→ Rn. 5). Beide Aspekte können **getrennten** Handlungsakten zuzuordnen sein. So führt die Aufzeichnung einzelner Regelungspunkte nicht schon zur Geltung dieser Punkte, § 154 Abs. 1 S. 2 (sog. Punktation), und selbst bei vollständigem Regelungskonsens ist die vereinbarte Vertragsbeurkundung im Zweifel Abschluss- und damit Geltungsvoraussetzung für den Vertrag, § 154 Abs. 2. Im Falle einer aufschiebenden Bedingung oder Befristung hängen die Rechtswirkungen des Vertrages vom Eintritt der Bedingung oder des Anfangstermins ab (§§ 158 ff.). Bei reinen **Wollensbedingungen**, die den Eintritt der Vertragswirkungen in die freie Entscheidung einer oder beider Parteien stellen, ist zweifelhaft, ob ein Rechtsgeschäft (bedingter Vertrag) überhaupt vorliegt. Die Zulässigkeit und die Bedeutung solcher Bedingungen sind daher umstritten.[127] Einseitige Wollensbedingungen sind aufgrund der mittelbaren Gebundenheit der Vertragsgegenseite jedenfalls anzuerkennen.[128]

18

Die sukzessive Perfektion eines Vertrages kann **nicht in umgekehrter Reihenfolge** durch die vorweggenommene (antizipierte) Annahme eines nachfolgenden Antrags erfolgen. § 150 Abs. 2 lässt derartige Annahmeerklärungen schon nicht zu (→ § 150 Rn. 5). Antrag und Annahme sind überdies **funktionsgebundene Begriffe**. Die Funktion der Annahme ist es, die Vertragsgeltung unmittelbar herbeizuführen (§ 150). Entsprechend stellt die Annahmeposition des Angebotsempfängers eine geschützte Rechtsposition (Vertragsanwartschaft) dar (→ § 145 Rn. 13). Die so bezeichnete „vorweggenommene Annahme" ist daher in Wirklichkeit ein Antrag, wenn der Vertrag mit der Abgabe oder dem Zugang der Gegenerklärung, dem so

19

120 BGH NJW 2013, 3434 Rn. 22; *Flume* BGB AT Bd. 2, § 35 I 3 (S. 640) unter Verweis auf Mugdan, Motive I, S. 443.

121 Siehe eingehend *Zwanzger*, Der mehrseitige Vertrag, S. 133 ff.

122 Kein Vertragsschluss dagegen bei sich kreuzenden Offerten, *Petersen* Jura 2009, 183 (184).

123 Zu der sich daraus ergebenden mangelnden Unterscheidbarkeit von Antrag und Annahme vgl. Palandt/ *Ellenberger* BGB § 145 Rn. 6 unter Hinw. auf *Huber* RabelsZ 43 (1979), 413, 445.

124 BGH NJW 2004, 2962 (2964) (Vertragsannahme gem. § 151 S. 1 durch Gegenzeichnung eines unterschriebenen Vertragsentwurfes).

125 So *Leenen* AcP 198 (1998), 381, 400 f.

126 Für analoge Anwendung der §§ 145 ff. „wo es passt" Staudinger/*Bork* BGB Vor §§ 145–156 Rn. 38; MüKoBGB/*Busche* § 145 Rn. 4 (regelmäßig analog); wie hier Soergel/*Wolf* BGB § 145 Rn. 24. Das entspricht sachlich auch der Regelung in den nicht-legislativen Kodifikationen; dazu *Christandl* in Jansen/Zimmermann, Commentaries on European Contract Laws, 2018, Art. 2:211.

127 Sie werden zum Teil ganz abgelehnt, *Giesen* FS Schapp, 2010, S. 159, 161 f.; Staudinger/*Bork* BGB Vor §§ 158–163 Rn. 18 (Zustandekommen des Vertrages fehlt); Jauernig/*Jauernig*, 13. Aufl. 2009 § 158 Rn. 4 (beiderseitiger Bindungswille fehlt), zum Teil als einseitige Wollensbedingung bei gegenseitigen Verträgen zugelassen BGHZ 47, 387, 391; BGHZ 134, 182, 187 f.; BGH NJW-RR 1996, 1167; OLG Köln MDR 2005, 500; BGH WM 1966, 1267 (auch beiderseitige Wollensbedingung); Soergel/*Wolf* BGB Vor § 158 Rn. 28 (auch beiderseitige Wollensbedingung); Palandt/*Ellenberger* BGB Vor § 158 Rn. 10 (arg. § 454 Abs. 1 S. 2); Jauernig/*Mansel* BGB § 158 Rn. 4.

128 Zutreffend MüKoBGB/*Busche* Vor § 145 Rn. 75; einschränkend Erman/*Armbrüster* BGB Vor § 158 Rn. 13, der die einseitige Wollensbedingung anerkennt, wenn sie mit einer Erklärungsfrist verbunden ist. Erklärungsfrist ist beim Optionsvertrag immer vorgesehen, Erman/*Armbrüster* BGB Vor § 158 Rn. 14.

bezeichneten zeitlich nachfolgenden Angebot, geschlossen sein soll. Behält sich der „vorweg Annehmende" zudem noch eigene Prüfschritte vor, so will er seine Annahmeerklärung ggf. mit den Erleichterungen des § 151 ohnedies erst nach erfolgter Prüfung abgeben. Die „vorweggenommene Annahme" stellt dann nur eine invitatio ad offerendum dar. In allen Fällen aber ist die „vorweggenommene/antizipierte Annahme" eine Falschbezeichnung.[129]

Während der Vertragsschluss allein den Parteien vorbehalten ist, kann die inhaltliche Ausgestaltung des Vertrages einer Partei (§§ 315 f.) oder einem Dritten (§§ 317 ff.) nach von den Parteien zuvor bestimmten Entscheidungsmaßstäben überlassen werden.[130] Nimmt die Partei oder der Dritte die Bestimmung nicht vor, verzögert er sie oder ist seine Bestimmung unwirksam, ist zu differenzieren. Hatte er die Bestimmung nach billigem Ermessen zu treffen, kann das Gericht die Bestimmung durch eigenes Urteil ersetzen (§ 315 Abs. 2; § 319 Abs. 1).[131] Durfte er die Bestimmung nach freiem Belieben[132] treffen, ist der Vertrag auch bei offenbarer Unbilligkeit verbindlich.[133] Die Partei oder der Dritte kann bei der Bestimmung nach freiem Belieben die gleiche Privatautonomie für sich beanspruchen, die sonst die an den Vertrag gebundenen Parteien gemeinsam ausgeübt hätten. Verstößt der Vertrag unter der Maßgabe des freien Beliebens aber gegen §§ 134, 138, 242, ist er endgültig unwirksam (s. § 319 Abs. 2).[134] Soll die Partei oder der Dritte nach billigem Ermessen entscheiden, ist er dagegen eingeschränkt und hat die im Einzelfall gerechte Entscheidung zu treffen, die bei offensichtlicher Unbilligkeit durch Urteil ersetzt werden muss (§ 319 Abs. 1). § 319 Abs. 2 führt den Rechtsgedanken der unbestimmten essentialia negotii und der unbestimmten, den Parteien für den Vertragsschluss aber wesentlichen Vertragspunkte (§ 154 Abs. 1), fort, nur mit dem Unterschied, dass der Vertrag als unwirksam eingestuft wird, nicht lediglich als nicht geschlossen. Allein auf solche Fallkonstellationen sind die §§ 315 f.[135] und die §§ 317 ff.[136] direkt anwendbar. Soll eine der Parteien oder ein Dritter den bereits bestehenden und wirksamen Vertrag ergänzen oder anpassen, kommt eine analoge Anwendung der §§ 315 f. und §§ 317 ff. in Betracht.[137]

Die Befugnis, den Vertrag durch einen Dritten inhaltlich ausgestalten zu lassen, wird von den §§ 317–319 nicht kraft Gesetzes zuerkannt, sondern bereits vorausgesetzt.[138] Die Privatautonomie umfasst bereits diese Befugnis.[139] Einige Streitbeilegungsmethoden, wie das Schiedsgutachten, die Adjudikation, die Qualitätsarbitrage und die rechtsbegründende Drittleistungsbestimmung (§§ 317–319), machen sich diese Ausgestaltungsbefugnis zunutze.[140] Sie alle stellen Vertragsarbitrageverfahren dar, an deren Ende nicht wie bei der Schiedsgerichtsbarkeit ein vollstreckbarer Titel steht, sondern eine Entscheidung mit schuldrechtlich bindendem Inhalt für die Parteien.[141] Die Verfahrensstandards sind dabei grundsätzlich niedriger und die Verfahren dadurch in der Regel schneller als ein Schiedsverfahren, die Anwendungsbereiche bleiben aber kongruent.[142] Vertragsarbitrage und Schiedsgerichtsbarkeit schließen sich mithin auch nicht gegenseitig aus, sondern können etwa auch hintereinander geschaltet werden und damit einander ergänzen.[143]

129　So OLG Hamm NJW 2001, 1142 (1143); nicht eindeutig dagegen BGH NJW 2002, 363; NJW 2005, 53 (54).

130　S. dazu aber auch BGHZ 55, 248 und Rn. 14 sowie näher § 145 Rn. 5; *Schellhase*, Gesetzliche Rechte zur einseitigen Vertragsgestaltung, S. 131.

131　BGH NJW 2000, 2986 (2987); NJW-RR 1994, 1314 (1315).

132　BGH NJW 2001, 1930. Zu den Anforderungen an die Billigkeit und die Maßstäbe zu ihrer Bestimmung näher *Schulze* FS Kaissis, S. 875, 878 f.; zur Abgrenzung billiges Ermessen, freies Ermessen und freies Belieben, s. *Kleinschmidt*, Delegation von Privatautonomie auf Dritte, S. 188 ff.

133　Jauernig/*Mansel* BGB § 319 Rn. 5.

134　Das gilt auch im Rahmen von § 315 BGB, s. MüKo-BGB/*Würdinger* § 315 Rn. 33.

135　MüKoBGB/*Würdinger* § 315 Rn. 12; Erman/*Hager* BGB § 315 Rn. 1.

136　*Stieglmeier*, Vertragsarbitrage und Internationales Privat- und Zivilverfahrensrecht, S. 41 ff., 59 ff.; aA

NK-BGB/*Wagner* § 317 Rn. 16; Palandt/*Grüneberg* BGB § 317 Rn. 3; *Kleinschmidt*, Delegation von Privatautonomie auf Dritte, S. 26 ff.; S. 44 ff.; S. 95 f.

137　Eingehend *Schellhase*, Gesetzliche Rechte zur einseitigen Vertragsgestaltung, S. 183 ff.

138　*Kleinschmidt*, Delegation von Privatautonomie auf Dritte, S. 101.

139　*Kleinschmidt*, Delegation von Privatautonomie auf Dritte, S. 833; *Stieglmeier*, Vertragsarbitrage und Internationales Privat- und Zivilverfahrensrecht, S. 33.

140　*Stieglmeier*, Vertragsarbitrage und Internationales Privat- und Zivilverfahrensrecht, S. 23 f.

141　*Stieglmeier*, Vertragsarbitrage und Internationales Privat- und Zivilverfahrensrecht, S. 63 ff.; zur Bindungswirkung näher *Kleinschmidt*, Delegation von Privatautonomie auf Dritte, S. 595 ff.

142　*Kleinschmidt*, Delegation von Privatautonomie auf Dritte, S. 821.

143　*Kleinschmidt*, Delegation von Privatautonomie auf Dritte, S. 829 f.

B. Einzelerläuterungen

I. Das auf den Vertrag anwendbare Recht (IPR und Einheitsrecht)

Bei Sachverhalten mit einer Verbindung zu einem ausländischen Staat ist nach den Regeln des internationa- **20** len Privatrechts vorgeschaltet zu prüfen, welches staatliche Recht auf den Vertrag Anwendung findet (Art. 3 EGBGB).[144] Für Vertragsschlüsse ab dem 17.12.2009 gilt dabei vorrangig die Rom-I VO (Art. 3 Nr. 1 lit. b EGBGB). Die Fragen des Vertragsschlusses (Einigung und materielle Wirksamkeit) unterliegen dem Vertragsstatut (Art. 10 Rom I-VO). Für den Bereich des Schuldvertragsrechts besteht eine weitgehende Rechtswahlfreiheit (Art. 3 Rom I-VO; Parteiautonomie → Rn. 10), wobei auch die Frage, ob eine wirksame Rechtswahl getroffen wurde, dem Vertragsstatut unterliegt (Art. 3 Abs. 5 Rom I-VO). Wurde keine Rechtswahl getroffen, ergibt sich das auf den Vertrag anwendbare Recht aus der objektiven Anknüpfung nach Maßgabe der Art. 4 ff. Rom I-VO. Für grenzüberschreitende Warenkaufverträge gilt, soweit es vertraglich nicht abbedungen wurde, vorrangig das Einheitliche UN-Kaufrecht (CISG).[145] Auf den Vertragsschluss finden dann die Art. 14 ff. UN-Kaufrecht Anwendung. Dagegen bilden die Grundregeln des Europäischen Vertragsrechts (PECL), die darauf aufbauenden Vorschriften des Draft Common Frame of Reference (DCFR) und die UNIDROIT-Principles (UP) lediglich unverbindliche Empfehlungen an die nationalen und an den europäischen Gesetzgeber (→ Rn. 3). Die Parteien können bei Unterwerfung unter die Schiedsgerichtsbarkeit durch eine vertragliche oder statutarische Schiedsklausel die Geltung dieser den Vertragsschluss mitumfassenden nichtstaatlichen Regeln aber vereinbaren. Vor staatlichen Gerichten wird die Wahl nichtstaatlichen Rechts dagegen bislang nicht, auch nicht bezogen auf einen Teil des Vertrages, anerkannt.[146] Die nichtstaatlichen Regeln können nur in den Grenzen des dispositiven Rechts durch eine materiellrechtliche Verweisung vertraglich vereinbart werden.[147] Für sie gelten dann die Regeln des Vertragsstatuts als Rechtsrahmen (sog. Einbettungsstatut). Die §§ 145 ff. sind insgesamt **dispositives Recht**.[148]

II. Gefälligkeiten, Gentlemen's Agreements und Prozessverträge

1. Gefälligkeiten. In alltäglichen Situationen, in denen Leistungen einseitig oder auf der Grundlage einer **21** Vereinbarung, aber ohne eine erkennbare Gegenleistung erbracht werden (Gefälligkeiten),[149] wird eine Leistungspflicht entweder nicht oder zumindest nicht als rechtliche Verbindlichkeit gewollt sein. Das ist Auslegungsfrage, die danach fragt, wie sich das Verhalten des Leistenden für einen objektiven Betrachter darstellt.[150] Dabei geht es zunächst um eine normativ wertende Beurteilung von Indizien und erst in zweiter Linie um die Auslegung von Erklärungen.[151] Die Abgrenzung gegenüber unentgeltlichen Rechtsgeschäften, die ebenfalls auf einer altruistischen Motivation beruhen, wie insbesondere Auftrag, Leihe, unentgeltliche Verwahrung oder zinsloses Darlehen, ist schwierig.[152] Kriterien sind etwa der Wert einer anvertrauten Sache, die wirtschaftliche Bedeutung einer Angelegenheit, das erkennbare Interesse des Begünstigten,[153]

---

144 Zu den Voraussetzungen für die Kollisionsrechtsanwendung s. BeckOGK/*Schulze*, Art. 3 EGBGB Rn. 5 ff.

145 Zum Anwendungsbereich vgl. Schlechtriem/Schwenzer/Schroeter/*Ferrari*, Kommentar zum Einheitlichen UN-Kaufrecht, 7. Aufl. 2019, Art. 1 CISG Rn. 12 ff., 40 ff., 61 ff.

146 Die Rom I-VO kündigt in ihrem Erwägungsgrund (14) nur die Wählbarkeit eines künftigen gemeinschaftlichen Rechtsinstruments an. Zur Diskussion vgl. *Schulze* FS von Hoffmann, 2011, 856, 857; *ders.*, RabelsZ 71 (2007), 852, 853 f.

147 Sie werden dann in den Vertrag integriert. Für die vollständige Anerkennung der Parteiautonomie insoweit *Roth* FS Jayme, S. 757, 768 ff.; *Brödermann* RIW 2004, 721 (726 f.)

148 BGHZ 138, 339, 343 (bezogen auf § 156); *Hellgardt* AcP 212 (2013), 760 ff.

149 Die mit oder ohne vorherige Leistungsvereinbarung einseitig erbrachten Gefälligkeiten können dennoch Schutz- und Sorgfaltspflichten auslösen. Die Übergänge zwischen beiden Formen sind fließend und werden daher zumeist nicht voneinander getrennt, vgl. Übersichten bei Erman/*H.P. Westermann*, Einl.

§ 241 Rn. 14–17; Jauernig/*Mansel* BGB § 241 Rn. 24; Staudinger/*Bork* BGB Vor §§ 145–156 Rn. 82.

150 BGHZ 21, 102, 106 f.; BGH NJW 1992, 498 (499) verneinen vertragliche Haftung bei Mitnahme im PKW aus Gefälligkeit. Ebenso BGH NJW 2015, 2280 Rn. 8 (Fahrt der Enkelin zu Sportveranstaltung ist bloße Gefälligkeit und erfolgt nicht im Auftrag des Sportvereins; zust. Anm. *Singbartl/Zintl*, 2281). Bejaht wird die Haftung dagegen grundsätzlich bei PKW-Fahrgemeinschaft, jedoch ist eine stillschweigende wechselseitige Haftungsbeschränkung möglich BGH NJW 2009, 1482 (Mietwagenfahrt in Südafrika), Anm. *Seibl* IPRax 2010, 347; BGH NJW-RR 2017, 272 Rn. 8 (Bewässern des Nachbargartens während Urlaubsabwesenheit). Vgl. ferner hierzu *J. Schmidt*, Der Vertragsschluss, S. 175.

151 *Medicus/Petersen* BGB AT, § 18 Rn. 184 ff., 192 f.

152 Zu diesen Gefälligkeitsverträgen vgl. mN Jauernig/*Mansel* BGB § 241 Rn. 24; Staudinger/*Bork* BGB Vor §§ 145–156 Rn. 82.

153 BGH NJW 2012, 3366 f. Rn. 14 verneint deswegen ein Gefälligkeitsverhältnis bei einem „Schenkkreis".

die dem Leistenden erkennbare Gefahr im Falle einer fehlerhaften Leistung (etwa Bankauskünfte)[154] und auch die Zumutbarkeit einer Rechtspflicht im Hinblick auf das damit verbundene Schadensersatzrisiko.[155] Auch die persönliche Nähebeziehung (familiärer, freundschaftlicher oder kollegialer Art) ist in die Beurteilung einzustellen. Das führt im Regelfall zur Verneinung eines Rechtsgeschäfts.[156] Das kann zur Feststellung führen, dass keine rechtliche Bindung gewollt ist,[157] oder auch nur den Pflichtenumfang herabsetzen.[158] Die Abgrenzung gegenüber einer stillschweigend getroffenen Übereinkunft zwischen nichtehelichen Partnern (sog. Kooperationsverträge) ist stark einzelfallabhängig.[159]

22   Wird die Übernahme einer vertraglichen Leistungspflicht verneint, so bleibt es bei einem **Gefälligkeitsverhältnis**. Dieses wird als rechtsgeschäftsähnliches (gesetzliches) Schuldverhältnis erfasst (§ 311 Abs. 2 Nr. 3), das nach Maßgabe des § 241 Abs. 2 iVm § 280 Abs. 1 eine Schadensersatzhaftung wegen Schutzpflichtverletzung[160] begründen kann. Die allgemeinen Haftungsregeln finden Anwendung (§§ 276, 278).[161] Umfang und Inhalt der Pflichten richten sich nach den Umständen des Einzelfalles und werden von dem (nicht rechtsgeschäftlichen) Handeln der Beteiligten bestimmt. Dabei kann auch eine Pflicht zur Fortsetzung des Gefälligkeitsverhältnisses entstehen, so dass ein grundloser Abbruch zur Unzeit Schadensersatzpflichten begründet.[162] Eine solche Pflicht zu erwartungsgerechtem Verhalten (Verhaltenstreue)[163] sollte aber nur anerkannt werden, soweit das Vertrauen in ein entsprechendes Konsequenzialverhalten besonders schutzwürdig erscheint. Hierfür müssen – wie beim grundlosen Abbruch von Vertragsverhandlungen – besondere Umstände vorliegen, die ausnahmsweise die Entstehung der Treuepflicht rechtfertigen.[164] Anders als bei Verletzung einer Leistungspflicht kann aus einer Treuepflicht grundsätzlich nicht auf Leistung geklagt werden (s. aber zum Kontrahierungszwang → Rn. 11 ff.).

23   **2. Gentlemen's Agreements und ähnliche Vertrauenspakte.** Handeln die Parteien rechtserheblich und geben sie dabei die klare und eindeutige Erklärung dahin ab, dass die von ihnen getroffene Vereinbarung keine **rechtliche** Verbindlichkeit haben soll, so stellt dies eine **Unverbindlichkeitsabrede**[165] dar. Die darin liegende Abwahl rechtlicher Kontrolle ist auf ihre Wirksamkeit und ihre Folgen hin rechtlich zu bestimmen.

---

154 Auskunftsvertrag bei Bankauskünften über Vermögensanlagen BGHZ 100, 117; 123, 126; Schimansky/Bunte/Lwowski/*Siol*, Bankrechts-Handbuch, 5. Aufl. 2017, § 43 Rn. 7; *Buck-Heeb* WM 2012, 625. Der Rechtsbindungswille wird in diesen Fällen oftmals anhand typisierter Indizien angenommen: BGH NJW 2014, 3360 (3361) Rn. 21; BGH BeckRS 2015, 11152 Rn. 23 jeweils mwN Dagegen muss im Dauerberatungsvertrag ausdrücklich geschlossen werden: BGH BeckRS 2015, 11152 Rn. 24.

155 Eine vertragliche Haftung verneint deshalb BGH NJW 1974, 1705 (1706) (Lottotippgemeinschaft); strenger die franz. Cass. (1ère), 4.5.1976 JCP 1977 II, n. 18540; Cass. 5.7.1989, Bull. Civ. I., n. 275.

156 BGH NJW-RR 2017, 272 Rn. 8 (Bewässern des Nachbargartens während Urlaubsabwesenheit); NJW 2015, 2280 Rn. 8 (Fahrt der Enkelin zu Sportveranstaltung ist bloße Gefälligkeit und erfolgt nicht im Auftrag des Sportvereins; zust. Anm. *Singbartl/Zintl*, 2281).

157 Keine Vertragshaftung bei Vermögensverwaltung durch Ehegatten BGH NJW 2000, 3200 (Zusagen im Rahmen einer nichtehelichen Lebensgemeinschaft); BGHZ 97, 372, 381 (Empfängnisverhütung); OLG Koblenz NJW-RR 2002, 595 (596) (Nachbarschaftshilfe).

158 BGH NJW-RR 2007, 1271 (1272) (Anlageberatungsvertrag unter Familienmitgliedern).

159 Bejaht von BGH FamRZ 1995, 1295 Rn. 29 (Arbeitsleistungen); verneint im Verhältnis zu den Eltern des Lebenspartners BGH NJW 2015, 1523 Rn. 13 f.

160 Gleichbedeutend mit den auf den Schutz des Integritätsinteresses gerichteten (weiteren) Verhaltenspflichten im Schuldverhältnis. Die Diktion ist uneinheitlich, vgl. Jauernig/*Mansel* BGB § 241 Rn. 10.

161 Keine generelle Haftungsmilderung im Sinne einer Gesamtanalogie nach §§ 521, 599, 690, vgl. st. Rspr.

BGH NJW 1992, 2475; vgl. zum Streitstand Jauernig/*Mansel* BGB § 241 Rn. 26; *Witschen*, Haftung und Versicherung bei Gefälligkeiten AcP 219 (2019), 300, 309 ff.

162 BGH NJW 1986, 978 (979 f.) (Kündigung ohne vernünftigen Grund).

163 Staudinger/*Bork* BGB Vor §§ 145–156 Rn. 84 spricht hier von einer quasivertraglichen Schutzpflicht bzw. einer sekundären Verhaltenspflicht.

164 Wie hier Staudinger/*Bork* BGB Vor §§ 145–156 Rn. 84 mwN Die Rechtsfigur des Vertrages ohne primäre Leistungspflicht (s. Rn. 4) sollte dagegen bei Gefälligkeitsabreden nicht verwendet werden. Dafür Soergel/*Wolf* BGB Vor § 145 Rn. 85–87. Ein Vertrag scheidet zwar nicht deshalb aus, weil ein Rechtsbindungswille in Bezug auf sekundäre Verhaltenspflichten (hier bezogen auf die quasivertragliche Schutzpflicht) praktisch nicht feststellbar wäre, sondern weil ein Rechtsbindungswille bei Gefälligkeitsabsprachen typischerweise vollständig fehlt. Überdies sind auch die rechtliche Anerkennung und der rechtliche Schutz eines freiwillig erzielten Leistungserfolges (Rechtsgrund) nicht ohne Weiteres gewollt.

165 Die Unverbindlichkeitsabrede ist von der von ihr betroffenen Vereinbarung gedanklich zu trennen. Anders als eine Vertragsabschlussklausel, die nach ihrer Funktion als Bestandteil der Angebotserklärung das Abschlussverfahren regelt und sich mit dem Zustandekommen des Vertrages erledigt, bezieht sich die Unverbindlichkeitsabrede unmittelbar auf den Vereinbarungsinhalt. § 139 ist daher nicht anwendbar. Die Unverbindlichkeitsabrede besitzt selbst rechtsgeschäftlichen Charakter. Sie kann entweder ausdrücklich formuliert sein oder sich aus dem Zusammenhang etwa bei sog. Ehrenerklärungen, ergeben. Vgl. eingehend *Schulze*, S. 563 ff.; 577 ff.; *ders.*, JuS 2011, 193 (196 f.).

Die Entscheidung über die Zuordnung als rechtliche oder nichtrechtliche Vereinbarung steht der Parteiautonomie nur sehr eingeschränkt offen (→ Rn. 8 f.). Rechtsordnungslose Verträge gibt es nicht. Gesetzliche Regelungen über die Zulässigkeit und die rechtliche Qualität eines sog. „Opting-out" existieren auch nicht. Ebenso fehlen eine einheitliche Begriffsbildung und eine klare Dogmatik, was einerseits zu bildhaften, aber dunklen Anglizismen (Gentlemen's Agreements) und andererseits zur Einordnung unter deskriptive Sammelbegriffe führt.[166] Gemeinsam ist diesen Vereinbarungen, Absprachen oder Abmachungen ihre jedenfalls abgeschwächte Rechtswirkung. Entweder soll nach dem Willen der Parteien eine Verbindlichkeit im Sinne einer Leistungspflichtbeziehung zwar entstehen, deren Einhaltung aber nicht durch rechtlichen Zwang gesichert werden (Naturalobligation). Oder die Parteien wollen überhaupt keine Selbstbindung, sondern nur ein künftiges Verhalten zur verbesserten Koordination in Aussicht stellen, wie etwa bei (erlaubten) Kartellabsprachen.[167] Ungeachtet der im Einzelnen für die Entrechtlichung in Anspruch genommenen Geltungsgründe (wirtschaftliche Vernunft, gesellschaftlicher Anstand, persönliche Ehre) hat die Bindungswirkung der Beteiligten ihre Grundlage hier im gegenseitigen persönlichen Vertrauen. Es erscheint daher sachgerecht, sie als **Vertrauenspakte**[168] rechtlich wie gewöhnliche Verträge zu behandeln, aus denen je nach Ausgestaltung entweder rechtlich nicht erzwingbare Leistungsforderungen hervorgehen (Naturalobligationen, → Rn. 13) oder keine Forderungen entstehen, aber ggf. Verhaltens- und Treuepflichten anzunehmen sind. Das „Opting out of the legal system" schlägt also in jedem Falle fehl.[169] Im ersten Falle handelt es sich um Verträge mit vereinbarten Naturalobligationen und im zweiten um Verträge ohne primäre Leistungspflichten (→ Rn. 4).[170] Beide Einordnungen ermöglichen die Kontrolle der Absprachen in den gesetzlichen Grenzen des zwingenden Vertragsrechts (allgemein: §§ 134, 138, 242, 276 Abs. 3 oder speziell in den Grenzen des Verbraucherschutz-, Miet- oder Arbeitsrechts). Im ersten Falle wird mit der Forderung im Sinne von § 241 Abs. 1 zudem ein rechtlich strukturiertes Element zugrunde gelegt. Das ist auch deshalb vorteilhaft, weil eine Transaktion damit anhand der Regeln des vertraglichen Schuldrechts über Schadensersatz wegen Schutzpflichtverletzungen sowie über die vollständige oder teilweise Rechtfertigung eines Vermögenserwerbs bereicherungsrechtlich[171] entschieden werden kann.

a) Verdeckter Vertrauenspakt. Wissen die Parteien im Zeitpunkt des Vertragsschlusses, dass der Vertrag **24** unwirksam ist (etwa wegen Nichteinhaltung der gesetzlichen Form) und führen sie ihn dennoch auf dieser Grundlage aus,[172] so bleibt der Vertrag unwirksam. Aufgrund des fehlenden Rechtsbindungswillens wird der rechtsgeschäftliche Bezug entweder überhaupt verneint (sog. Nicht-Rechtsgeschäft)[173] oder die Vereinbarung zwar anerkannt, aber als fehlerhaft eingestuft (nichtiges Rechtsgeschäft).[174] Bedeutsam ist diese unterschiedliche Sichtweise in Fällen, in denen ein unwirksamer mit einem wirksamen Teil zu einem einheitlichen Geschäft verbunden wurde. Die Rechtsprechung will den wirksamen Teil im Ergebnis alleine gelten lassen. § 139 (dh im Zweifel Gesamtnichtigkeit) sei von vornherein nicht anwendbar, weil kein einheitliches und teilbares Rechtsgeschäft im Sinne dieser Vorschrift vorliege, sondern – neben dem Nicht-Rechtsgeschäft, das als nullum ignoriert wird – eben nur ein erhaltbares und darum wirksames Rechtsgeschäft.[175]

---

166 Vgl. *Reuss* AcP 154 (1955), 485 ff.; *Lust*, Die Vorstufen des verhandelten Vertrages, S. 34; *Bahntje*, Gentlemen's Agreement und abgestimmtes Verhalten, S. 16 ff. (nichtrechtsgeschäftliche Einigungstatbestände).

167 Zu dem entsprechend erweiterten kartellrechtlichen Vertragsbegriff s. Rn. 4 Fn. 24.

168 Vgl. historisch das „pactum", das im römischen Recht als einfache Vereinbarung keine gerichtlich durchsetzbare Verpflichtung erzeugte. *Meyer-Pritzl*, Pactum, conventio, contractus, S. 99, 106; HKK/ *Hofer* BGB Vor § 145 Rn. 21.

169 S. zu dahin gehenden Absprachen im US-amerikanischen Recht, *Bernstein* JLegSt 1992, 115 ff.

170 Wurden Leistungspflichten nicht vereinbart, so könnte hier auch von bloßen Abreden gesprochen werden, die das Schuldrecht aber nicht vertypt hat. Sie gehören dann zu den sonstigen Einigungstatbeständen neben dem Vertrag, die unter dem Begriff der Quasi-Kontrakte als eigenständige Gruppe zusammengefasst wurden, vgl. *Mayer-Maly* FS Wilburg, S. 129 ff. Auch diese Abreden bleiben als „rechtlich relevantes Verhalten" kontrollfähig und können als geschäftliche Sonderverbindungen erfasst werden (rechtsgeschäftsähnliches Schuldverhältnis, § 311 Abs. 2 Nr. 3).

171 Die Naturalobligation bildet einen möglichen Rechtsgrund iSv § 812 Abs. 1 und verlangt damit die Prüfung der Entstehung bzw. des Untergangs der Forderung. Eine Teilrückforderung kann sich unter dem Gesichtspunkt der Minderung oder nach den Grundsätzen des WGG ergeben, vgl. näher *Schulze*, S. 633 f.

172 Die (vorübergehende oder dauernde) Nichtigkeitsfolge ist ggf. gerade der Zweck dieser Vereinbarung. Es liegt daher nicht nur eine tatsächliche Verständigung durch Wissenserklärungen vor; vgl. bereits RGZ 68, 322, 324: keine Wissenserklärungen, sondern „Abmachungen für die Zukunft".

173 Nichtrechtsgeschäftliche Willenserklärung RGZ 68, 322, 324 (Scheidungsvergleich). Mit der Bezeichnung als Nicht-Rechtsgeschäft fällt dieses aber nicht aus der rechtsgeschäftlichen Betrachtung heraus. Sie dient als regulative Vorstellung zur Entwicklung normativer Abgrenzungskriterien (→ Rn. 9).

174 Etwa Jauernig/*Mansel* BGB Vor § 104 Rn. 17, der unter Hinw. auf § 117 Abs. 1 entsprechend dem Scheingeschäft von einem nichtigen Rechtsgeschäft ausgeht.

175 BGHZ 45, 376, 379 f.; BGH NJW 1999, 351; krit. *Keim* NJW 1999, 2867 (2868).

Auch unter Anwendung des § 139 der kann aber der vorrangig zu berücksichtigende Parteiwillen zur Aufrechterhaltung des wirksamen Teils führen, so dass die Annahme eines nullum entbehrlich ist.[176] Umgekehrt führt eine nachträgliche Schwarzarbeitsabrede aus präventiven Gründen zur Nichtigkeit eines zunächst wirksam geschlossenen Werkvertrags.[177]

25 Soweit die Parteien von dem Fehlen eines Wirksamkeitserfordernisses ausgingen, etwa einen Formmangel annahmen, der Mangel aber in Wirklichkeit nicht vorlag, ist der Vertrag dennoch unwirksam. Es fehlt dann die Einigung über die Geltung des inhaltlich Vereinbarten (Geltungskonsens) der Parteien (Gedanke des § 154 Abs. 2). Dagegen genügt es nicht, wenn die Parteien das Fehlen eines Wirksamkeitserfordernisses lediglich für möglich halten. Die Unwirksamkeit wird hier nur als bestehendes Risiko in Kauf genommen. Ein solcher Vertrag ist wirksam.[178]

26 b) Gentlemen's Agreements. Bei Vereinbarungen und Absprachen, deren Einhaltung nach dem erklärten Willen der Parteien nicht erzwungen werden können soll, ist fraglich, ob sie noch vom (bürgerlich-rechtlichen) Vertragsbegriff erfasst werden.[179] Sie werden gemeinhin unter der Bezeichnung „Gentlemen's Agreements" zusammengefasst.[180] Dabei sollte unterschieden werden zwischen solchen Vereinbarungen und Absprachen, die nach ihrem Handlungssinn eine rein interne, dem Recht verborgene Bedeutung haben sollen, und solchen, die auf eine geschäftliche Transaktion und deren rechtliche Anerkennung gerichtet sind.

27 aa) Interne (clandestine) Vereinbarungen. Ist die Vereinbarung entsprechend den verdeckten Vertrauenspakten (→ Rn. 24) nicht auf rechtliche Anerkennung gerichtet, sondern clandestin (interne Vereinbarung), so ist sie nichtig. Die Meidung rechtlicher Anerkennung ist ein Indiz für verbotene Vereinbarungsinhalte und führt zur Sittenwidrigkeit derartiger Abreden (§ 138). Informelle Zusagen wie „der Kläger werde den Beklagten nicht im Regen stehen lassen"[181] können allerdings rechtliche Bedeutung auch indirekt erlangen (etwa als Geschäftsgrundlagenvereinbarung), selbst wenn der Erklärende eine Bindung gerade nicht wollte.[182] Sie sind insoweit als Sachverhaltsdaten zu berücksichtigen.

28 bb) Auf rechtliche Anerkennung gerichtete Vereinbarungen. Soll eine rechtliche Leistungsbindung zur Erhaltung einer höchstmöglichen Flexibilität des Leistenden nicht entstehen, so handelt es sich um einen Vertrag ohne primäre Leistungspflicht (→ Rn. 23).[183] Angekündigte Leistungen werden nach Opportunität erbracht oder nicht. Die Parteien bleiben frei und können ohne Pflichtverletzung vom Leistungsvollzug absehen. Werden dagegen Leistungen versprochen, jedoch die Zwangsbefugnisse zu deren Erfüllung ausgeschlossen, entsteht auch eine Vertragsbindung und es liegt ein Vertrag mit einer nicht erzwingbaren Leistungspflicht (Naturalobligation) vor.[184] Eine solche Handhabung ist gegenüber der sonst denkbaren Einordnung in die Vertrauenslehre vorzugswürdig. Die Annahme eines Vertrages auf der Grundlage eines sog. natürlichen Vertrauens[185] wird dadurch gänzlich überflüssig.[186]

176 Die Anwendbarkeit des § 139 bejahen: BGH NJW 1989, 898 f. (mündliche Zusage); Staudinger/*H. Roth* BGB § 139 Rn. 24; Jauernig/*Mansel* BGB § 139 Rn. 13; Erman/*Armbrüster* BGB Vor § 145 Rn. 5.

177 BGHZ 214, 228 = NJW 2017, 1808; aA *S. Lorenz* NJW 2013, 3132 (3134).

178 *Flume* BGB AT Bd. 2, § 7, 8 (S. 92 ff.); Erman/*Armbrüster* BGB Vor § 145 Rn. 6.

179 Zum Vertragsbegriff s. Rn. 4 und zur Anerkennung des Gentlemen's Agreement als Vertrag Rn. 23.

180 *Bahntje*, Gentlemen's Agreement und abgestimmtes Verhalten, S. 25. Zu den historischen Wurzeln und heutigen Erscheinungsformen des Gentlemen's Agreements vgl. *Schulze*, S. 602 ff. u. 606 ff.

181 OLG Nürnberg NJW-RR 2001, 636 (637): formlose Zusage einer Vertragsanpassung bei Eintritt bestimmter Umstände.

182 Zuweisung bestimmter vertraglicher Risiken, OLG Nürnberg NJW-RR 2001, 636 (637).

183 Das ist eine Frage der Auslegung, vgl. *Schulze*, S. 579 ff.

184 Gewillkürte Naturalobligationen werden von der Rechtsprechung anerkannt BGH BeckRS 2006, 05541 (Klageverzicht kann zur Naturalobligation führen); BGH MDR 1971, 657 = LM § 1018 Nr. 19, Bl. 4 (Verpflichtung unter Ausschluss des Rechtsweges); OLG Celle OLGZ 1969, 1 (2) (Ausschluss des

Klageweges); NJW 1971, 289 (290) (Vereinbarung eines obligatorischen Güteversuchs im Streitfalle); RGZ 40, 195, 199 (Besserungszusage); 67, 390, 392 (Klagbarkeitsausschluss); 98, 176, 178 (Schuldversprechen gegenüber der Geliebten für den Fall anderweitiger Heirat); RG JW 1930, 1062 Nr. 7 (Zahlungsvereinbarung). In der Literatur sind sie umstritten, vgl. zust. mN Staudinger/*Schmidt* (1995) BGB Vor § 241 Rn. 154 ff.; Staudinger/*Olzen*, Einl. zum SchuldR Rn. 251, 247 (schwierig zu beurteilen); bejahend *Schulze*, S. 565 ff. (einseitig) u.S. 568 ff. (zweiseitig); *ders.* JuS 2011, 193 ff.

185 Zum Begriff des natürlichen Vertrauens in Korrespondenz zu einem natürlichen Willen vgl. *Canaris*, Die Vertrauenshaftung im deutschen Privatrecht, 1971, S. 396 ff.; 544; geschützt wird das Vertrauen auf die freiwillige Erfüllung unverbindlicher Versprechen in der Zukunft; vgl. *Singer* in Beiträge für Canaris, S. 135, 144 f. Die rechtsgeschäftliche Willenserklärung wird durch ein natürliches Versprechen ersetzt, das gleichlaufende, schutzwürdige Verhaltenserwartungen im Hinblick auf die Leistungserbringung erzeugt. Dem konkreten, berechtigten Vertrauen in ein gegebenes Wort entspricht die vertragliche Treuepflicht an das gegebene Wort.

186 So noch unter Annahme eines Vertrauensvertrages (1. Aufl.) Vor §§ 145–157 Rn. 28.

Voraussetzung für die Entstehung von Naturalobligationen ist ein Leistungsversprechen, dh die Vereinbarung einer bestimmten Leistung sowie der klar und eindeutig geäußerte Wille zur Leistungserbringung.[187] Ferner muss die Transaktion auf ihre rechtliche Anerkennung gerichtet sein. Die Parteien wollen, dass der wirtschaftliche Erfolg anerkannt und abgesichert wird (Rechtsgrundabrede). Das sind Auslegungsfragen, die nach Indizien und Wertungskriterien zu beantworten sind. Die von den Parteien verwendete Bezeichnung als Gentlemen's Agreement kann als Anhaltspunkt für die gewünschte rechtliche Anerkennung zu werten sein.[188] Eine solche Struktur weisen ferner im öffentlich-rechtlichen Bereich etwa die sog. freiwilligen Selbstverpflichtungen von Unternehmen und Verbänden auf, mithilfe derer ein staatliches Eingreifen überflüssig (verhindert) werden soll.[189] Dahin gehende Absprachen haben bestimmungsgemäß eine externe Wirkung und bedürfen daher der Anerkennung durch das Recht. Derartige Selbstverpflichtungen sind Verträge und sie begründen Naturalobligationen. Sie sind für den Versprechenden verbindlich, ihre Einhaltung kann aber vom Versprechensempfänger nicht rechtlich erzwungen werden.

3. Prozessverträge. Auch in Bezug auf das staatliche Gerichtsverfahren bestehen weitgehende Dispositionsspielräume. Auf die möglichen Formen sog. Prozessverträge kann hier nur hingewiesen werden (Verträge über die Klagebefugnis, Gerichtsstands- und Schiedsverträge, Beweisverträge, vertragliche Verfahrensbeendigungen, Vollstreckungsverträge).[190] Bei der Auslegung von Prozessverträgen ist auf die mögliche materiellrechtliche Wirkung der Vereinbarung zu achten. So kann ein Stillhalteabkommen (pactum de non petendo) über den prozessualen Ausschluss der Klage hinausgehen und etwa auch ein Aufrechnungsverbot beinhalten oder die Fälligkeit der Forderung beseitigen.[191] **29**

III. Erklärungen im Vorfeld des Vertrages

Behält sich der Erklärende die Entscheidung über seine Gebundenheit noch vor, so handelt es sich um eine unverbindliche Absichtserklärung. Diese kann Bedeutung für die Interpretation nachfolgender Erklärungshandlungen erlangen. Geläufiges Beispiel für eine unverbindliche Vorfelderklärung ist die Aufforderung zur Abgabe von Angeboten (invitatio ad offerendum), → § 145 Rn. 3 f. **30**

1. Erklärungen im Verhandlungsprozess. Der finale Vertragsschluss ist abzugrenzen von den gesetzlich nicht geregelten Vertragsverhandlungen. Diese umfassen die Korrespondenz und die den Verhandlungsprozess betreffenden und ggf. strukturierenden Erklärungen. Die Bezeichnungen für die jeweiligen Erklärungen werden uneinheitlich verwendet, sie können je nach Sachgebiet eigenständige Bedeutung entwickeln, etwa im IT-Bereich,[192] und geben auch nur einen ersten Anhaltspunkt für die Interpretation.[193] So können bekundete Vertragsvorstellungen (memorandum of understanding), Absichtserklärungen (letter of intent) oder Verhandlungsvereinbarungen (instruction to proceed) vorliegen, die allesamt auf einen Ver- **31**

187 Aus Unbestimmtheit folgt Unverbindlichkeit etwa bei den sog. weichen Patronatserklärungen im unternehmerischen Geschäftsverkehr, vgl. *Hauck/Rumohr* NJOZ 2010, 1250 (1251); *Habersack* ZIP 1996, 257; *Fleischer* WM 1999, 666 (670); auch die *harte* Patronatserklärung ist nach LG München I WM 1998, 1285 wegen Suggestivwirkung nichtig (§ 138). Ferner sei sie unwirksam, weil die konkrete Schuld nicht bestimmbar sei; dagegen wird die **harte** Patronatserklärung als Sicherungsmittel allgemein anerkannt, vgl. BGH NJW 2010, 144 Rn. 14; BGHZ 117, 127, 130 = NJW 1992, 2093.

188 BGH NJW 1964, 570; OLG Hamburg MDR 1953, 482 – Gentlemen's Agreement: Es handelt sich bei einer solchen Bezeichnung grundsätzlich um eine auf den guten Willen und die kaufmännische Anständigkeit abgestellte Zusage einer oder beider Seiten, die aber nach dem Willen der Beteiligten keinen klagbaren Anspruch begründen soll. Nach BGH MDR 1964, 570 ist in diesen Fällen auch eine Rückkehr in die Verbindlichkeit über § 242 möglich. Der Auskunftsanspruch entsteht, sobald der Kläger darlegt, er habe berechtigten Grund zu der Annahme, der Beklagte habe sich von seiner freundschaftlichen Einstellung entfernt.

189 Etwa im Umweltrecht werden „Branchenabsprachen" oder „Branchenzusagen" im Bereich von

Industrie und Handel getroffen. Diese haben meist die Minderung bestehender Umweltbelastungen bzw. die Vornahme bestimmter umweltschonender Maßnahmen zum Inhalt. Sie sind nicht rechtsverbindlich und werden daher nicht immer eingehalten, vgl. *Kloepfer*, Umweltrecht, 4. Aufl. 2016, § 5 Rn. 471, 1564 ff.; *Frenz*, Selbstverpflichtungen der Wirtschaft, S. 226 u. Fn. 164 f. Auf diese unverbindlichen Absprachen sind die §§ 54 ff. VwVfG analog bzw. die ihnen zugrunde liegenden Rechtsgedanken anzuwenden.

190 Grundlegend *Wagner*, Prozessverträge, 1998, S. 391 ff., 504 ff., 556 ff., 608 ff., 711 ff.

191 Bei aufgeschobener Fälligkeit entsteht eine betagte Forderung, vgl. *Wagner*, Prozessverträge, S. 391, 437 ff.; *Schulze*, S. 476 ff., bei Klage- und Aufrechnungsverbot ist von einer nicht erzwingbaren Leistungsforderung (Naturalobligation) auszugehen, ebd.

192 Vgl. *Redeker* ITRB 2007, 208 ff.

193 Etwa die als „quick note" bezeichnete vorläufige Vereinbarung für einen Filmvertriebsvertrag, OLG München RIW 2001, 864 ff.; OLG Frankfurt, OLG-Rp 1997, 49 („Letter of Intent" als Vorvertrag interpretiert); *Bischoff* ZVglRWiss 103 (2004) 190, 193 f., 203.

tragsschluss als Verhandlungserfolg gerichtet sind.[194] Eine Leistungsverbindlichkeit (§ 241 Abs. 1) ist dabei aber grundsätzlich weder im Hinblick auf den Verhandlungsverlauf noch auf den Vertragsschluss gewollt. Die fehlende Bindung kann ausdrücklich durch eine sog. „no binding clause" oder konkludent durch sonstige Unverbindlichkeitsindizien zum Ausdruck gebracht sein.[195] Sie kann ferner aus der unzureichenden Bestimmtheit, sprachlichen Relativierungen, einer nur unvollständigen Einigung oder aus der Nichteinhaltung vereinbarter Formerfordernisse usf. abgeleitet werden.[196] Insoweit bleibt auch der Umstand, ob die Erklärung einseitig abgegeben oder vereinbart worden ist, ohne Bedeutung. Das Bestehen einer Verbindlichkeit ist allerdings **für jede einzelne Erklärung** konkret zu prüfen. Bindende Vereinbarungsinhalte können sich auf den Hauptvertrag (Punktation als verbindliche Teileinigung entgegen der Vermutung des § 154 Abs. 1 S. 2) oder auf den Verhandlungsprozess beziehen (etwa Vereinbarung über die Kosten der Vertragsanbahnung oder von Vorarbeiten,[197] Vereinbarung von Exklusivverhandlungen,[198] Verschwiegenheit, Informationspflichten). Beziehen sie sich auf den Verhandlungsprozess, so wird durch sie ein sog. **Vorfeldvertrag** begründet, der von dem Hauptvertrag zu unterscheiden ist.[199]

32   Unverbindliche Erklärungen im Verlaufe von Vertragsverhandlungen können im Falle des **grundlosen Verhandlungsabbruches** eine Schadensersatzhaftung aus § 311 Abs. 2 Nr. 1 (c.i.c.) rechtfertigen. Ansatzpunkt ist ein besonders schwerwiegender Treueverstoß.[200] Hat eine Partei ihre konkrete Abschlussbereitschaft im Hinblick auf einen bestimmten Vertrag erklärt oder bekräftigt, so darf sie hiervon nicht ohne Weiteres abgehen. Die Erklärungen werden aber auch rechtsgeschäftlich eingestuft, selbst wenn sie formalisiert, etwa durch einen „Letter of Intent" oder in Form von Rabattgutscheinen, abgegeben werden, sondern zerfließen zu „Vertrauen begründenden Umständen".[201] Ansatzpunkt für die Haftung des Erklärenden ist der **Vertrauensschutz** des Erklärungsadressaten, wobei für die Zurechnung auf die Kategorie der geschäftsähnlichen Handlung zurückgegriffen wird.[202] Das berechtigte Vertrauen erzeugt ein Recht auf ein Verhandeln unter Abschlussbereitschaft, ohne damit einen Anspruch auf den Abschluss eines Vertrages selbst zu begründen.

---

194   Die Abgrenzungen zwischen den so bezeichneten Erklärungsformen sind fließend. Der Letter of Intent (LoI) wird verbreitet auch nur als rechtlich nicht verbindliche „Fixierung einer Verhandlungsposition" beschrieben, vgl. Palandt/*Ellenberger* BGB Vor § 145 Rn. 18. In einer bloßen Fixierung kommt immer auch die Absicht zum Ausdruck, einen Vertrag schließen zu wollen. Lediglich eine Rechtsbindung soll ausgeschlossen sein. Die Funktionen derartiger Erklärungen sind umfangreich. Für den LoI: Verhandlungsatmosphäre, Vertragsmanagement, vorgezogene Risikoverteilungen, vorgezogene Teilleistungen, interne Zwecke, vgl. *Heussen*, Anwalts-Checkbuch Letter of Intent, S. 8. Abstrakt: Eingrenzung des Verhaltensspielraums und Kanalisierung des Verhandlungsprozesses, *Lutter*, Der Letter of Intent, S. 78. Rechtsvergleichend zum LoI im deutschen, französischen und englischem Recht sowie im CESL *J. Schmidt*, Der Vertragsschluss, S. 241 ff., 246 f.; s. auch *Babusiaux* in Jansen/Zimmermann, Commentaries on European Contract Laws, 2018, Introduction before Art. 2:301, Art. 2:301.

195   Staudinger/*Bork* BGB § 145 Rn. 14; zu den Formulierungen für rechtliche Unverbindlichkeit *Heussen*, Anwalts-Checkbuch Letter of Intent, S. 15 ff.; *Lust*, Die Vorstufen des verhandelten Vertrages, S. 22 ff.

196   Zu den Indizien für eine Bindungswirkung einer Vorfeldvereinbarung nach US-amerikanischem Recht: *Bischoff* RIW 2002, 609 (615).

197   BGH NJW 1979, 2202 (Angebotserstellung); OLG Nürnberg NJW-RR 1993, 760 ff. (Softwareentwicklung).

198   Zu einem „Deal Memo" als Vorstufe eines Lizenzvertrages BGH GRUR 2003, 173 (Filmauswertungspflicht); zum „Deal Memo" als Vorvertrag vgl. BGH ZUM 2010, 427 (428) mAnm *Schmid* GRUR-Prax 2010, 154; OLG Schleswig BeckRS 2015, 10328.

199   *Bischoff* ZVglRWiss 103 (2004), 190, 201 f.; *Kues*, Vereinbarungen im Vorfeld eines Vertrages, 1994, S. 85; *Hertel* BB 1983, 1824; *Stawowy*, Vertragsverhandlungen und Vorfeldvereinbarungen beim Unternehmenskauf, 2001.

200   BGH WM 1989, 685 f.; BGH NJW 1996, 1884 (1885); zust. Erman/*Armbrüster* BGB Vor § 145 Rn. 51 und § 145 Rn. 20; *Lutter*, Der Letter of Intent, S. 70. Pflichtwidrig ist es, die Lage so darzustellen, als werde ein Vertrag mit Sicherheit zustande kommen, wenn diese Sicherheit nicht besteht. Niemand darf einen in Wirklichkeit so nicht existenten Grad seiner Entschlossenheit zum Vertragsschluss zum Ausdruck bringen. Vgl. ferner *Bergjan* ZIP 2004, 395; *Wertenbruch* ZIP 2004, 1525; grundlegend *Schwarze*, Vorvertragliche Verständigungspflichten, 2001, S. 263 ff. („verständigungstheoretische" Informationspflichten).

201   OLG Stuttgart BB 1989, 1932 f. (fehlender LoI als Mitverschulden); OLG München NZG 2013, 257 (keine notarielle Beurkundungspflicht einer vereinbarten Vergütungspflicht im LoI) vgl. *Deimel* ZGS 2004, 213 (215 ff.) (keine rechtsgeschäftliche Qualität von Rabattgutscheinen; aA hier § 145 Rn. 6). *Bischoff* ZVglRWiss 103 (2004), 190, 215 (Vertrauensverhältnis wird intensiviert und konkretisiert).

202   Insoweit ähnelt die Haftung der heute überwundenen Kategorie der faktischen Vertragsverhältnisse (vgl. Rn. 42). Vgl. BGH NJW 1970, 1840 (1841) (analoge Anwendung der §§ 145 ff. im Hinblick auf die Frist zur Annahme), zust. *Lutter*, Der Letter of Intent, S. 77 ff., der alternativ als Rechtsgrundlage auch das Verbot des venire contra factum proprium (§ 242) nennt: Der Absender habe durch seinen LoI und die dort festgelegten Elemente selbst ein Faktum geschaffen, durch eigenes Tun ihn selbst bindende Verhaltenspflichten begründet, von denen er ohne Vertrauensbruch nicht einfach abweichen kann, vgl. *Ulrici* NJW 2003, 2053 ff.

2. Das Verhandlungsverhältnis. Vorfelderklärungen, die keine vertragliche Bindung begründen, lassen **33** ein rechtsgeschäftsähnliches Schuldverhältnis entstehen (§§ 311 Abs. 2, 241 Abs. 2). Damit werden Schutz- und Treuepflichten begründet, die je nach Lage des Falles zu konkretisieren sind und insoweit der Parteidisposition unterliegen. § 241 Abs. 2 übernimmt die Funktion, derartige Loyalitätspflichten[203] in contrahendo gesetzlich anzuerkennen.[204] Werden diese Pflichten schuldhaft verletzt, so ist die Haftung aus **culpa in contrahendo** (§ 280 Abs. 1) begründet. Bezieht sich die Vorfeldvereinbarung (auch) auf die Ausgestaltung oder den Ausschluss dieser Haftung, so handelt es sich in jedem Fall um einen Vertrag (Enthaftungsvertrag).[205] Die vertrauenstheoretisch begründete Haftung kann daneben aber auch durch einseitig vertrauenszerstörende Erklärungen des potenziell Haftenden verhindert werden.[206]

IV. Vorvertrag

Der Vorvertrag ist nicht eigenständig geregelt. Er ist ein herkömmlicher schuldrechtlicher Vertrag, der die **34** Verpflichtung zum Abschluss eines weiteren schuldrechtlichen Vertrages, des (Haupt-)Vertrages, enthält. Dieser vertraglich begründete Abschlusszwang kann einseitig oder gegenseitig begründet werden und auch auf den Abschluss eines Vertrages mit einem Dritten gerichtet sein.[207] Der Vorvertrag verpflichtet beide Parteien, an den Aushandeln der Bedingungen des abzuschließenden Vertrages mitzuwirken und sich mit den Vorschlägen der anderen Partei zum Inhalt des angestrebten Vertrages ernsthaft auseinanderzusetzen.[208] Der Vorvertrag hat regelmäßig den Zweck, noch bestehende tatsächliche oder rechtliche **Abschlusshindernisse** für den Hauptvertrag gesichert zu **überbrücken**.[209] Aufgrund der Regel des § 154 Abs. 1 S. 1 ist die Annahme eines Vorvertrages nur dann gerechtfertigt, wenn sich die Parteien über alle wesentlichen Punkte geeinigt haben und besondere Umstände darauf schließen lassen, dass sie sich bereits vertraglich binden wollten. Der Dissens in Bezug auf einzelne (nicht wesentliche) Vertragspunkte hindert die Entstehung der Vertragsbindung dann im Zweifel nicht.[210] Der Inhalt des Vorvertrages muss insgesamt aber so bestimmt sein, dass der Inhalt des Hauptvertrages bestimmbar ist (richterlich feststellbar nach §§ 133, 157, 315 ff.)[211] und Leistungsklage auf Abschluss des Hauptvertrages erhoben werden kann (Klage auf Annahme eines noch abzugebenden Angebots).[212] Aus prozessökonomischen Gründen kann das Mitwirkungsverlangen jedoch mit dem Antrag auf Abgabe der Vertragserklärung eingeklagt werden.[213] Mit der Klage aus dem Vorvertrag kann die Klage auf künftige Leistung aus dem abzuschließenden Hauptvertrag verbunden werden.[214]

Formpflichten gelten bereits für Vorverträge, sofern der Formzweck (auch) dem Schutz zumindest einer der **35** Vertragsparteien vor einer vertraglichen Bindung dient (§§ 311 b Abs. 1, 766 S. 1). Daran fehlt es, wenn allein Beweis- oder Verkehrsschutzinteressen verfolgt werden (etwa bei §§ 780 f., str.).[215] Das wird von der

---

203 Staudinger/*Bork* BGB Vor §§ 145–156 Rn. 49.
204 § 241 Abs. 2 sagt nur, dass eine Verpflichtung zur Rücksichtnahme auf die Rechte Rechtsgüter und Interessen des anderen Teils nach dem Inhalt des Schuldverhältnisses entstehen *kann*. Das Verhandlungsverhältnis wird dennoch ganz überwiegend als gesetzliches Schuldverhältnis eingestuft, vgl. *Krebber* VersR 2004, 150 (154) (Zwitterkonstruktion) mwN.
205 Reine Haftungsausschlussvereinbarung, *Larenz*, Schuldrecht I, S. 554; *Gerhardt* JZ 1970, 535 (537). Die Loyalitätspflicht bleibt hier bestehen, aber die Haftung für den Fall der Verletzung (§ 280 Abs. 1) ist abbedungen. Konstruktiv möglich ist hier auch die Annahme eines Erlasses (künftiger Forderungen), vgl. Erman/*Wagner* BGB § 397 Rn. 3.
206 Vgl. *Schwarze*, Vorvertragliche Verständigungspflichten, 2001, S. 327 f.
207 Staudinger/*Bork* BGB Vor §§ 145–156 Rn. 56; Erman/*Armbrüster* BGB Vor § 145 Rn. 46; dazu etwa auch OLG Düsseldorf BeckRS 2010, 30468; zum Ausnahmecharakter MüKoBGB/*Busche* Vor § 145 Rn. 61; *Krüger* ZNotP 2006, 447; zu den Erscheinungsformen des Vorvertrags eingehend *Freitag* AcP 207 (2007), 287, 290 ff. Nach BGH NJW 2012, 3171 (3172) Rn. 14 wird ein formwirksamer Vorvertrag mit dem Inhalt des Rückkaufs einer Immobilie durch den Verkäufer nicht dadurch wirksam, dass ein Drit-

ter die Immobilie formgerecht und auf Veranlassung des Verkäufers kauft.
208 Vgl. BGH NJW 2006, 2843 (2844 f.) Wenn dies nicht der Fall ist oder keine Einigung zu erzielen ist, entsteht ein Klagerecht auf Abgabe einer Vertragserklärung mit Einwendungsmöglichkeiten der Gegenseite unter dem Gesichtspunkt von § 242, *Krüger* ZNotP 2006, 447 (448); *Oberhauser* BrBp 2005, 388 (389); krit. *Freitag* AcP 207 (2007), 287, 302 ff.
209 Zur Interessenlage der Parteien auch BGH ZUM 2010, 427 (428) mAnm *Schmid* GRUR-Prax 2010, 154 (zum „Deal Memo" als Vorvertrag).
210 OLGR Karlsruhe 2009, 881; BGH NJW 2006, 2843 (2844); iE ebenso MüKoBGB/*Busche* Vor § 145 Rn. 63; aA Staudinger/*Bork* BGB Vor §§ 145–156 Rn. 52 mwN.
211 OLG Koblenz NZBau 2006, 184 (185); BGH NJW 1990, 1234 (1235); NJW-RR 1993, 139 (140); daraus ergibt sich aber kein geringeres Maß an Bestimmtheit für einen Vorvertrag, MüKoBGB/*Busche* Vor § 145 Rn. 62.
212 BGH NJW 2001, 1286; NJW-RR 1994, 1272 f.
213 BGH NJW 2006, 2843 (2844 f.); BGH NJW 2001, 1273 (Klage auf Annahmeerklärung bei bereits vollständig formuliertem Hauptvertrag).
214 BGH NJW 2001, 1286; BGH BeckRS 2014, 11251 Rn. 21.
215 BGHZ 121, 1, 4; vgl. zum Streitstand Erman/*Wilhelmi* BGB § 780 Rn. 5.

Rechtsprechung auch für § 550 (Mietverträge mit fixierter Laufzeit von länger als einem Jahr) angenommen, weil diese Formvorschrift nicht den Parteien, sondern allein der Unterrichtung des Dritterwerbers dient.[216] Im Hinblick auf den ebenfalls anzuerkennenden Schutzzweck vor längerfristigen Vertragsbindungen sollte § 550 dagegen auch auf Mietvorverträge angewendet werden.[217] Der formwahrende Abschluss des Hauptvertrages heilt den formfehlerhaften Vorvertrag.[218]

V. Option, Vorrechtsvertrag, Vorhand

36 Mit der Option wird ein inhaltlich bereits fixiertes Vertragsverhältnis in Geltung gesetzt oder es werden bestehende Vertragswirkungen verlängert. Löst die Option aus Sicht des Ausübenden einen Ankauf aus, so spricht man auch von einem Ankaufsrecht („Call-Option"), löst sie einen Verkauf aus, vom Verkaufsrecht („Put-Option").[219] Die Ausübung erfolgt durch einseitige Willenserklärung. Sie unterliegt derselben Form, die für die entsprechende Vertragserklärung einzuhalten ist. Das gilt auch bei nur einseitigen Formerfordernissen, §§ 518 Abs. 1, 766 S. 1. Das Optionsrecht kann dem Begünstigten einseitig durch einen Vertragsantrag mit gesonderter Bindungsfrist (sog. Festofferte) eingeräumt werden. Aufgrund der Bindung an den Antrag nach § 145 S. 1 stellt bereits die einfache Annahmeposition ein Optionsrecht dar. Das Optionsrecht kann ferner durch einen (Options-)Vertrag[220] zweiseitig begründet (sog. Angebotsvertrag) werden.[221] Die Rechtsposition Option stellt ein **Gestaltungsrecht** dar. Das Optionsrecht erlischt grundsätzlich durch seine Ausübung oder durch das Verstreichen eines hierfür gesetzten Termins oder einer Bedingung.[222] Die Vereinbarung eines Bindungsentgelts ist möglich. Der Optionsverpflichtete muss sich aber sowohl bei einseitig erklärter als auch bei der vertraglich vereinbarten Antragsbindung leistungsfähig halten.[223]

37 Möglich ist daneben auch ein Optionsvertrag des Inhaltes, dass die Parteien bereits den Hauptvertrag abschließen und einer Partei das Recht einräumen, durch Erklärung die Vertragswirksamkeit herbeizuführen. Der Zweck dieser Konstruktion ist es, die Optionsausübung formfrei zu ermöglichen (arg. § 456 Abs. 1 S. 2).[224] Es handelt es sich um einen **bedingten Hauptvertrag**, der unter einer Wollensbedingung[225] steht. Das ist zulässig, weil die bedingten Vertragspflichten im Zeitraum des Schwebezustandes durch ein eigenes Haftungsregime gesichert sind (Anwartschaftsrecht des bedingt Berechtigten aus §§ 160–162). Es besteht also bereits eine Vorwirkung der vertraglichen Bindung. Der Schutzzweck einschlägiger Formvorschriften wird durch die Beurkundung des bedingten Hauptvertrages gewahrt (insbes. § 311 b Abs. 1 S. 1). Im Ergebnis ist es eine Frage der Auslegung, ob die Parteien einen bedingten Vertrag schließen und damit bereits (vorwirkende) vertragliche Rechtsbindungen begründen wollten oder nicht.[226]

38 Verträge, die dem Berechtigten im Verhältnis zum Verpflichteten ein **Vorrecht** gegenüber Dritten einräumen (Vorrechtsverträge, Vorhand), sind nach der Reichweite des vereinbarten Vorrechts zu unterscheiden. In der weitestgehenden Form erhält der Berechtigte ein Eintrittsrecht in Verträge, die der Verpflichtete mit Dritten schließt (etwa das in §§ 463 ff., 1094 ff. geregelte Vorkaufsrecht). Möglich ist ferner etwa die Ein-

216 BGH NJW 2007, 1817 f.; BGH NJW 1990, 1204 (zu § 566); zust. Staudinger/*Bork* BGB Vor §§ 145–156 Rn. 61; Erman/*Armbrüster* BGB Vor § 145 Rn. 48; vgl. auch BGH NJW 2010, 1518 Rn. 13: Keine Ausdehnung des Schriftformerfordernisses auf die Annahmefrist (-verlängerung).

217 So auch *Flume* BGB AT Bd. 2, § 33, 7 (S. 613 ff.); *Häsemeyer*, Die gesetzliche Form der Rechtsgeschäfte, 1971, S. 112 ff.

218 *Freitag* AcP 207 (2007), 287, 312 mwN zu Lit. u. Rspr.

219 Zu Put-Optionen auf Immobilien insbes. *Heyers* DNotZ 2011, 6 (7).

220 MüKoBGB/*Busche* Vor § 145 Rn. 74; Palandt/*Ellenberger* BGB Vor § 145 Rn. 23. Abweichend soll nach Staudinger/*Bork* BGB Vor §§ 145–156 Rn. 70 nur die Vertragsoption als Option zu bezeichnen sein. Welche Konstruktion anzunehmen ist, ist Auslegungsfrage, OLG München ZUM 2008, 68 (69).

221 Inhalt des Angebotsvertrags ist das Angebot des Optionsverpflichteten, das der Optionsberechtigte einmal als Angebot zum Abschluss des Optionsvertrages und sodann durch Ausübung des Optionsrechts zum Abschluss des (Haupt-)Vertrages annimmt, vgl. MüKoBGB/*Busche* Vor § 145 Rn. 74.

222 BGH NJW-RR 1995, 714; eine abweichende Gestaltung bleibt aber möglich, vgl. BGH NJW-RR 2004, 952 (954) (Rücknahme des Widerrufs eines Grundstückkaufangebots).

223 Bei einseitiger Optionseinräumung ist die Grundlage der Haftung das rechtsgeschäftsähnliche Schuldverhältnis (§ 311 Abs. 2), vgl. Staudinger/*Bork* BGB Vor §§ 145–156 Rn. 71. Weitergehend wird in diesem Falle auch eine analoge Anwendung des § 122 und damit eine verschuldensunabhängige Haftung befürwortet, *Schilder*, Schadensersatz bei Durchbrechung der Bindung an obligatorische Vertragsofferten, 2003, S. 221 ff.

224 BGH NJW 2006, 2843 (2844); Palandt/*Ellenberger*, Einf. v. § 145 Rn. 23; abl. Staudinger/*Bork* BGB Vor §§ 145–156 Rn. 74; MüKoBGB/*Busche* Vor § 145 Rn. 75.

225 BGHZ 47, 387, 391; 71, 280, 283; BGH WM 1962, 1399; MüKoBGB/*Busche* Vor § 145 Rn. 75; abl. Jauernig/*Mansel* BGB Vor § 145 Rn. 6; ebenso noch RGZ 40, 195, 201 (nackte Willkür); zum Streit im Schrifttum vgl. Staudinger/*Bork* BGB Vor §§ 145–156 Rn. 71.

226 BGH NJW 2006, 2843 (2844).

räumung eines Rechts auf ein Angebot im Falle der Veräußerung (Angebotsvorhand) oder auf ein Informations- oder Verhandlungsrecht bei Veräußerungsabsicht (Verhandlungsvorhand).[227]

VI. Rahmenvertrag, Sukzessivlieferungsvertrag

Durch einen Rahmenvertrag (Mantelvertrag) legen die Parteien Einzelheiten künftiger Verträge fest, ohne dass diese bereits so bestimmt oder bestimmbar sind, dass auf ihren Abschluss geklagt werden kann. Es handelt sich um Richtlinien für eine auf Dauer angelegte Geschäftsverbindung, ohne bereits primäre Leistungspflichten zu begründen (Vertrag ohne primäre Leistungspflicht, → Rn. 4). Der Rahmenvertrag begründet dennoch eigenständige Rechtspflichten,[228] weshalb etwa die Vertragsqualität auch einer Rahmenvereinbarung über die Geltung von Allgemeinen Geschäftsbedingungen im Sinne von **§ 305 Abs. 3** bejaht wird.[229] Der sog. **allgemeine Bankvertrag** soll dagegen keine Rechtspflichten begründen und daher nicht als Rahmenvertrag anzuerkennen sein, so dass die AGB-Banken nicht ohne Weiteres als vereinbart gelten können.[230] Eine besondere Art eines Rahmenvertrages liegt vor, wenn die Bestimmbarkeit der vertraglichen Leistung zwar gegeben ist, aber der Abschluss der Verträge noch vorbehalten wird (Lieferung auf Abruf, wobei der Abruf ein eigenständiges Vertragsangebot darstellt).[231] Aufgrund der gesonderten Einzelverträge handelt es sich dann um ein **Wiederkehrschuldverhältnis**. **39**

Der Nichtabschluss in laufender Geschäftsbeziehung kann eine Pflichtverletzung des Rahmenvertrages bedeuten und zu einer Haftung aus § 280 Abs. 1 führen.[232] Inhalt und Umfang der Pflichten aus dem Rahmenvertrag sind durch Auslegung zu bestimmen. Der Anspruch kann danach auch auf das positive Interesse und damit auf Vertragsabschluss gehen (Kontrahierungszwang als Schadensersatzleistung durch Naturalrestitution). **40**

Der **Sukzessivlieferungsvertrag** ist ein einheitlicher Vertrag, bei dem die Erfüllung in zeitlich getrennten Teilleistungen erfolgt. Ist die Gesamtleistung im Voraus bestimmt, so spricht man von einem Raten- oder Teillieferungsvertrag, ist sie unbestimmt, von einem Dauerlieferungs- oder Bezugsvertrag.[233] Im letzteren Falle handelt es sich um ein Dauerschuldverhältnis, welches durch Kündigung beendet werden kann (§ 314). Insolvenzrechtlich ist die Unterscheidung dagegen aufgrund von § 105 InsO (teilbare Leistung) heute ohne Bedeutung. **41**

VII. Faktischer Vertrag, Selbstwiderspruch und fehlerhafte Vertragsverhältnisse

Die frühere Lehre von den **faktischen** Vertragsverhältnissen beruht auf der Annahme, dass Vertragsverhältnisse nicht nur rechtsgeschäftlich, sondern auch faktisch und zwar durch sozialtypisches Verhalten begründet werden können.[234] Der BGH ist dieser Lehre anfänglich gefolgt,[235] greift heute aber nicht mehr auf sie zurück.[236] Das sozialtypische Verhalten kann mit den bekannten dogmatischen Kategorien bewältigt, dh als schlüssige Willenserklärung verstanden werden.[237] Die auf objektivierter Empfängersicht beruhende Deu- **42**

227 Näher *Maurer* BWNotZ 2004, 57 ff.; auch zur dogmatischen Konstruktion, Staudinger/*Bork* BGB Vor §§ 145–156 Rn. 78; MüKoBGB/*Busche* Vor § 145 Rn. 77.

228 BGHZ 114, 238, 241 f. (Kreditkartenvertrag zwischen Verbrauchermarkt und Kunden mit Anspruch über Verhandlungen zum Abschluss eines Kreditkaufs); BGH NJW-RR 1992, 977 (978) (Verhandlungsvorhand: Anspruch auf Aufnahme von Vertragsverhandlungen über den Abschluss von Architektenverträgen); BGH WM 2000, 1198; Soergel/*Wolf* BGB Vor § 145 Rn. 82; aA MüKoBGB/*Busche* Vor § 145 Rn. 41.

229 MüKoBGB/*Busche* Vor § 145 Rn. 41 aE; Erman/*Roloff* BGB § 305 Rn. 44.

230 BGH NJW 2002, 3695 (3696); zu Recht abl. *M. Roth* WM 2003, 480 (482); ebenso im Hinblick auf das Bankgeheimnis und die Koordinationspflichten in Bezug auf die vertraglichen Einzeltransaktionen *Köndgen* NJW 2004, 1288 (1289 f.); ausf. zum Streitstand MüKoBGB/*Heermann* BGB § 675 Rn. 52.

231 BGH NJW 1997, 933 mAnm *Bülow* LM Nr. 85 zu § 139.

232 BGH NJW-RR 1992, 978 (979); *Wolf/Neuner* BGB AT, § 36 Rn. 14 ff.; Palandt/*Ellenberger*, Einf. v. § 145 Rn. 19; Soergel/*Wolf* BGB Vor § 145 Rn. 82 (der in diesen Fällen von Rahmengrundlagenverträgen spricht und sie von Rahmennebenbestimmungsverträgen unterscheidet).

233 Vgl. zur Diktion im Einzelnen Erman/*Armbrüster* BGB Vor § 145 Rn. 53 f.

234 *Haupt*, Über faktische Vertragsverhältnisse, 1941 noch mit anderer Diktion („Bindung kraft sozialer Leistungsverpflichtung"); wN MüKoBGB/*Busche* Vor § 145 Rn. 44.

235 BGHZ 21, 319, 333 = NJW 1956, 1475 (Hamburger Parkplatzfall); BGHZ 23, 175, 177 = NJW 1967, 627 (Strombezug); BGHZ 23, 249, 261 = NJW 1957, 787 (formlose Hoferbeneinsetzung).

236 BGH WM 1968, 115 (117); 1976, 928; NJW 1991, 564; 2003, 1331; NJW 2005, 3636 (3637 f.); 2006, 286, 287; NJW-RR 2004, 928 (929 f.); vgl. *Lambrecht*, Die Lehre vom faktischen Vertragsverhältnis, 1994, S. 164 ff.

237 Einhellige Meinung, vgl. BGH NJW 2003, 1331; 2005, 3636, 3637 f.; 2006, 286, 287. Erman/*Armbrüster* BGB Vor § 145 Rn. 42; Staudinger/*Bork* BGB Vor §§ 145–156 Rn. 39.

tung des Erklärungsverhaltens schließt den Einwand fehlenden Erklärungsbewusstseins und auch die darauf gestützte Irrtumsanfechtung aus.[238]

43 Weiter streitig ist aber, ob eine vertragliche Bindung auch dann entsteht, wenn der Betreffende seinen Bindungswillen vor oder gleichzeitig mit dem tatsächlichen Verhalten ausdrücklich und für den Erklärungsadressaten erkennbar ausschließt. Dieser offene Vertragsvorbehalt soll entsprechend der Parömie **protestatio facto contraria non valet** unbeachtlich sein.[239] Das ist im Hinblick auf die Privatautonomie bedenklich[240] und wird für Individualverträge von der neueren Rechtsprechung nur einschränkend angewendet.[241] An sich liegt in diesen Fällen ein offener Dissens vor. Vorzugswürdig ist es dann aber, eine Vertragsbindung in derartigen Fällen unmittelbar aus **§ 242** herzuleiten: Hat sich der Betreffende durch die tatsächliche Inanspruchnahme der Leistung in einen offenen Widerspruch zu seiner Vertragsablehnung begeben und hat insoweit treuwidrig und unredlich gehandelt,[242] so wird ihm die Vertragsbindung auferlegt.[243] Die praktisch bedeutsamen Fälle betreffen die stillschweigende (schwarze) Leistungsinanspruchnahme. Der geheim bleibende Vorbehalt gegenüber der vertraglichen Bindung ist unbeachtlich, § 116 S. 1,[244] so dass der Vertrag zustande kommt. Der durchschaute Vorbehalt führt über § 116 S. 2 BGB zwar zur Nichtigkeit der Willenserklärung. Die Vorschrift setzt dabei aber einen geheimen Vorbehalt voraus und ist auf den offenen Vorbehalt nicht übertragbar.[245]

44 Praktische Hinweise für den **Rechtsschutz** des Kunden hat der BGH im Falle eines Wasseranschlussvertrages gegeben. Der Kunde kann sich gegenüber dem Leistungsverlangen des Versorgungsunternehmens entsprechend dem in § 315 Abs. 3 enthaltenen Schutzgedanken auf die Unangemessenheit und damit Unverbindlichkeit der Preisbestimmung berufen und diesen Einwand im Rahmen der Leistungsklage zur Entscheidung des Gerichts stellen.[246] In einem Rückforderungsprozess wegen überhöhter Preise trifft ihn jedoch grundsätzlich auch die Beweislast für die Unbilligkeit der Leistungsbestimmung.[247]

45 Es ist allgemein anerkannt, dass bei **Dienst- und Arbeitsverhältnissen** und **Gesellschaftsgründungen** Mängel des Vertragsschlusses oder Gründungsakts grundsätzlich nur mit Wirkung ex nunc geltend gemacht werden können.[248] Für die Vergangenheit „gelten" Vertrag und Gesellschaft somit als wirksam. Die dabei verbreitet verwendete Bezeichnung als „faktisches Arbeitsverhältnis" weist auf die an sich fehlende Wirksamkeit hin.[249] Für die in Vollzug gesetzte Gesellschaft hat die **Doppelnatur** als Schuldverhältnis einerseits und als Gesamthand andererseits zu der Lehre vom **fehlerhaften** (aber wirksamen) **Verband** geführt. Danach ist der Verband als Organisationsgebilde bis zu seiner Auflösung voll wirksam.[250] Dagegen ist bis-

---

238 OLG Koblenz NJW-RR 2006, 1065 (1067) stützt sich bei erfolgter Stromabnahme auf eine unbeachtliche protestatio facto contraria.

239 So BGHZ 95, 393, 399; ohne ausdr. Stellungnahme ebenso BGH NJW 2003, 1331; zust. etwa Staudinger/*Bork* BGB Vor §§ 145–156 Rn. 39.

240 Abl. daher Jauernig/*Mansel* BGB Vor § 145 Rn. 20. Hierfür spricht auch § 116, der nur den verdeckten Dissens für unbeachtlich erklärt (S. 1) und bereits bei durchschautem Vorbehalt zur Nichtigkeit führt (S. 2). Die Auslegung der konkludenten Willenserklärung führt ferner zur Nichtigkeit aufgrund inneren Widerspruchs oder sie geht am Inhalt der Gegenerklärung vorbei (Dissens).

241 Für Maklervertrag BGH NJW 2002, 817 f.: kein Widerspruch, wenn sich Interessent nach Vertragsablehnung Maklerdienste gefallen lässt; BGH NJW 2002, 1945 f.: Inanspruchnahme von Maklerdiensten führt nicht zum Vertragsschluss durch konkludentes Verhalten, soweit dieser auch als Makler des Verkäufers (Doppelmakler) auftritt; ebenso OLG Brandenburg NJW-RR 2009, 1145 (1147) (nur bei gesondertem Hinweis). Vertragsfortsetzung bejaht dagegen von BGH MDR 2000, 956 bei Verbleiben im Krankenhaus, obwohl Patient weiß, dass Sozialversicherungsträger keine weiteren Kosten übernimmt.

242 BGH NJW 2001, 1859 (1862 f.) (Bankkredit).

243 Zu heteronom begründeten Vertragspflichten aus Rechtshandlungen, denen die rechtsgeschäftliche Gültigkeit fehlt, sa § 661 a. Ebenso bestimmte Fallgruppen der c.i.c., vgl. *Krebber* VersR 2004, 150 (154 ff.).

244 Jauernig/*Mansel* BGB Vor § 145 Rn. 20 aE; anders, wenn die Inanspruchnahme der Leistung verdeckt erfolgt und daher nicht als Vertragserklärung zu werten ist BGHZ 55, 128 (Flugreise).

245 MüKoBGB/*Armbrüster* § 116 Rn. 12.

246 BGH NJW 2014, 3089 Rn. 14; BGH NJW 2003, 1331 (1332); NJW-RR 2004, 1281 (1282) (zu § 362).

247 Zur sekundären Darlegungslast des Netzbetreibers s. BGH NJW 2014, 3089 Rn. 17; BGH NJW 2003, 1449 (1450) (Strompreise); anders jedoch, wenn Zahlung lediglich als Abschlag oder Vorauszahlung in Erwartung einer noch festzustellenden Schuld erfolgt ist, so BGH NJW 2006, 684 (686); näher Palandt/*Grüneberg* BGB § 315 Rn. 20 mwN.

248 Ebenfalls anerkannt für Handelsvertreterverträge BGHZ 129, 290; BGH NJW 1997, 655. Für andere Dauerschuldverhältnisse, insbes. für Miet- und Pachtverträge, wird dagegen eine ex-tunc-Abwicklung für möglich gehalten, vgl. KG NJW-RR 2004, 155; vgl. Palandt/*Ellenberger* BGB § 315, 119 Rn. 5; Staudinger/*Roth* BGB § 142 Rn. 36 mwN; dagegen aber: OLG Düsseldorf ZMR 2002, 41 (43).

249 Das faktische Arbeitsverhältnis knüpft an einen nichtigen Arbeitsvertrag an, *Link* in Schaub, Arbeitsrechts-Handbuch, 17. Aufl. 2017, § 34 Rn. 51 f.

250 Nicht nur bloße Beschränkung der Nichtigkeits- oder Anfechtungsfolge, sondern Anerkennung als eigenständiges Rechtsgebilde, vgl. *Schäfer*, Der fehlerhafte Verband, S. 182 ff.; folgend: MüKoBGB/*ders.* § 705 Rn. 342 ff., 356 (mit Einschränkung: verbandsrechtliches Prinzip der fehlerhaften Gesellschaft).

lang noch keine vergleichbare Rückführung auf ein kooperatives Prinzip bei fehlerhaften vertraglichen Dauerschuldverhältnissen, namentlich dem fehlerhaften (aber wirksamen) Arbeitsvertrag, gelungen.[251]

VIII. Faktische Vertragswirkungen und „Tatsachenverträge"

Verträge können auch **faktische Wirkungen** haben, die neben oder an die Stelle der Begründung von vertraglichen Rechten und Pflichten treten. Das ist etwa bei **Spielsperrverträgen** der Fall, mit denen sich spielsüchtige Spieler etwa den Zutritt und die Teilnahme an Glücksspielen verbieten lassen.[252] Die Verträge erreichen ihren Zweck bereits faktisch dadurch, dass künftige Spielverträge nicht mehr zustande kommen, weil das nun verbotene Spiel auf keiner Seite den Schluss zulässt, mit der Teilnahme am Spiel würden konkludente Vertragserklärungen abgegeben.[253] Die Annahme des BGH,[254] der Glücksspielanbieter wolle sich unentgeltlich dazu verpflichten, in seinem Betrieb das Zustandekommen von Spielverträgen zu verhindern, widerspricht der Lebenserfahrung und ist durch eine einfache Ausschlussklausel überwindbar. An die Stelle einer Schadensersatzhaftung wegen schuldhafter Verletzung einer Überwachungspflicht tritt aufgrund der faktischen Wirkung die bereicherungsrechtliche Rückabwicklung. Einer missbräuchlichen Inanspruchnahme bei erschlichenem Zutritt kann durch die Rückforderungssperre des § 817 S. 2 begegnet werden.[255]   **46**

Von „Tatsachenverträgen" ist die Rede, wenn die Parteien einen Tatbestand festlegen, an den bestimmte rechtliche Folgen geknüpft sind.[256] Das betrifft das steuerrechtliche Institut der **tatsächlichen Verständigung** über Besteuerungsgrundlagen (§ 162 AO 1977 u. § 96 FGO).[257] Fiskus und Steuerschuldner legen einverständlich die tatsächlichen Voraussetzungen der Besteuerung fest und bestimmen dadurch die Steuerschuld. Ferner gehören **Rechtsabgrenzungsvereinbarungen** im gewerblichen Immaterialgüterrecht zu den Tatsachenverträgen. Mit ihnen legen etwa konkurrierende Markeninhaber die Reichweite ihrer Markenrechte fest.[258] Bestimmte Arten von Garantievereinbarungen im Sinne von §§ 444 Alt. 2, 639 Alt. 2 können ebenfalls zu Tatsachenabreden gerechnet werden. Weil Zusicherungen im Sinne von unselbstständigen **Garantieversprechen** haftungsrechtlich nicht beschränkbar sind, erfolgt eine sog. **Tatbestandslösung**, dh eine eindeutige sachlich einschränkende Beschreibung der Garantie oder der geschuldeten Beschaffenheit im Sinne von § 434 Abs. 1.[259]   **47**

Auch der **Tatsachenvergleich** gehört hierher. Insbesondere im Arbeitsrecht wird seine Zulässigkeit als Anwendungsfall des § 779 diskutiert und vom BAG hinsichtlich der Vereinbarung über tatsächliche Voraussetzungen eines unabdingbaren gesetzlichen Anspruches bejaht.[260] Mit ihm verlagern die Parteien den Streit oder die Ungewissheit eines Anspruchs auf dessen tatsächliche Voraussetzungen. Der Grund für diese Vor-

---

251 Vgl. zum Dienst- und Arbeitsverhältnis Jauernig/*Mansel* BGB Vor § 611 Rn. 5; zur Begründung von Nebenpflichten so im Ansatz *Brors*, Die Abschaffung der Fürsorgepflicht, 2002, S. 102 ff.

252 Der Spieler verbietet sich zugleich selbst das Spiel, vgl. BGHZ 165, 276, 280 = NJW 2006, 362 (363); BGHZ 174, 255 = NJW 2008, 840; BGHZ 191, 205 = NJW 2012, 48. Derartig eigeninteressierte Selbstbindungen treten etwa auch bei Behandlungsverträgen mit psychisch Kranken auf, in denen mögliche künftige Zwangsmaßnahmen geregelt werden (sog. „Ulysses Contracts") und bei den sog. Patientenverfügungen („Patiententestament"), vgl. dazu *Katzenmeier* JR 2002, 444 (447). Es handelt sich um einseitige Selbstbindungen in rechtsgeschäftlicher Form, vgl. *Schulze*, S. 339 f.

253 *Schulze* FS Jayme, 2004, S. 1561, 1566 f.; dagegen sehen OLG Hamm NJW-RR 2003, 971 und KG NJW-RR 2003, 1359 in der Sperre eine selbstbezügliche Beschränkung der Verpflichtungsbefugnis, die zur Nichtigkeit der Spielverträge und ebenfalls zu einer bereicherungsrechtlichen Rückabwicklung führt. Vor dem Hintergrund des zum 1.1.2008 in Kraft getretenen Glücksspielstaatsvertrags der Länder (zumindest) Nichtigkeit nach § 134 BGB iVm § 20 Abs. 2 GlüStV annehmend *Peters* NJOZ 2010, 1197 (1199 f.)

254 BGHZ 174, 255 = NJW 2008, 840; BGHZ 165, 267 = NJW 2006, 362 (363) (anders noch BGHZ 131, 136 = NJW 1996, 248); so auch bereits *Peters* JR

255 Das verkennt BGHZ 174, 255 = NJW 2008, 840.

256 Zu den einseitigen Tatsachenerklärungen (Wissenserklärungen) als Zeugnisse gegen sich selbst und ihrer möglichen rechtsgeschäftlichen Bedeutung vgl. *Schulze*, S. 506 (Schuldanerkenntnis am Unfallort, Vertragspräambel, Entsprechenserklärung nach § 161 AktG).

257 BFH NJW 2000, 2447 (2448) (Bindungswirkung einer tatsächlichen Verständigung über die Besteuerungsgrundlagen); *Dannecker* in Horn, Recht im Pluralismus, S. 371, 384 f. verlangt aufgrund der mittelbaren Rechtswirkung eine gesetzliche Grundlage.

258 Vgl. OLG Düsseldorf BeckRS 2015, 04601; BGH GRUR 2011, 641 (642) (mAnm *Fammler/Niebel*); BGH NJW 2002, 3332 (3334) – Hotel Adlon. Der Inhaber der jüngeren Marke nimmt wegen vorrangiger Rechte der Gegenseite Beschränkungen auf sich und erhält dafür den Verzicht auf die Durchsetzung eindeutiger oder jedenfalls möglicher Verbietungsrechte des Inhabers der älteren Rechte, *Harte-Bavendamm/Bomhard* GRUR 1998, 530 (531); *Janoschek*, Abgrenzungsvereinbarungen über Warenzeichen, 1975.

259 PWW/*D. Schmidt* BGB § 444 Rn. 8; NK-BGB/*Büdenbender* § 444 Rn. 22; insgesamt krit. *Graf von Westphalen* ZIP 2002, S. 545; *ders.*, BB 2002, S. 209.

260 BAG NZA 1998, 434; BAG NZA 1997, 167.

gehensweise liegt meist in der zwingend gestalteten Rechtsfolgenregelung, die dort keine Gestaltungsspielräume zulässt.[261] Zumindest im Rahmen eines Prozessvergleichs wird man eine solche Vorgehensweise akzeptieren können.[262]

§ 145 Bindung an den Antrag

Wer einem anderen die Schließung eines Vertrags anträgt, ist an den Antrag gebunden, es sei denn, dass er die Gebundenheit ausgeschlossen hat.

Literatur: *Bischoff*, Der Vertragsschluss beim verhandelten Vertrag, 2001; *Borges*, Verträge im elektronischen Geschäftsverkehr, 2003; *Deimel*, Die zivilrechtliche Einordnung von Rabattgutscheinen, ZGS 2004, 213; *Diederichsen*, Der Schutz der Privatautonomie bei Befristung des Vertragsangebots, in: FS Medicus, 1999, S. 89; *Dörner*, Rechtsgeschäfte im Internet, AcP 202 (2002), 363; *Emmert*, Auf der Suche nach den Grenzen vertraglicher Leistungspflichten, 2001; *Fritzsche*, Der Abschluss von Verträgen, §§ 145 ff. BGB, JA 2006, 674; *Andreas Fuchs*, Zur Disponibilität gesetzlicher Widerrufsrechte im Privatrecht, AcP 196 (1996), 313; *Gsell*, Die Beweislast für den Inhalt der vertraglichen Einigung, AcP 203 (2003), 119; *Häsemeyer*, Das Vertragsangebot als Teil des Vertrages, in: FS Jayme, 2004, S. 1435; *Hellgardt*, Privatautonome Modifikation der Regeln zu Abschluss, Zustandekommen und Wirksamkeit des Vertrages, AcP 213 (2013), 760; *Henrich*, Unwiderrufliches Angebot und Optionsvertrag: Eine rechtsvergleichende Betrachtung, in: Zimmermann ua (Hrsg.), Rechtsgeschichte und Privatrechtsdogmatik, 1999, S. 207; *Kleinschmidt*, Delegation von Privatautonomie auf Dritte, 2014; *Köhler*, Das Verfahren des Vertragsschlusses, in: Basedow (Hrsg.), Europäische Vertragsrechtsvereinheitlichung und deutsches Recht, 2000, S. 33; *Lindacher*, Die Bedeutung der Klausel „Angebot freibleibend", DB 1992, 1813; *Ludwig*, Zur Problematik des Widerrufs eines Vertragsangebots gegenüber einem beschränkt geschäftsfähigen Minderjährigen, JURA 2011, 9; *Mankowski*, Beseitigungsrechte, 2003; *Pauly*, Konkludenter Vertragsabschluss im Maklerrecht, MDR 2006, 549; *Pfeiffer*, Von Preistreibern und Abbruchjägern – Rechtsgeschäftslehre bei Online-Auktionen, NJW 2017, 1437; *Petersen*, Das Zustandekommen des Vertrages, JURA 2009, 183; *Reiner*, Der verbraucherschützende Widerruf im Recht der Willenserklärungen, AcP 203 (2003), 1; *Schellhase*, Gesetzliche Rechte zur einseitigen Vertragsgestaltung, 2012; *Schilder*, Schadensersatz bei Durchbrechung der Bindung an obligatorische Vertragsofferten, 2003; *J. Schmidt*; Der Vertragsschluss – Ein Vergleich zwischen dem deutschen, französischen, englischen Recht und dem CESL, 2013; *Schulze*, Rechtsfragen des Selbstbedienungskaufs, AcP 203 (2003), 232; *Stöhr*, Die Vertragsbindung, AcP 214 (2014), 425. S. ferner die Literatur bei Vorbemerkungen zu §§ 145–157; *Zwanzger*, Der mehrseitige Vertrag, 2013.

A. **Allgemeines** 1
B. **Regelungsgehalt** 2
   I. Die Bindung an den Antrag (Hs. 1) 2
     1. Wirksamkeit des Antrags 2
       a) Abschlusswille (Vertragsbindung) 3
       b) Bestimmtheit 5
       c) Zugang 8
     2. Bindungswirkung des Antrags 9
       a) Antragsbindung (Versprechensbindung) 9
       b) Gestaltungsrecht für den Antragsempfänger 10

       c) Grenzen der Antragsbindung 11
       d) Schutz der Antragsbindung 12
   II. Ausschluss der Gebundenheit (Hs. 2) 15
     1. Widerrufsvorbehalt (freibleibendes Angebot) 15
     2. Widerrufsrecht des Verbrauchers 17
C. **Weitere praktische Hinweise** 18
   I. Klauselauslegung 18
   II. Darlegungs- und Beweislast 22

A. Allgemeines

1 Vertragsabschluss und Vertragsinhalt werden durch den Antrag (das Angebot) privatautonom festgelegt. Die Bindung an den Antrag dient dem Verkehrsschutz in der Vertragsabschlussphase und verschafft dem Empfänger eine geschützte Rechtsposition in Bezug auf den angebotenen Vertrag. Die Disposition über die Bindungswirkung ermöglicht eine einseitige Gestaltung der Annahmeposition (Option) im Vorfeld vertraglicher Bindung.

---

261 Krit. *Ehmann*, Schuldanerkenntnis und Vergleich, 2005, S. 105; ablehnend MüKoBGB/*Habersack* § 779 Rn. 13.

262 Die Dispositionsmaxime vermittelt auch eine Herrschaft über Tatsachen. Die festgelegte Tatsachengrundlage macht deren gerichtliche Feststellung entbehrlich. Entscheidend ist bei diesen Gestaltungen, dass die Tatsachen auf eine bestimmte Rechtslage hin vereinbart werden. Damit werden die aus der Tatsachenlage sich ergebenden rechtlichen Folgen Vertragsinhalt, vgl. *Schulze*, S. 507.

B. Regelungsgehalt

I. Die Bindung an den Antrag (Hs. 1)

1. Wirksamkeit des Antrags. Der Antrag ist die auf Schließung eines Vertrages gerichtete empfangsbe- 2
dürftige Willenserklärung gegenüber dem[1] oder bei mehrseitigen Verträgen den künftigen Vertragspartnern.[2] Er ist nicht selbst Rechtsgeschäft, sondern darauf gerichtet, (unselbstständiger) Bestandteil des
Rechtsgeschäfts Vertrag zu werden.[3] Das gilt auch für den Antrag mit Bindungsfrist, der dem Empfänger
eine geschützte Rechtsposition (Option) auf den Vertragsschluss einräumt. Die Wirksamkeit des Antrags
richtet sich nach den allgemeinen Regeln für die Willenserklärung (§§ 104 ff., 116 ff.). Aus der Erklärung
muss sich ergeben, dass ungeachtet der Antragsbindung eine vertragliche Bindung entstehen und welchen
Inhalt sie haben soll.[4] Ein aktuelles Erklärungsbewusstsein ist nicht erforderlich. Daher sind auch automatisierte Willenserklärungen oder sog. Computererklärungen geeignet, wirksame Vertragsangebote zu bilden.[5]
Es genügt ferner, wenn eine rechtliche Bindung nach dem Willen des Antragenden erst im Zeitpunkt des
Vertragsabschlusses eintreten soll (Hs. 2). Für die Vertragsbindung kommt es also nicht darauf an, ob bereits
zuvor eine Antragsbindung bestand und der Offerent bereits vor der Annahme an sein Angebot gebunden
war.

a) Abschlusswille (Vertragsbindung). Behält sich der Erklärende noch die Entscheidung über den Ver- 3
tragsabschluss vor, so handelt es sich um eine Mitteilung über die Vertragsabschlussbereitschaft (meist als
Aufforderung zur Abgabe von Angeboten: invitatio ad offerendum) oder um eine sonstige Erklärung im
Vorfeld eines Vertrages (→ Vor §§ 145–157 Rn. 30 ff.). Das ist Auslegungsfrage. Entscheidend ist, ob die
Erklärung aus der Sicht des Empfängers[6] diesem bereits die **Befugnis** verschaffen soll, durch seine Annahmeerklärung den **Vertragsschluss selbst herbeizuführen**.[7] Die Bindung des Antragenden an den Antrag ist
dafür lediglich ein Indiz.[8] Maßgebend ist der Wille des Antragenden zum Vertragsschluss. Hat der Offerent
die Antragsbindung ausdrücklich ausgeschlossen, so spricht dies nicht ohne Weiteres gegen eine Vertragsbindung, sondern für einen wirksamen (aber widerruflichen) Antrag.[9]

Bei einem möglichen Antrag an einen **unbestimmten Adressatenkreis** (ad incertas personas) fehlt aus der 4
maßgeblichen Sicht des Erklärungsempfängers regelmäßig noch ein entsprechender Abschlusswille des
Antragenden.[10] Das gilt im Fernabsatz, wie etwa bei Versandkatalogen, Zeitungsannoncen, Speisekarten,

---

1 Weil ein Angebot bereits definitionsgemäß darauf
angelegt, ist die Schließung eines Vertrags „einem
anderen" als dem Anbietenden anzutragen, ist das bei
einer Online-Auktion unter einem zweiten Mitglieds-
konto abgegebene Gebot des Anbieters unwirksam
und bleibt in der Reihe der abgegebenen Gebote
unberücksichtigt: BGH NJW 2017, 468; dazu
Pfeiffer NJW 2017, 1437 (1438).
2 S. zur Adressatenstruktur in diesen Fällen *Zwanzger*,
Mehrseitige Verträge, S. 135 ff.
3 Jauernig/*Mansel* BGB § 145 Rn. 1.
4 Grundlage für diese beiden Aspekte ist der sog.
Rechtsbindungs- oder Rechtsfolgewille, dh der mit
der Erklärung zum Ausdruck gebrachte Wille, einen
rechtlich gesicherten und anerkannten wirtschaftlichen Erfolg herbeizuführen BGH NJW 1993, 2100;
s. näher → Vor §§ 145–157 Rn. 8.
5 Dahinter steht stets der Wille des jeweiligen Anla-
genbetreibers, vgl. *Dörner* AcP 202 (2002), 363, 365
Fn. 4 mwN.
6 Konkludenter Eintritt des Ehegatten in den Mietvertrag BGH NJW 2005, 2620 (2621) (objektivierter
Empfängerhorizont); konkludenter Abschluss eines
Maklervertrages bei Erteilung eines Sachauftrags
BGH NJW 2005, 3779 (3780), krit. *Pauly* MDR

2006, 549; verneint beim sog. „Kandidaten Flash",
OLG Frankfurt aM BeckRS 2014, 02431; Vertrags-
schluss durch Reservierung eines Hotelzimmers, LG
Frankfurt NJW-RR 2006, 54; kein konkludenter
Beratungsvertrag bei bloßer Werbung durch die
Bank, OLG Frankfurt aM NJW-RR 2013, 374.
7 Erman/*Armbrüster* BGB § 145 Rn. 3.
8 Ist die Bindung ausgeschlossen, so soll in der Regel
nur eine invitatio ad offerendum vorliegen BGH
NJW 1996, 919 f.
9 Im Zweifel ist von einem wirksamen Antrag mit
Widerrufsvorbehalt auszugehen, Staudinger/*Bork*
BGB § 145 Rn. 31; Soergel/*Wolf* BGB § 145 Rn. 10.
10 Eine entsprechende ausdrückliche Regel enthält
Art. 14 Abs. 2 CISG. Hierbei ist aber stets auf die
konkrete Situation zu achten. So richten sich Geldau-
tomaten von Kreditinstituten nicht an einen unbestimmten Personenkreis, sondern an (alle) gegenüber
der Bank berechtigten Karteninhaber. Die Benutzung
ist daher Weisung (§ 665), Palandt/*Ellenberger* BGB
§ 145 Rn. 7. Vertiefend und rechtsvergleichend zur
Offerte ad incertas personas *J. Schmidt*, Der Vertragsschluss, S. 247 ff., 251 f.; *Christandl* in Jansen/
Zimmermann, Commentaries on European Contract
Laws, Art. 2:201 Rn. 10 f.

Teleshopping oder Internetshopping,[11] wobei stets auf die Gestaltung im Einzelfall zu achten ist.[12] Ferner fehlt der Rechtsbindungswille bei einem Interview in den Medien[13] oder bei einer Verbandsempfehlung.[14] Ebenso ist die Warenauslage in Schaufenstern[15] oder deren Präsentation auf Webseiten grundsätzlich noch kein Angebot. Das gilt auch für Buchungsmasken von Internetseiten einer Fluggesellschaft.[16] Dagegen kann durch entsprechende AGB-Erklärung bereits der Vertragswillen auch für die Angebote auf Webseiten festzustellen sein.[17]

Fallen Verpflichtungs- und Verfügungsvertrag – wie bei den Handgeschäften des täglichen Lebens – zusammen (sog. **Realofferte**), so ist für die Annahme einer invitatio ad offerendum dagegen nur noch bei ausdrücklich erklärtem Abschlussvorbehalt Raum. Daher stellen Warenauslagen in den Regalen von Selbstbedienungsläden grundsätzlich Angebote des Ladeninhabers dar, welche durch Vorzeigen der Ware an der Kasse angenommen werden. Das freie Auswahl- und Zugriffsrecht kann aus Sicht des Kunden nicht anders als eine Realofferte verstanden werden.[18] Dies gilt grundsätzlich auch bei Sonderverkäufen.[19] Ebenso stellt die Ausgabe einer Pfandflasche ein bindendes Angebot dar, den Pfandbetrag gegen Rückgabe der Flasche zu zahlen.[20] Beim Selbstbedienungstanken liegt in der Freigabe der Zapfsäule das Angebot, welches durch Einfüllen konkludent und ohne Zugangserfordernis (§ 151) angenommen wird.[21] Auch Leistungen von Unternehmen für die Versorgung mit Elektrizität, Gas, Wasser, oder Fernwärme werden als bindende Realofferte eingestuft, sofern mit dem Abnehmer nicht bereits eine vertragliche Liefervereinbarung besteht.[22] Sie werden konkludent durch Entnahme angenommen. Bei Warenautomaten ist das Angebot vom Einwurf einer entsprechenden Münze und der Freigabe des Ausgabemechanismus abhängig.[23] Ein Mehrwertdiensteanbieter gibt durch die Bereithaltung seiner Leistung im Telekommunikationsnetz eine Realofferte ab. Diese nimmt der Anschlussnutzer durch die Anwahl einer bestimmten Nummer am Telefongerät oder am Computer an.[24] Eine automatisierte Angebotserklärung liegt dagegen in der Telefonansage eines Telekommunikationsdienstleisters, die durch Eingabe einer Tastenkombination vom Angerufenen angenommen wird.[25] Im elektronischen Geschäftsverkehr gegenüber Verbrauchern sind die Vorgaben des § 312 j Abs. 2–4 BGB zu beachten. Angaben in Prospekten, Warenbeschreibungen, Preisauszeichnungen etc werden vorbehaltlich abweichender Vereinbarung durch stillschweigende Bezugnahme Vertragsinhalt.

---

11   Bezogen auf die Präsentation von Waren auf einer Internetseite vgl. BGH NJW 2005, 3567 (3568 f.); BGH NJW 2005, 976; OLG Nürnberg MMR 2010, 31; NJOZ 2010, 1733 (1734); zu der Buchbarkeit von Flügen BGH NJW 2013, 598 (599) mAnm *Hopperdietzel* NJW 2013, 600 und *Schinkels* LMK 2013, 343553 sowie *Sutchet* NJW 2014, 1041 (1045 f.); BeckOK BGB/*Eckert* § 145 Rn. 41; *Dörner* AcP 202 (2002), 363, 377 f.; *Köhler* NJW 1998, 185 (187). Differenzierend Erman/*Armbrüster* BGB § 145 Rn. 7; *Woitkewitsch/Pfitzer* MDR 2007, 61 (63). Zu Zeitungsannoncen und Werbematerialien rechtsvergleichend zum französischen und englischem Recht sowie zum CESL *J. Schmidt*, Der Vertragsschluss, S. 197 ff., 201 ff., 203 ff., 206 f. Zu den parallelen Fragen bei Internetauktionen s. Anhang zu § 156.

12   So soll bei der Bestellung eines Mobilfunkgerätes mit Telefondienstleistungsvertrag über eine Hotline das maßgebliche Angebot erst in der Zusendung des Geräts gegen Unterschrift (Postident-Verfahren) liegen BGHZ 160, 393, 397 = NJW 2004, 3699 ff.

13   Zahlungszusage durch Medieninterview, OLG Frankfurt NJW 1997, 136 f. (Fall Schneider).

14   LG Berlin WM 2008, 1825 (Empfehlung der ZKA zum sog. „Girokonto für Jedermann").

15   Rechtsvergleichend siehe *J. Schmidt*, Der Vertragsschluss, S. 207 ff., 210 f.

16   BGH NJW 2013, 598 Rn. 14; Palandt/*Ellenberger* BGB § 145 Rn. 2.

17   BGH NJW 2002, 363; Palandt/*Ellenberger* BGB § 145 Rn. 2.

18   Offen gelassen von BGHZ 124, 39, 43; BGHZ 66, 51, 55 f.; ebenso Staudinger/*Bork* BGB § 145 Rn. 7; MüKoBGB/*Kramer*, 5. Aufl. 2006, BGB § 145 Rn. 12; Palandt/*Ellenberger* BGB § 145 Rn. 8;

Schulze AcP 203 (2003), 232, 234 ff.; aA Jauernig/*Mansel* BGB § 145 Rn. 3; Erman/*Armbrüster* BGB § 145 Rn. 10; MüKoBGB/*Busche*, 6. Aufl. 2012, BGB § 145 Rn. 12. Rechtsvergleichend hierzu *J. Schmidt*, Der Vertragsschluss, S. 211 ff., 217 ff.

19   Abweichendes muss deutlich erklärt werden, zutr. *Medicus/Petersen* BGB AT § 26 Rn. 363 (bspw. Abgabebeschränkung von Sonderangeboten auf Haushaltsmengen).

20   BGH NJW 2007, 2912, Rn. 9.

21   BGH NJW 2011, 2871 Rn. 13 ff.; Jauernig/*Mansel* BGB § 145 Rn. 7; Staudinger/*Bork* BGB § 145 Rn. 8; Erman/*Armbrüster* BGB § 145 Rn. 10; Palandt/*Ellenberger* § 145 Rn. 8. Rechtsvergleichend hierzu *J. Schmidt*, Der Vertragsschluss, S. 224 ff., 226 f.

22   Der Eigentümer oder derjenige, der die Verfügungsgewalt über den Versorgungsanschluss ausübt, wird aber nur dann Vertragspartner, wenn kein Vertragsverhältnis zu einem Dritten besteht, vgl. BGH NJW 2014, 3150; BGH NJW 2014, 3148; BGH NJW 2014, 1951; BGH NJW 2011, 3509; BGH NJW-RR 2010, 516; BGH NJW 2009, 913; BGH NJW 2006, 1667. Zur Abfallentsorgung und Straßenreinigung: BGH NJW 2012, 1948 mAnm *Zajonz* ZfIR 2012, 472 sowie *Hogenschurz* IMR 2012, 244.

23   Ähnlich Staudinger/*Bork* BGB § 145 Rn. 8, MüKoBGB/*Busche* § 145 Rn. 12 (Bereitstellung des Automaten unter Vorbehalt des Vorrats und technischer Funktionsfähigkeit); Erman/*Armbrüster* BGB § 145 Rn. 8 (Einwerfen der Münze). Rechtsvergleichend hierzu *J. Schmidt*, Der Vertragsschluss, S. 220 ff., 223.

24   BGHZ 158, 201, 203 f. = NJW 2004, 1590; BGH NJW 2005, 3636 (3637).

25   BGH NJW 2006, 1971 (R-Gespräche).

Bei einem **Vertragsantrag gegenüber einem Konzern**, in dem mehrere rechtlich selbstständige Unternehmen mit unterschiedlichen Aufgabenbereichen zusammengefasst sind, gilt die tatsächliche Vermutung, wonach es in der Regel dem Interesse des Auftraggebers entspricht, dass der beabsichtigte Vertrag mit der Gesellschaft innerhalb des Konzerns zustande kommt, die mit der nachgefragten Tätigkeit tatsächlich betraut ist.[26]

b) Bestimmtheit. Inhaltlich muss die Antragserklärung mindestens die wesentlichen Vertragspunkte enthalten (Parteien, Leistung und Gegenleistung, sog. essentialia negotii), um eine sinnvolle Vertragsregelung abzugeben. Der Antrag muss grundsätzlich so formuliert sein, dass er mit einem schlichten „ja" angenommen werden kann.[27] Für das Bestimmtheitserfordernis genügt es aber, wenn für den wesentlichen Vertragspunkt wahlweise ein Bestimmungsmodus vorgegeben ist (**§ 375 HGB, §§ 315 ff.**), Bestimmtheit durch Auslegung (**§ 157**)[28] erzielbar ist, insbesondere bei der Angabe von Bezugsgrößen (Verkehrswert, üblicher Preis) oder subsidiäre gesetzliche Inhaltsregelungen bestehen (**§§ 612, 632**). Die Einräumung des Bestimmungsrechts kann sich auch aus Formulierungen wie „angemessener Preis" (§ 316 BGB),[29] einer entsprechenden **Verkehrsübung** ergeben (Preisgestaltung bei Hotelzimmerreservierung)[30] oder aus den Umständen, insbesondere aus dem Inhalt der Vorverhandlungen, als stillschweigend vereinbart anzusehen sein.[31] Im Falle der Delegation der Inhaltsbestimmung auf eine Partei (§§ 315 f.) oder auf Dritte (§§ 317–319) sind die gesetzten Maßstäbe und gesetzlichen Grenzen (billiges Ermessen, freies Belieben) sowie die gerichtliche Ersetzungsbefugnis nur für den Fall des billigen Ermessens zu beachten[32] (→ Vor §§ 145 ff. Rn. 19). **5**

Rabattgutscheine verbriefen als kleine Inhaberpapiere (§ 807) ein Recht auf den im Gutschein angegebenen Preisnachlass. Das Recht steht unter der aufschiebenden Bedingung, dass der Inhaber des Papiers Verträge über Waren oder Dienstleistungen mit dem Aussteller schließt.[33] Der Aussteller ist hierzu aufgrund des Rabattgutscheins nach Redlichkeit, § 162 Abs. 1, verpflichtet. Vereitelt er treuwidrig den Vertragsschluss, so muss er den Rabattbetrag ausbezahlen. Daneben bleibt dann kein Raum für eine Haftung aus c.i.c. wegen der grundlosen Verweigerung (§§ 311 Abs. 2 Nr. 2, 241 Abs. 2).[34] **6**

In der **Zusendung unbestellter Ware** zum Verkauf liegt ebenfalls eine Angebotserklärung (Realofferte). Das Eindringen in die Individualsphäre des Empfängers ohne dessen Zustimmung macht die gezielte Zusendung rechtswidrig. Das hat zur Folge, dass der Empfänger im Hinblick auf die Ware zu nichts verpflichtet wird. Er muss sie nicht entgegennehmen und nicht verwahren, sondern kann sie zurückweisen, wegwerfen oder dem Verderb preisgeben.[35] Im Anwendungsbereich des § 241 a (Verbrauchergeschäft) darf der Verbraucher die Ware überdies behalten und nutzen.[36] § 241 a Abs. 1 erzeugt durch den Ausschluss von gesetzlichen und vertraglichen Ansprüchen des Unternehmers einen Rechtsgrund für den Verbraucher zum Behalten der Ware. Der Verbraucher kann die Realofferte aber auch (ausdrücklich) annehmen und muss dann bezahlen. Ein gesetzliches Vertragsabschlussverbot folgt aus § 241 a nicht. **7**

c) Zugang. Die Erklärung muss dem Antragsempfänger zugehen (§§ 130–132). Bis dahin ist der Antrag noch nicht wirksam. Der Antragende kann das Wirksamwerden durch **Widerruf** verhindern, wenn dieser **8**

---

26 BGH NJW-RR 2006, 978 (979).

27 BGH NJW 2006, 1972; BAG NJW 2008, 936 (937); BAG NZA-RR 2009, 430 (432); Jauernig/*Mansel* BGB § 145 Rn. 2; zum Bestimmtheitserfordernis bei atypischen Verträgen OLG Koblenz CR 2010, 706. Vertiefend und rechtsvergleichend zum Bestimmtheitserfordernis *J. Schmidt*, Der Vertragsschluss, S. 252 ff., 279 ff.

28 Rechtsvergleichend und unter Berücksichtigung der nicht-legislativen Kodifikationen zur Auslegung *Vogenauer* in Jansen/Zimmermann, Commentaries on European Contract Laws, Introduction before Art. 5:101, Art. 5:101 ff.; *J. Schmidt*, Der Vertragsschluss, S. 134 ff.

29 Dann gelten ebenso die Auslegungsregeln der §§ 315, 316, RG WarnR 1938, 32; RGZ 60, 177; OLG Hamm NJW 1976, 1212; Staudinger/*Beckmann* BGB § 433 Rn. 8.

30 Erman/*Armbrüster* BGB § 145 Rn. 2.

31 OLG Stuttgart NJOZ 2003, 1821 (stillschweigend vereinbartes Leistungsbestimmungsrecht beim Autokauf); dazu *Schulze/Neumann* JuS 2010, 1078 (1079 f.); BGH NJW-RR 2002, 415 (Konkretisierung eines Bestimmungsrechts im Vorvertrag); BGH NJW 2002, 817 (818) (Maklerlohn); BGH MDR 2006, 381

mAnm *Pauly* MDR 2006, 549; ebenso BGH NZBau 2015, 497 (Architektenvertrag).

32 *Stieglmeier*, Vertragsarbitrage und Internationales Privat- und Zivilverfahrensrecht, S. 34 f.; eingehend zur Abgrenzung billiges Ermessen, freies Ermessen und freies Belieben, s. *Kleinschmidt*, Delegation von Privatautonomie auf Dritte, S. 188 ff.; *Schellhase*, Gesetzliche Rechte zur einseitigen Vertragsgestaltung, S. 219 ff.

33 Eine bedingt versprochene Leistung, hier die Herabsetzung des Preises, ist zulässig, vgl. MüKoBGB/*Habersack* § 796 Rn. 6; Erman/*Wilhelmi* BGB § 796 Rn. 4.

34 Dies befürwortet *Deimel* ZGS 2004, 213 (215 ff.), der damit an den Kaufvertrag und nicht an den Rabattgutschein anknüpft.

35 So auch außerhalb des Anwendungsbereichs von § 241 a zu Recht Jauernig/*Mansel* BGB § 145 Rn. 6; aA *Berger* JuS 2001, 649 (651); *Casper* ZIP 2000, 1602 (1609).

36 Das ist die überwiegende Auffassung im Schrifttum, vgl. *Wagner* AcP 204 (2004), 352, 369; Palandt/*Grüneberg* BGB § 241 a Rn. 7 f.; Erman/*Saenger* BGB § 241 a Rn. 17 ff.; Jauernig/*Mansel* BGB § 241 a Rn. 5 (ohne Eigentum und ohne Besitzrecht); PWW/*Kramme* BGB § 241 a Rn. 14.

dem Empfänger vor oder gleichzeitig mit der Antragserklärung zugeht[37] (§ 130 Abs. 1 S. 2). Ist die Antragserklärung dagegen wirksam geworden, so ist sie bindend und damit unwiderruflich (Hs. 1), oder, bei ausgeschlossener Gebundenheit, widerruflich (Hs. 2). In beiden Fällen kann der Empfänger sie annehmen und damit den Vertragsschluss herbeiführen. Die Rechtsmacht, den Vertrag durch Annahme in Geltung zu setzen, besteht unabhängig von der in Hs. 1 angeordneten Bindung des Antragenden an sein Angebot. Anderenfalls läge bei ausgeschlossener Gebundenheit nach Hs. 2 eine Willenserklärung überhaupt nicht vor.[38] Die Wirksamkeit der Antragserklärung und die Bindung an sie sind auseinander zu halten.

9   **2. Bindungswirkung des Antrags. a) Antragsbindung (Versprechensbindung).** Die Bindung an den Antrag ist die vom Antragenden einseitig erklärte Bindung an seine eigene Erklärung (Versprechensbindung).[39] Sie bezieht sich auf seine erklärte Absicht, einen Vertrag schließen und damit eine Vertragsbindung herbeiführen zu wollen. Durch das Setzen einer Angebotsfrist (gleichbedeutend einer Annahmefrist) im Sinne von § 148 BGB verlängert sich nicht nur die Wirksamkeitsdauer des Angebots, sondern grundsätzlich auch die Versprechensbindung (§§ 145 Hs. 1, 148), es sei denn, der Antragende hat dies ausgeschlossen (Hs. 2).[40] Die Bindung entsteht selbst bei einem unbefristeten Angebot, das generell oder befristet widerruflich gestellt werden kann,[41] es aber nicht muss. Die Versprechensbindung ist ein isolierbarer **Bestandteil der Antragserklärung**, die eigenständig und insbesondere auch einseitig geregelt werden kann.[42]

Die Versprechensbindung leitet sich aus der Erklärung und damit einseitig aus dem Wort des Antragenden ab. Gerechtfertigt ist sie einerseits über den Gedanken der Treue des Erklärenden an sein „gegebenes Wort" und andererseits aus der geschützten Erwartung des Erklärungsempfängers auf den konsequenzialistischen Vollzug des in der Erklärung liegenden Leistungsversprechens für den Fall, dass er, der Empfänger, seinerseits die Annahme erklärt. Dementsprechend entsteht bereits ab dem Zeitpunkt des Zugangs eine einseitige rechtsgeschäftliche Erklärungsbindung, die dann mit der Annahme des Angebots durch den Empfänger in die Vertragsbindung für den Antragenden übergeht.[43] Die Bindung an das Angebot muss weder explizit noch konkludent gesondert erklärt werden. Das Gesetz geht davon im Regelfall aus. Es lässt aber den Bindungsausschluss zu (Hs. 2). Die Antragsbindung ist **nicht zwingend**, sondern in Hs. 1 als Auslegungsregel für den Parteiwillen ausgestaltet.[44] Die Dauer der Bindung ist vom Antragenden einseitig bestimmbar (Hs. 2).[45] Er kann eine Frist für die Bindung bestimmen oder eine unbefristete Bindung erklären. Die Bindung kann ferner für bestimmte Fälle aufgehoben werden.[46] So bedeutet etwa die Klausel „fest bis zum …" eine Befristung der Antragsbindung bis zum gesetzten Termin (§ 163) usf. Die regulierte Bindung an den Antrag ist daher als einseitiges Rechtsgeschäft einzuordnen.

37   *Mankowski*, Beseitigungsrechte, S. 88 ff. (überholende Widerrufsrechte); dagegen ist nach den nichtlegislativen Entwürfen ein Widerruf möglich bis zur Absendung der Annahmeerklärung, Christandl in Jansen/Zimmermann, Commentaries on European Contract Laws, Art. 2:202; *Armbrüster* Jura 2007, 321 (322). Zum Widerruf einer abgegebenen Stimme in einer Eigentümerversammlung BGH NJW 2012, 3372. Allgemein zum Zeitpunkt und Ort der Wirksamkeit des Antrags und rechtsvergleichend *J. Schmidt*, Der Vertragsschluss, S. 287 ff., 346 ff.

38   Die Auslegung kann ergeben, dass ein Vertragsantrag (noch) nicht gewollt ist und es sich daher um eine invitatio ad offerendum handelt, so BGH NJW 1996, 919 f.

39   Gemeint ist hier die Bindung **an** das Versprechen, die von der Bindung **aus** dem Versprechen zu unterscheiden ist. Letztere ist im Vertragsrecht nicht ausgebildet, sondern durch den gemeinsamen Vertragswillen (Konsens) ersetzt worden (s. Vor §§ 145–157 Rn. 2). Zum Grundsatz der Versprechensbindung im Zivilrecht und ihrer Entstehungsgeschichte HKK/*Oestmann* BGB §§ 145–156 Rn. 8; zur Versprechensbindung als selbstständigem Bindungstatbestand *Wolf/Neuner* BGB AT § 37 Rn. 12; *Schilder*, Schadensersatz bei Durchbrechung der Bindung an obligatorische Vertragsofferten, S. 67 f.

40   BGH NJW 2013, 3434 Rn. 8; BGH NJW 2010, 2873 (2874) Rn. 12.

41   BGH NJW 2013, 3434 Rn. 10; BGH NJW-RR 2004, 952 (953); BGH NJW 1984, 1885 (1886).

42   Vgl. BGH NJW 2010, 1518: gebundene Annahmefrist.

43   Das Bindungskonzept aus dem Gedanken der Treue ergänzt somit den Vertragskonsens aus dem Gedanken der Willensherrschaft; vgl. zu den Bindungskonzepten des BGB *Schulze*, Die Naturalobligation, 2008, S. 289 ff. (Vertragsbindung); 342 ff. (Angebotsbindung).

44   *Häsemeyer* FS Jayme, S. 1435, 1437; für eine widerlegliche gesetzliche Vermutung des entsprechenden Parteiwillens wohl *Schilder*, Schadensersatz bei Durchbrechung der Bindung an obligatorische Vertragsofferten, S. 80 f. (gesetzliches Widerrufsverbot); *Wolf/Neuner* BGB AT § 37 Rn. 12 (gesetzlich angeordnet). Die Unwiderruflichkeit ist dagegen auch in Art. 16 Abs. 2 a CISG Versprechensinhalt; zur Kompromissformel dieser Frage im UN-Kaufrechts im Hinblick auf die unterschiedlichen Rechtstraditionen vgl. Schlechtriem/Schwenzer/Schroeter/*Schroeter* Art. 16 CISG Rn. 3 ff.

45   Vgl. OLG Frankfurt BeckRS 2010, 23502 sowie *Klühs* DNotZ 2011, 886. Vgl. zur Angebotsbindungsfrist beim Immobilienkauf und der Frage der Beweislast für das Vorliegen von AGB: OLG Celle MDR 2012, 1402.

46   Etwa für den Fall der Beschlagnahme der angebotenen Ware *Medicus/Petersen* BGB AT § 26 Rn. 369.

Die Verselbstständigung der Antragsbindung als einseitiges Rechtsgeschäft ist nicht zu verwechseln mit den verschiedentlichen Versuchen, Leistungs- und Nebenpflichten nicht nur aus Verträgen, sondern auch aus einseitigen Versprechen zu begründen.[47] Zwar werden auch hier Bindungen aus einer (einseitigen) rechtsgeschäftlichen Erklärung abgeleitet. Bei diesen Erklärungen handelt es sich aber nicht um Erklärungen, die auf einen Vertragsschluss gerichtet sind.

b) Gestaltungsrecht für den Antragsempfänger. Der Empfänger des Antrages besitzt aufgrund der **10** Versprechensbindung des Antragenden ein subjektives (Gestaltungs-)Recht auf Schließung des Vertrages.[48] Im Falle einer nach Hs. 2 ausgeschlossenen Gebundenheit entsteht dagegen nur die Annahmeposition als eine in ihrem Fortbestand nicht geschützte einfache Rechtsposition. Es ist Auslegungsfrage, ob die jeweiligen Positionen übertragbar, pfändbar und vererblich sein sollen. Sie sind personenbezogen ausgestaltet und sollen im Zweifel nur dem Empfänger zustehen.[49] Die Rechtslage ist im UN-Kaufrecht vergleichbar, steht jedoch unter umgekehrten Voraussetzungen. Die Angebotserklärung ist danach grundsätzlich bis zur Absendung der Annahmeerklärung widerruflich (Art. 16 Abs. 1 CISG), es sei denn der Anbietende hat es unwiderruflich gestellt oder der Empfänger ist unter Vertrauensgesichtspunkten schutzwürdig (Art. 16 Abs. 2 CISG).

c) Grenzen der Antragsbindung. Eine gesetzliche Durchbrechung der Bindungswirkung und damit des **11** subjektiven Annahmerechts ist anzuerkennen, wenn sich die Umstände im Hinblick auf den Inhalt des Angebots so wesentlich verändert haben, dass ein Festhalten an die Bindung auch unter Berücksichtigung der Interessen des Angebotsempfängers für den Erklärenden unzumutbar geworden ist. Eine bestehende Antragsbindung entfällt daher nach Maßgabe der Regeln für rechtsgeschäftliche Schuldverhältnisse und zwar nach § 313 (Wegfall der Geschäftsgrundlage) bzw. § 314 (außerordentliches Kündigungsrecht).[50]

d) Schutz der Antragsbindung. Die Antragsbindung folgt aus dem einseitig **bindenden Versprechen**, **12** den angebotenen Vertrag schließen zu wollen. Sie bedeutet zunächst die Unwiderruflichkeit des Antrags ab Zugang beim Empfänger. Ein nach dem Zugang gleichwohl erklärter Widerruf hindert die Annahme und damit den Vertragsabschluss also nicht mehr. Der Widerruf kann gegebenenfalls aber als ernstliche Erfüllungsverweigerung auszulegen sein und bei erfolgter Annahme den Weg zur Schadensersatzhaftung statt der Leistung aus dem geschlossenen Vertrag eröffnen, §§ 280 Abs. 1, 281 Abs. 1 u. 2.

Eine Haftung nur auf das negative Interesse kommt dagegen in Betracht, wenn der Angebotsempfänger das Angebot aufgrund des (unwirksamen) Widerrufs nicht annimmt und einen anderen Vertragspartner suchen muss.[51]

Verfügt der Antragende vor der Annahme anderweitig über den Vertragsgegenstand oder geht dieser unter oder wird sonst unmöglich, so haftet der Antragende im Falle der Annahme aus dem Vertrag nach § 311 Abs. 2 wegen anfänglicher Unmöglichkeit/anfänglichem Unvermögen.

Handelt es sich um einen dinglichen Vertrag (Verfügung), so kommt der erste Verfügungsvertrag trotz Zwischenverfügung mit der Annahme zustande. Bei Vollendung des Rechtserwerbs ist der Antragende aufgrund der vorgenommenen Zwischenverfügung aber nicht mehr berechtigt und verfügt daher als Nichtberechtigter. Er haftet bei gescheiterter Übereignung dann nach § 160 Abs. 1 analog.[52] Als deliktischer Anspruch kommt hier § 826 in Betracht.[53]

Die Antragsbindung begründet als einseitig bindendes Versprechen ferner **Treuepflichten** in Bezug auf den **13** Prozess des Vertragsabschlusses. So hat der Antragende Vorkehrungen zu treffen, um den (rechtzeitigen) Zugang der Annahmeerklärung zu ermöglichen bzw. es zu unterlassen, den rechtzeitigen Zugang zu vereiteln. Er hat alles Erforderliche zu tun, um den Vertragsabschlussprozess sicher zu ermöglichen. Für ein Ver-

47 *Köndgen*, Selbstbindung ohne Vertrag, 1981, S. 156 ff.; krit. *Schulze*, Die Naturalobligation, 2008, S. 324 ff.; zur historischen Entwicklung aus dem Naturrecht HKK/*Hofer*, Vor § 145 Rn. 25 f.; zu den bisherigen rechtlichen Einordnungsversuchen der Bindung vgl. *Schilder*, Schadensersatz bei Durchbrechung der Bindung an obligatorische Vertragsofferten, S. 41 ff.
48 RGZ 132, 5, 6; Jauernig/*Mansel* BGB § 145 Rn. 4; Palandt/*Ellenberger* BGB § 145 Rn. 5; aA Staudinger/*Bork* BGB § 145 Rn. 34 (sonstige Rechtsposition, Vertragsanwartschaft); *Diederichsen* FS Medicus, S. 89, 97 Fn. 47 (Option).
49 Jauernig/*Mansel* BGB § 145 Rn. 4; Staudinger/*Bork* BGB § 145 Rn. 35; Soergel/*Wolf* BGB § 145 Rn. 19.

50 OLG Düsseldorf OLGZ 91, 90 = NJW-RR 1991, 311 (Kündigung einer langfristigen Antragsbindung aus wichtigem Grund); zust. Erman/*Armbrüster* BGB § 145 Rn. 16; *Medicus/Petersen* BGB AT § 26 Rn. 369; *Häsemeyer* FS Jayme, S. 1435, 1445; weiter gehend *Flume* BGB AT Bd. 2 § 35 I 3 d (S. 644); MüKoBGB/*Busche* BGB § 145 Rn. 19; Staudinger/*Bork* BGB § 145 Rn. 22, wonach einseitig enttäuschte Erwartungen für die Loslösung von der Antragsbindung genügen.
51 BGH WM 2006, 247 = NZBau 2006, 390.
52 Staudinger/*Bork* BGB § 145 Rn. 25; Erman/*Armbrüster* BGB § 145 Rn. 14; Soergel/*Wolf* BGB § 145 Rn. 19; Hk-BGB/*Dörner* § 145 Rn. 9. Grundlegend zu § 160 *Meier* RabelsZ 76 (2012), 732.
53 Staudinger/*Bork* BGB § 145 Rn. 36.

schulden von Angestellten haften der Antragende wie auch der Antragsempfänger aus §§ 145 Hs. 1, 278.[54] Ferner ist der Antragende verpflichtet, auf einen verspäteten Eingang der Annahme hinzuweisen. Diese Pflichten ergeben sich aus der Abgabe der bindenden Angebotserklärung (§ 145 Hs. 1). In Rechtsprechung und Lehre werden diese Pflichten dagegen aus einem mit der Antragstellung gleichzeitig einhergehenden **vorvertraglichen Vertrauensverhältnis** hergeleitet und die Haftung entsprechend auf culpa in contrahendo, §§ 311 Abs. 2, 241 Abs. 2, 280 Abs. 1, gestützt.[55] Dafür ist mE allenfalls bei ausgeschlossener Antragsbindung Raum, weil das Gesetz in Hs. 1 das bindende Versprechen als eigenständigen Verpflichtungstatbestand anerkennt und damit eine (vorrangige) rechtsgeschäftliche Grundlage für die Haftung bietet (→ Rn. 9).

14   Der Antragende kann eine Unterwerfung unter die sofortige Zwangsvollstreckung (§ 794 Abs. 1 Nr. 5 ZPO) bereits im Antrag erklären und etwa ein notariell beurkundetes Grundstückskaufangebot (§ 311 b Abs. 1) unter Setzung einer Annahmefrist abgeben.[56] Eine Bindung an die Unterwerfung folgt hier aber nicht aus der Antragsbindung, sondern erst aus dem Vertrag, weil und soweit der Inhalt der Antragserklärung künftiger Vertragsbestandteil wird.

II. Ausschluss der Gebundenheit (Hs. 2)

15   **1. Widerrufsvorbehalt (freibleibendes Angebot).** Der Antragende kann die Bindung an seinen Antrag ausschließen (Hs. 2). Der Ausschluss ist Bestandteil des Antrags und erfolgt durch Willenserklärung, die auf die Angebotserklärung bezogen ist und regelmäßig, wie etwa beim widerruflichen oder freibleibenden Angebot, mit ihr zusammen erklärt wird (Angebot mit Widerrufsvorbehalt). Möglich ist aber auch eine getrennte Erklärung zur Antragsbindung. Der Bindungsausschluss kann noch nach Abgabe des Vertragsantrags erfolgen. Er muss aber dem Gegner spätestens gleichzeitig mit dem Vertragsantrag zugehen, um die Antragsbindung (Hs. 1) nicht wirksam werden zu lassen.[57] Der Antragende kann einseitig festlegen, von welchem Zeitpunkt an und bis zu welchem Zeitpunkt er gebunden sein will.[58] Mit dem Ende der Bindungsfrist muss nicht notwendig auch das Angebot selbst erlöschen; es kann widerruflich (freibleibend) fortbestehen oder mit einer Auslauffrist verbunden werden.[59] Auch der **Beginn der Bindungswirkung** kann vom Antragenden einseitig festgelegt werden. In Betracht kommen bereits die Abgabe,[60] der Zugang (wie nach Gesetz), die tatsächliche Kenntnis des Empfängers oder erst Abgabe oder Zugang der Annahmeerklärung. Der späteste Moment ist der Vertragsschluss, dh das Wirksamwerden der Annahmeerklärung.[61] Das ist regelmäßig der Zugang der Annahmeerklärung beim Antragenden (§ 130 Abs. 1 S. 1; früher in den Fällen des §§ 151 S. 1, 152 S. 1).

16   Ein fortwirkender Ausschluss der Gebundenheit **über den Zeitpunkt des Vertragsabschlusses hinaus** ist dagegen von Hs. 2 nicht gedeckt.[62] Der Antrag erlischt mit der Annahme (§ 146). Die einseitige Versprechensbindung an den Antrag geht also mit dem Wirksamwerden der Annahme in die Vertragsbindung über. Allerdings kann die Auslegung in diesem Falle ergeben, dass ein Angebot noch gar nicht gewollt war und es sich lediglich um eine Vertragsaufforderung handelt. Die Gegenerklärung ist dann erst der Antrag. Schweigt der Empfänger auf die Gegenerklärung, kann diesem Schweigen aber die Erklärungsbedeutung einer stillschweigenden Annahme zukommen (dh für ihn entsteht aufgrund seines Vorverhaltens eine Erklärungsobliegenheit, s. aber → § 151 Rn. 5). Denkbar ist aber auch das Zustandekommen des Vertrages nur unter dem Vorbehalt eines unverzüglich auszuübenden vertraglichen Rücktrittsrechts zugunsten des Antragenden anzunehmen.[63] Desgleichen kann die Auslegung ergeben, dass der zwar zustande gekommene Ver-

54   RGZ 107, 240, 242 f.

55   OLG Düsseldorf OLGZ 1991, 88 (90); Hk-BGB/ *Dörner* § 145 Rn. 9; Staudinger/*Bork* BGB § 145 Rn. 25; Erman/*Armbrüster* BGB § 145 Rn. 14; ebenso *Schilder*, Schadensersatz bei Durchbrechung der Bindung an obligatorische Vertragsofferten, S. 221 ff., der von einem erklärungsbezogenen Vertrauenstatbestand ausgeht und eine Haftung aus § 122 analog befürwortet.

56   RGZ 132, 6, 7 f.; 169, 65, 71; BGH NJW-RR 2004, 952 (953); BGH NJW 2011, 2873; Erman/*Armbrüster* BGB § 145 Rn. 14.

57   RG JW 1911, 643 (644); Staudinger/*Bork* BGB § 145 Rn. 26; Erman/*Armbrüster* BGB § 145 Rn. 16.

58   Zur Unwirksamkeit von unbefristeten, aber widerruflichen Angeboten in AGB BGH NJW 2013, 3434; BGH IBRRS 2014, 0130.

59   BGH NJW 2013, 3434 Rn. 8; BGH NJW-RR 2004, 952 (953) (mit der Möglichkeit zur Rücknahme des Widerrufs); OLG München ZIP 2005, 160 (161).

60   Der einseitige Verzicht auf das Wirksamwerden aus § 130 Abs. 1 S. 2 ist zulässig, vgl. Palandt/*Ellenberger* BGB § 130 Rn. 11; abl. *Fuchs* AcP 196 (1996), 313, 367.

61   RG JW 1911, 643 (644); offen gelassen von BGH NJW 1984, 1885 (1886).

62   Anders hält die hM es für möglich, dass ein Widerrufsrecht auch noch bis unverzüglich nach Zugang der Annahmeerklärung vereinbart werden kann RGZ 102, 227, 229 f.; *Flume* BGB AT Bd. 2 § 35 I 3 c (S. 642 f.); *Medicus/Petersen* BGB AT § 26 Rn. 366; Erman/*Armbrüster* BGB § 145 Rn. 16; abl. wie hier *Wolf/Neuner* BGB AT § 37 Rn. 13; *Häsemeyer* FS Jayme, S. 1435, 1444; *Lindacher* DB 1992, 1813 f.

63   *Lindacher* DB 1992, 1814; Staudinger/*Bork* BGB § 145 Rn. 27.

trag unter einer (Potestativ-)Bedingung zugunsten des Erstantragenden stehen soll, so dass dieser erst mit Bedingungseintritt wirksam wird.

2. Widerrufsrecht des Verbrauchers. Das verbraucherrechtliche Widerrufsrecht, **§ 355 Abs. 1 S. 1,** 17 ermöglicht die Lossagung des Verbrauchers von seiner Vertragserklärung auch nach Vertragsabschluss. Nach der Neufassung des § 355 Abs. 1 S. 1 ist nun auch der Unternehmer durch den Widerruf von seiner vertraglichen Bindung gelöst. Der Gesetzgeber verlängert damit jedoch auch weiterhin das Konzept des § 145 Hs. 2, dh die Möglichkeit einer widerruflichen aber wirksamen Vertragserklärung, in den Vertrag hinein.[64] Das ist rechtfertigungsbedürftig, denn es entstehen Verträge mit voller Bindungswirkung bis zum Widerruf. Ferner wird so die Antragsbindung (an das Versprechen) nicht klar von der Vertragsbindung (aus dem Konsens) unterschieden.[65] Das Paradox einer widerruflichen und dennoch bindenden Vertragserklärung legt die Deutung des Widerrufs als ein befristetes Rücktrittsrecht nahe. Der Vertrag ist bindend und verliert diese Eigenschaft ex nunc durch den Widerruf als einem besonders ausgestalteten Rücktrittsrecht. Die Einführung einer Kategorie schwebender Wirksamkeit ist überflüssig.[66]

C. Weitere praktische Hinweise

I. Klauselauslegung

Die Erklärung über den Ausschluss der Gebundenheit ist oftmals auslegungsbedürftig. Verwendet werden 18 Formulierungen wie: **Angebot freibleibend,** ohne Obligo, unverbindlich, frei. Danach kann die Angebotserklärung noch bis zum Wirksamwerden der Annahmeerklärung vom Offerenten widerrufen werden. Die Erklärung kann aber auch nur als Aufforderung zum Vertragsschluss (invitatio ad offerendum) zu verstehen sein, die eine Erklärungsobliegenheit erzeugt (→ Rn. 16), oder als vertraglicher Rücktrittsvorbehalt, ggf. mit dem Recht, ein neues Angebot zu unterbreiten.[67] Im Zweifel wird aber nur die Antragsbindung ausgeschlossen sein.[68] Der in Bezug auf Lieferzeiten angegebene Zusatz „non-binding offer" soll lediglich den Liefertermin unverbindlich machen und auf eine angemessene Lieferfrist hinweisen, aber nicht die Bindung des Angebots in Frage stellen.[69] Die Klauseln „Zwischenverkäufe vorbehalten"[70] oder „solange Vorrat reicht" stellen dagegen den Antrag selbst unter die entsprechende (auflösende) Bedingung,[71] so dass der Antrag und nicht nur die Bindung an ihn entfällt, sofern die Bedingung eintritt.

Die häufig anzutreffende Klausel „**Selbstbelieferung vorbehalten**" kann dahin gehend auszulegen sein, 19 dass der Antrag und nicht nur die Antragsbindung unter der auflösenden Bedingung der Selbstbelieferung stehen soll. Tritt die Bedingung ein, so fällt auch in diesem Fall nicht nur die Bindung an den Antrag, sondern der Antrag selbst weg. Die Auslegung kann darüber hinaus ergeben, dass auch der Umfang der Beschaffungspflichten des Verkäufers im Vertrag eingeschränkt sein soll.[72]

Werden Vorbehalte auf einzelne Vertragspunkte bezogen, etwa „**Preise freibleibend**", liegt darin eine den 20 Inhalt des Vertrages betreffende Regelung und zwar hier ein vorbehaltenes einseitiges Preisbestimmungsrecht des Verkäufers, das dieser nach billigem Ermessen auszuüben hat (§ 315).[73] Die Antragsbindung wird davon nicht berührt.

Antrag und Antragsbindung können durch AGB näher ausgestaltet werden. Die Inhaltskontrolle erfasst 21 auch vorformulierte Erklärungen im Vorfeld des Vertragsschlusses. Die Vertragsabschlussabrede ist zwar ein isolierbarer Bestandteil der Angebotserklärung, die das Abschlussverfahren regelt und sich mit dem

---

64 Die widerrufliche Vertragserklärung des Verbrauchers ist wirksam, aber bis zum Ablauf der Widerrufsfrist nicht bindend. Die Unverbindlichkeit reicht hier über den Zeitpunkt des Vertragsabschlusses hinaus.

65 Nach dem Gesetzeswortlaut des § 355 Abs. 1 S. 1 sollen „... der Verbraucher und der Unternehmer an ihre auf den Abschluss des Vertrags gerichteten Willenserklärungen nicht mehr gebunden [sein], wenn der Verbraucher seine Willenserklärung fristgerecht widerrufen hat".

66 Keine neue Kategorie einer schwebenden Wirksamkeit, vgl. Palandt/*Grüneberg* BGB § 355 Rn. 2–4; Jauernig/*Stadler* BGB § 355 Rn. 3; krit. *Mankowski*, Beseitigungsrechte, S. 54 ff.; Erman/*Koch* BGB § 355 Rn. 4 (schwebende Wirksamkeit), ähnlich auch *Reiner* AcP 203 (2003), 1, 26 ff. (anfechtungsähnliches Gestaltungsrecht).

67 BGH NJW 1996, 919 (920) (invitatio ad offerendum); BGHZ 1, 353, 354 (Rücktrittsvorbehalt).

68 So BGH NJW 1984, 1885 für „freibleibend entsprechend unserer Verfügbarkeit"; abweichend *Lindacher* DB 1992, 1813 (1814) (im Zweifel invitatio ad offerendum); *Wolf/Neuner* BGB AT § 37 Rn. 15 (allgemeine Auslegungsregeln bestehen nicht). Zum Geltungsvorbehalt der Klausel „freibleibend" in der Rspr. des RG vgl. *Emmert*, Auf der Suche nach den Grenzen vertraglicher Leistungspflichten, S. 258.

69 BGH BB 2015, 1418 Rn. 29.

70 Als Einräumung eines Widerrufsrechts verstanden von BGH BB 2015, 1418 Rn. 28.

71 OLG Hamburg BB 1960, 383; Staudinger/*Bork* BGB § 145 Rn. 29.

72 *Medicus/Petersen* BGB AT § 26 Rn. 367.

73 RGZ 103, 414; 104, 306; RG JW 1923, 753; *Flume* BGB AT Bd. 2 § 35 I 3 c (S. 643); Staudinger/*Bork* BGB § 145 Rn. 32.

Zustandekommen des Vertrages erledigt.[74] Die §§ 307–309 BGB erstrecken sich jedoch auch auf Vertragsabschlussklauseln. Der Verwender formuliert dabei einseitig seine eigenen Erklärungen hinsichtlich Antragsfrist und Bindungsdauer, ferner aber ggf. auch Erklärungen des anderen Teils zur Geltung von dessen Angebot.[75] Danach verstoßen etwa unbefristete Fortgeltungsklauseln gegen § 308 Nr. 1 Hs. 1 bzw. gegen § 307 Abs. 2 Nr. 1. Das gilt selbst dann, wenn die fortgeltende Angebotserklärung des anderen Teils widerruflich ausgestaltet ist.[76]

II. Darlegungs- und Beweislast

22   Die Beweislast für das Vorliegen und den Inhalt des Vertragsantrags liegen nach den allgemeinen Regeln bei demjenigen, der sich auf diesen beruft. Die Darlegungs- und Beweislast für den Ausschluss der Antragsbindung (Hs. 2) liegen ebenso wie die rechtzeitige Erklärung des Widerrufs beim Antragenden.[77]

§ 146 Erlöschen des Antrags

Der Antrag erlischt, wenn er dem Antragenden gegenüber abgelehnt oder wenn er nicht diesem gegenüber nach den §§ 147 bis 149 rechtzeitig angenommen wird.

Literatur: *Diederichsen*, Der Schutz der Privatautonomie bei Befristung des Vertragsangebots, in: FS Medicus, 1999, S. 89.

A. Allgemeines 1
B. Regelungsgehalt 2
  I. Ablehnung des Antrages (Hs. 1) 2
II. Ablauf der Antragsfrist (Hs. 2) 6
C. Weitere praktische Hinweise 7

A. Allgemeines

1   § 146 regelt das Erlöschen des Antrags durch Ablehnung oder durch Verstreichenlassen der Angebotsfrist (= Annahmefrist) nach Maßgabe der §§ 147–149. Das Erlöschen tritt durch ein **Verhalten des Angebotsempfängers** ein. Der Antrag verliert seine Wirkung und kann folglich nicht mehr angenommen werden.[1] Die gesetzliche Regelung des § 146 in Verbindung mit § 147 ist im Interesse des Verkehrs darauf angelegt, zügige Entscheidungen zur raschen und glatten Abwicklung der Geschäfte herbeizuführen.[2]

Nicht gesondert geregelt sind die **sonstigen Erlöschensgründe**, dh der Widerruf des noch nicht bindenden Antrags (→ § 145 Rn. 15), der Tod oder die Geschäftsunfähigkeit des Antragenden bei einem dahin gehenden Willen (§ 153 aE) und bei einem Übergebot oder bei der Schließung der Versteigerung ohne Zuschlag (§ 156 S. 2). Der verbraucherrechtliche Widerruf nach § 355 Abs. 1 S. 1 setzt zwar ebenfalls an der jeweiligen Erklärung des Verbrauchers an, die widerrufen wird, jedoch erfolgt dies nach Vertragsschluss und damit nach bereits eingetretener Vertragsbindung (→ § 145 Rn. 17).

Im Falle der fristgerechten Annahme geht der Antrag im Vertrag (dem im Konsens vereinigten Willen)[3] auf und wird – mit Ausnahme des Verbraucherwiderrufs (s. zuvor) – nicht mehr isoliert zum Gegenstand rechtlicher Gestaltung gemacht. Insofern kann auch vom Erlöschen des Angebots durch Vertragsschluss gesprochen werden.

B. Regelungsgehalt

I. Ablehnung des Antrages (Hs. 1)

2   Die Ablehnung des Antrags ist einseitige empfangsbedürftige Willenserklärung. Sie ist stets formlos wirksam. Auch die Verweigerung eines formgebundenen Vertrages ist formlos möglich.[4] Die Ablehnungserklä-

74 Zu den verschiedenen Vertragsabschlussklauseln in AGB MüKoBGB/*Wurmnest* § 308 Nr. 1 Rn. 3; NK-BGB/*Kollmann* BGB § 308 Rn. 4; etwa OLG Koblenz MMR 2013, 795 (Änderung eines Telekommunikationsdienstvertrages).
75 BGH NJW 2013, 3434 Rn. 12; BGH NJW 2010, 2873 Rn. 8; BGHZ 104, 95 = NJW 1988, 1908.
76 BGH NJW 2013, 3434 Rn. 18 u. 26 f.
77 Vgl. eingehend *Gsell* AcP 203 (2003), S. 119 ff.

1 BGH NJW 2010, 2873 Rn. 15 mAnm *Armbrüster* LMK 2010, 306668 u. *Faust* JuS 2010, 1107; MüKo-BGB/*Busche* § 146 Rn. 3.
2 BGH NJW 2013, 3434 Rn. 22; *Flume* BGB AT Bd. 2 § 35 I 3 (S. 640) unter Verweis auf Mugdan, Motive I, S. 443.
3 Vgl. Vor §§ 145–157 Rn. 2 und 14.
4 Staudinger/*Bork* BGB § 145 Rn. 9; *J. Schmidt*, Der Vertragsschluss, S. 358 mwN.

rung ist ihrerseits mit ihrem Zugang beim Antragenden unwiderruflich, so dass ihr Widerruf nur bis dahin nach allgemeinen Grundsätzen (**§ 130 Abs. 1 S. 2**) möglich bleibt. Die Ablehnungserklärung ist innerhalb einer noch offenen Annahmefrist aber anfechtbar. § 142 Abs. 1 beseitigt die Ablehnung rückwirkend. Allerdings kann dadurch nicht auch rückwirkend die Annahme erklärt werden. Sie muss in offener Frist dann erklärt werden.

Die Ablehnung kann auch **konkludent** erklärt werden. Es ist Auslegungsfrage, ob eine Vertragsablehnung tatsächlich gewollt war (§§ 133, 157). Ebenso kann es sich nur um eine Nachricht (Mitteilung) handeln, etwa über die (Nicht-)Nutzung einer gesetzten Annahmefrist,[5] oder um bloße Vorschläge zur Vertragsänderung und damit um unverbindliche Nachverhandlungen[6] (etwa über die Verlängerung der Antragsfrist). Die Ankündigung der Annahme, etwa durch den Vermerk „Brief folgt", ist weder Ablehnung noch Annahme des Angebots.[7] Die Antwort „Antrag fest – Brief folgt" soll aber bereits die Annahme bedeuten.[8] Eine solche wird man bei Formulierung „We confirm the offer" bejahen können,[9] soweit nicht lediglich eine Eingangsbestätigung gemeint sein sollte. Verknüpft der Annehmende seine Annahme mit weiteren Punkten, muss er deutlich zum Ausdruck bringen, was gelten soll, wenn der Antragende auf seine Wünsche nicht eingeht. Die Beweislast dafür trägt der Annehmende.

Die Annahme unter Änderungen gilt als Ablehnung (§ 150 Abs. 2). Das Angebot kann also nur uneingeschränkt angenommen werden („einfaches Ja"). Auch die **eigenmächtige Verlängerung der Antragsfrist** (= Annahmefrist) durch den Antragsempfänger ist eine solche ablehnende Änderung (§ 150 Abs. 2 analog).[10]   **3**

Das Angebot erlischt bei Schweigen des Empfängers grundsätzlich durch **Zeitablauf** (§§ 146 Hs. 2, 147–149). Schweigen hat nur bei Hinzutreten besonderer Umstände eine positive Erklärungsbedeutung (→ § 147 Rn. 5–7).[11] Eine Verlängerung der Angebotsfrist (Annahmefrist) des Antragenden zugunsten des Erklärungsempfängers bewirkt grundsätzlich auch die Verlängerung der Bindung des Antragenden (§ 145 Hs. 1). Will der Antragende zwar die Annahmefrist, nicht aber seine Bindung an den Antrag verlängern, so muss er dies gesondert erklären (§ 145 Hs. 2). In AGB unterliegt eine dahin gehende Vereinbarung zugunsten des Verwenders daher der besonderen Klauselkontrolle (**§ 308 Nr. 1**). Die Frist muss danach hinreichend bestimmt sein und darf nicht unangemessen lange dauern.[12]   **4**

Die Ablehnung eines Vertragsantrags durch einen **beschränkt Geschäftsfähigen** erfordert die Zustimmung seines gesetzlichen Vertreters, denn mit der Ablehnung geht dem beschränkt Geschäftsfähigen die Annahmeposition verloren. Sie ist auch nicht deshalb lediglich rechtlich vorteilhaft, weil durch sie eine Vertragsbindung vermieden wird (§§ 111, 107; → § 145 Rn. 10).   **5**

II. Ablauf der Antragsfrist (Hs. 2)

Der Antrag erlischt durch Fristablauf. Ein Antrag gegenüber Anwesenden erlischt, wenn er nicht sofort (§ 147 Abs. 1) oder nicht in gesetzter Frist angenommen wird (§ 148). Gegenüber Abwesenden erlischt der Antrag, wenn er nicht in der gesetzlichen Normalfrist (§ 147 Abs. 2) oder in der gesetzten Frist angenommen wird (§§ 148, 151 S. 2, 152 S. 2).[13]   **6**

C. Weitere praktische Hinweise

Ist die Antragsfrist abgelaufen, so kann auch durch **Klage auf Abgabe einer Annahmeerklärung** ein Vertragsschluss über die Fiktion des § 894 S. 1 ZPO nicht erreicht werden. Die mit dem Eintritt der Rechtskraft als abgegeben fingierte Erklärung setzt ein zu diesem Zeitpunkt noch wirksames Angebot voraus und wirkt zeitlich auch nicht zurück.[14] Zur parallelen Situation im Falle der Anfechtung, → Rn. 2.   **7**

---

5 RG SeuffA Bd. 80 (1926), S. 129 f. (Rotbuchenschnittholz); *Diederichsen* FS Medicus, S. 89, 96 f.

6 RG JW 1931, 1181 f. (Erweiterung einer Bürgschaft); BGH WM 1982, 1329 (1330) (Wechselaufzeit); *Diederichsen* FS Medicus, S. 89, 98.

7 RGZ 105, 8, 13 ff.

8 Erman/*Armbrüster* BGB § 150 Rn. 4.

9 BGH BB 2015, 1418 Rn. 24 mAnm *Mankowski* BB 2015, 1425.

10 Zutr. auf den Zweck des § 150 Abs. 2 abstellend *Diederichsen* FS Medicus, S. 89, 106 (umfassende Dispositionsfreiheit des Offerenten); aA Staudinger/

Bork BGB § 150 Rn. 10; Erman/*Armbrüster* BGB § 150 Rn. 4.

11 BAG NZA 2010, 32 (34); BGH NJW-RR 1994, 1163.

12 BGH NJW 2013, 3434 Rn. 18.

13 Dagegen geben die nicht-legislativen Entwürfe dem Antragenden das Recht, auch eine verspätete Annahme noch anzunehmen, vgl. *Christandl* in Jansen/Zimmermann, Commentaries on European Contract Laws, Art. 2:207; *Armbrüster* Jura 2007, 321 (322 f.).

14 BAG NZA 2010, 32 (34).

§ 147 Annahmefrist

(1) ¹Der einem Anwesenden gemachte Antrag kann nur sofort angenommen werden. ²Dies gilt auch von einem mittels Fernsprechers oder einer sonstigen technischen Einrichtung von Person zu Person gemachten Antrag.

(2) Der einem Abwesenden gemachte Antrag kann nur bis zu dem Zeitpunkt angenommen werden, in welchem der Antragende den Eingang der Antwort unter regelmäßigen Umständen erwarten darf.

Literatur: *Deckert*, Das kaufmännische und berufliche Bestätigungsschreiben, JuS 1998, 121; *Dörner*, Rechtsgeschäfte im Internet, AcP 202 (2002), 363; *von Dücker*, Das kaufmännische Bestätigungsschreiben in der höchstrichterlichen Praxis, BB 1996, 3; *Finkenauer*, Zur Bestimmung der gesetzlichen Annahmefrist nach § 147 Abs. 2, JuS 2000, 119; *Kollrus*, Kaufmännisches Bestätigungsschreiben – eine kautelarjuristische Geheimwaffe im Rahmen des Vertragsmanagements?, BB 2014, 779; *Korch*, Abweichende Annahme? Kein Fall für Treu und Glauben, NJW 2014, 3553; *Lettl*, Das kaufmännische Bestätigungsschreiben, JuS 2008, 849; *Mansel*, Reziprozität und Utilität als Auslegungselemente bei konkludentem Vertragsschluß – am Beispiel unentgeltlicher Informationsgewährung, in: GS Lüderitz, 2000, S. 487; *Scheffer*, Schweigen auf Angebot als stillschweigende Annahme, NJW 1995, 3166. S.a. die Literatur zu § 145.

A. Allgemeines	1		b) Beredtes Schweigen	7
B. Regelungsgehalt	2		II. Bestätigungsschreiben	8
I. Vertragsannahme	2		1. Auftragsbestätigung	8
1. Wirksamkeit der Annahme	2		2. Kaufmännisches Bestätigungsschreiben	9
2. Annahme durch schlüssiges Verhalten	4		III. Antrag unter Anwesenden (Abs. 1)	11
3. Annahme durch Schweigen	5		IV. Antrag unter Abwesenden (Abs. 2)	13
a) Normiertes Schweigen	6			

A. Allgemeines

1 Soweit der Antragende keine Frist gesetzt hat (§ 148), muss die Vertragsannahme „sofort" im Sinne von § 147 erfolgen. § 147 legt die Antragsbindung bei fehlender Fristsetzung ersatzweise zeitlich fest und bestimmt zugleich den zeitlichen Spielraum für den Annehmenden. Der Antragende soll dadurch möglichst rasch Klarheit erlangen und eine Beseitigung die Schwebelage zügig erreichen können.[1] Die Zeitangabe „sofort" in Abs. 1 S. 1 bezieht sich über den Wortlaut hinaus auch auf den Antrag unter Abwesenden nach Abs. 2.

B. Regelungsgehalt

I. Vertragsannahme

2 **1. Wirksamkeit der Annahme.** Die Wirksamkeit der Annahme richtet sich nach den allgemeinen Regeln über die Wirksamkeit von Willenserklärungen (§§ 104 ff., 116 ff., 125 ff., 130 ff.). Ob eine Annahme „lediglich rechtlich vorteilhaft" im Sinne von § 107 ist, ergibt sich aus dem angestrebten Vertrag.[2] Die Annahme ist empfangsbedürftige Willenserklärung[3] und wird daher erst mit dem Zugang beim Empfänger wirksam (§§ 130–132). Ausnahmsweise ist sie bereits mit ihrer Abgabe wirksam, wenn der Antragende nach der Verkehrssitte nicht mit dem Zugang der Annahmeerklärung rechnen darf oder auf ihn verzichtet hat (§ 151 S. 1; str., → § 151 Rn. 3 f.). Das Zugangserfordernis entfällt auch im Falle einer notariellen Beurkundung (§ 152 S. 1). In allen diesen Fällen führt die Abgabe der Annahmeerklärung unmittelbar zum Vertragsschluss.

Inhaltlich eröffnet die Annahmeerklärung keinen Spielraum. Es bedarf aber keiner ausdrücklichen Wiederholung des Angebots.[4] Die Auslegung muss ein uneingeschränktes Ja zu dem erhaltenen Antrag ergeben. Anderenfalls gilt die Annahme als Ablehnung verbunden mit einem neuen Antrag (§ 150 Abs. 2). Nicht hin-

---

1 Die gesetzliche Regelung des § 146 in Verbindung mit § 147 ist im Interesse des Verkehrs darauf angelegt, zügige Entscheidungen zur raschen und glatten Abwicklung der Geschäfte herbeizuführen BGH NJW 2013, 3434 Rn. 22; *Flume* BGB AT Bd. 2 § 35 I 3 (S. 640) unter Verweis auf Mugdan, Motive I, S. 443.

2 Soergel/*Wolf* BGB § 145 Rn. 25.

3 DCFR II.-Art. 4:204 (1) und PECL Art. 2:204 (1) stellen dagegen auf jede Form der Zustimmung ab, vgl. *Christandl* in Jansen/Zimmermann, Commenta-

ries on European Contract Laws, Art. 2:204 Rn. 2 ff.; *Armbrüster* Jura 2007, 321 (323). Zur Definition und Rechtsnatur der Annahme im deutschen, französischen und englischen Recht sowie im CESL *J. Schmidt*, Der Vertragsschluss, S. 436 ff. sowie zur Art und Weise der Kommunikation der Annahme S. 500 ff., vertieft und rechtsvergleichend zum Zeitpunkt und Ort der Wirksamkeit der Annahme S. 600 ff., 671 ff.

4 BGH BB 2015, 1418 Rn. 35 (Einverständnis mit Gerichtsstandsklausel).

reichend deutlich gemachte Änderungen in der Annahmeerklärung bleiben jedoch unbeachtlich. Ein uneingeschränktes Ja liegt mithin auch dann vor, wenn die Annahme zwar Änderungen enthält, aus der Sicht eines objektiven Empfängers aber zum Ausdruck gebracht ist, dass das Angebot unverändert angenommen wurde (untergeschobener Erklärungsinhalt).[5] In diesem Fall soll damit auch keine Ablehnung verbunden mit einem geänderten Antrag liegen (s. § 150 Abs. 2). Das ist wegen der damit fingierten Einigung zweifelhaft. Näher liegt es, ein neues Angebot zu bejahen, das im Falle der Annahme zu einem Vertrag mit geändertem Inhalt führt, wobei der getäuschten Partei ein Anfechtungsrecht nach § 123 zukommt.[6]

Ist der Vertrag formbedürftig, so unterliegt auch die Annahmeerklärung diesem Formerfordernis. Die Einhaltung einer bestimmten Form oder Übermittlungsart (etwa durch Einschreiben) kann ebenfalls vereinbart werden, wobei darin anders als nach § 154 Abs. 2 im Zweifel keine Bedingung für die Geltung des Vertrages liegt.

Eine **Bestätigung** im Rahmen einer elektronischen Bestellung kann entweder bloß den Eingang der Bestellung dokumentieren (§ 312 i Abs. 1 S. 1 Nr. 3) oder bereits die Vertragsannahme des Unternehmers darstellen. Das ist Auslegungsfrage.[7] Der BGH verneint jedenfalls die Annahme bei automatisierter Bestätigung.[8] Der Unternehmer ist zu einer unverzüglichen Bestätigung kraft Gesetzes verpflichtet, so dass mit ihr noch keine Annahme verbunden sein muss. Sie ist insoweit nur geschäftsähnliche Handlung. Auf die Rechtzeitigkeit und den Zugang der Bestätigung ist S. 2 entsprechend anwendbar (zur Zugangsbestätigung NK-BGB/*Ring*, → § 312 g Rn. 36 ff.). Die Zusendung der Ware an den Verbraucher bedeutet Bestätigung und Annahme zugleich.[9] **3**

2. Annahme durch schlüssiges Verhalten. Die Annahme kann nach allgemeinen Grundsätzen auch durch schlüssiges Verhalten erklärt werden. Die Auslegung des Verhaltens des Annehmenden muss aus der objektivierten Sicht des Antragenden bestimmt werden und die vorbehaltlose Annahme zum Ausdruck bringen. Dabei setzt die Qualifizierung eines Verhaltens als schlüssige Annahmeerklärung das Bewusstsein voraus, dass für das Zustandekommen des Vertrags noch eine Erklärung erforderlich ist. Ohne Erklärungsbewusstsein kommt eine Zurechnung als Annahmeerklärung dagegen nur in Betracht, wenn die sich missverständlich verhaltende Person bei Anwendung der im Verkehr erforderlichen Sorgfalt hätte erkennen und vermeiden können, dass die in seinem Verhalten liegende Äußerung nach Treu und Glauben und der Verkehrssitte als Willenserklärung aufgefasst werden durfte, und der Empfänger sie auch tatsächlich so verstanden hat.[10] **4**

Eine konkludente Annahme wird etwa bejaht bei Leistungserbringung[11] oder Vornahme einer im Antrag beschriebenen Handlung,[12] bei automatisierten Erklärungen, aufgrund einer erkennbar dafür vorgesehenen Programmierung[13] oder durch die Inanspruchnahme der Leistung, soweit der Empfänger daraus die Annahme ableiten darf.[14] Besonderheiten gelten für ein Vertragsangebot durch Zusendung unbestellter Ware (s. dazu → § 145 Rn. 7; NK-BGB/*Krebs*, → § 241 a Rn. 10).

3. Annahme durch Schweigen. Schweigen ist nur dann als Annahmeerklärung zu werten, wenn dem Nichtstun dieser Aussagewert nach der Parteivereinbarung zukommen soll (beredtes Schweigen) oder das Gesetz dies anordnet (normiertes Schweigen). Die Abgrenzung gegenüber einer konkludenten Annahme ist **5**

5 BGH NJW 2014, 2100 Rn. 18 f. (Einfügungen im gleichen Schriftbild und Anschreiben „unterschrieben zurück"); zust. *Raach* LMK 2014, 360652; zu Recht kritisch aber *Korch* NJW 2014, 3553 (3554).
6 *Korch* NJW 2014, 3553 (3554).
7 OLG Nürnberg NJOZ 2010, 1733 (1734); LG Hamburg MMR 2005, 121; LG Heidelberg NJW-RR 2004, 1568, Palandt/*Grüneberg* BGB § 312 i Rn. 7; siehe auch AG Hamburg-Barmbek NJW-RR 2004, 1284 (1285) (Internet-Versteigerung).
8 BGH NJW 2013, 598 (599) (reine Wissenserklärung, die mit einer Willenserklärung gleichwohl verbunden sein kann).
9 *Dörner* AcP 202 (2002), 363, 377 ff., und zur Haftung bei Doppelbestellung aufgrund unterbliebener Bestätigung.
10 BGH NJW 2010, 2873 Rn. 18 mwN; allg. zu Fällen normativer Zurechnung von Willenserklärungen NK-BGB/*Feuerborn* Vor §§ 116–144 Rn. 7. Vgl. ferner *Kanzleiter* DNotZ 2013, 323.
11 BGH NJW 2008, 283 Rn. 18 (verneint für geänderte Nebenkostenabrechnung); BGH NZM 2005, 736

(737) (Zahlung einer erhöhten Miete als Zustimmung zur Mieterhöhung); OLG Hamburg ZMR 2015, 293 Rn. 4 (verneint für Übergabe von Schlüsseln und Mieträumen).
12 BGH NJW 2007, 2912 Rn. 9 (Rückgabe einer Pfandflasche); BGH NJW 1980, 2245 (2246) (Annahme einer Warenlieferung); anders aber bei Angebot durch Zusendung unbestellter Waren (s. § 151 Rn. 4 u. 5) und bei Verbrauchergeschäft (s. § 241 a).
13 Auto-Reply, die nicht lediglich als Eingangsbestätigung zu verstehen ist, LG Köln MMR 2003, 481; AG Butzbach NJW-RR 2003, 54; *Leible/Sosnitza* BB 2005, 725 f.
14 Im Falle der Inanspruchnahme einer Maklerleistung nach vorheriger Vertragsablehnung verneint von BGH NJW 2002, 817; 2002, 1945; ebenso bei Strombezug nach unwirksamer Änderungskündigung des Energieunternehmens BGH NJW 2007, 1672 (1674); bejaht bei Gasbezug und rügeloser Entgegennahme monatlicher Abrechnungen zu erhöhten Preisen, LG Dresden RdE 2009, 33.

fließend.[15] Das **bloße Schweigen** hat jedenfalls keine Erklärungswirkung. Dies gilt auch im kaufmänni-schen Verkehr.[16] Die gesetzliche Pflicht zur Mitteilung des Beauftragten aus § 663 führt nicht zu einer Erklärung durch Schweigen, sondern begründet (nur) einen Schadensersatzanspruch auf Ersatz des Vertrau-ensschadens (§§ 280 Abs. 1, 663). Das Gesetz fingiert mit § 663 weder eine Annahmeerklärung noch schützt es eine etwa bestehende Erwartung dahin, dass das Schweigen die Bedeutung einer Willenserklä-rung haben soll.[17] Eine Annahme durch Schweigen kommt bei beurkundungsbedürftigen Geschäften nicht in Betracht.[18]

6 **a) Normiertes Schweigen.** Annahmewirkung hat das Schweigen bei Handelsgeschäften im Anwendungs-bereich des § 362 HGB (fingierte Annahmeerklärung). Ferner nach § 516 Abs. 2 S. 2 (Schenkungsannahme nach Aufforderung) und § 5 Abs. 3 S. 1 PflVG (Abschluss einer Haftpflichtversicherung). Ebenso nach der Lehre vom kaufmännischen Bestätigungsschreiben, die zum Schutz allgemeiner Verkehrsschutzinteressen dem Schweigen Rechtswirkungen zuschreibt[19] (→ Rn. 9 f.).

7 **b) Beredtes Schweigen.** Annahmewirkung hat das Schweigen, wenn dies ausdrücklich vereinbart ist (**Vertragsabschlussabrede**). Die Vertragsabschlussabrede ist ein isolierbarer Bestandteil der Angebotser-klärung, die das Abschlussprocedere regelt und sich mit dem Zustandekommen des Vertrages erledigt,[20] etwa die stillschweigende Annahme eines Angebots (auf Vertragsverlängerung) nach fruchtlosem Ablauf einer Ablehnungsfrist.[21] In Allgemeinen Geschäftsbedingungen ist die Vereinbarung derartiger Erklärungs-fiktionen nach Maßgabe des **§ 308 Nr. 5** nur zulässig, wenn dem Vertragspartner eine angemessene Frist zur Abgabe einer ausdrücklichen Erklärung eingeräumt wurde und der Verwender sich verpflichtet bei Beginn der Frist auf die Bedeutung des Verhaltens besonders hingewiesen hat.[22] Verlängert sich ein Vertrag, wenn der Kunde nicht fristgerecht kündigt, liegt jedoch keine Erklärungsfiktion vor. Die Parteien haben hier die Verlängerungsmodalitäten bereits bei Abschluss des Vertrages festgelegt. Die Verlängerung beruht daher nicht auf einer fingierten Erklärung, sondern auf der getroffenen Vereinbarung über die Bedeutung des „Schweigens" des Vertragspartners in einem bestimmten Zeitraum vor Ablauf der ursprünglich vereinbarten Vertragslaufzeit. Möglich bleibt aber eine Überprüfung derartiger Klauseln nach § 307.[23]

Auch **aus schlüssigem Verhalten** kann abgeleitet werden, dass ein Schweigen Erklärungswirkung haben soll. Die Rechtsprechung bejaht dies bei Schweigen auf ein Angebot nach einverständlichen Vorverhand-lungen, wenn beide Seiten fest mit einem Vertragsabschluss gerechnet haben.[24] Ferner in einer laufenden Geschäftsverbindung, bei der sich eine entsprechende Übung herausgebildet hat[25] oder eine dahin gehende Rahmenvereinbarung besteht (→ Vor §§ 145–157 Rn. 39). Ebenso kann das Schweigen auf eine verspätet zugegangene Annahmeerklärung als Annahme des darin liegenden neuen Angebots (§ 150 Abs. 1) zu wer-ten sein[26] (vgl. auch → § 150 Rn. 3).

Auf die Feststellung einer Verständigung über die Erklärungsbedeutung des Schweigens sollte aber nicht zugunsten einer undeutlichen Ableitung aus § 242 und Vertrauensschutzkriterien verzichtet werden.[27] Ebenso wenig sollte genügen, dass der Schweigende den Antrag durch eine invitatio ad offerendum veran-

15 BAG EzA-SD 2010, Nr. 2, 11–12 (zur stillschwei-genden Verlängerung eines Arbeitsvertrages); BGH NZG 2008, 117 (118) (stillschweigender Auskunfts-vertrag bei Anlagevermittlung).

16 BGH NJW 1995, 1281 f. Zu den einzelnen Ausle-gungskriterien bei (unentgeltlichen) Auskunftsver-trägen vgl. *Mansel* GS Lüderitz, S. 487, 489 ff.; rechts-vergleichend zur Annahme durch Schweigen *Christandl* in Jansen/Zimmermann, Commentaries on European Contract Laws, Art. 2:204 Rn. 10 ff.; J. Schmidt, Der Vertragsschluss, S. 508 ff., 541 ff.

17 § 663 ist lex specialis gegenüber §§ 311 Abs. 2, 241 Abs. 2, vgl. Jauernig/*Mansel* BGB § 663 Rn. 3, str.

18 BeckRS 2016, 10699 Rn. 13.

19 Das ist im Handelsbrauch, der im Rahmen von § 346 HGB gesetzliche Anerkennung erlangt. Nach neuerer Auffassung handelt es sich um objektives (Han-dels-)Gewohnheitsrecht, vgl. *K. Schmidt*, Handels-recht § 19 III, 1 a Rn. 66 f.; zust. Erman/*Armbrüster* BGB § 147 Rn. 5; Baumbach/*Hopt*, HGB § 346 Rn. 17.

20 Zu entsprechenden Vertragsabschlussklauseln in AGB MüKoBGB/*Wurmnest* § 308 Nr. 1 Rn. 3; NK-BGB/*Kollmann* § 308 Rn. 4. Eine einseitige Bestim-

mung der Annahmewirkung genügt jedenfalls nicht, vgl. LG Leipzig BeckRS 2011, 681 Rn. 38 ff. („Umstellung" des Stromtarifs); OLG Koblenz MMR 2013, 795 (Änderung eines Telekommunikati-onsdienstvertrages).

21 BGH NJW 2014, 2568 Rn. 17 (zu § 545); BGH NJW 1975, 40 (stillschweigende Verlängerung eines Pachtvertrages).

22 BGH NJW 1985, 617; OLG Düsseldorf NJW 2005, 1515 (vorformulierte vierwöchige Angebotsbin-dungsfrist wirksam für den Kauf eines hochwertigen technischen Geräts).

23 BGH NJW 2010, 2942 (2943) (Verlängerung der BahnCard).

24 BGH NJW 1995, 1281 f.; 1996, 919, 920; OLG Ros-tock BauR 2006, 1897; krit. Jauernig/*Mansel* BGB § 147 Rn. 4; *Scheffer* NJW 1995, 3166 (3167).

25 RGZ 84, 320, 324 f.; verneint für ungewöhnliche Geschäfte (BGH WM 1979, 437) und für wirtschaft-lich bedeutsame Geschäfte (BGH NJW-RR 1994, 1163 (1165)).

26 BGH NJW 1951, 313; 1999, 819.

27 Etwa OLG Brandenburg NJW-RR 2009, 1145 (1147).

lasst hatte oder die Annahme für ihn lediglich rechtlich vorteilhaft war.[28] Die Vereinbarung würde sonst durch eine bloße Zurechnung ersetzt, mit der gegebenenfalls eine Haftungsverantwortung, nicht aber vertragliche Leistungspflichten begründet werden können.[29] Dies gilt in gleicher Weise für die Zustimmung zum Vertragsschluss durch einen Dritten (Gremienvorbehalt, Zustimmung des Aufsichtsrats oder der Muttergesellschaft).

II. Bestätigungsschreiben

1. Auftragsbestätigung. Der rechtliche Begriff der „**Auftragsbestätigung**" meint Erklärungen, die   **8**
schriftlich oder elektronisch (per E-Mail) den Inhalt einer vorangegangenen noch einseitig gebliebenen Beauftragung wiedergeben. Die Beauftragung wird zumeist mündlich, fernmündlich, elektronisch online oder per E-Mail oder Fax erfolgt sein.[30] In der Auftragsbestätigung liegt daher die **schriftliche Annahme** des Auftrags, die aus Beweisgründen formalisiert ist. Weicht die Bestätigung von dem Antrag ab, so ist sie als Ablehnung und neuer Antrag zu werten (§ 150 Abs. 2). Das anschließende Schweigen führt grundsätzlich nicht zu einer Änderung der Vertragslage. Die Auftragsbestätigung gilt auch im kaufmännischen Verkehr nicht als Zustimmung.[31] Ein Vertrag ist nicht zustande gekommen. Ob eine Auftragsbestätigung vorliegt, ist Auslegungsfrage. Die Bezeichnung ist dafür nur ein (relativ schwaches) Indiz.[32] Häufig geben die so bezeichneten Schreiben bereits den Abschluss eines zuvor mündlich oder sonst geschlossenen Vertrages wieder. Bei ihnen handelt sich dann um **Bestätigungsschreiben**, denen, außerhalb der Geltung kaufmännischer Bräuche, lediglich deklaratorische Bedeutung und die Funktion eines Beweismittels zukommt. Eine gegenüber der tatsächlichen Vertragseinigung abweichende Bestätigung stellt einen neuen Antrag auf Änderung des bereits geschlossenen Vertrages dar. Das anschließende Schweigen bedeutet nicht die Annahme, sondern hat nur im kaufmännischen Verkehr unter weiteren Voraussetzungen die materiellrechtliche Wirkung einer Annahmeerklärung. Es bleibt demnach bei dem ursprünglich vereinbarten Vertragsinhalt. Praktische Relevanz hat ein solches Bestätigungsschreiben als **Beweismittel** zur Auslegung des zuvor vereinbarten Vertrages.

2. Kaufmännisches Bestätigungsschreiben. Im unternehmerischen Geschäftsverkehr unter Kaufleuten   **9**
und anderen Personen, die wie Unternehmer im größeren Umfang am Rechtsverkehr teilnehmen,[33] ist von einem Brauch[34] auszugehen, wonach mündlich oder sonst per Fax bereits geschlossene Verträge anschließend schriftlich **wahrheitsgemäß** bestätigt werden. Der Bestätigende darf deshalb erwarten, dass sein Vertragspartner widerspricht, falls im Bestätigungsschreiben Änderungen gegenüber dem Vereinbarten enthalten sind, denen jener nicht zustimmen will.[35] Die widerspruchslose Hinnahme der Bestätigung (Schweigen) durch den Empfänger ist aus der Sicht des Bestätigenden als Zustimmungserklärung zu den Änderungen aufzufassen. Der Inhalt des Bestätigungsschreibens tritt damit an die Stelle des zuvor Vereinbarten. Es liegt also eine wirksame Vertragsänderung vor.

Der Bestätigende teilt in einem Bestätigungsschreiben seine Auffassung über das Zustandekommen und den   **10**
Inhalt eines geschlossenen Vertrages mit, um etwa bestehende Ungewissheiten oder Zweifel zu beseitigen.[36] Das Ergebnis der Vertragsverhandlungen muss als verbindlich und der Vertrag als endgültig geschlossen dargestellt (bestätigt) werden.[37] Widerspricht der Empfänger dem Bestätigungsschreiben nicht unverzüglich

28 MüKoBGB/*Busche* § 145 Rn. 7 (Indiz für Konkludenz) und 9 (Schweigen auf invitatio ad offerendum kann nur uU Annahme darstellen); aA zum lediglich rechtlich vorteilhaften Antrag Erman/*Armbrüster* BGB § 147 Rn. 3.

29 Zum Ganzen auch KG NJOZ 2008, 3426 (3427 f.); PWW/*Brinkmann* BGB § 148 Rn. 4 u. Vor §§ 145 ff. Rn. 17.

30 Sie kann auch durch jede andere Mitteilungsart erfolgt sein.

31 Erst bei nachfolgend widerspruchsloser Entgegennahme der Gegenleistung BGH NJW 1995, 1672.

32 BGHZ 112, 205, 211: unmaßgeblich und oft unrichtig.

33 BGH NJW 1987, 1940 (1941); maßgebend ist die Verkehrserwartung, nicht aber die Kenntnis der betroffenen Person. Verneint für Bankdirektor im privaten Bereich, OLG Düsseldorf MDR 1981, 1022 (1023); bejaht für Makler BGH WM 1973, 1376, und Architekten, OLG Düsseldorf NJW-RR 1995, 501 (502); OLG Saarbrücken BauR 2005, 768; ebenso

bei Präsentation als Bauträger, OLG Koblenz NJW-RR 2007, 813 (814).

34 Der Handelsbrauch bedeutet eine generalisierte Erwartung unter den Verkehrsteilnehmern, aus der sich konkrete Verhaltenspflichten ergeben. Diese erlangen durch § 346 HGB als besondere Verkehrssitte (vgl. §§ 157, 242) positivrechtliche Anerkennung. Die Einordnung des Kaufmännischen Bestätigungsschreibens ist str., vgl. näher *Canaris*, Handelsrecht, S. 339 u. 355.

35 Eine schutzwürdige Erwartung des Bestätigenden besteht entsprechend nicht bei von ihm bewusst abgeänderten (wahrheitswidrigen) Bestätigungen.

36 BGH NJW 1965, 965; 1972, 820, vgl. *Deckert* JuS 1998, 121 (122).

37 BGH NJW 1964, 1223 (1224); BGHZ 54, 236, 239 f.; BGH NJW 1990, 386 f.; 2001, 1044, 1045; zur Funktion des Bestätigungsschreibens, den Verhandlungsinhalt endgültig zu fixieren vgl. BGH NJW 2005, 3499 (3500); OLG Saarbrücken BauR 2005, 768.

(1–3 Tage),[38] so darf der Bestätigende das **Schweigen grundsätzlich** als **Annahmeerklärung** verstehen.[39] Es gelten die allgemeinen Auslegungsgrundsätze (§§ 133, 157), so dass der Empfängerhorizont Inhalt und Umfang der Erklärungswirkung beschränkt (Verkehrsschutz). Bei bewusst falscher Bestätigung des wesentlichen Verhandlungsteils erzeugt das Schweigen keine Zustimmung;[40] ebenfalls nicht, wenn der Bestätigende vernünftigerweise nicht mit dem Einverständnis des Empfängers rechnen konnte,[41] etwa weil der Schweigende sich die schriftliche Annahme vorbehalten hatte[42] oder die Bestätigung den Vertragsinhalt praktisch in sein Gegenteil verkehrt. Diese Beurteilung ist ganz vom Einzelfall abhängig[43] und daher unsicher.[44] Der strategische Einsatz dieser Bestätigungsschreiben eröffnet ein gewisses Missbrauchspotential, das jedoch im kaufmännischen Verkehr durch die den Verkehrsteilnehmern angesonnene besondere Aufmerksamkeit hingenommen werden kann.[45] Die Wirkung eines Bestätigungsschreibens tritt auch dann ein, wenn die Verhandlungen von einem vollmachtlosen Vertreter geführt wurden.[46] Entspricht die Bestätigung der zuvor getroffenen mündlichen Vereinbarung, hat das Schweigen materiellrechtlich keine Auswirkung. Das Bestätigungsschreiben ist dann bloßes Beweismittel für den zuvor mündlich geschlossenen Vertrag.

III. Antrag unter Anwesenden (Abs. 1)

11 Anwesend sind die physisch anwesende Person (Abs. 1 S. 1) sowie jene Personen, mit denen der Antragende von Person zu Person, dh wechselseitig unmittelbar und ohne nennenswerten Zeitverlust kommunizieren kann (Abs. 1 S. 2). Die hierfür geeigneten technischen Einrichtungen sind gegenwärtig Telefone, Videokonferenzen, Face to face-Kommunikationen (Facetime, Skype ua) und **Messenger- und Internet-Chats** (iMessage, Whatsapp).[47] Allerdings ist es dem Antragenden im Chat nicht in gleicher Weise möglich, die sofortige Reaktion seines Dialogpartners klar einzuschätzen. Die Annahmefrist für Vertragsangebote im Chat sollte daher nach Abs. 2 objektiviert und mithilfe entsprechender Erfahrungswerte bestimmt werden[48] (→ Rn. 14).

Der Antrag unter Anwesenden muss vom Empfänger sofort angenommen werden. Die Rechtzeitigkeit und damit die Zeitspanne „sofort" ist objektiv zu bestimmen. Bei einer zeitlich verzögerten Antwort, d.i. eine Antwort, die nicht mehr „sofort" erfolgt ist (→ Rn. 12), liegt ein neuer Antrag vor (§ 150 Abs. 1).[49] Auf ein Verschulden kommt es nicht an. Vereitelt aber der Antragende die sofortige Annahme etwa durch Unterbrechung der Kommunikation (Abbruch eines Telefonats, Internetverbindung), so kann der Empfänger seine Annahmeposition durch sofortigen Rückruf auf dem selben oder einem anderen unmittelbaren Kommunikationsweg erhalten und die rechtzeitige Annahme noch erklären.[50]

12 Die sofortige Annahme bestimmt sich nach dem Zugang der Antragserklärung. Unter Anwesenden geht diese bei der verkörperten Erklärung mit der Übergabe des Schriftstückes zu, bei der nicht verkörperten mit der Möglichkeit vollständiger Kenntnisnahme (sog. eingeschränkte Vernehmungstheorie, → § 130 Rn. 73 f.). An den Zugangszeitpunkt des Antrags schließt sich dann eine **situative Überlegungsfrist** an, um Inhalt und Folgen des Geschäfts zu erfassen. Dann muss die Annahme erklärt werden. Danach ist die Zeitspanne „sofort" beendet. In der persönlichen Übergabe eines schriftlichen Antrages, welcher nicht zur

38 BGH NJW 1962, 104 (eine Woche zu lang); 1962, 247 (unter Umständen drei Tage); WM 1975, 324 (325) (zwei Tage).

39 War der Vertrag zuvor bereits geschlossen, handelt es sich um einen Änderungsvertrag, andernfalls um die Annahme des im Bestätigungsschreiben liegenden neuen Angebots, § 150 Abs. 2; meist wird nicht unterschieden, sondern von Zustimmung gesprochen, vgl. Baumbach/*Hopt*, HGB § 346 Rn. 17.

40 BGH NJW 1967, 858 (960).

41 BGH NJW-RR 2001, 680 f.; NJW 1994, 1288; 1987, 1940, 1942; BGHZ 93, 338, 341 f.; OLG Dresden IBR 2014, 589 mAnm *Lichtenberg* IBR 2014, 659; OLG Koblenz NJW-RR 2007, 813 (814).

42 Kein Bestätigungsschreiben bei Schriftformvorbehalt, LG München ZUM-RD 2007, 379 (383); ähnlich bei Bitte um Gegenbestätigung BGH NJW-RR 2007, 325 (327) (im Einzelfall zu prüfen).

43 Vgl. *Deckert* JuS 1998, 121 (122 ff.); *von Dücker* BB 1996, 3 (5).

44 Das Ausmaß der zulässigen Abweichungen vom vorher Vereinbarten wird nach subjektiven Vertrauenskriterien bestimmt (soweit der Empfänger vernünftigerweise nicht mit einer Zustimmung rechnen durfte). Zu der Begrenzung mit dem normativen Begriff „wesentlich" in den nicht-legislativen Entwürfen zum europäischen Vertragsrecht vgl. *Christandl* in Jansen/Zimmermann, Commentaries on European Contract Laws, Art. 2:210; *Köhler* in Europäische Vertragsrechtsvereinheitlichung und deutsches Recht, S. 33, 51; *Armbrüster* Jura 2007, 321 (324).

45 Krit. *Kollrus* BB 2014, 779 (780 f.).

46 BGH NJW 2007, 987 (988).

47 BT-Drs. 14/4987, S. 21; Jauernig/*Mansel* BGB § 147 Rn. 8.

48 Zutr. *Dörner* AcP 202 (2002), 363, 375 f.

49 § 149 ist auf Anträge unter Anwesenden nicht anwendbar, vgl. Staudinger/*Bork* BGB § 149 Rn. 1. Aufgrund des ebenfalls bestehenden Übertragungsrisikos sollte § 149 beim Einsatz technischer Einrichtungen (§ 147 Abs. 1 S. 2) aber entsprechend angewendet werden.

50 MüKoBGB/*Busche* § 147 Rn. 27; Erman/*Armbrüster* BGB § 147 Rn. 17; nicht dagegen bei sonstiger Störung oder einvernehmlicher Gesprächsbeendigung, vgl. RGZ 104, 235, 236.

sofortigen Lektüre und Entscheidung vorgelegt wird, liegt dagegen die Einräumung einer angemessenen Annahmefrist (§ 148).[51]

Werden **Vertreter** beim Geschäftsabschluss unter Anwesenden eingeschaltet, so sind die Vertretererklärungen die maßgeblichen Erklärungen unter Anwesenden.[52] Die Einschaltung von **Boten** bedeutet hingegen die Abgabe und den Zugang von Anträgen und Annahmen unter Abwesenden.

IV. Antrag unter Abwesenden (Abs. 2)

Anträge unter Abwesenden sind neben der Übermittlung verkörperter Willenserklärungen (Briefe ua per Post oder Boten) nach allgemeiner Meinung auch solche per E-Mail und Telefax oder praktisch kaum noch per Btx.[53] Der jeweils **eingeschlagene Beförderungsweg** gebietet nicht notwendig die Antwort auf demselben oder einem ähnlich schnellen Weg, auch wenn dies kommunikationstechnisch nahe liegt. Entscheidend ist, ob der Antragende mit der Inanspruchnahme auch anderer Kontaktwege für die Annahme rechnen musste, etwa weil er mehrere Empfangseinrichtungen im Geschäftsverkehr unterhält. Das ist eine Frage des Einzelfalls. Nach dem Grundsatz der einheitlich zu bestimmenden Annahmefrist[54] ist dann aber zugunsten des Annehmenden der **spätestmögliche Eingang** maßgeblich.[55] Die damit durch den Postweg verlängerte Bindungszeit kann der Antragende durch eine entsprechende Bestimmung („erwarte Mailantwort") unterbinden. Auch eine „umgehend" zu gebende Antwort wirkt sich je nach den Umständen auf die Bestimmung der Annahmefrist aus.[56] Bei Bestellungen auf elektronischem Wege wird eine entsprechend elektronische Antwort mit einer regelmäßig recht kurz zu bemessenden Frist zu erwarten sein. Zur unverzüglichen Bestätigung[57] einer abgegebenen Bestellung nach § 312 i Abs. 1 S. 1 Nr. 3 s. näher → Rn. 3. **13**

Die Rechtzeitigkeit der Annahme, die derjenige beweisen muss, der den Vertragsschluss behauptet,[58] bestimmt sich nach der **objektiv zu bestimmenden**[59] gesetzlichen Annahmefrist des Abs. 2.[60] Maßgebend ist, wann der Antragende den Eingang der Antwort unter regelmäßigen Umständen erwarten durfte → Rn. 13. Für die Fristbestimmung sind mehrere Zeitabschnitte zu addieren. Ausgangspunkt ist die Abgabe des Antrages.[61] An den erwartbaren Zugang beim Antragsempfänger[62] schließt sich eine angemessene Überlegungsfrist[63] und die erwartbare Zeit bis zum Eingang der Antwort an.[64] Die Angemessenheit der Überlegungszeit hängt von der Schwierigkeit, dem Umfang und den Folgen des Geschäfts sowie auch von dem organisatorischen Entscheidungsprozess beim Empfänger ab. **14**

Bei gewerblichen Mietverträgen beträgt die Annahmefrist zwei bis drei Wochen.[65] Bei finanzierten und bei beurkundungsbedürftigen Verträgen, deren Abschluss regelmäßig eine Bonitätsprüfung vorausgeht, gilt eine Frist von vier Wochen für erwartbar.[66] Ferner sind die Bedeutung des Geschäfts und seine Komplexität zu berücksichtigen. Zu den regelmäßigen Umständen gehören neben Verzögerungen, etwa durch Feiertage und Wochenenden,[67] auch Sondersituationen im Bereich des Empfängers, soweit sie **dem Antragenden**

51 Palandt/*Ellenberger* BGB § 147 Rn. 5; aA MüKo-BGB/*Busche* § 147 Rn. 28; PWW/*Brinkmann* BGB § 148 Rn. 14 (Fall des § 147 Abs. 2).

52 Auch bei vollmachtlosen Vertretern BGH NJW 1996, 1062 (1064); OLG Düsseldorf BeckRS 2010, 15630.

53 Staudinger/*Bork* BGB § 147 Rn. 4 (auch für voll interaktionsfähige EDV-Anlagen); *Taupitz/Kritter* JuS 1999, 839 (841). Zur Beweislastverteilung beim Zugang einer E-Mail *Willems* MMR 2013, 551.

54 Motive I, S. 170; Staudinger/*Bork* BGB § 147 Rn. 10.

55 LG Wiesbaden NJW-RR 1998, 1435 (1436); zust. BeckOK BGB/*Eckert* § 147 Rn. 15; aA Staudinger/ *Bork* BGB § 147 Rn. 14; Jauernig/*Mansel* BGB § 147 Rn. 9 (telegraphisches Angebot verlangt möglicherweise beschleunigte Annahme); Erman/*Armbrüster* BGB § 147 Rn. 18.

56 BAG NZA 2007, 925 (927).

57 *Dörner* AcP 202 (2002), 363, 378 Fn. 60: max. 24 Stunden sind zu lang.

58 BGH NJW 2016, 1441 Rn. 24.

59 BGH NJW 2013, 3434 Rn. 8; BGH NJW 2010, 2873 Rn. 11; Erman/*Armbrüster* BGB § 147 Rn. 18.

60 Die Vorschrift des § 147 Abs. 2 ist dispositiv und steht daher einem unbefristeten Angebot nicht entgegen BGH GRUR 2010, 355 (357) (für die auf

Abschluss eines Unterlassungsvertrags gerichtete Unterwerfungserklärung).

61 BGH NJW 2010, 2873 Rn. 11, 14; BGH GRUR 2010, 355 (357); Jauernig/*Mansel* BGB § 147 Rn. 9.

62 Da es nur auf den Zeitpunkt ankommt, zu dem der Antragende den Eingang der Antwort unter regelmäßigen Umständen erwarten darf, ist etwa unerheblich, ob das Angebot den Adressaten ungewöhnlich spät erreicht, vgl. nur BGH NJW 2010, 2873 Rn. 14; MüKoBGB/*Kramer*, 5. Aufl. 2006, BGB § 147 Rn. 6; diff. MüKoBGB/*Busche* § 147 Rn. 34 f.

63 Eingehend BAG BB 2003, 1732 ff.; BGH NJW 2010, 2873 Rn. 12, Anm. *Armbrüster* LMK 2010, 306668 u. *Faust* JuS 2010, 1106 ff.

64 BGH NJW 2013, 3434 Rn. 8; BGH NJW 2010, 2873 Rn. 11; Erman/*Armbrüster* BGB § 147 Rn. 18 mwN.

65 BGH NJW 2016, 1441 Rn. 31.

66 BGH NZM 2016, 392 Rn. 7; BGH NJW 2014, 854 Rn. 12 mAnm *Herrler* MittBayNot 2014, 109; BGH NJW 2014, 857 Rn. 10 ff. (Ausnahme: schutzwürdige Interessen); BGH NJW 2010, 2873 Ls. 1, Anm. *Faust* JuS 2010, 1106 ff. Zu aktuellen Entwicklungen in der Rechtsprechung zum Bauvertragsrecht *Schmeel* MDR 2015, 567.

67 NJW 2016, 1441 Rn. 28.

bekannt sind (Krankheit, Urlaub, Arbeitsüberlastung, Organisationsstruktur).[68] Will der Antragende Klarheit erlangen, muss er eine Frist für den Eingang der Antwort setzen (s. § 148).

§ 148 Bestimmung einer Annahmefrist

Hat der Antragende für die Annahme des Antrags eine Frist bestimmt, so kann die Annahme nur innerhalb der Frist erfolgen.

A. Allgemeines

1   § 148 ermöglicht es dem Antragenden, die zeitliche Wirksamkeit seiner Antragserklärung durch Fristsetzung zu bestimmen.[1] Die grundsätzlich mitlaufende Bindung an den Antrag kann der Antragende nach Maßgabe des § 145 Hs. 2 ausschließen oder zeitlich abweichend befristen[2] (→ § 145 Rn. 15). Die Annahmefrist (Antragsfrist) ist bei ausgeschlossener Antragsbindung und vorbehaltlich spezieller vertraglicher Vereinbarung bis zur Abgabe der Annahmeerklärung frei widerruflich (nicht bindend).

B. Regelungsgehalt

2   Die Fristsetzung ist Bestandteil der Antragserklärung. Sie kann ausdrücklich erklärt oder schlüssig aus den Umständen zu entnehmen sein. Ausreichend ist jegliche zeitliche Konkretisierung, durch die der Antragende zu erkennen gibt, er wolle von der gesetzlichen Regelung in § 147 abweichen.[3] Ist der Antrag formbedürftig, so unterliegt grundsätzlich auch die Angebotsfrist dem Formerfordernis.[4] Die Frist kann auch nachträglich gesetzt werden und eine noch offene Frist verlängern.[5] Auch die Antragsbindung verlängert sich dadurch, sofern der Antragende die Bindung insoweit nicht aufgehoben hat.

Eine nachträgliche Verkürzung der Antragsfrist ist bei gebundenem (unwiderruflichem) Antrag ausgeschlossen (→ § 145 Rn. 9).[6] Der Antragende kann die gesetzliche Frist (§ 147 Abs. 2) nur dadurch verkürzen, dass er von vornherein oder rechtzeitig (§ 130 Abs. 1 S. 2) eine kürzere Frist bestimmt. Eine Verkürzung ist ausgeschlossen, soweit dadurch eine gesetzliche Mindestfrist, wie etwa die Drei-Wochen-Frist nach § 2 S. 2 KSchG, unterlaufen würde.[7] Hat der Antragende seinen widerruflichen Antrag (§ 145 Hs. 2) befristet, so steht ihm grundsätzlich auch die Möglichkeit einseitig offen, diese Frist nachträglich noch abzukürzen. Das ist als Minus gegenüber dem zulässigen Widerruf des Antrags insgesamt und vorbehaltlich eines besonderen Vertrauensschutzes auf Seiten des Antragsempfängers zuzulassen.

Im Vergabeverfahren geht das Angebot vom Bieter aus. Stimmt dieser einer Verlängerung der Bindefrist zu, so wird das Vertragsangebot inhaltlich konserviert und die rechtsgeschäftliche Bindefrist an das Angebot entsprechend verlängert.[8]

3   Setzt der Antragende keinen Termin, sondern benennt er eine Frist (eine Woche, 14 Tage usf.), so gilt Folgendes: Die Berechnung der Frist richtet sich nach den §§ 186 ff. Ob die Frist bereits mit der Abgabe des Antrages oder erst mit dessen Zugang beginnen soll, ist Auslegungsfrage. Im Zweifel wird der Zugang entscheidend sein, weil der Antragende sich durch einen Endtermin vor der zeitlichen Ungewissheit des Fristablaufs selbst schützen kann. Ebenso ist durch Auslegung festzustellen, ob zur Fristwahrung die Abgabe der

68   Vgl. BGH NJW 2010, 2873 Rn. 12; NJW 2008, 1148 Rn. 21; Staudinger/*Bork* BGB § 147 Rn. 12; Jauernig/*Mansel* BGB § 147 Rn. 9; aA *Finkenauer* JuS 2000, 119 (121).

1   Zum wirtschaftlichen Zweck von Annahmefristen *van Venrooy* DStR 2011, 678 (678).

2   BGH NJW 2013, 3434 Rn. 8.

3   BAG NZA 2010, 32 (33 f.); BAG NZA 2007, 925 (926) („teilen Sie uns umgehend mit"); BGH BB 2015, 1418 Rn. 28 („Validity: 6 Weeks"); Staudinger/*Bork* BGB § 148 Rn. 4.

4   Für die Schriftform längerfristiger Mietverträge aber wegen des drittschützenden Formzwecks von § 550 verneint, vgl. BGH NJW 2010, 1518; zust. *Eupen* NZM 2010, 389 f.

5   Ist die Frist abgelaufen, so ist das Angebot erloschen (§ 146), so dass eine nachträgliche Fristverlängerung nicht mehr möglich ist, OLG München ZIP 2005, 160 (162).

6   BAG NJOZ 2011, 565 Rn. 26 mwN.

7   BAG NZA 2007, 925 (926).

8   BGHZ 181, 47, 53 f. = NJW 2009, 2443 (2445); dazu *Stiens/Vogel* NJW 2009, 2448 u. Anm. *Bitterich* JZ 2009, 1014; ebenso BGH NZBau 2011, 97 Rn. 12; BGH NZBau 2010, 622, Rn. 14; BGH NZBau 2009, 771 (773); dazu Anm. *Kapellmann* NZBau 2009, 776; OLG München VergabeR 2009, 942. Vgl. ferner Palandt/*Ellenberger* BGB § 147 Rn. 6; Erman/*Armbrüster* BGB § 147 Rn. 18.

Annahmeerklärung oder ihr Zugang maßgebend sein soll.[9] Ist das nicht eindeutig feststellbar, so bestimmt sich die Rechtzeitigkeit nach dem Zugang der Annahmeerklärung. In Fällen des § 151 S. 1 ist die Abgabe maßgeblich.

Bei Einschaltung eines Vertreters kommt es auf diesen an. Die rechtzeitige **Annahme durch einen vollmachtlosen Vertreter** genügt jedoch nicht, obwohl die (verspätete) Genehmigung zurückwirkt (§ 184 Abs. 1). Dem Antragenden sollen ungewollte Bindungen nicht aufgezwungen werden können.[10] Es ist Sache des Annehmenden rechtzeitig und bindend seine Annahme zu erklären. Kannte der Antragende den Mangel der Vertretungsmacht, so kann er selbst den Vertretenen zwar zur Genehmigung auffordern (§ 177 Abs. 2) und dadurch die Schwebelage beseitigen; die gesetzliche Frist zur Genehmigung von zwei Wochen kann er aber nicht verkürzen.[11] Hat der Antragende den Vertretenen zur Zustimmung aufgefordert, so liegt darin ggf. eine Verlängerung der Annahmefrist um zwei Wochen.

Mit Ablauf der Frist **erlischt** das Angebot.[12]

Wird die Annahmefrist durch AGB des Antragsgegners vereinbart, so unterliegt sie den Einschränkungen des § 308 Nr. 1 und daneben des § 307.[13] Zweck der Vorschrift ist es, den Anbieter vor den Nachteilen übermäßig lang dauernder Schwebezustände zu schützen. Beim Neuwagenverkauf ist eine vierwöchige Bindung für den Käufer noch angemessen,[14] ebenso beim finanzierten Kauf einer Wohnung,[15] bei Alltagsgeschäften eine Frist von zwei Wochen.[16] Auch das befristete oder unbefristete widerrufliche Angebot (§ 145 Hs. 2) ist an § 308 Nr. 1 und an § 307 zu messen.[17] **4**

C. Weitere praktische Hinweise

Wer sich auf die Befristung des Angebots beruft, muss ihr Vorliegen aufgrund der Abweichung von der gesetzlichen Regelung (§ 147) beweisen.[18] **5**

§ 149 Verspätet zugegangene Annahmeerklärung

[1]**Ist eine dem Antragenden verspätet zugegangene Annahmeerklärung dergestalt abgesendet worden, dass sie bei regelmäßiger Beförderung ihm rechtzeitig zugegangen sein würde, und musste der Antragende dies erkennen, so hat er die Verspätung dem Annehmenden unverzüglich nach dem Empfang**

---

9 Für den Fristbeginn ist nach BGH NJW 2012, 2793 Rn. 6 der Zugang des Angebots maßgeblich. Nach herrschender Lehre hingegen fällt der Fristbeginn in der Regel auf die Abgabe des Antrags, Jauernig/*Mansel* BGB § 148 Rn. 1, Palandt/*Ellenberger* § 148 Rn. 3 (Datum des Antrags); Staudinger/*Bork* BGB § 147 Rn. 3 (indiziert durch das im Brief angegebene Datum); ebenso BeckOK BGB/*Eckert* § 148 Rn. 6; wohl abweichend MüKoBGB/*Busche* § 148 Rn. 4 (das im Brief angegebene Datum); Erman/*Armbrüster* BGB § 148 Rn. 6 (Datum des Antrags, nicht dasjenige des Poststempels).

10 BGH NJW 1973, 1789 (1790); MüKoBGB/*Schramm* § 177 Rn. 45; PWW/*Brinkmann* BGB § 148 Rn. 12; aA Jauernig/*Mansel* BGB § 148 Rn. 1, BGB § 184 Rn. 2.

11 MüKoBGB/*Schubert* § 177 Rn. 28; Erman/*Maier-Reimer* BGB § 177 Rn. 24 („kann … verlängern"). Wenn der Antragende den Mangel nicht kannte, steht ihm das Widerrufsrecht aus § 178 zu. § 178 stellt aber auf den Zeitpunkt des Vertragsschlusses und damit auf den Zugang der Vertretererklärung ab.

12 BGH NJOZ 2015, 375 Rn. 14; BGH IBRRS 2014, 1742 Rn. 12; BGH IBRRS 2014, 0653 Rn. 12; BGH IBRRS 2014, 0240 Rn. 10; BGH IBRRS 2014, 0130 Rn. 7; BGH NJW 2014, 854 Rn. 8; BGH IBRRS 2013, 5326 Rn. 8; BGH NJW 2013, 3434 Rn. 8; BGH NJW 2010, 2873 Rn. 15; dort auch zur gegenteiligen Auffassung, wonach das Angebot mit Ablauf der Annahmefrist ggf. lediglich frei widerruflich sei

und noch angenommen werden könne. Vgl. auch *Müller/Klühs* RNotZ 2013, 81 sowie *Herrler* DNotZ 2013, 887.

13 Jeweils zum Kauf einer Eigentumswohnung: BGH NJOZ 2015, 375; BGH IBRRS 2014, 1742; BGH IBRRS 2014, 0240; BGH NJW 2013, 3434; BGH NJW 2010, 2873. Zum Abschluss eines Bauträgervertrages: BGH NJW 2014, 854 mAnm *Blank* DNotZ 2014, 166; BGH NJW 2014, 857 sowie *Brambring* DNotZ-Sonderheft 2012, 53 (55 ff.) Keine Unwirksamkeit bei Wiedergabe des Regelungsgehalts des § 147 Abs. 2: BGH NJW 2013, 291; BGH NJW 2013, 926 (Stromversorgungsvertrag). Zur Funktion und Einbeziehung von Vertragsabschlussklauseln, Erman/*Roloff* BGB § 308 Rn. 2 ff.

14 BGHZ 109, 359, 363; OLG Düsseldorf NJW 2005, 1515 (bei Kauf eines hochwertigen technischen Geräts), ebenso OLG München BeckRS 2011, 7814; vgl. Erman/*Armbrüster* BGB § 148 Rn. 1. Hingegen soll eine Frist von acht Wochen beim Kauf eines neuen Nutzfahrzeuges unangemessen sein, OLG Saarbrücken BeckRS 2010, 30658.

15 BGH NJW 2013, 3434 Rn. 8; BGH NJW 2010, 2873 Rn. 11 mAnm *Armbrüster* LMK 2010, 306668.

16 OLG München BeckRS 2011, 7814.

17 BGH NJW 2013, 3434 Rn. 18.

18 Palandt/*Ellenberger* BGB § 148 Rn. 3 aE; diff. Staudinger/*Bork* BGB § 148 Rn. 12; MüKoBGB/ *Busche* § 148 Rn. 9; Soergel/*Wolf* BGB § 148 Rn. 14.

der Erklärung anzuzeigen, sofern es nicht schon vorher geschehen ist. [2]Verzögert er die Absendung der Anzeige, so gilt die Annahme als nicht verspätet.

Literatur: *Hilger*, Die verspätete Annahme, AcP 185 (1985), 559; *Volp/Schimmel*, § 149 BGB – Eine klare und einfache Regelung?, JuS 2007, 899; *J. Schmidt*; Der Vertragsschluss – Ein Vergleich zwischen dem deutschen, französischen, englischen Recht und dem CESL, 2013.

A. Allgemeines

1   § 149 führt zum Vertragsschluss bei zwar rechtzeitig abgegebener, aber verspätet zugegangener Annahmeerklärung. Der Antrag bleibt wirksam, wenn der Antragende erkennen musste, dass die eingetretene Verspätung auf unregelmäßiger Beförderung der Annahmeerklärung beruht, und er die Verspätung dem Annehmenden darauf hin nicht unverzüglich anzeigt. Dem Antragenden obliegt es daher, die Verspätung unverzüglich anzuzeigen, wenn er sich von seinem Antrag lösen will. Unterbleibt die Verspätungsanzeige, so gilt der Antrag als rechtzeitig angenommen (§§ 146, 149 S. 1).

Die Annahmefiktion tritt ebenso bei verzögerter Verspätungsanzeige ein (§§ 146, 149 S. 2).[1] Wurde die Verspätungsanzeige dagegen rechtzeitig abgegeben, erlischt der Antrag. Die verspätete eingegangene Annahme gilt dann nach § 150 Abs. 1 als ein neues Angebot. § 149 mindert damit das Verspätungsrisiko des Annehmenden.[2] Im Falle der §§ 151, 152 kommt § 149 nicht zur Anwendung.

B. Regelungsgehalt

2   § 149 führt zum Vertragsschluss unter folgenden Voraussetzungen: Die Annahmeerklärung wurde so rechtzeitig mit einem verkehrsüblichen Beförderungsmittel[3] abgesendet, dass der Absender mit dem rechtzeitigen Eingang beim Antragenden rechnen durfte. Liegt dagegen eine verspätete Absendung der Annahmeerklärung vor, so greift § 150 Abs. 1.[4]

Ist die rechtzeitige Absendung für den Antragenden klar erkennbar, etwa anhand des Poststempels,[5] so kann er die Verspätung nur auf ein unvorhergesehenes Beförderungshindernis zurückführen. Unterlässt oder verzögert (S. 2) er die Absendung der Verspätungsanzeige, so wird er an seinem Antrag festgehalten. Der Annehmende darf bei rechtzeitiger Absendung seiner Annahmeerklärung auf den Vertragsschluss (das im Antrag liegende Vertragsversprechen) vertrauen und wird in seiner Annahmeposition geschützt.[6]

3   Die Verspätungs- und Ablehnungsanzeige des Antragenden muss unverzüglich (ohne schuldhaftes Zögern, § 121 Abs. 1 S. 1) geschehen. Sie ist einseitige Mitteilung (geschäftsähnliche Handlung). Die Vorschriften über Willenserklärungen (§§ 104 ff.) finden entsprechende Anwendung. Überwiegend wird die Anzeige aber als nicht empfangsbedürftig eingestuft, so dass es auf den Zugang beim Annehmenden generell nicht ankommen soll.[7] Die **Funktion der Ablehnungsanzeige** liegt primär darin, den Antragenden von seinem Vertragsversprechen zu befreien (**Lösungsrecht**). Gleichzeitig ist jedoch auch das Vertrauen des Annehmenden zu schützen. Deshalb ist der Zugang der Anzeige doch erforderlich (empfangsbedürftig).[8]

---

1   Nur die Rechtzeitigkeit wird fingiert, nicht aber die Annahme selbst. Der Vertrag kommt deshalb erst im Zeitpunkt des verspäteten tatsächlichen Zugangs der Annahmeerklärung zustande.

2   Vgl. *J. Schmidt*, Der Vertragsschluss, S. 581 mwN.

3   Etwa die Briefpost oder ein elektronischer Versand (E-Mail, Fax). Kein verkehrsübliches Beförderungsmittel (und auch noch keine Absendung) ist etwa die Übergabe des Antrags an einen Bekannten, MüKo-BGB/*Busche* § 149 Rn. 4.

4   Abweichend OLG Dresden NZM 2004, 826 (828); OLG Naumburg ZMR 2008, 371 (372); wie hier Staudinger/*Bork* BGB § 149 Rn. 2.

5   BGH NJW 1988, 2106 (2107).

6   *Canaris*, Die Vertrauenshaftung im deutschen Privatrecht, S. 326 f. begründet den Vertragsschluss mit einer positiven Vertrauensentsprechung. Ähnlich *Hilger* AcP 185 (1985), 559, 561 ff., der den Vertragsschluss als Haftungsfolge aus c.i.c. herleitet; vgl. zu Recht krit. Staudinger/*Bork* BGB § 149 Rn. 2 (Ver-

tragsschluss tritt bei § 149 verschuldensunabhängig ein; das positive Interesse wird von der Haftung aus c.i.c. nicht umfasst); *Volp/Schimmel* JuS 2007, 899 (900). Maßgebend ist vielmehr das im Antrag verkörperte Vertragsversprechen. Es bleibt unter den Voraussetzungen des § 149 wirksam und ermöglicht damit den verspäteten Vertragsschluss. Nach Motive I, S. 171 und RGZ 105, 255, 257 erlangt § 149 seine innere Rechtfertigung aus einer Interessenabwägung und Treu und Glauben (§ 242).

7   Motive I, S. 171; RGZ 105, 255, 257; vgl. Palandt/*Ellenberger* BGB § 149 Rn. 3; MüKoBGB/*Busche* § 149 Rn. 2; Soergel/*Wolf* BGB § 149 Rn. 11; Erman/*Armbrüster* BGB § 149 Rn. 3.

8   Dafür spricht auch der Wortlaut, wonach „die Verspätung dem Annehmenden ... anzuzeigen ... ist". Im Erg. ebenso Staudinger/*Bork* BGB § 149 Rn. 8 (empfangsbedürftig, weil adressatenbezogene Erklärung); BeckOK BGB/*Eckert* § 149 Rn. 10; PWW/*Brinkmann* BGB § 149 Rn. 3.

C. Weitere praktische Hinweise

Der Annehmende muss die rechtzeitige Abgabe seiner Annahmeerklärung und die Erkennbarkeit der Verzögerung für den Antragenden **beweisen**. Der Antragende muss die rechtzeitige Abgabe seiner Verspätungsanzeige[9] und nach der hier vertretenen Auffassung auch deren (nicht fristgebundenen) Zugang beim Annehmenden beweisen. **4**

§ 150 Verspätete und abändernde Annahme

(1) Die verspätete Annahme eines Antrags gilt als neuer Antrag.

(2) Eine Annahme unter Erweiterungen, Einschränkungen oder sonstigen Änderungen gilt als Ablehnung verbunden mit einem neuen Antrag.

Literatur: *Diederichsen*, Der Schutz der Privatautonomie bei Befristung des Vertragsangebots, in: FS Medicus, 1999, S. 89; *Dillberger/Dorner*, Die modifizierende Annahmeerklärung – Stiefkind der Schriftformdiskussion im Gewerberaummietrecht, ZMR 2011, 263; *Hilger*, Die verspätete Annahme, AcP 185 (1985), 559; *Korch*, Abweichende Annahme? Kein Fall für Treu und Glauben, NJW 2014, 3553; *J. Schmidt*; Der Vertragsschluss – Ein Vergleich zwischen dem deutschen, französischen, englischen Recht und dem CESL, 2013; *van Venrooy*, Die verspätete Annahme von Vertragsangeboten (§ 150 Abs. 1 BGB), DStR 2011, 678.

A. Allgemeines 1
B. Regelungsgehalt 2
  I. Verspätete Vertragsannahme (Abs. 1) 2
  II. Vertragsannahme mit Änderungen (Abs. 2) ... 5

1. Ablehnung des Antrages 5
2. Neuer Antrag (Gegenantrag) 8
3. Annahme des neuen Antrages 10

A. Allgemeines

§ 150 ist eine Auslegungsregel.[1] Sie hält die verspätete oder inhaltlich abweichende Annahme als neuen Antrag aufrecht und erleichtert so die Fortsetzung des Verhandlungsprozesses. Abs. 2 stellt darüber hinaus klar, dass jegliche Abänderung eine Ablehnung des Antrags bedeutet (**strenges Konsensprinzip**, → Vor §§ 145–157 Rn. 16). **1**

Ein nach den §§ 154, 155 ggf. bereits wirksam erzielter Vertragsschluss (wirksame Teileinigung) geht dem von § 150 ausgelösten Neuanfang durch Gegenantrag vor. Die §§ 154, 155 sind daher gegenüber § 150 Abs. 2 vorrangig zu prüfen.

B. Regelungsgehalt

I. Verspätete Vertragsannahme (Abs. 1)

Die verspätete Annahmeerklärung trifft auf einen erloschenen Antrag (§ 146 Hs. 2) und ist daher fehlgeschlagen. Mit Ablauf der gesetzlichen (§ 147) oder der vom Antragenden gesetzten Frist (§ 148) ist außer im Falle des § 149 die rechtzeitige Annahme nicht mehr möglich. Der Vertrag ist nicht zustande gekommen.[2] **2**

Für den Sonderfall des **Vergabeverfahrens** wird aus § 7 Abs. 1 S. 1 BHO (Wirtschaftlichkeitsgebot im Haushaltsrecht) eine Verpflichtung der öffentlichen Hand zur verspäteten Annahme eines bereits erloschenen Angebots, dh zur Abgabe eines inhaltsgleichen neuen Angebots im Sinne von § 150 Abs. 1, bejaht.[3]

§ 150 Abs. 1 deutet die verspätete Annahme nach dem **mutmaßlichen Parteiwillen** in einen bindenden Gegenantrag um (Auslegungsregel). Für diesen neuen Antrag (Zweitantrag) gelten die allgemeinen Regeln §§ 145 ff., 130–132. Sein Inhalt lässt sich nach dem (erloschenen) Erstantrag bestimmen.[4] **3**

9 Palandt/*Ellenberger* BGB § 149 Rn. 4. Das entspricht der Einstufung der Verspätungsanzeige als Lösungsrecht.

1 Vgl. LAG Nds NZA-RR 2009, 507 (508) (unter dem Vorbehalt von Treu und Glauben); BGH WM 1983, 313.

2 Abweichend die nicht-legislativen Entwürfe zum europäischen Vertragsrecht, die dem Antragenden die Option einräumen, auch die verspätete Annahme gelten zu lassen, vgl. *Christandl* in Jansen/Zimmermann, Commentaries on European Contract Laws, Art. 2:207; *Armbrüster* Jura 2007, 321 (322 f.) Zu den Rechtsfolgen einer verspäteten Annahmeerklärung rechtsvergleichend auch *J. Schmidt*, Der Vertragsschluss, S. 579 ff., 598 f.

3 BGH NZBau 2004, 166 mAnm *Littorn* LMK 2004, 81; OLG München VergabeR 2009, 942 f.

4 OLG München OLGZ 1978, 444 (446 f.)

Nach dem Willen des Annehmenden (Zweitantragenden) kann ferner aus Gründen der Vereinfachung auf das Zugangserfordernis der (Zweit-) Annahme konkludent verzichtet worden sein (§ 151 S. 1 Alt. 2) oder eine dahin gehende Verkehrssitte bestehen (§ 151 S. 1 Alt. 1; → § 151 Rn. 3). Für die Annahme des Zweitantrags bedarf es dann nur einer Willensbetätigung durch den Erstantragenden. Die (verspätete) Annahme ist ein starkes Indiz für einen **Zugangsverzicht des Zweitantragenden**. Bei Geschäften, die von erheblicher Bedeutung für den Zweitantragenden sind, kann dennoch nicht ohne Weiteres von einem Zugangsverzicht ausgegangen werden. Hier wird regelmäßig eine **Rückmeldung gewollt** sein, um Klarheit über den Vertragsstand zu erhalten.[5]

4   Von einem Zugangsverzicht des Zweitantragenden zu trennen ist die Frage, ob der Erstantragende den **Zweitantrag durch Schweigen angenommen** hat. Das bloße Schweigen genügt nach den allgemeinen Grundsätzen nicht (→ § 147 Rn. 5–7). Der Zweitantrag kann aber zu einer entsprechenden Abrede geführt haben, wonach das Schweigen des Erstantragenden als Annahme gilt (beredtes Schweigen). Dies ist durch Auslegung zu ermitteln. Die Frage geht dahin, ob die Parteien bei Kenntnis der Verspätung und der Gründe, auf denen die Verspätung beruht, den Vertragsschluss sofort und ohne Weiteres gewollt hätten. Abs. 1 geht für den verspätet Annehmenden (widerleglich!) von einem solchen Abschlusswillen aus. Eine entsprechende gesetzliche Regelung für den Erstantragenden fehlt.

§ 149 ermöglicht den Vertragsschluss für den besonderen Fall der rechtzeitig abgegebenen, aber verspätet zugegangenen Annahmeerklärung.[6] Es bleibt eine Frage des Einzelfalles, ob bei verspätet abgegebener Annahmeerklärung (Fall des § 151 Abs. 1) das Schweigen des Erstantragenden wie eine Annahme des Zweitantrages verstanden werden sollte. Zum Schutz vor ungewollten Bindungen ist Schweigen grundsätzlich nicht ausreichend und mit einer Anwendung des § 242[7] ist Zurückhaltung geboten. Von der Rechtsprechung wird ein beredtes Schweigen regelmäßig bejaht, wenn ein besonderes Interesse des Erstantragenden an der Einhaltung der Annahmefrist nicht zu erkennen war[8] und nur eine geringfügige Zeitüberschreitung vorlag.[9]

II. Vertragsannahme mit Änderungen (Abs. 2)

5   **1. Ablehnung des Antrages.** Vertragspositionen können nicht einseitig durchgesetzt und der anderen Vertragspartei aufgezwungen werden. Die Annahme mit Änderungen gilt daher als Ablehnung des (ganzen) Antrages (§ 146 Hs. 1). Beachtlich sind hier jegliche Erweiterungen, Einschränkungen und sonstigen Änderungen.[10] Dies gilt auch dann, wenn der geänderte Vertragspunkt unwesentlich ist.[11] Die Wirkung von Abs. 2 tritt ein, auch ohne dass dies den Parteien bewusst sein muss.[12] Ob Änderungen im Sinne von Abs. 2 vorliegen, ist aber **Auslegungsfrage** und daher nach dem objektivierten Empfängerhorizont des Antragenden festzustellen.

Eine Änderung liegt nach der Rechtsprechung schon nicht vor, wenn der dahin gehende Abänderungswille nicht klar und eindeutig aus der Annahmeerklärung hervorgeht.[13] § 150 Abs. 2 soll nicht eingreifen und der

5   BGH NJW 2010, 2873 Rn. 16 (beurkundungsbedürftige Grundstücksgeschäfte); NJW-RR 1994, 1165; OLG Köln NJW 1990, 1051 (Darlehensvertrag).

6   Die Wertungen des § 149 sind übertragbar. Für eine Beschränkung auf entsprechende Fälle deshalb *Flume* BGB AT Bd. 2 § 35 II 2 (S. 653).

7   Siehe aber BGH NJW 2016, 1441 Rn. 39.

8   BGH NJW 1999, 819; WM 1986, 577 (579); BB 1955, 1068; NJW 1951, 313; zust. Staudinger/*Bork* BGB § 150 Rn. 6; Hk-BGB/*Dörner* § 150 Rn. 2; wie hier aber mit anderer Begründung Erman/*Armbrüster* BGB § 150 Rn. 7 f.

9   LAG Düsseldorf BeckRS 2009, 74903 (eine Stunde); folgend von BAG NJOZ 2011, 565 Rn. 28 hingegen im Fall als bereits fristgemäß bewertet.

10 Abweichend die nicht-legislativen Kodifikationen zum europäischen Vertragsrecht, die erst bei erheblichen Änderungen des Vertragsangebots zu einer Ablehnung gelangen, während nicht erhebliche Änderungen grundsätzlich zu Vertragsbestandteilen werden, vgl. *Christandl* in Jansen/Zimmermann, Commentaries on European Contract Laws, Art. 2:208; *Armbrüster* Jura 2007, 321 (323); ähnlich auch Art. 19 Abs. 2 u. 3 CISG, wonach unwesentliche Änderungen nur auf Rüge hin beachtlich sind, vgl. Schlechtriem/Schwenzer/Schroeter/*Schroeter*, Kommentar zum Einheitlichen UN-Kaufrecht, Art. 19 CISG Rn. 59 ff.

11 BGH NJW 2001, 221 (222); 1993, 1035, 1036 (Ablehnung des ganzen Antrages); OLG Brandenburg NL-BzAR 2009, 156; allgM, Palandt/*Ellenberger* BGB § 150 Rn. 2, und gilt auch bei Hinzufügung eigener AGB BGHZ 18, 212, 215, dazu auch BGH NJW 2004, 3699 f. Keine Anwendung hingegen bei Auswechselung des Vertreters einer Vertragspartei, OLG Köln NJW-RR 2005, 1252 (1253).

12 OLG Brandenburg NL-BzAR 2009, 156 (157); OLG Hamm NJW-RR 1996, 1454.

13 BGH NJW 2014, 2100 Rn. 17; BGHZ 181, 47 = NJW 2009, 2443 Rn. 35; BGH NZBau 2009, 370; NJW 2010, 3436 = NZBau 2010, 628 = BauR 2010, 1929 Rn. 26; BGHZ 162, 259, 263 f. = NJW 2005, 1653 (1655); BGH WM 1983, 313; 314; OLG Köln NJW-RR 2005, 1252 (1253); OLG Celle NJW-RR 2004, 1165 (1166); OLG Düsseldorf BauR 2001, 1911; LAG Nds NZA-RR 2009, 507 (508); zu weitgehend MüKoBGB/*Busche* § 150 Rn. 8. Richtigerweise sind hier zunächst die §§ 154, 155 zu prüfen.

Vertrag ohne die (untergeschobenen) Änderungen zustande kommen. Auch bei vorsätzlichem Verschweigen von Änderungen an den Vertragsbedingungen soll der Vertrag in der ursprünglich unveränderten Form zustande kommen. Dies ergibt sich aus dem Grundsatz von Treu und Glauben, der auch im Rahmen von § 150 Abs. 2 Anwendung findet.[14] Nach anderer Auffassung soll in diesen Fällen von einem Änderungsangebot nach § 150 Abs. 2 auszugehen sein, das im Falle der Annahme vom Erstantragenden wegen arglistiger Täuschung nach § 123 BGB angefochten werden kann.[15] Der Getäuschte trägt dann aber die Last der Anfechtung, durch die er den Vertrag wieder verliert. Die Auffassung der Rechtsprechung erscheint daher vorzugswürdig.

Auch im Vergabeverfahren muss bei einem modifizierten Zuschlag der abweichende Vertragswillen unzweideutig zum Ausdruck gebracht werden.[16]

Eine Änderung im Sinne von Abs. 2 liegt ferner dann nicht vor, wenn es sich bei den Änderungen um eigenständige Zusätze handelt, über die unabhängig ein selbstständiger Vertrag geschlossen werden kann und soll. Das ist Auslegungsfrage, auf die vorrangig § 154 Abs. 1 anzuwenden ist. So liegt es etwa bei Annahme einer größeren als der angebotenen Menge. Die Annahme des Angebots unter der mengenmäßigen Erweiterung begründet einen Teilkonsens im Sinne von § 154 Abs. 1 S. 1 hinsichtlich der angebotenen Menge verbunden mit dem zusätzlichen Antrag auf Abschluss über die Differenzmenge (Abs. 2).[17] Auch in anderen Fällen einer **Teilannahme** gilt grundsätzlich dasselbe.[18] Die Auslegung des Antrags muss aber ergeben, dass der Antragende dem Angebotsempfänger entgegen der Regel des Abs. 2 auch die Möglichkeit zur Teilannahme einräumen wollte.[19] Ebenso kommt zunächst und vorrangig **§ 155** zum Zuge, wenn den Parteien die Abweichung der Annahme von der Offerte **nicht bewusst** geworden ist. Der konsentierte Teil wird danach im Zweifel wirksam. Hinsichtlich der abweichenden Punkte liegt ein Antrag auf Vertragsänderung bzw. -ergänzung vor.[20]

Die Annahme mit Änderungen bedeutet ferner dann keine Ablehnung, wenn der Annehmende notfalls auch unter den angebotenen Bedingungen kontrahieren wollte. Seine Änderungen bedeuten dann nur die **Anmeldung von Änderungswünschen**.[21] Das Verlangen besserer Vertragsbedingungen kann bedeuten, dass das Angebot notfalls auch in der unterbreiteten Fassung angenommen werden wird oder sich der Annehmende die Entscheidung bis zum Ablauf der Annahmefrist noch vorbehalten will.[22] Die unbedingte Annahme (ohne ein Beharren auf die nur vorgeschlagene Änderung) muss klar erkennbar sein, sonst greifen die §§ 154 Abs. 1, 150 Abs. 2. Ein Teilkonsens ist nach dem gemeinsamen Parteiwillen im Zweifel nicht gewollt (§ 154 Abs. 1 S. 1). § 150 Abs. 2 führt sodann insgesamt zur Ablehnung, verbunden mit einem neuen Angebot. **6**

Eine Annahme unter Verweis auf die eigenen **AGB** stellt ebenfalls eine Ablehnung im Sinne von Abs. 2 dar. Auch hier geht aber die Prüfung der §§ 154, 155 mit der Folge vor, dass ggf. ein Vertragsschluss ohne Einbeziehung von AGB zu bejahen ist. Insbesondere dann, wenn der Vertrag durchgeführt wird, ist regelmäßig von einem gemeinsamen Vertragsschlusswillen (ohne AGB) auszugehen (Auslegung durch Selbstinterpretation, → § 154 Rn. 6). Die AGB-Bezugnahme kann daneben als (neuer) Antrag auf Abschluss eines Änderungsvertrages zu werten sein. Das Schweigen des Antragenden führt allein nicht schon zu einer Vertragsänderung und zu einer nachträglichen Einbeziehung (keine Geltung des letzten Wortes). Bei widerspruchs- **7**

---

14   BGH NJW 2014, 2100 Rn. 17; zust. *Raach* LMK 2014, 360652; abl. *Korch* NJW 2014, 3553 (1354 f.)

15   *Korch* NJW 2014, 3553 (1354 f.) Ferner zu Schadensersatzansprüchen in diesen Fällen.

16   BGH NJW 2012, 3505; BGHZ 181, 47, 56 f. = NJW 2009, 2443 (2445); Anm. *Bitterich* JZ 2009, 1014; NZBau 2010, 102 (103); *Sienz/Vogel* NJW 2009, 2448 jeweils mit Nachweisen auch zu abweichenden Fallgestaltungen. Nach BGHZ 181, 47, 59 f. (ebenso BGH NZBau 2010, 622 Rn. 24 und NZBau 2011, 97 Rn. 14 f.) entspricht es im Vergabeverfahren den Parteiinteressen, einen Vertrag trotz des mit der Annahme verbundenen Vorschlags neuer Fristen als geschlossen anzusehen, wenn die Bauzeit zum Abschlusszeitpunkt bereits verstrichen war. Konstruktiv begründet der BGH die vorbehaltlose Annahme damit, dass der zustande gekommene Vertrag eine Einigung darüber enthalte, dass über neue Fristen noch eine Einigung herbeizuführen sei. Diesbezügliche Vorschläge des Auftraggebers könnten

bereits zusammen mit dem Vertragsschluss abgegeben werden, § 150 Abs. 2 finde daher keine Anwendung. Vgl. zum Ganzen die erfolglose Anhörungsrüge zu „Verzögerter Zuschlag VII", BGH NZBau 2010, 748.

17   BGH NVwZ 2005, 845 (846); MüKoBGB/*Busche* § 150 Rn. 10 (Interpretation der Annahme).

18   Das ist Auslegungsfrage, vgl. BGH NJW 2001, 221 (222); ZIP 1995, 816; OLG Karlsruhe AfP 2009, 270 (271); Jauernig/*Mansel* BGB § 150 Rn. 2; nach RGZ JW 1925, 816 ist Teilannahme regelmäßig zu verneinen; ebenso Palandt/*Ellenberger* BGB § 150 Rn. 2; Erman/*Armbrüster* BGB § 150 Rn. 5.

19   OLG Karlsruhe AfP 2009, 270 (271).

20   Ebenso MüKoBGB/*Busche* § 150 Rn. 7.

21   BGH WM 1982, 1329 (1330); NJW-RR 1997, 684; OLG Brandenburg NL-BzAR 2009, 156 (157); OLG Celle NJW-RR 2009, 1150 (1150 f.); vgl. *Diederichsen* FS Medicus, S. 89, 98 ff.

22   OLG Celle NJW-RR 2009, 1150.

loser **Entgegennahme der Leistung** soll aber Annahme uU zu bejahen sein[23] (zu kollidierenden AGB und der Lehre von der Kongruenzgeltung sowie zur Bedeutung von sog. Abwehrklauseln vgl. NK-BGB/*Kollmann* § 305 Rn. 116 ff.).[24]

8 **2. Neuer Antrag (Gegenantrag).** Abs. 2 deutet, wie Abs. 1, die abändernde Annahme nach dem mutmaßlichen Parteiwillen in einen Gegenantrag um. Voraussetzung für einen neuen Antrag ist, dass die Änderungen ausreichend bestimmt sind (§ 145 Hs. 1). Nicht ausreichend ist etwa die Formulierung „Ihr Preis ist mir zu hoch".[25] Liegt in der Annahme ein Änderungsangebot, so werden nur einzelne Bedingungen des ursprünglichen Angebots verändert. Der Wille des Zweitantragenden ist im Zweifel dahin gehend auszulegen, dass er die übrigen Bedingungen der Ursprungsofferte, zu denen er kein Änderungsvorschlag unterbreitet hat, mit in sein Gegenangebot aufgenommen hat.[26]

9 Der Gegenantrag kann regelmäßig nach § 151 S. 1 durch bloße Willensbetätigung angenommen werden. Ein konkludenter Verzicht auf den Zugang der Annahmeerklärung (§ 151 S. 1 Hs. 2) liegt etwa im Bewirken der geänderten Vertragsleistung. Das gilt auch gegenüber Verbrauchern.[27] Ebenso kann eine dahin gehende Verkehrssitte vorliegen, die den Zugang der Annahmeerklärung entbehrlich macht (§ 151 S. 1 Hs. 1; → § 151 Rn. 3).

Die abändernde Annahme ist anders als die verspätete Annahme (Abs. 1) dagegen für sich genommen **kein klares Indiz für einen Zugangsverzicht** des Zweitantragenden im Sinne von § 151 S. 1. Hier kommt es vielmehr darauf an, wie weit die Änderungen gegenüber dem Erstantrag gehen. Nur bei geringfügigen Änderungen ist ggf. von einem Zugangsverzicht des Zweitantragenden auszugehen.[28]

10 **3. Annahme des neuen Antrages.** Die Annahme des neuen Antrags erfolgt nach allgemeinen Grundsätzen, dh durch ausdrückliche oder schlüssige Annahmeerklärung gegenüber dem (Zweit-)Antragenden oder – im Falle des § 151 – durch Willensbetätigung (→ Rn. 9).[29] Die Annahmeerklärung des Erstantragenden ist aus der Sicht des Erklärungsempfängers (Zweitantragenden) auszulegen. Für eine schlüssige Annahmeerklärung genügt hier aber selbst die eindeutige Leistungshandlung noch nicht. Das Verhalten kann auch als Erfüllung des Vertrages zu verstehen sein, den der Erstantragende für geschlossen hält.[30] Er muss daher wissen, dass ein geänderter Antrag vorliegt, dh er muss erkennen, dass sein Erstantrag abgelehnt und ihm ein neuer Antrag gemacht wurde, den er nun annimmt.[31]

Besteht ein gesetzliches Formerfordernis, so muss die Annahme des neuen Antrags durch **erneute** Unterzeichnung durch den Erstantragenden erfolgen.[32] Im Falle des § 151 kommt es darauf an, ob das **Gesamtverhalten** vom Standpunkt eines unbeteiligten objektiven Dritten aufgrund aller äußeren Indizien auf einen dahin gehenden wirklichen Annahmewillen des neuen (geänderten) Antrages schließen lässt[33] (s. zur sog. Erlassfalle → § 151 Rn. 6).

11 Davon wiederum zu trennen ist die Frage, ob der (abändernde) Gegenantrag durch (beredtes) **Schweigen** angenommen worden ist. Der Erstantrag erzeugt grundsätzlich keine Obliegenheit, einem inhaltlich geänderten Gegenantrag ausdrücklich zu widersprechen. Dies gilt auch dann, wenn der Gegenantrag als „Auftragsbestätigung" bezeichnet wird oder dergl. Das Schweigen auf ein abänderndes neues Angebot (Abs. 2) gilt nicht als Annahme. Die Rechtsprechung entscheidet anders nur bei geringfügigen Änderungen.[34] Anhaltspunkte müssen sich aus dem Erstantrag ergeben. Durfte der Zweitantragende die vorgenommenen Änderungen als von dem mutmaßlichen Willen des Erstantragenden (nun schweigenden) gedeckt ansehen, so darf er auch dessen Schweigen in dieser Weise verstehen. Sonst nicht. Eine Ableitung aus § 242 ist dagegen überflüssig.

---

23 BGHZ 18, 212, 216; 61, 282, 287; vgl. krit. *v. Westphalen* NJW 2002, 1688 (1689) („Theorie der ersten Wertes"); Jauernig/*Stadler* BGB § 305 Rn. 23.

24 Nur den Fall einander widersprechender AGB regeln die nicht-legislativen Entwürfe zum europäischen Vertragsrecht und folgen dabei der Lehre von der Kongruenzgeltung, vgl. *Christandl* in Jansen/Zimmermann, Commentaries on European Contract Laws Art. 2:209; *Armbrüster* Jura 2007, 321 (323 f.).

25 Beispiel von Staudinger/*Bork* BGB § 150 Rn. 13.

26 BGH BB 2015, 1418 (1423 f.), zutr. Anm. *Mankowski*.

27 Eine „unbestellte Leistung" iSv § 241 a Abs. 1 liegt nicht vor (Abs. 2).

28 Verneint daher vom OLG Jena OLG-NL 2006, 54 (55); zur Abgrenzung gegenüber der Widerspruchs-

obliegenheit des Empfängers eines kaufmännischen Bestätigungsschreibens, OLG Koblenz OLGR Koblenz 2005, 63.

29 OLG Jena OLG-NL 2006, 54 (54).

30 BGH NJOZ 2015, 375 Rn. 15.

31 *Korch* NJW 2014, 3553 (1355).

32 BAG NJW 2009, 698 (699) (Schriftform des Auflösungsvertrages, §§ 623, 126).

33 BGH NJW 2004, 287 (288); 2000, 276, 277; BGHZ 111, 97, 101; 74, 352, 356.

34 BGH DB 1956, 474 (Annahme bejaht); BGHZ 61, 282, 285; BGH NJW 1995, 1671 (1672); OLG Jena OLG-NL 2006, 54 (55); OLG Hamm WM 1997, 611 (612); ebenso Erman/*Armbrüster* BGB § 150 Rn. 7.

§151 Annahme ohne Erklärung gegenüber dem Antragenden

[1]Der Vertrag kommt durch die Annahme des Antrags zustande, ohne dass die Annahme dem Antragenden gegenüber erklärt zu werden braucht, wenn eine solche Erklärung nach der Verkehrssitte nicht zu erwarten ist oder der Antragende auf sie verzichtet hat. [2]Der Zeitpunkt, in welchem der Antrag erlischt, bestimmt sich nach dem aus dem Antrag oder den Umständen zu entnehmenden Willen des Antragenden.

Literatur: *Brehmer*, Annahme nach § 151 BGB, JuS 1994, 386; *Eckardt*, Die Vergleichsfalle als Problem der Auslegung adressatenloser Annahmeerklärungen nach § 151 S. 1 BGB, BB 1996, 1945; *Kleinschmidt*, Annahme eines Erlassangebots durch Einlösung eines mit dem Angebot übersandten Verrechnungsschecks? NJW 2002, 346; *Repgen*, Abschied von der Willenserklärung, AcP 200 (2000), 533; *J. Schmidt*; Der Vertragsschluss – Ein Vergleich zwischen dem deutschen, französischen, englischen Recht und dem CESL, 2013; *Schönfelder*, Die Erlassfalle – ein unmoralisches Angebot?, NJW 2001, 492; *Schwarze*, Die Annahmehandlung in § 151 BGB als Problem der prozessualen Feststellbarkeit des Annahmewillens, AcP 202 (2002), 607; *Vytlacil*, Die Willensbetätigung, das andere Rechtsgeschäft, 2009.

A. Allgemeines	1	II. Annahme durch Willensbetätigung	5
B. Regelungsgehalt	3	III. Erlöschen des Antrags (S. 2)	8
I. Zugangsverzicht (S. 1)	3	C. Weitere praktische Hinweise	9

A. Allgemeines

S. 1 vereinfacht die Annahme und führt zu einer Vorverlagerung des Vertragsschlusses: Die Annahme **1** braucht gegenüber dem Antragenden nicht erklärt zu werden. Damit entfällt das Zugangserfordernis der Annahmeerklärung, §§ 130 f. Verkürzt kann von **Zugangsverzicht** des Antragenden gesprochen werden. Auf die Annahmeerklärung selbst kann und wird dagegen nicht verzichtet. Sie erst bringt den Vertrag zustande (S. 1), (s. Konsensprinzip → Vor §§ 145–157 Rn. 16).

Streitig ist die **Rechtsnatur** der vereinfachten Annahme. Die Literatur geht überwiegend von einer nicht **2** empfangsbedürftigen Willenserklärung aus.[1] Dagegen steht die Auffassung, wonach auch eine äußere Erklärungshandlung entbehrlich sei. Allein der Annahmewille (Willensentschluss als innere Tatsache) muss danach vorliegen und festgestellt werden.[2] Der BGH schlägt einen historisch gesicherten Mittelweg ein und stellt auf eine Annahme ohne Erklärung ab. Er verlangt für diese Annahme eine sog. **Willensbetätigung**.[3] Das ist ein nach außen hervortretendes Verhalten des Antragsempfängers, das vom Standpunkt eines unbeteiligten objektiven Dritten aufgrund aller äußeren Indizien auf einen wirklichen Annahmewillen schließen lässt.[4] Die Willensbetätigung ist danach eine Annahmehandlung, die nicht auf eine isolierbare Willenshandlung, sondern auf ein Gesamtverhalten zurückgeführt wird.[5] Man kann daher von einer Gesamthandlung[6] sprechen, die den sicheren Rückschluss auf den wirklichen Annahmewillen erlaubt.

B. Regelungsgehalt

I. Zugangsverzicht (S. 1)

Der Zugang der Annahme ist entweder aufgrund einer dahin gehenden **Verkehrssitte** entbehrlich (S. 1 **3** Hs. 1)[7] oder er entfällt aufgrund eines rechtsgeschäftlichen Verzichts des Antragenden. Die Annahme einer

---

1 Die Formulierungen sind uneinheitlich: Staudinger/*Bork* BGB § 151 Rn. 14; Erman/*Armbrüster* BGB § 151 Rn. 9; Jauernig/*Mansel* BGB § 151 Rn. 1 (jeweils nicht empfangsbedürftige Willenserklärung); Palandt/*Ellenberger* BGB § 151 Rn. 1 (nichtempfangsbedürftige Willensäußerung); *Repgen* AcP 200 (2000), 533; *Brehmer* JuS 1994, 386 (387). Rechtsvergleichend hierzu *J. Schmidt*, Der Vertragsschluss, S. 482 ff., 499 f.

2 *Schwarze* AcP 202 (2002), 607, 627 ff.; *Flume* BGB AT Bd. 2 § 35 II, 3 (S. 654 ff.); ähnlich BAG BB 2002, 360 („keine Annahme erforderlich").

3 MüKoBGB/*Busche* § 151 Rn. 9 (Objektivierung des Annahmewillens); Soergel/*Wolf* BGB § 151 Rn. 7 (offen lassend); *Larenz/Wolf* BGB AT § 30 Rn. 2; *Medicus/Petersen* BGB AT § 26 Rn. 382; zur Entstehungsgeschichte HKK/*Oestmann* BGB §§ 145–156 Rn. 18.

4 BGH NJW 2006, 3777 (3738); 2004, 287, 288; 2000, 276, 277; BGHZ 111, 97, 101; 74, 352, 356.

5 Krit. *Schwarze* AcP 202 (2002), 607, 629 f.

6 Die Willensbetätigung ist Gesamthandlung, weil sie aus einzelnen indiziellen, aber unspezifischen Handlungsmomenten (Betätigungen) bestehen kann. Der Handlungsbegriff wird dabei prozeduralisiert und ähnelt der Vorstellung vom Willensgeschäft (*Flume* BGB AT Bd. 2 § 35 II, 3 [S. 654 ff.] zurückgehend auf *Manigk*, Das rechtswirksame Verhalten, 1939, S. 296 ff., 344 ff.). Ein bloßer Willensentschluss kann so ohne begriffliche Einengung rekonstruiert und materiellrechtlich zur Geltung gebracht werden. Skeptisch *Eckardt* BB 1996, 1945 (1947).

7 Man kann in diesem Falle auch von einem „objektiven Verzicht" sprechen, vgl. *Flume* BGB AT Bd. 2 § 35 II, 3 (S. 654).

unentgeltlichen Zuwendung ist nach der Verkehrssitte (zum Begriff → § 133 Rn. 59 ff.) nicht zugangsbedürftig, wie überhaupt die Annahme von lediglich vorteilhaften Geschäften den Zugang beim Antragenden nicht erfordert.[8]

Nach der Verkehrssitte nicht zu erwarten ist der Zugang der Annahme des Verkäufers im Versandhandel,[9] was auch für den online-Handel gelten kann und auch die Annahme des Hoteliers von einzeln kurzfristig gebuchten Hotelzimmern ist nicht empfangsbedürftig.[10] Das Zugangserfordernis entfällt ferner bei Bestehen einer dahin gehenden betrieblichen Übung oder einer Gesamtzusage im Arbeitsrecht.[11] Es entfällt auch, wenn typischerweise die sofortige Erledigung erforderlich ist (§ 663).[12] Beim Abschluss von Versicherungen besteht dagegen grundsätzlich keine allgemeine Verkehrssitte, die den Zugang der Annahme entbehrlich werden ließe.[13]

4 Der **rechtsgeschäftliche Verzicht** des Antragenden (S. 1 Hs. 2) dient einem beschleunigten Vertragsschluss. Er ist ausdrückliche oder schlüssige, formlose, aber empfangsbedürftige Willenserklärung.[14] Der Verzicht auf den Zugang ist auch bei formbedürftigen Geschäften möglich,[15] stets aber nur für die Annahmeerklärungen. Das gilt ebenso für Verbrauchergeschäfte.[16]

§ 151 ist dagegen nicht anwendbar auf behördliche Willenserklärungen (Verzicht auf Zugang bei vormundschaftlicher Genehmigung ist nicht möglich, § 1829 Abs. 1 S. 2).

Ein **konkludenter** Verzicht ergibt sich bei sofortigem Leistungsverlangen[17] oder der Zusendung unbestellter Ware (Realofferte gegenüber Abwesenden; bei Verbrauchergeschäften ist dies aber wegen § 241 a Abs. 1 ohne Relevanz, weil und soweit kein Vertrag zustande kommt, → § 145 Rn. 7).

Aus einer verspäteten Annahme ergibt sich für das neue Angebot (§ 150 Abs. 1) bei weniger bedeutsamen Geschäften ebenfalls ein Zugangsverzicht des Zweitantragenden (→ § 150 Rn. 3), während die Annahme unter Änderungen keinen Zugangsverzicht des Zweitantragenden bedeutet (→ § 150 Rn. 9).

II. Annahme durch Willensbetätigung

5 Die Willensbetätigung wird durch ein **Gesamtverhalten** (Gesamthandlung, → Rn. 2) festgestellt. Eine ausdrückliche oder schlüssige Erklärung der Annahme gegenüber dem Antragenden bleibt möglich. Sie ist nur nicht erforderlich. Liegt sie vor, ist die Erklärung als erste eindeutige Handlung dennoch (nur) Annahmehandlung (Gesamthandlung) im Sinne von S. 1 und bewirkt den Vertragsschluss bereits mit ihrer Abgabe. Die sonst durch das Gesamtverhalten festzustellende Willensbetätigung muss ein nach außen hervortretendes Verhalten des Angebotsempfängers sein, das vom Standpunkt eines unbeteiligten objektiven Dritten aufgrund aller äußeren Indizien auf einen wirklichen Annahmewillen schließen lässt.[18] Maßgebend ist nicht die Sicht des Antragenden, sondern die richterliche Bewertung. Als äußere Indizien kommen etwa in Betracht: Leistungserbringung (Dienstleistung,[19] Kaufpreiszahlung; Lieferung; Versendung, aber nicht

---

8 Verneint: BGH NJW 2006, 3777 (3778) (Treuhandannahme); BGH NJW 2004, 287 (288) (Treuhandannahme). Bejaht: BGH ZIP 2004, 1304 (Schuldbeitritt); BGH NJW 2003, 758 (759) (Schulderlass); BGH NJW 2000, 276 (277) (Abtretung einer Forderung); BGH NJW 2000, 2984 f. (abstraktes Schuldanerkenntnis); BGH NJW 1999, 1328. Ferner OLG Brandenburg GuT 2009, 328 (329) (Abtretung einer Forderung); NJW-RR 2007, 270 (271) (Annahme eines Verzichts); WM 2006, 1855 (Bürgschaftsannahme); OLG Koblenz NJW-RR 2010, 861 (862) (abstraktes Schuldversprechen). Zusammenfassend BGH ZIP 2019, 1288 Rn. 20.

9 LG Gießen NJW-RR 2003, 1206 f. (Annahme durch Zusendung ohne gesonderte Erklärung).

10 Bei frühzeitiger Buchung besteht aber ggf. kraft Handelsbrauch oder allgemeiner Verkehrssitte ein freies Rücktrittsrecht, vgl. LG Hamburg NJW-RR 2004, 699 (670 f.) (kostenloses Stornorecht für Event-Veranstalter).

11 Vgl. Erman/*Armbrüster* BGB § 151 Rn. 3; zur betrieblichen Übung vgl. Palandt/*Weidenkaff* BGB Vor § 611 Rn. 76 mwN.

12 Staudinger/*Bork* BGB § 151 Rn. 7; Erman/*Armbrüster* BGB § 151 Rn. 3: Börsengeschäfte in laufender

Geschäftsverbindung, Arztvertrag in dringenden Fällen.

13 OLG Frankfurt ZfSch 2008, 209; näher Prölss/Martin/*Armbrüster* VVG § 1 Rn. 50; zur Annahme durch (normiertes) Schweigen nach § 5 Abs. 3 S. 1 PflVG s. § 147 Rn. 6 und zum Kontrahierungszwang nach § 5 Abs. 2 und 4 PflVG, s. Vor § 145–157 Rn. 11.

14 Staudinger/*Bork* BGB § 151 Rn. 10; aA Hk-BGB/*Dörner* § 151 Rn. 5 (geschäftsähnliche Handlung).

15 BGH NJW-RR 1986, 1300 (1301); BGH NJW-RR 2004, 1683 f.; Anm. *Bülow* LMK 2004, 161; aA Staudinger/*Bork* BGB § 151 Rn. 4; einschr. auch BAG NZA 2005, 349 (352).

16 BGH NJW-RR 2004, 1683; Anm. *Bülow* LMK 2004, 161; abw. OLG Rostock NJW-RR 2006, 341 (342); krit. auch Staudinger/*Bork* BGB § 151 Rn. 4.

17 BGH NZM 2009, 869 (Annahme eines Maklersuchauftrages mit Aufnahme der Tätigkeit).

18 BGH NJW 2006, 3777 Rn. 16; NJW-RR 2006, 1477 Rn. 16; NJW 2004, 287 (288); 2000, 276, 277; BGHZ 111, 97, 101; 74, 352, 356.

19 Zum Änderungsangebot des Arbeitgebers bei Fortsetzung der Tätigkeit im Arbeitsverhältnis BAG NZA 2010, 283 Rn. 27 mwN.

schon Bereitstellung zur Versendung),[20] Gebrauchshandlungen[21] und Verfügungen (nicht aber bei unbestellt zugesandten Waren oder erbrachten sonstigen Leistungen im Sinne von § 241 a), Einbehalten einer übersandten Bürgschaftsurkunde,[22] interne Verbuchung usf. Es kommen hier prinzipiell **alle Verhaltensweisen mit Indizwert für den Annahmewillen** in Betracht. Schweigen ist für sich genommen kein Indiz und genügt daher nicht.

Strengere Voraussetzungen an die Feststellung einer Annahmehandlung sind zu stellen, wenn die Annahme **6** für den Annehmenden zu einem Rechtsverlust führt (Annahme eines Erlassvertrages, sog. **Erlassfalle**).[23] Die Schaffung besonderer Anreize zur Vornahme von Annahmehandlungen mindert die Indizwirkung für den wirklichen Annahmewillen. Die Einlösung eines Schecks über einen Minimalbetrag[24] indiziert daher noch nicht die Annahme eines Erlassantrages, sondern ist Schuldendienst. Gleichzeitiger Widerspruch bei Einlösung ist nicht erforderlich, in weniger eindeutigen Fällen aber vorsorglich zu empfehlen. Auch bei Abfindungsvergleichen[25] sind strenge Anforderungen an den Annahmewillen zu stellen. Stets sind das Gesamtverhalten des „Annehmenden" sowie die Umstände des Einzelfalls zu bewerten.

Die Willensbetätigung ist adressatenlos. Verkehrsschutzüberlegungen treten daher zurück. Der Widerruf **7** einer Willensbetätigung (§ 130 Abs. 1 S. 2 analog)[26] ist nicht möglich, aber auch nicht nötig. **Gegenläufiges Erklärungsverhalten** ist – im Prozess bis zum Schluss der mündlichen Verhandlung[27] – wertend zu berücksichtigen.[28] Die Möglichkeit der Richtigstellung macht auch eine Anfechtung aufgrund fehlenden (Erklärungs-)Betätigungsbewusstseins entbehrlich. Wusste der Annehmende, dass sein Verhalten die Annahme zum Ausdruck bringt, kann er sich nicht auf einen (insgeheim) in Wirklichkeit nicht bestehenden Annahmewillen berufen (§ 116 S. 1 analog).[29] Dagegen kommt die Anfechtung der Annahmehandlung in Betracht, wenn die Willensbetätigung nach §§ 119, 120 irrtumsbehaftet war oder eine Täuschung oder Drohung vorlag.[30] In Betracht kommt im Gegenzug auch ein Anspruch des Antragenden auf Ersatz des Vertrauensschadens in analoger Anwendung des § 122, sofern er von der Annahme durch Willensbetätigung bereits Kenntnis erlangt hatte.[31]

III. Erlöschen des Antrags (S. 2)

S. 2 bestimmt die Annahmefrist im Falle des Zugangsverzichts. §§ 147 Abs. 2, 148 sind nicht anwendbar.[32] **8** Die Annahmebetätigung muss innerhalb der vom Antragenden gesetzten Frist erfolgen. Fehlt eine solche Fristsetzung, ist der diesbezügliche Wille des Antragenden aus den Umständen festzustellen. Die Interessenlage kann auch zu unbestimmt langen Bindungszeiträumen führen. Das ist eine Frage des Einzelfalles.[33]

C. Weitere praktische Hinweise

Die **Beweislast** für das Zustandekommen des Vertrages trägt im Falle des S. 1 derjenige, der sich auf den **9** Vertrag beruft. Der Verzicht auf den Zugang der Annahme muss dargelegt und bewiesen werden. Bei festgestellter Annahmehandlung trägt der Annehmende die Beweislast für das behauptete Fehlen seines Annahmebewusstseins.[34]

20 Das ist bedeutsam für die Frage, ab wann § 447 den Verkäufer entlastet, Erman/*Armbrüster* BGB § 151 Rn. 6; Jauernig/*Mansel* BGB § 151 Rn. 1.

21 Bei „Umstellung" von Stromtarifen wegen Nichtübereinstimmung von Vertragsangebot und Gebrauchshandlung verneint von LG Leipzig BeckRS 2011, 681.

22 BGH NJW 1997, 2233; 2000, 1563; OLG Brandenburg WM 2006, 1855.

23 Vgl. *Kleinschmidt* NJW 2002, 346; *Schönfelder* NJW 2001, 492; *Eckardt* BB 1996, 1945.

24 BGH NJW 2013, 778; BGH NJW 2001, 2325 (2326); OLG München VersR 2005, 962 (963); OLG Koblenz NJW 2003, 758 (759); anders soll bei 70 % der Schuldsumme zu entscheiden sein, OLG Hamm NJW-RR 1998, 1662 f. (Einzelfallfrage).

25 BGH VersR 2008, 1090 (keine Annahme durch Scheckeinlösung eines Betrages iHv 0,2 % der geltend gemachten Versicherungsforderung); BGH NJW 2007, 368 (369); 2006, 1511, 1512; NJW 2002, 1788 (1790); BGHZ 111, 97, 101 f.; dazu BVerfG NJW 2001, 1200.

26 Staudinger/*Bork* BGB § 151 Rn. 22; *Brehmer* JuS 1994, 386 (390 f.)

27 *Schwarze* AcP 202 (2002), 607, 627.

28 RGZ 102, 370, 372; *Flume* BGB AT Bd. 2 § 35 II, 3 (S. 655 f.); *Schwarze* AcP 202 (2002), 607, 618 ff., 627 (spätere Indizien werden vor dem Hintergrund der früheren bewertet und haben daher einen geringeren Beweiswert).

29 *Larenz/Wolf* BGB AT, § 30 Rn. 15; Erman/*Armbrüster* BGB § 151 Rn. 9.

30 *Larenz/Wolf* BGB AT § 30 Rn. 18; Erman/*Armbrüster* BGB § 151 Rn. 9.

31 Staudinger/*Bork* BGB § 151 Rn. 23; Erman/*Armbrüster* BGB § 151 Rn. 9.

32 BGH NJW 1999, 2179 (2180); Jauernig/*Mansel* BGB § 151 Rn. 4.

33 BAG EzA-SD 2009, Nr. 25, 3–4 (dauerhafte Fortgeltung des Angebots bis zum Widerruf); BGH NJW 1999, 2179 (2180) (unbegrenzt bis zur Ablehnung des Angebots); BGH NJW 2000, 2984 (2985) (drei Wochen bei Angebot in der Urlaubszeit).

34 BGH NJW-RR 1986, 415; Erman/*Armbrüster* BGB § 151 Rn. 9.

§ 152 Annahme bei notarieller Beurkundung

[1]Wird ein Vertrag notariell beurkundet, ohne dass beide Teile gleichzeitig anwesend sind, so kommt der Vertrag mit der nach § 128 erfolgten Beurkundung der Annahme zustande, wenn nicht ein anderes bestimmt ist. [2]Die Vorschrift des § 151 Satz 2 findet Anwendung.

A. Allgemeines

1   § 152 beseitigt das Zugangserfordernis der Vertragsannahme für den Fall einer getrennt erfolgenden notariellen Beurkundung von Antrag und Annahme. Die Vorschrift dient der Vereinfachung und Beschleunigung des Vertragsabschlusses in Fällen der **Sukzessivbeurkundung**, was mutmaßlich auch dem Willen und Interesse der Vertragspartner entspricht.[1]

B. Regelungsgehalt

2   S. 1 findet Anwendung, wenn der Vertrag kraft Gesetzes oder kraft Parteivereinbarung der notariellen Beurkundung im Sinne von § 128 unterliegt. Sie gilt nicht auch bei vereinbarter Schriftform oder der öffentlichen Beglaubigung einer Vertragserklärung.[2] Der notariellen Beurkundung stehen Beurkundungen durch andere Stellen funktional gleich, wenn diese anstelle des Notars nach Landesrecht (§ 66 BeurkG) zuständig sind.[3]

   § 152 setzt die **getrennte Beurkundung der Vertragserklärungen** voraus. Ist gleichzeitige Anwesenheit beider Parteien vereinbart oder gesetzlich vorgeschrieben, so kommt S. 1 nicht zum Zuge. Insbesondere auf Grundstücksgeschäfte und Eheverträge findet die Vorschrift somit keine Anwendung (§§ 925, 1410, 2276). S. 1 ist deshalb auch dann nicht anwendbar, wenn die gleichzeitige Anwesenheit ein- oder beiderseitig durch das Handeln von Stellvertretern hergestellt wird (vgl. § 164 Abs. 1 u. 3). Bei **vollmachtloser Vertretung** wird der Vertrag mit der notariellen Beurkundung der Genehmigung wirksam. Auf die Genehmigung findet S. 1 analoge Anwendung, weil dadurch eine vergleichbare Situation wie bei der Sukzessivbeurkundung entsteht. Die Genehmigung führt damit zur sofortigen Vertragswirksamkeit (str.).[4]

3   Der Vertrag wird mit Beurkundung der Annahmeerklärung (Abgabe) wirksam.[5] Sofern die Annahme Änderungen enthält, liegt in ihr nach Maßgabe des § 150 Abs. 2 die Ablehnung verbunden mit einem neuen Antrag. Auf die Annahme des Zweitantrags ist S. 1 ebenso anwendbar. Für die Annahmefrist verweist S. 2 auf § 151 S. 2. Die Annahme muss innerhalb der vom Antragenden gesetzten Frist erfolgen. Fehlt eine ausdrückliche Fristsetzung, ist der diesbezügliche Wille des Antragenden aus den Umständen festzustellen. § 147 Abs. 2 ist nicht anwendbar. Die Interessenlage kann zu längeren Bindungszeiträumen führen (→ § 151 Rn. 8).

C. Weitere praktische Hinweise

4   § 152 kann ausdrücklich oder konkludent abbedungen werden. Der Zugang ist dann wieder erforderlich.[6] Eine Vereinbarung dahin, dass der Vertrag erst mit der Benachrichtigung des Antragenden durch den Notar gelten soll, ist ebenso möglich und kommt der vollständigen Abbedingung des S. 1 nahe. Es kann auch Zugang bei einer dritten Person, insbesondere etwa bei dem erstbeurkundenden Notar vereinbart werden. Ferner kann dieser nur als Empfangsbote und nicht als Empfangsvertreter eingesetzt werden, so die Weiter-

1   OLG Karlsruhe NJW 1988, 2050; Prot. II, S. 7376, bei Mugdan I, S. 708. Der Grund liegt dagegen nicht auch darin, dass die Annahme bei vorab beurkundetem Angebot lediglich den Charakter einer Einverständniserklärung habe (MüKoBGB/*Busche*, § 152 Rn. 1; Erman/*Armbrüster* BGB § 152 Rn. 1; ähnlich Staudinger/*Bork* BGB § 152 Rn. 1). Das ist rechtstechnisch stets die einzige Funktion der Annahme. Dagegen ist der durch die Beurkundung gewährleistete Schutz vor Übereilung erreicht und die Möglichkeit des Widerrufs durch den Annehmenden ohne innere Berechtigung (§ 130 Abs. 1 S. 2). Vgl. hierzu auch *J. Schmidt*, Der Vertragsschluss, S. 489 f.

2   OLG Celle BeckRS 2010, 2506; RGZ 93, 175, 176; BGH NJW 1962, 1390. In diesem Falle kann der Zugang der Annahme nach § 151 S. 1 entbehrlich sein; vgl. *Palandt/Ellenberger* BGB § 151 Rn. 1.

3   S. 1 findet auf diese Beurkundungen entsprechende Anwendung; allgM, Staudinger/*Bork* BGB § 152 Rn. 2.

4   OLG Karlsruhe NJW 1988, 2050 (bei Kenntnis des Vertragspartners von der fehlenden Vertretungsmacht des Vertreters); MüKoBGB/*Busche* § 152 Rn. 2; Staudinger/*Bork* BGB § 152 Rn. 3; gegen eine analoge Anwendung spricht, dass das Geschäft nicht auf eine Sukzessivbeurkundung etwa bei verschiedenen Notaren angelegt war. Daher aA *Hänlein* JuS 1990, 737 (739); *Tiedtke* BB 1989, 924 (926 f.)

5   BGH NJW 2002, 213 (214); OLG Karlsruhe NJW 1988, 2050.

6   KG Berlin GmbHR 2005, 1136 (1137) (Zugang durch Übersendung einer Ausfertigung der notariell beurkundeten Annahmeerklärung).

leitung an den Vertragspartner hinzutritt. Möglich ist auch die Vereinbarung einer **Pflicht** des Annehmenden, den Antragenden über die Annahme **zu benachrichtigen.** Ihre Verletzung führt zur Haftung aus c.i.c. (§§ 311 Abs. 2 Nr. 2, 241 Abs. 2), hindert aber nicht den Vertragsschluss.[7]

Aus der Befristung des Angebots (§ 148) wird sich die **schlüssige Abbedingung** des § 152 ergeben, wenn **5** der Antragende mit Ablauf der Frist insbesondere Klarheit über den Vertragsstand haben wollte und der Zugang für ihn daher von besonderem Interesse war. Das ist Auslegungsfrage.[8] Eine Beweislastumkehr ergibt sich aus einer Fristsetzung nicht.[9] Der Antragende trägt die Beweislast, wenn er mit der Fristsetzung auch das Zugangserfordernis der Annahme nach § 152 abbedingen wollte (arg. S. 2).

§ 153 Tod oder Geschäftsunfähigkeit des Antragenden

Das Zustandekommen des Vertrags wird nicht dadurch gehindert, dass der Antragende vor der Annahme stirbt oder geschäftsunfähig wird, es sei denn, dass ein anderer Wille des Antragenden anzunehmen ist.

A. Allgemeines 1
B. Regelungsgehalt 2
   I. Tod oder Geschäftsunfähigkeit des Antragen-
   den 2
II. Tod oder Geschäftsunfähigkeit des Antrags-
   empfängers 5
C. **Weitere praktische Hinweise** 6

A. Allgemeines

Im Falle des Todes oder der Geschäftsunfähigkeit des Antragenden bleibt die abgegebene Antragserklärung **1** wirksam. Diese Fortwirkung des Antrags ergibt sich formal bereits aus der allgemeinen Regel des § 130 Abs. 2, wonach Tod oder Geschäftsunfähigkeit auf die Wirksamkeit der Willenserklärung keinen Einfluss haben. § 153 lässt aber auch die Antragsbindung (§ 145 Hs. 1) fortbestehen und den Willen des Antragenden über die fortdauernde Annahmefähigkeit eines Vertragsantrages entscheiden (aE). § 153 ergänzt §§ 145, 148, 151 S. 1, 152 S. 1 und ist daher gegenüber § 130 Abs. 2 eigenständig.[1]

B. Regelungsgehalt

I. Tod oder Geschäftsunfähigkeit des Antragenden

Stirbt der Antragende nach der Abgabe seiner Angebotserklärung aber vor dem Vertragsschluss oder wird **2** er geschäftsunfähig, so bleibt seine Erklärung wirksam. Die Fortwirkung gilt daher für die Zeit vor oder nach dem Zugang der Antragserklärung beim Empfänger. Vor dem Zugang bleibt auch das **Widerrufsrecht** aus § 130 Abs. 1 S. 2 zugunsten des Gesamtrechtsnachfolgers oder des gesetzlichen Vertreters bestehen. Ferner wirkt § 153 nach Abgabe der Annahmeerklärung bis zu deren Zugang bei dem Erben oder gesetzlichen Vertreter des Antragenden fort.[2] Auf § 153 kommt es dagegen nicht mehr an, wenn der Vertrag bereits nach §§ 151 S. 1, 152 S. 1 vorher zustande gekommen ist.

Auf sonstige Ereignisse in der Person des Antragenden, wie den Eintritt beschränkter Geschäftsfähigkeit, **3** etwa durch Rücknahme der Ermächtigungen nach §§ 112 Abs. 2, 113 Abs. 2, durch die Anordnung einer Betreuung mit Einwilligungsvorbehalt nach § 1903 Abs. 1, durch die Eröffnung des Insolvenzverfahrens[3] oder die Entstehung von Verfügungsbeschränkungen durch Heirat nach §§ 1365, 1369 und Gütergemein-

---

7   Vgl. Staudinger/*Bork* BGB § 152 Rn. 6; BeckOK BGB/*Eckert* § 152 Rn. 5.

8   BGH NJW-RR 1989, 198 (199); KG Berlin GmbHR 2005, 1136 (1137); Jauernig/*Mansel* BGB § 152 Rn. 2; Palandt/*Ellenberger* BGB § 152 Rn. 2; Soergel/*Wolf* BGB § 152 Rn. 7; Staudinger/*Bork* BGB § 152 Rn. 7; MüKoBGB/*Busche* § 152 Rn. 4.

9   BGH NJW-RR 1989, 198 (199); Erman/*Armbrüster* BGB § 152 Rn. 3; Staudinger/*Bork* BGB § 152 Rn. 7; MüKoBGB/*Busche* § 152 Rn. 4. Dagegen RGZ 96, 273, 275 (Beweislast für fehlendes Zugangserfordernis beim Antragsempfänger).

1   Sie diente historisch ferner zur Klarstellung gegenüber der gegenläufigen gemeinrechtlichen Regel, vgl. Staudinger/*Bork* BGB § 153 Rn. 1.

2   OLG Hamm NJW-RR 1987, 342 (343); allgM, Staudinger/*Bork* BGB § 153 Rn. 3. Die Wirksamkeit des Antrages, verstanden als Annahmefähigkeit, muss bis zu diesem Zeitpunkt und nicht nur bis zur Abgabe der Annahmeerklärung aufrechterhalten bleiben.

3   Dinglich wirkende Verfügungen über einen Massegegenstand werden dagegen nach § 81 Abs. 1 S. 1 InsO unwirksam.

schaft §§ 1422 ff., ist **§ 153 entsprechend** anzuwenden.[4] Die Interessenlage ist praktisch identisch. Soweit sich eine Fortwirkung des Antrags aber bereits durch dessen Auslegung ergibt, geht die Auslegung vor.[5]

4   Der Antrag erlischt, wenn ein dahin gehender Wille des Antragenden anzunehmen ist (§ 153 aE).[6] Ausdrückliche Erklärungen des Antragenden hierzu sind selten. Eine Meinung in der Literatur[7] sieht in § 153 aE eine gesetzliche Auslegungsregel, die auf den hypothetischen Willen des Antragenden abstellt und fragt, was dieser bei Kenntnis etwa des nahen Todes gewollt hätte. Führt das zum Erlöschen des Antrags, so kann ein ggf. begründetes Vertrauen des Empfängers in die fortbestehende Wirksamkeit des Antrags einen **Schadensersatzanspruch** nach § 122 Abs. 2 analog rechtfertigen. Vorzugswürdig erscheint deshalb aber, den Willen des Antragenden gleich nach allgemeinen Auslegungsgrundsätzen aus der objektivierten Empfängersicht zu ermitteln. Lässt sich für den Empfänger nicht erkennen, dass der Antrag unwirksam werden sollte, so bleibt er nach der Regel des § 153 wirksam. Das **Risiko einer Fehldeutung** trägt der Erklärungsempfänger.[8] Gegen eine Fortgeltung des Antrages spricht aber, wenn über Leistungen für den höchstpersönlichen Bedarf des Verstorbenen kontrahiert werden sollte oder wenn es sich um solche Leistungen handelt, die, wie der Antragsempfänger erkennt, nur für den Antragenden von Bedeutung waren (bspw. Jagdwaffe für Jäger).

II. Tod oder Geschäftsunfähigkeit des Antragsempfängers

5   Eine entsprechende Regelung für den Antragsempfängers existiert nicht. Es gelten daher folgende Grundsätze: Stirbt der Antragsempfänger vor Abgabe der Annahmeerklärung, so ist durch Auslegung festzustellen, ob auch die Erben Adressaten des Antrages sein sollten, was bei Geschäften außerhalb des persönlichen Bereichs nahe liegt. Eine dahin gehende Vermutung besteht aber nicht.[9] Die Angebotsposition erlischt sonst.

Im Falle der Geschäftsunfähigkeit des Antragsempfängers vor dem Zugang des Antrages muss der Antrag dem gesetzlichen Vertreter zugehen (§ 131 Abs. 1). Nach dem Zugang kann der gesetzliche Vertreter nur dann die Annahme erklären, wenn anzunehmen ist, dass der Vertrag auch mit einem Geschäftsunfähigen geschlossen werden soll (jedenfalls nicht, wenn Geschäftsfähigkeit für die Vertragserfüllung erforderlich ist).

Stirbt der Antragsempfänger nach der Abgabe der Annahmeerklärung, so hat dies auf den Vertragsschluss keine Auswirkung (§ 130 Abs. 2).[10]

C. Weitere praktische Hinweise

6   Die Weitergeltung des Antrags ist die Regel. Daher trifft etwa den Erben des Antragenden die **Beweislast** für einen gegenläufigen Willen. Lässt sich ein solcher Wille nicht feststellen, bleibt es bei der § 153 und der Weitergeltung des Antrags.

§ 154 Offener Einigungsmangel; fehlende Beurkundung

(1) [1]Solange nicht die Parteien sich über alle Punkte eines Vertrags geeinigt haben, über die nach der Erklärung auch nur einer Partei eine Vereinbarung getroffen werden soll, ist im Zweifel der Vertrag nicht geschlossen. [2]Die Verständigung über einzelne Punkte ist auch dann nicht bindend, wenn eine Aufzeichnung stattgefunden hat.

(2) Ist eine Beurkundung des beabsichtigten Vertrags verabredet worden, so ist im Zweifel der Vertrag nicht geschlossen, bis die Beurkundung erfolgt ist.

---

4   Teilw. abweichend PWW/*Brinkmann* BGB § 153 Rn. 2 f. mwN zum Streitstand.

5   Zutr. MüKoBGB/*Kramer*, 5. Aufl. 2006, § 153 Rn. 2; nur aus diesem Grunde hat BGH NJW 2002, 213 (214) die Anwendung des § 153 im Insolvenzfalle verneint und den Bestand eines schuldrechtlichen Vertrages bejaht.

6   Zu vergaberechtlichen Besonderheiten, die zu einer inhaltlichen Änderung eines Angebots führen können, OLG Düsseldorf NZBau 2007, 254 (255) (Identitätswechsel beim Bieter).

7   *Larenz/Wolf* BGB AT § 29 Rn. 30 f.; Soergel/*Wolf* BGB § 153 Rn. 14; Staudinger/*Bork* BGB § 153 Rn. 5; Erman/*Armbrüster* BGB § 153 Rn. 2.

8   *Flume* BGB AT Bd. 2 § 35 I, 4 (S. 646 f.); *Medicus/ Petersen* BGB AT § 26 Rn. 377; MüKoBGB/*Busche* § 153 Rn. 4; Palandt/*Ellenberger* BGB § 153 Rn. 2; PWW/*Brinkmann* BGB § 153 Rn. 5; vgl. auch OLG Frankfurt BeckRS 2010, 23502; offen gelassen von Jauernig/*Mansel* BGB § 153 Rn. 4.

9   Das gilt gleichermaßen bei Tod vor oder nach dem Zugang des Antrags, vgl. Staudinger/*Bork* BGB § 153 Rn. 10 u. 11.

10   MüKoBGB/*Busche* § 153 Rn. 7.

Literatur: *Freund,* Der nicht gegengezeichnete Bauvertrag, NZBau 2008, 685; *Jung,* Die Einigung über die „essentialia negotii" als Voraussetzung für das Zustandekommen eines Vertrages, JuS 1999, 28; *Leenen,* Abschluß, Zustandekommen und Wirksamkeit des Vertrages, AcP 198 (1998), 381; *ders.,* Faktischer und normativer Konsens, in: Liber amicorum Prölss, 2009, S. 153; *Petersen,* Der Dissens beim Vertragsschluss, JURA 2009, 419; *van Venrooy,* Vereinbarte „Beurkundung" im Sinne von § 154 Abs. 2 BGB, DStR 2012, 565.

A. Allgemeines 1
B. Regelungsgehalt 4
   I. Teileinigung (Abs. 1) 4
   II. Beurkundungsabrede (Abs. 2) 8
C. Weitere praktische Hinweise 10

A. Allgemeines

In den Fällen einer Teileinigung (Abs. 1) und der Nichteinhaltung der Form (Abs. 2) ist die Frage aufgeworfen, ob bereits eine vertragliche Bindung eingetreten ist.[1] § 154 entscheidet im Zweifel gegen die Vertragsbindung.[2] Die noch offenen Vertragspunkte lassen darauf schließen, dass ein Vertrag noch nicht geschlossen sein soll und die Parteien sich dessen auch bewusst sind.[3] Die punktuelle Einigung ist daher grundsätzlich unbeachtlich. Das gilt ebenso bei noch ausstehendem Formvollzug. Die amtliche Überschrift spricht von einem offenen Einigungsmangel (**offener Dissens**) und der fehlenden Beurkundung. **1**

Abs. 1 ist Auslegungsregel[4] für den Fall der nur teilweisen Einigung. Die Parteien wollen mutmaßlich den Vertrag erst dann als geschlossen ansehen, wenn sie sich in allen Punkten geeinigt haben. Eine teilweise Einigung soll im Zweifel nicht als Vertragsschluss über diesen Teil zu werten sein (Abs. 1 S. 1). § 154 statuiert mithin ein mutmaßliches **Vollständigkeitserfordernis**.[5] Funktional handelt es sich um eine einseitige Abschlusssperre.[6] Oftmals wird in Verträgen ausdrücklich eine Vollständigkeitsklausel als Vertragsschlussabrede aufgenommen, der insoweit nur deklaratorische Bedeutung zukommt. Nicht selten wird jedoch keine, auch keine konkludente, vertragliche Abrede getroffen.[7] Dann gelangt man über die gesetzliche Regelung zum selben Ergebnis. **2**

Das Vollständigkeitserfordernis gilt ebenso für den Fall, dass eine Aufzeichnung der Punkte stattgefunden hat, über die eine Einigung bereits erzielt wurde (sog. **Punktation**, Abs. 1 S. 2). Sie führt weder zu einer (rechtlichen) Bindung hinsichtlich der vereinbarten Punkte noch insgesamt zu einem Vertrag.

Abs. 2 enthält eine entsprechende Auslegungsregel für **Formabreden**.[8] Danach wollen die Parteien den Vertrag im Zweifel (mutmaßlich) erst als geschlossen ansehen, wenn sie das verabredete Formerfordernis vollzogen haben.[9] Die §§ 154 f. gehen § 150 Abs. 2 vor (→ § 150 Rn. 4 ff.).

1 Bei der vereinbarten Beurkundung (Abs. 2) ist die Einigung in allen Punkten erreicht, und zwar auch in der Formfrage. Abs. 2 lässt sich aus diesem Grunde nicht ohne Weiteres als Sonderfall der Teileinigung (Abs. 1) auffassen, vgl. Jauernig/*Mansel* BGB § 154 Rn. 1; MüKoBGB/*Busche* § 154 Rn. 2, der zwischen Willenseinigung und dem konstitutiven Charakter der Beurkundung differenziert.

2 BGH NJW-RR 2006, 1139 (1141) spricht von Nichtigkeit des Vertrages; dagegen zutr. Jauernig/*Mansel* BGB § 154 Rn. 1; Staudinger/*Bork* BGB § 154 Rn. 6.

3 Nach den nicht-legislativen Entwürfen zum europäischen Vertragsrecht muss dem Vertragsschluss von einer Seite widersprochen werden, vgl. *Christandl* in Jansen/Zimmermann, Commentaries on European Contract Laws, Art. 2:103; *Armbrüster* Jura 2007, 321 (324 f.).

4 BGH NJW 1951, 397; 1997, 2671; 2002, 818; 2006, 2671 Rn. 10; NJW-RR 2014, 1423; Staudinger/*Bork* BGB § 154 Rn. 6; Soergel/*Wolf* BGB § 154 Rn. 5; Erman/*Armbrüster* BGB § 154 Rn. 1; BeckOK BGB/*Eckert* § 154 Rn. 8; aA *Leenen* AcP 198 (1998), 381, 402 (gesetzliche Vermutung); MüKoBGB/*Busche* § 154 Rn. 1.

5 Das Vollständigkeitserfordernis wird indiziert durch die Bekundung, einen bestimmten Punkt im Vertrag regeln zu wollen. Man kann daher von einer Vertragsschlussabrede (Vollständigkeitsabrede) sprechen.

6 Nach verbreiteter Auffassung (vgl. mN *Leenen* AcP 198 (1998), 381, 402 f.u. Fn. 64, 67) handelt es sich um eine Abschlusssperre, die aus der negativen Vertragsfreiheit folgt. Die Aufhebung der Abschlusssperre soll aber nur konsensual möglich sein (aaO, S. 403; auch: S. 402 Fn. 66: Verständigung über Abschlussvoraussetzungen sei notwendige Voraussetzung).

7 Das Vollständigkeitserfordernis kann sich damit als eine gemeinsame Vorstellung der Parteien, ähnlich der subjektiven Geschäftsgrundlage eines Vertrages über die – im unwidersprochen gebliebenen Regelungswunsch – zutage getretenen gemeinschaftlichen Vorstellungen der Parteien, darstellen. Zum Geschäftsgrundlagenbegriff vgl. BGH NJW 2002, 3695 (3697), st. Rspr.; Palandt/*Grüneberg* BGB § 313 Rn. 2 ff.

8 BGH NJW 1999, 1329 (1330); Jauernig/*Mansel* BGB § 154 Rn. 4; Staudinger/*Bork* BGB § 154 Rn. 12; abw. BGH NJW 1995, 1543 (gesetzliche Vermutung).

9 Die Formabrede erhält damit die Funktion einer Vertragsabschlussbestimmung und der Formvollzug wird zur Vertragsabschlussvoraussetzung. Der Zweck der Formabrede liegt damit nicht allein in der Schaffung eines Beweismittels. Zur Funktion von Vertragsabschlussbestimmungen → Vor §§ 145–157 Rn. 8.

3 § 154 beruht auf dem **Konsensprinzip**. Eine Teileinigung (Abs. 1) kann nicht bewirken, dass das gesamte Vertragsprogramm als vereinbart gilt. Die Teileinigung wirft allein die Frage auf, ob der Vertrag im Umfang der Teileinigung geschlossen ist.[10] Das kann von den Parteien in einer Vertragsabschlussbestimmung gesondert geregelt werden. Liegt eine solche Abrede nicht vor, entscheidet der mutmaßliche Parteiwille zum Zeitpunkt der Einigung. Im Zweifel scheitert der Vertragsschluss.

Selbst eine vollständige inhaltliche Einigung führt nicht notwendig zum Vertragsschluss, wenn über die Ingeltungsetzung noch keine Einigung vorliegt. Das ist im Zweifel anzunehmen, wenn eine oder beide Parteien sich die Beurkundung vorbehalten haben (Abs. 2).[11]

B. Regelungsgehalt

I. Teileinigung (Abs. 1)

4 Haben die Parteien eine teilweise Einigung erzielt, die für sich bereits einen Vertrag begründen kann, so ist nach Abs. 1 zu bestimmen, ob die Teileinigung Geltung erlangt. Ohne Bedeutung ist, auf welche Weise die Einigung zustande gekommen ist.[12] Die Teileinigung muss die wesentlichen Vertragskriterien erfüllen (sog. essentialia negotii). Haben sich die Parteien dagegen über einen objektiv wesentlichen Vertragspunkt noch nicht geeinigt, so ist bereits nach allgemeinen Gründen kein Vertrag zustande gekommen (sog. **logischer Dissens**).[13] Allerdings genügt es, wenn der wesentliche Vertragspunkt gesetzlich bestimmt ist (bspw. §§ 612 Abs. 2, 632 Abs. 2, 653 Abs. 2),[14] die Parteien ein Leistungsbestimmungsrecht vereinbart haben (§§ 315 ff.)[15] oder der Punkt im Wege der ergänzenden Vertragsauslegung festzustellen ist.[16]

Haben die Parteien beispielsweise keinen bestimmten Preis vereinbart und lässt sich ein solcher auch nicht über Referenzkriterien (Verkehrswert, üblicher Preis ua) ermitteln, ist klärungsbedürftig, ob eine endgültige Bindung gewollt war. Aus § 154 Abs. 1 S. 1 folgt, dass bei fehlender Einigung über den Kaufpreis oder zumindest über die Methode zu dessen Berechnung der Vertrag grundsätzlich nicht wirksam zustande gekommen ist.[17] Eine einvernehmliche Vertragsdurchführung kann allerdings darüber hinweghelfen (→ Rn. 7). Ist danach eine Bindung gewollt, greift § 316 als Auslegungsregel ein. Der Verkäufer darf die Kaufpreishöhe bestimmen. Die Preisbestimmung hat im Zweifel nach billigem Ermessen zu erfolgen (§ 315 Abs. 1) und unterliegt richterlicher Überprüfung (§ 315 Abs. 3). Abzuwägen sind dabei die wirtschaftlichen Interessen der Parteien auf der Grundlage eines objektiven Maßstabs. Nicht möglich ist die Ermittlung eines gerechten Preises von Amts wegen.[18]

---

10 § 154 lässt sich insofern als Schutz der negativen Abschlussfreiheit deuten; allgM; MüKoBGB/*Busche* § 154 Rn. 1 verwendet den Begriff der (negativen) Vertragsbegründungsfreiheit; *Jung* JuS 1999, 28.

11 Die Formabrede ist nur ein Platzhalter. Anstelle der Form kann ebenso gut eine Abrede über die Vertragsgeltung an sich treten. Desgleichen kann ein Handschlag oder irgendein anderer symbolischer Akt die Vertragsgeltung nach dem Parteiwillen herbeiführen; zutr. *Leenen* AcP 198 (1998), 381, 394.

12 *Leenen* AcP 198 (1998), 381, 404 ff. hält die §§ 154, 155 nur auf die Abschlusstechnik der beiderseitigen Zustimmung zu einem Vertragstext und nicht auch auf die in §§ 145–153 geregelte Angebot/Annahme-Technik für anwendbar. Auch ein unvollständiger Antrag kann aber als (Teil-)Antrag annahmefähig sein. Die Einigung findet nur über den angetragenen Teil statt. Hier greift Abs. 1 S. 1. Der Antrag muss dagegen nicht notwendig das vollständige Regelungsprogramm beinhalten, um annahmefähig zu sein (so die Prämisse von *Leenen*, S. 406). Es mangelt ihm in diesem Falle auch nicht an der Bestimmtheit (so *Leenen*, S. 384). In BGH NJW-RR 2014, 1423 wurde durch Umdeutung (§ 140 BGB) zweier Kündigungserklärungen ein Aufhebungsvertrag bejaht, auf den trotz fehlender Einigung über die Rechtsfolgen der Vertragsaufhebung § 154 BGB keine Anwendung findet.

13 BGH NJW-RR 2006, 1139 (1141) (mangelnde Einigung über den Preis); OLG Zweibrücken NJW-RR 2010, 316 (317 f.) (Werkvertrag); OLG Düsseldorf ZMR 2010, 677 (Pachtvertrag); OLG Karlsruhe BKR 2006, 378 (379) (Darlehensvertrag).

14 BGH NJW 2002, 817 (818) (fehlende Vereinbarung über die Höhe des Maklerlohnes); ebenso OLG Koblenz NJW-RR 2010, 780 (781).

15 OLG Düsseldorf MittBayNot 2002, 44 (Festsetzung der Grundstücksfläche nach § 316); so auch im Fall des OLG Stuttgart NJW-RR 2011, 202 (203 f.) (Kaufpreis).

16 BGHZ 181, 47, 60 = NJW 2009, 2443 (2446) (Ausführungsfristen); eine Lückenschließung scheidet etwa aus, wenn die Parteien einen nicht bestimmbaren „Freundschaftspreis" vereinbart haben BGH NJW-RR 2000, 1658; bei Mietaufhebung ohne ergänzende Regelungen, KG NJW-RR 2006, 382 oder bei einem Werbevertragsangebot ohne bestimmbare Leistung AG Calw NJW-RR 2007, 1544.

17 BGH NJW-RR 2006, 1139 (1141) Rn. 21, in diesem Fall soll auch eine Schließung der Lücke über eine ergänzende Vertragsauslegung nicht mehr möglich sein (fraglich).

18 BGH BB 1971, 1175; s. *Köhler* ZHR 137 [1973] 237, 239.

Die Bestimmung des Preises kann auch von vornherein einer der Parteien (§ 315, 316) oder einem Dritten (§ 317) vorbehalten sein. Wollten die Parteien sich dagegen erst später über den Preis einigen, ist der Kaufvertrag (solange) nicht zustande gekommen.[19]

Abs. 1 findet ferner Anwendung, wenn ein sonstiger Punkt (Nebenpunkt, sog. accidentalia negotii), der nach dem erkennbaren Willen auch nur einer Partei geregelt werden sollte, ungeregelt blieb. An den Willen, einen Punkt regeln zu wollen, werden keine allzu hohen Anforderungen gestellt. Erforderlich ist, dass die Regelung des Punktes zumindest einseitig für nötig gehalten wurde. Um einen objektiv wesentlichen Punkt[20] muss es sich nicht handeln. Auch offen gelassene unbedeutende Nebenpunkte genügen.[21] Das **Einbeziehungsverlangen** kann auch schlüssig erklärt worden sein. Schweigen genügt aber selbst bei einem objektiv wesentlichen Punkt nicht.[22] Auch der geheim gebliebene Vorbehalt, einen Punkt einbeziehen zu wollen, ist unbeachtlich (§ 116 S. 1).[23] Es bleibt damit die Gefahr des Missbrauchs: Hat eine Partei etwa nach langen Verhandlungen den Abschluss an einem Nebenpunkte scheitern lassen, weil sie zwischenzeitlich ihre Auffassung über die Nützlichkeit des Geschäfts geändert hat, entsteht keine vertragliche Bindung. Dieses Verhalten wird nur in extremen Fällen über § 242 korrigierbar sein. Es kommt allein eine Haftung unter dem Gesichtspunkt der culpa in contrahendo (§ 311 Abs. 2) in Betracht. Ergänzend können sich die Parteien durch eine Vereinbarung gegen diesen Fall absichern.[24]

Abs. 1 greift ferner, wenn ein **aus mehreren Vertragsteilen** bestehender einheitlicher Gesamtvertrag geschlossen werden soll. Hier ist stets zu fragen, ob entgegen der Auslegungsregel des Abs. 1 bereits bindende Vereinbarungen über einzelne Vertragsteile zustande gekommen sind.[25] Der Grund für die bewusst unvollständige Einigung ist gleichgültig.[26] Im Zweifel ist kein Vertragsteil wirksam vereinbart. Ein isolierter Vertrag über den vereinbarten Teil kommt auch dann nicht zustande, wenn dieser Teil aufgezeichnet wurde (**Punktation**, Abs. 1 S. 2).

Abs. 1 ist überwunden, wenn die Parteien trotz der noch ungeregelten Punkte die Teileinigung gelten lassen wollen.[27] Dieser Wille muss klar erkennbar sein. Anzeichen hierfür ist die begonnene Vertragsdurchführung[28] oder die Fortsetzung eines durch Kündigung beendeten Vertrages[29] (sog. **Selbstinterpretation** durch späteres Verhalten).[30] Ist Bindung gewollt, müssen bestehende Vertragslücken aber im Wege der ergänzenden Vertragsauslegung geschlossen werden können (§§ 133, 157).[31] In Fällen des Kontrahierungszwangs (→ Vor §§ 145–157 Rn. 11) ist der Wille zur Teileinigung entbehrlich. (Zum Vertragsschluss bei kollidierenden AGB → § 150 Rn. 6 und NK-BGB/*Kollmann*, § 305 Rn. 116 ff.).

II. Beurkundungsabrede (Abs. 2)

Die verabredete Beurkundung hat nach Abs. 2 nach dem mutmaßlichen Parteiwillen (im Zweifel) konstitutive Bedeutung. Sie ist damit Abschlussvoraussetzung. Die fehlende Form hindert das Zustandekommen des Vertrages. § 154 Abs. 2 ist gegenüber § 125 S. 2 vorrangig. **Formfehler** führen zur Nichtigkeit eines zustande gekommenen Vertrages (§ 125 S. 2).

Unter das Merkmal Beurkundung fallen sämtliche Schrift- und Textformen einschließlich der elektronischen Formen (§§ 126–129).[32] Die Verabredung einer Beurkundung kann durch ausdrückliche oder konkludente Vereinbarung erfolgen. Bei bedeutsamen Geschäften, insbesondere längerfristigen Bindungen, wird

---

19 Soergel/*Huber* BGB Vor § 433 Rn. 148; Erman/*Grunewald* BGB § 433 Rn. 4; BGH NJW-RR 2006, 1139 (1941); aA OLG Hamm NJW 1976, 1212: richterliche Befugnis zur Festsetzung des angemessenen Preises.

20 OLG Karlsruhe ZIP 2006, 1289 (fehlende Einigung über Zinshöhe und Zinsbindung eines Darlehens).

21 Sog. accidentalia negotii. BGH NJW 1998, 3196 (Anzahlung); NJW-RR 1999, 927 (Verrechnungsabrede); NJW 2013, 598 (600) (Benennung eines Fluggastes).

22 BGH NJW-RR 1990, 1009 (1011); Staudinger/*Bork* BGB § 154 Rn. 4.

23 Erman/*Armbrüster* BGB § 154 Rn. 4.

24 MüKoBGB/*Busche* § 154 Rn. 1; vgl. Mot. I, S. 162.

25 BGH NJW 1951, 397; 1960, 430 (Gesellschaftsvertrag); 2002, 817, 818 (Maklervertrag); BAG NZA-RR 2015, 9 (13) (Arbeitsvertrag); OLG Düsseldorf WM 2019, 1264 (Geschäftsführervertrag).

26 Die Parteien können auch das gesetzliche Regelungsbedürfnis eines bewusst offen gelassenen Punktes übersehen haben, vgl. BGH NJW-RR 1999, 927.

27 BGH NJW 2009, 2443 (2446); BGH NZBau 2009, 771 (773); OLG Stuttgart NJW-RR 2011, 202 (203); verneint von OLG Zweibrücken BauR 2009, 1788.

28 Palandt/*Ellenberger* BGB § 154 Rn. 2; BGHZ 119, 283, 288; BGH NJW 2002, 817 (818); OLG Stuttgart NJW-RR 2011, 202 (203); KG ZUM-RD 2014, 684 (688), 692 (Drehbuch- und Regievertrag); OLG Düsseldorf BeckRS 2014, 22426; einen Unterfall bilden in Vollzug gesetzte, aber lückenhafte Arbeits- oder Gesellschaftsverträge (→ Vor §§ 145–157 Rn. 45).

29 BGH NJW 2000, 356.

30 *Lindacher* JZ 1977, 604 (605).

31 Vgl. BGH NJW 1975, 1116 (1117) (Vertragslaufzeit); 1997, 2171, 2172 (Miethöhe); NJW-RR 2000, 1560 (1561) (Spediteurlohn).

32 Vgl. etwa BGH GRUR 2010, 322 (326) (Schriftform); Palandt/*Ellenberger* BGB § 154 Rn. 4 mwN.

eine konstitutive Schriftformabrede **vermutet**.[33] Die Form kann aber auch nur zu Beweiszwecken verabredet worden sein, wenn dies mit der den Zweifel überwindenden Klarheit zum Ausdruck gebracht ist.[34] Hierfür bedarf es aber (auch im Handelsverkehr) positiver Anhaltspunkte.[35] Reiner Beweiszweck liegt etwa bei einer erst nach Vertragsschluss getroffenen Formabrede vor,[36] aber auch dann, wenn die Form nur der „Ordnung halber" erfolgen sollte.

9   Die Parteien können eine einmal getroffene Beurkundungsabrede einvernehmlich wieder aufheben; dann greift die Sperre des Abs. 2 nicht mehr. Eine nachträgliche konkludente **Aufhebung** ist anzunehmen **bei einvernehmlicher Vertragsdurchführung** (Auslegung durch Selbstinterpretation).[37] Ein beachtlicher Irrtum über den Vertragsschluss nach § 155 (versteckter Dissens) erscheint in diesem Falle ausgeschlossen.

Auf ein nur einseitig gestelltes Schriftformverlangen ist Abs. 2 analog anwendbar; ebenso auf andere einseitig gestellte oder vereinbarte Vertragsabschlusshindernisse.[38] Auch in diesen Fällen ist aber bei einvernehmlicher Vertragsdurchführung von einem nachträglichen Verzicht auf die konstitutive Schriftform auszugehen.

C. Weitere praktische Hinweise

10   Der Dissenseinwand kann treuwidrig sein, insbesondere wenn der offene Punkt völlig nebensächlich erscheint oder auch die fehlende Beurkundung offenkundig nur als Vorwand dient, um sich der Vertragspflichten zu entledigen und erlangte Vorteile einzubehalten.[39] Vor einem Dissenseinwand (Abs. 1) schützen die in schriftlichen Verträgen üblichen **Vollständigkeits- und Schriftlichkeitsklauseln.**

11   Die **Beweislast** für das Zustandekommen des Vertrages einschließlich aller Nebenpunkte trägt auch im Falle des Abs. 1 derjenige, der sich auf den Vertrag beruft. Das gilt ferner für die Behauptung, eine Formabrede sei lediglich zu Beweiszwecken getroffen worden.[40] Aus der bewiesenen Einigung über die wesentlichen Vertragspunkte ergibt sich keine Vermutung für das Wirksamwerden des Vertrages insgesamt. Jedoch ist der Gegner beweisbelastet, soweit es um die Frage geht, ob die offenen Vertragspunkte zur Voraussetzung für den Vertragsabschluss gemacht wurden. In diesem Fall muss der andere Vertragsteil gegenbeweislich die Einigung über diese weiteren Punkte beweisen.[41]

§ 155 Versteckter Einigungsmangel

Haben sich die Parteien bei einem Vertrag, den sie als geschlossen ansehen, über einen Punkt, über den eine Vereinbarung getroffen werden sollte, in Wirklichkeit nicht geeinigt, so gilt das Vereinbarte, sofern anzunehmen ist, dass der Vertrag auch ohne eine Bestimmung über diesen Punkt geschlossen sein würde.

Literatur: *Jung*, Die Einigung über die „essentialia negotii" als Voraussetzung für das Zustandekommen eines Vertrages, JuS 1999, 28; *Leenen*, Abschluß, Zustandekommen und Wirksamkeit des Vertrages, AcP 198 (1998), 381; *Petersen*, Der Dissens beim Vertragsschluss, JURA 2009, 419.

A. Allgemeines	1	III. Scheinbare Einigung	7
B. Regelungsgehalt	3	IV. Rechtsfolgen	8
I. Abgrenzung	3	C. Weitere praktische Hinweise	10
II. Teileinigung	6		

33   BGHZ 109, 197, 200 (Bestellung einer Sicherungsgrundschuld); OLG Düsseldorf BeckRS 2010, 15822.

34   BGH NJW 2009, 433 (434); 1964, 1269; NJW-RR 1991, 1053 (1054); 1993, 235, 236; OLG Celle BeckRS 2010, 2506; BeckRS 2014, 1486; LAG Stuttgart ZIP 2007, 243 (246); OLG Hamm NJW-RR 1995, 274 (275).

35   Vgl. BGH GRUR 2010, 322 (326) (Vergleich); bei Vereinbarung einer gerichtlichen Protokollierung durch die Anwälte, LAG Köln 1.3.2011 – 12 Sa 1298/10; OLG Bremen NJW-RR 2018, 1009, und ausf. zum Vertragsschluss beim Prozessvergleich *Siemon* NJW 2011, 426; LAG München BeckRS 2009, 72969 (Arbeitsvertrag).

36   BGH NJW 1994, 2025 (2026). Anders, wenn Vertragsaufhebung und Neuabschluss gewollt sind, vgl. Staudinger/*Bork* BGB § 154 Rn. 14; MüKoBGB/ *Busche* § 154 Rn. 11.

37   BGH NJW 2009, 433 (434); NJW 2000, 354 (357) (nur diejenige Schriftform gilt als vereinbart, die auch vollzogen wurde); NJW 1983, 1727 (1728); NJW-RR 1997, 670; KG MDR 2005, 1276 (1276 f.); OLG München NJOZ 2019, 677.

38   AllgM, Staudinger/*Bork* BGB § 154 Rn. 15 (Einwilligung in urheberrechtliche Verwertung); Erman/ *Armbrüster* BGB § 154 Rn. 13.

39   Staudinger/*Bork* BGB § 154 Rn. 10.

40   LAG Stuttgart ZIP 2007, 243 (246).

41   BGH NJW-RR 1990, 1009 (1011); Staudinger/*Bork* BGB § 154 Rn. 16; Erman/*Armbrüster* BGB § 154 Rn. 12.

A. Allgemeines

§ 155 ermöglicht eine vertragliche Bindung im Falle eines objektiv nicht geschlossenen Vertrages, den die **1** Parteien irrtümlich für geschlossen halten. Im Unterschied zu § 154 ist mindestens einer Partei der Einigungsmangel nicht bewusst. Man spricht daher von einem ein- oder beidseitig versteckten Einigungsmangel (**versteckter Dissens**). Der Einigungsmangel kann darin bestehen, dass tatsächlich nur eine Teileinigung erreicht worden ist (wie bei § 154 Abs. 1)[1] oder die Einigung in einem Nebenpunkt objektiv missverständlich war und unerkannt ein- oder beiderseitig auch missverstanden worden ist. Der **fehlende Konsens** (Dissens) als Anwendungsfall des § 155 ist von dem fehlerhaften Konsens zu unterscheiden, der ggf. wegen Irrtums anfechtbar ist oder als subjektiver Konsens (falsa demonstratio non nocet) unbeachtlich bleibt.

§ 155 ist eine Auslegungsregel für den Fall eines nur irrtümlich erzielten Konsenses. Objektiv liegt ein Dis- **2** sens vor, dh die nach jeweiligen objektivierten Empfängerhorizont ausgelegten Willenserklärungen (§§ 133, 157; NK-BGB/*Looschelders*, § 133 Rn. 41 ff.) decken sich nicht[2] und auch eine Übereinstimmung im subjektiven Willen (falsa demonstratio) liegt nicht vor. § 155 stellt für diesen Fall aber keine gesetzliche Vermutung auf (im Zweifel Vertragsbindung, soweit objektiv eine Einigung erzielt wurde), sondern nur eine **Auslegungsregel**. Nach dem **mutmaßlichen Parteiwillen** ist zu entscheiden, ob die Parteien sich auch dann für verpflichtet gehalten hätten, wenn ihnen der Dissens bei Vertragsschluss bekannt gewesen wäre.[3] Ist dies zu bejahen, erlangt die verbleibende Einigung Geltung. Die tatsächlich bestehende Lücke ist im Wege der ergänzenden Auslegung ebenfalls nach dem mutmaßlichen Parteiwillen zu schließen (§§ 133, 157).

B. Regelungsgehalt

I. Abgrenzung

Haben sich die Parteien über einen objektiv **wesentlichen** Vertragspunkt noch nicht geeinigt, so ist bereits **3** nach allgemeinen Grundsätzen kein Vertrag zustande gekommen (**logischer Dissens**). Die irrtümliche Vorstellung, eine Einigung erzielt zu haben, bleibt ohne Bedeutung. § 155 ist nicht anwendbar (s. auch → § 154 Rn. 4).

Kein verdeckter Dissens liegt vor, wenn die Parteien objektiv zwar missverständliche oder mehrdeutige **4** Vertragserklärungen abgegeben haben, sie sich aber **subjektiv einig** geworden sind, etwa bei der Verwendung einer falschen Grundstücksbezeichnung[4] oder weil sie mit beiden Bedeutungsalternativen einverstanden sind. Der Vertrag ist in diesem Falle zustande gekommen. Die objektiv fehlende Einigung bleibt unbeachtlich (falsa demonstratio non nocet). Diese Regel gilt jedoch nicht für fehlerhafte Grundbucheintragungen.[5]

Ein übereinstimmender subjektiver Wille nach der falsa demonstratio-Regel liegt auch vor, wenn eine Seite den Erklärungsfehler des Gegners erkannt hat und die objektiv anders zu verstehende Erklärung lediglich zum eigenen Vorteil ausnutzen möchte (**durchschauter Irrtum**). Der objektive Erklärungssinn bleibt hier unter analoger Anwendung des § 116 S. 1 unbeachtlich.[6]

Haben die Parteien nach der objektivierten jeweiligen Empfängersicht übereinstimmende Vertragserklärun- **5** gen abgegeben (**normativer Konsens**), unterliegen sie aber einseitig oder beiderseitig einem Bedeutungsirrtum über den Inhalt ihrer Erklärung und halten sie den Vertrag daher irrtümlich für nicht zu Stande gekommen, so ist § 155 ebenfalls nicht anwendbar. Die unbewusst subjektiv fehlende Einigung bleibt aus

---

1 Die unbewusste Nichteinhaltung der Beurkundungsabrede (Pendant zu § 154 Abs. 2) führt mit Vertragsausführung zu deren konkludenten Aufhebung, vgl. § 154 Rn. 6.
2 Zur Abgrenzung OLG Schleswig NJW 2016, 2045.
3 Staudinger/*Bork* BGB § 155 Rn. 14; MüKoBGB/*Busche* § 155 Rn. 14.
4 BGH NJW 2008, 1658 (1659); 2003, 347; 1993, 1798, 1799; vgl. mN PWW/*Brinkmann* BGB § 155 Rn. 3.
5 OLG Hamm I-22 U 166/14, BeckRS 2015, 11816. Entsprechend tritt insoweit auch keine Heilung durch Eintragung nach § 311b Abs. 1 S. 2 BGB ein (ebd.).
6 RGZ 66, 427, 429; 100, 134, 135 (Vertragsbindung nach § 242); LG Aachen NJW 1982, 1106; BGH BB 1983, 287; vgl. Staudinger/*Bork* BGB § 155 Rn. 11;

Hk-BGB/*Dörner* § 155 Rn. 3; PWW/*Brinkmann* BGB § 155 Rn. 3; BeckOK BGB/*Eckert* § 155 Rn. 6. Das Ergebnis ist nicht frei von Zweifeln, denn der parallel liegende durchschaute Vorbehalt führt nach § 116 S. 2 zur Nichtigkeit der Erklärung. Nur im Fall des § 661a darf auch der hervorgerufene Irrtum des Verbrauchers über den Gewinnanspruch nicht vom Unternehmer ausgenutzt werden, so dass der (lediglich verschleierte) objektive Erklärungssinn (kein Gewinn) unbeachtlich bleibt. § 116 S. 1 findet auf die Gewinnmitteilung keine analoge Anwendung, weil er positivistisch von § 661a verdrängt wird. Ebenso ist auch der vom Verbraucher durchschaute Vorbehalt des den Gewinn versprechenden Unternehmers unbeachtlich; vgl. *Piekenbrock/Schulze* IPRax 2003, 328 (331).

Vertrauensschutzgründen unbeachtlich. Der Vertrag ist aber wegen Irrtums ggf. durch beide Seiten anfechtbar, **§ 119 Abs. 1**.[7]

II. Teileinigung

6 Haben die Parteien unerkannt keine vollständige, sondern nur eine teilweise Einigung erzielt greift § 155 ein. Sie haben sich tatsächlich über einen Vertragspunkt nicht geeinigt über den sie eine Einigung erzielen wollten (Auslegungsfrage). Dann ist nach dem **mutmaßlichen Parteiwillen** zu fragen, ob sie den Vertrag auch ohne den Punkt geschlossen hätten. So etwa, wenn bei der Bestellung einer Rentenschuld versehentlich die Summe für ihre Ablösung nicht geregelt worden ist (§ 1199 Abs. 2).[8]

Voraussetzung für die Anwendung des § 155 ist dabei aber, dass über den Punkt eine Vereinbarung geschlossen werden sollte. Wollten die Parteien den offen gebliebenen Punkt gar nicht oder nicht mehr regeln, entweder weil sie ihn nicht bedacht haben oder für nicht regelungsbedürftig hielten, so liegt eine verdeckte oder offene Vertragslücke vor, die im Wege der Auslegung zu schließen ist.

III. Scheinbare Einigung

7 § 155 erfasst auch den Fall, dass zwar über alle Punkte eine Einigung erzielt wurde, der objektive Einigungsmangel aber daraus resultiert, dass die Parteien einen Begriff unterschiedlich verstehen (Scheinkonsens). Dies ist etwa der Fall bei der Verwendung von **objektiv mehrdeutigen** Begriffen. Das unterschiedliche Verständnis kann auf unklaren Erläuterungen eines an sich eindeutigen Begriffes beruhen[9] oder etwa bei einem Vertrag entstanden sein, der in zwei authentischen, aber voneinander abweichenden Sprachfassungen niedergelegt wurde.[10] Häufigster Fall ist ein objektiv mehrdeutiger Begriff (Semilodei,[11] Typenflug,[12] Aktien,[13] Selbstkostenanteil,[14] lichtes Maß,[15] Naturstein,[16] Baulast[17]). Der Vertrag ist danach geschlossen, wenn die objektive Auslegung zu einem übereinstimmenden Bedeutungsgehalt führt. Der Partei, die dies subjektiv anders verstanden hat, steht die Anfechtung offen. Führt die Auslegung dagegen zu einer in sich widersprüchlichen Aussage (**Perplexität**), fehlt der Erklärung ein objektiver Sinngehalt überhaupt. § 155 findet in diesem Fall keine Anwendung.[18]

Auf mehrdeutige Klauseln in **AGB** findet § 155 ebenfalls keine Anwendung. § 305 c Abs. 2 geht als speziellere Regel vor (vgl. zur Unklarheitenregel, NK-BGB/*Kollmann*, § 305 c Rn. 32).

IV. Rechtsfolgen

8 Aufgrund der fehlenden Einigung kommt der Vertrag nach dem Konsensprinzip nicht zustande.[19] Anders nur, wenn anzunehmen ist, dass der Vertrag auch ohne eine Bestimmung über den fraglichen Punkt geschlossen sein würde. Das ist Auslegungsfrage und richtet sich nach dem gemeinsamen mutmaßlichen Parteiwillen zum Zeitpunkt des Vertragsschlusses. Hätten sich die Parteien auch ohne diesen Punkt geeinigt? Maßgebend ist, welche Bedeutung der offene Punkt für den Vertrag insgesamt hat. Je geringfügiger er ist, desto eher kann ein mutmaßlicher Geltungswille für die verbleibende Einigung bejaht werden.[20]

---

7   Das Missverständnis ist hier äußerlich nicht erkennbar; die gewählten Begriffe sind objektiv eindeutig, werden aber missverstanden; vgl. MüKoBGB/*Busche* § 155 Rn. 2 f.; vgl. BGH NJW 2003, 743; OLG München MMR 2014, 109 (110); abw. OLG Koblenz BeckRS 2007, 15336; LG Mannheim MMR 2010, 241 (242).

8   BGH WM 1965, 950 (952); vgl. Staudinger/*Bork* BGB § 155 Rn. 7.

9   BGH NJW-RR 1993, 373 (Erstattungsklausel als Bezeichnung für Investitionszulagen).

10 BGH NJW 2019, 2020; OLG Hamburg IPRax 1981, 180 f.

11 RGZ 68, 6, 9 (Bezeichnung für Telegraphenschlüssel).

12 RGZ 116, 274, 275.

13 OLG Köln WM 1970, 892 f. (in Betracht kamen Stamm- und Vorzugsaktien). Ferner OLG Köln NJW-RR 2000, 1720 („Best-of-Album"). Weitere Beispiele bei Staudinger/*Bork* BGB § 155 Rn. 9.

14 AG Köln NJW 1980, 2756 (zahnärztliche Behandlung).

15 OLG Jena NZBau 2004, 438 (439) (Länge der Sohlbänke).

16 KG NJW-RR 2008, 300 (301) (natürlich gewachsenes Material).

17 OLG Hamm BeckRS 2017, 112672 (Stellplatzbaulast, Erschließungsbaulast, Abstandsflächenbaulast oder Vereinigungsbaulast).

18 OLG Hamburg ZMR 1997, 350; Erman/*Armbrüster* BGB § 155 Rn. 4; aA BeckOK BGB/*Eckert* § 155 Rn. 3.

19 Der Vertrag ist entgegen KG NJW-RR 2008, 300 (301) aber nicht nichtig. § 155 entspricht insoweit dem Regel-/Ausnahmeverhältnis des § 139, der bei Teilnichtigkeit grundsätzlich zur Gesamtnichtigkeit führt, vgl. MüKoBGB/*Kramer*, 5. Aufl., 2006, § 155 Rn. 1; *Flume* BGB AT Bd. 2, § 34, 7 (S. 633 f.); *Leenen* AcP 198 (1998), 381, 412.

20 RGZ 93, 297, 299; BGH DB 1978, 978; Staudinger/*Bork* BGB § 155 Rn. 15; Erman/*Armbrüster* BGB § 155 Rn. 5; MüKoBGB/*Busche* § 155 Rn. 14.

Die **Lücke** ist nach den gesetzlichen Regeln (bspw. § 632),[21] im Wege der ergänzenden Vertragsauslegung nach dem mutmaßlichen Parteiwillen (§§ 133, 157) oder nach §§ 315 ff. zu schließen.

Nach überwiegender Meinung **haftet**, wer den Einigungsmangel etwa durch eine schuldhaft missverständliche Ausdrucksweise herbeigeführt hat, aus c.i.c. (§§ 311 Abs. 2, 241 Abs. 2, 280 Abs. 1: **Pflicht zur klaren Ausdrucksweise**). Bei mitwirkendem Verschulden des Gegners soll eine anteilige Herabsetzung nach § 254 stattfinden (kein Haftungsausschluss nach § 122 Abs. 2).[22] Eine Haftung sollte nur in Ausnahmefällen bejaht werden. Das Risiko eines äußeren Missverständnisses bei der Einigung trägt jede Partei grundsätzlich in zumutbarerweise selbst.[23] **9**

C. Weitere praktische Hinweise

Die Beweislast entspricht der des § 154 (→ § 154 Rn. 9). Den Dissens muss beweisen, wer sich auf ihn beruft. Die Umstände, aus denen sich die Restgültigkeit bei bestehendem Dissens ergeben soll, muss der Vertragswillige beweisen.[24] **10**

§ 156 Vertragsschluss bei Versteigerung

[1]**Bei einer Versteigerung kommt der Vertrag erst durch den Zuschlag zustande.** [2]**Ein Gebot erlischt, wenn ein Übergebot abgegeben oder die Versteigerung ohne Erteilung des Zuschlags geschlossen wird.**

Literatur: *Eichelberger*, Versteigerungen nach BGB, ZPO und ZVG, JURA 2013, 82; *Marx/Arens*, Der Auktionator – Kommentar zum Recht der gewerblichen Versteigerung, 2. Aufl. 2004. S. gesonderte Kommentierung zur Versteigerung im Internet im Anhang zu § 156.

A. Allgemeines 1
B. Regelungsgehalt 2
  I. Anwendungsbereich 2
II. Gebot (Vertragsantrag) 5
III. Zuschlag (Vertragsannahme) 7
C. Weitere praktische Hinweise 8

A. Allgemeines

Die Versteigerung ist eine Verkaufsveranstaltung, bei der der Preis durch den Wettstreit der Bieter ermittelt wird.[1] § 156 regelt den Vertragsschluss. Der Antrag geht danach vom Bieter aus (Gebot) und wird durch den Zuschlag des Versteigerers (Auktionator) angenommen (S. 1). Abweichend von § 147 Abs. 1 erlischt das Gebot durch dessen Zurückweisung, durch ein Übergebot eines anderen Bieters oder mit dem Schluss der Versteigerung ohne Zuschlag (S. 2). § 156 bezieht sich nur auf den Vertragsschluss des schuldrechtlichen Vertrages und nicht auf die dingliche Einigung. Die Vorschrift ist dispositiv.[2] **1**

B. Regelungsgehalt

I. Anwendungsbereich

§ 156 gilt bei allen privaten Versteigerungen. Dazu gehört auch die (private) öffentliche Versteigerung durch einen Gerichtsvollzieher oder durch einen öffentlich bestellten Versteigerer bei der Hinterlegung (Legaldefinition in § 383 Abs. 3). Ferner gilt § 156 in den Fällen des §§ 966 Abs. 2, 975 S. 2, 979, 983, 1219 und beim Selbsthilfeverkauf gem. §§ 373, 376 HGB. Der Ablauf der privaten öffentlichen Versteigerung ist je nach **2**

---

21 Dazu OLG Bremen NJW-RR 2009, 668 (669).
22 RGZ 104, 265, 268 (Weinsteinsäure); 143, 219, 221; OLG Jena NZBau 2004, 438 (439); Staudinger/*Bork* BGB § 155 Rn. 17; Soergel/*Wolf* BGB § 155 Rn. 21; Erman/*Armbrüster* BGB § 155 Rn. 6; Palandt/*Ellenberger* BGB § 155 Rn. 5; PWW/*Brinkmann* BGB § 155 Rn. 12.
23 *Flume* BGB AT Bd. 2, § 34, 5 (S. 625 f.); Jauernig/*Mansel* BGB § 155 Rn. 3; MüKoBGB/*Busche* § 155 Rn. 15.

24 Vgl. KG NJW-RR 2008, 300 (301).
1 § 156 definiert den Begriff der Versteigerung nicht, sondern setzt ihn voraus, vgl. *Paefgen* RIW 2005, 178 (181), dort auch Hinweise zur Entstehungsgeschichte.
2 Abbedingung des § 156 BGB etwa bei der unechten Grundstücksversteigerung BGH DNotZ 2015, 314 Rn. 22 f.

Versteigerungsart ergänzend geregelt.[3] § 156 gilt auch im Falle des Pfandverkaufs durch Versteigerung §§ 753, 1233 ff. und grundsätzlich ebenso für die Versteigerung in der Einzelzwangsvollstreckung wegen Geldforderungen (§ 817 Abs. 1 ZPO).[4]

Dagegen findet § 156 **keine** Anwendung bei der Versteigerung nach dem Zwangsversteigerungsgesetz (§§ 66 ff., 79 ff. ZVG). Das Gebot ist hier Prozesshandlung und der Zuschlag lässt das Eigentum kraft Hoheitsakt übergehen. § 156 gilt ebenfalls nicht bei Ausschreibungen[5] und auch nicht bei Internetversteigerungen (→ Rn. 4).

3 § 156 hat keine dingliche Wirkung. Die Übereignungen von Versteigerungsgut und Kaufpreis vollziehen sich regelmäßig im Anschluss an die Versteigerung nach §§ 929 ff.[6] Der Versteigerer übereignet das Gut dabei entweder als Vertreter des Eigentümers (Einlieferers) oder im Falle eines Kommissionsgeschäfts im eigenen Namen mit Ermächtigung des Eigentümers (§ 185).[7]

4 Der BGH verneint die Anwendbarkeit des § 156 auf Versteigerungen im Internet[8] (s. dazu näher Anhang zu § 156). Der Widerrufsausschluss bei Verbraucherverträgen nach § 312 g Abs. 1 Nr. 10 (der anders als noch § 312 d Abs. 4 Nr. 5 aF nicht ausdrücklich auf § 156 Bezug nimmt) greift im Internethandel nicht, denn die Vorschrift setzt eine Vermarktungsform voraus, bei der der Verbraucher persönlich anwesend ist oder ihm diese Möglichkeit gewährt wird. Dem Verbraucher steht ein Widerrufsrecht beim Fernabsatzvertrag im Wege der **Internetversteigerung** zu. Dagegen besitzt der Verbraucher als Bieter in einer realen Versteigerung kein Widerrufsrecht, wenn er als Telefonbieter an der Versteigerung teilnimmt und ebenfalls einen **Fernabsatzvertrag** schließt (hier greift § 312 g Abs. 1 Nr. 10).[9]

II. Gebot (Vertragsantrag)

5 Das Ausrufen des Versteigerungsguts (**Ausgebot**) ist, soweit nicht abweichend geregelt, nicht schon als Antrag des Versteigerers aufzufassen, sondern nur als Aufforderung zur Abgabe von Geboten (invitatio ad offerendum).[10] Der Antrag geht als Gebot vom Bieter aus, den der Versteigerer mit dem Zuschlag annimmt (§ 156 S. 1). Bei dem Gebot handelt sich um eine empfangsbedürftige Willenserklärung unter Anwesenden (§§ 145, 147 Abs. 1). Bei formbedürftigen Rechtsgeschäften ist es **beurkundungsbedürftig** (so etwa § 311 b Abs. 1 auf Gebote in Grundstücksversteigerungen).[11] Das Gebot ist auszulegen vor dem Hintergrund des Ausrufs des Versteigerers und der damit verbundenen Beschreibung des Versteigerungsguts. Es kann angefochten werden. Das Gebot wird wirksam mit Zugang (Wahrnehmung durch den Versteigerer). Der Bieter ist mit der Abgabe gebunden (§ 145 Hs. 1). Anders als nach § 147 Abs. 1 erlischt es entweder durch Zurückweisung des Auktionators, durch die Abgabe eines Übergebots eines anderen Bieters (S. 2 Fall 1) oder durch Schließung der Versteigerung ohne Zuschlag (S. 2 Fall 2). Einer solchen Schließung steht es gleich, wenn der Versteigerer die Bedingungen der Versteigerung in laufender Versteigerung ändert.[12] Die Bindungswirkung entfällt dagegen nicht, wenn sich der Bieter vom Versteigerungsort vorübergehend oder dauerhaft entfernt.[13] Das gilt auch bei Telefonbietern, die die Verbindung nach Gebotsabgabe abbrechen.

3　Für die gewerbsmäßige Versteigerung durch die Verordnung über gewerbsmäßige Versteigerungen (VerstV) idF v. 24.4.2003 (BGBl. I S. 547); § 20 Abs. 3 BNotO; §§ 180 ff. GVGA (Gerichtsvollzieher). Die Zulassung nach § 34 b Abs. 5 GewO ist keine Voraussetzung für die Anwendung des § 156, BGH NJW 1992, 2570 (2572). Zur VerstV vgl. *Marx/Arens*, Der Auktionator, S. 163 ff.

4　Einschränkungen ergeben sich hier aber daraus, dass die Gebote Prozesshandlungen darstellen, vgl. Staudinger/*Bork* BGB § 156 Rn. 11; MüKoBGB/*Busche* § 156 Rn. 2.

5　Es handelt sich um einen Vertragsschluss unter Abwesenden ohne Kenntnis der Mitgebote; sog. Submissionsausschreibung, vgl. Soergel/*Wolf* BGB § 156 Rn. 16; Erman/*Armbrüster* BGB § 156 Rn. 1.

6　BGHZ 138, 339, 347.

7　Zur dinglichen Rechtslage an Kommissionsgut und Erlös vgl. *Canaris*, Handelsrecht, § 30 IV, Rn. 70 u. 81.

8　St. Rspr. seit BGH NJW 2005, 53; zuletzt NJW 2017, 468.

9　MüKoBGB/*Wendehorst* § 312 g Rn. 47.

10　Zum gemeinrechtlichen Streit um den Vertragsschluss bei Versteigerungen und der Entscheidung des BGB vgl. HKK/*Oestmann* BGB §§ 145–156 Rn. 6 mwN.

11　Eine nachträgliche Beurkundung ist mit § 156 nicht zu vereinbaren, vgl. BGHZ 138, 339, 342 ff.; KG NJW-RR 2002, 883 f.; aA Staudinger/*Bork* BGB § 156 Rn. 7: Beurkundungsniederschrift nach §§ 36 f. BeurkG genüge auch im Falle eines nur schriftformgebundenen Jagdpachtvertrages (§ 11 Abs. 4 S. 1 BJagdG) liege in der Versteigerung ein formloser Vorvertrag; vgl. Soergel/*Wolf* BGB § 156 Rn. 15. Bei sog. unechten Grundstücksversteigerungen ist eine Abbedingung des § 156 BGB möglich BGH DNotZ 2015, 314 Rn. 22 f.

12　Staudinger/*Bork* BGB § 156 Rn. 3. Behält sich der Versteigerer in seinen Bedingungen den Widerruf seines als Angebot ausgestalteten Ausrufs vor (Fall des § 145 Hs. 2), so ist er gebunden, sobald das erste Gebot eingeht (übernehmen von OLG Oldenburg NJW 2004, 168). Denkbar ist hier aber ein ausbedungenes Rücktrittsrecht, → Vor §§ 145–157 Rn. 16.

13　Staudinger/*Bork* BGB § 156 Rn. 3; MüKoBGB/*Busche* § 156 Rn. 4.

Ein Übergebot führt bereits mit seiner Abgabe zum Erlöschen des Untergebots (S. 2 Fall 1). Es ist aus Gründen des Verkehrsschutzes als bloße Tatsache zu berücksichtigen, so dass es auf die Wahrnehmung durch den Auktionator und auf die Wirksamkeit des Übergebots als Willenserklärung nicht ankommt.[14] **6**

Auch der Versteigerer kann Gebote als Vertreter eines Kaufinteressenten abgeben, soweit er vor der Versteigerung von diesem einen **Ersteigerungsauftrag** (Bietauftrag) erhalten hat und vom Verbot des Insichgeschäfts (§ 181) befreit wurde.[15] Der Versteigerer kann in diesem Fall das Gebot auch noch nach dem Abbruch der Versteigerung ausüben, denn S. 2 gilt nicht auch für den Bietauftrag.

III. Zuschlag (Vertragsannahme)

Die Vertragsannahme durch Zuschlag ist ein symbolischer Handlungsakt und damit eine konkludente Willenserklärung des Auktionators. Der Zuschlag ist nicht empfangsbedürftig (§ 151). Der Bieter muss den Zuschlag daher nicht vernehmen. Mit dem Zuschlag ist die Annahmeerklärung abgegeben[16] und das Verpflichtungsgeschäft zustande gekommen. Der Versteigerer verkauft im Regelfalle im fremden Namen als Vertreter des Einlieferers. Ebenso kann der Versteigerer aber auch im eigenen Namen als Verkaufskommissionär des Einlieferers als Verkäufer auftreten.[17] Die Erfüllungshandlungen folgen selbstständig nach (§§ 873, 929 ff.). **7**

Eine Pflicht des Versteigerers zur Erteilung des Zuschlags besteht nicht.[18] Der Versteigerer kann sich auch vorbehalten, unter mehreren Geboten zu wählen oder den Zuschlag erst später zu erteilen.[19] Die Bieter bleiben dann so lange (angemessene Zeit) an ihr Gebot gebunden.[20]

C. Weitere praktische Hinweise

§ 156 ist dispositiv, dh die Parteien können die **Versteigerungsbedingungen** selbst festlegen. Der Versteigerer macht regelmäßig seine Bedingungen zur Zugangs- und Teilnahmevoraussetzung und damit zum Bestandteil seiner Verkaufsveranstaltung. Die Versteigerungsbedingungen werden als Allgemeine Geschäftsbedingungen Bestandteil des Vertrages.[21] Nahe liegt es, hier eine Einbeziehung im Wege einer Rahmenvereinbarung nach § 305 Abs. 3 anzunehmen.[22] Der Versteigerer erzeugt darüber hinaus aber auch einen Interpretationsrahmen, in dem die Erklärungsakte im Rahmen der Versteigerung ihre bestimmte Bedeutung erlangen. Paradefall ist der Trierer Weinversteigerungsfall, bei dem das Zuwinken gegenüber einem Freund zum Gebot und schließlich zum Vertragsschluss führt, wobei das Gebot analog § 119 Abs. 1 Alt. 2 (Erklärungsirrtum) angefochten werden kann.[23] **8**

Bei Versteigerungen im **Internet** (ausführlich dazu im Anhang zu § 156) wird sachlich entsprechend von einer **Marktordnung**[24] gesprochen, zu der etwa auch ein Bewertungssystem über die Zuverlässigkeit der Teilnehmer gehören kann. Dabei ist konkret zu prüfen, welche Funktionalität den einzelnen Erklärungshandlungen im Geschäftsablauf und den gewählten sog. **Verkaufsformaten** jeweils zukommen soll. Die dafür verwendeten Bezeichnungen haben Indizwirkung sind aber für die rechtliche Einordnung nicht entscheidend (zur „vorweggenommenen [antizipierten] Annahme", → Vor §§ 145–157 Rn. 19). **9**

---

14 Anders nur bei offensichtlich unwirksamem Übergebot, das sofort zurückgewiesen wird, vgl. Soergel/*Wolf* BGB § 156 Rn. 6; differenzierend und mwN MüKoBGB/*Busche* § 156 Rn. 5.

15 Die Beauftragung des Versteigerers durch den Kaufinteressenten bedeutet daher selbst noch kein Gebot; BGH NJW 1983, 1186 f.; *v. Hoyningen-Huene* NJW 1973, 1474 (1477).

16 BGH NJW 2005, 53 (54).

17 *v. Hoyningen-Huene* NJW 1973, 1474 (1477).

18 Nur iE anders, wenn § 156 abbedungen wurde und die Gebote nach den Versteigerungsbedingungen als auflösend bedingte Annahmeerklärungen einzustufen sind; vgl. zur Zulässigkeit dieser Gestaltung *Rüfner* JZ 2000, 715 (716); *Hager* JZ 2001, 786 (788); zur „vorweggenommenen Annahmeerklärung" → Vor §§ 145–157 Rn. 19.

19 KG MDR 2004, 1402 f.

20 Staudinger/*Bork* BGB § 156 Rn. 9.

21 BGH NJW 2002, 363 (364); OLG Oldenburg NJW 2004, 168 (Angebot des Versteigerers mit Widerrufsmöglichkeit); vgl. allg. auch OLG Celle NJW-RR 2011, 132 (132 f.) Zu den Gestaltungsmöglichkeiten vgl. *Marx/Arens*, Der Auktionator, S. 401 ff.

22 Die Rahmenvereinbarung wird zur Aufnahme der jeweiligen (hier nicht notwendig laufenden) Geschäftsbeziehung getroffen, vgl. Erman/*Roloff* BGB § 305 Rn. 44 f. Die Einbeziehung ist somit auf die Verkaufsveranstaltung und nicht auf den konkreten Einzelvertrag bezogen.

23 Siehe zur Anfechtung bei fehlendem Erklärungsbewusstsein näher MüKoBGB/*Armbrüster* § 119 Rn. 93.

24 Palandt/*Ellenberger* BGB § 156 Rn. 3 mwN.

Anhang zu § 156: Internet-Versteigerungen

Literatur: *Bausch*, Das Recht des Verkäufers auf Versendung beim Internetkauf, ITRB 2007, 193; *Borges/Meyer*, Zur Haftung bei missbräuchlicher Verwendung des ebay-Accounts, EWIR 2006, 419; *Braun*, Fehlentwicklung bei der rechtlichen Behandlung von Internetauktionen, JZ 2008, 330; *Cichon/Pighin*, Transportschäden und Umtausch bei Online-Auktionen und anderen physisch abgewickelten Online-Geschäften, CR 2003, 435; *Dörre/Kochmann*, Zivilrechtlicher Schutz gegen negative eBay-Bewertungen, ZUM 2007, 30; *Eckel*, Shill Bidding – Preismanipulation bei Online-Auktion durch Eigengebote: Divergierende Rechtsprechung und offene Fragen, MMR 2017, 373; *Gabriel/Rothe*, Schnäppchen im Trend – Rechtsfragen der Veräußerung von Restposten in Online-Auktionen, VuR 2004, 212; *Grapentin*, Vertragsschluss bei Internet-Auktionen, GRUR 2001, 713; *Hager*, Die Versteigerung im Internet, JZ 2001, 786; *Hartung/Hartmann*, „Wer bietet mehr?" – Rechtssicherheit des Vertragsschlusses bei Internetauktionen, MMR 2001, 278; *Heiderhoff*, Die Wirkung der AGB des Internetauktionators auf die Kaufverträge zwischen den Nutzern, ZIP 2006, 793; *Hoeren/Müglich/Nielen* (Hrsg.), Online-Auktionen, 2002; *Jerger*, Vorzeitige Beendigung einer ebay-Auktion – risikolos möglich oder mögliches Risiko?, GWR 2015, 114; *Kreße*, Vertragsschluss bei der Internetauktion und Geltung der Auktionshaus-AGB im Marktverhältnis, NJ 2015, 448; *Leible/Sosnitza*, Versteigerungen im Internet. Das Recht der Internet-Auktionen und verwandter Absatzformen, 2004; *Mankowski*, Zum Handeln unter fremdem Namen auf einer Online-Auktionsplattform, CR 2007, 606; *O. Mayer*, Haftung der Internet-Auktionshäuser für Bewertungsportale, NJW 2004, 3151; *Oechsler*, Der vorzeitige Abbruch einer Internetauktion und die Ersteigerung unterhalb des Marktwerts der Sache, NJW 2015, 665; *Petershagen*, Rechtsschutz gegen Negativkommentare im Bewertungsportal von Internetauktionshäusern, NJW 2008, 953; *Pfeiffer*, Von Preistreibern und Abbruchjägern – Rechtsgeschäftslehre bei Online-Auktionen, NJW 2017, 1437; *Redeker*, Zur Frage der Rechtsmissbräuchlichkeit der Durchsetzung von Warenpreisen weit unter Warenwert im Rahmen von Online-Auktionen, CR 2009, 468; *Schinkels*, Maximal- statt Höchstgebot als Annahmeerklärung bei Internetauktionen: Die Rolle der Online-Auktionsplattform als Erklärungsmittler, MMR 2018, 351; *Schlömer/Dittrich*, eBay & Recht – Bilanz der Rechtsprechung, BB 2007, 2129; *dies.*, eBay & Recht, 2004; *Schroeter*, Die Anwendbarkeit des UN-Kaufrechts auf grenzüberschreitende Versteigerungen und Internet-Auktionen, ZEuP 2004, 20; *Schweda/Rudowicz*, Verkaufsverbote über Online-Handelsplattformen und Kartellrecht, WRP 2013, 590; *Sester*, Vertragsabschluss bei Internet-Auktionen, CR 2001, 98; *Spindler/Wiebe* (Hrsg.), Internet-Auktionen, 2001; *Steinbeck*, Umgekehrte Versteigerungen und Lauterkeitsrecht, K&R 2003, 344; *Szczesny/Holthusen*, Aktuelles zur Unternehmereigenschaft im Rahmen von Internet-Auktionen, NJW 2007, 2586; *Trinks*, Die Online-Auktion in Deutschland, 2004; *Ulrici*, Zum Vertragsschluss bei Internetauktionen, NJW 2001, 1112; *Wagner/Zenger*, Vertragsschluss bei eBay und Angebotsrücknahme: Besteht ein „Loslösungsrecht" vom Vertrag contra legem?, MMR 2013, 343; *Wenzel*, Vertragsabschluss bei Internet-Auktion – ricardo.de, NJW 2002, 1550.

A. Allgemeines	1	**III.** Account- oder Identitätsmissbrauch	28	
I. Bedeutung	1	**IV.** Stellvertretung	31	
II. Begrifflichkeiten	2	**C. Mängelhaftung und Verbraucherschutz**	32	
1. Nutzer der Versteigerungs-Plattformen	4	**I.** Anbieter als Unternehmer	32	
2. AGB des Betreibers	6	1. Bestimmung der Unternehmerstellung	32	
3. Gegenstand der Versteigerungs-Plattformen	7	2. Verschweigen der Unternehmerstellung	33	
4. Direkt- und Sofortkauf, verschiedene Versteigerungsmodelle	9	**II.** Mängelhaftung und Haftungsausschluss	34	
III. Keine Versteigerung iSd § 156	11	**III.** Informations- und Kennzeichnungspflichten	37	
IV. Anwendbares Recht	14	**IV.** Widerrufsrecht	39	
B. Vertragsschluss	15	**D. Bewertungssystem und Löschungsansprüche**	41	
I. Zustandekommen des Vertrags	15	**E. Verantwortlichkeit des Plattform-Betreibers für Rechtsverletzungen der Nutzer**	43	
1. Willenserklärung des Verkäufers	17	**F. Weitere Rechtsfragen**	47	
a) Bedingungen und Vorbehalte	18	**I.** Umgekehrte Versteigerung (Abwärtsauktion oder Reverse Auction)	47	
b) Ausnahmsweise fehlender Rechtsbindungswille	19	**II.** Nutzung von Bietagenten („Sniper-Software")	50	
c) Antrag des Verkäufers	21	**III.** Preisangabenverordnung und Buchpreisbindungsgesetz	52	
2. Willenserklärung des Käufers	23			
II. Löschung von Angeboten und Geboten, Anfechtung	25			

A. Allgemeines

I. Bedeutung

1 Internet-Versteigerungen oder Online-Auktionen sind ein gewichtiger Marktfaktor im E-Commerce. Immer noch stehen die Begriffe synonym für den Anbieter eBay,[1] wenn auch ähnliche Geschäftsmodelle ihre Nische im Online-Markt gefunden haben. Weltweit erzielte eBay im Kalenderjahr 2018 einen Umsatz von fast 11 Milliarden EUR.[2] Unternehmer und Verbraucher unterhalten dort eigene eBay-Shops. Dabei wird ein umfassendes Portfolio durch die verschiedenen, miteinander konkurrierenden Anbieter auf der Online-

---

1 http://www.ebay.de, hervorgegangen aus *Alando* (31.5.2019).

2 Der Höhepunkt war 2014 ein Jahresumsatz von fast 18 Milliarden EUR, s. https://de.statista.com/statistik /daten/studie/39476/umfrage/umsatz-und-gewinn-vo n-ebay-inc/ (31.5.2019).

Plattform gebündelt, deren Preisfindung sich durch einen lebhaften Preiswettbewerb der Akteure auszeichnet. Ebenso wie auf anderen **virtuellen Marktplätzen** (allen voran der Amazon Marketplace)[3] versuchen deshalb insbesondere Markenhersteller seit mehreren Jahren, gezielt den Handel ihrer Waren über Internet-Versteigerungen zu unterbinden oder zumindest zu kontrollieren.[4] Beschränkungen außerhalb diskriminierungsfrei angewandter, sog. **selektiver Vertriebssysteme** sind jedoch in der Regel lauterkeitsrechtlich nicht zu begründen und deshalb unzulässig.[5]

II. Begrifflichkeiten

Der Begriff der Internet-Versteigerung wird häufig gleichbedeutend für die im Internet existierenden Plattformen sowie für die innerhalb einer solchen Plattform abgewickelten Transaktionen der jeweiligen Nutzer, also die einzelnen Vertragsschlüsse (etwa Kauf eines Buches), verwendet. Dabei lässt sich heute zwischen allgemeinen Versteigerungs-Plattformen wie eBay oder Hood,[6] die ein möglichst breites Spektrum von Waren und Dienstleistungen abdecken wollen, und speziellen Versteigerungs-Plattformen differenzieren, etwa My Hammer[7] als Marktführer für Handwerker-Dienstleistungen oder Etsy (vormals Dawanda)[8] für Selbstgemachtes. Dabei stellen die Plattform-Betreiber (früher auch Online-Auktionshäuser genannt) lediglich den virtuellen Marktplatz für die von den Nutzern eigenständig durchgeführten Transaktionen zur Verfügung;[9] eigene Transaktionen der Betreiber einer Versteigerungs-Plattform wie anfangs bei ricardo.de sind zur absoluten Ausnahme geworden. **2**

Für den Betrieb einer Versteigerungs-Plattform bedarf es keiner Genehmigung nach § 34 b Abs. 1 S. 1 GewO (zum Versteigerungsbegriff → Rn. 10).[10] Ein etwaiger Verstoß führt aber ohnehin nicht gem. § 134 zur Nichtigkeit der zwischen den Nutzern geschlossenen Verträge,[11] denn § 34 b Abs. 1 S. 1 GewO richtet sich allein an den Betreiber[12] und ist kein gesetzliches Verbot iSd § 134.[13] Auch § 762 Abs. 1 S. 1 steht der Wirksamkeit der zwischen den Nutzern einer Versteigerungs-Plattform geschlossenen Verträge nicht entgegen; bei Internet-Versteigerungen handelt es sich weder um eine Wette noch um ein Spiel.[14] **3**

1. Nutzer der Versteigerungs-Plattformen. Nutzer können sein natürliche und juristische Personen, ebenso wie Verbraucher und Unternehmer iSd §§ 13, 14 sein; möglich sind demnach Transaktionen von Verbraucher zu Verbraucher (C2C – Consumer to Consumer), Unternehmer zu Verbraucher (B2C – Business to Consumer), Unternehmer zu Unternehmer (B2B – Business to Business) und Verbraucher zu Unternehmer (C2B – Consumer to Business). Die Betätigung auf einer Online-Auktions-Plattform als Verkäufer unterliegt grundsätzlich der Steuerpflicht. Bei unternehmerischer Betätigung (→ Rn. 29) kommen Gewerbe- und Unternehmenssteuerpflichten (§ 15 EStG) ebenso in Betracht wie Körperschaft- und Umsatzsteuerpflichten (§ 1 KStG), während sich bei Verbrauchern eine Steuerpflicht etwa unter dem Gesichtspunkt privater Veräußerungsgeschäfte (§ 23 EStG) ergeben kann.[15] **4**

Vor der Beteiligung an einer Versteigerungs-Plattform müssen Nutzer sich beim Betreiber unter Angabe von – in der Regel mindestens – Name, Anschrift und E-Mail-Adresse registrieren. Nach dem Abschluss eines Nutzungsvertrags zwischen Nutzer und Plattform-Betreiber kann der Nutzer zumeist unter einem frei **5**

---

3   Dazu https://services.amazon.de/programme/online-v erkaufen/so-funktionierts.html (31.5.2019).

4   Kritisch dazu LG Kiel 8.11.2013 – 14 O 44/13, MMR 2014, 183; *Schweda/Rudowicz* WRP 2013, 590.

5   Für die Zulässigkeit selektiver Vertriebssysteme auf eBay bei technisch hochwertigen Waren und Luxusgütern sowie bei Nahrungsergänzungsmitteln und Kosmetika Hanseatisches OLG, 22.3.2018 – 3 U 250/16, NZKart 2018, 590; OLG Karlsruhe 25.11.2009 – 6 U 47/08, WRP 2010, 412; ebenso für Luxusgüter EuGH 6.12.2017 – C-230/16, NZKart 2018, 36; für Markenkosmetikprodukte OLG Frankfurt 12.7.2018 – 11 U 06/14 (Kart), NZKart 2018, 586; zu den Grenzen selektiver Vertriebssysteme BKartA, 26.8.2015 – B2–98/11, WuW 2016, 198; zu sog. Plattformverboten der Hersteller *Söbbing/Jakob* InTeR 2016, 149 (156).

6   http://www.hood.de (31.5.2019).

7   http://www.myhammer.de (31.5.2019).

8   https://www.etsy.com/de (31.5.2019).

9   Vgl. Beschreibung bei BGH 30.4.2008 – I ZR 73/05, NJW-RR 2008, 1136, Rn. 4.

10   OLG Frankfurt/Main, 1.3.2001 – U 64/00, NJW 2001, 1434 f.; KG Berlin 11.5.2001 – 5 U 9586/00, NJW 2001, 3272 f.; *Schönleiter* GewArch 2000, 49 (50); *Vehslage* MMR 1999, 680 (681); wohl ebenso für umgekehrte Versteigerungen (Rn. 44 f.) BGH 13.11.2003 – I ZR 141/02, NJW 2004, 854 (855); aA LG Hamburg 14.4.1999 – 315 O 144/99, MMR 1999, 678 (679 f.); LG Wiesbaden 13.1.2000 – 13 O 132/99, MMR 2000, 376 f.; *Ernst* CR 2000, 304 (306); *Klinger* DVBl 2002, 810 (814).

11   BGH 7.11.2001 – VIII ZR 13/01, NJW 2002, 363 (365).

12   OLG Hamm 14.12.2000 – 2 U 58/00, NJW 2001, 1142 (1145).

13   *Sester* CR 2001, 98 (103).

14   BGH 7.11.2001 – VIII ZR 13/01, NJW 2002, 363 (364); *Spindler* ZIP 2001, 809 (813); zweifelnd *Sester* CR 2001, 98 (103 f.)

15   *Teuber/Melber* MDR 2004, 185 (190); für eine gewerblich selbstständige Tätigkeit nach § 2 Abs. 1 S. 1 UStG genügen 1.200 Angebote von „Liebhaberstücken" in einem Zeitraum von vier Jahren, FG Baden-Württemberg 22.9.2010 – 1 K 3016/08, MMR 2011, 314.

wählbaren Pseudonym als Verkäufer und Käufer auftreten; eine feste Rollenzuweisung existiert regelmäßig nicht. Die virtuellen Identitäten der Nutzer (sog. Accounts) werden zunächst durch Eingabe eines frei wählbaren Passworts vor Missbrauch gesichert; zusätzliche Sicherungsmaßnahmen – etwa elektronische Signaturen (→ § 126a Rn. 15 ff.),elektronischer Identitätsnachweis (→ § 126a Rn. 30 ff.) oder separate Token kommen nur zum Einsatz. Durchgesetzt haben sich jedoch sog. **Zwei-Faktor-Authentifizierungen** (2FA), bei denen die Anmeldung zur Nutzung des Marktplatzes von einem unbekannten Gerät zunächst von einem bekannten Gerät oder durch Eingabe eines an ein Mobilgerät gesendeten Authentifizierungs-Codes autorisiert werden muss.[16] Die Kombination von frei wählbarem Pseudonym und Passwort verfügt auch bei einer Zwei-Faktor-Authentifizierung nur über einen eingeschränkten Sicherungswert (zu den Rechtsfolgen → Rn. 28 ff.); dies wird aber ebenso wie im elektronischen Geschäftsverkehr insgesamt wegen der damit verbundenen Leichtigkeit des Vertragsschlusses von allen Beteiligten bewusst in Kauf genommen.

6   **2. AGB des Betreibers.** Die Rechtsbeziehungen zwischen dem Betreiber einer Versteigerungs-Plattform und deren Nutzern (sog. Benutzungsverhältnis)[17] sind streng von den Rechtsbeziehungen zwischen den an einer einzelnen Transaktion beteiligten Nutzern (sog. Marktverhältnis) zu trennen. Über seine in das Benutzungsverhältnis einbezogenen AGB (sog. Nutzungsbedingungen) gibt der Betreiber die Rahmenbedingungen vor, unter denen die Nutzer sich an der Versteigerungs-Plattform beteiligen können (zuweilen als Marktordnung bezeichnet),[18] ohne dass die AGB des Betreibers jedoch Bestandteil der später zwischen den Nutzern geschlossenen Verträge werden (sog. Einbeziehungslösung) oder für diese eine rechtliche Bindungswirkung entfalten.[19] Die AGB des Betreibers werden – unabhängig von der Beteiligung eines Unternehmers[20] – weder von den Nutzern iSd § 305 Abs. 1 S. 1 gestellt[21] noch über eine Rahmenvereinbarung iSd § 305 Abs. 3[22] in die zwischen den Nutzern geschlossenen Verträge einbezogen. Sie regeln allein die rechtliche Beziehung zwischen dem Plattform-Betreiber und den Nutzern, können jedoch als Interpretationshilfe für die rechtliche Würdigung der Handlungen der Nutzer auf der Online-Auktions-Plattform herangezogen werden, wenn diese nicht aus sich heraus verständlich sind (sog. Auslegungslösung).[23] Schließlich hat sich jeder Nutzer diesen AGB unterworfen und darf erwarten, dass andere Nutzer ihr Handeln zumindest nach den wesentlichen Aussagen dieser AGB ausrichten,[24] solange nicht aufgrund konkreter Anhaltspunkte – etwa in der zu einem Angebot gehörenden Angebotsbeschreibung (→ Rn. 18 ff.) – eine andere Bewertung erforderlich ist.[25] Auch durch ein „berechtigtes Interesse aller Beteiligten an einer einheitlichen Marktordnung"[26] oder ein angebliches Schutzbedürfnis der Käufer können die gesetzlichen Anforderungen an die Einbeziehung von AGB in Verträge nicht überwunden werden.[27]

7   **3. Gegenstand der Versteigerungs-Plattformen.** Internet-Versteigerungen werden von Kaufverträgen über Sachen dominiert, die entweder kraft ausdrücklicher Vereinbarung oder gem. § 447 Abs. 1[28] als Versendungskauf einzuordnen sind (zum Verbrauchsgüterkauf → Rn. 34 f.), wenn nicht ausnahmsweise persön-

16   Bei eBay sog. zweistufige Verifizierung, zu aktivieren über die Einstellungen im jeweiligen Account.

17   Benutzungs- und Marktverhältnis benannt nach *Rüfner* MMR 2000, 597.

18   *Burgard* WM 2001, 2102 f., 2105; *Spindler* ZIP 2001, 809; *Wiebe* MMR 2001, 110.

19   BGH 11.5.2011 – VIII ZR 289/09, MMR 2011, 447 (449); *Kreße* NJ 2015, 448 (449); *Heiderhoff* ZIP 2006, 793 ff.; aA *Ernst* CR 2001, 121 (122); *Hager* JZ 2002, 506 (507); *Spindler* ZIP 2001, 809 (812); *Wiebe* CR 2002, 216 (217).

20   AA unter Hinweis auf § 24a AGBG = § 310 Abs. 3 *Rüfner* MMR 2000, 597 (601); *Spindler* ZIP 2001, 809 (814); *Wiebe* MMR 2000, 323 (325).

21   BGH 7.11.2001 – VIII ZR 13/01, NJW 2002, 363 (365); *Burgard* WM 2001, 2102 (2108); *Ulrici* NJW 2001, 1112; iE wohl auch *Grapentin* GRUR 2001, 713 (714); aA *Lettl* JuS 2002, 219 (221): Verkäufer als Verwender.

22   Ebenso *Kreße* NJ 2015, 448 (449 f.); *Wagner/Zenger* MMR 2013, 343 (347); *Spindler* ZIP 2001, 809 (812); aA *Burgard* WM 2001, 2102 (2106 f.); *Sester* CR 2001, 98 (107 f.); *Ulrici* NJW 2001, 1112.

23   BGH 8.1.2014 – VIII ZR 63/13, NJW 2014, 1292, dazu *Kremer*, jurisPR-ITR 5/2014 Anm. 6; BGH 11.5.2011 – VIII ZR 289/09, MMR 2011, 447 (449); 8.6.2011 – VIII ZR 305/10, Rn. 15 (juris); 7.11.2001

– VIII ZR 13/01, NJW 2002, 363 (365); OLG Hamm 30.10.2014 – 28 U 199/13; OLG Düsseldorf 11.10.2013 – I-22 U 54/13; *Pfeiffer* NJW 2017, 1437; *Trinks* MMR 2004, 500 (501); aA *Kreße* NJ 2015, 448 (453) (keinerlei Wirkung im Marktverhältnis); offensichtlich auch LG Berlin 20.7.2004 – 4 O 293/04, NJW 2004, 2831 (2832).

24   *Rüfner* MMR 2000, 597 (598).

25   Zu einem solchen Sachverhalt BGH 15.2.2017 – VIII ZR 59/16, NJW 2017, 1660.

26   So *Wiebe* MMR 2000, 323 (325) und MMR 2001, 110.

27   OLG Hamm 14.12.2000 – 2 U 58/00, NJW 2001, 1142 (1143); *Kreße* NJ 2015, 448 (450 f.); *Grapentin* GRUR 2001, 713 (714); *Hartung/Hartmann* MMR 2001, 278 (281); aA (§ 242 iVm §§ 307–309 analog) *Burgard* WM 2001, 2102 (2107 f.); *Spindler* ZIP 2001, 809 (816); *Wenzel* NJW 2002, 1550; auch eine Einbeziehung über die Konstruktion eines Vertrags zugunsten Dritter scheidet aus, vgl. *Burgard* WM 2001, 2102 (2105); *Grapentin* GRUR 2001, 713 (714); *Sester* CR 2001, 98 (104); *Spindler* ZIP 2001, 809 (815); aA *Wiebe* MMR 2000, 323 (325) und MMR 2001, 110.

28   LG Berlin 1.10.2003 – 18 O 117/03, NJW 2003, 3493 (3494).

liche Abholung vereinbart ist oder der verkaufende Unternehmer seinen Vertrieb ausschließlich auf den Fernabsatz ausgerichtet hat.[29]

Durch Plattformen wie MyHammer (→ Rn. 2) ist in den vergangenen Jahren auch die Versteigerung von **8** Werk- und Dienstleistungen im Internet (einschließlich der anwaltlichen Erstberatung) keine Besonderheit mehr. Soweit es sich nicht um kaufvertragsspezifische Fragestellungen handelt, lassen sich die Ausführungen ohne Weiteres auf alle im Rahmen einer Internet-Versteigerung abgeschlossenen Verträge übertragen.

4. Direkt- und Sofortkauf, verschiedene Versteigerungsmodelle. Abzugrenzen von den durch das **9** gegenseitige Überbieten gekennzeichneten Internet-Versteigerungen sind die sog. **Direkt- oder Sofortkäufe.** Bei ihnen kommt der Vertrag durch die unmittelbare Annahme eines Angebots zu dem vom Verkäufer beim Einstellen der Transaktion[30] fest vorgegebenen Preis zustande.[31] Die Situation des Vertragsschlusses entspricht einem gewöhnlichen Fernabsatzgeschäft wie bei jedem anderen virtuellen Marktplatz (→ Rn. 2); Direkt- oder Sofortkaufangebote werden daher keinesfalls von § 156 erfasst.[32] Soweit die nachfolgenden Erläuterungen nicht das Element des gegenseitigen Überbietens in Bezug nehmen, sind sie gleichwohl auf Direkt- oder Sofortkäufe anwendbar; insoweit handelt es sich weniger um „Internet-Versteigerungs-Recht" als vielmehr um allgemeines „eCommerce-Recht" oder „Internetrecht".

Die Versteigerungs-Plattformen werden nahezu ausschließlich von Aufwärtsauktionen (sog. englischen **10** Auktionen) dominiert, in denen die Nutzer den Kaufpreis während der vom Verkäufer gewählten Dauer einer Transaktion durch gegenseitiges Überbieten „in die Höhe treiben" und der Vertrag mit demjenigen Nutzer zustande kommt, dessen Gebot nach Ablauf der Transaktion das höchste ist. Umgekehrte Versteigerungen (sog. holländische Auktionen, auch Abwärtsauktionen oder Reverse Auctions genannt, dazu → Rn. 47 f.) sind die Ausnahme, Elemente hiervon finden sich aber bei MyHammer, wenn dort der „Ausschreibende" für die von ihm nachgefragte Leistung nach dem günstigsten „Anbieter" sucht.[33] Auch die Zweitpreisauktionen (sog. Vickrey-auctions),[34] bei denen der Höchstbietende die Auktion gewinnt, allerdings nur das zweithöchste Gebot bezahlen muss, vermochten sich nicht durchzusetzen. Systematisch nicht zu den Internet-Versteigerungen zählen die zwischenzeitlich nahezu ausgestorbenen, seit geraumer Zeit jedoch wieder stark nachgefragten Geschäftsmodelle des Power-Shoppings wie GROUPON,[35] bei denen sich mehrere Interessenten zur Erzielung eines möglichst günstigen Preises zu einer Kaufgemeinschaft zusammenschließen.[36]

III. Keine Versteigerung iSd § 156

Die auf einer Versteigerungs-Plattform von den Nutzern durchgeführten Transaktionen sind keine Versteigerungen iSd § 156 (zu → GewO § 34 b Rn. 3; zum Widerrufsrecht im Fernabsatz → Rn. 39 f.; zum Sofort- **11** oder Direktkauf → Rn. 9).[37] Allen Definitionsversuchen einer Versteigerung ist das Erfordernis eines Zuschlags (→ § 156 Rn. 7) gemeinsam. Gibt es keinen Zuschlag, liegt keine Versteigerung im Rechtssinn[38]

29 *Hoffmann* in Leible/Sosnitza, Versteigerungen im Internet, Teil 3, Rn. 221; *Bausch* ITRB 2007, 193 ff.; aA AG Koblenz 21.6.2006 – 151 C 624/06, NJW-RR 2006, 1643 ff.; zu letzterem Fall *Borges* DB 2004, 1815; *Cichon/Pighin* CR 2003, 435 ff.; *Gabriel/Rothe* VuR 2004, 212 (215 f.)

30 Das Einstellen einer Transaktion ist der vom Verkäufer initiierte Vorgang des Freischaltens einer Transaktion nach Eingabe aller relevanten Daten zum Kaufgegenstand; ab diesem Zeitpunkt können die anderen Nutzer der Versteigerungs-Plattform auf den angebotenen Gegenstand Gebote abgeben bzw. diesen sofort kaufen.

31 LG Saarbrücken 2.1.2004 – 2 O 255/03, MMR 2004, 556 (557); AG Moers 11.2.2004 – 532 C 109/03, NJW 2004, 1330.

32 LG Memmingen 23.6.2004 – 1 HO 1016/04, NJW 2004, 2389 (2390).

33 Daneben gibt es eine Vielzahl weiterer Auktionsformen, die für Online-Auktionen bislang nicht genutzt wurden. Kein eigener Auktionstyp sind die „Angebote mit nicht öffentlicher Bieter-/Käuferliste" (sog. Privatauktionen) bei eBay; diese folgen den Regeln

für Aufwärtsauktionen mit dem Unterschied, dass die beteiligten Nutzer anonym gegenüber den anderen Nutzern bleiben und nur der Verkäufer erfährt, wer sich alles an seiner Transaktion beteiligt hat.

34 https://de.wikipedia.org/wiki/Zweitpreisauktion (31.5.2019).

35 http://www.groupon.de (31.5.2019).

36 Dazu OLG Köln 1.6.2001 – 6 U 204/00, MMR 2001, 523 (524 ff.); LG Köln 25.11.1999 – 31 O 990/99, K&R 2000, 137 und 10.10.2000 – 33 O 180/00, MMR 2001, 54; *Ernst* CR 2000, 239; *Huppertz* MMR 2000, 65 sowie MMR 2000, 329.

37 BGH 24.8.2016 – VIII ZR 100/15, MMR 2017, 176; 3.11.2004 – VIII ZR 375/03, NJW 2005, 53 (54); 7.11.2001 – VIII ZR 13/01, NJW 2002, 363 (364); aA LG Berlin 1.10.2003 – 18 O 117/03, NJW 2003, 3493 (3494); *Klinger* DVBl 2002, 810 (817).

38 Zum Versteigerungsbegriff OLG Brandenburg 16.12.2003 – 6 U 161/02, MMR 2004, 330; KG Berlin 11.5.2001 – 5 U 9586/00, NJW 2001, 3272; LG Düsseldorf 29.10.2002 – 4 a O 464/01, MMR 2003, 120 (123); LG Hamburg 14.4.1999 – 315 O 144/99, MMR 1999, 678 (679).

vor. Gerade an diesem Zuschlag fehlt es bei Internet-Versteigerungen.[39] Sie stellen nichts anderes dar als eine moderne Form der Vertragsanbahnung im Internet[40] und sind lediglich ein besonderer Weg zur Festlegung des Verkaufspreises.[41]

12 Anders als bei Internet-Versteigerungen liegt bei einer „klassischen" Versteigerung iSd § 156[42] wegen des Erfordernisses eines Zuschlags die letzte Entscheidung über das Zustandekommen des Vertrags in der Hand des Versteigernden. Auf einer Versteigerungs-Plattform im Internet ist Versteigerer allein der in der jeweiligen Transaktion als Verkäufer auftretende Nutzer; der Plattform-Betreiber stellt nur den Marktplatz für diese Transaktionen zur Verfügung (→ Rn. 2) und tritt im Übrigen lediglich als Empfangsvertreter auf (→ Rn. 15). Vom Verkäufer kommt bei einer Internet-Versteigerung der Antrag auf Abschluss eines Kaufvertrags (→ Rn. 21 f.); er soll an seinen beim Einstellen der Transaktion wirksam erklärten Willen gebunden bleiben und nicht auf dem Umweg über ein Zuschlagserfordernis doch wieder das Recht zugesprochen bekommen, über das Zustandekommen eines Kaufvertrags nach seinem Belieben entscheiden zu können.[43] Der Verkäufer nimmt nach Abgabe des letzten Gebots auf die von ihm angebotenen Waren oder Leistungen keine Handlungen mit Bezug zum Vertragsschluss mehr vor, denen ein rechtlicher Erklärungswert im Sinne eines Zuschlags zugesprochen werden könnte; es gibt deshalb keinen Zuschlag des Verkäufers als Versteigerer.[44] Anders war dies anfangs bei den sog. Live-Auktionen, bei denen ein virtueller Auktionator zum Ende oftmals nur wenige Minuten dauernden Versteigerung den virtuellen Hammer fallen ließ und dem Höchstbietenden den Zuschlag erteilte.[45]

13 Auch im bloßen Ablauf der Laufzeit einer Transaktion kann kein Zuschlag zugunsten des Höchstbietenden gesehen werden.[46] § 156 ist zwar grundsätzlich dispositives Recht (→ § 156 Rn. 1), der in den Grenzen der Verbraucherschutzvorschriften (insbesondere der §§ 305 ff.) abweichenden Regelungen zugänglich ist.[47] Mit dem gesetzgeberischen Leitbild des § 156 wäre es aber nicht mehr vereinbar, wenn kraft rechtsgeschäftlicher Vereinbarung auf das Zuschlagserfordernis völlig verzichtet werden könnte.[48] Ein Zuschlag durch Zeitablauf ist gerade kein Zuschlag im Sinne einer Willenserklärung, sondern eine bloße Fiktion ohne jeden Erklärungsgehalt. Es fehlt völlig am moderierenden Element eines treuhänderisch handelnden und situativ entscheidenden Versteigerers, der allein nach eigenem Gutdünken über den Zuschlag und das Zustandekommen des Vertrags entscheidet.[49] Gem. § 307 Abs. 2 Nr. 1 sind deshalb auch AGB, die für einen Zuschlag allein auf den bloßen Zeitablauf ohne Abgabe einer besonderen Erklärung abstellen, wegen einer nicht durch einen sachlichen Grund gerechtfertigten Abweichung von wesentlichen Grundgedanken der gesetzlichen Regelung unwirksam.

IV. Anwendbares Recht

14 Sind Nutzer mit einem ausländischen Wohn- oder Geschäftssitz am Vertragsschluss beteiligt, kann das deutsche Recht ggf. durch das UN-Kaufrecht (CISG) verdrängt werden.[50] Gegenüber Verbrauchern mit einem Sitz in einem anderem Mitgliedstaat als der anbietende Unternehmer kann nach Art. 6 Abs. 1 Rom I-VO das Recht im Mitgliedstaat des Verbrauchers Anwendung finden; dies führt bei einer internationalen Ausrichtung der unternehmerischen Tätigkeit eines deutschen Nutzers ggf. zur Verpflichtung, eine Vielzahl von Rechtsordnungen befolgen zu müssen. Soweit es um unerlaubte Handlungen von Plattform-Betreiber (dazu → Rn. 40 ff.) oder Plattform-Nutzer geht, hängt das anwendbare Recht nach Art. 40 ff. EGBGB und

39   Staudinger/*Thüsing*BGB § 312 d Rn. 67 f.; offengelassen vom BGH 7.11.2001 – VIII ZR 13/01, NJW 2002, 363; *Sutschet* NJW 2014, 1041; aA *Mankowski* EWiR 2001, 547 (548).

40   AG Schwäbisch-Gmünd 23.7.2002 – 8 C 130/01, ITRB 2003, 239.

41   So über umgekehrte Versteigerungen (Rn. 47 f.) BGH 13.11.2003 – I ZR 141/02, NJW 2004, 854 (855).

42   Zur Entstehungsgeschichte des § 156 *Rüfner* JZ 2000, 715 (716 f.)

43   Ähnlich LG Berlin 20.7.2004 – 4 O 293/04, NJW 2004, 2831 (2832).

44   *Gabriel/Rothe* VuR 2004, 212 (213); *Wilkens* DB 2000, 666 (667). Dies gilt auch, wenn man entgegen der unter Rn. 21 f. vertretenen Auffassung die Willenserklärung des Verkäufers als antizipierte Annahme einordnen will; vgl. BGH 7.11.2001 – VIII ZR 13/01, NJW 2002, 363 (364).

45   *Gabriel/Rothe* VuR 2004, 212 (213); *Spindler* ZIP 2001, 809 (810); *Wenzel* NJW 2002, 1550 (1551).

Wegen der Vielfältigkeit der frühen Formen von Internet-Versteigerungen ist bei der Auswertung älterer Lit. und Rspr. Vorsicht geboten; vielfach sind diese von mangelnder Kenntnis der tatsächlichen Geschehensabläufe oder der Darstellung heute nicht mehr relevanter Fallgestaltungen geprägt.

46   LG Memmingen 23.6.2004 – 1 HO 1016/04, NJW 2004, 2389 (2390); Spindler ZIP 2001, 809 (810); aA LG Berlin 1.10.2003 – 18 O 117/03, NJW 2003, 3493 (3494); wohl auch LG Wiesbaden 13.1.2000 – 13 O 132/99, MMR 2000, 376; *Heiderhoff* MMR 2001, 640 (642).

47   BeckOK BGB/*Eckert* § 156 Rn. 1.

48   Im 7.11.2001 – VIII ZR 13/01, NJW 2002, 363 (364) geht auch der BGH davon aus, dass sich die Frage nach einer Abdingbarkeit des § 156 erst stellt, wenn überhaupt ein Zuschlag iSd § 156 vorliegt.

49   *Teuber/Melber* MDR 2004, 185 (188).

50   Vgl. *Schroeter* ZEuP 2004, 20.

Art. 4 ff. Rom II-VO maßgeblich vom Handlungs- und Erfolgsort ab. Der Plattform-Betreiber wird ggf. über § 3 Abs. 1 TMG durch das sog. „Herkunftslandprinzip" mit der ausschließlichen Anwendung des deutschen Rechts privilegiert, sofern nicht einer der zahlreichen Ausnahmetatbestände in § 3 Abs. 4, Abs. 5 TMG gegeben ist, etwa für die nicht privilegierte Tätigkeit von Anwälten und Notaren, die Durchführung von Glücksspielen oder die Wahrung von Verbraucherinteressen.[51]

B. Vertragsschluss

I. Zustandekommen des Vertrags

Der Vertragsschluss vollzieht sich bei Internet-Versteigerungen **nach den allgemeinen Grundsätzen** der §§ 145 ff. durch die Abgabe übereinstimmender, empfangsbedürftiger und elektronisch übermittelter Willenserklärungen zwischen den an der jeweiligen Transaktion beteiligten Nutzern.[52] Vor dem Abschluss einer Transaktion kommt es allenfalls zur Klärung von Fragen zur angebotenen Leistung oder der späteren Abwicklung der Transaktion (zB Details zum Versand von Waren) zu einem unmittelbaren Kontakt zwischen den beteiligten Nutzern. Die auf den Vertragsschluss gerichteten Willenserklärungen gehen lediglich dem Plattform-Betreiber zu, der gem. § 164 Abs. 3 als Empfangsvertreter für die beteiligten Nutzer handelt,[53] die auf den Zugang der Annahmeerklärung gem. § 151 S. 1 verzichten (zum Zugang elektronisch übermittelter Willenserklärungen → § 126 a Rn. 57 f., → § 130 Rn. 41 f., 57 f.). **15**

Rechtlich relevante Handlung des Verkäufers ist das Einstellen einer Transaktion, die des Käufers die Abgabe des Gebots im Rahmen einer Transaktion. Nach Ablauf der Transaktion geben die beteiligten Nutzer keine für das Zustandekommen des Vertrags relevanten Erklärungen mehr ab; auch die abschließende Benachrichtigung der am Vertragsschluss beteiligten Nutzer hat als Wissenserklärung rein deklaratorischen Charakter.[54] Der Erklärungsgehalt dieser Handlungen ist nach allgemeinen Grundsätzen gem. §§ 133, 157 aus dem objektiven Empfängerhorizont zu bestimmen; soweit die AGB des Betreibers – wie im Regelfall – Regelungen zur Art und Weise des Vertragsschlusses enthalten, kommt ihnen für die Ermittlung des Erklärungsgehalts der Handlungen nur Indizwirkung zu (→ Rn. 6). **16**

1. Willenserklärung des Verkäufers. Das Einstellen der Transaktion ist die Willenserklärung des Verkäufers.[55] Ihm droht mit dem Einstellen einer Transaktion nicht die Gefahr einer unbestimmten Vielzahl von Vertragsschlüssen, denn er hat es durch die Benennung der Anzahl der von ihm angebotenen Waren[56] selbst in der Hand, lediglich so viele Transaktionen zu starten, wie er mit seinem tatsächlichen Vorrat auch erfüllen kann.[57] Diese Willenserklärung ist über den Betreiber der Versteigerungs-Plattform gem. § 164 Abs. 3 (→ Rn. 15) allen anderen Nutzern unmittelbar nach der Abgabe zugegangen. **17**

a) Bedingungen und Vorbehalte. Ein die Bindungswirkung der Willenserklärung des Verkäufers beschränkender Vorbehalt kann sich aus den Nutzungsbedingungen des Plattform-Betreibers (→ Rn. 6) ergeben; wird dort etwa ein über das Anfechtungsrecht der §§ 119 ff. hinausgehendes Recht zur vorzeitigen Beendigung des Angebots unter bestimmten Bedingungen eingeräumt (dazu → Rn. 25 ff.), kommt kein Vertrag mit dem im Zeitpunkt der Beendigung Höchstbietenden zustande, wenn der Verkäufer von diesem Recht Gebrauch gemacht hat.[58] Dem Verkäufer steht es im Übrigen frei, seiner Willenserklärung in der Beschreibung zur Transaktion weitere Bedingungen oder Vorbehalte („kein Verkauf an Nutzer mit negativen Bewertungen"; „Ein Zwischenverkauf bleibt vorbehalten", „Angebot jederzeit widerruflich")[59] beizufügen;[60] soweit diese nach Ablauf der Laufzeit der Transaktion nicht eingetreten sind, kommt es nicht zum Vertragsschluss.[61] Dies gilt auch für den Vorbehalt, den Gegenstand nur zu einem bestimmten Mindestkaufpreis – der ggf. von dem beim Einstellen der Transaktion angegebenen Mindestgebotsbetrag deutlich abweichen kann – verkaufen zu wollen; liegt nach Ablauf der Laufzeit das Höchstgebot unter diesem Mindest- **18**

---

51 Zu § 3 TMG beim grenzüberschreitenden Datenverkehr *Jotzo* MMR 2009, 232 ff.

52 BGH 7.11.2001 – VIII ZR 13/01, NJW 2002, 363 (364).

53 BGH 7.11.2001 – VIII ZR 13/01, NJW 2002, 363 (364).

54 *Hartung/Hartmann* MMR 2001, 278 (282); *Wilkens* DB 2000, 666 (667).

55 BGH 7.11.2001 – VIII ZR 13/01, NJW 2002, 363 (364); aA LG Münster (Vorinstanz), 21.1.2000 – 4 O 424/99, MMR 2000, 280 (281 ff.)

56 Innerhalb einer Transaktion kann ein Gegenstand auch mehrfach zum Verkauf (an einen oder mehrere Nutzer) angeboten werden, sog. Mehrfach-Angebot.

57 Ebenso *Lettl* JuS 2002, 219 (221); aA *Spindler* ZIP 2001, 809 (810).

58 BGH 10.12.2014 – VIII ZR 90/14, NJW 2015, 1009; BGH 8.1.2014 – VIII ZR 63/13, NJW 2014, 1292 = *Kremer*, jurisPR-ITR 5/2014 Anm. 6; BGH 8.6.2011 – VIII ZR 305/10, Rn. 17, 23, juris; kritisch *Jerger* GWR 2015, 114 (116 f.), der ausschließlich ein Anfechtungsrecht zulassen will.

59 OLG Düsseldorf 11.10.2013 – I-22 U 54/13; *Jerger* GWR 2015, 114 (117 f.); offengelassen vom OLG Hamm 30.10.2014 – 28 U 199/13.

60 Zustimmend für den Fall, dass die Betreiber-AGB dies zulassen, *Teuber/Melber* MDR 2004, 185 (186).

61 BGH 15.2.2017 – VIII ZR 59/16, NJW 2017, 1660.

kaufpreis, ist ein Vertrag nicht geschlossen worden.[62] Setzt sich der Verkäufer durch die Beifügung einer solchen Bedingung bzw. eines solchen Vorbehalts in Widerspruch zu den von ihm anerkannten AGB des Plattform-Betreibers, stellt sein Verhalten eine Verletzung des Benutzungsverhältnisses (→ Rn. 6) dar, die den Betreiber – ggf. nach vorheriger Abmahnung – zur Kündigung des Benutzungsverhältnisses berechtigt.[63] Darüber hinaus kann es sich bei Unternehmern um eine unlautere geschäftliche Handlung iSd UWG handeln, die Mitbewerber zu einer Abmahnung nach § 12 Abs. 1 S. 1 UWG berechtigt.

19 **b) Ausnahmsweise fehlender Rechtsbindungswille.** Eine Bewertung des Einstellens der Transaktion als invitatio ad offerendum (→ § 145 Rn. 3) kommt nur ausnahmsweise bei äußeren Umständen in Betracht, die den Rückschluss auf das Fehlen eines Rechtsbindungswillens beim Verkäufer zulassen. So bleibt es dem Verkäufer unbenommen, etwa in der Beschreibung der Transaktion klarzustellen, dass er lediglich eine unverbindliche Umfrage durchführen oder den Marktwert des angebotenen Gegenstands feststellen will (zu den Folgen im Verhältnis zum Betreiber → Rn. 18). Hier ist für andere Nutzer offensichtlich, dass eine rechtliche Bindung gerade nicht beabsichtigt ist und es beim Verkäufer am Rechtsbindungswillen fehlt.[64] Allein das mit der Wahl eines niedrigen Mindestgebots oder einer kurzen Laufzeit der Transaktion verbundene wirtschaftliche Risiko für den Verkäufer lässt keinen Rückschluss auf einen fehlenden Rechtsbindungswillen zu; dieses Risiko wird vom Verkäufer in voller Kenntnis der Geschehensabläufe bei einer Online-Auktion bewusst eingegangen und kann ihm selbst bei einem krassen Missverhältnis zwischen abschließendem Kaufpreis und Wert des Kaufgegenstands in einer vom Grundsatz der Privatautonomie beherrschten Rechtsordnung[65] nicht über eine Unverbindlichkeit seiner Erklärungen abgenommen werden. Auch unter Berücksichtigung der §§ 313, 315 Abs. 3, 242, 138 ergibt sich kein anderes Ergebnis.[66]

20 Dem fehlenden Rechtsbindungswillen kann nicht der Fall gleichgestellt werden, in dem der Verkäufer parallel zur noch laufenden Transaktion mit einem interessierten Nutzer per E-Mail private Verhandlungen über einen angemessenen Kaufpreis für den angebotenen Gegenstand führt und in denen der Verkäufer deutlich macht, dass der in der Transaktion geforderte Mindestkaufpreis von ihm versehentlich zu niedrig angesetzt wurde.[67] Die aus der Sphäre des Verkäufers stammenden Vorbehalte sind in diesem Fall dem interessierten Nutzer erst nach Zugang der Willenserklärung des Verkäufers (→ Rn. 15, 17) bekannt geworden; entscheidender Zeitpunkt für die Auslegung einer Handlung als Willenserklärung ist aber derjenige des Zugangs der Willenserklärung,[68] weil gem. § 130 S. 1 in diesem Zeitpunkt die Willenserklärung wirksam wird. Da im Zeitpunkt des Zugangs der Erklärung dem interessierten Nutzer die Vorbehalte des Verkäufers nicht bekannt waren, müssen diese bei der Auslegung des Handelns des Verkäufers außer Acht bleiben; dann ist trotz des späteren Verhaltens des Verkäufers sein Handeln auf der Versteigerungs-Plattform als rechtlich verbindliche Willenserklärung zu bewerten, ein Widerruf scheidet wegen § 130 Abs. 1 S. 2 aus. Dem Verkäufer bleibt es aber unbenommen, gleichwohl seine Willenserklärung wegen eines Erklärungsirrtums gem. § 119 Abs. 1 Var. 2 anzufechten[69] (→ Rn. 25 ff.).

21 **c) Antrag des Verkäufers.** Die Willenserklärung des Verkäufers ist – ungeachtet der Beschreibung in den AGB des Betreibers (→ Rn. 6) – der auf den Abschluss eines Kaufvertrags gerichtete Antrag und nicht etwa die antizipierte Annahme des bei Ablauf der vorgegebenen Laufzeit im Höchstgebot des Käufers (→ Rn. 23) zu sehenden Antrags.[70] Das Einstellen der Transaktion auf der Versteigerungs-Plattform ist deshalb ein verbindlicher Antrag des Anbieters zum Abschluss eines Vertrags gegen Höchstgebot.[71] Dem steht nicht entgegen, dass bei Abgabe des Antrags durch den Verkäufer weder die Person des Käufers noch der spätere Kaufpreis endgültig feststehen. Für eine Erstreckung der Erklärung des Verkäufers auf die essentialia negotii eines Vertrags ist es ausreichend, wenn im Zeitpunkt der Abgabe der Willenserklärung der Ver-

---

62 Zu einer Abholungsfrist von fünf Tagen als unwirksamer, auflösender Bedingung OLG Hamm
30.10.2014 – I-28 U 199/13, Rn. 43 ff., MMR 2015,
25.
63 *Teuber/Melber* MDR 2004, 185 (186).
64 LG Darmstadt 24.1.2002 – 3 O 289/01, MMR 2002,
768.
65 So *Hartung/Hartmann* MMR 2001, 278 (284); von
der Selbstverantwortung als Kehrseite der Privatautonomie spricht *Ulrici* NJW 2001, 1112 (1113); ebenso
OLG Köln 8.12.2006 – 19 U 109/06, MMR 2007,
446 (447 f.).
66 BGH 28.3.2012 – VIII ZR 244/10, MMR 2012, 451;
OLG Nürnberg 26.2.2014 – 12 U 336/13, CR 2014,
316; OLG Köln 8.12.2006 – 19 U 109/06, MMR
2007, 446 (447 f.)

67 AA OLG Oldenburg 30.10.2003 – 8 U 136/03, NJW
2004, 168.
68 Vgl. BGH 10.7.1998 – V ZR 360/96, NJW 1998,
3268; 24.6.1988 – V ZR 49/08, NJW 1988, 2878;
Palandt/Heinrichs, § 133 Rn. 6 a.
69 OLG Oldenburg 30.10.2003 – 8 U 136/03, NJW
2004, 168.
70 BGH 8.1.2014 – VIII ZR 63/13, NJW 2014, 1292;
BGH 8.6.2011 – VIII ZR 305/10, Rn. 16, juris; OLG
Hamm 14.12.2000 – 2 U 58/00, NJW 2001, 1142;
LG Berlin 20.7.2004 – 4 O 293/04, NJW 2004, 2831
(2832); *Ehret* CR 2003, 754 (755); offengelassen von
BGH 7.11.2001 – VIII ZR 13/01, NJW 2002, 363
(364); aA LG Hof 29.8.2003 – 22 S 28/03, CR 2003,
854 und 26.4.2002 – 22 S 10/02, CR 2002, 844;
Leible/Sosnitza K&R 2002, 89 f.
71 *Schlömer/Dittrich* BB 2007, 2129.

tragspartner und der Vertragspreis unter Hinzuziehung der vom Verkäufer in seinen Willen aufgenommenen äußeren Umstände bzw. Bedingungen eindeutig bestimmbar sind.[72]

Auch wenn ein Antrag grundsätzlich so bestimmt erklärt werden soll, dass er durch ein einfaches „Ja" angenommen werden kann,[73] reicht es ebenso aus, wenn die Festlegung einzelner, auch wesentlicher Vertragsbestandteile – hier des Kaufpreises – der anderen Vertragspartei überlassen wird[74] und sich der Antrag im Zeitpunkt der Abgabe an eine noch unbestimmte Person richtet (Antrag ad incertam personam).[75] Dies ist bei Transaktionen auf einer Versteigerungs-Plattform im Internet der Fall: Der Verkäufer will den von ihm angebotenen Gegenstand an denjenigen anderen Nutzer verkaufen,[76] der nach Ablauf der vom Verkäufer vorgegebenen Laufzeit das Höchstgebot abgegeben hat; dieses Höchstgebot soll zugleich der Vertragspreis sein.[77] Die Qualifikation als Antrag entspricht auch dem Erklärungsgehalt, welcher der Willenserklärung des Verkäufers aus der Sicht eines objektiven Empfängers zuzusprechen ist: Mit dem Einstellen einer Transaktion bringt der Verkäufer erkennbar zum Ausdruck, den angebotenen Gegenstand an den nach Ablauf der Laufzeit Höchstbietenden veräußern zu wollen. Der Verkäufer initiiert den Vertragsschluss; er ist es, der den anderen Nutzern den Abschluss eines Kaufvertrags anträgt. **22**

2. Willenserklärung des Käufers. In der Abgabe des Gebots durch den Käufer[78] ist ebenfalls eine auf den Abschluss eines Kaufvertrags gerichtete Willenserklärung zu sehen,[79] die allerdings unter der iSd § 158 Abs. 2 **auflösenden Bedingung**[80] steht, bis zum Ablauf der vom Verkäufer vorgegebenen Laufzeit der Transaktion nicht zu einem anderen Nutzer überboten zu werden. Diese Willenserklärung wird damit in dem Moment unwirksam, im dem ein anderer Nutzer auf den in dieser Transaktion angebotenen Gegenstand ein höheres Gebot abgegeben hat; dies entspricht der gesetzlichen Regel aus § 156 S. 2 für die „klassische" Versteigerung (→ Rn. 11 ff.). Auch die Willenserklärung des Käufers ist über den Betreiber der Versteigerungs-Plattform gem. § 164 Abs. 3 (→ Rn. 15) dem Verkäufer bereits unmittelbar nach Abgabe zugegangen.[81] **23**

Das nach Ablauf der Laufzeit verbleibende Höchstgebot ist die Annahme des Antrags des Verkäufers (→ Rn. 21 f.);[82] mit Beendigung der Transaktion ist der Kaufvertrag geschlossen. Das gilt jedoch nicht, wenn der Verkäufer durch eigene Scheingebote über einen zweiten Account den Preis in die Höhe getrieben hat (sog. Shill Bidding); derartige Scheingebote bleiben bei der Ermittlung des Höchstgebots mangels eigenen Erklärungsgehalts unberücksichtigt.[83] Liegt im Einstellen der Transaktion durch den Verkäufer ausnahmsweise nur eine invitatio ad offerendum (→ Rn. 19), wird regelmäßig im Höchstgebot der an den Verkäufer gerichtete Antrag des Käufers auf Abschluss eines Kaufvertrags zu sehen sein. Hier ist nach den Umständen des Einzelfalls zu entscheiden, ob und ggf. bis zu welchem Zeitpunkt der Verkäufer diesen Antrag zurückweisen muss bzw. wie lang der Höchstbietende gem. § 147 Abs. 2 (→ § 147 Rn. 13 f.) mit einer Annahme seines Antrags durch den Verkäufer rechnen durfte. **24**

72   Ebenso *Jerger* GWR 2015, 114.
73   Palandt/*Heinrichs*BGB § 145 Rn. 1; *Hager* JZ 2001, 786 (787).
74   OLG Hamm 30.10.2014 – I-28 U 199/13, Rn. 39, MMR 2015, 25; MüKoBGB/*Kramer* § 145 Rn. 6; *Lettl* JuS 2002, 219 (222) (unter Hinweis auf §§ 315 Abs. 1, 316 BGB).
75   BGH 7.11.2001 – VIII ZR 13/01, NJW 2002, 363 (364); OLG Karlsruhe 25.3.1988 – 10 U 198/87, NJW-RR 1989, 19 (20); Palandt/*Heinrichs* BGB § 145 Rn. 1; *Teuber/Melber* MDR 2004, 185.
76   Der Antrag ist nicht auf den Verkauf an sich selbst gerichtet, siehe BGH 24.8.2016 – VIII ZR 100/15, MMR 2017, 176 („Shill Bidding"); dazu *Pfeiffer* NJW 2017, 14738 (1438).
77   LG Berlin 20.7.2004 – 4 O 293/04, NJW 2004, 2831 (2832).
78   Die Abgabe des Gebots erfolgt regelmäßig durch Eingabe des Gebotsbetrags auf der zur jeweiligen Transaktion gehörenden Internetseite und der anschließenden Bestätigung des Gebots durch Mausklick auf einen hierfür vorgesehenen Schaltknopf (sog. Button).
79   BGH 7.11.2001 – VIII ZR 13/01, NJW 2002, 363.

80   AG Offenbach 17.12.2013 – 38 C 329/13; *Wagner/ Zenger* MMR 2013, 343 (345); kritisch und für eine Lösung über eine aufschiebende Bedingung wohl *Jerger* GWR 2015, 114 (115).
81   AG Menden 10.11.2003 – 4 C 183/03, NJW 2004, 1329; differenzierend *Schinkels* MMR 2018, 351 (352), der jedenfalls bei Umsetzung eines Maximalgebots mit mehreren Gebotsvorgängen von eigenen Erklärungen des Betreibers als Stellvertreter des Nutzers ausgeht.
82   OLG Hamm 14.12.2000 – 2 U 58/00, NJW 2001, 1142.
83   BGH 24.8.2016 – VIII ZR 100/15, MMR 2017, 176; OLG München 26.9.2018 – 20 U 749/18, Rn. 10, MMR 2018, 827 (828); *Schinkels* MMR 2017, 351 (356); *Galneder/Müller* K&R 2017, 123 (125); *Eckel* MMR 2017, 373 (375); aA noch die Vorauflage ausgehend von der Vorinstanz OLG Stuttgart 14.4.2015 – 12 U 153/14; *Pfeiffer* NJW 2017, 1437 (1438 f.); *Mankowski* JZ 2017, 253; Gebote durch „Strohmänner" ders. Verkäufers sind demgegenüber wirksam, zu Recht *Eckel* MMR 2017, 373 (376); zum Schutz des Käufers im Übrigen *Pfeiffer* NJW 2017, 1437 (1439).

II. Löschung von Angeboten und Geboten, Anfechtung

25 Beendet ein Verkäufer seine Transaktion vorzeitig – ggf. unter Streichung der bislang abgegebenen Gebote – kann hierin wegen des mangelnden, mindestens gleichzeitigen Zugangs gem. § 130 Abs. 1 S. 2 kein Widerruf seines bereits zugegangenen Antrags (→ Rn. 17) gesehen werden.[84] Der Antrag hat demnach gegenüber dem in diesem Zeitpunkt Höchstbietenden Bestand, wenn er nicht aus einem anderen Grund unwirksam ist (etwa mangelnde Geschäftsfähigkeit des Nutzers oder wirksamer Vorbehalt nach den Nutzungsbedingungen des Plattform-Betreibers, dazu → Rn. 18) oder zugleich wirksam angefochten wurde.[85] Dies gilt auch gegenüber sog. Abbruchjägern, also solchen Nutzern, die auf Schnäppchen über vorzeitig abgebrochene Versteigerungen aus sind, solange diese nicht ausnahmsweise rechtsmissbräuchlich handeln.[86] Eine wirksame Anfechtung kommt indes meist nur bei einem Irrtum über die Beschaffenheit der Kaufsache oder deren zwischenzeitlicher Veränderung in Betracht. Der bloße Verdacht oder die Vermutung einer Beschädigung an der angebotenen Ware ist für eine Anfechtung noch nicht ausreichend.[87] Handelt es sich um ein „Verklicken" liegt zwar ein Erklärungsirrtum nach § 119 Abs. 1 S. 2 vor, aus Gründen der Rechtssicherheit muss sich der Anfechtende ohne Hinzutreten besonderer Umstände[88] jedoch an der Erklärung festhalten lassen, die er ohne Irrtum abgegeben hätte.[89] So rechtfertigt die Eingabe eines Startpreises von 1 EUR auch bei hochpreisigen Artikeln keine Irrtumsanfechtung, wenn das Höchstgebot hinter den Erwartungen des Verkäufers zurückbleibt.[90] Eine hohe Diskrepanz zwischen geringem Startpreis und Höchstgebot muss keinen Widerspruch darstellen. Denn die Angabe eines geringen Startpreises kann etwa auf einer beabsichtigten Ersparnis höherer Gebühren bei einem höheren Startpreis beruhen oder Werbezwecken bzw. der Erreichung eines größeren Bieterkreises dienen.[91] Das damit einhergehende Risiko kann vollständig durch Festsetzung eines angemessenen Mindestpreises ausgeschlossen werden.[92] Wird kurz nach dem Einstellen des Angebots die Transaktion vom Verkäufer abgebrochen und die Ware erneut eingestellt, diesmal unter Angabe eines Mindestpreises, führt dies nicht zum Vertragsschluss mit dem im Zeitpunkt des Abbruchs der ersten Transaktion Höchstbietenden, wenn die Nutzungsbedingungen des Plattform-Betreibers (oben → Rn. 6) ein solches Handeln bei einem Fehler in der Preisbildung ausdrücklich zulassen.[93]

26 Mangels Vertretungsbefugnis für die Nutzer ist der Plattform-Betreiber nicht zur Entgegennahme der Anfechtungserklärung berechtigt. Die im Verhältnis zum Plattform-Betreiber erklärte vorzeitige Beendigung einer Transaktion stellt daher nicht zugleich die Anfechtungserklärung gegenüber dem Käufer dar, weshalb der Verkäufer gehalten ist, die Beendigung seines Angebots und damit die Anfechtung unverzüglich iSd § 121 Abs. 1 S. 1 den zu diesem Zeitpunkt Bietenden mitzuteilen. Die Anfechtungsfrist beginnt nicht erst mit Ablauf der Laufzeit der Transaktion (und damit auf Seiten des Verkäufers mit Kenntnis des Käufers), sondern bereits mit Kenntnis des Anfechtungsberechtigten von seinem Irrtum.[94]

27 Dieselben Grundsätze gelten, wenn ein Nutzer ein bereits abgegebenes Gebot zurücknimmt. Allerdings kann die Zurücknahme eines Gebots gegenüber einem Unternehmer ggf. auch als Ausübung eines Verbraucher-Widerrufs nach §§ 312 g Abs. 1, 355 Abs. 1 (→ Rn. 39) im Fernabsatz ausgelegt werden;[95] schließlich

---

84 OLG Hamm 30.10.2014 – I-28 U 199/13, Rn. 53, MMR 2015, 25; LG Koblenz 18.3.2009 – 10 O 250/08, MMR 2009, 419; OLG Oldenburg 28.7.2005 – 8 U 93/05, NJW 2005, 2556; KG Berlin 25.1.2005 – 17 U 72/04, MMR 2005, 709 f.; *Jerger* GWR 2015, 114 (117).

85 BGH 10.12.2014 – VIII ZR 90/14, NJW 2015, 1009; OLG Hamm 30.10.2014 – I-28 U 199/13, Rn. 59 ff., MMR 2015, 25; LG Frankfurt (Oder) 19.7.2017 – 16 S 168/16, Rn. 16, BeckRS 2017, 151905; LG Berlin 15.5.2007 – 31 O 270/05, NJW-RR 2009, 132 f. und 20.7.2004 – 4 O 293/04, NJW 2004, 2831 (2832); OLG Oldenburg 28.7.2005 – 8 U 93/05, NJW 2005, 2556; ähnlich *Eckel* MMR 2017, 373 (374); anders, aber mit gleichem Ergebnis *Jerger* GWR 2015, 114 (118); Zusammenfassung verschiedener Sachverhalte bei *Oechsler* NJW 2015, 665 (666 f.).

86 BGH 23.5.2019 – VIII ZR 182/17, Rn. 26 ff; OLG Hamm 30.10.2014 – I-28 U 199/13, MMR 2015, 25; LG Ellwangen 7.4.2017 – 1 S 131/16, Rn. 7, BeckRS 2017, 156252.

87 AG Offenbach 17.12.2013 – 38 C 329/13.

88 Solche besonderen Umstände sah das OLG Oldenburg 27.9.2006 – 4 U 25/06, NJW-RR 2007, 268 in der gleichzeitigen Verlinkung des mit einem weit zu niedrigen Kaufpreis angegebenen Angebots bei eBay auf die eigene Firmenhomepage, auf der derselbe Kaufgegenstand zu einem weitaus höheren Preis angeboten wurde; ein offener Einigungsmangel gem. § 154 Abs. 1 S. 1 lag im Fall des LG Stuttgart 21.12.2007 – 24 O 317/07, NJW-RR 2008, 1592 (1593 f.) vor.

89 LG Berlin 15.5.2007 – 31 O 270/05, NJW-RR 2009, 132 f.

90 OLG Köln 8.12.2006 – 19 U 109/06, MMR 2007, 446 (447 f.); aA LG Koblenz 18.3.2009 – 10 O 250/08, NJW 2010, 159 (160 f.).

91 OLG Köln 8.12.2006 – 19 U 109/06, MMR 2007, 446 (447 f.); krit. *Redeker* CR 2009, 468 ff.

92 OLG Hamm 30.10.2014 – 28 U 199/13.

93 OLG Hamm 4.11.2013 – 2 U 94/13, MMR 2014, 108.

94 *Spindler* ZIP 2001, 809 (819); *Ulrici* NJW 2001, 1112 (1113); aA *Wilkens* DB 2000, 666 (668).

95 AG Menden 10.11.2003 – 4 C 183/03, NJW 2004, 1329.

kann der Widerruf bereits unmittelbar nach Abgabe der auf den Vertragsschluss gerichteten Willenserklärung ausgeübt werden, auch wenn ein Vertrag noch nicht zustande gekommen ist.[96]

III. Account- oder Identitätsmissbrauch

Wird der Account eines Nutzers (→ Rn. 5) von einem Dritten – auch einem Angehörigen[97] – missbraucht, **28** indem ohne Zustimmung und Kenntnis des Account-Inhabers Transaktionen eingestellt oder Gebote abgegeben werden, kommt es nicht zum Vertragsschluss mit dem Nutzer, dessen Account missbraucht wurde.[98] Darlegungs- und beweisbelastet für das Zustandekommen des Vertrags und damit für die Abgabe der entsprechenden Willenserklärung durch die andere Partei ist grundsätzlich derjenige, der einen Anspruch – ob auf Kaufpreiszahlung oder Lieferung des Kaufgegenstandes – aus dem Kaufvertrag geltend macht.[99] Eine Zurechnung der abgegebenen Erklärung und eine vertragliche Haftung kann sich jedoch in analoger Anwendung der §§ 164 ff. aus einem Handeln unter fremdem Namen ergeben, wenn eine Willenserklärung durch den Dritten mit Einwilligung des Account-Inhabers auf der Versteigerungs-Plattform abgegeben worden ist, die Willenserklärung nachträglich durch den Account-Inhaber genehmigt worden ist oder die Grundsätze über die **Anscheins- oder Duldungsvollmacht** (dazu → § 167 Rn. 74 ff.) eingreifen;[100] ein einmaliges Handeln des Dritten ist für die Bejahung einer Anscheinsvollmacht jedoch nicht ausreichend.[101] Ansonsten haftet der Handelnde dem anderen Vertragsteil entsprechend § 179 auf Erfüllung oder Schadensersatz.[102]

Bei Internet-Versteigerungen greift zugunsten des Beweispflichtigen keine von den allgemeinen Regeln **29** abweichende Verteilung der Beweislast und kein Anscheinsbeweis dafür, dass die über einen Account abgegebenen Willenserklärungen tatsächlich vom Inhaber des Accounts stammen.[103] Die Sicherung der Accounts allein durch ein frei wählbares Passwort und ggf. einen zweiten Authentifizierungsfaktor (→ Rn. 5) ist nicht ausreichend, um die Möglichkeit eines Missbrauchs durch unberechtigte Dritte vollständig auszuschließen.[104] Allerdings ist ein pauschales Bestreiten des den Missbrauch seines Accounts behauptenden Nutzers unerheblich; unter dem Gesichtspunkt der sekundären Beweislast muss er konkrete Anhaltspunkte darlegen und ggf. beweisen, aus denen sich die Umstände des Missbrauchs ergeben.[105] Damit wird im Rahmen eines angemessenen Risikoausgleichs die Gefahr eines „Widerrufsrechts kraft Beweislastverteilung" gebannt und zugleich das „Vertrauen in ein alltäglich gewordenes Kommunikationsmittel"[106] gewahrt.

Allein wegen des geringen Sicherheitsniveaus der Accounts (→ Rn. 5) scheidet eine allgemeine vertragliche Einstandspflicht des Account-Inhabers aus, solange dieser keinen Duldungs- oder Anscheinstatbestand **30** gesetzt hat.[107] Anders ist dies jedoch bei deliktischem Handeln des den Account missbrauchenden Dritten; hier haftet der Account-Inhaber nach dem BGH selbst dann, wenn er keine Kenntnis vom Handeln des Dritten hatte, diesem jedoch durch eine mangelnde Sicherung des Accounts dessen Missbrauch überhaupt erst ermöglicht hat.[108]

96 BGH 23.9.2010 – VII ZR 6/10, NJW 2010, 3503
    (3504 f.); BeckOK BGB/*Müller-Christmann* § 355
    Rn. 15.
97 LG Bonn 19.12.2003 – 2 O 472/03, MMR 2004, 179.
98 BGH 11.5.2011 – VIII ZR 289/09, MMR 2011, 447
    (448); OLG Köln 6.9.2002 – 19 U 16/02, MMR
    2002, 813; LG Bonn 19.12.2003 – 2 O 472/03,
    MMR 2004, 179 sowie 7.8.2001 – 2 O 450/00,
    MMR 2002, 255; LG Konstanz 19.4.2002 – 2 O
    141/01, MMR 2002, 835.
99 LG Bonn 19.12.2003 – 2 O 472/03, MMR 2004,
    179; *Teuber/Melber* MDR 2004, 185 (186); *Winter*
    MMR 2002, 836.
100 BGH 11.5.2011 – VIII ZR 289/09, MMR 2011, 447
    (448); OLG Celle 9.7.2014 – 4 U 24/14, MMR 2014,
    663 mAnm *Rump/Kremer*, jurisPR-ITR 17/2014
    Anm. 4; LG Gießen 6.3.2013 – 1 S 337/12.
101 BGH 11.5.2011 – VIII ZR 289/09, MMR 2011, 447
    (449); LG Gießen 6.3.2013 – 1 S 337/12.
102 OLG München 5.2.2004 – 19 U 5114/03, NJW 2004,
    1328 f.; OLG Köln 13.1.2006 – 19 U 120/05, MMR
    2006, 321 (322); *Borges/Meyer* EWiR 2006, 419 f.
103 OLG Köln 6.9.2002 – 19 U 16/02, MMR 2002, 813;
    LG Bonn 19.12.2003 – 2 O 472/03, MMR 2004, 179
    sowie 7.8.2001 – 2 O 450/00, MMR 2002, 255; *Roß-*

nagel K&R 2003, 84 (85); *Wiebe* MMR 2002, 257
    (258); aA Ernst MDR 2003, 1091 (1093); *Mankowski* CR 2003, 44 (45 ff.) sowie MMR 2004, 181;
    Winter CR 2002, 768 (769) und CR 2004, 220 (221).
104 OLG Hamm 16.11.2006 – 28 U 84/06, MMR 2007,
    449 f.; LG Bonn 19.12.2003 – 2 O 472/03, MMR
    2004, 179; LG Konstanz 19.4.2002 – 2 O 141/01,
    MMR 2002, 835.
105 Ähnlich *Teuber/Melber* MDR 2004, 185 (186);
    Winter MMR 2002, 836 (der dieses Vorgehen gleichwohl als Anscheinsbeweis ansieht); aA LG Konstanz
    19.4.2002 – 2 O 141/01, MMR 2002, 835, das eine
    abstrakte Missbrauchsgefahr durch „trojanische
    Pferde" genügen lässt.
106 Entspr. Bedenken äußert *Mankowski* CR 2003, 44
    und MMR 2004, 181 (182).
107 OLG Hamm 16.11.2006 – 28 U 84/06, MMR 2007,
    449 f.; OLG Köln 6.9.2002 – 19 U 16/02, MMR
    2002, 813; LG Bonn 19.12.2003 – 2 O 472/03,
    MMR 2004, 179, MMR 2004, 179 sowie 7.8.2001 –
    2 O 450/00, MMR 2002, 255; *Wiebe* MMR 2002,
    257 (258).
108 BGH 11.3.2009 – I ZR 114/06, NJW 2009, 1960
    (1961 f.) (Halzband).

IV. Stellvertretung

31 Ein rechtsgeschäftliches Handeln für einen Dritten ist auf einer Versteigerungs-Plattform nur nach Offenlegung des Vertretungsverhältnisses möglich. Transaktionen bei Internet-Versteigerungen sind keine Geschäfte des täglichen Lebens, da sie regelmäßig einer sofortigen Abwicklung nicht zugänglich sind.[109] Zudem ist den beteiligten Parteien gerade daran gelegen, mit dem tatsächlichen Inhaber des jeweiligen Accounts zu kontrahieren; nur von diesem kann die jeweils andere Partei sich ein Bild durch das Bewertungssystem (→ Rn. 41 f.) der Versteigerungs-Plattform machen.[110] Auch der Umstand, dass die auf den Plattformen handelnden Personen oftmals unter phantasievollen Benutzernamen auftreten, führt nicht dazu, dass den Beteiligten der wahre Name und die wahre Identität der Mitglieder gleichgültig ist, zumal Unternehmer wegen § 5 Abs. 1 TMG ohnehin eine vollständige Anbieterkennzeichnung (auch) bei Transaktionen auf Versteigerungs-Plattformen im Internet vorhalten und damit Ihre Identität offenbaren müssen (→ Rn. 37 f.). Andernfalls hätte ein Bewertungssystem keinerlei Aussagekraft und das Vertrauen in die Integrität der gesamten Versteigerungs-Plattform wäre nachhaltig erschüttert.[111] Bei fehlender Offenlegung einer gewollten Stellvertretung und auch bei einem Handeln unter fremdem Namen mit Zustimmung des Account-Inhabers[112] wird deshalb von Ausnahmefällen abgesehen (→ Rn. 28 ff.) allenfalls derjenige Nutzer verpflichtet, über dessen Account (→ Rn. 5) eine Transaktion eingestellt oder ein Gebot abgegeben wurde.[113] Die Anfechtung der auf den Vertragsschluss gerichteten Willenserklärung scheidet wegen § 164 Abs. 2 (→ § 164 Rn. 63 f.) aus. Da bei der Abgabe eines Gebots aus technischen Gründen die Offenlegung eines etwaigen Vertreterhandelns ausgeschlossen ist, kommt eine Stellvertretung nur auf Seiten des Verkäufers in Betracht. Die genannten Grundsätze gelten auch für sog. Verkaufsagenten (Nutzer, die für Dritte unter den vom Plattform-Betreiber vorgegebenen Bedingungen Gegenstände verkaufen). Werden Verkaufsagenten durch die AGB des Betreibers zum Verkauf im eigenen Namen verpflichtet, wirkt sich dies nur im Innenverhältnis des Verkaufsagenten zum Betreiber aus (→ Rn. 6),[114] abweichende Ausgestaltungen der Angebote solcher Verkaufsagenten können jedoch gem. § 305 c Abs. 1 oder § 307 Abs. 2 Nr. 1 in AGB unwirksam sein.

C. Mängelhaftung und Verbraucherschutz

I. Anbieter als Unternehmer

32 **1. Bestimmung der Unternehmerstellung.** Damit die verbraucherschützenden Vorschriften der §§ 474 ff., 312 ff., 310 Abs. 3 überhaupt Anwendung finden, muss der Verkäufer als Unternehmer iSd § 14 und der Käufer – mit Ausnahme des § 312 i – als Verbraucher iSd § 13 tätig werden. Ein auf eBay als „**Verkäufer mit Topbewertung**" (vormals **PowerSeller**)[115] tätiger Verkäufer ist regelmäßig ein als gewerblich einzustufender Unternehmer,[116] während allein die Anzahl der von einem Nutzer abgewickelten Transaktionen keinen Rückschluss auf dessen Eigenschaft als Unternehmer zulässt, weil diese nichts über den – möglicherweise auch rein privaten – Inhalt dieser Rechtsgeschäfte aussagt.[117] Die Anzahl der bislang abgewickelten Transaktionen kann aber ebenso wie die Art der verkauften Gegenstände (etwa das wiederholte Angebot gleichartiger und neuer Waren), die Anzahl der Bewertungen (zum Bewertungssystem → Rn. 41 f.), die Zahl der gleichzeitig laufenden Transaktionen oder die Unterhaltung eines Online-Shops im Einzelfall ein Kriterium für die Abgrenzung des Unternehmers vom Verbraucher sein.[118] Selbiges gilt für eine planmäßige Geschäftstätigkeit durch das stetige Ankaufen von Gegenständen mit dem Ziel des Weiterverkaufs.[119]

---

109 LG Berlin 1.10.2003 – 18 O 117/03, NJW 2003, 3493.

110 OLG München 5.2.2004 – 19 U 5114/03, NJW 2004, 1328; LG Berlin 1.10.2003 – 18 O 117/03, NJW 2003, 3493.

111 LG Aachen 15.12.2006 – 5 S 184/06, NJW-RR 2007, 565 f.

112 OLG München 5.2.2004 – 19 U 5114/03, NJW 2004, 1328.

113 AG Aachen 17.5.2005 – 10 C 69/05, NJW-RR 2005, 1143; OLG München 5.2.2004 – 19 U 5114/03, NJW 2004, 1328; *Mankowski* CR 2007, 606; LG Bonn 7.12.2004 – 11 O 48/04, CR 2005, 602 für den Fall der Überlassung eines Accounts.

114 AA LG Berlin 20.7.2004 – 4 O 293/04, NJW 2004, 2831 (2832).

115 Verkäufer mit Topbewertung sind professionelle gewerbliche Verkäufer auf eBay, die kontinuierlich ein hohes Handelsvolumen vorweisen.

116 OLG Frankfurt aM 4.7.2007 – 6 W 66/07, NJOZ 2008, 836 (837).

117 LG Hof 29.8.2003 – 22 S 28/03, CR 2003, 854; *Leible/Sosnitza* CR 2002, 372 (373 f.); aA zum Handeln im geschäftlichen Verkehr (39 Transaktionen in fünf Monaten) LG Berlin 9.11.2001 – 103 O 149/01, CR 2002, 371.

118 OLG Hamm 17.1.2013 – 4 U 147/12, MMR 2013, 717; OLG Hamm 15.3.2011 – 4 U 204/10, MMR 2011, 537; OLG Frankfurt 7.7.2004 – 6 W 54/04, GRUR 2004, 1042 (zum Handeln im geschäftlichen Verkehr); *Szeszny/Holthusen* NJW 2007, 2586.

119 LG Hof 29.8.2003 – 22 S 28/03, CR 2003, 854.

2. Verschweigen der Unternehmerstellung. Der Unternehmer ist zur Offenbarung seiner Unternehmer- **33** stellung in der Beschreibung seiner Transaktionen verpflichtet.[120] Unterlässt der Unternehmer diesen Hinweis, verschafft er sich durch die Umgehung der Informationspflichten im Fernabsatz aus § 312 d Abs. 1 in Verbindung mit Art. 246 a § 1 Abs. 1 Nr. 2 und 3 EGBGB sowie der Verpflichtung zur Anbieterkennzeichnung aus § 5 TMG (→ Rn. 37) einen rechtswidrigen Wettbewerbsvorteil gegenüber seinen Mitbewerbern iSd § 3 a UWG (zu den Rechtsfolgen für den Unternehmer → Rn. 38). Dieser Vorteil wird auch durch die vermeintlich bewusste Anonymität von Versteigerungs-Plattformen oder das Wissen der Nutzer um unternehmerische Aktivitäten auf solchen Plattformen nicht ausgeglichen.[121] Der Anwendbarkeit der Verbraucherschutzvorschriften (→ Rn. 37 ff.) steht ein Verstoß gegen die Offenbarungspflicht nicht entgegen; die sich hieraus für den Unternehmer ergebenden Verpflichtungen knüpfen einzig an das tatsächliche Vorliegen der Unternehmerstellung an. Allerdings obliegt dem Verbraucher die Darlegungs- und Beweislast für die Unternehmereigenschaft des Verkäufers.[122] Weitergehende unmittelbare Rechte ergeben sich aus dem Wettbewerbsverstoß des Unternehmers für den Verbraucher nicht, da Verbraucher nach § 8 Abs. 3 UWG nicht anspruchsberechtigt sind.

II. Mängelhaftung und Haftungsausschluss

Es gelten die allgemeinen Mängelhaftungs- bzw. Leistungsstörungsvorschriften, abhängig von der Natur **34** des bei der Transaktion zustande gekommenen Vertrags (→ Rn. 7 f.). Bei Kaufverträgen ist gem. § 444 ein Haftungsausschluss möglich, soweit § 475 beim Verbrauchsgüterkauf (→ Rn. 35) oder § 309 Nr. 7, Nr. 8 (→ Rn. 35) bei einem durch AGB vereinbarten Haftungsausschluss dem nicht entgegenstehen. Da Internet-Versteigerungen nicht in den Anwendungsbereich des § 156 fallen (→ Rn. 11 ff.), findet die Haftungsprivilegierung des § 445 für öffentliche Versteigerungen auf sie keine Anwendung, zumal den Nutzern bei Internet-Versteigerungen auch nicht die bei der Pfandversteigerung gebotene Möglichkeit zur vorherigen Besichtigung des Kaufgegenstands offen steht.[123] Ergibt sich aus der Angebotsbeschreibung des Anbieters, dass dieser eine bestimmte Eigenschaft zugesichert hat oder im Rahmen einer Beschaffenheits- oder Haltbarkeitsgarantie nach § 443 für die Kaufsache einstehen will (→ Rn. 36), ist ein – im Übrigen zulässiger – Ausschluss der Mängelhaftung dahin gehend auszulegen, dass dieser nicht für die zugesicherte Eigenschaft bzw. die vom Anbieter übernommene Garantie greift.[124]

Unternehmer (→ Rn. 32) haben beim Verbrauchsgüterkauf iSd § 474 Abs. 1 insbesondere die Grenzen der **35** Verjährungsverkürzung gem. § 476 Abs. 2, die Beschränkungen bei der Modifikation gesetzlicher Mängelansprüche durch § 476 Abs. 1, 3 sowie den Ausschluss des vorzeitigen Gefahrübergangs auf den Käufer beim Versendungskauf (→ Rn. 7) gem. § 474 Abs. 2 und die Beweislastumkehr gem. § 477[125] zu beachten. Verbraucher können Mängelhaftungsansprüche grundsätzlich durch die Formulierung „Mängelhaftung ausgeschlossen" wirksam abbedingen; die gebräuchlichen Klauseln „ohne Garantie"[126] oder „wegen neuem EU-Recht keine Garantie" reichen nicht aus. Erfolgt der Haftungsausschluss allerdings durch AGB, greifen bei neu hergestellten Sachen und Werkleistungen auch bei einem Verbraucher die Beschränkungen des § 309 Nr. 8 lit. b).[127]

Weil bei Internet-Versteigerungen regelmäßig eine vorherige Besichtigung der Ware ausscheidet, darf sich **36** der Käufer darauf verlassen, dass die angebotene Ware keine Mängel hat, die in der Beschreibung der Transaktion nicht benannt oder auf etwaigen der Beschreibung beigefügten Abbildungen des Gegenstands nicht erkennbar sind. Beschreibungen des Kaufgegenstandes sind somit eine Beschaffenheitsangabe iSd § 434 Abs. 1 S. 1, weil der Käufer vor diesem Hintergrund seine Kaufentscheidung trifft.[128] Hiervon zu unterscheiden sind schlichte Anpreisungen wie „Top-Zustand", die sich auf keine konkrete Beschaffenheit

---

120 *Gabriel/Rothe* VuR 2004, 212 (214); aA OLG Oldenburg 20.1.2003 – 1 W 6/03, MMR 2003, 270; LG Osnabrück 6.11.2002 – 12 O 2957/02, CR 2003, 292; *Seifert* K&R 2003, 244 (245).

121 So aber LG Osnabrück 6.11.2002 – 12 O 2957/02, CR 2003, 292.

122 OLG Hamm 15.3.2011 – I-4 U 204/10, MMR 2011, 537 *Teuber/Melber* MDR 2004, 185 (186).

123 *Cichon/Pighin* CR 2003, 435 (439); *Gabriel/Rothe* VuR 2004, 212 (216).

124 BGH 19.12.2012 – VIII ZR 96/12, NJW 2013, 1074; BGH 29.11.2006 – VIII ZR 92/06, NJW 2007, 1346 (1348).

125 Dazu EuGH 4.6.2015 – C-497/13 gegen BGH 15.1.2014 – VIII ZR 70/13.

126 Palandt/*Putzo* BGB § 444 Rn. 19; aA LG Osnabrück 25.11.2005 – 12 S 555/05, VuR 2016, 18.

127 OLG Hamm 10.2.2005 – 28 U 147/04, NJW-RR 2005, 1220 (1221).

128 BGH 19.12.2012 – VIII ZR 96/12, NJW 2013, 1074; LG Bielefeld 31.10.2007 – 21 S 170/07, MMR 2008, 351; LG Frankfurt/Main, 31.1.2007 – 2–16 S 3/06, MMR 2007, 677; zur Abgrenzung einer Beschaffenheitsangabe von einer Beschaffenheitsgarantie nach § 443 Abs. 1 s. OLG Celle 8.4.2009 – 3 U 251/08, MMR 2009, 471 (472).

beziehen.[129] Weicht die Beschreibung vom tatsächlichen Zustand des Ware ab, liegt ein Mangel iSd § 434 Abs. 1 S. 1 vor.[130] Selbst wenn ein Mangel bei einer Inaugenscheinnahme des Kaufgegenstands ohne Weiteres erkennbar gewesen wäre, sind mangels Kenntnis oder grob fahrlässiger Unkenntnis Mängelhaftungsansprüche nicht wegen § 442 Abs. 1 ausgeschlossen, solange auf den der Transaktion beigefügten Abbildungen dieser Mangel nicht ohne Weiteres zu Tage tritt.[131] Allein aus dem niedrigen Startpreis einer Transaktion lässt sich nicht ableiten, dass es sich bei der angebotenen Ware um eine Fälschung handelt;[132] dieser kann auch der Steigerung der Attraktivität des Angebots oder der Vermeidung von Angebotsgebühren des Plattform-Betreibers dienen (oben → Rn. 25).

III. Informations- und Kennzeichnungspflichten

37 Jeder Unternehmer unterliegt bei Transaktionen, an denen auf Käuferseite ein Verbraucher beteiligt ist, den Informationspflichten im Fernabsatz aus § 312 d Abs. 1 iVm Art. 246 a, 246 b EGBGB. Die Versteigerungs-Plattform im Internet ist ein für den Fernabsatz organisiertes Vertriebs- und Dienstleistungssystem iSd § 312 c Abs. 1; es genügt, dass sich der Unternehmer dieses (fremden) Systems bedient.[133] Hinzu kommen die Informationspflichten im elektronischen Geschäftsverkehr aus § 312 i Abs. 1 S. 1 iVm Art. 246 c EGBGB (auch gegenüber Unternehmern) sowie die **besonderen Pflichten im elektronischen Geschäftsverkehr gegenüber Verbrauchern** aus § 312 j. Letztlich unterliegen Unternehmer den Kennzeichnungspflichten nach § 5 Abs. 1 TMG, da auch die einzelnen Transaktionen auf einer Versteigerungs-Plattform Telemediendienste iSd § 1 Abs. 1 S. 1 TMG sind.[134] Bestehen für Unternehmer Informations- und Kennzeichnungspflichten nach mehreren Vorschriften, sind diese insgesamt zu erfüllen, vgl. §§ 312 i Abs. 3, § 5 Abs. 2 TMG.

38 Den Informationspflichten muss nicht unmittelbar in der Beschreibung der jeweiligen Transaktion nachgekommen werden; ebenso wie AGB durch einen deutlichen Verweis (sog. „sprechender Link") auf eine andere Internetseite eingebunden werden können, genügt auch der deutliche Verweis auf eine die erforderlichen Informationen enthaltende Internetseite;[135] zur Einhaltung der Textform (§ 126 b) durch eine Internetseite → § 126 b Rn. 16 ff. Missachtet ein Unternehmer die ihm obliegenden Informations- und Kennzeichnungspflichten, unterlässt er insbesondere die Belehrung über das Widerrufsrecht (→ Rn. 39), handelt er wettbewerbswidrig, §§ 3 a, 5 a Abs. 2, Abs. 3 Nr. 5, Abs. 4 UWG.[136] Dies kann für den Unternehmer nach § 12 Abs. 1 UWG kostenpflichtige Abmahnungen insbesondere von Mitbewerbern zur Folge haben, die gegenüber dem Unternehmer Unterlassungs-, Auskunfts- und Schadensersatzansprüche nach den §§ 8 ff. UWG geltend machen können.

IV. Widerrufsrecht

39 Dem Verbraucher steht bei Internet-Versteigerungen ein Widerrufsrecht gem. §§ 312 g Abs. 1 S. 1, 355 zu.[137] Dieses wird bei Internet-Versteigerungen nicht durch §§ 312 g Abs. 2 Nr. 10 ausgeschlossen.[138] Der Ausschlusstatbestand des § 312 g Abs. 2 Nr. 10 erfasst expressis verbis nur Versteigerungen, bei denen Unternehmer und Verbraucher persönlich, dh räumlich anwesend sind, und die Verpflichtung zum Erwerb der Ware oder Dienstleistung aus dem Zuschlag eines Versteigerers hervorgeht. An beidem fehlt es bei Internet-Versteigerungen, die als Fernabsatzgeschäft ausgeführt werden (→ Rn. 11 ff.).

40 Die örtliche Zuständigkeit für die Rückabwicklung eines Vertrags nach wirksamer Ausübung des Widerrufsrechts bestimmt sich – neben den §§ 12, 13, 21 ZPO – gem. § 29 Abs. 1 ZPO nach dem Erfüllungsort. Dies ist nach beiderseitiger Erfüllung des Vertrags der Ort, an dem sich der Kaufgegenstand im Zeitpunkt

129 LG Krefeld 1.2.2008 – 1 S 119/07, MMR 2008, 858; zum Begriff „neu" in der Beschreibung BGH 5.4.1995 – I ZR 59/93, GRUR 1995, 610 (612); OLG Saarbrücken 2.4.2014 – 1 U 11/13, WRP 2014, 987.
130 *Cichon/Pighin* CR 2003, 435 (439).
131 LG Berlin 25.2.2003 – 16 O 476/01, MMR 2004, 195; LG Trier 22.4.2003 – 1 S 21/03, JurPC Web-Dok. 149/2003.
132 BGH 28.3.2012 – VIII ZR 244/10, NJW 2012, 2723.
133 *Buchmann* K&R 2014, 369 (371); *Teuber/Melber* MDR 2004, 185 (187).
134 Ebenso für Unternehmenspräsentationen, die in fremde Websites eingebunden sind oder in sozialen Netzwerken vorgehalten werden, Spindler/Schuster/*Micklitz/Schirmbacher* TMG § 5 Rn. 7.

135 BGH 20.7.2006 – I ZR 228/03, NJW 2006, 3633 (3635 f.) (Anbieterkennzeichnung im Internet); OLG Frankfurt 14.12.2006 – 6 U 129/06, NJW-RR 2007, 482 (483).
136 OLG Frankfurt 17.4.2001 – 6 W 37/01, MMR 2001, 529; *Seifert* K&R 2003, 244 (245 f.); *Teuber/Melber* MDR 2004, 185 (189).
137 Zu den Anforderungen an eine ordnungsgemäße Belehrung vgl. BGH 9.12.2009 – VIII ZR 219/08, NJW 2010, 989 (990 ff.); OLG Hamburg 12.9.2007 – 5 W 129/07, MMR 2008, 44 und 24.8.2006 – 3 U 103/06, MMR 2006, 675; *Bonke/Gellmann* NJW 2006, 3169 ff.
138 BT-Drs. 17/12637 S. 57; *Förster* JA 2014, 721 (729); BeckOK BGB/*Martens* § 312 g Rn. 44; zum früheren Recht: BGH 3.11.2004 – VIII ZR 375/03, NJW 2005, 53; *Hoeren/Müller* NJW 2005, 94852.

des Widerrufs befunden hat.[139] Da für die Klage des Verkäufers auf Rückgabe des Kaufgegenstands das Gericht am Wohnsitz des Käufers zuständig wäre, gilt dies auch, wenn der Käufer den Kaufgegenstand bereits an den Verkäufer zurückgegeben hat und anschließend auf Rückzahlung des Kaufpreises klagt; durch die Rückgabe des Kaufgegenstands verliert der Käufer nicht den ihm günstigen Wohnsitzgerichtsstand.[140]

D. Bewertungssystem und Löschungsansprüche

Im Anschluss an eine Transaktion können nur die beteiligten Nutzer (Käufer und Verkäufer) eine Bewertung für den jeweils anderen abgeben; die Bewertung ist für alle anderen Nutzer der Versteigerungs-Plattform sichtbar, soweit ein Nutzer seine Bewertungen – was die Ausnahme ist – nicht für privat erklärt hat. Die Bewertungen – positiv, neutral oder negativ; wahlweise in Verbindung mit einem kurzen Erläuterungssatz des Bewertenden – beziehen sich immer auf eine konkrete Transaktion. Es besteht keine Möglichkeit, Nutzer losgelöst von einer Transaktion zu beurteilen.[141] Das Bewertungssystem soll den – in der Regel anonym unter dem frei wählbaren Nutzernamen (→ Rn. 5) agierenden (zur Offenbarungspflicht bei Unternehmern → Rn. 33) – Nutzern die Möglichkeit geben, vor Abgabe eines Gebots einen Überblick („aussagekräftiges Bild")[142] über den Ausgang der bisherigen Transaktionen des potenziellen Vertragspartners zu erlangen. Zu diesem Zweck werden die Einzelbewertungen zusätzlich in einer Bewertungsstatistik zusammengefasst, aus der die Gesamtzahl der bisherigen Bewertungen nach verschiedenen Kriterien ersichtlich ist – und etwa bei eBay in einer Prozentzahl das bisherige Abschneiden des Nutzers („98,7 % positive Bewertungen") widerspiegelt, auch in verschiedenen Kategorien wie Versanddauer oder Genauigkeit der Angebotsbeschreibung. **41**

Wegen der uneingeschränkten Verknüpfung jeder einzelnen Bewertung mit einer konkreten Transaktion stellt das Bewertungssystem kein allgemeines Meinungsforum dar. Die Bewertung – insbesondere ein vom Bewertenden zusätzlich abgegebener Erläuterungstext – muss deshalb Bezug nehmen auf die Abwicklung der konkreten Transaktion und sachlich gerechtfertigt sein.[143] Enthält die Erklärung lediglich Werturteile und damit durch Art. 5 Abs. 1 S. 1 GG geschützte Meinungsäußerungen des Bewertenden, besteht generell kein Anspruch auf Löschung oder Widerruf.[144] Anders ist dies bei offensichtlich unwahren[145] **oder nicht beweisbaren**[146] Tatsachenbehauptungen, Schmähkritik[147] oder Abwertungen des bewerteten Nutzers ohne jede sachliche Begründung. In diesen Fällen kann dem betroffenen Nutzer gegen den Bewertenden ein Anspruch auf Zustimmung zur Löschung der Bewertung aus §§ 280 Abs. 1, 241 Abs. 2 zustehen,[148] ggf. auch ein Unterlassungsanspruch aus §§ 823 Abs. 1, Abs. 2, 1004.[149] Die Möglichkeit einer Gegendarstellung im Bewertungssystem steht dem Löschungsanspruch nicht entgegen,[150] denn die negative Bewertung findet trotz einer Gegendarstellung weiterhin ihren Niederschlag im zusammenfassenden Bewertungsprofil[151] und kann den Plattform-Betreiber zur vollständigen Sperrung des betroffenen Accounts berechtigen.[152] **42**

E. Verantwortlichkeit des Plattform-Betreibers für Rechtsverletzungen der Nutzer

Der Betreiber einer Versteigerungs-Plattform im Internet stellt als technische und organisatorische Plattform den Marktplatz (→ Rn. 2) für die Transaktionen der Nutzer zur Verfügung und gibt damit den Rahmen vor, **43**

139 Ebenso für die Wandlung BGH 9.3.1983 – VIII ZR 11/82, NJW 1983, 1479; *Ernst* CR 2000, 304 (311).

140 *Teuber/Melber* MDR 2004, 185 (188); *Woitkewitsch* CR 2006, 284; aA AG Köln 5.11.2009 – 137 C 304/09, juris.

141 Auf der amerikanischen eBay-Plattform (http://www. ebay.com) konnten zunächst auch Bewertungen durch nicht an einer Transaktion beteiligte Nutzer abgegeben werden. Wegen des massiven Missbrauchs wurde diese Funktion alsbald deaktiviert.

142 LG Düsseldorf 18.2.2004 – 12 O 6/04, MMR 2004, 496.

143 AA AG Koblenz 2.4.2004 – 142 C 330/04, MMR 2004, 638 (639).

144 AG Brühl 7.4.2008 – 28 C 447/07, ITRB 2008, 201 f.; AG Bremen 27.11.2009 – 9 C 412/09, NJW-RR 2010, 1426.

145 OLG Oldenburg 3.4.2006 – 13 U 71/05, MMR 2006, 556 f.; LG Düsseldorf 18.2.2004 – 12 O 6/04, MMR

2004, 496; LG Konstanz 28.7.2004 – 11 S 31/04, NJW-RR 2004, 1635 (1636).

146 OLG München 28.10.2014 – 18 U 1022/14, MMR 2015, 410.

147 LG Düsseldorf 18.2.2004 – 12 O 6/04, MMR 2004, 496 (497); AG Koblenz 2.4.2004 – 142 C 330/04, MMR 2004, 638 (639).

148 AG Erlangen 26.5.2004 – 1 C 457/04, NJW 2004, 3720 (3721); *Dörre/Kochmann* ZUM 2007, 30; zum zivilrechtlichen Verfahren *Petershagen* NJW 2008, 953.

149 Im Einzelnen *Dörre/Kochmann* ZUM 2007, 30.

150 AG Erlangen 26.5.2004 – 1 C 457/04, NJW 2004, 3720 (3721); aA LG Düsseldorf 18.2.2004 – 12 O 6/04, MMR 2004, 496 f.

151 AG Erlangen 26.5.2004 – 1 C 457/04, NJW 2004, 3720 (3721); *Herrmann* MMR 2004, 497.

152 OLG Brandenburg 17.6.2009 – Kart W 11/09.

in dem diese Transaktionen durchgeführt werden können.[153] Nach ständiger Rechtsprechung des BGH kann der Plattform-Betreiber als Störer bei der Verletzung absoluter Rechte (insbesondere wegen Verletzung des Marken-, Urheber-, Persönlichkeits- oder Jugendschutzrechts) auf Unterlassung in Anspruch genommen werden, wenn er mit der von ihm betriebenen Plattform willentlich und adäquat kausal zur Verletzung des betroffenen Rechtsguts beiträgt.[154] Das Haftungsprivileg des Telemediengesetzes (TMG) für Host-Provider aus § 10 S. 1 TMG betrifft nach hM wegen der Regelung in § 7 Abs. 3 S. 1 TMG nur die strafrechtliche Verantwortlichkeit und die Haftung auf Schadensersatz, nicht hingegen Ansprüche auf (zukünftige) Unterlassung oder Beseitigung.[155] Außerhalb des TMG bleibt es deshalb nach dem BGH bei einer Verantwortlichkeit nach den allgemeinen Gesetzen und damit nach den Grundsätzen der Störerhaftung. Allerdings ist hierfür eine positive Kenntnis des Betreibers Voraussetzung, den auch außerhalb des TMG grundsätzlich keine allgemeine präventive Überwachungspflicht trifft.[156]

44   Um die weitreichende Störerhaftung nicht über Gebühr auf Dritte wie den Plattform-Betreiber auszudehnen, der nicht selbst die rechtswidrige Beeinträchtigung vorgenommen, sondern lediglich hieran kausal mitgewirkt hat, setzt eine Inanspruchnahme nach der Störerhaftung zusätzlich die Verletzung von Prüfpflichten durch den Plattform-Betreiber voraus. Der Prüfungsumfang richtet sich danach, ob und inwieweit dem Plattform-Betreiber im Einzelfall eine Prüfung zuzumuten ist. Dabei gilt, dass dem Betreiber durch die Auferlegung von Prüfungspflichten die Ausübung seines rechtmäßigen Geschäftsmodells nicht unmöglich gemacht werden darf.[157] Den Betreiber trifft deshalb immer dann, wenn er von einer offensichtlichen Rechtsverletzung positive Kenntnis erhält, die spezifische Verpflichtung/Überwachungspflicht, das konkrete Angebot unverzüglich zu beseitigen und zukünftig dafür zu sorgen, dass es nicht zu weiteren vergleichbaren Rechtsverletzungen kommt.[158]

45   Dem Betreiber zuzumuten ist insoweit jedenfalls der Einsatz von Filtersoftware, die durch Eingabe entsprechender Suchbegriffe Verdachtsfälle aufspürt, auch wenn im Nachhinein zusätzlich eine manuelle Kontrolle erfolgen muss. Eine weitergehende Haftung für Zuwiderhandlungen gegen das Unterlassungsgebot scheitert jedoch am mangelnden Verschulden des Betreibers (vgl. § 890 ZPO), da eine lückenlose Vorabkontrolle beim heutigen technischen Stand weiterhin faktisch ausgeschlossen ist.[159] Hiervon geht auch das zum 1.10.2017 in Kraft getretene NetzDG aus. Dieses sieht keine Verpflichtung der gemäß § 1 Abs. 1 S. 1 NetzDG adressierten Telemediendiensteanbieter zur ausschließlichen technischen Kontrolle rechtswidriger Inhalte vor. Vielmehr beschreibt es in § 3 NetzDG ein Verfahren zum Umgang mit Beschwerden über rechtswidrige Inhalte, das eine Vielzahl manuell durchzuführender Prüfschritte beinhaltet.[160]

46   Bei den Transaktionen handelt es sich mangels Einwirkungsmöglichkeit der Plattform-Betreiber auf deren Inhalt und konkreter Ausgestaltung im Einzelfall nicht um eigene Inhalte iSd § 7 Abs. 1 TMG.[161] Auch will der Betreiber der Versteigerungs-Plattform die einzelnen Transaktionen angesichts der ausdrücklichen Distanzierung vom Inhalt jeder Transaktion[162] offensichtlich nicht als eigene übernehmen; eine Billigung oder gar Identifikation der Plattform-Betreiber mit den einzelnen Transaktionen ist angesichts der ausdrücklichen

153   OLG Brandenburg 16.12.2003 – 6 U 161/02, MMR 2004, 330.
154   BGH, 27. 3. 2012 – VI ZR 144/11, NJW 2012, 2345 (2346); BGH 30.4.2008 – I ZR 73/05, NJW-RR 2008, 1136 1139; 19.4.2007 – I ZR 35/04, NJW 2007, 2636 (2637 f.); 11.3.2004 – I ZR 304/01, NJW 2004, 3102 (3103 f.); OLG Düsseldorf 24.2.2009 – I-20 U 204/02, MMR 2009, 402 (403).
155   S. nur BGH 16.5.2013 – I ZR 216/11; 25.10.2011 – VI ZR 93/10; 30.4.2008 – I ZR 73/05, NJW-RR 2008, 1136 1139; 12.7.2007 – i ZR 18/04, NJW 2008, 758 (759 f.); 19.4.2007 – I ZR 35/04, NJW 2007, 2636 (2637 f.); 27.3.2007 – VI ZR 101/06; 11.3.2004 – I ZR 304/01, NJW 2004, 3102; aA EuGH 12.7.2011 – C-324/09; 23.3.2010 – C-236/08 bis C-238/08; KG 16.4.2013 – 5 U 63/12; offen BGH 19.3.2015 – I ZR 94/13, GRUR 2015, 1129.
156   *OLG Köln 2.11.2001 – 6 U 12/01, MMR 2002, 110;* LG Berlin 25.2.2003 – 16 O 476/01, MMR 2004, 195.

157   BGH 12.7.2007 – I ZR 18/04, NJW 2008, 758 (762); 11.3.2004 – I ZR 304/01, NJW 2004, 3102 (3103 f.)
158   BGH 12.7.2007 – I ZR 18/04, NJW 2004, 3102 (3103 f); OLG Düsseldorf 24.2.2009 – I-20 U 204/02, MMR 2009, 402 (403 f.)
159   Den Betreiber trifft insoweit die sekundäre Darlegungslast dafür, welche Schutzmaßnahmen er ergreifen kann und weshalb ihm – falls diese Maßnahmen keinen lückenlosen Schutz gewährleisten – weitergehende Maßnahmen nicht zuzumuten sind; BGH 10.4.2008 – I ZR 227/05, NJW 2008, 3714 ff.
160   Dazu ausführlich *Höld* MMR 2017, 791; *Spindler* GRUR 2018, 365 (369 f.)
161   Vgl. zum inhaltsgleichen § 8 Abs. 1 TDG aF OLG Brandenburg 16.12.2003 – 6 U 161/02, MMR 2004, 330; LG Berlin 25.2.2003 – 16 O 476/01, MMR 2004, 195; LG Düsseldorf 29.10.2002 – 4 a O 464/01, MMR 2003, 120; *Spindler* K&R 2002, 83 (84).
162   EBay: „Der Verkäufer ist für dieses Angebot verantwortlich".

Neutralität des Betreibers gegenüber allen Transaktionen nicht erkennbar. Deswegen liegen auch über den Umweg des „Zu-Eigen-Machens" keine eigenen Informationen des Betreibers iSd § 7 Abs. 1 TMG vor.[163]

F. Weitere Rechtsfragen

I. Umgekehrte Versteigerung (Abwärtsauktion oder Reverse Auction)

Bei Abwärtsauktionen fällt der vom Verkäufer vorgegebene Kaufpreis in festgelegten Zeitabständen so lange, bis ein Nutzer das Angebot des Verkäufers annimmt. Auch bei Abwärtsauktionen handelt es sich nicht um Versteigerungen iSd § 156, weil es am Zuschlag fehlt (→ Rn. 11 ff.); der BGH spricht insoweit von einem besonderen Weg zur Festlegung des Verkaufspreises (→ Rn. 2).[164]   **47**

Die Zulässigkeit von Abwärtsauktionen wurde allein unter wettbewerbsrechtlichen Gesichtspunkten infrage gestellt. Eine aggressive geschäftliche Handlung iSd § 4a UWG (§ 4 Nr. 1, 2 UWG aF) durch „Ausnutzen ihrer Spiellust" wird heute generell verneint: Der verständige Verbraucher ist an die von solchen umgekehrten Versteigerungen ausgehenden aleatorischen Reize[165] gewöhnt und gegenüber Unternehmern zudem durch ein Widerrufsrecht (→ Rn. 39) vor übereilten Entscheidungen geschützt.[166]   **48**

Ebenfalls wettbewerbsrechtlich nicht zu beanstanden sein dürften bei einer entsprechend transparenten Ausgestaltung der Nutzungsbedingungen solche Auktionsmodelle, bei denen Gebotsrechte gekauft werden müssen und die Versteigerung grundsätzlich bei null beginnt. Bei diesen erhöht sich der Preis mit jedem abgegebenen Gebot nur um wenige Cent. Obwohl sich mit jedem Gebot auch die Dauer der Auktion verlängert, erscheinen die Produkte bei dieser Versteigerungsvariante lange Zeit als Schnäppchen – die Ware erwerben kann aber wie bei allen Internet-Versteigerungen letztlich nur ein einziger Bieter.   **49**

II. Nutzung von Bietagenten („Sniper-Software")

Die durch einen Bietagenten (sog. Sniper-Software) automatisch kurz vor Ablauf der Laufzeit einer Transaktion abgegebenen Gebote sind Willenserklärungen desjenigen Nutzers, der den Bietagenten zuvor auf die Gebotsabgabe programmiert hat. Ein etwaiges Verbot der Nutzung von Bietagenten in den AGB des Betreibers einer Versteigerungs-Plattform (zur Reichweite der Betreiber-AGB → Rn. 6) berührt die Wirksamkeit der Willenserklärung nicht und steht einem Vertragsschluss nicht entgegen.[167] Bietagenten sind auch die vom Plattform-Betreiber angebotenen Tools zur automatischen Erhöhung des eigenen Gebots bis zum Erreichen eines zuvor vom Nutzer festgelegten Maximalgebots; dabei ist jedes vom Bietagenten abgegebene Gebot eine eigene Willenserklärung des Käufers (→ Rn. 23 f.).[168]   **50**

Das Anbieten dieser Bietagenten durch Dritte ist keine unlautere Wettbewerbshandlung iSd §§ 4 Nr. 4 UWG.[169] Ein etwaiges Verbot der Nutzung dieser Bietagenten in den Betreiber-AGB betrifft nur eine nicht wettbewerbswesentliche Nebenpflicht der Nutzer. Im Angebot der Bietagenten liegt deshalb keine wettbewerbswidrige Verleitung zum Vertragsbruch.[170] Ebenso wenig führt die Nutzung der Bietagenten zu negativen Auswirkungen auf das Bietverhalten der Nutzer, die völlig unterschiedliche Strategien und Ziele mit ihrer Teilnahme an Internet-Versteigerungen verfolgen; letztlich bleibt das Höchstgebot das erfolgreiche Gebot, gleich ob es unmittelbar durch den Nutzer oder vermittelt durch eine Sniper-Software abgegeben wurde.[171] Es fehlt demnach auch an einer wettbewerbswidrigen Marktbehinderung.[172] Zudem ist der Biet-   **51**

---

163 Zu den Anforderungen an das „Zu-Eigen-Machen" BGH 12.11.2009 – I ZR 166/07, NJW-RR 2010, 1276 (1277 f.) (marions-kochbuch.de); OLG Brandenburg 16.12.2003 – 6 U 161/02, MMR 2004, 330; LG Berlin MMR 2004, 195; LG Düsseldorf 29.10.2002 – 4 a O 464/01, MMR 2003, 120; LG Potsdam 10.10.2002 – 51 O 12/02, MMR 2002, 829.

164 BGH 13.11.2003 – I ZR 40/01, NJW 2004, 852; ebenso OLG Hamburg 25.4.2002 – 3 U 190/00, NJW-RR 2002, 1042; aA *Lindenberg* CR 2003, 518 (520).

165 Zum Begriff *Steinbeck* K&R 2003, 344, Fn. 1.

166 *Leible/Sosnitza* MMR 2003, 466 (467) sowie CR 2004, 293 (294); aA noch OLG Hamburg 25.4.2002 – 3 U 190/00, NJW-RR 2002, 1042; *Lindenberg* CR 2003, 518 (520), zurückhaltend *Busch* EWiR 2004, 511 (512); *Ernst* MDR 2004, 524 (525); *Steinbeck* K&R 2003, 344 (345); zu Sonderfällen in der Rechtsprechung siehe BGH 13.11.2003 – I ZR 141/02,

NJW 2004, 852 (853), unter Aufgabe von BGH 20.3.1986 – I ZR 228/83, GRUR 1986, 622; OLG München 14.12.2000 – 6 U 2690/00, MMR 2001, 233 (234 f.).

167 Ein solches Verbot für unwirksam halten *Leible/Sosnitza* K&R 2003, 300 (301).

168 OLG Stuttgart 14.4.2015 – 12 U 153/14; kritisch dazu *Schinkels* MMR 2018, 351 (352).

169 LG Berlin 11.2.2003 – 15 O 704/02, CR 2003, 857; aA LG Hamburg 16.7.2002 – 312 O 271/02, MMR 2002, 755.

170 LG Berlin 11.2.2003 – 15 O 704/02, CR 2003, 857; *Leible/Sosnitza* K&R 2003, 300 (301); aA LG Hamburg 16.7.2002 – 312 O 271/02, MMR 2002, 755.

171 *Leible/Sosnitza* K&R 2003, 300 (301); verkannt von LG Hamburg 16.7.2002 – 312 O 271/02, MMR 2002, 755.

172 LG Berlin 11.2.2003 – 15 O 704/02, CR 2003, 857.

agent nichts anderes als ein – automatisch funktionierender – weisungsgebundener Strohmann des Bietenden, dessen Einsatz im realen Leben niemand ernstlich als unzulässig bewerten würde.[173] Daher scheidet auch ein Eingriff in das Recht am eingerichteten und ausgeübten Gewerbebetrieb durch das Anbieten der Bietagenten aus.

III. Preisangabenverordnung und Buchpreisbindungsgesetz

52 Die Preisangabenverordnung (PAngV) findet auf Internet-Versteigerungen wegen § 9 Abs. 1 Nr. 5 PAngV keine Anwendung.[174] Zwar werden Internet-Versteigerungen nicht von § 156 erfasst (→ Rn. 11 ff.); der Ausnahmetatbestand des § 9 Abs. 1 Nr. 5 PAngV erstreckt sich aber nach seinem Sinn und Zweck auf alle Angebote, bei denen die Angabe von Endpreisen nicht verlangt werden kann, wenn die Endpreise gerade durch im gegenseitigen Wettbewerb abgegebene Gebote oder anderweitig durch das Verhalten der Käufer bestimmt werden.[175] Dies ändert allerdings nichts daran, dass die Unterlassung der in § 5a Abs. 3 Nr. 3 UWG bezeichneten Preisinformationen, die § 1 Abs. 1, Abs. 2 PAngV im Wesentlichen entsprechen, eine irreführende geschäftliche Handlung des Unternehmers sein kann, so dass zumindest einzelne Teile der PAngV auf dem Umweg über § 5a UWG gleichwohl zu beachten sind. Direkt- oder Sofortkaufangebote (→ Rn. 9) fallen unmittelbar unter die PAngV. Deshalb muss die Grundpreisangabe nach § 2 Abs. 1 S. 1 PAngV „so nahe wie möglich" zur Preisangabe erfolgen. Auch ist bereits in der Trefferliste einer Versteigerungs-Plattform nach § 2 Abs. 1 S. 1 PAngV die Angabe des Grundpreises einer Wareangabe erforderlich.[176]

53 Demgegenüber greift die Beschränkung des § 3 S. 1 Buchpreisbindungsgesetz (BuchPrG) auch für die Nutzer von Internet-Versteigerungen. Dabei können neben Unternehmern auch Verbraucher zur Einhaltung der festgesetzten Preise verpflichtet sein, wenn sie wiederkehrend „neue", „ungelesene" oder „originalverpackte" Bücher auch ohne Gewinnerzielungsabsicht – und damit geschäftsmäßig iSd § 3 S. 1 BuchPrG – anbieten oder diese selbst kostenlos (etwa als Rezensionsexemplar vom Verlag) erhalten haben.[177]

§ 157 Auslegung von Verträgen

Verträge sind so auszulegen, wie Treu und Glauben mit Rücksicht auf die Verkehrssitte es erfordern.

Literatur: *Biehl,* Grundsätze der Vertragsauslegung, JuS 2010, 195; *Caesar,* Die Kündigung vor Arbeitsantritt, NZA 1989, 251; *Canaris/Grigoleit,* Interpretation of Contracts, in: Hartkamp ua (Hrsg.), Towards a European Civil Code, 4. Aufl. 2011, S. 567; *Cziupka,* Die ergänzende Vertragsauslegung, JuS 2009, 103; *Dreher,* Kontrolle und Schließung von anfänglichen Regelungslücken in AVB, FS Schapp 2010, 113; *Ehricke,* Zur Bedeutung der Privatautonomie bei der ergänzenden Vertragsauslegung, RabelsZ 60 (1996), 661; *Finkenauer,* Ergänzende Auslegung bei Individualabreden, AcP 213 (2013), 619; *Hager,* Gesetzes- und sittenkonforme Auslegung und Aufrechterhaltung von Rechtsgeschäften, 1983; *Henckel,* Die ergänzende Vertragsauslegung, AcP 159 (1960), 106; *Larenz,* Ergänzende Vertragsauslegung und dispositives Recht, NJW 1963, 737; *Mangold,* Eigentliche und ergänzende Vertragsauslegung, NJW 1961, 2284; *Mayer-Maly,* Die Bedeutung des tatsächlichen Parteiwillens für den hypothetischen, in: FS Flume Bd. I 1978, S. 621; *Medicus,* Vertragsauslegung und Geschäftsgrundlage, in: FS Flume 1978, S. 629; *Neuner,* Vertragsauslegung – Vertragsergänzung – Vertragskorrektur, in: FS Canaris I 2007, S. 901; *Nicklisch,* Ergänzende Vertragsauslegung und Geschäftsgrundlagenlehre – ein einheitliches Rechtsinstitut zur Lückenfüllung, BB 1980, 949; *Ohlendorf/Salamon,* Die Aufrechterhaltung unwirksamer Formulararbeitsbedingungen – das Verhältnis des Verbots geltungserhaltender Reduktion zur ergänzenden Vertragsauslegung im Arbeitsrecht, RdA 2006, 281; *Olzen/Looschelders,* Erbrecht, 6. Auflage 2020; *Piepenbrock,* Regress des Gebäudeversicherers gegen den Mieter vor dem Aus?, VersR 2008, 319; *Rohde/Knobbe,* Die Auslegung einer vertraglichen Nettopreisabrede, NJW 2012, 2156; *Roth,* Testamentsauslegung mit Umständen außerhalb der Testamentsurkunde, NJW-Spezial 2019, 423; *Rüßmann,* Die „ergänzende Auslegung" Allgemeiner Geschäftsbedingungen, BB 1987, 843; *Salamon,* Die freiwillige Verpflichtung zur Gratifikationszahlung und die Divergenz der Rechtsprechung zur ergänzenden Vertragsauslegung durch BGH und BAG, NZA 2009, 1076; *Schimmel,* Zur ergänzenden Auslegung von Verträgen, JA 2001, 339; *Staudinger/Kassing,* Der Regress des Gebäudeversicherers gegen den Mieter im Lichte der VVG-Reform, VersR 2007, 10; *Wessel,* Stillschweigende Haftungsbeschränkungen im Straßenverkehr – insbesondere bei Gefälligkeits- und Probefahrten sowie Auslandsunfällen und im Sport, VersR 2011, 569; *Wiedemann,* Ergänzende Vertragsauslegung – richterliche Vertragsergänzung, in: FS Canaris Bd. I 2007, S. 1281. Vgl auch die Nachweise bei § 133.

---

173 LG Berlin 11.2.2003 – 15 O 704/02, CR 2003, 857.

174 OLG Oldenburg 20.1.2003 – 1 W 6/03, MMR 2003, 270; *Ernst* CR 2000, 304 (311); *Huppertz* MMR 2000, 65 (68 f.); *Steinbeck* K&R 2003, 344 (347).

175 *Hollerbach* DB 2000, 2001 (2005); Huppertz MMR 2000, 65 (68); *Steinbeck* K&R 2003, 344 (347); ähn-

lich *Teuber/Melber* MDR 2004, 185 (189 f.); *Vehslage* MMR 1999, 680 (681).

176 OLG Hamburg 10.10.2012 – 5 U 274/11, MMR 2013, 173.

177 OLG Frankfurt 15.6.2004 – 11 U 18/04, NJW 2004, 2098.

A. **Allgemeines** 1
   I. Normzweck 1
   II. Anwendungsbereich 3
   III. Abgrenzungen 5
     1. Dissens, § 154 5
     2. Einfache (erläuternde) Auslegung; Störung der Geschäftsgrundlage 6
     3. Lückenfüllung durch dispositives Recht .. 8
       a) Vorrang des dispositiven Rechts 8
       b) Ausnahmen 9
   IV. Anfechtung 13
   V. Geltungserhaltende Reduktion 14
B. **Ergänzende Auslegung** 17
   I. Voraussetzungen 17
     1. Wirksames Rechtsgeschäft 17
     2. Regelungslücke 18
     3. Kein Vorrang des dispositiven Gesetzesrechts 20
   II. Maßstab und Kriterien 21
   III. Zeitpunkt 24
   IV. Grenzen 25
   V. Fazit 27
   VI. Sonderfälle der ergänzenden Auslegung 29
     1. Formbedürftige Rechtsgeschäfte 29

       a) Die Bedeutung der Andeutungstheorie 29
       b) Insbesondere Testamente 30
     2. Grundbucheintragungen und dingliche Grundstücksgeschäfte 34
     3. Formularverträge und AGB 36
       a) Voraussetzungen und Grenzen 36
       b) Maßstab 41
     4. Tarifverträge 42
   VII. Einzelfälle 43
     1. Arbeitsrecht 43
     2. Haftungsbeschränkungen 47
     3. Handels- und Gesellschaftsrecht 49
     4. Kaufverträge 55
     5. Kreditsicherungsrecht 59
     6. Miet- und Pachtverträge 62
     7. Versicherungsverträge 67
     8. Vertrag mit Schutzwirkung für Dritte 72
     9. Wettbewerbsverbote 73
C. **Weitere praktische Hinweise** 75
   I. Tat- und Rechtsfrage 75
   II. Revisibilität 76

A. Allgemeines

I. Normzweck

§ 157 regelt die Auslegung von **Verträgen**. Die Vorschrift ergänzt § 133, der sich auf die Auslegung von **1** **Willenserklärungen** bezieht. Da Verträge durch zwei miteinander korrespondierende Willenserklärungen zustande kommen, ist eine klare Trennung zwischen § 133 und § 157 bei der **erläuternden Auslegung** nicht möglich. Beide Vorschriften sind deshalb in diesem Bereich nebeneinander anzuwenden (→ § 133 Rn. 2 f.). § 157 gilt insoweit gleichermaßen für die Auslegung von einzelnen Willenserklärungen und Verträgen. Die einschlägigen Auslegungsgrundsätze sind bei § 133 (→ § 133 Rn. 24 ff.) im Zusammenhang dargestellt.

Ein zentraler Anwendungsbereich des § 157 ist die **ergänzende Auslegung**. Diese ist darauf gerichtet, die **2** in einer rechtsgeschäftlichen Regelung vorhandenen Lücken zu schließen.[1] Die prinzipielle Zulässigkeit der ergänzenden Vertragsauslegung ist in der deutschen Rechtsprechung und Literatur seit langem weitgehend anerkannt.[2] Die auf europäischer Ebene erarbeiteten Regelwerke (PECL, DCFR) folgen dagegen im Anschluss an das englische Recht[3] dem Konzept der richterlichen Vertragsergänzung durch „implied terms".[4] Das Gleiche gilt für den gescheiterten Vorschlag der Kommission für ein Gemeinsames Europäisches Kaufrecht vom 1.10.2011[5] (dazu → § 133 Rn. 12).[6] Trotz der unterschiedlichen methodischen Grundkonzeption stimmen die für die Lückenfüllung maßgeblichen Kriterien jedoch im Wesentlichen mit denen des deutschen Rechts überein.[7] Wichtigste **Kriterien** der ergänzenden Auslegung sind nach § 157 der Grundsatz von **Treu und Glauben** und die **Verkehrssitte** (allgemein dazu → § 133 Rn. 59 ff.). Da die Notwendigkeit der ergänzenden Auslegung im Allgemeinen darauf beruht, dass der infrage stehende Punkt von den Parteien nicht bedacht wurde (→ Rn. 18 f.), hat der **wirkliche Wille** der Parteien dagegen nur einge-

---

1   Zur Funktion der ergänzenden Auslegung vgl. BGHZ 9, 273 (277 ff.); BGH NJW 2010, 2649 (2650); *Erman/Armbrüster* BGB § 157 Rn. 15; MüKoBGB/ *Busche* § 157 Rn. 2; Soergel/*Wolf* BGB § 157 Rn. 103; Staudinger/*Roth* BGB § 157 Rn. 4.

2   Vgl. statt vieler BGHZ 9, 273 (278); 127, 138, 142; 158, 201, 207; 164, 286, 292; 200, 133 Rn. 17; BGH NJW 2014, 3439 Rn. 8; 2015, 955 Rn. 27; Palandt/ *Ellenberger* BGB § 157 Rn. 2; MüKoBGB/*Busche* § 157 Rn. 26 ff.; Staudinger/*Roth* BGB § 157 Rn. 4, 11 ff.; Jauernig/*Mansel* BGB § 157 Rn. 2; *Larenz/ Wolf* BGB AT[9] § 33 Rn. 9 ff.; *Medicus/Petersen* BürgerlR Rn. 338 ff.; abl. in neuerer Zeit aber *Wolf/*

Neuner BGB AT § 35 Rn. 66 ff.; *Neuner* FS Canaris I 2007, 901, 918 ff.

3   Vgl. *Kötz* Europäisches Vertragsrecht § 6 V (S. 146 ff.).

4   So insbes. Art. II. – 9:101 DCFR; vgl. auch Art. 6:102 PECL. Zusammenfassend Schulze/*Kieninger*, Common European Sales Law (CESL), 2012, Article 68 Rn. 2 ff.

5   KOM(2011) 635 endg.

6   Art. 68 GEK-E. Näher dazu Schmidt-Kessel/ *Looschelders/Makowsky* GEK-E Art. 68 Rn. 3.

7   Vgl. *Looschelders* AcP 212 (2012), 581, 641 ff.

schränkte Bedeutung. Die Zuordnung zur Auslegung rechtfertigt sich aber aus der Anknüpfung an die dem konkreten Vertrag zugrunde liegenden Wertungen und Interessen der jeweiligen Parteien.[8]

II. Anwendungsbereich

3 Ein Schwerpunkt der ergänzenden Auslegung sind **Verträge**. Eine ergänzende Auslegung kommt aber auch bei **einseitigen Rechtsgeschäften**, namentlich Testamenten (dazu → Rn. 30 ff.), in Betracht. Eine ergänzende Auslegung ist auch bei **formbedürftigen** Rechtsgeschäften möglich.[9] Die entscheidende Frage ist jedoch, ob das Rechtsgeschäft mit dem durch die ergänzende Auslegung festgestellten Inhalt formgültig ist (→ Rn. 29). Zur ergänzenden Auslegung von **Tarifverträgen** → Rn. 42.

4 Bei **öffentlichen Verträgen** ergibt sich die Zulässigkeit einer ergänzenden Auslegung aus § 62 S. 2 VwVfG iVm § 157. Darüber hinaus kommt eine ergänzende Auslegung auch bei **Verwaltungsakten** in Betracht.[10] Bei belastenden Verwaltungsakten ist eine ergänzende Auslegung zugunsten der Behörde aber nicht zulässig, weil der Verwaltungsakt in diesen Fällen bestimmt, ausdrücklich und **vollständig** sein muss.[11]

III. Abgrenzungen

5 **1. Dissens, § 154.** Eine ergänzende Auslegung kann nur in Betracht gezogen werden, wenn feststeht, dass das Rechtsgeschäft wirksam zustande gekommen ist.[12] Ist der Vertrag aufgrund eines offenen Einigungsmangels nach § 154 Abs. 1 als nicht geschlossen zu betrachten, so kann dieser Mangel auch nicht durch ergänzende Vertragsauslegung geheilt werden.[13] Bei **bewussten Regelungslücken** ist eine ergänzende Vertragsauslegung daher nur möglich, wenn die Parteien sich gleichwohl bereits rechtsgeschäftlich binden wollten (→ Rn. 19).

6 **2. Einfache (erläuternde) Auslegung; Störung der Geschäftsgrundlage.** Die ergänzende Auslegung setzt voraus, dass der Inhalt des Rechtsgeschäfts durch **einfache (erläuternde) Auslegung** nicht (vollständig) geklärt werden kann.[14] Denn ansonsten fehlt es an der für die ergänzende Auslegung erforderlichen Regelungslücke (→ Rn. 18 f.). Die einfache Auslegung geht damit der ergänzenden Auslegung vor. Soweit die einfache Auslegung zu einem bestimmten (Teil-)Ergebnis geführt hat, darf dieses nicht durch ergänzende Auslegung wieder infrage gestellt werden. Bei der praktischen Rechtsanwendung können erläuternde und ergänzende Auslegung ineinander übergehen. Da beide Methoden letztlich die gleichen Kriterien verwenden, kann dies jedoch zu keinen Wertungswidersprüchen führen.

7 Gegenüber den Regeln über die **Störung der Geschäftsgrundlage** ist die ergänzende Auslegung grundsätzlich vorrangig (→ § 133 Rn. 18).[15] Da man sich bei der Vertragsanpassung nach § 313 ebenfalls möglichst an den im Vertrag zum Ausdruck gelangten Vorstellungen, Zielen und Interessenwertungen der Parteien zu orientieren hat, können beide Methoden bei der praktischen Rechtsanwendung zwar ineinander übergehen.[16] Soweit sich ein hypothetischer Parteiwille nicht feststellen lässt, geht die Anpassung des Vertrages nach § 313 aber über die ergänzende Vertragsauslegung nach § 157 hinaus.[17] Maßgeblich ist damit jeweils die Methode, die den Grundsatz der **Privatautonomie** am weitesten verwirklicht.[18]

8 **3. Lückenfüllung durch dispositives Recht. a) Vorrang des dispositiven Rechts.** Weist eine rechtsgeschäftliche Regelung eine Lücke auf, so kann diese auch durch das dispositive Recht gefüllt werden. In welchem Verhältnis beide Lösungsmöglichkeiten zueinander stehen, ist umstritten. Die hM spricht

8   Staudinger/*Roth* BGB § 157 Rn. 2, 4; Erman/*Armbrüster* BGB § 157 Rn. 20; *Finkenauer* AcP 213 (2013), 619, 623.
9   Palandt/*Ellenberger* BGB § 157 Rn. 2 a; Soergel/*Wolf* BGB § 157 Rn. 19.
10   Vgl. BeckOK BGB/*Wendtland* § 157 Rn. 6; Soergel/*Wolf* BGB § 157 Rn. 115; Staudinger/*Roth* BGB § 157 Rn. 14.
11   Vgl. *Peine/Siegel* Allgemeines Verwaltungsrecht Rn. 344.
12   BeckOK BGB/*Wendtland* § 157 Rn. 33 f.; Erman/ *Armbrüster* BGB § 157 Rn. 15; Staudinger/*Roth* BGB § 157 Rn. 13.
13   Vgl. Soergel/*Wolf* BGB § 157 Rn. 23.
14   MüKoBGB/*Busche* § 157 Rn. 26; PWW/*Brinkmann* BGB § 157 Rn. 15; Staudinger/*Roth* BGB § 157 Rn. 5.

15   BGHZ 81, 135 (143) = NJW 1981, 2241; 90, 69, 74 = NJW 1984, 1177; 164, 286, 292 = NJW 2006, 54 (55); 191, 336 = NJW 2012, 526 Rn. 19; BGH NJW-RR 2008, 562 (563); NJW 2010, 519 (520); NJW 2018, 2469 Rn. 36; Erman/*Armbrüster* BGB § 157 Rn. 19; PWW/*Brinkmann* BGB § 157 Rn. 40; Staudinger/*Roth* BGB § 157 Rn. 9; Erman/*Armbrüster* BGB § 157 Rn. 15; differenzierend MüKoBGB/ *Busche* § 157 Rn. 35.
16   Vgl. MüKoBGB/*Finkenauer* § 313 Rn. 46; *Medicus/ Petersen* BürgerlR Rn. 879; ausf. dazu *Medicus* FS Flume 1978, S. 629 ff.
17   Vgl. BGHZ 9, 273 (277); BGH NJW 1994, 2688 (2690); MüKoBGB/*Finkenauer* § 313 Rn. 46; PWW/ *Brinkmann* BGB § 157 Rn. 40.
18   Staudinger/*Roth* BGB § 157 Rn. 5, 10.

sich für einen **Vorrang des dispositiven Rechts** aus.[19] Dies lässt sich damit rechtfertigen, dass das dispositive Recht andernfalls weitgehend funktionslos wäre.[20] Davon abgesehen enthält das dispositive Recht Regelungen, die den berechtigten Interessen der Parteien im Allgemeinen gerecht werden. Soweit die Parteien keine abweichenden Vereinbarungen treffen, kann daher davon ausgegangen werden, dass sie die Ausgestaltung ihrer rechtlichen Verhältnisse dem dispositiven Recht überlassen wollten.[21] Die ergänzende Auslegung könnte in solchen Fällen auch kaum zu abweichenden Ergebnissen führen, weil sich das dispositive Recht hier als gesetzliche Konkretisierung des Grundsatzes von Treu und Glauben und der Verkehrssitte darstellt.[22]

b) Ausnahmen. Der Vorrang des dispositiven Rechts gilt nicht für **gesetzliche Auslegungsregeln**, die nur **höchst hilfsweise** für den Fall eingreifen, dass sich ein anderes weder aus der Parteivereinbarung noch aus den Umständen ergibt (vgl. etwa §§ 125 S. 2, 154 Abs. 2, 262, 269 Abs. 1, 271 Abs. 1, 436 Abs. 1).[23] Solche Vorschriften sind keine Konkretisierungen von Treu und Glauben und der Verkehrssitte, sondern sollen lediglich gewährleisten, dass die betreffende Frage überhaupt irgendwie beantwortet werden kann.[24] Sie treten daher nach Sinn und Zweck zurück, wenn eine ergänzende Vertragsauslegung im Einzelfall möglich ist. **9**

Nach dem Grundsatz der Privatautonomie haben die Parteien im Übrigen die Möglichkeit, die Anwendung des dispositiven Rechts **ausdrücklich** oder auch **konkludent auszuschließen**.[25] Darüber hinaus kann der Vorrang des dispositiven Rechts auch dann nicht eingreifen, wenn die gesetzlichen Regelungen den **Interessen der Parteien nicht gerecht** werden[26] oder wenn das dispositive Recht für den konkreten Fall **keine passende Lösung** enthält.[27] In diesen Fällen treffen die für den Vorrang des dispositiven Rechts maßgeblichen Erwägungen nicht zu. Die Anwendung des dispositiven Rechts widerspräche daher dem mutmaßlichen Parteiwillen.[28] **10**

Bei der Konkretisierung dieser Ausnahmen kann man danach unterscheiden, ob der infrage stehende Vertrag einem **gesetzlich geregelten Vertragstyp** entspricht oder nicht.[29] Im ersteren Fall ist grundsätzlich davon auszugehen, dass das dispositive Recht eine passende Lösung enthält, die den Interessen der Parteien in ausreichendem Maße Rechnung trägt.[30] Im Einzelfall kann aber gleichwohl eine besondere Interessenlage vorliegen, welche die Anwendung des dispositiven Rechts unangemessen erscheinen lässt.[31] Weicht der Vertrag erheblich von den gesetzlich geregelten Typen ab, so gibt es im Allgemeinen keine dispositive Vorschrift, die den Parteiinteressen gerecht wird. Hier muss daher in weitem Umfang auf die ergänzende Vertragsauslegung zurückgegriffen werden.[32] **11**

Nach der Rechtsprechung gilt der Vorrang des dispositiven Rechts auch dann nicht, wenn das infrage stehende **Gesetzesrecht veraltet** ist. Praktische Bedeutung hat dies vor allem im Hinblick auf die Ausgestaltung des **Innenverhältnisses von handelsrechtlichen Personengesellschaften**. Hier geht die Rechtsprechung von einem grundsätzlichen Vorrang der ergänzenden Vertragsauslegung aus.[33] Maßgeblich ist die Erwägung, dass das dispositive Gesetzesrecht in diesem Bereich den geänderten wirtschaftlichen Verhältnissen nicht mehr gerecht wird und deshalb in der Vertragspraxis weitgehend verdrängt wird (→ Rn. 53).[34] **12**

19 Vgl. BGHZ 40, 91 (103); 77, 301, 304; 87, 309, 321; 90, 69, 75; 137, 153, 157; 146, 250, 261; 158, 201, 206; BGH NZM 2008, 462 (463); NJW 2012, 844 Rn. 24; Palandt/*Ellenberger* BGB § 157 Rn. 4; RGRK/*Piper* BGB § 157 Rn. 101; Staudinger/*Roth* BGB § 157 Rn. 23; *Bork* BGB AT Rn. 534; *Medicus/Petersen* BürgerlR Rn. 344; differenzierend MüKo-BGB/*Busche* § 157 Rn. 45 f.; Soergel/*Wolf* BGB § 157 Rn. 109 ff.; *Wolf/Neuner* BGB AT § 35 Rn. 66 ff.

20 Hk-BGB/*Dörner* § 157 Rn. 6; Palandt/*Ellenberger* BGB § 157 Rn. 4; Staudinger/*Roth* BGB § 157 Rn. 23.

21 BGHZ 40, 91 (103); 77, 301, 304; MüKoBGB/*Busche* § 157 Rn. 45.

22 RGRK/*Piper* BGB § 157 Rn. 101.

23 Soergel/*Wolf* BGB § 157 Rn. 112; Staudinger/*Roth* BGB § 157 Rn. 24; *Bork* BGB AT Rn. 534; *Medicus/Petersen* BürgerlR Rn. 341.

24 *Medicus/Petersen* BürgerlR Rn. 341.

25 BGH NJW 1975, 1116 (1117); NJW-RR 1990, 817 (818); Erman/*Armbrüster* BGB § 157 Rn. 19; Staudinger/*Roth* BGB § 157 Rn. 24.

26 BGHZ 137, 153 (157); BGH NJW 1982, 2816 (2817); NJW-RR 1990, 817 (819); 2006, 699 Rn. 11;

Palandt/*Ellenberger* BGB § 157 Rn. 5; Staudinger/*Roth* BGB § 157 Rn. 25; PWW/*Brinkmann* BGB § 157 Rn. 21.

27 Hk-BGB/*Dörner* § 157 Rn. 6; Staudinger/*Roth* BGB § 157 Rn. 25.

28 BGH NJW 1982, 2816 (2817); NJW-RR 1990, 817 (819); 2006, 699 Rn. 11; Soergel/*Wolf* BGB § 157 Rn. 114.

29 Zur Bedeutung dieser Unterscheidung vgl. Jauernig/*Mansel* BGB § 157 Rn. 3; Soergel/*Wolf* BGB § 157 Rn. 113; Staudinger/*Roth* BGB § 157 Rn. 27 ff.; *Wolf/Neuner* BGB AT § 35 Rn. 67.

30 MüKoBGB/*Busche* § 157 Rn. 45.

31 Soergel/*Wolf* BGB § 157 Rn. 113; Staudinger/*Roth* BGB § 157 Rn. 28; *Wolf/Neuner* BGB AT § 35 Rn. 67.

32 MüKoBGB/*Busche* § 157 Rn. 46; PWW/*Brinkmann* BGB § 157 Rn. 21; Staudinger/*Roth* BGB § 157 Rn. 27; *Wolf/Neuner* BGB AT § 35 Rn. 66 f.

33 Vgl. BGHZ 123, 281 (286); 107, 351, 355; BGH NJW 1979, 1705 (1706); zust. MüKoBGB/*Busche* § 157 Rn. 46; Staudinger/*Roth* BGB § 157 Rn. 26; krit. *Stürner* NJW 1979, 1225 (1230).

34 So BGH NJW 1979, 1705 (1706).

Der Rückgriff auf das dispositive Gesetzesrecht widerspricht damit dem hypothetischen Willen der Parteien.

IV. Anfechtung

13 Nach hM ist eine Anfechtung wegen **Inhaltsirrtums** nach § 119 Abs. 1 Alt. 1 bei der ergänzenden Auslegung ausgeschlossen.[35] Zur Begründung wird darauf abgestellt, dass der Irrtum in diesem Fall nicht den wirklichen Inhalt der rechtsgeschäftlichen Erklärung betrifft, sondern sich auf einen Inhalt bezieht, der dem Erklärenden **normativ** zugerechnet wird. Dem ist jedoch entgegenzuhalten, dass der tatsächliche Wille des Erklärenden auch bei der einfachen (erläuternden) Auslegung keineswegs immer maßgeblich ist; bei empfangsbedürftigen Erklärungen kommt es vielmehr auch hier primär auf die **normative** Frage an, wie der Erklärungsempfänger den Erklärenden nach Treu und Glauben verstehen durfte (→ Rn. 21 ff.).[36] Vorzugswürdig ist daher die Auffassung, dass eine Anfechtung wegen Inhaltsirrtums auch bei der ergänzenden Auslegung in Betracht kommen kann.[37]

V. Geltungserhaltende Reduktion

14 In welchem Verhältnis die ergänzende Vertragsauslegung bei unwirksamen Klauseln zur geltungserhaltenden Reduktion steht, ist unsicher. Aus methodischer Sicht besteht der entscheidende Unterschied darin, dass die geltungserhaltende Reduktion die infrage stehende Klausel partiell aufrechterhält; es entsteht damit erst gar keine Regelungslücke, die durch ergänzende Auslegung geschlossen werden müsste. Die **geltungserhaltende Reduktion geht** der ergänzenden Auslegung insofern also **vor**.[38] Aus materieller Sicht ist freilich zu beachten, dass die geltungserhaltende Reduktion – anders als die ergänzende Vertragsauslegung – nicht auf die Herbeiführung eines angemessenen Interessenausgleichs ausgerichtet ist, weil sie zu einem Ergebnis führt, das den rechtlichen Anforderungen gerade noch standhält.[39] Eine geltungserhaltende Reduktion kann daher nur in **eng begrenzten Ausnahmen** zulässig sein.

15 In der Literatur ist teilweise vorgeschlagen worden, die geltungserhaltende Reduktion nur dann zuzulassen, wenn man im Wege der ergänzenden Vertragsauslegung zum gleichen Ergebnis gelangen würde.[40] Dieser Vorschlag wird jedoch den methodischen Unterschieden zwischen beiden Instituten nicht gerecht. Die geltungserhaltende Reduktion geht vom **tatsächlichen Willen** der Parteien aus und versucht, das Gewollte aus Gründen der Verhältnismäßigkeit so weit wie möglich aufrecht zu erhalten. Die ergänzende Vertragsauslegung kann dagegen erst dann eingreifen, wenn sich das von den Parteien tatsächlich Gewollte nicht einmal teilweise verwirklichen lässt. Hier muss auf den **hypothetischen Willen** der Parteien abgestellt werden, wobei der Gedanke des gerechten Interessenausgleichs in den Vordergrund tritt.[41] Die ergänzende Vertragsauslegung führt damit zwar objektiv zu den „gerechteren" Ergebnissen; sie beinhaltet aber auch einen stärkeren Eingriff in die Privatautonomie der Parteien.

16 Für die **praktische Rechtsanwendung** bedeutet dies, dass in einem ersten Schritt jeweils geprüft werden muss, ob eine geltungserhaltende Reduktion ausnahmsweise zulässig ist.[42] Erst wenn diese Frage verneint wird, kann eine ergänzende Auslegung in Betracht gezogen werden.

B. Ergänzende Auslegung

I. Voraussetzungen

17 **1. Wirksames Rechtsgeschäft.** Voraussetzung für eine ergänzende Auslegung ist das Vorliegen eines wirksamen Rechtsgeschäfts (→ Rn. 5). Die Parteien können jedoch schon im Rahmen der **Vertragsverhandlungen** Vereinbarungen treffen, die einer ergänzenden Auslegung zugänglich sind. Von daher ist es in

---

35 So Soergel/*Wolf* BGB § 157 Rn. 106; *Flume* BGB AT Bd. 2 § 16, 4 c; *Wolf/Neuner* BGB AT § 35 Rn. 73; *Neuner* FS Canaris I, 2007, 901, 918; einschränkend PWW/*Brinkmann* BGB § 157 Rn. 28.

36 So überzeugend Staudinger/*Roth* BGB § 157 Rn. 35.

37 So auch Erman/*Armbrüster* BGB § 157 Rn. 20; Staudinger/*Roth* BGB § 157 Rn. 35.

38 Vgl. PWW/*Brinkmann* BGB § 157 Rn. 36; Staudinger/*Roth* BGB § 157 Rn. 36; *Nassall* BB 1988, 1264 (1265).

39 Zur Problemstellung vgl. *Wolf/Neuner* BGB AT § 46 Rn. 64 ff.

40 So *Larenz/Wolf* BGB AT⁹ § 33 Rn. 17.

41 In der Literatur wird zu Recht darauf hingewiesen, dass der hypothetische Wille der Parteien auch bei der geltungserhaltenden Reduktion relevant ist (vgl. Soergel/*Hefermehl* BGB § 139 Rn. 29; *Nassall* BB 1988, 1264 (1265)). Dies ändert jedoch nichts daran, dass sich der Inhalt der konkreten Lösung bei beiden Instituten nach unterschiedlichen Kriterien bestimmt, weil der tatsächliche Wille der Parteien bei der geltungserhaltenden Reduktion insoweit berücksichtigt wird, wie er in der (partiell) nichtigen Klausel zum Ausdruck gekommen ist.

42 So auch MüKoBGB/*Busche* § 157 Rn. 36.

den **Probefahrt-Fällen** (→ Rn. 48) durchaus möglich, im Wege der ergänzenden Auslegung einen **stillschweigenden Haftungsausschluss** zugunsten des Kaufinteressenten zu begründen, obwohl der Vertrag letztlich nicht zustande gekommen ist.[43]

2. Regelungslücke. Die ergänzende Auslegung ist nur bei Vorliegen einer Regelungslücke zulässig.[44] **18**
Eine solche Lücke liegt vor, wenn das Rechtsgeschäft innerhalb des ihm von den Parteien gegebenen Rahmens im Hinblick auf eine regelungsbedürftige Frage einen offenen Punkt enthält und damit eine **planwidrige Unvollständigkeit** aufweist.[45] Entscheidend ist also, dass der Regelungsplan der Parteien der Vervollständigung bedarf, weil eine angemessene und interessengerechte Lösung sonst nicht erzielt werden kann.[46] Die planwidrige Regelungslücke kann sich daraus ergeben, dass die Parteien eine regelungsbedürftige Frage nicht bedacht haben (**anfängliche Lücke**). Sie kann aber auch im Nachhinein aufgrund einer von den Parteien nicht vorhergesehenen Änderung der tatsächlichen oder rechtlichen Verhältnisse auftreten (**nachträgliche Lücke**).[47] Regelungslücken können auch dadurch entstehen, dass **einzelne Klauseln** sich als **nichtig** erweisen, das Geschäft im Ganzen aber wirksam bleibt.[48] Soweit keine passenden dispositiven Vorschriften vorhanden sind, kann die ergänzende Vertragsauslegung daher auch herangezogen werden, wenn einzelne **AGB** wegen §§ 305 Abs. 2, 3 oder 305 c Abs. 1 nicht in den Vertrag einbezogen wurden oder nach §§ 307 ff. unwirksam sind und der ersatzlose Wegfall dieser Klauseln keine interessengerechte Lösung ist (vgl. auch → Rn. 39).[49]

Im Vordergrund der ergänzenden Vertragsauslegung steht der Fall, dass die Lücke den Parteien bei Vertrags- **19**
schluss **nicht bewusst** war. Eine ergänzende Vertragsauslegung kommt aber auch in Betracht, wenn die Parteien einen regelungsbedürftigen Punkt **bewusst** offen gelassen haben. Nach § 154 Abs. 1 ist hier zwar im Zweifel davon auszugehen, dass der Vertrag noch nicht geschlossen ist. Diese Vermutung gilt jedoch nicht, wenn die Parteien sich schon vertraglich binden und die fehlende Regelung des infrage stehenden Punktes zu einem späteren Zeitpunkt nachholen wollten[50] oder irrtümlich davon ausgegangen sind, dass dieser Punkt nicht regelungsbedürftig ist.[51] Entgegen einer in der Literatur vertretenen Auffassung[52] kann das Kriterium der **planwidrigen** Lücke auch hier herangezogen werden. Maßgeblich für die Planwidrigkeit ist nämlich der im Geschäft zum Ausdruck gelangte **objektive** Regelungsplan der Parteien. Keine planwidrige Unvollständigkeit liegt allerdings vor, wenn die Parteien die Regelungsbedürftigkeit des betreffenden Punktes erkannt haben und gleichwohl eine **abschließende Regelung** treffen wollten. In diesem Fall muss eine ergänzende Auslegung ausscheiden, da sie nicht gegen den wirklichen Willen der Parteien durchgeführt werden darf.[53]

3. Kein Vorrang des dispositiven Gesetzesrechts. Die ergänzende Auslegung setzt weiter voraus, dass **20**
die Lücke nicht durch dispositives Gesetzesrecht gefüllt werden kann (→ Rn. 8 f.). Soweit dispositives Recht eingreift, liegt nach hM schon **keine Regelungslücke** vor.[54] Aus Gründen der methodischen Klarheit

43 BGH NJW 1979, 643 (644); 1980, 1681 (1682); OLG Koblenz NJW-RR 2003, 1185 (1186); BeckOK BGB/*Wendtland* § 157 Rn. 33; Palandt/*Ellenberger* BGB § 157 Rn. 2 a; krit. Soergel/*Wolf* BGB § 157 Rn. 116; Staudinger/*Roth* BGB § 157 Rn. 13.

44 Vgl. BGHZ 127, 138 (142); BGH NJW 2010, 519 (520); 2010, 522, 525; 2010, 2649, 2650; 2014, 1521 Rn. 17; 2014, 3439 Rn. 8; 2015, 955 Rn. 27; NJW 2018, 2469 Rn. 23; Staudinger/*Roth* BGB § 157 Rn. 15; *Neuner* FS Canaris I 2007, S. 901 (912 ff.).

45 Vgl. BGHZ 9, 273 (277); 127, 138, 142; BGH NJW 2002, 2310; NJW-RR 2008, 1371 (1372); NZM 2008, 462 (463); NJW 2014, 3439 Rn. 8; 2015, 955 Rn. 27; 2015, 1167 Rn. 24; 2017, 2025 Rn. 25; 2018, 2469 Rn. 23; Palandt/*Ellenberger* BGB § 157 Rn. 3; Soergel/*Wolf* BGB § 157 Rn. 123; Jauernig/*Mansel* BGB § 157 Rn. 2; Staudinger/*Roth* BGB § 157 Rn. 15; *Larenz* NJW 1963, 737 (738 ff.).

46 BGHZ 90, 69 (74) = NJW 1984, 1177; BGH NJW 1993, 2935 (2937); BeckOK BGB/*Wendtland* § 157 Rn. 35; Staudinger/*Roth* BGB § 157 Rn. 15.

47 Vgl. BGHZ 84, 1 (7); BGH NJW-RR 2008, 562 (563); Erman/*Armbrüster* BGB § 157 Rn. 17; PWW/*Brinkmann* BGB § 157 Rn. 19; Soergel/*Wolf* BGB § 157 Rn. 103; Staudinger/*Roth* BGB § 157 Rn. 16.

48 BGHZ 63, 132 (135); 137, 153, 157; 143, 103, 120; 146, 250, 261; MüKoBGB/*Busche* § 157 Rn. 41; Soergel/*Wolf* BGB § 157 Rn. 123; Staudinger/*Roth*

BGB § 157 Rn. 18; aA *Ehricke* RabelsZ 60 (1996), 661, 677; *Häsemeyer* FS Ulmer 2003, S. 1097, 1100.

49 Vgl. BGHZ 90, 69 (74 ff.); 137, 153, 157; 143, 103, 120; BGH NJW 2008, 1820 (1822); 2008, 3422, 3423; 2010, 1742, 1743; NJW-RR 2010, 1202 (1204); Jauernig/*Stadler* BGB § 306 Rn. 5; MüKo-BGB/*Basedow* § 306 Rn. 44 ff.; PWW/*Brinkmann* BGB § 157 Rn. 23; Soergel/*Wolf* BGB § 157 Rn. 120.

50 Vgl. BGH NJW 1982, 2816; 2009, 2443 (2446); 2010, 522 (525); BeckOK BGB/*Wendtland* § 157 Rn. 37; Erman/*Armbrüster* BGB § 157 Rn. 17; Soergel/*Wolf* BGB § 157 Rn. 123.

51 BGH NJW 2002, 2310; PWW/*Ahrens* BGB § 133 Rn. 20; Staudinger/*Roth* BGB § 157 Rn. 17; Jauernig/*Mansel* BGB § 157 Rn. 2.

52 Jauernig/*Mansel* BGB § 157 Rn. 2; Staudinger/*Roth* BGB § 157 Rn. 15.

53 Vgl. BGH NJW 1985, 1835 (1836); 1990, 1723, 1724; 2002, 1260, 1262; OLG Hamm NJW-RR 2004, 298 (299); BeckOK BGB/*Wendtland* § 157 Rn. 37; Erman/*Armbrüster* BGB § 157 Rn. 16; MüKoBGB/*Busche* § 157 Rn. 43.

54 Vgl. BGHZ 40, 91 (103); 90, 69, 75; Soergel/*Wolf* BGB § 157 Rn. 124; *Ehricke* RabelsZ 60 (1996), 661, 680; differenzierend Erman/*Armbrüster* BGB § 157 Rn. 19; einschränkend *Finkenauer* AcP 213 (2013), 619, 625; aA PWW/*Ahrens* BGB § 133 Rn. 21.

ist es jedoch vorzugswürdig, die Frage der Regelungslücke allein aus Inhalt und Regelungsplan des Rechtsgeschäfts heraus zu beantworten.[55] Da die systematische Zuordnung für die praktische Rechtsanwendung irrelevant ist, muss dem jedoch nicht weiter nachgegangen werden.

II. Maßstab und Kriterien

21 Maßstab der ergänzenden Vertragsauslegung ist der **hypothetische Parteiwille**.[56] Der Rechtsanwender muss also unter Berücksichtigung aller relevanten Umstände ermitteln, in welchem Sinne die Parteien den offen gebliebenen Punkt im Hinblick auf den mit dem Vertrag verfolgten Zweck bei sachgerechter Abwägung der beiderseitigen Interessen nach **Treu und Glauben** und unter **Berücksichtigung der Verkehrssitte** geregelt hätten, wenn sie diesen Punkt bedacht bzw. seine Regelungsbedürftigkeit erkannt hätten.[57]

22 Nach dem Grundsatz der Privatautonomie hat der Richter sich auch bei der ergänzenden Auslegung so weit wie möglich am **wirklichen Willen der Parteien** zu orientieren.[58] Ausgangspunkt der Überlegungen ist daher der Inhalt des Vertrages, so wie er durch die erläuternde Auslegung festgestellt worden ist.[59] Dieser Inhalt ist auf der Grundlage der in dem Vertrag zum Ausdruck gekommenen Interessenwertungen und Zielsetzungen der Parteien „weiterzudenken".[60] Dabei hat die teleologische Argumentation aus **Sinn und Zweck des Vertrages** zentrale Bedeutung.[61] Darüber hinaus kann die **Verkehrssitte** (dazu → § 133 Rn. 59 ff.) wichtige Anhaltspunkte für den mutmaßlichen Willen der Parteien geben.[62] Soweit keine abweichenden Interessenwertungen der Parteien feststellbar sind, kann der Rechtsanwender im Übrigen davon ausgehen, dass der Vertrag an dem Gedanken von **Treu und Glauben** orientiert ist und daher nach dem hypothetischen Parteiwillen einen ausgewogenen Inhalt haben soll, der den berechtigten Interessen beider Parteien gerecht wird[63] und den Gesetzen, den guten Sitten sowie den verfassungs- und europarechtlichen Vorgaben nicht widerspricht.[64] Es gelten insoweit die gleichen Kriterien wie bei der erläuternden Auslegung (→ § 133 Rn. 55 ff.).

23 Im Unterschied zum wirklichen Willen (dazu → § 133 Rn. 34 ff.) ist der hypothetische Wille nach allem keine empirisch feststellbare Tatsache, sondern ein **normativer Maßstab**, der das Ergebnis einer rechtlichen Interessenabwägung und -würdigung widerspiegelt.[65] Ausgangspunkt der ergänzenden Auslegung ist bei Individualvereinbarungen aber immer das **konkrete** Rechtsgeschäft mit den darin zum Ausdruck gebrachten **individuellen** Zwecksetzungen und Wertungen der Parteien.[66] Dies ist der entscheidende Unterschied zur **Rechtsfortbildung** (dazu → Anh. § 133 Rn. 38 ff.), die nach einem **abstrakt-generalisierenden** Maßstab vorzunehmen ist.[67]

---

55 So auch MüKoBGB/*Busche* § 157 Rn. 39; Staudinger/*Roth* BGB § 157 Rn. 22.

56 BGHZ 191, 336 = NJW 2012, 526 Rn. 16; BGH NJW 2018, 2469 Rn. 30; Staudinger/*Roth* BGB § 157 Rn. 4, 30 ff.; Jauernig/*Mansel* BGB § 157 Rn. 4; MüKoBGB/*Busche* § 157 Rn. 28, 47 ff.; *Larenz/Wolf* BGB AT⁹ § 28 Rn. 116 ff.; *Finkenauer* AcP 212 (2013), 619, 621 ff.; aus rechtsvergleichender Sicht *Canaris/Grigoleit* in Hartkamp ua S. 587, 614.

57 Vgl. BGHZ 9, 273 (278); 127, 138, 142; 137, 153, 157; 164, 286, 292; 169, 215 = NJW 2007, 509 Rn. 11; BGHZ 191, 336 = NJW 2012, 526 Rn. 16; BGH NJW-RR 1990, 817 (819); NJW 2002, 2310 (2311); 2009, 2443, 2446; NJW-RR 2013, 494 Rn. 12; NJW 2013, 678 Rn. 16; 2015, 955 Rn. 28; 2018, 2469 Rn. 23; Erman/*Armbrüster* BGB § 157 Rn. 21; PWW/*Brinkmann* BGB § 157 Rn. 24; Soergel/*Wolf* BGB § 157 Rn. 129; Staudinger/*Roth* BGB § 157 Rn. 30.

58 Vgl. *Finkenauer* AcP 213 (2013), 619, 627; *Mayer-Maly* FS Flume I 1978, S. 621, 625.

59 BGH NJW 1988, 2099 (2100); 2002, 2310 (2311); Palandt/*Ellenberger* BGB § 157 Rn. 7; PWW/*Brinkmann* BGB § 157 Rn. 25; Staudinger/*Roth* BGB § 157 Rn. 38.

60 BGHZ 123, 281 (285 f.); 146, 280, 284; OLG Düsseldorf FamRZ 2012, 823 (824); Hk-BGB/*Dörner*

§ 157 Rn. 4; Staudinger/*Roth* BGB § 157 Rn. 31; Erman/*Armbrüster* BGB § 157 Rn. 20; *Medicus/ Petersen* BürgerlR Rn. 344; *Finkenauer* AcP 213 (2013), 619, 623.

61 BGH NJW-RR 1990, 817 (819); MüKoBGB/*Busche* § 157 Rn. 47; Soergel/*Wolf* BGB § 157 Rn. 129; Staudinger/*Roth* BGB § 157 Rn. 33.

62 Zur Bedeutung der Verkehrssitte bei der ergänzenden Auslegung vgl. MüKoBGB/*Busche* § 157 Rn. 54; Staudinger/*Roth* BGB § 157 Rn. 30.

63 BGHZ 62, 83 (89); BGH NJW-RR 1995, 1201 (1202); NJW 2002, 2310 (2311); 2009, 2443, 2446; 2010, 2649, 2650; Erman/*Armbrüster* BGB § 157 Rn. 21; PWW/*Brinkmann* BGB § 157 Rn. 26; Soergel/*Wolf* BGB § 157 Rn. 129; Staudinger/*Roth* BGB § 157 Rn. 32.

64 MüKoBGB/*Busche* § 157 Rn. 57.

65 BeckOK BGB/*Wendtland* § 157 Rn. 41; Soergel/*Wolf* BGB § 157 Rn. 131; MüKoBGB/*Busche* § 157 Rn. 28; Jauernig/*Mansel* BGB § 157 Rn. 4.

66 Erman/*Armbrüster* BGB § 157 Rn. 20; PWW/*Brinkmann* BGB § 157 Rn. 25; aA *Flume* BGB AT Bd. 2 § 16, 4 b, der für das fragliche Geschäft die ergänzende Vertragsauslegung als Typus versteht.

67 Vgl. MüKoBGB/*Busche* § 157 Rn. 47; Staudinger/*Roth* BGB § 157 Rn. 32.

III. Zeitpunkt

Ob bei der ergänzenden Vertragsauslegung auf den Zeitpunkt des Vertragsschlusses oder den Zeitpunkt der **24** Auslegung abzustellen ist, ist umstritten. Da die ergänzende Auslegung danach fragt, welche Regelung die Parteien nach Treu und Glauben und der Verkehrssitte bei Kenntnis der Lücke geschlossen hätten, muss dem Grundsatz nach – ebenso wie bei der erläuternden Auslegung (→ § 133 Rn. 31) – der **Zeitpunkt des Vertragsschlusses** maßgeblich sein.[68] Nach der Wertordnung des Grundgesetzes darf dies aber nicht dazu führen, dass über den Grundsatz von Treu und Glauben und die Verkehrssitte die Wertungen, Verhältnisse und Gepflogenheiten aus der NS-Zeit bei der ergänzenden Auslegung weiter Berücksichtigung finden.[69] Im Übrigen ist der Rechtsanwender nach Sinn und Zweck der ergänzenden Auslegung selbstverständlich nicht gehindert, neuere tatsächliche und rechtliche Entwicklungen zu berücksichtigen.[70] Maßgeblich ist aber die Frage, welche Regelung die Parteien im Zeitpunkt des Vertragsschlusses getroffen hätten, wenn sie die neuen Entwicklungen vorausgesehen hätten.

IV. Grenzen

Da die ergänzende Vertragsauslegung am mutmaßlichen Willen der Parteien orientiert ist, darf sie zu kei- **25** nem Ergebnis führen, das den Feststellungen über den **wirklichen Willen der Parteien** widerspricht.[71] Die ergänzende Vertragsauslegung kann damit auch nicht herangezogen werden, um den durch erläuternde Auslegung ermittelten Vertragsinhalt mit Rücksicht auf Treu und Glauben oder die Verkehrssitte zu korrigieren.[72] Insoweit kommt nur ein Rückgriff auf die Kontroll- und Korrekturfunktion des § 242 und deren gesetzliche Konkretisierungen (§§ 307 ff., 313, 314) in Betracht.[73] Anerkannt ist schließlich, dass die ergänzende Vertragsauslegung zu keiner **Erweiterung des Vertragsgegenstands** führen darf, weil der Richter mit Rücksicht auf den Grundsatz der Privatautonomie gehindert ist, den Regelungsbereich des Vertrages ohne den Willen der Parteien auf andere Gegenstände zu erstrecken.[74]

Bei **Individualvereinbarungen** muss eine ergänzende Auslegung schließlich auch dann ausscheiden, wenn **26** **mehrere gleichwertige Alternativen** zur Lückenfüllung gegeben sind und der Richter keine Anhaltspunkte dafür finden kann, welcher Alternative die Parteien den Vorzug gegeben hätten.[75] Denn in einem solchen Fall wäre der Richter darauf verwiesen, die Auswahl nach seinen eigenen Kriterien zu treffen, was mit dem Grundsatz der Privatautonomie unvereinbar ist.[76] Eine Anpassung des Vertrages nach den Regeln über die Störung der Geschäftsgrundlage (§ 313) bleibt dagegen auch hier möglich.[77] Die ergänzende Auslegung setzt allerdings nicht voraus, dass sich die **„technische"** Ausgestaltung der Lösung in allen **Einzelheiten** stringent aus den Zwecksetzungen der Parteien ableiten lässt. Es genügt, dass das Gericht den hypothetischen Parteiwillen in seinen **wesentlichen Zügen** ermitteln kann.[78]

68 So auch BGHZ 81, 135 (141); 123, 281, 285; 164, 297, 317; MüKoBGB/*Busche* § 157 Rn. 50; Palandt/*Ellenberger* BGB § 157 Rn. 7; Staudinger/*Roth* BGB § 157 Rn. 34; *Mayer-Maly* FS Flume I 1978, S. 621, 625; *Cziupka* JuS 2009, 103 (105); aA BGHZ 12, 337 (345); 23, 282, 285; Hk-BGB/*Dörner* § 157 Rn. 4; Jauernig/*Mansel* BGB § 157 Rn. 4; Soergel/*Wolf* BGB § 157 Rn. 132; *Flume* BGB AT Bd. 2 § 16, 4 c, d.

69 Im Ergebnis zutr. daher BGHZ 12, 337 (345); 23, 282, 285.

70 Staudinger/*Roth* BGB § 157 Rn. 34.

71 BGHZ 90, 69 (77); BGH NJW 1995, 1212 (1213); 2002, 2310, 2311; 2009, 1482, 1484; Erman/*Armbrüster* BGB § 157 Rn. 23; MüKoBGB/*Busche* § 157 Rn. 55; Soergel/*Wolf* BGB § 157 Rn. 125; Palandt/*Ellenberger* BGB § 157 Rn. 8; Staudinger/*Roth* BGB § 157 Rn. 38; *Finkenauer* AcP 213 (2013), 619, 627; *Mayer-Maly* FS Flume I 1978, S. 621, 625.

72 BGHZ 9, 273 (278); 90, 69, 77; BGH NJW 2002, 2310 (2311); Staudinger/*Roth* BGB § 157 Rn. 39.

73 Soergel/*Wolf* BGB § 157 Rn. 125; Staudinger/*Roth* BGB § 157 Rn. 37; zur Kontroll- und Korrekturfunk-

tion des § 242 und zu deren gesetzlichen Konkretisierungen vgl. Palandt/*Grüneberg* BGB § 242 Rn. 13 f.; *Looschelders* SchuldR AT § 4 Rn. 30.

74 BGHZ 9, 273 (278); 40, 91, 103; 77, 301, 304; BGH NJW 2002, 2310 (2311); 2009, 1482 (1484); NJW-RR 2013, 494 Rn. 12; NJW 2014, 1521 Rn. 17; NJW-RR 2015, 183 Rn. 13; MüKoBGB/*Busche* § 157 Rn. 56; Palandt/*Ellenberger* BGB § 157 Rn. 9; PWW/*Brinkmann* BGB § 157 Rn. 30; Staudinger/*Roth* BGB § 157 Rn. 39; differenzierend *Finkenauer* AcP 213 (2013), 609, 627 ff.

75 *Finkenauer* AcP 213 (2013), 619, 629 ff.

76 Vgl. BGHZ 62, 83 (89 f.); 90, 69, 80; 143, 103, 121; BGH NJW 2002, 2310 (2311); NJW-RR 2005, 1040 (1041); 2005, 1619, 1621; 2009, 1482, 1484; Hk-BGB/*Dörner* § 157 Rn. 6; MüKoBGB/*Busche* § 157 Rn. 55; Palandt/*Ellenberger* BGB § 157 Rn. 10; PWW/*Brinkmann* BGB § 157 Rn. 31.

77 Vgl. Soergel/*Wolf* BGB § 157 Rn. 130; Staudinger/*Roth* BGB § 157 Rn. 43.

78 BGHZ 90, 69 (81); Staudinger/*Roth* BGB § 157 Rn. 43; vgl. auch BGHZ 63, 132 (137).

V. Fazit

27 Zusammenfassend ist festzustellen, dass die ergänzende Auslegung ebenso wie die erläuternde Auslegung auf einem Zusammenspiel von **subjektiv-individuellen** und **objektiv-generalisierenden** Kriterien beruht.[79] Dem Grundsatz nach sind die subjektiv-individuellen Kriterien vorrangig.[80] Da die Notwendigkeit der ergänzenden Auslegung darauf beruht, dass diese Kriterien für sich genommen keine Lösung ermöglichen, stehen bei der praktischen Rechtsanwendung aber die objektiv-generalisierenden Kriterien im Vordergrund.

28 Aufgrund des Vorrangs des tatsächlichen Parteiwillens und der Rücksichtnahme auf die individuellen Zwecksetzungen und Wertungen der Parteien kann die ergänzende Auslegung durchaus noch als Mittel zur Verwirklichung der **privatautonomen Gestaltungsfreiheit** der Parteien verstanden werden.[81] Es handelt sich also um keinen Akt heteronomer Rechtsfortbildung (→ Rn. 23).[82] Demgegenüber hat der BGH zwar in mehreren Entscheidungen dargelegt, der hypothetische Parteiwille habe „keine unmittelbaren Berührungspunkte mit der Privatautonomie, weil er nicht durch die subjektiven Vorstellungen der Parteien, sondern aufgrund einer vom Gericht vorgenommenen Interessenabwägung auf objektiver Grundlage bestimmt wird".[83] Diese Aussagen lassen sich jedoch nicht verallgemeinern. Die einschlägigen Entscheidungen betreffen nämlich den hypothetischen Parteiwillen, wie er im deutschen IPR vor der Reform von 1986 hilfsweise zur subjektiven Bestimmung des Vertragsstatuts herangezogen worden ist.[84] Da die Rechtsprechung sich hier sehr weit vom wirklichen Willen der Parteien gelöst hatte, handelte es sich in Wahrheit nicht mehr um ergänzende Vertragsauslegung.[85] Nach dem seit 1.9.1986 maßgeblichen deutschen IPR (Art. 27 EGBGB aF; seit 17.12.2009 Art. 3 Rom-I-VO) kommt dem hypothetischen Parteiwillen daher zu Recht keine Bedeutung mehr zu.[86]

VI. Sonderfälle der ergänzenden Auslegung

29 **1. Formbedürftige Rechtsgeschäfte. a) Die Bedeutung der Andeutungstheorie.** Inwieweit eine ergänzende Auslegung bei formbedürftigen Rechtsgeschäften in Betracht kommt, ist umstritten. Sachgemäß erscheint, ebenso wie bei der erläuternden Auslegung (→ § 133 Rn. 74 f.) zwischen der (ergänzenden) Auslegung als solcher und der Frage der Formwirksamkeit zu unterscheiden. Für die **ergänzende Auslegung** als solche gelten bei formbedürftigen Rechtsgeschäften keine Besonderheiten. Insbesondere können auch außerhalb der Urkunde liegende Umstände berücksichtigt werden.[87] Ob der durch ergänzende Auslegung festgestellte Inhalt des Rechtsgeschäfts **formwirksam** ist, hängt von den Zwecken der jeweiligen Formvorschrift ab. Die Rechtsprechung folgt auch hier der **Andeutungstheorie** (allgemein dazu → § 133 Rn. 74 ff.).[88] Praktische Bedeutung hat dies vor allem für die ergänzende Auslegung von **Testamenten** (→ Rn. 30 ff.). Bei **Grundstücksverträgen** soll es der Schutzzweck des § 311 b Abs. 1 ebenfalls erfordern, dass der beurkundete Text die Richtung des rechtsgeschäftlichen Willens wenigstens dem Grunde nach erkennen lässt.[89] Dies steht in einem gewissen Widerspruch zur Unschädlichkeit der **falsa demonstratio** bei unbewusster Falschbeurkundung (→ § 133 Rn. 78). Hiernach wäre es konsequent, die Andeutungstheorie bei Grundstücksverträgen aufzugeben, weil die wesentlichen Zwecke des § 311 b Abs. 1 (Warnung, Belehrung) schon dadurch gewahrt werden, dass die ergänzende Auslegung nicht zu einer Erweiterung des Ver-

79 MüKoBGB/*Busche* § 157 Rn. 48; Staudinger/*Roth* BGB § 157 Rn. 32.

80 *Larenz/Wolf* BGB AT⁹ § 28 Rn. 117: „so individuell wie möglich"; aA Staudinger/*Roth* BGB § 157 Rn. 32; *Medicus/Petersen* BürgerlR Rn. 344: „kein klares Rangverhältnis".

81 Staudinger/*Roth* BGB § 157 Rn. 4; *Larenz/Wolf* BGB AT⁹ § 28 Rn. 118.

82 So aber MüKoBGB/*Busche* § 157 Rn. 28; *Ehricke* RabelsZ 60 (1996), 661, 690.

83 So BGHZ 74, 193 (199); 96, 313, 321 (jeweils zur kollisionsrechtlichen „Abwahl" des EKG); vgl. auch BGHZ 7, 231 (235); krit. Staudinger/*Roth* BGB § 157 Rn. 4; *Medicus/Petersen* BürgerlR Rn. 343.

84 Deutlich hierauf Bezug nehmend BGHZ 74, 193 (199); daran anknüpfend BGHZ 96, 313 (321).

85 Vgl. Soergel/*v. Hoffmann* EGBGB Art. 27 Rn. 43.

86 Vgl. Staudinger/*Magnus* Rom I-VO Art. 3 Rn. 72; Palandt/*Thorn* Rom I-VO Art. 3 Rn. 6; *Looschelders* IPR EGBGB Art. 27 Rn. 17.

87 BGHZ 63, 359 (362); Staudinger/*Roth* BGB § 157 Rn. 12.

88 OLG Düsseldorf FamRZ 2012, 823 (824); Staudinger/*Otte* BGB Vor §§ 2064–2086 Rn. 83 ff.; aA Staudinger/*Roth* BGB § 157 Rn. 12; Palandt/*Ellenberger* BGB § 133 Rn. 19, wonach die Andeutungstheorie bei der ergänzenden Vertragsauslegung nicht gilt.

89 So BGHZ 63, 359 (362); 74, 116, 119 f.; einschränkend MüKoBGB/*Ruhwinkel* § 311 b Rn. 73 mit dem Hinweis, dass zur Ermittlung des maßgeblichen Willens auf außerhalb der Urkunde liegende Umstände zurückgegriffen werden kann.

tragsgegenstands führen darf (→ Rn. 25).[90] In neueren Entscheidungen zur ergänzenden Auslegung von Grundstücksverträgen[91] spielt die Andeutungstheorie jedenfalls keine Rolle mehr.

b) Insbesondere Testamente. Eine ergänzende Auslegung ist auch bei Testamenten **zulässig** (→ § 2084 **30** Rn. 38).[92] Sie hat hier sogar besonders große praktische Bedeutung, weil testamentarische Anordnungen oft lückenhaft sind und der Rechtsanwender mit Rücksicht auf den Grundsatz der Testierfreiheit gehalten ist, den Willen des Erblassers so weit wie möglich zu verwirklichen.[93] Diesem Gedanken tragen auch die speziellen **gesetzlichen Auslegungsregeln** Rechnung (vgl. §§ 2084, 2069, 2169 f., 2173). Die für die ergänzende Auslegung erforderliche unbewusste, planwidrige **Regelungslücke** kann auch hier von Anfang an bestehen oder sich nachträglich ergeben (→ Rn. 18). Eine nachträgliche Lücke tritt dann auf, wenn sich die tatsächlichen oder rechtlichen Verhältnisse dermaßen verändern, dass der Zweck der Verfügung nicht mehr erreicht werden kann. Beispiele sind der Tod des eingesetzten Erben oder der Verkauf bzw. die Zerstörung einer vermachten Sache.[94] Hat der Erblasser bewusst nur über einen Bruchteil seines Vermögens verfügt, so fehlt es in Bezug auf das restliche an einer planwidrigen Regelungslücke.[95]

Maßstab der ergänzenden Testamentsauslegung ist der **hypothetische Wille des Erblassers**.[96] Da andere **31** Personen (zB die potenziellen Erben) nicht schutzwürdig sind, muss auf deren Verständnismöglichkeiten keine Rücksicht genommen werden. Es gelten insofern die gleichen Grundsätze wie bei der erläuternden Testamentsauslegung (→ § 133 Rn. 39). Bei wechselbezüglichen Verfügungen in **gemeinschaftlichen Testamenten** ist auch auf den Erklärungsempfänger abzustellen. Maßgeblich ist der übereinstimmende Wille beider Ehegatten im Zeitpunkt der Testamentserrichtung.[97] Bei der ergänzenden Auslegung von **Erbverträgen** kommt es ebenfalls auf den hypothetischen Willen beider Vertragspartner bei Vertragsschluss an.[98] Dies gilt auch dann, wenn nur ein Vertragspartner eine vertragsmäßig bindende Verfügung trifft.[99]

Bei der Prüfung des hypothetischen Erblasserwillens ist auf den **Zeitpunkt der Testamentserrichtung** **32** abzustellen.[100] Spätere Äußerungen und Handlungen des Erblassers sind nur insoweit zu berücksichtigen, wie sie einen Rückschluss auf dessen hypothetischen Willen zur Zeit der Testamentserrichtung zulassen.[101] Eine weiter gehende Berücksichtigung solcher Äußerungen und Handlungen ist auch im Erbrecht abzulehnen, weil dem Erblasser sonst eine **formfreie Abänderung** des Testaments möglich wäre. Dies wäre mit den gesetzlichen Formvorschriften über die Errichtung (§§ 2231 ff.) und den Widerruf (§§ 2253 ff.) eines Testaments nicht vereinbar.[102]

Nach der von der Rechtsprechung befürworteten **Andeutungstheorie** ist das Testament mit dem durch **33** ergänzende Auslegung ermittelten Inhalt nur dann formwirksam, wenn der hypothetische Wille des Erblassers im Text der Urkunde zumindest andeutungsweise zum Ausdruck gekommen ist (→ § 2084 Rn. 39).[103] Gegen diese Auffassung wird eingewendet, es unterliege oftmals dem Zufall, ob eine Andeutung im Testament enthalten sei. Begünstigt würden letztlich ausschweifende und unklare Testamente. Des Weiteren

90 Allg. MüKoBGB/*Busche* § 157 Rn. 56; Soergel/*Wolf* BGB § 157 Rn. 119; Staudinger/*Roth* BGB § 157 Rn. 12; vgl. auch PWW/*Stürner* BGB § 311 b Rn. 13, der die Anerkennung der falsa demonstratio-Regel dahin gehend deutet, dass der BGH die Andeutungstheorie bei § 311 b Abs. 1 aufgegeben hat.

91 BGH NJW-RR 1987, 458; NJW 1997, 652; NJW-RR 2000, 894 (895).

92 Vgl. BGHZ 86, 41 (51); BayObLG NJW 1988, 2744; OLG München FGPrax 2018, 231; BeckOK BGB/*Litzenburger* § 2084 Rn. 37; MüKoBGB/*Leipold* § 2084 Rn. 81; Staudinger/*Otte* BGB Vor §§ 2064–2086 Rn. 77 ff.; *Brox/Walker* ErbR § 16 Rn. 7.

93 Vgl. *Olzen/Looschelders* Erbrecht Rn. 592 f.

94 RGZ 99, 82 ff.; 134, 277 ff.; BGHZ 22, 357 ff.; OLG Düsseldorf FamRZ 2012, 823 (824) (geistige Behinderung des einzigen Abkömmlings – offen gelassen); MüKoBGB/*Leipold* § 2084 Rn. 85; *Brox/Walker* ErbR § 16 Rn. 6; *Olzen/Looschelders* Erbrecht Rn. 598.

95 OLG München FGPrax 2010, 244 (245); BeckRS 2020, 2909 Rn. 33.

96 Vgl. MüKoBGB/*Leipold* § 2084 Rn. 91; Staudinger/*Otte* BGB Vor §§ 2064–2086 Rn. 77 ff.

97 BGHZ 112, 229 = NJW 1991, 169 (170); BGH NJW 1993, 256; BayObLG FGPrax 2005, 164 (165); OLG Düsseldorf ZEV 2020, 167 Rn. 24; *Olzen/Looschelders* Erbrecht Rn. 629.

98 BayObLG NJW-RR 1997, 835; OLG Hamm FGPrax 2005, 30; *Olzen/Looschelders* Erbrecht Rn. 625.

99 OLG Düsseldorf FamRZ 2012, 823 (824).

100 BGH NJW 1963, 1150 (1151); BayObLG ZEV 2001, 24 (25); OLG München BeckRS 2020, 2909 Rn. 9; BeckOK BGB/*Litzenburger* § 2084 Rn. 43; MüKoBGB/*Leipold* § 2084 Rn. 91; Staudinger/*Roth* BGB § 157 Rn. 31; *Brox/Walker* ErbR § 16 Rn. 7; *Olzen/Looschelders* Erbrecht Rn. 585; ebenso zu Erbverträgen OLG Düsseldorf FGPrax 2012, 22.

101 BGHZ 31, 13 (17); BayObLG NJW 1996, 133 (134); NJW-RR 2002, 1086 (1087); OLG München FGPrax 2018, 231; MüKoBGB/*Leipold* § 2084 Rn. 102; Staudinger/*Otte* BGB Vor §§ 2064 ff. Rn. 78, 93; *Olzen/Looschelders* Erbrecht Rn. 585; *Roth* NJW-Spezial 2019, 423; aA *Keuk*, Der Erblasserwille post testamentum und die Auslegung des Testaments, 1965, S. 69 ff.

102 BeckOK BGB/*Litzenburger* § 2084 Rn. 46; *Brox/Walker* ErbR § 16 Rn. 7.

103 Vgl. RGZ 134, 277 (280); BGHZ 22, 357 (360 ff.); BGHZ 80, 246 = NJW 1981, 1736 (1737); BGHZ 94, 36 = NJW 1985, 1554 (1555); OLG Hamm ZEV 2011, 427 (428); OLG München FGPrax 2018, 231 (233); BeckRS 2020, 2909 Rn. 33; BeckOK BGB/*Litzenburger* § 2084 Rn. 47; Palandt/*Weidlich* BGB § 2084 Rn. 9.

könne bei der ergänzenden Auslegung der hypothetische Wille des Erblassers im Text naturgemäß nicht zum Ausdruck gekommen sein, weil das Testament sonst keine Lücke aufweise.[104] Diese Kritik lässt sich indessen durch eine präzisere Formulierung der Andeutungstheorie entkräften. Ausreichend ist hiernach, dass die **allgemeine Willensrichtung** des Erblassers (Motivation und Ziele) als Anknüpfungspunkt für die Bestimmung seines hypothetischen Willens in der Urkunde einen Ausdruck gefunden hat.[105] Die Anforderungen an die Andeutung des Erblasserwillens im Testament sind somit gering.

34   **2. Grundbucheintragungen und dingliche Grundstücksgeschäfte.** Bei **Grundbucheintragungen** kommt dem Gedanken des Verkehrsschutzes große Bedeutung zu. Daher muss schon bei der erläuternden Auslegung in erster Linie auf den **Wortlaut der Eintragung** abgestellt werden (→ § 133 Rn. 85). Eine ergänzende Auslegung nach dem hypothetischen Parteiwillen kommt daher von vornherein nicht in Betracht.[106]

35   Bei der ergänzenden Auslegung von **dinglichen Rechtsgeschäften** ist die hM im **Grundstücksrecht** ebenfalls sehr zurückhaltend. Da bei der Auslegung von formbedürftigen dinglichen Geschäften über Grundstücke oder Rechte an Grundstücken (zB Auflassung nach §§ 873, 925, Abtretung einer Hypothek oder Grundschuld nach §§ 1154, 1192 Abs. 1) außerhalb der Urkunde liegende Umstände grundsätzlich außer Betracht bleiben müssen (→ § 133 Rn. 86), scheidet eine ergänzende Auslegung auch hier zumindest im Regelfall aus.[107]

36   **3. Formularverträge und AGB.   a) Voraussetzungen und Grenzen.** Auch Formularverträge und AGB sind **im Individualprozess** einer ergänzenden Auslegung grundsätzlich zugänglich.[108] Dies gilt auch dann, wenn sich die Regelungslücke aus der **Unwirksamkeit oder Nichteinbeziehung einzelner AGB** ergibt (→ Rn. 19).[109] Die Zulässigkeit der ergänzenden Auslegung ergibt sich in diesem Fall daraus, dass § 306 Abs. 2 mit dem Verweis auf die **gesetzlichen Vorschriften** auch die §§ 133, 157 in Bezug nimmt.[110] Bei **Verbandsklagen** nach §§ 1, 3 UKlaG kommt eine ergänzende Auslegung von AGB dagegen nicht in Betracht.[111]

37   Für Formularverträge und AGB gilt ebenfalls der **Vorrang des dispositiven Rechts** (→ Rn. 8). Dies wird von § 306 Abs. 2 ausdrücklich klargestellt. Eine ergänzende Vertragsauslegung ist daher nur zulässig, wenn das dispositive Recht keine sach- und interessengerechte Ausfüllung der Regelungslücke ermöglicht.[112] Hieran ist insbesondere zu denken, wenn die Einbeziehung des dispositiven Rechts den Vertrag so ändern würde, dass das Festhalten daran für eine Partei eine **unzumutbare Härte** darstellt. § 306 Abs. 3 sieht für diesen Fall die Unwirksamkeit des Vertrages vor. Da diese Rechtsfolge ultima ratio ist, geht die ergänzende Vertragsauslegung aber vor.[113]

38   Die ergänzende Auslegung von AGB setzt im Übrigen voraus, dass der **ersatzlose Wegfall** der unwirksamen Klausel **keinen vertretbaren Interessenausgleich** bietet.[114] Auch insoweit kann man sich an der Wertung des § 306 Abs. 3 orientieren, wonach die Unwirksamkeit einer Klausel nur für eine Partei zu einer unzumutbaren Härte führen darf.[115] Führt der ersatzlose Wegfall der Klausel zu einem Ergebnis, das den typischen Interessen beider Vertragspartner (noch) gerecht wird, so muss der Verwender der AGB sich hiermit zufrieden geben.[116] Der BGH hat daher in mehreren Entscheidungen die Zulässigkeit der ergänzenden

104 *Brox/Walker* ErbR § 16 Rn. 8; *ders.* JA 1984, 549 (555); *Flume* NJW 1983, 2007 (2011); vgl. auch *Lange/Kuchinke* ErbR § 34 III 5 c.

105 Vgl. OLG Köln ZEV 2009, 241 (242) mAnm *Perau*; MüKoBGB/*Leipold* § 2084 Rn. 95 ff.; Palandt/*Weidlich* BGB § 2084 Rn. 9; *Olzen/Looschelders* Erbrecht Rn. 606.

106 Vgl. BGHZ 60, 226 (231); BGH WM 1975, 498 (499); RGRK/*Piper* BGB § 157 Rn. 104; Soergel/ *Wolf* BGB § 157 Rn. 119; Staudinger/*Roth* BGB § 157 Rn. 45; MüKoBGB/*Busche* § 157 Rn. 31.

107 Vgl. BGHZ 60, 226 (231); BGH NJW-RR 1992, 178 (179); RGRK/*Piper* BGB § 157 Rn. 104; Staudinger/ *Roth* BGB § 157 Rn. 45.

108 Vgl. BGHZ 90, 69 (73 ff.); 92, 363, 370; 103, 228, 234; 119, 305, 325; BGH NJW 2008, 2172 (2175); Palandt/*Ellenberger* BGB § 157 Rn. 2 a; PWW/ *Brinkmann* BGB § 157 Rn. 23; MüKoBGB/*Basedow* § 306 Rn. 44 ff.; *Dreher* FS Schapp 2010, 113, 117 ff.; krit. MüKoBGB/*Busche* § 157 Rn. 32; Staudinger/*Roth* BGB § 157 Rn. 49 f.

109 BGHZ 90, 69 (83 f.); 117, 92, 98; 137, 153, 157; 143, 103, 120; 182, 59, 74; BGH NJW 2002, 3098 (3099);

2008, 1820, 1822; 2008, 3422, 3423; 2010, 1742, 1743; NJW-RR 2010, 1202 (1204); RGRK/*Piper* BGB § 157 Rn. 111; Soergel/*Wolf* BGB § 157 Rn. 120; Staudinger/*Roth* BGB § 157 Rn. 48.

110 Vgl. BGHZ 90, 69 (75 f.); 92, 363, 370; BGH NJW 2008, 2172 (2175); Erman/*Armbrüster* BGB § 157 Rn. 26; MüKoBGB/*Basedow* § 306 Rn. 44, 47.

111 Vgl. BGH NJW 2007, 1054 (1057) (Flüssiggas); Palandt/*Grüneberg* BGB § 306 Rn. 13; PWW/*Berger* BGB § 306 Rn. 15; Staudinger/*Schlosser* BGB § 306 Rn. 19; krit. *v. Westphalen* NJW 2007, 2228 (2230).

112 BGHZ 137, 153 (157); 143, 103, 120; BGH NJW 2002, 3098 (3099); MüKoBGB/*Basedow* § 306 Rn. 37; Jauernig/*Stadler* § 306 Rn. 5; zur Lückenfüllung in AVB *Dreher* FS Schapp 2010, S. 113, 116 ff.

113 Vgl. Staudinger/*Schlosser* BGB § 306 Rn. 31.

114 BGHZ 90, 69 (75); 137, 153, 157; 182, 59, 74; 186, 180, 198; BGH NJW 2014, 1877 Rn. 20; BeckOK BGB/*Schmidt* § 306 Rn. 16; Erman/*Armbrüster* BGB § 157 Rn. 26; PWW/*Brinkmann* BGB § 157 Rn. 37.

115 Vgl. BAG NZA 2009, 666 (669).

116 BGHZ 143, 103 (120).

Vertragsauslegung für den Fall verneint, dass **Preisanpassungsklauseln** in **Energielieferverträgen** nach § 307 unwirksam sind. Maßgeblich war dabei die Erwägung, dass der Energieversorger sich nach Ablauf der Mindestvertragslaufzeit mit einer Kündigungsfrist von einem Monat bzw. drei Monaten vom Vertrag lösen könne; wenn er bis dahin an den vertraglich vereinbarten Preis gebunden bleibe, so führe dies nicht ohne Weiteres zu einem unzumutbaren Ergebnis.[117] Zu beachten ist allerdings, dass die Kündigung nur für die Zukunft wirkt. Nach Ansicht des BGH kann die Kündigungsmöglichkeit des Energieversorgers die vertragliche Regelungslücke daher nicht in einer für beide Parteien zumutbaren Weise schließen, wenn der betroffene Kunde den Preiserhöhungen und den darauf beruhenden Jahresabrechnungen über einen längeren Zeitraum nicht widersprochen hat und nunmehr auch für länger zurückliegende Zeitabschnitte die Unwirksamkeit der Preiserhöhungen geltend macht.[118] Ist eine **Zinsänderungsklausel** in einem langfristigen Sparvertrag unwirksam, so sind die maßgeblichen Änderungsparameter dagegen im Wege ergänzender Vertragsauslegung zu bestimmen. Den Banken steht insoweit auch **kein einseitiges Zinsänderungsrecht** nach § 315 Abs. 1 zu.[119]

Ob die ergänzende Vertragsauslegung auch bei AGB ausscheidet, wenn für die Lückenfüllung **mehrere**   **39** **gleichwertige Alternativen** bestehen, ohne dass sich ein hypothetischer Parteiwille für eine bestimmte Lösung feststellen lässt, ist streitig.[120] Die Rechtsprechung wendet diesen für Individualvereinbarungen anerkannten Grundsatz (dazu → Rn. 26) idR auch auf AGB an.[121] Mit Blick auf die Klauselersetzung bei kapitalbildenden Lebensversicherungen hat der IV. Zivilsenat jedoch die Auffassung vertreten, dass das Vorhandensein mehrerer Gestaltungsmöglichkeiten zur Lückenfüllung der ergänzenden Vertragsauslegung bei AGB nicht entgegensteht. Da die Vertragsergänzung bei AGB, insbesondere bei Massenverträgen „für den betroffenen Vertragstyp als allgemeine Lösung eines stets wiederkehrenden Interessengegenstands angemessen sein" müsse, könne sie „auf einer höheren Abstraktionsebene und damit ohne Rücksicht auf Anhaltspunkte für eine bestimmte Lösungsvariante" erfolgen.[122] Dieser Auffassung ist zuzustimmen, weil es bei der ergänzenden Auslegung von AGB im Regelfall ohnehin nicht auf den Willen und die Interessen der konkreten Parteien ankommt. Die richterliche Entscheidung stellt insofern keinen unzulässigen Eingriff in die Privatautonomie dar.

Liegen die Voraussetzungen der ergänzenden Auslegung vor, so wird diese sich im Vergleich mit dem   **40** ersatzlosen Wegfall der Klausel oder dem Rückgriff auf dispositives Recht meistens **zugunsten des Verwenders** auswirken.[123] Dies steht zwar in einem gewissen Widerspruch zu dem Gedanken, dass der Verwender für seine AGB verantwortlich ist. Andererseits widerspräche es jedoch dem Ziel eines gerechten Interessenausgleichs, dem Vertragspartner einen Vorteil zu belassen, der das Vertragsgefüge völlig einseitig zu seinen Gunsten verschiebt.[124] Auch dieser Gedanke kann jedoch grundsätzlich nicht die **geltungserhaltende Reduktion** einer unzulässigen Klausel rechtfertigen.[125] Denn der Richter hat sich bei der ergänzenden Auslegung am Ziel eines gerechten Interessenausgleichs zu orientieren und darf daher keine Lösungen entwickeln, die einerseits für den Verwender möglichst günstig, andererseits aber gerade noch zulässig sind.[126] Eine Ausnahme muss allerdings für den Fall gelten, dass eine einseitige Begünstigung des Vertragspartners nicht auf andere Weise vermieden werden kann.[127]

b) Maßstab. Bei der ergänzenden Auslegung von AGB kommt es im Allgemeinen nicht auf den hypotheti-   **41** schen Willen der konkreten Parteien an. Ebenso wie bei der erläuternden Auslegung von AGB (→ § 133 Rn. 87) gilt vielmehr grundsätzlich ein **objektiv-generalisierender Maßstab**.[128] Der Rechtsanwender muss hiernach aufgrund einer Interessenabwägung feststellen, welche Lösung dem Willen und Interesse der typi-

117 BGHZ 176, 244 (255); 182, 59, 74 f.; BGH NJW-RR 2010, 1202 (1204); ZIP 2010, 2153.
118 BGHZ 192, 372 = NJW 2012, 1865 Rn. 23; BGH NJW 2014, 1877 Rn. 20.
119 BGH NJW 2010, 1742; NJW-RR 2011, 625 (626); zu Zinsänderungsklauseln vgl. auch BGHZ 158, 149; BGH NJW 2008, 3422.
120 Für eine Zulässigkeit der ergänzenden Auslegung in diesen Fällen BeckOK BGB/*Schmidt* § 306 Rn. 18; Staudinger/*Schlosser* BGB § 306 Rn. 15 a; Wolf/Lindacher/Pfeiffer/*Lindacher* § 306 Rn. 21; aA MüKoBGB/*Basedow* § 306 Rn. 39; Erman/*Roloff* BGB § 306 Rn. 13.
121 BGH NJW 1990, 115 (116); 2000, 1110, 1114; 2006, 996, 999; 2010, 298, 302.
122 BGHZ 164, 297 (317) = VersR 2005, 1565; vgl. auch BGH VersR 2006, 1530 (1532).
123 Soergel/*Wolf* BGB § 157 Rn. 120; einschr. Palandt/*Grüneberg* BGB § 305 c Rn. 17.
124 Vgl. BGHZ 90, 69 (77); 137, 153, 157.
125 Vgl. BGH NJW 2012, 2501 Rn. 30; *v. Westphalen* NJW 2013, 2239 (2241); für Anerkennung einer geltungserhaltenden Reduktion Staudinger/*Roth* BGB § 157 Rn. 50.
126 Vgl. BGHZ 84, 109 (115); 92, 312, 314 f.; 107, 273, 277; 143, 103, 119; BGH NJW 2000, 1110 (1113); BeckOK BGB/*Schmidt* § 306 Rn. 17; MüKoBGB/*Basedow* § 306 Rn. 38; Palandt/*Grüneberg* BGB § 307 Rn. 8, 11; PWW/*Brinkmann* BGB § 157 Rn. 37; krit. Jauernig/*Stadler* BGB § 306 Rn. 5; Staudinger/*Roth* BGB § 157 Rn. 49.
127 BGHZ 137, 153 (157).
128 BGHZ 192, 372 Rn. 24; Staudinger/*Roth* BGB § 157 Rn. 49.

scherweise an solchen Geschäften beteiligten Verkehrskreise am besten entspricht.[129] Eine Ausnahme kommt aber in Betracht, wenn sich ein abweichender individueller Wille beider Parteien im Einzelfall feststellen lässt. Ein solcher Wille muss im Individualprozess auch bei der ergänzenden Auslegung von AGB vorgehen.[130]

42   **4. Tarifverträge.** Bei Tarifverträgen ist zwischen dem schuldrechtlichen und dem normativen Teil zu unterscheiden (→ § 133 Rn. 90). Während die ergänzende Auslegung im Hinblick auf den schuldrechtlichen Teil nach allgemeinen Regeln erfolgt, wird die ergänzende Auslegung im Hinblick auf den normativen Teil wesentlich restriktiver gehandhabt. Nach überwiegender Auffassung ist eine ergänzende Auslegung insoweit nur zulässig, wenn ausreichende Anhaltspunkte dafür vorliegen, welche Regelung die Tarifvertragsparteien bei Kenntnis der Lücke getroffen hätten.[131] Ansonsten muss eine ergänzende Auslegung mit Rücksicht auf den Grundsatz der **Tarifautonomie** (Art. 9 Abs. 3 GG) ausscheiden.[132] Bei mehreren gleichwertigen Alternativen ist eine ergänzende Auslegung generell ausgeschlossen, da die Entscheidung den Tarifvertragsparteien vorbehalten bleiben muss.[133] Bei bewussten Regelungslücken kommt eine ergänzende Auslegung ebenfalls nicht in Betracht.[134]

VII. Einzelfälle

43   **1. Arbeitsrecht.** Seit Inkrafttreten der Schuldrechtsreform sind Arbeitsverträge nach § 310 Abs. 4 S. 1 nicht mehr von der allgemeinen AGB-Kontrolle ausgeschlossen. Die §§ 305 ff. gelten damit auch für **Formulararbeitsverträge**, was zu einer **Verschärfung des Kontrollmaßstabs** geführt hat. In Bezug auf Verträge, die vor dem 1.1.2002 geschlossen wurden, geht das BAG davon aus, dass eine ergänzende Vertragsauslegung aus Gründen des **Vertrauensschutzes** geboten sein kann, um die durch das nachträgliche Unwirksamwerden einer Klausel entstandenen Lücken unter Wahrung der Interessen beider Parteien zu füllen.[135] In der Literatur wird demgegenüber zu Recht darauf hingewiesen, dass die ergänzende Vertragsauslegung bei Formularverträgen im Arbeitsrecht nicht auf Fälle beschränkt ist, in denen die Unwirksamkeit der Klausel auf einer nach Abschluss des Vertrages erfolgten **Gesetzesänderung** beruht.[136] In neuerer Zeit hat das BAG eine ergänzende Vertragsauslegung auch unabhängig von der Übergangsproblematik in Erwägung gezogen. Dabei hat das Gericht darauf hingewiesen, dass auch im Hinblick auf die Zulässigkeit einer ergänzenden Auslegung von Formularverträgen „die im Arbeitsrecht geltenden Besonderheiten angemessen zu berücksichtigen sind" (§ 310 Abs. 4 S. 2).[137]

44   Haben der Arbeitgeber und der Arbeitnehmer die Abtretung von Lohnforderungen nicht ausdrücklich ausgeschlossen, so kann trotz des erhöhten Aufwands für den Arbeitgeber auch bei einem größeren Unternehmen nicht im Wege ergänzender Vertragsauslegung von einem stillschweigenden **Ausschluss der Lohnabtretung** ausgegangen werden.[138] Es fehlt insoweit schon an der erforderlichen Regelungslücke. Denn das Institut der Lohnabtretung ist so bekannt und gebräuchlich, dass die Parteien diesen Punkt im Allgemeinen nicht übersehen werden, wenn sie ihn denn für regelungsbedürftig halten sollten.

45   Die Grundsätze über die **Beschränkung der Arbeitnehmerhaftung** bei betrieblicher Tätigkeit[139] gelten nur im Innenverhältnis zum Arbeitgeber. Im Verhältnis zu Dritten kann eine entsprechende Einschränkung der Haftung auch nicht durch ergänzende Auslegung des zwischen Arbeitgeber und Drittem geschlossenen Vertrages begründet werden.[140] Hat der Arbeitgeber mit dem Dritten eine Haftungsbeschränkung vereinbart, so soll diese nach dem hypothetischen Parteiwillen aber auch den Arbeitnehmern des Begünstigten zugutekommen.[141]

---

129   Vgl. BGHZ 107, 273 (277); 143, 103, 121; 164, 297, 317; 192, 372 Rn. 24; Staudinger/*Roth* BGB § 157 Rn. 48 f.; zur Lückenfüllung durch ergänzende Auslegung in AVB Looschelders/Pohlmann/*Pohlmann* Einl. B. Rn. 45; *Dreher* FS Schapp 2010, 113, 120 ff.

130   Staudinger/*Schlosser* BGB § 306 Rn. 12.

131   Vgl. BAG NZA 1999, 999 (1000); 2005, 57, 60; NJOZ 2006, 3366 (3372); NZA-RR 2011, 421 (423); Palandt/*Ellenberger* BGB § 157 Rn. 2 a; BeckOK BGB/*Wendtland* § 157 Rn. 5; Staudinger/*Roth* BGB § 157 Rn. 12; *Löwisch/Rieble* § 1 Rn. 1735 ff.

132   BAGE 110, 208, 216 = NZA 2005, 821 (824); BAG DB 1999, 1809 (1810); DB 2001, 202.

133   BAG NZA 2005, 57 (60); NZA-RR 2011, 421 (423); *Löwisch/Rieble* § 1 Rn. 1735.

134   BAG NZA 2005, 57 (60); NZA-RR 2011, 421 (423); Staudinger/*Roth* BGB § 157 Rn. 12.

135   BAGE 113, 140 = NZA 2005, 1820; BAG NZA 2006, 1042 (1046); NJW 2007, 536 (539); 2007, 3018, 3020; 2008, 3592, 3599 f.; *Gaul* FS Birk 2008, 99, 107 f.

136   So *Ohlendorf/Salamon* RdA 2006, 281 (284 ff.); *Salamon* NZA 2009, 1076 (1078).

137   BAG NZA 2009, 666 (669); näher dazu Staudinger/*Krause* Anh. zu § 310 Rn. 231 f.

138   BGHZ 23, 53 (55); Palandt/*Grüneberg* BGB § 399 Rn. 8; Staudinger/*Richardi/Fischinger* BGB § 611 Rn. 1621.

139   Dazu BAG NJW 1995, 210; VersR 2003, 736 (737); Palandt/*Grüneberg* BGB § 276 Rn. 44; Staudinger/*Richardi/Fischinger* BGB § 619 a Rn. 28 ff.; *Looschelders* SchuldR BT § 29 Rn. 12 ff.

140   BGHZ 108, 305 (316 ff.); BGH NJW 1994, 852 (854); Erman/*Armbrüster* BGB § 157 Rn. 27.

141   Vgl. BGHZ 108, 305 (319); 130, 223, 228 ff.; Palandt/*Weidenkaff* BGB § 611 Rn. 159.

Das Arbeitsverhältnis kann grundsätzlich auch schon **vor Dienstantritt gekündigt** werden.[142] Ein vertraglicher Ausschluss der Kündigung vor Dienstantritt muss ausdrücklich erfolgen oder aus den Umständen eindeutig erkennbar sein. Liegen diese Voraussetzungen nicht vor, so kann ein solcher Ausschluss auch nicht im Wege ergänzender Vertragsauslegung angenommen werden.[143] Haben die Parteien für den Fall einer ordentlichen Kündigung vor Dienstantritt keine Vereinbarungen über den **Beginn der Kündigungsfrist** getroffen, so muss durch ergänzende Auslegung ermittelt werden, ob die Kündigungsfrist schon vor Beginn des Arbeitsverhältnisses mit dem Zugang der Kündigung beim Arbeitnehmer beginnt. Die Entscheidung muss im Einzelfall aufgrund einer umfassenden Interessenabwägung getroffen werden.[144]

2. Haftungsbeschränkungen. Ein wichtiger Anwendungsbereich der ergänzenden Vertragsauslegung sind stillschweigend vereinbarte Haftungsbeschränkungen.[145] Im Vordergrund steht dabei die Haftung im Rahmen von **Gefälligkeitsverhältnissen** (zB Gefälligkeitsfahrten im Straßenverkehr)[146] und **unentgeltlichen Verträgen** (insbesondere Auftrag).[147] Entscheidend ist auch hier eine Interessenabwägung im Einzelfall. Die Annahme einer stillschweigenden Haftungsbeschränkung ist danach grundsätzlich ausgeschlossen, wenn der Schaden durch eine Haftpflichtversicherung abgedeckt wird. Denn es entspricht im Regelfall nicht dem mutmaßlichen Willen der Beteiligten, den Haftpflichtversicherer des Schädigers zu entlasten.[148] Eine andere Beurteilung kommt in Betracht, wenn der Schädiger im konkreten Fall keinen Versicherungsschutz genießt, so dass ihn ein übermäßiges Haftungsrisiko trifft, und darüber hinaus weitere Umstände vorliegen, die einen Haftungsverzicht interessengerecht erscheinen lassen.[149] Eine solche Situation kann eintreten, wenn die Beteiligten im Ausland ein Kfz mieten und nach dem Recht des betreffenden Staates entgegen den Erwartungen beider Beteiligten keine obligatorische Kfz-Haftpflichtversicherung besteht.[150] Der Geschädigte verliert damit zwar sämtliche Schadensersatzansprüche; dies erscheint aber hinnehmbar, wenn seine Krankenversicherung den materiellen Schaden abdeckt.[151]

Überlässt ein Kfz-Händler seinem Kunden einen Pkw zur **Probefahrt,** so kann nach dem hypothetischen Willen der Parteien im Regelfall von einer stillschweigenden Beschränkung der Haftung auf Vorsatz und grobe Fahrlässigkeit ausgegangen werden (→ Rn. 17).[152] Denn der Kunde darf grundsätzlich darauf vertrauen, dass der Händler sich gegen das Risiko einer fahrlässigen Beschädigung des Fahrzeugs durch Abschluss einer Kaskoversicherung abgesichert hat. Diese Erwägung trifft bei einem privaten Verkäufer nicht zu.[153] Hier kann ein stillschweigender Haftungsausschluss daher im Allgemeinen auch nicht mithilfe der ergänzenden Auslegung begründet werden. Eine Ausnahme gilt aber, wenn das Fahrzeug dem Interessenten von einem Händler zur Probefahrt übergeben wird.[154]

3. Handels- und Gesellschaftsrecht. Im **Handelsverkehr** hat sich eine Vielzahl von Klauseln herausgebildet, denen von den beteiligten Kreisen eine bestimmte fest umrissene Bedeutung beigemessen wird. Handelsklauseln dienen dem Zweck, den Geschäftsverkehr zu vereinfachen und für Klarheit und Rechtssicherheit zu sorgen.[155] Es besteht deshalb die Vermutung, dass die Parteien den Klauseln die Bedeutung beigemessen haben, die typischerweise im Handelsverkehr zugrunde gelegt wird. Handelsklauseln sind ohne Rücksicht auf die Umstände des Einzelfalles nach festen Regeln auszulegen (vgl. auch → § 133 Rn. 110). Aus Gründen der Rechtssicherheit darf ihre Bedeutung grundsätzlich nicht im Wege ergänzender Auslegung durchbrochen werden.[156] Dies gilt insbesondere für den Fall, dass die Klausel in einer Urkunde enthalten ist, die erfahrungsgemäß nicht nur für die Vertragsparteien, sondern auch für Dritte von Relevanz ist.[157]

46

47

48

49

142 Vgl. BAGE 16, 204 = AP Nr. 1 zu § 620 BGB; BAG NJW 2004, 3444; BeckOK BGB/*Fuchs/Plum* § 622 Rn. 7.

143 BAGE 31, 121 = AP Nr. 3 zu § 620 BGB mAnm *Wolf.*

144 BAG AP Nr. 4 zu § 620 BGB = NJW 1987, 148; BAG NJW 2004, 3444; *Caesar* NZA 1989, 251 (252 f.).

145 Vgl. Erman/*Armbrüster* BGB § 157 Rn. 27; *Wessel* VersR 2011, 569 ff.

146 Vgl. dazu BGH NJW 1979, 414; VersR 1980, 384; NJW 2009, 1482; OLG Hamm NJW-RR 2000, 62; OLG Frankfurt NJW 2006, 1004; *Looschelders* SchuldR AT § 5 Rn. 11 ff. und § 23 Rn. 16.

147 Vgl. BGHZ 21, 102 (110 f.) (iE ablehnend); OLG Frankfurt NJW 1998, 1232.

148 Vgl. BGHZ 39, 156 (158); BGH NJW 1993, 3067 (3068); MüKoBGB/*Wagner* Vor § 823 Rn. 90.

149 Vgl. BGH NJW 1966, 41; 1993, 3067 (3068); 2009, 1482, 1483; Erman/*Armbrüster* BGB § 157 Rn. 27; *Looschelders* SchuldR AT § 5 Rn. 12; *Hirte/Herber* JuS 2002, 241 (244).

150 BGH NJW 2009, 1482 mAnm *Spickhoff* LMK 2009, 280900; ähnlich OLG Hamm NJW-RR 2000, 62; zu beiden Entscheidungen *Looschelders* SchuldR AT § 23 Rn. 16.

151 Hierauf abstellend *Hager* JA 2009, 646 (647).

152 BGH NJW 1979, 643 (644); 1980, 1681, 1682; OLG Koblenz NJW-RR 2003, 1185 (1186); PWW/*Brinkmann* BGB § 157 Rn. 41; Soergel/*Wolf* BGB § 157 Rn. 177; *Wessel* VersR 2011, 569 (573).

153 OLG Köln NJW 1996, 1288 (1289).

154 OLG Koblenz NJW-RR 2003, 1185 (1186); aA OLG Köln NJW 1996, 1288 (1289).

155 Vgl. dazu etwa EBJS/*Joost* HGB § 346 Rn. 96; Palandt/*Ellenberger* BGB § 157 Rn. 18; Soergel/*Wolf* BGB § 157 Rn. 79 ff.

156 Vgl. BGHZ 14, 61 (62); 23, 131, 135 ff.; MüKoHGB/*Schmidt* § 346 Rn. 54; Soergel/*Wolf* BGB § 157 Rn. 79; *Canaris* Handelsrecht § 22 Rn. 13.

157 BGHZ 23, 131 (137); EBJS/*Joost* HGB § 346 Rn. 99.

50   Kein Fall ergänzender Auslegung ist die Deutung des **Schweigens auf ein kaufmännisches Bestätigungs-schreiben** als Zustimmung mit der Folge, dass der Vertrag mit dem bestätigten Inhalt gilt bzw. zustande kommt. Es handelt sich vielmehr um eine aus den Handelsbräuchen (§ 346 HGB) entwickelte **objektive Rechtsfortbildung**, die heute gewohnheitsrechtlich anerkannt ist.[158] Irrt der Empfänger des Schreibens sich über die Bedeutung seines Schweigens, so ist eine Anfechtung wegen Inhaltsirrtums daher nach der hier vertretenen Auffassung zur Anfechtung bei ergänzender Vertragsauslegung (→ Rn. 13) ausgeschlossen.[159]

51   Ist eine **gesellschaftsvertragliche Abfindungsklausel** wegen zu geringer Höhe der Abfindung nach § 138 Abs. 1 nichtig, so widerspricht die Anwendung des § 738 im Allgemeinen den Interessen der Beteiligten. Die Rechtsprechung billigt dem ausscheidenden Gesellschafter daher im Wege ergänzender Vertragsaus-gung eine angemessene Abfindung zu (→ § 138 Rn. 204 ff.).[160] Dem ist im Ergebnis zuzustimmen. Da die ergänzende Vertragsauslegung nicht im Widerspruch zum tatsächlichen Willen der Parteien durchgeführt werden darf (→ Rn. 22), dürfte es sich aus methodischer Sicht jedoch eher um eine teleologische Reduktion handeln.[161]

52   Wird der ausscheidende Gesellschafter durch die Abfindungsklausel erst aufgrund einer **nachträglichen Änderung der Wertverhältnisse** unangemessen benachteiligt, so greift dieser Einwand nicht. In diesem Fall kann die ergänzende Vertragsauslegung daher herangezogen werden, um eine interessengerechte Anpassung der Abfindungsklausel zu verwirklichen.[162]

53   Gemäß § 131 Nr. 4 HGB aF führte der **Tod eines OHG-Gesellschafters** zur Auflösung der Gesellschaft. Nach der Rechtsprechung des BGH musste diese Regelung jedoch als veraltet zurücktreten, wenn die Fort-setzung der Gesellschaft bei ergänzender Vertragsauslegung interessengerechter erschien (→ Rn. 12).[163] Dieser Sichtweise hat sich der Gesetzgeber angeschlossen. Nach § 131 Abs. 3 Nr. 1 HGB führt der Tod eines Gesellschafters nicht mehr zur Auflösung der Gesellschaft, sondern lediglich zum Ausscheiden des Betroffenen.

54   Möglich ist aber auch, die Gesellschaft mit den Erben fortzusetzen (vgl. § 139 HGB) oder im Gesellschafts-vertrag eine anderweitige Nachfolgeregelung zu treffen. Scheitert eine (erbrechtliche) **Nachfolgeklausel**, so kann sie im Wege der ergänzenden Vertragsauslegung in eine (rechtsgeschäftliche) **Eintrittsklausel** umge-deutet werden. Dies ist zB dann der Fall, wenn die benannte Person nicht Erbe ist, was für die Nachfolge-klausel Voraussetzung ist.[164]

55   **4. Kaufverträge.** Einigen sich die Parteien bei den Verhandlungen über den Abschluss eines Kaufvertra-ges nicht über den Preis, so fehlt es an einer Einigung über einen wesentlichen Vertragsbestandteil, ohne die ein Vertrag (vorbehaltlich eines einseitigen Leistungsbestimmungsrechts) nicht wirksam zustande kommt. Da schon die Voraussetzung eines wirksamen Rechtsgeschäfts nicht vorliegt, kommt eine ergänzende Ver-tragsauslegung zur Bestimmung des Kaufpreises nicht in Betracht.[165]

Nach der Rechtsprechung des BGH deckt ein vereinbarter Kaufpreis grundsätzlich auch die vom Verkäufer zu entrichtende **Umsatzsteuer** ab.[166] Eine Ausnahme gilt, wenn die Parteien einen „Nettopreis" vereinbart haben[167] oder wenn bei Abschluss des Vertrages ein Handelsbrauch (§ 346 HGB) bzw. eine Verkehrssitte (§ 157) besteht, wonach der Käufer die Umsatzsteuer im Nachhinein zu entrichten hat.[168] Sind die Parteien irrtümlicherweise übereinstimmend davon ausgegangen, der Kaufvertrag unterliege nicht der Umsatzsteuer, so kann die Frage, wer die Umsatzsteuer zu tragen hat, durch ergänzende Vertragsauslegung zu klären sein.[169]

158   Vgl. Baumbach/Hopt/*Hopt* HGB § 346 Rn. 17; EBJS/*Joost* HGB § 346 Rn. 63; *Wolf/Neuner* BGB AT § 37 Rn. 29, 48; *K. Schmidt* HandelsR § 19 Rn. 67.

159   Für Ausschluss der Anfechtung wegen eines solchen Irrtums iE auch die ganz hM, vgl. nur BGHZ 11, 1 (5); BGH NJW 1969, 1711; Baumbach/Hopt/*Hopt* HGB § 346 Rn. 33; MüKoBGB/*Armbrüster* § 119 Rn. 65; *K. Schmidt* HandelsR § 19 Rn. 90, 135 ff.

160   BGH NJW 1985, 192 (193); vgl. auch BGHZ 123, 281 (284 ff.)

161   So auch Staudinger/*Sack/Fischinger* BGB § 138 Rn. 618.

162   BGHZ 123, 281 (283 ff.) = NJW 1993, 3193; MüKoHGB/*Schmidt* § 131 Rn. 174; Staudinger/*Roth* BGB § 157 Rn. 58; für Rückgriff auf § 242 *K. Schmidt* GesR, 4. Aufl. 2002, § 50 IV 2 c dd.

163   BGH NJW 1979, 1705 (1706); Soergel/*Wolf* BGB § 157 Rn. 159.

164   BGH NJW 1978, 264; Baumbach/Hopt/*Roth* HGB § 139 Rn. 50.

165   BGH NJW-RR 2006, 1139 (1141).

166   Vgl. BGHZ 58, 291 (295); 60, 199, 203; 103, 284, 287; 115, 47, 50; Palandt/*Ellenberger* BGB § 157 Rn. 13; PWW/*Brinkmann* BGB § 157 Rn. 46.

167   Zur Auslegung solcher Nettopreisvereinbarungen *Rohde/Knobbe* NJW 2012, 2156 (2158 ff.).

168   BGH NJW 2001, 2464 (2465).

169   Vgl. BGH NJW-RR 2000, 1652 (1653); NJW 2001, 2464 (2465); NJW 2002, 2312; Palandt/*Ellenberger* BGB § 157 Rn. 6, 13; Staudinger/*Roth* BGB § 157 Rn. 66.

Im Wege der ergänzenden Auslegung eines **Telefonkartenvertrags** kann dem Herausgeber von Telefonkarten die Möglichkeit gewährt werden, die Gültigkeitsdauer nachträglich anzupassen und damit die Karten zu sperren. Damit einhergehen muss aber das Recht, die gesperrten Karten gegen aktuelle Karten mit gleichem restlichem Guthabenwert einzutauschen. Eine solche nachträgliche Anpassung des Vertrages kann auf die entsprechende Anwendung des § 315 gestützt werden. Voraussetzung ist, dass das Recht zur **einseitigen Leistungsbestimmung** den Belangen der leistenden Partei gerecht wird und dass diese Lösung insgesamt bei angemessener Abwägung der Interessen nach Treu und Glauben dem hypothetischen Parteiwillen entspricht.[170] Diese Voraussetzung liegt bei Unwirksamkeit einer **Zinsänderungsklausel** im Rahmen eines Sparvertrages nicht vor (→ Rn. 39).[171]

Bei **Grundstücksverträgen** kann sich die Frage stellen, wer die Kosten einer bei Vertragsschluss nicht vorhergesehenen **Privaterschließung** zu tragen hat. Eine ergänzende Vertragsauslegung wird hier im Allgemeinen ergeben, dass die Parteien die gegenüber einer öffentlichen Erschließung entstehenden Mehrkosten als redliche Partner zu gleichen Teilen auf sich genommen hätten. Die Kosten sind daher von beiden Teilen gleichmäßig zu tragen.[172] **56**

Wird ein Grundstück, dessen Belastung mit einem Ölschaden der Erstverkäufer arglistig verschwiegen hat, unter Ausschluss der Gewährleistung weiterverkauft, so kann die ergänzende Vertragsauslegung ergeben, dass der Zweitverkäufer dem Käufer nach Treu und Glauben seine **Gewährleistungsansprüche gegen den Erstverkäufer abgetreten** hätte.[173] Nach der neueren Rechtsprechung kann das Vorliegen einer ergänzungsbedürftigen Lücke im Vertrag aber nicht allein darauf gestützt werden, dass die Rechtsstellung des Zweitkäufers nicht schwächer als möglich ausgestaltet und der Erstverkäufer nicht begünstigt werden soll. Es müssen vielmehr Anhaltspunkte dafür bestehen, dass dem Zweitkäufer durch die Verlagerung des Mängelrisikos keine Ansprüche gegen den Erstverkäufer vorenthalten werden sollten und es den Parteien nicht darum ging, den Erstkäufer wegen etwaiger Mängel abschließend zu entlasten und vor unvorhergesehenen Rückwirkungen einer Inanspruchnahme des Erstverkäufers zu schützen.[174] Ein solcher Anhaltspunkt lag hier in der von den Parteien nicht für möglich gehaltenen zusätzlichen Bodenbelastung durch Öl, welche der Erstverkäufer arglistig verschwiegen hatte.[175] **57**

Hat ein Eigentümer seine Grundstücke zur **Abwendung einer drohenden Enteignung** an die öffentliche Hand verkauft, so steht ihm aufgrund ergänzender Vertragsauslegung ein Anspruch auf Rückübertragung der Grundstücke gegen Rückzahlung des Kaufpreises zu, wenn der Zweck der Enteignung wegen einer Änderung des Bebauungsplans entfällt. Der Anspruch muss nach dem Rechtsgedanken des § 102 Abs. 3 BauGB in einer Frist von 2 Jahren ab Kenntnis vom Wegfall des Enteignungszwecks geltend gemacht werden.[176] **58**

5. Kreditsicherungsrecht. Die ergänzende Auslegung kann ergeben, dass ein **einfacher Eigentumsvorbehalt** bei Vertragsschluss ausnahmsweise **stillschweigend vereinbart** worden ist. Dies setzt aber Anhaltspunkte für einen entsprechenden Parteiwillen voraus. Erforderlich ist weiter, dass ein solcher Eigentumsvorbehalt in der Branche üblich ist und vom Käufer nicht ausdrücklich ausgeschlossen wurde.[177] Daneben stellt sich das Problem des **nachträglich vereinbarten** Eigentumsvorbehalts. Erklärt der Verkäufer vertragswidrig (zB durch deutlichen Vermerk auf dem Lieferschein), er werde die Sache nur bedingt übereignen, und nimmt der Käufer daraufhin die Kaufsache entgegen, ohne den Kaufpreis zu zahlen, so ist dies als Einigung zu verstehen. Dahinter steht die Erwägung, dass der Käufer lieber der bedingten Übereignung zustimmt als gar nichts zu erhalten.[178] Von der sachenrechtlichen Einigung abzugrenzen ist das schuldrechtliche Geschäft (Abstraktionsprinzip). Die Entgegennahme der Ware durch den Käufer rechtfertigt für sich genommen nicht die Annahme einer stillschweigenden Vertragsänderung dahin gehend, dass auf die schuldrechtliche Verpflichtung zur unbedingten Übereignung verzichtet wird.[179] **59**

170 BGH NJW-RR 2008, 562 (563); Palandt/*Ellenberger* BGB § 157 Rn. 7; PWW/*Brinkmann* BGB § 157 Rn. 25.

171 Zur Unanwendbarkeit der §§ 315, 316 in diesen Fällen BGH NJW 2010, 1742 (1743).

172 BGH NJW-RR 2000, 894 (895); vgl. auch BGH NJW-RR 1987, 458.

173 BGH NJW 1997, 652; Palandt/*Ellenberger* BGB § 157 Rn. 6.

174 BGH NJW 2004, 1873; zustimmend Palandt/*Ellenberger* BGB § 157 Rn. 12; PWW/*Brinkmann* BGB § 157 Rn. 43; aA *Klimke/Lehmann-Richter* NJW 2004, 3672.

175 BGH NJW 1997, 652; 2004, 1873, 1873.

176 BGHZ 135, 92; Palandt/*Ellenberger* BGB § 157 Rn. 12.

177 Vgl. BGH NJW 1985, 1838 (1840); NJW-RR 2004, 555; Palandt/*Weidenkaff* BGB § 449 Rn. 10; Soergel/*Wolf* BGB § 157 Rn. 78, 147; *Baur/Stürner* SachenR § 59 Rn. 12 mit Fn. 2; *Vieweg/Werner* SachenR § 11 Rn. 7; krit. *Tiedtke* JZ 2008, 452 (459).

178 BeckOK BGB/*Faust* § 449 Rn. 16; *Vieweg/Werner* SachenR § 11 Rn. 11; Staudinger/*Beckmann* BGB § 449 Rn. 31 ff.; aA *Prütting* SachenR Rn. 390.

179 Jauernig/*Berger* BGB § 449 Rn. 7; MüKoBGB/*Westermann* § 449 Rn. 18; *Vieweg/Werner* SachenR § 11 Rn. 11; *Larenz* SchuldR BT I § 43 II a; zur ausnahmsweisen stillschweigenden Änderung auch des Kaufvertrages vgl. Staudinger/*Beckmann* BGB § 449 Rn. 33.

60 Tritt bei **revolvierenden Sicherheiten** (zB Sicherungsübereignung von Warenlagern mit wechselndem Bestand, Globalzessionen) im Nachhinein eine **Übersicherung** ein, so ist der Vertrag nicht nach § 138 Abs. 1 nichtig (→ § 138 Rn. 259). Dem Sicherungsgeber steht vielmehr ein ermessensunabhängiger vertraglicher Anspruch gegen den Sicherungsnehmer auf **Freigabe** der endgültig nicht mehr benötigten Sicherheiten zu.[180] Dies gilt auch dann, wenn der Sicherungsvertrag **keine** oder eine **ermessensabhängige** (und deshalb nach § 307 unwirksame) **Freigabeklausel** enthält. Die Rechtsprechung stützt sich auf eine ergänzende Vertragsauslegung, wonach die Pflicht zur Freigabe sowohl dem fiduziarischen Charakter der Sicherungsabrede als auch den Interessen der Parteien entspricht.[181] Indessen dürfte es sich eher um eine objektive Rechtsfortbildung handeln, die auf dem **Treuhandgedanken** beruht (→ § 138 Rn. 259).

61 Ist bei einem **Werkvertrag** eine Klausel über einen **Sicherheitseinbehalt des Bestellers** unwirksam, so kann eine ergänzende Vertragsauslegung nicht dazu führen, dass der Sicherheitseinbehalt durch eine selbstschuldnerische **Bürgschaft** abgelöst wird. Eine solche Lösung verbietet sich wegen der vielfältigen Möglichkeiten zur Sicherung des Auftraggebers.[182]

62 **6. Miet- und Pachtverträge.** Bei Mietverträgen über Wohnraum hat der Vermieter die **Mietkaution** nach § 551 Abs. 3 **zum üblichen Zinssatz anzulegen**. Für Mietverträge über gewerblich genutzte Räume fehlt eine entsprechende Regelung, denn § 578 Abs. 2 verweist gerade nicht auf § 551. Haben die Parteien über die Frage keine Vereinbarung getroffen, so ist im Wege ergänzender Vertragsauslegung mit Rücksicht auf den Zweck der Kaution davon auszugehen, dass diese auch hier zum üblichen Zinssatz angelegt werden muss.[183]

63 Ist die Miet- oder Pachtsache mangelhaft, so scheidet eine ergänzende Vertragsauslegung wegen des Vorrangs des dispositiven Rechts aus. Der Mieter bzw. Pächter kann somit die **Gewährleistungsrechte** nach §§ 536 ff. (ggf. iVm § 581 Abs. 2) geltend machen. Die darin verankerte Risikozuweisung darf nicht durch ergänzende Vertragsauslegung (zB in Form einer Vertragsanpassung zugunsten des Vermieters bzw. Verpächters) unterlaufen werden.[184]

64 Eine ergänzende Vertragsauslegung kommt auch dann nicht in Betracht, wenn eine formularmäßige **Schönheitsreparaturklausel** nach § 307 unwirksam ist. Das dispositive Gesetzesrecht (insbesondere § 535 Abs. 1 S. 2) genügt zur Lückenfüllung.[185] Den Vermieter trifft damit die Instandhaltungspflicht, ohne dass er mit Rücksicht auf die Unwirksamkeit der Klausel im Wege ergänzender Vertragsauslegung einen Zuschlag zur ortsüblichen Vergleichsmiete verlangen kann.[186]

65 Hat ein **Wohnungsmieter** sich im Mietvertrag wirksam zur **Vornahme der Schönheitsreparaturen** verpflichtet, so wird er von dieser Verpflichtung nicht deshalb ersatzlos befreit, weil die geschuldeten Instandsetzungsmaßnahmen bei einem **Umbau** alsbald wieder zerstört würden. Enthält der Vertrag für diesen Fall keine Regelung, so gelangt die Rechtsprechung im Wege ergänzender Vertragsauslegung zu dem Ergebnis, dass der Mieter dem Vermieter einen Ausgleich in Geld zu zahlen hat.[187] Maßgeblich ist die Erwägung, die Durchführung der Schönheitsreparaturen stelle im Regelfall einen Teil des vom Mieter geschuldeten Entgelts dar. Diese Überlegung trifft nicht auf das Recht des Vermieters zu, bei Ablauf des Vertrages die Wiederherstellung des alten Zustands der von einem gewerblichen Mieter für seine Zwecke umgebauten Räume zu verlangen. Wird die Erfüllung dieser **Rückbauverpflichtung** aufgrund eines Umbaus sinnlos, so steht dem Vermieter daher kein Ausgleichsanspruch in Geld zu.[188]

66 Hat der Mieter an den Vermieter **überhöhte Betriebs- und Nebenkostenvorauszahlungen** geleistet, so steht dem Mieter aufgrund ergänzender Auslegung des Mietvertrages ein vertraglicher Anspruch auf Rückerstattung der überzahlten Beträge zu.[189]

---

180 BGHZ 137, 212 (218) = NJW 1998, 671 = JZ 1998, 456 mAnm *Roth*.

181 BGHZ 124, 371 (375) (§§ 133, 157, 242); 137, 212, 219 (§ 157); vgl. auch *Roth* JZ 1998, 462 (463); *Wieling* Sachenrecht, 5. Aufl. 2007, § 18, 3 c, der das „flexible Instrument der Auslegung" einer Nichtigkeit nach § 138 vorzieht.

182 BGHZ 147, 99 (105) = NJW 2001, 1858; BGH NJW-RR 2005, 458 (459 f.); 2005, 1040, 1041; PWW/*Brinkmann* BGB § 157 Rn. 49.

183 BGH NJW 1994, 3287 im Anschluss an BGHZ 84, 345; OLG Düsseldorf NJW-RR 1993, 709; Palandt/*Ellenberger* BGB § 157 Rn. 6; Staudinger/*Roth* BGB § 157 Rn. 62.

184 BGH NZM 2008, 462 (463); Palandt/*Ellenberger* BGB § 157 Rn. 4.

185 BGH NJW 2006, 2915 (1917); NZM 2006, 924 (926); 2008, 605, 606; *Emmerich* NZM 2006, 761 (762).

186 BGH NJW 2008, 2840 (2841).

187 So BGHZ 77, 301 (304 f.) = NJW 1980, 2347; BGHZ 92, 363 (369 ff.) = NJW 1985, 480; BGHZ 151, 53 (58) = NJW 2002, 2383; NJW 2014, 1521 Rn. 15 ff.; PWW/*Brinkmann* BGB § 157 Rn. 47; Soergel/*Wolf* BGB § 157 Rn. 170; Staudinger/*Roth* BGB § 157 Rn. 63.

188 BGHZ 96, 141 (145 f.) = NJW 1986, 309; BGHZ 151, 53 (58) = NJW 2002, 2383 (2384).

189 OLG Koblenz NJW-RR 2002, 800; Staudinger/*Roth* BGB § 157 Rn. 63.

Wurde im Mietvertrag die Umlegung von Antennenkosten vereinbart, so können im Wege ergänzender Vertragsauslegung auch **Breitbandkabelkosten** umgelegt werden, wenn es sich um eine duldungspflichtige Modernisierung iS von § 554 Abs. 2 S. 1 BGB handelt.[190]

7. Versicherungsverträge. Eine ergänzende Vertragsauslegung kommt (wie allgemein bei AGB) auch bei Lücken in Allgemeinen Versicherungsbedingungen (AVB) in Betracht.[191] Dies gilt auch dann, wenn für die Lückenfüllung mehrere Gestaltungsmöglichkeiten bestehen und sich ein hypothetischer Parteiwille in Bezug auf die konkrete Lösung nicht feststellen lässt (→ Rn. 39).[192] **67**

Sehr umstritten war lange Zeit die Frage, wie ein Mieter, der einen Schaden leicht fahrlässig verursacht hat, gegen einen Regress des Gebäudeversicherers des Vermieters zu schützen sei. Das Schutzinteresse des Mieters ergibt sich vor allem daraus, dass er im Rahmen der Betriebskosten typischerweise die Prämie (mit-) trägt und deshalb erwarten darf, dass die Versicherung ihm auch in irgendeiner Weise zugutekommt.[193] Der VIII. Senat des BGH (Mietrechtssenat) ging zunächst im Wege ergänzender Auslegung des Mietvertrags von einer **stillschweigenden Beschränkung der Haftung des Mieters** für Brandschäden auf Vorsatz und grobe Fahrlässigkeit aus, wenn der Mieter nach dem Mietvertrag verpflichtet war, die (anteiligen) Kosten der Gebäudefeuerversicherung des Eigentümers zu zahlen (sog. haftungsrechtliche Lösung).[194] Im Jahr 2000 hat der für Versicherungssachen zuständige IV. Senat jedoch eine **versicherungsrechtliche Lösung** befürwortet,[195] der sich der Mietrechtssenat 2001 angeschlossen hat.[196] Nach diesem neueren Ansatz, der durch vier weitere Entscheidungen vom 13.9.2006[197] konkretisiert wurde, ergibt die **ergänzende Auslegung** des Versicherungsvertrages, dass der Versicherer auf die Geltendmachung der nach § 86 VVG (§ 67 VVG aF) auf ihn übergegangenen Schadensersatzansprüche des Versicherungsnehmers (Vermieters) gegen den Mieter konkludent verzichtet, wenn Letzterer den Schaden lediglich leicht fahrlässig herbeigeführt hat.[198] Die Beweislast für ein grob fahrlässiges oder vorsätzliches Handeln des Mieters trägt dabei entgegen §§ 535 ff. der Versicherer.[199] Maßgeblich für diese Auslegung ist das berechtigte und dem Versicherer erkennbare Interesse des Vermieters, das Vertragsverhältnis mit dem Mieter so unbelastet wie möglich zu lassen.[200] Dabei kommt es nicht darauf an, ob der Vermieter die Prämien für die Gebäudeversicherung in die Miethöhe einkalkuliert oder bei den Nebenkosten gesondert aufgeführt hat.[201] Die versicherungsrechtliche Lösung entspricht damit den Interessen aller Beteiligten und ermöglicht zudem eine vereinfachte und kostengünstigere Schadensabwicklung.[202] Nach der **VVG-Reform** von 2008 bleibt es für Fälle der einfachen Fahrlässigkeit beim vollständigen Regressverzicht des Versicherers. Bei grober Fahrlässigkeit wird teilweise für einen am Maß des Verschuldens des Mieters orientierten Regress des Versicherers (§ 81 Abs. 2 VVG analog) plädiert.[203] Der BGH ist diesem Ansatz jedoch nicht gefolgt und billigt dem Versicherer bei grober Fahrlässigkeit des Mieters vollen Regress zu.[204] **68**

Der Regressverzicht gilt auch dann, wenn der Mieter durch eine **Haftpflichtversicherung** geschützt wird, die abweichend von Ziff. 7.6 AHB 2012 Schäden an gemieteten Sachen deckt. Ansonsten könnten die mit **69**

190 BGH NJW 2007, 3060 (3061); PWW/*Brinkmann* BGB § 157 Rn. 47.

191 BGHZ 90, 69 (73 ff.); 145, 393, 398 = VersR 2001, 94; 164, 297, 317 = VersR 2005, 1565; BGH VersR 2006, 1530 (1532); Bruck/Möller/*Beckmann* Einf. C Rn. 306 ff.; Looschelders/Pohlmann/*Pohlmann* Einl. B Rn. 42 f.; *E. Lorenz* VersR 2001, 96 (97).

192 BGHZ 164, 297 (317); BGH VersR 2006, 1530 (1532); Looschelders/Pohlmann/*Pohlmann* Einl. B Rn. 42; aA Bruck/Möller/*Beckmann* Einf. C Rn. 306.

193 Vgl. BGH VersR 2006, 1530 (1532); 2006, 1533, 1536; 2006, 1536, 1539; *Piepenbrock* VersR 2008, 319 (320).

194 Vgl. ua BGHZ 131, 288 (292 ff.) = NJW 1996, 715 = VersR 2006, 320.

195 BGHZ 145, 393 (398 ff.)

196 BGH VersR 2001, 856 (857).

197 BGH VersR 2006, 1398; 2006, 1530; 2006, 1533; 2006, 1536.

198 BGHZ 145, 393 (398 ff.); BGH VersR 2008, 1108; r+s 2011, 290; r+s 2014, 501 Rn. 4; r+s 2015, 70 Rn. 28; NJW-RR 2017, 22 Rn. 13; *Lorenz* VersR 2001, 96 (97); ebenso bei gewerblicher Miete BGH VersR 2002, 433; bei einem auf Dauer angelegten unentgeltlichen Nutzungsverhältnis BGHZ 169, 86 =

VersR 2006, 1533 (1535) mAnm *Günther*; für Einordnung als einfache ("eigentliche") Auslegung Beckmann/Matusche-Beckmann Vers-HdB/*Armbrüster* § 6 Rn. 134; *Armbrüster* NVersZ 2001, 193 (195); für Lösung über § 242 Staudinger/*Kassing* VersR 2007, 10 (14 f.).

199 BGHZ 145, 393; BGH VersR 2001, 856 (857); Looschelders/Pohlmann/*Stagl/Brand* Anh. K Rn. 12; Beckmann/Matusche-Beckmann VersR-HdB/*Philipp* § 31 Rn. 149; *Ihne* r+s 2005, 109, 109; *Staudinger/Kassing* VersR 2007, 10 (14).

200 BGH VersR 2006, 1530 (1532); 2006, 1533, 1535; Looschelders/Pohlmann/*Stagl/Brand* Anh. K Rn. 12; *Schwickert* VersR 2004, 174 (174); krit. *Piepenbrock* VersR 2008, 319 (320).

201 Vgl. Bruck/Möller/*Voit* VVG § 86 Rn. 194.

202 BGH VersR 2006, 1530 (1531); 2006, 1533, 1534 f.

203 Bruck/Möller/*Voit* VVG § 86 Rn. 206; Prölss/Martin/ *Klimke* § 43 Rn. 25; *Wandt* Versicherungsrecht Rn. 940; *Looschelders* JR 2007, 424 (426); *Piepenbrock* VersR 2008, 319 f.; *Staudinger/Kassing* VersR 2007, 10 (11).

204 BGH NJW-RR 2017, 22 Rn. 14 ff.; vgl. dazu *Looschelders/Paffenholz*, Versicherungsvertragsrecht, Rn. 413.

dem Regressverzicht verfolgten Zwecke unterlaufen werden.[205] Der BGH hat aber entschieden, dass dem Gebäudeversicherer in solchen Fällen ein Anspruch gegen den Haftpflichtversicherer des Mieters auf **anteiligen Ausgleich** zusteht.[206] Das Gericht stützt sich dabei allerdings nicht auf die ergänzende Vertragsauslegung, sondern wendet die Vorschriften über die Doppelversicherung (§ 59 Abs. 2 S. 1 VVG aF, § 78 Abs. 2 VVG nF) analog an. Die versicherungsrechtliche Lösung hilft freilich nicht unmittelbar weiter, wenn der Vermieter auf die Inanspruchnahme des Versicherers verzichtet und den Mieter stattdessen unmittelbar auf Schadensersatz in Anspruch nimmt. Nach einem aktuellen Urteil des BGH[207] ist der Vermieter aufgrund des Mietvertrages aber grundsätzlich verpflichtet, nicht den Mieter, sondern den Versicherer in Anspruch zu nehmen. Verletzt der Vermieter diese Pflicht, so steht dem Mieter ein Schadensersatzanspruch aus §§ 280 Abs. 1, 241 Abs. 2 gegen den Vermieter zu, den er dem Schadensersatzanspruch des Vermieters wegen der Beschädigung der Mietsache unter dem Aspekt von Treu und Glauben („*dolo agit*") entgegenhalten kann. Darüber hinaus kann der Mieter in solchen Fällen vom Vermieter nach § 535 Abs. 1 S. 2 Beseitigung des Schadens verlangen, auch wenn ihn in Bezug auf die Verursachung des Schadens leichte Fahrlässigkeit trifft.

70   Dem zwischen nahezu allen Feuerversicherern geschlossenen **Regressverzichtsabkommen** kann für den Regressverzicht gegenüber dem Mieter keine weitere Bedeutung beigemessen werden.[208] Der Streit, ob sich das Regressverzichtsabkommen auf den Ausgleichsanspruch des Gebäudefeuerversicherers gegen den Haftpflichtversicherer des Mieters auswirkt, ist durch das am 1.1.2009 in Kraft getretene Teilungsabkommen Mieterregress[209] beruhigt worden.

71   Ob auch das **Sachersatzinteresse des Schädigers** von der Gebäudeversicherung abgedeckt wird, ist ebenfalls durch ergänzende Auslegung des Versicherungsvertrags zu ermitteln.[210] Nach der Rechtsprechung soll das Sachersatzinteresse des **Mieters** im Allgemeinen nicht von der Gebäudeversicherung des Vermieters erfasst werden. Es fehlen in der Sachversicherung meistens konkrete Anhaltspunkte, die für eine entsprechende Annahme erforderlich wären.[211] Handelt es sich beim Versicherungsnehmer um eine **Wohnungseigentümergemeinschaft**, so ergibt die ergänzende Auslegung des Versicherungsvertrages, dass das Sachersatzinteresse des einzelnen Miteigentümers an dem Gemeinschaftseigentum und an dem Sondereigentum der anderen Wohnungseigentümer von der Gebäudeversicherung mit umfasst wird.[212] Nach der Rechtsprechung sind die Grundsätze über den Regressverzicht des Gebäudeversicherers nicht auf **andere Versicherungsverträge** (zB die Hausratversicherung) übertragbar.[213]

72   **8. Vertrag mit Schutzwirkung für Dritte.** Die Rechtsprechung stützt den Vertrag mit Schutzwirkung für Dritte auf eine ergänzende Auslegung des Vertrages, den der Schuldner mit dem Gläubiger geschlossen hat.[214] Dieser Einordnung ist jedoch entgegenzuhalten, dass der Vertrag mit Schutzwirkung für Dritte sich stark von den individuellen Interessen der konkreten Parteien gelöst hat.[215] Entscheidend ist nicht der hypothetische Parteiwille, sondern die **objektive Wertung der Interessenlage** durch den Richter. Es handelt sich damit um eine gewohnheitsrechtlich anerkannte **Rechtsfortbildung**,[216] die in § 311 Abs. 3 S. 1 einen gesetzlichen Anknüpfungspunkt gefunden hat.[217]

73   **9. Wettbewerbsverbote.** Die ergänzende Vertragsauslegung kann in bestimmten Fällen zur Annahme der **stillschweigenden Vereinbarung eines Wettbewerbsverbots** führen. Beispiele sind der Praxistausch zwischen Ärzten[218] und der Verkauf eines Handelsgeschäfts.[219] Ebenso soll es dem Vermieter von Geschäfts-

205 BGH VersR 2006, 1530 (1531 f.); 2006, 1533, 1535 f.; 2006, 1536, 1537 f.; 2007, 539, 539 f.; r+s 2015, 70 Rn. 29; zust. *Looschelders* JR 2007, 424 (425); krit. *Piepenbrock* VersR 2006, 319 (320).

206 BGH VersR 2006, 1536 (1539); OLG Koblenz VersR 2009, 676 (676); zust. *Günther* VersR 2004, 593 (598); 2006, 1539, 1541; *Looschelders* JR 2007, 424 (425); *Staudinger/Kassing* VersR 2007, 10 (13); zweifelnd am Bestehen einer Regelungslücke nach der VVG-Reform *Piepenbrock* VersR 2008, 319 (320).

207 BGH r+s 2015, 70 Rn. 30 ff.

208 BGH VersR 2006, 1530 (1533); allg. zum Regressverzichtsabkommen *Siegel* VersR 2009, 46 ff.

209 Zum „Teilungsabkommen Mieterregress" *Beckmann/Matusche-Beckmann* Vers-HdB/*Philipp* § 31 Rn. 141 ff.; *Siegel* VersR 2009, 46 (49); vgl. auch Bruck/Möller/*Voit* VVG § 86 Rn. 184 ff.

210 Vgl. *Wandt* Versicherungsvertragsrecht Rn. 716.

211 BGHZ 145, 393 (398); vgl. auch BGH VersR 2006, 1530 (1531); 2006, 1533, 1534.

212 BGH NJW-RR 2001, 958 = LM § 67 VVG Nr. 63 mAnm *Looschelders*; Bruck/Möller/*Voit* VVG § 86 Rn. 85; Beckmann/Matusche-Beckmann VersR-HdB/ *Armbrüster* § 6 Rn. 94.

213 BGH VersR 2006, 1398 (1399); vgl. Bruck/Möller/ *Voit* VVG § 86 Rn. 87.

214 Vgl. BGHZ 56, 269 (273); 123, 378, 380; 159, 1, 4; Palandt/*Grüneberg* BGB § 328 Rn. 14.

215 Vgl. *Larenz* SchuldR AT § 17 II.

216 So auch Erman/*Armbrüster* BGB § 157 Rn. 29; Jauernig/*Stadler* BGB § 328 Rn. 21.

217 Für Anknüpfung an § 311 Abs. 3 S. 1 auch Brox/ *Walker* SchuldR AT § 5 Rn. 13; *Looschelders* SchuldR AT § 9 Rn. 6; *Canaris* JZ 2001, 499 (520); aA Jauernig/*Stadler* BGB § 328 Rn. 21; Palandt/*Grüneberg* BGB § 311 Rn. 60.

218 Vgl. BGHZ 16, 71 (75 ff.) (Rückkehrverbot); Palandt/*Ellenberger* BGB § 157 Rn. 6, 17.

219 RGZ 117, 176 (178); Palandt/*Ellenberger* BGB § 157 Rn. 17; RGRK/*Piper* BGB § 157 Rn. 81; Soergel/ *Wolf* BGB § 157 Rn. 199.

oder Praxisräumen verboten sein, im gleichen Haus Räume an einen Konkurrenten des Mieters zu vermieten oder selbst einen Konkurrenzbetrieb zu eröffnen.[220] Ein vertraglich vereinbartes Konkurrenzverbot kann im Wege ergänzender Auslegung auf Fälle erstreckt werden, die den von den Parteien geregelten Fällen ähnlich sind.[221]

Ist ein Wettbewerbsverbot allein wegen seiner übermäßigen Dauer nach §138 Abs. 1 nichtig, so ist eine **geltungserhaltende Reduktion** zulässig (→ §138 Rn. 351). Eine ergänzende Vertragsauslegung kommt damit nicht in Betracht (→ Rn. 14). **74**

C. Weitere praktische Hinweise

I. Tat- und Rechtsfrage

In prozessualer Hinsicht gelten für die ergänzende Auslegung die gleichen Grundsätze wie für die erläuternde Auslegung (dazu → §133 Rn. 99 ff.).[222] Die Auslegung als solche ist hiernach eine Rechtsfrage und daher **von Amts wegen** vorzunehmen. Hiervon zu unterscheiden ist die Ermittlung der tatsächlichen Gegebenheiten, die für die Feststellung der Lücke und die Ermittlung des hypothetischen Parteiwillens relevant sind. Insoweit handelt es sich um eine Tatfrage, die nach den allgemeinen Regeln über die Verteilung der **Darlegungs- und Beweislast** zu behandeln ist. Macht eine Partei das Vorliegen einer Regelungslücke geltend, so muss sie daher die Tatsachen darlegen und beweisen, aus denen sich die Lücke ergibt.[223] **75**

II. Revisibilität

Bei **Individualverträgen** ordnet die Rechtsprechung die ergänzende Auslegung – ebenso wie die erläuternde Auslegung – dem Bereich der **tatrichterlichen Feststellung** zu, so dass sie nur eingeschränkt nachprüfbar ist. Dies gilt sowohl für die Feststellung der Regelungslücke als auch für die Frage, in welcher Weise die Lücke nach dem hypothetischen Willen der Parteien zu schließen ist. Auf die Sachrüge kann das Revisionsgericht nur nachprüfen, ob das Berufungsgericht Auslegungs- oder Ergänzungsregeln, Denk- oder Erfahrungsgesetze verletzt oder wesentliche Umstände außer Acht gelassen hat.[224] Praktische Bedeutung hat dabei insbesondere der Verstoß gegen den Grundsatz der interessengerechten Auslegung (→ Rn. 23).[225] Im Übrigen kann nur die Verletzung von Verfahrensrecht gerügt werden. Bei Vorliegen eines revisiblen Auslegungsfehlers kann das Revisionsgericht auch die ergänzende Auslegung **selbst vornehmen**, sofern die Sache entscheidungsreif ist (→ §133 Rn. 108).[226] **76**

Soweit die Maßstäbe der Auslegung **objektiviert** sind, unterliegt die ergänzende Auslegung ebenso wie die erläuternde Auslegung der uneingeschränkten Kontrolle durch das Revisionsgericht. Das Revisionsgericht kann damit Formularverträge und AGB selbst auslegen, wenn eine unterschiedliche Auslegung durch verschiedene Berufungsgerichte (seien es Landgerichte oder Oberlandesgerichte) denkbar ist und somit ein Bedürfnis nach einheitlicher Handhabung besteht (→ §133 Rn. 110).[227] Das Gleiche gilt für die ergänzende Auslegung des körperschaftlichen Bereichs der **Gesellschaftsverträge** von Handelsgesellschaften und der **Satzungen** von Kapitalgesellschaften und Vereinen (→ §133 Rn. 114 ff.). **77**

220 Vgl. BGHZ 70, 79 (80 ff.); BGH LM §536 Nr. 2, 3, 5 und 6; OLG Hamm NJW-RR 1997, 459; OLG Koblenz NJW-RR 1995, 1352; MüKoBGB/*Häublein* §535 Rn. 139; Palandt/*Weidenkaff* BGB §535 Rn. 27; RGRK/*Piper* BGB §157 Rn. 81.

221 Vgl. BGH NJW-RR 1990, 226 (227); Staudinger/ *Roth* BGB §157 Rn. 62.

222 Palandt/*Ellenberger* BGB §157 Rn. 11; Soergel/*Wolf* BGB §157 Rn. 133 f.; Staudinger/*Roth* BGB §157 Rn. 51.

223 Vgl. BGHZ 111, 110 (115 f.); BeckOK BGB/*Wendtland* §157 Rn. 46.

224 BGHZ 111, 110 (115); BGH NJW 2008, 2702 (2704); BLAH/*Hartmann* ZPO §546 Rn. 9; PWW/

Brinkmann BGB §157 Rn. 33; *Schäfer* NJW 2007, 3463 (3465).

225 Vgl. BGHZ 137, 69 (72); BGH NJW 1994, 228 (2229); 2000, 2099; Staudinger/*Roth* BGB §157 Rn. 53.

226 BGH NJW 1998, 1219; 2006, 2773, 2775; NJW-RR 2000, 894 (895); NJW 2018, 2469 Rn. 29; Palandt/ *Ellenberger* BGB §157 Rn. 11; PWW/*Brinkmann* BGB §157 Rn. 33; Staudinger/*Roth* BGB §157 Rn. 53; Thomas/Putzo/*Reichold* ZPO §546 Rn. 6; *Schäfer* NJW 2007, 3463 (3465).

227 BGHZ 163, 321 = NJW 2005, 2919 (2921); PWW/ *Brinkmann* BGB §157 Rn. 34; BLAH/*Hartmann* ZPO §546 Rn. 9; Thomas/Putzo/*Reichold* ZPO §546 Rn. 7.

Titel 4 Bedingung und Zeitbestimmung

§ 158 Aufschiebende und auflösende Bedingung

(1) Wird ein Rechtsgeschäft unter einer aufschiebenden Bedingung vorgenommen, so tritt die von der Bedingung abhängig gemachte Wirkung mit dem Eintritt der Bedingung ein.

(2) Wird ein Rechtsgeschäft unter einer auflösenden Bedingung vorgenommen, so endigt mit dem Eintritt der Bedingung die Wirkung des Rechtsgeschäfts; mit diesem Zeitpunkt tritt der frühere Rechtszustand wieder ein.

Literatur: *Berger*, Rechtgeschäftliche Verfügungsbeschränkungen, 1998; *Derleder/Zänker*, Der ungeduldige Gläubiger und das neue Leistungsstörungsrecht – Das Verhältnis von Fristsetzung, Schadensersatzverlangen und Rücktritt, NJW 2003, 2777; *Giesen*, Wollensbedingung, FS Schapp 2010, S. 159; *Hellgardt*, Privatautonome Modifikation der Regeln zu Abschluss, Zustandekommen und Wirksamkeit des Vertrags, AcP 2013, 760; *Hövelmann*, Die Bedingung im Verfahrensrecht – dargestellt an Fällen aus dem Patentrecht, GRUR 2003, 203; *Kühn/Stenzel*, Zur Wirkung unwirksamer Befristungsvereinbarungen, NJOZ 2014, 1721; *Petersen*, Bedingung und Befristung, JURA 2011, 275; *Pohlmann*, Verzicht auf die aufschiebende Bedingung einer GmbH-Anteilsübertragung, NJW 1999, 190; *Roquette/Giesen*, Die Zulässigkeit aufschiebend bedingter Bürgschaftserklärungen, NZBau 2003, 297; *Scheel*, Befristete und bedingte Handelsregistereintragungen bei Umstrukturierungen von Kapitalgesellschaften, DB 2004, 2355; *Schulz*, Grundstücksübertragungen mit Rückfallklausel, FamRZ 2018, 82 ff.; *Specks*, Zur Zulässigkeit der Erbschaftsausschlagung unter einer Gegenwartsbedingung, ZEV 2007, 356; *Timm*, Außenwirkungen vertraglicher Verfügungsverbote?, JZ 1989, 13; *von Wilmowsky*, Lösungsklauseln für den Insolvenzfall – Wirksamkeit, Anfechtbarkeit, Reform, ZIP 2007, 553; *Zawar*, Gedanken zum bedingten oder befristeten Rechtserwerb im Erbrecht, NJW 2007, 2353; *Zimmermann*, „Heard melodies are sweet, but those unheard are sweeter …", AcP 193 (1993), 121.

A. **Allgemeines** 1
  I. Normzweck, Arten, Funktion und Auslegung der Bedingung 1
    1. Normzweck und Begriff der Bedingung .. 1
    2. Arten von Bedingungen 3
      a) Übersicht 3
      b) Zufallsbedingung 4
      c) Potestativ- und Wollensbedingungen .. 5
    3. Funktionen der Vereinbarung einer Bedingung 9
      a) Anpassung des Gewollten an zukünftige Umstände 9
      b) Druckausübung und Freiheitssicherung 10
      c) Verbotsvermeidung oder -umgehung .. 11
      d) Kreditsicherung 13
      e) Automatisierung von Vertragsende und Vertragsverlängerung 14
    4. Auslegung 15
  II. Abgrenzung 20
    1. Befristung 20
    2. Bloß subjektive Ungewissheit (Unterstellung, Gegenwartsbedingung) 23
    3. Gesetzliche Wirksamkeitsvoraussetzungen (Rechtsbedingung) 26
    4. Bedingung und Rücktritts-, Widerrufs- oder Kündigungsvorbehalte in Verpflichtungsgeschäften 29
    5. Auflagen 32
  III. Privatautonomie und Zulässigkeit der Vereinbarung von Bedingungen 33
    1. Privatautonomie als Grundsatz 33
    2. Einschränkungen 34
      a) Bedingungs- und befristungsfeindliche Rechtsgeschäfte 34
      aa) Einseitige Rechtsgeschäfte 34
      bb) Verfügungen im Immobiliarsachenrecht 39
      cc) Familien- und Erbrecht 40
      dd) Arbeitsrecht 41

      ee) Mietrecht 42
      ff) Handels- u. Gesellschaftsrecht 43
      gg) Prozesshandlungen 46
      b) §§ 134, 138 47
      c) § 137 S. 1 48
      d) §§ 305 ff. 50
    3. Widersprüchliche und unmögliche Bedingungen 51
    4. Rechtsfolgen unzulässiger und unmöglicher Bedingungen 53
B. **Regelungsgehalt** 56
  I. Aufschiebende Bedingung (Abs. 1) 56
    1. Allgemeines 56
    2. Rechtslage während des Schwebezustands 57
    3. Die Entscheidung über die Bedingung 58
    4. Verpflichtungsgeschäfte 61
    5. Verfügungsgeschäfte 62
  II. Auflösende Bedingung (Abs. 2) 63
    1. Wirkung der auflösenden Bedingung 63
    2. Weitere Rechtsfolgen der Vereinbarung einer auflösenden Bedingung oder Befristung von Dauerschuldverhältnissen 66
    3. Eintritt der Bedingung 67
  III. Abgrenzungsprobleme (affirmative und negative Bedingung) 68
C. **Weitere praktische Hinweise** 70
  I. Mehrere Umstände 70
  II. Einzelfälle (Auslegung) 72
  III. Beweislast 76
    1. Für die Vereinbarung der Bedingung 76
    2. Für den Eintritt oder den Ausfall 79
  IV. Verjährung 80
  V. Verzicht auf die Bedingung 81
  VI. Bewertung bedingter und befristeter Rechte und Forderungen und Behandlung in der Insolvenzanfechtung 83
  VII. Drittwirkungen bedingter Rechtsgeschäfte 84
  VIII. Vormerkung 85

A. Allgemeines

I. Normzweck, Arten, Funktion und Auslegung der Bedingung

1. Normzweck und Begriff der Bedingung. § 158 regelt die wesentlichen Rechtswirkungen bedingter **1** Rechtsgeschäfte. Zugleich grenzt die Vorschrift die auflösende von der aufschiebenden Bedingung ab. Eine Definition der Bedingung enthält die Vorschrift hingegen nicht, sie ist aus allgemeinen Überlegungen zu gewinnen. Dabei ergibt sich eine Schwierigkeit bereits aus dem Wortlaut des § 158. Er versteht einerseits die Bedingung als Teil des Rechtsgeschäfts („wird ein Rechtsgeschäft unter einer Bedingung vorgenommen"). Andererseits spricht die Norm vom „Eintritt der Bedingung" und meint damit den durch die Bedingung in Bezug genommenen Lebensumstand, von dessen Eintritt oder Nichteintritt Wirkungen des Rechtsgeschäfts abhängen.

Kennzeichnend für die Bedingung in Abgrenzung zur Befristung (→ Rn. 20 ff.) und zur Unterstellung **2** (→ Rn. 23 ff.) ist zunächst die Abhängigkeit der Wirkungen des Rechtsgeschäfts von einem objektiv und subjektiv **ungewissen Umstand**, über dessen Eintritt oder Ausfall (= endgültiger Nichteintritt) erst nach dem Wirksamwerden des Rechtsgeschäfts, dh in der Zukunft entschieden wird, so dass die Wirkungen des Rechtsgeschäfts für einen gewissen oder ungewissen Zeitraum in der Schwebe sind. Dieser Zeitraum wird in §§ 160, 161 als Schwebezeit bezeichnet. Ist zur Zeit des Geschäftsabschlusses über den Umstand bereits entschieden, so handelt es sich nicht um eine Bedingung, sondern um eine Unterstellung (→ Rn. 23). Typisch für die Bedingung ist ihre Auslösefunktion, dh der **Automatismus** des Eintritts der festgelegten Wirkungen bei Bedingungseintritt. Jede Partei eines Vertrages muss das hinnehmen, mag sie der Vertrag zwischenzeitlich auch reuen. Man kann die Bedingung auch als gewillkürte Wirksamkeitsvoraussetzung bezeichnen,[1] wodurch sich die Notwendigkeit zur Abgrenzung von der gesetzlichen Wirksamkeitsvoraussetzung ergibt (→ Rn. 26 ff. zur Rechtsbedingung).

2. Arten von Bedingungen. a) Übersicht. Bedingungen lassen sich einteilen in auflösende und auf- **3** schiebende, wie es die gesetzliche Regelung vorsieht. Das ist die wichtigste Unterscheidung, da von ihr abhängt, ob die bedingten Rechtswirkungen sofort eintreten oder erst später (zu den Rechtswirkungen näher → Rn. 56 ff.). Ferner lassen Bedingungen sich, nun bereits mit Blick auf das Bedingungsrecht selbst (etwa § 162), nach dem Einfluss der Vertragsparteien auf den Bedingungseintritt oder -ausfall kategorisieren.

b) Zufallsbedingung. Ist der zur Bedingung gemachte Umstand nach dem Vertrag von keiner der Ver- **4** tragsparteien beeinflussbar, dann handelt es sich um eine sog. Zufallsbedingung.[2] Diese ist zum Beispiel anzunehmen, wenn der Eintritt eines Naturereignisses oder die Änderung politischer Verhältnisse oder gesellschaftliche Ereignisse zur Bedingung des Rechtsgeschäfts gemacht werden. Zu einem solchen nicht beeinflussbaren Umstand gehört im Grundsatz auch die Entscheidung eines Dritten (zB private oder behördliche Genehmigung), sofern und soweit sie nicht Rechtsbedingung ist (→ Rn. 26 ff.), der „rechtliche Bestand einer Rechtsprechung eines (bestimmten) Oberlandesgerichts",[3] die Abgabe einer sonstigen Willenserklärung Dritter (etwa Bürgschaftsübernahme) einschließlich deren Zugang bei einer bestimmten Person[4] oder auch eine Mindestzahl positiver oder negativer Entscheidungen von Angehörigen einer bestimmten Gruppe (Beispiel: Gültigkeit eines Übernahmeangebots nur bei einer Mindestzahl von Annahmeerklärungen der Adressaten gem. § 18 WpÜG). Die Parteien können in dem Sinne auch das Rechtsgeschäft an den Ausgang einer Auslosung oder anderer aleatorischer Ereignisse binden. Dann gewinnt das Rechtsgeschäft selbst aleatorischen Charakter, dadurch wird die Abgrenzung des bedingten Vertrags von einer Naturalverbindlichkeit iSd § 762 notwendig.[5] Aus Sicht der Parteien regelmäßig zufällige Umstände sind ferner der Eintritt wirtschaftlicher Daten oder der Erlass eines Gesetzes, soweit eine solche Bedingung mit dem Gesetzeszweck vereinbar ist.[6]

c) Potestativ- und Wollensbedingungen. Manche Bedingungen dienen dazu, das Verhalten einer der **5** Parteien zu beeinflussen, ohne eine Pflicht dieser Partei zu begründen. Sie nehmen auf Umstände Bezug, über deren Eintritt die Partei allein durch ihr Verhalten entscheidet oder die sie maßgeblich beeinflussen kann. Dann handelt es sich um eine (grundsätzlich zulässige) **Potestativbedingung**,[7] bei der die Wirkungen des Rechtsgeschäfts an ein bestimmtes Verhalten des Vertragspartners geknüpft sind. Beispiele: durch Wie-

---

1 Zur Rechtsnatur des Bedingungsgeschäfts BeckOGK/*Reymann* BGB § 158 Rn. 17–19.

2 *Larenz/Wolf* BGB AT § 50 Rn. 11 f.; BeckOGK/*Reymann* BGB § 158 Rn. 26.

3 BGHZ 133, 331, 333 f. = NJW 1997, 1706 (1707).

4 Vgl. BayObLG NJW-RR 1986, 93 (94).

5 Allg. wird man sagen können, dass Zuwendungen, die an den Ausgang einer Lotterie oder einer Auslosung geknüpft sind, unmittelbar § 762 unterfallen,

während Verteilungsstreitigkeiten durch Anknüpfung an aleatorische Ereignisse eher klagbar geregelt werden können. Nicht als Glücksspiel im Sinne des § 3 GlüStV eingeordnet hat das BVerwG NJW 2014, 3175 eine Kaufpreisrückerstattung für den Fall, dass es an einem bestimmten Tag regnet.

6 Vgl. zu dem Gesetzeszweck widersprechenden Bedingungen allg. *Medicus* BGB AT Rn. 851 f.

7 Palandt/*Ellenberger* BGB Vor § 158 Rn. 10.

derverheiratung auflösend bedingte Schenkung an die Ehefrau zu Lebzeiten des Schenkers,[8] Pflicht, die nur bei einem bestimmten Verhalten der Partei, zB einem Geschäftsabschluss mit Dritten, ausgelöst wird.[9] Weiteres Beispiel ist der Eigentumsvorbehaltskauf, da der Eintritt der vollständigen Kaufpreiszahlung maßgeblich vom Willen und Verhalten des Käufers abhängt. Für das Verständnis der Potestativbedingung wichtig ist, dass die Erfüllung von Vertragspflichten nicht zugleich aufschiebende Bedingung dieser Vertragspflichten sein kann, also eine strenge Alternativität zwischen vertraglich geschuldetem und aufschiebend bedingtem Verhalten besteht. Daraus ergeben sich Folgen insbesondere für die Auslegung (vgl. näher → Rn. 51). Demgegenüber kann der Erblasser unproblematisch die Erbeinsetzung an die Erfüllung einer verpflichtenden Auflage knüpfen.[10]

6 Problematisch ist die von der Potestativbedingung abzugrenzende[11] **Wollensbedingung**, bei der die Wirkung des Rechtsgeschäfts nur von einer **späteren Erklärung** eines der Vertragspartner abhängt. Das betrifft nicht die Zulässigkeit der vertraglichen bzw. einseitigen (zB Änderungskündigung) Gestaltung,[12] sondern die Frage der Rechtskonstruktion mit Folgen vor allem für Formfragen. In § 454 (Kauf auf Probe) hat der Gesetzgeber zu erkennen gegeben, dass er die bloße Billigung des Kaufgegenstandes durch den Käufer für einen zulässigen Umstand hält, von dem die Wirksamkeit des Rechtsgeschäfts im Sinne einer Bedingung abhängig gemacht werden kann.[13] Nach neuerer Lehre liegt in solchen Fällen freilich überhaupt noch kein, auch kein bedingter, Vertrag vor; dieser komme vielmehr erst mit der Billigung zustande.[14] Dem kann nicht gefolgt werden, Verträge unter Wollensbedingungen sind als solche auch konstruktiv denkbar.[15] Das zeigt gerade auch der Fall des § 454. Nach dessen Abs. 2 begründet der Kauf auf Probe trotz der im Zweifel aufschiebenden Bedingung sofortige unmittelbare Rechtswirkungen, namentlich die Pflicht des Verkäufers, dem Käufer die Untersuchung des verkauften Gegenstandes zu gestatten.[16]

7 Der Kauf auf Probe und andere wollensbedingte Verträge geben der Partei der Sache nach ein **Optionsrecht**.[17] Von einem für einen bestimmten Zeitraum bindenden Vertragsangebot unterscheidet sich der wollensbedingte Abschluss des Vertrags dadurch, dass im Ergebnis zwei Erklärungen der anderen Partei notwendig sind, nämlich Annahme des bedingten Vertrags und Ausübung des Optionsrechts. Hinsichtlich etwaiger Formerfordernisse, namentlich des § 311 b für Grundstückskaufverträge gilt nach zutreffender hM, dass die Annahmeerklärung formbedürftig ist, in aller Regel aber nicht mehr die spätere Ausübung der Option, dh die Erfüllung der Wollensbedingung.[18] Die spätere Annahme eines bindenden Angebots unterliegt dagegen dem Formerfordernis. Ähnlichkeiten bestehen insoweit, als die Vorwirkungen des § 160 – jedenfalls analog – auch schon das bindende Angebot auslösen (→ § 160 Rn. 8).

8 Kein bedingtes Rechtsgeschäft ist freilich anzunehmen, wenn die Rechtswirkungen von der erneuten Vornahme des Rechtsgeschäfts in der notwendigen Form abhängig gemacht werden (sog. Doppelung). Beispiel: A schenkt B notariell etwas unter der Bedingung, dass sich A und B erneut notariell einigen.[19] Gleiches gilt, wenn die Wirkungen allein vom – nicht auch zu erklärenden – Willen eines der Vertragspartner

8   Vgl. Staudinger/*Bork* BGB § 162 Rn. 4; allgemein zu Bedingungen im Erbrecht *Zawar* NJW 2007, 2353.
9   Aus der Rspr.: BGH NJW 1982, 2552 (Beteiligung des Vertragspartners für den Fall erneuter Anpachtung eines Jagdbezirks); vgl. auch OLG München NJW-RR 1988, 58, dort zu Unrecht als Wollensbedingung bezeichnet; Revision vom BGH nicht angenommen, vgl. NJW-RR 1991, 1280.
10   BGH NZG 2009, 1145 (1146) Rn. 21.
11   Oft werden Wollens- und Potestativbedingung als Synonyme verstanden (so etwa OLG München NJW-RR 1988, 58; BGH NJW-RR 1996, 1167; *Medicus* BGB AT Rn. 830; vgl. dazu Erman/*Armbrüster* BGB Vor § 158 Rn. 12 aE, ausführlich *Giesen* FS Schapp 2010, S. 159 ff.). Gleichwohl bestehen Unterschiede. Die Potestativbedingung knüpft an ein Verhalten an, das nur überwiegend in der Macht einer Partei steht und stets noch durch andere Umstände mitbeeinflusst wird, während bei der Wollensbedingung der rechtsgeschäftliche Wille der Partei ganz im Vordergrund steht, da es nur auf die Erklärung selbst ankommt. Daher ist nur auf die Potestativbedingung § 162 anwendbar (→ § 162 Rn. 3), und nur unter einer Wollensbedingung können Gestaltungsrechte ausgeübt werden (→ Rn. 36).
12   Diese ist zu bejahen BGH NJW-RR 1996, 1167; ausführlich und weiterführend *Giesen* FS Schapp 2010,

S. 159 ff. mit umfangreichen Nachweisen; ferner Soergel/*Wolf* BGB Vor § 158 Rn. 27 f.; Erman/*Armbrüster* BGB Vor § 158 Rn. 13.
13   Vgl. dazu *Medicus* BGB AT Rn. 831.
14   *Flume* BGB AT Bd. 2 § 38 2; *Medicus* BGB AT Rn. 831; *Larenz/Wolf* BGB AT § 50 Rn. 17 aE mwN; vgl. auch Staudinger/*Bork* BGB Vor § 158 Rn. 18.
15   BGH NJW-RR 1996, 1167; wie hier Erman/*Armbrüster* BGB Vor § 158 Rn. 13; iE ähnlich Soergel/*Wolf* BGB Vor § 158 Rn. 28; PWW/*Brinkmann* BGB § 158 Rn. 7.
16   Vgl. auch OLG Hamm BB 1995, 1925, wonach die Probe sogar vertragsgemäß zu sein hat.
17   Zum Verhältnis des wollensbedingten Vertrages zur Option s. ausf. BGB Vor §§ 145–157 Rn. 36 ff.; s. auch *Hellgardt* AcP 2013, 760 (766); Erman/*Armbrüster* BGB Vor § 158 Rn. 14 f.; Staudinger/*Bork* BGB Vor § 158 Rn. 19 und Vor § 145 Rn. 69 ff.
18   BGH NJW 2006, 2844; BGH NJW-RR 1996, 1167; sa die Erläuterungen → Vor § 145 Rn. 37; *Hellgardt* AcP 2013, 760 (779) mit Fn. 73; *Giesen* FS Schapp 2010, 174, der insoweit eine Einzelfall-Beurteilung verlangt; aA zB Staudinger/*Bork* BGB Vor § 145 Rn. 74 mwN; weitere Nachweise bei *Hellgardt* AcP 2013, 760 (779) in Fn. 73.
19   *Giesen* FS Schapp 2010, S. 159, 169.

abhängig gemacht werden. Wird nicht an die Erklärung, sondern an den Geisteszustand angeknüpft, fehlt es für den bedingten Vertragsschluss an der notwendigen Willenserklärung, weil sich der Erklärende einen anderen Willen gerade vorbehält, vgl. § 116 S. 2.[20]

3. Funktionen der Vereinbarung einer Bedingung. a) Anpassung des Gewollten an zukünftige Umstände. Die Parteien eines Vertrags können durch eine Bedingung bestimmen, in welcher Form auf die zukünftig veränderten Umstände reagiert werden soll. Sie können den zukünftigen Wegfall der Rechtsfolgen oder deren Eintritt vorsehen, je nachdem, ob sie eine auflösende oder aufschiebende Bedingung wählen. Damit kann der Vertrag an die unter → Rn. 4 aufgezählten Veränderungen wirtschaftlicher oder rechtlicher Daten oder andere Ereignisse angepasst werden. Ebenso können auf diese Weise Schenkungen an einen Nasciturus für den Fall seiner Lebendgeburt erfolgen.[21] 9

b) Druckausübung und Freiheitssicherung. Insbesondere Potestativbedingungen (→ Rn. 5) knüpfen meist negative Rechtsfolgen an ein bestimmtes Verhalten einer Partei oder eines durch das Rechtsgeschäft Begünstigten, etwa eines Erben. Damit kann tatsächlicher Druck auf diese Personen ausgeübt werden, ohne dass zugleich eine Rechtspflicht besteht. Deutlichster Ausdruck eines solchen Ziels ist die Vereinbarung eines selbstständigen Strafversprechens, vgl. § 343 Abs. 2. Die Bedingung wird häufig gewählt, weil es an der Einklagbarkeit des zur Bedingung gemachten Verhaltens fehlt; insofern wirkt die Potestativbedingung zugleich freiheitssichernd. Im Extremfall (Wollensbedingung) hängen die Wirkungen eines Rechtsgeschäfts nur noch von der Erklärung einer der Parteien ab, dann hat sich nur die jeweils andere Partei bereits gebunden. Durch eine Potestativbedingung kann aber der Vertrag auch an die Erfüllung einer Verhaltenspflicht aus diesem Vertrag geknüpft werden, freilich nur im Wege der auflösenden Bedingung (→ Rn. 5). 10

c) Verbotsvermeidung oder -umgehung. Legale und legitime Funktion der Vereinbarung einer Bedingung kann ferner die Vermeidung eines gesetzlichen Verbots sein (allgemein zur Gesetzesumgehung → § 134 Rn. 83 ff.). Verbietet eine Rechtsvorschrift die bloße Verpflichtung einer Partei, so zB Art. 12 GG die Selbstverpflichtung des Arbeitnehmers, nicht zu kündigen, so können die Parteien gleichwohl nachteilige Vermögensfolgen an das tatsächliche Verhalten knüpfen (zB durch eine Rückzahlungsklausel für den Fall der Kündigung). Nicht Vermeidung, sondern Umgehung liegt vor, wenn das Gesetz gerade solche Nachteile ebenfalls verhindern will. In diesem Fall wird das von dem Umgehungsversuch betroffene Gesetz in der Regel doch angewendet (wenn etwa § 656 die Zahlungspflicht des Kunden eines Ehemaklers ausschließt, so gilt das auch für ein durch Nichtzahlung bedingtes Strafversprechen).[22] Eine Grenze bildet aber § 138 (→ Rn. 47). 11

Die Parteien können durch die Bindung einer Verfügung an die Wirksamkeit des Grundgeschäfts auch etwa das **Abstraktionsprinzip** (teilweise) aufheben, so dass bei unwirksamem Verpflichtungs- auch das Verfügungsgeschäft unwirksam wird; ferner können sie Gestaltungserklärungen dingliche Wirkung beimessen. 12

d) Kreditsicherung. Insbesondere das aufschiebend bedingte Verfügungsgeschäft (Eigentumsvorbehalt) kann als Mittel der Kreditsicherung eingesetzt werden. In umgekehrter Weise kann eine auflösende Bedingung der Kreditsicherung dienen, so etwa eine auflösend bedingte Sicherungsübereignung oder Sicherungszession. Damit kann vertraglich die fehlende Akzessorietät des fiduziarischen Sicherungsgeschäfts weitgehend ersetzt werden[23] (zum Verhältnis zu § 137 → Rn. 48). Eine durch Auszahlung des Darlehens aufschiebend bedingte Bürgschaft kann die Akzessorietät der Bürgschaft noch verstärken.[24] 13

e) Automatisierung von Vertragsende und Vertragsverlängerung. Die Vereinbarung eines Dauerschuldverhältnisses unter einer auflösenden Bedingung kann ähnliche Funktionen wie ein an bestimmte Umstände oder Gründe geknüpftes Kündigungsrecht übernehmen. Bei Austauschgeschäften kann sowohl die aufschiebende wie die auflösende Bedingung einem Rücktrittsvorbehalt ähnliche Funktionen übernehmen, insbesondere wenn es sich um Potestativ- oder Wollensbedingungen handelt. Auf diese Weise kann etwa auch ein Lösungsrecht für den Fall vereinbart werden, dass ein von einer Partei verfolgter Zweck nicht erreicht wird.[25] Das automatische Vertragsende selbst dient häufig bestimmten Sicherungsvorkehrungen bei der **vorweggenommenen Erbfolge**.[26] Umstritten ist ihre Zulässigkeit und Wirksamkeit insbesondere für Lösungsklauseln im Fall der Insolvenz des anderen Teils (dazu → Rn. 47). Auch die Verlängerung 14

---

20 Zutr. Erman/*Armbrüster* BGB Vor § 158 Rn. 13; *Giesen* FS Schapp 2010, S. 159, 173.

21 MüKoBGB/*Spickhoff* § 1 Rn. 37.

22 Näher Staudinger/*Rieble* BGB § 344 Rn. 7 mwN.

23 Ausf. für die Sicherungsübereignung NK-BGB/*Meller-Hannich/Schilken* § 930 Rn. 29–33; strittig für die Sicherungsgrundschuld, vgl. einerseits *Baur/Stürner* § 45 Rn. 40; NK-BGB/*Krause* § 1191 Rn. 49; andererseits Soergel/*Konzen* BGB § 1191 Rn. 17 mN zur Rspr.; für die Sicherungsabtretung s. MüKoBGB/*Kieninger* § 398 Rn. 14 ff., 108.

24 Dazu näher *Roquette/Giesen* NZBau 2003, 297, in Auseinandersetzung mit zT entgegenstehender Rspr. zu § 17 Nr. 4 VOB/B.

25 S. etwa *Hellgardt* AcP 2013, 760 (799) mit dem Beispiel der (dann nicht erfolgten) Verlobung beim Kauf eines Diamantrings.

26 Vgl. allg. *Krebber* AcP 204 (2004), 149; zu auflösend bedingten Schenkungsverträgen von Gesellschaftsanteilen s. *Bütter/Tonner* NZG 2003, 193 ff.

von Dauerschuldverhältnissen kann durch eine (negativ formulierte aufschiebende) Bedingung automatisiert werden (Beispiel „wenn nicht spätestens 1 Monat vor Vertragsende gekündigt, verlängert sich der Vertrag um ein weiteres Jahr").[27] Zur Abgrenzung von Bedingung und Gestaltungsrechten → Rn. 35 ff.

15　**4. Auslegung.** Die Wirkungen eines Rechtsgeschäfts stehen im Normalfall nicht unter einer Bedingung, so dass eine solche zwischen den Parteien vereinbart sein muss oder sich aus dem einseitigen Rechtsgeschäft entnehmen lassen muss. Dies kann ausdrücklich oder konkludent geschehen. **Auslegungsregeln** zugunsten einer Bedingung enthält das Gesetz für den Eigentumsvorbehalt (§ 449 Abs. 1), den Kauf auf Probe (§ 454 Abs. 1 S. 2) und das Testament[28] (§§ 2074 f.). Zur Auslegung als aufschiebende oder auflösende Bedingung → Rn. 68 f.

16　Die Bedingung ist von der Geschäftsgrundlage, von Motiven eines der Erklärenden sowie von Vertragsbestimmungen (zT ebenfalls „Bedingungen" genannt, etwa „Allgemeine Geschäftsbedingungen") zu unterscheiden. Bei der Auslegung bedingungsfeindlicher Gestaltungserklärungen (dazu → Rn. 35 ff.) ist wegen der Rechtsfolge der Unwirksamkeit der Erklärung nicht vorschnell eine Bedingung anzunehmen.[29] Unter einem **Motiv** versteht man bestimmte Vorstellungen und Erwartungen der Parteien, die gerade nicht Teil des Rechtsgeschäftes geworden sind. Sie können sich, selbst wenn sie bei Vertragsschluss nicht offengelegt wurden, zB über § 119 Abs. 2 (ausnahmsweise beachtlicher Motivirrtum) gleichwohl auf die Gültigkeit des Geschäfts auswirken. Sie sind aber nicht Bedingung, weil sie nicht zukünftig ungewiss sind und die Wirkungen des Rechtsgeschäfts nicht allein von der Richtigkeit der Vorstellungen oder Erwartungen, sondern zusätzlich von der Ausübung des Anfechtungsrechts abhängen. Sind Motive bei Vertragsschluss offengelegt, so kann darin die Vereinbarung einer Bedingung zu sehen sein.[30] Nicht Motiv, wohl aber Vertragsbestimmung, ist die sog. **Zweckabrede**, durch die die Parteien eine Leistung mit einem Zweck iSd § 812 Abs. 1 S. 2 versehen.[31]

17　Problematisch ist die Unterscheidung zwischen bloß offengelegtem Motiv, **Vertragsbestimmung** und Bedingung. Bei der Auslegung ist zu berücksichtigen, dass eine Bedingung regelmäßig zu einem „Alles oder Nichts" führt. Die Einordnung einer vertraglichen Regelung als Bedingung sollte daher zurückhaltend erfolgen, soweit eine Bedingung nicht ausdrücklich bestimmt ist und die Parteien – wie in aller Regel – auch mit einer bloßen Vertragsbestimmung ihr Regelungsziel erreichen können. Geht es den Parteien um eine **Wirksamkeitsvoraussetzung** des Geschäfts, handelt es sich freilich um eine Bedingung.[32] Anders dürfte es aber sein, wenn die angebliche Wirksamkeitsvoraussetzung zugleich unbedingte Vertragspflicht einer Partei sein soll (vgl. dazu → Rn. 51). Bei der Verwendung des Begriffs der Bedingung durch einen Notar spricht zumindest ein Anschein dafür, dass der Begriff im technischen Sinn gemeint ist;[33] verwendet ein Jurist den Begriff „Rechtsbedingung" (→ Rn. 26), so soll eine abweichende Auslegung praktisch unzulässig sein.[34] Für dingliche, nicht akzessorische Sicherungsgeschäfte folgt bereits aus dem Abstraktionsgrundsatz, dass sie nicht schon wegen ihres Sicherungszwecks durch diesen bedingt sind, erforderlich ist dafür vielmehr eine klare Absprache.[35]

18　Die **Rechtsprechung** folgt diesen Grundsätzen nicht immer; zT wird eine Bedingungskonstruktion bejaht, obwohl sie dem Vertragswortlaut kaum zu entnehmen ist (conditio tacita, stillschweigende Bedingung, Beispiele → Rn. 72 ff.). Das dient häufig dem Schutz des vermeintlich schwächeren oder nach dem Vertragswortlaut unterlegenen Vertragspartners. Es wird dann nicht gefragt, was vereinbart wurde, sondern auf welche Vereinbarung sich der stärkere oder vertraglich überlegene Vertragspartner billigerweise habe einlassen müssen.[36] Zum Teil geschieht es auch mit Rücksicht auf die Prozesssituation (Widerrufsvergleich, → Rn. 31). Insbesondere im Erbrecht findet sich – wohl zum Zwecke der Aufrechterhaltung letztwilliger Verfügungen – auch eine entgegengesetzte Tendenz, die in der bedingten Errichtung eines Testaments (zu unterscheiden von einzelnen bedingten Zuwendungen) zT nur eine Angabe eines Motivs sieht und das Testament unabhängig vom Eintritt oder Ausfall der Bedingung gelten lassen will.[37]

27　Vgl. zu weiteren Fällen des Vertragsschlusses ohne Willenserklärung etwa zur Verrechnungsabrede *Hellgardt* AcP 2013, 760 (791).

28　Zur Auslegung einer testamentarischen Verknüpfung einer auflösenden Bedingung mit einer Auflage instruktiv BGH NZG 2009, 1145.

29　BGH 17.12.2014 – VIII ZR 87/13, juris Rn. 40–42 für den Fall eines Mieterhöhungsverlangens.

30　Zur Abgrenzung bei einer Vorsorgevollmacht s. etwa OLG Frankfurt FamRZ 2014, 1661 Rn. 13 ff.

31　BGH NJW 1966, 448 (449).

32　OLG Düsseldorf WM 1990, 1782 = NJW-RR 1991, 435.

33　BayObLG DNotZ 1967, 512.

34　So OLG Hamm 18.12. 2017 – I-22 U 19/16, juris Rn. 41; in der Sache legt das OLG die „Rechtsbedingung" jedoch gleichwohl -- zutreffend -- als Unterstellung (→ Rn. 23) aus.

35　BGH NJW 1991, 353.

36　Krit. dazu MüKoBGB/*Westermann* § 158 Rn. 4; im Grundsatz positiv aus rechtsvergleichender und -historischer Sicht *Zimmermann* AcP 193 (1993), 121, 168 f.

37　S. dazu näher NK-BGB/*Beck* § 2074 Rn. 5.

Beiderseitige Motive können auch **Geschäftsgrundlage** des geschlossenen Vertrags sein. Da auch die **19** Änderung, der Wegfall oder das anfängliche Fehlen der Geschäftsgrundlage das Rechtsgeschäft oder einzelne seiner Wirkungen im Sinne eines „Alles oder Nichts" infrage stellen können (vgl. § 313 Abs. 3), weist die Geschäftsgrundlage Ähnlichkeiten zum bedingten Rechtsgeschäft auf.[38] Unterscheidungsmerkmal zwischen Bedingung und Geschäftsgrundlage ist die vertragliche Vereinbarung, die den Eintritt bestimmter Umstände zum Bestandteil des Rechtsgeschäfts macht. Nur wenn sie von den Parteien angesprochen bzw. in der Vereinbarung erkennbar berücksichtigt wurden, kommt bei einer Umstandsänderung die Anwendung des Bedingungsrechts infrage, allerdings auch dann im Sinne von → Rn. 17 nur zurückhaltend. Umgekehrt erscheint in diesen Fällen der Rückgriff auf § 313 ausgeschlossen, da bereits bei Andeutung im Vertrag demselben im Wege der (ergänzenden) Auslegung eine Risikoverteilung entnommen werden kann, die der in § 313 angeordneten gesetzlichen oder richterlichen Vertragsanpassung vorgehen sollte. Wenn man freilich den Umständen des Vertragsschlusses konkludente Bedingungen entnimmt, wird die Abgrenzung schwer bis unmöglich.[39]

II. Abgrenzung

1. Befristung. Wesentliches Merkmal der Bedingung ist nach hM die objektive und subjektive Ungewiss- **20** heit des Eintritts des Umstandes, von dem die Wirkung des Rechtsgeschäftes abhängen soll (sog. dies incertus an).[40] Dagegen könne das „Wann" durchaus gewiss sein (dies incertus an, certus quando). Beispiel: Schenkung unter der aufschiebenden Bedingung, dass der Beschenkte seinen 18. Geburtstag erlebt. Durch die Ungewissheit des „Ob" des Eintritts soll sich die Bedingung von der **Befristung** abgrenzen. Bei dieser sei das maßgebende Ereignis gewiss (dies certus an). Es komme insoweit jedoch nicht auf eine objektive Beurteilung an (obwohl die objektive Ungewissheit schon deshalb benötigt wird, weil die Bedingung von der Unterstellung abgegrenzt werden muss, vgl. dazu → Rn. 23 ff.), sondern maßgeblich darauf, ob die Parteien das Ereignis als sicher eintretend oder ungewiss angesehen haben.[41] Gingen die Beteiligten im Beispiel davon aus, dass der Beschenkte den 18. Geburtstag auf jeden Fall erleben wird, lag dementsprechend Befristung vor. Je näher der Termin sei, desto eher liege Befristung vor.[42] Bei der Befristung sei das „Ob" des Eintritts des Umstandes also stets nach den Parteivorstellungen gewiss. Das „Wann" könne ungewiss sein, sog. dies certus an, incertus quando (Beispiel: jeder Tod).[43] Ein auf Lebenszeit eingegangenes Mietverhältnis soll dementsprechend befristet sein.[44]

Stellungnahme: Die Unterscheidung ist abzulehnen. Sie führt nur dazu, dass wegen der Unsicherheit des **21** „Wann" die Anordnung des § 163, nämlich §§ 159, 162 auf Befristungen nicht anzuwenden, für die Fälle einer zeitlich ungewissen „Befristung" „relativiert" wird.[45] In der Sache werden die Fälle des dies certus an, incertus quando also sehr wohl wie eine Bedingung behandelt.[46] Daher liegt, wenn kein Kalenderanfangs- oder -endtermin vorgeschrieben ist, stets eine Bedingung mit der sie kennzeichnenden objektiven Unsicherheit vor, wobei freilich zu berücksichtigen ist, dass der Schwerpunkt der Unsicherheit einmal auf dem „Ob", ein anderes Mal auf dem „Wann" oder schließlich auf beiden liegen kann (s. noch → § 159 Rn. 8).

Die Abgrenzung hat Bedeutung einmal für die Bewertung befristeter und bedingter Forderungen **22** (→ Rn. 83), ferner für die Reichweite von Schutznormen, die etwa dem Kündigungsschutz des Mieters oder Arbeitnehmers dienen. Ein auflösend bedingtes Dauerschuldverhältnis ist nämlich grundsätzlich als unbefristetes anzusehen, was Rückwirkungen auf die Möglichkeit der Kündigung während des Schwebezustands besitzt. Diese ist nur bei befristeten Dauerschuldverhältnissen regelmäßig ausgeschlossen, wenn nicht vertraglich Abweichendes vereinbart wird (→ Rn. 66). Gemäß § 473 S. 2 ist nur ein befristetes (nicht aber ein auflösend bedingtes) Vorkaufsrecht im Zweifel vererblich. Wenn die Parteien nur eine Befristung vereinbaren, darf nicht einfach im Wege der ergänzenden Auslegung die Vererblichkeit daraus folgender Ansprüche dadurch ausgeschaltet werden, indem man annimmt, der Anspruch stehe zusätzlich unter der Bedingung, dass der Anspruchsinhaber den vertraglich festgelegten Termin auch erlebt. Dementsprechend ist ein form-

38 Vgl. Soergel/*Wolf* BGB Vor § 158 Rn. 15; OLG Düsseldorf NZM 2001, 765 (766) (Gartenarbeit als „Bedingung" für Sondernutzungsrechtsgewähr, iE offenlassend), OLG Düsseldorf 27.6.2014 – 17 U 187/11.

39 Vgl. etwa BAG NZA 1998, 813 (816).

40 BGH NJW 2004, 284; BayObLG NJW-RR 1993, 1164 (1165); *Medicus* BGB AT Rn. 828.

41 RGZ 91, 226, 229; BGH NJW 1993, 1976 (1978); BeckOK BGB/*Rövekamp* § 163 Rn. 4; Staudinger/*Bork* BGB § 163 Rn. 5; MüKoBGB/*Westermann* § 163 Rn. 1 f.; Soergel/*Wolf* BGB Vor § 158 Rn. 6, § 163 Rn. 3; Erman/*Armbrüster* BGB § 163 Rn. 1;

sowie BGH NJW 2004, 284; BayObLG NJW-RR 1993, 1164 (1165); *Medicus* BGB AT Rn. 828; *Petersen* JURA 2011, 275 (278).

42 Soergel/*Wolf* BGB § 163 Rn. 3; *Hromadka* NJW 1994, 911 mwN.

43 Etwa OLG München FamRZ 2013, 733.

44 In diesem Sinne BayObLG NJW-RR 1993, 1164 (1165).

45 Vgl. nur MüKoBGB/*Westermann* § 163 Rn. 6; Soergel/*Wolf* BGB § 163 Rn. 8, 9.

46 Vgl. aber BayObLG NJW-RR 1993, 1164 (1165); BGH NJW 2004, 284.

gerechter Schenkungsvertrag, der eine auf den 70. Geburtstag befristete Zuwendung vorsieht, im Zweifel auch von den Erben einklagbar, wenn der Beschenkte vor dem 70. Geburtstag stirbt.[47] Zur Abgrenzung der Bedingung bzw. Befristung von einer bloßen **Fälligkeitsregelung** → § 163 Rn. 2 f.

23 **2. Bloß subjektive Ungewissheit (Unterstellung, Gegenwartsbedingung).** Auch von objektiv gewissen und bereits eingetretenen, aber den Parteien noch nicht bekannten Umständen können die Wirkungen eines Rechtsgeschäfts abhängig gemacht werden. Solche Bedingungen beziehen sich nicht auf ein zukünftiges ungewisses Ereignis, sondern auf gewisse, aber den Parteien unbekannte ("subjektiv ungewisse") Tatsachen. Sie heißen deshalb auch Gegenwarts- oder Vergangenheitsbedingung, uneigentliche Bedingung, Voraussetzung oder **Unterstellung**. Mit einer Unterstellung können die Parteien auf Informationsdefizite oder auch auf eine unklare Rechtslage reagieren. Unterstellungen ermöglichen das Zustandekommen einer Einigung zu einem Zeitpunkt, in dem das entsprechende Defizit noch nicht behoben ist. Beispiel: B will von A ein Kunstwerk nur dann kaufen, wenn es echt ist, A will hingegen in jedem Fall verkaufen. Ohne die Bedingung der Echtheit käme der Kaufvertrag nicht bzw. erst später, wenn die Echtheit geklärt ist, zustande.

24 An dem Beispiel lässt sich weiter zeigen, dass die Frage, ob eine Unterstellung oder echte Bedingung vorliegt, von der konkreten vertraglichen Gestaltung abhängt. Vereinbaren die Parteien die Wirksamkeit des Kaufvertrags bei Echtheit, so liegt eine Unterstellung vor. Wird die Wirksamkeit dagegen an das Ergebnis eines Sachverständigengutachtens gebunden, so liegt – wenn nicht das Sachverständigengutachten nur eine reine Beweis- bzw. Verfahrensvereinbarung ist, was durch Auslegung zu ermitteln ist – eine echte Bedingung vor, weil der Sachverständige auch falsch begutachten kann und der Ausgang des Gutachtens daher ungewiss ist.[48]

25 Die Unterscheidung ist bedeutsam, denn insbesondere einseitige Rechtsgeschäfte (Gestaltungserklärungen) können als Prozesshandlung zwar nicht mit einer außerprozessualen Bedingung (dazu näher → Rn. 34 ff.), wohl aber mit der Unterstellung einer **bestimmten Rechtslage** (Misserfolg des Hauptantrags) versehen werden, sog. **Eventualerklärungen**.[49] So ist beispielsweise die Anfechtung eines Kaufvertrags für den Fall, dass sich im Prozess das verkaufte Kunstwerk als Fälschung herausstellt, zulässig, nicht aber eine Anfechtung für den Fall, dass das von einer Partei in Auftrag gegebene Sachverständigengutachten die fehlende Echtheit ergibt (vgl. noch → Rn. 36 f.). Außerhalb eines Prozesses kommt dagegen bei einseitigen Rechtsgeschäften eine Unterstellung ebenso wenig in Betracht wie eine echte Bedingung.[50] Im Arbeitsrecht hält das BAG allerdings eine ordentliche Kündigung für möglich, die unter dem Vorbehalt steht, dass die zugleich ausgesprochene fristlose Kündigung unwirksam ist. Sogar die Verknüpfung von drei Kündigungen durch „hilfsweise" und „äußerst hilfsweise" ist zulässig.[51] **Vertraglich** kann die Bedingung einer bestimmten Rechtslage dagegen stets vereinbart werden.[52] Die Annahme einer konkludent vereinbarten Unterstellung kommt aber nur in Betracht, wenn die Parteien **Zweifel** an dem zur Bedingung gemachten Umstand haben und das im jeweiligen Rechtsgeschäft zum Ausdruck kommt. Ansonsten liegt ein Irrtum vor, dessen Relevanz sich nach den §§ 119 ff. bestimmt.[53] Zweifel an den Rechtsfolgen einer Erklärung kommen nicht als Basis einer Unterstellung in Betracht.

26 **3. Gesetzliche Wirksamkeitsvoraussetzungen (Rechtsbedingung).** Nur deklaratorischen Charakter haben grundsätzlich solche Abreden, die lediglich auf bestimmte Wirksamkeitsvoraussetzungen des Rechtsgeschäfts hinweisen, so etwa auf gesetzlich vorgeschriebene behördliche (zB Kartellerlaubnis) oder private (zB §§ 108 Abs. 1, 177) Genehmigungen. Deren Erteilung oder Ablehnung zeitigt die gesetzlich, etwa in §§ 184, 185 Abs. 2, vorgesehenen Rechtsfolgen; die §§ 158 ff. sind daneben **unanwendbar**.[54] Zu den Rechtsbedingungen gehört auch die Einhaltung von Formvorschriften, für deren Verletzung § 125 die vorrangige Rechtsfolge bereithält. Vgl. zur Haftung aus c.i.c. noch die Erläuterungen zu → § 125 Rn. 31. Man-

---

47   AA *Hromadka* NJW 1994, 911 (912) aE; vgl. auch das BAG unter Rn. 73.

48   Vgl. dazu OLG Köln NJW-RR 1995, 113 (114) (Pferdekauf unter Vorbehalt ärztlicher Untersuchung, die sich später möglicherweise als falsch herausstellt); vgl. wie hier auch BeckOGK/*Reymann* Rn. 48 f.

49   MüKoBGB/*Westermann* § 158 Rn. 29; Soergel/*Wolf* BGB § 158 Rn. 50 f.

50   Soergel/*Wolf* BGB Vor § 158 Rn. 10; ähnlich MüKo-BGB/*Westermann* § 158 Rn. 53 aE (Behandlung wie echte Bedingung); aM wohl (obiter) OLG Düsseldorf NJW-RR 1998, 150 f. für Unterstellung bei Erbschaftsausschlagung (dazu noch → Rn. 39); aA auch *Flume* BGB AT Bd. 2 § 38 1 b, S. 679 für den Fall, dass die Ungewissheit nur beim Erklärenden liegt.

51   BAG NZA 2019, 246 Rn. 12 mwN, wobei die Eventualerklärungen lt. BAG unter einer „Rechtsbedingung" stehen sollen, dieser Begriff ist freilich für gesetzliche Wirksamkeitsvoraussetzungen reserviert, vgl. im Text weiter zu → Rn. 26 ff.

52   Beispiel bei BGH MDR 1959, 658 = LM § 159 Nr. 1, in der ein Pachtvertrag unter dem Vorbehalt abgeschlossen wurde, dass der Verpächter wirksam von einem anderweitigen Vertrag über den verpachteten Gegenstand zurückgetreten sei.

53   Vgl. OLG Düsseldorf NJW-RR 1998, 150.

54   Staudinger/*Bork* BGB Vor § 158 Rn. 24; vgl. etwa BGH NJW 1996, 3338 (3340) für § 162; s.a. OLG Hamm RuS 2020, 157.

che Forderungen stehen von Gesetzes wegen unter einer Bedingung, ohne dass dies rechtsgeschäftlich vereinbart ist, in diesem Falle finden die §§ 158 ff. entsprechende Anwendung.[55]

Ist die Erteilung einer behördlichen Genehmigung oder Eintragung Voraussetzung der Wirksamkeit des Rechtsgeschäfts, so sind die Parteien regelmäßig nach Treu und Glauben verpflichtet, an der Erteilung oder Eintragung **mitzuwirken** und alles zu unterlassen, was die Genehmigung infrage stellen könnte.[56] Verletzt eine Partei diese vertragliche Nebenpflicht, kann nicht etwa der Rechtsgedanke des § 162 angewendet werden, da die Entscheidung der Behörde nicht rechtsgeschäftlich fingiert werden kann.[57] Es bleiben dann nur Schadensersatzansprüche. **27**

Keine Rechtsbedingungen, sondern **echte Bedingungen** sind jedoch solche Abreden, die die Erteilung einer notwendigen behördlichen Genehmigung oder Eintragung[58] innerhalb einer privat gesetzten Frist oder das Fehlen von Auflagen zur Wirksamkeitsvoraussetzung des Geschäfts machen. In solchen Fällen dürfte bei Erteilung der Genehmigung die Rückwirkung des § 184 Vorrang vor §§ 158 Abs. 1, 159 besitzen. **28**

4. Bedingung und Rücktritts-, Widerrufs- oder Kündigungsvorbehalte in Verpflichtungsgeschäften. Die Abgrenzung der auflösenden, bisweilen auch der aufschiebenden Bedingung eines Verpflichtungsgeschäfts von der Vereinbarung eines Widerrufs-, Kündigungs- oder Rücktrittsrechts bereitet in der Praxis manchmal Schwierigkeiten. In der Theorie ist die Abgrenzung zunächst einfach, da für das Vertragsende bzw. den Vertragsbeginn bei Eintritt der Bedingung **keine weitere Erklärung** notwendig ist, während die Gestaltungsrechte noch ausgeübt werden müssen. Schwierigkeiten bestehen aber in mehrere Richtungen: Einmal besteht die Möglichkeit, Rechtswirkungen gerade von einer Erklärung abhängig zu machen (Wollensbedingung).[59] Die erforderliche Erklärung gestaltet dann das Rechtsgeschäft nicht nach näherer Maßgabe von Widerrufs-, Kündigungs- oder Rücktrittsrecht um, sondern es treten die Folgen des § 158 Abs. 1 oder 2 ein, eine Abgrenzung wird also erforderlich.[60] Zweitens kann, wenn die rechtzeitige Erfüllung vertraglicher Pflichten „Wirksamkeitsvoraussetzung" des Geschäfts sein soll, in Wahrheit nur ein Rücktrittsvorbehalt vorliegen (so die Auslegungsregel des § 361 aF). Schließlich mag in manchen Fällen nur entweder die Bedingungskonstruktion oder die Gestaltungskonstruktion zulässig sein[61] oder die eine oder andere Konstruktion nach den Gesamtumständen des Vertrages näher liegen als die von den Parteien ausdrücklich gewählte Konstruktion. Dann kann nach §§ 133, 157 die zulässige oder näher liegende Variante als vereinbart angesehen werden, wenn eine falsa demonstratio vorliegt. **29**

Für die zur Abgrenzung erforderliche **Auslegung** ist bei Verpflichtungsgeschäften von Folgendem auszugehen: Gestaltungsrechte sichern grundsätzlich die Entscheidungsfreiheit besser als ein automatisches Vertragsende, beispielsweise bei Rückfallklauseln in Immobilienüberlassungsverträgen an Kinder.[62] Deshalb hat die Vereinbarung einer auflösenden Bedingung (abgesehen von einer möglicherweise beabsichtigten Umgehung von gesetzlichen Kündigungs- oder Rücktrittseinschränkungen) in obligatorischen Verträgen nur dann Sinn, wenn der Umstandseintritt das Interesse beider Parteien an dem geschlossenen Vertrag gleichermaßen beseitigt[63] bzw. bereits im Vertragszweck zum Ausdruck kommt oder aber einer Partei die Bedeutung des jeweiligen Lebensumstandes für die andere deutlich vor Augen geführt werden soll. Ähnliches gilt für die auflösende Befristung: Durch sie kann vor allem einem nur vorübergehend gegebenen gemeinsamen Vertragszweck Rechnung getragen werden. Sind solche Anhaltspunkte nicht erkennbar, neigt die Rechtsprechung bisweilen dazu, einen Rücktrittsvorbehalt anzunehmen, obschon der Wortlaut des Vertrags eher für eine auflösende Bedingung spricht.[64] Eine Auslegungsregel zugunsten eines Rücktrittsrechts enthält § 354.[65] **30**

Gerade umgekehrt liegt es aber regelmäßig bei einem **Prozessvergleich**: Der in einen Prozessvergleich zugunsten beider Parteien aufgenommene Vorbehalt, den Vergleich bis zum Ablauf einer bestimmten Frist zu widerrufen, stellt im Regelfall eine aufschiebende Bedingung für die Wirksamkeit des Vergleichs dar, da dies der Interessenlage der Parteien und der Prozesssituation (keine spätere Rückabwicklung) am besten **31**

55 Vgl. etwa zum Anspruch auf Rückzahlung geleisteter Betriebskostenvorauszahlungen nach Beendigung des Mietverhältnisses BGH NJW 2011, 143 Rn. 43–45.

56 BGH NJW 1994, 2757 (2758); BGHZ 14, 1, 2; 67, 34, 35; RGZ 129, 357, 376; Erman/*Armbrüster* BGB § 162 Rn. 2.

57 Erman/*Armbrüster* BGB § 162 Rn. 2; RGZ 129, 357, 376; BGH 54, 71, 73; BGH NJW 1996, 3338 (3340); vgl. noch → § 162 Rn. 3.

58 Dazu BGH NJW 1999, 1252.

59 Vgl. auch Soergel/*Wolf* BGB Vor § 158 Rn. 26.

60 Beispiel bei BayObLG NJW-RR 1990, 87.

61 Beispiel BayObLG NJW-RR 1990, 87.

62 Ausführlich zur Auslegung in solchen Fällen mit Beispielen *Schulz* FamRZ 2018, 82 ff.

63 Vgl. etwa für die Zulässigkeit von auflösenden Bedingungen BAG NZA 2003, 611 (613 f.).

64 So etwa OLG München BB 2001, 1119 für die Vereinbarung eines Rückgaberechts in einer „Konditionsvereinbarung"; vgl. ferner LG Hamburg NJW-RR 1999, 823 für eine Rücknahmezusage für den Fall des Nichtgefallens.

65 Diese will Soergel/*Wolf* BGB Vor § 158 Rn. 26 regelmäßig auch analog anwenden.

entspricht.[66] Ein Beispiel für eine auflösende Bedingung in einem Verpflichtungsgeschäft ist die Koppelung eines Geschäftsführeranstellungsvertrags an seine Abberufung oder fehlende volle Arbeitskraft.[67]

32 **5. Auflagen.** Insbesondere Schenkungen und Zuwendungen von Todes wegen werden oft unter Auflagen gewährt. Diese stellen, anders als Bedingungen, keine Wirksamkeitsvoraussetzungen des Rechtsgeschäftes dar. Dieses ist vielmehr unbedingt wirksam, zugleich muss der Empfänger die Auflage erfüllen. Die Auflage zwingt, aber suspendiert nicht, während die (aufschiebende) Bedingung suspendiert, aber nicht zwingt.[68] Durch Auslegung ist zu ermitteln, ob Bedingung oder Auflage gewollt ist. Abgrenzungsschwierigkeiten können sich etwa dann ergeben, wenn ein Verhalten des Zuwendungsempfängers nicht zu einer Rechtspflicht gemacht werden kann (zB des Arbeitnehmers, nicht zu kündigen), jedoch sehr wohl eine Zuwendung an dieses Verhalten geknüpft werden kann (Gratifikation, die nur gewährt wird, wenn das Arbeitsverhältnis an einem Stichtag ungekündigt besteht). Möglich ist es auch, die Nichterfüllung einer Auflage zusätzlich zur auflösenden Bedingung zu machen.[69]

III. Privatautonomie und Zulässigkeit der Vereinbarung von Bedingungen

33 **1. Privatautonomie als Grundsatz.** Einerseits ist die Bedingung Beschränkung des Rechtsgeschäfts.[70] Zugleich erweitert sie aber die rechtsgeschäftlichen Gestaltungsmöglichkeiten.[71] Die grundsätzliche, durch die gesetzliche Regelung bestätigte, Zulässigkeit, Rechtsgeschäfte unter Bedingungen zu stellen, ist daher unmittelbarer **Ausdruck der Privatautonomie.** Sie ermöglicht den Parteien einerseits, zukünftige ungewisse Ereignisse bei der Vertragsgestaltung zu berücksichtigen. Dabei sind sowohl schuldrechtliche und sachenrechtliche Verträge (Verfügungen) bedingungs- und befristungsfreundlich als auch im Grundsatz einseitige Rechtsgeschäfte wie das Testament oder die Auslobung (s. aber im Folgenden → Rn. 34 ff.). Bei **Verfügungen** gilt die Bedingungsfreundlichkeit freilich nur für den rechtsgeschäftlichen Teil; **Realakte** wie die Übergabe iSd §§ 929 oder 446 fallen nicht unter die Vertragsfreiheit und sind bedingungs- und befristungsfeindlich (s. noch → § 161 Rn. 5).[72] Ähnliches gilt für die **Erfüllungswirkung** (eines Verfügungsgeschäfts), diese tritt nur unbedingt ein.[73] Wird die Verfügung unter einer aufschiebenden Bedingung vorgenommen, tritt die Erfüllungswirkung erst mit Eintritt der Bedingung ein, im Fall einer auflösenden Bedingung erst mit deren Ausfall. Ein rückwirkender Wegfall der Erfüllung ist mit der Theorie der realen Leistungsbewirkung nicht vereinbar. Entsprechendes dürfte für die Bedingung von Tilgungsbestimmungen gelten.[74]

34 **2. Einschränkungen. a) Bedingungs- und befristungsfeindliche Rechtsgeschäfte. aa) Einseitige Rechtsgeschäfte.** Einseitige Rechtsgeschäfte sind nicht grundsätzlich bedingungsfeindlich.[75] Vertragsangebote (§§ 145 ff.) können beliebig unter Bedingungen gestellt werden, da die Bindung des Erklärungsempfängers noch von seiner Annahme abhängt und ihm daher die durch die Bedingung verursachte Unsicherheit stets zumutbar ist.[76] Gleiches gilt wegen § 150 Abs. 2 für die Annahme, ferner für Vollmachtserteilung,[77] Auslobung (§ 657) und für das Testament (§ 1937), hier sehen insbesondere die §§ 2066, 2074 ff. ausdrücklich die Möglichkeit bedingter Geschäfte vor. Auch die Abnahme eines Werks gem. § 640 kann bedingt erklärt werden.[78] Weitere Beispiele unter → Rn. 42 ff. zum Handels- und Gesellschaftsrecht. Zur Frage, inwieweit Zustimmungserklärungen Dritter bedingt oder befristet erfolgen können, → § 182 Rn. 30 ff.

35 Als bedingungsfeindlich werden dagegen regelmäßig die **Gestaltungsrechte** eingeordnet, da dem Gestaltungsgegner die mit der Bedingung verbundene Unsicherheit nicht zugemutet werden soll.[79] Das ist gesetz-

---

66   Übereinstimmend BGH NJW-RR 1989, 1214; BGHZ 88, 364 = NJW 1984, 312; BGHZ 46, 277 = NJW 1967, 440; BVerwG NJW 1993, 2193; BAG NJW 2004, 701 (702); Gegenbeispiel (auflösend bedingter Unterhaltsvergleich) bei KG NJW-RR 2019, 1280.
67   Vgl. etwa BGH NZG 2006, 62.
68   BeckOK BGB/*Rövekamp* Rn. 40.
69   BGH NZG 2009, 1145 (1146) Tz. 21.
70   *Eisenhardt* BGB AT Einf. Rn. 245.
71   Vgl. *R. Zimmermann* AcP 193 (1993), 121 ff., 124.
72   Vgl. etwa BGH NJW 1998, 2360 (2363).
73   BGH NJW 2018, 537 Rn. 23 mwN für den Fall der Verwendung von online-Zahlungsdiensten, konkret Paypal; s. a. BGH BKR 2008, 514 Rn. 26; **anders** für einen Sonderfall (SEPA-Basislastschrift) BGH NJW 2010, 3510 Rn. 25, durch Widerspruch auflösend bedingte Erfüllung, dagegen zu Recht *Hadding* WM 2014, 97 (100); MüKoBGB/*Fetzer* § 362 Rn. 30

(stattdessen stillschweigende Wiederbegründung der Forderung bei Widerspruch); wie der BGH aber Erman/*Buck-Heeb* § 362 Rn. 11 mwN.
74   Praktisch etwa bei Leistungen Dritter, Beispiele bei BeckOGK/*Krafka* BGB § 267 Rn. 20, 20.1.
75   Ebenso Soergel/*Wolf* BGB § 158 Rn. 36.
76   Vgl. etwa BGH 26.3.2004 – V ZR 90/03.
77   Soergel/*Wolf* BGB § 158 Rn. 36; MüKoBGB/*Westermann* § 158 Rn. 28.
78   OLG Koblenz NJW-RR 2015, 589 Rn. 14.
79   Im Grundsatz unstreitig: BGHZ 97, 263, 267 = NJW 1986, 2245; OLG Stuttgart OLGZ 1979, 129 (131); Staudinger/*Bork* BGB Vor § 158 Rn. 38; *Flume* BGB AT Bd. 2 § 38 5; *Larenz/Wolf* BGB AT § 50 Rn. 24; BeckOK BGB/*Rövekamp* § 158 Rn. 18; Erman/*Armbrüster* BGB Vor § 158 Rn. 18 f.; Soergel/*Wolf* BGB § 158 Rn. 43 f.; Palandt/*Ellenberger* BGB Vor § 158 Rn. 13.

lich in § 388 S. 2 für die Aufrechnung vorgesehen, diese Vorschrift wird aber als Ausdruck eines allgemeinen Rechtsgedankens betrachtet, so dass auch Anfechtung, Rücktritt, Kündigung, Widerruf, Genehmigung, Ausübung eines Wahlrechts (§§ 263, 2151 ff.), einer Option oder eines Vor- oder Wiederkaufrechts bedingungsfeindlich sind.[80] Gleiches gilt für **geschäftsähnliche Handlungen** wie die Fristsetzung, Abmahnung oder Mahnung.[81] Eine **auflösende** Bedingung oder Befristung kommt bei Gestaltungserklärungen in aller Regel schon deshalb nicht in Betracht, weil sie mit der Gestaltungswirkung selbst unvereinbar wäre. Dem Erklärenden ist nämlich regelmäßig nur die Rechtsmacht zur endgültigen Umgestaltung der Rechtslage eingeräumt. Es kann aber, vor allem vertraglich, anderes vorgesehen sein.

Anders sieht es für **aufschiebende** Bedingungen oder Befristungen aus, wenn im Einzelfall eine Unsicherheit nicht besteht oder zumutbar ist.[82] Gestaltungserklärungen können jedenfalls dann unter eine Bedingung gestellt werden, wenn die Vertragspartner das vorher vertraglich vorgesehen haben oder der Erklärungsgegner sich nachträglich mit der bedingten oder befristeten Gestaltungserklärung einverstanden erklärt, da hierin eine Vertragsänderung liegt.[83] Ferner zulässig ist der Verweis auf Rechtsbedingungen; unter Umständen sind auch Unterstellungen zulässig, jedenfalls aber prozessuale Eventualerklärungen.[84] Keine unzumutbare Unsicherheit besteht vor allem dann, wenn die Gestaltungserklärung unter den Vorbehalt einer **bestimmten Erklärung** des anderen Teils, also unter eine Wollensbedingung zugunsten des Empfängers gestellt wird.[85] Hauptbeispiel ist die **Änderungskündigung**. Versteht man wie hier unter Befristung lediglich eine kalendermäßige Terminierung, so können Gestaltungsrechte ferner ohne Weiteres aufschiebend befristet werden. Wer hingegen mit der hM auch die Fälle des dies certus an, incertus quando als Befristung einordnet, muss auch von einer grundsätzlichen Befristungsfeindlichkeit von Gestaltungserklärungen ausgehen.[86]

36

Dagegen darf eine Gestaltungserklärung einseitig nicht an ein bestimmtes sonstiges Verhalten (**Potestativbedingung**) geknüpft werden, da dadurch einerseits einseitig Druck auf den Erklärungsgegner ausgeübt würde und andererseits die an ein (stets der Bewertung und damit Beweisproblemen unterliegenden und vom Erklärenden allein formuliertes) Verhalten anknüpfende Unsicherheit dem Erklärungsgegner nicht zumutbar ist.[87] An der zu missbilligenden Unsicherheit ändert es auch nichts, wenn der Lauf einer etwaigen Gestaltungsfrist erst beginnen soll, wenn über die Bedingung endgültig entschieden ist.[88] Denn wegen der **einseitig begründeten Unsicherheit** wüsste der Erklärungsgegner nicht sicher, in welchem Sinne über die Bedingung entschieden ist. Ein Vertragspartner könnte durch Gestaltungserklärung unter allein von ihm formulierten Potestativbedingungen vertraglich erlaubte Verhaltensweisen der Gegenseite zum Anlass für die Ausübung eines Gestaltungsrechts nehmen (was grundsätzlich erlaubt ist, solange nur ein Gestaltungsgrund vorliegt), den Vertragspartner aber – durch die Formulierung – im Unklaren darüber lassen, ob das jeweilige Verhalten die Gestaltungswirkung tatsächlich auslöst oder nicht (das ist mit dem Vertrauensschutz des Erklärungsgegners unvereinbar).

37

Eine Ausnahme von dem soeben Gesagten hat allerdings dann zu gelten, wenn der Erklärende für den Fall der Nichteinhaltung einer von ihm zulässigerweise gesetzten Frist für ein vom Erklärungsgegner bereits **geschuldetes Verhalten** ein Gestaltungsrecht ausübt. Hier kann dem Erklärungsgegner keine Unsicherheit aus der einseitigen Formulierung entstehen, weil er ohnehin zu dem Verhalten verpflichtet ist. Der Erklärende darf die Gestaltungserklärung freilich nur von dem geschuldeten Verhalten abhängig machen, es also nicht modifizieren und er muss zu der Fristsetzung vertraglich oder gesetzlich (etwa: § 281, 323, 642) befugt gewesen sein.[89] Ein Beispiel aus der Rechtsprechung bildet etwa die Kündigung eines Gewerberaummietvertrages für den Fall der nicht rechtzeitigen Mängelbeseitigung, die zusammen mit der Fristsetzung erklärt wird.[90] In § 281 Abs. 4 macht das Gesetz den Fortfall des Erfüllungsanspruchs nach fruchtlosem Fristablauf vom **Schadensersatzverlangen** des Gläubigers abhängig. Die Frage, ob das Ersatzverlan-

38

80 Für die Anfechtung: RGZ 66, 153; RGZ 146, 234, 238; BGH WM 1961, 785 (786); BGH NJW-RR 2007, 1282 (1284) Tz. 17; für die Kündigung: RGZ 91, 308; BGH WM 1973, 694 (695); für den Rücktritt: BGHZ 97, 263, 264 ff. = NJW 1986, 2245; vgl. im Übrigen BeckOK BGB/*Rövekamp* § 158 Rn. 18; Erman/*Armbrüster* BGB § 158 Rn. 18.

81 Erman/*Hager* BGB § 286 Rn. 35 mwN für die Mahnung; allg. Staudinger/*Bork* BGB Vor § 158 Rn. 46.

82 BGH 26.3.2004 – V ZR 90/03; BGHZ 97, 263, 264 ff. = NJW 1986, 2245.

83 *Flume* BGB AT Bd. 2 § 38 5; Erman/*Armbrüster* BGB Vor § 158 Rn. 18.

84 S. etwa Soergel/*Wolf* BGB § 158 Rn. 42, 50 f.

85 Vgl. zu solchen Fällen etwa Staudinger/*Bork* BGB Vor § 158 Rn. 40 f.; das soll auch für die Mahnung gelten, Staudinger/*Bork* BGB Vor § 158 Rn. 46.

86 So zB *Flume* BGB AT Bd. 2 § 38 5 aE; Staudinger/*Bork* BGB § 163 Rn. 9.

87 AA wohl OLG Hamburg NJW-RR 1991, 1199 (1201); Staudinger/*Bork* BGB Vor § 158 Rn. 40 f.

88 AA Staudinger/*Bork* BGB Vor § 158 Rn. 41; Soergel/*Wolf* BGB § 158 Rn. 44; wohl auch OLG Hamburg NJW-RR 1991, 1199 (1201).

89 Zu weitgehend daher OLG Hamburg NJW-RR 1991, 1199 (1201), das nicht überprüft, ob die Bank das zur Bedingung ihrer Kündigung gemachte Verhalten des Bekl. überhaupt verlangen konnte und zur Fristsetzung berechtigt war.

90 OLG Hamburg NZM 2001, 131 = NJW-RR 2001, 153.

Wackerbarth

gen als einseitige Erklärung bereits aufschiebend bedingt zusammen mit der Fristsetzung erfolgen darf, ist umstritten,[91] aus den eben genannten Gründen aber zu bejahen. Ein weiteres Beispiel bildet die Regelung des § 643, die einer bedingten Kündigung im Falle des Fristablaufs Aufhebungswirkung beimisst.

39 bb) Verfügungen im Immobiliarsachenrecht. Bedingungs- und befristungsfeindlich sind Auflassung, § 925 Abs. 2, Übertragung des Erbbaurechts, § 11 Abs. 1 S. 2 ErbbauRG, Einräumen oder Aufheben von Wohneigentum, § 4 Abs. 2 S. 2 WEG. Im Übrigen können Verfügungen über Rechte an Grundstücken gem. § 873 bedingt erfolgen, wobei reine Wollensbedingungen aber unzulässig sein sollen.[92] Bei der auflösend bedingten Bestellung eines Wohnrechts hat das OLG Frankfurt auf den Zweck des Grundbuchs hingewiesen, über das Entstehen und Erlöschen dinglicher Rechte sicher und zuverlässig Auskunft zu geben; daher könnten nur solche Ereignisse wirksam zur Bedingung für das Erlöschen von Grundstücksrechten gemacht werden können, deren Eintritt objektiv mit der gebotenen Eindeutigkeit bestimmbar ist.[93]

40 cc) Familien- und Erbrecht. Bedingungs- und befristungsfeindlich sind ua die Erklärung zur Eingehung der Ehe, § 1311 S. 2, oder der Lebenspartnerschaft, § 1 Abs. 1 S. 2 LPartG; Anerkennung der Vaterschaft, § 1594; Sorgeerklärung, § 1626b Abs. 1; Adoption und dafür notwendige Einwilligungen, § 1750 Abs. 2, § 1752 Abs. 2; Annahme oder Ausschlagung einer Erbschaft, § 1947, eines Vermächtnisses, § 2180 Abs. 2 S. 2; Annahme oder Ablehnung des Amtes des Testamentsvollstreckers, § 2202 Abs. 2 S. 2. Für die Ausschlagung der Erbschaft wird diskutiert, ob sie unter eine Gegenwartsbedingung gestellt werden kann; dies ist angesichts der Unzumutbarkeit der damit verbundenen Ungewissheit für den Rechtsverkehr abzulehnen.[94]

41 dd) Arbeitsrecht. Das Arbeitsverhältnis kann ohne Weiteres unter eine aufschiebende Bedingung gestellt werden, etwa einer erfolgreichen Einstellungsuntersuchung oder der Vorlage eines Führungszeugnisses.[95] Nach Maßgabe des TzBfG (Teilzeit- und Befristungsgesetz) sind indessen auflösende Bedingung (§ 21 TzBfG) oder Befristung (§ 14 TzBfG) nur dann möglich, wenn dafür ein Sachgrund vorhanden ist. Ein solcher soll für die auflösende Bedingung auch dann bestehen, wenn diese „auch im Interesse des Arbeitnehmers" liegt.[96] Bedenklich unter dem Gesichtspunkt des Missbrauchs sind ferner Kettenbefristungen.[97] Eine ausführliche Kommentierung muss hier aus Platzgründen unterbleiben, s. dazu die Erläuterungen zu § 620. Zu beachten ist ferner das Erfordernis der Schriftform gem. § 14 Abs. 4 TzBfG für die Wirksamkeit einer Vereinbarung einer auflösende Bedingung oder Befristung. Wird der befristete Arbeitsvertrag zu spät unterzeichnet, ist eventuell bereits vorher mündlich ein wirksamer – und dann wegen § 14 Abs. 4 TzBfG: unbefristeter – Arbeitsvertrag abgeschlossen.[98]

Sonderzahlungen im Arbeitsverhältnis wie zB ein 13. Monatsgehalt oder eine Gratifikation stehen oftmals unter dem Vorbehalt eines zu einem Stichtag ungekündigten Arbeitsverhältnisses. Diese Gestaltungen sind ohne Weiteres möglich, werden indessen als unangemessen iSd § 307 angesehen, soweit mit der Sonderzahlung die erbrachte Arbeit lediglich zusätzlich vergütet wird.[99]

42 ee) Mietrecht. Wohnraummietverhältnisse können gem. § 572 Abs. 2 nur dann unter eine auflösende Bedingung gestellt werden, wenn die Bedingung nicht „zum Nachteil" des Mieters ist. Was damit gemeint ist, bleibt unklar, da das Ende gegenseitiger Verträge stets für beide Seiten vor- und/oder nachteilig sein kann. Eine auflösende Befristung ist gem. § 575 Abs. 1 nur mit Sachgrund vereinbar, auch hier stellt sich die Frage, wann eine Abweichung davon nicht zum Nachteil des Mieters ist, da nur solche Vertragsbestimmungen in § 575 Abs. 4 verboten werden. Ohnehin ist der Mieter auf diese Weise nur vor einer automatischen Beendigung des Mietverhältnisses geschützt. Der Vermieter kann im Wege der Vereinbarung eines befristeten Kündigungsverzichts eine Mindestdauer des Mietverhältnisses sichern.[100] S. dazu noch → § 163 Rn. 6. Für Mietverträge über Wohnraum besteht ein Formerfordernis gem. § 550, wenn durch eine Befristung ein automatisches Ende des Mietverhältnisses herbeigeführt werden soll.[101] Anders als im Arbeitsrecht muss zur Beachtung dieses Formerfordernis nicht nur die Befristungsabrede, sondern der ganze Vertrag schriftlich abgefasst werden. Man wird dieses Formerfordernis auf die Vereinbarung einer auflösenden

91 Dazu *Derleder/Zänker* NJW 2003, 2777 mwN.
92 Näher NK-BGB/*Krause* § 873 Rn. 15.
93 OLG Frankfurt 27.10.2014 – 20 W 392/13, juris Rn. 9 = MittBayNot 2016, 231 f.; siehe auch OLG Nürnberg NJW-RR 2018, 1489 f.
94 Ausführlich *Specks* ZEV 2007, 356 ff.; aA obiter OLG Düsseldorf NJW-RR 1998, 150 f.; Diskussion auch bei BeckOGK/*Reymann* Rn. 47 ff. ohne eigene Stellungnahme.
95 HessLAG 5.6.2018 – 15 Sa 1566/16 Rn. 54 mwN.
96 Grundlegend zur auflösenden Bedingung BAG NZA 2003, 611 (Bundesligatrainer); BAG NZA 2004, 328

(Erwerbsunfähigkeit und rentenrechtliche Versorgung); BAG NZA 2004, 311 (Seriendarstellerin bei Ende der Rolle im Drehbuch) je mwN.
97 Dazu BAG NJW 2013, 1254.
98 S. zu einem entsprechenden Fall BAG NZA 2005, 575.
99 Genauer siehe BAG NZA 2012, 620 Rn. 11 ff.
100 BGH NJW 2004, 1448.
101 Näher dazu mit Beispielen *Kühn/Stenzel* NJOZ 2014, 1721 (1722 f.).

Bedingung entsprechend anwenden müssen, wenn deren Eintritt nicht vor Ablauf eines Jahres zu erwarten ist.[102]

ff) Handels- u. Gesellschaftsrecht. Prokura, § 50 Abs. 1 HGB, und organschaftliche Vertretungsmacht, 43 §§ 126 Abs. 2, 161 Abs. 2 HGB, können im Außenverhältnis nicht bedingt erteilt werden. Ebenso wenig vertragen sich Erklärungen auf Wechsel und Scheck mit einer Bedingung, Art. 1 Nr. 2, 12 Abs. 1 S. 1, 26 Abs. 1 WG, Art. 1 Nr. 2, 15 Abs. 1 S. 1 ScheckG. **Anträge** auf Eintragung ins Handelsregister können nicht bedingt oder befristet gestellt werden;[103] wohl aber kann zum Zwecke des Austauschs zweier Unternehmensverträge ein Antrag auf Löschung des alten Vertrages gestellt werden, dessen Kündigung auf den Zeitpunkt der Eintragung des neuen „befristet" ist.[104]

Der **Beitritt** zu Personengesellschaften und Verein kann bedingt erklärt werden;[105] der zu einer Kapitalge- 44 sellschaft bzw. Genossenschaft dagegen weder bedingt noch befristet.[106] Das gilt aus den unter → Rn. 36 genannten Gründen auch dann, wenn über die Bedingung im Zeitpunkt der Eintragung bereits entschieden ist.[107] Wegen § 185 Abs. 2 Nr. 4 AktG kann aber der Übernahmevertrag bei einer Kapitalerhöhung durch die fehlende Rechtzeitigkeit einer Eintragung auflösend befristet werden, und zwar auch bei der GmbH.[108] Kommt es gleichwohl zur Eintragung, so dürfte auch § 185 Abs. 3 AktG für die GmbH gelten. Die bedingte **Abtretung** von GmbH-Geschäftsanteilen ist möglich,[109] stellt aber nach der Änderung des § 16 GmbHG die Praxis vor Probleme.[110]

Die **Bestellung** zum Geschäftsführer einer GmbH ist nach hM auch unter auflösender Bedingung mög- 45 lich.[111] Für die Bestellung zum Vorstand einer AG ist dies jedoch nach hM ausgeschlossen, da der Widerruf der Bestellung gem. § 84 Abs. 3 AktG nur aus wichtigem Grund möglich ist.[112] Ein **Abberufungsbeschluss** kann aus den oben zur Bedingungsfeindlichkeit einseitiger Rechtsgeschäfte genannten Gründen in beiden Rechtsformen nur unbedingt, wohl aber aufschiebend befristet erfolgen. Der Unterschied zur Bestellung rechtfertigt sich daraus, dass diese nur mit Zustimmung des Bestellten wirksam ist, die ihrerseits Rechtsbedingung für die Wirksamkeit der Bestellung ist.[113] Der **Anstellungsvertrag** von Organmitgliedern beider Rechtsformen kann dagegen durch eine auflösende Bedingung an das Schicksal des Organverhältnisses gekoppelt werden.[114] Öffentliche Angebote zum Erwerb von Wertpapieren dürfen nach näherer Maßgabe des **§ 18 WpÜG** nicht unter Potestativbedingungen gestellt werden, deren Eintritt der Anbietende direkt oder indirekt beeinflussen kann.

gg) Prozesshandlungen. Sie sind grundsätzlich bedingungsfeindlich, soweit es um außerprozessuale 46 Ereignisse geht, da dadurch Unsicherheit in den Prozess selbst hineingetragen würde.[115] Dagegen sind **Eventual- bzw. Hilfsanträge** in weitem Umfang zulässig, die für den Fall gestellt werden, dass das Gericht den zuerst gestellten Antrag für nicht begründet hält, so etwa die Hilfsaufrechnung oder -anfechtung.[116] Hier liegt nur eine sog. innerprozessuale Bedingung vor, die für das Gericht keine unzumutbare Unsicherheit schafft.[117] Die Klageerhebung selbst kann jedoch nicht bedingt erfolgen, da die unbedingte Rechtshängigkeit Mindestvoraussetzung für eine innerprozessuale Bedingung ist.[118] Gleiches gilt für die Streitverkündung. Zum Prozessvergleich → Rn. 31.

b) §§ 134, 138. Aus dem Verhältnis zwischen der Funktion (bzw. dem Zweck) der vereinbarten Bedingung 47 und den Rechtsfolgen bei Bedingungseintritt kann sich – aber letztlich nur im Einzelfall – die Sittenwidrig-

---

102 Vgl. BGH NJW 1958, 2062 für auf Lebenszeit abgeschlossenen Vertrag.

103 BayObLG DNotZ 1993, 197; vgl. aber ausf. *Scheel* DB 2004, 2355 ff.

104 BGH NJW 1993, 1976 (1978), „befristet" kann die Kündigung indes auch nach der Definition der hM (dazu Rn. 20) nicht sein, weil das „Ob" der Eintragung des neuen Unternehmensvertrags der Entscheidung des Registergerichts unterliegt.

105 Für den Beitritt als Kommanditist BGHZ 73, 217, 220; ausf. MüKoBGB/*Westermann* § 158 Rn. 32; Soergel/*Wolf* BGB § 158 Rn. 37 unter Verweis auf RG JW 1938, 3229 f.

106 Ausf. Soergel/*Wolf* BGB § 158 Rn. 48; MüKoBGB/ *Westermann* § 158 Rn. 32; vgl. § 15 GenG RGZ 83, 256, 258 (für die GmbH).

107 AA Soergel/*Wolf* BGB § 158 Rn. 48; MüKoBGB/ *Westermann* § 158 Rn. 32.

108 BGH NJW 1999, 1252.

109 BGH NZG 2011, 1268; BGH NJW 1998, 2360.

110 S. dazu etwa *Schneider* NZG 2009, 1167; *Mayer* ZIP 2009, 1037; *Oppermann* ZIP 2009, 651; *Weigl* NZG 2009, 1173 ff. und die Erläuterungen zu → § 161 Rn. 9.

111 BGH ZIP 2005, 2255; OLG Stuttgart DB 2004, 645; aA Lutter/Hommelhoff/*Kleindiek* GmbHG § 6 Rn. 41 a; *Marsch-Barner/Diekmann* in Münchner Handbuch des Gesellschaftsrechts, Band 3, GmbH, 3. Aufl. 2009, § 42 Rn. 39; Scholz/*Schneider/Schneider* GmbHG § 6 Rn. 74 mwN zu der dem BGH zustimmenden Auffassung.

112 MüKoAktG/*Spindler* § 84 Rn. 128; KölnKomm-AktG/*Mertens/Cahn* § 84 Rn. 25 mwN.

113 Vgl. nur MüKoAktG/*Spindler* § 84 Rn. 22 f.

114 BGH NJW 1989, 2683 f.; vgl. KölnKommAktG/ *Mertens/Cahn* § 84 Rn. 55.

115 Soergel/*Wolf* BGB § 158 Rn. 50 mN; vgl. näher *Hövelmann* GRUR 2003, 203 ff.

116 Soergel/*Wolf* BGB § 158 Rn. 51.

117 Soergel/*Wolf* BGB § 158 Rn. 51.

118 Näher – zT unter Verweis auf einschr. Rspr. – *Hövelmann* GRUR 2003, 203 ff.

keit der Bedingung oder des bedingten Rechtsgeschäfts ergeben. Das ist insbesondere bei Potestativbedingungen der Fall, wenn einerseits die Nachteile, die an das auslösende Verhalten geknüpft werden, **schwerwiegend** sind und das Gesetz oder die guten Sitten der Freiheit zu diesem Verhalten andererseits einen hohen Stellenwert zumessen oder diese Freiheit auch gegenüber privater Beschränkung sichern. Beispiele sind etwa Zölibatsklauseln in Arbeitsverträgen[119] oder Hinauskündigungsklauseln im Gesellschaftsrecht.[120] Sittenwidrigkeit kann auch unter dem Gesichtspunkt des Vertrags zulasten Dritter anzunehmen sein, so etwa, wenn Bauherr und Hauptunternehmer eine Vertragsstrafe für Verzug nur für den Fall vereinbaren, dass die Vertragsstrafe auf einen Subunternehmer abgewälzt werden kann.[121] Umstritten ist, ob und inwieweit sich aus den speziellen Vorschriften des Insolvenzrechts über die Kündbarkeit bzw. Fortsetzung von Dauerschuldverhältnissen im Insolvenzfall (§§ 103–119 InsO) die Sittenwidrigkeit oder ein gesetzliches Verbot iSd § 134 sog. insolvenzbedingter Lösungsklauseln ergibt, dh die Unzulässigkeit vor allem von auflösenden Bedingungen, die an den Eintritt der materiellen Insolvenz (Zahlungsunfähigkeit, Zahlungseinstellung) oder an prozessuale Akte (Insolvenzantrag, Eröffnungsbeschluss) geknüpft sind.[122] Nach hM stehen insbesondere §§ 112, 119 InsO einem solchen Lösungsrecht bei Miet- und Pachtverträgen entgegen, nicht jedoch dem bedingten Entfall entsprechender dinglicher Sicherheiten.[123]

48 **c) § 137 S. 1.** Problematisch ist angesichts des § 137 S. 1, ob eine Verfügung an die auflösende Bedingung der (abredewidrigen) Weiterverfügung geknüpft werden darf, da damit im praktischen Ergebnis ein dinglich wirkendes Verfügungsverbot begründet wird. Die hM bejaht die Zulässigkeit einer solchen Bedingung,[124] im Schrifttum finden sich bislang eine ablehnende sowie mehrere einschränkende Auffassungen.[125] Die durch **abredewidrige Weiterverfügung** auflösend bedingte Verfügung schafft die Gefahr, dass bestimmte Vermögensgegenstände für immer dem Verkehr entzogen werden[126] bzw. die Vollstreckung in den entsprechenden Gegenstand verhindert wird, wenn man trotz § 851 Abs. 2 ZPO auch die Pfändung der Weiterverfügung gleichstellt oder ausdrücklich in die Bedingung mit aufnimmt.[127] Angesichts der Tatsache, dass mit den §§ 158 ff. viele Rechtsinstitute des Allgemeinen Teils bzw. des Schuldrechts simuliert werden können (→ Rn. 7 f., 15–31), sollte man, soweit eine bestimmte Bedingungskonstruktion vergleichbare Wirkungen hat, auch die Beschränkungen des simulierten Rechtsinstituts, soweit gesetzlich ausgestaltet, auf die entsprechende Bedingungskonstruktion anwenden.[128] Dann verbietet § 137 entgegen der hM die Bedingung abredewidriger Weiterverfügung bei Verfügungsgeschäften generell, und zwar auch innerhalb eines Treuhandverhältnisses oder bei vorweggenommener Erbfolge.[129] Zur der in § 161 selbst angeordneten Verfügungsbeschränkung → § 161 Rn. 6 ff., 11.

49 Erst wenn Verfügung und abredewidrige Weiterverfügung oder -belastung durch eine auflösende Bedingung miteinander verknüpft werden, kommt es praktisch zu einer dinglich wirkenden Verfügungsbeschränkung, die § 137 untersagt.[130] Auflösende Bedingungen, die nicht auf die Weiterverfügung, sondern auf andere Umstände abstellen, werden von § 137 dagegen nicht erfasst, da die Verfügung über den bedingt erworbenen Gegenstand selbst keine Folgen auslöst. Zulässig ist daher etwa die auflösende Bedingung der Kredit-

---

119 Staudinger/*Bork* BGB Vor § 158 Rn. 33 unter Hinweis auf BAGE 4, 274, 285.

120 Im Grundsatz BGH GmbHR 2005, 1558 (1559), im konkreten Fall aber sah das Gericht die Vertragskonstruktion als ausnahmsweise zulässig an.

121 Vgl. etwa *Rieble* DB 1997, 1165 (1168) unter IV. 2.

122 Ausführlich dazu *v. Wilmowsky* ZIP 2007, 554 ff.

123 BGH NJW-RR 2011, 882 Rn. 13 ff., aA *v. Wilmowsky* EWiR 2011, 473 f.; s. noch zur Insolvenzanfechtung bestimmter bedingter Geschäfte unten Fn. 186 aE.

124 S. dazu vor allem § 137 Rn. 15; BGH NJW 1997, 861 (862) = BGHZ 134, 182, 187 (obiter); Staudinger/*Kohler* BGB § 137 Rn. 30–33 mwN zu allen Auffassungen; ferner BeckOK BGB/*Wendtland* § 137 Rn. 8; Palandt/*Ellenberger* BGB § 137 Rn. 4; *Timm* JZ 1989, 13 ff.; *Henssler* AcP 196 (1996), 37, 69 f.

125 Die Konstruktion grds. verneinend *Flume* BGB AT Bd. 2 § 17, 7; differenzierend Soergel/*Hefermehl* BGB § 137 Rn. 14; *Medicus* BGB AT Rn. 852; *Berger*, S. 168 ff.

126 *Berger*, S. 179 f., zu Recht das Argument ablehnend, immerhin bleibe eine gewisse Verkehrsfähigkeit wegen Abs. 3 (Gutglaubensschutz) erhalten (so aber *Timm* JZ 1989, 13 (17)). Mit der Hypothese eines vertragswidrigen Verhaltens darf insoweit nicht argumentiert werden.

127 Vgl. *Berger*, S. 180 f.

128 Deshalb können die nicht in Verbotsform gegossenen Systemgrundlagen Trennungs- und Abstraktionsprinzip durch eine Bedingungskonstruktion ausgehebelt werden, nicht aber das ausdrückliche Verbot rechtsgeschäftlicher Verfügungsbeschränkungen (das seinerseits diese Grundlagen schützt, vgl. insoweit *Berger*, S. 77 f.); anders *Berger*, S. 182, der meint, es sei widersprüchlich, nur bei § 137 anderswo längst aufgegebene Systemgrundlagen kompromisslos zu verteidigen; → Rn. 59.

129 Insoweit anders *Berger*, S. 184 ff.; die Unterscheidung solcher Fallgruppen ist aber jedenfalls in § 137 nicht angelegt, passt auch nicht zu seinen Ausführungen auf den S. 159–160, in denen er eine Sonderbehandlung der Treuhandverhältnisse im Grundsatz ablehnt, und versagt schließlich, wenn man auf das Unmittelbarkeitsprinzip als Abgrenzungsmerkmal der Treuhand verzichten will, so etwa mit *Grundmann*, Der Treuhandvertrag, S. 4, 79–81, 312–317, 320 und *Henssler* AcP 196 (1996), 37, 54 f. je mwN.

130 Anders *Flume* BGB AT Bd. 2 § 38 2 d, § 687 der Verfügungen unter auflösenden Wollensbedingungen generell für unzulässig hält; ähnlich Jauernig/*Jauernig* BGB § 158 Rn. 4.

rückzahlung. Die Vereinbarung einer auflösend bedingten **Sicherungsübereignung** für den Fall der Weiterverfügung durch den Sicherungsnehmer wird aber grundsätzlich von § 137 S. 1 erfasst und stellt entgegen der hM[131] auch eine unzulässige Beschränkung der Verfügungsbefugnis des Sicherungsnehmers dar, der ja sonst nur noch an Gutgläubige (§§ 161 Abs. 3, 936) wirksam verfügen könnte.

d) §§ 305 ff. Formularvertraglich vereinbarte Bedingungen können insbesondere gem. §§ 307, 308 Nr. 1 u. 3,[132] 309 Nr. 6 unwirksam sein. **50**

3. Widersprüchliche und unmögliche Bedingungen. Was gewollt ist, wenn die Parteien die Erfüllung **51** von (einzelnen) Vertragspflichten einer Partei zur aufschiebenden Bedingung dieses Vertrags machen,[133] ist weitgehend Auslegungsfrage. Einerseits kommt **Nichtigkeit** des gesamten Vertrages in Betracht, da die aufschiebende Bedingung wegen ihrer suspendierenden Wirkung einer gleichzeitigen bestehenden Vertragspflicht widerspricht.[134] Man wird jedoch im Einzelfall ermitteln müssen, ob die Parteien etwas Sinnvolles gewollt haben, einer solchen **Auslegung** ist im Zweifel der Vorrang zu geben.[135] Die Regelung des § 2084 enthält insoweit einen allgemeinen Rechtsgedanken. Insbesondere kommt in Betracht, die aufschiebende Wirkung des Vertrages auf die einzelne Pflicht zu begrenzen, jedenfalls aber für die zu erfüllende Vertragspflicht eine unbedingte Wirkung bzw. eine Vorleistungspflicht anzunehmen.[136]

Als **unmögliche** Bedingungen bezeichnet man solche Bedingungen, deren Eintritt von Anfang an unmög- **52** lich war; bei nachträglicher Unmöglichkeit liegt ein Ausfall (dazu → Rn. 57) der Bedingung vor.[137] Davon zu unterscheiden ist die Unmöglichkeit einer geschuldeten Leistung, die wiederum vertraglich zur Bedingung der Wirksamkeit des Geschäfts gemacht werden kann, so dass § 311 a vertraglich ausgeschaltet wird. Die Regelung des § 308 aF kann daher durch Parteivereinbarung wiederhergestellt werden, wofür richtigerweise sogar eine Auslegungsregel spricht, da die unbedingte Vereinbarung einer beiden Parteien bekannten unmöglichen Leistung im Zweifel nicht gewollt ist.

4. Rechtsfolgen unzulässiger und unmöglicher Bedingungen. Je nach Grund für die Unzulässigkeit **53** der Bedingung und nach Art der Bedingung kommen unterschiedliche Rechtsfolgen in Betracht. Liegt eine unzulässige oder unmögliche **aufschiebende** Bedingung vor, so ist das bedingte Rechtsgeschäft grundsätzlich insgesamt unwirksam, da eine Aufrechterhaltung nach § 139 oder § 140 wegen der weiter gehenden Wirkungen des unbedingten Geschäfts von den Parteien nicht gewollt ist[138] bzw. bei einseitigen Geschäften nicht im Interesse des Erklärungsempfängers liegt.[139] Das Gesetz kann etwas anderes anordnen, namentlich die unbedingte Wirksamkeit des Geschäfts gegenüber Dritten, so etwa §§ 50 Abs. 2, 126 Abs. 2, 161 Abs. 2 HGB oder mit Rücksicht auf Drittinteressen, so in Art. 12 Abs. 1 S. 2 WG, Art. 15 Abs. 1 S. 2 ScheckG.

Bei unzulässigen oder unmöglichen **auflösenden** Bedingungen ist noch weiter zu unterscheiden: Soweit die **54** Bedingung zulässig, aber unmöglich ist, ist das Rechtsgeschäft so zu behandeln, als wäre die Bedingung ausgefallen, es ist also endgültig wirksam. Unzulässig auflösend bedingte Verträge werden ebenfalls grundsätzlich endgültig wirksam, was zum Teil mit einer Aufrechterhaltung nach § 139 erklärt wird,[140] zT mit dem Zweck der jeweiligen Verbotsnorm.[141] Paradebeispiel sind unzulässig befristete oder bedingte Arbeits- oder Wohnraummietverhältnisse. Meist bleibt noch ein Rest der unzulässigen Befristung in Form von

---

131 *Medicus* BGB AT Rn. 852; *Timm* JZ 1989, 13 ff.
132 Dazu ausführlich BGH NJW 2011, 1215 ff., wonach § 308 Nr. 3 nicht auch aufschiebend bedingte Ansprüche erfasst, insoweit aber auf § 308 Nr. 1 verweist.
133 Beispiele in den Sachverhalten (!) aus BGH WM 1969, 835, wo ein Vertrag unter der Wirksamkeitsvoraussetzung stand, dass der Vermieter ein befristetes Nutzungsrecht zugunsten des Mieters in das Grundbuch eintragen lasse, wozu er in dem Vertrag verpflichtet wurde; BGH WM 2004, 752: Kaufvertrag unter aufschiebender Bedingung der Erfüllung der Zahlungspflicht; vgl. auch OLG Köln NJW-RR 1999, 1733: Programmerstellungsvertrag unter der ausdr. aufschiebenden Bedingung, dass bis zu einem festgelegten Zeitpunkt eine Programmbeschreibung erstellt sein müsse.
134 Vgl. Erman/*Armbrüster* BGB Vor § 158 Rn. 11 und Staudinger/*Bork* BGB Vor § 158 Rn. 31 zur Nichtigkeit des Gesamtgeschäfts bei widersprüchlicher oder unverständlicher Bedingung, Letzterer gleichzeitig zum Vorrang der Auslegung. BGH NJW 1993, 1381

(1382) hält schon die Bedingung der vollständigen Erbringung der Leistung als Voraussetzung der Gegenleistung für problematisch.
135 Vgl. BGH NJW 1993, 1381 (1382 f.).
136 So etwa in BGH WM 1969, 835. Gerade umgekehrt argumentiert man OLG Köln NJW-RR 1999, 1733: die Parteien hätten durch die aufschiebende Bedingung aus der Nebenpflicht eine Hauptpflicht gemacht. Vgl. auch BGH NJW 1993, 1381 (1382 f.); in BGH WM 2004, 752 (753) spricht der BGH dagegen davon, dass mit der Zahlung die Verpflichtung dazu erst endgültig entstehe.
137 Staudinger/*Bork* BGB Vor § 158 Rn. 30; MüKoBGB/ *Westermann* § 158 Rn. 48.
138 Zu einem solchen Fall BGH NJW 1999, 351.-.
139 HM, vgl. Soergel/*Wolf* BGB § 158 Rn. 32 (aufschiebende Bedingung kein isolierbarer Teil des Rechtsgeschäfts; gegen diese Begründung BeckOGK/*Reymann* Rn. 19); iE ebenso Staudinger/*Bork* BGB Vor § 158 Rn. 12, 33, 44.
140 Soergel/*Wolf* BGB § 158 Rn. 32.
141 MüKoBGB/*Westermann* § 158 Rn. 46.

Wackerbarth 1343

befristeten Kündigungsausschlüssen übrig.[142] Man kann die Wirksamkeit auch damit erklären, dass der unter aufschiebender Bedingung vorgenommene actus contrarius[143] gem. → Rn. 52 unwirksam ist. Auch hier kann das Gesetz etwas anderes anordnen, so etwa für die bedingungsfeindliche Auflassung, § 925 Abs. 2.

55 Unzulässig bedingte **Gestaltungserklärungen** sind stets unwirksam, seien sie nun aufschiebend oder auflösend bedingt oder befristet. Das sagt ausdrücklich Art. 26 Abs. 2 WG für die Wechselannahme, aber auch sonst wäre die – so ja nicht erklärte – Gestaltungswirkung dem anderen Teil nicht zumutbar.[144] Ist eine **formularvertragliche** Bedingung nach den §§ 305 ff. unzulässig, folgt die endgültige Wirksamkeit des Restgeschäfts dagegen aus § 306 Abs. 1, soweit sich aus § 306 Abs. 3 nichts Abweichendes ergibt.

B. Regelungsgehalt

I. Aufschiebende Bedingung (Abs. 1)

56 **1. Allgemeines.** Durch die Vereinbarung einer aufschiebenden Bedingung tritt nach dem Wortlaut des Abs. 1 die von der Bedingung abhängig gemachte Wirkung erst im Zeitpunkt des Umstandseintritts (ex nunc) ein.[145] Damit verwirft das Gesetz die sog. Pendenztheorie, die ein rückwirkendes Wirksamwerden des bedingten Geschäfts annimmt.[146] Das Gesetz spricht von der abhängig gemachten Wirkung. Es bringt damit zum Ausdruck, dass nicht das Rechtsgeschäft selbst, sondern nur seine **Rechtsfolgen** erst später Wirksamkeit erlangen. Dementsprechend müssen die übrigen Wirksamkeitsvoraussetzungen des Rechtsgeschäfts (zB Geschäftsfähigkeit, Verfügungsbefugnis, Form, Übergabe bei § 929) nicht im Zeitpunkt des Bedingungseintritts, sondern bei der Vornahme des bedingten Rechtsgeschäfts vorliegen.[147] Zugleich ist damit angedeutet, dass die Parteien auch nur **einzelne Wirkungen** des Rechtsgeschäfts unter eine Bedingung stellen können.[148]

57 **2. Rechtslage während des Schwebezustands.** Das bedingte Rechtsgeschäft selbst ist sofort gültig[149] und entfaltet bereits vor Bedingungseintritt bestimmte **Sofortwirkungen**. Dies gilt auch dann, wenn die Parteien sämtliche Rechtswirkungen eines Vertrages unter die Bedingung gestellt haben; der zwischen ihnen abgeschlossene Vertrag bindet sie zum einen im Hinblick auf die allgemeinen vorvertraglichen, vertraglichen und nachvertraglichen[150] Treue- und Schutzpflichten (§§ 280, 241 Abs. 2, 242),[151] da diese gesetzlicher Natur sind. Daraus folgt etwa eine Pflicht, den Vertragspartner über den Eintritt oder Ausfall der Bedingung zu informieren, soweit das diesem nicht erkennbar ist, er aber zugleich – wie regelmäßig – ein Interesse an der Information hat;[152] nicht allerdings, wenn es Sache des anderen ist, für den Eintritt der Bedingung zu sorgen.[153] Ein aufschiebend bedingtes Veräußerungsgeschäft kann im Steuerrecht bereits während des Schwebezustandes als Veräußerung zu behandeln sein.[154] Aufschiebend bedingte Forderungen gehören zum Vermögen des Berechtigten und sind abtretbar; der Zessionar erwirbt sie mit der Abtretung und nicht erst mit Bedingungseintritt.[155] Im Hinblick auf das bedingte Recht selbst und bezüglich des Schwebezustandes enthält das Bedingungsrecht in den §§ 160–162 nähere Regelungen, sog. **Vorwirkungen** (näher dort → § 160 Rn. 1).

58 **3. Die Entscheidung über die Bedingung.** Der durch die Bedingung geschaffene Schwebezustand wird grundsätzlich entweder durch den Eintritt des zur Bedingung gemachten Lebensumstands beendet oder durch dessen **Ausfall**. Erklärungsbedürftig ist der Begriff des Ausfalls, da er im Gesetz nicht verwendet wird. Damit gemeint ist, dass der zur Bedingung gemachte Lebensumstand nicht eingetreten ist und auch nicht mehr eintreten kann (nachträgliche Unmöglichkeit).[156] Falls die Parteien keinen spätesten Tag für die Entscheidung über die Bedingung festgelegt haben, so könnte – je nach Lebensumstand und Formulierung der Bedingung – der **Schwebezustand** unbegrenzt andauern, wenn die Bedingung zwar noch nicht eingetre-

---

142 Z. nach § 16 S. 1 Hs. 2 TzBfG, im Wege der Auslegung eines Mietverhältnisses auch BGH NJW 2013, 2820; dazu *Kühn/Stenzel* NJOZ 2014, 1721 1724 ff. mit der verallgemeinernden Überlegung, dass bei unwirksamer Befristung regelmäßig Vertragskontinuität für die anvisierte Laufzeit gewollt sei.

143 Vgl. dazu Soergel/*Wolf* BGB § 158 Rn. 22 und → Rn. 64.

144 Vgl. auch Soergel/*Wolf* BGB § 158 Rn. 49.

145 BGH NJW 1998, 2360 (2362).

146 *Eichenhofer* AcP 185 (1985), 162, 165.

147 BGHZ 20, 88, 97; Palandt/*Ellenberger* BGB Vor § 158 Rn. 8; Soergel/*Wolf* BGB § 158 Rn. 11.

148 Staudinger/*Bork* BGB § 158 Rn. 12.

149 OVG NRW 25.6.2018 – 4 A 1352/16, juris Rn. 8, BGH NJW 1994, 3227 (3228 f.)m.w.N.

150 Zur positiven Vertragsverletzung nach Entscheidung über die Bedingung BGH NJW 1990, 507 (508).

151 Ausdrücklich BGH NJW 1992, 2489 (2490); BGHZ 90, 302, 308 = NJW 1984, 2034 (2085); BGH WM 1969, 835 f.; Staudinger/*Bork* BGB § 158 Rn. 17; Soergel/*Wolf* BGB § 158 Rn. 9, 26.

152 Soergel/*Wolf* BGB § 158 Rn. 9, 26; Staudinger/*Bork* BGB § 158 Rn. 17.

153 BGH NJW 1987, 1631; Soergel/*Wolf* BGB § 158 Rn. 26.

154 BFH DStR 2015, 742.

155 BGH NJW 2018, 3018 Rn. 11.

156 Palandt/*Ellenberger* BGB § 158 Rn. 3.

ten ist, aber auch noch nicht unmöglich geworden ist. Zwar kann das kaum bei bedingten Verfügungen geschehen, da diese meist an das Schicksal des Kausalgeschäfts geknüpft sind (Sicherungstreuhand, Eigentumsvorbehalt).

Wohl aber können Verpflichtungsgeschäfte unter langfristige Bedingungen gestellt sein, ohne dass dies den **59** Parteien bei Abfassung bewusst war. Das Problem eines **ewigen Schwebezustandes** kann auf unterschiedlichen Wegen beseitigt werden. Nach der Rechtsprechung ist eine Bedingung nicht nur dann ausgefallen, wenn sie objektiv nicht mehr eintreten kann, sondern auch dann, wenn der Zeitraum, innerhalb dessen der Eintritt der Bedingung zu erwarten war, verstrichen ist.[157] Die Vertragspartner können den Zeitraum also zunächst ausdrücklich durch eine **Stichtagsregelung** festlegen.[158] Ferner kann er sich konkludent aus den Umständen ergeben. Ist auch dies nicht ergiebig, so darf das dennoch nicht dazu führen, dass der durch den bedingten Vertragsabschluss entstehende Schwebezustand unbegrenzt bleibt.[159] Beide Partner haben ein berechtigtes Interesse an der Klärung, ob und wie lange sie sich noch erfüllungsbereit zu halten haben. Daher kann jedenfalls bei Potestativbedingungen nach Auffassung des BGH die eine Partei der anderen, auf deren Verhalten es ankommt, nachträglich „analog §§ 146, 148" eine angemessene Frist zur Vornahme der Handlung setzen und damit die Entscheidung über die Bedingung herbeiführen.[160] Die zitierten Vorschriften enthalten eine solche Ermächtigung jedoch kaum. Nach § 148 kann nur ein nicht bindendes Angebot wegen der jederzeitigen Widerruflichkeit nachträglich befristet werden, bei bedingten Verträgen käme die Fristsetzung jedoch einer einseitigen Vertragsänderung gleich.

Zu ähnlichen Ergebnissen gelangt man aber, wenn man auf derartige Situationen die §§ 281, 323, 350, 455, **60** 314 analog anwendet.[161] Soweit die Bedingungskonstruktion Funktionen eines Rücktrittsvorbehalts übernimmt (aufschiebende oder auflösende Potestativbedingung), sollte dem anderen Teil eine Frist analog § 350 gesetzt werden können. Bei reinen Wollensbedingungen ergibt sich Entsprechendes aus § 455 analog. Ist die Erfüllung einer durchsetzbaren Pflicht zur Bedingung gemacht, so kommt noch eine Fristsetzung gem. §§ 281, 323 in Betracht. Für Anwartschaftsrechte mag Besonderes gelten. Ansonsten kann das bedingte Geschäft bei **Unzumutbarkeit** des fortdauernden Schwebezustands gem. § 314 außerordentlich gekündigt werden. Dies hat nicht zur Folge, dass die Bedingung als eingetreten oder ausgefallen gilt, sondern dass das Geschäft selbst und die in den §§ 160 f. angeordneten Vorwirkungen mit dem Geschäft ex nunc entfallen. Mit einem so beendeten Kausalgeschäft fällt auch der Rechtsgrund für etwa erbrachte Leistungen im Sinne des § 812 Abs. 1 S. 2 Alt. 1 weg.

4. Verpflichtungsgeschäfte. Tritt die aufschiebende Bedingung ein, so wird das Geschäft voll gültig. **61** Fällt sie dagegen aus, so wird es endgültig unwirksam.[162] Ist vor Eintritt der Bedingung bereits zur Erfüllung der bedingten Verpflichtung geleistet worden, so kann in der Leistung und ihrer Annahme zum einen eine Vertragsänderung zu sehen sein, da man fragen muss, warum jemand leistet, wenn die Bedingung noch nicht eingetreten ist.[163] Zum anderen kann es sich um eine Leistung im Sinne des § 812 Abs. 1 S. 2 Fall 2 (Nichteintritt des mit der Leistung bezweckten Erfolges) handeln;[164] in diesem Falle ist auch § 820 Abs. 1, Abs. 2 anwendbar. Vgl. auch noch → § 159 Rn. 5 f.

5. Verfügungsgeschäfte. Bei aufschiebend bedingter Verfügung tritt die Verfügungswirkung nur und **62** immer dann unmittelbar im Zeitpunkt des Bedingungseintritts ein, wenn die sonstigen Voraussetzungen des Geschäfts zuvor vorgelegen haben. Insbesondere bei der Übereignung gem. § 929 wird von der hM Einigsein im Zeitpunkt des Publizitätsaktes (der Übergabe) verlangt.[165] Hat die Einigung in diesem Zeitpunkt noch vorgelegen, ändert ein späterer Widerruf der Einigung – auch wenn er vor oder bei dem Bedingungseintritt erfolgte – nichts mehr an dem Eigentumserwerb bei Bedingungseintritt. Beim Eigentumsvorbehalt stellen sich keine Probleme, weil dem Vorbehaltskäufer vor Bedingungseintritt die Sache übergeben wird. Wird sie ihm erst nachträglich übergeben, tritt die Verfügungswirkung – bei Einigsein – auch erst in diesem Zeitpunkt ein. Auch die aufschiebend bedingte Sicherungsübereignung ist vorstellbar, weil die fehlende Übergabe gem. § 930 durch die Sicherungsabrede ersetzt wird.

---

157 BGH NZM 2018, 289 Rn. 8; BGH NJW 1985, 1556 (1557) mwN; RGZ 79, 96; BGH DB 1967, 1315.
158 Zu unterscheiden von einer Kombination aus Bedingung und Befristung. Beispiel zur Stichtagsregelung: „sobald du – spätestens bis zum Jahresende – dein Examen bestanden hast", Beispiel zur Kombination: „am Jahresende, falls du bis dahin dein Examen bestanden hast". S. zur möglichen Kombination von Bedingung und Befristung zB BAG NZA 2003, 611.
159 BGH NJW 1985, 1556 (1557).

160 BGH NJW 1985, 1556 (1557).
161 Von BGH NJW 1985, 1556 (1557) nur ergänzend angesprochen.
162 Soergel/*Wolf* BGB § 158 Rn. 28.
163 Vgl. BGH NJW 2001, 1859 (1860).
164 BGH NJW 2001, 1859 (1860); vgl. auch Soergel/ *Wolf* BGB § 158 Rn. 28 aE.
165 BGHZ 20, 88, 97; näher die Erläuterungen von NK-BGB/*Meller-Hannich/Schilken* § 929 Rn. 33, 61.

II. Auflösende Bedingung (Abs. 2)

63   **1. Wirkung der auflösenden Bedingung.** Siehe zunächst oben zur aufschiebenden Bedingung Nr. 1 (→ Rn. 55), Nr. 2 (→ Rn. 56) und Nr. 3 (→ Rn. 57) entsprechend.

64   Durch die Vereinbarung einer auflösenden Bedingung tritt nach dem Wortlaut des Abs. 2 die von der Bedingung abhängige Wirkung sofort ein und im Zeitpunkt des Bedingungseintritts, dh ex nunc, wieder außer Kraft. Wenn das Gesetz davon spricht, dass der frühere Rechtszustand wieder eintritt, so ist das ungenau bzw. missverständlich. Denn wie sich aus § 159 ergibt, geht es nicht um eine rückwirkende Wiederherstellung des status quo ante, vielmehr fallen lediglich die bedingten Wirkungen weg.[166] Fällt die Bedingung dagegen aus, so bleiben die Wirkungen des Rechtsgeschäfts endgültig in Kraft.

65   Auflösend bedingte **Verfügungsgeschäfte** kann man auch verstehen als unbedingte Verfügung unter gleichzeitiger Vornahme der aufschiebend bedingten entgegengesetzten Verfügung.[167] Bei Eintritt der Bedingung treten die Wirkungen der entgegengesetzten Verfügung ein; bei Ausfall wird die Verfügung endgültig wirksam. Wie bei der aufschiebend bedingten Verfügung stellen sich hier Fragen der Publizität. Eine auflösend bedingte Sicherungsübereignung, bei der die Übereignung durch Kreditrückzahlung auflösend bedingt ist, mag ja wegen § 929 S. 2 unproblematisch sein. Der Darlehensnehmer ist regelmäßig zur Zeit der Rückzahlung noch unmittelbarer Besitzer der übereigneten Sache. Ein etwa vereinbarter „auflösender Eigentumsvorbehalt", durch den der Verkäufer das Eigentum bei nicht rechtzeitiger vollständiger Kaufpreiszahlung bedingt zurückerwerben soll, scheitert jedoch an § 930, wenn nicht zugleich für eben diesen Fall ein Besitzkonstitut vereinbart wird, woran dem Verkäufer jedoch in aller Regel gerade nicht gelegen ist.[168] Eine rein durch § 158 Abs. 2 vermittelte Verfügungswirkung ist zu verneinen.[169]

66   **2. Weitere Rechtsfolgen der Vereinbarung einer auflösenden Bedingung oder Befristung von Dauerschuldverhältnissen.** Die auflösende Befristung eines Dauerschuldverhältnisses schließt regelmäßig dessen ordentliche Kündigung aus, wenn die Parteien nichts anderes bestimmen (vgl. etwa § 542, § 620 Abs. 2 BGB; § 15 Abs. 3 TzBfG). Gleiches gilt aber nicht für das auflösend bedingte Dauerschuldverhältnis, da dieses ein unbefristetes Dauerschuldverhältnis ist.[170] Ausnahmsweise enthält § 21 TzBfG für das Arbeitsverhältnis einen Ausschluss der ordentlichen Kündigung des Arbeitgebers auch für auflösend bedingte Arbeitsverhältnisse. Aber auch § 21 TzBfG bringt durch den Nichtverweis auf § 15 Abs. 4 TzBfG zum Ausdruck, dass ein auflösend bedingtes Arbeitsverhältnis im Grundsatz ein unbefristetes Dauerschuldverhältnis ist.

67   **3. Eintritt der Bedingung.** Tritt die auflösende Bedingung ein, so kann das aufgrund des bedingten Vertrages Geleistete gem. §§ 812 Abs. 1 S. 2 Alt. 1, 820 Abs. 1 S. 2 zurückgefordert werden,[171] sa → § 159 Rn. 4 ff.

III. Abgrenzungsprobleme (affirmative und negative Bedingung)

68   Durch die Unterscheidung in auflösende und aufschiebende Bedingungen verdeutlicht § 158, dass bei der Auslegung zuerst festgestellt werden muss, ob die Parteien die Wirkungen des Rechtsgeschäfts sofort mit späterem Ende (auflösend) oder erst später (aufschiebend) wollen. Der Umstand, von dessen Eintritt die Wirkungen abhängen sollen, spielt für die Abgrenzung nur eine untergeordnete Rolle. Denn in welcher Weise die Wirkungen von dem Umstand abhängen sollen, ist eine reine Frage der Formulierung bzw. des Parteiwillens, jedem Umstand kann sowohl auflösende als auch aufschiebende Wirkung beigemessen werden, je nachdem, ob man auf seinen **Eintritt** oder **Nichteintritt** abstellt. Beispiel: Verfügen die Parteien abhängig vom Umstand X, wobei X die Wirksamkeit begründen soll, so kann die Verfügung aufschiebend bedingt sein, so dass erst durch den Umstandseintritt die Verfügung wirksam wird; sie kann gleichermaßen auflösend bedingt sein, so dass sie sofort wirksam ist und nur endet, wenn der Umstand X innerhalb einer Frist nicht eingetreten ist. Ist die Wirksamkeit an einen jetzt bestehenden **Zustand** geknüpft, so wird freilich regelmäßig eine auflösende Bedingung vorliegen, während bei der Anknüpfung der Wirksamkeit an ein **Ereignis** eine aufschiebende Bedingung gewollt ist.

69   Dementsprechend liegt es umgekehrt, wenn die Unwirksamkeit an einen Zustand oder ein Ereignis geknüpft wird. Da § 158 von den Wirkungen des Rechtsgeschäfts spricht, ist zuerst zu ermitteln, unter welchen Umständen die Parteien die Geltung wollen. Juristische Laien werden freilich das Gewollte manchmal unpräzise zum Ausdruck bringen und nur aussprechen, unter welchen Umständen das Gewollte gerade nicht

---

166   Vgl. nur Erman/*Armbrüster* BGB § 158 Rn. 5.
167   Soergel/*Wolf* BGB § 158 Rn. 22.
168   Vgl. auch MüKoBGB/*Westermann* § 449 Rn. 19.
169   Vgl. aber Staudinger/*Bork* BGB § 158 Rn. 21, 22 (es bedürfe weder Einigung noch Übergabe, § 985

komme zum Zuge); ausdr. aA auch *Flume* BGB AT Bd. 2 § 40 2 d.
170   BayObLG NJW-RR 1993, 1164 f.
171   Ebenso Soergel/*Wolf* BGB § 158 Rn. 29; BGH MDR 1959, 658 = LM § 159 Nr. 1.

gelten soll. Bei derartigen Formulierungen muss die Auslegung zunächst das Ziel haben, die Umstände zu ermitteln, unter denen das Geschäft gelten soll. Anschließend ist zu prüfen, ob der Wille der Parteien auf sofortige Geltung oder spätere Geltung des Geschäfts gerichtet ist, erst dann ist klar, von welchen genauen Umständen das Geschäft auflösend oder aufschiebend abhängig ist. Eine Auslegungsregel für testamentarische Zuwendungen enthält § 2075.

C. Weitere praktische Hinweise

I. Mehrere Umstände

Mehrere Umstände können miteinander verknüpft werden (Beispiel: Kaufvertrag steht unter der aufschiebenden Bedingung, dass zugleich der Dax über 4.000 Punkten liegt und der Krieg im Irak beendet ist). Dann muss über den Eintritt oder Ausfall der Bedingung einheitlich entschieden werden. Ein Ausfall der bezeichneten Bedingung ist niemals denkbar (jeder Krieg kann beendet werden, der Dax kann irgendwann über 4.000 Punkte steigen). Letztlich kommt also nur eine Beendigung des Schwebezustandes durch den Eintritt der Bedingung infrage – oder durch Kündigung nach § 314 (→ Rn. 59 f.). **70**

Ein Rechtsgeschäft kann an verschiedene Bedingungen geknüpft und damit zugleich aufschiebend und auflösend bedingt oder befristet sein, einzelne seiner Wirkungen können aufschiebend, andere auflösend bedingt oder befristet werden, auch ein einzelner Umstand kann zugleich auflösende und aufschiebende Wirkungen haben.[172] **71**

II. Einzelfälle (Auslegung)

Der Kauf eines Gebrauchtwagens unter dem Vorbehalt, dass eine **Probefahrt keine technischen Mängel** ergibt, soll unter aufschiebender Bedingung vorgenommen sein.[173] Sogenannte **Konditionsgeschäfte** sollen erst dann endgültig sein, wenn der Käufer seinerseits weiterverkauft hat, andernfalls kann er die Sache zurückgeben. Die Rechte des Käufers können dabei unterschiedlich ausgestaltet sein, je nachdem, ob er zur freien Rückgabe berechtigt sein soll oder nur innerhalb einer bestimmten Frist. In Betracht kommen Rücktrittsvorbehalt,[174] Wiederverkaufsrecht,[175] durch Rückgabe auflösend bedingter Kaufvertrag, bis zum Weiterverkauf aufschiebend bedingter bzw. durch Nichtrückgabe innerhalb einer Frist auflösend bedingter Kauf.[176] Schließt ein Hotelbetreiber einen Stromlieferungsvertrag, der am 1.1. beginnt, so steht dieser nicht unter der konkludenten Bedingung, dass der bestehende Liefervertrag bis zu diesem Zeitpunkt beendet ist, auch wenn das Energieunternehmen verspricht, sich um die Kündigung des Altvertrags zu kümmern.[177] **72**

Die Klausel **„Bezahlung bar bei Erstzulassung bzw. Finanzierung"** stellt den Kaufvertrag über ein Kfz unter die auflösende Bedingung des (Nicht-)Zustandekommens der Finanzierung, wenn dem Verkäufer klar ist, dass der Käufer nicht bar zahlen kann.[178] Schon die zeitgleich zum Abschluss eines Kaufvertrags erfolgende Stellung eines vom Verkäufer vermittelten Antrags auf Finanzierungsleasing für die verkaufte Sache kann den Kaufvertrag **konkludent unter eine auflösende Bedingung** stellen.[179] In ähnlicher Form kann die Klausel: **„Auszahlung des Darlehens nach Stellung einer Bankbürgschaft als Sicherheit"** den Darlehensvertrag unter die aufschiebende Bedingung der Beibringung der Bürgschaft stellen,[180] während es bei Bankdarlehen aufgrund der Interessenlage regelmäßig anders und die Beibringung der Sicherheit Vertragspflicht ist.[181] Eine konkludent vereinbarte aufschiebende Bedingung des Zustandekommens einer Finanzierung nimmt das OLG Jena an, wenn bei Abschluss eines „Hausvertrags" dem Bauträger klar ist, dass diese angesichts prekärer Verhältnisse beim Bauherrn unsicher ist.[182] **73**

---

172 BayObLG NJW-RR 1988, 982.
173 LG Berlin MDR 1970, 923.
174 OLG München BB 2001, 1119.
175 So BGH NJW 2002, 506 gegen OLG München BB 2001, 1119.
176 Zu den letzten drei Möglichkeiten BGH NJW 1975, 776 (777).
177 OLG Düsseldorf 20.3.2019 – 27 U 36/17, juris Rn. 21 f.
178 OLG Braunschweig NJW-RR 1998, 567; vgl. auch BGH DAR 1990, 299, wo der Kaufvertrag durch den handschriftlichen Hinweis auf einen Leasingvertrag

unter die auflösende Bedingung dessen Nichtzustandekommens gestellt wurde. Da der Käufer sich weigerte, den Leasingvertrag abzuschließen, galt die Bedingung indes gem. § 162 Abs. 2 als ausgefallen; s. ferner LG Zweibrücken NJW-RR 1995, 816.
179 BGH NJW 2014, 1519 Rn. 21.
180 BGH LM Nr. 22 zu § 158 BGB = NJW-RR 1997, 304.
181 BGH WM 1969, 1107 = NJW 1969, 1957; Gegenbeispiel bei OLG Saarbrücken WM 1981, 1212.
182 OLG Jena NJ 2020, 60, juris Rn. 31-37.

74 Arbeitsvertragliche Abfindungsansprüche aus **Aufhebungsverträgen** sind nicht nur auf den Aufhebungs-termin befristet, sondern stehen regelmäßig auch unter einer **Erlebensbedingung**.[183] Stirbt der Arbeitneh-mer vor dem Aufhebungstermin, können seine Erben daher die Auszahlung der Abfindung nicht verlan-gen.[184] Es soll freilich auf die Umstände des Einzelfalls ankommen,[185] wobei die entsprechende Bedingung meist dem Vertragszweck entnommen wird, ohne dass die im Urteil behauptete Bedingung im Vertrags-wortlaut auch nur angedeutet wäre. Insbesondere waren die Umstände in zwei Entscheidungen des BAG aus den Jahren 1987 und 1997 fast identisch, das Ergebnis aber nicht.[186]

75 Bestimmt ein Vertrag, dass ein **Mietverhältnis** zum Zeitpunkt der Bezugsfertigkeit beginnt, die spätestens bis zum … herzustellen ist, wobei im fraglichen Zeitraum den Vermieter bereits bestimmte Pflichten tref-fen, so spricht bei der Abgrenzung zwischen aufschiebender Bedingung (der rechtzeitigen Bezugsfertigkeit) und bloßer Fälligkeitsregelung die sofortige unbedingte Pflichtübernahme in manchen Teilen gegen die Annahme einer Bedingung für die übrigen Teile des Vertrags.[187] Insgesamt ist die Rechtsprechung bei der Annahme bedingter Mietverhältnisse sehr zurückhaltend.[188]

III. Beweislast

76 **1. Für die Vereinbarung der Bedingung.** Streit besteht teilweise hinsichtlich der Beurteilung der Beweislast bei der Berufung auf eine Bedingung. Für die Frage, ob eine Bedingung überhaupt Teil des Rechtsgeschäfts geworden ist, ist zwischen schriftlichem und mündlichem Vertragsschluss zu unterschei-den. Bei **schriftlichen Verträgen** und soweit die Urkunde über den Vertragsschluss die Vermutung der Vollständigkeit und Richtigkeit für sich hat, liegt die Beweislast für eine davon abweichende mündliche Nebenabrede bei dem, der diese behauptet.[189] Ganz in diesem Sinne sieht das OLG Jena die Beweislast für den Abschluss einer aufschiebenden Bedingung bei dem Anspruchsgegner, wenn eine Vertragsurkunde existiert und keine Festlegung einer Bedingung enthält.[190] Umgekehrt gilt eine Erleichterung für den, der sich auf den Abschluss einer bedingten Vereinbarung beruft, wenn der Ausdruck „Bedingung" in einer von einem Notar formulierten Urkunde steht.[191]

77 Bei **mündlichen Verträgen** ist die Rechtslage komplizierter. Wer sich auf die **nachträgliche Einfügung** einer Bedingung in den mündlich abgeschlossenen Vertrag beruft, trägt zunächst schon deshalb die Beweis-last, weil er eine Vertragsänderung behauptet.[192] Soweit es aber um die Frage geht, ob der **Vertrag anfäng-lich** unter einer Bedingung stand, besteht Streit. Im Ausgangspunkt liegt die Behauptungs- und Beweislast bei demjenigen, der sich auf die ein Recht begründenden Tatbestandsmerkmale beruft. Richtigerweise ist die Bedingung technisch eine Einschränkung eines Rechts, so dass der Rechtsgegner sie zu beweisen hat.[193]

78 Nach herrschender Auffassung (**Leugnungstheorie**) soll jedoch der Einwand des Gegners, das Recht sei nur unter einer aufschiebenden Bedingung entstanden, ein Leugnen des Rechts insgesamt sein, so dass der Rechtsinhaber die Beweislast trage, wenn er dagegen ein unbedingtes Entstehen seines Rechts behauptet.[194] Nach der sog. **Einwendungstheorie** ist das unbedingte Entstehen eines Rechts dagegen der statistische Normalfall, weshalb der Rechtsgegner die aufschiebende Bedingung zu beweisen habe. Dafür streite auch,

---

183 Nicht eine Erlebensbedingung, sondern Bedingung nicht anderweitiger Beendigung vor dem Termin, nimmt an BAG NZA 1998, 643 = AP Nr. 8 zu § 620 BGB – Aufhebungsvertrag; vgl. insoweit auch BAG NZA 1998, 813 (Ls. 2).

184 IE: BAG NZA 1998, 643 = AP Nr. 8 zu § 620 BGB – Aufhebungsvertrag; BAG NZA 2000, 1236 = AP Nr. 20 zu § 620 BGB – Aufhebungsvertrag; BAG NJW 1997, 2065; anders noch BAG NZA 1988, 466, das eine reine Befristung annimmt und den Anspruch daher für vererblich hält.

185 BAG NZA 2000, 1236 misst insoweit der Festlegung von Voraussetzungen für die Auszahlung der Abfin-dung die Bedeutung von Voraussetzungen des Anspruchs auf Abfindung selbst bei; BAG NZA 1998, 643 (644) argumentiert nur mit Umständen des Vertrags und ganz frei vom Vertragswortlaut; allein dem Vertragswortlaut in BAG NJW 1997, 2065 kann man durch Verweis auf den zugrunde liegenden Sozi-alplan relativ klar den beschränkten Zweck der Abfindung entnehmen.

186 Vgl. BAG NZA 1988, 466 mit BAG NZA 1998, 643. Krit. zur Rspr. des BAG Boecken NZA 2002, 421,

der seinerseits in den Sachverhalten von NZA 1998, 643 und NZA 2000, 1236 bloße Fälligkeitsregelun-gen sehen will.

187 BGH NJW-RR 1998, 801.

188 Etwa BGH NJOZ 2001, 1084; WM 1969, 835; BayObLG NJW-RR 1993, 1164; vgl. auch BGH NJW 2004, 294.

189 *Reinicke* JZ 1977, 159 mN.

190 OLG Jena NZG 1998, 851.

191 BayObLG DNotZ 1967, 512.

192 HM: *Reinicke* JZ 1977, 159; Soergel/*Wolf* BGB Vor § 158 Rn. 40 aE; RGZ 107, 405, 406; Erman/*Arm-brüster* BGB § 158 Rn. 12.

193 Dezidiert aA *Reinicke* JZ 1977, 159 (161), der zu Unrecht das Fehlen anspruchsausschließender oder -beschränkender Tatsachen mit zu den vom Rechtsin-haber zu beweisenden Tatsachen zählt.

194 RGZ 107, 405, 406; BGH NJW 1985, 497; 2002, 2862, 2863; OLG Düsseldorf BauR 2001, 423; AG Delmenhorst NJW-RR 1994, 823; Erman/*Armbrüster* BGB § 158 Rn. 12; *Reinicke* JZ 1977, 159 (161 ff.); Palandt/*Ellenberger* BGB Vor § 158 Rn. 14; PWW/*Brinkmann* BGB § 158 Rn. 29.

dass der Rechtsinhaber sonst einer probatio diabolica, nämlich dem Beweis einer negativen Tatsache (fehlende Bedingung), belastet wäre.[195] Betrachtet man die jüngere höchstrichterliche Rechtsprechung näher, so drängen sich in der Tat Zweifel an der Leugnungstheorie auf: In dem vom BGH 1985 entschiedenen Fall[196] bestand bereits nach dem unstreitigen Sachverhalt eine mehrdeutige Vertragsklausel, die auf eine Bedingung hindeutete, so dass fraglich war, ob der BGH nach Beweislastgrundsätzen entschied, und nicht vielmehr nach Wahrscheinlichkeitsgesichtspunkten. In dem 2002 entschiedenen Sachverhalt[197] ging es um die im Grundsatz unstreitige Beteiligung des Klägers an einem Metageschäft; die Beklagte behauptete einen Handelsbrauch, nach dem die Wirksamkeit des Geschäfts unter aufschiebender Bedingung hälftiger Kaufpreiszahlung durch den Kläger stand. Der BGH betont zunächst die Beweislast des Klägers für ein unbedingtes Entstehen seiner Beteiligung, um anschließend zu rügen, dass die Berufungsinstanz die Beweisangebote der Beklagten übergangen habe. Der Einwendungstheorie ist danach im Grundsatz zu folgen. Denn weder der BGH noch die Berufungsinstanz hätten auf die Beweisangebote der Beklagten eingehen müssen, wenn der Kläger tatsächlich mit dem Beweis für das Fehlen der Bedingung belastet wäre.

2. Für den Eintritt oder den Ausfall. Was den Eintritt einer Bedingung angeht, so trifft die Beweislast **79** denjenigen, der sich auf den Eintritt des Umstandes beruft. Umgekehrt hat den endgültigen Ausfall zu beweisen, wer sich auf diesen beruft. Bei einem Rechtsgeschäft unter aufschiebender Bedingung trifft also den bedingten Rechtsinhaber die Beweislast des Eintritts, den Gegner die des endgültigen Ausfalls. Bei einem auflösend bedingten Recht hat der Gegner des Rechtsinhabers den Bedingungseintritt zu beweisen, der Rechtsinhaber dagegen den Ausfall, wenn er auf Feststellung endgültiger Rechtsinhaberschaft klagt.

IV. Verjährung

Die Verjährung eines bedingten oder befristeten Anspruches beginnt erst mit dem Eintritt der Bedingung, da **80** er vorher nicht entstanden ist.[198] Das gilt auch für Wollensbedingungen.

V. Verzicht auf die Bedingung

Ein einseitiger Verzicht auf die Bedingung ist grundsätzlich nur durch den möglich, der durch den Eintritt **81** der Bedingung einen eindeutigen Nachteil erleidet, dh regelmäßig nur bei Verfügungsgeschäften.[199] Bei aufschiebend bedingten Verfügungsgeschäften kann daher der Verfügende (idR Eigentumsvorbehaltsverkäufer) auf die Bedingung verzichten, bei auflösend bedingten der Rechtsinhaber (Sicherungsnehmer); in beiden Fällen besteht kein Unterschied zu der in §§ 162, 158 angeordneten Rechtsfolge, dh der Erwerb tritt ex nunc ein.[200]

Dagegen bedarf der Wegfall einer Bedingung in einem Verpflichtungsgeschäft grundsätzlich eines Änderungs- **82** vertrages.[201] Für die Änderung einer Bedingung kann nichts anderes gelten. Die Vertragspartner haben sich darauf eingestellt, nur bei oder bis Bedingungseintritt das Geschäft gelten lassen zu müssen. Daher kann ein Vertragspartner auf die Bedingung als Teil des Vertrags nicht einfach verzichten; mindestens ist analog § 162 erforderlich, dass der Verzicht sich bei einer Gesamtwürdigung unter Abwägung aller Umstände des Einzelfalls zum Vorteil des anderen Teils auswirkt. In wessen Interesse die Bedingung ursprünglich vereinbart wurde, kann dagegen nicht maßgeblich sein,[202] sonst müsste man die Verzichtserklärung selbst noch unter den Vorbehalt des § 162 stellen.

VI. Bewertung bedingter und befristeter Rechte und Forderungen und Behandlung in der Insolvenzanfechtung

Die Bewertung bedingter oder befristeter Rechte oder Forderungen bereitet Probleme. Das gilt vor allem **83** dann, wenn sie zu einer zu bewertenden Vermögensmasse (Insolvenzmasse, Erbmasse, steuerbarer Unter-

195 So etwa *Müller* JZ 1953, 727; *Rosenberg* Die Beweislast § 19 II (S. 262 ff.) und § 22 (S. 308 ff.); Soergel/*Wolf* BGB Vor § 158 Rn. 40; ausf. *Musielak*, Grundlagen der Beweislast im Zivilprozeß, S. 322 ff., 388 ff.; nicht ganz eindeutig MüKoBGB/*Westermann* § 158 Rn. 49; vgl. auch ThürLAG 12.7.2016 – 1 Sa 390/15, juris Rn. 36 (für die Befristung); AG Köln ZfSch 2014, 226 (bei Eilbedürftigkeit Einwendungstheorie).

196 BGH NJW 1985, 497.

197 BGH NJW 2002, 2862.

198 BGH NZI 2015, 178; BGHJ NJW 1967, 1605 (1607); OLG Düsseldorf NJW-RR 1997, 1174 f.

199 Weitergehend *Pohlmann* NJW 1999, 190 f.: Verzicht auch bei Verfügungsgeschäften nicht möglich.

200 BGH NJW 1998, 2360 (2362); 1994, 3227; NJW-RR 1989, 291; Soergel/*Wolf* BGB § 158 Rn. 33; MüKoBGB/*Westermann* § 158 Rn. 44.

201 BGH NJW-RR 1989, 291; vgl. auch *Pohlmann* NJW 1999, 190 f.; Erman/*Armbrüster* BGB § 158 Rn. 11 mwN.

202 Anders aber wohl BGH NJW 1994, 3227 (3228); vgl. auch KG NZG 2001, 508; MüKoBGB/*Westermann* § 158 Rn. 44; Soergel/*Wolf* BGB § 158 Rn. 33; Staudinger/*Bork* BGB § 158 Rn. 16.

nehmensgewinn) gehören. In mehreren Bewertungsvorschriften ist zunächst angeordnet, dass die auflösend bedingte Forderung wie eine unbedingte zu bewerten ist, die aufschiebend bedingte Forderung dagegen aus der Bewertung herausbleibt (vgl. §§ 42, 191 InsO, § 2313 Abs. 1 BGB, §§ 4–8 BewG).[203] Zugleich ordnen diese Vorschriften eine Änderung der Bewertung an, sobald die Bedingung eintritt.[204] Der bedingungsimmanente Schwebezustand wird also regelmäßig in die Bewertung hineingetragen und steht dem endgültigen Abschluss des jeweiligen Verfahrens entgegen.[205] Die genannten Vorschriften erfassen dagegen nicht (kalendermäßig) befristete Forderungen, die vielmehr regelmäßig zu schätzen sind,[206] oder – im Falle der InsO – als fällig gelten (§ 41 InsO).[207] Für das öffentliche Abgabenrecht enthält § 8 BewG eine Sondervorschrift, nach hier vertretener Auffassung einen allgemeinen Rechtsgedanken (→ Rn. 21): Befristete Forderungen, bei denen der Termin selbst unbestimmt ist, werden wie die entsprechend bedingte Forderung behandelt.[208] Zur Behandlung befristeter und bedingter Rechtsgeschäfte im Rahmen der Insolvenzanfechtung nach den §§ 129 ff. InsO s. § 140 Abs. 3 InsO.[209]

Ähnliche Bewertungsfragen können sich auch stellen, wenn, wie oft zum Zwecke der vorweggenommenen Erbfolge bzw. um Erbschafts- oder Schenkungsteuer zu sparen, Immobilien auflösend bedingt an verheiratete Kinder verschenkt werden und der Wert dieser Immobilien im Falle der Scheidung beim Zugewinnausgleich ermittelt werden muss. Im Grundsatz sollte hier von einer mit der Bedingung belasteten Rechtsposition ausgegangen werden, die je nach deren Inhalt zu bestimmten Abschlägen vom Verkehrswert der Immobilie führen kann.[210]

VII. Drittwirkungen bedingter Rechtsgeschäfte

84 Der Makleranspruch hängt gem. § 652 Abs. 1 S. 2 bei aufschiebend bedingtem Abschluss des Hauptvertrags davon ab, dass die Bedingung eintritt. Das wird man, solange der Maklervertrag selbst nichts Abweichendes regelt, nicht auf die Befristung oder auf die auflösende Bedingung übertragen können,[211] wohl aber auf einen statt der aufschiebenden Bedingung vereinbarten Rücktrittsvorbehalt bzw. auf einen Vorvertrag.[212] In ähnlicher Weise hängen Provisionsansprüche eines Handelsvertreters davon ab, dass der Schwebezustand eines bedingten provisionspflichtigen Geschäfts beendet ist.[213]

VIII. Vormerkung

85 Zur Sicherung bedingter obligatorischer Ansprüche auf dingliche Rechtsänderung an Grundstücken durch Vormerkung s. NK-BGB/*Krause*, → § 883 Rn. 31.

§ 159 Rückbeziehung

Sollen nach dem Inhalt des Rechtsgeschäfts die an den Eintritt der Bedingung geknüpften Folgen auf einen früheren Zeitpunkt zurückbezogen werden, so sind im Falle des Eintritts der Bedingung die Beteiligten verpflichtet, einander zu gewähren, was sie haben würden, wenn die Folgen in dem früheren Zeitpunkt eingetreten wären.

A. Allgemeines	1	II. Rechtsfolgen bei Vereinbarung der Rückbe-
B. Regelungsgehalt	2	ziehung 3
I. Auslegung	2	C. Weitere praktische Hinweise 8

203 Anders aber im Fall der Kostenordnung, vgl. BayObLG NJW-RR 2000, 1379.

204 Vgl. auch Staudinger/*Bork* BGB Vor § 158 Rn. 52; zu § 2313 s. etwa OLG Celle NJOZ 2005, 1621, 1629.

205 Im Rahmen der InsO wird entgegen dem Wortlaut des § 191 InsO auch bei der Schlussverteilung der Betrag einer zu berücksichtigenden aufschiebend bedingten Forderung vorläufig einbehalten, bei Eintritt der aufschiebenden Bedingung wird ausgezahlt, bei Ausfall findet eine Nachtragsverteilung statt, vgl. Kübler/Prütting/*Holzer* InsO Bd. II § 191 Rn. 7; sa *Bitter* NZI 2000, 399 ff.

206 Vgl. zu § 2313 NK-BGB/*Bock* § 2313 Rn. 2.

207 Kübler/Prütting/*Holzer* InsO Bd. I § 41 Rn. 6 aE mwN.

208 Vgl. dazu BFH NJW 2002, 1894 = DStR 2002, 402.

209 Dazu BGH NZI 2004, 580 sowie BGH NJW 2010, 444 und BGH NJW 2013, 232; BGH NJW 2018, 3018; s. ferner zum noch anders gelagerten Problem der Insolvenzanfechtung von Rechtsgeschäften, die Nachteile für das Schuldnervermögen gerade für den Insolvenzfall verursachen, zB BGH NJW 2014, 467 Rn. 15.

210 Ausführlich *Schulz* FamRZ 2018, 82 ff.

211 Vgl. dazu näher MüKoBGB/*Westermann* § 158 Rn. 42 mwN.

212 BGH NJW-RR 2000, 1302; OLG Düsseldorf NZM 1998, 1018; MDR 1999, 1376.

213 OLG München NJOZ 2002, 617 (620).

A. Allgemeines

Tritt die Bedingung ein, so beginnen oder enden die von dem Umstand abhängigen Rechtswirkungen **1** grundsätzlich im Zeitpunkt des Bedingungseintritts. Der aufschiebend bedingte Eigentumsübergang tritt ein, die bedingte Forderung entsteht oder endet ex nunc. Die Parteien können, auch soweit es um bedingte Verfügungen geht, gem. § 159 (wegen des sachenrechtlichen Bestimmtheitsgrundsatzes und wegen § 137:[1] nur) mit obligatorischer Wirkung Abweichendes bestimmen. Beispiele: Bei einer statt des Rücktritts vereinbarten auflösenden Wollensbedingung soll der Vertragspartner so gestellt werden, als hätte der Leistungsaustausch von Anfang an nicht stattgefunden. Oder ein auflösend bedingtes Dauerschuldverhältnis soll mit Bedingungseintritt vollständig rückabgewickelt werden. Regeln die Parteien Art und Inhalt des Rückbezugs nicht näher, so gelten die §§ 812 ff.

B. Regelungsgehalt

I. Auslegung

§ 159 enthält zwei Zweifelsregeln für die Auslegung. Zum einen gibt der Tatbestand durch seine Formulie- **2** rung zu erkennen, dass eine Rückbeziehungsvereinbarung nicht unbedingt ausdrücklich vereinbart sein muss. Ob die Parteien eine Rückbeziehung wollten, ist durch Auslegung zu ermitteln. Die Regelung des § 159 zeigt zwar, dass der Rückbeziehungswille vom Gesetzgeber als Ausnahme angesehen wird. Allerdings kann sich die Rückbeziehung auch aus dem Charakter und dem Zweck des Rechtsgeschäfts ergeben, muss also nicht ausdrücklich angesprochen werden.[2] Bei einseitigen Rechtsgeschäften kann der Erklärende, soweit das Geschäft nicht insgesamt bedingungsfeindlich ist, die Rückwirkung dementsprechend einseitig anordnen. Beispiel aus der Rechtsprechung ist die letztwillige Verfügung.[3] Das BAG ist der Auffassung, dass bei Annahme einer Änderungskündigung unter dem in § 2 KSchG vorgesehenen Vorbehalt der geänderte Arbeitsvertrag unter der auflösenden Bedingung der Feststellung der Sozialwidrigkeit der Kündigung steht. Hier sei – dem Zweck des Gesetzes entsprechend, das dem Arbeitnehmer eine risikolose Überprüfung der Änderungskündigung ermöglichen wolle – eine Rückbeziehung der Rechtsfolgen als gewollt (bzw. gesetzlich angeordnet) anzusehen.[4]

II. Rechtsfolgen bei Vereinbarung der Rückbeziehung

Soweit die Parteien die Rückbeziehung nur allgemein angeordnet und nicht näher geregelt haben, müssen **3** sie sich bei **aufschiebenden Bedingungen** so behandeln lassen, als wären die Rechtswirkungen bereits im vereinbarten früheren Zeitpunkt eingetreten. Dieser Zeitpunkt ist nicht notwendig der des Vertragsschlusses, vielmehr kann auch ein anderer gewählt werden.[5] Betrifft die Rückbeziehungsvereinbarung zB nur das Verpflichtungsgeschäft, so ändert sie etwa bei einem bedingten Kauf grundsätzlich nichts an der Zuordnung der **Nutzungen** an der Kaufsache, da deren Zuordnung gem. § 446 nur von der Übergabe der Kaufsache abhängt. Freilich könnte man umgekehrt die Wirkungen der Übergabe infolge des schwebenden Kaufvertrags gem. § 158 Abs. 1 erst im Zeitpunkt des Bedingungseintritts als eingetreten ansehen und für eine frühere Wirkung eine Rückbeziehungsvereinbarung verlangen.[6] Doch ist eine Übergabe während der Schwebezeit, wenn auch nicht geschuldet, gleichwohl eine solche iSd § 446, wenn man den bedingten Kaufvertrag als Grundlage ausreichen lässt.[7] Für Letzteres spricht, dass gerade die Bedingung eine frühere Übergabe notwendig machen kann, wie zB beim durch Weiterverkauf aufschiebend bedingten Konditionskauf. Aber auch bei bedingter Übereignung ohne Übergabe der Kaufsache müsste der Verkäufer wegen § 446 während der Schwebezeit gezogene Nutzungen nicht an den Käufer herausgeben, solange das nicht ausdrücklich vertraglich festgelegt ist.

Bei der **auflösenden Bedingung** eines Verpflichtungsgeschäfts muss dagegen der bedingt Berechtigte sich **4** im Falle einer Rückbeziehungsvereinbarung so behandeln lassen, als sei er niemals Berechtigter geworden. Der Sache nach muss deshalb beim Eintritt der auflösenden Bedingung das Geschäft nach § 812 Abs. 1 S. 1 abgewickelt werden. Ohne Rückbeziehungsvereinbarung ist dagegen § 812 Abs. 1 S. 2 Alt. 1 einschlägig.

---

1 Vgl. Staudinger/*Bork* BGB § 159 Rn. 11 unter Verweis auf *v. Thur* BGB AT Bd. 2/2 S. 28: dingliche Rückwirkung wäre Fiktion, die nur Gesetzgeber anordnen könnte.

2 Einen solchen Fall annehmend bei der SEPA-Basislastschrift BGH NJW 2010, 3510 Rn. 25, dazu schon → § 158 Rn. 32 aE mit Fn. 72.

3 BGH WM 1961, 177 (179).

4 BAG NJW 1985, 1797 (1799); vgl. auch BAG NZA 1998, 1167.

5 Staudinger/*Bork* BGB § 159 Rn. 5.

6 So wohl BGH NJW 1975, 776 (778).

7 *Flume* BGB AT Bd. 2 § 40 2 c; ein formnichtiger Kaufvertrag reicht dagegen nicht, vgl. BGH NJW 1998, 2360 (2363).

5 **Vertragliche Detailregeln für die Rückabwicklung** sind stets vorrangig.[8] Fehlen sie, so richtet sich die Rückabwicklung nach den §§ 818 ff., wobei praktische Unterschiede zum Rücktritt vom Vertrag durch die Schuldrechtsreform verschärft wurden. Denn der auf die auflösende Bedingung anwendbare[9] § 820 Abs. 1 S. 2 führt über §§ 818 Abs. 4, 292 zur Anwendung der §§ 987 ff., modifiziert durch § 820 Abs. 2, während die Wert- und Nutzungsherausgabe nach Rücktritt in §§ 346 f. nF nunmehr eine eigenständige Regelung erfahren hat. § 820 Abs. 1 S. 2 ebnet im Übrigen etwaige Unterschiede zwischen vorhandener und fehlender Rückbeziehungsvereinbarung ein, da in beiden Fällen vom Zeitpunkt des Empfangs die Vorschriften des Eigentümer-Besitzer-Verhältnisses gelten.

6 Die wohl hM[10] entnimmt hingegen **auch ohne Rückbeziehungsvereinbarung** der Vereinbarung einer auflösenden Bedingung im Wege der Auslegung eine vertragliche Rückabwicklungspflicht (wohl mit der Konsequenz eines vertraglichen Synallagmas beidseitiger Rückgewährpflichten). In diesem Fall (bei Fehlen der Rückbeziehungsvereinbarung) bildet jedoch der Vertrag nur einen vorübergehenden Rechtsgrund für das Behaltendürfen, und nicht auch die Regelung der Rückabwicklung. Die vertraglich begründete Unsicherheit wegen der Bedingung berücksichtigt bereits § 820 in ausreichender Weise. Anderes lässt sich nur im Wege der Auslegung erreichen, wenn man die vertragliche Regelung unmittelbar als Rücktrittsvorbehalt einordnet. Eine solche Ausnahme dürfte für die auflösende Wollensbedingung gelten, da und wenn den Parteien bei Abschluss der Rückbeziehungsvereinbarung die unterschiedlichen Wirkungen der §§ 346 ff. und der §§ 987 ff. nicht bekannt waren.

7 Die auflösend bedingte Verfügung mit Rückbeziehungsvereinbarung kann wegen des Trennungs- und Abstraktionsprinzips nicht ohne das zugrunde liegende Besitzmittlungsverhältnis zwischen Sicherungsnehmer und -geber beurteilt werden. Der Sicherungsabrede ist im Wege der Auslegung zu entnehmen, was in Bezug auf Nutzungen, Verwendungen usw während des Schwebezustandes gilt.

C. Weitere praktische Hinweise

8 Gem. § 163 ist § 159 von dem Verweis auf die Bedingungsvorschriften ausgenommen, also nicht auf die **Befristung** anwendbar. Das ist logisch: Warum sollten die Parteien bei einem befristeten Vertrag die Rückwirkung anordnen, wenn sie doch stattdessen eine kürzere oder keine Frist hätten vereinbaren können. Versteht man unter Befristung – anders als hier vertreten – freilich auch die Fälle des dies certus an, incertus quando (so die hM, → § 158 Rn. 20), so stellte sich in diesen Fällen für die Parteien die Frage, ob sie zusätzlich einen festen Termin für den Beginn der Rechtswirkungen des Vertrages wollen. Allerdings erscheint gerade in diesem Fall eine Rückbeziehung als geradezu widersinnig: Wenn die Parteien den Eintritt des Ereignisses doch für sicher halten (aber nicht wissen, wann es eintritt), dann widerspricht eine Rückbeziehungsvereinbarung mit festem Termin gerade dieser angeblich auf die Zeit bezogenen Unsicherheit. Richtigerweise ist aus einer Rückbeziehungsvereinbarung fast zwingend zu schließen, dass die Parteien eine Bedingung vereinbart haben.

§ 160 Haftung während der Schwebezeit

(1) Wer unter einer aufschiebenden Bedingung berechtigt ist, kann im Falle des Eintritts der Bedingung Schadensersatz von dem anderen Teil verlangen, wenn dieser während der Schwebezeit das von der Bedingung abhängige Recht durch sein Verschulden vereitelt oder beeinträchtigt.

(2) Den gleichen Anspruch hat unter denselben Voraussetzungen bei einem unter einer auflösenden Bedingung vorgenommenen Rechtsgeschäft derjenige, zu dessen Gunsten der frühere Rechtszustand wieder eintritt.

Literatur: *Meier*, Schadensersatz aus Verfügungsgeschäften? – Zum Hintergrund des § 160 BGB, RabelsZ 76 (2012), 732.

8   Vgl. BGH MDR 1959, 658 f. = LM § 159 Nr. 1; Staudinger/*Bork* BGB § 159 Rn. 9 mwN; Soergel/*Wolf* BGB § 159 Rn. 2.

9   MüKoBGB/*Schwab* § 820 Rn. 12; Staudinger/*Lorenz*, 2007, BGB § 820 Rn. 6; Erman/*Buck-Heeb* BGB § 820 Rn. 5.

10   *Flume* BGB AT Bd. 2 § 40 2 d; *Medicus* BGB AT Rn. 840; BeckOK BGB/*Rövekamp* § 159 Rn. 7; Staudinger/*Bork* BGB § 159 Rn. 9 mwN; **wie hier**Soergel/*Wolf* BGB § 159 Rn. 2, § 158 Rn. 29; MüKoBGB/*Westermann* § 159 Rn. 3; Erman/*Armbrüster* BGB § 159 Rn. 1.

A. Allgemeines 1
B. Regelungsgehalt 4
   I. Tatbestand 4
   II. Rechtsfolgen 6
C. Weitere praktische Hinweise 7
   I. Abdingbarkeit 7

II. Analoge Anwendung 8
III. Gesetzliches Rücktrittsrecht 9
IV. Verjährung 10

A. Allgemeines

Das bedingte Geschäft entfaltet schon während der Schwebezeit **Vorwirkungen**, die in den §§ 160–162 **1** näher geregelt sind. Zum einen darf der bedingt Verpflichtete das bedingte Recht nicht vereiteln oder beeinträchtigen, andernfalls muss er gem. § 160 Schadensersatz leisten. Ferner sind bei bedingten Verfügungen gem. § 161 Zwischenverfügungen des noch Berechtigten unwirksam, soweit sie das übertragene Recht beeinträchtigen. Drittens schließlich verhindert die gesetzliche Fiktion des § 162 durch eine Fiktion treuwidrige Eingriffe in den Kausalverlauf durch beide Parteien.

§ 160 bezieht sich sowohl auf bedingte Verpflichtungs- wie auf bedingte Verfügungsgeschäfte.[1] Die Norm **2** schafft ein **gesetzliches Schuldverhältnis**, das freilich keine unbedingten Pflichten enthält und daher von der c.i.c. bzw. den aus § 241 geschuldeten Nebenpflichten zu unterscheiden ist. Soweit § 241 bzw. § 242 herangezogen wird, um Leistungstreuepflichten zu begründen, müssen die zu diesen Vorschriften angestellten Überlegungen im Falle eines bedingten Verpflichtungsgeschäfts mit der Regelung des § 160 harmonisiert und daher relativiert werden.

Bereits mit dem bedingten Geschäftsabschluss soll nach hM die sofortige durchsetzbare (Treue-)Pflicht entstehen, den Leistungsgegenstand zu erhalten, was der Gläubiger durch Leistungs- oder Unterlassungsklage **3** sowie einstweilige Verfügung bereits während der Schwebezeit durchsetzen können soll.[2] Diese Auffassung schränkt die Freiheit des Schuldners angesichts der Ungewissheit des Bedingungseintritts zu sehr ein. Innerhalb seines Anwendungsbereichs schafft § 160 nur gerade nicht durchsetzbare **Obliegenheiten** des Schuldners, bei deren Verletzung ihn nur im Falle des Bedingungseintritts Schadensersatzpflichten treffen. Richtig ist allenfalls, dass der bedingte Schadensersatzanspruch selbst nach Maßgabe des § 916 Abs. 2 ZPO sofort durch Arrest gesichert werden kann, wenn der Bedingungseintritt nicht ganz fern liegt. Ein Abwarten ist dem Gläubiger erst dann nicht mehr zuzumuten, wenn der Bedingungseintritt bereits hinsichtlich des „Ob" nach § 162 Abs. 1 fingiert ist.[3] Im Übrigen kann nur bei **befristeten** Ansprüchen eine unbedingte Vorwirkung bejaht werden.

B. Regelungsgehalt

I. Tatbestand

Es muss sich um ein bedingtes Rechtsgeschäft handeln und die Bedingung muss eingetreten oder gem. **4** § 162 fingiert sein. Andernfalls sind die beeinträchtigenden Handlungen folgenlos. Daher ist der Schadensersatzanspruch des § 160 selbst bedingt.[4] Soweit die Durchführbarkeit eines **Verpflichtungsgeschäfts** durch eine Seite beeinträchtigt wird, umfasst das sowohl die Vernichtung wie auch die Verschlechterung des Leistungsgegenstandes wie auch Rechtsmängel.[5] Erforderlich ist weiter Verschulden, der Verschuldensmaßstab richtet sich nach dem bedingten Geschäft, § 280 Abs. 1 S. 2 ist zumindest entsprechend anwendbar.[6]

Bei bedingten oder befristeten **Verfügungsgeschäften** käme § 160 nur dann zur Anwendung, wenn die **5** Beeinträchtigung oder Vereitelung des bedingt übertragenen Rechts trotz § 161 gelungen ist und soweit sich eine Schadensersatzpflicht nicht bereits aus dem Kausalgeschäft ergibt. Letzteres ließe sich freilich nur vorstellen, wenn für beide Geschäfte unterschiedliche Verschuldensmaßstäbe gelten könnten, was nach ganz

---

1 Ganz hM, vgl. Nachweise bei *Meier* RabelsZ 76 (2012), 732, 735, die im Folgenden ausführlich begründet, warum sich keine praktischen Anwendungsfälle bei Verpflichtungsgeschäften finden lassen.

2 Vgl. dazu BGH WM 1969, 835 f.; NJW 1984, 2034 (2035); BeckOK BGB/*Rövekamp* § 160 Rn. 4; Staudinger/*Bork* BGB § 160 Rn. 5; Soergel/*Wolf* BGB § 160 Rn. 5 f.; *Medicus* BGB AT Rn. 842;

Flume BGB AT Bd. 2 § 40 2 c; vorsichtiger dagegen MüKoBGB/*Westermann* § 160 Rn. 2 u. 7.

3 In der Sache ebenso BGH NJW 1975, 205 (206) für Ansprüche aus § 281 aF.

4 Soergel/*Wolf* BGB § 160 Rn. 2 hält die dogmatische Einordnung für folgenlos.

5 Vgl. zu Rechtsmängeln BGH NJW 1975, 205 (206).

6 Soergel/*Wolf* BGB § 160 Rn. 4; Staudinger/*Bork* BGB § 160 Rn. 12; MüKoBGB/*Westermann* § 160 Rn. 5.

hM jedoch gerade nicht der Fall ist.[7] Bei bedingten Verfügungsgeschäften ist § 160 daher mit *Meier* bedeutungslos.[8]

II. Rechtsfolgen

6 Soweit es um Verpflichtungsgeschäfte geht, gewährt § 160 Ersatz des **positiven Interesses**.[9] §§ 284, 285 dürften entsprechend anwendbar sein.[10] Bei Verfügungsgeschäften löst die – aus dem Kausalgeschäft folgende (→ Rn. 5) – Handlung einen Schadensersatzanspruch in Höhe des Wertes des vereitelten Rechts oder der erfolgten Belastung aus und tritt an die Stelle des bedingt übertragenen Rechts, etwa des Eigentums.[11]

C. Weitere praktische Hinweise

I. Abdingbarkeit

7 Die Vorschrift ist abdingbar,[12] eine entsprechende Regelung in AGB unterliegt aber der Kontrolle der §§ 305 ff., insbes. des § 309 Nr. 7, 8, 12. Vertragliche Haftungsmilderungen dürften auch für den gesetzlichen Anspruch aus § 160 gelten.

II. Analoge Anwendung

8 Nach *Flume* soll § 160 auch auf die Fälle anwendbar sein, in denen ein bindendes Angebot innerhalb der Bindungsfrist erst in einem Zeitpunkt angenommen wird, in dem die geschuldete Leistung bereits unmöglich geworden ist und der Schuldner dies zu vertreten hat.[13] Dieser – zutreffende – Gedanke dürfte der Regelung des § 311 a Abs. 2 vorgehen, nach der es allein auf die Kenntnis des Schuldners vor der Annahme des Angebots ankäme. Jedenfalls in diesem Sonderfall (Unmöglichkeit zwischen Angebot des Schuldners und Annahme) kann es im Rahmen des § 311 a Abs. 2 jedoch nur um die Kenntnis des Schuldners im Zeitpunkt der Abgabe seines bindenden Angebots gehen (sonst würde er auch für zufälligen Untergang während der Bindungsfrist haften, ohne diese Haftung vermeiden zu können). Andererseits darf seine Haftung nicht allein deshalb entfallen, weil die Verschuldenshaftung des § 283 erst nach dem Zustandekommen des Vertrages greift. Die dadurch entstehende Lücke schließt § 160 – und nicht etwa nur eine Haftung aus c.i.c. auf das negative Interesse.[14] Weitergehend befürwortet *Kohler* die Anwendung des in § 160 enthaltenen Rechtsgedankens (Haftungsvorwirkung in Schwebelagen) auf die Schadensersatzhaftung beim Rücktritt.[15]

III. Gesetzliches Rücktrittsrecht

9 Soweit der Schuldner seine Leistungsfähigkeit beseitigt, kann der Gläubiger von dem bedingten Vertrag auch nach Maßgabe des § 323 Abs. 4 zurücktreten, und zwar bereits während des Schwebezustandes und ohne Fristsetzung, da diese nach der Formulierung des Abs. 4 ausgeschlossen ist.

IV. Verjährung

10 Der Anspruch ist kein deliktischer, sondern ein vertragsähnlicher, soweit es um bedingte Verpflichtungsgeschäfte geht. Deshalb verjährt er nach den für das bedingte Rechtsgeschäft geltenden Verjährungsfristen.[16] Der Lauf der Verjährungsfrist beginnt erst mit dem Eintritt der Bedingung oder einer ihr gleichgestellten Verhinderung gem. § 162 Abs. 1. Der Schadensersatzanspruch wegen einer gem. § 161 Abs. 3 wirksamen Verfügung verjährt als Ersatz für die bedingte Verfügung gem. § 197 Abs. 1 Nr. 1 Alt. 2 in 30 Jahren.

---

7 S. etwa MüKoBGB/*Westermann* § 160 Rn. 5; darauf weist zu Recht hin *Meier* RabelsZ 76 (2012), 732, 759.

8 *Meier* RabelsZ 76 (2012), 732 ff., 759.

9 BAG DB 1997, 2226; Staudinger/*Bork* BGB § 160 Rn. 10, Soergel/*Wolf* BGB § 160 Rn. 5.

10 Für § 285 Staudinger/*Bork* BGB § 160 Rn. 11; OLG Oldenburg NJW-RR 1990, 650; *Flume* BGB AT Bd. 2 § 40 2 c; vgl. auch BGH NJW 1975, 205 (206); wie hier PWW/*Brinkmann* BGB § 160 Rn. 2.

11 So *Flume* BGB AT Bd. 2 § 39 3 e; sa MüKoBGB/*Westermann* § 160 Rn. 5.

12 MüKoBGB/*Westermann* § 160 Rn. 8; sa *Zawar* NJW 2007, 2353 (2354) mit Beispielen.

13 *Flume* BGB AT Bd. 2 § 35 I 3 e; vgl. auch Staudinger/*Bork* BGB § 145 Rn. 25; Soergel/*Wolf* BGB § 145 Rn. 18.

14 So aber wohl Staudinger/*Bork* BGB § 145 Rn. 25, 36.

15 *Kohler* ZGS 2005, 386 (389 ff.).

16 Soergel/*Wolf* BGB § 160 Rn. 2.

§161 Unwirksamkeit von Verfügungen während der Schwebezeit

(1) ¹Hat jemand unter einer aufschiebenden Bedingung über einen Gegenstand verfügt, so ist jede weitere Verfügung, die er während der Schwebezeit über den Gegenstand trifft, im Falle des Eintritts der Bedingung insoweit unwirksam, als sie die von der Bedingung abhängige Wirkung vereiteln oder beeinträchtigen würde. ²Einer solchen Verfügung steht eine Verfügung gleich, die während der Schwebezeit im Wege der Zwangsvollstreckung oder der Arrestvollziehung oder durch den Insolvenzverwalter erfolgt.

(2) Dasselbe gilt bei einer auflösenden Bedingung von den Verfügungen desjenigen, dessen Recht mit dem Eintritt der Bedingung endigt.

(3) Die Vorschriften zugunsten derjenigen, welche Rechte von einem Nichtberechtigten herleiten, finden entsprechende Anwendung.

Literatur: *Mülbert*, Erwerberschutz bei gestreckten Erwerbsvorgängen, AcP 2014, 309.

A. Allgemeines 1
  I. Übersicht 1
  II. § 161 als Grundlage des Anwartschaftsrechts
    an Mobilien? 3
  III. § 161 und Publizitätsprinzip 5

B. Regelungsgehalt 6
  I. Bedingte Unwirksamkeit von Zwischenverfü-
    gungen (Abs. 1 und 2) 6
  II. Schutz gutgläubiger Dritter (Abs. 3) 9
C. Weitere praktische Hinweise 11

A. Allgemeines

I. Übersicht

§ 161 legt eine Vorwirkung bedingter **Verfügungsgeschäfte** fest und schützt den während des Schwebezustands noch Nichtberechtigten gegen Zwischenverfügungen des noch Berechtigten. Die Vorschrift regelt die (Un-)Wirksamkeit, nicht die Zulässigkeit von Zwischenverfügungen, stellt also eine sog. Verfügungsbeschränkung dar.[1] Systematisch steht § 161 nahe bei § 160. Die Zwischenverfügung ist ein Versuch der Vereitelung oder Beeinträchtigung des von der Bedingung abhängigen Rechts, zeitigt aber nicht lediglich Schadensersatzfolgen, sondern ist vorbehaltlich des Abs. 3, der dem Schutz Gutgläubiger dient, unwirksam. **1**

Zugleich bestätigt die Vorschrift die fehlende Rückwirkung des Bedingungseintritts. Wäre es anders, würde der noch Berechtigte rückwirkend als Nichtberechtigter anzusehen sein, und zumindest die beiden ersten Absätze des § 161 wären dann überflüssig. Abs. 1 betrifft denjenigen, der verfügt hat, Abs. 2 den, zu dessen Gunsten verfügt wurde, beide also den während der Schwebezeit Berechtigten. Alle Verfügungen, die vom noch Berechtigten (zB dem Vorbehaltsverkäufer) während der Schwebezeit vorgenommen werden, werden unwirksam, sobald die Bedingung eintritt.[2] So wird der Zwischenverfügungsempfänger zwar zunächst Eigentümer; nach Eintritt der Bedingung wird die Übereignung an ihn aber unwirksam, so dass das Eigentum an den bedingt Berechtigten (zB den Vorbehaltskäufer) fällt. Der Zwischenerwerber muss die Sache dann grundsätzlich nach § 985 an den jetzt Berechtigten herausgeben und kann sich nur nach §§ 435, 437 an seinen Verkäufer wenden. **2**

II. § 161 als Grundlage des Anwartschaftsrechts an Mobilien?

Wegen des eben beschriebenen weitgehenden Schutzes sieht man in § 161 die maßgebliche Grundlage des sogenannten **Anwartschaftsrechts**.[3] Der Begriff ist schillernd. Als Anwartschaft kann man allgemein jede Vorstufe zum Erwerb eines Rechts bezeichnen, wobei es sich aber um mehr als eine bloße Erwerbsaussicht handeln muss (vgl. § 1587). Bei dem Recht muss es sich nicht notwendig um ein dingliches handeln; es gibt auch obligatorische, erbrechtliche oder immaterialgüterrechtliche Anwartschaften. Mit dem Begriff Anwartschaftsrecht soll eine so weit fortgeschrittene Stellung des Rechtserwerbs gekennzeichnet werden, dass diese Stellung gegenüber dem Vollrecht als „wesensgleiches Minus"[4] erscheint, insbesondere mit der Folge, dass diese Stellung wie das Vollrecht übertragen werden kann[5] und der noch nicht Vollberechtigte über das **3**

---

1 Vgl. *Mülbert* AcP 2014, 309 (323).

2 Zustimmend *Mülbert* AcP 2014, 309 (323).

3 Vgl. etwa Soergel/*Wolf* BGB § 161 Rn. 1 aE; Staudinger/*Bork* BGB Vor § 158 Rn. 55; Erman/*Armbrüster* BGB § 158 Rn. 3 (§§ 160, 162); vgl. demge-

genüber MüKoBGB/*Westermann* § 161 Rn. 9; *Medicus* BR Rn. 475, 479, 487.

4 BGHZ 28, 16, 21; NK-BGB/*Meller-Hannich/Schilken* § 929 Rn. 13 ff. mwN.

5 Für die bedingte Forderung siehe Abkürzung BGH NJW 2018, 3018 Rn. 11 mwN.

Anwartschaftsrecht als Berechtigter verfügt. Ein Anwartschaftsrecht bei bedingten Verfügungen[6] soll dann vorliegen, wenn der Veräußerer den Rechtserwerb nicht mehr durch einseitige Erklärung verhindern kann[7] bzw. der Erwerb nur noch vom Erwerber abhängt.[8]

4 Tatsächlich kann § 161 für die Begründung und rechtliche Behandlung von Anwartschaftsrechten nur begrenzt herangezogen werden.[9] Keinesfalls begründet jede aufschiebend bedingte Verfügung ein Anwartschaftsrecht des Erwerbers. Als Gegenbeispiel mag nur die Übereignung unter der aufschiebenden Bedingung dienen, dass der Verkäufer nicht innerhalb einer bestimmten Frist von dem Kauf zurücktritt. Das zeigt bereits, dass es für die Frage eines Anwartschaftsrechts maßgeblich auf den Inhalt und den Zweck der Bedingung ankommt. Die durch § 161 begründete „Sicherung" des noch nicht Berechtigten besteht hingegen bei jeder bedingten Verfügung, nicht nur bei Anwartschaftsrechten. Auch im genannten Beispiel wäre eine Zwischenverfügung des Verkäufers unwirksam, wenn er zB vergisst zurückzutreten.

III. § 161 und Publizitätsprinzip

5 Mit dem Bedingungseintritt fällt das Eigentum automatisch an den Sicherungsgeber „zurück" bzw. wird auf den Vorbehaltskäufer übertragen. Dafür ist aber Voraussetzung, dass die Publizitätsanforderungen gewahrt sind. Ohne die Publizitätsanforderungen des Sachenrechts würde § 161 die Möglichkeit von Verträgen zulasten Dritter schaffen. Eine auflösend bedingte Eigentumsübertragung beim Eigentumsvorbehalt ist mit dem Zweck des Vorbehalts aber nicht vereinbar: Die Konstruktion könnte bei Bedingungseintritt nur dann zum Eigentum des Vorbehaltsverkäufers führen, wenn zugleich ein Rechtsverhältnis zwischen ihm und dem Vorbehaltskäufer bestünde, kraft dessen der Käufer ein Recht zum Besitz hat. Dieser soll aber dann gerade nicht mehr die Sache behalten dürfen. Über eine Bedingungskonstruktion kann auch kein traditionsloser Eigentumswechsel stattfinden, da § 161 nur die Einigung und nicht die – ihrerseits bedingungsfeindliche[10] – Übergabe betrifft.[11]

B. Regelungsgehalt

I. Bedingte Unwirksamkeit von Zwischenverfügungen (Abs. 1 und 2)

6 Es muss sich um ein bedingtes Verfügungsgeschäft handeln; der während des Schwebezustandes Berechtigte muss während des Schwebezustands eine weitere Verfügung, sog. Zwischenverfügung, vorgenommen haben und die Bedingung muss eingetreten oder gem. § 162 der Bedingungseintritt fingiert sein. Nur beeinträchtigende **Zwischenverfügungen** werden von § 161 erfasst, also jede Einwirkung auf das Recht durch Übertragung, Belastung, Inhaltsänderung[12] oder Aufhebung, nicht aber die letztwillige Verfügung.[13] Zur Verfügung über eine Forderung soll auch ihr Erlass und sogar ihre Einziehung durch den Gläubiger gehören, dessen Recht nur auflösend bedingt ist.[14] Den Schuldner schützt § 407.[15]

7 Der rechtsgeschäftlichen Verfügung **gleichgestellt** werden in Abs. 1 S. 2 Zwangsverfügungen durch Einzel- oder Gesamtvollstreckung sowie Arrestvollziehung, weshalb die Stellung des noch nicht Berechtigten sehr weitgehend geschützt ist. Davon ausgenommen ist allerdings der hoheitliche Erwerb des Erstehers in der Zwangsvollstreckung.[16] Nach hM gilt § 161 zumindest analog auch für gesetzliche Pfandrechte (§§ 562, 583, 592, 647, 704), da sie zwar durch Realhandlung, aber letztlich aufgrund einer Willensentschließung

---

6   Näher zum Eigentumsanwartschaftsrecht allg. NK-BGB/*Meller-Hannich/Schilken* § 929 Rn. 13 ff., zum Anwartschaftsrecht des Vorbehaltskäufers NK-BGB/*dies.* § 929 Rn. 80 ff. Zu Anwartschaften bei Verfügungen über Immobiliarsachenrechte s. NK-BGB/*Grziwotz* § 925 Rn. 34 ff.

7   So die Definition in BGHZ 83, 395, 399.

8   Vgl. *Medicus* BR Rn. 456.

9   Vgl. jetzt auch MüKoBGB/*Westermann* § 161 Rn. 4; ferner *Mülbert* AcP 2014, 309 (326).

10   Vgl. nur Soergel/*Henssler* BGB § 929 Rn. 39; BGH NJW 1998, 2360 (2363).

11   Anders *Flume* BGB AT Bd. 2 § 40 2 d.

12   ZB Änderung der – auch widerruflichen – Bezugsberechtigung bei einem Versicherungsvertrag, OLG Köln 11.3.2016 – 20 U 189/14, juris Rn. 52.

13   Staudinger/*Bork* BGB § 161 Rn. 4; *Wolf* FS Lübtow 1991, S. 325, 328; MüKoBGB/*Westermann* § 161 Rn. 12; OLG München NJW-RR 2016, 846 Rn. 17 für die Einsetzung eines Nachvermächtnisnehmers.

14   BGH NJW 1999, 1782 (1783); Staudinger/*Bork* BGB § 161 Rn. 5; Soergel/*Wolf* Rn. 3 mwN; aA *Berger* KTS 1997, 393 (395 f.).

15   Soergel/*Wolf* BGB § 161 Rn. 3; Staudinger/*Bork* BGB § 161 Rn. 5; BeckOK BGB/*Rövekamp* § 161 Rn. 4.

16   BGHZ 55, 20, 25.

des noch Berechtigten entstehen.[17] Man wird aber hier zumindest darauf achten müssen, ob das bedingte Geschäft nicht nur ein Vorwand ist, um dem gesetzlichen Pfandrecht zu entgehen.

Die Zwischenverfügung oder ihr gleichgestellte Akte sind **unwirksam** nur, soweit sie die bedingte Wirkung **8** beeinträchtigen würden. Wirksam sind sie also etwa dann, wenn sie ihrerseits für den Fall des Eintritts der Bedingung auflösend bedingt sind. Das ist nach hM keine relative, sondern eine absolute, dh von jedermann, nicht nur vom noch nicht Berechtigten im Falle des Bedingungseintritts geltend zu machende Unwirksamkeit.[18] Der bedingt Berechtigte kann aber die Zwischenverfügung gem. § 185 genehmigen, so dass sie endgültig wirksam wird.[19] Sachlich ist die Unwirksamkeit von Zwischenverfügungen beschränkt in zwei Richtungen. Einerseits wirkt sich die Aufhebung von Belastungen eines bedingt übertragenen Rechts positiv aus und bleibt deshalb auch nach Bedingungseintritt wirksam, und andererseits kann etwa bei bedingter oder befristeter Belastung eines Rechts die zwischenzeitlich erfolgte Einräumung einer anderen dinglichen Belastung ausnahmsweise nicht beeinträchtigend wirken (etwa steht einem Wegerecht an einem Grundstück ein späteres dingliches Wohnrecht nicht im Wege). § 161 eröffnet keinerlei schuldrechtliche Wirkungen, das der Zwischenverfügung zugrunde liegende **Kausalgeschäft** wird durch § 161 also nur mittelbar (Unvermögen) berührt.[20]

II. Schutz gutgläubiger Dritter (Abs. 3)

Zum Schutz des gutgläubigen Dritten, zugunsten dessen die Zwischenverfügung erfolgt, erklärt Abs. 3 die **9** Vorschriften über den Erwerb vom Nichtberechtigten für entsprechend anwendbar. Der Dritte erwirbt den Gegenstand im Zeitpunkt der Zwischenverfügung vom dinglich noch Berechtigten. Nach hM muss sich der gute Glaube des Erwerbers gerade auf das Nichtbestehen einer bedingten Verfügung beziehen.[21] Die Gesellschafterliste nach § 16 Abs. 3 GmbHG kommt als Grundlage für ein solches Vertrauen nach vorzugswürdiger Auffassung nicht in Betracht.[22]

Vorbehaltskäufer und Sicherungsgeber im Fall der auflösend bedingten Sicherungsübereignung müssen **10** wegen Abs. 3 die Veräußerung durch den Verkäufer bzw. Sicherungsnehmer nicht fürchten. Solange sie den Besitz nicht freiwillig aufgegeben haben, kann eine ihnen gegenüber endgültig wirksame Veräußerung auch nicht durch Abtretung des Herausgabeanspruchs erfolgen, vgl. §§ 935, 936 Abs. 3.[23] Bis zum Eintritt der Bedingung kann ein (auflösend bedingter) Zwischenerwerb zwar stattfinden, Käufer und Sicherungsgeber sind aber während dieses Zeitraums vor einem Herausgabeverlangen durch § 986 Abs. 2 geschützt.[24] Der gutgläubige Erwerb von Forderungen ist gänzlich ausgeschlossen.[25] Um den gutgläubigen Zwischenerwerb Dritter beim bedingten Erwerb von Grundstücken auszuschließen, kann der Anwartschaftsberechtigte die Bedingung als gesetzliche Verfügungsbeschränkung in das Grundbuch eintragen lassen.[26]

C. Weitere praktische Hinweise

Jede Verfügung unter einer Bedingung löst die bedingte Verfügungsverbotswirkung gem. § 161 aus. Dies **11** zeigt zunächst, dass trotz § 137 S. 1 dinglich wirkende **Verfügungsverbote rechtsgeschäftlich** begründet werden können. Andererseits erhalten gerade Abs. 1 und 2 auch die Verfügungsbefugnis des während der Schwebezeit Berechtigten, der seinerseits zumindest auflösend bedingt weiterverfügen kann.[27] Insoweit kann § 161 auch eine Grenze zulässiger Bedingungen entnommen werden. Wenn man die von § 161 eingeräumte Verfügungsbefugnis (schon wegen § 137) als gesetzliche versteht, dann widerspricht jede Gestaltung

17 Staudinger/*Bork* BGB § 161 Rn. 10; Soergel/*Wolf* BGB § 161 Rn. 4; Erman/*Armbrüster* BGB § 161 Rn. 3; MüKoBGB/*Westermann* § 161 Rn. 13 will dem gutgläubigen Gläubiger jedenfalls bei Alleinbesitz das Pfandrecht belassen, dagegen aber Staudinger/*Bork* BGB § 161 Rn. 10: Abs. 3 verweise auf die allgemeinen Vorschriften und die ließen keinen gutgläubigen Erwerb des gesetzlichen Pfandrechts zu.

18 Staudinger/*Bork* BGB § 161 Rn. 12; MüKoBGB/ *Westermann* § 161 Rn. 7 f.; vgl. dazu auch *Mülbert* AcP 2014, 309 (326 f.).

19 BGH NJW 1985, 376 (378) = BGHZ 92, 280, 288; BGH NZG 2004, 517 (518); Staudinger/*Gursky* § 185 Rn. 12 mwN.

20 Vgl. BGH WM 1962, 393 (394).

21 Staudinger/*Bork* BGB § 161 Rn. 15; Soergel/*Wolf* BGB § 161 Rn. 11; BeckOK BGB/*Rövekamp* § 161 Rn. 13; *Mülbert* AcP 2014, 309 (324).

22 BGH NZG 2011, 1268 Rn. 16 ff.; OLG München GmbHR 2011, 425 m. abl. Anm. v. *Heidinger*; so schon *Weigl* NZG 2009, 1173; *Mayer/Färber* GmbHR 2011, 783 je mwN; aA etwa Scholz/*Seibt* GmbHG § 16 Rn. 80 ff. mwN.

23 Staudinger/*Bork* BGB § 161 Rn. 15; Soergel/*Wolf* BGB § 161 Rn. 11; *Mülbert* AcP 2014, 309 (324).

24 Näher *Petersen* JURA 2011, 275 (277).

25 Staudinger/*Bork* BGB § 161 Rn. 15; Soergel/*Wolf* BGB § 161 Rn. 11; BeckOK BGB/*Rövekamp* § 161 Rn. 13.

26 OLG Hamm 1.7.2016 – 15 W 112/16; Staudinger/ *Bork* BGB § 161 Rn. 15.

27 Darauf weist zu Recht hin *Berger*, S. 172.

der Bedingung, die im praktischen Ergebnis keinen Raum für die weitere Verfügung lässt, dem Gedanken des § 161, und ist deshalb unwirksam.

§ 162 Verhinderung oder Herbeiführung des Bedingungseintritts

(1) Wird der Eintritt der Bedingung von der Partei, zu deren Nachteil er gereichen würde, wider Treu und Glauben verhindert, so gilt die Bedingung als eingetreten.

(2) Wird der Eintritt der Bedingung von der Partei, zu deren Vorteil er gereicht, wider Treu und Glauben herbeigeführt, so gilt der Eintritt als nicht erfolgt.

A. Allgemeines 1
   I. Fiktion 1
   II. Vorrang der Auslegung 2
B. Regelungsgehalt 3
   I. Anwendungsbereich 3
   II. Zu dessen Vor- oder Nachteil er gereicht 7
   III. Treuwidriger Eingriff in den Kausalverlauf ... 9
     1. Kausaler Eingriff 9
     2. Treuwidrigkeit 11
       a) Gesamtabwägung 11

     b) Unterlassen und Verweigerung von
         Mitwirkungshandlungen 12
     c) Die Einschaltung Dritter 13
     d) Formales Verhalten 14
     e) Beeinflussung Dritter 17
     f) Verletzung von Vertragspflichten 18
   IV. Rechtsfolgen und Zeitpunkt 19
C. Weitere praktische Hinweise 22
   I. Beweislast 22
   II. Analoge Anwendung 23

A. Allgemeines

I. Fiktion

1 Die Vorschrift ordnet im Wege einer Fiktion zulasten derjenigen Partei, die in den vertraglich vorgesehenen Ablauf des Geschehens treuwidrig eingreift, an, dass der Eingriff als nicht erfolgt gilt. Abs. 1 ist insoweit unproblematisch, da durch die Fiktion eine endgültige Entscheidung über die Bedingung herbeigeführt wird, indem der fragliche Lebensumstand als eingetreten gilt, so dass die auflösend oder aufschiebend bedingten Wirkungen eintreten. Abs. 2 ordnet lediglich an, dass der Eintritt als nicht erfolgt gilt. Damit ist die Bedingung jedoch nicht notwendig ausgefallen, vielmehr ist durchaus denkbar, dass der entsprechende Lebensumstand (später) doch noch eintritt. Soweit daher der Vertrag nicht wegen des treuwidrigen Eingriffs außerordentlich gekündigt wird oder werden kann, muss weiter bis zur Entscheidung über die Bedingung abgewartet werden.

II. Vorrang der Auslegung

2 § 162 ist Ausdruck des allgemeinen Grundsatzes von Treu und Glauben. Er beschreibt den Unterfall des Rechtserwerbs kraft unredlichen Verhaltens (nemo turpitudinem suam allegans auditur).[1] Durch eine interessengerechte Auslegung der Bedingung kann der tatsächliche Anwendungsbereich des § 162 weitgehend reduziert werden, da davon auszugehen ist, dass die Parteien die Entscheidung über die Bedingung durch treuwidriges Verhalten gerade nicht wollen.[2] Die gesetzliche Fiktion kann aber durch reine Auslegung der Bedingung selbst nicht vollständig weginterpretiert werden,[3] da § 162 auf **spätere treuwidrige Eingriffe** in den Geschehensablauf abstellt, die die Parteien regelmäßig bei der Abfassung der Bedingung weder bedacht haben noch bedenken konnten. Richtig dürfte zwar sein, dass insbesondere bei Potestativbedingungen die Auslegung der vertraglichen Verhaltensbeschreibung weitgehend das Ergebnis determiniert. Aber auch hier muss man Vorsicht walten lassen:[4] Wer sich durch Verhandlungsgeschick einen Vorteil gesichert hat, indem der Vertrag etwa ein seine Leistungspflicht auslösendes Verhalten bewusst eng beschreibt, dem darf dieser Vorteil nicht durch großzügige analoge Anwendung der vertraglichen Regel auf ähnliches Verhalten wieder genommen werden. Etwas anderes kann – gerade nach § 162 – nur dann gelten, wenn das ähnliche Verhalten durch ein subjektives Moment qualifiziert wird, also etwa nur vorgenommen wird, um die Leistungspflicht zu vermeiden.[5] Allgemein gesagt geht es um die notwendige Abgrenzung einer Umgehung von einer Vermeidung des Bedingungseintritts. In jedem Fall enthält § 162 ein eigenständiges Verbot des „corriger la

---

1 Dazu nur *Bach* in Staudinger/Eckpfeiler (2018) D. 79 f.

2 Vgl. zum Vorrang der Auslegung BGH NJW 1984, 2568 f.; MüKoBGB/*Westermann* § 162 Rn. 9; Staudinger/*Bork* BGB § 162 Rn. 2 aE.

3 So aber wohl *Flume* BGB AT Bd. 2 § 40 1; *Medicus* BGB AT Rn. 835.

4 Zur Vorsicht mahnend auch *Flume* BGB AT Bd. 2 § 40 1 d aE: Vertragsgestaltung darf nicht durch richterliche Gestaltung ersetzt werden.

5 Vgl. zB BGH NJW-RR 1989, 802.

fortune",[6] wenn Entscheidungen eines Dritten oder die Rechtzeitigkeit behördlicher Vorgänge zur Bedingung eines Geschäfts gemacht werden. Dieses Verbot soll insoweit insbesondere Verzögerungshandlungen[7] sowie Bestechung ausschließen.

B. Regelungsgehalt

I. Anwendungsbereich

Es muss zunächst eine echte Bedingung vorliegen. § 162 ist nicht anwendbar auf reine **Rechtsbedingungen**, insbesondere behördliche oder nach § 177 erforderliche Genehmigungen,[8] oder auf Unterstellungen. Auf die **Potestativbedingung** ist § 162 uneingeschränkt anwendbar, wobei, soweit nicht die Erfüllung einer Verhaltenspflicht zur Bedingung erhoben wurde, die Freiheit der betreffenden Partei bei der Frage der Treuwidrigkeit zu berücksichtigen ist.[9]   **3**

Auf **Wollensbedingungen** ist § 162 nicht anwendbar.[10] Die abweichende Auffassung des OLG München ist nur eine „falsa demonstratio", da es im dortigen Sachverhalt in Wahrheit um eine bloße Potestativbedingung ging.[11] Soweit es bei der Wollensbedingung um eine arglistige Täuschung durch die andere Partei geht bzw. um andere treuwidrige Verhaltensweisen, mit denen die Erklärung des Wollenden manipuliert wird, soll § 162 nach Auffassung von *Wolf* anwendbar sein.[12] Dem kann indes nicht zugestimmt werden, da insoweit die §§ 116 ff. spezieller sind. Auf eine arglistige Täuschung reagiert das Recht gem. § 123 durch Wiederherstellung der Entscheidungsfreiheit, nicht mit einer Fiktion. Allenfalls die Grundsätze der Zugangsvereitelung sind anwendbar, wenn die andere Partei die Erklärung des Wollenden nicht hören will (dazu → § 130 Rn. 66 ff.).   **4**

§ 162 gilt, wenn bestimmte Rechte vom ungekündigten Fortbestehen eines Vertrags oder Rechtsverhältnisses abhängen.[13] Die Kündigung bzw. die Ausübung anderer Gestaltungsrechte kann in solchen Fällen willkürlich sein und nur dem Zweck dienen, das fragliche Recht oder den Anspruch entfallen zu lassen. Dem beugt § 162 vor und wird deshalb auch als **Ausübungskontrolle** bezeichnet. **Beispiel:** Wird etwa die Übertragung von Geschäftsanteilen an einen Geschäftsführer vom Fortbestehen seiner Bestellung abhängig gemacht, so kann der Widerruf der Bestellung (sog. Hinauskündigung) treuwidrig sein, wenn es nur darum geht, den Geschäftsführer günstig um seine Anteile zu bringen.[14] Freilich sind in solchen Fällen kaum jemals handfeste Anhaltspunkte für eine solche Motivation feststellbar, so dass der Schwerpunkt eher auf einer einschränkenden Auslegung der vertraglichen Verknüpfung liegen sollte.[15]   **5**

Auf **Befristungen** ist die Vorschrift nur anwendbar, wenn es um die Fälle des dies certus an, incertus quando geht, soweit man diese nicht ohnehin als Bedingungsfälle einordnet (→ § 158 Rn. 20 ff.) und der   **6**

---

6 Begriff nach Soergel/*Wolf* BGB § 162 Rn. 1.

7 Zur verspäteten Zahlung der Grunderwerbsteuer als Voraussetzung für die zur Bedingung der Fälligkeit eines Anspruchs gemachte Erteilung der Unbedenklichkeitsbescheinigung OLG Karlsruhe NJW-RR 1996, 80.

8 BGH NJW 1996, 3338 (3340); Palandt/*Ellenberger* BGB § 162 Rn. 1; Erman/*Armbrüster* BGB § 162 Rn. 2; Staudinger/*Bork* BGB § 162 Rn. 13 mwN. Der BGH, aaO, will den Rechtsgedanken des § 162 aber ausnahmsweise über § 242 angewendet wissen. S. dazu bereits zur Rechtsbedingung → § 158 Rn. 26 f.

9 Vgl. BGH NJW 1982, 2552; NJW 2005, 3417 (3419); MüKoBGB/*Westermann* § 162 Rn. 4; insoweit zutr. auch Staudinger/*Bork* BGB § 162 Rn. 4 mwN Daher war ein Verkauf eines Grundstücks nicht treuwidrig in einem Fall, in dem der Eigentümer bereits einen aufschiebend bedingten Miet(vor)vertrag für den Fall des Hausbaus auf dem betreffenden Grundstück geschlossen hatte BGH WM 1964, 921.

10 So BGH NJW 1996, 3338 (3340); RGZ 115, 296, 302 und im Grundsatz die hM in der Lit., vgl. MüKoBGB/*Westermann* § 162 Rn. 6; Soergel/*Wolf* BGB § 162 Rn. 6; *Medicus* BGB AT Rn. 836 (dort die Wollensbedingung freilich als Potestativbedin-

gung bezeichnend); PWW/*Brinkmann* BGB § 162 Rn. 2; anders nur scheinbar OLG München NJW-RR 1988, 58; da dort in Wahrheit eine Potestativbedingung vorlag; *anders* aber Soergel/*Wolf* BGB § 162 Rn. 6 für die Fälle der Täuschung des Wollenden; für Ausnahmefälle Staudinger/*Bork* BGB § 162 Rn. 4 aE; vgl. auch Erman/*Armbrüster* BGB § 162 Rn. 2 aE; zu der dort angesprochenen Entscheidung des OLG München s. sogleich im Text.

11 OLG München NJW-RR 1988, 58; Ähnliches gilt für die in BGH NJW 1996, 3338 (3340) angesprochene Variante, dass die Erfüllung einer Rechtspflicht zur Bedingung erklärt wurde.

12 Soergel/*Wolf* BGB § 162 Rn. 6, vgl. auch – offenlassend – BGH NJW 1996, 3338 (3340) und OLG Hamm BB 1995, 1925 (Andienung einer nicht billigungsfähigen Probe bei Kauf gem. § 454 soll zu § 326 führen).

13 Dafür etwa LG Stuttgart GmbHR 2019, 116 m. zust. Anm. *Höfer;* BGH GmbHR 2005, 1558 (1561); s. a. BAG NZA 2012, 620 Rn. 27 zu Stichtagsklauseln im Arbeitsrecht.

14 LG Stuttgart GmbHR 2019, 116 m. zust. Anm. *Höfer.*

15 Zu den Hinauskündigungsfällen grds. BGH.

treuwidrige Eingriff den Zeitpunkt zugunsten des Eingreifenden verschiebt.[16] Vgl. im Übrigen noch
→ Rn. 23 f. (**analoge Anwendung**).

II. Zu dessen Vor- oder Nachteil er gereicht

7 Zu wessen Vor- oder Nachteil der Eintritt der Bedingung gereicht, kann nur bei **Verfügungen** eindeutig
geklärt werden; der Bedingungseintritt ist für den auflösend bedingt Berechtigten nachteilig und für den
aufschiebend bedingt Berechtigten vorteilhaft. Bei bedingten **Verpflichtungsgeschäften** muss unter
Berücksichtigung der Gesamtumstände ermittelt werden, wer durch den Eintritt oder Ausfall der Bedingung
nachteilig betroffen ist. Die Vorteilhaftigkeit kann sich insbesondere bei Dauerschuldverhältnissen durch
Zeitablauf verändern. So kann etwa der Eintritt einer auflösenden Bedingung eines Mietverhältnisses
zunächst für den Vermieter – etwa wegen der Möglichkeit anderweitiger Vermietung zu höherem Mietzins –
vorteilhaft sein, später aber für den dann auszugswilligen, aber nicht kündigungsberechtigten Mieter. Nach
dem Wortlaut des § 162 kommt es aber auf die Vor- oder Nachteiligkeit im Zeitpunkt des Eingriffs an.[17]

8 Problematisch ist die Anwendung des § 162 bei auflösend oder aufschiebend bedingten **Austauschgeschäften,** die insgesamt unter eine Bedingung gestellt sind, da die Nachteiligkeit möglicherweise schwer oder gar
nicht feststellbar ist. Soweit nur einzelne Wirkungen des Geschäfts bedingt sind, mag es sich anders verhalten. Aus der treuwidrigen Handlung lässt sich freilich auf die nachteilige Betroffenheit zurückschließen, so
dass etwa auch die treuwidrige Verhinderung des Eintritts des maßgebenden Umstands eines auflösend
bedingten Kaufvertrags durch Käufer oder Verkäufer von § 162 erfasst wird.[18]

III. Treuwidriger Eingriff in den Kausalverlauf

9 **1. Kausaler Eingriff.** Zunächst muss überhaupt ein **Eingriff** in den Kausalverlauf vorliegen. Dies ist im
Falle des Abs. 2 nur dann anzunehmen, wenn der Bedingungseintritt materiell herbeigeführt ist und die
Handlung des nachteilig Betroffenen dafür kausal war (zur Behandlung des Verzichts → § 158 Rn. 81 f.).
Zu Beweisfragen → Rn. 22. Bei Potestativbedingungen kann also bereits hier eine Reihe von Fällen ausge-
schieden werden, in denen nämlich die Vertragsauslegung ergibt, dass das entsprechende Verhalten die
Bedingung nicht hat eintreten lassen.[19] § 162 wird in diesen Fällen vor allem auf die andere Partei Anwendung finden können, wenn sie dem Verhalten des Vertragspartners Hindernisse in den Weg legt, etwa indem
sie erforderliche Mitwirkungshandlungen unterlässt.

10 Im Falle des Abs. 1 muss die Handlung kausal für den **Nichteintritt** der Bedingung geworden sein. Die
bloße Erschwerung genügt nicht.[20] Nicht erforderlich ist ausschließliche Kausalität in dem Sinne, dass nicht
auch andere Umstände kausal hätten werden können.[21] Eine Verzögerung des Bedingungseintritts genügt,
wenn der Lebensumstand sonst früher eingetreten wäre, insoweit ist die Verspätung auszugleichen.[22]

11 **2. Treuwidrigkeit. a) Gesamtabwägung.** Die Treuwidrigkeit ist zu ermitteln durch eine Beurteilung des
Eingriffs unter Abwägung sämtlicher Umstände des Einzelfalls nach Anlass, Zweck und Beweggrund des
fraglichen Verhaltens.[23] Dazu gehören jedenfalls als Abwägungskriterien auch, ob und wieweit der Eingriff
verschuldet war sowie etwaige Anhaltspunkte für ein Handeln mit Bezug auf den Bedingungseintritt, also
subjektive Momente.[24] Allein die Absicht, eine endgültige Entscheidung über die Bedingung herbeizuführen, begründet aber nicht die Treuwidrigkeit des Verhaltens.[25] Wirtschaftliche Gründe für das Verhalten sind zu berücksichtigen, schließen die Treuwidrigkeit aber nicht per se aus.[26] Der BGH verlangt zwar

---

16 Vgl. in der Sache ähnlich Soergel/*Wolf* BGB § 163
    Rn. 9; Staudinger/*Bork* BGB § 163 Rn. 7; MüKo-
    BGB/*Westermann* § 163 Rn. 6.
17 Wie hier PWW/*Brinkmann* BGB § 162 Rn. 3.
18 Davon wohl ausgehend BGH NJW 2007, 3057
    (3059) für den Kauf eines Bausatzes für die Selbst-
    montage einer Solarheizungsanlage, der unter der
    aufschiebenden Bedingung der Gewährung von För-
    dermitteln stand. Vgl. auch BGH 11.12.2012 – VIII
    ZR 37/12.
19 Vgl. *Medicus* BGB AT Rn. 834 ff.
20 MüKoBGB/*Westermann* § 162 Rn. 15; Staudinger/
    Bork BGB § 162 Rn. 6; Soergel/*Wolf* BGB § 162
    Rn. 11 mwN.
21 MüKoBGB/*Westermann* § 162 Rn. 11; Soergel/*Wolf*
    BGB § 162 Rn. 13, beide unter Hinweis auf RG JW
    1911, 213.

22 Insofern letztlich übereinstimmend MüKoBGB/*Wes-
    termann* § 162 Rn. 15; Soergel/*Wolf* BGB § 162
    Rn. 12; aus der Rspr. OLG Karlsruhe NJW-RR 1996,
    80.
23 AllgM: BGH NJW 2005, 3417, BAG 1.8.2018 –
    7 AZR 561/16, OLG Hamm NJW-RR 1989, 1366;
    OLG Düsseldorf NJW-RR 1987, 362 (364);
    Staudinger/*Bork* BGB § 162 Rn. 7; Soergel/*Wolf*
    BGB § 162 Rn. 7.
24 S. BGH NJW 2005, 3417 (3419); BGH NJW 2007,
    3057 (3059) Tz. 32; Soergel/*Wolf* BGB § 162 Rn. 8;
    Staudinger/*Bork* BGB § 162 Rn. 10; OLG Hamm
    NJW-RR 1989, 1366; OLG Koblenz 27.11.2006 –
    12 U 915/05, juris Rn. 14.
25 BGH NJW 2005, 3417 (3419).
26 BGH NJW 2005, 3417 f.; vgl. auch OLG Hamburg
    4.12.2003 – 10 U 6/03.

keine Vereitelungsabsicht,[27] wohl aber ein „bewusst pflichtwidriges mittelbares Eingreifen in den Gang der Bedingung".[28] Für die Fälle, in denen ein Vertragsschluss mit Dritten zur Bedingung einer Leistungspflicht gemacht wurde, s. noch → Rn. 16.

b) Unterlassen und Verweigerung von Mitwirkungshandlungen. Ein Unterlassen kann nur dann treuwidrig sein, wenn mindestens eine Obliegenheit oder unselbstständige Nebenpflicht zum Tätigwerden besteht.[29] Die Weigerung zur Erfüllung von für den Bedingungseintritt erforderlichen und zugleich aus § 241 folgenden Mitwirkungspflichten ist stets treuwidrig, soweit die Handlung nicht ausdrücklich im Vertrag freigestellt ist.[30] Darunter fallen zB die Fälle der Zugangsvereitelung (dazu → § 130 Rn. 66 ff.), des sich einer zumutbaren Kenntnisnahme Verschließens[31] bzw. der Verweigerung des Vorbehaltsverkäufers, die Zahlung (der letzten Rate) des Kaufpreises anzunehmen,[32] ebenso die rechtlose Weigerung des Käufers, die fremdfinanzierte Kaufsache abzunehmen, wenn die Übergabe Bedingung des Darlehensrückzahlungsanspruchs ist.[33] Dagegen ist die Weigerung, ein angebotenes Einziehungsentgelt anzunehmen, dessen Zahlung Bedingung für den Ausschluss aus der GmbH ist, nicht treuwidrig, wenn das Zahlungsangebot seinerseits nicht ohne Verstoß gegen das Gebot der Kapitalerhaltung erfolgen kann.[34] Die Weigerung, eine zur Bedingung erhobene Erklärung abzugeben, kann nur dann treuwidrig sein, wenn eine Rechtspflicht zur Erklärung besteht, fehlt eine solche, kann auch das Fehlen eines vernünftigen Grundes für die Weigerung die Erklärung nicht ersetzen.[35] Besteht eine Mitwirkungspflicht, etwa zur Stellung eines Förderantrags, so kann sie ihrerseits durch die Verletzung vorvertraglicher Aufklärungspflichten seitens der anderen Partei ausgeschlossen sein, so dass die Unterlassung der Antragstellung nicht treuwidrig ist.[36] Wird eine Grundschuld nebst Unterwerfungserklärung unter die sofortige Zwangsvollstreckung abgetreten und bietet der Erwerber den Eintritt in den mit dem Zedenten bestehenden Sicherungsvertrag an, so ist die Weigerung, dieses Angebot anzunehmen, angeblich rechtsmissbräuchlich und er muss sich nach § 162 so behandeln lassen, als sei der Vertrag zustande gekommen.[37]

c) Die Einschaltung Dritter. Auf der einen Seite können in treuwidriger Weise Dritte eingeschaltet werden, um die durch eigenes Verhalten bedingten Folgen auszuschalten. So kann etwa eine Partei ihren Ehepartner den eine Leistungspflicht auslösenden Vertrag schließen lassen; auch dieses Verhalten löst nach § 162 die Leistungspflicht aus.[38] Zu denken ist auch an die Einschaltung von Tochtergesellschaften. Von der treuwidrigen Einschaltung Dritter ist die Zurechnung des eigenständigen Verhaltens Dritter (nicht: von Erfüllungsgehilfen) an die fragliche Partei zu unterscheiden. Hier bietet es sich an, auf die Grundsätze des § 123 Abs. 2 S. 1 zu rekurrieren und nur das Verhalten am Rechtsgeschäft unbeteiligter Dritter von einer Zurechnung auszunehmen.[39] Umgekehrt kann auch die Weigerung treuwidrig sein, die Einschaltung eines Dritten in die Erfüllung einer Verhaltenspflicht oder -obliegenheit zuzulassen, so etwa des Vorbehaltsverkäufers, Zahlungen Dritter zu akzeptieren.[40] Gleiches gilt, wenn der Vermieter ohne vernünftigen Grund bei einem aufschiebend bedingten Aufhebungsvertrag (für den schon ein grundsätzliches Einverständnis des Vermieters mit einem „genehmen" Nachmieter ausreichen kann) den vom Mieter gestellten Nach-/Ersatzmieter ablehnt bzw. diesem absprachewidrige Konditionen andient und der Vertrag deshalb nicht zustande kommt.[41]

---

27 Insofern einhellig auch das Schrifttum: Soergel/*Wolf* BGB § 162 Rn. 8; Staudinger/*Bork* BGB § 162 Rn. 10; Erman/*Armbrüster* BGB § 162 Rn. 4 (Fahrlässigkeit genüge); ähnlich MüKoBGB/*Westermann* § 162 Rn. 10.

28 BGH NJW-RR 1989, 802, dagegen Staudinger/*Bork* BGB § 162 Rn. 10 (kein Verschulden im technischen Sinne erforderlich); ähnlich Soergel/*Wolf* BGB § 162 Rn. 8 aE und BeckOK BGB/*Rövekamp* § 162 Rn. 4; zweifelnd, iE aber ebenso, MüKoBGB/*Westermann* § 162 Rn. 10.

29 Ebenso Soergel/*Wolf* BGB § 162 Rn. 7; Palandt/*Ellenberger* BGB § 162 Rn. 2; LG Gießen NJW-RR 1997, 1081; MüKoBGB/*Westermann* § 162 Rn. 9 aE.

30 Anders, soweit dafür zusätzliche Informationen gegenüber der drittfinanzierenden Bank erforderlich sind, LG Gießen NJW-RR 1997, 1081.

31 Dazu BGH NJW 1992, 3237 (3242); 1989, 2323.

32 BGHZ 75, 221, 228; aA *Petersen* JURA 2011, 275 (277) wegen der Möglichkeit der Hinterlegung (§§ 372 S. 1, 378 BGB), die indessen zu umständlich ist, so dass sich der Käufer auf sie nicht verweisen lassen muss.

33 BGH NJW 1964, 36 (37).

34 OLG Düsseldorf RNotZ 2007, 227; bestätigt durch BGH NZG 2008, 516.

35 Wohl aA Staudinger/*Bork* BGB § 162 Rn. 8; in den von ihm zitierten Fällen OLG Brandenburg NJW-RR 2000, 766 (767 f.) u. OLG Köln NJW-RR 1995, 113 (114) waren die entspr. Erklärungen jedoch nicht ins Belieben gestellt.

36 BGH NJW 2007, 3057 (3059) Rn. 34.

37 BGH ZBB 2014, 324 (weil der Zessionar ohne die Herbeiführung seiner treuhänderischen Bindung nicht die Vollstreckung aus der fiduziarischen Sicherheit betreiben kann).

38 BGH NJW 1982, 2552; NJW-RR 1998, 1488 (Abfindungsanspruch bei Verkauf eines Grundstücks, das dann auf die Ehefrau übertragen wird).

39 Vgl. auch BGH NJW 2005, 3417 (3419), wo der Vater einer Partei als Verhandlungsführer aufgetreten war.

40 BGHZ 75, 221, 228; Staudinger/*Bork* BGB § 162 Rn. 8 mwN.

41 Vgl. OLG Koblenz ZMR 2002, 344; OLG Düsseldorf NJW-RR 1992, 657.

14 **d) Formales Verhalten.** Treuwidrig ist es, wenn sich der Handelnde ohne Grund auf einen formaljuristischen Standpunkt stellt, wenn also sein Verhalten zwar formal den Eintritt einer ihn belastenden Rechtsfolge vermeidet, nach seiner Funktion jedoch dem gemeinten Verhalten gleichsteht. Das wird vor allem dann vorkommen, wenn ein bestimmtes Verhalten einer Vertragspartei für sie nachteilige Zahlungs- oder sonstige Leistungspflichten auslöst. Dabei ist auch zu berücksichtigen, ob es für das die Zahlungspflicht vermeidende Verhalten (andere) wirtschaftliche Gründe gibt.[42] Diese Konstellation ist bereits bei der Vertragsgestaltung tunlichst zu vermeiden. Ist das nicht geschehen, so ist stets zu prüfen, ob das zur Bedingung gemachte Verhalten zugleich eine Pflicht der Partei war. Ist das der Fall, so wird man funktionsgleiches, formal aber abweichendes Verhalten leichter als treuwidrig ansehen können.

15 Ist es nicht der Fall, so ist das formale Vorgehen insgesamt zu würdigen. Löst etwa ein **Vertragsschluss mit Dritten** (ggf. innerhalb eines bestimmten Zeitraums) eine Leistungspflicht der Partei aus (oder beendet Ansprüche gegen den Vertragspartner wie in den Wiederverheiratungsfällen),[43] so ist für das Verhalten dieser Partei wie folgt zu unterscheiden: Wer den schädlichen Vertrag nur vorbereitet, sich aber noch nicht bindet, handelt weder treuwidrig noch tritt die Bedingung nach Sinn und Zweck des Vertrages ein.[44] Vorvertrag, aufschiebend befristeter Vertrag oder befristet bindendes Angebot binden die Partei dagegen, auch wenn der eigentliche Vertragsschluss bzw. die Entstehung von Ansprüchen aus dem Vertrag noch aufgeschoben sein mögen.[45] Deshalb ist hier der Bedingungseintritt zu bejahen, ob sich das aus § 162 oder im Wege der Auslegung der Bedingung ergibt, kann dahinstehen.

16 Kommt es auf die **Art des abzuschließenden Vertrages** (zB Kaufvertrag) an und schließt die bedingt gebundene Partei einen formal anderen Vertrag (zB Erbvertrag mit Nebenabreden), so muss nach den gesamten Umständen ermittelt werden, ob der formal abweichende Vertrag mit dem zur Bedingung erhobenen Vertrag funktionsgleich ist und ohne sachlichen Grund auf den ebenfalls in Betracht kommenden schädlichen Vertrag verzichtet wurde.[46] In dieser Entscheidung verweist der BGH einerseits auf ein subjektives Element (Gestaltung, die nur dazu dienen soll, die Vorkaufsrechtsausübung unmöglich zu machen) und behauptet zugleich, eine Umgehungsabsicht sei nicht erforderlich.[47] Richtigerweise wird man aus den Elementen funktionsgleich und fehlender sachlicher Grund auf die Umgehungsabsicht schließen müssen, während bei Vorliegen eines sachlichen (wirtschaftlichen) Grundes für die gewählte Gestaltung von zulässiger Vermeidung des Bedingungseintritts auszugehen ist. Löst erst die **Erfüllung** durch den Dritten die Zahlungspflicht aus, so kann vom bedingt Verpflichteten im Zweifel nicht erwartet werden, den Dritten aus dem geschlossenen Vertrag auch zu verklagen, die Abtretung an den Vertragspartner reicht vielmehr aus.[48] Zur Anwendung des § 162 im Rahmen von **Maklerverträgen** s. im Übrigen die Erläuterungen zu § 652.[49]

17 **e) Beeinflussung Dritter.** Ist die Zustimmung Dritter zur Bedingung erklärt worden, so darf keine Partei auf die Entscheidung des Dritten Einfluss nehmen.[50] Dabei wird man, je nach Nähe des Dritten zu einer der Vertragsparteien, selbst die Beeinflussung durch falsche oder unvollständige Information für treuwidrig halten können. Ob eine zutreffende Information des Dritten dagegen überhaupt jemals treuwidrig sein kann, dürfte zweifelhaft sein.[51] Ist eine behördliche Genehmigung rechtsgeschäftliche Wirksamkeitsvoraussetzung (zur gesetzlichen Wirksamkeitsvoraussetzung → § 158 Rn. 26), besteht die vertragliche Nebenpflicht für beide Seiten, an der Erteilung oder Eintragung mitzuwirken und alles zu unterlassen, was die Genehmigung infrage stellen könnte.[52] Das beinhaltet (vorbehaltlich vertraglicher Detailregeln) aber nicht auch die Pflicht, bei Versagung der Genehmigung ein Rechtsmittelverfahren durchzuführen.[53]

18 **f) Verletzung von Vertragspflichten.** Löst die Nichterfüllung vertraglicher Pflichten vertragliche besondere Zahlungspflichten aus, so wird regelmäßig eine Vertragsstrafe vorliegen. Auf die Treuwidrigkeit kommt es dann nicht mehr an. Ausnahmsweise kann es aber auch so liegen, dass die Pflichtverletzung eine für den Schuldner günstige Rechtsfolge auslöst. Als nicht treuwidrig hat der BGH den Verzugseintritt ange-

---

42 Beispiel bei OLG Hamburg 4.12.2003 – 10 U 6/03 (Architektenhonorar durch anschließende Projektentwicklung bedingt, realisiert wurde abweichendes Projekt).

43 Dazu OLG Düsseldorf NJW 1981, 463 (eheähnliches Zusammenleben über längeren Zeitraum lasse auflösende Bedingung der Wiederverheiratung in Unterhaltsvergleich gem. § 162 eintreten); dagegen aber vor dem gesetzlichen Hintergrund BGH NJW-RR 1991, 388.

44 Vgl. *Flume* BGB AT Bd. 2 § 40 1 f. S. 721 zu RGZ 53, 257 ff.

45 In diesem Sinne lag bei OLG München NJW-RR 1988, 58 nicht nur ein bindendes Angebot, sondern darüber hinaus auch noch eine Sicherung durch Vormerkung vor, vgl. auch BGH NJW 2002, 213.

46 BGH NJW 1998, 2136.

47 BGH NJW 1998, 2136 (2137) gegen 2138.

48 OLG Köln NZG 1999, 607 (608).

49 Vgl. auch Erman/*Fischer* BGB § 652 Rn. 41 f.

50 OLG Dresden OLG-NL 2001, 97 für die Beeinflussung des Aufsichtsrats durch den Vorstand, der den bedingten Vertrag geschlossen hatte.

51 Vgl. dazu BGH NJW 2005, 3417 (3418 f.) für die Information eines Dritten über die Änderung der Absichten einer der Parteien.

52 BGH NJW 1994, 2757 (2758); BGHZ 14, 1, 2; BGHZ 67, 34, 35; RGZ 129, 357, 376; vgl. Erman/*Armbrüster* BGB § 162 Rn. 2.

53 OLG Köln OLGZ 1974, 8 (10).

sehen, wenn dieser ein für die Schuldnerin nach der Bedingungsvereinbarung vorteilhaftes Recht zum Wiederverkauf auslöste.[54]

IV. Rechtsfolgen und Zeitpunkt

Bei **Verhinderung** des Bedingungseintritts (Abs. 1) gilt die Bedingung als eingetreten. Damit entfällt freilich nur die Unsicherheit über den Bedingungseintritt, also das „**Ob**". Wann die auflösend bzw. aufschiebend bedingten Wirkungen eintreten, ist streitig. Die wohl hM will den Zeitpunkt zugrunde legen, in dem die Bedingung bei ordnungsgemäßem Verhalten des treuwidrig Handelnden eingetreten wäre.[55]   **19**

Nach richtiger Auffassung ist das „**Wann" zuerst Vertragsfrage**.[56] Ist der Zeitpunkt der Entscheidung über den Eintritt der Bedingung vertraglich festgelegt, so kann nur auf diesen abgestellt werden (Beispiel: aufschiebende Bedingung ist der bestimmte Ausgang eines Losentscheids, der an einem bestimmten Kalendertag stattfindet, bei Manipulation des Losverfahrens gilt die Bedingung gleichwohl erst an diesem Kalendertag als eingetreten). Ist nur der späteste Zeitpunkt einer Entscheidung gewiss (zB auflösende Bedingung einer bestimmten Erklärung, die nur bis zu einem bestimmten Termin zugehen kann), so muss es auf den Zeitpunkt der treuwidrigen Verhinderung (zB Zugangsvereitelung) ankommen. Schon wegen des Kausalitätserfordernisses wird das aber nicht der Zeitpunkt der Handlungsbeendigung, sondern im Sinne der hM der Termin sein, zu dem die Bedingung sonst eingetreten wäre.[57] Ist – ausnahmsweise – ein frühester Zeitpunkt aus den Parteivereinbarungen erkennbar, so gilt dieser.[58]   **20**

Bei **Herbeiführung** des Bedingungseintritts (Abs. 2) gilt nur der **Eintritt als nicht erfolgt**. Das ist schon sprachlich etwas anderes als der Ausfall der Bedingung.[59] Ob und wann die Bedingung letztlich ausgefallen ist, ist zum einen ebenfalls Vertragsfrage und zum anderen von der Art des Eingriffs abhängig. Wird durch die Handlung der spätere Eintritt der Bedingung unmöglich, so muss die Bedingung als ausgefallen gelten, schon zur Vermeidung hypothetischer Kausalitätsüberlegungen.[60] Das „Wann" kann dann freilich wieder durch einen vertraglich festgelegten oder frühesten Zeitpunkt nach hinten verlegt sein. Ansonsten muss es beim Schwebezustand bezüglich des „Ob" und des „Wann" verbleiben. Beispiel: Käufer X schuldet Verkäufer Y im Falle des Zahlungsverzugs eine Vertragsstrafe. Führt Y den Zahlungsverzug des X treuwidrig herbei, so gilt der Verzug des X als nicht eingetreten, später kann X durch selbst verschuldeten weiteren Verzug die Strafe noch verwirken.   **21**

C. Weitere praktische Hinweise

I. Beweislast

Wer sich auf § 162 beruft, muss das treuwidrige Verhalten des anderen Teils sowie seine Ursächlichkeit für Eintritt oder Nichteintritt der Bedingung beweisen.[61] Letzteres kann Schwierigkeiten bereiten; eine Umkehr der Beweislast bzw. Beweiserleichterungen können dann angenommen werden, wenn der treuwidrig Handelnde die Beweisführung durch Beeinflussung von Zeugen zu vereiteln sucht.[62]   **22**

---

54   BGH NJW 1984, 2568.

55   RGZ 79, 96, 101; OLG Düsseldorf NJW 1981, 463 (464); Soergel/*Wolf* BGB § 162 Rn. 14.

56   So zutr. *Flume* BGB AT Bd. 2 § 40 1 b S. 717 f.

57   AA Staudinger/*Bork* BGB § 162 Rn. 12; in BGH NJW 1975, 205 (206) lagen sowohl die Voraussetzungen des § 160 wie die des § 162 Abs. 1 vor, der Kläger verlangte das Surrogat nach § 281 aF In einem solchen Fall ist der Zeitpunkt des Bedingungseintritts gleichgültig, da § 160 nur voraussetzt, dass die Bedingung eingetreten ist. Vielmehr kommt es auf den Zeitpunkt des Untergangs des abhängigen Rechts an, so iE BGH NJW 1975, 205.

58   *Flume* BGB AT Bd. 2 § 40 1 b S. 718 (dies a quo); sa Erman/*Armbrüster* BGB § 162 Rn. 6.

59   Nicht zutr. daher (Ausfall) Palandt/*Ellenberger* BGB § 162 Rn. 5; BeckOK BGB/*Rövekamp* § 162 Rn. 7, 9;

vgl. auch Erman/*Armbrüster* BGB § 162 Rn. 5 einerseits, Rn. 6 andererseits; zutr. dagegen insoweit Soergel/*Wolf* BGB § 162 Rn. 14; wie hier PWW/*Brinkmann* BGB § 162 Rn. 9 und jetzt MüKoBGB/*Westermann* § 162 Rn. 16 f.

60   Vgl. auch MüKoBGB/*Westermann* § 162 Rn. 17, der diese Überlegung freilich mE unzutr. im Rahmen des Abs. 1 anbringt.

61   BGH NJW-RR 1989, 802; BGH LM § 162 Nr. 2; OLG Dresden OLG-NL 2001, 97 (100); Staudinger/*Bork* BGB § 162 Rn. 20; MüKoBGB/*Westermann* § 162 Rn. 17 aE; Soergel/*Wolf* BGB § 162 Rn. 13, je mwN.

62   Zu einem solchen Fall OLG Dresden OLG-NL 2001, 97 (100 ff.).

II. Analoge Anwendung

23   § 162 enthält einen **allgemeinen Rechtsgedanken,** der freilich nur vorsichtig heranzuziehen ist. So kann etwa eine gesetzliche Regelung bzw. deren Änderung den Zugang zu § 162 verschließen.[63] Andererseits passt der Rechtsgedanke nicht nur für die Durchsetzung des Parteiwillens,[64] sondern auch auf solche Fälle, in denen der Eintritt nachteiliger Rechtsfolgen durch Vermeidung der Erfüllung gesetzlicher Tatbestandsmerkmale verhindert werden soll, wenn dies treuwidrig geschieht. Außer im Arbeitsrecht[65] wird § 162 in einer ganzen Reihe von Fällen erwähnt und teilweise entsprechend angewendet, so etwa auf die unter → Rn. 4 bereits erwähnten Fälle der Zugangsvereitelung bzw. des Sich-Verschließens vor zumutbarer Kenntnisnahme (= mehr als nur grob fahrlässige Unkenntnis); ferner auf die treuwidrige Herbeiführung des Nacherbfalls durch Tötung des Vorerben;[66] auf die Vereitelung eines Vorkaufsrecht durch formale Gestaltung (Verschleierung) des gewollten Kaufs als Erbvertrag oder durch ein bis zum Ablauf eines befristeten Vorkaufsrechts bindendes Angebot;[67] auf die Herbeiführung des Bürgschaftsfalls (allgemein des Sicherungsfalls bei Drittsicherung) durch Veranlassung des Hauptschuldners, seine vertraglichen Pflichten nicht zu erfüllen;[68] auf die Verhinderung einer vom Werkunternehmer geschuldeten Mängelbeseitigung durch den Besteller;[69] auf die Verweigerung der Zustimmung zur Belastung eines Erbbaurechts zwecks Baukreditsicherung, was mittelbar den Heimfallanspruch wegen nicht fristgerechter Bebauung auslöste,[70] gäbe es nicht § 162.

24   Im **öffentlichen Recht** kann der Rechtsgedanke des § 162 ebenfalls angewendet werden, etwa im Rahmen einer Konkurrentenklage auf die Einstellung oder Beförderung des Konkurrenten unter Verstoß gegen eine einstweilige Anordnung, die die Behörde dem klagenden Bewerber dann nicht entgegenhalten kann;[71] ferner für die Frage der Zugangsvereitelung,[72] teilweise verlangt das BVerwG allerdings ein „gezieltermaßen treuwidriges Verhalten";[73] auch ist § 162 anwendbar im Rahmen öffentlich-rechtlicher Verträge gem. § 62 S. 2 VwVfG.

§ 163 Zeitbestimmung

Ist für die Wirkung eines Rechtsgeschäfts bei dessen Vornahme ein Anfangs- oder ein Endtermin bestimmt worden, so finden im ersteren Falle die für die aufschiebende, im letzteren Falle die für die auflösende Bedingung geltenden Vorschriften der §§ 158, 160, 161 entsprechende Anwendung.

A. Regelungsgehalt 1
B. Einzelfragen 2
   I. Abgrenzung zu betagten Forderungen (Stundung, Fälligkeitsregelung) 2

II. Befristungsende 4
III. Austauschverträge 5
IV. Befristeter Ausschluss von Gestaltungsrechten 6

A. Regelungsgehalt

1   § 163 beschränkt sich darauf, die Vorschriften des Bedingungsrechts teilweise (nur hinsichtlich der auflösenden bzw. aufschiebenden Wirkungen der Zeitbestimmung, der bedingten Schadensersatzpflicht bei Vereitelung des befristeten Rechts und der Unwirksamkeit von Zwischenverfügungen) auf Befristungen für anwendbar zu erklären. Bei Kalenderbefristung finden ferner die Vorschriften der §§ 186 ff. Anwendung, so dass etwa, fällt das Ende der Frist auf einen Sonntag, gem. § 193 ein fristwahrendes Ereignis noch am Montag eintreten kann.[1] Zur Abgrenzung zwischen Bedingung und Befristung und den sich daraus ergebenden Folgen → § 158 Rn. 20 ff. Zur Befristungsfeindlichkeit von Rechtsgeschäften → § 158 Rn. 36. Zur Beweislast → § 158 Rn. 76 ff. Zur Anwendung des § 160 → § 160 Rn. 8. §§ 159 und 162 sind auf Fälle der Befristung nicht anwendbar, vgl. dazu → § 159 Rn. 8 und → § 162 Rn. 6.

---

63   Vgl. BGH NJW-RR 1991, 388 zu Unterhaltsansprüchen nach Wiederverheiratung sowie BVerwG NJW 1997, 2966 (2969).
64   So aber Staudinger/*Bork* BGB § 162 Rn. 15.
65   Dazu etwa Soergel/*Wolf* BGB § 162 Rn. 16; Staudinger/*Bork* BGB § 162 Rn. 17.
66   BGH NJW 1968, 2051.
67   BGH NJW 2002, 213; 1998, 2136.
68   BGH BB 1966, 305.
69   BGHZ 88, 240, 248.

70   BGH NJW-RR 1993, 465 (466).
71   BVerwG NJW 2004, 870.
72   BVerwGE 85, 213, 216.
73   BVerwG NVwZ-RR 1997, 421 (422) für das Verhalten des Kreiswehrersatzamts; anders dagegen BVerwG NVwZ 1991, 73 (75), soweit es um die Zugangsvereitelung durch den Empfänger eines Einberufungsbescheids geht.
1   BGHZ 90, 288, 291 = NJW 1987, 1760 (1761).

B. Einzelfragen

I. Abgrenzung zu betagten Forderungen (Stundung, Fälligkeitsregelung)

Die aufschiebende Befristung ist von einer bloßen Fälligkeitsregelung abzugrenzen. Die Abgrenzung hat **2** entgegen früher teilweise geäußerter Auffassung durchaus Bedeutung.[2] Betagte Forderungen sind bereits entstanden; das vor Fälligkeit Geleistete kann wegen § 813 Abs. 2 nicht zwischenzeitlich zurückverlangt werden.[3] Auch die umstrittene Frage, ob § 41 InsO neben betagten auch auf befristete Forderungen anwendbar ist, hat der BGH verneint,[4] den Streit damit allerdings nicht beseitigt.[5]

In der Theorie hängt die Abgrenzung davon ab, ob die Parteien entweder die Wirkungen des Geschäfts hin- **3** ausschieben oder aber einen bloßen Termin für die (bereits entstandene) Hauptleistungspflicht setzen wollten. Bei der erforderlichen Auslegung können neben dem Vertragswortlaut die Gesamtumstände und der wirtschaftliche Zweck des Geschäftes zu berücksichtigen sein.[6] Deshalb sind künftige Mietzinsen grundsätzlich aufschiebend befristete Ansprüche,[7] da sie allein Entgelt für jeden Gebrauchszeitraum sind und daher jeweils neu erst zum Anfangstermin des jeweiligen Zeitraums der Nutzungsüberlassung entstehen. Demgegenüber sind künftige Leasingraten nur betagt, da sie auch ein Entgelt für die erbrachte Finanzierungsleistung darstellen.[8] Entsprechend dieser Unterscheidung sind auch die Entgeltansprüche eines Dienstleisters (und der Arbeitnehmer) aufschiebend befristet.[9] Bei einer bis zur Erfüllung bestimmter Voraussetzungen, deren Eintritt die Parteien als gewiss ansehen, hinausgeschobenen „Fälligkeit" der Kaufpreisforderung handelt es sich tatsächlich um eine bloße Fälligkeitsregelung, nicht um eine aufschiebende Befristung.[10] Ebenso begründet ein Kaufvertrag, der eine Übereignung „bis spätestens zum ..." vorsieht, selbstverständlich keine auflösend befristete Forderung, sondern stellt nur die Fälligkeit klar.[11]

II. Befristungsende

Das Befristungsende kann trotz Angabe eines Kalendertermins fraglich werden, wenn es sich um ein befris- **4** tetes **Sicherungsrecht** handelt. Die Verwertung der Sicherheit kann Zeit in Anspruch nehmen, so dass zwischenzeitlich die Befristung ablaufen kann bzw. bei auflösender Bedingung diese zwischenzeitlich erfüllt werden kann. In diesem Fall ist grundsätzlich davon auszugehen, dass die Einleitung der Verwertung und Mitteilung an den Sicherungsgeber vor Fristablauf ausreicht, so dass der spätere Fristablauf nicht schadet.[12] Die Parteien können, müssen aber auch, ausdrücklich etwas anderes vereinbaren.[13]

III. Austauschverträge

Auflösend befristete Austauschverträge sind in Wahrheit nicht auf einen Leistungsaustausch gerichtet, son- **5** dern auf eine Gebrauchsüberlassung auf Zeit.[14] Im Zeitpunkt des Endtermins ist daher etwa ein auflösend

---

2 So auch *Medicus* BGB AT Rn. 845; Staudinger/*Bork* BGB § 163 Rn. 2; MüKoBGB/*Westermann* § 163 Rn. 3; aA *Flume* BGB AT Bd. 2 § 41 S. 730.

3 *Medicus* BGB AT Rn. 845; BeckOK BGB/*Rövekamp* § 163 Rn. 7.1.

4 BGH ZIP 2006, 1781 (1783) mwN zum Streitstand bis 2006; bestätigt durch BGH ZIP 2007, 543 und BGH ZIP 2010, 1453 Rn. 30.

5 AA auch nach den Entscheidungen noch MüKoInsO/ *Bitter* § 41 Rn. 10; Uhlenbruck/*Knof* InsO § 41 Rn. 5; wie der BGH schon vorher die hM, s. etwa Staudinger/*Bork* BGB § 163 Rn. 2. Der abweichenden Auffassung ist zu folgen, die hM resultiert letztlich aus der verfehlten Abgrenzung von Bedingung und Befristung, s. dazu schon → § 158 Rn. 20 f.

6 Zum dabei zu berücksichtigenden Auslegungsstoff BGH NJW-RR 1998, 801.

7 BGH NJW 1965, 1373 (1374); WM 1997, 545; zuletzt BGH NJW 2010, 444 (445) Tz. 10 mwN auch zur Gegenmeinung; anders für einen Sonderfall BGH NJW-RR 2010, 483 (484) Rn. 19–21.

8 BGH NJW 1992, 2150 und öfter; Nachw. auch in BGH WM 1997, 545.

9 BGH WM 1997, 545 unter Hinweis auf RGZ 142, 291, 295.

10 KG MDR 1998, 459; Gegenbeispiel, wo die Erfüllung der Voraussetzung ungewiss war, bei OLG Rostock IBR 2006, 452 (Ls.) = BeckRS 2006, 12524. Wird die Fälligkeit von der Zustimmung eines Dritten abhängig gemacht, kann gleichwohl eine bloße Fälligkeitsabrede vorliegen, OLG München 7.12.2017 – 23 U 2440/17, juris Rn. 30–37.

11 OLG München 26.2.2015 – 23 U 3031/14.

12 Nach LG Tübingen Rpfleger 1984, 156 reicht jedenfalls die fristgerechte Einleitung der Zwangsversteigerung aus einer Grundschuld; BGH ZIP 1983, 287 (288 f.) zieht für eine befristete Sicherungszession sowohl die Klageerhebung als auch die außergerichtliche Geltendmachung als Einleitung in Betracht; RGZ 68, 141, 145 f. lässt bei befristeter Verpfändung die rechtzeitige Ankündigung der Inanspruchnahme genügen; für befristete Bürgschaften s. § 777 und dazu BGHZ 90, 288 = NJW 1987, 1760; bei befristeten Garantien reicht eindeutige Anforderung, vgl. *Horn* IPrax 1981, 149, 151.

13 LG Tübingen Rpfleger 1984, 156 und BGH ZIP 1983, 287 (288 f.).

14 Vgl. Staudinger/*Kaiser* BGB Vor § 346 Rn. 69.

befristeter Kauf wie ein befristetes Mietverhältnis zu behandeln, eine Rückabwicklung für die Vergangenheit kommt nicht in Betracht.

IV. Befristeter Ausschluss von Gestaltungsrechten

6 Der befristete Ausschluss von Gestaltungsrechten (zB Rücktritt, Kündigung) führt nur zu einer Mindestdauer des Dauerschuldverhältnisses und steht daher einer Befristung nicht gleich. Vorschriften, die eine Partei vor der automatischen Beendigung durch Befristung oder Bedingung schützen sollen, etwa im Mietrecht, können auf den Ausschluss von Kündigungsmöglichkeiten daher nicht entsprechend angewendet werden.[15] In AGB kann ein solcher Ausschluss jedoch nur ausnahmsweise vereinbart werden.[16] Der Schutz vor allzu langfristigen Bindungen im Gesellschaftsrecht wird von der Rechtsprechung durch Anwendung von § 723 Abs. 3 geleistet: In einem Sozietätsvertrag bei Rechtsanwälten hat der BGH eine Regelung für unzulässig lang erachtet, in dem das Recht zur ordentlichen Kündigung für einen Zeitraum von 30 Jahren ausgeschlossen wurde.[17]

Titel 5 [1]Vertretung und Vollmacht

§ 164 Wirkung der Erklärung des Vertreters

(1) [1]Eine Willenserklärung, die jemand innerhalb der ihm zustehenden Vertretungsmacht im Namen des Vertretenen abgibt, wirkt unmittelbar für und gegen den Vertretenen. [2]Es macht keinen Unterschied, ob die Erklärung ausdrücklich im Namen des Vertretenen erfolgt oder ob die Umstände ergeben, dass sie in dessen Namen erfolgen soll.

(2) Tritt der Wille, in fremdem Namen zu handeln, nicht erkennbar hervor, so kommt der Mangel des Willens, im eigenen Namen zu handeln, nicht in Betracht.

(3) Die Vorschriften des Absatzes 1 finden entsprechende Anwendung, wenn eine gegenüber einem anderen abzugebende Willenserklärung dessen Vertreter gegenüber erfolgt.

Literatur: *Bettermann*, Vom stellvertretenden Handeln, 1937 (Neudruck 1964); *Beuthien*, Gibt es eine organschaftliche Vertretung?, NJW 1999, 1142; *ders.*, Zur Theorie der Stellvertretung im Bürgerlichen Recht, in: FS Medicus 1999, S. 1; *ders.*, Zur Theorie der Stellvertretung im Gesellschaftsrecht, in: FS Zöllner 1998, S. 87; *ders.*, Gilt im Stellvertretungsrecht ein Abstraktionsprinzip?, in: 50 Jahre Bundesgerichtshof, Festgabe aus der Wissenschaft, 2000, Bd. I, S. 81; *ders.*, Gibt es im Gesellschaftsrecht eine gesetzliche Stellvertretung?, in: FS Canaris 2007, Bd. 2, S. 41; *Beuthien/Müller*, Gemischte Stellvertretung und unechte Gesamtprokura, DB 1995, 461; *Börner*, Offene und verdeckte Stellvertretung und Verfügung, in: FS H. Hübner 1984, S. 409; *Buchka*, Die Lehre von der Stellvertretung bei der Eingehung von Verträgen, 1852; *Cahn*, Die Vertretung der Aktiengesellschaft durch den Aufsichtsrat, in: FS Hoffmann-Becking, 2013, S. 247; *Cohn*, Das rechtsgeschäftliche Handeln für denjenigen, den es angeht, 1931; *Dölle*, Neutrales Handeln im Privatrecht, in: FS F. Schultz, Bd. 2, 1952, S. 268; *Doerner*, Abstraktheit der Vollmacht, 2018; *Einsele*, Inhalt, Schranken und Bedeutung des Offenkundigkeitsprinzips, JZ 1990, 1005; *Fikentscher*, Scheinvollmacht und Vertreterbegriff, AcP 154 (1995), 1; *R. Fischer*, Der Mißbrauch der Vertretungsmacht, auch unter Berücksichtigung der Handelsgesellschaften, in: FS Schilling 1973, S. 3; *Fleck*, Mißbrauch der Vertretungsmacht oder Treuebruch des mit Einverständnis aller Gesellschafter handelnden GmbH-Geschäftsführers aus zivilrechtlicher Sicht, ZGR 1990, 31; *Frey*, Rechtsnachfolge in Vollmachtnehmer- und Vollmachtgeberstellungen, 1997; *Frotz*, Verkehrsschutz im Vertretungsrecht, 1972; *Gernhuber*, Die verdrängende Vollmacht, JZ 1995, 382; *Gessler*, Zum Mißbrauch organschaftlicher Vertretungsmacht, in: FS Caemmerer 1978, S. 531; *Geusen*, Das Handeln unter fremdem Namen im Zivilrecht, Diss. Köln, 1966; *Hager*, Die Prinzipien der mittelbaren Stellvertretung, AcP 180 (1980), 239; *M.U. Hanau*, Handeln unter fremder Nummer, VersR 2005, 1215; *Hauck*, Handeln unter fremdem Namen, JuS 2011, 967; *Heckelmann*, Mitverschulden des Vertretenen bei Mißbrauch der Vertretungsmacht, JZ 1970, 62; *Himmen*, Der stellvertretungsrechtliche Abstraktionsgrundsatz, Jura 2016, 1345; *J.F. Hoffmann*, Verbraucherwiderruf bei Stellvertretung, JZ 2012, 1156; *G. Hueck*, Bote – Stellvertreter im Willen – Stellvertreter in der Erklärung, AcP 152 (1953), 432; *John*, Der Mißbrauch organschaftlicher Vertretungsmacht, in: FS Mühl 1981, S. 349; *Jahr*, Fremdzurechnung bei Verwaltergeschäften, in: FS F. Weber 1975, S. 275; *Jüngst*, Der Mißbrauch organschaftlicher Vertretungsmacht, 1981; *Klinck*, Stellvertretung im Besitzerwerb, AcP 205 (2005), 487; *Laband*, Die Stellvertretung bei dem Abschluß von Rechtsgeschäften nach dem ADHGB, ZHR 10 (1866), S. 183; *Larenz*, Verpflichtungsgeschäfte „unter" fremdem Namen, in: FS H. Lehmann 1956, S. 234; *Lenel*, Stellvertretung und Vollmacht, JherJb. 36 (1896), S. 1; *Leo*, Schriftformwahrung bei Stellvertretung in der Gewerberaummiete, NJW 2013, 2392; *Leonhard*, Vertretung und Fremdwirkung, JherJb. 86 (1936/37), S. 1; *Letzgus*, Zum Handeln unter falschem Namen, AcP 137 (1933), 327; *Lieb*, Zum Handeln unter fremdem Namen, JuS 1967, 106; *Lieder*, Trennung und Abstraktion im Recht der Stellvertretung, JuS 2014, 393; *ders.*, Missbrauch der Vertretungsmacht und Kollusion, JuS 2014, 681; *von Lübtow*, Das Geschäft „für den es angeht" und sog. „antezipierte

---

15 BGH NJW 2004, 1448 und NJW 2004, 3117.

16 Näher BGH NJW 2009, 912 f. und NJW 2011, 597; vgl. ferner zum Schutz vor langfristigen Lieferverträgen *Kühn/Stenzel* NJOZ 2014, 1721 (1723 f.) mN.

17 BGH NJW 2007, 295; BGH NZG 2012, 984; dazu *Kühn/Stenzel* NJOZ 2014, 1721 (1723) und *Wackerbarth* EWiR 2012, 721 mit Überlegungen zur zulässigen Bindungsdauer.

1 Beachte hierzu auch §§ 48–58 HGB.

Besitzkonstitut", ZHR 112 (1949), S. 227; *Lüderitz*, Prinzipien des Vertretungsrechts, JuS 1976, 765; *Metzing*, Folgen des Erlöschens organschaftlicher Vertretungsmacht, NJW 2017, 3194; *ders.*, Das Erlöschen von rechtsgeschäftlicher Vertretungsmacht und Rechtsscheinvollmacht, JA 2018, 413; *L. Mitteis*, Lehre von der Stellvertretung, 1885 (Neudruck 1962); *Mock*, Grundfälle zum Stellvertretungsrecht, JuS 2008, 309, 391, 486; *Moser*, Die Offenkundigkeit im Recht der Stellvertretung, 2010; *K. Müller*, Das Geschäft für den, den es angeht, JZ 1982, 777; *Müller-Erzbach*, Die Grundsätze der mittelbaren Stellvertretung aus der Interessenlage entwickelt, 1905; *Müller-Freienfels*, Die Vertretung beim Rechtsgeschäft, 1955; *Ohr*, Zur Dogmatik des Handelns unter fremdem Namen, AcP 152 (1953), 216; *Paulus*, Stellvertretung und unternehmensbezogenes Geschäft, JuS 2017, 301, 399; *Pawlowski*, Die gewillkürte Stellvertretung, JZ 1996, 125; *Pioch*, Der minderjährige Stellvertreter, JA 2018, 815; *Riezler*, Konkurrierendes und kollidierendes Handeln des Vertreters und des Vertretenen, AcP 98 (1906), 372; *Rosenberg*, Stellvertretung im Prozess aufgrund der Stellvertretungslehre des bürgerlichen Rechts, 1908; *G. Roth*, Mißbrauch der Vertretungsmacht durch den GmbH-Geschäftsführer, ZGR 1985, 265; *Schlossmann*, Die Lehre von der Stellvertretung, 2 Bde. 1900/1902; *ders.*, Organ und Stellvertreter, JherJb. 44 (1902), S. 289; *Scholz*, Missbrauch der Vertretungsmacht durch Gesellschafter-Geschäftsführer, ZHR 182 (2018), 656; *Schott*, Der Mißbrauch der Vertretungsmacht, AcP 171 (1971), S. 385; *Schreindorfer*, Verbraucherschutz und Stellvertretung, 2012; *K. Schmidt*, Offene Stellvertretung, JuS 1987, 425; *ders.*, BGB AT und Gesellschaftsrecht: Insichgeschäft und Missbrauch der Vertretungsmacht, JuS 2018, 997; *Schwark*, Rechtsprobleme der mittelbaren Stellvertretung, JuS 1980, 777; *Schwarz*, Das Internationale Stellvertretungsrecht im Spiegel nationaler und supranationaler Kodifikationen, RabelsZ 2007, 729; *Siebenhaar*, Vertreter des Vertreters?, AcP 162 (1963), S. 354; *Spickhoff*, Kodifikation die Internationalen Privatrechts der Stellvertretung, RabelsZ 80 (2016), 481; *Tank*, Der Mißbrauch von Vertretungsmacht und Verfügungsbefugnis, NJW 1969, 6; *Theusinger/Guntermann*, Wann vertritt der Aufsichtsrat die AG? – Neues vom BGH zu § 112 AktG, AG 2017, 798; *Vedder*, Neues zum Missbrauch der Vertretungsmacht – Vorsatzerfordernis, Anfechtbarkeit, negatives Interesse, JZ 2008, 1077; *Wank*, Mißbrauch der Treuhandstellung und Vertretungsmacht, JuS 1979, 402; *R. Weber*, Das Handeln unter fremdem Namen, JA 1996, 426; *H.P. Westermann*, Mißbrauch der Vertretungsmacht, JA 1981, 521; *H.J. Wolff*, Organschaft und Juristische Person, Bd. 2, Theorie der Vertretung, 1934; *Zehelein*, Verdeckt, ermächtigt, konkludent handelnd – oder verloren?, NZM 2015, 31.

A. Allgemeines 1
  I. Begriff der Stellvertretung 1
  II. Systematik der gesetzlichen Regelung 2
  III. Interessenlage und leitende Prinzipien der
    gesetzlichen Regelung 4
    1. Bedürfnis für eine Erweiterung bzw.
      Sicherung des rechtsgeschäftlichen Wir-
      kungskreises 4
    2. Dogmatische Verankerung der gesetzli-
      chen Regelung – Repräsentationsprinzip .. 6
    3. Interessen des Vertretenen 7
    4. Schutz des Geschäftsgegners 9
      a) Offenkundigkeitsprinzip 9
      b) Abstraktionsprinzip 10
      c) Vertrauensschutzprinzip 14
    5. Interessen des Vertreters 15
  IV. Abgrenzung zu verwandten Rechtsinstituten .. 16
    1. Mittelbare Stellvertretung, Treuhand und
      Einschaltung eines Strohmanns 16
      a) Mittelbare Stellvertretung 16
      b) Treuhandschaft 20
      c) Strohmann 23
    2. Vermögensverwalter kraft Amtes 24
    3. Botenschaft 27
    4. Handeln kraft Ermächtigung 28
    5. Wissensvertretung 30
    6. Verhandlungsgehilfen und Abschlussver-
      mittler 31
    7. Vertrag zugunsten Dritter 32
    8. Gesetzlich angeordnete Fremdwirkung ... 33
      a) Geschäfte zur Deckung des Lebensbe-
        darfs 33
      b) Surrogation 34
B. Regelungsgehalt 35
  I. Anwendungsbereich der Stellvertretungsre-
    geln 35
    1. Rechtsgeschäftliches Handeln 35
    2. Geschäftsähnliche Handlungen, Einwilli-
      gung und Realakte 36
    3. Vertretung bei Verfahrenshandlungen vor
      Gerichten und Behörden 39
  II. Zulässigkeit der Stellvertretung 42
    1. Gesetzliche Vertretungsverbote 42
    2. Vertretungsverbot kraft Natur des Rechts-
      geschäfts 44

    3. Rechtsgeschäftlicher Ausschluss der
      Stellvertretung 45
    4. Rechtsfolge der Missachtung eines Vertre-
      tungsverbots 46
  III. Voraussetzungen der Stellvertretung 47
    1. Abgabe einer eigenen Willenserklärung .. 47
      a) Botenschaft – Abgrenzung zur Stell-
        vertretung 47
      b) Stellvertretung in der Erklärung? 52
    2. Handeln in fremdem Namen 54
      a) Grundsatz 54
      b) Feststellung des Handelns in fremdem
        Namen 55
      aa) Individualisierbarkeit des Vertrete-
         nen 55
      bb) Stillschweigende Vertretung – insbe-
         sondere unternehmensbezogene
         Geschäfte 57
      c) Irrtum des Vertreters (Abs. 2) 63
      d) Ausnahmen und Sonderfälle 65
      aa) Geschäft für den, den es angeht 65
      bb) Handeln unter fremdem Namen 70
    3. Vertretungsmacht 77
      a) Wesen der Vertretungsmacht 77
      b) Rechtsgründe für die Vertretungs-
        macht 78
      aa) Einheitlichkeit des Begriffs der Ver-
         tretungsmacht 78
      bb) Rechtsgeschäftlich begründete Ver-
         tretungsmacht 79
      cc) Gesetzlich eingeräumte Vertretungs-
         macht 80
      dd) Organschaftliche Vertretungsmacht . 81
      c) Sonderformen der Vertretungsmacht .. 82
      aa) Gesamtvertretung 82
      bb) Untervertretung 83
      d) Missbrauch der Vertretungsmacht 84
      aa) Allgemeines 84
      bb) Kollusion 85
      cc) Bösgläubigkeit des Geschäftsgeg-
         ners 86
  IV. Rechtsfolgen der Stellvertretung 96
    1. Wirkung für und gegen den Vertretenen .. 96
    2. Mitverpflichtung des Vertreters 98
  V. Passive Stellvertretung (Abs. 3) 102

C. Weitere praktische Hinweise 104
   I. Prozessuale Fragen 104
      1. Beweislast 104
      2. Streitverkündung 107
      3. Kosten 108
        a) Entwurf und Prüfung einer Vollmacht 108
        b) Erteilung 109
        c) Herausgabe 110
        d) Vorlage 111
  II. Ausgewählte Musterbeispiele 112
      1. Spezialvollmacht 112

      2. Generalvollmacht 113
      3. Gesamtvollmacht 114
      4. Prokura (Einzelprokura) 115
      5. Bestellung eines GmbH-Geschäftsführers
        mit Einzelvertretungsmacht durch die
        Gesellschafterversammlung (organschaft-
        liche Vertretung) 116
III. Weiterführende Literaturhinweise zur Gestal-
     tung von Vollmachten 118

A. Allgemeines

I. Begriff der Stellvertretung

1 Das BGB regelt in dem mit „Vertretung und Vollmacht" überschriebenen fünften Titel des dritten, dem Rechtsgeschäft gewidmeten Abschnitt das Recht der Stellvertretung. Schon der Standort der Vorschriften macht deutlich, dass es um eine „**Rechtsfigur des Rechts der Rechtsgeschäfte**" geht.[1] Rechtsgeschäftliches Handeln vollzieht sich durch die Abgabe und den Empfang, insbesondere durch den Austausch von Willenserklärungen. Diese kann eine Person selbst abgeben und in Empfang nehmen; sie kann sich hierbei aber auch eines Dritten bedienen. Von Stellvertretung oder Vertretung spricht man, wenn **jemand – der Vertreter – rechtsgeschäftlich im Namen eines anderen – des Vertretenen – handelt und die Wirkungen des Vertreterhandelns in der Person des Vertretenen eintreten.** § 164 stellt somit eine **Zurechnungsnorm** dar. Der Zurechnungsgrund, also die Legitimation der Rechtsfolgenzurechnung, liegt in der Vertretungsmacht, auf die sich der Vertreter stützen kann und von deren Reichweite sein Handeln gedeckt ist.[2] Die Vertretungsmacht kann dem Vertreter kraft Gesetzes, kraft seiner Stellung als Organ einer juristischen Person oder Personengesellschaft oder kraft rechtsgeschäftlicher Erteilung (Vollmacht) zustehen.

II. Systematik der gesetzlichen Regelung

2 Der Gesetzgeber hat sich bemüht, in den §§ 164 ff. eine möglichst **einheitliche Regelung des Rechts der Stellvertretung** vorzugeben. Im Grundsätzlichen, also insbesondere soweit es um die Voraussetzungen und Wirkungen geht, unterscheidet das Gesetz nicht nach der Begründung der Vertretungsmacht. Richtig ist allerdings, dass das besondere Augenmerk der rechtsgeschäftlich erteilten Vertretungsmacht (Vollmacht) gilt.[3] Von ihr handeln die §§ 166 Abs. 2 bis 176, während die §§ 164–166 Abs. 1 und die §§ 177–181 allgemeine Fragen der Stellvertretung behandeln.

3 § 164 stellt die zentrale Norm des Stellvertretungsrechts dar. Sie beschreibt die **Voraussetzungen** wirksamer Stellvertretung und benennt die wichtigste **Rechtsfolge**, nämlich die unmittelbare Wirkung für und gegen den Vertretenen. **Abs. 1** befasst sich mit der Abgabe einer Willenserklärung durch den Vertreter (aktive Stellvertretung), **Abs. 3** erstreckt dessen Regelungsgehalt sodann auf den Empfang einer Willenserklärung durch den Vertreter (passive Stellvertretung). **Abs. 2** enthält schließlich eine Klarstellung zu dem bereits in Abs. 1 verankerten Offenkundigkeitsprinzip. Sein Regelungsgehalt wird daher im Rahmen dieser Kommentierung im Zusammenhang mit dem Offenkundigkeitsprinzip behandelt.

III. Interessenlage und leitende Prinzipien der gesetzlichen Regelung

4 **1. Bedürfnis für eine Erweiterung bzw. Sicherung des rechtsgeschäftlichen Wirkungskreises.** Um die Möglichkeiten auszuschöpfen, welche die Privatautonomie dem Einzelnen grundsätzlich eröffnet, darf gerade im heutigen, durch Arbeitsteilung und hohe Komplexität gekennzeichneten Rechtsverkehr die eigenhändige Vornahme von Rechtsgeschäften nicht die einzige Form rechtsgeschäftlichen Handelns sein. Vielmehr besteht ein unabweisbares Bedürfnis, den **Wirkungsbereich des einzelnen Teilnehmers am Rechtsverkehr** dadurch zu **erweitern,**[4] dass andere für ihn rechtserheblich nach außen Erklärungen abgeben und in Empfang nehmen können. *Müller-Freienfels* hat dies auf die kurze Formel gebracht, die rechtsgeschäftliche Stellvertretung diene in erster Linie dem Ziel, eine **„Arbeitsteilung im Prozess der Rechtsentstehung und Rechtsausübung"** zu ermöglichen.[5]

1   *Flume* BGB AT Bd. 2 § 43 1 S. 749.
2   *Bork* BGB AT Rn. 1325.
3   Soergel/*Leptien* Vor § 164 Rn. 20 mit dem Hinweis, dass dies zu einer vorsichtigen Anwendung der Bestimmungen der §§ 164 ff. auf die Geschäfte der gesetzlichen Vertreter zwinge.

4   Erman/*Maier-Reimer* Vor § 164 Rn. 1; *Wolf/Neuner* BGB AT § 49 Rn. 1; MüKoBGB/*Schubert* § 164 Rn. 2; BeckOGK/*Huber* BGB § 164 Rn. 2.
5   *Müller-Freienfels*, S. 53.

Für das Institut der Stellvertretung besteht dort ein besonders dringlicher Bedarf, wo die betreffende Person **5** von Rechts wegen an eigenem rechtsgeschäftlichem Handeln verhindert ist, etwa weil sie infolge ihrer Unreife (Kinder) oder wegen geistiger oder körperlicher Behinderung hierzu nicht in der Lage ist. Ferner ist an juristische Personen zu denken, die als solche nicht handlungsfähig sind. Diesen Rechtssubjekten **erschließt das Recht der Stellvertretung erst die Teilnahme am Rechtsverkehr.**

2. Dogmatische Verankerung der gesetzlichen Regelung – Repräsentationsprinzip. Die heutige[6] **6** Konzeption des Stellvertretungsrechts basiert auf der sog. **Repräsentationstheorie.**[7] Der Tatbestand des Rechtsgeschäfts verwirklicht sich in der Person des Vertreters; er ist der rechtsgeschäftlich Handelnde. Die Wirkungen des von ihm vorgenommenen Rechtsgeschäfts treffen jedoch den Vertretenen, wenn der Vertreter seinen Fremdbindungswillen kundtut und er zum Handeln für den Vertretenen autorisiert ist. Der Vertreter repräsentiert mithin den Vertretenen im rechtsgeschäftlichen Verkehr im Umfang seiner Autorisation. Eine andere Deutung wäre mit Wortlaut und Entstehungsgeschichte des § 164 nicht zu vereinbaren. Folgerichtig kommt es nach § 166 Abs. 1 für die Beachtlichkeit von Willensmängeln, die Kenntnis und das Kennenmüssen grundsätzlich (Ausnahme in § 166 Abs. 2) auf die Person des Vertreters an. Auf dieser Linie liegt es auch, dem Vertretenen den Widerruf zu gestatten, wenn der **Stellvertreter** bei Vertragsschluss die persönlichen und sachlichen Voraussetzungen eines **Verbraucherwiderrufsrechts** erfüllt.[8] Konsequenz dieser Konzeption ist schließlich, dass der Eintritt der Wirkungen für und gegen den Vertretenen im Falle der gewillkürten Stellvertretung auf **zwei voneinander strikt zu trennenden Rechtsgeschäften** beruht: auf der **Erteilung der Vollmacht** sowie auf dem aufgrund der erteilten Vollmacht vom Vertreter vorgenommenen **Vertretergeschäft** (sog. **Trennungsprinzip**).[9]

3. Interessen des Vertretenen. Das Gesetz bemüht sich in den §§ 164 ff., die Voraussetzungen und Fol- **7** gen der Stellvertretung so zu regeln, dass unter Berücksichtigung der Verkehrsbedürfnisse den berechtigten Interessen aller Erklärungsbeteiligten entsprochen wird.

Den Interessen des Vertretenen[10] dient – wie bereits dargelegt – die grundsätzliche Eröffnung der **Möglich-** **8** **keit, sich durch eine andere Person vertreten zu lassen.** Auch die nähere Ausgestaltung des Stellvertretungsrechts verliert den Vertretenen nicht aus den Augen. So muss der Vertretene insbesondere **keine unbegründete Zurechnung des Vertreterhandelns** befürchten. Eine gesetzlich eingeräumte Vertretungsmacht kommt nämlich nur in eng begrenzten Konstellationen in Betracht und im Übrigen ist es der Vertretene selbst, der den Umfang der dem Vertreter zukommenden Vertretungsmacht bestimmt und die erteilte Vollmacht gegebenenfalls widerruft (§ 168 S. 2). Von der Vertretungsmacht nicht gedecktes rechtsgeschäftliches Handeln des Vertreters muss er sich nicht zurechnen lassen (§§ 177, 180). In bestimmten Fällen müssen hiervon jedoch unter Vertrauensschutzgesichtspunkten Ausnahmen gemacht werden (→ § 167 Rn. 74 ff.).

4. Schutz des Geschäftsgegners. a) Offenkundigkeitsprinzip. Den Schutz des Geschäftsgegners **9** verwirklicht das Gesetz in verschiedener Weise. Dies geschieht zunächst dadurch, dass Abs. 1 S. 1 für den Eintritt der Vertretungswirkung verlangt, dass der Vertreter die Willenserklärung **„im Namen des Vertrete-**

---

6 Das Regelungskonzept des Bürgerlichen Gesetzbuches folgt neueren Vorstellungen. Zur Geschichte des Stellvertretungsrechts vom römischen Recht, das noch durch den Satz „alteri stipulari nemo potest" (Ulpian D. 45,1, 38,17; hierzu *Kaser*, Römisches Privatrecht Bd. I, 2. Aufl. 1971, §§ 62, 141; *ders.* Bd. II, 2. Aufl. 1975, § 204, und *Wesenberg* FS F. Schulz II 1951, S. 259 ff.) geprägt war, bis zum Bürgerlichen Gesetzbuch, vgl. *U. Müller*, Die Entwicklung der direkten Stellvertretung und des Vertrages zugunsten Dritter, 1969, ferner die Darstellungen bei *Flume* BGB AT Bd. 2 § 43 2 S. 750, BeckOGK/*Huber* BGB § 164 Rn. 6 ff. und Staudinger/*Schilken* BGB Vor §§ 164 ff. Rn. 3 ff. Überblick zur Dogmengeschichte bei Soergel/*Leptien* BGB Vor § 164 Rn. 6 ff.; eingehend ferner HKK/*Schmoeckel* BGB §§ 164–181 Rn. 1 ff.; *ders.*, Von der Vertragsfreiheit zu typisierten Verkehrspflichten – Zur Entwicklung des Vertretungsrechts, in: Das Bürgerliche Gesetzbuch und seine Richter, S. 77 ff.; *Everding*, Die dogmengeschichtliche Entwicklung im 19. Jahrhundert, Diss. Münster 1951.

7 Wichtig vor allem *Windscheid*, Lehrbuch des Pandektenrechts, I § 73; heute ganz hM, MüKoBGB/*Schubert* § 164 Rn. 19; BeckOGK/*Huber* BGB § 164

Rn. 11; Staudinger/*Schilken* BGB Vor §§ 164 ff. Rn. 32; Soergel/*Leptien* BGB Vor § 164 Rn. 10 ff.; Palandt/*Ellenberger* BGB Vor § 164 Rn. 2; *Flume* BGB AT Bd. 2 § 43 3 S. 752 ff.; *Bork* BGB AT Rn. 1294; *Enneccerus/Nipperdey* BGB AT § 182 II S. 1115 ff.; krit. *Beuthien* FS Medicus 1999, S. 1 ff.

8 *J.F. Hoffmann* JZ 2012, 1156 (1157 ff.) mit weiterführenden Überlegungen auch zu den Haftungsfragen; für eine doppelte Prüfung der personalen Anwendungsvoraussetzungen des Verbraucherschutzrechts bei den beiden Vertragspartnern und dem Stellvertreter des Kunden hingegen *Schreindorfer*, Verbraucherschutz und Stellvertretung, S. 298. Ausführlich auch Erman/*Koch* BGB § 312 b Rn. 6 ff.

9 *Flume* BGB AT Bd. 2 § 43 3 S. 753; Staudinger/*Schilken* BGB Vor §§ 164 ff. Rn. 33; MüKoBGB/*Schubert* § 164 Rn. 184 f.; BeckOGK/*Huber* BGB § 164 Rn. 19 f.; gegen das Trennungsprinzip und damit auch das Repräsentationsprinzip und für ein Verständnis als einheitlicher Gesamttatbestand freilich *Müller-Freienfels*, S. 202 ff.; ihm im Ansatz folgend *Siebenhaar* AcP 162 (1962), 354 ff. und *Thiele*, Die Zustimmung in der Lehre vom Rechtsgeschäft, S. 56 ff. und 246 ff.

10 Hierzu Erman/*Maier-Reimer* BGB Vor § 164 Rn. 3.

nen" abgibt. Die intendierte Fremdbezogenheit des rechtsgeschäftlichen Vertreterhandelns soll offen gelegt werden, damit der Geschäftsgegner erkennen kann, wer sein Vertragspartner wird. Man spricht daher auch vom Offenkundigkeitsprinzip (mitunter auch Offenheits- oder Offenlegungsgrundsatz genannt). Umstritten ist, ob neben dem Schutz des Geschäftsgegners das Interesse des Rechtsverkehrs an klaren Rechtsverhältnissen als selbstständiges Schutzziel des Offenkundigkeitsprinzips anerkannt werden kann.[11] Dafür spricht, dass Vertretergeschäfte auch die dingliche Rechtslage verändern können. Ein solcher Rechtsvorgang muss schon im Hinblick auf den sachenrechtlichen Publizitätsgrundsatz nach außen sichtbar gemacht werden. Für einen Gläubiger muss erkennbar sein, wem die erworbene Sache oder Forderung zusteht, ob sie ihm also beispielsweise als Vollstreckungsobjekt zur Verfügung steht. Eine Bestätigung und Konkretisierung erfährt das Offenkundigkeitsprinzip durch Abs. 2.[12] Zu den Anforderungen des Offenkundigkeitsprinzips an das Auftreten des Vertreters und zu den Abschwächungen und Durchbrechungen, die dieses Prinzip erfahren hat, eingehend noch unter → Rn. 54 ff.

10   **b) Abstraktionsprinzip.** In Form des Abstraktionsprinzips kommt dem Geschäftsgegner ein weiteres Gestaltungsprinzip des Stellvertretungsrechts zugute. Das maßgeblich von *Laband*[13] herausgearbeitete Abstraktionsprinzip basiert auf einer strikten **Trennung zwischen der dem Vertreter zukommenden Vertretungsmacht**, die ihn im Außenverhältnis zu Dritten rechtlich in die Lage versetzt, mit Wirkung für und gegen den Vertretenen zu handeln, **und dem** dieser rechtlichen Befugnis **zugrunde liegenden kausalen Rechtsverhältnis** zwischen dem Vertreter und dem Vertretenen (Innenverhältnis oder Grundverhältnis). Grundlage dieses Innenverhältnisses kann zB ein Auftrag oder ein Arbeitsvertrag sein. Auf die Vertretungsmacht gründet sich das rechtliche „Können" des Vertreters im Außenverhältnis; die Absprachen im Innenverhältnis beschreiben das rechtliche „Dürfen".[14] Beide Verhältnisse können kongruent ausgestaltet sein, müssen dies aber nicht. So ist beispielsweise der Prokurist nach § 49 Abs. 1 HGB grundsätzlich zu allen Arten von gerichtlichen und außergerichtlichen Geschäften und Rechtshandlungen ermächtigt, die der Betrieb eines Handelsgewerbes mit sich bringt. Im Innenverhältnis (zB Arbeitsverhältnis) unterliegt er hingegen regelmäßig verschiedenen Beschränkungen (etwa Vorgabe betragsmäßiger Obergrenzen oder sachliche Eingrenzungen wie etwa nur Einkauf oder nur Verkauf). Ein Verstoß gegen diese Pflichtenbindung im Innenverhältnis kann den Vertreter gegenüber dem Vertretenen schadensersatzpflichtig (§ 280) machen oder auch eine Kündigung rechtfertigen.[15] Auf die Wirksamkeit des Vertretergeschäfts hat diese Pflichtverletzung jedoch grundsätzlich keine Auswirkungen.

11   Die „Abstraktheit" der Vertretungsmacht und insbesondere der Vollmacht geht über die bloße Trennung beider Ebenen hinaus und bezeichnet die **Unabhängigkeit der Vertretungsmacht von dem zugrunde liegenden Innenverhältnis**. Vergleichbar dem für das Verhältnis von Verpflichtung zur Verfügung geltenden Abstraktionsprinzip gilt auch hier, dass dem Innenverhältnis entspringende Wirksamkeitsmängel nicht ohne Weiteres auf die Vertretungsmacht durchschlagen. Dieser namentlich in den §§ 167 und 168 zum Ausdruck gelangten gesetzlichen Konzeption würde es widersprechen, würde man die vertragliche Bindung im Innenverhältnis und die Bevollmächtigung zu einem einheitlichen Rechtsgeschäft im Sinne des § 139 zusammenfassen.[16] Hierfür wäre schon eine entsprechende Parteivereinbarung erforderlich. Abgesehen hiervon kann es selbstverständlich vorkommen, dass beide Geschäfte an ein und demselben Mangel leiden und ihnen aus diesem Grunde das gleiche rechtliche Schicksal widerfährt (Fehleridentität). Im Übrigen kann es aber infolge des Abstraktionsprinzips dazu kommen, dass die Vertretungsmacht ohne kausales Rechtsverhältnis besteht, da (nur) dieses an einem Mangel leidet. Denkbar, wenngleich selten vorkommend, ist sogar eine **isolierte Vollmacht**, der von Anfang an kein Innenverhältnis zur Seite gestellt wurde.[17]

12   Der **Vorteil** dieses künstlich und lebensfremd anmutenden Abstraktionsgrundsatzes wird darin gesehen, dass der **Geschäftspartner der Mühe enthoben** ist, **nähere Erkundigungen über das Innenverhältnis**

---

11   Dafür MüKoBGB/*Schubert* § 164 Rn. 24; Staudinger/*Schilken* BGB Vor §§ 164 ff. Rn. 35; BeckOGK/*Huber* BGB § 164 Rn. 45; Soergel/*Leptien* BGB Vor § 164 Rn. 22; *Canaris* FS Flume 1978, S. 371, 407; *K. Schmidt* JuS 1987, 425 (426); dagegen *Bork* BGB AT Rn. 1378 („nur ein Reflex"); *Einsele* JZ 1990, 1005 (1006); *Hager* AcP 180 (1980), 239, 248; *K. Müller* JZ 1982, 777 (779).

12   Soergel/*Leptien* BGB Vor § 164 Rn. 22.

13   Grundlegend *Laband* ZHR 10 (1866), 1 ff.; näher hierzu *Müller-Freienfels* in Coing/Wilhelm, Wissenschaft und Kodifikation des Privatrechts im 19. Jahrhundert II, S. 164 ff., und *Flume* BGB AT Bd. 2 § 45 II 2 S. 785 ff.

14   Zum Bedeutungsgehalt des Abstraktionsgrundsatzes im Stellvertretungsrecht vgl. statt vieler Staudinger/

Schilken BGB Vor §§ 164 ff. Rn. 33 f.; Soergel/*Leptien* BGB Vor § 164 Rn. 39 f.; MüKoBGB/*Schubert* § 164 Rn. 21 f.; BeckOGK/Huber BGB § 164 Rn. 19 f.; *Bork* BGB AT Rn. 1487 ff.; *Lieder* JuS 2014, 393 ff. Abweichend *Beuthien* Festgabe Bundesgerichtshof, S. 1 ff., und *Frotz*, S. 328 ff.

15   KKRM/*Roth* HGB § 50 Rn. 4.

16   Zutr. Staudinger/*Schilken* BGB Vor §§ 164 ff. Rn. 34 gegen *Beuthien* FG Bundesgerichtshof, S. 88 ff.

17   BGH NJW 1981, 1727 (1728); BGHZ 110, 363, 367 = NJW 1990, 1721; Staudinger/*Schilken* BGB Vor §§ 164 ff. Rn. 33; Soergel/*Leptien* BGB Vor § 164 Rn. 39; MüKoBGB/*Schubert* § 164 Rn. 22; BeckOGK/*Huber* BGB § 164 Rn. 19; *Bork* BGB AT Rn. 1488 ff.

einzuholen. Er kann sich darauf verlassen, dass die Vertretungsmacht des Vertreters von möglichen Mängeln des Innenverhältnisses unberührt bleibt und das Vertretergeschäft hiervon unbeeinflusst wirksam zustande kommen kann. Dies dient dann mittelbar auch der **Sicherheit und Leichtigkeit des Rechtsverkehrs insgesamt**.[18]

Die Abstraktheit der Vertretungsmacht gilt jedoch **nicht absolut**. Eine gewisse Verknüpfung von Innen- und 13 Außenverhältnis sieht das Gesetz selbst in Form der Auslegungsregel des § 168 S. 1 für den Fall der Beendigung des der Vollmacht zugrunde liegenden Rechtsverhältnisses vor. Hinzu kommen die **praeter legem** entwickelten Grundsätze zur Kollusion und zum Missbrauch der Vertretungsmacht (→ Rn. 84 ff.).

c) Vertrauensschutzprinzip. Darüber hinaus wird derjenige, der mit einem Vertreter kontrahiert, in sei- 14 nem subjektiven Vertrauen auf den Bestand der Vertretungsmacht unter bestimmten Voraussetzungen auch dann geschützt, wenn die behauptete Vertretungsmacht objektiv nicht oder nicht mehr besteht. Ausdruck dieses Vertrauensschutzes sind vor allem die **§§ 170 ff. und die in Anlehnung hieran entwickelten Grundsätze der Rechtsscheinsvollmacht**.[19] Der Schutz des Vertrauens ist nur unter engen Voraussetzungen gerechtfertigt, geht er doch zwangsläufig mit einer Zurücksetzung der Interessen des Vertretenen einher. Ist ein anerkannter Ausnahmetatbestand nicht gegeben, so wird der Vertretene nicht verpflichtet. Dem enttäuschten Geschäftsgegner bleibt hier nur die Inanspruchnahme des vollmachtlosen Vertreters nach § 179. Das Gesetz schützt das Vertrauen auf die vom Vertreter behauptete Vertretungsmacht hier immerhin noch insoweit, als es dem Vertragsgegner erlaubt, sich beim **falsus procurator** zu erholen.[20]

5. Interessen des Vertreters. Dem Vertreter ist daran gelegen, die Rechtswirkungen des Vertreterge- 15 schäfts in der Person des Vertretenen eintreten zu lassen, ohne selbst eine rechtliche Bindung im Außenverhältnis einzugehen.[21] Diesem Interesse trägt das Gesetz Rechnung, indem es die Vornahme des Vertretergeschäfts als ein für den Vertreter neutrales Geschäft kennzeichnet. Die Wirkungen treten unmittelbar in der Person des Vertretenen ein. So erklärt sich auch, dass selbst ein beschränkt Geschäftsfähiger das Vertretergeschäft wirksam vornehmen kann (§ 165). Eine Haftung im Außenverhältnis kann sich allenfalls aus § 179 unter dem Gesichtspunkt der Vertretung ohne Vertretungsmacht ergeben. Allerdings trägt die abgestufte Regelung des § 179 auch insoweit der unterschiedlichen Schutzbedürftigkeit des Vertreters Rechnung. Von einer Inanspruchnahme nach § 179 entlastet den Vertreter im Übrigen tendenziell auch das Abstraktionsprinzip, wird doch die Fehleranfälligkeit der Bevollmächtigung durch die Loslösung vom Grundverhältnis deutlich gemindert.[22]

IV. Abgrenzung zu verwandten Rechtsinstituten

1. Mittelbare Stellvertretung, Treuhand und Einschaltung eines Strohmanns. a) Mittelbare Stell- 16
vertretung. Von der in den §§ 164 ff. geregelten unmittelbaren Stellvertretung ist die sog. mittelbare (auch indirekte, stille oder verdeckte) Stellvertretung zu unterscheiden.[23] Die Bezeichnung „mittelbare Stellvertretung" ist irreführend, da bei dieser Form der rechtsgeschäftlichen Wahrnehmung fremder Interessen der Geschäftsherr selbst im Außenverhältnis gegenüber dem Dritten nicht gebunden wird, er durch die Mittelsperson mithin nicht im strengen Sinne des Wortes „vertreten" wird. Berechtigt und verpflichtet wird aus dem mit dem Dritten abgeschlossenen Geschäft allein der mittelbare Stellvertreter.[24] Dieser handelt, und dies kennzeichnet nun die mittelbare Stellvertretung, **im eigenen Namen**, aber **im Interesse und für Rechnung des Geschäftsherrn**.[25] Im hiervon zu trennenden[26] Innenverhältnis – häufig liegt ein Geschäftsbesorgungsvertrag zugrunde – unterliegt der mittelbare Stellvertreter verschiedenen Bindungen, die sicherstellen sollen, dass das wirtschaftliche Ergebnis dem Geschäftsherrn zugutekommen soll. Im Gegenzug wird dem mittelbaren Stellvertreter regelmäßig eine Provision für die Ausführung des Geschäfts zugesagt. Für diese Vorgehensweise kann es verschiedene Gründe geben.[27] Insbesondere kann dem Geschäftsherrn daran gelegen sein, nach außen nicht in Erscheinung treten zu müssen. Unmittelbare und mittelbare Stellvertretung

18 Soergel/*Leptien* BGB Vor § 164 Rn. 40; dazu MüKo-
   BGB/*Schubert* § 164 Rn. 18.
19 Als eigenständiges Prinzip wird der Vertrauensschutz
   etwa bei Erman/*Maier-Reimer* BGB Vor § 164 Rn. 8,
   bei Staudinger/*Schilken* BGB Vor §§ 164 ff. Rn. 37
   und MüKoBGB/*Schubert* § 164 Rn. 25 angesehen.
20 Die Haftung nach § 179 wird allg. als Fall der Vertrauenshaftung angesehen, vgl. BGHZ 129, 136 =
   NJW 1995, 1739 (1742); BGHZ 39, 45, 51 = NJW
   1963, 759; MüKoBGB/*Schubert* § 179 Rn. 2;
   Staudinger/*Schilken* BGB § 179 Rn. 2.
21 *Bork* BGB AT Rn. 1291.
22 Soergel/*Leptien* BGB Vor § 164 Rn. 40; MüKoBGB/
   Schubert § 164 Rn. 17.

23 Ausf. zur mittelbaren Stellvertretung aus neuerer Zeit
   Hager AcP 180 (1980), 239 ff. und *Schwark* JuS
   1980, 777 ff.
24 BGH DB 1958, 1359.
25 Staudinger/*Schilken* BGB Vor §§ 164 ff. Rn. 42;
   MüKoBGB/*Schubert* § 164 Rn. 40; BeckOGK/*Huber*
   BGB § 164 Rn. 84; Palandt/*Ellenberger* BGB Vor
   § 164 Rn. 6; Soergel/*Leptien* Vor § 164 Rn. 33.
26 Ganz hM, vgl. nur BGH NJW 1969, 276; Soergel/
   Leptien BGB Vor § 164 Rn. 33; MüKoBGB/*Schubert*
   § 164 Rn. 42.
27 *Wolf/Neuner* BGB AT § 49 Rn. 60.

unterscheiden sich damit weniger im wirtschaftlichen Ergebnis der Transaktion als in der rechtlichen Konstruktion.

17 Die mittelbare Stellvertretung hat zwar **im BGB keine Regelung erfahren**;[28] aufgrund der im Bürgerlichen Recht herrschenden Vertragsfreiheit ist diese durchaus praxisrelevante Konstruktion jedoch ohne Weiteres zulässig. Das HGB hat zudem **zwei handelsrechtliche Anwendungsfälle** der mittelbaren Stellvertretung normiert: das Kommissionsgeschäft (§§ 383 ff. HGB) und das Speditionsgeschäft (§§ 453 ff. HGB). Abgesehen von den für diese Geschäfte geltenden Sondervorschriften des HGB vollzieht sich die rechtliche Beurteilung der mittelbaren Stellvertretung **anhand der allgemeinen Vorschriften** des BGB.

18 Die **spezifische Problematik der mittelbaren Stellvertretung** resultiert im Wesentlichen aus dem Umstand, dass die Rechtsstellung des mittelbaren Stellvertreters im Außenverhältnis derjenigen eines für sich selbst Handelnden entspricht, aufgrund der Absprachen im Innenverhältnis dies jedoch lediglich zum Zweck der Weitergabe an den eigentlich an dem Geschäft Interessierten geschieht. Die tatsächliche Interessenlage und die rechtliche Gestaltung stimmen mithin nicht in vollem Umfang überein.[29] Eine Milderung wird nicht selten durch eine Annäherung der Bewertungsmaßstäbe an die unmittelbare Stellvertretung erstrebt.[30]

19 Über die dem mittelbaren Stellvertreter zur Veräußerung übergebenen Gegenstände verfügt dieser mit **Ermächtigung** des Geschäftsherrn (§ 185).[31] Die Übertragung des aus dem Ausführungsgeschäft Erlangten auf den Geschäftsherrn erfolgt durch Abtretung (§ 398 ggf. iVm § 413) oder durch Übereignung (§§ 929 ff.). Vor der Vollziehung des Übertragungsaktes **unterliegt** der **Gegenstand** allerdings grundsätzlich dem **Zugriff der Gläubiger des mittelbaren Stellvertreters**.[32] Hiervon macht nur **§ 392 Abs. 2 HGB** zugunsten des Kommittenten eine Ausnahme (Rechte des Kommittenten: Drittwiderspruchsklage nach § 771 ZPO und Aussonderung nach § 47 InsO).[33] Hierbei handelt es sich um eine singuläre Vorschrift, die nach zutreffender herrschender Meinung nicht verallgemeinerungsfähig ist.[34] Das den Geschäftsherrn grundsätzlich treffende Risiko des Gläubigerzugriffs kann aber immerhin dadurch gemindert werden, dass der rechtsgeschäftliche **Übertragungsakt bereits vor dem Vollzug des Ausführungsgeschäfts** vorgenommen wird, also eine Vorausabtretung oder ein antizipiertes Besitzkonstitut (§ 930) vereinbart wird.[35] Die Rechtsposition des Geschäftsherrn wird darüber hinaus auch dadurch verstärkt, dass es dem mittelbaren Stellvertreter gestattet wird, den seinem Geschäftsherrn entstandenen Schaden in dessen Interesse bei dem hierfür verantwortlichen Partner des Ausführungsgeschäfts zu liquidieren (**Drittschadensliquidation**).[36] Im Innenverhältnis kann der Geschäftsherr den geleisteten Schadensersatz bzw. den Anspruch an sich ziehen (§ 285).

20 **b) Treuhandschaft.** Die Treuhandschaft ist ein gesetzlich nicht näher definierter Rechtsbegriff.[37] Durch ihn sollen solche Rechtsverhältnisse gekennzeichnet werden, bei denen jemand – nämlich der Treugeber – einem anderen – dem Treuhänder – zu einem bestimmten Zweck (meist Sicherung oder Verwaltung) Rechtsmacht über seine Vermögensgüter einräumt.[38] Die ihm verliehene Rechtsmacht übt der Treuhänder jedenfalls auch im Interesse des Treugebers aus. Soweit der Treuhänder nach außen rechtsgeschäftlich auftritt, handelt er im Regelfalle in eigenem Namen, schuldrechtlich gebunden durch die Absprachen im Innenverhältnis. Dies rückt die Treuhandschaft in ein gewisses Näheverhältnis zur mittelbaren Stellvertretung.[39]

21 Trotz dieser Übereinstimmung **kann die Treuhand nicht pauschal der mittelbaren Stellvertretung zugeordnet werden**. Vom äußeren Erscheinungsbild unterscheiden sich beide Konstellationen regelmäßig

---

28 Dies kritisierend MüKoBGB/*Schubert* § 164 Rn. 39. Zu den historischen Hintergründen HKK/*Schmoeckel* BGB § 164 Rn. 9.

29 *Wolf/Neuner* BGB AT § 49 Rn. 61; MüKoBGB/*Schubert* § 164 Rn. 39.

30 *Hager* AcP 180 (1980), 239 und *Schwark* JuS 1980, 777; krit. Soergel/*Leptien* BGB Vor § 164 Rn. 34.

31 Staudinger/*Schilken* BGB Vor §§ 164 ff. Rn. 44 MüKoBGB/*Schubert* § 164 Rn. 40.

32 Staudinger/*Schilken* BGB Vor §§ 164 ff. Rn. 43; MüKoBGB/*Schubert* § 164 Rn. 44; Palandt/*Ellenberger* BGB Vor § 164 Rn. 6; Soergel/*Leptien* BGB Vor § 164 Rn. 35.

33 Näher zum Regelungsgehalt dieser Vorschrift statt vieler K. Schmidt HandelsR, 5. Aufl. 1999, S. 897 ff. mwN.

34 RGZ 58, 273, 276; RGRK/*Steffen* BGB Vor § 164 Rn. 3; Soergel/*Leptien* BGB Vor § 164 Rn. 35; *Enneccerus/Nipperdey* BGB AT II S. 1098; aA

Hager AcP 180 (1980), 239, 250, und *Schwark* JuS 1980, 777 (781).

35 Palandt/*Ellenberger* BGB Vor § 164 Rn. 6; näher hierzu Soergel/*Leptien* BGB Vor § 164 Rn. 36; MüKoBGB/*Schubert* § 164 Rn. 45 f.; Staudinger/*Schilken* BGB Vor §§ 164 ff. Rn. 45.

36 BGHZ 25, 250, 258 = NJW 1957, 1838; BGHZ 40, 91, 100 = NJW 1963, 2071; BGH NJW 1989, 3099; BGHZ 176, 281 ff. = NJW 2008, 2245 ff.; BGH WM 2009, 1182 ff.; beachte aber auch BGHZ 133, 36 = NJW 1996, 2734.

37 Für eine eingehendere Auseinandersetzung mit der Rechtsfigur der Treuhand vgl. vor allem *Coing*, Die Treuhand kraft privaten Rechtsgeschäfts, 1973; *Grundmann*, Der Treuhandvertrag, 1997; und *Henssler* AcP 196 (1996), 37 ff.

38 *Bork* BGB AT Rn. 1313.

39 *Enneccerus/Nipperdey* BGB AT II S. 1103; Staudinger/*Schilken* BGB Vor §§ 164 ff. Rn. 48.

dadurch, dass der mittelbare Vertreter bezogen auf ein bestimmtes Veräußerungsgeschäft als Durchgangsperson agiert, während dem Treuhänder üblicherweise für eine gewisse Dauer eine zweckgebundene Verwaltungs- und/oder Verfügungsbefugnis über den Treuhandgegenstand eingeräumt wird.[40] Mitunter fehlt es sogar an der Befugnis, über das Treugut zu verfügen, so in manchen Konstellationen der reinen **Verwaltungstreuhand**.[41] In vielen anderen Fällen wird es sich wiederum so verhalten, dass das Treugut dem Treuhänder „zu treuen Händen" übertragen wird, er im Außenverhältnis daher als Rechtsinhaber verfügt (**fiduziarische Vollrechtstreuhand**);[42] auch dies eine signifikante Abweichung vom Modell der mittelbaren Stellvertretung.[43] Denkbar ist freilich auch der Fall, dass das Eigentum bzw. die Inhaberschaft beim Treugeber verbleibt und der Treuhänder im Außenverhältnis kraft einer ihm erteilten Ermächtigung verfügt (sog. **Ermächtigungstreuhand**). In dieser Konstellation wird er mithin als mittelbarer Stellvertreter tätig.[44] An die Stelle einer Ermächtigung kann auch eine Bevollmächtigung treten (**Vollmachtstreuhand**). Dies wäre dann ein Fall der unmittelbaren Stellvertretung nach den §§ 164 ff.[45]

Auch umgekehrt gilt: **Nicht jeder Fall der mittelbaren Stellvertretung begründet zugleich ein Treuhandverhältnis**;[46] dies schon deshalb nicht, da für ein Treuhandverhältnis stets ein Treugut vorhanden sein muss, welches der Treuhänder nach hM zudem unmittelbar aus dem Vermögen des Treugebers erlangen muss.[47] Für die Annahme eines (echten) Treuhandverhältnisses würde es also nicht ausreichen, dass der mittelbare Stellvertreter von einem Dritten für den Geschäftsherrn einen Gegenstand erwirbt. 22

c) Strohmann. Der mittelbare Stellvertreter kann auch die Rolle eines Strohmanns übernehmen, nämlich dann, wenn er von einem Hintermann, der das beabsichtigte Veräußerungs- oder Erwerbsgeschäft selbst nicht vornehmen kann oder will, vorgeschoben wird.[48] Es handelt sich hierbei in aller Regel nicht um ein Scheingeschäft. Denn die erklärte Rechtsfolge ist von den Beteiligten normalerweise ernstlich gewollt, weil andernfalls der erstrebte wirtschaftliche Zweck nicht oder nicht in rechtsbeständiger Weise erreicht würde.[49] Bestehen auch unter dem Gesichtspunkt der Gesetzesumgehung keine Bedenken, was im Einzelfall genau zu prüfen ist,[50] so wird aus dem Geschäft mit dem Dritten der Strohmann selbst berechtigt und verpflichtet, und zwar unabhängig von dem Wissen des Dritten um die Strohmanneigenschaft seines Vertragspartners.[51] Nach Erwerb des Gegenstandes kann ihm die Funktion eines Treuhänders zukommen.[52] Anders als im Normalfall eines Treuhandverhältnisses soll es dem Hintermann jedoch verwehrt sein, die treuhänderische Bindung zum Nachteil von Dritten in Anspruch zu nehmen. Ihm wird weder ein Aussonderungsrecht nach § 47 InsO bei Insolvenz des Strohmannes noch die Drittwiderspruchsklage nach § 771 ZPO zur Abwehr des vollstreckungsrechtlichen Zugriffs der Gläubiger des Strohmannes zuerkannt.[53] Ob dem auch in den Fällen gefolgt werden kann, in denen der Hintermann etwa nur aus Gründen der Diskretion nicht in Erscheinung treten möchte, erscheint jedoch zweifelhaft.[54] Gegen den Hintermann kann der Dritte jedenfalls nicht unmittelbar vorgehen. Hierzu kann es erst nach der Pfändung des dem Strohmann zustehenden Schuldbefreiungsanspruchs kommen.[55] 23

40 MüKoBGB/*Schubert* § 164 Rn. 51 ff.; Erman/*Maier-Reimer* BGB Vor § 164 Rn. 16; *Wolf/Neuner* BGB AT § 49 Rn. 63.
41 MüKoBGB/*Schubert* Vor § 164 Rn. 52 f.
42 *Wolf/Neuner* BGB AT § 49 Rn. 64.
43 MüKoBGB/*Schubert* § 164 Rn. 53.
44 *Bork* BGB AT Rn. 1316.
45 Staudinger/*Schilken* BGB Vor §§ 164 ff. Rn. 48; MüKoBGB/*Schubert* § 164 Rn. 55; *Wolf/Neuner* BGB AT § 49 Rn. 64.
46 Staudinger/*Schilken* BGB Vor §§ 164 ff. Rn. 48.
47 RGZ 84, 214, 218; BGH WM 1960, 325; krit. zu diesem Unmittelbarkeitsprinzip Soergel/*Leptien* BGB Vor § 164 Rn. 56. Eingehend auch *Grundmann*, Treuhandvertrag, S. 312 ff. und 415 f.
48 Soergel/*Leptien* BGB Vor § 164 Rn. 37; MüKoBGB/*Schubert* § 164 Rn. 47; Palandt/*Ellenberger* BGB Vor § 164 Rn. 8; eingehend zur Rechtsfigur des Strohmanns *Gerhardt* FS Lüke 1997, S. 121 ff.
49 BGHZ 21, 378, 382 = NJW 1957, 19; BGH NJW 1982, 569 f.; 1995, 727; BGH NJW 2002, 2030 f.; vgl. auch OLG Naumburg MDR 2005, 741; MüKoBGB/*Schubert* § 164 Rn. 48; Soergel/*Leptien* BGB Vor § 164 Rn. 38; Palandt/*Ellenberger* BGB Vor § 164 Rn. 8.
50 Vgl. hierzu Palandt/*Ellenberger* § 134 Rn. 28 f.

51 BGH WM 1964, 179; NJW 1982, 569 (570); OLG Koblenz VersR 1998, 200; Staudinger/*Schilken* BGB Vor §§ 164 ff. Rn. 50; Palandt/*Ellenberger* BGB Vor § 164 Rn. 8.
52 Soergel/*Leptien* BGB Vor § 164 Rn. 37; insbes. in Form der Verwaltungstreuhandschaft, so zutr. Palandt/*Ellenberger* BGB Vor § 164 Rn. 8. Mitunter wird die Stellung des Strohmanns gegenüber dem Hintermann generell mit derjenigen eines Treuhänders gleichgesetzt (so etwa BGH WM 1964, 179; Erman/*Maier-Reimer* BGB Vor § 164 Rn. 22, und – allerdings unter Modifikation der Rechtsfolgen – *Flume* BGB AT Bd. 2 § 20 2 b S. 407), was in dieser Allgemeinheit nicht zutrifft (zu Recht krit. Soergel/*Leptien* BGB Vor § 164 Rn. 37). Zur Herausgabepflicht des Strohmanns im Innenverhältnis auch OLG Köln BeckRS 2008, 00014.
53 BGH WM 1964, 179; *Enneccerus/Nipperdey* BGB AT II S. 1104; *Flume* BGB AT Bd. 2 § 20 2 b S. 407; Soergel/*Leptien* BGB Vor § 164 Rn. 37; MüKoBGB/*Schubert* § 164 Rn. 57.
54 Zu Recht krit. *Gerhardt* FS Lüke 1997, S. 127 ff. und Staudinger/*Schilken* BGB Vor §§ 164 ff. Rn. 50.
55 Staudinger/*Schilken* BGB Vor §§ 164 ff. Rn. 50; Palandt/*Ellenberger* BGB Vor § 164 Rn. 8.

24 **2. Vermögensverwalter kraft Amtes.** Zu einem Handeln mit Fremdwirkung sind auch solche Personen befugt, die als **besondere Verwalter über das Vermögen des Inhabers** eingesetzt sind. Sie sind – unter Verdrängung des Vermögensinhabers, dem insoweit die Verfügungs- und Verwaltungsbefugnis entzogen ist – mit der Rechtsmacht ausgestattet, über das Vermögen zu verfügen und Verbindlichkeiten zulasten des Vermögensträgers einzugehen. Ihre Einsetzung kann auf einem Staatsakt beruhen, so beim **Insolvenzverwalter** (§ 80 InsO), beim **Zwangsverwalter** (§ 152 ZVG) und beim **Nachlassverwalter** (§ 1985 BGB), oder – wie beim **Testamentsvollstrecker** (§ 2205 BGB) – auf einer testamentarischen Verfügung des Erblassers.

25 Von den herkömmlichen Fällen der Stellvertretung unterscheidet sich das Handeln dieser Verwalter dadurch, dass es nicht allein den Interessen des Vermögensinhabers verpflichtet ist.[56] Der Insolvenzverwalter hat beispielsweise auf eine gleichmäßige, den Vorgaben der Insolvenzordnung Rechnung tragende Gläubigerbefriedigung zu achten. Richtschnur des Handelns des Testamentsvollstreckers ist wiederum die Verwirklichung des Erblasserwillens. Dem Verwalter obliegt es allgemein, die vorprogrammierten Interessenkonflikte auszugleichen, weshalb auch von „neutralem Handeln" gesprochen worden ist.[57] Sogar gerichtliche Auseinandersetzungen zwischen dem Verwalter und dem Träger des von ihm verwalteten Vermögens sind denkbar (vgl. zB § 2217). Diese **anders gelagerte Interessenwahrnehmung** zeigt sich auch in dem Umstand, dass der Verwalter nicht – wie von der gewillkürten Stellvertretung her bekannt – einseitig durch den Vermögensträger wieder abberufen werden kann.[58]

26 Insbesondere diese soeben bezeichneten signifikanten Abweichungen vom Grundmuster der Stellvertretung haben die Rechtsprechung und Teile der Literatur bewogen, in dem Verwalter den Träger eines nicht öffentlichen, privaten Amtes zu sehen (sog. **Amtstheorie**).[59] In einem gerichtlichen Verfahren trete er in gesetzlicher Prozessstandschaft als Partei kraft Amtes auf. Eine zwingende Notwendigkeit, für diese Fälle eine eigene Kategorie zu eröffnen und sie damit dem Stellvertretungsrecht zu entziehen, besteht jedoch richtiger Ansicht nach nicht. Entscheidend sind die Rechtswirkungen des Verwalterhandelns, und diese treten in der Person des Vermögensträgers ein.[60] Es geht also um gesetzliche, da vom Willen des Vermögensträgers unabhängige, Stellvertretung. Den angesprochenen Besonderheiten muss ggf. durch eine modifizierte Anwendung der Stellvertretungsregeln Rechnung getragen werden. Diese sog. **Vertretertheorie** wird von großen Teilen des Schrifttums – neuerdings auch in modifizierter Form – vertreten.[61] Bei allem Streit besteht doch immerhin Einigkeit dahin gehend, dass der dogmatischen Erfassung der Rechtsstellung des Verwalters für die Entscheidung praktischer Fragen kaum Bedeutung zukommt.[62]

27 **3. Botenschaft.** Die Einschaltung der Mittelsperson kann auch in der Weise erfolgen, dass dieser lediglich die **Übermittlung einer fremden, bereits fertig vorliegenden Willenserklärung** aufgetragen wird. Man spricht in diesen Fällen von Botenschaft. Anders als der Stellvertreter, der eine eigene Willenserklärung abgibt, bildet ein Bote keinen eigenen rechtsgeschäftlichen Willen. Zu den Einzelheiten der Abgrenzung → Rn. 47 ff.

28 **4. Handeln kraft Ermächtigung.** In einem funktionalen Näheverhältnis zur Stellvertretung steht das Handeln kraft einer vom Rechtsinhaber erteilten Ermächtigung.[63] Beiden Rechtsfiguren ist gemein, dass einer Person vom Berechtigten die Befugnis eingeräumt wird, durch rechtsgeschäftliches Handeln auf dessen

---

56 *Flume* BGB AT Bd. 2 § 44 IV 2 S. 781; Staudinger/ *Schilken* BGB Vor §§ 164 ff. Rn. 58; BeckOGK/ *Huber* BGB § 164 Rn. 78.

57 *Dölle* FS F. Schulz II, S. 272 ff.

58 Soergel/*Leptien* BGB Vor § 164 Rn. 74; Staudinger/ *Schilken* BGB Vor §§ 164 ff. Rn. 58.

59 St. Rspr. des BGH, vgl. etwa BGHZ 24, 393, 396 = NJW 1957, 1361 und BGHZ 100, 346, 351 = NJW 1987, 3133 für den Konkurs- bzw. jetzt Insolvenzverwalter; BGH NJW-RR 1993, 442 für den Zwangsverwalter; BGHZ 38, 281, 284 = NJW 1963, 297 für den Nachlassverwalter; BGH NJW-RR 1987, 1090 (1091) für den Testamentsvollstrecker; RGRK/*Steffen* BGB Vor § 164 Rn. 11; Palandt/*Ellenberger* BGB Vor § 164 Rn. 9; Hk-BGB/*Dörner* Vor §§ 164–181 Rn. 11; Zöller/*Althammer* ZPO § 51 Rn. 7; für eine „Amtstheorie in fortgeführter Ausprägung" auch Soergel/*Leptien* BGB Vor § 164 Rn. 77.

60 So schon *Enneccerus/Nipperdey* BGB AT II S. 1106.

61 *Enneccerus/Nipperdey* BGB AT II S. 1106; *Flume* BGB AT Bd. 2 § 44 IV 2 S. 781; *Larenz* BGB AT, 7. Aufl. 1989, S. 586 f.; *Medicus/Petersen* BGB AT

Rn. 925; MükoBGB/*Schubert* § 164 Rn. 62; für eine „neue Vertreter- und Organtheorie" im Hinblick auf den Konkursverwalter *K. Schmidt* KTS 1984, 345 ff.; *ders.* NJW 1995, 912 f.

62 So auch die Einschätzung von *Flume* BGB AT Bd. 2 § 44 IV 2 S. 781; MüKoBGB/*Schubert* § 164 Rn. 62. Für eine eingehendere Auseinandersetzung mit den Argumenten der verschiedenen Ansätze, zu denen auch die früher vertretene Organtheorie (insbes. *Bötticher* ZZP 1977, 55 ff.) zählt, vgl. daher das Spezialschrifttum, insbes. Stein/Jonas/*Jacoby* ZPO Vor § 50 Rn. 25 ff., und *Jaeger/Henckel/Gerhardt* InsO § 80 Rn. 11–20.

63 Zur Ermächtigung vgl. vor allem die Schriften: *Doris*, Die rechtgeschäftliche Ermächtigung bei Vornahme von Verfügungs-, Verpflichtungs- und Erwerbsgeschäften, 1974; *Ludewig*, Die Ermächtigung nach bürgerlichem Recht, 1922. Zu den Sonderformen der Ermächtigung etwa der Einziehungsermächtigung, der gewillkürten Prozessstandschaft und der Erwerbsermächtigung, vgl. im Übrigen Staudinger/*Schilken* BGB Vor §§ 164 Rn. 62 ff.

Rechtskreis unmittelbar einzuwirken.[64] Übereinstimmung besteht auch insoweit, als sich in beiden Fällen das rechtliche Dürfen des Handelnden nach den Absprachen im Innenverhältnis bestimmt.[65] Wie der Vertretene behält im Übrigen auch der Ermächtigende die Rechtsmacht, selbst wirksam über den betreffenden Gegenstand zu verfügen.[66] Und doch besteht ein kategorialer Unterschied: Die Ermächtigung verleiht dem Adressaten die Befugnis, **im eigenen Namen ein fremdes Recht auszuüben oder geltend zu machen**, insbesondere mit Wirkung zulasten des Rechtsinhabers darüber zu verfügen.[67] Das vom Ermächtigten vorgenommene Rechtsgeschäft ist – auch wenn die dingliche Rechtsfolge den Rechtsinhaber trifft – ein eigenes Rechtsgeschäft des Ermächtigten. Das vom fremden Namen abgeschlossene Vertretergeschäft wird hingegen nach § 164 dem Vertretenen zugerechnet; es handelt sich also um ein Geschäft des Vertretenen.[68] Die Ermächtigung basiert demzufolge auch nicht auf den §§ 164 ff., sondern stellt sich als ein Sondertatbestand der in den **§§ 182** ff. geregelten Zustimmung, nämlich einer Einwilligung nach § 185 Abs. 1, dar.[69]

Die unterschiedliche dogmatische Verortung beider Rechtsinstitute offenbart noch eine weitere Verschiedenheit: die **Ermächtigung ist** auf einen bestimmten – bereits vorhandenen – **Gegenstand bezogen**, während die Vollmacht keine derartige gegenständliche Begrenzung kennt und auf die Person des Vertretenen, dessen Rechtszuständigkeit sie erweitert, bezogen ist.[70] Die Vollmacht reicht insofern weiter. Anders als die Ermächtigung erlaubt sie insbesondere die Begründung rechtsgeschäftlicher Pflichten in der Person des Vertretenen.[71] Nach alledem ist der Unterschied zwischen der Vollmacht und der Ermächtigung nicht nur gradueller Art.[72] Dies schließt es indes nicht aus, dass sich im konkreten Fall die Abgrenzung schwierig gestaltet. In Zweifelsfällen ist das Gemeinte unter Berücksichtigung des Zwecks bzw. der Interessenlage im Wege der **Auslegung** zu ermitteln.[73] Der Bezeichnung der Parteien wird dabei zu Recht keine maßgebende Bedeutung beigemessen.[74] **29**

5. Wissensvertretung. Das BGB macht den Eintritt von Rechtsfolgen des Öfteren davon abhängig, dass jemand bestimmte Tatsachen kennt oder kennen muss (vgl. zB §§ 142 Abs. 2, 442 Abs. 1, 819 Abs. 1, 932, 990 Abs. 1). Fraglich ist, wie zu entscheiden ist, wenn nicht der Geschäftsherr, wohl aber ein für ihn handelnder Dritter über die entsprechenden Kenntnisse verfügt. Im Versicherungsrecht spielt diese Problemstellung im Hinblick auf die Obliegenheiten des Versicherungsnehmers eine bedeutsame Rolle (vgl. hierzu die Sondervorschriften der §§ 2 Abs. 3, 20 VVG). Das Recht der Stellvertretung kennt mit **§ 166** eine Norm, die sich mit der Zurechnung von die Willenserklärung begleitenden Umständen befasst. Sie wird von der hM auf alle Personen (analog) angewendet, die – unabhängig von der Vertretungsbefugnis – vom Geschäftsherrn dazu bestellt sind, an seiner Stelle und mit eigener Entscheidungsgewalt rechtserhebliche Tatsachen zur Kenntnis zu nehmen.[75] Bei dieser mitunter sog. Wissensvertretung geht es nicht – wie bei der Stellvertretung – um die Zurechnung von Willenserklärungen, sondern um die **Zurechnung des Wissens Dritter als eigenes**.[76] Zu den Einzelheiten vgl. die Kommentierung zu § 166. **30**

6. Verhandlungsgehilfen und Abschlussvermittler. Vom Stellvertreter sind ferner solche Personen zu unterscheiden, die im Stadium der Vertragsanbahnung für die späteren Vertragsparteien tätig werden, die Vertragsschlusserklärungen jedoch nicht selbst abgeben. Diese Hilfskräfte werden vom Geschäftsherrn beispielsweise mit der Verhandlungsführung betraut oder um Vermittlung des Geschäfts gebeten. Letzteres **31**

---

64 MüKoBGB/*Schubert* § 164 Rn. 59; Staudinger/*Schilken* BGB Vor §§ 164 ff. Rn. 64; Soergel/*Leptien* BGB Vor § 182 Rn. 17; *Doris*, Die rechtsgeschäftliche Ermächtigung bei Vornahme von Verfügungs-, Verpflichtungs- und Erwerbsgeschäften, 1974, S. 25 f.; *Flume* BGB AT Bd. 2 § 57 1 b S. 904 („artverwandt“).

65 *Flume* BGB AT Bd. 2 § 57 1 c S. 905; Staudinger/*Schilken* BGB Vor §§ 164 ff. Rn. 63; MüKoBGB/*Schubert* § 164 Rn. 38. Auf die Ermächtigung müssen folgerichtig auch die Grundsätze über den Vollmachtsmissbrauch angewendet werden; vgl. *Flume* BGB AT Bd. 2 § 57 1 c S. 905.

66 Staudinger/*Schilken* BGB Vor §§ 164 ff. Rn. 63; MüKoBGB/*Schubert* Vor § 164 Rn. 58.

67 *Flume* BGB AT Bd. 2 § 57 1 b S. 903; Staudinger/*Schilken* BGB Vor §§ 164 ff. Rn. 62; MüKoBGB/*Schubert* § 164 Rn. 58.

68 *Flume* BGB AT Bd. 2 § 57 1 b S. 904; MüKoBGB/*Schubert* § 164 Rn. 59.

69 *Flume* BGB AT Bd. 2 § 57 1 b S. 903.

70 *Flume* BGB AT Bd. 2 § 57 1 b S. 904; MüKoBGB/*Schubert* § 164 Rn. 59; RGRK/*Steffen* BGB Vor

§ 164 Rn. 14; *Doris*, Die rechtsgeschäftliche Ermächtigung bei Vornahme von Verfügungs-, Verpflichtungs- und Erwerbsgeschäften, 1974, S. 28 f.; *Thiele*, Die Zustimmung in der Lehre vom Rechtsgeschäft, 1966, S. 146 f.

71 Zur Unzulässigkeit einer sog. Verpflichtungsermächtigung vgl. *Peters* AcP 171 (1971), 234, 238 ff.

72 So aber *Müller-Freienfels*, S. 100; wie hier Staudinger/*Schilken* BGB Vor §§ 164 ff. Rn. 64.

73 BGH WM 1972, 994. Hierzu auch eingehend MüKoBGB/*Schubert* § 164 Rn. 59; ferner RGRK/*Steffen* BGB Vor § 164 Rn. 14.

74 MüKoBGB/*Schubert* § 164 Rn. 59.

75 Vgl. statt vieler *Richardi* AcP 169 (1969), 387; *Schilken*, Wissenszurechnung im Zivilrecht, 1983, S. 213 ff.; *Grigoleit* ZHR 181 (2017), 160, 183 f.; aus der Rspr. zuletzt BGHZ 132, 30, 37 = NJW 1996, 1339; BGHZ 135, 202 = NJW 1997, 1917; BGH BGHReport 2003, 1051; NJW 2016, 3445 (3450).

76 Erman/*Maier-Reimer* BGB Vor § 164 Rn. 28; MüKoBGB/*Schubert* § 164 Rn. 63.

trifft beispielsweise auf den Makler nach § 652, soweit er auch die Vermittlung übernommen hat, den Handelsmakler (§§ 93 ff. HGB) und den Handelsvertreter (§§ 84 ff. HGB) zu. All diese Personen wirken zwar am Zustandekommen des Rechtsgeschäfts mit, etwa indem sie die Vertragspartner erst zusammenführen, und nehmen oftmals auch Einfluss auf den Inhalt des Vertrages, sind aber regelmäßig **nicht vertretungsbefugt** (beachte allerdings für den Handelsvertreter § 84 Abs. 1 S. 1 Fall 2 HGB). Daher **finden die Regeln des Stellvertretungsrechts** auf sie **grundsätzlich keine Anwendung.**[77] Eine Ausnahme gilt für den Widerruf der „Verhandlungsvollmacht", auf den § 168 analoge Anwendung finden soll,[78] und die Wissenszurechnung analog § 166 BGB (zu den Voraussetzungen → Rn. 30 und → § 166 Rn. 8 ff.). Setzt sich der Abschlussvermittler über seine fehlende Vollmacht hinweg, so gelten für das namens des Geschäftsherrn abgeschlossene Rechtsgeschäft die §§ 177–180,[79] soweit nicht ausnahmsweise die Voraussetzungen einer Duldungs- oder Anscheinsvollmacht erfüllt sind (beachte beim Handelsvertreter auch § 91 a HGB). Zur Eigenhaftung von Verhandlungsgehilfen unter dem Gesichtspunkt des Verschuldens bei Vertragsschluss AnwK-SchuldR/*Krebs*, → § 311 Rn. 47 ff.

32 **7. Vertrag zugunsten Dritter.** Stellvertretung und Vertrag zugunsten Dritter weisen eine Gemeinsamkeit auf: In beiden Fällen wird für einen Dritten durch das rechtsgeschäftliche Handeln anderer unmittelbar eine Berechtigung begründet. Diese Gemeinsamkeit ist jedoch nur äußerlicher Natur.[80] Zwischen beiden Instituten besteht vielmehr ein **kategorialer Unterschied**, handelt es sich doch bei der Stellvertretung um eine „Sonderkategorie des Geschäftsabschlusses", während der Vertrag zugunsten Dritter eine „Sonderkategorie des Vertragsverhältnisses" darstellt.[81] Dies äußert sich dann darin, dass der Begünstigte beim Vertrag zugunsten Dritter nicht Partei des Vertrages wird, sondern lediglich ein Forderungsrecht erhält, im Übrigen ohne korrespondierende Verpflichtung. Diesen Vertrag schließt der Versprechensempfänger mit dem Versprechenden auch nicht etwa im fremden, sondern im eigenen Namen ab.

33 **8. Gesetzlich angeordnete Fremdwirkung. a) Geschäfte zur Deckung des Lebensbedarfs.** Gewisse Anklänge an das Institut der Stellvertretung vermittelt die Lektüre des § 1357 (vormals „Schlüsselgewalt"), wonach durch Geschäfte zur angemessenen Deckung des Lebensbedarfs der Familie, die ein Ehegatte besorgt, grundsätzlich auch der andere berechtigt und verpflichtet wird. Die von dieser Vorschrift dem rechtsgeschäftlichen Handeln eines Ehegatten zuerkannte Fremdwirkung wird nicht selten als eine Ausnahme vom Offenkundigkeitsprinzip charakterisiert.[82] Das ist insofern richtig, als es in der Tat nicht darauf ankommt, dass die Voraussetzungen des § 1357 (also insbesondere die Existenz eines Ehegatten) dem Geschäftsgegner gegenüber offen gelegt werden müssen. Eine genauere Analyse erweist jedoch, dass **§ 1357 außerhalb des Stellvertretungsrechts angesiedelt** ist.[83] Bei § 1357 wird abweichend vom Grundgedanken des Stellvertretungsrechts nämlich auch der Handelnde berechtigt und verpflichtet, die Berechtigung und Verpflichtung des anderen Ehegatten tritt lediglich daneben. Es geht also nicht um eine für die Stellvertretung typische „Wirkungsverschiebung", sondern um eine **„Wirkungserweiterung**, die zu einer Kombination von Eigen- und Fremdwirkungen führt."[84] Die Fremdwirkung tritt auch nicht etwa ein, weil sie vom handelnden Ehegatten intendiert war, sondern schlicht kraft gesetzlicher Anordnung.[85] Schon angesichts dieser grundlegenden Strukturunterschiede verbietet es sich, § 1357 dem Stellvertretungsrecht zuzuordnen. Es handelt sich um eine **gesetzliche Rechtsfolgenerstreckung**,[86] auf die die Vorschriften des Stellvertretungsrechts grundsätzlich keine Anwendung finden.[87]

34 **b) Surrogation.** Auch verschiedene Fälle der **dinglichen Surrogation** (so zB §§ 718 Abs. 2, 1418 Abs. 2 Nr. 3, 2111) werden gelegentlich mit der Stellvertretung in Zusammenhang gebracht. Auch wenn sich hier die Rechtsinhaberschaft an dem Gegenstand fortsetzt, den ein anderer durch Rechtsgeschäft weggegeben hat, so fällt dem Verfügenden dennoch nicht die Rolle eines Vertreters des Rechtsinhabers zu. Es handelt

---

77 Soergel/*Leptien* BGB Vor § 164 Rn. 78.
78 BGH NJW-RR 1991, 439 (441); MüKoBGB/*Schubert* § 164 Rn. 66.
79 RG WarnR 10 Nr. 321.
80 *Bork* BGB AT Rn. 1311; zu gemeinsamen historischen Wurzeln vgl. allerdings Staudinger/*Schilken* BGB Vor §§ 164 ff. Rn. 94.
81 So pragnant *Müller-Freienfels*, S. 26; zust. *Flume* BGB AT Bd. 2 § 43 6 S. 761; MüKoBGB/*Schubert* § 164 Rn. 87.
82 *Larenz* BGB AT, 6. Aufl. 1983 (anders dann in der 7. Aufl. 1989), § 30 II b; *Käppler* AcP 179 (1979), 243, 274; *K. Müller* JZ 1982, 779; *Beitzke*, Familienrecht, 25. Aufl. 1988, § 12 V S. 84; RGRK/*Steffen* BGB Vor § 164 Rn. 10.

83 Gernhuber/*Coester-Waltjen*, Lehrbuch des Familienrechts, 4. Aufl. 1994, § 19 IV S. 197; *K. Schmidt* JuS 1987, 425 (430); *Bork* BGB AT Rn. 1414; Hk-BGB/*Dörner* Vor §§ 164–181 Rn. 6.
84 So treffend Gernhuber/*Coester-Waltjen*, Lehrbuch des Familienrechts, 4. Aufl. 1994, § 19 IV S. 197.
85 Gernhuber/*Coester-Waltjen*, Lehrbuch des Familienrechts, 4. Aufl. 1994, § 19 IV S. 197.
86 *Bork* BGB AT Rn. 1414; ähnlich *K. Schmidt* JuS 1987, 425 (430).
87 Gernhuber/*Coester-Waltjen*, Lehrbuch des Familienrechts, 4. Aufl. 1994, § 19 IV S. 197; für analoge Anwendung einzelner Vorschriften des Stellvertretungsrechts jedoch Soergel/*Leptien* BGB Vor § 164 Rn. 17 (§§ 165, 166 BGB); Hk-BGB/*Dörner* Vor §§ 164–181 Rn. 6 (insbes. §§ 165, 177).

sich auch hier um eine **gesetzlich angeordnete Fremdwirkung**, die unabhängig vom Willen des Handelnden eintritt.[88]

B. Regelungsgehalt

I. Anwendungsbereich der Stellvertretungsregeln

1. Rechtsgeschäftliches Handeln. Bezugspunkt der Stellvertretungsregeln der §§ 164 ff. ist die **Willenserklärung**, die der Vertreter mit Wirkung für den Vertretenen abgibt (aktive Stellvertretung) oder für ihn entgegennimmt (passive Stellvertretung). Außerhalb des rechtsgeschäftlichen Verkehrs finden die §§ 164 ff. keine Anwendung. Für die Frage der Zurechnung des Gehilfenverhaltens im Zuge der **Anbahnung eines Vertrages** gilt im Hinblick auf die damit einhergehende Begründung eines gesetzlichen Schuldverhältnisses von Anfang an § 278.[89] Die haftungsrechtliche Zurechnung **unerlaubter Handlungen** richtet sich ausschließlich nach den §§ 831, 31 und 89.[90] Im Hinblick auf die Haftung für den Verrichtungsgehilfen ist darauf hinzuweisen, dass allein die Bevollmächtigung eines Dritten diesen nicht zum Verrichtungsgehilfen macht. Dies richtet sich nach der Ausgestaltung des Grundverhältnisses, wobei der Weisungsabhängigkeit besonderes Gewicht beizumessen ist.[91] 35

2. Geschäftsähnliche Handlungen, Einwilligung und Realakte. Auf **rechtsgeschäftsähnliche Handlungen**, also auf Erklärungen, deren Rechtsfolgen kraft Gesetzes eintreten, werden die **Vorschriften des Stellvertretungsrechts entsprechend angewendet**. Hierbei ist beispielsweise an die verzugsbegründende Mahnung (§ 286 Abs. 1),[92] die Aufforderung zur Genehmigung (§§ 108 Abs. 2, 177 Abs. 2) oder die Fristsetzung (§§ 281 Abs. 1, 323 Abs. 1) zu denken. Die Analogie ist gerechtfertigt, da auch diese Erklärungen regelmäßig in der Absicht oder zumindest im Bewusstsein abgegeben werden, damit Rechtsfolgen auszulösen. 36

Weder rechtsgeschäftlichen noch rechtsgeschäftsähnlichen Charakter weist die **Einwilligung in die Verletzung eines Rechts oder Rechtsgutes** auf.[93] Sie hat allein die Funktion, den auf ihrer Grundlage erfolgenden Eingriff eines Dritten zu legitimieren. Soweit es um höchstpersönliche Rechtsgüter geht, zB Körper und Gesundheit beim ärztlichen Heileingriff, muss dem Selbstbestimmungsrecht des Rechtsträgers – auch wenn er nur beschränkt geschäftsfähig ist – Rechnung getragen werden.[94] Geht es hingegen um Eingriffe in die Vermögenssphäre, so können die Stellvertretungsregeln ohne Weiteres entsprechend angewandt werden.[95] 37

Auf **Realakte**, die im Gegensatz zu den geschäftsähnlichen Handlungen ohne Mitteilungs- und Kundgabezweck vorgenommen werden und damit schon äußerlich keine Ähnlichkeit mit Willenserklärungen aufweisen (zB die Verarbeitung im Sinne des § 950 oder der Besitzerwerb nach § 854 Abs. 1), sind die **§§ 164 ff. nicht anwendbar**.[96] 38

3. Vertretung bei Verfahrenshandlungen vor Gerichten und Behörden. In gerichtlichen Verfahren können bzw. müssen sich die Parteien durch einen Prozessbevollmächtigten vertreten lassen (zum Zivilverfahren vgl. § 78 ZPO). Zwar ist Inhalt des Vertreterhandelns hier nicht die Abgabe materiellrechtlicher Willenserklärungen, sondern die Vornahme von Prozesshandlungen. Strukturell besteht indes kein Unterschied zur Stellvertretung nach den §§ 164 ff., geht es doch auch hier um die Begründung der Fremdwirkung eines im Namen der Partei auftretenden und durch eine ihm vom Mandanten erteilte Prozessvollmacht legitimierten Prozessvertreters.[97] Soweit das einschlägige Verfahrensrecht keine Sonderregelungen enthält (vgl. etwa §§ 80 ff. ZPO für die Prozessvollmacht, die im Übrigen ihrerseits als Prozesshandlung qualifiziert wird),[98] 39

88 *Bork* BGB AT Rn. 1414; eingehend *Einsele* JZ 1990, 1007 f.

89 *Flume* BGB AT Bd. 2 § 46 6 S. 797 f.; *Ballerstedt* AcP 151 (1951), 510 und 518; Staudinger/*Schilken* BGB Vor §§ 164 ff. Rn. 39; MüKoBGB/*Schubert* § 164 Rn. 92.

90 Staudinger/*Schilken* BGB Vor §§ 164 ff. Rn. 39; Soergel/*Leptien* BGB § 164 Rn. 8.

91 So zu Recht MüKoBGB/*Schubert* § 164 Rn. 92.

92 BGH NJW 2006, 687 (688).

93 HM BGHZ 29, 33, 36 = NJW 1959, 811; Soergel/*Leptien* BGB § 164 Rn. 4; Staudinger/*Gursky* BGB Vor §§ 182–185 Rn. 9; *Medicus/Petersen* BGB AT Rn. 200; MüKoBGB/*Spickhoff* § 107 Rn. 10; für Einstufung als rechtsgeschäftsähnliche Handlung: *Bork* BGB AT Rn. 1338. Zum Ganzen auch *Kern* NJW 1994, 753.

94 Soergel/*Leptien* BGB § 164 Rn. 4.

95 MüKoBGB/*Schubert* § 164 Rn. 89.

96 BGHZ 8, 130,132; 16, 260, 263; 32, 53, 56 = NJW 1960, 860; Soergel/*Leptien* BGB § 164 Rn. 9; RGRK/*Steffen* BGB Vor § 164 Rn. 24; Palandt/*Ellenberger* BGB Vor § 164 Rn. 3; aA *Klinck* AcP 205 (2005), 487 ff. Zur Übereignung nach § 929 durch einen Vertreter vgl. *Baur/Stürner* SachenR § 5 Rn. 12.

97 *Schilken* Zivilprozessrecht Rn. 84.

98 BGH MDR 1958, 319 (320); BGHZ 41, 104, 107 = NJW 1964, 1129; Stein/Jonas/*Jacoby* ZPO Vor § 80 Rn. 6; *Rosenberg/Schwab/Gottwald* § 55 II 1 f.; *Schilken* Zivilprozessrecht Rn. 89; aA *Blomeyer* Zivilprozessrecht § 9 III 1.

gelangen die §§ 164 ff. und die in ihnen verkörperten Grundgedanken zur Anwendung (zur Nichtanwendbarkeit des § 165 → Rn. 10).[99]

40 Ähnliches gilt für das **Verfahren vor Behörden**. Nach § 14 VwVfG kann sich ein Beteiligter durch einen Bevollmächtigten vertreten lassen. § 62 S. 2 VwVfG ermöglicht sogar ausdrücklich den ergänzenden Rückgriff auf die Vorschriften des Bürgerlichen Gesetzbuches. Soweit sich also in den Verwaltungsverfahrensgesetzen keine speziellen Regelungen finden, kommen auch hier die Vorschriften der §§ 164 ff. zum Zuge.[100]

41 Der **Gerichtsvollzieher** hingegen tritt bei Vornahme der ihm obliegenden Amtshandlungen nicht als Vertreter des Gläubigers auf.[101] Um **hoheitliches Handeln** geht es auch dann, wenn der Gerichtsvollzieher die ausstehende Leistung des Schuldners für den Gläubiger in Empfang nimmt. Aus diesem Grund ist der wohl hM nicht zu folgen, wenn sie dafür hält, der Gerichtsvollzieher werde insoweit aufgrund einer gesetzlichen Vertretungsmacht tätig. Richtiger Ansicht nach wird er in dieser Konstellation als Bote tätig.[102]

II. Zulässigkeit der Stellvertretung

42 **1. Gesetzliche Vertretungsverbote.** Schon aus der Stellung der §§ 164 ff. im dritten Abschnitt des ersten Buches („Rechtsgeschäfte") ergibt sich, dass Stellvertretung **grundsätzlich bei jedem Rechtsgeschäft**, ganz gleich welchem Rechtsgebiet es zuzuordnen ist, in Betracht kommt.[103] So können beispielsweise auch Tarifverträge durch einen bevollmächtigten Vertreter abgeschlossen werden.[104]

43 Das **Gesetz** statuiert allerdings **für bestimmte Rechtsgeschäfte ein Verbot der Stellvertretung**. Diese Rechtsgeschäfte sind zumeist familien- oder erbrechtlicher Natur. Sie zeichnen sich dadurch aus, dass sie den Status einer Person verändern oder in anderer Weise ihre Persönlichkeitssphäre berühren. Dem Gesetzgeber ist daran gelegen, dass solche bedeutsamen persönlichkeitsrelevanten Rechtsgeschäfte vom Rechtsträger selbst vorgenommen werden. Die wichtigsten Verbotstatbestände finden sich in § 1311 S. 1 (Eheschließung), § 1 LPartG (Begründung einer Lebenspartnerschaft), § 2064 (Testamentserrichtung), § 2274 (Abschluss eines Erbvertrages). Ferner sind folgende Vorschriften zu nennen: §§ 1516 Abs. 2 S. 1, 1596 Abs. 4, 1600 a Abs. 1, 1626 c Abs. 1, 1750 Abs. 3 S. 1, 1760 Abs. 5 S. 2 iVm 1750 Abs. 3 S. 1, 1762 Abs. 1 S. 3, 2256 Abs. 2 S. 2, 2282 Abs. 1 S. 1, 2284 Abs. 1, 2290 Abs. 2 S. 1, 2296 Abs. 1 S. 2, 2347 Abs. 2 S. 1, 2351 BGB; § 48 HGB für die Prokura.

44 **2. Vertretungsverbot kraft Natur des Rechtsgeschäfts.** Der auf die Natur des Rechtsgeschäfts abstellende Begründungsansatz geht auf § 115 des Entwurfs zurück. Die dort vorgesehene Regel ist jedoch nicht in das BGB übernommen worden, wodurch es zu einer verdeckten Gesetzeslücke kam.[105] Die Bedeutung dieser Fallgruppe ist allerdings gering. Für unzulässig erachtet man auf dieser Grundlage die Stellvertretung beim **Verlöbnis** (§ 1297)[106] und der **Abgabe der Zustimmungserklärung des anderen Ehegatten** nach den §§ 1365 Abs. 1, 1366 Abs. 1 und 1369.[107] Im Übrigen beschränkt sich das Verbot der Stellvertretung auf die enumerativ im Gesetz aufgezählten Fälle.[108]

45 **3. Rechtsgeschäftlicher Ausschluss der Stellvertretung.** Die Stellvertretung kann schließlich grundsätzlich – ggf. in den durch das AGB-Recht gezogenen Grenzen[109] – durch Rechtsgeschäft ausgeschlossen werden.[110] Man spricht in diesem Fall auch von **„gewillkürter Höchstpersönlichkeit"**.[111] Erst recht ist es zulässig, die Vertretung auf bestimmte Personen zu beschränken.[112] So kann beispielsweise die Befugnis

---

99 Soergel/*Leptien* BGB Vor § 164 Rn. 80.
100 MüKoBGB/*Schubert* § 164 Rn. 106.
101 RGZ 82, 85, 89; 156, 395, 398; Soergel/*Leptien* BGB Vor § 164 Rn. 81; RGRK/*Steffen* BGB Vor § 164 Rn. 12; Staudinger/*Schilken* BGB Vor §§ 164 ff. Rn. 97; MüKoBGB/*Schubert* § 164 Rn. 107; Palandt/*Ellenberger* BGB Vor § 164 Rn. 10.
102 Wie hier Staudinger/*Schilken* BGB Vor §§ 164 ff. Rn. 97; *Rosenberg/Gaul/Schilken* Zwangsvollstreckungsrecht § 25 IV 1 d; *Fahland* ZZP 92 (1979), 437 ff.; aA RGZ 77, 25; Palandt/*Ellenberger* BGB Vor § 164 Rn. 10; Soergel/*Leptien* BGB Vor § 164 Rn. 81; Zöller/*Seibel* ZPO § 753 Rn. 4.
103 Soergel/*Leptien* BGB Vor § 164 Rn. 84; *Bork* BGB AT Rn. 1334.
104 BAG BB 1994, 289 f.; BAG NZA 1997, 1064.
105 *Reichel,* Höchstpersönliche Rechtsgeschäfte, 1931, S. 15; Staudinger/*Schilken* BGB Vor §§ 164 ff. Rn. 41.

106 MüKoBGB/*Roth* § 1297 Rn. 10; *Bork* BGB AT Rn. 1337; Gernhuber/*Coester-Waltjen* Lehrbuch des Familienrechts S. 70.
107 MüKoBGB/*Schubert* § 164 Rn. 101; Staudinger/*Schilken* BGB Vor §§ 164 ff. Rn. 41; *Bork* BGB AT Rn. 1337.
108 Gegen eine verallgemeinernde Ausdehnung auch RGZ 63, 113, 114; Staudinger/*Schilken* BGB Vor §§ 164 ff. Rn. 41; *Bork* BGB AT Rn. 1337; Soergel/*Leptien* BGB Vor § 164 Rn. 84.
109 BGH BB 1982, 1822.
110 BGHZ 99, 90 = NJW 1987, 650; *Reichel* Höchstpersönliche Rechtsgeschäfte S. 76 ff.; *Flume* BGB AT Bd. 2 § 43 7 S. 762; Staudinger/*Schilken* BGB Vor §§ 164 ff. Rn. 40.
111 Palandt/*Ellenberger* BGB Vor § 164 Rn. 4.
112 Soergel/*Leptien* BGB Vor § 164 Rn. 84; MüKoBGB/*Schubert* § 164 Rn. 103.

der Wohnungseigentümer, sich in den Versammlungen der Gemeinschaft vertreten zu lassen, in der Gemeinschaftsordnung auf einen bestimmten Personenkreis beschränkt werden.[113]

4. Rechtsfolge der Missachtung eines Vertretungsverbots. Wird ein Rechtsgeschäft unter Missachtung eines Vertretungsverbots vorgenommen, so ist es **endgültig und unheilbar nichtig.** Die Möglichkeit der Genehmigung nach § 177 besteht nicht, da diese Vorschrift nur den Fall des Fehlens der Vertretungsmacht regelt.[114]   **46**

III. Voraussetzungen der Stellvertretung

1. Abgabe einer eigenen Willenserklärung. a) Botenschaft – Abgrenzung zur Stellvertretung. Der Stellvertreter ist nach der vom BGB übernommenen Repräsentationstheorie (→ Rn. 6) der rechtsgeschäftlich Handelnde. Er selbst vollzieht das Rechtsgeschäft, indem er eine **eigene Willenserklärung** im Namen des Vertretenen abgibt. Dies unterscheidet ihn vom Boten. Der **Bote überbringt** lediglich eine bereits **fertige, fremde Willenserklärung.**[115] Er vermittelt ihren Zugang und verhilft ihr damit zur Wirksamkeit. In den Motiven wurde dies wie folgt ausgedrückt: „Wirkt jemand bei dem Zustandekommen eines Rechtsgeschäftes nur insofern mit, als er die Willenserklärung des einen Teils auf dessen Veranlassung dem anderen Teile übermittelt, so ist er Mittelsperson, Bote."[116] Das BGB verwendet den Terminus „Bote" nicht. § 120 spricht aber gleichbedeutend von einer „zur Übermittlung verwendete(n) Person".   **47**

Die **Abgrenzung der Botenschaft von der Stellvertretung** ist damit im Ausgangspunkt klar. Im günstigsten Fall lässt schon die sprachliche Formulierung den Unterschied hervortreten. Der Bote sagt: „X lässt Ihnen sagen, dass er das Pferd kaufe", während der Stellvertreter formuliert: „Ich kaufe das Pferd im Namen des X".[117] In Zweifelsfällen ist im Wege der **Auslegung** unter besonderer Beachtung des das Stellvertretungsrecht beherrschenden Offenkundigkeitsprinzips zu ermitteln, ob sich die Erklärung der Hilfsperson als eigene oder als fremde darstellt.[118] Da es sich um eine empfangsbedürftige Willenserklärung handelt, ist hierbei auf den **Horizont des Erklärungsempfängers,** also des Geschäftspartners, abzustellen. Entscheidend ist also das **äußere Erscheinungsbild,** das Auftreten der Hilfsperson gegenüber dem Dritten.[119] Wie der Mittler nach den Absprachen mit seinem Geschäftsherrn gegenüber dem Kontrahenten auftreten sollte, spielt für die Abgrenzung richtiger Ansicht nach keine Rolle.[120] Das Innenverhältnis erlangt lediglich für die nachgelagerte Frage Bedeutung, ob das Auftreten des Mittlers dem Geschäftsherrn zugerechnet werden kann. Dass das Gesetz diese Fragenkreise trennt, lassen die §§ 177 ff. deutlich erkennen.   **48**

Bei der im Rahmen der Auslegung vorzunehmenden Würdigung des äußeren Auftretens der Hilfsperson sind nicht nur die von ihr abgegebenen Erklärungen, sondern alle das Geschäft begleitende, dem Kontrahenten erkennbare Umstände zu berücksichtigen.[121] Für die Qualifikation als Stellvertreter spricht es, wenn die Mittelsperson einen **eigenen Entscheidungsspielraum** bei der Auswahl des Vertragspartners, des Vertragsgegenstandes und des Preises für sich in Anspruch nimmt, er also prüft, auswählt, verhandelt und die Entscheidung über das Zustandekommen des Rechtsgeschäfts trifft. Der Bote hingegen zeichnet sich dadurch aus, dass ihm die Entscheidung über das „Ob" des Geschäfts vorgegeben ist. Wird diese Gebundenheit im Außenverhältnis erkennbar, spricht dies für Botenschaft.[122] Die Trennkraft dieses Kriteriums wird allerdings in zweifacher Hinsicht relativiert: Zum einen kann auch dem Boten in gewissen Punkten (Art des Erklärungstransports, Stilistik) ein Freiraum zugestanden sein, ohne dass dies seine Botenstellung infrage   **49**

113 BGHZ 99, 90 = NJW 1987, 650; BGHZ 121, 236 = NJW 1993, 1329.

114 BGH NJW 1971, 428 (429); Soergel/*Leptien* BGB Vor § 164 Rn. 84; *Bork* BGB AT Rn. 1341.

115 *Flume* BGB AT Bd. 2 § 43 4 S. 755; MüKoBGB/ *Schubert* § 164 Rn. 71, 108; BeckOGK/*Huber* BGB § 164 Rn. 42; ausf. zu den Rechtsproblemen der Botenschaft *Hueck* AcP 152 (1952/53), 432 ff.; *Sandmann* AcP 199 (1999), 455 ff.

116 Mot. I, S. 223.

117 Beispiel nach *Enneccerus/Nipperdey* BGB AT II § 178 II 1 S. 1088.

118 Erman/*Maier-Reimer* BGB Vor § 164 Rn. 24; *Bork* BGB AT Rn. 1345.

119 Ganz hM, vgl. BGHZ 12, 327, 334 = NJW 1954, 797; *Flume* BGB AT Bd. 2 § 43 4 S. 755 f.; Staudinger/*Schilken* BGB Vor §§ 164 ff. Rn. 74; MüKoBGB/*Schubert* § 164 Rn. 72; BeckOGK/*Huber* BGB § 164 Rn. 42; Soergel/*Leptien* BGB Vor § 164 Rn. 44.

120 AA insbes. *Hueck* AcP 152 (1952/53), 433 ff.; *Müller-Freienfels,* S. 72; *Petzold* MDR 1961, 461.

121 Staudinger/*Schilken* BGB Vor §§ 164 ff. Rn. 74; *Bork* BGB AT Rn. 1345.

122 *Wolf/Neuner* BGB AT § 49 Rn. 16; *Hoffmann* JuS 1970, 179 (181); einschr. Staudinger/*Schilken* BGB Vor §§ 164 ff. Rn. 75.

stellt.[123] Zum anderen ist in Rechnung zu stellen, dass auch die Vollmacht des Stellvertreters eng begrenzt sein kann, so zB beim sog. **Vertreter mit gebundener Marschroute**.[124]

50　Zu den **Umständen, die Aufschluss über die Stellung der Hilfsperson** bei der Vornahme des konkreten Rechtsgeschäfts **geben können**, gehören ua die soziale Stellung der Hilfsperson im Verhältnis zum Geschäftsherrn (ausgeprägtes Subordinationsverhältnis spricht eher für Botenschaft), das Alter des Erklärenden (Kind ist im Zweifel Bote), Qualifikation und Kompetenz (Führungskräfte sind eher als Stellvertreter einzustufen). Im Zweifel sollte derjenigen Qualifikation der Vorzug gegeben werden, die den intendierten Erfolg des Rechtsgeschäfts eintreten lässt.[125]

51　Die Abgrenzung der Stellvertretung von der Botenschaft ist auch **praktisch bedeutsam**.[126] So muss der Stellvertreter, da er ja einen eigenen rechtsgeschäftlichen Willen bildet und umsetzt, **zumindest beschränkt geschäftsfähig** sein (§ 165), während an den Boten als bloßes Werkzeug des Geschäftsherrn in dieser Hinsicht keinerlei besondere Anforderungen zu stellen sind. Die „natürliche Fähigkeit zur Übermittlung"[127] lässt man genügen. Ferner erlangt die Unterscheidung Bedeutung, wenn für das Rechtsgeschäft eine bestimmte **Form** vorgeschrieben ist (zB § 311 b Abs. 1).[128] Wird es durch einen Vertreter vorgenommen, so unterliegt die von ihm für den Vertretenen abgegebene Willenserklärung dem Formerfordernis.[129] Anders verhält es sich, wenn die Vertragsschlusserklärung durch einen Boten überbracht wird. Hier muss die dem Boten aufgegebene Erklärung des Geschäftsherrn dem Formerfordernis genügen. Auch im Hinblick auf gesetzliche oder rechtsgeschäftliche **Vertretungsverbote** muss geklärt werden, ob ein Fall der Stellvertretung oder der Botenschaft vorliegt. Denn regelmäßig ist hierdurch die Einschaltung eines Boten nicht ausgeschlossen;[130] wohl aber in den Fällen des § 1311 und des § 2284 S. 1.[131] Bei der **Auflassung nach § 925** ist hingegen umgekehrt Botenschaft ausgeschlossen und Stellvertretung erlaubt.[132] Unterschiede ergeben sich schließlich im Hinblick auf die Bestimmung des Zeitpunkts des **Zugangs** (→ § 130 Rn. 59) und die Verteilung des Risikos der **Falschübermittlung** und von Willensmängeln (→ § 120 Rn. 1 ff.). Zur Abgrenzung des **Empfangsvertreters** vom Empfangsboten → Rn. 103.

52　**b) Stellvertretung in der Erklärung?** In der frühen Rechtsprechung des BGH[133] und dem älteren Schrifttum[134] wurde bisweilen neben der Stellvertretung und der Botenschaft eine dritte Kategorie propagiert, die „Stellvertretung in der Erklärung". Gedacht war dabei an Konstellationen, bei denen dem Vertreter die Abgabe einer bestimmten Willenserklärung im Namen des Vertretenen aufgetragen wird, ihm insoweit also keinerlei nennenswerte Entscheidungsfreiheit gelassen wird. Die Vertretung soll sich in diesem Falle unter Ausschluss der Willensbildung allein auf die Erklärung beschränken. Für einen solchen Vertreter in der Erklärung sollte insbesondere der gesetzliche Ausschluss der Stellvertretung bei der Adoption (§ 1750 in der bis 1961 geltenden Fassung) nicht gelten. Heutzutage wird beispielsweise der Betriebsratsvorsitzende bei der Vertretung des Betriebsrats (§ 26 Abs. 3 BetrVG) nur als Vertreter in der Erklärung qualifiziert.[135]

123　Staudinger/*Schilken* BGB Vor §§ 164 ff. Rn. 75; zur Entscheidungsfreiheit der Stimmboten im Aktienrecht *Lutter* FS Duden 1977, S. 275 ff.; BGHZ 12, 327, 334 f. = NJW 1954, 797 stellt klar, dass die Freiheit der stilistischen Gestaltung der Annahme einer Boteneigenschaft nicht entgegensteht. Folgerichtig sieht der BGH WM 1963, 165 (zust. Soergel/*Leptien* BGB Vor § 164 Rn. 42) in einem Dolmetscher einen Boten.

124　Erman/*Maier-Reimer* BGB Vor § 164 Rn. 24; BeckOGK/*Huber* BGB § 164 Rn. 42.1.

125　*Bork* BGB AT Rn. 1347.

126　Vgl. hierzu die Ausführungen bei Soergel/*Leptien* BGB Vor § 164 Rn. 45; Erman/*Maier-Reimer* BGB Vor § 64 Rn. 26.

127　Staudinger/*Schilken* BGB Vor §§ 164 ff. Rn. 78; *Enneccerus/Nipperdey* BGB AT II S. 1089; *Hübner* BGB AT Rn. 1173.

128　RGZ 79, 212, 213; MüKoBGB/*Schubert* § 164 Rn. 74; BeckOGK/*Huber* BGB § 164 Rn. 49.

129　Zu den Rechtsproblemen der Vertretung bei formgebundenen Willenserklärungen *Ackermann* NZM 2005, 491 ff.

130　*Flume* BGB AT Bd. 2 § 43 5 S. 760; Staudinger/*Schilken* BGB Vor §§ 164 Rn. 79; vgl. auch BGH NJW 2008, 917 f.

131　Staudinger/*Schilken* BGB Vor §§ 164 ff. Rn. 79.

132　RGRK/*Steffen* BGB Vor § 164 Rn. 32.

133　BGHZ 5, 344 = NJW 1952, 744; BGHZ 30, 306, 311 = NJW 1959, 2111.

134　Zuletzt *Schneider*, Stellvertretung im Willen, Stellvertretung in der Erklärung und Bote, 1959; weitere Nachw. bei Staudinger/*Schilken* BGB Vor §§ 164 ff. Rn. 82.

135　BAG AP Nr. 11 zu § 112 BetrVG 1972; Richardi/*Thüsing* BetrVG § 26 Rn. 34 f.; *Hueck/Nipperdey* Lehrbuch des Arbeitsrechts II § 59 B II 1 S. 1190. Praktische Bedeutung kommt dieser Qualifizierung hier jedoch nicht zu, da die Rechtsstellung des Betriebsratsvorsitzenden gesetzlich abschließend festgelegt ist (so zutr. GK-BetrVG/*Wiese/Raab*, 9. Aufl. 2010, § 26 Rn. 54). Ist der Betriebsratsvorsitzende verhindert, so tritt der Stellvertreter des Betriebsratsvorsitzenden im Vertretungszeitraum in dessen Rechtsposition ein (näher hierzu BAG AP Nr. 139 zu § 99 BetrVG 1972). Klar ist auch, dass ein Mitglied eines Betriebsverfassungsorgans in betriebsverfassungsrechtlichen Zusammenhängen nicht im Namen der Arbeitnehmer handelt, sondern ausschließlich für den Betriebsrat als Organ (BAG NZA-RR 2009, 153 (157)).

Die Rechtsfigur der Stellvertretung in der Erklärung wird heute im zivilistischen Schrifttum **zu Recht allge- 53 mein abgelehnt.**[136] Eine solche Mittelsperson ist – auch wenn ihre Entscheidungsfreiheit gegen null tendiert – Vertreter im Sinne des § 164.[137] Das BGB betrachtet Wille und Erklärung als Einheit und stellt dem Rechtsverkehr für die Einschaltung einer Hilfsperson bei der Abgabe einer Willenserklärung mit der Stellvertretung und der Botenschaft zwei Kategorien zur Verfügung, bei denen es ausweislich der Gesetzgebungsgeschichte[138] sein Bewenden haben sollte. Hinzu kommt, dass ein praktisches Bedürfnis für eine solche Zwischenform nicht gegeben ist.

2. Handeln in fremdem Namen. a) Grundsatz. Abs. 1 nennt als weitere Voraussetzung für den Eintritt 54 der Vertretungswirkungen, dass die Willenserklärung vom Vertreter **„im Namen des Vertretenen"** abgegeben wird. Der Vertreter muss mithin für den Erklärungsempfänger erkennbar zum Ausdruck bringen, dass die Wirkungen des Rechtsgeschäfts nicht ihn selbst, sondern unmittelbar den Vertretenen treffen sollen **(Offenkundigkeitsprinzip).**[139] Der innere Vertretungswille ist zwar eine grundsätzlich notwendige,[140] jedoch keine hinreichende Voraussetzung der aktiven Stellvertretung. Im Interesse des Geschäftsgegners muss der Vertretungswille stets nach außen hin kundgetan werden.

b) Feststellung des Handelns in fremdem Namen. aa) Individualisierbarkeit des Vertrete- 55 nen. Handeln in fremdem Namen verlangt nicht – wie es die Gesetzesformulierung nahelegt –, dass dem Geschäftspartner der **Name des Vertretenen** genannt wird (arg. e § 95 HGB).[141] Lässt dieser sich gleichwohl auf das Geschäft ein, so weiß er, dass der Vertreter das Rechtsgeschäft nicht für sich abschließt. Die Ungewissheit über die Person des Vertretenen nimmt er bewusst in Kauf. Dem Schutzanliegen des Offenkundigkeitsprinzips ist damit entsprochen. Nicht ausgeschlossen und im Sinne größtmöglicher Diskretion mitunter auch gewünscht ist es, dass sich die Vertragsparteien überhaupt unbekannt bleiben.[142] Es genügt, dass der Vertretene im Zeitpunkt des Abschlusses des Rechtsgeschäfts individualisierbar ist, wobei die Bestimmung auch anhand der begleitenden Umstände **(Abs. 1 S. 2)** erfolgen kann.[143]

Darüber hinaus lässt man sogar ein Vertretergeschäft mit einer **bei Vertragsschluss noch unbekannten 56 oder noch nicht existierenden Person** zu, wenn die nachträgliche Bestimmung dem Vertreter überlassen wird[144] oder vereinbarungsgemäß aufgrund sonstiger Umstände erfolgen soll.[145] Wird der Vertretene nachträglich bestimmt, so kommt das Geschäft erst dadurch zustande. Eine Rückwirkung entsprechend §§ 177 Abs. 1, 184 Abs. 1 findet nicht statt.[146] In begründeten Fällen ist dem Geschäftspartner das Recht zuzugestehen, den nachträglich Benannten zurückzuweisen (zB bei Zahlungsunfähigkeit).[147] Nach diesen Grundsätzen kommt als Vertretener auch eine im Zeitpunkt des Vertragsschlusses noch nicht existierende juristische Person in Betracht.[148] Die Stellvertretung unter Offenhaltung der Person des Vertretenen wird bisweilen auch als Unterfall des Geschäfts für den, den es angeht, betrachtet (sog. **offenes Geschäft für den, den**

---

136 Mit teils unterschiedlichen Begründungen *Flume* BGB AT Bd. 2 § 43 5 S. 759 ff.; Staudinger/*Schilken* BGB Vor §§ 164 ff. Rn. 84; MüKoBGB/*Schubert* § 164 Rn. 67; Soergel/*Leptien* BGB Vor § 164 ff. Rn. 47.

137 *Flume* BGB AT Bd. 2 § 43 5 S. 761; *Enneccerus/ Nipperdey* BGB AT II S. 1090; RGRK/*Steffen* BGB Vor § 164 Rn. 18.

138 Vgl. die abl. Stellungnahme von *Gebhard* Entwurf Allgemeiner Teil II 2, 1881, S. 156 und die reservierte Haltung der Verfasser des BGB, Motive I, S. 223.

139 Zum Offenkundigkeitsprinzip vgl. bereits Rn. 9.

140 Richtiger Ansicht nach muss das Vertreterhandeln jedenfalls bei der im Vordergrund stehenden aktiven Stellvertretung von einem Vertreterwillen getragen sein, vgl. hierzu *Enneccerus/Nipperdey* BGB AT II S. 1091 f. und Staudinger/*Schilken* BGB Vor §§ 164 ff. Rn. 36; aA *Fikentscher* AcP 154 (1954), 1, 16 ff.

141 BGH LM Nr. 10 zu § 164 BGB; BAG AP Nr. 1 zu § 34 SeemannsG; OLG Düsseldorf BauR 2009, 986 (gilt auch für Vertragsschlüsse mit der öffentlichen Hand); Palandt/*Ellenberger* BGB § 164 Rn. 1;

Soergel/*Leptien* BGB § 164 Rn. 12; *K. Schmidt* JuS 1987, 425 (431).

142 RG JW 36, 1952; BGH WM 1957, 710; Erman/ *Maier-Reimer* BGB § 164 Rn. 4.

143 MüKoBGB/*Schubert* § 164 Rn. 113; Palandt/*Ellenberger* BGB § 164 Rn. 1; zu der Bewertung im Rahmen von Internetverträgen vgl. BGH NJW 2006, 1971 sowie *Deister* NJW 2008, 2145.

144 Unterlässt der Vertreter die gebotene Bestimmung des Vertretenen, so haftet er entsprechend § 179 als falsus procurator; BGHZ 129, 136 = NJW 1995, 1739 (1742); OLG Köln NJW-RR 1991, 919; OLG Frankfurt NJW-RR 1987, 914; *Flume* BGB AT Bd. 2 § 44 II 1 S. 765 f.

145 BGH NJW 1989, 164 (166); 1998, 62, 63. Unzulässig ist diese Verfahrensweise lediglich bei der Auflassung: BayObLGZ 1983, 275; MüKoBGB/*Schubert* § 164 Rn. 115 f.; *K. Schmidt* JuS 1987, 425 (431).

146 BGH NJW 1998, 62 (63); MüKoBGB/*Schubert* § 164 Rn. 115; Staudinger/*Schilken* BGB Vor §§ 164 ff. Rn. 51.

147 Erman/*Maier-Reimer* BGB § 164 Rn. 4.

148 BGH NJW 1998, 62, Palandt/*Ellenberger* BGB § 164 Rn. 1; BeckOGK/*Huber* BGB § 164 Rn. 69.

es angeht).[149] Handeln in fremdem Namen liegt auch dann vor, wenn der Vertreter das Rechtsgeschäft **zugleich für sich selbst und für den Vertretenen** abschließt (vgl. hierzu noch → Rn. 65 ff.).

57 **bb) Stillschweigende Vertretung – insbesondere unternehmensbezogene Geschäfte.** Die intendierte Fremd- oder Eigenwirkung einer Willenserklärung gehört zum Rechtsfolgewillen des Erklärenden. Ob jemand eine Erklärung im fremden oder im eigenen Namen abgibt, ist folglich in Zweifelsfällen im Wege der **Auslegung** zu ermitteln.[150] Das bedeutet zunächst: Hat der Erklärungsempfänger das Rechtsgeschäft in Kenntnis des wahren Willens des Erklärenden abgeschlossen, so setzt sich das **übereinstimmende Verständnis** gegenüber einer etwaigen Falschbezeichnung durch (**falsa demonstratio non nocet**).[151] Abgesehen von solchen im Wege der natürlichen Auslegung zu lösenden Fallgestaltungen ist eine **am Empfängerhorizont ausgerichtete normative Auslegung** geboten (§§ 133, 157). Es kommt dann auf den objektiven Erklärungswert der Erklärung an, also darauf, wie sich die Erklärung nach Treu und Glauben unter Berücksichtigung der Verkehrssitte für den Empfänger darstellt.[152] An einer **ausdrücklichen** Festlegung des Erklärenden wird man in aller Regel nicht vorbeigehen können. Um eine solche handelt es sich beispielsweise, wenn bei einem schriftlichen Vertragsschluss der Unterzeichnende seiner Unterschrift die Abkürzung „i.V." (in Vertretung) oder „ppa" (**per procura**) voranstellt.

58 Wo es aber an einer ausdrücklichen Erklärung fehlt, kommt es – wie Abs. 1 S. 2 durchaus im Einklang mit den allgemeinen Auslegungsregeln hervorhebt – darauf an, **ob die Umstände ergeben, dass die Erklärung im Namen des Vertretenen erfolgen sollte**. Hier kommt es in der Praxis immer wieder zu Schwierigkeiten. Der BGH betont, dass außer dem Wortlaut der Erklärung alle Umstände zu berücksichtigen sind, die unter Beachtung der Verkehrssitte Schlüsse auf den Sinn der Erklärung zulassen. Dazu gehören insbesondere die dem Rechtsverhältnis zugrunde liegenden Lebensverhältnisse, die Interessenlage, der Geschäftsbereich, dem der Erklärungsgegenstand angehört, und typische Verhaltensweisen.[153] Zu beachten ist, dass allein das Tätigwerden in fremdem – meist wirtschaftlichem – Interesse noch keinen sicheren Schluss auf die intendierte Wirkung der Erklärung erlaubt.[154] So werden beispielsweise der Kommissionär und der Spediteur stets für ihre Auftraggeber tätig; um sie als unmittelbare Vertreter (zur regelmäßig vorliegenden mittelbaren Stellvertretung → Rn. 17) qualifizieren zu können, müssen hier weitere Umstände hinzukommen, die nach außen erkennbar werden lassen, dass ein Fremdgeschäft mit Wirkung für den Vertretenen abgeschlossen werden soll. Im Zweifel ist ein Eigengeschäft des Erklärenden anzunehmen (Abs. 2).

59 Aus der reichhaltigen **Kasuistik der Rechtsprechung** seien folgende Einzelfälle genannt: Anlässlich der Errichtung und Verwaltung einer Immobilie werden für den Bauherrn oder Hauseigentümer typischerweise Personen tätig, die auch rechtsgeschäftliche Bindungen eingehen. Je nach der Person der Handelnden ist wie folgt zu unterscheiden: Ein **Architekt** nimmt die zur Realisierung des Bauvorhabens notwendigen Rechtsgeschäfte mit Bauunternehmern, Handwerkern und Lieferanten in der Regel im Namen des Bauherrn vor,[155] während ein **Bauträger** solche Geschäfte im Zweifel im eigenen Namen abschließt.[156] Ein **Hausverwalter** handelt, wenn seine Verwaltereigenschaft erkennbar ist, bei Vermietungen und bei der Vergabe von Reparaturaufträgen im Rahmen der üblichen Instandhaltung in der Regel namens des Vermieters.[157] Dies gilt auch bei einem von der Hausverwaltung gegenüber dem Mieter gestellten Mieterhöhungsverlangen (§ 558a Abs. 1).[158] Der **Grundstücksmakler** handelt bei Beauftragung des Notars regelmäßig im Namen seines Auftraggebers.[159] Bei **Franchiseverträgen** können die Grundsätze des unternehmensbezogenen

---

149 Palandt/*Ellenberger* BGB § 164 Rn. 9; *Wolf/Neuner* BGB AT § 49 Rn. 48; krit. MüKoBGB/*Schubert* § 164 Rn. 115; BeckOGK/*Huber* BGB § 164 Rn. 54; abl. auch Erman/*Maier-Reimer* BGB § 164 Rn. 5: „kein Fall des Geschäfts für den, den es angeht"; *Flume* BGB AT Bd. 2, § 44 II 1, S. 766 weist zu Recht darauf hin, dass diese Art der Vertretung keine Besonderheiten gegenüber der allgemeinen Rechtsfigur der Stellvertretung aufweist.

150 KG BeckRS 2017, 126016; OLG München BeckRS 2017, 134395; *Bork* BGB AT Rn. 1382; MüKoBGB/*Schubert* § 164 Rn. 72.

151 MüKoBGB/*Schubert* § 164 Rn. 114; *Bork* BGB AT Rn. 1383.

152 BGH NJW 1961, 2251; WM 1970, 816; 1976, 15, 16; BGHZ 125, 175 = NJW 1994, 1649 (1650).

153 BGHZ 125, 175 = NJW 1994, 1649 (1650); TranspR 2006, 315 = BeckRS 2006, 07802.

154 Erman/*Maier-Reimer* BGB § 164 Rn. 9.

155 OLG Köln BauR 1986, 717; 1996, 212; 2002, 1099; OLG Düsseldorf NJW-RR 1995, 592: zurückhaltend OLG Köln BeckRS 2016, 2576 Rn. 6 f.

156 BGH NJW 1981, 757; OLG Düsseldorf BauR 1996, 740.

157 BGH NJW-RR 2004, 1017; KG WM 1984, 254; NJW-RR 1996, 1523; abw. OLG Brandenburg NJWE-MietR 1997, 135; restriktiver auch OLG Saarbrücken NJW-RR 2007, 521 für einen Wohnungseigentumsverwalter. Zur Abgrenzung dieser Fälle vom Abschluss einer Gebäudeversicherung durch den Hausverwalter vgl. BGH NJW-RR 2009, 1038 f. Weitere Nachw. im Übrigen bei MüKoBGB/*Schubert* § 164 Rn. 158.

158 BGH NJW 2014, 1803 f.; hierzu *Zehelein* NZM 2015, 31.

159 OLG München BeckRS 2014, 19389; LG Freiburg NJOZ 2016, 988 (989).

Geschäfts (→ Rn. 60) zur Anwendung gelangen.[160] Wer bei Unfällen die Beiziehung eines **Arztes** oder die Einweisung in ein **Krankenhaus** veranlasst, handelt regelmäßig nicht im eigenen, sondern im Namen des Patienten.[161] Bei Ehegatten ist hier § 1357 zu beachten. Arzt- und Krankenhausverträge, die die Eltern für ihr behandlungsbedürftiges Kind abschließen, sollen nur die medizinische Betreuung des Kindes sicherstellen, dieses jedoch nicht zum Vertragspartner des Leistungserbringers machen. Es handelt sich also um ein Eigengeschäft der Eltern.[162] Tritt ein **Gesellschafter** einer Personengesellschaft im Rechtsverkehr nicht erkennbar für die Gesellschaft auf, so ist von einem Eigengeschäft des Gesellschafters auszugehen. Für die Annahme eines Fremdgeschäfts streitet hier keine Vermutung.[163] Für die Frage, wer **Kontoinhaber** ist, kommt es vor allem darauf an, wer bei der Kontoerrichtung der Bank gegenüber als Forderungsberechtigter auftritt oder bezeichnet wird. Unter Berücksichtigung der besonderen Umstände des Einzelfalles ist zu prüfen, wer nach dem erkennbaren Willen des die Einzahlung Bewirkenden Gläubiger der Bank werden sollte. Bei der Auslegung können der Verwendungszweck des Kontos und die Herkunft der Mittel eine Rolle spielen, falls sie der Bank bekannt sind. Im Giroverkehr, der auf eine rasche und unkomplizierte Abwicklung angelegt ist, besteht ein starkes Bedürfnis für einfache und klare Rechtsverhältnisse. Dem entspricht es, wenn der formelle Kontoinhaber, der sich aus der Kontobezeichnung ergibt, auch als Gläubiger angesehen wird. Beim Sparkonto besteht hingegen nur eine dahin gehende Indizwirkung.[164] Ein **Rechtsanwalt**, der einer Anwaltssozietät angehört, nimmt ein ihm angetragenes Mandat zur Prozessführung in der Regel im Namen dieser Sozietät an und verpflichtet nicht nur sich persönlich, sondern auch die mit ihm zur gemeinsamen Berufsausübung verbundenen Kollegen. Von der Begründung eines Einzelmandats kann nur bei Vorliegen besonderer Umstände ausnahmsweise ausgegangen werden.[165] Die Einholung eines Rechtsgutachtens durch einen Rechtsanwalt für seinen Mandanten geschieht – mangels eines ausdrücklichen gegenteiligen Hinweises – nicht in Vertretung des Mandanten, sondern im eigenen Namen.[166] Nach bisheriger Rechtsprechung kommt bei Sozietäten unterschiedlicher Berufsangehöriger der Vertrag im Zweifel nur mit denjenigen Sozien zustande, die auf dem zu bearbeitenden Rechtsgebiet tätig werden dürfen.[167] Ob hieran nach der Anerkennung der BGB-Gesellschaft als teilrechtsfähig noch festgehalten werden kann, erscheint zweifelhaft.[168] Jedenfalls bleibt es aus Gründen des Vertrauensschutzes bei der bisherigen Rechtslage, wenn der Vertrag vor Erlass der Grundsatzentscheidung vom 29.1.2001[169] über die Anerkennung der Rechtsfähigkeit einer Gesellschaft bürgerlichen Rechts verabredet wurde.[170] Auch im **Reiseverkehr** ist die Einordnung mitunter zweifelhaft. Reiseunternehmen und Reisebüros können sowohl als Veranstalter als auch als Vermittler auftreten. Reisebüros nehmen häufig eine bloße Vermittlungstätigkeit wahr. So verhält es sich beispielsweise beim Verkauf einzelner Fahrkarten, Flugscheine etc.[171] Der Veranstalter einer Pauschalreise verpflichtet sich selbst und handelt nicht etwa im Namen der von ihm ausgewählten Leistungsträger (vgl. § 651a Abs. 2).[172] Auf der Seite des Kunden ist derjenige, der eine Reisegruppe anmeldet[173] oder als Lehrer mehrere Zimmer für eine Klassenfahrt reserviert,[174] im Zweifel Vertreter der einzelnen Reiseteilnehmer. Ähnlich entschieden wurde auch der Erwerb eines Flugtickets über einen (Online-) Zwischenhändler oder **Consolidator**.[175] Ebenso tritt ein **Sammelbesteller** im Zweifel als Vertreter auf.[176] Wer einen **Scheck** oder **Wechsel** mit seiner Unterschrift unter dem Firmenstempel zeichnet, möchte erkennbar den Firmeninhaber verpflichten.[177] Fehlt ein solcher die Fremdwirkung kennzeichnender Vertretungshinweis – allein die auf dem Scheck befindliche Kontonummer eines anderen reicht hier nicht aus –,[178] so wird der Unterzeichner selbst verpflichtet.[179] Bei privatrechtlichen Versteigerungen kann der **Versteigerer** im Namen des Auftrag-

160 So BGH NJW 2008, 1214 mit Anm. *Witt* zu einer eher atypischen Konstellation; grundlegend zu Fragen der Stellvertretung im Franchiserecht *Buck-Heeb/Dieckmann* DB 2008, 812.

161 LG Wiesbaden VersR 1970, 69; zust. *Soergel/Leptien* BGB § 164 Rn. 18; vgl. auch OLG Koblenz NJW-RR 1997, 1183.

162 BGH NJW 1967, 673 (674); LG Berlin FamRZ 1955, 267.

163 RGZ 119, 64, 67; *Soergel/Leptien* BGB § 164 Rn. 15; zu den Haftungsverhältnissen in der BGB-Gesellschaft nach der Anerkennung als teilrechtsfähig durch BGH NJW 2001, 1056 vgl. *MüKoBGB/ Schäfer* § 714 Rn. 31 ff.

164 BGH NJW 1996, 840 (841); näher *MüKoBGB/Schubert* § 164 Rn. 152 f. mwN.

165 BGHZ 124, 47 = NJW 1994, 257; BGH NJW 1995, 1841; NJW-RR 2003, 1252 f.; *Palandt/Ellenberger* BGB § 164 Rn. 6 mwN.

166 AG Charlottenburg NJW-RR 1995, 57 (58).

167 BGH NJW 2000, 1333 (1334); NJW 2000, 1560 (1561).

168 Offenlassend jetzt BGH NJW-RR 2008, 1594 (1595); vgl. nunmehr aber BGH NJW 2011, 2301.

169 BGHZ 146, 341= NJW 2001, 2056.

170 BGH NJW 2009, 1597 (1598).

171 BGH NJW 1969, 2008; BGHZ 62, 71, 77.

172 BGHZ 60, 14, 16 = JZ 1973, 368; BGHZ 61, 275, 278 = WM 1973, 1405.

173 BGH LM § 164 Nr. 43; LG Frankfurt NJW 1987, 784; MDR 2000, 576.

174 OLG Frankfurt NJW 1986, 1941.

175 AG Bremen BeckRS 2018, 1977.

176 OLG Köln NJW-RR 1991, 918; 1996, 43; LG Frankfurt NJW-RR 1988, 247; *Palandt/Ellenberger* BGB § 164 Rn. 7; aA *Staudinger/Schilken* BGB § 164 Rn. 2.

177 *MüKoBGB/Schubert* § 164 Rn. 151.

178 BGH NJW 1976, 329 (330).

179 BGH NJW 1976, 329 (330) (für Scheck) und BGH ZIP 1981, 261 (für Wechsel).

gebers, des Einlieferers, aber auch im eigenen Namen (Kommissionsgeschäft) handeln. Hier kommt es auf die Umstände des Einzelfalles, insbesondere auch auf die Versteigerungsbedingungen an.[180]

60　Besondere Bedeutung wird im Rahmen der Auslegung zu Recht dem Unternehmensbezug des Geschäfts beigemessen. Man spricht insoweit auch von **„unternehmensbezogenen Geschäften"** oder vom „Handeln für den Betriebsinhaber". Dies sollte nicht darüber hinwegtäuschen, dass sich die für diese Geschäfte aufgestellten Regeln als Ergebnis einer Auslegung der rechtsgeschäftlichen Erklärungen unter Berücksichtigung des **Abs. 1 S. 2** darstellen.[181] Hiernach gilt: Macht der Handelnde hinreichend deutlich, dass er die rechtsgeschäftlichen Erklärungen für ein Unternehmen abgibt, so geht der Wille der Beteiligten im Zweifel dahin, dass ein Fremdgeschäft abgeschlossen und der Inhaber des Unternehmens Vertragspartner werden soll.[182] Mit dieser Interpretation wird **bezweckt**, dass für die Erfüllung der vertragscharakteristischen Leistung der Rechtsträger des Unternehmens verpflichtet wird, der aufgrund der zu ihm gehörenden Vermögensgüter und seiner sonstigen vertraglichen Beziehungen die hinreichenden Mittel und Möglichkeiten hat, um diese Leistung erbringen zu können. Weiterhin bezweckt dieser Auslegungsgrundsatz, jemanden, der als Stellvertreter handeln wollte, vor einer Verpflichtung als Vertragspartner zu bewahren, wenn er seine Vertreterstellung nicht ausdrücklich hervorgehoben hat, der Unternehmensbezug des Rechtsgeschäfts aber hinreichend deutlich zu erkennen war.[183] Zu einer Verpflichtung des Unternehmensträgers kommt es auch dann, wenn der Inhaber falsch bezeichnet wird oder über ihn sonst Fehlvorstellungen bestehen.[184] So wird die das Handelsgewerbe betreibende OHG auch dann verpflichtet, wenn der Vertragspartner sein Gegenüber für einen Einzelkaufmann hält.[185] Fremdwirkung für und gegen den jetzigen Unternehmensinhaber hat der BGH auch dann angenommen, wenn der Handelnde früher selbst der Inhaber war und das Unternehmen – ohne dass der Vertragspartner dies bemerkt hatte – unter seinem Namen fortgeführt wird.[186] Voraussetzung ist jedoch, dass der Inhalt des Rechtsgeschäfts – gegebenenfalls in Verbindung mit dessen Umständen – die eindeutige Auslegung zulässt, ein bestimmtes Unternehmen sollte berechtigt und verpflichtet sein. Dies ist bisher angenommen worden, wenn entweder der Ort des Vertragsschlusses[187] oder hinreichende Zusätze in Zusammenhang mit der Unterschrift[188] auf das betreffende Unternehmen hinweisen oder wenn die Leistung vertraglich für den Betrieb des Unternehmens bestimmt war.[189] Bleiben dagegen **ernsthafte Zweifel an der Unternehmensbezogenheit** eines Geschäfts, so greift aus Gründen der Verkehrssicherheit der gesetzliche Auslegungsgrundsatz des Handelns im eigenen Namen.[190] Die **Darlegungs- und Beweislast** für die Unternehmensbezogenheit des Geschäfts trägt derjenige, der eine Erklärung abgegeben hat und sie nicht für seine Person gelten lassen will.[191] Liegen hingegen die Voraussetzungen eines unternehmensbezogenen Geschäfts vor und behauptet der Geschäftspartner, die Verpflichtung des persönlich Handelnden sei gewollt gewesen, so ist er hierfür darlegungs- und beweispflichtig.[192]

61　In bestimmten Fällen kommt auch eine **Inanspruchnahme des Handelnden** in Betracht. So haftet der Handelnde **nach § 179**, wenn ein **Unternehmensträger** gar **nicht existiert** oder wenn er **keine Vollmacht**

180　MüKoBGB/*Schubert* § 164 Rn. 169; für Handeln im eigenen Namen als Regelfall Palandt/*Ellenberger* BGB § 164 Rn. 7. Ausf. *von Hoyningen-Huene* NJW 1973, 1473.

181　Auf §§ 133, 157 BGB stellt daher zutreffend ab OLG Düsseldorf OLGR 2008, 1 f. Unglücklich dagegen die Formulierung in BGHZ 64, 11 = NJW 1975, 1166 es handele sich um eine Ausnahme vom Offenkundigkeitsprinzip im Stellvertretungsrecht.

182　RGZ 67, 148, 149; BGHZ 62, 216, 220 = JZ 1975, 323; BGHZ 92, 259 = NJW 1985, 136; BGH NJW 1995, 43 (44); NJW-RR 1997, 527 (528); NJW 2008, 1214; NJW 2012, 3368 (3369); OLG Hamburg BeckRS 2015, 19447; LG Saarbrücken BeckRS 2018, 13656; Staudinger/*Schilken* BGB § 164 Rn. 1; MüKoBGB/*Schubert* § 164 Rn. 121; BeckOGK/*Huber* BGB § 164 Rn. 62; Soergel/*Leptien* BGB § 164 Rn. 14; Palandt/*Ellenberger* BGB § 164 Rn. 2.

183　So zuletzt BGH NJW 2012, 3368 (3369).

184　BGHZ 62, 216, 221 = JZ 1975, 323; 64, 11, 15 = LM Nr. 38 zu § 164 BGB; BGH NJW 1983, 1844; 1990, 2678; 1996, 1053, 1054; OLG Koblenz NJW-RR 2004, 345; OLG Düsseldorf NJOZ 2016, 1033; MüKoBGB/*Schubert* § 164 Rn. 121 f.; Palandt/*Ellenberger* BGB § 164 Rn. 2.

185　RGZ 30, 77, 78.

186　BGH NJW 1983, 1844.

187　BGH NJW 1984, 1347 (Bankangestellter in den Geschäftsräumen der Bank); BGH NJW-RR 1998, 1342 (Abschluss in den Geschäftsräumen einer Anlagegesellschaft); OLG Köln MDR 1993, 852 (853).

188　BGHZ 64, 11, 14 f. = NJW 1975, 1166; BGH NJW 1981, 2569 (Unterschrift der Geschäftsführerin neben dem Firmenstempel ohne Vertreterzusatz); BGH NJW 1990, 2678 (Absenderangabe eines Telex-Schreibens nennt den Handelsnamen); BGH NJW 1991, 2627 (ein von einem „leitenden Architekten" unterzeichneter Architektenvertrag und ein Begleitschreiben nennt ein Architekturunternehmen als Vertragspartner); iE so auch *Kindler* NJW 2007, 1785; kritisch hingegen *Altmeppen* ZIP 2007, 889.

189　BGHZ 62, 216, 219 = JZ 1975, 323 (Baumateriallieferung für Großbaustelle); OLG Stuttgart NJW 1973, 629 (630).

190　BGHZ 64, 11, 15 = NJW 1975, 1166; BGH NJW 1995, 43 (44); NJW 2007, 1529 (Weglassen des nach § 4 GmbHG erforderlichen Formzusatzes); Erman/*Maier-Reimer* BGB § 164 Rn. 7; BeckOGK/*Huber* BGB § 164 Rn. 64.

191　BGH NJW 1995, 43 (44); MüKoBGB/*Schubert* § 164 Rn. 123.

192　BGH NJW 1984, 1347 (1348); 1991, 2627.

hatte, für den Unternehmensträger zu handeln.[193] Neben dem Grundsatz, dass der wahre Rechtsträger durch das unternehmensbezogene Geschäft berechtigt und verpflichtet wird, ist Raum für eine **Rechtsscheinhaftung des Handelnden**, wenn dieser in zurechenbarer Weise den Eindruck erweckt, dass der Unternehmensträger unbeschränkt für die Verbindlichkeit hafte.[194] So kommt beispielsweise die Haftung desjenigen aus Rechtsschein in Betracht, der wie ein Gesellschafter einer BGB-Gesellschaft aufgetreten ist.[195] Ist der Unternehmensträger in Wahrheit eine Gesellschaft mit beschränkter Haftungsmasse, so ist der Handelnde dem gutgläubig auf den gesetzten Rechtsschein vertrauenden Vertragspartner gesamtschuldnerisch neben dieser verpflichtet.[196] Die Rechtsprechung beruft sich hierfür auf den „im § 179 zum Ausdruck gekommenen Rechtsgedanken".[197] Insbesondere hat der GmbH-Geschäftsführer oder auch ein anderer Vertreter der Gesellschaft[198] neben dieser für die begründete Verbindlichkeit einzustehen, wenn er bei Abschluss des Geschäfts entgegen § 4 Abs. 2 GmbHG ohne Rechtsformzusatz zeichnet.[199] Für die Begründung einer solchen Eigenhaftung (neben der Haftung der GmbH) genügt jedoch nicht allein, dass der GmbH-Zusatz bei den mündlichen Verhandlungen weggelassen worden ist.[200] Im Übrigen ist zu beachten, dass die Rechtsscheinhaftung nicht weiter gehen kann, als die Haftung ginge, wenn der Schein der wirklichen Rechtslage entspräche.[201] Aus diesem Grund scheidet eine Inanspruchnahme des Handelnden in dem **umgekehrten Fall** aus, dass statt der erwarteten GmbH der wahre – unbeschränkt haftende – Unternehmensträger Vertragspartner wird.[202]

Probleme bereiten schließlich die Fälle, in denen der Handelnde als Vertreter Vertretungsmacht für zwei verschiedene Rechtssubjekte hat, bei Vertragsschluss die Identität des Vertretenen aber nicht klarstellt und sich auch nicht die Benennung vorbehält (sog. **Doppelvertretung**). Kann hier in entsprechender Anwendung des § 164 Abs. 1 S. 2 im Wege der Auslegung (§§ 133, 157) unter Berücksichtigung aller Umstände nicht geklärt werden, welchem Unternehmen der Vertrag zuzuordnen ist,[203] muss letztlich der Handelnde selbst nach § 179 für die Vertragserfüllung einstehen.[204] **62**

c) Irrtum des Vertreters (Abs. 2). Schließlich bleibt noch zu klären, wie sich mögliche **Fehlvorstellungen des Vertreters über den Erklärungswert seines rechtsgeschäftlichen Handelns** auswirken. Nach der etwas umständlich formulierten[205] Anordnung des Abs. 2 kommt der Mangel des Willens, im eigenen Namen zu handeln, nicht in Betracht, wenn der Wille, in fremdem Namen zu handeln, nicht erkennbar hervortritt. Die Vorschrift enthält damit zunächst eine Auslegungsregel des Inhalts, dass bei Unklarheiten im Auftreten des Handelnden **im Zweifel seine Erklärung als im eigenen Namen abgegeben** anzusehen ist.[206] Es setzt sich also – wie auch sonst – der objektive Erklärungswert gegenüber dem nicht nach außen erkennbar gewordenen inneren Willen des Erklärenden durch. Der Handelnde selbst wird berechtigt und verpflichtet. Derjenige, der eigentlich Partei werden sollte, kann das Geschäft auch nach § 177 nicht mehr an sich ziehen. Die Vorschrift hat insoweit eher einen deklaratorisch bekräftigenden Charakter, da sich die Zweifelsregelung zugunsten eines Eigengeschäfts schon aus allgemeinen Auslegungsgrundsätzen ergibt.[207] Darüber hinaus – und hier liegt die eigentliche Hauptaussage der Vorschrift – soll dem Handelnden die Möglichkeit genommen werden, seine irrtumsbehaftete Erklärung nach § 119 Abs. 1 Var. 1 anzufechten. Insofern handelt es sich bei Abs. 2 vor allem um eine **Einschränkung der Irrtumsanfechtung nach § 119** **63**

193 BGHZ 91, 148 = NJW 1984, 2164; BGH NJW 1998, 2897.
194 BGH NJW 2012, 3368 (3369).
195 BGH NJW 2012, 3368 (3370).
196 St. Rspr. vgl. BGHZ 62, 216, 219 ff. = JZ 1975, 323; BGH NJW 1990, 2678 (2679); 1991, 2627 f.; 1998, 2897; Staudinger/*Schilken* BGB § 164 Rn. 1 und § 179 Rn. 23; BeckOGK/*Huber* BGB § 164 Rn. 63; Soergel/*Leptien* BGB § 164 Rn. 14; MüKoBGB/*Schubert* § 164 Rn. 125; Palandt/*Ellenberger* BGB § 164 Rn. 3; abw. *Haas* NJW 1997, 2854 ff. und *Derleder* FS Raisch 1995, S. 25 ff.
197 BGH NJW 1981, 2569 (2570); 1991, 2627, 2628; zust. in diesem Punkt *Canaris* Anm. NJW 1991, 2628.
198 BGH NJW 1991, 2627 (2628).
199 BGHZ 62, 216, 220 = JZ 1975, 323; BGHZ 64, 11, 17 = NJW 1975, 1166; BGH NJW 1991, 2627 (2628); ebenso für die Fortlassung des Formzusatzes „Vor-GmbH" BGH NJW 1996, 2645; ebenso für fehlenden Hinweis auf GmbH & Co KG BGHZ 71, 354

= NJW 1978, 2030; Soergel/*Leptien* BGB § 164 Rn. 14; Palandt/*Ellenberger* BGB § 164 Rn. 3.
200 BGH NJW 1996, 2645.
201 BGH NJW 2012, 3368 (3370).
202 BGH NJW 1998, 2897; Soergel/*Leptien* BGB § 164 Rn. 14.
203 Vgl. BAG NZA-RR 2007, 571 (573 f.) und OLG Hamm MDR 1989, 910 als Beispiele für eine eindeutige Zuordnung des Vertrages.
204 MüKoBGB/*Schubert* § 164 Rn. 125; ausf. und mit weiteren Überlegungen zum Schutz des Vertragsgegners bei unklarem Handeln eines Doppelvertreters *K. Schmidt* JuS 1987, 425 (431). Fälle der unklaren Doppelvertretung behandeln im Übrigen BGHZ 5, 279 = LM Nr. 3 zu § 164; BGH NJW-RR 1986, 456; NJW 2000, 3344.
205 Vgl. *Wieacker*, Privatrechtsgeschichte der Neuzeit, S. 478: „Entgleisung".
206 *Wolf/Neuner* BGB AT § 49 Rn. 66.
207 Staudinger/*Schilken* BGB § 164 Rn. 16; Palandt/*Ellenberger* BGB § 164 Rn. 16 („insoweit leer laufend"); *Bork* BGB AT Rn. 1416.

Abs. 1.[208] Dies geschieht im Interesse der Verkehrssicherheit, weil durch die Zulassung der Anfechtung „Chikanen und Streitigkeiten in zahlreichen Fällen Thür und Thor geöffnet" würden.[209]

64   **Nicht anwendbar ist Abs. 2 auf den umgekehrten Fall**, dass der Handelnde ein Eigengeschäft abschließen möchte, die Auslegung nach dem Empfängerhorizont hingegen ein Handeln in fremdem Namen ergibt.[210] Der Zweck des Abs. 2 erschöpft sich darin, den Geschäftspartner, der aufgrund des äußeren Erscheinungsbildes von einer Verpflichtung des unmittelbar Handelnden ausging, in diesem Vertrauen zu schützen. Der **Erklärende kann** daher bei fehlendem Vertretungswillen **nach § 119 Abs. 1 anfechten** – allerdings um den Preis einer Schadensersatzpflicht nach § 122 – und diese Weise den Vertretenen von den Bindungen des Vertretergeschäfts befreien.[211] Im Anschluss hieran kann er dem Geschäftsgegner ein neuerliches Angebot, nunmehr gerichtet auf Abschluss des von Anfang an gewollten Eigengeschäfts, unterbreiten.

65   **d) Ausnahmen und Sonderfälle. aa) Geschäft für den, den es angeht.** Eine **Ausnahme vom Offenkundigkeitsprinzip** stellt das sog. (verdeckte) Geschäft für den, den es angeht, dar.[212] Der Handelnde tritt hier zwar im eigenen Namen auf, will aber mit Wirkung für einen Dritten handeln, demgegenüber er zur Vertretung auch berechtigt ist. Für den Geschäftsgegner ist die Fremdbezüglichkeit des Handelns zwar nicht erkennbar.[213] Wenn es ihm aber auf die Identität seines Vertragspartners nicht ankommt, spricht nichts dagegen, die Rechtswirkungen des Geschäfts in der Person des Dritten (also desjenigen, den es angeht) eintreten zu lassen. Diese heute weitgehend anerkannte Regel[214] bedeutet eine Annäherung an die Rechtspraxis. Denn bei vielen täglichen Besorgungen ist eine Offenlegung der Stellvertretung schlicht unüblich. Die Kassiererin in einem Supermarkt oder in einem Warenhaus interessiert sich nicht dafür, für wen der Gegenstand erworben werden soll. Sie fragt nicht danach und würde eine solche Information auch nicht aufzeichnen. Sollte es zu einer Reklamation kommen, so wird in der Praxis derjenige als Vertragspartner behandelt, der die Ware und den Kassenzettel vorweisen kann. Insbesondere bei solchen Bargeschäften des täglichen Lebens bedarf der Geschäftsgegner des Schutzes des Offenkundigkeitsprinzips nicht. Daher kann der Geltungsanspruch des Offenkundigkeitsprinzips in solchen Fallkonstellationen im Wege der teleologischen Reduktion zurückgenommen werden.[215] Die vom Offenkundigkeitsprinzip nach zutreffender Ansicht (→ Rn. 9) mitgeschützte „Eindeutigkeit der Eigentumsverhältnisse im Interesse des Rechtsverkehrs" steht der Anerkennung dieser Rechtsfigur nicht entgegen,[216] denn diesem Einwand kann auf der Tatbestandsseite des Geschäfts für den, den es angeht, Rechnung getragen werden (→ Rn. 66).

66   **Voraussetzung für die Fremdwirkung eines Rechtsgeschäfts** nach den Grundsätzen des Geschäfts für den, den es angeht, ist zunächst, dass der Vertreter zum Zeitpunkt des Geschäftsabschlusses[217] mit dem Willen handelt, eine bestimmte andere Person zu berechtigen und zu verpflichten. Der **Vertretungswille** allein ist jedoch nicht ausreichend. Die zweite, auf klare Rechtsverhältnisse im Interesse des Rechtsverkehrs

208 BGH NJW-RR 1992, 1010 (1011); *Flume* BGB AT Bd. 2 § 44 III S. 775; *K. Schmidt* JuS 1987, 425 (427); MüKoBGB/*Schubert* § 164 Rn. 176; Soergel/*Leptien* BGB § 164 Rn. 34; Palandt/*Ellenberger* BGB § 164 Rn. 16; *Medicus/Petersen* BGB AT Rn. 919.

209 Motive I, S. 226.

210 HM vgl. Staudinger/*Schilken* BGB § 164 Rn. 21; BeckOGK/*Huber* BGB § 164 Rn. 51; Soergel/*Leptien* BGB § 164 Rn. 35; MüKoBGB/*Schubert* § 164 Rn. 178; Erman/*Palm* BGB § 164 Rn. 23; *Flume* BGB AT Bd. 2 § 44 III S. 776; *Bork* BGB AT Rn. 1420; *Hübner* BGB AT Rn. 1221; aA *Fikentscher* AcP 154 (1955), 1, 16 ff.; Palandt/*Ellenberger* BGB § 164 Rn. 16; anders offenbar auch BGHZ 36, 30, 33 f. = NJW 1961, 2251.

211 Die Person des Anfechtungsberechtigten ist umstritten. Wie hier: Staudinger/*Schilken* BGB § 164 Rn. 21; MüKoBGB/*Schubert* § 164 Rn. 178; Erman/*Maier-Reimer* BGB § 164 Rn. 26; *Flume* BGB AT Bd. 2 § 44 III S. 776; *Hübner* BGB AT Rn. 1221. Den Vertretenen halten für anfechtungsberechtigt: Soergel/*Leptien* BGB § 164 Rn. 12; *Bork* BGB AT Rn. 1420; *v. Tuhr* BGB AT Bd. 2/2 S. 347; noch anders – nämlich Anfechtungsrecht des Vertreters neben dem Vertretenen – *Lieb* JuS 1967, 106 (112) Fn. 63.

212 Grundlegend hierzu *Cohn*, Das rechtsgeschäftliche Handeln für den, den es angeht, 1931; ferner *von Lübtow* ZHR 112 (1949), 227 ff.; aus neuer Zeit *K. Müller* JZ 1982, 777 ff.; zur geschichtlichen Entwicklung HKK/*Schmoeckel* §§ 164–181 Rn. 12.

213 Anders verhält es sich, wenn der Vertreter offenlegt, dass die Rechtsfolgen des Geschäfts eine andere Person treffen sollen, diese jedoch zunächst nicht benennt. Ein solches „unechtes oder offenes Geschäft für den, den es angeht" berührt den Offenkundigkeitsgrundsatz nicht. Es ist hier bereits unter Rn. 56 behandelt worden.

214 Aus der Rspr. etwa RGZ 100, 192; BGH NJW 1955, 587 (590); 1991, 2958, 2959; NJW 2016, 1887 (1888); MüKoBGB/*Schubert* § 164 Rn. 126, 129 f.; BeckOGK/*Huber* BGB § 164 Rn. 54 f.; Soergel/*Leptien* BGB Vor § 164 Rn. 30; *Medicus/Petersen* BGB AT Rn. 920 ff.; *Bork* BGB AT Rn. 1398; *Einsele* JZ 1990, 1009 f.; abl. *Flume* BGB AT Bd. 2 § 44 II 2 S. 771 ff.; krit. auch Staudinger/*Schilken* BGB Vor §§ 164 ff. Rn. 53.

215 *K. Schmidt* JuS 1987, 425 (429); *Bork* BGB AT Rn. 1398.

216 So aber *Flume* BGB AT Bd. 2 § 44 II 2 S. 773; wie hier *K. Schmidt* JuS 1987, 425 (429).

217 Eine nachträgliche Umwandlung eines Eigengeschäfts in ein Fremdgeschäft ist ausgeschlossen, so BGH NJW 1955, 587 (590).

gerichtete Schutzrichtung des Offenkundigkeitsprinzips verlangt darüber hinaus, dass **ein mit den Verhältnissen Vertrauter aus objektiven Anhaltspunkten auf den Fremdbindungswillen schließen** kann.[218] Eine solche Schlussfolgerung erlaubt beispielsweise regelmäßig der Umstand, dass der Handelnde mit ihm vom Geschäftsherrn hierfür überlassenen Mitteln bezahlt. Hat sich der Vertretungswille auf diese Weise nach außen hin manifestiert, so muss hinzukommen, dass dem anderen Teil die **Person des Kontrahenten gleichgültig** ist. Das kann ausdrücklich erklärt worden sein oder sich aus den Umständen ergeben. Im letzteren Fall muss die typische Interessenlage gewürdigt werden.

Insbesondere bei den eingangs geschilderten **Bargeschäften des täglichen Lebens** ist deutlich geworden, dass der Geschäftspartner hier kein Interesse hat, zu erfahren, wen die Wirkungen des Geschäfts treffen sollen. Bejaht wurde eine Fremdzurechnung über die Rechtsfigur des Geschäfts für den, den es angeht, beim Pferdekauf,[219] beim Möbelkauf für die künftige eheliche Wohnung,[220] bei der Anschaffung von Hausrat, auch wenn es sich hierbei um einen Kreditkauf unter Eigentumsvorbehalt handelt.[221] Auch zur Begründung des Eigentumserwerbs bei einem Importgeschäft mit Stellung eines Akkreditivs[222] sowie im Effektenkommissionsgeschäft[223] kann auf das Geschäft für den, den es angeht, rekurriert werden. Geschäfte größeren Umfangs sind nicht generell ausgeschlossen, solange sie sich aus der Sicht des Händlers noch als übliche Massengeschäfte darstellen. Bei Kreditgeschäften ist es dem Kreditgeber in aller Regel nicht gleichgültig, wer als Kreditschuldner zur Rückzahlung verpflichtet ist.[224] Offen gelegt werden muss der Vertretungswille nach der Rechtsprechung ferner bei folgenden Vertragstypen: PKW-Kauf trotz Barzahlung,[225] Verkauf eines Haustiers an einen Tierfreund,[226] Buchung eines Hotelzimmers oder Ferienwohnung durch den Gast,[227] Krankenhausvertrag,[228] zahnärztlicher Behandlungsvertrag,[229] Schleppvertrag,[230] Auflassung eines Grundstücks[231] und bei der Auszahlung des Rücknahmepreises an den Inhaber eines Investmentanteils.[232]

67

Sind die vorstehend genannten Voraussetzungen des Geschäfts für den, den es angeht, allesamt erfüllt und handelte der Vertreter auch im Rahmen der ihm zustehenden Vertretungsmacht, so tritt die **Rechtsfolge** des Abs. 1 S. 1 ein, dh das abgeschlossene Geschäft wirkt für und gegen den Vertretenen. Im Vordergrund steht zumeist die **dingliche Seite** des Geschäfts.[233] Da der Geschäftspartner insoweit allein daran interessiert sein dürfte, durch seine Leistung von der ihn treffenden vertraglichen Primärverpflichtung frei zu werden, steht einer **Einigung** über den Eigentumsübergang zwischen ihm und demjenigen, den es angeht, regelmäßig nichts entgegen. Die zusätzlich notwendige Veränderung der **Besitzlage** zugunsten des Vertretenen ergibt sich meist entweder aus der Rolle des Vertreters als Besitzdiener (§ 855) oder kraft Besitzmittlungsverhältnisses (§ 868). Dieses kann zwischen dem Geschäftsherrn und seinem Vertreter auch im Vorhinein (antizipiertes Besitzkonstitut) oder durch erlaubtes Insichgeschäft (§ 181) begründet werden. Der Vertretene erlangt das Eigentum dann unmittelbar, ohne dass ein Durchgangserwerb in der Person des Vertreters stattfindet (wichtig zB für ein Vermieterpfandrecht nach § 562).[234]

68

Auf das **schuldrechtliche Verpflichtungsgeschäft** kann die über das Geschäft für den, den es angeht, vermittelte Fremdwirkung zwar nicht ohne Weiteres übertragen werden,[235] geht es doch auch um Haftungs- und Gewährleistungspflichten, an deren personaler Zuordnung ein Interesse des Geschäftsgegners gegeben sein kann. Für den wichtigsten Anwendungsfall, den Barkauf des täglichen Lebens in Supermärkten, Warenhäusern etc, wird es jedoch im Regelfall zu einem Gleichklang beider Geschäfte kommen, da der Verkäufer einem Gewährleistungsverlangen hier in der Praxis meist erst bei Vorlage des Kassenbons und/

69

218 *K. Schmidt* JuS 1987, 425 (429); Staudinger/*Schilken* BGB Vor §§ 164 ff. Rn. 53; *Wolf/Neuner* BGB AT § 49 Rn. 45; aA Soergel/*Leptien* BGB Vor § 164 Rn. 29; *Bork* BGB AT Rn. 1399.
219 RGZ 100, 207, 208; 140, 229.
220 RGZ 100, 190.
221 BGHZ 114, 74 = NJW 1991, 2283 (2284 f.).
222 *Ingelmann* WM 1997, 745 ff.
223 *Kümpel* Bank- und Kapitalmarktrecht Rn. 11 S. 395.
224 MüKoBGB/*Schubert* § 164 Rn. 135; vgl. aber die bereits erwähnte Entscheidung BGH NJW 1991, 2283 (2284 f.), die für den Kreditkauf unter Eigentumsvorbehalt eine Ausnahme zulässt.
225 OLG Celle MDR 2007, 209 f.
226 RGZ 99, 208 (Katze).
227 BFH/NV 2016, 1695; FG Hamburg BeckRS 2014, 95867.

228 BGH LM Nr. 33 zu § 164 BGB.
229 BGH NJW 1991, 2959 (2959).
230 LG Bremen VersR 1986, 461.
231 So mit Rücksicht auf § 925 Abs. 2 BGB zutr. BayOBLG Rpfleger 1984, 11.
232 BGHZ 154, 276 = NJW-RR 2003, 921.
233 Vgl. BGH NJW 2016, 1887 (1888).
234 MüKoBGB/*Schubert* § 164 Rn. 136; BeckOGK/*Huber* BGB § 164 Rn. 57 f.; *Medicus/Petersen* BGB AT Rn. 921.
235 Zu Recht wird betont, dass die Gleichgültigkeit an der Person des Vertragsgegners für das schuldrechtliche Geschäft stets besonderer Feststellung bedarf; so schon *Enneccerus/Nipperdey* BGB AT II S. 1102; ebenso *Bork* BGB AT Rn. 1404 Fn. 43.

oder der gekauften Ware nachkommen wird, er also gegen eine unberechtigte Inanspruchnahme ausreichend abgesichert ist.[236]

70   **bb) Handeln unter fremdem Namen.** Vom Handeln „in" fremdem Namen muss das sog. Handeln „unter" fremdem Namen unterschieden werden.[237] Der **Handelnde bedient sich hier eines fremden Namens, gibt also bei der Vornahme eines Rechtsgeschäfts vor, selbst der so Bezeichnete zu sein**. „Es fehlt" – wie bereits *v. Tuhr* prägnant formulierte – „an den charakteristischen Kennzeichen der Vertretung: an der Erklärung des V, dass er für einen anderen handele, und am Bewusstsein des Gegners, dass die Wirkungen des Geschäftes nicht für und gegen seinen Mitkontrahenten, sondern für eine von diesem verschiedene Person eintreten sollen."[238] Stellt sich das Auftreten des Handelnden aus der maßgeblichen Sicht des Erklärungsempfängers somit nicht als Stellvertretung dar, so **muss eine unmittelbare Anwendung der Stellvertretungsregeln ausscheiden**.[239]

71   Die Frage, ob und in welchen Fallkonstellationen Raum für eine entsprechende Anwendung der §§ 164 ff. besteht, **ob also die Erklärung für den wahren Namensträger wirkt oder ob von einem Eigengeschäft des Handelnden auszugehen ist**, wird zwar auch heute noch nicht einheitlich beantwortet.[240] Immerhin ist eine gewisse Annäherung hinsichtlich der Wertungsgrundlagen zu beobachten. Die Klärung, wer Geschäftspartei beim Handeln unter fremdem Namen geworden ist, hat auch hier im Wege der **Auslegung** zu erfolgen.[241] Maßgeblich ist, welchen Erklärungswert der Geschäftsgegner der Erklärung unter Berücksichtigung seiner Verständnismöglichkeiten beimessen durfte.[242] Dies wiederum hängt entscheidend davon ab, welche **Bedeutung der vom Handelnden verwendete Name für den Erklärungsempfänger** beim Abschluss des betreffenden Rechtsgeschäfts hat.[243]

72   Hiernach sind im Wesentlichen **zwei Fallgruppen** zu unterscheiden. Zunächst kann es sich so verhalten, dass eine Person eine Willenserklärung unter Angabe eines falschen Namens abgibt, mit dem der Erklärungsempfänger keine bestimmte Person assoziiert. Besonders deutlich ist dies bei der Verwendung bloßer Fantasie- oder Allerweltsnamen (zB „Peter Müller"). Als Schulbeispiel gilt die Übernachtung in einem Hotel unter Angabe eines falschen Namens. Durch den Gebrauch des falschen Namens wird in diesen Fällen **keine irrtümliche Identitätsvorstellung beim Erklärungsempfänger** hervorgerufen. Dieser will mit der vor ihm stehenden Person kontrahieren, gleich, wie sie heißt. Die am Empfängerhorizont ausgerichtete Auslegung führt hier zu einem **Eigengeschäft des unter falscher Namensangabe Handelnden**.[244] Er allein wird aus dem abgeschlossenen Geschäft berechtigt und verpflichtet; der wahre Namensträger, so er sich überhaupt bestimmen lässt, kann das Geschäft nicht § 177 an sich ziehen. Diese Auslegung gilt keineswegs nur für Erklärungen unter Anwesenden, sondern auch für Erklärungen, die von einem Abwesenden abgegeben werden (zB Hotelbuchung unter falscher Namensangabe per Brief).[245] So steht ein Lottogewinn oder ein Preis bei einem Preisausschreiben auch dann dem Tipper bzw. Einsender zu, wenn er sich beim Ausfüllen des Tippscheins oder beim Schreiben der Postkarte eines falschen Namens bedient hat.[246] Wird unter Vorlage der Fahrzeugpapiere ein unterschlagener Pkw unter dem Namen des Eigentümers bar

236 MüKoBGB/*Schubert* § 164 Rn. 137; Soergel/*Leptien* BGB Vor § 164 Rn. 31; *Medicus/Petersen* BGB AT Rn. 920; *Bork* BGB AT Rn. 1404; *K. Schmidt* JuS 1987, 425 (429); in diese Richtung tendierend auch BGH NJW 1955, 587 (590). Zurückhaltender Staudinger/*Schilken* BGB Vor § 164 ff. Rn. 54; *Flume* BGB AT Bd. 2 § 44 II 2 S. 772. Gegen eine Anwendung der Grundsätze über das Geschäft für den, den es angeht, auf schuldrechtliche Geschäfte generell *Baur/Stürner* § 51 Rn. 43.

237 Hierzu vor allem *Letzgus* AcP 137 (1933), 327; *Ohr* AcP 152 (1952/53), 216; *Larenz* FS H. Lehmann 1956, S. 234; *Lieb* JuS 1967, 106; *Hauck* JuS 2011, 967; zum Handeln unter fremder Nummer *Hanau* VersR 2005, 1215 ff.

238 *V. Thur* BGB AT Bd. 2/2 S. 345.

239 BGHZ 45, 193, 195 = NJW 1966, 1069; Soergel/*Leptien* BGB § 164 Rn. 23; *Bork* BGB AT Rn. 1410; *Hübner* BGB AT Rn. 1223; für eine Gleichsetzung des Handelns unter und in fremdem Namen und folgerichtig für eine unmittelbare Anwendung der §§ 164 ff. BGB hingegen *Flume* BGB AT Bd. 2 § 44 IV S. 776 ff.

240 Das Spektrum aller bislang vertretenen Theorien wird aufgezeigt bei *Weber* JA 1996, 426 ff.

241 BGHZ 45, 193, 195 = NJW 1966, 1069; OLG Düsseldorf NJW 1989, 906; OLG Hamm BeckRS 2016, 9788 Rn. 38; MüKoBGB/*Schubert* § 164 Rn. 139; BeckOGK/*Huber* BGB § 164 Rn. 65; *Flume* BGB AT Bd. 2 § 44 IV S. 779.

242 BGH NJW-RR 1988, 814 (815); NJW-RR 2006, 701 f.; OLG Düsseldorf NJW 1989, 906; Soergel/*Leptien* BGB § 164 Rn. 23; MüKoBGB/*Schubert* § 164 Rn. 139; Palandt/*Ellenberger* BGB § 164 Rn. 10.

243 *Bork* BGB AT Rn. 1406; BeckOGK/*Huber* BGB § 164 Rn. 65.

244 RGZ 95, 188, 190; BGH NJW-RR 1988, 814 (815); 2006, 701 f.; BGH NJW 2011, 2421; OLG Düsseldorf NJW 1989, 906; Staudinger/*Schilken* BGB Vor §§ 164 ff. Rn. 92; Soergel/*Leptien* BGB § 164 Rn. 24; MüKoBGB/*Schubert* § 164 Rn. 140; *Flume* BGB AT Bd. 2 § 44 IV S. 776 mit der Bemerkung, der Name sei in diesen Fällen „Schall und Rauch"; *Medicus/Petersen* BGB AT Rn. 907.

245 MüKoBGB/*Schubert* § 164 Rn. 140; Soergel/*Leptien* BGB § 164 Rn. 25.

246 OLG Koblenz MDR 1958, 687 (für Lottogewinn); Soergel/*Leptien* BGB § 164 Rn. 24 und Palandt/*Ellenberger* BGB § 164 Rn. 12 (für Preisausschreiben).

verkauft, ist Vertragspartner nicht der Eigentümer, sondern die unter fremdem Namen auftretende Person. Dasselbe gilt für die dingliche Seite eines solchen Rechtsgeschäfts, so dass gutgläubiger Erwerb nach §§ 929, 932 Abs. 1 möglich ist.[247]

Anders liegt es, wenn das Auftreten des Handelnden auf eine bestimmte andere Person hinweist, von der **73** anzunehmen ist, dass sie dem Erklärungsempfänger bekannt ist. Durfte dieser der Ansicht sein, der Vertrag komme mit dieser durch den Namen individualisierten Person zustande, so wird seinem Schutzinteresse grundsätzlich entsprochen und das Geschäft **analog § 164 als im Namen des Namensträgers abgeschlossen** behandelt.[248] Die Annahme eines Fremdgeschäfts für den Namensträger setzt dabei nicht voraus, dass dem Geschäftspartner daran gelegen war, gerade mit dem Namensträger zu kontrahieren und ein Abschluss mit dem Handelnden für ihn ausgeschlossen gewesen wäre.[249] Keine Rolle spielt es ferner, ob der wirkliche Namensträger dem Erklärungsempfänger persönlich bekannt ist.[250] Entscheidend ist allein, dass die Nennung des Namens geeignet ist, beim Erklärungsempfänger individualisierende Vorstellungen von der am Rechtsgeschäft beteiligten Partei auszulösen. Für die Zurechnung analog § 164 kommt es schließlich auch nicht darauf an, dass der Handelnde mit Vertretungswillen agierte; maßgeblich ist insoweit allein der äußere Erklärungstatbestand.[251]

Die Rechtswirkungen treten in der Person des wirklichen Namensträgers ein, wenn er dem Handelnden **74** **Vollmacht** erteilt hatte oder eine solche sich aus den Grundsätzen über die Duldungs- oder Anscheinsvollmacht ergibt oder aber er das Geschäft gemäß § 177 genehmigt; im Übrigen wird stets vorausgesetzt, dass kein Vertretungsverbot berührt ist.[252] Liegt keiner dieser Aufträten für den Vertretenen legitimierenden Tatbestände vor, so haftet der Handelnde **entsprechend § 179** auf Erfüllung oder Schadensersatz.[253]

Ein Fremdgeschäft für den Namensträger liegt auch dann vor, wenn der Handelnde, den der Geschäftspart- **75** ner für seinen Kontrahenten hält, die Urkunde **mit dem Namen des Vertretenen unterzeichnet**.[254] Ist er zur Vertretung berechtigt, wird der Vertretene aus diesem Geschäft berechtigt und verpflichtet. Fehlt es an der notwendigen Vertretungsmacht – so insbesondere in den Fällen der Unterschriftsfälschung –[255] gelten wiederum die §§ 177 und 179. In diese Fallgruppe gehört schließlich die **Abgabe einer Bestellung auf elektronischem Wege** (Internet, E-Mail) unter Verwendung eines für einen registrierten Kunden reservierten Zugangswegs (einloggen unter dem Passwort eines anderen).[256] Werden beispielsweise unter Nutzung eines fremden eBay-Mitgliedskontos auf den Abschluss eines Vertrages gerichtete Erklärungen abgegeben, so liegt ein Handeln unter fremdem Namen vor, auf das die Regeln der Stellvertretung (einschließlich der Grundsätze über die Duldungs- und Anscheinsvollmacht) entsprechend anzuwenden sind.[257]

Das Handeln unter fremdem Namen wirft schließlich noch einige Fragen hinsichtlich der ggf. zu beachten- **76** den **Formerfordernisse** auf. Verlangt das Gesetz für die abzugebende Erklärung oder den Vertrag insgesamt **Schriftform** (§ 126), so ist dem Gebot der eigenhändigen Namensunterschrift nach hM auch dann

247 BGH NJW 2013, 1946 mit Anm. *Thomale* LMK 2013, 352160; OLG Düsseldorf NJW-RR 1989, 906; ebenso MüKoBGB/*Schubert* § 164 Rn. 140; BeckOGK/*Huber* BGB § 164 Rn. 65.1; *Giegerich* NJW 1986, 1975 f.; *Mittenzwei* NJW 1986, 2472 ff.; aA OLG Düsseldorf NJW 1985, 2484, diesem Urteil folgend Palandt/*Ellenberger* BGB § 164 Rn. 11.

248 BGHZ 45, 193, 195 = NJW 1966, 1069; BGH NJW-RR 1988, 814 (815); 2006, 701, 702; MüKoBGB/*Schubert* § 164 Rn. 144; Soergel/*Leptien* BGB § 164 Rn. 25; BeckOGK/*Huber* BGB § 164 Rn. 68; Palandt/*Ellenberger* BGB § 164 Rn. 10 f.; *Bork* BGB AT Rn. 1410; *Hübner* BGB AT Rn. 1223. Eine Ausnahme wird im Schrifttum bisweilen für einseitige Rechtsgeschäfte gemacht (vgl. *Köhler* FS Schippel 1996, S. 212 f. und Staudinger/*Schilken* BGB Vor §§ 164 ff. Rn. 90). Die Grundsätze zum Handeln unter fremdem Namen sollen im Hinblick auf den Schutzzweck des § 174 S. 1 nicht zur Anwendung gelangen.

249 So aber offenbar *Wolf/Neuner* BGB AT § 49 Rn. 55.

250 MüKoBGB/*Schubert* § 164 Rn. 144.

251 BGHZ 45, 193, 195 f. = NJW 1966, 1069; Soergel/*Leptien* BGB § 164 Rn. 25. Anders ist hier nur dann zu entscheiden, wenn der Eigengeschäftswille ausnahmsweise vom Erklärungsempfänger erkannt wird (falsa demonstratio); MüKoBGB/*Schubert* § 164 Rn. 144.

252 Bei höchstpersönlichen Rechtsgeschäften führt das Handeln unter fremdem Namen zur Unwirksamkeit, vgl. *Geusen*, S. 71 ff.; *Beitzke* FS Dölle 1963, S. 229 ff.; Staudinger/*Schilken* BGB Vor §§ 164 ff. Rn. 89.

253 BGH NJW-RR 2006, 701 (702); Soergel/*Leptien* BGB § 164 Rn. 25; *Hübner* BGB AT Rn. 1223; *Bork* BGB AT Rn. 1410.

254 BGHZ 45, 193 = NJW 1966, 1069; MüKoBGB/*Schubert* § 164 Rn. 144 f.; Erman/*Maier-Reimer* BGB § 164 Rn. 13. Ist die fehlende Identität des Unterzeichners mit dem Namensträger für den Geschäftsgegner hingegen erkennbar oder liegt sie sogar offen zutage, so ist die Fremdwirkung beiderseits gewollt und die §§ 164 ff. unmittelbar anzuwenden; Staudinger/*Schilken* BGB Vor §§ 164 ff. Rn. 90.

255 Dazu, dass auch hier die Grundsätze über das Handeln unter fremdem Namen zur Anwendung gelangen, MüKoBGB/*Schubert* § 164 Rn. 145.

256 *Bork* BGB AT Rn. 1411; *Verse/Gaschler* Jura 2009, 213; OLG München NJW 2004, 1328; OLG Köln NJW 2006, 1676; OLG Hamm NJW 2007, 611.

257 BGH NJW 2011, 2421 mAnm *Herresthal* JZ 2011, 1171 und *Schinkels* LMK 2011, 320461; vgl. ferner auch LG Bonn NJW-RR 2012, 1008; hierzu auch *Schwab* JuS 2013, 453.

Genüge getan, wenn der Vertreter die Urkunde mit dem Namen des Vertretenen unterschreibt.[258] Ist dagegen für ein Rechtsgeschäft notarielle **Beurkundung** vorgeschrieben, so kann das Handeln unter fremdem Namen keine Fremdwirkung entfalten. Die Beurkundung verlangt die zutreffende Angabe des Erklärenden; wird dem nicht Rechnung getragen, so ist das Rechtsgeschäft nichtig (§ 125 S. 1).[259] Gleiches gilt wegen der mit dem Handeln unter fremdem Namen einhergehenden Täuschung einer Amtsperson für die **Auflassung**.[260]

77   **3. Vertretungsmacht. a) Wesen der Vertretungsmacht.** Gemäß Abs. 1 S. 1 wirkt eine im Namen des Vertretenen abgegebene Willenserklärung nur dann unmittelbar für und gegen den Vertretenen, wenn der Vertreter hierbei **„innerhalb der ihm zustehenden Vertretungsmacht"** handelt. Dasselbe gilt für den Fall der passiven Stellvertretung (Abs. 3). Dass die Rechtsfolgen nicht in der Person des rechtsgeschäftlich Handelnden, sondern in der Person eines am Abschluss des Rechtsgeschäfts persönlich nicht Beteiligten eintreten sollen, bedarf eines besonderen **Zurechnungsgrundes**. Einen solchen Zurechnungsgrund stellt die dem Vertreter zustehende Vertretungsmacht dar.[261] Sie **legitimiert** den Vertreter, durch sein rechtsgeschäftliches Agieren im Namen des Vertretenen diesen im Verhältnis zu einem Dritten zu berechtigen und zu verpflichten. Darin erschöpft sich allerdings auch der Rechtsgehalt der Vertretungsmacht.[262] Für den Vertreter ist sie ansonsten ohne jede Substanz. Von einem subjektiven Recht, etwa in Form eines Gestaltungsrechts,[263] zu sprechen, wäre verfehlt, da die Vertretungsmacht dem Vertreter allein um des Vertretenen willen zusteht und auch nicht „ausgeübt" oder „geltend gemacht" werden kann.[264] Ebenso wenig lässt sich die Vertretungsmacht den persönlichen Fähigkeiten, etwa der Rechts- oder Geschäftsfähigkeit, zuordnen.[265] Es handelt sich nach alledem um eine singuläre Rechtsfigur außerhalb der bekannten Kategorien, um eine **Rechtsmacht sui generis**.[266]

78   **b) Rechtsgründe für die Vertretungsmacht. aa) Einheitlichkeit des Begriffs der Vertretungsmacht.** Für die Begründung der Vertretungsmacht kommen verschiedene Tatbestände in Betracht, nämlich die **rechtsgeschäftliche Erteilung, die gesetzliche Anordnung und die Berufung in eine Organstellung, an die das Gesetz die Vertretungsmacht knüpft.** Trotz mancher Unterschiede in der dogmatischen Erfassung der Vertretungsmacht, insbesondere im Hinblick auf die Einordnung der organschaftlichen Vertretung, ist man sich heute einig, dass die Verschiedenartigkeit der Begründungstatbestände die **Einheitlichkeit des Begriffs der Vertretungsmacht** nicht infrage stellt.[267] Insbesondere ist für alle Erscheinungsformen der Vertretungsmacht kennzeichnend, dass die Vertretungsmacht gegenüber der Pflichtbindung des Vertreters im Innenverhältnis verselbstständigt ist.[268] Für die Rechtspraxis bleibt somit festzuhalten: Für die Anwendbarkeit des Rechts der Stellvertretung (§§ 164 ff.) kommt es grundsätzlich nicht darauf an, auf welchem Wege der Stellvertreter seine Vertretungsmacht erlangt hat.

79   **bb) Rechtsgeschäftlich begründete Vertretungsmacht.** Die **rechtsgeschäftlich begründete Vertretungsmacht** bezeichnet das Gesetz in § 166 Abs. 2 als **Vollmacht**. Den Akt der Erteilung nennt man **Bevollmächtigung**. Hierbei handelt es sich um ein einseitiges Rechtsgeschäft in Form einer empfangsbedürftigen Willenserklärung. Es ist von dem Vertretergeschäft, das der Vertreter, legitimiert durch die ihm erteilte Vollmacht, mit Wirkung für und gegen den Vertretenen abschließt, streng zu unterscheiden.[269] Fer-

---

258   RGZ 74, 69, 72; Palandt/*Ellenberger* BGB § 126 Rn. 9; BeckOGK/*Huber* BGB § 164 Rn. 70; *Wolf/ Neuner* BGB AT, § 44 Rn. 29; aA *Holzhauer*, Die eigenhändige Unterschrift, 1973, S. 135 ff., und *Köhler* FS Schippel 1996, S. 212.

259   MüKoBGB/*Schubert* § 164 Rn. 147 f. Erwogen wird dann eine Haftung des Handelnden in entsprechender Anwendung des § 179, vgl. *Flume* BGB AT Bd. 2 § 44 IV S. 780.

260   RGZ 106, 198, 200; Staudinger/*Schilken* BGB Vor §§ 164 ff. Rn. 89.

261   *Bork* BGB AT Rn. 1425.

262   So zutr. *Flume* BGB AT Bd. 2 § 45 II 1 S. 784 und Staudinger/*Schilken* BGB Vor §§ 164 ff. Rn. 17; MüKoBGB/*Schubert* § 164 Rn. 182.

263   So aber *Doris*, Die rechtsgeschäftliche Ermächtigung, 1974, S. 175 ff.; RGRK/*Steffen* § 167 Rn. 1; *Enneccerus/Nipperdey* BGB AT II S. 1129.

264   Heute ganz hM vgl. BayObLG NJW-RR 2001, 297; *Wolf/Neuner* BGB AT § 49 Rn. 33 f.; Staudinger/ *Schilken* BGB Vor §§ 164 ff. Rn. 16; Soergel/*Leptien* BGB Vor § 164 Rn. 15; Palandt/*Ellenberger* BGB Vor § 164 Rn. 5.

265   *Müller-Freienfels*, S. 34 ff.; Staudinger/*Schilken* BGB Vor §§ 164 ff. Rn. 17; *Wolf/Neuner* BGB AT § 49 Rn. 33 f.; *Bork* BGB AT Rn. 1426.

266   So in der Sache auch *Flume* BGB AT Bd. 2 § 45 II 1 S. 785; *Wolf/Neuner* BGB AT § 49 Rn. 33; *Bork* BGB AT Rn. 1426; Soergel/*Leptien* BGB Vor § 164 Rn. 15; Palandt/*Ellenberger* BGB Vor § 164 Rn. 5; vgl. auch BayObLG FGPrax 2003, 171 (172). Keine inhaltliche Differenz besteht zu *Müller-Freienfels*, S. 34 ff., 48 ff. und 65 ff., der von „sekundärer Zuständigkeit" spricht; dem zust. MüKoBGB/*Schubert* § 164 Rn. 182.

267   *Flume* BGB AT Bd. 2 § 45 II 4 S. 791 f.; Staudinger/ *Schilken* BGB Vor §§ 164 ff. Rn. 21; *Bork* BGB AT Rn. 1428; aM *Müller-Freienfels*, S. 335 ff., der für eine grundlegende Zweiteilung zwischen der rechtsgeschäftlich erteilten und der gesetzlichen Vertretungsmacht eintritt.

268   *Flume* BGB AT Bd. 2 § 45 II 4 S. 792.

269   Soergel/*Leptien* BGB Vor § 164 Rn. 16; abw. im Sinne einer Lehre vom einheitlichen Gesamttatbestand *Müller-Freienfels*, S. 202 ff.

ner muss das Rechtsgeschäft der Bevollmächtigung von den pflichtenbegründenden Absprachen im Innenverhältnis unterschieden werden (zum Abstraktionsgrundsatz im Stellvertretungsrecht bereits → Rn. 10 ff.). Zum **Umfang der Vollmacht** → § 167 Rn. 44 ff.

cc) Gesetzlich eingeräumte Vertretungsmacht. Die Vertretungsmacht kann dem Vertreter auch **vom Gesetz eingeräumt** sein. Dies geschieht regelmäßig, um die rechtsgeschäftliche Handlungsfähigkeit auch solcher Personen zu sichern, die ihre Angelegenheiten selbst nicht oder doch nur eingeschränkt wahrzunehmen in der Lage sind. Der gesetzliche Vertreter leitet seine Vertretungsmacht hier nicht vom Willen des Vertretenen ab. Die mit der Einsetzung des Vertreters verbundene Fremdbestimmung erfolgt jedoch im wohlverstandenen Interesse des Vertretenen. Das verselbstständigte Vertreterhandeln geschieht in Verantwortung für den Vertretenen.[270] Die Vertretungsmacht kann **unmittelbar vom Gesetz zugewiesen** sein, so im Falle der gesetzlichen Vertretungsmacht der Eltern für ihre Kinder (§ 1629). Der Umfang der elterlichen Vertretungsmacht ist weit und umfasst grundsätzlich alle persönlichen und Vermögensangelegenheiten des Kindes.[271] Nicht selten knüpft das Gesetz die Zuerkennung der Vertretungsmacht an die **Innehabung eines bestimmten Amtes**, das **durch** einen **staatlichen Akt** verliehen wird. Auch diese Fälle rechnet man zur gesetzlichen Vertretungsmacht. Gesetzliche Vertreter in diesem Sinne sind der Vormund (§ 1793), der Betreuer (§ 1902), der Pfleger (§§ 1909, 1911, 1913, 1915, 1960, 1793) sowie der Verwalter für die Wohnungseigentümer (§ 27 Abs. 2 WEG).[272] Der Umfang der Vertretungsmacht ist in diesen Fällen regelmäßig im Hinblick auf den begrenzten Aufgabenbereich eingeschränkt.

dd) Organschaftliche Vertretungsmacht. Vertretungsmacht knüpft das Gesetz schließlich an die Bestellung als **Organ einer juristischen Person oder Personengesellschaft**. Vertretungsbefugte Organe sind insbesondere der Vorstand für den rechtsfähigen Verein (§ 26 Abs. 2 S. 1), die Aktiengesellschaft (§ 78 Abs. 1 AktG)[273] und die Genossenschaft (§ 24 Abs. 1 GenG), der Geschäftsführer für die Gesellschaft mit beschränkter Haftung (§ 35 GmbHG) und die Gesellschafter für die Personengesellschaften, nämlich die offene Handelsgesellschaft (§ 125 HGB), die Kommanditgesellschaft (§§ 161 Abs. 2, 125 HGB) und die Gesellschaft bürgerlichen Rechts (§ 714).[274] Auch wenn § 26 Abs. 2 S. 1 dem Vorstand eines eingetragenen Vereins – immerhin der „Urform aller privatrechtlichen Körperschaften"[275] – die „Stellung eines gesetzlichen Vertreters" des Vereins zuerkennt, so ist man sich heute doch weitgehend darüber einig, dass es sich bei der organschaftlichen Vertretung[276] rechtsdogmatisch um eine dritte, der gesetzlichen Vertretung zwar nahe stehende, jedoch eigenständige Kategorie handelt.[277] Der Grund hierfür liegt darin, dass nach der herrschenden Organtheorie[278] das Handeln des Organs ein solches des Verbandes selbst ist. Die juristische Person und die Personengesellschaft selbst erfüllen den rechtsgeschäftlichen Tatbestand, wenn ihre Organe Willenserklärungen abgeben und entgegennehmen. Auch wenn es damit nicht um Zurechnung im strengen Sinne geht, so stellen sich auch hier Fragen, für die das Stellvertretungsrecht die angemessenen Lösungen bereithält. Daher wendet man die §§ 164 ff. auf das rechtsgeschäftliche Handeln der Organe entsprechend an.[279] Der Umfang der organschaftlichen Vertretungsmacht bestimmt sich nach dem Gesetz und der Satzung des Verbandes und ist aus Gründen der Rechtssicherheit jedenfalls bei den körperschaftlich organisierten Verbänden weitgehend der Disposition entzogen.[280]

c) Sonderformen der Vertretungsmacht. aa) Gesamtvertretung. Die Vertretungsmacht kann auch so beschaffen sein, dass die vertretungsberechtigten Personen nicht jede für sich allein, sondern nur zusammen

270 Staudinger/*Schilken* BGB Vor §§ 164 ff. Rn. 23; MüKoBGB/*Schubert* § 164 ff. Rn. 8; BeckOGK/ *Huber* BGB § 164 Rn. 78.

271 Gesetzliche Beschränkungen existieren insbes. zur Vermeidung von Interessenkollisionen und für besonders bedeutsame Rechtsgeschäfte; vgl. hierzu im Einzelnen MüKoBGB/*Huber* § 1629 Rn. 41 ff.

272 Umstritten ist, ob auch der Notgeschäftsführer (§§ 2038 Abs. 1, 679, 680) eine gesetzliche Vertretungsmacht in Anspruch nehmen kann: dafür Soergel/*Leptien* BGB Vor § 164 Rn. 17; dagegen Staudinger/*Schilken* BGB Vor §§ 164 ff. Rn. 24. Nicht hierher gehören richtiger Ansicht nach die sog. Vermögensverwalter kraft Amtes, hierzu → Rn. 24 ff. Zu § 1357 vgl. bereits → Rn. 33.

273 Zur Vertretung der Aktiengesellschaft durch den Aufsichtsrat nach § 112 AktG vgl. *Cahn* FS Hoffmann-Becking, 2013, S. 247 ff.

274 Zur Vertretung juristischer Personen des öffentlichen Rechts vgl. Staudinger/*Schilken* BGB Vor §§ 164 ff. Rn. 27 ff.; zum kirchlichen Bereich *Peglau* NVwZ 1996, 767.

275 *K. Schmidt* GesR § 23 I S. 660.

276 Krit. zu dieser Bezeichnung *Beuthien* NJW 1999, 1142.

277 MüKoBGB/*Schubert* § 164 Rn. 11 f.; *Bork* BGB AT Rn. 1433; für die Einordnung als „Sonderfall der gesetzlichen Stellvertretung" jedoch *Medicus/Petersen* BGB AT Rn. 926.

278 BGH WM 1959, 80 (81); 1987, 286, 287; *Enneccerus/Nipperdey* BGB AT I § 103 IV S. 615 ff.; MüKoBGB/*Leuschner* § 26 Rn. 4; *Beuthien* NJW 1999, 1142 f.; aA *Flume* BGB AT Bd. 1/2 § 11 I S. 377; instruktive Darstellung des Meinungsstandes bei *K. Schmidt* GesR § 10 I 2 S. 250 ff.

279 MüKoBGB/*Schubert* Vor § 164 Rn. 12; *K. Schmidt* GesR § 10 II S. 254 ff.; *Bork* BGB AT Rn. 1433; für eine eingeschränkte und lediglich ergänzende Anwendung der Stellvertretungsregeln hingegen *Beuthien* NJW 1999, 1142 ff.

280 Soergel/*Leptien* BGB Vor § 164 Rn. 18; Staudinger/ *Schilken* BGB Vor §§ 164 ff. Rn. 25.

mit einer oder mehreren anderen ein wirksames Vertretergeschäft vornehmen können. Eine solche, persönlich beschränkte Vertretungsmacht, nennt man Gesamtvertretungsmacht. Gesamtvertretung wird in vielen Fällen vom Vertretenen selbst zu seinem eigenen Schutz bei der Bevollmächtigung vorgegeben (zB in Form der Gesamtprokura, vgl. § 48 Abs. 2 HGB). Aus diesem Grund sollen die Probleme dieser Sonderform der Vertretungsmacht hier im Zusammenhang mit der Vollmacht erörtert werden (→ § 167 Rn. 54 ff.). Es sei an dieser Stelle lediglich darauf hingewiesen, dass Gesamtvertretung auch auf gesetzlicher Anordnung (zB gesetzliche Vertretung des Kindes durch beide Elternteile, § 1629 Abs. 1 S. 2) beruhen und ferner im Rahmen der organschaftlichen Vertretung im Gesellschaftsrecht (zB § 714 iVm § 709; § 78 Abs. 2 AktG) anzutreffen ist.

83   **bb) Untervertretung.** Ein Vertreter kann, wenn ihm dies seine eigene Vertretungsmacht erlaubt, auch einen Untervertreter bevollmächtigen, für den Vertretenen zu handeln. Die sich im Falle einer solchen **mehrstufigen Vertretung** stellenden Probleme werden hier im Zusammenhang mit der Vollmacht behandelt (→ § 167 Rn. 61 ff.).

84   **d) Missbrauch der Vertretungsmacht.   aa) Allgemeines.** Die Verselbstständigung der Vertretungsmacht gegenüber den im Innenverhältnis begründeten Bindungen hat ua zur Konsequenz, dass der Vertreter, legitimiert durch die ihm zustehende Vertretungsmacht, Rechtsfolgen in der Person des Vertretenen auch dann herbeiführen kann, wenn er sich bei dem konkreten Geschäft über seine Bindungen im Innenverhältnis hinwegsetzt. Dazu kann es vor allem dann leicht kommen, wenn der Umfang der Vertretungsmacht vom Gesetz weit abgesteckt wird, wie es beispielsweise bei der Prokura der Fall ist (§§ 49, 50 HGB). Grundsätzlich lässt wieder eine versehentliche noch eine bewusste Missachtung der im Innenverhältnis bestehenden einschränkenden Absprachen die Bindung des Vertretenen an das vom Vertreter für ihn abgeschlossene Rechtsgeschäft entfallen. Das Risiko eines pflichtwidrigen Verhaltens trägt nach der gesetzlichen Wertung grundsätzlich der Vertretene.[281] Dieser kann ggf. seinen Vertreter wegen der Verletzung einer Vertragspflicht nach § 280 Abs. 1 auf Schadensersatz in Anspruch nehmen. Von dieser zum Schutz des Geschäftsgegners und der Rechtssicherheit im Allgemeinen grundsätzlich gerechtfertigten einseitigen Risikoverteilung zulasten des Vertretenen muss jedoch dann abgegangen werden, wenn der Geschäftsgegner ausnahmsweise nicht schutzbedürftig ist. Wie das Schutzbedürfnis und die Schutzwürdigkeit des Geschäftsgegners sachgerecht zu begrenzen sind, wird in Rechtsprechung und Schrifttum kontrovers beurteilt.

85   **bb) Kollusion.** Ein besonders gravierender, regelmäßig sogar strafrechtlich relevanter Fall des Missbrauchs der Vertretungsmacht liegt vor, wenn der Vertreter mit dem Vertragsgegner bewusst und einverständlich „hinter dem Rücken" des Geschäftsherrn zu dessen Nachteil zusammenwirkt, um sich oder einem nahen Angehörigen einen Vorteil zu verschaffen. Dieser Fall ist rechtlich unproblematisch und nahezu unumstritten: solche kollusiven Absprachen widersprechen einfachsten und grundlegenden Regeln geschäftlichen Anstandes und kaufmännischer guter Sitte mit der Folge, dass sie **nach § 138 Abs. 1 nichtig** sind.[282] Die Sittenwidrigkeit erfasst nicht nur die kollusive Absprache im engeren Sinne (zB die Vereinbarung eines 10 %-igen Aufschlags auf den normalen Kaufpreis), sondern wirkt sich auch auf den Hauptvertrag (den Kaufvertrag) aus.[283] Eine besonders anfällige Konstellation stellt die Anbahnung eines Versicherungsvertrages dar. Die Annahme einer Kollusion zwischen Antragsteller und Agent beim Abschluss einer Berufsunfähigkeitsversicherung setzt nach der Rechtsprechung voraus, dass der Versicherungsnehmer auf die Auskunft des Agenten, eine erhebliche Vorerkrankung sei nicht anzeigepflichtig, nicht vertraut, sondern im Bewusstsein der Anzeigeobliegenheit erkennt und billigt, dass der Versicherer durch das Vorgehen des Agenten über seinen Gesundheitszustand getäuscht und dadurch in der Entscheidung über den Abschluss des Versicherungsvertrags beeinflusst wird und er deshalb – im Einvernehmen mit dem Versicherungsagenten – will, dass die betreffende Erkrankung im Antragsformular unerwähnt bleibt.[284] Ferner kann ein aufgrund einer Bestechung zustande gekommener Vertrag sittenwidrig sein, wenn die Schmiergeldabrede zu einer für den Geschäftsherrn nachteiligen Vertragsgestaltung geführt hat. Fehlt allerdings ein solcher Nachteil, so ist der Vertrag trotz der Bestechung nicht sittenwidrig;[285] er unterfällt vielmehr den allgemeinen Regeln über den Vollmachtsmissbrauch. Nichtig ist schließlich auch ein den Vertretenen benachteiligendes

281 BGH NJW-RR 2016, 1138; NJW 2017, 3373 (3374); MüKoBGB/*Schubert* § 164 Rn. 211; Palandt/*Ellenberger* BGB § 164 Rn. 13; *Wolf/Neuner* BGB AT § 49 Rn. 100.

282 RGZ 136, 359, 360; BGH NJW 1989, 26 f.; NJW 2000, 2896 f.; NZG 2014, 389 (390); NJW-RR 2016, 1138 f.; NJW 2017, 3373 (3374); OLG Düsseldorf NJW-RR 1997, 737 (238); MüKoBGB/*Schubert* § 164 Rn. 214; BeckOGK/*Huber* BGB § 164 Rn. 86; Palandt/*Ellenberger* BGB § 164 Rn. 13; *Flume* BGB

AT Bd. 2 § 45 II 3 S. 788; *Wolf/Neuner* BGB AT § 49 Rn. 107; von einem Handeln ohne Vertretungsmacht will hingegen *Bork* (BGB AT Rn. 1575) ausgehen. Für den Vertretenen eröffnet sich auf diese Weise die Möglichkeit der Genehmigung (§ 177 Abs. 1). Für Wahlmöglichkeit über die Bindungswirkung auch *Vedder* JZ 2008, 1081.

283 BGH NJW 1989, 26 f.

284 BGH NJW-RR 2008, 977 (978).

285 BGHZ 141, 357 = NJW 1999, 2266 f.

Insichgeschäft, das der von den Beschränkungen des § 181 befreite Vertreter vornimmt.[286] Ein Fall der sittenwidrigen Kollusion liegt auch dann vor, wenn der Vertreter nicht selbst handelt, sondern einen arglosen Untervertreter einschaltet oder er aufgrund seiner Vertretungsmacht einen weiteren, arglosen (Mit)-Vertreter zu dem Geschäft veranlasst und so das Insichgeschäft verschleiert.[287] In den Fällen der Kollusion hat der Geschäftsgegner dem Vertretenen nach § 826 und der Vertreter zusätzlich aus § 280 Abs. 1 wegen Verletzung vertraglicher Pflichten den entstandenen **Schaden zu ersetzen**. Geschäftsgegner und Vertreter haften dem Vertretenen gesamtschuldnerisch.[288]

cc) Bösgläubigkeit des Geschäftsgegners. Übereinstimmung besteht im Grundsatz auch dahin gehend, dass der Geschäftsgegner dann keines Schutzes bedarf, wenn er im Hinblick auf den Missbrauch der Vertretungsmacht durch den Vertreter bösgläubig ist. Umstritten sind allerdings die dogmatische Verankerung dieser Rechtsregel und ihre genauen tatbestandlichen Voraussetzungen.   86

Um die **rechtsdogmatische Erklärung der gebotenen Restriktionen** auf der Rechtsfolgenseite ringen   87
heute im Wesentlichen noch zwei Ansätze,[289] wobei die Differenzen allerdings nicht überbewertet werden sollten.[290] Nach Ansicht der Rechtsprechung und eines Teils der Literatur soll das Vertretergeschäft auch dann durch die dem Vertreter zustehende Vertretungsmacht gedeckt sein, wenn der Geschäftsgegner hinsichtlich der Überschreitung der Bindungen im Innenverhältnis bösgläubig ist. Diesem sei es jedoch nach **§ 242 (Einwand des Rechtsmissbrauchs)** verwehrt, sich auf das Bestehen der Vertretungsmacht zu berufen.[291] Das Rechtsgeschäft sei – so wird überwiegend hinzugefügt – in diesem Falle schwebend unwirksam mit der Folge, dass die §§ 177–180 analoge Anwendung fänden.[292]

Vorzugswürdig ist es demgegenüber, mit einer im Schrifttum verbreiteten Gegenansicht[293] bereits **bei der**   88
Vertretungsmacht anzusetzen. Diese ist entsprechend der Pflichtenbindung im Innenverhältnis zu begrenzen, wenn der Vertreter von ihr pflichtwidrig Gebrauch macht und der Geschäftsgegner insoweit bösgläubig ist. Es ist dann von einem **Handeln ohne Vertretungsmacht** auszugehen mit der Folge, dass der Vertretene das Geschäft nach § 177 noch genehmigen kann. Verweigert er die Genehmigung, so scheitert regelmäßig auch eine Inanspruchnahme des Vertreters wegen Vertretung ohne Vertretungsmacht an § 179 Abs. 3.[294] Diese Konzeption hat den Vorteil, dass sie das Problem in den Kategorien des Stellvertretungsrechts löst, es also dort verortet, wo es hingehört. Die dem Interesse des Verkehrsschutzes dienende Verselbstständigung der Vertretungsmacht verliert ihre Berechtigung dort, wo der Geschäftsgegner nicht schutzbedürftig ist, weil die Missachtung der Pflichtenbindung im Innenverhältnis zumindest offen zutage liegt.

Umstritten sind sodann die **tatbestandlichen Voraussetzungen**, unter denen ein Missbrauch der Vertre-   89
tungsmacht und damit ein Handeln ohne Vertretungsmacht angenommen werden kann. Ausgehend von der hier favorisierten rechtsdogmatischen Einordnung der Problematik stellen sich die Anforderungen in tatbestandlicher Hinsicht wie folgt dar:

Auf der Seite des Vertreters muss zunächst eine **pflichtwidrige Überschreitung der im Innenverhältnis**   90
bestehenden Grenzen für die Ausübung der Vertretungsmacht vorliegen.[295] Eine solche interne Pflichtwidrigkeit kann schlicht darin liegen, dass sich der Vertreter über das Verbot, ein solches Rechtsgeschäft vorzunehmen, hinwegsetzt.[296] Dem steht gleich, dass das Rechtsgeschäft nicht durch den Verbandszweck

---

286 BGH NJW 2002, 1488; NZG 2014, 389 (390); NJW-RR 2018, 222 (224).
287 BGH NZG 2014, 389 (390).
288 MüKoBGB/*Schubert* § 164 Rn. 215.
289 Nicht mehr vertreten wird heute der einst von *Lehmann* (JW 1934, 684) und *Stoll* (FS Lehmann 1937, S. 115 ff.) propagierte Lösungsweg, im Kontrahieren mit dem die Vertretungsmacht missbrauchenden Vertreter eine culpa in contrahendo des Geschäftsgegners zu sehen, die ihn verpflichte, den Vertretenen so zu stellen, als sei das Geschäft nicht zustande gekommen (§ 249 S. 1). Der Nachteil dieser Konzeption besteht darin, dass sie die Lösung außerhalb des Stellvertretungsrechts ansiedelt und den unpassenden Verschuldensgedanken (auch in Form des § 254) in den Vordergrund rückt (so zu Recht Staudinger/*Schilken* BGB § 167 Rn. 102; vgl. ferner RG JW 1935, 1084). Für eine Anfechtungslösung in Analogie zu §§ 123 f. jüngst *Vedder* JZ 2008, 1082.
290 *K. Schmidt* GesR § 10 II S. 258.
291 RGZ 134, 67, 71 f.; 145, 311, 315; BGH NJW 1966, 1911; Soergel/*Leptien* BGB § 177 Rn. 15; Palandt/

Ellenberger BGB § 164 Rn. 14; *Wolf/Neuner* BGB AT § 49 Rn. 103; *Canaris* Handelsrecht § 15 Rn. 40; *Jüngst*, Der Missbrauch organschaftlicher Vertretungsmacht, S. 138 ff.
292 BGHZ 141, 357 = NJW 1999, 2266 (2268); OLG München NJW-RR 2017, 649 (650); Soergel/*Leptien* BGB § 177 Rn. 15; MüKoBGB/*Schubert* § 164 Rn. 217, 227.
293 Staudinger/*Schilken* BGB § 167 Rn. 95, 103; *Kipp* in Die RG-Praxis im deutschen Rechtsleben II, 1929, S. 273 ff.; *Enneccerus/Nipperdey* BGB AT II § 183 I 5 S. 1125; *Flume* BGB AT Bd. 2 § 45 II 3 S. 789; *Bork* BGB AT Rn. 1578; *K. Schmidt* AcP 174 (1974), 55, 58 ff.; *Medicus/Petersen* BGB AT Rn. 967; auch das OLG München NJW-RR 2017, 649 (650) zieht § 177 heran, ohne zuvor auf § 242 BGB zu verweisen.
294 *Hübner* BGB AT Rn. 1302; *Bork* BGB AT Rn. 1582.
295 Vgl. zum Folgenden insbes. *K. Schmidt* GesR § 10 II S. 259 mwN.
296 RG JW 1936, 643.

gedeckt ist,[297] es seinem Inhalt nach die Interessen des Vertretenen verletzt[298] oder Tatsachen vorliegen, bei deren Kenntnis es der Vertretene nicht abgeschlossen haben würde.[299] Für die Frage, ob es mangels Schutzbedürftigkeit des Geschäftsgegners gerechtfertigt ist, die Verselbständigung der Vertretungsmacht ausnahmsweise zurückzunehmen und die interne Pflichtenbindung auch auf das Außenverhältnis durchschlagen zu lassen, kann es im Übrigen keine Rolle spielen, ob der Vertreter bewusst, fahrlässig oder gar ohne Verschulden von den im Innenverhältnis bestehenden Bindungen abweicht.[300] Der Missbrauchstatbestand ist auf Seiten des Vertreters rein **objektiv** zu bestimmen. Dies gilt in gleicher Weise für die gesetzlich festgelegte und unbeschränkbare Vertretungsmacht (zB Prokura).[301]

91 Der **Geschäftsgegner** ist unstreitig jedenfalls dann als bösgläubig zu qualifizieren, wenn er im Zeitpunkt der Vornahme des Rechtsgeschäfts **weiß**, dass der Vertreter sich über die Bindungen im Innenverhältnis hinwegsetzt.[302] Im Prozess lässt sich die nicht selten nur vorgeschützte Einlassung des Vertreters, ihm sei im Moment des Abschlusses der Widerspruch zu den Bindungen im Innenverhältnis nicht bewusst gewesen, nur schwer widerlegen. Ließe man es bei diesen Anforderungen bewenden, wäre daher dem Institut des Missbrauchs der Vertretungsmacht in der Praxis nur ein sehr schmaler Anwendungsbereich beschieden, der im Übrigen nahe an der Kollusion läge. Im Ergebnis besteht daher heute Einigkeit, dass die für den Tatbestand des Missbrauchs notwendige Bösgläubigkeit nicht zwingend an die positive Kenntnis des Geschäftsgegners geknüpft ist.

92 Weitgehender Konsens besteht auch noch dahin gehend, dass den Vertragspartner keine Pflicht trifft, zu prüfen, ob und inwieweit der Vertreter im Innenverhältnis gebunden ist, von seiner nach außen unbeschränkten Vertretungsmacht nur begrenzten Gebrauch zu machen.[303] Anderenfalls würde nämlich der Grundsatz infrage gestellt, dass der Vertretene das Risiko einer Überschreitung der im Innenverhältnis gesetzten Grenzen durch den Vertreter zu tragen hat. Schadet somit einfache Fahrlässigkeit, also bloßes Kennenmüssen, dem Geschäftsgegner nicht, so stellt sich die Frage, wie das Aufgreifkriterium zu formulieren ist. Im Schrifttum verbreitet ist die Ansicht, nur grob fahrlässige Unkenntnis des Kontrahenten begründe den Tatbestand des Missbrauchs der Vertretungsmacht.[304]

93 Die mittlerweile hM setzt hingegen zu Recht auf ein objektives, vom Verschulden des Kontrahenten losgelöstes Kriterium, nämlich die **objektive Evidenz des Missbrauchs**.[305] Der BGH verlangt, dass der Vertreter von seiner Vertretungsmacht in ersichtlich verdächtiger Weise Gebrauch gemacht hat, so dass beim Vertragspartner begründete Zweifel bestehen mussten, ob nicht ein Treueverstoß des Vertreters gegenüber dem Vertretenen vorliege. Notwendig sei dabei eine massive Verdachtsmomente voraussetzende objektive Evidenz des Missbrauchs. Diese sei insbesondere dann gegeben, wenn sich unter den gegebenen Umständen die Notwendigkeit einer Rückfrage des Geschäftsgegners bei dem Vertretenen geradezu aufdränge.[306] Zuzugeben ist allerdings, dass in diesen Fällen in aller Regel auch grob fahrlässige Unkenntnis zu bejahen sein wird, die unterschiedlichen Maßstäbe mithin kaum je zu divergierenden Ergebnissen führen werden.[307]

---

297 RGZ 145, 311, 315.

298 BGH GmbHR 1976, 208 (209).

299 RGZ 134, 67, 72; BGH NJW 1984, 1461 (1462).

300 So – jedenfalls für die Vertretungsmacht, deren Inhalt rechtsgeschäftlich bestimmt ist – BGH NJW 1988, 3012 (3013); ohne nach der Art der Vertretungsmacht zu differenzieren: MüKoBGB/*Schubert* § 164 Rn. 220 f.; Staudinger/*Schilken* BGB § 167 Rn. 95; *Flume* BGB AT Bd. 2 § 45 II 3 S. 791; *Medicus/ Petersen* BGB AT Rn. 968; *Bork* BGB AT Rn. 1582; *K. Schmidt* GesR § 10 II S. 259; anders Soergel/*Leptien* BGB § 177 Rn. 17, der grundsätzlich vorsätzliches Handeln verlangt, da nur dieses einen „Missbrauch" darstellen könne; im Erg. ebenso *Canaris* Handelsrecht § 12 Rn. 35 ff. und *Vedder* JZ 2008, 1077 ff.

301 Anders insoweit BGHZ 50, 112, 114; BGH NJW 1990, 384 (385); ebenso RGRK/*Steffen* BGB § 167 Rn. 24; dagegen zutr. die hL vgl. neben den in der vorherigen Fn. genannten Autoren insbes. Staub/ *Joost* HGB § 50 Rn. 45 u. 48; *Fleischer* NZG 2005, 535 mwN; ferner OLG Hamm NZG 2006, 827.

302 BGHZ 113, 315, 320 = NJW 1991, 1812; Staudinger/ *Schilken* BGB § 167 Rn. 96; Erman/*Maier-Reimer* BGB § 167 Rn. 75.

303 BGH NJW 1966, 1911; 1984, 1461, 1462; 1994, 2082, 2083; 1999, 2883; 2017, 3373 (3374); MüKo-BGB/*Schubert* § 164 Rn. 225; Soergel/*Leptien* BGB § 177 Rn. 18; *Hübner* BGB AT Rn. 1299; *Bork* BGB AT Rn. 1579; leichte Fahrlässigkeit ließen demgegenüber bereits genügen RGZ 83, 348, 353; 143, 196, 201; BGH MDR 1964, 592.

304 Soergel/*Leptien* BGB § 177 Rn. 18; RGRK/*Steffen* BGB § 167 Rn. 24; MüKoHGB/*Krebs* Vor § 48 Rn. 69; *Enneccerus/Nipperdey* BGB AT II § 183 I 5 S. 1125 Fn. 25; so wohl auch OLG Dresden NJW-RR 1995, 803.

305 BGH NJW 1994, 2082 (2083); 1999, 2883; NJW-RR 2008, 977 (978); BeckRS 2016, 12899 Rn. 22; NJW-RR 2016, 1138 (1139); grundlegend *Flume* BGB AT Bd. 2 § 45 II 3 S. 789 ff.; Staudinger/*Schilken* BGB § 167 Rn. 97; Palandt/*Ellenberger* BGB § 164 Rn. 14; *Medicus/Petersen* BGB AT Rn. 967; *K. Schmidt* GesR § 10 II S. 259.

306 BGH NJW 1994, 2082 (2083); 1999, 2883; ZIP 2007, 1942; BeckRS 2016, 12899 Rn. 22; NJW 2017, 3373 (3374); OLG Koblenz ZEV 2008, 334.

307 MüKoBGB/*Schubert* § 164 Rn. 220 f.; *Prölss* JuS 1985, 578; *K. Schmidt* GesR § 10 II, S. 259; *Canaris* Handelsrecht § 12 Rn. 36, der gar von einem „unsinnigen Streit" spricht.

Umstritten ist ferner, ob bei der Verteilung des Missbrauchsrisikos auch ein **Mitverschulden des Vertrete- 94 nen** zu berücksichtigen ist, beispielsweise wenn er es an ihm zuzumutenden Kontrollmaßnahmen gegenüber seinem Vertreter hat fehlen lassen. Der BGH hat dies unter Berufung auf den **Rechtsgedanken des § 254** bejaht und sich dafür ausgesprochen, die nachteiligen Folgen des Geschäfts in einem solchen Fall auf den Vertretenen und den Vertragsgegner nach Maßgabe des auf jeder Seite obwaltenden Verschuldens zu vertei- len.[308] Diese Rechtsprechung ist im Schrifttum zu Recht auf scharfe Ablehnung gestoßen.[309] Abgesehen davon, dass die Kategorie des Verschuldens nicht mit der hier vertretenen dogmatischen Verankerung der Grundsätze über den Missbrauch der Vertretungsmacht harmoniert, begegnet es tief greifenden rechtssyste- matischen Bedenken, die Regelung des § 254 auf Erfüllungsansprüche anzuwenden. Erfüllungsansprüche sind – wenn sie nicht auf Geldzahlung gerichtet sind – regelmäßig unteilbar und die Gültigkeit des Rechts- geschäfts kann nur einheitlich beurteilt werden. Sollte es sich allerdings so verhalten, dass dem Vertretenen ein Verschulden bei Vertragsschluss zur Last fällt und damit eine **Schadensersatzhaftung gegenüber dem Geschäftspartner** nach §§ 280, 311 Abs. 2 (ggf. iVm § 278) besteht, so kommt in dieser Konstellation eine Anwendung des § 254 im Hinblick auf ein Mitverschulden des geschädigten Kontrahenten durchaus in Betracht.[310] Die **Haftung des Vertreters gegenüber dem Vertretenen** richtet sich im Falle des Miss- brauchs der Vertretungsmacht in erster Linie nach § 280 Abs. 1, wobei es entscheidend auf die dem Vertre- ter im Innenverhältnis obliegende Pflichtenbindung ankommt.[311] Eine Haftung ist ferner unter dem Gesichtspunkt der sittenwidrigen vorsätzlichen Schädigung (§ 826) denkbar.[312]

Die dargestellten Grundsätze über den Missbrauch der Vertretungsmacht gelten nicht nur bei der Vollmacht, 95 sondern in gleicher Weise bei der **gesetzlichen Vertretung**. Allerdings entfällt hier die besondere Bindung an den Willen des Vertretenen.[313] Entsprechende Anwendung finden die Regeln über den Missbrauch der Vertretungsmacht ferner bei **missbräuchlicher Verwendung einer Scheckkarte**[314] sowie bei der miss- bräuchlichen Vornahme von **Prozesshandlungen** durch einen Prozessvertreter.[315] Auf einen seine Stellung missbrauchenden **Treuhänder** passen die Grundsätze über den Missbrauch der Vertretungsmacht hingegen nicht, da dieser im eigenen Namen handelt und insofern keine vergleichbare Situation vorliegt.[316]

IV. Rechtsfolgen der Stellvertretung

1. Wirkung für und gegen den Vertretenen. Die wichtigste Rechtsfolge wirksamer Stellvertretung wird 96 in Abs. 1 mit den Worten „wirkt unmittelbar für und gegen den Vertretenen" beschrieben. Die **Rechtsfolgen** des vom Vertreter vorgenommenen Rechtsgeschäfts, also einer von ihm abgegebenen (Abs. 1) oder empfan- genen (Abs. 3) Willenserklärung treten demnach unmittelbar **in der Person des Vertretenen** ein. Die aus dem Vertreterhandeln resultierende rechtliche Regelung ist eine solche des Vertretenen.[317] „**Unmittelbar**" meint in diesem Zusammenhang, dass die Rechte und Pflichten originär in der Person des Vertretenen ent- stehen, also kein abgeleiteter Erwerb über den Vertreter als Durchgangsperson stattfindet.[318]

Liegen bei **Abschluss eines Vertrages** die Voraussetzungen wirksamer Stellvertretung vor, so wird aus die- 97 sem Vertrag allein der **Vertretene** berechtigt und verpflichtet. Er **wird** damit **zur Vertragspartei** und kann die mit dieser Rolle verbundenen Rechte uneingeschränkt wahrnehmen. Wichtig ist dies vor allem für die Ausübung von **Gestaltungsrechten**. So steht ein vorbehaltenes oder kraft Gesetzes etwa infolge einer Leis- tungsstörung entstehendes Rücktrittsrecht, ein Kündigungs- oder ein Widerrufsrecht allein dem Vertretenen als Vertragspartei zu.[319] Dasselbe gilt für ein Anfechtungsrecht und zwar auch dann, wenn sich der Vertreter bei Abgabe der Willenserklärung im Irrtum befunden hatte oder arglistig getäuscht worden ist.[320] Möglich

308 BGHZ 50, 112, 114 f. = NJW 1968, 1379; offen gelassen in BGH NJW 1999, 2883 (2884); ebenso Palandt/*Ellenberger* BGB § 164 Rn. 14 b; *Fischer* FS Schilling 1973, S. 17 f.; *Tank* NJW 1969, 6 (10).

309 Staudinger/*Schilken* BGB § 167 Rn. 104; MüKo-BGB/*Schubert* § 164 Rn. 228; Soergel/*Leptien* BGB § 177 Rn. 19; Erman/*Maier-Reimer* BGB § 167 Rn. 76; *Canaris* Handelsrecht § 12 Rn. 42; MüKoHGB/*Krebs* Vor § 48 Rn. 73; *Heckelmann* JZ 1970, 62 (64); *Wolf/Neuner* BGB AT § 49 Rn. 105.

310 Staudinger/*Schilken* BGB § 167 Rn. 104; MüKo-BGB/*Schubert* § 164 Rn. 228; Soergel/*Leptien* BGB § 177 Rn. 19; Die Anwendung des § 278 im Hinblick auf den Vertreter ist nicht unstreitig; dagegen etwa *Canaris* Handelsrecht § 14 Rn. 43.

311 MüKoBGB/*Schubert* § 164 Rn. 228; Staudinger/*Schilken* Rn. 105.

312 BGH NZG 2011, 1225.

313 *Flume* BGB AT Bd. 2 § 45 II 3 S. 791; Staudinger/*Schilken* BGB § 167 Rn. 99.

314 BGHZ 64, 79, 82 = NJW 1975, 1168; 83, 28, 33 = NJW 1982, 1466; NJW 1982, 1513 (1514); ausf. zum Bankverkehr in diesem Zusammenhang MüKo-BGB/*Schubert* § 164 Rn. 230 ff.

315 BGH LM § 515 ZPO Nr. 13 und § 565 III ZPO Nr. 10; Soergel/*Leptien* BGB § 164 Rn. 20; Palandt/*Ellenberger* BGB § 164 Rn. 14.

316 BGH NJW 1968, 1471; Staudinger/*Schilken* BGB § 167 Rn. 99; vgl. auch *Henssler* AcP 196 (1996), 37, 68.

317 *Flume* BGB AT Bd. 2 § 46 1 S. 793 f.

318 Erman/*Maier-Reimer* BGB § 164 Rn. 20.

319 MüKoBGB/*Schubert* § 164 Rn. 233; *Bork* BGB AT Rn. 1654.

320 MüKoBGB/*Schubert* § 164 Rn. 233; *Wolf/Neuner* BGB AT § 49 Rn. 74 f.

bleibt aber immer, dass die dem Vertreter erteilte Vertretungsmacht auch die Abgabe solcher Gestaltungserklärungen umfasst.[321] Das ist eine Frage der Auslegung der Reichweite der Vertretungsmacht und hängt von den Umständen des Einzelfalles ab.

98 **2. Mitverpflichtung des Vertreters.** Liegen die Voraussetzungen wirksamer Stellvertretung vor und wird das rechtsgeschäftliche Handeln des Vertreters demgemäß dem Vertretenen zugerechnet, so folgt daraus, dass der Vertreter selbst von den rechtsgeschäftlichen Wirkungen grundsätzlich unberührt bleibt. Er kann aus dem Rechtsgeschäft weder in Anspruch genommen werden, noch wird er aus ihm berechtigt. Dies ergibt sich auch aus § 179, der nur für den Fall der Vertretung ohne Vertretungsmacht eine Einstandspflicht des Vertreters vorsieht.

99 Nicht ausgeschlossen ist es, dass der Vertreter auf ein und derselben Seite **zugleich in fremdem als auch im eigenen Namen** rechtsgeschäftlich agiert und damit den Eintritt der Rechtswirkungen sowohl in der Person des Vertretenen als auch in eigener Person bewirkt.[322] Dies kann ausdrücklich oder konkludent erfolgen.[323] Häufig wird auf Verlangen des Geschäftspartners eine Mitverpflichtung oder eine Einstandspflicht des Vertreters durch eine entsprechende ausdrückliche Abrede begründet. Geschieht dies in allgemeinen Geschäftsbedingungen, so ist das besondere **Klauselverbot des § 309 Nr. 11** zu beachten. Das Bestreben, sich in Gestalt des Vertreters einen zusätzlichen Schuldner zu sichern, wird vom Gesetzgeber zwar nicht grundsätzlich missbilligt, wohl aber bestimmten, der Vertragstransparenz verpflichteten Anforderungen unterworfen. Damit soll der Vertreter vor einer Inanspruchnahme aufgrund einer ihm untergeschobenen Verpflichtungsvereinbarung geschützt werden. Um dies zu erreichen, wird insbesondere eine auf die Übernahme der Haftung oder der Einstandspflicht gerichtete ausdrückliche und gesonderte Erklärung verlangt.[324] Diese muss schon vom äußeren Aufbau her deren Doppelcharakter klar hervortreten lassen.[325]

100 Zu einer gesetzlich angeordneten Wirkungserweiterung, die zu einer Kombination von Eigen- und Fremdwirkungen führt, kommt es bei **Geschäften, die ein Ehegatte zur angemessenen Deckung des Lebensbedarfs der Familie besorgt** (§ 1357 Abs. 1 S. 2; → Rn. 33).

101 Eine **Eigenhaftung des Vertreters** kommt schließlich wegen einer Pflichtverletzung im Zuge der Vertragsanbahnung in Betracht. Die bisherige Rechtsprechung zur Inanspruchnahme eines Dritten wegen **culpa in contrahendo** hat nunmehr in **§ 311 Abs. 3** eine Heimstatt gefunden. Auch weiterhin kommt es darauf an, ob der Dritte – hier der Vertreter – ein eigenes wirtschaftliches Interesse an dem Geschäft hat oder aber in besonderem Maße persönliches Vertrauen in Anspruch genommen und dadurch die Verhandlungen beeinflusst hat. Hiervon zu unterscheiden ist die **Inanspruchnahme des Vertretenen wegen einer Pflichtverletzung des Vertreters** innerhalb eines vorvertraglichen Vertrauensverhältnisses (§§ 280 Abs. 1, 311 Abs. 2, 278), das in entsprechender Anwendung des § 164 zwischen dem Vertretenen und dem Geschäftsgegner zustande gekommen ist.[326]

V. Passive Stellvertretung (Abs. 3)

102 Abs. 3 stellt klar, dass Abs. 1 und insbesondere der dort verankerte Offenkundigkeitsgrundsatz auch auf die Empfangnahme einer Willenserklärung für einen anderen (sog. passive Stellvertretung) entsprechende Anwendung findet. Anders als im Fall der aktiven Stellvertretung richtet sich der **Offenkundigkeitsgrundsatz** jedoch nicht an den Vertreter, sondern an den die Willenserklärung abgebenden Geschäftspartner.[327] Dieser muss seinen Willen, die Wirkungen der von ihm abgegebenen Willenserklärung in der Person des Vertretenen eintreten zu lassen, entweder ausdrücklich verlautbaren oder doch so ausdrücken, dass er sich für den anderen aus den Umständen ergibt. Dem dürfte regelmäßig entsprochen sein, wenn der Geschäftspartner eine erkennbar für den Vertretenen bestimmte, weil ihn berechtigende oder/und verpflichtende, Erklärung gegenüber dem Vertreter abgibt. Auf den Willen des Vertreters, die Erklärung für den Vertretenen entgegenzunehmen, kommt es hingegen nicht an.[328] Folgerichtig hindert selbst die Erklärung, die Willenserklärung nicht für den Vertretenen in Empfang nehmen zu wollen, den Eintritt der Vertretungswirkung

---

321 *Wolf/Neuner* BGB AT § 49 Rn. 74.
322 RGZ 127, 103, 105; BGHZ 104, 95 = NJW 1988, 1908 (1909); MüKoBGB/*Schubert* § 164 Rn. 239; Erman/*Maier-Reimer* BGB § 164 Rn. 23.
323 Soergel/*Leptien* BGB § 164 Rn. 32.
324 Näher zu diesem Klauselverbot die Kommentierung von Wolf/Horn/Lindacher/*Dammann* BGB § 309 Nr. 11, sowie *Stoffels* AGB-Recht Rn. 712.
325 So zuletzt BGH NJW 2002, 3464 (3465).
326 Wie hier Staudinger/*Schilken* BGB § 164 Rn. 11; Erman/*Maier-Reimer* BGB § 164 Rn. 21; gegen eine

solche zweistufige Zurechnung MüKoBGB/*Schubert* § 164 Rn. 241. Aus der Rspr. insbes. BGHZ 6, 330, 334 und zuletzt BGH NJW-RR 1998, 1342.
327 MüKoBGB/*Schubert* § 164 Rn. 244; Soergel/*Leptien* BGB § 164 Rn. 37; aA Staudinger/*Schilken* BGB § 164 Rn. 22, der darüber hinaus verlangt, dass das vom Vertreter an den Tag gelegte Empfangsverhalten erkennbar für den Vertretenen wirken soll.
328 Soergel/*Leptien* BGB § 164 Rn. 37; MüKoBGB/*Schubert* § 164 Rn. 245; RGRK/*Steffen* BGB § 164 Rn. 11.

nicht.[329] Entscheidend ist allein, ob die Empfangsperson mit **Empfangsvertretungsmacht** ausgestattet ist oder nicht.[330] Im Allgemeinen kann davon ausgegangen werden, dass die aktive Vertretungsmacht als zumeist notwendiges Korrelat auch die passive Vertretungsmacht in demselben Geschäftsbereich umfasst.[331] Passive Vertretungsmacht kann jedoch auch isoliert bestehen.[332] So kann es sich beispielsweise beim Versicherungsvertreter verhalten (vgl. § 69 Abs. 1 Nr. 1 und 2 VVG). Ferner muss eine Beschränkung der aktiven Vertretungsmacht nicht ohne Weiteres auf die Empfangsvertretung durchschlagen,[333] wenngleich dies wiederum aber auch nicht ausgeschlossen ist.[334]

Vom Empfangsvertreter ist der **Empfangsbote** zu unterscheiden. Während der passive Stellvertreter selbst **103** der Adressat der Willenserklärung ist und nur die Rechtsfolgen in der Person des Vertretenen eintreten sollen, obliegt dem Empfangsboten lediglich die Weitergabe der an den Vertretenen gerichteten Erklärung. Die für die aktive Stellvertretung formulierten Kriterien (→ Rn. 47 ff.) lassen sich auf die Empfangnahme von Willenserklärungen mutatis mutandis übertragen. Es kommt also entscheidend darauf an, ob sich die Empfangsperson – für den Erklärenden erkennbar – durch eine gewisse Selbständigkeit gegenüber ihrem Geschäftsherrn auszeichnet oder ob sie lediglich als bloße Empfangseinrichtung ohne jeglichen Entscheidungsspielraum fungiert.[335] Die Abgrenzung ist häufig nicht einfach. Auf der anderen Seite führt die Unterscheidung in der Praxis in aller Regel nicht zu divergenten Ergebnissen. Am deutlichsten zeigt sich der Unterschied noch in der **Bestimmung des Zugangszeitpunkts** (vgl. hierzu § 130). Während im Falle der Passivvertretung der Zugang der Willenserklärung beim Vertretenen bereits mit dem Zugang bei seinem Vertreter eintritt,[336] erfolgt der Zugang bei Einschaltung eines Empfangsboten erst zu dem Zeitpunkt, zu dem nach dem regelmäßigen Lauf der Dinge mit der Weitergabe der Erklärung an den Geschäftsherrn, den Empfänger, zu rechnen ist.[337]

C. Weitere praktische Hinweise

I. Prozessuale Fragen

1. Beweislast. Es gelten die allgemeinen Beweisgrundsätze. Danach trifft die Darlegungs- und Beweislast **104** denjenigen, der sich auf die Wirksamkeit der Stellvertretung beruft. Dies gilt demnach, wenn streitig ist, ob ein Rechtsgeschäft in eigenem oder fremdem Namen vorgenommen wurde,[338] ob Vertretungsmacht vorliegt[339] oder ob der Empfänger eine Zahlung im eigenen oder fremden Namen angenommen hat.[340] Dies gilt ferner, wenn ein Vertreter als falsus procurator aus § 179 in Anspruch genommen wird. Wird der Verhandelnde als Vertragspartner in Anspruch genommen, muss er beweisen, dass er ausdrücklich im Namen des Vertretenen aufgetreten ist oder dass sein Vertreterwille erkennbar aus den Umständen zu entnehmen war.[341]

Besonderheiten gelten für das sogenannte unternehmensbezogene Geschäft. Hier besteht eine widerlegbare **105** Vermutung dafür, dass der Handelnde für das Unternehmen aufgetreten ist.[342] Wer ein Eigengeschäft behauptet, muss daher im Bestreitensfall beweisen, dass der Handelnde entgegen dieser Vermutung im eigenen Namen aufgetreten ist.[343] Der als Vertreter Handelnde hingegen muss, um sich zu entlasten, lediglich

329   Soergel/*Leptien* BGB § 164 Rn. 37; MüKoBGB/
     Schubert § 164 Rn. 245; aA Staudinger/*Schilken*
     BGB § 164 Rn. 22.
330   Zur Eigenschaft des Bezirksleiters eines Mineralöl-
     unternehmens als Empfangsvertreter gegenüber den
     Tankstellenhaltern vgl. BGH NJW 2002, 1041.
331   BGH NJW 2002, 1041 f.; Staudinger/*Schilken* BGB
     § 164 Rn. 23; MüKoBGB/*Schubert* § 164 Rn. 246;
     Richardi AcP 169 (1969), 385, 400; *Wolf/Neuner*
     BGB AT § 49 Vor Rn. 1.
332   BGH NJW 2002, 1041; *Richardi* AcP 169 (1969),
     385, 400; Soergel/*Leptien* BGB § 164 Rn. 37;
     Staudinger/*Schilken* BGB § 164 Rn. 23; MüKoBGB/
     Schubert § 164 Rn. 246; aA *Stoll* AcP 131 (1929),
     228, 231.
333   OLG Oldenburg NJW-RR 1991, 857; Staudinger/
     Schilken BGB § 164 Rn. 23.
334   Vgl. etwa BGH LM § 164 BGB Nr. 17. *Larenz/Wolf*
     BGB AT § 46 Rn. 30 meinen sogar, dass demjeni-
     gen, dem die aktive Vertretungsmacht in einer
     bestimmten Angelegenheit fehle, in der Regel auch
     die passive fehle.

335   Staudinger/*Schilken* BGB § 164 Rn. 25; *Richardi*
     AcP 169 (1969), 385, 401; MüKoBGB/*Schubert*
     § 164 Rn. 81 f.; ausf. zum Ganzen zuletzt *Sandmann*
     AcP 199 (1999), 455 ff.
336   BGH NJW 2002, 1041 (1042).
337   Erman/*Maier-Reimer* BGB § 164 Rn. 28; Soergel/
     Leptien BGB Vor § 164 Rn. 45; BeckOGK/*Huber*
     BGB § 164 Rn. 98.
338   BGH NJW 1986, 1675; 1991, 2958; 1992, 1380;
     OLG Saarbrücken BeckRS 2016, 114754 Rn. 77;
     OLG München BeckRS 2017, 134395 Rn. 15; OLG
     Zweibrücken BeckRS 2018, 36379 Rn. 15; vgl. auch
     Zöller/*Greger* ZPO Vor § 284 Rn. 17 a.
339   BayObLGE 1977, 9.
340   OLG Frankfurt NJW-RR 1988,108.
341   BGHZ 85, 258 = NJW 1983, 820; BGH NJW 1986,
     1675; 1991, 2958; NJW-RR 1992, 1010; NJW 1995,
     775; OLG Düsseldorf NJW-RR 2005, 852.
342   BGH NJW 1984, 1347 f.; 1986, 1675; 1991, 2627;
     1995, 43.
343   BGH NJW 1983, 1844; 1984, 1381; 1986, 1675;
     1991, 2627; 1992, 1380, 1381; 1995, 43; LG Saar-
     brücken BeckRS 2018, 13656 Rn. 22.

beweisen, dass sich das Geschäft erkennbar auf das Unternehmen bezogen hat.[344] Nicht ausräumbare Zweifel gehen nach Abs. 2 zulasten des Handelnden.[345]

106 Ein behauptetes Erlöschen der Vertretungsmacht ist von demjenigen zu beweisen, der Rechte daraus herleitet. Ist lediglich der Zeitpunkt des Erlöschens umstritten, muss der Vertragsschluss vor dem Erlöschenszeitpunkt von dem bewiesen werden, der die Gültigkeit des Geschäftes behauptet.[346]

107 **2. Streitverkündung.** Die Frage des Vorliegens wirksamer Stellvertretung berührt in der Regel die rechtlichen Interessen dreier Beteiligter: Geschäftsherr, Vertreter und Geschäftsgegner. Bei einem Rechtsstreit zwischen zwei dieser Beteiligten ist daher aus Sicht der Parteien die Möglichkeit einer Streitverkündung gem. §§ 72 ff. ZPO zu berücksichtigen. Aus Sicht des am Prozess nicht Beteiligten kommt eine Nebenintervention gem. §§ 66 ff. ZPO infrage. Hierdurch wird zum einen dem an dem Prozess bislang Unbeteiligten die Möglichkeit geboten, auf Seiten einer Partei als Streithelfer mit den in § 67 ZPO benannten Rechten teilzunehmen. Zum anderen wird für den Folgeprozess – meist ein Regressprozess – zwischen der streitverkündenden bzw. unterstützten Partei und dem Streitverkündungsempfänger bzw. Nebenintervenienten die Interventionswirkung des § 68 ZPO ausgelöst. Sowohl dem Nebenintervenienten als auch dem nicht Beigetretenen sind im Folgeprozess gegenüber der Hauptpartei iSv § 68 ZPO alle Einwendungen tatsächlicher oder rechtlicher Art abgeschnitten, sofern sie im Vorprozess vorgetragen werden konnten, sofern Letztere nicht dem Vortrag zustimmt oder ein Fall des § 68 Hs. 2 ZPO vorliegt. Die Interventionswirkung besteht nur zugunsten, nicht aber zuungunsten der streitverkündenden bzw. unterstützten Partei.[347] So kommt eine Streitverkündung zB in Betracht, wenn zu besorgen ist, dass unklar bleibt, ob der Handelnde oder der Vertretene Vertragspartner geworden ist.[348]

108 **3. Kosten. a) Entwurf und Prüfung einer Vollmacht.** Die Mitwirkung des Rechtsanwaltes bei der Erteilung einer Vollmacht und die Prüfung einer Vollmacht sind unter § 2 Abs. 2 RVG iVm Anlage 1 Teil 2 (Nrn. 2100 bis 2103 des Gebührenverzeichnisses) fallende Tätigkeiten. Ihr Wert bemisst sich nach § 23 Abs. 3 S. 2 RVG.

109 **b) Erteilung.** Wird auf Erteilung einer Vollmacht geklagt, so richtet sich der Streitwert nach § 3 ZPO. Maßgebend ist das Interesse des Vollmachtnehmers an der von ihm in Anspruch genommenen Vertretungsbefugnis.[349]

110 **c) Herausgabe.** Der Streitwert einer Klage auf Herausgabe einer Vollmachtsurkunde bestimmt sich nach dem gem. § 3 ZPO zu schätzenden Interesse hieran. Das Interesse an der Herausgabe kann nur danach bewertet werden, ob und in welchem Umfang überhaupt Schäden durch einen Missbrauch der Vollmacht möglich gewesen wären und inwieweit der Kläger solche Schäden befürchtet hat.[350]

111 **d) Vorlage.** Wird lediglich die Vorlage und nicht die Herausgabe einer Vollmachtsurkunde verlangt, so ist der Streitwert das nach Lage jedes einzelnen Falles zu beurteilende Interesse des Klägers an der Vorlage der Urkunde. Das Interesse des Klägers besteht im Allgemeinen in den Kosten, die erwachsen würden, wenn der Kläger sich die aus den Urkunden zu schöpfende Kenntnis oder Beweismittel auf anderem Wege beschaffen müsste. Es kann aber auch erheblich höher angenommen werden, nämlich dann, wenn durch die Vorlegung der Urkunde eine Rechnungsaufstellung überhaupt erst möglich ist.[351]

II. Ausgewählte Musterbeispiele

1. Spezialvollmacht

112 „Ich, der unterzeichnende [Name], erteile [Name, Geburtsdatum, Anschrift] hiermit Vollmacht, meinen Pkw [Typ, amtl. Kennz.] zu verkaufen und zu übereignen. Diese Vollmacht erlischt am [Datum].

[Ort/Datum/Unterschrift]"

---

344 BGH NJW 1995, 43.
345 BGH NJW 2000, 2984 (2985); MüKoBGB/*Schubert* § 164 Rn. 259.
346 BGH NJW 1974, 748; WM 1984, 603.
347 BGHZ 100, 260 ff.; BGH NJW 1997, 2386; vgl. auch Zöller/*Althammer* ZPO § 74 Rn. 7.
348 BGH NJW 1982, 281; OLG Düsseldorf NJW 1992, 1176.

349 *Kurpat/Schneider* in Schneider/Herget, Streitwertkommentar für den Zivilprozess, Rn. 5869.
350 KG Rpfleger 1970, 353 = JurBüro 1970, 794; OLG Naumburg OLGZ 21, 59.
351 KG Rpfleger 1970, 353 = JurBüro 1970, 794; OLG Naumburg OLGZ 21, 59.

2. Generalvollmacht

„Ich, der unterzeichnende [Name], erteile dem/der [Name, Geburtsdatum, Anschrift] Vollmacht, **113** mich in allen Angelegenheiten gerichtlich wie außergerichtlich gegenüber jedermann zu vertreten. [Ort/Datum/Unterschrift]"

3. Gesamtvollmacht

„Ich, der unterzeichnende [Name], erteile [Name, Geburtsdatum, Anschrift] und [Name, Geburts- **114** datum, Anschrift] Vollmacht, mich in folgender Angelegenheit derart zu vertreten, dass nur beide gemeinschaftlich vertretungsberechtigt sind: [Geschäftsgegenstand]. [Ort/Datum/Unterschrift]"

4. Prokura (Einzelprokura)

„Hiermit erteilen wir Ihnen [Name, Geburtsdatum, Anschrift] mit sofortiger Wirkung Einzelprokura. **115** Im Innenverhältnis dürfen Sie ohne Zustimmung der Geschäftsleitung von der Prokura nur zur Vornahme folgender Geschäfte Gebrauch machen: [Katalog]. [Ort/Datum/Firmenstempel/Unterschriften]"

5. Bestellung eines GmbH-Geschäftsführers mit Einzelvertretungsmacht durch die Gesellschaf- 116 terversammlung (organschaftliche Vertretung). Die GmbH handelt durch den bzw. die Geschäftsführer als Organ der Gesellschaft mit nach außen hin unbeschränkbarer Vertretungsmacht (§ 37 Abs. 2 GmbHG). Die Erlangung der Organstellung und damit der Vertretungsmacht erfolgt durch Bestellung gem. § 46 Nr. 5 GmbHG durch die Gesellschafterversammlung per Beschluss und Annahme derselben durch den Geschäftsführer.

„Wir bestellen hiermit [Name, Geburtsdatum, Anschrift] zum Geschäftsführer. [Name, Geburtsda- **117** tum, Anschrift] ist berechtigt, die Gesellschaft einzeln zu vertreten. [Ort/Datum/Unterschriften der Gesellschafter]"

III. Weiterführende Literaturhinweise zur Gestaltung von Vollmachten

Beck'sches Formularbuch Bürgerliches, Handels- und Wirtschaftsrecht, 8. Auflage 2003, I 4 Nr. 33 ff. **118** S. 67 ff.; *Heidel/Pauly/Amend*, AnwaltFormulare, 4. Auflage 2003, bei den jeweiligen Rechtsgebieten; *Kersten/Bühling*, Formularbuch und Praxis der Freiwilligen Gerichtsbarkeit, 21. Auflage 2001/2004, § 28; *Schulze/Grziwotz/Lauda*, BGB, Kommentiertes Vertrags- und Prozessformularbuch, 2011, §§ 164 ff.; *Wurm/ Wagner/Zartmann*, Das Rechtsformularbuch, 14. Auflage 1998, Kap. 9, S. 88 ff.

§ 165 Beschränkt geschäftsfähiger Vertreter

Die Wirksamkeit einer von oder gegenüber einem Vertreter abgegebenen Willenserklärung wird nicht dadurch beeinträchtigt, dass der Vertreter in der Geschäftsfähigkeit beschränkt ist.

Literatur: *Chiusi*, Geschäftsfähigkeit im Recht der Stellvertretung, Jura 2005, 532; *Ostheim*, Probleme bei Vertretung durch Geschäftsunfähige, AcP 169 (1969), 193.

A. Allgemeines	1		I. Gewillkürte Stellvertretung	6
I. Bedeutung	1		II. Gesetzliche Stellvertretung	8
II. Abgrenzungen	2		III. Organmitgliedschaft	9
B. Regelungsgehalt	6		C. Weitere praktische Hinweise	10

A. Allgemeines

I. Bedeutung

Die Vorschrift des § 165 ist **Ausdruck** sowohl des **Repräsentationsprinzips** als auch des **Abstraktions- 1 grundsatzes**.[1] Der Vertreter ist der rechtsgeschäftlich Handelnde. Daher gelten für ihn – § 165 bestätigt dies indirekt – auch grundsätzlich die Bestimmungen über die Geschäftsfähigkeit. Die Wirkungen des von ihm

---

1 Staudinger/*Schilken* BGB § 165 Rn. 1; MüKoBGB/ *Schubert* § 165 Rn. 1.

im Namen des Vertretenen mit Vertretungsmacht vorgenommenen Rechtsgeschäfts treten hingegen – unabhängig vom Bestehen eines Innenverhältnisses – in der Person des Vertretenen ein. Der Vertreter selbst wird aus diesem Rechtsgeschäft nicht verpflichtet. War der Vertreter nur beschränkt geschäftsfähig, so haftet er grundsätzlich selbst dann nicht, wenn er als **falsus procurator** gehandelt hat (§ 179 Abs. 3 S. 2). Für ihn stellt sich mithin die **Vornahme des Vertretergeschäfts** als rechtlich **neutrales Geschäft** dar. Weder der Schutz des beschränkt Geschäftsfähigen noch die Rücksichtnahme auf den Vertretenen, der den Vertreter ja bevollmächtigt hat, verlangen hier, die Wirkungen des Vertretergeschäfts nicht eintreten zu lassen. Dieses Ergebnis ließe sich auch im Wege einer teleologischen Interpretation der §§ 106 ff. begründen.[2] § 165 hat insoweit nur klarstellende Funktion.

II. Abgrenzungen

2 Die Vorschrift des § 165 findet auf **alle Vertreter** Anwendung, gleich, worauf ihre Vertretungsmacht beruht. Selbst der **Vertreter ohne Vertretungsmacht** wird von ihr erfasst.[3]

3 § 165 findet keine Anwendung auf den beschränkt geschäftsfähigen **mittelbaren Stellvertreter**.[4] Dieser handelt im eigenen Namen; die Rechtsfolgen sollen in seiner Person eintreten. Die Wirksamkeit seines rechtsgeschäftlichen Handelns beurteilt sich daher unmittelbar nach den §§ 107 ff.

4 Nicht von § 165 erfasst wird weiterhin die Übermittlung bzw. Empfangnahme einer Willenserklärung durch einen **Boten**. Die maßgebliche Willenserklärung wird hier vom Geschäftsherrn abgegeben, so dass die entsprechenden Mindestanforderungen allein in seiner Person erfüllt sein müssen. Als Bote kann somit auch ein Kind auftreten.[5]

5 Nicht unter § 165 fällt schließlich das Handeln eines **Geschäftsunfähigen**. Dem Geschäftsunfähigen fehlt die Fähigkeit, einen rechtserheblichen Willen zu bilden. Seine Willenserklärungen sind nach § 105 nichtig, ihm gegenüber abgegebene Willenserklärungen werden nach § 131 Abs. 1 nicht wirksam, bevor sie seinem gesetzlichen Vertreter zugehen. Das von einem geschäftsunfähigen Vertreter vorgenommene **Vertretergeschäft** ist somit **nichtig**, nicht etwa nur schwebend unwirksam mit der Möglichkeit der Genehmigung.[6] Es kann dem Vertretenen grundsätzlich auch **nicht unter Rechtsscheinsgesichtspunkten** zugerechnet werden.[7] Der gute Glaube des Kontrahenten an die Geschäftsfähigkeit des Vertreters wird in dieser Situation – wie auch sonst – nicht geschützt. Auch eine (verschuldensunabhängige) Inanspruchnahme des Vertretenen auf den **Ersatz des Vertrauensschadens analog § 122 ist abzulehnen**.[8] In Betracht kommt allenfalls eine Haftung gegenüber dem Geschäftspartner aus **Verschulden bei Vertragsschluss** (§§ 311 Abs. 1, 280 Abs. 1), vorausgesetzt, die Geschäftsunfähigkeit des Vertreters war dem Vertretenen bekannt gewesen oder von ihm fahrlässig nicht erkannt worden.[9]

B. Regelungsgehalt

I. Gewillkürte Stellvertretung

6 Der praktisch bedeutsamste Anwendungsfall der Vorschrift liegt im Bereich der gewillkürten Stellvertretung. Die **Bevollmächtigung** verleiht dem beschränkt Geschäftsfähigen lediglich zusätzliche Befugnisse, verpflichtet ihn aber nicht. Sie kann daher ohne Einwilligung der gesetzlichen Vertreter des beschränkt Geschäftsfähigen wirksam vorgenommen werden (§ 131 Abs. 2 S. 2). Aufgrund der Abstraktheit der Vollmacht muss die Wirksamkeit der Bevollmächtigung grundsätzlich unabhängig von dem zugrunde liegenden **Innenverhältnis** (zB Auftrag oder Dienstvertrag) beurteilt werden. Fehlt es für die Eingehung der vertragli-

2   MüKoBGB/*Schubert* § 165 Rn. 1.

3   Soergel/*Leptien* BGB § 165 Rn. 3.

4   Vgl. statt aller mit weiteren Hinw. MüKoBGB/*Schubert* § 165 Rn. 9.

5   *Medicus/Petersen* BGB AT Rn. 886; Staudinger/*Schilken* BGB § 165 Rn. 8; MüKoBGB/*Schubert* § 165 Rn. 10.

6   Staudinger/*Schilken* BGB § 165 Rn. 3; *Wolf/Neuner* BGB AT § 49 Rn. 12; rechtspolitische Kritik am Nichtigkeitsdogma äußert *Chiusi* Jura 2005, 532.

7   BGHZ 53, 210, 215 = NJW 1970, 806; Soergel/*Leptien* BGB § 165 Rn. 1; Staudinger/*Schilken* BGB § 165 Rn. 3; Erman/*Maier-Reimer* BGB § 165 Rn. 5. Ausnahmsweise hat der BGH die Haftung einer Gesellschaft aus zurechenbar veranlasstem Rechtsschein angenommen, wenn der im Handelsregister

eingetragene Organvertreter (GmbH-Geschäftsführer) nach seiner Eintragung geschäftsunfähig wird, vgl. BGHZ 115, 78, 81 = NJW 1991, 2566; zust. MüKoBGB/*Schubert* § 165 Rn. 11; Soergel/*Leptien* BGB § 165 Rn. 1 sowie *K. Schmidt* JuS 1991, 1005 unter Hinw. auf den Zurechnungsgedanken der Anscheinsvollmacht.

8   Staudinger/*Schilken* Vor § 165 Rn. 3; Soergel/*Leptien* BGB § 165 Rn. 1 Palandt/*Ellenberger* BGB § 165 Rn. 1; aA *Ostheim* AcP 169 (1969), S. 193; RGRK/*Steffen* BGB § 165 Rn. 2; *Canaris* FG Bundesgerichtshof 2000, S. 162.

9   Staudinger/*Schilken* BGB § 165 Rn. 3; Soegel/*Leptien* BGB § 165 Rn. 10; Palandt/*Ellenberger* BGB § 165 Rn. 1.

chen Bindung im Innenverhältnis an der nach § 107 erforderlichen Einwilligung des gesetzlichen Vertreters und wird der Vertrag durch diesen auch später nicht genehmigt (§ 108), so können hierdurch zwar gesetzliche Ansprüche im Verhältnis des Vertretenen zu dem beschränkt geschäftsfähigen Vertreter ausgelöst werden;[10] die Vollmacht hingegen bleibt hiervon grundsätzlich unberührt.

In einer Fallgestaltung kann der Umstand der beschränkten Geschäftsfähigkeit allerdings doch für die Vertretungsmacht Bedeutung erlangen: Hielt nämlich der Vollmachtgeber den Vertreter bei Erteilung der Vollmacht irrigerweise für unbeschränkt geschäftsfähig, so kann er die Bevollmächtigung wegen eines **Irrtums über eine verkehrswesentliche Eigenschaft einer Person nach § 119 Abs. 2** anfechten.[11] Sollte der beschränkt Geschäftsfähige vor der Anfechtung schon von seiner Vollmacht Gebrauch gemacht haben, sind die Vertretergeschäfte schwebend unwirksam. Eine Haftung des beschränkt geschäftsfähigen Vertreters gegenüber dem Vertragspartner scheitert wiederum an § 179 Abs. 3 S. 2 (zur Anfechtung der Bevollmächtigung und den Rechtsfolgen im Übrigen → § 167 Rn. 21 ff.). 7

II. Gesetzliche Stellvertretung

§ 165 findet zwar im Grundsatz **auch auf den gesetzlichen Vertreter Anwendung**, die praktische Bedeutung der Vorschrift ist aber im Bereich der gesetzlichen Stellvertretung infolge mehrerer **Sondervorschriften** sehr begrenzt. So ruht die elterliche Sorge und damit die Vertretungsbefugnis des entsprechenden Elternteils, wenn ein Elternteil in der Geschäftsfähigkeit beschränkt ist (§ 1673 Abs. 2). Entsprechende Ausschlussvorschriften finden sich in § 1781 für den Vormund, in § 1915 iVm § 1781 für den Pfleger, in § 1897 Abs. 1 für den Betreuer[12] sowie in § 2201 für den Testamentsvollstrecker. Auf andere Vermögensverwalter kraft Amtes (→ § 164 Rn. 24 ff.) sind diese Vorschriften analog anzuwenden.[13] 8

III. Organmitgliedschaft

Wird ein beschränkt Geschäftsfähiger mit Zustimmung seines gesetzlichen Vertreters zum organschaftlichen Vertreter einer juristischen Person bestellt, so **gilt § 165 grundsätzlich analog** auch für das organschaftliche Handeln im Namen der juristischen Person.[14] Auch hier ist der praktische **Anwendungsbereich jedoch sehr begrenzt**, verbietet doch § 76 Abs. 3 S. 1 AktG die Bestellung eines beschränkt Geschäftsfähigen zum Vorstandsmitglied einer Aktiengesellschaft und § 6 Abs. 2 S. 1 GmbHG zum Geschäftsführer einer GmbH.[15] Als Gesellschafter einer Personengesellschaft würde der beschränkt Geschäftsfähige regelmäßig eine persönliche Verpflichtung eingehen, weshalb § 165 auch hier nicht zum Zuge kommt.[16] Es bleibt im Wesentlichen der Fall, dass ein beschränkt Geschäftsfähiger zum Vorstandsmitglied eines rechtsfähigen Vereins bestellt worden ist (§§ 26 f.) und nunmehr von seinen Vertretungsbefugnissen Gebrauch macht.[17] 9

C. Weitere praktische Hinweise

In verfahrensrechtlicher Hinsicht stellt sich die Frage, ob § 165 auch eine **Prozessvertretung durch einen nur beschränkt Geschäftsfähigen** erlaubt. Dies wird unter Hinweis auf § 79 ZPO, der auf die Vorschriften über die Prozessfähigkeit (§§ 51, 52 ZPO) verweist, zutreffend verneint.[18] Prozessfähig ist nämlich nur, wer sich durch Verträge selbstständig verpflichten kann. Auf den beschränkt Geschäftsfähigen trifft dies nicht zu. Die von ihm gleichwohl vorgenommenen Prozesshandlungen sind jedoch genehmigungsfähig. Im Verfahren der Freiwilligen Gerichtsbarkeit gilt nunmehr § 10 Abs. 2 Nr. 2 FamFG. Hiernach sind – wie im Rahmen des § 79 ZPO – vertretungsbefugt nur volljährige Familienangehörige. Daraus kann man schließen, dass beschränkt Geschäftsfähige von der Verfahrensvertretung ausgeschlossen sind.[19] 10

Es gelten die allgemeinen Beweisgrundsätze. Da § 165 den Einwand beschränkter Geschäftsfähigkeit jedoch gerade für unbeachtlich erklärt, muss derjenige, der sich aufgrund von Mängeln in der Geschäftsfähigkeit des Vertreters auf die Unwirksamkeit des Vertretergeschäftes beruft, dessen Geschäftsunfähigkeit darlegen und im Bestreitensfall beweisen. 11

10 Staudinger/*Schilken* BGB § 165 Rn. 4; MüKoBGB/*Schubert* § 165 Rn. 5.
11 Staudinger/*Schilken* BGB § 165 Rn. 5; Soergel/*Leptien* BGB § 165 Rn. 5.
12 Hierzu Palandt/*Götz* BGB § 1897 Rn. 3.
13 MüKoBGB/*Schubert* § 165 Rn. 6; Staudinger/*Schilken* BGB § 165 Rn. 2.
14 Erman/*Maier-Reimer* BGB § 165 Rn. 4; Soergel/*Leptien* BGB § 165 Rn. 3.
15 OLG Hamm NJW-RR 1992, 1253.

16 MüKoBGB/*Schubert* § 165 Rn. 7.
17 Staudinger/*Schilken* BGB § 165 Rn. 6.
18 Soergel/*Leptien* BGB § 165 Rn. 4; Staudinger/*Schilken* BGB § 165 Rn. 10; BeckOK BGB/*Schäfer* § 165 Rn. 10.
19 Wie hier Staudinger/*Schilken* BGB § 165 Rn. 10; Haußleiter/*Gomille* FamFG § 10 Rn. 3; für Anwendbarkeit des § 165 jedoch Bumiller/*Harders/Schwamb* FamFG § 10 Rn. 11.

12   Eine Regressnahme beim beschränkt Geschäftsfähigen selbst ist nur im Fall des § 179 Abs. 3 S. 2 möglich, wenn dieser keine Vertretungsmacht hatte und trotzdem der gesetzliche Vertreter in das Geschäft eingewilligt hat.

§ 166 Willensmängel; Wissenszurechnung

(1) Soweit die rechtlichen Folgen einer Willenserklärung durch Willensmängel oder durch die Kenntnis oder das Kennenmüssen gewisser Umstände beeinflusst werden, kommt nicht die Person des Vertretenen, sondern die des Vertreters in Betracht.

(2) ¹Hat im Falle einer durch Rechtsgeschäft erteilten Vertretungsmacht (Vollmacht) der Vertreter nach bestimmten Weisungen des Vollmachtgebers gehandelt, so kann sich dieser in Ansehung solcher Umstände, die er selbst kannte, nicht auf die Unkenntnis des Vertreters berufen. ²Dasselbe gilt von Umständen, die der Vollmachtgeber kennen musste, sofern das Kennenmüssen der Kenntnis gleichsteht.

Literatur: *Baum*, Die Wissenszurechnung, 1999; *Baumann*, Die Kenntnis juristischer Personen des Privatrechts von rechtserheblichen Umständen, ZGR 1973, 284; *Bayreuther*, § 166 Abs. 1 als zivilrechtliche Einstandspflicht für fremdes Handeln, JA 1998, 459; *Birk*, Bösgläubiger Besitzdiener – gutgläubiger Besitzherr?, JZ 1963, 354; *Bruns*, Voraussetzungen und Auswirkungen der Zurechnung von Wissen und Wissenserklärungen im allgemeinen Privatrecht und im Privatversicherungsrecht, 2007; *Buck*, Wissen und juristische Person, 2001; *Buck-Heeb*, Private Kenntnis in Banken und Unternehmen, WM 2008, 281; *Dauner-Lieb*, Wissenszurechnung im Gewährleistungsrecht. Ethische Neutralisierung der Arglist?, in: FS Kraft 1998, S. 43; *Donle*, Zur Frage der rechtserheblichen Kenntnis im Unternehmen, in: FS Klaka 1987, S. 6; *Flume*, Die Haftung für Fehler kraft Wissenszurechnung bei Kauf und Werkvertrag, AcP 197 (1997), 441; *Gasteyer/Goldschmidt*, Wissenszurechnung bei juristischen Personen und im Konzern, AG 2016, 116; *Goldschmidt*, Wissenszurechnung beim Unternehmenskauf, ZIP 2005, 1305; *Grigoleit*, Zivilrechtliche Grundlagen der Wissenszurechnung, ZHR 181 (2017), 160; *Grunewald*, Wissenszurechnung bei juristischen Personen, in: FS Bausch 1993, S. 301; *Hagen*, Wissenszurechnung bei Körperschaften und Personengesellschaften als Beispiel richterlicher Rechtsfortbildung, DRiZ 1997, 157; *Hartung*, Wissenszurechnung beim Unternehmenskauf, NZG 1999, 524; *Hoenig/Klingen*, Grenzen der Wissenszurechnung beim Unternehmenskauf, NZG 2013, 1046; *Hoffmann*, Arglist des Unternehmers aus der Sicht für ihn tätiger Personen, JR 1969, 372; *Jung*, Wissenszurechnung und Wissensverantwortung bei juristischen Personen, Diss. Baden-Baden, 2017; *Koch*, Wissenszurechnung aus dem Aufsichtsrat, ZIP 2015, 1757; *Koller*, Wissenszurechnung, Kosten und Risiken, JZ 1998, 75; *Lorenz*, Malafidessuperveniens im Eigentümer-Besitzer-Verhältnis und Wissenszurechnung von Hilfspersonen, JZ 1994, 549; *Maier-Reimer*, Umgehungsbekämpfung durch Wissenszurechnung – ohne Grenze und um jeden Preis?, NJW 2013, 2405; *Medicus*, Probleme der Wissenszurechnung, Karlsruher Forum 1994, 4/Beilage zum „Versicherungsrecht"; *Meyer*, Vereinbarungen über die Grenzen der Wissenszurechnung, WM 2012, 2040; *Meyer-Reim/Testorf*, Wissenszurechnung im Versicherungsunternehmen, VersR 1994, 1137; *Neumann-Duesberg*, § 166 Abs. 2 BGB bei der gesetzlichen Stellvertretung und Handeln nach bestimmten Weisungen, JR 1950, 332; *Paulus*, Zur Zurechnung arglistigen Vertreterhandelns, in: FS Michaelis 1972, S. 215; *Reischl*, Wissenszusammenrechnung auch bei Personengesellschaften?, JuS 1997, 783; *Richardi*, Die Wissensvertretung, AcP 169 (1969), 385; *Rickert/Heinrichs*, Wissenszurechnung und Wissensorganisation im Aufsichtsrat, GWR 2017, 112; *Roth*, Irrtumszurechnung, in: FS Gaul 1997, S. 585; *Sajnovits*, Ad-hoc-Publizität und Wissenszurechnung, WM 2016, 765; *Scheuch*, „Wissenszurechnung" bei GmbH und GmbH & Co, GmbHRdsch 1996, 828; *Schilken*, Wissenszurechnung im Zivilrecht, 1983; *Schwab*, Wissenszurechnung in arbeitsteiligen Organisationen, JuS 2017, 481; *Schwintowski*, Die Zurechnung des Wissens von Mitgliedern des Aufsichtsrats in einem oder mehreren Unternehmen, ZIP 2015, 617; *Schultz*, Zur Vertretung im Wissen, NJW 1990, 477; *ders.*, Die Bedeutung der Kenntnis des Vertretenen beim Vertreterhandeln für juristische Personen und Gesellschaften, NJW 1996, 1392; *Spindler*, Wissenszurechnung in der GmbH, der AG und im Konzern, ZHR 181 (2017), 311; *Thomale*, Der gespaltene Emittent, Ad-hoc-Publizität, Schadenersatz und Wissenszurechnung, Tübingen 2018; *Tintelnot*, Gläubigeranfechtung kraft Wissenszurechnung – insbesondere zulasten Minderjähriger, JZ 1987, 795; *Verse*, Doppelmandate und Wissenszurechnung im Konzern, AG 2015, 413; *Wagner*, Wissenszurechnung: Rechtsvergleichende und rechtsökonomische Grundlagen, ZHR 181 (2017), 203; *Waltermann*, Zur Wissenszurechnung am Beispiel der juristischen Personen des privaten und des öffentlichen Rechts, AcP 192 (1992), 181; *ders.*, Arglistiges Verschweigen eines Fehlers bei der Einschaltung von Hilfskräften, NJW 1993, 889; *Weißhaupt*, Haftung und Wissen beim Unternehmenskauf, WM 2013, 782; *ders.*, Geschäftsleiter der Zielgesellschaft als „Diener zweier Herren" beim Unternehmenskaufvertrags?, ZIP 2016, 2447; *Westerhoff*, Organ und (gesetzlicher) Vertreter: eine vergleichende Darstellung anhand der Wissens-, Besitz- und Haftungszurechnung, Diss. München, 1993; *Wilhelm*, Kenntniszurechnung kraft Kontovollmacht?, AcP 193 (1993), 1.

A. Allgemeines 1	f) Organschaftliche Vertreter von Perso-
B. Regelungsgehalt 3	nengesellschaften 14
I. Maßgeblichkeit der Person des Vertreters	g) Wissenszurechnung im Konzern 15
(Abs. 1) 3	h) Ausgewählte Problemfelder 16
1. Persönlicher Anwendungsbereich 3	aa) Abschluss eines Versicherungsver-
a) Stellvertretung 3	trages 16
b) Mehrfachvertretung 4	bb) Unternehmenskauf 17
c) Hilfspersonen 5	2. Sachlicher Anwendungsbereich 19
d) Mittelbare Stellvertreter, Boten 9	a) Allgemeines 19
e) Organschaftliche Vertretung juristi-	b) Willensmängel 22
scher Personen 10	aa) Geheimer Vorbehalt 22

bb)	Irrtumsanfechtung	24
cc)	Arglistige Täuschung und wider-rechtliche Drohung	25
dd)	Vertreter ohne Vertretungsmacht	26
c)	Kenntnis oder Kennenmüssen	27
aa)	„Umstände"	27
bb)	Gutgläubiger Erwerb	28
cc)	Entsprechende Anwendung des Abs. 1	29
dd)	Verjährung	30
ee)	Treuwidriges Berufen auf die Wis-senszurechnung.................	31
II. Vertreter handelt nach Weisungen (Abs. 2)		32
1. Persönlicher Anwendungsbereich		32

a)	Bevollmächtigter	32
b)	Gesetzlicher Vertreter	33
2. Sachlicher Anwendungsbereich		37
a)	Bestimmte Weisungen des Vertrete-nen................................	37
b)	Genehmigung einer vollmachtlosen Vertretung, § 177	39
3. Ausdehnung auf Willensmängel		40
C. Weitere praktische Hinweise...................		42
I. Darlegungs- und Beweislast		42
II. Gestaltungshinweise.......................		44

A. Allgemeines

§ 166 wurde von den Verfassern des BGB als logische Folge der dem Recht der Stellvertretung zugrunde gelegten **Repräsentationstheorie** (→ § 164 Rn. 6) aufgefasst.[1] Danach ist Beteiligter am Vertretergeschäft neben dem Geschäftsgegner allein der Vertreter. Die von ihm abgegebene Willenserklärung ist Ausdruck seines rechtsgeschäftlichen Willens. Lediglich die Wirkungen des Rechtsgeschäfts treffen den Vertretenen. Die Vertretungsmacht und das ihr zugrunde liegende Innenverhältnis sind streng vom Vertretergeschäft zu trennen (**Abstraktionsprinzip**, → § 164 Rn. 10).[2] Folgerichtig bestimmt **Abs. 1** als Grundsatz, dass es für die Beurteilung des Einflusses von Willensmängeln bzw. von Kenntnis oder Kennenmüssen gewisser Umstände allein auf die **Person des Vertreters** und nicht auf die des Vertretenen ankommt. **Verzichtet** der Vertretene darauf, einen eigenen rechtsgeschäftlichen Willen zu bilden, oder ist er hierzu – wie bei der gesetzlichen Vertretung – **nicht in der Lage**, soll er sich nicht hinter dem Vertreter verstecken können, sondern für dessen Willensmängel bzw. Kenntnis oder Kennenmüssen einstehen.[3] **1**

Abs. 1 wird zur **Vermeidung von Missbräuchen** durch die Regelung des **Abs. 2** ergänzt, wonach bei weisungsgebundenen Bevollmächtigten **neben** der grundsätzlich weiterhin maßgebenden Person des Vertreters **auch** auf die Person des Vertretenen abzustellen ist.[4] Danach kann sich der Vollmachtgeber bezüglich solcher Umstände, die er selbst kannte oder kennen musste, nicht auf die Unkenntnis seines Vertreters berufen. Es soll nicht durch Bevollmächtigung eines arglosen Dritten die gesetzliche Folge der Mangelhaftigkeit eines Rechtsaktes umgangen werden können.[5] Hat der Vertretene die Möglichkeit, durch Weisungen die Willensbildung des Vertreters zu steuern und den Inhalt der Vertretererklärung zu beeinflussen, soll er nicht den Vertreter vorschieben und sich selbst „dumm stellen" können.[6] **2**

B. Regelungsgehalt

I. Maßgeblichkeit der Person des Vertreters (Abs. 1)

1. Persönlicher Anwendungsbereich. a) Stellvertretung. Abs. 1 setzt einen Fall der Stellvertretung voraus. Darunter fällt sowohl der **gewillkürte** als auch der **gesetzliche Vertreter**.[7] Soweit Letzterer ohne die erforderliche Genehmigung des Vormundschaftsgerichts handelt, findet jedoch keine Zurechnung des Wissens des Vertreters statt.[8] Abs. 1 ist auch auf **Unterbevollmächtigte** anzuwenden.[9] Ebenso gilt er bei **organschaftlichen Vertretern** juristischer Personen (Rechtsgedanke des § 31)[10] sowie bei **Gesamthandsgemeinschaften** (→ Rn. 5 ff.).[11] Das ist auch dann der Fall, wenn der Vertreter zunächst Verhandlungsfüh- **3**

1 Motive I, S. 226.
2 MüKoBGB/*Schubert* § 166 Rn. 1.
3 Staudinger/*Schilken* BGB § 166 Rn. 2; MüKoBGB/*Schubert* § 166 Rn. 1.
4 MüKoBGB/*Schubert* § 166 Rn. 3.
5 RG JW 1916, 316 (318); BGHZ 38, 65, 67; Soergel/*Leptien* BGB § 166 Rn. 28.
6 MüKoBGB/*Schubert* § 166 Rn. 3; Soergel/*Leptien* BGB § 166 Rn. 28.
7 BGHZ 38, 65, 69; BGH BeckRS 2017, 125134; Staudinger/*Schilken* BGB § 166 Rn. 3; Soergel/*Leptien* BGB § 166 Rn. 4; Erman/*Maier-Reimer* BGB § 166 Rn. 2; Palandt/*Ellenberger* BGB § 166 Rn. 2; BeckOK BGB/*Schäfer* § 166 Rn. 4.

8 RGZ 132, 76, 78; Palandt/*Ellenberger* BGB § 166 Rn. 4.
9 BGH NJW 1984, 1953 (1954); Soergel/*Leptien* § 166 Rn. 4; Erman/*Maier-Reimer* BGB § 166 Rn. 2; BeckOK BGB/*Schäfer* § 166 Rn. 4.
10 BGH WM 1959, 81 (84); BGHZ 41, 282, 287; 109, 327 = NJW 1990, 975; vgl. auch BGHZ 140, 54, 61 = NJW 1999, 284 (286); KG JW 1933, 1266; OLG Saarbrücken BeckRS 2016, 16273; Soergel/*Leptien* BGB § 166 Rn. 4.
11 Staudinger/*Schilken* BGB § 166 Rn. 3; vgl. BGH NJW 1995, 2159 (2160).

rer des anderen Teils war.[12] Ebenso gilt Abs. 1 für gesetzliche **Vermögensverwalter**[13] und **Prozessbevoll-mächtigte**[14] und findet auch auf **Vertreter ohne Vertretungsmacht** Anwendung, wenn der Vertretene die Vertretung genehmigt.[15] Besteht **Gesamtvertretung**, genügt bereits der Willensmangel, die Kenntnis oder das Kennenmüssen eines einzigen am Geschäft beteiligten Vertreters.[16] Ist einer der Gesamtvertreter zum Abschluss eines Geschäfts ermächtigt, ist er wie ein Einzelvertreter zu behandeln,[17] dh es kommt allein auf dessen Willensmangel, Kenntnis oder Kennenmüssen an, sofern nicht Abs. 2 einschlägig ist.[18]

4   **b) Mehrfachvertretung.** Bei mehreren einzelvertretungsberechtigten Vertretern (Mehrfachvertretung) kommt es grundsätzlich auf den Willensmangel, die Kenntnis oder das Kennenmüssen aller Vertreter an. Der Willensmangel nur des handelnden Vertreters wird dem Vertretenen dann zugerechnet, wenn sich die unterlassene Weitergabe des Wissens als Verletzung innerbetrieblicher Organisationspflichten darstellt.[19]

5   **c) Hilfspersonen.** Auf eine Hilfsperson (Verhandlungsbevollmächtigter, Vermittler), welche bei der Vorbereitung des Geschäfts tätig gewesen ist, dieses jedoch nicht als Vertreter abgeschlossen hat, wird **Abs. 1 entsprechend** angewandt, sofern sie mit Wissen und Wollen des Geschäftsherrn erkennbar als für diesen handelnd gegenüber dem Geschäftspartner aufgetreten und dabei, mit eigener Verantwortung und einer gewissen Selbständigkeit ausgestattet, maßgeblich an der Gestaltung des Geschäfts beteiligt gewesen ist.[20] Rechtsgeschäftliche Vertretungsmacht ist hierfür ebenso wenig erforderlich wie die Bestellung zum „Wissensvertreter".[21] Eine Genehmigung durch den Geschäftsherrn genügt; auch kommt eine Art Rechtsscheinsverhandlungsvollmacht in Betracht.[22] **Nicht erfasst** werden dagegen nur intern beratende[23] sowie solche Hilfspersonen, die lediglich in einer untergeordneten, etwa auf mechanische Hilfsdienste beschränkten Rolle mitwirken.[24] Ebenso wenig gilt Abs. 1 für den Treuhänder des Schuldners, der den Gläubigern aus § 328 verpflichtet ist.[25] Eine Wissenszurechnung kann jedenfalls prinzipiell durch eine entsprechende Abrede ausgeschlossen werden (vgl. auch Rn. 16 a, s. auch → Rn. 41 ff.).[26] Unberücksichtigt bleibt in der Regel[27] auch das Wissen von Personen, die bei Geschäftsabschluss nicht mehr in der Organisation des Geschäftsherrn tätig sind.[28] Ein Ausschluss liegt auch dann vor, wenn der Vertrag des Wissensvertreters mit dem Vertretenen und die erteilte Vollmacht wegen Verstoßes gegen das Rechtsberatungsgesetz nichtig sind.[29]

6   Die **Zurechnung des Wissens von Hilfspersonen kommt insbesondere in Betracht**, wenn das Gesetz auf arglistiges Verhalten abstellt. So muss sich, wer Verkaufsverhandlungen durch einen Dritten führen lässt, dessen arglistiges Verschweigen eines Mangels (vgl. § 442 Abs. 1 S. 2) zurechnen lassen.[30] Im Hinblick auf die Verjährungsregelung § 634 a Abs. 3 (= § 638 aF) muss sich der Bauunternehmer regelmäßig die Arglist des von ihm eingesetzten Bauleiters zurechnen lassen. Sogar die Zurechnung der Kenntnis des arglistigen

---

12   BGH NJW 2000, 1405; Palandt/*Ellenberger* BGB
     § 166 Rn. 2.
13   Für eine zumindest analoge Anwendung BGH BB
     1984, 564 (565); Soergel/*Leptien* BGB § 166 Rn. 4;
     Staudinger/*Schilken* BGB § 166 Rn. 3.
14   RGZ 146, 348; KG BeckRS 2016, 118818 Rn. 9;
     OLG Frankfurt NJW-RR 2017, 984 (985 f.).
15   RGZ 68, 374, 376; 128, 116, 121; 131, 343, 357;
     135, 219, 223; 161, 159, 161; BGH NJW-RR 1989,
     650 (651); NJW 1992, 899 (900); 2000, 2272; BAGE
     10, 179; Soergel/*Leptien* BGB § 166 Rn. 4; Erman/
     Maier-Reimer BGB § 166 Rn. 2; Palandt/*Ellenberger*
     BGB § 166 Rn. 2; BeckOK BGB/*Schäfer* § 166
     Rn. 4.
16   RGZ 78, 347, 354; 134, 33, 36; BGHZ 20, 149, 153;
     53, 210 = NJW 1970, 806; BGHZ 62, 166, 173;
     BGH WM 1959, 81 (84); NJW 1988, 1199 (1200);
     BGHZ 140, 54, 61 = NJW 1999, 284 (286); MüKo-
     BGB/*Schubert* § 166 Rn. 16; Staudinger/*Schilken*
     BGB § 166 Rn. 24; Soergel/*Leptien* BGB § 166
     Rn. 5; Palandt/*Ellenberger* BGB § 166 Rn. 2;
     BeckOK BGB/*Schäfer* § 166 Rn. 5, 13.
17   Soergel/*Leptien* BGB § 166 Rn. 5.
18   MüKoBGB/*Schubert* § 166 Rn. 16.
19   BGH NJW 1999, 284 (286); Soergel/*Leptien* BGB
     § 166 Rn. 5.
20   BGH DB 1963, 1710 f.; BGH LM Nr. 8 zu § 166
     BGB; BGHZ 106, 163, 167; Soergel/*Leptien* BGB

§ 166 Rn. 6; MüKoBGB/*Schubert* § 166 Rn. 20;
     Staudinger/*Schilken* BGB § 166 Rn. 4 mwN.
21   BGHZ 117, 104, 106 f.; *Richardi* AcP 169 (1969),
     385, 398; *Schultz* NJW 1990, 477 (479); Palandt/
     Ellenberger BGB § 166 Rn. 6; BeckOK BGB/
     Schäfer § 166 Rn. 18.
22   Soergel/*Leptien* BGB § 166 Rn. 6.
23   BGHZ 117, 104, 107 = NJW 1992, 1099; BGH
     NJW-RR 1997, 270; OLG Frankfurt OLGZ 1976,
     224 (225); OLG Hamm NJW-RR 1995, 941 (942);
     Soergel/*Leptien* BGB § 166 Rn. 6; *Roth* FS Gaul
     1997, S. 585, 590; BeckOK BGB/*Schäfer* § 166
     Rn. 18.
24   Soergel/*Leptien* BGB § 166 Rn. 6; MüKoBGB/*Schu-
     bert* § 166 Rn. 19, 21; Staudinger/*Schilken* BGB
     § 166 Rn. 4.
25   BGHZ 55, 307, 311 f.
26   Soergel/*Leptien* BGB § 166 Rn. 6.
27   Zu einem Ausnahmefall s. BGHZ 109, 327 = NJW
     1990, 975; anders wiederum BGHZ 117, 104, 109 =
     NJW 1992, 1099.
28   BGH NJW 1995, 2159 (2160).
29   BGH NJW 2007, 1584 (1587); NJOZ 2012, 375
     (378).
30   OLG Köln NJW-RR 1993, 1170; dagegen keine
     Zurechnung des Wissens eines nicht mit der Ver-
     tragsvorbereitung befassten Sachbearbeiters einer
     Gemeinde: BGHZ 117, 104 = NJW 1992, 1099. Vgl.
     auch Erman/*Maier-Reimer* BGB § 166 Rn. 26 ff.

Subunternehmers[31] oder eines arglistigen Kolonnenführers[32] kommt in Betracht, wenn deren Leistungen nicht überwacht werden.[33] Auch wer erkennbar lediglich als Abschlussgehilfe auftritt, ist nicht Dritter im Sinne des § 123 Abs. 2 S. 1.[34] Dagegen scheidet eine Wissenszurechnung aus, wenn die Partei unzweideutig klarstellt, dass sie nur für eigenes Wissen und Tun einstehen will.[35] Analog ist Abs. 1 angewandt worden auf: Berater des Käufers bei einer **due-diligence-Prüfung**;[36] Gebrechlichkeitspfleger für den Pflichtteilsberechtigten;[37] Pastor als Vorstand eines Vereins, welcher Alleingesellschafter eines Heimträgers war;[38] Handelsvertreter;[39] Hausverwalter, die für den Eigentümer den Hausverkauf vorbereiten;[40] Hintermänner, die für die von ihnen vorgeschobenen Strohmänner auftreten;[41] Kontoverfügungsberechtigte, welche zur Entgegennahme der Auszüge ermächtigt sind;[42] Kreditvermittler;[43] Lieferanten von Leasingware, die für den Leasinggeber umfassend verhandeln;[44] Vermittlungsagenten des Handelsrechts;[45] Vertrauensmänner, die von einer Partei in die Abwicklung eingeschaltet werden;[46] auf als Vermittler auftretende Reisebüros;[47] und auf einen Rechtsanwalt, der vom Gläubiger mit der Durchsetzung einer Forderung gegen den späteren Insolvenzschuldner beauftragt wurde, soweit er sein Wissen aus allgemein zugänglichen Quellen erlangt oder es über seine Internetseite selbst verbreitet hat.[48] Einer **Bank** ist nach § 166 Abs. 1 das Wissen aller Mitarbeiter zuzurechnen, die sie bei der Bearbeitung eines konkret in Rede stehenden Geschäfts vertreten oder daran bestimmungsgemäß mitgewirkt haben.[49] Zurechnung wurde zB bejaht im Hinblick auf Bankkassierer, die eine Zahlung entgegennehmen,[50] bei Kassenangestellten einer Bank, die einen Scheck hereinnehmen[51] sowie bei Sachbearbeitern einer anderen Bankfiliale, die den Scheck prüfen und weiterbearbeiten.[52]

Nach der Rechtsprechung muss eine Vertragspartei im Rahmen von Verhandlungen nicht für einen von ihr beauftragten **Makler** einstehen; etwas anderes gilt, wenn dieser seine Tätigkeit nicht auf das für die Durchführung seines Auftrags Notwendige beschränkt, sondern als Hilfsperson der Vertragspartei, etwa als Verhandlungsführer oder -gehilfe, tätig wird.[53] Der Eigentümer einer zu verkaufenden Eigentumswohnung braucht sich das Wissen des **Verwalters** nicht zurechnen zu lassen.[54] Auch der **Notar** scheidet als Wissensvertreter aus,[55] außer er war Verwalter des verkauften Grundstücks.[56] Schließlich können auch Personen, die nicht für den Geschäftsherrn, sondern für andere Beteiligte an den Verhandlungen teilgenommen haben, keine Wissensvertreter sein.[57] Bei **beurkundungsbedürftigen Verträgen** findet keine Zurechnung des Wissens von Hilfspersonen statt, da sonst der Warn- und Schutzzweck der Beurkundung vereitelt würde. Entscheidend sind allein die Kenntnis und das Verständnis der Vertragsschließenden bzw. ihrer für sie handelnden Vertreter.[58] Auch im Verhältnis zwischen Vertragshändler und Hersteller findet keine Wissenszurechnung statt.[59]

7

31 BGH NJW 1976, 516.
32 BGH NJW 1974, 553.
33 Zusammenfassend zuletzt BGH NJW 2007, 366 wohl auf der Grundlage des § 278; für Zurechnung nach §166 zutreffend MüKoBGB/*Busche* § 634 a Rn. 43ööö.
34 MüKoBGB/*Schubert* § 166 Rn. 20.
35 BGH NJW 1995, 2550; KG WM 1996, 356 (362); Palandt/*Ellenberger* BGB § 166 Rn. 6 a.
36 *Weitnauer* NJW 2002, 2511 (2516); einschränkend auf Abschluss- und Verhandlungsvertreter *Goldschmidt* ZIP 2005, 1305 ff.
37 LG Siegen NJW-RR 1993, 1420.
38 OLG Celle NJOZ 2013, 881; sehr kritisch hierzu *Maier-Reimer* NJW 2013, 2405.
39 RG SeuffA 83 Nr. 153; OLG Frankfurt OLGZ 1976, 224 (225).
40 BGH LM Nr. 14 zu § 166; anders, wenn der Hausverwalter nicht in die Organisation des Verkäufers des verwalteten Grundstücks einbezogen ist, vgl. BGH DNotZ 2003, 274; MüKoBGB/*Schubert* § 166 Rn. 19.
41 BGH NJW-RR 1992, 589.
42 OLG Karlsruhe ZIP 1995, 1748 (1750); OLG Köln NJW 1998, 2909.
43 OLG Stuttgart WM 1977, 1338 (1340); OLG Hamm ZIP 1981, 53; OLG Düsseldorf ZIP 1993, 1376 (1378); LG Essen MDR 1978, 844.
44 OLG Köln NJW-RR 1996, 411.
45 BGH LM Nr. 1 zu § 307 BGB; OLG Frankfurt OLGZ 76, 224, 225.
46 BGHZ 41, 17, 22.
47 BGHZ 82, 219, 222 = NJW 1982, 377.
48 BGH NJW 2013, 611.
49 BGH NJW 2008, 2245 (2246).
50 BGH NJW 1984, 1953 (1954).
51 BGHZ 102, 316, 320 = NJW 1988, 911.
52 BGH NJW 1993, 1066.
53 RGZ 101, 97, 99; BGHZ 33, 302, 309; BGH NJW-RR 2000, 316; NJW 2004, 2156 (2157); Soergel/*Leptien* BGB § 166 Rn. 6; Palandt/*Ellenberger* BGB § 166 Rn. 7.
54 BGH DNotZ 2003, 274. Eine Zurechnung kommt aber dann in Betracht, wenn es um die Durchsetzung von Ansprüchen aus dem WEG geht (s. Rn. 28).
55 OLG Hamm NJW-RR 1991, 46 (47).
56 BGH LM Nr. 14 zu § 166; Palandt/*Ellenberger* BGB § 166 Rn. 7.
57 BGHZ 55, 307, 311; Palandt/*Ellenberger* BGB § 166 Rn. 7.
58 BGH NJW-RR 1986, 1019; NJW 2000, 2272 (2273); Soergel/*Leptien* BGB § 166 Rn. 6; Palandt/*Ellenberger* BGB § 166 Rn. 7.
59 Vgl. nur OLG Stuttgart BeckRS 2017, 145375 Rn. 24 ff.; LG Düsseldorf BeckRS 2016, 15047; LG Krefeld BeckRS 2017, 117776 zum sog. „VW-Abgasskandal".

8 Der Geschäftsherr muss sich jedoch die Kenntnis des in seinem Namen handelnden vollmachtlosen Vertreters bei der **Auslegung** des beurkundungsbedürftigen Rechtsgeschäfts zurechnen lassen, wenn er die Vertretung genehmigt.[60]

9 **d) Mittelbare Stellvertreter, Boten.** **Keine Anwendung** findet § 166 auf mittelbare Stellvertreter (→ § 164 Rn. 16 ff.), weil es dort ausschließlich auf die Person des Handelnden ankommt.[61] Auch auf den Boten, der keine eigene Willenserklärung abgibt, ist § 166 nicht anwendbar.[62] § 166 scheidet auch beim **Gerichtsvollzieher**, **Kommissionär**, **Postbevollmächtigten** und beim **Treuhänder** aus.[63]

10 **e) Organschaftliche Vertretung juristischer Personen.** An sich ist Abs. 1 auf das Handeln von Einzelpersonen zugeschnitten und stellt für die Zurechnung von Willensmängeln bzw. von Kenntnis oder Kennenmüssen ausschließlich auf die Person des handelnden Vertreters ab.[64] Dies darf jedoch nicht dazu führen, dass **größere Einheiten** (Betriebe, Unternehmen, Gemeinden usw) – unabhängig von ihrer Rechtsform (juristische Person, Personengesellschaft usw)[65] – durch die stärkere Arbeitsteilung und die damit einhergehende Wissensaufspaltung gegenüber Einzelpersonen privilegiert werden, da es zu ihrem Betriebs- und Organisationsrisiko gehört, ob und wie die Weiterleitung der entsprechenden Informationen und deren Abfrage sichergestellt werden (Informationsweiterleitungs- und -abfragepflicht).[66] Dies wurde zunächst vornehmlich bei juristischen Personen problematisiert.

11 Bei der organschaftlichen Vertretung juristischer Personen ist streitig, ob sich die juristische Person den Willensmangel, die Kenntnis oder das Kennenmüssen nur des handelnden Organmitglieds oder auch desjenigen Vertreters zurechnen lassen muss, welcher von dem fraglichen Geschäft überhaupt nichts wusste oder daran jedenfalls nicht beteiligt war. Die bislang vorherrschende Ansicht hat Letzteres angenommen und die **Wissenszurechnung** (s. auch → Rn. 10) damit begründet, dass das Wissen des Organmitglieds nach dem Rechtsgedanken des § 31 das Wissen der juristischen Person sei.[67] Dieses Wissen sei der juristischen Person selbst dann zuzurechnen, wenn es vom Organmitglied in böser Absicht gegenüber der juristischen Person unterdrückt worden sei.[68] Selbst das zwischenzeitliche Ausscheiden oder der Tod des Organmitglieds schade nicht, da sein Wissen an der juristischen Person haften bleibe (Theorie der absoluten Wissenszurechnung).[69]

12 Dem ist entgegenzuhalten, dass das Organwissen nicht pauschal mit dem Wissen der juristischen Person gleichzusetzen ist. Die Wissenszurechnung hat ihren Grund nicht in der Organstellung des Wissensvertreters, sondern im Gedanken des Verkehrsschutzes und der damit verbundenen Pflicht zur ordnungsgemäßen Organisation der innergesellschaftlichen Kommunikation.[70] Entscheidend ist, dass ein Vertragspartner vor den Risiken der Arbeitsteilung beim Vertretenen geschützt wird. Aus diesem Grunde darf er nicht schlechter, aber auch nicht günstiger dastehen, wenn er statt mit einer Einzelperson mit einem arbeitsteilig organisierten Vertragspartner kontrahiert (Theorie der relativen Wissenszurechnung).[71] So vertritt heute auch der BGH die Ansicht, dass sich die Frage der Wissenszurechnung nur in wertender Betrachtung entscheiden lasse und dass eine über das Ausscheiden oder gar über den Tod des Organmitglieds hinaus fortdauernde Wissenszurechnung davon abhängig sei, dass es sich um **typischerweise in Akten oder Datenspeichern aufbewahrtes und abrufbares Wissen** handele.[72] Die Kenntnis ergibt sich dann daraus, dass die juristische Person das Aktenwissen besitzt und verpflichtet ist, seine Verfügbarkeit zu organisieren.[73] Verletzt sie diese

---

60 BGH NJW 2000, 2272 (2273); MüKoBGB/*Schubert* § 166 Rn. 30.

61 Staudinger/*Schilken* BGB § 166 Rn. 4 a; Soergel/*Leptien* BGB § 166 Rn. 10.

62 Staudinger/*Schilken* BGB § 166 Rn. 4 a; Soergel/*Leptien* BGB § 166 Rn. 10; BeckOK BGB/*Schäfer* § 166 Rn. 6. Etwas anderes soll gelten, wenn es sich um einen als Boten auftretenden Stellvertreter handelt, s. hierzu und zum Empfangsboten Staudinger/*Schilken* BGB § 166 Rn. 4 a, 39.

63 Soergel/*Leptien* BGB § 166 Rn. 10 mwN.

64 *Reischl* JuS 1997, 783 (785); Soergel/*Leptien* BGB § 166 Rn. 9.

65 BGHZ 140, 54, 61 = NJW 1999, 284 (286); Soergel/*Leptien* BGB § 166 Rn. 9; Erman/*Maier-Reimer* BGB § 166 Rn. 18; enger *Reischl* JuS 1997, 783: nur bei jur. Personen; OLG Düsseldorf NJW-RR 1997, 718: nicht für Privatpersonen.

66 Vgl. BGH NJW 2016, 3445 (3450); Gasteyer/Goldschmidt AG 2016, 116 (120); *Taupitz* Karlsruher Forum 1994, Beil. zum „Versicherungsrecht", S. 51.

67 RG JW 1935, 2044; BGHZ 41, 282, 287 = NJW 1964, 1367; BGHZ 109, 327, 331 = NJW 1990, 975; Staudinger/*Schilken* BGB § 166 Rn. 32; Soergel/*Leptien* BGB § 166 Rn. 5; BeckOK BGB/*Schäfer* § 166 Rn. 15; Entsprechendes wird nach § 89 Abs. 1 für juristische Personen des öffentlichen Rechts angenommen, vgl. Staudinger/*Schilken* BGB § 166 Rn. 40.

68 BGHZ 20, 149; Soergel/*Leptien* BGB § 166 Rn. 5.

69 BGH WM 1959, 81 (84); BGHZ 109, 327, 331 = NJW 1990, 975; Soergel/*Leptien* BGB § 166 Rn. 5; Palandt/*Ellenberger* BGB § 166 Rn. 8.

70 MüKoBGB/*Schubert* § 166 Rn. 11, 45 ff.; so jetzt auch BGHZ 132, 30, 35 = NJW 1996, 1339 (1340).

71 Palandt/*Ellenberger* BGB § 166 Rn. 8; PWW/*Frensch* BGB § 166 Rn. 18; Soergel/*Leptien* BGB § 166 Rn. 9; *Medicus* Karlsruher Forum 1994, S. 11 f.

72 BGHZ 109, 327, 331 f. = NJW 1990, 975; BGHZ 132, 30, 35 = WM 1996, 594 (597); NJW 1995, 2159 (2160).

73 *Medicus* Karlsruher Forum 1994, S. 11; krit. *Altmeppen* BB 1999, 749.

Pflicht, muss sie sich so behandeln lassen, als habe sie von der Information Kenntnis.[74] Neben dieser inhaltlichen Beschränkung auf das aus sachlichen Gründen wichtige, typischerweise aktenmäßig festgehaltene Wissen sind jedoch auch persönliche und sachliche Grenzen zu ziehen. Es muss daher nicht nur die **reale Möglichkeit**, sondern auch ein **Anlass** bestehen, sich das Wissen aus der Erinnerung, aus Akten, gespeicherten Dateien oder auf sonstige Weise zu beschaffen.[75] Ob bei einer Zugriffsmöglichkeit, die zu nutzen Anlass bestanden hätte, von Kenntnis oder lediglich von Kennenmüssen auszugehen ist, hängt von der Würdigung der Umstände im Einzelfall ab.[76] Erfasst sind das Wissen eines jeden Mitarbeiters, gleich welchen Ranges, und alle Informationen, welche durch Weiterleitung und Dokumentation hätten verfügbar gemacht werden können und müssen.[77] Ist der Informationsaustausch ordnungsgemäß organisiert, versagt er jedoch im konkreten Fall, weil der Wissensvertreter die Speicherung der Information vergessen hat, scheidet eine Wissenszurechnung hingegen aus.[78] Unter den genannten Voraussetzungen kommt auch die **Zusammenrechnung** des in verschiedenen Abteilungen oder Filialen der übergeordneten Einheit vorhandenen Wissens in Betracht.[79] Unabhängig davon wird der juristischen Person das Wissen eines ihrer Organmitglieder (zB Vorstandsmitglied einer AG) nach § 166 stets dann zugerechnet, wenn das Organmitglied selbst die Willenserklärung abgegeben hat, um deren Folgen es geht.[80]

Diese Rechtsprechung ist grundsätzlich zu begrüßen.[81] Im Einzelnen ist freilich noch vieles unklar, so zB **13** der Umgang mit privat erlangtem Wissen eines Organmitglieds oder eines Mitarbeiters.[82] Bei **juristischen Personen des öffentlichen Rechts** kommt es im Hinblick auf die gesetzlich vorgegebene Verwaltungsorganisation auch dann allein auf das Wissen der zuständigen Behörde an, wenn das Wissen anderer Behörden hätte verfügbar gemacht werden können.[83] Neben der Wissenszurechnung kommt auch eine **Zusammenrechnung des Wissens** (auch → Rn. 12) mehrerer oder aller Organmitglieder in Betracht.[84]

f) Organschaftliche Vertreter von Personengesellschaften. Bei organschaftlichen Vertretern von Personengesellschaften kommt es auf den Willensmangel, die Kenntnis oder das Kennenmüssen derjenigen **14** vertretungsberechtigten Gesellschafter an, welche am Vertretungsgeschäft mitgewirkt haben.[85] Die Kenntnis anderer vertretungsberechtigter Gesellschafter kann grundsätzlich nur unter den zusätzlichen Voraussetzungen des Abs. 2 relevant werden, wenn etwa alle Gesellschafter die Vornahme eines bestimmten Geschäfts beschlossen haben, aber nur einer von ihnen bösgläubig ist.[86] Handelt es sich dagegen um **typischerweise aktenmäßig festgehaltenes Wissen**, kommt auch die Zurechnung des Wissens eines sonstigen Vertreters in Betracht.[87] Dabei sind die für juristische Personen entwickelten Grundsätze (→ Rn. 13) entsprechend anzuwenden.

g) Wissenszurechnung im Konzern. Noch keine gesicherten Erkenntnisse bestehen hinsichtlich der **15** Frage, unter welchen Voraussetzungen eine Wissenszurechnung im Konzern in Betracht kommt. Der BGH hat sich hierzu bisher nur sehr zurückhaltend geäußert. Eine Wissenszurechnung sei zumindest dann denkbar, wenn die Wahrnehmung der wissenserheblichen Umstände dergestalt organisiert ist, dass hierfür ein anderes als das handelnde Unternehmen im Konzern in eigener Verantwortung zuständig ist.[88] Auch in der Literatur herrscht überwiegend die Auffassung vor, dass allein die konzernrechtliche Verbundenheit mehrerer Unternehmen für eine Wissenszurechnung nicht ausreicht.[89] Es ist daher wenig überzeugend, das Wissen von Aufsichtsratsmitgliedern, die in einem Konzernunternehmen tätig sind, ohne Weiteres dem Gesamt-

74 BGHZ 109, 327, 332 = NJW 1990, 975; BGHZ 117, 104, 107 = NJW 1992, 1099; BGHZ 132, 30, 35 = NJW 1996, 594.

75 BGHZ 123, 224 = NJW 1993, 2807; BGHZ 132, 30, 36 = NJW 1996, 594; BGH NJW 1996, 1339 (1341); BGHZ 135, 202, 205 = NJW 1997, 1917; MüKoBGB/*Schubert* § 166 Rn. 46, 55; PWW/*Frensch* BGB § 166 Rn. 20; Soergel/*Leptien* BGB § 166 Rn. 9; Erman/*Maier-Reimer* BGB § 166 Rn. 19.

76 Vgl. auch BGH NJW 1996, 1205 (1206).

77 Soergel/*Leptien* BGB § 166 Rn. 9.

78 BGH NJW 1996, 1205 (1206); Soergel/*Leptien* BGB § 166 Rn. 9.

79 BGHZ 135, 202, 205; BGH NJW 1989, 2879 (2881); BGH NJW-RR 2005, 634 (filialübergreifende Wissenszurechnung innerhalb einer Bank); Soergel/*Leptien* BGB § 166 Rn. 9; *Wolf/Neuner* BGB AT § 49 Rn. 81; MüKoBGB/*Schubert* § 166 Rn. 55, 67 f.; Einzelfälle bei Palandt/*Ellenberger* BGB § 166 Rn. 8;

80 OLG Düsseldorf ZIP 2006, 1677 (1679).

81 Vgl. Erman/*Maier-Reimer* BGB § 166 Rn. 21 f.

82 Hierzu *Buck-Heeb* WM 2008, 281.

83 BGH NJW 1994, 1150; BGHZ 134, 343, 347 f. = 1997, 1584, 1585; OLG Bamberg NJW-RR 2016, 1299 (1300); Erman/*Maier-Reimer* BGB § 166 Rn. 28, dort auch mwN zur Wissenszurechnung im Gemeinderecht.

84 Lit.-Nachw. bei Staudinger/*Schilken* BGB § 166 Rn. 6.

85 MüKoBGB/*Schubert* § 166 Rn. 15, 46 f.

86 BeckOK BGB/*Schäfer* § 166 Rn. 15.

87 MüKoBGB/*Schubert* § 166 Rn. 46 f.

88 BGH NJW 2001, 359 (360).

89 Staudinger/*Schilken* BGB § 166 Rn. 32; MüKoBGB/*Schubert* § 166 Rn. 64; *Gasteyer/Goldschmidt* AG 216, 116, 123 f.; *Verse* AG 2015, 413 (419 f.).

einschränkend auch *Waltermann* NJW 1993, 889 (893 f.).

konzern zuzurechnen.[90] Verlangt wird daher darüber hinausgehend eine besondere Ausübung von Leitungsmacht (sog. Konzernleitungspflicht) und eine Ausgliederung von Aufgaben.[91]

16 h) Ausgewählte Problemfelder. aa) Abschluss eines Versicherungsvertrages. Nach § 2 Abs. 3 VVG kommt beim Abschluss eines Versicherungsvertrages durch einen Vertreter nicht nur dessen Kenntnis, sondern auch die des Vertretenen in Betracht, ohne dass die besonderen Voraussetzungen des Abs. 2 vorliegen müssen. Die Kenntnis von Hilfspersonen bleibt in diesem Zusammenhang unberücksichtigt.[92] Eine weitere Sonderregelung enthält § 70 VVG, die auf die sog. Auge-und-Ohr-Rechtsprechung des BGH zurückgeht. Nach § 70 VVG steht die Kenntnis des Versicherungsvertreters der Kenntnis des Versicherers gleich, soweit nach dem VVG die Kenntnis des Versicherers von Erheblichkeit ist. Dies gilt nicht für die Kenntnis des Versicherungsvertreters, die er außerhalb seiner Tätigkeit als Vertreter und ohne Zusammenhang mit dem betreffenden Versicherungsvertrag erlangt hat. Bei **kollusivem Zusammenwirken** von Versicherungsnehmer und Agent scheidet freilich mangels Schutzwürdigkeit des Versicherungsnehmers eine Zurechnung aus.[93] Die Kenntnis eines **Wissensvertreters** (→ § 164 Rn. 30), zB des vom Versicherungsnehmer beauftragten Arztes,[94] eines mit der Vermittlung eines möglichst günstigen Versicherungsvertrages beauftragten Versicherungsmaklers[95] oder des mit der Schadensregulierung befassten Angehörigen,[96] muss sich der Versicherungsnehmer wie eigene zurechnen lassen.[97] Wissensvertreter ist hingegen nicht, wer die Erklärung lediglich entwirft und diese vom Versicherungsvertreter, welcher sie sich zu Eigen macht, unterschreiben lässt.[98]

17 bb) Unternehmenskauf. Im Rahmen des Unternehmenskaufs wird von den Vertragsparteien regelmäßig vereinbart, dass bestimmte Garantien lediglich nach bestem Wissen des Verkäufers abgegeben werden (sog. best knowledge warranties).[99] Eine weitgehende Wissenszurechnung, so wie sie die Rechtsprechung begreift (→ Rn. 12 f.), kann dem Wunsch nach Risikobeschränkung zuwiderlaufen. Dies hat Teile der Literatur veranlasst, bereits die generelle Anwendung dieser Grundsätze auf den Unternehmenskauf in Frage zu stellen.[100] Weder die Komplexität des Kaufgegenstandes[101] noch das Bestehen von Verschwiegenheitspflichten[102] können aber als Argumente hierfür überzeugen. Denn unabhängig von der Komplexität, welche im Übrigen kein Alleinstellungsmerkmal des Unternehmenskaufs bilden dürfte, darf der Vertragspartner durch die stärkere Arbeitsaufteilung und die damit einhergehende Wissensaufspaltung nicht schlechtergestellt werden als derjenige, welcher mit einer natürlichen Person kontrahiert (zum Gleichstellungsargument → Rn. 11). Das Organisationsrisiko darf also nicht sachwidrig auf den Käufer verlagert werden.[103] Soweit die Parteien ausdrücklich besondere Verschwiegenheitspflichten vereinbart haben, ist hierin richtigerweise die Grenze der Wissenszurechnung zu erblicken.[104] Dies steht aber der grundsätzlichen Anwendbarkeit der durch die Rechtsprechung geschaffenen Regeln der Wissenszurechnung nicht entgegen.

18 Die Praxis hat hierauf reagiert, indem häufig mit den „best knowledge warranties" die für das Verkäuferwissen relevanten Wissensträger abschließend benannt werden.[105] Die Einschränkung der Wissenszurechnung ist zunächst im Lichte der Privatautonomie nicht zu beanstanden.[106] Dies gilt umso mehr, als dass im Rahmen des Unternehmenskaufs typischerweise zwischen beiden Seiten strukturelle Gleichrangigkeit herrscht.[107] Sachgerecht dürfte die Begrenzung zumindest auf die Unternehmensführung und die unmittel-

---

90 So *Schwintowski* ZIP 2015, 617 (623) – der eine Zurechnung immer dann fordert, wenn es an einer ordnungsgemäßen Organisation der gesellschaftsinternen Kommunikation fehlt.

91 Staudinger/*Schilken* BGB § 166 Rn. 32; MüKoBGB/*Schubert* § 166 Rn. 22; vertiefend *Drexl* Bankrechtstag 2002, S. 85 ff.; recht großzügig demgegenüber OLG München BB 2007, 14.

92 LG Köln VersR 1976, 159; Soergel/*Leptien* BGB § 166 Rn. 8.

93 BGH NJW-RR 2008, 977 (978); OLG Hamm NJW-RR 1996, 406; OLG Schleswig VersR 1995, 406 (407).

94 OLG Frankfurt NJW-RR 1993, 676.

95 BGH NJW-RR 2008, 1649 (1650); NJW-RR 2017, 151 (152); OLG Köln VersR 2015, 477 (478); OLG Hamm NJOZ 2016, 733 (736).

96 BGHZ 122, 388 = NJW 1993, 2112.

97 RGZ 101, 402; OLG Hamm VersR 1981, 227 (228); Soergel/*Leptien* BGB § 166 Rn. 8.

98 BGHZ 128, 167 = NJW 1995, 662; Soergel/*Leptien* BGB § 166 Rn. 8.

99 Dazu *Huber* AcP 202, 179, 207.

100 *Demuth* SchiedsVZ 2012, 271 (273); *Hoenig/Klingen* NZG 2013, 1046 (1049).

101 So bspw. *Hoenig/Klingen* NZG 2013, 1046 (1049).

102 *Weißhaupt* WM 2013, 782 (787).

103 Zur Wissenszurechnung auf Käuferseite *Goldschmidt* ZIP 2005, 1305.

104 Für gesetzliche Verschwiegenheitspflichten MüKoBGB/*Schubert* § 166 Rn. 51 ff.; ausdrücklich wie hier *Hoenig/Klingen* NZG 2013, 1046 (1049). Zu Verschwiegenheitspflichten mit Dritten *Schiffer/Bruß* BB 2012, 847 (850 f.).

105 *Hoenig/Klingen* NZG 2013, 1046.

106 *Hartung* NZG 1999, 524 (530), der dazu rät die Begrenzung schon vor Vertragsschluss zu vereinbaren; in dieser Richtung auch KG WM 1996, 356 (362); aA *Rasner* WM 2006, 1425 (1429).

107 *Weißhaupt* WM 2013, 782 (786 ff.); s. auch MüKoBGB/*Westermann* § 444 Rn. 13.

bar am Verkauf beteiligten Mitarbeiter sein.[108] Eine weitergehende Einschränkung des § 166, aber auch die formularmäßig vereinbarte Beschränkung der Wissenszurechnung, lässt sich kaum mit Sinn und Zweck der Vorschrift, insbesondere dem Verkehrsschutz, vereinbaren.[109] Die Eingrenzung der relevanten Wissensträger wird dann aber folgerichtig auch im Rahmen des § 444 1. Alt relevant.[110] Die positive Kenntnis eines üblicherweise im Rahmen der Wissenszurechnung relevanten Personenkreises kann dann bei entsprechendem Ausschluss nicht zugerechnet werden.[111]

2. Sachlicher Anwendungsbereich. a) Allgemeines. Abs. 1 stellt auf Willensmängel sowie auf Kenntnis oder Kennenmüssen gewisser Umstände ab, soweit dadurch die rechtlichen **Folgen einer Willenserklärung** beeinflusst werden. Einigkeit besteht darüber, dass Abs. 1 auch auf die **Auslegung** einer Willenserklärung anwendbar ist.[112] Soweit es für den Inhalt einer Willenserklärung auf die Bewusstseinslage der erklärenden Seite ankommt, ist daher die Person des Vertreters und nicht die des Vertretenen maßgeblich, sofern nicht Abs. 2 eingreift.[113] Das Gleiche gilt bei einem Empfangsbevollmächtigten.[114] Mündliche Erläuterungen zu einem schriftlichen Vertragsangebot sind auch dann zu berücksichtigen, wenn der Vertreter nur zur Entgegennahme des Angebots, nicht aber zum Abschluss des Vertrages ermächtigt ist.[115] Auf **rechtsgeschäftsähnliche Handlungen** (→ § 164 Rn. 36) finden Abs. 1 und 2 entsprechende Anwendung.[116] Bei **Realakten** scheidet eine unmittelbare Anwendung von § 166 aus.[117] **19**

Umstritten ist, ob dem Geschäftsherrn beim Realakt des **Besitzerwerbs** im Rahmen des **§ 990** die Bösgläubigkeit seines Besitzdieners analog Abs. 1 zuzurechnen ist. Ein Teil des Schrifttums nimmt dies nur für den Fall an, dass der Geschäftsherr zugleich deliktisch gem. § 831 für seinen Besitzdiener einzustehen hat,[118] da schon die bösgläubige Besitzbegründung im Rahmen des § 990 deliktsartig sei[119] und außerdem der Geschäftsherr bei Anwendbarkeit des § 166 in dem „leichteren" Fall des § 990 strenger (nämlich ohne Exkulpationsmöglichkeit) hafte als in den „schwereren" Fällen des § 992.[120] Dem ist jedoch entgegenzuhalten, dass es bei § 992 um das unmittelbar haftungsauslösende deliktische Verhalten, in § 990 dagegen nur um die Verweigerung eines Haftungsprivilegs geht, dem die schuldhafte Eigentumsverletzung folgen muss, um eine Haftung zu begründen, und daher bei selbstständigem, eigenverantwortlichen Einsatz des Besitzgehilfen die entsprechende Anwendung des Abs. 1 geboten ist.[121] So hat auch der BGH, welcher zunächst noch auf § 831 abgehoben hat,[122] später von einer Heranziehung von § 831 Abstand genommen und nur noch auf Abs. 1 abgestellt, wenn der Besitzherr den Besitzdiener völlig selbstständig handeln lässt.[123] Umgekehrt wird durch die Gutgläubigkeit des Besitzdieners der böse Glaube des Besitzers nicht ausgeräumt, und zwar auch dann nicht, wenn er nachträglich gutgläubig wird.[124] **20**

Nicht anwendbar ist § 166 schließlich dort, wo es auf die **persönlichen Eigenschaften oder Verhältnisse des Vertretenen**, zB auf die Kaufmannseigenschaft, ankommt.[125] Auch wenn das Gesetz eine **höchstpersönliche Entscheidung** voraussetzt, ist allein die Kenntnis des Vertretenen maßgeblich, zB für den Fristbeginn zur Testaments- und zur Erbvertragsanfechtung (§§ 2082, 2283).[126] **21**

b) Willensmängel. aa) Geheimer Vorbehalt. Nach Abs. 1 kommt es für Willensmängel, welche die rechtlichen Folgen einer Willenserklärung beeinflussen, auf die Person des die Willenserklärung abgeben- **22**

---

108 Vgl. das Vertragsmuster bei Hoffmann-Becking/Rawert/*Meyer-Sparenberg* BeckFormB BHW III. A. 16. Unternehmenskaufvertrag, § 5 Anm. 26; zu weitgehend aber *Weißhaupt* WM 2013, 782 (787) der gar keinen Platz mehr für § 166 BGB erblickt, soweit die Parteien sich abschließend auf den Personenkreis geeinigt haben.

109 Zur Bedeutung und Telos der Vorschrift s. Staudinger/*Schilken* BGB § 166 Rn. 1 f.

110 AA *Rasner* WM 2006, 1425 (1429).

111 *Hoenig/Klingen* NZG 2013, 1046 (1050).

112 Motive I, S. 227; BAG NJW 1961, 2085; BGH BB 1984, 564 (565); Soergel/*Leptien* BGB § 166 Rn. 3; Staudinger/*Schilken* BGB § 166 Rn. 8; Palandt/*Ellenberger* BGB § 166 Rn. 5; zur Frage der Wissenszurechnung bei vorvertraglichen Aufklärungspflichten: BGH NJOZ 2012, 375 (376).

113 Soergel/*Leptien* BGB § 166 Rn. 3.

114 BGHZ 82, 219, 222 = NJW 1982, 377; BGH BB 1984, 565; Sorgel/*Leptien* BGB § 166 Rn. 3.

115 BGHZ 82, 219, 222 = NJW 1982, 377; Palandt/*Ellenberger* § 166 Rn. 5.

116 Soergel/*Leptien* BGB § 166 Rn. 3; Staudinger/*Schilken* BGB § 166 Rn. 10; Erman/*Maier-Reimer* BGB § 166 Rn. 13; MüKoBGB/*Schubert* § 166 Rn. 43.

117 RGZ 137, 23, 28; BGHZ 16, 259, 264; Staudinger/*Schilken* BGB § 166 Rn. 11.

118 *Baur/Stürner* Sachenrecht § 5 II 1 c bb; *Westermann* JuS 1961, 79 (81 f.); *Medicus/Petersen* BGB AT Rn. 903; *Wilhelm* AcP 183 (1983), 1 ff., 24 ff.

119 Soergel/*Leptien* BGB § 166 Rn. 17.

120 *Baur/Stürner* Sachenrecht § 5 II 1 c bb; Soergel/*Leptien* BGB § 166 Rn. 17.

121 MüKoBGB/*Schubert* § 166 Rn. 99; Staudinger/*Schilken* BGB § 166 Rn. 10.

122 BGHZ 16, 259, 264.

123 BGHZ 32, 53, 57 f.; 41, 17, 21; 55, 307, 311; dem folgend *Lorenz* JZ 1994, 549; *Richardi* AcP 169 (1969), 385, 392 ff., 402; *Schmidt* AcP 175 (1975), 165, 168.

124 BGH WM 1955, 1095 (1096); Staudinger/*Schilken* BGB § 166 Rn. 11; MüKoBGB/*Schubert* § 166 Rn. 99; Soergel/*Leptien* BGB § 166 Rn. 17.

125 *Flume* BGB AT Bd. 2, § 46, 4; Staudinger/*Schilken* BGB § 166 Rn. 9; Soergel/*Leptien* BGB § 166 Rn. 27.

126 Soergel/*Leptien* BGB § 166 Rn. 27.

den oder empfangenden Vertreters an. Willensmängel in diesem Sinne sind die Fälle der §§ 116–123. Die unter einem geheimen Vorbehalt abgegebene Willenserklärung ist nur dann nichtig, wenn sie einem anderen gegenüber abzugeben ist und dieser den Vorbehalt kennt (§ 116 S. 2). Der in der Person des die Willenserklärung abgebenden Vertreters bestehende geheime Vorbehalt lässt das Geschäft scheitern, wenn der Geschäftspartner, dem gegenüber die Willenserklärung abzugeben ist, den Vorbehalt kennt, und zwar auch dann, wenn der Vertretene das Geschäft ohne den Vorbehalt will.[127]

23 **Umstritten** ist, ob es auch auf Seiten des Empfängers der mit einem Vorbehalt versehenen Willenserklärung allein auf die Kenntnis des Vertreters[128] oder auch auf die des Vertretenen ankommt. Zutreffend dürfte es sein, entgegen dem Wortlaut von Abs. 1 Nichtigkeit bereits dann anzunehmen, wenn nur der Vertretene, nicht aber der Vertreter den Vorbehalt kennt,[129] weil in diesem Fall der Vertretene nach der ratio des § 116 S. 2 nicht schutzbedürftig ist.[130] Hat dagegen nur der Vertreter den Vorbehalt gekannt und diesen dem Vertretenen verschwiegen, ist nicht etwa von einer Bindung des Erklärenden,[131] sondern in Anwendung des Abs. 1 davon auszugehen, dass diese Kenntnis dem Vertretenen zuzurechnen und daher die Willenserklärung nichtig ist.[132] In gleicher Weise ist beim **Scheingeschäft** zu verfahren, welches, wenn es auf einer mit Einverständnis des Empfängers nur zum Schein abgegebenen Willenserklärung beruht, nichtig ist (**§ 117 Abs. 1**). Der Geschäftspartner kann sich jedoch nicht auf die Nichtigkeit berufen, wenn er in kollusivem Zusammenwirken mit dem Vertreter dem Vertretenen die Scheinnatur des Geschäfts verheimlicht hat.[133] Entsprechendes gilt für die **Scherzerklärung** (§ 118), wenn der Geschäftspartner die Täuschung des Vertretenen beabsichtigt hat.[134]

24 **bb) Irrtumsanfechtung.** Bei der Irrtumsanfechtung (§ 119) kommt es sowohl für den Irrtum als auch für dessen Erheblichkeit auf die Person des Vertreters an.[135] Dasselbe gilt, wenn sich der Vertreter eines Boten bedient hat und diesem ein **Übermittlungsfehler** im Sinne des § 120 unterlaufen ist.[136] Hat sich der Vertreter über den Inhalt und Umfang des ihm erteilten Auftrags geirrt, handelt es sich um einen unbeachtlichen Motivirrtum, der nicht zur Anfechtung der vom Vertreter abgegebenen Willenserklärung berechtigt.[137] Auch bei der **Auslegung** einer gegenüber dem Vertreter abgegebenen Willenserklärung (passive Stellvertretung) entscheidet ebenso wie bei der Frage nach dem Vorliegen eines (offenen oder versteckten) **Dissenses** allein das Verständnis des Vertreters.[138] Mündliche Erläuterungen zu einem schriftlichen Vertragsangebot sind auch dann zu berücksichtigen, wenn der Vertreter nur zur Entgegennahme des Angebots, nicht aber zum Vertragsschluss ermächtigt ist.[139] Die Anfechtung der Vertretererklärung ist Sache des Vertretenen, da ihn die Folgen der Willenserklärung treffen.[140] Dementsprechend kommt es auch für die Rechtzeitigkeit der Anfechtung (§ 121 Abs. 1) grundsätzlich auf dessen Kenntnis an.[141] Bei entsprechender Vertretungsmacht kann indes auch der betreffende oder ein anderer Vertreter die Anfechtung erklären.[142] In diesem Fall ist seine Kenntnis für die Rechtzeitigkeit der Anfechtung maßgeblich.[143] Die Geltendmachung eines Willensmangels ist als unzulässige Rechtsausübung ausgeschlossen, wenn dem Vertretenen selbst Arglist hinsichtlich des Willensmangels zur Last liegt, etwa weil er bestimmte Tatsachen gegenüber dem gutgläubigen Vertreter und dem Geschäftspartner verschwiegen hat.[144]

25 **cc) Arglistige Täuschung und widerrechtliche Drohung.** Bei arglistiger Täuschung oder widerrechtlicher Drohung (§ 123) ist danach zu differenzieren, von wessen Seite die Täuschung oder Drohung ausgeht: Wird der Vertreter vom **Geschäftspartner** getäuscht oder bedroht und dadurch zur Vornahme des Vertreter-

127 Soergel/*Leptien* BGB § 166 Rn. 19.
128 So Palandt/*Ellenberger* BGB § 166 Rn. 3; Staudinger/*Schilken* BGB § 166 Rn. 12; Erman/*Maier-Reimer* BGB § 166 Rn. 6.
129 *Flume* BGB AT Bd. 2 § 20, 1.
130 MüKoBGB/*Schubert* § 166 Rn. 31.
131 So aber *Flume* BGB AT Bd. 2 § 20, 1.
132 MüKoBGB/*Schubert* § 166 Rn. 31; BeckOK BGB/*Schäfer* § 166 Rn. 11.
133 RG WarnR 1908, Nr. 601; RGZ 134, 33, 37; MüKoBGB/*Schubert* § 166 Rn. 32; Soergel/*Leptien* BGB § 166 Rn. 19.
134 RGZ 168, 204; MüKoBGB/*Schubert* § 166 Rn. 32.
135 RGZ 58, 342, 346; 82, 193, 196; 106, 200, 204; BGHZ 51, 141, 145; *Flume* BGB AT Bd. 2 § 46, 3; Staudinger/*Schilken* BGB § 166 Rn. 12; MüKoBGB/*Schubert* § 166 Rn. 33; Soergel/*Leptien* BGB § 166 Rn. 21; Erman/*Maier-Reimer* BGB § 166 Rn. 6.
136 Staudinger/*Schilken* BGB § 166 Rn. 13; MüKoBGB/*Schubert* § 166 Rn. 35.
137 RGZ 82, 193, 195; Gruchot 49, 1049, 1052; MüKoBGB/*Schubert* § 166 Rn. 35; Staudinger/*Schilken* BGB § 166 Rn. 13.
138 BGHZ 82, 219, 222; BAG NJW 1961, 2085; MüKoBGB/*Schubert* § 166 Rn. 35; Staudinger/*Schilken* BGB § 166 Rn. 14; Soergel/*Leptien* BGB § 166 Rn. 3.
139 BGHZ 82, 219, 222; Palandt/*Ellenberger* BGB § 166 Rn. 5.
140 MüKoBGB/*Schubert* § 166 Rn. 34; Staudinger/*Schilken* BGB § 166 Rn. 19; Soergel/*Leptien* BGB § 166 Rn. 21; Erman/*Maier-Reimer* BGB § 166 Rn. 6.
141 MüKoBGB/*Schubert* § 166 Rn. 34; BeckOK BGB/*Schäfer* § 166 Rn. 9.
142 Erman/*Maier-Reimer* BGB § 166 Rn. 6; Staudinger/*Schilken* BGB § 166 Rn. 19; BeckOK BGB/*Schäfer* § 166 Rn. 9.
143 MüKoBGB/*Schubert* § 166 Rn. 36; Soergel/*Leptien* BGB § 166 Rn. 21.
144 Staudinger/*Schilken* BGB § 166 Rn. 20.

geschäfts bestimmt, ist der Vertretene nach Abs. 1 iVm § 123 Abs. 1 zur Anfechtung berechtigt.[145] Ist der Vertretene selbst getäuscht oder bedroht und dadurch dazu veranlasst worden, dem Vertreter die Weisung zum Abschluss des Vertretergeschäfts zu erteilen, folgt das Anfechtungsrecht des Vertretenen aus Abs. 2 analog, weil es insoweit auf die Person desjenigen ankommt, auf dessen Geschäftswillen die Vertretererklärung letztlich zurückgeht, und außerdem der Geschäftspartner nicht schutzwürdig ist.[146] Hat dagegen der **Vertreter** den Geschäftspartner getäuscht oder bedroht, ist § 166 nicht einschlägig.[147] Die Zurechnung folgt in diesem Fall aus dem Grundgedanken des § 123 Abs. 2.[148] Der Vertreter steht nämlich im Lager des Vertretenen und ist daher nicht Dritter.[149] Ein Anfechtungsrecht besteht auch, wenn die Täuschung oder Drohung vom **Vertretenen** ausgegangen ist, da dieser nicht Dritter im Sinne des § 123 Abs. 2 ist.[150] Nicht anders ist der Fall zu beurteilen, dass zwar die objektive Täuschungshandlung vom (gutgläubigen) Vertreter vorgenommen wird, die Arglist jedoch beim Vertretenen liegt.[151] Es genügt, dass der Vertreter mit Wissen und Wollen des Vertretenen den objektiven Tatbestand der arglistigen Täuschung vollzieht.[152] Bei Täuschung oder Drohung durch einen **Dritten** ist der Geschäftspartner zur Anfechtung berechtigt, wenn entweder der Vertreter (§ 123 Abs. 2 S. 1) oder der Vertretene (§ 123 Abs. 2 S. 2) davon Kenntnis hatte oder hätte haben müssen.[153]

dd) Vertreter ohne Vertretungsmacht. Hat der Vertreter ohne Vertretungsmacht gehandelt und der Vertretene das Vertretungsgeschäft **genehmigt**, findet Abs. 1 auf die Willensmängel des Vertreters Anwendung.[154] Zu beachten ist jedoch, dass in der Genehmigung, die in Kenntnis des Willensmangels erfolgt, eine Bestätigung im Sinne des § 144 Abs. 1 liegen bzw. die nachträgliche Anfechtung als widersprüchliches Verhalten (§ 242) ausgeschlossen sein kann.[155] Hat dagegen der Vertretene die Genehmigung **verweigert**, sind die Willensmängel des Vertreters bei seiner Haftung nach § 179 zu berücksichtigen. Zu deren Abwehr stehen ihm alle Rechtsbehelfe (Anfechtung, Rücktritt usw) zu, welche dem Vertretenen bei wirksamer Vertretung oder bei Genehmigung zugestanden hätten.[156] Ist danach das Vertretergeschäft nichtig oder angefochten, entfällt die Haftung nach § 179. In Betracht kommt jedoch eine Haftung aus § 122 und aus Verschulden bei Vertragsschluss (§§ 280 Abs. 1, 311 Abs. 2).[157] Keine Zurechnung findet ferner statt, wenn es um das Wissen eines Vertreters geht, der entgegen § 181 BGB ein **Insichgeschäft** abgeschlossen hat.[158]

c) Kenntnis oder Kennenmüssen. aa) „Umstände". Auch für die Kenntnis oder das Kennenmüssen (vgl. § 122 Abs. 2) gewisser Umstände kommt es nach Abs. 1 auf die Person des Vertreters an, soweit hiervon die Rechtsfolgen einer von ihm abgegebenen oder empfangenen Willenserklärung abhängen. Einigkeit besteht darüber, dass die Kenntnis des Vorbehalts nach § 116 S. 2 und das Einverständnis nach § 117 Abs. 1 (bereits → Rn. 20 f.) unmittelbar unter Abs. 1 fallen,[159] ebenso die in § 119 Abs. 1 angesprochene – wenn auch hypothetische – Kenntnis der Sachlage (bereits → Rn. 22). Gleiches gilt für die Kenntnis der die Gesetzes- oder Sittenwidrigkeit (§§ 134, 138) begründenden Umstände.[160] Von Abs. 1 werden auch erfasst die Kenntnis oder das Kennenmüssen von der Anfechtbarkeit (§ 142 Abs. 2),[161] von der Täuschung durch einen Dritten (§ 123 Abs. 2 S. 1), vom Erlöschen (§§ 169, 173) und vom **Missbrauch der Vertretungsmacht**. Bei einer Leistung auf fremde Schuld (§ 267 Abs. 1) kommt es auf das Leistungsbewusstsein des Bevollmächtigten an.[162] Weitere Anwendungsfälle bilden die Haftung wegen eines anfänglichen Leistungs-

26

27

145 BGHZ 51, 141, 145; MüKoBGB/*Schubert* § 166 Rn. 36; Palandt/*Ellenberger* BGB § 166 Rn. 3.
146 BGHZ 51, 141, 146; MüKoBGB/*Schubert* § 166 Rn. 36; Soergel/*Leptien* BGB § 166 Rn. 33; aA Staudinger/*Schilken* BGB § 166 Rn. 28.
147 MüKoBGB/*Schubert* § 166 Rn. 36; Soergel/*Leptien* BGB § 166 Rn. 25.
148 MüKoBGB/*Schubert* § 166 Rn. 36; Staudinger/*Schilken* BGB § 166 Rn. 25.
149 RGZ 101, 97; BGHZ 20, 36, 38; NJW-RR 1987, 59 (60); *Flume* BGB AT Bd. 2 § 46, 3 u. § 52, 5 d; Soergel/*Leptien* BGB § 166 Rn. 25; BeckOK BGB/*Schäfer* § 166 Rn. 10.
150 *Flume* BGB AT Bd. 2 § 46, 3; § 52, 5 d; MüKoBGB/*Schubert* § 166 Rn. 36; Soergel/*Leptien* BGB § 166 Rn. 25; BeckOK BGB/*Schäfer* § 166 Rn. 10.
151 RGZ 81, 433, 436; MüKoBGB/*Schubert* § 166 Rn. 36; Soergel/*Leptien* BGB § 166 Rn. 25.
152 *Flume* BGB AT Bd. 2 § 52, 5 d.
153 *Flume* BGB AT Bd. 2 § 46, 3; § 52, 5 d; MüKoBGB/*Schubert* § 166 Rn. 36; Soergel/*Leptien* BGB § 166 Rn. 25; Staudinger/*Schilken* BGB § 166 Rn. 25.
154 RGZ 68, 374, 376; 128, 116, 120; 131, 434, 357; 161, 153, 161; BAGE 10, 176.
155 MüKoBGB/*Schubert* § 166 Rn. 17.
156 *Flume* BGB AT Bd. 2 § 47, 3 a; MüKoBGB/*Schubert* § 166 Rn. 18.
157 MüKoBGB/*Schubert* § 166 Rn. 18.
158 Vgl. BGH NJW 2010, 861 betreffend das Handeln eines der beiden gesamtvertretungsberechtigten GbR-Gesellschafter.
159 RGZ 135, 219.
160 RGZ 100, 246; RG HRR 1928 Nr. 589; BGH LM Nr. 8 zu § 166, NJW 1992, 899.
161 BGH NJW 1989, 2879 (2880). MüKoBGB/*Schubert* § 166 Rn. 41, will in den Fällen des § 121 Abs. 1 S. 1, § 124 Abs. 2 S. 1 und des § 142 Abs. 2 auf den Vertreter nur dann abstellen, wenn sich seine Vertretungsmacht auch auf die Anfechtung der abgegebenen Willenserklärung erstreckt. Zu einem möglichen Ausschluss von Gewährleistungsansprüchen des Käufers aufgrund arbeitsteiligen Handelns bei der Due Diligence und den Vertragsverhandlungen vgl. *Goldschmidt* ZIP 2005, 1305 ff.
162 RG SeuffA 86 Nr. 178; Soergel/*Leptien* BGB § 166 Rn. 13.

hindernisses (**§ 311 a Abs. 2 S. 2**)[163] und wegen eines Mangels der Kaufsache (**§ 442 Abs. 1**),[164] die Forderungsabtretung (**§§ 405–408**),[165] die **subjektiven Merkmale eines Verbotsgesetzes**,[166] die Leistung an den Schuldner nach Insolvenzeröffnung (**§ 82 InsO**),[167] die Insolvenzanfechtung (**§§ 129 ff. InsO**)[168] sowie die Publizität des Handelsregisters (**§ 15 HGB**).[169] Auch für die Kenntnis des Mangels des rechtlichen Grundes gem. **§ 819 Abs. 1** ist Abs. 1 heranzuziehen;[170] hierbei kann nach § 142 Abs. 2 bereits die Kenntnis des zum Wegfall des Kausalgeschäfts führenden Anfechtungsgrunds genügen.[171] Die Kenntnis des **In-sich-Vertreters** ist beiden Seiten zuzurechnen.[172]

28   **bb) Gutgläubiger Erwerb.** Zu den wichtigsten Anwendungsfällen zählen die Vorschriften über den **gutgläubigen Erwerb** (**§§ 892 ff., 932 ff., 1032, 1138, 1155, 1207 ff., 1244; § 366 HGB**). Unproblematisch sind die Fälle, in denen sich der **Erwerb rein rechtsgeschäftlich** vollzieht (**§§ 929 S. 2, 932 Abs. 1 S. 2, 931, 934 Alt. 1**). Dort ist nach Abs. 1 allein auf den guten Glauben des Vertreters abzustellen.[173] Bei Erwerbstatbeständen, bei denen **Rechtsgeschäft und Realakt miteinander kombiniert** sind, ist dagegen zu unterscheiden: Hat der Vertreter den **gesamten** Erwerbstatbestand erfüllt, kommt es auch hier allein auf seinen guten Glauben an. Die Reihenfolge von Einigung und Realakt ist dabei gleichgültig.[174] War der Vertreter bösgläubig, scheidet gutgläubiger Erwerb daher auch dann aus, wenn der Vertretene gutgläubig war.[175] Im umgekehrten Fall ist gutgläubiger Erwerb dagegen grundsätzlich möglich. Jedoch schadet dem Vertretenen seine Bösgläubigkeit dann, wenn der Erwerbstatbestand **geteilt** und nach der Einigung mit dem gutgläubigen Vertreter die Übergabe an den Vertretenen oder an dessen Besitzmittler oder Besitzdiener (auf deren Bösgläubigkeit es nicht ankommt)[176] erfolgt ist.[177]

29   **cc) Entsprechende Anwendung des Abs. 1.** Bisweilen ist die Kenntnis oder das Kennenmüssen nicht bedeutsam für die unmittelbaren Folgen einer Willenserklärung, sondern nur für den Eintritt anderer, im Zusammenhang mit der Abgabe oder dem Empfang von Willenserklärungen oder geschäftsähnlichen Handlungen stehender Rechtsfolgen.[178] In diesen Fällen kommt eine **entsprechende Anwendung** von Abs. 1 in Betracht. So handelt es sich beim Ausschluss des Schadensersatzanspruchs bei Kenntnis oder Kennenmüssen der Anfechtbarkeit der Willenserklärung (**§ 122 Abs. 2**) um keine unmittelbare Folge der anfechtbaren Willenserklärung. Der vertretene Anfechtungsgegner muss sich die zum Anspruchsausschluss führende Kenntnis seines Vertreters jedoch analog Abs. 1 zurechnen lassen.[179] Auch beim **kaufmännischen Bestätigungsschreiben** kommt eine analoge Anwendung des Abs. 1 in Betracht.[180] Im Falle einer schädigenden Handlung muss sich der Schädiger die Kenntnis seines Vertreters von der Gefahr eines ungewöhnlich hohen Schadens analog Abs. 1 zurechnen lassen mit der Folge, dass die Warnpflicht des Geschädigten nach **§ 254 Abs. 2 S. 1** entfällt.[181] Auch auf die Abnahme nach **§ 640 Abs. 1**, bei der es sich um keine Willenserklärung, sondern um eine geschäftsähnliche Handlung handelt, findet Abs. 1 entsprechende Anwendung,[182] ebenso im Bereicherungsrecht (**§ 814**,[183]**§ 817**,[184]**§ 819**).[185][186] Beim Grenzüberbau (**§ 912**) hat die Rechtsprechung Vorsatz und grobe Fahrlässigkeit des bauleitenden Architekten dem Grundstückseigentümer analog Abs. 1 zugerechnet. Für den Bauunternehmer, den Polier und seine Gehilfen soll dies hingegen nicht gelten, da sie

163   Soergel/*Leptien* BGB § 166 Rn. 13 (zu § 307 aF).
164   RGZ 101, 64, 73; 131, 343, 355; BGH NJW 2000, 1405 (1406) (zu § 460 aF); Palandt/*Ellenberger* BGB § 166 Rn. 4. Dies gilt auch, wenn ein Notar als Vertreter gehandelt hat: BGH DNotZ 1969, 284. *Schmidt*, Obliegenheiten, S. 184 f., will hingegen § 278 analog anwenden. Dagegen *Richardi* AcP 169 (1969), 390; MüKoBGB/*Schubert* § 166 Rn. 44.
165   Vgl. BGHZ 140, 54 = NJW 1999, 284 (286).
166   BayObLG NJW 1993, 1143 (1133).
167   BGH NJW 1999, 284 (286) (zu § 8 Abs. 3 KO aF).
168   BGH DB 1985, 649; WM 1991, 152 (155) (zu § 30 KO aF).
169   Zu Vorst. (sofern nicht gesondert vermerkt) MüKoBGB/*Schubert* § 166 Rn. 38; Soergel/*Leptien* BGB § 166 Rn. 12 f.; Erman/*Maier-Reimer* BGB § 166 Rn. 12.
170   RGZ 79, 285, 287; BGHZ 83, 293, 295 = NJW 1992, 881; NJW 1981, 993 (994); OLG Bamberg WM 2007, 389; OLG Hamm VersR 2009, 593; krit. *Wilhelm* AcP 183 (1983), 1, 28 ff.
171   Staudinger/*Schilken* BGB § 166 Rn. 21.
172   BGHZ 94, 232, 237 = NJW 1985, 2407; BGH NJW-RR 2018, 222 (224); Erman/*Maier-Reimer* BGB § 166 Rn. 31; Palandt/*Ellenberger* BGB § 166 Rn. 4.
173   Staudinger/*Schilken* BGB § 166 Rn. 9.

174   MüKoBGB/*Schubert* § 166 Rn. 42.
175   RG WarnR 1934 Nr. 157; BGHZ 32, 53, 59; Soergel/*Leptien* BGB § 166 Rn. 12.
176   AA Staudinger/*Schilken* BGB § 166 Rn. 9: Die Bösgläubigkeit des Besitzgehilfen schade, wenn ihm hinsichtlich der Eigentumslage eine eigenständige Prüfungskompetenz übertragen worden ist.
177   RGZ 137, 23, 28; MüKoBGB/*Schubert* § 166 Rn. 42; Soergel/*Leptien* BGB § 166 Rn. 12; Erman/*Palm* BGB § 166 Rn. 5.
178   MüKoBGB/*Schubert* § 166 Rn. 43; Soergel/*Leptien* BGB § 166 Rn. 3.
179   Soergel/*Leptien* BGB § 166 Rn. 14; MüKoBGB/*Schubert* § 166 Rn. 85.
180   BGHZ 40, 42, 46 f. = NJW 1963, 1922; Soergel/*Leptien* BGB § 166 Rn. 14; MüKoBGB/*Schubert* § 166 Rn. 81.
181   Soergel/*Leptien* BGB § 166 Rn. 14.
182   Soergel/*Leptien* BGB § 166 Rn. 15.
183   BGHZ 73, 202, 205 = NJW 1979, 763.
184   Soergel/*Leptien* BGB § 166 Rn. 15.
185   RGZ 79, 285, 287; BGH DB 1962, 601; MDR 1977, 388; NJW 1982, 1585; OLG Hamm WM 1985, 1290; OLG Karlsruhe ZIP 1995, 1748; krit. *Wilhelm* AcP 183 (1983), 1, 28 ff.
186   Vgl. näher Soergel/*Leptien* BGB § 166 Rn. 15.

nicht Repräsentanten, sondern eher Widerpart des Grundstückseigentümers seien.[187] Diese Rechtsprechung ist im Schrifttum auf Widerspruch gestoßen, weil es nicht um Wissens-, sondern um Verschuldenszurechnung gehe, und daher der Anwendungsbereich des Abs. 1 überdehnt werde.[188] So ist denn stattdessen teils auf § 278 (nachbarrechtliches Gemeinschaftsverhältnis), teils unter Berufung auf den Deliktscharakter des § 912 auf § 831 abgestellt worden.[189] Abs. 1 gilt auch für **prozessuale Willenserklärungen**.[190] Entsprechend ist Abs. 1 schließlich anzuwenden bei der Gläubigeranfechtung in der Insolvenz auf die Kenntnis des Vertreters oder eines ihm Gleichgestellten[191] von der Krise und der Begünstigungs- und Benachteiligungsabsicht des Schuldners (**§ 3 AnfG, §§ 131, 133 InsO**).[192] Zur entsprechenden Anwendbarkeit des Abs. 1 auf den **bösgläubigen Besitzdiener bei § 990** s. bereits → Rn. 18.

dd) Verjährung. Die regelmäßige Verjährung beginnt mit dem Schluss des Jahres, in dem der Anspruch entstanden ist und der Gläubiger von den anspruchsbegründenden Umständen und der Person des Schuldners Kenntnis erlangt oder ohne grobe Fahrlässigkeit erlangen müsste (§ 199 Abs. 1). Dabei steht die Kenntnis eines **Wissensvertreters** (→ Rn. 5), dem die Tatsachenermittlung zur Aufklärung oder Durchsetzung eines Anspruchs übertragen worden ist, grundsätzlich analog § 166 Abs. 1 der Kenntnis des Gläubigers gleich.[193] Denn derjenige, der einen anderen mit der Erledigung bestimmter Angelegenheiten in eigener Verantwortung betraut, hat sich unabhängig von einem Vertretungsverhältnis das in diesem Rahmen erlangte Wissen des anderen zurechnen zu lassen.[194] So kann beispielsweise das Wissen des Verwalters einer Wohnungseigentümergemeinschaft den einzelnen Mitgliedern bei der Durchsetzung gemeinschaftsbezogener Ansprüche aus dem WEG als eigene Kenntnis iSv § 199 Abs. 1 Nr. 2 zugerechnet werden.[195] Eine Zurechnung muss konsequenterweise aber dort ausscheiden, wo bereits die Vollmachtserteilung gegen Gesetzesrecht verstößt. Die Rechtsprechung hat dies bei einem Verstoß gegen das Rechtsberatungsgesetz (Art. 1 § 1 RBerG) ausdrücklich anerkannt.[196] Zu differenzieren ist auch bei **deliktischen Schadensersatzansprüchen** (§§ 823 ff.), die einen gänzlich außerrechtsgeschäftlichen Bereich betreffen.[197] Nur bei **gesetzlicher** und **organschaftlicher Vertretung** kommt es für den Verjährungsbeginn in entsprechender Anwendung von § 166 Abs. 1 auf die Kenntnis des Vertreters an.[198] Dagegen kommt es für den Verjährungsbeginn grundsätzlich nicht auf die Kenntnis des **gewillkürten Vertreters**, sondern auf die des Geschädigten an.[199] Etwas anderes gilt nur dann, wenn der Geschädigte einen Dritten, insbesondere einen Rechtsanwalt,[200] mit der Sachverhaltsaufklärung beauftragt und dergestalt zu seinem Wissensvertreter bestellt hat: In diesem Fall muss sich der Geschädigte die Kenntnisse des Vertreters auch dann zurechnen lassen, wenn sie nicht an ihn weitergeleitet worden sind; eine Berufung auf die eigene Unkenntnis wäre treuwidrig.[201] Eine Wissenszusammenrechnung (→ Rn. 9) hat die Rechtsprechung im Verjährungsrecht bisher abgelehnt.[202] Diese Sichtweise sollte überdacht werden, da innerhalb einer arbeitsteiligen Arbeitsorganisation (Unternehmen, Behörde) für verjährungsrelevante Tatsachen eine aktenmäßige Erfassung und ein Informationsaustausch organisiert werden müssen, so dass, wenn dies nicht geschieht, § 199 Abs. 1 Nr. 2 wegen grober Fahrlässigkeit anwendbar sein kann.[203]

ee) Treuwidriges Berufen auf die Wissenszurechnung. Die Berufung auf die Wissenszurechnung durch den Vertragspartner kann treuwidrig sein (§ 242 BGB), wenn dieser damit rechnen musste, dass der Vertreter sein Wissen dem Geschäftsherrn vorenthalten würde.[204] Dies gilt erst Recht dann, wenn der Ver-

30

31

187 BGHZ 42, 63, 68; BGH NJW 1977, 375; WM 1979, 644 (645); zust. Staudinger/*Schilken* BGB § 166 Rn. 22; vgl. auch BayObLGE 79, 19, 23.
188 MüKoBGB/*Schubert* BGB § 166 Rn. 100.
189 Vgl. Soergel/*Leptien* BGB § 166 Rn. 16.
190 RGZ 146, 348, 353; Soergel/*Leptien* BGB § 166 Rn. 7; Erman/*Maier-Reimer* BGB § 166 Rn. 12; vgl. auch Staudinger/*Schilken* BGB § 166 Rn. 30.
191 Vgl. hierzu BGHZ 41, 17, 21 (als Beobachter in die Geschäftsleitung entsandter Vertrauensmann: ja); BGHZ 55, 307, 311 (Treuhänder des Schuldners: nein).
192 BGHZ 22, 128, 134; 38, 65, 66; 41, 17, 21; BGH WM 1991, 152 (153); MüKoBGB/*Schubert* BGB § 166 Rn. 94; einschr. Soergel/*Leptien* BGB § 166 Rn. 15.
193 BGH NJW 2011, 1799 (1800); NJOZ 2012, 375 (377); Palandt/*Ellenberger* BGB § 199 Rn. 24; zu § 852 BGB aF bereits BGH NJW 1989, 2323; 1994, 1150, 1151; 2007, 1584, 1587.
194 BGH NJW 1984, 1584 (1587).
195 BGH NJW 2014, 2861 – konkret ging es um die Ansprüche aus § 10 Abs. 6 S. 3 WEG; so auch AG Lüneburg BeckRS 2017, 107494.

196 BGH NJOZ 2012, 375 (378).
197 Vgl. Soergel/*Leptien* BGB § 166 Rn. 15.
198 BGH VersR 1963, 161 f.; NJW 1989, 2323; Soergel/*Leptien* BGB § 166 Rn. 15. Diese Fundstellen betreffen § 852 aF Es bestehen jedoch keine Bedenken, diese Aussage auch auf die Neuregelung des Beginns der Verjährung deliktischer Schadensersatzansprüche nach der Schuldrechtsreform zu übertragen.
199 BGH VersR 1955, 233 (234); NJW 2016, 3445 (3450); MüKoBGB/*Schubert* § 166 Rn. 87; Soergel/*Leptien* BGB § 166 Rn. 15.
200 BGH NJW-RR 1992, 282 (283); NJW 1992, 3034; NJW-RR 1994, 806 (807); MüKoBGB/*Schubert* § 166 Rn. 87.
201 BGH NJW 1968, 988; 1985, 2583; 1994, 1150; 2016, 3445, 3450; MüKoBGB/*Schubert* § 166 Rn. 87; Soergel/*Leptien* BGB § 166 Rn. 15.
202 BGHZ 133, 129, 139 = NJW 1996, 2508.
203 Palandt/*Ellenberger* BGB § 199 Rn. 25; Staudinger/*Schilken* BGB § 166 Rn. 22.
204 BGH NJOZ 2012, 375 (376); NJW 2013, 2015 (2017).

treter mit dem anderen Teil bewusst zum Nachteil des Vertretenen zusammengewirkt hat.[205] Auch bei der Verjährung kann dieser Aspekt relevant werden. Der BGH geht davon aus, dass es dem Anspruchsgegner im Einzelfall nach Treu und Glauben verwehrt sein kann, sich auf die Wissenszurechnung eines Vertreters des Anspruchstellers zu berufen. Dies komme unter anderem dann in Betracht, wenn sich der betreffende Anspruch gerade gegen diejenige Person richtet, deren Wissen zugerechnet werden soll.[206] In solchen Fällen könne nicht erwartet werden, dass der Schuldner dafür sorgt, dass die Ansprüche gegen ihn selbst geltend gemacht werden. Ein derartiger, eine Wissenszurechnung des Vertreters ausschließender Ausnahmefall liegt nach neuerer Rechtsprechung nicht nur vor, wenn sich der Anspruch allein gegen den Wissensvertreter selbst richtet. Er ist vielmehr auch dann anzunehmen, wenn sich der Anspruch zwar gegen einen Dritten richtet, jedoch mit einem gegen den Wissensvertreter gerichteten Anspruch in einem so engen Zusammenhang steht, dass auch hier die Befürchtung besteht, der Vertreter werde nicht zu einer sachgerechten Verfolgung des Anspruchs beitragen.[207]

II. Vertreter handelt nach Weisungen (Abs. 2)

32   **1. Persönlicher Anwendungsbereich.   a) Bevollmächtigter.** Seinem eindeutigen Wortlaut nach ist Abs. 2 nur auf die Fälle einer **rechtsgeschäftlich erteilten Vertretungsmacht (Vollmacht)** anwendbar. Darunter fällt auch die Untervollmacht, wenn der Unterbevollmächtigte nach den Weisungen des Hauptbevollmächtigten handelt.[208] Auf die gesetzliche Vertretung kann Abs. 2 grundsätzlich nicht angewandt werden.[209] Der Grund für die Herausnahme der gesetzlichen Vertretung aus dem Anwendungsbereich des Abs. 2 liegt darin, dass von dem kraft Gesetzes Vertretenen keine bestimmten Weisungen erteilt werden können[210] und daher der Gesetzeszweck, zu verhindern, dass ein bösgläubiger Vertretener einen arglosen Vertreter vorschiebt, nicht einschlägig ist.

33   **b) Gesetzlicher Vertreter.** Es ist jedoch eine **entsprechende Anwendung** des Abs. 2 auf solche gesetzlichen Vertreter anerkannt, deren Stellung im konkreten Fall der eines weisungsgebundenen Bevollmächtigten gleicht.[211] Dies ist angenommen worden für den nach Weisung handelnden **Betreuer**, wenn der bösgläubige Betreute voll geschäftsfähig ist.[212] Der BGH hat Abs. 2 analog auf den Fall angewandt, dass der von der Vertretung seines minderjährigen Kindes nach §§ 1629 Abs. 2, 1795 Abs. 2 ausgeschlossene Vater zur Vornahme einer Grundstücksveräußerung an das Kind einen gutgläubigen **Ergänzungspfleger** bestellt, der das Geschäft in Unkenntnis der Gläubigerbenachteiligungsabsicht des Vaters (§ 3 Abs. 1 Nr. 1 AnfG) mit dem Kind abschließt.[213]

34   Eine entsprechende Anwendung des Abs. 2 wird auch befürwortet, wenn der wissende Ehemann seine gutgläubige Ehefrau veranlasst, kraft ihrer **Schlüsselgewalt** (§ 1357) eine unterschlagene Sache zu erwerben.[214] Das Gleiche gilt, wenn ein bösgläubiger **vertretungsberechtigter Gesellschafter** einen anderen Gesellschafter zum Abschluss eines bestimmten Geschäfts bringt.[215]

35   Auf **geschäftsunfähige** oder nur **beschränkt geschäftsfähige Vertretene** ist Abs. 2 dagegen wegen des vorrangigen Schutzzwecks der §§ 104 ff. grundsätzlich nicht entsprechend anwendbar,[216] so zB, wenn ein bösgläubiger Minderjähriger seine arglosen Eltern dazu bestimmt, eine bestimmte Sache von einem Nichteigentümer zu erwerben. Etwas anderes gilt jedoch für einen beschränkt Geschäftsfähigen (§ 106), welcher das Geschäft auch selbst hätte vornehmen können, weil es für ihn rechtlich lediglich vorteilhaft ist (§ 107, zB Eigentumserwerb) und er eine zur Erkenntnis seiner Verantwortlichkeit ausreichende Einsichtsfähigkeit besitzt (§ 828 Abs. 3).[217] Im umgekehrten Fall, dass die Eltern ihr Kind veranlassen, im Rahmen

205   BGH NJW 2000, 1405 (1406); Palandt/*Ellenberger* BGB § 166 Rn. 4.
206   BGH NJW-RR 2011, 832 Rn. 10 und NJW-RR 1989, 1255.
207   BGH NJW-RR 2013, 1321.
208   RG Gruchot 58, 907; Palandt/*Ellenberger* BGB § 166 Rn. 10; BeckOK BGB/*Schäfer* § 166 Rn. 25.
209   BGHZ 38, 65, 67; Soergel/*Leptien* BGB § 166 Rn. 32.
210   MüKoBGB/*Schubert* § 166 Rn. 103; Soergel/*Leptien* BGB § 166 Rn. 32.
211   Vgl. BGHZ 38, 65, 67; *Flume* BGB AT Bd. 2 § 52, 6; Staudinger/*Schilken* BGB § 166 Rn. 31; Soergel/*Leptien* BGB § 166 Rn. 32; Erman/*Maier-Reimer* BGB § 166 Rn. 39.
212   Staudinger/*Schilken* BGB § 166 Rn. 31; MüKoBGB/*Schubert* § 166 Rn. 103; Soergel/*Leptien* BGB § 166 Rn. 32; aA *Paulus* FS Michaelis 1972, S. 215, 223 ff.
213   BGHZ 38, 65, 70; zust. *Wolf/Neuner* BGB AT § 39 Rn. 89 f.; Erman/*Maier-Reimer* BGB § 166 Rn. 39; MüKoBGB/*Schubert* § 166 Rn. 103; BeckOK BGB/*Schäfer* § 166 Rn. 26; abl. *Müller-Freienfels*, Die Vertretung beim Rechtsgeschäft, S. 392 ff.; *Paulus* FS Michaelis 1972, S. 215, 223 ff.
214   *Weimar* JR 1976, 318 (320); Soergel/*Leptien* BGB § 166 Rn. 32; Palandt/*Ellenberger* BGB § 166 Rn. 10; MüKoBGB/Schubert § 166 Rn. 103.
215   MüKoBGB/*Schubert* § 166 Rn. 105.
216   Staudinger/*Schilken* BGB § 166 Rn. 31; MüKoBGB/*Schubert* § 166 Rn. 104; Erman/*Maier-Reimer* BGB § 166 Rn. 39.
217   MüKoBGB/*Schubert* § 166 Rn. 104; Soergel/*Leptien* BGB § 166 Rn. 32.

von § 107 selbst wirksam zu handeln, soll Abs. 2 hingegen in jedem Fall ausgeschlossen bleiben.[218] Keine Anwendung findet Abs. 2 auch auf die **Ermächtigung** (→ § 164 Rn. 28) und auf die **Zustimmung** zu rechtsgeschäftlichem Handeln, da der Dritte hier im eigenen Namen auftritt[219] und es daher nur auf seine Kenntnis bzw. sein Kennenmüssen ankommt.[220]

Nicht anzuwenden ist Abs. 2 schließlich auf die **organschaftliche Vertretung juristischer Personen.**[221] **36** Darüber besteht weitgehend Einigkeit.[222] Zur Begründung wird teils darauf verwiesen, dass das Wissen(müssen) der Organe juristischer Personen das der juristischen Person selbst sei (Organtheorie),[223] teils auf den Rechtsgedanken des § 28 Abs. 2, wonach die Wertung gerechtfertigt sei, das Wissen(müssen) solcher Organe dem der juristischen Person gleichzusetzen.[224]

2. Sachlicher Anwendungsbereich. a) Bestimmte Weisungen des Vertretenen. Abs. 2 setzt voraus, **37** dass der Vertreter nach bestimmten Weisungen des Vertretenen gehandelt hat. Der Begriff der bestimmten Weisungen ist **weit auszulegen.**[225] Es genügt, wenn sich die Weisungen nicht als Beschränkung der Vertretungsmacht darstellen, sondern sich in Form von Ausführungsanordnungen aus dem Innenverhältnis von Vertretenem und Vertreter ergeben.[226] Die Weisung braucht sich auch nicht auf gerade denjenigen Umstand zu beziehen, dessen Kenntnis oder Kennenmüssen infrage steht,[227] ebenso wenig auf die Vornahme eines bestimmten Geschäfts.[228] Sie muss auch nicht bereits Gegenstand der Bevollmächtigung sein.[229] Es reicht aus, wenn der Vertreter im Rahmen der ihm erteilten Vollmacht ein Geschäft tätigt, zu dessen Vornahme ihn der Vollmachtgeber gezielt veranlasst hat.[230] Gleichzustellen ist der Fall, dass der Vertretene pflichtwidrig Weisungen unterlässt bzw. vorhandene Informationen nicht weitergibt.[231]

Abs. 2 ist bereits dann anwendbar, wenn der Vertretene vom Vorhaben des Vertreters Kenntnis hat und die- **38** ses **nicht verhindert,** obwohl ihm dies möglich wäre.[232] Dies gilt vor allem in dem Fall, in dem der Vertreter das Geschäft in Gegenwart des Vertretenen tätigt und dieser trotz Wahrnehmung nicht einschreitet.[233] Es reicht aus, wenn der Vertretene erst nach Erteilung der Weisung Kenntnis erhält oder hätte haben müssen, der Rechtsakt zu diesem Zeitpunkt noch nicht vollzogen und daher der Vertretene in der Lage ist, durch zumutbare Maßnahmen auf den weisungsgebundenen Vertreter Einfluss zu nehmen.[234] Maßgebend ist insoweit die tatsächliche Hinderungsmöglichkeit.[235] Nicht dagegen muss der Vertretene vorsorglich gegen alle Handlungen vorgehen, mit denen nur allgemein zu rechnen ist und die sich nicht bereits konkret abzeichnen. Liegen keine konkreten Weisungen vor und hält der Vertretene den künftigen Abschluss eines bestimmten Geschäfts lediglich für möglich, findet Abs. 2 daher keine Anwendung.[236] So kann bei Generalbevollmächtigten oder Prokuristen nicht pauschal aufgrund ihrer umfassenden Vertretungsmacht angenommen werden, sie handelten in deren Rahmen jeweils nach bestimmten Weisungen des Geschäftsherrn.[237]

218 BGHZ 94, 232, 239 = NJW 1985, 2407; *Wolf/Neuner* BGB AT, § 49 Rn. 89; Soergel/*Leptien* BGB § 166 Rn. 32; anders (analog § 166 Abs. 1) Staudinger/ *Schilken* BGB § 166 Rn. 31.
219 RGZ 53, 274, 275.
220 *Thiele,* Die Zustimmungen in der Lehre vom Rechtsgeschäft, S. 160; Staudinger/*Schilken* BGB § 166 Rn. 31.
221 Dafür jedoch *Schultz* NJW 1996, 1393.
222 Eine ausdrückliche gesetzliche Regelung dieser Zurechnung verlangt dagegen *Waltermann* AcP 192 (1992), 181, 216 ff. Auf eine Wissenszurechnung nach Maßgabe des § 166 stellen *Baumann* ZGR 1973, 284 ff., und *Tintelnot* JZ 1987, 785 (799 f.), ab.
223 RG JW 1935, 2044; BGHZ 20, 149, 153; 41, 282, 287 = NJW 1964, 1367; BGHZ 109, 327, 331 = NJW 1990, 975; Soergel/*Leptien* BGB § 166 Rn. 32.
224 Staudinger/*Schilken* BGB § 166 Rn. 32.
225 RG Recht 1921, 2251; RGZ 131, 343, 356; 161, 153, 161; BGHZ 38, 65, 68; 50, 364, 368; BGH BB 1965, 435; *Flume* BGB AT Bd. 2 § 52, 6; Staudinger/*Schilken* BGB § 166 Rn. 33; MüKoBGB/*Schubert* § 166 Rn. 106; Soergel/*Leptien* BGB § 166 Rn. 29; Erman/ *Maier-Reimer* BGB § 166 Rn. 38; BeckOK BGB/ *Schäfer* § 166 Rn. 27.
226 Staudinger/*Schilken* BGB § 166 Rn. 34.
227 Staudinger/*Schilken* BGB § 166 Rn. 34.
228 RG JW 1916, 316 (318); SeuffA 76 Nr. 175; SeuffA 82 Nr. 41; BGHZ 38, 65, 68; 50, 364, 368; BGH BB 1965, 435; BAG NJW 1997, 1940 (1941);

Staudinger/*Schilken* BGB § 166 Rn. 34; MüKoBGB/ *Schubert* § 166 Rn. 106; Soergel/*Leptien* BGB § 166 Rn. 29; Erman/*Maier-Reimer* BGB § 166 Rn. 38.
229 MüKoBGB/*Schubert* § 166 Rn. 106; Soergel/*Leptien* BGB § 166 Rn. 29.
230 RG JW 1916, 316 (318); RGZ 68, 374, 377; 161, 153, 161; BGHZ 38, 65, 68; 50, 364, 368; BAG NJW 1997, 1940 (1941); BayObLG NJW-RR 1989, 907 (910); *Flume* BGB AT Bd. 2, § 52, 6; Staudinger/*Schilken* BGB § 166 Rn. 34; MüKoBGB/ *Schubert* § 166 Rn. 106; Soergel/*Leptien* BGB § 166 Rn. 29; Erman/*Maier-Reimer* BGB § 166 Rn. 38.
231 Erman/*Maier-Reimer* BGB § 166 Rn. 38.
232 BGHZ 50, 364, 368; BGH BB 1968, 1402; OLG Hamm NZG 2006, 827; BayObLG NJW-RR 1989, 907 (910); *Flume* BGB AT Bd. 2 § 52, 6; MüKoBGB/*Schubert* § 166 Rn. 106; Soergel/*Leptien* BGB § 166 Rn. 29; BeckOK BGB/*Schäfer* § 166 Rn. 27.
233 BGHZ 51, 141, 145; Staudinger/*Schilken* BGB § 166 Rn. 34; MüKoBGB/*Schubert* § 166 Rn. 106; Soergel/*Leptien* BGB § 166 Rn. 29; Erman/*Maier-Reimer* BGB § 166 Rn. 38.
234 BGHZ 38, 65, 67; 50, 364, 368; 51, 141, 145; Erman/*Maier-Reimer* BGB § 166 Rn. 38; Soergel/ *Leptien* BGB § 166 Rn. 31.
235 Staudinger/*Schilken* BGB § 166 Rn. 27; Soergel/*Leptien* BGB § 166 Rn. 31.
236 MüKoBGB/*Schubert* § 166 Rn. 106; Soergel/*Leptien* BGB § 166 Rn. 29.
237 Soergel/*Leptien* BGB § 166 Rn. 29.

Ein gutgläubiger Generalbevollmächtigter kann daher für einen bösgläubigen Vollmachtgeber Eigentum erwerben.[238] Die Weisung muss dem Vertreter nicht unmittelbar vom Vertretenen, sondern kann ihm auch von einem ihm im Rahmen einer **Unterbevollmächtigung** übergeordneten Vertreter erteilt sein. In diesem Fall kommt es auch auf die Kenntnis oder das Kennenmüssen des Hauptbevollmächtigten an.[239]

39   **b) Genehmigung einer vollmachtlosen Vertretung, § 177.** Seinem Wortlaut nach gilt Abs. 2 nur bei rechtsgeschäftlich erteilter Vertretungsmacht (Vollmacht). Abs. 2 findet jedoch **entsprechende Anwendung**, wenn der Vertretene sein. § 177 eine vollmachtlose Vertretung genehmigt.[240] An die Stelle der Vollmachtserteilung mit bestimmten Weisungen tritt die in der Genehmigung liegende unmittelbare Beteiligung des Vertretenen am Abschlusstatbestand.[241] Durch die Genehmigung billigt der Vertretene die Interessenbewertung des Vertreters und nimmt sie in seinen Willen auf.[242] Das Geschäft beruht daher nicht nur auf der Entschließung des Vertreters, sondern auch auf der des Vertretenen, was eine entsprechende Anwendung des Abs. 2 neben Abs. 1 rechtfertigt.[243] Für die Kenntnis oder das Kennenmüssen des Vertretenen kommt es auf den Zeitpunkt der Genehmigung an.[244]

40   **3. Ausdehnung auf Willensmängel.** Nach seinem Wortlaut und nach der ursprünglichen gesetzgeberischen Intention (Repräsentationstheorie, Abstraktionsprinzip) bezieht sich Abs. 2 nur auf die Kenntnis und das Kennenmüssen, nicht aber auf etwaige Willensmängel des Weisung oder Spezialvollmacht erteilenden Vertretenen. Der Willensmangel des Vertretenen kann sich dabei grundsätzlich allenfalls mittelbar auf das Vertretergeschäft auswirken, indem er den Vertretenen zur **Anfechtung der Bevollmächtigung** berechtigt (→ § 167 Rn. 21 ff.) und so zur vollmachtlosen Vertretung führt.[245] Gleichwohl befindet sich die Ansicht im Vordringen, wonach ein Willensmangel des Vollmachtgebers diesen auch zur **Anfechtung des Vertretergeschäfts** berechtigt, wenn er sich über eine an den Vertreter erteilte Weisung auf das Vertretergeschäft auswirkt.[246] Denn in diesem Fall vollziehe der Vertreter tatsächlich nur den Willen des Vertretenen, mag auch der von Willensmängeln freie Vertreter rechtlich eine eigene Willenserklärung abgeben.[247] Dem ist allerdings nur für den Fall zu folgen, dass der Geschäftspartner den Vertretenen durch arglistige **Täuschung** oder widerrechtlich durch **Drohung** (§ 123) zu einer das Vertretergeschäft beeinflussenden Weisung an den Vertreter bestimmt hat, da der Geschäftspartner nicht schutzwürdig ist.[248] Auch auf den Fall vorübergehender Geistesstörung des weisungserteilenden Vertretenen ist Abs. 2 entsprechend angewandt worden.[249]

41   Eine pauschale Ausdehnung des Abs. 2 auf alle Willensmängel[250] ist jedoch abzulehnen, da hierdurch die gegen den Vertretenen gerichtete Stoßrichtung des Abs. 2 und das Abstraktionsprinzip mit seiner Verkehrsschutzfunktion in unzulässiger Weise ausgehöhlt werden.[251] Lediglich in Fällen mangelnder Schutzwürdigkeit des Geschäftspartners, die insoweit eine Parallele zu den Alternativen in § 123 aufweisen, kommt eine analoge Anwendung des Abs. 2 in Betracht, so etwa, wenn die Weisungen des Vertretenen eindeutig **Inhalt oder Geschäftsgrundlage des Vertretergeschäfts** geworden sind.[252] Fehlt es hingegen an einer Weisung und will sich der Vertretene aus anderen Gründen (zB wegen eines Irrtums über die Person oder Eigenschaften des Vertreters) von dem Geschäft lösen, scheidet eine analoge Anwendung des Abs. 2 aus; insoweit kommt es nach Abs. 1 allein auf die Willensmängel des Vertreters an.[253]

238 Staudinger/*Leptien* BGB § 166 Rn. 35; MüKoBGB/ *Schubert* § 166 Rn. 106.

239 RG Gruchot 58, 907, 909; WarnR 1932, Nr. 135; Staudinger/*Schilken* BGB § 166 Rn. 35; MüKoBGB/ *Schubert* § 166 Rn. 106; Soergel/*Leptien* BGB § 166 Rn. 29.

240 RGZ 68, 374, 377; 128, 116, 120; 161, 153, 161 ff.; BGH BB 1965, 435.

241 Staudinger/*Schilken* BGB § 166 Rn. 29; MüKoBGB/ *Schubert* § 166 Rn. 102; Soergel/*Leptien* BGB § 166 Rn. 30; Palandt/*Ellenberger* BGB § 166 Rn. 10.

242 MüKoBGB/*Schubert* § 166 Rn. 102.

243 MüKoBGB/*Schubert* § 166 Rn. 102.

244 RGZ 68, 374, 377; 161, 153, 162; BGH BB 1965, 435; *Flume* BGB AT Bd. 2 § 52, 6; Staudinger/*Schilken* BGB § 166 Rn. 29.

245 Soergel/*Leptien* BGB § 166 Rn. 33.

246 *Wolf/Neuner* BGB AT § 49 Rn. 91; Palandt/*Ellenberger* BGB § 166 Rn. 12; offen lassend: BGHZ 144, 223, 230 = NJW 2000, 2268 (2269); abl. *Flume* BGB AT Bd. 2 § 52 f.; Staudinger/*Schilken* BGB § 166 Rn. 28.

247 MüKoBGB/*Schubert* § 166 Rn. 107.

248 BGHZ 51, 141, 147 = NJW 1969, 925; *Wolf/Neuner* BGB AT § 49 Rn. 91; *Medicus/Petersen* BGB AT Rn. 902; MüKoBGB/*Schubert* § 166 Rn. 107; Soergel/*Leptien* BGB § 166 Rn. 33.

249 OLG Braunschweig OLGZ 75, 441.

250 So *Müller-Freienfels*, Die Vertretung beim Rechtsgeschäft, S. 402 ff.; *Medicus/Petersen* BGB AT Rn. 902; MüKoBGB/*Schubert* § 166 Rn. 59.

251 Soergel/*Leptien* BGB § 166 Rn. 33.

252 RGRK/*Steffen* BGB § 166 Rn. 22; Soergel/*Leptien* BGB § 166 Rn. 33.

253 Erman/*Palm* BGB § 166 Rn. 18.

C. Weitere praktische Hinweise

I. Darlegungs- und Beweislast

Für die Absätze des § 166 gelten die allgemeinen Beweisregeln. Danach trägt der Anspruchssteller die **42** Beweislast für die rechtsbegründenden, der Anspruchsgegner für die rechtsvernichtenden und rechtshemmenden Tatbestandsmerkmale.[254]

Der sich auf Abs. 1 berufende Geschäftsgegner muss demnach die Kenntnis des Vertreters darlegen und im **43** Bestreitensfall beweisen. Stützt der Vertragspartner des Vertretenen sich auf Abs. 2, trifft ihn die Darlegungs- und Beweislast für die Weisungsgebundenheit des Vertreters wie auch für die Kenntnis des Vollmachtgebers.

II. Gestaltungshinweise

Bei **beurkundungsbedürftigen Verträgen** findet keine Zurechnung des Wissens von Hilfspersonen statt **44** (s. bereits → Rn. 13). Auch bei Verträgen, die nicht der notariellen Beurkundung unterliegen, kann eine Wissenszurechnung gem. Abs. 1 grundsätzlich **durch** eine entsprechende **individuelle Abrede ausgeschlossen** werden.[255]

Erklärt der Vertretene unmissverständlich, dass Gegenstand des Vertrages nur die von ihm persönlich abge- **45** gebenen Erklärungen über Tatsachen und Zusagen seien, und erklärt sich der Vertragspartner hiermit einverstanden, können sorgfaltswidrig erteilte Fehlinformationen des Vertreters iSv Abs. 1 grds. nicht zugerechnet werden.[256]

Hingegen ist ein genereller Ausschluss der Zurechnung gem. Abs. 1 in **Allgemeinen Geschäftsbedin- 46 gungen** nicht zulässig. Bedient sich eine Partei einer Hilfsperson bei den Vertragsverhandlungen, kann sie die Bewertung dieses Vorgangs und die Zurechnung des Verhaltens nicht durch entgegenstehende AGB ausschließen. Da dies neben einem Ausschluss der Haftung für grobe Fahrlässigkeit auch zu einem Ausschluss der Haftung für Vorsatz führen würde, ist eine solche Regelung auch im kaufmännischen Verkehr nach § 307 Abs. 1 unwirksam.[257] Auch dem Ausschluss der Zurechnung der Kenntnis bestimmter Tatsachen oder der Begrenzung auf bestimmte Verschuldensgrade stehen erhebliche Bedenken entgegen, da – wie bereits unter → Rn. 1 ausgeführt – § 166 Ausdruck allgemeiner Gerechtigkeitserwägungen ist, so dass regelmäßig ein Verstoß gegen § 307 Abs. 1, 2 Nr. 1 vorliegen wird.

§ 167 Erteilung der Vollmacht

(1) Die Erteilung der Vollmacht erfolgt durch Erklärung gegenüber dem zu Bevollmächtigenden oder dem Dritten, dem gegenüber die Vertretung stattfinden soll.

(2) Die Erklärung bedarf nicht der Form, welche für das Rechtsgeschäft bestimmt ist, auf das sich die Vollmacht bezieht.

Literatur: *Albrecht/Albrecht*, Die Patientenverfügung – jetzt gesetzlich geregelt, MittBayNot 2009, 426; *Altmeppen*, Disponibilität des Rechtsscheins, 1993; *Amann*, Postmortal bewirkte Grundstücksschenkungen mittels Vollmacht, MittBayNot 2016, 369; *Becker*, Regelungen für das Spannungsverhältnis von Testamentsvollstreckung und General- bzw. Vorsorgevollmacht, ZEV 2018, 692; *Bergjahn/Klotz*, Formale „Fallstricke" bei der Vollmachterteilung in M&A-Transaktionen, ZIP 2016, 2300; *Bienert*, „Anscheinsvollmacht" und „Duldungsvollmacht" – Kritik der Rechtsprechung und ihrer Grundlagen, 1975; *Bous*, Fortbestand und Rechtsschein der Untervollmacht trotz Wegfall der Hauptvollmacht, RNotZ 2004, 483; *Brox*, Die Anfechtung bei der Stellvertretung, JA 1980, 449; *Bülow*, Blankobürgschaft und Rechtsscheinzurechnung, ZIP 1999, 1694; *Canaris*, Die Vertrauenshaftung im deutschen Privatrecht, 1971; *ders.*, Die Vertrauenshaftung im Lichte der Rechtsprechung des Bundesgerichtshofs, in: 50 Jahre Bundesgerichtshof – Festgabe aus der Wissenschaft, Bd. 1, 2000, S. 129; *Chiusi*, Zur Verzichtbarkeit von Rechtsscheinswirkungen, AcP 202 (2002), 494; *v. Craushaar*, Die Vollmacht des Architekten zur Anordnung und Vergabe von Zusatzarbeiten, BauR 1982, 421; *Daragan*, Vorratsvollmachten beschränkt geschäftsfähiger Kinder, ZErb 2013, 168; *Einsele*, Formerfordernisse bei mehraktigen Rechtsgeschäften, DNotZ 1996, 835; *dies.*, Formbedürftigkeit des Auftrags/der Vollmacht zum Abschluß eines Ehevertrags, NJW 1998, 1206; *Eujen/Frank*, Anfechtung der Bevollmächtigung nach Abschluß des Vertretergeschäfts, JZ 1973, 232; *Frey*, Rechtsnachfolge in Vollmachtnehmer- und Vollmachtgeberstellungen, 1997; *Frotz*, Verkehrsschutz im Vertretungsrecht, 1972; *Gerlach*, Die Untervollmacht, Diss. Berlin, 1966; *Glenk*, Unterschätzt, aber effizient – Trans- und postmortale Vollmachten, NJW 2017, 452; *Grziwotz*, Vollmachten in der nichtehelichen Lebensgemeinschaft?, FPR 2001, 45; *Henssler/Michel*, Vertretung durch sozietätsverbundene Rechtsanwälte bei einseitigen Willenserklärungen, NJW 2015, 11; *Herresthal*,

---

254　Vgl. BGB E I § 193; BGH NJW 91, 1052; 1999, 353; Musielak/*Foerste* ZPO § 286 Rn. 35; Zöller/*Greger* ZPO Vor § 284 Rn. 17 a.

255　BGH NJW 1995, 2550; KG WM 1996, 362; OLG Köln NJW-RR 1996, 411.

256　BGH NJW 1995, 2550; KG WM 1996, 362.

257　Vgl. OLG Köln NJW-RR 1996, 411.

Formbedürftigkeit der Vollmacht zum Abschluss eines Verbraucherdarlehensvertrages, JuS 2002, 844; *ders.*, Haftung bei Account-Überlassung und Account-Missbrauch im Bürgerlichen Recht, K & R 2008, 705; *Herrler*, Wertlosigkeit einer trans- bzw. postmortalen Vollmacht für den Alleinerben?, DNotZ 2017, 508; *Höfling*, Das neue Patientenverfügungsgesetz, NJW 2009, 2849; *Kanzleiter*, Formfreiheit der Vollmacht zum Abschluss eines Ehevertrags?, NJW 1999, 1612; *Keilbach*, Vorsorgeregelungen zur Wahrung der Selbstbestimmung bei Krankheit, im Alter und am Lebensende, FamRZ 2003, 969; *Keim*, Das Ende der Blankobürgschaft?, NJW 1996, 2774; *Kiefner/Friebl*, Stimmrechtsausübung in der Hauptversammlung durch den Vollmachtgeber trotz fortbestehender Bevollmächtigung eines Vertreters?, NZG 2011, 881; *Kindl*, Rechtsscheintatbestände und ihre rückwirkende Beseitigung, 1999; *Lieb*, Aufgedrängter Vertrauensschutz? – Überlegungen zur Möglichkeit des Verzichts auf den Rechtsscheinsschutz, insbesondere bei der Anscheinsvollmacht, in: FS Hübner 1984, S. 575; *Lobinger*, Rechtsgeschäftliche Verpflichtung und autonome Bindung, 1999; *Merkt*, Die dogmatische Zuordnung der Duldungsvollmacht zwischen Rechtsgeschäft und Rechtsscheintatbestand, AcP 204 (2004), 638; *Milzer*, Die adressatengerechte Vorsorgevollmacht, NJW 2003, 1836; *Müller*, Gesetzliche Regelung der Patientenverfügung durch das 3. BtÄndG – Erster Überblick, NotBZ 2009, 289; *Müller/Renner*, Betreuungsrecht und Vorsorgeverfügungen in der Praxis, 5. Aufl. 2017; *Müller-Freienfels*, Die Vertretung beim Rechtsgeschäft, 1955; *Müller-von Münchow*, Rechtliche Vorgaben zu Inhalt und Form von Vollmachten, NotBZ 2010, 31; *Oechsler*, Die Bedeutung des § 172 Abs. 1 BGB beim Handeln unter fremdem Namen im Internet, AcP 208 (2008), 565; *ders.*, Haftung beim Missbrauch eines eBay-Mitgliedskontos – Verantwortung für die freiwillige Überlassung und das Ausspähen von Verbindungsdaten, MMR 2011, 631; *Paulus/Henkel*, Rechtsschein der Prozessvollmacht, NJW 2003, 1692; *Pauly*, Zur Frage des Umfangs der Architektenvollmacht, BauR 1998, 1143; *Pawlowski*, Die gewillkürte Stellvertretung, JZ 1996, 125; *Petersen*, Die Haftung bei der Untervollmacht, Jura 1999, 401; *ders.*, Die Anfechtung der ausgeübten Innenvollmacht, AcP 201 (2001), 375; *Quack*, Die „originäre" Vollmacht des Architekten, BauR 1995, 441; *Renner*, Nur „alter Wein in neuen Schläuchen"? – Zur gesetzlichen Regelung der Patientenverfügung, ZNotP 2009, 371; *Rieder*, Die Rechtsscheinhaftung im elektronischen Geschäftsverkehr, 2004; *Rösler*, Formbedürftigkeit der Vollmacht, NJW 1999, 1150; *Rott*, Duldungsvollmacht bei Verstoß gegen das Rechtsberatungsgesetz?, NJW 2004, 2794; *Sarres*, Informations- und Gegenrechte bei der vorsorgenden Vollmacht, ZEV 2013, 312;*Sauer*, Die Gestaltung des Innenverhältnisses von General- und Vorsorgevollmachten, RNotZ 2009, 79; *K. Schmidt*, Falsus-procurator-Haftung und Anscheinsvollmacht, in: FS Gernhuber 1993, S. 435; *ders.*, Stimmrechtsvollmachten bei der GmbH und GmbH & Co: ein Formproblem?, GmbHR 2013, 1177; *Schnell*, Signaturmissbrauch und Rechtsscheinhaftung, 2007; *Schüller*, Untervollmachten bei General- und Vorsorgevollmachten – Risiken und Gestaltungsmöglichkeiten, RNotZ 2014, 585; *Schwarze*, Die Anfechtung der ausgeübten (Innen-)Vollmacht, JZ 2004, 588; *Seidel*, Aktuelle Probleme der Treuhändervollmacht beim Immobilien-Strukturvertrieb, WM 2006, 1614; *Siebenhaar*, Vertreter des Vertreters, AcP 162 (1962), 354; *Verse/Gaschler*, „Download to own" – Online-Geschäfte unter fremdem Namen, Jura 2009, 213; *Wackerbarth*, Zur Rechtsscheinhaftung der Gesellschafter bürgerlichen Rechts am Beispiel einer Wechselverpflichtung, ZGR 1999, 365; *Wedemann*, Vorsorgevollmachten bei Personengesellschaften und GmbHs, ZIP 2013, 1508; *Zimmer*, Vorsorgevollmachten im Erbrecht, ZEV 2013, 307.

A. Allgemeines 1
   I. Die Begründung der Vollmacht durch Rechts-
      geschäft und Rechtsscheintatbestände 1
   II. Vollmacht, Vertretergeschäft und Innenver-
       hältnis 3
   III. Rechtsnatur und -wirkung der Vollmacht 6
      1. Vollmacht als Legitimation 6
      2. Grenzen in persönlicher, zeitlicher und
         sachlicher Hinsicht 7
B. Regelungsgehalt 10
   I. Die Erteilung der Vollmacht 10
      1. Einordnung als Rechtsgeschäft 10
      2. Vollmachtgeber und Bevollmächtigter 12
      3. Die Vollmachtserteilung als Willenserklä-
         rung 14
      4. Empfangsbedürftigkeit 16
      5. Willensmängel 17
         a) §§ 116–118 18
         b) §§ 119, 120 21
            aa) Anfechtbarkeit der betätigten Voll-
                macht 24
            bb) Anfechtungsgegner 25
            cc) Haftung des Vertretenen nach § 122 . 26
            dd) Haftung des Vertreters nach § 179 ... 27
         c) § 123 29
      6. Verbots- oder Sittenwidrigkeit 31
      7. AGB-Kontrolle 33
   II. Die Form der Vollmacht 34
      1. Der Grundsatz der Formfreiheit und seine
         Problematik 34
      2. Gewillkürte Formbedürftigkeit der Voll-
         macht 35
      3. Gesetzliche Formbedürftigkeit der Voll-
         macht – Beispiele 36

      4. Teleologische Reduktion des Abs. 2 bei
         formbedürftigem Vertretergeschäft – Bei-
         spiele 38
      5. Folgen eines Formverstoßes 43
   III. Der Umfang der Vollmacht 44
      1. Allgemeines 44
      2. Beispiele 47
         a) Bankverkehr 48
         b) Bauwirtschaft 49
         c) Ehe und Familie 50
         d) Grundstücksgeschäfte 51
         e) Handel 52
         f) Rechtsangelegenheiten 53
   IV. Die Gesamtvertretung 54
      1. Grundlagen 54
      2. Ausübung der Gesamtvertretung 56
         a) Aktivvertretung 57
         b) Passivvertretung 60
   V. Die Untervollmacht 61
      1. Grundlagen 61
      2. Zulässigkeit 64
      3. Außen- und Innenverhältnis 65
      4. Die Untervollmacht in ihrem Verhältnis
         zur Hauptvollmacht 67
         a) Erteilung der Untervollmacht 68
         b) Fortbestand und Erlöschen der Unter-
            vollmacht 69
      5. Die Anwendung der §§ 177 ff. auf Fälle
         fehlender oder unwirksamer Haupt- oder
         Untervollmacht 70
         a) Genehmigung nach § 177 71
         b) Haftung nach § 179 72
   VI. Die Duldungs- und die Anscheinsvollmacht .. 74
      1. Grundlagen 74
      2. Anwendungsbereich 79

3. Voraussetzungen der Duldungsvollmacht nach der Rechtsprechung 81
4. Voraussetzungen der Anscheinsvollmacht nach der Rechtsprechung 82
   a) Rechtsscheintatbestand 83
   b) Zurechenbarkeit des Rechtsscheins ... 85
   c) Kenntnis vom Rechtsscheintatbestand 87
   d) Gutgläubigkeit des Geschäftsgegners . 88
   e) Kausalität 89
   f) Maßgeblicher Zeitpunkt und Beweislast 90
5. Wirkungen der Rechtsscheinvollmacht ... 91

   a) Gleichstellung von Rechtsschein und Rechtswirklichkeit................... 92
   b) Disponibilität 93
   c) Anfechtbarkeit 94
C. Weitere praktische Hinweise 95
   I. Vertragsgestaltung 95
      1. Inhaltliche Gestaltung der Vollmacht 95
      2. Form der Vollmacht 96
      3. Vertragsschluss mit Bevollmächtigtem ... 97
   II. Zivilprozess 98
      1. Beweislast 98
      2. Streitverkündung...................... 99

A. Allgemeines

I. Die Begründung der Vollmacht durch Rechtsgeschäft und Rechtsscheintatbestände

Nach § 166 Abs. 2 ist die Vollmacht die **durch Rechtsgeschäft erteilte Vertretungsmacht**. Sie kann sich **1** sowohl auf die Aktivvertretung des Vollmachtgebers (§ 164 Abs. 1) als auch auf dessen Passivvertretung (§ 164 Abs. 3) beziehen. Die Wirksamkeit eines von dem Bevollmächtigten vorgenommenen Vertretergeschäfts hängt vom Vorliegen einer wirksamen Vollmacht ab. Fehlt eine wirksame Vollmacht, richten sich die Rechtsfolgen nach den §§ 177 ff. Für die Erteilung der Vollmacht (Bevollmächtigung) hält das BGB nur wenige besondere Regeln bereit: § 167 sieht allein vor, wem gegenüber die Vollmacht erteilt werden kann (Abs. 1) und dass die Vollmacht prinzipiell nicht der für das Vertretergeschäft bestimmten Form bedarf (Abs. 2). Da es sich bei der Bevollmächtigung um ein Rechtsgeschäft handelt, finden im Übrigen die allgemein für Rechtsgeschäfte geltenden Regeln grundsätzlich auf sie Anwendung. Die Rechtsfragen der Vollmacht und ihrer Erteilung sind stets vor diesem Hintergrund zu sehen.

Jenseits der durch Rechtsgeschäft begründeten Vollmacht sind in der – nach wie vor umstrittenen – Recht- **2** sprechung außerdem die **Duldungs-** und die **Anscheinsvollmacht** als Erscheinungsformen der durch den Rechtsschein der Bevollmächtigung begründeten Vertretungsmacht anerkannt (s. dazu → Rn. 74 ff.). Rechtsgeschäftliche Vollmacht und Rechtsscheinvollmacht sind zuweilen schwer voneinander abzugrenzen. Weil jedoch die Folgen der Rechtsscheinvollmacht praktisch mit den Folgen der durch Rechtsgeschäft begründeten Vollmacht übereinstimmen, kommt dieser Schwierigkeit keine große Bedeutung zu (näher → Rn. 76 ff.).

II. Vollmacht, Vertretergeschäft und Innenverhältnis

Nach dem sog. **Trennungsprinzip** ist die Bevollmächtigung von dem Rechtsgeschäft strikt zu unterschei- **3** den, das der Vertreter aufgrund der ihm erteilten Vollmacht vornimmt. Dies ergibt sich aus der **Repräsentationstheorie**, auf der das gegenwärtige deutsche Stellvertretungsrecht nach zutreffender hM beruht (näher → § 164 Rn. 6). Danach ist der Vertreter der (durch Abgabe bzw. Empfang von Willenserklärungen) rechtsgeschäftlich Handelnde, der den Vertretenen im Rahmen seiner – kraft Gesetzes, Organstellung oder aufgrund Bevollmächtigung bestehenden – Vertretungsmacht repräsentiert. Die Einordnung der Vollmachtserteilung als einseitiges Rechtsgeschäft hängt nach dem Trennungsprinzip nicht von der Rechtsnatur des Vertretergeschäfts ab (→ Rn. 11).

Aufgrund des **Abstraktionsprinzips**, das der Sicherheit und Leichtigkeit des Rechtsverkehrs dient **4** (→ § 164 Rn. 10 ff.), ist die Vollmacht darüber hinaus von dem zwischen Vollmachtgeber und Bevollmächtigtem bestehenden Grund- oder Innenverhältnis (etwa Auftrag, Dienst-, Werk- oder Geschäftsbesorgungsvertrag) rechtlich losgelöst (mit der in § 168 S. 1 gemachten Einschränkung). Das durch die Bevollmächtigung bestimmte rechtliche „Können" des Bevollmächtigten im Außenverhältnis ist daher unabhängig von seinem rechtlichen „Dürfen" zu beurteilen, welches durch die rechtsgeschäftliche Beziehung im Innenverhältnis bestimmt wird. Diese Unterscheidung darf nicht dadurch überspielt werden, dass man Innenverhältnis und Bevollmächtigung als Teile eines einheitlichen Rechtsgeschäfts nach § 139 behandelt.[1] Eine Vollmacht (**„isolierte Vollmacht"**) kann aufgrund des Abstraktionsprinzips auch dann bestehen, wenn es an einem (wirksamen) rechtsgeschäftlichen Innenverhältnis fehlt. Dies ist zwar regelmäßig nur der Fall, wenn das Innenverhältnis einen Wirksamkeitsmangel aufweist. Eine isolierte Vollmacht kann aber ausnahmsweise auch dann vorliegen, wenn überhaupt kein Innenverhältnis besteht.[2]

---

1   Soergel/*Leptien* BGB Vor § 164 Rn. 40.
2   BeckOK BGB/*Schäfer* § 167 Rn. 2; *Müller-von Münchow* NotBZ 2010, 31 (32); MüKoBGB/*Schu*-

bert § 167 Rn. 2; Soergel/*Leptien* BGB § 167 Rn. 1; Staudinger/*Schilken* BGB § 167 Rn. 2.

5 **Rechtspolitisch** ist die im BGB positivierte Vorstellung von der Vollmacht, insbesondere die Zugrundelegung des Abstraktionsprinzips, keineswegs zwingend, wie sich vor allem im Hinblick auf ausländische Rechte zeigt, denen eine Unterscheidung zwischen Innen- und Außenverhältnis bei der Stellvertretung fremd ist.[3] Gleichwohl ist es nicht unwahrscheinlich, dass das Abstraktionsprinzip auch in einem möglichen künftigen europäischen Vertragsrecht eine Zukunft hat: Art. 3:101 (3) der Principles of European Contract Law und Art. II.-6:101 des Draft Common Frame of Reference unterscheiden im Einklang mit mehreren, auch neueren Kodifikationen europäischer Staaten[4] das Außenverhältnis, auf das sich die Stellvertretungsregeln beziehen, von dem Innenverhältnis zwischen Vertreter und Vertretenem.

III. Rechtsnatur und -wirkung der Vollmacht

6 **1. Vollmacht als Legitimation.** Die Vollmacht ist – wie die Vertretungsmacht überhaupt – **kein subjektives Recht** des Bevollmächtigten, **sondern eine Legitimation**, für einen anderen durch Handeln in dessen Namen rechtsgeschäftliche Regelungen zu treffen, und damit „ohne Substanz für den Vertreter".[5] Wenn eine Vollmacht unwiderruflich erteilt ist und dem Erwerb von Vermögenswerten durch den Bevollmächtigten dient, befürworten Rechtsprechung und Literatur allerdings teilweise die **Pfändbarkeit** der nicht strikt an die Person des Bevollmächtigten gebundenen Vollmacht.[6] Dem ist (namentlich für den praktisch wichtigen Fall der **Kontovollmacht**) zu widersprechen:[7] Auch wenn der Bevollmächtigte ein starkes wirtschaftliches Interesse an der Ausübung der Vollmacht hat, erwirbt er mit der Vollmacht als solcher keine vermögenswerte Position. Ob schließlich eine **Übertragung** der Vollmacht durch Vertrag zwischen dem bisherigen und dem neuen Bevollmächtigten bei Zustimmung des Vollmachtgebers zulässig ist, wie im Schrifttum vereinzelt vertreten wird, ist zweifelhaft;[8] jedenfalls wird es einer solchen Konstruktion in aller Regel nicht bedürfen (näher zur Gestaltung der Untervollmacht → Rn. 61 ff.).[9]

7 **2. Grenzen in persönlicher, zeitlicher und sachlicher Hinsicht.** Die Wirkung der Vollmacht betrifft **in persönlicher Hinsicht** nur den Bevollmächtigten: Sie erschöpft sich in der Legitimation des Vertreterhandelns und führt **keine Schmälerung der Fähigkeit des Vollmachtgebers zu eigenem rechtsgeschäftlichem Handeln** herbei. Dem daraus resultierenden Risiko, dass der Vollmachtgeber selbst Rechtsgeschäfte (insbesondere Verfügungen) tätigt, die mit denen des Bevollmächtigten inhaltlich kollidieren, lässt sich nur durch die (schuldrechtliche) Verpflichtung des Vollmachtgebers begegnen, eigenes rechtsgeschäftliches Handeln in dem von der Vollmacht umfassten Bereich zu unterlassen. Als **unzulässig** ist dagegen mit der hM die **verdrängende Vollmacht** anzusehen, durch die sich der Vollmachtgeber seiner Fähigkeit begibt, Rechtsgeschäfte zu tätigen, deren Abschluss die Vollmacht ermöglicht.[10] Auch wenn hieran gelegentlich ein praktisches Interesse besteht (insbesondere bei **Stimmrechtsvollmachten**), steht eine solche Gestaltung in Konflikt mit § 137.

8 **In zeitlicher Hinsicht** entfaltet die durch die Vollmacht vermittelte Legitimation **keine Rückwirkung**. Das heißt: Vertreterhandeln, das der Vollmachtserteilung zeitlich vorangeht, wird von dieser nicht erfasst. Die Wirksamkeit eines von dem Vertreter vor der Erteilung abgeschlossenen Rechtsgeschäfts ist vielmehr ausschließlich nach den §§ 177 ff. zu beurteilen. Dabei ist es eine Frage der Auslegung, ob der Vollmachtgeber mit der Erklärung, in der er die Vollmacht erteilt, zugleich vorangehendes Handeln des Vertreters ohne Vertretungsmacht genehmigt.

9 **In sachlicher Hinsicht** legitimiert die Vollmacht nur solches Vertreterhandeln, das von ihrem durch Auslegung zu ermittelnden Umfang (dazu → Rn. 44 ff.) gedeckt wird. Bei Rechtsgeschäften, die der Bevollmäch-

---

3 Vgl. Note 1 zu Art. 3:101 der Principles of European Contract Law (Frankreich, Belgien, Luxemburg, Spanien und Österreich).

4 Vgl. Note 2 zu Art. 3:101 der Principles of European Contract Law (Italien, Griechenland, Niederlande, Portugal, das Nordische Vertragsrecht von Dänemark, Finnland und Schweden).

5 So – unter Berufung auf *Laband* – *Flume* BGB AT Bd. 2 § 45 II 1 (S. 784 f.). Ebenso Staudinger/*Schilken* BGB § 167 Rn. 9; in der Sache übereinstimmend *Müller-Freienfels*, S. 35 ff.

6 BayObLG DB 1978, 1929; Soergel/*Leptien* BGB § 167 Rn. 2.

7 So auch Staudinger/*Schilken* BGB § 167 Rn. 4 (allgemein); *Vortmann* NJW 1991, 1038; FG Kassel WM 1996, 1908 (jeweils mit Bezug auf die Kontovollmacht).

8 Dafür mit eingehender Begründung *Frey* Rechtsnachfolge, S. 6 ff.; ebenso Palandt/*Ellenberger* BGB § 167 Rn. 1. – Ausgeschlossen ist zumindest die Übertragbarkeit der Prokura (§ 52 Abs. 2 HGB).

9 Ebenso Soergel/*Leptien* BGB § 167 Rn. 2; Staudinger/*Schilken* BGB § 167 Rn. 4.

10 Vgl. BGHZ 3, 354; 20, 363 (bei der Personengesellschaft Gleichstellung der unwiderruflichen und ausschließlichen Stimmrechtsvollmacht mit der unzulässigen Stimmrechtsabtretung); aus der Lit. *Flume* BGB AT Bd. 2 § 63, 6 (S. 884 f.); Palandt/*Ellenberger* BGB § 167 Rn. 15; Soergel/*Leptien* BGB § 168 Rn. 28; Staudinger/*Schilken* BGB § 168 Rn. 15; aA *Gernhuber* JZ 1995, 381; *Müller-Freienfels*, S. 124 ff. Zu den daraus resultierenden Konsequenzen für die Hauptversammlung einer AG Kiefner/*Friebel* NZG 2011, 887.

tigte im Namen des Vollmachtgebers unter **Überschreitung der Vollmacht** vornimmt, ist wie folgt zu unterscheiden:[11] Wenn das **Rechtsgeschäft unteilbar** ist, finden die §§ 177 ff. auf das ganze Rechtsgeschäft Anwendung. Bei **teilbaren Rechtsgeschäften** unterfällt nur der nicht von der Vollmacht gedeckte Teil den §§ 177 ff.; erteilt der Vertretene insoweit keine Genehmigung, ist das Schicksal des anderen Teils nach § 139 zu beurteilen.

B. Regelungsgehalt

I. Die Erteilung der Vollmacht

1. Einordnung als Rechtsgeschäft. Die Erteilung der Vollmacht ist ein **einseitiges Rechtsgeschäft**. Zur   10
Wirksamkeit der Bevollmächtigung bedarf es also keiner Annahme durch den Bevollmächtigten.[12] Allerdings ist es dem Bevollmächtigten analog § 333 möglich, die ihm erteilte Vollmacht **zurückzuweisen**.[13] Neben den allgemeinen Regeln über das Rechtsgeschäft finden auf die Vollmachterteilung die für einseitige Rechtsgeschäfte geltenden **§§ 111, 180** Anwendung. Ob das aufgrund der Vollmacht vorgenommene Vertretergeschäft ein einseitiges Rechtsgeschäft ist, spielt in diesem Zusammenhang wegen der vom Trennungsprinzip (dazu → Rn. 3) geforderten Unterscheidung zwischen Vollmacht und Vertretergeschäft keine Rolle.[14] Die Einordnung der Bevollmächtigung als einseitiges Rechtsgeschäft ist indes nicht im Sinne eines Typenzwangs zu verstehen; nichts spricht dagegen, den Parteien zu erlauben, die Erteilung der Vollmacht zum Gegenstand eines Vertrages zu machen (mit der Folge, dass dann die für einseitige Rechtsgeschäfte geltenden Vorschriften nicht anwendbar sind).[15]

Die Erteilung der Vollmacht unter einer **Bedingung** ist zulässig, und zwar mit Blick auf das Trennungsprin-   11
zip auch dann, wenn das von der Vollmacht gedeckte Vertretergeschäft bedingungsfeindlich ist (Ausnahmen: §§ 50 Abs. 1, 2, 54 Abs. 3 HGB).[16] Für die Rechtsnatur der Bevollmächtigung ist es aufgrund der Trennung zwischen Vollmacht und Vertretergeschäft darüber hinaus unerheblich, ob die von der Vollmacht gedeckten Rechtsgeschäfte **Verfügungen oder Verpflichtungsgeschäfte** sind. Bezieht sich die Vollmacht (auch) auf die Vornahme einer Verfügung durch den Bevollmächtigten, ist die Vollmachtserteilung also gleichwohl nicht als Rechtsgeschäft mit Verfügungsnatur zu beurteilen. Als Verfügung ist erst das Vertretergeschäft anzusehen, durch das die Rechtsänderung herbeigeführt wird. Ist der Vollmachtgeber Nichtberechtigter, kommt es für die Wirksamkeit der Erteilung der Verfügungsvollmacht daher nicht auf § 185 an.[17]

2. Vollmachtgeber und Bevollmächtigter. **Vollmachtgeber** kann **jede rechts- und geschäftsfähige**   12
Person sein. An besondere Voraussetzungen in der Person des Vollmachtgebers ist allerdings die Erteilung der **Prokura** geknüpft, die nach § 48 Abs. 1 HGB dem Inhaber eines Handelsgeschäfts oder seinem gesetzlichen Vertreter vorbehalten ist.[18] Als einseitiges Rechtsgeschäft ist die Vollmachtserteilung durch einen **beschränkt Geschäftsfähigen** nach § 111 nur wirksam, wenn er sie mit der erforderlichen Einwilligung seines gesetzlichen Vertreters vornimmt (str.; dazu → Rn. 10). Es bedarf jedoch keiner Einwilligung zur Vollmachtserteilung durch den beschränkt Geschäftsfähigen, wenn der von ihm Bevollmächtigte aufgrund der Vollmacht nur solche Vertretergeschäfte tätigen kann, die für den beschränkt Geschäftsfähigen lediglich rechtlich vorteilhaft sind (§ 107).[19] Die von einem **Geschäftsunfähigen** erteilte Vollmacht ist nach § 105 Abs. 1 nichtig. Das gilt auch für die Vollmachtserteilung durch einen volljährigen Geschäftsunfähigen im Hinblick auf ein Geschäft des täglichen Lebens: **§ 105a** findet auf die Bevollmächtigung **keine Anwendung**, weil diese Vorschrift sowohl ihrem Wortlaut als auch ihrem Sinn und Zweck nach (Förderung der sozialen Integration geistig Schwerbehinderter) nur auf das persönliche rechtsgeschäftliche Handeln von volljährigen Geschäftsunfähigen zu beziehen ist.[20] Bei **juristischen Personen** und bei **Personengesellschaften** wird eine Vollmacht durch die vertretungsberechtigten Organe bzw. Gesellschafter erteilt, bei

11   Zum Folgenden übereinstimmend BeckOK BGB/
     Schäfer § 167 Rn. 45 f.; Staudinger/*Schilken* BGB
     § 167 Rn. 89.
12   BGH NJW-RR 2007, 1202 (1203); Erman/*Maier-*
     Reimer BGB § 167 Rn. 2; MüKoBGB/*Schubert*
     § 167 Rn. 5; Staudinger/*Schilken* BGB § 167 Rn. 10;
     aA *Müller-Freienfels*, S. 243 ff.
13   Staudinger/*Schilken* BGB § 167 Rn. 10.
14   AA namentlich *Müller-Freienfels*, S. 243 ff.
15   *Flume* BGB AT Bd. 2 § 49, 1 (S. 823).
16   *Flume* BGB AT Bd. 2 § 52, 3 Fn. 22 (S. 865); MüKo-
     BGB/*Schubert* § 167 Rn. 6; *Petersen* Jura 2003,
     310 f.; Soergel/*Leptien* BGB § 167 Rn. 4; Staudinger/
     Schilken BGB § 167 Rn. 15; aA *Müller-Freienfels*,
     S. 249.

17   *Flume* BGB AT Bd. 2 § 52, 4 (S. 866); Staudinger/
     Schilken BGB § 167 Rn. 9. AA RGZ 90, 395, 398 ff.
     (das RG sah die von dem eingetragenen Nichteigen-
     tümer eines Grundstücks erteilte Verfügungsvoll-
     macht als Verfügung iS der §§ 892, 893 an. Um den
     damit bezweckten Ausschluss einer auf § 823
     gestützten Haftung des Bevollmächtigten, der das
     Grundstück veräußerte, gegenüber dem ursprüngli-
     chen Eigentümer zu erreichen, hätte es dieser Kon-
     struktion indes nicht bedurft; dazu *Flume*, aaO).
18   KKRD/*Roth* HGB § 48 Rn. 2; MüKoHGB/*Krebs*
     § 48 Rn. 15.
19   MüKoBGB/*Schubert* § 167 Rn. 5; *Daragan* ZErb
     2015, 168 f.
20   Ebenso Erman/*Müller* BGB § 105a Rn. 8.

Erbengemeinschaften durch alle Miterben. In letzterem Fall ist die Vollmacht nach der Rechtsprechung keine einheitliche, sondern eine Vielzahl von Vollmachten, durch die nur die einzelnen Miterben vertreten werden können und deren Erteilung und Widerruf deshalb Sache jedes Miterben ist.[21]

13 **Bevollmächtigter** kann **jede natürliche oder juristische Person** sein, wobei die Vollmacht einer juristischen Person von ihren jeweiligen Organen ausgeübt wird.[22] Ebenso kann eine **Personengesellschaft** mit (Teil-)Rechtsfähigkeit (OHG, KG, BGB-Außengesellschaft)[23] bevollmächtigt werden;[24] die Ausübung der Vollmacht fällt dann den (allein- oder gesamt-)vertretungsberechtigten Gesellschaftern zu. Eine Ausnahme gilt indes für die **Prokura**, die aufgrund der besonderen Vertrauensstellung des Prokuristen nur natürlichen Personen erteilt werden kann.[25] Eine Vollmacht kann im Hinblick auf die in § 165 anerkannte Wirksamkeit des Vertreterhandelns auch **beschränkt geschäftsfähigen Personen** (bei der Innenvollmacht nach § 131 Abs. 2 S. 2 ohne Einschaltung des gesetzlichen Vertreters)[26] erteilt werden. Darüber hinaus kommt aber auch die Bevollmächtigung einer **geschäftsunfähigen Person** (durch Erklärung gegenüber ihrem gesetzlichen Vertreter oder durch Erklärung gegenüber dem Dritten, dem gegenüber die Vertretung stattfinden soll) in Betracht.[27] Zwar ist der Bevollmächtigte, solange er geschäftsunfähig ist, außerstande, wirksame Vertretergeschäfte vorzunehmen; fällt die Geschäftsunfähigkeit jedoch weg (Beispiel: erfolgreiche Entziehungskur des schwer Drogenabhängigen), kann der Bevollmächtigte Vertretergeschäfte vornehmen, ohne dass es zu ihrer Wirksamkeit einer erneuten Bevollmächtigung oder einer Genehmigung nach § 177 bedarf.

14 **3. Die Vollmachtserteilung als Willenserklärung.** Für die Vollmachtserteilung gelten die Regeln über die Willenserklärung und deren Auslegung. Ob der **objektive Tatbestand** einer Vollmachtserteilung vorliegt und welchen Umfang die ggf. erteilte Vollmacht hat, ist daher nach den §§ 133, 157 durch Auslegung aus der (objektivierten) Sicht des Empfängers (bei der Innenvollmacht: aus der Sicht des Vertreters; bei der Außenvollmacht: aus der Sicht des Dritten) zu ermitteln. Dabei findet die *„falsa demonstratio"*-Regel Anwendung.[28] Die Vollmacht kann (mit Ausnahme der Prokura, § 48 Abs. 1 HGB) nicht nur ausdrücklich, sondern **auch schlüssig** („stillschweigend") erteilt werden.[29] Eine schlüssig erteilte Innenvollmacht kommt v.a. mit Blick auf das Innenverhältnis in Betracht.[30] Auch eine Außenvollmacht kann schlüssig erteilt werden. So mag die vorbehaltlose Durchführung von Geschäften, die ein vollmachtloser Vertreter für den Geschäftsherrn geschlossen hat, aus der Sicht des Geschäftsgegners als Erteilung einer Außenvollmacht zu interpretieren sein.[31] Näher zur schlüssigen Bevollmächtigung und zu ihrer Abgrenzung von den Fällen der Vollmacht kraft Rechtsscheins → Rn. 76 ff.

15 Hinsichtlich des **subjektiven Tatbestands** der Vollmachtserteilung gilt das, was für die Willenserklärung schlechthin gilt: Nach der Rechtsprechung und hM bedarf es für eine wirksame Willenserklärung **keines Erklärungsbewusstseins**, sondern nur eines zurechenbaren Erklärungstatbestands.[32] Wenn bei der Beantwortung der Frage nach dem Vorliegen einer (schlüssigen) Vollmacht teilweise auf das Erklärungsbewusstsein des Vertretenen (insbesondere die bewusste Duldung des Vertreterhandelns) abgestellt wird, entspricht dies also nicht dem gegenwärtigen Stand der Lehre von der Willenserklärung (dazu → Rn. 77). Die (bei Anerkennung der Anfechtbarkeit von Rechtsscheintatbeständen, → Rn. 94) praktisch nicht bedeutende Abgrenzung zwischen der auf Rechtsgeschäft und der auf einem Rechtsscheintatbestand beruhenden Vollmacht ist daher nicht anhand der (fehlenden) Bewusstseins des Geschäftsherrn von der rechtlichen Erheblichkeit seines Verhaltens zu treffen.

16 **4. Empfangsbedürftigkeit.** Die Vollmacht wird regelmäßig durch eine empfangsbedürftige Willenserklärung erteilt. Bei der **Innenvollmacht** wird die Willenserklärung gegenüber dem zu Bevollmächtigenden (Abs. 1 Alt. 1) und bei der **Außenvollmacht** gegenüber dem Dritten (Abs. 1 Alt. 2) abgegeben. Ausnahmsweise nicht empfangsbedürftig ist die Vollmachtserteilung, wenn sie, wie in Anlehnung an § 171 ganz überwiegend anerkannt ist,[33] im Wege der **Erklärung an die Öffentlichkeit** erfolgt. In diesem Fall wird die Erklärung wirksam, wenn die Öffentlichkeit von ihr Kenntnis nehmen kann.[34] Ist die Bevollmächtigung in einem **Testament** oder **Erbvertrag** enthalten, muss der Erblasser den Zugang der Erklärung bzw. deren Vernehmung sichergestellt haben, damit die Vollmacht wirksam wird. Dazu reicht es aus, wenn die Voll-

---

21 BGHZ 30, 391, 397; MüKoBGB/*Schubert* § 167 Rn. 3.

22 BayObLGZ 1975, 40; LG Nürnberg DB 1977, 252.

23 Zu deren Rechtsfähigkeit vgl. BGHZ 146, 341.

24 Vgl. Staudinger/*Schilken* BGB § 167 Rn. 7.

25 KKRD/*Roth* HGB § 48 Rn. 4 mwN zum Meinungsstand.

26 Staudinger/*Schilken* BGB § 167 Rn. 5, 15.

27 KKRD/*Roth* HGB § 48 Rn. 5; aA Staudinger/*Schilken* BGB § 167 Rn. 5.

28 BGH NJW 1999, 486 (487); Erman/*Maier-Reimer* BGB § 167 Rn. 8.

29 AllgM; BeckOK BGB/*Schäfer* § 167 Rn. 7; Erman/*Maier-Reimer* BGB § 167 Rn. 8; MüKoBGB/*Schubert* § 167 Rn. 7; RGRK/*Steffen* BGB § 167 Rn. 6; Soergel/*Leptien* BGB § 167 Rn. 15; Staudinger/*Schilken* BGB § 167 Rn. 13.

30 Staudinger/*Schilken* BGB § 167 Rn. 13.

31 Staudinger/*Schilken* BGB § 167 Rn. 13.

32 Grundlegend BGHZ 91, 324, 329; vgl. außerdem BGHZ 109, 171; NJW 1995, 953.

33 Staudinger/*Schilken* BGB § 167 Rn. 12.

34 *Wolf/Neuner* BGB AT § 50 Rn. 15; MüKoBGB/*Schubert* § 167 Rn. 12.

machtserteilung nach dem Tod des Vollmachtgebers durch die Eröffnung seiner letztwilligen Verfügung dem Bevollmächtigten bekannt gemacht wird.[35] Ist die Bevollmächtigung in einem nichtamtlich verwahrten Privattestament enthalten, reicht für den Zugang beim Bevollmächtigten die Einsichtnahme nach dem Tod des Vollmachtgebers aus.[36] Näher zur postmortalen Vollmacht → § 168 Rn. 14 ff.

5. Willensmängel. Als Rechtsgeschäft unterliegt die Vollmachtserteilung den allgemeinen Regeln der §§ 116 ff. Vor allem die Notwendigkeit, die Anwendung der allgemeinen Regeln auf das Dreiecksverhältnis zwischen Vollmachtgeber, Bevollmächtigtem und Geschäftsgegner abzustimmen, führt indes zu den nachfolgend erläuterten Besonderheiten.   **17**

a) §§ 116–118. Wird eine **Vollmacht unter einem geheimen Vorbehalt** oder **zum Schein** erteilt, hängt die Nichtigkeit der Vollmacht davon ab, ob der Erklärungsempfänger den Vorbehalt kannte (§ 116 S. 2) bzw. mit dem Scheingeschäft einverstanden war (§ 117 Abs. 1). Hieraus ergeben sich die beiden folgenden **Grundregeln**: Zum einen ist eine externe Bevollmächtigung nichtig, wenn der Dritte, der Empfänger der Erklärung ist, weiß, dass sie unter einem geheimen Vorbehalt erfolgt, oder sich mit dem Vollmachtgeber darüber einig ist, dass es sich bei der Vollmachtserteilung um ein Scheingeschäft handelt. Zum anderen ist eine interne Bevollmächtigung bei entsprechender Kenntnis (§ 116 S. 2) oder bei entsprechendem Einverständnis (§ 117 Abs. 1) des Bevollmächtigten nichtig.[37]   **18**

Ob und welche Fälle hiervon **abweichend zu beurteilen** sind, ist **zweifelhaft**: Nach der Rechtsprechung des BGH soll bei interner Bevollmächtigung unter geheimem Vorbehalt die Kenntnis des Bevollmächtigten von dem Vorbehalt nicht zur Unwirksamkeit führen; die Vollmacht soll vielmehr wirksam sein, wenn dem Dritten gegenüber der Vorbehalt verheimlicht ist.[38] Zu einer solchen Durchbrechung der allgemeinen Regeln besteht aber kein Anlass:[39] Der Dritte, welcher die (dem Vertreter bekannte) Mentalreservation des Vertretenen und damit die Nichtigkeit der Innenvollmacht nicht kennt, ist durch den Anspruch aus § 179 Abs. 1 gegen den (wissentlich) ohne Vertretungsmacht handelnden Vertreter geschützt. Darüber hinaus ist stets daran zu denken, dass sich auch an die nichtige Vollmacht die von der Rechtsprechung bejahten Rechtsscheinwirkungen zugunsten des Dritten knüpfen können (dazu → Rn. 74 ff., insbes. → Rn. 84). Gleiches gilt für die intern zum Schein vorgenommene Bevollmächtigung, wenn nur das Einverständnis des Vertreters, nicht aber des Dritten vorliegt. – In dem umgekehrten Fall, in dem nur der Dritte, nicht aber der Vertreter den geheimen Vorbehalt kennt oder mit der Scheinnatur der internen Bevollmächtigung einverstanden ist, soll nach einer in der Lit. vertretenen Ansicht das Vertretergeschäft nicht gelten.[40] Damit wird jedoch die Trennung zwischen Vollmacht und Vertretergeschäft preisgegeben, ohne dass zwingende Gründe hierfür ersichtlich sind. Im Gegenteil: Eine solche (im Wege der Analogie zu § 116 S. 2 bzw. § 117 Abs. 1 zu begründende)[41] Gleichstellung des Vertretergeschäfts mit einem von dem Geschäftsherrn selbst in Mentalreservation oder zum Schein abgeschlossenen Rechtsgeschäft vernachlässigt das mögliche Eigeninteresse des Vertreters an der Vornahme eines wirksamen Vertretergeschäfts.[42]   **19**

Handelt es sich bei der Bevollmächtigung um eine **Scherzerklärung**, ist diese nach § 118 nichtig, ohne dass subjektive Anforderungen in der Person des Vertreters oder des Partners des Vertretergeschäfts erfüllt sein müssen. Fraglich ist allerdings, wem gegenüber der Vollmachtgeber nach § 122 zum Ersatz des Vertrauensschadens verpflichtet ist. Hier gilt das bei der Behandlung der Irrtumsanfechtung näher Begründete (dazu → Rn. 26) entsprechend: Bei der **Außenvollmacht** steht dem Dritten, mit dem der Vertreter aufgrund der Scherzvollmacht ein Geschäft geschlossen hat, der Anspruch aus § 122 schon deshalb zu, weil er Empfänger der Erklärung des Vollmachtgebers ist. Darüber hinaus ist aber auch dem Vertreter, soweit er den Nichtigkeitsgrund weder kannte noch kennen musste, in analoger Anwendung von § 122 zu gestatten, das negative Interesse von dem Vollmachtgeber ersetzt zu verlangen und so gegen diesen wegen der ihn ggf. treffenden Haftung aus § 179 Abs. 2 Regress zu nehmen.[43] Bei der **Innenvollmacht** steht dem gutgläubigen Vertreter als Empfänger der Scherzerklärung ohnehin ein Anspruch aus § 122 zu. Darüber hinaus muss sich aber auch der Dritte nicht auf einen Ersatzanspruch aus § 179 Abs. 2 gegen den Vertreter verweisen lassen (der überdies bei beschränkter Geschäftsfähigkeit des Vertreters nach § 179 Abs. 3 S. 2 ausgeschlossen ist), sondern kann seinerseits von dem Vollmachtgeber Schadensersatz nach § 122 verlangen.[44]   **20**

---

35 OLG Köln NJW 1950, 702; NJW-RR 1992, 1357; DNotZ 1950, 164; Soergel/*Leptien* BGB § 167 Rn. 6; aA die frühere Rechtsprechung, KG HRR 1928 Nr. 590.

36 LG Berlin FamRZ 1957, 56; Soergel/*Leptien* BGB § 167 Rn. 6.

37 Zu beiden Fällen (interne und externe Bevollmächtigung) *Flume* BGB AT Bd. 2 § 52, 5 b (S. 869).

38 BGH NJW 1966, 1915 (1916).

39 Gegen die Rechtsprechung auch Staudinger/*Schilken* BGB § 167 Rn. 75.

40 *Flume* BGB AT Bd. 2 § 52, 5 b (S. 869); *Müller-Freienfels*, S. 406.

41 Staudinger/*Schilken* BGB § 167 Rn. 75.

42 So zutr. Soergel/*Leptien* BGB § 166 Rn. 20; in dieser Richtung Staudinger/*Schilken* BGB § 167 Rn. 75 (Analogie zu § 116 S. 2 nur, wenn die Vollmacht nicht im Interesse des Vertreters erteilt ist).

43 Vgl. die entsprechenden Ausführungen zur Irrtumsanfechtung Rn. 26.

44 Auch insoweit sind die Ausführungen zur Irrtumsanfechtung (Rn. 26) übertragbar.

21 **b) §§ 119, 120.** Zu den umstrittensten[45] Fragen der Anwendung der allgemeinen Rechtsgeschäftsregeln auf die Vollmacht gehört das – in der Praxis allerdings bisher nicht bedeutende – Problem der **Anfechtung der betätigten Vollmacht** wegen Inhalts-, Erklärungs- oder Eigenschaftsirrtums des Vollmachtgebers (§ 119), Falschübermittlung durch einen Boten (§ 120) und schließlich wegen arglistiger Täuschung oder widerrechtlicher Drohung (§ 123; dazu näher → Rn. 29 f.). Diese Diskussion ist zunächst von dem unproblematischen Fall abzugrenzen, dass der Bevollmächtigte aufgrund der mit einem Willensmangel behafteten Vollmacht **noch kein Rechtsgeschäft** für den Vollmachtgeber getätigt hat. Hier sind die **Anfechtungsregeln ohne jede Einschränkung oder Modifikation auf die Vollmacht anwendbar.** Soweit die Vollmacht widerruflich ist (dazu → § 168 Rn. 5 ff.), ist die Anfechtung allerdings nicht von praktischem Interesse.[46]

22 Hat der Bevollmächtigte dagegen bereits ein **Rechtsgeschäft mit einem Dritten abgeschlossen**, ergibt sich die nachfolgend behandelte Frage, ob eine unmodifizierte Anwendung der Anfechtungsregeln interessengerecht ist. Bedenken ergeben sich insoweit jedenfalls bei der **betätigten Innenvollmacht**: Beließe man es hier mit dem Gesetzeswortlaut (§ 143 Abs. 3) bei der Anfechtung gegenüber dem Bevollmächtigten (als Empfänger der Vollmachtserklärung) und gewährte nur diesem den Schutz nach § 122, stünde dem Dritten kein Anspruch aus § 122 gegen den Vertretenen zu; allenfalls wäre ihm der Vertreter nach § 179 verantwortlich, der seinerseits nach § 122 gegen den Vollmachtgeber Rückgriff nehmen müsste. Dies hätte zur Folge, dass der Dritte mit dem Insolvenzrisiko des Vertreters und der Vertreter wiederum mit dem Insolvenzrisiko des Vertretenen belastet würde, obwohl die gescheiterte rechtsgeschäftliche Beziehung zwischen dem Dritten und dem Vertretenen besteht. Überdies ginge der Dritte gänzlich leer aus, wenn der Vertreter in der Geschäftsfähigkeit beschränkt war und daher nach § 179 Abs. 3 S. 2 nur beschränkt haftet.

23 Diese Problematik entsteht freilich nicht, soweit man eine **analoge Anwendung von § 166 Abs. 2** auf Willensmängel des Vertretenen befürwortet. Dem Vertretenen ist unter dieser Voraussetzung die **Irrtumsanfechtung des Vertretergeschäfts** eröffnet – mit der Folge, dass der Vertretene dem Dritten nach Maßgabe des § 122 haftet, während eine Haftung des Vertreters nach § 179 ausscheidet. Was die Anfechtungsgründe der §§ 119, 120 betrifft (→ § 123 Rn. 29 f.), ist diese im Schrifttum umstrittene Frage bisher von der Rechtsprechung nicht beantwortet worden.[47] Man wird sie nur bejahen können, wenn der Vertretene durch seine Weisung die Erklärung des Vertreters inhaltlich (ganz oder in Teilen) so ausgeformt hat, dass für einen Willensmangel des Vertreters insoweit kein Raum blieb.[48] Denn nur so wird vermieden, dass dem Geschäftsgegner außer dem Risiko der Anfechtung des Rechtsgeschäfts wegen eines Irrtums des Vertreters zusätzlich noch das Risiko der Anfechtung wegen eines Irrtums des Vertretenen und damit die spezifische Gefahr des arbeitsteiligen Vorgehens auf Seiten des Vertretenen aufgebürdet wird.

24 **aa) Anfechtbarkeit der betätigten Vollmacht.** Teile der Literatur lehnen die Anfechtbarkeit der betätigten Vollmacht ab.[49] In Betracht käme dann nur die Anfechtung des Vertretergeschäfts durch den Vertretenen wegen des ihm bei der Bevollmächtigung unterlaufenen Willensmangels. Doch abgesehen davon, dass der Analogie zu § 166 Abs. 2, die zur Begründung herangezogen wird, enge Grenzen gezogen sind (dazu → Rn. 23), widerspricht die Annahme eines Ausschlusses der Anfechtung der betätigten Vollmacht der Trennung zwischen Vollmacht und Rechtsgeschäft und damit einem Grundprinzip des Stellvertretungsrechts (→ Rn. 3 und → § 164 Rn. 6). Eine interessengerechte Lösung, insbesondere was den Fall der betätigten Innenvollmacht betrifft, lässt sich mit der hM auch ohne eine solche Beschneidung der Anfechtung durch eine modifizierte Anwendung der allgemeinen Regeln erreichen.[50]

25 **bb) Anfechtungsgegner.** Bei der **Außenvollmacht** ist **Anfechtungsgegner nach § 143 Abs. 3 der Dritte**, dem gegenüber die Bevollmächtigung erklärt wurde. Bei der **Innenvollmacht** ist dagegen nach dem Wortlaut des § 143 Abs. 3 Anfechtungsgegner nur der Vertreter. Dadurch wird jedoch nicht dem Umstand Rechnung getragen, dass die Anfechtung der betätigten Vollmacht im Ergebnis das bereits abgeschlossene Vertretergeschäft (uU auch mehrere Vertretergeschäfte) beseitigt und damit den Dritten trifft, mit dem das Geschäft abgeschlossen wurde (→ Rn. 22). Die Stellung des Vertreters ist dabei, was die Erklärung des Vollmachtgebers betrifft, der eines Boten vergleichbar, denn durch seine Vollmachtsbehauptung verschafft er dem Dritten Kenntnis von der im Innenverhältnis erfolgten Bevollmächtigung.[51] Mit Rücksicht darauf ist

45 Die ausführlichsten Darstellungen und Würdigungen auf aktuellem Stand finden sich bei *Schwarze* JZ 2004, 588 ff., und *Petersen* AcP 201 (2001), 375 ff.

46 So etwa auch Erman/*Maier-Reimer* BGB § 167 Rn. 45.

47 Näher zum Meinungsstand § 166 Rn. 37 f.

48 Ähnlich *Roth* FS Gaul 1997, S. 585, 591.

49 *Brox* JA 1980, 449 ff.; *Eujen/Frank* JZ 1973, 232 ff.; *Prölss* JuS 1985, 577 (582); *Petersen* AcP 201 (2001), 375, 379 ff. (mit Abweichungen im Detail).

50 Ebenso mit eingehender Begründung *Schwarze* JZ 2004, 588 (590 ff.); gegen den Ausschluss der Anfechtung auch BeckOK BGB/*Schäfer* § 167 Rn. 57; *Bork* BGB AT Rn. 1474; *Flume* BGB AT Bd. 2 § 52, 5 c (S. 870); Jauernig/*Mansel* BGB § 167 Rn. 11; *Medicus/Petersen* BGB AT Rn. 945; MüKo-BGB/*Schubert* § 167 Rn. 48; Soergel/*Leptien* BGB § 166 Rn. 22; Staudinger/*Schilken* BGB § 167 Rn. 78.

51 *Flume* BGB AT Bd. 2 § 52, 5 c (S. 871).

bei der Innenvollmacht die **Anfechtung nicht nur gegenüber dem Vertreter, sondern auch gegenüber dem Dritten** zu erklären.[52]

cc) Haftung des Vertretenen nach § 122. Ist eine betätigte **Außenvollmacht** wegen Irrtums angefochten   **26**
worden, steht dem Dritten, dem gegenüber die Anfechtung erklärt wurde, gegen den Vertretenen ein
Anspruch nach § 122 zu. Nicht anders als bei der Anfechtung der Innenvollmacht ist aber auch bei der
Außenvollmacht ein auf die analoge Anwendung von § 122 gestützter Schadensersatzanspruch des (gutgläubigen, § 122 Abs. 2) Vertreters anzuerkennen,[53] denn es ist nicht ersichtlich, warum die externe Bevollmächtigung zu seinem Nachteil gehen sollte. Nach Irrtumsanfechtung der **Innenvollmacht** ist andererseits – in Fortführung des für die Bestimmung des Anfechtungsgegners Ausschlag gebenden Gedankens –
nicht nur dem Vertreter, sondern auch dem Dritten zu gestatten, seinen Vertrauensschaden von dem Vertretenen ersetzt zu verlangen.[54]

dd) Haftung des Vertreters nach § 179. Weil durch die Anfechtung die Vollmacht *ex tunc* beseitigt wird,   **27**
haftet der Vertreter den Dritten, mit denen er bereits Geschäfte im Namen des Vertretenen abgeschlossen
hat, nach § 179.[55] War der Vertreter gutgläubig, handelt es sich bei der ihn treffenden Belastung mit der
Haftung aus § 179 Abs. 2 um einen Vertrauensschaden, den er nach § 122 auf den Vertretenen abwälzen
kann, und zwar, wie in → Rn. 26 ausgeführt wurde, auch dann, wenn es sich bei der angefochtenen Vollmacht um eine Außenvollmacht handelt. Ungeachtet der (nicht immer gegebenen oder realisierbaren) Rück-
griffsmöglichkeit des Vertreters wird die Anwendung von § 179 teilweise für unangemessen gehalten und
eine Beschränkung seiner Haftung auf die Fälle gefordert, in denen er den Willensmangel gekannt hat oder
hätte kennen müssen.[56] Dem ist jedoch nicht zu folgen, weil damit die gesetzgeberische Entscheidung
unterlaufen würde, den Vertreter für die von ihm aufgestellte Behauptung, über Vertretungsmacht zu verfügen, verschuldensunabhängig einstehen zu lassen (näher → § 179 Rn. 1 ff.).

In der **Zusammenschau** wird dem Dritten somit nach der hier vertretenen Lösung im Fall der Irrtumsan-   **28**
fechtung der betätigten Vollmacht sowohl ein Anspruch gegen den Vertretenen als auch ein Anspruch gegen
den Vertreter gewährt, wobei **Vertreter und Vertretener als Gesamtschuldner** haften.[57] Eine ungerechtfertigte Bevorzugung des Dritten liegt darin nicht.[58] Denn in diesem Fall haben nun einmal beide
Anspruchsgegner des Dritten durch ihr jeweiliges Verhalten (die fehlerhafte Vollmachtserteilung durch den
Vertretenen bzw. die aufgrund der Anfechtung unrichtige Vollmachtsbehauptung des Vertreters) einen Tatbestand verwirklicht, der die Voraussetzungen einer verschuldensunabhängigen Haftung (nach § 122 bzw.
§ 179) erfüllt.

c) § 123. Wurde der Vertretene durch eine **widerrechtliche Drohung** zur Erteilung der Vollmacht   **29**
bestimmt, ist er in jedem Fall zur Anfechtung der Vollmacht berechtigt.[59] Das gilt insbesondere auch dann,
wenn weder der Vertreter noch der Geschäftspartner die Drohung ausgesprochen hat oder davon Kenntnis
hatte bzw. haben musste. Anders als bei der Irrtumsanfechtung der Vollmacht kommt hier ein Schadensersatzanspruch des Geschäftspartners gegen den Vertretenen aus § 122 (analog) nicht in Betracht. Aber auch
eine Haftung des Vertreters aus § 179 kann man regelmäßig nicht bejahen:[60] Wenn die Drohung für den
Abschluss des Rechtsgeschäfts kausal geworden ist (also der Vertreter seine Willenserklärung nicht abgegeben hätte, wenn der Vertretene ihm nicht aufgrund der Drohung die Vollmacht oder eine Weisung erteilt
hätte),[61] kann der Vertretene auch das Rechtsgeschäft selbst anfechten. Um der Haftung nach § 179 zu entgehen, darf der Vertreter dieses Recht anstelle des Vertretenen ausüben (dazu → § 179 Rn. 13), und zwar
auch dann, wenn die Wirksamkeit des Geschäfts bereits vom Vertretenen durch die Anfechtung der Vollmacht beseitigt wurde (Fall des „Doppelmangels").

---

52   So außer *Flume* (BGB AT Bd. 2 § 52, 5 c) auch Hk-
     BGB/*Dörner* § 167 Rn. 4; *Medicus/Petersen* BGB
     AT Rn. 945; *Müller-Freienfels*, S. 403 ff.; aA *Bork*
     BGB AT Rn. 1475; BeckOK BGB/*Schäfer* § 167
     Rn. 59 (nur Kundgabe der Anfechtung); *Kindl*, S. 59;
     Gegen das Erfordernis einer Anfechtung ggü dem
     Dritten: MüKoBGB/*Schubert* § 167 Rn. 49; Palandt/
     Ellenberger BGB § 167 Rn. 3; *Petersen* AcP 201
     (2001), 375, 384; Staudinger/*Schilken* BGB § 167
     Rn. 79.
53   BeckOK BGB/*Schäfer* § 167 Rn. 58; Palandt/*Ellen-
     berger* BGB § 167 Rn. 3; Soergel/*Leptien* BGB § 166
     Rn. 23; Staudinger/*Schilken* BGB § 167 Rn. 82.
54   So iE auch BeckOK BGB/*Schäfer* § 167 Rn. 57;
     Flume BGB AT Bd. 2 § 52, 5 c (S. 871); MüKoBGB/
     Schubert § 167 Rn. 54; Palandt/*Ellenberger* BGB

§ 167 Rn. 3; *Schwarze* JZ 2004, 588 (594 f.); Soergel/
Leptien BGB § 166 Rn. 23; aA *Canaris*, S. 546;
Staudinger/*Schilken* BGB § 167 Rn. 82.
55   BeckOK BGB/*Schäfer* § 167 Rn. 57; Jauernig/*Man-
     sel* BGB § 167 Rn. 11; Soergel/*Leptien* BGB § 166
     Rn. 23; Staudinger/*Schilken* BGB § 167 Rn. 81.
56   *Flume* BGB AT Bd. 2 § 52, 5 e (S. 873 f.).
57   IE auch BeckOK BGB/*Schäfer* § 179 Rn. 32; MüKo-
     BGB/*Schubert* § 167 Rn. 54; Soergel/*Leptien* BGB
     § 166 Rn. 23.
58   So aber Staudinger/*Schilken* BGB § 167 Rn. 82.
59   *Flume* BGB AT Bd. 2 § 52, 5 d (S. 872); wohl
     unstreitig.
60   Insoweit ist *Flume* BGB AT Bd. 2 § 52, 5 e (S. 873 f.)
     iE zu folgen. Vgl. iÜ aber → Rn. 27.
61   Staudinger/*Schilken* BGB § 167 Rn. 80.

30 Die Anfechtung der Bevollmächtigung wegen **arglistiger Täuschung** ist gemäß § 123 Abs. 1, 2 an engere Voraussetzungen geknüpft als die Anfechtung wegen widerrechtlicher Drohung. Bei der **Außenvollmacht** ist der Vertretene zur Anfechtung berechtigt, wenn die Täuschung entweder von dem Geschäftspartner (oder einem Gehilfen, dessen Verhalten er sich zurechnen lassen muss) verübt wurde (§ 123 Abs. 1) oder wenn er diese im Falle der Täterschaft eines Dritten kannte oder kennen musste (§ 123 Abs. 2 S. 1). Liegt eine **Innenvollmacht** vor, kommt es für die Urheberschaft (§ 123 Abs. 1) und für die Bestimmung von Kenntnis und Kennenmüssen (§ 123 Abs. 2) auf den ersten Blick auf die Person des Vertreters an. Indes ist, wenn der Geschäftspartner aus dem auf der Vollmacht beruhenden Vertretergeschäft ein Recht erwirbt, § 123 Abs. 2 S. 2 analog anzuwenden, also wie bei der Außenvollmacht auf Kenntnis oder Kennenmüssen des Geschäftspartners abzustellen.[62] Ist allerdings die (interne oder externe) Vollmacht im **Eigeninteresse des Vertreters** erteilt, hängt die Anfechtbarkeit wegen des Schutzbedürfnisses des Vertreters richtigerweise davon ab, ob dieser von der Täuschung wusste oder wissen musste.[63] Was die Folgen der Anfechtung betrifft, gilt das in → Rn. 29 zur Anfechtung wegen widerrechtlicher Drohung Gesagte entsprechend.

31 **6. Verbots- oder Sittenwidrigkeit.** Die Vollmachtserteilung ist nichtig, wenn sie gegen ein Verbotsgesetz verstößt oder sittenwidrig ist. Die Nichtigkeit des der Vollmacht zugrunde liegenden Rechtsgeschäfts wegen eines Verbots- oder Sittenverstoßes hat aufgrund des Abstraktionsprinzips (dazu → Rn. 4 und → § 164 Rn. 10 ff.) nicht *eo ipso* die Nichtigkeit der Vollmacht zur Folge; indes ist es möglich, dass beide Rechtsgeschäfte an ein und demselben Mangel leiden (Fehleridentität) oder ausnahmsweise (nämlich dann, wenn die Vollmacht mit dem Grundgeschäft nach dem Willen der Parteien zu einem einheitlichen Geschäft verbunden ist) gemäß § 139 miteinander „stehen und fallen".[64] Von besonderer praktischer Bedeutung ist die rechtliche Behandlung von Vollmachten, die im Zusammenhang mit Geschäftsbesorgungsverträgen (vor allem zur **Abwicklung eines Grundstückserwerbs im Rahmen eines Bauträgermodells**) erteilt wurden, die wegen **Verstoßes gegen ein Verbotsgesetz** (den damaligen Art. 1 § 1 RBerG) nichtig sind.[65]

32 Der XI. Zivilsenat des BGH hatte die Nichtigkeit der Vollmacht zunächst nur auf § 139 und damit auf die Verknüpfung von Vollmacht und Geschäftsbesorgungsvertrag zu einem einheitlichen Geschäft nach dem Willen der Parteien gestützt.[66] Später[67] hat sich der XI. Senat jedoch mit weiteren BGH-Senaten[68] der Rechtsprechung des III. Zivilsenats angeschlossen, der zufolge das Verbot unerlaubter Rechtsbesorgung nach der Zielsetzung des damaligen RBerG (Schutz des Rechtsuchenden vor unsachgemäßer Erledigung ihrer rechtlichen Angelegenheiten) auch auf die zur Ausführung des nichtigen Geschäftsbesorgungsvertrages erteilte Vollmacht zu beziehen ist.[69] Der Einwand, dass die Vollmachtserteilung ein einseitiges Rechtsgeschäft ist und das Verbot sich nicht gegen den Vollmachtgeber richtet,[70] tritt dabei hinter das Anliegen zurück, den unbefugten Rechtsberater daran zu hindern, seine verbotswidrige Tätigkeit durch den Gebrauch der Vollmacht durchzuführen. Dies gilt auch für die prozessuale Vollmacht, aufgrund derer der Bevollmächtigte im Namen des Vollmachtgebers die Unterwerfung unter die sofortige Zwangsvollstreckung (§ 794 Abs. 1 Nr. 5 ZPO) erklärt hat.[71] Indes schützt die Rechtsprechung Dritte, die auf den Bestand der Vollmacht vertraut haben, durch die Anwendung der Grundsätze über die Duldungs- und Anscheinsvollmacht (zweifelhaft, dazu → Rn. 84)[72] und, was die prozessuale Unterwerfungserklärung betrifft, dadurch, dass sie dem Darlehensnehmer, der sich zu der Unterwerfung schuldrechtlich verpflichtet hat, die Berufung auf deren Nichtigkeit nach § 242 verwehrt (dazu auch → Rn. 80).[73]

33 **7. AGB-Kontrolle.** Ungeachtet ihrer Natur als einseitiges Rechtsgeschäft unterliegt die formularmäßige Vollmachtserteilung der Kontrolle nach den Maßstäben der §§ 305 f.[74] So hat die Rechtsprechung etwa die

---

62 *Flume* BGB AT Bd. 2 § 52, 5 d (S. 872); MüKoBGB/*Schubert* § 167 Rn. 52; Soergel/*Leptien* BGB § 166 Rn. 26; Staudinger/*Schilken* BGB § 167 Rn. 80 mwN.

63 *Flume* BGB AT Bd. 2 § 52, 5 d (S. 872); Soergel/*Leptien* BGB § 166 Rn. 26; Staudinger/*Schilken* BGB § 167 Rn. 80 mwN.

64 Zur Verbindung zu einem einheitlichen Rechtsgeschäft BGHZ 102, 60, 62 = NJW 1988, 697; BGHZ 110, 363, 369 = NJW 1990, 1721; BGH NJW 2001, 3774 (3775).

65 Grundlegend zur Genehmigungsbedürftigkeit der Besorgung der rechtlichen Abwicklung eines Grundstückserwerbs nach dem früheren Art. 1 § 1 Abs. 1 RBerG und zur Nichtigkeit im Falle fehlender Genehmigung BGHZ 145, 265 = NJW 2001, 70, bestätigt durch BGH 28.4.2009 – XI ZR 228/08 mwN Vgl zum Ganzen auch *Nittel* NJW 2002, 2599 sowie *Schoppmeyer* WM 2009, 10 (13); *Lechner*

NZM 2007, 145 (vgl. zur Frage der dann in Rede stehenden Rechtsscheinsvollmacht Rn. 84).

66 BGH NJW 2001, 3774 (3775); 2002, 2325, 2326.

67 Mit dem Urteil BGH NJW 2003, 2088 (2089); Andeutung schon in NJW 2002, 2325 (2326).

68 BGH (II. Zivilsenat) NJW 2003, 1252 (1254); (IV. Zivilsenat) NJW 2003, 1594 (1595); 2004, 59,60; (XI. Zivilsenat) 28.4.2009 – XI ZR 228/08; (V. Zivilsenat) NJW 2005, 2983; ferner etwa OLG Karlsruhe NJW 2003, 2690.

69 BGH NJW 2002, 66 (67).

70 So *Ganter* WM 2001, 195; *Herrmanns* DNotZ 2001, 6 (8 f.).

71 BGH NJW 2003, 1594 (1595); NJW 2004, 59 (60).

72 Anwendbarkeit (wenn auch nicht Vorliegen) etwa bejaht in BGH NJW 2003, 2091 (2092) mwN.

73 BGH NJW 2004, 59 (61); 2004, 62, 63.

74 Erman/*Maier-Reimer* BGB § 167 Rn. 8; Staudinger/*Schilken* BGB § 167 Rn. 13.

Wirksamkeit von Vollmachten, mit denen nicht oder nicht in dem vorgesehenen Umfang gerechnet werden musste, wegen ihres überraschenden Charakters abgelehnt[75] und Bevollmächtigungsklauseln in Wohnungs-mietverträgen der Inhaltskontrolle unterworfen.[76]

II. Die Form der Vollmacht

1. Der Grundsatz der Formfreiheit und seine Problematik. Wie jedes Rechtsgeschäft ist die Erteilung einer Vollmacht prinzipiell formfrei, soweit nicht aufgrund rechtsgeschäftlicher Vereinbarung (dazu → Rn. 35) oder aufgrund Gesetzes (dazu → Rn. 36 f.) eine bestimmte Form gewahrt werden muss oder die Vollmacht Bestandteil eines formbedürftigen Rechtsgeschäfts ist.[77] Abs. 2 erstreckt den Grundsatz der Formfreiheit auf den besonderen Fall der Bevollmächtigung zur Vornahme formbedürftiger Rechtsge-schäfte. Diese Regelung beruht auf der im **Trennungsprinzip** (dazu → Rn. 3 und → § 164 Rn. 6) zum Aus-druck kommenden Verselbstständigung des Rechtsgeschäfts der Vollmachtserteilung gegenüber dem Vertre-tergeschäft. Wie manch anderer Versuch, eine rechtliche Konstruktion um ihrer selbst willen durchzuhalten, führt allerdings auch die Konsequenz, mit der das Gesetz in Abs. 2 das Trennungsprinzip mit Blick auf die Formfrage verwirklicht, zu **Unzuträglichkeiten:** Gilt für das Rechtsgeschäft, auf dessen Vornahme sich die Vollmacht bezieht, eine **Formvorschrift, deren Zweck durch die Erteilung einer formlosen Vollmacht unterlaufen wird**, wäre es ein begriffsjuristischer Irrtum,[78] unter Hinweis auf die rechtliche Selbstständig-keit der Vollmacht an deren Formfreiheit festhalten zu wollen. Vielmehr fehlt der postulierten Formfreiheit hier die materielle Rechtfertigung. Methodisch ist dieser Einsicht durch eine **teleologische Reduktion des Abs. 2** nach Maßgabe des Zwecks der für das Vertretergeschäft vorgeschriebenen Form Rechnung zu tra-gen.[79] Die nachfolgend (→ Rn. 38 ff.) dargestellte Rechtsprechung setzt die vorzugswürdige Orientierung der teleologischen Reduktion am (Warn-)Zweck der Formvorschrift[80] allerdings (noch) nicht voll um, son-dern stellt teilweise auf zusätzliche Überlegungen ab, insbesondere darauf, ob der Vollmachtgeber schon durch die Vollmachtserteilung rechtlich und tatsächlich in der gleichen Weise gebunden wird wie durch den Abschluss des formbedürftigen Rechtsgeschäfts selbst; eine vollkommen einheitliche Linie scheint insoweit noch nicht gefunden.[81]

2. Gewillkürte Formbedürftigkeit der Vollmacht. Der Vollmachtgeber kann durch **Vereinbarung mit dem Vertreter oder mit dem Geschäftspartner** bestimmen, dass die zu erteilende Vollmacht einer bestimmten Form bedarf.[82] Ferner kann sich ein Formerfordernis aus der **Satzung einer juristischen Per-son** ergeben. Sieht die Satzung eine Form für bestimmte von den Organen abgeschlossene Rechtsgeschäfte vor, gilt das Formerfordernis regelmäßig auch für die von den Organen erteilte Vollmacht zum Abschluss solcher Rechtsgeschäfte.[83]

3. Gesetzliche Formbedürftigkeit der Vollmacht – Beispiele. Nach § 492 Abs. 4 S. 1 muss die vom Darlehensnehmer erteilte Vollmacht zum Abschluss eines **Verbraucherdarlehensvertrages** mit Ausnahme der Prozessvollmacht und der notariell beurkundeten Vollmacht (§ 492 Abs. 4 S. 2)[84] die für den Vertrag selbst geltenden Erfordernisse in Abs. 1 und 2 dieser Vorschrift wahren. Mit dieser Regelung hat der Gesetzgeber die vor dem 1.1.2002 lebhaft umstrittene und vom BGH[85] kurz zuvor noch anders (mit Blick auf § 4 Abs. 1 S. 4 VerbrKrG) beantwortete Frage entschieden. Für Kreditvollmachten, die vor dem 1.1.2002 erteilt wurden, gilt nach Art. 229 § 5 S. 1 EGBGB jedoch noch die alte Rechtslage. In analoger

34

35

36

---

75 Beispiele: BGH NJW-RR 2002, 1312; OLG Frank-furt BB 1976, 1245.

76 ZB BGH NJW 1997, 3437 (Wirksamkeit einer wech-selseitigen Empfangsbevollmächtigung mehrerer Mieter bejaht; krit. dazu *Schwab* JuS 2001, 951).

77 Zur Vollmacht als Bestandteil eines formbedürftigen Rechtsgeschäfts *Rösler* NJW 1999, 1150 mwN.

78 *Flume* BGB AT Bd. 2 § 52, 2 a (S. 861), nennt diese Haltung „doktrinär"; im Anschluss daran auch Staudinger/*Schilken* BGB § 167 Rn. 20.

79 So auch MüKoBGB/*Schubert* § 167 Rn. 21; BeckOK BGB/*Schäfer* § 167 Rn. 8; Soergel/*Leptien* BGB § 167 Rn. 11; Staudinger/*Schilken* BGB § 167 Rn. 20. Auf den Gesichtspunkt der Gesetzesumgehung stel-len demgegenüber ab: Palandt/*Ellenberger* BGB § 167 Rn. 2; RGRK/*Steffen* BGB § 167 Rn. 5; *Her-resthal* JuS 2002, 844 (848).

80 Konsequent: *Flume* BGB AT Bd. 2 § 52, 2 (S. 860 ff.); Staudinger/*Schilken* BGB § 167 Rn. 20; restriktiver dagegen Erman/*Maier-Reimer* BGB § 167 Rn. 4 f.; MüKoBGB/*Schubert* § 167 Rn. 21;

Palandt/*Ellenberger* BGB § 167 Rn. 2; Soergel/*Lep-tien* BGB § 167 Rn. 11.

81 Vgl. unter den neueren Leitentscheidungen des BGH einerseits BGHZ 132, 119 = NJW 1996, 1467 (zu § 766) und andererseits BGHZ 138, 239 = NJW 1998, 1857 (zu § 1410).

82 BeckOK BGB/*Schäfer* § 167 Rn. 12; *Rösler* NJW 1999, 1150; Soergel/*Leptien* BGB § 167 Rn. 10; Staudinger/*Schilken* BGB § 167 Rn. 18.

83 Vgl. (jeweils mit Bezug auf die Satzung einer Spar-kasse) RGZ 116, 247; 122, 351; 146, 42; BeckOK BGB/*Schäfer* § 167 Rn. 12; *Rösler* NJW 1999, 1150; Soergel/*Leptien* BGB § 167 Rn. 10; Staudinger/*Schil-ken* BGB § 167 Rn. 18.

84 Bei bindenden notariellen Vollmachten soll nach Ansicht einiger Autoren (Staudinger/*Schilken* BGB § 167 Rn. 26; *Herresthal* JuS 2002, 844 (848 ff.)) allerdings eine teleologische Reduktion von § 494 Abs. 4 S. 2 geboten sein.

85 BGHZ 147, 262, 265 mwN.

Anwendung von § 492 Abs. 4 sind zudem die Erfordernisse des § 655 b Abs. 1 auf die Vollmacht zum Abschluss eines **Darlehensvermittlungsvertrages** zu erstrecken.[86]

37 Das BGB sieht die Schriftform in § 1904 Abs. 5 S. 2 iVm Abs. 1 S. 1, Abs. 2 für die Vollmacht zur **Einwilligung in ärztliche Maßnahmen** sowie in § 1906 Abs. 5 S. 1 iVm Abs. 1, 4 für die Vollmacht zur **Unterbringung** vor. Es ordnet darüber hinaus die öffentliche Beglaubigung an für die Vollmacht zur **Ausschlagung einer Erbschaft** (§ 1945 Abs. 3), zur **Anfechtung der Annahme oder Ausschlagung einer Erbschaft** (§ 1955 S. 2 iVm § 1945 Abs. 3) und zur **Ablehnung der fortgesetzten Gütergemeinschaft** (§ 1484 Abs. 2 S. 1 iVm § 1945 Abs. 3). Die öffentliche Beglaubigung ist nach § 12 Abs. 1 S. 2 HGB auch für die Vollmacht zur **Anmeldung zur Eintragung in das Handelsregister** vorgeschrieben.[87] Im **Gesellschaftsrecht** sehen § 47 Abs. 3 GmbHG, § 134 Abs. 3 AktG und § 43 Abs. 5 GenG Formerfordernisse für die **Stimmrechtsvollmacht** und § 2 Abs. 2 GmbHG die notarielle Beurkundung oder öffentliche Beglaubigung der Vollmacht zur **GmbH-Gründung** vor.[88] Im Verfahren der freiwilligen Gerichtsbarkeit ordnet nunmehr § 11 S. 1 FamFG die Schriftform der Vollmachtserteilung an.[89] **Keine Wirksamkeitsvoraussetzung** der Vollmacht, aber zu Nachweiszwecken geboten ist dagegen die Einhaltung der Formvorschriften von § 80 Abs. 1 ZPO, §§ 71 Abs. 2, 81 Abs. 3 ZVG, § 29 Abs. 1 S. 1 GBO.[90]

38 **4. Teleologische Reduktion des Abs. 2 bei formbedürftigem Vertretergeschäft – Beispiele.** Im Vordergrund der Diskussion um Ausnahmen vom Grundsatz der Formfreiheit steht seit jeher die Vollmacht zum Abschluss von **Verträgen, die der notariellen Beurkundung nach § 311 b Abs. 1 S. 1 (§ 313 S. 1 aF) bedürfen**. Nach dem derzeitigen Stand der Rechtsprechung, die insoweit bisher nicht allein auf den Warnzweck der Vorschrift abstellt, sondern zusätzliche Aspekte (insbesondere eine in der Vollmachtserteilung liegende, den Vertragsschluss gleichsam vorwegnehmende Bindung des Vollmachtgebers) berücksichtigt und sich dadurch klare Grenzziehungen erschwert (vgl. dazu die Kritik unter → Rn. 34), ist die Formbedürftigkeit zunächst zu bejahen, wenn die Vollmacht **unwiderruflich** (auch: zeitlich begrenzt unwiderruflich) erteilt worden ist.[91] Eine Bindung, die sich bereits aus einem Vorvertrag ergibt, ist nicht mit der Unwiderruflichkeit der Vollmacht gleichzusetzen.[92] Ebenso wenig rechtfertigt die faktische Entschlossenheit des Vollmachtgebers, die Vollmacht nicht zu widerrufen, die Anwendung von § 311 b Abs. 1 S. 1.[93]

39 Des Weiteren unterstellt die Rechtsprechung die Vollmacht der notariellen Form des § 311 b Abs. 1 S. 1, wenn bei Nichtvornahme des Vertretergeschäfts dem Bevollmächtigten erhebliche **Nachteile** (etwa der Verfall einer Vertragsstrafe) entstehen können,[94] wenn er den **Anweisungen** des Geschäftspartners zu folgen gezwungen ist[95] oder wenn er vom Verbot des Insichgeschäfts nach § 181 befreit ist[96] und sich der Vollmachtgeber dadurch außerdem im Einzelfall bereits rechtlich oder faktisch so **gebunden** hat wie durch den Abschluss des Hauptvertrages.[97] Damit § 925 nicht umgangen wird, bedarf jenseits der ggf. unter § 311 Abs. 1 S. 1 fallenden Vollmacht zum Abschluss des schuldrechtlichen Geschäfts auch die **Auflassungsvollmacht** der Form, wenn sie dem Käufer erteilt wird.[98] Zudem wird im Schrifttum vertreten, dass bei der **Grundpfandrechtsbestellung** eine Vollmacht zur **Unterwerfung unter die sofortige Zwangsvollstreckung**, die der Eigentümer dem Grundpfandrechtsgläubiger unwiderruflich und unter Befreiung von § 181 erteilt, im Hinblick auf § 794 Abs. 1 Nr. 5 ZPO notariell zu beurkunden sei.[99] Der BGH hat dies bisher dahinstehen lassen und jedenfalls die Formbedürftigkeit einer widerruflichen Vollmacht zur Zwangsvollstreckungsunterwerfung (die nicht den §§ 164 ff., sondern den §§ 80 ff. ZPO unterfällt) abgelehnt.[100]

86　So bereits *Habersack/Schürnbrand* WM 2003, 261 (263); Staudinger/*Schilken* BGB § 167 Rn. 26; aA Palandt/*Sprau* BGB § 655 b Rn. 2.

87　Zu den Einzelheiten der Vertretung im Handelsregisterverfahren vgl. *Krafka/Kühn* Registerrecht Rn. 109 ff.

88　Zur analogen Anwendung von § 2 Abs. 2 GmbHG auf die Vollmacht zur Abgabe einer Übernahmeerklärung nach § 55 GmbHG vgl. Scholz/Priester GmbHG § 55 Rn. 81; Roth/Altmeppen/*Roth*, GmbHG, § 55 Rn. 19. Zur Formbedürftigkeit der Vollmacht zum Abschluss eines Vorvertrages zur Gründung einer GmbH vgl. (bejahend) Soergel/*Leptien* BGB § 167 Rn. 9. Näher zu Formfragen bei Stimmrechtsvollmachten bei der GmbH und bei der GmbH & Co. K. *Schmidt* GmbHR 2013, 1177, und zu Transaktionsvollmachten im M&A-Geschäft *Bergjahn/Klotz* ZIP 2016, 2300 (2302 ff.).

89　Hierzu *Bumiller/Harders/Schwamb* FamFG § 11 Rn. 7.

90　Soergel/*Leptien* BGB § 167 Rn. 9; Staudinger/*Schilken* BGB § 167 Rn. 19.

91　RGZ 81, 49, 51; BGH NJW 1952, 1210; WM 1974, 1230; BayObLG NJW-RR 1996, 848; OLG Karlsruhe NJW-RR 1986, 100; OLG München NJW-RR 1989, 663; namentlich zur befristeten Unwideruflichkeit RGZ 108, 125, 127.

92　BGH LM § 173 Nr. 1.

93　BGH NJW 1979, 2306 (2307).

94　BGH NJW 1971, 93; 1971, 557.

95　RGZ 97, 334; RGZ 108, 125, 126.

96　Darauf allein wird noch abgestellt in RGZ 104, 237; 108, 125; krit. Soergel/*Leptien* BGB § 167 Rn. 12.

97　Zusätzlich zur Befreiung von § 181 wird dies verlangt in BGH NJW 1952, 1210; WM 1979, 579; 1979, 2306.

98　BGH DNotZ 1963, 672; OLG München NJW-RR 1989, 663 (665); OLG Schleswig MDR 2000, 1125 (1126). AA *Einsele* DNotZ 1996, 835 (852).

99　*Rösler* NJW 1999, 1150 (1151).

100　BGH NJW 2004, 844 f.

Die Vollmacht zur Abgabe eines **Bürgschaftsversprechens** ist – ebenso wie die nach §§ 164 ff. (analog) zu **40** behandelnde Ermächtigung zur Ergänzung eines Blanketts – auf der Grundlage neuerer Rechtsprechung des BGH schriftlich zu erteilen, damit der Schutzzweck von § 766 gewahrt bleibt.[101] In der Literatur ist diese über die Formbedürftigkeit von Vollmachten zu Grundstücksgeschäften hinausgehende, da nur auf den Schutzzweck und nicht auf weitere Kriterien abstellende Judikatur teilweise kritisch aufgenommen bzw. einschränkend interpretiert worden.[102] Sie verdient jedoch Zustimmung, da sie einer nur an den Formzwecken orientierten teleologischen Reduktion von Abs. 2 (dazu → Rn. 34) den Boden bereitet.[103]

An der – vom BGH freilich nicht einheitlich beurteilten – Behandlung der Vollmachten zum Abschluss von **41** Grundstücksgeschäften und zur Abgabe von Bürgschaftserklärungen hat sich auch die Bewertung der Formbedürftigkeit von Vollmachten zu anderen formgebundenen Rechtsgeschäften zu orientieren. Ungeachtet der Problematik, ob man – wie hier vertreten – die Frage nach den Formerfordernissen nur nach den jeweiligen Formzwecken beantwortet oder ob man zusätzlich eine vorweggenommene rechtliche oder faktische Bindung des Vollmachtgebers verlangt, gelten die zu § 311 b Abs. 1 S. 1 und § 766 entwickelten Grundsätze daher auch für Vollmachten zum Abschluss von **Verträgen nach § 311 b Abs. 2 und 5**, zur Abgabe eines **Schenkungsversprechens,** zur **Übertragung eines Miterbenanteils** (§§ 2033 Abs. 1, 2037), zum **Erbverzicht** (§§ 2348, 2351, 2352) und zum **Erbschaftskauf** (§§ 2371, 2385).[104] Hinsichtlich der Vollmacht zum Abschluss eines **Ehevertrages** hat der BGH[105] entschieden, dass diese jedenfalls dann grundsätzlich keiner notariellen Beurkundung bedarf, wenn sie widerruflich erteilt wurde, und eine Übertragung der Rechtsprechung zur Blankobürgschaft – wohl zu Unrecht[106] – abgelehnt.

Ist einer Formvorschrift indes **keine Warnfunktion** zugunsten eines oder beider Beteiligten an dem form- **42** bedürftigen Rechtsgeschäft beizumessen, bedarf eine zum Abschluss eines solchen Rechtsgeschäfts erteilte Vollmacht **nicht der für das Vertretergeschäft vorgeschriebenen Form**, und es bleibt bei der Grundregel des Abs. 2. So dient § 781 nach der Rechtsprechung des BGH nur der Rechtssicherheit durch Schaffung klarerer Beweisverhältnisse.[107] Wenn man sich dieser Funktionszuschreibung anschließt,[108] muss die Vollmacht zu einem **abstrakten Schuldanerkenntnis** nicht schriftlich erteilt werden. Ebenso wenig gilt das Schriftformerfordernis für die Erteilung einer Vollmacht zu einem **Mietvertrag**, für den § 550 die Schriftform verlangt.[109] Nicht formbedürftig ist des Weiteren die Vollmacht zur Ausstellung und Begebung eines **Wechsels**[110] sowie für die arbeitsrechtliche Kündigung (§ 623).[111] Schließlich ist die bei der **Übertragung eines GmbH-Anteils** nach § 15 GmbHG zu wahrende Form gemäß ihrem Zweck, den marktmäßigen Handel mit GmbH-Anteilen zu unterbinden, nur dann auf eine diesbezügliche Vollmacht zu erstrecken, wenn es sich um eine Blankovollmacht handelt.[112]

5. Folgen eines Formverstoßes. Ist eine Vollmacht wegen Formmangels nichtig (§ 125), finden die **43** Regeln über die **Vertretung ohne Vertretungsmacht** (§§ 177 ff.) Anwendung, **es sei denn,** das Vorliegen der Vertretungsmacht lässt sich – was freilich Bedenken weckt – auf **Rechtsscheingrundsätze** stützen (dazu → Rn. 84).[113] Die Wirksamkeit des Geschäfts hängt damit von der **Genehmigung** durch den Vertretenen ab, welche nach ständiger, wenn auch nicht unbedenklicher Rechtsprechung gemäß § 182 Abs. 2 **formfrei** ist.[114] Wird die Genehmigung nicht erteilt, haftet der Vertreter nach § 179. Sieht die missachtete Formvorschrift vor, dass der Formmangel durch den Vollzug des Geschäfts **geheilt** werden kann (zB § 311 b Abs. 1 S. 2: Auflassung und Eintragung; § 518 Abs. 2: Bewirkung der versprochenen Leistung), ist für die

101 Vgl. BGHZ 132, 119, 124 f. (Fall der Blankobürgschaft); ebenso OLG Brandenburg 7.6.2017 – 4 U 90/16 Rn. 25.

102 Vgl. *Bayer*, DZWir 1996, 506; *Benedict* Jura 1999, 78; Erman/*Maier-Reimer* BGB § 167 Rn. 6 mwN; restriktiv hinsichtlich des Formzwangs auch MüKo-BGB/*Schubert* § 167 Rn. 20 ff.; Soergel/*Leptien* BGB § 167 Rn. 13.

103 Dafür schon *Flume* BGB AT Bd. 2 § 52, 2 b (S. 862 ff.); ebenso Staudinger/*Schilken* BGB § 167 Rn. 20 a.

104 Vgl. zu diesen Fällen Erman/*Maier-Reimer* BGB § 167 Rn. 5; MüKoBGB/*Schubert* § 167 Rn. 24 ff., 31; Soergel/*Leptien* BGB § 167 Rn. 13; Staudinger/*Schilken* BGB § 167 Rn. 26.

105 BGHZ 138, 239.

106 Für die Formbedürftigkeit auch *Einsele* NJW 1998, 1206; *Vollkommer/Vollkommer* JZ 1999, 522; Staudinger/*Schilken* BGB § 167 Rn. 26; dem BGH stimmen dagegen zu: Erman/*Maier-Reimer* BGB

§ 167 Rn. 3; *Kanzleiter* NJW 1999, 1612; Palandt/*Ellenberger* BGB § 167 Rn. 2.

107 BGH NJW 1993, 584 f.

108 AA *Einsele* DNotZ 1996, 835 (851 f.); Staudinger/*Schilken* BGB § 167 Rn. 26.

109 *Flume* BGB AT Bd. 2 § 52, 2 b (S. 862).

110 OLG Hamburg NJW-RR 1998, 407 f.; *Flume* BGB AT Bd. 2 § 52, 2 a (S. 861); Staudinger/*Schilken* BGB § 167 Rn. 27.

111 BAG NZA 2008, 348 (350).

112 BGHZ 13, 49, 53; 19, 69, 72; *Rösler* NJW 1999, 1150 (1153); Soergel/*Leptien* BGB § 167 Rn. 14; Staudinger/*Schilken* BGB § 167 Rn. 27. AA (für generelle Formbedürftigkeit der Vollmacht) *Flume* BGB AT Bd. 2 § 52, 2 b (S. 862).

113 So etwa BGH NJW 1996, 1467 (1469); 1997, 312, 314; Soergel/*Leptien* BGB § 167 Rn. 14; Staudinger/*Schilken* BGB § 167 Rn. 23; kritisch *Bülow* ZIP 1996, 1694; *Keim* NJW 1996, 2774 (2775 f.).

114 Dazu mit umfassender Darstellung des Meinungsstandes BGH NJW 1994, 1344 (1345 f.).

Heilung zu verlangen, dass das **Erfüllungsgeschäft** entweder **von dem Vertretenen selbst vorgenommen** oder **von ihm genehmigt** wird, während der bloße Vollzug durch den Vertreter für die Heilung nicht ausreicht, weil hierin keine Remedur für das dem Formzweck nicht genügende Handeln des Vertretenen (die formnichtige Bevollmächtigung) liegt.[115] Nicht geboten erscheint es indes, die Regeln über die Heilung auf die formnichtige Vollmacht überhaupt unangewendet zu lassen, um ein „Sonderrecht" für bestimmte Vollmachten zu vermeiden.[116] Beide Ansichten divergieren indes nur dann, wenn sich der Vollzugshandlung des Vertretenen bzw. seiner Genehmigung des Vollzugsgeschäfts nicht schon eine Genehmigung des ohne Vertretungsmacht abgeschlossenen Grundgeschäfts entnehmen lässt, was nicht selten der Fall sein wird.[117]

III. Der Umfang der Vollmacht

44 **1. Allgemeines.** Der Umfang der Vollmacht kann vom Vollmachtgeber grundsätzlich **privatautonom bestimmt** werden. Während das HGB für die – hier nicht näher zu behandelnden[118] – handelsrechtlichen Vollmachten gesetzliche Regelungen des Umfangs der jeweiligen Vollmacht vorsieht, die nur teilweise dispositiv sind, kennt das BGB keine diesbezüglichen Vorgaben. Welchen Umfang eine Vollmacht hat, ist demnach in Ermangelung (zwingender oder dispositiver) gesetzlicher Vorschriften allein eine Frage der **Auslegung nach den §§ 133, 157**, ggf. auch eine Frage ergänzender Auslegung. Bei der **Außenvollmacht** ist insoweit auf die (normativierte) **Sicht des Geschäftsgegners** abzustellen,[119] ebenso bei der nach außen **kundgegebenen** (§ 171) oder durch **Vorlage einer Urkunde** verlautbarten (§ 172) Innenvollmacht.[120] Bei der **reinen Innenvollmacht** kommt es dagegen auf die **Sicht des Bevollmächtigten** an;[121] soweit sich aus der Sicht des Geschäftsgegners ein anderes Verständnis des Umfangs der Innenvollmacht ergibt, ist allerdings dessen Schutz nach Rechtsscheingrundsätzen (dazu → Rn. 74 ff.) in Betracht zu ziehen. Wird die Vollmacht durch **Erklärung an die Öffentlichkeit** erteilt, ist schließlich nur die **objektive und verkehrsübliche Bedeutung** maßgeblich.[122]

45 Unter den im Allgemeinen (zu den Einzelfällen → Rn. 47 ff.) für die Auslegung des Umfangs der Vollmacht relevanten Aspekten sind vor allem die folgenden hervorzuheben: Ist die Vollmacht intern erteilt worden, können Inhalt und Zweck des **Innenverhältnisses** zwischen Vollmachtgeber und Bevollmächtigtem regelmäßig zur Bestimmung des Umfangs der Vollmacht herangezogen werden.[123] Der stellvertretungsrechtliche Abstraktionsgrundsatz lässt es indes nicht zu, die Übertragung der Grenzen des Innenverhältnisses auf die (Innen-)Vollmacht als zwingend anzusehen.[124] Die bei der Auslegung generell gebotene Berücksichtigung der Verkehrssitte ist insbesondere dann von Bedeutung, wenn eine **verkehrstypische, insbesondere bei bestimmten Berufsgruppen übliche Vollmacht** erteilt worden ist: Hier ist, soweit der Vollmachtgeber nichts anderes festgelegt hat, vom verkehrsüblichen Umfang der Vollmacht auszugehen.[125] Die Einbeziehung von **Treu und Glauben** in die Auslegung der Vollmacht erfordert im Einzelfall Einschränkungen der Vollmacht gegenüber dem sich nach Wortlaut oder Verkehrssitte ergebenden Umfang, so etwa den Ausschluss von ganz ungewöhnlichen Geschäften aus dem Umfang einer Generalvollmacht.[126] Als allgemeine Maxime wird man schließlich mit der Rechtsprechung festhalten können: Bei **Zweifeln** über den Umfang einer Vollmacht ist der **geringere Umfang anzunehmen**, sofern der größere nicht nachgewiesen ist.[127]

46 Üblicherweise, allerdings ohne spezifische rechtliche Konsequenzen wird nach dem Umfang der Vollmacht unterschieden zwischen der **Spezialvollmacht**, die sich nur auf ein bestimmtes Rechtsgeschäft bezieht, der **Art- oder Gattungsvollmacht**, die zur Vornahme von Rechtsgeschäften einer bestimmten Art (Beispiel: Inkassovollmacht) oder in einem bestimmten Funktionskreis (Beispiel: Hausverwalter) berechtigt, und der **Generalvollmacht**, die grundsätzlich Vertretungsmacht für alle Rechtsgeschäfte vermittelt, bei denen die Stellvertretung zulässig ist. Auch der Generalvollmacht sind allerdings gewisse **Grenzen** gezogen: Im Wege der Auslegung sind ganz ungewöhnliche Geschäfte aus dem Umfang der Vollmacht auszugrenzen.

115   BayObLG DNotZ 1981, 561; MüKoBGB/*Schubert* § 167 Rn. 41; Staudinger/*Schilken* BGB § 167 Rn. 24.
116   Soergel/*Leptien* BGB § 167 Rn. 14.
117   So auch Soergel/*Leptien* BGB § 167 Rn. 14.
118   Dazu näher die Darstellung von *Drexl/Mentzel* Jura 2002, 289 (Teil I), 375 (Teil II).
119   BGH NJW-RR 2000, 745 (746); MüKoBGB/*Schubert* § 167 Rn. 63; Staudinger/*Schilken* BGB § 167 Rn. 85.
120   Palandt/*Ellenberger* BGB § 167 Rn. 5.
121   BGH NJW 2010, 1203 (1204); MüKoBGB/*Schubert* § 167 Rn. 60.
122   MüKoBGB/*Schubert* § 167 Rn. 64.
123   Palandt/*Ellenberger* BGB § 167 Rn. 5.

124   Staudinger/*Schilken* BGB § 167 Rn. 85.
125   Staudinger/*Schilken* BGB § 167 Rn. 86.
126   Vgl. zB RGZ 52, 92, 100; OLG Frankfurt NJW-RR 1987, 482; ferner Palandt/*Ellenberger* BGB § 167 Rn. 7; Soergel/*Leptien* BGB § 167 Rn. 41; Staudinger/*Schilken* BGB § 167 Rn. 87.
127   OLG Frankfurt NJW-RR 1987, 482 unter Hinweis auf RGZ 143, 196, 199; OLG Hamm DNotZ 1954, 38; OLG München 20.11.2015 – 34 Wx 475/14, juris-Rn. 29; BGH NJW 1978, 995 (mit Bezug auf die Architektenvollmacht); zust. Palandt/*Ellenberger* BGB § 167 Rn. 5; Staudinger/*Schilken* BGB § 167 Rn. 84.

Auch der nicht rechtsgeschäftliche, persönliche Bereich des Vollmachtgebers (Einwilligungen zu Eingriffen in die körperliche Integrität und in die persönliche Freiheit) wird von einer (nur als solche erteilten) Generalvollmacht nicht eingeschlossen.[128] Mit Blick auf das Gesellschaftsrecht ist namentlich das Verbot der Fremdorganschaft als Grenze der Bevollmächtigung zu beachten.[129]

2. Beispiele. Die nachfolgend dargestellten, beispielhaften Einzelfälle geben, nach Sachgebieten geordnet, einen Überblick über die Beurteilung des Umfangs von typischen Vollmachten durch die Rechtsprechung. Bei der Bewertung vertretungsrechtlicher Fragen anhand dieses Anschauungsmaterials und der allgemeinen Auslegungsregeln ist allerdings stets zu beachten, dass dann, wenn das geprüfte Vertreterhandeln nicht von dem durch Auslegung bestimmten Umfang der Vollmacht gedeckt ist, noch die Möglichkeit einer auf Rechtsscheingrundsätze gegründeten Vollmacht in Betracht zu ziehen ist (dazu → Rn. 74 ff.). **47**

a) Bankverkehr. Die Vollmacht zur Verfügung über ein **Bankkonto**[130] berechtigt den Bevollmächtigten regelmäßig zu Verfügungen mittels Schecks,[131] aber nicht zur Auflösung[132] oder Umwandlung[133] des Kontos, zu Kreditaufnahmen einschließlich Kontoüberziehungen[134] und zur eigennützigen Verpfändung von Wertpapieren.[135] Andere Handlungen im Geschäftsbereich des Vollmachtgebers deckt die Bankvollmacht ebenfalls nicht.[136] **Bankangestellte,** die im Schalterdienst einer Bank beschäftigt sind, verfügen über die Vollmacht zur Erteilung von Auskünften (auch über Inhalt und Bedeutung der von der Bank verwendeten AGB) und zum Abschluss üblicher (Kassen-, Darlehens- und ähnlicher) Geschäfte.[137] **48**

b) Bauwirtschaft. Die (ggf. stillschweigend erteilte) Vollmacht eines mit der Bauleitung betrauten **Architekten**[138] umfasst, wenn nicht gegenteilige Erklärungen vorliegen, in ihrem – von der Rechtsprechung nicht durchweg einheitlich, aber tendenziell eng[139] bewerteten – Mindestumfang insbesondere die Erteilung von Weisungen, das Aussprechen von Mängelrügen und die Erklärung von Vorbehalten nach den anwendbaren Vergaberegeln,[140] die Entgegennahme von Erläuterungen zu Rechnungen[141] und die Abzeichnung von Stundenlohnnachweisen.[142] Sie deckt dagegen nicht die Vergabe von Aufträgen[143] (soweit es sich nicht um kleinere, im Rahmen der Planungsausführung oder aufgrund der Gegebenheiten der Baustelle notwendige Aufträge handelt),[144] die Abnahme von Bauleistungen[145] und rechtsgeschäftliche Handlungen (etwa ein Anerkenntnis) mit Bezug auf Schlussrechnungen.[146] Der **Baubetreuer** ist zum Abschluss von Verträgen mit Wirkung für den Bauherrn (bei Bauherrengemeinschaft: nur anteilige Verpflichtung)[147] bevollmächtigt, wobei die Vollmacht nicht dadurch ausgeschlossen wird, dass der Baubetreuungsvertrag eine Verpflichtung zur schlüsselfertigen Erstellung zu einem Festpreis enthält.[148] Je nach Lage des Falles kann auch die Bestellung von Grundpfandrechten zur Baufinanzierung in den Umfang der Vollmacht fallen.[149] Die Vollmacht schließt indes nicht den Abschluss von Schiedsvereinbarungen zulasten des Bauherrn ein.[150] Hat der Unternehmer dagegen im Rahmen eines **Generalübernehmervertrages** Bauerrichtungs- und nicht nur Baubetreuungspflichten übernommen, kommt eine Vollmacht zur Erteilung von Aufträgen im Namen des Bauherrn regelmäßig nicht in Betracht; eine diesbezügliche Bevollmächtigung in den AGB des Unternehmers ist als überraschende Klausel im Sinne von § 305 c Abs. 1 zu bewerten.[151] **49**

c) Ehe und Familie. Aufgrund der **ehelichen Lebensgemeinschaft** oder der **Lebenspartnerschaft** als solcher wird eine wechselseitige Bevollmächtigung der Ehegatten bzw. Lebenspartner nicht begründet. Freilich ist (auch bei der Lebenspartnerschaft, § 8 Abs. 2 LPartG) die Verpflichtungsermächtigung nach § 1357 zu beachten. Ob eine **tatsächliche Vermutung** zugunsten einer Vertretung des Ehegatten (also auch **50**

---

128 OLG Düsseldorf NJW-RR 1997, 903.
129 Dazu mwN Soergel/*Leptien* BGB § 167 Rn. 41.
130 Literatur: *Canaris,* Bankvertragsrecht, 1. Teil Rn. 164 ff.
131 BGH WM 1986, 901.
132 BGH NJW-RR 2009, 979 (980).
133 Dies gilt auch bei einer transmortalen Kontovollmacht BGH NJW-RR 2009, 979 (980), aA OLG Hamm NJW-RR 1995, 564.
134 BGH MDR 1953, 346; OLG Hamm NJW 1992, 378; OLG Köln ZIP 2001, 1709 (1710 f.).
135 BGH WM 1969, 112.
136 OLG Celle JW 1934, 992.
137 RGZ 86, 86; OLG Düsseldorf ZIP 1989, 493 (495); OLG Koblenz MDR 1994, 1110; näher Soergel/*Leptien* BGB § 167 Rn. 43.
138 Siehe hierzu *v. Craushaar* BauR 1982, 421; *Pauly* BauR 1998, 1143; *Quack* BauR 1995, 441.
139 BGH NJW 1978, 995.
140 BGH NJW 1977, 1634; 1978, 1631.

141 BGH NJW 1978, 994.
142 Vgl. BGH NJW-RR 995, 80 (Bauleiter).
143 BGH MDR 1975, 834; KG BauR 2008, 97, das auch auf die Möglichkeit einer Anscheinsvollmacht für den Fall hinweist, dass der Architekt schon den Hauptauftrag verhandelt und unterzeichnet hat; OLG Celle BauR 1997, 174.
144 BGH NJW 1960, 859.
145 OLG Düsseldorf NJW-RR 2001, 14 (15); aA LG Essen NJW 1978, 108.
146 BGH NJW 1960, 859; OLG Düsseldorf BauR 1996, 740.
147 BGH NJW 1977, 294 (295).
148 BGHZ 67, 334; 76, 86, 90: Auslegung der Festpreiszusage als Garantie eines Preises, dessen Überschreitung eine Freistellungsverpflichtung des Baubetreuers auslöst.
149 BGH DB 1977, 398.
150 BGHZ 76, 86, 90.
151 BGH NJW-RR 2002, 1312.

für das Handeln in dessen Namen) besteht, ist mit Zurückhaltung zu beurteilen: Ausdrücklich verworfen hat der BGH etwa den angeblichen Erfahrungssatz, dass bei der Verlängerung eines langjährigen Landpachtvertrages ein Ehepartner in der Regel für den anderen mit unterzeichne.[152] Offen gelassen hat er dagegen, ob bei Mietverträgen über eine gemeinsame Ehewohnung eine tatsächliche Vermutung dafür spreche, dass die Unterschrift des Ehemannes auch im Namen der Ehefrau erfolgen sollte.[153] Bei **nichtehelichen Lebensgemeinschaften** darf, nicht anders als bei der Ehe, eine stillschweigende wechselseitige Bevollmächtigung der Partner nicht ohne besonderen Grund unterstellt werden. Soweit ein praktisches Bedürfnis nach einer (Mit-)Verpflichtung des nicht selbst rechtsgeschäftlich handelnden Partners bestehen sollte, empfiehlt sich daher eine ausdrückliche Vollmachterteilung.[154] Mit Blick auf den möglichen Eintritt künftiger Betreuungsbedürftigkeit ist schließlich die **Vorsorgevollmacht** als praktisch besonders wichtiger Fall einer (oft, aber nicht notwendig) Familienangehörigen erteilten Vollmacht zu nennen, die sich außer auf die Vermögenssorge auch auf die Personensorge beziehen kann (wozu eine schlichte „Generalvollmacht" jedoch nicht genügt).[155] Durch das am 1.9.2009 in Kraft getretene Patientenverfügungsgesetz hat die Vorsorgevollmacht weiter an Bedeutung gewonnen.[156] §§ 1904 Abs. 5, 1906 Abs. 5 sehen insoweit Schriftformerfordernisse vor.

51 **d) Grundstücksgeschäfte.** Die Erteilung einer **Vollmacht zur Veräußerung von Grundbesitz** kann ihrem Umfang nach zur Beauftragung eines Maklers berechtigen.[157] Nicht ohne Weiteres von der Veräußerungsvollmacht gedeckt ist hingegen die Belastung des Grundstücks mit Grundpfandrechten zur Finanzierung des Kaufpreises im Namen des Verkäufers.[158] Ist die **Beratung des Kaufinteressenten** vom Grundstücksverkäufer **einem Makler überlassen**, so kann sich dessen stillschweigende Bevollmächtigung zum Abschluss eines Beratervertrags aus den Umständen ergeben. Für die Annahme einer stillschweigenden Bevollmächtigung reicht es nach der Rechtsprechung aus, dass die individuelle Beratung des Kaufinteressenten eine wesentliche Voraussetzung für den erfolgreichen Abschluss der Verkaufsbemühungen war.[159] Ist der beurkundende **Notar** mit dem Vollzug des Vertrages beauftragt und bevollmächtigt, die zu dem Vertrag notwendigen Genehmigungen einzuholen und namens der Vertragsschließenden entgegenzunehmen, so folgt daraus noch nicht seine Bevollmächtigung, eine vollmachtlos vertretene Partei zur Erklärung über die Genehmigung aufzufordern und dessen Erklärung hierüber entgegenzunehmen.[160] Die dem Notar erteilte Vollzugsvollmacht beschränkt sich auf die Vertragsdurchführung zwischen den Vertragsparteien. Nicht gedeckt ist daher die Auflassung an Dritte.[161] Ebenso wenig ist in der Regel davon auszugehen, dass die Vollzugsvollmacht dazu legitimiert, die Pflicht zur Verschaffung eines dinglichen Rechts durch die Pflicht zur Verschaffung eines obligatorischen Rechts zu ersetzen.[162]

52 **e) Handel.** Die **Vollmacht zum Abschluss eines Kaufvertrages** schließt nicht ohne Weiteres die Vollmacht zur Einziehung oder Kreditierung des Kaufpreises ein.[163] In einem **Supermarkt** ist außer den Kassierern (vgl. § 56 HGB) auch der Filialleiter bevollmächtigt, Zahlungen entgegenzunehmen.[164] Beauftragt ein Händler in Reaktion auf eine **Mängelrüge** den Hersteller mit der **„Abwicklung der Angelegenheit"**, kann man den Hersteller als bevollmächtigt ansehen, mit dem Kunden eine rechtsgeschäftliche Regelung zu treffen, die nicht außerhalb wirtschaftlich vernünftiger Erwägungen liegt.[165]

53 **f) Rechtsangelegenheiten.** Für die einem Rechtsanwalt erteilte **Prozessvollmacht** sind die §§ 80 ff. ZPO maßgeblich.[166] Inwieweit damit eine Bevollmächtigung zu materiellrechtlichen Erklärungen mit Wirkung für den Vollmachtgeber verbunden ist, kann nur nach den Umständen des Einzelfalls und nach dem inneren

152 BGH NJW 1994, 1649 (1650).
153 Hierfür OLG Düsseldorf WuM 1989, 362 (363).
154 Näher *Grziwotz* FRP 2001, 45.
155 Näher *Keilbach* FamRZ 2003, 969; *Müller/Renner*, Betreuungsrecht und Vorsorgeverfügungen in der Praxis, 5. Aufl. 2017; *Milzer* NJW 2003, 1836; *Zimmer* ZEV 2013, 307; zur Gestaltung des Innenverhältnisses *Sauer* RNotZ 2009, 79; zu Auskunfts- und Rechenschaftspflichten sowie Gegenrechten *Sarres* ZEV 2013, 312; zu Vorsorgevollmachten bei Personengesellschaften und GmbHs *Wedemann* ZIP 2013, 1508; zum Verhältnis zu Nachlasspflegschaft, Nachlassverwaltung und Testamentsvollstreckung *Becker* ZEV 2018, 692.
156 Vgl. zum Patientenverfügungsgesetz *Albrecht/Albrecht* MittBayNot 2009, 426; *Höfling* NJW 2009, 2849; *Müller* NotBZ 2009, 289; *Renner* ZNotP 2009, 371.
157 BGH NJW 2007, 1874 (1875).

158 OLG München DNotZ 2012, 535 (536); aA KG NZM 2018, 959 Rn. 11 (für den Fall der gesetzlichen Vertretung durch einen Betreuer, § 1902).
159 BGHZ 140, 111, 116 f.; BGH NJW 2001, 2021; 2003, 1811, 1812; zur Möglichkeit, einen Beratervertrag zugleich im eigenen und im fremden Namen zu schließen BGH NZM 2013, 585; zur (konkludenten) Bevollmächtigung zum Abschluss eines Beratervertrags, wenn der Verkäufer auf jeglichen Kontakt mit dem Käufer verzichtet und dem Vermittler die Vertragsverhandlungen bis zur Abschlussreife überlasst BGH WM 2015, 528.
160 Näher § 177 Rn. 30.
161 OLG Hamm NJW-RR 2001, 376.
162 BGH NJW 2002, 2863.
163 *Erman/Maier-Reimer* BGB § 167 Rn. 56.
164 OLG Karlsruhe MDR 1980, 849.
165 So vor dem Hintergrund von OLG Karlsruhe MDR 1983, 488, Soergel/*Leptien* BGB § 167 Rn. 44.
166 Soergel/*Leptien* BGB § 167 Rn. 54.

Zusammenhang der abgegebenen Erklärung mit dem Gegenstand des Rechtsstreits beurteilt werden.[167] So umfasst die Prozessvollmacht im Räumungsprozess regelmäßig die Entgegennahme der Kündigung.[168] Wie bei der Prozessvollmacht lassen sich auch bei der **außergerichtlichen Vollmacht** über den Einzelfall hinaus keine allgemeinen Regeln über den Vollmachtsumfang aufstellen.[169] Was den Kreis der Bevollmächtigten betrifft, ist festzuhalten, dass sich bei einer **Anwaltssozietät** die Bevollmächtigung im Zweifel auf alle sozietätszugehörigen Anwälte bezieht.[170]

IV. Die Gesamtvertretung

1. Grundlagen. Wenn (gesetzliche, organschaftliche oder rechtsgeschäftliche) Vertretungsmacht mehreren 54
Personen zusteht und nur von allen oder nur von jeweils mehreren gemeinsam ausgeübt werden kann, spricht man von **Kollektiv- oder Gesamtvertretung.** Durch die (gesetzliche oder rechtsgeschäftliche) Anordnung der Gesamtvertretung wird das Risiko gesenkt, dass der Vertretene Opfer unzweckmäßigen oder sogar pflichtwidrigen Vertreterhandelns wird. Allerdings wird dieser Vorteil um den Preis einer nicht zu übersehenden Schwerfälligkeit in der Ausübung der Vertretungsmacht erkauft, die sich in der Rechtspraxis nur abmildern, aber nicht völlig beseitigen lässt (dazu → Rn. 57 ff.). **Besondere Fälle** sind die unechte und die halbseitige Gesamtvertretung. Als **unechte oder gemischte Gesamtvertretung** bezeichnet man die Beschränkung der Vertretungsmacht einer Person durch Gesamtvertretung mit einer Person, deren Vertretungsmacht auf einer anderen Grundlage beruht. Praktisch wichtigster Fall ist die unechte Gesamtprokura, bei der der Prokurist mit einem Gesellschafter, Geschäftsführer oder Vorstandsmitglied (oder jeweils mehreren) gesamtvertretungsberechtigt ist.[171] **Halbseitige Gesamtvertretung** ist dann gegeben, wenn ein Vertreter Einzelvertretungsmacht hat, während der andere nur zu gemeinschaftlichem Vertreterhandeln befugt ist.[172]

Bei der **organschaftlichen Vertretung juristischer Personen** ist die Gesamtvertretung der gesetzliche 55
Regelfall (vgl. § 35 Abs. 2 S. 2 GmbHG, § 78 Abs. 2 AktG, § 25 Abs. 1 S. 1 GenG), ebenso bei der **GbR** (§§ 709, 714). Im Familienrecht sind die gesetzliche Vertretung durch die **Eltern** (§ 1629 Abs. 1) und ebenso die Vertretung durch mehrere **Vormünder** oder **Pfleger** (§§ 1775, 1797 Abs. 1, 1795) als Gesamtvertretung ausgestaltet. Gesamtvertretung kann des Weiteren auch bei der Erteilung einer **Vollmacht** angeordnet werden; ob dies der Fall ist, muss durch Auslegung der Vollmacht beantwortet werden.[173] Als Fälle gesetzlich angeordneter Gesamtvertretung (und nicht als Formvorschriften) sind schließlich auch die bei **Gemeinden und anderen Körperschaften des öffentlichen Rechts** anzutreffenden Erfordernisse einer gemeinsamen Unterschrift einzuordnen.[174]

2. Ausübung der Gesamtvertretung. Das gleichzeitige, gemeinsame Auftreten der Gesamtvertreter nach 56
Außen mag der Idealfall der Gesamtvertretung sein, ist aber praktisch oft nur schwer oder sogar überhaupt nicht in die Tat umzusetzen. Bei der Aktivvertretung hat die Rechtsprechung indes Milderungen anerkannt (dazu → Rn. 57 f.), und bei der Passivvertretung gilt eine solche Regel ohnehin nicht (dazu → Rn. 60).

a) Aktivvertretung. Ein gemeinsames, gleichzeitiges rechtsgeschäftliches Handeln der Gesamtvertreter 57
dem Geschäftspartner gegenüber ist nach der Rechtsprechung nicht erforderlich: Die Gesamtvertreter können auch **nacheinander identische Erklärungen dem Empfänger gegenüber** abgeben.[175] Das Rechtsgeschäft wird dann mit der letzten Erklärung *ex nunc* wirksam.[176] Ebenso reicht es aus, wenn **nur ein Gesamtvertreter die Willenserklärung** im Namen des Vertretenen **abgibt und die anderen Gesamtvertreter** dem Empfänger der Erklärung oder auch dem handelnden Gesamtvertreter gegenüber ihre (ausdrückliche oder schlüssige) **Zustimmung (Einwilligung oder** – zeitlich zurückwirkende[177] – **Genehmigung) erteilen.**[178] Die Zustimmung bedarf nach der Rechtsprechung nicht der Form des Rechtsgeschäfts,[179] und es

---

167 BGH NJW 1992, 1963 (1964) mwN.
168 BGH NJW-RR 2000, 745.
169 So auch Soergel/*Leptien* BGB § 167 Rn. 54.
170 BGH NJW-RR 1989, 1299; OLG Saarbrücken NJW-RR 2006, 707. Näher zur Vertretung durch sozietätsverbundene Rechtsanwälte *Henssler/Michel* NJW 2015, 11.
171 Näher dazu KKRD/*Roth* HGB § 48 Rn. 18 ff.
172 Vgl. zB BGHZ 62, 166, 170.
173 BeckOK BGB/*Schäfer* § 167 Rn. 40; Soergel/*Leptien* BGB § 164 Rn. 28; Staudinger/*Schilken* BGB § 167 Rn. 52.
174 BGHZ 32, 375; BGH NJW 1966, 2402 (2403); 1982, 1036.

175 RGZ 81, 325; BGH WM 1976, 1053; Erman/*Maier-Reimer* BGB § 167 Rn. 58; MüKoBGB/*Schubert* BGB § 164 Rn. 200; Soergel/*Leptien* BGB § 164 Rn. 29.
176 Soergel/*Leptien* BGB § 164 Rn. 29; Staudinger/*Schilken* BGB § 167 Rn. 53.
177 Soergel/*Leptien* BGB § 164 Rn. 29; aA Staudinger/*Schilken* BGB § 167 Rn. 54.
178 RGZ 81, 325; 101, 343; 112, 215, 220; 118, 168, 170; BGH NJW 1968, 692; 1982, 1036, 1037; NJW 2010, 861 (862); BeckOK BGB/*Schäfer* § 167 Rn. 42; Erman/*Maier-Reimer* BGB § 167 Rn. 58; MüKoBGB/*Schubert* § 164 Rn. 201; Soergel/*Leptien* BGB § 164 Rn. 29; Staudinger/*Schilken* BGB § 167 Rn. 54.
179 RGZ 81, 235; 118, 168, 170.

ist auch nicht erforderlich, dass der zustimmende Gesamtvertreter mit den Einzelheiten des Geschäfts vertraut war.[180] Die Rechtsprechung und ein Teil der Literatur gehen allerdings davon aus, dass alle Gesamtvertreter **noch im Zeitpunkt der letzten Erklärung den Willen** haben müssen, **das Rechtsgeschäft gelten lassen zu wollen**, und halten vor diesem Hintergrund insbesondere die Willenserklärung des nach Außen handelnden Vertreters für **widerruflich**.[181] Diese Position ist von anderen Stimmen des Schrifttums **zu Recht kritisiert** worden, denn der handelnde Gesamtvertreter muss nicht (nochmals) seine bereits in seiner Erklärung ausgedrückte Zustimmung zu dem Rechtsgeschäft erklären, um ihm Wirksamkeit zu verschaffen, so dass für einen Widerruf kein Raum ist.[182]

58   Wirksames rechtsgeschäftliches Handeln einzelner Gesamtvertreter kann außer durch Zustimmung auch durch die von den anderen Gesamtvertretern erteilte **Ermächtigung zur Vornahme bestimmter Rechtsgeschäfte** ermöglicht werden. Diese ist in einer Reihe besonderer Fälle (§§ 125 Abs. 2 S. 2, 150 Abs. 2 S. 1 HGB, §§ 78 Abs. 4, 269 Abs. 4 AktG, § 25 Abs. 3 GenG) gesetzlich vorgesehen und im Übrigen aufgrund einer Rechtsanalogie in allen Konstellationen der Gesamtvertretung als zulässig anzusehen.[183] Die Gesamtvertretungsmacht wird auf diese Weise zur Einzelvertretungsmacht erweitert.[184] Damit der Zweck der Gesamtvertretung (→ Rn. 54) nicht unterlaufen wird, darf ein Gesamtvertreter dem anderen allerdings **keine generelle Ermächtigung** zur Ausübung der Gesamtvertretung erteilen.[185] Außer den §§ 182 ff. findet auf die Ermächtigung § 174 analoge Anwendung.[186]

59   Zur **Zurechnung von Willensmängeln, Kenntnis und Kennenmüssen** bei der Gesamtvertretung → § 166 Rn. 4.

60   **b) Passivvertretung.** Eine an den Vertretenen gerichtete, empfangsbedürftige Willenserklärung wird schon durch **Zugang bei nur einem Gesamtvertreter** wirksam. Dies ist gesetzlich vorgesehen in § 28 Abs. 2 BGB, § 125 Abs. 2 S. 3, Abs. 3 S. 2 HGB, § 78 Abs. 2 S. 2 AktG und § 35 Abs. 2 S. 3 GmbHG, aber im Wege der Rechtsanalogie zu einer allgemeinen Regel zu erweitern.[187] Hiermit harmoniert die Entscheidung des BGH, derzufolge die rechtlichen Folgen des **Schweigens auf ein kaufmännisches Bestätigungsschreiben** auch dann eintreten, wenn nur ein Gesamtvertreter das Schreiben erhalten hat und weder der Vertretene noch die anderen Gesamtvertreter davon wussten.[188]

V. Die Untervollmacht

61   **1. Grundlagen.** Eine Vollmacht, die ein Vertreter erteilt, wird „Untervollmacht" genannt, und zwar unabhängig davon, ob sich die Vertretungsmacht des die Vollmacht erteilenden Hauptvertreters ihrerseits auf eine Vollmacht des Vertretenen (die sog. „Hauptvollmacht") gründet oder ob sie gesetzlicher oder organschaftlicher Natur ist. Von der Untervollmacht ist die **Ersatzvollmacht** zu unterscheiden, mit der keine mehrstufige Vertretungsbeziehung gemeint ist, sondern eine Konstellation, in der bei fortbestehender ursprünglicher Vollmacht eine andere Person an die Stelle des ursprünglichen Bevollmächtigten tritt. Weil – entgegen dem durch die §§ 52 Abs. 2, 58 HGB nahe gelegten Verständnis – eine Übertragung der Vollmacht richtigerweise nicht in Betracht kommt (dazu schon → Rn. 6),[189] lässt sich das Ziel einer Ersatzbevollmächtigung nur auf anderem Wege erreichen: Während der gesetzliche oder organschaftliche Vertreter sich seiner Vertretungsmacht nicht begeben kann, steht es dem Inhaber einer Hauptvollmacht offen, zugleich mit der Erteilung der Untervollmacht auf die Hauptvollmacht zu verzichten (dazu auch → Rn. 10).[190] Im Ergebnis kommt der Untervollmacht dann die Wirkung einer Ersatzvollmacht zu.

62   Nach der **Rechtsprechung** sind **zwei verschiedene Gestaltungen** der Untervollmacht möglich: Zum einen kann der Hauptvertreter den Unterbevollmächtigten zum Vertreter des Vertretenen bestellen, indem er die Vollmacht im Namen des Vertretenen erteilt. Zum anderen kann der Unterbevollmächtigte Vertreter des

180 RGZ 101, 343.
181 RGZ 81, 325, 329; 101, 343; BGH WM 1959, 672; 1976, 1053; RGRK/*Steffen* BGB Vor § 164 Rn. 21; Soergel/*Leptien* BGB § 164 Rn. 29.
182 Staudinger/*Schilken* BGB § 167 Rn. 54.
183 Wohl unstreitig; vgl. etwa MüKoBGB/*Schubert* § 164 Rn. 202; Soergel/*Leptien* BGB § 164 Rn. 29; Staudinger/*Schilken* BGB § 167 Rn. 55; BGH ZIP 2005, 524.
184 BGHZ 64, 72, 75; BGH NJW-RR 1986, 778; BAG NJW 1981, 2374.
185 BGH NJW-RR 1986, 778; BAG NJW 1981, 2374; MüKoBGB/*Schubert* § 164 Rn. 202; Soergel/*Leptien* BGB § 164 Rn. 29; Staudinger/*Schilken* BGB § 167 Rn. 55.

186 BAG NJW 1981, 2374; MüKoBGB/*Schubert* § 164 Rn. 203; Soergel/*Leptien* BGB § 164 Rn. 29; Staudinger/*Schilken* BGB § 167 Rn. 55.
187 RGZ 53, 227, 230 f. (Wechselprotest); BGHZ 62, 166, 173; MüKoBGB/*Schubert* § 164 Rn. 206; Soergel/*Leptien* BGB § 164 Rn. 28; Staudinger/*Schilken* BGB § 167 Rn. 56.
188 BGHZ 20, 149, 153.
189 Wie hier etwa MüKoBGB/*Schubert* § 167 Rn. 79; Soergel/*Leptien* BGB § 167 Rn. 63; aA insbesondere *Frey*, passim.
190 So auch BeckOK BGB/*Schäfer* § 167 Rn. 33; MüKoBGB/*Schubert* § 167 Rn. 79; Soergel/*Leptien* BGB § 167 Rn. 63; Staudinger/*Schilken* BGB § 167 Rn. 60; aA RGRK/*Steffen* BGB § 168 Rn. 1; Erman/*Maier-Reimer* BGB § 168 Rn. 1, 18.

Hauptvertreters sein.[191] Treten im ersten Fall die Wirkungen des rechtsgeschäftlichen Handelns des Unterbevollmächtigten unmittelbar in der Person des Vertretenen ein, so sollen diese Wirkungen im zweiten Fall – mit den Worten des BGH – „gleichsam gemäß den beiden Vollmachtsverhältnissen durch den (Haupt-)Vertreter hindurch(gehen)".[192]

In der **Literatur** wird die erste Variante der Untervollmacht einhellig anerkannt; die zweite wird dagegen **63** aus verschiedenen Erwägungen überwiegend abgelehnt:[193] Insbesondere wird die Durchgangskonstruktion als „Mystizismus" kritisiert, denn der Unterbevollmächtigte habe nur seine Legitimation vom Hauptvertreter, während das auf dieser Grundlage geschlossene Geschäft in jedem Fall unmittelbar ein solches des Vertretenen sei und mit dem Hauptvertreter nichts zu tun habe.[194] Überdies sei eine „Vertretung des Vertreters" mit dem Offenheitsgrundsatz des Stellvertretungsrechts nicht zu vereinbaren.[195] Letzteres trifft allerdings nicht zu, weil die Rechtsprechung nicht davon absieht, dass der Unterbevollmächtigte die Vertretereigenschaft des Hauptvertreters offen zu legen hat.[196] Es bleibt aber bei dem Kritikpunkt, dass es sich bei der „Durchleitung" der Vertretungswirkungen durch die Person des Hauptvertreters um ein gesetzesfremdes Konstrukt handelt. In der **Praxis** kann die Streitigkeit indes wohl in aller Regel **unentschieden** bleiben. So soll sich die Bedeutung der Durchgangskonstruktion angeblich bei der Behandlung des Falls zeigen, in dem die Hauptvollmacht nicht besteht:[197] Auf diesen Fall mangelnder Vertretungsmacht soll sich bei Zugrundelegung der Durchgangskonstruktion die Haftung des seine Untervollmacht offen legenden und damit als „Vertreter des Vertreters" auftretenden Unterbevollmächtigten nach § 179 nicht erstrecken. Doch lässt sich dieses Ergebnis ebenso auf der Grundlage des vom überwiegenden Schrifttum vertretenen Ansatzes erzielen (dazu → Rn. 73).

2. Zulässigkeit. Die **gesetzliche Vertretungsmacht** umfasst grundsätzlich auch die Erteilung von Unter- **64** vollmachten.[198] Allerdings mögen im Einzelfall gesetzliche Bestimmungen (zB § 1596 Abs. 2) entgegenstehen.[199] Darüber hinaus wäre es regelmäßig mit dem Zweck der gesetzlichen Vertretung unvereinbar, wenn die Untervollmacht dem Vertretenen erteilt würde.[200] Auch im Rahmen **organschaftlicher Vertretungsmacht** kann prinzipiell Untervollmacht erteilt werden. Allerdings ist es einem GmbH-Geschäftsführer verwehrt, eine Untervollmacht zu erteilen, durch die der Bevollmächtigte an die Stelle des Geschäftsführers gesetzt wird.[201] Überhaupt wird man bei organschaftlicher Vertretung eine Unterbevollmächtigung von Nichtorganen, die den Umfang einer Generalvollmacht hat, abzulehnen haben.[202] Bei der **gewillkürten Vertretung** ist die Zulässigkeit der Untervollmacht schließlich primär eine Frage der **Auslegung** der (Haupt-)Vollmacht. Hat der Vollmachtgeber keine ausdrückliche Regelung über die Erteilung von Untervollmachten durch den Bevollmächtigten getroffen, ist darauf abzustellen, ob er erkennbar ein Interesse daran hat, dass der Bevollmächtigte die ihm eingeräumte Vertretungsmacht persönlich wahrnimmt.[203] Dies ist bei der Innenvollmacht aus der Sicht des (Haupt-)Bevollmächtigten und bei der Außenvollmacht aus der Sicht der Dritten zu beurteilen, die Adressaten der Erklärung sind (dazu auch → Rn. 44). Als **Faustregel** kann man festhalten: Eine Generalvollmacht legitimiert oft die Erteilung von (begrenzten) Untervollmachten, eine Spezialvollmacht dagegen nicht.[204] In besonderen Fällen sind der Erteilung einer Untervollmacht durch den Bevollmächtigten darüber hinaus **gesetzliche Grenzen** gezogen: Beispielsweise ist den §§ 48, 52 Abs. 2 HGB zu entnehmen, dass ein Prokurist seinerseits keine Prokura als Untervollmacht erteilen kann.[205] Weitere Verbote der Unterbevollmächtigung ergeben sich etwa aus § 58 HGB, § 135 Abs. 3 AktG, §§ 52 Abs. 1 und 53 Abs. 2 BRAO, außerdem aus § 181 für den Fall, dass der Bevollmächtigte die Untervollmacht zur Vornahme eines sonst unter § 181 fallenden Geschäfts erteilt.[206]

191 RGZ 108, 405, 407; BGHZ 32, 250, 253; BGH NJW 1977, 1535.
192 BGHZ 32, 250, 254.
193 Gegen die Rspr.: BeckOK BGB/*Schäfer* § 167 Rn. 29 ff.; *Flume* BGB AT Bd. 2 § 49, 5 (S. 837); *Gerlach*, S. 46, 55, 62, 106 f.; MüKoBGB/*Schubert* § 167 Rn. 82; Palandt/*Ellenberger* BGB § 167 Rn. 12; *Petersen* Jura 1999, 401 f.; *Siebenhaar* AcP 162 (1962), 354; Staudinger/*Schilken* BGB § 167 Rn. 62; zust. jedoch *Bork* BGB AT Rn. 1447.
194 So *Flume* BGB AT Bd. 2 § 49, 5 (S. 837).
195 So RGRK/*Steffen* BGB § 167 Rn. 21; Soergel/*Leptien* BGB § 167 Rn. 60; Staudinger/*Schilken* BGB § 167 Rn. 62.
196 Zutr. MüKoBGB/*Schramm* (6. Aufl.) § 167 Rn. 96.
197 Hierauf verweist etwa Erman/*Maier-Reimer* (14. Aufl.) BGB § 167 Rn. 65.

198 Statt vieler *Flume* BGB AT Bd. 2 § 49, 5 (S. 836).
199 MüKoBGB/*Schubert* § 167 Rn. 84; Soergel/*Leptien* BGB § 167 Rn. 58.
200 *Gerlach*, S. 93; Staudinger/*Schilken* BGB § 167 Rn. 66.
201 BGH WM 1976, 1246; 1978, 1048.
202 BGHZ 34, 27, 31; BGH NJW 1977, 199; MüKoBGB/*Schubert* § 167 Rn. 85; Staudinger/*Schilken* BGB § 167 Rn. 65.
203 BGH WM 1959, 377; OLG München WM 1984, 834: MüKoBGB/*Schubert* § 167 Rn. 81; Staudinger/*Schilken* BGB § 167 Rn. 63.
204 Vgl. hierzu etwa *Flume* BGB AT Bd. 2 § 49, 5 (S. 836).
205 Statt vieler KKRD/*Roth* HGB § 52 Rn. 5.
206 RGZ 108, 405; MüKoBGB/*Schubert* § 167 Rn. 83; Staudinger/*Schilken* BGB § 167 Rn. 64.

65   **3. Außen- und Innenverhältnis.** Im **Außenverhältnis** tritt der Untervertreter entweder unter Offenlegung der Untervertretung als Vertreter des Hauptvertreters (dessen Vertretereigenschaft gleichfalls offen gelegt werden muss) oder direkt für den Vertretenen auf. Für die rechtliche Konstruktion der Untervertretung ist richtigerweise ohne Belang, welche Möglichkeit der Untervertreter wählt (dazu → Rn. 63). Indes spielt die Offenlegung der Untervertretung bei mangelnder Vertretungsmacht für die Haftung des Untervertreters nach § 179 eine Rolle (dazu → Rn. 73). Weil es der Untervertreter ist, der die für und gegen den Vertretenen wirkende Willenserklärung abgibt, kommt es nach § 166 Abs. 1 auf seine Person an, was Willensmängel, Kenntnis und Kennenmüssen betrifft. Unterlag der Untervertreter bei Abgabe seiner Erklärung den Weisungen des Hauptvertreters, findet allerdings § 166 Abs. 2 Anwendung.[207]

66   Im **Innenverhältnis** ist der Untervertreter regelmäßig nur dem Hauptvertreter und dieser wiederum dem Vertretenen vertraglich verbunden, es sei denn, der Hauptvertreter hat im Rahmen seiner Vertretungsmacht im Namen des Vertretenen eine rechtsgeschäftliche Beziehung zwischen diesem und dem Untervertreter begründet. Ist Letzteres nicht der Fall, kann die Beziehung des Untervertreters zum Vertretenen nach den Regeln über die **Geschäftsführung ohne Auftrag** zu beurteilen sein.[208] Darüber hinaus kann der Hauptvertreter dem Vertretenen für das Verhalten des Untervertreters verantwortlich sein. Ist das Innenverhältnis zwischen Hauptvertreter und Vertretenem ein Auftrag, beschränkt sich die Haftung des beauftragten Hauptvertreters allerdings nach § 664 Abs. 1 auf ein Verschulden bei der Auswahl des Untervertreters, wenn es sich bei dessen Einschaltung um eine **erlaubte Substitution** handelte. Obwohl § 675 nicht auf § 664 verweist, wird vertreten, dass die Regelung entsprechend auf Geschäftsbesorgungsverträge anzuwenden sei.[209]

67   **4. Die Untervollmacht in ihrem Verhältnis zur Hauptvollmacht.** Die Untervollmacht zeichnet sich dadurch aus, dass sie dem Bevollmächtigten eine aus einer weiteren Vollmacht, der Hauptvollmacht, abgeleitete Legitimation vermittelt. Dadurch wird die Untervollmacht in ein Abhängigkeitsverhältnis zur Hauptvollmacht gestellt. Insoweit ist zwischen der Erteilung der Untervollmacht und ihrem Fortbestand zu differenzieren.

68   **a) Erteilung der Untervollmacht.** Der Hauptbevollmächtigte kann eine Untervollmacht nur erteilen, wenn und soweit er im Zeitpunkt der Erteilung über eine Hauptvollmacht verfügt, welche die Unterbevollmächtigung deckt. Ob dies der Fall ist, ist allein eine Frage der **Auslegung der Hauptvollmacht**. Dabei ist es durchaus denkbar, dass die Befugnis des Hauptbevollmächtigten zur Erteilung von Untervollmachten weiter reicht als seine Befugnis, selbst Rechtsgeschäfte für den Vertretenen abzuschließen. Vor diesem Hintergrund ist das **Prinzip, dass die Untervollmacht nicht weitergehen kann als die Hauptvollmacht,** nicht als zwingender Rechtssatz, sondern als **Auslegungsregel** einzuordnen.[210] Das heißt: Soweit sich der Hauptvollmacht kein anderweitiger Wille des Vollmachtgebers entnehmen lässt, ist der Hauptbevollmächtigte bei der Erteilung einer Untervollmacht auf den gegenständlichen Bereich seiner Hauptvollmacht beschränkt.[211] Entsprechendes gilt für eine Befristung der Hauptvollmacht und für die Beschränkung des Hauptvertreters nach § 181: Dadurch wird nicht notwendig die Erteilung einer „überschießenden" Untervollmacht ausgeschlossen, die unbefristet ist bzw. den Untervertreter vom Verbot des Selbstkontrahierens befreit.[212] Jedoch hat man in Ermangelung einer – durch Auslegung zu ermittelnden – abweichenden Entscheidung des Hauptbevollmächtigenden davon auszugehen, dass der Hauptvertreter nicht dazu befugt ist, eine unbefristete Untervollmacht zu erteilen oder den Untervertreter von § 181 zu befreien, wenn seine eigene Vollmacht befristet und er selbst an § 181 gebunden ist.[213] Nicht umfasst von der Untervollmacht ist schließlich die Befugnis des Unterbevollmächtigten, die Hauptvollmacht zu widerrufen, auf der die Untervollmacht beruht.[214]

69   **b) Fortbestand und Erlöschen der Untervollmacht.** Für das **Erlöschen der Untervollmacht als solcher** gelten zunächst die – in der Kommentierung zu § 168 näher erläuterten – allgemeinen Regeln über das Erlöschen der Vollmacht. Den **Widerruf** der Untervollmacht kann dabei außer dem Hauptvertreter (der hier ebenso wie bei der Erteilung der Untervollmacht im Namen des Vertretenen handelt) auch der Vertretene selbst erklären, soweit die Hauptvollmacht ihrerseits widerruflich ist.[215] Hiervon zu unterscheiden ist die Frage nach dem **Schicksal der Untervollmacht nach Erlöschen der Hauptvollmacht**: Entgegen einer

207 Staudinger/*Schilken* BGB § 167 Rn. 72.
208 Staudinger/*Schilken* BGB § 167 Rn. 70.
209 Hierfür Staudinger/*Schilken* BGB § 167 Rn. 71 mwN.
210 Zutr. *Bous* RNotZ 2004, 483; MüKoBGB/*Schubert* § 167 Rn. 86; krit. dazu für den Fall der General- und Vorsorgevollmacht *Schüller* RNotZ 2014, 585 (586 f.); ähnlich wie hier auch BeckOK BGB/*Schäfer* § 167 Rn. 37; Staudinger/*Schilken* BGB § 167 Rn. 67.

211 Vgl. KG HRR 1941 Nr. 468.
212 KG MittBayNot 2017, 523 Rn. 12 (für den Fall zeitlicher Begrenzung der Hauptvollmacht).
213 Vgl. BeckOK BGB/*Schäfer* § 167 Rn. 37; Staudinger/*Schilken* BGB § 167 Rn. 67; *Bous* RNotZ 2004, 483.
214 BGH NJW 2017, 3373 Rn. 16.
215 *Flume* BGB AT Bd. 2 § 49, 5 (S. 837).

älteren, im Schrifttum vertretenen Ansicht erlischt die Untervollmacht in diesem Fall nicht *eo ipso*.[216] Vielmehr kommt es wiederum (s. schon → Rn. 68) darauf an, ob die **Auslegung der Hauptvollmacht** nach Maßgabe der §§ 133, 157 ergibt, ob der Hauptbevollmächtigte dazu legitimiert ist, eine Untervollmacht zu erteilen, die seine eigene (Haupt-)Vollmacht überdauern soll. So wird man etwa in Ermangelung einer ausdrücklichen Bestimmung durch den Vertretenen davon ausgehen können, dass Durchführungs- oder Vollzugsvollmachten, die eine (haupt-)bevollmächtigte Partei bei Abschluss eines Grundstücksgeschäfts den Mitarbeitern des beurkundenden Notars als Untervollmachten erteilt, auch dann fortbestehen, wenn die Hauptvollmacht (etwa wegen Fristablaufs) erlischt.[217] Dagegen ist in der Regel anzunehmen, dass Untervollmachten, die auf der Grundlage einer General- oder Vorsorgevollmacht erteilt wurden, mit dieser erlöschen.[218]

5. Die Anwendung der §§ 177 ff. auf Fälle fehlender oder unwirksamer Haupt- oder Untervollmacht. Damit das rechtsgeschäftliche Handeln des Untervertreters Wirkung für den Vertretenen entfaltet, muss die Untervollmacht im Zeitpunkt der Vornahme des Rechtsgeschäfts und die Hauptvollmacht im Zeitpunkt der Erteilung der Untervollmacht (dazu → Rn. 68) wirksam gewesen sein. Ist mindestens eine von beiden Vollmachten zum jeweils relevanten Zeitpunkt unwirksam oder fehlt sie, handelte der Untervertreter ohne Vertretungsmacht und es finden die §§ 177 ff. Anwendung. **70**

a) Genehmigung nach § 177. Bei **fehlender oder unwirksamer Untervollmacht** kann der Vertretene das von dem Untervertreter abgeschlossene Geschäft nach § 177 genehmigen, und zwar unabhängig davon, ob der Untervertreter unmittelbar im Namen des Vertretenen oder unter Offenlegung der Untervertretung als „Vertreter des (Haupt-)Vertreters" aufgetreten ist.[219] Darüber hinaus kann der Hauptvertreter im Namen des Vertretenen das Geschäft genehmigen, wenn er hierzu Vertretungsmacht hat. Bei **fehlender oder unwirksamer Hauptvollmacht** kann die Wirksamkeit des Geschäfts dagegen allein durch die Genehmigung des Vertretenen herbeigeführt werden. **71**

b) Haftung nach § 179. Auch insoweit ist zwischen Haupt- und Untervollmacht zu unterscheiden. **Fehlt nur eine wirksame Untervollmacht** (während die Hauptvollmacht wirksam ist), haftet der Untervertreter seinem Geschäftspartner nach **§ 179**. Die Haftung entfällt, wenn der Hauptvertreter das Handeln des Untervertreters genehmigt (dazu → Rn. 71), und zwar auch dann, wenn die Hauptvollmacht mangelhaft war.[220] **72**

Fehlt eine wirksame Hauptvollmacht, ist die Haftung des Untervertreters als vollmachtloser Vertreter **umstritten**: Nach der **Rechtsprechung** haftet **nur der Hauptvertreter, nicht aber der Untervertreter**, wenn der Untervertreter bei der Vornahme des Rechtsgeschäfts die **Untervertretung offen gelegt** hat.[221] Die **Literatur** schließt sich dem im Ergebnis, wenn auch nicht in der Begründung, überwiegend an.[222] Die Gegenstimmen im Schrifttum bejahen dagegen eine (neben die Haftung des vollmachtlosen Hauptvertreters tretende) Haftung des Untervertreters unabhängig von der Offenlegung.[223] Richtigerweise hängt die Beantwortung der Frage nicht davon ab, ob man die von der Rechtsprechung angenommene Unterscheidung zwischen der unmittelbaren Vertretung des Geschäftsherrn und der Vertretung des Hauptvertreters teilt (dazu → Rn. 63). Vielmehr kommt es darauf an, Grund und Grenzen der Haftung aus § 179 zutreffend zu erfassen. Den Vertreter ohne Vertretungsmacht trifft danach eine ihm durch Gesetz auferlegte Haftung für die (konkludente) Behauptung der Vertretungsmacht, die seinem rechtsgeschäftlichen Auftreten für den Vertretenen zu entnehmen ist (dazu → § 179 Rn. 1 f.). Deckt der Untervertreter dem Geschäftspartner gegenüber auf, dass er auf der Grundlage einer Untervollmacht handelt, die ihm von dem Hauptvertreter erteilt wurde, darf der Partner dem Auftreten des Untervertreters nicht die Behauptung entnehmen, dass außer der Untervollmacht auch die Vertretungsmacht des Hauptvertreters bestehe, zumal der Untervertreter die Hauptvertretungsmacht nicht leichter als der Geschäftspartner überprüfen kann.[224] Vielmehr übermittelt der die Vertretungsverhältnisse offenlegende Untervertreter insoweit nur die in der Erteilung der Untervollmacht liegende Behauptung des Hauptvertreters, seinerseits über Vertretungsmacht zu verfügen. Dieser Auslegung der Erklärung des Untervertreters entspricht es, im Anschluss an die Rechtsprechung bei Offenlegung der Untervertretung nur den Hauptvertreter und nicht den Untervertreter nach § 179 für das Fehlen der Hauptvertretungsmacht einstehen zu lassen. **73**

---

216 So aber *Gerlach*, S. 76; wie hier die neuere Literatur etwa *Bous* RNotZ 2004, 483; Soergel/*Leptien* BGB § 167 Rn. 61; Staudinger/*Schilken* BGB § 167 Rn. 68; ebenso OLG Frankfurt NZG 2014, 909 (910); KG MittBayNot 2017, 523 Rn. 10; OLG Köln MittBayNot 2018, 538 Rn. 23.
217 *Bous* RNotZ 2004, 483 (dort auch weitere Beispiele).
218 BGH WM 1959, 377; *Bous* RNotZ 2004, 483.
219 MüKoBGB/*Schubert* § 167 Rn. 88.
220 BGH BB 1963, 1193.
221 BGHZ 32, 250, 254; 68, 391, 396; OLG Köln NJW-RR 1996, 212.

222 IE wie die Rspr.: BeckOK BGB/*Schäfer* § 179 Rn. 34; *Flume* BGB AT Bd. 2 § 49, 5 (S. 838 f.); Palandt/*Ellenberger* BGB § 167 Rn. 12; *Petersen* Jura 1999, 401 (402 f.); Staudinger/*Schilken* BGB § 167 Rn. 73.
223 MüKoBGB/*Schubert* § 167 Rn. 89 ff.; RGRK/*Steffen* BGB § 167 Rn. 21; Soergel/*Leptien* BGB § 167 Rn. 62.
224 Die zuletzt genannte Erwägung findet sich auch in BGHZ 32, 250, 254.

VI. Die Duldungs- und die Anscheinsvollmacht

74 **1. Grundlagen.** Die unter dem Begriff **„Rechtsscheinvollmacht"** zusammengefassten[225] Figuren der Duldungs- und der Anscheinsvollmacht sind von der Rechtsprechung[226] als außerhalb der Lehre vom Rechtsgeschäft stehende **Instrumente des positiven Vertrauensschutzes** entwickelt und bisher gegen die anhaltende Kritik zwar nicht des überwiegenden, aber doch eines gewichtigen Teils des Schrifttums[227] gerade auch außerhalb des kaufmännischen Rechtsverkehrs behauptet worden.[228] **Grundgedanke** der Rechtsscheinvollmacht ist die Vorstellung, dass dann, wenn der Vertretene durch sein Dulden oder in sonst zurechenbarer Weise den Anschein einer in Wahrheit nicht oder nicht wirksam erteilten Vollmacht geweckt oder aufrechterhalten hat, das berechtigte Vertrauen eines Geschäftspartners auf das Bestehen der Vollmacht dadurch zu schützen ist, dass man den Schein mit der Wirklichkeit gleichstellt, also die Vollmacht als gegeben behandelt. Die **Rechtsgrundlage** ist freilich auch unter den Befürwortern der Rechtsscheinvollmacht streitig: An prominenter Stelle stehen als Analogiegrundlage oder jedenfalls als gesetzliche Anhaltspunkte die **§§ 170–173**. Darüber hinaus werden insbesondere der auf **Treu und Glauben** gegründete Vertrauensschutz und – mit nachrangiger Bedeutung – die **§§ 54 Abs. 3, 56 HGB und § 370 BGB** für die Begründung in Anspruch genommen. Schließlich wird auch die **gewohnheitsrechtliche Geltung** der Regeln über die Duldungs- und die Anscheinsvollmacht behauptet.[229]

75 Zumindest **außerhalb des unternehmerischen Verkehrs** (zum Anwendungsbereich der Rechtsscheinregeln auch → Rn. 79 f.) ist indes **zu bestreiten**, dass die Duldungs- und die Anscheinsvollmacht als Ausprägungen der Rechtsscheinhaftung über eine tragfähige Grundlage verfügen: Die **§§ 170–173** knüpfen an Äußerungen des Vertretenen an, deren dogmatische Einordnung ihrerseits streitig ist (näher dazu die dortigen Kommentierungen) und die jedenfalls einen klar erkennbaren Erklärungsgehalt haben. Dem Gebot von **Treu und Glauben** lässt sich nicht entnehmen, dass dem Vertrauen des Geschäftspartners, so schützenswert es sein mag, durch die Gleichstellung von Rechtsschein und Wirklichkeit und nicht durch den Ersatz des Vertrauensschadens Rechnung zu tragen ist, wie ihn bei unwissentlich falscher Vollmachtsbehauptung des Vertreters auch § 179 Abs. 2 vorsieht. Gesetzlich geregelte Fälle wie § 370, denen sich eine solche Gleichstellung entnehmen lässt, stellen hierfür schwerlich auf das Stellvertretungsrecht zu übertragende Voraussetzungen auf. Schließlich fehlt es angesichts der bis heute nicht abreißenden Kritik an der Duldungs- und an der Anscheinsvollmacht an einer gemeinsamen Rechtsüberzeugung, wie sie für die Entstehung von **Gewohnheitsrecht** erforderlich ist. Dass es sich bei diesen Figuren um **Richterrecht** handelt, ist selbstverständlich richtig, immunisiert sie aber nicht gegen wissenschaftliche, der *lex lata* geltende Kritik.[230]

76 Mit der Absage an die dogmatische Begründung, welche die Rechtsprechung in den Fällen der Duldungs- und der Anscheinsvollmacht zur Wirksamkeit des Vertreterhandelns für und gegen den Vertretenen geführt hat, verbindet sich aber nicht notwendig die Ablehnung der damit erzielten Ergebnisse, denn diese dürften sich **in zahlreichen Fällen, insbesondere bei der Duldungsvollmacht, auf eine durch Rechtsgeschäft und nicht durch Rechtsschein begründete Vollmacht** stützen lassen.[231]

77 Insoweit ist auf zwei Gesichtspunkte aufmerksam zu machen: Zum einen ist das **Erklärungsbewusstsein** nach der Rechtsprechung **kein notwendiger Bestandteil des subjektiven Tatbestandes einer Willenserklärung.**[232] Dementsprechend hängt das Vorliegen der Bevollmächtigung als Rechtsgeschäft nicht davon

---

225 Zur „Rechtsscheinvollmacht" als Oberbegriff Erman/*Maier-Reimer* BGB § 167 Rn. 9 ff. (12); Soergel/*Leptien* BGB § 167 Rn. 17.

226 Vgl. zur Duldungsvollmacht aus der älteren BGH-Rspr. etwa BGH NJW 1955, 985; 1956, 460; 1956, 1674, und zur Anscheinsvollmacht etwa BGHZ 5, 111, 116; 65, 13. Näher zum historischen Hintergrund HKK/*Schmoeckel* BGB §§ 164–181 Rn. 21 ff.

227 Gegen die Anwendung der Rechtsscheingrundsätze auf die Vertretung (generell oder jedenfalls außerhalb des kaufmännischen Verkehrs) *Bienert*, S. 42 ff.; *Canaris*, S. 48 ff., 191 ff.; *ders.* FG BGH, S. 129, 156 ff.; *Flume* BGB AT Bd. 2 § 49, 4 (S. 832 ff.); *Frotz*, S. 299 ff.; Jauernig/*Mansel* BGB § 167 Rn. 9; *Kindl*, S. 101 ff., 246 ff.; *Lobinger*, S. 256 ff.; *Medicus/Petersen* BGB AT Rn. 971; *Pawlowski* JZ 1996, 125 (ff.); *Picker* JZ 1973, 1800 f.; Staudinger/*Schilken* BGB § 167 Rn. 31.

228 Beispiele (innerhalb und außerhalb des Handelsverkehrs) aus neuester Zeit: BGH NJW 2003, 2091 (2092); 2004, 1315, 1316; 2004, 2112, 2116; BKR

2004, 236 (238); NZM 2004, 597 (598). Der Rspr. schließen sich an: BeckOK BGB/*Schäfer* § 167 Rn. 14; Erman/*Maier-Reimer* BGB § 167 Rn. 10; HKK/*Schmoeckel* BGB §§ 164–181 Rn. 23; Palandt/*Ellenberger* BGB § 172 Rn. 7; RGRK/*Steffen* BGB § 167 Rn. 12; Soergel/*Leptien* BGB § 167 Rn. 17.

229 Vgl. BGH NJW 2003, 2091 (2092); 2004, 1315, 1316; 2004, 2112, 2116; BKR 2004, 236 (238); NZM 2004, 597 (598). Der Rspr. schließen sich an: BeckOK BGB/*Schäfer* § 167 Rn. 14; HKK/*Schmoeckel* BGB §§ 164–181 Rn. 23; Palandt/*Ellenberger* BGB § 172 Rn. 7; RGRK/*Steffen* BGB § 167 Rn. 12; Soergel/*Leptien* BGB § 167 Rn. 17.

230 AA MüKoBGB/*Schramm* (6. Aufl.) § 167 Rn. 56 (nur rechtspolitische Kritik).

231 So bereits mit Bezug auf die Duldungsvollmacht *Flume* BGB AT Bd. 2 § 49, 3 (S. 828 ff.); ebenso *Merkt* AcP 204 (2004), 638, 658; Staudinger/*Schilken* BGB § 167 Rn. 29 a.

232 Grundlegend BGHZ 91, 324, 329; vgl. außerdem BGHZ 109, 171; NJW 1995, 953.

ab, ob der Vertretene wollte oder auch nur davon wusste, dass seine Äußerung aus der Sicht ihres Empfängers (sei es der Vertreter oder ein Dritter) die Begründung von Vertretungsmacht zum Inhalt hatte. Es kommt vielmehr allein darauf an, ob der Erklärungstatbestand, dem sich die Vollmacht entnehmen lässt, dem Vertretenen zuzurechnen ist. Zum anderen ist **für den objektiven Tatbestand einer (schlüssigen) Bevollmächtigung die Unterscheidung zwischen deklaratorischem und konstitutivem Erklärungsgehalt nicht relevant**. Zwar ist eine solche Unterscheidung sprachanalytisch möglich. Rechtlich erheblich ist sie im Rahmen der Auslegung aber nur dann, wenn sie nach der Verkehrsanschauung zu treffen ist. Das ist in den hier interessierenden Fällen zu bestreiten:[233] So wird ein Dritter der an ihn gerichteten, in ihrer sprachlichen Fassung deklaratorischen Erklärung „Vom 1.1. an wird X meine Generalbevollmächtigte sein" schwerlich einen anderen Inhalt beilegen als der konstitutiven Erklärung „Ich erteile X mit Wirkung vom 1.1. Generalvollmacht". Vor diesem Hintergrund erscheint es nicht sinnvoll, die Grenze zwischen rechtsgeschäftlicher und Rechtsscheinvollmacht nach der Differenzierung konstitutiv (dann Rechtsgeschäft) und deklaratorisch (dann allenfalls Rechtsschein) zu ziehen. Vielmehr kommt gerade auch bei der nach außen erkennbaren, nicht notwendig willensgetragenen Hinnahme des Vertreterhandelns durch den Vertretenen eine rechtsgeschäftliche Begründung der Vertretungsmacht durch schlüssiges Verhalten in Betracht.

Um den Bedürfnissen der Praxis gerecht zu werden, orientiert sich die **nachfolgende Darstellung** gleichwohl am **gegenwärtigen Stand der Rechtsprechung**. Ungeachtet des Streits um die Anerkennung einer Vollmacht kraft Rechtsscheins ist, bevor man auf die Grundsätze der Duldungs- oder Anscheinsvollmacht zurückgreift, ohnehin stets **vorrangig** zu prüfen, ob im konkreten Fall durch Auslegung (dazu auch → Rn. 44 ff.) eine **schlüssige Bevollmächtigung** festzustellen ist. Überdies kann man die **Frage nach der Zuordnung des Einzelfalls unter die Rechtsgeschäfts- oder die Rechtsscheinsregeln** mangels unterschiedlicher Rechtsfolgen im Ergebnis meist **offen lassen**. Dies gilt vor allem dann, wenn man die Anfechtbarkeit der Rechtsscheinvollmacht befürwortet (dazu → Rn. 94). **78**

2. Anwendungsbereich. Die Rechtsprechung wendet die Grundsätze über die Duldungs- und die Anscheinsvollmacht **in persönlicher Hinsicht** ungeachtet der dagegen vorgebrachten Kritik (dazu → Rn. 75) auch dann an, wenn der Rechtsscheinverantwortliche **weder Kaufmann iSd §§ 1 ff. HGB noch Unternehmer iSv § 14** ist.[234] Dies schließt freilich nicht aus, dass bei der Prüfung der Voraussetzungen der Rechtsscheinvollmacht (man denke etwa an die Anforderungen an die Zurechenbarkeit des Rechtsscheintatbestandes oder an die Gutgläubigkeit des Gegners) Differenzierungen je nach (Nicht-)Zugehörigkeit der Person zum kaufmännischen bzw. unternehmerischen Bereich zu treffen sind.[235] Beschränkungen des Anwendungsbereichs ergeben sich indes bei der Begründung der Rechtsscheinverantworlichkeit von **juristischen Personen des öffentlichen Rechts**: Hier scheidet nach der Rechtsprechung eine Rechtsscheinvollmacht aus, wenn sie mit gesetzlichen oder satzungsmäßigen Vorschriften über die Vertretung der Anstalt oder Körperschaft unvereinbar ist.[236] In der Literatur hat man daran unter Berufung auf die Unteilbarkeit des Grundsatzes von Treu und Glauben Anstoß genommen.[237] Ist jedoch eine für die Bevollmächtigung geltende Formvorschrift Wirksamkeitsvoraussetzung für die betreffende Rechtshandlung der juristischen Person des öffentlichen Rechts in dem Sinne, dass sie deren Organisation und Zuständigkeiten regelt, kommt eine Anwendung der Rechtsscheinregeln nicht in Betracht.[238] Es bleibt aber die Möglichkeit einer Haftung der juristischen Person aus c.i.c. (§ 280 Abs. 1 iVm §§ 311 Abs. 2, 241 Abs. 2).[239] **79**

In sachlicher Hinsicht wendet die Rechtsprechung die vertretungsrechtlichen Rechtsscheinregeln im Grundsatz **nur** auf das **materielle Privatrecht**, **nicht** dagegen auf **Prozessvollmachten** an, was sie freilich nicht daran hindert, durch den auf § 242 gestützten Ausschluss der Berufung auf die Nichtigkeit einer solchen Vollmacht im Einzelfall vergleichbare Ergebnisse wie im materiellen Recht zu erzielen.[240] Teile der Literatur[241] befürworten demgegenüber zu Recht auch hier die Anwendung der Regeln über die Anscheinsvollmacht. **80**

3. Voraussetzungen der Duldungsvollmacht nach der Rechtsprechung. Eine Duldungsvollmacht ist nach der Rechtsprechung dadurch gekennzeichnet, dass der Vertretene von dem Auftreten des Vertreters, das er nicht unterbunden hat, **Kenntnis** hatte, ohne diesen stillschweigend bevollmächtigt zu haben.[242] Zu **81**

---

233 So schon *Flume* BGB AT Bd. 2 § 49, 2 (S. 826); ebenso *Merkt* AcP 204 (2004), 638, 656.

234 So etwa in dem Fall BGH NJW 2003, 2091 (2092).

235 Soergel/*Leptien* BGB § 167 Rn. 26; vgl. auch BGH LM § 167 Nr. 4.

236 BGHZ 5, 205, 213; 6, 330, 332 ff.

237 Etwa Soergel/*Leptien* BGB § 167 Rn. 28.

238 OLG Düsseldorf BauR 2008, 986 (987); näher *Flume* BGB AT Bd. 2 § 49, 3 (S. 831 f.); Staudinger/*Schilken* BGB § 167 Rn. 49.

239 Vgl. etwa BGHZ 6, 330.

240 BGH NJW 2004, 59 (61); NJW 2004, 62 (63) (Vollmacht zur Abgabe einer Erklärung über die Unterwerfung unter die Zwangsvollstreckung).

241 Dazu mit eingehender Begründung *Paulus/Henkel* NJW 2003, 1692 (1693 f.); ebenso Staudinger/*Schilken* BGB § 167 Rn. 33.

242 ZB BGH NJW 1955, 985; 1988, 1199, 1200; OLG Frankfurt WM 2006, 2207; OLG Hamm NJW 2007, 611 (612).

den einzelnen Voraussetzungen für das Vorliegen einer Duldungsvollmacht zählt die Rechtsprechung, dass erstens jemand **wiederholt oder während einer gewissen Dauer für den Vertretenen rechtsgeschäftlich gehandelt** hat, ohne dazu befugt zu sein,[243] dass zweitens der **Vertretene** dieses Verhalten **kannte und nichts dagegen unternommen** hat, obwohl dies möglich war,[244] und dass drittens der **Geschäftsgegner** diese Umstände im Zeitpunkt der Vornahme des Geschäfts **kannte** und **gutgläubig** auf das Vorliegen einer Vollmacht des Handelnden **vertraute**.[245] Diese Voraussetzungen decken sich bis auf das Erfordernis der Kenntnis auf Seiten des Vertretenen mit denen der Anscheinsvollmacht, so dass hinsichtlich der Einzelheiten auf die nachfolgende Kommentierung (→ Rn. 82 ff.) verwiesen werden kann (zu den Rechtsfolgen → Rn. 91 ff.).

82 **4. Voraussetzungen der Anscheinsvollmacht nach der Rechtsprechung.** Im Vergleich zur Duldungsvollmacht zeichnet sich die Anscheinsvollmacht nach der Rechtsprechung auf der Zurechnungsebene dadurch aus, dass **der Vertretene das unbefugte Vertreterhandeln** zwar nicht kannte, es aber **bei Anwendung gehöriger Sorgfalt hätte erkennen müssen und verhindern können**.[246] Die einzelnen, bis auf das Merkmal der Zurechenbarkeit auch für die Duldungsvollmacht geltenden Voraussetzungen der Anscheinsvollmacht werden nachfolgend aufgeschlüsselt.

83 **a) Rechtsscheintatbestand.** Der Geschäftsgegner muss zunächst eine **objektive Grundlage für sein Vertrauen auf das Vorliegen einer Vollmacht** gehabt haben. Hierbei handelt es sich um den Vertrauens- oder Rechtsscheintatbestand. Ob ein solcher Tatbestand vorliegt, ist aus der Perspektive des Geschäftsgegners nach Treu und Glauben zu beurteilen. Insoweit kommt es darauf an, ob der Gegner das **nach außen in Erscheinung getretene Verhalten des Vertretenen (in Gestalt eines positiven Tuns oder Unterlassens)** so verstehen durfte, dass es den Schluss auf eine Bevollmächtigung des Vertreters erlaubt.[247] Oft, wenn auch nicht notwendig, wird dieser Schluss **mittelbar**[248] sein, da der Geschäftsgegner nur das Verhalten des Vertreters und nicht das Verhalten des Vertretenen beobachten kann. Hierfür ist die **bloße Behauptung des Vertreters, über Vertretungsmacht zu verfügen, nicht ausreichend**,[249] ebenso wenig eine familiäre Beziehung zwischen Vertreter und Vertretenem.[250] Grundsätzlich erforderlich ist vielmehr, dass sich das **Vertreterhandeln** zu dem relevanten Zeitpunkt (dazu → Rn. 90) bereits **über einen gewissen Zeitraum** erstreckt und **wiederholt** vorgekommen ist.[251] Zu berücksichtigen ist dabei die **Art des Vertretergeschäfts**: Wenn es gänzlich aus dem Rahmen fällt, fehlt eine Vertrauensgrundlage für den Geschäftsgegner, und es ist (was bei der Prüfung der Gutgläubigkeit zu berücksichtigen ist; dazu → Rn. 88) jedenfalls Zurückhaltung beim Rückschluss auf das Vorliegen einer Vollmacht angezeigt, wenn das Geschäft wichtig und nicht besonders eilbedürftig ist.[252]

84 Der Rechtsschein der Bevollmächtigung kann sich ferner aus der **Ausstattung des Vertreters** mit Mitteln, die nach der Verkehrsanschauung mit der Legitimation eines Vertreters in Verbindung gebracht werden,[253] sowie aus der **Einräumung einer äußeren Stellung** ergeben, die der Rechtsverkehr typischerweise mit einer Vertretungsmacht bestimmten Umfangs assoziiert.[254] Im **telefonischen** und im **digitalen Rechtsverkehr** haben sich insoweit Abgrenzungsprobleme ergeben, für deren Bewältigung die folgenden Eckpunkte

---

243 BGH LM § 164 Nr. 9; ein einmaliges Duldenlassen OLG Frankfurt WM 2006, 2207 (2208) und OLG Hamm NJW 2007, 611 (612) genügen.

244 BGH NJW 1955, 985; 1956, 460; 1988, 1199, 1200; 1997, 312, 314; Thüringer OLG BauR 2008, 1899 (1900).

245 BGH VersR 1971, 766; NJW 1997, 312 (314); 2002, 2325, 2327; 2003, 2091 f.

246 ZB BGHZ 65, 13; BGH NJW 1981, 1727 (1728); 1991, 1225; 1998, 1854; OLG Hamm NJW 2007, 611 (612); näher Rn. 85 f.

247 Vgl. BGH NJW 1956, 460; WM 1957, 926; OLG Saarbrücken NJW-RR 2006, 707.

248 MüKoBGB/*Schramm* (6. Aufl.) § 167 Rn. 58, spricht zutr. von einem mehrfach gestuften Schluss.

249 Unstreitig, statt vieler Staudinger/*Schilken* BGB § 167 Rn. 36.

250 BGH NJW 1951, 309.

251 Vgl. BGH BGH WM 1963, 165; 1969, 43; NJW-RR 1986, 1169; NJW 1998, 1854 (1855); NJW 2006, 1971 (1972); BGHZ 208, 331 Rn. 61; OLG München

BB 1997, 649 f.; vgl. aber zum Ausnahmefall der ad-hoc-Bevollmächtigung OLG Koblenz NZM 2010, 130 (131); Staudinger/*Schilken* BGB § 167 Rn. 37.

252 Staudinger/*Schilken* BGB § 167 Rn. 37 mwN.

253 Beispiele: Verwendung von Firmenbriefbögen (BGH NJW 1956, 1674; vgl. aber auch OLG Düsseldorf BB 1950, 490); Besitz von Stempeln des Geschäftsherrn (BGHZ 5, 111, 116; vgl. aber auch OLG Hamburg BB 1964, 576); kein Rechtsschein der Bevollmächtigung bei Vorlage der Kfz-Zulassungsbescheinigung Teil I (LG Berlin NZV 2009, 246).

254 Beispiele: Leiter einer Depositenkasse (RGZ 118, 234); „Generaldirektor" (RG JW 1927, 2114); bauleitender Architekt bei kleineren Vorhaben (OLG Köln NJW 1973, 1798 m.abl.Anm. *Picker*); Bezirksleiter eines Mineralölkonzerns bei Entgegennahme von Willenserklärungen für bezirkszugehörige Tankstellenbetreiber (BGH NJW 2002, 1041). Gegenbeispiel (kein Rechtsscheintatbestand): Verwalterin einer Wohnungseigentümergemeinschaft (OLG Hamm NZM 2018, 914 Rn. 4.

maßgeblich sind:[255] Zunächst ist zu prüfen, ob in der Gestattung der Nutzung eines Telefon- oder Internet-anschlusses, einer Kennung (Passwort, Geheimzahl) o.ä. eine konkludente rechtsgeschäftliche Bevollmächtigung durch den Inhaber liegt, so dass er durch den „unter fremder Nummer" gleich einem „unter fremdem Namen"[256] Handelnden analog § 164 verpflichtet wird. Das ist jedenfalls für den Fall der schlichten Gestattung der Nutzung des häuslichen Telefons durch einen Angehörigen abzulehnen, wenn dieser den Anschluss zur Entgegennahme von kostenpflichtigen R-Gesprächen nutzte.[257] Die weitere Frage ist dann, ob ein Vertrauenstatbestand vorliegt. Hierfür reicht die bloße Unterhaltung eines Anschlusses an sich nicht aus,[258] ebenso wenig die Einrichtung eines E-Mail-Kontos und eines Benutzerkennworts.[259] Für den Fall des Online-Bankings unter Verwendung eines personalisierten Zahlungsauthentifizierungsinstruments lehnt der BGH zudem die Anwendung der Grundsätze über die Anscheinsvollmacht bzw. des Handelns unter fremdem Namen unter Hinweis auf abschließende (§ 675 e Abs. 1 BGB) Regelungen im Recht der Zahlungsdienste (§§ 675 j Abs. 1 S. 4, 675 u S. 1 BGB) ab, welche eine Bevollmächtigung Dritter ausschließen.[260] Allerdings will es der BGH jenseits des Online-Bankings trotz Fehlens eines individuell geschaffenen Vertrauenstatbestands mit Blick auf die durch § 45 i Abs. 4 S. 1 TKG (früher § 16 Abs. 3 S. 3 TKV) geschaffene Risikoverteilung für eine Anscheinsvollmacht genügen lassen, wenn der Anschlussinhaber die missbräuchliche Nutzung durch einen Dritten zu vertreten hat.[261] Ebenso hält der BGH eine vertragliche Haftung eines Account-Inhabers bei unberechtigter Nutzung durch einen Dritten für gerechtfertigt, „wenn die berechtigten Interessen des Geschäftsgegners schutzwürdiger sind als die Interessen desjenigen, der aus der Sicht des Geschäftspartners der Geschäftsherr ist".[262] Diese vage und gesetzesferne Abwägung weckt indes Bedenken. Als Anknüpfungspunkt für eine rechtsgeschäftliche Haftung des Inhabers eines Dritten überlassenen oder von einem Dritten missbrauchten Accounts, Anschlusses, Passworts o.ä. ist eine Analogie zu § 172 BGB besser geeignet (→ § 172 Rn. 13).[263] – Jenseits solcher Grundlagen kann der Vertrauenstatbestand auf einer **tatsächlich erteilten Vollmacht** beruhen, und zwar einmal dann, wenn diese (nach vorherigem ordnungsgemäßem Gebrauch) bei dem Geschäft mit dem gutgläubigen Geschäftsgegner **überschritten** wurde,[264] sowie schließlich auch dann, wenn die Bevollmächtigung **unwirksam** war: So geht der BGH davon aus, dass sich aus einer wegen Verstoßes gegen den damaligen Art. 1 § 1 RBerG nichtigen Vollmacht (dazu → Rn. 32) Rechtsscheinwirkungen ergeben können,[265] was jedoch den Schutz, den dieses Verbotsgesetz dem Vollmachtgeber gewährt, unterläuft und daher nicht unbedenklich ist.[266] Dasselbe gilt für die vom BGH[267] befürwortete Anwendung der Rechtsscheingrundsätze bei Formnichtigkeit einer Vollmacht, wenn die verletzte Formvorschrift den Vollmachtgeber vor Übereilung schützen soll.[268]

b) Zurechenbarkeit des Rechtsscheins. Der Rechtsscheintatbestand muss **dem Vertretenen zurechenbar** sein. Dies setzt zunächst voraus, dass der Vertretene überhaupt zurechnungsfähig und das heißt **geschäftsfähig** war; hier sind die (analog anzuwendenden) §§ 104 ff. vorrangig.[269] Nach welchem **Maßstab** dann die Zurechnung selbst zu erfolgen hat, ist **unklar und umstritten**: Die **Rechtsprechung** stellt, wenn der Vertretene das Vertreterhandeln nicht kannte (sonst Duldungsvollmacht) darauf ab, ob der Vertretene das Handeln bei **Anwendung pflichtgemäßer Sorgfalt** hätte erkennen müssen und verhindern können.[270] Bei **Gesamtvertretung** muss die (nicht im Sinne einer vorwerfbaren Pflichtverletzung zu verstehende) Ver-

85

255 Vgl. zur diesbezüglichen Diskussion aus der Lit. *Herresthal*, K & R 2008, 705; *Oechsler* AcP 208 (2008), 565; *ders.*, MMR 2011, 631; *Rieder*, Die Rechtsscheinhaftung im elektronischen Geschäftsverkehr, 2004; *Schnell*, Signaturmissbrauch und Rechtsscheinhaftung, 2007; *Verse/Gaschler* Jura 2009, 213.
256 Zur Entsprechung von „Handeln unter fremder Nummer" und „Handeln unter fremdem Namen" *Hanau*, Handeln unter fremder Nummer, 2004, S. 17 ff.
257 BGH NJW 2006, 1971 (1972).
258 BGH NJW 2006, 1971 (1972).
259 OLG Köln NJW 2006, 1676 (1677) (eBay-Registrierung); vgl. auch OLG Hamm NJW 2007, 611 (612).
260 BGHZ 208, 331 Rn. 58 f.
261 BGH NJW 2006, 1971 (1973); hierzu kritisch *Lobinger* JZ 2006, 1076 (1078 f.).
262 BGH NJW 2009, 1960 (1961).
263 Für eine Analogie zu § 172 BGB auch *Oechsler* AcP 208 (2008), 565, 576 ff., der freilich § 172 BGB als Rechtsscheintatbestand einordnet.
264 RGZ 117, 164, 167; BGH NJW 1956, 460; BB 1986, 1735.

265 BGH NJW 2003, 2091 (2092); NJW 2008, 3357 (3359) mwN; OLG Düsseldorf WM 2005, 881 (883 f.); letztlich bejahend auch *Seidel* WM 2006, 1614 ff.; dies gilt nach der Rspr. allerdings nur für die nicht materiellrechtliche einzuordnende Vollmacht zur Abgabe der Erklärung über die Zwangsvollstreckungsunterwerfung, bei der indes die Berufung auf die Nichtigkeit nach § 242 ausgeschlossen sein kann; BGH NJW 2004, 59 (61); 2004, 62, 63; vgl. zu dieser Problematik auch *Lechner* NZM 2007, 145 (147 ff.); *Rott* NJW 2004, 2794, *Schoppmeyer* WM 2009, 10 (12).
266 OLG Bremen NJW 2006, 1210 (1215); krit. auch *Hoffmann* NJW 2001, 421; *Nittel* NJW 2002, 2599 (2601); Staudinger/*Schilken* BGB § 167 Rn. 35 c.
267 BGH NJW 1996, 1467 (1469); 1997, 312, 314.
268 Krit. auch *Bülow* ZIP 1996, 1694; *Keim* NJW 1996, 2774 (2775 f.), Staudinger/*Schilken* BGB § 167 Rn. 23; zust. dagegen Soergel/*Leptien* BGB § 167 Rn. 14.
269 Vgl. BGHZ 153, 210, 215; OLG Stuttgart MDR 1956, 673.
270 ZB BGHZ 65, 13; BGH NJW 1981, 1727 (1728); 1991, 1225; 1998, 1854.

nachlässigung der erforderlichen Sorgfaltsanstrengung bei allen Vertretern vorliegen.[271] Dieses Erfordernis wird in der **Literatur** teilweise abgelehnt; stattdessen wird vorgeschlagen, die Zurechnung am **Risikoprinzip** auszurichten.[272] Indes wird man dann, wenn der Rechtsscheinatbestand auf ein **Unterlassen des Vertretenen**, nämlich darauf zurückgeht, dass dieser den Vertreter nicht an seinem (wiederholten) Vertreterhandeln gehindert hat, einen tragfähigen Zurechnungszusammenhang nur mit dem von der Rechtsprechung formulierten Kriterium begründen können. Anders verhält es sich, wenn der Rechtsscheinatbestand auf dem **positiven Tun des Vertretenen**, insbesondere auf der Einräumung einer typischerweise mit Vertretungsmacht verbundenen Stellung, beruht: Hier reicht die Anstellung oder Einweisung in die mit dem Rechtsschein verbundene Position als solche zur Begründung der Zurechnung.[273] Verallgemeinernd lässt sich sagen, dass der Rechtsschein der Vollmacht schuldhaft durch den Vertretenen veranlasst wurde, wenn die Umstände, die den Rechtsschein hervorriefen, aus seiner unternehmerischen Sphäre stammten.[274]

86 **Gegenmaßnahmen des Vertretenen**, die eine Zurechnung des Rechtsscheinatbestands ausschließen oder den Rechtschein als solchen zerstören bzw. schon seine Entstehung verhindern, müssen in der Regel **dem Dritten gegenüber** getroffen werden, der auf das Vorliegen der Vollmacht vertraut: Ihm muss zur Kenntnis gebracht werden, dass eine Vollmacht nicht besteht.[275] Dagegen genügt es normalerweise nicht, sich nur intern an die als Vertreter auftretende Person zu wenden und ihr das Vertreterhandeln ernstlich zu untersagen. So bedarf es bei einem Beschäftigten, der bereits wegen der Verletzung einer Nebentätigkeitsgenehmigung abgemahnt worden ist, im Einzelfall weiterer Kontrolle, um den zurechenbaren Rechtsschein einer Bevollmächtigung auszuschließen.[276]

87 **c) Kenntnis vom Rechtsscheinatbestand.** Der Geschäftsgegner muss die **Umstände** gekannt haben, aus denen sich der Rechtsscheinatbestand ergibt, und daraus den **Schluss auf das Vorliegen einer Vollmacht** gezogen haben,[277] denn nur dann kann er ein schutzwürdiges Vertrauen auf die Vollmacht gebildet haben, das ihn zum Geschäftsabschluss mit dem Vertreter veranlasst hat (zur Kausalität → Rn. 89). Eine genaue Kenntnis der Einzelheiten des Rechtsscheinatbestandes ist allerdings nicht zu verlangen.[278] Ebenso wenig muss der Geschäftsgegner sich ein unmittelbares Bild von den Tatsachen gemacht haben; es reicht aus, wenn ihm andere Personen, die über die Tatsachenkenntnis verfügen, die allgemeine Überzeugung vom Vorliegen einer Vollmacht mitgeteilt haben.[279]

88 **d) Gutgläubigkeit des Geschäftsgegners.** Der Geschäftsgegner ist darüber hinaus nur dann schutzwürdig, wenn er gutgläubig war, dh das Fehlen der Bevollmächtigung bei der Vornahme des Rechtsgeschäfts **weder kannte noch kennen musste**, wobei auch **leicht fahrlässige Unkenntnis** schadet.[280] Wird auch der Geschäftsgegner beim Geschäftsabschluss vertreten, findet § 166 Anwendung.[281] Die **Anforderungen** an die Gutgläubigkeit dürfen **nicht überspannt** werden, damit der von der Rechtsprechung bezweckte Vertrauensschutz nicht *ad absurdum* geführt wird: Nur wenn besondere Umstände (etwa der ungewöhnliche Charakter, die große Bedeutung oder die fehlende Eilbedürftigkeit des Geschäfts) Anlass zu Zweifeln geben, ist der Geschäftsgegner gehalten, sich beim Vertretenen zu erkundigen.[282]

89 **e) Kausalität.** Das schutzwürdige **Vertrauen** des Geschäftsgegners auf das Vorliegen einer Vollmacht muss **für den Geschäftsabschluss ursächlich** geworden sein. Das ist nicht der Fall, wenn der Geschäftsgegner die gleichen Dispositionen auch ohne Rücksicht auf den Rechtsschein der Vollmacht vorgenommen hätte.[283] Insoweit kommt es nicht darauf an, ob der Geschäftsgegner auch dann mit dem Vertreter kontrahiert hätte, wenn dieser im eigenen Namen aufgetreten wäre (was nicht selten der Fall sein wird), sondern darauf, ob er das Geschäft mit dem im Namen des Vertretenen handelnden Vertreter in Kenntnis des Umstandes geschlossen hätte, dass die Vertretungsmacht fehlt.

90 **f) Maßgeblicher Zeitpunkt und Beweislast.** Die Voraussetzungen der Anscheinsvollmacht müssen im **Zeitpunkt der Vornahme des Vertretergeschäfts** vorliegen.[284] Das Verhalten des Vertretenen nach Abschluss des Geschäfts kann nur unter dem Gesichtspunkt der Genehmigung nach § 177 von Bedeutung sein.[285] Die **Beweislast für das Vorliegen des Rechtsscheinatbestandes** zu diesem Zeitpunkt und dafür, dass er von dem Rechtsscheinatbestand **Kenntnis** hatte, trägt der **Geschäftsgegner**, der sich auf die

271 BGH NJW 1988, 1200.
272 *Canaris*, S. 194 f., 476.
273 OLG Köln NJW-RR 1994, 1501; OLG Düsseldorf NJW-RR 1995, 592; MüKoBGB/*Schubert* § 167 Rn. 117; Palandt/*Ellenberger* BGB § 172 Rn. 19; Soergel/*Leptien* BGB § 167 Rn. 30; aA noch MüKoBGB/*Schramm* (6. Aufl.) § 167 Rn. 62.
274 BGH NJW 2014, 2790 Rn. 14.
275 BGH NJW 1991, 1225; 1998, 1854, 1855; MüKoBGB/*Schubert* § 167 Rn. 119; Soergel/*Leptien* BGB § 167 Rn. 22; Staudinger/*Schilken* BGB § 167 Rn. 42.
276 BGH NJW 1998, 1854 (1855).

277 Statt vieler MüKoBGB/*Schubert* § 167 Rn. 121.
278 BGHZ 61, 59, 64.
279 BGH NJW-RR 1986, 1476 (1477).
280 Vgl. zur Kenntnis BGH WM 1956, 1028; NJW 1982, 1513; NJW 2004, 2745 (2747); zur fahrlässigen Unkenntnis BGH WM 1976, 74.
281 Staudinger/*Schilken* BGB § 167 Rn. 43.
282 OLG Köln NJW 1992, 915 (916).
283 BGH LM § 167 Nr. 13.
284 RGZ 136, 207, 209; BGH LM § 167 Nr. 8, 10, 11.
285 BGH NJW 2002, 2325 (2327).

Anscheinsvollmacht beruft. Gleiches gilt nach der Rechtsprechung auch für das Erfordernis der **Kausalität**, wenngleich hier die Grundsätze des *prima-facie*-Beweises dem Geschäftsgegner zur Hilfe kommen.[286] Der Beweis der **Zurechenbarkeit** des Rechtsscheintatbestandes darf dem Gegner, der ja in seinem Vertrauen auf den (äußeren) Rechtsscheintatbestand geschützt werden soll, dagegen nicht aufgebürdet werden; vielmehr hat der **Vertretene** die mangelnde Zurechenbarkeit zu behaupten und im Bestreitensfall zu beweisen.[287] Schließlich trifft auch die Beweislast für die **fehlende Gutgläubigkeit** des Geschäftsgegners – genauso wie bei §173 (dazu → §173 Rn. 10) – den Vertretenen.

5. Wirkungen der Rechtsscheinvollmacht. Bei Vorliegen der Voraussetzungen einer Duldungs- oder 91 einer Anscheinsvollmacht wird der Geschäftsgegner in seinem Vertrauen auf das Bestehen einer Vollmacht geschützt.

a) Gleichstellung von Rechtsschein und Rechtswirklichkeit. Der Schutz des Geschäftsgegners wird 92 nach der Rechtsprechung dadurch bewirkt, dass sie die Vollmacht, auf deren Bestehen der Gegner aufgrund des Rechtsscheins vertraut hat, wie eine echte, durch Rechtsgeschäft begründete Vollmacht behandelt.[288] Ist das aufgrund der Rechtsscheinvollmacht mit dem Vertreter geschlossene Geschäft ein **Schuldvertrag**, so kann der Geschäftsgegner also von dem Vertretenen die **Erfüllung** des Vertrags verlangen sowie bei Hinzutreten der weiteren Voraussetzungen der §§280 ff. vertraglichen **Schadensersatz** („einfachen" Schadensersatz; Ersatz des Verzögerungsschadens; Schadensersatz statt der Leistung) bzw. den Ersatz fehlgeschlagener Aufwendungen (§284).[289] Umgekehrt ist aber auch der Geschäftsgegner zur Erfüllung einer ihn ggf. treffenden **Gegenleistungspflicht** verpflichtet. Die Wirkung der Rechtsscheinvollmacht geht allerdings nicht über die einer rechtsgeschäftlichen Vollmacht hinaus.[290] Dementsprechend ist ein den Umfang der Rechtsscheinvollmacht überschreitendes Vertreterhandeln ebenso nach den §§177 ff. zu behandeln wie das Handeln eines Vertreters, der über die Grenzen seiner regulär begründeten Vertretungsmacht hinausgeht.

b) Disponibilität. Ob der Geschäftsgegner auf die in → Rn. 92 erläuterte Wirkung der Rechtsscheinvoll- 93 macht verzichten und an deren Stelle einen Anspruch aus §179 gegen den Vertreter geltend machen kann, ist heftig **umstritten**. Die Rechtsprechung lehnt, gefolgt von der noch überwiegenden Lehre, eine Disponibilität des Rechtsscheins in diesem Fall ab.[291] Hiergegen wendet sich indes eine wachsende Anzahl wissenschaftlicher Stimmen,[292] und zwar zu Recht: Weil es sich bei der Rechtsscheinvollmacht um ein Instrument des Vertrauensschutzes handelt, das dem Geschäftsgegner zugutekommen soll (dazu → Rn. 74), ist bereits schwer einzusehen, warum diesem sich diesen Schutz aufdrängen lassen soll.[293] Dass dieser Schutz grundsätzlich durch eine Gleichstellung der Scheinvollmacht mit einer echten Vollmacht verwirklicht wird (→ Rn. 92), bedeutet nicht, dass diese Gleichstellung in jeder Hinsicht und ungeachtet der Funktion des Schutzinstruments vollzogen werden muss. Um eine ungerechtfertigte Begünstigung des Geschäftsgegners zu vermeiden, ist allerdings analog §178 zu verlangen, dass sich dieser bis zur Einverständniserklärung des anderen Teils oder bis zum rechtskräftigen Erlass eines Urteils entscheidet, ob er sich auf die Unwirksamkeit des Geschäfts berufen will.[294] Allerdings ist zuzugestehen, dass die **praktischen Konsequenzen** der Verweigerung des Wahlrechts durch die Rechtsprechung mit Blick auf das **Prozessrisiko** des Geschäftsgegners weniger abträglich sind, als es auf den ersten Blick scheinen mag:[295] Zwar läuft der Geschäftsgegner Gefahr, bei der meist unsicheren Beurteilung des Vorliegens einer Rechtsscheinvollmacht den „falschen" Schuldner zu verklagen. Doch ist dieses Risiko beherrschbar, wenn der Gegner zunächst den wahrscheinlichen Schuldner (also bei überwiegender Wahrscheinlichkeit der Anscheinsvollmacht den Vertretenen und im anderen Fall den Vertreter) verklagt und der anderen Partei für einen die Kosten des Erstprozesses umfassenden Zweitprozess den **Streit verkündet**.

c) Anfechtbarkeit. Nach herrschender, aber in jüngerer Zeit zunehmend bestrittener Ansicht sind die 94 Anscheinsvollmacht und die (als Rechtsscheintatbestand verstandene) Duldungsvollmacht **nicht nach den**

286 BGHZ 17, 13, 19; aA (Beweislastumkehr) *Canaris*, S. 516.
287 MüKoBGB/*Schubert* §167 Rn. 125.
288 BGHZ 12, 105; 17, 13, 17; 86, 173.
289 Vgl. statt vieler Soergel/*Leptien* BGB §167 Rn. 24.
290 BGHZ 12, 105, 109.
291 BGHZ 86, 273, 275; Erman/*Maier-Reimer* BGB §167 Rn. 28; Palandt/*Ellenberger* BGB §172 Rn. 17; RGRK/*Steffen* BGB §167 Rn. 19; *K. Schmidt* FS Gernhuber 1993, S. 435 ff.; Soergel/*Leptien* BGB §167 Rn. 24.

292 *Altmeppen*, S. 131 ff.; *Bork* BGB AT Rn. 1547; *Canaris* NJW 1991, 2628; *Chiusi* AcP 202 (2002), 494, 509 ff.; *Wolf/Neuner* BGB AT §50 Rn. 112; *Lieb* FS Hübner 1984, S. 575 ff.; MüKoBGB/*Schubert* §167 Rn. 140 f.; *Pawlowski* JZ 1996, 125 (131); Staudinger/*Schilken* BGB §177 Rn. 26.
293 Hierzu eingehend *Altmeppen*, S. 131 ff.
294 *Altmeppen*, S. 141 ff.; *Chiusi* AcP 202 (2002), 494, 514; Staudinger/*Schilken* BGB §177 Rn. 26.
295 Näher hierzu *K. Schmidt* FS Gernhuber 1993, S. 435, 451 ff.

§§ 119 ff. anfechtbar.[296] Zur Begründung beruft man sich darauf, dass die Rechtsscheinvollmacht kein Rechtsgeschäft sei und keinem Willensmangel unterliegen könne. Dies überzeugt nicht: Der Schutz des Geschäftsgegners durch die Rechtsscheinregeln soll rechtsgeschäftsgleich sein und die Wirkung eines Rechtsgeschäfts nicht übertreffen (dazu auch → Rn. 92). Dem entspricht es nicht, eine Rechtsscheinvollmacht für unanfechtbar zu halten, wenn eine (betätigte) rechtsgeschäftliche Vollmacht in gleicher Situation anfechtbar wäre (dazu → Rn. 21 ff.). Insoweit ist daran zu erinnern (sa schon → Rn. 77), dass nach der Rechtsprechung[297] eine Willenserklärung ohne Erklärungsbewusstsein zwar wirksam, aber analog § 119 Abs. 1 anfechtbar ist. Soweit also privatrechtlicher Vertrauensschutz innerhalb der Rechtsgeschäftslehre verwirklicht wird, ist eine Anfechtung nicht ausgeschlossen. Dann aber ist es nicht zu erklären, warum für den gleichsinnigen Schutz durch die Rechtsscheinregeln etwas anderes gelten soll. Näher zur Anfechtung, insbesondere zu den Fragen des Anfechtungsgegners und der Haftung von Vertreter (§ 179) und Vertretenem (§ 122), → Rn. 21 ff.

C. Weitere praktische Hinweise

I. Vertragsgestaltung

95 **1. Inhaltliche Gestaltung der Vollmacht.** Bei der Bestimmung des Umfangs einer Vollmacht darf das Bedürfnis, dem Vertreter nicht unangemessen große Befugnisse zu gewähren, nicht dazu führen, dass der Zweck, den der Vollmachtgeber verfolgt, am Ende nicht erreicht wird. Deshalb ist stets an mögliche Neben-, Abwicklungs- oder Durchführungsgeschäfte im Zusammenhang mit einer wirtschaftlichen Transaktion zu denken, zu denen der Vertreter gleichfalls durch eine Vollmacht legitimiert sein muss, wenn er die Transaktion erfolgreich abschließen und durchführen soll (Beispiel: die Vollmacht zur Veräußerung eines Kfz sollte nicht nur den Abschluss des Kaufvertrags und die Übereignung, sondern auch Erklärungen gegenüber der Kfz-Zulassungsstelle umfassen). Darüber hinaus empfiehlt es sich, zumindest die folgenden Aspekte zu klären und ggf. eine Regelung darüber in die Vollmachtserteilung aufzunehmen: Dauer der Vollmacht; bei mehreren Bevollmächtigten: Einzel- oder Gesamtvollmacht (dazu → Rn. 54 ff.); Ausschluss oder Zulassung der Unterbevollmächtigung (dazu → Rn. 61 ff.); Befreiung vom Verbot des Insichgeschäfts (§ 181); bei Ehegatten: vgl. §§ 1365, 1369. Zu einzelnen Formulierungsvorschlägen vgl. → § 164 Rn. 112 ff. Die Vollmacht kann in AGB aufgenommen werden; sie unterliegt dann der AGB-Kontrolle (dazu → Rn. 33).

96 **2. Form der Vollmacht.** Als „Checkliste" für die (nur im Ausnahmefall gegebene) Formbedürftigkeit der Vollmacht können die → Rn. 36 ff. herangezogen werden. Jenseits der materiellrechtlichen Erfordernisse kann es aber auch aus verfahrensrechtlichen Gründen zu Nachweiszwecken geboten sein, eine bestimmte Form einzuhalten (vgl. § 80 Abs. 1 ZPO, §§ 71 Abs. 2, 81 Abs. 3 ZVG, § 29 Abs. 1 S. 1 GBO). Bei der rechtlich nicht gebotenen Erstellung einer Vollmachtsurkunde ist stets zwischen der dadurch bewirkten Erleichterung der Beweglichkeit des Vertreters im Rechtsverkehr (vgl. → Rn. 97) und dem Risiko einer auf der Grundlage von § 172 fortgesetzten Wirkungsdauer nach Erlöschen der Vollmacht abzuwägen.

97 **3. Vertragsschluss mit Bevollmächtigtem.** Dem Risiko, mit einem vollmachtlosen Vertreter zu kontrahieren, kann der Verhandlungspartner am besten begegnen, indem er sich eine Vollmachtsurkunde vorlegen lässt. Vgl. zu den Voraussetzungen, unter denen der Partner bei Vorlegung einer Urkunde Vertrauensschutz genießt, die Kommentierung zu § 172. Kommt die Vorlage einer Vollmachtsurkunde aus Zeit- oder Praktikabilitätsgründen nicht in Betracht, genießt der Partner, wenn sich das Fehlen einer wirksamen Vollmacht herausstellt, den Schutz nach Rechtsscheinsgrundsätzen oft nur, wenn er weiß, dass der Vertreter, mit dem er in Kontakt steht, wiederholt und über eine gewisse Zeit hinweg für den Geschäftsherrn aufgetreten ist (näher → Rn. 74 ff.).

II. Zivilprozess

98 **1. Beweislast.** Wer sich auf eine Vollmacht beruft, hat deren Vorliegen zu beweisen (vgl. auch schon allgemein zur Stellvertretung → § 164 Rn. 104). Dies gilt sowohl für den Geschäftsgegner, der den Vertretenen aus dem Vertretergeschäft in Anspruch nimmt und hierzu das Vorliegen einer wirksamen Bevollmächtigung des Vertreters durch den Vertretenen behauptet,[298] als auch für den Vertreter, der sich mit der Voll-

296 Gegen die Anfechtbarkeit: BeckOK BGB/*Schäfer* § 167 Rn. 20; Soergel/*Leptien* BGB § 167 Rn. 22; Staudinger/*Schilken* BGB § 167 Rn. 45; *Wackerbarth* ZGR 1999, 365 (392 f.); für die Anfechtbarkeit: Palandt/*Ellenberger* BGB § 172 Rn. 10, 16; *Bork*

BGB AT Rn. 1559; *Canaris*, S. 43, 196; *Kindl*, S. 98 ff.
297 Grundlegend BGHZ 91, 324, 329; vgl. außerdem BGHZ 109, 171; BGH NJW 1995, 953.
298 BeckOK BGB/*Schäfer* § 167 Rn. 60; Erman/*Maier-Reimer* BGB § 167 Rn. 78.

machtsbehauptung gegen eine Inanspruchnahme aus § 179 wehrt. Wendet der in Anspruch genommene Vertretene das Erlöschen der Vollmacht ein, trägt er hierfür die Beweislast.[299] Wird das Vorliegen einer Rechtsscheinvollmacht (Duldungs- oder Anscheinsvollmacht) behauptet, richtet sich die Beweislastverteilung nach den in → Rn. 90 dargelegten Regeln.

2. Streitverkündung. Wenn Unsicherheit über das Vorliegen einer Vollmacht besteht, was insbesondere, **99** aber selbstverständlich nicht nur bei der Duldungs- und Anscheinsvollmacht der Fall sein kann (dazu auch → Rn. 93), ist eine Streitverkündung gem. §§ 72 ff. ZPO in Betracht zu ziehen. Näher dazu → § 164 Rn. 107.

§ 168 Erlöschen der Vollmacht

¹Das Erlöschen der Vollmacht bestimmt sich nach dem ihrer Erteilung zugrunde liegenden Rechtsverhältnis. ²Die Vollmacht ist auch bei dem Fortbestehen des Rechtsverhältnisses widerruflich, sofern sich nicht aus diesem ein anderes ergibt. ³Auf die Erklärung des Widerrufs findet die Vorschrift des § 167 Abs. 1 entsprechende Anwendung.

Literatur: *Fuchs*, Zur Disponibilität gesetzlicher Widerrufsrechte im Privatrecht, AcP 196 (1996), 313; *Metzing*, Das Erlöschen von rechtsgeschäftlicher Vertretungsmacht und Rechtsscheinvollmacht, JA 2018, 413; *Schultz*, Widerruf und Mißbrauch der postmortalen Vollmacht bei der Schenkung unter Lebenden, NJW 1995, 3345; *Seif*, Die postmortale Vollmacht, AcP 200 (2000), 193; *Trapp*, Die post- und transmortale Vollmacht zum Vollzug lebzeitiger Zuwendungen, ZEV 1995, 314; *Tschauner*, Die postmortale Vollmacht, 2001.

A. Allgemeines 1
B. Regelungsgehalt 3
  I. Das Erlöschen der Vollmacht nach dem Inhalt der Bevollmächtigung 3
  II. Das Erlöschen der Vollmacht nach dem Grundverhältnis 4
  III. Der Widerruf der Vollmacht 5
    1. Erklärung und Wirkung des Widerrufs ... 5
    2. Unwiderruflichkeit und Beschränkung des Widerrufs 6
      a) Begründung der Unwiderruflichkeit .. 7
      b) Grenzen der Unwiderruflichkeit 9
      c) Wirkung der Unwiderruflichkeit 13
  IV. Erlöschensgründe in der Person des Vollmachtgebers (einschließlich der postmortalen Vollmacht) .. 14
    1. Tod 14
      a) Die über den Todesfall hinaus fortbestehende Vollmacht (transmortale Vollmacht) 19

      b) Die Vollmacht auf den Todesfall (postmortale Vollmacht) 20
    2. Erlöschen einer juristischen Person 21
    3. Verlust der Geschäftsfähigkeit 22
    4. Insolvenz 23
    5. Ende der gesetzlichen oder organschaftlichen Vertretungsmacht 24
  V. Erlöschensgründe in der Person des Bevollmächtigten 25
    1. Tod 25
    2. Erlöschen einer juristischen Person 26
    3. Verlust der Geschäftsfähigkeit 27
    4. Insolvenz 28
  VI. Das Erlöschen der isolierten Vollmacht 29
C. Weitere praktische Hinweise 30
  I. Vertragsgestaltung 30
  II. Zivilprozess 31

A. Allgemeines

§ 168 setzt – ebenso wie die nachfolgende Regelung in § 169 – das **Erlöschen der Vollmacht in Beziehung zu dem Grundverhältnis**, auf dem sie beruht: Einerseits wird der Widerruf der Vollmacht durch Erklärung gegenüber dem Bevollmächtigten oder gegenüber dem Dritten (S. 3 iVm § 167 Abs. 1) – vorbehaltlich einer davon abweichenden rechtsgeschäftlichen Bestimmung – unabhängig vom Fortbestehen des Grundverhältnisses gestattet (S. 2). Andererseits wird – im Sinne einer Auslegungsregel – das Erlöschen der Vollmacht an das Erlöschen des Grundverhältnisses geknüpft (S. 1). Dadurch wird die Abstraktheit der Vollmacht (dazu allgemein → § 164 Rn. 10 ff.) gelockert, was deren Fortbestand betrifft.[1] § 168 benennt die möglichen **Gründe für das Erlöschen** einer Vollmacht indes **nicht abschließend**: Neben der Bestimmung durch das Grundverhältnis (dazu → Rn. 4) und dem Widerruf (dazu → Rn. 5 ff.) kommen insbesondere auch die sich aus dem Inhalt der Vollmachtserklärung ergebenden Erlöschensgründe (dazu → Rn. 3), der Verzicht auf die Vollmacht (dazu → § 167 Rn. 10) und die Anfechtung (dazu → § 167 Rn. 21 ff.) in Betracht. Einer gesonderten Behandlung bedürfen schließlich die im Gesetz nicht eigens angesprochenen Rechtsfragen, die mit dem Eintritt des Todes, der Geschäftsunfähigkeit oder des Verlustes der Verfügungsbefugnis des Vollmachtgebers oder des Bevollmächtigten verbunden sind (dazu → Rn. 14 ff.). **1**

---

299 BGH NJW 1974, 748.

1 Zum entstehungsgeschichtlichen Hintergrund vgl. *Flume* BGB AT Bd. 2 § 51, 4 (S. 846 f.); HKK/ *Schmoeckel* BGB §§ 164–181 Rn. 19.

2　Vor allem dann, wenn eine Vollmacht nach dem ihr zugrunde liegenden Innenverhältnis erloschen ist, kann das Bedürfnis bestehen, **Dritten**, die in dem Glauben an den Fortbestand der Vollmacht mit dem Vertreter ein Rechtsgeschäft abgeschlossen haben, **Vertrauensschutz** zu gewähren. Dieses Folgeproblem regeln die §§ 170–173, deren Rechtsnatur (Rechtsgeschäft oder Rechtsscheinhaftung) freilich streitig ist (näher dazu die Kommentierungen zu §§ 170–173). Darüber hinaus kann aber auch das **Vertrauen des Vertreters** auf den Fortbestand der Vollmacht **schutzwürdig** sein. Dem trägt die – durch § 169 begrenzte – Fortwirkung der Vollmacht aufgrund der Fiktion eines fortbestehenden Grundverhältnisses nach den §§ 674, 729 Rechnung (näher → § 169 Rn. 3 f.).

B. Regelungsgehalt

I. Das Erlöschen der Vollmacht nach dem Inhalt der Bevollmächtigung

3　§ 168 ordnet nicht eigens an, dass die Vollmacht bereits nach dem Inhalt der Erklärung, durch die sie erteilt wurde, erlöschen kann, ohne dass zugleich das Grundverhältnis erlischt. Dies ist Ausdruck der von der Regelung vorausgesetzten Abstraktheit der Vollmacht. Unabhängig von der Gestaltung des Grundverhältnisses kann der Vollmachtgeber also etwa die Vollmacht als solche – mit Ausnahme der Prokura (§ 50 Abs. 1, 2 HGB) – unter einer **Bedingung** oder **Befristung** erteilen.[2] Im Falle einer auflösenden Bedingung erlischt die Vollmacht dann mit Bedingungseintritt und im Falle der Befristung mit Fristablauf, und zwar auch dann, wenn das Grundverhältnis weiter besteht. Darüber hinaus erlischt eine Vollmacht, die nur für ein bestimmtes Vertretergeschäft oder nur für eine Anzahl bestimmter Vertretergeschäfte erteilt wurde, mit dem **Abschluss des Geschäfts bzw. der Geschäfte, auf die sich die Vollmacht (allein) bezieht**. Dasselbe soll nach vielfach vertretener Ansicht gelten, wenn eine (Spezial-)Vollmacht zum Abschluss eines Vertretergeschäfts erteilt wurde, dessen Ausführung bereits **anderweitig vorgenommen oder unmöglich** wurde oder für das die **Geschäftsgrundlage weggefallen** ist (§ 313).[3] Aufgrund Auslegung der Vollmacht ist außerdem davon auszugehen, dass eine **unter Ehegatten erteilte Vollmacht** mit der **Scheidung** erlischt.[4] Hier nicht näher zu erörternde Besonderheiten gelten schließlich für **Prokura** und **Handlungsvollmacht**, die bei Aufgabe oder Veräußerung des Unternehmens durch den erteilenden Kaufmann erlöschen.[5]

II. Das Erlöschen der Vollmacht nach dem Grundverhältnis

4　Lässt sich eine Bestimmung über das Erlöschen der Vollmacht nicht schon der Vollmachterteilung selbst entnehmen (dazu → Rn. 3), gilt die S. 1 zu entnehmende Auslegungsregel: Die Vollmacht erlischt danach mit dem ihrer Erteilung zugrunde liegenden Innenverhältnis zwischen Vollmachtgeber und Bevollmächtigtem (zu dem Sonderfall der „isolierten" Vollmacht, bei der kein Innenverhältnis besteht, → Rn. 29). Das bedeutet: Endet das Grundverhältnis aufgrund eines hierfür geltenden Beendigungsgrundes, etwa durch **Fristablauf, Eintritt einer auflösenden Bedingung, Rücktritt, Widerruf, Kündigung oder durch (*ex nunc* wirkende) Anfechtung eines Dauerschuldverhältnisses**, ist grundsätzlich auch vom Erlöschen der Vollmacht auszugehen.[6] Sind nach Beendigung des Innenverhältnisses allerdings noch **Abwicklungstätigkeiten** von dem Bevollmächtigten zu erbringen, besteht die Vollmacht insoweit noch fort.[7] Zu den (ggf. für Grundverhältnis und Vollmacht relevanten) Erlöschensgründen in der Person von Vollmachtgeber und Bevollmächtigtem → Rn. 14 ff. sowie → Rn. 25 ff.

III. Der Widerruf der Vollmacht

5　**1. Erklärung und Wirkung des Widerrufs.** Der Vollmachtgeber kann die Vollmacht nach S. 2 unabhängig vom Grundverhältnis widerrufen (zur Untervollmacht → § 167 Rn. 69). Der Widerruf kann **ausdrück-**

2　Unstreitig; statt vieler *Flume* BGB AT Bd. 2 § 51, 1 (S. 845).

3　Erman/*Maier-Reimer* BGB § 168 Rn. 2; Soergel/*Leptien* BGB § 168 Rn. 3; Staudinger/*Schilken* BGB § 168 Rn. 2; BeckOK BGB/*Schäfer* § 168 Rn. 2; vgl. auch OLG Köln NJW-RR 1989, 1084.

4　KG DR 1944, 71.

5　Näher KKRD/*Roth* HGB § 52 Rn. 9, § 54 Rn. 18.

6　Erman/*Maier-Reimer* BGB § 168 Rn. 4; Palandt/*Ellenberger* BGB § 168 Rn. 1, 2; Soergel/*Leptien* BGB § 168 Rn. 11; Staudinger/*Schilken* BGB § 168 Rn. 3.

7　BGH NJW 1981, 282 (284) (Vertretungsmacht des Verwalters im Verhältnis zu ausgeschiedenem Wohnungseigentümer); Soergel/*Leptien* BGB § 168 Rn. 7; Staudinger/*Schilken* BGB § 168 Rn. 3.

lich oder konkludent erfolgen.[8] Infolge des Widerrufs erlischt die Vollmacht *ex nunc*.[9] Bezieht er sich nur auf einen **Teil der Vollmacht,** erlischt diese allerdings nicht insgesamt, sondern sie besteht in ihrem nicht widerrufenen Teil fort. Möglich ist auch ein Teilwiderruf gegenüber einzelnen Dritten.[10] Beim Widerruf handelt es sich um eine **empfangsbedürftige Willenserklärung**. Da es für das Vorliegen einer wirksamen (wenn auch anfechtbaren) Willenserklärung keines Erklärungsbewusstseins bedarf,[11] beeinträchtigt **fehlendes Erklärungsbewusstsein** entgegen einer fälschlich auf Rechtsscheingrundsätze abstellenden Entscheidung des BGH[12] nicht die Wirksamkeit eines Widerrufs. **Adressat** des Widerrufs kann nach S. 3 iVm § 167 Abs. 1 **entweder der Bevollmächtigte oder der Dritte** sein, gegenüber dem die Vollmacht besteht, wobei es im Grundsatz nicht darauf ankommt, ob es sich um eine Innen- oder eine Außenvollmacht handelt.[13] Mit Blick auf die Außenvollmacht wird diese Aussage durch die §§ 170, 173 indes erheblich relativiert (näher die Kommentierungen zu §§ 170, 173). Außer gegenüber Bevollmächtigtem und Drittem kann die Vollmacht analog § 171 Abs. 2 auch durch **öffentliche Bekanntmachung** widerrufen werden.[14]

2. Unwiderruflichkeit und Beschränkung des Widerrufs. S. 2 sieht die Widerruflichkeit der Vollmacht **6** vor, ohne dies zum Gegenstand einer zwingenden Regelung zu machen. Die damit zugelassene Möglichkeit unwiderruflicher Vollmachten ist keine Selbstverständlichkeit: Erst im zweiten Entwurf entschlossen sich die Verfasser des BGB, das Bedürfnis nach einer unwiderruflichen Vollmacht anzuerkennen, und zwar mit Blick auf die besonders gelagerten Fälle, in denen die Vollmacht nicht den Interessen des Vollmachtgebers, sondern auch den Interessen des Bevollmächtigten dient.[15] Vor diesem Hintergrund ist die unwiderrufliche Vollmacht zu sehen: Sie zeichnet sich nicht allein durch die rechtsgeschäftliche Abbedingung der Widerruflichkeit aus, sondern dadurch, dass dem Bevollmächtigten in seinem Interesse eine eigene, vom Willen des Vollmachtgebers unabhängige Rechtsposition eingeräumt wird, wie es sie bei der widerruflichen Vollmacht nicht gibt. Dieser fundamentale Unterschied zwischen widerruflicher und unwiderruflicher Vollmacht[16] ist insbesondere dann zu berücksichtigen, wenn es um die Bestimmung der Grenzen des Ausschlusses der Widerruflichkeit geht (dazu → Rn. 9 ff.).

a) Begründung der Unwiderruflichkeit. Nach einer von Teilen der Literatur, aber auch von der Recht- **7** sprechung vertretenen Ansicht kann die Unwiderruflichkeit der Vollmacht nur durch einen **Vertrag** begründet werden.[17] Andere Stimmen des Schrifttums wollen demgegenüber auch den **einseitigen Verzicht des Vollmachtgebers** auf die Widerruflichkeit als Begründung genügen lassen.[18] In der Tat sprechen weder der Wortlaut von S. 2 (der nicht besagt, dass sich die Unwiderruflichkeit nur aus dem Grundverhältnis ergeben kann) noch Wertungsgesichtspunkte dagegen, dem Vollmachtgeber zu gestatten, die Unwiderruflichkeit der Vollmacht ebenso wie die Vollmacht selbst (dazu → § 167 Rn. 10) durch einseitiges Rechtsgeschäft zu begründen. Praktisch dürfte die Auseinandersetzung jedoch kaum eine Rolle spielen, da die Unwiderruflichkeit eine Grundlage im Innenverhältnis zwischen Vollmachtgeber und Bevollmächtigtem haben muss, das in aller Regel ein Vertrag sein dürfte.[19]

Die Unwiderruflichkeit kann **ausdrücklich oder konkludent** bestimmt sein. In letzterem Fall kommt es **8** vor allem auf das Grundverhältnis an: Ergibt sich daraus, dass die Vollmacht einem besonderen **Eigeninteresse des Bevollmächtigten** dient, das **dem Interesse des Vollmachtgebers mindestens gleichwertig** ist, neigt die Rechtsprechung dazu, einen stillschweigenden Ausschluss der Widerruflichkeit anzunehmen.[20] So ist, um ein Beispiel aus der Rechtsprechung anzuführen,[21] die in Kaufverträgen über Wohnungseigentum dem Bauträger erteilte Vollmacht zur Schaffung neuen Wohnungseigentums grundsätzlich auch ohne ausdrückliche Erklärung als unwiderruflich anzusehen.[22]

8 Beispiel: Die Erklärung, dass eine Vollmachtsurkunde zurückgefordert werde bringt nach RG JW 1933, 1202, die Vollmacht zwar nicht sofort, aber mit Rückgabe der Urkunde zum Erlöschen. Nach OLG Hamburg NJOZ 2005, 1444 (1445), bedeutet die Bestellung eines neuen Bevollmächtigten den konkludenten Widerruf der zuvor erteilten Vollmacht.
9 BGH NJW 2017, 3373 Rn. 16; BayObLG DNotZ 1983, 752; OLG München FGPrax 2019, 61 Rn. 30.
10 BGH NJW 2017, 3373 Rn. 18.
11 Grundlegend BGHZ 91, 324, 329.
12 BGH NJW 1995, 953.
13 MüKoBGB/*Schubert* § 168 Rn. 18; Soergel/*Leptien* BGB § 168 Rn. 19; Staudinger/*Schilken* BGB § 168 Rn. 5.
14 BeckOK BGB/*Schäfer* § 168 Rn. 19; MüKoBGB/*Schubert* § 168 Rn. 18; Palandt/*Ellenberger* BGB § 168 Rn. 5; Soergel/*Leptien* BGB § 168 Rn. 19; Staudinger/*Schilken* BGB § 168 Rn. 5.

15 Prot. I, S. 297 = Mugdan I, S. 742.
16 *Flume* BGB AT Bd. 2 § 53, 1 (S. 877), spricht von „zwei inhaltlich grundsätzlich verschiedenartige(n) Rechtsfiguren".
17 RGZ 109, 333; BayObLG NJW-RR 1996, 848; BeckOK BGB/*Schäfer* § 168 Rn. 20; Palandt/*Ellenberger* BGB § 168 Rn. 6.
18 Erman/*Maier-Reimer* BGB § 168 Rn. 17; *Flume* BGB AT Bd. 2 § 53, 5 (S. 882); *Fuchs* AcP 196 (1996), 313, 363; MüKoBGB/*Schubert* § 168 Rn. 26; Staudinger/*Schilken* BGB § 168 Rn. 11; *Metzing* JA 2018, 413 (416).
19 So bereits *Flume* BGB AT Bd. 2 § 53, 5 (S. 882).
20 BGH NJW-RR 1991, 439 (441) mwN zur älteren Rspr.
21 Grundlegend aus der älteren Rspr. RGZ 52, 96, 99; 53, 416, 418 f.
22 BayObLG NJW-RR 2002, 443 (444) mwN.

9   **b) Grenzen der Unwiderruflichkeit.** Angesichts der Möglichkeit, eine unwiderrufliche Vollmacht gegen den Willen des Vollmachtgebers zu gebrauchen (dazu auch → Rn. 6), besteht Einigkeit darüber, dass der Möglichkeit, den Widerruf einer Vollmacht zu beschränken oder auszuschließen, Grenzen gezogen sind. So ist der **Ausschluss oder die Einschränkung des Widerrufs** einer Vollmacht mit Blick auf die von den Gesetzesverfassern bei der Zulassung der Unwiderruflichkeit vorausgesetzte besondere Interessenlage (dazu → Rn. 6) **nicht gerechtfertigt**, wenn die Vollmacht **nur dem Interesse des Vollmachtgebers** dient.[23] Ebenso wenig ist es statthaft, eine **Generalvollmacht** unwiderruflich auszugestalten, weil sich der Vollmachtgeber dadurch seiner Privatautonomie in einem zu weitgehenden Umfang begeben würde.[24] Schließlich ist man sich zumindest im Ergebnis weitgehend darüber einig, dass eine **isolierte Vollmacht** (dazu auch → Rn. 29), die auf keinem oder jedenfalls keinem wirksamen Grundverhältnis beruht, nicht unwiderruflich sein kann.[25]

10   Unstreitig **anzuerkennen** ist andererseits der Ausschluss oder die Einschränkung des Widerrufs einer Spezialvollmacht, wenn diese **Erfüllungszwecken** dient.[26] Beispielsweise ist eine unwiderrufliche Auflassungsvollmacht zulässig, die es dem Käufer (unter Befreiung von § 181) gestattet, sich selbst oder einem Zweitkäufer das Eigentum an dem gekauften Grundstück zu verschaffen. Dasselbe gilt für die unwiderrufliche Vollmacht zur Einziehung einer Forderung des Vollmachtgebers gegen einen Dritten, die es dem Bevollmächtigten erlaubt, Befriedigung wegen einer eigenen Forderung gegen den Vollmachtgeber zu suchen. Auf der Grundlage einer Verpflichtung, ein schuldrechtliches Geschäft abzuschließen, kann darüber hinaus auch eine unwiderrufliche Vollmacht zum Abschluss eines Schuldvertrages gerechtfertigt sein. Darf eine unwiderrufliche Vollmacht nach dieser Maßgabe erteilt werden, ist es richtigerweise **unerheblich**, ob der Vollmachtgeber **Organ einer juristischen Person** ist, dessen Organstellung selbst widerruflich ist, denn es kommt nur auf den Umfang der Vertretungsmacht des Organs an, welche mit der Widerruflichkeit der Organstellung nichts zu tun hat.[27]

11   Jenseits der Konstellationen eindeutig unzulässiger (dazu → Rn. 9) bzw. zulässiger (dazu → Rn. 10) Unwiderruflichkeit ergibt sich allerdings eine **Grauzone**, in der die Möglichkeit eines Widerrufsausschlusses **umstritten** und schwierig zu beurteilen ist. Die Rechtsprechung und ein großer Teil des Schrifttums stellen insoweit darauf ab, ob die Unwiderruflichkeit von einem **Interesse des Bevollmächtigten oder eines Dritten** getragen ist, das dem Interesse des Vollmachtgebers an dem Vertretergeschäft mindestens gleichwertig ist.[28] Diese Formulierung ist als zu unbestimmt kritisiert und zugunsten einer Beschränkung der unwiderruflichen Vollmacht auf die in → Rn. 10 dargestellten Konstellationen verworfen worden.[29] In der Tat lässt die von der Rechtsprechung verwendete Formel an Klarheit zu wünschen übrig und leistet der Rechtssicherheit keinen guten Dienst. Die Praxis, die sich an ihr zu orientieren hat, sollte beherzigen, dass ein reines **Provisionsinteresse**, das der Bevollmächtigte am Abschluss des Vertretergeschäfts hat, nach der Rechtsprechung des BGH **nicht ausreichend** ist, um die Unwiderruflichkeit zu legitimieren; soweit es um das wirtschaftliche Interesse des Bevollmächtigten geht, wird vielmehr verlangt, dass dessen Beteiligung am Gewinn aus dem Vertretergeschäft ähnlich einer gesellschaftsrechtlichen Beteiligung ist.[30]

12   Ist der Ausschluss oder die Beschränkung des Widerrufs nach diesen Grundsätzen nicht gerechtfertigt, ist die **Klausel über die Unwiderruflichkeit unwirksam.** Demgegenüber bleibt die **Bevollmächtigung nach § 139 grundsätzlich wirksam.**[31] Nach hM gilt dies auch dann, wenn der Widerrufsausschluss infolge Sittenwidrigkeit nach § 138 nichtig ist, nicht dagegen dann, wenn Formnichtigkeit vorliegt, welche auch die Vollmacht als solche erfasst (zur Formbedürftigkeit bei Unwiderruflichkeit → § 167 Rn. 38).[32]

13   **c) Wirkung der Unwiderruflichkeit.** Der **Widerruf einer unwiderruflichen Vollmacht** durch den Vollmachtgeber ist **unwirksam.** Die Unwiderruflichkeit verpflichtet den Vollmachtgeber also nicht nur zur Unterlassung eines Widerrufs, sondern sie hat zur Folge, dass der Fortbestand der Vollmacht von einem

---

23   BGHZ 3, 354, 358; NJW 1988, 2603; differenzierend MüKoBGB/*Schubert* § 168 Rn. 20 ff. (24).

24   Statt vieler Staudinger/*Schilken* BGB § 168 Rn. 9; unklar allerdings RGRK/*Steffen* BGB § 168 Rn. 3.

25   BGH NJW 1988, 2603; BGHZ 110, 363, 367; aus der Lit. statt vieler MüKoBGB/*Schubert* § 168 Rn. 25.

26   Vgl. – auch zu den nachfolgenden Beispielen – *Flume* BGB AT Bd. 2 § 53, 2 (S. 878); ferner *Medicus/Petersen* BGB AT Rn. 942; MüKoBGB/*Schubert* BGB § 168 Rn. 23; Soergel/*Leptien* BGB § 168 23; Staudinger/*Schilken* BGB § 168 Rn. 8.

27   So bereits *Flume* BGB AT Bd. 2 § 53, 6 Fn. 32 (S. 883), ferner MüKoBGB/*Schubert* § 168 Rn. 24; Soergel/*Leptien* BGB § 168 Rn. 24; Staudinger/*Schilken* BGB § 168 Rn. 9.

28   BGH DNotZ 1972, 229 (230); NJW-RR 1991, 439 (441); BayObLG NJW-RR 1996, 848 (849); *Fuchs* AcP 196 (1996), 313, 361 ff.; MüKoBGB/*Schubert* § 168 Rn. 24; Soergel/*Leptien* BGB § 168 Rn. 22; Staudinger/*Schilken* BGB § 168 Rn. 8.

29   *Flume* BGB AT Bd. 2 § 53, 3 (S. 879).

30   BGH NJW-RR 1991, 439 (441) unter Berufung auf RGZ 53, 416, 419; RG JW 1927, 1140.

31   BGH WM 1969, 1009.

32   So MüKoBGB/*Schubert* § 168 Rn. 28; Soergel/*Leptien* BGB § 168 Rn. 27; weiter gehend (Gesamtnichtigkeit auch bei Verstoß gegen § 138) *Flume* BGB AT Bd. 2 § 53, 5 (S. 882); Staudinger/*Schilken* BGB § 168 Rn. 10.

Widerruf unberührt bleibt.[33] Im Ergebnis ist allerdings unstreitig, dass ein **Widerruf aus wichtigem Grund** stets zulässig und daher auch im Falle eines Widerrufsausschlusses wirksam ist.[34] **Nicht betroffen** von der Wirkung der Unwiderruflichkeit sind zudem **Rechtsgeschäfte des Vollmachtgebers im gegenständlichen Bereich der Vollmacht**, und zwar auch dann, wenn diese mit Geschäften des Bevollmächtigten kollidieren: Der Vollmachtgeber kann sich nur schuldrechtlich dazu verpflichten, keine mit dem Vertreterhandeln konkurrierenden rechtsgeschäftlichen Handlungen vorzunehmen. Eine „verdrängende" Vollmacht, die solchen Handlungen des Vollmachtgebers die Wirkung nimmt, wird von der hM dagegen zu Recht nicht anerkannt (dazu → § 167 Rn. 7) und lässt sich daher auch nicht mit der unwiderruflichen Vollmacht verbinden.

IV. Erlöschensgründe in der Person des Vollmachtgebers (einschließlich der postmortalen Vollmacht)

1. Tod. Mit dem Tod des Vollmachtgebers verknüpfen sich zwei verschiedene vollmachtsrechtliche Konstellationen: Zum einen stellt sich die Frage, ob eine zu Lebzeiten des Vollmachtgebers erteilte und wirksame Vollmacht auch noch Wirkung über den Tod des Vollmachtgebers hinaus entfaltet. Insoweit spricht man von einer **transmortalen Vollmacht**. Zum anderen sind die Fälle zu behandeln, in denen eine Vollmacht erst mit dem Tod des Vollmachtgebers wirksam werden soll. Diese Gestaltung wird **postmortale Vollmacht** genannt.[35] Während es bei der transmortalen Vollmacht im Wesentlichen nur um ein Auslegungsproblem geht (dazu → Rn. 19), wirft die postmortale Vollmacht Schwierigkeiten im Zusammenspiel mit dem Erbrecht auf (dazu → Rn. 20). Nachfolgend seien jedoch zunächst die den beiden Konstellationen gemeinsamen Fragen der Wirkung (→ Rn. 15), des Widerrufs (→ Rn. 16) und des Missbrauchs (→ Rn. 17 f.) der Vollmacht nach dem Tod des Vollmachtgebers erörtert.

14

Sowohl die transmortale als auch die postmortale Vollmacht haben zur Folge, dass der Bevollmächtigte nach dem Tod des Vollmachtgebers **Rechtsgeschäfte mit Wirkung für und gegen die Erben des Vollmachtgebers** vornehmen kann.[36] Der Bevollmächtigte muss hierzu die Erben, für die er handelt, nicht namhaft machen.[37] Die Vertretungsmacht ist dabei jedoch **auf den Nachlass beschränkt**.[38] Im Rahmen seiner Vollmacht ist der Bevollmächtigte zu Verfügungen über Gegenstände des Nachlasses berechtigt, ohne dass es einer Zustimmung der Erben bedarf.[39] Legt der Vertreter beim Handeln im Namen der Erben nicht offen, dass sich seine Vertretungsmacht nur auf den Nachlass bezieht, gelten für den überschießenden Teil des Vertretergeschäfts die §§ 177 ff.[40] Vor dem Hintergrund, dass der Bevollmächtigte seine Legitimation vom Erblasser erhalten hat und daher rechtsgeschäftlich so handeln kann, wie es der Erblasser selbst hätte tun können, gelten für ihn **nicht die Beschränkungen, die ggf. den oder die Erben treffen können**: So bedarf der Bevollmächtigte zB auch dann nicht der vormundschaftsgerichtlichen Genehmigung eines Vertretergeschäfts, wenn die Eltern des minderjährigen Erben ein solches Geschäft nicht ohne diese Genehmigung abschließen dürften.[41] Ebenso wenig ist er den Beschränkungen eines Vorerben oder Testamentsvollstreckers unterworfen.[42]

15

Nach dem Tod des Erblassers kann der in die Stellung des Vollmachtgebers eingetretene **Erbe** eine transoder postmortale Vollmacht **grundsätzlich frei widerrufen**, ebenso ein **Testamentsvollstrecker** oder ein **Nachlassverwalter**.[43] Bei einer Mehrheit von Erben hat diese Befugnis **jeder Miterbe**, jedoch nur **mit Einzelwirkung** und nicht mit Wirkung für die übrigen Miterben.[44] Erklärt ein einzelner Miterbe den Widerruf der Vollmacht, kann der Bevollmächtigte daher nur gemeinsam mit diesem Rechtsgeschäfte mit Bezug

16

---

33 AllgM; statt vieler MüKoBGB/*Schubert* § 168 Rn. 29.

34 BGH WM 1969, 1009; 1985, 646, 647; NJW 1988, 2603; 1997, 3437, 3440; *Wolf/Neuner* BGB AT § 50 Rn. 43; MüKo/*Schubert* BGB § 168 Rn. 29; Erman/*Maier-Reimer* BGB § 168 Rn. 18; Soergel/*Leptien* BGB § 168 Rn. 26; Staudinger/*Schilken* BGB § 168 Rn. 14. Nur hinsichtlich der dogmatischen Einordnung, nicht aber iE anders *Flume* BGB AT Bd. 2 § 53, 6 (S. 885).

35 Zur – nicht immer klar getroffenen – begrifflichen Unterscheidung zwischen transmortaler und postmortaler Vollmacht vgl. etwa *Seif* AcP 200 (2000), 193; *Trapp* ZEV 1995, 314.

36 BGHZ 87, 20, 25; FamRZ 1983, 477; BeckOK BGB/*Schäfer* BGB § 168 Rn. 9 f.; Erman/*Maier-Reimer* BGB § 167 Rn. 66 f.; Soergel/*Leptien* BGB § 168 Rn. 31; Staudinger/*Schilken* BGB § 168 Rn. 31; MüKoBGB/*Schubert* § 168 Rn. 39.

37 OLG Frankfurt ZEV 2015, 648 Rn. 15.

38 RGZ 106, 185, 187; BGH FamRZ 1983, 477; BeckOK BGB/*Schäfer* § 168 Rn. 10; MüKoBGB/*Schubert* § 168 Rn. 39; Soergel/*Leptien* BGB § 168 Rn. 32; Staudinger/*Schilken* BGB § 168 Rn. 31; *Tschauner*, S. 78 ff.

39 OLG München NJW-RR 2015, 1382 Rn. 55.

40 MüKoBGB/*Schubert* § 168 Rn. 51; Staudinger/*Schilken* BGB § 168 Rn. 31.

41 RGZ 88, 345, 350; 106, 186.

42 RGZ 88, 345; 106, 186; BGH NJW 1962, 1718 (1719).

43 Dazu MüKoBGB/*Schubert* § 168 Rn. 53 f.; *Tschauner*, S. 125 ff.

44 RG JW 1938, 1892; BeckOK BGB/*Schäfer* § 168 Rn. 11; MüKoBGB/*Schubert* § 168 Rn. 54; Soergel/*Leptien* BGB § 168 Rn. 35; Staudinger/*Schilken* BGB § 168 Rn. 34.

auf den Nachlass abschließen.[45] Für den **Ausschluss des Widerrufs** gelten die allgemeinen Regeln (dazu → Rn. 6 ff.). Hat der Erblasser danach in zulässiger Weise den Widerruf ausgeschlossen, bindet dies auch den Erben,[46] ohne dass darin im Falle einer unwiderruflichen postmortalen Vollmacht eine Umgehung der Regeln über die Testamentsvollstreckung läge.[47]

17 Der **Erbe** nimmt in den Fällen der trans- oder postmortalen Vollmacht nicht nur hinsichtlich der Vollmacht, sondern auch hinsichtlich des **Grundverhältnisses** die **Stelle des Erblassers** ein. Die Beendigung des Grundverhältnisses liegt damit ebenso wie der Widerruf der Vollmacht in den Händen des Erben. Problematisch und umstritten ist jedoch, wie sich der Eintritt des Erben in das Grundverhältnis auf die daraus resultierenden Pflichten des Bevollmächtigten und damit auf dessen rechtliches „Dürfen" auswirkt. Dies wiederum ist entscheidend für die Beurteilung der Frage, unter welchen Voraussetzungen sich das Handeln des Bevollmächtigten als **Vollmachtsmissbrauch** (dazu allgemein → § 164 Rn. 84 ff.) gegenüber dem Erben darstellt. Die Kontroverse entzündet sich daran, inwieweit der Bevollmächtigte im Innenverhältnis (also etwa bei der Wahrnehmung eines ihm vom Erblasser erteilten Auftrags) auf die **Interessen des Erben** Rücksicht zu nehmen hat: Nach **überwiegender Ansicht** sind nicht allein die Interessen des Erben, sondern **auch die Interessen des Erblassers** zu beachten.[48] Dabei soll der Erblasserwille Vorrang haben, wenn sich dies im Wege der Auslegung des Grundverhältnisses ergibt. Ist dies der Fall, braucht sich der Bevollmächtigte nach dieser Auffassung beim Abschluss eines Vertretergeschäfts nicht zu vergewissern, ob das Geschäft dem Willen des Erben entspricht. Ein Missbrauch der Vertretungsmacht wegen fehlender Einholung der Zustimmung des Erben kommt dann aus dieser Sicht nicht in Betracht.

18 **Gegenstimmen** im Schrifttum wollen hingegen **allein auf die Interessen des Erben** abstellen.[49] So soll der Bevollmächtigte, wenn er von dem Erblasser mit der Vornahme einer Schenkung beauftragt worden ist, grundsätzlich die Zustimmung des Erben einholen müssen, und es soll sich der Dritte, der von dem Erbfall weiß, über die Zustimmung des Erben vergewissern müssen. Fehlt es daran, liegt dieser Ansicht zufolge ein für den Dritten evidenter Missbrauch der Vertretungsmacht vor. Diese Auffassung verdient im Ergebnis **Zustimmung**: Mit dem Tod des Erblassers ist der Erbe Geschäftsherr geworden und sein Wille daher für den Bevollmächtigten maßgeblich. Eine „Herrschaft der Toten über die Lebenden"[50] in dem Sinne, dass sich der Wille des Erblassers über dessen Tod hinaus Geltung verschafft, ist nur in den Formen des Erbrechts anzuerkennen, nicht aber bei der durch Rechtsgeschäft unter Lebenden erteilten, über den Todeszeitpunkt hinaus oder von diesem Zeitpunkt an wirkenden Vollmacht. Dem entspricht es, wenn der BGH einer transmortale Kontovollmacht nicht die Berechtigung des Bevollmächtigten zur Umschreibung des Kontos entnimmt.[51]

19 **a) Die über den Todesfall hinaus fortbestehende Vollmacht (transmortale Vollmacht).** Ob eine Vollmacht über den Tod des Vollmachtgebers hinaus fortdauert, beurteilt sich zunächst **nach der Vollmacht selbst:** Teilweise ordnen gesetzliche Vorschriften (§ 52 Abs. 3 HGB für die Prokura; § 86 ZPO für die Prozessvollmacht) an, dass die Vollmacht mit dem Tod des Vollmachtgebers nicht erlischt. Im Übrigen kann der Vollmachtgeber bestimmen, dass die Vollmacht über seinen Tod hinaus fortdauern soll. Fehlt eine solche Bestimmung, kann sich das Vorliegen einer transmortalen Vollmacht nach S. 1 **aus dem Grundverhältnis** ergeben (zur isolierten Vollmacht, bei der es an einem Grundverhältnis fehlt, → Rn. 29). Handelt es sich hierbei um einen **Auftrag** oder ein **Geschäftsbesorgungsverhältnis**, **erlischt** das Grundverhältnis durch den Tod **im Zweifel nicht** (§§ 672 S. 1, 675 Abs. 1). Dies gilt bei Fehlen einer anderweitigen Bestimmung nach S. 1 auch für die darauf beruhende Vollmacht des Beauftragten bzw. des Geschäftsbesorgers. Allerdings kann **im Einzelfall eine andere Auslegung** geboten sein, und zwar insbesondere dann, wenn die Vollmacht und das ihr zugrunde liegende Geschäft primär auf die Person und die persönlichen Verhältnisse des Vollmachtgebers ausgerichtet sind.[52] So ist etwa zu Recht entschieden worden, dass eine Altersvorsorgevollmacht, deren zugrunde liegendes Auftragsverhältnis darauf zugeschnitten ist, dem Bevollmächtigten für den Fall der Betreuungsbedürftigkeit des Vollmachtgebers eine umfassende, an den persönlichen

45　MüKoBGB/*Schubert* § 168 Rn. 54.
46　RGZ 114, 351, 354.
47　Staudinger/*Schilken* BGB § 168 Rn. 35; *Tschauner*, S. 33 ff.; aA für die Generalvollmacht Soergel/*Leptien* BGB § 168 Rn. 35. Zur allg. Unzulässigkeit einer unwiderruflichen Generalvollmacht vgl. aber bereits Rn. 9.
48　BGH NJW 1969, 1246 (1247); FamRZ 1985, 693 (695); NJW 1995, 250 (251); Erman/*Maier-Reimer* BGB § 167 Rn. 67; MüKoBGB/*Schubert* § 168 Rn. 57; Soergel/*Leptien* BGB § 168 Rn. 33; Staudinger/*Schilken* BGB § 168 Rn. 32 a; differenzierend *Amann* MittBayNot 2016, 369 (372).

49　*Flume* BGB AT Bd. 2 § 51, 5 b (S. 849 ff.); *Medicus/Petersen* Bürgerliches Recht Rn. 399; namentlich gegen die Entscheidung BGH NJW 1995, 250, ist *Schultz* NJW 1995, 3345 ff.
50　So *Medicus/Petersen* Bürgerliches Recht Rn. 399.
51　BGH NJW-RR 1995, 979 (980).
52　MüKoBGB/*Schubert* § 168 Rn. 44; Staudinger/*Schilken* BGB § 168 Rn. 26. Zum umstrittenen Erlöschen der Vollmacht durch Konfusion, wenn der Bevollmächtigte Alleinerbe des Erblassers ist, OLG Hamm DNotI-Report 2013, 70; OLG München ZEV 2016, 656 Rn. 23 ff.; *Amann* MittBayNot 2013, 367; *Herrler* DNotZ 2017, 508; *Lutz* BWNotZ 2013, 171.

Bedürfnissen des Vollmachtgebers orientierte Vertretungsmacht einzuräumen, mit dem Tod des Vollmachtgebers auch für den Bereich der Vermögensverwaltung erlischt.[53]

b) Die Vollmacht auf den Todesfall (postmortale Vollmacht). Bei der postmortalen Vollmacht wird **20** eine Vollmacht in der Weise erteilt, dass ihre **Wirkung erst mit dem Todeszeitpunkt des Vollmachtgebers** einsetzt. Dies kann **in einer letztwilligen Verfügung** geschehen, **aber auch in einem Rechtsgeschäft unter Lebenden.** Wird die Vollmacht in einer letztwilligen Verfügung, insbesondere in einem Testament, erteilt,[54] ist zu beachten, dass ihr Wirksamwerden vom Zugang bei der zu bevollmächtigenden Person (Innenvollmacht) oder beim Dritten (Außenvollmacht) abhängt (dazu näher → § 167 Rn. 16). Ist die Erteilung der postmortalen Vollmacht nicht in einer letztwilligen Verfügung enthalten, stellt sich die Frage, ob sie gleichwohl der **Form einer letztwilligen Verfügung** bedarf. Dies wird **von der Rechtsprechung und im überwiegenden Schrifttum abgelehnt.**[55] Wenn sich die Vollmacht allerdings auf den Abschluss und Vollzug unentgeltlicher Geschäfte zulasten des Nachlasses bezieht, wird **teilweise eine analoge Anwendung von § 2301** (bei gleichzeitiger teleologischer Reduktion des § 167 Abs. 2; dazu allgemein → § 167 Rn. 34, 38 ff.) befürwortet.[56] Folgt man, wie hier, der – allerdings nur von einer Minderheit vertretenen – Auffassung, dass der Inhaber einer postmortalen Vollmacht zur Vornahme einer Schenkung grundsätzlich in einer Pflichtenbindung zum Erben steht und sich über dessen Willen hinwegsetzen muss (dazu → Rn. 18), erübrigt sich insoweit die Analogie.[57] Soll dagegen die Bindung an die Erbeninteressen zugunsten des Erblasserwillens ausgeschlossen sein, erscheint eine Beachtung der erbrechtlichen Formen (hinsichtlich der Vollmacht und des Grundverhältnisses) analog § 2301 geboten, soweit der Bevollmächtigte bei dem Gebrauch der Vollmacht mit den Erbeninteressen in Konflikt zu geraten droht. Dies ist dann der Fall, wenn die postmortale Vollmacht dem Bevollmächtigten erlaubt, Dritten oder (unter Befreiung von § 181) sich selbst Nachlassgegenstände eigennützig zuzuwenden,[58] nicht hingegen dann, wenn die postmortale Vollmacht eine Generalvollmacht für den Vermögensverwalter des Erblassers oder eine Vollmacht zur Erledigung von unmittelbar im Zusammenhang mit dem Todesfall stehenden Geschäften ist.[59]

2. Erlöschen einer juristischen Person. Ist der Vollmachtgeber eine juristische Person, erlischt die Voll- **21** macht nicht schon dann, wenn die juristische Person in die Liquidation eintritt, sondern erst mit ihrem Erlöschen.[60] Im Stadium der Liquidation werden die von der juristischen Person erteilten Vollmachten allerdings auf den Liquidationszweck beschränkt.[61]

3. Verlust der Geschäftsfähigkeit. Nach den §§ 168 S. 1, 672 S. 1, 675 Abs. 1 erlischt die Vollmacht **22** ebenso wie das ihr zugrunde liegende Innenverhältnis **im Zweifel nicht**, wenn der Vollmachtgeber seine Geschäftsfähigkeit verliert (zur isolierten Vollmacht Rn. 29). Das gilt nach § 86 ZPO auch für die Prozessvollmacht. Richtigerweise hat der Bevollmächtigte – entgegen einer gängigen Meinung[62] – ab Eintritt der Geschäftsunfähigkeit des Vollmachtgebers allerdings **die für einen gesetzlichen Vertreter geltenden Schranken** (etwa nach den §§ 1641, 1643, 1821, 1822) **zu beachten.**[63] Zudem hat er sich, wenn sich der Abschluss des Vertretergeschäfts ohne Nachteil für den Vertretenen aufschieben lässt, – wiederum entgegen einer verbreiteten Ansicht[64] – zu vergewissern, ob der gesetzliche Vertreter seinen Gebrauch der Vollmacht mitträgt.[65] Hat er sich nicht um den gesetzlichen Vertreter gekümmert und war dies dem Dritten, mit dem er ein Geschäft abgeschlossen hat, bekannt oder evident, sind daher die Regeln über den **Missbrauch der Vertretungsmacht** (dazu § 164 Rn. 84 ff.) anzuwenden.

4. Insolvenz. Eine Vollmacht, die der Schuldner mit Bezug auf das zur Insolvenzmasse gehörende Vermö- **23** gen erteilt hat, erlischt, wie § 117 Abs. 1 InsO klarstellt, mit der **Eröffnung des Insolvenzverfahrens.**

---

53   OLG Hamm NJW-RR 2003, 800 (801).

54   Vgl. zu dieser Möglichkeit OLG Köln NJW 1950, 702; Soergel/*Leptien* BGB § 168 Rn. 30; Staudinger/*Schilken* BGB § 168 Rn. 29.

55   BGH NJW 1962, 1718; 1969, 1245; 1987, 840; NJW 1988, 2731; MüKoBGB/*Schubert* § 168 Rn. 48; Soergel/*Leptien* BGB § 168 Rn. 30; Staudinger/*Schilken* BGB § 168 Rn. 30; *Glenk* NJW 2017, 452 (453).

56   *Finger* NJW 1969, 1624; *Medicus/Petersen* Bürgerliches Recht Rn. 399; *Seif* AcP 200 (2000), 192, 196 ff.

57   So bereits *Flume* BGB AT Bd. 2 § 51, 5 b (S. 851).

58   So mit eingehender Begründung *Seif* AcP 200 (2000), 192, 196 ff. (Fall der „eigennützigen Zuwendungsvollmacht auf den Todesfall").

59   Dazu wiederum mit eingehender Begründung *Seif* AcP 200 (2000), 192, 230 ff. (Fälle der „fremdnützigen Verwaltungsvollmacht auf den Todesfall" und der „fremdnützigen Verwaltungsvollmacht als vereinfachte Legitimation von Todes wegen").

60   OLG Dresden DNotZ 2009, 305.

61   Staudinger/*Schilken* BGB § 168 Rn. 27; MüKoBGB/*Schubert* BGB § 168 Rn. 10. – Zur (teilweise streitigen) Rechtslage bei der Prokura vgl. KKRD/*Roth* HGB § 48 Rn. 2 a, § 52 Rn. 9.

62   RGZ 88, 345; 106, 185; MüKoBGB/*Schubert* § 168 Rn. 12; Soergel/*Leptien* BGB § 168 Rn. 12.

63   OLG Köln NJW-RR 2001, 652 (653); *Flume* BGB AT Bd. 2 § 51, 6 (S. 853); Palandt/*Ellenberger* BGB § 168 Rn. 4; Staudinger/*Schilken* BGB § 168 Rn. 23.

64   MüKoBGB/*Schubert* § 168 Rn. 12; BeckOK BGB/*Schäfer* § 168 Rn. 14.

65   *Flume* BGB AT Bd. 2 § 51, 6 (S. 852 f.) – Vgl die entsprechende Behandlung der streitigen Frage, ob der Bevollmächtigte bei der trans- oder postmortalen Vollmacht nach dem Tod des Erblassers die Interessen des Erben zu beachten hat, dazu Rn. 17 f.

Genauso verhält es sich bei Prozessvollmachten.[66] § 117 Abs. 3 InsO bewahrt den (zunächst) Bevollmächtigten, der nach Eröffnung des Insolvenzverfahrens als Vertreter ohne Vertretungsmacht agiert, für den Fall einer ausbleibenden Genehmigung durch den Verwalter allerdings vor der Haftung aus § 179, solange er sich über die Verfahrenseröffnung in unverschuldeter Unkenntnis befindet.

24   **5. Ende der gesetzlichen oder organschaftlichen Vertretungsmacht.** Eine Vollmacht, die von einem gesetzlichen oder organschaftlichen Vertreter erteilt wurde, erlischt **nicht** mit dem Ende der gesetzlichen oder organschaftlichen Vertretungsmacht.[67] Sie kann freilich von dem zuvor Vertretenen oder von dem an die Stelle des bisherigen gesetzlichen oder organschaftlichen Vertreters getretenen Vertreter widerrufen werden (vgl. auch die Ausführungen zur Untervollmacht, → § 167 Rn. 69). Ebenso wenig erlischt eine von einem **gesetzlichen Verwalter** (Nachlass-, Insolvenz-, Zwangsverwalter oder Testamentsvollstrecker) erteilte Vollmacht mit einem Wechsel in der Person des Verwalters (wohl aber mit dem Ende der Verwaltung).[68]

V. Erlöschensgründe in der Person des Bevollmächtigten

25   **1. Tod.** Die Vollmacht als solche ist **keine vererbliche Rechtsposition** (zur Rechtsnatur der Vollmacht als Legitimation auch → § 167 Rn. 6).[69] Es kann sich jedoch im Wege der **Auslegung** der Bevollmächtigung ergeben, dass im Falle des Todes des (ursprünglich) Bevollmächtigten dessen Erben bevollmächtigt sein sollen. Davon ist etwa bei einer dem Käufer erteilten Auflassungsvollmacht auszugehen[70] sowie generell dann, wenn die Vollmacht im **Eigeninteresse des Bevollmächtigten** erteilt wurde.[71] Als Auslegungsregel ist im Übrigen S. 1 iVm §§ 673 S. 1, 675 heranzuziehen: **Im Zweifel** führt der Tod des Bevollmächtigten zum **Erlöschen der Vollmacht und des Grundverhältnisses.**[72]

26   **2. Erlöschen einer juristischen Person.** Ist eine juristische Person bevollmächtigt worden (dazu → § 167 Rn. 13), findet die Vollmacht, soweit kein anderer Erlöschensgrund vorliegt, erst mit dem Erlöschen der juristischen Person und nicht schon mit dem Eintritt in das Liquidationsstadium ein Ende. Bei **Verschmelzung** der bevollmächtigten juristischen Person mit einer anderen kommt es auf die Auslegung der Bevollmächtigung an; geht das der Vollmacht zugrunde liegende Rechtsverhältnis auf die übernehmende Gesellschaft über, gilt dies nach dem Rechtsgedanken des S. 1 im Zweifel auch für die Vollmacht.[73]

27   **3. Verlust der Geschäftsfähigkeit.** Tritt beim Bevollmächtigten Geschäftsunfähigkeit ein (zur Vollmachtserteilung an einen Geschäftsunfähigen → § 167 Rn. 13), wird er nach hM **nur an der Ausübung der Vollmacht gehindert,** ohne dass diese *eo ipso* erlischt, solange nicht feststeht, dass die Geschäftsunfähigkeit von Dauer ist.[74] Dem wird teilweise mit der Begründung widersprochen, dass die bloße Suspendierung der Vollmachtsausübung der Schwere der Geschäftsunfähigkeitstatbestände nicht hinreichend Rechnung trage.[75] Dieser Einwand überzeugt nicht: Den Eintritt der Geschäftsunfähigkeit des Bevollmächtigten generell als Erlöschensgrund anzusehen, trüge zum Schutz des geschäftsunfähigen Bevollmächtigten nichts bei und hinderte ihn bei Wiedererlangung der Geschäftsfähigkeit daran, seine Vertretertätigkeit wieder aufzunehmen, weil dann eine erneute Bevollmächtigung durch den Vertretenen erforderlich wäre.

28   **4. Insolvenz.** Die Insolvenz des Bevollmächtigten lässt die Vollmacht nicht erlöschen, kann jedoch ein Grund für die Kündigung des Grundverhältnisses sein, welche nach S. 1 zum Erlöschen der Vollmacht führt.[76]

---

66   BGH NJW 2000, 738 (739) (zu § 23 KO).
67   Vgl. BayObLG NJW 1959, 2119; LG Stuttgart DB 1982, 638; Palandt/*Ellenberger* BGB § 168 Rn. 4; Staudinger/*Schilken* BGB § 168 Rn. 24.
68   Str, wie hier mwN Palandt/*Ellenberger* BGB § 168 Rn. 4; ablehnend für den Fall der von einem Testamentsvollstrecker erteilten Vollmacht *Muscheler* ZEV 2008, 213.
69   MüKoBGB/*Schubert* § 168 Rn. 9 (mit Einschränkung bei Gefahr im Verzug); nur für „regelmäßig" nicht vererblich hält die Vollmacht RGRK/*Steffen* BGB § 168 Rn. 7.
70   RGZ 114, 354, Staudinger/*Schilken* BGB § 168 Rn. 19 mwN.
71   MüKoBGB/*Schubert* § 168 Rn. 9; Staudinger/*Schilken* BGB § 168 Rn. 19.

72   BeckOK BGB/*Schäfer* § 168 Rn. 5; Palandt/*Ellenberger* BGB § 168 Rn. 3; Staudinger/*Schilken* BGB § 168 Rn. 19.
73   LG Koblenz NJW-RR 1998, 38 (39); vgl. auch RGZ 150, 289, 291.
74   BeckOK BGB/*Schäfer* § 168 Rn. 6; Erman/*Maier-Reimer* BGB § 168 Rn. 11; MüKoBGB/*Schubert* § 168 Rn. 7; Palandt/*Ellenberger* BGB § 168 Rn. 3; Soergel/*Leptien* BGB § 168 Rn. 12.
75   Vgl. noch Staudinger/*Schilken* (Neub. 2014) BGB § 168 Rn. 21; ebenso iE *Flume* BGB AT Bd. 2 § 51, 8 (S. 856).
76   MüKoBGB/*Schubert* § 168 Rn. 8; Soergel/*Leptien* BGB § 168 Rn. 9.

VI. Das Erlöschen der isolierten Vollmacht

Wenn eine isolierte Vollmacht vorliegt, also ein wirksames Grundverhältnis zwischen Vollmachtgeber und **29** Bevollmächtigtem fehlt, können die auf der Beendigung des Grundverhältnisses beruhenden Erlöschensgründe (dazu → Rn. 4) naturgemäß nicht vorkommen. Keinen Einfluss hat das Fehlen des Grundverhältnisses aber auf **die sich aus der Bevollmächtigung selbst ergebenden Erlöschensgründe** (dazu → Rn. 3). Darüber hinaus ist die isolierte Vollmacht ebenso wie die kausale **widerruflich** (dazu → Rn. 5 ff.); abweichend von der kausalen Vollmacht kommt ein Ausschluss des Widerrufs allerdings nicht in Betracht (dazu → Rn. 9). Ebenfalls anders als bei der kausalen Vollmacht über den Tod hinaus (dazu → Rn. 19) soll nach hM die isolierte Vollmacht **mit dem Tod des Vollmachtgebers im Zweifel erlöschen**,[77] und für die Fortdauer einer isolierten Generalvollmacht über den Tod hinaus soll eine ausdrückliche Anordnung erforderlich sein.[78] Die **Insolvenz des Vollmachtgebers** beendet die isolierte Vollmacht genauso wie die kausale (zu Letzterer → Rn. 23).[79] Über die Auswirkung des Eintritts der **Geschäftsunfähigkeit des Vollmachtgebers** lässt sich anders als bei der kausalen Vollmacht (dazu → Rn. 22) mangels Grundverhältnisses keine auf S. 1 gestützte Auslegungsregel aufstellen.[80] Auch ohne (wie bei der kausalen Vollmacht) auf S. 1 iVm §§ 673 S. 1, 675 Bezug nehmen zu können (dazu → Rn. 25), wird man indes den **Tod des Bevollmächtigten** im Zweifel auch als Erlöschensgrund der isolierten Vollmacht ansehen dürfen.[81] Keine Besonderheiten im Vergleich zur kausalen Vollmacht sind schließlich bei der Bedeutung des Eintritts der **Geschäftsunfähigkeit** (dazu → Rn. 27) und der **Insolvenz des Bevollmächtigten** (dazu → Rn. 28) für die isolierte Vollmacht ersichtlich.

C. Weitere praktische Hinweise

I. Vertragsgestaltung

Soll sich das Erlöschen bzw. das Fortbestehen der Vollmacht nicht nach den allgemeinen Regeln richten, **30** empfiehlt es sich, eine entsprechende Bestimmung in die Vollmachtserteilung aufzunehmen. Das gilt etwa dann, wenn die Vollmacht entgegen der Grundregel des S. 1 auch bei Erlöschen des Grundverhältnisses (dazu → Rn. 4) fortbesteht oder wenn sie umgekehrt beim Tod (dazu → Rn. 19) oder bei Verlust der Geschäftsfähigkeit des Vollmachtgebers (dazu → Rn. 22) erlöschen soll. Soll der **Widerruf** der Vollmacht ausgeschlossen werden, ist zu beachten, dass die Grenzen der Zulässigkeit einer unwiderruflichen Vollmacht nicht vollends geklärt und umstritten sind (dazu → Rn. 9 ff.) und dass die unwiderrufliche Vollmacht ggf. den Formerfordernissen des Vertretergeschäfts entsprechen muss (dazu → § 167 Rn. 38).

II. Zivilprozess

Wer sich im Zivilprozess auf das Erlöschen der Vollmacht beruft, hat die **tatsächlichen Voraussetzungen** **31** **des Erlöschens** zu beweisen. Ist bewiesen oder unstreitig, dass und zu welchem Zeitpunkt die Vollmacht erloschen ist, trägt derjenige, der die Wirksamkeit des Vertretergeschäftes behauptet, die Beweislast dafür, dass das **Vertretergeschäft vor dem Erlöschen der Vollmacht** abgeschlossen wurde.[82] Bei Unklarheit über das Erlöschen der Vollmacht oder über die zeitliche Abfolge von Geschäftsabschluss und Erlöschen ist in Anbetracht der Unsicherheit über den richtigen Anspruchsgegner (Vertreter oder Vertretener) eine **Streitverkündung** gem. §§ 72 ff. ZPO in Betracht zu ziehen. Näher dazu → § 164 Rn. 107.

§ 169 Vollmacht des Beauftragten und des geschäftsführenden Gesellschafters

Soweit nach den §§ 674, 729 die erloschene Vollmacht eines Beauftragten oder eines geschäftsführenden Gesellschafters als fortbestehend gilt, wirkt sie nicht zugunsten eines Dritten, der bei der Vornahme eines Rechtsgeschäfts das Erlöschen kennt oder kennen muss.

---

77 BeckOK BGB/*Schäfer* § 168 Rn. 8; Soergel/*Leptien* BGB § 168 Rn. 18; Staudinger/*Schilken* BGB § 168 Rn. 27; aA *Flume* BGB AT Bd. 2 § 51, 5 a (S. 847).

78 RG JW 1929, 1648; BeckOK BGB/*Schäfer* § 168 Rn. 8; MüKoBGB/*Schubert* § 168 Rn. 38; Soergel/*Leptien* BGB § 168 Rn. 18; Staudinger/*Schilken* BGB § 168 Rn. 27.

79 Soergel/*Leptien* BGB § 168 Rn. 18; Staudinger/*Schilken* BGB § 168 Rn. 25.

80 Vgl. auch BeckOK BGB/*Schäfer* § 168 Rn. 15; Staudinger/*Schilken* BGB § 168 Rn. 23 (Frage der Auslegung).

81 So auch Staudinger/*Schilken* BGB § 168 Rn. 19.

82 BGH NJW 1974, 748; WM 1984, 603 (604); BeckOK BGB/*Schäfer* § 168 Rn. 27; Erman/*Maier-Reimer* BGB § 168 Rn. 19; MüKoBGB/*Schubert* § 168 Rn. 65; Staudinger/*Schilken* BGB § 168 Rn. 36.

A. Allgemeines 1
B. Regelungsgehalt 2
  I. Die reine Innenvollmacht als Anwendungsfall 2
  II. Fortbestehen des Grundverhältnisses und der
    Vollmacht 3
III. Bösgläubigkeit des Dritten 5
IV. Rechtsfolge 6
C. Weitere praktische Hinweise 7

A. Allgemeines

1 § 169 ist keine Regelung zum Schutz des Vertreters,[1] sondern **schränkt den Schutz des gutgläubigen Vertreters** auf den Bestand der Vollmacht, den § 168 S. 1 im Zusammenspiel mit der Fiktion eines fortbestehenden Grundverhältnisses nach den §§ 674, 729 bewirkt, **zugunsten des Vertretenen ein.**[2] Voraussetzung für diese Einschränkung ist, dass der **Dritte**, mit dem der Vertreter ein Geschäft abgeschlossen hat, **bösgläubig** war. Denn in diesem Fall bedarf der Vertreter keines Schutzes auf Kosten des Vertretenen: Er wird zwar als Vertreter ohne Vertretungsmacht behandelt. Ihm droht jedoch wegen der Anwendbarkeit von § 179 Abs. 3 S. 1 keine Inanspruchnahme durch den bösgläubigen Dritten.[3]

B. Regelungsgehalt

I. Die reine Innenvollmacht als Anwendungsfall

2 Beruht das rechtsgeschäftliche Handeln des Vertreters auf einer **Außenvollmacht** oder auf einer **kundgemachten Innenvollmacht** oder verfügte der Vertreter über eine **Vollmachtsurkunde**, finden die **§§ 170–173** und nicht § 169 Anwendung.[4] Der Schutz des Dritten durch die §§ 170 ff. ist nur von dessen Gutgläubigkeit (§ 173) und nicht von der Gutgläubigkeit des Vertreters abhängig. Für § 169 bleibt damit als Anwendungsfall nur die reine, nicht kundgemachte und nicht durch Vorlage einer Urkunde nach außen dokumentierte Innenvollmacht.

II. Fortbestehen des Grundverhältnisses und der Vollmacht

3 Handelt es sich bei dem der Vollmacht zugrunde liegenden Innenverhältnis um einen **Auftrag**, so ist zugunsten des Beauftragten die Schutzvorschrift des § 674 anwendbar. Danach gilt der erloschene Auftrag – außer im Fall des Widerrufs[5] – so lange als fortbestehend, bis der Beauftragte von dem Erlöschen Kenntnis erlangt oder das Erlöschen kennen muss. Nach § 168 S. 1 gilt dies auch für die auf dem Auftrag beruhende Vollmacht. § 675 erstreckt diese Regelung auf **Geschäftsbesorgungsverträge**. Einen damit übereinstimmenden Schutz genießt nach § 729 außerdem der geschäftsführende Gesellschafter bei der Auflösung eines **Gesellschaftsvertrags**. Liegt ein **Grundverhältnis anderer Art** vor, findet § 169 keine Anwendung.[6] Ebenso wenig ist § 169 bei **Nichtigkeit des Grundverhältnisses** analog anzuwenden:[7] Eine solche Relativierung der Vollmachtswirkung vertrüge sich nicht mit dem Abstraktionsprinzip, das die Beurteilung der Wirksamkeit der Vollmacht von der Frage der Wirksamkeit des Grundverhältnisses löst.

4 Für die **Eröffnung des Insolvenzverfahrens** als Erlöschensgrund enthält § 115 Abs. 3 S. 1 InsO eine Sonderregelung, die das Fortbestehen des Auftrags bei unverschuldeter Unkenntnis des Beauftragten von der Eröffnung des Verfahrens anordnet. Indes setzt sich diese Fiktion bei der Vollmacht nicht fort: § 117 Abs. 2 InsO sieht zwar eine Vollmachtsfiktion vor, aber nicht für diesen Fall.[8] Der gutgläubige Vertreter ist allerdings durch § 117 Abs. 3 InsO vor einer Inanspruchnahme durch den Geschäftsgegner nach § 179 geschützt.

1 So aber RGRK/*Steffen* BGB § 169 Rn. 1.
2 Zur Einordnung des § 169 als Norm zum Schutz des Vertreters vgl. BeckOK BGB/*Schäfer* § 169 Rn. 3; MüKoBGB/*Schubert* § 169 Rn. 1; Soergel/*Leptien* BGB § 169 Rn. 1; Staudinger/*Schilken* BGB § 169 Rn. 4.
3 Auf § 179 Abs. 3 S. 1 weisen auch hin BeckOK BGB/*Schäfer* § 169 Rn. 3; Erman/*Maier-Reimer* BGB § 169 Rn. 1; Staudinger/*Schilken* BGB § 169 Rn. 4.
4 BeckOK BGB/*Schäfer* § 169 Rn. 8; MüKoBGB/ *Schubert* § 169 Rn. 4; Soergel/*Leptien* BGB § 169 Rn. 3; Staudinger/*Schilken* BGB § 169 Rn. 4.
5 Grund für diese Ausnahme ist, dass der Beauftragte bereits dadurch hinreichend geschützt ist, dass der Widerruf regelmäßig erst durch Zugang bei ihm wirksam wird, vgl. Palandt/*Sprau* BGB § 674 Rn. 2.
6 Soergel/*Leptien* BGB § 169 Rn. 3; Staudinger/*Schilken* BGB § 169 Rn. 7.
7 Ebenso Staudinger/*Schilken* BGB § 169 Rn. 7; MüKoBGB/*Schubert* § 169 Rn. 5; aA noch MüKoBGB/*Schramm* (6. Aufl.) § 169 Rn. 6.
8 BeckOK BGB/*Schäfer* § 169 Rn. 7; Staudinger/*Schilken* BGB § 169 Rn. 2.

III. Bösgläubigkeit des Dritten

§ 169 nimmt von der Fiktion des Fortbestehens der Vollmacht diejenigen Fälle aus, in denen der **Dritte**, mit 5
dem das Vertretergeschäft geschlossen wurde, das **Erlöschen des Grundverhältnisses** (und infolgedessen
der Vollmacht) bei der Vornahme des Geschäfts **kannte oder kennen musste**.[9] Für das Kennenmüssen gilt
der Maßstab des § 173 (→ § 173 Rn. 4).

IV. Rechtsfolge

Der bösgläubige Dritte kann sich nicht **zu seinen Gunsten** auf das Vorliegen der Vollmacht berufen. Der 6
Bevollmächtigte handelte demnach ihm gegenüber als Vertreter ohne Vertretungsmacht, freilich ohne aus
§ 179 zu haften (Grund: § 179 Abs. 3 S. 1; dazu → Rn. 1). Die Vollmacht gilt dem bösgläubigen Dritten
gegenüber jedoch als fortbestehend, soweit ihr Gebrauch durch den Vertreter zu seinem Nachteil geht.[10]
Außerdem berührt § 169 nicht das **Innenverhältnis** zwischen Vertreter und Vertretenem, das **allein nach
den §§ 674, 675, 729** zu beurteilen ist. Aufgrund eines danach als fortbestehend geltenden Innenverhältnisses können dem Vertreter Aufwendungsersatzansprüche wegen eines von ihm getätigten Vertretergeschäfts
auch dann zustehen, wenn im Außenverhältnis § 169 zur Anwendung kommt und das Vertretergeschäft
somit keine Wirkung für den Geschäftsherrn entfaltet.[11]

C. Weitere praktische Hinweise

Wer das Erlöschen der Vollmacht geltend macht und sich dazu auf die Bösgläubigkeit des Dritten beruft, 7
muss die tatsächlichen Voraussetzungen der Bösgläubigkeit beweisen.[12]

§ 170 Wirkungsdauer der Vollmacht

**Wird die Vollmacht durch Erklärung gegenüber einem Dritten erteilt, so bleibt sie diesem gegenüber
in Kraft, bis ihm das Erlöschen von dem Vollmachtgeber angezeigt wird.**

Literatur: *Canaris*, Die Vertrauenshaftung im deutschen Privatrecht, 1971; *Frotz*, Verkehrsschutz im Vertretungsrecht,
1972; *Kindl*, Rechtsscheintatbestände und ihre rückwirkende Beseitigung, 1999; *Lobinger*, Rechtsgeschäftliche Verpflichtung und autonome Bindung, 1999.

A. Allgemeines 1   III. Schutzwürdigkeit des Dritten 5
B. Regelungsgehalt 3   IV. Rechtsfolge 6
    I. Wirksam erteilte Außenvollmacht 3   C. Weitere praktische Hinweise 7
    II. Fehlende Erlöschensanzeige 4

A. Allgemeines

Die §§ 170–173 sind im Zusammenhang zu sehen: Wenn der Dritte, mit dem der Bevollmächtigte im 1
Namen des Vertretenen in rechtsgeschäftlichen Kontakt getreten ist, sein Vertrauen auf den (Fort-)Bestand
der Vertretungsmacht auf eine Außenvollmacht (§ 170), eine besondere Mitteilung oder öffentliche
Bekanntmachung (§ 171) oder eine ihm vorgelegte, dem Vertreter vom Vollmachtgeber ausgehändigte Vollmachtsurkunde (§ 172) gegründet hat, ordnet das Gesetz jeweils das Fortbestehen der Vertretungsmacht an,
bis dem Dritten das Erlöschen angezeigt (§ 170), die Kundgebung widerrufen (§ 171 Abs. 2) oder die
Urkunde zurückgegeben oder für kraftlos erklärt wird (§ 172 Abs. 2). Dieser Schutz wird dem Dritten
jedoch nach § 173 nicht gewährt, wenn er das Erlöschen der Vertretungsmacht bei der Vornahme des
Rechtsgeschäfts mit dem Vertreter kennt oder kennen muss. Die Fortgeltung der Vollmacht nach diesen
Vorschriften zu erklären und dogmatisch zu verorten, fällt nicht leicht: Nach der herrschenden **Rechtsscheintheorie** handelt es sich um Fälle, in denen ein vom Vollmachtgeber gesetzter Rechtsscheintatbestand
die Grundlage für positiven Vertrauensschutz bietet, nachdem die (rechtsgeschäftliche) Vollmacht weggefal-

---

9   Dazu, dass es auf Kenntnis oder Kennenmüssen vom   10   Soergel/*Leptien* BGB § 169 Rn. 2.
    Erlöschen des Grundverhältnisses ankommt, Erman/   11   Soergel/*Leptien* BGB § 169 Rn. 3.
    Maier-Reimer BGB § 169 Rn. 2; Staudinger/*Schilken* 12   Soergel/*Leptien* BGB § 169 Rn. 4; Staudinger/*Schil-
    BGB § 169 Rn. 3 mwN.   ken* BGB § 169 Rn. 8.

len ist.[1] Nach der **Rechtsgeschäftstheorie** sind hingegen sowohl die externe Vollmachtserteilung als auch die Kundgabeakte nach den §§ 171, 172 jeweils Fälle rechtsgeschäftlicher Begründung einer Vollmacht, deren Erlöschen nur durch die in den §§ 170, 171 Abs. 2, 172 Abs. 2 vorgesehenen Maßnahmen bewirkt werden kann.[2] Ein neuerer Versuch, die §§ 170–173 rechtsgeschäftlich zu erklären, will stattdessen den Haftungsgrund in einer zusicherungsgleichen rechtsgeschäftlichen Risikoübernahme durch den Vollmachtgeber erblicken.[3]

2 Eine **Stellungnahme** zu dieser Grundsatzfrage hat die gegensätzlichen Ansätze an ihrer Vereinbarkeit mit den einzelnen in den §§ 170 ff. geregelten Tatbeständen zu messen. Der in **§ 170** angeordnete Fortbestand der durch externe Bevollmächtigung begründeten Vertretungsmacht bis zur Erlöschensanzeige lässt sich **rechtsgeschäftlich erklären**, ohne dass es des Rückgriffs auf die Rechtsscheintheorie bedarf: Dass die Außenvollmacht bis zur Erlöschensanzeige in Kraft bleibt, bedeutet schlicht, dass sie ihre rechtsgeschäftlich begründete Legitimationswirkung erst mit der Anzeige und nicht schon durch internen Widerruf verliert.[4] Insoweit stellt § 170 eine Sonderregelung gegenüber § 168 S. 3 iVm § 167 Abs. 1 dar. Die Grenze, die § 173 dieser Wirkung zieht, ist in Parallele zum Missbrauch der Vertretungsmacht (s. dazu → § 164 Rn. 84 ff.) zu interpretieren:[5] Wenn der Vertreter dem intern verlautbarten Willen des Vertretenen zuwiderhandelt und der Dritte davon weiß oder (im Sinne objektiver Evidenz des Missbrauchs) wissen muss, kann Letzterer sich nicht auf das Bestehen der Vertretungsmacht berufen. Der Wortlaut von § 173 mag von dieser Warte gesehen nicht glücklich formuliert sein; doch trifft er in der Sache das Richtige.

B. Regelungsgehalt

I. Wirksam erteilte Außenvollmacht

3 § 170 ist nur dann anwendbar, wenn eine **wirksame externe Bevollmächtigung** vorliegt,[6] die **dem Dritten zugegangen ist** und von der er – so jedenfalls das von der Rechtsscheintheorie ausgehende Schrifttum – **Kenntnis** hat.[7] An einer wirksamen Bevollmächtigung fehlt es nicht nur bei einer *ex lege* nichtigen, sondern auch bei einer durch Anfechtung rückwirkend beseitigten Vollmacht. Insoweit genießt der Dritte nur den Schutz nach den allgemeinen Rechtsgeschäftsregeln, also im Fall der Irrtumsanfechtung den Anspruch auf Ersatz des negativen Interesses nach § 122.

II. Fehlende Erlöschensanzeige

4 Die an den Dritten gerichtete Anzeige des Erlöschens der Außenvollmacht ist **dem externen Widerruf gleichzusetzen**.[8] Die hM unterscheidet allerdings zwischen dem externen Widerruf der Vollmacht als Willenserklärung und der Anzeige des Erlöschens nach internem Widerruf als geschäftsähnliche Handlung.[9] Im Ergebnis wird diese Differenzierung jedoch aufgrund der zumindest analogen Anwendung der Regeln über die Willenserklärung nicht praktisch relevant: Unstreitig wird die Erlöschensanzeige mit dem **Zugang** beim Dritten und unabhängig von dessen tatsächlicher Kenntnisnahme wirksam.[10] Darüber hinaus finden insbesondere auch die Regeln über die **Willensmängel** mindestens analoge Anwendung.[11]

---

1   *Canaris*, S. 32, 134 f.; *Frotz*, S. 307 f.; *Kindl*, S. 7 ff.; *Wolf/Neuner* BGB AT § 50 Rn. 62, 63; MüKoBGB/*Schubert* § 170 Rn. 1 ff.; Palandt/*Ellenberger* BGB § 170 Rn. 1; Soergel/*Leptien* BGB § 170 Rn. 1; differenzierend Staudinger/*Schilken* BGB § 170 Rn. 1.

2   *Flume* BGB AT Bd. 2 § 49, 2 c (S. 825 ff.), § 51, 9 (S. 856 ff.).

3   *Lobinger*, S. 245 ff.

4   *Flume* BGB AT Bd. 2 § 51, 9 (S. 856).

5   *Flume* BGB AT Bd. 2 § 49, 2 c (S. 827 f.). Dagegen ohne überzeugende Kritik *Lobinger*, S. 243 ff., dessen eigener Erklärungsversuch zu § 170 (S. 249 ff.) auf einer Leugnung der Möglichkeit einer Außenbevollmächtigung beruht, die ihrerseits auf ein unzulässig verengtes Verständnis der Vollmachtserteilung zurückgeht: Als rechtsgeschäftliche Legitimation des fremdbezogenen Handelns des Vertreters verstanden, ist eine externe Bevollmächtigung sehr wohl denkbar.

6   BeckOK BGB/*Schäfer* § 170 Rn. 3; *Bork* BGB AT Rn. 1519; MüKoBGB/*Schubert* § 170 Rn. 6; Soergel/ *Leptien* BGB § 170 Rn. 4; Staudinger/*Schilken* BGB § 170 Rn. 2; aA Palandt/*Ellenberger* BGB § 170 Rn. 1.

7   MüKoBGB/*Schubert* § 170 Rn. 6; Soergel/*Leptien* BGB § 170 Rn. 4.

8   *Flume* BGB AT Bd. 2 § 51, 9 (S. 857).

9   Statt vieler Soergel/*Leptien* BGB § 170 Rn. 3.

10   BeckOK BGB/*Schäfer* § 170 Rn. 10; Erman/*Maier-Reimer* BGB § 170 Rn. 3; MüKoBGB/*Schubert* § 170 Rn. 9; Soergel/*Leptien* BGB § 170 Rn. 3; Staudinger/*Schilken* BGB § 170 Rn. 7.

11   BeckOK BGB/*Schäfer* § 170 Rn. 9; Soergel/*Leptien* BGB § 170 Rn. 3; Staudinger/*Schilken* BGB § 170 Rn. 7; allg. für die entspr. Anwendung der Vorschriften über die Willenserklärung *Wolf/Neuner* BGB AT § 50 Rn. 64; MüKoBGB/*Schubert* § 170 Rn. 11.

III. Schutzwürdigkeit des Dritten

Soweit dem Dritten keine Anzeige über das Erlöschen der Außenvollmacht zugegangen ist, genießt sein **5**
Vertrauen auf den Fortbestand der Vollmacht **in den Grenzen des § 173** Schutz, und zwar nach der hier
vertretenen Auffassung (dazu → Rn. 2) aufgrund der rechtsgeschäftlichen Wirkung der Außenvollmacht
und nicht aufgrund einer davon zu unterscheidenden Rechtsscheinwirkung. Nicht in Betracht kommt die
Anwendung von § 170 allerdings, wenn ein **Insichgeschäft des Bevollmächtigten** vorliegt.[12] Darüber
hinaus wird dem Dritten der Schutz nach § 170 aufgrund der entgegenstehenden Vorschrift des § 117 InsO
verwehrt, wenn die Vollmacht wegen Eröffnung des **Insolvenzverfahrens** über das Vermögen des Vollmachtgebers erloschen ist.[13]

IV. Rechtsfolge

Fehlt eine Erlöschensanzeige gegenüber dem (gutgläubigen, § 173) Dritten, bleibt ihm gegenüber die **6**
Außenvollmacht in Kraft. Die hier vertretene Rechtsgeschäftstheorie (dazu → Rn. 1 f.) vermag diese vom
Gesetzgeber eindeutig festgeschriebene Rechtsfolge leichter zu erklären als die Rechtsscheintheorie, in
deren Konsequenz es liegt, das Vorliegen einer Vollmacht abzulehnen und an deren Stelle eine der Voll-
macht entsprechende gesetzliche Vertretungsmacht zu postulieren.[14] Eine Pflicht des Vollmachtgebers zur
Anzeige des Erlöschens besteht nicht; an das **Unterlassen der Anzeige** kann sich daher **nur unter beson-
deren Umständen ein Schadensersatzanspruch des Dritten** aus § 826 oder aus §§ 280 Abs. 1, 241
Abs. 2, 311 Abs. 2 (c.i.c.) knüpfen.[15] Ob der Vertreter durch den Gebrauch der nach § 170 fortbestehenden
Außenvollmacht eine Pflicht aus dem Innenverhältnis verletzt und dem Vertretenen dafür nach § 280
Abs. 1 haftet, ist nach den für das Innenverhältnis geltenden Regeln zu beurteilen. Im Verhältnis zwischen
Vertreter und Vertretenem kommen zudem Ansprüche aus GoA und Delikt in Betracht.[16]

C. Weitere praktische Hinweise

Die von der hM gezogene Trennlinie zwischen externem Widerruf und Erlöschensanzeige (dazu → Rn. 4) **7**
schafft das Risiko, dass die Vollmacht trotz Erlöschensanzeige weiter besteht, wenn der vom Vollmachtgeber angenommene Erlöschensgrund in Wahrheit nicht vorliegt (etwa weil der interne Widerruf nicht zugegangen ist).[17] Vor diesem Hintergrund empfiehlt es sich, bei der **Formulierung der Erlöschensanzeige**
dafür Sorge zu tragen, dass der Wille zur Beendigung der Vollmacht unabhängig von dem angenommenen
Erlöschensgrund eindeutig erkennbar wird, so dass sie notfalls als externer Widerruf ausgelegt werden
kann.

Wenn sich der Geschäftsgegner des Vertretenen im **Zivilprozess** auf den Fortbestand der Außenvollmacht **8**
nach § 170 beruft, hat er zu beweisen, dass eine wirksame externe Bevollmächtigung stattgefunden hat.
Umgekehrt hat der Vertretene das Erlöschen aufgrund der nach § 170 erforderlichen Anzeige oder aber die
nach § 173 zum Ausschluss der Vollmachtswirkung führende Bösgläubigkeit des Gegners zu beweisen.[18]
Ebenso obliegt ihm der Beweis fehlender Kenntnis des Gegners von der Außenvollmacht (dazu → Rn. 3).

§ 171 Wirkungsdauer bei Kundgebung

**(1) Hat jemand durch besondere Mitteilung an einen Dritten oder durch öffentliche Bekanntmachung
kundgegeben, dass er einen anderen bevollmächtigt habe, so ist dieser auf Grund der Kundgebung
im ersteren Falle dem Dritten gegenüber, im letzteren Falle jedem Dritten gegenüber zur Vertretung
befugt.**

**(2) Die Vertretungsmacht bleibt bestehen, bis die Kundgebung in derselben Weise, wie sie erfolgt ist,
widerrufen wird.**

Literatur: *Canaris*, Die Vertrauenshaftung im deutschen Privatrecht, 1971; *Frotz*, Verkehrsschutz im Vertretungsrecht,
1972; *Lobinger*, Rechtsgeschäftliche Verpflichtung und autonome Bindung, 1999.

---

12 BGH NJW 1999, 486 (487).
13 Dazu mwN Staudinger/*Schilken* BGB § 170 Rn. 6.
14 So etwa Soergel/*Leptien* BGB § 170 Rn. 2.
15 MüKoBGB/*Schubert* § 170 Rn. 12; Soergel/*Leptien*
    BGB § 170 Rn. 3; Staudinger/*Schilken* BGB § 170
    Rn. 8.

16 Staudinger/*Schilken* BGB § 170 Rn. 9.
17 Vgl. MüKoBGB/*Schubert* § 170 Rn. 11; Soergel/*Lep-
    tien* BGB § 170 Rn. 3.
18 BeckOK BGB/*Schäfer* § 170 Rn. 11; Staudinger/
    Schilken BGB § 170 Rn. 10.

A. Allgemeines 1   III. Rechtsfolge der Kundgabe 5
B. Regelungsgehalt 2   IV. Widerruf 6
   I. Kundgabe durch besondere Mitteilung 2   C. Weitere praktische Hinweise 7
   II. Kundgabe durch öffentliche Bekanntmachung   4

A. Allgemeines

1 Der zwischen den Vertretern der Rechtsschein- und der Rechtsgeschäftstheorie ausgetragene **Streit um die dogmatische Einordnung der §§ 170–173** (dazu allgemein → § 170 Rn. 1) setzt sich bei § 171 fort. § 171 wird **überwiegend** im Sinne der **Rechtsscheintheorie** interpretiert: Die Kundgabe einer erfolgten internen Bevollmächtigung durch besondere Mitteilung oder durch öffentliche Bekanntmachung ist danach als Rechtsscheintatbestand zu verstehen, auf dessen Grundlage der gutgläubige Geschäftsgegner (vgl. § 173) positiven Vertrauensschutz bis zum Widerruf nach Abs. 2 genießt.[1] Nach der **Rechtsgeschäftstheorie** handelt es sich dagegen bei den in § 171 geregelten Kundgabeakten um rechtsgeschäftliche Erklärungen, durch die der Vertreter Vollmacht erhält.[2] Hierfür sprechen in der Tat die besseren Gründe: Die Grenze zwischen rechtsgeschäftlicher und Rechtsscheinvollmacht nach der Differenzierung zwischen konstitutiven Erklärungen (dann Rechtsgeschäft) und deklaratorischen Äußerungen (dann Rechtsscheintatbestand) zu ziehen, ist nicht sinnvoll, weil diese Unterscheidung bei der Vollmacht für den Rechtsverkehr nicht relevant ist (s. auch → § 167 Rn. 77). Deshalb sollte man die Kundgabeakte nach § 171 nicht ihrer deklaratorischen Natur wegen der Rechtsscheinhaftung zuordnen. Entscheidend ist vielmehr, dass die Kundgabe ihrem Sinn nach darauf gerichtet ist, dem Vertreterhandeln die Legitimation zu verschaffen, an die die Wirkung der Stellvertretung für und gegen den Vertretenen anknüpft. Vor diesem Hintergrund kommt ihr die Qualität einer Willenserklärung zu (zur Bedeutung von § 173 als Pendant zum Missbrauch der Vertretungsmacht → § 170 Rn. 2). Die **praktische Relevanz** dieser Weichenstellung sollte freilich nicht überschätzt werden: Selbst wenn man in der Kundgabe nur einen Rechtsscheintatbestand sieht, sind darauf die Regeln über die Willenserklärung, insbesondere über die Willensmängel, richtigerweise jedenfalls analog anzuwenden (dazu → Rn. 2).

B. Regelungsgehalt

I. Kundgabe durch besondere Mitteilung

2 Abs. 1 Alt. 1 knüpft die Vollmachtswirkung an eine Kundgabe der Bevollmächtigung durch **besondere Mitteilung**. Diese ist nach hier vertretener Ansicht (→ Rn. 1) rechtsgeschäftlicher Natur, dagegen **nach hM eine geschäftsähnliche Handlung**,[3] auf die die Regeln über die Willenserklärung in den §§ 104 ff. jedoch grundsätzlich analoge Anwendung finden. Demnach muss der Urheber der Mitteilung unstreitig **geschäftsfähig** sein[4] oder, falls er beschränkt geschäftsfähig und das abzuschließende Geschäft einwilligungsbedürftig ist, über die Einwilligung seines gesetzlichen Vertreters verfügen.[5] Darüber hinaus sind aber auch die Vorschriften der §§ 116 ff. über die **Nichtigkeit oder Anfechtbarkeit wegen Willensmängeln** direkt oder zumindest analog auf die Mitteilung anzuwenden.[6] Denn auch dann, wenn man die Mitteilung nur als Rechtsscheintatbestand versteht, gibt es keinen Grund, den durch sie begründeten Rechtsschein einer Bevollmächtigung mit einer stärkeren Wirkung auszustatten als eine echte, im Falle eines Willensmangels anfechtbare Außenvollmacht (zur Anfechtung der Vollmacht → § 167 Rn. 21 ff.). Als **Anfechtungsgrund** kommt indes **nicht der Irrtum über das Vorliegen oder die Wirksamkeit der Vollmacht** in Betracht, über deren Bestehen die Mitteilung Auskunft gibt: Insoweit handelt es sich um einen bloßen Motivirrtum.[7]

3 Im Übrigen gilt: Anders als die Kundgabe durch öffentliche Bekanntmachung muss die Mitteilung **an den Dritten gerichtet** und diesem **zugegangen** bzw. bei mündlicher Mitteilung von diesem vernommen worden

---

1   BeckOK BGB/*Schäfer* § 171 Rn. 2; *Canaris*, S. 32 f., 134 f.; Erman/*Maier-Reimer* BGB § 171 Rn. 1; *Wolf/Neuner* BGB AT § 50 Rn. 69; MüKoBGB/*Schubert* § 171 Rn. 1 f.; Soergel/*Leptien* BGB § 171 Rn. 1 f.

2   *Flume* BGB AT Bd. 2 § 49, 2 a (S. 825 ff.); für eine echte Bevollmächtigung auch *Pawlowski* BGB AT Rn. 716 ff. Ebenfalls für eine rechtsgeschäftliche Einordnung der Kundgabeakte, jedoch im Sinne einer zusicherungsgleichen Risikoübernahme, *Lobinger*, S. 245 ff. (s. dazu auch § 170 Fn. 5).

3   Erman/*Maier-Reimer* BGB § 171 Rn. 1, 3, 7; Soergel/*Leptien* BGB § 171 Rn. 4; Staudinger/*Schilken* BGB § 171 Rn. 3.

4   Vgl. BGHZ 65, 13; NJW 1977, 622 (623).

5   Staudinger/*Schilken* BGB § 171 Rn. 5 mwN.

6   Vgl. schon Motive I, S. 237 f. = Mugdan I, S. 483 f.; Prot. I, S. 301 = Mugdan I, S. 741. Wie hier BeckOK BGB/*Schäfer* § 171 Rn. 11; *Canaris*, S. 35 ff.; *Flume* BGB AT Bd. 2 § 49, 2 c (S. 826) MüKoBGB/*Schubert* § 171 Rn. 9; Palandt/*Ellenberger* BGB § 171 Rn. 1; Soergel/*Leptien* BGB § 171 Rn. 4; Staudinger/*Schilken* BGB § 171 Rn. 9; Erman/*Maier-Reimer* BGB § 171 Rn. 1.

7   MüKoBGB/*Schubert* § 171 Rn. 9; Soergel/*Leptien* BGB § 171 Rn. 4; Staudinger/*Schilken* BGB § 171 Rn. 9.

sein.[8] Darüber hinaus wird – wie bei der externen Bevollmächtigung nach § 170 (→ § 170 Rn. 3) – verlangt, dass der Dritte von der an ihn gerichteten Mitteilung **Kenntnis** hat.[9] Ist der Dritte dagegen nur Zeuge einer für ihn nicht bestimmten Erklärung des Vollmachtgebers geworden, fehlt es an einer Mitteilung iSv § 171.[10] Notwendiger **Inhalt** der Mitteilung ist die Unterrichtung des Dritten über die **Person des Bevollmächtigten** (idR durch namentliche Benennung) und den **Umfang seiner Vertretungsmacht**.[11] Diese Unterrichtung kann **formlos** und durch **schlüssiges Verhalten** erfolgen,[12] ohne dass dafür – entgegen einer teilweise vertretenen Ansicht[13] – ein „Mitteilungsbewusstsein" oder ein „Kundgebungswille" erforderlich wäre (dessen Fehlen kann wie das Fehlen des Erklärungsbewusstseins überhaupt nur Anfechtungsgrund sein).[14] Zeitlich muss die Unterrichtung des Dritten **der Vornahme des Vertretergeschäfts vorangehen**; eine nach Geschäftsabschluss zugehende Mitteilung ist allein nach § 177 zu würdigen.[15] **Nicht erforderlich** ist eine **Mitteilung durch den Vertretenen selbst**; die Einschaltung eines Boten oder eines Vertreters ist daher zulässig.[16] Dabei versteht es sich, dass der Vertreter, von dem die Mitteilung ausgeht, nicht mit der aus der Mitteilung hervorgehenden Person des Bevollmächtigten identisch sein darf. Richtigerweise kommt der Bevollmächtigte aber auch nicht als Bote der Mitteilung über die ihm erteilte Vollmacht in Betracht.[17] Denn ließe man die Übermittlung der ihn betreffenden Kundgebung durch ihn selbst genügen, wäre § 172 obsolet.

II. Kundgabe durch öffentliche Bekanntmachung

Für die in Abs. 1 Alt. 2 geregelte Kundgabe durch öffentliche Bekanntmachung gilt das in → Rn. 2 f. zur **4** besonderen Mitteilung Gesagte grundsätzlich entsprechend: Auch sie unterliegt den §§ 104 ff. (zumindest in analoger Anwendung), bedarf keiner Form und muss nicht ausdrücklich erfolgen,[18] wobei allerdings nicht darauf verzichtet werden darf, dass sich der Bekanntmachung die Person des Bevollmächtigten entnehmen lassen muss.[19] Besonderheiten ergeben sich allerdings daraus, dass die öffentliche Bekanntmachung (anders als die Mitteilung) **an einen nicht begrenzten Personenkreis gerichtet** ist. So gelten für die Anfechtung die §§ 143 Abs. 4 S. 1, 171 Abs. 2 entsprechend.[20] Typische Formen der Bekanntmachung sind Zeitungsannoncen oder Postwurfsendungen, aber auch die Eintragung in das **Handelsregister**[21] (beachte allerdings § 15 Abs. 3 HGB), nicht jedoch die Eintragung in das Gewerberegister.[22]

III. Rechtsfolge der Kundgabe

Im Fall der besonderen Mitteilung handelt der Vertreter dem Adressaten und im Fall der öffentlichen **5** Bekanntmachung jedem Dritten gegenüber in dem aus der Kundgabe ersichtlichen Umfang **mit Vertretungsmacht**. Dies gilt zunächst in dem Normalfall, in dem eine zunächst bestehende (Innen-)Vollmacht nach der Kundgabe intern **widerrufen** wurde oder **sonst erloschen** ist, aber auch dann, wenn die Vollmacht bereits vor der Kundgabe erloschen oder beschränkt war oder an einem Nichtigkeits- oder Anfechtungsgrund litt.[23] Darüber hinaus besteht die Wirkung der Kundgabe aber auch dann, wenn die Vollmacht im Zeitpunkt der Kundgabe überhaupt noch **nicht erteilt** war.[24] In all diesen Fällen – also nicht nur bei erloschener, sondern auch bei fehlender Vollmacht (dazu → § 173 Rn. 2) – ist indes nach § 173 dem bösgläubigen Dritten die Berufung auf die Vertretungsmacht versagt.

8 Statt vieler Staudinger/*Schilken* BGB § 171 Rn. 4.

9 RGZ 104, 358, 360; BeckOK BGB/*Schäfer* § 171 Rn. 5; MüKoBGB/*Schubert* § 171 Rn. 3; Soergel/*Leptien* BGB § 171 Rn. 2; Staudinger/*Schilken* BGB § 171 Rn. 12.

10 MüKoBGB/*Schubert* § 171 Rn. 3.

11 Vgl. RG JW 1929, 576; BGHZ 20, 239, 248; OLG Frankfurt NotBZ 2008, 123; MüKoBGB/*Schubert* § 171 Rn. 4; Soergel/*Leptien* BGB § 171 Rn. 3.

12 RGZ 81, 257, 260; BeckOK BGB/*Schäfer* § 171 Rn. 6 f.; MüKoBGB/*Schubert* § 171 Rn. 4; Soergel/*Leptien* BGB § 171 Rn. 3; Staudinger/*Schilken* BGB § 171 Rn. 4 (dort auch Nachw. zur in älterer Lit. vereinzelt vertretenen Gegenansicht).

13 BGHZ 25, 239, 248; MüKoBGB/*Schubert* § 171 Rn. 3.

14 Dazu allg. BGHZ 91, 324.

15 MüKoBGB/*Schubert* § 171 Rn. 6; Soergel/*Leptien* BGB § 171 Rn. 2.

16 Erman/*Maier-Reimer* BGB § 171 Rn. 3; MüKoBGB/*Schubert* § 171 Rn. 8; Soergel/*Leptien* BGB § 171 Rn. 3.

17 So allerdings nur in Bezug auf die mündliche Übermittlung durch den Vertreter Erman/*Maier-Reimer* BGB § 171 Rn. 3; MüKoBGB/*Schubert* § 171 Rn. 8; generell für die Möglichkeit der Einschaltung des Vertreters als Bote der Vollmachtsmitteilung dagegen Soergel/*Leptien* BGB § 171 Rn. 3.

18 MüKoBGB/*Schubert* § 171 Rn. 11; Staudinger/*Schilken* BGB § 171 Rn. 8; aA *Kindl*, S. 19.

19 RG HRR 1929 Nr. 797; Staudinger/*Schilken* BGB § 171 Rn. 8.

20 MüKoBGB/*Schubert* § 171 Rn. 11; Soergel/*Leptien* BGB § 171 Rn. 4; Staudinger/*Schilken* BGB § 171 Rn. 9.

21 RGZ 133, 229, 233.

22 OLG Hamm NJW 1985, 1846 (1847).

23 RGZ 108, 125, 127; Soergel/*Leptien* BGB § 171 Rn. 1; MüKoBGB/*Schubert* § 171 Rn. 14, 15; Staudinger/*Schilken* BGB § 171 Rn. 7.

24 MüKoBGB/*Schubert* § 171 Rn. 15; Soergel/*Leptien* BGB § 171 Rn. 1; Staudinger/*Schilken* BGB § 171 Rn. 7; vgl. auch BGH NJW 1985, 730; 2000, 2270, 2271 (zu § 173).

IV. Widerruf

6   Die in → Rn. 5 dargestellte Wirkung der Kundgabe kann – außer durch Anfechtung (dazu → Rn. 2) – nach Abs. 2 durch einen **Widerruf** beseitigt werden, der **in derselben Weise wie die Kundgabe** zu erfolgen hat. Das heißt: **Jedem Dritten**, der durch eine **besondere Mitteilung** von der Vollmacht unterrichtet worden ist, muss der **Widerruf** erklärt werden, damit ihm (und nur ihm) gegenüber die Vertretungsmacht erlischt. Dabei kann eine schriftliche Mitteilung auch mündlich widerrufen werden.[25] Seine Wirkung entfaltet der Widerruf mit Zugang.[26] Im Fall einer Kundgabe im Wege **öffentlicher Bekanntmachung** genügt dagegen ein ebenfalls durch öffentliche Bekanntmachung verbreiteter Widerruf zur Beseitigung der Vollmacht. Dabei muss sich der Vollmachtgeber nicht desselben Mediums bedienen wie bei der Kundgabe; es kommt allein darauf an, dass im Wesentlichen **derselbe Personenkreis** angesprochen wird.[27] Zuzulassen ist im Fall einer Kundgabe durch öffentliche Bekanntmachung aber **auch ein Widerruf durch besondere Mitteilung** gegenüber einzelnen Dritten.[28] Die Vollmacht wird dann freilich nur im Verhältnis zu den Adressaten der Mitteilung und nicht schlechthin beseitigt.

C. Weitere praktische Hinweise

7   Der Dritte, der sich im **Zivilprozess** auf § 171 beruft, trägt die **Beweislast** für das Vorliegen des Kundgebungsaktes, der ihm gegenüber die Vertretungsmacht begründet. Die Kenntnis der Kundgabe, die nach verbreiteter Ansicht zu verlangen ist (→ Rn. 3), wird allerdings vermutet.[29] Umgekehrt hat der Vertretene den Widerruf nach Abs. 2 zu beweisen.[30]

§ 172 Vollmachtsurkunde

(1) Der besonderen Mitteilung einer Bevollmächtigung durch den Vollmachtgeber steht es gleich, wenn dieser dem Vertreter eine Vollmachtsurkunde ausgehändigt hat und der Vertreter sie dem Dritten vorlegt.

(2) Die Vertretungsmacht bleibt bestehen, bis die Vollmachtsurkunde dem Vollmachtgeber zurückgegeben oder für kraftlos erklärt wird.

Literatur: *Bous*, Fortbestand und Rechtsschein der Untervollmacht trotz Wegfall der Hauptvollmacht, RNotZ 2004, 483; *Canaris*, Die Vertrauenshaftung im deutschen Privatrecht, 1971; *Oechsler*, Die Bedeutung des § 172 Abs. 1 BGB beim Handeln unter fremdem Namen im Internet, AcP 208 (2008), 565; vgl außerdem die Hinweise bei § 170.

A. Allgemeines	1		V. Erlöschen der Vertretungsmacht nach Abs. 2	10
B. Regelungsgehalt	2		VI. Die analoge Anwendung von § 172 auf Blan-	
I. Die Vollmachtsurkunde	2		koerklärungen und im digitalen Geschäftsver-	
II. Aushändigung durch den Vollmachtgeber	3		kehr	13
III. Vorlage durch den Vertreter	6		C. Weitere praktische Hinweise	14
IV. Rechtsfolge	9			

A. Allgemeines

1   Die in Abs. 1 angeordnete **Gleichstellung** der Vorlage einer vom Vollmachtgeber ausgehändigten Vollmachtsurkunde mit der in § 171 Abs. 1 geregelten Mitteilung der Bevollmächtigung führt, was die Einordnung der Urkundenaushändigung betrifft, in der Kontroverse zwischen Rechtsschein- und Rechtsgeschäftstheorie (s. dazu → § 170 Rn. 1) zu dem gleichen Meinungsbild wie zu § 171 (→ § 171 Rn. 1): **Überwiegend** wird davon ausgegangen, dass es sich hierbei um **Rechtsscheintatbestände** handelt, während die **Gegenmeinung** in den §§ 171 f. Fälle einer **rechtsgeschäftlich begründeten Vollmacht** sieht. Nach der hiesigen Ansicht steht nichts entgegen, die Aushändigung einer Vollmachtsurkunde als Rechtsgeschäft anzusehen, das durch die Vorlage den Charakter einer externen Bevollmächtigung erhält.[1] Auch hier gilt wie bei der Kundgabe nach § 171 (dazu → § 171 Rn. 1): Für die Einordnung als Rechtsgeschäft ist entschei-

---

25   MüKoBGB/*Schubert* § 171 Rn. 16 mwN.

26   Soergel/*Leptien* BGB § 171 Rn. 5; Staudinger/*Schilken* BGB § 171 Rn. 10.

27   MüKoBGB/*Schubert* § 171 Rn. 17; Staudinger/*Schilken* BGB § 171 Rn. 10.

28   Erman/*Maier-Reimer* BGB § 171 Rn. 8; Soergel/*Leptien* BGB § 171 Rn. 5; Staudinger/*Schilken* BGB

§ 171 Rn. 10; aA *Flume* BGB AT Bd. 2 § 51, 9 (S. 857), der aber durch die Anwendung von § 173 zu praktisch gleichen Ergebnissen gelangt.

29   Soergel/*Leptien* BGB § 171 Rn. 2.

30   Staudinger/*Schilken* BGB § 171 Rn. 13.

1   So bereits *Flume* BGB AT Bd. 2 § 49, 2 c (S. 826 f.).

dend, dass der Sinn der Urkundenaushändigung darin besteht, dem Vertreterhandeln die Legitimation zu verschaffen, welche die Rechtsfolgen der Stellvertretung nach § 164 begründet. Gerade dies macht die Bevollmächtigung aus und nicht die semantische Klassifikation einer Äußerung als konstitutive Erklärung. Wie bei der Kundgabe nach § 171 ist aber auch bei § 172 die **praktische Bedeutung** der dogmatischen Einordnung der Vorschrift für deren Auslegung nicht hoch zu veranschlagen: Soweit man sich von der Warte der Rechtsscheintheorie jedenfalls zu einer analogen Anwendung der Rechtsgeschäftsregeln bekennt, gelangt man zu Ergebnissen, die mit denen der Rechtsgeschäftstheorie übereinstimmen.

B. Regelungsgehalt

I. Die Vollmachtsurkunde

Die Vollmachtsurkunde ist die schriftliche Erklärung des Vollmachtgebers, dass er der in der Urkunde   **2** genannten Person Vollmacht erteile oder erteilt habe. Obwohl das Gesetz für die Vollmachtsurkunde keine bestimmte **Form** vorschreibt, besteht angesichts der Bedeutung der mit der Urkunde verbundenen Folgen im neueren Schrifttum nunmehr wohl Einigkeit darüber, dass die **Erfordernisse des § 126** gewahrt sein müssen.[2] Demnach ist die Urkunde mit der den Text abschließenden Namensunterschrift oder dem notariell beglaubigten Handzeichen des Vollmachtgebers zu versehen.[3] Für die Ersetzbarkeit der Schriftform gelten die §§ 126 Abs. 4, 127a; die elektronische Form (§§ 126 Abs. 3, 126a) kommt in Anbetracht der hiermit nicht zu vereinbarenden Regelungen in den §§ 172, 174–176 als Ersatzform nicht in Betracht. **Urheber** der Urkunde muss die als Aussteller erkennbare Person sein. Auf eine **unechte Urkunde** findet § 172 daher keine Anwendung,[4] wohl aber auf eine echte, nur **zum Schein ausgestellte Urkunde** (zur Anwendung von § 117 → Rn. 4).[5] Allerdings kann sich im Falle einer zum Schein ausgestellten Urkunde der Bevollmächtigte, der von der Scheinnatur Kenntnis hat, beim Abschluss eines Insichgeschäfts nicht auf § 172 berufen.[6] Notwendiger **Inhalt** der Urkunde sind die Bezeichnung des Bevollmächtigten[7] (nicht notwendig namentlich; ausreichend ist auch der Bezug auf den Urkundeninhaber)[8] und eine Erklärung über die Bevollmächtigung, die sich nicht nur aus den Umständen ergeben darf.[9] **Nicht** als Urkunden im Sinne des § 172 in Betracht kommen **Bestellungsurkunden für gesetzliche Vertreter**;[10] im rechtsgeschäftlichen Verkehr mit gesetzlichen Vertretern (und ebenso mit Verwaltern fremden Vermögens)[11] trägt daher der Dritte das Risiko einer Fehleinschätzung der Vertretungsmacht. Nach hM ist § 172 auch nicht auf einen die Vertretung regelnden **Gesellschaftsvertrag** anzuwenden, weil dieser kein zum externen Gebrauch bestimmtes Schriftstück ist.[12] Dem ist jedoch nicht zu folgen (→ § 174 Rn. 5).

II. Aushändigung durch den Vollmachtgeber

Die Aushändigung der Urkunde durch den Vollmachtgeber ist **nach der hM**, die in § 172 einen Rechts-   **3** scheintatbestand erblickt, als **geschäftsähnliche Handlung**[13] und **nach der hier vertretenen Rechtsgeschäftstheorie** (→ Rn. 1) als **rechtsgeschäftlicher Tatbestand**[14] einzuordnen. Ungeachtet dieser Divergenz besteht indes Einigkeit darüber, dass die Aushändigung objektiv eine **Übergabe der Urkunde zum Zwecke des Gebrauchmachens** voraussetzt.[15] Wenn darüber hinaus gesagt wird, die Aushändigung müsse in subjektiver Hinsicht vom Willen des Vollmachtgebers getragen sein,[16] so ist dies dahin gehend zu präzisieren, dass der **Handlungswille** erforderlich ist, nicht dagegen – und dies gilt unabhängig vom dogmatischen Ausgangspunkt bei der Auslegung von § 172 – das Bewusstsein, rechtserheblich zu handeln, oder gar der Wille, die in § 172 angeordnete Rechtsfolge herbeizuführen (zur abhanden gekommenen Vollmachtsurkunde → Rn. 5).

---

2   BeckOK BGB/*Schäfer* § 172 Rn. 4; Erman/*Maier-Reimer* BGB § 172 Rn. 4; MüKoBGB/*Schubert* § 172 Rn. 13; RGRK/*Steffen* BGB § 172 Rn. 2; Soergel/*Leptien* BGB § 172 Rn. 2; Staudinger/*Schilken* BGB § 172 Rn. 1.

3   RGZ 124, 383, 386; RG JW 1934, 2394.

4   MüKoBGB/*Schubert* § 172 Rn. 15; Staudinger/*Schilken* BGB § 172 Rn. 1.

5   RGZ 90, 273, 279; MüKoBGB/*Schubert* § 172 Rn. 15; Staudinger/*Schilken* BGB § 172 Rn. 1.

6   BGH NJW 1999, 486.

7   RGZ 124, 383, 386.

8   MüKoBGB/*Schubert* § 172 Rn. 14; Soergel/*Leptien* BGB § 172 Rn. 2.

9   OLG Celle WM 1960, 1072; Staudinger/*Schilken* BGB § 172 Rn. 1.

10   RGZ 74, 263, 265.

11   MüKoBGB/*Schubert* § 172 Rn. 6.

12   *Heil* NJW 2002, 2158 mit Nachw. auch zur Gegenmeinung; Staudinger/*Schilken* BGB § 172 Rn. 1.

13   BGH NJW 1975, 2101 (2102 f.); BeckOK BGB/*Schäfer* § 172 Rn. 5; Erman/*Maier-Reimer* BGB § 172 Rn. 5; MüKoBGB/*Schubert* § 172 Rn. 18; Soergel/*Leptien* BGB § 172 Rn. 3; differenzierend Staudinger/*Schilken* BGB § 172 Rn. 2.

14   So bereits *Flume* BGB AT Bd. 2 § 49, 2 c (S. 825 ff.).

15   Statt vieler Soergel/*Leptien* BGB § 172 Rn. 3.

16   BGH NJW 1975, 2101 (2102 f.); BeckOK BGB/*Schäfer* § 172 Rn. 6; MüKoBGB/*Schubert* § 172 Rn. 16; Soergel/*Leptien* BGB § 172 Rn. 3; Staudinger/*Schilken* BGB § 172 Rn. 2.

4   Auf die Aushändigung sind die **Regeln über die Willenserklärung zumindest analog**, nach der hier vertretenen Ansicht sogar direkt **anzuwenden**. Mithin muss der Vollmachtgeber **geschäftsfähig** sein[17] oder, falls er beschränkt geschäftsfähig ist und die Vollmacht den Abschluss zustimmungsbedürftiger Rechtsgeschäfte umfasst, über die Einwilligung seines gesetzlichen Vertreters verfügen. Ebenso kommt die **Nichtigkeit oder Anfechtbarkeit bei Vorliegen eines Willensmangels** in Betracht.[18] Da Adressaten der in der Aushändigung liegenden Willenserklärung (oder nach der hM: der geschäftsähnlichen Handlung) die Dritten sind, denen der Vertreter die Urkunde vorlegt, kommt es bei der Prüfung der Nichtigkeit nach §§ 117 Abs. 1, 118 auf die jeweilige Person des Dritten an.

5   Ist die Vollmachtsurkunde dem Vertreter nicht vom Vollmachtgeber ausgehändigt worden (in dem in → Rn. 3 erläuterten Sinne), sondern in den Besitz des Vertreters gelangt, nachdem sie dem Vollmachtgeber gestohlen oder sonst **abhandengekommen** war, stellt sich die Frage einer **analogen Anwendung von § 172**. Diese Frage wird vom BGH und vom ganz überwiegenden Schrifttum **verneint**:[19] Es liege weder rechtsgeschäftliches bzw. rechtsgeschäftsähnliches Verhalten noch die zurechenbare Setzung eines Rechtsscheins voraus. Insoweit sind jedoch **Bedenken** anzumelden, was die **Übereinstimmung mit der allgemeinen Behandlung „abhanden gekommener" Willenserklärungen** betrifft: Neigt man, wofür einiges spricht,[20] dazu, den auf zurechenbare Weise in den Verkehr gelangten Entwurf einer Willenserklärung als anfechtbar und nicht als nichtig zu behandeln, sollte nichts anderes für die in zurechenbarer Weise in den Verkehr gelangte Vollmachtsurkunde gelten: Erfolgt eine fristgerechte Anfechtung, haftet der Vollmachtgeber nach § 122;[21] bleibt sie aus, sollte richtigerweise § 172 analoge Anwendung finden.

III. Vorlage durch den Vertreter

6   Der Vertreter muss die Vollmachtsurkunde, die ihm der Vollmachtgeber ausgehändigt hat, dem Dritten **vor oder bei dem Abschluss des Vertretergeschäfts**[22] **vorgelegt** haben. Dabei muss dem Dritten die **Möglichkeit** verschafft worden sein, **durch eigene Wahrnehmung vom Inhalt der Urkunde Kenntnis zu nehmen**.[23] Statt des Vertreters kann auf dessen Veranlassung hin auch ein anderer Vertreter oder ein Bote die Urkunde vorlegen.[24] Darauf, ob der Dritte die ihm vorgelegte Urkunde tatsächlich liest, kommt es nicht an.[25] Steht der Vertreter in länger anhaltendem oder wiederholtem Kontakt zu dem Dritten, muss die Urkunde nicht vor jedem Geschäftsabschluss erneut vorgelegt werden; vielmehr reicht die einmalige Vorlage, wenn bei späteren Abschlüssen auf die Vollmacht Bezug genommen wird.[26] Im Übrigen erfüllt eine **Bezugnahme auf die Vollmachtsurkunde** die Voraussetzungen des Abs. 1 nur dann, wenn ein im Besitz der Urkunde befindlicher Dritter (etwa ein beurkundender Notar), der die Einsichtnahme unmittelbar gewähren kann, beim Abschluss des Vertretergeschäfts anwesend ist.[27]

7   Gegenstand der Vorlegung muss die **Urkunde in der Urschrift oder in einer Ausfertigung** sein.[28] Nicht ausreichend ist angesichts beliebiger Reproduzierbarkeit die Vorlage von beglaubigten oder unbeglaubigten Abschriften, Fotokopien oder Telefaxkopien.[29] Allerdings ist, wenn es an einer den Anforderungen des Abs. 1 genügenden Vorlage fehlt, stets daran zu denken, dass sich eine Verpflichtung des Vertretenen aus der Anwendung der allgemeinen Regeln über die Rechtsscheinvollmacht ergeben kann (s. dazu → § 167

---

17   BeckOK BGB/*Schäfer* § 172 Rn. 5; Erman/*Maier-Reimer* BGB § 172 Rn. 5; MüKoBGB/*Schubert* § 172 Rn. 16, 19; Soergel/*Leptien* BGB § 172 Rn. 3; Staudinger/*Schilken* BGB § 172 Rn. 2.

18   BeckOK BGB/*Schäfer* § 172 Rn. 5; *Flume* BGB AT Bd. 2 § 49, 2 c (S. 826); MüKoBGB/*Schubert* § 172 Rn. 16; Soergel/*Leptien* BGB § 172 Rn. 3; Palandt/*Ellenberger* BGB § 172 Rn. 1.

19   BGHZ 65, 13, 14 f.; OLG München FGPrax 2009, 260 (261); BeckOK BGB/*Schäfer* § 172 Rn. 6; *Flume* BGB AT Bd. 2 § 49, 2 c (S. 827); Soergel/*Leptien* BGB § 172 Rn. 3; Staudinger/*Schilken* BGB § 172 Rn. 7; aA etwa OLG Stuttgart MDR 1956, 673.

20   Dazu näher *Ackermann*, Der Schutz des negativen Interesses, § 12 II b bb.

21   (Nur) für eine analoge Anwendung von § 122 auch *Canaris* JZ 1976, 132; dagegen Staudinger/*Schilken* BGB § 172 Rn. 7 mwN.

22   Zum Zeitpunkt der Vorlegung BGH NJW 2008, 3355; MüKoBGB/*Schubert* § 172 Rn. 22.

23   RGZ 97, 273, 275; BGH NJW 1988, 697 (698); OLG Frankfurt RNotZ 2008, 153; aus der Lit. statt vieler MüKoBGB/*Schubert* § 172 Rn. 20.

24   OLG Karlsruhe NJW-RR 2003, 185 (188); Staudinger/*Schilken* BGB § 172 Rn. 3.

25   HM RGZ 88, 432; OLG Frankfurt RNotZ 2008, 153; MüKoBGB/*Schubert* § 172 Rn. 20; Staudinger/*Schilken* BGB § 172 Rn. 3; aA *Kindl*, S. 18 f.

26   MüKoBGB/*Schubert* § 172 Rn. 22, Staudinger/*Schilken* BGB § 172 Rn. 5.

27   BGHZ 76, 76, 79 f.; MüKoBGB/*Schubert* § 172 Rn. 20; Soergel/*Leptien* BGB § 172 Rn. 4; Staudinger/*Schilken* BGB § 172 Rn. 3.

28   Zur Vorlage der Ausfertigung einer notariellen Urkunde BGHZ 102, 60, 63; BGH NJW 2002, 2325 (2326); 2003, 2088, 2089; 2003, 2091, 2092; OLG Karlsruhe NJW-RR 2003, 185 (188); zur Abschrift: BGH NJW 2006, 1957 (1958 f.).

29   Dazu neben der in der vorigen Fn. nachgewiesenen Rspr. MüKoBGB/*Schubert* § 172 Rn. 21; Soergel/*Leptien* BGB § 172 Rn. 4; Staudinger/*Schilken* BGB § 172 Rn. 4; aA *Canaris*, S. 509; LG Hamburg GRUR-RR 2009, 198 (199).

Rn. 74 ff.), wenn sich das Vertrauen des Dritten auf das Vorliegen einer Vollmacht auf Umstände außerhalb der Urkunde gründet.

Im Falle einer **Untervollmacht** wird allein durch die Vorlegung einer Urkunde über die Untervollmacht **8** keine Legitimation des Handelns des Untervertreters für den Vertretenen begründet, weil damit nicht die Vertretungsmacht des Hauptvertreters nachgewiesen ist. Beruht die Hauptvertretungsmacht auf einer Bevollmächtigung durch den Vertretenen, hängt **nach überwiegender Ansicht** die Anwendung von Abs. 1 davon ab, dass außer der Urkunde über die Untervollmacht **auch die Urkunde über die Hauptvollmacht** vorgelegt wird.[30] Dem wird neuerdings widersprochen: Hänge die Wirksamkeit der Untervollmacht nicht vom (Fort-)Bestand der Hauptvollmacht ab (s. dazu → § 167 Rn. 67 ff.), genüge bereits die Vorlage der Urkunde über die Untervollmacht den Anforderungen von Abs. 1, wenn sich aus der Untervollmacht mit öffentlicher Beweiskraft ergebe, dass der Hauptbevollmächtigte bei Erteilung der Untervollmacht imstande war, eine ihn legitimierende Vollmachtsurkunde „vorzulegen".[31] Hierfür spricht in der Tat, dass sich die urkundliche Dokumentation der Vollmachtskette, auf die es bei Abs. 1 ankommt, in dieser Konstellation nur auf das Vorliegen der Hauptvollmacht im Zeitpunkt der Erteilung der Untervollmacht und nicht im Zeitpunkt des Abschlusses des Vertretergeschäfts beziehen muss.

IV. Rechtsfolge

Die Rechtsfolge der Urkundenvorlegung stimmt mit der Folge der Vollmachtskundgabe nach § 171 Abs. 1 **9** überein: Der Vertreter handelt demjenigen gegenüber, dem er die Urkunde vorgelegt hat, in dem aus der Urkunde ersichtlichen Umfang **mit Vertretungsmacht**. Das gilt – wie auch bei der Kundgebung nach § 171 Abs. 1 (s. dazu → § 171 Rn. 5) – nicht nur, wenn die Vollmacht **erloschen** ist, sondern auch dann, wenn die Vollmacht **nichtig** ist (beispielsweise wegen Verstoßes gegen den früheren Art. 1 § 1 RBerG; dazu → § 167 Rn. 31 f.) oder **nicht (dh überhaupt nicht oder nicht in dem aus der Urkunde ersichtlichen Umfang) erteilt** wurde.[32] Dies gilt allerdings nur, soweit der Mangel der Vollmacht **nicht aus der Urkunde ersichtlich** ist[33] und der Dritte den Mangel auch sonst nicht kannte oder kennen musste (§ 173).

V. Erlöschen der Vertretungsmacht nach Abs. 2

Die durch Vorlage der Urkunde begründete Vertretungsmacht erlischt mit der **Rückgabe der Vollmachts-** **10** **urkunde**. Einen hierauf gerichteten Anspruch gewährt § 175 dem Vollmachtgeber. Zur Rückgabe ist erforderlich, dass der Bevollmächtigte unter Aufgabe seines Besitzes dem Vollmachtgeber **willentlich** den Besitz an der Urkunde verschafft.[34] Die Urkunde kann, damit die Voraussetzungen von Abs. 2 erfüllt sind, auch einer anderen Person als dem Vollmachtgeber zurückgegeben werden, wenn diese Besitzmittlerin oder -dienerin des Vollmachtgebers oder nur diesem zur Herausgabe berechtigt oder verpflichtet ist.[35] Wird die Urkunde aber etwa einem Notar oder einem Grundbuchamt übermittelt, fehlt es an einer Rückgabe im Sinne von Abs. 2.[36] Sind dem Bevollmächtigten mehrere Urkunden ausgehändigt worden, begründet jede von ihnen bis zur Rückgabe an den Vollmachtgeber Vertretungsmacht nach Abs. 1. Ein Dritter, dem vor Abschluss eines Geschäfts mit dem Vertreter eine der Urkunden vorgelegt worden ist, bleibt so lange geschützt, bis gerade diese Urkunde dem Vollmachtgeber zurückgegeben wird.[37] Kommt es nach diesem Zeitpunkt zum Geschäftsabschluss mit dem Vertreter, finden die §§ 177 ff. Anwendung, soweit sich nicht aus anderen Umständen das Vorliegen einer Anscheins- oder Duldungsvollmacht (dazu → § 167 Rn. 74 ff.) ergibt.

Ebenso führt die **Kraftloserklärung** der Vollmachtsurkunde zum Erlöschen der Vertretungsmacht. Näheres **11** dazu regelt § 176.

Schließlich erkennt die hM über Abs. 2 hinaus die Möglichkeit einer Beseitigung der durch Urkundenvor- **12** lage begründeten Vertretungsmacht im Wege des **Widerrufs nach § 171 Abs. 2** an.[38] Der Widerruf kann

30 OLG München RNotZ 2008, 422 (423); MüKoBGB/ *Schubert* § 172 Rn. 23; Soergel/*Leptien* BGB § 172 Rn. 4; Staudinger/*Schilken* BGB § 172 Rn. 4.

31 *Bous* RNotZ 2004, 483.

32 Vgl. BGH NJW 1985, 730; 2002, 2270, 2271; 2003, 2091, 2092. Aus der Lit. statt vieler MüKoBGB/ *Schubert* § 172 Rn. 24 f.; vgl. die entspr. Ausführungen in § 171 Rn. 5.

33 MüKoBGB/*Schubert* § 172 Rn. 24 f.; Staudinger/ *Schilken* BGB § 172 Rn. 6 mwN.

34 BeckOK BGB/*Schäfer* BGB § 172 Rn. 11; MüKo-BGB/*Schubert* § 172 Rn. 26; Soergel/*Leptien* BGB § 172 Rn. 5; Staudinger/*Schilken* BGB § 172 Rn. 9.

35 MüKoBGB/*Schubert* § 172 Rn. 26; Staudinger/*Schilken* BGB § 172 Rn. 9.

36 Vgl. für eine zu den Grundakten gegebene Urkunde KG OLGE 28, 37.

37 MüKoBGB/*Schubert* § 172 Rn. 26; Soergel/*Leptien* BGB § 172 Rn. 5; Staudinger/*Schilken* BGB § 172 Rn. 9.

38 OLG Stuttgart DNotZ 1952, 183; BeckOK BGB/ *Schäfer* § 172 Rn. 12; *Canaris*, S. 137; Erman/*Maier-Reimer* BGB § 172 Rn. 15; Palandt/*Ellenberger* BGB § 172 Rn. 4; Soergel/*Leptien* BGB § 172 Rn. 5; Staudinger/*Schilken* BGB § 172 Rn. 10.

danach allerdings nur im Verhältnis zu denjenigen, an die er adressiert ist, mit Zugang zum Erlöschen der Vertretungsmacht führen. Dieser Ansicht ist entgegengehalten worden, dass der Widerruf in Anbetracht der ungewöhnlich starken Legitimationswirkung der Vollmachtsurkunde kein gleichwertiger **actus contrarius** sei.[39] Indes bleibt dieser Einwand praktisch so gut wie folgenlos, da der Dritte bei Zugang eines Widerrufs das Erlöschen der Vollmacht in aller Regel kennt oder kennen muss, so dass er sich jedenfalls nach § 173 nicht auf das Vorliegen der Vertretungsmacht berufen kann.[40]

VI. Die analoge Anwendung von § 172 auf Blankoerklärungen und im digitalen Geschäftsverkehr

13 Überlässt der Geschäftsherr die Vervollständigung oder Ausfüllung einer von ihm **unterschriebenen Blankoerklärung (Blankett)** einem anderen, findet nach ganz hM Abs. 2 analoge Anwendung.[41] Zwar liegt in der „Ausfüllungsermächtigung" keine Bevollmächtigung. Doch rechtfertigt die Ähnlichkeit des Blanketts mit einer Vollmachtsurkunde die Analogie. Rechtsfolge der Analogie ist – über die in Art. 10 WG, Art. 13 ScheckG geregelten Spezialfälle hinaus – die **Bindung des Blankettgebers an den vervollständigten Text**, und zwar auch und gerade dann, **wenn das Blankett abredewidrig vervollständigt wurde**. Ebenso wie bei direkter Anwendung von § 172 ist dazu eine an das Ende des Schriftstücks gesetzte Unterschrift bzw. ein notariell beglaubigtes Handzeichen des Blankettgebers zu verlangen.[42] Außerdem muss der Blankettgeber der zur Ausfüllung ermächtigten Person den Besitz am Blankett willentlich verschafft haben.[43] Eine Zurechnung des Inhalts der vervollständigten Erklärung ist freilich in analoger Anwendung von § 173 ausgeschlossen, wenn der Empfänger das abredewidrige Verhalten des zur Ausfüllung Ermächtigten kannte oder kennen musste. Ist das nicht der Fall, kann sich der Blankettgeber der ihn treffenden Bindung **nicht** unter Berufung auf seine Unkenntnis des Inhalts der vervollständigten Erklärung durch **Anfechtung nach § 119** entziehen. Als Anfechtungsgrund kommt in Analogie zu § 166 Abs. 1 nur ein Irrtum der zur Ausfüllung ermächtigten Person in Betracht.[44] – Die Fälle der (nicht gestatteten) Nutzung fremder Anschlüsse, Accounts, Passwörter o.ä. im digitalen Rechtsverkehr, in denen die Rechtsprechung eine Verpflichtung des Inhabers durch eine extensive, unkonturierte Handhabung der Regeln über die Anscheinsvollmacht begründet (näher → § 167 Rn. 84), sind ebenfalls besser durch eine Analogie zu § 172 zu lösen.[45] Insoweit kommt es darauf an, ob das verwendete Identifikationsmerkmal im Rechtsverkehr eine Legitimationsfunktion hat, wie sie der in § 172 geregelten Urkunde entspricht. Ist das der Fall, kommt eine rechtsgeschäftliche Haftung des Inhabers in Betracht, und zwar in Übereinstimmung mit der hier zu abhanden gekommenen Urkunden vertretenen Ansicht (→ § 172 Rn. 4) auch dann, wenn das Identifikationsmerkmal ohne den Willen des Inhabers, aber in einer diesem zurechenbaren Weise von einem Dritten verwendet worden ist.[46]

C. Weitere praktische Hinweise

14 Im **Zivilprozess** hat der Dritte, der sich auf das Bestehen der Vertretungsmacht nach Abs. 1 beruft, nur zu **beweisen**, dass ihm die Vollmachtsurkunde vorgelegt wurde, nicht aber, dass sie dem Vertreter vom Vollmachtgeber ausgehändigt wurde.[47] Umgekehrt hat der Vertretene die Voraussetzungen des Erlöschens der Vollmacht nach Abs. 2 bzw. des Widerrufs entsprechend § 171 Abs. 2 zu beweisen.

§ 173 Wirkungsdauer bei Kenntnis und fahrlässiger Unkenntnis

Die Vorschriften des § 170, des § 171 Abs. 2 und des § 172 Abs. 2 finden keine Anwendung, wenn der Dritte das Erlöschen der Vertretungsmacht bei der Vornahme des Rechtsgeschäfts kennt oder kennen muss.

39   *Flume* BGB AT Bd. 2 § 51, 9 (S. 857); gegen die hM auch *Bork* BGB AT Rn. 1529.

40   Dies erkennt auch *Flume* BGB AT Bd. 2 § 51, 9 (S. 857) an.

41   RGZ 138, 265, 269; BGHZ 40, 65, 68; NJW 1996, 1467 (1469); BeckOK BGB/*Schäfer* BGB § 172 Rn. 3; *Canaris*, S. 54 ff.; Erman/*Maier-Reimer* BGB § 172 Rn. 16; *Medicus/Petersen* BGB AT Rn. 913; MüKoBGB/*Schubert* § 172 Rn. 4; Palandt/*Ellenberger* BGB § 172 Rn. 5; RGRK/*Steffen* BGB § 172 Rn. 3; Staudinger/*Schilken* BGB § 172 Rn. 8; aA *Reinicke/Tiedtke* JZ 1984, 550.

42   BGHZ 113, 48, 51; MüKoBGB/*Schubert* § 172 Rn. 2; Staudinger/*Schilken* BGB § 172 Rn. 8.

43   MüKoBGB/*Schubert* § 172 Rn. 4.

44   *Medicus/Petersen* BGB AT Rn. 913.

45   Ebenso (allerdings von einem Verständnis des § 172 als Fall der Rechtsscheinhaftung ausgehend) *Oechsler* AcP 208 (2008), 565, 576 ff.

46   AA *Oechsler* AcP 2008, 565 (580) (nur freiwillige Überlassung).

47   Vgl. MüKoBGB/*Schubert* § 172 Rn. 28.

Literatur: *Canaris*, Die Vertrauenshaftung im deutschen Privatrecht, 1971; vgl auch die Hinweise bei § 170.

A. Allgemeines 1   III. Maßgeblicher Zeitpunkt 6
B. Regelungsgehalt 2   IV. Rechtsfolge 9
   I. Anwendungsbereich 2   C. **Weitere praktische Hinweise** 10
   II. Kenntnis und Kennenmüssen 3

A. Allgemeines

Von der Fortdauer einer Vollmacht nach den §§ 170, 171 Abs. 2, 172 Abs. 2 nimmt § 173 die Fälle aus, in **1** denen der Dritte das Erlöschen der Vollmacht kannte oder kennen musste. Interpretiert man die §§ 170–172 mit der hM als **Rechtsscheintatbestände** (s. dazu → § 170 Rn. 1 f., → § 171 Rn. 1; → § 172 Rn. 1), markiert § 173 die naturgemäße Grenze der Rechtsscheinverantwortlichkeit des Vertretenen: Der durch die §§ 170–172 angeordnete positive Vertrauensschutz wird nur dem Gutgläubigen gewährt. Erblickt man dagegen, wie **hier vertreten**, in den §§ 170–172 **rechtsgeschäftliche Tatbestände**, stellt sich § 173 als eine Vorschrift dar, die eine Beschränkung der Vertretungsmacht entsprechend den allgemeinen Regeln über den Missbrauch der Vertretungsmacht herbeiführt (sa → § 170 Rn. 2): Der Dritte, der weiß oder wissen muss, dass der Vertreter dem intern verlautbarten Willen des Vertretenen zuwiderhandelt, kann sich nicht auf das Bestehen der Vertretungsmacht berufen. Es ist allerdings zuzugeben, dass sich der Wortlaut von § 173 („Erlöschen der Vertretungsmacht") diesem Verständnis weniger gut fügt als einer auf der Rechtsscheintheorie beruhenden Auslegung. Doch abgesehen davon, dass andererseits der Wortlaut von § 170 für die Rechtsgeschäftstheorie spricht, lässt sich der dogmatische Grundlagenstreit um die Einordnung der §§ 170 ff. schwerlich mit Wortlautargumenten bestreiten. Was die **praktische Anwendung** von § 173 betrifft, darf die Bedeutung des Streits schließlich nicht überschätzt werden: Die unterschiedlichen Ausgangspunkte mögen im Ausgangspunkt, aber wohl nur selten in den Ergebnissen zu Divergenzen bei der Bestimmung des Kennenmüssens im Sinne dieser Vorschrift führen (dazu → Rn. 4).

B. Regelungsgehalt

I. Anwendungsbereich

§ 173 bezieht sich seinem Wortlaut nach nur auf das **Erlöschen einer zunächst wirksam begründeten** **2** **Vollmacht**. Indes besteht Einigkeit darüber, dass die Vorschrift – genauso wie die §§ 170–172 – auch gilt, wenn der Dritte nach außen nicht verlautbarte **Beschränkungen der Vollmacht** kannte oder kennen musste, sowie darüber hinaus auch dann, wenn die (Innen-)Vollmacht **überhaupt nicht bestand** und der Dritte hiervon Kenntnis hatte oder haben musste.[1] Ebenso ist die Anwendung der §§ 170–172 nach §§ 142 Abs. 2, 173 bei Kenntnis oder Kennenmüssen der **Anfechtbarkeit** der Vollmacht ausgeschlossen.[2]

II. Kenntnis und Kennenmüssen

Unter **Kenntnis** ist das positive Wissen um den von § 173 erfassten Tatbestand (→ Rn. 2) zu verstehen.[3] **3** Der Ausschluss der Vertretungsmacht bei Kenntnis des Dritten gilt in den Fällen des § 172 unabhängig davon, ob das Erlöschen, die Beschränkung oder das Nichtbestehen der Vertretungsmacht aus der Vollmachtsurkunde ersichtlich ist.[4]

Das der Kenntnis gleichgestellte **Kennenmüssen** wird in Anknüpfung an die Legaldefinition in § 122 **4** Abs. 2 verbreitet als **fahrlässige Unkenntnis** ausgelegt.[5] Nach dem hier vertretenen Ansatz, dem zufolge § 173 den Regeln über den Missbrauch der Vertretungsmacht entspricht, muss dagegen auf die **Evidenz für** **den Dritten** abgestellt werden, dass die Vollmacht nach dem Verhältnis zwischen Vertretenem und Vertreter nicht (mehr) bestehen soll oder dass ihr Bestehen zumindest fraglich ist.[6] Indes führt auch die Anwendung des Fahrlässigkeitsmaßstabs kaum zu anderen Ergebnissen,[7] wenn man die Anforderungen an die vom Drit-

---

1   RGZ 108, 125, 127; BGH NJW 1985, 730; 2000, 2270, 2271; 2001, 3774, 3775; BeckOK BGB/*Schäfer* BGB § 173 Rn. 1; *Canaris*, S. 504; MüKo-BGB/*Schubert* § 173 Rn. 2; Soergel/*Leptien* BGB § 173 Rn. 2; Staudinger/*Schilken* BGB § 173 Rn. 7.

2   MüKoBGB/*Schubert* § 173 Rn. 2; Staudinger/*Schilken* BGB § 173 Rn. 5.

3   Staudinger/*Schilken* BGB § 173 Rn. 2.

4   Vgl. BGH NJW-RR 1988, 1320 (1321) (ohne Nennung von § 173).

5   BGH NJW 1985, 730; BeckOK BGB/*Schäfer* § 173 Rn. 3; Erman/*Maier-Reimer* BGB § 173 Rn. 4; RGRK/*Steffen* BGB § 173 Rn. 2; Soergel/*Leptien* BGB § 173 Rn. 3.

6   So bereits *Flume* BGB AT Bd. 2 § 50, 3 (S. 844 f.); ebenso iE MüKoBGB/*Schubert* § 173 Rn. 4; Staudinger/*Schilken* BGB § 173 Rn. 2.

7   So auch die Einschätzung von MüKoBGB/*Schubert* § 173 Rn. 4; Staudinger/*Schilken* BGB § 173 Rn. 2.

ten geforderte Sorgfalt nicht überspannt[8] und fahrlässige Unkenntnis nur dann annimmt, wenn der Dritte besondere, ihm erkennbare Umstände nicht beachtet, die Anlass zu Zweifeln am Bestehen der Vollmacht geben.[9]

5 **Gegenstand** der Kenntnis oder des Kennenmüssens ist grundsätzlich nur der in § 173 als Erlöschen der Vollmacht bezeichnete Tatbestand (und die dem Erlöschen gleichgestellten Fälle; → Rn. 2), **nicht** dagegen das **Erlöschen des Grundverhältnisses**.[10] Wird allerdings in der Vollmachtsurkunde ausdrücklich auf das Grundverhältnis Bezug genommen und liegt diese Grundvereinbarung dem Vertragsgegner vor, so darf er sich nach der Rechtsprechung des BGH Bedenken, die sich daraus gegen die Wirksamkeit der Vollmacht ergeben, nicht verschließen.[11]

III. Maßgeblicher Zeitpunkt

6 Der Dritte darf, damit er sich auf das Bestehen der Vertretungsmacht berufen kann, **bei der Vornahme des Rechtsgeschäfts** nicht bösgläubig sein. Unstreitig sind insoweit zunächst das **Verpflichtungsgeschäft** und das zu seiner Vollziehung abgeschlossene **Verfügungsgeschäft** in der rechtlichen Würdigung voneinander **zu unterscheiden**.[12] Daher kann eine nach Abschluss des Verpflichtungsgeschäfts, aber vor Abschluss des Verfügungsgeschäfts eingetretene Bösgläubigkeit nur für die Vertretungsmacht für das Verfügungsgeschäft entgegenstehen, während das Verpflichtungsgeschäft wirksam ist. In der Literatur ist indes **umstritten**, ob bei einem jeweils unter Vertreterbeteiligung abgeschlossenen Verpflichtungs- oder Verfügungsgeschäft auf den Zeitpunkt der **Vollendung des gesamten Geschäftstatbestandes**[13] oder auf den Zeitpunkt der **rechtsgeschäftlichen Handlung des Vertreters**,[14] also auf die Abgabe oder den Empfang einer Willenserklärung durch den Vertreter, abzustellen ist. Richtigerweise kann es nur auf den zuletzt genannten Zeitpunkt ankommen, denn es sind diese Akte, an die auch die Grundregel über die Wirkung der Stellvertretung in § 164 Abs. 1, 3 anknüpft. Ist die von dem Vertreter abgegebene Willenserklärung **empfangsbedürftig**, muss die Gutgläubigkeit des Erklärungsempfängers allerdings unter Berücksichtigung der Wertung des § 130 Abs. 1 S. 2 bis zum **Zugang** fortbestehen.[15]

7 Daraus ergibt sich für den **Vertragsschluss durch Angebot des Vertreters und Annahme durch den Geschäftsgegner**: Das vom Vertreter abgegebene Angebot wirkt nach § 164 Abs. 1 für und gegen den Vertretenen, wenn der Angebotsempfänger seinen guten Glauben an die Vollmacht bis zum Zugang des Angebots nicht verliert. Wird im Anschluss daran die Annahme erklärt und büßt der Annehmende seine Gutgläubigkeit vor dem Zugang der Annahmeerklärung ein (soweit diese empfangsbedürftig ist), fehlt es an der für § 164 Abs. 3 erforderlichen passiven Vertretungsmacht des Vertreters; doch ist dies für die Wirksamkeit des Vertrages unerheblich, wenn die Annahme entweder an den Vertretenen selbst gerichtet und diesem zugegangen ist oder wenn sie zwar an den (vollmachtlosen) Vertreter adressiert, aber von diesem an den Vertretenen übermittelt wurde.

8 Handelt es sich bei dem Rechtsgeschäft um einen zusammengesetzten Tatbestand, also insbesondere um ein **Verfügungsgeschäft**, kommt es nach der hier vertretenen Ansicht für die Gutgläubigkeit auf den Zeitpunkt der **Einigung** an.[16] Wird der Dritte also bösgläubig, bevor weitere Elemente des Verfügungsgeschäfts (etwa die Übergabe) verwirklicht sind, beeinträchtigt dies die Wirksamkeit des Geschäfts nicht.

IV. Rechtsfolge

9 Kann sich der Dritte nach § 173 nicht auf das Vorliegen der Vertretungsmacht berufen, gelten für das Vertretergeschäft die Regeln über die **Vertretung ohne Vertretungsmacht** (§§ 177 ff.), dh die Wirksamkeit des Geschäfts hängt nach § 177 von der Genehmigung durch den Vertretenen ab. Verweigert der Vertretene die Genehmigung, ist eine Inanspruchnahme des Vertreters durch den Dritten nach § 179 Abs. 3 S. 1 ausgeschlossen.

8 BGH NJW 2000, 2270 (2271); 2001, 3774, 3775: keine allg. Überprüfungs- und Nachforschungspflicht.

9 Vgl. BGH NJW 1985, 730 (731); OLG Hamm FGPrax 2006, 240 (242 f.).

10 BGH NJW 1985, 730; BeckOK BGB/*Schäfer* BGB § 173 Rn. 5; MüKoBGB/*Schubert* § 173 Rn. 3; Staudinger/*Schilken* BGB § 173 Rn. 3.

11 BGH NJW 1985, 730.

12 MüKoBGB/*Schubert* § 173 Rn. 7 ff.; BeckOK BGB/*Schäfer* § 173 Rn. 7; Soergel/*Leptien* BGB § 173 Rn. 3; Staudinger/*Schilken* BGB § 173 Rn. 8.

13 So BeckOK BGB/*Schäfer* § 173 Rn. 6; RGRK/*Steffen* BGB § 173 Rn. 2; Soergel/*Leptien* BGB § 173 Rn. 3.

14 So MüKoBGB/*Schubert* § 173 Rn. 7; Staudinger/*Schilken* BGB § 173 Rn. 8.

15 MüKoBGB/*Schubert* § 173 Rn. 7; Staudinger/*Schilken* BGB § 173 Rn. 8.

16 So auch Erman/*Maier-Reimer* BGB § 173 Rn. 7; MüKoBGB/*Schubert* § 173 Rn. 9; Staudinger/*Schilken* BGB § 173 Rn. 8; aA BeckOK BGB/*Schäfer* § 173 Rn. 6; RGRK/*Steffen* BGB § 173 Rn. 2; Soergel/*Leptien* BGB § 173 Rn. 3.

C. Weitere praktische Hinweise

Die **Beweislast** dafür, dass der Dritte bei der Vornahme des Rechtsgeschäfts bösgläubig war, trifft den Vertretenen. Zur Beweislastverteilung bei der Anwendung der §§ 170–172 → § 170 Rn. 8, → § 171 Rn. 7, → § 172 Rn. 14. **10**

§ 174 Einseitiges Rechtsgeschäft eines Bevollmächtigten

[1]Ein einseitiges Rechtsgeschäft, das ein Bevollmächtigter einem anderen gegenüber vornimmt, ist unwirksam, wenn der Bevollmächtigte eine Vollmachtsurkunde nicht vorlegt und der andere das Rechtsgeschäft aus diesem Grunde unverzüglich zurückweist. [2]Die Zurückweisung ist ausgeschlossen, wenn der Vollmachtgeber den anderen von der Bevollmächtigung in Kenntnis gesetzt hatte.

A. Allgemeines	1	III. Zurückweisung	8
B. Regelungsgehalt	2	IV. Rechtsfolge	9
I. Anwendungsbereich	2	V. Ausschluss nach S. 2	10
II. Fehlende Vorlage einer Vollmachtsurkunde ...	6	C. Weitere praktische Hinweise	11

A. Allgemeines

§ 174 verfolgt den Zweck, demjenigen, dem gegenüber der Vertreter ein einseitiges Rechtsgeschäft vornimmt, die Möglichkeit zu geben, sich **Gewissheit über die Wirksamkeit des Geschäfts** zu verschaffen, was das Vorliegen einer Vollmacht betrifft. Die Regelung ist im Zusammenhang mit § 180 zu sehen: Ein ohne Vollmacht (oder gesetzlich bzw. organschaftlich begründete Vertretungsmacht) vorgenommenes einseitiges Rechtsgeschäft ist nach § 180 S. 1 unwirksam, es sei denn, der Dritte lässt die behauptete Vertretungsmacht unbeanstandet oder ist mit dem Handeln ohne Vertretungsmacht einverstanden (§ 180 S. 2). § 174 verschafft dem Dritten ergänzenden Schutz, wenn der Vertreter zwar über eine Vollmacht zur Vornahme des einseitigen Rechtsgeschäfts verfügt, aber aus der Perspektive des Dritten hierüber wegen fehlender Vorlegung einer Vollmachtsurkunde keine Sicherheit besteht. Die Möglichkeit, das Geschäft aus diesem Grund zurückzuweisen, kennt das BGB als Schutzmechanismus bei einseitigen Rechtsgeschäften auch in anderem Zusammenhang (vgl. insbes. § 111 S. 2, 3). **1**

B. Regelungsgehalt

I. Anwendungsbereich

In seinem direkten Anwendungsbereich gilt § 174 für **einseitige empfangsbedürftige Willenserklärungen** (etwa Anfechtungs-, Kündigungs-, Rücktrittserklärungen oder auch die Zurückweisung nach § 174),[1] die der Bevollmächtigte **im Namen des Vertretenen** abgibt. Ein einseitiges Rechtsgeschäft, das der Vertreter nicht in, sondern **unter fremdem Namen** vornimmt (s. dazu → § 164 Rn. 70 ff.), ist dagegen ohne Weiteres unwirksam; hier § 174 anzuwenden, hätte angesichts der fehlenden Gelegenheit des Dritten, das Geschäft wegen fehlender Vorlage einer Vollmachtsurkunde zurückzuweisen, keinen Sinn.[2] **2**

Jenseits der vom Gesetzeswortlaut erfassten Konstellationen findet § 174 in verschiedenen Konstellationen **analoge Anwendung**. So hat nach ganz überwiegender Ansicht der in die mündliche Übermittlung einer einseitigen Willenserklärung eingeschaltete **Erklärungsbote** dem Empfänger seine Botenmacht durch Vorlegung einer Urkunde nachzuweisen.[3] Ebenso gilt § 174 analog für einen **Gesamtvertreter**, soweit dieser aufgrund einer **Ermächtigung** durch die anderen Gesamtvertreter zur Vornahme bestimmter Rechtsgeschäfte legitimiert ist (→ § 167 Rn. 58):[4] Legt er keine Urkunde über die Ermächtigung vor, kann der Dritte das von dem Gesamtvertreter getätigte einseitige Rechtsgeschäft zurückweisen. Die Möglichkeit der Zurückweisung analog S. 1 besteht jenseits einseitiger Rechtsgeschäfte im Übrigen auch bei **einseitigen** **3**

---

1   Dazu, dass auf die Zurückweisung nach § 174 durch einen Vertreter wiederum § 174 anzuwenden ist, *Tempel* NJW 2001, 1905 (1908); LAG Hamm ZTR 2017, 82 Rn. 93.

2   Staudinger/*Schilken* BGB § 174 Rn. 1 mwN.

3   BeckOK BGB/*Schäfer* § 174 Rn. 3; Erman/*Maier-Reimer* § 174 Rn. 2; MüKoBGB/*Schubert* § 174

Rn. 4; Soergel/*Leptien* BGB § 174 Rn. 7; Staudinger/*Schilken* BGB § 174 Rn. 4.

4   BGH NJW 2002, 1194 (1195); BAG NJW 1981, 2374; BeckOK BGB/*Schäfer* § 174 Rn. 3; Erman/*Maier-Reimer* § 174 Rn. 3; MüKoBGB/*Schubert* § 174 Rn. 4; Soergel/*Leptien* BGB § 174 Rn. 7; Staudinger/*Schilken* BGB § 174 Rn. 2.

geschäftsähnlichen Handlungen, etwa bei der **Mahnung**,[5] bei der **Abmahnung** im Wettbewerbsrecht,[6] bei **Mieterhöhungsverlangen**,[7] **Ausübung des Bezugsrechtes nach § 186 AktG**[8] und **Fristsetzungen**.[9] Schließlich befürworten zahlreiche Stimmen in der Literatur eine analoge Anwendung auf die **Annahme eines Angebots zum Vertragsschluss** jedenfalls dann, wenn der Geschäftsgegner nicht schon das Angebot dem Vertreter gegenüber erklärt hat.[10] Dies verdient Zustimmung: Geht dem Geschäftsgegner eine Annahmeerklärung von einem Vertreter der Person zu, an die er das Angebot gerichtet hat, ist sein Bedürfnis, sich Gewissheit über die Vollmacht des Vertreters zu verschaffen, genauso ausgeprägt und schutzwürdig wie beim Empfang einer einseitigen Willenserklärung.

4 Für eine von einem Rechtsanwalt im Rahmen des gesetzlichen Umfangs seiner **Prozessvollmacht** abgegebene Erklärung gilt die Vorschrift wegen ihrer Ausrichtung auf bürgerlich-rechtliche, regelmäßig formfreie und willkürlich beschränkbare Vollmachten nicht.[11] Nicht dem privatrechtlich Bevollmächtigten gleichgestellt werden darf (wegen seiner Stellung als Staatsorgan) auch der mit der Zustellung einer Willenserklärung betraute **Gerichtsvollzieher**. Daher ist § 174 nicht auf ihn zu beziehen (wohl aber auf einen Bevollmächtigten, der ihm den Zustellungsauftrag erteilt hat).[12] – Keine direkte oder analoge Anwendung kommt darüber hinaus bei **gesetzlichen Vertretern** wie Vormündern, Betreuern oder Pflegern in Betracht:[13] Die Bestallungsurkunde hat hier nicht den Zweck, dem Dritten Klarheit über das Bestehen der Vertretungsmacht zu verschaffen. Das Risiko, dass der Vertreter nicht über die von ihm behauptete gesetzliche Vertretungsmacht verfügt, hat vielmehr der Erklärungsempfänger zu tragen. Ebenso wenig gilt § 174 für die **organschaftliche Vertretung**.[14]

5 **Für die entsprechende Anwendung** von § 174 spricht sich der **BGH**[15] dagegen bei der **Vertretung einer GbR** aus, soweit diese als (teil-)rechtsfähig anerkannt wird[16] und die Vertretungsverhältnisse von der gesetzlichen Regelung in den §§ 709, 714 abweichen: Weil der Empfänger der Erklärung weder Kenntnis von der Existenz der Gesellschaft noch von deren Vertretungsverhältnissen habe und ein Register nicht zur Verfügung stehe, müsse der Vertreter entweder eine Vollmacht der übrigen Gesellschafter oder den Gesellschaftsvertrag oder eine Erklärung der Gesellschafter über die von den §§ 709, 714 abweichende Regelung vorlegen, um die Möglichkeit der Zurückweisung nach S. 1 abzuwenden.

II. Fehlende Vorlage einer Vollmachtsurkunde

6 Die Möglichkeit des Dritten, das einseitige Rechtsgeschäft des Bevollmächtigten zurückzuweisen, besteht dann, wenn der Bevollmächtigte **keine Vollmachtsurkunde vorlegt**. Hierfür gelten die zu § 172 gemachten Ausführungen (→ § 172 Rn. 6 ff.) entsprechend. Hervorzuheben ist insoweit, dass die Vorlage einer Kopie der Vollmachtsurkunde nicht ausreicht.[17] Der Nichtvorlage steht der Fall gleich, in dem zwar eine Urkunde vorgelegt wird, der Dritte aber deren **Unrichtigkeit** erkennt oder Grund hat, an der Richtigkeit zu zweifeln, was insbesondere bei einer unleserlichen oder inhaltlich unklaren Urkunde zu bejahen ist.[18] **Nicht zurück-**

---

5   BGH NJW 1983, 1542; aus der Lit. zu diesem wie auch zu den nachfolgend aufgeführten Fällen rechtsgeschäftsähnlicher Handlungen BeckOK BGB/*Schäfer* § 174 Rn. 2; MüKoBGB/*Schubert* § 174 Rn. 6; Soergel/*Leptien* BGB § 174 Rn. 7; Staudinger/*Schilken* BGB § 174 Rn. 2.

6   OLG Düsseldorf ZUM-RD 2007, 579; OLG Hamburg GRUR 1976, 444; OLG Nürnberg NJW-RR 1991, 1393; aA OLG Köln WRP 1985, 360; OLG Karlsruhe NJW-RR 1990, 1323; OLG Hamburg GRUR-RR 2008, 370 (371) mit dem Argument, die Abmahnung im Wettbewerbsrecht enthalte nicht nur eine einseitige Erklärung, sondern zugleich ein Angebot auf Abschluss eines Unterwerfungsvertrages.

7   OLG Hamm NJW 1982, 2076; offengelassen in BGH NJW 2003, 963 (964).

8   BGH AG 2006, 201.

9   Dazu *Deggau* JZ 1982, 796.

10 BeckOK BGB/*Schäfer* § 174 Rn. 4; Erman/*Maier-Reimer* BGB § 174 Rn. 2; MüKoBGB/*Schubert* § 174 Rn. 4; Soergel/*Leptien* BGB § 174 Rn. 7; Staudinger/*Schilken* BGB § 174 Rn. 2; aA *Bork* BGB AT Rn. 1532.

11 BGH NJW 2003, 963 (964 f.); BAG BB 1978, 208; LG Tübingen NJW-RR 1991, 972; Palandt/*Ellenber-*

ger BGB § 174 Rn. 3; Soergel/*Leptien* BGB § 174 Rn. 4; aA LG Dortmund AnwBl 1984, 222; LG Karlsruhe WuM 1985, 320.

12 BGH NJW 1981, 1210; MüKoBGB/*Schubert* § 174 Rn. 12; Soergel/*Leptien* BGB § 174 Rn. 7; Staudinger/*Schilken* BGB § 174 Rn. 5. Zur Anwendbarkeit auf einen Gerichtsvollzieher, der bei Zustellung einer einseitigen empfangsbedürftigen Willenserklärung nach §§ 132 Abs. 1, 167 Abs. 2 ZPO die Bevollmächigung des Auftraggebrs nicht nachweist: BeckOK BGB/*Schäfer* § 174 Rn. 3.

13 RGZ 74, 263, 265; BGH NJW 2002, 1194 (1195); BAG NZA 2007, 377 (379); OLG Düsseldorf NJW-RR 1993, 470; MüKoBGB/*Schubert* § 174 Rn. 13; Soergel/*Leptien* BGB § 174 Rn. 8; Staudinger/*Schilken* BGB § 174 Rn. 6.

14 BGH NJW 2002, 1194 (1195); BAG NZA 2007, 377 (379 f.); MüKoBGB/*Schubert* § 174 Rn. 14; Soergel/*Leptien* BGB § 174 Rn. 8; Staudinger/*Schilken* BGB § 174 Rn. 7.

15 BGH NJW 2002, 1194 (1195).

16 Dazu grundlegend BGHZ 146, 341.

17 BGH NJW-RR 2018, 126 Rn. 26.

18 BAG AP § 174 Nr. 3; MüKoBGB/*Schubert* § 174 Rn. 16; Soergel/*Leptien* BGB § 174 Rn. 2.

weisen darf der Dritte dagegen ein einseitiges Rechtsgeschäft, wenn eine Vollmachtsurkunde vorgelegt wird, aus der sich ein **Anfechtungsgrund** ergibt.[19] Schutz bieten dem Dritten hier die §§ 122, 179, bei denen freilich eine Anwendung der Regelungen über den Anspruchsausschluss nach §§ 122 Abs. 2, 179 Abs. 3 zulasten des Dritten, der dem anfechtbaren Geschäft widersprochen hat, ausscheiden muss.[20]

Sonderfälle, bei denen es keiner Vorlage einer (Original-)Urkunde bedarf, um eine Zurückweisung auszu- **7** schließen, sind die Vertretung durch einen **Prokuristen** und die Vertretung einer **Gemeinde**: Bei der Prokura reicht in jedem Falle die Vorlage eines beglaubigten Handelsregisterauszugs aus, aber auch die Handelsregistereintragung und anschließende Bekanntmachung.[21] Bei der Vertretung einer Gemeinde genügt die Verwendung des gemeinderechtlich vorgeschriebenen Dienstsiegels.[22]

III. Zurückweisung

Die Zurückweisung ist eine **empfangsbedürftige Willenserklärung**, die der Dritte **an den Vertreter oder** **8** **an den Vertretenen** richten kann.[23] Nur ausnahmsweise, nämlich dann, wenn sonst die Nichteinhaltung einer Frist für das einseitige Geschäft droht, ist der Dritte nach § 242 gehalten, die Zurückweisung dem Vertreter gegenüber zu erklären.[24] Inhaltlich muss die Zurückweisung zumindest auch **wegen der fehlenden Vorlage einer Vollmachtsurkunde** („aus diesem Grund") erfolgen, wobei ein konkludenter Hinweis genügt, soweit die Zurückweisung insoweit eindeutig ist.[25] Zeitlich muss die Zurückweisung **unverzüglich** (ohne schuldhaftes Zögern, § 121 Abs. 1 S. 1) auf die Erklärung des Vertreters folgen. Im Regelfall dürfte es daran fehlen, wenn bis zur Zurückweisung mehr als zehn Tage verstrichen sind.[26] Wenn es nur einer kurzen Überlegung bedarf, ist auch eine Zurückweisung nach sechs Tagen nicht mehr unverzüglich.[27] Allerdings ist dem Dritten die Inanspruchnahme von Rechtsrat zu ermöglichen.[28] Hat der Vertreter angekündigt, die Vollmachtsurkunde oder eine Bestätigung des Vertretenen nachzureichen, liegt kein schuldhaftes Zögern vor, wenn der Dritte das Geschäft erst zurückweist, nachdem die von dem Vertreter beanspruchte oder eine angemessene Frist für die nachträgliche Vorlage verstrichen ist.[29]

IV. Rechtsfolge

Das von dem Dritten unverzüglich wegen der fehlenden Vorlage einer Vollmachtsurkunde zurückgewiesene **9** Rechtsgeschäft ist **voll und nicht nur schwebend unwirksam**, und zwar unabhängig davon, ob der Vertreter eine Vollmacht für das zurückgewiesene Geschäft hatte oder nicht.[30] Der Vertreter haftet in diesem Fall nicht nach § 179, und der Vertretene kann das Geschäft nicht nach § 177 genehmigen. Vielmehr kommt nur die Neuvornahme des Rechtsgeschäfts in Betracht.[31] Weist der Dritte das Geschäft dagegen nicht zurück oder genügt die Zurückweisung nicht den in → Rn. 8 dargelegten Anforderungen, ist das Geschäft wirksam, wenn die vom Vertreter behauptete Vollmacht besteht; andernfalls ist § 180 anzuwenden.

V. Ausschluss nach S. 2

Die Zurückweisung ist ausgeschlossen, wenn der **Vollmachtgeber den Dritten von der Bevollmächtigung** **10** **in Kenntnis gesetzt** hat. Hierzu genügt eine formlose, zumindest auch an den Dritten gerichtete Kundgabe (jedoch nicht nur ein Aushang am „Schwarzen Brett"),[32] aber auch ein schlüssiges Verhalten mit entspre-

19 BeckOK BGB/*Schäfer* § 174 Rn. 13; MüKoBGB/ *Schubert* § 174 Rn. 19; Soergel/*Leptien* BGB § 174 Rn. 2; Staudinger/*Schilken* BGB § 174 Rn. 10; aA Erman/*Maier-Reimer* BGB § 174 Rn. 6; RGRK/*Steffen* BGB § 174 Rn. 1.
20 Staudinger/*Schilken* BGB § 174 Rn. 10.
21 BAG NZA 2008, 753 (754); BAG ZIP 1992, 497; MüKoBGB/*Schubert* § 174 Rn. 11, 25; Soergel/*Leptien* BGB § 174 Rn. 2.
22 MüKoBGB/*Schramm* (6. Aufl.) § 174 Rn. 4 unter Hinw. auf BAG BB 1988, 1675.
23 Statt vieler Staudinger/*Schilken* BGB § 174 Rn. 9.
24 MüKoBGB/*Schubert* § 174 Rn. 20.
25 BAG NJW 1981, 2374; BAG NZA-RR 2007, 571 (575); BeckOK BGB/*Schäfer* § 174 Rn. 8; MüKoBGB/*Schubert* § 174 Rn. 21; Soergel/*Leptien* BGB § 174 Rn. 3; Staudinger/*Schilken* BGB § 174 Rn. 10.
26 Vgl. LAG Düsseldorf DB 1995, 1036; OLG Naumburg LKV 2008, 476 (477); etwas restriktiver KG Grundeigentum 2017, 1468 Rn. 48: Zurückweisung

nach mehr als einer Woche ohne Vorliegen besonderer Umstände des Einzelfalls nicht mehr unverzüglich.
27 BGH NJW-RR 2018, 126 Rn. 26; OLG Hamm NJW 1991, 1185.
28 BAG DB 1978, 2082; OLG Düsseldorf GRUR-RR 2010, 87 (88); Staudinger/*Schilken* BGB § 174 Rn. 11.
29 MüKoBGB/*Schubert* § 174 Rn. 22; Soergel/*Leptien* BGB § 174 Rn. 3.
30 BeckOK BGB/*Schäfer* § 174 Rn. 10; MüKoBGB/ *Schubert* § 174 Rn. 32; Soergel/*Leptien* BGB § 174 Rn. 6; Staudinger/*Schilken* BGB § 174 Rn. 12.
31 MüKoBGB/*Schubert* § 174 Rn. 32; Soergel/*Leptien* BGB § 174 Rn. 6; Staudinger/*Schilken* BGB § 174 Rn. 12.
32 LAG Bln NZA-RR 2007, 15 (17); LAG Köln MDR 2003, 95 (96); Staudinger/*Schilken* BGB § 174 Rn. 13.

chendem Inhalt. Das ist der Fall, wenn der Vollmachtgeber dem Bevollmächtigtem eine **Stellung** einge-räumt hat, **die üblicherweise mit einer das Rechtsgeschäft deckenden Vollmacht einhergeht**,[33] also etwa im Falle einer Kündigung eines Arbeitsverhältnisses[34] die Stellung eines Leiters der Personalabteilung oder eines Amtsleiters,[35] jedoch nicht die Position eines Sachbearbeiters oder eines personalzuständigen Refe-ratsleiters in einer Behörde.[36] Über den Wortlaut des S. 2 hinaus ist eine Zurückweisung außerdem wegen **Verstoßes gegen Treu und Glauben (§ 242)** unstatthaft, wenn der Dritte schon wiederholt das rechtsge-schäftliche Handeln des Vertreters für den Vertretenen anerkannt hat, ohne sich eine Vollmachtsurkunde vorlegen zu lassen, oder wenn der Vertreter vom Vertretenen mit der Abwicklung der gesamten vertragli-chen Beziehung betraut war.[37]

C. Weitere praktische Hinweise

11 Im **Zivilprozess** trägt der Dritte, an den der Vertreter die einseitige Willenserklärung im Namen des Vertre-tenen gerichtet hat, die **Beweislast** für die unverzügliche Zurückweisung des Rechtsgeschäfts, während der Vertretene die Vorlage der Vollmachtsurkunde oder die Voraussetzungen eines Ausschlusses der Zurückwei-sung nach S. 2 bzw. nach § 242 zu beweisen hat.[38]

§ 175 Rückgabe der Vollmachtsurkunde

Nach dem Erlöschen der Vollmacht hat der Bevollmächtigte die Vollmachtsurkunde dem Vollmacht-geber zurückzugeben; ein Zurückbehaltungsrecht steht ihm nicht zu.

A.	Allgemeines	1	III. Anspruchsgegner	6
B.	Regelungsgehalt	2	IV. Ausschluss des Zurückbehaltungsrechts	7
	I. Anspruchsvoraussetzungen	2	**C. Weitere praktische Hinweise**	8
	II. Anspruchsinhalt	3		

A. Allgemeines

1 Durch die Gewährung eines **Anspruchs auf Rückgabe der Vollmachtsurkunde** gibt § 175 dem Voll-machtgeber eine rechtliche Handhabe, den Bevollmächtigten daran zu hindern, nach Erlöschen der Voll-macht von einer ihm ausgehändigten Vollmachtsurkunde Gebrauch zu machen und dadurch eine Bindung des Vollmachtgebers nach § 172 Abs. 1 herbeizuführen. Mit der Geltendmachung des Anspruchs zielt der Vollmachtgeber zugleich auf die Beendigung der Vertretungsmacht nach § 172 Abs. 2.

B. Regelungsgehalt

I. Anspruchsvoraussetzungen

2 Nach dem Wortlaut der Vorschrift ist die Rückgabepflicht an das **Erlöschen der Vollmacht** geknüpft. Im Einklang mit der erweiterten Anwendung von § 172 (→ § 172 Rn. 9) ist § 175 darüber hinaus analog anzu-wenden, wenn die aus der Urkunde ersichtliche Vollmacht **nichtig** ist oder in Wahrheit **nicht erteilt** wurde.[1] Dabei ist unerheblich, aus welchem Grund die Vollmacht erloschen oder überhaupt nicht erst entstanden ist.[2] Ebenso ist **irrelevant**, wem das **Eigentum an der Vollmachtsurkunde** zusteht.[3] Ist die Vollmacht nur teilweise, aber **nicht vollständig erloschen oder unwirksam** (etwa weil nur einer von mehreren Voll-machtgebern die Vollmacht widerrufen hat), ist ein **Rückgabeanspruch nicht gegeben**; allerdings kann die

---

33   BGH NJW 2009, 293.

34   Dazu insgesamt Staudinger/*Schilken* BGB § 174 Rn. 13; *Lohr* MDR 2000, 620 (622 ff.); für den Pro-kuristen BAG NZA 1992, 449 (450 f.); hiergegen aber *Lux* NZA-RR 2008, 393.

35   BAGE 24, 273, 277; BAG NZA 1997, 1343 (1345); NJW 2001, 1229 (1230).

36   Zu Sachbearbeitern BAG BB 1998, 539 (540); zum Referatsleiter in einer Behörde BAG NZA 1997, 1343 (1345).

37   OLG Naumburg LKV 2008, 476 (477); MüKoBGB/ *Schubert* § 174 Rn. 31; Staudinger/*Schilken* BGB § 174 Rn. 14 mwN.

38   BeckOK BGB/*Schäfer* § 174 Rn. 15; Staudinger/ *Schilken* BGB § 174 Rn. 15.

1   Erman/*Maier-Reimer* BGB § 175 Rn. 1; MüKoBGB/ *Schubert* § 175 Rn. 3; Soergel/*Leptien* BGB § 175 Rn. 2; Staudinger/*Schilken* BGB § 175 Rn. 1.

2   BeckOK BGB/*Schäfer* § 175 Rn. 2; Soergel/*Leptien* BGB § 175 Rn. 2.

3   BeckOK BGB/*Schäfer* § 175 Rn. 2; Erman/*Maier-Reimer* BGB § 175 Rn. 2; Palandt/*Ellenberger* BGB § 175 Rn. 1; RGRK/*Steffen* BGB § 175 Rn. 1; Soergel/*Leptien* BGB § 175 Rn. 2; Staudinger/*Schil-ken* BGB § 175 Rn. 3.

Vorlage der Vollmachtsurkunde zum Zwecke der Anbringung eines entsprechenden Vermerks verlangt werden.[4]

II. Anspruchsinhalt

Der Bevollmächtigte hat dem Vollmachtgeber die **Vollmachtsurkunde zurückzugeben**, und zwar die **Urschrift und etwaige Ausfertigungen**. Entsprechendes gilt für **Ermächtigungsurkunden**.[5] Nach Ansicht einiger Stimmen im Schrifttum sind in analoger Anwendung von § 175 regelmäßig auch **Abschriften und Fotokopien** der Vollmachtsurkunde zurückzugeben, damit dem Normzweck (Vermeidung von Missbrauchsgefahren) Genüge getan wird.[6] Allerdings hat diese Meinung bisher nicht die Zustimmung des BGH gefunden.[7] Gegen sie spricht, dass Abschriften und Fotokopien von Vollmachtsurkunden anders als diese selbst nicht geeignet sind, Vertretungsmacht nach § 172 Abs. 1 zu begründen[8] (→ § 172 Rn. 7), und dass § 175 wohl nur der aus § 172 resultierenden Gefahr für den Vollmachtgeber begegnen soll (→ Rn. 1).

Die Rückgabepflicht erstreckt sich grundsätzlich auch auf Urkunden, die außer der Vollmacht noch **andere Erklärungen** – etwa betreffend das Innenverhältnis zwischen Vollmachtgeber und Bevollmächtigtem – dokumentieren.[9] Ist der sonstige Inhalt der Urkunde allerdings für den Bevollmächtigten erheblich, kann ihm aufgrund des Innenverhältnisses das Recht zustehen, eine Abschrift der Urkunde anzufertigen. Bei Vorliegen eines berechtigten Interesses des Bevollmächtigten entspricht es darüber hinaus einem Gebot von Treu und Glauben, diesem die Urkunde nach Streichung der Vollmachtsklausel wieder auszuhändigen oder eine neue Urkunde über den restlichen Inhalt auszustellen.[10]

Der Bevollmächtigte kann seine Verpflichtung aus § 175 bei Unsicherheit über den Berechtigten statt durch Rückgabe auch durch **Hinterlegung** erfüllen,[11] allerdings nur dann, wenn die Rücknahme nach § 376 ausgeschlossen ist.[12] **Keine Rückgabe** kommt schließlich bei einer zu den Gerichtsakten gereichten, dauerhaft dort verbleibenden Urkunde über eine Prozessvollmacht (§ 80 Abs. 1 ZPO) in Betracht.[13]

III. Anspruchsgegner

Verbreiteter Ansicht zufolge kann zur Rückgabe der Urkunde außer dem Bevollmächtigten selbst (in Analogie zu § 175) **auch ein Dritter** verpflichtet sein, der sich im Besitz der Urkunde befindet.[14] Dem wird entgegengehalten, dass § 175 keine allgemeine Täuschungsgefahren wie ein Handeln des Dritten unter fremdem Namen (dh unter dem aus der Urkunde ersichtlichen Namen) oder als angeblicher Unterbevollmächtigter des Vertreters erfasse und im Übrigen die Kraftloserklärung nach § 176 ausreichenden Schutz biete.[15] Solange sich eine Vollmachtsurkunde im Rechtsverkehr befindet, besteht jedoch die Möglichkeit, dass sie an die aus der Urkunde ersichtliche Person des Vertreters (zurück-)gelangt und sich das spezifische, durch § 172 eröffnete Risiko eines Missbrauchs verwirklicht, dem § 175 entgegenwirken soll. Den Vollmachtgeber hier auf den Schutz durch die Kraftloserklärung zu beschränken, ist nicht recht einzusehen.

IV. Ausschluss des Zurückbehaltungsrechts

Damit die (Fort-)Wirkung der auf der Vollmachtsurkunde beruhenden Vertretungsmacht stets beendet werden kann, schließt § 175 jedes Zurückbehaltungsrecht des Bevollmächtigten an der Vollmachtsurkunde aus. Das gilt **auch** dann, wenn das Rückgabeverlangen auf eine **andere Anspruchsgrundlage** (etwa § 985)

---

4 BGH NJW 1990, 507; MüKoBGB/*Schubert* § 175 Rn. 2; Staudinger/*Schilken* BGB § 175 Rn. 3.

5 OLG Köln VersR 1994, 191; Soergel/*Leptien* BGB § 175 Rn. 4; Staudinger/*Schilken* BGB § 175 Rn. 7.

6 BeckOK BGB/*Schäfer* § 175 Rn. 3; Soergel/*Leptien* BGB § 175 Rn. 3.

7 Abl. BGH NJW 1988, 697 (698).

8 Staudinger/*Schilken* BGB § 175 Rn. 4.

9 MüKoBGB/*Schubert* § 175 Rn. 2.

10 MüKoBGB/*Schubert* § 175 Rn. 2 mwN.

11 KG NJW 1957, 754 (755).

12 BeckOK BGB/*Schäfer* § 175 Rn. 3; MüKoBGB/*Schubert* § 175 Rn. 6; Staudinger/*Schilken* BGB § 175 Rn. 6; wohl ohne die Beschränkung auf den Ausschluss der Rücknahme Soergel/*Leptien* BGB § 175 Rn. 2.

13 BeckOK BGB/*Schäfer* § 175 Rn. 5; MüKoBGB/*Schubert* § 175 Rn. 3.

14 BeckOK BGB/*Schäfer* § 175 Rn. 6; Erman/*Maier-Reimer* BGB § 175 Rn. 2; MüKoBGB/*Schubert* § 175 Rn. 4; Palandt/*Ellenberger* BGB § 175 Rn. 1; mit Einschr. auch Soergel/*Leptien* BGB § 175 Rn. 4.

15 Staudinger/*Schilken* BGB § 175 Rn. 5.

gestützt wird.[16] Von dem Ausschluss erfasst werden Zurückbehaltungsrechte beliebiger Natur, insbesondere auch das **Zurückbehaltungsrecht eines Rechtsanwalts an seinen Handakten** (§ 50 Abs. 3 S. 1 BRAO).[17]

C. Weitere praktische Hinweise

8   Ist zu befürchten, dass das Rückgabeverlangen nach § 175 nicht erfüllt wird, empfiehlt es sich, vorsorglich nach § 176 vorzugehen und die Kraftloserklärung der Urkunde zu betreiben.

§ 176 Kraftloserklärung der Vollmachtsurkunde

(1) [1]Der Vollmachtgeber kann die Vollmachtsurkunde durch eine öffentliche Bekanntmachung für kraftlos erklären; die Kraftloserklärung muss nach den für die öffentliche Zustellung einer Ladung geltenden Vorschriften der Zivilprozessordnung veröffentlicht werden. [2]Mit dem Ablauf eines Monats nach der letzten Einrückung in die öffentlichen Blätter wird die Kraftloserklärung wirksam.

(2) Zuständig für die Bewilligung der Veröffentlichung ist sowohl das Amtsgericht, in dessen Bezirk der Vollmachtgeber seinen allgemeinen Gerichtsstand hat, als das Amtsgericht, welches für die Klage auf Rückgabe der Urkunde, abgesehen von dem Wert des Streitgegenstands, zuständig sein würde.

(3) Die Kraftloserklärung ist unwirksam, wenn der Vollmachtgeber die Vollmacht nicht widerrufen kann.

A. Allgemeines	1	II. Das Verfahren der Kraftloserklärung	4
B. Regelungsgehalt	2	C. Weitere praktische Hinweise	5
I. Die Kraftloserklärung als Willenserklärung	2		

A. Allgemeines

1   Um das durch § 172 geschaffene **Risiko der missbräuchlichen Verwendung einer Vollmachtsurkunde** zu beseitigen und das **Erlöschen der Vertretungsmacht** nach **§ 172 Abs. 2** herbeizuführen, steht dem Vollmachtgeber neben dem Anspruch auf Rückgabe der Urkunde nach § 175 das (gleichrangige und nicht bloß subsidiäre)[1] Mittel der Kraftloserklärung der Urkunde nach § 176 zu Gebote. Dieses Mittel ist auch dann zu gewähren, wenn die Urkunde dem Bevollmächtigten nicht im Sinne des § 172 Abs. 1 „ausgehändigt" wurde, weil der (vermeintliche) Vollmachtgeber auch dann aufgrund der in Umlauf befindlichen Urkunde in Darlegungs- und Beweisschwierigkeiten sein kann.[2]

B. Regelungsgehalt

I. Die Kraftloserklärung als Willenserklärung

2   Bei der Kraftloserklärung handelt es sich um eine **Willenserklärung des Vollmachtgebers**,[3] für deren Wirksamwerden das besondere Verfahren der öffentlichen Bekanntmachung nach den für die öffentliche Zustellung einer Ladung geltenden Vorschriften der ZPO (§§ 185 ff. ZPO) vorgeschrieben ist. Ihre **Rechtswirkung** besteht darin, dass die nach § 172 Abs. 1 aufgrund der Aushändigung der Vollmachtsurkunde bestehende **Vertretungsmacht erlischt**, und zwar, ohne dass es auf die Kenntnis oder das Kennenmüssen derjenigen ankommt, denen gegenüber nach Wirksamwerden der Kraftloserklärung von der Vollmachtsurkunde Gebrauch gemacht wird.[4]

3   Bezieht sich die Kraftloserklärung auf eine wirksam begründete, noch nicht widerrufene Vollmacht, ist ihr zudem der **Widerruf der Vollmacht** zu entnehmen.[5] Ist die Vollmacht unwiderruflich, kommt nach Abs. 3 folgerichtig auch keine Kraftloserklärung in Betracht. Dies gilt jedoch nicht, wenn ein **wichtiger Grund**

16   BeckOK BGB/*Schäfer* § 175 Rn. 7; Erman/*Maier-Reimer* BGB § 175 Rn. 4, MüKoBGB/*Schubert* § 175 Rn. 7; Soergel/*Leptien* BGB § 175 Rn. 2; Staudinger/*Schilken* BGB § 175 Rn. 9.

17   BeckOK BGB/*Schäfer* § 175 Rn. 7; Erman/*Maier-Reimer* BGB § 175 Rn. 4; MüKoBGB/*Schubert* § 175 Rn. 7; Soergel/*Leptien* BGB § 175 Rn. 2; Staudinger/*Schilken* BGB § 175 Rn. 8. – Vgl andererseits Rn. 5 zu bei den Gerichtsakten befindlichen Vollmachtsurkunden.

1   Statt vieler Staudinger/*Schilken* BGB § 176 Rn. 1.

2   OLG München ZErb 2018, 235 Rn. 31.

3   Statt vieler MüKoBGB/*Schubert* § 176 Rn. 2.

4   BeckOK BGB/*Schäfer* § 176 Rn. 5; MüKoBGB/*Schubert* § 176 Rn. 7 f.; Soergel/*Leptien* BGB § 176 Rn. 3; Staudinger/*Schilken* BGB § 176 Rn. 4.

5   BeckOK BGB/*Schäfer* § 176 Rn. 6; MüKoBGB/*Schubert* § 176 Rn. 7; Soergel/*Leptien* BGB § 176 Rn. 3; Staudinger/*Schilken* BGB § 176 Rn. 4.

zum **Widerruf** vorliegt, wie er auch bei der unwiderruflichen Vollmacht stets beachtlich ist (→ § 168 Rn. 13): Hier ist entgegen Abs. 3 eine (den Widerruf ggf. enthaltende) Kraftloserklärung wirksam.[6]

II. Das Verfahren der Kraftloserklärung

Mit dem **Antrag** auf Bewilligung der Veröffentlichung der Kraftloserklärung beginnt ein **Verfahren der** **4** **freiwilligen Gerichtsbarkeit**. Der Antrag, der keiner näheren Begründung bedarf,[7] ist mit der Willenserklärung bei dem zuständigen Amtsgericht einzureichen. **Zuständig** ist nach Abs. 2 sowohl das Amtsgericht, an dem der Vollmachtgeber seinen allgemeinen Gerichtsstand (§§ 12 ff. ZPO) hat, als auch das Amtsgericht, das – ungeachtet des Streitwertes – für die Klage auf Rückgabe der Urkunde nach § 175 zuständig wäre. Das Gericht nimmt **keine materielle Überprüfung** der Kraftloserklärung vor. Dies gilt insbesondere auch für die Frage, ob die Vollmacht unwiderruflich und die Kraftloserklärung daher nach Abs. 3 unwirksam ist.[8] Es entscheidet durch **Verfügung** (Rechtsmittel: Beschwerde, § 58 FamFG), in der, wenn dem Antrag stattgegeben wird, die **Veröffentlichung** der Kraftloserklärung angeordnet wird, und zwar nach § 186 Abs. 2 ZPO durch Aushang an der Gerichtstafel und ggf. nach § 187 ZPO zusätzlich durch einmalige oder mehrfache Veröffentlichung im Bundesanzeiger oder in anderen Blättern. Nach Abs. 1 S. 2 wird die Kraftloserklärung mit dem **Ablauf eines Monats** nach der letzten Einrückung in die öffentlichen Blätter wirksam. Erfolgt nur der Aushang nach § 186 Abs. 2 ZPO, kommt es für den Fristbeginn auf dessen Zeitpunkt an.[9]

C. Weitere praktische Hinweise

Nach Ziff. 15212 Nr. 7 Anlage 1 zu § 3 Abs. 3 GNotKG betragen die Verfahrenskosten eine halbe Gebühr. **5** Der Antragsteller ist Kostenschuldner (§ 22 Abs. 1 GNotKG); er kann jedoch von dem Bevollmächtigten nach materiellem Recht Ersatz der angefallenen Kosten verlangen, wenn dieser ihm wegen Verzugs oder zu vertretender Unmöglichkeit der Rückgabe der Vollmachtsurkunde haftet oder durch die Verletzung seiner Pflichten aus dem Grundverhältnis Anlass zu der Kraftloserklärung gegeben hat.[10]

§ 177 Vertragsschluss durch Vertreter ohne Vertretungsmacht

(1) Schließt jemand ohne Vertretungsmacht im Namen eines anderen einen Vertrag, so hängt die Wirksamkeit des Vertrags für und gegen den Vertretenen von dessen Genehmigung ab.

(2) ¹Fordert der andere Teil den Vertretenen zur Erklärung über die Genehmigung auf, so kann die Erklärung nur ihm gegenüber erfolgen; eine vor der Aufforderung dem Vertreter gegenüber erklärte Genehmigung oder Verweigerung der Genehmigung wird unwirksam. ²Die Genehmigung kann nur bis zum Ablauf von zwei Wochen nach dem Empfang der Aufforderung erklärt werden; wird sie nicht erklärt, so gilt sie als verweigert.

Literatur: *Albers*, Ungewissheit über die Zustimmung eines Dritten, AcP 217 (2017), 766; *Bertzel*, Der Notgeschäftsführer als Repräsentant des Geschäftsherrn, AcP 158 (1958/59), 107; *Canaris*, Die Vertrauenshaftung im deutschen Privatrecht, 1971; *ders.*, Schadensersatz- und Bereicherungshaftung des Vertretenen bei Vertretung ohne Vertretungsmacht, JuS 1980, 332; *Finkenauer*, Rückwirkung der Genehmigung, Verfügungsmacht und Gutglaubensschutz, AcP 203 (2003), 282; *Gerhardt*, Teilweise Unwirksamkeit beim Vertragsschluß durch falsus procurator, JuS 1970, 326; *Holthausen-Dux*, Auslösung der Rechtswirkungen des § 177 II BGB durch den mit dem Vollzug des Vertrages beauftragten Notar?, NJW 1995, 1470; *K. Müller*, Gesetzliche Vertretung ohne Vertretungsmacht, AcP 168 (1968), 113; *Prahl*, Nochmals: Auslösung der Rechtswirkungen des § 177 II BGB durch den mit dem Vollzug des Vertrags beauftragten Notar?, NJW 1996, 2968; *Prölss*, Vertretung ohne Vertretungsmacht, JuS 1985, 577; *ders.*, Haftung bei der Vertretung ohne Vertretungsmacht, JuS 1986, 169; *Schnorbus*, Die Haftung für den Vertreter ohne Vertretungsmacht in der Kreditwirtschaft, WM 1999, 197; *Welser*, Vertretung ohne Vertretungsmacht, 1970.

A. Allgemeines	1	4.	Missbrauch der Vertretungsmacht	8
B. Regelungsgehalt	3	5.	Handeln für eine noch zu gründende	
I. Anwendungsbereich	3		Gesellschaft oder für eine Vorgesellschaft	9
1. Unmittelbare Stellvertretung	3	6.	Handeln als Amtsinhaber	10
2. Handeln unter fremdem Namen	6	II.	Handeln ohne Vertretungsmacht	11
3. Botenschaft	7	1.	Grundlagen	11

6 BeckOK BGB/*Schäfer* § 176 Rn. 6; MüKoBGB/*Schubert* § 176 Rn. 8; Soergel/*Leptien* BGB § 176 Rn. 3; Staudinger/*Schilken* BGB § 176 Rn. 5.

7 MüKoBGB/*Schubert* § 176 Rn. 3; Staudinger/*Schilken* BGB § 176 Rn. 6.

8 KG JW 1933, 2153; MüKoBGB/*Schubert* § 176 Rn. 3, 5 f.; Staudinger/*Schilken* BGB § 176 Rn. 7.

9 MüKoBGB/*Schubert* § 176 Rn. 5, 7.

10 Staudinger/*Schilken* BGB § 176 Rn. 11.

2.	Einzelne Konstellationen	12	IV. Die Verweigerung der Genehmigung	26
3.	Schwebende Unwirksamkeit als Folge	14	1. Wesen und Wirkung	26
III. Die Erteilung der Genehmigung		16	2. Haftungsfragen bei Verweigerung der	
1.	Wesen und Wirkung der Genehmigung	16	Genehmigung	27
2.	Genehmigender und Genehmigungsemp-		V. Die Aufforderung zur Erklärung über die	
	fänger	20	Genehmigung	30
3.	Die Genehmigung als Erklärungsinhalt	22	1. Voraussetzungen	30
4.	Formerfordernisse	24	2. Rechtsfolgen	31
5.	Besondere Fälle	25	C. Weitere praktische Hinweise	32

A. Allgemeines

1 In den §§ 177–180 regelt das BGB die Fälle, in denen sich das **fremdbezogene Handeln des Vertreters nicht im Rahmen der ihm zustehenden Vertretungsmacht** hält und die Wirkungen des § 164 somit nicht eintreten. Insoweit differenziert das Gesetz zwischen Verträgen, auf welche die §§ 177–179 Anwendung finden, und einseitigen Rechtsgeschäften, für die § 180 gilt. **Schuldrechtliche und dingliche**[1] **Verträge**, die ein Vertreter im Namen des Vertretenen abgeschlossen hat, ohne über die dazu erforderliche Vertretungsmacht zu verfügen, sind danach – anders als (im Grundsatz) einseitige Rechtsgeschäfte – nicht endgültig, sondern **schwebend unwirksam** und können gemäß Abs. 1 durch die **Genehmigung des Vertretenen** wirksam werden.[2]

2 Der **Geschäftsgegner** hat seinerseits die Möglichkeit, nach Abs. 2 durch die **Aufforderung zur Genehmigung** die Beendigung des Schwebezustandes innerhalb einer Frist von zwei Wochen herbeizuführen. Vergleichbare Regelungen über die Genehmigung von Verträgen und die Wirkung der Aufforderung zur Genehmigung finden sich in den §§ 108, 1366 und 1829.

B. Regelungsgehalt

I. Anwendungsbereich

3 **1. Unmittelbare Stellvertretung.** § 177 ist immer dann anwendbar, wenn eine Person beim Abschluss eines Vertrags als unmittelbarer Stellvertreter ohne Vertretungsmacht für einen anderen auftritt, nicht dagegen bei der mittelbaren Stellvertretung.[3] Ob es sich bei der fehlenden Vertretungsmacht um **gewillkürte, organschaftliche oder gesetzliche Vertretungsmacht** handelt, ist unerheblich.[4] Wenn allerdings die Stellvertretung ausgeschlossen ist (insbesondere bei höchstpersönlichen Geschäften), gilt auch § 177 nicht.[5]

4 Die Anwendung von § 177 auf Vertreterhandeln ohne **gesetzliche Vertretungsmacht**[6] führt nicht dazu, dass nunmehr der gesetzlich Vertretene die Möglichkeit der Genehmigung und damit der rechtsgeschäftlichen Disposition über das Vertretergeschäft erhält. Genehmigen kann das Geschäft vielmehr nur derjenige, der wirklich über die gesetzliche Vertretungsmacht für das Vertretergeschäft verfügt, wobei dies auch der Vertreter selbst sein kann, wenn er nachträglich gesetzlicher Vertreter geworden ist.[7]

5 Vertretung ohne **organschaftliche Vertretungsmacht** liegt vor, wenn der Vertreter sich als Organwalter einer juristischen Person geriert, ohne es (noch) zu sein, oder wenn er zwar Organwalter ist, aber mit dem Abschluss des Geschäfts seine organschaftliche Vertretungsmacht überschreitet.[8] Die in diesen Konstellationen im Namen der juristischen Person geschlossenen Verträge sind nach § 177 genehmigungsfähig. Dies gilt auch dann, wenn es sich bei dem Vertretenen um eine **juristische Person des öffentlichen Rechts** handelt.[9] Allerdings gilt hier nach der Rechtsprechung des **BGH** die Besonderheit, dass das aus der Nichtbeachtung einer öffentlich-rechtlichen Förmlichkeit resultierende Fehlen der Vertretungsmacht des Organs einer juristischen Person des öffentlichen Rechts **keine Haftung des Vertreters aus § 179 Abs. 1** nach sich zieht.[10] In der Literatur ist diese Beschränkung in der Anwendung der Regeln über die Vertretung ohne Ver-

---

1 Zur Anwendbarkeit der §§ 177 ff. auf dingliche Verträge RGZ 69, 263, 266; BGH WM 1959, 63; BeckOK BGB/*Schäfer* § 177 Rn. 3; Soergel/*Leptien* BGB § 177 Rn. 13; Staudinger/*Schilken* BGB § 177 Rn. 2.

2 Kritisch zur rechtspolitischen Bewertung der §§ 177 f. *Albers* AcP 217 (2017), 766.

3 Staudinger/*Schilken* BGB § 177 Rn. 18.

4 Statt vieler MüKoBGB/*Schubert* § 177 Rn. 3; vgl. BAG NZA 2008, 369 für die gesetzliche Vertretungsmacht des Betriebsratsvorsitzenden.

5 MüKoBGB/*Schubert* § 177 Rn. 9; Soergel/*Leptien* BGB § 177 Rn. 14; vgl. auch BGH NJW 1971, 428.

6 Dazu eingehend *Müller* AcP 168 (1968), 113 ff.

7 OLG Hamm FamRZ 1972, 270; MüKoBGB/*Schubert* § 177 Rn. 32; Staudinger/*Schilken* BGB § 177 Rn. 4; teilweise abweichend *Müller* AcP 168 (1968), 113, 116 ff.

8 Vgl. zB OLG Celle BB 2002, 1438.

9 RGZ 104, 191, 192 f.; BGHZ 6, 333; 32, 375, 381; BGH NJW 1984, 606.

10 BGHZ 147, 381, 387 ff.

tretungsmacht auf Kritik gestoßen.[11] Indes verdient sie Zustimmung: Mit Rücksicht auf die fehlende Landeskompetenz zur Einführung privatrechtlicher Formvorschriften (Art. 55 EGBGB) werden die landesrechtlichen Förmlichkeiten, denen das Vertreterhandeln insbesondere im Bereich des Kommunalrechts unterliegt, zwar als Regelungen über die Grenzen der Vertretungsmacht eingeordnet. Wenn der unter Missachtung der Förmlichkeit geschlossene Vertrag nicht genehmigt wird, geht es aber in der Sache um die Verantwortung der Gemeinde für die Formwidrigkeit, während der für die Gemeinde (wenn auch formwidrig) handelnde Vertreter nicht als *falsus procurator* in Betracht kommt.

2. Handeln unter fremdem Namen. Handelt der Vertreter unter fremdem Namen und ergibt die Auslegung aus dem Horizont des Geschäftsgegners, dass das Geschäft mit dem wahren Namensträger zustande kommen soll, finden die **§§ 177 ff. analoge Anwendung**, wenn dem Handelnden die erforderliche Vertretungsmacht fehlt.[12] Praktisch bedeutsam ist in diesem Zusammenhang die **Fälschung einer Unterschrift**, insbesondere die gefälschte **Wechselunterschrift**: Hier steht dem Namensträger die Genehmigung des mit der gefälschten Unterschrift geschlossenen Geschäfts offen.[13] Die Genehmigung kann auch schlüssig erfolgen, ist aber nach der Rechtsprechung im Fall einer gefälschten Wechselunterschrift nicht schon dann gegeben, wenn der Namensträger auf die Anfrage des Wechselinhabers, ob „das Papier in Ordnung geht", einfach nur schweigt.[14] **6**

3. Botenschaft. Übermittelt ein Bote eine Erklärung wissentlich falsch oder gibt sich jemand als Bote aus, ohne es zu sein (Bote ohne Botenmacht), findet der nur auf den Fall der irrtümlichen Falschübermittlung zugeschnittene § 120 keine Anwendung.[15] Die **von dem Pseudoboten übermittelte Erklärung** ist dem Geschäftsherrn **nicht zurechenbar**. Die Situation entspricht vielmehr der Vertretung ohne Vertretungsmacht – mit dem einzigen Unterschied, dass der Bote keine eigene, sondern eine fremde Willenserklärung abzugeben vorgibt. Die **analoge Anwendung der §§ 177 ff.**, wie sie von der hM befürwortet wird,[16] ist daher gerechtfertigt. Der Geschäftsherr kann daher den unter Beteiligung des Boten zustande gekommenen Vertrag entsprechend § 177 genehmigen und der Dritte ihn entsprechend § 178 widerrufen, während der Bote bei ausbleibender Genehmigung nach § 179 haftet, Letzteres freilich mit der Maßgabe, dass der Dritte (abweichend von der Vertretung ohne Vertretungsmacht) die **Beweislast** für die fehlende Botenmacht bzw. die bewusst unrichtige Übermittlung der Erklärung trägt.[17] Diese Regeln gelten jenseits der bewussten Falschübermittlung auch für die **bewusst falsche Übersetzung** einer Erklärung durch einen Dolmetscher.[18] **7**

4. Missbrauch der Vertretungsmacht. Kann sich der Vertreter nach den Regeln über den Missbrauch der Vertretungsmacht (dazu näher → § 164 Rn. 84 ff.) nicht auf das Bestehen der Vertretungsmacht berufen, sind die Rechtsfolgen richtigerweise nach Maßgabe der §§ 177 ff. zu bestimmen. Nur die sittenwidrige **Kollusion** hat gemäß § 138 die Nichtigkeit der Willenserklärung des Vertreters zur Folge,[19] ohne dass Raum für eine direkte oder analoge Anwendung der §§ 177 ff. bleibt. **8**

5. Handeln für eine noch zu gründende Gesellschaft oder für eine Vorgesellschaft. Handelt der Vertreter im Namen einer noch nicht gegründeten Personengesellschaft, finden die §§ 177 ff. grundsätzlich Anwendung,[20] ebenso bei Handeln für eine Vorgründungsgesellschaft.[21] Bei der Vorgesellschaft (Vor-GmbH und Vor-AG) gehen indes deren Aktiva und Passiva mit der Entstehung der juristischen Person bei Eintragung auf diese über.[22] Die für die werdende juristische Person mit Vertretungsmacht getätigten Geschäfte bedürfen daher nicht eigens der Genehmigung nach § 177, um Wirksamkeit für und gegen die entstandene Person zu entfalten. Unabhängig davon kann der Vertreter der Vorgesellschaft mit dem Geschäftsgegner im Rahmen der den Parteien zustehenden Privatautonomie selbstverständlich vereinbaren, dass das Geschäft erst wirksam werden soll, wenn es die GmbH oder AG nach der Eintragung genehmigt. Dadurch kommt es aber nicht zur Anwendung der §§ 177 ff.;[23] vielmehr steht die Wirksamkeit des **9**

11 *Oebecke* JR 2002, 281; *Püttner* JZ 2002, 197 f.; Staudinger/*Schilken* BGB § 177 Rn. 3.
12 BGH NJW-RR 2006, 701 (702).
13 RGZ 145, 87, 91; BGHZ 45, 193, 195; Erman/*Maier-Reimer* BGB § 177 Rn. 7; MüKoBGB/*Schubert* § 177 Rn. 6; Soergel/*Leptien* BGB § 177 Rn. 13; Staudinger/*Schilken* BGB § 177 Rn. 21.
14 BGHZ 47, 110, 113; MüKoBGB/*Schubert* § 177 Rn. 39; Soergel/*Leptien* BGB § 177 Rn. 13; Staudinger/*Schilken* BGB § 177 Rn. 21.
15 AA insbes. *Marburger* AcP 173 (1973), 137 ff.; MüKoBGB/*Armbrüster* § 120 Rn. 4.
16 OLG Oldenburg NJW 1978, 951; BeckOK BGB/*Schäfer* § 177 Rn. 12; Erman/*Maier-Reimer* BGB § 177 Rn. 8; *Flume* BGB AT Bd. 2 § 43, 4 (S. 759); MüKoBGB/*Schubert* § 177 Rn. 7; Soegel/*Leptien*

BGB § 177 Rn. 11; Staudinger/*Schilken* BGB § 177 Rn. 22; teilweise aA, nämlich gegen die Anwendung von § 179, RGRK/*Steffen* BGB § 177 Rn. 3.
17 *Flume* BGB AT Bd. 2 § 43, 4 (S. 759); MüKoBGB/*Schubert* § 177 Rn. 7; Soergel/*Leptien* BGB § 177 Rn. 11.
18 Erman/*Maier-Reimer* BGB § 177 Rn. 8; MüKoBGB/*Schubert* § 177 Rn. 7; Soergel/*Leptien* BGB § 177 Rn. 11; vgl. BGH BB 1963, 204.
19 RGZ 130, 142; BGH NJW 1966, 1911; 1989, 26.
20 BGHZ 63, 45, 48; 69, 96, 100.
21 BGHZ 91, 148, 152.
22 Grundlegend BGHZ 80, 129; näher *K. Schmidt* GesR § 34 III 4 (S. 1028 ff.).
23 So aber noch BGH NJW 1973, 798.

Geschäfts unter der aufschiebenden Bedingung der Genehmigung nach Eintragung (s. dazu auch → Rn. 13).[24]

10   **6. Handeln als Amtsinhaber.** Wer irrig oder bewusst kraft eines ihm nicht zustehenden Amtes als Insolvenzverwalter, Zwangsverwalter, Nachlassverwalter oder Testamentsvollstrecker rechtsgeschäftlich tätig wird (s. dazu → § 164 Rn. 24 ff.), ist einem Vertreter ohne Vertretungsmacht gleichzustellen. Die §§ 177 ff. sind daher analog anzuwenden.[25] Eine analoge Anwendung von § 177 (mit der Folge einer Genehmigungsmöglichkeit für den Verwalter) wird darüber hinaus vertreten, wenn der Inhaber des der Verwaltung unterliegenden Vermögens einen auf das Vermögen bezogenen Vertrag abschließt.[26]

II. Handeln ohne Vertretungsmacht

11   **1. Grundlagen.** § 177 setzt ein Handeln ohne Vertretungsmacht voraus. Daran fehlt es nicht nur dann, wenn der Vertreter für den von ihm geschlossenen Vertrag über rechtsgeschäftlich, organschaftlich oder gesetzlich begründete Vertretungsmacht verfügt, sondern auch bei Vorliegen einer Duldungs- oder Anscheinsvollmacht nach den von der Rechtsprechung entwickelten Grundsätzen (s. dazu → § 167 Rn. 74 ff.). **Maßgeblicher Zeitpunkt** für die Beantwortung der Frage, ob Vertretungsmacht vorliegt oder fehlt, ist **bei der Aktivvertretung die Abgabe** der eigenen Willenserklärung des Vertreters und **bei der Passivvertretung der Empfang** der Willenserklärung des Geschäftsgegners.[27] Nur dies ist mit der Regelung des § 164 Abs. 1 (für die Aktivvertretung) und Abs. 3 (für die Passivvertretung) vereinbar. Dass Abs. 1 auf den Abschluss von Verträgen abhebt, widerspricht dem nicht; die Formulierung des Gesetzes ist hier auf die Abgrenzung zu den in § 180 geregelten einseitigen Rechtsgeschäften gerichtet und nicht etwa darauf, den für das Vorliegen der Vertretungsmacht maßgeblichen Zeitpunkt anders als in § 164 (nämlich anhand des Wirksamwerdens der Annahme) zu bestimmen. Bei Erlöschen der Vertretungsmacht zwischen Abgabe und Zugang der Willenserklärung des Vertreters fordert die Literatur allerdings zu Recht die analoge Anwendung des § 130 Abs. 1 S. 2; wird also etwa eine Vollmacht vor dem Zugang der Vertretererklärung dem Empfänger gegenüber widerrufen oder liegen bis dahin (in den Fällen der §§ 170 ff.) die Voraussetzungen des § 173 bei ihm vor, bindet die Erklärung den Vertretenen nicht.[28]

12   **2. Einzelne Konstellationen.** Lag im maßgeblichen Zeitpunkt (dazu → Rn. 11) **keine Vertretungsmacht** vor, ist § 177 unabhängig davon anwendbar, ob der Vertreter nie über Vertretungsmacht verfügte oder ob eine zunächst bestehende Vertretungsmacht zu diesem Zeitpunkt bereits erloschen war oder ob er nach diesem Zeitpunkt Vertretungsmacht erhielt[29] (zum Ausschluss einer rückwirkenden Vollmachtserteilung → § 167 Rn. 8). Handeln ohne Vertretungsmacht ist darüber hinaus gegeben, wenn der Vertreter die ihm zustehende **Vertretungsmacht überschritten** hat. Deckt die Vertretungsmacht einen Teil des von dem Vertreter geschlossenen Vertrags nicht, ist insoweit also § 177 anzuwenden; genehmigt der Vertretene diesen Teil des Geschäfts nicht, beurteilt sich das Schicksal des anderen Teils nach § 139.[30] Entsprechendes gilt, wenn der Vertreter einen Vertrag für mehrere Vertretene geschlossen hat, ohne Vertretungsmacht für alle zu haben,[31] oder wenn er ohne Vertretungsmacht im fremden und zugleich im eigenen Namen handelte.[32] Ebenfalls ohne Vertretungsmacht handelt ein **Gesamtvertreter**, der sich ohne die erforderliche Mitwirkung der anderen Gesamtvertreter rechtsgeschäftlich für den Vertretenen betätigt (zur Genehmigung → Rn. 25).

13   Schließlich kann die Anwendung von § 177 eröffnet sein, wenn ein Vertreter zwar über die Vertretungsmacht für das von ihm im Namen des Vertretenen abgeschlossene Geschäft verfügt, ihr Bestehen aber leugnet oder sonst **keinen Gebrauch von der Vertretungsmacht** macht.[33] Ob ein eigentlich mit Vertretungs-

---

24 So zutr. *K. Schmidt* GesR § 34 III 3 b aa (S. 1019).

25 RGZ 80, 416, 417; BeckOK BGB/*Schäfer* § 177 Rn. 17; Erman/*Maier-Reimer* BGB § 177 Rn. 8; MüKoBGB/*Schubert* § 177 Rn. 8; Soergel/*Leptien* BGB § 177 Rn. 11; Staudinger/*Schilken* BGB § 177 Rn. 19.

26 So MüKoBGB/*Schramm* (6. Aufl.) § 177 Rn. 5.

27 BeckOK BGB/*Schäfer* § 177 Rn. 10; *Bork* BGB AT Rn. 1603; Erman/*Maier-Reimer* BGB § 177 Rn. 5; MüKoBGB/*Schubert* § 177 Rn. 19; Staudinger/*Schilken* BGB § 177 Rn. 5; im Grundsatz auch Soergel/*Leptien* BGB § 177 Rn. 2, der es allerdings in Rn. 5 für erwägenswert hält, § 177 bei Erwerb der Vertretungsmacht vor Zugang der Vertretererklärung unangewendet zu lassen.

28 BeckOK BGB/*Schäfer* § 177 Rn. 10; MüKoBGB/*Schubert* § 177 Rn. 19; Staudinger/*Schilken* BGB § 177 Rn. 5.

29 Dazu eingehend Soergel/*Leptien* BGB § 177 Rn. 4–6.

30 BeckOK BGB/*Schäfer* § 177 Rn. 6; Erman/*Maier-Reimer* BGB § 177 Rn. 4; *Gerhardt* JuS 1970, 326; MüKoBGB/*Schubert* § 177 Rn. 45; Soergel/*Leptien* BGB § 177 Rn. 7; Staudinger/*Schilken* BGB § 177 Rn. 5 a.

31 Hierzu und zum vollmachtlosen Handeln im fremden und zugleich im eigenen Namen MüKoBGB/*Schubert* § 177 Rn. 10.

32 Vgl. BGH NJW 1970, 240; Soergel/*Leptien* BGB § 177 Rn. 7; Staudinger/*Schilken* BGB § 177 Rn. 6.

33 BGH DNotZ 1968, 407 (408); NJW 2009, 3792 (3793); BeckOK BGB/*Schäfer* § 177 Rn. 8; Erman/*Maier-Reimer* BGB § 177 Rn. 6; MüKoBGB/*Schubert* § 177 Rn. 17; Soergel/*Leptien* BGB § 177 Rn. 8; Staudinger/*Schilken* BGB § 177 Rn. 6.

macht ausgestatteter Vertreter ausnahmsweise als *falsus procurator* gehandelt hat, ist durch Auslegung seiner Erklärung aus der Sicht des Geschäftsgegners (§§ 133, 157) zu ermitteln. Dabei ist zu beachten, dass ein in dem Vertretergeschäft vereinbarter Vorbehalt der Genehmigung durch den Vertretenen uU auch so zu verstehen ist, dass die Wirksamkeit des Geschäfts durch die Genehmigung des Vertretenen **aufschiebend bedingt** ist (s. dazu auch → Rn. 9).[34]

3. Schwebende Unwirksamkeit als Folge. Ein Vertrag, den der Vertreter in fremdem Namen ohne Vertretungsmacht abgeschlossen hat, entfaltet keine Wirkung für und gegen den Vertretenen, solange dieser keine Genehmigung nach Abs. 1 erteilt. Diese Zustand schwebender Unwirksamkeit wird erst durch die Genehmigung (dazu → Rn. 16 ff.) oder deren Verweigerung (dazu → Rn. 26 ff.) oder durch Maßnahmen des Geschäftsgegners nach Abs. 2 (dazu → Rn. 30 f.) oder § 178 beendet. Ob der Vertreter oder der Geschäftsgegner Kenntnis vom Fehlen der Vertretungsmacht hat oder haben muss, hat auf den Schwebezustand als solchen keinen Einfluss[35] (wohl aber auf die Möglichkeit des Geschäftsgegners, die schwebende Unwirksamkeit nach § 178 durch Widerruf zu beenden und den Vertreter nach § 179 in Anspruch zu nehmen). 14

Während der **schwebenden Unwirksamkeit** besteht **kein klagbarer Anspruch** gegen den Vertretenen,[36] insbesondere kein Anspruch auf Erteilung der Genehmigung, wenn sich dieser nicht aus einem anderen Rechtsverhältnis zwischen den Parteien (etwa einem Vorvertrag)[37] ergibt. Haben die Beteiligten einander bereits in Unkenntnis der schwebenden Unwirksamkeit **Leistungen erbracht**, können diese nach **§ 812 Abs. 1 S. 1 Alt. 1** von dem jeweiligen Empfänger zurückgefordert werden,[38] und zwar ohne dass der Leistende den Eintritt endgültiger Unwirksamkeit abzuwarten hat.[39] Nach der – in der Literatur teilweise kritisierten[40] – Rechtsprechung des BGH soll es freilich an einer Bereicherung fehlen, wenn der Vertretene aufgrund eines wirksamen Innenverhältnisses gegenüber dem Vertreter berechtigt ist und von dem Vertreterhandeln nichts weiß.[41] 15

III. Die Erteilung der Genehmigung

1. Wesen und Wirkung der Genehmigung. Die Genehmigung ist eine **empfangsbedürftige Willenserklärung**, auf die neben den allgemeinen Regeln über die Willenserklärung die §§ 182 ff. Anwendung finden. Sie ist ein **einseitiges Rechtsgeschäft, unwiderruflich, bedingungsfeindlich** und hat unmittelbar **rechtsgestaltende Wirkung im Außenverhältnis** zwischen dem Vertretenen und dem Geschäftsgegner:[42] Der zunächst schwebend unwirksame Vertrag **wird wirksam**, und zwar nach § 184 Abs. 1 **rückwirkend.**[43] Dies setzt allerdings voraus, dass der Vertrag außer dem Fehlen der Vertretungsmacht keine weiteren Wirksamkeitsmängel aufweist, denn die Genehmigung heilt **nur den Mangel der Vertretungsmacht.**[44] Auf das Innenverhältnis zwischen Vertreter und Vertretenem bezieht sich die Genehmigung nicht; wenn es sich hierbei um eine **Geschäftsführung ohne Auftrag** handelt, ist indes im Zweifel davon auszugehen, dass mit der Genehmigung des Vertretergeschäfts zugleich eine Genehmigung nach § 684 S. 2 ausgesprochen wird.[45] Eine **Pflicht zur Genehmigung** trifft den Vertretenen im Grundsatz weder gegenüber dem Geschäftsgegner (dazu → Rn. 15) noch gegenüber dem Vertreter, soweit sich aus dem Innenverhältnis nichts anderes ergibt. Letzteres ist bei einer Geschäftsführung ohne Auftrag nicht schon dann der Fall, wenn die Voraussetzungen der §§ 677, 683 vorliegen,[46] sondern nur in den Fällen der Notgeschäftsführung nach den §§ 679, 680.[47] 16

Aufgrund der **Rückwirkung der Genehmigung** wird der genehmigte Vertrag grundsätzlich so behandelt, als ob beim Vertragsschluss Vertretungsmacht für das abgeschlossene Geschäft bestanden hätte. Dem Ver- 17

---

34 Vgl. RG JW 1937, 2036; BeckOK BGB/*Schäfer* § 177 Rn. 8; MüKoBGB/*Schubert* § 177 Rn. 17; Soergel/*Leptien* BGB § 177 Rn. 8; Staudinger/*Schilken* BGB § 177 Rn. 6.

35 Vgl. MüKoBGB/*Schubert* § 177 Rn. 20; Staudinger/*Schilken* BGB § 177 Rn. 7.

36 RGZ 98, 244; BGHZ 65, 123, 126; MüKoBGB/*Schubert* § 177 Rn. 21; Staudinger/*Schilken* BGB § 177 Rn. 8. Zur Frage der Haftung des Vertretenen bei Verweigerung der Genehmigung s. Rn. 27 ff.

37 Dazu BGH NJW 1990, 508 (509).

38 BGHZ 36, 30, 35; 40, 272, 276.

39 MüKoBGB/*Schubert* § 177 Rn. 21.

40 Vgl. insbes. *Flume* JZ 1962, 281.

41 BGHZ 40, 272, 279; näher zur bereicherungsrechtlichen Problematik MüKoBGB/*Schwab* § 812 Rn. 179 ff.

42 Statt vieler MüKoBGB/*Schubert* § 177 Rn. 33 f.

43 Hierzu aus (zweifelhaften) verfassungsrechtlichen Erwägungen ablehnend *Lorenz* ZRP 2009, 214.

44 RGZ 150, 385, 387; BeckOK BGB/*Schäfer* § 177 Rn. 30; Erman/*Maier-Reimer* § 177 Rn. 20; MüKoBGB/*Schubert* § 177 Rn. 49; Soergel/*Leptien* BGB § 177 Rn. 29; Staudinger/*Schilken* BGB § 177 Rn. 9.

45 MüKoBGB/*Schubert* § 177 Rn. 40; Staudinger/*Schilken* BGB § 177 Rn. 17.

46 MüKoBGB/*Schubert* § 177 Rn. 40; Soergel/*Leptien* BGB § 177 Rn. 9; Staudinger/*Schilken* BGB § 177 Rn. 17.

47 BGH NJW 1951, 398, Staudinger/*Schilken* BGB § 177 Rn. 17; aA *Bertzel* AcP 158 (1958/59), 107, 148; Soergel/*Leptien* BGB § 177 Rn. 9, die dem Notgeschäftsführer gesetzliche Vertretungsmacht zuerkennen wollen.

tretenen wird daher nicht nur die Erklärung des Vertreters zugerechnet, sondern gemäß § 166 Abs. 1 auch ein bei Vertragsschluss vorliegender Willensmangel des Vertreters sowie – wiederum auf diesen Zeitpunkt bezogen – dessen Kenntnis oder Kennenmüssen.[48] Ist zwischenzeitlich ein **Insolvenzverfahren** über das Vermögen des Geschäftsgegners eröffnet worden, hindert dies die rückwirkende Genehmigung des mit ihm geschlossenen Vertretergeschäfts nicht.[49] Wird ein **Verfügungsgeschäft** genehmigt, ist wegen der Rückwirkung der Genehmigung für die erforderliche Verfügungsmacht des Vertreters auf den Zeitpunkt der Verfügung und nicht auf den Zeitpunkt der Genehmigungserteilung abzustellen.[50]

18 Ohne Bedeutung ist die Rückwirkung der Genehmigung jedoch für den **Beginn der Verjährung**; insoweit ist auf den Zeitpunkt der Genehmigung abzustellen.[51] Ebenso wenig führt die Genehmigung zum rückwirkenden **Verzugseintritt**.[52] Ob schließlich **öffentlich-rechtliche Beschränkungen**, die während der schwebenden Unwirksamkeit eintreten, beachtlich sind, ist anhand der öffentlich-rechtlichen Regeln zu entscheiden; jedenfalls ist es nicht gerechtfertigt, solche Beschränkungen allein unter Berufung auf die privatrechtliche Rückwirkung der Genehmigung außer Acht zu lassen.[53]

19 Was die Genehmigung **fristgebundener Rechtsgeschäfte** betrifft, so ist es eine nach dem Sinn und Zweck der Frist zu beantwortende Auslegungsfrage, ob die Genehmigung innerhalb der Frist zu erfolgen hat oder ob zur Fristwahrung die Vornahme des Vertretergeschäfts ausreicht.[54] Dies ist auch der Ausgangspunkt zur Klärung des **umstrittenen** Problems, ob die Genehmigung der von einem *falsus procurator* erklärten **Annahme eines befristeten Angebots** zum Vertragsschluss innerhalb der Annahmefrist erfolgen muss[55] oder nicht:[56] Die Annahmefrist, die der Anbietende dem Angebotsempfänger setzt, hat den erkennbaren Zweck, dem Anbietenden Klarheit über das wirksame Zustandekommen des Vertrags zu verschaffen. Die Möglichkeit, nach Abs. 2 oder § 178 vorzugehen, befriedigt dieses Interesse des Anbietenden nicht hinreichend. Daher ist, soweit der Anbietende nicht eine andere Festlegung trifft, davon auszugehen, dass die Annahme des Angebots durch einen Vertreter ohne Vertretungsmacht noch innerhalb der Annahmefrist genehmigt werden muss, damit ein wirksamer Vertrag zustande kommt.

20 **2. Genehmigender und Genehmigungsempfänger.** Die Genehmigung kann von dem Vertretenen selbst, von dessen Erben,[57] aber **auch von einem Stellvertreter erteilt** werden, ggf. sogar von dem beim Vertragsschluss ohne Vertretungsmacht handelnden Vertreter, wenn dieser nachträglich Vertretungsmacht erhält:[58] Zwar fehlt in § 177 ein Pendant zu § 108 Abs. 3, doch bedarf es dessen nicht, weil kein schützenswertes Interesse des Geschäftsgegners und auch sonst kein Grund dafür ersichtlich ist, dem an dem Vertragsschluss beteiligten Vertreter die Fähigkeit zur Genehmigung abzusprechen.

21 **Adressat der Genehmigung** kann nach § 182 Abs. 1 sowohl der Vertreter als auch der Geschäftsgegner bzw. eine zur Vertretung des Geschäftsgegners befugte Person[59] sein. Hat der Geschäftsgegner den Vertretenen allerdings nach Abs. 2 S. 1 zur Erklärung über die Genehmigung aufgefordert, entfällt diese Wahlmöglichkeit, und das Geschäft kann nur noch dem Gegner (oder dessen Stellvertreter) gegenüber genehmigt werden.

22 **3. Die Genehmigung als Erklärungsinhalt.** Die Genehmigung kann ausdrücklich oder konkludent erteilt werden. Ob eine Äußerung oder ein Verhalten des Vertretenen eine Genehmigung darstellt, ist nach den §§ 133, 157 durch Auslegung nach dem **Horizont des jeweiligen Adressaten** (Geschäftsgegner oder Vertreter) zu ermitteln. Einen Grund, das Verhalten des Vertretenen als **konkludente Genehmigung** zu ver-

48 MüKoBGB/*Schubert* § 177 Rn. 49; Erman/*Maier-Reimer* BGB § 177 Rn. 20; BeckOK BGB/*Schäfer* § 177 Rn. 30; Soergel/*Leptien* BGB § 177 Rn. 28; Staudinger/*Schilken* BGB § 177 Rn. 9. Allerdings schadet in analoger Anwendung von § 166 Abs. 2 die Kenntnis oder das Kennenmüssen des Vertretenen im Zeitpunkt der Genehmigung, dazu mwN Staudinger/*Schilken* BGB § 177 Rn. 9.

49 RGZ 134, 73, 78 (noch zum Konkurs); MüKoBGB/*Schubert* § 177 Rn. 50.

50 Str., näher *Finkenauer* AcP 203 (2003), 282 ff.

51 RGZ 65, 245; BeckOK BGB/*Schäfer* § 177 Rn. 32; Erman/*Maier-Reimer* BGB § 177 Rn. 21; MüKoBGB/*Schubert* § 177 Rn. 54; Staudinger/*Schilken* BGB § 177 Rn. 9.

52 BeckOK BGB/*Schäfer* § 177 Rn. 32; Erman/*Maier-Reimer* BGB § 177 Rn. 21; MüKoBGB/*Schubert* § 177 Rn. 54; Staudinger/*Schilken* BGB § 177 Rn. 9. Vgl. auch BGH GRUR 2015, 187 Rn. 22 (keine Vertragsstrafe für Verstöße gegen vertragsstrafebewertes

Unterlassungsversprechen, wenn Verstöße während der Schwebezeit stattfanden).

53 Erman/*Maier-Reimer* BGB § 177 Rn. 21; MüKoBGB/*Schubert* § 177 Rn. 50.

54 Erman/*Maier-Reimer* BGB § 177 Rn. 21; MüKoBGB/*Schubert* § 177 Rn. 51; Staudinger/*Schilken* BGB § 177 Rn. 9.

55 Hierfür BGH NJW 1973, 1789 (1790); BeckOK BGB/*Schäfer* § 177 Rn. 25; RGRK/*Steffen* BGB § 177 Rn. 10; Soergel/*Leptien* BGB § 184 Rn. 6.

56 Hierfür Erman/*Maier-Reimer* BGB § 177 Rn. 21; Staudinger/*Schilken* BGB § 177 Rn. 9; MüKoBGB/*Schubert* § 177 Rn. 52.

57 OLG Hamm Rpfleger 1979, 17; BeckOK BGB/*Schäfer* § 177 Rn. 26.

58 BGHZ 79, 374, 378 f.; BGH NJW-RR 1994, 291 (293); BeckOK BGB/*Schäfer* § 177 Rn. 26; Erman/*Maier-Reimer* BGB § 177 Rn. 18; Staudinger/*Schilken* BGB § 177 Rn. 10a; aA (für gesetzliche Vertretung) *Müller* AcP 168 (1968), 113, 128 ff.

59 Vgl. zB OLG Köln NJW 1995, 1499 (1500).

stehen, hat der Adressat nur dann, wenn er aufgrund tatsächlicher Anhaltspunkte annehmen durfte, dass der Vertretene mit der schwebenden Unwirksamkeit und daher mit der Genehmigungsbedürftigkeit des Geschäfts zumindest rechnete.[60] Rechtsprechung und Schrifttum beurteilen das Verhalten freilich verbreitet und bis in die jüngste Zeit nicht nur aus der objektiven Empfängersicht, sondern verlangen als subjektive Voraussetzung einer konkludenten Genehmigung, dass sich der Genehmigende der schwebenden Unwirksamkeit oder zumindest ihrer Möglichkeit bewusst war.[61] Seitdem die Rechtsprechung jedoch – mit Recht – auf das Erklärungsbewusstsein als konstitutives Merkmal einer Willenserklärung (und zwar auch einer schlüssigen Erklärung) verzichtet hat,[62] ist für diese Betrachtung kein Raum mehr.[63] Vielmehr liegt eine – nur durch Anfechtung zu beseitigende – Genehmigung vor, wenn dem Vertretenen der aus Empfängersicht als Genehmigung auszulegende Erklärungstatbestand zurechenbar ist, weil er hätte erkennen und vermeiden können, dass sein Verhalten als Genehmigung verstanden werden würde.

Bloßes **Schweigen des Vertretenen** rechtfertigt grundsätzlich nicht die Annahme einer Genehmigung,[64]   **23** und zwar auch dann nicht, wenn der Geschäftsgegner ihn über das Vertretergeschäft benachrichtigt hat (s. dazu auch → Rn. 6). In Übereinstimmung mit den allgemeinen Regeln über das **„beredte Schweigen"** kann das Schweigen des Vertretenen auf den Abschluss eines Vertretergeschäfts jedoch in besonderen Fällen den Erklärungswert einer Genehmigung haben.[65] Dies ist namentlich dann der Fall, wenn der Vertretene nach Treu und Glauben verpflichtet gewesen wäre, seinen abweichenden Willen zu äußern,[66] wenn die Voraussetzungen für die Anwendung der Grundsätze über das kaufmännische Bestätigungsschreiben gegeben sind[67] oder wenn das Schweigen kraft Gesetzes (etwa nach den §§ 75 h, 91 a HGB) als Genehmigung gilt.[68]

4. Formerfordernisse. Nach § 182 Abs. 2 bedarf die Genehmigung grundsätzlich nicht der für das   **24** Rechtsgeschäft bestimmten Form. Die Rechtsprechung des **BGH** und im Anschluss daran **große Teile des Schrifttums** belassen es dabei und **lehnen eine teleologische Reduktion** der Vorschrift mit Blick auf die Funktion der jeweils infrage stehenden Formvorschrift **ab.**[69] Dem widerspricht die **Gegenauffassung** mit der These, dass in den als Einschränkung der (in § 167 Abs. 2 normierten) Formfreiheit der Vollmacht anzuerkennenden Konstellationen (dazu → § 167 Rn. 38 ff.) auch keine formlose Genehmigung zulässig sei.[70] Hierfür sprechen in der Tat die besseren Gründe: Soll eine Formvorschrift mit Warnfunktion ihren Zweck zugunsten des Vertretenen erfüllen, reicht es nicht aus, nur die Vollmacht dem Formerfordernis zu unterstellen. Dies muss vielmehr auch für die Genehmigung gelten, zumal diese anders als die Vollmachtserteilung sogar ohne weitere Zwischenschritte zur rechtsgeschäftlichen Bindung des Vertretenen führt. Dass der Vertretene bei der Genehmigung regelmäßig ein formgerecht geschlossener Vertrag vorliegt, während dies bei der Vollmachtserteilung nicht der Fall ist, führt keineswegs dazu, dass sich die Formzwecke über den Vertreter zugunsten des Vertretenen auswirken,[71] denn die Schutzfunktion etwa einer notariellen Beurkundung verwirklicht sich nun einmal nur, wenn die geschützte Partei ihre eigene Erklärung beurkunden lässt, und nicht, wenn sie allein die Ausfertigung einer Urkunde über die Erklärung ihres Vertreters zu sehen bekommt.

5. Besondere Fälle. Weil es sich bei der Genehmigung um ein einseitiges Rechtsgeschäft handelt, gelten   **25** die §§ 111, 180, 1367, 1643 Abs. 3 und 1831, wenn die Genehmigung der **Zustimmung eines Dritten** bedarf.[72] Eine **Teilgenehmigung** des Vertretergeschäfts ist regelmäßig nicht statthaft, ebenso wenig eine **Genehmigung unter Einschränkungen oder Erweiterungen,**[73] weil das Vertretergeschäft nur so zu genehmigen ist, wie es abgeschlossen wurde. Eine eingeschränkte oder teilweise Genehmigung kommt

60   MüKoBGB/*Schubert* § 177 Rn. 36; OLG Stuttgart ZIP 2006, 2364 (2366 f.).

61   RGZ 118, 335; BGHZ 47, 341, 351; BGH NJW 2002, 2863 (2864); NJW 2018, 747 Rn. 53; OLG Brandenburg NJW-RR 2009, 235 (236); Staudinger/*Schilken* BGB § 177 Rn. 10 mwN.

62   BGHZ 91, 324; 109, 171, 177.

63   Abl. gegenüber der hM auch MüKoBGB/*Schubert* § 177 Rn. 35; Soergel/*Leptien* BGB § 177 Rn. 24.

64   BGH NJW 1951, 398; NJW 1967, 1039 (1040); BeckOK BGB/*Schäfer* § 177 Rn. 22; MüKoBGB/*Schubert* § 177 Rn. 39; Soergel/*Leptien* BGB § 177 Rn. 24; Staudinger/*Schilken* BGB § 177 Rn. 11.

65   OLG Brandenburg NJW-RR 2009, 235 (236).

66   BGH NJW 1990, 1601; 1969, 919; dazu mit Beispielen MüKoBGB/*Schubert* § 177 Rn. 35, 39.

67   BGH NJW 1990, 386; MüKoBGB/*Schubert* § 177 Rn. 26.

68   Dazu BeckOK BGB/*Schäfer* § 177 Rn. 22; MüKoBGB/*Schubert* § 177 Rn. 39.

69   BGHZ 125, 218; BGH NJW 1998, 1482 (1484); 1998, 1857, 1858; BeckOK BGB/*Schäfer* § 177 Rn. 20; MüKoBGB/*Schubert* § 177 Rn. 42; *Prölss* JuS 1985, 577 (585); Soergel/*Leptien* BGB § 177 Rn. 23; *Wufka* DNotZ 1990, 339 (343 f.).

70   OLG München DNotZ 1951, 31; *Flume* BGB AT Bd. 2 § 54, 6 b; *Medicus/Petersen* BGB AT Rn. 976; Staudinger/*Schilken* BGB § 177 Rn. 10; so auch noch Erman/*Maier-Reimer* (14. Aufl.) BGB § 177 Rn. 13 und *Wolf/Neuner* BGB AT (10. Aufl.), § 49 Rn. 6 (beide nunmehr anders).

71   So aber BeckOK BGB/*Schäfer* § 177 Rn. 20; MüKoBGB/*Schubert* § 177 Rn. 42 f.; *Wufka* DNotZ 1990, 339 (343).

72   BeckOK BGB/*Schäfer* § 177 Rn. 28; MüKoBGB/*Schubert* § 177 Rn. 41; Staudinger/*Schilken* BGB § 177 Rn. 16.

73   BeckOK BGB/*Schäfer* § 177 Rn. 23; MüKoBGB/*Schubert* § 177 Rn. 45 f.; Soergel/*Leptien* BGB § 177 Rn. 25 f.; Staudinger/*Schilken* BGB § 177 Rn. 15.

allerdings nach Maßgabe des § 139 in Betracht, wenn das Vertretergeschäft teilbar ist und das genehmigte Teilgeschäft von den Parteien abgeschlossen worden wäre.[74] – Die Genehmigung des Handelns eines **Gesamtvertreters**, der ohne die erforderliche Mitwirkung der anderen Gesamtvertreter einen Vertrag für den Vertretenen geschlossen hat (→ Rn. 12), kann entweder von dem Vertretenen oder von den nicht beteiligten Gesamtvertretern erteilt werden, in letzterem Fall (soweit nicht eine Aufforderung zur Genehmigung vorliegt) auch durch Erklärung gegenüber dem Gesamtvertreter, der das Geschäft abgeschlossen hat.[75]

IV. Die Verweigerung der Genehmigung

26 **1. Wesen und Wirkung.** Nicht anders als die Erteilung der Genehmigung (dazu → Rn. 16) ist deren Verweigerung ein **einseitiges, empfangsbedürftiges, unwiderrufliches Rechtsgeschäft mit Gestaltungswirkung**.[76] Nur ist die Wirkung entgegengesetzt: Das zunächst schwebend unwirksame Vertretergeschäft wird aufgrund der Genehmigungsverweigerung **endgültig unwirksam**. Ob der Vertretene die Genehmigung verweigert, bleibt grundsätzlich seiner Willkür überlassen; Grenzen, deren Überschreitung die Verweigerung der Genehmigung unbeachtlich werden lässt, ergeben sich nach Treu und Glauben allerdings unter dem Aspekt der Verwirkung[77] sowie dann, wenn aufgrund eines Vorvertrags eine Verpflichtung zur Genehmigung besteht (s. auch → Rn. 15).[78]

27 **2. Haftungsfragen bei Verweigerung der Genehmigung.** Weil der **Vertretene grundsätzlich frei** ist, die Genehmigung zu verweigern (→ Rn. 15 und 16), ist er wegen Verweigerung der Genehmigung regelmäßig weder dem Geschäftsgegner noch dem Vertreter zum Schadensersatz verpflichtet. Nur der Vertreter kann, wenn das Geschäft aufgrund der Verweigerung endgültig unwirksam geworden ist, vom Geschäftsgegner gemäß **§ 179** in Anspruch genommen werden (zu der umstr. Frage, ob und unter welchen Voraussetzungen daneben eine Haftung des Vertreters aus c.i.c. in Betracht kommt, → § 179 Rn. 26 f.). Dies hindert allerdings nicht die Entstehung eines **Bereicherungsanspruchs des Geschäftsgegners gegen den Vertretenen**, soweit er diesem in Unkenntnis der zunächst schwebenden und dann endgültigen Unwirksamkeit des Vertrags bereits eine Leistung erbracht hat (s. dazu → Rn. 15).

28 Indes hat der **Geschäftsgegner gegen den Vertretenen** einen **Anspruch aus §§ 280 Abs. 1, 241 Abs. 2, 311 Abs. 2 (c.i.c.)**,[79] wenn er durch eigenes vorwerfbares Handeln (etwa durch den Gebrauch missverständlicher Ausdrücke) das vollmachtlose Vertreterhandeln (mit)verschuldet hat, wenn ihn ein Verschulden bei der Auswahl oder Überwachung der Verhandlungsgehilfen trifft[80] oder wenn ihm eine ungenügende Aufklärung des Geschäftsgegners über die Grenzen der erteilten Vollmacht anzulasten ist.[81] Unabhängig von einem eigenen Verschulden kann dem Vertretenen nach hM aber auch gemäß **§ 278** ein Verschulden des vollmachtlosen oder seine Vollmacht überschreitenden Vertreters als Verschulden eines Verhandlungsgehilfen zuzurechnen sein.[82] Der auf c.i.c. beruhende Schadensersatzanspruch ist auf den Ersatz des negativen Interesses gerichtet.[83] Ein Mitverschulden des Geschäftsgegners ist nach § 254 anspruchsmindernd zu berücksichtigen; anders als in der Beziehung des Gegners zum Vertreter ist § 179 Abs. 3 S. 1 hier nicht (analog) anzuwenden.[84]

29 Auf die **Überschreitung gesetzlicher Vertretungsmacht** sind diese Grundsätze nicht übertragbar, damit der bezweckte Schutz des Vertretenen nicht unterlaufen wird.[85] Daher haftet etwa ein nicht voll geschäftsfähiger Vertretener nicht aus c.i.c., wenn sein gesetzlicher Vertreter ohne eine notwendige vormundschaftsgerichtliche Genehmigung oder jenseits seiner gesetzlichen Zuständigkeit gehandelt hat.[86] Überschreitet ein **Organ einer juristischen Person** seine Vertretungsmacht, kommt dagegen eine über die §§ 31, 86, 89 zu

74   BeckOK BGB/*Schäfer* § 177 Rn. 23; MüKoBGB/*Schubert* § 177 Rn. 45; Soergel/*Leptien* BGB § 177 Rn. 26; Staudinger/*Schilken* BGB § 177 Rn. 15.

75   BeckOK BGB/*Schäfer* § 177 Rn. 27; Soergel/*Leptien* BGB § 177 Rn. 27; Staudinger/*Schilken* BGB § 177 Rn. 14.

76   So etwa auch MüKoBGB/*Schubert* § 177 Rn. 55; gegen die Unwiderruflichkeit *Prahl* NJW 1995, 2968 f.

77   Staudinger/*Schilken* BGB § 177 Rn. 12.

78   MüKoBGB/*Schubert* § 177 Rn. 57.

79   Dazu vertiefend *Canaris*, S. 281 f., 312 ff.; *Schnorbus* WM 1999, 197 ff.; *Welser*, Vertretung, S. 103 ff.

80   Zu beiden im Text genannten Fällen MüKoBGB/*Schubert* § 177 Rn. 61, 63; Staudinger/*Schilken* BGB § 177 Rn. 23.

81   BGH NJW 1980, 2410 (2411); BeckOK BGB/*Schäfer* § 177 Rn. 38; Soergel/*Leptien* BGB § 177 Rn. 35; Staudinger/*Schilken* BGB § 177 Rn. 23.

82   RGZ 120, 126, 130; BGH BB 1955, 429; OLG Köln VersR 1994, 348; *Flume* BGB AT Bd. 2 § 47, 3 d; MüKoBGB/*Schubert* § 177 Rn. 61; Soergel/*Leptien* BGB § 177 Rn. 36; Staudinger/*Schilken* BGB § 177 Rn. 24; aA *Prölss* JuS 1986, 164 (173 f.); einschr. *Canaris* JuS 1980, 332 (334).

83   OLG Köln VersR 1994, 437 (438).

84   MüKoBGB/*Schubert* § 177 Rn. 63; Staudinger/*Schilken* BGB § 177 Rn. 24; aA RGRK/*Steffen* BGB § 177 Rn. 17.

85   RGZ 132, 76, 78; MüKoBGB/*Schubert* § 177 Rn. 62; Staudinger/*Schilken* BGB § 177 Rn. 25; aA *Prölss* JuS 1986, 169 (175).

86   MüKoBGB/*Schubert* § 177 Rn. 62.

begründende Haftung der juristischen Person aus c.i.c. oder Delikt in Betracht,[87] auf deren Umfang das in → Rn. 28 Gesagte zutrifft.

V. Die Aufforderung zur Erklärung über die Genehmigung

1. Voraussetzungen. Die vom Geschäftsgegner an den Vertretenen gerichtete Aufforderung zur Erklä- 30 rung über die Genehmigung ist eine **geschäftsähnliche Handlung**, auf die die Regeln über die Willenserklärung analoge Anwendung finden.[88] Die Aufforderung muss **eindeutig** sein, sie darf jedoch, wie schon der Gesetzeswortlaut ergibt, **ergebnisoffen** formuliert sein (dh als Aufforderung, sich zu erklären, und nicht als Aufforderung zur Genehmigung).[89] Die **Mitteilung über den Abschluss eines Vertrags** enthält eine solche Aufforderung jedenfalls nicht, wenn sich ihr nicht entnehmen lässt, dass der Absender die schwebende Unwirksamkeit wegen fehlender Vertretungsmacht nicht zumindest für möglich hält. Allerdings kann eine solche Mitteilung als kaufmännisches Bestätigungsschreiben einzuordnen sein.[90] Ebenfalls keine Aufforderung im Sinne von Abs. 2 liegt regelmäßig in der **Übersendung einer vorgefertigten Genehmigungserklärung durch einen** (im Übrigen insoweit meist über Vertretungsmacht verfügenden) **Notar**, der mit dem Vertragsvollzug beauftragt wurde.[91]

2. Rechtsfolgen. Die Aufforderung zur Erklärung über die Genehmigung hat zum einen nach Abs. 2 S. 1 31 zur Folge, dass eine Erklärung über die Genehmigung nur noch dem Vertretenen gegenüber erfolgen darf und dass frühere, gegenüber dem Vertreter abgegebene Erklärungen (Erteilung oder Verweigerung der Genehmigung) unwirksam werden. Zum anderen setzt die Aufforderung mit ihrem Zugang eine zweiwöchige Erklärungsfrist in Gang, deren fruchtloser Ablauf als Fiktion der Genehmigungsverweigerung wirkt. Diese Frist können Geschäftsgegner und Vertretener im Wege der Vereinbarung verändern;[92] da die Frist dem Schutz des Geschäftsgegners dient, kann dieser aber auch einseitig eine Fristverlängerung gewähren.[93]

C. Weitere praktische Hinweise

Wer sich im **Zivilprozess** auf die Wirksamkeit eines Vertrags mit dem Vertretenen beruft, hat das Vorliegen 32 der Vertretungsmacht oder aber einer Genehmigung zu **beweisen** (zur Beweislast bei Botenschaft → Rn. 7). Beruft sich der auf Erfüllung in Anspruch genommene Geschäftsgegner auf die Unwirksamkeit des Vertrags, muss er die Verweigerung der Genehmigung beweisen. Stützt der Gegner die Unwirksamkeit auf die Aufforderung zur Erklärung über die Genehmigung, trägt er die Beweislast für den behaupteten Zugang der Aufforderung und dessen Zeitpunkt. Der Beweis für den Zugang der Genehmigung innerhalb der durch die Aufforderung in Gang gesetzten Frist obliegt wiederum dem Vertretenen.[94]

§ 178 Widerrufsrecht des anderen Teils

[1]Bis zur Genehmigung des Vertrags ist der andere Teil zum Widerruf berechtigt, es sei denn, dass er den Mangel der Vertretungsmacht bei dem Abschluss des Vertrags gekannt hat. [2]Der Widerruf kann auch dem Vertreter gegenüber erklärt werden.

A. Allgemeines	1	II. Ausübung des Widerrufs	4
B. Regelungsgehalt	2	III. Verhältnis zur Anfechtungsregelung	5
I. Voraussetzungen des Widerrufs	2	IV. Analoge Anwendung	6
1. Schwebende Unwirksamkeit des Vertrags	2	C. Weitere praktische Hinweise	8
2. Keine Kenntnis vom Fehlen der Vertretungsmacht	3		

87 BGHZ 6, 330, 332; BGH NJW 1972, 940 (941); aus der Lit. mwN Staudinger/*Schilken* BGB § 177 Rn. 25.

88 BeckOK BGB/*Schäfer* § 177 Rn. 34; MüKoBGB/ *Schubert* § 177 Rn. 24; Staudinger/*Schilken* BGB § 177 Rn. 13.

89 BGHZ 145, 44, 47 f.

90 BGH BB 1967, 902; MüKoBGB/*Schubert* § 177 Rn. 26; Soergel/*Leptien* BGB § 177 Rn. 32.

91 BGH EWiR 2001, 361; OLG Frankfurt MDR 2000, 444; *Holthausen-Dux* NJW 1995, 1470; MüKoBGB/

Schramm (6. Aufl.) § 177 Rn. 21; Staudinger/*Schilken* BGB § 177 Rn. 13; aA OLG Köln NJW 1995, 1499; Soergel/*Leptien* BGB § 177 Rn. 32; *Prahl* NJW 1995, 2968.

92 OLG Zweibrücken Rpfleger 2002, 261.

93 BeckOK BGB/*Schäfer* § 177 Rn. 35; MüKoBGB/ *Schubert* § 177 Rn. 28; Staudinger/*Schilken* BGB § 177 Rn. 13.

94 Hierzu und zur Beweislastverteilung insgesamt MüKoBGB/*Schubert* § 177 Rn. 64; Staudinger/*Schilken* BGB § 177 Rn. 28.

A. Allgemeines

1 Wer mit einem Vertreter ein Geschäft abschließt und von dessen fehlender Vertretungsmacht Kenntnis hat, bedarf jenseits der Möglichkeit, den Vertretenen nach § 177 Abs. 2 zur Erklärung über die Genehmigung aufzufordern, keines besonderen Schutzes vor dem dann eintretenden Zustand schwebender Unwirksamkeit: Er hatte bereits die Wahl, von dem Vertragsschluss mit dem *falsus procurator* abzusehen. Ein Geschäftsgegner, dem das Fehlen der Vertretungsmacht im Zeitpunkt des Vertragsschlusses unbekannt war, hat dagegen die Ungewissheit über die Wirksamkeit des Vertrags nicht auf sich genommen. Ihm billigt das Gesetz daher in § 178 die Möglichkeit zu, sich durch Widerruf von der vertraglichen Bindung zu befreien. Entsprechende Regelungen finden sich in den §§ 109, 1366 Abs. 2, 1830.

B. Regelungsgehalt

I. Voraussetzungen des Widerrufs

2 **1. Schwebende Unwirksamkeit des Vertrags.** Das Widerrufsrecht besteht vom Zeitpunkt des Vertragsabschlusses mit dem Vertreter bis zur Genehmigung durch den Vertretenen und damit während der gesamten Zeit schwebender Unwirksamkeit. Es entfällt nicht schon dadurch, dass der Geschäftsgegner den Vertretenen nach § 177 Abs. 2 zur Erklärung über die Genehmigung aufgefordert hat.[1]

3 **2. Keine Kenntnis vom Fehlen der Vertretungsmacht.** Das Widerrufsrecht ist ausgeschlossen, wenn der Geschäftsgegner den Mangel der Vertretungsmacht kannte. Fahrlässige oder auch grob fahrlässige Unkenntnis schadet dagegen nicht. Als maßgeblichen Zeitpunkt für das Vorliegen der Kenntnis bezeichnet S. 1 den **Zeitpunkt des Vertragsabschlusses**. Vor dem Hintergrund der Einsicht, dass damit Dritten die Widerrufsmöglichkeit verwehrt werden soll, die aufgrund ihrer Kenntnis nicht schutzwürdig sind, weil sie sich bewusst für das Geschäft mit dem vollmachtlosen Vertreter entschieden haben (→ Rn. 1), ist dies dahin gehend zu konkretisieren, dass es auf die **Abgabe der zum Vertragsschluss führenden Willenserklärung des Vertragsgegners** ankommt.[2] Bei **Verfügungsgeschäften** schadet der Erwerb der Kenntnis vom Fehlen der Vertretungsmacht noch so lange, wie der Vollzug durch Übergabe oder Eintragung noch zu verhindern oder die Einigung noch zu widerrufen war.[3]

II. Ausübung des Widerrufs

4 Das Widerrufsrecht wird durch **einseitige empfangsbedürftige, formfreie Willenserklärung** ausgeübt.[4] Erklärungsempfänger kann außer dem Vertretenen nach S. 2 auch der Vertreter sein. Inhaltlich muss die Erklärung deutlich erkennen lassen, dass der Geschäftsgegner sich **wegen des Fehlens der Vertretungsmacht** und nicht aus anderen Gründen gegen die Geltung des Vertrags wendet.[5] Macht der Geschäftsgegner Ansprüche geltend, die sich aufgrund Widerrufs ergeben, kann darin auch ein konkludenter Widerruf liegen.[6] Nicht ausreichend für einen Widerruf ist dagegen das Bestreiten des Abschlusses des Vertretergeschäfts[7] sowie das Vorbringen von Änderungsvorschlägen oder -wünschen.[8]

III. Verhältnis zur Anfechtungsregelung

5 Der **Irrtum** des Geschäftsgegners **über das Bestehen der Vertretungsmacht** berechtigt **nicht** zur Anfechtung. Abgesehen davon, dass ein solcher Irrtum weder nach § 119 Abs. 1 noch nach § 119 Abs. 2 beachtlich wäre, kommt auch eine auf das arglistige Vorspiegeln der Vertretungsmacht gestützte Anfechtung nach § 123 nicht in Betracht; was die Lösung vom (wegen fehlender Vertretungsmacht) schwebend unwirksamen Vertrag betrifft, stellt § 178 eine Spezialregelung dar, die auch insoweit vorgeht.[9] Davon **unberührt** bleibt die **Anfechtung wegen anderer Willensmängel**, die indes (soweit sich der Anfechtungsgrund nicht aus § 123 ergibt) wegen der Haftung aus § 122 weniger günstig für den Geschäftsgegner ist als der Widerruf. Hat der Geschäftsgegner gleichwohl die Anfechtung erklärt, weil er von seinem Widerrufsrecht noch nichts

---

1 Statt vieler Staudinger/*Schilken* BGB § 178 Rn. 3.

2 BeckOK BGB/*Schäfer* § 178 Rn. 5; MüKoBGB/*Schubert* § 178 Rn. 5; Soergel/*Leptien* BGB § 178 Rn. 1; Staudinger/*Schilken* BGB § 178 Rn. 4.

3 BeckOK BGB/*Schäfer* § 178 Rn. 5; Erman/*Maier-Reimer* BGB § 178 Rn. 2; MüKoBGB/*Schubert* § 178 Rn. 5; Soergel/*Leptien* BGB § 178 Rn. 1; Staudinger/*Schilken* BGB § 178 Rn. 4.

4 Statt vieler MüKoBGB/*Schubert* § 178 Rn. 8.

5 RGZ 102, 24; BGH NJW 1965, 1714; 1988, 1199, 1200; BAG NJW 1996, 2594 (2595).

6 BGH NJW 1988, 1199 (1200).

7 Erman/*Maier-Reimer* BGB § 178 Rn. 3 mwN.

8 MüKoBGB/*Schubert* § 178 Rn. 9 mwN.

9 So gerade mit Bezug auf § 123 auch Soergel/*Leptien* BGB § 178 Rn. 2; Staudinger/*Schilken* BGB § 178 Rn. 5.

wusste, ist ihm – als Ausdruck der Lehre von den „Doppelwirkungen" im Recht – zu erlauben, das nichtige Geschäft zu widerrufen.[10]

IV. Analoge Anwendung

§ 178 ist auf **einseitige Rechtsgeschäfte** analog anzuwenden, wenn der Erklärungsempfänger die vom Vertreter behauptete Vertretungsmacht nicht beanstandet hat (§ 180 S. 2).[11] War der Erklärungsempfänger damit einverstanden, dass der Vertreter ohne Vertretungsmacht handelte, scheidet ein Widerruf freilich aus, weil damit zugleich die Kenntnis vom Mangel der Vertretungsmacht vorliegt. **6**

Beim Vertreterhandeln im Namen einer **Vor-Kapitalgesellschaft** soll nach verbreiteter Ansicht ebenso wie beim Handeln für eine **Vor-Personengesellschaft** § 178 entsprechend gelten.[12] Regelmäßig wird ein Widerruf jedoch schon aufgrund des Wissens der Gegenseite um das Fehlen der Vertretungsmacht nicht eröffnet sein. **7**

C. Weitere praktische Hinweise

Wer sich im **Zivilprozess** darauf beruft, dass ein Vertrag wegen Widerrufs unwirksam ist, hat zu **beweisen**, dass der Widerruf einer etwaigen Genehmigung zeitlich vorausging. Umgekehrt trägt derjenige, der die Unwirksamkeit des Widerrufs geltend macht, die Beweislast dafür, dass der Geschäftsgegner den Mangel der Vertretungsmacht beim Vertragsschluss gekannt hat.[13] **8**

§ 179 Haftung des Vertreters ohne Vertretungsmacht

(1) Wer als Vertreter einen Vertrag geschlossen hat, ist, sofern er nicht seine Vertretungsmacht nachweist, dem anderen Teil nach dessen Wahl zur Erfüllung oder zum Schadensersatz verpflichtet, wenn der Vertretene die Genehmigung des Vertrags verweigert.

(2) Hat der Vertreter den Mangel der Vertretungsmacht nicht gekannt, so ist er nur zum Ersatz desjenigen Schadens verpflichtet, welchen der andere Teil dadurch erleidet, dass er auf die Vertretungsmacht vertraut, jedoch nicht über den Betrag des Interesses hinaus, welches der andere Teil an der Wirksamkeit des Vertrags hat.

(3) ¹Der Vertreter haftet nicht, wenn der andere Teil den Mangel der Vertretungsmacht kannte oder kennen musste. ²Der Vertreter haftet auch dann nicht, wenn er in der Geschäftsfähigkeit beschränkt war, es sei denn, dass er mit Zustimmung seines gesetzlichen Vertreters gehandelt hat.

Literatur: *Ackermann*, Der Schutz des negativen Interesses, 2007; *Fehrenbach*, Die Haftung bei Vertretung einer nicht existierenden Person, NJW 2009, 2173; *Lobinger*, Rechtsgeschäftliche Verpflichtung und autonome Bindung, 1999; *Pohlmann*, Die Haftung wegen Verletzung von Aufklärungspflichten, 2002.

A. Allgemeines	1		d) Verjährung	20
B. Regelungsgehalt	4	III.	Die Beschränkung der Haftung nach Abs. 2	21
I. Anwendungsbereich	4		1. Voraussetzungen	21
II. Die Haftung nach Abs. 1	7		2. Rechtsfolge	22
1. Voraussetzungen	7	IV.	Der Ausschluss der Haftung nach Abs. 3	23
a) Abschluss eines Vertrags	7		1. Kenntnis oder Kennenmüssen	23
b) Vertreterhandeln ohne Vertretungs-			2. Beschränkte Geschäftsfähigkeit des Ver-	
macht	8		treters	25
c) Verweigerung der Genehmigung	10	V.	Konkurrierende Ansprüche	26
d) Keine Unwirksamkeit aus anderem			1. Ansprüche gegen den Vertreter	26
Grund	12		2. Ansprüche gegen den Vertretenen	28
2. Rechtsfolge	14	C.	Weitere praktische Hinweise	29
a) Erfüllung	15		I. Vertragsgestaltung	29
b) Schadensersatz	18		II. Zivilprozess	30
c) Wahlschuld	19			

---

10 MüKoBGB/*Schubert* § 178 Rn. 7.

11 BeckOK BGB/*Schäfer* § 178 Rn. 6; Erman/*Maier-Reimer* BGB § 178 Rn. 6; MüKoBGB/*Schubert* § 178 Rn. 2; Soergel/*Leptien* BGB § 178 Rn. 4; Staudinger/*Schilken* BGB § 178 Rn. 6; aA *Bork* BGB AT (3. Aufl.) Rn. 1615 Fn. 294.

12 Dazu mwN MüKoBGB/*Schramm* (6. Aufl.) § 178 Rn. 10; Staudinger/*Schilken* BGB § 178 Rn. 7.

13 Soergel/*Leptien* BGB § 178 Rn. 5; MüKoBGB/*Schubert* § 178 Rn. 11.

A. Allgemeines

1 Die auf Erfüllung oder den Ersatz des Erfüllungsinteresses gerichtete Haftung des Vertreters nach Abs. 1, die durch Abs. 2 abgemildert und durch Abs. 3 begrenzt wird, ist rechtssystematisch schwer einzuordnen: Eine starke gemeinrechtliche Strömung hat die Haftung des *falsus procurator* auf das Erfüllungsinteresse (in Natur oder Geld) rechtsgeschäftlich, nämlich als Haftung aus einem **stillschweigenden Garantieversprechen** verstanden.[1] Dagegen wendet man sich heute einhellig mit dem schon in der zweiten Kommission laut gewordenen Argument, die Unterstellung eines Garantieversprechens laufe auf eine Fiktion hinaus,[2] und bekennt sich vor diesem Hintergrund ganz überwiegend zu einer Einordnung der Vertreterhaftung als **Ausdruck gesetzlicher (Vertrauens-)Haftung**.[3] Ein neuerer Versuch, die rechtsgeschäftliche Natur der Vertreterhaftung zu begründen, will diesem Einwand mit der folgenden Konstruktion ausweichen: Der Vertreter verspreche mit der Abgabe der Erklärung im Namen des Vertretenen eine eigene Leistung in Gestalt der „Herstellung der vertraglichen Verbundenheit mit dem Vertretenen entsprechend der in dessen Namen geschlossenen Vereinbarung".[4] Das überzeugt nicht: Der Willenserklärung des Vertreters ein (unentgeltliches) Leistungsversprechen zu entnehmen ist ganz gewiss eine Fiktion, und auch die in Abs. 1 angeordnete Rechtsfolge ist, was die Variante der Erfüllung betrifft, als Schadensersatz statt der Leistung, wie er sich an die Nichterfüllung eines Leistungsversprechens anschließen müsste, nur schwer zu erklären.[5]

2 Jedoch bringt auch die Einordnung der Vertreterhaftung als Fall der Vertrauenshaftung den Haftungsgrund nicht präzise zum Ausdruck: Haftungsgrund ist die **Behauptung des Vertreters, er verfüge über Vertretungsmacht**. Dieser Behauptung muss der Geschäftsgegner der Erklärung des Vertreters entnehmen, er handele in fremdem Namen, es sei denn, der Vertreter weist auf das Fehlen der Vertretungsmacht hin.[6] Die Behauptung, Vertretungsmacht zu haben, mag kein Versprechen sein, für das Fehlen der Vertretungsmacht einstehen zu wollen. Aber immerhin erhebt der Vertreter mit dieser Behauptung einen Geltungsanspruch, der es rechtfertigt, von einer im Kern privatautonomen Haftungsbegründung zu sprechen.[7] Wenn Abs. 1 die durch die Behauptung der Vertretungsmacht geweckte Erwartung des Geschäftsgegners durch die Gewährung des „positiven" Schutzes in Gestalt von Naturalerfüllung oder Schadensersatz bestätigt, bewegt sich das Gesetz daher im Rahmen dessen, was man als gesetzlich normierten Inhalt der rechtsgeschäftlichen Erklärung des Vertreters bezeichnen kann.[8]

3 Abs. 2 ist vor diesem Hintergrund als irrtumsbedingte Rücknahme einer ihrer Natur nach rechtsgeschäftsgleichen Haftung zu verstehen, während Abs. 3 S. 1 die Fälle von der Einstandspflicht ausnimmt, in denen der Geschäftsgegner der Vollmachtsbehauptung des Vertreters den haftungsbegründenden Geltungsanspruch nicht entnehmen durfte. Namentlich die Beschränkung der Haftung in Abs. 2 erscheint **rechtspolitisch** nicht zwingend: So soll der Vertreter ohne Vertretungsmacht nach Art. 3:204 der Principles of European Contract Law unabhängig davon, ob er von dem Mangel der Vertretungsmacht Kenntnis hatte, auf das positive Interesse haften.

B. Regelungsgehalt

I. Anwendungsbereich

4 In seinem unmittelbaren Anwendungsbereich bezieht sich § 179 auf die Fälle, in denen die Wirkung des Vertretergeschäfts für und gegen die vertretene Person allein daran scheitert, dass dem Vertreter die dafür erforderliche Vertretungsmacht fehlt und der Vertretene die Genehmigung verweigert. Es besteht aber weitgehende Einigkeit über eine **analoge Anwendung** der Norm, wenn der Vertrag für eine **nicht existierende Person**[9] oder für eine **nicht geschäftsfähige Person**[10] geschlossen wurde und der Vertreter die Nichtexistenz bzw. die fehlende Geschäftsfähigkeit verschwiegen hat. Dies gilt auch, wenn der Vertreter für eine

---

1   Vgl. etwa *Windscheid/Kipp*, Pandektenrecht Bd. 1, 9. Aufl. 1906, § 74 Anm. 7 a, 8 (S. 369 f.).

2   Prot. I, S. 323 = Mugdan I, S. 750; im Anschluss daran aus der neueren Lit. etwa *Flume* BGB AT Bd. 2 § 47, 3 (S. 801); *Lobinger*, S. 279; Staudinger/*Schilken* BGB § 179 Rn. 2.

3   Vgl. die Übersicht bei Staudinger/*Schilken* BGB § 179 Rn. 2.

4   *Lobinger*, S. 281.

5   Gegen *Lobinger* auch Staudinger/*Schilken* BGB § 179 Rn. 2.

6   Insoweit übereinstimmend *Flume* BGB AT Bd. 2 § 47, 3 (S. 802).

7   *Ackermann*, Der Schutz des negativen Interesses, S. 460 ff.

8   Ähnlich bereits *Pohlmann*, S. 46 ff.

9   BGH NJW 2009, 215 (für die GbR; in Abkehr von seiner früheren Rspr. wendet der BGH in diesem Fall auch § 179 Abs. 3 analog an, vgl. dazu auch *Fehrenbach* NJW 2009, 2173); BGHZ 105, 283 (Bauherrengemeinschaft); OLG Köln NJW-RR 1997, 987; BeckOK BGB/*Schäfer* § 179 Rn. 17; Erman/*Maier-Reimer* BGB § 179 Rn. 23; Soergel/*Leptien* BGB § 179 Rn. 9; Staudinger/*Schilken* BGB § 179 Rn. 22.

10   RGZ 106, 68, 73; BeckOK BGB/*Schäfer* § 179 Rn. 11; Soergel/*Leptien* BGB § 179 Rn. 6; Staudinger/*Schilken* BGB § 179 Rn. 21.

nicht mehr existierende Person aufgetreten ist,[11] und grundsätzlich auch dann, wenn sich das Vertreterhandeln auf eine noch nicht entstandene Personengesellschaft oder juristische Person gerichtet hat (s. dazu → § 177 Rn. 9; vgl. aber auch die Spezialregelungen zur Handelndenhaftung in § 54 S. 2 und in § 11 Abs. 2 GmbHG, § 41 Abs. 1 S. 2 AktG). Wie die §§ 177 ff. insgesamt ist § 179 außerdem beim **Handeln unter fremdem Namen** (→ § 177 Rn. 6), beim Auftreten von **Pseudoboten** (→ § 177 Rn. 7) und bei Vertragsschlüssen durch vermeintliche **Amtsinhaber** (→ § 177 Rn. 10) entsprechend heranzuziehen.

Der Rechtsgedanke des § 179 wird darüber hinaus herangezogen, wenn ein Vertreter beim rechtsgeschäftlichen **Handeln für eine GmbH oder eine andere beschränkt haftende juristische Person** den **Rechtsformzusatz weggelassen** und dadurch bei seinem Gegenüber den Eindruck erweckt hat, der Vertretene sei eine unbeschränkt haftende natürliche Person oder Personengesellschaft: Nach der überwiegend jedenfalls im Ergebnis mit Zustimmung aufgenommenen Rechtsprechung haftet der Vertreter für den von ihm gesetzten Rechtsschein unbeschränkter Haftung analog § 179,[12] wobei ein mündliches Auftreten im Rechtsverkehr genügt.[13] Dem Geschäftsgegner sind damit ggf. der wahre Unternehmensträger (bei Vorliegen eines unternehmensbezogenen Geschäfts) und der Vertreter gesamtschuldnerisch verpflichtet. **5**

Schließlich kommt eine analoge Anwendung von § 179 auch dann in Betracht, wenn außer dem Fehlen der Vertretungsmacht zwar noch ein anderer Unwirksamkeitsgrund vorliegt, der Geschäftsgegner aber auf die Wirksamkeit des Vertretergeschäfts vertrauen durfte und gerade die **unrichtige Vollmachtsbehauptung des Vertreters für den Schaden des Gegners kausal** geworden ist.[14] Hierfür wird beispielhaft der Fall angeführt, dass das Geschäft der Genehmigung eines Dritten bedurfte, die der Vertretene hätte einholen können, und es dazu nur deshalb nicht kam, weil der Vertretene das Geschäft nicht genehmigen will.[15] **6**

II. Die Haftung nach Abs. 1

1. Voraussetzungen. a) Abschluss eines Vertrags. Bei dem ohne Vertretungsmacht abgeschlossenen Geschäft muss es sich um einen Vertrag handeln. Hiervon erfasst sind außer schuldrechtlichen **grundsätzlich auch dingliche Verträge**, letztere freilich mit der Besonderheit, dass als Rechtsfolge der Haftung eine Erfüllungspflicht nach Abs. 1 naturgemäß ausscheidet.[16] Zu beachten ist weiterhin, dass kein Fall des § 179 vorliegt und auch keine analoge Anwendung in Betracht kommt, wenn der Vertreter mit Vertretungsmacht gehandelt hat und die Wirksamkeit der Verfügung daran scheitert, dass dem Vertretenen die Verfügungsmacht fehlt.[17] **7**

b) Vertreterhandeln ohne Vertretungsmacht. Weitere Voraussetzung der Haftung ist, dass der Vertreter den Vertrag im fremden Namen abgeschlossen hat, ohne die dazu erforderliche Vertretungsmacht zu haben. Wenn im Gesetzeswortlaut vom fehlenden „Nachweis" der Vertretungsmacht die Rede ist, hat dies keine andere Bedeutung, als die Beweislast für die Vertretungsmacht dem Vertreter aufzuerlegen (sa → Rn. 30). Dem Fehlen der Vertretungsmacht steht der Fall gleich, in dem der Vertreter zwar über Vertretungsmacht verfügt, ihr Bestehen aber leugnet oder sonst keinen Gebrauch von ihr macht (dazu → § 177 Rn. 13). Eine Besonderheit gilt allerdings für die **Vertretung durch öffentlich-rechtliche Organe**: Das aus der Nichtbeachtung einer öffentlich-rechtlichen Förmlichkeit resultierende Fehlen der Vertretungsmacht führt nicht zur Haftung des Vertreters nach § 179 (dazu → § 177 Rn. 5). **8**

Im Umkehrschluss ist festzuhalten: Wenn und soweit der Vertreter im Rahmen seiner gesetzlichen, organschaftlichen oder gewillkürten Vertretungsmacht gehandelt hat, scheidet die Anwendung von § 179 aus. Nach der Rechtsprechung gilt dies auch für das Vorliegen einer **Duldungs- oder Anscheinsvollmacht**.[18] Dem ist jedoch zu widersprechen: Richtigerweise ist es dem Geschäftsgegner zu gestatten, auf den Schutz durch die Rechtsscheinregeln zu verzichten und stattdessen in Übereinstimmung mit der wahren Rechtslage den Vertreter in Anspruch zu nehmen (näher → § 167 Rn. 93). Liegt kein gänzlicher Mangel, sondern nur eine **Überschreitung der Vertretungsmacht** vor und ist das Vertretergeschäft hinsichtlich des von der Ver- **9**

---

11 BGH NJW-RR 1996, 1060 (gelöschte GmbH).
12 BGH NJW 1991, 2627 m. krit. Anm. *Canaris*; BGH NJW 2007, 1529; OLG Saarbrücken NJW-RR 2009, 179 (180); OLG Köln NJW-RR 1993, 1445; OLG Celle NJW-RR 2000, 39; *Medicus/Petersen* BGB AT Rn. 918; MüKoBGB/*Schubert* § 179 Rn. 16; Staudinger/*Schilken* BGB § 179 Rn. 23 a. Nach BGH NJW 2012, 2871, liegt auch dann ein Fall der Rechtsscheinhaftung analog § 179 vor, wenn für eine Unternehmergesellschaft (haftungsbeschränkt) mit dem unrichtigen Rechtsformzusatz „GmbH" gehandelt wird; kritisch hierzu *Altmeppen* NJW 2012, 2833; *Beurskens* NZG 2016, 681; *Klein* NJW 2015,

3607; zu weiteren Konstellationen *Beck* ZIP 2017, 1748.
13 OLG Saarbrücken NJW-RR 2009, 179 (180).
14 MüKoBGB/*Schubert* § 179 Rn. 21; Staudinger/*Schilken* BGB § 179 Rn. 24.
15 MüKoBGB/*Schubert* § 179 Rn. 21.
16 BeckOK BGB/*Schäfer* § 179 Rn. 21; MüKoBGB/ *Schubert* § 179 Rn. 46; Soergel/*Leptien* BGB § 179 Rn. 13; Staudinger/*Schilken* BGB § 179 Rn. 13.
17 MüKoBGB/*Schubert* § 179 Rn. 46; Soergel/*Leptien* BGB § 179 Rn. 13.
18 BGH NJW 1983, 1308.

tretungsmacht gedeckten Teils nicht nach § 139 unwirksam, haftet der Vertreter auch nur für den wegen Fehlens der Vertretungsmacht unwirksamen Teil des Geschäfts.[19] Bei der **Untervollmacht** ist wie folgt zu unterscheiden: Fehlt nur eine wirksame Untervollmacht, haftet der Untervertreter aus § 179 (→ § 167 Rn. 72). Fehlt dagegen eine wirksame Hauptvollmacht, haftet nur der Hauptvertreter und nicht der Untervertreter, wenn der Untervertreter bei dem Abschluss des Vertrags die Untervertretung offen gelegt hat (streitig; näher dazu → § 167 Rn. 73).

10 **c) Verweigerung der Genehmigung.** Solange der ohne Vertretungsmacht geschlossene Vertrag schwebend unwirksam ist, haftet der Vertreter noch nicht. Der Anspruch des Geschäftsgegners entsteht vielmehr erst mit der Beendigung des Schwebezustands durch die **Erklärung des Vertretenen**, dass er die **Genehmigung verweigere**, oder durch die **Fiktion der Verweigerung** nach **§ 177 Abs. 2 S. 2**.

11 Wird der Schwebezustand hingegen dadurch beendet, dass der Geschäftsgegner von seinem **Widerrufsrecht nach § 178** Gebrauch macht, ist § 179 nicht anwendbar, da der Vertretene nunmehr keine Gelegenheit mehr hat, die Genehmigung noch zu erklären oder zu verweigern.[20] Ebenso wenig besteht ein Anspruch aus § 179, wenn der Schwebezustand durch die Genehmigung des Vertretenen beendet wird, und zwar auch dann, wenn der Geschäftsgegner durch eine **Verzögerung der Genehmigung** bereits Schäden erlitten hat. Hier kommt allenfalls eine Haftung des Vertreters wegen c.i.c. (§§ 280 Abs. 1, 241 Abs. 2, 311 Abs. 2) in Betracht.[21]

12 **d) Keine Unwirksamkeit aus anderem Grund.** Ist der Vertrag nicht allein wegen fehlender Vertretungsmacht, sondern schon aus einem anderen Grund unwirksam, haftet der Vertreter grundsätzlich nicht aus § 179, es sei denn, der Geschäftsgegner durfte (ausnahmsweise) auf die Wirksamkeit des Vertretergeschäfts vertrauen und gerade die unrichtige Vollmachtsbehauptung des Vertreters ist für den Schaden des Gegners kausal geworden (dann gilt § 179 analog; → Rn. 6). So ist § 179 prinzipiell bei **Nichtigkeit des Vertretergeschäfts** nach den **§§ 125, 134 oder 138** unanwendbar,[22] ebenso bei **Geschäftsunfähigkeit des Vertreters** (aber nicht bei Geschäftsunfähigkeit des Vertretenen; → Rn. 4) sowie nach Abs. 3 S. 2 bei beschränkter Geschäftsfähigkeit des Vertreters, wenn dieser ohne Zustimmung seines gesetzlichen Vertreters gehandelt hat.

13 Ist der vom Vertreter ohne Vertretungsmacht geschlossene und vom Vertretenen nicht genehmigte **Vertrag anfechtbar** oder besteht ein **Widerrufsrecht** des Vertretenen (§ 355), schließt dies für sich genommen die Vertreterhaftung nicht aus.[23] Jedoch kann der Vertreter das Anfechtungsrecht ebenso wie das Widerrufsrecht anstelle des Vertretenen ausüben, um auf diese Weise der Haftung nach § 179 zu entgehen.[24] Im Falle der **Anfechtung nach den §§ 119, 120** trifft den Vertreter freilich die aus § 122 folgende Pflicht zum **Ersatz des Vertrauensschadens** des Geschäftsgegners. Dies gilt auch dann, wenn das (nicht genehmigte) Geschäft des **falsus procurator** unter einem Mangel litt, der zur **Nichtigkeit nach § 118** geführt hätte.[25]

14 **2. Rechtsfolge.** Die Rechtsfolge der Haftung – Erfüllung (dazu → Rn. 15 ff.) oder Schadensersatz (dazu → Rn. 18) nach Wahl des Geschäftsgegners (dazu → Rn. 19) – bedeutet **nicht**, dass der Vertreter, der das Vertretergeschäft in Kenntnis seiner fehlenden Vertretungsmacht geschlossen hat, die **Position einer Vertragspartei** einnimmt.[26] Vielmehr ist sie Ausdruck der **Garantiepflicht**, die ihm das Gesetz für die von ihm fälschlich erhobene Behauptung auferlegt, über Vertretungsmacht zu verfügen. Aufgrund dieser Garantenpflicht hat der Vertreter dafür zu sorgen, dass der Geschäftsgegner so gestellt wird, wie er im Falle einer wirksamen vertraglichen Beziehung zum Vertretenen stünde.

15 **a) Erfüllung.** Der Geschäftsgegner kann von dem Vertreter die Erfüllung des Vertrags verlangen, soweit er bei wirksamer Stellvertretung die Erfüllung von dem Vertretenen erlangen könnte. Die Garantiefunktion der Haftung impliziert, dass der Anspruch gegen den Vertreter bei **Vermögenslosigkeit des Vertretenen** ent-

---

19   BGHZ 103, 175, 178; MüKoBGB/*Schubert* § 179 Rn. 27; Soergel/*Leptien* BGB § 179 Rn. 3.

20   Vgl. BGH NJW 1988, 1199 (1200); aus der Lit. statt vieler MüKoBGB/*Schubert* § 179 Rn. 36, § 178 Rn. 10.

21   OLG Hamm NJW 1994, 666; Erman/*Maier-Reimer* BGB § 179 Rn. 5; MüKoBGB/*Schubert* § 179 Rn. 36, § 178 Rn. 10; Soergel/*Leptien* BGB § 179 Rn. 5; Staudinger/*Schilken* BGB § 179 Rn. 8.

22   RGZ 106, 68, 71; Erman/*Maier-Reimer* BGB § 179 Rn. 6; MüKoBGB/*Schubert* § 179 Rn. 33; Soergel/*Leptien* BGB § 179 Rn. 6; Staudinger/*Schilken* BGB § 179 Rn. 9.

23   RGZ 104, 191, 193 (mit Bezug auf die Anfechtbarkeit); BeckOK BGB/*Schäfer* § 179 Rn. 13; Soergel/*Leptien* BGB § 179 Rn. 6; Staudinger/*Schilken* BGB § 179 Rn. 10.

24   BGH NJW-RR 1991, 1074 (1075); NJW 2002, 1867 (1868); aus der Lit. statt vieler Staudinger/*Schilken* BGB § 179 Rn. 10.

25   Für eine Pflicht zum Ersatz des Vertrauensschadens (allerdings aufgrund einer Analogie zu § 179) auch BeckOK BGB/*Schäfer* § 179 Rn. 17; MüKoBGB/*Schubert* § 179 Rn. 34; Staudinger/*Schilken* BGB § 179 Rn. 24.

26   Vgl. zB BGH NJW 1971, 430 und aus der Lit. statt vieler MüKoBGB/*Schubert* § 179 Rn. 37, 39.

fällt[27] und dass im Falle der **Insolvenz des Vertretenen** Erfüllung nur bei fiktiver Erfüllungswahl nach § 103 InsO, im Übrigen aber nur Schadensersatz in Höhe der fiktiven Insolvenzquote gefordert werden kann.[28]

Auf den Erfüllungsanspruch finden die **allgemeinen Regeln über Schuldverhältnisse** Anwendung. So gilt für die Grenze der Leistungspflicht des Vertreters § 275 mit der Folge, dass dieser nicht zur Erbringung einer Leistung verpflichtet ist, die nur vom Vertretenen in Person zu erbringen wäre. Handelt es sich bei der Leistungspflicht um eine Stückschuld und befindet sich das geschuldete Stück im Vermögen des Vertretenen, ist die Grenze der dem Vertreter abzuverlangenden Leistungsanstrengung nach § 275 Abs. 2 zu bestimmen. Ferner können unter den Voraussetzungen der §§ 280 ff. Sekundäransprüche (etwa wegen Leistungsverzögerung) entstehen. Wegen des bereits durch Abs. 1 eröffneten Schadensersatzanspruchs kommt es allerdings auf das Vorliegen der Voraussetzungen des Schadensersatzes statt der Leistung nach den §§ 281–283 nicht an. Handelt es sich bei dem Geschäft, das der Vertreter ohne Vertretungsmacht abgeschlossen hat, um einen **gegenseitigen Vertrag**, sind zudem die §§ 320, 326 anzuwenden.[29] Dies ist Ausdruck der Einsicht, dass dem Geschäftsgegner keine bessere Rechtsposition verschafft werden soll, als er bei wirksamem Vertragsschluss mit dem Vertretenen hätte. Der Vertreter ist also nur zur Erfüllung Zug um Zug gegen die Erbringung der vertraglichen Gegenleistung verpflichtet, und seine Leistungspflicht entfällt nach § 326 Abs. 1 grundsätzlich, soweit die Erbringung der Gegenleistung unmöglich geworden ist. Hat der Vertreter schon geleistet, bevor er die Gegenleistung erhalten hat, ist ihm zudem nach § 242 das Recht zu gewähren, nun seinerseits noch die Gegenleistung zu fordern.[30] **16**

Die **Modalitäten der vom Vertreter geschuldeten Leistung** sind, insbesondere was den Erfüllungsort betrifft, nach den Modalitäten der bei gedachter Wirksamkeit der Vertrags von dem Vertretenen zu erbringenden Leistung zu bestimmen. Die **Leistungsklage** kann gegen den Vertreter auch am Erfüllungsort oder am vereinbarten Gerichtsstand erhoben werden.[31] Einer **Schiedsklausel** versagt die Rechtsprechung indes die Wirkung im Verhältnis zum **falsus procurator**.[32] **17**

b) Schadensersatz. Als Schadensersatz schuldet der Vertreter das finanzielle Äquivalent der Leistung, die bei Wirksamkeit des Vertrags der Vertretene erbracht hätte, also das positive oder **Erfüllungsinteresse**. Wie der Erfüllungsanspruch (→ Rn. 16) scheidet auch der Schadensersatzanspruch gegen den Vertreter aus, wenn der Vertretene vermögenslos ist. Eine Naturalrestitution kommt wegen des Alternativverhältnisses zum Erfüllungsanspruch nicht in Betracht.[33] Der Schadensersatz ist nach den allgemeinen Regeln, also bei gegenseitigen Verträgen prinzipiell nach der Differenztheorie zu berechnen.[34] Da es sich um einen Fall des Schadensersatzes statt der Leistung handelt, kann der Geschäftsgegner an seiner Stelle gemäß § 284 auch den Ersatz vergeblicher Aufwendungen verlangen, die er im Vertrauen auf den Erhalt der Leistung des Vertretenen gemacht hat. Hierbei handelt es sich um einen Anspruch auf Ersatz des negativen Interesses, auf dessen Grundlage der Geschäftsgegner auch die **Kosten eines erfolglosen Vorprozesses** gegen den Vertretenen liquidieren kann.[35] **18**

c) Wahlschuld. Der Geschäftsgegner hat die Wahl, ob er den Vertreter auf Erfüllung oder auf Schadensersatz in Anspruch nimmt. Hierbei handelt es sich um eine Wahlschuld im Sinne der §§ 262 ff.[36] Das Wahlrecht endet, wenn der Geschäftsgegner eine Wahl durch Erklärung gegenüber dem Vertreter getroffen hat (§ 263)[37] oder wenn sich die Wahlschuld infolge Unmöglichkeit der Leistung (dazu → Rn. 16) auf die Schadensersatzpflicht beschränkt (§ 265 S. 1).[38] **19**

d) Verjährung. Der Anspruch gegen den Vertreter auf Erfüllung oder Schadensersatz verjährt in der Frist, die bei Wirksamkeit des Vertrags für den Anspruch gegen den Vertretenen gegolten hätte.[39] Für den Verjäh- **20**

27 OLG Hamm MDR 1993, 515; BeckOK BGB/*Schäfer* § 179 Rn. 15; Erman/*Maier-Reimer* BGB § 179 Rn. 11; *Flume* BGB AT Bd. 2 § 47, 3 b; Soergel/*Leptien* BGB § 179 Rn. 16; Staudinger/*Schilken* BGB § 179 Rn. 15; aA *Medicus/Petersen* BGB AT Rn. 987.

28 Staudinger/*Schilken* BGB § 179 Rn. 15 mwN.

29 RGZ 120, 126, 129; BGH NJW 1971, 429 (430); MüKoBGB/*Schubert* § 179 Rn. 41; Staudinger/*Schilken* BGB § 179 Rn. 15.

30 BeckOK BGB/*Schäfer* § 179 Rn. 22; Soergel/*Leptien* BGB § 179 Rn. 16; Staudinger/*Schilken* BGB § 179 Rn. 15.

31 Staudinger/*Schilken* BGB § 179 Rn. 14; vgl. zum Erfüllungsort OLG München OLGZ 1966, 424; zum vereinbarten Gerichtsstand OLG Hamburg MDR 1975, 227.

32 BGH NJW 1977, 1398.

33 Statt vieler BeckOK BGB/*Schäfer* § 179 Rn. 23.

34 Staudinger/*Schilken* BGB § 179 Rn. 16.

35 So (nur) iE schon OLG Düsseldorf NJW 1992, 1176 (1177).

36 RGZ 154, 58, 60; BeckOK BGB/*Schäfer* § 179 Rn. 19; MüKoBGB/*Schubert* § 179 Rn. 37; Soergel/*Leptien* BGB § 179 Rn. 15; Staudinger/*Schilken* BGB § 179 Rn. 13; aA Palandt/*Ellenberger* BGB § 179 Rn. 5; Erman/*Maier-Reimer* BGB § 179 Rn. 8.

37 So zutr. die hM etwa Staudinger/*Schilken* BGB § 179 Rn. 13 mwN.

38 Staudinger/*Schilken* BGB § 179 Rn. 13.

39 So zum geltenden Recht BeckOK BGB/*Schäfer* § 179 Rn. 24; Erman/*Maier-Reimer* BGB § 179 Rn. 13; Staudinger/*Schilken* BGB § 179 Rn. 15 f.; noch zur bis zum 31.12.2001 geltenden Fassung der Verjährungsregeln BGHZ 73, 266, 269 f.

rungsbeginn ist hinsichtlich der Anspruchsentstehung auf den Zeitpunkt der Verweigerung der Genehmigung abzustellen.[40]

III. Die Beschränkung der Haftung nach Abs. 2

21　**1. Voraussetzungen.** Abs. 2 schränkt die Haftung des Vertreters ein, wenn der Vertreter den **Mangel der Vertretungsmacht nicht gekannt** hat. Ob die Unkenntnis verschuldet ist, ist unerheblich,[41] ebenso, ob der Vertreter überhaupt erkennen konnte, dass ihm die zum Vertragsschluss erforderliche Vertretungsmacht fehlte.[42] Die strikte Haftung des Vertreters für seine unrichtige Behauptung, über Vertretungsmacht zu verfügen, ist auch dann nicht unbillig, wenn sich der Vertreter in einem für ihn nicht aufklärbaren Irrtum über seine Vertretungsmacht befand. Vielmehr sorgt in diesem Fall, in dem sich der Vertreter gleichsam in einem Irrtum über eine verkehrswesentliche Eigenschaft seiner Person befand, die Abmilderung der Haftung nach Abs. 2 für den Wertungsgleichklang mit § 122. Allerdings ist zu beachten, dass nach der hier vertretenen Ansicht die Anforderungen an einen Haftungsausschluss nach Abs. 3 S. 1 herabgesetzt sind (dazu → Rn. 24).

22　**2. Rechtsfolge.** Nach Abs. 2 haftet der Vertreter nur auf das negative Interesse, begrenzt durch den Betrag des positiven Interesses. Dies entspricht der Rechtsfolge des § 122 Abs. 2 (näher die Kommentierung zu § 122).[43]

IV. Der Ausschluss der Haftung nach Abs. 3

23　**1. Kenntnis oder Kennenmüssen.** Der in Abs. 3 S. 1 vorgesehene Haftungsausschluss bei Kenntnis oder Kennenmüssen im Zeitpunkt der Vornahme des Vertretergeschäfts bezieht sich außer auf die Haftung nach Abs. 2 **auch auf die Haftung nach Abs. 1.**[44] Danach wird selbst der seine Vertretungsmacht wissentlich falsch behauptende Vertreter von der Haftung frei, wenn der Vertretene von dem Mangel der Vertretungsmacht wissen musste. De lege ferenda mag dieses Ergebnis nicht unbedenklich sein; de lege lata ist es jedoch hinzunehmen. Die Rechtsprechung sorgt jedenfalls dafür, dass die Voraussetzungen des Haftungsausschlusses nicht allzu leicht zu bejahen sind: Eine Nachforschungs- oder Erkundigungspflicht, deren Verletzung den Vorwurf fahrlässiger Unkenntnis rechtfertigen könnte, besteht in der Regel nicht,[45] sondern es müssen **besondere Umstände Zweifel an der Vertretungsmacht begründen** und dem Geschäftsgegner Anlass dazu geben, sich über deren Bestehen zu vergewissern.[46] Solche Umstände liegen nach der Rechtsprechung nicht schon dann vor, wenn der Vertreter erklärt hat, er werde die Vollmacht nachreichen.[47]

24　Richtigerweise sollte bei den Anforderungen an das Kennenmüssen darauf abgestellt werden, **ob der Geschäftsgegner sich leichter Kenntnis vom Fehlen der Vertretungsmacht verschaffen konnte als der Vertreter selbst.**[48] Das heißt: Lag der Mangel der Vertretungsmacht außerhalb der Erkenntnismöglichkeiten des Vertreters, ist dessen Haftung zwar nicht gänzlich ausgeschlossen (dazu → Rn. 21); jedoch muss es für das haftungsausschließende Kennenmüssen nach Abs. 3 S. 1 ausreichen, wenn der Geschäftsgegner anders als der Vertreter selbst über die Möglichkeit der Aufklärung verfügte. Umgekehrt sollte sich der Geschäftsgegner von dem Vertreter nicht einmal das evidente Fehlen der Vertretungsmacht entgegenhalten lassen müssen, wenn die Evidenz für den Vertreter genauso groß war wie für den Gegner. Weist der Vertreter beim Vertragsschluss allerdings darauf hin, dass er über keine Vertretungsmacht verfügt, oder erklärt er, dass die Wirksamkeit des Vertrags von der Genehmigung durch den Vertretenen abhängt, ist der Geschäftsgegner bösgläubig und verdient keinen Schutz.[49]

25　**2. Beschränkte Geschäftsfähigkeit des Vertreters.** Nach Abs. 3 S. 2 haftet der beschränkt Geschäftsfähige weder nach Abs. 2 noch nach Abs. 1, wenn er nicht mit Zustimmung seines gesetzlichen Vertreters gehandelt hat. Die Zustimmung, die auch nach dem Abschluss des Vertretergeschäfts in Gestalt einer **Genehmigung** erteilt werden kann,[50] muss sich auf das Vertreterhandeln des beschränkt Geschäftsfähigen

---

40　Statt vieler Erman/*Maier-Reimer* BGB § 179 Rn. 13.

41　BGH WM 1977, 479; MüKoBGB/*Schubert* § 179 Rn. 51 mwN; grds. aA *Lobinger*, S. 293 f.

42　Erman/*Maier-Reimer* BGB § 179 Rn. 14; Staudinger/*Schilken* BGB § 179 Rn. 17; aA Flume BGB AT Bd. 2 § 47, 3 c; Soergel/*Leptien* BGB § 179 Rn. 18.

43　Ausf. dazu auch *Ackermann*, Der Schutz des negativen Interesses, S. 252 ff.

44　BeckOK BGB/*Schäfer* § 179 Rn. 28; MüKoBGB/*Schubert* § 179 Rn. 56, 60; Staudinger/*Schilken* BGB § 179 Rn. 19.

45　BGHZ 147, 381, 385; BGH NJW 2000, 1407 (1408); OLG Celle RNotZ 2005, 301 (302).

46　BGHZ 147, 381, 385; BGH NJW 1990, 387 (388); BGH NJW-RR 2005, 268.

47　BGH NJW 2000, 1407; anders für den Fall der nachzureichenden Genehmigung: OLG Celle RNotZ 2005, 301 (302).

48　Dazu näher *Ackermann,* Der Schutz des negativen Interesses, S. 333 ff.

49　MüKoBGB/*Schubert* § 179 Rn. 56.

50　MüKoBGB/*Schubert* § 179 Rn. 62; Staudinger/*Schilken* BGB § 179 Rn. 19 a mwN; aA *Prölss* JuS 1986, 169 (172).

beziehen, nicht notwendig auf das Handeln ohne Vertretungsmacht.[51] Durch die Zustimmung im Sinne des Abs. 3 S. 2 wird die Genehmigung nach § 177 Abs. 1 nicht präjudiziert.[52] Ist ein Minderjähriger ohne Vollmacht für seinen gesetzlichen Vertreter aufgetreten, kann der gesetzliche Vertreter also das Vertreterhandeln des Minderjährigen genehmigen und zugleich die Genehmigung des Vertretergeschäfts verweigern – mit der Folge, dass der Minderjährige nach Abs. 1 oder Abs. 2 haftet.

V. Konkurrierende Ansprüche

1. Ansprüche gegen den Vertreter. Eine Inanspruchnahme des Vertreters aus §§ 280 Abs. 1, 311 Abs. 2, 241 Abs. 2 (c.i.c.) kommt nach mittlerweile wohl allgemein anerkannter Ansicht in Betracht, wenn sich die haftungsbegründende Schutzpflichtverletzung nicht auf den Mangel der Vertretungsmacht bezieht.[53]　**26**

Teile der Literatur wollen darüber hinaus eine Anwendung der c.i.c. bejahen, soweit es um Mängel der Vertretungsmacht geht,[54] und gelangen somit zur Anwendung von § 254, wenn ein Anspruch aus § 179 nach Abs. 3 S. 1 wegen Kennenmüssens ausgeschlossen ist. Die überwiegende Ansicht folgt dem zu Recht nicht.[55] Seit der Kodifikation der c.i.c. in den §§ 280 Abs. 2, 241 Abs. 2, 311 Abs. 2 kann man dagegen zwar nicht mehr den Einwand erheben, dass es insoweit an der Regelungslücke fehle, die erforderlich sei, um auf ein im Wege der Rechtsfortbildung entwickeltes Rechtsinstitut zurückgreifen zu können. Es bleibt aber dabei, dass die Konstruktion einer schuldhaften Schutzpflichtverletzung mit Bezug auf den Mangel der Vertretungsmacht der in Abs. 3 S. 1 getroffenen Wertung zuwiderliefe, dass bei Kenntnis oder fahrlässiger Unkenntnis des Erklärungsempfängers die Haftung ausgeschlossen und nicht nur nach § 254 reduziert sein soll – die Frage, ob der Erklärungsempfänger auf das Vorliegen der Vertretungsmacht des Erklärenden vertrauen darf, kann und soll danach nur mit „Ja" oder „Nein" beantwortet werden.　**27**

2. Ansprüche gegen den Vertretenen. Zur Haftung des Vertretenen bei Verweigerung der Genehmigung → § 177 Rn. 27 ff.　**28**

C. Weitere praktische Hinweise

I. Vertragsgestaltung

§ 179 ist dispositiv; Haftungsmilderungen oder -verschärfungen können der Vertreter und der Geschäftsgegner daher vereinbaren. Insbesondere kann der Vertreter individualvertraglich eine auf Erfüllung oder den Ersatz des Erfüllungsinteresses gerichtete Garantie für das Bestehen der Vertretungsmacht auch unabhängig von seinem Kenntnisstand übernehmen.[56] Eine solche über Abs. 2 hinausgehende Einstandspflicht kann aber nicht durch AGB vereinbart werden; dies verstieße gegen § 309 Nr. 11.　**29**

II. Zivilprozess

Die **Beweislast** für das Vorliegen der Vertretungsmacht trägt nach dem Wortlaut des Abs. 1 der als **falsus procurator** in Anspruch Genommene,[57] während den Beweis für das fremdbezogene Vertreterhandeln und die Verweigerung der Genehmigung oder die Voraussetzungen ihrer Fiktion nach § 177 Abs. 2 S. 2 der Geschäftsgegner zu erbringen hat. Der Vertreter hat darüber hinaus seine Unkenntnis vom Fehlen der Vertretungsmacht als Voraussetzung der Haftungsmilderung nach Abs. 2 zu beweisen, ferner die Kenntnis oder das Kennenmüssen als Haftungsausschlussgrund nach Abs. 3 S. 1 sowie schließlich bei Abs. 3 S. 2 seine beschränkte Geschäftsfähigkeit, während die Beweislast für das Vorliegen einer Zustimmung in diesem Fall wiederum beim Geschäftsgegner liegt.[58] – Zur **Streitverkündung** bei Unsicherheit über das Vorliegen einer Vollmacht → § 164 Rn. 107.　**30**

51　BeckOK BGB/*Schäfer* § 179 Rn. 30; Soergel/*Leptien* BGB § 179 Rn. 20; Staudinger/*Schilken* BGB § 179 Rn. 19 a; aA *van Venrooy* AcP 181 (1981), 220, 227 ff.
52　MüKoBGB/*Schubert* § 179 Rn. 61 f.
53　Vgl. zB BGHZ 70, 373; BGH NJW 1990, 389; 1994, 2220; OLG Celle RNotZ 2005, 301 (302 f.); aus der Lit. mwN Staudinger/*Schilken* BGB § 179 Rn. 20.
54　*Prölss* JuS 1986, 169 (172 f.); Staudinger/*Schilken* BGB § 179 Rn. 20.
55　OLG Hamm MDR 1993, 515; *Looschelders*, Die Mitverantwortlichkeit des Geschädigten im Privatrecht, 1999, S. 51; MüKoBGB/*Schubert* § 179

Rn. 63; RGRK/*Steffen* BGB § 179 Rn. 18; Soergel/*Leptien* BGB § 179 Rn. 23.
56　Staudinger/*Schilken* BGB § 179 Rn. 3; BGH NJW-RR 2005, 1585.
57　BGHZ 99, 50, 52; BeckOK BGB/*Schäfer* § 179 Rn. 36; Erman/*Maier-Reimer* BGB § 179 Rn. 29; MüKoBGB/*Schubert* § 179 Rn. 64; Soergel/*Leptien* BGB § 179 Rn. 26; Staudinger/*Schilken* BGB § 179 Rn. 26.
58　BeckOK BGB/*Schäfer* § 179 Rn. 36 f.; Erman/*Maier-Reimer* BGB § 179 Rn. 29; MüKoBGB/*Schubert* § 179 Rn. 64; Soergel/*Leptien* BGB § 179 Rn. 26; Staudinger/*Schilken* BGB § 179 Rn. 27.

§ 180 Einseitiges Rechtsgeschäft

¹Bei einem einseitigen Rechtsgeschäft ist Vertretung ohne Vertretungsmacht unzulässig. ²Hat jedoch derjenige, welchem gegenüber ein solches Rechtsgeschäft vorzunehmen war, die von dem Vertreter behauptete Vertretungsmacht bei der Vornahme des Rechtsgeschäfts nicht beanstandet oder ist er damit einverstanden gewesen, dass der Vertreter ohne Vertretungsmacht handele, so finden die Vorschriften über Verträge entsprechende Anwendung. ³Das Gleiche gilt, wenn ein einseitiges Rechtsgeschäft gegenüber einem Vertreter ohne Vertretungsmacht mit dessen Einverständnis vorgenommen wird.

A.	Allgemeines	1	1. Fehlende Beanstandung ... 6
B.	Regelungsgehalt	2	2. Einverständnis ... 7
	I. Nichtigkeit als Regelfall	2	3. Anwendung der §§ 177 ff. ... 8
	1. Anwendungsbereich	2	III. Einverständnis als Ausnahme bei passiver
	2. Folgen	4	Stellvertretung ... 9
	II. Fehlende Beanstandung oder Einverständnis		C. Weitere praktische Hinweise ... 10
	als Ausnahmen bei aktiver Stellvertretung ... 5		

A. Allgemeines

1 Anders als bei Verträgen, die ein Vertreter ohne Vertretungsmacht abgeschlossen hat, ist dem BGB bei einseitigen Rechtsgeschäften daran gelegen, den **Zustand schwebender Unwirksamkeit zugunsten der Betroffenen zu vermeiden**. Dies gewährleistet die in § 180 getroffene Regelung, indem sie die Anwendung der §§ 177 ff. auf ein einseitiges Rechtsgeschäft von der fehlenden Beanstandung oder dem Einverständnis des Betroffenen abhängig macht und es ansonsten bei der Nichtigkeit des Geschäfts belässt.

B. Regelungsgehalt

I. Nichtigkeit als Regelfall

2 **1. Anwendungsbereich.** Unter S. 1 fallen einseitige Rechtsgeschäfte unabhängig davon, ob sie **empfangsbedürftig** (zB Rücktritt nach § 346, auch Bevollmächtigung),[1] **amtsempfangsbedürftig** (zB die Aufgabe des Eigentums an einem Grundstück nach § 928) oder **nicht empfangsbedürftig** (zB die Auslobung nach § 657) sind.[2] Auf **geschäftsähnliche Handlungen** wie die Mahnung findet S. 1 analoge Anwendung,[3] ebenso auf die Geltendmachung von Ansprüchen zur Wahrung tariflicher Ausschlussfristen.[4]

3 **Keine Analogie** kommt dagegen bei **Prozesshandlungen** (namentlich bei der Unterwerfung unter die sofortige Zwangsvollstreckung) in Betracht, die bei Vornahme durch einen Vertreter ohne Vertretungsmacht nach der Sonderregelung in § 89 ZPO prinzipiell genehmigt werden können.[5]

4 **2. Folgen.** Ein einseitiges, nicht empfangsbedürftiges Rechtsgeschäft, das ein **falsus procurator** vorgenommen hat, ist in jedem Fall nichtig. Ein einseitiges, empfangsbedürftiges Rechtsgeschäft, das er vorgenommen hat oder das ihm gegenüber vorgenommen wurde, ist nur dann nichtig, wenn nicht einer der in S. 2 bzw. S. 3 geregelten Fälle vorliegt. Eine Genehmigung des nach S. 1 nichtigen Geschäfts nach § 177 ist nicht möglich. Erklärt der Vertretene die Genehmigung, so kann darin allenfalls eine erneute Vornahme des Geschäfts liegen.[6] Auch eine Haftung des Vertreters nach § 179 für die Vornahme des nach S. 1 nichtigen Geschäfts ist ausgeschlossen; infrage kommen nur Ansprüche aus Delikt oder c.i.c.[7]

1   Zur str. Anwendung von S. 1 auf die Bevollmächtigung s. Soergel/*Leptien* BGB § 180 Rn. 6; Staudinger/*Schilken* BGB § 180 Rn. 1, jeweils mwN.
2   BeckOK BGB/*Schäfer* § 180 Rn. 2; Staudinger/*Schilken* BGB § 180 Rn. 1, 11 (dort auch mwN zu älteren Stimmen in der Lit., die hinsichtlich der amtsempfangsbedürftigen Rechtsgeschäfte aA sind).
3   BGH NJW 2006, 687 (688); OLG Koblenz NJW-RR 1992, 1093 (1094 f.) (Mahnung); BeckOK BGB/*Schäfer* § 180 Rn. 2; Erman/*Maier-Reimer* BGB § 180 Rn. 2; Soergel/*Leptien* BGB § 180 Rn. 5; Staudinger/*Schilken* BGB § 180 Rn. 12.

4   BAG NJW 2003, 236 (237).
5   BeckOK BGB/*Schäfer* § 180 Rn. 2; Erman/*Maier-Reimer* BGB § 180 Rn. 2; MüKoBGB/*Schubert* § 180 Rn. 4; Soergel/*Leptien* BGB § 180 Rn. 7; Staudinger/*Schilken* BGB § 180 Rn. 13.
6   Staudinger/*Schilken* BGB § 180 Rn. 2.
7   BeckOK BGB/*Schäfer* § 180 Rn. 4; Erman/*Maier-Reimer* BGB § 180 Rn. 5; MüKoBGB/*Schubert* § 180 Rn. 5; Soergel/*Leptien* BGB § 180 Rn. 1; Staudinger/*Schilken* BGB § 180 Rn. 3.

II. Fehlende Beanstandung oder Einverständnis als Ausnahmen bei aktiver Stellvertretung

S. 2 schränkt den Schutz des Adressaten eines **empfangsbedürftigen Rechtsgeschäfts** durch die Gleich- **5**
stellung mit Verträgen in den Fällen ein, in denen er einen geringeren Schutz vor Ungewissheit benötigt.
Als empfangsbedürftige Willenserklärung fällt unter S. 2 insbesondere auch die **Stimmabgabe** in der
Gesellschafterversammlung einer GmbH oder der Hauptversammlung einer AG, auf die mithin die
§§ 177 ff. jedenfalls entsprechend anzuwenden sind.[8] Die Anwendung von S. 2 auf **amtsempfangsbedürf-**
tige Willenserklärungen wird dagegen ganz überwiegend **abgelehnt**.[9]

1. Fehlende Beanstandung. Die erste Alternative von S. 1 setzt voraus, dass der Vertreter behauptet hat, **6**
über Vertretungsmacht zu verfügen, und dass der Adressat dies nicht beanstandet hat. Die **Behauptung der**
Vertretungsmacht muss nicht ausdrücklich, sondern kann **auch konkludent** erfolgen.[10] Eine **Beanstan-**
dung liegt vor, wenn der Adressat zum Ausdruck bringt, dass er das Geschäft gerade wegen des Mangels
der Vertretungsmacht nicht gelten lassen will; eine Zurückweisung aus anderen Gründen genügt den Anforderungen dagegen nicht.[11] Hinsichtlich der Zeit der Beanstandung bestimmt das Gesetz, dass diese bei der
Vornahme des Rechtsgeschäfts erfolgen muss. Handelt es sich um ein Geschäft unter Anwesenden, kann
der Adressat die Beanstandung daher nur sofort aussprechen.[12] Bei einem Geschäft unter Abwesenden
ergäbe es jedoch keinen Sinn, am Wortlaut der Vorschrift zu haften; hier muss es genügen, wenn das ohne
Vertretungsmacht getätigte Geschäft unverzüglich beanstandet wird.[13]

2. Einverständnis. Die zweite Alternative von S. 2 liegt vor, wenn der Adressat vom Fehlen der Vertre- **7**
tungsmacht **Kenntnis** hatte oder dies zumindest für **möglich** hielt[14] und mit der Vornahme des Geschäfts
durch den *falsus procurator* **einverstanden** war. Das Einverständnis kann **ausdrücklich oder konkludent**
gegeben werden,[15] nicht aber durch bloßes Schweigen.[16] Es muss **vor oder bei dem Empfang der Vertre-**
tererklärung, bei Erklärungen unter Abwesenden unverzüglich nach Zugang gegeben sein.[17]

3. Anwendung der §§ 177 ff. Liegt keine (rechtzeitige) Beanstandung und kein Einverständnis vor, gelten **8**
die §§ 177 ff. entsprechend für das Vertretergeschäft. Der Vertretene kann das Geschäft also nach § 177
Abs. 1 **genehmigen**, wobei ein fristgebundenes Geschäft innerhalb der dafür geltenden Frist zu genehmigen
ist.[18] Verweigert er die Genehmigung oder tritt die Fiktion der Verweigerung nach § 177 Abs. 2 S. 2 ein,
kommt eine **Haftung des Vertreters** nach § 179 in Betracht. Das **Widerrufsrecht** nach § 178 steht dem
Erklärungsempfänger indes nur im Fall der Nichtbeanstandung und nicht im Fall des Einverständnisses zu
(→ § 178 Rn. 6).

III. Einverständnis als Ausnahme bei passiver Stellvertretung

S. 3 bezieht sich auf die **Passivvertretung** durch einen Vertreter ohne Vertretungsmacht, deren Genehmi- **9**
gung zugelassen wird, wenn der Vertreter sein **Einverständnis** damit erklärt, dass das Geschäft ihm gegenüber vorgenommen wird. Das Einverständnis kann **ausdrücklich oder konkludent** erteilt werden.[19] Ist dies
der Fall, hängt die Wirksamkeit des zunächst schwebend unwirksamen Geschäfts nach § 177 Abs. 1 von der
Genehmigung durch den Vertretenen (den Erklärungsempfänger) ab. Der Erklärende kann diesen nach
§ 177 Abs. 2 **zur Genehmigung auffordern**; außerdem steht ihm, wenn er sich in Unkenntnis über die feh-

---

8 Näher dazu OLG Frankfurt DNotZ 2003, 458; *Hart-*
   mann DNotZ 2002, 253.
9 BPatG NJW 1964, 615; Staudinger/*Schilken* BGB
   § 180 Rn. 11 mwN; aA MüKoBGB/*Schubert* § 180
   Rn. 8.
10 BGH NJW 2010, 2950, 2951 f. (Behauptung einer
   Vollmacht durch Auftreten als gewillkürter Vertreter); BeckOK BGB/*Schäfer* § 180 Rn. 6; Erman/
   Maier-Reimer BGB § 180 Rn. 6; MüKoBGB/*Schu-*
   bert § 180 Rn. 9; Soergel/*Leptien* BGB § 180 Rn. 9;
   Staudinger/*Schilken* BGB § 180 Rn. 6.
11 BGH BB 1969, 293; aus der Lit. statt vieler BeckOK
   BGB/*Schäfer* § 180 Rn. 7.
12 BeckOK BGB/*Schäfer* § 180 Rn. 7; Staudinger/*Schil-*
   ken BGB § 180 Rn. 7; aA Soergel/*Leptien* BGB
   § 180 Rn. 9; s. auch MüKoBGB/*Schubert* § 180
   Rn. 11.
13 BeckOK BGB/*Schäfer* § 180 Rn. 7; Erman/*Maier-*
   Reimer BGB § 180 Rn. 6; MüKoBGB/*Schubert*
   § 180 Rn. 11; Soergel/*Leptien* BGB § 180 Rn. 9;
   Staudinger/*Schilken* BGB § 180 Rn. 7.

14 BeckOK BGB/*Schäfer* § 180 Rn. 8; Erman/*Maier-*
   Reimer BGB § 180 Rn. 7; MüKoBGB/*Schubert*
   § 180 Rn. 12; Soergel/*Leptien* BGB § 180 Rn. 11;
   Staudinger/*Schilken* BGB § 180 Rn. 4.
15 Zum konkludenten Einverständnis OLG Köln NJW-
   RR 1994, 1463 (1464).
16 BeckOK BGB/*Schäfer* § 180 Rn. 8; Erman/*Maier-*
   Reimer BGB § 180 Rn. 7; MüKoBGB/*Schubert*
   § 180 Rn. 12; Soergel/*Leptien* BGB § 180 Rn. 10;
   Staudinger/*Schilken* BGB § 180 Rn. 4.
17 MüKoBGB/*Schubert* § 180 Rn. 12.
18 BAG NJW 1987, 1038 (1039) (Genehmigung außerordentlicher Kündigung); BeckOK BGB/*Schäfer*
   § 180 Rn. 9; Erman/*Maier-Reimer* BGB § 180 Rn. 9;
   MüKoBGB/*Schubert* § 180 Rn. 16; Soergel/*Leptien*
   BGB § 180 Rn. 12; Staudinger/*Schilken* BGB § 180
   Rn. 6.
19 BeckOK BGB/*Schäfer* § 180 Rn. 12; Erman/*Maier-*
   Reimer BGB § 180 Rn. 12; MüKoBGB/*Schubert*
   § 180 Rn. 19; Soergel/*Leptien* BGB § 180 Rn. 11;
   Staudinger/*Schilken* BGB § 180 Rn. 8.

lende Vertretungsmacht befand, das **Widerrufsrecht** nach § 178 zu. Wird die Genehmigung verweigert oder gilt sie als verweigert, ist an eine **Haftung des vollmachtlosen Empfangsvertreters aus § 179** zu denken.

C. Weitere praktische Hinweise

10 Wer geltend macht, dass eine der Ausnahmen von der Nichtigkeit in S. 2 oder S. 3 vorliegt, trägt für das Vorliegen der tatsächlichen Voraussetzungen die **Beweislast.**[20]

§ 181 Insichgeschäft

Ein Vertreter kann, soweit nicht ein anderes ihm gestattet ist, im Namen des Vertretenen mit sich im eigenen Namen oder als Vertreter eines Dritten ein Rechtsgeschäft nicht vornehmen, es sei denn, dass das Rechtsgeschäft ausschließlich in der Erfüllung einer Verbindlichkeit besteht.

Literatur: *Allmendinger,* Vertretungsverbot bei Insichgeschäften, Ergänzungspflegschaft und gerichtliche Genehmigung: rechtsgeschäftlicher Minderjährigenschutz bei Eltern-Kind-Schenkungen, 2009; *Altmeppen,* Gestattung zum Selbstkontrahieren in der GmbH, NJW 1995, 1182; *Altmeppen,* In-sich-Geschäfte der Geschäftsführer in der GmbH, NZG 2013, 401; *Auktor,* Praktische Probleme bei der Mehrfachvertretung von Gesellschaften, NZG 2006, 334; *Bacher/Blumenthal,* Die Gestattung nach § 181 BGB in der GmbH & Co.KG, GmbHR 2015, 457; *Bachmann,* Zum Verbot von Insichgeschäften im GmbH-Konzern, ZIP 1999, 85; *Bärwaldt,* Befreiung vom Verbot des Selbstkontrahierens, Rpfleger 1990, 102; *Blasche/König,* Befreiung des GmbH-Geschäftsführers vom Selbstkontrahierungsverbot im Einzelfall und Genehmigung von Rechtsgeschäften nach Verbotsverstößen, NZG 2012, 812; *Benecke/Ehinger,* Vollmachtlose Mehrvertretung – Die Anwendung des § 181 BGB, MDR 2005, 1265; *Bernstein/Schultze/v. Lasaulx,* Gilt für Änderungen des Gesellschaftsvertrages einer GmbH & Co.KG das Verbot des Selbstkontrahierens?, ZGR 1976, 33; *W. Blomeyer,* Die teleologische Korrektur des § 181 BGB, AcP 172 (1972), 1; *Bork,* Zur Anwendung des § 181 BGB bei der Errichtung eines Doppeltreuhandkontos, NZI 2006, 530; *Buchholz,* Insichgeschäft und Erbschaftsausschlagung, NJW 1993, 1161; *Feller,* Teleologische Reduktion des § 181 letzter Halbsatz BGB bei nicht lediglich rechtlich vorteilhaften Erfüllungsgeschäften, DNotZ 1989, 66; *R. Fischer,* Zur Anwendung von § 181 BGB im Bereich des Gesellschaftsrechts, in: FS Hauß 1978, S. 61; *Götze,* „Selbstkontrahieren" bei der Geschäftsführerbestellung in der GmbH, GmbHR 2001, 217; *Hadding,* Insichgeschäfte bei Personengesellschaften, in: FS Merle 2010, S. 143; *Häsemeyer,* Selbstkontrahieren des gesetzlichen Vertreters bei zusammengesetzten Rechtsgeschäften, FamRZ 1968, 502; *Harder,* Das Selbstkontrahieren mit Hilfe eines Untervertreters, AcP 170 (1970), 295; *Harder/Welter,* Drittbegünstigung im Todesfall durch Insich-Geschäft?, NJW 1977, 1139; *Hauschild,* § 181 BGB im Gesellschaftsrecht – eine heilige Kuh auf (international) verlorenem Posten?, ZIP 2014, 954; *Honsell,* Das Insichgeschäft nach § 181 BGB: Grundfragen und Anwendungsbereich, JA 1977, 55; *Höpfner,* Die Gehaltserhöhung mit sich selbst – Zum Verbot des Insichgeschäfts bei der GmbH & Co. KG, NZG 2014, 1174; *U.Hübner,* Grenzen der Zulässigkeit von Insichgeschäften, Jura 1981, 288; *Jäger,* Teleologische Reduktion des § 181 BGB, 1999; *Jänicke/Braun,* Vertretungsausschluss bei rechtlich nachteiligen Verfügungen zu Gunsten Minderjähriger, NJW 2013, 2474; *Kannowski,* Insichgeschäft und vollmachtloser Vertreter – zum Verhältnis von § 177 Abs. 1 und § 181 BGB, in: FS Leipold 2009, S. 1083; *Kern,* Wesen und Anwendungsbereich des § 181 BGB – Eine Problemdarstellung an Hand von Fällen, JA 1987, 281; *Kiehnle,* Das Selbsteintrittsrecht des Kommissionärs (§ 400 HGB) und das Verbot des Selbstkontrahierens (§ 181 BGB), AcP 212 (2012), 875; *Kirstgen,* Zur Anwendbarkeit des § 181 BGB auf Gesellschafterbeschlüsse in der GmbH, GmbHR 1989, 406; *Knöchlein,* Stellvertretung und Insichgeschäft. Die Gestaltung der Zulässigkeit im deutschen, österreichischen und schweizerischen Zivil- und Gesellschaftsrecht, 1994; *Kreutz,* § 181 BGB im Lichte des § 35 Abs. 4 GmbHG, in: FS Mühl 1981, S. 409; *Lipp,* Das Verbot des Selbstkontrahierens im Minderjährigenrecht, Jura 2015, 477; *Lobinger,* Insichgeschäft und Erfüllung einer Verbindlichkeit, AcP 213 (2013), 366; *v. Lübtow,* Insichgeschäfte des Testamentsvollstreckers, JZ 1960, 151; *Mahlmann,* Die Vertretung Minderjähriger in einer Erbengemeinschaft bei Veräußerung von Nachlassgegenständen, ZEV 2009, 320; *Maier-Reimer,* Mehrstufige Vertretung, in: FS Hellwig 2010, S. 205; *ders.,* Synthetische eigene und zugerechnete fremde Arglist beim Unternehmenskauf, Liber Amicorum für Michael Oppenhoff, 2017, 101; *Maier-Reimer/Marx,* Die Vertretung Minderjähriger beim Erwerb von Gesellschaftsbeteiligungen, NJW 2005, 3025; *Meilicke,* Selbstkontrahieren nach europäischem Gemeinschaftsrecht, RIW 1996, 713; *Petersen,* Insichgeschäfte, Jura 2007, 418; *Plander,* Die Geschäfte des Gesellschafter-Geschäftsführers der Einmann-GmbH mit sich selbst, 1969; *ders.,* Rechtsgeschäfte zwischen Gesamtvertretern, DB 1975, 1493; *Rawert/Endres,* Der falsus procurator und § 181 BGB, ZIP 2015, 2197; *Rein/Pfeiffer,* Eltern-Kind-Geschäfte durch Banküberweisung – Ein Beitrag zur Dogmatik des § 181 BGB, BKR 2005, 142; *Reinicke,* Gesamtvertretung und Insichgeschäft, NJW 1975, 1185; *Reinicke/Tiedtke,* Die Befreiung des Geschäftsführers vom Verbot von Insichgeschäften bei Verwandlung der mehrgliedrigen in eine eingliedrige GmbH, deren Alleingesellschafter der Geschäftsführer ist, GmbHR 1990, 200; *dies.,* Das Erlöschen der Befreiung von dem Verbot der Vornahme von Insichgeschäften, WM 1988, 441; *Rümelin,* Das Selbstkontrahieren des Stellvertreters nach gemeinem Recht, 1888; *Säcker/Klinkhammer,* Verbot des Selbstkontrahierens auch bei ausschließlich rechtlichem Vorteil des Vertretenen?, JuS 1975, 626; *Schall,* Nochmals: In-Sich-Geschäfte bei englischen private limited companies, NZG 2006, 54; *Schanze,* § 181 BGB und die gesellschaftliche Vertretung von Kapitalgesellschaften, Diss. Berlin, 2018; *Schemann,* Mehrfachbeteiligung von Gesellschaftervertretern bei Organbeschlüssen, NZG 2008, 89; *Schilling,* Gesellschafterbeschluss und Insichgeschäft, in: FS Kurt Ballerstedt 1975, S. 257; *Schindeldecker,* RNotZ 2015, 533, Insichgeschäfte im

20   BeckOK BGB/*Schäfer* § 180 Rn. 14; Erman/*Maier-*   Rn. 14; Staudinger/*Schilken* BGB § 180 Rn. 14; aA
      Reimer § 180 Rn. 13; Soergel/*Leptien* BGB § 180   RGRK/*Steffen* BGB § 180 Rn. 7.

1492   *Stoffels*

Gesellschaftsrecht – Anwendungsfälle und praktische Lösungen für die notarielle Praxis, RNotZ 2015, 533; *Schmid*, Die gemeinschaftsrechtliche Überlagerung der Tatbestände des Missbrauchs der Vertretungsmacht und des Insichgeschäfts, AG 1998, 127; *Schmitt*, Praktische Probleme der Mehrfachvertretung § 181 2. Alt. BGB, in Unternehmen, WM 2009, 1784; *Schmidt-Ott*, Befreiung von § 181 BGB durch einen nicht befreiten Vertreter, ZIP 2007, 943; *Schott*, Das Insichgeschäft des Stellvertreters im gemeinen Recht, in: FS Coing I 1982, S. 307; *ders.*, Insichgeschäft und Interessenkonflikt, 2002; *Schubert*, Die Einschränkung des Anwendungsbereichs des § 181 BGB bei Insichgeschäften, WM 1978, 290; *Sohn*, Die Befreiung des Verwalters vom Verbot des Selbstkontrahierens, NJW 1985, 3060; *Sonnenfeld*, Das Zusammenspiel von „rechtlichem Vorteil" und „Erfüllung einer Verbindlichkeit" als Ausnahmen vom Vertretungsausschluss, Rpfleger 2011, 475; *Stenzel*, Zwischen Selbstkontrahieren und Mehrfachvertretung, GmbHR 2011, 1129; *Tebben*, Das schwebend unwirksame Insichgeschäft und seine Genehmigung, DNotZ 2005, 173; *Terner*, Die Befreiung des GmbH-Liquidators von den Beschränkungen des § 181 BGB, DStR 2017, 160; *Tiedtke*, Fortbestand der Befreiung vom Verbot des Selbstkontrahierens bei der Umwandlung einer mehrgliedrigen in eine Einmann-GmbH, ZIP 1991, 355; *ders.*, Zur Form der Gestattung von Insichgeschäften des geschäftsführenden Mitgesellschafters einer GmbH, GmbHR 1993, 385; *Wachter*, Insichgeschäfte bei englischen private limited companies, NZG 2005, 338; *Wachter*, Zur Unwirksamkeit eines Gesellschafterbeschlusses wegen des Verbots des Selbstkontrahierens bei Mehrfachvertretung von minderjährigen Gesellschaftern, EWiR 2019, 13; *Wacke*, Selbstkontrahieren im römischen Vertretungsrecht. Dogmengeschichte zu § 181 BGB, in: FS Max Kaser 1986, S. 289; *Wälzholz*, Die Vertretung der GmbH im Liquidationsstadium. Insbesondere zur Befreiung vom Verbot des Selbstkontrahierens gem. § 181 BGB, GmbHR 2002, 305; *Wilhelm*, Stimmrechtsausschluss und Verbot des Insichgeschäfts, JZ 1976, 674; *Willer/Krafka*, Anregungen für eine international zeigemäße Anwendung des § 181 BGB im Gesellschaftsrecht, NZG 2006, 495; *Wünsch*, Zur Lehre vom Selbstkontrahieren im Gesellschaftsrecht, in: FS Hämmerle 1972, S. 451; *Zorn*, Erfüllung einer Verbindlichkeit oder lediglich rechtlicher Vorteil, FamRZ 2011, 776.

A. Allgemeines 1
  I. Überblick 1
  II. Zweck der Vorschrift 2
    1. Interessenschutz zugunsten des Vertrete-
      nen 2
    2. Konsequenzen für die Interpretation 3
      a) Formale Ordnungsvorschrift 4
      b) Maßgeblichkeit einer konkreten Inter-
        essenkollision im Einzelfall 5
      c) Stellungnahme und Plädoyer für die
        herrschende, vermittelnde Meinung ... 6
B. Regelungsgehalt 9
  I. Anwendungsbereich 9
    1. Persönlicher Anwendungsbereich 9
    2. Gegenständlicher Anwendungsbereich ... 12
  II. Tatbestandliche Voraussetzungen der gesetzli-
    chen Beschränkung der Vertretungsmacht 14
    1. Vorliegen eines Rechtsgeschäfts 14
    2. Auftreten des Vertreters auf beiden Sei-
      ten – Personenidentität 19
  III. Einschränkung des Tatbestandes 21
    1. Geschäfte mit lediglich rechtlichem Vor-
      teil für den Vertretenen 22

    2. Einmann-GmbH 24
    3. Gesellschaftsrechtliche Beschlüsse 28
  IV. Erweiterung des Tatbestandes 32
    1. Allgemeines 32
    2. Untervertretung 33
    3. Amtsempfangsbedürftige Willenserklä-
      rungen 34
    4. Auswahl unter mehreren privaten Adres-
      saten 35
  V. Zulässige Insichgeschäfte 36
    1. Gestattung 37
      a) Rechtsgeschäftliche Gestattung 38
      b) Gesetzliche Gestattung 45
    2. Erfüllung einer Verbindlichkeit 46
    3. Erkennbarkeit des zulässigen Insichge-
      schäftes 47
  VI. Rechtsfolgen unzulässiger Insichgeschäfte 50
    1. Schwebende Unwirksamkeit 50
    2. Genehmigung 52
C. Weitere praktische Hinweise 55
  I. Beweislast 55
  II. Gestaltungshinweise 56

A. Allgemeines

I. Überblick

Die typische Grundkonstellation der Stellvertretung ist dadurch gekennzeichnet, dass der Vertreter gegen- **1** über einer dritten Person im Namen des Vertretenen auftritt und für ihn das Rechtsgeschäft mit dem Dritten abschließt. Der in § 164 gesetzlich fixierte Tatbestand ist allerdings auch dann erfüllt, wenn der Vertreter auf beiden Seiten des Rechtsgeschäfts in Erscheinung tritt, bei einem Vertrag also gleichzeitig beide Vertragsparteien verkörpert. Ein solches **Insichgeschäft** kann in zwei verschiedenen Formen vorkommen. Zum einen kann es sein, dass der Handelnde das Rechtsgeschäft auf der einen Seite als Vertreter für einen anderen und auf der Seite für sich selbst vornimmt (**Selbstkontrahieren**). Zum anderen ist es denkbar, dass ein und dieselbe Person als Vertreter zweier Parteien agiert und diese in Ausübung seiner doppelten Vertretungsmacht in einem Rechtsgeschäft zusammenführt (**Mehrvertretung**). Die Vorschrift des § 181[1] statuiert zwar kein Verbot solcher Insichgeschäfte, versagt ihnen aber vorbehaltlich der dort aufgeführten Ausnahmen die intendierten rechtsgeschäftlichen Wirkungen. Es geht – wie schon der Wortlaut („Ein Vertreter

---

[1] Zur geschichtlichen Entwicklung Staudinger/*Schilken* BGB § 181 Rn. 2 f.; BeckOGK/*Fröhler* BGB § 181 Rn. 34 ff. und HKK/*Schmoeckel* BGB §§ 164–181 Rn. 32 ff.; zum römischen Recht *Wacke* FS Kaser 1976, S. 289 ff.; zum gemeinen Recht *Rümelin*, Das Selbstkontrahieren des Stellvertreters nach gemeinem Recht, 1888.

kann ... nicht") nahe legt – um eine **Begrenzung des rechtlichen Könnens**. Die Vertretungsmacht umfasst also grundsätzlich nicht die Vornahme von Insichgeschäften.[2]

II. Zweck der Vorschrift

2　**1. Interessenschutz zugunsten des Vertretenen.** Die *ratio legis* des § 181 wird heute ganz überwiegend und zu Recht im **Schutz des Vertretenen vor einer Benachteiligung** infolge des in der Person des Vertreters regelmäßig auftretenden **Interessenkonflikts** gesehen. Die sachgerechte Wahrnehmung der Interessen des Vertretenen ist beim Selbstkontrahieren dadurch gefährdet, dass der Vertreter bewusst oder unbewusst versucht sein könnte, eigene Vorteile auf Kosten des Vertretenen zu realisieren. Bei der Mehrvertretung wird vom Vertreter verlangt, dass er die oft gegensätzlichen Interessen zweier Personen wahrnimmt und im Vertrag zu einem Ausgleich bringt. Dies ist ein schwieriges Unterfangen, das stets die Gefahr in sich birgt, die Interessen einer Partei zu vernachlässigen. Das Anliegen des § 181, den Vertretenen vor den Gefahren solcher Interessenkollisionen zu bewahren, ist im Grunde unstreitig[3] und schon in den Materialien manifest geworden.[4]

3　**2. Konsequenzen für die Interpretation.** Fraglich und umstritten ist, ob und in welchem Umfang der auf die Vermeidung von Interessenkollisionen gerichtete Schutzzweck auf die **Interpretation des § 181** ausstrahlt und ob insoweit noch weiteren Regelungsanliegen Rechnung zu tragen ist.

4　**a) Formale Ordnungsvorschrift.** Die frühere Rechtsprechung[5] und literarische Stellungnahmen im älteren Schrifttum[6] betonten, dass die Vermeidung von Interessenkollisionen vom Gesetzgeber bewusst nicht zu einem Tatbestandsmerkmal des § 181 erhoben worden sei, die Vorschrift vielmehr ausschließlich an die äußere Form des Geschäftsabschlusses anknüpfe. Bei der Bestimmung des § 181 handele es sich um eine rein formale Ordnungsvorschrift. Im Interesse der Verkehrssicherheit, der Erkennbarkeit der Rechtsverhältnisse und damit einhergehend zum Schutze des Gläubigers vor nicht offenbarten Vermögensverschiebungen sei die in § 181 verfügte Beschränkung der Vertretungsmacht formal, also tatbestandsgetreu und wortlautorientiert anzuwenden.

5　**b) Maßgeblichkeit einer konkreten Interessenkollision im Einzelfall.** Nach der weitesten, heute nur noch vereinzelt im Schrifttum vertretenen Ansicht[7] muss hingegen für das Eingreifen des § 181 im Einzelfall eine Interessenkollision nachgewiesen werden. Fehle es an einem solchen konkreten Interessenkonflikt, dürfe dem Insichgeschäft trotz des Nichtvorliegens eines gesetzlichen Ausnahmetatbestandes die Anerkennung nicht versagt werden. Umgekehrt seien auch solche Geschäfte verboten, die bei formaler Betrachtung nicht den Tatbestand des Selbstkontrahierens oder der Mehrvertretung erfüllten, gleichwohl aber durch einen Interessenkonflikt gekennzeichnet seien.

6　**c) Stellungnahme und Plädoyer für die herrschende, vermittelnde Meinung.** Die Ansicht, dass es sich bei § 181 um eine rein formale Ordnungsvorschrift handelt, widerspricht, wie auch der BGH in seiner neueren Rechtsprechung konzediert,[8] anerkannten Grundsätzen der Gesetzesauslegung und -anwendung. Der Wortlaut der Vorschrift umfasst zwar typische Sachverhalte einer Interessenkollision. Jedoch sind weitere vom Wortlaut des § 181 nicht erfasste Konstellationen denkbar, in denen der Vertretene vor einer drohenden Interessenkollision geschützt werden muss.[9] Andererseits gibt es durchaus Fälle, in denen trotz Tatbestandsmäßigkeit eine Interessenkollision von vornherein, auch bei einer gebotenen abstrakten Betrachtung, ausgeschlossen werden kann. Würde man in derartigen Fällen starr an einer Deutung als formale Ordnungsvorschrift festhalten, würde die Bestimmung des § 181 ihre Funktion als Schutzvorschrift für den Vertretenen teilweise einbüßen. Umgekehrt würde sie sich dort, wo es offenkundig und typischerweise an einem Interessenkonflikt in der Person des Vertretenen fehlt, als unnötiger Hemmschuh darstellen. Auch die These, dass die Gesichtspunkte der Verkehrssicherheit und der Erkennbarkeit eine strikt formale Interpretation des § 181 gebieten, lässt sich nicht aufrechterhalten. Wenn die Vorschrift hierauf entscheidend ausgerichtet wäre, dann hätte es nahe gelegen, die Ausnahmetatbestände in der Weise zu ergänzen, dass auch im Falle der Kundbarmachung das Insichgeschäft wirksam vorgenommen werden kann.[10] Die in § 181 genann-

2　Palandt/*Ellenberger* BGB § 181 Rn. 1.

3　BGHZ 51, 209, 215; 56, 97, 101; MüKoBGB/*Schubert* § 181 Rn. 2; Soergel/*Leptien* BGB § 181 Rn. 3; Palandt/*Ellenberger* BGB § 181 Rn. 2; BeckOGK/*Fröhler* BGB § 181 Rn. 24; *Flume* BGB AT Bd. 2 § 48, 1, S. 811 („der entscheidende Gesichtspunkt"); *Bork* BGB AT Rn. 1585 („liegt auf der Hand"); *Wolf/ Neuner* BGB AT § 49 Rn. 111.

4　Prot. I, S. 352 ff.

5　RGZ 68, 172, 176; 103, 417, 418; 157, 24, 31; BGHZ 21, 229, 231; 33, 189, 190; 50, 11.

6　Jeweils mit Einschränkungen *Enneccerus/Nipperdey* BGB AT II BGB § 181 III S. 1112; *Flume* BGB AT Bd. 2 § 48, 1, S. 811; *Boehmer*, Grundlagen der Bürgerlichen Rechtsordnung II/2, S. 48.

7　Brox/*Walker* BGB AT Rn. 592; Erman/*Palm*, 12. Aufl. 2008, BGB § 181 Rn. 2.

8　BGHZ 56, 97, 102.

9　BGHZ 56, 97, 102 f.

10　Für diese Ansicht streitet auch ein arg. e § 35 Abs. 3 GmbHG, der eine Niederschrift verlangt, gleichwohl aber die Anwendung des § 181 anordnet.

ten Ausnahmen orientieren sich jedoch eindeutig am dominierenden Schutzanliegen des § 181, dem Schutz des Vertretenen vor den Gefahren einer Benachteiligung durch den einem Interessenkonflikt ausgesetzten Vertreter.

Aber auch die Gegenposition, nach der das Vorliegen einer **konkreten Interessenkollision im Einzelfall** **7** über das Eingreifen des § 181 entscheiden soll, sieht sich durchgreifenden Bedenken ausgesetzt.[11] Vor allem spricht gegen diese Interpretation der Vorschrift, dass nunmehr in jedem Fall eine Interessenbewertung anhand keineswegs klar greifbarer Maßstäbe vorgenommen werden müsste. Die tatbestandlichen Konturen drohten aufgeweicht zu werden mit der Folge, dass im Ergebnis auch die Verkehrssicherheit Schaden nehmen würde.

Heute hat sich zu Recht eine **vermittelnde Ansicht** durchgesetzt, die den durchaus berechtigten Anliegen **8** beider Standpunkte Rechnung trägt, ohne sie jedoch zu verabsolutieren.[12] Diese Sichtweise wahrt die gebotene Verkehrssicherheit, indem sie an den tatbestandlichen Voraussetzungen des § 181 samt seinen Ausnahmen ansetzt. Die Interessenkollision im Einzelfall rechtfertigt die Anwendung der Norm allein ebenso wenig, wie umgekehrt das Fehlen eines solchen Interessenkonflikts ihre Nichtanwendbarkeit begründet. Andererseits darf das materielle Schutzanliegen der Vorschrift des § 181 bei der Festlegung ihrer Reichweite nicht aus den Augen geraten. Ihm gebührt gegenüber dem formalen Ordnungszweck dann der Vorrang, wenn sich anhand abstrakter Kriterien typisierbare Fallkonstellationen beschreiben lassen, in denen eine Interessenkollision trotz Erfüllung der Tatbestandsmerkmale des § 181 ausscheidet bzw. umgekehrt eine solche – obwohl vom Wortlaut nicht erfasst – gegeben ist. Ein solches Verständnis eröffnet hier – in sehr überschaubaren Grenzen – Spielräume für eine teleologische Reduktion bzw. analoge Anwendung der Vorschrift des § 181.

B. Regelungsgehalt

I. Anwendungsbereich

1. Persönlicher Anwendungsbereich. In persönlicher Hinsicht erfasst § 181 sowohl die Insichgeschäfte **9** der rechtsgeschäftlich **Bevollmächtigten** als auch der **gesetzlichen Vertreter**.[13] Die Vorschrift ist auch auf den Vertreter ohne Vertretungsmacht anzuwenden,[14] → Rn. 52. Für den Vormund als gesetzlichen Vertreter ergibt sich dies aus § 1795 Abs. 2, für die Eltern aus § 1629 Abs. 2 S. 1. Dies bedeutet zB, dass ein Vormund bei der Erbauseinandersetzung die rechtsgeschäftliche Einigung zweier ihm unterstellter Mündel miteinander nicht erklären kann[15] oder beim Abschluss eines Gesellschaftsvertrages für mehrere Mündel handeln kann. Ist ein Elternteil von der Vertretung nach § 181 ausgeschlossen, so ergibt sich aus dem Prinzip der Gesamtvertretung beider Elternteile (§ 1629 Abs. 1), dass dann auch der andere Elternteil ausgeschlossen ist. Dieser erlangt nicht etwa Alleinvertretungsmacht.[16] In der Praxis bedeutet das, dass ein Ergänzungspfleger zu bestellen ist. Zu der Frage, inwieweit eine Befreiung möglich ist, → Rn. 42.

Einigkeit besteht ferner dahin gehend, dass § 181 einen allgemeinen Rechtsgedanken enthält, der nicht nur **10** für den gewillkürten und den gesetzlichen Stellvertreter gilt, sondern in gleicher Weise auch das rechtsgeschäftliche Handeln der **Organvertreter einer juristischen Person oder einer Personengesellschaft** beschränkt.[17] Damit kann der Vorstand einer AG nicht mit sich selbst Geschäfte abschließen, wie sich auch bereits aus § 113 AktG ergibt.[18] Zur Frage der Anwendbarkeit des § 181 auf das Handeln des **Alleingesellschafters einer GmbH** → Rn. 24 ff. Die Beschränkung der Vertretungsmacht durch § 181 gilt schließlich auch für die **Organe juristischer Personen des öffentlichen Rechts**, wenn sie privatrechtliche Rechtsgeschäfte vornehmen.[19]

---

11 Staudinger/*Schilken* BGB § 181 Rn. 7; *Bork* BGB AT Rn. 1592.
12 BGHZ 56, 97, 102 f.; 59, 236, 239 f.; 77, 7, 9; mit unterschiedlichen Nuancierungen Staudinger/*Schilken* BGB § 181 Rn. 7; MüKoBGB/*Schubert* § 181 Rn. 6; BeckOGK/*Fröhler* BGB § 181 Rn. 25.1; Soergel/*Leptien* BGB § 181 Rn. 6; *Bork* BGB AT Rn. 1593; *Jäger*, Teleologische Reduktion des § 181 BGB, passim.
13 RGZ 71, 162; BGHZ 33, 189; 50, 8, 10 f.; BeckOK BGB/*Schäfer* § 181 Rn. 5; BeckOGK/*Fröhler* BGB § 181 Rn. 29.

14 Palandt/*Ellenberger* BGB § 181 Rn. 3 mit Nachweisen zur Rechtsprechung. *Benecke/Ehinger* MDR 2005, 1265 plädieren dafür, § 181 nicht auf den allseits vollmachtlosen Mehrvertreter anzuwenden.
15 BGHZ 21, 229.
16 BGH NJW 1972, 1708.
17 BGHZ 33, 189, 190; 56, 97, 101; BGH WM 1960, 803; kritisch aber *Hauschild* ZIP 2014, 954.
18 BGH WM 1960, 803.
19 BayObLG DJZ 1922, 699; Staudinger/*Schilken* BGB § 181 Rn. 19; MüKoBGB/*Schubert* § 181 Rn. 20; BeckOGK/*Fröhler* BGB § 181 Rn. 231; Soergel/*Leptien* BGB § 181 Rn. 24.

11   Auf den **Verwalter fremder Vermögen** ist § 181 ebenfalls anzuwenden. Dies betrifft vor allem die Insolvenz-, Nachlass-, Zwangsverwalter sowie die Testamentsvollstrecker.[20] Diese können daher grundsätzlich keine Rechtsgeschäfte mit sich selbst oder mit einem von ihm vertretenen Dritten im Namen des Trägers des verwalteten Vermögens abschließen, es sei denn eine der Ausnahmen des § 181 oder eine anderweitige ausdrückliche gesetzliche Gestattung läge vor. Zur Frage der Gestattung von Insichgeschäften beim Testamentsvollstrecker und Insolvenzverwalter → Rn. 43.

12   **2. Gegenständlicher Anwendungsbereich. Prozesshandlungen** sind keine bürgerlich-rechtlichen Rechtsgeschäfte, so dass § 181 hier keine unmittelbare Anwendung findet.[21] Maßgebend sind insoweit die Vorschriften und Grundsätze des Verfahrensrechts. Allerdings entspricht es einem allgemein anerkannten Grundsatz im Verfahrensrecht, dass niemand als Vertreter einer Partei mit sich selbst als Gegenpartei oder mit einer von ihm ebenfalls vertretenen Gegenpartei einen Rechtsstreit führen kann.[22] Im Ergebnis gilt der Rechtsgedanke des § 181 damit auch im Verfahrensrecht. In Verfahren der **Freiwilligen Gerichtsbarkeit** gilt dies nur bei echten Streitverfahren, in allen anderen Fällen handelt es sich um Beteiligte, nicht aber um Gegner in einem Verfahren.[23]

13   Beim Abschluss von **öffentlich-rechtlichen Verträgen** findet § 181 als Rechtsgrundsatz nach allgemeiner Meinung ebenfalls Anwendung.[24] Dies gilt sowohl für subordinations- als auch für koordinationsrechtliche Verträge. Keine Anwendung findet § 181 auf Verwaltungsakte.

II. Tatbestandliche Voraussetzungen der gesetzlichen Beschränkung der Vertretungsmacht

14   **1. Vorliegen eines Rechtsgeschäfts.** Der Tatbestand des Insichgeschäfts knüpft zunächst an das Vorliegen eines Rechtsgeschäfts an. Erfasst werden grundsätzlich alle Rechtsgeschäfte, bei denen eine Stellvertretung überhaupt zulässig ist. Darunter fallen also auch Rechtsgeschäfte auf dem Gebiet des **Familien-**[25] bzw. **Erbrechts**.[26]

15   Seinen Hauptanwendungsbereich hat § 181 im Bereich der **mehrseitigen Rechtsgeschäfte.** Dabei spielt es keine Rolle, ob es sich um ein **schuldrechtliches** oder um ein **dingliches** Geschäft handelt,[27] in beiden Fällen ist § 181 anwendbar. So ist es rechtlich zulässig, dass beide Parteien eines Grundstücksveräußerungsgeschäfts einen Dritten bevollmächtigen, für sie die Auflassungserklärungen abzugeben und in Empfang zu nehmen.[28] Auch im Bereich des **Wechselrechts** findet § 181 Anwendung. Eine wechselrechtliche Verpflichtungserklärung setzt stets einen Begebungsvertrag voraus; ein Vertreter, der einen Wechsel im eigenen Namen ausstellt und als Vertreter des Bezogenen akzeptiert, ist daran also durch § 181 gehindert. Allerdings kommt es hier stets auf eine genaue Prüfung dahin gehend an, zwischen welchen Beteiligten der Begebungsvertrag tatsächlich zustande kommt.[29] § 181 findet auch dann Anwendung, wenn ein und dieselbe Bank **Wertpapiere** einlöst und einzieht.[30]

16   Bei einem **zusammengesetzten Rechtsgeschäft** kommt es darauf an, ob der Wille der Beteiligten darauf gerichtet ist, dass die mehreren Akte eines zusammengesetzten Rechtsgeschäfts miteinander stehen und fallen sollen (Einheitlichkeitswille). Ist dies der Fall, so ist von der gesetzlichen Vertretung beim Rechtsgeschäft insgesamt ausgeschlossen, wer von der Vertretung auch nur bei einem Teil ausgeschlossen ist.[31] Dies hat der BGH beispielsweise für einen Erbteilsübertragungsvertrag angenommen, der in einem engen Zusammenhang mit der die Grundstücksverträge umfassenden Erbauseinandersetzung stand.[32]

17   Auch **einseitige Rechtsgeschäfte** können den gesetzlichen Beschränkungen des Insichgeschäfts unterfallen.[33] Der Anwendung des § 181 scheint zwar der Normtext entgegenzustehen, da in diesen Fällen ein

20   BGHZ 30, 67, 69 ff.; 108, 21, 24; 113, 262, 270; MüKoBGB/*Schubert* § 181 Rn. 58 f.

21   BGHZ 41, 104, 107; MüKoBGB/*Schubert* § 181 Rn. 21; BeckOGK/*Fröhler* BGB § 181 Rn. 274; Soergel/*Leptien* BGB § 181 Rn. 23.

22   RGZ 66, 240, 242 f.; BGH NJW 1996, 658; Soergel/*Leptien* BGB § 181 Rn. 23; Staudinger/*Schilken* BGB § 181 Rn. 27; *Rosenberg/Schwab/Gottwald* Zivilprozessrecht § 53 I 6.

23   BayObLG NJW 1962, 964; Staudinger/*Schilken* BGB § 181 Rn. 28; Erman/*Maier-Reimer* BGB § 181 Rn. 5.

24   Soergel/*Leptien* BGB § 181 Rn. 24; Staudinger/*Schilken* BGB § 181 Rn. 29; BeckOGK/*Fröhler* BGB § 181 Rn. 249; Erman/*Maier-Reimer* BGB § 181 Rn. 6.

25   RGZ 79, 282.

26   BGHZ 50, 10.

27   Staudinger/*Schilken* § 181 Rn. 11; Soergel/*Leptien* BGB § 181 Rn. 15 mit Beispielen.

28   LG Kassel DNotZ 1958, 429.

29   BGH WM 1978, 1002; MüKoBGB/*Schubert* § 181 Rn. 17; BeckOGK/*Fröhler* BGB § 181 Rn. 273; ausf. *Dittmann* NJW 1959, 1957.

30   BGHZ 26, 167, 171.

31   BGHZ 50, 8, 12; MüKoBGB/*Schubert* § 181 Rn. 19; BeckOGK/*Fröhler* BGB § 181 Rn. 248; Staudinger/*Schilken* BGB § 181 Rn. 12; aA *Häsemeyer* FamRZ 1968, 502.

32   BGHZ 50, 8, 12.

33   BGHZ 77, 7, 9; BGH NJW-RR 1991, 1441; OLG Frankfurt aM FGPrax 2007, 33; Soergel/*Leptien* BGB § 181 Rn. 16; Palandt/*Ellenberger* BGB § 181 Rn. 6; *Flume* BGB AT Bd. 2 § 48, 2, S. 812 ff.

Geschäft nicht „mit" sich vorgenommen wird, sondern nur sich selbst „gegenüber". Jedoch ist zu bedenken, dass sich auch der Vertragsschluss durch die Abgabe zweier Willenserklärungen, Angebot und Annahme, vollzieht, von denen jede einzelne anhand der Vorschrift des § 181 zu kontrollieren ist. Für eine empfangs- bedürftige Willenserklärung, die ebenfalls einen den Erklärungsempfänger betreffenden rechtlichen Erfolg herbeiführt, kann im Ergebnis nichts anderes gelten.[34] Dies betrifft Kündigung, Vollmachterteilung, Zustim- mung, Anfechtung, Löschungsbewilligung,[35] aber auch die Gestattung zum Selbstkontrahieren.[36] Es muss sich aber stets um eine **empfangsbedürftige Willenserklärung** handeln, da anderenfalls kein Vertreter zur Entgegennahme der Willenserklärung erforderlich ist.[37] Streng einseitige Rechtsgeschäfte sind daher ausge- nommen.[38]

Geschäftsähnliche Handlungen (zB Mahnung, Fristsetzung) sind in analoger Anwendung des § 181 eben- **18** falls den gesetzlichen Beschränkungen des Insichgeschäfts zu unterwerfen, ist die Interessenlage (insbeson- dere die Gefahr von Interessenkollisionen) mit derjenigen bei Rechtsgeschäften doch durchaus vergleich- bar.[39]

2. Auftreten des Vertreters auf beiden Seiten – Personenidentität. Sodann ist Voraussetzung, dass **19** das Rechtsgeschäft ein **Insichgeschäft** darstellt. Kennzeichnend hierfür ist, dass Personenidentität gegeben ist, der Vertreter also auf beiden Seiten des Rechtsgeschäfts steht und dabei zumindest einmal als Vertreter auftritt. Dies kann in der Form geschehen, dass der Vertreter das Rechtsgeschäft für den von ihm Vertrete- nen mit sich selbst auf der anderen Seite abschließt (**Selbstkontrahieren**). Personenidentität liegt aber auch dann vor, wenn die handelnde Person auf beiden Seiten als Vertreter je zwei verschiedener Parteien fungiert (**Mehrvertretung**). Fehlt es an der für das Insichgeschäft notwendigen Personenidentität, so ist der Tatbe- stand des § 181 nicht erfüllt. Nicht erfasst werden demgemäß solche Geschäfte, bei denen der Vertreter sowohl im eigenen Namen als auch im Namen des Vertretenen auf **derselben Seite** des Rechtsgeschäftes auftritt und nicht zugleich rechtsgeschäftliche Rechtsfolgen zwischen dem Vertretenen und dem Vertreter begründet werden.[40] Selbiges gilt für den Fall, dass ein und derselbe Vertreter bei einem Rechtsgeschäft mit einem Dritten mehrere Vertretene gemeinschaftlich vertritt.[41] In diesen Fällen besteht keine Interessenkolli- sion, da die Interessen des Vertreters und des Vertretenen gleichlaufend sind.

Liegt eine **Gesamtvertretung** vor (→ § 167 Rn. 54), so ist § 181 erfüllt, wenn jemand auf einer Seite des **20** Geschäfts als Gesamtvertreter, auf der anderen für sich oder als Einzelvertreter tätig wird.[42] Zulässig ist es jedoch, dass ein Gesamtvertreter den anderen ermächtigt, als Alleinvertreter ein Rechtsgeschäft zwischen ihm und der vertretenen Person vorzunehmen, fehlt es doch hier wiederum an der erforderlichen Personen- identität.[43] Praktisch bedeutsam wird dies im Gesellschaftsrecht. Der BGH hat hierzu ausgeführt, dass die organschaftliche Gesamtvertretungsmacht eines Geschäftsführers durch eine Ermächtigung nach den ein- schlägigen gesellschaftsrechtlichen Sondervorschriften (§§ 125 Abs. 2 S. 2, 150 Abs. 1 S. 2 HGB; § 78 Abs. 4 AktG; § 25 Abs. 3 GenG) für den darin bestimmten Geschäftsbereich zur Alleinvertretungsmacht erstarke. Der in diesem Rahmen tätige Gesamtvertreter handele also auch insoweit als Gesellschaftsorgan und nicht als Bevollmächtigter. Denn niemand könne in demselben Bereich gleichzeitig gesetzliche und gewillkürte Vertretungsmacht innehaben; die gesetzliche Vertretungsmacht, die daraus fließende Verantwor- tung und die Haftung der Gesellschaft für organschaftliches Handeln seien unteilbar.[44] Hingegen ist es nicht angängig, die gegen § 181 verstoßende Mitwirkung eines Gesamtvertreters in eine zulässige Ermächtigung des anderen zur Alleinvertretung umzudeuten.[45] Besonderheiten gelten insoweit nach § 35 Abs. 4 GmbHG für den geschäftsführenden Alleingesellschafter einer GmbH (→ Rn. 24 ff.).

III. Einschränkung des Tatbestandes

Wie bereits eingangs ausgeführt, beruht die in § 181 angeordnete Beschränkung der Vertretungsmacht auf **21** der abstrakten Befürchtung, der Vertreter könnte die Interessen des Vertretenen bzw. eines Vertretenen bei

---

34 MüKoBGB/*Schubert* § 181 Rn. 16; BeckOGK/*Fröh- ler* BGB § 181 Rn. 250; Soergel/*Leptien* BGB § 181 Rn. 16.
35 BGHZ 77, 7, 9.
36 BGHZ 58, 115, 118.
37 Soergel/*Leptien* BGB § 181 Rn. 17; Erman/*Maier- Reimer* BGB § 181 Rn. 7.
38 BayObLGZ 53, 266, 267; Soergel/*Leptien* BGB § 181 Rn. 17 mit Beispielen.
39 BGHZ 47, 352, 357; Soergel/*Leptien* BGB § 181 Rn. 16; MüKoBGB/*Schubert* § 181 Rn. 16; BeckOGK/*Fröhler* BGB § 181 Rn. 256; Staudinger/ *Schilken* BGB § 181 Rn. 14.

40 RG WarnR 1912 Nr. 399; RGZ 127, 103, 105; OLG Düsseldorf NJW 1985, 390.
41 BGHZ 50, 8, 10.
42 RGZ 89, 367, 373; Soergel/*Leptien* BGB § 181 Rn. 12.
43 BGHZ 64, 72, 74 f.; Staudinger/*Schilken* BGB § 181 Rn. 17; MüKoBGB/*Schubert* § 181 Rn. 12; BeckOGK/*Fröhler* BGB § 181 Rn. 65; Soergel/*Lep- tien* BGB § 181 Rn. 13; für die analoge Anwendung des § 181 hingegen Erman/*Maier-Reimer* BGB § 181 Rn. 12; *Reinicke* NJW 1975, 1185; *Plander* DB 1976, 1493.
44 BGHZ 64, 72, 75.
45 BGH NJW 1992, 618.

der Vornahme eines Insichgeschäfts aus den Augen verlieren. Diese gesetzgeberische Erwägung rechtfertigt es zwar nicht, von einem erlaubten Insichgeschäft schon dann auszugehen, wenn es im konkreten Fall an einer Interessenkollision fehlt (→ Rn. 7). Wohl aber ist dem BGH zuzustimmen, wenn er im Wege der teleologischen Reduktion Fallgruppen aus dem Anwendungsbereich herausnimmt, wenn „für einen ganzen, in sich abgegrenzten Rechtsbereich … nach der Rechts- und Interessenlage, wie sie dort typischerweise besteht, die Zielsetzung des § 181 niemals zum Zuge kommen kann".[46] Denn auf solche Weise wird – so mit Recht der BGH – „die Wirksamkeit des Insichgeschäfts nicht von einem Moment abhängig gemacht, welches durch seine Unbestimmtheit und durch die Unerkennbarkeit für Dritte die Verkehrssicherheit gefährde' (Prot. I 174, 175), sondern der Anwendungsbereich des § 181 nach einem objektiven und einwandfrei feststellbaren Merkmal für eine in sich geschlossene Fallgruppe generell beschränkt".[47]

22 **1. Geschäfte mit lediglich rechtlichem Vorteil für den Vertretenen.** Eine solche typische Fallgruppe, bei der es losgelöst vom konkreten Einzelfall zu keiner Interessenkollision in der Person des Vertreters kommen kann, bilden solche Insichgeschäfte, die für den Vertretenen lediglich rechtlich vorteilhaft sind. Eine Unsicherheit des Rechtsverkehrs besteht hier aufgrund der abstrakt-generell fassbaren Ausnahmesituation und des offenkundigen Fehlens einer Benachteiligungsgefahr nicht.[48] In diesem Falle bedarf es einer teleologischen Reduktion des § 181, die sich aus einer Wechselwirkung zwischen § 107 und § 181 rechtfertigt.[49] Zu der Frage, wann ein lediglich rechtlich vorteilhaftes Geschäft vorliegt, kann auf die Grundsätze, die zu § 107 entwickelt wurden, zurückgegriffen werden (→ § 107 Rn. 5 ff.). Bewertungsunsicherheiten in dieser Frage sind kein entscheidendes Argument gegen die hier befürwortete teleologische Reduktion, mutet sie das Gesetz im Rahmen des § 107 dem Rechtsverkehr doch ebenfalls zu.

23 Diese teleologische Reduktion erlaubt es vor allem, dass **Eltern** ihren **geschäftsunfähigen Kindern** eine Schenkung antragen und zugleich für die Kinder die Annahme erklären. Eine Besonderheit ist in diesen Fällen jedoch zu beachten, wenn die Annahme des schuldrechtlichen Schenkungsversprechens an sich rechtlich vorteilhaft ist und es sich deshalb bei der Erfüllung des Schenkungsvertrages nunmehr um die Erfüllung einer Verbindlichkeit handelt, die grundsätzlich unbeschadet von § 181 BGB erfolgen kann. Kritisch ist dies vor allem dann, wenn den Minderjährigen privatrechtliche Pflichten treffen, zB durch das Wohnungseigentumsgesetz,[50] § 566[51] oder die Belastung des Grundstückes mit einem Nießbrauch.[52]

Die frühere Rechtsprechung und Teile der Literatur favorisierten zum Schutz des Minderjährigen eine Gesamtbetrachtung des schuldrechtlichen und dinglichen Geschäfts; bei der Beurteilung der Schenkung als lediglich vorteilhaftes Rechtsgeschäft sollte auch das dingliche Geschäft mit berücksichtigt werden.[53] Die neuere Rechtsprechung und die überwiegende Literatur wollen hingegen das Verpflichtungsgeschäft in seiner Wirksamkeit unberührt lassen und den Minderjährigenschutz über eine teleologische Reduktion der Ausnahme des § 181 letzter Hs. gewährleisten.[54] In der Tat sprach gegen die Gesamtbetrachtungslehre, dass sie die im BGB strikt durchgeführte Trennung von Verpflichtungs- und Verfügungsgeschäft missachtete. Zu Recht betont der BGH nunmehr, dass eine „isolierte Betrachtung allein des dinglichen Erwerbsgeschäfts" geboten sei.[55] Eine teleologische Reduktion soll hingegen nicht vorgenommen werden, wenn es sich um die Erfüllung einer gesetzlichen Verbindlichkeit (zB Vermächtnis zugunsten eines Minderjährigen) handele.[56]

24 **2. Einmann-GmbH.** Von besonderer Bedeutung war lange Zeit die Frage, ob eine teleologische Reduktion auch für Insichgeschäfte vorzunehmen ist, die der Alleingesellschafter und Geschäftsführer einer GmbH mit sich selbst abschließt. Der BGH plädierte dafür, diese Fallkonstellation nicht unter § 181 zu subsumieren, da bei der Einmann-GmbH die Willensbildung der Gesellschaft mit der des Gesellschafters zusammenfalle und sich ungeachtet ihrer rechtlichen Selbständigkeit auch die Interessen der Gesellschaft mit denen des Gesellschafters deckten.[57]

---

46 BGHZ 56, 97, 102 f.
47 BGHZ 56, 97, 103.
48 Soergel/*Leptien* BGB § 181 Rn. 27.
49 So die ganz hM in Anschluss an BGHZ 59, 236; 94, 232, 235; BGH NJW 1989, 2542 (2543); BeckRS 2017, 125134 Rn. 17; vgl. MüKoBGB/*Schubert* § 181 Rn. 32; BeckOGK/*Fröhler* BGB § 181 Rn. 323; Soergel/*Leptien* BGB § 181 Rn. 27; Staudinger/*Schilken* BGB § 181 Rn. 32; Palandt/*Ellenberger* BGB § 181 Rn. 9; *Wolf/Neuner* BGB AT § 49 Rn. 117; aA *Pawlowski* BGB AT Rn. 794 ff.
50 BGH NJW 2010, 3643.
51 BayObLG DNotZ 2003, 711.
52 BayObLG ZEV 2003, 209.
53 BGHZ 78, 28; Palandt/*Ellenberger* BGB § 181 Rn. 22; MüKoBGB/*Spickhoff* § 107 Rn. 45 ff.; BeckOK BGB/*Schäfer* § 181 Rn. 41.

54 BGHZ 187, 119 ff. = NJW 2010, 3643 ff.; *Jauernig* JuS 1982, 576 (577); Staudinger/*Schilken* BGB § 181 Rn. 62 a; MüKoBGB/*Schubert* § 181 Rn. 97 f.; BeckOGK/*Fröhler* BGB § 181 Rn. 324; Erman/*Müller* § 107 Rn. 5; noch offengelassen von BGHZ 161, 170 ff. = NJW 2005, 415 ff.; aA *Lobinger* AcP 213 (2013), 366, 376 ff., der die Problemlösung in den – allerdings doch eher lückenhaften – familienrechtlichen Beschränkungen sucht.
55 BGH NJW 2010, 3643.
56 OLG München NJW-RR 2012, 137 (138); *Sonnenfeld* Rpfleger 2011, 475 (477); *Zorn* FamRZ 2011, 776 (778); aA Staudinger/*Schilken* BGB § 181 Rn. 62 a; *Jänicke/Braun* NJW 2013, 2474 ff.
57 BGHZ 56, 97; zum Ganzen *Altmeppen* DB 2000, 657.

Mit der GmbH-Novelle von 1980[58] hat der Gesetzgeber dieser Rechtsprechung den Boden entzogen. **25** Gemäß **§ 35 Abs. 3 GmbHG**[59] ist in den Fällen, in denen sich alle Geschäftsanteile in der Hand eines Gesellschafters befinden und dieser zugleich alleiniger Geschäftsführer ist, die Vorschrift des § 181 auf seine Rechtsgeschäfte mit der Gesellschaft anzuwenden. Darüber hinaus muss § 181 – obwohl vom Wortlaut des § 35 Abs. 3 GmbHG nicht erfasst – auch auf die Fälle Anwendung finden, in denen der Alleingesellschafter einer von mehreren Geschäftsführern ist und in Einzel- oder Gesamtvertretung für die GmbH mit sich ein Rechtsgeschäft abschließt.[60] Schließlich wird man es anders als im Recht der Personengesellschaft (→ Rn. 28) als ein unter § 181 fallendes Insichgeschäft zu bewerten haben, wenn der Alleingeschäftsführer einer GmbH den zweiten (gesamtvertretungsberechtigten) Geschäftsführer zur Alleinvertretung ermächtigt und durch ihn ein Geschäft mit der Gesellschaft abzuschließen sucht.[61] Nur durch diese lückenschließende Interpretation wird der gesetzgeberischen Konzeption, wie sie sich aus § 35 Abs. 3 GmbHG ergibt, Genüge getan. Die GmbH-rechtliche Sondervorschrift gilt auch für den Fall der Mehrvertretung.[62]

Eine **Befreiung des Geschäftsführers** von diesem Verbot ist nur dadurch zu erreichen, dass in die **Satzung** **26** **der GmbH** eine entsprechende Klausel aufgenommen wird, wonach dem Geschäftsführer Insichgeschäfte erlaubt sind.[63] Die Befreiung bedarf gem. § 10 Abs. 1 S. 2 GmbHG der Eintragung in das Handelsregister.[64] Ausreichend ist es aber auch, wenn der Gesellschaftsvertrag nur eine Ermächtigung erhält, dass eine Befreiung von § 181 durch einfachen Ausführungsbeschluss erteilt werden kann.[65] In der **Praxis** empfiehlt sich die Aufnahme folgender Klausel: „Der Geschäftsführer ist von den Beschränkungen des § 181 BGB befreit." Nicht erforderlich ist, dass der Geschäftsführer konkret benannt wird.[66]

Die Befreiung von den Beschränkungen des § 181, die einem Geschäftsführer einer **mehrgliedrigen** **27** **GmbH** – sei es unmittelbar durch den Gesellschaftsvertrag, sei es aufgrund einer darin enthaltenen Ermächtigung durch Beschluss der Gesellschafterversammlung – erteilt worden ist, bleibt auch dann bestehen, wenn sich die GmbH später **in eine Einmann-Gesellschaft verwandelt**, deren Geschäftsführer mit dem einzigen Gesellschafter personengleich ist. Das Ausscheiden des einzigen Mitgesellschafters und die Vereinigung sämtlicher Geschäftsanteile in einer Hand lässt die Identität der Gesellschaft unberührt. Ebenso wenig erfahren dadurch Inhalt und Umfang der bisherigen Vertretungsmacht ihres Geschäftsführers einschließlich der ihm erteilten Befreiung von § 181 eine rechtliche Änderung. Der rechtliche Inhalt seiner Vertretungsmacht besteht in der letztgenannten Beziehung vorher wie nachher darin, dass er die Gesellschaft auch beim Abschluss von Rechtsgeschäften mit sich selbst oder als Vertreter eines Dritten vertreten kann.[67] Schließlich ist darauf hinzuweisen, dass der Alleingesellschafter-Geschäftsführer auch dann wirksam von den Beschränkungen des § 181 befreit ist, wenn die Befreiung nach Abschluss von Insichgeschäften in der Satzung geregelt und im Handelsregister eingetragen wird. Die Insichgeschäfte sind dann als nachträglich genehmigt anzusehen.[68]

3. Gesellschaftsrechtliche Beschlüsse. Nach der Rechtsprechung des BGH kann der Gesellschafter **28** einer Kapitalgesellschaft ebenso wie derjenige einer Personengesellschaft an Gesellschafterbeschlüssen in weitem Umfang zugleich im eigenen Namen und als Vertreter eines anderen Gesellschafters mitwirken, ohne hieran durch § 181 gehindert zu sein.[69] Diese weitgehende Verdrängung des § 181 im Hinblick auf Beschlüsse zur Willensbildung innerhalb einer Gesellschaft ist nur zum Teil gerechtfertigt.[70] Zu widersprechen ist insbesondere der These, Beschlüsse zur Willensbildung innerhalb einer juristischen Person oder einer Personengesellschaft würden generell nicht vom Tatbestand des § 181 erfasst.[71] Demgegenüber ist festzuhalten, dass auch die Stimmabgabe im Rahmen der Beschlussfassung eine Willenserklärung ist; der Beschluss wiederum, in den die Willenserklärungen eingehen, stellt ein mehrseitiges Rechtsgeschäft dar,

---

58 GmbH-Rechts-Änderungsgesetz vom 4.7.1980 (BGBl. I S. 836).
59 Früher § 35 Abs. 4 GmbHG.
60 Soergel/*Leptien* BGB § 181 Rn. 26; MüKoBGB/*Schubert* § 181 Rn. 33; BeckOGK/*Fröhler* BGB § 181 Rn. 165.
61 MüKoBGB/*Schubert* § 181 Rn. 34; BeckOGK/*Fröhler* BGB § 181 Rn. 165; Soergel/*Leptien* BGB § 181 Rn. 26; Scholz/*Schneider/Schneider* GmbHG § 35 Rn. 158.
62 Staudinger/*Schilken* BGB § 181 Rn. 20; MüKoBGB/*Schubert* § 181 Rn. 33 f.; BeckOGK/*Fröhler* BGB § 181 Rn. 165.
63 BGHZ 87, 59; krit. *Altmeppen* NJW 1995, 1182 (1185 f.); *Altmeppen* NZG 2013, 401 ff.

64 BGHZ 87, 59, 61; BGH NJW 2000, 664 (665); BFH NJW 1997, 1031; aA *Altmeppen* NZG 2013, 401 (409).
65 BayObLG DB 1984, 1517; OLG Hamm BB 1998, 1328; MüKoBGB/*Schubert* § 181 Rn. 33.
66 BGH DStR 2000, 697.
67 BGHZ 114, 167, 170 f.; anders zuvor BayObLG WM 1987, 982 (983) und BayObLGZ 1989, 375.
68 BFH NJW 1997, 1031.
69 Vgl. insbes. BGHZ 52, 316 und 33, 189, 191.
70 Wie hier krit. Staudinger/*Schilken* BGB § 181 Rn. 24; MüKoBGB/*Schubert* § 181 Rn. 18; Soergel/*Leptien* BGB § 181 Rn. 21; *Blomeyer* NJW 1969, 127.
71 BGHZ 52, 316, 318; 33, 189, 191.

dem auch nicht etwa per se die Gegenseite fehlt.[72] Auf der Basis der grundsätzlichen Anwendbarkeit des § 181 ist dann wie folgt zu differenzieren:

29 Auf Beschlüsse, die sich nicht lediglich auf die laufende Geschäftsführung beziehen, sondern **grundlegenden Charakter** haben, muss § 181 uneingeschränkt Anwendung finden.[73] Interessenkollisionen durch das mehrseitige Auftreten eines Gesellschafters sind hier nicht ausgeschlossen und nur so kann sichergestellt werden, dass jeder Gesellschafter selbstständig und eigenverantwortlich abstimmt. § 181 gilt somit beispielsweise für den Beschluss über die Änderung des Gesellschaftsvertrages bzw. der Satzung,[74] über die Auflösung der Gesellschaft[75] sowie über die Bestellung eines Geschäftsführers.[76]

30 Bei **Beschlüssen im Rahmen der laufenden Geschäftsführung** kommt der Schutzzweck des § 181 im Allgemeinen nicht zum Tragen, da hier das gleichgerichtete Interesse der Gesellschafter an der Erreichung des Gesellschaftszwecks dominiert. Ist aber ein typischer Widerstreit der persönlichen Interessen in der von § 181 vorausgesetzten Intensität regelmäßig nicht gegeben, ist eine Zurücknahme des in § 181 statuierten Vertretungshindernisses im Wege der teleologischen Reduktion geboten.[77]

31 Im Übrigen sind im Gesellschaftsrecht einige **Sondervorschriften** zu beachten. Für Beschlüsse der Hauptversammlung einer Aktiengesellschaft ist der Anwendung des § 181 durch § 135 AktG weitgehend der Boden entzogen. Ferner sind die Stimmrechtsverbote von § 34 BGB, § 136 Abs. 1 AktG, § 47 Abs. 4 GmbHG und § 43 Abs. 5 GenG als *leges speciales* gegenüber § 181 anzusehen.[78]

IV. Erweiterung des Tatbestandes

32 **1. Allgemeines.** In einigen wenigen Fallkonstellationen bedarf der Tatbestand des § 181 im Hinblick auf den Normzweck einer Extension, die sich methodisch im Wege der Analogie erreichen lässt. Es handelt sich um Konstellationen, die zwar die nach dem Tatbestand des § 181 notwendige Personenidentität nicht aufweisen, jedoch durch eine **typischerweise und offen zutage liegende Interessenkollision in der Person des mittelbar als Partei beteiligten Vertreters** gekennzeichnet sind und bei denen überdies eine hinreichende Nähe zu dem in § 181 beschriebenen Tatbestand besteht.[79] Auch hier muss sich die Erweiterung des Anwendungsbereichs anhand generell-abstrakt formulierbarer Kriterien beschreiben lassen. Keinesfalls ist es angängig, § 181 immer schon dann anzuwenden, wenn in concreto eine Interessenkollision zwischen Vertreter und Vertretenem gegeben ist.[80] Das Kriterium der Interessenkollision ist zu unbestimmt; der Gesetzgeber hat es mit Rücksicht auf die Rechtssicherheit mit Bedacht nicht zum Tatbestandsmerkmal des § 181 erhoben. Das Vertretungshindernis des § 181 greift daher beispielsweise nicht ein, wenn der Vertreter im Namen des Vertretenen eine Bürgschaft für eine eigene Schuld übernimmt.[81] Ferner greift es nicht bei der Bestellung einer dinglichen Sicherheit für eine Schuld des Vertreters zulasten des Vertretenen.[82] § 181 steht demnach auch nicht einer in Vertretung des Kontoinhabers vorgenommenen Überweisung auf ein Konto des Vertreters entgegen (zB Geldübertragung vom Konto des Kindes auf das Konto der Eltern auf Veranlassung der als gesetzliche Vertreter auftretenden Eltern).[83] Dem Schutzbedürfnis des Vertretenen kann hier und in ähnlichen Fällen unter den Voraussetzungen des Missbrauchs der Vertretungsmacht Rechnung getragen werden.

72   Staudinger/*Schilken* BGB § 181 Rn. 24; Soergel/*Leptien* BGB § 181 Rn. 21.
73   MüKoBGB/*Schubert* § 181 Rn. 37 f.; *Hadding* FS Merle 2010, S. 143, 149 f.; ausführlich dazu BeckOGK/*Fröhler* BGB § 181 Rn. 263 ff.
74   BGH NJW 1961, 724; 1976, 1538, 1539; 1989, 168, 169; anders BGHZ 33, 189, 191 für die Einmann-GmbH mit der Begründung, die Satzungsänderung sei, auch wenn vom Alleingesellschafter vorgenommen, ein Sozialakt und unterliege deshalb nicht dem § 181. Mit diesem Argument lehnt der BGH auch die Anwendung des § 47 Abs. 4 S. 2 Alt. 1 GmbHG auf „körperschaftliche Sozialakte" wie zB auf einen Beschluss über die Einforderung der Stammeinlage ab (BGH NJW 1991, 172 mwN).
75   AA BGHZ 52, 316, 318. Wie hier Staudinger/*Schilken* BGB § 181 Rn. 25; Soergel/*Leptien* BGB § 181 Rn. 21.
76   BGH NJW 1991, 691; kritisch *Schemmann* NZG 2008, 89.
77   BGHZ 65, 93, 98; Staudinger/*Schilken* BGB § 181 Rn. 25 f.; Palandt/*Ellenberger* BGB § 181 Rn. 11.

78   Staudinger/*Schilken* BGB § 181 Rn. 25; Soergel/*Leptien* BGB § 181 Rn. 22; *Wilhelm* JZ 1976, 674; *Hadding* FS Merle 2010, S. 143, 150 f.
79   MüKoBGB/*Schubert* § 181 Rn. 44. BeckOGK/*Fröhler* BGB § 181 Rn. 277.
80   BGHZ 91, 334 ff.; BGHZ 161, 15 ff. = NJW 2005, 664 (667).
81   MüKoBGB/*Schubert* § 181 Rn. 46; Palandt/*Ellenberger* BGB § 181 Rn. 14; *Wolf/Neuner* BGB AT § 49 Rn. 124; *Flume* BGB AT Bd. 2 § 48, 5, S. 819 f.; kein Bedürfnis für eine analoge Anwendung des § 181 besteht ferner im Falle eines Schuldübernahmevertrages nach § 414, den der Vertreter im Namen des Vertretenen (als Übernehmer) mit dem Gläubiger schließt; so zutr. Staudinger/*Schilken* BGB § 181 Rn. 43; Soergel/*Leptien* BGB § 181 Rn. 34; *Flume* BGB AT Bd. 2 § 48, 5, S. 819 f.; aA Erman/*Palm*, 12. Aufl. 2008, BGB § 181 Rn. 18.
82   BGHZ 161, 15 ff. = NJW 2005, 664 (667).
83   BGH NJW 2004, 2517; für analoge Anwendung des § 181 hingegen *Rein/Pfeiffer* BKR 2005, 142 ff.

2. Untervertretung. Der Normzweck des § 181 gebietet nach heute ganz hM eine **analoge Anwendung** 33
der Vorschrift auf den Fall, dass der Vertreter, dem die Vornahme von Insichgeschäften nicht gestattet ist,
für den Vertretenen einen weiteren Vertreter als **Untervertreter** bestellt und dann mit diesem kontrahiert.[84]
Zwar fehlt es infolge der Einschaltung eines Untervertreters an der vom Tatbestand des § 181 vorausgesetzten Personenidentität; doch läuft eine solche Konstruktion regelmäßig auf eine Umgehung des § 181 hinaus.
Die Gefahr, die kollidierenden Interessen eigennützig zu bewerten und die Interessen des Vertretenen hint-
anzustellen, wird durch die Einschaltung eines Untervertreters keineswegs beseitigt. Wertungsmäßig gleichzustellen ist dem der Fall, dass der Vertreter für sich selbst einen Vertreter bestellt und mit diesem in seiner
Eigenschaft als Vertreter das Rechtsgeschäft abschließt.[85] Nur wenn im Einzelfall eine Gefährdung des Vertretenen aufgrund einer unabhängigen Entscheidungsmacht des Substituten oder anderer Umstände nicht
vorliegt, kann die Anwendung des § 181 ausgeschlossen sein.[86] Ein solcher Sonderfall dürfte regelmäßig
bei einem **Prokuristen** vorliegen, da dieser nicht als Unterbevollmächtigter des Geschäftsführers anzusehen
ist, sondern seine Aufgaben in eigener Verantwortung wahrnimmt.[87]

3. Amtsempfangsbedürftige Willenserklärungen. In bestimmten Fällen überlässt das Gesetz dem 34
Erklärenden die Wahl, wem gegenüber er die betreffende Erklärung abgibt, gegenüber dem von der Erklärung Begünstigten oder gegenüber einer Behörde. Man denke beispielsweise an die Erklärung des Hypothekengläubigers, er gebe die Hypothek auf. Diese Erklärung kann er nach § 875 Abs. 1 S. 2 entweder gegenüber dem Grundbuchamt oder demjenigen gegenüber abgeben, zu dessen Gunsten sie erfolgt, also gegenüber dem Grundstückseigentümer. Ist der Grundstückseigentümer zugleich Vertreter des
Hypothekengläubigers, so ist er aufgrund des Vertretungshindernisses des § 181 nicht in der Lage, die
Hypothek durch Erklärung gegenüber sich selbst wirksam aufzugeben. Nicht anders darf im Ergebnis der
Fall beurteilt werden, dass der Grundstückseigentümer die Aufgabeerklärung in Vertretung des Hypothekengläubigers gegenüber dem Grundbuchamt abgibt. Sachlich ist hier der Grundstückseigentümer der
eigentliche Erklärungsempfänger. Dies rechtfertigt es auch hier, von einer streng formalen Auslegung des
§ 181 abzugehen und die Vorschrift analog anzuwenden.[88] Würde man hier anders entscheiden und § 181
mangels Personenidentität für unanwendbar erklären, so verlöre das Verbot des Insichgeschäfts bei der Aufgabe von Grundpfandrechten seine Bedeutung, da es dann ohne Weiteres durch eine Erklärung gegenüber
dem Grundbuchamt umgangen werden könnte.[89] Eine derartige Umgehungsgefahr besteht ferner bei den
§§ 876 S. 3, 880 Abs. 3, 1168 Abs. 2 S. 1, 1183 S. 2. Auch bei fehlendem Wahlrecht ist eine analoge
Anwendung des § 181 geboten, wenn eigentlich ein Dritter materiell betroffen ist. Dies ist namentlich bei
der **Anfechtung einer letztwilligen Verfügung** gegenüber dem Nachlassgericht der Fall, §§ 2079, 2081
Abs. 1;[90] nicht hingegen bei der Ausschlagung der Erbschaft nach § 1945.[91]

4. Auswahl unter mehreren privaten Adressaten. Schließlich gibt es einige Fälle, in denen eine Erklä- 35
rung wahlweise an verschiedene private Adressaten gerichtet werden kann (vgl. insbesondere § 182 Abs. 1).
So hatte sich bereits das RG mit dem Fall zu befassen, dass ein als Vorerbe eingesetzter gesetzlicher Vertreter eines minderjährigen Nacherben diesen bei der Zustimmung zu einer von ihm getroffenen Verfügung
vertreten und die Zustimmung nicht gegenüber sich selbst (Fall des § 181), sondern gegenüber dem durch
die Verfügung begünstigten Geschäftsgegner erklärt hatte.[92] Gegen eine Anwendung des § 181 spricht entscheidend, dass der Dritte nicht lediglich formeller, sondern auch materieller Adressat der Erklärung ist, so

84 BGH NJW 1991, 961 (962) (zuvor bereits BGHZ 64,
72, 74); BayObLG Rpfleger 1993, 441; KG NJW-RR
1999, 168; MüKoBGB/*Schubert* § 181 Rn. 47;
BeckOGK/*Fröhler* BGB § 181 Rn. 278; Staudinger/
Schilken BGB § 181 Rn. 36; Soergel/*Leptien* BGB
§ 181 Rn. 29; *Wolf/Neuner* BGB AT § 49 Rn. 123; im
Ergebnis auch *Flume* BGB AT Bd. 2 § 48, 4,
S. 816 ff.; anders noch die reichsgerichtliche Rspr.,
zuletzt RGZ 157, 24, 31 und *v. Tuhr* BGB AT Bd. 2/2
§ 84 VI S. 368.
85 OLG Hamm NJW 1982, 1105; MüKoBGB/*Schubert*
§ 181 Rn. 49; für unmittelbare Anwendung des § 181
Soergel/*Leptien* BGB § 181 Rn. 29.
86 RGRK/*Steffen* BGB § 181 Rn. 12.
87 BGHZ 91, 334; MüKoBGB/*Schubert* § 181 Rn. 48;
Wolf/Neuner BGB AT § 49 Rn. 125.

88 BGHZ 77, 7, 9 ff.; Soergel/*Leptien* BGB § 181
Rn. 30; BeckOGK/*Fröhler* BGB § 181 Rn. 295;
Erman/*Maier-Reimer* BGB § 181 Rn. 14; BeckOK
BGB/*Schäfer* § 181 Rn. 23; *Wolf/Neuner* BGB AT
§ 46 Rn. 122; vgl. OLG München FamRZ 2012,
1672 für die Löschung einer Auflassungsvormerkung.
89 BGHZ 77, 7, 10.
90 RGZ 143, 350; Soergel/*Leptien* BGB § 181 Rn. 30;
Erman/*Maier-Reimer* BGB § 181 Rn. 14; BeckOGK/
Fröhler BGB § 181 Rn. 298.
91 BayObLGZ 1983, 213 (220); Soergel/*Leptien* BGB
§ 181 Rn. 30; BeckOGK/*Fröhler* BGB § 181
Rn. 299; Palandt/*Ellenberger* BGB § 181 Rn. 13; aA
Buchholz NJW 1993, 1161.
92 RGZ 76, 89.

dass es an einem tatbestandlichen Anknüpfungspunkt für die analoge Anwendung des § 181 fehlt.[93] Dem Schutzbedürfnis des Vertretenen wird man in nicht wenigen Fällen anhand der Grundsätze über den Missbrauch der Vertretungsmacht Rechnung tragen können.[94]

V. Zulässige Insichgeschäfte

36 Die Anwendung des § 181 kann zum einen durch die im Gesetz selbst genannten Fälle ausgeschlossen sein, zum anderen aber auch dadurch, dass aufgrund des Regelungsgehalts der Vorschrift (→ Rn. 21 ff.) eine teleologische Reduktion vorzunehmen ist.

37 **1. Gestattung.** Ein Insichgeschäft kann nach § 181 ua dann vorgenommen werden, ist also zulässig, wenn es dem Vertreter gestattet ist. Eine solche Gestattung kann rechtsgeschäftlicher Natur sein; sie kann sich aber auch unmittelbar aus dem Gesetz ergeben.

38 **a) Rechtsgeschäftliche Gestattung.** Bei der rechtsgeschäftlichen Gestattung wird der Dispens von den Beschränkungen des § 181 durch eine **einseitige, empfangsbedürftige Willenserklärung** erteilt. Sie kann im Hinblick auf einen konkreten Einzelfall, bezogen auf eine bestimmte Gattung von Geschäften oder ganz allgemein erteilt werden. Wie die Bevollmächtigung selbst bedarf auch die rechtsgeschäftliche Gestattung grundsätzlich **keiner Form**.[95] Dies gilt auch für eine unter Befreiung von den Beschränkungen des § 181 erteilte Vollmacht zur Veräußerung oder zum Erwerb eines Grundstücks. Das Erfordernis notarieller Beurkundung nach § 311 b Abs. 1 ist hier nur dann zu beachten, wenn der Vertretene durch die Erteilung der Vollmacht rechtlich und tatsächlich in gleicher Weise gebunden wird wie durch die Vornahme des formbedürftigen Rechtsgeschäfts.[96] Die Gestattung von Insichgeschäften allein hat diesen Effekt nicht. Sie erweitert lediglich die dem Vertreter zukommende Vertretungsmacht.

39 Eine Gestattung kann auch durch **konkludentes Handeln** erfolgen,[97] wobei im bloßen Dulden des Selbstkontrahierens eine solche nicht vorliegt. Wird **Generalvollmacht, Prokura oder Handlungsvollmacht** erteilt, so liegt allein darin noch keine konkludente Befreiung von dem Verbot des § 181.[98] Die Erklärung des Vertretenen ist dabei, wie jede Willenserklärung, der Auslegung unter Berücksichtigung der Verkehrssitte fähig.[99]

40 **Zur Gestattung befugt** ist grundsätzlich allein der Vertretene – im Falle der Mehrvertretung die Vertretenen. Selbstredend kann der Vertreter die Gestattung nicht sich selbst gegenüber erklären. Ein Vertreter kann einen Unterbevollmächtigten nur dann vom Verbot des Selbstkontrahierens befreien, wenn er selbst davon befreit ist.[100] Die Gegenauffassung,[101] die eine Befreiung des Unterbevollmächtigten vom Verbot des § 181 insoweit für möglich hält, als der Vertreter zur Vornahme des Rechtsgeschäftes selbst in der Lage wäre, verkennt, dass durch § 181 nicht ein bestimmtes Geschäft, sondern bestimmte Umstände beim Abschluss des Geschäfts verhindert werden sollen. Liegt eine Gestattung nicht vor, wollte der Vertretene das Risiko eines potenziellen Interessenkonflikts generell nicht eingehen. Unerheblich ist dafür, ob der Vertreter das Geschäft selbst hätte abschließen können. Dies ist nur von Bedeutung für die Frage, ob der Vertreter das vom Unterbevollmächtigten abgeschlossene, in der Folge schwebend unwirksame Rechtsgeschäft genehmigen kann.[102] Während beim Unterbevollmächtigten der Interessenkonflikt potenziell vorhanden ist, liegt ein solcher beim Vertreter nicht vor. Dem Vertreter ist es nach Abschluss des Geschäfts durch den Unterbevollmächtigten möglich, unbeeinflusst zu beurteilen, ob das Geschäft den Interessen des Vertretenen genügt. Der Vertretene kann mithin ein Geschäft des Unterbevollmächtigten, welches nach § 181 schwebend

93 Umstr., wie hier: RGZ 76, 89, 92; OLG Hamm NJW 1965, 1489 (1490); DNotZ 2003, 635; auf dieser Linie auch BGH NJW 1985, 2409 (2410); Soergel/*Leptien* BGB § 181 Rn. 31; BeckOGK/*Fröhler* BGB § 181 Rn. 302; Palandt/*Ellenberger* BGB § 181 Rn. 8; Staudinger/*Schilken* BGB § 181 Rn. 41; offen gelassen von BayObLG NJW-RR 1995, 1032 (1033); für analoge Anwendung des § 181: Erman/*Palm*, 12. Aufl. 2008, BGB § 181 Rn. 17; *Flume* BGB AT Bd. 2 § 48, 2, S. 813 f.
94 Soergel/*Leptien* BGB § 181 Rn. 31; vgl. auch BGH NJW 1985, 2409.
95 BGH NJW 1979, 2306; BGHZ 13, 49 (zu § 15 GmbHG); MüKoBGB/*Schubert* BGB § 181 Rn. 75; BeckOGK/*Fröhler* BGB § 181 Rn. 347; Soergel/*Leptien* BGB § 181 Rn. 37.
96 Erman/*Maier-Reimer* BGB § 181 Rn. 27.

97 Soergel/*Leptien* BGB § 181 Rn. 38; Beispiel: Erteilung einer Auflassungsvollmacht durch beide Parteien in derselben Urkunde (KG JW 1937, 471; LG Kassel DNotZ 1958, 429 (431)).
98 KG JR 1952, 438; Palandt/*Ellenberger* BGB § 181 Rn. 17.
99 Vgl. mit Beispielen Staudinger/*Schilken* BGB § 181 Rn. 52.
100 BayObLG BB 1993, 746; Staudinger/*Schilken* BGB § 181 Rn. 49; MüKoBGB/*Schubert* § 181 Rn. 62; BeckOGK/*Fröhler* BGB § 181 Rn. 353; Soergel/*Leptien* BGB § 181 Rn. 36.
101 *Ising* NZG 2011, 841 mwN; *Maier-Reimer* FS Hellwig 2010, S. 205, 215 f.; zust. auch *Stenzel* GmbHR 2011, 1129 (1131); ähnlich KG BeckRS 2010, 29661; weitergehend für organschaftliche Vertretung *Schmidt-Ott* ZIP 2007, 943; LG München I NJW-RR 1989, 997.
102 So *Tebben* DNotZ 2005, 173 (178 f.) mwN.

unwirksam ist, genehmigen, wenn er das Geschäft selbst ohne Verstoß gegen § 181 hätte abschließen können.

Soll ein **Organ einer juristischen Person**[103] von der Beschränkung des § 181 befreit werden, so kann dies **41** entweder bereits in der Satzung geschehen oder später durch einen Beschluss des Bestellorgans erfolgen. Bestellorgan ist beim eingetragenen Verein die Mitgliederversammlung (§ 32), bei der GmbH die Gesellschafterversammlung. Dem Geschäftsführer einer GmbH kann eine generelle Befreiung von den Beschränkungen des § 181 allerdings nur eingeräumt werden, wenn eine solche Befreiung in der Satzung vorgesehen ist. Ein einfacher Gesellschafterbeschluss genügt nicht.[104] Die Befreiung vom Verbot des Selbstkontrahierens muss im Handelsregister gem. § 10 Abs. 1 S. 2 GmbHG eingetragen werden.[105] Die Eintragungspflicht ergibt sich daraus, dass die Befreiung zu einer Erweiterung der grundsätzlich durch § 181 eingeschränkten Vertretungsbefugnis führt. Die Eintragung muss in einer Weise erfolgen, dass sich ihre Voraussetzungen und ihr Eintritt allein dem Register entnehmen lassen, ohne dass es eines Rückgriffs auf außerhalb des Registers liegende Umstände bedarf. Darauf, ob die Befreiung von § 181 generell erteilt wird oder ob sie sich auf bestimmte Arten von Geschäften der GmbH bzw. auf die Vertretung gegenüber bestimmten Dritten beschränkt, kommt es für die Eintragungspflicht nicht an. Auch eine eingeschränkte Befreiung führt zur Erweiterung der kraft Gesetzes bestehenden Vertretungsmacht und begründet das Interesse Dritter an der entsprechenden Information. Die Eintragung hat in derartigen Fällen die beschränkte sachliche oder persönliche Reichweite der Befreiung zu umfassen.[106] Ausreichend ist es aber auch, wenn in der Satzung lediglich eine Ermächtigung für die Gesellschafterversammlung enthalten ist und diese später durch einfachen Gesellschafterbeschluss die Befreiung aussprechen kann.[107] Dieser kann auch außerhalb einer Gesellschafterversammlung durch schlüssiges Verhalten erfolgen.[108] In der **Praxis** empfiehlt es sich, in den Gesellschaftsvertrag folgende Ermächtigung aufzunehmen: „Die Gesellschafter können Geschäftsführer durch Beschluss allgemein oder im Einzelfall von den Beschränkungen des § 181 BGB befreien."[109] Wenn die Satzung lediglich eine Ermächtigung der Gesellschafterversammlung enthält, bedarf es keiner Eintragung ins Handelsregister.[110] Es empfiehlt sich jedoch, die Befreiung in jedem Fall in das Handelsregister eintragen zu lassen, da durch diese Eintragung die Wirkung des § 15 HGB ausgelöst wird.[111] Für die Aktiengesellschaft ist § 112 AktG zu beachten. Ausgeschlossen ist es, dass sich die Vertretungsorgane untereinander die Vornahme von Insichgeschäften gestatten.

Für die **Personenhandelsgesellschaften** gelten die vorstehenden Grundsätze entsprechend.[112] Handelt es **42** sich bei dem zur Vertretung berufenen Komplementär um eine Gesellschaft und ist nicht nur dieser selbst, sondern auch ihrem Vertretungsorgan in der Satzung der KG das Selbstkontrahieren gestattet worden, so kann auch diese zusätzliche Erweiterung der Vertretungsmacht des Geschäftsführers der Komplementärgesellschaft in Bezug auf die KG in das Handelsregister eingetragen werden.[113]

Im Falle der **gesetzlichen Vertretung** kann dem Vertreter das Selbstkontrahieren nicht unmittelbar durch **43** das Vormundschaftsgericht, sondern nur durch einen besonderen, hierfür bestellten Pfleger gestattet werden.[114] Zu Recht wird im Schrifttum darauf hingewiesen, dass dem Vormundschaftsgericht in erster Linie die Aufsicht obliegt und nicht die Rolle eines allgemeinen gesetzlichen Ersatzvertreters zufällt; auf § 1846 kann die Zuständigkeit des Vormundschaftsgerichts zur Genehmigung nicht gestützt werden.[115]

---

103 Zur englischen Limited vgl. OLG München NZG 2006, 512; OLG Frankfurt BeckRS 2008, 06063; OLG Hamm BB 2006, 2263; weiterführend *Wachter* NZG 2005, 338, *Willer/Krafka* NZG 2006, 495 und *Schall* NZG 2006, 54.
104 OLG Köln NJW 1993, 1018.
105 Zur Eintragungspflichtigkeit BGHZ 87, 59, 61; BGH NJW-RR 2004, 120; KG ZIP 2006, 2085 f.; Soergel/*Leptien* BGB § 181 Rn. 39; BeckOGK/*Fröhler* BGB § 181 Rn. 371; aA *Roth/Altmeppen*, 7. Aufl. 2012, GmbHG § 35 Rn. 76; *Blasche/König* NZG 2012, 812 (814 f.) Eine solche Befreiung gilt nicht für den Geschäftsführer als (geborenen) Liquidator, vgl. BayObLG DB 1985, 1521; GmbHR 1997, 176 (177); OLG Düsseldorf NJW-RR 1990, 51. Die in der Satzung enthaltene bloße Ermächtigung zur Befreiung soll hingegen im Zweifel auch für den Liquidator gelten, so BayObLG NJW-RR 1996, 611; OLG Zweibrücken NJW-RR 1999, 38; aA OLG Köln NZG 2016, 1314 (1315); kritisch dazu *Terner* DStR 2017, 160 (162). Keine Eintragung auch von Befrei-

ungen für Organe einer Ltd., OLG Frankfurt aM FGPrax 2008, 165.
106 OLG Stuttgart NZG 2008, 36.
107 BayObLG GmbHR 1982, 257.
108 BGH NJW 1976, 1539.
109 Vgl. auch BeckFormB BHW IX 1.
110 Soergel/*Leptien* BGB § 181 Rn. 39; BayObLG GmbHR 1982, 257.
111 BayObLG NZG 2000, 475.
112 Soergel/*Leptien* BGB § 181 Rn. 36.
113 OLG Frankfurt NZG 2006, 830 (831); BayObLG NJW-RR 2000, 562.
114 RGZ 71, 162, 165; BGHZ 21, 229, 234; Staudinger/*Schilken* BGB § 181 Rn. 57; MüKoBGB/*Schubert* § 181 Rn. 66; BeckOGK/*Fröhler* BGB § 181 Rn. 354; *Medicus/Petersen* BGB AT Rn. 957; anders (für Mehrvertretung) Soergel/*Leptien* BGB § 181 Rn. 42; *Enneccerus/Nipperdey* BGB AT Bd. 2/2 § 181 II 1 S. 1110 f.; *Wolf/Neuner* BGB AT § 46 Rn. 116.
115 Staudinger/*Schilken* BGB § 181 Rn. 47.

44 Nach der hier vertretenen Auffassung findet § 181 auch auf das Handeln privater Amtswalter Anwendung (→ Rn. 11). Damit wird aber auch die Frage der Gestattung bedeutsam. Für den **Testamentsvollstrecker** kann eine Befreiung von § 181 nur durch den Erblasser erfolgen.[116] Die Erben oder das Nachlassgericht können eine Gestattung nicht aussprechen. Eine Befreiung des **Insolvenzverwalters** kann nicht durch den Gemeinschuldner ausgesprochen werden, da es diesem aufgrund der Insolvenz an der Verfügungsbefugnis fehlt. Auch die Gläubiger sind nicht befugt, die Gestattung zu erklären.[117] Wohl aber wird man es genügen lassen, dass sich der Gemeinschuldner und seine Gläubiger einig sind, den Insolvenzverwalter vom Vertretungshindernis des § 181 zu befreien.[118] Ferner kann das Insolvenzgericht einen Sonderpfleger bestellen, der dann die Gestattung ausspricht.[119]

45 **b) Gesetzliche Gestattung.** Eine Gestattung kann sich auch direkt aus dem **Gesetz** ergeben. Eine solche gesetzliche Befreiung findet sich unter anderem in § 1009 BGB,[120] § 125 Abs. 2 S. 2 HGB, § 78 Abs. 4 AktG.

46 **2. Erfüllung einer Verbindlichkeit.** Gemäß § 181 ist ein Insichgeschäft auch dann zulässig, wenn das Rechtsgeschäft ausschließlich in der Erfüllung einer Verbindlichkeit besteht. Dies ist ohne Weiteres einsichtig, ist doch eine Interessenkollision nicht zu besorgen, wenn der durch das Rechtsgeschäft angestrebte Erfolg ohnehin geschuldet ist, also von Rechts wegen sowieso herbeigeführt werden müsste. Dabei kann es sich sowohl um Verbindlichkeiten des Vertreters gegenüber dem Vertretenen und umgekehrt als auch im Falle der Mehrvertretung des Vertretenen gegenüber dem anderen Vertretenen handeln. Ob die Verbindlichkeit auf Rechtsgeschäft oder Gesetz beruht, ist unerheblich.[121] Die Verbindlichkeit muss jedoch **vollwirksam, also fällig und einredefrei** sein.[122] Nicht ausreichend ist es, dass sie dies erst durch die Erfüllung wird, zB in den Fällen der §§ 518 Abs. 2, 311 b Abs. 1 S. 2. Erforderlich ist weiterhin, dass das Rechtsgeschäft ausschließlich der Erfüllung einer Verbindlichkeit dient. Dass infolge der Erfüllung neue Verbindlichkeiten entstehen, zB Gewährleistungsansprüche, steht der Zulässigkeit des Insichgeschäfts allerdings nicht entgegen.[123] Hinsichtlich der Frage, ob auch **Erfüllungssurrogate** erfasst werden, ist zu differenzieren. Eine Leistung an Erfüllung statt bzw. eine Leistung erfüllungshalber hat keine ausschließliche Erfüllungswirkung und fällt damit nicht unter die Erfüllung einer Verbindlichkeit.[124] Dagegen handelt es sich bei der Aufrechnung, soweit eine beiderseitige Aufrechnungslage besteht, um die reine Erfüllung einer Verbindlichkeit.[125] Auch bei der Hinterlegung mit Erfüllungswirkung handelt es sich um ein Erfüllungssurrogat, das von § 181 gedeckt ist.[126] Zu der aus Gründen des Schutzes beschränkt Geschäftsfähiger gebotenen **teleologischen Reduktion** bei **Schenkungen gegenüber Minderjährigen** (→ Rn. 23). Einzelne Vertreter in der Literatur möchten den Tatbestand auch in weiteren Fällen außerhalb des Minderjährigenrechts einschränken, wenn das Verfügungsgeschäft neben der Erfüllungswirkung weitere nachteilige Rechtwirkungen für den Vertretenen zeitigt.[127]

47 **3. Erkennbarkeit des zulässigen Insichgeschäftes.** Wird ein zulässiges Insichgeschäft vorgenommen, so passen auf diese Fälle die allgemeinen Regelungen der Rechtsgeschäftslehre nicht. Abgabe und Empfang der Willenserklärung vollziehen sich in ein und derselben Person, sind also nach außen nicht sichtbar. Daraus ergibt sich eine gewisse formelle Problematik, da es die Rechtssicherheit gebietet, dass ein Rechtsgeschäft nach außen sichtbar ist.[128] Allzu leicht würde sonst der Gläubiger durch unbemerkte Vermögensverschiebungen gefährdet werden. Bei einem bloß inneren Willensentschluss handelt es sich nicht um ein Rechtsgeschäft. Daraus folgt, dass auch ein Insichgeschäft stets eine Manifestation in der Außenwelt erfahren muss,[129] wobei es aber grundsätzlich ausreicht, dass die Vornahme des Insichgeschäfts „für einen mit den Verhältnissen Vertrauten erkennbar ist".[130] Eine derartige Erkennbarkeit ist bei **formbedürftigen Rechtsgeschäften** schon durch die notwendige Einhaltung der Form gewährleistet.

---

116 BGHZ 30, 67, 69 f.
117 So aber Erman/*Maier-Reimer* BGB § 181 Rn. 30.
118 Soergel/*Leptien* BGB § 181 Rn. 36; Staudinger/*Schilken* BGB § 181 Rn. 59.
119 Staudinger/*Schilken* BGB § 181 Rn. 59; Soergel/*Leptien* BGB § 181 Rn. 36.
120 AA BeckOK BGB/*Schäfer* § 181 Rn. 38.
121 Staudinger/*Schilken* BGB § 181 Rn. 61.
122 Palandt/*Ellenberger* BGB § 181 Rn. 22; BeckOGK/*Fröhler* BGB § 181 Rn. 306.
123 Staudinger/*Schilken* BGB § 181 Rn. 61.
124 Soergel/*Leptien* § 181 Rn. 43.
125 MüKoBGB/*Schubert* § 181 Rn. 95.

126 Zu weiteren Einzelfällen vgl. Soergel/*Leptien* BGB § 181 Rn. 44.
127 *Feller* DNotZ 1989, 66 (75 ff.); *Lobinger* AcP 213 (2013), 366, 396 ff.; zust. wohl auch Staudinger/*Schilken* BGB § 181 Rn. 62 a.
128 *Flume* BGB AT Bd. 2 § 48, 1.
129 BGH NJW 1962, 587 (589); 1991, 1730; OLG Düsseldorf NJW-RR 2000, 851 (853); Soergel/*Leptien* BGB § 181 Rn. 8; MüKoBGB/*Schubert* § 181 Rn. 100; BeckOGK/*Fröhler* BGB § 181 Rn. 481; Staudinger/*Schilken* BGB § 181 Rn. 64.
130 *Flume* BGB AT Bd. 2 § 48, 1, S. 810; MüKoBGB/*Schubert* § 181 Rn. 100.

Bei **Verfügungsgeschäften** müssen die Willenserklärungen für Dritte erkennbar in Erscheinung treten, dabei ist jede Art der Manifestation ausreichend.[131] Das Prinzip der Offenkundigkeit sachenrechtlicher Geschäfte ist dabei von besonderer Bedeutung. Daneben sind aber die Anforderungen zu beachten, die sich aus dem sachenrechtlichen Bestimmtheitsgrundsatz ergeben. Nach diesem sind die Objekte, über die verfügt wird, durch eine entsprechende Maßnahme, also zB Aussonderung oder Kennzeichnung, zu individualisieren.[132] **48**

Handelt es sich dagegen um ein **Verpflichtungsgeschäft**, sind an die Erkennbarkeit geringere Anforderungen zu stellen. In diesen Fällen ist es ausreichend, wenn sich die Vornahme aus späteren Maßnahmen, insbesondere der Erfüllungshandlung, ergibt.[133] **49**

VI. Rechtsfolgen unzulässiger Insichgeschäfte

1. Schwebende Unwirksamkeit. § 181 ordnet als Rechtsfolge an, dass der Vertreter das Rechtsgeschäft nicht vornehmen kann. Es handelt sich aber **nicht um ein Verbotsgesetz**, sondern um eine **gesetzliche Beschränkung der Vertretungsmacht**.[134] Ein unter Missachtung dieser Beschränkung gleichwohl vorgenommenes Rechtsgeschäft ist daher nicht nichtig,[135] sondern regelmäßig nur **schwebend unwirksam**.[136] Nur bei einseitigen Rechtsgeschäften hat der Verstoß gegen § 181 analog § 180 die Nichtigkeit zur Folge.[137] Die rückwirkende Genehmigung von Verträgen erfolgt in entsprechender Anwendung der §§ 177, 184.[138] Damit hat es der Vertretene selbst in der Hand, die Vorteile und Nachteile des Geschäftes abzuwägen und zu prüfen, ob er auf den Schutz des § 181 verzichten möchte. Der Vertreter, der einen Vertrag im eigenen Namen geschlossen hat, ist bis zur Erklärung des Vertretenen über die Genehmigung an den Vertrag gebunden. Eine Beendigung des Schwebezustandes kann der Vertreter über die Aufforderung nach § 177 Abs. 2 erreichen.[139] Ein **Widerruf** gemäß § 178 scheidet im Regelfall aus, da der Vertreter von dem Insichgeschäft und damit von der Begrenzung seiner Vertretungsmacht Kenntnis hat. Nur im Ausnahmefall ist ein Widerruf möglich, wenn der Vertreter die Rechtsfolgen des § 181 wegen Rechtsirrtums nicht gekannt hat.[140] **50**

Wurde von einer der Parteien in Unkenntnis des Schwebezustandes bereits eine **Leistung erbracht**, so kann diese – auch vor Verweigerung der Genehmigung – gemäß § 812 Abs. 1 S. 1 herausverlangt werden.[141] § 812 Abs. 1 S. 1 ist hingegen ausgeschlossen, wenn der Geschäftsführer der Komplementär-GmbH einen Anstellungsvertrag mit der KG abschließt, er aber nur im Verhältnis zur GmbH von dem Verbot des § 181 befreit ist und der Vertragsschluss deshalb nach § 181 grundsätzlich schwebend unwirksam ist, aber die Voraussetzungen nach den Grundsätzen des Anstellungsverhältnisses auf fehlerhafter Vertragsgrundlage vorliegen.[142] **51**

2. Genehmigung. Die Genehmigung kann nur **von dem Vertretenen** oder von dem (nicht am Insichgeschäft beteiligten) Vertreter[143] erteilt werden. Zur Frage, wer dies im Einzelfall ist, kann auf die Ausführungen zur Gestattung verwiesen werden (→ Rn. 37 ff.). Die Genehmigung kann auch durch schlüssiges Verhalten erklärt werden, zB durch Geltendmachung des vertraglichen Anspruchs. Allein im Zeitablauf liegt noch keine konkludente Genehmigung. Der Vertretene kann sich vielmehr zeitlich unbefristet auf die schwebende Unwirksamkeit berufen, eine Verwirkung soll nicht möglich sein.[144] Zurückhaltung ist hinsichtlich der Annahme einer konkludenten Genehmigung geboten, wenn der Vertreter zugleich als falsus procurator handelt und der Vertretene das Rechtsgeschäft nachträglich genehmigt; ob die Genehmigung auch die schwebende Unwirksamkeit nach § 181 überwinden soll, ist im Einzelfall durch Auslegung nach **52**

131 *Flume* BGB AT Bd. 2 § 48, 1, S. 810; Staudinger/
    Schilken BGB § 181 Rn. 65; BeckOGK/*Fröhler* BGB
    § 181 Rn. 486; Soergel/*Leptien* BGB § 181 Rn. 65.

132 Vgl. RGZ 116, 198, 202; MüKoBGB/*Schubert* § 181
    Rn. 103; BeckOK BGB/*Schäfer* § 181 Rn. 45.

133 Staudinger/*Schilken* BGB § 181 Rn. 67; MüKoBGB/
    Schubert § 181 Rn. 102 jeweils mwN aus der reichs-
    gerichtlichen Rspr.

134 MüKoBGB/*Schubert* § 181 Rn. 60; *Flume* BGB AT
    Bd. 2 § 48, 1, S. 811; *Bork* BGB AT Rn. 1600.

135 So nur die frühe Rspr. des RG (vgl. RGZ 51, 422,
    426).

136 BGHZ 65, 125; BGH NJW-RR 1994, 291; Soergel/
    Leptien BGB § 181 Rn. 45; BeckOGK/*Fröhler* BGB

§ 181 Rn. 440; Erman/*Maier-Reimer* BGB § 181
    Rn. 32.

137 BayObLG NJW-RR 2003, 663; Soergel/*Leptien*
    BGB § 181 Rn. 45.

138 So BGHZ 65, 123, 126.

139 MüKoBGB/*Schubert* § 181 Rn. 60.

140 MüKoBGB/*Schubert* § 181 Rn. 60.

141 BGHZ 65,123, 126 f.; Staudinger/*Schilken* BGB
    § 181 Rn. 46.

142 BGH NJW 1995, 1158; zur Unwirksamkeit einer
    später eigenmächtigen Gehaltserhöhung BGH
    NZG 2014, 780 mit Anm. *Höpfner* NZG 2014, 1174.

143 BGH NJW-RR 1994, 291 (293); BeckOGK/*Fröhler*
    BGB § 181 Rn. 448.

144 OLG München NJW 1968, 2109.

§§ 133, 157 zu beurteilen.[145] Liegt eine Mehrvertretung vor, so ist die Genehmigung aller Vertretenen notwendig.[146] Nach dem Tod des Vertretenen ist eine Genehmigung nur noch durch die Erben möglich.[147]

53 Im Falle der **gesetzlichen Vertretung** muss durch das Vormundschaftsgericht ein Pfleger bestellt werden, der dann das Rechtsgeschäft genehmigen kann.[148] Eine Genehmigung durch den nicht voll geschäftsfähigen Vertretenen ist nicht möglich, anders, wenn der Vertretene inzwischen voll geschäftsfähig geworden ist.

54 Die Erteilung der Genehmigung und ihre Verweigerung stellen eine privatautonome Entscheidung des Vertretenen dar. Eine **Pflicht zur Genehmigung** ist grundsätzlich abzulehnen. Lediglich in Ausnahmefällen kann sich die Verweigerung der Genehmigung als ein Verstoß gegen Treu und Glauben darstellen.[149]

C. Weitere praktische Hinweise

I. Beweislast

55 Die Unzulässigkeit des Insichgeschäfts ist die gesetzliche Regelfolge. Beruft sich eine der Parteien dennoch auf die **Wirksamkeit des Rechtsgeschäfts**, so trägt diese die Beweislast für die Voraussetzungen der Wirksamkeit, zB die vorherige Gestattung oder eine Genehmigung.[150] Will ein Testamentsvollstrecker den notwendigen Nachweis der Gestattung führen, genügt hierfür der Nachweis, dass sich das Rechtsgeschäft im Rahmen der ordnungsgemäßen Verwaltung des Nachlasses im Sinne des § 2216 gehalten hat.[151]

II. Gestaltungshinweise

56 Eine Befreiung von der Beschränkung des § 181 begründet stets auch ein erhöhtes Missbrauchspotenzial. Daher kann hierzu grundsätzlich nur bei Bestehen eines besonderen Vertrauensverhältnisses zwischen Vollmachtgeber und Bevollmächtigtem geraten werden.

57 Ob der Bevollmächtigte von der Beschränkung des § 181 befreit sein soll, kann zwar grundsätzlich auch im Wege der Auslegung ermittelt werden; vgl. auch bereits → Rn. 39.[152] Zur Vermeidung von Zweifeln sollte es bei der Gestaltung jedoch ausdrücklich erklärt werden.[153]

58 Bei Bedarf kann von den beiden Verboten des § 181 – dem Verbot von Insichgeschäften und dem Verbot der Mehrfachvertretung – insgesamt befreit werden: „Ich bevollmächtige [Name] unter Befreiung von den Beschränkungen des § 181 BGB […]"

59 Je nach Interesse des Mandanten kann es jedoch auch sinnvoll sein, zwischen den zwei Verboten bei der Gestaltung zu differenzieren: „Die Vollmacht schließt für den Bevollmächtigten dessen Befreiung von der Beschränkung des Insichgeschäftes, nicht jedoch von dem Verbot der Mehrfachvertretung des § 181 BGB, ein."

60 Erhält der Vertreter die Befugnis zur Unterbevollmächtigung, so sollte grundsätzlich zwischen der Befreiung des Haupt- und des Unterbevollmächtigten vom Verbot des § 181 unterschieden werden: „Ich bevollmächtige [Name] unter Befreiung von den Beschränkungen des § 181 BGB […] Der Bevollmächtigte ist berechtigt, […] Untervollmacht zu erteilen, dies jedoch nicht unter Befreiung von den Beschränkungen des § 181 BGB."

61 „Der Bevollmächtigte ist von den Beschränkungen des § 181 BGB befreit. Er ist berechtigt, Untervollmachten in demselben Umfang zu erteilen."

---

145 Näher dazu *Kannowski* FS Leipold 2009, S. 1083 ff.
146 OLG Düsseldorf DB 1999, 578; *Tebben* DNotZ 2005, 173; zur Genehmigung bei vollmachtloser Mehrvertretung *Benecke/Ehinger* MDR 2005, 1266 f.
147 OLG Hamm OLGZ 79, 44.
148 BGHZ 21, 229; RGZ 71, 162; Staudinger/*Schilken* BGB § 181 Rn. 47; MüKoBGB/*Schubert* § 181 Rn. 66; BeckOGK/*Fröhler* BGB § 181 Rn. 453 f.; *Bork* BGB AT Rn. 1600; für Zuständigkeit des Vormundschaftsgerichts bei Mehrvertretung hingegen Soergel/*Leptien* BGB § 181 Rn. 42; *Nipperdey* FS Raape 1948, S. 305 ff.; vgl. im Übrigen die Ausführungen zum Parallelproblem bei der Gestattung (Rn. 37 ff.).

149 RGZ 64, 366; 110, 214; Soergel/*Leptien* BGB § 181 Rn. 45.
150 BeckOK BGB/*Schäfer* § 181 Rn. 48; Erman/*Maier-Reimer* BGB § 181 Rn. 36; MüKoBGB/*Schubert* § 181 Rn. 105; BeckOGK/*Fröhler* BGB § 181 Rn. 487; Soergel/*Leptien* BGB § 181 Rn. 43, 46.
151 BGHZ 30, 68, 71; BeckOK BGB/*Schäfer* § 181 Rn. 46; Soergel/*Leptien* Rn. 32.
152 Vgl. OLG München DNotZ 1974, 229.
153 Zur Befreiung eines Geschäftsführers vgl. auch *Sandhaus* NJW-Spezial 19/2009, 607 f. (Musterprotokoll und Befreiung des Geschäftsführers von § 181 BGB).

Titel 6 Einwilligung und Genehmigung

§ 182 Zustimmung

(1) Hängt die Wirksamkeit eines Vertrags oder eines einseitigen Rechtsgeschäfts, das einem anderen gegenüber vorzunehmen ist, von der Zustimmung eines Dritten ab, so kann die Erteilung sowie die Verweigerung der Zustimmung sowohl dem einen als dem anderen Teil gegenüber erklärt werden.

(2) Die Zustimmung bedarf nicht der für das Rechtsgeschäft bestimmten Form.

(3) Wird ein einseitiges Rechtsgeschäft, dessen Wirksamkeit von der Zustimmung eines Dritten abhängt, mit Einwilligung des Dritten vorgenommen, so finden die Vorschriften des § 111 Satz 2, 3 entsprechende Anwendung.

Literatur: *Bayer*, Lebensversicherung, Minderjährigenschutz und Bereicherungsausgleich, VersR 1991, 129; *Berger*, Rechtsgeschäftliche Verfügungsbeschränkungen, 1998; *Böttcher*, Die Rückwirkung der Genehmigung von schwebend unwirksamen Verträgen (§ 184 BGB), ZRP 2010, 27; *Doris*, Die rechtsgeschäftliche Ermächtigung bei Vornahme von Verfügungs-, Verpflichtungs- und Erwerbsgeschäften, 1974; *Eickelmann*, Die Rückwirkung im System des Bürgerlichen Gesetzbuchs, 2017; *Einsele*, Formerfordernisse bei mehraktigen Rechtsgeschäften, DNotZ 1996, 835; *Finkenauer*, Rückwirkung der Genehmigung, Verfügungsmacht und Gutglaubensschutz, AcP 203 (2003), 282; *Hartmann/Atzpodien*, Zu den Auswirkungen stiftungsrechtlicher Genehmigungserfordernisse bei Rechtsgeschäften, in: FS H. Schippel (Hrsg. Bundesnotarkammer) 1996, S. 147; *Hattenhauer*, Einseitige private Rechtsgestaltung, 2011; *Jauernig*, Zeitliche Grenzen für die Genehmigung von Rechtsgeschäften eines falsus procurator, in: FS H. Niederländer (Hrsg. Erik Jayme, Adolf Laufs, Karlheinz Misera, Gert Reinhart, Rolf Serick) 1991, S. 285; *Kroppenberg*, Die so genannten Vorwirkungen von schwebend unwirksamen Verpflichtungsverträgen, WM 2001, 844; *Kuhn*, Vollmacht und Genehmigung beim Grundstückskaufvertrag, RNotZ 2001, 305; *K.W. Lange*, Rechtsgeschäftliche Vertragsübernahme und Insolvenz, ZIP 1999, 1373; *M. Lange*, Kündigungen durch einen Vertreter ohne Vertretungsmacht – Bedeutung der Rückwirkung der Genehmigung gemäß § 184 BGB, in: FG Otto Sandrock (Hrsg. Ernst C. Stiefel u.a.) 1995, S. 243; *Latzel*, Rückbewirkte Leistungsstörungen, AcP 216 (2016), 674; *Lorenz*, Die Rückwirkung der Genehmigung von schwebend unwirksamen Verträgen (§ 184 BGB), ZRP 2009, 214; *Merle*, Risiko und Schutz des Eigentümers bei Genehmigung der Verfügung eines Nichtberechtigten – Zur Zulässigkeit bedingter einseitiger Rechtsgeschäfte, AcP 183 (1983), 81; *Mertens*, Die Reichweite gesetzlicher Formvorschriften im BGB, JZ 2004, 431; *Noll*, Aktuelles Beratungs-Know-how Erbschaftsteuerrecht, DStR 2003, 968; *Nörr/Scheyhing/Pöggeler*, Sukzessionen. Forderungszession, Vertragsübernahme, Schuldübernahme, 2. Auflage 1999; *Reiter/Methner*, Unwirksamkeit einer „Treuhändervollmacht zur Entreicherung" – Anmerkung zu BGH 18.9.2001 – XI ZR 321/00 und 11.10.2001, III ZR 182/00, VuR 2002, 61; *Rodi*, Die bedingte Zustimmung, 2016; *Schmidt*, Beseitigung der schwebenden Unwirksamkeit durch Verweigerung einer Genehmigung – Überlegungen zu einer vergessenen Streitfrage, AcP 189 (1989), 1; *Schmidt*, Vertragsnichtigkeit durch Genehmigungsverweigerung: ein Problem für Studium, Prüfung und Praxis – BGHZ 125, 355, JuS 1995, 102; *Thiele*, Die Zustimmungen in der Lehre vom Rechtsgeschäft, 1966; *Wagner*, Form und Beschränkung der Vertragsübernahme sowie der Einwilligung hierzu – BGH, DtZ 1996, 56, JuS 1997, 690; *Wagner*, Vertragliche Abtretungsverbote im System zivilrechtlicher Verfügungshindernisse, 1994; *Wilckens*, Ist der Rückgriff des Bestohlenen auf den Veräußerungserlös notwendig endgültiger Verzicht auf das Eigentum? Zur Zulässigkeit bedingter Genehmigungen, AcP 157 (1958/1959), 399.

A. Allgemeines	1	bb) Genehmigung mit Erklärungsbewusstsein?	21
I. Grundgedanken und Begriffe	1	cc) Genehmigung ohne Erklärungsbewusstsein?	22
1. Grundgedanken	1		
2. Terminologie	2	dd) Rechtsmissbrauch?	23
3. Regelungsbereich	3	c) Vertreterfälle	24
4. Nichtabdingbarkeit	6	d) Zusammenfassung	25
II. Rechtsnatur und verwandte Figuren	7	e) Einwilligungen	29
1. Rechtsnatur	7	3. Bedingung, Befristung, Widerruf	30
a) Zustimmung als Willenserklärung	7	a) Einwilligungen	31
b) Grundverhältnis / Grundgeschäft	8	b) Genehmigungen	32
c) Verweigerung	9	aa) Bedingungen und Befristungen	32
d) Verfügung	10	(1) Streitstand	32
e) Korrespondenz von Zustimmung und Hauptgeschäft	11	(2) Unstreitiges	33
f) Freiheit des Zustimmenden	12	(3) Aufschiebende Bedingungen	35
g) Guter Glaube	13	(4) Aufschiebende Befristungen	37
h) Vererblichkeit	14	(5) Auflösende Bedingungen und Befristungen	38
2. Verwandtschaft zur Stellvertretung	15	(6) Ausweichmöglichkeiten	39
3. Vergleichbare rechtsgeschäftliche Vereinbarungen	16	bb) Widerruf	40
III. Anwendung der allgemeinen Regeln über Rechtsgeschäfte	17	4. Anfechtung	41
1. Konkludenz; Schweigen	18	a) Anfechtungsgrund	41
2. Erklärungsbewusstsein	19	b) Anfechtungsgegner	42
a) Allgemeines	19	c) Person des Täuschenden oder Drohenden	43
b) Minderjährigenfälle	20	5. Sonstiges	45
aa) Typische Situation	20		

IV. Sondergebiete 47
  1. Zivilprozessrecht 47
  2. Arbeitsrecht 48
  3. Öffentliches Recht 49
    a) Gerichtliche Genehmigungen 49
    b) Behördliche Genehmigungen 50
    c) Private Zustimmungen 51
  4. Sozialrecht 52
  5. Steuerrecht 53
B. Regelungsgehalt 54
  I. Adressat der Zustimmungserklärung (Abs. 1) . 54
  II. Form der Zustimmung (Abs. 2) 56
    1. Allgemeines 56
    2. Einschränkende Auslegung? 57

    a) Umfang der Diskussion 57
    b) Streitstand 58
    c) Neuere Entwicklung? 59
    d) Bewertung 60
    e) Praktische Folgen 61
III. Zustimmung zu einem einseitigen Rechtsge-
    schäft (Abs. 3) 62
  1. Einwilligung 62
  2. Genehmigung 63
C. Weitere praktische Hinweise 64
  I. Beweislast 64
  II. Formulierungen 65
    1. Einwilligungen 66
    2. Genehmigungen 67

A. Allgemeines

I. Grundgedanken und Begriffe

1   **1. Grundgedanken.** Bisweilen können Personen Rechtsgeschäfte nicht allein abschließen, sondern es ist die Mitwirkung Dritter im Wege der Zustimmung nötig. Regelmäßig sind diese dritten Personen die eigentlich für die Vornahme des Geschäfts Zuständigen oder zumindest Mitzuständigen, weil ihre **Rechte oder Interessen jedenfalls mittelbar betroffen** sind (auch bei Vornahme von Rechtsgeschäften in Arbeitsteilung), oder sie sind **zur Aufsicht** über eine der handelnden Personen **berufen**. Die Handelnden weisen demgegenüber einen rechtlichen „Defekt" auf, sei es einen grundsätzlichen, in ihrer Person liegenden oder einen speziellen für das betreffende Geschäft. Der Defekt und das Zustimmungserfordernis ergeben sich allein aus oder aufgrund der Rechtsordnung, nicht allein aus Parteivereinbarung (aber → Rn. 16).[1] Die §§ 182 ff. setzen die Zustimmungserfordernisse voraus und bilden nur die allgemeinen Regeln, die dann Anwendung finden, wenn nicht in den zustimmungsanordnenden Normen Sondervorschriften enthalten sind (etwa § 108 Abs. 2 S. 1 gegen § 182 Abs. 1 aE). In einigen Fällen ist statt einer Zustimmung auch eine Mitwirkung des Dritten als Vertragspartei zulässig, etwa bei der Vertragsübernahme.[2]

2   **2. Terminologie.** Das Gesetz selbst gibt die Terminologie im Recht der Zustimmung zu Rechtsgeschäften vor: vorherige Zustimmung ist **Einwilligung** (§ 183), nachträgliche Zustimmung **Genehmigung** (§ 184 Abs. 1).[3] Bezugspunkt ist die Vollendung des zustimmungsbedürftigen Rechtsgeschäfts, so dass bei einem mehraktigen (gestreckten) Tatbestand das letzte vorzunehmende Element entscheidend ist; jede vorher erfolgte Zustimmung ist Einwilligung.[4] Welchen Begriff die Rechtspraxis im Einzelfall verwendet, ist für die Auslegung der Erklärung und die daran zu knüpfenden Rechtsfolgen (zB entweder § 183 oder § 184) unerheblich. Gegebenenfalls kann sogar eine als Genehmigung auszulegende Erklärung in eine Einwilligung **umgedeutet** werden (§ 140), wenn allein für diese die Voraussetzungen vorliegen; so bei einer Genehmigung zu einem Grundstücksgeschäft, wenn die ursprünglich vorhandene Eintragung im Grundbuch wieder gelöscht worden ist.[5] Auch die Umdeutung einer Einwilligung in eine Genehmigung ist regelmäßig möglich (Bsp.: bei Zugang der Einwilligung ist das Hauptgeschäft ohne Kenntnis des Zustimmenden gerade vollendet worden).[6] Nicht verwendet oder gar definiert wird in den §§ 182 ff. der Begriff der **Ermächtigung** (s. aber etwa §§ 112 f., 370, 783). Er begegnet daher in mannigfaltigen Zusammenhängen, teils untechnisch, teils juristisch-technisch gebraucht (zB bei der sog. Verpflichtungsermächtigung), und häufig in Fällen des § 185.[7]

3   **3. Regelungsbereich.** In direkter Anwendung betreffen die §§ 182–185 nur die Zustimmung einer dritten Privatperson zu einem einseitigen empfangsbedürftigen oder mehrseitigen Rechtsgeschäft. Bereits auf die Genehmigung des volljährig gewordenen Minderjährigen zu einem von ihm selbst geschlossenen, schwebend unwirksamen Geschäft (§ 108 Abs. 3) müssen die **§§ 182 ff. analog** angewendet werden. Nur eine entsprechende Anwendung – wenn überhaupt – ist auch bei Zustimmungen von Hoheitsträgern und Gerichten

---

1   Ganz hM: BGHZ 108, 172, 177 = NJW 1990, 108; BAG NZA 2011, 708 (710) (auch aus Tarifvertrag); Staudinger/*Gursky* BGB Vor §§ 182 ff. Rn. 27; MüKoBGB/*Bayreuther* Vor § 182 Rn. 21; *Thiele*, S. 186 ff.; aA BeckOK BGB/*Bub* § 182 Rn. 4.

2   Ganz hM und st. Rspr.: BGHZ 95, 88, 93 f. = NJW 1985, 2528; BGHZ 142, 23, 30 = NJW 1999, 2664; Staudinger/*Gursky* Vor §§ 182 ff. Rn. 32; eingehend Nörr/Scheyhing/Pöggeler/*Nörr*, S. 191 ff.; abl. zur Anwendung der §§ 182 ff. BeckOK BGB/*Bub* § 182 Rn. 8.

3   Zu den gleichwohl auftretenden Abweichungen in der Terminologie des BGB s. Staudinger/*Gursky* Vor §§ 182 ff. Rn. 3 ff. Erst recht ist in anderen Gesetzen stets zu prüfen, welche Bedeutung die verwendeten Begriffe haben.

4   Staudinger/*Gursky* BGB § 183 Rn. 1; *v. Tuhr* BGB AT Bd. 2/2 S. 231 Anm. 139.

5   Staudinger/*Gursky* BGB § 184 Rn. 10.

6   Wie hier BeckOGK/*Regenfus* BGB § 182 Rn. 11.

7   Vgl. *Doris*, S. 3 ff., 12 ff.

zu einem privatrechtlichen Rechtsgeschäft denkbar (→ Rn. 50 f.). Auch auf geschäftsähnliche Handlungen (Bsp.: ein Minderjähriger mahnt) müssen die Vorschriften analog angewandt werden,[8] desgleichen – soweit passend – auf nichtempfangsbedürftige Willenserklärungen.[9] § 185 geht in Abs. 2 S. 1 Fall 2 und 3 sowie S. 2 über den Regelungsbereich der §§ 182 ff. hinaus und erfasst einige Konvaleszenzfälle, enthält zudem ein materielles Zustimmungserfordernis (§ 185 Abs. 1, Abs. 2 S. 1 Fall 1).

Ist sonst in Gesetzen von einer Zustimmung, Einwilligung, Genehmigung, Ermächtigung oder ähnlichen **4** Figur die Rede, muss jeweils geprüft werden, ob die §§ 182 ff. überhaupt passen. Maßstab ist, ob ein Dritter seine Einverständniserklärung zu einem sonst schwebend unwirksamen Rechtsgeschäft erteilt. Fehlt eines dieser Elemente, sind die Vorschriften nicht oder nur mit größter Vorsicht entsprechend anzuwenden. **Beispiele**: Die Verweigerung oder Erteilung der Erlaubnis im Sinne ua des § 540 macht keinen Vertrag wirksam oder unwirksam; die Bestätigung nach § 144 bezieht sich auf ein eigenes gültiges Rechtsgeschäft; eine Einwilligung in eine Körperverletzung oder sonstige Rechts- oder Rechtsgutsverletzung ist eine Kategorie allein des Deliktsrechts; die Zustimmung im Sinne der §§ 32 Abs. 2, 709 Abs. 1, 744 Abs. 2 meint die unmittelbare Mitwirkung an einem Beschluss. Die Vorschriften von Titel 6 sind hier jeweils nicht anwendbar.

Eine **Analogie** zu § 184 Abs. 1 erkennt die herrschende Meinung aber etwa bei § 684 S. 2 an, der Genehmi- **5** gung der Geschäftsführung ohne Auftrag durch den Geschäftsherrn, obwohl hier kein Rechtsgeschäft, sondern ein tatsächliches Verhalten genehmigt wird.[10] Nach verbreiteter Meinung sollen die §§ 182, 184 hier sogar insgesamt analoge Anwendung finden.[11] Häufig stellt sich das Problem in der Praxis aber nicht in voller Schärfe, da dann, wenn die Geschäftsführung in einer Verfügung besteht, neben § 684 S. 2 im Innenverhältnis regelmäßig § 185 Abs. 2 S. 1 Fall 1 im Außenverhältnis anzuwenden ist (→ § 684 Rn. 14).[12] Das dürfte auch die vorzugswürdige dogmatische Lösung im nur noch für Altfälle relevanten früheren Lastschriftverfahren in Form des herkömmlichen Einzugsermächtigungsverfahrens gewesen sein. Nach der herrschenden Genehmigungstheorie musste der Schuldner hier die zugunsten des Gläubigers erfolgte Belastung seines Kontos genehmigen, damit sie als berechtigt anzusehen war. Auf diese Genehmigung konnte man wohl neben § 684 S. 2 (das war nach dieser Theorie unstreitig) über § 185 Abs. 2 S. 1 Fall 1 (das wurde nicht immer explizit gesagt) die §§ 182, 184 anwenden;[13] über §§ 684 S. 2, 182, 184 analog[14] waren allerdings dieselben Ergebnisse zu erzielen. Bei denen wegen der Umstellung auf das rechtstechnisch anders konstruierte SEPA-Lastschriftverfahren ausgelaufenen Rechtsinstitut ist dogmatisch manches ungeklärt geblieben. Auf die Autorisierung von Zahlungsvorgängen nach § 675j sind §§ 182, 184 analog anzuwenden (der Zahlungsvorgang ist ein rechtstatsächlicher Vorgang), nicht jedoch § 183 (verdrängt durch § 675j Abs. 2); Adressat der Autorisierung ist in Abweichung zu § 182 Abs. 1 lediglich der Zahlungsdienstleister des Zahlers, soweit nichts anderes vereinbart ist.[15] Zu § 183 ist eine Analogie denkbar bei der Zustimmung des Verwalters einer Wohnungseigentümergemeinschaft zu einer bestimmten Nutzungsart des Teileigentums auf Basis der Gemeinschaftsordnung (die Nutzung ist kein Rechtsgeschäft),[16] desgleichen bei der Zustimmung eines Wohnungseigentümers zu einer baulichen Veränderung gemäß § 22 WEG[17] oder bei der Zustimmung eines Elternteils zur Verbringung des Kindes nach Art. 13 Abs. 1 lit. a HKÜ.[18] Auch auf die Entstehung gesetzlicher Pfandrechte nach dem HGB nF wird man § 182 lit. analog anzuwenden haben (→ § 185 Rn. 14). Kein Anwendungsfall der §§ 182 ff. (auch nicht analog, insbes. nicht des § 184), sondern ein inhaltsändernder Vertrag zwischen Gläubiger und Schuldner ist nach der Rechtsprechung die „Zustimmung" des Schuldners zur Abtretung einer nach § 399 Fall 2 vinkulierten Forderung, da ohne die „Zustimmung" keine schwebende, sondern endgültige Unwirksamkeit eintritt.[19]

4. Nichtabdingbarkeit. Die Vorschriften der §§ 182 ff. sind nicht abdingbar. Sie ergänzen andere Normen, **6** die ebenfalls nicht abbedungen werden können, da ein Rechtsgeschäft nicht über seine eigene Gültigkeit

---

8 Vgl. etwa BayObLG FamRZ 1983, 744 (745) (Wohnsitzbegründung); der Sache nach auch BGH NJW 2010, 2950 (2951 f.) (Geltendmachung von Ansprüchen gemäß § 651g Abs. 1 aF).

9 Letzteres ist teils str., s. Staudinger/*Gursky* Vor §§ 182 ff. Rn. 17.

10 Vgl. Staudinger/*Bergmann* BGB § 684 Rn. 19, 22.

11 BGH NJW 1989, 1672 (1673); Staudinger/*Bergmann* BGB § 684 Rn. 22; Palandt/*Sprau* BGB § 684 Rn. 2.

12 Vgl. Palandt/*Sprau* BGB § 684 Rn. 2; zurückhaltender Staudinger/*Bergmann* BGB § 684 Rn. 27.

13 In diesem Sinne wohl BGH NZI 2010, 938 (939); ferner LG Berlin NJOZ 2008, 2699 (2701); jurisPK-BGB/*Trautwein* § 182 Rn. 40.

14 In diesem Sinne BGH NJW 1989, 1672 (1673).

15 BeckOGK/*Regenfus* BGB § 182 Rn. 17.3.

16 Richtig Staudinger/*Gursky* BGB § 183 Rn. 18; unklar BayObLG NZM 2001, 138 (139).

17 OLG Düsseldorf NZM 2006, 702 (703); jurisPK-BGB/*Trautwein* § 183 Rn. 4; abl. Staudinger/*Gursky* BGB § 183 Rn. 18.

18 OLG Hamm BeckRS 2013, 10969.

19 Heute st. Rspr.: BGHZ 70, 299, 303 = NJW 1978, 813; BGHZ 108, 172, 176 = NJW 1990, 108; BGH ZIP 1992, 763; aA MüKoBGB/*Bayreuther* Vor § 182 Rn. 24; Soergel/*Leptien* BGB § 184 Rn. 11; abw. vielleicht auch BGH NJW-RR 1991, 763 (764) (obiter); vgl. eingehend *Berger*, S. 297 ff.; *Wagner*, S. 200 ff.

befinden kann.[20] Streng durchgeführt, könnte dieser Grundsatz manchmal zu harten Ergebnissen führen; an diesen Stellen sieht das Gesetz aber ausdrücklich die Möglichkeit einer Abweichung durch Parteivereinbarung vor (§§ 183 S. 1 Hs. 2, 184 Abs. 1 Hs. 2). Sonst haben Abreden nur relativen Charakter, so dass ein Verstoß dagegen allenfalls zu Schadensersatzansprüchen führen kann (§§ 280 ff.).

II. Rechtsnatur und verwandte Figuren

7   **1. Rechtsnatur. a) Zustimmung als Willenserklärung.** Die Zustimmung ist als einseitige empfangsbedürftige Willenserklärung selbst ein Rechtsgeschäft, auf das die allgemeinen Regeln über Rechtsgeschäfte Anwendung finden. Abweichungen bedürfen einer besonderen Begründung aus teleologischen oder systematischen Gesichtspunkten; im Einzelnen ergeben sich hier manche Probleme (→ Rn. 17 ff.). Die Zustimmung wird nach allgemeinen Regeln mit ihrem Zugang (§ 130) oder durch Zustellung nach der ZPO (§ 132) wirksam. Ob im Sonderfall des § 108 Abs. 3 ausnahmsweise von einer nichtempfangsbedürftigen Genehmigung auszugehen ist (→ § 108 Rn. 29 ff.), ist aus systematischen Gründen bedenklich und daher zweifelhaft; zu der ebenfalls abzulehnenden analogen Anwendung der §§ 151, 152 → Rn. 45.

8   **b) Grundverhältnis / Grundgeschäft.** Die Zustimmung ist von dem Rechtsverhältnis, auf dessen Basis sie erteilt wird, dem sog. Grundverhältnis, zu unterscheiden (vgl. die Formulierung des § 183 S. 1) und ihm gegenüber grundsätzlich **abstrakt**. Ausnahmen, selbstverständlich neben den Fällen der Fehleridentität: § 183 S. 1 Hs. 2 (→ § 183 Rn. 5), § 168 S. 1 analog (→ § 183 Rn. 15), Missbrauch der Einwilligung. Eine Geschäftseinheit zwischen Grundverhältnis und Zustimmungserklärung (mit der Folge des § 139) ist abzulehnen. Das Grundverhältnis kann sich aus Gesetz (bspw. §§ 1626, 1629) oder Vertrag (dann kann man auch von „Grundgeschäft" sprechen) ergeben. Als Beispiele für ein Grundgeschäft kann man etwa anführen: eine Abrede zwischen dem Grundstückseigentümer und dem Inhaber eines Grundpfandrechts, das im Wege der Rangänderung zurücktreten soll (§ 880), wonach der Eigentümer gegen Zahlung einer bestimmten Geldsumme die notwendige (§ 880 Abs. 2 S. 2) Zustimmung erteilt; den Kaufvertrag zwischen Vorbehaltsverkäufer und Ersterwerber beim verlängerten Eigentumsvorbehalt, aufgrund dessen der Vorbehaltsverkäufer in die Weiterveräußerung der unter Eigentumsvorbehalt verkauften Ware einwilligt. Ein Grundverhältnis muss nicht notwendig bestehen; denkbar sind durchaus Fälle mit nichtigem oder ganz fehlendem Grundverhältnis.

9   **c) Verweigerung.** Rechtlich unerheblich ist die Verweigerung einer Einwilligung, da sie den Ablehnenden nicht bindet, so dass er danach jederzeit noch seine Zustimmung erteilen kann.[21] Die Anwendung von §§ 119 ff., 183 usw ist daher direkt nicht möglich und analog mangels eines Bedürfnisses abzulehnen.[22] Ob die Verweigerung einer Genehmigung als Willenserklärung (so die herrschende Meinung) oder als **geschäftsähnliche Erklärung** (so die vorzugswürdige Ansicht) zu qualifizieren ist, ist umstritten, wegen der auch nach der Gegenmeinung gebotenen entsprechenden Anwendung der Regelungen über Willenserklärungen aber praktisch unerheblich.[23] Die notwendige Gleichstellung von Zustimmung und ihrer Verweigerung hat bereits in Abs. 1 ihren Ausdruck gefunden.

10   **d) Verfügung.** Ob eine Zustimmung zu einer Verfügung selbst eine Verfügung ist oder sein kann, ist umstritten.[24] Das Problem ist aber ein weitgehend theoretisches, da auch bei vollständiger oder teilweiser Ablehnung der Verfügungseigenschaft (manche Autoren bejahen gleichwohl einen „Verfügungscharakter") die Regeln über Verfügungen im Einzelfall zumindest entsprechend angewendet werden können.[25]

11   **e) Korrespondenz von Zustimmung und Hauptgeschäft.** Die Natur der Zustimmung als Hilfsrechtsgeschäft zum Hauptgeschäft bringt es mit sich, dass Zustimmungserklärung und Hauptgeschäft vollständig miteinander korrespondieren müssen. Weicht das später vorgenommene Hauptgeschäft von dem in der Einwilligung vorgesehenen Inhalt ab und lässt sich diese Differenz auch nicht durch Auslegung der Einwilligung (im Sinne eines den Parteien eingeräumten Spielraums) beseitigen, ist das Hauptgeschäft schwebend unwirksam. Eine Genehmigung, die das Hauptgeschäft in irgendeiner Hinsicht modifiziert, bedeutet sogar regelmäßig eine Genehmigungsverweigerung. Helfen kann hier allenfalls die teilweise Aufrechterhaltung

20   Vgl. *Thiele*, S. 189; BeckOGK/*Regenfus* BGB § 182 Rn. 43.

21   Staudinger/*Gursky* BGB § 182 Rn. 35; MüKoBGB/ *Bayreuther* § 182 Rn. 26; Soergel/*Leptien* BGB § 182 Rn. 6; *v. Tuhr* BGB AT Bd. 2/2 S. 235 Fn. 165; aA OLG Frankfurt DNotZ 1961, 159 (160).

22   Zurückhaltend Soergel/*Leptien* BGB § 182 Rn. 6; aA Palandt/*Ellenberger* BGB § 182 Rn. 4.

23   Für die hM: RGZ 139, 118, 125 ff.; BGH NJW 1999, 3704; MüKoBGB/*Bayreuther* § 182 Rn. 27. Für die

Gegenmeinung: eingehend *Schmidt* AcP 189 (1989), 1, 6; Staudinger/*Gursky* BGB § 182 Rn. 35; BeckOGK/*Regenfus* BGB § 182 Rn. 139.

24   Bejahend: RGZ 152, 380, 383. Verneinend: Soergel/ *Leptien* Vor § 182 Rn. 3; Staudinger/*Gursky* Vor §§ 182 ff. Rn. 48 ff. Differenzierend: Erman/*Müller* Vor § 104 Rn. 25; Palandt/*Ellenberger* Vor § 104 Rn. 16.

25   Vgl. etwa Staudinger/*Gursky* Vor §§ 182 ff. Rn. 48; Soergel/*Leptien* Vor § 182 Rn. 3.

der Genehmigung (§ 139), wenn das modifizierte Hauptgeschäft dem hypothetischen Willen der an ihm beteiligten Parteien entspricht;[26] gleichzeitig muss die Modifikation aber auch dem tatsächlichen (bei bewusster Abweichung) oder zumindest dem mutmaßlichen Willen des Genehmigenden entsprechen. Fehlt es an einem der Erfordernisse, bleibt nur die Umdeutung der Genehmigung in eine Einwilligung in das modifizierte Geschäft (§ 140).

f) Freiheit des Zustimmenden. Die Zustimmung unterliegt den Gesetzen der Privatautonomie. Ob der **12** Zustimmungsberechtigte seine Zustimmung erteilt oder verweigert oder einfach nichts erklärt, steht ihm danach grundsätzlich frei; zu den Mechanismen, mit denen die Parteien des Hauptgeschäfts nach dessen Abschluss den Schwebezustand beeinflussen können, → § 184 Rn. 3 ff. Bisweilen ist der Zustimmungsberechtigte durch Rechtsgeschäft zur Abgabe verpflichtet (wenn das Grundgeschäft eine entsprechende, auch konkludente, Vereinbarung enthält), ggf. nach § 242 (etwa aufgrund besonderer Beziehungen des Zustimmungsberechtigten zu einer der Parteien des Hauptgeschäfts), ganz ausnahmsweise gesetzlich (etwa durch § 2120 S. 1).[27] In diesen Fällen ist die Zustimmung nicht etwa entbehrlich; vielmehr kann gegen den Zustimmungsberechtigten auf Erteilung der Erklärung geklagt werden (Folge: § 894 ZPO; auch → § 184 Rn. 8).[28] Besonderes gilt im Gesellschaftsrecht: Die Zustimmung zur Veräußerung von Gesellschaftsanteilen aufgrund von § 15 Abs. 5 GmbHG steht nicht im freien Belieben, sondern im pflichtgemäßen Ermessen des beschlusszuständigen Organs der Gesellschaft; die gesellschaftliche Treuepflicht kann es durchaus gebieten, einem Gesellschafter die Veräußerung seiner Anteile zu ermöglichen.[29]

g) Guter Glaube. Ein guter Glaube an die Erteilung oder Verweigerung einer Zustimmung wird nicht **13** geschützt. Weiß der Geschäftspartner des Minderjährigen oder des Nichtberechtigten also von deren „Defekt", nützt ihm das Vertrauen in das Vorhandensein einer Einwilligung des gesetzlichen Vertreters bzw. des Berechtigten nach §§ 107, 185 Abs. 1 nichts, wenn sie in Wirklichkeit fehlt. Gutglaubensschutz kommt nur bei Unkenntnis des Defekts in Betracht, sofern das Gesetz hierfür Regelungen vorsieht (etwa §§ 892, 932 ff. bei fehlender dinglicher Berechtigung; nicht dagegen bei fehlender Geschäftsfähigkeit).

h) Vererblichkeit. Das Zustimmungsrecht ist vererblich, sofern das zugrunde liegende Verhältnis vererb- **14** lich ist, so etwa das Genehmigungsrecht nach § 177, nicht aber nach § 108 (zum Widerrufsrecht → § 183 Rn. 15).[30]

2. Verwandtschaft zur Stellvertretung. Die Regelungen der §§ 182–185 sind punktuell sowie sehr **15** knapp gehalten und bedürfen vielfach der Ergänzung. Insbesondere die zur Stellvertretung bestehenden Parallelen ermöglichen immer wieder die **analoge Anwendung** von Vorschriften aus den §§ 164 ff. Augenfällig ist der Gleichlauf in den Fällen des § 185: Ob der Handelnde als Vertreter des Hintermannes auftritt (in fremdem Namen, § 164) oder als sein Ermächtigter (in eigenem Namen, § 185), hängt oft vom Zufall ab und darf im Ergebnis keinen Unterschied machen.[31] Das schließt freilich Abweichungen nicht aus (etwa bei der Offenlegungspflicht, → § 185 Rn. 3). Aber auch sonst bleiben Parallelen, sowohl in systematischer Hinsicht wie in der ausdrücklich geregelten Materie.[32] So handelt es sich jeweils um eine abstrakte einseitige Willenserklärung eines Machtgebers an einen Machtempfänger zur Vornahme eines Rechtsgeschäfts mit unmittelbarer Wirkung für den Machtgeber. Der Erklärung liegt regelmäßig, aber nicht notwendig, ein bestimmtes Rechtsverhältnis zugrunde; sie kann beiden Teilen des Hauptgeschäfts gegenüber erklärt (§ 167 Abs. 1 bzw. § 182 Abs. 1) und beiden gegenüber regelmäßig frei widerrufen (§ 168 S. 2, 3 bzw. § 183 S. 1, 2) werden und ist von der Form des Hauptgeschäfts nach dem Gesetzeswortlaut unabhängig (§ 167 Abs. 2 bzw. § 182 Abs. 2).

3. Vergleichbare rechtsgeschäftliche Vereinbarungen. Ähnlich oder sogar funktionsidentisch zur **16** Zustimmung im Sinne der §§ 182 ff. können andere Instrumente privatautonomer Herkunft sein, die im Rechtsverkehr bisweilen als Zustimmung bezeichnet werden. Wenn zwei Personen vereinbaren, dass zur Wirksamkeit eines zwischen ihnen geschlossenen Geschäfts die „Zustimmung" eines Dritten notwendig sei, finden nicht die §§ 182 ff. Anwendung, die allein für gesetzliche Zustimmungserfordernisse gelten. Es handelt sich vielmehr um eine **aufschiebende Bedingung** im Sinne der §§ 158 ff., und zwar eine echte Bedingung (Zufallsbedingung); anders, wenn bei bestehendem gesetzlichem Zustimmungserfordernis sich die Parteien darauf beziehen: dann liegt eine Rechtsbedingung (*condicio iuris*) vor. Welche nähere Ausgestaltung eine solche Vereinbarung erfahren soll, ist eine Frage der Auslegung. Diese muss sich aber an den

---

26   Vgl. OLG Hamm DNotZ 2002, 266 (267); OLG Hamburg NJOZ 2008, 2360 (2363 f.).
27   Vgl. OLG Düsseldorf ZIP 1987, 227 (232); OLG Koblenz BB 2002, 1288; BGH WM 1961, 303 (305).
28   Vgl. zB BGHZ 108, 380, 382 f. = NJW 1990, 580; OLG Hamburg MDR 1998, 1051; LG Düsseldorf DB 1989, 33.

29   OLG Schleswig NZG 2003, 821 (824).
30   Vgl. OLG Hamm OLGZ 1979, 44 (46).
31   Vgl. *Thiele*, S. 146 ff.
32   Zu den systematischen Parallelen s. *Doris*, S. 25 ff.; vgl. auch HKK/*Finkenauer* BGB §§ 182–185 Rn. 11; *Rodi*, S. 60 ff.

§§ 158 ff. orientieren, nicht an den §§ 182 ff.; so gilt etwa § 159, nicht § 184 Abs. 1.[33] Anders steht es, wenn das Gesetz die Möglichkeit der privatautonomen Konstituierung eines Zustimmungserfordernisses ausdrücklich vorsieht (zB § 12 WEG, §§ 5 f. ErbbauRG): dann gelten die §§ 182 ff., da das Erfordernis aufgrund des Gesetzes besteht.

III. Anwendung der allgemeinen Regeln über Rechtsgeschäfte

17 Viele Probleme im Recht der Zustimmung kreisen um die Frage, welche allgemeinen Regeln über Rechtsgeschäfte wann auf Einwilligungen und Genehmigungen Anwendung finden.

18 **1. Konkludenz; Schweigen.** Da Willenserklärungen grundsätzlich keiner Form bedürfen, sind Zustimmungen formfrei möglich; das stellt Abs. 2 klar (dazu und zu möglichen Ausnahmen → Rn. 56 ff.). Insbesondere konkludente Genehmigungsverweigerungen sind besonders streng daraufhin zu prüfen, ob sie nach dem objektiven Empfängerhorizont tatsächlich als endgültige Ablehnung des Hauptgeschäfts erscheinen.[34] Das Bedürfnis nach **strenger Prüfung** besteht aber durchaus auch für konkludente Zustimmungserteilungen.[35] Im Handelsrecht kann bisweilen auch im **Schweigen** eine Zustimmungserklärung liegen (zB §§ 75 h, 91 a HGB; Schweigen auf kaufmännisches Bestätigungsschreiben an den Zustimmungsberechtigten).[36] Für die Frage nach dem richtigen Empfänger des Bestätigungsschreibens ist zu beachten: Nach dem BGH soll bereits ein Schweigen auf ein kaufmännisches Bestätigungsschreiben an den Zustimmungsberechtigten „zu Händen" des vollmachtlosen Vertreters ausreichen, so dass der Zustimmungsberechtigte nicht einmal Kenntnis vom Hauptgeschäft gehabt haben muss.[37] Richtigerweise gilt dies aber nur, wenn der Absender sich tatsächlich an den Zustimmungsberechtigten und nicht nur an den Vertreter wenden wollte, so dass der tatsächliche Verbleib des Bestätigungsschreibens allein in der Sphäre des Zustimmungsberechtigten liegt.[38] Im bürgerlichen Recht muß es hingegen absolute Ausnahme sein, bloßes Schweigen als Zustimmungserklärung anzusehen.[39] Im Lastschriftverfahren (in Form des herkömmlichen Einzugsermächtigungsverfahrens, → Rn. 5) konnte immerhin AGB-rechtlich zulässig vereinbart werden, dass sechs Wochen nach Zugang des Rechnungsabschlusses eine Belastungsbuchung als genehmigt gilt (Nr. 7 Abs. 3 AGB-Banken aF / Nr. 7 Abs. 4 AGB-Sparkassen aF; Abschn. A Nr. 2.4 der Sonderbedingungen für den Lastschriftverkehr aF). Das ist konsequent: Das Schweigen bedeutet auch hier keine Erklärung; aber wenn die Praxis ein derart erhebliches Bedürfnis nach Rechtssicherheit hat, kann man mit einer Fiktion helfen. Bedenklich erscheint dagegen, wenn der BGH meint, im Einzugsermächtigungsverfahren könne eine konkludente Genehmigung schon dann vorliegen, wenn es sich um wiederkehrende Zahlungen handele, vergleichbare Buchungen in der Vergangenheit schon einmal genehmigt worden seien und der Schuldner innerhalb einer angemessenen Frist nicht widerspreche.[40] Letzteres erhebt letztlich Schweigen zur Willenserklärung. Im kaufmännischen Geschäftsverkehr – auch der BGH hat zunächst immerhin eine einschränkende Bemerkung in diese Richtung gemacht – mag man das aber noch akzeptieren (wobei die Schwierigkeit der Bestimmung der angemessenen Frist bleibt). Die Übertragung dieser Maßstäbe auf Verbraucher ist dagegen zweifelhaft, selbst wenn man hier mit dem BGH[41] konkrete Anhaltspunkte für die Bank, dass der Kontoinhaber die Überprüfung vorgenommen hat, sowie das Verstreichen der angemessenen Frist fordert. Wenn der Verbraucher bei von der Höhe her vergleichbaren monatlichen Abbuchungen Mitteilung von zwei Folgeabbuchungen erhalten hat, soll man demnach davon ausgehen können, dass er gegen die mindestens zwei Monate zurückliegende Abbuchung keine Einwendungen erhebt.

19 **2. Erklärungsbewusstsein. a) Allgemeines.** Für Willenserklärungen im Sinne der §§ 116 ff. gilt: Nach inzwischen gefestigter herrschender Meinung ist eine willentliche Handlung, die nach außen als Willenserklärung erscheint und tatsächlich verstanden wird, während der Handelnde aber keine solche abgeben will, aus Gründen des Vertrauensschutzes eine wirksame, aber anfechtbare (§ 119 analog) Willenserklärung; aber nur dann, wenn der Erklärende fahrlässig nicht erkannt hat, dass andere sein Verhalten als Willenserklärung auffassen durften (→ Vor §§ 116–144 Rn. 7). Das fehlende Erklärungsbewusstsein des Handelnden schadet

---

33 Wie hier BeckOGK/*Regenfus* BGB § 182 Rn. 39; aA OLG Düsseldorf BeckRS 2018, 34554; BeckOK BGB/*Bub* § 182 Rn. 4.

34 Vgl. BGH WM 1964, 878 (879); BeckOGK/*Regenfus* BGB § 182 Rn. 143.

35 Vgl. OLG Köln 13.7.1998 -16 U 83/97; *Reiter/Methner* VuR 2002, 57 (61); Nörr/Scheyhing/Pöggeler/ *Nörr*, S. 232 f.; auch BGH NJW 2010, 3517 (3518).

36 Vgl. BGH NJW-RR 2006, 1106 (1107); BGH NJW 1990, 386.

37 BGH NJW 1990, 386.

38 Vgl. BGH NJW 1964, 1951.

39 Vgl. OLG Stuttgart NJOZ 2007, 1211 (1232); Staudinger/*Gursky* BGB § 182 Rn. 11. Ein Ausnahmefall (stillschweigende Zustimmung unter Ehegatten) in OLG Karlsruhe VersR 1992, 1363 f. und OLG Celle 17.3.1999 – 3 U 146/98; regelmäßig dürfte hier aber bereits eine konkludente Genehmigung vorliegen.

40 BGHZ 186, 269, 293 f. = NJW 2010, 3510; NZI 2011, 17; BB 2011, 204 (206); BeckRS 2011, 04190.

41 BGH NJW 2011, 2499 (2500); BeckRS 2011, 17152; BeckRS 2011, 17153.

also zunächst nicht; es wird ihm nachträglich die Möglichkeit zur Bildung eines rechtserheblichen Willens gegeben.

Auch konkludente Zustimmungen werden bisweilen ohne Erklärungsbewusstsein abgegeben. In den letzten Jahrzehnten sind wellenartig zwei Fallgruppen zum Gegenstand zahlreicher gerichtlicher Entscheidungen geworden, nämlich die Minderjährigenfälle (→ Rn. 20 ff.) und die Vertreterfälle (→ Rn. 24). Die hierbei erkennbaren Grundsätze lassen sich verallgemeinern und daher auch auf andere Fälle übertragen (→ Rn. 25 ff.).

b) Minderjährigenfälle. aa) Typische Situation. Praktisch relevant sind zunächst die Fälle, in denen **20** ein volljährig gewordener Minderjähriger oder Mündel einen schwebend unwirksamen Vertrag, namentlich einen **Lebensversicherungsvertrag** (familiengerichtliche Genehmigung notwendig, §§ 1643 Abs. 1, 1822 Nr. 5!), durch Weiterzahlung der Prämien erfüllt oder gegebenenfalls weitere vertragsbezogene Handlungen wie Prämienanpassungen vornimmt. Hier gibt es drei Möglichkeiten, den ehemaligen Minderjährigen oder Mündel am Vertrag festzuhalten. Entweder man unterstellt ihm ein Erklärungsbewusstsein, so dass eine Genehmigung gemäß §§ 108 Abs. 3, 1643 Abs. 3, 1829 Abs. 3 vorliegt (→ Rn. 21); oder man sieht sein Verhalten trotz fehlendem Erklärungsbewusstsein als (anfechtbare) Willenserklärung an (→ Rn. 22); oder – wenn auch das nicht der Fall sein sollte – man verweigert ihm eine Rückabwicklung des Vertrags wegen Rechtsmissbrauchs (→ Rn. 23). Alle drei Wege scheitern jedoch häufig.

bb) Genehmigung mit Erklärungsbewusstsein? Bisweilen ist das Erklärungsbewusstsein in derartigen **21** Konstellationen bejaht und daher eine wirksame Genehmigung angenommen worden. Für das bloße Weiterzahlen der Prämien ist das nach der zutreffenden neueren Rechtsprechung abzulehnen.[42] Der Zahlende hat nur dann Erklärungsbewusstsein, wenn er die Unwirksamkeit des Vertrags und seine eigene **Genehmigungsberechtigung kennt oder** wenigstens **damit rechnet**. Davon ist ganz regelmäßig nicht auszugehen: Der juristisch unerfahrene ehemalige Minderjährige oder Mündel wird nicht mit der Notwendigkeit familiengerichtlicher Genehmigung rechnen.[43] Selbst wenn von seiner Seite neben der Zahlung weitere Handlungen vorliegen, etwa eine aktive Vertragsgestaltung durch Änderung der Prämienhöhen oÄ, kann das auf dieser Ebene nicht weiterhelfen. Hält der Betreffende das Geschäft für wirksam, mag er tun, was er will, es ist keine bewusste Genehmigung.[44] Daran ändert sich auch nichts, wenn man in den Fällen des § 108 Abs. 3 ausnahmsweise eine nichtempfangsbedürftige Willenserklärung als Genehmigung ausreichen lassen will (→ Rn. 7; → § 108 Rn. 29 ff.).

cc) Genehmigung ohne Erklärungsbewusstsein? Liegt demnach kein Erklärungsbewusstsein vor, **22** kommt es darauf an, ob der Erklärende **fahrlässig übersehen** hat, dass sein Verhalten als Genehmigung verstanden werden darf, und ob der Erklärungsempfänger es **tatsächlich so verstanden** hat. Aber diese Voraussetzungen werden regelmäßig nicht vorliegen. Der häufig von Geschäfts wegen juristisch erfahrene Vertragspartner (die Versicherungsgesellschaft) darf die Prämienzahlungen bei verständiger Würdigung nicht als Genehmigung verstehen, sondern nur als im Hinblick auf einen vermeintlich wirksamen Vertrag vorgenommene Handlungen.[45] Das gilt selbst bei Vornahme aktiver Vertragsanpassungen usw: Hierdurch wird ja das Wissen des „Genehmigenden" von der Unwirksamkeit des Vertrags nicht berührt. Die Schutzwürdigkeit des Vertragspartners ist dadurch erheblich eingeschränkt, dass er es selbst in der Hand hat, den Schwebezustand zu beenden: §§ 108 Abs. 2, 1829 Abs. 2.[46] Sollte der ehemalige Minderjährige dagegen von der Unwirksamkeit des Vertrags wissen, aber trotzdem irrig davon ausgehen, dass immer noch das Familiengericht zur Zustimmung befugt sei, und dem Vertragspartner sein eigenes Einverständnis anzeigen, muss man ihm Erklärungsfahrlässigkeit vorwerfen und ihn an seiner Erklärung festhalten.

dd) Rechtsmissbrauch? Aus demselben, in den §§ 108 Abs. 2, 1829 Abs. 2 liegenden Grund ist es auch **23** nicht rechtsmissbräuchlich (§ 242), sechs Jahre nach Eintritt der Volljährigkeit eine Rückabwicklung des Vertrags zu verlangen.[47] Nach sehr langer Zeit mag das anders aussehen; die Grenze kann man nunmehr analog § 121 Abs. 2 bei **zehn Jahren** ansetzen (→ Rn. 28).[48] Für einen Anspruchsausschluss kann an dieser Stelle nun auch weiteres Verhalten des Versicherungsnehmers sprechen, wenn etwa der volljährig Gewor-

---

42 LG Frankfurt/M. VersR 1999, 702; OLG Hamm NJW-RR 1992, 1186 = VersR 1992, 1502; *Bayer* VersR 1991, 129 (130 f.); aA AG Köln VersR 1992, 1117; AG München VersR 1992, 1117.

43 Vgl. LG Ravensburg VuR 1987, 99 (100).

44 Zust. jetzt Staudinger/*Gursky* BGB § 182 Rn. 10; aA OLG Koblenz VersR 1991, 209; LG Arnsberg VersR 1989, 391.

45 LG Frankfurt/M. VersR 1999, 702; OLG Hamm NJW-RR 1992, 1186 (1187) = VersR 1992, 1502; AG Waldshut-Tiengen VersR 1985, 937 (938); LG Waldshut-Tiengen VersR 1985, 937 (939); *Bayer*

VersR 1991, 129 (131); aA LG Kaiserslautern VersR 1991, 539.

46 Zur Anwendbarkeit des § 108 Abs. 2 nach Eintritt der Volljährigkeit s. BGH NJW 1989, 1728.

47 LG Frankfurt/M. VersR 1999, 702; LG Ravensburg VuR 1987, 99 (100); s. auch OLG Hamm NJW-RR 1992, 1186 = VersR 1992, 1502 (29 Monate).

48 Vgl. LG Verden VersR 1998, 42 (14 Jahre); vgl. für eine Grundschuldbestellung auch LG Wuppertal NJW-RR 1995, 152 (153 f.) (10 Jahre); vgl. ferner BGH LM § 1829 Nr. 3.

dene den (Versicherungs-)Vertrag als Sicherungsmittel einsetzt, ihn jahrelang nicht kündigt und sich mit Dynamikerhöhungen einverstanden erklärt.[49]

24 **c) Vertreterfälle. Dieselben Grundsätze** gelten bei einem vertragskonformen Verhalten eines **vollmachtlos Vertretenen**: Geht dieser wie alle anderen Beteiligten von der Wirksamkeit des Geschäfts aus, liegt in seinem Verhalten nicht der Ausdruck des Willens, ein bisher unverbindliches Geschäft verbindlich zu machen. An seiner Erklärung festhalten kann man ihn nur, wenn er bei pflichtgemäßer Sorgfalt hätte bemerken und vermeiden können, dass sein Verhalten als Genehmigung angesehen werden darf, und der Empfänger es auch so angesehen hat.[50] In den letzten Jahren praktisch relevant geworden ist diese Fallgruppe vor allem wegen einer Vielzahl von Vollmachten, die nach Art. 1 § 1 RBerG aF iVm § 134 BGB nichtig waren. Schwebend unwirksam waren infolgedessen namentlich Darlehensverträge im Zusammenhang mit dem Erwerb von „Schrottimmobilien". Weil zunächst niemand den Mangel erkannte, wurden die Verträge über geraume Zeit hinweg durchgeführt. Streitentscheidende Frage ist daher häufig, ob seitens des Darlehensnehmers während dieser Zeit Genehmigungshandlungen auszumachen sind, etwa bei der Prolongierung der Darlehensverträge. Die umfangreiche, teils auch innerhalb der einzelnen Gerichte nicht einheitliche Rechtsprechung zu diesem Thema lässt sich wie folgt skizzieren: Bevor der BGH im Jahr 2000 seine Rechtsprechung zur Nichtigkeit der dortigen Vollmachten nach dem Rechtsberatungsgesetz begründet hatte, entfiel eine Erklärungsfahrlässigkeit der prolongierenden Partei ohnehin. Aber auch in der Zeit danach hatten die juristischen Laien regelmäßig keinen Anlass, sich über die Rechtslage informieren zu müssen, sodass ihnen auch jetzt kein Versäumnis vorzuwerfen war.[51] Entsprechend dem Schutzzweck der Nichtigkeitsnorm ist es der durch sie geschützten Partei dann auch nur in Ausnahmefällen gemäß § 242 verwehrt, sich auf die Unwirksamkeit zu berufen.[52] Eine Genehmigung (mit Erklärungsbewusstsein) liegt dagegen vor, wenn der Genehmigende – aus welchen Gründen auch immer – Zweifel an der Wirksamkeit des Hauptgeschäfts hat und die Folgehandlung (Prolongation usw) gleichwohl vornimmt.[53] Immer jedenfalls ist die potenzielle Genehmigungshandlung einzelfallbezogen auf ihren Erklärungswert zu untersuchen. Abzulehnen ist der Weg, die Genehmigung über eine (häufig genug nur angeblich!) ausdrückliche Erklärung zu bejahen, die auch ohne Erklärungsbewusstsein immer wirksam sei (wofür dogmatisch kein Grund zu sehen ist).[54]

25 **d) Zusammenfassung.** Damit ergibt sich folgendes Bild in der neueren Rechtsprechung: Die allgemeinen Regeln über Rechtsgeschäfte mit fehlendem Erklärungsbewusstsein werden auch auf Handlungen angewendet, die konkludente Genehmigungen darstellen könnten.[55] Der BGH hat das inzwischen als **ständige Rechtsprechung** bezeichnet, wenngleich er nicht in jedem Urteil darauf eingeht.[56] Die Oberlandesgerichte stellen diese Rechtsprechung nicht explizit in Frage, beachten sie gleichwohl ebenfalls immer wieder nicht.[57]

26 Dieses Bild ändert aber nichts daran, dass aus tatsächlichen und normativen Gründen **in den Minderjährigenfällen häufig keine Genehmigung** anzunehmen sein wird: Der ehemalige Minderjährige oder Mündel rechnet üblicherweise nicht mit der Unwirksamkeit des Vertrags, und der Vertragspartner darf davon auch nicht ausgehen. Als Rettungsanker in Extremfällen bleibt dagegen § 242. Letztlich wird man in diesen Lösungen einen nachwirkenden Reflex des umfassenden Schutzes beschränkt Geschäftsfähiger durch das BGB sehen müssen.

27 **In den Vertreterfällen** kann dagegen bei fehlender Vollmacht schon **früher** als in den Minderjährigenfällen ein **Genehmigungswille oder** zumindest **ein schutzwürdiges Vertrauen** des Geschäftsgegners angenommen werden, so, wenn der Genehmigende von dem vollmachtlos erstellten Werk Gebrauch macht, sich auf eine Vertragsurkunde als Beweismittel beruft oder das Darlehen bedient.[58] Der Grund: Das hier in der

49 LG Freiburg VersR 1998, 41 (10 Jahre).
50 BGH BKR 2003, 942 (944 f.); ZIP 2003, 1692 (1696); NJW 2002, 2325 (2327); DNotZ 2002, 866 (867 f.); BKR 2005, 501 (503); NJW 2010, 861 (862); OLG Karlsruhe NJW 2003, 2690 (2691); BeckRS 2010, 02285; OLG Hamm NJOZ 2009, 608 (620 f.); OLG Stuttgart NJOZ 2007, 1211 (1230); OLG Dresden 11.1.2006 – 8 U 1373/05; KG BKR 2009, 340 (341); OLG München VuR 2005, 337 (338).
51 Lesenswert OLG Stuttgart NJOZ 2007, 1211 (1230 ff.); ferner OLG Dresden 11.1.2006 – 8 U 1373/05; abw. KG BKR 2009, 340 (341) (objektive Rechtslage reiche aus).
52 Vgl. BGH NJOZ 2009, 2672 (2677 f.) = WM 2009, 1271.
53 OLG Frankfurt BKR 2003, 831 (832).
54 So geschehen etwa in OLG Dresden 11.1.2006 – 8 U 1373/05; OLG Frankfurt BeckRS 2006, 10080; OLG München 10.5.2005 – 5 U 4975/04.
55 Grundlegend BGHZ 109, 171, 177 f. = NJW 1990, 454; BGHZ 128, 41, 49 = DtZ 1995, 250 = MDR 1995, 427.
56 BGH BKR 2003, 942 (944 f.) (mit dem Vermerk „st. Rspr."); andererseits BGHZ 154, 283, 288 = NJW 2003, 1594; BGH NJW 2004, 59 (61); NJOZ 2009, 2672 (2675) = WM 2009, 1271 (alle ohne Erwähnung der Möglichkeit fehlenden Erklärungsbewusstseins).
57 ZB OLG Düsseldorf FamRZ 1995, 1066 (1067 f.); OLG München BeckRS 2009, 25400.
58 Vgl. BGH NJOZ 2005, 3918 (3920 f.); OLG Celle BauR 2000, 289; OLG Karlsruhe VersR 1992, 1363; OLG Düsseldorf BeckRS 2005, 06525.

fehlenden Vollmacht liegende Wirksamkeitshindernis besteht normalerweise nicht so verdeckt wie in den Minderjährigenfällen, sondern sollte dem vollmachtlos Vertretenen sofort auffallen, wenn er von dem Vertrag Kenntnis erhält. Erfüllt er nun den Vertrag oder nimmt sonstige auf ihn gestützte Handlungen vor, ist sein Wille, gleichwohl an dem Vertrag festzuhalten, manifest; jedenfalls darf der Geschäftspartner davon ausgehen. Bei ausnahmsweise verstecktem Wirksamkeitshindernis – etwa einer unwirksamen Vollmacht – wird es dagegen regelmäßig sogar an der Erklärungsfahrlässigkeit des „Genehmigenden" fehlen, so dass er nicht an den Vertrag gebunden ist.[59] Das betrifft insbesondere die Prolongation der Darlehensverträge in den „Schrottimmobilien"-Fällen. § 242 hilft auch hier nur ganz ausnahmsweise.

Dieselben Grundsätze gelten auch **in den übrigen Fällen** von Einwilligungen und Genehmigungen ohne Erklärungsbewusstsein, etwa bei der Zustimmung unter Ehegatten in den Fällen der §§ 1365 f.[60] Weniger Schutz als Privatleuten und erst recht als Minderjährigen ist dabei Kaufleuten zuzubilligen. So wird man zB bei der Genehmigung einer Vertragsübernahme durch einen Vollkaufmann im geschäftlichen Verkehr eher die Erklärungsfahrlässigkeit bejahen müssen als bei einem rechtsunkundigen Privatmann.[61]

Bejaht man im Einzelfall eine wirksame Genehmigung trotz fehlendem Erklärungsbewusstsein, ist sie nach § 119 analog **anfechtbar**. Dabei sind allerdings neben der Folge des § 122 die Fristen des § 121 zu beachten: unverzügliche Anfechtung nach Kenntnis (nicht nur Kennenmüssen) des Anfechtungsgrundes (§ 121 Abs. 1 S. 1), Ausschluss nach zehn Jahren (§ 121 Abs. 2). Der Anfechtungsgrund liegt hier darin, dass der Genehmigungsempfänger das Verhalten des Genehmigenden entgegen dessen Vorstellung als Genehmigung verstanden hat. Sobald der Empfänger also in irgendeiner Weise speziell dieses nach dem Vertragsschluss liegende Verhalten des Genehmigenden als wirksamkeitsbegründenden Umstand anführt, muss der Genehmigende ohne schuldhaftes Zögern erklären, rückwirkend nicht am Vertrag festhalten zu wollen. Zehn Jahre nach der Genehmigung wird ihm die Berufungsmöglichkeit auf das dabei fehlende Erklärungsbewusstsein genommen. Diese durch die Schuldrechtsreform neu festgelegte Grenze des § 121 Abs. 2 kann man auch als Grenze für das Eingreifen von § 242 nehmen: Nach zehn Jahren sollen Willensmängel unbeachtlich bleiben; dann soll man nach Treu und Glauben auch aus anderen Gründen keine Rückabwicklung mehr fordern können. In die Richtung dieser zeitlichen Grenze tendiert auch schon die frühere Rechtsprechung (Nachweise → Rn. 23). **28**

e) Einwilligungen. Bei Einwilligungen ist die Frage nach der Notwendigkeit des Erklärungsbewusstseins praktisch bei weitem nicht so wichtig wie bei der Genehmigung. Hier darf nichts anderes gelten: Die Einwilligung ist also wirksam, wenn der Einwilligende die Zustimmungsbedürftigkeit des Geschäfts und seine eigene Zustimmungsberechtigung kennt oder wenigstens damit rechnet; gleichfalls, wenn er bei pflichtgemäßer Sorgfalt bemerken und vermeiden könnte, dass sein Verhalten als Einwilligung angesehen werden darf, und der Empfänger es auch so ansieht. **29**

3. Bedingung, Befristung, Widerruf. Einige ungeklärte Probleme ranken sich um die Frage nach der Zulässigkeit von Bedingung, Befristung und Widerruf von Zustimmungen. **30**

a) Einwilligungen. Bei Einwilligungen herrscht im Grundsatz noch Klarheit. Sie können unbedenklich **bedingt und befristet** werden,[62] nach richtiger Ansicht auch bei Bedingungsfeindlichkeit des davon ja nicht tangierten Hauptgeschäfts.[63] Dass man sie bis zur Vornahme des Hauptgeschäfts **widerrufen** kann, bestimmt § 183 ausdrücklich (s. dort). Bei auflösender Bedingung und Befristung[64] sind Bedingungseintritt bzw. Zeitablauf auch beachtlich, wenn sie nach Vornahme des Hauptgeschäfts geschehen.[65] Es treten dann dieselben Wirkungen wie bei einer auflösend bedingten oder befristeten Genehmigung ein. **31**

b) Genehmigungen. aa) Bedingungen und Befristungen. (1) Streitstand. Ob Genehmigungen Gestaltungsgeschäfte sind, ist umstritten. Jedenfalls kommen sie ihnen nahe, da sie einen bestehenden Schwebezustand beenden, sind also zumindest gestaltungsähnliche Geschäfte.[66] Eine herrschende Meinung im **Schrifttum** nimmt daher an, mit ihrem Charakter vertrügen sich weder Bedingungen noch Befristun- **32**

---

59   Vgl. etwa BGH BKR 2003, 942 (945); ZIP 2003, 1692 (1696); BKR 2005, 501 (503 f.); *Reiter/Methner* VuR 2002, 57 (61 f.); aA zunächst insbes. OLG Frankfurt in st. Rspr., etwa NJW-RR 2005, 1514 (1516); BeckRS 2005, 04310; BeckRS 2006, 10080; s. jetzt aber BeckRS 2008, 16842.

60   Vgl. etwa OLG Koblenz NJW-RR 2016, 135.

61   OLG Saarbrücken NZI 2018, 402 (404).

62   AllgM, s. Staudinger/*Gursky* BGB § 183 Rn. 5; MüKoBGB/*Bayreuther* § 183 Rn. 3; *Rodi*, S. 83, 92, 104; *Wagner* JuS 1997, 690 (695).

63   HM, s. Staudinger/*Gursky* BGB § 183 Rn. 5; MüKoBGB/*Bayreuther* § 183 Rn. 3.

64   Zulässig, s. Staudinger/*Gursky* BGB § 183 Rn. 5; Erman/*Maier-Reimer* BGB § 183 Rn. 2; BeckOK BGB/*Bub* § 183 Rn. 7; *Flume* BGB AT Bd. 2 S. 896; *Wagner* JuS 1997, 690 (695).

65   Vgl. Staudinger/*Gursky* BGB § 183 Rn. 5 (es sei Auslegungssache, ob die auflösende Bedingung dann relevant sein solle).

66   In diesem Sinne: Staudinger/*Gursky* Vor §§ 182 ff. Rn. 52; HKK/*Finkenauer* BGB §§ 158–163 Rn. 38; Soergel/*Leptien* BGB Vor § 182 Rn. 5. Wohl für Gestaltungsgeschäft: BGHZ 125, 355, 358 = NJW 1994, 1785; Erman/*Maier-Reimer* BGB § 184 Rn. 2.

gen.[67] Teils wird eine Einschränkung gemacht: In begründeten Ausnahmefällen müsse die Aufnahme einer Nebenbestimmung möglich sein.[68] Die beachtliche Gegenmeinung, die die generellen Bedenken nicht teilt, etwa weil sie von einer in der Privatautonomie wurzelnden grundsätzlichen Bedingbarkeit von Willenserklärungen aller Art ausgeht, scheint im Vordringen zu sein.[69] Die **Rechtsprechung** älteren Datums lässt bedingte Genehmigungen ausdrücklich zu.[70] Einzelne neuere Entscheidungen haben sich allerdings – wenngleich *obiter* – dagegen ausgesprochen.[71]

33　　**(2) Unstreitiges.** Auch wenn es selten deutlich gesagt wird:[72] Der Streit darf sich ohnehin nur auf Befristungen und echte Bedingungen beziehen. **Rechtsbedingungen sowie Potestativbedingungen**, deren Erfüllung im Belieben der Partei(en) des Hauptgeschäfts liegt, **sind zuzulassen**, wie es bei bedingungsfeindlichen Geschäften auch sonst üblich ist.[73] Hier entsteht keine unerwünschte unabsehbare Schwebelage. Auch gegen Bedingungen und Befristungen, mit denen der Geschäftspartner **einverstanden** ist, bestehen keine Bedenken. Obwohl es unerheblich ist, wem gegenüber der Zustimmende seine Erklärung abgibt (Abs. 1), muss die unproblematisch zulässige Potestativbedingung genau von der Person zu erfüllen sein, die der Empfänger der Genehmigung ist.[74] Es kann also nicht ohne Weiteres etwa der gesetzliche Vertreter dem Vertragspartner des Minderjährigen gegenüber ein Geschäft unter der Bedingung genehmigen, dass der Minderjährige sein Zimmer aufräumt. Hier handelt es sich vielmehr aus Sicht des Vertragspartners um eine Zufallsbedingung, deren Zulässigkeit sogleich zu behandeln ist.

34　　**Unzulässig** ist dagegen eine Bedingung, deren Erfüllung den **Inhalt des Geschäfts selbst beeinflusst**, wenn also beispielsweise der gesetzliche Vertreter den Kauf des Minderjährigen mit der Maßgabe genehmigt, dass der Verkäufer eine bestimmte Garantie für die Kaufsache übernimmt. Hier fehlt es an der nötigen Korrespondenz zwischen der Zustimmungserklärung und dem Hauptgeschäft. Eine derartige Genehmigung kann allerdings in eine Einwilligung zu einem entsprechenden Geschäft umgedeutet werden (→ Rn. 2).

35　　**(3) Aufschiebende Bedingungen.** Für die echten Bedingungen ist zu bedenken: Aus methodischen Gründen verfehlt wäre es, eine Beantwortung der Fragen aus dem Begriff des Gestaltungsgeschäfts – oder hier nach verbreiteter Meinung sogar nur: des gestaltungsähnlichen Geschäfts – abzuleiten, da der Begriff kein gesetzlicher ist.[75] Die Lösung kann man vielmehr nur durch eine Abwägung der Interessen der Beteiligten finden. Hier steht auf der einen Seite das Interesse des Geschäftsgegners dessen, der für seine Willenserklärung der Zustimmung bedarf, oder, in den anderen Zustimmungsfällen, das Interesse aller am Hauptgeschäft beteiligten Personen. Sie wollen Sicherheit haben. Das scheint gegen die Aufnahme von Nebenbestimmungen in die Zustimmung zu sprechen, die wiederum einen Schwebezustand erzeugen. Allerdings besteht ja ohne die Genehmigung auch eine solche Lage der Unsicherheit. Eine aufschiebende Bedingung oder Befristung ändert daran der Sache nach nichts: Es wird nur der eine Schwebezustand durch einen anderen ersetzt. Hinzu kommt, dass der Genehmigungsberechtigte regelmäßig frei ist, wann er seine Genehmigung erteilt. Er kann also ohnehin die Klärung über das Schicksal des Geschäfts nach Belieben hinauszögern.[76]

36　　Anders ist das in den Fällen bereits ergangener Aufforderung des Geschäftsgegners (§§ 108 Abs. 2, 177 Abs. 2 etc): Hier reicht eine aufschiebend bedingte oder befristete Genehmigung sicher nicht.[77] Wenn das **Aufforderungsrecht** und das gleichzeitig bestehende **Widerrufsrecht** (§§ 109, 178 etc) allerdings noch nicht ausgeübt sind, scheint der Geschäftsgegner diese bei bedingter Genehmigung zu verlieren. Das wäre eine sinnwidrige Perpetuierung der Schwebelage. Es sind dem Geschäftsgegner also die beiden Rechte in dem Umfang, in dem er sie vorher hatte (dazu → § 184 Rn. 3 ff.), auch nach erteilter Genehmigung wäh-

---

67 Staudinger/*Gursky* BGB Vor §§ 182 ff. Rn. 52, § 184 Rn. 4; MüKoBGB/*Westermann* § 158 Rn. 28; Soergel/*Leptien* BGB Vor § 182 Rn. 5; BeckOGK/ *Regenfus* BGB § 184 Rn. 11; Palandt/*Ellenberger* BGB Vor § 158 Rn. 13; jurisPK-BGB/*Trautwein* § 184 Rn. 5; Tonner/Willingmann/Tamm/*Tamm* BGB § 184 Rn. 3.

68 Staudinger/*Gursky* BGB Vor §§ 182 ff. Rn. 52 BGB § 184 Rn. 4; Soergel/*Leptien* BGB § 185 Rn. 25.

69 RGRK/*Steffen* BGB Vor § 158 Rn. 18; *Merle* AcP 183 (1983), 81, 90 f.; *Hattenhauer*, S. 294 ff.; im Grundsatz auch *v. Tuhr* BGB AT Bd. 2/2, S. 238 f. (allein aufschiebende Bedingungen); *Wilckens* AcP 157 (1958/1959), 399 ff.; *Rodi*, S. 82 ff. (aufschiebende Bedingungen zulässig, auflösende bisweilen); differenzierend BeckOK BGB/*Bub* § 184 Rn. 4.

70 RG HRR 1928 Nr. 1559 = *Schubert/Glöckner* BGB § 184 Nr. 22; RG HRR 1933 Nr. 1415; offen gelassen von BGH WM 1959, 1195 (1196).

71 OLG Köln BeckRS 2012, 11821; OLG Karlsruhe FamRZ 2016, 264 (265); OLG Rostock BeckRS 2018, 9194.

72 S. aber KG 6.8.1998 – 8 U 8923/96; *Kuhn* RNotZ 2001, 305 (320); *Merle* AcP 183 (1983), 81, 94.

73 Vgl. *Merle* AcP 183 (1983), 81, 94; *Flume* BGB AT Bd. 2 S. 697 f.; einschränkend BeckOGK/*Regenfus* BGB § 184 Rn. 12; hinsichtlich Potestativbedingungen aA *Rodi*, S. 109 ff.

74 AA *Rodi*, S. 111 f.

75 Vgl. *Hattenhauer*, S. 283 ff., 290 ff., dort auch zur grundsätzlichen Zulässigkeit des bedingten Gestaltungsgeschäfts.

76 Zust. *Rodi*, S. 86.

77 So schon *v. Tuhr* BGB AT Bd. 2/2 S. 239; vgl. *Rodi*, S. 95 f.

rend schwebender Bedingung **zuzugestehen**.[78] Konstruktiv geschieht das über eine analoge Anwendung der §§ 108 Abs. 2, 177 Abs. 2 etc bzw. der §§ 109, 178 etc Vor Bedingungseintritt ist eben noch keine unbedingte Genehmigung erteilt. Dieselbe Situation tritt übrigens ein, wenn eine Einwilligung bedingt erteilt worden ist.

(4) Aufschiebende Befristungen. Ist demnach eine aufschiebend bedingte Genehmigung für **zulässig** zu erachten, scheint dasselbe für eine aufschiebende Befristung zu gelten.[79] Diese kollidiert allerdings mit der Rückwirkungsanordnung des § 184 Abs. 1. Zunächst ist also die Frage zu beantworten, ob der Genehmigende durch einseitige Bestimmung die Wirkung seiner Erklärung beschränken kann (→ § 184 Rn. 12). Bejaht man sie, ist die aufschiebend befristete Genehmigung ohne Weiteres zulässig; verneint man sie, so dass die Rückwirkung zwingend eintritt, ist die aufschiebend befristete Genehmigung nur in den Fällen von § 184 Abs. 2 von Bedeutung. | 37

(5) Auflösende Bedingungen und Befristungen. Bei auflösend bedingten oder befristeten Genehmigungen scheint der Rechtfertigungsdruck höher. Immerhin wird hier das Geschäft zunächst wirksam und nach Eintritt des Ereignisses oder Termins ganz unwirksam. Gleichwohl sind auch sie **zuzulassen**; freilich muss man dem Geschäftsgegner wiederum ein **Aufforderungs- und Widerrufsrecht** analog §§ 108 Abs. 2, 109, 177 Abs. 2, 178 usw zugestehen.[80] | 38

(6) Ausweichmöglichkeiten. Durch das der Genehmigung zugrunde liegende Grundgeschäft ergeben sich in manchen Fällen Möglichkeiten, der vorstehend geschilderten Problematik zu entkommen. Weil es nicht sicher ist, ob die Rechtsprechung im Streitfall bedingte oder befristete Genehmigungen für zulässig erachten wird, ist es besser, soweit möglich, die Erfüllung der Bedingungen vorab sicherzustellen und dann – in einem gesonderten Geschäft – eine unbedingte Genehmigung zu erteilen. Das Grundgeschäft verträgt unproblematisch Nebenbestimmungen, so dass man sich darin ohne Weiteres zur Erteilung der Genehmigung unter bestimmten Voraussetzungen verpflichten kann. | 39

bb) Widerruf. Genehmigungen – und ihre Verweigerung – sind nach allgemeiner Ansicht **nicht widerruflich**.[81] Die Unwiderruflichkeit muss man freilich nicht aus einem gestaltungsähnlichen Charakter ableiten, sondern sie ergibt sich bereits aus dem Umkehrschluss zu § 183 S. 1. Ein Widerruf im zeitlichen Rahmen des § 130 Abs. 1 S. 2, also vor Wirksamwerden der Genehmigung, ist zulässig. | 40

4. Anfechtung. a) Anfechtungsgrund. Zustimmungen sind nach §§ 119, 120 und 123 anfechtbar, wenn sich Irrtum, falsche Übermittlung, Täuschung oder Drohung auf die Zustimmungserklärung selbst und nicht nur auf das Hauptgeschäft beziehen.[82] Irrt der Zustimmende allerdings über den Inhalt des Hauptgeschäfts, liegt wegen des inhaltlichen Bezugs der Zustimmung auf das Hauptgeschäft ein Inhaltsirrtum nach § 119 Abs. 1 Alt. 1 vor.[83] | 41

b) Anfechtungsgegner. Problematisch ist die Bestimmung des Anfechtungsgegners. Hier kollidieren § 143 Abs. 3 S. 1 und § 182 Abs. 1 miteinander (zu § 182 Abs. 1 → Rn. 54 f.). Angesichts dessen, dass die Anfechtung nicht *actus contrarius* zur Zustimmung ist, sondern ihren eigenen Regeln unterliegt, muss **§ 143 Abs. 3 S. 1** vorgehen, und die Anfechtung ist mit Erfolg nur an denjenigen zu richten, dem gegenüber die Zustimmung erteilt worden ist.[84] Waren das beide am Hauptgeschäft beteiligten Personen, ist beiden gegenüber anzufechten. **Schadensersatz nach § 122** wird gleichwohl immer allen am Hauptgeschäft Beteiligten geschuldet, die auf die Gültigkeit der Erklärung vertraut haben.[85] Für den Spezialfall der **Vertragsübernahme** durch zweiseitigen Vertrag mit Zustimmung des Dritten verlangt die Rechtsprechung wegen der Gleichwertigkeit zu einem dreiseitigen Vertrag sowohl bei Anfechtung durch den Übernehmer, der Partei des Hauptvertrags ist, als auch bei Anfechtung durch den zustimmenden verbleibenden Vertragspartner eine Erklärung gegenüber den beiden jeweils anderen Mitwirkenden.[86] | 42

c) Person des Täuschenden oder Drohenden. Eine weitere Frage ist es, wem gegenüber ein Anfechtungsgrund vorliegen muss. Relevant wird sie bei § 123 Abs. 1, wenn von beiden am Hauptgeschäft Beteiligten nur einer den Zustimmenden arglistig täuscht oder rechtswidrig bedroht oder die Täuschung oder Drohung von Dritten verübt wird; bei der Irrtumsanfechtung kann der Irrtum des Zustimmenden nicht dieserart aufgespalten werden. Der BGH verlangt bei einer Vertragsübernahme durch zweiseitigen Vertrag zwi- | 43

---

78 Für das Aufforderungsrecht zust. *Rodi*, S. 95.
79 Grundsätzlich zur Zulässigkeit befristeter Gestaltungserklärungen *Hattenhauer*, S. 301 ff.
80 Für das Aufforderungsrecht zust. *Rodi*, S. 119 f.
81 BGHZ 13, 179, 187 = NJW 1954, 1155; BGHZ 125, 355, 358 = NJW 1994, 1785; Staudinger/*Gursky* BGB § 184 Rn. 14.
82 BGHZ 137, 255, 260 = NJW 1998, 531.
83 Staudinger/*Gursky* BGB Vor §§ 182 ff. Rn. 45.

84 Staudinger/*Gursky* BGB Vor §§ 182 ff. Rn. 45; MüKoBGB/*Bayreuther* § 182 Rn. 19; Erman/*Maier-Reimer* Vor § 182 Rn. 13.
85 Staudinger/*Gursky* BGB Vor §§ 182 ff. Rn. 46; BeckOK BGB/*Bub* § 182 Rn. 23.
86 Ganz hM: BGHZ 96, 302, 309 f. = NJW 1986, 918; BGHZ 137, 255, 260 = NJW 1998, 531; zust. Jauernig/*Stürner* BGB § 398 Rn. 32; MüKoBGB/*Roth/Kieninger* § 398 Rn. 189; aA MüKoBGB/*Bayreuther* § 182 Rn. 19.

schen Ausscheidendem und Eintretendem mit Zustimmung des Dritten, dass ein Anfechtungsgrund nach § 123 Abs. 1 oder zumindest eine Zurechenbarkeit nach § 123 Abs. 2 in der Person beider Parteien des Hauptgeschäfts vorliegt, und verweist wiederum auf die Sondersituation bei der Vertragsübernahme (Gleichwertigkeit zu anderen Vertragsgestaltungen) sowie auf die Wertung des § 123 Abs. 2.[87]

44   In der Tat darf die Anfechtbarkeit nicht daran scheitern, dass die Zustimmungserklärung zufällig der einen Partei des Hauptgeschäfts gegenüber erklärt und die Täuschung oder Drohung von der anderen Partei oder einem Außenstehenden mit Kenntnis oder Kennenmüssen der anderen Partei vorgenommen worden ist.[88] Ferner steht der jeweilige Geschäftspartner des Zustimmungsempfängers nicht in dessen „Lager" (vgl. die „Lagertheorie" zu § 123 Abs. 2) und ist nicht dessen Vertreter (vgl. § 166 Abs. 1), so dass eine Zurechnung zwischen ihnen ausscheidet. Im Ergebnis wird man daher für die Anfechtung einer Zustimmungserklärung nach § 123 einen Anfechtungsgrund **in der Person aller am Hauptgeschäft Beteiligten** oder wenigstens Kenntnis oder Kennenmüssen dieser Beteiligten von dem Anfechtungsgrund zu verlangen haben.[89] Bei der Beratung des Zustimmungsberechtigten wird man deshalb auf der sicheren Seite stehen, wenn man über die Informationen, die für seine Entscheidung bestimmend sind und die von einer der Parteien des Hauptgeschäfts herrühren, die andere Partei in Kenntnis setzt.

45   **5. Sonstiges.** Korrekte **Abgabe** (→ Rn. 55) und **Zugang** oder Zustellung sind unentbehrlich. Nur bei notariell beurkundeter Zustimmungserklärung zu einem notariell beurkundeten Vertrag will die herrschende Meinung in entsprechender Anwendung des **§ 152** auf den Zugang verzichten.[90] Allerdings ist hier das Bedürfnis nach einer **Analogie fraglich.** § 152 dient dem Interesse des Antragenden an einem möglichst raschen Vertragsschluss (Beschleunigungsinteresse).[91] Zwar wollen die Parteien des Hauptgeschäfts auch normalerweise ihren Vertrag möglichst bald gültig sehen, aber wegen der Rückwirkungsanordnung des § 184 Abs. 1 wird der Vertrag ohnehin im Zeitpunkt seiner Vornahme wirksam. Die entsprechende Anwendung des § 151 ist daher ebenfalls abzulehnen.[92]

46   Die **Auslegung** geschieht nach §§ 133, 157, auch was Bestimmtheit und Reichweite der Erklärung angeht.[93] Eine Zustimmung, die sich nach Auslegung nach dem objektiven Empfängerhorizont nicht auf ein bestimmtes oder bestimmbares Hauptgeschäft oder eine Gruppe von Hauptgeschäften bezieht, ist nichtig. **Allgemeine Geschäftsbedingungen** können einbezogen werden und unterliegen üblicher Prüfung. Die **§§ 134, 138, 226** bilden die Grenzen für die Privatautonomie auch im Recht der Zustimmung, wenn sie auch selten vorkommen werden. Ist das Hauptgeschäft teilbar und entspricht die Teilung dem Parteiwillen, kann auch eine **Teilzustimmung** erteilt werden (§ 139; ferner → Rn. 11).[94] Zustimmungen beschränkt Geschäftsfähiger bedürfen ihrerseits der Einwilligung (§§ 111, 182 Abs. 3). **Aktiv- wie Passivvertretung** nach §§ 164 ff. sind zulässig und bei Einschaltung eines Notars, der neben der Beurkundung auch die weitere Besorgung der Angelegenheiten übernehmen soll, ggf. auch konkludent anzunehmen.[95]

Die Parallelen zur Stellvertretung führen dazu, dass die Regeln über die **Scheinvollmacht** (§§ 170–173), die **Anscheinsvollmacht** und die **Duldungsvollmacht** entsprechend anzuwenden sind, soweit sie auf das Recht der Zustimmung passen. Einen eindeutigen Fall bilden die §§ 170–173 bei der Einwilligung nicht nur im Rahmen des § 185 (→ § 183 Rn. 17). Anscheins- und Duldungszustimmungen sind in dem Rahmen, den man diesen Figuren ziehen will (etwa Beschränkung der Anscheinseinwilligung wie der Anscheinsvollmacht auf das Handelsrecht), zuzulassen. Ihre Voraussetzungen werden aber in diversen Konstellationen nicht erfüllt sein, wenn nämlich der Rechtsverkehr nur mit Spezialeinwilligungen rechnet und nicht mit Generaleinwilligungen. Dann kann man nicht aus dem Verhalten der Vergangenheit auf das Vorhandensein einer Einwilligung auch für die Zukunft schließen.[96]

IV. Sondergebiete

47   **1. Zivilprozessrecht.** Einwilligungen und Genehmigungen zu Prozesshandlungen (zB Einwilligung des Beklagten zu Klageänderung oder Klagerücknahme, Genehmigung eines vollmachtlos eingelegten Rechts-

---

87   BGHZ 137, 255, 261 ff. = NJW 1998, 531; aA MüKoBGB/*Roth/Kieninger* § 398 Rn. 189.

88   *Flume* BGB AT Bd. 2, S. 546 f.

89   IE Staudinger/*Gursky* Vor §§ 182 ff. Rn. 46; BeckOGK/*Regenfus* BGB § 182 Rn. 95; *Flume* BGB AT Bd. 2 S. 546 f.; aA Soergel/*Leptien* BGB Vor § 182 Rn. 5; Erman/*Maier-Reimer* BGB Vor § 182 Rn. 13.

90   OLG Karlsruhe NJW 1988, 2050; MüKoBGB/*Busche* § 152 Rn. 2; BeckOK BGB/*Eckert* § 152 Rn. 4; Erman/*Armbrüster* BGB § 152 Rn. 4; aA Staudinger/*Gursky* BGB § 182 Rn. 7; BeckOGK/*Regenfus* BGB § 182 Rn. 51.

91   OLG Karlsruhe NJW 1988, 2050; MüKoBGB/*Busche* § 152 Rn. 1.

92   AA jurisPK-BGB/*Trautwein* § 182 Rn. 42; wohl auch OLG Köln NJW-RR 2005, 1252 (1253).

93   Vgl. BGH NJW 2000, 2272 (2274).

94   OLG Hamm DNotZ 2002, 266 (268); Erman/*Maier-Reimer* Vor § 182 Rn. 14; Tonner/Willingmann/ Tamm/*Tamm* BGB § 184 Rn. 4.

95   Soergel/*Leptien* BGB § 182 Rn. 4.

96   S. zu alledem Staudinger/*Gursky* BGB § 182 Rn. 20 f.

mittels) sind selbst **Prozesshandlungen** und keine materiellrechtlichen Erklärungen nach §§ 182 ff.[97] Diese Vorschriften finden trotzdem **bisweilen entsprechende Anwendung**. So gibt es für Einwilligungen ein Widerrufsrecht analog § 183 S. 1 bis zur Vornahme der betreffenden Prozesshandlung.[98] Die sehr streitige Frage, wie lange eine Prozessführungsermächtigung im Rahmen der gewillkürten Prozessstandschaft (→ § 185 Rn. 6) widerrufen werden kann, hat der BGH nunmehr dahin gehend beantwortet, dass der Widerruf analog § 183 mit materiellrechtlicher Wirkung erfolgen kann, solange noch Prozesshandlungen des Prozessstandschafters geboten sind (Hauptgeschäft ist die gesamte gerichtliche Durchsetzung des Rechts); unzulässig wird die Klage allerdings nur, wenn der Widerruf vor dem Beginn der mündlichen Verhandlung des Beklagten erfolgt oder der Beklagte der Abweisung der Klage als unzulässig zustimmt.[99] Die von § 184 Abs. 1 angeordnete Rückwirkung ist im Prozess differenziert zu betrachten. So gilt eine auf Erteilung der Genehmigung gerichtete Klage durch Erteilung während des Prozesses nicht als von Anfang an unbegründet;[100] dagegen wirkt die Genehmigung eines vollmachtlos eingelegten Rechtsmittels oder sonstiger vollmachtlos vorgenommener Prozesshandlungen (zB Stellung eines Insolvenzantrags, Antrag auf Erlass eines Mahnbescheids) zurück, sofern noch kein das Rechtsmittel oder den Antrag als unzulässig abweisendes Prozessurteil bzw. kein entsprechender Beschluss ergangen ist (auch → § 185 Rn. 15).[101] Anderes gilt bei der nach Fristablauf erfolgten Genehmigung der fristgebundenen Prozesshandlung eines nicht Postulationsfähigen.[102] Eine Genehmigung lediglich einzelner Verfahrenshandlungen ist nicht möglich.[103] Zur analogen Anwendung von § 185 → § 185 Rn. 6, 9, 15.

2. Arbeitsrecht. Das wichtigste Beispiel für eine Zustimmung im Arbeitsrecht ist – abgesehen von **48** behördlichen Zustimmungen (→ Rn. 50) – diejenige des **Betriebsrats** zu einer Kündigung nach § 103 BetrVG iVm § 15 KSchG oder aufgrund einer Betriebsvereinbarung (vgl. § 102 Abs. 6 BetrVG). Nach der von der zuvor herrschenden Meinung abweichenden neueren Rechtsprechung des Bundesarbeitsgerichts sind Zustimmungen nach § 103 BetrVG keine Zustimmungen im Sinne der §§ 182 ff. Vielmehr enthielten § 103 BetrVG, § 15 KSchG eine eigenständige und abschließende Regelung.[104] Für die Zustimmung des Betriebsrats nach § 77 Abs. 4 S. 2 BetrVG sollen dagegen die §§ 182 ff. gelten,[105] desgleichen im Rahmen des Mitarbeitervertretungsgesetzes in der Evangelischen Kirche in Deutschland.[106] Arbeitsrechtliche Besonderheiten sind ggebenenfalls bei der Rückwirkung der Genehmigung nach § 184 zu beachten: Genehmigt der Betriebsrat ein (etwa wegen eines unwirksamen früheren Betriebsratsbeschlusses) vom Vorsitzenden ohne Vertretungsmacht vorgenommenes Rechtsgeschäft, wirkt die Genehmigung nach §§ 177 Abs. 1, 184 Abs. 1 regelmäßig zurück, jedoch dann regelmäßig nicht, wenn die Zustimmung keinen Vertrag betrifft, und dann überhaupt nicht, wenn die neue Beschlussfassung erst nach dem für die Beurteilung eines Sachverhalts maßgeblichen Zeitpunkt erfolgt, insbesondere – wegen § 40 BetrVG – wenn dem Arbeitgeber eine Kostentragungspflicht auferlegt wird.[107]

Allgemeinen Regeln entspricht: Zustimmungserfordernisse im Sinne der §§ 182 ff. können sich auch aus Tarifverträgen ergeben (→ Rn. 1).[108] Die Klagefrist des § 4 KSchG beginnt bei Kündigung durch einen Vertreter ohne Vertretungsmacht erst mit Zugang der Genehmigung (→ § 184 Rn. 21).[109] Genehmigt der Arbeitgeber nach § 184 ein vom Arbeitnehmer vollmachtlos abgeschlossenes Geschäft, wirkt die Genehmigung nur im Außenverhältnis; die ggf. vorliegende Kompetenzüberschreitung des Arbeitnehmers im Innenverhältnis wird nicht gewissermaßen mitgenehmigt, so dass eine Sanktionierung mit Abmahnung oder Kündigung weiterhin möglich ist (→ § 184 Rn. 26).[110]

3. Öffentliches Recht. a) Gerichtliche Genehmigungen. Das öffentliche Recht sieht vielfach Zustim- **49** mungserfordernisse auch zu privaten Rechtsgeschäften vor. Eine Sonderrolle spielen hierbei die gerichtlichen Genehmigungen, zB diejenigen des Familiengerichts nach den **§§ 1819 ff.** Sind sie im BGB geregelt, unterliegen sie damit ganz seinen Grundsätzen. Die §§ 182 ff. können also ohne Weiteres ergänzend heran-

97 Staudinger/*Gursky* BGB Vor §§ 182 ff. Rn. 19.
98 RGZ 164, 240, 242; Soergel/*Leptien* BGB § 183 Rn. 3.
99 BGH NJW 2015, 2425 (2427 f.).
100 OLG Köln VersR 1995, 1070 (1071); vgl. ferner RG JW 1936, 2387.
101 GmS-OGB BGHZ 91, 111, 115 = NJW 1984, 2149; BGH NZI 2003, 375; BGH LM § 209 Nr. 10; BPatG GRUR 1989, 495 (496); BeckRS 2008, 16114; OLG Bremen BeckRS 2005, 30364196.
102 BGHZ 111, 339, 343 f. = NJW 1990, 3085.
103 BGHZ 92, 137, 140 ff. = NJW 1987, 130.

104 BAG NJW 2004, 2612 (2613) = NZA 2004, 717; s. schon die Vorinstanz LAG Bln ZInsO 2004, 56; aA etwa noch LAG Hamm NZA-RR 1999, 242 (243).
105 BAG ZIP 1998, 218 (220); NZA 2004, 667 (668); NZA 2014, 217 (218 f.).
106 BAG NJW 2002, 3271 (3273) = NZA 2002, 1081.
107 BAG NZA 2008, 369 (371); NZA-RR 2011, 415 (418); NZA 2015, 368 (369).
108 BAG NZA 2011, 708 (710).
109 BAG NZA 2013, 524 (526).
110 ThürLAG BeckRS 2011, 65685.

gezogen werden, sofern die einschlägigen Spezialvorschriften (im Beispiel die §§ 1828 ff.) keine eigenständige Regelung treffen.[111]

50 **b) Behördliche Genehmigungen.** Behördliche Zustimmungen richten sich nach heute ganz herrschender Meinung allein nach öffentlichem Recht; sie sind **privatrechtsgestaltende Verwaltungsakte**.[112] Die Grundsituation ist allerdings parallel zum bürgerlichen Recht zu beurteilen: Vor Erteilung der Genehmigung ist das bereits vorgenommene Geschäft schwebend unwirksam, nach Erteilung wirksam, nach Verweigerung der Genehmigung (genauer: ihrer Bestandskraft) endgültig unwirksam.[113] Die bestandskräftige Verweigerung der Genehmigung des allein zustimmungsbedürftigen Erfüllungsgeschäfts bedeutet regelmäßig Unmöglichkeit der Verpflichtungen aus dem zugrunde liegenden Verpflichtungsgeschäft (§ 275).[114] Problematisch sind insbesondere die Fragen nach der Rückwirkung einer Genehmigung (zu entscheiden nach dem jeweiligen Gesetzeszweck und subsidiär nach dem Rechtsgedanken des § 184 Abs. 1) und nach Rücknahme oder Widerruf (Rechtsgrundlage sind hier §§ 48 f. VwVfG des Bundes oder die entsprechenden landesrechtlichen Vorschriften; danach hat wegen der bereits eingetretenen Gestaltungswirkung regelmäßig die Bestandskraft Vorrang).[115] § 182 Abs. 2 (Formfreiheit der Zustimmungserklärung) findet keine Anwendung, wenn die jeweils anzuwendenden öffentlich-rechtlichen Normen für das Hauptgeschäft die Beachtung einer bestimmten Form vorsehen; der Schutzzweck dieser Vorschriften, namentlich die Kontrollierbarkeit öffentlichen Handelns, gebietet ihre Einhaltung auch bei der Zustimmungserklärung.[116] Im Kirchenrecht gilt insoweit nichts anderes.[117]

51 **c) Private Zustimmungen.** Auf Zustimmungserklärungen Privater in öffentlich-rechtlichen Zusammenhängen können die §§ 182 ff. entsprechende Anwendung finden, so etwa bei Zustimmungen eines Dritten zu einem öffentlich-rechtlichen Vertrag (§§ 58 Abs. 1, 62 S. 2 VwVfG) und bei der Anmeldung vermögensrechtlicher Ansprüche nach dem VermG durch einen vollmachtlosen Vertreter.[118] Zwingend ist die Heranziehung – außer wenn im Gesetz ausdrücklich vorgesehen – jedoch nicht; abgelehnt wurde die Anwendung von § 183 zB bei der Einverständniserklärung des Grundstückseigentümers mit der Inanspruchnahme seines Eigentums für den Straßenbau und bei der Zustimmungserklärung des Nachbarn zu einem Bauvorhaben.[119] Stets ist zu prüfen, ob die Verfahrenssituation vergleichbar ist; daran fehlt es regelmäßig dann, wenn die Wirksamkeit des öffentlich-rechtlichen Akts, etwa der Baugenehmigung, von der privaten Zustimmung nicht abhängig ist, sondern allein von öffentlich-rechtlichen Normen.

52 **4. Sozialrecht.** Das BSG wendet § 184 Abs. 1 und 2 auf die Feststellung des wohlverstandenen Interesses des Sozialleistungsberechtigten nach § 53 Abs. 2 Nr. 2 SGB I durch den zuständigen Leistungsträger analog an; diese Feststellung lässt die zunächst schwebend unwirksame Übertragung (Abtretung) oder Verpfändung von Ansprüchen auf Geldleistungen wirksam werden, nach dem BSG grundsätzlich rückwirkend (§ 184 Abs. 1), aber mit Vertrauensschutz zugunsten des Sozialleistungsberechtigten (§ 184 Abs. 2).[120] Keine Rückwirkung hat dagegen die Genehmigung der Verlegung eines Vertragsarztsitzes durch den Zulassungsausschuss nach § 24 Abs. 4 aF (jetzt Abs. 7) Ärzte-ZV, weil das die öffentlich-rechtlichen Auswirkungen der Genehmigung nicht zulassen.[121] Dasselbe gilt für die behördliche Genehmigung eines Versorgungsvertrags für die Zulassung eines Krankenhauses zur vertragsärztlichen Versorgung nach §§ 108 Nr. 3, 109 Abs. 3 S. 2 SGB V.[122] In beiden Fällen spielte eine wesentliche Rolle, dass es um statusrelevante Verwaltungsentscheidungen ging. Bei unklaren Erklärungen einer rechtsunkundigen und nicht anwaltlich vertretenen Person muss im Sozialrecht mehr noch als sonst Vorsicht walten, bevor man eine konkludente Zustimmung annimmt.[123]

111 RGZ 142, 59, 62 f.; OLG Zweibrücken NJW-RR 1996, 710 (711); BayObLG FamRZ 1996, 1161 (1163) (alle zu § 184 Abs. 1); allg. BeckOK BGB/Bub § 182 Rn. 13; aA Staudinger/Gursky BGB Vor §§ 182 ff. Rn. 67; PWW/Frensch BGB § 182 Rn. 1.

112 BGHZ 84, 70, 71 = NJW 1982, 2251; Staudinger/Gursky BGB Vor §§ 182 ff. Rn. 60; BeckOK BGB/Bub § 182 Rn. 11. Zu stiftungsrechtlichen Genehmigungen s. Hartmann/Atzpodien FS Schippel 1996, S. 147.

113 Vgl. BGHZ 142, 51, 53, 59 = NJW 1999, 3335; BGHZ 157, 168, 174 = NVwZ 2005, 484.

114 St. Rspr.: BGHZ 37, 233, 240 = NJW 1962, 1715; BGH VersR 1997, 1414 (1415); ein Ausnahmefall (zumutbare andere Art der Erfüllung) in BGHZ 67, 34, 36 = NJW 1976, 1939.

115 Vgl. BGHZ 32, 383, 389 = NJW 1970, 1808; BGHZ 84, 70, 71 f. = NJW 1982, 2251; BGH NJW 1965,

41; BVerwG NJW 1978, 338 f.; OVG Münster NJW 1982, 1771; BSG BeckRS 2006, 41513; Staudinger/Gursky Vor §§ 182 ff. Rn. 62 f.; BeckOK BGB/Bub § 182 Rn. 11.

116 BGH NJW 1984, 606 f. (zu § 56 NRWGO aF).

117 OLG Düsseldorf BeckRS 2018, 28679.

118 BVerwG NJW 1999, 3357 (3358); VG Dresden 28.8.2003 – 1 K 6/01 (zu § 30 a VermG).

119 VGH Mannheim NVwZ-RR 2005, 377 (378 f.) (zu §§ 37 BWStrG, 74 Abs. 6 BWVwVfG); OVG Lüneburg NVwZ-RR 2013, 947 (948) (zu § 68 Abs. 4 NdsBauO); VGH München BeckRS 2006, 20657 (zu Art. 71 Abs. 1 BayBO aF); offen BeckRS 2010, 51885 (zu Art. 6 Abs. 3 BayStrWG).

120 BSG NZS 2001, 104 (105 f.).

121 BSG NZS 2007, 389 ff.

122 BSG BeckRS 2006, 41513.

123 Vgl. SG Leipzig 17.12.2008 – S 19 AS 3992/08 ER.

5. Steuerrecht. Weitaus wichtigstes Problem im Steuerrecht ist die Frage nach der Rückwirkung von **53** Genehmigungen. Die steuerrechtliche Rechtslage ist hierbei unabhängig von der zivilrechtlichen Lage zu beurteilen. Im Einzelnen gilt: Grunderwerbsteuerrechtlich ist die Rückwirkung nach § 184 Abs. 1 nicht zu berücksichtigen (§ 14 Nr. 2 GrEStG 1983); überhaupt kann eine Verkehrsteuer, die an einen einzelnen Rechtsvorgang anknüpft, nicht rückwirkend entstehen.[124] Jedenfalls bei Genehmigungen nach § 177 Abs. 1 ist die Rückwirkung auch weder für die Spekulationsfrist nach dem Einkommensteuerrecht noch im Erbschaftsteuerrecht steuermehrend einzuberechnen.[125] Der BFH bezeichnet es inzwischen sogar als ständige Rechtsprechung, dass die Genehmigung eines Rechtsgeschäfts steuerrechtlich nicht zurückwirke, und differenziert dabei nicht nach Steuerarten.[126]

Eine Genehmigung im Sinne der §§ 182, 184 kann auch zwischen Behörden erfolgen; so, wenn das Veranlagungsfinanzamt den Inhalt einer tatsächlichen Verständigung zwischen dem Steuerpflichtigen und dem (grundsätzlich unzuständigen) Prüfungsfinanzamt uneingeschränkt in seine Steuerfestsetzungen übernimmt.[127]

B. Regelungsgehalt

I. Adressat der Zustimmungserklärung (Abs. 1)

Grundsätzlich kann die Zustimmung ebenso wie ihre Verweigerung wahlweise **der einen oder der anderen** **54** **Partei des Hauptgeschäfts** gegenüber erklärt werden, bei nichtempfangsbedürftigen Willenserklärungen nur dem Erklärenden gegenüber. Erklärung **beiden gegenüber** schadet nichts, zieht aber manche besonderen Folgen nach sich (etwa → Rn. 42). Stehen mehrere Personen auf der Seite des Hauptgeschäfts, der gegenüber die Zustimmung erfolgen soll, ist die Zustimmung allen gegenüber zu erklären, sofern keine Empfangsvertretung vorliegt. **Ausnahmen**, den Empfängerkreis meist einschränkende, teils ausweitende, sieht das Gesetz vor in den §§ 108 Abs. 2, 177 Abs. 2, 876 S. 3, 1071 Abs. 1 S. 2 und 3, 1178 Abs. 2 S. 3, 1245 Abs. 1 S. 3, 1255 Abs. 2 S. 2, 1276 Abs. 1 S. 2, 1366 Abs. 3 S. 1, 1427 Abs. 1, 1453 Abs. 1. Zum Sonderfall des § 108 Abs. 3 → § 108 Rn. 26 ff. Aus der Sicht des zustimmenden Dritten ist das Rechtsgeschäft regelmäßig symmetrisch, so dass es auf die Person des Erklärungsadressaten nicht ankommt. Zustimmungen sind häufig weniger personenorientiert als die meisten „normalen" Willenserklärungen. Die Zustimmung gilt einem bestimmten Geschäft, dessen handelnde Personen für den Zustimmenden nicht immer erheblich sind, während man etwa Verträge häufig primär mit bestimmten Personen abschließen will. Ist das anders – so etwa im Minderjährigenrecht, wo der gesetzliche Vertreter in gewisser Weise in der Sphäre des Minderjährigen steht –, muss das Gesetz Sonderregeln vorsehen (§ 108 Abs. 2), sonst bleibt es beim Grundsatz von Abs. 1. Eine Ausdehnung des § 108 Abs. 2 auf andere Fälle der Zustimmungsbedürftigkeit kraft Aufsichtsrechts ist abzulehnen. Das Risiko, dass der Erklärungsadressat seinen Partner über die Entscheidung des Zustimmungsbefugten nicht oder nicht ordnungsgemäß informiert, ist im Innenverhältnis der Parteien zu bewältigen.

Eine Erklärung gegenüber einem **Unzuständigen** ruft mangels korrekter zielgerichteter Abgabe keine Wir- **55** kungen hervor, auch wenn sie an einen der richtigen Empfänger weitergeleitet wird.[128] Das ist nicht anders als bei Willenserklärungen sonst; eine Ausnahme ist daher nur dann zu machen, wenn der Erklärende mit einer Weiterleitung genau an einen der Zuständigen gerechnet hatte.[129] An dieser Lösung ändert auch die besagte Gegenstandsorientierung der Zustimmungserklärung nichts; denn beispielsweise der Rücktritt, der schließlich auch auf ein bestimmtes Geschäft bezogen ist, wird hinsichtlich der Abgabe als „normale" Willenserklärung behandelt.[130]

II. Form der Zustimmung (Abs. 2)

1. Allgemeines. Der Wortlaut von Abs. 2 ist eindeutig: Die Zustimmung selbst zu formbedürftigen **56** Rechtsgeschäften soll **formlos** möglich sein. Das BGB kennt eine begrenzte Zahl geregelter **Ausnahmen** in den §§ 182 Abs. 3 iVm 111 S. 2 (bei sofortiger Zurückweisung), 1516 Abs. 2 S. 2, 1517 Abs. 1 S. 2, 1597

124 BFH DB 1999, 1685 (1686); BB 2000, 968 (969 f.).
125 BFHE 196, 567, 569 ff. (zu § 23 Abs. 1 Nr. 1 lit. a EStG 1990); BFHE 210, 507 = NJW-RR 2006, 78 (zu § 9 Abs. 1 Nr. 2 ErbStG, § 38 AO); eingehend *Nolte* DStR 2003, 968 (970 f.), auch zu behördl. Genehmigungen.
126 BFH BeckRS 2009, 25015362; vgl. schon BFHE 210, 165 = DStR 2008, 35 (zu §§ 11, 15 a EStG).
127 FG Niedersachsen EFG 2008, 180.

128 Heute im Grundsatz allgM, s. Staudinger/*Gursky* BGB § 182 Rn. 4; BeckOK BGB/*Bub* § 182 Rn. 19; Palandt/*Ellenberger* BGB § 182 Rn. 1; im Detail abw. Soergel/*Leptien* BGB § 182 Rn. 4; jurisPK-BGB/*Trautwein* § 182 Rn. 23.
129 Vgl. BGH NJW 1979, 2032 (2033).
130 Um einen Rücktritt ging es auch in BGH NJW 1979, 2032 (2033).

Abs. 1, 1750 Abs. 1 S. 2, 2120 S. 2 (auf Verlangen) und 2291 Abs. 2; s. ferner § 71 Abs. 2 ZVG. Wenn die Zustimmung selbst formfrei ist, muss erst recht formfrei auch die Verpflichtung des Dritten zur Erteilung einer Zustimmung sein.[131] Vereinbaren die Parteien des Hauptgeschäfts, dass die Genehmigung formbedürftig sein soll, ist das wegen der Nichtabdingbarkeit des Abs. 2 als Bedingung auszulegen, die erst eintritt, wenn die Genehmigung formgemäß erteilt ist.[132]

57 **2. Einschränkende Auslegung? a) Umfang der Diskussion.** Trotz eindeutigem Wortlaut ist der Anwendungsumfang der Norm umstritten: Teilweise wird eine einschränkende Auslegung und damit die Formbedürftigkeit mancher Zustimmungen vertreten. Die Diskussion ist mit Vorsicht zu betrachten, weil häufig nicht zwischen **Einwilligung und Genehmigung** differenziert wird. Regelmäßig ist nur von der Genehmigung die Rede und nicht von der Einwilligung; das deshalb, weil die Genehmigung hier den praktisch wichtigeren Fall darstellt. Der Streit entzündet sich nämlich an dem Punkt, ob diejenigen Zustimmungen, die vom Erklärenden nicht mehr nachträglich widerrufen oder geändert werden können, formbedürftig sein sollen. Die Genehmigung setzt stets ein bereits vorgenommenes Geschäft sofort in Kraft, ohne dass anschließend seitens des Genehmigenden noch Korrekturen vorgenommen werden könnten; bei der Einwilligung gilt das nur ausnahmsweise, nämlich wenn sie – entgegen § 183 – unwiderruflich ist. Es sind also alle Genehmigungen und nur wenige Einwilligungen betroffen. Zum öffentlichen Recht → Rn. 50.

58 **b) Streitstand.** Den Grundsatz des Abs. 2 hat die **Rechtsprechung** des Bundesgerichtshofs lange Zeit jedenfalls für Genehmigungen bestätigt.[133] Ein **Teil des Schrifttums** will demgegenüber die Vorschrift teleologisch reduzieren und fordert in bestimmten Fällen für die Zustimmung die Einhaltung der für das zustimmungsbedürftige Rechtsgeschäft vorgesehenen Form, nämlich durchweg bei der Genehmigung und nach einer Teilmeinung auch bei der Einwilligung.[134] Wegen der sonst eintretenden Verfehlung des Formzwecks, vor allem der Warnfunktion, soll hier ein Formzwang bestehen; das entspricht der herrschenden Interpretation des § 167 Abs. 2 (ausnahmsweise formbedürftige Vollmacht). Die Rechtsprechung verweist dagegen auf die Rechtssicherheit: Bei einer Änderung der Rechtsprechung wäre eine Vielzahl von Verträgen unwirksam; speziell bei Grundstückskaufverträgen, die in der Praxis hier eine große Rolle spielen, wäre bei gleichzeitiger Unwirksamkeit der Auflassung zudem die Heilung nach § 311 b Abs. 1 S. 2 zweifelhaft. Die notarielle Belehrungspflicht beträfe außerdem nur die Folgen der Zustimmung, also das Wirksamwerden des Vertrags, nicht aber dessen Inhalt. Im Übrigen gehe es nicht an, gegen den eindeutigen Wortlaut und die Entstehungsgeschichte der Norm ihren Anwendungsbereich bei allen Genehmigungen auf null zu reduzieren.

59 **c) Neuere Entwicklung?** Vor einiger Zeit schien sich der **BGH** in die Richtung der Literatur zu bewegen. Im Urteil vom 23.1.1998[135] sprach er davon, dass die **Einwilligung** in die streitgegenständliche Auflassung, „wenn sie das formbedürftige Geschäft vorwegnähme, unter dem für dieses selbst geltenden Formgebot" stehe, und verwies dabei auf die Rechtsprechung zur in Abweichung von § 167 Abs. 2 bindenden Vollmacht. Gleichzeitig hielt er für Genehmigungen an der Formfreiheit fest. Die Entscheidung ist bislang vereinzelt geblieben; außerdem handelt es sich um ein *obiter dictum*, da im konkreten Fall kein Anhaltspunkt für eine Bindung der einwilligenden Person vorlag. Nunmehr hat aber das OLG Frankfurt für den Fall der **Genehmigung** einer Vollmacht zur Anmeldung im Handelsregisterverfahren, die nicht durch das eigentliche Vertretungsorgan der GmbH, sondern durch einen Dritten in der Form des § 12 Abs. 1 HGB erteilt worden ist, wegen des Zwecks von § 12 Abs. 1 HGB (Schutz des Rechtsverkehrs durch Identitätsprüfung) das Formerfordernis dieser Vorschrift auf die Genehmigung erstreckt.[136] Das OLG Brandenburg hat bei einer durch einen vollmachtlosen Vertreter abgegebenen Bürgschaftserklärung die Frage nach der Formbedürftigkeit der Genehmigung wegen des Schutzzwecks des § 766 Abs. 1 aufgeworfen, aber offenlassen können.[137]

60 **d) Bewertung.** Die weitere **Entwicklung** der Rechtsprechung ist daher **nicht sicher absehbar**. Insbesondere ist fraglich, ob dauerhaft zwischen (ausnahmsweise) bindender Einwilligung und (generell bindender) Genehmigung unterschieden werden wird. Wenn man nämlich die Ursache der Formbedürftigkeit in der schutzzweckwidrigen Bindungswirkung der Erklärung sieht, gibt es **keinen Grund für eine Differenzie-**

---

131   BGH NJW 1996, 3338 (3339).

132   Staudinger/*Gursky* BGB § 182 Rn. 32; BeckOGK/*Regenfus* BGB § 182 Rn. 172.

133   Grundlegend und zusammenfassend BGHZ 125, 218 = NJW 1994, 1344; ferner BGH NJW 2004, 2382 (2383); NJW-RR 2005, 958 (959) (bei der Vertragsübernahme); NJW 2009, 229 (zu § 15 Abs. 3 GmbHG); zust. etwa Staudinger/*Gursky* BGB § 182 Rn. 27; Palandt/*Ellenberger* BGB § 182 Rn. 2; Hk-BGB/*Dörner* § 182 Rn. 4; *Mertens* JZ 2004, 431 (435 f.); weitere Nachw. in BGHZ 125, 218, 221 f. = NJW 1994, 1344 und bei Staudinger/*Gursky* BGB § 182 Rn. 27.

134   ZB *Medicus/Petersen* BGB AT Rn. 1017; *Flume* BGB AT Bd. 2 S. 890 f.; *Thiele*, S. 135 ff.; differenzierend *Einsele* DNotZ 1996, 835 ff.

135   BGH NJW 1998, 1482 (1484) = LM § 183 BGB Nr. 5 m. zust. Anm. *Wieling*; ebenso Jauernig/*Mansel* BGB § 182 Rn. 6, § 177 Rn. 6; HKK/*Finkenauer* BGB §§ 182–185 Rn. 11; PWW/*Frensch* BGB § 182 Rn. 6.

136   OLG Frankfurt GmbHR 2012, 751; vgl. bereits OLG Köln DStR 1996, 113 zu § 2 GmbHG.

137   OLG Brandenburg BeckRS 2017, 115530.

rung, unabhängig davon, ob die Bindung aus einer besonderen Abrede oder direkt aus dem Gesetz resultiert.[138] Der bloße Umfang der Gesetzeskorrektur, der zugegebenermaßen bei Genehmigungen viel größer wäre, ist ein allzu formales Argument.

e) Praktische Folgen. Die Praxis wird sich auf alles einstellen müssen, soweit nicht ohnehin aus formell-rechtlichen Gründen eine Form notwendig ist (etwa § 29 GBO) oder vom Gericht verlangt wird (etwa § 12 FGG aF/§ 26 FamFG).[139] Sicherheitshalber ist jedenfalls bei unwiderruflichen Einwilligungen die Beachtung der Form des Hauptgeschäfts anzuraten. Für Genehmigungen ist eine dauerhafte Änderung der Rechtsprechung weniger wahrscheinlich; ein Restrisiko für die Wirksamkeit formfreier Erklärungen verbleibt freilich auch hier, namentlich in Spezialmaterien. | **61**

III. Zustimmung zu einem einseitigen Rechtsgeschäft (Abs. 3)

1. Einwilligung. Abs. 3 verweist zur Vermeidung von Wiederholungen für die Einwilligung des Dritten zu einem einseitigen Rechtsgeschäft auf § 111 S. 2 und 3. Danach entfaltet die formfrei erteilte Einwilligung in Ausnahme zu Abs. 2 ausnahmsweise dann keine Wirkungen, wenn der Erklärungsempfänger des Hauptgeschäftes wegen des fehlenden Nachweises der Einwilligung die Erklärung unverzüglich zurückweist und sie damit unwirksam macht (§ 111 S. 2). Das gilt nicht, wenn der Erklärungsempfänger bereits direkt vom Zustimmenden Kenntnis von der Einwilligung erhalten hat (§ 111 S. 3). Auf § 111 S. 1 wird nicht verwiesen, weil hier die Einwilligung gerade fehlt. | **62**

2. Genehmigung. Nicht geregelt ist der Fall einer Genehmigung einseitiger Rechtsgeschäfte. Daraus schließt die herrschende Meinung unter Verweis auf ein in den §§ 111 S. 1, 180 S. 1, 1367, 1831 S. 1 zum Ausdruck kommendes allgemeines Prinzip, einseitige Rechtsgeschäfte könnten nur mit Einwilligung wirksam zustande kommen, die Genehmigung sei **ausgeschlossen**, das Hauptgeschäft unwirksam.[140] In der Tat lässt sich aus dem fehlenden Verweis des Abs. 3 auf § 111 S. 1 nicht das Gegenteil ableiten, denn Abs. 3 spricht nur von der Einwilligung; und der mit formloser Einwilligung die Geschäft Vornehmende darf nicht schlechter gestellt sein (§ 111 S. 2!) als der ohne Einwilligung Handelnde.[141] Also ist eine Genehmigung einseitiger Rechtsgeschäfte im Grundsatz nicht möglich. Eine andere Frage ist, ob man nicht **§ 180 S. 2 analog** anwenden und eine Genehmigung dann gestatten sollte, wenn der Empfänger der einseitigen Erklärung von der fehlenden Einwilligung weiß und sich nicht dagegen wehrt oder sogar ausdrücklich einverstanden ist.[142] Dem ist zuzustimmen, da die Formulierung des Abs. 3 offen ist und die Wertung des § 111 S. 2 hier nicht entgegensteht. | **63**

C. Weitere praktische Hinweise

I. Beweislast

Ist der Abschluss eines zustimmungsbedürftigen Rechtsgeschäfts unstreitig oder bewiesen, ist derjenige, welcher sich auf eine Abweichung vom Zustand der schwebenden Unwirksamkeit beruft, weil eine Zustimmung (Einwilligung oder Genehmigung) entweder erteilt oder verweigert sei, für diesen Umstand darlegungs- und beweispflichtig.[143] Das gilt auch dann, wenn es sich um einen ehemaligen Minderjährigen handelt, der eine Verweigerung der Genehmigung behauptet: Der Minderjährigenschutz setzt hier die allgemeinen Regeln des Beweisrechts nicht außer Kraft.[144] | **64**

138 So iE auch Staudinger/*Gursky* BGB § 182 Rn. 28; *Mertens* JZ 2004, 431 (435 f.).

139 Dazu KG Rpfleger 2001, 589.

140 RGZ 146, 314, 316; LAG Bbg 1.12.2005 – 3 Sa 1641/05; Staudinger/*Gursky* BGB § 182 Rn. 47; Palandt/*Ellenberger* BGB § 182 Rn. 5; Soergel/*Leptien* BGB § 182 Rn. 12; PWW/*Frensch* BGB § 182 Rn. 10; vgl. auch BGH NJW 1997, 1150 (1151 f.) (keine Anwendung von § 185 Abs. 2 auf einseitige Gestaltungsgeschäfte); aA BeckOK BGB/*Bub* § 184 Rn. 3.

141 Staudinger/*Gursky* BGB § 182 Rn. 47.

142 Dafür viele etwa BAG ZIP 1986, 388 (389); Staudinger/*Gursky* BGB § 182 Rn. 47; MüKoBGB/

Bayreuther § 182 Rn. 32; Palandt/*Ellenberger* BGB § 182 Rn. 5; *M. Lange* FG Sandrock 1995, S. 243, 244 ff.; aA Soergel/*Leptien* BGB § 182 Rn. 12; BeckOK BGB/*Bub* § 184 Rn. 3; generell gegen die Anwendung des § 180 S. 2 bei Gestaltungserklärungen OLG Celle MDR 1999, 799 f.; dagegen mit Recht OLG Düsseldorf NJOZ 2006, 4058 (4060).

143 BGH NJW 1989, 1728 (1729); BeckOGK/*Regenfus* BGB § 182 Rn. 199; Tonner/Willingmann/Tamm/*Tamm* BGB § 182 Rn. 9.

144 Vgl. BGH NJW 1989, 1728 (1729); BeckOGK/*Regenfus* BGB § 182 Rn. 199.

II. Formulierungen

65 Wegen der Vielgestaltigkeit der möglichen Sachverhalte ist es kaum möglich, konkrete Formulierungshilfen für Zustimmungen zu geben.[145] Zu beachten sind aber insbesondere das Korrespondenzgebot (→ Rn. 11) und das Bestimmtheitsgebot (→ Rn. 46):

66 **1. Einwilligungen.** Einwilligungen haben Lenkungsfunktion. Je präziser der Einwilligende das Hauptgeschäft beschreibt, desto exakter kann er dessen Inhalt vorweg bestimmen. Weichen die Parteien von den Vorgaben ab, entsteht ihr Hauptgeschäft nicht wirksam. Die Lenkungsmöglichkeiten werden dadurch noch größer, dass Bedingungen und Befristungen unproblematisch zulässig sind (→ Rn. 31). Je nach dem Grad der Freiheit des Zustimmungsberechtigten (→ Rn. 12) können hier also **große taktische Spielräume** ausgenutzt werden.

67 **2. Genehmigungen.** Bei Erteilung und Verweigerung einer Genehmigung ist darauf zu achten, dass man das Hauptgeschäft formal möglichst genau bezeichnet (Datum, Name der Parteien, ggf. kurzes charakteristisches Schlagwort, bei notariellen Geschäften auch Name des Notars und Nummer der Urkundenrolle), **ohne nähere inhaltliche Angaben** zu machen. Die Formulierung, sämtliche in dem – näher bezeichneten – Geschäft abgegebenen Erklärungen zu genehmigen, reicht aus. So stellt man den notwendigen Bezug auf das Hauptgeschäft her, ohne sich in die Gefahr zu begeben, das Korrespondenzgebot zu verletzen. Nach der hier vertretenen Meinung (→ Rn. 32 ff.) besteht auch die Möglichkeit, Bedingungen und Befristungen in die Genehmigung aufzunehmen, sofern sie keine inhaltliche Beeinflussung des Hauptgeschäfts bedeuten (zu anderweitigen Gestaltungsmöglichkeiten → Rn. 39).

§ 183 Widerruflichkeit der Einwilligung

[1]**Die vorherige Zustimmung (Einwilligung) ist bis zur Vornahme des Rechtsgeschäfts widerruflich, soweit nicht aus dem ihrer Erteilung zugrunde liegenden Rechtsverhältnis sich ein anderes ergibt.** [2]**Der Widerruf kann sowohl dem einen als dem anderen Teil gegenüber erklärt werden.**

Literatur: Siehe bei § 182.

A. Allgemeines 1
B. Regelungsgehalt 2
  I. Widerruflichkeit (S. 1 Hs. 1) 2
    1. Voraussetzungen 2
    2. Rechtsfolgen 4
  II. Ausnahmen 5
    1. Abweichendes Grundverhältnis
      (S. 1 Hs. 2) 5
    2. Gesetzliche Anordnung 7

    3. Unwiderrufliche Erteilung 8
    4. Widerruf aus wichtigem Grund 10
      a) Allgemeines 10
      b) Bei abweichendem Grundverhältnis .. 11
      c) Bei gesetzlicher Anordnung 12
      d) Bei unwiderruflicher Erteilung .. 13
    5. Rechtsfolgen 14
  III. Weitere Erlöschensgründe 15
  IV. Erklärungsempfänger (S. 2) 17

A. Allgemeines

1 In Abweichung von § 130 Abs. 1 S. 2 ist die Einwilligung auch noch nach ihrem Zugang bis zur Vornahme des Hauptgeschäfts im Grundsatz widerruflich. Das scheint akzeptabel, weil sie in dieser Phase wesensgemäß noch keine Wirkungen entfaltet; auf der anderen Seite kann es durchaus sein, dass die Parteien des Hauptgeschäfts im Vertrauen auf die Einwilligung bereits Dispositionen für den Abschluss des Geschäfts und seine Durchführung getroffen haben. Im Vertragsrecht hat immerhin ein entsprechender Grund (Dispositionen, die die Gegenseite im Vertrauen auf den Antrag getroffen hat) zur Bindung an den Antrag geführt (§ 145). Eine **Rechtfertigung** der Widerrufsmöglichkeit kann man aber noch darin erblicken, dass es nicht in der Hand des Einwilligenden liegt, einen sofortigen Vertragsabschluss zu erzwingen, so dass ein gegebenenfalls langer Schwebezustand entsteht, verbunden mit unabsehbaren Unwägbarkeiten.[1] Aus demselben Grund lässt sich auch in entsprechender Anwendung der §§ 314, 543, 626 Abs. 1, 671 Abs. 2, 3, 723 Abs. 1 S. 2 an einen Widerruf aus wichtigem Grund denken (→ Rn. 10 ff.).

145 Einzelne Beispiele bei Kersten/Bühling/*Bischoff* Formularbuch und Praxis der Freiwilligen Gerichtsbar-

keit § 25 Rn. 19, 26, 34; BeckFormB BHW/*Weidmann* I. 50; GForm-BGB/*Kristic* § 184 Rn. 1.
1 Wie hier BeckOGK/*Regenfus* BGB § 183 Rn. 9.2.

B. Regelungsgehalt

I. Widerruflichkeit (S. 1 Hs. 1)

1. Voraussetzungen. Wie die Einwilligung selbst ist auch ihr *actus contrarius*, der Widerruf, eine einseitige empfangsbedürftige Willenserklärung, die zu ihrer Wirksamkeit der Erfüllung der **allgemeinen Voraussetzungen** wie zB des Zugangs bedarf. Die Einwilligung ist grundsätzlich in den weiten Grenzen, die Rechtsgeschäften generell gezogen sind (etwa § 226), bis zur Vornahme des Hauptgeschäfts frei widerruflich. [2]

Die **Vornahme des Hauptgeschäfts** ist seine Vollendung.[2] Bei Einwilligungen zu **Grundstücksgeschäften** will eine verbreitete Meinung den Widerruf nur bis zu dem Zeitpunkt zulassen, in dem die Einigungserklärungen der Parteien nach § 873 Abs. 2 bindend werden.[3] Teilweise wird noch zusätzlich die Stellung des Eintragungsantrags gefordert.[4] Zutreffend ist, dass der Widerruf erst bei Vorliegen von bindender Einigung und Eintragungsantrag nicht mehr erfolgen kann; das ergibt sich aus einer analogen Anwendung des § 878 (Verfügung ohne Zustimmung entspricht einer Verfügung trotz Verfügungsbeschränkung).[5] Daher kommt es auch nicht darauf an, wer den Eintragungsantrag gestellt hat.[6] Wollte man dagegen die Bindung nach § 873 Abs. 2 allein ausreichen lassen, müsste man konsequenterweise auch bei Abgabe eines nach § 145 bindenden zustimmungsbedürftigen Antrags den Widerruf ausschließen.[7] Dass das Gesetz den Ausdruck „Rechtsgeschäft" hier in diesem Sinne versteht, ist aber nicht anzunehmen.[8] [3]

2. Rechtsfolgen. Rechtsfolge des Widerrufs ist **nur die Beseitigung** der Einwilligung. Eine Bindung des Widerrufenden tritt nicht ein, so dass er in der Folge frei erneut einwilligen, nach Vornahme des Hauptgeschäfts genehmigen oder seine Zustimmung verweigern kann. [4]

II. Ausnahmen

1. Abweichendes Grundverhältnis (S. 1 Hs. 2). Die Einwilligung ist dann nicht widerruflich, wenn sich das aus dem ihrer Erteilung zugrunde liegenden Rechtsverhältnis ergibt (S. 1 Hs. 2); allgemein zu Grundverhältnis und Grundgeschäft → § 182 Rn. 8. Das Grundgeschäft kann die Unwiderruflichkeit ausdrücklich bestimmen oder – das macht im Ergebnis keinen Unterschied – eine Pflicht zur Erteilung der Einwilligung vorsehen. Neben diesen Fällen lässt sich eine allgemeine Regel, wann das Grundgeschäft die Widerruflichkeit ausschließt, kaum angeben. Ein deutliches Indiz dafür ist es immerhin, wenn die Einwilligung gerade wegen der Interessen des Ermächtigten erteilt wird. Je mehr dieser aus Gründen, die im Grundgeschäft liegen, auf das Weiterbestehen der Einwilligung angewiesen ist, etwa weil er auf deren Basis disponieren muss, desto eher wird man die Unwiderruflichkeit auch ohne ausdrückliche Festlegung annehmen müssen. [5]

Als Paradebeispiel dient der **verlängerte Eigentumsvorbehalt**. Grundgeschäft ist hier der Kaufvertrag. Nach seinem Sinn und Zweck – Schaffung der Dispositionsmöglichkeit für den Käufer – ist die Einwilligung des Vorbehaltsverkäufers in die Weiterveräußerung der unter Eigentumsvorbehalt verkauften Ware durch den Vorbehaltskäufer nicht frei widerruflich; das muss nicht einmal ausdrücklich bestimmt werden.[9] Auch die nach §§ 5, 6 ErbbauRG notwendige Zustimmung des Grundstückseigentümers wird ab Wirksamkeit der schuldrechtlichen Vereinbarung über die Veräußerung unwiderruflich.[10] Dasselbe dürfte für § 12 WEG, die Zustimmung zur Veräußerung von Wohnungseigentum, gelten.[11] Weitere Beispiele gibt es im Gesellschaftsrecht: So scheidet ein Widerruf aus bei der unwiderruflichen Kündigung der Mitgliedschaft in einer GmbH, in der gleichzeitig die Zustimmung zur Einziehung des Gesellschaftsanteils des Kündigenden liegt; hier liegt die Gefahr darin, dass durch die Beseitigung der Zustimmung die Durchführung des Austritts des Kündigenden trotz unwiderruflicher Kündigung verhindert werden könnte.[12] [6]

2　BGHZ 14, 114, 119 = LM § 455 Nr. 5; Staudinger/*Gursky* BGB § 183 Rn. 10; BeckOGK/*Regenfus* BGB § 183 Rn. 3.

3　BGH NJW 1998, 1482 (1484) (obiter); OLG Brandenburg 10.1.2008 – 5 U 15/07; Palandt/*Ellenberger* BGB § 183 Rn. 1; *Flume* BGB AT Bd. 2 S. 897.

4　MüKoBGB/*Bayreuther* § 183 Rn. 12; Soergel/*Leptien* BGB § 183 Rn. 3; Hk-BGB/*Dörner* § 183 Rn. 4; BeckOK BGB/*Bub* § 183 Rn. 3; vgl. AG Zossen BeckRS 2014, 21177.

5　So BGH NJW 1963, 36 (37 f) für §§ 5, 6 ErbbauVO (in NJW 2017, 3514 ff. nicht grundsätzlich angegriffen); vgl. OLG Düsseldorf Rpfleger 1996, 340 (341) = MittRhNotK 1996, 276; OLG Köln Rpfleger 1996,

106; OLG Hamburg BeckRS 2011, 18986; OLG Frankfurt BeckRS 2013, 20996; allg. BeckOGK/*Regenfus* BGB § 183 Rn. 14; Hk-BGB/*Dörner* § 183 Rn. 4; *Thiele*, S. 302 ff.; offen BGHZ 195, 120, 124 = NJW 2013, 299 und BGH BeckRS 2013, 12880 für § 12 WEG.

6　AA *Thiele*, S. 303.

7　So in der Tat *Flume* BGB AT Bd. 2 S. 896 f.

8　Vgl. Staudinger/*Gursky* BGB § 183 Rn. 10; BeckOGK/*Regenfus* BGB § 183 Rn. 15.

9　BGH NJW 1969, 1171.

10　BGH NJW 2017, 3514 (3515 f.).

11　BGH NJW 2017, 3514 (3516) (obiter).

12　OLG Köln NJW-RR 1997, 356.

7   **2. Gesetzliche Anordnung.** Die Unwiderruflichkeit ist zur Erzielung von Rechtssicherheit in diversen Fällen gesetzlich angeordnet, vor allem im Sachenrecht, zB: §§ 876 S. 3, 880 Abs. 2 S. 3, 1245 Abs. 1 S. 3, 1516 Abs. 2 S. 3, 2291 Abs. 2.

8   **3. Unwiderrufliche Erteilung.** Die Einwilligung ist schließlich nicht widerruflich, wenn sie selbst unwiderruflich erteilt worden ist oder der Einwilligende nachträglich auf sein Widerrufsrecht verzichtet hat. Dabei sollte man hierunter nicht die Fälle fassen, in denen die Unwiderruflichkeitserklärung lediglich einen Bezug auf das Grundgeschäft darstellt, nach dem der Erklärende zur unwiderruflichen Erteilung der Einwilligung verpflichtet ist. Dabei erhält nämlich die abstrakte Zustimmungserklärung keinen vom Normalfall abweichenden Inhalt, der in ihr selbst begründet liegt. Die Unwiderruflichkeit ergibt sich vielmehr aus der im Gesetz vorgesehenen Rückkopplung mit dem Grundgeschäft, so dass ein Fall von oben → Rn. 5 vorliegt. Die Rückkopplung fehlt allerdings bei Unwirksamkeit des Grundgeschäfts; dann kann man nicht mehr davon sprechen, dass aus dem der „Erteilung [der Einwilligung] zugrunde liegenden Rechtsverhältnis sich ein anderes ergibt", so dass eine Gleichstellung mit den selbstständig für unwiderruflich erklärten Einwilligungen gerechtfertigt ist. Dieser dritten Gruppe von Ausnahmen bleiben also die Fälle, in denen das Grundverhältnis die Unwiderruflichkeit nicht vorsieht oder ganz fehlt, etwa weil es unwirksam ist.

9   Auch hier gibt es eine Leitentscheidung aus dem Gesellschaftsrecht: Die vorbehaltlose Zustimmung der übrigen Gesellschafter zur treuhänderischen Sicherungsabtretung eines Kommanditanteils schließt die Einwilligung zur späteren Rückübertragung nach Ende des Sicherungszwecks mit ein; diese Einwilligung zur Rückübertragung ist unwiderruflich, weil die Mitgesellschafter bei Erteilung ihrer Zustimmung zum Treuhandgeschäft genau wissen, dass dieses seiner Natur nach vorübergehend gedacht ist und der Rückübertragung folgen soll.[13] Wenn der BGH in dieser Entscheidung auf den „Grundsatz des Vertrauensschutzes" abstellt, liegt darin die zutreffende **Auslegung der Zustimmungserklärung** nach dem Empfängerhorizont; mit anderen Worten, auch der Verzicht auf das Widerrufsrecht kann konkludent erfolgen.

10   **4. Widerruf aus wichtigem Grund.   a) Allgemeines.** Diskutiert wird in manchen Fällen einer eigentlich unwiderruflichen Einwilligung die weiter bestehende Möglichkeit eines Widerrufs aus wichtigem Grund, ebenso wie nach ganz herrschender Meinung eine unwiderrufliche Vollmacht aus wichtigem Grund widerrufen werden kann (→ § 168 Rn. 13).[14] Aus wichtigem Grund soll widerrufen werden können, wenn eine Partei des Hauptgeschäfts die Interessen des Einwilligenden (schuldhaft) gefährdet, also etwa das Verhalten des Vorbehaltskäufers (Nichtzahlung trotz vorhandener Geldmittel) die Sicherheit des Verkäufers in Gefahr bringt.[15] **Hier ist zu differenzieren:**

11   **b) Bei abweichendem Grundverhältnis.** Bei einer auf dem Grundgeschäft basierenden Unwiderruflichkeit (→ Rn. 5) benötigt man die Figur nicht: Hier wird sich schon aus der Auslegung des Grundgeschäfts ergeben, dass es für die ohnehin seltenen Fälle, in denen ein wichtiger Grund vorliegt, die Widerrufsmöglichkeit nicht ausschließt. Das gilt umso mehr, wenn man das Erlöschen der Einwilligung analog § 168 S. 1 bei Beendigung des Grundverhältnisses anerkennt (→ Rn. 15); denn dann kann sich der Wegfall der Einwilligung bereits aus der Kündigung des Grundverhältnisses ergeben, ohne dass es eines gesonderten Widerrufs bedürfte. So entfällt bei Rücktritt des Vorbehaltsverkäufers vom Kaufvertrag auch ohne Weiteres die Ermächtigung zum Weiterverkauf der Ware.[16] Aber auch sonst schafft der Weg über die **Auslegung des Grundgeschäfts** Raum für flexible, dem Einzelfall angepasste Lösungen.

12   **c) Bei gesetzlicher Anordnung.** Mit Sicherheit ist ein Widerruf auch aus wichtigem Grund nicht möglich, wenn die Unwiderruflichkeit gesetzlich angeordnet ist (→ Rn. 7). Extremfälle können über § 242 gelöst werden.

13   **d) Bei unwiderruflicher Erteilung.** Als eigenständige Rechtsfigur sinnvoll ist der Widerruf aus wichtigem Grund allein dann, wenn die Einwilligung selbst unwiderruflich erteilt worden ist, ohne dass sich das aus einem ihr zugrunde liegenden Rechtsgeschäft ergibt (→ Rn. 8). Hier wird man den Einwilligenden in der Tat nicht an seiner Erklärung festhalten dürfen, wenn ein Grund vorliegt, der die Bindung für ihn **unzumutbar** erscheinen lässt und der andererseits die **Schutzwürdigkeit des Ermächtigten reduziert**. Es darf sich dabei aber **nur** um **Ausnahmefälle** handeln, zumal wenn die Einwilligung beiden an dem Hauptgeschäft beteiligten Personen gegenüber erklärt worden ist.[17] Ein Ausnahmefall ist etwa bei Unwirksamkeit des Grundgeschäfts gegeben. Während diese Unwirksamkeit nicht unmittelbar die der Einwilligung nach sich ziehen kann (Abstraktionsprinzip), bildet sie doch einen wichtigen Grund für einen Widerruf.[18]

---

13   BGHZ 77, 392, 396 f. = NJW 1980, 2708; vgl. bereits BGH NJW 1965, 1376 (1377).

14   Staudinger/*Gursky* BGB § 183 Rn. 14; Soergel/*Leptien* BGB § 183 Rn. 4; zurückhaltend *Medicus/Petersen* BGB AT Rn. 1020.

15   BGH NJW 1969, 1171; Staudinger/*Gursky* BGB § 183 Rn. 14; Tonner/Willingmann/Tamm/*Tamm* BGB § 183 Rn. 7.

16   BGH NJW 2007, 2485 (2487).

17   So in BGHZ 77, 392 = NJW 1980, 2708; der BGH ist hier völlig zu Recht zurückhaltend. Vgl. ferner jurisPK-BGB/*Trautwein* § 183 Rn. 5.

18   Staudinger/*Gursky* BGB § 183 Rn. 22; BeckOGK/ *Regenfus* BGB § 183 Rn. 32.

5. Rechtsfolgen. Rechtsfolge unwiderruflicher Einwilligungen ist ihr **sofortiges Wirksamwerden**, so **14** dass die Wirksamkeitsvoraussetzungen (etwa Geschäftsfähigkeit, Zustimmungsbefugnis) nur im Zeitpunkt der Erteilung vorliegen müssen.[19] Die bindende Einwilligung im Sachenrecht bedeutet eine Inhaltsänderung desjenigen Rechts, aufgrund dessen der Einwilligende zustimmen musste. Damit geht dieses Recht auf jeden Rechtsnachfolger, ob Einzel- oder Gesamtrechtsnachfolger, mit dem geänderten Inhalt über (§§ 413, 404), also ohne die Möglichkeit, das Hauptgeschäft noch zu verhindern. Allerdings kann im Grundstücksrecht der mittels eines Verkehrsgeschäfts Erwerbende bei Redlichkeit und fehlender Eintragung eines Widerspruchs im Grundbuch nach § 892 Abs. 1 S. 1 das Recht ohne Bindung an die Zustimmung erwerben.[20]

III. Weitere Erlöschensgründe

Die Einwilligung erlischt außer durch Widerruf durch den Eintritt einer **auflösenden Bedingung** oder einer **15** **auflösenden Befristung** sowie bei **Verzicht des Ermächtigten**. Außerdem ist § 168 S. 1 analog anwendbar, so dass bei **Wegfall des Grundverhältnisses** auch die Einwilligung automatisch erlischt.[21] Auch beim **Tod des Ermächtigten** ist das Schicksal des Grundverhältnisses nach den jeweils geltenden Regeln zu prüfen (zB § 673 S. 1).[22] **Stirbt der Einwilligende**, bleibt die Einwilligung bestehen, und seine Erben oder, soweit die Rechtsstellung nicht vererblich ist (→ § 182 Rn. 14), sein Nachfolger im Amt etwa des Vormunds können sie widerrufen, wenn sie noch widerruflich war.[23] Entsprechendes gilt bei **nachträglich eintretender Geschäftsunfähigkeit**.[24]

In der **Insolvenz der Beteiligten** ist zu unterscheiden: Wird über das Vermögen des Einwilligenden das **16** Insolvenzverfahren eröffnet, erlischt die Einwilligung immer dann, wenn das zustimmungsbedürftige Rechtsgeschäft vermögensrechtliche Bedeutung für die Insolvenzmasse hat.[25] Die Folgen der Insolvenz des Ermächtigten ergeben sich aus einer Auslegung des Grundgeschäfts.[26] Der **Verlust des Rechts**, aufgrund dessen eine widerrufliche Einwilligung erteilt worden ist, lässt diese bei Einzelrechtsnachfolge grundsätzlich erlöschen (Ausnahme: Übertragung nach §§ 398 ff., wegen § 404), bei Gesamtrechtsnachfolge bestehen.[27] Allerdings soll die Zustimmung eines WEG-Verwalters zur Veräußerung von Wohnungseigentum nach § 12 WEG nicht unwirksam werden, wenn sein Amt vor dem in § 878 genannten Zeitpunkt (bindende Einigung und Eintragungsantrag, → Rn. 3) geendet hat. Der BGH begründet das damit, dass die Verwalterzustimmung den (anderenfalls notwendigen) Beschluss der anderen Wohnungseigentümer ersetzt und dieser bindend ist.[28] Er hat damit die zuvor unter den Oberlandesgerichten höchst umstrittene Frage zugunsten der in den letzten Jahren vordringenden Meinung entschieden. Die Begründung ist auf andere Träger eines vergleichbaren privaten Amts, wie Testamentsvollstrecker oder Nachlassverwalter, zu übertragen, wenn diese während ihrer Amtszeit Erklärungen im eigenen Namen mit Wirkung für und gegen den Rechtsinhaber abgeben.[29]

IV. Erklärungsempfänger (S. 2)

Erklärungsempfänger des Widerrufs kann wie bei der Erteilung oder Verweigerung der Zustimmung (§ 182 **17** Abs. 1) **der eine oder der andere Teil des Hauptgeschäfts** sein. Dabei ist es – das zeigt die offene Formulierung des S. 2 – unerheblich, wem gegenüber ursprünglich die Zustimmung erteilt worden ist. Man kann also ohne Weiteres der einen Partei des Hauptgeschäfts gegenüber einwilligen und der anderen gegenüber widerrufen. Die Bedeutung dieses Grundsatzes wird allerdings dadurch eingeschränkt, dass nach allgemeiner Meinung die **§§ 170–173 entsprechend** anzuwenden sind.[30] Gegebenenfalls muss sich also beispielsweise der Einwilligende vom gutgläubigen (nicht fahrlässigen, § 173 analog) anderen Teil des Hauptge-

19 OLG Hamm MittRhNotK 1995, 24 (25).
20 OLG Hamm MittRhNotK 1995, 24 (25); Staudinger/ *Gursky* BGB § 876 Rn. 34.
21 Heute im Grundsatz allgM, s. Staudinger/*Gursky* BGB § 183 Rn. 20; MüKoBGB/*Bayreuther* § 183 Rn. 4; vgl. BGH NJW 2000, 738 (739) (für eine Ermächtigung zur Prozessführung; im Einzelnen abw. aber Staudinger/*Gursky* BGB § 183 Rn. 21 („im Wesentlichen" nur in Fällen des § 185), BeckOK BGB/*Bub* § 183 Rn. 7 („im Zweifel"); MüKoBGB/ *Bayreuther* § 183 Rn. 4.
22 Staudinger/*Gursky* BGB § 183 Rn. 23.
23 Staudinger/*Kunz* BGB § 1922 Rn. 592.
24 Zust. Tonner/Willingmann/Tamm/*Tamm* BGB § 183 Rn. 8.

25 BGHZ 142, 72, 75 = NJW 1999, 2969; BGH NJW 2000, 738 (739); MüKoBGB/*Bayreuther* § 183 Rn. 7; iE auch Staudinger/*Gursky* BGB § 183 Rn. 25 ff.
26 AA Staudinger/*Gursky* BGB § 183 Rn. 24; MüKo-BGB/*Bayreuther* § 183 Rn. 8: Auslegung/Zweck der Einwilligung.
27 OLG Düsseldorf Rpfleger 1996, 340 (341) = Mitt-RhNotK 1996, 276; OLG Celle NZM 2005, 260; Staudinger/*Gursky* BGB § 183 Rn. 28; MüKoBGB/ *Bayreuther* § 183 Rn. 6; *Thiele*, S. 303.
28 BGHZ 195, 120, 124 ff. = NJW 2013, 299; BGH BeckRS 2013, 12880.
29 Vgl. BGHZ 195, 120, 125 f. = NJW 2013, 299.
30 S. nur Staudinger/*Gursky* BGB § 183 Rn. 17.

schäfts die ihm erteilte Einwilligung auch nach Widerruf gegenüber dem einen Teil entgegenhalten lassen (§ 170 analog).

§ 184 Rückwirkung der Genehmigung

(1) Die nachträgliche Zustimmung (Genehmigung) wirkt auf den Zeitpunkt der Vornahme des Rechtsgeschäfts zurück, soweit nicht ein anderes bestimmt ist.

(2) Durch die Rückwirkung werden Verfügungen nicht unwirksam, die vor der Genehmigung über den Gegenstand des Rechtsgeschäfts von dem Genehmigenden getroffen worden oder im Wege der Zwangsvollstreckung oder der Arrestvollziehung oder durch den Insolvenzverwalter erfolgt sind.

Literatur: Siehe bei § 182.

A. Allgemeines	1		a) Im Hauptgeschäft	11
I. Voraussetzungen	1		b) In der Genehmigung	12
1. Hauptgeschäft, Genehmigungspflicht	1	2.	Wirksamkeit von Zwischenverfügungen	
2. Zuständigkeit	2		(Abs. 2)	13
3. Frist, Aufforderungsrecht, Widerrufsrecht	3		a) Allgemeines	13
a) Gesetzliche Regelungen	3		b) Definitionen und Voraussetzungen	14
b) Allgemeines Prinzip	4		c) Regelungsumfang	17
c) Pflichten der Parteien	6	3.	Abweichende gesetzliche Bestimmungen	18
II. Rechtsfolgen	7	4.	Nicht geregelte Ausnahmen	19
1. Genehmigung	7		a) Verjährung	20
2. Verweigerung der Genehmigung	8		b) Andere Fristen	21
B. Regelungsgehalt	9		c) Verzug	22
I. Überblick	9		d) Gestaltungsgeschäfte	23
II. Grundsatz (Abs. 1 Hs. 1)	10		e) Nachträglicher Rechtserwerb	24
III. Ausnahmen	11		f) Vertrags- oder rechtswidriges Zwi-	
1. Abweichende Parteivereinbarung			schenverhalten	26
(Abs. 1 Hs. 2)	11		g) Sondergebiete	27

A. Allgemeines

I. Voraussetzungen

1 **1. Hauptgeschäft, Genehmigungspflicht.** Genehmigungen sollen zur Wirksamkeit des Hauptgeschäfts führen. Voraussetzung jeder Genehmigung ist, dass das **Hauptgeschäft (noch) als schwebend unwirksames besteht**, also nicht durch Widerruf, Rücktritt oder sonstige Gründe untergegangen ist oder von vornherein endgültig unwirksam war (etwa wegen §§ 111 S. 1, 180 usw); entscheidend ist der Zeitpunkt des Zugangs der Genehmigung.[1] Bei Löschung der ursprünglich vorhandenen Eintragung im Grundbuch wird die dazugehörige zunächst schwebend unwirksame Einigung endgültig unwirksam und kann nicht mehr genehmigt werden.[2] Dient die nach § 177 zustimmungsbedürftige Erklärung des *falsus procurator* der Wahrung einer gesetzlichen oder vertraglichen Ausschlussfrist, muss meistens auch die Genehmigung **innerhalb der Frist** erfolgen. Das hat die Rechtsprechung unter weitgehender Zustimmung des Schrifttums für eine Reihe von Fallgestaltungen zu Recht so entschieden, weil die meisten dieser Fristen die Schaffung klarer Rechtsverhältnisse bezwecken.[3] Stets kommt es aber auf den Zweck der jeweiligen Ausschlussfrist an, so dass bisweilen auch noch die nach Fristablauf erfolgte Genehmigung volle (Rück-)Wirkung entfalten kann. Das ist etwa dann der Fall, wenn an die fristgebundene Erklärung ohnehin zugunsten des Erklärenden

---

1   Zur Lage bei Insolvenz des ausscheidenden Partners bei der Vertragsübernahme s. *Lange* ZIP 1999, 1373 ff.

2   BGH MDR 1971, 380; Staudinger/*Gursky* BGB § 184 Rn. 10; BeckOGK/*Regenfus* BGB § 184 Rn. 4.

3   BGHZ 32, 375, 382 f. = NJW 1960, 1805 (Ausübung eines gesetzlichen Vorkaufsrechts); BGH NJW 1973, 1789 (1790) (Annahme eines Vertragsangebots bei rechtsgeschäftlich bestimmter Frist); NJW-RR 2003, 303 (304) (Fristsetzung mit Kündigungsandrohung; BAG NJW 1987, 1038 (1039) (fristlose Kündigung); BVerwG NJW 1999, 3357 (3358) (Anmeldung eines vermögensrechtlichen Anspruchs nach § 30 a Abs. 1

S. 1 VermG); OLG Hamburg MDR 1988, 860 (861) (Annahme eines Grundstückskaufangebots bei kirchenaufsichtlicher Genehmigungspflicht); *M. Lange* FG Sandrock 1995, S. 243 ff. (fristlose Kündigung, nicht jedoch ordentliche Kündigung); vgl. allgemein MüKoBGB/*Schubert* § 177 Rn. 51 f.; PWW/*Frensch* BGB § 184 Rn. 2; generalisierend Soergel/*Leptien* BGB § 184 Rn. 8; jurisPK-BGB/*Trautwein* § 184 Rn. 3; wie hier differenzierend, aber einen anderen Schwerpunkt annehmend BeckOGK/*Regenfus* BGB § 184 Rn. 19 f.; aA Staudinger/*Gursky* BGB § 184 Rn. 21; Jauernig/*Mansel* BGB § 184 Rn. 2; *Jauernig* FS Niederländer 1991, S. 285 ff.

keine strengen Anforderungen gestellt werden (keine Formbindung, keine Vorlage einer Vollmacht notwendig) und es den Interessen des Erklärungsempfängers nicht entgegensteht, bei Fristablauf noch nicht sicher feststellen zu können, ob die Erklärung wirksam ist.[4] Die **Genehmigungspflicht** darf nicht entfallen sein, etwa wegen Gesetzesänderungen, denn sonst ist das Geschäft bereits endgültig wirksam.[5]

2. Zuständigkeit. Stark umstritten ist, in welchem Zeitpunkt der insbesondere eine Verfügung Genehmigende seine Berechtigung (Rechtsträgerschaft und Verfügungsmacht, → § 185 Rn. 3) innehaben muss: ob bei Vornahme des Hauptgeschäfts oder bei Zugang der Genehmigung.[6] Das Problem wird dadurch etwas entschärft, dass auch die herrschende Meinung, die auf den **Zugang der Genehmigung** abstellt, diverse Ausnahmen anerkennt.[7] So kann der frühere (letzte) Eigentümer – mit der Folge des § 816 Abs. 1 S. 1 – eine Verfügung genehmigen, wenn die Sache in der Zwischenzeit physisch oder rechtlich (§§ 946 ff.) untergegangen ist.[8]

3. Frist, Aufforderungsrecht, Widerrufsrecht. a) Gesetzliche Regelungen. Eine allgemeine Frist für die Erteilung der Genehmigung sieht das Gesetz nicht vor. Da der Schwebezustand mithin sehr lange andauern kann, gibt es verschiedentlich Regelungen, die einer Partei des Hauptgeschäfts die Möglichkeit geben, sich von diesem zu lösen. Das geschieht entweder durch Einräumung eines Widerrufsrechts (§§ 109, 178, 1366 Abs. 2, 1427 Abs. 2, 1453 Abs. 2, 1830, 1908 i Abs. 1) oder durch Gewährung des Rechts, den Zustimmungsberechtigten zur Genehmigung aufzufordern, mit der Folge, dass nach Ablauf einer bestimmten Zeit ohne Erklärung die Genehmigung als verweigert gilt (§§ 108 Abs. 2, 177 Abs. 2, 1366 Abs. 3, 1427 Abs. 2, 1453 Abs. 1, 1829 Abs. 2, 1908 i Abs. 1).

b) Allgemeines Prinzip. Ob daraus auf ein allgemeines Prinzip geschlossen werden kann, ist streitig.[9] Nahe liegend ist, dass ein solches wie in den geregelten Fällen nur für diejenigen Sachverhalte gelten darf, in denen nicht ein Vertrag als solcher, sondern **nur eine einzige Willenserklärung zustimmungsbedürftig** ist; Widerrufsrecht und Aufforderungsrecht kommen dann dem jeweiligen Geschäftsgegner desjenigen zu, dessen Erklärung noch nicht wirksam ist.[10] Bei den anderen Zustimmungsfällen bleibt damit als zeitliche Grenze für die Erteilung der Genehmigung nur die Verwirkung (mit dem nicht immer befriedigenden Ergebnis der Unwirksamkeit des Hauptgeschäfts); auch wenn den Parteien nach Treu und Glauben nicht mehr zuzumuten ist, um eine Genehmigung nachzusuchen, tritt Unwirksamkeit des Hauptgeschäfts ein (selten).[11]

Da die genannten gesetzlichen Bestimmungen jeweils parallel Widerrufsrecht und Aufforderungsrecht vorsehen, kann für diese beiden Institute auch für die Frage einer Gesamtanalogie nicht ohne Willkür eine unterschiedliche Lösung gefunden werden. Im Ergebnis ist eine **Analogie zu befürworten**, wenn auch die einzelnen genannten Vorschriften in ihren Anforderungen nicht vollständig übereinstimmen. Das Gesetz macht deutlich, dass es dem Geschäftspartner einer Person, die eine zustimmungsbedürftige Willenserklärung abgegeben hat, regelmäßig Sonderrechte zugestehen will. Der Geschäftspartner kann also den Zustimmungsberechtigten oder seinen Vertragspartner zur Genehmigung auffordern, mit der Folge, dass die Genehmigung nur ihm gegenüber erklärt werden kann, eine vorher dem Vertragspartner gegenüber erklärte Genehmigung oder Verweigerung unwirksam wird und die Genehmigung nur innerhalb von zwei Wochen nach der Aufforderung erklärt werden kann, anderenfalls sie als verweigert gilt. Ferner kann der Geschäftspartner, wenn er von dem Defekt des anderen bei Vertragsschluss nichts gewusst hat oder wegen wahrheitswidriger Angaben des anderen auf das Vorhandensein einer Einwilligung vertraut hat, seine eigene Willenserklärung bis zur Erteilung der Genehmigung sowohl dem Vertragspartner als auch dem Zustimmungsberechtigten gegenüber widerrufen.

4   BGH NJW 2010, 2950 (2952) (zu § 651 g Abs. 1 aF) m. zust. Anm. *Tonner.*

5   BGHZ 37, 233, 236 = NJW 1962, 1715; BGHZ 127, 368, 375 = NJW 1995, 318; BGH WM 2001, 475 (476).

6   Bei Zugang der Genehmigung (hM): BGHZ 107, 340, 341 f. = NJW 1989, 2049; Staudinger/*Gursky* BGB § 184 Rn. 23; MüKoBGB/*Bayreuther* § 184 Rn. 19 ff.; Jauernig/*Mansel* BGB § 184 Rn. 1. Bei Vornahme des Hauptgeschäfts: *Finkenauer* AcP 203 (2003), 282 ff.; *Rodi*, S. 23 ff.; Erman/*Maier-Reimer* BGB § 184 Rn. 6. Differenzierend BeckOK BGB/ *Bub* § 184 Rn. 5.

7   Übersicht bei *Finkenauer* AcP 203 (2003), 282, 303 ff.

8   BGHZ 56, 131, 133 ff. = NJW 1971, 1452; Staudinger/*Gursky* BGB § 184 Rn. 25; MüKoBGB/

Bayreuther § 184 Rn. 23; BeckOK BGB/*Bub* § 185 Rn. 11; Jauernig/*Mansel* BGB § 184 Rn. 1.

9   Dafür: *Medicus/Petersen* BGB AT Rn. 1023 f. Nur für das Aufforderungsrecht, aber gegen das Widerrufsrecht: Staudinger/*Gursky* BGB § 184 Rn. 9, 18; MüKoBGB/*Bayreuther* § 184 Rn. 4, 9; Soergel/*Leptien* BGB § 184 Rn. 4; BeckOGK/*Regenfus* BGB § 184 Rn. 25 f. Für das Widerrufsrecht: *Kroppenberg* WM 2001, 844 (848). Für das Aufforderungsrecht: PWW/*Frensch* BGB § 182 Rn. 8.

10 Vgl. *Medicus/Petersen* BGB AT Rn. 1023 f. (für das Aufforderungsrecht freilich nicht eindeutig); aA *Kroppenberg* WM 2001, 844 (848) (für das Widerrufsrecht).

11 Vgl. OLG München ZMR 1996, 371 (372) (behördliche Genehmigung 14 Jahre nach Vertragsschluss möglich); BGHZ 76, 242, 248 = NJW 1980, 1691; BGH DtZ 1994, 247.

6 **c) Pflichten der Parteien.** Abgesehen von diesen Rechten, die zur Beseitigung des Hauptgeschäfts führen können, sind die Parteien (mit Ausnahme des Minderjährigen) einander während des Schwebezustandes aus der zwischen ihnen bestehenden Sonderverbindung (§§ 242, 241 Abs. 2, 311 Abs. 2) dazu verpflichtet, alles zu tun, um die **Genehmigung herbeizuführen**, und alles zu unterlassen, was sie gefährden oder vereiteln könnte.[12] Bei schuldhaften Verstößen (insbesondere Verzögerung oder Verhinderung der Genehmigung) droht eine Schadensersatzpflicht aus §§ 311 Abs. 2, 241 Abs. 2, 280 Abs. 1.[13] Von den Parteien zu beachten sind selbstverständlich auch die aus der Sonderverbindung resultierenden allgemeinen Nebenpflichten (**Schutzpflichten**).[14]

II. Rechtsfolgen

7 **1. Genehmigung.** Mit Zugang der Genehmigung wird das bis dahin schwebend unwirksame Geschäft **endgültig wirksam**. § 184 geht hiervon aus und regelt nur, wann diese Wirkung eintreten soll (→ Rn. 9 ff.).

8 **2. Verweigerung der Genehmigung.** Die – generell unwiderrufliche[15] – Verweigerung der Genehmigung macht das bis dahin schwebend unwirksame Geschäft **endgültig unwirksam**.[16] Nach vereinzelter Auffassung soll in Fällen einer gesetzlichen oder auch nur rechtsgeschäftlichen Zustimmungspflicht die pflichtwidrige Genehmigungsverweigerung (etwa durch den Antrag auf Abweisung der auf Erteilung der Zustimmung gerichteten Klage im Prozess) die schwebende Unwirksamkeit nicht beseitigen.[17] Hier hilft jedenfalls in Rechtsstreitigkeiten zwischen einer Partei des Hauptgeschäfts und dem rechtswidrig Verweigernden der **Einwand des Rechtsmissbrauchs** (§ 242).[18] In seltenen Fällen kann die Verweigerung nach den §§ 138, 226 usw nichtig sein. Abgesehen davon wird man auf Schadensersatzansprüche verwiesen bleiben.[19] Die Parteien des Hauptgeschäfts können dieses aber auch bestätigen (§ 141 analog; grundsätzlich in der vorgeschriebenen Form des Hauptgeschäfts; → § 141 Rn. 15) und gegen den Zustimmungspflichtigen auf Zustimmung klagen.[20] Verbleibt trotzdem noch ein Schaden, kann er wiederum liquidiert werden. Möglich ist ggf. eine Umdeutung des endgültig unwirksam gewordenen Hauptgeschäfts nach § 140, so etwa eines Übergabevertrags in einen Erbvertrag.[21]

B. Regelungsgehalt

I. Überblick

9 § 184 enthält eine Sonderregel für Genehmigungen bezüglich des Zeitpunkts ihrer Wirkung. Der grundsätzlichen Rückwirkung auf die Vornahme des Hauptgeschäfts (Abs. 1 Hs. 1) stehen Einschränkungen in Abs. 1 Hs. 2 (abweichende Parteivereinbarungen) und Abs. 2 (Gültigkeit von Zwischenverfügungen) gegenüber; weitere – ungeschriebene – Ausnahmen werden diskutiert. Der Grundsatz lässt sich dadurch rechtfertigen, dass die am Hauptgeschäft beteiligten Parteien dessen Wirksamkeit regelmäßig bereits zu dem Zeitpunkt wollen, in dem sie das Geschäft abschließen.[22]

II. Grundsatz (Abs. 1 Hs. 1)

10 Die in Abs. 1 Hs. 1 angeordnete Rückwirkung besteht darin, dass das **Hauptgeschäft** fiktiv als **vom Zeitpunkt seiner Vornahme ab wirksam** angesehen wird, sofern dieser Wirksamkeit damals keine anderen Hindernisse als das Fehlen der Genehmigung entgegengestanden haben.[23] Gab es solche anderen Hinder-

12 BGHZ 14, 1, 2 = NJW 1954, 1442; BGHZ 67, 34, 35 f. = NJW 1976, 1939; BGH ZIP 1986, 37 (38); NJW-RR 1986, 756 (758); *Kroppenberg* WM 2001, 844 (845 ff.).

13 OLG Hamm MDR 1969, 306 (307); Staudinger/ *Gursky* BGB § 184 Rn. 15; BeckOGK/*Regenfus* BGB § 184 Rn. 33; *Kroppenberg* WM 2001, 844 (847).

14 *Eickelmann*, S. 103 f.

15 BGH NJW-RR 2008, 1488 (1489).

16 Ganz hM und st. Rspr.: BGHZ 125, 355, 358 = NJW 1994, 1785; OLG Hamburg NJOZ 2008, 2360 (2363); Staudinger/*Gursky* BGB § 182 Rn. 38 ff.; *Schmidt* AcP 189 (1989), 1; *Schmidt* JuS 1995, 102 (105); krit. Erman/*Maier-Reimer* BGB Vor § 182 Rn. 15.

17 *Schmidt* AcP 189 (1989), 1, 11 ff.; *Schmidt* JuS 1995, 102 (105) (gesetzliche oder vertragliche Verpflich-

tung); Staudinger/*Gursky* BGB § 182 Rn. 42 (nur gesetzliche Verpflichtung).

18 BGHZ 108, 380, 384 f. = NJW 1990, 580; LG Düsseldorf DB 1989, 33; MüKoBGB/*Bayreuther* § 182 Rn. 30; Staudinger/*Gursky* BGB § 182 Rn. 42.

19 Zust. Tonner/Willingmann/Tamm/*Tamm* BGB § 184 Rn. 14.

20 Vgl. BGH NJW 1999, 3704 (3705); PWW/*Frensch* BGB § 182 Rn. 9; *Schmidt* JuS 1995, 102 (106); teils abw. *Flume* BGB AT Bd. 2 S. 901.

21 BGHZ 40, 218, 221 ff. = NJW 1964, 347; BeckOGK/ *Regenfus* BGB § 182 Rn. 141.

22 BeckOK BGB/*Bub* § 184 Rn. 1; Staudinger/*Gursky* BGB § 184 Rn. 31; *Eickelmann*, S. 84 ff.; *Lorenz* ZRP 2009, 214 ff.; dagegen zutr. *Böttcher* ZRP 2010, 27 f.

23 RGZ 142, 59, 63.

nisse, wirkt die Genehmigung nur auf den Zeitpunkt zurück, in dem das letzte Hindernis beseitigt worden ist, sofern nicht auch hier Rückwirkung der Beseitigung angeordnet ist. Die Rückwirkung gilt unmittelbar, nicht nur wie in § 159 mittelbar.

III. Ausnahmen

1. Abweichende Parteivereinbarung (Abs. 1 Hs. 2). a) Im Hauptgeschäft. Die Parteien des Hauptgeschäfts können eine abweichende Vereinbarung für die Wirkung der Genehmigung treffen. Die Vereinbarung kann auch konkludent getroffen werden; die **Beweislast** liegt in jedem Fall bei dem, der sich auf die Abweichung beruft („soweit nicht"). Fraglich ist die Wirksamkeit einer solchen Vereinbarung allerdings bei bedingungsfeindlichen Geschäften wie der Auflassung (§ 925 Abs. 2), da die *ex nunc* wirkende Genehmigung dann einer aufschiebenden Bedingung gleichkommt.[24] Besteht in einem solchen Fall das Bedürfnis der Parteien nach einem Wirkungsaufschub, sollte daher in der Vereinbarung klargestellt werden, dass der Aufschub sich nur auf das (nicht bedingungsfeindliche) Kausalgeschäft bezieht, nicht jedoch auf die Auflassung. 11

b) In der Genehmigung. Streitig ist, ob eine Abweichung von Abs. 1 Hs. 1 auch dadurch zu erreichen ist, dass der Genehmigende seine Genehmigung mit dem Zusatz abgibt, dass sie nur *ex nunc* wirken soll. Der BGH hat die Frage implizit bejaht, die herrschende Literatur verneint sie.[25] Der Wortlaut des Abs. 1 Hs. 2 ist insoweit offen, aber die mit Rückwirkungsausschlussklausel versehene Genehmigung würde das Hauptgeschäft inhaltlich beeinflussen (nämlich hinsichtlich der zeitlichen Geltung), und das ist **unzulässig** (→ § 182 Rn. 11). Gerade wenn also eine Verurteilung des Zustimmungsberechtigten auf Abgabe der Genehmigung nach § 894 ZPO erfolgt, findet eine Rückwirkung statt: Die Rechtsprechung hilft hier schon über die im Antrag auf Klageabweisung liegende konkludente Genehmigungsverweigerung mit § 242 hinweg (→ Rn. 8); dann ist es nur konsequent, auch die einseitige Missbilligung der zeitlichen Auswirkungen der Genehmigung seitens des Zustimmungsberechtigten für unbeachtlich zu erklären. In anderen Fallgestaltungen kann die Genehmigung mit Rückwirkungsausschlussklausel auch lediglich teilnichtig sein (wenn die Aufrechterhaltung ohne die Klausel dem Willen des Genehmigenden entsprechen sollte) oder in eine entsprechende Einwilligung umgedeutet werden (→ § 182 Rn. 2). 12

2. Wirksamkeit von Zwischenverfügungen (Abs. 2). a) Allgemeines. Verfügungen über den Gegenstand des Hauptgeschäfts, die der Genehmigende selbst während der schwebenden Unwirksamkeit vorgenommen hat, und auf den Gegenstand bezogene Vollstreckungshandlungen, die in dieser Zeit gegen ihn erfolgt sind, werden nicht durch die nachfolgende Genehmigung rückwirkend unwirksam. Damit wird verhindert, dass der Zustimmungsberechtigte seine eigenen wirksamen dinglichen Rechtsgeschäfte durch Ausnutzung des Grundsatzes von Abs. 1 nachträglich wieder beseitigen kann; folgt man der herrschenden Meinung zur Genehmigungszuständigkeit (→ Rn. 2), ist die Regelung des Abs. 2 überflüssig, da nur deklaratorisch.[26] 13

b) Definitionen und Voraussetzungen. Verfügungen im Sinne des Abs. 2 sind Verfügungsgeschäfte im technischen Sinn, also Rechtsgeschäfte, die unmittelbar die Übertragung, Belastung, Aufhebung oder Inhaltsänderung bestehender Rechte bewirken sollen.[27] Als Verfügung ist auch die Zustimmung zu einer Verfügung anzusehen,[28] nicht dagegen die Eintragung eines Widerspruchs im Grundbuch.[29] 14

Verfügungen **des Genehmigenden** sind Verfügungen, die ihm zuzurechnen sind, gleich, ob sie von ihm selbst, einem gesetzlichen oder rechtsgeschäftlich bestellten Vertreter oder einem Ermächtigten (§ 185 Abs. 1, Abs. 2 S. 1 Fall 1) vorgenommen worden sind.[30] Ihnen sind im Wege der Zwangsvollstreckung (§§ 704 ff. ZPO, §§ 321, 309 ff. AO)[31] oder Arrestvollziehung (§§ 928 ff. ZPO) erfolgende Verfügungen gleichgestellt, da hier der Wille des Genehmigenden durch die Vollstreckungsmaßnahme gleichsam ersetzt wird.[32] Derselbe Gedanke erfasst auch die Verfügungen des Insolvenzverwalters. 15

24 Vgl. KG NJOZ 2013, 1928 (1929) (offen).
25 Einerseits BGHZ 108, 380, 384 = NJW 1990, 580; wohl auch *Wagner* JuS 1997, 690 (695); andererseits Staudinger/*Gursky* BGB § 184 Rn. 42; MüKoBGB/ *Bayreuther* § 184 Rn. 31; BeckOK BGB/*Bub* § 184 Rn. 10; Hk-BGB/*Dörner* § 184 Rn. 6; PWW/*Frensch* BGB § 184 Rn. 5; *Medicus/Petersen* BGB AT Rn. 1026; *Jauernig* FS Niederländer 1991, S. 285, 292 f.
26 Vgl. Staudinger/*Gursky* BGB § 184 Rn. 45; Soergel/ *Leptien* BGB § 184 Rn. 10.

27 Staudinger/*Gursky* BGB § 184 Rn. 47; BeckOGK/ *Regenfus* BGB § 184 Rn. 97.
28 BGHZ 40, 156, 164 = NJW 1964, 243; BGHZ 55, 34, 37 = NJW 1971, 372; Staudinger/*Gursky* BGB § 184 Rn. 47.
29 RGZ 69, 263, 269; Staudinger/*Gursky* BGB § 184 Rn. 60; MüKoBGB/*Bayreuther* § 184 Rn. 39.
30 Staudinger/*Gursky* BGB § 184 Rn. 48.
31 Vgl. FG Bremen EFG 1992, 57 (58).
32 Vgl. RGZ 69, 263, 268; OLG Stuttgart NJW 1954, 36; OLG Frankfurt NJW-RR 1997, 1308 (1310).

16 **Vor der Genehmigung** getroffen ist eine Verfügung, wenn ihr Abschlusstatbestand vor Zugang der Genehmigung vollendet ist; dass etwa noch der Eintritt einer Bedingung aussteht, ist unerheblich. Relevant sind selbstverständlich nur solche Verfügungen, die nach dem zunächst schwebend unwirksamen Hauptgeschäft getroffen wurden.[33] Nicht notwendig ist eine wie auch immer geartete Gutgläubigkeit des Verfügungsempfängers hinsichtlich des existierenden schwebend unwirksamen Geschäfts: Er erwirbt ja vom aktuell Berechtigten.[34]

17 **c) Regelungsumfang.** Abs. 2 kann man **nicht das allgemeine Prinzip** entnehmen, dass wohlerworbene Rechte Dritter nicht durch die Rückwirkungsanordnung des Abs. 1 beeinträchtigt werden dürften, auch wenn das Recht durch die Verfügung eines anderen als gerade des Genehmigenden erworben worden ist.[35] Verfügungen anderer Personen können also durch Abs. 1 nachträglich unwirksam werden, sofern kein gutgläubiger Erwerb stattfindet. Dasselbe gilt für Zwangsvollstreckungsmaßnahmen, die gegen andere Personen gerichtet sind, etwa gegen den Geschäftspartner desjenigen, dessen Willenserklärung der Zustimmung bedarf.[36]

18 **3. Abweichende gesetzliche Bestimmungen.** Die Rückwirkung kann selbstverständlich durch Gesetz – ausdrücklich oder nach seinem Sinn und Zweck – ausgeschlossen werden.[37]

19 **4. Nicht geregelte Ausnahmen.** Vielfach ist Abs. 1 Hs. 1 aus teleologischen und systematischen Gründen einzuschränken. Die Wirklichkeit ist vor allem dann stärker als die Fiktion, wenn gesetzliche Tatbestände an tatsächliche Verhältnisse anknüpfen und die rechtliche Rückbeziehung nur einseitig einer Partei zugute kommt.

20 **a) Verjährung.** So beginnen Verjährungsfristen frühestens mit Erteilung der Genehmigung.[38] Das gilt jedenfalls dann, wenn es sich um die Genehmigung des Schuldners oder eines Dritten handelt. Der Gläubiger, der während der schwebenden Unwirksamkeit ja kein verfolgbares Recht hatte und der auch nicht fiktiv rückwirkend sein Recht geltend machen kann, würde sonst ungerechtfertigt benachteiligt. Ist dagegen der Gläubiger selbst der Genehmigungsberechtigte (zB bei § 816 Abs. 1), soll nach vereinzelter Ansicht die Verjährungsfrist schon ab dem Zeitpunkt laufen, in dem der Gläubiger erstmals hätte genehmigen können.[39] Diese Lösung beengt allerdings die grundsätzliche Freiheit des Genehmigungsberechtigten, den Zeitpunkt seiner Genehmigung selbst zu bestimmen, zu sehr; zudem hilft seinem Geschäftspartner das gesetzlich angeordnete oder durch Gesamtanalogie zuzubilligende Aufforderungsrecht (→ Rn. 3 ff.).[40] Verhandlungen im Sinne des § 203 Satz 1 BGB, die durch einen Vertreter ohne Vertretungsmacht geführt werden, können nicht mit verjährungsrechtlicher Rückwirkung genehmigt werden.[41] Zur Klageerhebung eines Nichtberechtigten → § 185 Rn. 15.

21 **b) Andere Fristen.** Manche Fristen zur Ausübung von Gestaltungsrechten (zB § 355) oder zur Geltendmachung von Ansprüchen (zB nach §§ 3, 4 AnfG) laufen ebenfalls erst ab Wirksamwerden der Genehmigung des Hauptgeschäfts.[42] Während das Geschäft schwebend unwirksam ist, braucht man sich regelmäßig noch keine Gedanken über seine Zukunft zu machen. Allerdings bestimmt sich die Wirkung der Genehmigung hier immer nach **Sinn und Zweck der jeweiligen Frist**, so dass diese durchaus auch schon bei Vornahme des Hauptgeschäfts zu laufen beginnen kann (denkbar etwa bei Anfechtbarkeit nach §§ 119, 121).

22 **c) Verzug.** Ferner können rückwirkend keine Verzugsfolgen eintreten, weder nach §§ 286 ff. (Schuldnerverzug) noch nach §§ 293 ff. (Gläubigerverzug).[43] Man kann niemandem vorwerfen, er habe nicht geleistet oder eine Leistung nicht angenommen, wenn keine Leistungspflicht bestand. Zulässig ist aber eine Vertragsgestaltung, die schon während der Schwebephase eine Leistungspflicht der Parteien ausdrücklich begründet; mit ihr kann der Schuldner dann in Verzug geraten.[44] Allerdings darf dabei die endgültige Erfüllung der

33 Staudinger/*Gursky* BGB § 184 Rn. 47.
34 IE Staudinger/*Gursky* BGB § 184 Rn. 50; BeckOGK/*Regenfus* BGB § 184 Rn. 106.
35 Heute ganz hM: RGZ 134, 121, 123; BGHZ 70, 299, 302 f. = NJW 1978, 813; FG Bremen EFG 1992, 57 (58); MüKoBGB/*Bayreuther* § 184 Rn. 42; BeckOK BGB/*Bub* § 184 Rn. 12; HKK/*Finkenauer* BGB §§ 182–185 Rn. 8; differenzierend Staudinger/*Gursky* BGB § 184 Rn. 51 ff.; BeckOGK/*Regenfus* BGB § 184 Rn. 110 ff.
36 OLG Stuttgart NJW 1954, 36; OLG Frankfurt NJW-RR 1997, 1308 (1310).
37 Vgl. LG Köln DB 1998, 2008 (§ 67 Abs. 2 AktG); OLG Hamm VersR 1978, 1134 (1136) (§ 2 Abs. 2 S. 2 VVG aF).
38 AllgM: RGZ 65, 245, 248; BAG NZA 2013, 850 (852); OLG Karlsruhe NJW-RR 1986, 57;

Staudinger/*Gursky* BGB § 184 Rn. 38; MüKoBGB/*Bayreuther* § 184 Rn. 13.
39 So OLG Saarbrücken BeckRS 2013, 21620.
40 Vgl. Staudinger/*Gursky* BGB § 184 Rn. 38.
41 BGH BeckRS 2014, 17219; Staudinger/*Peters/Jacoby* BGB § 203 Rn. 9.
42 BGHZ 129, 371, 382 f. = NJW 1995, 2290; BGH NJW 1979, 102 (103); Staudinger/*Gursky* BGB § 184 Rn. 38.
43 AllgM: OLG Rostock NJW 1995, 3127 (3128); OLG Karlsruhe NJW-RR 1986, 57 (beide Schuldnerverzug); RGZ 141, 220, 223 (Gläubigerverzug); Staudinger/*Gursky* BGB § 184 Rn. 38; MüKoBGB/*Bayreuther* § 184 Rn. 13.
44 BGH NJW 1999, 1329; ZIP 1986, 37 (38); WM 1979, 74.

vertraglichen Pflichten nicht vorweggenommen werden.[45] Dazu dürfte bereits die Vereinbarung einer Rückleistungspflicht bei Versagung der Genehmigung genügen.[46]

d) Gestaltungsgeschäfte. Nach Ansicht des BGH kann die Genehmigung einer Gestaltungserklärung **23** oder einer geschäftsähnlichen Handlung mit Gestaltungswirkung (Fristsetzung nach § 326 aF; für §§ 281 Abs. 1, 323 Abs. 1 nF gilt nichts anderes) schlechthin keine Rückwirkung entfalten.[47] Das ist in dieser Allgemeinheit **fragwürdig**, zumal die Genehmigung einseitiger Erklärungen nur ausnahmsweise in Fällen fehlender Schutzwürdigkeit des Empfängers (§ 180 S. 2 analog, → § 182 Rn. 63) zulässig ist.[48] Ein generell einschlägiger Grund für das Abweichen von Abs. 1 Hs. 1 ist nicht zu sehen. Richtig an der Rechtsprechung ist aber, dass Erklärungen, die Fristen in Gang setzen, nur mit Wirkung *ex nunc* zu genehmigen sind; sonst wäre die Unsicherheit für den Empfänger zu groß.[49]

e) Nachträglicher Rechtserwerb. Folgt man der herrschenden Meinung, nach der die Genehmigungszu- **24** ständigkeit erst bei Zugang der Genehmigung vorliegen muss (→ Rn. 2), kann sich durch volle Rückwirkung eine Kollision zwischen dem nachträglich erworbenen Recht des Genehmigenden und dem Recht seines Rechtsvorgängers ergeben. Die Lösung liegt in einer **Beschränkung der Rückwirkung**: Hat der Genehmigende sein Recht, aufgrund dessen er zustimmen darf, zum Zeitpunkt der Vornahme des Hauptgeschäfts noch nicht innegehabt, sondern erst später erworben, wirkt seine Genehmigung nur auf diesen Erwerbszeitpunkt zurück; das Recht seines Rechtsvorgängers bleibt so ungeschmälert.[50]

Dieser Grundsatz gilt aber dann nicht, wenn es sich um eine Zustimmungsbefugnis **kraft Aufsichtsrechts** **25** handelt (des gesetzlichen Vertreters, Vormunds etc). Hier übt der Genehmigende eine fremdnützige Befugnis aus, so dass ihm durch die Rückwirkung nach einem Wechsel der Aufsichtszuständigkeit kein eigenes schützenswertes Recht genommen wird; im Gegenteil würde der zu Beaufsichtigende (Minderjähriger, Mündel) sonst entgegen dem gesetzgeberischen Schutzzweck durch den Zuständigkeitswechsel einen Nachteil erleiden. Die Genehmigung wirkt hier also auf den Zeitpunkt der Vornahme des Hauptgeschäfts zurück, auch wenn dieser vor Begründung der Zuständigkeit des jetzigen Zustimmungsberechtigten liegt.[51]

f) Vertrags- oder rechtswidriges Zwischenverhalten. Von der Frage, ob das Rechtsgeschäft rückwir- **26** kend wirksam wird, zu trennen ist die Frage, wie das Verhalten von Beteiligten während der Schwebephase im Nachhinein zu bewerten ist. Ebenso wenig wie Nichtleistung oder Nichtannahme zu diesem Zeitpunkt verzugsbegründend sind (→ Rn. 22), verwirkt ein Beteiligter durch vertragswidriges Verhalten eine Vertragsstrafe, solange die strafbewehrte Unterlassungsvereinbarung schwebend unwirksam ist. Auch ihre Genehmigung führt nicht dazu, dass rückwirkend die Strafzahlungspflicht entsteht.[52] Ob man wie beim Verzug eine hiervon abweichende Parteivereinbarung treffen kann, erscheint fraglich, weil dadurch die (Nicht-)Handlungspflicht trotz der schwebenden Unwirksamkeit vorweggenommen werden würde. Aus demselben Gesichtspunkt heraus erscheint es auch zweifelhaft, ob die Zuwiderhandlung gegen eine noch schwebend unwirksam vereinbarte Unterlassungspflicht im Falle der späteren Genehmigung zu Schadensersatzpflichten führt; dann müsste ja der Schuldner, der die Genehmigung zu erwarten hat, bereits vor ihrer Erteilung seine Hauptleistungspflicht erfüllen, um nicht schadensersatzpflichtig zu werden.[53]

Eine Beschränkung der Rückwirkung zeigt sich auch in der Beurteilung von zunächst rechtswidrigem Zwischenverhalten. Zahlt der Vorstand einer AG entgegen § 114 AktG Vergütungen aus, obwohl der Aufsichtsrat dem Vergütungsvertrag noch nicht zugestimmt hat, bleibt dieses Verhalten rechtswidrig, auch wenn der Aufsichtsrat später die Genehmigung erteilt. Das soll eine Aushöhlung der vom Gesetz bezweckten präventiven Kontrolle durch den Aufsichtsrat verhindern.[54] Eine ähnliche Differenzierung der Genehmigungswirkung kann auch im Arbeitsrecht auftreten (→ § 182 Rn. 48).

g) Sondergebiete. Zur Situation außerhalb des bürgerlichen Rechts ferner → § 182 Rn. 48 ff. **27**

45 BGH NJW 1999, 1329; *Kroppenberg* WM 2001, 844 (846).
46 Vgl. *Kroppenberg* WM 2001, 844 (846) (kein Ausschluss der Rücknahme bei Hinterlegung); BGH NJW 1999, 3040 (Zulässigkeit einer Zahlungspflicht in Höhe eines Teils des Kaufpreises).
47 BGHZ 114, 360, 366 = NJW 1991, 2552; BGHZ 143, 41, 46 = NJW 2000, 506; BGH NJW 1998, 3058 (3060); vgl. OLG Karlsruhe NZA 2005, 300 (302) (für § 626); zust. jurisPK-BGB/*Trautwein* § 184 Rn. 30.
48 Vgl. Staudinger/*Gursky* BGB § 184 Rn. 38 a f.; MüKoBGB/*Bayreuther* BGB § 184 Rn. 12; BeckOGK/ *Regenfus* BGB § 184 Rn. 60.

49 Vgl. BeckOK BGB/*Bub* § 184 Rn. 9; MüKoBGB/ *Bayreuther* § 184 Rn. 14.
50 Auf Basis der hM zum Zeitpunkt der Genehmigungszuständigkeit heute allgM: OLG Naumburg FGPrax 1998, 1 (3); Staudinger/*Gursky* BGB § 184 Rn. 27; MüKoBGB/*Bayreuther* BGB § 184 Rn. 22; Soergel/*Leptien* BGB § 184 Rn. 7.
51 IE Staudinger/*Gursky* BGB § 184 Rn. 28; BeckOGK/ *Regenfus* BGB § 184 Rn. 47; vgl. Soergel/*Leptien* BGB § 184 Rn. 7; aA BayObLG FamRZ 1983, 744 (745).
52 BGH GRUR 2015, 187 (189).
53 So aber *Latzel* AcP 216 (2016), 674, 692 ff., 711 f.
54 BGHZ 194, 14, 21 = NJW 2012, 3235.

§ 185 Verfügung eines Nichtberechtigten

(1) Eine Verfügung, die ein Nichtberechtigter über einen Gegenstand trifft, ist wirksam, wenn sie mit Einwilligung des Berechtigten erfolgt.

(2) ¹Die Verfügung wird wirksam, wenn der Berechtigte sie genehmigt oder wenn der Verfügende den Gegenstand erwirbt oder wenn er von dem Berechtigten beerbt wird und dieser für die Nachlassverbindlichkeiten unbeschränkt haftet. ²In den beiden letzteren Fällen wird, wenn über den Gegenstand mehrere miteinander nicht in Einklang stehende Verfügungen getroffen worden sind, nur die frühere Verfügung wirksam.

Literatur: *Braun*, Die Rückabwicklung der Verfügung eines Nichtberechtigten nach § 185 BGB, ZIP 1998, 1469; *Bülow*, Mehrfachübertragung von Kreditsicherheiten – Konvaleszenz und Insolvenz, WM 1998, 845; *Dölling*, Mehrere Verfügungen eines Nichtberechtigten über denselben Gegenstand, 1962; *Doris*, Die rechtsgeschäftliche Ermächtigung bei Vornahme von Verfügungs-, Verpflichtungs- und Erwerbsgeschäften, 1974; *Finkenauer*, Konvaleszenz und Erbenhaftung in § 185 Abs. 2 S. 1 BGB, in: FS E. Picker (Hrsg. Thomas Lobinger), 2010, S. 201; *Gundlach*, Die Grenzen der Weiterveräußerungs- und der Einziehungsermächtigung, KTS 2000, 307; *Harder*, Zur Konvaleszenz von Verfügungen eines Nichtberechtigten bei Beerbung durch den Berechtigten, in: Rechtsgeschichte und Privatrechtsdogmatik (FS Hans Hermann Seiler; hrsg. von Reinhard Zimmermann), 1999, S. 637; *Katzenstein*, Verfügungsermächtigung nach § 185 BGB durch Zustimmung zum Abschluss eines Schuldvertrags, Jura 2004, 1; *Opalka*, Ausgewählte Probleme der Grundschuldbestellung, Unterwerfungserklärung und der Schuldübernahme, NJW 1991, 1796; *Pletscher*, Genehmigung und Konvaleszenz des Rechtsgeschäfts, Diss. Mannheim 2000; *von Rintelen*, Probleme und Grenzen der Vollsteckungsunterwerfung in der notariellen Urkunde, RNotZ 2001, 2; *Stathopoulos*, Die Einziehungsermächtigung, 1968; *Wacke*, Personalunion von Gläubiger und Schuldner, Vertragsschluss mit sich selbst und die Ungerechtigkeit der Konvaleszenz durch Erbenhaftung, JZ 2001, 380; *Zehelein*, Verdeckt, ermächtigt, konkludent handelnd – oder verloren?, NZM 2015, 31.

A. Allgemeines	1	II. Genehmigung (Abs. 2 S. 1 Fall 1) 18
I. Überblick, Grundgedanken 1		1. Allgemeines 18
1. Überblick 1		2. Mehrere Verfügungen 19
2. Grundgedanken 3		III. Konvaleszenz durch Erwerb
II. Begriffe 4		(Abs. 2 S. 1 Fall 2) 22
III. Analoge Anwendung 5		1. Grundgedanke 22
1. Anerkanntes 5		2. Voraussetzungen 23
a) Empfangsermächtigung 5		3. Rechtsfolgen 25
b) Einziehungsermächtigung 6		4. Analoge Anwendung 26
c) Eintragungsbewilligung nach		IV. Konvaleszenz durch Beerbung
§ 19 GBO 8		(Abs. 2 S. 1 Fall 3) 27
d) Zwangsvollstreckungsmaßnahmen 9		1. Grundgedanke 27
e) Einräumung obligatorischer Besitz-		2. Voraussetzungen 28
rechte 10		3. Rechtsfolgen 29
f) Überbau 11		4. Analoge Anwendung 30
g) Relative Veräußerungsverbote, Vor-		5. Beweislast 31
merkung 12		V. Mehrere Verfügungen (Abs. 2 S. 2) 32
2. Nicht Anerkanntes 13		1. Grundgedanke 32
a) Verpflichtungsermächtigung, Erwerbs-		2. Voraussetzungen 33
ermächtigung 13		3. Rechtsfolgen 35
b) Gesetzliche Pfandrechte 14		4. Analoge Anwendung 36
c) Prozesshandlungen 15		
B. Regelungsgehalt 16		
I. Einwilligung (Abs. 1) 16		

A. Allgemeines

I. Überblick, Grundgedanken

1   **1. Überblick.** § 185 ist keine Hilfsnorm für das Recht der Zustimmung, sondern begründet selbst ein Zustimmungserfordernis für **in eigenem Namen** vorgenommene Verfügungen eines Nichtberechtigten (Abs. 1, Abs. 2 S. 1 Fall 1), auf das die §§ 182–184 Anwendung finden. Abs. 2 S. 1 Fälle 2 und 3 wiederum, ergänzt von Abs. 2 S. 2, enthalten Sondersachverhalte, in denen auch ohne Zustimmung die Verfügung des Nichtberechtigten wirksam wird (Konvaleszenz).

2   Die Norm, insbesondere ihr Abs. 1, spielt in mannigfaltigen, praktisch teils äußerst bedeutsamen Zusammenhängen eine Rolle, so etwa beim verlängerten Eigentumsvorbehalt und bei der Verkaufskommission. Viele dabei entstehende Probleme haben ihre Ursache nicht in strukturellen Fragen des § 185, sondern in dem jeweiligen Anwendungszusammenhang.

3   **2. Grundgedanken.** Verfügungen eines Nichtberechtigten leiden an einem „Defekt", dem **Mangel der Rechtsinhaberschaft** und/oder der **Verfügungsbefugnis.** Sie können damit aus sich selbst heraus nicht wirksam sein. Das Gesetz geht von ihrer schwebenden Unwirksamkeit aus und hilft dieser auf verschiedenen Wegen ab: Zum einen gibt es Verkehrsschutztatbestände, die redliche Verfügungsbegünstigte schützen (zB §§ 892, 932 ff.), zum anderen ist es ausreichend, wenn sich der Berechtigte mit der Verfügung einverstanden erklärt, ob im Vorhinein (Abs. 1) oder im Nachhinein (Abs. 2 S. 1 Fall 1). Dabei erfasst § 185 nur die Fälle, in denen der Nichtberechtigte in eigenem Namen handelt; bei Handeln in fremdem Namen gelten die §§ 164 ff. (zur Abgrenzung ferner → § 164 Rn. 28 f.). § 185 erfordert anders als § 164 dabei keine Offenlegung des Mangels. Konsequenterweise ist daher auch für die materiellrechtliche Wirksamkeit eines Mieterhöhungsverlangens nach § 558a durch den noch nicht eingetragenen Käufer des Grundstücks (→ Rn. 4) nicht erforderlich, dass der Käufer die Ermächtigung in seiner Erklärung ausdrücklich erwähnt.[1] Notwendig ist das aus rein prozessualen Gründen gegebenenfalls erst im gerichtlichen Verfahren (→ Rn. 6). Auch ein nachträgliches Zusammenfallen der Stellung von Berechtigtem und Nichtberechtigtem, ob generell oder auf den konkreten Gegenstand bezogen, kann die Wirksamkeit der Verfügung herbeiführen (Abs. 2 S. 1 Fälle 2 und 3).

II. Begriffe

Verfügungen sind wie in § 184 Abs. 2 Verfügungen im technischen sachenrechtlichen Sinn (→ § 184 Rn. 14). **Gegenstand** im Sinne des § 185 meint dagegen nicht den sachenrechtlichen Oberbegriff für Sachen und Rechte (vgl. § 90), sondern ist weiter zu verstehen, umfasst auch etwa Schuldverhältnisse im Ganzen, Anteile an Personengesellschaften, Gebrauchsmuster und Urheberrechte.[2] Zulässig sind auch einseitige Verfügungsgeschäfte mit gestaltender Wirkung (zB Kündigungen), wenn sie der Nichtberechtigte mit Einwilligung des Berechtigten vornimmt, so etwa wenn der noch nicht eingetragene künftige Grundstückseigentümer dem Mieter in eigenem Namen kündigt.[3] Bei einem Mieterhöhungsverlangen nach § 558a (§ 2 MHG aF) ist die Frage ebenfalls zu bejahen (ohne Pflicht zur Offenlegung der Ermächtigung, → Rn. 3).[4] Dasselbe gilt richtigerweise für Fristsetzungen gemäß §§ 281 Abs. 1, 323 Abs. 1[5] und (nach Abs. 1 analog) sogar für Mahnungen.[6] Eine Genehmigung solcher einseitiger Geschäfte ist dagegen nur unter den Voraussetzungen des § 180 S. 2 analog möglich (→ § 182 Rn. 63).[7] **Nichtberechtigter** ist, wer den Gegenstand der Verfügung gar nicht (Nichteigentümer, Nichtforderungsinhaber) oder nicht vollständig (einzelner Miteigentümer, einzelner Gesamthandseigentümer) innehat oder wem die Verfügungsbefugnis fehlt (Schuldner nach Eröffnung des Insolvenzverfahrens, Erbe bei Testamentsvollstreckung oder Nachlassverwaltung).[8] Entscheidender Zeitpunkt für die Frage der Nichtberechtigung ist die Vornahme des Verfügungsgeschäfts, bei mehraktigen Tatbeständen der Zeitpunkt des letzten Akts.[9]

III. Analoge Anwendung

1. Anerkanntes. a) Empfangsermächtigung. § 362 Abs. 2 verweist auf § 185, so dass der Ermächtigte für den Ermächtigenden die Leistung von dessen Schuldner mit befreiender Wirkung annehmen kann. Ob das nach § 185 direkt oder analog vonstatten geht, bleibt sich in der Praxis gleich.

b) Einziehungsermächtigung. Über die Empfangsermächtigung hinaus geht die Einziehungsermächtigung (bisweilen auch Einzugsermächtigung genannt), praktisch wichtig vor allem beim verlängerten Eigentumsvorbehalt.[10] Mit ihr wird dem Ermächtigten gestattet, die Leistung vom Schuldner des Ermächtigenden nicht nur anzunehmen, sondern sie auch in eigenem Namen zu fordern und einzuklagen sowie Mahnungen und Kündigungen auszusprechen. Gegen ihre Zulässigkeit gibt es vereinzelte Stimmen, ihre dogmatische Einordnung ist umstritten (§ 185 ja, § 362 Abs. 2 fraglich), aber die Rechtsprechung erkennt sie seit langem

1 So jetzt auch BGH NJW 2014, 1802 f.; jurisPK-BGB/*Trautwein* § 185 Rn. 47; aA noch LG Berlin GE 2007, 1489 ff., das sich unzutr. auf BGH NJW 1998, 896 (898) stützte; *Zehelein* NZM 2015, 31 (38 ff.).

2 Vgl. OLG Brandenburg NJW-RR 1999, 839 (840); OLG München GRUR-RR 2008, 139 (140); unklar jurisPK-BGB/*Trautwein* § 185 Rn. 12.

3 Inzwischen ganz hM: BGH NJW 1998, 896 (897 f.); OLG Naumburg MDR 2000, 260; OLG Celle NZM 2000, 93; KG BeckRS 2008, 04279; Staudinger/*Gursky* BGB § 185 Rn. 6; aA etwa noch LG Hamburg NJW-RR 1993, 145; *Zehelein* NZM 2015, 31 (36).

4 S. jetzt BGH NJW 2014, 1802; ferner Staudinger/*Gursky* BGB § 185 Rn. 6; Palandt/*Weidenkaff* BGB

§ 558a Rn. 2; aA etwa noch LG Berlin NJW-RR 2002, 1378 (1379); *Zehelein* NZM 2015, 31 (38 ff.).

5 Staudinger/*Gursky* BGB § 185 Rn. 6; BeckOK BGB/*Bub* § 185 Rn. 3; aA PWW/*Frensch* BGB § 185 Rn. 5; *Zehelein* NZM 2015, 31 (36).

6 Staudinger/*Gursky* BGB § 185 Rn. 6.

7 Staudinger/*Gursky* BGB § 185 Rn. 6; MüKoBGB/*Bayreuther* § 185 Rn. 17; vgl. BAG ZIP 1986, 388 (389).

8 Vgl. BGHZ 106, 1, 4 = NJW 1989, 521; Hk-BGB/*Dörner* § 185 Rn. 2; Tonner/Willingmann/Tamm/*Tamm* BGB § 185 Rn. 6; unzutr. BayObLGZ 1988, 229 (231).

9 BGH LM § 185 Nr. 6; jurisPK-BGB/*Trautwein* § 185 Rn. 20.

10 Vgl. dazu etwa *Gundlach* KTS 2000, 307 (328 f.) Zur Einziehungsermächtigung allg. *Stathopoulos*, S. 1 ff.

an, so dass manche sogar schon von Gewohnheitsrecht sprechen.[11] Voraussetzung der Einziehungsermächtigung ist, dass der geltend gemachte Anspruch abtretbar ist.[12] Internationalprivatrechtlich ist die Einziehungsermächtigung als Abtretung zu qualifizieren, so dass Art. 14 Abs. 1 Rom I-VO Anwendung findet.[13] Für die **gerichtliche Geltendmachung (gewillkürte Prozessstandschaft)** muss ein eigenes schutzwürdiges Interesse des Ermächtigten vorhanden sein.[14] Außerdem muss sich der Kläger im Prozess auf die ihm erteilte Ermächtigung berufen und den Einwilligenden benennen.[15] Untereinziehungsermächtigungen oder Übertragung der Ermächtigung auf Dritte sind denkbar, im Zweifel aber durch die ursprüngliche Ermächtigung nicht gedeckt.[16]

7 Die **Einzugsermächtigung** im herkömmlichen nationalen Lastschriftverfahren ist dagegen nach der herrschenden Genehmigungstheorie kein Anwendungsfall von § 185 und auch keine in Analogie zu § 185 gebildete Sondererscheinung (zur Genehmigung im Einzugsermächtigungsverfahren aber → § 182 Rn. 5).

8 **c) Eintragungsbewilligung nach § 19 GBO.** Auf die verfahrensrechtliche Verfügungserklärung der grundbuchrechtlichen Eintragungsbewilligung (§ 19 GBO) findet § 185 entsprechende Anwendung.[17]

9 **d) Zwangsvollstreckungsmaßnahmen.** Trotz der fehlenden Gleichstellung von Verfügungen und Zwangsverfügungen in § 185 wird diese Norm auf Maßnahmen der **Mobiliarvollstreckung** (Pfändung schuldnerfremder Sachen) analog angewendet,[18] nicht jedoch auf die Pfändung von schuldnerfremden **Forderungen**, da hier die Pfändung ins Leere geht.[19]

10 **e) Einräumung obligatorischer Besitzrechte.** Vermietet oder verpachtet ein Nichtberechtigter eine fremde Sache in eigenem Namen, findet § 185 entsprechende Anwendung.[20] Der Berechtigte muss infolge seiner Zustimmung dem Mieter/Pächter den Besitz der Sache belassen (Besitzrecht iSd § 986).

11 **f) Überbau.** Nimmt ein Dritter mit Zustimmung des Eigentümers des Stammgrundstücks einen Überbau vor, findet § 912 Anwendung, da dem Eigentümer der Überbau über § 185 analog zugerechnet werden kann (→ § 912 Rn. 13).[21]

12 **g) Relative Veräußerungsverbote, Vormerkung.** § 185 findet entsprechende Anwendung, wenn eine Verfügung gegen ein relatives Veräußerungsverbot iSd §§ 136, 135 verstößt;[22] desgleichen, wenn es um eine vormerkungswidrige Verfügung geht.[23]

13 **2. Nicht Anerkanntes. a) Verpflichtungsermächtigung, Erwerbsermächtigung.** Einige Erscheinungen, die auf eine Analogie zu § 185 gestützt werden könnten, sind in der Praxis nicht anerkannt und nicht über den Status akademischer Diskussionen vorgedrungen; so namentlich die Verpflichtungsermächtigung[24] (auch in der Form der Mitverpflichtung des Ermächtigenden)[25] und die Erwerbsermächtigung.[26]

---

11   Vgl. BGHZ 4, 153, 164 f. = NJW 1952, 337; BGHZ 82, 283, 288 = NJW 1982, 571; BGH NJW 1996, 3273 (3275); OLG Jena MDR 1998, 1468 (1469); Staudinger/*Schilken* Vor § 164 ff. Rn. 66 f.; MüKo-BGB/*Bayreuther* § 185 Rn. 34 f.; HKK/*Finkenauer* BGB §§ 182–185 Rn. 15; krit. *Medicus/Petersen* BGB AT Rn. 1009.

12   BGH NJW 1996, 3273 (3275); differenzierend BeckOGK/*Regenfus* BGB § 185 Rn. 166.

13   BGH BeckRS 2014, 00033.

14   St. Rspr.: BGH NJW 1996, 3273 (3275); NJW 2000, 738; NJW 2003, 2231 (2232).

15   BGH NJW 1972, 1580; NJW 2004, 1043 (1044); OLG München GRUR-RR 2008, 139 (142).

16   OLG Jena MDR 1998, 1468 (1469).

17   IE allgM (aA: unmittelbare Anwendung): BGH NJW-RR 2011, 19 (20); OLG Naumburg NJW-RR 1999, 1462; BayObLGZ 1988, 229 (231); OLG Köln Rpfleger 1980, 222 (223); Staudinger/*Gursky* BGB § 185 Rn. 101; MüKoBGB/*Bayreuther* § 185 Rn. 13.

18   Heute allgM: BGHZ 56, 339, 351 (obiter) = NJW 1971, 1938; Staudinger/*Gursky* BGB § 185 Rn. 91; MüKoBGB/*Bayreuther* § 185 Rn. 14; Soergel/*Leptien* BGB § 185 Rn. 6.

19   HM und st. Rspr.: BGHZ 56, 339, 350 f. = NJW 1971, 1938; BGH NJW 2002, 755 (757); OLG Düsseldorf NJW-RR 1999, 1406 (1407); Staudinger/*Gursky* BGB § 185 Rn. 92; MüKoBGB/*Bayreuther* § 185 Rn. 15; aA Soergel/*Leptien* BGB § 185 Rn. 6; *Medicus/Petersen* BGB AT Rn. 1034.

20   Ganz hM: RGZ 124, 28, 32; KG 6.8.1998 – 8 U 8923/96; OLG Schleswig WuM 1990, 194; Staudinger/*Gursky* BGB § 185 Rn. 102; MüKoBGB/*Bayreuther* § 185 Rn. 8; *Katzenstein* Jura 2004, 1 (2), 7 ff.

21   Ganz hM: BGHZ 15, 216, 218 f. = NJW 1955, 177; OLG Frankfurt MDR 1968, 496; OLG Brandenburg BeckRS 2005, 30363019; OLG Celle NJW-RR 2004, 16 (zum WEG); Staudinger/*Gursky* BGB § 185 Rn. 98; abw. MüKoBGB/*Bayreuther* § 185 Rn. 10.

22   AllgM: Staudinger/*Gursky* BGB § 185 Rn. 96; MüKoBGB/*Bayreuther* § 185 Rn. 11.

23   AllgM: RGZ 154, 355, 367 f.; BGH LM § 883 Nr. 6; OLG Saarbrücken FGPrax 1995, 135 (136); Staudinger/*Gursky* BGB § 185 Rn. 95; MüKoBGB/*Bayreuther* § 185 Rn. 11.

24   Bei Alleinverpflichtung des Ermächtigenden nahezu allgM: BGHZ 114, 96, 100 = NJW 1991, 1815; Staudinger/*Gursky* BGB § 185 Rn. 108; MüKoBGB/*Bayreuther* § 185 Rn. 31; Soergel/*Leptien* BGB § 185 Rn. 36.

25   HM: KG MDR 1987, 55; Staudinger/*Gursky* BGB § 185 Rn. 109; MüKoBGB/*Bayreuther* § 185 Rn. 32; *Medicus/Petersen* BGB AT Rn. 1006; aA Soergel/*Leptien* BGB § 185 Rn. 37 ff.; HKK/*Finkenauer* BGB §§ 182–185 Rn. 16.

26   Heute ganz hM: MüKoBGB/*Bayreuther* § 185 Rn. 33; Soergel/*Leptien* BGB § 185 Rn. 40; *Medicus/Petersen* BGB AT Rn. 1007.

b) Gesetzliche Pfandrechte. In der Literatur äußerst umstritten und in der Rechtsprechung nicht aner- **14** kannt ist die entsprechende Anwendung von Abs. 1 auf gesetzliche Pfandrechte des BGB wie das Werkunternehmer- oder Vermieter-/Verpächterpfandrecht.[27] Die gesetzlichen Pfandrechte des HGB in der bis 2013 geltenden Form (§§ 397, 441, 464 HGB aF) konnte man dagegen nach verbreiteter Meinung analog § 185 vom Nichtberechtigten erwerben (nach § 366 Abs. 3 HGB sogar gutgläubig).[28] Nach der nunmehr erfolgten gesetzgeberischen Klarstellung mit dem ausdrücklichen Verweis auf die mögliche Zustimmung des Dritten (§§ 397 Abs. 1 Nr. 1, 440 Abs. 1 S. 1, 464 Abs. 1 S. 1, 475 b Abs. 1 S. 1, 495 Abs. 1 S. 1 HGB nF) bedarf es dieser Analogie nicht mehr.

c) Prozesshandlungen. § 185 ist auf Prozesshandlungen grundsätzlich nicht entsprechend anwendbar.[29] **15** Erhebt also etwa ein Nichtberechtigter in eigenem Namen Klage, ohne dass die Voraussetzungen der gewillkürten Prozessstandschaft (→ Rn. 6) vorliegen, scheidet eine rückwirkende Genehmigung durch den Berechtigten aus; die Klageerhebung hemmt daher auch dann nicht die Verjährung nach § 204 Abs. 1 Nr. 1, wenn der Berechtigte sie später genehmigt.[30] Davon zu unterscheiden ist die Klageerhebung durch einen vollmachtlosen Vertreter, die rückwirkend genehmigt werden kann (→ § 182 Rn. 47). Eine rückwirkende Genehmigung von in eigenem Namen vorgenommenen Prozesshandlungen des Gemeinschuldners nach Insolvenzeröffnung durch den Insolvenzverwalter soll allerdings analog § 185 Abs. 2 S. 1 Fall 1 möglich sein.[31]

Ob die Nichtanwendbarkeit von § 185 auch für die **Unterwerfung unter die sofortige Zwangsvollstreckung** gilt, ist sehr umstritten.[32] Es geht dabei insbesondere um die Frage, ob die – etwa wegen einer Finanzierungsgrundschuld nach § 800 ZPO erfolgte – Unterwerfungserklärung des noch nicht eingetragenen Grundstückserwerbers bei Zustimmung des Veräußerers gegen diesen, also schon vor Eigentumsumschreibung, wirkt (Abs. 1 oder Abs. 2 S. 1 Fall 1 analog). Wegen der hier divergierenden Rechtsprechung sollte die Praxis sicherheitshalber eine Vollmacht des Veräußerers für eine Eintragung der Unterwerfung mit Wirkung gegen den jeweiligen Grundstückseigentümer (§ 800 Abs. 1 ZPO) anraten.[33] Unproblematisch zulässig ist eine Unterwerfung, die erst bei eigener Eintragung des Erwerbers als Eigentümer wirksam wird; hierfür muss man aber nicht auf Abs. 2 S. 1 Fall 2 analog abstellen.[34]

B. Regelungsgehalt

I. Einwilligung (Abs. 1)

Für die Einwilligung nach Abs. 1 gelten die §§ 182 f. und damit die in → § 182 Rn. 7 ff., 17 ff., → § 183 **16** Rn. 1 ff. dargestellten Grundsätze. Ob der Nichtberechtigte im Einzelfall als Vertreter nach § 164 oder als Ermächtigter nach Abs. 1 oder, wie zumeist, nach Belieben als der eine oder der andere auftreten darf, ist Auslegungssache (§§ 133, 157).[35] Den **Umfang der Ermächtigung** bestimmt der Ermächtigende, sofern er nicht zwischen den Parteien vertraglich festgelegt ist.[36] Überschreitet der Ermächtigte die Ermächtigung, ist seine Verfügung schwebend unwirksam. Mit Erteilung der Einwilligung verliert der Rechtsinhaber kein eigenes Recht, kann also weiterhin selbst über den Gegenstand verfügen.[37] Bei der Rückabwicklung des Erwerbs vom Nichtberechtigten ergeben sich manche Probleme, insbesondere an wen das Eigentum rückübertragen wird.[38]

27 BGHZ 34, 122, 125 ff. = NJW 1961, 499; OLG Köln NJW 1968, 304; Staudinger/*Gursky* BGB § 185 Rn. 93; aA Soergel/*Leptien* BGB § 185 Rn. 9; *Katzenstein* Jura 2004, 1 (2 ff.); offenbar auch OLG Hamm NJOZ 2004, 2353 (2354) (obiter).

28 OLG Karlsruhe NJOZ 2004, 4172 (4173); OLG Düsseldorf MDR 2008, 1365; wohl auch BGH NJW-RR 2010, 1546 (1548); vgl. Staudinger/*Gursky* BGB § 185 Rn. 93; MüKoHGB/*C. Schmidt*, 3. Aufl. 2014, § 440 Rn. 18 ff.

29 Vgl. BGH NJW 1958, 338 (339); OLG Hamm NJW 1968, 1147; NJW-RR 1997, 1326 (1327); Staudinger/*Gursky* BGB § 185 Rn. 99.

30 BGH NJW 2004, 1043 (1044); OLG München GRUR-RR 2008, 139 (142); Staudinger/*Gursky* BGB § 185 Rn. 99.

31 BPatG BeckRS 2008, 16114; Staudinger/*Gursky* BGB § 185 Rn. 99.

32 Die Analogie abl.: BayObLG NJW 1971, 514 (515); OLG Frankfurt DNotZ 1972, 85; OLG Saarbrücken

NJW 1977, 1202; Staudinger/*Gursky* BGB § 185 Rn. 100. Sie bejahend: OLG Köln in st. Rspr., etwa Rpfleger 1991, 13 (14); KG BeckRS 2013, 03588 unter Aufgabe der früheren ablehnenden Ansicht; für § 185 Abs. 2 auch BGHZ 108, 372, 376 = NJW 1990, 258; zur Analogie tendierend BayObLG MittBayNot 1992, 190 (191) (obiter).

33 Vgl. *von Rintelen* RNotZ 2001, 2 (16 f.); *Opalka* NJW 1991, 1796 (1797 ff.).

34 OLG Saarbrücken NJW 1977, 1202; für die Analogie dagegen BGHZ 108, 372, 376 = NJW 1990, 258.

35 OLG Naumburg NJW-RR 1999, 1462 f.; OLG München DB 1973, 1693; Staudinger/*Gursky* BGB § 185 Rn. 29.

36 Vgl. BGHZ 106, 1, 5 f. = NJW 1989, 521; Staudinger/*Gursky* BGB § 185 Rn. 30.

37 Staudinger/*Gursky* BGB § 185 Rn. 26; BeckOGK/*Regenfus* BGB § 185 Rn. 50; *Flume* BGB AT Bd. 2 S. 897; unklar OLG Naumburg MDR 2000, 260.

38 S. dazu *Braun* ZIP 1998, 1469.

17　In der **Auflassung** nach §§ 873, 925 liegt häufig die konkludente Ermächtigung an den Auflassungsempfänger, noch vor dem Eigentumsübergang über das Grundstück zu verfügen, insbesondere es **weiterzuveräußern**.[39] Die Besonderheiten des Einzelfalls können aber durchaus eine andere Auslegung der Auflassung erfordern, so etwa, wenn sonst eine vertragliche Zweckbestimmung unterlaufen oder die Stellung des Veräußerers durch Verlust einer Sicherung (Rückauflassungsvormerkung) verschlechtert würde.[40] Ob der Auflassungsempfänger konkludent zu einer **Belastung** des Grundstücks ermächtigt sein soll, ist angesichts des § 1134 und insbesondere bei noch ausstehender Kaufpreiszahlung wegen der drohenden Nachrangigkeit einer etwaigen Sicherungshypothek im Zweifel abzulehnen.[41]

II. Genehmigung (Abs. 2 S. 1 Fall 1)

18　**1. Allgemeines.** Für die Genehmigung nach Abs. 2 S. 1 Fall 1 gelten die §§ 182, 184 und damit die in → § 182 Rn. 7 ff., 17 ff., 184 → Rn. 1 ff. dargestellten Grundsätze.

19　**2. Mehrere Verfügungen.** Sind mehrere miteinander **kollidierende** Verfügungen von Nichtberechtigten über denselben Gegenstand erfolgt, kann sich der Berechtigte aussuchen, welche er genehmigt, sofern sie nur schwebend unwirksam, also nicht von Anfang an (wegen §§ 932 ff., 892 etc) oder später (etwa durch Genehmigung) wirksam geworden sind. Mit der Genehmigung verliert er sein Recht, die anderen Verfügungen zu genehmigen.[42]

20　**Kollidieren die Verfügungen nicht** miteinander (Bsp.: zuerst Verpfändung, dann Übereignung), ist nach der herrschenden Meinung zur Genehmigungszuständigkeit (→ § 184 Rn. 2) immer zu prüfen, ob der Berechtigte durch die eine Genehmigung seine Berechtigung für die andere verliert, so, wenn er zuerst die Übereignung genehmigt.[43]

21　Bei **Kettenverfügungen** (zB Kettenübereignungen) verliert der Berechtigte nach dieser herrschenden Meinung durch die Genehmigung seine Zuständigkeit für die der genehmigten Verfügung vorausgehenden Verfügungen; die der genehmigten Verfügung nachfolgenden Verfügungen werden ihrerseits wirksam, da sie wegen § 184 Abs. 1 so anzusehen sind, als wären sie von einem Berechtigten vorgenommen worden.[44] Anfangs hat der Berechtigte aber immer die freie Wahl.

III. Konvaleszenz durch Erwerb (Abs. 2 S. 1 Fall 2)

22　**1. Grundgedanke.** Erwirbt der Nichtberechtigte nachträglich den Gegenstand, über den er verfügt hat, tritt eine Lage ein, die die Verfügung, würde sie jetzt vorgenommen werden, wirksam sein ließe: es würde ja der Berechtigte verfügen. Der Verfügungsbegünstigte könnte – gäbe es Abs. 2 S. 1 Fall 2 nicht – diese Situation durch Klageerhebung auf Erfüllung nutzen: Typischerweise hat er noch den obligatorischen Anspruch gegen den ehemals Nichtberechtigten auf Erfüllung; und dieser soll keinen Nutzen aus seiner anfänglichen Nichtberechtigung ziehen können. Dieses Verfahren kürzt Abs. 2 S. 1 Fall 2 ab und verfügt die **automatische Heilung (Konvaleszenz)**.

23　**2. Voraussetzungen.** Zunächst muss die **Schwebelage** noch bestehen, der Berechtigte darf also die Genehmigung noch nicht verweigert haben.[45] Auf Seiten des dinglichen Geschäfts darf auch jetzt **nur noch** das Element der **Verfügungsbefugnis fehlen**; nur diese kann der nachträgliche Erwerb ersetzen, nicht etwa eine dingliche Einigung oder Eintragung. Die Ersetzung tritt aber dann nicht ein, wenn der Erwerbende aus anderen Gründen (Eröffnung des Insolvenzverfahrens usw) nicht verfügungsbefugt ist.[46] Der Erwerbsgrund (Singular- oder Universalsukzession) ist unerheblich. Der Nichtberechtigte muss den Gegenstand zur **Alleinberechtigung** erwerben, also nicht etwa als Beteiligter an einer Gesamthandsgemeinschaft; bei Erwerb nach Eigentum zu Bruchteilen tritt Teilkonvaleszenz ein, wenn sie dem Parteiwillen entspricht (§ 139).[47]

39　Ganz hM: BGHZ 106, 1, 4 f. = NJW 1989, 521; BGH NJW 1997, 860; OLG Hamm NJW-RR 2001, 376 (377); BayObLG NJW 1971, 514; Staudinger/*Gursky* BGB § 185 Rn. 29.

40　BGH NJW 1997, 860 f.; 1997, 936, 937; Staudinger/*Gursky* BGB § 185 Rn. 42; MüKoBGB/*Bayreuther* § 185 Rn. 29.

41　Vgl. BayObLG NJW 1971, 514 f.; OLG Naumburg 21.3.2000 – 11 U 150/99; Staudinger/*Gursky* BGB § 185 Rn. 42; MüKoBGB/*Bayreuther* § 185 Rn. 29.

42　Staudinger/*Gursky* BGB § 185 Rn. 50; teils aA *Finkenauer* AcP 203 (2003), 282, 308.

43　Vgl. Staudinger/*Gursky* BGB § 185 Rn. 52.

44　Staudinger/*Gursky* BGB § 185 Rn. 53; MüKoBGB/*Bayreuther* § 185 Rn. 45.

45　BGH NJW 1967, 1272; Erman/*Maier-Reimer* BGB § 185 Rn. 19; aA Staudinger/*Gursky* BGB § 185 Rn. 68; BeckOGK/*Regenfus* BGB § 185 Rn. 109.

46　BGH LM § 185 Nr. 9; NZI 2012, 883; OLG Naumburg 21.3.2000 – 11 U 150/99; Staudinger/*Gursky* BGB § 185 Rn. 70; MüKoBGB/*Bayreuther* § 185 Rn. 49.

47　BGH LM § 185 Nr. 9; Staudinger/*Gursky* BGB § 185 Rn. 63; MüKoBGB/*Bayreuther* § 185 Rn. 49.

Streitig ist, ob die Konvaleszenz voraussetzt, dass der Verfügungsempfänger noch einen **obligatorischen** **24** **Anspruch gegen den ehemals Nichtberechtigten** hat.[48] Die herrschende Meinung **verneint** die Frage vor allem unter Hinweis auf das Abstraktionsprinzip, die Rechtssicherheit und den Willen des historischen Gesetzgebers, so dass gegebenenfalls eine Rückabwicklung nach Bereicherungsrecht stattfinden muss.[49]

3. Rechtsfolgen. Die Heilung tritt *ex nunc* bei Vollendung des Erwerbs ein.[50] Der Erwerb ist nicht insol- **25** venzfest.[51] Allerdings ist es möglich, dass der spätere Erwerber bei Eröffnung des Insolvenzverfahrens über das Vermögen des Nichtberechtigten bereits eine gesicherte Rechtsposition innehatte, die den Erwerb insolvenzfest macht.[52]

4. Analoge Anwendung. Fall 2 findet entsprechende Anwendung, wenn ein Nichtberechtigter der Verfü- **26** gung eines anderen Nichtberechtigten zugestimmt hat und hernach den Gegenstand der Verfügung samt Befugnis zur Vornahme einer derartigen Verfügung erwirbt.[53] Sofern die Verfügung eines Berechtigten ohne Verfügungsmacht schwebend unwirksam ist und der Berechtigte später seine Verfügungsmacht wiedererlangt (Bsp.: Beendigung des Insolvenzverfahrens, Freigabe des Verfügungsobjekts durch den Insolvenzverwalter, Aufhebung von Nachlassverwaltung oder Testamentsvollstreckung), wird die Verfügung analog Fall 2 wirksam.[54] Anders steht es, wenn ein Nichtberechtigter nachträglich Verfügungsmacht erhält, aber nicht den Gegenstand selbst (Bsp.: der Nichtberechtigte wird Insolvenzverwalter, Nachlassverwalter oder Testamentsvollstrecker), da die Konvaleszenz sonst zulasten eines fremden Vermögens ginge; hier bleibt nur die Möglichkeit einer Genehmigung nach Fall 1.[55] Der BGH will nunmehr Fall 2 auch anwenden, wenn eine Zwangshypothek wirksam entstanden, dann nach § 88 InsO unwirksam geworden (Rückschlagsperre), aber im Grundbuch eingetragen geblieben ist und schließlich das Grundstück vom Insolvenzverwalter freigegeben oder das Insolvenzverfahren ohne Verwertung des Grundstücks aufgehoben wird. So soll die Zwangshypothek mit neuem Rang wiederaufleben.[56] Diese Rechtsprechung ist höchst umstritten, ihre Folgen und Weiterungen (insbesondere die Übertragbarkeit auf andere Zwangsvollstreckungsmaßnahmen) sind im Einzelnen immer noch nicht absehbar.[57]

IV. Konvaleszenz durch Beerbung (Abs. 2 S. 1 Fall 3)

1. Grundgedanke. Auch wenn der Berechtigte den verfügenden Nichtberechtigten beerbt und die Vermö- **27** gensmassen nicht durch die Beschränkung der Erbenhaftung getrennt bleiben, vereinigen sich in seiner Person die beiden Positionen, deren Auseinanderfallen vorher die Wirksamkeit der Verfügung verhindert hat. Statt eine Klage des Verfügungsbegünstigten gegen den Erben auf Erfüllung der Verbindlichkeit aus dem Kausalgeschäft zu verlangen, hat sich der Gesetzgeber auch hier für die **automatische Heilung (Konvaleszenz)** des Mangels entschieden.[58]

2. Voraussetzungen. Die Lage ist damit sehr ähnlich derjenigen bei Fall 2. Die Genehmigung darf eben- **28** falls noch nicht verweigert sein.[59] Die Frage nach der **Rechtsgrundabhängigkeit** der Konvaleszenz wird hier aber von der jedenfalls in der Rechtsprechung herrschenden Meinung anders beantwortet als in Fall 2, nämlich in dem Sinne, dass der Verfügungsempfänger gegen den Erben noch einen obligatorischen

---

48 Dazu eingehend *Pletscher*, S. 131 ff.
49 OLG Celle NJW-RR 1994, 646 (647) (obiter); Staudinger/*Gursky* BGB § 185 Rn. 66; MüKoBGB/ *Bayreuther* § 185 Rn. 51; Jauernig/*Mansel* BGB § 185 Rn. 8; *Medicus/Petersen* BGB AT Rn. 1031; aA Soergel/*Leptien* BGB § 185 Rn. 27; jurisPK-BGB/*Trautwein* § 185 Rn. 39.
50 AllgM: RGZ 135, 378, 383; BGH WM 1978, 1406 (1407); NZI 2012, 883; Staudinger/*Gursky* BGB § 185 Rn. 59.
51 BGH NJW-RR 2004, 259; Staudinger/*Gursky* BGB § 185 Rn. 59; *Bülow* WM 1998, 845 (848).
52 Vgl. BGH NZI 2012, 883 (884).
53 AllgM: BGHZ 36, 329, 334 = NJW 1962, 861; Staudinger/*Gursky* BGB § 185 Rn. 72; MüKoBGB/ *Bayreuther* § 185 Rn. 48.
54 AllgM: BGHZ 123, 58, 62 = NJW 1993, 2525; BGHZ 166, 74, 80 = NJW 2006, 1286; Staudinger/ *Gursky* BGB § 185 Rn. 73; MüKoBGB/*Bayreuther* § 185 Rn. 52; *Medicus/Petersen* BGB AT Rn. 1035.

55 Ganz hM: BGH ZIP 1999, 447 (450 f.); OLG Nürnberg ZEV 2017, 98 (99 f.); Staudinger/*Gursky* BGB § 185 Rn. 74 f.; MüKoBGB/*Bayreuther* § 185 Rn. 52; aA OLG München FGPrax 2005, 243 (244 f)ür den Fall, dass der Testamentsvollstrecker zum Zeitpunkt seiner Verfügung bereits ernannt, aber seine Annahmeerklärung dem Nachlassgericht noch nicht zugegangen war.
56 BGHZ 166, 74, 80 ff. = NJW 2006, 1286; BGH NZI 2011, 600 (601); BGHZ 194, 60, 62 f. = NJW 2012, 3574.
57 Vgl. Staudinger/*Gursky* BGB § 185 Rn. 73 a; MüKoBGB/*Bayreuther* § 185 Rn. 52; BeckOGK/*Regenfus* BGB § 185 Rn. 119 ff.
58 Rechtspolitische Kritik bei *Wacke* JZ 2001, 380 (385 ff.).
59 BGH NJW 1967, 1272; aA Staudinger/*Gursky* BGB § 185 Rn. 68.

Anspruch haben müsse.[60] Ferner reicht hier eine **Miterbenstellung** aus;[61] es darf allerdings nicht § 2063 Abs. 2 entgegenstehen (so, wenn der Erwerber und der Berechtigte Miterben werden).[62] Die Erbenhaftung muss **endgültig unbeschränkt** sein; bei weiterhin möglicher Beschränkbarkeit greift Fall 3 nicht ein (arg. ua § 2013).[63]

29   **3. Rechtsfolgen.** Die Heilung tritt auch hier nur *ex nunc* ein.

30   **4. Analoge Anwendung.** Fall 3 ist analog anzuwenden, wenn der **Vorerbe** über einen Nachlassgegenstand verfügt hat und vom unbeschränkt haftenden Nacherben beerbt wird; die Verfügung bleibt trotz § 2113 wirksam.[64]

31   **5. Beweislast.** Wer sich auf die Konvaleszenz beruft, muss Erbfall und fehlende Beschränkbarkeit der Erbenhaftung darlegen und beweisen.[65] Da eine unbeschränkbare Erbenhaftung die Ausnahme ist (die Beschränkungsmöglichkeiten sind grundsätzlich unbefristet, vgl. etwa § 2081 Abs. 1; Ausnahmen: Verwirkung, Verzicht, § 1994 Abs. 1 S. 2, § 2005 Abs. 1), wird dieser Beweis häufig schwer fallen.[66] Fall 3 tritt **in der Praxis selten** ein.

V. Mehrere Verfügungen (Abs. 2 S. 2)

32   **1. Grundgedanke.** Sind in den Konvaleszenzfällen (Fall 2 und 3 von Abs. 2 S. 1) mehrere Verfügungen über denselben Gegenstand getroffen worden, die nicht miteinander zu vereinbaren sind, wird nach dem **Prioritätsprinzip** des Abs. 2 S. 2 nur die jeweils frühere wirksam.[67]

33   **2. Voraussetzungen.** Bei der Frage nach der Priorität kommt es auf die Vollendung des Abschlusstatbestandes an. So müssen zB Einigung und Eintragung oder Übergabe oder Übergabesurrogat vorliegen oder der Erbfall eingetreten sein; eine nachfolgende Genehmigung (wegen § 184 Abs. 1) und der spätere Eintritt einer Bedingung sind unerheblich.

34   **Miteinander nicht im Einklang** stehen Verfügungen dann, wenn die nachfolgenden die vorhergehenden in irgendeiner Weise beeinträchtigen würden; anders dagegen, wenn bei Geltung aller Verfügungen allein die nachfolgenden Einbußen erleiden. Handelt es sich um dieselbe Verfügungsart, ist demnach zu differenzieren: Mehrere Übereignungen oder mehrere Abtretungen führen zu einer Kollision und der Rechtsfolge des Abs. 2 S. 2; mehrere Verpfändungen können dagegen nebeneinander bestehen, wenn nur die nachfolgenden der ersten gegenüber nachrangig sind.[68] Abs. 2 S. 2 greift wiederum ein, wenn eine Verpfändung einer Übereignung nachfolgt; folgt dagegen eine Übereignung einer Verpfändung nach, können beide nach Abs. 2 S. 1 Fall 2 oder 3 wirksam werden, die Übereignung freilich nur in der Weise, dass der Erwerber ein mit dem Pfandrecht belastetes Eigentum erwirbt.[69]

35   **3. Rechtsfolgen.** Mit dem Wirksamwerden der früheren Verfügung werden die nachfolgenden kollidierenden **endgültig unwirksam.**

36   **4. Analoge Anwendung.** Abs. 2 S. 2 findet entsprechende Anwendung, wenn der Berechtigte mehrere miteinander kollidierende, schwebend unwirksame Verfügungen eines Nichtberechtigten **gleichzeitig genehmigt.**[70]

60   BGH NJW 1994, 1470 (1471); OLG Celle NJW-RR 1994, 646 (647); OLG Saarbrücken MDR 1997, 1107; OLG München BeckRS 2018, 8893; MüKoBGB/*Bayreuther* § 185 Rn. 59; Soergel/*Leptien* BGB § 185 Rn. 30; *Medicus/Petersen* BGB AT Rn. 1032; aA Staudinger/*Gursky* BGB § 185 Rn. 79; BeckOK BGB/*Bub* § 185 Rn. 16; Jauernig/*Mansel* BGB § 185 Rn. 8; PWW/*Frensch* BGB § 185 Rn. 11; *Harder* FS Seiler 1999, S. 637, 643 ff.; *Pletscher*, S. 131 ff.; *Finkenauer* FS Picker 2010, S. 221 f.

61   BGH MDR 1964, 577 (implizit); Staudinger/*Gursky* BGB § 185 Rn. 80; MüKoBGB/*Bayreuther* § 185 Rn. 58.

62   RGZ 110, 94, 96; BGH LM § 2113 Nr. 1; Staudinger/*Gursky* § 185 Rn. 85; MüKoBGB/*Bayreuther* § 185 Rn. 58.

63   Ganz hM: OLG Stuttgart NJW-RR 1995, 968; BayObLG FamRZ 1997, 710 (712); OLG München

    BeckRS 2018, 8893; Staudinger/*Gursky* BGB § 185 Rn. 81; MüKoBGB/*Bayreuther* § 185 Rn. 56; aA *Finkenauer* FS Picker 2010, S. 201 ff.

64   AllgM: RGZ 110, 94, 95; BayObLG FamRZ 1997, 710 (712); Staudinger/*Gursky* BGB § 185 Rn. 84; MüKoBGB/*Bayreuther* § 185 Rn. 57.

65   Staudinger/*Gursky* BGB § 185 Rn. 83; BeckOGK/*Regenfus* BGB § 185 Rn. 153; unzutr. OLG Celle NJW-RR 1994, 646 (647).

66   Vgl. *Harder* FS Seiler 1999, S. 637, 638 ff.; HKK/*Finkenauer* BGB §§ 182–185 Rn. 18.

67   Vgl. eingehend *Dölling*, S. 30 ff.

68   AllgM: Staudinger/*Gursky* BGB § 185 Rn. 87 f.; MüKoBGB/*Bayreuther* § 185 Rn. 60.

69   Heute allgM: Staudinger/*Gursky* BGB § 185 Rn. 87; MüKoBGB/*Bayreuther* § 185 Rn. 60.

70   AllgM: Staudinger/*Gursky* BGB § 185 Rn. 51; Palandt/*Ellenberger* BGB § 185 Rn. 12.

Abschnitt 4

Fristen, Termine

§ 186 Geltungsbereich

Für die in Gesetzen, gerichtlichen Verfügungen und Rechtsgeschäften enthaltenen Frist- und Terminsbestimmungen gelten die Auslegungsvorschriften der §§ 187 bis 193.

Literatur: *Drinhausen/Keinath*, Auswirkungen des ARUG auf die künftige Hauptversammlungspraxis, BB 2009, 2322; *Florstedt*, Wege zu einer Neuordnung des aktienrechtlichen Fristensystems, Der Konzern 2008, 504; *Martin*, Stichtag Sonntag, der 30.11.2014 – rechtzeitige Kündigung einer Kfz-Versicherung, DAR 2014, 609; *Müller-Eising/Bert*, § 5 Abs. 3 UmwG: Eine Norm, eine Frist, drei Termine, DB 1996, 1398; *v. Münch*, Die Zeit im Recht, NJW 2000, 1; *G. Schulze*, Judex non calculat?, JR 1996, 51; *ders.*, Gerechtigkeit durch Fristberechnung, JuS 1997, 480; *Petersen*, Die Berechnung von Fristen und Terminen, Jura 2012, 432; *Repgen*, Der Sonntag und die Berechnung rückwärts laufender Fristen im Aktienrecht, ZGR 2006, 121; *Schroeter*, Die Fristberechnung im Bürgerlichen Recht, JuS 2007, 29; *Tettinger*, Gesellschaftsrechtliche Einberufungsfristen, Kündigungsfristen und der Anwendungsbereich des § 193 BGB – verschiedene Blickwinkel auf vergleichbaren Probleme GmbHR 2008, 346, *Zieglturm*, Grundfälle zur Berechnung von Fristen und Terminen gem. §§ 187 ff BGB, JuS 1986, 705 u. 784.

A. Normzweck

Im Rechtsalltag spielen Zeitbestimmungen eine erhebliche Rolle. Die §§ 186 ff. enthalten Auslegungsregeln, um bei mehrdeutigen Ausdrucksweisen zu einer sicheren Auslegung zeitlicher Bestimmungen zu gelangen. §§ 186 ff. dienen daher dem Zweck, Rechtssicherheit und Klarheit zu gewährleisten. Da es sich um Auslegungsregeln handelt, sind sie nur dann anzuwenden, wenn die Auslegung nach allgemeinen Grundsätzen zu keinem zweifelsfreien Ergebnis führt. **1**

B. Anwendungsbereich

Die §§ 187–193 gelten nicht nur für das BGB, sondern – soweit nicht Sondervorschriften vorgehen – für **alle Frist- und Terminsbestimmungen des Bundesrechtes**. Die Geltung ist in einigen Gesetzen ausdrücklich angeordnet, zB § 222 Abs. 1 ZPO, § 57 Abs. 2 VwGO, § 31 Abs. 1 VwVfG, § 108 Abs. 1 AO, § 54 FGO, § 146 Abs. 1 Inso nF[1] Sondervorschriften enthalten die §§ 359, 361 HGB, §§ 121 und 123 AktG, Art. 36, 37, 72–74 WG, Art. 29, 30, 55–57 ScheckG; §§ 42, 43 StPO, § 77 b StGB, §§ 16 und 113 FamFG, § 222 Abs. 2 und 3 ZPO, § 31 Abs. 2 bis 7 VwVfG, § 108 Abs. 2 bis 6 AO, § 64 SGG und § 139 InsO. **2**

In der Ratsverordnung (EWG, Euratom) Nr. 1182/71 vom 3.6.1971 zur Festlegung der Regeln für Fristen, Daten und Termine[2] sind für Rechtsakte, die der Rat und die Kommission aufgrund des EG- oder des Euratom-Vertrages erlassen, eigenständige Bestimmungen getroffen. Diese Verordnung findet vor allem Anwendung auf Fristen, die in Verordnungen oder Richtlinien enthalten sind. Bei der Umsetzung von in Richtlinien enthaltenen Fristen hat der nationale Gesetzgeber die in der Richtlinie enthaltenen Fristen nach dieser Verordnung zu beachten. Für entsprechend der jeweiligen Richtlinie angepasste Regeln des nationalen Rechtes gilt die VO nicht unmittelbar.[3] Die Verordnung hat darüber hinaus im Rahmen des nationalen Rechtes Bedeutung bei der richtlinienkonformen Auslegung.[4]

Für folgende Rechtsgebiete ist die Geltung der §§ 186 ff. von der Rechtsprechung anerkannt: das gesamte bürgerliche und Privatrecht, soweit nicht gesetzliche Sonderregeln eingreifen,[5] das Öffentliche Recht;[6] das Strafrecht;[7] das Tarifvertragsrecht;[8] das Abgabenrecht;[9] das Sozialversicherungsrecht;[10] und das Personenstandsrecht.[11] **3**

---

1 BGBl. I 2004 S. 3214; vgl. auch MüKoBGB/*Grothe* § 186 Rn. 1 mwN.
2 ABl. EG L 124 v. 8.6.1971, S. 1.
3 MüKoBGB/*Grothe* § 186 Rn. 2; aA Staudinger/*Repgen* BGB § 186 Rn. 19.
4 MüKoBGB/*Grothe* § 186 Rn. 2.
5 BGHZ 59, 396.

6 RGZ 161, 125.
7 BGH NJW-RR 1989, 629.
8 BGH ZIP 1998, 428.
9 BFH DB 1997, 79.
10 BSG NJW 1974, 919.
11 BayObLG JW 1929, 2450.

C. Begriffsbestimmungen

4   **Frist** ist jeder abgegrenzte Zeitraum. Er muss also bestimmt oder jedenfalls bestimmbar sein.[12] Die Abgrenzbarkeit des Zeitraums kann sich aus einer festen zeitlichen Begrenzung (in der Zeit vom ... bis ...) aber auch aus unbestimmten Rechtsbegriffen, wie zB „angemessen" oder „unverzüglich" ergeben. Aus § 191 ergibt sich, dass die Frist nicht zusammenhängend verlaufen muss.

5   § 186 spricht von Fristen und Terminbestimmungen, die sich in Gesetzen, gerichtlichen Verfügungen und Rechtsgeschäften finden. Dies bestimmt sich lediglich danach, wer die Fristdauer festlegt. Für die Berechnung der jeweiligen Frist ist diese gesetzliche Differenzierung jedoch ohne Belang. **Gesetzliche Fristen** sind zB die Verjährungsfristen; **Fristen aufgrund gerichtlicher Verfügungen** sind zB die Ausschlussfristen in den §§ 2052 Abs. 1, 1094 Abs. 1, 2151 Abs. 3; **rechtsgeschäftliche Fristen** können sich im Rahmen der Privatautonomie sowohl aus Verträgen, zB durch Frist oder Terminbestimmungen, oder als echte Bedingungen gemäß § 163 ergeben. Des Weiteren gehören hierzu auch die von Gesetzes wegen geforderten, rechtsgeschäftlich bestimmten angemessenen Fristen, deren Ablauf erforderlich ist, um eine gewünschte Rechtsfolge eintreten zu lassen, zB: §§ 250, 264 Abs. 2 S. 1, 281 Abs. 1 S. 1, 321 Abs. 1 S. 1, 305, 516 Abs. 2 S. 1, 1003 Abs. 1 S. 1.

6   **Termine** sind im Unterschied zu Fristen bestimmte Zeitpunkte, in denen etwas geschehen soll oder Rechtswirkungen eintreten.[13]

§ 187 Fristbeginn

(1) Ist für den Anfang einer Frist ein Ereignis oder ein in den Lauf eines Tages fallender Zeitpunkt maßgebend, so wird bei der Berechnung der Frist der Tag nicht mitgerechnet, in welchen das Ereignis oder der Zeitpunkt fällt.

(2) ¹Ist der Beginn eines Tages der für den Anfang einer Frist maßgebende Zeitpunkt, so wird dieser Tag bei der Berechnung der Frist mitgerechnet. ²Das Gleiche gilt von dem Tage der Geburt bei der Berechnung des Lebensalters.

A. Allgemeines	1	III. Berechnung des Lebensalters (Abs. 2 S. 2)	7
B. Regelungsgehalt	2	IV. Stundenfristen	9
I. Fristbeginn im Laufe eines Tages (Abs. 1)	2	V. Rückwärtsfristen	10
II. Fristbeginn mit Anfang des Tages			
(Abs. 2 S. 1)	5		

A. Allgemeines

1   § 187 legt für Fristberechnungen das Prinzip der **Zivilkomputation** zugrunde. Hierbei wird bei Fristen, die nach Tagen, Wochen, Monaten oder Jahren bemessen sind, der Beginn des Fristlaufes nicht auf den tatsächlichen Moment des fristauslösenden Umstandes gelegt, sondern aus praktischen Erwägungen auf den auf das fristauslösende Ereignis folgenden Tag. Es wird nur mit vollen Tagen gerechnet. Demgegenüber wird bei der Anwendung der **Naturalkomputation** die Frist in ihrer natürlichen Länge vom jeweiligen Beginn an berechnet. Die Naturalkomputation ist bei Stunden- und Minutenfristen anzuwenden, allerdings kann hier die Auslegung ergeben, dass die Frist analog Abs. 1 erst mit dem Anfang der folgenden Zeiteinheit beginnen soll.[1]

B. Regelungsgehalt

I. Fristbeginn im Laufe eines Tages (Abs. 1)

2   In den Fällen des Abs. 1 bleibt der Kalendertag, in den das maßgebliche Ereignis oder der Zeitpunkt fällt, welcher für den Anfang einer Frist maßgebend ist, bei der Berechnung dieser Frist außer Betracht. Die Frist beginnt also erst um 0.00 Uhr des Folgetages zu laufen. Im Gegensatz zur Ermittlung des Fristendes ist es für den Fristbeginn allerdings unbeachtlich, ob er auf ein Wochenende oder einen staatlich allgemein anerkannten Feiertag fällt.[2]

---

12   RGZ 120, 355.
13   VGH München NJW 1991, 1250.
 1   Palandt/*Ellenberger* BGB § 187 Rn. 1; BeckOK BGB/*Henrich* § 187 Rn. 8.

2   BFH 28.11.2007 – IX B 175/07, BeckRS 2007, 25012819.

Einzelfälle: Zu den Fristen des Abs. 1 gehören die Verjährungsfristen in §§ 438 Abs. 1, 634 a Abs. 1 **3** und 548 Abs. 1, die Frist des § 651 g Abs. 1, die Widerrufsfrist nach § 355, die Berechnung von Zahlungsfristen und ähnlichen Fristen im Versicherungsrecht.

Ebenfalls gehören hierzu Fristen, bei denen der Fristbeginn an die Kenntnis gewisser Umstände anknüpft **4** (§§ 199 Abs. 1 Nr. 2, 566 Abs. 2 S. 2, 1600 b Abs. 1 und 5).

II. Fristbeginn mit Anfang des Tages (Abs. 2 S. 1)

Soll der Anfang des Tages der für den Fristbeginn maßgebliche Zeitpunkt sein, so wird dieser Tag als der **5** erste des Fristlaufes mitgezählt, zB zählt bei Abschluss eines Arbeits- oder eines Mietvertrages für einen bestimmten Zeitraum der erste Tag bereits mit.

Weiter fallen hierunter die Auslegefrist des § 3 BBauG und entsprechende Fristen in den jeweiligen Landesgesetzen sowie die Frist gem. § 17 Abs. 3 S. 2 PatentG und die Jahresfrist gemäß § 93 Abs. 3 BVerfGG.[3] **6**

III. Berechnung des Lebensalters (Abs. 2 S. 2)

Abs. 2 S. 2 trifft für die Berechnung des Lebensalters eine besondere Bestimmung. Obwohl die Geburt ein **7** in den Lauf eines Tages fallendes Ereignis ist, wird entsprechend der Verkehrsanschauung der Tag der Geburt bei der Berechnung des Lebensalters mitgezählt. Wer also am 28.2. geboren ist, wird auch am 28.2. volljährig.

Diese Berechnungsweise ist auch anzuwenden bei der Feststellung der Altersgrenzen für die strafrechtliche **8** Verantwortlichkeit bzw. des Beginns des Ruhestandes oder des Rentenalters.

IV. Stundenfristen

Obwohl in §§ 187 ff. nicht ausdrücklich geregelt, ist die Vereinbarung von kürzeren als nach Tagen zählen- **9** den Fristen zulässig. Da die Fristberechnung nach der in § 187 vorausgesetzten Zivilkomputation Fristen von mindestens Tageslänge erfordert, ist bei nach Stunden zählenden Fristen die **Naturalkomputation** (Fristberechnung von Moment zu Moment) anzuwenden. Allerdings kann auch hier die Auslegung ergeben, dass die Zivilkomputation analog anzuwenden ist.[4]

V. Rückwärtsfristen

§ 187 ist unmittelbar anwendbar nur in Fällen, in denen der Fristbeginn durch Gesetz, gerichtliche Verfü- **10** gung oder Rechtsgeschäft festgelegt ist und das Ende der Frist ermittelt werden soll. Er ist jedoch analog anzuwenden, wenn die Frist nachträglich durch Rückrechnung von einem fristauslösenden Endzeitpunkt ermittelt werden muss.[5] Für die Rückrechnung der Informationsfrist nach Art. 5 Abs. 1 lit. c)ii) der Fluggastrechte-VO hat das AG Wedding[6] die Verordnung autonom ausgelegt und ausgesprochen, dass die Frist mindestens 7 x 24 Stunden zwischen der Benachrichtigung des Fluggastes und dem Zeitpunkt der Ankunft des (geänderten) Fluges betragen müsse. Richtig erscheint jedoch, die Rückrechnung nach der VO EWG, Euratom 1182/71[7] vorzunehmen.[8] Nach Art. 3 Abs. 2 dieser Verordnung wird der Tag, „in welchem ein Ereignis eintritt oder eine Handlung vorgenommen wird, bei der Berechnung dieser Frist nicht mitgerechnet". Mithin beginnt die Rückrechnung nach dieser Verordnung mit dem Ablauf des Tages, der dem Tag, an welchem das Ereignis eintritt oder die Handlung vorzunehmen wäre, vorangeht. Allerdings verlängert sich gem. Art. 3 (4) 2. Absatz die Frist nicht noch mal, wenn der letzte Tag der rückwärts berechneten Frist auf einen Feiertag, Sonntag oder Sonnabend fällt.[9] Gleiches gilt für die Zeitraumberechnung der Verzugszinsen.[10] Bei der rückwärtsgewandten Berechnung von Kündigungsfristen ist § 193 BGB nicht anwendbar.[11] Gleiches gilt bei der Rückrechnung von Einladungsfristen für Versammlungen bei Vereinen oder Gesellschaften, da eine Verkürzung dem Zweck dieser Fristen – eine ausreichende Prüfungsfrist zu sichern –

3   BVerfG Nichtannahmebeschluss v. 6.5.2009 – 1 BvR 3153/07, BeckRS 2009, 34059.
4   Palandt/*Ellenberger* BGB § 187 Rn. 1 sowie Staudinger/*Repgen* § 187 Rn. 13.
5   Palandt/*Ellenberger* BGB § 187 Rn. 4; *Müller-Eising/Bert* DB 1996, 1398.
6   17.5.2018 – 9 C 75/18 = VuR 2019, 30 mit Anm. *Hoppe*.

7   ABl. EG L 124 v. 8.6.1971, S. 1.
8   Ebenso *Hoppe* (Fn. 17) und BeckOK/Flugastrechte-VO/*Schmidt* Art. 5 Rn. 14.1.
9   AA *Hoppe*, aaO (Fn. 17).
10 BGH NJW-RR 1990, 518.
11 BGHZ 162, 75.

zuwider liefe; Näheres hierzu unter → § 193 Rn. 4.[12] Bei der Terminsbestimmung in Scheidungssachen sind die §§ 187, 188 trotz des umständlichen Wortlauts von § 137 FamFG anwendbar.[13]

§ 188 Fristende

(1) Eine nach Tagen bestimmte Frist endigt mit dem Ablauf des letzten Tages der Frist.

(2) Eine Frist, die nach Wochen, nach Monaten oder nach einem mehrere Monate umfassenden Zeitraum – Jahr, halbes Jahr, Vierteljahr – bestimmt ist, endigt im Falle des § 187 Abs. 1 mit dem Ablauf desjenigen Tages der letzten Woche oder des letzten Monats, welcher durch seine Benennung oder seine Zahl dem Tage entspricht, in den das Ereignis oder der Zeitpunkt fällt, im Falle des § 187 Abs. 2 mit dem Ablauf desjenigen Tages der letzten Woche oder des letzten Monats, welcher dem Tage vorhergeht, der durch seine Benennung oder seine Zahl dem Anfangstag der Frist entspricht.

(3) Fehlt bei einer nach Monaten bestimmten Frist in dem letzten Monat der für ihren Ablauf maßgebende Tag, so endigt die Frist mit dem Ablauf des letzten Tages dieses Monats.

A. Tagesfristen (Abs. 1)   1
B. Wochen-, Monats- und Jahresfristen (Abs. 2) .   2
C. Unterschiedliche Monatslängen (Abs. 3)   4
D. Besonderheiten des Fristendes   5
E. Zugang von Willenserklärungen unter Abwe-
   senden   8

A. Tagesfristen (Abs. 1)

1 Eine nach Tagen bestimmte Frist endet – soweit nicht § 193 eingreift – mit Ablauf des letzten Tages der Frist, dh um 24.00 Uhr des letzten Tages der Frist.[1] Bei einer Befristung bis zu einem bestimmten Tage gehört dieser Tag noch zu der Frist.[2] Bei Setzung einer Frist von acht Tagen ist durch Auslegung zu ermitteln, ob hierunter acht volle Tage oder eine Woche zu verstehen ist.[3] Im Zweifel ist jedoch hierunter eine Frist von acht vollen Tagen zu verstehen.[4] Im Wechselrecht ist dies in Art. 36 Abs. 4 WG ausdrücklich geregelt; in § 359 Abs. 2 HGB findet sich eine entsprechende Auslegungsregel für Handelsgeschäfte. Eine durch eine behördliche Verfügung gesetzte Frist von acht Tagen bedeutet acht volle Tage.

B. Wochen-, Monats- und Jahresfristen (Abs. 2)

2 In den Fällen des § 187 Abs. 1 endet eine **Wochenfrist** mit dem Ablauf des Tages, der durch seine Benennung demjenigen Tag entspricht, in welchen das den Fristlauf auslösende Ereignis oder Zeitpunkt fällt. War dies bspw. ein Montag, so endet die Frist auch mit Ablauf des folgenden Montags. In den Fällen des § 187 Abs. 2 wird dagegen der Tag nicht mitgerechnet, so dass zum Beispiel eine an einem Samstag beginnende Frist mit Ablauf des folgenden Freitags endet.

3 Entsprechendes gilt für **Monatsfristen** oder längere Fristen mit der Maßgabe, dass nicht auf die Benennung des Wochentags, sondern auf die kalendermäßige Bezeichnung abzustellen ist. Im Falle des § 187 Abs. 1 endet eine am 28.1. beginnende Monatsfrist somit mit Ablauf des 28.2., in den Fällen des § 187 Abs. 2 mit Ablauf des 27.2. Die konkrete Monatslänge hat damit keine Auswirkungen, so dass eine am 28.2. beginnende Monatsfrist am 28.3. endet und nicht erst am 31.3.

C. Unterschiedliche Monatslängen (Abs. 3)

4 Gem. Abs. 3 endet in den Fällen, in denen bei Monatsfristen in dem letzten Monat der für den Fristablauf maßgebliche Tag fehlt, bereits mit dem Ablauf des letzten Tages dieses Monats.[5] Diese Regelung beruht auf der unterschiedlichen Länge der einzelnen Monate. Beginnt zB eine Monatsfrist gem. § 187 Abs. 1 am 31.1., so endet sie wegen der kürzeren Dauer des Monates Februar bereits mit Ablauf des 28.2., in Schaltjahren mit Ablauf des 29.2. Fällt der Beginn einer Jahresfrist auf den 29.2., so endet diese aufgrund der monatlichen Berechnung am 28.2. des Folgejahres.[6]

---

12 Für die Rückberechnung der Einladungsfrist zur
    Hauptversammlung einer Aktiengesellschaft vgl.
    § 121 Abs. 7 AktG.
13 BGH NJW 2013, 2199.
1   BAG NJW 1966, 2081f.; BGH NJW 2013, 2199.
2   RGZ 105, 417 ff.

3   BeckOK BGB/*Henrich* § 188 Rn. 1; *Petersen* Jura
    2012, 432.
4   RG DR 44, 909.
5   FG Hamburg EFG 2007, 730.
6   MüKoBGB/*Grothe* § 188 Rn. 4.

D. Besonderheiten des Fristendes

Grundsätzlich darf der Betroffene eine Frist bis zum letzten Augenblick ausnützen. Erst der Fristablauf löst die an die Frist geknüpfte Rechtsfolge aus. Das Risiko der Fristüberschreitung trägt jedoch derjenige, der Fristen bis zum letzten Augenblick ausnützt. Nur in Ausnahmefällen kann die Berufung auf eine **geringfügige Fristüberschreitung** gegen Treu und Glauben verstoßen.[7]

Für den Fristablauf ist es grundsätzlich ohne Bedeutung, ob der Betroffene hiervon Kenntnis hatte oder ob er schuldlos außerstande war, die Frist einzuhalten. Dies gilt nicht für die regelmäßige Verjährungsfrist des § 199 Abs. 1 nF, da das Gesetz insoweit an die Kenntnis oder grobfahrlässige Unkenntnis des Gläubigers von den anspruchbegründenden Umständen und der Person des Schuldners anknüpft. Allerdings bestehen dabei gem. § 199 Abs. 2–4 absolute Verjährungsfristen, die unabhängig davon eintreten, ob der Anspruchsberechtigte jemals Kenntnis von den Ansprüchen erlangt hat.

Ist zur Fristeinhaltung die **Mitwirkung eines Dritten** erforderlich (zB Annahme einer Leistung), ist dieser nicht verpflichtet, bis zur letzten Sekunde mitwirkungsbereit zu sein. Für Handelsgeschäfte ist in § 358 HGB ausdrücklich geregelt, dass die Leistung nur während der gewöhnlichen Geschäftszeit bewirkt und gefordert werden kann. Bei Nichtkaufleuten führt eine an den Grundsätzen von Treu und Glauben orientierte Auslegung oft zum gleichen Ergebnis.[8] Bei **Behörden** endet die Mitwirkungspflicht mit Dienstschluss.[9]

E. Zugang von Willenserklärungen unter Abwesenden

Beim Zugang empfangsbedürftiger Willenserklärungen unter Abwesenden kommt es nicht nur darauf an, dass das die Erklärung enthaltende Schriftstück innerhalb der Frist in den Herrschaftsbereich des Empfängers gelangt, vielmehr ist auch erforderlich, dass unter normalen Umständen mit der Kenntnisnahme durch den Empfänger innerhalb der Frist zu rechnen ist. Wer also zum 30.4. eine Kündigung aussprechen möchte, deren Frist am 1.5. um 0.00 Uhr beginnt, wird durch den Einwurf in den Briefkasten des Empfängers um 23.59 Uhr keinen fristgerechten Zugang mehr bewirken, da dann normalerweise nicht mehr mit der Kenntnisnahme der Erklärung durch den Empfänger innerhalb der Frist gerechnet werden kann (vgl. dazu → § 130 Rn. 51 f.).[10]

§ 189 Berechnung einzelner Fristen

(1) Unter einem halben Jahr wird eine Frist von sechs Monaten, unter einem Vierteljahr eine Frist von drei Monaten, unter einem halben Monat eine Frist von 15 Tagen verstanden.

(2) Ist eine Frist auf einen oder mehrere ganze Monate und einen halben Monat gestellt, so sind die 15 Tage zuletzt zu zählen.

§ 189 enthält Auslegungsregelungen für die Fristberechnung bei **Bruchteilen** eines Jahres oder eines Monats. Die Auslegungsregeln sind aus sich selbst heraus verständlich. Die Gleichsetzung eines halben Monats mit 15 Tagen ist ebenso in Art. 36 Abs. 5 WG geregelt. In Art. 36 Abs. 4 WG ist für diesen Bereich die Auslegungsregel enthalten, dass die Ausdrücke „acht Tage" oder „fünfzehn Tage" nicht eine oder zwei Wochen bedeuten, sondern volle acht bzw. fünfzehn Tage. Die gleiche Regelung findet sich für eine Frist von acht Tagen in § 359 Abs. 2 HGB. Bei diesen Regelungen handelt es sich um auch für andere Rechtsbereiche verallgemeinerungsfähige Auslegungsregeln.

Bei der 30-Tages-Frist gemäß § 286 Abs. 3 handelt es sich ebenfalls um eine Frist von vollen 30 Tagen, nicht von vier Wochen oder einem Monat.[1]

In der Praxis häufig vorkommend sind vertragliche Fristen von vier bzw. sechs Wochen. Diese sind nicht gesetzlich geregelt. Solche Fristen können nicht als Fristen von einem oder eineinhalb Monaten verstanden werden, wenn sich nicht aus dem Parteiwillen etwas anderes ergibt.[2]

Abs. 2 trägt der unterschiedlichen Länge der Monate Rechnung. Hat ein Monat weniger oder mehr als 30 Tage, so kommt man zu unterschiedlichen Fristenden, je nachdem, ob man die 15 Tage zuerst oder zuletzt zählt. Eine am 20.1. beginnende Frist von eineinhalb Monaten endet gemäß § 189 Abs. 2 am 7.3., wohinge-

7   BGH NJW 1974, 360.
8   BeckOK BGB/*Henrich* § 188 Rn. 7.
9   BGHZ 23, 307 ff.
10 Staudinger/*Repgen* BGB § 188 Rn. 4.

1   Palandt/*Grüneberg* BGB § 286 Rn. 30 und AnwK-SchuldR/*Schulte-Nölke* BGB § 286 Rn. 60.
2   Palandt/*Ellenberger* BGB § 189 Rn. 1; sowie BeckOK BGB/*Henrich* § 189 Rn. 3.

gen sie bei umgekehrter Rechenreihenfolge schon am 4.3 ablaufen würde. Eine entsprechende Regelung enthält Art. 36 Abs. 2 WG.

§ 190 Fristverlängerung

Im Falle der Verlängerung einer Frist wird die neue Frist von dem Ablauf der vorigen Frist an berechnet.

A. Anwendungsbereich

1   § 190 trifft Regelungen für den Fall der Verlängerung einer Frist. § 190 ist nur anzuwenden auf Fälle einer echten Fristverlängerung. Eine solche liegt nur dann vor, wenn die neue und die alte Frist eine einheitliche Gesamtfrist bilden. Nicht § 190, sondern § 187 ist anwendbar, wenn sich durch Auslegung ergibt, dass die alte ursprüngliche Frist aufgehoben und eine neue Frist gesetzt wird.

B. Verhältnis zu § 193

2   Endet die ursprüngliche Frist an einem Sonnabend, Sonntag oder Feiertag, so soll nach herrschender Meinung bei materiellrechtlichen Fristen § 193 unanwendbar sein und die verlängerte Frist ab dem entsprechenden Sonnabend, Sonntag oder Feiertag berechnet werden.[1] Demgegenüber soll bei prozessualen Fristen die Verlängerung in entsprechender Anwendung des § 224 Abs. 3 ZPO erst mit Ablauf des darauf folgenden Werktages beginnen.[2]

3   Dieser Auffassung ist jedoch nicht zu folgen, da bei einer echten Verlängerung die ursprüngliche Frist und die Verlängerung eine Einheit bilden. Zudem besteht kein Grund, die Verlängerung materiellrechtlicher und prozessualer Fristen unterschiedlich zu handhaben, zumal § 224 Abs. 3 ZPO inhaltlich § 190 BGB entspricht.[3]

C. Fristverlängerung nach Fristablauf

4   Grundsätzlich können materiellrechtliche Fristen, dem Grundsatz der Privatautonomie entsprechend, auch noch nach ihrem Ablauf verlängert werden. Gleiches gilt für prozessuale Fristen, wenn der Verlängerungsantrag noch rechtzeitig vor Fristablauf gestellt wurde.[4]

§ 191 Berechnung von Zeiträumen

Ist ein Zeitraum nach Monaten oder nach Jahren in dem Sinne bestimmt, dass er nicht zusammenhängend zu verlaufen braucht, so wird der Monat zu 30, das Jahr zu 365 Tagen gerechnet.

1   § 191 stellt die Regelung für die Berechnung nicht zusammenhängender Zeiträume vor, wobei der Monat mit einem Durchschnittswert von 30 Tagen, das Jahr mit 365 Tagen gerechnet wird. **Beispiele** für Fristen, die unter § 191 fallen, sind die Verpflichtung, Arbeits- oder Dienstleistungen für eine bestimmte Anzahl von Monaten zu erbringen, die Auflage, ein vermachtes Grundstück mindestens sechs Monate im Jahr zu bewohnen, und Ähnliches. § 191 ist auf die Hemmung der Verjährung gem. § 209 nicht anzuwenden, da diese keine Frist ist. Ebenso wenig ist § 191 auf die Trennungsfrist gem. § 1566 anzuwenden, da es hierbei gerade auf einen zusammenhängenden Zeitraum der Trennung ankommt.[1] Ausnahmen können sich nach § 1567 Abs. 2 ergeben.[2]

2   Bei einer nicht zusammenhängend verlaufenden Zeitbestimmung erfolgt nach § 191 BGB die Berechnung durch die Summierung von – nicht notwendig aufeinander folgenden – Tagen. Bei der genauen Ermittlung

1   Palandt/*Ellenberger* BGB § 190 Rn. 1; BeckOK BGB/*Henrich* § 190 Rn. 2.

2   BGHZ 21, 43 ff. sowie Palandt/*Ellenberger* BGB § 190 Rn. 1; aA MüKoBGB/*Grothe* § 190 Rn. 3 sowie BeckOK BGB/*Henrich* § 190 Rn. 2.

3   Ebenso BeckOK BGB/*Henrich* § 190 Rn. 2; MüKoBGB/*Grothe* § 190 Rn. 3; Staudinger/*Repgen* BGB § 190 Rn. 4.

4   BGHZ 83, 217 ff. = NJW 1982, 1651 f.; BAG NJW 1980, 309.

1   Vgl. Palandt/*Brudermüller* BGB § 1567 Rn. 6.

2   Vgl. Staudinger/*Rauscher* BGB § 1567 Rn. 127 ff.

der Summe werden dann zwar Schalttage mitgezählt, bei der Berechnung der Gesamtzeit zählen aber immer dreihundertfünfundsechzig Tage als ein Jahr.[3]

§ 192 Anfang, Mitte, Ende des Monats

Unter Anfang des Monats wird der erste, unter Mitte des Monats der 15., unter Ende des Monats der letzte Tag des Monats verstanden.

Zweck der Vorschrift ist es, für die in der Praxis häufig vorkommenden Zeitbestimmungen **„Anfang"**, **„Mitte" und „Ende" des Monats** präzise festzulegen.[1] Eine entsprechende Regelung enthält Art. 36 Abs. 3 WG.   **1**

Für die Bezeichnung „Anfang", „Mitte" und „Ende" der **Woche** fehlt eine solche Auslegungsregel. Unter „Anfang der Woche" ist üblicherweise der Montag, unter „Mitte der Woche" der Mittwoch, unter „Ende der Woche" der Sonnabend zu verstehen. Soweit Arbeitstage gemeint sind, kann unter „Ende der Woche" im Einzelfall auch der Freitag zu verstehen sein.[2]   **2**

Nicht geregelt sind die Bedeutungen von Jahreszeitangaben wie „Frühjahr" oder „Herbst". Hier richtet sich das Verständnis gem. § 359 HGB nach der Verkehrssitte des Leistungsortes. Fehlt – wie im Bürgerlichen Recht – ein bestimmter Sprachgebrauch und ergibt sich aus der vertraglichen Fristvereinbarung nichts anderes, so ist auf den Kalender abzustellen.[3] „Im Frühjahr" bedeutet dann zwischen 21.3. und 20.6.[4]   **3**

§ 193 Sonn- und Feiertag; Sonnabend

Ist an einem bestimmten Tage oder innerhalb einer Frist eine Willenserklärung abzugeben oder eine Leistung zu bewirken und fällt der bestimmte Tag oder der letzte Tag der Frist auf einen Sonntag, einen am Erklärungs- oder Leistungsort staatlich anerkannten allgemeinen Feiertag oder einen Sonnabend, so tritt an die Stelle eines solchen Tages der nächste Werktag.

A. Allgemeines 1
B. Regelungsgehalt 2
   I. Anwendungsbereich 2
II. Abdingbarkeit 6
III. Rechtswirkungen 8
IV. Feiertage 10

A. Allgemeines

§ 193 dient der Wahrung der Sonn- und Feiertagsruhe. Er galt zunächst nur für Sonntage und die staatlich allgemein anerkannten Feiertage. Nach der Einführung der 5-Tage-Woche in weiten Bereichen der Wirtschaft und der öffentlichen Verwaltung wurde mit Gesetz vom 10.8.1965[1] auch der Sonnabend in den Geltungsbereich einbezogen. Entsprechende Parallelvorschriften finden sich in § 222 Abs. 2 ZPO, § 43 Abs. 2 StPO, § 77b Abs. 1 S. 2 StGB, Art. 72 WechselG, Art. 55 ScheckG, § 31 Abs. 3 VwVfG und § 108 Abs. 3 AO.   **1**

B. Regelungsgehalt

I. Anwendungsbereich

§ 193 gilt für Fristen und Termine, die für die **Abgabe einer Willenserklärung** oder die **Bewirkung einer Leistung** bestimmt sind. Bei der Abgabe einer Willenserklärung ist es daher gleichgültig, ob zur Abgabe der Willenserklärung eine Rechtspflicht besteht oder ob sie nur zur Wahrung eigener Rechte dient.[2] Für geschäftsähnliche Handlungen, wie zB die Mängelrüge nach § 377 HGB, ist § 193 entsprechend anwendbar. Auf **Ausschluss- oder Verjährungsfristen** ist § 193 ebenfalls analog anwendbar.[3] Weder direkt noch analog anwendbar ist § 193 jedoch auf das Ende der Wartezeit gem. § 1 Abs. 1 KSchG.[4]   **2**

3   VG Bremen 26.3.2009 – 2 K 1309/08.
1   Vgl. LG Frankfurt Oder WuM 2013, 40 für das Ende der Einwendungsfrist nach § 556 Abs. 3 S. 5.
2   Ebenso Palandt/*Ellenberger* BGB § 192 Rn. 1; BeckOK BGB/*Henrich* § 192 Rn. 2; MüKoBGB/*Grothe* § 192 Rn. 1; Staudinger/*Repgen* BGB § 192 Rn. 3.

3   Palandt/*Ellenberger* BGB § 192 Rn. 1.
4   Staudinger/*Repgen* BGB § 192 Rn. 4.
1   BGBl. I 1965 S. 753.
2   BGHZ 1999, 291.
3   LG Köln VersR 1953, 185.
4   BAG NZA 2014, 725.

3 § 193 ist ebenfalls anwendbar auf **Prozesshandlungen**, die zugleich materiellrechtliche Wirkung entfalten, wie zB die zur Hemmung der Verjährung erhobene Klage,[5] die Anfechtungserklärung im Insolvenzverfahren[6] oder der Widerruf eines Vergleiches,[7] dagegen nicht auf die Sechs-Monats-Frist zur Einlegung einer Individualverfassungsbeschwerde nach der EMRK.[8]

4 Dagegen ist § 193 **unanwendbar** für sonstige Ereignisse, wie zB den Eintritt einer Bedingung, die nicht vom Eintritt der Handlung eines Schuldners abhängt.[9]

Für **Kündigungsfristen** ist § 193 weder unmittelbar noch entsprechend anwendbar, da die Frist dem Gekündigten zu seinem Schutz unverkürzt zur Verfügung stehen muss.[10] Ist bspw. gem. § 573 c Abs. 3 BGB spätestens am 15. eines Monats zu kündigen, ist der 15. der letzte Fristtag, auch wenn dieser ein Sonn-, Feiertag oder Sonnabend ist.[11] Auch wenn der dritte Werktag eines Monats bei einer Kündigung gem. § 573 Abs. 1 BGB auf einen Samstag fällt, ist dieser als Werktag mitzuzählen.[12] Die entgegenstehende Auffassung, dass bei der Berechnung der Kündigungsfrist des § 573 c Abs. 1 der Samstag nicht mitzähle, wenn diese der letzte Tag der Frist sei,[13] überzeugt nicht, da sie allein auf die Interessen des Kündigenden abstellt, aber außer Acht lässt, dass die Einhaltung der Kündigungsfrist gerade auch den Interessen des Gekündigten dient. Demgegenüber ist § 193 BGB auf Fälle, bei denen eine Partei durch Widerspruch den Eintritt einer ansonsten automatisch eintretenden Vertragsverlängerung abwenden kann, zB bei Mietverträgen mit Verlängerungsklausel[14] oder der automatischen Verlängerung eines Kraftfahrthaftpflicht-Versicherungsvertrages,[15] anwendbar, da es sich hier nicht um eine „Kündigung" im Rechtssinne handelt.

Ebenso ist § 193 BGB auf die Berechnung der Wartefrist nach § 1 Abs. 1 KSchG anwendbar.[16]

Auf für Versammlungen geltende **Ladungsfristen**, zB bei Vereinen, Aktiengesellschaften oder GmbHs ist § 193 nicht anwendbar, da eine Verkürzung mit dem Zweck dieser Fristen, nämlich eine ausreichende Prüfungszeit zu sichern, unvereinbar wäre.[17]

– Für die Berechnung der bei der **Hauptversammlung einer Aktiengesellschaft** geltenden Fristen hat der Gesetzgeber seit dem 1.11.2005 spezielle Regelungen getroffen, die die Anwendung der §§ 187 bis 193 BGB verdrängen.[18] Durch das ARUG,[19] das am 1.9.2009 in Kraft getreten ist, ist in §§ 121 Abs. 7 AktG die Berechnung von Fristen, die von der Versammlung zurückgerechnet werden, neu geregelt worden. Der Tag der Versammlung ist hierbei nicht mitzurechnen. Die Verlegung von einem Sonntag, einem Sonnabend oder einem Feiertag auf den zeitlich vorhergehenden Werktag – wie dies die in der Zeit vom 1.11.2005 bis 31.8.2009 geltende Fassung des § 123 Abs. 4 AktG aF vorsah – wurde abgeschafft.

– Für die Einberufung der **Gesellschafterversammlung der GmbH** nach § 51 Abs. 1 GmbHG gibt es entsprechende Regelungen nicht. Für die Berechnung der Einberufungsfrist gelten die §§ 187 Abs. 1, 188 Abs. 2. Die Wochenfrist des § 51 Abs. 1 S. 2 GmbH beginnt daher an dem Tag, an den ein eingeschriebener Brief bei normaler postalischer Beförderung den Empfänger erreicht. Soll also eine Gesellschafterversammlung an einem Freitag stattfinden, muss der Zugang der Einladung bis spätestens dem Donnerstag der Vorwoche erfolgt sein. Das Einladungsschreiben muss daher unter Berücksichtigung der üblichen Postlaufzeiten eines Einschreibebriefes so zur Post gegeben worden sein,, dass es den Empfänger rechtzeitig erreicht. Bei Empfängern im Inland wird hier dabei eine übliche Postlaufzeit von 2–3 Tagen, bei Empfängern im Ausland sogar noch mehr Tage zu berücksichtigen sein. Bei dem vorstehend gebildeten Beispiel müsste daher das Einladungsschreiben für einen im Inland ansässigen Empfänger, je nachdem, welche Postlaufzeit man als üblich ansieht, am Montag oder Dienstag zur Post aufgegeben werden. § 193 BGB, der den Ablauf der Frist auf den nächsten Werktag hinausschiebt, wenn das Fristende auf einen Sonnabend, Sonntag oder gesetzlichen Feiertag fällt, ist nicht anwendbar.[20]

5   BGH WM 1978, 464.
6   BGH NJW 1984, 1559.
7   BGH NJW 1978, 2091.
8   EGMR NJW 2012, 2943.
9   BeckOK BGB/*Henrich* § 193 Rn. 8.
10 BGHZ 162, 75; BGHZ 59, 267; BGH VersR 1983, 876; BAGE 22, 304; offenlassend BGH NJW 2005, 2154.
11 Palandt/*Ellenberger* BGB § 193 Rn. 3.
12 Vgl. BGH NJW 2005, 2154; iE ebenso: *Sternel* Mietrecht aktuell X 91 und Schmidt-Futterer/*Blank* BGB § 573 c Rn. 8 sowie Jauernig/*Teichmann* BGB § 573 c Rn. 2; aA Palandt/*Ellenberger* BGB § 193 Rn. 4 und Palandt/*Weidenkaff* BGB § 573 c Rn. 10.

13 LG Aachen WuM 2004, 32; AG Düsseldorf ZMR 2008, 538, offenlassend BGH NJW 2005, 2154.
14 OLG Dresden NZM 2014, 473.
15 *Martin* DAR 2014, 609.
16 BAG JuS 2014, 1130 mAnm Boemke.
17 BGHZ 100, 264; OLG Hamm NJW-RR 2001, 105.
18 Vgl. *Hüffer/Koch* AktG § 121 Rn. 24 f., *Repgen* ZGR 2006, 120 sowie *Drinhausen/Keinath* BB 2009, 2322.
19 BGBl. I 2009 S. 2479.
20 Baumbach/Hueck/*Zöllner* GmbHG § 51 Rn. 20; *Tettinger* GmbHR 2008, 346.

§193 ist nur einschlägig, wenn eine Frist an einem Sonn- oder gesetzlichen Feiertag oder einem Sonnabend   5
endet, nicht jedoch, wenn der Fristbeginn auf einen solchen Tag fällt.[21]

II. Abdingbarkeit

Als allgemeine Auslegungsregel ist §193 nicht anwendbar, wenn durch Gesetz oder ausdrückliche Verein-   6
barung zwischen den Beteiligten etwas anderes bestimmt ist oder sich konkludent aus den Umständen des
Einzelfalles oder einer Verkehrsübung etwas anderes ergibt. Keine Anwendung findet §193 daher bei Fix-
geschäften, wenn die Leistungszeit bewusst auf ein Wochenende gelegt wurde oder bei Stundenfristen.

Soweit vertragliche Fristen auf Werktage abstellen, wie zB die Vertragsstrafe gem. §11 Nr. 3 VOB/B rech-   7
net der Sonnabend im Zweifel mit.[22]

III. Rechtswirkungen

§193 verlängert die Frist und verschiebt den Termin, wenn Fristablauf oder Termin auf ein Wochenende   8
oder einen Feiertag fallen. Hierdurch verschiebt sich die Fälligkeit bzw. der Ablauf der Frist, nach deren
Ende der Verzug beginnt.[23] Man kann daher die Willenserklärung noch am darauf folgenden Werktag abgeben bzw. die Leistung bewirken, ohne dass sich hierdurch für den Schuldner nachteilige Folgen ergeben.

Für die Berechnung der Zahlungsfrist des Mieters nach §556b Abs. 1 bzw. der entsprechenden vertraglichen Regelung ist der Sonnabend nicht als Tag mitzuzählen.[24] Dies gilt auch für mietvertragliche Vereinbarungen, die vor dem Inkrafttreten des §556b Abs. 1 am 1.9.2001 getroffen wurden.[25]

Die Verlängerung führt jedoch nicht dazu, dass die Erklärung oder Leistung am nächstfolgenden Werktag   9
auf den bestimmten Tag zurückwirkt.[26] Unabhängig von der Verlängerung bzw. Verschiebung der Frist
bleibt es dem Schuldner naturgemäß unbenommen, die Willenserklärung oder die Leistung bereits am
Wochenende zu bewirken. Der andere Teil kann jedoch unter Umständen eine erforderliche Mitwirkungshandlung ablehnen, wenn ihm nach Treu und Glauben oder der Verkehrssitte eine Mitwirkung am Wochenende oder Feiertag nicht zuzumuten ist.[27] Für das Handelsrecht ergibt sich aus §358 HGB ausdrücklich,
dass die Leistung nur während der gewöhnlichen Geschäftszeit bewirkt oder gefordert werden kann.

IV. Feiertage

Allgemein anerkannte **Feiertage im gesamten Bundesgebiet** sind: Neujahr (1. Januar), Karfreitag, Oster-   10
montag, Christi Himmelfahrt (2. Donnerstag vor Pfingsten), 1. Mai, Pfingstmontag, 3. Oktober sowie der
1. und 2. Weihnachtsfeiertag (25. und 26. Dezember).

Hinzu kommen in den **einzelnen Bundesländern** noch verschiedene weitere Feiertage aufgrund landesge-   11
setzlicher Regelung:

Tag	Bundesland
6. Januar	Bayern, Baden-Württemberg, Sachsen-Anhalt
Weltfrauentag (8. März)	Berlin
Fronleichnam (2. Donnerstag nach Pfingsten)	Baden-Württemberg, Bayern, Hessen, Nordrhein-Westfalen, Rheinland-Pfalz, Saarland, Sachsen (teilweise durch VO festgelegt), Thüringen (kann bei Gemeinden mit überwiegend katholischer Bevölkerung durch VO bestimmt werden)
8.5.2020 75. Jahrestag der Befreiung vom Nationalsozialismus	Einmaliger Feiertag Berlin
Friedensfest (8. August)	nur Stadtkreis Augsburg

21 BFH Beschl. v. 28.11.2007 – IX B 175/07, BeckRS   24 BGH NJW 2010, 2879.
    2007, 25012819.   25 BGH NJW 2010, 2882.
22 BGH NJW 1978, 2593.   26 OLG Frankfurt NJW 1975, 1971.
23 BGHZ 171, 31; teilweise noch anders BGH NJW   27 BeckOK BGB/*Henrich* §193 Rn. 9; sowie Palandt/
    2001, 2324.   *Ellenberger* §193 Rn. 5.

Tag	Bundesland
Maria Himmelfahrt (15. August)	Baden-Württemberg, Bayern (nur in Gemeinden mit überwiegend kath. Bevölkerung), Saarland
Weltkindertag (20. September)	Thüringen
Reformationstag (31. Oktober)	Brandenburg, Bremen, Hamburg, Mecklenburg-Vorpommern, Sachsen, Sachsen-Anhalt, Schleswig-Holstein, Thüringen
Allerheiligen (1. November)	Baden-Württemberg, Bayern, Nordrhein-Westfalen, Rheinland-Pfalz, Saarland
Buß- und Bettag (3. Mittwoch im November)	Sachsen

12　Bei den landesgesetzlich gesondert geregelten Feiertagen findet § 193 nur dann Anwendung, wenn dieser Tag gerade am Erfüllungs- bzw. Leistungsort staatlich anerkannt ist.[28]

13　Für Tage, die keine gesetzlichen Feiertage sind und an denen Behörden – und weite Teile der Wirtschaft – aber **üblicherweise nicht arbeiten**, wie zB am 24.12.,[29] am 31.12.[30] oder am Rosenmontag, ist § 193 nicht anwendbar.[31]

28　Vgl. hierzu die jeweiligen Feiertagsgesetze der einzelnen Bundesländer.
29　OVG Hamburg NJW 1993, 1941.
30　VGH Mannheim NJW 1987, 1353.
31　Erman/*Maier-Reimer* BGB § 193 Rn. 10 mit Verweis auf BFH NJW 1977, 416; ggf. besteht hier die Möglichkeit, Wiedereinsetzung in den vorherigen Stand zu erlangen, wenn ein Rechtsuchender von den Auswirkungen des Rosenmontags an einem nicht als Karnevalshochburg bekannten Ort überrascht wird BGH NJW 1982, 184.

Titel 1 Gegenstand und Dauer der Verjährung

Vorbemerkungen zu §§ 194–218

Literatur: *Abeling*, Die Kenntnis im Verjährungsrecht, 2016; *Ancel*, Charakter, System und Fristen der Verjährung in Frankreich nach der Reform, in: Remien (Hrsg.), Verjährungsrecht in Europa, 2011, S. 29; *Armbrüster*, Verjährbarkeit der Vindikation? Zugleich ein Beitrag zu den Zwecken der Verjährung, in: FS Harm Peter Westermann, 2008, S. 53; *Baldus*, Anspruch und Verjährung – Geschichte und System, in: Remien (Hrsg.), Verjährungsrecht in Europa, 2011, S. 5; *Klaus Peter Berger*, Set-off, ICC International Court of Arbitration Bulletin 2005 Special Supplement, 17; *Birr*, Verjährung und Verwirkung, 2. Aufl. 2006; *Borghetti*, Prescription, ZEuP 2016, 167; *Brandtstätter*, Verjährung und Schaden, 2017; *Budzikiewicz*, Reform des Verjährungsrechts aus rechtsvergleichender Sicht, RabelsZ 55 (1991), 697; *Effer-Uhe*, Die Folgen der Verjährung des Vindikationsanspruchs, AcP 215 (2015), 245; *Eichel*, Verjährung in Dauerschuldverhältnissen, NJW 2015, 3265; Die fortschreitende Konturierung des „neuen" Verjährungsrechts, NJW 2019, 393; *Eidenmüller*, Ökonomik der Verjährungsregeln, in: Schulze/Schulte-Nölke (Hrsg.), Die Schuldrechtsreform vor dem Hintergrund des Gemeinschaftsrechts, 2001, S. 405 (zitiert: Eidenmüller); *ders.*, Zur Effizienz der Verjährungsregeln im geplanten Schuldrechtsmodernisierungsgesetz, JZ 2001, 283; *Ernst*, Zum Fortgang der Schuldrechtsmodernisierung, in: Ernst/Zimmermann (Hrsg.), Zivilrechtswissenschaft und Schuldrechtsreform, 2001, S. 559 (zitiert: Ernst); *Finkenauer*, Die Verjährung bei Kulturgütern – zur geplanten „lex Gurlitt", JZ 2014, 479; *Foerste*, Unklarheit im künftigen Schuldrecht: Verjährung von Kaufmängel-Ansprüchen in zwei, drei oder 30 Jahren?, ZRP 2001, 342; *Goehl*, Arzthaftung und Verjährung, 2018; *Grothe*, Einwirkungen auf den Verjährungslauf: Hemmung, Ablaufhemmung und Neubeginn, in: Remien (Hrsg.), Verjährungsrecht in Europa, 2011, S. 270; *Haug*, Die Neuregelung des Verjährungsrechts: Eine kritische Untersuchung des Verjährungsrechts im Entwurf der Kommission zur Überarbeitung des Schuldrechts, 1999; *Heinrichs*, Entwurf eines Schuldrechtsmodernisierungsgesetzes, BB 2001, 1417; *Herrmann*, Verjährung, Verjährungsbeginn und Regress bei Bürgschaft und Gesamtschuld, 2012; *Herresthal*, Die Verschiebung des Verjährungsbeginns bei unsicherer und zweifelhafter Rechtslage – Contra legale Rechtsgewinnung im Verjährungsrecht, WM 2018, 401; *Hohloch*, Urteilsverjährung in deutsch-türkischen Rechtsfällen, in: FS Öztan, 2010, S. 1167; *Jenny*, Zivilverfahrensrecht und Verjährung, 2018; *Kähler*, Vom bleibenden Wert des Eigentums nach der Verjährung des Herausgabeanspruchs, NJW 2015, 1041; *Kind/Bruchwitz*, Die Verjährung von Prospekthaftungsansprüchen bei geschlossenen Fonds und Bauherrenmodellen, BKR 2011, 10; *Kirchner*, Die Verjährung von Masseverbindlichkeiten, 2016; *Kleinschmidt*, Einheitliche Verjährungsregeln für Europa? Zu den Gewährleistungsfristen im Vorschlag für ein Gemeinsames Europäisches Kaufrecht, AcP 213 (2013), 538; *Kötz*, Zur Verjährung der Sachmängelansprüche – Die Vorschläge der Schuldrechtskommission im Lichte der ökonomischen Analyse des Rechts, in: FS Dieter Medicus zum 70. Geburtstag, 1999, S. 283; *Koller*, Reform der Verjährungsregeln im HGB-Transportrecht?, VersR 2011, 192; *Krämer*, Verhaltener Anspruch und Verjährung, in: FS Graf von Westphalen, 2010, S. 401; *H. Lando*, Why cut off buyer's claims by a limitation period?, in: FS Hans-Bernd Schäfer, 2008, S. 307; *Leenen*, Die Neuregelung der Verjährung, JZ 2001, 552; *Mansel*, Die Reform des Verjährungsrechts, in: Ernst/Zimmermann (Hrsg.), Zivilrechtswissenschaft und Schuldrechtsreform, 2001, S. 333 (zitiert: Mansel); *ders.*, Die Neuregelung des Verjährungsrechts, NJW 2002, 89; *ders.*, Neues Verjährungsrecht und Anwaltsvertrag – Vorteile für den Rechtsanwalt, NJW 2002, 418; *ders.*, Musterfeststellungsklage: Keine Verjährungshemmung bei Rechtsmissbrauch, WM 2019, 1621; *Mansel/Budzikiewicz*, Das neue Verjährungsrecht, 2002; *dies.*, Einführung in das neue Verjährungsrecht, Jura 2003, 1; *dies.*, Verjährungsanpassungsgesetz: neue Verjährungsfristen, insbesondere für die Anwaltshaftung und gesellschaftsrechtliche Einlageforderungen, NJW 2005, 321; *Meller-Hannich*, Die Einrede der Verjährung, JZ 2005, 656; *Möller*, Verjährung von Altansprüchen nach neuem Schuldrecht, WM 2008, 476; *Nagata*, Die Verjährung im japanischen Zivilrecht und ihre Reform, 2017; *Nordmeier*, Die Bedeutung des anwendbaren Rechts für die Rückwirkung der Zustellung nach § 167 ZPO, ZZP 124 (2011), 95; *Peters/Zimmermann*, Der Einfluß von Fristen auf Schuldverhältnisse – Möglichkeiten der Vereinheitlichung der Verjährungsfristen, in: Bundesministerium der Justiz (Hrsg.), Gutachten und Vorschläge zur Überarbeitung des Schuldrechts, Band I, 1981 (zitiert: Peters/Zimmermann); *Piekenbrock*, Reform des allgemeinen Verjährungsrechts: Ausweg oder Irrweg?, in: Helms u.a. (Hrsg.), Jahrbuch Junger Zivilrechtswissenschaftler 2001 – Das neue Schuldrecht, 2001, S. 309 (zitiert: Piekenbrock); *ders.*, Befristung, Verjährung, Verschweigung, Verwirkung. Eine rechtsvergleichende Grundlagenstudie zu Rechtsänderungen durch Zeitablauf, 2006; *Remien* (Hrsg.), Verjährungsrecht in Europa – zwischen Bewährung und Reform, 2011; *Rühl*, Die Verjährung kaufrechtlicher Gewährleistungsansprüche, AcP 207 (2007), 614; *Patti*, Rechtssicherheit und Gerechtigkeit im Verjährungsrecht des DCFR, ZEuP 2010, 58; *Peters*, Der Beginn der Verjährung bei Regressansprüchen, ZGS 2010, 154; *ders.*, Der Beginn der Verjährung bei Freihaltungsansprüchen, ZGS 2010, 495; *Pohlmann*, Verjährung, Jura 2005, 1; *Scherfe*, Modifizierungen der zeitlichen Grenze der Anspruchsverfolgung, 2019; *G. Schulze*, Die Naturalobligation, 2008; *Seibl/von Preuschen-von Lewinski*, Die Verjährung der Prospekthaftung bei geschlossenen Fonds, FS Graf von Westphalen, 2010, 629; *Spiro*, Die Begrenzung privater Rechte durch Verjährungs-, Verwirkungs- und Fatalfristen, Band I, 1975; *Unterrieder*, Die regelmäßige Verjährung – Die §§ 195 bis 202 BGB und ihre Reform, 1998; *G. Wagner*, Grundstrukturen eines deutschen Mediationsgesetzes, RabelsZ 74 (2010), 794; *M.-P. Weller*, Die Vertragstreue, 2009; *Willingmann*, Reform des Verjährungsrechts – Die Neufassung der §§ 194 ff. BGB im Rahmen der Schuldrechtsmodernisierung, in: Micklitz/Pfeiffer/Tonner/Willingmann (Hrsg.), Schuldrechtsreform und Verbraucherschutz, 2001, S. 1 (zitiert: Willingmann); *Windorfer*, Der Verjährungsverzicht, NJW 2015, 3329; *Zimmermann*, „... ut sit finis litium" – Grundlinien eines modernen Verjährungsrechts auf rechtsvergleichender Grundlage, JZ 2000, 853; *ders.*, Comparative Foundations of a European Law of Set-Off and Prescription, 2001; *ders.*, Grundregeln eines Europäischen Verjährungsrechts und die deutsche Reformdebatte, ZEuP 2001, 217; *ders.*, Verjährung, in: Handwörterbuch des Europäischen Privatrechts, 2009, S. 1637; *Zimmermann/Kleinschmidt*, Verjährung: Grundgedanken und Besonderheiten bei Ansprüchen auf Schadensersatz, in: FS Eugen Bucher, 2009, S. 861; *Zimmermann/Leenen/Mansel/Ernst*, Finis Litium? Zum Verjährungsrecht nach dem Regierungsentwurf eines Schuldrechtsmodernisierungsgesetzes, JZ 2001, 684.

A. Allgemeines	1	V. Internationales Privatrecht	29
I. Schuldrechtsreform und Verjährungsrecht	1	**B. Regelungsgehalt**	31
II. Gesetzgeberische Grundlinien	2	I. Begriff der Verjährung	31
1. Vereinfachung	2	II. Zweck der Verjährungsregeln	32
2. Verjährungsfristen und Verjährungsbeginn	5	III. Ähnliche Rechtsinstitute	39
3. Herstellung der Vertragsfreiheit im Verjährungsrecht	11	1. Ausschlussfristen	39
		2. Verwirkung	42
4. Verjährungshemmung	12	IV. Übergangsrecht	43
5. Reformgesetzgebung seit 2002	13	**C. Weitere praktische Hinweise**	44
III. Unionsprivatrecht mit verjährungsrechtlichem Gehalt	18	I. Beweislast	44
1. Richtlinien-Vorgaben	18	II. Einrede	45
2. Verordnungsrecht	19	III. Hinweispflicht des Anwalts	47
3. Allgemeines Unionsprivatrecht	19a	IV. Feststellungsklage	48
IV. Grundregeln des Europäischen Vertragsrechts, DCFR, UNIDROIT Principles, Rechtsvergleichung	20		

A. Allgemeines

I. Schuldrechtsreform und Verjährungsrecht

1 Bereits lange Zeit vor Inkrafttreten der heutigen §§ 194 ff. wurde das Verjährungsrecht des BGB von 1900 für reformbedürftig gehalten.[1] Kritisiert wurden vor allem die unterschiedliche Dauer der Verjährungsfristen, die von sechs Wochen (§ 490 Abs. 1 S. 1 aF) bis zu dreißig Jahren (§ 195 aF) reichte, die Unübersichtlichkeit der Regelungen durch Zersplitterung der verschiedenen Verjährungsfristen in mehr als 130 Vorschriften in über 80 Gesetzen[2] sowie die unangemessene Länge mancher Verjährungsfristen wie zB die 6-Monats-Frist für Gewährleistungsansprüche im Kauf- und Werkvertragsrecht (§§ 477, 638 aF).[3] Nach über zwanzigjähriger Reformdiskussion hat der Gesetzgeber im Rahmen der Arbeiten zur Umsetzung dreier EG-Richtlinien – der Verbrauchsgüterkaufrichtlinie,[4] der e-commerce-Richtlinie[5] und der Richtlinie zur Bekämpfung von Zahlungsverzug im Geschäftsverkehr[6] – auch das Verjährungsrecht reformiert;[7] am **1.1.2002** ist das **neue Verjährungsrecht** als Teil des Gesetzes zur Modernisierung des Schuldrechts in Kraft getreten.[8]

II. Gesetzgeberische Grundlinien

2 **1. Vereinfachung.** Das **alte Verjährungsrecht** war unübersichtlich. Die lange Regelverjährungsfrist des § 195 aF von dreißig Jahren wurde häufig durch kürzere Sonderverjährungsfristen, die innerhalb und außerhalb des BGB geregelt waren, verdrängt. § 195 aF war eher ein Auffangtatbestand als eine Regel.[9] Bereits das BGB aF sah insbesondere mit den weiten und tatbestandlich vielfach unklaren §§ 196, 197 aF zahlreiche Ausnahmen von der langen Regelverjährungszeit des § 195 aF vor. Die Rechtsprechung hatte den Anwendungsbereich der §§ 196, 197 aF und anderer spezieller Verjährungsvorschriften weiter ausgedehnt, um den Anwendungsbereich des § 195 aF zu begrenzen, da die lange Verjährungsfrist von dreißig Jahren

---

1 S. dazu grundlegend das vorbereitende Gutachten von *Peters/Zimmermann* S. 77 ff.; s. ferner insbesondere (in zeitlicher Reihenfolge): *Heinrichs* NJW 1982, 2021 ff.; *ders.* VersR Sonderheft, Karlsruher Forum 1991, S. 3 ff.; Abschlussbericht; Verhandlungen des 60. JT, Teil K; *R. Stürner* NJW 1994, 2 ff.; *Unterrieder/Haug/Zimmermann* JZ 2000, 853 ff.; *Mansel* S. 333 ff.; *Ernst* S. 559 ff. und ZRP 2001, 1 ff.; *Eidenmüller* S. 405 ff. und JZ 2001, 283 ff.; *Bydlinski* S. 381 ff.; *Zimmermann* ZEuP 2001, 217 ff.; *Zimmermann/Leenen/Mansel/Ernst* JZ 2001, 684 ff.

2 BT-Drs. 14/6040, S. 91.

3 Vgl. hierzu *Peters/Zimmermann* S. 187 ff.

4 Richtlinie 1999/44/EG v. 25.5.1999, ABl. EG L 171 S. 12.

5 Richtlinie 2000/31/EG v. 8.6.2000, ABl. EG L 178 S. 1.

6 Richtlinie 2000/35/EG v. 29.6.2000, ABl. EG L 200 S. 35.

7 Vgl. zur Reformgeschichte *Mansel/Budzikiewicz* § 1 Rn. 1–12 sowie *Mansel* NJW 2002, 89 f.

8 BGBl. 2001 I S. 3138 ff.

9 BT-Drs. 14/6040, S. 100; Jauernig/*Mansel* BGB § 195 Rn. 1.

vielfach unangemessen und nicht sachgerecht erschien.[10] Auch andere Korrekturen hatte sie vorgenommen.[11] Das Verjährungsfristensystem war insgesamt nicht ausreichend abgestimmt und lud zu dogmatischen Fortentwicklungen des sonstigen materiellen Rechts ein, die nur den Zweck verfolgten, die Verjährung zu beeinflussen.[12]

Das Ziel des geltenden Verjährungsrechts ist demgegenüber die Schaffung eines **einfachen und angemes- 3 senen Verjährungssystems**.[13] Eine Vereinfachung wurde erreicht, wenn auch keine vollständige.[14] Doch ist ein deutlicher Fortschritt gegenüber dem früher geltenden Recht erzielt worden. Die kurze Verjährungsfrist in Verbindung mit der Neuregelung des Verjährungsbeginns schafft ein Verjährungssystem, das geeignet ist, Schuldner- und Gläubigerschutz in ein angemessenes Verhältnis zu bringen: Es baut auf einer relativ kurzen Verjährungsfrist auf, die ab Anspruchskenntnis des Gläubigers zu laufen beginnt.

Das relative Verjährungssystem erlaubt den weitgehenden **Verzicht auf Sonderverjährungsnormen**. Doch 4 blieb der Reformgesetzgeber hier auf halber Strecke stehen, denn es gelten auch weiterhin zahlreiche Sonderverjährungsfristen, die im BGB (→ § 195 Rn. 43) und außerhalb des BGB statuiert sind (→ § 195 Rn. 47). Nur vereinzelt wurden diese Vorschriften durch einen Verweis auf die §§ 194 ff. ersetzt (→ § 195 Rn. 49). Eine ausdrückliche Anordnung der generellen Geltung der §§ 194 ff. für alle Ansprüche, auch außerhalb des BGB, wie sie in § 194 Abs. 3 DiskE[15] vorgesehen war, wurde im Laufe des Gesetzgebungsverfahrens[16] aufgegeben.[17] Der Gesetzgeber des SchuldRModG hatte es versäumt, die zahlreichen Sonderverjährungsfristen außerhalb des BGB (→ § 195 Rn. 47) zu überprüfen; viele hätten durch einen Verweis auf die §§ 194 ff. ersetzt werden können (zur Reformgesetzgebung seit 2002 → Rn. 13 ff.). Im Gegensatz dazu sehen die Grundregeln des Europäischen Vertragsrechts grundsätzlich nur eine Verjährungsfrist vor (→ Rn. 20).

2. Verjährungsfristen und Verjährungsbeginn. § 195 sieht eine **regelmäßige Verjährungsfrist von 5 drei Jahren** vor. Zahlreiche Sondervorschriften des früheren Rechts wurden zugunsten der Regelverjährung aufgehoben (→ § 195 Rn. 49).

Die dramatische Verkürzung der Regelverjährung war nur möglich durch eine **Veränderung des Verjährungsbeginns**, denn sonst liefen Gläubiger Gefahr, dass ihre Ansprüche in der relativ kurzen Frist von drei Jahren verjährten, bevor sie Kenntnis von dem Anspruch oder der Person des Schuldners erlangten. Daher bestimmt § 199 Abs. 1 – in Anlehnung an § 852 aF – als Verjährungsbeginn der Regelverjährung den Schluss des Jahres, in dem der Anspruch entstanden ist und der Gläubiger von den anspruchsbegründenden Umständen und der Person des Schuldners **Kenntnis erlangt** oder ohne grobe Fahrlässigkeit **erlangen müsste** (künftig bezeichnet als „**Kenntniserlangung**" oder „**kenntnisabhängiger/subjektivierter Verjährungsbeginn**").

Der Verjährungsbeginn hängt nach Abs. 1 von einem **subjektiven** (weil auf die Kenntniserlangung abstel- 6 lenden) Merkmal ab. Die so bestimmte Verjährungsfrist wird auch **relative Verjährungsfrist** (relative Verjährung) genannt, da der Fristablauf nicht bereits mit der objektiv bestimmten Anspruchsentstehung feststeht, sondern von einem einzelfallbezogenen Merkmal der Kenntniserlangung abhängt. Der kenntnisabhängige Verjährungsbeginn kann allerdings dazu führen, dass der Verjährungslauf erst beträchtliche Zeit nach der Anspruchsentstehung beginnt. Um den **Rechtsfrieden** und die **Dispositionsfreiheit** des Schuldners herzustellen (zu den Verjährungszwecken → Rn. 32 ff.),[18] bedarf es daher der Bestimmung von Fristen, deren Beginn von einem objektiven Merkmal (**objektiver Verjährungsbeginn**) abhängt und bei deren Verstreichen in jedem Fall Verjährung eintritt. Als objektives Merkmal wird regelmäßig die Anspruchsentstehung[19]

---

10 S. dazu nur DiskE, S. 195 ff., 221 ff.; BT-Drs. 14/6040, S. 100 ff.; *Peters/Zimmermann* S. 190 ff.; Staudinger/*Peters* 13. Bearb. 2001, BGB Vor § 194 Rn. 45, § 195 Rn. 2–5; rechtsvergleichend s. noch *Danco* S. 86 ff., 103 ff.

11 S. nur *Piekenbrock* S. 309, 310 f.

12 S. nur Staudinger/*Peters/Jacoby* BGB § 195 Rn. 5; *Piekenbrock* S. 309, 310 ff.

13 BT-Drs. 14/1060, S. 105; s. auch *Däubler-Gmelin* NJW 2001, 2281 (2282).

14 Zu einem einfacheren System, das im Wesentlichen auf einer Verjährungsfrist mit kenntnisabhängigem Verjährungsbeginn beruht, s. *Peters/Zimmermann* S. 79, 305 ff.; *Zimmermann* ZEuP 2001, 217 ff.; *Zimmermann/Leenen/Mansel/Ernst* JZ 2001, 684 (686 ff.); s. auch *Mansel* S. 333, 406 ff.; rechtsvergleichend vertiefend *Zimmermann* JZ 2000, 853 ff., jeweils mwN.

15 Der DiskE ist abgedruckt bei *Canaris* Schuldrechtsmodernisierung, S. 3 ff.

16 Die Fassung des Referentenentwurfs vom 7.2.2001 (sogenannte nF 1, unveröffentlicht, s. zur *Zimmermann/Leenen/Mansel/Ernst* JZ 2001, 684 (685) Fn. 16) enthielt Abs. 3 nicht mehr.

17 § 194 Abs. 3 DiskE wurde überwiegend kritisch beurteilt, vgl. *Ernst* ZRP 2001, 1 (3); *Krebs* DB 2000 Beilage 14, 1 (5); *Mansel* S. 333, 408.

18 BT-Drs. 14/6040, S. 100 ff.; *Bydlinski* S. 381, 382; *Eidenmüller* JZ 2001, 283 ff.; *Mansel* S. 333, 342–352; *Zimmermann* JZ 2000, 853 ff.

19 Die Verjährungsfrist von Ansprüchen, die nicht der regelmäßigen Verjährungsfrist unterliegen, beginnt mit der Anspruchsentstehung (§ 200). Gleiches gilt für den Beginn der Maximalverjährungsfristen (Rn. 7) des § 199 Abs. 3 Nr. 1, Abs. 4.

oder das tatbestandsmäßige anspruchsbegründende Ereignis (Handlung, Pflichtverletzung etc)[20] herangezogen.

7 Deshalb setzt § 199 Abs. 2–4 Höchstfristen für die Verjährung, nach deren Ablauf ohne Rücksicht auf Kenntnis oder grob fahrlässige Unkenntnis Verjährung eintritt. Es handelt sich um objektiv bestimmte Fristen (**absolute Verjährungsfristen**, Maximalfristen). Nach § 199 Abs. 4 verjähren **alle Ansprüche** – bis auf Schadensersatzansprüche und die in § 199 Abs. 3 a aufgeführten erbrechtlichen Ansprüche (s. dazu auch → Rn. 15) – spätestens **zehn Jahre** nach ihrer Entstehung, ohne dass es auf die Kenntniserlangung im Sinne des § 199 Abs. 1 ankommt.

8 Bei vertraglichen und außervertraglichen **Schadensersatzansprüchen**, die auf der Verletzung des **Lebens**, des **Körpers**, der **Gesundheit** oder der **Freiheit** beruhen, beträgt die Verjährungshöchstfrist nach § 199 Abs. 2 dreißig Jahre. Spätestens nach dreißig Jahren, gerechnet ab der Begehung der schadensauslösenden Handlung, Pflichtverletzung oder dem schadensauslösenden sonstigen Ereignis, tritt Verjährung ein. Dabei kommt es nicht darauf an, ob der Schadensersatzanspruch bereits entstanden ist (dh ob der Schaden bereits eingetreten ist oder erst künftig eintreten wird). Auch die Kenntniserlangung im Sinne von § 199 Abs. 1 ist für den Eintritt der absoluten Verjährung unbeachtlich.

9 **Sonstige Schadensersatzansprüche** verjähren gem. § 199 Abs. 3 spätestens zehn Jahre nach ihrer Entstehung oder – sollten sie noch nicht entstanden sein – dreißig Jahre nach der Vornahme der schadensauslösenden Handlung, der Pflichtverletzung oder dem schadensauslösenden sonstigen Ereignis, ohne dass es auf Kenntnis oder grobfahrlässige Unkenntnis ankommt. Erfasst werden durch die Vorschrift zB vertragliche und außervertragliche Ansprüche, die auf der Verletzung des Eigentums oder des Vermögens beruhen.

10 Während der Gesetzgebungsarbeiten war eine längere Verjährungsfrist für Ansprüche aus **arglistigem oder vorsätzlichem** Verhalten diskutiert worden; frühere Gesetzesfassungen enthielten entsprechende Bestimmungen.[21] Nachdem jedoch mit § 199 das subjektivierte Verjährungssystem für die Regelverjährung generell eingeführt wurde, entfiel der Bedarf für eine gesonderte Arglistverjährung.[22] Vielmehr verweisen umgekehrt die §§ 438 Abs. 3 S. 1, 634 a Abs. 3 S. 1 bei arglistigem Verschweigen eines Mangels der Kaufsache bzw. des Werkes auf die Regelverjährung der §§ 195, 199, soweit ansonsten die kenntnisunabhängigen Verjährungsfristen der § 438 Abs. 1 Nr. 2 und 3 bzw. § 634 a Abs. 1 Nr. 1 und 2 gelten würden, die unter Umständen zu einer Verjährung der Gewährleistungsansprüche vor Anspruchskenntnis des Gläubigers führen könnten. Diese wären jedenfalls im Falle der Schuldnerarglist unangemessen (s. hierzu die Ausführungen bei § 438 und § 634 a).

11 **3. Herstellung der Vertragsfreiheit im Verjährungsrecht.** Das Verjährungsrecht kennt die Möglichkeit, die Verjährungsfrist durch **Parteiabreden** bis zu einer Höchstdauer von dreißig Jahren zu verlängern (§ 202 Abs. 2). Eine solche Verjährungserschwerung war nach altem Recht unzulässig (§ 225 S. 1 aF). Zulässig ist weiter die parteiliche Vereinbarung einer Verjährungserleichterung. Eine Mindestfrist, die nicht unterschritten werden darf, gibt es hierbei nicht (näher → § 202 Rn. 20).

12 **4. Verjährungshemmung.** Der Reformgesetzgeber des Jahres 2002 hat die meisten Tatbestände der Verjährungsunterbrechung bei Rechtsverfolgung in solche der Hemmung der Verjährung umgewandelt und daneben **neue Hemmungstatbestände** geschaffen. Die Zahl der Tatbestände, die einen Neubeginn (früher Unterbrechung) der Verjährungsfrist vorsehen, ist erheblich reduziert worden. Der **Neubeginn** der Verjährung soll nur noch bei Anerkenntnis- und Vollstreckungshandlungen eintreten (§ 212), während alle anderen Tatbestände zu einer Hemmung der Verjährung führen. Neu hinzugekommen ist zum 1.1.2002 vor allem die Hemmung der Verjährung bei Verhandlungen (§ 203), die zuvor nur in Einzelfällen vorgesehen war (so zB in §§ 639 Abs. 2, 852 Abs. 2 aF), die Verjährungshemmung durch Anträge des einstweiligen Rechtsschutzes (§ 204 Abs. 1 Nr. 9) sowie die Verjährungshemmung bei Verletzung der sexuellen Selbstbestimmung (§ 208). Näher hierzu → Vor § 203 Rn. 2–3.

13 **5. Reformgesetzgebung seit 2002.** **Reformbedarf** wurde vor allem darin gesehen, dass die außerhalb des BGB existierenden Sondervorschriften zugunsten der Regelverjährung aus § 195 aufgehoben werden sollten, um eine noch größere Übersichtlichkeit zu erzielen. Der Gesetzgeber hat entsprechende Schritte

---

20 Die Maximalverjährungsfristen des § 199 Abs. 2, Abs. 3 Nr. 2 stellen auf das anspruchsbegründende Ereignis ab.

21 S. *Zimmermann/Leenen/Mansel/Ernst* JZ 2001, 684 (694 f.).

22 S. *Mansel* S. 333, 359; *Zimmermann/Leenen/Mansel/Ernst* JZ 2001, 684 (695): Beide Stellungnahmen auch zur Frage einer besonderen Maximalfrist für die Vorsatzverjährung; zust. *Bydlinski* S. 381, 391. Diese Vorschläge zur speziellen Maximalfrist hat der Reformgesetzgeber nicht aufgenommen.

unternommen, ohne allerdings eine vollkommene Vereinheitlichung aller Verjährungsfristen erreicht zu haben.[23]

Das **Gesetz zur Anpassung von Verjährungsvorschriften** an das Gesetz zur Modernisierung des Schuld- **14** rechts vom 9.12.2004 (**VerjAnpG**).[24] das am **15.12.2004** in Kraft getreten ist (BGBl. I S. 3214), hat eine weitere Harmonisierung der bürgerlich-rechtlichen Verjährungsvorschriften bewirkt.[25] Es hat die Verjährungsvorschriften in den §§ 197, 201, 1996 und 1997 (s. dort) und in etlichen Nebengesetzen an die §§ 194 ff. angepasst. Dennoch bestehen zahlreiche Spezialregelungen zur Verjährung fort (zu den einzelnen Änderungen → § 195 Rn. 50). Übergangsregelungen finden sich in Art. 229 § 12 EGBGB.[26]

Am **1.1.2010** ist das **Gesetz zur Änderung des Erb- und Verjährungsrechts** vom 24.9.2009 in Kraft **15** getreten (BGBl. I S. 3142).[27] Während der Kern dieser Reform das Pflichtteilsrecht betrifft, wurde im Bereich des Verjährungsrechts vor allem die dreißigjährige familien- und erbrechtliche Sonderverjährung des **§ 197 Abs. 1 Nr. 2 aF abgeschafft**.[28] Für familien- und erbrechtliche Ansprüche gilt nunmehr die kenntnisabhängige Regelverjährung des § 195 (dazu → § 195 Rn. 19). Darüber hinaus wurden die Sonderverjährungsfristen für Ansprüche aus Verlöbnis in § 1302 sowie für Zugewinnausgleichsansprüche in **§ 1378 Abs. 4 gestrichen**. **§ 1302 nF** statuiert aber einen von §§ 199, 200 **abweichenden Verjährungsbeginn** mit Auflösung des Verlöbnisses. Die bisherige, kenntnisunabhängige Verjährungsfrist von dreißig Jahren wird nur noch für die auf dem Erbrecht beruhenden Herausgabeansprüche nach den §§ 2018, 2130 und 2362 beibehalten; **§ 197 Abs. 1 Nr. 2** wurde entsprechend **ergänzt** (→ § 197 Rn. 40). Eingefügt wurde daneben ein neuer **§ 199 Abs. 3 a**, der für bestimmte erbrechtliche Ansprüche statt der regulären zehn Jahre (§ 199 Abs. 1) eine Verjährungshöchstfrist von dreißig Jahren einführt (näher → § 199 Rn. 114). Damit wird den Interessen des Rechtsverkehrs an einer schnellen Geltendmachung von erbrechtlichen Ansprüchen besser als zuvor Rechnung getragen. Gleichzeitig werden die Interessen des Anspruchsinhabers bei (nicht grobfahrlässiger) Unkenntnis über das Bestehen des Anspruchs durch die dreißigjährige Höchstfrist des § 199 Abs. 3 a im Ergebnis wie bisher nach § 197 Abs. 1 Nr. 2 aF geschützt.[29] Die besondere Verjährungsfrist für den Pflichtteilanspruch in § 2332 aF wurde gestrichen. Abweichend von der allgemeinen Regelung wird der Verjährungsbeginn in § 2332 nF mit dem Eintritt des Erbfalls bestimmt. Weitere Änderungen betreffen die Verjährungshemmung für Ansprüche innerhalb von Familien in § 207 Abs. 1 S. 2 Nr. 2 sowie die §§ 1390 Abs. 3 S. 1, 1600 b Abs. 5, 2332 Abs. 2 (s. die Erläuterungen dort). Übergangsregelungen finden sich in Art. 229 § 23 EGBGB (s. die Kommentierung dort).[30]

Am 26.6.2013 wurde das **Gesetz zur Stärkung der Rechte von Opfern sexuellen Missbrauchs** **16** (**StORMG**) verkündet.[31] Art. 4 StORMG, der verjährungsrechtliche Änderungen herbeiführt, ist am 30.6.2013 in Kraft getreten. Durch ihn wurde ein neuer § 197 Abs. 1 Nr. 1 eingefügt, die bisherige Nr. 1 wurde Nr. 2. Danach verjähren Schadensersatzansprüche, die auf der vorsätzlichen Verletzung des Lebens, des Körpers, der Gesundheit, der Freiheit oder der sexuellen Selbstbestimmung beruhen, in 30 Jahren. Näher dazu → § 197 Rn. 3, 10 a ff.

Der Regierungsentwurf vom 22.6.2011[32] sah daneben aufgrund der langen objektiven Frist des § 197 Abs. 1 **16a** Nr. 1 nF eine Streichung des in § 208 geregelten Hemmungstatbestandes (mit Folgeänderung bezüglich § 207 Abs. 2) bei Ansprüchen wegen der Verletzung der sexuellen Selbstbestimmung von Opfern, die unter 22 Jahren alt sind oder mit dem Täter in häuslicher Gemeinschaft leben, vor. Eine zusätzliche Hemmung sei der Anspruchsdurchsetzung nicht förderlich, da Schadensersatzansprüche nach mehr als 30 Jahren im Streitfall kaum noch beweisbar seien.[33] Dem hielt der Rechtsausschuss entgegen, dass gerade bei Opfern, die als Kinder oder Jugendliche missbraucht wurden, auch die 30-jährige Verjährungsfrist nicht ausreiche, da diese noch lange nach der Tat nicht fähig seien, gegen die Täter vorzugehen.[34]

Als Reaktion auf den „Schwabinger Kunstfund" hatte der Freistaat Bayern am 7.1.2014 den Entwurf eines **16b** Gesetzes zum Ausschluss der Verjährung von Herausgabeansprüchen bei abhanden gekommenen Sachen, insbesondere bei in der NS-Zeit entzogenem Kulturgut (**Kulturgut-Rückgewähr-Gesetz**, KRG) in den

23 S. zuvor bereits (allerdings vor allem zu der Frage, ob bestehende Sonderfristen gestrichen werden können) die Gegenäußerung der Bundesregierung zur Stellungnahme des Bundesrates zum Entwurf eines Gesetzes zur Modernisierung des Schuldrechts, BT-Drs. 14/6857, S. 42; s. bereits BT-Drs. 14/6040, S. 105.

24 BT-Drs. 15/4060.

25 Vgl. hierzu *Mansel/Budzikiewicz* NJW 2005, 321; *Thiessen* ZHR 168 (2004), 503.

26 Dazu *Mansel/Budzikiewicz* NJW 2005, 321.

27 Dazu *Langenfeld* NJW 2009, 3121; *Lange* DNotZ 2009, 732, *Reimann* FamRZ 2009, 1633; *Baumann/ Karsten* RNotZ 2010, 95; zum Referentenentwurf *Peters* AcP 208 (2008), 37.

28 Speziell zu den Änderungen im Verjährungsrecht *Löhnig* FamRZ 2009, 2053; *Otte* ZGS 2010, 15.

29 Ähnlich die Einschätzung von *Lange* DNotZ 2009, 732 (742).

30 Dazu *Löhnig* FamRZ 2009, 2053 (2054 f.).

31 BGBl. 2013 I S. 1805.

32 BT-Drs. 17/6261.

33 BT-Drs. 17/6261, S. 20.

34 BT-Drs. 17/12735, S. 18.

Bundesrat eingebracht.[35] Danach sollte ua ein neuer § 214 Abs. 2 eingefügt werden, der die Vindikation unverjährbar stellt, wenn der Besitzer bei Besitzerwerb bösgläubig war. Im Bundesrat hatte sich allerdings keine Mehrheit für den Antrag gefunden.[36] In der Lehre war der Entwurf zudem kritisiert worden, weil der Vorschlag auch bereits verjährte Ansprüche erfassen sollte und damit gegen das verfassungsrechtliche Verbot der Rückwirkung verstieße.[37]

16c Am 25.2.2016 wurde das **Gesetz zur Umsetzung der Richtlinie über alternative Streitbeilegung in Verbraucherangelegenheiten** und zur Durchführung der Verordnung über Online-Streitbeilegung in Verbraucherangelegenheiten verkündet.[38] Art. 6, der eine Änderung von § 204 Abs. 1 Nr. 4 und Nr. 12 herbeiführt, ist am 26.2.2016 in Kraft getreten. Die Neuregelung dient der Umsetzung vom Art. 12 der ADR-Richtlinie (→ Rn. 18 a). Die **Umsetzungsfrist** war am 9.7.2015 abgelaufen. Die Verjährungshemmung nach § 204 Abs. 1 Nr. 4 soll sicherstellen, dass Verbraucher nicht durch Ablauf von Verjährungsfristen während des Streitschlichtungsverfahrens daran gehindert werden, ihren Anspruch gerichtlich durchzusetzen (näher → § 204 Rn. 72 ff.). § 204 Abs. 1 Nr. 4 lit. b greift insbesondere auch dann, wenn ein Verbraucher einen Antrag bei einer branchenbezogenen Gütestelle oder der Gütestelle einer Innung stellt. Die für solche Verfahren nach § 15 a Abs. 3 S. 2 EGZPO aufgestellte, unwiderlegliche Vermutung eines einvernehmlichen Einigungsversuchs ist auch für die Verjährungshemmung beachtlich.[39]

16d Das **Gesetz zur Reform des Bauvertragsrechts**, zur Änderung der kaufrechtlichen Mängelhaftung, zur Stärkung des zivilprozessualen Rechtsschutzes und zum maschinellen Siegel im Grundbuch- und Schiffsregisterverfahren vom 28.4.2017 (BGBl. I S. 969) hat mit Wirkung vom 1.1.2018 Änderungen im Bereich der kaufrechtlichen Verjährung bewirkt. Mit der Ausdehnung des Händlerregresses auf alle Kaufverträge über neu hergestellte Sachen wurde auch die bislang in § 479 aF geregelte Verjährung von Rückgriffsansprüchen aus dem Recht des Verbrauchsgüterkaufs herausgenommen. Sie findet sich nunmehr in § 445 b. Ferner ist die Vorschrift des § 475 Abs. 2 aF, der die Zulässigkeit abweichender Regelungen zur Verjährung beim Verbrauchsgüterkauf regelte, inhaltlich unverändert in § 476 Abs. 2 übernommen worden. Eine Übergangsregel findet sich in Art. 229 § 39 EGBGB.

16e Mit dem **Dritten Gesetz zur Änderung reiserechtlicher Vorschriften** vom 17.7.2017 (BGBl. I S. 2394) ist mit Wirkung vom 1.7.2018 die Regelung über die Verjährung der Ansprüche des Reisenden wegen Mängeln von § 651 g Abs. 2 aF in § 651 j verschoben worden.

16f Am 17.7.2018 wurde das **Gesetz zur Einführung einer zivilprozessualen Musterfeststellungsklage** vom 12.7.2018 verkündet.[40] Art. 6, der in § 204 Abs. 1 eine neue Nr. 1 a einfügt und eine Änderung des § 204 Abs. 2 herbeiführt, ist am 1.11.2018 in Kraft getreten. § 204 Abs. 1 Nr. 1 a regelt, unter welchen Voraussetzungen die Erhebung einer Musterfeststellungsklage zur Hemmung der Verjährung für Ansprüche führt, die ein Verbraucher zu dem zur Klage geführten Klageregister wirksam angemeldet hat.[41] Der neue Hemmungstatbestand soll verhindern, dass angemeldete Verbraucher, die das Musterfeststellungsurteil abwarten, durch den Ablauf von Verjährungsfristen während der Dauer des Verfahrens daran gehindert werden, ihre Ansprüche gerichtlich durchzusetzen (näher → § 204 Rn. 50 a).[42] Mit § 204 Abs. 2 S. 2 ist ein neuer Tatbestand der Hemmungsbeendigung statuiert worden, der für die Hemmung nach § 204 Abs. 1 Nr. 1 a gleichberechtigt neben § 204 Abs. 2 S. 1 tritt.[43]

17 Außerhalb des BGB hat das Gesetz zur Restrukturierung und geordneten Abwicklung von Kreditinstituten, zur Errichtung eines Restrukturierungsfonds für Kreditinstitute und zur Verlängerung der Verjährungsfrist der aktienrechtlichen Organhaftung (Restrukturierungsgesetz) vom 9.12.2010[44] mit **§ 52 a Kreditwesengesetz** die Verjährungsfrist für die **Haftung der Organmitglieder von Aktiengesellschaften**, die entweder börsennotiert oder Kreditinstitute iS von § 1 Abs. 1 KWG sind, aus dem Organ- und Anstellungsverhältnis wegen der Verletzung von Sorgfaltspflichten von fünf auf zehn Jahre **verlängert**. Neu gefasst wurde zudem die Verjährungsvorschrift des **§ 93 Abs. 6 AktG**; für börsennotierte Gesellschaften ist auch hier eine Verlängerung der Verjährungsfrist von fünf auf zehn Jahre erfolgt.[45]

---

35   BR-Drs. 2/14; s. dazu *Bausback* Recht u Politik 2014, 69.

36   Plenarprotokoll des Bundesrates zur 923. Sitzung am 13.6.2014, S. 192.

37   *Raue* ZRP 2014, 2 (4 f.); *Wasmuth* NJW 2014, 747 (749); *Finkenauer* JZ 2014, 479 (485 ff.); *R. Magnus/ Wais* NJW 2014, 1270 (1275).

38   BGBl. 2016 I S. 254.

39   S. die Begründung des RegE, BT-Drs. 18/5089, S. 80.

40   BGBl. 2018 I S. 1151; s. dazu auch *Mekat/Nordholtz* NJW 2019, 411; *Beck* WPg 2019, 586.

41   Ausf. dazu *Mansel* WM 2019, 1621; zur Verfassungsmäßigkeit des § 204 Abs. 1 Nr. 1 a *Piekenbrock* JZ 2020, 122.

42   S. die Begründung des RegE, BT-Drs. 19/2439, S. 29.

43   S. die Begründung des RegE, BT-Drs. 19/2439, S. 29.

44   BGBl. 2010 I S. 1900.

45   S. dazu auch *Rubner/Leuering* NJW-Spezial 2010, 527; *M. Lorenz* NZG 2010, 1046.

III. Unionsprivatrecht mit verjährungsrechtlichem Gehalt

1. Richtlinien-Vorgaben. Das am 1.1.2002 aufgrund des Gesetzes zur Modernisierung des Schuldrechts in Kraft getretene neue Verjährungsrecht (→ Rn. 1) setzt im Bereich der kaufrechtlichen Verjährung einige verjährungsrechtliche Vorgaben des Unionsrechts, genauer die **Art. 7 Abs. 1 iVm Art. 3, 5 Abs. 1 Verbrauchsgüterkaufrichtlinie**[46] in das deutsche Recht um (s. insbesondere §§ 438, 475 aF [= § 476 nF], 479 aF [vgl. jetzt § 445 b nF]; zu den mWv 1.1.2018 geänderten kaufrechtlichen Verjährungsvorschriften → Rn. 16 d).   **18**

Auch andere Richtlinien enthalten gelegentlich verjährungsrechtliche Vorgaben. So verlangt **Art. 8 Abs. 2 Mediations-Richtlinie**[47] von den EU-Mitgliedstaaten seit dem 21.5.2011 sicherzustellen, dass die Parteien, die eine Streitigkeit im Wege der Mediation beizulegen versucht haben, im Anschluss daran nicht durch das Ablaufen der Verjährungsfristen während des Mediationsverfahrens daran gehindert werden, ein Gerichts- oder Schiedsverfahren hinsichtlich derselben Streitigkeit einzuleiten. Für das deutsche Recht besteht kein Umsetzungsbedarf, weil die §§ 203, 204 Abs. 1 Nr. 1, 11 bereits den Richtlinienvorgaben entsprechen.[48] Gleichermaßen fordert Art. 12 Abs. 1 ADR-Richtlinie[49] von den EU-Mitgliedstaaten, ab dem 9.7.2015 sicherzustellen, dass die Parteien, die zur Beilegung einer Streitigkeit alternative Streitbeilegungsverfahren in Anspruch nehmen, deren Ergebnis nicht verbindlich ist, im Anschluss daran nicht durch den Ablauf der Verjährungsfristen während dieses Verfahrens daran gehindert werden, in Bezug auf dieselbe Streitigkeit ein Gerichtsverfahren einzuleiten. Zur Umsetzung dieser Vorgaben im deutschen Recht → Rn. 16 c.   **18a**

Die **Richtlinie 2014/104/EU über Kartellschadensersatzklagen**[50] enthält in Art. 10 Vorgaben für die Schaffung von Verjährungsvorschriften im mitgliedstaatlichen Recht.[51] Danach müssen die Verjährungsfristen für die Erhebung von Schadensersatzklagen mindestens fünf Jahre betragen (Art. 10 Abs. 3). Die Verjährungsfrist beginnt nicht, bevor die Zuwiderhandlung gegen das Wettbewerbsrecht beendet wurde und der Anspruchsinhaber von den folgenden Umständen Kenntnis erlangt hat oder diese Kenntnis vernünftigerweise erwartet werden kann: a) dem Verhalten und der Tatsache, dass dieses eine Zuwiderhandlung gegen das Wettbewerbsrecht darstellt, b) der Tatsache, dass ihm durch die Zuwiderhandlung gegen das Wettbewerbsrecht ein Schaden entstanden ist, und c) der Identität des Rechtsverletzers (Art. 10 Abs. 2). Schließlich ist vorzusehen, dass die Verjährungsfrist gehemmt bzw. unterbrochen wird, wenn eine Wettbewerbsbehörde Maßnahmen im Hinblick auf eine Untersuchung oder ihr Verfahren wegen einer Zuwiderhandlung gegen das Wettbewerbsrecht trifft, auf die sich die Schadensersatzklage bezieht. Die Hemmung endet frühestens ein Jahr, nachdem die Zuwiderhandlungsentscheidung bestandskräftig geworden oder das Verfahren auf andere Weise beendet worden ist (Art. 10 Abs. 4). Diese Vorgaben waren bis zum 27.12.2016 in mitgliedstaatliches Recht umzusetzen (Art. 21). Im deutschen Recht ist die Umsetzung in § 33 h GWB erfolgt.[52]   **18b**

Die **Richtlinie (EU) 2019/771 über bestimmte vertragsrechtliche Aspekte des Warenkaufs**[53] macht in Art. 10 auch verjährungsrechtliche Vorgaben. Soweit die nationalen Verjährungsregelungen den Richtlinienvorgaben nicht entsprechen,[54] sind diese bis zum 1.7.2021 umzusetzen (Art. 24 Abs. 1).   **18c**

Ebenfalls Vorgaben zur Verjährung macht die **Richtlinie (EU) 2019/770 über bestimmte vertragsrechtliche Aspekte der Bereitstellung digitaler Inhalte und digitaler Dienstleistungen**[55] (s. Art. 11). Ihre Umsetzung in nationales Recht hat gleichfalls bis zum 1.7.2021 zu erfolgen (Art. 24 Abs. 1).

---

46   Richtlinie 1999/44/EG zu bestimmten Aspekten des Verbrauchsgüterkaufs und der Garantien für Verbrauchsgüter v. 25.5.1999, ABl. EG L 171 S. 12.

47   Richtlinie 2008/52/EG über bestimmte Aspekte der Mediation in Zivil- und Handelssachen v. 21.5.2008, ABl. EG L 136 S. 3.

48   *Grothe* S. 271, 276 f.; *Wagner* RabelsZ 74 (2010), 794, 799 mwN.

49   Richtlinie 2013/11/EU des Europäischen Parlaments und des Rates vom 21. Mai 2013 über die alternative Beilegung verbraucherrechtlicher Streitigkeiten und zur Änderung der Verordnung (EG) Nr. 2006/2004 und der Richtlinie 2009/22/EG (Richtlinie über alternative Streitbeilegung in Verbraucherangelegenheiten), ABl. EU L 165 S. 63 vom 18.6.2013.

50   Richtlinie 2014/104/EU des Europäischen Parlaments und des Rates vom 26. November 2014 über bestimmte Vorschriften für Schadensersatzklagen nach nationalem Recht wegen Zuwiderhandlungen gegen wettbewerbsrechtliche Bestimmungen der Mitgliedstaaten und der Europäischen Union, ABl. EU L 349/1.

51   Dazu *Makatsch/Mir* EuZW 2015, 7 (10 f.).

52   Zur Umsetzung der Richtlinie 2014/104/EU im Hinblick auf die Verjährung kartellrechtlicher Schadensersatzansprüche (Portugal) s. auch EuGH 28.3.2019 – Rs. C-637/17 – Cogeco Communications Inc./Sport TV Portugal SA u.a., EuZW 2019, 332, Rn. 47 ff.

53   Richtlinie (EU) 2019/771 des Europäischen Parlaments und des Rates vom 20.5.2019 über bestimmte vertragsrechtliche Aspekte des Warenkaufs, zur Änderung der Verordnung (EU) 2017/2394 und der Richtlinie 2009/22/EG sowie zur Aufhebung der Richtlinie 1999/44/EG, ABl. EU L 136 S. 28 vom 22.5.2019.

54   Zum Umsetzungsbedarf für das deutsche Recht s. die Überlegungen bei *Bach* NJW 2019, 1705 (1708).

55   Richtlinie (EU) 2019/770 des Europäischen Parlaments und des Rates vom 20.5.2019 über bestimmte vertragsrechtliche Aspekte der Bereitstellung digitaler Inhalte und digitaler Dienstleistungen, ABl. EU L 136 S. 1 vom 22.5.2019.

19 **2. Verordnungsrecht.** Die Europäische Union bereitet eine Verordnung zu **Verjährungsfristen bei Verkehrsunfällen mit grenzüberschreitendem Bezug** vor.[56] Ob dafür als Rechtsgrundlage Art. 81 AEUV ausreicht, ist zweifelhaft. Die Arbeiten werden zurzeit nicht mehr vorangetrieben.

19a **3. Allgemeines Unionsprivatrecht.** Auch wenn das Unionsprivatrecht keine speziellen Verjährungsfristen enthält, so können doch aus dem allgemeinen Unionsprivatrecht **Vorgaben für das nationale Privatrecht** folgen. Zwar ist es Sache des jeweiligen mitgliedstaatlichen Rechts, die Modalitäten der Anspruchsdurchsetzung festzulegen, also etwa ihre Durchsetzung nur innerhalb bestimmter Verjährungsfristen zuzulassen. Soweit allerdings nationale Verjährungsvorschriften die Durchsetzung von Rechten einschränken, die sich aus Unionsrecht ergeben, so müssen dabei der **Äquivalenz-** und der **Effektivitätsgrundsatz** gewahrt werden.[57] Dies bedeutet, dass die im Recht der einzelnen Mitgliedstaaten festgelegten materiellen und formellen Voraussetzungen nicht ungünstiger sein dürfen als bei ähnlichen Klagen, die nur nationales Recht betreffen (Grundsatz der Äquivalenz), und nicht so ausgestaltet sein dürfen, dass sie es praktisch unmöglich machen oder übermäßig erschweren, die Entschädigung zu erlangen (Grundsatz der Effektivität).[58]

19b Zum **Effektivitätsgrundsatz** entspricht es der ständigen Rspr. des EuGH, dass die Festsetzung angemessener Ausschluss- bzw. Verjährungsfristen für die Rechtsverfolgung im Interesse der Rechtssicherheit mit dem Unionsrecht vereinbar ist, da solche Fristen nicht geeignet sind, die Ausübung der durch Unionsrecht verliehenen Rechte praktisch unmöglich zu machen oder übermäßig zu erschweren.[59] Eine nach nationalem Recht bestehende Verjährungsfrist von drei Jahren hat der EuGH als angemessen erachtet.[60] Allerdings kann ein Verstoß gegen den Effektivitätsgrundsatz darin liegen, dass in Bezug auf die Verjährungsfrist eine erhebliche Rechtsunsicherheit besteht, so dass der Rechteinhaber nicht in der Lage ist, die anwendbare Frist mit hinreichender Sicherheit zu ermitteln.[61] Ein Verstoß liegt auch dann vor, wenn eine (dreijährige) Verjährungsfrist zu dem Zeitpunkt beginnt, zu dem der Gläubiger Kenntnis von seinem (kartellrechtlichen) Schadensersatzanspruch erlangt, ohne dass es darauf ankommt, ob ihm auch die verantwortliche Person bekannt ist, und die Verjährung während eines Verfahrens vor der nationalen Wettbewerbsbehörde nicht gehemmt oder unterbrochen werden kann.[62] Es verstößt hingegen nicht gegen Unionsrecht, wenn die nach nationalem Recht vorgesehene Verjährung des Staatshaftungsanspruchs wegen Verstoßes gegen das Unionsrecht während eines von der Kommission nach Art. 258 AEUV anhängig gemachten Vertragsverletzungsverfahrens nicht unterbrochen oder gehemmt wird.[63]

---

56   S. Mitteilung der Kommission an das Europäische Parlament, den Rat, den Europäischen Wirtschafts- und Sozialausschuss und den Ausschuss der Regionen: Arbeitsprogramm der Kommission für 2011, KOM(2010) 623 endg vom 27.10.2010; s. vorbereitend Commission Study Rome II: Compensation of victims of cross-border road traffic accidents in the EU, 30.11.2008, Dokument-Nr. ETD/2007/IM/H2/116, S. 20 ff., 244 ff., 277.

57   EuGH 25.11.2010 – Rs. C-429/09 – Fuß, Slg 2010, I-12167, Rn. 72; EuGH 22.11.2012 – Rs. C-139/11 – Moré/Koninklijke Luchtvaart Maatschappij NV, EuZW 2013, 156, Rn. 25 (dazu *Basedow* ZEuP 2014, 402); EuGH 28.3.2019 – Rs. C-637/17 – Cogeco Communications Inc./Sport TV Portugal SA ua EuZW 2019, 332, Rn. 42.

58   EuGH 19.11.1991 – verb. Rs. C-6/90 und C-9/90 – Francovich u.a., Slg 1991, I-5357, Rn. 42 f.; EuGH 24.3.2009 – Rs. C-445/06 – Danske Slagterier, Slg 2009, I-2119, Rn. 31; EuGH 19.5.2011 – Rs. C-452/09 – Iaia, Slg 2011, I-4043, Rn. 16 (dazu *Piekenbrock* GPR 2012, 7); EuGH 28.3.2019 – Rs. C-637/17 – Cogeco Communications Inc./Sport TV Portugal SA ua, EuZW 2019, 332, Rn. 43. Siehe in diesem Sinne auch ErwGr. 36 zur KartellschadensersatzRL 2014/104/EU; vgl. auch ErwGr. 58 zur Digitale-Inhalte-und-Dienste-RL (EU) 2019/770 und ErwGr. 42 zur WarenkaufRL (EU) 2019/771.

59   EuGH 17.11.1998 – Rs. C-228/96 – Aprile, Slg 1998, I-7141, Rn. 18 mwN; EuGH 15.4.2010 – Rs. C-542/08 – Barth, Slg 2010, I-3189, Rn. 17; EuGH 19.5.2011 – Rs. C-452/09 – Iaia, Slg 2011, I-4043, Rn. 17.

60   EuGH 17.11.1998 – Rs. C-228/96 – Aprile, Slg 1998, I-7141, Rn. 19; EuGH 11.7.2002 – Rs. C-62/00 – Marks & Spencer, Slg 2002, I-6325, Rn. 35; s. auch EuGH 24.3.2009 – Rs. C-445/06 – Danske Slagterier, Slg 2009, I-2119, Rn. 32 (hinsichtlich der Anwendung des § 852 aF auf den Anspruch aus § 839); EuGH 15.4.2010 – Rs. C-542/08 – Barth, Slg 2010, I-3189, Rn. 28 (dazu *Kreße* GPR 2011, 182).

61   EuGH 11.7.2002 – Rs. C-62/00 – Marks & Spencer, Slg 2002, I-6325, Rn. 39. In Bezug auf die Anwendung des § 852 aF auf den europarechtlichen Staatshaftungsanspruch hat der EuGH einen solchen Verstoß auch bei fehlender höchstrichterlicher Rechtsprechung nicht angenommen, s. EuGH 24.3.2009 – Rs. C-445/06 – Danske Slagterier, Slg 2009, I-2119, Rn. 33 ff. (dazu *Schulze* GPR 2009, 210; *Armbrüster/Kämmerer* NJW 2009, 3601).

62   EuGH 28.3.2019 – Rs. C-637/17 – Cogeco Communications Inc./Sport TV Portugal SA u.a., EuZW 2019, 332, Rn. 53 (zum portugiesischen Recht).

63   EuGH 24.3.2009 – Rs. C-445/06 – Danske Slagterier, Slg 2009, I-2119, Rn. 36 ff.

IV. Grundregeln des Europäischen Vertragsrechts, DCFR, UNIDROIT Principles, Rechtsvergleichung

Der Gesetzgeber nimmt für sich in Anspruch, dass seine Neuregelung des Verjährungsrechts in weiten Teilen die Grundregeln des Europäischen Vertragsrechts[64] übernimmt. Die Grundregeln werden von einer Wissenschaftlergruppe, welche die Unterstützung der Europäischen Gemeinschaft hat, auf rechtsvergleichender Basis[65] erarbeitet und stellen einen **gemeinsamen Standard des Europäischen Vertragsrechts** dar, an welchem sich nationale Gesetzgeber oder die Europäische Union bei ihren Rechtsetzungsakten orientieren können und sollten, um eine mit den verschiedenen europäischen Rechtsordnungen kompatible Harmonisierung des europäischen Privatrechts zu erreichen. **20**

Eine Fortentwicklung der Grundregeln des Europäischen Vertragsrechts wurde im erstmals Anfang 2008 publizierten **Draft Common Frame of Reference** (DCFR) vorgenommen.[66] Die Verjährungsregeln der Grundregeln sind dabei allerdings – von einzelnen terminologischen Änderungen und marginalen inhaltlichen Ergänzungen abgesehen – im DCFR nahezu unverändert übernommen worden.[67] **21**

Sowohl der Draft Common Frame of Reference als auch die Grundregeln des Europäischen Vertragsrechts und die UNIDROIT Principles of International Commercial Contracts (dazu → Rn. 27) konstruieren die Verjährung als materiellrechtliches, nicht als prozessuales Rechtsinstitut.[68] **22**

Die Grundregeln im Bereich des Verjährungsrechts beruhen auf einer **einheitlichen dreijährigen Verjährungsfrist**, die mit der Anspruchsentstehung zu laufen beginnt, deren Lauf aber gehemmt ist, solange der Gläubiger die Person des Schuldners oder die Umstände, auf denen sein Anspruch beruht, einschließlich der Art des Schadens bei einem Schadensersatzanspruch, nicht kennt und vernünftigerweise nicht kennen konnte (zur Sachgerechtigkeit des kenntnisabhängigen Verjährungsbeginns näher → § 199 Rn. 8). **23**

Im Verjährungsrecht hat zwischen dem Diskussionsentwurf[69] und den späteren Entwürfen ein **Paradigmenwechsel** hin zu den Grundregeln stattgefunden, der im Wesentlichen auf die Arbeiten und den Einsatz von *Zimmermann* zurückgeht, der im Gesetzgebungsverfahren Mitglied der Bund-Länder-Arbeitsgruppe Verjährungsrecht gewesen ist.[70] Selbst wenn man bedenkt, dass die Grundregeln allein die Verjährung schuldrechtlicher Ansprüche erfassen sollen, die §§ 194 ff. daher einen wesentlich weiteren sachlichen Anwendungsbereich haben, machte der deutsche Gesetzgeber aber wichtige Abstriche von einer vollständigen Rezeption der verjährungsrechtlichen Grundregeln.[71] Die wesentlichen Unterschiede werden in der Kommentierung der einzelnen Paragrafen jeweils angezeigt. **24**

So kommen die Grundregeln neben der Regelverjährungsfrist von drei Jahren mit **lediglich einer Sonderverjährungsfrist** aus. Für durch ein Urteil, einen Schiedsspruch oder eine andere Urkunde, die wie ein Urteil vollstreckbar ist, zugesprochene Ansprüche wird eine zehnjährige Verjährungsfrist (bei objektivem Verjährungsbeginn) vorgesehen.[72] Diese besondere Frist entspricht im Grundsatz der – allerdings dreißigjährigen – Frist des § 197 Abs. 1 Nr. 3 bis 5. Dem Europäischen Vertragsrecht fällt der Verzicht auf Sonderverjährungsfristen deshalb leichter, weil seine Verjährungsregeln auf den Bereich des Schuldrechts – wenn auch nicht nur des Vertragsrechts[73] – und die angesprochene Verjährung titulierter Ansprüche beschränkt sind. Dennoch sind auch begrenzt auf den Schuldrechtsbereich bedeutsame Unterschiede zwischen dem BGB und den Grundregeln des Europäischen Vertragsrechts festzustellen. Das BGB wendet auf die Verjährung kauf-, werk- und reisevertraglicher Gewährleistungsansprüche (§§ 438, 445 b, 634 a, 651 j, s. jeweils **25**

64 Deutsche Übersetzung der verjährungsrechtlichen Regeln in ZEuP 2001, 400 ff.; dazu *Zimmermann* ZEuP 2001, 217 ff. Die anderen Grundregeln des Europäischen Vertragsrechts sind abgedruckt in: *Lando/Beale* Principles of European Contract Law, Parts I and II, 2000 sowie in deutscher Übersetzung hiervon bei *v. Bar/Zimmermann* Grundregeln des europäischen Vertragsrechts, Teile I und II, 2002; *Lando/Clive/Prüm/Zimmermann* Principles of European Contract Law, Part III, 2003; deutsche Übersetzung bei *v. Bar/Zimmermann* Grundregeln des Europäischen Vertragsrechts, Teil III, 2005.

65 S. die rechtsvergleichende Studie zum Verjährungsrecht, die als Arbeitsgrundlage für die Erstellung der Grundregeln diente: *Zimmermann* Comparative Foundations; *ders.* JZ 2000, 853 ff.

66 Vgl. nunmehr *von Bar/Clive/Schulte-Nölke* Principles, Definitions and Model Rules of European Private Law. Draft Common Frame of Reference (DCFR), Full Edition, 2009.

67 S. dazu *Ernst* in Remien, Verjährungsrecht in Europa, 2011, S. 67, 89; *Patti* ZEuP 2010, 58.

68 S. dazu *Nordmeier* ZZP 124 (2011), 95, 109 f.

69 S. die entsprechende Kritik an dem DiskE von *Mansel*, S. 333 ff.

70 S. dazu *Zimmermann/Leenen/Mansel/Ernst* JZ 2001, 684 ff.

71 *Zimmermann* ZEuP 2001, 217 ff.; *Zimmermann/Leenen/Mansel/Ernst* JZ 2001, 684 ff.

72 Art. 14:202 der Grundregeln des Europäischen Vertragsrechts.

73 Zum Anwendungswillen der verjährungsrechtlichen Grundregeln des Europäischen Vertragsrechts über das Vertragsrecht hinaus auf den gesamten Bereich des Schuldrechts s. *Zimmermann* ZEuP 2001, 217 (220).

dort und bei → § 195 Rn. 43) nicht die Regelverjährung mit kenntnisabhängigem Verjährungsbeginn (s. § 199), sondern eine zweijährige Frist mit objektivem Verjährungsbeginn an.[74]

26 Bedeutsam ist auch, dass § 199 Abs. 1 die Regelverjährung erst bei Kenntnis oder grobfahrlässiger Unkenntnis des Gläubigers von den anspruchsbegründenden Tatsachen beginnen lässt, während Art. 14:301 der Grundregeln die Unkenntnis als Hemmungsgrund ausgestaltet. Die Regelung der Grundregeln ist vorzugswürdig.[75]

27 Die **UNIDROIT Principles of International Commercial Contracts (PICC)**,[76] die auf Rechtsvergleichung beruhende, keine Gesetzeskraft erlangende Grundregeln für Handelsverträge aufstellen, haben in ihrer Fassung von 2004 in Kapitel 10 Verjährungsregelungen aufgenommen.[77] Die Neufassungen von 2010[78] und 2016[79] haben diese praktisch wortgleich übernommen.

27a Am 11. Oktober 2011 hat die EU-Kommission den **Vorschlag für eine Verordnung über ein Gemeinsames Europäisches Kaufrecht (GEK)** vorgelegt.[80] Teil VIII des GEK enthält einen eigenen Teil zur „Verjährung von Rechten".[81] Danach verjähren Rechte in zwei Jahren bzw. zehn oder dreißig Jahren (Art. 179 GEK). Die Frist beginnt zu dem Zeitpunkt, in dem der Gläubiger die anspruchsbegründenden Tatsachen kennt oder kennen müsste (Art. 180 Abs. 1 GEK). Die zehn- bzw. dreißigjährige Frist ist offenbar als Höchstfrist gemeint. Abweichende Vereinbarungen sind in Verbraucherverträgen unzulässig, wenn sie zum Nachteil des Verbrauchers getroffen werden (Art. 186 Abs. 5 GEK). IÜ ist die Verkürzung der Verjährungsfristen auf bis zu ein Jahr durch Parteivereinbarung möglich (Art. 186 Abs. 2 und 3 GEK). In Art. 181 Abs. 3 und 4 GEK ist die Hemmung der Verjährung geregelt, die auch durch Eröffnung eines Mediationsverfahrens bewirkt werden kann.

27b In ihrem am 16.12.2014 veröffentlichten Arbeitsprogramm 2015 hat die Kommission den Vorschlag jedenfalls in der ursprünglichen Form zurückgezogen.[82] In ihrer „Strategie für einen digitalen Binnenmarkt für Europa" vom 6.5.2015[83] schlägt die Kommission für Online-Geschäfte eine Ausdehnung vollharmonisierender Regelungen vor und möchte Verkäufern die Möglichkeit geben, auf ihr Heimatrecht zurückzugreifen. Dementsprechend wurden am 9.12.2015 (zusammen mit einer Mitteilung)[84] Vorschläge für eine Richtlinie über bestimmte vertragsrechtliche Aspekte der Bereitstellung digitaler Inhalte[85] und für eine Richtlinie über bestimmte vertragsrechtliche Aspekte des Online-Warenhandels und anderer Formen des Fernabsatzes von Waren[86] vorgelegt.[87] Am 11.6.2019 sind die (gegenüber dem ursprünglichen Vorschlag modifizierte) **Richtlinie (EU) 2019/771 über bestimmte vertragsrechtliche Aspekte des Warenkaufs** und die **Richtlinie (EU) 2019/770 über bestimmte vertragsrechtliche Aspekte der Bereitstellung digitaler Inhalte und digitaler Dienstleistungen** in Kraft getreten (s. auch → Rn. 18 c).[88]

28 Das Verjährungsrecht ist – wie eine **rechtsvergleichende Umschau**[89] zeigt – in einer Reihe von Staaten Gegenstand der Gesetzesreform. So wurde etwa das **französische Verjährungsrecht** mit Gesetz vom 17.6.2008[90] grundlegend reformiert. Die Regelverjährungsfrist beträgt nur noch fünf Jahre. Die Frist beginnt mit Kenntnis bzw. Erkennbarkeit des Anspruchs. Die absolute Höchstverjährungsfrist beträgt zwan-

---

74   Für grds. sachgerecht erachten das etwa *Eidenmüller* JZ 2001, 283 (285); *Ernst* S. 559, 579 ff., 582 ff.; *Heinrichs* BB 2001, 1417 (1420); *Leenen* JZ 2001, 552 (552 ff.); *Mansel* S. 333, 408; *Zimmermann/Leenen/Mansel/Ernst* JZ 2001, 684 (688 ff.); bei allen auch zur Problematik der verschuldensabhängigen Gewährleistungsansprüche, bei welchen um die Sachgerechtigkeit der gesetzlichen Regelung gestritten wird.

75   Zust. *Krämer* ZGS 2003, 379 (380).

76   UNIDROIT Principles of International Commercial Contracts, 2004; abgedruckt in Uniform Law Review 2004, 5; dazu *Brödermann* RIW 2004, 721.

77   Dazu *Berger* ICC International Court of Arbitration Bulletin 2005 Special Supplement, 17.

78   Abgedruckt in *Schlechtriem/Schwenzer*, Kommentar zum Einheitlichen UN-Kaufrecht, 6. Aufl. 2013; deutsche Übersetzung in ZEuP 2013, 165; dazu *Vogenauer* ZEuP 2013, 7.

79   Abgedruckt in *Schlechtriem/Schwenzer/Schroeter*, Kommentar zum UN-Kaufrecht (CISG), 7. Aufl. 2019.

80   KOM(2011) 635 endg.

81   Speziell dazu *Müller* GPR 2012, 11; *Zöchling-Jud* in Wendehorst/Zöchling-Jud, Am Vorabend eines

Gemeinsamen Europäischen Kaufrechts, 2012, S. 253; *Mansel* WM 2012, 1309 (1313 f.); *Looschelders* AcP 212 (2012), 581, 685 ff.; *Kleinschmidt* AcP 213 (2013), 538; *Arroyo i Amayuelas/Vaquer* ERCL 2013, 38. Allgemein zum GEK-Entwurf auch *Stürner* in Reithmann/Martiny, Internationales Vertragsrecht, 8. Aufl. 2015, Rn. 6.187 ff.

82   KOM(2014) 910 endg., Annex 2, Nr. 60.

83   KOM(2015) 192 endg.

84   Ein modernes Vertragsrecht für Europa – Das Potenzial des elektronischen Handels freisetzen; KOM(2015) 633 endg.

85   KOM(2015) 634 endg.

86   KOM(2015) 635 endg.

87   S. dazu *Staudenmayer* ZEuP 2016, 801.

88   S. dazu *Bach* NJW 2019, 1705.

89   Rechtsvergleichend zum Verjährungsrecht: *Piekenbrock* Befristung; *Zimmermann* Comparative Foundations; *ders.* Verjährung, 1637; s. auch die Beiträge bei *Remien*, Verjährungsrecht in Europa, 2011, zu Belgien, England, Estland, Italien, Kroatien, Niederlande, Österreich, Schweiz. Zum ungarischen Verjährungsrecht s. *Csehi* ZEuP 2016, 183.

90   Gesetz Nr. 2006–561, JO Nr. 141 vom 18.6.2008, S. 9856.

zig Jahre.[91] Das reformierte französische Verjährungsrecht orientiert sich an den Grundzügen der deutschen Reform des Jahres 2002.[92]

V. Internationales Privatrecht

Das Recht, das auf die Forderung anzuwenden ist (**Wirkungsstatut**, lex causae), bestimmt auch über die Verjährung der Forderung.[93] Das ergibt sich jetzt[94] aus **Art. 12 Abs. 1 lit. d Rom I-VO**.[95] Für Forderungen aus außervertraglichen Schuldverhältnissen ordnet **Art. 15 lit. h Rom II-VO**[96] Entsprechendes an.[97] Fremde Normen verjährungsrechtlichen Gehalts sind aus der Sicht des deutschen Rechts im Wege der funktionalen Qualifikation als materiellrechtliche Normen zu qualifizieren, selbst wenn sie im fremden Recht als prozessual eingestuft werden sollten.[98] **29**

Zur Hemmung der Verjährung durch **Prozesshandlungen im Ausland** → § 204 Rn. 27 f., 96. Ob eine in Deutschland nach §§ 722, 723 ZPO erhobene Klage eine Verjährungsunterbrechung nach **türkischem Recht** bewirken kann, richtet sich nach dem Verjährungsstatut.[99] Das Gleiche gilt für eine Verjährungsunterbrechung nach **österreichischem Recht** durch Klageerhebung im Ausland.[100] **30**

B. Regelungsgehalt

I. Begriff der Verjährung

Die Verjährung bezeichnet den Umstand, dass sich ein Recht durch Zeitablauf verändern kann. Sie bezeichnet den **Zeitablauf**, aufgrund dessen der Schuldner die **Leistung verweigern** kann (vgl. § 214 Abs. 1). Die §§ 194 ff. beziehen sich ausschließlich auf die Anspruchsverjährung (vgl. § 194 Abs. 1). Der umgekehrte Fall des Rechtserwerbs durch Zeitablauf hat im Rechtsinstitut der Ersitzung (§§ 900, 937 ff., 1033 sowie § 5 SchiffsRG) eine vom Verjährungsrecht unabhängige Regelung gefunden. **31**

II. Zweck der Verjährungsregeln

Die **Ziele des Verjährungsrechts** sind die des Schutzes des Nichtschuldners, des Schutzes der Dispositionsfreiheit des Schuldners und der Prozessökonomie, der Marktsteuerung und des Bestandsschutzes der Gläubigerinteressen. Bei der Aufstellung der Verjährungsregeln bedarf es der Abwägung zwischen den verschiedenen, gelegentlich gegenläufigen Zielen und ihrer Optimierung.[101] **32**

Eine wesentliche Funktion der Verjährungsregeln ist der **Schutz des Nichtschuldners**, also des zu Unrecht in Anspruch Genommenen.[102] Erhebt der Gläubiger gegen den vermeintlichen Anspruchsgegner Klage, so kann es für diesen mit fortschreitendem Zeitablauf schwieriger werden, die zur Verteidigung gegen die Klage erforderlichen (Gegen-)Beweismittel zu beschaffen bzw. etwaige rechtshindernde, -hemmende oder -vernichtende Einwendungen und Einreden unter Beweis zu stellen. Der Nichtschuldner erscheint damit **33**

91   S. dazu *Ancel* in Remien, Verjährungsrecht in Europa, 2011, S. 29 ff.; *Kleinschmidt* RIW 2008, 590 ff.; *Delgrange/Le More* IHR 2009, 185 ff.; rechtsvergleichend s. auch *Licari* Revue international de droit comparé 2009, 738 ff.; *Limbach* Revue Lamy Droit des affaires 2009, 105 ff.

92   S. *Kleinschmidt* RIW 2008, 590 ff.; *Limbach* ZGS 2008, 361.

93   S. nur *Kegel/Schurig* Internationales Privatrecht, 9. Aufl. 2004, § 17 IV 1 mwN; *Budzikiewicz* ZEuP 2010, 415 (422 ff.); *Hohloch* FS Öztan, 2010, S. 1167, 1169.

94   Vor Inkrafttreten der Rom I-VO galt Art. 32 Abs. 1 Nr. 4 EGBGB aF (= Art. 10 Abs. 1 lit. d des Übereinkommens über das auf vertragliche Schuldverhältnisse anzuwendende Recht vom 19.6.1980; in der konsolidierten Fassung von 2005, ABl. EU C 334 S. 3).

95   Verordnung (EG) Nr. 593/2008 des Europäischen Parlaments und des Rates vom 17.6.2008 über das auf vertragliche Schuldverhältnisse anzuwendende Recht (Rom I), ABl. EU L 177 S. 6, ber. ABl. EU 2009 L 309 S. 87.

96   Verordnung (EG) Nr. 864/2007 des Europäischen Parlaments und des Rates vom 11.7.2007 über das auf außervertragliche Schuldverhältnisse anzuwendende Recht (Rom II), ABl. EU L 199 S. 40.

97   S. dazu insgesamt den Überblick bei *Nordmeier* ZZP 124 (2011), 95, 108 f.; kritisch de lege ferenda *Kadner Graziano* RIW 2007, 336 (340).

98   S. nur *Nordmeier* ZZP 124 (2011), 95, 107 f.

99   S. *Hohloch* FS Öztan, 2010, S. 1167, 1181.

100 S. *Budzikiewicz* ZEuP 2010, 415 (418 ff.).

101 Vgl. zum Ganzen *Mansel/Budzikiewicz* § 1 Rn. 37–57; dort zahlreiche weiterführende Nachweise; s. ferner *Armbrüster* FS Harm Peter Westermann, 2008, S. 53, 59 ff.; allgemeiner *Piekenbrock* S. 317 ff.; aus ökonomischer Sicht auch *Lando* FS Schäfer, 2008, S. 307 ff.

102 BGHZ 122, 241, 244; BGH ZIP 2003, 524 (526) mAnm *Haas* LMK 2003, 97 und *Tiedtke* JZ 2003, 1070; Staudinger/*Peters/Jacoby* BGB Vor § 194 Rn. 5; MüKoBGB/*Grothe* Vor § 194 Rn. 6; Erman/*Schmidt-Räntsch* BGB Vor § 194 Rn. 2; *Peters/Zimmermann* S. 112 f., 189; *Rebhahn* FS Welser, 2004, S. 849, 850 f.; aA *Piekenbrock* S. 309, 318.

umso schutzwürdiger, je länger der Forderungsprätendent untätig bleibt, da er den Zeitpunkt der Inanspruchnahme nicht selbst bestimmen kann.

34   Aber auch der **tatsächliche Schuldner** bedarf des Schutzes der Rechtsordnung vor allzu später Inanspruchnahme.[103] Dessen finanzieller Handlungsspielraum würde übermäßig eingeschränkt, wenn er für jede noch nicht geltend gemachte Forderung auf unabsehbare Zeit Rückstellungen bilden müsste. Dies gilt umso mehr, als dem Schuldner bei Verurteilung seinerseits eventuell Regressansprüche zustehen, an deren möglichst rascher Geltendmachung er wegen des Insolvenzrisikos des Drittschuldners ein vitales Interesse hat. Insoweit dienen die Verjährungsvorschriften dem **Rechtsfrieden**.[104] Eine kurze Verjährungsfrist ist freilich nur dann zu rechtfertigen, wenn zwischen Gläubiger und Schuldner eine freiwillig eingegangene Sonderverbindung besteht.[105] Anders liegt dies bei Herausgabeansprüchen aus Eigentum und anderen dinglichen Rechten, für die § 197 Abs. 1 Nr. 2 eine Verjährungsfrist von dreißig Jahren aufstellt. Der Grund hierfür ist darin zu sehen, dass dingliche Rechte inter omnes wirken und der Schuldner daher keinen aus einem besonderen Näheverhältnis abgeleiteten Schutz verdient.

35   Eng verknüpft hiermit ist der Verjährungszweck der **Prozessökonomie**. Sowohl private als auch öffentliche Ressourcen sollen vor der Verschwendung in Prozessen geschützt werden, deren Ausgang aufgrund der durch Zeitablauf erschwerten Beweissituation ungewiss ist. Es liegt zwar nahe, diesem Gesichtspunkt im Verhältnis zu den vorgenannten nur untergeordnete Bedeutung zuzumessen.[106] Soweit dies aber mit Hinweis auf die Ausgestaltung der Verjährung als bloße Einrede geschieht, so wird dabei oft übersehen, dass zum einen diese Einrede im Streitfall regelmäßig erhoben wird und dass zum anderen die Gerichte es – vor allem bei nicht anwaltlich vertretenen Parteien – vermehrt als Teil ihrer Prozessleitungspflicht ansehen, die Parteien zumindest indirekt auf den Eintritt der Verjährung aufmerksam zu machen.[107] Hierdurch können Prozesse oft erheblich abgekürzt werden.

36   Während durch die vorgenannten Prozesszwecke letztlich primär der Schuldner geschützt wird, sind die **Interessen des Gläubigers** an der Durchsetzung seiner berechtigten Forderung besonders im Hinblick auf Art. 14 Abs. 1 GG zu beachten, da auch Forderungen vom Schutzbereich der Eigentumsgarantie umfasst sind.[108] Ist ein solcher Anspruch wegen Eintritts der Verjährung nicht durchsetzbar, so kommt dies einem enteignungsgleichen Eingriff gleich.[109] Verfassungsrechtliche Bedenken bestehen jedenfalls dann nicht, wenn die Verjährungsfrist so bemessen ist, dass der Gläubiger eine realistische Chance hat, seine Forderung vor dem Fristablauf durchzusetzen. Dieser Maßgabe wurde durch die Einführung eines subjektiven Elements für den Verjährungsbeginn Rechnung getragen (§ 199 Abs. 1): Für den Fristlauf ist danach grundsätzlich die Kenntnis bzw. grob fahrlässige Unkenntnis des Gläubigers von der Person des Schuldners und von den den Anspruch begründenden Umständen entscheidend. Um dennoch den Fristlauf für den Schuldner kalkulierbar zu machen, hat der Gesetzgeber in Ergänzung hierzu in § 199 Abs. 2–4 **kenntnisunabhängige Höchstfristen** eingeführt. Für manche Ansprüche, ua bei Gewährleistungsansprüchen im Bereich des Kauf- und Werkmängelrechts (§§ 438 Abs. 2, 445 b Abs. 1, 634 a Abs. 2), bestehen hingegen rein objektive Anknüpfungspunkte. Hier hat die gesetzgeberische Wertung der Risikoverlagerung den Bestandsschutz der Gläubigerinteressen verdrängt.[110]

37   An dieser Stelle wird die **Marktsteuerungsfunktion** der Verjährungsvorschriften besonders deutlich. Durch die Verjährungsvorschriften kann der Gesetzgeber eine bestimmte Mindestqualität von Waren und Dienstleistungen sichern.[111] So gibt eine sehr kurze Verjährungsfrist für Gewährleistungsansprüche den Anreiz, Produkte mit hoher Verschleißanfälligkeit am Markt anzubieten. Damit verlagert sich das Risiko der vorzeitigen Abnutzung auf den Verbraucher; der Unternehmer kann auf diese Weise die Produktionskosten senken. Gleichzeitig wirkt der schnelle Verschleiß absatzfördernd. Ist dagegen die Verjährungsfrist länger als der Zeitraum der regelmäßigen Nutzungsdauer eines Produkts, so wird der Anreiz zur Verschleißproduk-

---

103   Vgl. BGHZ 128, 74, 82 f.; Soergel/*Niedenführ* BGB Vor § 194 Rn. 3.

104   BGH NJW 2018, 2056 (2058); BGHZ 128, 74, 82.

105   *Mansel* S. 333, 348 f., 352.

106   So MüKoBGB/*Grothe* Vor § 194 Rn. 8; Staudinger/*Peters/Jacoby* Vor § 194 Rn. 7; *Peters/Zimmermann* S. 104; Palandt/*Ellenberger* BGB Vor § 194 Rn. 11; *Spiro* S. 21 f.; *Riedhammer* Kenntnis, grobe Fahrlässigkeit und Verjährung, 2004, S. 167. Hiergegen *Derleder/Meyer* KJ 2002, 325 (326 f.), die einzig die Beweissicherungsfunktion als Verjährungszweck gelten lassen wollen.

107   Str., vgl. die Darstellung bei Staudinger/*Peters/Jacoby* BGB § 214 Rn. 15–17 mit Nachweisen zum Streitstand. Ein direkter Hinweis ist nach BGH NJW 2004, 164 allerdings nicht von § 139 ZPO umfasst

und daher verfahrensfehlerhaft. Näher bei § 214 Rn. 5.

108   BVerfGE 18, 121, 131; 42, 263, 294; 45, 172, 179; 68, 193, 222.

109   S. zB *Peters/Zimmermann* S. 104; *v. Bar* Gemeineuropäisches Deliktsrecht II, 1999, Rn. 554; vgl. auch *Willingmann* S. 1, 16.

110   Der von der Verjährung ausgehende Ansporn für den Gläubiger zur raschen Geltendmachung der Forderung ist hingegen kein Ziel des Verjährungsrechts, sondern nur ein Nebeneffekt, vgl. Staudinger/*Peters/Jacoby* BGB Vor § 194 Rn. 6. AA BGHZ 128, 74, 83.

111   Vgl. *Mansel* S. 333, 345; s. auch *Kötz* FS Medicus, 1999, S. 283.

tion gesenkt. Mit der Verlängerung der Verjährungsfrist für kaufrechtliche Gewährleistungsansprüche von sechs Monaten (§ 477 Abs. 1 Nr. 2 aF) auf grundsätzlich zwei Jahre (§ 438 Abs. 1 Nr. 3) hat der Gesetzgeber diese Richtung eingeschlagen.

Eine **kompensatorische Funktion** in dem Sinne, dass die Wirtschaft durch kürzere Verjährungsfristen **38** einen Ausgleich für die der Verbrauchsgüterkaufrichtlinie geschuldete Änderung der Gewährleistungsregeln erhalten soll, kommt den Verjährungsregeln dagegen nicht zu.[112] Hierbei handelt es sich um eine verjährungsfremde Überlegung, die ungeeignet ist, sachgerechte Kriterien für die Konzeption verjährungsrechtlicher Regelungen zu bilden.[113] Folgerichtig sind diese Überlegungen in die Begründung zum Regierungsentwurf des SchuldRModG nicht aufgenommen worden.[114]

III. Ähnliche Rechtsinstitute

1. Ausschlussfristen. Von der Verjährung unterscheidet sich die Ausschlussfrist durch ihren weiteren **39** Anwendungsbereich und durch ihre unterschiedliche Wirkung. Während nach § 194 Abs. 1 nur Ansprüche der Verjährung unterworfen sind, kann sich eine Ausschlussfrist auf **Rechte jeder Art** beziehen, vor allem auf Gestaltungsrechte (zB §§ 121, 124, 532, 626 Abs. 2, 1944 Abs. 1), aber auch auf sonstige Rechte (§ 148) oder auf Ansprüche (vgl. §§ 382, 562 b Abs. 2, 611 a Abs. 4, 651 g Abs. 1 aF, 801 Abs. 1 S. 1, 864, 977 S. 2, 1002 Abs. 1). Der Ablauf einer (gesetzlichen, vertraglichen oder richterrechtlichen) Ausschlussfrist ohne Rechtsverfolgung des Berechtigten führt auch grundsätzlich zum **Erlöschen des Rechts** (§§ 562 b Abs. 2 S. 2, 801 Abs. 1 S. 1, 864) und nicht nur zur Entstehung eines Leistungsverweigerungsrechts (so aber zB § 651 g Abs. 1 aF). Daher ist eine Ausschlussfrist im Prozess auch **von Amts wegen** zu berücksichtigen.

Grundsätzlich können die Vorschriften des Verjährungsrechts nicht auf die gesetzlichen Ausschlussfristen **40** angewandt werden.[115] Dem stehen die unterschiedlichen Zwecke der Ausschlussfrist (Präklusion) auf der einen Seite und der Verjährung (Schuldnerschutz und Prozessökonomie) auf der anderen Seite entgegen. Dieser **Wesensunterschied** schließt jedoch eine entsprechende Anwendung einzelner Verjährungsvorschriften auf die Ausschlussfrist nicht aus, soweit dies deren Sinn erlaubt.[116] Manche Ausschlussfristen verweisen sogar ausdrücklich auf Vorschriften des Verjährungsrechts (vgl. §§ 124 Abs. 2 S. 2, 204 Abs. 3, 1002 Abs. 2). Bei vertraglichen Ausschlussfristen ist gem. §§ 133, 157 auf den Parteiwillen abzustellen; sofern dieser nicht entgegensteht, können einzelne Vorschriften der §§ 194 ff. entsprechend angewandt werden.[117]

Ausschlussfristen können Verjährungsvorschriften verdrängen. Dies kann der Fall sein, wenn ein **internationales Abkommen** für die Geltendmachung eines Anspruchs eine Ausschlussfrist vorsieht. In diesem Fall **41** sind die nationalen Verjährungsvorschriften gesperrt. Das gilt etwa im Bereich des Transportrechts für Art. 29 des **Warschauer Abkommens**, der eine zweijährige Ausschlussfrist für Ansprüche wegen Verlusts des Transportgutes vorsieht. Hierdurch wird die ansonsten einschlägige Verjährungsvorschrift des § 439 HGB verdrängt.[118] Gleichermaßen gehen die Ausschlussfristen in Art. 39 **CISG** den (ggf. kürzeren) nationalen kaufrechtlichen Verjährungsfristen vor.[119]

2. Verwirkung. Auch das Rechtsinstitut der Verwirkung begrenzt die Geltendmachung von Rechten aufgrund Zeitablaufs. Verwirkung kann unabhängig von der Verjährung eintreten.[120] Es handelt sich dabei um **42** einen Fall des Verstoßes gegen Treu und Glauben wegen **unzulässiger Rechtsausübung** (§ 242). Aus diesem Grund ist neben dem Zeitmoment auch ein Umstandsmoment erforderlich. Der Schuldner muss sich aufgrund des Verhaltens des Gläubigers berechtigterweise darauf eingestellt haben, dieser werde das Recht nicht mehr geltend machen.[121] Da der Anwendungsbereich des § 242 nicht auf Ansprüche beschränkt ist, kann die Verwirkung gegen jedes Recht eingewandt werden, auch gegen unverjährbare Rechte (zB §§ 194 Abs. 2, 758, 898, 902, 924, 2042 Abs. 2). Die Verwirkung ist im Prozess **von Amts wegen** zu berücksichtigen.[122] S. näher zur Verwirkung bei § 242.

---

112 Anders aber *Schmidt-Räntsch* ZIP 2000, 1639 sowie *dies.* ZEuP 1999, 294 (298 ff.).
113 Zur Kritik vgl. die Nachw. bei *Mansel/Budzikiewicz* § 1 Rn. 50–53 mwN.
114 Vgl. BT-Drs. 14/6040, S. 95 f., 100.
115 RGZ 102, 339, 341; 158, 137, 140; BGHZ 18, 122, 128; 33, 360, 363; 98, 295, 298; 164, 361 (zu § 801); BGH NJW 2006, 903; Staudinger/*Peters/Jacoby* BGB Vor § 194 Rn. 16; Soergel/*Niederführ* BGB Vor § 194 Rn. 24. S. auch § 214 Rn. 11.
116 BGHZ 43, 235, 237; 73, 99, 102 f.; 112, 95, 101; Staudinger/*Peters/Jacoby* BGB Vor § 194 Rn. 16.
117 Vgl. *Mansel/Budzikiewicz* § 2 Rn. 8.
118 BGH NJW-RR 2005, 1122.

119 Zu den Problemfällen *M. Stürner* RIW 2006, 338 mwN.
120 MüKoBGB/*Schubert* § 242 Rn. 391; Jauernig/*Mansel* BGB § 242 Rn. 57; eingehend zur historischen Entwicklung *Piekenbrock* Befristung, S. 148 ff.
121 Vgl. RGZ 158, 100, 107 f.; BGHZ 25, 47, 51 f.; zu den Voraussetzungen der Verwirkung Jauernig/*Mansel* BGB § 242 Rn. 53–63; Staudinger/*Looschelders/Olzen* BGB § 242 Rn. 304–310; MüKoBGB/*Schubert* § 242 Rn. 369–414. Zur Verwirkung im familienrechtlichen Kontext *Büttner* FamRZ 2002, 361 (364 f.).
122 Staudinger/*Peters/Jacoby* BGB Vor § 194 Rn. 35; MüKoBGB/*Schubert* § 242 Rn. 390.

IV. Übergangsrecht

43 Das reformierte Verjährungsrecht gilt grundsätzlich für alle Ansprüche, die vor dem 1.1.2002 entstanden sind und zu diesem Zeitpunkt noch nicht verjährt waren (Art. 229 § 6 Abs. 1 S. 1 EGBGB). Dies führt dazu, dass vor allem solche Ansprüche, für die nach altem Recht eine längere Verjährungsfrist als nach §§ 195, 199 galt, bei Kenntnis des Gläubigers von der Person des Schuldners und von den anspruchsbegründenden Umständen möglicherweise bereits mit Ablauf des 31.12.2004 verjähren, wenn nicht vorher Umstände eintreten, die zur Hemmung, Ablaufhemmung oder zum Neubeginn der Verjährung führen;[123] ausführlich dazu → EGBGB Art. 229 § 6 Rn. 5 ff., 60 ff.

C. Weitere praktische Hinweise

I. Beweislast

44 Die Voraussetzungen des Verjährungseintritts sind im Prozess von derjenigen Partei darzulegen und zu beweisen, die sich darauf beruft, also vom **Schuldner**. Insbesondere ist davon bei der Regelverjährung (§§ 195, 199 Abs. 1) der Nachweis des Zeitpunktes der Kenntnis oder grobfahrlässigen Unkenntnis des Gläubigers von der Person des Schuldners und von den anspruchsbegründenden Umständen umfasst.[124] Das Vorliegen von Hemmung und Neubeginn hingegen hat der **Gläubiger** zu beweisen; → § 203 Rn. 60 und → § 212 Rn. 43.

II. Einrede

45 Die Verjährung ist als Einrede ausgestaltet (§ 214 Abs. 1). Es steht dem Schuldner frei, den Anspruch auch nach Ablauf der Verjährungsfrist zu erfüllen (→ § 214 Rn. 3). Die Verjährung ist daher im Prozess **nicht von Amts wegen** zu berücksichtigen.

46 Ob ein **richterlicher Hinweis** auf die mögliche Verjährung zulässig oder sogar geboten ist, ist umstritten. S. näher dazu bei → § 214 Rn. 5.

III. Hinweispflicht des Anwalts

47 Der Anwalt unterliegt auch einer **Sekundärhaftung**: Die mangelnde Beachtung der möglichen Verjährung eines Anspruchs stellt eine **Pflichtverletzung** des Anwaltsvertrags dar, die unter Umständen eine Schadensersatzpflicht nach sich zieht.[125] Ist bereits Verjährung eingetreten, so hat der Anwalt den Mandanten auf das damit verbundene Prozessrisiko hinzuweisen.[126] Bei unklarer Rechtslage kann daher auch zur Vermeidung eines Haftungsrisikos die Klageerhebung „sicherheitshalber" geboten sein.[127] Unter Umständen kann die Hinweispflicht des Anwalts auf die drohende Verjährung auch nach Mandatsende fortbestehen.[128] Ein Anwalt haftet unter Umständen auch für Fehler des Gerichts,[129] so etwa dann, wenn er es versäumt, das Gericht darauf hinzuweisen, dass es von einer falschen Verjährungsfrist ausgeht und die Klage deswegen zu Unrecht rechtskräftig abgewiesen wird.[130] Erhebt ein Rechtsanwalt hinsichtlich eines verjährten Anspruchs **pflichtwidrig eine aussichtslose Klage**, so liegt in der Einlegung eines Rechtsmittels gegen ein die Klage abweisendes Urteil keine einen neuen Schadensersatzanspruch auslösende Pflichtwidrigkeit, sondern lediglich ein auf der ursprünglichen rechtlichen Fehleinschätzung beruhendes, weiteres Versäumnis, das – in unverjährter Zeit – die Anknüpfung für eine Sekundärhaftung bilden kann.[131]

123 Vgl. dazu *Karst/Schmidt-Hieber* DB 2004, 1766; *Besch/Kiene* DB 2004, 1819.
124 MüKoBGB/*Grothe* Vor § 194 Rn. 25.
125 Vgl. zu den Voraussetzungen OLG Hamm NJW-RR 2004, 213; BGH WM 2005, 1812; s. auch BGH NJW-RR 2008, 1235 mwN. Es entspricht der anwaltlichen Belehrungspflicht, dem Mandanten konkrete Handlungsmöglichkeiten zur Vermeidung des Verjährungseintritts darzulegen, vgl. OLGR Schleswig 2004, 268. Vgl. allg. zum Umfang anwaltlicher Beratungspflichten BGH NJW-RR 2003, 1212; zur Beweislast BGH NJW 2004, 1521 (§ 287 ZPO); NJW-RR 2004, 1649; vgl. auch BGH NJW 2014, 2795 f., NJW 2015, 3447 (3448): Beweiserleichterungen für den Ursachenzusammenhang zwischen

Pflichtverletzung und Schaden bestimmen sich nach den Grundsätzen des Anscheinsbeweises.
126 BGH NJW 1997, 2168.
127 So BGH NJW 1993, 734 (735). Nur ausnahmsweise ist der Verjährungsbeginn bei unsicherer und zweifelhafter Rechtslage hinausgeschoben, → § 199 Rn. 61.
128 BGH NJW 1997, 1302 mwN.
129 Vgl. BGH NJW 2002, 1048 (1049). Diese Rspr. ist verfassungsrechtlich bedenklich, vgl. BVerfG NJW 2002, 2937 (2938) und hierzu *Zugehör* NJW 2003, 3225.
130 BGH BB 2002, 2089 (2091).
131 BGH NJW 2011, 1594 in Fortführung von BGH WM 2009, 283.

Budzikiewicz

IV. Feststellungsklage

Eine Klage auf Feststellung des Bestehens eines Anspruchs ist nicht allein deswegen gerechtfertigt, weil das **48** SchuldRModG die Verjährungsfristen teils drastisch verkürzt hat. Ein Feststellungsinteresse folgt hieraus nicht.[132]

§ 194 Gegenstand der Verjährung

(1) Das Recht, von einem anderen ein Tun oder Unterlassen zu verlangen (Anspruch), unterliegt der Verjährung.

(2) Ansprüche aus einem familienrechtlichen Verhältnis unterliegen der Verjährung nicht, soweit sie auf die Herstellung des dem Verhältnis entsprechenden Zustands für die Zukunft oder auf die Einwilligung in eine genetische Untersuchung zur Klärung der leiblichen Abstammung gerichtet sind.

Literatur: S. Vor §§ 194–218.

A. Allgemeines	1		d) Öffentlich-rechtliche Ansprüche	19
B. Regelungsgehalt	2		II. Unverjährbarkeit	27
I. Anspruchsverjährung (Abs. 1)	2		1. Grundsatz	27
1. Anspruch	2		2. Ansprüche aus familienrechtlichen Verhältnissen (Abs. 2)	28
2. Anwendungsbereich	8			
a) Im BGB geregelte Ansprüche	8		3. Insbesondere: Unterhaltsansprüche	35
b) Außerhalb des BGB geregelte zivilrechtliche Ansprüche	10		a) Familienrechtliche Unterhaltsansprüche für künftige Zeiträume	35
c) Übertragung der bisherigen Rechtsprechung: Einzelkontrolle	15		b) Andere Unterhaltsansprüche	37
			C. Weitere praktische Hinweise	39

A. Allgemeines

Das BGB trennt – auf *Windscheids* Lehren[1] fußend – den materiellrechtlichen Anspruch von seiner Durch- **1** setzung durch die Klage im Prozess.[2] Die §§ 194 ff. gehen daher von der **Anspruchsverjährung** aus (vgl. Abs. 1).[3] Verjährung ist damit – anders als in anderen Rechtsordnungen in rechtsgeschichtlicher oder rechtsvergleichender Sicht[4] – ein materiellrechtliches Institut.

Die Vorschrift des § 194 in der Fassung des SchuldRModG (→ Vor §§ 194–218 Rn. 1 ff.) bringt gegenüber **1a** § 194 aF (Fassung bis zum 31.12.2001) keine sachlichen Neuerungen. **Abs. 1** ist nahezu wortgleich mit § 194 Abs. 1 aF. Die Regelung entspricht dem Gehalt des Art. 14:101 der Grundregeln des Europäischen Vertragsrechts (hierzu → Vor §§ 194–218 Rn. 20 ff.). Auch **Abs. 2 Alt. 1** enthält nur eine sprachliche Korrektur gegenüber Abs. 2 aF; es heißt jetzt „Ansprüche" statt zuvor „Anspruch". Die Übernahme des Abs. 2 Alt. 1 in das neue Recht wäre letztlich verzichtbar gewesen.[5] Er findet auch in den Grundregeln des Europäischen Vertragsrechts keine Entsprechung. **Abs. 2 Alt. 2** wurde erst später eingefügt durch das **Gesetz zur Klärung der Vaterschaft unabhängig vom Anfechtungsverfahren** vom 26.3.2008 (BGBl. I S. 441),[6] in Kraft getreten am 1.4.2008.

---

132 OLG Hamm BauR 2004, 124 (127).
  1 *Windscheid* Die Actio des römischen Civilrechts, vom Standpunkte des heutigen Rechts, 1856 (Neudruck 1984).
  2 S. dazu etwa *Weller* Vertragstreue, S. 374 ff.; zur Fortwirkung der Unterscheidung bei der Dogmatik des Erfüllungsanspruchs und den Verjährungskonsequenzen s. ebd. S. 406 ff.: Wer den Erfüllungsanspruch zutreffend als Primäranspruch und nicht als Rechtsbehelf begreift, muss die Verjährung des Erfüllungsanspruchs mit seiner Entstehung bei Vertragsabschluss und nicht mit seiner Verletzung durch Nichterfüllung beginnen lassen; diese Fragen werden

bei der Konstituierung des Europäischen Privatrechts durch Grundregeln bedeutsam, s. ebd. S. 406 ff. sowie *Weller* JZ 2008, 764 ff.
  3 Zur Geschichte der Anspruchsverjährung s. *Baldus* in Remien, Verjährungsrecht in Europa, 2011, S. 5 ff.; zur Auswirkung im Gesetzgebungsverfahren s. *Schulze* Naturalobligation, S. 170 ff.
  4 *Zimmermann* Verjährung; *ders.* Comparative Foundations, S. 21 ff.; s. ferner *Baldus* in Remien, Verjährungsrecht in Europa, 2011, S. 5 ff.
  5 *Mansel* S. 333, 369; *Zimmermann/Leenen/Mansel/Ernst* JZ 2001, 684 (694).
  6 Dazu *Schwab* FamRZ 2008, 23.

B. Regelungsgehalt

I. Anspruchsverjährung (Abs. 1)

2   **1. Anspruch.** Nach Abs. 1 kommen als Gegenstand der Verjährung ausschließlich Ansprüche in Betracht (s. auch → Rn. 1). Die Vorschrift enthält eine **Legaldefinition** des **Anspruchs**: Gemeint ist das Recht, von einem anderen ein Tun oder Unterlassen zu verlangen, also ein Handeln oder Nichthandeln (einschließlich des Duldens). Dabei bezieht sich Abs. 1 ausschließlich auf den **materiellrechtlichen Anspruch**; nicht erfasst ist der prozessuale Anspruch (Klagerecht).

2a   Nach Abs. 1 sind alle Ansprüche verjährbar, sofern sie das Gesetz nicht ausdrücklich als unverjährbar qualifiziert (s. dazu → Rn. 28). Bei bestimmten Ansprüchen bestehen gesetzliche Ausschlussfristen für die Anspruchserhebung (vgl. dazu → Vor §§ 194–218 Rn. 39 ff.). Der Anspruch kann schuld-, sachen-, familien- oder erbrechtlicher Natur sein; vermögensrechtliche wie nichtvermögensrechtliche Ansprüche werden erfasst. Die Verjährung ist auf den einzelnen Anspruch bezogen, nicht auf das Schuldverhältnis (etwa einen Vertrag) als solches. Daher ist die richtige Verjährungsfrist **für jeden einzelnen Anspruch** zu bestimmen. S. dazu → § 195 Rn. 70.

3   **Keine Ansprüche** und damit unverjährbar sind **insbesondere:**[7]
- absolute Rechte[8] (zB Eigentum, Namensrecht, Sorgerecht),
- das Recht zum Besitz,[9]
- Dauerschuldverhältnisse selbst[10] (zB Dienstvertrag, Miete, Leibrente),
- selbstständige Einreden[11] (etwa gem. § 275 Abs. 2 oder § 321 Abs. 1),
- Gestaltungsrechte.[12] Für die Ausübung von Gestaltungsrechten bestehen aber regelmäßig Ausschlussfristen (zB §§ 121, 124, 532, 1944 Abs. 1).[13]

4   Die aus **Dauerschuldverhältnissen** folgenden **einzelnen Ansprüche**, wie etwa der Anspruch auf den Mietzins oder der einzelne Zahlungsanspruch aus einem Leibrentenversprechen, sind dagegen der **Verjährung unterworfen**.[14] Die Frage, ob auch der aus dem Dauerschuldverhältnis folgende Gesamtanspruch (sog. Stammrecht) auf kurzzeitig und laufend wiederkehrende Leistungen verjähren kann mit der Folge, dass dem Schuldner mit der Verjährung des Stammrechts auch ein Leistungsverweigerungsrecht hinsichtlich der Einzelleistungen erwächst, ist umstritten; der Reformgesetzgeber ließ das Problem offen. Die **wohl hM** geht von der Verjährbarkeit eines Stammrechts aus.[15] Die **besseren Argumente** sprechen jedoch **gegen die Verjährbarkeit des Stammrechts** während des Bestehens des Schuldverhältnisses:[16] War die Annahme eines selbstständig verjährbaren Stammrechts vor der Schuldrechtsreform schon dogmatisch fragwürdig, so führt diese Konstruktion unter der einheitlichen kurzen Regelverjährungsfrist des § 195 zu dem untragbaren Ergebnis, dass auch künftige Ansprüche aus dem Stammrecht, beispielsweise einer Leibrente oder einer Reallast, in drei Jahren verjähren.[17] Dieser Sichtweise hat sich der **BGH** in einer Entscheidung zum Mietrecht angeschlossen.[18] Maßgeblich wird darauf abgestellt, dass eine vertragliche Dauerverpflichtung – in casu die Pflicht zur Erhaltung der Mietsache – während des Bestehens des Schuldverhältnisses begrifflich nicht verjähren könne. Der BGH weist weiter darauf hin, dass die für eine Verjährung streitenden Gründe – der Schutz des Schuldners vor Inanspruchnahme lange Zeit nach Anspruchsentstehung und die daraus folgende Beweisnot – im Falle einer andauernden Verpflichtung nicht greifen könnten, da der Anspruch nicht an ein in der Vergangenheit liegendes Ereignis anknüpfe.[19] Anders hat der BGH dagegen im Hinblick auf die Verjährung des Stammrechts aus einer Berufsunfähigkeitsversicherung entschieden: Es entspreche dem

---

7   S. zu weiteren Beispielen MüKoBGB/*Grothe* § 194 Rn. 4–6.

8   S. *Larenz/Wolf* BGB AT § 15 Rn. 2 ff., 26 ff.; Staudinger/*Peters/Jacoby* BGB § 194 Rn. 19.

9   RGZ 144, 378, 381 f.; BGHZ 90, 269.

10   BGH NJW 2008, 2995 (zum Garantievertrag); NJW-RR 2017, 210 (214) (zu einer Durchfahrtsberechtigung); Jauernig/*Mansel* BGB § 194 Rn. 2.

11   MüKoBGB/*Grothe* § 194 Rn. 6.

12   Für eine Verjährbarkeit von Gestaltungsrechten aber *de lege ferenda Bydlinski* S. 381, 383 f.

13   Vgl. *Mansel/Budzikiewicz* Jura 2003, 1 (2).

14   BGH NJW 2008, 2995; Palandt/*Ellenberger* BGB § 194 Rn. 7; MüKoBGB/*Grothe* § 194 Rn. 3.

15   Vgl. RGZ 136, 427, 430; BGH NJW 1973, 1684 (1685); NJW 2019, 1874 (1875 f.) (zur Berufsunfähigkeitsversicherung); Soergel/*Niedenführ* BGB § 194 Rn. 4; BeckOK BGB/*Henrich* § 194 Rn. 19;

Palandt/*Ellenberger* BGB § 194 Rn. 7; MüKoBGB/*Grothe* § 194 Rn. 3; *Lehmann-Richter* NJW 2008, 1196 (1197 f.).

16   So auch Staudinger/*Peters/Jacoby* BGB § 194 Rn. 16 mwN; Palandt/*Weidenkaff* BGB § 535 Rn. 31; s. auch *Eichel* NJW 2015, 3265 (3269).

17   Amann/Brambring/Härtel/*Amann* Die Schuldrechtsreform in der Vertragspraxis, 2002, S. 209–211; *Amann* DNotZ 2002, 94 (117 f.).

18   BGHZ 184, 253 = NJW 2010, 1292 in Bezug auf den Anspruch des Mieters aus § 535 Abs. 1 S. 2 auf Erhaltung der Mietsache in gebrauchsfähigem Zustand. Ebenso BGH NJW-RR 2012, 910 in Bezug auf den Anspruch des Wohnungseigentümers auf ordnungsgemäße Verwaltung.

19   Krit. hinsichtlich dieser Begründung *Eichel* NJW 2015, 3265 (3266).

Zweck des Verjährungsrechts den Versicherer davor zu bewahren, sich noch Jahre nach einer Leistungsablehnung mit einem für ihn abgeschlossenen und mitunter nur noch schwer aufklärbaren Versicherungsfall auseinandersetzen zu müssen.[20]

Die Ansprüche, die der **Verwirklichung absoluter Rechte** dienen und aus ihnen erwachsen (Herausgabe-, 5 Beseitigungs- und Unterlassungsansprüche), unterliegen der Verjährung. Das macht § 197 Abs. 1 Nr. 2 für Herausgabeansprüche aus Eigentum und anderen dinglichen Rechten deutlich.

Unverjährbarkeit von Ansprüchen besteht nur bei ausdrücklicher gesetzlicher Anordnung (→ Rn. 28); 6 eine entsprechende Parteiabrede der Unverjährbarkeit ist nicht zulässig (§ 202 Abs. 2, s. dort → Rn. 14). Möglich ist aber ein Verzicht auf die Einrede der Verjährung (→ § 202 Rn. 43 ff.). Umgekehrt kann ein gesetzlich als unverjährbar eingestufter Anspruch nicht durch Parteiabrede der Verjährung unterworfen werden, da die gesetzlich bestimmte Unverjährbarkeit zwingendes Recht ist.[21]

Den **Vorschlägen** aus der Wissenschaft,[22] im Anschluss an ausländische Rechte den Kreis der verjährbaren 7 Ansprüche zu begrenzen, und insbesondere Ansprüche aus absoluten Rechten – vor allem den Herausgabeanspruch des Eigentümers aus § 985 – nicht verjähren, sondern erst mit dem absoluten Recht untergehen zu lassen, ist der Gesetzgeber nicht gefolgt.[23] Dabei führt die Verjährbarkeit von Herausgabeansprüchen des Eigentümers insbesondere bei abhanden gekommenen Kunstwerken zu unbefriedigenden Ergebnissen.[24] Die Verjährung schützt hier nur den Dieb und andere bösgläubige Besitzer, während der Gutgläubige bereits durch Ersitzung (§ 937) oder Ersteigerung (§ 935 Abs. 2) Eigentum erworben hat.[25] Der Gesetzgeber hält dem entgegen, dass die Verjährung des Herausgabeanspruchs tatsächlich auch den gutgläubigen Erwerber schütze. Dieser erwerbe zwar rein rechtlich gesehen wirksam das Eigentum durch Ersitzung oder durch Versteigerung. Dies enthebe ihn aber nicht der Sorge, dass ihm böser Glaube entgegengehalten und sein (wirksamer) Erwerb streitig gemacht werde. Erst nach Ablauf der Verjährung könne auch der gutgläubige Erwerber sicher sein, dass ihm niemand mehr seine Rechte streitig mache. Das gelte auch und gerade bei wertvollen Kunstwerken.[26] Diese Entscheidung des Gesetzgebers ist als geltendes Recht hinzunehmen.[27] Zu den Reformvorschlägen im Zusammenhang mit dem „Schwabinger Kunstfund" → Vor §§ 194 ff. Rn. 16 b. Davon zu trennen ist die Frage, ob ein Vindikationsanspruch verwirkt sein kann.[28]

2. Anwendungsbereich. a) Im BGB geregelte Ansprüche. Die Verjährungsvorschriften der §§ 194– 8 218 sind unmittelbar auf alle im BGB geregelten Ansprüche anwendbar, sofern nichts anderes bestimmt ist. Allerdings finden sich im BGB zahlreiche **Sonderregeln**, durch die die allgemeinen Regelungen des Verjährungsrechts modifiziert werden.

Abweichende Regeln für den **Verjährungsbeginn** und die **Verjährungsfrist** bestehen etwa für die kauf- 9 und werkvertragliche Mängelgewährleistung (§§ 438, 634 a), für Rückgriffsansprüche aus § 445 a Abs. 1 (§ 445 b Abs. 1) und die Ansprüche des Reisenden aus dem Pauschalreisevertrag (§ 651 j); weitere Nachweise bei → § 195 Rn. 8, 17, 19. Nicht selten ist allein der Verjährungsbeginn abweichend geregelt, etwa bei bestimmten Ansprüchen aus Leihe (§ 604 Abs. 5) und Verwahrung (§§ 695 S. 2, 696 S. 3). In Bezug auf den Verkäuferregress in einer Lieferkette normiert § 445 b Abs. 2 Sonderregeln der Ablaufhemmung. Sondervorschriften für Verjährungsvereinbarungen sieht zB § 476 Abs. 2 für den Verbrauchsgüterkauf oder § 651 y für den Pauschalreisevertrag vor (s. zu § 651 y auch → § 202 Rn. 64).

---

20 BGH NJW 2019, 1874 (1875 f.) mit zust. Anm. *Rolfs/Pröpper*; aA OLG Jena VersR 2018, 723.

21 BT-Drs. 14/6040, S. 110, 111.

22 *Peters/Zimmermann* S. 77, 186, 287; *Armbrüster* NJW 2001, 3581 (3586); *von Plehwe* Kunstrecht und Urheberrecht, 2001, 49, 56; *Remien* AcP 201 (2001), 730; *Siehr* ZRP 2001, 346 (347); *ders.* in Carl/Güttler/Siehr, Kunstdiebstahl vor Gericht. City of Gotha v. Sotheby's/Cobert Finance S.A., 2001, S. 53, 74 f.; *Zimmermann/Leenen/Mansel/Ernst* JZ 2001, 684 (693); eingeschränkt auch *Mansel* S. 333, 368 f.; s. unabhängig von der Reform etwa *Müller* Sachenrecht, 4. Aufl. 1997, Rn. 455; *Kunze* Restitution „Entarteter Kunst", 2000, S. 234 f.; s. ferner *Henckel* AcP 174 (1974), 97, 130; jüngst auch wieder *Ernst* JZ 2013, 359 (361). Gegen die Vorschläge der Unverjährbarkeit insbes. dinglicher Ansprüche s. bspw. *Heinrichs* NJW 1982, 2021 ff. (2025); *Effer-Uhe* AcP 215 (2015), 245, 257 ff. Zur Rechtsstellung des Eigentümers nach Verjährung der Vindikation *Kähler* NJW 2015, 1041. Einen rechtsvergleichenden

Überblick gibt BeckOGK/*Piekenbrock* § 197 Rn. 11.1 ff.

23 S. zum Folgenden Beschlussempfehlung und Bericht des Rechtsausschusses (6. Ausschuss), BT-Drs. 14/7052, S. 179 (zu § 194 BGB).

24 *Kunze* Restitution „Entarteter Kunst", 2000, S. 234 f.; *Mansel* S. 333, 368 f.; *von Plehwe* Kunstrecht und Urheberrecht, 2001, S. 49, 56; *Remien* AcP 201 (2001), 730; *Siehr* ZRP 2001, 346 (347); *ders.* in Carl/Güttler/Siehr, Kunstdiebstahl vor Gericht. City of Gotha v. Sotheby's/Cobert Finance S.A., 2001, S. 53, 74 f. (auch rechtsvergleichend); *Zimmermann/Leenen/Mansel/Ernst* JZ 2001, 684 (693).

25 *Siehr* ZRP 2001, 346 (347).

26 BT-Drs. 14/7052, S. 179.

27 S. auch OLG Frankfurt NJW-RR 2018, 857 (860). Kritisch *Armbrüster* FS Westermann, 2008, S. 53 ff. m. umfassenden Nachw.

28 Dies grundsätzlich bejahend BGH NJW 2012, 1796 (1799).

10   **b) Außerhalb des BGB geregelte zivilrechtliche Ansprüche.** Einzelne Gesetze enthalten **ausdrückliche Verweisungen** auf die §§ 194 ff. (→ § 195 Rn. 27). Fehlt es daran ebenso wie an einer speziellen Verjährungsregelung für einzelne Ansprüche, so wurden unter Geltung der langen dreißigjährigen Verjährungsfrist der §§ 195, 198 aF bis zum 1.1.2002 die §§ 194 ff. aF nach einhelliger Praxis auf alle anderen zivilrechtlichen Ansprüche entsprechend angewandt.[29] Daran wollte der Reformgesetzgeber unter der Neuregelung der §§ 194 ff. grundsätzlich festhalten (→ Vor §§ 194–218 Rn. 4).

11   Die Verjährungsanordnung des § 194 Abs. 1 ist nicht auf Ansprüche, die auf Vorschriften des BGB beruhen, begrenzt. Das Verjährungsregime des BGB ist als Reserveordnung für alle zivilrechtlichen Ansprüche zu verstehen. Daher sind die **§§ 194 ff.** grundsätzlich auch **auf zivilrechtliche Ansprüche** anzuwenden, die sich auf andere Rechtsgrundlagen als solche des BGB stützen und bei denen eine ausdrückliche gesetzliche Verjährungsregel fehlt.

12   Die §§ 194 ff. sind auf alle Ansprüche, die auf zivilrechtlichen **Vorschriften** beruhen, die **nach dem 26.11.2001** (Datum des Erlasses der Neuregelung der §§ 194 ff.) **erlassen** wurden und für die speziellere Regelungen fehlen, ohne weitere Prüfung anzuwenden. Hier würde eine Interessen- und Normzweckanalyse in aller Regel die **Angemessenheit der allgemeinen Verjährungsregelung** bestätigen,[30] denn andernfalls hätte der Gesetzgeber eine Sonderregelung geschaffen. Die Interessen- und Normzweckanalyse ist daher nur bei Vorliegen besonderer Anhaltspunkte im Ausnahmefall durchzuführen.

13   Allerdings ist die **Regelverjährungsfrist** seit dem 1.1.2002 stark verkürzt. Sie beträgt drei Jahre (§ 195) beginnend mit dem Schluss des Jahres, in dem der Anspruch entstanden ist und der Gläubiger von den anspruchsbegründenden Umständen und der Person des Schuldners Kenntnis erlangt oder ohne grobe Fahrlässigkeit erlangen müsste (§ 199 Abs. 1). Ohne Rücksicht auf die Kenntnis oder grob fahrlässige Unkenntnis verjähren andere Ansprüche als die in § 199 Abs. 2 bis 3 a aufgeführten (Schadensersatz-)Ansprüche in zehn Jahren von ihrer Entstehung an (§ 199 Abs. 4). Für die erbrechtlichen Ansprüche nach § 199 Abs. 3 a ist eine Frist von dreißig Jahren vorgesehen; für Schadensersatzansprüche gilt eine Frist von zehn bzw. dreißig Jahren (§ 199 Abs. 2 und 3). Das kann vor allem für die Ansprüche, bei denen § 199 (→ Vor §§ 194–218 Rn. 7 ff. und vor allem § 199) eine zehnjährige Maximalverjährungsfrist anordnet, zu einer effektiven **Verjährungsverkürzung** um zwanzig Jahre führen.

14   Daher ist für Ansprüche, die auf **Vorschriften** beruhen, welche **vor dem 26.11.2001** erlassen wurden (→ Rn. 12), die **Interessen- und Normzweckanalyse für jede Vorschrift durchzuführen** und zu prüfen, ob die durch §§ 195, 199 geschaffene kurze Regelverjährung angemessen erscheint[31] oder ob **ausnahmsweise** eine andere Verjährungsvorschrift – etwa § 197 mit seiner objektiven, dreißigjährigen Verjährung – entsprechend anzuwenden ist. Das wird allerdings nur im Ausnahmefall zu bejahen sein.

15   **c) Übertragung der bisherigen Rechtsprechung: Einzelkontrolle.** Infolge der Verkürzung der allgemeinen Verjährungsfrist von 30 auf drei Jahre (§ 195 aF/nF) ist im Einzelfall zu **überprüfen**, ob die **Übertragung der früheren Rechtsprechung** auf die gesetzliche Neuregelung angemessen und sinnvoll ist. Das wird im Regelfall, aber nicht ausnahmslos der Fall sein. Für ein abweichendes Beispiel s. die Ausführung zum Verjährungsbeginn des Anspruchs aus § 257 (→ § 199 Rn. 30). Zu beobachten ist, dass nicht selten Konstruktionen gewählt werden, welche die Dreijahresverjährung des **§ 195 umgehen**, sofern sie anspruchsbezogen unangemessen erscheint.

16   So hat der BGH etwa judiziert, dass die Haftungsverbindlichkeit des Gesellschafters aus **§ 128 HGB** (analog) nicht selbstständig der dreijährigen Regelverjährung des § 195 unterliegt, sondern derselben Verjährung wie die Gesellschaftsschuld (die zB nach § 197 Abs. 1 Nr. 4 in dreißig Jahren verjährte). Das war in der Literatur vor der Schuldrechtsreform teilweise noch anders gesehen worden.[32]

17   Die **analoge Anwendung des § 216 Abs. 2 S. 1** auf das von einem Schuldner in einer notariellen Grundschuldbestellungsurkunde abgegebene **abstrakte Schuldversprechen** (→ § 216 Rn. 6) begründet der BGH mit der unpassend kurzen Regelverjährung seit der Neuregelung des Verjährungsrechts.[33]

18   Die kürzere Frist der Regelverjährung seit dem 1.1.2002 lenkt den Blick zudem stärker auf die Frage des Beginns der Verjährungsfrist, so dass erhöhte **Anforderungen an den Beginn nach § 199** gestellt werden.[34]

---

29   S. statt Vieler MüKoBGB/*Grothe* § 195 Rn. 13.
30   Auf Angemessenheitsprüfung abstellend: Erman/*Schmidt-Räntsch* BGB § 194 Rn. 24.
31   So im Erg. auch Soergel/*Niedenführ* BGB § 195 Rn. 9; Erman/*Schmidt-Räntsch* BGB § 194 Rn. 24; BeckOK BGB/*Henrich* § 195 Rn. 17. Nachw. zu einzelnen Vorschriften finden sich bei BeckOK BGB/

Henrich § 195 Rn. 17. AA Staudinger/*Peters/Jacoby* BGB § 195 Rn. 14, die stets die §§ 195, 199 anwenden wollen.
32   BGH DNotZ 2010, 623 (624 f.) mwN.
33   BGH DNotZ 2010, 620 (621 f.) mwN.
34   S. dazu zB *Peters* ZGS 2010, 154 ff. (zum Ausgleichsanspruch nach § 426).

d) Öffentlich-rechtliche Ansprüche. Vor der Schuldrechtsreform sind die §§ 194 ff. aF **analog**[35] auch für **19** die Verjährung von öffentlich-rechtlichen Ansprüchen herangezogen worden, sofern eine spezialgesetzliche Verjährungsregelung fehlte und öffentlich-rechtliche Normen nicht analog anzuwenden waren.[36] Welche Auswirkung die Neuregelung des Verjährungsrechts in den §§ 194 ff. auf die Verjährung öffentlich-rechtlicher Forderungen hat, ist noch nicht abschließend geklärt.[37]

Die **Rechtsprechung** hat schon unter altem Recht betont, dass besonders sorgfältig zu prüfen sei, ob die **20** durch den öffentlich-rechtlichen Anspruch berührte **Interessenlage** mit der von den §§ 194 ff. aF vorausge-setzten vergleichbar ist.[38] Diese Prüfung wurde insbesondere für die analoge Anwendung jener Vorschriften des BGB vorgenommen, die eine relativ kurze Verjährungsfrist vorsahen.[39]

Die wohl hM wendet die verkürzte Regelverjährungsfrist der heutigen §§ 195, 199 grundsätzlich auch auf **21** öffentlich-rechtliche Ansprüche entsprechend an, denn Gründe, die den Gesetzgeber zur Reform der §§ 194 ff. bewogen haben, hätten auch im Bereich des öffentlichen Rechts nichts von ihrer Überzeugungs-kraft eingebüßt.[40] Einzig auf den öffentlich-rechtlichen Herausgabeanspruch soll die dreißigjährige Verjäh-rungsfrist des § 197 Abs. 1 Nr. 2 analog angewandt werden.[41]

Die besseren Argumente sprechen freilich für eine differenzierte Sichtweise.[42] Grundsätzlich ist bei allen **22** öffentlich-rechtlichen Ansprüchen, bei denen eine ausdrückliche Verjährungsregelung fehlt, und auf die **spezielle öffentlich-rechtliche Verjährungsvorschriften** nicht **analog** angewendet werden können, durch **Auslegung** zu ermitteln, ob die **Regelungslücke** durch eine entsprechende Anwendung der §§ 195, 199 oder auf andere Weise zu schließen ist (vgl. zur ähnlichen methodischen Vorgehensweise bei zivilrechtli-chen Ansprüchen → Rn. 11 ff.).[43]

Zunächst ist zu ermitteln, ob eine spezielle Verjährungsvorschrift des BGB auf den öffentlich-rechtlichen **23** Anspruch passt. So hat etwa das OVG Lüneburg angenommen, dass für **Zinsansprüche** aus öffentlichem Recht weiterhin[44] die kurze Verjährung gilt und daher seit dem 1.1.2002 statt bisher einer vierjährigen (§§ 197, 201 aF) jetzt eine dreijährige (§ 195) Verjährungsfrist besteht. Die Verkürzung der Verjährungsfrist von Zinsansprüchen im Bürgerlichen Recht sei im Verwaltungsrecht nachzuvollziehen.[45]

Sollte keine spezielle Verjährungsvorschrift des BGB passen, ist im Rahmen einer umfassenden Interessen- **24** und Normzweckanalyse zu ermitteln, ob die kurze Regelverjährungsfrist des § 195 die Gläubigerrechte nicht unzulässig verkürzt. Entsprechend dem Rechtsgedanken des § 197 ist sonst grundsätzlich weiterhin von einer **dreißigjährigen Verjährungsfrist** auszugehen.[46] Dies **entspricht der früheren st. Rspr. des BVerwG**, das in der objektiven, **dreißigjährigen Regelverjährung** des § 195 aF den **Ausdruck eines all-gemeinen Rechtsgedankens** gesehen hat.[47] Damit werden die widerstreitenden Interessen von Rechtsfrie-den und Rechtssicherheit auf der einen Seite und der Grundsatz der Gesetzmäßigkeit der Verwaltung ande-rerseits zu einem sinnvollen Ausgleich gebracht. Welche bürgerlich-rechtliche Verjährungsvorschrift im Einzelfall heranzuziehen ist, ist nach dem Gesamtzusammenhang der für den jeweiligen Anspruch maßge-

35 Ausf. hierzu *Guckelberger* Die Verjährung im öffent-lichen Recht, S. 287 ff. Zu methodischen Problemen bei der Analogiebildung *Stumpf* NVwZ 2003, 1198 (1199 f.).

36 Vgl. BVerwG NJW 1995, 1913 zur analogen Anwen-dung von §§ 169 ff., 228 ff. AO sowie HessVGH DVBl 1993, 1318; vgl. auch *Dötsch* DÖV 2004, 277 (279).

37 S. jetzt BVerwGE 132, 324 mwN; zur Diskussion s. *Guckelberger* Die Verjährung im öffentlichen Recht, S. 586 ff.; *Mansel* AnwK-SchuldR, 2002, BGB § 194 Rn. 16 ff.; vgl. auch *Dötsch* NWVBl 2001, 385 ff.

38 Zusammenfassend BVerwGE 132, 324 mwN; s. auch die Parallelentscheidungen BVerwG BeckRS 2009, 31189; BVerwG BeckRS 2009, 31185.

39 BVerwGE 28, 336; 52, 16, 23; weitere Nachw. bei Soergel/*Niedenführ* BGB § 195 Rn. 56. Die dreißig-jährige Frist des § 195 aF ist jedoch nicht zum Gewohnheitsrecht geworden, vgl. *Kellner* NVwZ 2002, 395 (397 f.).

40 So Soergel/*Niedenführ* BGB § 195 Rn. 56; Palandt/*Ellenberger* BGB § 195 Rn. 20; Staudinger/*Peters/Jacoby* BGB § 195 Rn. 15; BeckOK BGB/*Henrich* § 195 Rn. 18; MüKoBGB/*Grothe* § 195 Rn. 16 ff.; *Kellner* NVwZ 2002, 395 (398 ff.); offener *Dötsch*

DÖV 2004, 277 (281). S. auch die Nachweise bei Rn. 24.

41 Soergel/*Niedenführ* BGB § 195 Rn. 56; § 195 Rn. 20; BeckOK BGB/*Henrich* § 195 Rn. 18; MüKoBGB/*Grothe* § 195 Rn. 18; Jauernig/*Mansel* BGB § 195 Rn. 3; vgl. auch BVerwG 115, 389 ohne weitere Begründung bzgl. des Herausgabeanspruchs von sog. Schmiergeldern.

42 Die folgenden Ausführungen basieren auf NK-BGB/*Mansel/Stürner* 3. Aufl. 2016, BGB § 194 Rn. 19 ff.; s. auch bereits die Argumentation bei *Mansel* AnwK-SchuldR, 2002, BGB § 194 Rn. 16 ff.

43 Ebenso *Krebs* DB 2000, Beilage 14, 1 (5); *Mansel* AnwK-SchuldR, 2002, BGB § 194 Rn. 16 ff.; ähnlich *Guckelberger* Die Verjährung im öffentlichen Recht, S. 637 ff., die weiterhin von einer Analogie zu den §§ 194 ff. aF ausgeht; s. ferner im Ergebnis ähnlich *F. Kirchhof* FS Selmer, 2004, S. 725, 726 f.

44 Bis zum 31.12.2001 galt gem. §§ 197, 201 aF eine vierjährige Verjährungsfrist.

45 OVG Lüneburg BeckRS 2011, 46609.

46 So im Ergebnis auch *F. Kirchhof* FS Selmer, 2004, S. 725, 726 f.

47 BVerwGE 69, 227, 233; 75, 173, 179; 115, 389, 392.

benden Rechtsvorschriften unter Berücksichtigung der Interessenlage zu beurteilen.[48] Dass der Reformgesetzgeber des SchuldRModG hieran etwas ändern wollte, ist in keiner Weise ersichtlich. Im Unterschied zum bürgerlichen Recht spielen die Interessen des Geschäftsverkehrs und der Schuldnerschutz bei öffentlich-rechtlichen Ansprüchen nur eine untergeordnete Rolle.[49]

25   Jedenfalls Ansprüche aus **Aufopferung, Enteignung** und **enteignungsgleichem Eingriff**, die unter altem Recht der objektiven dreißigjährigen Verjährungsfrist unterlagen,[50] sollten daher auch nach neuem Recht in dreißig Jahren ab Entstehung verjähren,[51] denn der Staat ist als Schuldner in besonderer Weise dem objektiven Recht und der Rechtsverwirklichung verpflichtet.[52] Gleiches hat für den **Folgenbeseitigungsanspruch** zu gelten.[53] Für den **öffentlich-rechtlichen Erstattungsanspruch** nach Art. 104 a Abs. 5 GG und den Herausgabeanspruch nach § 8 Abs. 4 S. 2 VZOG hat auch das BVerwG die Ansicht vertreten, dass nicht die kurze Regelverjährung aus §§ 195, 199 analog anzuwenden ist, sondern weiterhin eine dreißigjährige Verjährungsfrist gilt.[54] Das Gericht stützt sich auf den in § 195 aF zum Ausdruck kommenden allgemeinen Rechtsgedanken.[55] Methodisch vorzugswürdig ist es jedoch, §§ 197, 201 in entsprechender Anwendung heranzuziehen, da die bisherige Regelverjährung des § 195 aF seit 2002 in den §§ 197, 201 für Teilbereiche fortlebt.[56] Anders hat das BVerwG hingegen für einen Ersatzanspruch nach Art. 104 Abs. 2 GG,[57] beamtenrechtliche Erstattungsansprüche[58] und den öffentlich-rechtlichen Erstattungsanspruch nach § 49 a Abs. 1 S. 1 VwVfG entschieden, für die nunmehr die dreijährige Frist des § 195 analog gelten soll.[59] Auch die Verjährung des Anspruchs auf **Prozesszinsen** in verwaltungsgerichtlichen Verfahren wird der Regelverjährung gem. §§ 195, 199 analog unterstellt.[60]

26   Einzelne Bundesländer haben **spezielle Entschädigungsansprüche** normiert, die den allgemeinen enteignungsgleichen Eingriff in ihrem sachlichen Anwendungsbereich verdrängen.[61] Dabei haben sie für diese Ansprüche kürzere Verjährungsfristen festgelegt. Allerdings werden diese Regelungen zunehmend durch neue Vorschriften landesrechtlicher Verjährungsrechtsanpassungsgesetze abgelöst. So sieht das am 1.5.2004 in Kraft getretene nordrhein-westfälische Gesetz zur Anpassung des Landesrechts an das Verjährungsrecht des Bürgerlichen Gesetzbuchs[62] eine Änderung des § 41 OBG-NW vor. Danach verjährt der Entschädigungsanspruch aus § 39 OBG-NW seit dem 1.5.2004 nach den Bestimmungen des Bürgerlichen Gesetzbuchs über die Verjährung von Schadensersatzansprüchen.

II. Unverjährbarkeit

27   **1. Grundsatz.** Unverjährbarkeit von Ansprüchen besteht nur bei ausdrücklicher gesetzlicher Anordnung (s. zB §§ 194 Abs. 2, 758, 898, 902, 924, 2042 Abs. 2).[63] Die gesetzliche Anordnung der Unverjährbarkeit ist indes die Ausnahme. Eine entsprechende rechtsgeschäftliche Abrede ist nicht möglich (§ 202 Abs. 2; → § 202 Rn. 14).

---

48   So eine ständig verwendete Formulierung des BVerwG, vgl. BVerwGE 128, 99; 131, 153; BVerwG NVwZ 2009, 599; NVwZ 2017, 969 (970).

49   S. hierzu ausf. NK-BGB/*Mansel/Stürner* 3. Aufl. 2016, § 194 Rn. 25.

50   S. BGHZ 9, 209; 36, 387 (Aufopferung); BGHZ 13, 98; BGH NJW 1982, 1273 (Enteignung); BGHZ 13, 89; 117, 294 (enteignungsgleicher Eingriff).

51   *Mansel* AnwK-SchuldR, 2002, BGB § 194 Rn. 19; *Mansel/Budzikiewicz* § 2 Rn. 46. Für bedenkenswert hält das auch *Ernst* ZRP 2001, 1 (3); deutlicher *ders.*, S. 559, 570 f.; ebenso ferner *Krebs* DB 2000, Beilage 14, 1 (5); *Mansel* S. 333, 408.

52   Eine vergleichbare Argumentation findet sich in BVerwGE 132, 324. AA BGH NJW 2007, 830 (834) (enteignungsgleicher Eingriff); Palandt/*Ellenberger* BGB § 195 Rn. 20; MüKoBGB/*Grothe* § 195 Rn. 16; BeckOK BGB/*Henrich* § 195 Rn. 18; BeckOGK/*Piekenbrock* § 194 Rn. 74 (Enteignung und enteignungsgleicher Eingriff).

53   *Mansel* AnwK-SchuldR, 2002, BGB § 194 Rn. 19; aA VGH Mannheim BeckRS 2018, 32549 Rn. 74 mwN.

54   BVerwGE 132, 324 (Anspruch nach Art. 104 a Abs. 5 GG); BVerwG BeckRS 2009, 31189 und BeckRS 2012, 51020 (Anspruch nach § 8 Abs. 4 S. 2 VZOG);

vgl. auch den Hinweis auf diese Rspr. in BVerwG NVwZ 2017, 969 (971).

55   So bereits *Mansel* AnwK-SchuldR, 2002, BGB § 194 Rn. 19 für bestimmte Ansprüche.

56   NK-BGB/*Mansel/Stürner* 3. Aufl. 2016, § 194 Rn. 24.

57   BVerwG NVwZ 2017, 56 (59).

58   BVerwG NJW 2006, 3225 (3226).

59   BVerwG NVwZ 2017, 969 (971). Anders dagegen BVerwG BeckRS 2010, 56447 für den öffentlich-rechtlichen Erstattungsanspruch nach § 10 Abs. 3 Marktorganisationsgesetz in Verbindung mit § 49 a VwVfG, für den eine dreißigjährige Verjährungsfrist angenommen wurde.

60   BVerwG NVwZ 2017, 1142 (1143).

61   S. etwa § 39 OBG-NW; s. ferner BGH NJW 1975, 1783 f.; *Ossenbühl/Cornils* Staatshaftungsrecht, 6. Aufl. 2013, S. 322, s. ferner S. 485 ff.

62   GV NW v. 5.4.2004, Nr. 9, S. 135.

63   S. die Zusammenstellung bei MüKoBGB/*Grothe* § 195 Rn. 37 mwN. Zur Diskussion um die Verjährbarkeit des Anspruchs aus § 985 s. Staudinger/*Thole* BGB § 985 Rn. 209 mwN. Zu den Gründen für die Unverjährbarkeit einzelner Ansprüche s. *Mansel* S. 333, 367.

2. Ansprüche aus familienrechtlichen Verhältnissen (Abs. 2). Ansprüche aus familienrechtlichen Verhältnissen unterliegen nach Abs. 2 nicht der Verjährung, soweit sie auf die Herstellung des dem Verhältnis entsprechenden Zustands für die Zukunft oder auf die Einwilligung in eine genetische Untersuchung zur Klärung der leiblichen Abstammung gerichtet sind. Wie familienrechtliche Ansprüche zu bestimmen sind, ist umstritten. Naheliegend ist es, solche Ansprüche darunter zu fassen, die im 4. Buch des BGB geregelt sind.[64] Für diese formelle Sichtweise spricht die Intention des Gesetzgebers, der in der Regierungsbegründung zum SchuldRModG explizit auf „die Bestimmungen im vierten … Buch" Bezug nimmt.[65] Eine Parallele zu den erbrechtlichen Ansprüchen bestätigt dies: Dort ist nach der Rechtsprechung des BGH anerkannt, dass auch ein in seiner Natur schuldrechtlicher Anspruch wie der Anspruch gegen den Testamentsverwalter aus § 2219 wegen seiner Stellung im fünften Buch des BGB erbrechtlich zu qualifizieren ist.[66] Die formale Einordnung ist derjenigen Ansicht vorzugswürdig, die zwischen „genuin erbrechtlichen" und „genuin schuldrechtlichen" Ansprüchen unterscheiden will:[67] Eine solche Unterscheidung wäre im Hinblick auf die gerade im Verjährungsrecht eminent wichtige Rechtssicherheit kaum praktikabel.[68] **28**

Gem. **Abs. 2 Alt. 1** unterliegen Ansprüche auf die künftige Herstellung eines familienrechtlichen Verhältnisses nicht der Verjährung. Das gilt gleichermaßen für Ansprüche mit nichtvermögensrechtlichem oder mit vermögensrechtlichem Inhalt. Sie können sich auch gegen nicht der Familie zugehörige Dritte richten (etwa bei der Kindesherausgabe). **29**

Gleiches gilt nach **Abs. 2 Alt. 2** für Ansprüche aus § 1598a Abs. 1, die auf die Einwilligung in eine genetische Untersuchung zur Klärung der leiblichen Abstammung gerichtet sind. Damit wird dem Umstand Rechnung getragen, dass solche Ansprüche durchaus erst Jahrzehnte nach Anspruchsentstehung geltend gemacht werden können, etwa im Rahmen eines Erbschaftsstreits.[69] **30**

Ansprüche auf künftige Herstellung eines in dem **Lebenspartnerschaftsgesetz** geregelten Rechtsverhältnisses sind als familienrechtlich im Sinne von Abs. 2 anzusehen, da die Lebenspartner als Familienangehörige gelten (§ 11 Abs. 1 LPartG).[70] **31**

Unverjährbar sind danach **zB** die Ansprüche aus §§ 1353 Abs. 1 S. 2, 1356, soweit sie auf die künftige Regelung der ehelichen Lebensgemeinschaft und Haushaltsführung gerichtet sind. Unverjährbar sind weiter die Ansprüche auf künftige Erfüllung der Dienstpflichten des Kindes (§ 1619) und auf Kindesherausgabe (§ 1632 Abs. 1). Auch bei dem (auf § 242 gestützten) Auskunftsanspruch eines mittels heterologer Insemination gezeugten Kindes gegen die Reproduktionsklinik[71] sollte analog Abs. 2 Alt. 2 von der Unverjährbarkeit des Anspruchs auf Offenlegung der Identität des Samenspenders ausgegangen werden.[72] **32**

Ein **Betreuungsverhältnis** gilt nicht als familienrechtliches Verhältnis; die aus ihm entspringenden Ansprüche unterfallen daher nicht Abs. 2. **33**

Soweit familienrechtliche Ansprüche verjährbar sind, ist an die Hemmungsvorschrift des § 207, ggf. auch an die des § 208 zu denken. **34**

3. Insbesondere: Unterhaltsansprüche. a) Familienrechtliche Unterhaltsansprüche für künftige Zeiträume. Familienrechtliche Unterhaltsansprüche für künftige Zeiträume verjähren nicht. Das folgt aus Abs. 2 Alt. 1, denn Unterhaltsansprüche für die Zukunft sind auf die Herstellung eines künftigen familienrechtlichen Verhältnisses gerichtet.[73] Da sie iÜ regelmäßig auch noch nicht fällig sind, würde die Verjährung auch mangels Fälligkeit noch nicht nach §§ 195, 199 Abs. 1 Nr. 1 beginnen, so dass auch aus diesem Grund keine Verjährung eintreten würde.[74] Familienrechtlicher Natur sind insbesondere die Ansprüche aus **35**

64 Zu den verschiedenen Ansätzen *Otte* ZGS 2010, 15 (16 f.).
65 BT-Drs. 14/6040, S. 106 zu § 197 Abs. 1 Nr. 2 aF.
66 BGH NJW 2007, 2174; zustimmend *M. Stürner* jurisPR-BGHZivilR 25/2007 Anm. 2. Dem folgend OLG Oldenburg FamRZ 2009, 1944. Kritisch diesbezüglich zuvor *Otte* ZEV 2002, 500; *Baldus* FamRZ 2003, 308 f.; *ders.* in Jayme/Schindler, Portugiesisch – Weltsprache des Rechts, 2004, S. 61, 66 ff. (§ 195).
67 So etwa *Otte* ZEV 2002, 500; OLG Karlsruhe ZEV 2006, 317 (Vorinstanz zu BGH NJW 2007, 2174); dazu *Baldus/Roland* ZEV 2006, 318.
68 *Zimmer* NJW 2007, 2175; *M. Stürner* jurisPR-BGH-ZivilR 25/2007 Anm. 2.
69 So die Regierungsbegründung, BT-Drs. 16/6561, S. 18.
70 S. zur Qualifikation als Familienangehöriger näher *Muscheler* Das Recht der eingetragenen Lebenspartnerschaft, 2. Aufl. 2004, Rn. 397–404.

71 S. dazu BGH NJW 2019, 848; NJW 2015, 1098. Soweit das am 1.7.2018 in Kraft getretene Samenspenderregistergesetz (SaRegG), BGBl. I S. 2513, Anwendung findet, richtet sich die Auskunftserteilung nach § 10 SaRegG.
72 *Budzikiewicz* MedR 2015, 435 (437 f.); vgl. auch LG Essen BeckRS 2016, 10244; aA *Meier* NZFam 2016, 692 (693 f.). Zur Verjährung des Auskunftsanspruchs von Spenderkindern nach Inkrafttreten des SaRegG s. auch *Helms* FamRZ 2017, 1537 (1540), der aus der Aufbewahrungspflicht für vorhandene Daten (§ 13 Abs. 3 und 4 SaRegG) die gesetzgeberische Wertung ableitet, dass während des Aufbewahrungszeitraums von 110 Jahren der Auskunftsanspruch nicht verjähren kann.
73 S. nur MüKoBGB/*Grothe* § 194 Rn. 8.
74 Dazu, dass das Stammrecht, aus dem einzelne Ansprüche fließen, auch aus allgemeinen Erwägungen nicht verjährt, → Rn. 4.

§§ 1360 ff., 1569 ff., 1601 ff. und 1615 l, ferner die Ansprüche aus §§ 5, 12, 16 LPartG (s. zu dessen familienrechtlicher Qualifikation → Rn. 31).

36 Zu beachten ist, dass Unterhalt regelmäßig nur unter besonderen Voraussetzungen für vergangene Zeiträume gefordert werden kann, s. insbesondere § 1613, auch iVm §§ 1360 a Abs. 2, 1361 Abs. 4 S. 4, 1585 b.
Diese Einschränkung ist jedoch keine verjährungsrechtliche.

37 **b) Andere Unterhaltsansprüche.** Auf Unterhaltsansprüche **nicht familienrechtlicher Natur**, sondern
etwa vertraglicher, deliktischer (in Form einer Schadensersatzleistung nach § 844 Abs. 2) oder erbrechtlicher Natur (§§ 1963, 2141) ist Abs. 2 nicht anzuwenden. Hier gelten die allgemeinen Regeln. Regelmäßig
kommt – sofern nichts anderes angeordnet ist – für sie die Regelverjährung nach §§ 195, 199 zum Tragen.
Es gilt die dreijährige Frist des § 195; sie beginnt gem. § 199 Abs. 1 Nr. 1 erst mit dem Schluss des Jahres
der Anspruchsentstehung, das bedeutet mit der Fälligkeit[75] und der Kenntniserlangung iSv § 199 Abs. 1
Nr. 2 (→ § 199 Rn. 14 ff.). Sofern Unterhaltsansprüche für künftige Zeiträume nicht fällig sind, beginnt die
Verjährungsfrist daher noch nicht zu laufen (s. bereits → Rn. 35).

38 **Titulierte Unterhaltsansprüche** verjähren nach § 197 Abs. 2 in der Frist des § 195 (→ § 197 Rn. 70 ff.).

C. Weitere praktische Hinweise

39 Die Verjährung ist nicht die einzige Auswirkung, die der Zeitablauf auf Ansprüche haben kann. Zu denken
ist auch an die **Verwirkung** von Rechten (→ Vor §§ 194–218 Rn. 42) sowie an das Bestehen von **Ausschlussfristen** (→ Vor §§ 194–218 Rn. 39 ff.).

§ 195 Regelmäßige Verjährungsfrist

Die regelmäßige Verjährungsfrist beträgt drei Jahre.

Literatur: S. Vor §§ 194–218.

A. Allgemeines	1	ee) Öffentlich-rechtliche Ansprüche	39
I. Neuerungen durch das SchuldRModG	1	III. Besondere Verjährungsfristen	40
II. Überlegungsfrist	2	1. Vorrang der besonderen Fristen	40
B. Regelungsgehalt	3	2. Verjährungsvereinbarungen	42
I. Regelverjährung	3	3. Sonderfristen	43
II. Anwendungsbereich	4	IV. Einzelfragen	52
1. Ansprüche des BGB	4	1. Anspruchsqualifikation	52
a) Grundsatz, Beispiele	4	2. Zusammentreffen mehrerer Verjährungs-	
aa) Grundsatz: Einheitsverjährung	4	fristen	53
bb) Rechtsgeschäftliche Ansprüche	5	a) Grundsatz	53
cc) Gesetzliche Schuldverhältnisse	9	b) Berufsbezogene und sachbezogene	
dd) Sachenrechtliche Ansprüche	17	Fristen	54
ee) Familien- und erbrechtliche Ansprü-		c) Zusammentreffen mehrerer berufsbe-	
che	19	zogener Fristen	56
b) Ausdrückliche Verweisungen auf		3. Gesamtschuld	57
§ 195	26	4. Änderungen des Anspruchs	58
2. Außerhalb des BGB geregelte Ansprüche	27	5. Verjährung von Nebenleistungsansprü-	
a) Verweisungen auf § 195	27	chen	66
b) Entsprechende Anwendung des § 195	28	6. Anspruchskonkurrenz	67
aa) GmbH-Einlageforderungen	29	a) Grundsatz	67
bb) Anspruch aus § 128 HGB	33	b) Insbesondere: Vertrag und Delikt	68
cc) Prospekthaftungsansprüche	34	c) Ausnahme	75
dd) Versicherungsvertragsrecht	37		

A. Allgemeines

I. Neuerungen durch das SchuldRModG

1 § 195 bringt die bedeutendste sachliche Neuerung der Verjährungsrechtsreform 2002 (s. auch → Vor
§§ 194–218 Rn. 5 ff.). Er verkürzt die regelmäßige Verjährungsfrist des § 195 aF von dreißig Jahren auf **drei
Jahre**. Das entspricht Art. 17:102 der Grundregeln des Europäischen Vertragsrechts (→ Vor §§ 194–218
Rn. 20). Die **Regelverjährung** nach §§ 195, 199 greift beim Fehlen besonderer Verjährungsfristen ein.

---

75 S. dazu in anderem Zusammenhang den Hinweis:
    Gesetzentwurf, BT-Drs. 14/6040, S. 106 f.

Dabei ist der **Anwendungsbereich** des § 195 gegenüber demjenigen des § 195 aF wesentlich vergrößert. Etliche Sonderverjährungsfristen des alten Rechts wurden zugunsten der Regelverjährung aufgehoben (→ Rn. 49).

II. Überlegungsfrist

Nach § 199 Abs. 1 hängt der Beginn der regelmäßigen Verjährungsfrist des § 195 von dem gemeinsamen Vorliegen eines objektiven und eines subjektiven Merkmals ab: Gem. § 199 Abs. 1 Nr. 1 muss der Anspruch entstanden sein (objektives Merkmal) und gem. § 199 Abs. 1 Nr. 2 muss der Gläubiger außerdem von den anspruchsbegründenden Umständen und der Person des Schuldners Kenntnis erlangt oder grob fahrlässig nicht erlangt haben (subjektives Merkmal). Die Dreijahresfrist des § 195 wird durch § 199 Abs. 1 Nr. 2 zu einer Überlegungsfrist, in der sich der Gläubiger darüber klar werden muss, ob er seinen Anspruch geltend machen möchte oder nicht. Durch die Subjektivierung des Verjährungsbeginns ist der Gläubiger vor einer Verjährung ihm unbekannter Ansprüche geschützt. Die Regelung schützt zugleich den Schuldner vor einem Gläubiger, der sich mit der Anspruchsverfolgung Zeit lassen möchte (→ § 199 Rn. 7).[1]

B. Regelungsgehalt

I. Regelverjährung

§ 195 legt die Länge der regelmäßigen Verjährungsfrist auf drei Jahre fest. § 199 regelt in Absatz 1 den Verjährungsbeginn und in den Absätzen 2 bis 4 die Verjährungshöchstfristen (näher → Vor §§ 194–218 Rn. 5 ff. sowie die Erläuterungen zu § 199). Der Fristenlauf wird nach §§ 187 ff. berechnet.

II. Anwendungsbereich

1. Ansprüche des BGB. a) Grundsatz, Beispiele. aa) Grundsatz: Einheitsverjährung. § 195 gilt für alle im BGB geregelten Ansprüche (→ § 194 Rn. 2), für die keine besondere Verjährungsfrist bestimmt ist (→ § 194 Rn. 8 f.). Auch das zum 1.1.2002 reformierte Recht[2] geht im Bereich der Regelverjährung von der Einheitsverjährung aus.[3] Es unterscheidet daher bei der Regelverjährung nicht zwischen vertraglichen und außervertraglichen Ansprüchen. Eine Differenzierung der Verjährungshöchstfristen erfolgt in § 199 Abs. 2–4 ebenso wenig nach der vertraglichen oder außervertraglichen Anspruchsqualifikation, sondern nur nach dem betroffenen Rechtsgut und danach, ob es sich um Schadensersatzansprüche oder andere Ansprüche handelt (→ Vor §§ 194–218 Rn. 7 ff., näher § 199).

bb) Rechtsgeschäftliche Ansprüche. § 195 ist insb. auf alle **rechtsgeschäftlichen und rechtsgeschäftsähnlichen Ansprüche** im Sinne von § 311 anzuwenden, sofern keine besonderen Verjährungsfristen (s. zu diesen → Rn. 40 ff.) gelten.

§ 195 unterliegen somit (vorbehaltlich vorrangiger Sonderverjährungsregeln, insb. des § 196) **beispielsweise** die Ansprüche aus den folgenden **rechtsgeschäftlichen Schuldverhältnissen**:

–   Kaufvertrag (§§ 433 ff.). Ausnahmen: Die kaufvertraglichen Gewährleistungsansprüche verjähren nach § 438, die Rückgriffsansprüche nach § 445 b (s. näher bei § 438 und § 445 b; zur Problematik der weiterfressenden Mängel und den damit verbundenen Verjährungsfragen → Rn. 67 ff., insb. → Rn. 73). Verjährungsvereinbarungen sind beim Verbrauchsgüterkauf gem. § 476 Abs. 2 nur eingeschränkt möglich (→ § 202 Rn. 62 und näher bei § 476). Die Sonderverjährung der Erfüllungsansprüche bei Grundstückskaufverträgen nach § 196 (→ Rn. 8) ist zu beachten;

–   Darlehensvertrag (§§ 488 ff.).[4] Hier ist aber § 497 Abs. 3 S. 3 und 4 zu beachten: Die Verjährung der Ansprüche auf Darlehensrückzahlung und Zinsen ist mit Eintritt des Verzugs nach § 497 Abs. 1 an bis zu ihrer Feststellung in einer in § 197 Abs. 1 Nr. 3–5 bezeichneten Art gehemmt, jedoch nicht länger als zehn Jahre von ihrer Entstehung an.[5] Auf die Ansprüche auf Zinsen findet § 197 Abs. 2 keine Anwendung;[6]

–   Schenkung (§§ 516 ff.);

1   Zur parallelen Hemmungsregelung in Art. III.-7:301 DCFR s. *Patti* ZEuP 2010, 58 (63 ff.).

2   Dazu, dass in der Reformgeschichte auch eine Differenzierung diskutiert wurde, und zu der Rechtfertigung der Einheitsverjährung s. BT-Drs. 14/6040, S. 103 f.

3   Das ist zu begrüßen, s. zur Rechtfertigung insb. *Zimmermann/Peters* S. 290 ff.; ferner ua *Haug* S. 20 ff.;

Zimmermann JZ 2000, 853 (858); *Mansel* S. 333, 403 f.; *Zimmermann/Leenen/Mansel/Ernst* JZ 2001, 684 f. jeweils mwN.

4   S. umfassend *Budzikiewicz* WM 2003, 264 ff.

5   Vgl. hierzu *Cartano/Edelmann* WM 2004, 775.

6   Dazu BT-Drs. 14/6857, S. 34 (Stellungnahme des Bundesrates), 65 f. (Gegenäußerung der Bundesregierung).

- Miete (§§ 535 ff.) und Pacht (§§ 581 ff.) mit Ausnahme der durch §§ 548, 591 b erfassten Ansprüche[7] (→ Rn. 41);
- Leihe (§§ 598 ff.) mit Ausnahme der durch § 606 erfassten Ansprüche;
- Sachdarlehensvertrag (§§ 607 ff.);
- Dienstvertrag (§§ 611 ff.);
- Werkvertrag (§§ 631 ff.). Ausnahmen: Die werkvertraglichen Gewährleistungsansprüche verjähren nach § 634 a (s. noch → Rn. 7 und näher bei § 634 a);
- Pauschalreisevertrag (§§ 651 a ff.). Ausnahme: Die reisevertraglichen Gewährleistungsansprüche verjähren nach § 651 j (s. dort);
- Darlehensvermittlungsvertrag (§§ 655 a ff.);
- Auslobung (§ 657 ff.);
- Auftrag (§§ 662 ff.);
- Geschäftsbesorgung (§§ 675 ff.),[8] Auskunftsvertrag (s. § 675 Abs. 2);
- Verwahrung (§§ 688 ff.);
- Gesellschaft (§§ 705 ff.);[9]
- Bürgschaft (§§ 765 ff.),[10] auch Prozessbürgschaft.[11] Beachte hierzu § 771 S. 2 (s. dort);
- Anweisung (§§ 783 ff.).

Zum gerichtlichen und außergerichtlichen **Vergleich** (§ 779) sowie dem **Schuldversprechen und Schuldanerkenntnis** (§§ 780 ff.) → Rn. 59 ff.

6   Grundsätzlich von § 195 erfasst werden – mangels abweichender Regelung – alle **Primärleistungsansprüche** (Sachleistungs- und Entgeltansprüche) und alle **Sekundärleistungsansprüche**[12] einschließlich der Ansprüche aus der Verletzung einer Schutzpflicht im Sinne von § 241 Abs. 2 (§§ 280 ff.). Auch die nun in §§ 311 Abs. 2, 280 Abs. 1 geregelte **culpa in contrahendo** einschließlich der Eigenhaftung des Vertreters und der Sachwalterhaftung (§ 311 Abs. 3) verjährt nach § 195.

7   Eine **Ausnahme** ist zu machen, soweit im Kaufrecht **nach § 437 Nr. 3** in Verbindung mit den §§ 440, 280, 281, 283, 311 a Abs. 2 Schadensersatz oder nach § 284 Ersatz vergeblicher Aufwendungen verlangt wird. Hier greift die spezielle kaufrechtliche Verjährungsfrist des § 438 ein (s. bei § 438). Ähnliches gilt im Werkvertragsrecht. Soweit hier nach **§ 634 Nr. 4** iVm den §§ 636, 280, 281, 283, 311 a Abs. 2 Schadensersatz oder nach § 284 Ersatz vergeblicher Aufwendungen verlangt wird, richtet sich die Verjährung nach der Sonderverjährung des § 634 a (s. bei § 634 a).

Zur Problematik der **Anspruchskonkurrenz** und der **weiterfressenden Mängel** → Rn. 67 ff.

8   Eine weitere **Ausnahme** folgt aus **§ 196**. Danach verjähren Ansprüche auf Übertragung des Eigentums an einem **Grundstück** sowie auf Begründung, Übertragung oder Aufhebung eines Rechts an einem Grundstück oder auf Änderung des Inhalts eines solchen Rechts sowie die Ansprüche auf die Gegenleistung in zehn Jahren ab Anspruchsentstehung (§ 200). Daher verjährt zB bei einem Grundstückskaufvertrag der Anspruch auf Übereignung und Übergabe des Grundstücks ebenso wie der Anspruch auf die Kaufpreiszahlung in zehn Jahren. S. näher bei § 196.

9   **cc) Gesetzliche Schuldverhältnisse.** § 195 unterliegen ferner – soweit keine besonderen Vorschriften bestehen – **beispielsweise** die folgenden gesetzlichen Schuldverhältnisse:

- **Ungerechtfertigte Bereicherung** (§§ 812 ff.).[13] Beachte § 852 (s. dort). Die dreijährige Verjährungsfrist gilt selbst dann, wenn Bereicherungsansprüche dingliche Herausgabeansprüche (für diese gilt eine dreißigjährige Verjährungsfrist, § 197 Abs. 1 Nr. 2) fortsetzen, wie es etwa bei § 816 Abs. 1 der Fall ist.

---

7   Der Erfüllungsanspruch auf Minderwertausgleich beim Kfz-Leasingvertrag unterliegt nicht der kurzen Verjährung gemäß § 548 Abs. 1, sondern der regelmäßigen Verjährung nach §§ 195, 199, BGH NJW-RR 2000, 1303 (1304); NJW-RR 2013, 1067; NJW 2013, 2421 (2422).

8   Hierunter fällt auch der Anwaltsvertrag. Zur Verjährung der anwaltlichen Vergütungsansprüche *Jungbauer* JurBüro 2002, 117.

9   Für den Anspruch aus § 739: BGH ZIP 2010, 1637; ZIP 2011, 1362.

10   Dazu *Lange* BKR 2017, 447; *Bolten* ZGS 2006, 140; *Gay* NJW 2005, 2585; OLG Brandenburg NJW 2014, 3793 (3795) (für Gewährleistungsbürgschaft); s. auch BGH NJW 2015, 2571 (2572) (zur Verlängerung der Verjährungsfrist in AGB).

11   BGH NJW 2015, 351 (352 f.); dazu *Würdinger* NJW 2015, 354. Überholt daher OLG Stuttgart BeckRS 2007, 14356 (30-jährige Verjährung analog § 197 Abs. 1 Nr. 3 für eine Prozessbürgschaft, der eine titulierte Hauptforderung mit einer 30-jährigen Verjährung zugrunde liegt).

12   Zur Verjährung des Anspruchs auf Schadensersatz statt der Leistung *Stöber* ZGS 2005, 290.

13   Vgl. BGHZ 171, 1, 6; BGH WM 2008, 1077; WM 2010, 253 (255) (zum bereicherungsrechtlichen Anspruch auf Rückzahlung überzahlter Zinsen); NJW 2017, 2986 (2993); NJW 2018, 1469 (1470) (zum Bereicherungsanspruch nach Widerspruch gem. § 5 a VVG aF); OLG Celle ZIP 2006, 2163 (zum bereicherungsrechtlichen Anspruch eines GbR-Immobilienfondsanlegers gegen die finanzierende Bank); OLG Saarbrücken BeckRS 2013, 21620 (zur Verjährung eines Anspruchs aus § 816 Abs. 1).

Das führt wegen des kenntnisabhängigen Verjährungsbeginns gem. § 199 Abs. 1 nicht zu untragbaren Widersprüchen, auch wenn man die zehnjährige Maximalverjährungsfrist des § 199 Abs. 4 im Gegensatz zu der dreißigjährigen Frist des § 197 Abs. 1 Nr. 2 in die Betrachtung mit einbezieht. Hingegen ist umstritten, ob der Bereicherungsanspruch des Mieters wegen aufgrund unwirksamer Renovierungsklauseln ausgeführter Schönheitsreparaturen der kurzen Verjährungsfrist des § 548 Abs. 2 unterliegt.[14]

- **Geschäftsführung ohne Auftrag** (§§ 677 ff.);
- **Unerlaubte Handlung** (§§ 823 ff.), einschließlich Amtshaftung[15] und Gefährdungshaftung, sofern für die Gefährdungshaftung keine Sonderfristen bestehen. An die Stelle des § 852 Abs. 1 aF ist zum 1.1.2002 § 195 getreten. Beachte den Herausgabeanspruch des § 852 (s. dort). Zum Problem der Schadenseinheit → § 199 Rn. 25 ff. Die Verjährungsregelung des § 12 ProdHaftG ist unverändert geblieben; sie beruht auf den zwingenden Vorgaben der Produkthaftungsrichtlinie.[16] Zu anderen Sondernormen der Verjährung aus unerlaubter Handlung und Gefährdungshaftung → Rn. 48 und → § 199 Rn. 1.

§ 195 gilt auch für den eigenständigen **Ausgleichsanspruch aus § 426 Abs. 1**.[17] Zum (umstrittenen) Verjährungsbeginn → § 199 Rn. 27. Der Ausgleichsanspruch nach § 426 Abs. 1 des einen Gesamtschuldners gegen den anderen besteht unabhängig davon, ob der Anspruch des Gläubigers gegen diesen anderen (ausgleichpflichtigen) Gesamtschuldner unverjährt oder verjährt ist. Da der ausgleichsberechtigte Gesamtschuldner keinen Einfluss auf die Verjährung in dem Verhältnis des Gläubigers zu dem anderen Gesamtschuldner hat, kann diese auch nicht auf den Ausgleichsanspruch zurückwirken.[18] Nach Ansicht des BGH soll der Innenausleich gem. § 426 Abs. 1 S. 1 freilich auch dann zuzulassen sein, wenn gegen alle Gesamtschuldner Verjährung eingetreten ist, einer der Schuldner die Forderung aber gleichwohl erfüllt und dann Regress nehmen möchte. Der Schuldner sei frei, den Anspruch trotz Verjährungseintritts zu erfüllen (oder im Prozess auf die Erhebung der Verjährungseinrede zu verzichten) und verhalte sich nicht rechtsmissbräuchlich, wenn er im Anschluss gleichwohl den Anspruch aus § 426 Abs. 1 geltend mache.[19] Nicht berücksichtigt wird bei dieser Argumentation allerdings, dass sich hier keineswegs die Gefahr gesamtschuldnerischer Inanspruchnahme (§ 421) realisiert hat, für die der Regress einen Ausgleich bieten soll. Der Schuldner hat vielmehr geleistet, obwohl er ein dauerndes Leistungsverweigerungsrecht (§ 214) gehabt hätte. In diesem Fall besteht kein Grund, den leistenden Schuldner durch einen Innenausleich zu entlasten. Der Gesamtschuldnerausgleich sollte daher versagt werden. Möglich wäre dies über eine teleologische Reduktion des § 426 Abs. 1.[20]

10

Die Verjährung des Ausgleichsanspruchs nach § 426 Abs. 1 ist von der Verjährung des gem. § 426 Abs. 2 übergeleiteten Anspruchs des Gläubigers gegen den ausgleichpflichtigen Gesamtschuldner unabhängig.[21] Die Ansprüche, die nach **§ 426 Abs. 2** kraft Gesetzes auf den Gesamtschuldner übergehen, der vom Gläubiger in Anspruch genommen worden ist, verjähren in der jeweils für sie bestimmten Verjährungsfrist.[22]

10a

Der gesetzliche **Befreiungsanspruch aus § 257** verjährt ebenfalls in der Frist des § 195.[23] Zu den sich durch die Verkürzung der Regelverjährungsfrist ergebenden Problemen und zum Verjährungsbeginn → § 199 Rn. 30.

11

Die regelmäßige Verjährungsfrist des § 195 gilt nach hM auch für die Ansprüche aus §§ 346 ff., die nach wirksam erklärtem **Rücktritt** entstehen (vgl. dazu auch → § 218 Rn. 17 f.).[24]

12

14 Bejahend: BGH NJW 2011, 1866; Schmidt-Futterer/*Streyl* BGB § 548 Rn. 49, jeweils mit Nachw. zum Streitstand.

15 S. zum unionsrechtlichen Staatshaftungsanspruch: BGH NJW-RR 2019, 528 (536 f.); BVerwG NVwZ-RR 2012, 972 (976).

16 S. die Vorgaben des Art. 10 Abs. 1 Richtlinie EWG/85/374 v. 25.7.1985, ABl EG L 210 S. 29 v. 7.8.1985.

17 BGHZ 181, 310; BGH NJW 2010, 62; NJW-RR 2015, 1058; NZG 2017, 753 (754); *Pfeiffer* NJW 2010, 23 (Beginn des Fristlaufs mit Begründung der Gesamtschuld); Staudinger/*Peters* (2004) BGB § 199 Rn. 7; *Peters* ZGS 2010, 154 ff.; *ders.* ZGS 2010, 495; s. auch *Cziupka* ZGS 2010, 63; *Klutinius/Karwatzki* VersR 2008, 617 ff.

18 BGH NJW 2010, 62.

19 BGH NJW 2010, 435.

20 S. dazu *Budzikiewicz* NJ 2010, 297; im Erg. auch BeckOGK/*Bach* BGB § 214 Rn. 124: restriktive teleologische Auslegung des § 426 Abs. 1; MüKo-BGB/*Heinemeyer* § 426 Rn. 29 (Regress allenfalls über § 426 Abs. 2).

21 Beschlussempfehlung und Bericht des Rechtsausschusses (6. Ausschuss), BT-Drs. 14/7052, S. 195 (zu § 426); BGH NJW 2010, 63.

22 Beschlussempfehlung und Bericht des Rechtsausschusses (6. Ausschuss), BT-Drs. 14/7052, S. 195 (zu § 426); s. zum alten Recht BGH JZ 2001, 711. Zur Verjährung beim Gesamtschuldnerregress unter Organmitgliedern *Fischer* ZIP 2014, 406.

23 S. BGH NJW 2018, 1873; BeckRS 2017, 131337; BeckRS 2017, 136243, jeweils auch zum Verjährungsbeginn (§ 199 Abs. 1); OLG Bremen BKR 2018, 435. Zur Verjährung von vertraglichen Freistellungsansprüchen *Rehahn* Jura 2013, 755.

24 BGH NJW 2007, 674 (677) (Anspruch auf Kaufpreisrückzahlung); NJW 2015, 2106 (Anspruch auf Kaufpreisrückzahlung); s. auch BGH BeckRS 2018, 5059; OLG Koblenz ZGS 2006, 117 (118); MüKo-BGB/*Gaier* § 346 Rn. 42; BeckOK BGB/*H. Schmidt* § 346 Rn. 80; aA (für Anwendung des § 438) *Mansel/Budzikiewicz* Jura 2003, 1 (9); *Peters* NJW 2008, 119 (120).

13   Als vorrangige besondere Verjährungsfrist ist **§ 196** zu beachten (→ Rn. 8). § 196 kann auch bei gesetzlichen Schuldverhältnissen eingreifen (→ § 196 Rn. 18) und § 195 insoweit verdrängen.

14   Vor der Verjährungsrechtsreform 2002 verjährten **deliktische Ansprüche** nach § 852 Abs. 1 aF in drei Jahren ab Kenntnis des Gläubigers von den anspruchsbegründenden Tatsachen und der Person des Schuldners, spätestens aber dreißig Jahre nach der Begehung der Tathandlung. Dem entspricht die Neuregelung nur zum Teil.

15   Die Verjährungsfrist des § 195 deckt sich mit der des § 852 Abs. 1 aF; auch war die Regelung des Verjährungsbeginns in § 852 Abs. 1 aF Vorbild für die Neuregelung des § 199. Allerdings ist § 199 Abs. 1 für den Gläubiger **ungünstiger** als das bisherige Recht, da nach § 199 Abs. 1 nicht nur positive Kenntnis, sondern schon grob fahrlässige Unkenntnis der anspruchsbegründenden Tatsachen und der Person des Schuldners den Fristenlauf beginnen lässt (dazu näher → § 199 Rn. 68 ff.).

16   Eine deutliche **Verschlechterung** für den Gläubiger bedeutet die Verkürzung der Verjährungshöchstfrist auf zehn Jahre beginnend mit der Anspruchsentstehung (§ 199 Abs. 3 Nr. 1), sofern der Schadensersatzanspruch nicht auf der Verletzung der besonderen Rechtsgüter des § 199 Abs. 2 beruht (Leben, Körper, Gesundheit, Freiheit). Unter altem Recht betrug die Höchstverjährungsfrist dreißig Jahre von der Begehung der unerlaubten Handlung an (§ 852 Abs. 1 aF). Diese Frist lebt in § 199 Abs. 2 (Höchstverjährungsfrist bei Verletzung der genannten besonderen Rechtsgüter) und in § 199 Abs. 3 Nr. 2 (Höchstverjährungsfrist bei der Verletzung der anderen Rechtsgüter; sie greift ein, wenn der Anspruch noch nicht entstanden ist, etwa mangels Schadenseintritts) fort.

17   **dd) Sachenrechtliche Ansprüche.** Die Regelverjährung der §§ 195, 199 gilt für alle sachenrechtlichen Ansprüche mit **Ausnahme** der **Herausgabeansprüche** aus Eigentum und anderen dinglichen Rechten. Auf diese Herausgabeansprüche ist die dreißigjährige objektive Verjährungsfrist der §§ 197 Abs. 1 Nr. 2, 200 anzuwenden (s. näher dort).

18   **Unterlassungs- und Beseitigungsansprüche** unterfallen hingegen der dreijährigen Frist des § 195 (s. näher → § 197 Rn. 33 ff.). Beachte für die Berechnung des Verjährungsablaufs die Regelung des § 198.

      Beseitigungsansprüche sind verjährbar; für sie gilt die Unverjährbarkeitsanordnung des § 902 nicht.[25]

18a   Der **Bereinigungsanspruch des Nutzers** nach § 32 S. 1, § 61 Abs. 1 SachenRBerG unterfällt weder § 902 noch § 195; auf ihn ist § 196 analog anzuwenden (→ § 196 Rn. 17).[26]

19   **ee) Familien- und erbrechtliche Ansprüche.** Auch familien- und erbrechtliche Ansprüche (Definition → § 194 Rn. 28) unterliegen nunmehr der kenntnisabhängigen dreijährigen **Regelverjährung** nach §§ 195, 199.[27] Die bis zum **31.12.2009** nach **§ 197 Abs. 1 Nr. 2 aF** für diese Ansprüche geltende, kenntnisunabhängige Verjährungsfrist von dreißig Jahren wurde wegen ihrer vor allem für familienrechtliche Ansprüche zu langen Dauer allgemein als unbefriedigend empfunden.[28] Der Reformgesetzgeber des SchuldRModG hatte den Bereich des Familien- und Erbrechts – wohl aus Zeitnot – ausgeklammert. Erst durch das Gesetz zur Änderung des Erb- und Verjährungsrechts (dazu → Vor §§ 194–218 Rn. 15) wurde die dreißigjährige **Sonderverjährungsvorschrift** abgeschafft. Die Überleitungsvorschrift in Art. 229 § 23 Abs. 1 S. 1 EGBGB sieht eine Geltung der neuen Fristen für die am 1.1.2010 bestehenden und noch nicht verjährten familien- und erbrechtlichen Ansprüche vor. Läuft die nach altem Recht bestehende Verjährungsfrist jedoch früher ab, so ist dieser Zeitpunkt maßgeblich (Art. 229 § 23 Abs. 1 S. 2 EGBGB).

20   Zahlreiche Streitfragen, die sich zur Auslegung des § 197 Abs. 1 Nr. 2 aF ergaben, sind damit lediglich für Altfälle weiter von Bedeutung.[29] Die dreißigjährige Verjährung gilt nach § 197 Abs. 1 Nr. 2 nur noch für den **Erbschaftsanspruch** nach § 2018, den **Herausgabeanspruch des Nacherben** gegen den Vorerben (§ 2130), sowie für den Anspruch auf **Herausgabe gegen den Besitzer eines unrichtigen Erbscheins**, § 2362 (→ § 197 Rn. 40 ff.). Der Regelverjährungsfrist unterfallen dagegen beispielsweise der Anspruch gegen den Kindesvater auf Erstattung der Kosten für die **Beerdigung der Kindesmutter** nach § 1615 m, der Anspruch des einen Ehegatten gegen den anderen wegen fehlerhafter **Gesamtgutverwaltung** nach § 1481, der Anspruch aus einem **Vermächtnis** (§ 2174) sowie der Anspruch gegen den **Testamentsvollstrecker** wegen Pflichtverletzung (§ 2219).

---

25   S. nur BGHZ 60, 235, 238; BGH NJW 2011, 1068 (1069) mwN; *Ernst* S. 559, 573 f. mit Fn. 61; aA Staudinger/*Gursky* BGB § 902 Rn. 9 (gegen die Verjährbarkeit negatorischer Ansprüche aus eingetragenem Recht, dort weitere Nachw.).

26   BGH WuM 2015, 101 Rn. 18 ff.

27   Zu ihnen *Peters*/*Gursky* AcP 208 (2008), 37.

28   Dazu AnwK/*Mansel/Stürner* 2005, BGB § 197 Rn. 39 ff.; *Otte* ZGS 2010, 15; dort auch Nachw. dazu, dass die dreißigjährige Verjährungsfrist des § 197 Abs. 1 Nr. 2 aF wegen zahlreicher Ausnahmen keine große praktische Bedeutung hatte.

29   Zu den verschiedenen Streitfragen AnwK/*Mansel/Stürner* 2005, BGB § 197 Rn. 39 ff.

Die **regelmäßige Verjährungsfrist** gilt zudem insbesondere für folgende Ansprüche:

- **Verlöbnis**: Die zweijährige Sonderverjährungsfrist für Ansprüche aus dem Verlöbnis in § 1302 aF **21** wurde zugunsten einer Geltung der Regelverjährungsfrist geändert.

- **Zugewinnausgleich**: § 1378 Abs. 4 (aF) wurde aufgehoben mit der Folge, dass für Ansprüche auf **22** Zugewinnausgleich die Regelverjährung nach §§ 195, 199 zum Tragen kommt.[30] Daneben wurde § 1390 Abs. 3 S. 1 geändert, so dass für Ansprüche des Ausgleichsberechtigten gegen Dritte aus § 1390 jetzt ebenfalls die Regelverjährungsfrist des § 195 gilt; der Verjährungsbeginn richtet sich nach § 1390 Abs. 3.[31]

- **Unbenannte Zuwendungen**: Für Ausgleichsansprüche wegen ehebedingter (unbenannter) Zuwendungen (§ 313), deren Einordnung (familienrechtlich oder nicht familienrechtlich iSd § 197 Abs. 1 Nr. 2 aF) **23** früher umstritten war,[32] gilt nunmehr ebenfalls die regelmäßige Verjährung.[33] Das Gleiche gilt für Ansprüche aus § 812 Abs. 1 S. 2 Alt. 2.[34]

- Ansprüche auf Vermögensausgleich zwischen Partnern einer **nichtehelichen Lebensgemeinschaft** **24** (§ 313 bzw. § 812 Abs. 1 S. 2 Alt. 2)[35] unterfallen der regelmäßigen Verjährung.

- Für Ansprüche auf Zugewinnausgleich nach dem **Lebenspartnerschaftsgesetz** (§ 6 LPartG iVm **25** § 1378 und § 1390) gilt das in → Rn. 22 Gesagte entsprechend. Zur Verjährung von Ansprüchen wegen unbenannter Zuwendungen → Rn. 23.

- Rückgewähransprüche von **Schwiegereltern** nach § 313 waren schon vor dem 1.1.2010 nicht familien- **25a** rechtlich iSd § 197 Abs. 1 Nr. 2 aF zu qualifizieren; sie unterfallen der regelmäßigen Verjährung nach §§ 195, 199.[36] Bei einer Grundstücksschenkung findet auf sie § 196 Anwendung.[37]

b) Ausdrückliche Verweisungen auf § 195. Vereinzelt wird innerhalb des BGB auch ausdrücklich auf **26** § 195 verwiesen, s. etwa §§ 197 Abs. 2, 438 Abs. 3, 634a Abs. 3 S. 1 bei arglistigem Verschweigen eines Mangels der Kaufsache bzw. des Werkes (s. hierzu → Vor §§ 194–218 Rn. 10); s. ferner im Werkvertragsrecht die Regelverjährungsfrist des § 634a Abs. 1 Nr. 3 für Gewährleistungsansprüche.

2. Außerhalb des BGB geregelte Ansprüche. a) Verweisungen auf § 195. Zahlreiche andere **27** Gesetze verweisen auf die §§ 194 ff. und damit auch auf die Regelverjährungsfrist des § 195. Dies gilt **beispielsweise** für die durch das SchuldRModG neu gefassten §§ 33 Abs. 3, 141 PatG, § 24c GebrMG aF (seit 1.9.2008 § 24f GebrMG), § 20 MarkenG, § 9 Abs. 3 HalblSchG, § 102 UrhG, § 49 S. 1 GeschmacksmustersterG (seit 24.2.2014 DesignG), § 117 Abs. 2 BBergG und § 37c SortschG.[38]

b) Entsprechende Anwendung des § 195. Soweit ausdrückliche Verjährungsregeln für Ansprüche, die **28** nicht im BGB geregelt sind, fehlen, und auch keine gesetzliche Verweisung auf die §§ 194 ff. erfolgt, sind die §§ 194 ff. und damit vor allem § 195 entsprechend anwendbar.[39] Allerdings ist wegen der gegenüber § 195 aF stark verkürzten Verjährungsfrist und dem subjektivierten Verjährungsbeginn (§ 199 Abs. 1) in jedem Einzelfall zu prüfen, ob die entsprechende Anwendung des § 195 sachgerecht ist (s. näher → § 194 Rn. 11 ff.). Sonderregeln gelten für die Verjährung von **Bergschadensersatzansprüchen**.[40]

aa) GmbH-Einlageforderungen. Zur **Rechtslage ab dem 15.12.2004** → Rn. 32. Zur **Rechtslage davor**: **29** Von besonderer praktischer Bedeutung ist in diesem Zusammenhang die Frage der Verjährung von Einlageforderungen bei der GmbH. Nach altem Recht galt hierfür die dreißigjährige Frist des § 195 aF.[41] Eine Anwendung der neuen regelmäßigen Verjährungsfrist des § 195 ist demgegenüber nicht sachgerecht; sie

---

30 S. dazu Erman/*Budzikiewicz* BGB § 1378 Rn. 19 f.

31 S. dazu Erman/*Budzikiewicz* BGB § 1390 Rn. 13.

32 Vgl. die Nachweise bei AnwK/*Mansel/Stürner* 2005, BGB § 197 Rn. 41 ff.

33 BeckOGK/*Piekenbrock* BGB § 195 Rn. 22.1.

34 S. *Henke/Keßler* NZFam 2014, 307 (309).

35 Vgl. BGH NJW 2015, 1523 (Ausgleich für Arbeits- und Materialleistungen); NJW 2011, 2880; NJW 2008, 3277.

36 BGH NJW 2016, 629 (630); s. auch BGH NJW 2015, 1014 (1016) noch zu § 197 Abs. 1 Nr. 2 aF.

37 BGH NJW 2016, 629 (630); NJW 2015, 1014 (1016 f.); *Henke/Keßler* NZFam 2014, 307 (309); *Stein* FPR 2012, 88 (90).

38 Weitere Nachw. finden sich bei Soergel/*Niedenführ* BGB § 195 Rn. 7 f.

39 § 195 ist etwa anwendbar für Ansprüche nach der VO (EG) 261/2004 (Fluggastrechte-Verordnung), die

selbst keine Regelung über die Verjährung enthält, sofern deutsches Recht anwendbar ist, vgl. BGH NJW 2010, 1526. Die Ausschlussfristen aus Art. 29 des Warschauer Abkommens bzw. Art. 35 des Übereinkommens von Montreal sind nach der Rechtsprechung des EuGH nicht auf die in Art. 5 und 7 der Fluggastrechte-VO vorgesehenen Ausgleichszahlungen anwendbar: EuGH 22.11.2012 – Rs. C-139/11 – Moré/Koninklijke Luchtvaart Maatschappij NV, EuZW 2013, 156 Rn. 27 ff. Kritisch dazu *Basedow* ZEuP 2014, 402 (405 f.), der eine Vereinheitlichung anmahnt.

40 S. *Ehricke* FS Kühne, 2009, S. 487 ff.

41 Ganz überwiegende Ansicht, s. nur BGHZ 118, 83, 101 (zur Parallelfrage bei der AG); OLG Koblenz BB 1989, 451 (452); LG Bonn GmbHR 1989, 378 (379); *Brinkmann* NZG 2002, 855 mwN.

führt überdies im Recht der GmbH zu schwerwiegenden Wertungswidersprüchen.[42] In der Literatur wird daher vorgeschlagen, die zehnjährige Verjährungshöchstfrist des § 199 Abs. 4 im Wege teleologischer Reduktion des § 195 heranzuziehen.[43]

30 Dagegen richten sich aber **dogmatische Bedenken**: Extrapoliert man die geschilderte Aussage auf die Verjährung anderer außerhalb des BGB geregelter Ansprüche, führte dies zu einer Konzeption objektiver Verjährungsregeln, die in Abhängigkeit von der Anspruchsgrundlage nach dem Vorbild des § 199 Abs. 2–4 einen statischen Verjährungseintritt in zehn bzw. dreißig Jahren vorsehen würden. Eine derartige „Rosinentheorie" erscheint dogmatisch aber kaum haltbar.[44] Denn die Höchstfristen des § 199 sind eingebunden in die komplexe Systematik der Regelverjährung als Ganzer und können nicht aus dieser herausgelöst zu einer eigenständigen, von der subjektiven Komponente des § 199 Abs. 1 unabhängigen Verjährungsregelung ausgebaut werden. Der Gesetzgeber hat in §§ 195, 199 bewusst ein gemischt subjektiv-objektives Verjährungssystem geschaffen, aus dem nicht willkürlich Teile isoliert werden können. Der Versuch, aus den Höchstfristen des § 199 Abs. 2–4 eine eigenständige objektive Verjährungsvorschrift zu konzipieren, konterkariert den Willen des Gesetzgebers, der sich im Anwendungsbereich der neuen Regelverjährung bewusst gegen eine rein objektive Anknüpfung entschieden hat.[45] Die Anwendung der §§ 195, 199 kann daher nur in ihrer Gesamtheit erfolgen oder muss in eben dieser ausscheiden. Vorzugswürdig ist daher auch weiterhin die Anwendung einer **dreißigjährigen Verjährungsfrist** auf der Grundlage des in § 197 Abs. 1 zum Ausdruck kommenden Regelungsgedankens (s. dazu → § 194 Rn. 14).[46]

31 Der **BGH** hat sich gleichwohl für die Anwendung der **Regelverjährungsfrist der §§ 195, 199** entschieden.[47] Die Entscheidung geht davon aus, dass dies – trotz der Verkürzung von dreißig auf drei Jahre – der Intention des Gesetzgebers entspricht. Es kann jedoch bei der hier vertretenen Ansicht (→ Rn. 30) nicht das Ziel sein, eine durch das SchuldRModG außer Kraft gesetzte Verjährungsregelung (§ 197 aF) weiterhin anzuwenden.[48] Vielmehr geht es darum, in Ermangelung einer ausdrücklichen gesetzlichen Regelung diejenige Verjährungsfrist zu ermitteln, die wegen der vergleichbaren Regelungsintention dem betreffenden Regelungskomplex am besten gerecht wird. Die Anwendung der dreijährigen Regelverjährungsfrist erscheint in Bezug auf Einlageforderungen keineswegs zwingend. Völlig unabhängig von der Streichung des § 194 Abs. 3 DiskE (dazu → Vor §§ 194–218 Rn. 4) gelten die sachlichen Gründe, die unter altem Recht für die Anwendung der in § 195 aF normierten dreißigjährigen Frist sprachen, auch nach der Reform fort. Der Gesetzgeber hat mit der Schaffung des § 197 immerhin zu erkennen gegeben, dass der Rechtsgedanke des § 195 aF auch nach der Reform fortlebt.

32 Mittlerweile führt das am **15.12.2004** in Kraft getretene VerjAnpG das Problem einer **gesetzgeberischen Lösung** zu. Der Gesetzgeber befürchtete, dass die Rechtspraxis sich für die Geltung der dreijährigen Regelverjährungsfrist (§§ 195, 199) für Einlageforderungen entscheidet. Dieses Ergebnis hält er für unbillig (zu den Gründen → Rn. 30). Daher ordnet er jetzt mit **§ 19 Abs. 6 GmbHG (nF)** eine **zehnjährige Verjährungsfrist** für den Anspruch der Gesellschaft auf Leistung der Einlage ab Entstehung an.[49] Für Altfälle ist die Entscheidung des BGH (→ Rn. 31) jedoch insoweit von praktischer Bedeutung, als Einlageforderungen verjähren können, obwohl weder zehn (§ 19 Abs. 6 GmbHG) noch dreißig Jahre (§ 195 aF) seit Entstehung vergangen sind.[50]

33 **bb) Anspruch aus § 128 HGB.** Zur Verjährung des Anspruchs aus § 128 HGB → § 194 Rn. 16.

34 **cc) Prospekthaftungsansprüche.** Die Prospekthaftung ist von der Expertenhaftung zu unterscheiden. Unter die Expertenhaftung fällt diejenige Person, die den Prüfbericht erstellt hat.[51]

Hat ein Wirtschaftsprüfer im Auftrag des Initiators den Werbeprospekt für eine Kapitalanlage geprüft und ihm Vollständigkeit und Richtigkeit, Plausibilität und Glaubhaftigkeit bescheinigt, wobei ihm bekannt war, dass der Prüfbericht den Interessenten vorgelegt werden sollte, um sie zu einer Einlage in die Fondsgesell-

---

42   Roth/Altmeppen/*Roth*, 4. Aufl. 2003, GmbHG § 9 Rn. 10; *Brinkmann* NZG 2002, 855 (857–859); *Schockenhoff/Fiege* ZIP 2002, 917 (918–920); *Altmeppen* DB 2002, 514 (516); *Müller* ZGS 2002, 280.

43   So *Schockenhoff/Fiege* ZIP 2002, 917 (920); *Altmeppen* DB 2002, 514 (515).

44   Vgl. auch *Mansel/Budzikiewicz* Jura 2003, 1 (3). Eine andere methodische Kritik findet sich bei *Brinkmann* NZG 2002, 855 (858 f.).

45   Ebenso *Pentz* GmbHR 2002, 632 (636 f.); ähnlich *Schnorr* DStR 2002, 1269 (1270).

46   So im Erg. auch *Brinkmann* NZG 2002, 855 (858 f.). AA *Pentz* GmbHR 2002, 225 (230) sowie *Dahl* NZI 2003, 428 f. (Unverjährbarkeit).

47   BGH NJW-RR 2008, 843; ebenso bereits OLG Köln ZIP 2007, 819 (821) als Vorinstanz.

48   Dies scheint aber BGH NJW-RR 2008, 843 zu unterstellen.

49   Art. 13 Nr. 2 VerjAnpG fügt § 19 GmbHG einen entspr. Abs. 6 an; dazu und zu den übergangsrechtlichen Fragen s. näher *Mansel/Budzikiewicz* NJW 2005, 321; *Nöll* ZInsO 2005, 964.

50   Zu den Übergangsregeln *Benecke/Geldsetzer* NZG 2006, 7.

51   S. dazu BGH NJW 2004, 3420 (die Entscheidung betrifft in ihren verjährungsrechtlichen Teilen gerade nicht die Prospekthaftung, sondern die Expertenhaftung).

schaft zu bewegen, dann haftet der Wirtschaftsprüfer als Experte (**Expertenhaftung**) ggf. nach den Grundsätzen des Vertrags mit Schutzwirkung zugunsten Dritter.

Davon unabhängig können dem Geschädigten auch andere Ansprüche zustehen, insbesondere **Prospekthaf-** **35** **tungsansprüche im engeren Sinne.** Haftungsansprüche wegen fehlerhaften oder fehlenden Prospekts unterliegen nunmehr ebenfalls der **Regelverjährung** nach §§ 195, 199.[52] Die bis zum **31.5.2012** geltenden Sonderverjährungsvorschriften des § 13 VerkprospG in Verbindung mit § 46 BörsenG und des § 13 a Abs. 5 VerkprospG wurden durch das Gesetz zur Novellierung des Finanzanlagenvermittler- und Vermögensanlagenrechts[53] zum 1.6.2012 aufgehoben.[54]

Die **(richterliche) Prospekthaftung im weiteren Sinn** beruht auf den Grundsätzen der culpa in contra- **36** hendo (§§ 280 Abs. 1, 311 Abs. 2, 241 Abs. 2). Die Rechtsprechung wendet die Regelverjährung an. Vor der Schuldrechtsreform 2002 betrug sie dreißig Jahre ab Anspruchsentstehung.[55] Heute wird die dreijährige **Regelverjährung** der §§ 195, 199 herangezogen.[56] Der Unterschied in Verjährungsfrist und Beginn zwischen der Rechtslage vor und seit dem 1.1.2002 wird kaum als problematisch diskutiert. Es stellen sich hier im Übrigen übergangsrechtliche Probleme (s. dazu Kommentierung bei Art. 229 § 6 EGBGB).[57]

dd) Versicherungsvertragsrecht. Die frühere Sonderverjährungsvorschrift in § 12 VVG aF[58] wurde **37** durch das Gesetz zur Reform des Versicherungsvertragsrechts mit Wirkung vom 1.1.2008 abgeschafft. Ansprüche aus Versicherungsvertrag unterliegen damit der regelmäßigen Verjährungsfrist der §§ 195, 199.[59]

§ 15 VVG enthält eine Sondervorschrift zur Hemmung der Verjährung. Zu beachten ist zudem im Bereich **38** des Pflichtversicherungsrechts § 115 Abs. 2 VVG für die Verjährung des Direktanspruchs gegen den Versicherer.

ee) Öffentlich-rechtliche Ansprüche. Für öffentlich-rechtliche Ansprüche ist jeweils im Rahmen einer **39** Interessen- und Normzweckanalyse zu prüfen, ob § 195 entsprechend anzuwenden ist; s. dazu → § 194 Rn. 19 ff.

III. Besondere Verjährungsfristen

1. Vorrang der besonderen Fristen. Besondere gesetzliche Verjährungsfristen sind immer noch zahl- **40** reich. Sie gehen § 195 stets vor.

Nach § 200 beginnt die Verjährungsfrist von Ansprüchen, die nicht der regelmäßigen Verjährungsfrist unter- **41** liegen, mit der Entstehung des Anspruchs, soweit nicht ein anderer **Verjährungsbeginn** bestimmt ist. Ein anderer Verjährungsbeginn ist etwa in den §§ 548 Abs. 1 S. 2, 591 b Abs. 2 und 3, 604 Abs. 5, 651 j S. 2, 695 S. 2, 696 S. 3 (s. weiter → § 200 Rn. 4) festgelegt.

2. Verjährungsvereinbarungen. Verjährungsvereinbarungen, die Fristen abkürzen oder verlängern oder **42** den Fristenverlauf abweichend regeln, sind im Rahmen des § 202 in weiterem Umfang als nach früherem Recht möglich (→ § 202 Rn. 3 ff.). Einschränkungen ergeben sich unter anderem beim Verbrauchsgüterkauf (§ 476 Abs. 2) und dem Pauschalreisevertrag (§ 651 y).

3. Sonderfristen. Durch das SchuldRModG **mit Wirkung zum 1.1.2002** neu geschaffen oder verändert **43** wurden die besonderen Verjährungsfristen der nachfolgenden Vorschriften, so dass sich intertemporale Fragen (→ Vor §§ 194–218 Rn. 43) ergeben können:

52 S. *Assmann/Schütze* Handbuch des Kapitalanlagerechts, 4. Aufl. 2015, § 5 Rn. 118.
53 BGBl. 2011 I S. 2581.
54 Zur alten Rechtslage s. NK-BGB/*Mansel/Stürner* § 195 Rn. 35.
55 S. zur Anwendung der dreißigjährigen Verjährungsfrist des § 195 aF BGHZ 126, 166, 171 ff.
56 Dazu *Seibel/von Preuschen-von Lewinski* FS Graf von Westphalen, 2010, S. 629, 636; *Kind/Bruchwitz* BKR 2011, 10 (13); *Lux* NJW 2003, 1966 (1967). Zur Verjährung von Anlegeransprüchen gegen Anlagevermittler und Anlageberater *Besch/Kiene* DB 2004, 1819.

57 *Seibel/von Preuschen-von Lewinski* FS Graf von Westphalen, 2010, S. 629, 636 f.; *Kind/Bruchwitz* BKR 2011, 10 (14 f.) mit Übersichtstabelle.
58 Zur Verjährung von Ansprüchen wegen vorvertraglicher Pflichtverletzung s. BGH NJW 2012, 2113; zur Verjährung von Prämienansprüchen aus sogenannten Altversicherungsverträgen, die im Jahre 2008 fällig werden, s. BGH NJW 2014, 2342.
59 Zur Verjährung im Versicherungsvertragsrecht *Muschner/Wendt* MDR 2008, 609; zur Verjährung von Ansprüchen aus der Berufsunfähigkeitsversicherung *Neuhaus* VersR 2018, 711.

- § 196 (Rechte an einem Grundstück: zehn Jahre)
- § 197 Abs. 1 (Herausgabeansprüche aus dinglichen Rechten, familien- und erbrechtliche[60] Ansprüche, titulierte und vollstreckbare Ansprüche: dreißig Jahre)[61]
- § 197 Abs. 2 (Ansprüche auf wiederkehrende Leistungen und Unterhaltsansprüche)[62]
- § 438 (kaufrechtliche Mängelansprüche: dreißig, fünf oder zwei Jahre)[63]
- § 479 aF (Rückgriffsansprüche beim Verbrauchsgüterkauf: zwei Jahre)[64]
- § 634 a (werkvertragliche Mängelansprüche: fünf oder zwei Jahre)
- § 651 g aF (reisevertragliche Mängelansprüche: zwei Jahre)[65]
- § 852 (deliktischer Bereicherungsanspruch: zehn oder dreißig Jahre).

Weitere **Vorschriften des BGB** bestimmen besondere Verjährungsfristen und blieben durch die Schuldrechtsreform 2002 **unverändert** (die Liste ist nicht abschließend): §§ 548, 591 b, 606, 801, 804 Abs. 1 S. 3, 1028, 1057, 1226 sowie (zunächst) §§ 1390 Abs. 3 S. 1 aF, 2287 Abs. 2 aF und 2332 aF; Letztere wurden mit Wirkung vom 1.1.2010 durch das **Gesetz zur Änderung des Erb- und Verjährungsrechts** neu gefasst (→ Rn. 51).

44 Art. 3 des Gesetzes zum **CISG** (Übereinkommen der Vereinten Nationen vom 11.4.1980 über Verträge über den internationalen Warenverkauf) wurde durch das SchuldRModG 2002 der Neuregelung der kaufrechtlichen Gewährleistungsverjährung angepasst.[66]

45 Die Ausschlussfrist des § 612 Abs. 1 HGB aF für Ansprüche aus Seefrachtverträgen und Konnossementen wurde in eine Verjährungsfrist (**§ 612 Abs. 1 HGB**) umgewandelt, die seit 1.1.2002 in Kraft ist.

46 Durch das SchuldRModG wurde mit Wirkung zum 1.1.2002 § 18 a Gesetz zur Verbesserung der **betrieblichen Altersversorgung (BetrAVG)** geschaffen. Danach verjährt der Anspruch auf Leistungen aus der betrieblichen Altersversorgung in dreißig Jahren. Diese lange Verjährungsfrist kann nach § 19 BetrAVG (§ 17 Abs. 3 BetrAVG aF) durch Tarifvertrag und Betriebsvereinbarung abbedungen werden.[67] Ansprüche auf regelmäßig wiederkehrende Leistungen der betrieblichen Altersversorgung unterliegen gem. § 18 a S. 2 BetrAVG der Regelverjährung der §§ 195, 199. Das deckt sich inhaltlich mit der bürgerlich-rechtlichen Regelung des § 197 Abs. 2 für wiederkehrende Leistungen. Die Regelung des § 18 a BetrAVG entspricht der früheren ständigen Rechtsprechung des BAG, die zwischen dem Rentenstammrecht und den Einzelansprüchen auf regelmäßig wiederkehrende Leistungen unterschieden hat.

47 Die **außerhalb des BGB** geregelten besonderen Verjährungsfristen wurden ganz überwiegend durch das SchuldRModG 2002 nicht verändert (→ Vor §§ 194–218 Rn. 4); zum Teil sind sie aber Gegenstand nachfolgender Reformen. Zu nennen sind beispielsweise (unter Hinweis auf spätere Änderungen):[68]

- §§ 61 Abs. 2, 439 Abs. 1, 452 b Abs. 2 S. 2, 463, 475 a HGB; §§ 117, 118 BinSchG; § 34 Abs. 6 GenG
- §§ 88, 905 Abs. 1 HGB (zur Aufhebung der Normen durch das VerjAnpG → Rn. 50)
- § 12 ProdHaftG; § 32 AtG
- § 90 AMG (zur Aufhebung der Norm durch das VerjAnpG → Rn. 50)
- § 51 b BRAO; § 68 StBerG; § 45 b PatAnwO (zur Aufhebung der Normen durch das VerjAnpG → Rn. 50)
- § 12 Abs. 1 VVG aF (zur Aufhebung der Norm durch das Gesetz zur Reform des Versicherungsvertragsrechts → Rn. 37); § 3 Nr. 11 S. 2 PflVersG aF
- § 146 Abs. 1 InsO aF (neu gefasst durch das VerjAnpG).

48 Einige Gesetze **verweisen** für die Verjährung **unspezifisch** auf die für die Verjährung unerlaubter Handlungen geltenden Verjährungsvorschriften des BGB. Da neben dem speziellen § 852 keine besonderen Normen

---

60 § 197 Abs. 1 Nr. 2 zu familien- und erbrechtlichen Ansprüchen wurde durch das VerjAnpG 2004 aufgehoben, s. Rn. 19.

61 Durch das StORMG wurde zum 30.6.2013 ein neuer § 197 Abs. 1 Nr. 1 eingefügt (s. Vor §§ 194–218 Rn. 16): In dreißig Jahren verjähren danach auch Schadensersatzansprüche, die auf der vorsätzlichen Verletzung des Lebens, des Körpers, der Gesundheit, der Freiheit oder der sexuellen Selbstbestimmung beruhen.

62 Zu Unterhaltsansprüchen s. bereits § 194 Rn. 30 ff.

63 Kritisch zur Sonderverjährung des § 438 *Rühl* AcP 207 (2007), 614 ff., 649 f.; zur gesetzgeberischen ratio s. *Mansel/Budzikiewicz* § 5 Rn. 6 ff.; kritisch zur Verjährung der verschuldensabhängigen gewährleis-

tungsrechtlichen Schadensersatzansprüche *Mansel/Budzikiewicz* § 5 Rn. 17 ff.

64 Die Verjährung von Rückgriffsansprüchen ist jetzt in § 445 b geregelt; s. dazu auch Vor §§ 194–218 Rn. 16 d.

65 Die Verjährung der Ansprüche des Reisenden wegen Mängeln wurde in § 651 j verschoben; s. dazu auch → Vor §§ 194–218 Rn. 16 e.

66 Dadurch wurden mögliche Konflikte mit der zweijährigen Ausschlussfrist des Art. 39 Abs. 2 CISG entschärft. Näher zum Problemkreis *M. Stürner* RIW 2006, 338.

67 S. dazu *Blomeyer/Rolfs/Otto* BetrAVG § 19 Rn. 24.

68 Vgl. auch die Übersicht bei Soergel/*Niedenführ* BGB § 195 Rn. 10; MüKoBGB/*Grothe* § 195 Rn. 20–37; Staudinger/*Peters/Jacoby* BGB § 195 Rn. 43 ff.

des BGB für die Deliktverjährung mehr besteht, sind die entsprechenden Verweise als Verweise auf die §§ 194 ff., insbesondere auf §§ 195, 203 und 852 zu lesen. Das gilt insbesondere für:

- § 32 Abs. 8 GenTG
- § 17 UmweltHG
- § 11 HPflG
- § 14 StVG
- § 39 LuftVG.

Aufgehoben wurden durch das SchuldRModG mit Wirkung zum 31.12.2001 die **Sonderverjährungsfris-** **49** **ten** der §§ 196, 197, 786, 852 Abs. 1, 1615 l Abs. 4 BGB aF; § 51 a WPO; §§ 33 Abs. 3, 141 PatG aF; § 24 c GebrauchsmusterG aF; § 9 HalbleiterschutzG aF; § 102 UrheberG aF; § 14 a GeschmacksmusterG aF; § 37 c SortenSchutzG aF; § 20 MarkenG aF; § 117 Abs. 2 BBerG. An ihre Stelle tritt § 195 (→ Rn. 4) bzw. bei den anderen Gesetzen als dem BGB ein Verweis auf die §§ 194 ff. und damit vor allem auf § 195 (zum Übergangsrecht → Vor §§ 194–218 Rn. 43). Dies gilt nach Aufhebung des § 1615 l Abs. 4 aF auch für die Unterhaltsansprüche aus § 1615 l, die jetzt gleichfalls in drei Jahren verjähren (§§ 195, 197 Abs. 2; vgl. auch → § 197 Rn. 71).[69]

Das **VerjAnpG** (→ Vor §§ 194–218 Rn. 14) hat die Verjährungsfristen des BGB nicht verändert. Es betrifft **50** nur verjährungsrechtliche Vorschriften außerhalb des BGB. Das Gesetz hat ua folgende Normen aufgehoben: § 51 b BRAO, § 68 StBerG, § 45 b PatAnwO, §§ 88, 905 HGB, § 90 AMG. Die Aufhebung der §§ 37 a, 37 b Abs. 4 WpHG aF, die noch im Referentenentwurf vom 5.3.2004 vorgesehen war, wurde dann doch nicht im VerjAnpG, sondern erst später verwirklicht. **§ 37 a WpHG aF** regelte die Verjährungsfrist für Klagen gegen Wertpapierdienstleistungsunternehmen.[70] Es war anerkannt, dass die kurze Verjährungsfrist des **§ 37 a WpHG aF** nicht nur für Ansprüche wegen fahrlässiger[71] Falschberatung aus culpa in contrahendo Anwendung fand, sondern sich auch auf die entsprechenden deliktischen Ansprüchen aus § 823 Abs. 2 iVm § 31 Abs. 2 WpHG bzw. § 19 Abs. 1 KAGG erstreckte.[72] § 37 a WpHG aF wurde mit Wirkung vom 5.8.2009 durch Gesetz vom 31.7.2009 (BGBl. I S. 2512) aufgehoben. § 37 a WpHG aF findet daher nur Anwendung auf Ansprüche, die zwischen dem 4.4.1998 und dem 4.8.2009 entstanden sind (s. § 43 WpHG). Die einschlägigen, danach entstandenen Ansprüche verjähren nach §§ 195, 199 BGB. Hingegen regeln **§ 37 b und § 37 c WpHG** Ansprüche gegen den Emittenten von Finanzinstrumenten wegen unterlassener unverzüglicher Veröffentlichung von Insiderinformationen bzw. der Veröffentlichung unwahrer Insiderinformationen. Beide Vorschriften wurden mit Wirkung vom 30.10.2002 erlassen. Zwischenzeitlich sind sie verschiedentlich verändert worden. § 37 b Abs. 4 bzw. § 37 c Abs. 4 WpHG aF sahen eine spezielle, kurze, taggenaue Verjährungsregelung vor. Sie belief sich auf ein Jahr ab Kenntnis des Geschädigten von der Unterlassung bzw. der fehlerhaften Veröffentlichung. Die kenntnisunabhängige Höchstfrist betrug drei Jahre. Durch das Gesetz vom 3.7.2015 (Kleinanlegerschutzgesetz, BGBl. I S. 1114) wurden diese Verjährungsregeln mit Wirkung zum 10.7.2015 aufgehoben. Damit gilt jetzt die Regelverjährung nach §§ 195, 199.

Das **Gesetz zur Änderung des Erb- und Verjährungsrechts** (näher → Vor §§ 194–218 Rn. 15) hat mit **51** Wirkung zum 1.1.2010 die besonderen Verjährungsfristen der folgenden Vorschriften **aufgehoben:** §§ 197 Abs. 1 Nr. 2 aF, 1302 aF, 1378 Abs. 4 aF; 1390 Abs. 3 S. 1 aF; 2287 Abs. 2 aF und 2332 aF. **Eingefügt** wurde § 199 Abs. 3 a (→ § 199 Rn. 114).

IV. Einzelfragen

1. Anspruchsqualifikation. Um die einschlägige Sonderverjährungsnorm zu ermitteln, ist der einzelne **52** Anspruch (→ § 194 Rn. 2), dessen Verjährung geprüft wird, zu qualifizieren.[73] Das gilt auch bei Ansprü-

---

69 Jauernig/*Budzikiewicz* BGB § 1615 l Rn. 7.
70 Vgl. dazu KG ZIP 2004, 1306; *Hackenberg/Roller* VuR 2004, 46; *Micklitz* WM 2005, 536; *Knops* AcP 205 (2005), 821. § 37 a WpHG gilt nicht für Schadensersatzansprüche gegen ein Wertpapierdienstleistungsunternehmen, das ohne die nach § 32 Abs. 1 KWG erforderliche Erlaubnis tätig ist BGHZ 166, 29 mAnm *Herresthal* JZ 2006, 526.
71 S. auch BGH WM 2014, 2310 Rn. 31; WM 2015, 67 Rn. 8: keine Anwendung von § 37 a WpHG aF auf vorsätzliche Aufklärungs- und Beratungspflichtverletzungen.

72 BGHZ 162, 306; OLG München WM 2005, 647; OLG Schleswig NJW-RR 2005, 561; KG WM 2004, 1872 (1874). Anderes gilt für vorsätzliche Falschberatung; hier bleibt es bei der deliktischen Verjährungsfrist.
73 Zu der gesonderten Verjährung von Ansprüchen aus Aufklärungs- und Beratungsfehlern s. *Budzikiewicz* MedR 2017, 965. Unselbstständige Teile eines Anspruchs, etwa verschiedene Schadensposten, unterliegen keiner eigenständigen Verjährung, vgl. BGH NJW 2008, 2912 zum Schadensersatzanspruch nach § 463 S. 2 aF.

chen, die in **gemischten Verträgen** wurzeln. Auch hier ist der einzelne Anspruch und nicht der Vertrag als Ganzes zu qualifizieren.[74]

53 **2. Zusammentreffen mehrerer Verjährungsfristen. a) Grundsatz.** In Einzelfällen können auf einen Anspruch mehrere Verjährungsfristen zugleich anwendbar sein. In diesem Fall ist durch **Auslegung** zu ermitteln, welcher Norm das umfassendere Gestaltungsprinzip zugrunde liegt, das sich dann durchsetzen muss.[75]

54 **b) Berufsbezogene und sachbezogene Fristen.** Ein Zusammentreffen berufs- und sachbezogener Fristen ist nach der Aufhebung von § 51 b BRAO, § 45 b PatAnwO und § 68 StBerG durch das am 15.12.2004 in Kraft getretene VerjAnpG (→ Rn. 50) für die betreffenden Berufe ausgeschlossen.[76]

55 Unter **dem vom 1.1.2002 bis zum 14.12.2004 geltenden Recht** konnten dagegen sowohl berufsbezogene als auch sachbezogene (zB werkvertragliche) Verjährungsregeln anwendbar sein. Die besseren Argumente sprachen dafür, in diesem Fall von einem **Vorrang der berufsbezogenen Verjährungsfristen** auszugehen; sie sind spezieller als die allgemeinen werkvertraglichen Fristen.[77]

56 **c) Zusammentreffen mehrerer berufsbezogener Fristen.** Für Altfälle bis zum 14.12.2004 gilt: War der Schuldner Angehöriger verschiedener Berufe (etwa Rechtsanwalt und Steuerberater), für die unterschiedliche berufsbezogene Verjährungsbestimmungen galten, so ist darauf abzustellen, in welcher Berufseigenschaft er nach dem Willen der Parteien tätig werden sollte. Ist das nicht zu klären, so ist auf den Schwerpunkt der anspruchsbegründenden Tätigkeit abzustellen.

57 **3. Gesamtschuld.** Bei einer Gesamtschuld gilt für die Verjährung der Grundsatz der **Einzelwirkung** (§ 425); daher kann sich für jeden Gesamtschuldner der Lauf der Verjährungsfrist unterschiedlich entwickeln.[78] Hemmung (§§ 203 ff.), Neubeginn (§§ 212 f.) und Ablaufhemmung (§§ 208 ff.) sind für jeden Gesamtschuldner getrennt zu betrachten; → § 209 Rn. 5, → § 212 Rn. 38.

58 **4. Änderungen des Anspruchs.** Um die einschlägige Verjährungsfrist zu bestimmen, ist auf den **Zeitpunkt der Anspruchsentstehung** abzustellen.[79] Danach eintretende Sachverhaltsänderungen sind – sofern gesetzlich nichts anderes geregelt ist – unbeachtlich und können nicht zu einem Wechsel der einschlägigen Fristennorm führen. Das gilt auch bei einem Wechsel in der Person des Gläubigers oder des Schuldners (dazu und zu Ausnahmen s. bei § 199).

59 Ein **deklaratorisches Schuldanerkenntnis**[80] als solches führt daher nicht zu einer Änderung der einschlägigen Verjährungsfrist (zur Fristenänderung → § 212 Rn. 11). Das deklaratorische Schuldanerkenntnis schafft keine neuen Ansprüche, die eigenständig verjähren könnten.

60 Gleiches gilt grundsätzlich für einen **außergerichtlichen Vergleich**, sofern seine Auslegung nichts anderes ergibt.[81] Letzteres kann der Fall sein, wenn durch den Vergleich eine neue Rechtsgrundlage für die nunmehr mit ihm eingegangenen Verpflichtungen geschaffen wurde. In diesem Falle verjährt der Anspruch aus dem Vergleich eigenständig[82] in der Regelverjährungsfrist (§§ 195, 199).[83]

61 Eine Schuldumschaffung (**Novation**) ersetzt das Schuldverhältnis durch ein neues. Für dieses gilt eine neue Verjährungsfrist mit neuem Fristbeginn. Regelmäßig verjährt die neue Forderung nach §§ 195, 199. Beispiele:[84] Anerkennung eines Kontokorrentsaldos, Anerkennung der Saldoforderung aus einem Kreditkartenvertrag.[85]

62 Eine neue Verjährungsfrist gilt auch für den Anspruch aus einem **abstrakten Schuldanerkenntnis**, da der Anspruch selbstständig begründet wird; maßgeblich ist die Regelverjährung nach §§ 195, 199;[86] s. noch → § 216 Rn. 6.

63 Zu den verjährungsrechtlichen Konsequenzen eines **titelersetzenden** (abstrakten oder deklaratorischen)[87] Anerkenntnisses → § 197 Rn. 55.

74 BGHZ 70, 356, 361; näher Staudinger/*Peters/Jacoby* BGB § 195 Rn. 29.
75 Hierzu umfassend und überzeugend Staudinger/*Peters/Jacoby* BGB § 195 Rn. 28.
76 Hierzu *Mansel/Budzikiewicz* NJW 2005, 321.
77 Ausf. dazu NK-BGB/*Mansel/Stürner* § 195 Rn. 55 ff.
78 Vgl. BGH NJW 2010, 435.
79 S. dazu Soergel/*Niedenführ* BGB § 195 Rn. 51; Palandt/*Ellenberger* BGB § 195 Rn. 14; Staudinger/*Peters/Jacoby* BGB § 195 Rn. 21, jeweils mwN.
80 Vgl. Staudinger/*Peters/Jacoby* BGB § 195 Rn. 22 mwN; MüKoBGB/*Grothe* § 195 Rn. 39.

81 S. dazu allgemein Staudinger/*Peters/Jacoby* BGB § 195 Rn. 22 mwN; s. näher BGH WM 1979, 205; LAG Bln MDR 1999, 168.
82 BGH WM 1979, 205 (206).
83 AA BGH WM 1979, 205 (206): Verjährungsfrist des ursprünglichen Anspruchs läuft für den Anspruch aus dem Vergleich neu.
84 Vgl. dazu Staudinger/*Peters/Jacoby* BGB § 195 Rn. 23 mwN.
85 Beide streitig, s. *Gernhuber* Die Erfüllung und ihre Surrogate, 2. Aufl. 1994, § 18, 10, S. 413 f.
86 Palandt/*Sprau* BGB § 780 Rn. 8; ausf. hierzu *Schmidt-Burgk/Ludwig* DB 2003, 1046.
87 BGH NJW 2002, 1791 (1792).

Ein **Prozessvergleich** führt zu der dreißigjährigen Verjährungsfrist des § 197 Abs. 1 Nr. 4 (→ § 197 Rn. 61, 63).[88] **64**

Eine **Abtretung** des Anspruchs hat keinen Einfluss auf die Verjährungsfrist, da der Anspruch selbst unverändert bleibt.[89] **65**

5. Verjährung von Nebenleistungsansprüchen. Nach § 217 verjährt mit dem Hauptanspruch zugleich der Anspruch auf die von ihm abhängenden Nebenleistungen, auch wenn die für diesen Anspruch geltende besondere Verjährung noch nicht eingetreten ist.[90] S. näher bei § 217. **66**

6. Anspruchskonkurrenz. a) Grundsatz. Verwirklicht ein Tatbestand mehrere Anspruchsgrundlagen, so stellt sich die Frage, in welchem Verhältnis die auf die einzelnen Ansprüche anzuwendenden Verjährungsvorschriften stehen.[91] Rechtsprechung und Lehre gehen im Grundsatz von einer **freien Anspruchskonkurrenz** aus, so dass jeder Anspruch selbstständig in der für ihn geltenden Frist verjährt.[92] Mit der Ausweitung des Anwendungsbereichs der §§ 195, 199 hat die Thematik an Bedeutung verloren. Sie spielt vor allem noch bei der Konkurrenz zwischen vertraglichen und deliktischen Ansprüchen eine Rolle. **67**

b) Insbesondere: Vertrag und Delikt. Vor der Verjährungsrechtsreform 2002 hatte die freie Anspruchskonkurrenz zur Folge, dass dem Käufer bei Ansprüchen aus Gewährleistung, die zugleich den Tatbestand des § 823 erfüllten, die im Vergleich zu § 477 aF wesentlich günstigere Verjährungsregelung des § 852 aF zugute kam. Nicht zuletzt auf diesen Erwägungen beruhte die Rechtsprechung zum „Weiterfresserschaden", bei der Schäden ausgeglichen werden sollten, die dadurch entstanden, dass ein fehlerhaftes Einzelteil an einer ansonsten mangelfreien Gesamtsache weitere Schäden verursachte. Lag darin nicht nur eine Verletzung des Äquivalenzinteresses, sondern auch eine solche des Integritätsinteresses, so konnte der Käufer seinen Schaden aus Deliktsrecht geltend machen.[93] **68**

Der **Gesetzgeber** des SchuldRModG hat zu der Frage der Anspruchskonkurrenz selbst nicht Stellung genommen, sondern die Lösung ausweislich der Begründung zum Regierungsentwurf bewusst der Rechtsprechung überlassen.[94] Die hM geht davon aus, dass die Praxis an ihrer alten Linie der **freien Anspruchskonkurrenz** festhalten wird.[95] Danach würden die §§ 195, 199 für deliktische Ansprüche unabhängig davon gelten, ob gleichzeitig kauf- oder werkvertragliche Gewährleistungsansprüche gegeben sind.[96] **69**

Diese Auffassung ist jedoch **abzulehnen**. Nach der hier vertretenen Ansicht ist von der Erstreckung der Verjährungsregeln der §§ 438, 634a auf konkurrierende Ansprüche aus § 823 auszugehen.[97] Erfüllen die Lieferung einer fehlerhaften Sache oder die Herstellung eines mangelhaften Werks zugleich den Tatbestand der **§§ 823 ff.**, sind die daraus resultierenden Ansprüche grundsätzlich wie die gewährleistungsrechtlichen Ersatzansprüche nach § 437 Nr. 3 der Verjährungsfrist des **§ 438** zu unterstellen.[98] Die §§ 195, 199 finden insoweit keine Anwendung auf die mit Ansprüchen aus § 437 konkurrierenden Deliktsansprüche. Dasselbe gilt für das Verhältnis von werkvertraglichen Mängelansprüchen und konkurrierenden Deliktsansprüchen. **70**

88 Vgl. auch LG Neuruppin BeckRS 2016, 17530.
89 Vgl. Erman/*Schmidt-Räntsch* BGB § 194 Rn. 25.
90 Krit. *Lüneborg* NJW 2012, 2145 (2149 f.).
91 Zu den Fällen der Gesetzeskonkurrenz Staudinger/*Peters/Jacoby* BGB § 195 Rn. 31.
92 BGH WM 2004, 1869 (1872); Jauernig/*Mansel* BGB § 194 Rn. 7; MüKoBGB/*Grothe* § 195 Rn. 46 mwN. Vgl. auch BGHZ 9, 310, 302 f.; 66, 315, 319; 116, 297, 300; BGH BB 2002, 2089 (2091); NJW 2004, 1032 (1033) (noch zum BGB aF).
93 Vgl. BGHZ 67, 359; 86, 256; 117, 183; 138, 230 sowie BGH JZ 2001, 876.
94 BT-Drs. 14/6040, S. 229: „Sollte die Rechtsprechung angesichts der verbleibenden Unterschiede in Länge und Beginn zwischen der Verjährungsfrist nach der Nummer 3 und der Regelverjährungsfrist an ihrer Rechtsprechung etwa zum ‚weiterfressenden' Mangel festhalten, würde dennoch ein Wertungswiderspruch anders als bisher weitgehend vermieden, weil die dann geltende regelmäßige Verjährung auf ein ausreichendes Maß reduziert wird."
95 *Zimmermann/Leenen/Mansel/Ernst* JZ 2001, 684 (691 f.); *Tonner/Crellwitz/Echtermeyer* in Micklitz/Pfeiffer ua, Schuldrechtsreform und Verbraucherschutz, 2001, S. 293, 318; *Heinrichs* BB 2001, 1417 (1420); vgl. auch MüKoBGB/*Grothe* § 195 Rn. 55

mwN. Die Entscheidung BGH NJW 2004, 1032 ist noch zum alten Recht ergangen.
96 *Canaris* in Lorenz, Karlsruher Forum 2002: Schuldrechtsmodernisierung, S. 5, 97 f.; *Reinicke/Tiedtke* Kaufrecht, 8. Aufl. 2009, Rn. 662, 952; Soergel/*Niedenführ* BGB § 195 Rn. 44, 46; MüKoBGB/*Grothe* § 195 Rn. 54–57; Palandt/*Ellenberger* BGB § 195 Rn. 10; Erman/*Schmidt-Räntsch* BGB § 195 Rn. 17; *Wagner* JZ 2002, 475 (478 ff.); *Gsell* NJW 2004, 1913 (1915) mwN; *Schulze/Ebers* JuS 2004, 462 (465) mwN; *R. Koch* AcP 203 (2003), 603, 618–620; differenzierend Staudinger/*Peters/Jacoby* BGB § 195 Rn. 37–41. Wie die hM auch die Kommentierungen bei § 438, § 634a und § 823.
97 Vgl. näher *Mansel/Budzikiewicz* § 5 Rn. 138 ff.
98 *Piekenbrock* S. 309, 331; wohl auch *Foerste* ZRP 2001, 342 f.; *ders.* JZ 2001, 560 f.; ähnlich zum Werkvertragsrecht *H. Roth* JZ 2001, 543 (544); *Geiger* JZ 2001, 473 (474), der davon ausgeht, dass die Rspr. zur „Weiterfresserproblematik" durch die Reform überholt ist. Wie hier auch *Rebhahn* FS Welser, 2004, S. 849, 861 sowie *Fuchs*, Deliktsrecht, 4. Aufl. 2003, S. 203 f.; offen wohl *Fuchs/Pauker/Baumgärtner* Delikts- und Schadensersatzrecht, 9. Aufl. 2016, S. 277; s. noch *Foerste* FS Graf von Westphalen, 2010, S. 161, 167 ff., 180 f. Zur Gegenmeinung s. sogleich im Text.

71 Für die **Konkurrenz von Ansprüchen** des Vermieters wegen Veränderung und Verschlechterung der vermieteten Sache **aus Vertrag** mit solchen aus **unerlaubter Handlung** entspricht dies der st. Rspr. des BGH, der die kurze Verjährungsfrist des § 548 auch auf außervertragliche Ansprüche anwendet.[99]

72 Für die hier vertretene **Anwendung des § 438 auf konkurrierende Deliktsansprüche** spricht, dass der Gesetzgeber mit § 438 eine Regelung gefunden hat, die das Interesse des Käufers an einer ausreichend bemessenen Frist zur Geltendmachung von Mängelansprüchen und dasjenige des Verkäufers an einer raschen Abwicklung von Gewährleistungsansprüchen austariert.[100] Diese Wertung soll nicht durch die Anwendung der §§ 195, 199 unterlaufen werden. Hiergegen kann auch nicht eingewandt werden, dass der Käufer durch die Anwendung von § 438 unbillig benachteiligt wird.[101] Dass er verjährungsrechtlich schlechter steht als ein vertragsfremder Dritter, liegt in der Natur des Schuldverhältnisses; schließlich hat er sich seinen Vertragspartner selbst ausgesucht.[102] Überdies ist der Käufer einer gewöhnlich für den privaten Ge- oder Verbrauch bestimmten Sache ausreichend durch das insoweit vorrangige ProdHaftG geschützt (s. dazu → Rn. 76).

73 Damit können insb. nach Ablauf der Verjährungsfrist des § 438 Abs. 1 Nr. 3 auch keine deliktischen Ansprüche wegen „**Weiterfresserschäden**" durchgesetzt werden. Freilich sprechen die besseren Argumente dafür, die Ausbreitung des Mangels innerhalb der Kaufsache schon nicht als Eigentumsverletzung zu qualifizieren, sondern von Anfang an eine fehlerhafte Gesamtlieferung anzunehmen.[103] Doch selbst wenn man mit der bislang hM weiterhin eine Eigentumsverletzung bejahen wollte,[104] muss auch hier die Verjährungsfrist des § 438 Abs. 1 Nr. 3 Anwendung finden.

74 Treffen die gewährleistungsrechtlichen Ansprüche nach § 437 Nr. 3 mit dem Anspruch aus § 1 Abs. 1 ProdHaftG zusammen (→ Rn. 73), wird die kurze Frist des § 438 Abs. 1 Nr. 3 allerdings auch weiterhin durch die vorrangige Regelung der §§ 12, 13 ProdHaftG verdrängt.[105] Diese setzen Art. 10, 11 der Produkthaftungsrichtlinie[106] in deutsches Recht um und sind daher wegen des Vorrangs des Gemeinschaftsrechts auch dann anzuwenden, wenn es sich um einen eigentlich § 438 Abs. 1 Nr. 3 unterfallenden Gewährleistungsanspruch handelt.

75 **c) Ausnahme.** Von den vorstehenden Überlegungen zur Anspruchskonkurrenz ist eine Ausnahme zu machen: Sind die besonders schützenswerten Rechtsgüter des Lebens, des Körpers, der Gesundheit und der Freiheit betroffen, kann § 438 Abs. 1 nicht auf deliktische Schadensersatzansprüche erstreckt werden. Das Interesse des Verkäufers, aus dem Rechtsgeschäft nach Ablauf fester Fristen nicht mehr in Anspruch genommen zu werden, ist nur so lange schützenswert, als der Käufer hierdurch nicht außer Verhältnis belastet wird. Zieht die Mangelhaftigkeit der Kaufsache **Personenschäden** nach sich, ginge die ausschließliche Anwendbarkeit der kurzen Verjährung auch auf Deliktsansprüche einseitig zulasten des Gläubigers. Für eine abweichende Lösung spricht auch der Umstand, dass das Leben, der Körper, die Gesundheit und die Freiheit in § 199 Abs. 2 durch eine dreißigjährige absolute Frist in besonderem Maß geschützt werden. In Fällen der vorgenannten Art muss daher auch weiterhin von der freien Anspruchskonkurrenz zwischen deliktischer und gewährleistungsrechtlicher Haftung ausgegangen werden.[107]

---

99 Vgl. etwa BGH MDR 2014, 454 (455); NJW 2006, 2399 mwN.

100 Näher *Mansel/Budzikiewicz* § 5 Rn. 6 ff., kritisch zur Verjährung gewährleistungsrechtlicher Schadensersatzansprüche *Mansel/Budzikiewicz* § 5 Rn. 17 ff.; ablehnend zu § 438 *Rühl* AcP 207 (2007), 614 ff., 649 f.

101 So *Canaris*, in: Lorenz, Karlsruher Forum 2002: Schuldrechtsmodernisierung, S. 5, 97.

102 In der Wertung im Grundsatz anders BGH NJW-RR 1993, 1113 (1114); KG NJW 2004, 1872 (1874 f.): Verjährungserstreckung nur, soweit das Integritätsinteresse des Käufers völlig deckungsgleich mit seinem Äquivalenzinteresse ist.

103 Für eine Aufgabe der Rechtsfigur des „Weiterfresserschadens" ua *Mansel/Budzikiewicz* § 5 Rn. 146 ff.; *Grigoleit* ZGS 2002, 78 (79 f.); *Jauernig/Berger* BGB § 437 Rn. 36; BeckOK BGB/*Förster* § 823 Rn. 140; *Bors* WM 2002, 1780 (1784); *Brüggemeier* WM 2002, 1376 (1384 f.); *Tettinger* JZ 2006, 641; weitere Nachw. bei *Schulze/Ebers* JuS 2004, 462 (465);

offengelassen in OLGR Düsseldorf 2009, 349; s. noch *Foerste* FS Graf von Westphalen, 2010, S. 161, 167 ff., 180 f.

104 So *Canaris*, in: Lorenz, Karlsruher Forum 2002: Schuldrechtsmodernisierung, S. 5, 96 f.; *Reinicke/Tiedtke* Kaufrecht, 8. Aufl. 2009, Rn. 951 ff.; *Staudinger* ZGS 2002, 145 (146); *Schudnagies* NJW 2002, 396 (400); *R. Koch* AcP 203 (2003), 603, 615 ff.; *Gsell* NJW 2004, 1913 (1915); *Masch/Herwig* ZGS 2005, 24.

105 Vgl. dazu *H. Roth* JZ 2001, 543 (544); *R. Koch* AcP 203 (2003), 603, 619 f.

106 Richtlinie 85/374/EWG des Rates v. 25.7.1985.

107 Zust. *Fuchs/Pauker/Baumgärtner* Delikts- und Schadensersatzrecht, 9. Aufl. 2016, S. 251. Ein solches Ergebnis hat auch das Land Niedersachsen für sachgerecht gehalten, in der Beratungsniederschrift des Bundesrates v. 18.6.2001 (unveröffentlicht), C. Nr. 98. Eine entsprechende Lösung befürwortet im Werkvertragsrecht offenbar auch *H. Roth* JZ 2001, 543 (544).

§ 196 Verjährungsfrist bei Rechten an einem Grundstück

Ansprüche auf Übertragung des Eigentums an einem Grundstück sowie auf Begründung, Übertragung oder Aufhebung eines Rechts an einem Grundstück oder auf Änderung des Inhalts eines solchen Rechts sowie die Ansprüche auf die Gegenleistung verjähren in zehn Jahren.

Literatur: *Gerken*, Für Grundstücksvermächtnisse gilt § 196 BGB nicht, ZErb 2019, 91; *Lüneborg*, Die Verjährung von Ersatz, Hilfs- und Nebenansprüchen, NJW 2012, 2145; *Kreikenbohm/Niederstetter*, Zur Verjährung von durch Grundschulden gesicherten Darlehen, WM 2008, 718.

A. Allgemeines 1
  I. Allgemeines 1
  II. Grundregeln des Europäischen Vertragsrechts ... 4
B. Regelungsgehalt 5
  I. Erfasste Ansprüche 5
    1. Leistungsansprüche 5
      a) Anspruchsinhalt 9
      b) Grundstücke 10
      c) Recht an einem Grundstück 14
      d) Natur des Anspruchs 18

  e) Erweiternde Auslegung auf Besitzverschaffungsansprüche 20
  2. Gegenleistungsansprüche 22
    a) Fristengleichheit 23
    b) Gegenleistungsverhältnis 24
    c) Fehlen von Gegenleistungsansprüchen 27
    d) Erfüllte Leistungsansprüche 28
    3. Sekundäransprüche 29
  II. Verjährungsbeginn 31

A. Allgemeines

I. Allgemeines

§ 196 erhielt seine heutige Fassung durch das SchuldRModG 2002.[1] Die Norm wurde wegen der Absenkung der Regelverjährungsfrist von dreißig auf drei Jahre erforderlich. Für die von § 196 erfassten Ansprüche galt bis dahin grundsätzlich die lange, kenntnisunabhängige (s. zu diesem Begriff → Vor §§ 194–218 Rn. 5) Regelverjährung der §§ 195, 198 S. 1 aF. An einer längeren, objektiv bestimmten Verjährungsfrist wollte der Reformgesetzgeber – nach einigem Zögern – für die von § 196 erfassten Ansprüche grundsätzlich festhalten. Die Norm **entspricht** daher im Rahmen ihres sachlichen Anwendungsbereichs dem **früheren Recht** mit der wichtigen **Modifizierung**, dass die alte dreißigjährige Verjährungsfrist auf **zehn Jahre** abgesenkt wurde. **1**

Der Reformgesetzgeber konnte sich nicht den Forderungen anschließen, die lange Frist des § 196 auf dreißig Jahre – wie es dem früheren Recht entsprochen hätte – zu bemessen. Er erachtet eine Zeitspanne von zehn Jahren als ausreichende **Überlegungsfrist**. Das erscheint nicht in allen Fällen sachgerecht (→ Rn. 28). Der Gesetzgeber wollte aber wohl einen Gleichlauf zur Maximalverjährungsfrist des § 199 Abs. 3 Nr. 1 und Abs. 4 herstellen. **2**

Der Verjährungsbeginn richtet sich nach § 200 (→ Rn. 31). **3**

II. Grundregeln des Europäischen Vertragsrechts

Die Grundregeln des Europäischen Vertragsrechts (→ Vor §§ 194–218 Rn. 20 ff.) sehen keine Entsprechung zu § 196 vor. Ansprüche, die in den sachlichen Anwendungsbereich des § 196 fallen, unterliegen nach den Grundregeln der dreijährigen (kenntnisabhängigen, s. den Hemmungstatbestand des Art. 14:301) Regelverjährung des Art. 14:201. **4**

B. Regelungsgehalt

I. Erfasste Ansprüche

1. Leistungsansprüche. Mit der in § 196 statuierten Frist von zehn Jahren soll insbesondere den **Besonderheiten** von Verträgen Rechnung getragen werden, die Grundstücke und/oder Rechte an Grundstücken zum Inhalt haben. **5**

Diese Besonderheiten bestehen aus der Sicht des Gesetzgebers[2] einmal darin, dass die Durchsetzbarkeit solcher Ansprüche nicht allein vom Willen der Vertragsparteien abhängt. Zusätzlich ist für die Erfüllung der Ansprüche auf Vornahme der Verfügung die Eintragung in das Grundbuch maßgeblich. Hier können erhebliche Zeitverzögerungen auftreten. Der Gläubiger soll deshalb nicht gezwungen sein, voreilig gegen den **6**

---

1   Zur Entstehungsgeschichte vgl. *Mansel* AnwK-SchuldR, 2002, BGB § 196 Rn. 4 f.

2   S. zum Folgenden BT-Drs. 14/6040, S. 105; gegen diese Überlegungen aber *Zimmermann/Leenen/Mansel/Ernst* JZ 2001, 684 (692 f.).

Schuldner vorzugehen, der selbst leistungsbereit ist und auch alles zur Erfüllung Erforderliche getan hat. So kann insbesondere beim Kauf eines noch **nicht vermessenen Grundstücks** längere Zeit verstreichen, bis das Grundstücksvermessungsergebnis in das Kataster eingetragen wird. Verzögerungen können sich auch durch die vom Finanzamt zu erteilende **Unbedenklichkeitsbescheinigung** ergeben, wenn der Käufer über die Höhe der Grunderwerbsteuer mit dem zuständigen Finanzamt streitet. Hinzu kommen immer wieder Verzögerungen, die sich aus der Belastung der Registergerichte ergeben.

7   Ein weiterer Anwendungsfall des § 196 ist die **„stehengelassene" Grundschuld**.[3] Ist zur Sicherung eines Darlehens zugunsten des Kreditinstituts eine Grundschuld eingetragen, so wird mit der Tilgung des Darlehens regelmäßig auch der Rückgewähranspruch hinsichtlich der Grundschuld aus dem Sicherungsvertrag fällig. In der Praxis verzichtet der Sicherungsgeber oftmals darauf, seinen Übertragungs-, Verzichts- oder Aufhebungsanspruch geltend zu machen,[4] denn das Grundpfandrecht kann für einen erneuten Kreditbedarf verwendet und dann unmittelbar auf den neuen Kreditgeber übertragen werden. Kosten einer Abtretung fallen dann nicht an. Der aus dem Sicherungsvertrag folgende Anspruch auf Rückgewähr einer Sicherungsgrundschuld verjährt nach §§ 196, 200 S. 1 in zehn Jahren ab Entstehung des Anspruchs.[5]

8   Eine ähnliche Konstellation ergibt sich für **Dienstbarkeiten**, die eine vertragliche Bezugsverpflichtung oder Ähnliches sichern sollen. Solche Dienstbarkeiten werden nicht selten erst mit langer Verzögerung gelöscht.[6] Gleiches gilt etwa für Abstandsflächendienstbarkeiten.[7] Sie sind dann zurückzugewähren, wenn die bauordnungsrechtlichen Voraussetzungen für deren Bestellung weggefallen sind. Das wird dem Eigentümer des dienenden Grundstücks häufig nicht sofort bewusst. In allen vorgenannten Fällen müsste die gesetzliche Verjährungsfrist formularmäßig verlängert werden, um sachgerechte Ergebnisse zu erzielen. Eine gesetzliche Verjährungsfrist ist aber nicht sachgerecht, wenn sie in der Praxis ausnahmslos verlängert werden wird.[8] Daher erscheint die Regelung des § 196 sachgerecht.

9   **a) Anspruchsinhalt.** Die besondere Verjährungsfrist des § 196 erfasst alle Ansprüche, die auf Übertragung des Eigentums an einem Grundstück oder auf Begründung, Übertragung oder Aufhebung eines Rechts an einem Grundstück oder auf Änderung des Inhalts eines solchen Rechts gerichtet sind. Gemeint sind damit Ansprüche, welche die Verpflichtung zur Vornahme einer Verfügung (Belastung, Inhaltsänderung, Übertragung, Aufhebung)[9] über ein Grundstück oder ein Recht an einem Grundstück oder die Begründung eines Rechts an einem Grundstück zum Inhalt haben. Beispielsfälle sind der Anspruch nach § 433 Abs. 1 S. 1 auf Übereignung eines Grundstücks oder der Anspruch aus einem Sicherungsvertrag auf Begründung eines Grundpfandrechts an einem Grundstück oder bei einem bereits bestehenden Grundpfandrecht auf dessen Aufhebung oder Rückgewähr wegen Wegfalls des Sicherungszwecks.

10   **b) Grundstücke.** Das Gesetz spricht vom „Eigentum an einem Grundstück" und dem „Recht an einem Grundstück".

11   Ein **Miteigentumsanteil** an einem Grundstück ist „Eigentum an dem Grundstück", denn Verfügungen über einen Miteigentumsanteil unterliegen den §§ 741 ff. (insbesondere § 747), den §§ 1008 ff. (insbesondere § 1009 Abs. 2) und zudem allen Vorschriften über das Alleineigentum.[10] Auf Ansprüche der in § 196 genannten Art, die sich auf einen Miteigentumsanteil an einem Grundstück beziehen, ist § 196 daher anwendbar.

12   Gleiches gilt für das **Wohnungs- und Teileigentum** (§ 1 Abs. 1 WEG), denn es ist ein besonders ausgestaltetes Miteigentum im Sinne der §§ 1008 ff. (s. § 3 Abs. 1, 6 WEG).[11] Das Wohnungseigentum kann selbstständig belastet werden.[12]

3   S. zum Folgenden BT-Drs. 14/6040, S. 105; differenzierend und materiellrechtliche Lösungen ansprechend *Zimmermann/Leenen/Mansel/Ernst* JZ 2001, 684 (693); insoweit positiver hingegen *Mansel* S. 333, 354 f.

4   S. näher *Amann* Sonderheft Notartag DNotZ 1993, 83 (89 f.); *R. Stürner* Beilage NJW 1994, 2 (5); *Mansel* S. 333, 354 f.

5   OLG Frankfurt BeckRS 2016, 117038; Jauernig/*Mansel* BGB § 196 Rn. 1; vgl. zur Verjährung des Anspruchs auf Rückgewähr der stehengelassenen Sicherungsgrundschuld auch *Budzikiewicz* ZGS 2002, 276; *dies.* ZGS 2002, 357. Zu Ansätzen, bei längerem „Stehenlassen" der Grundschuld zu interessengerechten Ergebnissen zu kommen, s. *Amann* DNotZ 2002, 94 (121) (ergänzende Vertragsausle-

gung); *Budzikiewicz* ZGS 2002, 357 (358 f.) (Verwaltungstreuhand) sowie *Hohmann* WM 2004, 757 (760) (§ 242). AA *Otte* ZGS 2002, 57 f. (Unverjährbarkeit).

6   *Amann* Sonderheft Notartag DNotZ 1993, 83 (89 f.).

7   Bundesrat, Niederschrift der Beratung der Beschlussempfehlung, 18.6.2001 (unveröffentlicht), unter C 2 (zu § 196).

8   *Mansel* S. 333, 355.

9   S. zu der Definition der Verfügung Jauernig/*Mansel* BGB Vor § 104 Rn. 10.

10   Zu Letzterem s. BGHZ 36, 365, 368.

11   Weitnauer/*Briesemeister*, 9. Aufl. 2004, Vor § 1 WEG Rn. 25 ff. mwN.

12   Weitnauer/*Briesemeister*, 9. Aufl. 2004, § 3 WEG Rn. 107 ff.

Einem Grundstück stehen auch im Rahmen des § 196 die **grundstücksgleichen Rechte** gleich, da sie for- **13** mell und materiell wie Grundstücke behandelt werden. Daher fallen insbesondere die entsprechenden Ansprüche mit Bezug auf ein **Erbbaurecht** (§ 11 Abs. 1 ErbbauRG[13]), das Bergwerkseigentum (§ 9 Abs. 1 BBergG) oder die grundstücksgleichen Rechte im Sinne des Art. 196 EGBGB unter die Verjährungsfrist des § 196.

c) Recht an einem Grundstück. Rechte an einem Grundstück sind beschränkte dingliche Rechte, welche **14** das Grundeigentum belasten[14] bzw. das Miteigentum/den Miteigentumsanteil an einem Grundstück (→ Rn. 11), das Wohnungs- oder Teileigentum (→ Rn. 12) oder ein grundstücksgleiches Recht (→ Rn. 13). Beschränkte dingliche Rechte sind insbesondere:

- die Grunddienstbarkeit (§§ 1018 ff.),
- die beschränkte persönliche Dienstbarkeit (§§ 1090 ff.),
- das Wohnungsrecht (§ 1093),
- der Nießbrauch (§§ 1030 ff.),
- das dingliche Vorkaufsrecht (§§ 1094 ff.),
- die Reallast (§§ 1105 ff.),
- die Hypothek (§§ 1113 ff.),
- die Grundschuld (§§ 1191 ff.),
- die Rentenschuld (§ 1191 ff.),
- das Erbbaurecht (§§ 1 ff. ErbbauRG, § 38 ErbbauRG iVm § 1017 aF),
- das Wohnungserbbaurecht (§ 30 WEG),
- das Dauerwohnungsrecht (§§ 31 Abs. 1, 32 ff. WEG) und
- das Dauernutzungsrecht (§§ 31 Abs. 2, 3, 32 ff. WEG).

Hinzu treten auch **landesrechtliche Rechte**, etwa Abbaurechte nach Art. 68 EGBGB, ferner Rechte nach **15** Art. 184 EGBGB.

§ 196 unterliegen auch Ansprüche auf Eintragung der Vereinbarungen oder auf Eintragung der Ansprüche **16** im Sinne des **§ 1010**.

Auf die **Bereinigungsansprüche** des Nutzers und des Grundstückseigentümers nach § 32, § 61 Sachen- **17** RBerG ist § 196 analog anzuwenden. Die Ansprüche sind zwar nicht auf Verschaffung dinglicher Rechte gerichtet, sondern auf Annahme eines Angebots für einen Grundstückskauf- oder einen Erbbaurechtsbestellungsvertrag nach Maßgabe des SachenRBerG. Damit zielen sie aber nicht auf Abschluss des Vertrags als solchen ab, sondern auf die Verschaffung des Eigentums bzw. des Erbbaurechts, zu der sich der Grundstückseigentümer in dem Vertrag zu verpflichten hat. Darin liegt eine Vergleichbarkeit zu dem in § 196 normierten Anspruch auf Verschaffung eines dinglichen Rechts.[15] Scheitern die primären Bereinigungsansprüche nach § 32, § 61 SachenRBerG an der Einrede der Verjährung, sind nach Rechtsprechung des BGH die §§ 29 Abs. 5 und 81 SachenRBerG entsprechend anwendbar; die danach begründeten sekundären Bereinigungsansprüche sollen nach § 196 analog ebenfalls in zehn Jahren verjähren.[16]

d) Natur des Anspruchs. Es ist grundsätzlich unerheblich, woraus sich der Anspruch im Sinne von § 196 **18** auf Vornahme einer Verfügung bzw. Begründung eines Rechts an einem Grundstück (→ Rn. 9) ergibt, ob aus einem Schuldvertrag (zB einem Kauf[17] oder einer Schenkung) oder aus dem Gesetz (wie zB aus § 812 = Herausgabe der ungerechtfertigten Bereicherung; aus §§ 677, 681 S. 2, 667 = Herausgabe des aus der Geschäftsführung ohne Auftrag Erlangten; aus § 313 = Störung der Geschäftsgrundlage).[18] Auch der Anspruch aus einem Grundstücksvermächtnis unterliegt § 196.[19] Die Ratio der Norm ist zwar auf vertragliche Leistungsansprüche ausgerichtet (Anwendungsbeispiele unter → Rn. 6 ff.), doch macht der Normtext die Begrenzung des Normzwecks nicht deutlich. Zudem können im Einzelfall auch bei gesetzlichen Leistungsansprüchen, die einen von § 196 vorausgesetzten Inhalt haben, gleichgerichtete Interessenlagen wie bei vertraglichen Leistungsansprüchen bestehen.

Im Einzelfall können mehrere Verjährungsfristen gleichzeitig anwendbar sein (s. dazu und zu Fragen der **19** Spezialität → § 195 Rn. 53).

---

13 Dies gilt nicht für den (dinglichen oder schuldrechtlichen) Erbbauzinsanspruch; dieser unterliegt der regelmäßigen Verjährung des § 195, vgl. BGH NJW 2010, 224 unter Hinweis auf die Notwendigkeit eines Gleichlaufs mit der Regelung des § 197 Abs. 2.

14 S. nur Jauernig/*Berger* BGB Vor § 854 Rn. 6, Vor § 1113 Rn. 1.

15 BGH WuM 2015, 101 Rn. 22; NJOZ 2018, 646 (650); ebenso bereits *Czub/Schmidt-Räntsch* ZfIR 2007, 517 (519 f.).

16 BGH NJOZ 2018, 646 (650 f.).

17 Zum Wiederkauf s. BGH NJW 2012, 2504 (2506).

18 BGH NJW 2016, 629 (630); NJW 2015, 1014 (1016): Anspruch auf Vertragsanpassung nach einer Grundstücksschenkung von Schwiegereltern.

19 OLG München FamRZ 2018, 778 (780); BeckOK BGB/*Henrich* § 196 Rn. 4; Staudinger/*Peters/Jacoby* BGB § 196 Rn. 20; aA *Gerken* ZErb 2019, 91.

20   **e) Erweiternde Auslegung auf Besitzverschaffungsansprüche.** § 196 betrifft Ansprüche auf **Übertragung des Eigentums** an einem Grundstück. Die Vorschrift erfasst nicht auch Ansprüche auf Übergabe des Grundstücks. Diese verjähren – wie zB der Übergabeanspruch aus § 433 Abs. 1 S. 1 Alt. 1 – regelmäßig nach §§ 195, 199 Abs. 1, 4 in drei Jahren. Daher kann die Situation entstehen, dass der Anspruch gem. § 433 Abs. 1 S. 1 Alt. 2 auf Verschaffung des Eigentums an dem Grundstück nach § 196 noch nicht verjährt ist, der aus § 433 Abs. 1 S. 1 Alt. 1 auf Grundstücksübergabe hingegen schon. Nach §§ 925, 873 setzt die Übereignung eines Grundstücks nur die Auflassung und die Eintragung, nicht aber die Übergabe des Grundstücks voraus. Der Käufer müsste dann zuerst auf Eigentumsverschaffung klagen und danach aus seinem Eigentumsrecht vorgehen.

21   Es wäre unter diesen Voraussetzungen allerdings sinnwidrig, wenn sich der Verkäufer auf die Verjährung des Übergabeanspruchs berufen könnte. Man könnte daher annehmen, dass dem Schuldner die Erhebung der Verjährungseinrede hinsichtlich des Übergabeanspruchs nach **Treu und Glauben** (§ 242) verwehrt ist. Sachgerechter erscheint es aber, in einem solchen Fall die zehnjährige Verjährungsfrist auf diejenigen Übergabeansprüche zu erstrecken, die zu dem nicht verjährten Übereignungsanspruch parallel hinzutreten und dem gleichen Zweck wie dieser dienen. Diese **erweiternde Auslegung** des § 196 ist zutreffend, weil sie den Rückgriff auf die Generalklausel des § 242 vermeidet und die ratio des § 196 verwirklicht.[20]

22   **2. Gegenleistungsansprüche.** § 196 erfasst auch die entsprechenden Gegenleistungsansprüche, um ein zu starkes **Auseinanderfallen**[21] der **Verjährungsfristen** und damit eine ungerechtfertigte Privilegierung des Kaufpreisschuldners zu verhindern.[22] Dessen Schuld verjährte ansonsten nach § 195 in drei Jahren.[23] Im Falle noch nicht erbrachter Leistungen würde das zwar nicht dazu führen, dass die in § 196 bezeichneten Ansprüche nach Verjährung der Gegenleistungsansprüche noch erfüllt werden müssten. Dem stünde § 320 entgegen,[24] auf den sich der Grundstückverkäufer gem. § 215 auch im Falle der Verjährung seines Anspruchs auf die Kaufpreiszahlung berufen könnte. Doch würde das Zurückbehaltungsrecht dauerhaft bestehen. Solche Verträge könnten wegen des dauernden Leistungsverweigerungsrechts nicht beendet werden.

23   **a) Fristengleichheit.** Die zehnjährige Verjährungsfrist des § 196 erfasst ferner die mit den Leistungsansprüchen im Sinne von → Rn. 9 ff. (im Folgenden nur: Leistungsansprüche) jeweils korrespondierenden Ansprüche auf die Gegenleistung. Dadurch soll eine unterschiedliche Verjährung von **synallagmatischen Vertragsansprüchen** vermieden werden.

24   **b) Gegenleistungsverhältnis.** Es ist durch **Vertragsauslegung** zu bestimmen, ob ein Gegenleistungsanspruch besteht (s. noch unten → Rn. 27). Durch Auslegung des Vertrages ist weiter zu ermitteln, welcher Anspruch in einem Gegenseitigkeitsverhältnis zu dem Leistungsanspruch im Sinne des § 196 steht. Das kann im Einzelfall bei komplexen Verträgen mit differenzierten Leistungsverpflichtungen nicht einfach festzustellen sein.

25   Entsprechende Probleme ergeben sich im Zusammenhang mit **Bauträgerverträgen**.[25] Schuldet der Bauträger nicht nur die Errichtung des Gebäudes, sondern auch die Bereitstellung oder Beschaffung eines entsprechenden Grundstücks, so stellt sich die Frage, welcher Verjährungsfrist der Gegenleistungsanspruch im Einzelnen unterliegt. Bei einer **Aufteilung** des Kaufpreises auf die verschiedenen zu erbringenden Leistungen (Grundstück, Hausbau) ergibt sich unproblematisch eine Verjährung des Anspruchs auf den Teil der Gegenleistung, der für den Grundstückserwerb vorgesehen ist, gem. § 196 in zehn Jahren; die Werklohnforderung für die Errichtung des Gebäudes verjährt hingegen gem. §§ 195, 199 Abs. 1, 4 in (kenntnisabhängigen) drei Jahren.[26] Schwierigkeiten ergeben sich allerdings dann, wenn eine solche Aufteilung nicht vorgenommen wurde und nur ein Gesamtpreis ausgewiesen ist. Eine pauschale Anwendung des § 196 verbietet sich, da der Erwerber hierdurch benachteiligt würde, denn dessen Gewährleistungsansprüche wegen Werkmängel verjähren bereits nach §§ 634a Abs. 1 Nr. 2, Abs. 2, 646 in fünf Jahren ab Vollendung des Werks.[27] So bleibt es

20   So auch Soergel/*Niedenführ* BGB § 196 Rn. 4; BeckOK BGB/*Henrich* § 196 Rn. 9; Erman/*Schmidt-Räntsch* BGB § 196 Rn. 8; MüKoBGB/*Grothe* § 196 Rn. 6; BeckOGK/*Piekenbrock* BGB § 196 Rn. 13; aA Palandt/*Ellenberger* BGB § 196 Rn. 6, der dem Käufer mit § 215 helfen will, sowie Staudinger/*Peters/Jacoby* BGB § 196 Rn. 7; offengelassen von Jauernig/*Mansel* BGB § 196 Rn. 6.

21   Für jeden der beiden Ansprüche wird der Verjährungsbeginn gesondert nach der jeweiligen Entstehung des Anspruchs bestimmt (§ 200 S. 1), so dass der Fristenlauf nicht zwingend völlig identisch ist.

22   S. BGH NJW 2014, 1000 für Anspruch auf Teilauskehrung des Erlöses bei einem Grundstückverkauf

im Rahmen eines Überlassungsvertrages gegen Versorgungsversprechen.

23   S. dazu und zum Folgenden die Beschlussempfehlung und den Bericht des Rechtsausschusses (6. Ausschuss), BT-Drs. 14/7052, S. 179 (zu § 196).

24   S. bereits *Zimmermann/Leenen/Mansel/Ernst* JZ 2001, 684 (693) mit Fn. 113.

25   Näher *Mansel/Budzikiewicz* § 4 Rn. 32–37.

26   S. auch BeckOK BGB/*Henrich* § 196 Rn. 4.

27   So aber Staudinger/*Peters/Jacoby* BGB § 196 Rn. 11; *Brambring* DNotZ 2001, 904 (905); *Amann* DNotZ 2002, 94 (116) und wohl auch Amann/Brambring/*Hertel* Vertragspraxis nach neuem Schuldrecht, 2. Aufl. 2003, S. 535.

dabei, dass stets – durch Auslegung, notfalls auch durch Sachverständigengutachten – eine Aufteilung der für die einzelnen Leistungen geschuldeten Gegenleistungen vorgenommen werden muss.[28]

Gegenleistungsansprüche sind **nicht nur Zahlungsansprüche**. Sie können auch auf alle anderen Leistungen gerichtet sein, etwa beim Grundstückstausch (§§ 480, 433) auf Übereignung und Übergabe eines anderen Grundstücks. **26**

c) Fehlen von Gegenleistungsansprüchen. § 196 ist auf den Leistungsanspruch auch dann anwendbar, wenn ein Gegenleistungsanspruch fehlt. Das ergibt sich aus dem **Normzweck** (→ Rn. 5 ff.). Ein Gegenleistungsanspruch fehlt grundsätzlich bei einem Sicherungsvertrag, aus welchem sich etwa der Anspruch auf Rückgewähr einer Grundschuld nach endgültigem Wegfall des Sicherungszwecks ergibt. Der Sicherungsvertrag ist kein gegenseitiger Vertrag.[29] Ein Gegenleistungsanspruch fehlt beispielsweise auch bei der Grundstücksschenkung (§§ 516, 518) oder dann, wenn der Leistungsanspruch auf einem gesetzlichen Schuldverhältnis beruht (→ Rn. 18). **27**

d) Erfüllte Leistungsansprüche. Nach dem Wortlaut des § 196 verjähren Gegenleistungsansprüche in der Zehnjahresfrist **unabhängig** davon, **ob** der korrespondierende Leistungsanspruch bereits **erfüllt** wurde oder nicht. Davon ist auszugehen, auch wenn dieses Ergebnis nicht sachgerecht ist; denn es ist vom Normzweck nicht gedeckt: Gegenleistungsansprüche hat der Gesetzgeber dem § 196 nur deshalb unterstellt, weil er die dauerhafte Berufung auf ein Zurückbehaltungsrecht und damit die Nichtbeendigung des Vertrages vermeiden wollte (näher → Rn. 22). Ist der Leistungsanspruch bereits erfüllt, dann kann sich eine solche Situation nicht ergeben. Doch ist die Rechtsfolgenanordnung des § 196 eindeutig. Ansonsten hätte der Gesetzgeber statt der Einbeziehung des Gegenleistungsanspruchs in § 196 eine entsprechende Einschränkung des § 215 (→ Rn. 22) vorsehen müssen.[30] Diesen Weg hat er nicht gewählt. **28**

3. Sekundäransprüche. Nach der Rechtsprechung des **BGH unterliegen** § 196 nicht nur die Leistungsansprüche und Gegenleistungsansprüche selbst, sondern **auch** die **Sekundärleistungsansprüche**, die im Falle einer Leistungsstörung an die Stelle des primären Leistungs- bzw. Gegenleistungsanspruchs treten.[31] Gleiches gilt für Rückgewähransprüche aus § 313 BGB infolge Störung der Geschäftsgrundlage einer Grundstücksschenkung.[32] Das kann kritisch gesehen werden, denn § 196 ordnet eine längere Verjährung zum einen deshalb an, weil die termingerechte Erfüllung der Leistungsansprüche im Sinne des § 196 nicht alleine von dem Willen der Vertragsparteien abhängt, und zum anderen, weil einige der erfassten Ansprüche in der Rechtspraxis häufig über mehrere Jahre hinweg aus sachgerechten Gründen nicht verfolgt werden. § 196 bezweckt stets die Durchführung der geschuldeten Verfügung bzw. der geschuldeten Begründung eines beschränkten dinglichen Rechts, nicht aber die Erbringung von Ersatzleistungen (zB Schadensersatz). Vorzugswürdig wäre daher eine Geltung der §§ 195, 199 bzw. der spezielleren gewährleistungsrechtlichen Verjährungsvorschriften (zB § 438) für Sekundäransprüche.[33] **29**

§ 196 gilt **nicht für bereicherungsrechtliche Ansprüche**, die bei Nichtigkeit eines Vertrags wegen Verstoßes gegen das Koppelungsverbot des § 11 Abs. 2 S. 2 BauGB entstehen.[34] **30**

II. Verjährungsbeginn

Die Verjährung des § 196 beginnt nach § 200 S. 1 mit der Anspruchsentstehung. Der Zeitpunkt der Anspruchsentstehung ist für jeden einzelnen Anspruch zu bestimmen. Er kann daher für einen Leistungsanspruch und einen dazugehörigen Gegenleistungsanspruch auseinanderfallen. **31**

§ 197 Dreißigjährige Verjährungsfrist

(1) In 30 Jahren verjähren, soweit nicht ein anderes bestimmt ist,

1. **Schadensersatzansprüche, die auf der vorsätzlichen Verletzung des Lebens, des Körpers, der Gesundheit, der Freiheit oder der sexuellen Selbstbestimmung beruhen,**

---

28 Vgl. auch OLG München 16.2.2015 – 9 U 3997/14 Bau (Hinweisbeschluss: Restwerklohnanspruch aus einem Bauträgervertrag verjährt nach §§ 195, 199).
29 Palandt/*Herrler* BGB § 1191 Rn. 15.
30 AA MüKoBGB/*Grothe* § 196 Rn. 5.
31 BGH NJW-RR 2008, 824; NJW 2011, 218 (219 f.) (für § 528); OLG Rostock ZGS 2007, 272; ebenso MüKoBGB/*Grothe* § 195 Rn. 41 für die Fälle, in denen der Ersatzanspruch ebenfalls auf die Übertra-

gung von Eigentum gerichtet ist, sowie Erman/*Schmidt-Räntsch* BGB § 196 Rn. 4 und Palandt/*Ellenberger* BGB § 196 Rn. 5. Eingehend dazu *Lüneborg* NJW 2012, 2145 (2146 ff.).
32 BGH NJW 2015, 1014 (1017).
33 So – vor der Entscheidung BGH NJW-RR 2008, 824 – auch LG Rottweil NJW-RR 2007, 452 (453).
34 Vgl. BGH NJW 2010, 297.

2. **Herausgabeansprüche aus Eigentum, anderen dinglichen Rechten, den §§ 2018, 2130 und 2362 sowie die Ansprüche, die der Geltendmachung der Herausgabeansprüche dienen,**
3. **rechtskräftig festgestellte Ansprüche,**
4. **Ansprüche aus vollstreckbaren Vergleichen oder vollstreckbaren Urkunden,**
5. **Ansprüche, die durch die im Insolvenzverfahren erfolgte Feststellung vollstreckbar geworden sind, und**
6. **Ansprüche auf Erstattung der Kosten der Zwangsvollstreckung.**

(2) Soweit Ansprüche nach Absatz 1 Nr. 3 bis 5 künftig fällig werdende regelmäßig wiederkehrende Leistungen zum Inhalt haben, tritt an die Stelle der Verjährungsfrist von 30 Jahren die regelmäßige Verjährungsfrist.

Literatur: *Dilger*, Zur Verjährung des aus einer rechtskräftigen gerichtlichen Kostengrundentscheidung folgenden prozessualen Kostenerstattungsanspruchs, JurBüro 2006, 291; *Haas/Schulze*, Urteilsvertretendes Anerkenntnis und Verjährung, FS Graf von Westphalen, 2010, S. 253; *Holtmeyer*, Die Verjährung von Ansprüchen im Recht der Erbengemeinschaft, ZEV 2013, 53; *Magnus/Wais*, Unberechtigter Besitz und Verjährung, NJW 2014, 1270; *Stamm*, Die Verjährung des zivilprozessualen Kostenerstattungsanspruchs, NJW 2020, 873.

A. Allgemeines 1
 I. Dreißigjährige Fristen (Abs. 1) 1
 II. In vollstreckbarer Form festgestellte, regelmäßig wiederkehrende Leistungen (Abs. 2) 4
B. Regelungsgehalt 9
 I. Dreißigjährige Fristen (Abs. 1) 9
  1. Verhältnis zu anderen Verjährungsnormen ... 9
  2. Verhältnis zu Abs. 2 10
  3. Schadensersatzansprüche wegen vorsätzlicher Verletzung höchstpersönlicher Rechtsgüter (Nr. 1) 11
   a) Zweck 11
   b) Erfasste Ansprüche 12
   c) Anwendung 13
  4. Herausgabeansprüche aus Eigentum und anderen dinglichen Rechten (Nr. 2) 15
   a) Anwendungsbereich 15
   b) Herausgabeansprüche aus dinglichen Rechten 18
    aa) Dingliche Rechte 18
    bb) Dingliche Herausgabeansprüche 19
   c) Abgrenzungsfragen 24
    aa) Verpfändung und Nießbrauch 24
    bb) Nutzungsherausgabe 27
    cc) Besitzrechtliche Herausgabeansprüche 30
    dd) Schuldrechtliche Herausgabeansprüche 31
   d) Beseitigungs- und Unterlassungsansprüche 33

   e) Rechtsfortsetzende Ausgleichsansprüche 37
   f) Herausgabeansprüche aus anderen absoluten Rechten 38
   g) Erbrechtliche Ansprüche (Nr. 2) 40
  5. Titelverjährung (Nr. 3–6) 44
   a) Allgemeines 44
   b) Anspruch 47
   c) Rechtskräftig festgestellte Ansprüche (Nr. 3) 48
    aa) Rechtskräftige Feststellung 48
    bb) Gerichtliche Feststellung 50
    cc) Feststellende Entscheidungen 56
   d) Ansprüche aus vollstreckbaren Vergleichen oder vollstreckbaren Urkunden (Nr. 4) 61
    aa) Vollstreckbarer Vergleich 61
    bb) Vollstreckbare Urkunde 65
   e) Feststellungen im Insolvenzverfahren (Nr. 5) 67
   f) Kosten der Zwangsvollstreckung (Nr. 6) 68
 II. Regelmäßig wiederkehrende Leistungen, Unterhalt (Abs. 2) 69
  1. Grundsatz 69
  2. Ansprüche nach Abs. 1 Nr. 3–5 70
 III. Verjährungsbeginn 79
C. Weitere praktische Hinweise 82

A. Allgemeines

I. Dreißigjährige Fristen (Abs. 1)

1 Abs. 1 statuiert eine dreißigjährige Verjährungsfrist für Schadensersatzansprüche, die auf der vorsätzlichen Verletzung des Lebens, des Körpers, der Gesundheit, der Freiheit oder der sexuellen Selbstbestimmung beruhen (Nr. 1), für Herausgabeansprüche aus Eigentum und anderen dinglichen Rechten (Nr. 2), für bestimmte erbrechtliche Ansprüche sowie die Ansprüche, die der Geltendmachung der Herausgabeansprüche dienen (Nr. 2), für in vollstreckbarer Form festgestellte Ansprüche (Nr. 3–5) sowie für Ansprüche auf Erstattung der Kosten der Zwangsvollstreckung (Nr. 6). Der Verjährungsbeginn wird durch die Entstehung des Anspruchs bestimmt (§ 200 bzw. § 201); in den Fällen des Abs. 1 Nr. 3–6 bedarf es zudem des Eintritts der im Einzelnen bestimmten Vollstreckbarkeit des Titels (§ 201). Entsprechendes galt nach §§ 195, 198, 218 Abs. 1 aF bereits vor der Verjährungsrechtsreform 2002. Wegen der Absenkung der Regelverjährung in § 195 von dreißig auf drei Jahre (→ § 195 Rn. 1) bedurfte es zur **Aufrechterhaltung des früheren Rechtszustands** der Vorschrift des Abs. 1.

2 Hierin liegt ein bedeutender Unterschied zu den **Grundregeln des Europäischen Vertragsrechts** (zu diesen → Vor §§ 194–218 Rn. 20 ff.). Sie kennen solche besonderen Fristen neben der dort bestimmten Regelverjährung (→ § 195 Rn. 1) nur in einem Fall: Für durch ein Urteil, einen Schiedsspruch oder eine andere Urkunde, die wie ein Urteil vollstreckbar ist, zugesprochene Ansprüche wird eine zehnjährige Verjährungsfrist (bei objektivem Verjährungsbeginn) vorgesehen.[1] Diese besondere Frist entspricht im Grundsatz der – allerdings dreißigjährigen – Frist des Abs. 1 Nr. 3–6. Auf **Reformforderungen** aus der Wissenschaft, die Verjährungsfrist auf zehn Jahre abzusenken,[2] ist der Reformgesetzgeber nicht eingegangen. Das Interesse eines finanziell in Not geratenen Schuldners, nach einer gewissen Zeit von Altschulden frei zu sein, um eine neue Existenz aufbauen zu können, könne nicht durch eine Verkürzung der Verjährungsfrist für rechtskräftig festgestellte Ansprüche gelöst werden. Dies sei vielmehr Aufgabe des Insolvenzrechts, das dem Schuldner die Möglichkeit einer Restschuldbefreiung einräumt. Auch der Umstand, dass der Schuldner, der Teilleistungen auf den rechtskräftigen Titel erbracht hat, in Beweisschwierigkeiten geraten könne, wenn dreißig Jahre lang vollstreckt werden dürfe, gebiete keine Verkürzung der Verjährung. Denn es müsse dem Schuldner zugemutet werden, insoweit für die Sicherung der Beweise zu sorgen.[3]

Durch das am 30.6.2013 in Kraft getretene **Gesetz zur Stärkung der Rechte von Opfern sexuellen Missbrauchs (StORMG)**[4] wurde in § 197 ein neuer Abs. 1 Nr. 1 eingefügt; die bisherige Nr. 1 wurde Nr. 2 (→ Vor §§ 194–218 Rn. 16 ff.). Nach dem neu gefassten Abs. 1 Nr. 1 gilt für vertragliche und gesetzliche Schadensersatzansprüche, die auf der **vorsätzlichen Verletzung** der Rechtsgüter **Leben, Körper, Gesundheit, Freiheit oder sexuelle Selbstbestimmung** beruhen, eine dreißigjährige Verjährungsfrist (→ Rn. 11 ff.).   3

II. In vollstreckbarer Form festgestellte, regelmäßig wiederkehrende Leistungen (Abs. 2)

Nach Abs. 2 tritt bei rechtskräftig festgestellten Ansprüchen, Ansprüchen aus vollstreckbaren Vergleichen oder vollstreckbaren Urkunden und Ansprüchen, die durch die im Insolvenzverfahren erfolgte Feststellung vollstreckbar geworden sind, an die Stelle der dreißigjährigen Verjährungsfrist die regelmäßige Verjährungsfrist des § 195, soweit die Ansprüche künftig fällig werdende regelmäßig wiederkehrende Leistungen zum Inhalt haben. Damit gilt insoweit auch die Regelung des § 199 für den Verjährungsbeginn (→ § 199 Rn. 12).[5]   4

Abs. 2 entspricht im Grundsatz (→ Rn. 70, 74) dem vor der Verjährungsrechtsreform 2002 geltenden Recht (§ 218 Abs. 2 aF). Die Regelung hat keine Entsprechung in den Grundregeln des Europäischen Vertragsrechts; sie wird mit guten Gründen für entbehrlich gehalten.[6]   5

Die ratio der Norm ist eindeutig. Eine den Schuldner übermäßig belastende **Aufsummierung** der Einzelansprüche soll vermieden werden, insb. deshalb, weil der Schuldner die Leistungen regelmäßig aus laufendem Einkommen erbringt, also einen Teil seiner regelmäßigen Einkünfte weiterreicht.   6

Bis zum 31.12.2009 sah Abs. 2 für familien- und erbrechtliche Ansprüche, die regelmäßig wiederkehrende Leistungen zum Gegenstand hatten, sowie für Unterhaltsansprüche als Ausnahme zur damals nach § 197 Abs. 1 Nr. 2 aF geltenden, dreißigjährigen Verjährungsfrist die Geltung der regelmäßigen Verjährungsfrist vor.[7]   7

Mit dem Gesetz zur Änderung des Erb- und Verjährungsrechts (→ Vor §§ 194–218 Rn. 15) wurden familien- und erbrechtliche Ansprüche mit Wirkung zum 1.1.2010 der regelmäßigen Verjährung unterstellt (→ § 195 Rn. 19 ff.). Die Ausnahme in Abs. 2 aF wurde damit obsolet.   8

B. Regelungsgehalt

I. Dreißigjährige Fristen (Abs. 1)

1. Verhältnis zu anderen Verjährungsnormen. Abs. 1 ist **subsidiär**, denn die dreißigjährige Verjährungsfrist des Abs. 1 greift – wie Abs. 1 ausdrücklich vorschreibt – nur ein, „soweit nicht ein anderes bestimmt ist". Daher geht Abs. 1 in seinem sachlichen Anwendungsbereich allein den Regelungen der §§ 195, 196 und 199 Abs. 2-4 als *lex spcialis* vor. Hinter anderen Verjährungsfristen tritt Abs. 1 zurück.   9

2. Verhältnis zu Abs. 2. Die Regelung des Abs. 2 (→ Rn. 69 ff.) geht jener des Abs. 1 vor.   10

---

1   Art. 14:202 der Grundregeln des Europäischen Vertragsrechts ZEuP 2001, 400 ff.

2   Für eine Zehn-Jahres-Frist etwa *Peters/Zimmermann* S. 310; *Zimmermann* JZ 2000, 862 (866 Fn. 150); zust. *Krebs* DB 2000, Beilage Nr. 14, 1 (5); *Mansel* S. 333, 373 f.

3   BT-Drs. 14/6040, S. 106.

4   BGBl. I 2013 S. 1805.

5   *Mansel/Budzikiewicz* § 4 Rn. 50 f., 120, 133; Palandt/ *Ellenberger* BGB § 197 Rn. 10; MüKoBGB/*Grothe* § 197 Rn. 34; LG Frankfurt aM BeckRS 2015, 126166; aA OLG München r+s 2017, 273 (275 f.) (§ 201 S. 1).

6   Vgl. *Mansel* S. 333, 374 f.; *Zimmermann/Leenen/ Mansel/Ernst* JZ 2001, 684 (694).

7   Dazu AnwK/*Mansel/Stürner* 2005, BGB § 197 Rn. 5 ff.

11 **3. Schadensersatzansprüche wegen vorsätzlicher Verletzung höchstpersönlicher Rechtsgüter (Nr. 1). a) Zweck.** Abs. 1 Nr. 1 wurde durch das StORMG (→ Rn. 3) mit Wirkung vom 30.6.2013 neu eingefügt. Ziel des StORMG ist die **Verbesserung des Schutzes von (insbesondere minderjährigen) Opfern sexuellen Missbrauchs.**[8] Neben Änderungen im Strafverfahren soll dieses Ziel insbesondere durch die Einführung einer dreißigjährigen Sonderverjährungsfrist für entsprechende zivilrechtliche Schadensersatzansprüche erreicht werden. Damit wird der Tatsache Rechnung getragen, dass die Geschädigten oftmals nicht in der Lage sind, ihre Ansprüche innerhalb der dreijährigen Regelverjährungsfrist (§ 195) geltend zu machen. Die dreißig- bzw. zehnjährigen Verjährungshöchstfristen aus § 199 Abs. 2 und 3 wirken sich regelmäßig nicht zugunsten der Geschädigten aus, da die für den Verjährungsbeginn nach § 199 Abs. 1 Nr. 2 erforderlichen subjektiven Voraussetzungen zumeist vorliegen.[9]

12 **b) Erfasste Ansprüche.** Der Anwendungsbereich von Abs. 1 Nr. 1 umfasst zusätzlich zu den in § 199 Abs. 2 genannten Rechtsgütern (→ § 199 Rn. 92 ff.) auch Schadensersatzansprüche wegen vorsätzlicher Verletzung der sexuellen Selbstbestimmung, gleich ob auf deliktischer oder vertraglicher Grundlage (→ § 208 Rn. 11 ff.).[10]

13 **c) Anwendung.** Wegen der Hemmungsvorschriften der §§ 207, 208 kann es im Hinblick auf Ansprüche wegen sexuellen Missbrauchs Minderjähriger in Einzelfällen bis zu 50 Jahre dauern, bis Verjährung eintritt. Aufgrund der damit einhergehenden Beweisprobleme hatte der RegE eine Streichung des § 208 vorgesehen, die allerdings nicht Gesetz wurde (→ Vor §§ 194–218 Rn. 16a). Dies ist zu begrüßen, da die Durchsetzung berechtigter Ansprüche nicht wegen (möglicherweise überhaupt nicht bestehender) Beweisschwierigkeiten eingeschränkt werden sollte.

14 Nach der **Überleitungsvorschrift** des Art. 229 § 31 EGBGB ist der neue Abs. 1 Nr. 1 auch auf die am 30.6.2013 bestehenden und nicht verjährten Ansprüche anzuwenden.

15 **4. Herausgabeansprüche aus Eigentum und anderen dinglichen Rechten (Nr. 2). a) Anwendungsbereich.** Nach Abs. 1 Nr. 2 verjähren in dreißig Jahren auch Herausgabeansprüche aus Eigentum und anderen dinglichen Rechten. Zu beachten ist dabei, dass lediglich die genannten Ansprüche der Verjährung unterliegen, nicht das dingliche Recht als solches, denn die §§ 194 ff. regeln allein die **Anspruchsverjährung**. Rechte sind keine Ansprüche (→ § 194 Rn. 2 f.).

15a Abs. 1 Nr. 2 erfasst lediglich Herausgabeansprüche aus **dinglichen Rechten**, insbesondere aus Eigentum (→ Rn. 20). Ratio der langen Verjährung ist die Überlegung, dass kurze Fristen die Verwirklichung des Stammrechts infrage stellen würden.[11] **Nicht erfasst** werden andere Ansprüche als Herausgabeansprüche (→ Rn. 18). Nicht erfasst werden ferner Herausgabeansprüche aus anderen absoluten Rechten (→ Rn. 38 f.), aus Schuldverhältnissen (→ Rn. 31) oder aus Besitz (→ Rn. 30).

16 In Abstimmung mit der langen Verjährungsfrist dinglicher Herausgabeansprüche sieht **§ 438 Abs. 1 Nr. 1** (s. bei § 438)[12] für das kaufvertragliche Gewährleistungsrecht eine dreißigjährige Verjährung vor, wenn der Mangel der Kaufsache in einem dinglichen Recht eines Dritten besteht, aufgrund dessen die Herausgabe der Kaufsache verlangt werden kann, oder in einem sonstigen Recht, das im Grundbuch eingetragen ist.

17 Den Herausgabeansprüchen aus dinglichen Rechten gleichgestellt sind die **erbrechtlichen Ansprüche** aus §§ 2018, 2130 und 2362. Näher → Rn. 40 ff.

18 **b) Herausgabeansprüche aus dinglichen Rechten. aa) Dingliche Rechte.** Unter dinglichen Rechten iSd Abs. 1 Nr. 2 sind jene Rechte zu verstehen, die eine bewegliche oder unbewegliche Sache zum Gegenstand haben und die eine unmittelbare Beziehung zwischen dem Rechtsinhaber und der Sache begründen.[13]

19 **bb) Dingliche Herausgabeansprüche.** Von Abs. 1 Nr. 2 erfasst werden alle dinglichen Ansprüche, deren Rechtsfolge auf **Herausgabe** gerichtet ist. Bei § 985 bedeutet dies die Abgabe des unrechtmäßigen Besitzes an der Sache.[14] Gleiches gilt im Grundsatz bei allen anderen dinglichen Herausgabeansprüchen.[15]

20 Die folgenden dinglichen Rechte geben ein Recht zum Besitz und damit dem Rechtsinhaber gegen den unrechtmäßigen Besitzer einen **dinglichen Herausgabeanspruch:**[16]

8 RegE BT-Drs. 17/6261, S. 1.
9 RegE BT-Drs. 17/6261, S. 9, 18 ff.
10 RegE BT-Drs. 17/6261, S. 20.
11 BT-Drs. 14/6040, S. 105.
12 Zu § 438 (auch zur erforderlichen teleologischen Reduktion) s. auch *Mansel/Budzikiewicz* § 5 Rn. 99–109.
13 Jauernig/*Berger* BGB Vor § 854 Rn. 1; Staudinger/*Heinze* Einl. zum Sachenrecht Rn. 2 ff.

14 Näher dazu (und zu Gegenmeinungen) Staudinger/*Thole* BGB § 985 Rn. 158 ff.
15 Allg. zum dinglichen Anspruch und zu dem davon zu unterscheidenden gesetzlichen Begleitschuldverhältnis Staudinger/*Heinze* Einl. zum Sachenrecht Rn. 69 ff., 78 ff.
16 S. BT-Drs. 14/6857, S. 42 (Gegenäußerung der Bundesregierung), s. auch ebd., S. 6 (Stellungnahme des Bundesrates).

- Eigentum (§ 985)[17] einschließlich des Wohnungs- und Teileigentums (s. auch → § 196 Rn. 12),
- Nießbrauch (§ 1036 Abs. 1),
- Wohnungsrecht (§ 1093 Abs. 1 S. 2 iVm § 1036 Abs. 1),
- Pfandrecht an beweglichen Sachen (§ 1227 iVm § 985),
- Dauerwohnrecht (§ 34 Abs. 2 WEG iVm § 985),
- Dauernutzungsrecht (§§ 31 Abs. 3, 34 Abs. 2 WEG iVm § 985).

Daneben bestehen Herausgabeansprüche bei **grundstücksgleichen Rechten**, da sie formell und materiell **21** wie Grundstücke behandelt werden. Daher fallen insb. die Herausgabeansprüche mit Bezug auf

- das Erbbaurecht (§ 11 Abs. 1 ErbbauRG iVm § 985),
- das Wohnungserbbaurecht (§ 30 WEG),
- das Bergwerkseigentum (§ 9 Abs. 1 BBergG) und
- die grundstücksgleichen Rechte im Sinne des Art. 196 EGBGB

unter die Verjährungsfrist des Abs. 1 Nr. 2.

Für die Bestimmung des Verjährungsablaufs ist die Regelung des § 198 (Verjährung bei Rechtsnachfolge) **22** zu beachten.

Die vereinzelt zum früheren Recht vertretene Ansicht, nach welcher der Anspruch aus § 985 **unverjährbar** **23** sein sollte,[18] ist mit Abs. 1 Nr. 2 nicht mehr zu vereinbaren (→ § 194 Rn. 7).[19]

c) Abgrenzungsfragen. aa) Verpfändung und Nießbrauch. Zweifelhaft ist, ob die Ansprüche aus **24** **§§ 1231, 1251** der dreißigjährigen Verjährungsfrist des Abs. 1 Nr. 2 unterliegen. Die Zweifel gründen darauf, dass die betreffenden Regelungen Herausgabeansprüche des Pfandgläubigers gegen den bisherigen Pfandgläubiger (§ 1251 Abs. 1) bzw. gegen den Eigentümer, den mitbesitzenden Verpfänder sowie gegen denjenigen, an den dieser den Besitz übertragen hat (§ 1231 S. 1), regeln, nicht aber einen Herausgabeanspruch gegen andere Dritte, die gegenüber dem Pfandgläubiger unrechtmäßigen Besitz an der Pfandsache haben.[20] Dennoch sollten beide Ansprüche der **Verjährung nach Abs. 1 Nr. 2** unterstellt werden, weil sie lediglich Modifikationen des allgemeinen Herausgabeanspruchs aus §§ 1227, 985 sind.[21] § 1251 hat insofern nur klarstellende Funktion;[22] § 1231 will ausschließlich die bei der Pfandeinräumung nach § 1206 bestehende Möglichkeit der Berufung des Herausgabepflichtigen auf ein Recht zum Mitbesitz abschneiden.[23]

Auch der Anspruch auf Herausgabe der dem **Vermieterpfandrecht** unterworfenen Sachen aus § 562b **25** Abs. 2 S. 1 ist ein modifizierter Anspruch des Pfandgläubigers gem. § 1227.[24] Er richtet sich gegen jeden Besitzer, der kein vorrangiges Besitzrecht hat.[25] Für die Geltendmachung ist allerdings zunächst eine Ausschlussfrist vorgesehen, auf welche die Vorschriften der Verjährung, insb. diejenigen der Hemmung und des Neubeginns, nicht anzuwenden sind.[26] Das Pfandrecht (und damit auch der Anspruch aus § 562b Abs. 2 S. 1) erlischt nach § 562b Abs. 2 S. 2, wenn der Vermieter nicht innerhalb eines Monats nach Erlangung der Kenntnis von der Entfernung der Sachen den Anspruch gerichtlich geltend macht. Verjährung kann daher nur eintreten, wenn der Vermieter keine Kenntnis im vorbeschriebenen Sinn erlangt. Für diesen seltenen Ausnahmefall ist wegen der engen Verbindung des Anspruchs aus § 562b Abs. 2 S. 1 zu § 1227 die Frist des Abs. 1 Nr. 2 auch auf diesen anzuwenden (dazu, dass schuldrechtliche Herausgabeansprüche nicht unter Abs. 1 Nr. 2 fallen, → Rn. 31). Die Verjährung wird aber wegen der genannten Ausschlussfrist und der langen Verjährungsfrist von dreißig Jahren selten bedeutsam werden.

Nicht von der Regelung des Abs. 1 Nr. 2 erfasst werden die Rückgabeansprüche gegen einen ehemaligen **26** **Nießbraucher** (§ 1055) oder **Pfandgläubiger** (§ 1223). Bei diesen handelt es sich nicht um dingliche Herausgabeansprüche, sondern um schuldrechtliche Rückgabeansprüche[27] aus dem gesetzlichen Begleitschuldverhältnis (→ Rn. 27 ff.).

bb) Nutzungsherausgabe. Der Anspruch aus **§§ 987, 988, 990** auf Nutzungsherausgabe beruht auf dem **27** gesetzlichen Begleitschuldverhältnis der §§ 987 ff., das neben den dinglichen Anspruch aus § 985 tritt.[28] Soweit die gezogenen Nutzungen (Früchte) in einer Sache bestehen (§§ 100, 99 Abs. 1), stellt sich die

---

17 S. *Magnus/Wais* NJW 2014, 1270.
18 *Müller* Sachenrecht, 4. Aufl. 1997, Rn. 455; s. zum Streit unter altem Recht auch Staudinger/*Thole* BGB § 985 Rn. 209 mwN.
19 Krit. de lege ferenda *Armbrüster* FS Westermann, 2008, S. 53 ff.
20 S. Staudinger/*Wiegand* BGB § 1231 Rn. 1, § 1251 Rn. 1.
21 S. auch BeckOGK/*Piekenbrock* BGB § 197 Rn. 27.
22 Staudinger/*Wiegand* BGB § 1251 Rn. 1.

23 Näher Staudinger/*Wiegand* BGB § 1231 Rn. 1.
24 Palandt/*Weidenkaff* BGB § 562b Rn. 8.
25 Staudinger/*Emmerich* BGB § 562b Rn. 13.
26 BeckOK BGB/*Wiederhold* § 562b Rn. 27; Staudinger/*Emmerich* BGB § 562b Rn. 17.
27 Zum obligatorischen Charakter Staudinger/*Thole* § BGB 985 Rn. 25; Staudinger/*Olzen* Einl. zum Schuldrecht Rn. 10.
28 Staudinger/*Heinze* Einl. zum Sachenrecht Rn. 78, 85; Staudinger/*Thole* BGB Vor zu §§ 985–1007 Rn. 8.

Frage, ob der Anspruch auf Nutzungsherausgabe gem. §§ 987, 988, 990 nicht ebenso wie der Anspruch aus § 985 unter Abs. 1 Nr. 2 fällt.[29]

28 Die Anwendung des § 197 Abs. 1 Nr. 2 auch auf die Nutzungsherausgabe ist jedoch im Ergebnis abzulehnen.[30] Der Anspruch aus §§ 987, 988, 990 ist unabhängig von dem Gegenstand der Herausgabe der Regelverjährung nach §§ 195, 199 zu unterstellen. Schließlich handelt es sich bei diesem nicht um einen dinglichen Anspruch, sondern um einen solchen der einem **gesetzlichen Begleitschuldverhältnis** entstammt. Diese Qualifikation ändert sich nicht dadurch, dass der Anspruch im Einzelfall die gegenständliche **Herausgabe** noch **vorhandener gezogener Nutzungen** in Form von Sachen anordnet.

29 Sind die gezogenen Früchte nicht mehr vorhanden, so ist nach den genannten Vorschriften **Wertersatz** zu leisten. Auf diese Ersatzansprüche findet Abs. 1 Nr. 2 ebenso wenig Anwendung wie auf den Anspruch auf Herausgabe der gezogenen Nutzungen selbst.[31] Neben den gerade genannten Gründen (→ Rn. 28) spricht gegen die Anwendung der dreißigjährigen Frist des Abs. 1 Nr. 2 vor allem, dass die Vorschrift auf Rechtsverwirklichung und nicht auf Rechtsfortsetzung ausgerichtet ist. Soweit die genannten Anspruchsgrundlagen daher im Einzelfall den Wertersatz für gezogene, aber nicht mehr gegenständlich vorhandene Früchte anordnen, gelten für sie die **§§ 195, 199**. Damit ist ein Verjährungsgleichklang mit anderen rechtsfortsetzenden Ausgleichsansprüchen hergestellt (→ Rn. 37).

30 **cc) Besitzrechtliche Herausgabeansprüche.** Nicht von Abs. 1 Nr. 2 erfasst werden die Herausgabeansprüche aus Besitz wie etwa der Anspruch wegen Besitzentziehung (§ 861) oder der Anspruch des früheren Besitzers (§ 1007).[32] Sie fallen unter **§ 195**.[33] Nach überwiegender Ansicht ist der Besitz kein dingliches Recht.[34] Er begründet kein Recht des Besitzers zur unmittelbaren Herrschaft über eine Sache, sondern nur dessen tatsächliche unmittelbare Sachherrschaft.[35] Dementsprechend dienen die §§ 861, 1007 nicht (wie von Abs. 1 Nr. 2 vorausgesetzt) der Verwirklichung eines dinglichen Rechts, sondern nur der Herstellung einer faktischen Beziehung.[36]

31 **dd) Schuldrechtliche Herausgabeansprüche.** Schuldrechtliche Ansprüche, die generell oder in einzelnen Sachverhaltskonstellationen auf Herausgabe einer bestimmten Sache gerichtet sind (s. zB §§ 346, 546, 596 Abs. 1, 604 Abs. 1, 667, 695, 812 Abs. 1, 682 oder 684 S. 1 iVm §§ 812 Abs. 1, 816 Abs. 1, 823 iVm § 249), werden durch Abs. 1 Nr. 2 nicht erfasst, da sie nicht aus einem dinglichen Recht, sondern aus einem zwischen den Parteien bestehenden, relativen Schuldverhältnis erwachsen. Das gilt auch, soweit schuldrechtliche Herausgabeansprüche ausnahmsweise gegen einen Dritten wirken (zB §§ 546 Abs. 2, 596 Abs. 3 und 822). Die Verjährung dieser Ansprüche richtet sich nach **§§ 195, 199**.

32 Zu Herausgabeansprüchen aus dem gesetzlichen **Begleitschuldverhältnis**, das neben den dinglichen Herausgabeanspruch tritt, → Rn. 27 ff.

33 **d) Beseitigungs- und Unterlassungsansprüche.** Beseitigungs- und Unterlassungsansprüche aus dinglichen Rechten (zB § 1004 Abs. 1 S. 1 und S. 2) haben zwar eine mit dinglichen Herausgabeansprüchen vergleichbare Funktion der Rechtsverwirklichung,[37] sie werden aber dennoch **nicht von Abs. 1 Nr. 2 erfasst**. Es gilt die Regelverjährung nach **§§ 195, 199**.[38]

---

29 Zur Problematik s. *Ernst* S. 559, 576 f.
30 S. auch BeckOGK/*Piekenbrock* BGB § 197 Rn. 32.
31 S. bereits *Ernst* S. 559, 576.
32 Fragend, ob § 1007 erfasst wird: *Ernst* ZRP 2001, 1 (4) (Fn. 27).
33 S. BT-Drs. 14/6857, S. 6 (Stellungnahme des Bundesrates), 42 (Gegenäußerung der Bundesregierung).
34 BGHZ 32, 194, 204; Staudinger/*Gutzeit* BGB Vor §§ 854 ff. Rn. 36 m. zahlr. Nachw.
35 S. BT-Drs. 14/6857, S. 42 (Gegenäußerung der Bundesregierung).
36 Vgl. Staudinger/*Thole* BGB § 1007 Rn. 3 f.
37 S. nur Staudinger/*Heinze* Einl. zum Sachenrecht Rn. 5; Staudinger/*Thole* BGB Vor zu §§ 985–1007

Rn. 6. Zur Funktion negatorischer Beseitigungsansprüche grundlegend *Picker* Der negatorische Beseitigungsanspruch, 1972 (2. unveränderte Aufl. 2001); s. weiter Staudinger/*Thole* BGB § 1004 Rn. 7 ff. m. Nachw. zum Meinungsstand.
38 S. MüKoBGB/*Grothe* § 197 Rn. 8; BeckOGK/*Piekenbrock* BGB § 197 Rn. 30. Die Verjährung des Anspruchs aus § 1004 führt allerdings nicht dazu, dass ein eingetragenes Recht inhaltslos wird: Der vom Störer geschaffene Zustand bleibt rechtswidrig und kann vom Betroffenen auf eigene Kosten beseitigt werden, vgl. BGH NJW 2011, 1068 (1069) (dazu *Katzenstein* VersR 2013, 815).

Der Wille des **Gesetzgebers** ist insofern eindeutig.[39] Dieser[40] geht davon aus, dass kein praktisches Bedürf- **34** nis besteht, die vor der Verjährungsrechtsreform 2002 geltende Verjährungsfrist für Unterlassungsansprüche auch nach neuem Recht bei dreißig Jahren zu belassen, weil sie bei jeder Zuwiderhandlung neu entstünde (s. § 199 Abs. 5). Von einer Einbeziehung der Beseitigungsansprüche in die dreißigjährige Verjährungsfrist wurde abgesehen, weil sie regelmäßig zu Abgrenzungsschwierigkeiten gegenüber dem deliktischen Beseitigungsanspruch führe, der nach der Regelverjährungsfrist von drei Jahren verjährt. Dabei wird allerdings übersehen, dass es bei der Anspruchsbegründung und auf der Rechtsfolgenebene ohnehin der Unterscheidung bedarf.[41]

Der Gesetzgeber weist weiter darauf hin, dass der Gläubiger solcher Ansprüche bereits durch den auch für Unterlassungsansprüche geltenden kenntnisabhängigen Beginn der regelmäßigen Verjährungsfrist nach § 199 Abs. 1 ausreichend vor einem unerwarteten Rechtsverlust geschützt sei. Dieses Argument könnte aber auch gegen die dreißigjährige Verjährung von Herausgabeansprüchen gewendet werden.

Die verjährungsrechtliche Ungleichbehandlung der Herausgabe- und der Beseitigungs- ebenso wie der **35** Unterlassungsansprüche wurde während des gesamten Gesetzgebungsverfahrens zu Recht **stark kritisiert**.[42] Doch hat der Reformgesetzgeber die sachenrechtlichen Beseitigungs- und Unterlassungsansprüche bewusst nicht Abs. 1 Nr. 2 unterstellt. Ein Antrag Bayerns im Bundesrat, allgemein Abwehransprüche aus absoluten Rechten der dreißigjährigen Frist des § 197 Abs. 1 zu unterstellen, wurde bei Stimmengleichheit im Bundesrat abgelehnt.[43] Weder die Bundesregierung[44] noch der Rechtsausschuss des Bundestags[45] haben eine entsprechende Änderung erwogen. Daher ist wegen des klaren gesetzgeberischen Willens eine erweiternde Auslegung der Vorschrift und die Unterstellung der Beseitigungs- und Unterlassungsansprüche aus dinglichen Rechten unter Abs. 1 Nr. 2 nicht möglich.

Daraus resultierende **Wertungswidersprüche** sind wegen der eindeutigen Gesetzeslage hinzunehmen. Das **36** zum 1.1.2002 reformierte Recht verleiht daher alten **Abgrenzungsfragen** zu neuer verjährungsrechtlicher Bedeutung: Je nachdem, ob die Einzäunung eines Teils eines fremden Grundstücks, das Müllabladen oder das Verlegen einer Leitung auf dem Grundstück als Besitzentziehung (§ 985) oder als Besitzstörung (§ 1004) zu werten ist, tritt die Verjährung dreißig Jahre nach Anspruchsentstehung (§§ 197 Abs. 1 Nr. 2, 200) oder bereits drei Jahre nach Anspruchsentstehung und Kenntniserlangung durch den Eigentümer, spätestens jedoch nach zehn Jahren (§§ 195, 199 Abs. 1, 4) ein.[46] Ähnliche Fragen stellen sich bei der Zugangsversperrung oder dem Übergang einer erst drohenden (§ 1004) zur vollendeten Besitzentziehung (§ 985).[47]

e) Rechtsfortsetzende Ausgleichsansprüche. Verliert der Eigentümer sein Eigentum infolge Verbin- **37** dung, Vermengung, Vermischung, Verarbeitung (§§ 946 ff.) oder gutgläubigen Erwerbs (§§ 932 ff., 892 f.) oder verliert der Inhaber eines anderen dinglichen Rechts das Recht infolge von Gutglaubenstatbeständen (zB §§ 936, 892), so können ihm Ausgleichsansprüche zustehen, die sein dingliches Recht wertmäßig fortsetzen, insb. Ansprüche aus §§ 951, 816 Abs. 1, 812, 818. Rechtsfortsetzende Ausgleichsansprüche sind jedoch keine dinglichen Ansprüche und werden daher von Abs. 1 Nr. 2 nicht erfasst. Sie unterfallen der Regelverjährung nach **§§ 195, 199**.[48]

---

39 Es wurde wegen der unterschiedlichen Verjährung etwa eigens der Wortlaut des § 939 geändert. S. BR-Drs. 338/01, S. 80 = BT-Drs. 14/6857, S. 38 (Stellungnahme des Bundesrats), s. dazu (zustimmende Gegenäußerung der Bundesregierung) S. 69: Der Begriff „Eigentumsanspruch" in § 939 wurde in „Herausgabeanspruch" umgewandelt, weil der Begriff des Eigentumsanspruchs neben dem Herausgabeanspruch (§ 985) noch andere Ansprüche aus dem Eigentum (zB § 1004) erfasst. „Während diese Ansprüche nach dem geltenden Recht einheitlich jeweils dem allgemeinen Verjährungstatbestand des § 195 unterfallen, sieht der Entwurf in § 197 Abs. 1 Nr. 1 BGB-E eine Differenzierung zwischen dem Herausgabeanspruch und sonstigen Ansprüchen aus Eigentum vor. Insoweit erscheint ein Festhalten an dem umfassenden Begriff des „Eigentumsanspruchs" in § 939 BGB-E nicht angebracht." (Zitat ebd. S. 80 bzw. S. 38).

40 BT-Drs. 14/6040, S. 105.

41 So die Kritik bei *Ernst* S. 559, 574 f.; *Mansel* S. 333, 371 f., jeweils mwN.

42 *Ernst*, S. 559, 572 ff.; *ders.* ZRP 2001, 1 (4); *Mansel* S. 333, 371 ff.; zust. *Zimmermann/Leenen/Mansel/*

Ernst JZ 2001, 684 (694). Die Kritik hat sich nur teilweise durch die Einführung des kenntnisabhängigen Verjährungsbeginns der Regelverjährung erledigt.

43 Bundesrat, Niederschrift der Beratung der Beschlussempfehlung v. 18.6.2001 (unveröffentlicht), unter C 3.

44 S. bereits DiskE S. 238; dazu krit. *Ernst* ZRP 2001, 1 (4).

45 Beschlussempfehlung und Bericht des Rechtsausschusses (6. Ausschuss), BT-Drs. 14/7052.

46 Beispiele der Begründung des im Bundesrat abgelehnten Änderungsantrags, s. Bundesrat, Niederschrift der Beratung der Beschlussempfehlung v. 18.6.2001 (unveröffentlicht), unter C 3.

47 *Ernst* S. 559, 574; *ders.* ZRP 2001, 1 (4).

48 Ebenso BeckOGK/*Piekenbrock* BGB § 197 Rn. 26; s. auch Staudinger/*Peters/Jacoby* BGB § 197 Rn. 10. Zu Recht krit. (Wertungswiderspruch) zur rechtspolitischen Entscheidung *Ernst* S. 559, 572 ff.; *ders.* ZRP 2001, 1 (4); s. auch MüKoBGB/*Grothe* § 195 Rn. 41, der zur Vermeidung von Wertungswidersprüchen die Dreißigjahresfrist des Abs. 1 Nr. 2 auf Ersatzansprüche erstreckt.

38 **f) Herausgabeansprüche aus anderen absoluten Rechten.** Abs. 1 Nr. 2 erfasst ausschließlich Herausgabeansprüche aus dinglichen Rechten, **nicht** auch solche aus **anderen absoluten Rechten**. Der Gesetzgeber hatte zwar die Einbeziehung von Herausgabeansprüchen aus anderen absoluten Rechten noch im Normtext des § 197 Abs. 1 Nr. 1 DiskE vorgesehen; im späteren Gesetzgebungsverfahren ist er davon jedoch abgerückt, denn ausweislich der in der Begründung zum Diskussionsentwurf gegebenen Beispiele sollten allein dingliche Herausgabeansprüche der dreißigjährigen Verjährungsfrist unterstellt werden.[49]

39 Für eine Einbeziehung anderer absoluter Rechte in Abs. 1 Nr. 2 besteht letztlich auch kein Bedarf. Zunächst können bei zahlreichen absoluten Rechten (wie zB dem Leben oder der Gesundheit) Herausgabeansprüche überhaupt nicht entstehen. Bei anderen (zB **Patenten**) spielt die Herausgabe des Rechts in der Regel keine Rolle;[50] hier kann sich ein Herausgabeanspruch typischerweise nur auf die Vorteile erstrecken, die aus der Rechtsverletzung gezogen worden sind.[51] Es handelt sich dann um einen von Abs. 1 Nr. 2 nicht erfassten Rechtsfortsetzungsanspruch (→ Rn. 27, 37). Bestimmte **erbrechtliche** Herausgabeansprüche werden in Abs. 1 Nr. 2 privilegiert (→ Rn. 40 ff.); im Umkehrschluss ergibt sich, dass andere erbrechtliche Ansprüche der regelmäßigen Verjährungsfrist des § 195 unterfallen (→ § 195 Rn. 19 ff.). **Familienrechtliche** Herausgabeansprüche (zB nach § 1632 Abs. 1) verjähren gem. § 194 Abs. 2 nicht (→ § 194 Rn. 29). Für das **allgemeine Persönlichkeitsrecht** wird zwar ein Anspruch auf Herausgabe der Negative bei widerrechtlich aufgenommenen Fotografien diskutiert. Doch wird hier nur von einem Anspruch auf Vernichtung der Negative auszugehen sein.[52] Er unterliegt der Verjährung nach §§ 195, 199. Durch den subjektiven Verjährungsbeginn scheint ein ausreichender Schutz des Gläubigers gewährleistet (zur Höchstverjährungsfrist → § 199 Rn. 81 ff.).

40 **g) Erbrechtliche Ansprüche (Nr. 2).** Der Regelung des Abs. 1 Nr. 2 unterfallen zudem bestimmte erbrechtliche Ansprüche: In dreißig Jahren verjähren danach auch der Herausgabeanspruch des Erben gegen den Erbschaftsbesitzer aus § 2018, der Herausgabeanspruch des Nacherben gegen den Vorerben aus § 2130 sowie der Anspruch auf Herausgabe gegen den Besitzer eines unrichtigen Erbscheins aus § 2362.[53]

41 Zu beachten ist, dass neben § 2018 zwar auch der Surrogatsanspruch aus § 2019,[54] nicht aber die Folgeansprüche aus §§ 2020 ff. der dreißigjährigen Sonderverjährung unterliegen.[55] Diese verhalten sich wie die §§ 987 ff. zum Anspruch aus § 985 (→ Rn. 27): Sie sind schuldrechtliche Folgeansprüche, die nach §§ 195, 199 verjähren.

42 Der dreißigjährigen Verjährung unterfallen jedoch nach der ausdrücklichen Anordnung des Abs. 1 Nr. 2 aE solche Ansprüche, die der Geltendmachung dieser Herausgabeansprüche dienen. Dabei handelt es sich insbesondere um Auskunfts- und Rechnungslegungsansprüche aus §§ 259, 260, 2027,[56] 2028, 2130 Abs. 2 und 2362 Abs. 2. Dadurch wird verhindert, dass die Geltendmachung der in Abs. 1 Nr. 2 durch die dreißigjährige Verjährungsfrist privilegierten Ansprüche durch die kurze Verjährung der zur Durchsetzung notwenigen Nebenansprüche faktisch erschwert werden kann.

43 Der Verjährungsbeginn richtet sich nach § 200.

44 **5. Titelverjährung (Nr. 3–6). a) Allgemeines.** Ansprüche, die in einer in Abs. 1 Nr. 3–6 bezeichneten Art festgestellt sind, verjähren in dreißig Jahren. Die Frist beginnt nach § 201 mit der Rechtskraft der Entscheidung, der Errichtung des vollstreckbaren Titels oder der Feststellung im Insolvenzverfahren, nicht aber vor der Entstehung des Anspruchs. Diese Regelung **entspricht § 218 Abs. 1 aF**; die Erkenntnisse zum alten Recht besitzen insofern auch weiter Gültigkeit.

45 Die dreißigjährige Verjährung nach Abs. 1 Nr. 3-6 ist subsidiär gegenüber anderen Verjährungsnormen, die gleichfalls die Titelverjährung in diesem Sinn regeln. Das folgt aus dem Eingangshalbsatz des Abs. 1 („soweit nicht ein anderes bestimmt ist", → Rn. 9).

49 Krit. hierzu *Ernst* S. 559; *Mansel* S. 333, 370.
50 S. aber LG München I MPR 2019, 18 (21 f.) zur Verjährung der Ansprüche aus Art. II § 5 Abs. 1. IntPatÜG bzw. § 8 PatG („Patentvindikation"): § 197 Abs. 1 Nr. 2 findet weder direkt noch analog Anwendung; die Ansprüche verjähren nach §§ 195, 199. AA (Verjährung nach § 197 Abs. 1 Nr. 2) BeckOGK/*Piekenbrock* BGB § 195 Rn. 104 mwN zum Streitstand.
51 Bundesrat, Niederschrift der Beratung der Beschlussempfehlung, 18.6.2001, (unveröffentlicht) unter C 3 (zu § 197).

52 S. zu der ähnlichen Frage bei Tonbandaufzeichnungen *Larenz/Canaris* Lehrbuch des Schuldrechts, Band II/2, 13. Aufl. 1994, § 80 II 4 g.
53 Zur Verjährung von Ansprüchen im Recht der Erbengemeinschaft *Holtmeyer* ZEV 2013, 53.
54 Ebenso MüKoBGB/*Grothe* § 197 Rn. 12; MüKoBGB/*Helms* § 2026 Rn. 7; BeckOGK/*Piekenbrock* BGB § 197 Rn. 35.1.
55 MüKoBGB/*Helms* § 2026 Rn. 7; BeckOGK/*Piekenbrock* BGB § 197 Rn. 35.1; aA MüKoBGB/*Grothe* § 197 Rn. 12.
56 OLG Koblenz BeckRS 2018, 18247.

Das Reformgesetz sagt nichts zu der Streitfrage, ob die Regelungen der §§ 26, 159 HGB solche besonderen **46** Verjährungsvorschriften sind, die auch die Verjährung rechtskräftig festgestellter Ansprüche regeln sollen. Mit der hM[57] ist das zu verneinen.

b) Anspruch. Anspruch iSd Abs. 1 Nr. 3–6 kann **jeder Anspruch** sein; ohne Relevanz ist insb., welcher **47** Verjährungsfrist dieser ansonsten unterliegt. Die Verjährung der rechtlich festgestellten Ansprüche nach Abs. 1 Nr. 3–6 beginnt mit der Feststellung neu; sie tritt an die Stelle der zuvor maßgeblichen Fristen, so dass diesen keine weitere Bedeutung zukommt. Wird der Anspruch abgetreten oder geht er in sonstiger Weise auf einen anderen Gläubiger über, so ändert das den Verjährungslauf nach § 197 nicht.[58]

c) Rechtskräftig festgestellte Ansprüche (Nr. 3).   aa) Rechtskräftige Feststellung. Der Anspruch **48** muss rechtskräftig festgestellt sein, um der dreißigjährigen Titelverjährung nach Abs. 1 Nr. 3 zu unterfallen.[59] Maßgebliches Kriterium ist die **formelle Rechtskraft.**[60] Rechtsmittel dürfen nicht mehr eröffnet sein. Ob die Entscheidung sachlich zutrifft oder nicht, ist unbeachtlich. Die rechtskräftige Feststellung eines Anspruchs kann durch ein Urteil oder einen anderen Titel erfolgen.[61] Es kommt nicht darauf an, in welchem Verfahren die Entscheidung ergangen ist.[62] Kontradiktorische und nicht kontradiktorische Verfahren (Anerkenntnis-, Versäumnisurteil[63]) stehen insofern gleich.[64] Die Verjährungsfrist des Abs. 1 Nr. 3 gilt nur, soweit der Anspruch rechtskräftig festgestellt wurde;[65] wurde er bei Teilklage/Teilurteil nur teilweise rechtskräftig festgestellt, greift Abs. 1 Nr. 3 nur in diesem Rahmen.[66]

Die Feststellung muss im Verhältnis Schuldner und Gläubiger wirksam werden;[67] dabei sind die Regeln der **49** Rechtskrafterstreckung, insb. die §§ 265, 325 ZPO zu beachten.[68]

bb) Gerichtliche Feststellung. Es genügt grundsätzlich, dass die Entscheidung den betreffenden **50** Anspruch rechtskräftig feststellt.[69] Prinzipiell **unbeachtlich** ist, in welcher **Gerichtsbarkeit** die Entscheidung ergangen ist. Vor der Reform des Verjährungsrechts hatte § 220 aF durch die Verweisung auf § 218 aF klargestellt, dass auch ein Anspruch, der nicht durch ein ordentliches Gericht, sondern durch ein besonderes Gericht im Sinne von §§ 13 f. GVG[70] (Arbeits-, Patent-, Schifffahrtsgericht) oder ein Verwaltungsgericht (Verwaltungs-, Finanz-, Sozialgericht) rechtskräftig festgestellt wurde, ua § 218 aF unterfiel. § 220 aF wurde zu Recht aufgehoben, weil die Erwähnung der verschiedenen Gerichtszweige entbehrlich ist.[71] Dasselbe Ergebnis ergibt sich bereits aus dem Grundsatz der Gleichwertigkeit der Gerichtsbarkeiten. § 220 aF erwähnte noch die Anspruchsfeststellung durch eine Verwaltungsbehörde. Das war schon nach altem Recht wegen der Zuweisung der rechtsprechenden Gewalt an die Gerichte (Art. 92 GG) obsolet.[72] Ob der Rechtsweg zum erkennenden Gericht eröffnet und das Gericht zuständig war, ist für Abs. 1 Nr. 3 ohne Bedeutung.[73]

Ist aus der Sicht des deutschen internationalen Privatrechts das deutsche Verjährungsrecht anwendbar[74] und **51** hat eine Entscheidung eines **ausländischen Gerichts** den fraglichen Anspruch rechtskräftig festgestellt (gleichgültig nach welchem Sachrecht), so ist zu fragen, ob die Entscheidung des ausländischen Gerichts die Tatbestandswirkung[75] des Abs. 1 Nr. 3 auslösen und die neue Verjährungsfrist eröffnen kann. Nach hM setzt dies voraus, dass die Entscheidung in Deutschland anerkennungsfähig ist.[76] Streit besteht dann aller-

---

57   Nachweise bei Staudinger/*Peters/Jacoby* BGB § 197 Rn. 35.

58   BGH VersR 1962, 470 (471).

59   Näher dazu, dass der Anspruch Gegenstand der Feststellung sein muss, MüKoBGB/*Grothe* § 197 Rn. 20.

60   BT-Drs. 14/6040, S. 106; MüKoBGB/*Grothe* § 197 Rn. 17; Jauernig/*Mansel* BGB § 197 Rn. 7; Soergel/ *Niedenführ* BGB § 197 Rn. 28.

61   MüKoBGB/*Grothe* § 197 Rn. 17; Jauernig/*Mansel* BGB § 197 Rn. 7; BeckOGK/*Piekenbrock* BGB § 197 Rn. 38.

62   BT-Drs. 14/6040, S. 106.

63   LG Potsdam BeckRS 2012, 23347.

64   Staudinger/*Peters/Jacoby* BGB § 197 Rn. 37, 49.

65   Vgl. BGH NJW 2016, 1818 (1821).

66   MüKoBGB/*Grothe* § 197 Rn. 22.

67   Vgl. dazu auch VGH Kassel NJW 2018, 2281: Durch die Festsetzung der von der Staatskasse im Rahmen der PKH zu leistenden Vergütung nach § 55 Abs. 1 RVG wird der Vergütungsanspruch des Anwalts

gegen seinen Mandanten nicht rechtskräftig festgestellt; es gilt daher nicht die Dreißigjahresfrist des § 197 Abs. 1 Nr. 3, sondern die dreijährige Regelverjährung nach § 195.

68   Näher Staudinger/*Peters/Jacoby* BGB § 197 Rn. 44 f.

69   Vgl. BGH NJW 2016, 1818 (1821).

70   Zum Begriff *Jauernig/Hess* Zivilprozessrecht, 30. Aufl. 2011, § 3 II.

71   BT-Drs. 14/6040, S. 116.

72   BT-Drs. 14/6040, S. 116.

73   Staudinger/*Peters/Jacoby* BGB § 197 Rn. 49.

74   Zur Ermittlung des auf die Verjährung anwendbaren Rechts s. Vor §§ 194–218 Rn. 29 f.

75   Zur Tatbestandswirkung s. näher (am Beispiel der Verjährungshemmung durch Streitverkündung in ausländischen Verfahren) Wieczorek/Schütze/*Mansel* ZPO, 4. Aufl. 2018, ZPO § 68 Rn. 21–23.

76   RGZ 129, 395; OLG Düsseldorf RIW 1979, 59; *Frank* IPRax 1983, 108 (111); *Looschelders* IPRax 1998, 296 (301) mit umfassenden Nachw. in Fn. 55.

dings darüber, ob alle (so die hM)[77] oder nur einige Anerkennungsvoraussetzungen[78] erfüllt sein müssen.[79] In keinem Fall bedarf es für die Zwecke des Abs. 1 Nr. 3 aber einer selbstständigen Anerkennungsentscheidung der deutschen Gerichte.[80]

52 Auch Ansprüche, die durch ein Schiedsgericht festgestellt wurden, verjähren in der Frist des Abs. 1 Nr. 3. Der **Schiedsspruch** hat nach § 1055 ZPO die Wirkungen eines rechtskräftigen gerichtlichen Urteils.[81] Der Tatbestand des Abs. 1 Nr. 3 wird durch den Schiedsspruch selbst erfüllt,[82] nicht erst durch die gerichtliche Entscheidung nach § 1060, die ihn für vollstreckbar erklärt und den Vollstreckungstitel nach § 794 Abs. 1 Nr. 4 a ZPO bildet. Zur Frage des Verjährungsbeginns → § 201 Rn. 6 ff.

53 Abs. 1 Nr. 3 erfasst auch den **Schiedsvergleich** (Schiedsspruch mit vereinbartem Wortlaut iSv § 1053 ZPO),[83] da dieser gemäß der ausdrücklichen Anordnung des § 1053 Abs. 2 S. 2 ZPO einem Schiedsspruch gleichsteht.[84] Dabei ist für die Tatbestandserfüllung des Abs. 1 Nr. 3 nicht die Vollstreckbarerklärung des Schiedsvergleichs zu fordern.[85] § 1053 Abs. 2 S. 2 ZPO setzt den Schiedsvergleich bereits als solchen dem Schiedsspruch gleich, der wiederum durch § 1055 ZPO einem gerichtlichen Urteil gleichgesetzt wird (→ Rn. 52).

54 Zum **Anwaltsvergleich** → Rn. 60, 64.

55 Die Regelung des § 218 Abs. 1 aF wurde früher von der hM analog auf ein **privates (urteilsvertretendes) Anerkenntnis**[86] des Schuldners angewandt.[87] Es ist in der Rspr. noch nicht geklärt, ob diese Ansicht auf Abs. 1 Nr. 3 übertragen werden kann.[88] Ein Bedürfnis hierfür besteht seit der Neuregelung der Zulässigkeit von Verjährungsvereinbarungen durch § 202 jedenfalls nicht mehr.[89] Die alte Rechtsprechung war wesentlich durch den restriktiven § 225 aF motiviert,[90] der parteiautonome Verjährungsverlängerungen nicht zuließ. Heute kann ein entsprechendes Anerkenntnis im Regelfall als Vereinbarung der Verjährungshöchstdauer von dreißig Jahren ab dem gesetzlichen Verjährungsbeginn im Sinne von § 202 Abs. 2 ausgelegt werden - sofern die Auslegung[91] nicht ausnahmsweise ergibt, dass das Anerkenntnis keinen Einfluss auf die Verjährung haben soll.

56 **cc) Feststellende Entscheidungen.** Im Rahmen des Abs. 1 Nr. 3 ist ohne Bedeutung, welcher Art die anspruchsfeststellende Entscheidung ist. Diese kann sowohl ein Leistungs- als auch ein Feststellungsurteil, ein Vollstreckungsbescheid, ein Kostenfestsetzungsbeschluss oder **jede** andere **unanfechtbare gerichtliche Entscheidung** sein, aus der vollstreckt werden kann.[92] Keine Anwendung findet die Regelung aber auf Grundurteile (§ 304 ZPO), da es hier an einer rechtskräftigen Feststellung iSd Abs. 1 Nr. 3 fehlt.[93]

Der prozessuale **Kostenerstattungsanspruch** unterliegt ebenfalls der dreißigjährigen Verjährung nach § 197 Abs. 1 Nr. 3.[94] Denn mit der rechtskräftigen Entscheidung wird nicht nur über die Hauptsache entschieden, sondern auch eine Kostengrundentscheidung getroffen. Damit wird der Kostenerstattungsan-

77 S. die vorst. Nachw.

78 So neben anderen insb. *Geimer* Internationales Zivilprozessrecht, 7. Aufl. 2015, Rn. 2827 f. mwN.

79 Zu der davon zu trennenden Frage, wann Hemmung einer laufenden Frist durch Klageerhebung oder Streitverkündung in einem ausländischen Prozess eintritt, s. § 204 Rn. 24 f., 75.

80 *Mansel/Budzikiewicz* § 4 Rn. 103; MüKoBGB/*Grothe* § 197 Rn. 16; Soergel/*Niedenführ* BGB § 197 Rn. 27; aA Staudinger/*Peters/Jacoby* BGB § 197 Rn. 50.

81 Dazu weiterführend Zöller/*Geimer* ZPO, § 1055 Rn. 1 ff.

82 Ebenso: OLG Hamm BeckRS 2017, 139950; Soergel/*Niedenführ* BGB § 197 Rn. 28; Staudinger/*Peters/Jacoby* BGB § 197 Rn. 52; BeckOGK/*Piekenbrock* BGB § 197 Rn. 45; *Rhiem* NJW 2017, 113 (115).

83 Palandt/*Ellenberger* BGB § 197 Rn. 8; BeckOGK/*Piekenbrock* BGB § 197 Rn. 45.

84 Zur Gleichstellung s. nur Thomas/Putzo/*Seiler* ZPO, § 1053 Rn. 4.

85 Ebenso Palandt/*Ellenberger* BGB § 197 Rn. 8; aA Soergel/*Niedenführ* BGB § 197 Rn. 33; Staudinger/*Peters/Jacoby* § 197 Rn. 57; s. auch MüKoBGB/*Grothe* § 197 Rn. 23 (Fall des Abs. 1 Nr. 4).

86 Zu einer regelmäßigen Qualifikation als kausales Schuldanerkenntnis s. *Haas/Schulze* S. 257 ff.

87 BGH NJW 2003, 1524; NJW-RR 1990, 664.

88 S. OLG Saarbrücken OLGR Saarbrücken 2007, 223 ff.; so nun aber OLG Oldenburg ZfSch 2014, 318 Rn. 33; OLG Köln BeckRS 2016, 17317.

89 S. auch Erman/*Schmidt-Räntsch* BGB § 197 Rn. 14; *Grunsky* NJW 2013, 1336; abweichend *Haas/Schulze* S. 269 ff. sowie OLG Oldenburg ZfSch 2014, 318 Rn. 34 und OLG Köln BeckRS 2016, 17317.

90 S. den Hinweis bei Staudinger/*Peters* (2001), BGB § 218 aF Rn. 16.

91 Zu Auslegungsvermutungen s. *Haas/Schulze* S. 269 ff.

92 Palandt/*Ellenberger* BGB § 197 Rn. 7; MüKoBGB/*Grothe* § 197 Rn. 15, 17; Staudinger/*Peters/Jacoby* BGB § 197 Rn. 36, 49 ff.

93 BGH NJW 1985, 791 (792); Staudinger/*Peters/Jacoby* BGB § 197 Rn. 34; BeckOK BGB/*Henrich* § 197 Rn. 15; Jauernig/*Mansel* BGB § 197 Rn. 7. Zur anderen Beurteilung bei einem Grundurteil eines Schiedsgerichts s. MüKoBGB/*Grothe* § 197 Rn. 17.

94 BGH NJW 2006, 1962; OLG Düsseldorf FamRZ 2019, 63 (64); KG JurBüro 2017, 129; de lege lata zustimmend *Dilger* JurBüro 2006, 291; *M. Stürner* jurisPR-BGHZivilR 19/2006 Anm. 1. S. aber OLG Hamburg NJW 2016, 167: Der prozessuale Kostenerstattungsanspruch aus einer im Beschlusswege erlassenen einstweiligen Verfügung unterliegt der dreijährigen Frist des § 195.

spruch rechtskräftig iSd Abs. 1 Nr. 3 festgestellt.[95] Für den Sonderfall des Anspruchs auf Erstattung der Kosten der Zwangsvollstreckung nach § 788 ZPO findet sich eine ausdrückliche Regelung in Abs. 1 Nr. 6 (dazu → Rn. 70). Dilger spricht sich mit guten Gründen de lege ferenda für eine Unterstellung des prozessualen Kostenerstattungsanspruchs unter die regelmäßige Verjährungsfrist aus.[96]

Von Abs. 1 Nr. 3 erfasst ist auch die rechtskräftige Sachabweisung einer **negativen Feststellungsklage**, durch die das Nichtbestehen eines der Höhe nach konkretisierten Anspruchs festgestellt werden sollte, da mit der Abweisung der Anspruch positiv festgestellt wird.[97] **57**

Neben Endurteilen erfüllen auch **Vorbehaltsurteile** (§§ 302, 599 ZPO) den Tatbestand des Abs. 1 Nr. 3.[98] Das Vorbehaltsurteil ist hinsichtlich der Rechtsmittel und der Zwangsvollstreckung als Endurteil anzusehen (§ 302 Abs. 3 ZPO). Die eventuelle spätere Aufhebung nach § 302 Abs. 4 ZPO (fehlende materielle Rechtskraft)[99] berührt die Frage der Verjährungsfrist nicht. Für diese ist allein die formelle Rechtskraft entscheidend. **58**

Ein Urteil nach **§ 305 ZPO** ist kein Vorbehaltsurteil, sondern ein Endurteil.[100] **59**

Unter Abs. 1 Nr. 3 fällt auch ein Beschluss, in dem ein **Anwaltsvergleich** nach § 796 b ZPO durch das Gericht oder nach § 796 c ZPO durch den Notar (sein Beschluss steht dem eines Gerichts gleich)[101] für vollstreckbar erklärt wird und der nach § 794 Abs. 1 Nr. 4 b ZPO Grundlage der Zwangsvollstreckung ist.[102] Der Anwaltsvergleich für sich genommen erfüllt keine der Tatbestandsvoraussetzungen des Abs. 1 Nr. 3–5, da er selbst keine Ansprüche rechtskräftig (eine Norm wie § 1053 ZPO für den Schiedsspruch fehlt für den Anwaltsvergleich) oder vollstreckbar feststellt. Anders als in den Fällen des Abs. 1 Nr. 4 ist beim Anwaltsvergleich Vollstreckungstitel nicht der Vergleich, sondern – wie sich aus § 794 Abs. 1 Nr. 4 b ZPO ergibt – der Beschluss nach § 796 b ZPO oder § 796 c ZPO, der den Anwaltsvergleich für vollstreckbar erklärt.[103] Verjährungsrechtliche Bedeutung erlangt daher erst die Vollstreckbarerklärung des Anwaltsvergleichs. Zum Verjährungsbeginn → § 201 Rn. 8. **60**

d) Ansprüche aus vollstreckbaren Vergleichen oder vollstreckbaren Urkunden (Nr. 4). aa) Vollstreckbarer Vergleich. Unter Abs. 1 Nr. 4 fallen sämtliche Ansprüche aus einem Vergleich iSv **§ 794 Abs. 1 Nr. 1 ZPO**:[104] **61**

– gerichtlicher Vergleich vor einem deutschen Gericht (§ 160 Abs. 3 Nr. 1 ZPO, s. auch den durch die ZPO-Reform seit 1.1.2002 eingeführten § 278 Abs. 6 ZPO),
– Vergleich vor der landesrechtlich eingerichteten oder anerkannten Gütestelle iSv § 797 a ZPO,
– Vergleich im Prozesskostenhilfeverfahren nach § 118 Abs. 1 S. 3 ZPO,
– Vergleich im selbstständigen Beweisverfahren nach § 492 Abs. 3 ZPO.

Gleichgestellt ist der **Schuldenbereinigungsplan** nach § 308 Abs. 1 S. 2 InsO. **62**

Der Anspruch aus dem Vergleich unterfällt der Dreißigjahresfrist des Abs. 1 Nr. 4 allerdings nur, wenn er mit Bezug zu dem **Verfahrensgegenstand** begründet wurde. Abs. 1 Nr. 4 ist nicht anwendbar, wenn der Anspruch selbstständig, ohne Verfahrensbezug und nur bei Gelegenheit des Verfahrens, das zum Vergleich führte, begründet wurde.[105] Im Übrigen kann der Vergleich – wie ein Feststellungsurteil (→ Rn. 56 f.) – rein feststellenden Inhalt haben; ein im eigentlichen Sinne vollstreckbarer Inhalt ist nicht erforderlich.[106] **63**

Der **Anwaltsvergleich** fällt nicht unter Abs. 1 Nr. 4, sondern unter Abs. 1 Nr. 3 (→ Rn. 60). Gleiches gilt – wegen der Gleichstellung mit einem Schiedsspruch und damit mit einer gerichtlichen Entscheidung (§§ 1053 Abs. 2 S. 2, 1055 ZPO) – für den **Schiedsvergleich** (→ Rn. 53). **64**

95 Eingehend dazu, auch zur Gegenmeinung, die den Kostenerstattungsanspruch der Regelverjährung des § 195 unterstellen will, *Dilger* JurBüro 2006, 291 (293 ff.); s. zur Verjährung des zivilprozessualen Kostenerstattungsanspruchs auch die ausf. Darstellung bei *Stamm* NJW 2020, 873.
96 *Dilger* JurBüro 2006, 291 (293 ff.).
97 BGHZ 72, 23, 31 (noch zum alten Recht); Palandt/*Ellenberger* BGB § 197 Rn. 7; MüKoBGB/*Grothe* § 197 Rn. 17; BeckOK BGB/*Henrich* § 197 Rn. 15; Mansel/*Jauernig* BGB § 197 Rn. 7; BeckOGK/*Piekenbrock* BGB § 197 Rn. 40; Erman/*Schmidt-Räntsch* BGB § 197 Rn. 10. AA Staudinger/*Peters*/*Jacoby* BGB § 197 Rn. 43.
98 BT-Drs. 14/6040, S. 106; BeckOGK/*Piekenbrock* BGB § 197 Rn. 38; Staudinger/*Peters*/*Jacoby* BGB § 197 Rn. 55; Palandt/*Ellenberger* BGB § 197 Rn. 7.
99 Thomas/Putzo/*Reichold* ZPO, § 322 Rn. 4.
100 Soergel/*Niedenführ* 13. Bearb. 1999, BGB § 219 aF Rn. 2.
101 Zöller/*Geimer* ZPO § 796 c Rn. 5; *Münzberg* NJW 1999, 1357 (1359): Es liegt keine Urkundstätigkeit des Notars, sondern Wahrnehmung rechtsprechender Aufgaben vor.
102 Staudinger/*Peters*/*Jacoby* BGB § 197 Rn. 57; jurisPK-BGB/*Lakkis* § 197 Rn. 23; *Ziege* NJW 1991, 1580 (1585); anders Stein/Jonas/*Münzberg* ZPO § 796 a Rn. 1; Soergel/*Niedenführ* BGB § 197 Rn. 33; BeckOGK/*Piekenbrock* BGB § 197 Rn. 52, die § 197 Abs. 1 Nr. 4 anwenden.
103 Zum Vollstreckungstitel Zöller/*Geimer* ZPO § 796 a Rn. 25, § 796 c Rn. 6, 8.
104 S. MüKoBGB/*Grothe* § 197 Rn. 23.
105 MüKoBGB/*Grothe* § 197 Rn. 23.
106 BGH NJW-RR 1990, 665; Jauernig/*Mansel* BGB § 197 Rn. 7.

65 **bb) Vollstreckbare Urkunde.** Abs. 1 Nr. 4 erfasst auch Ansprüche aus vollstreckbaren Urkunden iSv §§ 794 Abs. 1 Nr. 5, 801 ZPO,[107] sofern die Unterwerfung unter die Zwangsvollstreckung formell und materiell **wirksam** ist.[108]

66 Die umstrittene Frage, ob die **vollstreckbare Kostenrechnung des Notars** (s. §§ 19, 89 GNotKG) die Verjährungsfrist des Abs. 1 auslöst,[109] hat der BGH richtigerweise verneint.[110] Die Entscheidung ist noch zu § 218 aF ergangen; die gegen eine Analogie sprechenden Argumente gelten aber auch in Bezug auf § 197.[111]

67 **e) Feststellungen im Insolvenzverfahren (Nr. 5).** Ansprüche, die durch die im Insolvenzverfahren erfolgte Feststellung vollstreckbar geworden sind (§§ 201 Abs. 2, 215 Abs. 2 S. 2, 257 InsO), verjähren in dreißig Jahren nach Abs. 1 Nr. 5.

68 **f) Kosten der Zwangsvollstreckung (Nr. 6).** Abs. 1 Nr. 6 wurde mit Wirkung zum 15.12.2004 durch das VerjAnpG (→ Vor §§ 194–218 Rn. 14) eingefügt. Danach verjähren Ansprüche nach § 788 Abs. 1 ZPO auf **Erstattung der Kosten der Zwangsvollstreckung** in dreißig Jahren. Durch die Neuregelung wird ausdrücklich klargestellt, dass die nach altem Recht nahezu unumstrittene (direkte oder analoge) Anwendung der dreißigjährigen Verjährungsfrist des § 218 aF auf diesen Kostenerstattungsanspruch dem gesetzgeberischen Willen entspricht.

II. Regelmäßig wiederkehrende Leistungen, Unterhalt (Abs. 2)

69 **1. Grundsatz.** Für bestimmte Ansprüche, die unter Abs. 1 Nr. 3 bis 5 fallen, sieht Abs. 2 vor, dass die durch Abs. 1 angeordnete dreißigjährige Verjährung durch die dreijährige **Regelverjährung** nach § 195 ersetzt wird, deren Beginn sich dementsprechend nach § 199 richtet (→ Rn. 5 ff.).

70 **2. Ansprüche nach Abs. 1 Nr. 3–5.** Ansprüche im Sinne von Abs. 1 Nr. 3–5 (→ Rn. 47) verjähren statt in dreißig Jahren aufgrund der Regelung des Abs. 2 in der Frist der dreijährigen **Regelverjährung**, wenn sie künftig fällig werdende regelmäßig wiederkehrende Leistungen zum Inhalt haben, gleichgültig ob es sich um familienrechtliche, erbrechtliche oder andere Ansprüche handelt.[112] Zur ratio der Norm → Rn. 6. Zur Ausnahme von Abs. 2 → Rn. 75.

71 **Wiederkehrende Leistungen** sind nach BGH solche Leistungen, „die von vornherein und ihrer Natur nach auf Leistungen gerichtet sind, die nicht einmal, sondern in regelmäßiger zeitlicher Wiederkehr zu erbringen sind"[113] (zB Zinsen,[114] Unterhaltsforderungen,[115] Miete[116]). Unerheblich ist, ob die Leistung, wenn Geldzahlungen geschuldet sind, in der stets gleichen Summe zu erbringen ist. Entscheidend ist die Regelmäßigkeit der zeitlichen Wiederkehr, nicht die Zahlung des immer gleichen Betrages.[117] IÜ müssen die Leistungen, um den Anwendungsbereich des Abs. 2 zu eröffnen, nicht als wiederkehrende Leistungen im Titel benannt sein; es genügt, wenn die Auslegung des Titels ergibt, dass dieser sich auf solche Leistungen bezieht.[118]

72 Die betreffenden Ansprüche müssen **künftig fällig** werden. Gemeint ist damit Fälligkeit nach Unanfechtbarkeit der Anspruchsfeststellung iSv **Abs. 1 Nr. 3–5.** Waren die Ansprüche bereits vorher fällig, bleibt es bei der dreißigjährigen Verjährungsfrist nach Abs. 1 Nr. 3–5.[119] Dies gilt etwa für die bis zur Rechtskraft des Titels (→ Rn. 48) aufgelaufenen Zinsen, die gem. Abs. 1 Nr. 3–5 in dreißig Jahren verjähren; (nur) für die nach Rechtskraft fällig werdenden Zinsen gilt gem. Abs. 2 die dreijährige Frist des § 195.[120]

---

107 Palandt/*Ellenberger* BGB § 197 Rn. 8; MüKoBGB/*Grothe* § 197 Rn. 23.

108 BGH NJW 1999, 51 (52); OLG Zweibrücken BauR 2000, 1209; Palandt/*Ellenberger* BGB § 197 Rn. 8; *Böckmann* InVo 2003, 345 mwN, auch zur Gegenansicht.

109 Vgl. dazu Staudinger/*Peters/Jacoby* (2009), BGB § 197 Rn. 53.

110 BGH NJW-RR 2004, 1578 mAnm *W. Tiedtke* ZNotP 2004, 494.

111 So auch ausdr. der BGH NJW-RR 2004, 1578 (1580).

112 MüKoBGB/*Grothe* § 197 Rn. 28.

113 BGH NJW 2001, 1063 (1064) (noch zu § 197 aF); NJW 2014, 2637; NJW 2016, 3231 (3232); s. auch OLG Oldenburg VersR 2018, 1209 (abgelehnt für Rezept- und Fahrtkosten als Behandlungskosten nach einem Verkehrsunfall).

114 OLG München BeckRS 2018, 25832.

115 BGH NJW 2014, 2637.

116 BGH NJW 2016, 3231 (3232) (Betriebskostenzahlungen des Mieters).

117 BGH NJW 2016, 3231 (3232); OLG Oldenburg VersR 2018, 1209.

118 Staudinger/*Peters/Jacoby* BGB § 197 Rn. 65.

119 Staudinger/*Peters/Jacoby* BGB § 197 Rn. 64 f.; MüKoBGB/*Grothe* § 197 Rn. 32. Zur Abgrenzung zwischen der bloßen Änderung des Rechtsverhältnisses durch Unterhaltsvergleich (dann Abs. 2) und Novation (dann Abs. 1 Nr. 4) BGH NJW 2014, 2637 (Rn. 15 ff.).

120 OLG München BeckRS 2018, 25832; Staudinger/*Peters/Jacoby* BGB § 197 Rn. 75 ff.; MüKoBGB/*Grothe* § 197 Rn. 32; Palandt/*Ellenberger* BGB § 197 Rn. 10; BeckOK BGB/*Henrich* § 197 Rn. 17.

Die Verjährung der Abs. 2 unterfallenden Ansprüche **beginnt** frühestens mit dem Schluss des Jahres der **73** Anspruchsentstehung, dh regelmäßig mit der Fälligkeit des Anspruchs und der Anspruchskenntnis im Sinne von § 199 Abs. 1. Dabei ist der Verjährungsbeginn für jeden einzelnen Anspruch auf wiederkehrende Leistung gesondert zu bestimmen; abzustellen ist auf den jeweiligen Fälligkeitszeitpunkt der Einzelleistung.

Da die §§ 197 Abs. 2, 195 für die bereits titulierten einschlägigen Ansprüche die dreijährige Verjährungs- **74** frist anordnen, kann es wegen der relativ kurzen Zeitspanne von drei Jahren erforderlich sein, eine drohende Verjährung abzuwenden, etwa indem nach § 212 Abs. 1 Nr. 2 durch Beantragung einer gerichtlichen oder behördlichen Vollstreckungshandlung der Neubeginn der Verjährung herbeigeführt wird. Ist dies etwa bei einem flüchtigen Schuldner nicht möglich, so ließen Rechtsprechung und hM nach altem Recht zum Zwecke der erneuten **Verjährungsabwendung** ausnahmsweise eine entsprechende Feststellungsklage zu, obgleich bereits ein Vollstreckungstitel vorlag.[121] Der Reformgesetzgeber hat § 218 Abs. 2 aF im Kern unverändert in § 197 Abs. 2 übernommen. Zu der Praxis solcher „Verjährungsabwendungsklagen" hat der Gesetzgeber keine Stellung genommen. Das Problem besteht deshalb auch nach neuem Recht und ist wohl im Sinne der bisher hM zu lösen.[122]

Ausnahme von Abs. 2: Bei einem **Verbraucherdarlehen** (§ 491) findet Abs. 2 auf iSv Abs. 1 Nr. 3–5 titu- **75** lierte Zinsansprüche keine Anwendung (§ 497 Abs. 3 S. 4), es sei denn, die Hauptforderung des Titels lautete auf Zinsen (§ 497 Abs. 3 S. 5). Soweit Abs. 2 gem. § 497 Abs. 3 S. 4 nicht zum Tragen kommt, gilt für die titulierten Zinsansprüche weiterhin die dreißigjährige Verjährungsfrist nach Abs. 1 Nr. 3–5 (s. näher bei § 497).[123] Durch die Regelung soll vermieden werden, dass der Kreditgeber allein wegen der Zinsen die Verjährungsunterbrechung betreibt.[124]

Ansprüche aus einem **eingetragenen Recht** im Sinne von §§ 902, 873 sind nach § 902 Abs. 1 S. 1 unver- **76** jährbar gestellt. Ratio der angeordneten Unverjährbarkeit ist der Zweck des Grundbuchs, das auf Schaffung von Rechtssicherheit zielt.[125] Auch ein Anspruch aus § 1027 wegen Beeinträchtigung unterfällt § 902, soweit er die Verwirklichung des Rechts selbst und nicht nur eine Störung in der Ausübung des Rechts betrifft. Denn nur dann ist das eingetragene Recht auch geschützt.[126] Für den Anspruch aus § 1028 auf Beseitigung einer im Widerspruch zur Dienstbarkeit errichteten Anlage gilt analog Abs. 1 Nr. 2 die dreißigjährige Verjährungsfrist.[127]

Die Bereinigungsansprüche des Nutzers und des Grundstückseigentümers nach § 32, § 61 SachenRBerG **77** unterfallen allerdings nicht § 902, sondern § 196 (→ § 196 Rn. 17).

Soweit eingetragene Rechte allerdings auf Rückstände **wiederkehrender Leistungen** (zB gem. §§ 1107, **78** 1159, 1199 Abs. 1) oder auf Schadensersatz gerichtet sind, unterliegen sie der Verjährung (§ 902 Abs. 1 S. 2). Für sie gilt § 195. Die Regelung des § 902 Abs. 1 S. 2 beruht auf dem Umstand, dass die Erfüllung der fraglichen Ansprüche die weitere Ausübung des Rechts nicht betrifft und die genannten Ansprüche im Grundbuch nicht abgebildet sind. Daher können sie auch nach den allgemeinen Regeln verjähren.[128]

III. Verjährungsbeginn

Der Verjährungsbeginn richtet sich in den Fällen des Abs. 1 Nr. 1 (→ Rn. 11 ff.) und Abs. 1 Nr. 2 **79** (→ Rn. 15 ff.) nach **§ 200** (s. dort).

In den Fällen des Abs. 1 Nr. 3–6 (→ Rn. 44 ff.) richtet sich der Fristbeginn nach **§ 201** (s. dort). **80**

Der Verjährungsbeginn für die Abs. 2 unterfallenden Ansprüche richtet sich nach **§ 199** (s. dort). Abs. 2 ver- **81** weist auf die Regelverjährung (§ 195) und damit implizit auch auf den Verjährungsbeginn der Regelverjährung (§ 199); ferner → Rn. 69 ff.

C. Weitere praktische Hinweise

Beim **titelersetzenden Schuldanerkenntnis** (→ Rn. 55) sollte von der durch § 202 gewährleisteten Aufhe- **82** bung des Verbots der Verjährungserschwerung Gebrauch gemacht werden, um klarzustellen, dass eine dreißigjährige Verjährungsfrist in Lauf gesetzt werden soll.[129]

121 S. BGHZ 93, 287, 291; *Peters/Zimmermann* S. 263; Soergel/*Niedenführ* BGB § 197 Rn. 42.
122 S. BGH NJW 2018, 2056 (2057); OLG Stuttgart NJW 2018, 1554 (1555); MüKoBGB/*Grothe* § 197 Rn. 27.
123 S. zum neuen Recht und weiteren Problemen *Köndgen* WM 2001, 1637 (1647) sowie *Budzikiewicz* WM 2003, 264 ff.
124 BT-Drs. 14/6857, S. 66; Palandt/*Weidenkaff* BGB § 497 Rn. 10; *Budzikiewicz* WM 2003, 264 (272 f.)
125 BGHZ 187, 185 = BGH NJW 2011, 518 (519).
126 BGHZ 187, 185 = BGH NJW 2011, 518 ff.; NJW 2014, 3780 (3781).
127 BGH NJW 2014, 3780 (3781 f.).
128 BGHZ 187, 185 = BGH NJW 2011, 518 (520).
129 Vgl. Palandt/*Ellenberger* BGB § 195 Rn. 14.

§ 198 Verjährung bei Rechtsnachfolge

Gelangt eine Sache, hinsichtlich derer ein dinglicher Anspruch besteht, durch Rechtsnachfolge in den Besitz eines Dritten, so kommt die während des Besitzes des Rechtsvorgängers verstrichene Verjährungszeit dem Rechtsnachfolger zugute.

Literatur: S. Vor §§ 194–218.

A. Allgemeines 1
B. Regelungsgehalt 2
   I. Rechtsnachfolge im Besitz 4
II. Dingliche Ansprüche 5
III. Durch Rechtsnachfolge 6

A. Allgemeines

1 Die Vorschrift **entspricht** inhaltlich dem zum 1.1.2002 aufgehobenen **§ 221 aF**; sie wurde leicht an den heutigen Sprachgebrauch angepasst.[1] Die Ergebnisse der Rechtsprechung und Literatur zu § 221 aF können für die Auslegung des § 198 herangezogen werden.

B. Regelungsgehalt

2 Die **Rechtsnachfolge** auf der Seite des Gläubigers oder des Schuldners verändert die Anspruchsverjährung grundsätzlich nicht; die Verjährungsfrist und ihr Lauf bleiben von einem Schuldner- oder Gläubigerwechsel regelmäßig unberührt (→ § 195 Rn. 58).[2]

3 Etwas anderes gilt für **dingliche Ansprüche gegen den Besitzer** einer Sache. Der Anspruch entfällt tatbestandsmäßig, wenn der Besitzer den Sachbesitz verliert. Gegen den neuen Besitzer entsteht mit seinem Besitzerwerb ein neuer dinglicher Anspruch, dessen Verjährung ebenfalls neu mit der Anspruchsentstehung beginnt (§ 200 iVm § 197 Abs. 1 Nr. 2 bzw. § 199 Abs. 1 für die nicht § 197 Abs. 1 Nr. 2 unterfallenden dinglichen Ansprüche).

I. Rechtsnachfolge im Besitz

4 § 198 macht davon eine **Ausnahme**. Die Norm ordnet für den Fall der Rechtsnachfolge im Besitz eine Vorverlegung des Verjährungsbeginns an: Die während des Besitzes des früheren Besitzers, gegen den während seines Besitzes der dingliche Anspruch gerichtet war, abgelaufene Besitzzeit wird zugunsten des nunmehrigen Besitzers, der dem neuen dinglichen Anspruch ausgesetzt ist, angerechnet. Dadurch wird ein früherer Verjährungsbeginn erreicht. Für Verjährungszwecke wird fingiert, der aktuelle Besitzer habe den Besitz bereits früher erlangt, so dass der dingliche Anspruch im Sinne von § 198 gegen den aktuellen Besitzer als bereits früher entstanden anzusehen ist. § 198 will durch die Zusammenrechnung der Besitzzeiten eine faktische Unverjährbarkeit verhindern.[3]

II. Dingliche Ansprüche

5 § 198 gilt für dingliche Ansprüche, die gegen den Besitzer einer Sache gerichtet sind. Die Vorschrift ist daher insb. anwendbar auf **§ 985** oder auf andere dingliche Herausgabeansprüche (zu ihnen → § 197 Rn. 15 ff.) sowie auf Ansprüche aus **§§ 861 f., 1004**.[4] Die Regelung kommt zudem im Hinblick auf entsprechende Ansprüche bei Grundstücken zum Tragen, soweit diese verjährbar sind (zur Unverjährbarkeit → § 194 Rn. 6), wie etwa die Ansprüche nach § 902 Abs. 1 S. 2. § 198 greift hingegen **nicht** für die Ansprüche aus dem begleitenden gesetzlichen Schuldverhältnis (→ § 197 Rn. 27 ff.) wie insb. Ansprüche aus **§§ 987** ff., denn der bereits entstandene Anspruch auf Nutzungsherausgabe oder Wertersatz entfällt nicht, wenn der Besitz wechselt.

---

1   BT-Drs. 14/6040, S. 107.
2   Soergel/*Niedenführ* BGB § 198 Rn. 2.
3   *Finkenauer* JZ 2000, 241 (243).

4   S. etwa *Siehr* in Carl/Güttler/Siehr, Kunstdiebstahl vor Gericht. City of Gotha v. Sotheby's/Cobert Finance S.A., 2001, S. 53, 65.

III. Durch Rechtsnachfolge

§ 198 setzt tatbestandsmäßig die Besitznachfolge durch **Gesamtnachfolge**, vor allem gem. § 857, oder im **6** Wege der **Einzelnachfolge** durch Willenseinigung mit dem bisherigen Besitzer voraus.[5] Die Norm verlangt somit einen abgeleiteten Besitzerwerb. **Keine Rechtsnachfolge** liegt demnach vor, wenn der Besitz nicht einvernehmlich vom bisherigen auf den aktuellen Besitzer übertragen wurde, sondern durch verbotene Eigenmacht, unerlaubte Handlung, Auffinden der Sache etc erworben wurde.[6] § 198 setzt ferner voraus, dass während der zusammengerechneten Besitzzeiten gegen jeden der jeweiligen Sachbesitzer ein gleichartiger dinglicher Anspruch gerichtet war. Daher darf keiner der Vorbesitzer gegenüber dem Gläubiger des dinglichen Anspruchs ein Recht zum Besitz gehabt haben.[7]

Für § 198 ist es bei einem Besitzwechsel im Wege der Einzelnachfolge unerheblich, ob der frühere Besitzer zur Besitzübertragung auf den aktuellen Besitzer berechtigt war oder nicht.[8] § 198 stellt allein auf den **einvernehmlichen faktischen Besitzübergang** ab.

Bei **mehrfachem Besitzwechsel** werden, sofern die in → Rn. 6 beschriebenen Voraussetzungen jeweils **7** erfüllt sind, dem aktuellen Besitzer die Besitzzeiten aller früheren Besitzer angerechnet.[9] Dies gilt auch für den Fall, dass der Besitz auf einen früheren Besitzer zurückübertragen wird.[10]

Unklar ist, ob eine Rechtsnachfolge iSd § 198 auch bei Begründung eines **Besitzmittlungsverhältnisses** **8** vorliegt. Der bisherige unmittelbare Besitzer bleibt auch als mittelbarer Besitzer nach § 985 zur Herausgabe der Sache verpflichtet; die Verjährung des gegen ihn gerichteten Herausgabeanspruchs läuft weiter. Zugleich entsteht jedoch auch ein Herausgabeanspruch nach § 985 gegen den Besitzmittler. Diesem soll nach teilweise vertretener Auffassung allerdings nicht die während des unmittelbaren Besitzes des jetzigen mittelbaren Besitzers verstrichene Verjährungszeit nach § 198 zugutekommen.[11] Es liege kein Fall der Besitznachfolge vor, weil unmittelbarer und mittelbarer Besitz nebeneinander bestünden. Nach anderer Auffassung soll § 198 dagegen auch bei Begründung eines Besitzmittlungsverhältnisses gelten, da eine Besitznachfolge im Hinblick auf den unmittelbaren Besitz vorliege und die Norm nicht auf Fälle des Eigenbesitzes beschränkt sei.[12] Die besseren Argumente sprechen letztlich für die erste Ansicht und damit gegen eine Anwendung des § 198. Der Besitzmittler leitet sein – in diesen Fällen vermeintliches – Besitzrecht vom mittelbaren Besitzer ab, weshalb schwerlich von einer Besitznachfolge gesprochen werden kann. Tatsächlich bedarf der Besitzmittler auch nicht des Schutzes durch § 198. War der Herausgabeanspruch gegen den (jetzt) mittelbaren Besitzer bereits bei Begründung des Besitzmittlungsverhältnisses verjährt oder tritt die Verjährung später ein, kann dies der Besitzmittler dem Eigentümer entsprechend § 986 Abs. 1 entgegenhalten.[13] In der Regel ergibt sich damit kein anderes Ergebnis als bei Anwendung des § 198. Unterschiede bestehen allerdings, wenn die Verjährung des Herausgabeanspruchs gegen den mittelbaren Besitzer nach Begründung des Besitzmittlungsverhältnisses gehemmt wird:[14] Bei Anwendung des § 198 würde dem Besitzmittler die während des unmittelbaren Besitzes des jetzt mittelbaren Besitzers verstrichene Verjährungsfrist zugutekommen. Dies überzeugt indes nicht, da beim mittelbaren Besitzer aufgrund der Hemmung vorläufig gar keine Verjährung eintreten kann. Nach der hier vertretenen Auffassung ist für die Verjährung des gegen den Besitzmittler gerichteten Herausgabeanspruchs allein die Entstehung des Herausgabeanspruchs durch Besitzerwerb maßgeblich. Zwar wird vereinzelt eine selbstständige Verjährung des Herausgabeanspruchs gegen den Fremdbesitzer verneint, da dieser einen Rückgabeanspruch aus dem Besitzmittlungsverhältnis anerkenne.[15] In der Anerkennung des Rückgabeanspruchs durch den Besitzmittler liegt aber

---

5 Soergel/*Niedenführ* BGB § 198 Rn. 3; umfassende Nachw. bei *Finkenauer* JZ 2000, 241 (243); dort näher zu den Anforderungen an die Willenseinigung.

6 Staudinger/*Peters*/*Jacoby* BGB § 198 Rn. 6; BeckOGK/*Piekenbrock* BGB § 198 Rn. 9; s. dazu auch *Finkenauer* JZ 2000, 241 (245). Zu den verjährungsrechtlichen Folgen des vorübergehenden Besitzverlusts durch verbotene Eigenmacht s. *Magnus/Wais* NJW 2014, 1270 (1272).

7 BeckOGK/*Piekenbrock* BGB § 198 Rn. 11; *Plambeck* Die Verjährung der Vindikation, 1997, S. 122; *Finkenauer* JZ 2000, 241 (243).

8 MüKoBGB/*Grothe* § 198 Rn. 3; BeckOGK/*Piekenbrock* BGB § 198 Rn. 9; Erman/*Schmidt-Räntsch* BGB § 198 Rn. 4.

9 Staudinger/*Peters*/*Jacoby* BGB § 198 Rn. 5; Palandt/*Ellenberger* BGB § 198 Rn. 1; BeckOGK/*Piekenbrock* BGB § 198 Rn. 11.

10 MüKoBGB/*Grothe* § 198 Rn. 2; BeckOGK/*Piekenbrock* BGB § 198 Rn. 11; Erman/*Schmidt-Räntsch* BGB § 198 Rn. 5.

11 *Mansel/Budzikiewicz* § 4 Rn. 163; BeckOGK/*Piekenbrock* BGB § 198 Rn. 15; Planck/*Knoke* BGB § 221 Anm. 2 c; Soergel/*Niedenführ* BGB § 198 Rn. 5; *Warneyer* BGB, 1923, BGB § 221; *Rehbein* Das Bürgerliche Gesetz, Bd. 1, 1899, S. 314.

12 BeckOK BGB/*Heinrich* § 198 Rn. 5; Erman/*Schmidt-Räntsch* BGB § 198 Rn. 6; MüKoBGB/*Grothe* § 198 Rn. 4; *Oertmann* BGB § 221, § 2 a α; Staudinger/*Peters*/*Jacoby* BGB § 198 Rn. 7; *Finkenauer* JZ 2000, 241 (245); *Magnus/Wais* NJW 2014, 1270 (1271).

13 So bereits Planck/*Knoke* BGB § 221 Anm. 2 c; ferner etwa BeckOGK/*Piekenbrock* BGB § 198 Rn. 15.1; Soergel/*Niedenführ* BGB § 198 Rn. 5.

14 S. dazu schon BeckOGK/*Piekenbrock* BGB § 198 Rn. 15.

15 BeckOGK/*Piekenbrock* BGB § 198 Rn. 15.1.

kein Anerkenntnis des Herausgabeanspruchs eines ihm in der Regel nicht einmal bekannten Eigentümers. Auch die Vindikation gegenüber dem Fremdbesitzer unterliegt damit der Verjährung.

9   Eine sachgerechte Lösung ermöglicht der vorgestellte Ansatz auch in dem viel diskutierten Fall, dass der Besitzer den Besitz als rechtmäßiger Fremdbesitzer (zB Mieter, Auftragnehmer, Entleiher) erworben, sich dann aber durch **Unterschlagung** oder Veruntreuung **zum Eigenbesitzer aufgeschwungen** hat. Von den Befürwortern einer Anwendung des § 198 zugunsten des Besitzmittlers wird überwiegend angenommen, dass die spätere Anmaßung von Eigenbesitz die Anrechnung der Besitzzeit des vorherigen Besitzers unberührt lasse; denn § 198 stelle allein auf den Besitzerwerb ab.[16] Dies überzeugt nicht. Dem Besitzer käme die während des unmittelbaren Besitzes des Vorbesitzers verstrichene Verjährungszeit zugute, obwohl er in der Sache nunmehr die Rechtsnachfolge negiert. Zudem leuchtet es nicht ein, weshalb dem Unterschlagenden die Berufung auf die Vorbesitzzeit möglich sein soll, während dies dem Dieb verwehrt ist. Auf Grundlage des hier vertretenen Ansatzes besteht dieser Widerspruch nicht: Schwingt sich der unmittelbare Fremdbesitzer zum Eigenbesitzer auf, kann er sich weder über § 198 noch über § 986 Abs. 1 auf die zugunsten des Vorbesitzers abgelaufene Zeit berufen.[17]

§ 199 Beginn der regelmäßigen Verjährungsfrist und Verjährungshöchstfristen

(1) Die regelmäßige Verjährungsfrist beginnt, soweit nicht ein anderer Verjährungsbeginn bestimmt ist, mit dem Schluss des Jahres, in dem

1. **der Anspruch entstanden ist und**
2. **der Gläubiger von den den Anspruch begründenden Umständen und der Person des Schuldners Kenntnis erlangt oder ohne grobe Fahrlässigkeit erlangen müsste.**

(2) Schadensersatzansprüche, die auf der Verletzung des Lebens, des Körpers, der Gesundheit oder der Freiheit beruhen, verjähren ohne Rücksicht auf ihre Entstehung und die Kenntnis oder grob fahrlässige Unkenntnis in 30 Jahren von der Begehung der Handlung, der Pflichtverletzung oder dem sonstigen, den Schaden auslösenden Ereignis an.

(3) ¹Sonstige Schadensersatzansprüche verjähren

1. **ohne Rücksicht auf die Kenntnis oder grob fahrlässige Unkenntnis in zehn Jahren von ihrer Entstehung an und**
2. **ohne Rücksicht auf ihre Entstehung und die Kenntnis oder grob fahrlässige Unkenntnis in 30 Jahren von der Begehung der Handlung, der Pflichtverletzung oder dem sonstigen, den Schaden auslösenden Ereignis an.**

²Maßgeblich ist die früher endende Frist.

(3 a) Ansprüche, die auf einem Erbfall beruhen oder deren Geltendmachung die Kenntnis einer Verfügung von Todes wegen voraussetzt, verjähren ohne Rücksicht auf die Kenntnis oder grob fahrlässige Unkenntnis in 30 Jahren von der Entstehung des Anspruchs an.

(4) Andere Ansprüche als die nach den Absätzen 2 bis 3 a verjähren ohne Rücksicht auf die Kenntnis oder grob fahrlässige Unkenntnis in zehn Jahren von ihrer Entstehung an.

(5) Geht der Anspruch auf ein Unterlassen, so tritt an die Stelle der Entstehung die Zuwiderhandlung.

Literatur: *Bartlitz*, Die Rückforderung unzulässiger Bearbeitungsentgelte im Spannungsfeld von Rechtsfrieden und Verbraucherschutz, BKR 2015, 1; *Bitter*, Aufschub des Verjährungsbeginns bei unklarer und klarer Rechtslage?, JZ 2015, 170; *Budzikiewicz*, Beginn der regelmäßigen Verjährungsfrist bei arbeitsteiliger Organisation in Behörden, NJ 2012, 339; *Köhler*, Zur Geltendmachung und Verjährung von Unterlassungsansprüchen, JZ 2005, 489; *Otto*, Die Bestimmung des § 199 Abs. 1 Nr. 2 BGB, 2006; *Gay*, Der Beginn der Verjährungsfrist bei Bürgschaftsforderungen, NJW 2005, 2585; *Grüneberg*, Zur Verjährung und Rechtskrafterstreckung bei mehreren Aufklärungs- und Beratungsfehlern in demselben Kapitalanlagegespräch, WM 2014, 1109; *Hartmann/Lieschke*, Die „Verjährungsfalle" im Gesamtschuldnerausgleich, WM 2011, 205; *Herresthal*, Die Verschiebung des Verjährungsbeginns bei unsicherer und zweifelhafter Rechtslage – Contra legale Rechtsgewinnung im Verjährungsrecht, WM 2018, 401; *Looschelders*, Verjährungsbeginn und -frist im subjektiv-

---

16   BeckOK BGB/*Heinrich* BGB § 198 Rn. 6; MüKo-BGB/*Grothe* § 198 Rn. 3; Palandt/*Ellenberger* BGB § 198 Rn. 1; Staudinger/*Peters/Jacoby* BGB § 198 Rn. 7; *Finkenauer* JZ 2000, 241 (245 f.); aA Erman/*Schmidt-Räntsch* BGB § 198 Rn. 6.

17   *Mansel/Budzikiewicz* § 4 Rn. 163 und BeckOGK/*Piekenbrock* BGB § 198 Rn. 16, der allerdings davon ausgeht, dass die Verjährung der Vindikation erst mit

der Anmaßung des Eigenbesitzes anläuft. Gegen die Anwendung des § 198 im Fall der Unterschlagung auch Staudinger/*Coing* 11. Aufl. 1957, BGB § 221 Rn. 5; *Remien* AcP 201 (2001), 730, 741; *Siehr* in Carl/Güttler/Siehr, Kunstdiebstahl vor Gericht. City of Gotha v. Sotheby's./Cobert Finance S.A., 2001, S. 67.

objektiven System sowie die Wirkung von Treu und Glauben, in: Remien (Hrsg.), Verjährungsrecht in Europa, 2011, S. 181; *Nassall*, Die kenntnisabhängige Verjährung in der Rechtsprechung des BGH – Der frühe Vogel fängt den Wurm, aber erst die zweite Maus bekommt den Käse, NJW 2014, 3681; *Schmal/Trapp*, Der Beginn der Verjährungsfrist bei EuGH-induzierten Rechtsprechungsänderungen – Die neue Sicht des BGH auf Preisanpassungsklauseln in Energiesonderkundenverträgen, NJW 2015, 6; *Wardenbach*, Verschiebung der Regelverjährungsfrist nach § 199 Abs. 1 Nr. 2 BGB durch Unzumutbarkeit der Klageerhebung wegen anspruchsfeindlicher Rechtsprechung?, BB 2015, 2.

A. Allgemeines 1
  I. Grundlinien 1
    1. Verjährungsbeginn 1
    2. Absolute Verjährungshöchstfristen 4
    3. Grundregeln des Europäischen Vertragsrechts, Draft Common Frame of Reference 5
  II. Normzweck 7
    1. Kenntnisabhängiger Verjährungsbeginn .. 7
    2. Jahresschlussverjährung 9
B. Regelungsgehalt 12
  I. Erfasste Ansprüche 12
  II. Verjährungsbeginn (Abs. 1) 14
    1. Anspruchsentstehung (Abs. 1 Nr. 1) 15
      a) Grundsatz: Anspruchsfälligkeit 15
      b) Einzelfragen 18
        aa) Schadenseintritt, Sekundärhaftung, Grundsatz der Schadenseinheit 18
        bb) Ausgleichs- und Befreiungsansprüche 27
        cc) Bedingte und verhaltene Ansprüche 31
        dd) Verjährungsbeginn bei Kündigung, Anfechtung, vorausgesetzter Rechnungserteilung 36
        ee) Verjährungsbeginn bei Schadensersatz statt der Leistung 39
    2. Anspruchskenntnis oder grobfahrlässige Unkenntnis (Abs. 1 Nr. 2) 41
      a) Von der Kenntnis zu umfassende Tatsachen, Beweislast 42
        aa) Anspruchsbegründende Umstände .. 43
        bb) Person des Schuldners 50
      b) Kenntnis 59
      c) Grob fahrlässige Unkenntnis 68
      d) Zurechnung der Kenntnis und grob fahrlässigen Unkenntnis anderer 75

    3. Jahresschlussverjährung (Abs. 1) 79
  III. Verjährungshöchstfristen (Abs. 2–4) 81
    1. Anwendungsbereich 81
    2. Hemmung, Ablaufhemmung, Neubeginn der Höchstfristen 82
    3. Unabhängigkeit der Verjährungshöchstfristen von Abs. 1 84
      a) Besondere Verjährungsfristen, unabhängiger Verjährungslauf 84
      b) Keine Jahresschlussverjährung 86
    4. Grundsatz: Verjährungshöchstfrist gem. Abs. 4 87
    5. Ausnahmen: Verjährungshöchstfristen für Schadensersatzansprüche (Abs. 2 und 3) .. 90
      a) Schadensersatzanspruch 90
      b) Schadensersatzansprüche wegen Verletzung höchstpersönlicher Rechtsgüter (Abs. 2) 92
        aa) Erfasste Schadensersatzansprüche .. 92
        bb) Verjährungsbeginn 97
      c) Sonstige Schadensersatzansprüche (Abs. 3) 105
        aa) Entstehensabhängige Höchstfrist (Abs. 3 S. 1 Nr. 1) 106
        bb) Handlungsabhängige Höchstfrist (Abs. 3 S. 1 Nr. 2) 109
        cc) Abstellen auf den früheren Fristablauf (Abs. 3 S. 2) 111
      d) Erbrechtliche Ansprüche (Abs. 3 a) 114
      e) Anspruchskonkurrenz 115
        aa) Verletzung desselben Rechtsguts 115
        bb) Gleichzeitige Verletzung verschiedener Rechtsgüter 117
  IV. Unterlassungsansprüche (Abs. 5) 118
C. Weitere praktische Hinweise 122

A. Allgemeines

I. Grundlinien

1. Verjährungsbeginn. **Abs. 1** regelt den Beginn der Regelverjährung nach § 195. Der Verjährungsbeginn hängt von einem **objektiven** und einem **subjektiven Merkmal** ab, die nebeneinander vorliegen müssen: **1**

– Der Anspruch muss **entstanden** sein (objektives Merkmal, Abs. 1 Nr. 1, → Rn. 15 ff.) **und**
– der Gläubiger muss von den anspruchsbegründenden Umständen und der Person des Schuldners **Kenntnis** erlangt haben oder er hätte ohne grobe Fahrlässigkeit **Kenntnis erlangen müssen** (subjektives Merkmal, Abs. 1 Nr. 2, → Rn. 41). Künftig wird bezogen auf beide Alternativen der Kenntniserlangung verkürzt von „Kenntniserlangung" oder von dem „kenntnisabhängigen/subjektivierten" Verjährungsbeginn gesprochen (s. bereits → Vor §§ 194–218 Rn. 5 f., dort auch zum Begriff der relativen Verjährungsfrist).

Sind die vorstehenden Voraussetzungen erfüllt, beginnt die Verjährungsfrist mit dem **Schluss des Jahres**, in dem beide Merkmale erstmals zusammen vorliegen (s. näher → Rn. 79). **2**

Abs. 5 entspricht § 198 S. 2 aF und bestimmt, dass bei Unterlassungsansprüchen verjährungsrechtlich das Zuwiderhandeln gegen das Unterlassungsgebot der Anspruchsentstehung gleichsteht (s. näher → Rn. 118 ff.). **3**

2. Absolute Verjährungshöchstfristen. Neben der durch §§ 195, 199 Abs. 1 begründeten kenntnisabhängigen Verjährungsfrist von drei Jahren läuft nach **Abs. 2–4** eine zweite, absolute Verjährungshöchstfrist, nach deren Ablauf in jedem Fall, dh unabhängig von den Voraussetzungen des Abs. 1 Verjährung eintritt. **4**

Die absoluten Verjährungshöchstfristen wurden eingeführt, um zu verhindern, dass die Verjährung uU erst lange nach dem anspruchsbegründenden Verhalten des Schuldners eintritt, weil dem Gläubiger die nach Abs. 1 Nr. 2 erforderliche Kenntnis oder grob fahrlässige Unkenntnis von den anspruchsbegründenden Tatsachen oder der Person des Schuldners fehlt. Die Höchstfristen dienen der Herstellung des **Rechtsfriedens** und der Erlangung der **Dispositionsfreiheit** des Schuldners (allgemein → Vor §§ 194–218 Rn. 32 ff.). Die Abs. 2–4 sehen Höchstfristen sowohl von zehn als auch von dreißig Jahren vor. Dabei wird zwischen Höchstfristen für Schadensersatzansprüche (Abs. 2 und 3, näher → Rn. 90 ff.), für die in Abs. 3 a aufgeführten erbrechtlichen Ansprüche sowie für andere Ansprüche als Schadensersatzansprüche und die in Abs. 3 a genannten erbfallrelevanten Ansprüche (Abs. 4, näher → Rn. 87 ff.) unterschieden. Bei den Schadensersatzansprüchen wird darüber hinaus nach der Art des verletzten Rechtsguts differenziert: Für höchstpersönliche Rechtsgüter wird eine dreißigjährige Verjährungshöchstfrist (Abs. 2) vorgesehen, für andere Schadensersatzansprüche im Grundsatz eine zehnjährige Höchstfrist (Abs. 3 S. 1 Nr. 1, s. aber auch die dreißigjährige Frist des Abs. 3 S. 1 Nr. 2). Für die in Abs. 3 a aufgeführten Ansprüche beträgt die Höchstfrist dreißig Jahre. Andere Ansprüche als Schadensersatzansprüche und erbfallrelevante Ansprüche verjähren in einer Höchstfrist von zehn Jahren (Abs. 4).

5 **3. Grundregeln des Europäischen Vertragsrechts, Draft Common Frame of Reference.** Die Europäischen Grundregeln (Art. 14:301) und der darauf aufbauende Draft Common Frame of Reference (Art. III.-7:301) (zu den Regelwerken → Vor §§ 194–218 Rn. 20 ff.) haben den von Abs. 1 erfassten Sachverhalt nicht als Zeitpunkt des Verjährungsbeginns, sondern als Grund der **Hemmung der Verjährung** ausgestaltet. Zudem wird neben der Kenntnis der anspruchsbegründenden Tatsachen und der Person des Schuldners nicht auf die entsprechende grob fahrlässige Unkenntnis wie in Abs. 1 abgestellt, sondern – ohne größeren sachlichen Unterschied im Ergebnis – darauf, ob der Gläubiger die anspruchsbegründenden Tatsachen und die Person des Schuldners „vernünftigerweise" kennen kann. Nach Art. 14:203 Abs. 1 der Grundregeln beginnt die Verjährung mit dem Zeitpunkt, in dem der Schuldner seine Leistung zu erbringen hat (Fälligkeit); bei Schadensersatzansprüchen beginnt die Verjährung bereits mit der anspruchsbegründenden Verletzungshandlung. Bei Ansprüchen, die auf ein dauerhaftes Tun oder Unterlassen gerichtet sind, beginnt die Verjährung mit jeder Verletzung dieser Pflicht (Art. 14:203 Abs. 2 der Grundregeln). Die Verjährungshemmung bei Anspruchsunkenntnis ist sachgerechter als der durch Abs. 1 gewählte Weg des kenntnisabhängigen Verjährungsbeginns.[1]

6 Art. 14:307 der Grundregeln und Art. III.-7:307 DCFR sehen als Höchstdauer der Verlängerung der Verjährungsfrist eine **Maximalfrist** von zehn Jahren und bei der Verletzung persönlicher Rechtsgüter von dreißig Jahren vor. Das entspricht in den Auswirkungen weitgehend den Verjährungshöchstfristen der Abs. 2–4.

II. Normzweck

7 **1. Kenntnisabhängiger Verjährungsbeginn.** Die **Subjektivierung** und damit die **Relativierung** des Verjährungsbeginns nach **Abs. 1 Nr. 2** (→ Rn. 41, → Vor §§ 194–218 Rn. 5) ist ein wesentliches Element der Neuregelung des Verjährungsrechts durch das SchuldRModG 2002.[2] Sie ist die Konsequenz aus der deutlichen Verkürzung der Regelverjährungsfrist von dreißig (§ 195 aF) auf drei Jahre (§ 195). Ohne die Regelung des Abs. 1 Nr. 2 hätte die Gefahr bestanden, dass die Ansprüche in der relativ kurzen Zeit von drei Jahren verjähren, bevor der Gläubiger Kenntnis von dem Anspruch oder der Person des Schuldners erlangt hat oder ohne Anstrengung hätte erlangen können. Die Dreijahresfrist des § 195 wird durch Abs. 1 Nr. 2 zu einer **Entscheidungsfrist**, die den Gläubiger vor der Verjährung ihm unbekannter Ansprüche und den Schuldner vor einem in der Anspruchserhebung nachlässigen Gläubiger schützt (→ § 195 Rn. 2).

8 Die **Entscheidung für das subjektive System** in §§ 195, 199 folgt dem Gutachten von *Peters/Zimmermann*.[3] Sie ist sachgerecht, da nur auf diese Weise die Gläubigerinteressen auch bei einer relativ kurzen

1   S. die Darlegung bei *Zimmermann/Leenen/Mansel/ Ernst* JZ 2001, 684 (686 f.); ebenso, wenn auch relativierend: *Looschelders* in Remien, Verjährungsrecht in Europa, S. 181, 186 f.

2   S. dazu – auch vergleichend – *Looschelders* in Remien, Verjährungsrecht in Europa, S. 181 ff. Übersicht über die neue Rechtsprechung des BGH bei *Eichel* NJW 2019, 393; *Nassall* NJW 2014, 3681.

3   *Peters/Zimmermann* S. 79, 305 ff.; *Zimmermann* JZ 2000, 853 ff.; *ders.* ZEuP 2001, 217 ff., jew. mwN; zust. Stellungnahmen aus Anlass der Reformdebatte 2000/2001: *Eidenmüller* JZ 2001, 283 ff.; *Ernst*

S. 559, 568 ff.; *ders.* ZRP 2001, 1 (8); *Leenen* JZ 2001, 552 ff.; *Mansel* S. 333, 406 f. et passim; Diskussionsbericht von *Meier* zu diesem Referat, ebd. S. 425 ff.; s. ferner *Willingmann* S. 1, 28 f.; *ders.* VuR 2001, 107 (112); *Zimmermann/Leenen/Mansel/Ernst* JZ 2001, 684 (686 ff.), alle mwN; ferner *Heinrichs* BB 2001, 1417 (1478); differenzierend, aber grundsätzlich zust. *Piekenbrock* S. 309, 314 ff., 321 f.; zust. zu dem kenntnisunabhängigen Verjährungsbeginn des Diskussionsentwurfs und einen kenntnisabhängigen Verjährungsbeginn abl. *Bydlinski* S. 381, 387; *Honsell* JZ 2001, 18 (20).

Verjährungsfrist gewahrt bleiben und dadurch verfassungsrechtliche Probleme vermieden werden.[4] Die Ausgestaltung des Kenntniskriteriums als Hemmungsgrund wäre allerdings gegenüber der Statuierung eines kenntnisabhängigen Verjährungsbeginns sachgerechter gewesen (dazu → Rn. 5, 122). Zur Gleichsetzung der grob fahrlässigen Unkenntnis mit der Kenntnis → Rn. 68, 74.

2. Jahresschlussverjährung. Die Einführung einer allgemeinen Jahresschlussverjährung durch Abs. 1 **9** erfolgte erst aufgrund von Forderungen der Anwaltschaft[5] durch den Rechtsausschuss des Deutschen Bundestages.[6] Diese sogenannte **Ultimoverjährung** galt nach § 201 aF für die früher in zwei und in vier Jahren verjährenden Vergütungsansprüche gem. §§ 196, 197 aF und ist auch in anderen Vorschriften vorgesehen, s. etwa § 33 h Abs. 2 GWB, § 607 Abs. 3 und 4 HGB oder § 117 Abs. 2 BinSchG.

Die Jahresschlussverjährung bezweckt eine **praktische Erleichterung** für den Rechtsverkehr, da die Ver- **10** jährungsprüfung für alle der Regelverjährung unterliegenden Ansprüche nur mit Blick auf das Jahresende zu leisten ist; eine das ganze Jahr fortlaufende Fristenkontrolle kann unterbleiben. Abs. 1 dehnt die Ultimoverjährung – in Abweichung von § 201 aF – auf die Regelverjährung aller Ansprüche aus. Ein sachgerechter Grund für eine Differenzierung nach dem Anspruchsinhalt ist nicht gegeben.[7]

Die Anordnung der Jahresschlussverjährung gilt **nicht** für die **Verjährungshöchstfristen** (→ Rn. 80, 86). **11** Die Verjährungshöchstfristen beginnen taggenau mit der Entstehung des Anspruchs (Abs. 3 S. 1 Nr. 1, Abs. 3 a, Abs. 4) bzw mit dem den Schaden auslösenden Ereignis (Abs. 2, Abs. 3 S. 1 Nr. 2).

B. Regelungsgehalt

I. Erfasste Ansprüche

§ 199 ergänzt § 195. Die Regelung ist – vorbehaltlich vorrangiger Bestimmungen – immer dann heranzuzie- **12** hen, wenn sich die Verjährungsfrist nach **§ 195** bemisst, sei es direkt (für Ansprüche des BGB), sei es infolge einer Verweisung (s. etwa § 634 a Abs. 1 Nr. 3 und Abs. 3) oder sei es, weil in anderen Gesetzes als dem BGB ausdrückliche Verjährungsvorschriften fehlen. Zum Anwendungsbereich des § 195 → § 195 Rn. 4 ff.

Ist unabhängig von § 195 in anderen Verjährungsvorschriften eine Verjährungsfrist von drei Jahren vorgese- **13** hen, so handelt es sich trotz der numerischen Entsprechung um eine **Sonderverjährungsfrist.** Der Verjährungsbeginn richtet sich in diesem Fall nicht nach § 199, sondern nach § 200[8] oder nach einer spezielleren Regelung (→ § 200 Rn. 4). Gilt zwar die Frist des § 195, ist aber ausnahmsweise der **Verjährungsbeginn gesondert** geregelt (s. etwa §§ 604 Abs. 5, 695 S. 2, 696 S. 3, dazu → Rn. 32), dann ist die Frist des § 195 ab diesem Zeitpunkt zu berechnen; § 199 tritt als *lex generalis* zurück.

II. Verjährungsbeginn (Abs. 1)

Nach Abs. 1 beginnt die regelmäßige Verjährungsfrist mit dem Schluss des Jahres, in dem erstmals – **14** **kumulativ** – die Voraussetzungen der Nr. 1 und der Nr. 2 erfüllt sind. Der Einschub „soweit nicht ein anderer Verjährungsbeginn bestimmt ist" wurde durch das Gesetz zur Änderung des Erb- und Verjährungsrechts (dazu → Vor §§ 194–218 Rn. 15) mit Wirkung zum 1.1.2010 eingefügt. Dieses Gesetz hat einige familien- und erbrechtliche Sonderverjährungsvorschriften aufgehoben (dazu → § 195 Rn. 19). Gleichzeitig hat es für einzelne familien- und erbrechtliche Rechtsverhältnisse einen **gesonderten Beginn der Verjährung** eingeführt. Dies betrifft Ansprüche aus Verlöbnis (§ 1302), Ansprüche des zugewinnausgleichsberechtigten Ehegatten gegen Dritte (§ 1390 Abs. 3 S. 1), Ansprüche des Vertragserben wegen beeinträchtigender Schenkungen (§ 2287 Abs. 2) sowie Ansprüche des Pflichtteilsberechtigten gegen den Beschenkten (§ 2332 Abs. 1). Der genannte Einschub dient lediglich zur Klarstellung, dass diese Normen dem regelmäßigen Verjährungsbeginn nach Abs. 1 vorgehen.

1. Anspruchsentstehung (Abs. 1 Nr. 1). a) Grundsatz: Anspruchsfälligkeit. Nach Abs. 1 Nr. 1 setzt **15** der Beginn der Regelverjährung die Entstehung des Anspruchs voraus. Auch andere verjährungsrechtliche Regelungen verwenden das Merkmal der Anspruchsentstehung (s. §§ 199 Abs. 3 Nr. 1, Abs. 3 a, Abs. 4, 200, 201). Der Begriff ist stets gleich auszulegen. Dabei ist zu beachten, dass hier allein die **Anspruchsentstehung im verjährungsrechtlichen Sinn** gemeint ist.[9] Dementsprechend ist ein Anspruch erst dann iSd

---

4   S. ua *Mansel* S. 333, 406 f. et passim.
5   DAV, Stellungnahme v. 25.6.2001, S. 5 f.
6   BT-Drs. 14/7052, S. 180; gegen die Ultimoverjäh-
     rung hingegen noch der Regierungsentwurf, BT-Drs.
     14/6040, S. 99; eine Ultimoverjährung für Entgelt-,
     Unterhalts- und Ansprüche auf wiederkehrende Leis-
     tungen sah § 198 Abs. 2 BGB-DiskE vor; krit. (ent-

7   weder Streichung oder Ausdehnung auf alle Ansprü-
     che fordernd) zu dieser Norm *Mansel* S. 333, 390 f.
7   S. *Mansel* S. 333, 391.
8   BT-Drs. 14/6040, S. 108.
9   *Mansel/Budzikiewicz* § 3 Rn. 77; zustimmend: *Krä-*
     mer FS Graf von Westphalen, S. 401, 411.

Abs. 1 Nr. 1 entstanden, wenn er vom Gläubiger erstmalig geltend gemacht und im Wege der Klage durchgesetzt werden kann. Dies setzt grundsätzlich die **Fälligkeit** des Anspruchs voraus, denn erst von diesem Zeitpunkt an kann der Gläubiger mit Erfolg die Leistung fordern und gegebenenfalls den Ablauf der Verjährungsfrist durch Klageerhebung unterbinden.[10] Die Verjährung eines Anspruchs, dessen Erfüllung dem Schuldner vorübergehend unmöglich ist, beginnt daher erst mit dem Wegfall des Hindernisses. Denn solange einem Anspruch der Einwand (zumindest) vorübergehender **Unmöglichkeit** entgegensteht, ist eine Klage als „(zurzeit) unbegründet" abzuweisen. Der Anspruch ist in diesem Fall (noch) nicht iSd Abs. 1 Nr. 1 entstanden, weil andernfalls seine Verjährung drohte, bevor er von Rechts wegen klageweise durchgesetzt werden könnte.[11]

Einer Leistungsaufforderung durch den Gläubiger bedarf es nicht, damit der Anspruch iSd Abs. 1 Nr. 1 entstanden ist; andernfalls hätte es der Gläubiger in der Hand, den Verjährungsbeginn und die Notwendigkeit verjährungshemmender Maßnahmen weitgehend beliebig hinauszuzögern.[12]

16 Die Ergebnisse von Rechtsprechung und Lehre zur Bestimmung der Anspruchsentstehung nach § 198 S. 1 aF können für Abs. 1 Nr. 1 im Grundsatz übernommen werden. Eine inhaltliche Änderung hatte der **Gesetzgeber** des SchuldRModG nicht beabsichtigt.[13] Der Regierungsentwurf hatte in Abs. 1 Nr. 1 RE noch an die Fälligkeit des Anspruchs angeknüpft. Aber auch damit sollte keine sachliche Änderung gegenüber § 198 S. 1 aF verbunden sein.[14] Um das sicherzustellen, kehrte der Gesetzgeber in Abs. 1 Nr. 1 zu dem Tatbestandsmerkmal der Anspruchsentstehung zurück. Im Grundsatz ist daher – wie vor Inkrafttreten des SchuldRModG – die Anspruchsentstehung mit der Fälligkeit des Anspruchs gleichzusetzen.[15]

17 Abs. 1 Nr. 1 hat iÜ allein eine **klarstellende Funktion**. Gäbe es die Regelung in Abs. 1 Nr. 1 nicht, so würde sich an der Festlegung des Verjährungsbeginns nichts ändern. Denn eine Kenntnis iSv Abs. 1 Nr. 2 kann nur bejaht werden, wenn der Anspruch entstanden ist.[16]

18 **b) Einzelfragen. aa) Schadenseintritt, Sekundärhaftung, Grundsatz der Schadenseinheit.** Schadensersatzansprüche entstehen (werden fällig nach § 271) mit dem Eintritt des Schadens. Der Eintritt eines Schadens ist regelmäßig erst dann anzunehmen, wenn es zu einer **konkreten objektiven Verschlechterung der Vermögenslage** des Gläubigers gekommen ist. Das ist nicht der Fall, solange nur das Risiko eines Vermögensnachteils infolge der Pflichtverletzung besteht. Die Verschlechterung muss sich wenigstens dem Grunde nach verwirklicht haben.[17]

19 Macht der Vertragspartner (Mandant) eines Anwalts oder eines anderen Beraters wegen dessen Pflichtverletzung bei der Beratung gegen den Berater einen Schadensersatzanspruch geltend, weil der Mandant infolge der Pflichtverletzung einen Nachteil gegenüber einem Dritten, insb. seinem Vertragspartner, erleidet, so ist zu entscheiden, wann der **Schadensersatzanspruch gegen den Berater** entsteht (und mit der Entstehung zu verjähren beginnt). Hängt der Schadenseintritt beim Mandanten von einer **Rechtsverfolgung durch den Dritten** ab, so ist auf den Zeitpunkt dieser Rechtsverfolgung abzustellen. Begeht zB ein Mandant auf Anraten seines **Anwalts** eine Vertragsverletzung, erwächst ein Schaden bei dem Mandanten, den er gegen den Anwalt geltend machen kann, nicht vor dem Zeitpunkt, zu dem der Vertragsgegner daraus Rechte herleitet.[18] Manifestiert sich die Pflichtverletzung eines **Beraters** in einer **unklaren Vertragsgestaltung**, so entsteht der (vom Berater zu ersetzende) Schaden bei dem Vertragspartner, sobald der Vertragsgegner aus dem Vertrag Rechte gegen seinen Vertragspartner herleitet.[19]

20 Allerdings kann zB der auf einer fehlerhaften Beratung beruhende **Erwerb** einer für den Anlageinteressenten nachteiligen, seinen konkreten Anlagezielen und Vermögensinteressen nicht entsprechenden **Kapitalanlage** bereits für sich genommen einen Schaden darstellen und ihn deshalb – unabhängig von der Werthaltigkeit der Anlage – dazu berechtigen, im Wege des Schadensersatzes die Rückabwicklung des Erwerbs der

---

10 BGH NVwZ-RR 2019, 952 (953); NJW 2015, 1818 (1819); NJW 2013, 1228 (1229); NZG 2010, 1436; NJW 2010, 1284 (1286); NJW-RR 2009, 378 (379); s. ferner zB BGHZ 53, 222, 225; 55, 340, 341; 79, 176, 178; 113, 188, 191 f., ganz hM; s. ferner etwa MüKoBGB/*Grothe* § 199 Rn. 4; Palandt/*Ellenberger* BGB § 199 Rn. 3; Soergel/*Niederführ* BGB § 199 Rn. 9 ff.; Staudinger/*Peters/Jacoby* BGB § 199 Rn. 3 ff.

11 BGH NZG 2010, 1436 (1439).

12 BGH NJW 2013, 1228 Rn. 13, 24 mwN für Gewährleistungsbürgschaft; s. auch BGHZ 175, 161.

13 BT-Drs. 14/7052, S. 180.

14 BT-Drs. 14/6040, S. 108.

15 BT-Drs. 14/6040, S. 108 unter Hinweis auf BGHZ 53, 222, 225; 55, 340, 341 f.

16 Zu § 852 Abs. 1 aF s. (bezogen auf das Schadensmerkmal der Norm) etwa BGH NJW 1993, 648; BGHZ 100, 228, 231.

17 BGHZ 73, 363, 365; 100, 228, 241 f.; BGH NJW 1987, 1887; NJW 1996, 661; BGHZ 124, 30; BGH NJW 2000, 1498 (1499); NJW-RR 2008, 798; NZG 2010, 865 (868); BGHZ 186, 152; BGH NJW-RR 2013, 1212 (1213); NJW 2019, 2461.

18 BGH NJW 1993, 1320; NJW 2002, 1421; NZG 2010, 865 (868) (zu § 68 StBerG aF).

19 BGH NJW 2000, 1498 (1499); NZG 2010, 865 (868) (zu § 68 StBerG aF).

Anlage zu verlangen. Der Schadensersatzanspruch entsteht hierbei schon mit dem (unwiderruflichen und vollzogenen) Erwerb der Kapitalanlage.[20]

Ist der Vertragspartner infolge einer fehlerhaften Vertragsgestaltung zur **Irrtumsanfechtung** befugt, verwirklicht sich der Schaden (im Verhältnis zu seinem vertragsgestaltenden Berater) erst mit der Anfechtung.[21] Hat der Berater seinen Mandanten zur Vornahme einer **verdeckten Sacheinlage** veranlasst, beginnt die Verjährungsfrist wegen einer Fehlberatung erst zu laufen, wenn die Gesellschaft eine trotz einer Anrechnung nach § 19 Abs. 4 S. 3 GmbHG nochfortbestehende Bareinlageverpflichtung geltend macht, da sich erst damit der Schaden aktualisiert. Zuvor liegt lediglich eine risikobehaftete Lage vor.[22] 21

Für den Beginn der Verjährung eines **Anspruchs gegen einen Steuerberater** wegen falscher, für den Mandanten nachteiliger Beratung ist in der Regel auf die **Bekanntgabe des belastenden Steuerbescheids** abzustellen.[23] Sieht das Gesetz – wie etwa in § 18 UstG für die Umsatzsteuer – eine Steueranmeldung vor, ist deren Zeitpunkt maßgeblich, weil die Steueranmeldung gem. § 168 S. 1 AO einer Steuerfestsetzung unter dem Vorbehalt der Nachprüfung gleichsteht.[24] Wurde aufgrund fehlerhafter Beratung dagegen der gebotene **Einspruch gegen einen Bescheid** nicht eingelegt, so entsteht der Schaden mit Ablauf der Einspruchsfrist; dabei soll es nach BGH unerheblich sein, ob ausnahmsweise auch noch danach eine Änderung des Bescheids gem. § 173 AO möglich ist.[25] Entsprechendes gilt, wenn ein – aufgrund eines Nachprüfungsvorbehalts (§ 164 AO) möglicher – Antrag auf Neufestsetzung nicht gestellt wurde, obwohl dies aufgrund einer Rechtsprechungsänderung geboten wäre: Der Schaden entsteht mit Ablauf der Festsetzungsfrist, da damit der Vorbehalt der Nachprüfung entfällt (§ 164 Abs. 4 AO).[26] Wurde zwar rechtzeitig Einspruch eingelegt, dieser aber nicht ordnungsgemäß begründet, ist die Bekanntgabe des Einspruchsbescheids maßgeblich.[27] 22

Die vorstehenden Grundsätze gelten auch bei einem sog. Sammelbescheid, der mehrere selbstständig anfechtbare Regelungsgegenstände enthält. Beschränkt der Berater einen Einspruch klar auf einen Teil des Sammelbescheids, obwohl im Interesse des Mandanten auch andere Teile hätten angefochten werden müssen, ist der Schaden mit dem **Ablauf der Einspruchsfrist** entstanden; dabei ist es unerheblich, ob es zwischen dem Mandanten und der Finanzbehörde später zum Streit über die Reichweite der Anfechtung kommt.[28] 23

Weist ein rechtlicher Berater, insb. ein Anwalt oder Steuerberater, seinen Mandanten fehlerhaft nicht auf einen gegen ihn gerichteten Schadensersatzanspruch des Mandanten (Primäranspruch) hin, so lag darin nach der Rechtsprechung zu § 68 StBerG aF, § 51 b BRAO aF eine neue Pflichtwidrigkeit (**Sekundärhaftung**). Die Verjährungsfrist für die Sekundärhaftung sollte grundsätzlich erst mit der Vollendung der Verjährung des Primäranspruchs beginnen, weil damit der durch die sekundäre Pflichtverletzung verursachte Schaden eintrat.[29] Ob an dieser Wertung auch nach Streichung der genannten Vorschriften festgehalten wird, ist bislang ungeklärt (s. auch → § 675 Rn. 25).[30] Dagegen spricht, dass § 199 Abs. 1 Nr. 2 den Verjährungsbeginn – anders als § 68 StBerG aF, § 51 b BRAO aF – an die Kenntnis bzw. grob fahrlässige Unkenntnis der anspruchsbegründenden Umstände knüpft. 24

Der Gesetzgeber wollte die vor der Verjährungsrechtsreform 2002 im Deliktsrecht entwickelte, aber auch auf vertragliche Schadensersatzansprüche angewandte[31] Rechtsprechung zum **Grundsatz der Schadenseinheit** ausdrücklich unangetastet lassen.[32] Nach diesem Grundsatz soll ein Schaden bereits dann im Sinne des Verjährungsrechts entstanden sein, wenn sich die Vermögenslage des Geschädigten durch das schadensstiftende Ereignis verschlechtert und sich diese Verschlechterung wenigstens dem Grunde nach verwirklicht hat. Die Verjährung von Schadensersatzansprüchen kann danach auch **für erst nachträglich auftretende**, 25

---

20 BGHZ 162, 306, 309 f.; BGH NJW 2005, 1579; BGH NJW-RR 1991, 1125 (1127); NJW 1994, 1405 (1407); NJW 1998, 302 (304); NJW-RR 2004, 1407; BGHZ 186, 152; BGH NJW 2019, 356 (357) mwN; vgl. auch BGH NJW 2019, 2461 ff.: Schadensentstehung bei Beteiligung an einer Fondsgesellschaft frühestens mit dem Abschluss des Beteiligungsvertrages.

21 Vgl. dazu – vor Inkrafttreten des MoMiG – BGH NZG 2009, 865 (868) (zu § 68 StBerG aF).

22 BGH NZG 2009, 865 (zu § 68 StBerG aF).

23 Ständige Rechtsprechung (noch zu § 68 StBerG aF), s. zB BGH DStRE 2011, 191 (196); WM 2010, 2284; NJW-RR 2013, 119; NJW-RR 2013, 569.

24 BGH DStRE 2011, 191 (196) - noch zu § 68 StBerG aF.

25 BGH NJW-RR 1997, 50 (51); vgl. auch BGH DStRE 2011, 191 (196) – jeweils noch zu § 68 StBerG aF; s.

iÜ auch BGH NJW-RR 2014, 1020 (1021), wonach die Berufung auf die Verjährung treuwidrig sein kann, wenn der Steuerberater den unrichtigen Eindruck erweckt, der Bescheid sei nicht in Bestandskraft erwachsen (s. § 241 Rn. 6).

26 BGH DStRE 2011, 191 (196) – noch zu § 68 StBerG aF.

27 BGH NJW-RR 1997, 50 (52); BGH DStRE 1998, 378 (379) – jeweils noch zu § 68 StBerG aF.

28 BGH DStR 2011, 46 f. mAnm Waclawik (noch zu § 68 StBerG aF).

29 BGH NJW 2011, 1594 Rn. 12 (noch zu § 51 b BRAO aF).

30 Mansel/Budzikiewicz NJW 2005, 321 (327).

31 Zum bisherigen Recht s. BGHZ 50, 21, 24; BGH NJW 1991, 2833 (2835); VersR 2000, 331; Staudinger/Peters/Jacoby BGB § 199 Rn. 44.

32 BT-Drs. 14/6040, S. 108.

zunächst also nur drohende, aber nicht unvorhersehbare **Schadensteile** beginnen, sofern nur irgendein (Teil-)Schaden bereits eingetreten ist.[33] Sind jene Schadensteile zwar vorhersehbar, stehen sie in ihrer konkreten Ausprägung aber noch nicht fest, können sie zwar (noch) nicht mit der Leistungsklage verfolgt werden; möglich ist aber die Erhebung einer Feststellungsklage. Das gem. § 256 ZPO erforderliche Feststellungsinteresse ist nur dann zu verneinen, wenn aus Sicht der Geschädigten bei vernünftiger Betrachtung mit Spätschäden *keinesfalls* zu rechnen ist.[34]

Dieses Prinzip soll auch nach der Reform des Verjährungsrechts fortgelten. Das ist der Grund, aus dem in § 199 Abs. 1 Nr. 1 explizit auf die Anspruchsentstehung und nicht auf die Fälligkeit abgestellt wird. In der Beschlussfassung des Rechtsausschusses wird hierzu ausgeführt, dass ein Anspruch auf Ersatz derjenigen Heilungskosten, die erst in fünf Jahren anfallen werden, zwar schon im Zeitpunkt der Körperverletzung und der damit einhergehenden Erstschädigung „entstanden" sei, er aber kaum als fällig bezeichnet werden könne. Daher sei es angezeigt, generell den Begriff der Entstehung des Anspruchs (und nicht den der Fälligkeit) als Tatbestandsmerkmal in § 199 Abs. 1 Nr. 1 zu verwenden (s. dazu auch → Rn. 46).[35]

26   Das Festhalten an dem Grundsatz der Schadenseinheit wird – entgegen der Sichtweise des Gesetzgebers – in der Literatur allerdings auch kritisch gesehen.[36] Aufgrund der eindeutigen Aussage des Gesetzgebers ist ein Abweichen von diesem Prinzip jedoch nicht möglich.

26a   Nicht übertragbar ist der Grundsatz der Schadenseinheit auf den Anspruch auf **Aufwendungsersatz** aus §§ 683, 670.[37] Tätigt der Geschäftsführer im Rahmen einer längerfristigen Geschäftsbesorgung sukzessive Aufwendungen, so entstehen und verjähren die daraus resultierenden Aufwendungsersatzansprüche nacheinander. Anspruchsbegründend ist nicht die Geschäftsbesorgung als solche; vielmehr muss durch den Geschäftsführer auch ein freiwilliges Vermögensopfer erbracht werden. Ein Anspruch aus §§ 683, 670 setzt zudem voraus, dass bei Erbringung jeder einzelnen Aufwendung der Fremdgeschäftsführungswille (noch) vorhanden ist. Der Anspruch auf Aufwendungsersatz wegen sukzessiver Aufwendungen entsteht und verjährt damit für jede einzelne Aufwendung gesondert.

27   **bb) Ausgleichs- und Befreiungsansprüche.** § 426 Abs. 1 sieht einen Ausgleichsanspruch unter **Gesamtschuldnern** vor (zur Verjährung → § 195 Rn. 10 f.). Soweit die Gesamtschuldforderung des Gläubigers noch nicht erfüllt wurde, hat der im Innenverhältnis ausgleichungsberechtigte Gesamtschuldner einen Mitwirkungs- und Befreiungsanspruch gegen den ausgleichspflichtigen Gesamtschuldner. Dieser Anspruch entsteht zugleich mit **Begründung der Gesamtschuld**. Daher ist für den **Verjährungsbeginn des Mitwirkungs- und Befreiungsanspruchs** aus § 426 Abs. 1 auf diesen Zeitpunkt im Rahmen des § 199 Abs. 1 Nr. 1 abzustellen.

28   Der Mitwirkungs- und Befreiungsanspruch aus § 426 Abs. 1 wandelt sich nach Befriedigung des Gläubigers durch den ausgleichsberechtigten Gesamtschuldner in einen **Zahlungsanspruch** gegen den ausgleichspflichtigen Gesamtschuldner um.[38] Nach **hM** entsteht der Zahlungsanspruch nach § 426 Abs. 1 ebenfalls bereits bei der **Begründung der Gesamtschuld**, so dass nach dieser Ansicht auch auf diesen Zeitpunkt als Entstehungsmoment im Sinne von § 199 Abs. 1 Nr. 1 abzustellen ist.[39] Dem ist für § 199 Abs. 1 Nr. 1 nach hier vertretener Ansicht jedoch nicht zu folgen. Die besseren Argumente sprechen für die Annahme, dass der Ausgleichsanspruch aus § 426 Abs. 1, soweit er auf Zahlung gerichtet ist, nicht vor dem Zeitpunkt iSd § 199 Abs. 1 Nr. 1 entstanden ist, in dem der ausgleichsberechtigte Gesamtschuldner an den Gläubiger geleistet hat,[40] denn erst dann wird der Zahlungsanspruch gem. § 426 Abs. 1 als Zahlungsanspruch fällig. Der vorgelagerte Freistellungs- und der spätere Ausgleichsanspruch sind verjährungsrechtlich als unterschiedliche Ansprüche anzusehen, weil sie auf unterschiedliche Rechtsfolgen gerichtet sind und unter-

33   Ständige Rechtsprechung und hM, vgl. BGHZ 50, 21, 24; BGH NJW 1993, 648 (650); NJW 1998, 1303 (1304); NJW 1998, 1488 (1489); NJW 2000, 861; ZIP 2004, 763 (764); WM 2004, 472 (473); NZG 2017, 753 (755) mwN; Palandt/*Ellenberger* BGB § 199 Rn. 14; MüKoBGB/*Grothe* § 199 Rn. 9; Soergel/*Niedenführ* BGB § 199 Rn. 20; Staudinger/*Peters/Jacoby* BGB § 199 Rn. 44 ff.; BeckOK BGB/*Spindler* § 199 Rn. 36; Erman/*Schmidt-Räntsch* BGB § 199 Rn. 9; *Mansel/Budzikiewicz* Jura 2003, 1 (3 f.); rechtsvergleichend *Rebhahn* FS Welser, 2004, S. 849, 865 ff.

34   BGH MDR 2001, 448; s. auch *Jaeger*, ZGS 2003, 329 (331).

35   Zum Vorstehenden: BT-Drs. 14/7052, S. 180.

36   S. dazu ausführlich Staudinger/*Peters/Jacoby* BGB § 199 Rn. 47 ff.; *Peters/Zimmermann* S. 79, 329;

Moraht Verjährungsrechtliche Probleme bei der Geltendmachung von Spätschäden im Deliktsrecht, 1996, S. 229 ff. et passim.

37   BGH NJW 2018, 2714 (2717).

38   BGH NJW 2010, 60; NJW 2010, 62; s. weiter bei § 426.

39   BGHZ 11, 170, 174; BGHZ 114, 117, 122; BGH NJW 1994, 2231; NJW-RR 2008, 256; BGHZ 181, 310; BGH NJW 2010, 60; NJW 2010, 62; NZG 2017, 753 (754 f.); BeckOK BGB/*Henrich* § 199 Rn. 13; *Pfeiffer* NJW 2010, 23; *Cziupka* ZGS 2010, 63; *Klutinius/Karwatzki* VersR 2008, 617 ff.

40   *Mansel/Budzikiewicz* § 3 Rn. 23; *Hartmann/Lieschke* WM 2011, 205 (209); Staudinger/*Peters/Jacoby* BGB § 199 Rn. 8; BeckOGK/*Piekenbrock* BGB § 199 Rn. 64; s. auch die Gesetzesbegründung BT-Drs. 14/7052, S. 185.

schiedlich fällig werden. Die Rechtsprechung des BGH und die ihr folgende, überwiegende Literatur vermögen nicht zu überzeugen.

Zur Verjährung der Ansprüche aus **§ 426 Abs. 2** → § 195 Rn. 10 a. 29

Für den Beginn der regelmäßigen Verjährungsfrist (§ 199 Abs. 1 Nr. 1) des **gesetzlichen** Befreiungsan- 30 spruchs **nach § 257** S. 1 ist nach neuerer Rechtsprechung zutreffend nicht auf den Schluss des Jahres abzustellen, in dem der Freistellungsanspruch (der etwa aus § 670 folgen kann) fällig geworden ist, sondern auf den Schluss des Jahres, in dem die Verbindlichkeit fällig wird, welche Grundlage für diesen Anspruch ist und von der zu befreien ist (Drittforderung).[41] Würde für den gesetzlichen Befreiungsanspruch aus § 257 S. 1 (wie bis zur Neuregelung 2002) der Verjährungsbeginn nach § 199 Abs. 1 Nr. 1 an das Entstehen des Befreiungsanspruchs angeknüpft, dann könnte das dazu führen, dass der Befreiungsanspruch, der bereits mit Eingehung der Verbindlichkeit fällig wird (arg. § 257 S. 2),[42] lange vor der Drittforderung verjährt. Unter Geltung des alten Verjährungsrechts wurde dieses unbillige Ergebnis regelmäßig infolge der langen, dreißigjährigen Verjährungsfrist vermieden. Um auch unter Geltung der kurzen allgemeinen Verjährungsfrist von drei Jahren (§ 195) ein sachgerechtes Ergebnis zu sichern, kann der **Verjährungsbeginn** des Freistellungsanspruchs nicht mehr unabhängig von der **Fälligkeit der Drittforderung** beurteilt werden.[43] Dies gilt auch dann, wenn sich der Befreiungsanspruch durch Abtretung an den Drittgläubiger in einen Zahlungsanspruch umgewandelt hat.[44]

Anders entscheidet der BGH allerdings, wenn die Inanspruchnahme des Befreiungsgläubigers durch den 30a Drittgläubiger mit Sicherheit zu erwarten ist und feststeht, dass für die Erfüllung der Drittforderung auf die Mittel des Befreiungsschuldners zurückgegriffen werden muss. In diesem Fall soll sich der Freistellungsanspruch bereits vor Fälligkeit der Drittforderung in einen **Zahlungsanspruch umwandeln**. Maßgebend für den Verjährungsbeginn (§ 199 Abs. 1 Nr. 1) ist nach BGH damit der Schluss des Jahres, in dem der Zahlungsanspruch durch Umwandlung des Befreiungsanspruchs entstanden ist.[45]

cc) Bedingte und verhaltene Ansprüche. Aufschiebend bedingte Ansprüche entstehen frühestens 31 mit dem Eintritt der Bedingung; mangels abweichender Regelung werden sie **mit Bedingungseintritt** nach § 271 Abs. 1 fällig. Auf diesen Zeitpunkt ist im Rahmen des Abs. 1 Nr. 1 abzustellen.[46] Dies gilt auch für Potestativbedingungen.[47]

Eine Sonderregelung hat der Gesetzgeber für einige der sog. **verhaltenen Ansprüche**[48] vorgesehen. Bei 32 diesen handelt es sich um Ansprüche, die der Schuldner vor ihrer Geltendmachung nicht von sich aus erfüllen muss bzw. darf, deren Erfüllung der Gläubigers aber jederzeit verlangen kann.[49] Vor der Verjährungsrechtsreform 2002 entstanden verhaltene Ansprüche sofort und begannen daher auch sofort zu verjähren.[50] So wurde etwa die Verjährung des Rückgabeanspruchs eines Hinterlegers aus § 695 aF, der mit der Hinterlegung entstand, in dem Moment in Lauf gesetzt, in dem die Hinterlegung erfolgte. Das war bei der Dreißigjahresfrist der Regelverjährung nach § 195 aF unproblematisch. Anders ist dies bei Geltung der Dreijahresfrist des § 195. Für die Ansprüche iSd **§§ 604 Abs. 5, 695 S. 2, 696 S. 3** kann die Annahme, verhaltene Ansprüche verjährten ab der Anspruchsentstehung, zu unbilligen Ergebnissen führen. Der Gesetzgeber hat deshalb für den Verjährungsbeginn bei den Rückgabeansprüchen des Verleihers und des Hinterlegers bzw. Verwahrers in §§ 604 Abs. 5, 695 S. 2, 696 S. 3 etwas anderes bestimmt.[51] Nach § 604 Abs. 5 beginnt die Verjährung mit der Beendigung der Leihe, die regelmäßig (s. § 604)[52] mit dem Rückforderungsverlangen eintritt. Bei der Hinterlegung beginnt die Verjährung ebenfalls mit dem Rückgabeverlangen (§ 695 S. 2, s. dort; zu § 696 S. 3 s. dort).

Von einer allgemeinen Regelung des Verjährungsbeginns für verhaltene Ansprüche hat der Gesetzgeber 33 abgesehen. Aufgrund des Ausnahmecharakters solcher Fälle hielt er eine spezialgesetzliche Regelung für

---

41 BGHZ 185, 310 Rn. 22; BGH BeckRS 2012, 18286; GRUR 2017, 1144 (1146); BeckRS 2017, 131337; NJW 2018, 1873 (1874 f.); BeckRS 2017, 136243; s. zuvor das obiter dictum in BGH NJW-RR 2010, 333 (334); BeckOGK/*Piekenbrock* BGB § 199 Rn. 35; BeckOK BGB/*Henrich* § 199 Rn. 12; Palandt/*Ellenberger* BGB § 199 Rn. 3; aA *Peters* ZGS 2010, 495 (496 ff.) (abzustellen sei auf die Begründung der Drittforderung), dort Hinweise auf mögliche, sinnvolle Parteivereinbarungen.

42 Allg. Meinung, vgl. nur Jauernig/*Stadler* BGB §§ 256, 257 Rn. 5.

43 BGHZ 185, 310.

44 BGH BeckRS 2019, 6119.

45 BGH BeckRS 2019, 6119; NJW 2018, 1873 (1875); BeckRS 2017, 136243; BeckRS 2017, 131337; krit. *Bruns* LMK 2017, 400108.

46 BGHZ 47, 387, 381; BGH NJW 1987, 2743 (2745); GRUR 2017, 1144 (1146); umfangreiche Nachw. bei *Dilger* JurBüro 2010, 291 (295).

47 BGH GRUR 2017, 1144 (1146) mwN.

48 S. noch die Aufzählung bei *Krämer* FS Graf von Westphalen, S. 402 ff.

49 S. nur BGH NJW-RR 2016, 1391 (1394) mwN.

50 Zum alten Recht s. BGH NJW-RR 1988, 902 (904); NJW-RR 2000, 647.

51 BT-Drs. 14/6040, S. 258.

52 Zur Verjährung bei sogenannten Dauerleihgaben, insb. an Museen, s. *Loschelder* NJW 2010, 705 (709).

ausreichend.[53] Unberücksichtigt blieb dabei allerdings, dass die mit der Regelverjährung verbundenen Probleme nicht nur im Rahmen der Leihe und der Verwahrung auftreten, sondern ebenso bei anderen verhaltenen Ansprüchen zum Tragen kommen können. Die Sonderregelungen sollten daher grundsätzlich **verallgemeinert** werden:[54] Die Verjährung beginnt danach auch bei den anderen verhaltenen Ansprüchen, für die der Verjährungsbeginn nicht gesondert geregelt ist, sondern § 199 unterfällt, **erst mit dem Erfüllungsverlangen des Gläubigers.**[55] Dogmatisch lässt sich das entweder innerhalb der Systematik des Abs. 1 Nr. 1 dadurch rechtfertigen, dass man das Erfüllungsverlangen bei verhaltenen Ansprüchen als Tatbestandsmerkmal der Anspruchsentstehung ansieht, oder es wird eine Rechtsanalogie zu den §§ 604 Abs. 5, 695 S. 2, 696 S. 3 gezogen, die eine Ausnahme von § 199 darstellt.

34   **Allerdings ist einschränkend** bei jedem einzelnen verhaltenen Anspruch gesondert **zu prüfen, ob** die Verlagerung des Verjährungsbeginns auf den Zeitpunkt des Erfüllungsverlangens **interessengerecht** ist.[56] Zu verneinen wäre dies etwa bei einem Anspruch auf Herausgabe des **Ersatzvorteils nach § 285.**[57] Hier ist nicht ersichtlich, aus welchem Grund dem Gläubiger die Möglichkeit eröffnet werden sollte, trotz Kenntnis von dem Empfang des Ersatzes oder Ersatzanspruchs die Verjährung des Herausgabeanspruchs dadurch hinausschieben zu können, dass er diesen nicht geltend macht.[58] Entsprechendes gilt im Rahmen des § 630 (Pflicht zur **Zeugniserteilung**) sowie der §§ 259 Abs. 2, 260 Abs. 2 (Pflicht zur Abgabe der **eidesstattlichen Versicherung** im Rahmen der Rechenschaftslegung oder Auskunftserteilung). Bei dem Anspruch auf Freizeit zur **Stellensuche** (§ 629) wird sich das Problem kaum jemals stellen.[59] Eine solche Interessenprüfung ergibt ferner zB, dass verhaltene Ansprüche, die einen Hauptanspruch lediglich ergänzen, den allgemeinen Regeln unterliegen. Das bedeutet, diese **verhaltenen Nebenansprüche** verjähren entsprechend § 217 mit dem Hauptanspruch. Dazu zählt insb. der Anspruch auf Erteilung einer Quittung (§ 368), dessen Verjährung der des Hauptanspruchs folgt. Eine von der Geltendmachung unabhängig beginnende Verjährung gilt ferner für Ansprüche, die lediglich auf die **Konkretisierung des Leistungsgegenstandes** gerichtet sind, ohne dass der Zweck verfolgt wird, dem Gläubiger die Geltendmachung des Anspruchs auch in zeitlicher Hinsicht offenzuhalten.[60]

35   Die Verjährung des Anspruchs auf **Rechnungslegung** aus § 666 Alt. 3 beginnt erst mit dessen Geltendmachung zu laufen.[61] Auch der **Auskunftsanspruch** gem. § 666 Alt. 2 ist als verhaltener Anspruch anzusehen,[62] so dass die in → Rn. 32 genannten Grundsätze gelten.[63]

36   **dd) Verjährungsbeginn bei Kündigung, Anfechtung, vorausgesetzter Rechnungserteilung.** Vor der Neuregelung des Verjährungsrechts 2002 haben die §§ 199, 200 aF die Verjährung bei Ansprüchen, die tatbestandlich eine Kündigung oder Anfechtung voraussetzten, im Grundsatz bereits in dem Zeitpunkt beginnen lassen, in dem die Kündigung bzw. Anfechtung zulässig geworden ist, also nicht erst mit Anspruchsfälligkeit. War die Leistung im Kündigungsfall erst nach Verstreichen einer Kündigungsfrist zu erbringen, so wurde der vorverlegte Verjährungsbeginn um die Dauer der Frist hinausgeschoben. Auf diese Weise sollte verhindert werden, dass der Gläubiger durch Nichtausübung des Kündigungs- bzw. Anfechtungsrechts den Verjährungsbeginn nach Belieben hinausschieben kann. Beide Vorschriften wurden ersatzlos aufgehoben, da sie nur zwei von mehreren vergleichbaren Fällen regelten. So war etwa der Hauptfall einer möglichen Verzögerung des Verjährungsbeginns, nämlich der Fall, dass die Erteilung einer Rechnung Fälligkeitsvoraussetzung für die vereinbarte Vergütung war (grundsätzlich ist sie das nicht, ausnahmsweise kraft Vereinbarung oder kraft gesetzlicher Anordnung aber doch),[64] nicht entsprechend geregelt.[65] Eine Fäl-

53   BT-Drs. 14/6040, S. 258.

54   Hiergegen *Rieble* NJW 2004, 2270 (2272).

55   *Mansel/Budzikiewicz* § 3 Rn. 88 f.; ebenso Palandt/*Ellenberger* BGB § 199 Rn. 8; MüKoBGB/*Grothe* § 199 Rn. 7; Soergel/*Niedenführ* BGB § 199 Rn. 17; BeckOK BGB/*Henrich* § 199 Rn. 10; Erman/*Schmidt-Räntsch* BGB § 199 Rn. 3 f.; so im Erg. auch *Rieble* NJW 2004, 2270 ff.; BGH NVwZ-RR 2019, 952 (953); OLG Saarbrücken BeckRS 2020, 3141; OLG Köln MMR 2009, 862 (863 f.); AG Bonn BeckRS 2010, 16029; im Grundsatz auch Staudinger/*Peters/Jacoby* BGB § 199 Rn. 12 ff.; offengelassen (mit unbenannten „erheblichen Zweifeln") durch BGH NJW 2010, 1956 (1957).

56   S. *Mansel/Budzikiewicz* § 3 Rn. 89; mit anderem Ausgangspunkt im Ergebnis ähnlich: *Krämer* FS Graf von Westphalen, S. 411 ff.

57   BeckOGK/*Piekenbrock* BGB § 199 Rn. 21.

58   Wenn § 285 überhaupt als verhaltener Anspruch qualifiziert werden sollte; zweifelnd *Mansel/Budzikiewicz* § 3 Rn. 89; s. zu § 285 *Krämer* FS Graf von Westphalen, S. 401, 404 mwN.

59   *Mansel/Budzikiewicz* § 3 Rn. 89.

60   AG Bonn BeckRS 2010, 16029.

61   BGH NJW-RR 2016, 1391 (1394) (periodischer Rechenschaftsanspruch); NJW 2012, 58 (61); dazu *Peters* JR 2013, 43.

62   BGHZ 192, 1 Rn. 11; dazu *M. Stürner* LMK 2012, 333522. AA *Peters* JR 2013, 43 (44).

63   Palandt/*Ellenberger* BGB § 199 Rn. 8. Offengelassen in BGHZ 192, 1 Rn. 14.

64   S. Staudinger/*Peters/Jacoby* BGB § 199 Rn. 17–20; Palandt/*Grüneberg* BGB § 271 Rn. 7, jeweils m. zahlr. Nachw.

65   Die §§ 199 f. aF waren auf diesen Fall nicht entspr. anzuwenden, s. BGHZ 55, 340, 344; BGH NJW 1982, 930 (931); NJW-RR 1987, 237 (239).

ligkeit mit Rechnungsstellung sieht etwa § 12 der Gebührenordnung für Ärzte vor, weshalb der **Vergütungsanspruch des Arztes** danach erst mit Rechnungsstellung zu verjähren beginnt.[66]

Seit der Verjährungsrechtsreform 2002 beginnt die Verjährung von Ansprüchen, die erst aufgrund einer Kündigung, Anfechtung oder Rechnungsstellung[67] fällig werden, mit der Anspruchsentstehung (**Fälligkeit**).[68] Der Verjährungsbeginn wird nicht auf den frühesten Zeitpunkt, in dem die Kündigung, Anfechtung oder Rechnungsstellung zulässig wäre, vorverlagert. Bezogen auf die Kündigung und Anfechtung ist das eine Neuerung, bezogen auf die Rechnungsstellung[69] entspricht dies dem früheren Recht. Es besteht **keine allgemeine Ausschlussfrist** für nicht fällige vertragliche Erfüllungsansprüche. Dem Vorschlag des Bundesrats, eine solche Ausschluss- oder Verjährungsfrist zu schaffen,[70] ist der Bundestag nicht gefolgt.[71] Eine solche Frist habe im alten Recht auch nicht existiert; es bestehe für sie kein Bedürfnis, da die Parteien die Fälligkeit ihrer vertraglichen Erfüllungsansprüche im Vertrag regeln könnten. Sie seien frei, eine Fälligkeit beispielsweise auch erst nach mehr als dreißig Jahren vorzusehen. Solche Abreden unterlägen der Inhaltskontrolle; das reiche nach Ansicht der Bundesregierung aus. Soweit das Gesetz teilweise (s. etwa **§ 8 HOAI 2002** [vgl. jetzt § 15 HOAI]) die Fälligkeit an eine Rechnungsstellung knüpfe, seien bislang keine nennenswerten Probleme aufgetreten. Soweit der Gläubiger wider Treu und Glauben die Rechnungserteilung unterlasse, böte sich eine Lösungsmöglichkeit über § 242, insb. über die **Verwirkung**.[72] Eine ausnahmsweise **Vorverlegung des Fälligkeitszeitpunkts analog § 162 Abs. 1** wegen treuwidrig unterlassener Rechnungsstellung wird nur ausnahmsweise eingreifen.[73]

Der Wegfall des § 199 aF schafft keine Probleme bei lange laufenden Darlehensverträgen (**"Uralt-Sparbücher"**).[74] Auch bei ihnen führt das Abstellen auf die Fälligkeit und damit bei solchen Verträgen auf die Kündigung zu sachgerechten Ergebnissen: Der Sparer geht nicht überraschend der Spareinlage verlustig, die er vergessen oder ererbt hat. Kreditinstitute können – wie bisher – den Berechtigten ausfindig machen, ihm gegenüber das Darlehen kündigen und damit die (regelmäßige) Verjährungsfrist (§ 195) in Gang setzen.

ee) Verjährungsbeginn bei Schadensersatz statt der Leistung. Die §§ 438 Abs. 2, 634 a Abs. 2 und § 548 Abs. 1 S. 2 regeln im Kauf-, Werkvertrags- und Mietrecht hinsichtlich des Schadensersatzes statt der Leistung bzw. des Mangelfolgeschadens den Verjährungsbeginn abweichend von § 199. Soweit sie anwendbar sind, **gehen** sie § 199 **vor** (→ Rn. 13).

Die Verjährung eines Anspruchs auf **Schadensersatz statt der Leistung** nach den **§§ 280 Abs. 1 und Abs. 3, 281, 283** beginnt mit Ablauf der tatbestandlich vorausgesetzten Nachfrist bzw. dem an die Stelle der Nachfrist tretenden Umstand bzw. mit dem Eintritt der Unmöglichkeit. Es ist also auf den Zeitpunkt der Entstehung des Schadensersatzanspruchs selbst abzustellen, nicht auf den Verjährungsbeginn des primären Erfüllungsanspruchs, der dem Schadensersatzanspruch zugrunde liegt und an dessen Stelle der Schadensersatzanspruch statt der Leistung tritt.[75]

2. Anspruchskenntnis oder grobfahrlässige Unkenntnis (Abs. 1 Nr. 2). Abs. 1 Nr. 2 verallgemeinert in leicht modifizierter Form § 852 Abs. 1 aF und andere kenntnisabhängige Regelungen des Verjährungsbeginns (→ Rn. 1). Die durch die Rechtsprechung und Lehre bei der Auslegung des § 852 Abs. 1 aF gefundenen Ergebnisse zu Fragen der Feststellung des Verjährungsbeginns sind auf Abs. 1 Nr. 2 übertragbar, und zwar nicht nur für die bisher § 852 Abs. 1 aF unterfallenden Ansprüche, sondern auch für die anderen Ansprüche.[76]

a) Von der Kenntnis zu umfassende Tatsachen, Beweislast. Abs. 1 Nr. 2 setzt für den Verjährungsbeginn die Kenntnis oder grob fahrlässige Unkenntnis des Gläubigers von den den Anspruch begründenden

66 S. zu einem solchen Fall etwa AG München 28.9.2010 – 213 C 18634/10.

67 Die Verjährung von Rückzahlungsansprüchen wegen Gaspreisüberzahlungen beginnt nicht bereits mit den jeweils geleisteten Abschlagszahlungen, sondern erst mit der anschließenden Erteilung der Jahresabrechnung zu laufen BGH NJW 2012, 2647 Rn. 9 ff.; NJW 2013, 991 (994).

68 Zum Beginn der Verjährung für Rückzahlungsansprüche aufgrund unwirksamer Preisänderungsklauseln in einem Stromlieferungsvertrag mit Sonderkunden BGH WM 2013, 1576; NJW 2013, 1077.

69 Vgl. BGHZ 55, 340, 344; BGH NJW 1982, 930 (931); NJW-RR 1987, 237 (239).

70 BT-Drs. 14/6087, S. 6 f.

71 BT-Drs. 14/6087, S. 42 f.

72 Vgl. Palandt/*Ellenberger* BGB § 199 Rn. 6; offen gelassen von KG NZG 2009, 24 (25).

73 Offengelassen von KG NZG 2009, 24 (25).

74 S. dazu nach altem Recht *Arendts/Teuber* MDR 2001, 546. – Gegenäußerung der Bundesregierung, BT-Drs. 14/6087, S. 43 gegen Stellungnahme des Bundesrats, ebd. S. 7.

75 Staudinger/*Peters/Jacoby* BGB § 199 Rn. 24; *Wertenbruch* BGB AT, 4. Aufl. 2017, § 36 Rn. 12; BeckOGK/*Riehm* BGB § 280 Rn. 326; zum früheren Recht ebenso die Rechtsprechung BGH NJW 1959, 1819; NJW 1989, 1854 (1855); NJW 1999, 2884 (2886); aA (Verjährungsbeginn mit Entstehen des Primäranspruchs) *Reinicke/Tiedtke* ZIP 1999, 1905 (1906 f.); MüKoBGB/*Grothe* § 199 Rn. 24; Palandt/*Ellenberger* BGB § 199 Rn. 15.

76 S. BGH NJW 2020, 466 (467); NJW 2019, 1953 (1954).

Umständen und der Person des Schuldners voraus. Für eine entsprechende Kenntnis oder grobfahrlässige Unkenntnis trägt der Schuldner die **Darlegungs- und Beweislast**, s. dazu auch → Rn. 122 ff.[77]

43 **aa) Anspruchsbegründende Umstände.** Die Verjährung kann erst beginnen, wenn die anspruchsbegründenden Umstände **objektiv vorliegen**, also der Anspruch entstanden ist (zum Problem der Schadenseinheit → Rn. 25 ff.). Das folgt bereits aus Abs. 1 Nr. 1. Es ergibt sich aber auch aus Abs. 1 Nr. 2 (→ Rn. 17). **Anspruchsbegründende Umstände** sind die Tatsachen, die gegeben sein müssen, um das Vorliegen der einzelnen Merkmale der Anspruchsnorm und die Gläubigerstellung des Anspruchstellers[78] bejahen zu können. Erfasst werden nicht nur Merkmale des Tatbestands im engeren Sinne, sondern alle Elemente des materiellrechtlichen Anspruchs, deren Vorliegen Voraussetzung für eine zusprechende gerichtliche Entscheidung ist.

44 Wird ein Schadensersatzanspruch auf **mehrere Pflichtverletzungen** gestützt, so ist nach herrschender Ansicht jede Pflichtverletzung verjährungsrechtlich **selbstständig** zu behandeln.[79] Dementsprechend sollen zB bei einem Vorwurf verschiedener **Aufklärungs- oder Beratungsfehler** die Voraussetzungen des § 199 Abs. 1 Nr. 2 getrennt für jede einzelne Pflichtverletzung zu prüfen sein.[80] Wird ein Schadensersatzanspruch auf mehrere Fehler gestützt, beginnt die Verjährung danach nicht einheitlich, wenn lediglich bezüglich eines Fehlers Kenntnis oder grob fahrlässige Unkenntnis vorliegt und dem Geschädigten (nur) insoweit eine Klage zumutbar wäre. In der Rechtsprechung finden sich nicht nur Fälle, in denen die jeweiligen Pflichtverletzungen eigenständige Schäden verursacht haben, sondern auch solche, in denen mehrere Pflichtverletzungen zu demselben Schaden geführt haben.[81] Unberücksichtigt bleibt dabei allerdings, dass verjährungsrechtlich nicht die einzelne Pflichtverletzung relevant ist, sondern allein der auf diese gestützte Anspruch (→ § 194 Rn. 2). Das heißt: Nur in den Fällen, in denen der Geschädigte auf die betreffenden Pflichtverletzungen jeweils auch einen eigenen Ersatzanspruch stützen kann, ist für jeden dieser Ansprüche die Verjährung (und damit auch der Verjährungsbeginn) gesondert zu bestimmen.[82]

45 Offen ist, ob die Tatsachen, die die Fälligkeit des Anspruchs begründen, auch zu den anspruchsbegründenden Umständen im Sinne des Abs. 1 Nr. 2 zählen. Das könnte zu verneinen sein, da die Anspruchsfälligkeit keine Frage der Anspruchsbegründung ist.[83] Auch der Grundsatz der Schadenseinheit, nach welchem ein Anspruch auch hinsichtlich der noch nicht eingetretenen, aber vorhersehbaren Schadensposten bereits mit Kenntnis von dem generellen Schadenseintritt zu verjähren beginnt (zu dem Grundsatz und seiner Fortgeltung im Rahmen des § 199 → Rn. 25 f.), legt diese Sichtweise nahe. Dennoch sollten die Tatsachen, die die **Anspruchsfälligkeit** auslösen, als **notwendiger Gegenstand** der Kenntnis im Sinne des Abs. 1 Nr. 2 eingestuft werden. Denn Abs. 1 Nr. 2 stellt auf den Zeitpunkt ab, zu welchem der Gläubiger seinen Anspruch durchsetzen kann. Erst ab diesem Zeitpunkt hat der Gläubiger Anlass, sich um die Verfolgung seines Anspruchs zu kümmern. Wenn davon im Rahmen des Grundsatzes der Schadenseinheit (→ Rn. 25) eine wichtige Ausnahme gemacht wird, so lässt sich diese Ausnahme durch die Besonderheiten der Schadensersatzhaftung und der dynamischen Schadensentwicklung rechtfertigen. Der Grundsatz spricht nicht generell dagegen, die fälligkeitsbegründenden Tatsachen als anspruchsbegründend im Sinne des Abs. 1 Nr. 2 einzuordnen.

46 Daher zählt bei **Schadensersatzansprüchen auch der Schadenseintritt** zu den anspruchsbegründenden Tatsachen, unabhängig davon, ob der Schaden ansonsten als Element der Tatbestands- oder der Rechtsfolgenseite der Anspruchsnorm verstanden wird. Dies entspricht § 852 aF; daran wollte der Reformgesetzgeber nichts ändern. Nicht erforderlich ist eine genaue Kenntnis des Umfangs und der Höhe des Schadens. Entscheidend ist die Kenntnis davon, dass überhaupt ein Schaden eingetreten ist.[84] Erst nachträglich auftretende Schadensfolgen, die aber im Zeitpunkt der Kenntnis vorhersehbar waren, lösen nach dem Grundsatz der Schadenseinheit (näher → Rn. 25 f.) keine neue auf sie bezogene Verjährungsfrist aus. Vielmehr gilt die mit Kenntnis des Schadenseintritts beginnende Verjährungsfrist auch für diese Schadensfolgen. Soweit ein Anspruch erst später eingetretene Schadensfolgen zum Inhalt hat, wird eine neue, eigenständige Verjäh-

---

77 S. nur BGHZ 171, 1, 11; BGH NJW 2008, 2576 (2578); BGHZ 186, 152; BGH BKR 2016, 217 (218); NJW 2017, 248.
78 Dazu, dass die Schadensbetroffenheit des Gläubigers ein Umstand ist, der von der Kenntnis des Gläubigers gem. § 852 Abs. 1 aF erfasst sein musste, s. BGH NJW 1996, 117.
79 BGH NJW 2008, 506 (507) Rn. 14 ff.; NJW-RR 2010, 681 Rn. 14 f.; NZG 2010, 1026; NJW-RR 2011, 842 (843); NJW 2015, 236 (249); MedR 2017, 960 (962); *Grüneberg* WM 2014, 1109.
80 S. die Nachweise bei *Budzikiewicz* MedR 2017, 965.

81 BGH NJW-RR 2011, 842 (843 f.); BeckRS 2015, 11750.
82 *Budzikiewicz* MedR 2017, 965.
83 So wohl *Piekenbrock* S. 309, 324.
84 S. BGHZ 196, 233: Weiß ein Anleger, dass die ihn beratende Bank für den Vertrieb der empfohlenen Kapitalanlage eine Rückvergütung erhält, deren Höhe ihm die Bank vor seiner Anlageentscheidung nicht mitgeteilt hat, so hängt der Beginn der Verjährungsfrist seines Schadensersatzanspruches wegen verschwiegener Rückvergütung nicht von der Kenntnis der genauen Höhe der Rückvergütung ab; dazu *Hettenbach* BB 2013, 2763.

rungsfrist nur eröffnet, wenn der Eintritt dieser Schadensfolgen auch für den Fachmann im Moment der generellen Kenntnis des Gläubigers vom Schadenseintritt nicht vorhersehbar war.[85] Insoweit ist dann auf die Kenntnis des Gläubigers vom Eintritt der unvorhersehbaren Schadensfolge und ihrer Verursachung durch den Schuldner abzustellen.[86]

Setzt der Anspruch das **Vertretenmüssen** des Schuldners oder – bei Anwendung des § 278 – anderer voraus, so zählen auch die Tatsachen, welche auf die Vertretenmüssen hinweisen, zu den anspruchsbegründenden Umständen.[87] Gleiches gilt für die **Kausalität** des anspruchsauslösenden Verhaltens des Schuldners und besondere zum inneren Tatbestand gehörige Tatsachen. Im letzten Fall kommt es auf die Kenntnis des äußeren Tatbestands an, aus dem das Vorliegen der inneren Tatsachen (Beweggrund, Zweck) herzuleiten ist.[88] Hat der Schuldner sein fehlendes Verschulden zu beweisen (s. etwa § 831 Abs. 1 S. 2), so ist eine Kenntnis des Gläubigers vom Vertretenmüssen des Schuldners keine Voraussetzung des Abs. 1 Nr. 2. **47**

Tatsachen, aus denen die **Rechtswidrigkeit** einer Handlung zu folgern ist, zählen zu den anspruchsbegründenden Tatsachen, sofern die Rechtswidrigkeit Anspruchsvoraussetzung ist. Das Fehlen von Rechtfertigungsgründen zählt nicht dazu, soweit das Vorliegen von Rechtfertigungsgründen – wie regelmäßig – durch den Schuldner vorzutragen und zu beweisen ist. **48**

Hängt der Anspruch davon ab, dass eine andere Person nicht haftet (**subsidiäre Haftung**, s. zB §§ 829, 839 Abs. 1 S. 2), so ist Kenntnis davon erforderlich, dass die andere Person nicht (vollständig) haftet.[89] Bei Insolvenz des vorrangig haftenden anderen Schuldners bedarf es dann der Kenntnis von der Höhe des Ausfalls der Insolvenzforderung.[90] **49**

bb) Person des Schuldners. Erforderlich ist die Kenntnis der Person des Schuldners. Es bedarf dabei der Kenntnis (oder grobfahrlässiger Unkenntnis, → Rn. 68 ff.) des Namens und der **Anschrift des Schuldners**,[91] so dass eine Klagezustellung möglich wäre. Geht die Kenntnis wieder verloren (etwa durch Umzug des Schuldners), so ändert dies nichts am Lauf der Verjährung;[92] ggf. ist öffentlich zuzustellen, um die Verjährungshemmung des § 204 Abs. 1 Nr. 1 auszulösen. Als ladungsfähige Anschrift des Schuldners kann auch die Angabe seiner Arbeitsstelle genügen, wenn diese sowie der Zustellungsempfänger und dessen dortige Funktion so konkret und genau bezeichnet werden, dass von einer ernsthaften Möglichkeit ausgegangen werden kann, die Zustellung durch Übergabe werde gelingen. Daher kann die Bezeichnung der beklagten Krankenhausärzte im Arzthaftungsprozess mit Namen und ärztlicher Funktion in einer bestimmten ärztlichen Abteilung des Krankenhauses ausreichen.[93] **Grob fahrlässige Unkenntnis** liegt vor, wenn Name und Anschrift ohne besondere Mühewaltung und Kosten und ohne langwierige Nachforschung ermittelt werden könnten.[94] **50**

Im Falle der **Gesamtschuldnerschaft** ist der Verjährungsbeginn für den Anspruch gegen jeden einzelnen Gesamtschuldner gesondert zu bestimmen (§ 425 Abs. 2).[95] Die Kenntniserlangung iSv Abs. 1 Nr. 2 ist damit bezogen auf jeden der Gesamtschuldner getrennt zu ermitteln.[96] Bei unterschiedlichen Zeitpunkten der Kenntniserlangung von der Person des jeweiligen Gesamtschuldners beginnt die Verjährung der Ansprüche gegen die einzelnen Gesamtschuldner unterschiedlich.[97] Das gilt auch dann, wenn Organe und **51**

85 Zur Vorhersehbarkeit MüKoBGB/*Grothe* § 199 Rn. 11 f. mwN.
86 Zum Grundsatz der Schadenseinheit (bei deliktsrechtlichen Ansprüchen) BGH NJW 2000, 861; s. auch BGHZ 50, 21, 24; BGH NJW 1993, 648 (650); NJW 1998, 1303 (1304); NJW 1998, 1488 (1489); NJW 2000, 861; ZIP 2004, 763 (764); WM 2004, 472 (473); NZG 2017, 753 (755) mwN; Palandt/*Ellenberger* BGB § 199 Rn. 14; MüKoBGB/*Grothe* § 199 Rn. 9; Soergel/*Niedenführ* § 199 Rn. 20; Staudinger/*Peters/Jacoby* BGB § 199 Rn. 44 ff.; BeckOK BGB/*Spindler* § 199 Rn. 33; Erman/*Schmidt-Räntsch* BGB § 199 Rn. 9, 12; *Mansel/Budzikiewicz* Jura 2003, 1 (3 f.); zum früheren Recht s. BGHZ 50,21, 24; BGH NJW 1991, 2833 (2835); VersR 2000, 331; Staudinger/*Peters/Jacoby* BGB § 199 Rn. 44.
87 Nicht zu § 278, sondern nur zur Frage des Schädigerverschuldens iSv § 852 Abs. 1 aF s. etwa BGH NJW 1973, 316; Soergel/*Niedenführ* BGB § 199 Rn. 41; *Larenz/Canaris* Lehrbuch des Schuldrechts II/2, 13. Aufl. 1994, § 83 V 1.
88 So zum alten Recht Staudinger/*Schäfer* 12. Aufl. 1986, § 852 aF Rn. 71; s. auch Soergel/*Niedenführ* BGB § 199 Rn. 42.
89 BGHZ 102, 246; 121, 65, 71; BGH NJW 1999, 2041 (2042); Soergel/*Niedenführ* BGB § 199 Rn. 47; näher Staudinger/*Schäfer* 12. Aufl. 1986, BGB § 852 aF Rn. 83, 84, 93 ff.
90 RGZ 161, 375; OLG Frankfurt NJW-RR 1987, 1056 (1057).
91 BGH VersR 1995, 551 (552); NJW 1998, 998; NJW 1999, 423 (424); NJW 2000, 954 f.; ZIP 2001, 70; NJW 2012, 1645 (1646); NJW 2013, 448.
92 S. aber BGH NJW 2012, 1645 für einen Übergangsfall; *Peters* NJW 2012, 2556 (2557 f.) erwägt Anwendung des § 206.
93 BGH NJW 2001, 885.
94 Näher MüKoBGB/*Grothe* § 199 Rn. 30, 35; Staudinger/*Peters/Jacoby* BGB § 199 Rn. 70 f.
95 Zur Neufassung des § 425 Abs. 2 s. dort.
96 BGH NJW 2001, 964.
97 BGH NJW 2001, 964; VersR 1962, 1008.

Mitarbeiter einer juristischen Person und diese selbst Gesamtschuldner sind und der Anspruch gegen die juristische Person bereits verjährt ist.[98]

52 Bei der deliktischen **Haftung eines Brokers** wegen bedingt vorsätzlicher Teilnahme an einem sittenwidrigen Geschäftsmodell muss der Anleger Kenntnis (bzw. grob fahrlässige Unkenntnis) nicht nur von den Umständen haben, die in Bezug auf das betreffende Geschäftsmodell einen Ersatzanspruch begründen, sondern auch von solchen Umständen, aus denen sich ergibt, dass der das Transaktionskonto führende und die einzelnen Aufträge ausführende Broker als möglicher Haftender in Betracht kommt.[99]

53 Bestehen Zweifel, welche von **mehreren** in Betracht kommenden **Personen** der Schuldner ist, so ist eine ausreichende Kenntnis der Person des Schuldners erst gegeben, wenn keine begründeten Zweifel mehr bestehen.[100] Das ist dann der Fall, wenn der Gläubiger aufgrund der ihm bekannten Tatsachen gegen eine bestimmte Person mit einiger Aussicht auf Erfolg eine Leistungsklage oder zumindest eine Feststellungsklage erheben kann (→ Rn. 65).

54 Richtet sich der Anspruch direkt gegen eine als **Mitarbeiter oder Organ eines Unternehmens** handelnde Person, so kommt es auf die Kenntnis des Gläubigers von der Person des Mitarbeiters/Organs an. Hängt die Anspruchsbegründung von der betrieblichen Zuständigkeits- und Aufgabenverteilung ab, so bedarf es daher auch der Kenntnis dieser Tatsachen.[101]

55 Die Kenntnis des Gläubigers von der Person des **Erfüllungsgehilfen**, dessen Verschulden dem Schuldner nach § 278 zugerechnet wird, wird von Abs. 1 Nr. 2 nicht verlangt. Es ist ausreichend, wenn der Gläubiger Kenntnis davon hat, dass der Schuldner sich zur Erfüllung seiner Verbindlichkeit eines anderen bedient hat.[102] Erforderlich ist weiter die Kenntnis der Umstände, die auf das Verschulden dieses anderen hinweisen (→ Rn. 47). Die Person des anderen muss dem Gläubiger nicht im Sinne des Abs. 1 Nr. 2 bekannt sein, denn der andere (Erfüllungsgehilfe) ist bei Anwendung des § 278 nicht Schuldner im Sinne von Abs. 1 Nr. 2.

56 Ebenso wenig ist die Kenntnis von der Person des **Verrichtungsgehilfen** im Falle des § 831 erforderlich. Schuldner des § 831 ist der Geschäftsherr; der Gläubiger muss Kenntnis seiner Person haben. Erforderlich ist mit Blick auf den Verrichtungsgehilfen allein die Kenntnis des Gläubigers davon, dass der Schaden durch irgendeinen Verrichtungsgehilfen des Geschäftsherrn rechtswidrig hervorgerufen wurde.[103] Kenntnis davon, dass keine Exkulpation des Schuldners nach § 831 Abs. 1 S. 2 möglich ist, ist nicht vorausgesetzt, denn die Beweislast dafür trägt der Schuldner.

57 Ist der Schuldner **verstorben**, so ist eine Kenntnis der Person seiner Erben nicht erforderlich,[104] denn nach § 1961 kann der Gläubiger eine Nachlasspflegschaft beantragen. Zudem läuft die Ablaufhemmung des § 211 für Nachlassfälle.

58 Ist der Schuldner **nicht prozessfähig**, so kann die Verjährung nach Abs. 1 Nr. 2 erst mit Kenntnis des Gläubigers von der Person des gesetzlichen Vertreters beginnen.[105]

59 **b) Kenntnis.** Kenntnis (bzw. grob fahrlässige Unkenntnis, → Rn. 68 ff.) iSd Abs. 1 Nr. 2 muss bei dem **Gläubiger** des Anspruchs vorliegen (zur Wissenszurechnung → Rn. 75 ff.).[106] Dies ist im Zweipersonenverhältnis unproblematisch. Sind drei oder mehr Personen involviert, ist sorgfältig zu unterscheiden, auf wen im Rahmen des Abs. 1 Nr. 2 abzustellen ist. So kommt es bei der **Drittschadensliquidation** ausschließlich auf die Person des Anspruchstellers, nicht auf den Dritten (dessen Schaden liquidiert wird) an.[107] Letzterer besitzt keinen eigenen Anspruch gegen den Schuldner, so dass er sich auch nicht um die gerichtliche Geltendmachung des Schadens und die damit verbundene Erforschung der dazulegenden Umstände kümmern muss.

Beim gesetzlichen Forderungsübergang (**cessio legis**) wird zu differenzieren sein. Vollzieht sich der gesetzliche Übergang des Anspruchs bereits im Augenblick der Anspruchsentstehung, so ist einzig die Kenntnis desjenigen von Bedeutung, der neuer Anspruchsinhaber geworden ist.[108] Erfolgt die Zession dagegen zu einem späteren Zeitpunkt (zB nach § 426 Abs. 2), ist primär auf die Kenntnis des ursprünglichen Gläubigers

98 BGH NJW 2001, 964 f.; zu Recht krit. *Sandmann* JZ 2001, 712 ff.
99 BGH NJW-RR 2011, 844 (847); BKR 2010, 421 (425 f.).
100 Vgl. BGH NJW 1999, 2734 (2735); näher MüKo-BGB/*Grothe* § 199 Rn. 30.
101 So zum alten Recht und für die deliktische Haftung BGH NJW 2001, 964 (965).
102 So auch BeckOK BGB/*Spindler* § 199 Rn. 42.
103 Vgl. BeckOK BGB/*Spindler* § 199 Rn. 42.
104 OLG Neustadt MDR 1963, 413; MüKoBGB/*Grothe* § 199 Rn. 30; Erman/*Schmidt-Räntsch* BGB § 199 Rn. 26.

105 Offen gelassen von BGH VersR 1963, 580.
106 Zum Begriff *Riedhammer*, Kenntnis, grobe Fahrlässigkeit und Verjährung, 2004, S. 97 ff.
107 Palandt/*Ellenberger* BGB § 199 Rn. 24; Erman/*Schmidt-Räntsch* BGB § 199 Rn. 12.
108 BGHZ 48, 181, 183 f.; BGH NJW 1996, 2933 (2934); ausf. und überzeugend Staudinger/*Schäfer* 12. Aufl. 1986, § 852 aF Rn. 29–42 m. zahlr. Nachw. und Differenzierungen; MüKoBGB/*Grothe* § 199 Rn. 41.

abzustellen. Besaß dieser alle für die Klageerhebung erforderlichen Informationen, so wurde dadurch der Verjährungsbeginn ausgelöst; der neue Gläubiger muss sich die bereits abgelaufene (Teil-)Verjährungsfrist entgegenhalten lassen. Dies gilt auch dann, wenn der neue Gläubiger die Kenntnis nicht (bereits) mit dem Anspruchsübergang erlangt hat.[109] Hatte der Altgläubiger hingegen keine Kenntnis iSd Abs. 1 Nr. 2, ist ab Anspruchsübergang auf den neuen Gläubiger abzustellen.[110] Entsprechendes gilt bei der **Abtretung**: Der neue Gläubiger muss sich die von dem Zedenten bis zur Abtretung (nicht aber eine danach) erlangte Kenntnis gem. §§ 404, 412 entgegenhalten lassen.[111] Hat der Zedent bis zur Abtretung keine Kenntnis erlangt, dann kommt es nach der Abtretung ausschließlich auf die Kenntnis des Zessionars an.

Kenntnis iSv Abs. 1 Nr. 2 meint **Tatsachenkenntnis**, keine Rechtskenntnis. Geht der Gläubiger irrtümlich **60** davon aus, bei der gegebenen Sachlage keinen Anspruch zu haben, hindert das den Verjährungsbeginn nicht (s. auch → Rn. 62, 64).[112] Ebenso wenig kommt es darauf an, ob der Gläubiger Kenntnis von der Dauer des Verjährungslaufs hat.[113]

An der nach Abs. 1 Nr. 2 erforderlichen Kenntnis kann es allerdings fehlen, wenn der Geschädigte infolge **60a** einer durch die Verletzung erlittenen retrograden Amnesie keine Erinnerungen mehr an das Geschehen hat.[114] Das Gleiche gilt, wenn er aufgrund einer psychischen Traumatisierung das Tatgeschehen verdrängt hat und ihm dadurch die Erinnerungen fehlen, die er bräuchte, um erfolgversprechend eine Schadensersatzklage zu erheben.[115] Der Gläubiger ist für seine Behauptung, er habe das Tatgeschehen verdrängt und sei deshalb nicht in der Lage gewesen, rechtliche Schritte einzuleiten, darlegungs- und beweispflichtig. Zwar hat grundsätzlich der Schuldner als derjenige, der sich auf den Ablauf der dreijährigen Verjährungsfrist beruft, den Zeitpunkt dazulegen und zu beweisen, in dem der Verletzte vom Schaden und der Person des Ersatzpflichtigen Kenntnis erlangt hat.[116] Das gilt nach OLG Oldenburg[117] aber dann nicht, wenn der Gläubiger behauptet, er habe die traumatische Erinnerung an das Tatgeschehen verdrängt und deshalb keine Kenntnis von der Person des Schädigers und den anspruchsbegründenden Umständen gehabt. Die Darlegungs- und Beweislast für den inneren Prozess der Verdrängung mit der Folge des Erinnerungsverlusts trägt der Gläubiger.

Ausnahmsweise hat die Rechtsprechung zu § 852 Abs. 1 aF bei unübersichtlicher oder zweifelhafter **61** Rechtslage, die selbst ein Rechtskundiger nicht einzuschätzen vermag, den Verjährungsbeginn wegen der **Rechtsunkenntnis** hinausgeschoben, da es an der Zumutbarkeit der Klageerhebung fehle.[118] Der **BGH** hat nach Inkrafttreten des SchuldRModG in Fortführung seiner Rechtsprechung zu § 852 Abs. 1 aF entschieden, dass der Verjährungsbeginn auch nach Abs. 1 Nr. 2 bei unsicherer und zweifelhafter Rechtslage hinausgeschoben sein kann, weil die Klageerhebung nicht zumutbar erscheint.[119] Die **Zumutbarkeit der Klageerhebung** ist danach „übergreifende Voraussetzung für den Verjährungsbeginn".[120] Der Lauf der Verjährungsfrist beginnt deshalb **erst bei Klärung der Rechtsfrage**.[121]

Der BGH hat die Fälle der Unzumutbarkeit der Klageerhebung ausgeweitet: Während sich ursprünglich die **61a** Unsicherheit auf die Person des Anspruchsgegners beziehen musste,[122] genügt nunmehr die **unsichere und zweifelhafte Rechtslage** als solche.[123] Von einer derartigen Rechtslage soll allerdings nicht schon deshalb auszugehen sein, weil noch keine höchstrichterliche Entscheidung vorliegt; die entscheidungserhebliche Rechtsfrage muss vielmehr Gegenstand eines ernsthaften Meinungsstreits in Rechtsprechung und Schrifttum sein.[124] Wird die Rechtslage erst unsicher, nachdem die Verjährung bereits zu laufen begonnen hat,

109 BGH NJW 2014, 2492.
110 BGH NJW 2014, 2492.
111 BGH NJW 1990, 2808 (2809 f.); MüKoBGB/*Grothe* § 199 Rn. 40.
112 BGH NJW 2020, 466 (467); NJW 2019, 1953 (1954); NJW 2018, 1469 (1470); s. auch *Heinrichs* BB 2001, 1417 (1418); zu § 852 aF s. BGH NJW 1996, 117 (118); NJW 1999, 2041 (2042) mit zahlr. weiteren Nachw.
113 OVG Berlin-Brandenburg BeckRS 2019, 23816.
114 BGH NJW 1993, 2614; NJW 2013, 939; s. dazu *Budzikiewicz* NJ 2013, 253.
115 OLG Oldenburg BeckRS 2011, 18398; bestätigt durch BGH NJW 2013, 939.
116 S. BGH NJW 1987, 3120.
117 OLG Oldenburg BeckRS 2011, 18398; bestätigt durch BGH NJW 2013, 939.
118 BGH NJW 1999, 2041 (2042); BGHZ 122, 317, 325 f., beide mit zahlr. Nachw.
119 BGH WM 2010, 1399 (1400 f.); WM 2008, 1077 (1078); WM 2008, 2155 (dazu *Budzikiewicz* NJ

2009, 111); BGHZ 179, 260; BGH NJW 2010, 253 (255); BGHZ 203, 115 Rn. 35; BGH NJW 2017, 2986 (2993); BeckRS 2017, 121112; VersR 2018, 403; NJW 2018, 1469 (1470); NJW 2019, 1953 (1954); NJW 2019, 2162 (2163); NJW 2020, 466 (467) mwN.
120 BGH NJW 2009, 2046 (2050); NJW 2013, 1077 (1080); NJW 2014, 3092 (3093); BGHZ 179, 260; BGH NJW 2016, 629 (631); NJW 2017, 2986 (2993); VersR 2018, 403; NJW 2018, 1469 (1470); NJW 2019, 2162 (2163).
121 BGH WM 2008, 2155.
122 So die Rechtsprechung des BGH in Bezug auf Amts- und Notarhaftungsansprüche, vgl. etwa BGH NJW-RR 2005, 1148 (1149) mwN.
123 BGHZ 203, 115 Rn. 35; BGH NJW 2016, 629 (631) („auf sämtliche Ansprüche anwendbar"); s. auch die Darstellung der Rechtsprechungsentwicklung bei *Herresthal* WM 2018, 401 (402 ff.).
124 BGH NJW-RR 2014, 733 (737); NJW 2011, 1278 (1279).

führt dies nicht zu einer nachträglichen Verlängerung der Verjährungsfrist.[125] Steht der Durchsetzung des Anspruchs hingegen schon im Zeitpunkt der Entstehung eine gegenteilige höchstrichterliche Rechtsprechung entgegen, ist die Klageerhebung nach BGH nicht zumutbar.[126] So liegt der Verjährungsbeginn von Bereicherungsansprüchen wegen unwirksam formularmäßig vereinbarter Bearbeitungsentgelte in Verbraucherdarlehensverträgen erst im Jahre 2011, als sich eine gefestigte oberlandesgerichtliche Rechtsprechung herausgebildet hatte, die formularmäßige Bearbeitungsentgelte missbilligte.[127] Nach Ansicht des IV. Zivilsenats des BGH soll von der Unzumutbarkeit einer Klageerhebung aber nicht immer schon dann auszugehen sein, wenn eine Rechtsfrage umstritten und noch nicht höchstrichterlich geklärt ist; eine Klage sei jedenfalls dann nicht unzumutbar, wenn der Gläubiger schon vor einer höchstrichterlichen Entscheidung den betreffenden Anspruch geltend gemacht und dadurch zu erkennen gegeben habe, dass er von dem Bestehen des Anspruchs ausging.[128] Unzumutbarkeit gerichtlicher Geltendmachung eines Anspruchs soll auch dann nicht anzunehmen sein, wenn sich durch eine Änderung der höchstrichterlichen Rechtsprechung die Erfolgsaussichten der Rechtsverfolgung lediglich verbessern; daher sei der Beginn der Verjährungsfrist für Rückforderungsansprüche der Schwiegereltern gegen das Schwiegerkind nicht bis zu der Änderung der betreffenden BGH-Rechtsprechung im Jahr 2010[129] hinausgeschoben worden.[130] Entsprechendes gilt nach OLG Stuttgart, wenn der Gläubiger seinen Anspruch auf eine generalklauselartig gefasste Norm stützt, die in der Rechtsprechung durch die Bildung von Fallgruppen konkretisiert wird, zu dem vorgetragenen Sachverhalt aber noch keine Rechtsprechung ergangen ist; dem Geschädigten ist hier zuzumuten, den Rechtsweg zu beschreiten und eine Klärung herbeizuführen.[131]

62 Unbeachtlich ist, ob der Gläubiger aus den ihm bekannten Tatsachen die zutreffenden **Schlüsse auf das Bestehen eines Anspruchs**,[132] insb. bei Schadensersatzansprüchen auf den in Betracht kommenden naturwissenschaftlich zu erkennenden Kausalverlauf[133] zieht.[134] Die Verjährung kann daher im Grundsatz auch dann beginnen, wenn der Gläubiger irrtümlich davon ausgeht, niemand oder eine andere Person als der Schuldner sei ihm ersatzpflichtig. Bei einem Anspruch gegen einen Arzt, Anwalt oder anderen Fachmann reicht die Kenntnis von seiner fachlichen Leistung und ihrer Tatsachengrundlage jedoch nicht aus. Die Verjährung beginnt erst zu laufen, wenn der Gläubiger solche Tatsachen kennt (oder grobfahrlässig nicht kennt, → Rn. 68 ff.), aus denen sich für ihn ergibt, dass der Fachmann „von dem üblichen [fachlichen] Vorgehen abgewichen [ist] oder er Maßnahmen nicht eingeleitet hat, die [fachlich] zur Vermeidung eines Schadens erforderlich waren".[135] Im **Arzthaftungsprozess beginnt** nach der Rechtsprechung daher die Verjährung nicht zu laufen, bevor der Geschädigte als medizinischer Laie Kenntnis (oder grobfahrlässige Unkenntnis, → Rn. 68 ff.) von den Tatsachen hat, aus denen sich ein Abweichen des Arztes vom medizinischen Standard ergibt.[136] Im Rahmen der **Rechtsberaterhaftung** liegt die erforderliche Kenntnis nicht schon dann vor, wenn dem Mandanten Umstände bekannt werden, aus denen folgt, dass zu seinen Lasten ein Rechtsverlust eingetreten ist. Er muss nach BGH auch Kenntnis von solchen Tatsachen erlangen, aus denen sich für ihn – insb. als juristischem Laien – ergibt, dass der Rechtsberater von dem üblichen rechtlichen Vorgehen abge-

125 BGHZ 203, 115 Rn. 45.
126 BGHZ 160, 216, 232; NJW 2017, 2986 (2993); BeckRS 2017, 121112; NJW 2018, 1469 (1470).
127 BGHZ 203, 115 Rn. 38 ff. sowie BGH BKR 2015, 26; NJW 2017, 2986 (2993); BeckRS 2017, 121112; NJW 2019, 2162 (2163 f.) (Bauspardarlehen); dazu *Bitter* JZ 2015, 170 (174 ff.) (ablehnend); *Wardenbach* BB 2015, 2; *Bartlitz* BKR 2015, 1; vgl. *Schmal/ Trapp* NJW 2015, 6 (8): „Paradoxon." *Bitter/Alles* NJW 2011, 2081 (2083) stellen höhere Anforderungen als der BGH an die Vorlage einer zweifelhaften und unsicheren Rechtslage. Ebenso *Schmal/Trapp* NJW 2015, 6 (10), die als Beispiel den Fall nennen, dass eine endgültige Klärung der Rechtslage erst durch eine Entscheidung des EuGH herbeigeführt werden kann (die Vorlage nach Art. 267 AEUV kann nicht erzwungen werden). Nach *Herresthal* WM 2018, 401 ist die „praeterlegal entwickelte Anlaufhemmung der Verjährung" auf Amts- und Notarhaftungsansprüche zu begrenzen.
128 BGH NJW 2018, 1469 (1470) (Bereicherungsanspruch nach einem Widerspruch gem. § 5a VVG aF); VersR 2018, 403 f. (Rückabwicklungsanspruch nach einem Rücktritt gem. § 8 VVG aF). Zu den Anforderungen an die Annahme einer zweifelhaften und

unsicheren Rechtslage s. auch BGHZ 203, 115 Rn. 51, dort ablehnend zur Heranziehung des Maßstabs des § 206, dazu s. zuvor *Jacoby* ZMR 2010, 335 (339); s. auch *Stoffels* NZA 2011, 1057 (1060 f.); s. noch *Bitter/Alles* NJW 2011, 2081.
129 BGH NJW 2010, 2202.
130 BGH NJW 2016, 629 (631 ff.).
131 OLG Stuttgart BeckRS 2020, 5745 (Anspruch aus § 826 wegen des Erwerbs eines Kfz, das vom sog. Abgasskandal betroffen ist).
132 BGH WM 2010, 1399 (1400 f.) zur Kenntnis der einen Bereicherungsanspruch begründenden Tatsachen; s. auch *Klose* JR 2013, 185.
133 BGH NJW 1991, 2350; 1991, 2351; VersR 1986, 1080 (1081); 1983, 1158, (1159); BeckOK BGB/ *Spindler* § 199 Rn. 27.
134 BGH NJW 2020, 466 f.; WM 2010, 253 (255) mwN.
135 BGH NJW 2014, 1800 (1801); s. ferner BGH NJW 2014, 993 f.; NJW 2014, 2345 (2348) mN.
136 BGH MedR 2017, 960 (963 f.) mAnm *Budzikiewicz* MedR 2017, 965; s. auch *dies.* MedR 2016, 340 (341) (zu OLG Koblenz MedR 2016, 337); BGH NJW 2001, 885 (886); VersR 2000, 331; NJW 1991, 2350.

wichen ist oder Maßnahmen nicht ergriffen hat, die aus rechtlicher Sicht zur Vermeidung eines Schadens erforderlich gewesen wären.[137]

Nach Ansicht des BGH ist die Rechtsunkenntnis auch dann verjährungsrechtlich unschädlich, wenn bei einer schuldhaften Amtspflichtverletzung der Amtsträger den Geschädigten über den Inhalt seiner Amtspflichten **fehlerhaft belehrt** hat. Die Erhebung der Amtshaftungsklage sei in diesem Fall ebenso unzumutbar wie bei einer objektiv unübersichtlichen oder unklaren Rechtslage, wenn und solange der Geschädigte keinen Anlass gehabt habe, an der Richtigkeit der Belehrung zu zweifeln.[138] **62a**

Unbeachtlich ist es im Regelfall, ob der Schuldner den Anspruch **bestreitet**.[139] Abs. 1 Nr. 2 dient nicht dazu, dem Gläubiger das übliche Risiko der zutreffenden Tatsachen- und Rechtsbewertung abzunehmen. **63**

An die Kenntnis des Gläubigers davon, dass er selbst anspruchsberechtigt ist, sind dieselben Anforderungen zu stellen wie an die Kenntnis aller anderen Elemente der Anspruchsbegründung und an die Kenntnis von der Person des Schuldners. Daher bedarf es lediglich der Kenntnis der Tatsachen, die seine Gläubigerstellung begründen; nicht erforderlich ist, dass er sich seiner **Anspruchsinhaberschaft** auch bewusst ist.[140] **64**

Für **Kenntnis** iSv Abs. 1 Nr. 2 bedarf es nicht der Kenntnis der anspruchsbegründenden Tatsachen in allen Einzelheiten. Es reicht vielmehr aus, wenn dem Gläubiger aufgrund der ihm bekannten Tatsachen (oder grob fahrlässig unbekannt gebliebenen Tatsachen, → Rn. 68 ff.) zuzumuten ist, zur Durchsetzung seiner Ansprüche gegen eine bestimmte Person eine Klage – und sei es in Form einer Feststellungsklage – zu erheben.[141] **65**

Der Gläubiger muss bei Ansprüchen, die ein **Verschulden** voraussetzen, ausreichende Kenntnis von solchen Tatsachen haben, die den Schluss auf ein Verschulden des Schuldners als naheliegend erscheinen lassen.[142] Zuzumuten ist ihm die Klageerhebung, wenn die Klage hinreichend erfolgversprechend – wenn auch nicht risikolos – erscheint und er in der Lage ist, die **Klage schlüssig** zu begründen.[143] Weder ist es erforderlich, dass der Geschädigte alle Einzelumstände kennt, die für die Beurteilung möglicherweise Bedeutung haben, noch muss er bereits hinreichend sichere Beweismittel in der Hand haben, um einen Rechtsstreit im Wesentlichen völlig risikolos führen zu können.[144] Auch kommt es, abgesehen von Ausnahmefällen, nicht auf eine zutreffende rechtliche Würdigung an (→ Rn. 62, 64). Eine ausreichende Kenntnis (bzw. Unkenntnis iSv Abs. 1 Nr. 2) ist vorhanden, wenn dem Geschädigten bei einer **Gesamtschau aller Umstände zuzumuten** ist, aufgrund der ihm bekannten Tatsachen bei verständiger Würdigung eine Schadensersatzklage, zumindest als Feststellungsklage, gegen eine bestimmte Person zu erheben.[145] Zuzumuten ist dem Geschädigten nicht jede, sondern nur eine ausreichend erfolgversprechende Klageerhebung.[146] **66**

Bei einem **komplexen Betrugssachverhalt** (zB Anlagebetrug unter Nutzung eines Firmengeflechts) etwa ist es dem Geschädigten nicht zuzumuten, gestützt auf „erste Erkenntnisse der Staatsanwaltschaft" oder die Kenntnis der Existenz von Haftbefehlen eine Schadensersatz- oder Feststellungsklage zu erheben. Die für den Beginn der Verjährungsfrist erforderliche Kenntnis von Schaden und Schädiger liegt in einem solchen Fall erst bei Kenntnis des wesentlichen Ermittlungsergebnisses – etwa durch Akteneinsicht in die Ermittlungsakten – vor.[147] **67**

c) Grob fahrlässige Unkenntnis. Der positiven Kenntnis steht nach Abs. 1 Nr. 2 die grob fahrlässige Unkenntnis gleich. Soweit **in dieser Kommentierung** von **Kenntnis** oder Kenntniserlangung gesprochen **68**

---

137 BGH NJW 2020, 466 (467 f.) (Notar); NJW-RR 2019, 116 (117) (Steuerberater); NJOZ 2018, 291 (292) (Rechtsanwalt); NJW 2014, 1800 (1801) (Rechtsanwalt); NJW 2014, 993 f. (Rechtsanwalt).

138 BGH NJW 2019, 1953 (1954); NJW 2020, 466 (467).

139 OLG Düsseldorf VersR 1997, 1241; Palandt/*Ellenberger* BGB § 199 Rn. 28.

140 Zur Kenntnis von der Schadensbetroffenheit des Gläubigers im Rahmen des § 852 aF s. BGH NJW 1996, 117 (118).

141 BGHZ 179, 260 mwN; ebenso bereits *Heinrichs* BB 2001, 1417 (1418). Für den Anwaltsregress auch BGHZ 200, 172 Rn. 14 ff. sowie BGH NJW 2014, 1800 (1801); für die Haftung des Wirtschaftsprüfers BGH NJW 2014, 2345 (2348); für Ansprüche gegen Insolvenzverwalter BGH NJW-RR 2014, 1457 (1458); für die Notarhaftung BGH MDR 2014, 1390 Rn. 18 ff.; für die Haftung wegen ärztlicher Behand-

lungsfehler BGH MedR 2017, 960 (962); für die Amtshaftung BGH NJW 2019, 1953 (1954).

142 BGH DNotZ 2015, 37 (38); NJW 2019, 1953 (1954) (Amtshaftungsanspruch); NJW 2020, 466 (Amtshaftungsanspruch).

143 So zum Vorstehenden die st. Rspr. zu § 852 Abs. 1 aF, s. nur BGH NJW-RR 1990, 606; NJW 1994, 3092 (3093); BGHZ 133, 192, 198; BGH NJW 2000, 953; NJW 2000, 1499; NJW 2001, 964 (965); NJW 2001, 1721 (1722), jew. mwN.

144 BGH MedR 2017, 960 (962); NJW 2017, 3510 (3513); ZIP 2010, 2004 Rn. 43; WM 2008, 89 Rn. 15; WM 2008, 1260 Rn. 32; WM 2008, 1346 Rn. 27, jew. mwN.

145 BGH MedR 2017, 960 (962); NJW 2017, 3510 (3513).

146 BGH NJW 2017, 3510 (3513); BeckRS 2012, 21993 Tz 44; NJOZ 2011, 2087 (2089) mwN.

147 OLG Nürnberg NJW 2008, 1453 (1455) (zu § 852 aF).

wird, ist damit (zwecks Verkürzung der Darstellung) **auch die grob fahrlässige Unkenntnis** gemeint, sofern nichts anderes vermerkt ist.

69 **Grobe Fahrlässigkeit** liegt vor, wenn die im Verkehr erforderliche Sorgfalt in ungewöhnlich hohem Maße verletzt worden ist, ganz naheliegende Überlegungen nicht angestellt oder beiseite geschoben wurden und dasjenige unbeachtet geblieben ist, was im gegebenen Fall jedem hätte einleuchten müssen.[148] Grobe Fahrlässigkeit im Sinne von Abs. 1 Nr. 2 setzt somit einen **objektiv schwerwiegenden** und **subjektiv nicht entschuldbaren** Verstoß gegen die Anforderungen der im Verkehr erforderlichen Sorgfalt voraus. Grob fahrlässige Unkenntnis ist danach gegeben, wenn dem Gläubiger die Kenntnis deshalb fehlt, weil er ganz nahe liegende Überlegungen nicht angestellt oder das nicht beachtet hat, was im gegebenen Fall jedem hätte einleuchten müssen. Davon ist etwa dann auszugehen, wenn sich dem Gläubiger die den Anspruch begründenden Umstände förmlich aufgedrängt haben und er leicht zugängliche Informationsquellen nicht genutzt hat.[149] Dabei sind auch subjektive, individuell für den Gläubiger geltende Umstände zu berücksichtigen.[150] Diesem muss auch persönlich ein schwerer Obliegenheitsverstoß in seiner eigenen Angelegenheit der Anspruchsverfolgung vorgeworfen werden können. [151] Dabei trifft ihn generell **keine** Obliegenheit, im Interesse des Schuldners an einem möglichst frühzeitigen Beginn der Verjährungsfrist **Nachforschungen** zu betreiben; vielmehr muss das Unterlassen von Ermittlungen nach Lage des Falls als geradezu unverständlich erscheinen, um ein grob fahrlässiges Verschulden des Gläubigers bejahen zu können.[152]

69a An den Verbraucher (§ 13) sind dabei geringere Anforderungen zu stellen als an einen Unternehmer (§ 14), weil die Umstände des Einzelfalls und das jeweilige Vorwissen des Gläubigers entscheidend sind.[153] Doch ist der Standard der groben Fahrlässigkeit nach denselben Maßstäben zu bemessen: Für die Annahme grobfahrlässiger Unkenntnis bedarf es eines objektiv schwerwiegenden und subjektiv nicht entschuldbaren Verhaltens des Gläubigers (→ Rn. 69). Denn jedem Gläubiger muss persönlich ein **schwerer Obliegenheitsverstoß** in der eigenen Angelegenheit der Anspruchsverfolgung, eine schwere Form von „Verschulden gegen sich selbst", vorgeworfen werden können.[154]

70 Nach § 852 Abs. 1 aF hat grob fahrlässige Unkenntnis nicht ausgereicht. Die Rechtsprechung zu § 852 Abs. 1 aF (und zu den anderen, einen kenntnisabhängigen Verjährungsbeginn statuierenden besonderen Verjährungsvorschriften, s. zu diesen → Rn. 1) hat stets mit Nachdruck darauf hingewiesen, dass die **grob fahrlässige Unkenntnis** der vom Gesetz geforderten **positiven Kenntnis nicht gleichsteht**. Gleichzeitig hat sie aber der positiven Kenntnis diejenigen Fälle gleichgestellt, in denen der Gläubiger es versäumt hatte, eine gleichsam auf der Hand liegende Erkenntnismöglichkeit wahrzunehmen, und deshalb sein Berufen auf Unkenntnis letztlich als Förmelei erschien, weil jeder andere in der Lage des Gläubigers unter denselben Umständen sich die Kenntnis verschafft hätte. Es reichte aus, wenn der Gläubiger sich die erforderlichen Kenntnisse in zumutbarer Weise ohne nennenswerte Mühe und ohne besondere Kosten hätte beschaffen können. Damit sollte dem Rechtsgedanken des § 162 folgend dem Geschädigten die sonst bestehende Möglichkeit genommen werden, die Verjährungsfrist missbräuchlich dadurch zu verlängern, dass er die Augen vor einer sich aufdrängenden Kenntnis verschließt.[155]

71 Die bezeichneten Sachverhaltskonstellationen sind **im Rahmen des § 199** als solche grob fahrlässige Unkenntnis anzusehen. Abs. 1 Nr. 2 geht aber über diese bereits anerkannten Fälle hinaus und lässt generell die grob fahrlässige Tatsachenunkenntnis genügen; zur Wissenszurechnung bei Unternehmen, Behörden und Körperschaften → Rn. 77 f. So liegt etwa bezogen auf die Ansprüche gegen die Tatbeteiligten grob fahrlässige Unkenntnis vor, wenn der Geschädigte das Speditionsunternehmen, in dessen Bereich das Speditionsgut beschädigt wurde, um Beschreibung des Tathergangs und namentliche Nennung der beteiligten

148 BGH NZG 2019, 1181 (1182); s. ferner BT-Drs. 14/6040, S. 108 unter Hinweis auf BGHZ 10, 14, 16; 89, 153, 161; BGH NJW-RR 1994, 1469 (1471); NJW 1992, 3235 (3236); ausf. *Riedhammer*, Kenntnis, grobe Fahrlässigkeit und Verjährung, 2004, S. 75 ff.; vgl. auch *Mansel/Budzikiewicz* Jura 2003, 1 (4 f.).

149 BGHZ 186, 152; s. ferner BGH NJW-RR 2009, 547; NJW-RR 2010, 681 (683); BGH ZIP 2010, 2004 Rn. 44; NJW-RR 2012, 111 (112); NJW 2015, 2956; NJW-RR 2016, 1187 (1189); NJW 2017, 248 (249); NJW 2017, 2187 (2188); NJW 2017, 3367 (3369); NZG 2019, 1181 (1182); s. noch Gesetzentwurf der Fraktionen der SPD und Bündnis 90/Die Grünen zum SchuldRModG, BT-Drs. 14/6040, S. 108 unter anderem Hinweis auf ältere BGH-Judikate; MüKo-BGB/*Grothe* § 199 Rn. 31; Palandt/*Ellenberger* BGB § 199 Rn. 39.

150 S. dagegen MüKoBGB/*Grothe* § 199 Rn. 31.

151 BGH NJW-RR 2010, 681 (683).

152 BGHZ 186, 152; NJW-RR 2010, 681 (683 f.) mwN; GRUR 2012, 1248 Rn. 24 ff. (fehlende Marktbeobachtung genügt nicht); NJW 2011, 3573 (3574).

153 S. *Heinrichs* BB 2001, 1417 (1418); MüKoBGB/*Grothe* § 199 Rn. 31.

154 BGHZ 186, 152; NJW-RR 2010, 681 (683); MDR 2014, 1390; NJW 2015, 2956; NJW-RR 2016, 1187 (1189); NJW 2017, 2187 (2188); NJW 2017, 3367 (3369); NZG 2019, 1181 (1182); MüKoBGB/*Grothe* § 199 Rn. 31.

155 BT-Drs. 14/6040, S. 108 unter Hinweis auf BGH NJW 2000, 953; NJW 1999, 423 (425); BGHZ 133, 192, 199; BGH NJW 1994, 3092 (3094); s. ferner zB BGH VersR 1998, 378 (380); NJW-RR 1990, 606.

Personen gebeten, es dann aber unterlassen hat (weil ihm die Namen der Tatbeteiligten nicht genannt worden sind), deren Identität in Erfahrung zu bringen.[156]

Die Judikatur zur grob fahrlässigen Unkenntnis ist bei Schadensersatzansprüchen wegen **Pflichtverletzungen von Anlageberatern, -vermittlern** und ähnlichen Personen umfangreich. Zu beachten ist: Erhält ein Kapitalanleger Kenntnis von einer bestimmten Pflichtverletzung des Anlageberaters oder -vermittlers, so handelt er bezüglich weiterer Pflichtverletzungen **nicht grob fahrlässig**, wenn er die erkannte Pflichtverletzung nicht zum Anlass nimmt, den Anlageprospekt nachträglich durchzulesen, auch wenn er bei der **Lektüre des Prospekts** Kenntnis auch der weiteren Pflichtverletzungen erlangt hätte.[157] Zur getrennten Beurteilung einzelner Pflichtverletzungen → Rn. 44. Grob fahrlässige Unkenntnis des Beratungsfehlers eines Anlageberaters oder der unrichtigen Auskunft eines Anlagevermittlers ergibt sich nicht schon allein daraus, dass es der Anleger **unterlassen** hat, den ihm überreichten Emissionsprospekt oder den Text eines ihm nach Abschluss der Anlageberatung zur Unterschrift vorgelegten Zeichnungsscheins[158] durchzulesen und auf diese Weise die Ratschläge und Auskünfte des Anlageberaters oder -vermittlers auf ihre Richtigkeit hin zu kontrollieren.[159] Denn der Anlageinteressent darf regelmäßig auf die Richtigkeit und Ordnungsmäßigkeit der Anlageberatung vertrauen. Ihm ist deshalb eine unterbliebene „Kontrolle" dieser Beratung durch Lektüre des Prospekts nicht ohne Weiteres als grobe Fahrlässigkeit vorzuwerfen.[160] Allgemein ausgeschlossen ist die Annahme grober Fahrlässigkeit jedoch nicht, wenn ein Anleger eine Beratungsdokumentation „blind" unterschreibt; entscheidend sind letztlich die konkreten Umstände des Einzelfalls.[161] Nach *Einsele*[162] handelt der Anleger grob fahrlässig, wenn er den Emissionsprospekt nicht auf eindeutige und verständlich abgefasste Risikohinweise durchsieht, obgleich er durch weitere, konkret zu benennende Umstände offensichtlichen Anlass gehabt hätte, sein Vertrauen in die Seriosität und Kompetenz des Anlageberaters zu überprüfen.

Abzustellen ist auf den **Zeitpunkt**, in welchem der Gläubiger ohne grobe Fahrlässigkeit die erforderliche Kenntnis erlangt hätte. Entscheidend ist daher nicht der Dauerzustand grob fahrlässiger Unkenntnis, sondern der Zeitpunkt, in welchem der Gläubiger (oder sein Wissensvertreter, → Rn. 75 ff.) seine grob fahrlässige Unkenntnis nach dem gewöhnlichen Lauf der Dinge frühestens hätte beseitigen können. Zu beachten ist, dass die Feststellung der groben Fahrlässigkeit durch das **Revisionsgericht**, insb. nach der ZPO-Reform (§ 543 Abs. 2 S. 1 ZPO), nur sehr eingeschränkt überprüft werden kann.[163] Die Tatsacheninstanz hat daher verjährungsrechtlich besonderes Gewicht.

Zur **Reformgeschichte**: Die Gleichsetzung der positiven Kenntnis mit der grob fahrlässigen Unkenntnis geht auf das Gutachten von *Peters/Zimmermann* zurück.[164] Die Einbeziehung der grob fahrlässigen Unkenntnis wurde während der Arbeiten am SchuldRModG aufgegriffen.[165] Sie entspricht dem Rechtsgedanken des § 277, wonach grobe Fahrlässigkeit auch dann schadet, wenn man in eigenen Angelegenheiten handelt. Von der Existenz eines Anspruchs sowie der Person des Schuldners Kenntnis zu nehmen, ist eine eigene Angelegenheit des Gläubigers. Daher soll bereits bei Vorliegen grober Fahrlässigkeit die Verjährung zu laufen beginnen.[166] Kritisiert wurde die Verwendung des Begriffs der groben Fahrlässigkeit, da es eine eigentliche **Rechtspflicht des Gläubigers**, sich von der eigenen Anspruchsberechtigung Kenntnis zu verschaffen, jedenfalls im Bereich der unerlaubten Handlung und anderer gesetzlicher Schuldverhältnisse (zB §§ 812 ff.) nicht gebe.[167] Es solle – ähnlich wie in den Europäischen Grundregeln (→ Rn. 5 f.) – statt auf die grobe Fahrlässigkeit auf eine „sich aufdrängende Kenntnis" oder „ohne Weiteres zu beschaffende Kenntnis"[168] oder darauf, dass der Gläubiger „sich einer für ihn offensichtlichen Möglichkeit, diese unschwer und ohne nennenswerte Mühe und Kosten zu erlangen, verschlossen hat"[169] ankommen. In der Sache sind bezo-

---

156 Nach dem geschilderten Vorgang ist von grob fahrlässiger Unkenntnis auszugehen; s. zu diesem Fall BGH ZIP 2001, 706: Das Urteil lehnte einen Verjährungsbeginn nach § 852 Abs. 1 aF ab, da keine positive Kenntnis gegeben war.

157 BGH NZG 2010, 1026 in Fortführung von BGHZ 186, 152; dazu *Einsele* JZ 2011, 103 (105 f.), s. auch BGH NJW 2011, 3573 (3574).

158 BGH NJW 2017, 3367 (3369); NJW 2017, 2187 (2188).

159 BGHZ 186, 152 mN; BGH BKR 2016, 217 (218).

160 BGHZ 186, 152; BGH NJW 2017, 2187 (2188); zuvor ebenso OLG München BeckRS 2006, 10641; OLG Hamm BeckRS 2008, 7008; OLG Hamm NZG 2010, 589.

161 Vgl. BGH NJW 2017, 2187 (2188); NJW 2017, 3367 (3369); NZG 2019, 1181.

162 *Einsele* JZ 2011, 103 (105).

163 Deshalb krit. zur groben Fahrlässigkeit *Piekenbrock* S. 309, 326 f.

164 Vgl. den von *Peters/Zimmermann* S. 79, 306, 316, vorgeschlagenen § 199 – Hemmung durch Unkenntnis des Berechtigten; s. danach *Haug* S. 59 ff.; ferner *Zimmermann* JZ 2001, 18 (19 ff.) mwN.

165 S. *Ernst* S. 559, 586; *Mansel* S. 333, 406; dagegen *Bydlinski* S. 381, 387 mit Fn. 35; *Piekenbrock* S. 309, 326 f.

166 BT-Drs. 14/6040, S. 108.

167 Dagegen aber *Piekenbrock* S. 309, 327.

168 *Zimmermann/Leenen/Mansel/Ernst* JZ 2001, 684 (687).

169 Bereits im Bundesrat abgelehnter Änderungsantrag Bayerns, s. Bundesrat, Niederschrift der Beratung der Beschlussempfehlung, 18.6.2001 (unveröffentlicht), unter C 6 (zu § 199).

gen auf den Verjährungsbeginn im konkreten Fall mit diesen vorgeschlagenen abweichenden Umschreibungen keine Änderungen verbunden.

75   **d) Zurechnung der Kenntnis und grob fahrlässigen Unkenntnis anderer.** Zuweilen kommt es nicht auf die Kenntnis des Gläubigers selbst, sondern auf das Wissen Dritter an. Dies ist zunächst der Fall, wenn der Gläubiger **geschäftsunfähig** oder **beschränkt geschäftsfähig** ist. Hier ist die Kenntnis bzw. grob fahrlässige Unkenntnis des gesetzlichen Vertreters ausschlaggebend.[170] Vertreten Eltern ihr Kind gemeinsam (§ 1629 Abs. 1 S. 2), so ist analog § 1629 Abs. 1 S. 2 Hs. 2 das Wissen eines Elternteils ausreichend.[171] Die Verjährung beginnt mit Eintritt der Volljährigkeit des Gläubigers, wenn die Vertreter zuvor keine Kenntnis bzw. grobfahrlässige Unkenntnis hatten.[172] Beruft sich der Gläubiger auf Geschäftsunfähigkeit, trägt er hierfür die Beweislast.[173]

76   Ist der Gläubiger geschäftsfähig, so kommt es analog § 166 Abs. 1 auf die Kenntnis einer anderen Person (**Wissensvertreter**) nur an, wenn diese in eigener Verantwortung mit der selbstständigen Erledigung von Aufgaben in der Weise betraut ist, dass sie auch für die Sachverhaltserfassung bei der Verfolgung von Ansprüchen sowie für deren rechtzeitige Geltendmachung zu sorgen hat.[174] Entscheidend ist, dass zu den übertragenen Aufgaben nicht allein die Rechtsberatung und -verfolgung, sondern auch die Tatsachenfeststellung zählt.[175] Dabei kann der Wissensvertreter, muss aber nicht, zugleich rechtsgeschäftlicher Vertreter des Gläubigers sein. Den Kenntnisstand seiner **Anwälte** muss der Gläubiger nach den Grundsätzen der Zurechenbarkeit der Kenntnis eines Wissensvertreters gegen sich gelten lassen.[176] Dem **Treugeber** ist das Wissen des Treuhänders im Rahmen des Abs. 1 Nr. 2 allerdings dann nicht entsprechend § 166 Abs. 1 zuzurechnen, wenn der Treuhandvertrag und die erteilte Vollmacht wegen Verstoßes gegen das Rechtsberatungsgesetz nichtig sind.[177]

76a   Eine nach § 166 Abs. 1 analog erfolgende Wissenszurechnung eines Vertreters des Gläubigers scheidet aber aus, wenn sich der Anspruch gerade gegen die Person richtet, deren Wissen zugerechnet werden soll.[178] Das Gleiche gilt, wenn sich der Anspruch zwar nicht gegen den Vertreter selbst richtet, jedoch mit einem gegen ihn gerichteten Anspruch in einem so engen Zusammenhang steht, dass auch hier die Befürchtung besteht, der Vertreter werde nicht zu einer sachgerechten Verfolgung des Anspruchs beitragen.[179]

77   Die Zurechnung der Kenntnis bei arbeitsteiligen **Unternehmen**,[180] **Behörden** und **öffentlichen Körperschaften** erfolgte im Rahmen des § 852 Abs. 1 aF nach den gleichen Grundsätzen.[181] Abgestellt wurde allein darauf, ob das zugewiesene Aufgabengebiet auch die Sachverhaltserfassung und die Rechtsverfolgung mit einschloss. Eine darüber hinausgehende Wissenszurechnung, die im Bereich des rechtsgeschäftlichen Handelns von Unternehmen durch die Annahme einer Organisationspflicht zur aktenmäßigen Wissenserfassung und zum Wissensaustausch innerhalb des Unternehmens vorgenommen wurde,[182] hat die Rechtsprechung für das alte Verjährungsrecht ausdrücklich abgelehnt.[183] Das bejaht der BGH nunmehr auch für § 199 Abs. 1 Nr. 2.[184] Bei der Verfolgung von Regressansprüchen kommt es dementsprechend auf den Kenntnisstand der Mitarbeiter der Regressabteilung an.[185] Bei Behörden und öffentlichen Körperschaften ist

170   BGH NJW 1989, 2323; NJW 1995, 776 (777); NJW 1996, 2934; NJW-RR 2005, 69; MedR 2017, 960 (962), jew. mwN; s. ferner OLG Köln NJW-RR 2000, 558; OLG Oldenburg BeckRS 2011, 18398.

171   RGRK/*Kreft* § 852 aF Rn. 36; Staudinger/*Peters/Jacoby* BGB § 199 Rn. 57; s. im Erg. auch BGH NJW 1976, 2344.

172   BGH NJW-RR 2005, 69; OLG Oldenburg BeckRS 2011, 18398.

173   S. OLG Oldenburg BeckRS 2011, 18398; BayObLG MDR 1968, 149.

174   Vgl. BGH NJW 2014, 1294 (1295) Verwalter einer Wohnungseigentümergemeinschaft); NJW 2014, 2861 (2863) (Verwalter einer Wohnungseigentümergemeinschaft); MedR 2017, 960 (963) mN (Rechtsanwalt); NJW-RR 2019, 116 (117 f.) (Rechtsberater). Zum Wissensvertreter allg. *Wolf/Neuner* BGB AT, 10. Aufl. 2012, § 49 Rn. 79 ff.

175   S. BGH NJW 1989, 2323; NJW-RR 2019, 116 (117 f.).

176   BGH MedR 2017, 960 (963); s. auch BGH NJW-RR 2019, 116 (117 f.); noch zu § 852 aF: BGH NJW-RR 1992, 282; OLG Nürnberg NJW 2008, 1453.

177   BGH NJW 2007, 1584.

178   BGH NJW-RR 2019, 116 (118); NJW 2014, 1294 (1295); NJW-RR 2011, 832 (833).

179   BGH NJW 2014, 1294 (1295) mN.

180   S. allg. dazu *Buck*, Wissen und juristische Person, 2001.

181   BGH NJW 1996, 2508 (2510); NJW 2000, 1411 (1412); zu dieser Rspr. MüKoBGB/*Grothe* § 199 Rn. 39; Palandt/*Ellenberger* BGB § 199 Rn. 25; BeckOK BGB/*Spindler* § 199 Rn. 44; Erman/*Schmidt-Räntsch* BGB § 199 Rn. 14 f.

182   S. dazu etwa BGH NJW 1996, 1339; allg. *Wolf/Neuner* BGB AT, 10. Aufl. 2012, § 49 Rn. 81 ff.; *Buck*, Wissen und juristische Person, 2001.

183   BGH NJW 1996, 2508 (2510).

184   BGH NJW-RR 2009, 1471; NJW 2012, 1789 f., jew. mwN.

185   BGH NJW 2000, 1411; BGH NJW 2007, 834 (beide zu § 852 Abs. 1 aF); ebenso zu § 199 Abs. 1 Nr. 2: BGH NJW-RR 2009, 1471 mwN; NJW 2012, 1789 (1790).

auf den zuständigen Bediensteten der **verfügungsberechtigten Behörde** abzustellen.[186] Verfügungsberechtigt meint hier die Behörde, der die Entscheidungskompetenz zur zivilrechtlichen Anspruchsverfolgung zukommt, wobei die behördliche Zuständigkeitsverteilung zu beachten ist.[187]

Da nun aber Abs. 1 Nr. 2 die grob fahrlässige Unkenntnis ausdrücklich der Kenntnis gleichstellt, sollte dieser restriktiven Rechtsprechung für das neue Recht nicht mehr gefolgt werden.[188] Das Unterlassen eines Mindestmaßes der **aktenmäßigen Erfassung** und des geregelten **Informationsaustauschs** über verjährungsrelevante Tatsachen innerhalb arbeitsteiliger Unternehmen, Behörden und Körperschaften ist als ein Fall der **grob fahrlässigen Unkenntnis** dieser Tatsachen anzusehen.[189] Dem folgt der BGH aber *nicht*; er nimmt allerdings grobe Fahrlässigkeit an, wenn die für den Regress zuständige Organisationseinheit ohne Weiteres hätte erkennen können, dass ein Regress veranlasst sein kann bzw., wenn diese Organisationseinheit nicht in geeigneter Weise behördenintern sicherstellt, dass sie frühzeitig von Umständen Kenntnis erhält, die einen Regress begründen können.[190]   **78**

3. Jahresschlussverjährung (Abs. 1). Die Regelverjährung beginnt erst mit dem Schluss des Jahres, in dem der Anspruch entstanden (Abs. 1 Nr. 1) ist und der Gläubiger Kenntnis iSv Abs. 1 Nr. 2 erlangt hat. Hierdurch soll eine praktische Erleichterung für den Rechtsverkehr erreicht werden, da die Verjährungsprüfung für alle der Regelverjährung unterliegenden Ansprüche nur mit Blick auf das Jahresende zu leisten ist. Eine das ganze Jahr fortlaufende Fristenkontrolle kann unterbleiben.   **79**

Die Jahresschlussverjährung gilt nur für den Verjährungsbeginn nach Abs. 1. Die **Verjährungshöchstfristen** des Abs. 2–4 beginnen nicht mit Jahresschluss, sondern taggenau mit dem fristauslösenden Ereignis iSv Abs. 2–4 (→ Rn. 97 ff.). Gleiches gilt für die **besonderen Verjährungsfristen**, insb. der §§ 196, 197, 438 und 634 a. Auch diese Fristen beginnen gem. §§ 200, 201, 438 Abs. 2 und 634 a Abs. 2 nicht erst zum Jahresschluss, sondern taggenau mit dem jeweils maßgeblichen Ereignis.   **80**

III. Verjährungshöchstfristen (Abs. 2–4)

1. Anwendungsbereich. Um zu verhindern, dass in Fällen, in denen der Gläubiger keine oder erst spät Kenntnis iSd Abs. 1 Nr. 2 erlangt, der Verjährungseintritt auf unabsehbare Zeit hinausgeschoben wird, sind in Abs. 2–4 Höchstfristen statuiert worden, nach deren Verstreichen in jedem Fall Verjährung eintritt, selbst wenn der Anspruch nach §§ 195, 199 Abs. 1 noch nicht verjährt wäre. In den **Anwendungsbereich der Abs. 2–4** fallen (vorbehaltlich vorrangiger gesetzlicher Regelungen) alle Ansprüche, die der Regelverjährung nach §§ 195, 199 Abs. 1 unterliegen (zu den von § 199 erfassten Ansprüchen s. bereits → Rn. 12 f.). Gilt zwar die Regelverjährung nach §§ 195, 199 Abs. 1, ist aber ausnahmsweise die Höchstfrist gesondert geregelt (s. § 62 InsO), dann sind die Abs. 2–4 nicht anwendbar.[191]   **81**

2. Hemmung, Ablaufhemmung, Neubeginn der Höchstfristen. Auch auf die Verjährungsfristen der Abs. 2–4 sind die allgemeinen Vorschriften über die Hemmung, die Ablaufhemmung oder den Neubeginn der Verjährung (s. insb. §§ 203 ff.) anzuwenden, so dass der **Fristablauf später** als nach der zehn- oder dreißigjährigen Höchstfrist eintreten kann.[192] Hierin liegt ein Unterschied zu Art. 14:307 der Grundregeln des Europäischen Vertragsrechts und zu Art. III.-7:307 DCFR (s. zu diesen → Rn. 5 f.).[193] Danach kann – mit der Ausnahme der Hemmung durch gerichtliche Rechtsverfolgung – die Verjährung auch durch Hemmung oder Ablaufhemmung nicht mehr als zehn Jahre bzw. bei Ansprüchen wegen der Verletzung persönlicher Rechtsgüter nicht mehr als dreißig Jahre über den eigentlichen Verjährungseintritt hinaus verlängert werden.   **82**

Regelmäßig betrifft ein Tatbestand, der nach den allgemeinen Vorschriften eine Hemmung, eine Ablaufhemmung oder einen Verjährungsneubeginn begründet, **sowohl** die Frist des § 195 iVm § 199 Abs. 1 **als auch** die einschlägige Frist des § 199 **Abs. 2–4.**[194]   **83**

3. Unabhängigkeit der Verjährungshöchstfristen von Abs. 1. a) Besondere Verjährungsfristen, unabhängiger Verjährungslauf. Die Verjährungshöchstfristen sind besondere Verjährungsfristen.[195] Nach Ablauf der Höchstfristen von zehn oder dreißig Jahren tritt Verjährung ein, auch wenn der Anspruch   **84**

---

186 Die Kenntniserlangung durch den Beschäftigten ist für die Verjährung der Forderungen einer Pflegekasse nur relevant, wenn und soweit der Bedienstete bei der Abwicklung des Schadensfalles für diese handelt BGH NJW 2011, 1799; s. auch BGH NJW 2012, 447 Rn. 11 ff.; BGHZ 193, 67 Rn. 12 f.

187 BGH NJW-RR 2009, 1471 mwN.

188 S. auch *Budzikiewicz* NJ 2012, 339 (340).

189 So auch *Schmid* ZGS 2002, 180 (181); *R. Heß* NZV 2002, 65 (66); *Krämer* ZGS 2003, 379 (381); *M. Stürner* jurisPR-BGHZivilR 10/2007 Anm. 2.

190 BGHZ 193, 67 Rn. 17 ff.

191 BGH NZI 2018, 744 f. (zu § 62 InsO).

192 *Mansel/Budzikiewicz* § 3 Rn. 147.

193 Für vorzugswürdig erachtet das *Looschelders* in Remien, Verjährungsrecht in Europa, S. 181, 192 f.

194 *Mansel/Budzikiewicz* § 3 Rn. 147.

195 BT-Drs. 14/7052, S. 180.

nach §§ 195, 199 Abs. 1 noch nicht verjährt wäre. Die Verjährungshöchstfristen sind grundsätzlich **unabhängig** von dem Lauf der Verjährungsfrist nach **Abs. 1**.[196]

85 Beginnt die Verjährungsfrist des Abs. 1 erst kurz vor Ablauf der einschlägigen Verjährungsfrist der Abs. 2, 3, 3a oder 4 zu laufen, so **hindert** das daher den **Verjährungseintritt** nach Abs. 2–4 **nicht**. Erfährt beispielsweise der Gläubiger eines Bereicherungsanspruchs erst neuneinhalb Jahre nach der Entstehung (Fälligkeit) des Anspruchs von den anspruchsbegründenden Tatsachen und der Person des Schuldners, dann verbleiben ihm wegen der einschlägigen Zehnjahresfrist des Abs. 4 lediglich sechs Monate,[197] in welchen der Schuldner ihm nicht die Einrede der Verjährung (§ 214 Abs. 1) entgegenhalten kann und in welchen der Gläubiger die Hemmung der Verjährung, etwa durch Klageerhebung (§ 204 Abs. 1 Nr. 1), herbeiführen könnte. Gäbe es die Verjährungshöchstfristen nicht, dann würde der Bereicherungsanspruch nach §§ 195, 199 Abs. 1 erst zum Schluss des dritten Jahres nach Kenntniserlangung von dem Anspruch verjähren, im Beispielsfall also erst dreizehn Jahre nach der Anspruchsentstehung.

86 **b) Keine Jahresschlussverjährung.** Die in Abs. 1 angeordnete Jahresschlussverjährung (→ Rn. 2, 9 f.) gilt nicht für die Fälle der Abs. 2–4. Abs. 1 regelt allein den Beginn der Regelverjährung (§ 195). Die Abs. 2–4 sind keine Fälle der Regelverjährung, sondern Verjährungshöchstfristen. Das wird bereits durch die im Gesetzgebungsverfahren um das Wort „Verjährungshöchstfristen" ergänzte amtliche Überschrift des § 199 deutlich.[198] Zudem ist die Anordnung der Jahresschlussverjährung auch ein Ausgleich für die Schwierigkeiten, die mit der Ermittlung eines genauen Zeitpunkts der Kenntnis bzw. des Zeitpunkts, in dem der Gläubiger seine grob fahrlässige Unkenntnis hätte beseitigen können, im Einzelfall verbunden sind.

87 **4. Grundsatz: Verjährungshöchstfrist gem. Abs. 4.** Alle von § 199 erfassten Ansprüche (→ Rn. 12 f., 81) mit Ausnahme jeder Art von Schadensersatzansprüchen sowie der erbfallrelevanten Ansprüche iSd Abs. 3a verjähren auf den Tag genau spätestens zehn Jahre von ihrer Entstehung an, sofern keine Hemmung, keine Ablaufhemmung oder kein Neubeginn der Verjährung nach den allgemeinen Vorschriften der §§ 203 ff. oder nach speziellen Vorschriften erfolgt.

88 Dazu, wann ein **Anspruch entsteht**, und dass die Entstehung regelmäßig, aber nicht ausnahmslos mit der Anspruchsfälligkeit gleichzusetzen ist, → Rn. 15 ff.

89 Die Wendung in Abs. 4 „**ohne Rücksicht auf die Kenntnis** oder grob fahrlässige Unkenntnis" besagt, dass für den Verjährungsbeginn und den Verjährungsablauf der Höchstfrist des Abs. 4 keine Kenntnis im Sinne von Abs. 1 Nr. 2 vorausgesetzt ist. Ein Anspruch kann nach Abs. 4 auch und gerade dann verjähren, wenn der Gläubiger die anspruchsbegründenden Tatsachen oder die Person des Schuldners nicht kennt.

90 **5. Ausnahmen: Verjährungshöchstfristen für Schadensersatzansprüche (Abs. 2 und 3). a) Schadensersatzanspruch.** Die Absätze 2 und 3 regeln abweichend von der grundsätzlichen Höchstfrist des Abs. 4 Verjährungshöchstfristen für Schadensersatzansprüche, also Ansprüche, welche auf den Ersatz des Schadens (s. §§ 249 ff.) gerichtet sind. Erfasst werden **alle Schadensersatzansprüche**, gleich, ob sie rechtsgeschäftlicher, rechtsgeschäftsähnlicher (§ 311) oder gesetzlicher Natur sind,[199] ob sie innerhalb oder außerhalb des BGB geregelt sind und ob sie den Ersatz materiellen oder immateriellen Schadens beinhalten.

91 Unterschieden wird nach der Art des verletzten Rechtsguts. Bei den in Abs. 2 genannten Rechtsgütern beträgt die Höchstfrist dreißig Jahre (→ Rn. 92), bei allen anderen, insb. bei Vermögensverletzungen, zehn Jahre (→ Rn. 106 ff.). Auch ist der Beginn der beiden Höchstfristen unterschiedlich.

92 **b) Schadensersatzansprüche wegen Verletzung höchstpersönlicher Rechtsgüter (Abs. 2). aa) Erfasste Schadensersatzansprüche.** Die dreißigjährige Höchstfrist des Abs. 2 gilt für alle – gesetzlichen oder vertraglichen – Schadensersatzansprüche, die auf der Verletzung des Lebens, des Körpers, der Gesundheit oder der Freiheit einer Person beruhen. Die Rechtsgüter werden durch § 823 Abs. 1 geschützt, dessen Schutzbereich aber weiter reicht.

93 Die Verletzung der **Freiheit** meint auch im Rahmen des Abs. 2 – ebenso wie bei § 823 Abs. 1, der insofern als Vorbild diente[200] – die Verletzung der körperlichen Bewegungsfreiheit,[201] nicht der Willensfreiheit.[202] Beeinträchtigungen der Willensfreiheit führen häufig bei rechtsgeschäftlichen Dispositionen zu Vermögensverletzungen. Diese werden von der langen Frist des Abs. 2 nicht erfasst; s. dazu → Rn. 95.

94 Der Katalog der Rechtsgüter iSv Abs. 2 ist nach hM abschließend. Nicht in den Anwendungsbereich des Abs. 2 fallen danach insb. das Eigentum und das Vermögen (→ Rn. 95, 105), aber auch das **allgemeine**

---

196 *Mansel/Budzikiewicz* § 3 Rn. 144.
197 S. auch *Heinrichs* BB 2001, 1417 (1419).
198 BT-Drs. 14/7052, S. 180.
199 S. BT-Drs. 14/6040, S. 109.
200 Zu § 823 Abs. 1 s. Soergel/*Zeuner* BGB § 823 Rn. 28 ff.; *Larenz/Canaris* BGB Schuldrecht II/2, 13. Aufl. 1994, § 76 II 2.

201 Ebenso BeckOGK/*Piekenbrock* BGB § 199 Rn. 159.
202 S. die Andeutungen bei RGZ 58, 24, 28, nach welchen auch die Willensfreiheit als Freiheit im Sinne des § 823 Abs. 1 verstanden werden könnte.

Persönlichkeitsrecht.[203] Das allgemeine Persönlichkeitsrecht könne nicht als Teil der Rechtsgüter Leben, Körper, Gesundheit und Freiheit qualifiziert werden.[204] Für dieses gelte daher Abs. 3. Die Gegenansicht bezieht hingegen auch sonstige Rechtsgüter in den Anwendungsbereich des Abs. 2 ein, sofern diese – wie die in der Norm aufgeführten Rechtsgüter – dem Schutz der Person dienen. Insbesondere bei Verletzung des allgemeinen Persönlichkeitsrechts sei Abs. 2 entsprechend anzuwenden.[205] Überzeugend erscheint ein differenzierender Ansatz. Die pauschale Einbeziehung des allgemeinen Persönlichkeitsrechts in Abs. 2 wird zu Recht als problematisch angesehen, soweit das Persönlichkeitsrecht kommerzielle Funktion besitzt.[206] Allerdings betrifft dies keineswegs alle Ansprüche, die auf einer Verletzung des allgemeinen Persönlichkeitsrechts beruhen. Vielmehr ist auch an Fälle zu denken, in denen nicht der vermögensrechtliche Gehalt des allgemeinen Persönlichkeitsrechts betroffen ist, sondern die Nähe zu den in Abs. 2 genannten höchstpersönlichen Rechtsgütern im Vordergrund steht. Hier erscheint eine entsprechende Anwendung des Abs. 2 naheliegend. Zu denken ist etwa an Schadensersatzansprüche wegen Verletzung des Rechts auf Kenntnis der eigenen Abstammung.[207]

Der Gesetzgeber hat die Einbeziehung von Schadensersatzansprüchen aufgrund vorsätzlich oder grob fahrlässig verursachter **Vermögensschäden** in Abs. 2 ausdrücklich abgelehnt.[208] Daher werden das Eigentum und das Vermögen des Geschädigten auch in Fällen vorsätzlicher oder grob fahrlässiger Übergriffe Dritter gegenüber den höchstpersönlichen Rechtsgütern benachteiligt, selbst wenn die Übergriffe zur Vernichtung der wirtschaftlichen Existenz des Geschädigten führen sollten. Das wurde im Bundesrat[209] und im Rechtsausschuss des Bundestags[210] kritisiert, denn die Wertentscheidung der Verfassung, die mit Art. 14 GG dem Grundrechtsträger einen Freiheitsraum im vermögensrechtlichen Bereich sichern und ihm damit eine eigenverantwortliche Gestaltung des Lebens ermöglichen wolle, was ferner in engem Zusammenhang mit der persönlichen Freiheit stehe, werde nicht ausreichend beachtet.[211] Diese Kritik hat sich im Gesetz jedoch nicht niedergeschlagen. **95**

Ansprüche wegen der Verletzung eines **Tieres** sind gem. § 90 a solche aufgrund einer Eigentumsverletzung. Für diese gilt Abs. 3. **96**

bb) Verjährungsbeginn. Für den Beginn der Höchstfrist des Abs. 2 ist die **Entstehung** des Anspruchs (Abs. 1 Nr. 1) und die **Kenntnis** des Gläubigers im Sinne von Abs. 1 Nr. 2 **ohne Bedeutung.** Daher kann beispielsweise ein Anspruch wegen einer Gesundheitsverletzung, die durch eine Röntgenreihenuntersuchung ausgelöst wurde, dreißig Jahre nach der Untersuchung verjähren, auch wenn der Schaden (Krebserkrankung) noch nicht eingetreten und der Anspruch aus § 823 Abs. 1 somit noch nicht entstanden ist.[212] **97**

Die Verjährungshöchstfrist beginnt bei Schadensersatzansprüchen aus **unerlaubter Handlung** mit der Vornahme der **tatbestandlichen Handlung** des Schuldners. Hier folgt Abs. 2 dem früheren § 852 Abs. 1 aF. Auf die dazu gefundenen Ergebnisse der Rechtsprechung und Lehre kann daher zurückgegriffen werden. Abzustellen ist auf die Handlung, welche die Schadensursache gesetzt hat. Der Schadenseintritt ist für den Beginn der Höchstfrist unbeachtlich.[213] Sofern andere Schadensersatzansprüche auf die Vornahme einer Handlung abstellen, bestimmt auch hier die Begehung der Handlung den Verjährungsbeginn. Zur Unterlassung → Rn. 102, 118 ff. **98**

Bei Schadensersatzansprüchen, die aus einer Pflichtverletzung resultieren (insb. Ansprüche nach **§ 280**), beginnt die Höchstfrist mit der Vornahme der **Pflichtverletzung.** **99**

Den **Auffangtatbestand** bildet die Anknüpfung des Fristbeginns an das sonstige, den **Schaden auslösende Ereignis.**[214] Diese Alternative des Abs. 2 greift bei Schadensersatzansprüchen aus Gefährdungshaftung sowie allen anderen Normen ein, die weder an eine Handlung noch an eine Pflichtverletzung anknüpfen. **100**

---

203 MüKoBGB/*Grothe* § 199 Rn. 51; Palandt/*Ellenberger* BGB § 199 Rn. 44; BeckOGK/*Piekenbrock* BGB § 199 Rn. 158 ff.; Soergel/*Niedenführ* BGB § 199 Rn. 55; *Mansel* NJW 2002, 89 (93).

204 NK-BGB/*Mansel/Stürner*, 3. Aufl. 2016, § 199 Rn. 94.

205 Erman/*Schmidt-Räntsch* BGB § 199 Rn. 33 a; BeckOK BGB/*Henrich* § 199 Rn. 52; Staudinger/*Peters/Jacoby* BGB § 199 Rn. 95, s. auch jurisPK-BGB/*Lakkis* § 199 Rn. 193.

206 *Mansel* S. 333, 385.

207 S. dazu *Budzikiewicz* MedR 2015, 435 (437).

208 S. BT-Drs. 14/7052, S. 180.

209 Bereits im Bundesrat (bei Stimmengleichheit!) abgelehnter Änderungsantrag Bayerns, s. Bundesrat, Niederschrift der Beratung der Beschlussempfehlung, 18.6.2001 (unveröffentlicht), unter C 7 (zu § 199).

210 BT-Drs. 14/7052, S. 172.

211 S. auch die Forderung nach einer dreißigjährigen Maximalfrist generell für die Vorsatz- bzw. Arglistverjährung bei *Mansel* S. 333, 359, 407.

212 Dazu, dass erst der Schadenseintritt den Anspruch aus § 823 Abs. 1 entstehen lässt, s. *Mansel* S. 333, 393; Gleiches gilt für Schadensersatzansprüche aus positiver Vertragsverletzung (§ 280), vgl. Palandt/*Ellenberger* BGB § 199 Rn. 15.

213 BGHZ 117, 287, 292; Erman/*Schmidt-Räntsch* BGB § 199 Rn. 35; Palandt/*Ellenberger* BGB § 199 Rn. 45; Soergel/*Niedenführ* BGB § 199 Rn. 55; Staudinger/*Peters/Jacoby* BGB § 199 Rn. 96.

214 BT-Drs. 14/7052, S. 180.

101   Bei der **Gefährdungshaftung** kommt es dementsprechend auf den Zeitpunkt der Verwirklichung der Gefahr an.[215] Soweit sich mit der Tierhalterhaftung nach § 833 unter den Vorschriften zur unerlaubten Handlung ebenfalls ein Gefährdungsdelikt befindet, beginnt auch hier die Verjährung in dem Zeitpunkt, in dem sich die Gefahr verwirklicht. Für Gefährdungshaftungtatbestände innerhalb oder – soweit die Verjährungsvorschriften des BGB Anwendung finden – außerhalb des BGB führt die Klarstellung des Verjährungsbeginns in Abs. 2 durch das Abstellen auf das den Schaden auslösende Ereignis zur Vereinfachung und Erleichterung.[216]

102   War eine **Unterlassung** das den Schaden auslösende Ereignis, so ist auf den Zeitpunkt abzustellen, in dem eine Handlung geboten gewesen wäre.[217]

103   Bei **Dauerhandlungen**, Dauerpflichtverletzungen oder dauerhaften sonstigen, den Schaden auslösenden Ereignissen kommt es auf den Zeitpunkt der Beendigung der Handlung etc an.[218] Bei der Freiheitsberaubung im Rahmen einer Entführung beginnt die Höchstfrist des Abs. 2 daher mit der Freilassung.

103a   Von einer Dauerhandlung zu unterscheiden ist eine lediglich andauernde Beeinträchtigung des Geschädigten. Diese fällt nicht unter die dritte, sondern bereits unter die erste (bzw. gegebenenfalls unter die zweite) Alternative des Abs. 2. Hat beispielsweise ein Bauunternehmer in einer Wohnung gesundheitsgefährdende Dämmstoffe verarbeitet, dann kann das zwar zu einer dauerhaften Beeinträchtigung der Wohnungsinhaber führen, darin liegt aber keine Dauerhandlung. Die Handlung ist mit dem Anbringen der Dämmstoffe abgeschlossen.

104   Ist der Schuldner zu einem **dauernden Tun** verpflichtet, so beginnt die Verjährung entsprechend dem Rechtsgedanken des Abs. 5 (→ Rn. 118 ff.) mit jeder Unterlassung neu.[219]

105   **c) Sonstige Schadensersatzansprüche (Abs. 3).** Andere Schadensersatzansprüche als die von Abs. 2 erfassten (→ Rn. 90 ff.) unterliegen gem. Abs. 3 einer **doppelten Verjährungshöchstfrist** (zu dem Verhältnis beider Fristen zueinander → Rn. 111). Die Vorschrift findet immer dann Anwendung, wenn nicht das Leben, der Körper, die Gesundheit oder die Freiheit betroffen sind. Erfasst sind daher insb. Schadensersatzansprüche wegen der Verletzung des **Eigentums**, des **Vermögens** oder des Eingriffs in den eingerichteten und ausgeübten **Gewerbebetrieb**.

106   **aa) Entstehensabhängige Höchstfrist (Abs. 3 S. 1 Nr. 1).** Ist ein Schadensersatzanspruch bereits entstanden, so verjährt er nach Abs. 3 S. 1 Nr. 1 spätestens in zehn Jahren von seiner Entstehung an. Das gilt auch dann, wenn dem Gläubiger die anspruchsbegründenden Tatsachen und die Person des Schuldners im Sinne von Abs. 1 Nr. 1 (noch) **nicht bekannt** waren.

107   Ein Schadensersatzanspruch **entsteht** mit Eintritt des Schadens[220] (zum Sonderproblem der Schadenseinheit → Rn. 25).

108   Abs. 3 S. 1 Nr. 1 entspricht damit der Grundregel des Abs. 4. Eine ausdrückliche (wiederholende) Regelung für Schadensersatzansprüche war im Prinzip nicht erforderlich und erfolgte in Abs. 3 S. 1 Nr. 1 nur aus Gründen der Normtransparenz, nachdem die vorausgegangene, verwickelte Entwurfsfassung auf Kritik[221] gestoßen war.[222]

109   **bb) Handlungsabhängige Höchstfrist (Abs. 3 S. 1 Nr. 2).** Liegen die Voraussetzungen des Abs. 3 S. 1 Nr. 1 (noch) nicht vor, verjähren gem. Abs. 3 S. 1 Nr. 2 die von der Norm erfassten Ansprüche **in jedem Fall** dreißig Jahre nach der Begehung der Handlung, der Pflichtverletzung oder nach dem Eintritt des sonstigen schädigenden Ereignisses. Das gilt unabhängig davon, ob der Anspruch bereits entstanden ist (Abs. 1 Nr. 1) und ob der Gläubiger Kenntnis oder grob fahrlässige Unkenntnis iSd Abs. 1 Nr. 2 hat.

---

215   Auf ihn hatte – im Anschluss an den Abschlussbericht (§ 199 BGB-KE) – eine Vorfassung des geltenden § 199 Abs. 2 abgestellt, s. BT-Drs. 14/6040, S. 109. Die Vorfassung wurde nur deshalb geändert, um § 199 Abs. 2 durch einen Auffangtatbestand zu ergänzen, der den Anknüpfungspunkt der Verwirklichung der Gefahr und andere Anknüpfungspunkte von Schadensersatznormen in sich aufnimmt, s. BT-Drs. 14/7052, S. 180. Vgl. auch MüKoBGB/*Grothe* § 199 Rn. 52.

216   BT-Drs. 14/6040, S. 109, noch zur Anknüpfung an den Zeitpunkt der Verwirklichung der Gefahr, der aber identisch mit dem des sonstigen, den Schaden auslösenden Ereignisses ist.

217   BT-Drs. 14/7052, S. 180, missverständlich von Unterlassungsansprüchen sprechend.

218   So im Ergebnis auch die Rechtsprechung des BGH etwa für den Fall eines unbefugten öffentlichen Zugänglichmachens von Fotografien im Internet (BGH NJW 2015, 3165 (3166) – Motorradteile), für die zweckwidrige Nutzung von Wohneigentum (BGH MDR 2015, 697 (698)) oder für den vertragswidrigen Mietgebrauch (BGH NJW 2019, 1062 (1063)).

219   BGH NJW 1995, 2548 (2549); vgl. auch BGH NJW-RR 2017, 210 (214); Palandt/*Ellenberger* BGB § 199 Rn. 23; MüKoBGB/*Grothe* § 199 Rn. 52; anders in der Begründung Staudinger/*Peters/Jacoby* BGB § 199 Rn. 113.

220   S. zur unerlaubten Handlung *Mansel* S. 333, 393; vgl. auch Soergel/*Niedenführ* BGB § 199 Rn. 19, 57.

221   S. nur *Zimmermann/Leenen/Mansel/Ernst* JZ 2001, 684 (688).

222   BT-Drs. 14/7052, S. 180.

Abs. 3 S. 1 Nr. 2 übernimmt damit die Regelung des Abs. 2, die dort für die Schadensersatzansprüche **110** wegen der Verletzung höchstpersönlicher Rechtsgüter getroffen wurde, auch für alle sonstigen Schadensersatzansprüche. Abgesehen von dem gerade erwähnten Unterschied im sachlichen Anwendungsbereich ist der Normtatbestand derselbe. Daher kann wegen der Erläuterungen grundsätzlich auf → Rn. 97 ff. verwiesen werden.

cc) Abstellen auf den früheren Fristablauf (Abs. 3 S. 2). Ist der Schadensersatzanspruch im **konkreten** **111** **Einzelfall** nach einer der beiden Höchstfristen des Abs. 3 S. 1 verjährt, so tritt Verjährung ein. Das ordnet Abs. 3 S. 2 an. Die **früher abgelaufene** der beiden Höchstfristen bestimmt daher die Verjährung. Der Verjährungseintritt wird damit begünstigt und der Schuldner entsprechend bevorzugt.

Beispiel: Hat etwa ein Notar ein fehlerhaft abgefasstes Testament beurkundet, so stehen denjenigen, die **112** wegen dieses Fehlers entgegen dem Willen des Erblassers nicht Erben wurden, gegen den Notar Schadensersatzansprüche nach § 19 Abs. 1 S. 1 BNotO zu. Die Verjährung richtet sich gem. § 19 Abs. 1 S. 3 BNotO nach §§ 195, 199. Der Schadensersatzanspruch aus § 19 Abs. 1 S. 1 BNotO entsteht erst mit Eintritt des Erbfalls, da erst zu diesem Zeitpunkt der Vermögensschaden bei den Betroffenen begründet wird. Hat der Notar das Testament im Jahr 2002 beurkundet und stirbt der Erblasser im Jahre 2033, so verjähren die Schadensersatzansprüche nach § 19 Abs. 1 S. 1 BNotO gem. § 199 Abs. 3 S. 1 Nr. 1 im Jahre 2043. Nach § 199 Abs. 3 S. 1 Nr. 2 verjähren sie hingegen schon im Jahr 2032. Abzustellen ist nach § 199 Abs. 3 S. 2 auf den Verjährungseintritt im Jahr 2032. Stirbt der Erblasser aber im Jahr 2004, so verjähren die Ansprüche nicht erst im Jahr 2032, sondern gem. § 199 Abs. 3 S. 1 Nr. 1, S. 2 im Jahr 2014.[223]

Ein ähnliches Auseinanderfallen des Setzens der Schadensursache und der Anspruchsentstehung ist im **113** Bereich der **Umweltverschmutzung** leicht möglich, soweit es etwa um Ansprüche von Grundstückseigentümern gegen die Verschmutzer geht.

d) Erbrechtliche Ansprüche (Abs. 3 a). Die Vorschrift wurde durch das Gesetz zur Änderung des Erb- **114** und Verjährungsrechts (dazu → Vor §§ 194–218 Rn. 15) neu eingefügt. Nachdem im Grundsatz (s. aber → Rn. 114 a) für sämtliche erbrechtlichen Ansprüche nunmehr die Regelverjährung des § 195 gilt (dazu → § 195 Rn. 19), dies aber angesichts der in Erbsachen oftmals lange dauernden Zeitspannen zwischen Anspruchsentstehung und Kenntnis zu unbilligen Ergebnissen führen könnte, hat der Gesetzgeber hierfür eine neue, **dreißigjährige Verjährungshöchstfrist** eingeführt. Damit wird über eine andere legistische Technik in den meisten Fällen dasselbe Resultat erzielt, das § 197 Abs. 1 Nr. 2 aF mit der kenntnisunabhängigen dreißigjährigen Verjährungsfrist erreicht hatte. Als speziellere Regelung geht Abs. 3 a der Regelung des Abs. 4 vor; dies folgt bereits aus dem Wortlaut des Abs. 4 („andere Ansprüche als die nach den Absätzen 2 bis 3a").

Soweit bestimmte erbrechtliche Ansprüche der dreißigjährigen Verjährung des **§ 197 Abs. 1 Nr. 2** unterfallen (→ § 197 Rn. 40 ff.), findet § 199 Abs. 3 a keine Anwendung. In den Anwendungsbereich der Abs. 2–4 (und damit auch des Abs. 3 a) fallen nur solche Ansprüche, die der Regelverjährung nach §§ 195, 199 Abs. 1 unterliegen (→ Rn. 81). Dementsprechend findet Abs. 3 a auch dann keine Anwendung, wenn für einen Anspruch zwar die regelmäßige Verjährungsfrist des § 195 gilt, der Verjährungsbeginn aber gesondert geregelt ist (→ Rn. 13); dies betrifft etwa die Ansprüche aus § 2287 Abs. 1 und aus § 2329.[224] **114a**

Die dreißigjährige Verjährungshöchstfrist des Abs. 3 a gilt für „Ansprüche, die auf einem Erbfall beruhen" **114b** oder „deren Geltendmachung die Kenntnis einer Verfügung von Todes wegen voraussetzt". Nach BGH ist aus dieser Formulierung zu schließen, dass nur solche Ansprüche erfasst sein sollen, die originär und unmittelbar mit dem Erbfall verknüpft sind und nicht nur allgemein mit diesem in Verbindung stehen.[225] Hierzu zählen etwa der Anspruch auf den Voraus (§ 1932), der Anspruch gegen den Erben wegen der Beerdigungskosten (§ 1968), der Vermächtnisanspruch (§ 2174),[226] der Anspruch auf Vollziehung einer Auflage (§ 2194) und der Anspruch auf den Pflichtteil (§§ 2303, 2317). Das Gleiche gilt für die Folgeansprüche aus §§ 2020 ff. (→ § 197 Rn. 41).[227] Wird der gesetzliche Güterstand (§ 1363 Abs. 1) durch den Tod eines Ehegatten beendet, unterfällt auch der Anspruch auf den rechnerischen Zugewinnausgleich (s. § 1371 Abs. 2) der Höchstfrist des Abs. 3 a;[228] ebenso der Ausbildungsanspruch aus § 1371 Abs. 4. Nicht von Abs. 3 a erfasst werden dagegen die zum Nachlass gehörenden Verbindlichkeiten und Forderungen des Erblassers,

---

223 Vgl. *Mansel* NJW 2002, 89 (93); *ders.* NJW 2002, 418 f. sowie *Mansel/Budzikiewicz* § 3 Rn. 173–176.
224 BeckOGK/*Piekenbrock* BGB § 199 Rn. 165.
225 BGH NJW 2015, 2729 (2730).

226 Vgl. auch BT-Drs. 16/8954, S. 14: Von Abs. 3 a erfasst sind auch Ansprüche, die regelmäßig wiederkehrende Leistungen (etwa aufgrund eines Vermächtnisses) zum Gegenstand haben.
227 MüKoBGB/*Helms* § 2026 Rn. 7.
228 BT-Drs. 16/8954, S. 15.

denn sie beruhen nicht auf dem Erbfall.[229] Für diese Ansprüche kann aber die Ablaufhemmung der Verjährung gem. § 211 zum Tragen kommen.

115 **e) Anspruchskonkurrenz. aa) Verletzung desselben Rechtsguts.** Für Schadensersatzansprüche, die der Regelverjährung nach §§ 195, 199 Abs. 1 unterliegen und sich auf dieselbe Rechtsgutsverletzung stützen, resultiert aus Abs. 2 bzw. Abs. 3 eine **einheitliche Maximalverjährung** aller, insb. der vertraglichen und deliktischen Ansprüche. Wird **beispielsweise** der Kaufinteressent bei Vertragsverhandlungen durch ein schuldhaftes Verhalten seines Verhandlungspartners an der Gesundheit verletzt, so hat der Kaufinteressent Schadensersatzansprüche sowohl aus § 823 Abs. 1 als auch aus culpa in contrahendo (§§ 280 Abs. 1, 311 Abs. 2 Nr. 1, 241 Abs. 2). Beide Ansprüche verjähren nach §§ 195, 199 Abs. 1 in drei Jahren nach Fälligkeit und Kenntnis oder grob fahrlässiger Unkenntnis des Gläubigers von den anspruchsbegründenden Tatsachen und der Person des Schuldners. Davon unabhängig tritt nach Abs. 2 spätestens in dreißig Jahren nach Vornahme der Verletzungshandlung die Verjährung ein.

116 Zur **Anspruchskonkurrenz** deliktischer Schadensersatzansprüche mit solchen wegen Mängelgewährleistung gem. §§ 437 Nr. 3, 634 Nr. 4, die nach den §§ 438, 634 a verjähren, → § 195 Rn. 68 ff.

117 **bb) Gleichzeitige Verletzung verschiedener Rechtsgüter.** Werden durch ein tatbestandsmäßiges Verhalten höchstpersönliche Rechtsgüter des Abs. 2 und andere Rechtsgüter (Abs. 3) verletzt, dann fallen die Verjährungshöchstfristen auseinander. So kann sich die Situation ergeben, dass aus derselben unerlaubten Handlung, zB aus demselben Verkehrsunfall, resultierende Ansprüche je nach Art des verletzten Rechtsguts zu unterschiedlichen Zeitpunkten verjähren. Dieses Ergebnis muss aber hingenommen werden. Es hängt mit der Abs. 2 zugrunde liegenden Wertung zusammen, die den dort genannten Rechtsgütern einen besonders hohen Stellenwert zumisst (zur Rechtsgutdifferenzierung → Rn. 4; zur Nichteinbeziehung des Vermögens und des Eigentums in die lange Höchstfrist des Abs. 2 → Rn. 94).

IV. Unterlassungsansprüche (Abs. 5)

118 Soweit der Anspruch auf ein (dauerndes)[230] Unterlassen gerichtet ist, wird bei Anwendung der Abs. 1–4 statt auf die Anspruchsentstehung auf den Zeitpunkt der **Zuwiderhandlung** abgestellt. Dies entspricht dem früheren § 198 S. 2 aF. Auf die dazu gefundenen Ergebnisse in Rechtsprechung und Lehre[231] kann daher zurückgegriffen werden.

119 Bei einem Anspruch auf **dauerhaftes Unterlassen** beginnt die Verjährungsfrist mit der Beendigung der Zuwiderhandlung. Jede erneute Zuwiderhandlung setzt eine neue Verjährungsfrist in Gang.[232]

120 Abs. 5 wird verschiedentlich als entsprechend anwendbar erklärt, s. etwa § 200 S. 2 und § 201 S. 2. Er ist Ausdruck eines **allgemeinen Rechtsgedankens**, der auch außerhalb des Anwendungsbereichs der §§ 199–201 Beachtung verlangt.

121 Zu **zeitlichen Obergrenzen** des Anspruchs auf dauerhaftes Unterlassen und zu Besonderheiten der **Titelverjährung** → § 201 Rn. 4.

C. Weitere praktische Hinweise

122 Der **Schuldner**, der sich auf den Verjährungseintritt nach Abs. 1 beruft (§ 214 Abs. 1), hat die Kenntnis oder die grob fahrlässige Unkenntnis des Gläubigers zu beweisen (→ Rn. 42). Das ist **misslich**,[233] da der Schuldner damit Umstände darzulegen und zu beweisen hat, die in der Sphäre des Gläubigers liegen. Nach BGH muss der Gläubiger allerdings, soweit Umstände aus seiner Sphäre in Rede stehen, an der Sachaufklärung mitwirken und erforderlichenfalls darlegen, was er unternommen hat, um die anspruchsbegründenden Umstände und die Person des Schuldners zu ermitteln.[234]

---

229 BT-Drs. 16/8954, S. 14. Vgl. auch OLG Frankfurt BeckRS 2018, 9088 (Übertragung eines Depots an den Erblasser zu Lebzeiten); LG Bielefeld BeckRS 2016, 129152 (Leibrente).

230 Bei dem Anspruch auf einmaliges Unterlassen entsteht kein Verjährungsproblem, s. Palandt/*Ellenberger* BGB § 199 Rn. 23.

231 S. MüKoBGB/*Grothe* § 199 Rn. 56 f.; *Fritsche* FS Rolland, 1999, S. 115 ff.; eingehend zum neuen Recht *Köhler* JZ 2005, 489.

232 RGZ 49, 20, 22 ff.; 80, 436, 438; *Peters/Zimmermann* S. 79, 246, 304, 315; *Zimmermann/Leenen/*

Mansel/Ernst JZ 2001, 684 (688); *Mansel* S. 333, 371; differenzierend und teilweise abweichend Staudinger/*Peters/Jacoby* BGB § 199 Rn. 110 f.

233 Deshalb krit. und eine Hemmungslösung entspr. den Grundregeln des Europäischen Vertragsrechts (Rn. 5) bevorzugend *Zimmermann/Leenen/Mansel/Ernst* JZ 2001, 684 (687) mwN sowie *Mansel* NJW 2002, 89 (92); *Piekenbrock* teilt die Bedenken, spricht sich aber gegen die Hemmungslösung und für eine Beweislastveränderung aus, s. *Piekenbrock* S. 309, 324 f.

234 BGH NJW 2017, 248; NJW 2008, 2576 (2578).

Bei **rechtsgeschäftlichen Ansprüchen** wird im Regelfall die schlüssige Darlegung der Gläubigerkenntnis dem Schuldner kaum Probleme bereiten. Allerdings trifft ihn die Beweislast (→ Rn. 122). **123**

Zweck der gesetzgeberischen Entscheidung dürfte eine Stärkung der Gläubigerposition und damit im Ergebnis eine Erweiterung des Anwendungsbereichs der langen Verjährungshöchstfristen der Abs. 2–4 sein. **124**

Wegen der bereits geschilderten (oben → Rn. 27 f.) unklaren Rechtsfragen hinsichtlich des Beginns der Verjährung des Zahlungsanspruchs nach § 426 Abs. 1 gegen den Mitgesamtschuldner empfiehlt es sich, **Ausgleichsansprüche gegen Mitgesamtschuldner** möglichst frühzeitig, jedenfalls aber innerhalb von drei Jahren nach Fälligkeit des Gläubigeranspruchs verjährungsrelevant geltend zu machen. Es sollten in den Fällen, in denen eine vertragliche Vorsorge möglich ist, Abreden iSd § 202 hinsichtlich der Verjährung der Ausgleichsansprüche getroffen werden.[235] **125**

§ 200 Beginn anderer Verjährungsfristen

[1]**Die Verjährungsfrist von Ansprüchen, die nicht der regelmäßigen Verjährungsfrist unterliegen, beginnt mit der Entstehung des Anspruchs, soweit nicht ein anderer Verjährungsbeginn bestimmt ist.** [2]**§ 199 Abs. 5 findet entsprechende Anwendung.**

Literatur: S. Vor §§ 194–218.

A. Allgemeines 1
B. Regelungsgehalt 2
  I. Sachlicher Anwendungsbereich 2
  II. Verjährungsbeginn 5

  1. Anspruchsentstehung 5
  2. Fristlauf 6
  III. Ausnahme: Unterlassungsansprüche 7

A. Allgemeines

§ 200 regelt den Verjährungsbeginn für Ansprüche, die nicht der regelmäßigen Verjährungsfrist (§ 195) unterfallen, und für die kein anderer Verjährungsbeginn bestimmt ist. Die Verjährung beginnt in diesem Fall mit der Entstehung des Anspruchs. § 200 deckt sich tatbestandsmäßig mit § 198 aF; allerdings regelt § 200 den Beginn besonderer Verjährungsfristen, während § 198 aF den Beginn der Regelverjährung bestimmte. § 200 ist daher als **Auffangtatbestand** für den Verjährungsbeginn von solchen Ansprüchen zu verstehen, die nicht der regelmäßigen Verjährungsfrist unterliegen. **1**

B. Regelungsgehalt

I. Sachlicher Anwendungsbereich

§ 200 gilt für alle besonderen Verjährungsfristen des BGB oder anderer Gesetze (zum Anwendungsbereich der §§ 194 ff. → § 194 Rn. 8–26), bei denen der Fristbeginn nicht bestimmt ist. Für die Regelverjährung (§ 195 und die auf die Regelverjährung verweisenden Normen wie zB §§ 438 Abs. 3, 634 a Abs. 3) legt § 199 Abs. 1 den Verjährungsbeginn fest. **2**

§ 200 findet **beispielsweise Anwendung** für die in den folgenden Vorschriften geregelten Verjährungsfristen: **3**
- § 196 (Ansprüche gerichtet auf Vornahme von Verfügungen über ein Grundstück oder ein Recht an einem Grundstück oder auf Begründung eines solchen Rechts und die dazugehörigen Gegenansprüche);
- § 197 Abs. 1 Nr. 1 (Schadensersatzansprüche wegen vorsätzlicher Verletzung höchstpersönlicher Rechtsgüter);
- § 197 Abs. 1 Nr. 2 (dingliche Herausgabeansprüche);
- und ferner für §§ 43 Abs. 4, 64 S. 4 GmbHG;[1] §§ 93 Abs. 6,[2] 116 S. 1,[3] 117 Abs. 6, 309 Abs. 5 AktG; § 52 a KWG.

§ 200 wird hingegen von den folgenden Normen, die einen anderen Beginn der jeweiligen besonderen Verjährungsfrist regeln, **verdrängt**: **4**
- § 201 für die Verjährung der rechtskräftig festgestellten und titulierten Ansprüche (§ 197 Abs. 1 Nr. 3–6);
- § 438 Abs. 2 für die Verjährung der kaufvertraglichen Mangelansprüche;[4]

---

235 *Hartmann/Lieschke* WM 2011, 205 (209).
  1 OLG München GmbHR 2020, 372 (374).
  2 OLG München BeckRS 2018, 14085.
  3 Dazu BGH NJW 2019, 596.
  4 S. etwa BGH NJW 2014, 845.

– § 445 b Abs. 1 für kaufrechtliche Rückgriffsansprüche;
– § 634 a Abs. 2 für die Verjährung der werkvertraglichen Mangelansprüche;
– § 651 j für die Verjährung reisevertraglicher Gewährleistungsansprüche;
– und ferner von §§ 548 Abs. 1 S. 2,[5] 591 b Abs. 2 und 3, 604 Abs. 5, 695 S. 2, 696 S. 3, 801, 1057, 1226, 1302, 2332,[6] 2287 Abs. 2; §§ 61 Abs. 2, 439 Abs. 2, 463, 475 a HGB; § 12 ProdHaftG.

II. Verjährungsbeginn

5 **1. Anspruchsentstehung.** Die Verjährungsfrist beginnt mit der Entstehung des Anspruchs (**S. 1**). § 200 deckt sich damit mit der ersten der beiden Voraussetzungen des Beginns der Regelverjährung (§ 199 Abs. 1 Nr. 1); zum Begriff der Anspruchsentstehung s. die Ausführungen bei → § 199 Rn. 15 ff.

6 **2. Fristlauf.** Der Verjährungslauf beginnt nach § 200 S. 1 **taggenau** mit der Anspruchsentstehung; es handelt sich (anders als in § 199 Abs. 1) nicht um eine Jahresschlussverjährung. Die Frist berechnet sich nach den §§ 187–193.

III. Ausnahme: Unterlassungsansprüche

7 Ist der Anspruch auf ein Unterlassen gerichtet, beginnt die Verjährung mit der Zuwiderhandlung gegen den Anspruch; das folgt aus dem Verweis in **S. 2** auf § 199 Abs. 5 (näher → § 199 Rn. 118 ff.).[7] Dabei handelt es sich nicht um einen Gesamtverweis mit der Folge, dass auch etwa § 199 Abs. 1 anwendbar wäre.[8] Der Verjährungsbeginn ist hier im Unterschied zu § 199 kenntnisunabhängig; dies hat auch für Unterlassungsansprüche zu gelten.[9] Diese Wertung würde unterlaufen, wenn man S. 2 als Verweis auf das Anwendungsergebnis des § 199 Abs. 5 auffassen würde.

§ 201 Beginn der Verjährungsfrist von festgestellten Ansprüchen

[1]**Die Verjährung von Ansprüchen der in § 197 Abs. 1 Nr. 3 bis 6 bezeichneten Art beginnt mit der Rechtskraft der Entscheidung, der Errichtung des vollstreckbaren Titels oder der Feststellung im Insolvenzverfahren, nicht jedoch vor der Entstehung des Anspruchs.** [2]**§ 199 Abs. 5 findet entsprechende Anwendung.**

Literatur: S. Vor §§ 194–218.

A. Allgemeines	1	1. Rechtskraft der Entscheidung, § 197 Abs. 1 Nr. 3	6
B. Regelungsgehalt	2	2. Titelerrichtung	9
I. Anwendungsbereich	2	3. Feststellung im Insolvenzverfahren	11
II. Kein Verjährungsbeginn vor Anspruchsentstehung (S. 1 letzter Hs.)	3	IV. Hemmung, Ablaufhemmung, Neubeginn	12
III. Verjährungsbeginn im Einzelnen (S. 1)	5		

A. Allgemeines

1 § 201 regelt den Verjährungsbeginn für die in § 197 Abs. 1 Nr. 3–6 bezeichneten Ansprüche. Nach § 201 S. 1 beginnt die Verjährung mit der Rechtskraft der Entscheidung, der Errichtung des vollstreckbaren Titels oder der Feststellung im Insolvenzverfahren, keinesfalls aber vor der Entstehung des Anspruchs (→ Rn. 3). Für Unterlassungsansprüche erklärt § 201 S. 2 die Regelung in § 199 Abs. 5 für entsprechend anwendbar (→ Rn. 4). Soweit die Ansprüche nach § 197 Abs. 1 Nr. 3–5 künftig fällig werdende regelmäßig wiederkehrende Leistungen zum Inhalt haben, gilt für sie allerdings die dreijährige Regelverjährungsfrist des § 195 (s. § 197 Abs. 2); der Verjährungsbeginn wird in diesen Fällen nicht nach § 201, sondern nach 199 Abs. 1 bestimmt (näher → § 197 Rn. 69 ff.).

---

5 Dazu BGH NJW 2006, 1588; BGHZ 162, 30, 35 ff.; BGH NJW 2014, 684; *Fischinger* ZGS 2008, 296.

6 Zum Verjährungsbeginn nach § 2332 aF BGH NJW 2013, 1086.

7 So auch Soergel/*Niedenführ* BGB § 200 Rn. 6; MüKoBGB/*Grothe* § 200 Rn. 4; Palandt/*Ellenberger* BGB § 200 Rn. 2.

8 So aber Staudinger/*Peters/Jacoby* BGB § 200 Rn. 3, die aus systematischen Erwägungen die Voraus-

zungen des § 199 Abs. 1 (Kenntnisnahmemöglichkeit des Gläubigers und Jahresschluss) auch im Rahmen des § 200 anwenden wollen. Gegen diese s. im Erg. die Ausführungen in § 195 Rn. 30, wonach einzelne Elemente des § 195 nicht in andere Vorschriften übertragen werden können.

9 Vgl. auch OLG München r+s 2017, 273, 275.

§ 201 geht auf die Verjährungsrechtsreform 2002 zurück. Der in Bezug genommene § 197 Abs. 1 Nr. 3–6 **1a**
entspricht § 218 Abs. 1 aF und nimmt auch Teile der Regelungen der §§ 219, 220 Abs. 1 aF in sich auf
(→ § 197 Rn. 44 ff.). Der Beginn der Verjährung für diese Ansprüche war im alten Recht nicht gesondert
geregelt. § 201 folgt jedoch weitgehend den Ergebnissen der **Rechtsprechung** zum alten Recht.[1] Die Vorschrift deckt sich mit Art. 14:203 Abs. 3 der Grundregeln des Europäischen Vertragsrechts (zu ihnen → Vor
§§ 194–218 Rn. 20 ff.).

B. Regelungsgehalt

I. Anwendungsbereich

Von der Regelung des § 201 werden nur Ansprüche im Sinne von § 197 Abs. 1 Nr. 3–6 erfasst (dazu **2**
→ § 197 Rn. 44 ff.).

II. Kein Verjährungsbeginn vor Anspruchsentstehung (S. 1 letzter Hs.)

Die Verjährung kann nicht vor der Entstehung des Anspruchs beginnen (vgl. S. 1 letzter Hs.).[2] Das ist insbe- **3**
sondere bei der Verurteilung nach §§ 257, 259 ZPO zur Erbringung erst **künftig fällig werdender Leistungen** oder bei einem Feststellungsurteil, das sich auf künftig fällig werdende Ansprüche erstreckt, bedeutsam.[3] Zur Anspruchsentstehung, die regelmäßig der Anspruchsfälligkeit gleichzusetzen ist, s. die Ausführungen bei → § 199 Rn. 15 ff.

Geht der Anspruch auf ein **Unterlassen**, so tritt an die Stelle der Anspruchsentstehung das Zuwiderhandeln **4**
gegen den Unterlassungsanspruch.[4] Das folgt aus S. 2 iVm § 199 Abs. 5 (→ § 199 Rn. 118 ff.). Daher
beginnt auch bei einem rechtskräftig festgestellten Anspruch auf dauerhaftes Unterlassen die Verjährung
erst mit der Zuwiderhandlung. Erfolgt diese erst mehr als dreißig Jahre nach Rechtskraft des Urteils, so ist
dennoch keine Verjährung eingetreten; vielmehr beginnt erst dann die Verjährungsfrist zu laufen.[5] Jede
Zuwiderhandlung lässt eine neue Verjährungsfrist beginnen (→ § 199 Rn. 119).

III. Verjährungsbeginn im Einzelnen (S. 1)

S. 1 nennt drei Zeitpunkte, in welchen die Verjährung der fälligen (→ Rn. 3) Ansprüche im Sinne von § 197 **5**
Abs. 1 Nr. 3–6 beginnt. Die drei Zeitpunkte sind entsprechend ihrer Aufzählung den **drei Fällen des § 197
Abs. 1** Nr. 3, 4 und 5 zugeordnet.[6] Der Beginn der Verjährung von Ansprüchen auf Erstattung der Kosten
der Zwangsvollstreckung (§ 197 Abs. 1 **Nr. 6**; → § 197 Rn. 68) richtet sich nach der Art des Titels, dessen
Vollstreckung die betreffenden Kosten verursacht hat. Die Ausführungen zum Verjährungsbeginn bei
Ansprüchen nach § 197 Abs. 1 Nr. 3–5 (→ Rn. 6 ff.) gelten daher entsprechend.

1. Rechtskraft der Entscheidung, § 197 Abs. 1 Nr. 3. Bei fälligen Ansprüchen im Sinne von § 197 **6**
Abs. 1 Nr. 3 (→ § 197 Rn. 48 ff.) beginnt die Verjährung mit der formellen Rechtskraft der Entscheidung,
die den Anspruch festgestellt hat, dh mit ihrer **Unanfechtbarkeit**.

Die **Vollstreckbarkeit** der Entscheidung ist im Fall des § 197 Abs. 1 Nr. 3 für den Verjährungsbeginn **unbe-** **7**
achtlich. Das Gesetz stellt allein auf die formelle Rechtskraft ab. Das gilt nicht nur für Entscheidungen, die
der Zwangsvollstreckung nicht zugänglich sind, wie etwa Feststellungsurteile (diese fallen unter § 197
Abs. 1 Nr. 3, → § 197 Rn. 56 f.), sondern auch für Entscheidungen, die erst aufgrund einer Vollstreckbarerklärung oder einer ähnlichen weiteren gerichtlichen Entscheidung vollstreckt werden können, wie etwa für
Schiedssprüche und Schiedsvergleiche oder für ausländische Urteile (→ § 197 Rn. 51–53).

Nach der hier vertretenen Auffassung fällt der gerichtliche oder notarielle Beschluss, der den **Anwaltsver-** **8**
gleich für vollstreckbar erklärt, unter § 197 Abs. 1 Nr. 3;[7] der Anwaltsvergleich selbst erfüllt keine der Voraussetzungen des § 197 Abs. 1 Nr. 3–5. Damit beginnt bei einem Anwaltsvergleich die Verjährung erst mit
der formellen Rechtskraft des entsprechenden Beschlusses (näher → § 197 Rn. 60, 64).[8] Auch der Schuld-

---

1 Ebenso BT-Drs. 14/6040, S. 109.
2 Vgl. BGH VersR 1980, 927; Erman/*Schmidt-Räntsch*
   BGB § 201 Rn. 5.
3 Vgl. MüKoBGB/*Grothe* § 201 Rn. 2; BeckOGK/*Piekenbrock* BGB § 201 Rn. 5.
4 BeckOGK/*Piekenbrock* BGB § 201 Rn. 6.
5 So die hM: BGHZ 59, 72, 74 f.; Staudinger/*Peters/
   Jacoby* BGB § 201 Rn. 8; Soergel/*Niedenführ* BGB
   § 201 Rn. 2; Palandt/*Ellenberger* BGB § 201 Rn. 2;
   Erman/*Schmidt-Räntsch* BGB § 201 Rn. 6; MüKo-

BGB/*Grothe* § 201 Rn. 2 mwN zum Streitstand, auch
zur Gegenmeinung.
6 Beschlussempfehlung und Bericht des Rechtsausschusses (6. Ausschuss), BT-Drs. 14/6857, S. 7, 44
   (zu § 201).
7 AA Stein/Jonas/*Münzberg* ZPO § 796 a Rn. 1, der
   § 197 Abs. 1 Nr. 4 anwenden will.
8 So auch Erman/*Schmidt-Räntsch* BGB § 201 Rn. 3;
   BeckOK BGB/*Henrich* § 201 Rn. 2; Stein/Jonas/
   Münzberg ZPO § 796 a Rn. 1.

ner kann einen entsprechenden Antrag auf Vollstreckbarerklärung stellen.[9] Offen ist, ob die Vollstreckbarer-klärung auch dann erfolgen kann, wenn der materiellrechtliche Anspruch aus dem Vergleich bereits verjährt ist (zur Verjährung → § 195 Rn. 60). Nach einer Auffassung kann der Antrag abgelehnt werden,[10] nach einer anderen[11] kann der Verjährungseinwand mittels einer Vollstreckungsgegenklage (§ 767 Abs. 2 ZPO) geltend gemacht werden.

9 **2. Titelerrichtung.** Bei fälligen Ansprüchen im Sinne von § 197 Abs. 1 Nr. 4 (→ § 197 Rn. 61–66) beginnt die Verjährung mit der Errichtung des vollstreckbaren Titels. Errichtung meint den Abschluss des voll-streckbaren Vergleichs (insbesondere die gerichtliche Protokollierung bzw. das Vorgehen nach § 162 Abs. 1 S. 2 ZPO)[12] und bei vollstreckbaren Urkunden die gerichtliche bzw. notarielle Beurkundung[13] und das Hin-zutreten des auf die Erklärung der Unterwerfung unter die sofortige Zwangsvollstreckung gerichteten Publi-kationsakts.[14]

10 Bei dem gem. § 308 Abs. 1 S. 2 InsO einem Vergleich im Sinne von § 794 Abs. 1 Nr. 1 ZPO gleichgestellten **Schuldenbereinigungsplan** beginnt die Verjährung mit dem den Plan nach § 308 Abs. 1 S. 1 InsO bestäti-genden gerichtlichen Beschluss.[15] Zum **Anwaltsvergleich** → Rn. 8.

11 **3. Feststellung im Insolvenzverfahren.** Bei fälligen Ansprüchen im Sinne von § 197 Abs. 1 Nr. 5 beginnt die Verjährung mit der Vollstreckbarkeit der zur **Insolvenztabelle** festgestellten Forderung.[16] Das richtet sich nach §§ 178, 201 Abs. 2, 215 Abs. 2 S. 2, 257 InsO. Zum Schuldenbereinigungsplan nach § 308 InsO → Rn. 10.

IV. Hemmung, Ablaufhemmung, Neubeginn

12 Die Hemmung und die Ablaufhemmung sowie der Neubeginn der Verjährung sind nach den §§ 203 ff. wie bei jeder anderen Verjährungsfrist auch zu prüfen. Eine Feststellungsklage zur Verhinderung der Titelver-jährung ist zulässig, wenn sie die einzige Möglichkeit ist, den Ablauf der Verjährungsfrist abzuwenden.[17] Zu dem Parallelproblem bei § 197 Abs. 2 → § 197 Rn. 74.

§ 202 Unzulässigkeit von Vereinbarungen über die Verjährung

(1) Die Verjährung kann bei Haftung wegen Vorsatzes nicht im Voraus durch Rechtsgeschäft erleich-tert werden.

(2) Die Verjährung kann durch Rechtsgeschäft nicht über eine Verjährungsfrist von 30 Jahren ab dem gesetzlichen Verjährungsbeginn hinaus erschwert werden.

Literatur: *Harke,* Privatautonomie und Verjährung: Verjährungsvereinbarungen, in: Remien (Hrsg.), Verjährungsrecht in Europa, 2011, S. 107; *Lakkis,* Die Verjährungsvereinbarung nach neuem Recht, AcP 203 (2003), 763; *Menges,* Vertragli-cher Ausschluss der Kettengewährleistung, ZGS 2008, 457; *Windorfer,* Der Verjährungsverzicht, NJW 2015, 3329.

A. Allgemeines	1	**B. Regelungsgehalt**	7
I. Ausgangslage bis zum 1.1.2002	1	I. Verjährungsrechtliche Vertragsfreiheit	7
II. Grundlinien des geltenden Rechts	3	1. Grundsatz	7
III. Europäische Grundregeln, Draft Common		2. Zeitpunkt und Form	8
Frame of Reference	6	3. Sachliche Regelungsgegenstände	10

9   Zöller/*Geimer* ZPO § 796 a Rn. 3 a.
10 Allg. dazu (ohne speziellen Verjährungsbezug) Zöller/*Geimer* ZPO § 796 a Rn. 22.
11 Allg. dazu (ohne speziellen Verjährungsbezug) LG Halle NJW 1999, 3567; *Münzberg* NJW 1999, 1357 (1359); weitere Nachw. bei Zöller/*Geimer* ZPO § 796 a Rn. 22.
12 S. dazu etwa Thomas/Putzo/*Seiler* ZPO § 794 Rn. 11.
13 S. dazu etwa Zöller/*Geimer* ZPO § 794 Rn. 25; Thomas/Putzo/*Seiler* ZPO § 794 Rn. 46 f., 55.
14 Zu diesem s. Wieczorek/Schütze/*Paulus,* 3. Aufl. 1999, ZPO § 794 Rn. 89.
15 Der Beschluss ist unanfechtbar, arg. § 6 Abs. 1 InsO, vgl. Soergel/*Niedenführ* BGB § 201 Rn. 3.
16 Soergel/*Niedenführ* BGB § 201 Rn. 4; MüKoBGB/ *Grothe* § 201 Rn. 4. Nicht ganz eindeutig, aber wohl

gleichfalls auf die Vollstreckbarkeit abstellend (zum alten Recht): Hess/Weis/Wienberg/*Weis* InsO, Band 1, 2. Aufl. 2001, InsO § 201 Rn. 20; unklar zum alten Recht (wohl auf die Feststellung abstellend): Jaeger/*Weber* Konkursordnung mit Einführungsge-setzen, Zweiter Band, 1. Halbband (§§ 71–206 KO), 8. Aufl. 1973, § 145 KO Rn. 6. AA Staudinger/ *Peters/Jacoby* BGB § 201 Rn. 5, die auf den Zeit-punkt der Möglichkeit, aus dem festgestellten Titel gegen den Schuldner vorzugehen, abstellen.
17 HM, vgl. BGHZ 93, 287, 289 f. sowie BGH NJW-RR 2003, 1076 (1077); Thomas/Putzo/*Seiler* ZPO § 256 Rn. 14; Palandt/*Ellenberger* BGB § 201 Rn. 2; Staudinger/*Peters/Jacoby* BGB § 201 Rn. 10; Soergel/*Niedenführ* BGB § 201 Rn. 5 mwN, auch zur Gegenmeinung.

4. Anwendung auf konkurrierende Ansprüche.................................. 12
II. Grenzen der Vertragsfreiheit 13
1. Ausgangslage 13
2. Unverjährbarkeit eines Anspruchs 14
3. Verjährungserleichterungen 16
a) Vorsatzhaftung (Abs. 1) 16
b) Keine allgemeine gesetzliche Mindestfrist 20
c) Leitlinien für Parteivereinbarungen ... 21
aa) Angemessenheitskontrolle 21
bb) Regelverjährung: Veränderungen der
§§ 195, 199 26
cc) Verkürzung besonderer Verjährungsfristen 31
4. Verjährungserschwerungen 36
a) Grundsatz der Vertragsfreiheit 36
b) Zeitliche Obergrenze (Abs. 2) 37
c) Verjährungsverzicht 43
5. Inhaltskontrolle 47

a) Allgemeine Geschäftsbedingungen ... 47
aa) Zeitliche Grenzen des § 309 Nr. 8
Buchst. b) Doppelbuchst. ff.) 48
bb) Inhaltliche Grenze des § 309 Nr. 7,
Nr. 8 Buchst. a) bei verschuldeten
Pflichtverletzungen 52
cc) Generalklausel des § 307 55
dd) Keine geltungserhaltende Reduktion 59
b) Vereinbarungen außerhalb des
Anwendungsbereichs der §§ 307 ff.,
insbesondere Individualvereinbarungen 60
III. Erleichterungen oder Erschwerungen der Verjährung nach besonderen Vorschriften 61
1. Verbrauchsgüterkauf: § 476 Abs. 2, 3 62
2. Rückgriff des Verkäufers: § 478 Abs. 2 ... 63
3. Pauschalreisevertrag: § 651 y 64
4. Fracht-, Speditions-, Lagergeschäft:
§§ 439 Abs. 4, 463, 475 a HGB 65
C. Weitere praktische Hinweise 66

A. Allgemeines

I. Ausgangslage bis zum 1.1.2002

Bis zur Verjährungsrechtsreform 2002 (→ Vor §§ 194–218 Rn. 1 ff.) war die **Vertragsfreiheit** im Verjäh- **1**
rungsrecht **eingeschränkt**. § 225 S. 1 aF gestattete keine Abreden, welche die Verjährung ausschlossen oder
erschwerten. Solche Vereinbarungen waren daher gem. § 134 nichtig.[1] Unter dieses Verbot fiel nicht nur die
ausdrückliche Verlängerung der Verjährungsfrist, sondern beispielsweise auch die Vereinbarung gesetzlich
nicht vorgesehener Hemmungs- oder Unterbrechungsgründe. Große Bereiche des Verjährungsrechts waren
mithin **zwingendes Recht**. **Ausgenommen** von dem Verbot der Verjährungsverlängerung waren nach altem
Recht die kurzen Gewährleistungsfristen im Kauf- und Werkvertragsrecht (s. §§ 477 Abs. 1 S. 2, 480 Abs. 1,
490 Abs. 1 S. 2, 638 Abs. 2 aF); bei ihnen war eine vertragliche Verlängerung der Verjährungsfrist bis zu
dreißig Jahren möglich.

Verjährungserleichterungen, insbesondere die Abrede kürzerer Verjährungsfristen, waren nach § 225 S. 2 **2**
aF zulässig. § 11 Nr. 10 Buchst. e) und f.) AGBG verhinderte jedoch die Abkürzung der gesetzlichen
Gewährleistungsfristen durch Allgemeine Geschäftsbedingungen. Die Regelungen gelten als § 309 Nr. 8
Buchst. c) Doppelbuchst. ee) und ff.) im neuen Recht fort. § 9 AGBG aF (jetzt § 307) zog weitere Grenzen,
insbesondere für Verjährungsverkürzungen in Allgemeinen Geschäftsbedingungen.[2] Daneben erfolgte auch
eine Inhaltskontrolle von Individualvereinbarungen, welche die Verjährungsfrist verkürzten, gem. §§ 242,
138.[3]

II. Grundlinien des geltenden Rechts

§ 202 folgt – trotz seiner irreführenden Überschrift[4] – einem **gänzlich anderen Regelungsmodell** als das **3**
frühere Recht.[5] Sowohl Verjährungserschwerungen als auch Verjährungsverkürzungen sind aufgrund der
allgemeinen Vertragsfreiheit (§ 311 Abs. 1) grundsätzlich zulässig. Zu dieser allgemeinen Regel stellt § 202
lediglich die Beschränkungen des Abs. 1 (keine Verjährungserleichterung für Vorsatzhaftung vor
Anspruchsentstehung) und des Abs. 2 (keine Verjährungsverlängerung über dreißig Jahre hinaus) auf. Das
Gesetz übernimmt in Abs. 2 im Ergebnis die bereits nach altem Recht (§§ 477 Abs. 1, 638 Abs. 2 aF) vorgesehenen Verlängerungsmöglichkeiten bei den kurzen kauf- und werkvertraglichen Gewährleistungsfristen
des alten Rechts und dehnt sie auf alle Verjährungsfristen aus.[6]

Hinzu treten die besonderen Vorschriften, die jeweils spezifische Schutzbedürfnisse erfüllen und deshalb **4**
die Vertragsfreiheit im Verjährungsrecht **einschränken** (→ Rn. 61 ff.).

1 S. bspw. BGH VersR 2001, 1052 (1053); NJW 1988,
1259 (1260); NJW 1984, 189 (190).

2 S. *Brandner* in: Ulmer/Brandner/Hensen/Schmidt
AGB-Gesetz, 9. Aufl. 2001, § 9 Rn. 158; Wolf/Horn/
Lindacher/*Wolf* AGB-Gesetz, 4. Aufl. 1999, § 9
Rn. 74.

3 Vgl. BGHZ 108, 164, 168; 101, 353, 354 f. sowie
Staudinger/*Peters* (2001) BGB § 225 aF Rn. 21.

4 *Zimmermann/Leenen/Mansel/Ernst* JZ 2001, 684
(698) (Fn. 173); s. noch BT-Drs. 14/6487, S. 7, 43.

5 Zum Normzweck und seiner Rechtfertigung s. zB
Harke in Remien, Verjährungsrecht in Europa,
S. 107, 114 ff. mwN.

6 BT-Drs. 14/6040, S. 110.

5 Die starke **Erweiterung der Vertragsfreiheit** bei Verjährungsabreden wurde infolge der Vereinheitlichung der Verjährungsfristen erforderlich, um der Vertragspraxis die Möglichkeit zu eröffnen, sachgerechte Regelungen für einzelne Vertragstypen zu finden.[7] Die Neuregelung deckt sich im Kern mit den Vorschlägen der ökonomischen Analyse des Rechts.[8] Sie entspricht den **Bedürfnissen der Praxis**,[9] die unter Geltung des alten Rechts erfolgreich versucht hat, das Verbot der Verjährungsverlängerung gem. § 225 S. 1 aF zu umgehen.[10] Die Rechtsprechung hat dieses Parteiinteresse anerkannt und im alten Recht zwischen unzulässigen unmittelbaren und zulässigen mittelbaren Verjährungserschwerungen unterschieden. Zulässig waren beispielsweise die Stundung, Vereinbarungen, welche die Fälligkeit des Anspruchs und damit den Verjährungsbeginn hinausschoben, oder das sog. „pactum de non petendo".[11] Diese **Hilfskonstruktionen** können nach der Verjährungsrechtsreform 2002 durch unmittelbar die Verjährung betreffende Abreden ersetzt werden. Die Zulässigkeit verjährungserschwerender Vereinbarungen dient auch der Rechtsklarheit, da hierdurch Umgehungsvereinbarungen überflüssig werden, die den Eintritt der Verjährung nur mittelbar erschweren.[12]

III. Europäische Grundregeln, Draft Common Frame of Reference

6 § 202 deckt sich im Kern mit Art. 14:601 der Europäischen Grundregeln des Vertragsrechts und Art. III.-7:601 DCFR (zu diesen → Vor §§ 194–218 Rn. 20 ff.). Nach dem genannten Artikel sind **Verjährungsvereinbarungen**, insb. Verkürzungen und Verlängerungen der Verjährungsfrist, **zulässig**. Doch ist eine Verkürzung auf weniger als ein Jahr und eine Verlängerung auf mehr als dreißig Jahre – gerechnet ab dem regulären Verjährungsbeginn nach Art. 14:203 der Grundregeln (dazu → § 199 Rn. 5) – unwirksam. Die **Höchstgrenze** entspricht Abs. 2. Zur **Mindestgrenze** → Rn. 20.

B. Regelungsgehalt

I. Verjährungsrechtliche Vertragsfreiheit

7 **1. Grundsatz.** § 202 setzt die Gewährleistung der Vertragsfreiheit im Verjährungsrecht als **selbstverständlich** voraus.[13] Danach sind vertragliche Vereinbarungen, die Fragen der Anspruchsverjährung zum Inhalt haben, grundsätzlich zulässig. Die Vorschrift formuliert diesen Grundsatz nicht, sondern regelt allein die Grenzen der Vertragsfreiheit. Soweit § 202 Abreden eines bestimmten Inhalts verbietet, ist § 202 ein Verbotsgesetz.[14] Daher ist eine Abrede, die gegen § 202 verstößt, nach § 134 nichtig.[15] An ihre Stelle tritt – falls bei Individualvereinbarungen keine interessengerechte Aufrechterhaltung der Abrede in reduzierter Form möglich sein sollte[16] – die gesetzliche Regelung der §§ 194 ff. und der einschlägigen besonderen Verjährungsregeln.[17]

8 **2. Zeitpunkt und Form.** Verjährungsvereinbarungen sind **nicht** an einen **bestimmten Zeitpunkt** gebunden. Die allgemeine Vertragsfreiheit gestattet es, sowohl vor Entstehung des Anspruchs eine noch nicht laufende als auch nachträglich eine bereits laufende Verjährungsfrist (und andere Verjährungsregeln) zu verändern.[18]

9 Verjährungsabreden nach § 202 unterliegen grundsätzlich **keiner besonderen Formvorschrift**.[19] Das ist sachgerecht, werden doch insbesondere Verjährungsverlängerungen häufig bei mündlichen Verhandlungen vereinbart. Die im Streitfall beweisbelastete Partei hat daher in eigenem Interesse für die beweiserleichternde Dokumentation zu sorgen.

10 **3. Sachliche Regelungsgegenstände.** Gegenstand einer Verjährungsvereinbarung können – in den sogleich aufzuzeigenden Grenzen (→ Rn. 13 ff.) – **alle Regelungsfragen der §§ 194** ff. sein, also nicht nur

---

7   S. *Mansel* S. 333, 399.

8   S. vor allem *Kötz* FS Medicus, S. 283, insb. 294 ff.; *Eidenmüller* JZ 2001, 283 (284 f.); krit. *Bydlinski* S. 381, 385 Fn. 27.

9   BT-Drs. 14/6040, S. 110.

10   Sehr krit. zur Stärkung der Privatautonomie im Bereich des Verjährungsrechts Staudinger/*Peters*/*Jacoby* BGB § 202 Rn. 2–3.

11   S. den Überblick über diese Rechtsprechung bei Staudinger/*Peters* (2001) BGB § 225 aF Rn. 7–10.

12   BT-Drs. 14/6040, S. 110.

13   BT-Drs. 14/6040, S. 110 f.; BT-Drs. 14/6487, S. 7, 43; MüKoBGB/*Grothe* § 202 Rn. 2.

14   MüKoBGB/*Grothe* § 202 Rn. 3; aA BeckOGK/*Piekenbrock* § 202 Rn. 23.

15   MüKoBGB/*Grothe* § 202 Rn. 3; Erman/*Schmidt-Räntsch* BGB § 202 Rn. 11.

16   S. OLG Köln NJW-RR 2001, 1302 f. zur Reduktion eines umfassenden individualvertraglichen Haftungsausschlusses auf das zulässige Maß.

17   BGH NJW 1988, 1259 (1260).

18   BT-Drs. 14/6040, S. 110.

19   MüKo/BGB*Grothe* § 202 Rn. 5; BeckOK BGB/*Henrich* § 202 Rn. 8; BeckOGK/*Piekenbrock* BGB § 202 Rn. 8; Erman/*Schmidt-Räntsch* BGB § 202 Rn. 3; aA Staudinger/*Peters*/*Jacoby* BGB § 202 Rn. 6 und Palandt/*Ellenberger* BGB § 202 Rn. 5 für den Fall, dass für den betroffenen Anspruch – wie in § 766 oder in § 311 b – Formzwang besteht.

die Länge der Verjährungsfrist, sondern insbesondere auch der Verjährungsbeginn, die Verjährungshemmung, die Ablaufhemmung, der Verjährungsneubeginn oder ein Verjährungsverzicht.[20]

§ 202 steht im Grundsatz (beachte die in der Kommentierung dargestellten Grenzen) ebenso wenig wie **11** § 225 aF der Wirksamkeit **mittelbarer Verjährungsregelungen** wie zB verjährungsorientierten Fälligkeitsvereinbarungen, Garantievereinbarungen etc entgegen, s. näher oben → Rn. 5. Allerdings können solche mittelbaren Verjährungsregelungen, die im alten Recht allein dazu dienten, das Verbot der Verjährungserschwerung des § 225 S. 1 aF zu umgehen, heute durch direkte parteiautonome Verjährungserschwerungen gem. § 202 ersetzt werden. Zur übergangsrechtlichen Problematik s. noch → Rn. 66 ff.

4. Anwendung auf konkurrierende Ansprüche. Konkurrieren mehrere Ansprüche, so ist es eine **Ausle-** **12** **gungsfrage**, ob die rechtsgeschäftliche Erleichterung oder Erschwerung der für einen Anspruch geltenden Verjährung sich auch auf konkurrierende oder alternativ an deren Stelle tretende Ansprüche bezieht.[21] Zumeist wird das zu bejahen sein, denn in der Regel beabsichtigen die Parteien eine einheitliche Regelung bezogen auf alle Ansprüche.[22]

II. Grenzen der Vertragsfreiheit

1. Ausgangslage. § 202 stellt Grenzen der Vertragsfreiheit für vereinbarte Verjährungserleichterungen **13** (Abs. 1, → Rn. 16 ff.) und -erschwerungen (Abs. 2, → Rn. 36 ff.) auf. Die Begriffe sind weit zu verstehen und erfassen nicht nur Verkürzungen oder Verlängerungen der Verjährungsfrist, sondern alle Vereinbarungen, aus denen, wenn sich der Tatbestand der Abrede erfüllen sollte, ein früherer (Erleichterung) oder späterer (Erschwerung) Verjährungseintritt folgen würde als jener, der sich aus der Anwendung der gesetzlichen Bestimmungen ergibt. Ob der Tatbestand sich im konkreten Fall erfüllen wird, ist unbeachtlich. Auch Veränderungen bei den Hemmungs- oder Neubeginntatbeständen (§§ 203 ff.) oder dem Verjährungsbeginn etc können einen anderen Ablauf der Verjährungsfrist bewirken.[23] S. näher (für die Erschwerung) → Rn. 42.

2. Unverjährbarkeit eines Anspruchs. Ansprüche sind nur bei ausdrücklicher gesetzlicher Anordnung **14** unverjährbar (s. etwa §§ 194 Abs. 2, 758, 898, 902, 924, 2042 Abs. 2). Die gesetzliche Anordnung der Unverjährbarkeit eines Anspruchs ist die Ausnahme. Sie ist **zwingendes Recht**. Der betreffende Anspruch kann daher nicht durch Parteivereinbarung der Verjährung unterworfen werden.[24] Eine anders lautende Abrede ist nach § 134 nichtig.

Ist die Unverjährbarkeit nicht durch Gesetz angeordnet, dann ist ein Anspruch **verjährbar** (→ § 194 **15** Rn. 27). Er kann nicht durch eine Parteiabrede als unverjährbar eingestuft werden. Das würde der zwingenden Regelung des Abs. 2 widersprechen, nach der die Verjährung durch Rechtsgeschäft nicht über eine Verjährungsfrist von dreißig Jahren ab dem gesetzlichen Verjährungsbeginn hinaus erschwert werden kann. Vereinbarungen, die anderes vorsehen, sind nach § 134 nichtig, → Rn. 38.

3. Verjährungserleichterungen. a) Vorsatzhaftung (Abs. 1). Abs. 1 bestimmt, dass die Verjährung bei **16** Haftung wegen Vorsatzes **nicht im Voraus**, also vor Anspruchsentstehung, durch Rechtsgeschäft **erleichtert** werden kann. Wenn gem. § 276 Abs. 3 selbst die Haftung wegen Vorsatzes dem Schuldner nicht im Voraus erlassen werden kann, muss auch der Weg verschlossen sein, die Wertungsaussage des § 276 Abs. 3 durch verjährungserleichternde Vereinbarungen auszuhöhlen.[25] Die Rechtsprechung hatte im Rahmen des § 276 Abs. 2 aF, der § 276 Abs. 3 entspricht, Abkürzungen der Verjährungsfrist zugelassen.[26] Der Gesetzgeber des SchuldRModG 2002 ist dem entgegengetreten; in Abs. 1 wurde klargestellt, dass entsprechende Abreden, wenn sie vor der Anspruchsentstehung getroffen werden, unzulässig und damit gem. § 134 nichtig sind.[27]

20 S. die Beispiele bei Palandt/*Ellenberger* BGB § 202 Rn. 4.

21 BT-Drs. 14/6040, S. 110 f.

22 BT-Drs. 14/6040, S. 110 f.

23 So auch Soergel/*Niedenführ* BGB § 202 Rn. 6; MüKoBGB/*Grothe* § 202 Rn. 6; BeckOK BGB/*Henrich* § 202 Rn. 3; Erman/*Schmidt-Räntsch* BGB § 202 Rn. 4. Enger allerdings Staudinger/*Peters/Jacoby* BGB § 202 Rn. 13, die die Tatbestände der §§ 203–206, 210–212 im Kern als zwingend ansehen.

24 BT-Drs. 14/6040, S. 110, 111; Soergel/*Niedenführ* BGB § 202 Rn. 5; Staudinger/*Peters/Jacoby* BGB § 202 Rn. 11; MüKoBGB/*Grothe* § 202 Rn. 6.

25 BT-Drs. 14/6040, S. 110 f.; s. auch LAG MV BeckRS 2017, 146648 Rn. 51 (§ 276 Abs. 3 entfaltet erst durch § 202 Abs. 1 seine volle Wirksamkeit).

26 Vgl. zB BGH NJW 1984, 1750 (Verkürzung von Gewährleistungsfristen); NJW-RR 1991, 35 (Abkürzung der Verjährungsfrist in Handelsvertreterverträgen).

27 S. auch BAG NJW 2013, 3741 (3742) zur Anwendbarkeit des Abs. 1 auf Ausschlussfristen.

17 Zulässig ist hingegen die **nachträglich**, also nach Anspruchsentstehung, vereinbarte Verjährungserleichterung bei Haftung wegen eines vorsätzlichen Verhaltens. Dies ergibt sich aus dem klaren Wortlaut des Abs. 1 („im Voraus").[28]

18 Mit **Vorsatz** iSd § 200 Abs. 1 ist jede Form des Vorsatzes im Sinne des § 276 Abs. 1 gemeint.

19 Die Regelung des Abs. 1 unterscheidet sich von dem als Modell dienenden § 276 Abs. 3 insofern, als § 202 Abs. 1 die vorherige Verjährungserleichterung bei jeder Vorsatzhaftung verbietet, während § 276 Abs. 3 in Verbindung mit § 278 S. 2 nur die vorherige Haftungsfreizeichnung wegen **Vorsatzes des Schuldners** untersagt. Aus § 278 S. 2 folgt, dass der Schuldner die Haftung wegen Vorsatzes des **gesetzlichen Vertreters** und des **Erfüllungsgehilfen** (individualvertraglich) im Voraus ausschließen kann, da sich das Freizeichnungsverbot nur auf den Schuldnervorsatz bezieht. Nun stellt die Verjährungsverkürzung eine Haftungsbeschränkung dar (→ Rn. 52). Es wäre nicht sachgerecht, für den Ausschluss der Vorsatzhaftung einerseits und die Verjährungserleichterung andererseits unterschiedliche Maßstäbe heranzuziehen. Daher wäre es sinnwidrig, wenn zwar die Haftung für nach § 278 zurechenbaren Drittvorsatz gem. §§ 278 S. 2, 276 Abs. 3 ausgeschlossen werden könnte, nicht aber eine Verkürzung der Verjährungsfrist oder Ähnliches nach § 202 Abs. 1 vereinbart werden könnte. Deshalb sind die §§ 278 S. 2, 202 Abs. 1 dahingehend auszulegen, dass bei der Zurechnung von Drittvorsatz nach § 278 S. 1 weder § 276 Abs. 3 noch § 202 Abs. 1 Anwendung finden (zur formularmäßigen Freizeichnung → Rn. 53). Die Verjährung der Ansprüche gegen den Schuldner wegen Vorsatzes seines Erfüllungsgehilfen oder gesetzlichen Vertreters sollte somit auch im Voraus – in den allgemeinen Grenzen – rechtsgeschäftlich erleichtert werden können.[29] Die parallele Auslegung des § 202 Abs. 1 und des § 276 Abs. 3 entspricht der Intention des Gesetzgebers.[30]

20 **b) Keine allgemeine gesetzliche Mindestfrist.** Der Gesetzgeber hat in § 202 bewusst keine allgemeine Mindestverjährungsdauer vorgesehen. Der Sinn einer Mindestfrist wäre es sicherzustellen, dass dem Gläubiger stets eine angemessene Zeit zur Verfügung steht, um zur Vermeidung des Verjährungseintritts Rechtsverfolgungsmaßnahmen zu ergreifen. Dem Gesetzgeber schien es aber unmöglich, eine angemessene absolute Mindestfrist festzulegen.[31]

Etwas anderes gilt im Bereich des Verbrauchsgüterkauf- und Reiserechts (§§ 476 Abs. 2, 478 Abs. 2, 651 y).

21 **c) Leitlinien für Parteivereinbarungen. aa) Angemessenheitskontrolle.** Grenze der Verjährungsverkürzung ist damit – neben Abs. 1 und den besonderen Vorschriften (→ Rn. 61 ff.) – allein die Inhaltskontrolle der Vereinbarung (→ Rn. 47 ff., 60). Dabei ist zu beachten, dass – aus der Sicht des Gesetzgebers – die gesetzlichen Verjährungsfristen grundsätzlich angemessen sind,[32] insbesondere im Hinblick auf den Gläubigerschutz. Dies hat Bedeutung für die Inhaltskontrolle.

22 Unter der Geltung des **früheren Rechts** hat die Rechtsprechung über § 9 AGBG aF (= § 307) und über § 242 (außerhalb des Anwendungsbereichs des AGBG) in vielen Einzelfällen Verjährungserleichterungen kontrolliert und Klauseln die Wirksamkeit versagt, die im Ergebnis die Verjährungsfrist unangemessen abkürzten. Die Rechtsprechung geht von einer solchen im Rahmen der Generalklausel des § 307 zu prüfenden Unangemessenheit aus, wenn die Klausel bewirkt, dass die Durchsetzung etwaiger Ersatzansprüche weitgehend verhindert würde.[33] Unangemessene Verjährungsfristklauseln sind nach § 307 unwirksam. Ob bei Unanwendbarkeit des § 307 entsprechend der Rechtsprechung zum alten Recht (vgl. dazu → Rn. 2) eine Inhaltskontrolle nach § 242 durchzuführen ist, oder ob Individualvereinbarungen allein am Maßstab des § 138 zu prüfen sind, ist streitig.[34]

23 Die **geltungserhaltende Reduktion** einer Klausel auf eine angemessene Mindestfrist findet im Rahmen des § 307 **nicht** statt (→ Rn. 59).[35]

Außerhalb des Anwendungsbereichs der §§ 307 ff. ist zu prüfen, ob im Wege der **ergänzenden Vertragsauslegung** (ggf. unter Einbeziehung der §§ 139, 140) die Aufrechterhaltung der Abrede interessengerecht

---

28   Vgl. MüKoBGB/*Grothe* § 202 Rn. 7; BeckOGK/*Piekenbrock* BGB § 202 Rn. 20; Palandt/*Ellenberger* BGB § 202 Rn. 8. Einschr. Staudinger/*Peters/Jacoby* BGB § 202 Rn. 12 (Gläubiger muss die Vorsätzlichkeit der Schädigung erkannt haben).

29   Zu der entsprechenden Problematik bei arbeitsvertraglichen Ausschlussfristen s. LAG MV BeckRS 2015, 73174 Rn. 43 f. (bejahend für Erfüllungsgehilfen).

30   BT-Drs. 14/6040, S. 110.

31   Gegenäußerung der Bundesregierung, BT-Drs. 14/6487, S. 43. Vgl. auch MüKoBGB/*Grothe* § 202 Rn. 2.

32   Ebenso: *Menges* ZGS 2010, 457 (459) mwN.

33   Zum früheren Recht s. etwa BGH NJW-RR 1988, 559 (561).

34   Für die Anwendbarkeit von § 242 auf Verjährungsvereinbarungen *Mansel/Budzikiewicz* § 6 Rn. 46 ff.; *Krämer* ZAP 2004, Fach 2, 413, 414; dagegen jurisPK-BGB/*Lakkis* § 202 Rn. 38 ff.; *dies.* AcP 203 (2003), 763, 771; krit. auch Staudinger/*Peters/Jacoby* BGB § 202 Rn. 3, die nur § 138 anwenden wollen. Zur Inhaltskontrolle s. Jauernig/*Mansel* BGB § 242 Rn. 15.

35   S. dazu auch OLG Stuttgart ZVertriebsR 2020, 108 (112); IHR 2016, 246 (247): Keine geltungserhaltende Reduktion bei Verstoß gegen § 202 Abs. 1.

mit einem zulässigen (reduzierten) Inhalt möglich ist.[36] Dabei wird aber auch hier ohne besondere Anhaltspunkte keine Reduktion der Verjährungsfrist auf die gerade noch zulässige Frist erfolgen können, sondern eine im Ganzen für beide Seiten interessengerechte und angemessene Regelung (§§ 133, 157, 242) zu suchen sein.[37]

Den gesetzlichen Verjährungsfristen kommt eine **Ordnungs- und Leitbildfunktion** zu,[38] weshalb der durch den Gesetzgeber mit den Verjährungsnormen gefundene Interessenausgleich von Gläubiger und Schuldner grundsätzlich als angemessen im Sinne des § 307 (bzw. des § 242, → Rn. 22) zu erachten ist. Daran sind die parteiautonomen Verjährungsregeln zu messen.[39] Zu bedenken ist dabei, dass spezielle Regelungen für den Verbrauchsgüterkauf nicht als allgemeines Leitbild der Inhaltskontrolle taugen.   **24**

Bei der Prüfung der Angemessenheit sind zwei gegenläufige Argumentationsstränge zu beachten: **25**

– Zum einen wurde mit der Verjährungsrechtsreform 2002 die wegen § 307 Abs. 2 Nr. 1 besonders zu beachtende **Leitbildfunktion** der gesetzlichen Fristen **gestärkt**, da sich der Gesetzgeber im SchuldR-ModG um die Festsetzung angemessener Fristen bemühte und dies eine wesentliche Triebfeder der Verjährungsrechtsreform war. Das gilt jedenfalls für die im BGB neu geregelten Verjährungsfristen.[40]
– Zum anderen hat der Gesetzgeber zahlreiche besondere Vorschriften aufgehoben und insoweit die Regelverjährung eingreifen lassen. Gleichzeitig hat er die **Parteiautonomie** im Verjährungsrecht durch die Ausnahmevorschrift des § 202 erweitert, um den Parteien zu ermöglichen, auf ihren speziellen Fall passende Verjährungsregeln zu vereinbaren.

Im Folgenden werden die maßgeblichen Differenzierungskriterien dargestellt.

bb) Regelverjährung: Veränderungen der §§ 195, 199. Im Hinblick auf die vorstehenden Abwägungsmaximen (→ Rn. 25) ergibt sich für Abreden zur Verkürzung der Regelverjährung das folgende Bild: Die Dreijahresfrist des § 195 ist zwar relativ kurz; zugleich ist der Fristbeginn aber kenntnisabhängig. Die Maximalfristen (§ 199 Abs. 2–4) von zehn und dreißig Jahren sind vergleichsweise lang. Verjährungserleichterungen werden hier in der Praxis weniger durch eine Verkürzung der dreijährigen Regelverjährung gesucht werden, sondern stärker durch die **Vereinbarung eines objektiven Verjährungsbeginns** (zB mit Fälligkeit des Anspruchs) und durch eine **Abkürzung der Maximalfristen**. Die Ermittlung der Angemessenheit iSd §§ 307 und 242 (zur Angemessenheit in einzelnen Fällen s. im Folgenden) insoweit vereinbarter Verjährungserleichterungen bedarf der genauen Interessenanalyse im Einzelfall.[41] Es gilt die Regel, dass dem Gläubiger eine **reelle Chance** bleiben muss, seinen Anspruch vor Ablauf der Verjährungsfrist durchzusetzen.[42] Die Vorhersage, wie sich die Rechtsprechung in diesem Bereich weiter entwickeln wird, ist mit großen Unsicherheiten belastet. Das bedeutet für die Praxis eine erhöhte Vorsicht bei der Vereinbarung von Verjährungserleichterungen. Folgende Überlegungen können angestellt werden: **26**

Es steht zu erwarten, dass eine **Verkürzung der Regelverjährungsfrist** bei kenntnisabhängigem Verjährungsbeginn grundsätzlich als angemessen angesehen wird, da (und soweit) der Gläubiger hier stets noch die Möglichkeit der Anspruchsverfolgung hat. Lediglich seine Überlegungsfrist (→ § 199 Rn. 7) verkürzt sich.[43] Welche Überlegungsfrist noch als angemessen anzusehen ist, hängt von der Art und Komplexität des Anspruchs ab.   **27**

Spürbare Verkürzungen der Verjährungsfrist bei gleichzeitiger Vereinbarung eines **objektiven Verjährungsbeginns** mit der Anspruchsentstehung dürften dagegen nur dann als noch angemessen anzusehen sein, wenn Ansprüchen in Rede stehen, deren Entstehung dem Gläubiger typischerweise bekannt ist (insbeson-   **28**

---

36 So auch Erman/*Schmidt-Räntsch* BGB § 202 Rn. 11; vgl. ferner OLG Stuttgart IHR 2016, 246 (247) zu einem Verstoß gegen § 202 Abs. 1 (Maßgeblichkeit des hypothetischen Parteiwillens). S. dazu auch in allg. Zusammenhang OLG Köln NJW-RR 2001, 1302 (Reduktion eines unzulässigen umfassenden individualvertraglichen Haftungsausschlusses auf einen zulässigen Inhalt). Für die Zulässigkeit einer geltungserhaltenden Reduktion bei § 475 Abs. 3 aF (jetzt § 476 Abs. 3) *Deckenbrock/Dötsch* ZGS 2004, 62.

37 *Mansel/Budzikiewicz* § 6 Rn. 31.

38 Vgl. Palandt/*Ellenberger* BGB § 202 Rn. 13; BeckOGK/*Piekenbrock* BGB § 202 Rn. 29; *Krämer* ZAP 2004, Fach 2, 413, 414; s. auch BGH NJW 2015, 2571 (2572); NJW 2017, 3707 (3709).

39 Dazu – allerdings im Hinblick auf Fristverlängerungen – BGH NJW 2017, 3707 (3708 f.) (Unwirksam-

keit der Verlängerung der Verjährungsfrist in Miet-AGB); NJW 2015, 2571 (2572) (Wirksamkeit der Verlängerung der Verjährungsfrist für Bürgschaftsansprüche in Bank-AGB); vgl. zum alten Recht auch BGH NJW 1990, 2065 (2066) mit zahlr. Nachw.

40 Vgl. auch BGH NJW 2015, 2571 (2572): Regelverjährungsfrist des § 195 gehört zu den wesentlichen Grundgedanken des Verjährungsrechts iSd § 307 Abs. 2 Nr. 1.

41 Vgl. BGH NJW 2015, 2571 (2572) (zur Verjährung von Bürgschaftsansprüchen der Bank): Veränderungen der §§ 195, 199 sind nicht gem. § 307 Abs. 1 unwirksam, wenn die Verjährungsfrist von drei (§ 195) auf fünf Jahre verlängert und ein objektiver Verjährungsbeginn (Fälligkeit) vereinbart werden; krit. dazu *Peters* NJW 2015, 2573.

42 Staudinger/*Peters/Jacoby* BGB § 202 Rn. 14.

43 Zust. Erman/*Schmidt-Räntsch* BGB § 202 Rn. 13.

dere also bei vertraglichen Primäransprüchen).[44] Auch hier bleibt ihm – allerdings nur im Regelfall – eine realistische Möglichkeit der Rechtsverfolgung. Entscheidend ist, ob für die Abweichung von dem gesetzlichen Verjährungsleitbild ein sachlicher Grund besteht.[45]

29 Bei anderen Ansprüchen, insbesondere **Schadensersatzansprüchen**, die der Regelverjährung unterliegen, dürfte hingegen regelmäßig von der Unangemessenheit der Vereinbarung eines objektiven Verjährungsbeginns auszugehen sein, weil ein objektiver Verjährungsbeginn den Verjährungseintritt vor Eintritt der Fälligkeit des Anspruchs herbeiführen kann. Das ist zB der Fall, wenn vereinbart wird, dass die Verjährung aller konkurrierenden Schadensersatzansprüche mit dem Tag des Vertragsabschlusses beginnt. Das gesetzgeberische Leitbild des § 199 Abs. 1 will diese Verkürzung der Gläubigerrechte gerade vermeiden. Anderes kann gelten, wenn vereinbart wird, dass Schadensersatzansprüche, soweit mit ihnen erst nach Ablauf der parteiautonom verkürzten Verjährungsfrist auftretende **Folgeschäden** geltend gemacht werden sollen, den gesetzlichen Verjährungsregeln (einschließlich des Grundsatzes der Schadenseinheit, → § 199 Rn. 25) unterliegen. Alle vorhersehbaren Folgeschäden würden dann so verjähren, wie sie bei Geltung der §§ 195, 199 verjährten.[46]

30 Die frühere Rechtsprechung zur Verkürzung der dreißigjährigen Regelverjährungsfrist des § 195 aF, die auch stärkere Fristverkürzungen erlaubte,[47] dürfte im Kern weitergeführt werden, soweit es vereinbarte Abkürzungen der objektiv beginnenden (→ § 199 Rn. 84) **Verjährungshöchstfristen** des § 199 Abs. 2–4 betrifft. Eine deutliche Absenkung der zehnjährigen Verjährungshöchstfrist des § 199 Abs. 4 und Abs. 3 Nr. 1 in Allgemeinen Geschäftsbedingungen, die der Kontrolle des § 307 unterliegen, wird aber kaum als wirksam angesehen werden können, sofern nicht spezielle Interessen beider Seiten diese Abweichung rechtfertigen.[48]

31 **cc) Verkürzung besonderer Verjährungsfristen.** Im Anwendungsbereich des § 309 Nr. 8 Buchst. b) Doppelbuchst. ff.) ist eine in **Allgemeinen Geschäftsbedingungen** verabredete Erleichterung der Verjährung von Ansprüchen gegen den Verwender wegen eines Mangels in den Fällen des § 438 Abs. 1 Nr. 2 und des § 634a Abs. 1 Nr. 2 unwirksam. Gleiches gilt in den sonstigen Fällen der §§ 438, 634a für AGB-Klauseln, durch die eine weniger als ein Jahr betragende Verjährungsfrist ab dem gesetzlichen Verjährungsbeginn erreicht wird. Für Verträge, in die Teil B der Vergabe- und Vertragsordnung für Bauleistungen (VOB/B) insgesamt einbezogen ist, gelten die danach vorgesehenen Verjährungsregeln ohne Inhaltskontrolle nach § 309 Nr. 8 Buchst. b) Doppelbuchst. ff.); s. dazu → Rn. 48 ff.

32 Soweit eine **Inhaltskontrolle** von Verjährungsabreden allein anhand von § 307 oder von § 242 (→ Rn. 22) vorzunehmen ist, ist im Grundsatz davon auszugehen, dass Verjährungserleichterungen, die nach § 309 Nr. 8 Buchst. b) Doppelbuchst. ff.) wirksam wären, auch außerhalb des Anwendungsbereichs als angemessen einzustufen sind, wenn nicht im Einzelfall besondere Vertragsumstände eine andere Interessenabwägung verlangen. Das bedeutet: Verjährungserleichterungen, die für Ansprüche aus § 438 Abs. 1 Nr. 1 und Nr. 3 sowie für Ansprüche aus § 634a Abs. 1 Nr. 1 und Nr. 3 gelten, sind regelmäßig als angemessen und damit wirksam zu erachten, wenn durch sie keine geringere als eine ein Jahr betragende Verjährungsfrist ab dem gesetzlichen Verjährungsbeginn erreicht wird.

33 Davon abgesehen steht zu erwarten, dass Erleichterungen der Verjährung nach besonderen Verjährungsnormen – sei es durch eine Fristenverkürzung, indirekt über einen veränderten Fristbeginn oder auf andere Weise – im Rahmen der Inhaltskontrolle nach § 307 (bzw. nach § 242, → Rn. 22) als **unangemessen** angesehen werden, wenn sie sich **ohne sachlichen Grund** weit von der gesetzlichen Verjährungsfrist und dem entsprechenden Verjährungsbeginn entfernen.

34 Ob hiervon eine **Ausnahme** insbesondere für die zweijährige kaufrechtliche Gewährleistungsfrist des § 438 Abs. 1 Nr. 3 zu gelten hat, ist offen; dazu, dass bei Verjährungsabreden in Allgemeinen Geschäftsbedingungen § 309 Nr. 8 Buchst. b) Doppelbuchst. ff.) zu beachten ist, s. die Ausführungen in → Rn. 31. Der Gesetzgeber weist für die kaufrechtliche Gewährleistungsfrist des § 438 Abs. 1 Nr. 3, die an die Stelle der wesentlich kürzeren Frist des § 477 Abs. 1 aF getreten ist, ausdrücklich darauf hin, dass gem. § 202 Abs. 1 grundsätzlich eine Verkürzung durch Rechtsgeschäft, ausgenommen bei Haftung wegen Vorsatzes, möglich sei.[49] Durch diese Verkürzungsmöglichkeit soll die Belastung der Verkäufer durch die Vervierfachung der Sechsmonatsfrist des § 477 aF ausgeglichen werden.

35 Daher kann bei entsprechender Interessenlage im Einzelfall eine **Verkürzung** (außerhalb des Geltungsbereichs des § 309 Nr. 7, → Rn. 52, und natürlich außerhalb des Geltungsbereichs des § 476 Abs. 2 für den

44　Enger Staudinger/*Peters/Jacoby* BGB § 202 Rn. 15, die jedenfalls im Anwendungsbereich der §§ 305 ff. einen Verstoß gegen § 307 Abs. 2 Nr. 1 annehmen.
45　Ebenso: *Menges* ZGS 2010, 457 (459).
46　So auch Erman/*Schmidt-Räntsch* BGB § 202 Rn. 13.

47　S. die Nachw. bei Staudinger/*Peters* (2001), BGB § 225 aF Rn. 19 ff., 14 ff.
48　Vgl. dazu BGH NJW 2015, 2571 (2572) (Bürgschaftsansprüche der Bank: Verkürzung der Frist des § 199 Abs. 4 auf fünf Jahre).
49　BT-Drs. 14/6040, S. 229.

Verbrauchsgüterkauf,[50] → Rn. 62) der **zweijährigen Gewährleistungsfrist** des § 438 Abs. 1 Nr. 3 auf eine Verjährungsfrist von jedenfalls **einem Jahr** bereits im Hinblick auf die Wertung des § 309 Nr. 8 Buchst. b) Doppelbuchst. ff.) als angemessen iSd § 307[51] bzw. als angemessen im Sinne der Inhaltskontrolle nach § 242 (→ Rn. 22) angesehen werden. Vorauszusetzen ist hierfür jedoch, dass sich die Fristverkürzung ausdrücklich nicht auf deliktische Parallelansprüche (bei Weiterfresserschäden → § 195 Rn. 70) und nicht auf sonstige, nicht mangelbezogene Schadensersatzansprüche bezieht, denn für diese galt nach altem Recht die Frist des § 477 aF nicht.[52] Ob auch eine weitergehende Verkürzung auf **sechs Monate** – eine Frist, die immerhin dem bis 2002 geltenden Recht entsprach – noch zulässig ist, ist streitig.[53]

4. Verjährungserschwerungen. a) Grundsatz der Vertragsfreiheit. Aus Abs. 2 folgt indirekt, dass **36** alle anderen als die dort genannten Verjährungserschwerungen (zum Begriff → Rn. 13) nach dem Grundsatz der verjährungsrechtlichen Vertragsfreiheit – vorbehaltlich besonderer Regelungen (→ Rn. 61 ff.) und der Inhaltskontrolle (→ Rn. 47 ff.) – **zulässig** und damit wirksam sind.[54] In der Praxis besteht vielfach das Bedürfnis, verjährungsverlängernde Regelungen zu treffen.[55]

b) Zeitliche Obergrenze (Abs. 2). Nach Abs. 2 kann die Verjährungsfrist durch eine Vereinbarung nicht **37** über eine dreißigjährige Frist ab dem gesetzlichen Verjährungsbeginn hinaus erschwert werden. Dabei **setzt** Abs. 2 allerdings die **Verjährbarkeit** des Anspruchs **voraus.** Die Norm gilt daher **nicht** für **Dauerschuldverhältnisse** (dazu → § 194 Rn. 3 f.) Vor diesem Hintergrund ist die Vereinbarung eines **selbstständigen Garantievertrags** mit einer Laufzeit **von 40 Jahren** möglich. Der Garantievertrag unterliegt als Dauerschuldverhältnis während seiner Laufzeit – anders als die einzelnen aus der Garantie erwachsenden Ansprüche – nicht der Verjährung.[56] Abs. 2 spricht nicht von dem Verbot, Verjährungsfristen, die länger als dreißig Jahre sind, zu vereinbaren, sondern formuliert weiter und ergebnisorientiert ein Verbot der Verjährungserschwerung über eine dreißigjährige Frist hinaus. Daher erfasst die Vorschrift **alle Formen der Verjährungserschwerung** (zB vertraglich vereinbarte Hemmungs-, Ablaufhemmungs- oder Neubeginntatbestände), die einen späteren Verjährungseintritt als dreißig Jahre nach dem gesetzlichen Verjährungsbeginn (zum gesetzlichen Verjährungsbeginn s. §§ 199, 200, 201 und die besonderen Regeln des Verjährungsbeginns, s. dazu die Aufzählung in → § 199 Rn. 14, 31 ff.) zur Folge haben würden, wenn sich ihr Tatbestand erfüllen sollte.[57] Ob er sich im konkreten Fall erfüllen wird, ist unbeachtlich, denn die Angemessenheitskontrolle stellt auf den Zweck der Vereinbarung ab, nicht aber darauf, ob er sich im konkreten Einzelfall auch verwirklichen wird. Dieses Verständnis ergibt sich auch aus der Gesetzesbegründung: Vereinbarungen sind danach „nur noch dann unzulässig, wenn sie zu einer 30 Jahre übersteigenden Verjährungsfrist ab dem gesetzlichen Verjährungsbeginn führen. Ansonsten sind verjährungserschwerende Vereinbarungen entsprechend der allgemeinen Vertragsfreiheit grundsätzlich zulässig."[58]

Vereinbarungen, durch die die Verjährung über eine Verjährungsfrist von dreißig Jahren ab dem gesetzlichen Verjährungsbeginn hinaus erschwert wird, sind gem. § 134 iVm § 202 Abs. 2 **nichtig.**[59] **38**

Im Falle der Nichtigkeit treten an die Stelle der Abrede die Vorschriften der §§ 194 ff. und der einschlägigen **39** besonderen Verjährungsregeln. Außerhalb des Anwendungsbereichs der §§ 307 ff. ist zu prüfen, ob die nichtige Abrede nicht mit dem **auf das zulässige Maß** einer Verjährungsfrist von dreißig Jahren reduzierten Inhalt aufrechterhalten werden kann (zur Reduktion auf das zulässige Maß → Rn. 23). Das hängt von dem (hypothetischen) Parteiwillen ab. Kann **keine Reduktion** erfolgen, dann ist es im Regelfall treuwidrig (§ 242), wenn sich der Schuldner während des Zeitraums von dreißig Jahren ab gesetzlich vorgesehenem Verjährungsbeginn auf den Verjährungseintritt beruft, obgleich die Parteien eine dreißig Jahre übersteigende Verjährungsfrist vereinbart hatten und die Vereinbarung einer dreißigjährigen Verjährungsfrist wirksam gewesen wäre.

---

50 S. BGH NJW 2007, 674 (676).

51 Siehe nur Palandt/*Ellenberger* BGB § 202 Rn. 15.

52 So auch die hM zum neuen Recht, vgl. nur Staudinger/*Peters/Jacoby* BGB § 195 Rn. 41 und die Nachw. bei § 195 Rn. 68 ff.

53 Befürwortend noch AnwK/*Mansel/Stürner* BGB 2005, § 202 Rn. 31; NK-BGB/*Kollmann* § 309 Rn. 194; aA *Lakkis* AcP 203 (2003), 763, 774; *Menges* ZGS 2010, 457 (462).

54 S. BT-Drs. 14/6040, S. 110 f.

55 S. zu Forfaitierungsverträgen *Graf von Westphalen* WM 2001, 1837 (1842).

56 Vgl. BGH NJW 2008, 2995 mAnm *Grothe* LMK 2008, 269604.

57 So auch Soergel/*Niedenführ* BGB § 202 Rn. 12; MüKoBGB/*Grothe* § 202 Rn. 11; BeckOGK/*Pieken-*

brock BGB § 202 Rn. 21; Erman/*Schmidt-Räntsch* BGB § 202 Rn. 10; Palandt/*Ellenberger* BGB § 202 Rn. 9, der jedoch eine Vereinbarung dann als gültig ansieht, wenn die Parteien bei Vertragsschluss davon ausgehen können, dass die Obergrenze von 30 Jahren nicht überschritten wird. AA Staudinger/*Peters/Jacoby* BGB § 202 Rn. 20: zeitliche Schranke gilt nur für die Verjährungsfrist als solche.

58 BT-Drs. 14/6040, S. 110.

59 So auch MüKoBGB/*Grothe* § 202 Rn. 11; Erman/*Schmidt-Räntsch* BGB § 202 Rn. 11; BeckOK BGB/*Henrich* § 202 Rn. 11; iE auch BeckOGK/*Piekenbrock* BGB § 202 Rn. 23 (Verstoß gegen zwingendes Gesetzesrecht). AA Staudinger/*Peters/Jacoby* BGB § 202 Rn. 20, die stets § 139 anwenden wollen.

40 In allen **anderen Fällen** als dem des Abs. 2 sind Verjährungserschwerungen jeder Art – vorbehaltlich der einschlägigen besonderen Vorschriften (→ Rn. 61 ff.) und der Inhaltskontrolle (→ Rn. 47 ff.) wirksam.

41 Daher sind im Rahmen des Abs. 2 auch verjährungserschwerende **Musterprozessvereinbarungen** möglich, wonach die Parteien vereinbaren, dass die Verjährung bis zum Abschluss des Musterprozesses gehemmt ist (vgl. hierzu auch die neue Hemmungsregelung in § 204 Abs. 1 Nr. 1 a).[60] Diese Möglichkeit steht auch in allen anderen Fällen zur Verfügung, in denen die Parteien Zweifel haben, ob die Hemmung wegen des Vorliegens eines triftigen Grundes fortdauert.[61]

42 Probleme ergeben sich bei Abreden, die einen zur Zeit der Vereinbarung noch unbestimmten, von einem **künftigen ungewissen Ereignis** abhängigen Verjährungsbeginn vorsehen. Es ist offen, ob bei ihrer Überprüfung am Maßstab des Abs. 2 auf den konkreten Eintritt des Verjährungsbeginns zu warten ist oder ob über die Nichtigkeit aus der Sicht ex ante (im Zeitpunkt der Vereinbarung) geurteilt werden muss. Entsprechende Fragen stellen sich, wenn ein zwar bestimmter, aber nicht mit dem noch unbestimmten – weil zB von einem Schadenseintritt abhängigen (s. beispielsweise zu § 199 Abs. 1 Nr. 1 → § 199 Rn. 18 ff.) – gesetzlichen Verjährungsbeginn übereinstimmender Verjährungsbeginn verabredet wird. In beiden Fällen ist eine ex ante-Beurteilung oftmals nicht möglich. Daher ist bei unbestimmtem Verjährungsbeginn für die Beurteilung, ob die Obergrenze des Abs. 2 von dreißig Jahren überschritten wird, auf die Sachlage abzustellen, die sich nach dem Eintritt des ungewissen Verjährungsbeginns ergibt. Es hat damit eine ex post-Betrachtung zu erfolgen.[62] In den beiden genannten Konstellationen kann sich mithin erst lange Zeit nach dem Zeitpunkt der Vereinbarung die Nichtigkeit der Abrede nach §§ 202 Abs. 2, 134 herausstellen, sofern nicht außerhalb des Anwendungsbereichs der §§ 307 ff. eine geltungserhaltende Reduktion erfolgen kann (s. zur Reduzierung auf das zulässige Maß → Rn. 23). Es ist in den genannten Situationen zu empfehlen, die Obergrenze des Abs. 2 in die Verjährungsabrede mit aufzunehmen.

43 **c) Verjährungsverzicht.** Ein einseitiger Verjährungsverzicht ist der Verzicht auf die Erhebung der Einrede der Verjährung. Der Verjährungsverzicht kann ausdrücklich oder auch **konkludent** erklärt werden; es gelten die allgemeinen Auslegungsregeln (§ 133).[63] So kann das Anerkenntnis einer verjährten Forderung, das nicht den Formerfordernissen des § 781 entspricht, als Verjährungsverzicht angesehen werden.[64] Ebenso kann in der Abgabe eines Anerkenntnisses iSd § 212 Abs. 1 Nr. 1 ein Verjährungsverzicht liegen, → § 212 Rn. 30, 33.

44 Wird der Verjährungsverzicht **nach Verjährungseintritt** erklärt, so war er schon nach altem Recht grundsätzlich wirksam.[65] Er ist auch nach gegenwärtigem Recht im Rahmen des Abs. 2 zulässig.[66] Die Regelung des § 202 gilt nicht nur für den vertraglich vereinbarten, sondern auch für den einseitigen Verjährungsverzicht. Auch er erfolgt durch ein Rechtsgeschäft.[67] Unerheblich ist, ob der Schuldner bei Abgabe seiner Erklärung Kenntnis vom Ablauf der Verjährungsfrist hat oder dies zumindest für möglich hält,[68] da eine Erschwerung des Verjährungsablaufs nach Abs. 2 möglich ist.[69]

45 Wurde der Verzicht **vor Verjährungseintritt** erklärt, so war er nach altem Recht wegen § 225 S. 1 aF nichtig. Allerdings hatte der unwirksame Verzicht nach Treu und Glauben (§ 242) zur Folge, dass die Erhebung der Verjährungseinrede eine unzulässige Rechtsausübung darstellte, wenn und solange der Schuldner bei dem Gläubiger den Eindruck aufrechterhielt, er werde sich nicht auf den Verjährungseintritt berufen. Sobald er zu erkennen gab, sich nicht mehr an die (unwirksame) Abrede halten und die Verjährung einwenden zu wollen, musste der Gläubiger innerhalb angemessener Frist, regelmäßig eines Monats, Klage erheben,

---

60 Vgl. Soergel/*Niedenführ* BGB § 205 Rn. 10; Staudinger/*Peters*/*Jacoby* BGB § 202 Rn. 21 und § 203 Rn. 13; *Lakkis* AcP 203 (2003), 763, 765.

61 BT-Drs. 14/6887, S. 45.

62 So auch *Lakkis* AcP 203 (2003), 763, 768 f.

63 *Lakkis* ZGS 2003, 423 (424 f.); s. zur Auslegung der Verzichtserklärung auch BGH NJW 2014, 2267 (2268); OVG Bln-Bbg BeckRS 2018, 34061.

64 BGH DB 1974, 2005; Soergel/*Niedenführ* BGB § 202 Rn. 14; Palandt/*Ellenberger* § 202 Rn. 7.

65 BGH NJW 1973, 1690 (1691); VersR 2001, 1052 (1054); zu den Voraussetzungen OLGR Celle 2006, 122.

66 Vgl. MüKoBGB/*Grothe* § 202 Rn. 13; Erman/*Schmidt-Räntsch* BGB § 202 Rn. 15; *Lakkis* ZGS 2003, 423 (424).

67 *Mansel/Budzikiewicz* § 6 Rn. 12; s. auch Palandt/*Ellenberger* BGB § 202 Rn. 3, 7.

68 So die frühere Rspr., vgl. BGHZ 83, 382, 389; BGH NJW 1997, 516 (518) und OLG Düsseldorf GI 2004, 45 (noch zum alten Recht).

69 Erman/*Schmidt-Räntsch* BGB § 202 Rn. 15; Palandt/*Ellenberger* BGB § 202 Rn. 7 (allerdings nur bei ausdrücklich erklärtem Verzicht); aA BGH NJW 2015, 351 (354) mN zum alten Recht; Soergel/*Niedenführ* BGB § 202 Rn. 14; BeckOK BGB/*Henrich* § 202 Rn. 7 (immer Kenntnis erforderlich); vgl. auch OVG Bln-Bbg BeckRS 2018, 34061 (eindeutige Willenserklärung erforderlich).

damit der Verjährungseinwand des Schuldners nicht durchgreifen konnte.[70] Nach gegenwärtigem Recht ist der Verzicht vor Verjährungseintritt als eine Verjährungserschwerung in den hier aufgezeigten Grenzen (→ Rn. 37 ff., 40 ff.) wirksam.[71] Der Schuldner braucht den Zeitpunkt des Verjährungseintritts hierbei nicht zu kennen.[72]

Ein Verjährungsverzicht führt **nicht zur Unverjährbarkeit** des Anspruchs, denn insoweit besteht keine **46** Dispositionsmacht der Parteien (→ Rn. 15).[73] Welche Wirkung der Verzichtserklärung beizumessen ist, ist durch Auslegung zu ermitteln.[74] Erklärt der Schuldner einen **befristeten Verjährungsverzicht**, so beeinflusst dies nach der Rechtsprechung des BGH den Verjährungseintritt nicht (zu einer möglichen Verjährungshemmung nach § 203 s. aber → § 203 Rn. 31); der Schuldner verliert lediglich für den genannten Zeitraum die Befugnis, die Einrede der Verjährung zu erheben.[75] Ein **ohne zeitliche Einschränkung** ausgesprochener Verzicht auf die Verjährungseinrede ist nach BGH regelmäßig dahin auszulegen, dass er auf die dreißigjährige Maximalfrist des § 202 Abs. 2 begrenzt sein soll.[76] Dieser Ansatz der Rechtsprechung ist jedoch nicht unbestritten. Nach anderer Ansicht soll ein unbefristeter Verjährungsverzicht grundsätzlich zu einem Neubeginn der für den betreffenden Anspruch einschlägigen Verjährungsfrist führen, wobei aber die zeitliche Grenze des § 202 Abs. 2 zu beachten ist.[77] Hierfür spricht, dass (mangels gegenteiliger Anhaltspunkte) nicht anzunehmen ist, dass der Schuldner mit der Erklärung eines Verjährungsverzichts weiterreichende Rechtsfolgen auslösen möchte, als sie mit der Abgabe eines Anerkenntnisses iSd § 212 Abs. 1 Nr. 1 verbunden sind.

5. Inhaltskontrolle. a) Allgemeine Geschäftsbedingungen. Einschlägig sind neben § 307 **47** (→ Rn. 55 ff.) auch § 309 Nr. 8 Buchst. b) Doppelbuchst. ff.) und ee) (→ Rn. 48 ff.) und § 309 Nr. 7 Buchst. a) und b) sowie § 309 Nr. 8 Buchst. a) (→ Rn. 52 ff.). Im Folgenden werden lediglich einige Grundzüge skizziert; s. näher die Kommentierung der §§ 307, 309.

aa) Zeitliche Grenzen des § 309 Nr. 8 Buchst. b) Doppelbuchst. ff.). Die Regelung des § 309 Nr. 8 **48** Buchst. b) Doppelbuchst. ff.) (s. bereits → Rn. 31 ff.) sieht vor, dass für die Verjährung von Ansprüchen wegen der Mängel neu hergestellter Sachen[78] im Kaufrecht und wegen Werkleistungen[79] eine **einjährige Mindestverjährungsfrist** einzuhalten ist. Eine Verkürzung der Verjährungsfrist für die genannten Ansprüche auf weniger als ein Jahr ab dem gesetzlichen Verjährungsbeginn ist durch Allgemeine Geschäftsbedingungen damit nicht möglich.

Die **fünfjährige** kauf- und werkvertragliche **Verjährungsfrist** für Ansprüche wegen **Bau- und Baustoff- 48a mängeln** gem. §§ 438 Abs. 1 Nr. 2, 634a Abs. 1 Nr. 2 kann durch Allgemeine Geschäftsbedingungen nicht geändert werden. Nach § 309 Nr. 8 Buchst. b) Doppelbuchst. ff.) ist jegliche Bestimmung unwirksam, durch welche die Verjährung erleichtert wird. Eine solche unzulässige Erleichterung stellt auch die Vorverlegung des Verjährungsbeginns dar.[80]

Neben die Beschränkung der Verjährungserleichterungen durch § 309 Nr. 8 Buchst. b) Doppelbuchst. ff.) **48b** tritt davon unabhängig beim Verbrauchsgüterkauf zusätzlich die Regelung der Mindestgewährleistungsfristen durch § 476 Abs. 2 (→ Rn. 62). Die Norm gilt gleichermaßen für Individualvereinbarungen wie für solche in Allgemeinen Geschäftsbedingungen.[81]

Keine Anwendung findet § 309 auf Allgemeine Geschäftsbedingungen, die gegenüber **Unternehmern** oder **49** der öffentlichen Hand verwendet werden (§ 310 Abs. 1 S. 1). Nach § 310 Abs. 1 S. 2 findet jedoch § 307 Abs. 1 und 2 (→ Rn. 55) in den Fällen des § 310 Abs. 1 S. 1 auch insoweit Anwendung, als dies zur Unwirksamkeit der in § 309 genannten Vertragsbestimmungen führt. Dem Klauselverbot des § 309 Nr. 8 Buchst. b) Doppelbuchst. ff.) kommt im Rahmen des § 307 Indizwirkung für die Unwirksamkeit entspre-

70 BGH NJW 1998, 902 (903); NJW 1991, 974 (975); NJW 1986, 1861. So auch für das neue Recht Staudinger/*Peters/Jacoby* BGB § 202 Rn. 5 auf der Grundlage der freien Widerrufbarkeit eines einseitigen Verjährungsverzichts und ihm folgend *Lakkis* ZGS 2003, 423 (426). Geht man aber richtigerweise von der bindenden Wirkung des Verzichts aus, so ist ein Rekurs auf § 242 unnötig; so auch MüKoBGB/ *Grothe* § 202 Rn. 15.
71 S. BGH NJW 2009, 1598 (1600) mN.
72 Erman/*Schmidt-Räntsch* BGB § 202 Rn. 15.
73 OLG Brandenburg NJW-RR 2005, 871; OLG Koblenz NJW-RR 2015, 950.
74 BGH WM 2007, 2230.
75 BGH NJW 2009, 1598 (1600); NJW 2014, 2267 (2268); NJW 2016, 1171 (1174); s. dagegen BeckOGK/*Piekenbrock* BGB § 202 Rn. 13: Ein

befristeter Verjährungsverzicht führt zur Hemmung der Verjährung.
76 BGH WM 2007, 2230; ebenso OLG Koblenz NJW-RR 2015, 950; OLG Karlsruhe ZIP 2008, 1343 (1345); LG Stendal FamRZ 2007, 585 (586); s. auch *Lakkis* ZGS 2003, 423 (426); MüKoBGB/*Grothe* § 202 Rn. 13 sowie Palandt/*Ellenberger* BGB § 202 Rn. 7.
77 *Mansel/Budzikiewicz* § 6 Rn. 14; Erman/*Schmidt-Räntsch* BGB § 202 Rn. 15; Windorfer NJW 2015, 3329 (3330); s. auch OLG Brandenburg NJW-RR 2005, 871 f.
78 Dazu, welche Verträge dieses Kriterium erfüllen, s. etwa MüKoBGB/*Wurmnest* § 309 Nr. 8 Rn. 14–20.
79 S. dazu MüKoBGB/*Wurmnest* § 309 Nr. 8 Rn. 21.
80 BGH NJW 2017, 265 (266) mwN.
81 BeckOGK/*Augenhofer* BGB § 476 Rn. 1, 22.

chender Bestimmungen zu; dies gilt etwa für eine Verjährungserleichterung bezüglich bauwerksbezogener Leistungen in den Allgemeinen Geschäftsbedingungen eines Ingenieurs.[82] Keine Inhaltskontrolle nach § 307 Abs. 1 und 2 erfolgt jedoch unter den Voraussetzungen des § 310 Abs. 1 S. 3 im Hinblick auf einzelne Bestimmungen der **VOB/B**, sofern diese gegenüber einem Unternehmer oder der öffentlichen Hand verwendet werden. Dies schließt auch die **Verjährungsregeln der VOB/B** ein.[83] Die Kontrollfreiheit setzt allerdings voraus, dass die VOB/B ohne inhaltliche Abweichung insgesamt einbezogen ist.[84]

50   Auch nach § 309 zulässige Verjährungserleichterungen dürfen den Vertragspartner nicht unangemessen benachteiligen. Sie sind deshalb zusätzlich an **§ 307** zu messen. Dies gilt insb. bei einer Verkürzung der in § 438 Abs. 1 Nr. 1 statuierten dreißigjährigen Verjährungsfrist. Eine Verjährungsverkürzung auf die in § 309 Nr. 8 Buchst. b) Doppelbuchst. ff.) aufgeführte einjährige Mindestfrist dürfte hier regelmäßig eine unangemessene Benachteiligung darstellen.[85]

51   § 309 Nr. 8 Buchst. b) **Doppelbuchst. ee)** sieht vor, dass eine Klausel, durch die der Verwender dem anderen Vertragsteil für die Anzeige nicht offensichtlicher Mängel eine Ausschlussfrist setzt, die kürzer ist als die nach § 309 Nr. 8 Buchst. b) Doppelbuchst. ff.) zulässige Frist, unwirksam ist. Das Verbot gilt lediglich für Ausschlussfristen bei nicht offensichtlichen Mängeln. Ausschlussfristen wegen offensichtlicher Mängel können auch kürzer sein;[86] s. dazu näher → § 309 Rn. 177 f.

52   **bb) Inhaltliche Grenze des § 309 Nr. 7, Nr. 8 Buchst. a) bei verschuldeten Pflichtverletzungen.** Die formularmäßige Verkürzung der Verjährungsfristen jedes verschuldensabhängigen Schadensersatzanspruchs ist auch an den Klauselverboten des § 309 Nr. 7 Buchst. a) und b) zu messen. Die Norm regelt die Unwirksamkeit von haftungsausschließenden oder -begrenzenden Klauseln in Allgemeinen Geschäftsbedingungen. Da die Verkürzung von Verjährungsfristen und andere Formen der Verjährungserleichterung (→ Rn. 16 ff.) ebenfalls eine **Haftungsbeschränkung bzw. -begrenzung** darstellt,[87] ist die Vorschrift auch auf formularmäßige Verjährungserleichterungen anzuwenden.

52a   Zu der Bedeutung des § 309 Nr. 7 für die Kontrolle Allgemeiner Geschäftsbedingungen, die gegenüber **Unternehmern** oder der öffentlichen Hand verwendet werden, → Rn. 49.

53   Nach § 309 Nr. 7 Buchst a) ist ein formularmäßiger Ausschluss oder eine Begrenzung der Haftung unwirksam für Schäden aus der **Verletzung des Lebens**, des **Körpers** oder der **Gesundheit**, die auf einer fahrlässigen Pflichtverletzung des Verwenders oder einer vorsätzlichen oder fahrlässigen Pflichtverletzung eines gesetzlichen Vertreters oder Erfüllungsgehilfen des Verwenders beruhen. Dasselbe gilt nach § 307 Nr. 7 Buchst. b) für **sonstige Schäden**, die auf einer grob fahrlässigen Pflichtverletzung des Verwenders oder auf einer vorsätzlichen oder grob fahrlässigen Pflichtverletzung eines gesetzlichen Vertreters oder Erfüllungsgehilfen des Verwenders beruhen.

54   Für Beförderungs-, Lotterie- und Ausspielverträge macht § 309 Nr. 7 genau geregelte **Ausnahmen**.

54a   Bei **vorsätzlichen Pflichtverletzungen des Verwenders** gilt das Verbot des Haftungsausschlusses gem. § 276 Abs. 3. Für den vorsätzlich handelnden **Erfüllungsgehilfen** oder gesetzlichen Vertreter ist dagegen auf § 309 Nr. 7 und a abzustellen. Ohnedies ergibt sich die Unzulässigkeit von Verjährungserleichterungen im Voraus bei Vorsatzhaftung des Schuldners bereits aus § 202 Abs. 1 (→ Rn. 16 ff.).[88]

54b   Den Klauselverboten des § 309 Nr. 7 Buchst. a) und b) kommt erhöhte Bedeutung zu, weil der **gewährleistungsrechtliche Schadensersatzanspruch** wegen Mängeln sowohl im Werkvertragsrecht (§ 634 Nr. 4) als auch im Kaufrecht (§ 437 Nr. 3) verschuldensabhängig ist. Dies ist bei der Formulierung von Verjährungsabreden zu beachten. Die formularmäßige Verjährungserleichterung darf nicht für die in § 309 Nr. 7 Buchst. a) und b) sowie Nr. 8 Buchst. a) geregelten Tatbestände gelten. Eine Verjährungsverkürzung auf ein Jahr, die nach § 309 Nr. 8 Buchst. b) Doppelbuchst. ff.) zulässig wäre, ist danach unwirksam, soweit die in § 309 Nr. 7 genannten Ansprüche nicht ausdrücklich ausgenommen sind.[89]

55   **cc) Generalklausel des § 307.** Verjährungsabreden sind auch an der Generalklausel des § 307 zu messen. S. näher bereits – am Beispiel der Verjährungserleichterungen (Frage der Mindestverjährungsfrist) – → Rn. 22 ff. Formularmäßig vereinbarte Verjährungserschwerungen sind unangemessen und damit gem. § 307 unwirksam, wenn der Verwender seinem Vertragspartner – etwa in Einkaufsbedingungen des Käu-

---

82   BGH NJW 2017, 265 (266) mwN.
83   BeckOGK/*Piekenbrock* BGB § 202 Rn. 27; MüKo-BGB/*Wurmnest* § 309 Nr. 8 Rn. 81.
84   S. dazu NK-BGB/*Krollmann* § 310 Rn. 16.
85   BT-Drs. 14/6040, S. 159.
86   BT-Drs. 14/6040, S. 159.
87   BT-Drs. 14/6040, S. 159; BGH NZG 2016, 31 (33) mwN; ebenso *Leenen* JZ 2001, 552 (557); *Dauner-Lieb* DStR 2001, 1572 (1576); MüKoBGB/*Grothe*

§ 202 Rn. 10. AA *Schimmel/Buhlmann* ZGS 2002, 109 (114).
88   S. zu dem Klauselverbot des § 309 Nr. 7 MüKoBGB/*Becker* § 309 Nr. 7 Rn. 7 ff.; MüKoBGB/*Wurmnest* § 309 Nr. 7 Rn. 21 f., 37.
89   Vgl. BGHZ 170, 31 in Bezug auf die Klausel „Die Gewährleistungsrechte des Käufers verjähren innerhalb von 12 Monaten nach Gefahrübergang"; dazu *Menges* ZGS 2010, 457 (459). S. auch BGH NJW 2013, 2584 (2585).

fers – Verjährungsfristen von solcher Länge setzt, dass seinem Vertragspartner die Abwehr unbegründeter Ansprüche des Verwenders unzumutbar erschwert wird, weil er in Beweisnöte geraten kann und zudem auf übermäßig lange Zeit zu Rückstellungen gezwungen wird, um eventuelle Gewährleistungsansprüche erfüllen zu können.[90]

Verjährungsabreden (Erschwerungen und Erleichterungen, zum Begriff → Rn. 13) sind als **angemessen** **56** iSd § 307 anzusehen, wenn die Veränderung der gesetzlichen Verjährungsordnung durch ein besonderes Interesse der durch die Abrede begünstigten Partei gerechtfertigt ist und dieses Interesse das der Gegenseite an der Geltung der gesetzlichen Regelung übersteigt.[91] Hier können produktspezifische Eigenheiten – wie zB Verjährungsverlängerungen bei komplizierten technischen Geräten oder Anlagen –, Eigenheiten des Waren- und Leistungsvertriebs und der jeweiligen Vertriebsstufe, Erfordernisse längerfristiger Lagerhaltung und der Umstand eine Rolle spielen, dass etwa eine Warenüberprüfung vor dem Weiterverkauf nicht möglich ist und der Verwender erst durch Reklamationen seiner Kunden von Mängeln erfährt.[92] Eine Unangemessenheit der Klausel liegt regelmäßig nicht vor, wenn die durch die Verjährungsverlängerung erzielte Begünstigung durch Vorteile des Vertragspartners ausgeglichen wird.[93]

Die formularmäßige Verlängerung der Verjährungsfrist für **Grundschuldzinsen** über die Frist des §§ 195, **57** 199 hinaus ist **regelmäßig unangemessen** und daher unwirksam (§ 307). Sie widerspricht den berechtigten Interessen des Schuldners und der nachrangigen Gläubiger. Das gilt jedenfalls, wenn die Grundschuldzinsen – wie heute üblich – 15 % und mehr[94] betragen. Denn dadurch verdoppelt sich der Sicherungsumfang der Grundschuld in weniger als sieben Jahren. Das unablässige Anschwellen des Sicherungsumfangs widerspricht der Intention des Gesetzgebers, der durch die Geltung der §§ 195, 199 ein übermäßiges Ansammeln von Zinsrückständen vermeiden will. Diese gesetzgeberische Wertung liegt auch § 197 Abs. 2 und § 216 Abs. 3 zugrunde. Zudem führte das Anwachsen der Zinsbeträge zu dem aufgezeigten stetig wachsenden Sicherungsumfang der Grundschuld.[95] Das benachteiligte die nachrangigen Grundpfandgläubiger.

Aus den gleichen Gründen hatte der Bundesgerichtshof[96] im Jahre 1999 unter Aufgabe seiner früheren **58** Rechtsprechung entschieden, die Verjährung von Zinsen aus einer Sicherungsgrundschuld (**Grundschuldzinsen**) sei nicht in entsprechender Anwendung des § 202 Abs. 1 aF bis zum Eintritt des Sicherungsfalls gehemmt. Der Gesetzgeber geht zu Recht davon aus, dass diese Rechtsprechung unter Geltung des § 205, der an die Stelle des § 202 aF getreten ist, fortgesetzt werden kann (→ § 205 Rn. 13).[97]

dd) Keine geltungserhaltende Reduktion. Sollten Verjährungsabreden wegen Verstoßes gegen die **59** §§ 307 ff. unwirksam sein, so ist – wie unter altem Recht[98] – keine geltungserhaltende Reduktion unwirksamer Vertragsklauseln auf einen noch zulässigen Regelungsgehalt vorzunehmen. Mit einer Änderung der Rechtsprechung ist nicht zu rechnen.[99] Zudem wurde das **Transparenzgebot**, welches eine geltungserhal-

---

90 Vgl. zum früheren Recht BGH NJW 1990, 2065 (2066): Im Hinblick auf die damalige rechtspolitische Diskussion um die Reform des Verjährungsrechts und vor dem Hintergrund der damals geltenden – rechtspolitisch bereits erschütterten – Sechsmonatsfrist des § 477 aF erachtete der BGH Verjährungsfristen bis zu zwei Jahren ab Lieferung für "noch hinnehmbar". Nach der Verjährungsrechtsreform 2002 dürfte aufgrund des Leitbilds in § 438 Abs. 1 Nr. 3 nun auch eine formularmäßige Verlängerung auf drei Jahre noch angemessen sein, vgl. BGH NJW 2006, 47; MüKoBGB/*Grothe* § 202 Rn. 12.

91 Vgl. dazu etwa OLG Köln NZBau 2017, 82: formularmäßige Verlängerung der Verjährungsfrist für werkvertragliche Gewährleistungsansprüche bei Fassadenarbeiten auf 123 Monate ist nicht wegen unangemessener Benachteiligung des Bauunternehmers unwirksam.

92 Zum Vorstehenden (auf der Grundlage des alten Rechts) und mit zahlreichen weiterführenden Nachweisen BGH NJW 1990, 2065 (2066).

93 BGH WM 2015, 1232 Rn. 18 mwN für die formularmäßige Verlängerung der Verjährung für eine Bürgschaftsforderung auf fünf Jahre bei gleichzeitiger Verkürzung der kenntnisunabhängigen Höchstfrist. S. dagegen BGH NJW 2017, 3707 (3709 f.) (formularmäßige Verlängerung der sechsmonatigen Verjäh-

rungsfrist des § 548 Abs. 1 S. 1 auf zwölf Monate ist unangemessen; die entsprechende Klausel in Miet-AGB ist nach § 307 Abs. 1 S. 1, Abs. 2 unwirksam); AG Dortmund BeckRS 2017, 101697 (formularmäßige Verlängerung der Verjährungsfrist des § 548 auf ein Jahr bei Automietvertrag ist unangemessen; bestätigt durch LG Dortmund BeckRS 2017, 131116).

94 S. die Hinweise bei MüKoBGB/*Lieder* § 1191 Rn. 56; *Kesseler* NJW 2017, 2442 (2443).

95 In anderem Zusammenhang krit. gegenüber diese Argumentationslinien *Peters* JZ 2001, 1017 (1018 f.).

96 BGH NJW 1999, 3705 (3707); krit. zur Begründung *Peters* JZ 2001, 1017 (1021), der selbst von einem Verstoß der gängigen, in der Praxis verwendeten Klauseln zur Regelung der Grundschuldzinsen gegen das Transparenzgebot und damit gegen § 9 AGBG aF (s. jetzt § 307 Abs. 1 S. 2) ausgeht.

97 BT-Drs. 14/6040, S. 118; BT-Drs. 14/6487, S. 9, 45; vgl. auch BGH NJW 2017, 2469 (2471). Krit. hierzu *Lakkis* AcP 203 (2003), 763, 777–783.

98 St. Rspr., s. BGH NJW 1990, 2065 (2066); NJW 2000, 1110 (1113).

99 S. etwa OLG Stuttgart IHR 2016, 246 (247): Keine geltungserhaltende Reduktion bei Verstoß gegen § 202 Abs. 1.

tende Reduktion deutlich erschwert, nun ausdrücklich in § 307 Abs. 1 S. 2 aufgenommen.[100] Damit hat der Gesetzgeber zwar keine inhaltliche Stärkung, sondern lediglich eine Klarstellung des ohnehin von der Rechtsprechung stringent angewandten Transparenzgebots bezweckt;[101] dennoch dürfte die ausdrückliche Verankerung im Gesetz dem Gebot größeres Gewicht zukommen lassen.

60   **b) Vereinbarungen außerhalb des Anwendungsbereichs der §§ 307 ff., insbesondere Individualvereinbarungen.** Wird eine Verjährungsabrede in einer Individualabrede getroffen oder in Allgemeinen Geschäftsbedingungen, für welche die §§ 307 ff. nicht gelten, kann eine Inhaltskontrolle gem. § 242 erfolgen, s. bereits → Rn. 22. Zu beachten ist die Anwendbarkeit der §§ 307 ff. auf Individualabreden mit Verbrauchern (§ 13) gem. § 310 Abs. 3.

III. Erleichterungen oder Erschwerungen der Verjährung nach besonderen Vorschriften

61   Eine Reihe von besonderen Vorschriften sehen Beschränkungen der vertraglichen Erleichterungen oder Erschwerungen der Verjährung vor.

62   **1. Verbrauchsgüterkauf: § 476 Abs. 2, 3.** S. näher bei § 476. Beim Verbrauchsgüterkauf (§ 474) kann gem. § 476 Abs. 2 (§ 475 Abs. 2 aF) die Verjährung der in § 437 bezeichneten Ansprüche vor Mitteilung eines Mangels an den Unternehmer nicht durch Rechtsgeschäft erleichtert werden, wenn die Vereinbarung zu einer Verjährungsfrist ab dem gesetzlichen Verjährungsbeginn von weniger als zwei Jahren, bei gebrauchten Sachen von weniger als einem Jahr führt.[102] Das gilt unbeschadet der §§ 307–309 nicht für den Ausschluss oder die Beschränkung des Anspruchs auf Schadensersatz.[103]

63   **2. Rückgriff des Verkäufers: § 478 Abs. 2.** S. näher bei §§ 478, 445 b. Beim Verbrauchsgüterkauf kann der Verkäufer einer Sache (Unternehmer), der von dem Käufer wegen der Mangelhaftigkeit der Kaufsache in Anspruch genommen wird, Rückgriffsansprüche nach §§ 437 und 445 a Abs. 1 gegen seinen Lieferanten in der Lieferkette haben. § 445 b trifft verjährungsrechtliche Regelungen dazu. Auf eine vor Mitteilung eines Mangels an den Lieferanten getroffene Vereinbarung, die zum Nachteil des Unternehmers von § 445 b abweicht, kann sich der Lieferant gem. § 478 Abs. 2 S. 1 nicht berufen, wenn dem Rückgriffsgläubiger kein gleichwertiger Ausgleich eingeräumt wird. Das gilt unbeschadet des § 307 nicht für den Ausschluss oder die Beschränkung des Anspruchs auf Schadensersatz (§ 478 Abs. 2 S. 2). Diese Regelungen finden auf die Ansprüche des Lieferanten und der übrigen Käufer in der Lieferkette gegen die jeweiligen Verkäufer entsprechende Anwendung, wenn die Schuldner Unternehmer sind (§ 478 Abs. 3).

64   **3. Pauschalreisevertrag: § 651 y.** S. näher bei § 651 y. Die §§ 651 a ff. sind mit Wirkung vom 1.7.2018 reformiert worden. Die Verjährung von Ansprüchen des Reisenden bei Reisemängeln ist nunmehr in § 651 j geregelt. Die Verjährungsfrist für die in § 651 i Abs. 3 bezeichneten Ansprüche des Reisenden beträgt danach (wie unter altem Recht; § 651 g Abs. 2 aF) zwei Jahre ab dem vertraglich vorgesehenen Ende der Pauschalreise. § 651 y S. 1 bestimmt nunmehr, dass von den Vorschriften der §§ 651 a ff. nicht zum Nachteil des Reisenden abgewichen werden darf. Anders als nach altem Recht (§ 651 m S. 2 aF) ist eine verjährungserleichternde Abrede damit nicht mehr zulässig.

65   **4. Fracht-, Speditions-, Lagergeschäft: §§ 439 Abs. 4, 463, 475 a HGB.** Nach § 439 Abs. 4 HGB kann die Verjährung von Schadensersatzansprüchen wegen Verlusts oder Beschädigung des Gutes oder wegen Überschreitung der Lieferfrist nur durch eine Vereinbarung, die im Einzelnen ausgehandelt ist, auch wenn sie für eine Mehrzahl von gleichartigen Verträgen zwischen denselben Vertragsparteien getroffen ist, erleichtert oder erschwert werden. Diese Regelung gilt infolge der Verweisungen in den §§ 463, 475 a HGB auf § 439 HGB auch für die Verjährung von Ansprüchen aus einem Speditions- oder Lagergeschäft. § 439

---

100 Anwendungsfall: BGH MDR 2015, 645 Rn. 18. Im Fall war die formularmäßige Verjährungsverkürzung von Schadensersatzansprüchen auf ein Jahr – jedenfalls unter Anwendung des § 305 c Abs. 2 – unwirksam, weil für den Käufer unklar blieb, ob er mit einem Schadensersatzanspruch wegen der Verletzung der Pflicht zur Nacherfüllung bereits nach einem Jahr oder erst nach Ablauf der gesetzlichen Verjährungsfrist von zwei Jahren ausgeschlossen ist: Nach den AGB sollte einerseits die vereinbarte Verjährungsverkürzung nicht für Schadensersatzansprüche gelten, andererseits aber sollten Ansprüche wegen Sachmängeln, also auch der Anspruch auf Nacherfüllung, nach Ablauf eines Jahres ab Ablieferung der Kaufsache verjähren.

101 BT-Drs. 14/6040, S. 153; s. noch BT-Drs. 14/7052, S. 188. Vgl. auch MüKoBGB/*Wurmnest* § 307 Rn. 22.

102 Die Regelung ist insoweit unionsrechtswidrig, als sie eine Verkürzung der Verjährungsfrist auf ein Jahr erlaubt: Dies folgt aus EuGH Urt. v. 13.7.2016 – C-133/16, BeckRS 2017, 116664, wonach eine Regelung, die eine Verjährungsverkürzung auf weniger als zwei Jahre zulässt, mit der Verbrauchsgüterkaufrichtlinie unvereinbar ist; s. zu den Folgen für die Anwendbarkeit des § 476 Abs. 2 BeckOGK/*Augenhofer* BGB § 476 Rn. 67; MüKoBGB/*S. Lorenz* § 476 Rn. 27.

103 Für die Zulässigkeit einer geltungserhaltenden Reduktion bei § 475 Abs. 3 aF (jetzt § 476 Abs. 3) *Deckenbrock/Dötsch* ZGS 2004, 62.

Abs. 4 HGB wurde erstaunlicherweise[104] durch das SchuldRModG nicht an die durch § 202 erreichte Erweiterung der Vertragsfreiheit im Verjährungsrecht angepasst. § 439 Abs. 4 HGB (ggf. in Verbindung mit §§ 463, 475 a HGB) ist *lex specialis* zu § 202.[105] Daher sind Verjährungsabreden (Erleichterungen oder Erschwerungen der Verjährung) im Fracht-, Speditions- und Lagergeschäft nach dem HGB nur durch Individualvereinbarungen möglich, nicht aber durch Allgemeine Geschäftsbedingungen.

C. Weitere praktische Hinweise

Hatten die Parteien **unter Anwendung des alten Rechts zulässige** mittelbare Verjährungserschwerungen verabredet, so sind sie auch nach neuem Recht grundsätzlich – im Rahmen der Inhaltskontrolle der Vertragsabreden und der im Einzelfall eingreifenden spezielleren Regelungen (→ Rn. 61 ff.) – wirksam. **66**

Wurden mittelbare Verjährungsabreden nach altem Recht getroffen, ist aber nach Art. 229 § 6 EGBGB das neue Verjährungsrecht auf die betroffenen Ansprüche anzuwenden (→ EGBGB Art. 229 § 6 Rn. 56), so bleiben die unter Geltung des alten Rechts geschlossenen Vertragsabreden grundsätzlich wirksam. Sie sind weiterhin so auszulegen, dass sie den Zweck, den sie nach altem Recht verfolgten, auch nach neuem Recht erreichen.[106] **67**

Dies kann dazu führen, dass **nach altem Recht unwirksame** Klauseln wie vertragliche Fristverlängerungen mit Wirkung zum 1.1.2002 geheilt wurden. Der umgekehrte Zusammenhang gilt jedoch nicht: Unter der Geltung des alten Rechts zulässige vertragliche Verjährungserleichterungen bei Haftung wegen Vorsatzes sind nun nicht automatisch unwirksam; insoweit gilt Vertrauensschutz (ausführlich → EGBGB Art. 229 § 6 Rn. 50 ff.). **68**

Titel 2 Hemmung, Ablaufhemmung und Neubeginn der Verjährung

Vorbemerkungen zu §§ 203–213[1]

A. Zweck der Hemmungs-, Ablaufhemmungs- und Neubeginntatbestände 1
B. Gesetzgeberische Grundlinien 2
   I. Hemmung vor Unterbrechung 2
II. Anwendbarkeit und zeitliche Obergrenze 6
C. Hemmung, Ablaufhemmung und Neubeginn außerhalb der §§ 203–213 11
D. Übergangsrecht 13

A. Zweck der Hemmungs-, Ablaufhemmungs- und Neubeginntatbestände

Die §§ 203–213 regeln die Hemmung, die Ablaufhemmung und den Neubeginn (bis zum 31.12.2001: Unterbrechung) der Verjährung. Der Gesetzgeber nennt als Zweck der Vorschriften die folgenden Überlegungen: „Es gibt Ereignisse, die den Ablauf einer Verjährungsfrist beeinflussen müssen. Dies ist dann der Fall, wenn der Schuldner durch sein eigenes Verhalten zu erkennen gibt, dass er den Anspruch als bestehend ansieht und nicht bestreiten will. Die Verjährung darf auch dann nicht weiterlaufen, wenn der Gläubiger aus anerkennenswerten Gründen gehindert ist, den Anspruch geltend zu machen. Schließlich muss sichergestellt werden, dass ein Anspruch nicht verjährt, nachdem der Gläubiger angemessene und unmissverständliche Schritte zur Durchsetzung des Anspruchs ergriffen hat. Das geltende Recht berücksichtigt dies in Fällen dieser Art entweder durch eine Hemmung (die Nichteinrechnung bestimmter Zeiten in die Verjährungsfrist: bisherige §§ 202–205) und ihren Unterfall der Ablaufhemmung (die Verjährungsfrist läuft frühestens eine bestimmte Zeit nach Wegfall von Gründen ab, die der Geltendmachung des Anspruchs entgegenstehen: bisherige §§ 206, 207) oder durch eine Unterbrechung der Verjährung (ein Neubeginn der Verjährung: bisherige §§ 208–217). Diese gesetzliche Systematik soll beibehalten werden. Gegen sie werden, soweit ersichtlich, keine grundsätzlichen Bedenken erhoben; sie findet sich in ähnlicher Form in anderen verwandten Rechtsordnungen".[2] **1**

---

104 *Harms* TranspR 2001, 294 (297).
105 Ebenso: *Harms* TranspR 2001, 294 (297); s. auch Baumbach/Hopt/*Merkt* HGB § 438 Rn. 5.
106 AA *Lakkis* AcP 203 (2003), 763, 783, die Art. 229 § 5 EGBGB anwenden will. S. gegen diesen Ansatz Art. 229 § 6 EGBGB Rn. 50.

1 Die erste Bearbeitung der Kommentierung der §§ 203–213 durch *Heinz-Peter Mansel* erschien im Dezember 2001 in Dauner-Lieb/Heidel/Lepa/Ring, AnwK-SchuldR.
2 BT-Drs. 14/6040, S. 111.

B. Gesetzgeberische Grundlinien

I. Hemmung vor Unterbrechung

2   Die **Verjährungshemmung** besitzt seit dem Inkrafttreten des SchuldRModG am 1.1.2002 wesentlich **größere Bedeutung**, als dies vor der Schuldrechtsreform der Fall war, denn zahlreiche altrechtliche Tatbestände der Unterbrechung wegen Rechtsverfolgung (zB Klageerhebung, Zustellung eines Mahnbescheides; vgl. § 209 aF) sind in Hemmungstatbestände des § 204 umgewandelt worden. Dadurch wird der **Praxis größere Fristensorgfalt** abverlangt als in einem System des Verjährungsneubeginns, bei dem die volle Frist nach dem Eintritt des verjährungsrelevanten Ereignisses neu zu laufen beginnt. Bei der Hemmung wird die Zeit, in welcher die Verjährung gehemmt ist, nicht in die Verjährungsfrist mit eingerechnet (§ 209). Endet die Hemmung, dann läuft die Verjährung (lediglich) mit der vor der Hemmung noch offenen Restfrist weiter.

3   Das allgemeine Verjährungsrecht in der vor dem 1.1.2002 geltenden Fassung kannte Hemmungstatbestände in den §§ 202–205 aF Im geltenden Recht regeln jetzt vor allem die §§ 203–208 die Hemmungsgründe. Es sind eine ganze Reihe **neuer Hemmungstatbestände** hinzugetreten bzw. alte Hemmungsgründe erweitert worden. So hemmen jetzt auch über den Anwendungsbereich der aufgehobenen §§ 639 Abs. 2, 651 g Abs. 2 S. 3 und 852 Abs. 2 aF hinaus allgemein **Verhandlungen** über einen Anspruch oder die den Anspruch begründenden Umstände die Verjährung (§ 203). Als verallgemeinerungsfähiger Rechtsgedanke[3] hat zudem die Regelung des § 477 Abs. 2 aF (Hemmung durch Beantragung des **selbstständigen Beweisverfahrens**) in generalisierender Form Eingang gefunden in § 204 Abs. 1 Nr. 7. Den Verfahren vor „sonstigen", die Streitbeilegung betreibenden **Gütestellen** iSd § 15 a Abs. 3 EGZPO wurde durch das SchuldRModG ebenso Hemmungswirkung zuerkannt wie den Verfahren vor den von der Landesjustizverwaltung eingerichteten oder anerkannten Gütestellen (§ 204 Abs. 1 Nr. 4)[4]. Unter altem Recht hatten nur Letztere zu einer Unterbrechung der Verjährung geführt (vgl. § 209 Abs. 2 Nr. 1 a aF). Ebenfalls ausgedehnt wurde § 207. Die Vorschrift regelt die **Hemmung aus familiären Gründen** und gilt jetzt auch für Lebenspartner nach dem LebenspartnerG; darüber hinaus hat sie zusätzliche Erweiterungen erfahren. Durch das ErbVerjÄndG[5] wurde die Regelung mit Wirkung zum 1.1.2010 erneut geändert. § 207 Abs. 1 S. 2 Nr. 2 b) erfasst nunmehr ausdrücklich auch die Ansprüche zwischen dem Kind und dem Lebenspartner des Vaters oder der Mutter; zudem dauert die Verjährungshemmung in § 207 Abs. 1 S. 2 Nr. 2 jetzt über das Erreichen der Volljährigkeit hinaus bis zur Vollendung des 21. Lebensjahres des Kindes an.

Durch das SchuldRModG neu in den Katalog der Hemmungsgründe aufgenommen wurde beispielsweise die Hemmung durch Zustellung des Antrags in Verfahren des **einstweiligen Rechtsschutzes** (§ 204 Abs. 1 Nr. 9) oder durch Veranlassung der Bekanntgabe des erstmaligen Antrags auf Prozesskostenhilfe (§ 204 Abs. 1 Nr. 14).[6] Gleiches gilt für die Hemmung wegen Verletzung der **sexuellen Selbstbestimmung** (§ 208).

4   Erweitert und zT ergänzt wurden auch die Tatbestände der **Ablaufhemmung**, eines Unterfalls der Hemmung. Bei der Ablaufhemmung läuft die Verjährungsfrist entweder frühestens eine bestimmte Zeit nach dem Wegfall von Gründen ab, die der Geltendmachung des Anspruchs entgegenstehen (zB § 210), oder aber nicht vor einem bestimmten Zeitpunkt (zB §§ 438 Abs. 3 S. 2, 634 a Abs. 3 S. 2). Das alte Recht kannte Ablaufhemmungen in den §§ 206 und 207 aF, die in das neue Recht zT erweitert in den §§ 210, 211 übernommen wurden. Andere Vorschriften der Ablaufhemmung, wie etwa § 2031 Abs. 1 S. 2, gelten unverändert fort. Hinzugekommen sind neue Ablaufhemmungen im Gewährleistungsrecht (vgl. §§ 438 Abs. 3 S. 2, 479 Abs. 2, 634 a Abs. 3 S. 2).

5   Erheblich reduziert wurden die Tatbestände des **Verjährungsneubeginns** (früher: Verjährungsunterbrechung). Im Falle eines Neubeginns wird die einschlägige Verjährung in dem Moment der Tatbestandserfüllung erneut in Lauf gesetzt, so dass zu der bereits teilweise abgelaufenen Verjährungsfrist zusätzlich ab dem Neubeginn nochmals die gesamte Verjährungsfrist aufaddiert wird.[7] In den §§ 203–213 ist der Neubeginn der Verjährung nur noch in zwei Fällen vorgesehen. Es sind dies der Neubeginn wegen eines **Anerkenntnisses** des Anspruchs durch den Schuldner (§ 212 Abs. 1 Nr. 1) und wegen der Beantragung einer gerichtlichen oder behördlichen **Vollstreckungshandlung** oder infolge deren Vornahme (§ 212 Abs. 1 Nr. 2).

---

3   Vgl. BT-Drs. 14/6040, S. 91.
4   § 204 Abs. 1 Nr. 4 wurde durch das Gesetz zur Umsetzung der Richtlinie über alternative Streitbeilegung in Verbraucherangelegenheiten und zur Durchführung der Verordnung über Online-Streitbeilegung in Verbraucherangelegenheiten (BGBl. 2016 I S. 254) mWv 26.2.2016 neu gefasst.

5   BGBl. 2009 I S. 3142.
6   § 204 Abs. 1 Nr. 14 wurde durch das FGG-Reformgesetz (BGBl. 2008 I S. 2586) mWv 1.9.2009 auch auf den erstmaligen Antrag auf Gewährung von Verfahrenskostenhilfe ausgeweitet.
7   *Mansel/Budzikiewicz* § 7 Rn. 3; Staudinger/*Peters/ Jacoby* BGB Vor §§ 203 ff. Rn. 2.

II. Anwendbarkeit und zeitliche Obergrenze

Die Verjährung eines Anspruchs kann sowohl nacheinander mehrmals gehemmt oder unterbrochen (Neube- **6** ginn) als auch gleichzeitig gehemmt und dem Neubeginn unterworfen sein (→ § 203 Rn. 38; → § 209 Rn. 9; → § 210 Rn. 20; → § 211 Rn. 12; → § 212 Rn. 41 ff.).[8] Wird bei einer (zB nach § 203 oder § 204) gehemmten Verjährung der Neubeginn durch § 212 angeordnet, dann beginnt die Verjährungsfrist erst mit Beendigung der Hemmung erneut von Anfang an zu laufen.[9] Das SchuldRModG hat hier im Grundsatz nichts geändert.

Der Anwendungsbereich der Tatbestände der Hemmung und des Neubeginns wird durch § 213 bei **alterna-** **7** **tiver** oder **elektiver Anspruchskonkurrenz** (etwa im Gewährleistungsrecht) erweitert. Eine sondergesetzliche Ausdehnung des Anwendungsbereichs erfahren die Normen der §§ 203 ff. zudem durch § 159 Abs. 4 HGB und § 115 Abs. 2 S. 4 VVG.

Für die **Ersitzung** erklärt § 939 die §§ 203 f., 205–207 und 210 f. für entsprechend anwendbar. **8**

Ausgeschlossen werden die Hemmung und der Neubeginn für geringfügige Ansprüche in § 5 Abs. 3 S. 4 **9** GKG, § 6 Abs. 3 S. 3 GNotKG, § 8 Abs. 3 S. 4 GvKostG und in § 2 Abs. 4 S. 2 JVEG iVm § 5 Abs. 3 S. 4 GKG. Zum Ausschluss der Hemmung und des Neubeginns der Frist des § 600 Abs. 1 HGB (Pfandrecht der Schiffsgläubiger) s. § 600 Abs. 3 S. 2 HGB (näher → § 212 Rn. 9).

Das BGB sieht – anders etwa als Art. 14:307 der Principles of European Contract Law (PECL, *Lando*-Prin- **10** ciples; zu ihnen → Vor §§ 194–218 Rn. 20 ff.)[10] oder Art. III.-7:307 des Draft Common Frame of Reference (DCFR; dazu → Vor §§ 194–218 Rn. 21 f.)[11] – keine allgemein geltende **Höchstdauer** der Hemmung bzw. der Ablaufhemmung vor. Es regelt eine Höchstdauer nur vereinzelt für spezielle Tatbestände; so kennt etwa § 445 b Abs. 2 S. 2 eine fünfjährige Höchstdauer der Ablaufhemmung des § 445 b Abs. 2 S. 1 und § 497 Abs. 3 S. 3 eine Hemmung von längstens zehn Jahren bei Ansprüchen auf Darlehensrückzahlung und Zinszahlung beim Verbraucherdarlehen. Art. 14:307 PECL und Art. III.-7:307 DCFR sehen demgegenüber eine Höchstdauer der Hemmung und Ablaufhemmung vor, die allein für eine Hemmung infolge gerichtlicher und anderer Verfahren der Rechtsverfolgung (vergleichbar einigen der Hemmungsgründe des § 204 Abs. 1) nicht gilt. Sie soll im Regelfall zehn Jahre und nur bei Ansprüchen wegen der Verletzung persönlicher Rechtsgüter dreißig Jahre betragen.[12]

C. Hemmung, Ablaufhemmung und Neubeginn außerhalb der §§ 203–213

Außerhalb der §§ 203–213 besteht eine Vielzahl spezieller Tatbestände der Hemmung und der Ablaufhem- **11** mung, vereinzelt auch des Neubeginns des **früheren Rechts** fort.[13] Aufgehoben wurden §§ 639 Abs. 2, 651 g Abs. 2 S. 3 und 852 Abs. 2 aF (→ § 203 Rn. 6, 35, 40). Das SchuldRModG hat zudem insbesondere durch die Umwandlung von Unterbrechungs- in Hemmungsgründe (→ Rn. 2 f.) eine Reihe **neuer Hemmungsgründe** geschaffen. Zu nennen sind beispielsweise § 10 Abs. 2 GKG (aF), § 17 Abs. 2 KostO (aF), § 17 Abs. 2 GvKostG (aF), § 15 Abs. 4 ZSEG, § 19 Abs. 7 BRAGO,[14] § 82 Abs. 3 S. 3 SachenrechtsbereinigungsG. Einige dieser Regelungen wurden zwischenzeitlich durch das **KostRMoG** v. 5.5.2004[15] mit Wirkung zum 1.7.2004 erneut geändert (vgl. § 5 Abs. 2 S. 3, Abs. 3 S. 2 und 4 GKG; § 17 Abs. 2 S. 3, Abs. 3 S. 2 und 4 KostO aF;[16] § 8 Abs. 2 S. 3, Abs. 3 S. 2 und 4 GvKostG; § 2 Abs. 3 S. 3 und Abs. 4 S. 2 JVEG iVm § 5 Abs. 3 S. 2 GKG, § 8 Abs. 2 RVG). Weitere Neuerungen (auch) im Bereich der Hemmung und des Neubeginns sind durch das **Gesetz zur Anpassung von Verjährungsvorschriften an das Gesetz zur Modernisierung des Schuldrechts**[17] eingefügt worden (→ § 203 Rn. 2 [Fn. 3], → § 206 Rn. 5, → § 210 Rn. 2).

---

8 BGH NJW 1999, 2961; 1990, 826; s. auch *Derleder/Kähler* NJW 2014, 1617 (1618 f.).

9 Zum Verhältnis von Hemmung und Neubeginn (Unterbrechung) und umgekehrt s. BGHZ 109, 220, 223; BGH NJW 1995, 3380 (3381); ferner BGH NJW-RR 1988, 730 (731).

10 In deutscher Sprache veröffentlicht in ZEuP 2003, 895 ff.; Art. 14:307 PECL entspricht Art. 17:111 PECL der vorherigen Fassung, abgedruckt in ZEuP 2001, 400 (401).

11 Vgl. *von Bar/Clive/Schulte-Nölke*, Principles, Definitions and Model Rules of European Private Law, Draft Common Frame of Reference (DCFR), Full Edition, 2009.

12 Über diese Aufspaltung und darüber, ob nicht generell eine dreißigjährige Höchstdauer der Hemmung und Ablaufhemmung sachgerecht wäre – so die hier vertretene Ansicht –, kann man streiten.

13 S. den Überblick bei Soergel/*Niedenführ* BGB Vor § 203 Rn. 5, 9; Staudinger/*Peters/Jacoby* BGB Vor §§ 203 ff. Rn. 3 f.

14 S. jetzt § 11 Abs. 7 RVG.

15 BGBl. I S. 718.

16 S. jetzt § 6 Abs. 2 S. 3, Abs. 3 S. 2 und 3 GNotKG.

17 S. BT-Drs. 15/3653 idF v. 15/4060; das Gesetz ist am 15.12.2004 in Kraft getreten; ausf. zum VerjAnpG *Thiessen* ZHR 168 (2004), 503 ff.; *Mansel/Budzikiewicz* NJW 2005, 321 ff.

12 In das BGB neu aufgenommen wurden die Hemmungsvorschriften des § 497 Abs. 3 S. 3 (Darlehen)[18] und des § 771 S. 2 (Bürgschaft). § 497 Abs. 3 S. 3 regelt die Hemmung der Verjährung der **Darlehensrückzah-lungsansprüche** und der **Zinsansprüche** im Falle des Verzugs des Darlehensnehmers.[19] § 497 gilt allerdings nur für Verbraucherdarlehensverträge – er übernimmt die Regelung des früheren § 11 VerbrKrG. Erhebt der **Bürge** die **Einrede der Vorausklage**, so ist gem. § 771 S. 2 die Verjährung des Anspruchs des Gläubigers gegen den Bürgen gehemmt, bis der Gläubiger eine Zwangsvollstreckung gegen den Hauptschuldner ohne Erfolg versucht hat (näher Kommentierung zu § 771). Allerdings wird die Bedeutung der Vorschrift dadurch eingeschränkt, dass in der Praxis überwiegend selbstschuldnerische Bürgschaften vereinbart werden, für welche die Einrede des § 771 gerade nicht gilt (§ 773 Abs. 1 Nr. 1). Hier hat der Gläubiger die Verjährungshemmung des Bürgschaftsanspruchs durch Maßnahmen nach den §§ 203 ff., insbesondere nach § 204 selbst herbeizuführen.[20]

D. Übergangsrecht

13 Art. 229 § 6 Abs. 1 und 2 EGBGB regeln das Übergangsrecht (s. die dortige Kommentierung).

§ 203 Hemmung der Verjährung bei Verhandlungen

[1]Schweben zwischen dem Schuldner und dem Gläubiger Verhandlungen über den Anspruch oder die den Anspruch begründenden Umstände, so ist die Verjährung gehemmt, bis der eine oder der andere Teil die Fortsetzung der Verhandlungen verweigert. [2]Die Verjährung tritt frühestens drei Monate nach dem Ende der Hemmung ein.**

Literatur: *Arnold*, Verjährung und Nacherfüllung, in: FS Eggert, 2008, S. 41; *Boemke/Dorr*, Verjährungshemmung durch Verhandlung, NJOZ 2017, 1578; *Budzikiewicz*, Beginn der Verjährungshemmung bei schwebenden Verhandlungen, NJ 2014, 212; *Derleder*, Die Hemmung der Verjährung durch Verhandlungen am Rande der Zahlungsfähigkeit des Schuldners, VuR 2013, 128; *Derleder/Kähler*, Die Kombination von Hemmung und Neubeginn der Verjährung, NJW 2014, 1617; *Dingler*, Hemmt die Verhandlung gemäß § 203 Satz 1 BGB die Verjährung der Hauptschuld auch gegenüber dem Bürgen?, BauR 2008, 1379; *Eidenmüller*, Die Auswirkung der Einleitung eines ADR-Verfahrens auf die Verjährung, SchiedsVZ 2003, 163; *Fischinger*, Zur Hemmung der Verjährung durch Verhandlungen nach § 203 BGB, VersR 2005, 1641; *ders.*, Sind die §§ 203 ff. BGB auf die Höchstfristen des § 199 Abs. 2–4 BGB anwendbar?, VersR 2006, 1475; *Grothe*, Einwirkungen auf den Verjährungslauf: Hemmung, Ablaufhemmung und Neubeginn, in: Remien (Hrsg.), Verjährungsrecht in Europa, 2011, S. 270; *Jänig*, Das Einschlafen von Verhandlungen im Regelungszusammenhang des § 203 BGB, ZGS 2009, 350; *Klose*, Der Lauf der Verjährung bei Mediation und sonstigen außergerichtlichen Streitlösungsmodellen, NJ 2010, 100; *Mankowski/Höpker*, Die Hemmung der Verjährung bei Verhandlungen gem. § 203 BGB, MDR 2004, 721; *Naber/Schulte*, Hemmung von Ausschlussfristen nach § 203 S. 1 BGB, NZA 2018, 1526; *Oppenborn*, Verhandlungen und Verjährung, 2008; *Ries/Strauch*, Verhandlungen – nur innerhalb des Rahmens von § 203 BGB oder auch über dessen Geltung?, BauR 2014, 450; *Wagner*, Grundstrukturen eines deutschen Mediationsgesetzes, RabelsZ 74 (2010), 794; *ders.*, Die Verjährung gewährleistungsrechtlicher Rechtsbehelfe nach dem neuen Schuldrecht, ZIP 2002, 789; *ders.*, Das neue Verjährungsrecht, ZKM 2002, 103; *Weyer*, § 639 II BGB a.F. durch § 203 BGB n.F. ersetzt, nicht ersatzlos weggefallen, NZBau 2002, 366.

A. Allgemeines 1	c) § 203 als Nachfolgenorm zu
I. Grundlagen 1	§ 651 g Abs. 2 S. 3 aF 40
1. Normgeschichte und Normzweck 1	III. Rechtsfolgen 42
2. Richtlinienkonforme Auslegung 5	1. Beginn und Ende der Hemmung (S. 1) 42
II. Sonderregelungen 6	2. Wirkung 52
III. Einwand des Rechtsmissbrauchs, § 242 8	3. Ablaufhemmung (S. 2) 53
IV. Grundregeln des Europäischen Vertragsrechts,	IV. Verhältnis zu anderen Vorschriften 54
DCFR 9	V. Übergangsrecht 57
B. Regelungsgehalt 10	C. Weitere praktische Hinweise 60
I. Anwendungsbereich 10	I. Beweislast 60
II. Verhandlungen über den Anspruch (S. 1) 14	II. Vermeidung von Beweisschwierigkeiten 61
1. Gegenstand der Verhandlungen 14	III. Vertragliche Vereinbarungen 65
2. Begriff der Verhandlungen 20	1. Beginn und Ende der Verhandlungen 65
a) Allgemeines 20	2. Nachbesserung 67
b) § 203 als partielle Nachfolgenorm des	
§ 639 Abs. 2 aF 35	

---

18   Vgl. hierzu auch *Budzikiewicz* WM 2003, 264 (272 f.).

19   S. dazu BGH WM 2011, 973.

20   Vgl. hierzu auch *Siegmann/Polt* WM 2004, 766 ff.

A. Allgemeines

I. Grundlagen

1. Normgeschichte und Normzweck. Die Hemmungsregelung des § 203 wurde durch das SchuldR-ModG neu in das BGB eingefügt. Verhandlungen über einen Anspruch kommt seitdem allgemein Hemmungswirkung zu. Die Vorschrift statuiert neben § 204 Abs. 1 die praktisch wichtigste Möglichkeit, den Lauf der Verjährungsfrist auszusetzen (zur Hemmungswirkung s. § 209).[1] Vor Inkrafttreten der Vorschrift am 1.1.2002 war ein Hemmungstatbestand des Verhandelns im BGB lediglich in einzelnen Sondervorschriften des Werkvertrags-, des Reise- und Deliktsrechts vorgesehen (vgl. §§ 639 Abs. 2, 651 g Abs. 2 S. 3, 852 Abs. 2 aF): Bis zum 31.12.2001 führte gem. **§ 639 Abs. 2 aF** bei werkvertraglichen Gewährleistungsansprüchen die Prüfung des vom Besteller gerügten Werkmangels durch den Unternehmer ebenso wie dessen Versuch einer Beseitigung des Mangels zur Hemmung der Verjährung bis zu dem Zeitpunkt, zu dem der Unternehmer das Ergebnis seiner Prüfung mitteilte oder aber den Mangel für beseitigt erklärte bzw. die Fortsetzung der Beseitigung verweigerte. Die Vorschrift wurde im Kaufrecht entsprechend herangezogen, wenn dort vertraglich ein Anspruch auf Nachbesserung vereinbart worden sein sollte.[2]

Nach **§ 651 g Abs. 2 S. 3 aF** war die Verjährung der von einem Reisenden geltend gemachten Gewährleistungsansprüche gehemmt, solange der Reiseveranstalter diese nicht schriftlich zurückgewiesen hatte. Verhandelten die Parteien eines deliktischen Anspruchs über den zu leistenden Schadensersatz, war gem. **§ 852 Abs. 2 aF** die Verjährung gehemmt, bis einer die Fortsetzung der Verhandlungen verweigerte. Der BGH entnahm der letztgenannten Regelung den allgemeinen Rechtsgedanken, es dürfe dem zum Schadensersatz Verpflichteten nicht zum Vorteil gereichen, dass der Berechtigte sich auf Verhandlungen eingelassen und daher keine Maßnahmen gegen die drohende Verjährung des in Rede stehenden Anspruchs ergriffen habe.[3]

Diesen auf **Treu und Glauben** (§ 242) gestützten Gedanken hat der Gesetzgeber in § 203 verallgemeinert[4] und **auf sämtliche Ansprüche ausgedehnt**, deren Verjährung sich jedenfalls im Hinblick auf eine mögliche Hemmung, ausschließlich oder ergänzend, nach den Vorschriften des BGB richtet (näher→ Rn. 10 ff.).[5] Den Parteien soll unabhängig von der Art des Anspruchs die Möglichkeit eröffnet werden, über den Anspruch oder die diesen begründenden Umstände zu verhandeln, ohne dass der drohende Ablauf der Verjährungsfrist den Gläubiger dazu zwingt, gerichtliche Schritte iSd § 204 Abs. 1 gegen den Schuldner einzuleiten und damit ggf. eine außergerichtliche Einigung zu gefährden.[6] Die Regelung kommt Berechtigtem und Verpflichtetem gleichermaßen entgegen. Lässt sich der vermeintliche Schuldner auf Verhandlungen ein, bewahrt die Hemmung den scheinbaren Gläubiger vor den Kosten und Risiken, die mit einer Verjährungshemmung durch Rechtsverfolgung verbunden sind. Gleiches gilt für den Schuldner, sollte sich herausstellen, dass dieser tatsächlich ganz oder teilweise aus den vom Gläubiger geltend gemachten Ansprüchen verpflichtet ist. Darüber hinaus eröffnen Verhandlungen für den Schuldner die Möglichkeit, ggf. einen gegenüber der Gesetzeslage günstigeren Vergleich auszuhandeln.[7]

Die **Förderung der gütlichen Streitbeilegung** durch die verjährungsrechtliche Protektion von Verhandlungen ist erwünschter Zweck des § 203.[8] Ebenso wie die Verjährbarkeit von Ansprüchen als solche auch der Prozessökonomie dient (→ Vor §§ 194–218 Rn. 35),[9] soll die Hemmungsregelung des § 203 neben dem Schutz des Gläubigers vor einem Rechtsverlust zugleich dazu beitragen, die Gerichte vor einer übermäßigen und im Ergebnis unnötigen Belastung zu bewahren.[10] Um dem Gläubiger nach dem Ende der erfolglos

1 Vgl. *Kniffka/Koeble* Teil 6 Rn. 125; *Schimmel* JA 2002, 977 (982).

2 BGHZ 39, 287, 292; BGH NJW 1997, 727 (728).

3 BGHZ 93, 64, 69 (Hemmung nach § 852 Abs. 2 aF erfasst auch konkurrierende vertragliche Ansprüche sowie Ansprüche aus § 558 aF). Einschränkend allerdings wieder BGHZ 123, 394, 396 f., wonach der Regelung des § 852 Abs. 2 aF kein im Verjährungsrecht allg. zu beachtender Rechtsgedanke zugrunde liegt, insbes. eine Übertragung auf das Transportrecht nicht möglich ist; ebenso BGH NJW 1999, 1101 (1102) (Verjährung des Zugewinnausgleichsanspruchs nach § 1378 Abs. 4 S. 1); BGH NJW 1996, 1895 (1897) (keine Hemmung analog §§ 639 Abs. 2, 852 Abs. 2 aF bei Ersatzansprüchen nach § 68 StBerG); BGH NJW 1990, 326 (327); OLG Hamm NJW-RR 1999, 935 (936) (Ersatzansprüche nach § 51 b BRAO). Diese Rspr. ist nach Einführung des § 203 jedoch obsolet; vgl. BeckOK BGB/*Spindler* § 203 Rn. 2. § 68 StBerG ist zudem durch Art. 16 des

Gesetzes zur Anpassung von Verjährungsvorschriften an das Gesetz zur Modernisierung des Schuldrechts (BT-Drs. 15/3653 idF 15/4060) mit Wirkung zum 15.12.2004 aufgehoben und Schadensersatzansprüche des Auftraggebers gegen den Steuerberater der regelmäßigen Verjährung nach dem BGB unterstellt worden. Gleiches gilt für Schadensersatzansprüche des Mandanten gegen den Rechtsanwalt nach § 51 b BRAO (s. Art. 4 VerjAnpG).

4 S. BT-Drs. 14/6040, S. 112; BT-Drs. 14/7052, S. 180.

5 Vgl. Palandt/*Ellenberger* BGB § 203 Rn. 1; Soergel/*Niedenführ* BGB § 203 Rn. 3; Erman/*Schmidt-Räntsch* BGB § 203 Rn. 1, 3.

6 BT-Drs. 14/6040, S. 111; s. auch BGH NJW 2017, 3144 (3145).

7 *Mankowski/Höpker* MDR 2004, 721.

8 BT-Drs. 14/6040, S. 111.

9 S. auch *Mansel/Budzikiewicz* § 1 Rn. 43 ff.

10 *Mankowski/Höpker* MDR 2004, 721 (722).

oder nicht zu seiner Zufriedenheit verlaufenen Verhandlungen ausreichend Zeit zu geben, den Eintritt der Verjährung ggf. durch Maßnahmen der Rechtsverfolgung zu verhindern, sieht § 203 S. 2 eine besondere **Ablaufhemmung** vor. Die Verjährung tritt danach frühestens drei Monate nach dem Ende der Verhandlungen ein (näher→ Rn. 53).

5 **2. Richtlinienkonforme Auslegung.** § 203 dient zusammen mit § 204 Abs. 1 Nr. 1, 11 auch der Umsetzung von **Art. 8 Mediations-Richtlinie,**[11] die bis zum 21.5.2011 erfolgen musste. Im deutschen Recht konnte der Gesetzgeber auf eine spezielle Umsetzung der Vorschrift verzichten, weil das BGB bereits den durch sie aufgestellten Anforderungen entspricht (s. näher → Vor §§ 194–218 Rn. 18 a).[12] Sofern Parteien versuchen, eine Streitigkeit im Wege der Mediation beizulegen, ist im Falle seiner Anwendung § 203 konform zu Art. 8 der Richtlinie auszulegen.[13]

II. Sonderregelungen

6 Aufgrund der Einfügung des allgemeinen Hemmungstatbestandes der Verhandlungen in § 203 wurden die **Sonderregelungen** der §§ 639 Abs. 2, 651 g Abs. 2 S. 3 und 852 Abs. 2 aF **aufgehoben** (vgl. dazu auch→ Rn. 35 ff., 40, 57 ff.).[14] Der Gesetzgeber ging (im Ergebnis allerdings zT irrig, → Rn. 40) davon aus, dass ihr Anwendungsbereich von § 203 abgedeckt wird. Da die Hemmungsregelung des § 203 auf dem Rechtsgedanken vor allem der §§ 639 Abs. 2 und 852 Abs. 2 aF beruht, kann für die **Auslegung** der Norm jedoch partiell auf die Ergebnisse in Rechtsprechung und Lehre zu diesen Vorschriften zurückgegriffen werden.[15]

7 Weiterhin gültig ist der **außerhalb des BGB** geregelte, dem aufgehobenen § 651 g Abs. 2 S. 3 aF vergleichbare Hemmungstatbestand des § 439 Abs. 3 HGB für Frachtgeschäfte sowie iVm §§ 463 und 475 a HGB für Speditions- und Lagergeschäfte. Ansprüche gegen den Frachtführer etc sind danach auch (dh zusätzlich zu den in §§ 203 ff. geregelten Hemmungsgründen)[16] durch eine Erklärung des Absenders oder Empfängers, mit der dieser Ersatzansprüche erhebt, bis zu dem Zeitpunkt gehemmt, in dem der Frachtführer (bzw. der aus dem Speditions- oder Lagergeschäft Verpflichtete) die Erfüllung des Anspruchs ablehnt; die Erhebung und die Ablehnung der Ansprüche bedürfen der Textform iSd § 126 b (s. § 439 Abs. 3 S. 2 HGB).[17] Eine dem § 439 Abs. 3 HGB ähnliche Regelung findet sich in § 12 Abs. 3 S. 3 PflVG und in §§ 15, 115 Abs. 2 S. 3 und 4 VVG. Die Anmeldung des Anspruchs bei dem Entschädigungsfonds führt hier zur Verjährungshemmung bis zum Eingang der schriftlichen Entscheidung des Entschädigungsfonds bzw., wenn die Schiedsstelle angerufen wurde, des Einigungsvorschlags der Schiedsstelle (§ 12 Abs. 3 PflVG). Die Anmeldung des Anspruchs bei dem Versicherer hemmt die Verjährung bis zu dem Zeitpunkt, zu dem die Entscheidung des Versicherers dem Anspruchsteller in Textform zugeht (§§ 15, 115 Abs. 2 S. 3 VVG). Gleichfalls Hemmungswirkung hat nach § 32 Abs. 2 CMR die schriftliche Reklamation aus einem Beförderungsvertrag im internationalen Straßengüterverkehr gegenüber dem Frachtführer sowie nach Art. 48 § 3 CIM die Einreichung einer Reklamation aus einem Frachtvertrag bei der Eisenbahn. Zu dem Verhältnis der genannten Regelungen zu § 203 → Rn. 54 ff.

III. Einwand des Rechtsmissbrauchs, § 242

8 Vor Inkrafttreten des SchuldRModG wurden in der Rechtsprechung Ausweichlösungen entwickelt, die dem Schuldner unter bestimmten Umständen die Berufung auf den Eintritt der Verjährung als treuwidrig (§ 242) verwehrten.[18] So sah sich der Schuldner dem Einwand des Rechtsmissbrauchs ua dann ausgesetzt, wenn der

---

11 Richtlinie 2008/52/EG über bestimmte Aspekte der Mediation in Zivil- und Handelssachen v. 21.5.2008, ABl. EG L 136 S. 3.

12 *Grothe* S. 271, 276 f.; *Wagner* RabelsZ 74 (2010), 794, 799 mwN.

13 Zur richtlinienkonformen Auslegung s. *Gebauer* in Gebauer/Wiemann, Zivilrecht unter europäischem Einfluss, Kap. 4 Rn. 17 ff.

14 Vgl. BT-Drs. 14/6040, S. 267, 269, 270.

15 *Mansel* NJW 2002, 89 (98); Soergel/*Niedenführ* BGB § 203 Rn. 4, 5; Staudinger/*Peters/Jacoby* BGB § 203 Rn. 4; *Wagner* ZIP 2002, 789 (794); ferner MüKoBGB/*Grothe* § 203 Rn. 3; *Schwenker* EWiR 2002, 331 (332); BeckOK BGB/*Spindler* § 203 Rn. 1; *Weyer* NZBau 2002, 366 (368 f.): Die zu § 852 Abs. 2 aF entwickelten Grundsätze sind auf § 203 grds. übertragbar.

16 Baumbach/Hopt/*Merkt* HGB § 439 Rn. 4; vgl. auch BT-Drs. 17/10309, S. 56 (im Hinblick auf § 203).

17 Baumbach/Hopt/*Merkt* HGB § 439 Rn. 4; Koller/Kindler/Roth/Drüen/*Koller* HGB § 439 Rn. 1. § 439 Abs. 3 HGB wurde durch das Gesetz zur Reform des Seehandelsrechts (BGBl. I 2013 S. 831) mit Wirkung vom 25.4.2013 novelliert. Die zuvor erforderliche Schriftform (§ 439 Abs. 3 S. 1 HGB aF) wurde durch einfache Textform ersetzt; nicht mehr aktuell daher OLG München 23.7.2008 – 7 U 2446/08, juris Rn. 10 ff. (E-Mail nicht ausreichend); LG Düsseldorf RdTW 2015, 38 (40) (E-Mail nicht ausreichend); BGH RdTW 2013, 139 (140 f.) (nicht mit einer Unterschrift versehenes Telefax nicht ausreichend); s. dazu auch BT-Drs. 17/10309, S. 56.

18 S. den Überblick bei Palandt/*Heinrichs*, 60. Aufl. 2001, BGB Vor § 194 Rn. 10 ff.

Gläubiger durch Verhandlungen mit dem Verpflichteten – oder dessen Versicherung – davon abgehalten worden war, rechtzeitig Klage zu erheben.[19] Diese Rechtsprechung ist mit Einfügung des § 203 insoweit überholt, als **Verhandlungen über den Anspruch** nunmehr zu einer Verjährungshemmung führen.[20] Ein Rückgriff auf § 242 ist hier durch die speziellere Regelung der Problematik in § 203 nicht mehr notwendig und damit auch nicht mehr zulässig.[21] Ebenfalls obsolet ist die unter altem Recht übliche Berufung auf § 242 in solchen Fällen, in denen der Schuldner vor dem Verjährungseintritt darauf verzichtet hat, die Einrede der Verjährung zu erheben. Bislang als rechtsmissbräuchlich bewertet, ist der Verstoß gegen einen **Verjährungsverzicht** jetzt als Zuwiderhandlung gegen eine iRd § 202 zulässige Verjährungsvereinbarung zu behandeln (s. hierzu im Einzelnen → § 202 Rn. 43, 45 f.).[22] Außerhalb der von §§ 202 f. erfassten Fälle kann dem Einwand des Rechtsmissbrauchs jedoch auch nach neuem Recht weiterhin Bedeutung zukommen (näher → § 214 Rn. 8; NK-BGB/*Krebs*, → § 242 Rn. 96).[23] Zu der Frage einer möglichen Heilung des unter altem Recht nach § 225 S. 1 aF nichtigen Verzichts auf die Verjährungseinrede durch Statutenwechsel am 1.1.2002 → Art. 229 EGBGB § 6 Rn. 56. Zur **intertemporalen Anwendbarkeit** des § 203 → Rn. 57 ff.

IV. Grundregeln des Europäischen Vertragsrechts, DCFR

§ 203 entspricht nur teilweise den Grundregeln des Europäischen Vertragsrechts. Zwar statuieren auch **9** Art. 14:304 der Principles of European Contract Law (PECL, *Lando*-Principles; zu ihnen → Vor §§ 194–218 Rn. 20 ff.)[24] und Art. III.-7:304 des Draft Common Frame of Reference (DCFR; dazu → Vor §§ 194–218 Rn. 21 f.)[25] im Fall von Verhandlungen der Parteien eine **Ablaufhemmung**. Anders als in § 203 ist das Ende der Hemmungswirkung nach Art. 14:304 PECL und nach Art. III.-7:304 DCFR jedoch nicht an die Verweigerung einer Fortsetzung der Verhandlungen geknüpft, sondern an die letzte Erklärung im Rahmen der Verhandlungen. Zudem ist die Mindestfrist bis zum Eintritt der Verjährung deutlich länger als in § 203 S. 2. Nach Art. 14:304 PECL ebenso wie nach Art. III.-7:304 DCFR tritt Verjährung nicht vor dem Ablauf eines Jahres nach der letzten Erklärung der Parteien ein.[26]

B. Regelungsgehalt

I. Anwendungsbereich

§ 203 findet auf alle verjährbaren Ansprüche Anwendung, sofern diese zumindest in Bezug auf die Frage **10** der Hemmung vollständig oder ergänzend den Regelungen des allgemeinen Verjährungsrechts in §§ 203 ff. unterfallen.[27] Unmittelbar erfasst sind danach zunächst **alle im BGB geregelten Ansprüche**, unabhängig davon, ob diese auf Rechtsgeschäft oder Gesetz (zB c.i.c. bzw. § 311 Abs. 2, GoA, Delikt oder ungerechtfertigter Bereicherung) beruhen, schuld-, sachen-, familien- oder erbrechtlicher Natur sind (→ § 194 Rn. 8),[28] der Regelverjährung unterfallen oder nach einer speziellen Frist verjähren[29] (zB §§ 196, 197, 438, 445 b, 548, 634 a oder 1057). Bedeutung zukommen kann der Regelung des § 203 darüber hinaus aber auch bei **sondergesetzlich geregelten Ansprüchen**.[30] Grundsätzlich unproblematisch ist dies der Fall, sofern hinsichtlich der Verjährung ausdrücklich auf die §§ 194 ff. verwiesen wird (s. die Beispiele bei → § 195

19 Zu diesem Einwand s. BGHZ 93, 64, 66; BGH NJW 1999, 1101 (1104); Palandt/*Heinrichs*, 60. Aufl. 2001, BGB Vor § 194 Rn. 12; s. ferner BGH VersR 1971, 439 f.; VersR 1977, 617 (619 f.) für einen Anspruch aus Verletzung des Anwaltsvertrages.

20 Palandt/*Ellenberger* BGB Vor § 194 Rn. 16; Jauernig/*Mansel* BGB § 194 Rn. 8, §§ 214–217 Rn. 2; *Mansel* NJW 2002, 89 (98); *Mansel/Budzikiewicz* § 8 Rn. 13; vgl. auch MüKoBGB/*Grothe* Vor § 194 Rn. 16.

21 Palandt/*Ellenberger* BGB Vor § 194 Rn. 16.

22 Verzichtet der Schuldner auf die Erhebung der Verjährungseinrede vor Verjährungseintritt, kann die Abrede neben § 202 Abs. 2 uU die Voraussetzungen des § 203 S. 1 erfüllen und damit zu einer Hemmung führen. Insofern ist die zu § 852 Abs. 2 aF ergangene Rspr. übertragbar, nach der ein Einredeverzicht zugleich als Verhandeln iSd § 852 Abs. 2 aF bewertet werden konnte, wenn der Verpflichtete den Eindruck erweckte, er lasse sich auf Diskussionen über die Berechtigung des Anspruchs ein; vgl. BGH NJW 2004, 1654 f. (Einredeverzicht durch den Haftpflichtversicherer).

23 Vgl. auch BGH FamRZ 2015, 248 (249); NJW 2015, 3160 (3161); VersR 2014, 1226 (1230); VersR 2014, 756 (759); s. auch BVerwG NVwZ 2016, 1417 (1422).

24 In deutscher Sprache veröffentlicht in ZEuP 2003, 895 ff. Art. 14:304 PECL entspricht Art. 17:108 PECL der vorherigen Fassung, abgedruckt in ZEuP 2001, 400 (401).

25 Vgl. *von Bar/Clive/Schulte-Nölke*, Principles, Definitions and Model Rules of European Private Law, Draft Common Frame of Reference (DCFR), Full Edition, 2009.

26 Krit. hinsichtlich der kurzen Frist in § 203 S. 2 *Leenen* DStR 2002, 34 (41).

27 Vgl. BGH NJW-RR 2007, 1358 (1359); Palandt/*Ellenberger* BGB § 203 Rn. 1; Soergel/*Niedenführ* BGB § 203 Rn. 3; Erman/*Schmidt-Räntsch* BGB § 203 Rn. 1, 3.

28 Erman/*Schmidt-Räntsch* BGB § 203 Rn. 3.

29 Staudinger/*Peters/Jacoby* BGB § 203 Rn. 5.

30 BGH NJW-RR 2007, 1358 (1359).

Rn. 27). Zu beachten ist dabei allerdings, dass die Anwendung der Hemmungsvorschriften (und damit auch des § 203) zT für geringfügige Ansprüche eingeschränkt ist (vgl. § 5 Abs. 3 S. 4 GKG, § 6 Abs. 3 S. 3 GNotKG, § 8 Abs. 3 S. 4 GvKostG, § 2 Abs. 4 S. 2 JVEG iVm § 5 Abs. 3 S. 4 GKG: Bei Beträgen unter 25 EUR wird die Verjährung nicht gehemmt.). Vollständig ausgeschlossen wird die Anwendung der allgemeinen Hemmungstatbestände in § 600 Abs. 3 S. 2 HGB (näher → § 212 Rn. 9). Fehlt es bei außerhalb des BGB geregelten Ansprüchen sowohl an einer dem § 203 vorgehenden speziellen Hemmungsregelung als auch an einer ausdrücklichen Bezugnahme auf die §§ 203 ff., werden Letztere im Rahmen der Lückenfüllung regelmäßig entsprechend herangezogen (s. hierzu auch → § 195 Rn. 28). Die Analogie schließt dann § 203 mit ein.[31]

11   Die Anwendbarkeit des § 203 ist nicht auf zivilrechtliche Ansprüche beschränkt. Soweit die Vorschriften des allgemeinen Verjährungsrechts auch auf **öffentlich-rechtliche Ansprüche** erstreckt werden – sei es infolge ausdrücklicher Verweisung (vgl. § 62 S. 2 VwVfG),[32] sei es durch richterrechtlich legitimierte Analogie (→ § 194 Rn. 19 ff.) – kommt im Falle von Verhandlungen der Hemmungstatbestand des § 203 gleichfalls zum Tragen.[33]

12   Über § 939 Abs. 1 erstreckt sich die Wirkung des § 203 auch auf die **Ersitzung**. Ist der Herausgabeanspruch gegen den Eigenbesitzer oder den sein Besitzrecht von diesem ableitenden Besitzmittler durch Verhandlungen gem. § 203 gehemmt, wird zugleich das Ende der Ersitzungszeit (§ 937 Abs. 1) entsprechend hinausgeschoben.

13   Außerhalb ausdrücklicher Verweisungen ist bei der Übertragung des § 203 auf gesetzliche oder vereinbarte **Ausschlussfristen** Zurückhaltung geboten. Grundsätzlich findet die Regelung keine analoge Anwendung auf Ausschluss- oder sonstige Fristen.[34] Sollte die Berufung auf eine (von § 203 nicht erfasste) Ausschlussfrist in Widerspruch zu dem bisherigen Verhalten des von der Fristenregelung Begünstigten stehen, kann dessen Verhalten allerdings als treuwidrig anzusehen sein (→ Rn. 8). Die Berufung auf die Ausschlussfristregelung wäre in diesem Fall gem. **§ 242** unbeachtlich.[35]

II. Verhandlungen über den Anspruch (S. 1)

14   **1. Gegenstand der Verhandlungen.** § 203 hemmt die Verjährung, wenn zwischen Gläubiger und Schuldner Verhandlungen über den Anspruch oder die den Anspruch begründenden Umstände schweben. Der **Umfang der Hemmungswirkung** richtet sich dabei nach dem von den Parteien bestimmten Gegenstand der Verhandlungen. Fehlt es an einer ausdrücklichen Bestimmung der Ansprüche oder Anspruchsteile, die von der Hemmung erfasst sein sollen, ist durch **Auslegung** der Verhandlungserklärungen zu ermitteln, welche Ansprüche der Verhandlungsgegenstand einbeziehen soll.[36] Im Zweifel sind alle Ansprüche Gegenstand der Verhandlung, die aus dem Lebenssachverhalt, über den diskutiert wird, erwachsen und die auf

---

31   Vgl. auch BGH NJW-RR 2007, 1358 (1359 f.); OLG Koblenz NJW 2006, 3150 (3152); LG Stuttgart BeckRS 2011, 23664 (Verjährung nach § 37 a WpHG).

32   S. zu der Annahme einer dynamischen Verweisung in § 62 VwVfG auf die neuen Verjährungsregelungen des BGB auch *Guckelberger*, Die Verjährung im Öffentlichen Recht, S. 617 f. Soweit die dem § 62 S. 2 VwVfG entsprechenden Regelungen der Landesgesetze auf die Vorschriften des BGB verweisen, hält *Guckelberger* diese allerdings für verfassungswidrig und votiert für die Fortgeltung der §§ 194 ff. aF; *Guckelberger*, Die Verjährung im Öffentlichen Recht, S. 634 f.

33   BVerwG NVwZ 2017, 969 (972) (Erstattungsanspruch nach § 49 a Abs. 1 S. 1 VwVfG); NVwZ 2017, 56 (59) (Ersatzanspruch nach Art. 104 a Abs. 2 GG); Palandt/*Ellenberger* BGB § 203 Rn. 1; *Stumpf* NVwZ 2003, 1198 (1201 f.); Staudinger/*Peters/ Jacoby* BGB § 203 Rn. 22. Kritisch hinsichtlich einer pauschalen Übernahme des § 203 in das Verwaltungsrecht, vor allem in den Bereichen der klassischen Hoheitsverwaltung, *Guckelberger*, Die Verjährung im Öffentlichen Recht, S. 600.

34   Vgl. OLG Schleswig NZBau 2015, 186 (188) (keine Anwendung der §§ 203 ff. auf die Ausschlussfrist des § 101 b Abs. 2 GWB aF); KG Berlin 3.5.2006 –

25 U 11/05, juris Rn. 20 ff. (keine analoge Anwendung des § 203 auf die Ausschlussfrist des Art. 237 § 2 Abs. 2 und 4 EGBGB). Str. ist die Anwendbarkeit des § 203 auf tarifliche Ausschlussfristen; *dafür: Fromm* ZTR 2003, 70 (72); *gegen* die analoge Anwendung des § 203 auf tarifliche Ausschlussfristen: LAG Chemnitz 14.7.2003 – 3 Sa 814/02, juris Rn. 29; *Krause* RdA 2004, 106 (110, 116) (es fehlt ein allg. Grundsatz des Inhalts, dass die §§ 203 ff. auf tarifliche Ausschlussfristen übertragen werden können). Nach BAG NZA 2018, 1402 (1403 f.) soll § 203 S. 1 allerdings auf vertragliche Ausschlussfristen entsprechend anwendbar sein; krit. *Naber/Schulte* NZA 2018, 1526. Unter Bezugnahme auf die Entscheidung des BAG geht das LG Köln (BeckRS 2019, 34610) davon aus, dass § 203 S. 1 auch auf eine gesellschaftsvertraglich vereinbarte Klagefrist bei einer Personengesellschaft analoge Anwendung findet.

35   Vgl. LAG München 23.10.2008 – 3 Sa 513/08, juris Rn. 30.

36   OLG Karlsruhe BeckRS 2014, 19181; OLG Stuttgart IBRRS 2013, 2356; OLG Frankfurt NVwZ-RR 2007, 242 (244); Palandt/*Ellenberger* BGB § 203 Rn. 3; *Krämer* ZAP 2004, 117 (118); Erman/*Schmidt-Räntsch* BGB § 203 Rn. 7.

dasselbe oder ein vergleichbares Gläubigerinteresse gerichtet sind, über dessen Befriedigung durch den Schuldner verhandelt wird.[37] Missverständlich ist in diesem Zusammenhang die Formulierung von *Peters/ Jacoby*, nach der von der Hemmungswirkung des § 203 *alle Rechte* erfasst werden, die sich aus dem Lebenssachverhalt herleiten, dh auch Rücktritts- und Minderungsrechte.[38] Tatsächlich hat die Hemmung jedoch nur indirekt Auswirkungen auf diese Gestaltungsrechte. Soweit in § 218 die Durchsetzbarkeit des Rücktritts- bzw. (iVm §§ 438 Abs. 5, 634 a Abs. 5) des Minderungsrechts von der Verjährung des Leistungs- oder Nacherfüllungsanspruchs abhängt, führen Verhandlungen der Parteien lediglich zu einer Hemmung der Verjährung Letzterer. Wird dadurch der Eintritt der Verjährung hinausgezögert, kann der Schuldner die Einrede des § 218 Abs. 1 S. 1 nicht vor Ablauf der gehemmten Verjährungsfrist erheben. Streitig ist, ob auch die durch den Rücktritt begründeten Ansprüche nur innerhalb der Frist geltend gemacht werden können, die für den (Nach-)Erfüllungsanspruch maßgebend ist, oder ob die Ansprüche aus Rücktritt der Regelverjährung nach §§ 195, 199 unterliegen.[39]

Die Gesetzesbegründung geht zu Recht davon aus, dass bei Verhandlungen über einen vertraglichen **15** Anspruch in der Regel auch möglicherweise **konkurrierend oder alternativ gegebene Ansprüche** aus Delikt oder absolutem Recht Gegenstand der Verhandlungen sind.[40] Unter dem Begriff des Anspruchs in § 203 ist nicht die einzelne materiellrechtliche Anspruchsgrundlage, sondern das aus dem Lebenssachverhalt hergeleitete Begehren auf Befriedigung eines Interesses zu verstehen.[41] Sollten die Parteien den Sachverhalt irrtümlich unter eine falsche Anspruchsgrundlage subsumiert haben, ist dies unbeachtlich; gehemmt ist in diesem Fall der tatsächlich gegebene Anspruch.[42] Das Begehren braucht weder besonders konkretisiert noch beziffert zu sein, wie aus der Formulierung „oder die den Anspruch begründenden Umstände" folgt.[43] Verhandlungen im Rahmen der Geltendmachung eines Auskunftsanspruchs können daher auch die Verjährung des Zahlungsanspruchs hemmen.[44] Ebenso ist es unschädlich, wenn im Zeitpunkt der Verhandlungen über einen Schadensersatzanspruch noch nicht alle Schadensteile benannt werden können.[45] Die Hemmungswirkung tritt auch für künftige Schädigungsfolgen ein – vorausgesetzt, die Verjährung ist hinsichtlich dieser überhaupt schon angelaufen (vgl. in diesem Zusammenhang den von der Rechtsprechung entwickelten Grundsatz der Schadenseinheit; → § 199 Rn. 25 f.). Letztlich wird hier eine **parallele Wertung zu § 199 Abs. 1** gezogen werden können. Sind die Voraussetzungen erfüllt, die § 199 Abs. 1 Nr. 1 an die Entstehung eines Anspruchs knüpft (→ § 199 Rn. 15 ff.) und haben Gläubiger und Schuldner Kenntnis von den den Anspruch begründenden Umständen (§ 199 Abs. 1 Nr. 2;→ § 199 Rn. 41 ff.), ist die Verjährung – unabhängig davon, ob sich diese nach §§ 195, 199 oder nach einer Sonderregelung richtet – in dem Umfang gehemmt, in dem der Anspruch iSd § 199 Abs. 1 Nr. 1 entstanden ist.

Haben die Parteien ausnahmsweise nur über einen **abtrennbaren Teil** des streitigen Anspruchs verhandelt **16** (zB nur über die Höhe des Schmerzensgeldes, nicht aber über den Anspruch auf Ersatz der Behandlungskosten oder auf Rentenansprüche wegen Erwerbsminderung), ist die Hemmungswirkung auf diesen beschränkt;[46] im Übrigen läuft die Frist weiter. Als Ausnahme zu der prinzipiell umfassenden Hemmung aller Einzelansprüche ist eine derartige Beschränkung allerdings nur dann anzunehmen, wenn der dahin

---

37 AnwK-SchuldR/*Mansel* BGB § 203 Rn. 3; ebenso OLG Frankfurt NVwZ-RR 2007, 242 (244); 25.8.2006 – 19 U 54/06, juris Rn. 55; LG München GRUR-RS 2019, 36034; MüKoBGB/*Grothe* § 203 Rn. 7; Palandt/*Ellenberger* BGB § 203 Rn. 3; Erman/ *Schmidt-Räntsch* BGB § 203 Rn. 7.
38 Staudinger/*Peters/Jacoby* BGB § 203 Rn. 15.
39 So BGH NJW 2007, 674 (677); vgl. zum Problem ausf. *Mansel/Budzikiewicz* Jura 2003, 1 (9).
40 S. BT-Drs. 14/6040, S. 112; ebenso Jauernig/*Mansel* BGB § 203 Rn. 2; BeckOGK/*Meller-Hannich* BGB § 203 Rn. 43. Vgl. hierzu auch die alte Rspr. zu § 852 Abs. 2 aF, nach der im Fall des Verhandelns über deliktische Ansprüche auch die Verjährung konkurrierender vertraglicher Schadensersatzansprüche gehemmt wurde; so BGHZ 93, 64, 69; BGH NJW 1998, 1142.
41 S. BT-Drs. 14/6040, S. 112; BGH NJW-RR 2014, 981 (982); OLG Karlsruhe BeckRS 2014, 19181; vgl. auch OLG Hamm NJW-RR 2014, 1393 (1397) (Verhandlungen mit dem Makler über Provisions-

rückforderung bei nichtigem Hauptvertrag); OLG Düsseldorf ZEV 2011, 323 (324) (Verhandlungen über die Zusammensetzung und Bewertung des Nachlasses hemmen die Verjährung sämtlicher zum Nachlass gehörender Ansprüche). S. aber OLG Stuttgart IBRRS 2013, 2356: Nicht mehr Gegenstand der Verhandlungen über einen Mängelbeseitigungsanspruch des Auftraggebers ist der Vergütungsanspruch des Auftragnehmers.
42 Vgl. Erman/*Schmidt-Räntsch* BGB § 203 Rn. 7.
43 S. BT-Drs. 14/6040, S. 112; BGH NJW-RR 2014, 981 (982); OLG Karlsruhe BeckRS 2014, 19181; OLG Stuttgart IBRRS 2013, 2356; s. aber LG Dresden NZI 2016, 363 (364): Der Schuldner muss aufgrund der dargelegten Umstände in die Lage versetzt werden, die geltend gemachte Verpflichtung in angemessener Zeit zu überprüfen.
44 OLG Karlsruhe BeckRS 2014, 19181 (Anspruch auf Elternunterhalt).
45 Staudinger/*Peters/Jacoby* BGB § 203 Rn. 14.
46 S. BGH NJW-RR 2014, 981 (982).

gehende Wille des Schuldners eindeutig zu belegen ist.[47] Keine Einschränkung der Hemmungswirkung liegt grds. vor, wenn Versicherer und Geschädigter Regulierungsverhandlungen führen; hier ist auch der Anspruch gegen den versicherten Schädiger, auf den sich die Hemmungswirkung qua lege erstreckt (vgl. § 115 Abs. 2 S. 4 VVG) in vollem Umfang, nicht nur bis zur Höhe der Deckungssumme gehemmt.[48]

17 Ist der Verjährungsverlauf für Ansprüche gegen verschiedene Schuldner nicht ausnahmsweise aneinander gekoppelt (zB nach § 115 Abs. 2 S. 4 VVG,[49] § 129 Abs. 1 HGB),[50] gilt für die Verjährung bei einer Gesamtschuld der **Grundsatz der Einzelwirkung** (§ 425).[51] Die Hemmung gem. § 203 kommt daher nur für den Schuldner zum Tragen, der die Verhandlungen führt.[52] Ebenfalls nur singuläre Konsequenzen haben die Verhandlungen zwischen Berechtigtem und Verpflichtetem im Fall der Gesamtgläubigerschaft (§ 428)[53] sowie in den von § 432 erfassten Fällen (vgl. §§ 429 Abs. 3 S. 1, 432 Abs. 2).[54] Die Verhandlung hemmt hier nur die Verjährung des Anspruchs des agierenden Gläubigers. S. zur persönlichen Reichweite der Hemmung auch → § 209 Rn. 5.

18 Kommt es bei einer durch **Bürgschaft** gesicherten Forderung nach § 203 zur Hemmung der Verjährung des Anspruchs gegen den Hauptschuldner, hat dies keine Auswirkungen auf den Lauf der Verjährungsfrist gegen den Bürgen. Die Ansprüche verjähren unabhängig voneinander.[55] Konsequenzen hat die Hemmung im Verhältnis Gläubiger und Hauptschuldner für den Bürgen allerdings insoweit, als dieser die Einrede der Verjährung der Hauptschuld (§ 768 Abs. 1 S. 1) erst nach dem Ablauf der gem. § 203 gehemmten Frist geltend machen kann (→ § 209 Rn. 6).

19 Zur Anwendbarkeit des § 213 auf die (Ablauf-)Hemmung nach § 203 → § 213 Rn. 6.

20 **2. Begriff der Verhandlungen. a) Allgemeines.** Die zur Verjährungshemmung führenden Verhandlungen müssen zwischen dem Schuldner und dem Gläubiger oder ihren Vertretern[56] schweben.[57] Verhandeln die Parteien nicht selbst, sondern treten Dritte bei den Verhandlungen auf, ist die Verjährung nur dann nach § 203 S. 1 gehemmt, wenn der Dritte **Verhandlungsvollmacht** besitzt.[58] Die nachträgliche Genehmigung der Verhandlungen eines Vertreters ohne Vertretungsmacht führt nicht zu einer rückwirkenden Hemmung der Verjährung.[59]

Kommt es auf Seiten des Schuldners oder des Gläubigers zu einer **Rechtsnachfolge** hinsichtlich des Anspruchs, dessen Verjährung gem. § 203 S. 1 gehemmt ist, so wirkt der in der Vergangenheit verstrichene Hemmungszeitraum auch zugunsten bzw. zulasten des Rechtsnachfolgers (s. auch → § 209 Rn. 5). Eine

47 BGH NJW-RR 2014, 981 (982). Zum alten Recht bejaht von BGH NJW 1998, 1142 (zu § 852 Abs. 2 aF): Beschränkung der Verhandlungen zwischen Schädiger und Geschädigtem auf den Teil des Schadens, für den keine Deckung von der Versicherung erlangt wird; abgelehnt von BGH VersR 1985, 1141 (1142) (zu § 3 Nr. 3 S. 3 PflVG): Anmeldung des Schadens bei der Versicherung ist grds. nicht auf einzelne Ansprüche beschränkt; OLG Rostock OLG-NL 2001, 172 (173): fehlende Angabe des Schädigers im Betreff der Korrespondenz zwischen Haftpflichtversicherung des Arbeitgebers des Schädigers und Krankenversicherung des Geschädigten führt nicht zu einer Beschränkung der Hemmungswirkung.

48 Vgl. BGHZ 83, 162, 166 ff. (dort zu § 3 Nr. 3 S. 4 PflVG).

49 Vgl. BGHZ 83, 162, 166 ff.; BGH VersR 1985, 1141 (1142); Palandt/*Ellenberger* BGB § 203 Rn. 3; BeckOK BGB/*Spindler* § 203 Rn. 8: Verhandlungen des Geschädigten mit dem Kfz-Pflichtversicherer hemmen auch die Ansprüche gegen den Versicherungsnehmer; s. auch OLG Rostock OLG-NL 2001, 172 (173) (zu § 852 Abs. 2 aF): Verhandlungen der Krankenversicherung einer in einem Alten- und Pflegeheim untergebrachten und dort durch eine Angestellte verletzten Patientin mit der Haftpflichtversicherung des Heimträgers hemmen auch die Ansprüche gegen die Angestellte.

50 Staudinger/*Peters/Jacoby* BGB § 203 Rn. 6.

51 BGH VersR 2014, 1226 (1228).

52 OLG Koblenz ZIP 2007, 2021 f. (Verhandlungen eines Darlehensnehmers hemmen nicht den Anspruch gegen den anderen Darlehensnehmer); OLG Oldenburg VersR 2007, 1277 (1278) (Verhandlungen mit dem Krankenhausträger hemmen grundsätzlich nicht die Ansprüche gegen den behandelnden Arzt; MüKoBGB/*Grothe* § 203 Rn. 7; PWW/*Deppenkemper* BGB § 203 Rn. 2; *Mansel/Budzikiewicz* § 3 Rn. 49; Staudinger/*Peters/Jacoby* BGB § 203 Rn. 6; BeckOK BGB/*Spindler* § 203 Rn. 7.

53 BGH VersR 2014, 1226 (1228).

54 Staudinger/*Peters/Jacoby* BGB § 203 Rn. 6; BeckOGK/*Meller-Hannich* BGB § 203 Rn. 32.

55 LG Köln BeckRS 2012, 06364.

56 Vgl. hierzu Staudinger/*Peters/Jacoby* BGB § 203 Rn. 9; Erman/*Schmidt-Räntsch* BGB § 203 Rn. 8.

57 OLG Koblenz VersR 2016, 1453 (1454); LG Nürnberg-Fürth MedR 2008, 744 (745).

58 BGH VersR 2014, 1226 (1228); OLG Düsseldorf ZGS 2011, 41 (47). S. auch OLG Düsseldorf NZBau 2010, 177 (180) (der Haftpflichtversicherer verhandelt mit Wirkung für den Schädiger, wenn er aufgrund einer Regulierungsvollmacht [zB nach § 5 Nr. 7 AHB] eine unbeschränkte Verhandlungsvollmacht besitzt); s. auch OLG Karlsruhe NJW-RR 2018, 689 (690): keine Verhandlungen, wenn Nachbesserungsarbeiten nicht durch den Verkäufer, sondern durch andere Unternehmen durchgeführt werden.

59 BGH VersR 2014, 1226 (1228); Staudinger/*Peters/Jacoby* BGB § 203 Rn. 9.

Fortsetzung der Hemmung für oder gegen den Rechtsnachfolger setzt dann jedoch voraus, dass dieser ebenfalls in Verhandlungen eintritt.[60]

Der Terminus der „schwebenden Verhandlungen" entspricht dem des § 852 Abs. 2 aF; er ist **weit zu verstehen**.[61] Auf das Fallmaterial zur Auslegung des Begriffs im Rahmen des § 852 Abs. 2 aF kann bei der Auslegung des § 203 zurückgegriffen werden.[62] **21**

Für die Annahme schwebender Verhandlungen iSd § 203 S. 1 genügt **jeder ernsthafte Meinungsaustausch** über den Anspruch oder die ihn begründenden Umstände, sofern der Schuldner nicht sofort und eindeutig jede Anspruchserfüllung ablehnt.[63] Verhandlungen schweben schon dann, wenn der Schuldner nach Inanspruchnahme durch den Gläubiger Erklärungen abgibt, die diesem die Annahme gestatten, der Schuldner lasse sich auf Erörterungen über die Berechtigung des Anspruchs oder dessen Umfang ein.[64] Nicht erforderlich ist, dass dabei Vergleichsbereitschaft oder die Bereitschaft zum Entgegenkommen signalisiert wird, oder dass die Verhandlungen Aussicht auf Erfolg haben.[65] Verhandelt werden kann **auch mündlich**; eine besondere Form der Verhandlungsakte ist nicht vorgeschrieben.[66] Selbst schlüssiges Handeln kann den Voraussetzungen des § 203 S. 1 genügen.[67] Voraussetzung für die Annahme von Verhandlungen ist allerdings, dass dem Schuldner jedenfalls im Kern bekannt ist, welchen Anspruch der Gläubiger geltend machen möchte.[68] **22**

Wird zuerst der **Ersatz eindeutig abgelehnt**, aber zu einem späteren Zeitpunkt dann doch mit Verhandlungen begonnen, so ist für den Beginn der Hemmungswirkung nach § 203 S. 1 der (spätere) Zeitpunkt des tatsächlichen Verhandlungsbeginns entscheidend.[69] Gleiches gilt, wenn bereits **beendete Verhandlungen** nach einiger Zeit **erneut geführt** werden; in diesem Fall wird die nach dem Ende der ersten Verhandlungen fortlaufende Verjährungsfrist mit der Aufnahme der neuen Verhandlungen ex nunc ein zweites Mal gehemmt.[70] **23**

Einzelfälle: Ein ausreichendes Verhandeln – nicht eine Ablehnung der Anspruchserfüllung – liegt beispielsweise vor, wenn der Schuldner erklärt, er sei zur **Aufklärung des** von dem Gläubiger angesprochenen **Sachverhalts** bereit, doch setze das voraus, dass der Gläubiger den dem Anspruch zugrunde liegenden Sachverhalt im Detail schildere und belege; erst dann seien sachdienliche Auskünfte des Schuldners möglich. Pauschale Vorwürfe würden zurückgewiesen.[71] Dementsprechend zieht bereits die **Vereinbarung** **24**

---

60 BGH VersR 2014, 1226 (1228).
61 BGH NJW 2015, 1007 (1008); BeckRS 2014, 3762; NJW 2012, 3633 (3635); BGHZ 182, 76, 80 (Rn. 16); NJW 2007, 587; NJW-RR 2005, 1044 (1046); Palandt/*Ellenberger* BGB § 203 Rn. 2; MüKoBGB/*Grothe* § 203 Rn. 5; *Mankowski/Höpker* MDR 2004, 721 (722); Soergel/*Niedenführ* BGB § 203 Rn. 4; Erman/*Schmidt-Räntsch* BGB § 203 Rn. 5a; BeckOK BGB/*Spindler* § 203 Rn. 4.
62 BGH NJW 2009, 1806 (1807); NJW 2007, 587; LG Düsseldorf NZBau 2009, 657 (659); Soergel/*Niedenführ* BGB § 203 Rn. 4; *Weyer* NZBau 2002, 366 (368).
63 BGH NJW 2019, 1219 (1220); NZFam 2019, 170 (174); NJW-RR 2018, 1150 (1151); VersR 2017, 901 (902); NJW 2015, 1007 (1008); NJW-RR 2011, 98 (99); BGHZ 182, 76, 80 (Rn. 16); NJW 2007, 587; NJW 2007, 64 (65); NJW-RR 2005, 1044 (1046); NJW 2004, 1654.
64 BGH NZFam 2019, 170 (174); NJW-RR 2018, 1150 (1151); VersR 2017, 901 (902); NJW 2015, 1007 (1008); BeckRS 2012, 01025; NJOZ 2011, 1339 (1341); NJW 2011, 1594 (1595) (Rn. 14); BGHZ 182, 76, 80 (Rn. 16); NJW-RR 2007, 1358 (Rn. 32); NJW 2007, 587 (Rn. 10); NJW-RR 2001, 1168 (1169).
65 BGH NJW 2014, 2574 (2575); BeckRS 2012, 1025; BGHZ 182, 76, 80 f. (Rn. 16); NJW 2007, 587; NJW 2007, 64 (65); NJW 2004, 1654 f.; NJW-RR 2001, 1168 (1169); VersR 2001, 1167; NJW 2001, 885 u. 1723; Palandt/*Ellenberger* BGB § 203 Rn. 2; *Mankowski/Höpker* MDR 2004, 721 (722); BeckOK BGB/*Spindler* § 203 Rn. 4.
66 *Mankowski/Höpker* MDR 2004, 721 (722); *Krämer* ZAP 2004, 117 (118); Staudinger/*Peters/Jacoby* BGB § 203 Rn. 10.

67 Staudinger/*Peters/Jacoby* BGB § 203 Rn. 10.
68 OLG München ZIP 2005, 656; OLG Düsseldorf 15.8.2006 – 21 U 143/05, juris Rn. 19; vgl. auch BGH NJOZ 2011, 1339.
69 Vgl. hierzu auch OLG Düsseldorf 29.10.2001 – 1 U 39/01, juris Rn. 46 ff.: Nach Ablehnung der gem. § 3 Nr. 3 S. 3 PflVG angemeldeten Ansprüche werden doch noch Regulierungsverhandlungen aufgenommen. Die Verjährungshemmung richtet sich jetzt nicht mehr nach § 3 Nr. 3 PflVG, sondern nach § 852 Abs. 2 aF; bestätigt durch BGH VersR 2003, 99 (100) (§ 3 Nr. 3 S. 3 PflVG kommt nur bei erstmaliger Geltendmachung von Ansprüchen aus einem Unfall gegenüber dem Pflichtversicherer zur Anwendung; bei erneuten Verhandlungen ist § 852 Abs. 2 aF maßgeblich); krit. *Reiff* LMK 2003, 99 f.
70 BGH NJOZ 2018, 291 (294); Palandt/*Ellenberger* BGB § 203 Rn. 2; *Kniffka/Koeble* Teil 6, Rn. 129; Staudinger/*Peters/Jacoby* BGB § 203 Rn. 12; Erman/*Schmidt-Räntsch* BGB § 203 Rn. 6. Differenzierend BeckOK BGB/*Spindler* § 203 Rn. 5 (bei unmittelbarem zeitlichen Zusammenhang beginnt die Hemmung im Zeitpunkt der ersten Verhandlungen); dagegen zu Recht *Mankowski/Höpker* MDR 2004, 721 (723); vgl. auch OLG Hamm BeckRS 2012, 21875 (keine Verklammerung der einzelnen Hemmungszeiträume zu einem auch die Zwischenzeiten umfassenden durchgehenden Hemmungszeitraum bei mehrmaliger Wiederaufnahme unterbrochener Verhandlungen).
71 BGH NJW-RR 2001, 1168 (1169); s. auch LG Münster BeckRS 2019, 31102; MüKoBGB/*Grothe* § 203 Rn. 5; *Mankowski/Höpker* MDR 2004, 721 (723).

eines Termins zur sachlichen Erörterung die Hemmung der Verjährung nach sich.[72] Gleiches gilt, wenn **Vorschusszahlungen angekündigt** werden und um Bezifferung weiterer unfallbedingter Forderungen gebeten wird,[73] oder wenn der In-Anspruch-Genommene erkennen lässt, er werde die **Berechtigung des geltend gemachten Anspruchs** zumindest **prüfen**.[74] Auch die Bereitschaft des Schuldners, seinen Standpunkt, der Anspruch sei verjährt, in einer **Sammelbesprechung** zu erläutern, kann die Voraussetzungen des § 203 S. 1 erfüllen.[75]

25 Ein ausreichendes Verhandeln kann auch in der **Mitteilung** gesehen werden, dass der Anspruchsgegner die Angelegenheit seiner **Haftpflichtversicherung** zur Prüfung übersendet.[76] Kein Verhandeln ist in einem solchen Fall aber dann gegeben, wenn der Anspruchsgegner zugleich äußert, zur Haftung dem Grunde und der Höhe nach wolle er keine Erklärung abgeben. Der Anspruchsgegner stellt in diesem Fall lediglich in Aussicht, seine eigenen Obliegenheiten aus dem Versicherungsvertrag wahrnehmen zu wollen.[77]

26 Gleichfalls als Verhandlung zu werten ist die Erklärung des Verpflichteten, er werde nach Abschluss eines bestimmten Verfahrens **unaufgefordert auf die Sache zurückkommen**.[78] Anders jedoch, wenn der Schuldner nach Ablehnung einer Einstandspflicht darum bittet, den Vorgang kurzfristig wegen eines anhängigen Rechtsstreits zurückzustellen, und er dem Gläubiger anbietet, diesen über den Ausgang des Verfahrens zu informieren.[79] Ausreichend ist hingegen, dass sich der **Schuldner** selbst **an den Gläubiger wendet** und nachfragt, ob bzw. welche Ansprüche geltend gemacht werden, ohne zugleich eine Einstandspflicht von vornherein abzulehnen.[80] Gleiches gilt, wenn der Gläubiger auf Initiative des Schuldners hin mitteilt, er stufe das Bestehen eines Anspruchs als ernsthaft in Betracht kommend ein, er werde sich aber zu dem Anspruch erst nach Abschluss staatsanwaltlicher Ermittlungen äußern.[81]

27 Hat der Schuldner allerdings die Anspruchserfüllung zunächst eindeutig abgelehnt, dann liegt **kein erneutes Verhandeln** vor, wenn er auf die **Gegenvorstellung** des Gläubigers lediglich zurückhaltend erwidert, dass er derzeit keine Veranlassung zur erneuten Anspruchsprüfung sehe, sich aber einer solchen Prüfung künftig nicht verschließen werde, wenn ihm noch weitere Tatsachen und Beweismittel zugänglich gemacht würden.[82]

28 Sind die Parteien dazu verpflichtet, **Verhandlungen zu führen**, so ist die Verjährung nach § 203 bereits dann gehemmt, wenn der Verpflichtete zur Aufnahme der Verhandlungen aufgefordert oder die Durchführung eines Mediationsverfahrens vorgeschlagen wird. Die Hemmung dauert an, bis der Schuldner zu erkennen gibt, dass er seiner Verhandlungspflicht nicht nachkommen wird. Liegt eine **Mediationsklausel** vor, genügt die Einleitung des Verfahrens, um die Voraussetzungen des § 203 S. 1 zu erfüllen.[83] Liegt keine Mediationsklausel vor, lässt sich der Schuldner jedoch auf ein **Mediationsverfahren** eingelassen, ist ebenfalls von Verhandlungen iSd § 203 S. 1 auszugehen.[84]

29 Erklärt sich der Verpflichtete damit einverstanden, eine **ärztliche Schlichtungsstelle einzuschalten**, ist nach § 203 S. 1 der Anspruch bis zum Abschluss des Schlichtungsverfahrens gehemmt.[85] Wird dann die Bekanntgabe des Güteantrages veranlasst, tritt neben die Hemmung nach § 203 zugleich jene nach § 204

72   *Mankowski/Höpker* MDR 2004, 721 (722).
73   OLG Brandenburg BeckRS 2015, 07893 (Rn. 37).
74   BGH NJW 2017, 949 (951); NJW 2007, 64 (65); OLG Düsseldorf 21.10.2005 – 23 U 49/05, juris Rn. 7; vgl. auch OLG Frankfurt BeckRS 2014, 17116 (Rn. 11): Ankündigung, über die Aufnahme von Verhandlungen zu entscheiden.
75   BGH NJW 1997, 3447 (3448 f.).
76   BGH NJW 2011, 1594 (1595) (Rn. 14); NJW-RR 2007, 1358 (Rn. 32); NJW 1983, 162 (163).
77   BGH BeckRS 2011, 04819; ebenso Vorinstanz: OLG Düsseldorf ZGS 2011, 41 (47 f.); ferner OLG Saarbrücken NJW-RR 2006, 163 (164).
78   OLG Köln BeckRS 2012, 19386; MüKoBGB/*Grothe* § 203 Rn. 5; BeckOK BGB/*Spindler* § 203 Rn. 4. Zum alten Recht: BGH VersR 1975, 440 (441); OLG Saarbrücken VersR 1990, 1024 (1025).
79   OLG Saarbrücken VersR 1990, 1024 (1025).
80   BGH NJW 2001, 1723; OLG Düsseldorf 2.7.2009 – 5 U 170/08, juris Rn. 52; vgl. auch Palandt/*Ellenberger* BGB § 203 Rn. 2; PWW/*Deppenkemper* BGB § 203 Rn. 2.

81   BGH VersR 2001, 1167 f.; *Mankowski/Höpker* MDR 2004, 721 (723).
82   OLG Köln NJW-RR 2000, 1411 (zu § 651 g Abs. 2 aF); vgl. hierzu auch *Mankowski/Höpker* MDR 2004, 721 (723); OLG Dresden r+s 2019, 282 (283) (Abbruch von Verhandlungen über private Invaliditätsversicherung).
83   Ausf. hierzu *Eidenmüller* SchiedsVZ 2003, 163 (167); ebenfalls Palandt/*Ellenberger* BGB § 203 Rn. 2; MüKoBGB/*Grothe* § 203 Rn. 5; *Klose* NJ 2010, 100 (102); aA Staudinger/*Peters/Jacoby* BGB § 203 Rn. 9.
84   BGH NJW 2019, 1219 (1220); Erman/*Schmidt-Räntsch* BGB § 203 Rn. 5 a; BeckOK BGB/*Spindler* § 203 Rn. 4; BeckOGK/*Meller-Hannich* BGB § 203 Rn. 24, 47, 53.
85   OLG Naumburg OLG-NL 2002, 241 (245) (zu § 852 Abs. 2 aF); OLG Zweibrücken NJW-RR 2001, 667 (670) (zu § 852 Abs. 2 aF); BeckOK BGB/*Spindler* § 203 Rn. 4.

Abs. 1 Nr. 4. Die beiden Hemmungstatbestände stehen nicht in einem Konkurrenzverhältnis, sondern können nebeneinander zur Anwendung gebracht werden.[86]

Schließen die Parteien im Rahmen einer gerichtlichen Güteverhandlung einen **Widerrufsvergleich**, ist die Verjährung aller von dem Vergleich erfasster Ansprüche (auch jener, die nicht Streitgegenstand der ursprünglich erhobenen Klage waren) gehemmt, bis der Vergleich widerrufen wird.[87] **30**

Verjährungshemmende Verhandlungen können auch durch den **Verzicht auf die Einrede der Verjährung**[88] oder **Verhandlungen über einen solchen Verzicht**[89] aufgenommen werden.[90] Bittet der Gläubiger zunächst lediglich darum, auf die Verjährungseinrede zu verzichten, ohne zugleich konkrete Ansprüche geltend zu machen, und geht der Schuldner hierauf ein, führt bereits der Verjährungsverzicht zu einer Hemmung, wenn der Berechtigte zu der Annahme gelangen durfte, dass mögliche Ansprüche geprüft werden und über diese verhandelt werden wird.[91] Zur Frage der Anwendbarkeit des § 203 im Falle von unter altem Recht abgegebenen und nach § 225 S. 1 aF nichtigen Verzichtserklärungen → EGBGB Art. 229 § 6 Rn. 55, 48 ff. **31**

Kein Verhandeln iSd § 203 S. 1, jedoch evtl. ein Fall des § 212 Abs. 1 Nr. 1, der zum Neubeginn der Verjährung führt, sind hingegen die Stundung (hier ggf. auch Hemmung nach § 205), Abschlagszahlung, Zinszahlung, Sicherheitsleistung und jedes andere **Anerkenntnis**.[92] **32**

Auch in der **(schriftlichen oder mündlichen) Anspruchserhebung** durch den Gläubiger allein liegt kein ausreichendes Verhandeln, da für dessen Annahme stets eine Entgegnung des Schuldners erforderlich ist, die über die bloße Erfüllungsverweigerung hinausgeht (zu speziellen Hemmungstatbeständen der Anspruchserhebung → Rn. 7).[93] Sowohl die strikte Ablehnung der Anspruchserfüllung (unabhängig davon, ob diese begründet wird)[94] als auch bloßes Schweigen der anderen Seite verhindern daher grds. die Aufnahme verjährungshemmender Verhandlungen (zum Sonderfall einer Verhandlungspflicht s. aber→ Rn. 28).[95] Gleiches gilt, wenn auf die Anmeldung einer Forderung oder eines Regresses lediglich eine **standardisierte Eingangsbestätigung** zurückgesandt wird (wie dies zB bei Haftpflichtversicherungen üblich ist),[96] oder der Schuldner zwar **Verlängerung der Frist zur Stellungnahme** bittet, sich anschließend aber nicht mehr äußert.[97] Auch der bloße **Hinweis** auf die eigene **Leistungsunfähigkeit** führt noch nicht zu Verhandlungen mit dem Gläubiger.[98] Nimmt der **Anwalt** in der mündlichen Verhandlung einen gerichtlichen **Vergleichsvorschlag** entgegen, um diesen an den Mandanten weiterzureichen, verhandelt er jedoch weiterhin streitig zur Sache, so hat er noch keine Verhandlungen namens des Mandanten aufgenommen.[99] Ebenso wenig führt die Übersendung eines ausdrücklich als **Kulanzangebot** bezeichneten Vergleichsangebots zur Aufnahme von Verhandlungen.[100] Das Gleiche gilt für die öffentlich erklärte Absicht, unter bestimmten Bedingungen Altanleihen im Markt zurückzukaufen.[101] **33**

86 *Eidenmüller* SchiedsVZ 2003, 163 (166); *Friedrich* MDR 2004, 481 (483); MüKoBGB/*Grothe* § 203 Rn. 6; Staudinger/*Peters/Jacoby* BGB § 203 Rn. 3; aA Erman/*Schmidt-Räntsch* BGB § 203 Rn. 5 c (Verhandlungen vor einer ärztlichen Schieds- oder Gutachtenstelle fallen nicht unter § 203, sondern werden ausschließlich von § 204 Abs. 1 Nr. 4 erfasst); *Wagner* ZKM 2002, 103 (107).

87 BGH NJW 2005, 2004 (2006); vgl. zur Hemmung durch Vergleichsschluss auch BGH NZFam 2019, 170 (174).

88 Zur Reichweite eines Verjährungsverzichts s. auch BGH NJW 2014, 2267 (2268).

89 OLG Karlsruhe 16.1.2006 – 17 U 344/05, juris Rn. 13 f.; s. auch LG Köln BeckRS 2014, 04277 (Frage der Auslegung).

90 S. dazu auch *Ries/Strauch* BauR 2014, 450 (452 f.).

91 BGH NJW 2004, 1654 (1655) (zu § 852 Abs. 2 aF); s. aber auch OLG Düsseldorf 14.10.2003 – 23 U 222/02, juris Rn. 53 (dort Verhandlungen durch Verzicht auf die Einrede der Verjährung abgelehnt).

92 Ebenso *Mankowski/Höpker* MDR 2004, 721 (723).

93 BGH NJW-RR 2018, 1150 (1151) (keine Hemmung allein durch Zahlungsaufforderung); OLG Düsseldorf 3.7.2006 – 23 U 4/05, juris Rn. 22; LG Münster BeckRS 2015, 08900; *Mankowski/Höpker* MDR 2004, 721 (722) (außergerichtliche Aufforderung zur Nacherfüllung hemmt nicht); Staudinger/*Peters/Jacoby* BGB § 203 Rn. 7 (keine Hemmung durch Mahnung). AA *Reinking* ZGS 2002, 140 (143).

94 OLG Koblenz 30.3.2006 – 6 U 1474/05, juris Rn. 65; Erman/*Schmidt-Räntsch* BGB § 203 Rn. 5 b.

95 OLG Köln 18.12.2008 – 19 U 44/08, juris Rn. 28 (ein ohne Reaktion gebliebenes Verhandlungsangebot führt nicht zu Verhandlungen); LAG Hamm BeckRS 2014, 65621 (ohne Reaktion gebliebenes Vergleichsangebot); Henssler/von Westphalen/*Bereska* BGB § 203 Rn. 3 f.; *Mankowski/Höpker* MDR 2004, 721 (722).

96 Schleswig-Holsteinisches OLG 18.7.2006 – 3 U 162/05, juris Rn. 24, 32 ff.; Palandt/*Ellenberger* BGB § 203 Rn. 2; *Mankowski/Höpker* MDR 2004, 721 (722); Erman/*Schmidt-Räntsch* BGB § 203 Rn. 5 b; vgl. auch BGH NJW 2007, 64 (65).

97 OLG Saarbrücken NJW-RR 2006, 163 (164); vgl. auch OLG Frankfurt BeckRS 2017, 151036 (Bitte um Fristgewährung für Prüfung, ob Aufnahme von Verhandlungen sinnvoll erscheint); s. dagegen OLG Frankfurt NJW-RR 2018, 1059 (1062): Annahme von Verhandlungen, nachdem die in Anspruch genommene Partei auf eine Abmahnung reagiert und um Fristverlängerung gebeten hat.

98 BGH NJW-RR 2018, 1150 (1151); *Derleder* VuR 2013, 128 (129).

99 Schleswig-Holsteinisches OLG 18.7.2006 – 3 U 162/05, juris Rn. 32 ff.

100 OLG Frankfurt BeckRS 2012, 10116.

101 OLG Frankfurt NZG 2018, 999 (1000).

34 Auch die **Anfechtung eines Eigentümerbeschlusses** vor Gericht begründet keine Verhandlungen. Durch die Erhebung der Anfechtungsklage wird vielmehr offensichtlich, dass der Anfechtende den Anspruch (in der geltend gemachten Form) für nicht berechtigt hält und die Erfüllung ablehnt.[102]

35 **b) § 203 als partielle Nachfolgenorm des § 639 Abs. 2 aF.** Unterzieht sich der Unternehmer im Einvernehmen mit dem Besteller der Prüfung des Vorhandenseins eines Werkmangels oder der Beseitigung des Mangels, so ist darin nach dem Willen des Gesetzgebers ebenfalls ein Verhandeln im Sinne des § 203 zu sehen.[103] Vor Inkrafttreten des SchuldRModG am 1.1.2002 hatte § 639 Abs. 2 aF einen entsprechenden speziellen Hemmungstatbestand vorgesehen (→ Rn. 1). Die Vorschrift wurde aufgehoben. Der Gesetzgeber geht davon aus, dass § 203 diese Lücke schließt.

36 Es besteht jedenfalls weitgehend Einigkeit, dass die bisher unter § 639 Abs. 2 aF fallenden Sachverhalte auch nach neuem Recht eine Hemmung begründen sollen.[104] Man wird die Annahme des Gesetzgebers teilen und im Regelfall die Zusage einer **Mängelprüfung** durch den Unternehmer oder Verkäufer einschließlich der Mängelprüfung selbst[105] (ggf. auch unter Einholung eines Gutachtens)[106] als Verhandeln iSd § 203 S. 1 qualifizieren können.[107] Denn der Begriff des Verhandelns ist weit zu verstehen. Ein Verhandeln liegt bereits dann vor, wenn der Unternehmer bei dem Besteller den Eindruck erweckt, er werde den Mangel prüfen bzw. sich um dessen Behebung kümmern, und der Besteller sich darauf einlässt (→ Rn. 21 f.).[108] Die Hemmung tritt in diesem Fall bereits mit der Einigung der Parteien über die Mängelprüfung oder die erforderliche Nachbesserung ein, nicht erst mit deren tatsächlicher Vornahme.[109] Dabei genügt es, wenn der Besteller dem Unternehmer die Mangelerscheinungen präzise beschrieben hat; die Verhandlungen umfassen in diesem Fall auch auf der zugrundeliegenden Mangelursache beruhenden Ansprüche, ohne dass es auf die (zutreffende) Angabe des Fehlers durch den Besteller ankäme.[110] Sollte § 203 ausnahmsweise nicht eingreifen, kommt eine **stillschweigende Verjährungsabrede** nach § 202 in Betracht mit dem Inhalt, dass die Verjährung während der Mängelprüfung durch den Unternehmer bis zur Mitteilung des Ergebnisses der Prüfung gehemmt ist (→ Rn. 38).[111] Dabei ist für das Ende der Hemmung auf den Zugang der Mitteilung beim Besteller abzustellen. **Nicht als Verhandeln** gewertet werden kann hingegen die **bloße Mängelrüge** durch den Besteller.[112] Gleiches gilt, wenn der Mangel vom Schuldner (zB Tragwerksplaner) zwar **besichtigt** wird, dieser jedoch keine Anstrengungen unternimmt, zur Aufklärung der Mängelursache beizutragen.[113]

37 Ein Verhandeln iSd § 203 kann im Regelfall auch dann angenommen werden, wenn sich die Parteien auf die **Durchführung eines Nachbesserungsversuchs** einigen, denn der Unternehmer lässt sich dadurch – ähnlich wie bei einer Mängeluntersuchung – auf eine Diskussion über anspruchsbegründende Tatsachen ein.[114] Das genügt für ein Verhandeln iSd § 203 (→ Rn. 22, 36). Im bisherigen Recht jedenfalls war die Hemmung infolge einer analogen Anwendung des § 639 Abs. 2 aF anerkannt.[115]

38 Sollte eine Einordnung als Verhandlung im Einzelfall nicht möglich sein, ist in aller Regel von einer **stillschweigend vereinbarten Verjährungshemmung** (§ 202) der Mängelgewährleistungsansprüche für die

102 OLG Frankfurt 15.8.2008 – 19 U 57/08, juris Rn. 8.
103 BT-Drs. 14/6040, S. 111, 267.
104 So auch BGH NJW 2008, 576 (577); NJW 2007, 587.
105 BGH NJW 2007, 587; OLG Oldenburg 12.2.2008 – 12 U 42/07, juris Rn. 25; OLG Düsseldorf NJW-RR 2011, 597 (600); OLG Dresden VersR 2011, 894 m. zust. Anm. *Luckey*, 896.
106 *Kniffka/Koeble* Teil 6 Rn. 126; Soergel/*Niedenführ* BGB § 203 Rn. 5 (Beginn der Hemmung bereits mit der Einigung, einen Gutachter beizuziehen, nicht erst mit dem Zugang des Gutachtens beim Unternehmer).
107 Ausf. hierzu *Weyer* NZBau 2002, 366 (369); vgl. ferner Henssler/von Westphalen/*Bereska* BGB § 203 Rn. 10; Palandt/*Ellenberger* BGB § 203 Rn. 2; *Fischinger* VersR 2005, 1641 (1644); MüKoBGB/*Grothe* § 203 Rn. 6; *Mankowski/Höpker* MDR 2004, 721 (723); Soergel/*Niedenführ* BGB § 203 Rn. 5; BeckOK BGB/*Spindler* § 203 Rn. 4. AA *Schwenker* EWiR 2002, 331 (332); *Faber/Werner* NJW 2008, 1910 (1912 ff.).
108 BGH NJW 2007, 587; s. auch KG IBRRS 2013, 3864 (Vereinbarung eines Termins zur Begehung des Bauvorhabens, um gewährleistungspflichtige Mängel festzustellen).
109 OLG Düsseldorf NJW-RR 2011, 597 (600).
110 BGH NJW 2008, 576 (577).
111 Vgl. auch BGH NJW 2007, 587, der ebenfalls von einer „Überprüfungsvereinbarung" bzw. von einer „Abrede über einen Nachbesserungsversuch" ausgeht, diese dann aber nicht auf § 202 stützt, sondern daraus ein Verhandeln iSd § 203 S. 1 ableitet. AA *Faber/Werner* NJW 2008, 1910 (1912).
112 *Kniffka/Koeble* Teil 6 Rn. 126.
113 BGH NJW 2002, 288 (289) sowie unter Hinw. auf diese Entscheidung Palandt/*Ellenberger* BGB § 203 Rn. 3; Soergel/*Niedenführ* BGB § 203 Rn. 5; *Weyer* NZBau 2002, 366 (369).
114 OLG Koblenz BeckRS 2015, 121648; OLG München 29.4.2008 – 10 U 2399/08, juris Rn. 7; Palandt/*Ellenberger* BGB § 203 Rn. 2; *Reinking* ZGS 2002, 140 (143); BeckOK BGB/*Spindler* § 203 Rn. 4; *Wagner* ZIP 2002, 789 (794); *Weyer* NZBau 2002, 366 (369); vgl. auch Dauner-Lieb/Arnold/Dötsch/Kitz/*Arnold*, Fälle zum Neuen Schuldrecht, 2002, S. 329; *ders.* ZGS 2002, 438 (440); *Auktor* NJW 2003, 120 (122); *Auktor/Mönch* NJW 2005, 1686 (1688), die zwar die Annahme von Verhandlungen ablehnen, jedoch für eine analoge Anwendung des § 203 eintreten. AA *Schwenker* EWiR 2002, 331 (332).
115 BGH NJW 1999, 2961; Palandt/*Putzo*, 60. Aufl. 2001, BGB § 477 Rn. 17; Palandt/*Sprau*, 60. Aufl. 2001, BGB § 639 Rn. 6.

Zeit der Durchführung eines Nachbesserungsversuchs ab Einigung über die Durchführung des Versuchs auszugehen. Denn beide Parteien wollen und können redlicherweise aus der Durchführung der Nachbesserungsversuche keine für den Gläubiger nachteiligen Verjährungsfolgen ableiten.[116]

Ausnahmsweise kann in der Vornahme der Nachbesserungsversuche auch ein **Anerkenntnis** iSd § 212 Abs. 1 Nr. 1 liegen, das dann zu einem Verjährungsneubeginn führt (→ § 212 Rn. 15).[117] In diesem Fall kumulieren Neubeginn und Hemmung: Die infolge des Anerkenntnisses neu in Lauf gesetzte Verjährungsfrist wird aufgrund der Einigung über die Durchführung einer Nacherfüllung zugleich unmittelbar gem. § 203 gehemmt. Die Hemmung dauert an bis zum Ende der Verhandlungen (→ Rn. 44 ff.); danach steht dem Gläubiger erneut die gesamte Frist zur Verfügung.[118] Letztlich wird ein Anerkenntnis jedoch nur dann anzunehmen sein, wenn der Schuldner tatsächlich davon ausgeht, dass der Gläubiger einen Anspruch auf Nacherfüllung gem. § 437 Nr. 1 bzw. § 634 Nr. 1 besitzt und dies auch zum Ausdruck bringt.[119] Geht der In-Anspruch-Genommene auf das Nacherfüllungsverlangen lediglich aus Gefälligkeit bzw. **Kulanz** und ohne Anerkennung einer Rechtspflicht ein, kommt ein Anerkenntnis nicht in Betracht;[120] die Nacherfüllung kann hier nur zu einer Hemmung der Verjährung gem. § 203 führen.[121]

Keine Hemmungswirkung kommt der schlichten **Aufforderung zur Nacherfüllung** zu.[122] Solange sich **39** der (vermeintliche) Schuldner nicht mit einem Nachbesserungsversuch einverstanden erklärt oder sich zumindest über einen solchen mit dem Anspruchsteller austauscht, handelt es sich bei dem Begehren des Gläubigers lediglich um eine einseitige Anspruchserhebung, die noch kein Verhandeln darstellt (→ Rn. 33).

c) § 203 als Nachfolgenorm zu § 651 g Abs. 2 S. 3 aF. Die Geltendmachung des Gewährleistungsan-**40** spruchs durch den Reisenden führte nach dem durch das SchuldRModG aufgehobenen § 651 g Abs. 2 S. 3 aF zu einer Hemmung der Verjährung. Im neuen Recht begründen die von dieser Vorschrift bisher erfassten Tatbestände nur noch unter den Voraussetzungen des § 203 S. 1 die Verjährungshemmung. Der Gesetzgeber ging davon aus, dass der neue Hemmungstatbestand in den Fällen des früheren § 651 g Abs. 2 S. 3 aF stets erfüllt sein wird.[123] Das ist aber nicht zwingend so, da nach § 651 g Abs. 2 S. 3 aF bereits die bloße Geltendmachung des Anspruchs durch den Reisenden die Hemmung auslöste. § 203 setzt demgegenüber eine inhaltliche (→ Rn. 33) Äußerung des Reiseveranstalters voraus. Erst dann liegt ein Verhandeln im Sinne des § 203 S. 1 vor. Die Regelung **stellt den Reisenden** daher **schlechter**, als dies vor Aufhebung des § 651 g Abs. 2 S. 3 aF der Fall war. Jedoch wird diese Verschlechterung der Rechtsstellung durch die Verlängerung der Verjährungsfrist von sechs Monaten auf zwei Jahre (§ 651 g Abs. 2 S. 1 aF; seit 1.7.2018: § 651 j S. 1)[124] ausgeglichen. Vor diesem Hintergrund ist die Aufhebung der Norm rechtspolitisch hinnehmbar. Zur Übergangsproblematik → Rn. 58 f.

Die zweijährige Verjährungsfrist des § 651 g Abs. 2 S. 1 aF (bis 30.6.2018) konnte bis auf ein Jahr verkürzt **41** werden (§ 651 m S. 2 aF). Mit der Aufhebung des § 651 m S. 2 aF zum 1.7.2018 durch das Dritte Gesetz zur Änderung reiserechtlicher Vorschriften besteht diese Möglichkeit nicht mehr; eine Verkürzung der zweijährigen Frist des § 651 j S. 1 ist nach § 651 y unzulässig.[125] Die Neuregelung kommt allerdings nur für Reiseverträge zum Tragen, die nach dem 30.6.2018 abgeschlossen wurden; für Altverträge gilt weiterhin die frühere Rechtslage (Art. 229 § 42 EGBGB).[126]

116 AA *Oppenborn*, Verhandlungen und Verjährung, S. 159 f.
117 *Kniffka/Koeble* Teil 6 Rn. 126.
118 Vgl. Staudinger/*Peters/Jacoby* BGB § 203 Rn. 2; *Weyer* NZBau 2002, 366 (370).
119 OLG Düsseldorf IBRRS 2014, 0388; *Arnold* ZGS 2002, 438 (440); Staudinger/*Peters/Jacoby* BGB § 203 Rn. 2; *Weyer* NZBau 2002, 366 (370).
120 *Arnold* ZGS 2002, 438 (440); vgl. auch *Reinking* ZGS 2002, 140 (144 f.); *Weyer* NZBau 2002, 366 (370). AA *von Westphalen* ZGS 2002, 19 (21).
121 Ebenso *Kniffka/Koeble* Teil 6 Rn. 126; Staudinger/ *Peters/Jacoby* BGB § 203 Rn. 8; vgl. auch zu § 639 Abs. 2 aF BGH WM 1977, 823. AA Erman/*Schmidt-Räntsch* BGB § 203 Rn. 5 b unter Hinw. auf AG Hannover RRa 2001, 225. Die Entscheidung bezieht sich jedoch auf den Sonderfall, dass ein Reiseveranstalter Ansprüche zunächst entsprechend § 651 g Abs. 2 S. 3 aF zurückgewiesen hatte und erst auf ein erneutes Schreiben des Reisenden mitteilte, er sei ohne Anerkennung einer Rechtspflicht bereit, einen bestimmten Betrag zu zahlen. Hier führte die nachträgliche Zahlung nicht zu einer erneuten Hemmung nach § 651 g

Abs. 2 S. 3 aF. Ähnlich hat der BGH in Bezug auf die Hemmung nach § 3 Nr. 3 S. 3 PflVG entschieden (BGH VersR 2003, 99 (100)); danach kommt die Sonderregelung nur bei erstmaliger Geltendmachung von Ansprüchen aus einem Unfall gegenüber dem Pflichtversicherer zur Anwendung; bei erneuten Verhandlungen soll hingegen auf § 852 Abs. 2 aF (heute: § 203) abzustellen sein. Da § 852 Abs. 2 aF jedoch auf reisevertragliche Gewährleistungsansprüche keine Anwendung fand, kann der Entscheidung des AG Hannover für die Auslegung des neuen Rechts keine Indizwirkung zukommen.
122 *Mankowski/Höpker* MDR 2004, 721 (722); *Reinking* ZGS 2002, 140 (142).
123 BT-Drs. 14/6040, S. 91, 97, 111, 269.
124 Eingefügt durch das Dritte Gesetz zur Änderung reiserechtlicher Vorschriften (BGBl. 2017 I S. 2395) mWv 1.7.2018.
125 Palandt/*Sprau* BGB § 651 j Rn. 1; BeckOGK/*Sorge* BGB § 651 j Rn. 49.
126 Siehe dazu die Kommentierung in der 3. Aufl. 2016, BGB § 203 Rn. 41.

III. Rechtsfolgen

42   **1. Beginn und Ende der Hemmung (S. 1).**   Von dem Beginn der Verhandlungen an bis zur Verweigerung der Fortsetzung der Verhandlungen ist die Verjährung gehemmt. Der Gesetzgeber hat davon abgesehen, besondere Kriterien für den Beginn und das Ende der Verhandlungen (und damit der Hemmungsdauer) aufzustellen, da die Art und Weise, wie über streitige oder zweifelhafte Ansprüche verhandelt werden könne, so vielgestaltig sei, dass sie sich einer weiter gehenden Regelung entziehe.[127] Es sind daher Rechtsprechung und Literatur aufgerufen, passende Maßstäbe zu entwickeln. Dabei kann auch auf die zu §§ 639 Abs. 2, 852 Abs. 2 aF gefundenen Ergebnisse zurückgegriffen werden.[128]

43   Kommen Verhandlungen iSd § 203 zustande (→ Rn. 20 ff.), **beginnt** die Hemmung rückwirkend zu dem Zeitpunkt, in dem der Anspruch gegenüber dem Schuldner geltend gemacht wurde[129] oder aber der die Initiative ergreifende Schuldner sich erstmals an den Gläubiger gewandt hat.

44   Mit der ausdrücklichen Erklärung des Gläubigers oder des Schuldners, die Verhandlungen nicht mehr weiterführen zu wollen, **endet** in jedem Fall die Hemmung. Die Parteien können ihre Verhandlungsbereitschaft auch von vornherein befristen. In diesem Fall sind die Verhandlungen beendet, wenn der Verhandlungspartner die gesetzte Frist ohne Stellungnahme verstreichen lässt.[130] Der ausdrücklichen Erklärung steht ein **klares und eindeutiges Verhalten** einer Partei gleich, welches die Verhandlungsbeendigung zum Ausdruck bringt.[131] Insoweit ist ein strenger Maßstab anzulegen.[132] Leugnet der Schuldner zwar, aus dem geltend gemachten Anspruch verpflichtet zu sein, erweckt er beim Gläubiger jedoch den Eindruck, grds. weiterhin an einer gütlichen Einigung interessiert zu sein, und sei es nur aus Kulanz, liegt noch kein Abbruch der Verhandlungen vor.[133] Haben sich die Parteien indes über das Bestehen oder Nichtbestehen des Anspruchs endgültig geeinigt, ist das Ziel der Verhandlungen erreicht; die Verhandlungen sind damit grds. beendet.[134] Setzt der Schuldner nach dem Abbruch der Verhandlungen seine interne Prüfung fort, führt dies nicht zu einer weiteren Hemmung; Vorgänge, die dem Gläubiger verborgen bleiben, sind keine Verhandlungen iSd § 203.[135]

45   Liegt ein Fall vor, der nach § 639 Abs. 2 aF zur Hemmung geführt hat (einverständliche **Mängelprüfung** oder **Mängelbeseitigung**), enden die Verhandlungen allerdings erst dann, wenn der Verkäufer oder der Unternehmer das Ergebnis der Prüfung mitteilt, eine neue Sache liefert bzw. das nachgebesserte Werk zurückgibt und den Mangel für beseitigt erklärt oder die Fortsetzung der Mängelbeseitigung verweigert.[136] Soll das nachgebesserte Werk durch den Besteller abgenommen werden, enden die Verhandlungen mit der Abnahme.[137]

46   Betreffen die Verhandlungen **verschiedene Ansprüche**, steht es den Parteien frei, die Verhandlungen und damit auch die Hemmung hinsichtlich einzelner Forderungen zu beenden und die Gespräche bezüglich der übrigen Ansprüche verjährungshemmend fortzusetzen.[138]

47   Problematisch ist die Festlegung des Endes von Verhandlungen bei einem schlichten **„Einschlafen" der Gespräche** ohne eindeutige Erklärung eines Beteiligten über das Ende seiner Verhandlungsbereitschaft (→ Rn. 63).[139] Das Gesetz verzichtet auf eine ausdrückliche Regelung für diesen Fall. In der Gesetzesbe-

127 BT-Drs. 14/6040, S. 112.
128 Vgl. BGH VersR 2017, 901 (902) (zum Einschlafenlassen von Verhandlungen).
129 BGH BeckRS 2014, 00822 (Rn. 2) mAnm *Budzikiewicz* NJ 2014, 212; BGH VersR 1962, 615 (616); OLG Koblenz NZBau 2018, 158 (159); *Mankowski/ Höpker* MDR 2004, 721 (724); aA OLG Brandenburg 22.11.2006 – 4 U 58/06, juris Rn. 59.
130 OLG Frankfurt BeckRS 2017, 137972; OLG Köln BeckRS 2007, 14131.
131 BGH NJW 2017, 949 (951 f.) mAnm *Budzikiewicz* MedR 2017, 965; OLG Dresden r+s 2019, 282 (283) (Abbruch von Verhandlungen durch Versicherer); OLG Frankfurt NJW-RR 2018, 1059 (1062); OLG Brandenburg NJOZ 2018, 965 (972); OLG Hamm BeckRS 2019, 17245; LG Münster BeckRS 2019, 31102 (unmissverständliche und uneingeschränkte Anspruchszurückweisung); *Mankowski/Höpker* MDR 2004, 721 (725); Soergel/*Niedenführ* BGB § 203 Rn. 7; Erman/*Schmidt-Räntsch* BGB § 203 Rn. 6; BeckOK BGB/*Spindler* § 203 Rn. 9.
132 BGH NJW 2017, 949 (952); *Mankowski/Höpker* MDR 2004, 721 (726); BeckOK BGB/*Spindler* § 203

Rn. 9; s. auch OLG Frankfurt NJW-RR 2018, 1059 (1062) zu einem Teilabbruch von Verhandlungen.
133 *Mankowski/Höpker* MDR 2004, 721 (726); Soergel/ *Niedenführ* BGB § 203 Rn. 7; vgl. auch KG Berlin ZEV 2008, 481 (482); OLG Oldenburg VersR 2007, 1277 (1278) (erforderlich ist ein doppeltes „Nein": zum Anspruch und zu weiteren Gesprächen).
134 Staudinger/*Peters/Jacoby* BGB § 203 Rn. 13.
135 BGH NJW 2017, 949 (952).
136 BGH NJW 2008, 576 (578); OLG Karlsruhe NJW-RR 2018, 689 (690); OLG Brandenburg BeckRS 2016, 1598; KG IBRRS 2013, 3864; OLG Düsseldorf NJW-RR 2011, 597 (600); OLG Oldenburg 12.2.2008 – 12 U 42/07, juris Rn. 25; Palandt/*Ellenberger* BGB § 203 Rn. 4; *Auktor* NJW 2003, 120 (122); *Weyer* NZBau 2002, 366 (369).
137 *Kniffka/Koeble* Teil 6 Rn. 128; *Weyer* NZBau 2002, 366 (370).
138 OLG Düsseldorf NJW-RR 2005, 819 (821); vgl. auch OLG Frankfurt NJW-RR 2018, 1059 (1062).
139 BT-Drs. 14/6040, S. 112 unter Hinw. auf *Mansel* in Ernst/Zimmermann, Zivilrechtswissenschaft und Schuldrechtsreform, S. 333, 398.

gründung wird die Lösung im Einzelfall der Rechtsprechung überlassen, so wie es auch bei § 852 Abs. 2 aF der Fall war. Rechtsprechung und Lehre zu § 852 Abs. 2 aF sahen für den Fall des „Einschlafens" der Verhandlungsgespräche vor, dass die Hemmung in dem Zeitpunkt endet, in welchem der nächste Verhandlungsschritt nach Treu und Glauben zu erwarten gewesen wäre.[140] Nichts anderes soll ausweislich der Gesetzesbegründung für § 203 gelten.[141] Ein Abbruch der Verhandlungen durch „Einschlafenlassen" ist danach auch im Rahmen des § 203 immer dann anzunehmen, wenn der Zeitpunkt verstrichen ist, zu dem spätestens eine Antwort auf die letzte Äußerung der Gegenpartei (Schuldner oder Gläubiger)[142] zu erwarten gewesen wäre, falls die Verhandlungen mit verjährungshemmender Wirkung hätten fortgesetzt werden sollen.[143] Wann mit dem nächsten Schritt zu rechnen gewesen wäre, lässt sich nicht allgemeinverbindlich festlegen.[144] Insofern ist stets auf die Besonderheiten des in Rede stehenden Falles abzustellen.[145] Kein Anlass für Differenzierungen ist dabei die Länge der zu hemmenden Verjährungsfrist. Bei der Frage, wann die Hemmung nach § 203 S. 1 beendet ist, macht es keinen Unterschied, ob der Anspruch einer Sonderverjährung oder aber der allgemeinen Verjährungsfrist des § 195 unterliegt.[146]

Beispiele aus der Rechtsprechung: Ende der Hemmung wegen „Einschlafens" der Verhandlungen im Regelfall nach 1 Monat,[147] spätestens nach 1 Monat,[148] nach ca. 1 Monat, wenn die andere Partei um dringende Mitteilung über den Stand der Angelegenheit gebeten hat,[149] höchstens 2 Wochen, wenn lediglich die Übersendung von Unterlagen erbeten wurde,[150] ca. 6 Wochen nach dem letzten Schreiben der Gegenseite,[151] nach 2 Monaten,[152] spätestens nach 3 Monaten, wenn die Parteien nur kurz (1 Tag) verhandelt hatten,[153] innerhalb eines halben Jahres,[154] jedenfalls nach 9 Monaten,[155] 1 Jahr, nachdem die Parteien über einen Zeitraum von etwa 10 Jahren verhandelt hatten, der Unternehmer jedoch der zugesagten Mängelprüfung und -beseitigung nicht nachgekommen ist.[156] **48**

Haben die Parteien eine **Verhandlungspause** vereinbart, um den Eintritt eines bestimmten Ereignisses abzuwarten (zB den Ausgang eines Strafverfahrens oder den Abschluss eines Musterprozesses), endet die Hemmung nach § 203 S. 1 nach dem Eintritt des betreffenden Ereignisses in dem Zeitpunkt, in dem spätestens mit einer Wiederaufnahme der Gespräche zu rechnen gewesen wäre. Im Regelfall wird es dem Gläubiger obliegen, die Initiative zu ergreifen, sollte er an einer Fortsetzung der Verhandlungen und damit an einer Fortdauer der Hemmung nach § 203 S. 1 Interesse haben.[157] Wird die Dauer der Verhandlungspause nicht mit dem Eintritt eines bestimmten Ereignisses verbunden, sondern das Ende der Unterbrechung offen gelassen – zB weil die weitere Schadensentwicklung abgewartet werden soll – entscheiden die Umstände des Einzelfalles, wer die Verhandlungen wieder aufzunehmen hat. Verstreicht der Zeitpunkt, zu dem spätestens **49**

140 BT-Drs. 14/6040, 112 unter Hinw. auf BGH NJW 1986, 1337 (1338); zust. *Willingmann* in Micklitz/ Pfeiffer ua, Schuldrechtsreform und Verbraucherschutz, S. 1, 34.

141 BT-Drs. 14/6040, S. 112; zweifelnd *Dobmaier* AnwBl 2002, 107 (108); OLG Koblenz NJW 2006, 3150 (3152).

142 BGH NJW 2017, 949 (952 f.) mAnm *Budzikiewicz* MedR 2017, 965; OLG Koblenz NJW 2018, 477 (478); s. dazu, dass sowohl der Gläubiger als auch der Schuldner die Verhandlungen einschlafen lassen kann, auch *Budzikiewicz* MedR 2016, 340 (341 f.); *dies.* NJ 2009, 163 (164).

143 Ebenso BGH VersR 2017, 901 (902); NJW 2009, 1806 (1807); NJW-RR 2005, 1044 (1047); OLG Koblenz NJW 2018, 477 (478); OLG Dresden VersR 2011, 894 m. zust. Anm. *Luckey* 896; Staudinger/ *Peters/Jacoby* BGB § 203 Rn. 13; Erman/*Schmidt-Räntsch* BGB § 203 Rn. 6; *Derleder* VuR 2013, 128 (129 f.); *Jänig* ZGS 2009, 350 (353); aA OLG Koblenz NJW 2006, 3150 (3152) (Abbruch der Verhandlungen nur durch eindeutige Erklärung oder sonstiges Verhalten, aus dem sich zweifelsfrei ergibt, dass nicht weiter verhandelt werden soll).

144 Insbesondere ist eine Orientierung an der Sechsmonatsfrist des § 204 Abs. 2 S. 1 ausgeschlossen; vgl.

OLG Sachsen-Anhalt 23.10.2008 – 9 U 19/08, juris Rn. 57; *Budzikiewicz* NJ 2009, 163 (164).

145 BGH VersR 2017, 901 (902); *Schwenker* EWiR 2002, 331 (332).

146 BGH NJW 2009, 1806 (1807).

147 OLG Frankfurt NJW-RR 2018, 1059 (1062); BeckRS 2018, 25352; OLG Hamm BeckRS 2015, 06904 (Rn. 65); OLG Dresden VersR 2011, 894 m. zust. Anm. *Luckey* 896; OLG Hamm 4.12.2008 – 28 U 25/08, juris Rn. 25; OLG Sachsen-Anhalt 23.10.2008 – 9 U 19/08, juris Rn. 54.

148 KG Berlin 23.11.2007 – 7 U 114/07, juris Rn. 10; OLG Düsseldorf 21.10.2005 – 23 U 49/05, juris Rn. 8.

149 OLG Düsseldorf VersR 1999, 68 (69).

150 OLG Hamm BeckRS 2015, 06904 (Rn. 65).

151 OLG Karlsruhe NJW-RR 1994, 594 (596).

152 OLG Koblenz NZBau 2018, 158 (160).

153 BGH VersR 2017, 901 (902) („Zeitraum mit drei Monaten großzügig bemessen").

154 LG Karlsruhe 15.6.2007 – 3 O 393/06, juris Rn. 36.

155 SG Berlin 22.9.2010 – S 71 KA 552/09, juris Rn. 45 f. (Vergleichsverhandlungen).

156 OLG Celle EWiR 2002, 331.

157 KG Berlin ZEV 2008, 481 (482) (Überlegungsfrist von etwa vier Wochen); s. auch *Fischinger* VersR 2005, 1641 (1644).

mit einer Wiederaufnahme der Gespräche zu rechnen gewesen wäre, müssen die Gespräche als eingeschlafen gelten.[158]

50 Werden die durch „Einschlafenlassen" abgebrochenen Verhandlungen zu einem späteren Zeitpunkt wieder aufgenommen, ist die Verjährung ab der **Wiederaufnahme der Gespräche** erneut gehemmt. Voraussetzung ist allerdings, dass nicht zwischenzeitlich Verjährung eingetreten ist (→ Rn. 52). Die Wiederaufnahme der Gespräche führt nicht zu einer rückwirkenden Fortsetzung der früheren Hemmung, sondern hemmt die (noch nicht abgelaufene) Verjährungsfrist ex nunc erneut.[159] Die Ablaufhemmung nach § 203 S. 2 richtet sich dann nach dem Zeitpunkt des Abbruchs der weiteren Verhandlungen; sie kommt zum Tragen, wenn zu Beginn der erneuten Hemmung nach S. 1 eine Frist von weniger als drei Monaten zur Verfügung stand (→ Rn. 53).

51 **Verschleppt** eine Partei die Verhandlungen, indem sie zögerlich und hinhaltend verhandelt, so kann in diesem Verhalten ausnahmsweise eine Fortsetzungsverweigerung gesehen werden, sofern eindeutig und klar feststellbar ist, dass diese Partei eine Anspruchsklärung und -erledigung nicht beabsichtigt.[160] Unabhängig davon steht es der Gegenseite frei, durch Abbruch der Verhandlungen auf das Verschleppen zu reagieren und auf diese Weise die Verjährungshemmung zu beenden.[161]

52 **2. Wirkung.** Die Wirkung der Hemmung richtet sich nach § 209. Danach wird der Zeitraum, während dessen die Verjährung gehemmt ist (hier also die Dauer der Verhandlungen), in die Verjährungsfrist nicht eingerechnet. Voraussetzung für die Aussetzung des Fristlaufs ist jedoch, dass die Verjährungsfrist zu Beginn der Verhandlungen noch nicht abgelaufen war.[162] Andernfalls vermag selbst die Bereitschaft des Verpflichteten, die Sache nochmals zu prüfen, nicht dazu zu führen, dass die bereits eingetretene Verjährung wieder aufgehoben wird.[163] Haben die Parteien bereits **vor Verjährungsbeginn** mit Verhandlungen begonnen, hat dies nur dann Auswirkungen auf den Lauf der Verjährungsfrist, wenn die Verhandlungen über den gesetzlich oder vertraglich bestimmten Verjährungsbeginn hinaus andauern. Gehemmt werden kann nur eine bereits angelaufene Verjährungsfrist.[164] Vor dem Verjährungsbeginn geführte Verhandlungen führen nicht zu einer Verjährungshemmung (und damit auch nicht zu einer Verzögerung des Verjährungseintritts). Dauern die Verhandlungen über den Zeitpunkt des vertraglich oder gesetzlich vorgesehenen Verjährungsbeginns hinaus an, werden nur die nach diesem Zeitpunkt liegenden Zeiträume berücksichtigt. Die Verjährung ist in diesem Fall ab dem Zeitpunkt des ursprünglich vorgesehenen Verjährungsbeginns gehemmt; der Fristlauf beginnt erstmals (unmittelbar) nach dem Ende der Hemmung (→ § 209 Rn. 1).

53 **3. Ablaufhemmung (S. 2).** Da das Ende der Verhandlungen für den Gläubiger überraschend eintreten kann, ist in S. 2 eine besondere Ablaufhemmung vorgesehen. Dadurch soll ihm genügend Zeit gegeben werden, im Fall eines unerwarteten Abbruchs der Verhandlungen Rechtsverfolgungsmaßnahmen zu prüfen und gegebenenfalls einzuleiten.[165] Die Verjährung tritt nach S. 2 frühestens **drei Monate** nach dem Ende der Verhandlungen ein. Diese kurze Mindestfrist bis zum Eintritt der Verjährung genügt, da der Gläubiger im Rahmen der Verhandlungen bereits mit der Durchsetzung des Anspruchs befasst war.[166] Von Relevanz ist die Ablaufhemmung des S. 2 vor allem dann, wenn die verjährungshemmenden Verhandlungen erst kurz vor dem Ablauf der Verjährungsfrist aufgenommen wurden. Hier tritt die Verjährung trotz einer ggf. nur noch wenige Tage andauernden Restfrist erst drei Monate nach dem Ende der Verhandlungen ein. Stand zu Beginn der Hemmung nach S. 1 hingegen noch eine Frist von drei oder mehr Monaten zur Verfügung, läuft die Ablaufhemmung nach S. 2 leer.[167] Das Regelungsziel, dem Gläubiger noch eine Überlegungsfrist von mindestens drei Monaten zur Verfügung zu stellen, wird auch ohne Rückgriff auf S. 2 erreicht.[168]

---

158 Vgl. Erman/*Schmidt-Räntsch* BGB § 203 Rn. 6; aA BGH NZFam 2019, 170 (175); BeckOK BGB/*Spindler* § 203 Rn. 9: Die Verhandlungen laufen fort, bis der Schuldner die Initiative ergreift und die Verhandlungen beendet.

159 BGH VersR 2017, 901 (903); *Budzikiewicz* NJ 2009, 164; aA Staudinger/*Peters/Jacoby* BGB § 203 Rn. 12; OLG Köln BeckRS 2014, 00239.

160 AA Staudinger/*Peters/Jacoby* BGB § 203 Rn. 11, die verschleppten Verhandlungen generell keine Hemmungswirkung zuerkennen wollen. Die Auffassung bleibt jedoch eine Antwort auf die Frage schuldig, wann die Hemmung enden soll, wenn die Parteien zunächst Verhandlungen iSd § 203 aufnehmen, eine Partei dann aber hinhaltend taktiert.

161 Vgl. OLG Düsseldorf 23.7.2009 – 24 U 109/08, juris Rn. 6.

162 BGH VersR 2017, 901 (902); OLG Brandenburg 7.11.2007 – 7 U 78/07, juris Rn. 24.

163 BGH NJW 2003, 1524 (1525).

164 BGH NJW 2017, 3144 (3145).

165 BT-Drs. 14/7052, S. 180 hat die ursprünglich vorgesehene Zwei- auf eine Dreimonatsfrist erweitert.

166 BT-Drs. 14/6040, S. 112; BT-Drs. 14/7052, S. 180.

167 OLG Saarbrücken NJW-RR 2006, 163 (164); OLG Hamm 4.12.2008 – 28 U 25/08, juris Rn. 26; LG Düsseldorf BeckRS 2017, 150221; Palandt/*Ellenberger* BGB § 203 Rn. 5; Staudinger/*Peters/Jacoby* BGB § 203 Rn. 17; Erman/*Schmidt-Räntsch* BGB § 203 Rn. 9. AA *Lenkeit* BauR 2002, 196 (219).

168 *Weyer* NZBau 2002, 366 (370).

IV. Verhältnis zu anderen Vorschriften

Ähnlich dem zum 1.1.2002 aufgehobenen § 651 g Abs. 2 S. 3 aF knüpfen auch nach der Schuldrechtsreform **54** noch einige Sonderregelungen in ihrem sachlichen Anwendungsbereich bereits an die (schriftliche) Anspruchserhebung die Hemmung der Verjährung (→ Rn. 7). Angesprochen sind § 12 Abs. 3 S. 3 PflVG, die §§ 15, 115 Abs. 2 S. 3 VVG und der § 439 Abs. 3 HGB sowie Art. 32 Abs. 2 CMR und Art. 48 § 3 CIM. In welchem Verhältnis diese Regelungen zu dem neuen Hemmungstatbestand des § 203 stehen, ist in der Literatur umstritten. Teilweise wird die Auffassung vertreten, § 439 Abs. 3 HGB (in der bis zum 24.4.2013 geltenden Fassung) und Art. 32 Abs. 2 CMR gingen § 203 als leges speciales vor, so dass die allgemeine Hemmungsregelung des § 203 neben diesen Vorschriften keine Anwendung finde.[169] Dabei wird jedoch verkannt, dass, jedenfalls soweit **§ 439 Abs. 3 HGB (aF)** betroffen ist, die Regelungen ohne Weiteres nebeneinander zur Anwendung kommen können. Die Vorschriften stehen angesichts der unterschiedlichen Voraussetzungen, die an den Eintritt der Hemmungswirkung gestellt werden (schriftliche Anspruchserhebung [§ 439 Abs. 3 HGB aF] bzw. Textform [§ 439 Abs. 3 S. 2 HGB nF] auf der einen Seite, formlose Verhandlungen auf der anderen Seite), nicht im Verhältnis von lex generalis zu lex specialis, sondern ergänzen sich gegenseitig.[170] Für § 439 Abs. 3 HGB hat der Gesetzgeber dies zwischenzeitlich klargestellt;[171] die Norm wurde mit Wirkung vom 25.4.2013 neu gefasst[172] (→ Rn. 7). Friktionen sind bei einer parallelen Anwendung von § 203 und § 439 Abs. 3 HGB nicht zu befürchten; die Regelungen lassen sich ohne Wertungswidersprüche nebeneinander handhaben. Lehnt der Frachtführer etwa die unter Einhaltung der Textform erhobenen Ansprüche strikt und endgültig ab, ist die Hemmung nach § 439 Abs. 3 HGB beendet; § 203 kommt nicht zur Anwendung. Lässt sich der Frachtführer hingegen nach Anmeldung der Ansprüche iSd § 439 Abs. 3 HGB oder auch unabhängig von diesen, etwa weil der Berechtigte sich nur mündlich geäußert hat, auf Verhandlungen ein, kommt neben oder anstelle des § 439 Abs. 3 HGB auch die Hemmung nach § 203 zum Tragen.[173] Für deren Beendigung ist dann auf die oben dargestellten Regeln abzustellen (→ Rn. 44 ff.).

Die vorstehende Wertung gilt gleichermaßen für die Sondertatbestände des **§ 12 Abs. 3 S. 3 PflVG** und der **55** **§§ 15 und 115 Abs. 2 S. 3 VVG**. Auch diese verdrängen § 203 nicht, sondern stehen neben der allgemeinen Hemmungsregelung des Verhandelns.[174]

Ob die vorstehenden Überlegungen auch auf das Verhältnis von **Art. 32 Abs. 2 CMR** und **Art. 48 § 3 CIM 56** zu § 203 übertragen werden können, ist in erster Linie davon abhängig, ob die jeweiligen Übereinkommen die Frage der Hemmung abschließend regeln. In diesem Fall wäre die Anwendung des § 203 ausgeschlossen. Sowohl Art. 32 Abs. 3 CMR als auch Art. 48 § 5 CIM verweisen jedoch für die Hemmung und Unterbrechung der Verjährung ergänzend auf das Recht des angerufenen Gerichts (Art. 32 Abs. 2 CMR) bzw. des Landesrechts (Art. 48 § 5 CIM). Angesichts dessen bestehen keine Bedenken, auch im Anwendungsbereich dieser Übereinkommen die Regelung des § 203 parallel zu den genannten Sondervorschriften heranzuziehen.[175]

V. Übergangsrecht

Haben die Parteien bereits vor Inkrafttreten des SchuldRModG am 1.1.2002 Verhandlungen über einen **57** Anspruch oder die den Anspruch begründenden Umstände geführt, diese jedoch erst nach dem 31.12.2001

---

169   *Harms* TranspR 2001, 294 (297); lediglich in Bezug auf § 439 Abs. 3 HGB aF: *Pfeiffer* in: Westermann (Hrsg.), Das Schuldrecht 2002, S. 215, 234; *von Waldstein/Holland* TranspR 2003, 387 (395).

170   Vgl. *Eidenmüller* SchiedsVZ 2003, 163 (166) (Fn. 17); MüKoBGB/*Grothe* § 203 Rn. 13; Staudinger/ *Peters/Jacoby* BGB § 203 Rn. 20.

171   Vgl. auch BT-Drs. 17/10309, S. 56 unter Hinweis auf BGH VersR 2008, 1669 (1670 f.).

172   BGBl. I S. 831.

173   S. auch BGH VersR 2008, 1669 (1670 f.).

174   Ebenso MüKoBGB/*Grothe* § 203 Rn. 13; s. auch *Eidenmüller* SchiedsVZ 2003, 163 (166) (Fn. 17); Palandt/*Ellenberger* BGB § 203 Rn. 1 für § 12 Abs. 3 S. 3 PflVG. Das OLG Frankfurt hat in einem Fall, in dem nach einer Entscheidung iSd § 12 Abs. 2 VVG aF (jetzt § 15 VVG) (wieder) Verhandlungen aufgenommen worden waren, angenommen, dass die Verjährung nach § 203 S. 1 iVm § 12 Abs. 2 VVG aF so

lange gehemmt ist, bis der Versicherer erneut schriftlich entschieden hat (16.9.2009 – 7 U 257/08, juris Rn. 23). Hier ist einzuwenden, dass die Hemmung nach § 203 auch dann, wenn sie nach oder neben der Anmeldung von Ansprüchen iSd § 12 Abs. 2 VVG aF (§ 15 VVG) erfolgt, allein nach den für § 203 maßgeblichen Regeln endet. Eine Verbindung von § 203 S. 1 und § 12 Abs. 2 VVG aF (§ 15 VVG) in dem Sinne, dass die Voraussetzung der Beendigung von Verhandlungen iSd § 203 dem VVG zu entnehmen sind, ist nicht angezeigt; vgl. auch OLG Düsseldorf 29.10.2001 – 1 U 39/01, juris Rn. 52 ff.; MüKo-BGB/*Grothe* § 203 Rn. 13.

175   Ebenso MüKoBGB/*Grothe* § 203 Rn. 13; zu Art. 32 Abs. 2 CMR auch *Eidenmüller* SchiedsVZ 2003, 163 (166) (Fn. 17); *Koller* TranspR 2001, 425 (427); Ebenroth/Boujong/Joost/Strohn/*Bahnsen* CMR Art. 32 Rn. 30 f.; zu Art. 48 § 3 CIM auch MüKoHGB/*Freise* CIM Art. 48 Rn. 20.

beendet, richtet sich die intertemporale Anwendbarkeit des § 203 nach Art. 229 § 6 Abs. 1 S. 1 EGBGB. Die Neuregelung kommt danach unabhängig von dem Beginn der Verhandlungen frühestens am 1.1.2002 zum Tragen (vgl. im Einzelnen → Art. 229 EGBGB § 6 Rn. 34).

58 Kam den vor dem 1.1.2002 begonnenen Verhandlungen bereits nach §§ 639 Abs. 2, 651g Abs. 2 S. 3 oder 852 Abs. 2 aF Hemmungswirkung zu, bleibt gem. Art. 229 § 6 Abs. 1 S. 2 EGBGB die Anwendbarkeit dieser Normen bis zum 31.12.2001 unberührt. Ab dem 1.1.2002 ist dann auf die Regelungen des neuen Rechts abzustellen. Sollten die den Tatbestand der alten Hemmungsregelungen erfüllenden Umstände auch nach dem 31.12.2002 weiterhin vorliegen, kann eine Hemmung nur noch unter den Voraussetzungen des § 203 sowie ggf. des § 202 (→ Rn. 38) eintreten. Sollten diese nicht erfüllt sein (und kann auch nicht ausnahmsweise von einem Anerkenntnis des Schuldners iSd § 212 Abs. 1 Nr. 1 ausgegangen werden; → Rn. 38), läuft die bis zum 31.12.2001 gehemmte Verjährungsfrist ab dem 1.1.2002 weiter (zur Bestimmung der nach dem 31.12.2001 maßgeblichen Frist → EGBGB Art. 229 § 6 Rn. 42 ff.).

59 Diese **Übergangssituation kann** speziell im Reiserecht **zu unbefriedigenden Ergebnissen führen**. Da sich die Problematik durch Zeitablauf jedoch weitgehend erledigt hat, wird insofern auf die Kommentierung in der 3. Aufl. 2016 § 203 Rn. 58 verwiesen.

C. Weitere praktische Hinweise

I. Beweislast

60 Darlegungs- und beweispflichtig für den **Beginn der Verhandlungen** ist nach allg. Ansicht der sich auf die Hemmungswirkung des § 203 berufende Gläubiger.[176] Für die **Beendigung der Verhandlungen** trägt nach herrschender Ansicht der Schuldner die Darlegungs- und Beweislast.[177] Begründet wird die vorbeschriebene Teilung der Beweislast regelmäßig mit dem Hinweis, dass die mit dem Ende der Verhandlungen verbundene Beendigung der Hemmungswirkung eine für den Schuldner vorteilhafte Rechtsfolge zeitige und daher nach allgemeinen Beweislastregeln von Letzterem zu belegen sei.[178] Ebenfalls auf die allgemeinen Regeln verweist allerdings auch die Gegenmeinung, nach welcher der Gläubiger nicht nur für die den Hemmungsbeginn auslösenden Tatsachen, sondern auch für deren Fortbestand beweisbelastet ist, sollte der Schuldner die den Hemmungsfortbestand tragenden Tatsachen substantiiert bestreiten.[179] Zuzugeben ist beiden Ansichten, dass in § 203 eine ausdrückliche Bestimmung der Beweislast fehlt, so dass grundsätzlich auf die allgemein anerkannte Grundregel zurückzugreifen ist, nach der die Beweislast für rechtshemmende Tatsachen (zu denen auch die die Verjährung stützenden Tatsachen zählen) der Anspruchsgegner trägt, während dem Anspruchsteller die Beweislast für die Tatsachen obliegt, welche die Hemmung des Anspruchs hindern. Einwendungen gegen die Hemmungshinderung hat dann wiederum der Anspruchsgegner zu beweisen, etc[180] Für die hier zu beantwortende Frage, wer die Beweislast für den Abbruch der Verhandlungen trägt, gibt dieser Grundsatz jedoch keine klare Antwort. Die an den Verhandlungsbeginn geknüpfte Verjährungshemmung und der an die Beendigung der Verhandlungen geknüpfte Fortgang des Verjährungslaufs sind nicht Rechtsfolgen zweier sich gegenüberstehender Vorschriften, deren Voraussetzungen eindeutig von unterschiedlichen Parteien zu beweisen sind, sondern resultieren aus derselben Norm: § 203 S. 1. Dem Schuldner kann daher nur dann die Beweislast für den Abbruch der Verhandlungen auferlegt werden, wenn der Tatbestand des § 203 einer Untergliederung zugänglich sein sollte, die entsprechend der obigen Grundregel eine unterschiedliche Beweislastverteilung auch für die verschiedenen Tatbestandsmerkmale des S. 1 erlaubt.[181] Voraussetzen würde dies, dass der Gesetzgeber die Beendigung der Verhandlungen als rechtshindernde Tatsache im Verhältnis zu dem die Hemmung begründenden Verhandlungsbeginn ausgestalten wollte. *Thole* spricht in allgemeinem Zusammenhang von einem Regel-Ausnahme-Verhältnis: Kann eine

---

176 OLG Köln 25.4.2007 – 11 U 136/06, juris Rn. 22; Staudinger/*Peters/Jacoby* BGB § 203 Rn. 19; *von Waldstein/Holland* TranspR 2003, 387 (395); *Weyer* NZBau 2002, 366 (370); ferner MüKoBGB/*Grothe* § 203 Rn. 1; Soergel/*Niedenführ* BGB Vor § 203 Rn. 12.

177 BGH NJW 2008, 576 (578); Staudinger/*Peters/Jacoby* BGB § 203 Rn. 19; BeckOGK/*Meller-Hannich* BGB § 203 Rn. 57; *von Waldstein/Holland* TranspR 2003, 387 (395); *Weyer* NZBau 2003, 366 (370); *Fischinger* VersR 2005, 1641 (1644); *Luckey* VersR 2011, 896. AA *Boemke/Dorr* NJOZ 2017, 1578 (1585 f.); MüKoBGB/*Grothe* § 203 Rn. 1: Beweislast für Beginn und Dauer der Hemmung trägt der Gläubiger.

178 So ausdr. *von Waldstein/Holland* TranspR 2003, 387 (395); ferner Staudinger/*Peters/Jacoby* BGB § 203 Rn. 19; BeckOGK/*Meller-Hannich* BGB § 203 Rn. 57.1; *Weyer* NZBau 2003, 366 (370).

179 MüKoBGB/*Grothe* § 203 Rn. 1.

180 Vgl. nur BGH NJW 1999, 352 (353); Zöller/*Greger* ZPO Vor § 284 Rn. 17a; Stein/Jonas/*Thole* ZPO § 286 Rn. 106 ff.; Thomas/Putzo/*Reichold* ZPO Vor § 284 Rn. 23.

181 Zu der grundsätzlichen Möglichkeit einer derartigen Untergliederung eines Rechtssatzes unter dem Aspekt der Beweislasttragung s. Stein/Jonas/*Thole* ZPO § 286 Rn. 118, 121.

Rechtsfolge als Regelfall betrachtet werden, muss derjenige, der sich auf die Ausnahme beruft, deren Voraussetzungen darlegen und beweisen.[182] Die nach dem Verhandlungsbeginn einsetzende Hemmung der Verjährung müsste danach der vom Gesetz vorgesehene Regelfall sein, die Beendigung durch Verhandlungsabbruch die (vom Schuldner zu beweisende) Ausnahme. Ob ein derartiges Verständnis des S. 1 möglich ist, muss im Wege der Auslegung[183] ermittelt werden. Dabei ist zu berücksichtigen, dass die Hemmung während des Andauerns von Verhandlungen eine Ausprägung des Grundsatzes von Treu und Glauben darstellt (→ Rn. 3). Schon der Verhandlungsbeginn erfüllt damit im Grunde die Voraussetzungen eines eigenen Rechtssatzes, nämlich des § 242, der in dem spezielleren S. 1 lediglich aufgeht. Hat der Gläubiger den Beginn der Verhandlungen dargelegt (und ggf. bewiesen), kann er sich auf die Hemmungswirkung des S. 1 berufen. Die Hemmung endet dann erst mit dem Verhandlungsabbruch (S. 1: „[...] die Verjährung [ist] gehemmt, bis der eine oder der andere Teil die Fortsetzung der Verhandlungen verweigert"). Solange sich keine Partei auf den Verhandlungsabbruch beruft, wirkt sich die Hemmung zugunsten des Gläubigers aus. Die mit dem Verhandlungsbeginn verbundene Verjährungshemmung ließe sich unter diesem Gesichtspunkt mit der herrschenden Ansicht als der vom Gesetz vorgezeichnete Regelfall auffassen. Die Beendigung der Verhandlungen und damit der Fortgang des Verjährungslaufs wäre dann die Ausnahme von dieser Regel und als solche vom Schuldner darzulegen und zu beweisen. Zwingend ist dieser Ansatz jedoch nicht. Dem Gesetz ist keine Vermutung dafür zu entnehmen, dass einmal begründete Verhandlungen auch tatsächlich fortgesetzt werden. Im Gegenteil wird in Literatur und Rechtsprechung überzeugend darauf hingewiesen, dass Verhandlungen nicht zuletzt dann als beendet anzusehen sind, wenn die Parteien sie einschlafen lassen (→ Rn. 47 ff.). Tragen die Parteien nicht vor, dass weiter verhandelt wurde, ist in diesem Fall keineswegs von einer widerlegbaren Vermutung für die Fortsetzung der Gespräche auszugehen, vielmehr gelten die Verhandlungen als abgebrochen, wenn es an Hinweisen für deren Fortsetzung fehlt. Daraus folgt aber, dass der Gläubiger, der sich auf eine Fortsetzung der Hemmung nach § 203 beruft, nicht nur den Beginn der Verhandlungen, sondern auch deren Andauern als die Verjährung hindernde Umstände darzulegen und zu beweisen hat.[184]

II. Vermeidung von Beweisschwierigkeiten

Da der Gesetzgeber an den Beginn und das Ende der Verhandlungen keine formalen Bedingungen geknüpft **61** hat, sind für den Nachweis der hemmungsbegründenden wie -beendenden Voraussetzungen Beweisschwierigkeiten zu erwarten. Um diesen bereits im Vorfeld zu begegnen, ist es zweckmäßig, mündliche Verhandlungen oder Verhandlungen per E-Mail deutlich zu **dokumentieren**. Sinnvoll erscheint es, mündliche Verhandlungen in einem nachfolgenden Schreiben (Ergebnisprotokoll etc) an die andere Seite zu protokollieren.[185] Der **Gläubiger**, der dadurch den Beweis der Verjährungshemmung führen will, wird dabei den inhaltlichen Aspekt der Verhandlungen betonen.

Der **Schuldner**, der den Eintritt der Hemmung nach § 203 vermeiden möchte, darf sich auf eine sachliche **62** Anspruchserörterung nicht einlassen und diese auch nicht in Aussicht stellen, will er das Eingreifen des Hemmungstatbestands vermeiden. Er muss deutlich machen, dass er die Anspruchserfüllung ablehnt und darüber auch nicht zu verhandeln bereit ist.[186] Entsprechendes gilt, wenn an einer Fortsetzung der Verhandlungen kein Interesse mehr besteht.

Auch der **Gläubiger** ist daran interessiert, durch die Mitteilung des Abbruchs der Verhandlungen die Hem- **63** mung nach § 203 zu beseitigen. Auf diese Weise schafft er Rechtsklarheit über das sonst schwer zu bestimmende Ende der Hemmung und vermeidet Streit über den Verjährungseintritt. Er sollte daher beim „**Einschlafen" der Verhandlungen** dem Schuldner das Ende seiner Verhandlungsbereitschaft und das Scheitern der Verhandlungen mitteilen.

Ist der Gläubiger noch gesprächsbereit, will er jedoch Rechtsklarheit schaffen, so kann er stattdessen den **64** Schuldner **zur inhaltlichen Äußerung** bis zu einem Stichtag **auffordern** und mitteilen, dass er dann, wenn sich der Schuldner nicht bis zu dem Stichtag über den Anspruch oder die anspruchsbegründenden Tatsachen äußert, das weitere Verhandeln über den Anspruch ablehnt.[187]

182 Stein/Jonas/*Thole* ZPO § 286 Rn. 118.
183 Zur Auslegung von verjährungsrechtlichen Vorschriften s. Palandt/*Ellenberger* BGB Vor § 194 Rn. 12.
184 S. auch OLG Koblenz BeckRS 2012, 24678.
185 Ebenso *Mankowski/Höpker* MDR 2004, 721 (723).

186 Vgl. auch Henssler/von Westphalen/*Bereska* BGB § 203 Rn. 3; *Mankowski/Höpker* MDR 2004, 721 (723); s. auch *Luckey* VersR 2011, 896.
187 Vgl. auch *Eidenmüller* SchiedsVZ 2003, 163 (167), der auf diesem Weg auch Sicherheit hinsichtlich des Verhandlungsbeginns schaffen möchte.

III. Vertragliche Vereinbarungen

65   **1. Beginn und Ende der Verhandlungen.** Es empfiehlt sich, bereits in Verträgen den Zeitpunkt zu vereinbaren, ab welchem **Verhandlungen** als **begonnen** und als **gescheitert** gelten, um auf diese Weise den Anfang und das Ende der Hemmung nach § 203 vertraglich zu bestimmen.[188] Denkbar wäre etwa die Vereinbarung eines Schriftformerfordernisses.[189] Für die Fixierung des Verhandlungsendes wird vorgeschlagen, in Anlehnung an Art. 14:304 PECL (→ Rn. 9) den Zeitpunkt der letzten im Rahmen der Verhandlungen abgegebenen Erklärung als für die Beendigung der Verhandlungen maßgeblich festzulegen.[190] Umstritten ist, ob die Anwendbarkeit des § 203, zumindest individualvertraglich, auch **vollständig ausgeschlossen** werden kann.[191] Vor dem Hintergrund der im Verjährungsrecht geltenden Parteiautonomie bestehen hiergegen in den Grenzen des § 202 keine Bedenken.

66   Zweifelhaft ist jedoch, ob auch in **AGB** der Hemmungsgrund der Verhandlung des § 203 ausgeschlossen oder eingeschränkt werden kann,[192] etwa dahin, dass nur den Verhandlungen Hemmungswirkung zukommt, die eine bestimmte Vertragspartei, zB der Schuldner, eingeleitet hat. Es spricht vieles dafür, dass eine solche Regelung unangemessen iSd § 307 Abs. 2 Nr. 1 ist, weil sie beide Seiten ungleich behandelt.[193]

67   **2. Nachbesserung.** Steht die Durchführung von **Nachbesserungsversuchen** in Rede, sollte vereinbart werden, dass die Verjährung der Mängelgewährleistungsansprüche wegen der geltend gemachten Mängel, zu deren Behebung der Nachbesserungsversuch dient, während der Dauer der Nachbesserung bis zur Verweigerung der (weiteren) Nachbesserung gehemmt ist. Für den Gläubiger wäre eine vereinbarte Hemmung für alle bestehenden Mängelgewährleistungsansprüche hinsichtlich des Nachbesserungsgegenstandes vorteilhafter. Allerdings könnte ein solcher umfassender Hemmungstatbestand im Einzelfall nach entsprechender Gesamtwürdigung unangemessen iSd § 307 Abs. 2 Nr. 1 und in **AGB** deshalb unwirksam sein. Denn die Hemmung würde auch solche, gegebenenfalls noch unerkannten Mängel erfassen, die nicht der Grund für die Nachbesserungsversuche sind.

§ 204 Hemmung der Verjährung durch Rechtsverfolgung

(1) Die Verjährung wird gehemmt durch

1.   die **Erhebung der Klage** auf Leistung oder auf Feststellung des Anspruchs, auf Erteilung der Vollstreckungsklausel oder auf Erlass des Vollstreckungsurteils,

1a. die **Erhebung einer Musterfeststellungsklage** für einen Anspruch, den ein Gläubiger zu dem zu der Klage geführten Klageregister wirksam angemeldet hat, wenn dem angemeldeten Anspruch derselbe Lebenssachverhalt zugrunde liegt wie den Feststellungszielen der Musterfeststellungsklage,

2.   die **Zustellung des Antrags** im vereinfachten Verfahren über den Unterhalt Minderjähriger,

3.   die **Zustellung des Mahnbescheids** im Mahnverfahren oder des Europäischen Zahlungsbefehls im Europäischen Mahnverfahren nach der Verordnung (EG) Nr. 1896/2006 des Europäischen Parlaments und des Rates vom 12. Dezember 2006 zur Einführung eines Europäischen Mahnverfahrens (ABl. EU Nr. L 399 S. 1),

4.   die **Veranlassung der Bekanntgabe des Antrags,** mit dem der Anspruch geltend gemacht wird, bei einer

    a)   staatlichen oder staatlich anerkannten Streitbeilegungsstelle oder

    b)   anderen Streitbeilegungsstelle, wenn das Verfahren im Einvernehmen mit dem Antragsgegner betrieben wird;

188   S. *Eidenmüller* SchiedsVZ 2003, 163 (167); *Mankowski/Höpker* MDR 2004, 721 (727); *Wagner* ZfIR 2002, 257 (259); *Ziegler/Rieder* ZIP 2001, 1789 (1799).

189   *Eidenmüller* SchiedsVZ 2003, 163 (167).

190   *Krämer* ZGS 2003, 379 (383).

191   Einen Ausschluss für zulässig halten: *Eidenmüller* SchiedsVZ 2003, 163 (167); *Hakenberg* DRiZ 2002, 370 (375); *Auktor/Mönch* NJW 2005, 1686 (1688); *Fischinger* VersR 2005, 1641 (1642); *Ries/Strauch* BauR 2014, 450 (454 f.); vgl. auch *Mankowski/Höpker* MDR 2004, 721 (727), die § 203 zwar grds.

als dispositiv ansehen, eine Einschränkung des § 203 S. 2 jedoch nur in engen Grenzen zulassen wollen. Gegen die Abdingbarkeit des § 203: Staudinger/*Peters/Jacoby* BGB § 203 Rn. 18; BeckOGK/*Meller-Hannich* BGB § 203 Rn. 13; *Oppenborn*, Verhandlungen und Verjährung, S. 209 ff.

192   Vgl. *Eidenmüller* SchiedsVZ 2003, 163 (169) unter Hinw. auf §§ 307, 309 Nr. 7 a und b, Nr. 8 b ff. Hs. 1 Alt. 1.

193   *Mankowski/Höpker* MDR 2004, 721 (727); vgl. auch Staudinger/*Peters/Jacoby* BGB § 203 Rn. 18; *Auktor/Mönch* NJW 2005, 1686 (1688).

die Verjährung wird schon durch den Eingang des Antrags bei der Streitbeilegungsstelle gehemmt, wenn der Antrag demnächst bekannt gegeben wird.

5. die Geltendmachung der Aufrechnung des Anspruchs im Prozess,

6. die Zustellung der Streitverkündung,

6a. die Zustellung der Anmeldung zu einem Musterverfahren für darin bezeichnete Ansprüche, soweit diesen der gleiche Lebenssachverhalt zugrunde liegt wie den Feststellungszielen des Musterverfahrens und wenn innerhalb von drei Monaten nach dem rechtskräftigen Ende des Musterverfahrens die Klage auf Leistung oder Feststellung der in der Anmeldung bezeichneten Ansprüche erhoben wird,

7. die Zustellung des Antrags auf Durchführung eines selbständigen Beweisverfahrens,

8. den Beginn eines vereinbarten Begutachtungsverfahrens,

9. die Zustellung des Antrags auf Erlass eines Arrests, einer einstweiligen Verfügung oder einer einstweiligen Anordnung, oder, wenn der Antrag nicht zugestellt wird, dessen Einreichung, wenn der Arrestbefehl, die einstweilige Verfügung oder die einstweilige Anordnung innerhalb eines Monats seit Verkündung oder Zustellung an den Gläubiger dem Schuldner zugestellt wird,

10. die Anmeldung des Anspruchs im Insolvenzverfahren oder im Schifffahrtsrechtlichen Verteilungsverfahren,

11. den Beginn des schiedsrichterlichen Verfahrens,

12. die Einreichung des Antrags bei einer Behörde, wenn die Zulässigkeit der Klage von der Vorentscheidung dieser Behörde abhängt und innerhalb von drei Monaten nach Erledigung des Gesuchs die Klage erhoben wird; dies gilt entsprechend für bei einem Gericht oder bei einer in Nummer 4 bezeichneten Streitbeilegungsstelle zu stellende Anträge, deren Zulässigkeit von der Vorentscheidung einer Behörde abhängt,

13. die Einreichung des Antrags bei dem höheren Gericht, wenn dieses das zuständige Gericht zu bestimmen hat und innerhalb von drei Monaten nach Erledigung des Gesuchs die Klage erhoben oder der Antrag, für den die Gerichtsstandsbestimmung zu erfolgen hat, gestellt wird, und

14. die Veranlassung der Bekanntgabe des erstmaligen Antrags auf Gewährung von Prozesskostenhilfe oder Verfahrenskostenhilfe; wird die Bekanntgabe demnächst nach der Einreichung des Antrags veranlasst, so tritt die Hemmung der Verjährung bereits mit der Einreichung ein.

(2) [1]Die Hemmung nach Absatz 1 endet sechs Monate nach der rechtskräftigen Entscheidung oder anderweitigen Beendigung des eingeleiteten Verfahrens. [2]Die Hemmung nach Absatz 1 Nummer 1 a endet auch sechs Monate nach der Rücknahme der Anmeldung zum Klageregister. [3]Gerät das Verfahren dadurch in Stillstand, dass die Parteien es nicht betreiben, so tritt an die Stelle der Beendigung des Verfahrens die letzte Verfahrenshandlung der Parteien, des Gerichts oder der sonst mit dem Verfahren befassten Stelle. [4]Die Hemmung beginnt erneut, wenn eine der Parteien das Verfahren weiter betreibt.

(3) Auf die Frist nach Absatz 1 Nr. 6 a, 9, 12 und 13 finden die §§ 206, 210 und 211 entsprechende Anwendung.

Literatur: *Althammer/Würdinger*, Die verjährungsrechtlichen Auswirkungen der Streitverkündung, NJW 2008, 2620; *von Bernuth/Hoffmann*, Nach der Schuldrechtsreform: Verjährungshemmung bei Klagen vor einem ordentlichen Gericht trotz Schiedsklausel, SchiedsVZ 2006, 127; *Budzikiewicz*, Unterbrechung der Verjährung durch Auslandsklage, ZEuP 2010, 415; *Deiß/Graf/Salger*, Rechtsmissbräuchliche Anmeldungen zum Klageregister einer Musterfeststellungsklage, BB 2019, 1674; *Deiß/Graf/Salger*, Verjährungshemmung durch die Musterfeststellungsklage – diffuse Rechtslage infolge unklarer Neuregelung, BB 2018, 2883; *Duchstein*, Die Bestimmtheit des Güteantrags zur Verjährungshemmung, NJW 2014, 342; *Ebert*, Verjährungshemmung durch Mahnverfahren, NJW 2003, 732; *Eidenmüller*, Die Auswirkung der Einleitung eines ADR-Verfahrens auf die Verjährung, SchiedsVZ 2003, 163; *Friedrich*, Verjährungshemmung durch Güteverfahren, NJW 2003, 1781; *Fries*, Die Hemmung der Verjährung durch Güteanträge im System der §§ 203 und 204 BGB, JZ 2016, 723; *Gartz*, Verjährungsprobleme bei selbstständigen Beweisverfahren, NZBau 2010, 676; *Gössl*, Verjährungshemmung bei grenzüberschreitender Streitbeilegung, MDR 2017, 251; *Grothe*, Verjährungshemmung durch Mahnbescheid bei mehreren Mängeln, NJW 2015, 17; *Grzeszick*, Die rückwirkende Verjährungshemmung bei der Musterfeststellungsklage aus verfassungsrechtlicher Sicht, NJW 2019, 3269; *Gsell*, Negative Feststellungsklage und Hemmung der Verjährung, in: GS Manfred Wolf, 2011, 393; *Heese*, Die Musterfeststellungsklage und der Dieselskandal, JZ 2019, 429; *Helm*, Anforderungen an die Formulierung des selbständigen Beweisantrags zur Hemmung der Verjährung, NZBau 2011, 328; *Horn*, Grenzüberschreitende Musterfeststellungsklagen, ZVglRWiss 118 (2019) 314; *Kähler*, Verjährungshemmung nur bei Klage des Berechtigten?, NJW 2006, 1769; *Klaft/Nossek*, Hemmung von Vergütungsansprüchen des Werkunternehmers durch selbständiges Beweisverfahren?, BauR 2008, 1980; *Klos*, Der Lauf der Verjährung bei Mediation und sonstigen außergerichtlichen Streitlösungsmodellen, NJ 2010, 100; *Klose*, Die Hemmung der Verjährung durch den Antrag auf Erlass eines Mahnbescheids, MDR 2010, 11; *Köhne/Langner*, Geltendmachung von Gegenforderungen im internationalen Schiedsverfahren, RIW 2003, 361; *Kuntze-Kaufhold/Beichel-Benedetti*, Verjährungsrechtliche Auswirkungen durch das Europäische Zustellungsrecht, NJW 2003, 1998; *Lau*, Die Reichweite der Verjährungshemmung bei Klageerhebung, 2008; *W. Lüke*, Zum Ende der Verjährungshemmung durch Verfahrensstillstand aufgrund des unterbliebenen Beitreibens durch die Parteien, in: FS Peter Gottwald, 2014, S. 415; *Mansel*, Musterfeststellungsklage: Keine Verjährungshemmung bei Rechtsmissbrauch, WM 2019, 1621; *Maurer*, Verjährungshemmung durch vorläufigen Rechtsschutz, GRUR 2003, 208;

McGuire, Verfahrenskoordination und Verjährungsunterbrechung im Europäischen Prozessrecht, 2004; *Mekat/Nordholtz*, Die Flucht in die Musterfeststellungsklage. Prozesstaktische Überlegungen zu Individualklagen bei Musterfeststellungsverfahren, NJW 2019, 411; *Meyer*, Verjährung von Schadensersatzansprüchen bei bezifferter verdeckter Teilklage, NJW 2002, 3067; *Nordmeier*, Die Bedeutung des anwendbaren Rechts für die Rückwirkung der Zustellung nach § 167 ZPO, ZZP 124 (2011) 95; *Peters*, Der Antrag auf Gewährung von Prozesskostenhilfe und die Hemmung der Verjährung, JR 2004, 137; *Peters/Zimmermann*, Der Einfluß von Fristen auf Schuldverhältnisse, in: Bundesministerium der Justiz (Hrsg.), Gutachten und Vorschläge zur Überarbeitung des Schuldrechts, Band I, 1981, S. 260 ff.; *Philipp*, Verjährungshemmung durch Rechtsverfolgung, 2018; *Piekenbrock*, § 204 Abs. 1 Nr. 1 a BGB ist nicht verfassungswidrig!, JZ 2020, 122; *Pioch*, Die verjährungshemmende Wirkung des Mahnbescheids, MDR 2016, 863; *Prütting*, Neue Entwicklungen im Bereich des kollektiven Rechtsschutzes, ZIP 2020, 197; *Rabe*, Verjährungshemmung nur bei Klage des Berechtigten?, NJW 2006, 3089; *Regenfus*, Ungeschriebene Voraussetzungen der Verjährungshemmung durch Rechtsverfolgung, NJW 2016, 2977; *Riehm*, Alternative Streitbeilegung und Verjährungshemmung, NJW 2017, 113; *Saerbeck*, Zur Hemmung der Verjährung durch Rechtsverfolgung, in: FS Thode, 2005, S. 139; *Schach*, Hemmung der Verjährungszustellung „demnächst", GE 2002, 1118; *Seibel*, Die Verjährungshemmung im selbständigen Beweisverfahren nach § 204 Abs. 1 Nr. 7 BGB, ZfBR 2008, 9; *Smid/Böttger*, § 204 Abs. 1 Nr. 14 BGB und die Folgen fehlender Veranlassung der Bekanntgabe des PKH-Antrags, DZWIR 2005, 485; *Spickhoff*, Verjährungsunterbrechung durch ausländische Beweissicherungsverfahren, IPRax 2001, 37; *Stamm*, Die Verjährung des zivilprozessualen Kostenerstattungsanspruchs, NJW 2020, 873; *Staudinger/Eidenmüller*, Verjährungshemmung leicht gemacht: Prospekthaftung der Telekom vor der Gütestelle, NJW 2004, 23; *Steike/Borowski*, Verjährungshemmung in Gütestellenverfahren, VuR 2017, 218; *Stöhr*, Geltendmachen von Zahlungsansprüchen durch Kündigungsschutzklage?, NZA 2016, 210; *Tolani*, Verjährungshemmung durch Feststellungsklage, NJW 2019, 2751; *Vollkommer/Huber*, Neues Europäisches Zivilverfahrensrecht in Deutschland – Das Gesetz zur Verbesserung der grenzüberschreitenden Forderungsdurchsetzung und Zustellung, NJW 2009, 1105; *Weyer*, Selbständiges Beweisverfahren und Verjährung von Baumängelansprüchen nach künftigem Recht, BauR 2001, 1807; *ders.*, Keine Verjährungshemmung ohne förmliche Zustellung des Beweissicherungsantrags, NZBau 2008, 228; *Wilke*, Verfahrenseinleitung und Verjährungshemmung in AAA-, DIS- und ICC-Schiedsverfahren, RIW 2007, 189; *Windthorst*, Die Wirkung des Antrags auf Feststellung der Zulässigkeit eines schiedsrichterlichen Verfahrens (§ 1032 Abs. 2 ZPO) auf die Verjährung, SchiedsVZ 2004, 230; *Wolf*, Verjährungshemmung auch durch Klage vor einem international unzuständigen ausländischen Gericht?, IPRax 2007, 180; *Wust*, Streitverkündung und Streithilfe im selbständigen Beweisverfahren am Beispiel eines Werkvertrags, NJW 2017, 2886; *Zenker*, Geltendmachung der Insolvenz- und der Gläubigeranfechtung, NJW 2008, 1038.

A. Allgemeines 1
B. Regelungsgehalt 12
  I. Anwendungsbereich und Umfang 12
  II. Antragstellung durch den Berechtigten 14
  III. Rechtsmissbrauch, § 242 16
  IV. Hemmungstatbestände (Abs. 1) 17
    1. Klageerhebung (Abs. 1 Nr. 1) 17
      a) Fortsetzung des alten Rechts 17
      b) Klagearten 18
        aa) Hilfsweise Antragstellung und Widerklage 20
        bb) Stufenklage 22
        cc) Künftige Leistungen 25
        dd) Adhäsionsverfahren 26
        ee) Rechtsverfolgung im Ausland 27
      c) Wirksame Klageerhebung 29
      d) Eintritt der Hemmungswirkung 40
      e) Umfang der Hemmung 43
        aa) Sachliche Reichweite 43
        bb) Persönliche Reichweite 47
      f) Titelverjährung 51
      g) Rücknahme oder Abweisung der Klage als unzulässig 52
    1 a. Anmeldung zum Klageregister einer Musterfeststellungsklage (Abs. 1 Nr. 1 a) 53
    2. Antrag im vereinfachten Unterhaltsverfahren (Abs. 1 Nr. 2) 56
    3. Mahnbescheid und Europäischer Zahlungsbefehl (Abs. 1 Nr. 3) 58
    4. Veranlassung der Bekanntgabe des Streitbeilegungsantrags (Abs. 1 Nr. 4) 72
    5. Aufrechnung im Prozess (Abs. 1 Nr. 5) ... 84
    6. Streitverkündung (Abs. 1 Nr. 6) 89
    7. Zustellung der Anmeldung zum Musterverfahren (Abs. 1 Nr. 6 a) 99a
    8. Selbständiges Beweisverfahren (Abs. 1 Nr. 7) 100

    9. Begutachtungsverfahren (Abs. 1 Nr. 8) ... 107
    10. Zustellung eines Antrags auf einstweiligen Rechtsschutz (Abs. 1 Nr. 9) 112
    11. Anmeldung im Insolvenzverfahren (Abs. 1 Nr. 10) 119
    12. Beginn des Schiedsverfahrens (Abs. 1 Nr. 11) 120
    13. Antragseinreichung bei einer Behörde (Abs. 1 Nr. 12) 125
    14. Antragseinreichung bei einem höheren Gericht (Abs. 1 Nr. 13) 129
    15. Veranlassung der Bekanntgabe des Antrags auf Prozesskostenhilfe (Abs. 1 Nr. 14) 131
  V. Ende der Hemmung (Abs. 2) 138
    1. Allgemeines 138
    2. Sechsmonatige Nachfrist (Abs. 2 S. 1 und S. 2) 140
    3. Beginn der Nachfrist (Abs. 2 S. 1) 144
      a) Rechtskräftige Entscheidung (Abs. 2 S. 1 Alt. 1) 145
      b) Abmeldung vom Klageregister (Abs. 2 S. 2) 146
      c) Anderweitige Beendigung (Abs. 2 S. 1 Alt. 2) 147
    4. Verfahrensstillstand (Abs. 2 S. 3 und 4) ... 155
      a) Verfahrensuntätigkeit (Abs. 2 S. 3) ... 155
      b) Weiterbetreiben (Abs. 2 S. 4) 159
      c) Verfahrensstillstand aus triftigem Grund, insbesondere Musterprozesse . 162
  VI. Hemmung der Monatsfristen des Abs. 1 Nr. 6 a, 9, 12 und 13 (Abs. 3) 165
  VII. Übergangsrecht 166
C. Weitere praktische Hinweise 167

A. Allgemeines

Nach § 204 führt die Geltendmachung des Anspruchs in einer Klage oder in anderen förmlichen Verfahren **1** grundsätzlich (→ Rn. 12, 16) zu einer Hemmung der Verjährung. Der Verjährungslauf wird für die Dauer der Hemmung angehalten (zu den Wirkungen einer Verjährungshemmung s. im Einzelnen → § 209 Rn. 7 ff.). Zweck des § 204 ist der Schutz des Gläubigers davor, dass der Anspruch[1] während des Verfahrens zu seiner Durchsetzung verjährt, oder aber davor, dass Verjährung eintritt, nachdem der Anspruch mit der Möglichkeit einer rechtskräftigen Entscheidung über diesen in das Verfahren über einen anderen Anspruch eingeführt wurde (Prozessaufrechnung, § 322 Abs. 2 ZPO).[2] Dieser Schutz wird gewährleistet, indem dem Gläubiger nach dem Ende des Verfahrens der Rest der gehemmten (angehaltenen) Verjährungsfrist zur Verfügung steht, ergänzt um eine sechsmonatige Nachfrist nach Maßgabe des Abs. 2 S. 1 und S. 2. § 204 beruht auf der Überlegung, dass der Gläubiger dann vor dem Ablauf der Verjährungszeit durch die Wohltat der Anspruchshemmung geschützt wird, wenn er dem Schuldner seinen Rechtsverfolgungswillen so klar macht, dass dieser erkennen muss, auch nach Ablauf der (ursprünglichen) Verjährungszeit in Anspruch genommen zu werden. Entscheidend ist mithin, ob die konkrete Maßnahme der Rechtsverfolgung die geforderte **Warnfunktion** erfüllt.[3] Der Anspruchsgegner muss erkennen können, „worum es geht".[4]

Art. 8 Abs. 2 Mediations-Richtlinie verlangt von den EU-Mitgliedstaaten sicherzustellen, dass die Parteien, die eine Streitigkeit im Wege der Mediation beizulegen versucht haben, im Anschluss daran nicht durch das Ablaufen der Verjährungsfristen während des Mediationsverfahrens daran gehindert werden, ein Gerichts- oder Schiedsverfahren hinsichtlich derselben Streitigkeit einzuleiten. § 204 Abs. 1 Nr. 1, 11 ist insoweit richtlinienkonform auszulegen (→ Vor §§ 194–218 Rn. 18).

Vor Inkrafttreten des SchuldRModG hatte die rechtsförmliche Anspruchserhebung regelmäßig zu einer **2** Unterbrechung (nach neuer Terminologie: Neubeginn) der Verjährung geführt, s. vor allem §§ 209 f. aF und § 220 aF. Nach Beendigung der Unterbrechung begann dann die Verjährung in der vollen Länge der Frist erneut von vorne zu laufen (§ 217 aF). Diese Regelung hatte bereits das am Anfang des Vorhabens der Kodifizierung eines neuen Verjährungsrechts stehende Gutachten von *Peters/Zimmermann* als unsystematisch und über das Schutzziel hinausreichend kritisiert. Sachgerechter sollte nach Ansicht der beiden Gutachter statt der Unterbrechung eine Verjährungshemmung sein.[5]

Der Gesetzgeber des SchuldRModG ist dieser Kritik gefolgt.[6] Entsprechend den Vorschlägen der Gutach- **3** ter[7] sieht Abs. 1 in den Fällen der §§ 209, 210, 220 aF mit Ausnahme des Falles des § 209 Abs. 2 Nr. 5 aF (Vornahme einer Vollstreckungshandlung; nunmehr geregelt in dem Neubeginntatbestand des § 212 Abs. 1 Nr. 2) statt bisher eine Unterbrechung jetzt eine Hemmung der Verjährung vor.

Darüber hinaus verallgemeinert Abs. 1 einige spezielle Hemmungtatbestände des alten Rechts und schafft **4** wenige – in Anlehnung an bisherige Rechtsprechungsentwicklungen[8] – neu. Zu weiteren Hemmungtatbeständen außerhalb des BGB → Vor §§ 203–213 Rn. 11.

Die Umgestaltung der bisherigen Unterbrechungstatbestände zu Hemmungtatbeständen ist im Ergebnis **5** weniger einschneidend, als es zunächst den Anschein hat.[9] Schon unter altem Recht war in den Fällen, in denen die Klage zu einem rechtskräftigen Titel oder zur Abweisung der Klage in der Sache selbst führte, die nach Abschluss des Verfahrens (§ 211 Abs. 1 aF, § 217 Hs. 2 aF) erneut anlaufende alte Verjährungsfrist nicht mehr von Interesse, da jetzt entweder die lange Verjährungsfrist für titulierte Ansprüche lief oder aber rechtskräftig feststand, dass der Anspruch nicht gegeben war.

Entsprechendes gilt nach neuem Recht: Bei **Verfahrenserfolg** ergibt sich für den Regelfall der Hemmung **6** nach Abs. 1 Nr. 1 eine neue, dreißigjährige Verjährungsfrist nach § 197 Abs. 1 Nr. 3, so dass der Hemmung der alten Frist keine Bedeutung mehr zukommt; bei rechtskräftiger **Klageabweisung** oder der Entscheidung über das Nichtbestehen der Gegenforderung im Fall der Aufrechnung (vgl. § 322 Abs. 2 ZPO) läuft die Verzögerung des Verjährungseintritts nach Abs. 1 Nr. 1 bzw. Nr. 5 ins Leere.

Unterschiede zwischen der alten Unterbrechungsregelung und den Hemmungtatbeständen des § 204 sind **7** allerdings zu verzeichnen, wenn der **Prozess in Stillstand** gerät. Jedoch wurde zu dem nach altem Recht

---

1   Gemeint ist damit der Anspruch iSv § 194 BGB, LAG RhPf Urt. v. 5.6.2008 – 10 Sa 699/07, BeckRS 2008, 55356, Rn. 49.

2   BT-Drs. 14/6040, S. 112.

3   So die Formulierungen von BGH NJW 2015, 3711 (3712 f.) Rn. 14; BGH NJW 2015, 2407 (2408 f.) Rn. 18, unter Bezug auf MüKoBGB/*Grothe* § 204 Rn. 36.

4   So die Formulierung von BGH NJW 2015, 3711 (3712 f.) Rn. 14; BGH NJW 2015, 2407 (2408 f.) Rn. 18.

5   *Peters/Zimmermann*, Der Einfluß von Fristen, S. 308.

6   BT-Drs. 14/6040, S. 112 f.

7   *Peters/Zimmermann*, Der Einfluß von Fristen, S. 307 ff., 316 f. zu §§ 205 ff. des dortigen Entwurfs.

8   Näher *Zimmermann/Leenen* ua JZ 2001, 684 (696).

9   Zu der nachfolgenden Kritik an den Unterbrechungstatbeständen des alten Rechts s. BT-Drs. 14/6040, S. 112 in Übernahme von *Peters/Zimmermann*, Der Einfluß von Fristen, S. 260 ff., 308.

vorgesehenen Neubeginn der Verjährung bereits kritisch angemerkt, es sei nicht einzusehen, weshalb die Verjährung in diesem Fall zwingend neu in Lauf gesetzt werden sollte. Es könne gute Gründe (zB Vergleichsverhandlungen) dafür geben, die Sache einschließlich der Verjährung in der Schwebe zu halten.

8 Bedeutsam war die Verjährungsunterbrechung des alten Rechts ferner in den Fällen der **Klagerücknahme** oder der **Abweisung der Klage** durch Prozessurteil. Hier ließ das bisherige Recht (§ 212 aF) die Unterbrechung rückwirkend entfallen; sie trat wieder ein, wenn der Gläubiger binnen sechs Monaten nach Rücknahme oder Klageabweisung erneut Klage erhob. Der Sache nach war das jedoch auch eine bloße Hemmung der Verjährung.

9 Für die Unterbrechung der Verjährung durch Maßnahmen nach dem bisherigen § 209 Abs. 2 waren weitgehend die gleichen Erwägungen anzustellen. Dort, wo die Unterbrechung praktische Wirkungen hatte, wirkte sie sich im Ergebnis wie eine Hemmung aus. Vor diesem Hintergrund war der durch das SchuldRModG vollzogene Schritt von der Unterbrechung zur Hemmung der Verjährung konsequent.

10 § 204 findet auf einige **gesetzliche Ausschlussfristen** kraft Verweisung entsprechende Anwendung. Hierzu zählen § 160 Abs. 1 S. 3 HGB sowie §§ 45 Abs. 2 S. 2, 133 Abs. 4 S. 2, 157 Abs. 2 S. 2, 224 Abs. 3 S. 2 UmwG. Außerhalb ausdrücklicher Verweisungen ist eine Übertragung oder analoge Anwendung des § 204 auf (gesetzliche oder vereinbarte) Fristen jedenfalls im Grundsatz wegen der unterschiedlichen Funktionsweisen von Ausschluss- und Verjährungsfristen nicht eröffnet.[10] Dies schließt jedoch nicht aus, dass im Einzelfall nach Sinn und Zweck der jeweiligen betroffenen Vorschrift einzelne für die Verjährung geltende Regelungen entsprechend angewandt werden.[11]

11 Die **Grundregeln des Europäischen Vertragsrechts** (dazu → Vor §§ 194–218 Rn. 20 ff.) enthalten keine dem § 204 unmittelbar entsprechende Vorschrift. In Art. 14:302 der Principles of European Contract Law (PECL)[12] findet sich aber zumindest eine partiell ähnliche Regelung. Die Norm statuiert eine Verjährungshemmung für den Fall, dass ein gerichtliches Verfahren über den Anspruch eingeleitet wird (Art. 14:302 Abs. 1 PECL). Die Hemmung soll andauern, bis über den Anspruch rechtskräftig entschieden wurde oder der Rechtsstreit anderweitig erledigt ist (Art. 14:302 Abs. 2 PECL). Eine dem § 204 Abs. 2 entsprechende Nachfrist von sechs Monaten ist nicht vorgesehen. Für Schiedsverfahren sowie für alle anderen Verfahren, die eingeleitet werden, um eine vollstreckbare Urkunde zu erhalten, soll die Hemmungsregelung des Art. 14:302 Abs. 1 und Abs. 2 PECL entsprechend gelten (Art. 14:302 Abs. 1 PECL).

B. Regelungsgehalt

I. Anwendungsbereich und Umfang

12 § 204 findet grundsätzlich auf **alle verjährbaren Ansprüche** Anwendung, sofern diese zumindest in Bezug auf die Frage der Hemmung vollständig oder ergänzend den Regelungen des allgemeinen Verjährungsrechts in §§ 203 ff. unterfallen.[13] Beachtet werden muss allerdings, dass die Anwendung des § 204 in einigen Sondergesetzen für geringfügige Ansprüche **eingeschränkt** ist (vgl. § 5 Abs. 3 S. 4 GKG; § 17 Abs. 3 S. 3 KostO; § 8 Abs. 3 S. 4 GvKostG; § 2 Abs. 4 S. 2 JVEG iVm § 5 Abs. 3 S. 4 GKG: Bei Beträgen unter 25 EUR wird die Verjährung nicht gehemmt). Vollständig **ausgeschlossen** wird die Anwendung der allgemeinen Hemmungstatbestände (und damit auch des § 204) in § 759 Abs. 3 S. 2 HGB. § 204 wird hinsichtlich der Hemmung **öffentlich-rechtlicher** Ansprüche bzw. der Verjährungshemmung durch Erhebung öffentlich-rechtlicher Klagen **entsprechend** angewandt (→ § 194 Rn. 20 mwN). Abs. 1 Nr. 1 gilt analog für einen Widerspruch und eine verwaltungsgerichtliche Klage gegen einen amtspflichtwidrig erlassenen Verwaltungsakt, wenn aus der angefochtenen Maßnahme ein **Amtshaftungsanspruch** abgeleitet wird.[14]

---

10   BGH NJW 2009, 283 (284), Rn. 26 (keine analoge Anwendung von § 204 Abs. 1 Nr. 1 BGB auf die Ausschlussfrist des § 556 Abs. 3 S. 2 BGB); BGH NJW 2008, 2258 (2259 f.), Rn. 21 (zu § 212 Abs. 1 Nr. 1 BGB); Soergel/*Niedenführ*, Vor § 203 Rn. 10. Zu der Anwendbarkeit des § 204 auf tarifliche Ausschlussfristen vgl. LAG Chemnitz Urt. v. 14.7.2003 – 3 Sa 814/02, Juris-Dok.-Nr. KARE600009365 (eine Anwendung des § 204 auf tarifliche Ausschlussfristen ist nicht möglich); aA *Fromm* ZTR 2003, 70 (72 f.) (Kündigungsschutzklage führt auch zur Hemmung sog. zweistufiger tariflicher Ausschlussfristen).

11   BGHZ 112, 95 (101 f.); BGHZ 73, 99 (101); BGH NJW-RR 2006, 619 (620), Rn. 18 (zu § 209 Abs. 2 Nr. 4 aF).

12   In deutscher Sprache veröffentlicht in ZEuP 2003, 895 ff. Art. 14:302 PECL entspricht Art. 17:106 PECL der vorherigen Fassung, abgedruckt in ZEuP 2001, 400.

13   Zur Anwendbarkeit des § 204 im öffentlichen Recht vgl. *Guckelberger*, Die Verjährung im Öffentlichen Recht 2004, 600 f.; ferner BSGE 92, 159: § 204 Abs. 2 S. 3 (S. 2 aF) ist auf das sozialrechtliche Verwaltungsverfahren nicht entspr. anwendbar.

14   BGH NJW 1985, 2324 f.; BGH NZG 2011, 837 (840) Rn. 55; OLG Koblenz BeckRS 2020, 2859 Rn. 39 ff.

Über § 939 Abs. 1 erstreckt sich die Wirkung des § 204 auch auf die **Ersitzung**. Ist der Herausgabeanspruch **13** gegen den Eigenbesitzer oder den sein Besitzrecht von diesem ableitenden Besitzmittler durch Maßnahmen der Rechtsverfolgung iSd Abs. 1 gehemmt, wird zugleich das Ende der Ersitzungszeit (§ 937 Abs. 1) entsprechend hinausgeschoben.

Die sachliche **Reichweite** der durch § 204 Abs. 1 ausgelösten **Hemmung** richtet sich nach dem den Streit- **13a** gegenstand bildenden **prozessualen Anspruch**, nicht aber nach dem einzelnen materiellrechtlichen Anspruch, denn auch die materielle Rechtskraft nach § 322 Abs. 1 ZPO stellt insoweit auf den Streitgegenstand ab.[15] Der Streitgegenstand wird durch das mit einem bestimmten Lebenssachverhalt verbundene Rechtsschutzbegehren definiert, so dass „alle materiellrechtlichen Ansprüche, die sich im Rahmen des Rechtsschutzbegehrens aus dem zur Entscheidung unterbreiteten Lebenssachverhalt herleiten lassen, erfasst [werden]." Ohne Bedeutung ist, ob diese Ansprüche „vorgetragen worden sind oder vorgetragen hätten werden können"[16] (s. noch → Rn. 43). Deshalb wird zB in Anlageberatungsfällen „die Verjährung der Ansprüche für jeden einer Anlageentscheidung zugrunde liegenden Beratungsfehler gehemmt, wenn in unverjährter Zeit wegen eines oder mehrerer Beratungsfehler Klage erhoben oder ein Mahn- oder Güteverfahren eingeleitet wird".[17] Davon ist jedoch die Frage zu trennen, wie der **Verjährungsbeginn** für jeden **einzelnen materiellrechtlichen Anspruch** zu bestimmen ist. Ein prozessualer Anspruch kann verschiedene materiellrechtliche Ansprüche umfassen, deren Verjährungsbeginn jeweils völlig eigenständig nach § 199 Abs. 1 zu bestimmen ist → § 199 Rn. 44. Zur sachlichen Reichweite der Hemmung bei Teilklagen → Rn. 44.

II. Antragstellung durch den Berechtigten

Die Anträge, welche nach Abs. 1 zur Hemmung führen, müssen stets von dem zur Anspruchserhebung **14** Berechtigten gestellt werden, um die Verjährung zu hemmen (vgl. auch → Rn. 29, 36 f., 94).[18] Dieser Grundsatz war schon im bisherigen Recht anerkannt (vgl. auch § 209 Abs. 1 aF, der ausdrücklich die Klage des „Berechtigten" voraussetzte)[19] und gilt unter neuem Recht fort. Als **Berechtigter** iSd Abs. 1 ist dabei nicht nur der ursprüngliche Rechtsinhaber sowie dessen Rechtsnachfolger (zB Erbe oder Zessionar) zu betrachten, sondern auch der wirksam zur Durchsetzung einer Forderung kraft Gesetzes oder kraft gewillkürter Prozessstandschaft Ermächtigte.[20]

Die volle **Ausschöpfung der Verjährungsfrist** bis zum letzten Tag ist zulässig. Der Antrag, der zur Hem- **15** mung führt, kann daher auch erst in letzter Minute gestellt werden.[21] Die Bestimmung von Beginn und **Ende der Verjährungsfrist** ist auf der Grundlage der §§ 186 ff. durchzuführen. § 193 kommt zumindest entsprechend zur Anwendung (vgl. auch → § 193 Rn. 2 f.), so dass sich der Eintritt der Verjährung in den Fällen, in denen der Fristablauf rechnerisch nach § 188 auf einen Wochenend- oder Feiertag fiele, auf den nächsten Werktag (24.00 Uhr) verschiebt.[22]

III. Rechtsmissbrauch, § 242

Es ist gesicherte Rechtsprechung[23] und herrschende Lehre,[24] dass gem. § 242 BGB rechtsmissbräuchliche **16** Rechtsverfolgungsmaßnahmen im Sinne des Abs. 1 aus allgemeinen Überlegungen **keine Hemmungswirkung** hervorrufen können. Reicht etwa ein Gläubiger in halbjährlicher Folge mehrere gleichgerichtete

15 BGH BeckRS 2015, 16019 Rn. 14 mwN.
16 BGH BeckRS 2015, 16019 Rn. 14 mwN; s. ferner *Grüneberg* WM 2014, 1111.
17 BGH BeckRS 2015, 16019 Rn. 14; s. ferner BGH NJW 2015, 2407; BGHZ 198, 294 Rn. 24 f.; BGHZ 203, 1 Rn. 142 f. = NJW 2015, 236.
18 Ausf. und mit zahlreichen Beispielen Staudinger/ *Peters/Jacoby* BGB § 204 Rn. 6 ff.
19 S. nur BGH NJW 1999, 3707; BGH NJW 1993, 1916 mwN.
20 BGH NJW 2010, 2270 (2271), Rn. 38; BGH NJW 1999, 3707; Staudinger/*Peters/Jacoby* BGB § 204 Rn. 9 f.
21 S. bspw. BGHZ 70, 235 (239) (zur Hemmung nach § 203 Abs. 2 aF durch Einreichung eines PKH-Antrages). Vgl. auch Palandt/*Ellenberger* BGB § 204 Rn. 8; Staudinger/*Peters/Jacoby* BGB § 204 Rn. 34 (jeweils zur Hemmung nach Abs. 1 Nr. 1).
22 BGH WM 1978, 461 (464) (noch zu § 209 Abs. 1 aF); Palandt/*Ellenberger* BGB § 204 Rn. 8; Staudinger/*Peters/Jacoby* BGB § 204 Rn. 34.

23 S. RGZ 66, 412 (414 f.); BGH NJW 2004, 3772 (3774); BGH NJW 2012, 995 (996) Rn. 10; OLG Hamm BKR 2015, 125 (127) Rn. 14; s. auch BGH NJW 2016, 233 (235) Rn. 34 f.; BGH NJOZ 2016, 645 Rn. 12; beide bezogen auf einen Antrag bei der Streitbeilegungsstelle trotz Kenntnis der fehlenden Einlassungsbereitschaft des Gegners.
24 Palandt/*Ellenberger* BGB § 204 Rn. 33, Palandt/*Grüneberg* BGB § 242 Rn. 38; MüKoBGB/*Grothe* § 204 Rn. 3; BeckOGK/*Meller-Hannich* BGB § 204 Rn. 103; *von Bernuth/Hoffmann* SchiedsVZ 2006, 127 (129 f.); siehe auch *Mansel* WM 2019, 1621 (1623 f.); anders vereinzelt Staudinger/*Peters/Jacoby* BGB § 204 Rn. 4 (jede verjährungsbezogene Kontrolle nach § 242 BGB ablehnend, wogegen sich allerdings einwenden lässt, dass sich diese Argumentation in der Sache nicht auf das Verjährungsrecht beschränken ließe).

Anträge ein, die stets kurzfristig zurückgenommen werden, liegt die Annahme des Rechtsmissbrauchs nahe.[25] Die Berufung auf die Verjährungshemmung wäre dann gem. § 242 unbeachtlich.[26] Dem Gläubiger ist es gem. § 242 BGB verwehrt, sich auf die durch die Rechtsverfolgungsmaßnahme ausgelöste Hemmung der Verjährung zu berufen.[27] Verjährungsrelevant sind allein unmittelbare Rechtsverfolgungsmaßnahmen. Zum Rechtsmissbrauch im Zusammenhang mit der Anmeldung zum Musterfeststellungsklageverfahren (Abs. 1 Nr. 1 a) s. → Rn. 55; zum Rechtsmissbrauch bei einem Mahnbescheidsantrag s. → Rn. 68; und bei einem Antrag bei einer Streitbeilegungsstellen (Abs. 1 Nr. 4) s. → Rn. 79.

IV. Hemmungstatbestände (Abs. 1)

17   **1. Klageerhebung (Abs. 1 Nr. 1). a) Fortsetzung des alten Rechts.** Die Hemmung durch Klageerhebung bzw. Antragstellung gem. Abs. 1 Nr. 1 entspricht § 209 Abs. 1 aF in seinem sachlichen Anwendungsbereich, nicht aber in der Rechtsfolge (jetzt Hemmung statt bisher Unterbrechung).[28] Daher kann zur Auslegung des Abs. 1 Nr. 1 auf die Ergebnisse der Rechtsprechung und Lehre zu § 209 Abs. 1 aF im Grundsatz zurückgegriffen werden, wenn dabei die unterschiedliche Rechtsfolgenanordnung beachtet wird. Soweit § 209 Abs. 1 aF von „Klage auf Befriedigung" gesprochen hat, wird in Abs. 1 Nr. 1 durch den Begriff „Klage auf Leistung" der Einklang mit der **Terminologie der ZPO** hergestellt. Eine sachliche Änderung ist damit nicht verbunden.[29]

18   **b) Klagearten.** Der Tatbestand des Abs. 1 Nr. 1 setzt die **Klage auf Leistung** oder auf **positive Feststellung** eines Anspruchs (§ 256 ZPO), auf **Erlass eines Vollstreckungsurteils** (§§ 722, 1060, 1061 ZPO) oder auf **Erteilung der Vollstreckungsklausel** (§§ 731, 796, 797, 797 a, 800 ZPO) voraus. Wird keine Klage auf Erteilung der Vollstreckungsklausel erhoben, sondern nur ein entsprechender Antrag gestellt, genügt dies den Voraussetzungen des Abs. 1 Nr. 1 nicht.[30] Eine **negative Feststellungsklage** führt nicht zur Verjährungshemmung zugunsten des (sich verteidigenden) Antragsgegners.[31] Keine verjährungshemmende Wirkung hingegen hat der Antrag auf Feststellung der Zulässigkeit oder Unzulässigkeit eines **schiedsrichterlichen Verfahrens** nach § 1032 Abs. 2 ZPO.[32]

19   Zumindest **entsprechend** heranzuziehen ist die letzte Alternative des Abs. 1 Nr. 1, sofern ein ausländisches Urteil im Inland auch auf andere Weise als durch Klage auf Erlass eines Vollstreckungsurteils zur Zwangsvollstreckung zugelassen werden kann (zB nach Art. 38 EuGVVO iVm § 4 Abs. 1 AVAG durch den **Antrag auf Vollstreckbarerklärung**[33] oder aufgrund der Verordnung zur Einführung eines europäischen Vollstreckungstitels für unbestrittene Forderungen[34] durch Antrag an das in- oder ausländische Ursprungsgericht auf Bestätigung der Entscheidung als **Europäischer Vollstreckungstitel**). In diesem Fall tritt die Hemmungswirkung des Abs. 1 Nr. 1 aufgrund der Antragstellung ein, sofern eine Anhörung des Schuldners nicht vorgesehen ist (vgl. § 6 Abs. 1 AVAG), im Übrigen mit der Zustellung des verfahrenseinleitenden bzw. eines diesem vergleichbaren Schriftstücks (vgl. Art. 13 ff. VO [EG] Nr. 805/2004). Entsprechendes gilt bei Anträgen auf Vollstreckbarkeitserklärung **in- oder ausländischer Schiedssprüche bzw. -vergleiche**. Auch hier ist auf den Gedanken des Abs. 1 Nr. 1 letzte Alt. abzustellen und der Antragstellung Hemmungswirkung iSd genannten Vorschrift zuzusprechen.[35]

---

25   Vgl. auch *Ebert* NJW 2003, 732 (733).

26   Davon geht auch die Bundesregierung im Rahmen der Neuregelung des Verjährungsrechts im Jahr 2002 aus (BT-Drs. 14/6857, S. 44).

27   Zur Rechtsfolge s. etwa BGH NJW 2016, 233 (235) Rn. 34.

28   BT-Drs. 14/6040, S. 113.

29   BT-Drs. 14/6040, S. 113.

30   Staudinger/*Peters*/*Jacoby* BGB § 204 Rn. 45.

31   BGH NJW 2012, 3633 (3634) Rn. 24 ff.; BGH NJW 1994, 3107 (3108); BGH NJW 1972, 1043; BeckOGK/*Meller-Hannich* BGB § 204 Rn. 20 ff.; MüKoBGB/*Grothe* BGB § 204 Rn. 4, 7; Palandt/*Ellenberger* BGB § 204 Rn. 3; BeckOK BGB/*Henrich* § 204 Rn. 3; PWW/*Deppenkemper* § 204 Rn. 2; Soergel/*Niedenführ* BGB § 204 Rn. 2; Staudinger/*Peters*/*Jacoby* BGB § 204 Rn. 39; *Tolani* NJW 2019, 2751 (2752). Möchte der Gläubiger die Hemmungswir-

kung des Abs. 1 Nr. 1 herbeiführen, bleibt es ihm unbenommen, selber (Wider-)Klage zu erheben, vgl. MüKoBGB/*Grothe* § 204 Rn. 7; Staudinger/*Peters*/ *Jacoby* BGB § 204 Rn. 39; aA: Klage hemmt: *Gsell* GS Wolf 393, 396 ff.; *Thole* NJW 2013, 1192 (1196); Klageabweisungsantrag hemmt: OLG Schleswig NJW 1976, 970 (971); Erman/*Schmidt-Räntsch* BGB § 204 Rn. 2; *Bettermann* ZZP 77 (1964) 311 (312 ff.); *Gruber* ZZP 117 (2004) 133 (138 ff.).

32   *Windthorst* SchiedsVZ 2004, 230 (231).

33   Vgl. hierzu MüKoBGB/*Grothe* § 204 Rn. 5; BeckOK BGB/*Henrich* § 204 Rn. 5; Staudinger/*Peters*/*Jacoby* BGB § 204 Rn. 46; Erman/*Schmidt-Räntsch* BGB § 204 Rn. 2.

34   VO (EG) Nr. 805/2004 v. 21.4.2004, ABl. EG L 143 S. 15.

35   MüKoBGB/*Grothe* § 204 Rn. 5; Staudinger/*Peters*/ *Jacoby* BGB § 204 Rn. 47.

aa) Hilfsweise Antragstellung und Widerklage. Der nach Abs. 1 Nr. 1 in seiner Verjährung zu hem- **20** mende Anspruch kann sowohl im Hauptantrag als auch **hilfsweise** geltend gemacht werden.[36] Im letztge- nannten Fall tritt die Hemmung schon in dem Zeitpunkt ein, in dem der Hilfsantrag in den Prozess einge- führt wird, sei es bei Klageerhebung zusammen mit dem Hauptantrag, sei es ggf. erst im Wege der Klageän- derung (→ Rn. 30). Die Hemmungswirkung ist von der Entscheidung über den Hilfsantrag unabhängig und entfällt auch dann nicht rückwirkend, wenn dem Hauptantrag stattgegeben werden sollte.[37] In diesem Fall gilt für den zugesprochenen Anspruch mit der Rechtskraft der Entscheidung die dreißigjährige Titelverjäh- rung des § 197 Abs. 1 Nr. 3 (vgl. auch → Rn. 6), hinsichtlich des hilfsweise verfolgten Anspruchs bleibt dagegen die ursprüngliche Verjährungsfrist nach Maßgabe des Abs. 1 Nr. 1 gehemmt; sie läuft erst nach Ablauf der in Abs. 2 S. 1 statuierten Nachfrist weiter.[38]

Die Hemmungswirkung kommt jedoch nicht nur dem in der ursprünglichen Klage verfolgten Anspruch **21** zugute; auch ein in der **Widerklage** geltend gemachter Anspruch wird nach Abs. 1 Nr. 1 mit der Einführung in den Prozess in der Verjährung gehemmt (vgl. auch → Rn. 30).[39]

bb) Stufenklage. Eine im Wege der **Stufenklage** (§ 254 ZPO) erhobene Leistungsklage, die regelmäßig in **22** der ersten Stufe lediglich auf Auskunftserteilung gerichtet ist, hemmt bereits die Verjährung des erst durch diese zu konkretisierenden Leistungsanspruchs.[40] Der unbezifferte Hauptanspruch muss allerdings in Ver- bindung mit dem Auskunftsanspruch geltend gemacht worden sein; die bloße Ankündigung der intendierten Rechtsverfolgung genügt den Anforderungen des Abs. 1 Nr. 1 nicht.[41] Eine zunächst isoliert (dh nicht im Wege der Stufenklage) erhobene Klage auf Auskunft oder Rechnungslegung und ggf. auf eidesstattliche Versicherung hemmt daher nicht den später getrennt verfolgten Leistungsanspruch, mag dessen Bezifferung auch durch die Auskunft erst möglich geworden sein.[42] Auch wenn mit der Stufenklage auf der ersten Stufe nicht Auskunft, sondern sogleich die Abgabe einer eidesstattlichen Versicherung begehrt wird, hemmt dies die Verjährung des Leistungsanspruchs, dessen Durchsetzung die eidesstattliche Versicherung dienen soll.[43] Der im Rahmen einer Stufenklage von dem Pflichtteilsberechtigten geltend gemachte Anspruch auf Aus- kunft durch Vorlage eines privatschriftlichen Nachlassverzeichnisses hemmt grundsätzlich auch die Verjäh- rung des Anspruchs auf Auskunft durch Vorlage eines notariellen Nachlassverzeichnisses.[44]

Der Hauptanspruch wird durch die Stufenklage **zunächst uneingeschränkt gehemmt**.[45] Beziffert der Gläu- **23** biger die Leistungsklage später, sei es aufgrund der Auskunftserteilung, sei es aufgrund sonstiger Informa- tionen oder auch nur im Wege der Schätzung, soll die Verjährung des eingeklagten Anspruchs jedoch nach überwiegender Auffassung **rückwirkend** lediglich **in Höhe der benannten Summe** oder hinsichtlich der Gegenstände gehemmt sein, die auf letzter Stufe verfolgt werden.[46] Die Rechtsprechung hat bereits in Bezug auf die Verjährungsunterbrechung nach § 209 Abs. 1 aF die Auffassung vertreten, der im Wege der Stufenklage geltend gemachte Hauptanspruch sei ab initio nur in der Höhe rechtshängig geworden, in der er später konkretisiert werde.[47] Daher könne auch die Unterbrechung der Verjährung durch Klageerhebung (jetzt: Verjährungshemmung) nur in diesem Umfang eingreifen. Mache der Gläubiger einen geringeren Zah- lungsanspruch geltend, als dies nach Auskunftserteilung möglich erscheine, sei davon auszugehen, dass der Gläubiger von Beginn an nicht mehr habe verlangen wollen als maximal die bezifferte Summe.[48] Diese Rechtsprechung wird auch unter neuem Recht fortgesetzt. Einschränkend jedoch Rn. 24 aE.

Zu einer umfassenden Unterbrechung der Verjährung des Leistungsanspruchs nach § 209 Abs. 1 aF sollte es **24** unter altem Recht hingegen kommen, wenn der **Zahlungsanspruch nach Erfüllung der Hilfsansprüche**

36 MüKoBGB/*Grothe* § 204 Rn. 6; Palandt/*Ellenberger* BGB § 204 Rn. 13; BeckOK BGB/*Henrich* § 204 Rn. 6; Soergel/*Niedenführ* BGB § 204 Rn. 10; Staudinger/*Peters/Jacoby* BGB § 204 Rn. 15; Erman/ *Schmidt-Räntsch* BGB § 204 Rn. 2.

37 MüKoBGB/*Grothe* § 204 Rn. 6.

38 MüKoBGB/*Grothe* § 204 Rn. 6.

39 *McGuire*, S. 235; Erman/*Schmidt-Räntsch* BGB § 204 Rn. 2.

40 BGH NJW-RR 2006, 948 (949), Rn. 13; OLG Bran- denburg NJW-RR 2005, 871 (872); OLG Thüringen FamRZ 2005, 1994 (1995); BGH NJW 1999, 1101; OLG Celle NJW-RR 1995, 1411; OLG Schleswig FamRZ 2003, 1696; AG Köln FamRZ 2004, 468 (sämtlich noch zu § 209 Abs. 1 aF); Palandt/*Ellen- berger* BGB § 204 Rn. 2; BeckOK BGB/*Henrich* § 204 Rn. 2; Staudinger/*Peters/Jacoby* BGB § 204 Rn. 15; Erman/*Schmidt-Räntsch* BGB § 204 Rn. 2.

41 MüKoBGB/*Grothe* § 204 Rn. 11; Staudinger/*Peters/ Jacoby* BGB § 204 Rn. 15; *Saerbeck*, in: FS Thode,

2005, S. 139, 143; krit. im Hinblick auf § 1613 Abs. 1 *Büttner* FamRZ 2002, 361 (362).

42 BAG NJW 1996, 1693; OLG Celle NJW-RR 1995, 1411 (beide noch zu § 209 Abs. 1 aF); Zöller/*Greger* ZPO § 254 Rn. 2; MüKoBGB/*Grothe* § 204 Rn. 4, 11; Palandt/*Ellenberger* BGB § 204 Rn. 2, 13; Erman/*Schmidt-Räntsch* BGB § 204 Rn. 2; *Lau*, S. 30 f.

43 Vgl. OLG Brandenburg NJW-RR 2005, 871 (872).

44 BGH NJW 2019, 234 (235) Rn. 12 ff.

45 BGH NJW 1992, 2563 (noch zu § 209 Abs. 1 aF); Soergel/*Niedenführ* BGB § 204 Rn. 39.

46 MüKoBGB/*Grothe* § 204 Rn. 11; Palandt/*Ellenber- ger* BGB § 204 Rn. 2; Soergel/*Niedenführ* BGB § 204 Rn. 39; BeckOGK/*Meller-Hannich* BGB § 204 Rn. 61.

47 Vgl. BGH NJW 1992, 2563 f.; OLG Hamburg FamRZ 1983, 602.

48 OLG Hamburg FamRZ 1983, 602.

auf Auskunft und eidesstattliche Versicherung **nicht beziffert** wurde. In diesem Fall entfiel nach höchstrichterlicher Rechtsprechung die Unterbrechung nicht rückwirkend, sondern endete gem. § 211 Abs. 2 S. 1 aF an dem Tag, an dem der Gläubiger alle für die Verfolgung des Zahlungsanspruchs notwendigen Informationen erhalten hatte.[49] Unter neuem Recht wird, jedenfalls in der Literatur, Entsprechendes in Bezug auf die Hemmung nach Abs. 1 Nr. 1 vertreten.[50] Dem ist zuzustimmen. Durch die Erhebung der Stufenklage wird der Hauptanspruch zunächst in vollem Umfang gehemmt (→ Rn. 22 f.). Die Hemmungswirkung ist dabei gänzlich unabhängig von der später erteilten Auskunft. Die Auskunft soll die Bezifferung lediglich erleichtern; der Gläubiger ist an diese jedoch nicht gebunden. Er kann sowohl die vom Schuldner bezeichnete Summe als auch einen höheren (oder niedrigeren) Wert für die weitere Verfolgung des Leistungsbegehrens einsetzen. Verzichtet der Gläubiger nach Auskunftserteilung und ggf. eidesstattlicher Versicherung darauf, den Hauptanspruch weiter zu verfolgen, ist die zunächst unbeziffert auf letzter Stufe verfolgte Forderung in voller Höhe bis zu dem in Abs. 2 bezeichneten Zeitpunkt (Beendigung oder Stillstand des Verfahrens) gehemmt.[51] Bleibt der Gläubiger mit seiner Forderung unter der durch die Auskunftserteilung ermittelten Summe, kann grundsätzlich auf die unter → Rn. 23 widergegebene Wertung der Rechtsprechung verwiesen werden, nach der zu vermuten ist, dass der Anspruch bereits bei Klageerhebung nur bis zu einer bestimmten Maximalgrenze geltend gemacht werden sollte. Kann der Gläubiger allerdings belegen, dass er sich **erst nachträglich** entschlossen hat, lediglich einen **Teil seines Anspruchs weiter zu verfolgen**, ist der Anspruch **in voller Höhe** rechtshängig geworden und damit auch **gehemmt**. Die Hemmung in Bezug auf den nicht weiter verfolgten Teilanspruch endet dann, wie vorstehend dargestellt, nach Maßgabe des **Abs. 2**; für den bezifferten Anspruchsteil besteht die Hemmung fort.[52]

25 **cc) Künftige Leistungen.** Abs. 1 Nr. 1 erfasst nicht nur bei Klageerhebung bereits fällige Ansprüche; grundsätzlich können auch Klagen auf **künftige** oder **wiederkehrende Leistungen** (§§ 257 ff. ZPO) die Hemmung der Verjährung der betreffenden Ansprüche bewirken.[53] Gleiches gilt in Bezug auf jene Ansprüche, die im Zeitpunkt der Klageeinreichung zwar bereits fällig waren, deren Verjährung jedoch erst nach diesem Zeitpunkt beginnt (zB aufgrund der Ultimoverjährung gem. § 199 Abs. 1). Zu der Wirkung der Hemmung nach Abs. 1 Nr. 1 in den vorgenannten Konstellationen → Rn. 41.

26 **dd) Adhäsionsverfahren.** Auch die Stellung eines **Antrags im Adhäsionsverfahren** (vgl. § 404 Abs. 2 StPO) vermag zur Verjährungshemmung zu führen.[54] Form und Inhalt des Antrags müssen in diesem Fall allerdings den Voraussetzungen einer Zivilklage vor dem Amtsgericht entsprechen.[55] Nicht erforderlich für die Bewirkung der Hemmung ist hingegen die Zustellung des Adhäsionsantrags an den Beschuldigten (vgl. § 404 Abs. 1 S. 3 StPO) oder die Durchführung einer Hauptverhandlung.[56] Die Hemmung nach Abs. 1 Nr. 1 beginnt unabhängig von den letztgenannten Ereignissen unmittelbar mit der Antragstellung gem. § 404 Abs. 1 S. 1 und 2 StPO.

27 **ee) Rechtsverfolgung im Ausland.** Der Eintritt der Hemmungswirkung nach Abs. 1 Nr. 1 setzt nicht voraus, dass der Gläubiger seine Rechte in einem inländischen Rechtsstreit verfolgt. Im Wege der **Substitution**[57] kann die in Abs. 1 Nr. 1 zunächst in Blick genommene Klageerhebung vor einem deutschen Gericht grundsätzlich auch durch eine funktional äquivalente Handlungsalternative des ausländischen Rechts ersetzt werden. Die wohl überwiegende Auffassung in Rechtsprechung und Literatur bejahte bislang eine Verjährungsunterbrechung nach dem gemäß den Regeln des deutschen internationalen Privatrechts anwendbaren § 209 Abs. 1 aF durch Klageerhebung im Ausland, wenn die angestrebte Entscheidung in Deutschland anerkennungsfähig gewesen wäre.[58] Diese Auffassung wird partiell unter neuem Recht für die Verjährungshemmung nach Abs. 1 Nr. 1 übertragen. Hemmung durch Klageerhebung vor einem ausländischen Gericht kann danach gem. Abs. 1 Nr. 1 grundsätzlich nur dann eintreten, wenn zu erwarten steht, dass die angestrebte

49 BAG NJW 1986, 2527; vgl. auch BGH NJW 1992, 2563.

50 Soergel/*Niedenführ* BGB § 204 Rn. 39.

51 Im Ergebnis ebenso OLG Thüringen FamRZ 2005, 1994 (1995).

52 Zustimmend Staudinger/*Peters/Jacoby* BGB § 204 Rn. 15.

53 Palandt/*Ellenberger* BGB § 204 Rn. 2; BeckOK BGB/*Henrich* § 204 Rn. 2; Soergel/*Niedenführ* BGB § 204 Rn. 4; Erman/*Schmidt-Räntsch* BGB § 204 Rn. 2.

54 OLG Rostock OLG-NL 2000, 117 (118) (dort auch zu Beginn und Ende der Verjährungsunterbrechung nach § 209 Abs. 1 aF; die Grundsätze können auf die Hemmung nach Abs. 1 Nr. 1 übertragen werden); BeckOK BGB/*Henrich* § 204 Rn. 83; *Jaeger* ZGS

2003, 329 (330); Erman/*Schmidt-Räntsch* BGB § 204 Rn. 11. Zu den Voraussetzungen der Hemmung durch einen Adhäsionsantrag vgl. OLG Karlsruhe NJW-RR 1997, 508 (dort noch zu § 209 aF).

55 OLG Hamm NJW 1978, 2209; OLG Karlsruhe NJW-RR 1997, 508.

56 OLG Rostock OLG-NL 2000, 117 (118); *Jaeger* ZGS 2003, 329 (330).

57 Zur Substitution allgemein s. *Mansel*, in: FS W. Lorenz, 1991, S. 689 ff.

58 Vgl. statt vieler RGZ 129, 385 (389 f.); OLG Düsseldorf NJW 1978, 1752; LG Deggendorf IPRax 1983, 125 (126); LG Duisburg IPRspr. 1985 Nr. 43; *Taupitz* IPRax 1996, 140 (145). Zum Streitstand unter altem Recht s. die Darstellung bei *McGuire*, S. 221 ff.

Entscheidung den Voraussetzungen des § 328 ZPO, einem internationalen Anerkennungsabkommen oder der EuGVVO genügen wird.[59]

In der neueren Literatur finden sich allerdings vermehrt Stimmen, die eine Abkehr von der strikten Orien- **28** tierung an den für die Anerkennung ausländischer Urteile nach § 328 ZPO gestellten Anforderungen befür- worten. Hiernach soll den Voraussetzungen des Abs. 1 Nr. 1 bereits dann Genüge getan sein, wenn der Gläubiger im Ausland nach den Vorgaben der *lex fori* wirksam Klage erhoben hat und dem Schuldner die Möglichkeit angemessener Verteidigung gewährt wurde (vgl. § 328 Abs. 1 Nr. 2 ZPO, Art. 34 Nr. 2 EuGVVO).[60] Gefordert werden damit die Kriterien, die auch im Fall einer inländischen Klage vorliegen müssen, um die Hemmung der Verjährung nach Abs. 1 Nr. 1 zu begründen (vgl. hierzu im Einzelnen → Rn. 29 ff.). Dieser Ansatz erscheint überzeugend. Dem Gesetz ist nicht zu entnehmen, dass bei ausländischem Forum strengere Anforderungen an die Bewirkung der Hemmung zu stellen sind als im Inland.[61] Eine vor einem deutschen Gericht erhobene Klage muss weder zulässig noch begründet sein, um die Konsequenzen des Abs. 1 Nr. 1 zu zeitigen (vgl. auch → Rn. 35); gefordert wird lediglich eine wirksame Klageerhebung des Berechtigten (vgl. hierzu → Rn. 29 ff.). Die Hemmungswirkung des Abs. 1 Nr. 1 rechtfertigt sich dann aber daraus, dass der Gläubiger – für den Schuldner erkennbar – deutlich macht, seine Rechte im Wege der Klage vor Gericht verfolgen zu wollen.[62] Angesichts dessen wird man auch einer im Ausland erhobenen Klage Hemmungswirkung zusprechen können, sofern der Berechtigte das Verfahren **wirksam angestrengt** hat und dem Schuldner in angemessener Form die **Möglichkeit der Verteidigung** gewährt wurde.[63] Von der vorstehenden Problematik zu trennen, ist die Frage, welche Voraussetzungen vorliegen müssen, damit eine im Ausland erwirkte Entscheidung die dreißigjährige Titelverjährung nach § 197 Abs. 1 Nr. 3 auslöst; vgl. hierzu die Ausführungen unter → § 197 Rn. 47.

c) Wirksame Klageerhebung. Der Hemmungstatbestand ist erfüllt mit der wirksamen Erhebung der **29** Klage vor Ablauf der Verjährungsfrist.[64] Erforderlich ist die Klageerhebung durch den zur Verfolgung des Anspruchs Berechtigten (näher → Rn. 36 f.); Beklagter muss der Schuldner der eingeklagten Forderung sein (→ Rn. 32).

Nach § 253 Abs. 1 ZPO erfolgt die Klageerhebung durch **Zustellung der Klageschrift**;[65] ist die Klage gem. **30** § 496 ZPO zum Protokoll der Geschäftsstelle angebracht worden, wird sie durch **Zustellung des Protokolls** erhoben (§ 498 ZPO). Die Zustellung (auch die öffentliche Zustellung)[66] wirkt nach § 167 ZPO (früher: § 270 Abs. 3 ZPO aF) auf den Zeitpunkt der Klageeinreichung – und damit ggf. auch auf die Zeit vor Ein-

---

59   Palandt/*Ellenberger* BGB § 204 Rn. 3; Erman/
Schmidt-Räntsch BGB § 204 Rn. 10 a; Erman/*Hoh-
loch*, Art. 12 Rom I-VO Rn. 14; Staudinger/*Magnus*,
Art. 12 Rom I-VO Rn. 64 ff.; Palandt/*Thorn*, Art. 12
Rn. 8; BeckOK BGB/*Spickhoff*, Art. 12 Rom I-VO
Rn. 12; im Einzelnen umstritten s. MüKoBGB/*Spel-
lenberg*, Art. 12 Rom I-VO Rn. 130–141.

60   *Budzikiewicz* ZEuP 2010, 415 (433); MüKoBGB/
Grothe § 204 Rn. 9; BeckOK BGB/*Henrich* § 204
Rn. 20; BeckOGK/*Meller-Hannich* BGB § 204
Rn. 90; PWW/*Deppenkemper* BGB § 204 Rn. 2;
McGuire, S. 225 ff.; *Wolf*, in: FS Kostas E. Beys,
2003, S. 1741, 1747 f., 1751 f.; vgl. auch *Geimer*,
Int. Zivilprozessrecht, 8. Aufl. 2020, Rn. 2831 ff.
(Gegenseitigkeit iSd § 328 Abs. 1 Nr. 5 ZPO muss
nicht verbürgt sein); Soergel/*Niedenführ* BGB § 204
Rn. 12 (Hemmung nach Abs. 1 Nr. 1 jedenfalls in
den Fällen, in denen die Einrede der ausländischen
Rechtshängigkeit erhoben werden könnte; restrikti-
ver Staudinger/*Peters/Jacoby* BGB § 204 Rn. 41
(Voraussetzungen des § 328 Abs. 1 Nr. 1, 2 und 5
ZPO müssen vorliegen); *C.Wolf* IPRax 2007, 180
(182 ff.) Ebenso bereits zum alten Recht:
Looschelders IPRax 1998, 296 (302 f.); Soergel/
Lüderitz, Anh. Art. 10 Rn. 121. Aus der Rechtspre-
chung: OLG Frankfurt BeckRS 2016, 04156
Rn. 133 ff. gegen die in Fn. 60 genannten Judikate.

61   Vgl. BeckOK BGB/*Henrich* § 204 Rn. 20. S. auch
OLG Düsseldorf NJW 1978, 1752, wonach auch die
vor einem unzuständigen Gericht eines Vertragsstaates des EuGVÜ erhobene Klage zur Verjährungsunterbrechung nach § 209 Abs. 1 aF (jetzt § 204 Abs. 1
Nr. 1) führt.

62   Vgl. OLG Naumburg FamRZ 2001, 1006 (noch zu
§ 209 aF); MüKoBGB/*Grothe* § 204 Rn. 3 mwN.

63   Vgl. *Budzikiewicz* ZEuP 2010, 415 (433); *C. Wolf*
IPRax 2007, 180; BeckOK BGB/*Henrich* § 204
Rn. 20; *McGuire*, S. 225 f.; ferner *Wolf*, in: FS Kostas
E. Beys, 2003, S. 1741, 1750 ff., der für die Substitu-
tion der in Abs. 1 genannten Hemmungsgründe allge-
mein vier Kriterien aufzeigt, die das im Ausland
durchgeführte Verfahren aufweisen muss, um die
Hemmungswirkung des Abs. 1 herbeizuführen.

64   Staudinger/*Peters/Jacoby* BGB § 204 Rn. 34 (keine
Wiedereinsetzung in den vorherigen Stand möglich).

65   Vgl. BGH NJW 2008, 1939 (1940) Rn. 15.

66   BGH NJW 2002, 827 (830 f.) (noch zu § 209 Abs. 1
aF und § 270 Abs. 3 ZPO aF; *in casu* war die öffentliche Zustellung allerdings unwirksam); AG Köln
FamRZ 2004, 468; Staudinger/*Peters/Jacoby* BGB
§ 204 Rn. 33 (dort auch zu der Hemmungswirkung
bei ungerechtfertigter Bewilligung der öffentlichen
Zustellung).

tritt der Verjährung – zurück, sofern sie demnächst erfolgt.[67] Unerheblich ist, ob die Zustellung noch während der offenen Verjährungsfrist oder erst nach deren Ablauf erfolgt: Die Rückwirkung nach § 167 ZPO setzt nicht voraus, das die Verjährung zum Zeitpunkt der Zustellung ohne die Rückwirkung eingetreten wäre.[68] Die Zustellung einer Klage ist jedenfalls dann noch demnächst erfolgt, wenn die durch den Kläger zu vertretende Verzögerung der Zustellung den Zeitraum von 14 Tagen nicht überschreitet. Bei der Berechnung der Zeitdauer der Verzögerung ist auf die Zeitspanne abzustellen, um die sich der ohnehin erforderliche Zeitraum für die Zustellung der Klage als Folge der Nachlässigkeit des Klägers verzögert,[69] etwa durch verzögerte Einzahlung des Gerichtskostenvorschusses. Dabei gilt nichts anderes, wenn dies durch eine Rechtsschutzversicherung erfolgt.[70] Erheben **mehrere Kläger** als aktive Streitgenossen gemeinsam Klage, muss dafür Sorge getragen werden, dass jeder Kläger seinen Anteil am Vorschuss zu den Gerichtskosten ordnungsgemäß einzahlt. Verzögert sich die Zustellung der Klage, so dass sie nicht mehr „demnächst" iSv § 167 ZPO erfolgt, weil einer der Kläger den Vorschuss nicht rechtzeitig entrichtet hat, tritt keine Hemmungswirkung nach Abs. 1 Nr. 1 ein. Dies gilt auch hinsichtlich der übrigen Kläger, die ihren Anteil am Vorschuss so zeitig einzahlten, dass die Klage „demnächst" iSv § 167 ZPO hätte zugestellt werden können.[71] Werden der (unverjährte) Anspruch oder (bei anfänglicher Teilklage) ein (unverjährter) weiterer Anspruchsteil[72] erst im Laufe des Prozesses **nachträglich** geltend gemacht (zB durch Klageerweiterung,[73] Klageänderung oder Widerklage), führt auch dies zur Verjährungshemmung nach Abs. 1 Nr. 1.[74] Gleiches gilt für den Fall, dass der Anspruch erstmals klageerweiternd im Wege der Anschlussberufung geltend gemacht wird.[75] Für die Bestimmung des Hemmungsbeginns ist in diesem Fall auf den Tag der Geltendmachung in der mündlichen Verhandlung oder auf die Zustellung eines den Erfordernissen des § 253 Abs. 2 Nr. 2 entsprechenden Schriftsatzes abzustellen (vgl. § 261 Abs. 2 ZPO).[76]

31   Der Eintritt der Hemmung nach Abs. 1 Nr. 1 setzt voraus, dass die Klage **wirksam** erhoben wurde **§ 253 Abs. 1, § 261 Abs. 2 ZPO**.[77] Erforderlich ist die Einhaltung der Vorgaben des **§ 253 Abs. 2 Nr. 2 ZPO**:[78] Die Klageschrift muss neben der bestimmten Angabe des Gegenstandes und des Grundes des erhobenen Anspruchs einen bestimmten Klageantrag enthalten. Der Anspruch, dessen Verjährung unterbrochen werden soll, muss auf der Grundlage dieser inhaltlichen Angaben eindeutig zu identifizieren sein.[79] Gegebenenfalls ist die in der Klageschrift verkörperte Willenserklärung auszulegen.[80] Die Klageerhebung erfolgt mittels einer Klageschrift (§ 253 Abs. 1 ZPO) bzw. eines Schriftsatzes (§ 261 Abs. 2 Alt. 2 ZPO) oder mündlich in der Verhandlung (§ 261 Abs. 2 Alt. 1 ZPO). Bei schriftlicher Klageerhebung bedarf es der **Zustellung** des entsprechenden Schriftsatzes (§ 253 Abs. 1, § 261 Abs. 2 Alt. 2 ZPO). Eine **unwirksame Zustellung** hemmt dann die Verjährung nicht.[81] Wird der Zustellungsmangel beseitigt (Beispiel: § 189 ZPO), tritt die **Hemmung** grundsätzlich **nicht rückwirkend** ein. **Ausnahme**: Die Hemmung kann im Fall der unwirksamen Zustellung im Einzelfall rückwirkend eintreten, wenn Sinn und Zweck des Abs. 1 gewahrt sind;[82] **(1)** kann

---

67   BGH BauR 2004, 1002 (1003 f.) (Verzögerung durch Zustellung an eine nicht vertretungsberechtigte Behörde); BGH NJW 2003, 2830 (2831) (Zustellung der Klage im Ausland); OLG Naumburg NJW-RR 2003, 1662 (1663); AG Köln FamRZ 2004, 468 f. (Verzögerung der Zustellung aufgrund fehlgeschlagenen Zustellungsversuchs im Ausland); Zöller/*Greger* ZPO § 167 Rn. 3. Vgl. zu der Auslegung des Terminus „demnächst" Zöller/*Greger* ZPO § 167 Rn. 10 ff.; ferner Palandt/*Ellenberger* BGB § 204 Rn. 7; Soergel/*Niedenführ* BGB § 204 Rn. 7; Staudinger/*Peters/Jacoby* BGB § 204 Rn. 35. Zu den Auswirkungen der EuZVO auf die Frage, ob noch iSd § 167 ZPO "demnächst" zugestellt wurde, s. *Kuntze-Kaufhold/Beichel-Benedetti* NJW 2003, 1998 ff.

68   BGH NJW 2010, 856 (857) Rn. 9 (zur Streitverkündung); aA OLG München NJW-RR 2005, 1108 (zum Mahnbescheid).

69   BGH NJW 2011, 1227; BGH NJW 2000, 2282.

70   BGH BeckRS 2016, 2556 Rn. 13; BGH VersR 1968, 1062; OLG Karlsruhe BeckRS 2017, 158315 Rn. 26; OLG Braunschweig BeckRS 2020, 7924 Rn. 37.

71   OLG München Urt. v. 19.4.2007 – 6 U 3130/06, Juris-Dok.-Nr. JURE070109236, Rn. 66.

72   BGH NJW-RR 2008, 521 (522) Rn. 15.

73   Zu Besonderheiten bei der Klage auf Vorschuss nach § 637 Abs. 3 BGB unten Rn. 44.

74   Staudinger/*Peters/Jacoby* BGB § 204 Rn. 37; Erman/*Schmidt-Räntsch* BGB § 204 Rn. 5. Im Fall einer

75   Teilklage wird die Hemmung der Verjährung für jeden separat geltend gemachten Teil gesondert bestimmt.

     BGH BeckRS 2018, 35500 Rn. 11; RGZ 156, 291 (299).

76   Soergel/*Niedenführ* BGB § 204 Rn. 37; Staudinger/*Peters/Jacoby* BGB § 204 Rn. 37.

77   BGH NJW-RR 1997, 1216 (1217); BGH NJW-RR 1989, 508; BGH NJW 1959, 1819; OLG Naumburg FamRZ 2001, 1006.

78   BGH NJW-RR 1997, 1216 (1217); Palandt/*Ellenberger* BGB § 204 Rn. 4; BeckOK BGB/*Henrich* § 204 Rn. 12; Staudinger/*Peters/Jacoby* BGB § 204 Rn. 28, 30; Erman/*Schmidt-Räntsch* BGB § 204 Rn. 5.

79   MüKoBGB/*Grothe* § 204 Rn. 23; Palandt/*Ellenberger* BGB § 204 Rn. 4.

80   BGH NJW-RR 1997, 1216 (1217); Staudinger/*Peters/Jacoby* BGB § 204 Rn. 28; *Wolf*, in: FS E. Schumann, 2001, S. 579, 585 f. Zu der Frage, ob Anlagen zur Klageschrift für die Auslegung herangezogen werden können, s. *Schach*, GE 2002, 1543, 1544.

81   BGH NZG 2016, 783 (786) Rn. 33 f.; Palandt/*Ellenberger* § 204 Rn. 6; Staudinger/*Peters/Jacoby* BGB § 204 Rn. 32.

82   BGH NJW-RR 2010, 1438 (1439) Rn. 16 (zu Abs. 1 Nr. 3).

sich Beklagter nicht mehr auf Zustellungsmangel berufen (**Verlust des Rügerechts nach § 295 ZPO**), tritt rückwirkend Hemmung ein, selbst wenn die Verjährungsfrist zwischenzeitlich abgelaufen war,[83] sofern **(a)** der Anspruchsinhaber „angemessene und unmissverständliche Schritte zur Durchsetzung des Anspruchs" in unverjährter Zeit ergriffen hatte,[84] was bei einer Klageerhebung, einem Erweiterungsschriftsatz im Sinne § 261 Abs. 2 Alt. 2 ZPO[85], oder einem Mahnbescheid[86] etc zu bejahen ist. Und **(b)** der Anspruchsgegner in unverjährter Zeit von dem entsprechenden Schriftsatz, Mahnbescheid etc und seinem Inhalt Kenntnis erlangt hatte. **(2)** Die Verjährung wird auch durch Zustellung der Klage an einen nichtbevollmächtigten Vertreter des Beklagten gehemmt, wenn der Beklagte dessen **Prozessführung genehmigt**, unabhängig davon, ob die Genehmigung vor oder nach Ablauf der Verjährungsfrist erfolgte.[87]

Auch eine **wirksame öffentliche Zustellung** (§§ 185 ff. ZPO) **hemmt** die Verjährung mit Bewirkung der Zustellung (§ 188 ZPO) in unverjährter Zeit.[88] **Unwirksam** ist eine öffentliche Zustellung insbesondere, wenn die Voraussetzungen für eine öffentliche Bekanntmachung nicht vorgelegen haben und das die öffentliche Zustellung bewilligende Gericht dies hätte erkennen können.[89] Beruht die Unwirksamkeit einer Zustellung auf einer unrichtigen Sachbehandlung durch das Gericht, kann eine Hemmung der Verjährung wegen höherer Gewalt nach **§ 206** in Betracht kommen, wenn verjährungshemmende Wirkung einer Zustellung infolge eines – für den Gläubiger unabwendbaren – gerichtlichen Fehlers nicht eintritt.[90]

Der Auslegung zugänglich ist auch die in **§ 253 Abs. 2 Nr. 1 Alt. 1 ZPO** geforderte Bezeichnung der Parteien, namentlich des Beklagten. Hemmungswirkung entfaltet nur die gegen den wahren Schuldner gerichtete Klage.[91] Sind die den Schuldner betreffenden Angaben unrichtig, kann der Verpflichtete aus den Angaben in der Klageschrift jedoch zweifelsfrei ermittelt werden, so ist dieser trotz der unrichtigen Bezeichnung Partei des Verfahrens geworden.[92] **32**

Die nach § 253 Abs. 1 Nr. 1 Alt. 2 ZPO notwendige Bezeichnung des Gerichts setzt dessen Individualisierbarkeit voraus; nicht erforderlich für die Wirksamkeit der Klage ist die Nennung des in der Sache zuständigen Gerichts.[93] **33**

Um die Klage vom Klageentwurf abgrenzen zu können, ist die **Unterzeichnung** der Klageschrift zwingend.[94] Streitig ist, ob der Unterzeichnete auch postulationsfähig sein muss.[95] **34**

Liegen die Voraussetzungen einer wirksamen Klageerhebung vor, tritt die Hemmungswirkung nach Abs. 1 Nr. 1 selbst dann ein, wenn die Klage **unzulässig**[96] (vgl. hierzu auch → Rn. 33) oder **unbegründet** (bzw. bereits unschlüssig)[97] sein sollte.[98] Die Hemmung hat insbesondere nicht zur Voraussetzung, dass die Klage **35**

83 RGZ 87, 271 (272); BGH BeckRS 1967, 30382479 unter II 4; Palandt/*Ellenberger* § 204 Rn. 6; **aA** (Hemmung in unverjährter Zeit nicht rückwirkend, nur ex nunc) BeckOGK BGB/*Meller-Hannich* BGB § 204 Rn. 29; MüKoBGB/*Grothe* § 204 Rn. 24; Staudinger/*Peters/Jacoby* BGB § 204 Rn. 32.

84 BT-Drs. 14/6040 S. 111.

85 BGH NJW 1960, 1947; BGH BeckRS 1967, 30382479 unter II 4.

86 BGH NJW-RR 2010, 1438.

87 RGZ 86, 245 (246) (noch zur Unterbrechung nach § 209 BGB aF).

88 BGH NJW 2002, 827 (830 f.) (noch zur Unterbrechung nach § 209 BGB aF und § 203 ff. ZPO aF); BGH NZG 2016, 783 (786) Rn. 33 ff.; BGH NJW 2017, 1735 (1736) Rn. 11; Staudinger/*Peters/Jacoby* § 204 Rn. 33; MüKoBGB/*Grothe* § 204 Rn. 24; Palandt/*Ellenberger* § 204 Rn. 6; Zöller/*Schultzky* ZPO § 186 Rn. 10.

89 BGH NJW 2002, 827 (830 f.) (noch zur Unterbrechung nach § 209 BGB aF und § 203 ff. ZPO aF); BGH NZG 2016, 783 (786) Rn. 33 ff.; BGH NJW 2017, 1735 (1736) Rn. 11; Staudinger/*Peters/Jacoby* § 204 Rn. 33; MüKoBGB/*Grothe* § 204 Rn. 24; Palandt/*Ellenberger* § 204 Rn. 6; Zöller/*Schultzky* ZPO § 186 Rn. 10.

90 BGH NJW 1990, 176 (178); BGH NJW 2002, 827 (831); BGH NJW 2017, 1735 (1736) Rn. 14.

91 Palandt/*Ellenberger* BGB § 204 Rn. 12; BeckOK BGB/*Henrich* § 204 Rn. 11; Staudinger/*Peters/Jacoby* BGB § 204 Rn. 12; Erman/*Schmidt-Räntsch* BGB § 204 Rn. 4.

92 Palandt/*Ellenberger* BGB § 204 Rn. 4.

93 OLG Naumburg FamRZ 2001, 1006; Staudinger/*Peters/Jacoby* BGB § 204 Rn. 25, 28; Soergel/*Niedenführ* BGB § 204 Rn. 9.

94 BeckOK BGB/*Henrich* § 204 Rn. 12; Staudinger/*Peters/Jacoby* BGB § 204 Rn. 28; Erman/*Schmidt-Räntsch* BGB § 204 Rn. 3.

95 Postulationsfähigkeit als Wirksamkeitskriterium verlangen: OLG Naumburg FamRZ 2001, 1006; MüKoBGB/*Grothe* § 204 Rn. 22; Palandt/*Ellenberger* BGB § 204 Rn. 4; Erman/*Schmidt-Räntsch* BGB § 204 Rn. 3; PWW/*Deppenkemper* BGB § 204 Rn. 4. Dagegen: *Gottwald* FamRZ 2001, 1007; BeckOK BGB/*Henrich* § 204 Rn. 12; Staudinger/*Peters/Jacoby* BGB § 204 Rn. 28.

96 BGH Urt. v. 9.12.2010 – III ZR 56/10, BeckRS 2011, 00247, Rn. 13; BGHZ 160, 259 (263); BGH NJW 2008, 519 Rn. 24; BGH NJW-RR 1994, 514 (515); OLG Naumburg FamRZ 2001, 1006; MüKoBGB/*Grothe* § 204 Rn. 25; Soergel/*Niedenführ* BGB § 204 Rn. 9; Staudinger/*Peters/Jacoby* BGB § 204 Rn. 24.

97 BGH NJW-RR 1996, 1409 (1410) (noch zu § 209 Abs. 1 aF).

98 BGH NJW 2014, 920 (921) Rn. 21; BGH NJW-RR 2003, 784 (zu § 209 aF: fehlende Begründungselemente können noch während des Rechtsstreits vorgetragen werden); *Budzikiewicz* ZEuP 2010, 415 (423) (Fn. 29), 425; Palandt/*Ellenberger* BGB § 204 Rn. 5; BeckOK BGB/*Henrich* § 204 Rn. 13; *McGuire*, S. 221; Erman/*Schmidt-Räntsch* BGB § 204 Rn. 3.

beim sachlich und örtlich zuständigen Gericht eingereicht wird.[99] Wenn die Klage trotz der Einreichung beim falschen Gericht „demnächst" iSv § 167 ZPO (→ Rn. 30) zugestellt wird, ist die Verjährung der Forderung rückwirkend auf den Zeitpunkt des Eingangs der Klage gehemmt. Auch die Unzulässigkeit der Klage infolge Fehlens des erforderlichen Feststellungsinteresses bei einer Feststellungsklage[100] oder wegen Nichteinhaltung eines vorgeschriebenen Vorverfahrens[101] hindert die Hemmungswirkung nicht.

36 Die Klage muss allerdings von dem **Berechtigten**[102] erhoben worden sein. Zur Klageerhebung iSd Abs. 1 Nr. 1 berechtigt ist derjenige, der die materiellrechtliche Verfügungsbefugnis über den geltend gemachten Anspruch innehat (vgl. auch → Rn. 14).[103] Dies wird häufig, muss aber nicht notwendig der Rechtsträger sein; die Berechtigung zur Klageerhebung kann sich auch – ausschließlich oder kumulativ[104] – aus gesetzlicher oder gewillkürter Prozessstandschaft[105] ergeben (zB im Fall der Nachlass- oder Insolvenzverwaltung,[106] der Vertretung Minderjähriger oder Geschäftsunfähiger,[107] einer offengelegten oder allseits bekannten Einziehungsermächtigung [auch stille Sicherungszession][108] – hier selbst bei fehlendem eigenem Interesse des Ermächtigten, da Letzteres die Klage zwar unzulässig aber nicht unwirksam macht[109]).[110] Im Falle einer gewillkürten Prozessstandschaft tritt die Hemmung der Verjährung erst in dem Augenblick ein, in dem diese prozessual offen gelegt wird oder offensichtlich ist.[111] Die Offenlegung der Berechtigung dient dem Schutzbedürfnis des Schuldners[112] und der Klarheit über den Streitgegenstand.[113]

37 War der Kläger im Zeitpunkt der Klageerhebung Berechtigter,[114] tritt er den geltend gemachten Anspruch jedoch noch vor Beendigung des Verfahrens an einen Dritten ab, so wird gem. § 265 ZPO die Hemmungswirkung dadurch nicht berührt.[115] Die Hemmung dauert auch dann weiter an, wenn der Zedent es versäumt haben sollte, die Klage auf Leistung an den Zessionar umzustellen; der Kläger läuft in diesem Fall lediglich

99 BGH Urt. v. 9.12.2010 – III ZR 56/10, BeckRS 2011, 00247 Rn. 13; ferner zB BGH NJW 1978, 1058; BGHZ 86, 313; BGH NJW 1990, 1368 (zum Mahnbescheid); OLG Brandenburg Urt. v. 23.8.2006 – 3 U 164/05, Juris-Dok.-Nr. JURE060089563, Rn. 16; LG Krefeld ZMR 2007, 72 (74) (zur funktionalen Zuständigkeit); *von Bernuth/Hoffmann* SchiedsVZ 2006, 127 (129); vgl. auch OLG Düsseldorf NJW 1978, 1752 für die Erhebung der Klage vor einem unzuständigen Gericht eines Vertragsstaates des EuGVÜ.

100 BGH Urt. v. 9.12.2010 – III ZR 56/10, Rn. 13; BGHZ 39, 287 (291); BGHZ 103, 298 (302).

101 BGH Urt. v. 9.12.2010 – III ZR 56/10, BeckRS 2011, 00247, Rn. 13; BGH LM TelegrafenwegeG Nr. 3/4.

102 BGH Urt. v. 9.12.2010 – III ZR 56/10, BeckRS 2011, 00247, Rn. 9 ff.; BGH NJW 2010, 2270 (2271), Rn. 38; OLG Brandenburg Urt. v. 2.4.2008 – 3 U 83/07, Juris-Dok.-Nr. JURE080006804, Rn. 27; MüKoBGB/*Grothe* § 204 Rn. 17; Palandt/*Ellenberger* BGB § 204 Rn. 9; BeckOK BGB/*Henrich* § 204 Rn. 8; Staudinger/*Peters/Jacoby* BGB § 204 Rn. 6; *Rabe* NJW 2006, 3089; aA *Kähler* NJW 2006, 1769 (1773); zu § 209 Abs. 1 aF BGH NJW 1999, 2110 (2111); OLG Düsseldorf NJW 1994, 2423; Soergel/*Niedenführ* BGB § 204 Rn. 17.

103 BGH NJW 1999, 2110 (2111); BGHZ 46, 221 (229); OLG Schleswig FamRZ 2003, 1696 (sämtlich zu der entsprechenden Problematik iRd. § 209 Abs. 1 aF); Palandt/*Ellenberger* BGB § 204 Rn. 9; Soergel/*Niedenführ* BGB § 204 Rn. 17.

104 Vgl. Palandt/*Ellenberger* BGB § 204 Rn. 9 (Bsp.: Berechtigung von Pfändungsschuldner und -gläubiger im Fall der Pfändung und Überweisung einer Forderung zur Einziehung; vgl. § 836 ZPO).

105 BGH NJW 2010, 2270 (2271), Rn. 38; BGH NJW 1999, 3707 f.; OLG Stuttgart Urt. v. 20.4.2011 – 3 U 49/10, BeckRS 2011, 08972; MüKoBGB/*Grothe* § 204 Rn. 17.

106 BGHZ 46, 221 (229) (im Fall der Nachlassverwaltung ist verfügungsbefugt nur der Nachlassverwalter, nicht der Erbe); Staudinger/*Peters/Jacoby* BGB § 204 Rn. 9.

107 Staudinger/*Peters/Jacoby* BGB § 204 Rn. 9.

108 BGH NJW 1999, 2110 (2111); BGH NJW-RR 2002, 20 (beide noch zu § 209 aF); OLG Stuttgart Urt. v. 20.4.2011 – 3 U 49/10, BeckRS 2011, 08972.

109 BGHZ 78, 1 (5) (noch zu § 209 aF); OLG Stuttgart Urt. v. 20.4.2011 – 3 U 49/10, BeckRS 2011, 08972; MüKoBGB/*Grothe* § 204 Rn. 19; Palandt/*Ellenberger* BGB § 204 Rn. 9; Soergel/*Niedenführ* BGB § 204 Rn. 20; Staudinger/*Peters/Jacoby* BGB § 204 Rn. 10.

110 Weitere Beispiele bei MüKoBGB/*Grothe* § 204 Rn. 17 ff.; BeckOK BGB/*Henrich* § 204 Rn. 9; Soergel/*Niedenführ* BGB § 204 Rn. 17 ff.; Staudinger/*Peters/Jacoby* BGB § 204 Rn. 7 ff.; Erman/*Schmidt-Räntsch* BGB § 204 Rn. 4. Ausf. zur Hemmung im Fall der Abtretung: MüKoBGB/*Grothe* § 204 Rn. 18; Soergel/*Niedenführ* BGB § 204 Rn. 21 ff.; Staudinger/*Peters/Jacoby* BGB § 204 Rn. 10.

111 BGHZ 94, 117; BGH NJW-RR 2002, 20 (beide noch zu § 209 aF); OLG Stuttgart Urt. v. 20.4.2011 – 3 U 49/10, BeckRS 2011, 08972; zweifelnd allerdings BGH NJW-RR 2005, 504 (Versäumnisurteil).

112 OLG Düsseldorf Urt. v. 2.3.2011 – 18 U 30/20, BeckRS 2011, 07882, unter Hinweis auf BGH NJW 1980, 2461 (2463).

113 OLG Düsseldorf Urt. v. 2.3.2011 – 18 U 30/20, BeckRS 2011, 07882, unter Hinweis auf Kähler NJW 2006, 1769 (1772).

114 Entscheidend ist der Moment der Zustellung der Klage (§ 253 Abs. 1 ZPO). Verliert der Kläger die Berechtigung im Zeitraum zwischen Anhängigkeit und Zustellung, geht dies zu seinen Lasten, vgl. OLG Brandenburg Urt. v. 2.4.2008 – 3 U 83/07, Juris-Dok.-Nr. JURE080006804, Rn. 27. Eine analoge Anwendung von § 167 ZPO ist nicht möglich, weil es im Verantwortungsbereich des Klägers – und nicht des Gerichts – liegt, ob er die Berechtigung zwischen Anhängigkeit und Rechtshängigkeit behält (OLG Brandenburg, ebd.).

115 Palandt/*Ellenberger* BGB § 204 Rn. 9; Staudinger/*Peters/Jacoby* BGB § 204 Rn. 10.

Gefahr, dass die Klage mangels Prozessführungsbefugnis abgewiesen wird.[116] Die **Abtretung** hat auf das anhängige Verfahren keinen Einfluss; der Rechtsnachfolger ist nicht berechtigt, ohne Zustimmung des Gegners den Prozess als Hauptpartei anstelle des Rechtsvorgängers zu übernehmen oder eine Hauptintervention zu erheben (§ 265 Abs. 2 ZPO). Der Zedent setzt das Verfahren als gesetzlicher Prozessstandschafter fort. Die Rechtskraft wirkt gegenüber dem Zessionar als Rechtsnachfolger gem. § 325 Abs. 1 ZPO. Der Zessionar hat als neuer Rechtsinhaber insoweit keine Prozessführungsbefugnis, er kann lediglich als Nebenintervenient dem Vorprozess beitreten. Eine eigene Klage des Zessionars wäre unzulässig; ihr stünde auch der Einwand anderweitiger Rechtshängigkeit (§ 261 Abs. 3 Nr. 1 ZPO) entgegen.[117] Wird eine rechtshängige Forderung abgetreten und macht der Zessionar den Anspruch noch während des Vorprozesses erneut rechtshängig, hemmt auch die neue Klage die Verjährung.[118] Denn auch eine unzulässige Klage eines Berechtigten hemmt die Verjährung.[119] Auch dann, wenn dem Berechtigten die Prozessführungsbefugnis fehlt[120] oder der Anspruch anderweitig rechtshängig gemacht worden ist,[121] hemmt die unzulässige Klage des materiell Berechtigten die Verjährung.

War der im eigenen Namen agierende Kläger bei Klageerhebung **nicht berechtigt** iSd Abs. 1 Nr. 1, erlangte **38** er die Berechtigung jedoch noch vor der Beendigung des Verfahrens (zB durch Genehmigung der Klageerhebung durch den Berechtigten und damit Ermächtigung zur Prozessführung,[122] Parteiwechsel,[123] Aufhebung der Nachlassverwaltung,[124] nachträgliche Erlangung des eingeklagten Anspruchs,[125] etwa als Zessionar[126] oder Erbe), so wird die Verjährung *ex nunc* mit dem Erwerb der materiellen Berechtigung gehemmt. Eine Rückwirkung auf den Zeitpunkt der Klageerhebung erfolgt nicht.[127] Das gilt auch im Falle eines gesetzlichen Forderungsübergangs; berechtigt zur Klageerhebung ist hier ab der Zession der neue Gläubiger (Zessionar). Eine Rückabtretung der Forderung an den alten Gläubiger (Zedenten) hemmt dessen nach der cessio legis, aber vor der Rückabtretung erhobene Klage, nur ex nunc, also ab dem Zeitpunkt des Wirksamwerdens der Rückabtretung.[128] Das bedeutet: Sollte vor Bewirkung der Hemmung bereits Verjährung eingetreten sein, bleibt diese auch dann bestehen, wenn die Klage zwar noch in unverjährter Zeit erhoben wurde, der Kläger die Verfügungsbefugnis jedoch erst nach dem Verjährungseintritt erlangte.

Von der vorstehenden Konstellation der fehlenden Berechtigung zur Klageerhebung im eigenen Namen zu **39** unterscheiden ist die **fehlende Vertretungsmacht** des einen fremden Anspruch verfolgenden Klägers. Genehmigt der Berechtigte in diesem Fall das Handeln des vollmachtlosen Vertreters, kommt der Genehmigung Rückwirkung zu.[129] Die Verjährung gilt selbst dann als mit Erhebung der Klage (die im Übrigen wirksam sein muss)[130] gehemmt, wenn zwischen Klageerhebung und Genehmigung ohne die Hemmungswirkung des Abs. 1 Nr. 1 Verjährung eingetreten wäre.

d) Eintritt der Hemmungswirkung. Die Hemmungswirkung setzt am **Tag der Klageerhebung** ein (rück- **40** wirkend um 0.00 Uhr, → § 209 Rn. 7), sofern die Verjährung schon vor diesem Zeitpunkt in Lauf gesetzt wurde. War die Verjährung bereits aufgrund eines anderen Hemmungsgrundes als dem des Abs. 1 Nr. 1 angehalten worden (zB nach § 203 oder §§ 207, 208), tritt die Hemmung durch Klageerhebung neben die bereits bewirkte Hemmung. Es kommt in diesem Fall zu einer Überlagerung der jeweiligen Hemmungszeiträume.[131]

Liegt der Zeitpunkt, zu dem die Verjährung beginnen sollte, nach demjenigen der Klageerhebung, aber vor **41** der Beendigung oder dem Stillstand des Verfahrens (zB Zustellung der Klageschrift vor Verjährungsbeginn nach § 199 Abs. 1; Klage auf künftige Leistungen), ist die Verjährungsfrist unmittelbar in dem Moment ihres Beginns gehemmt;[132] sie wird frühestens mit Ablauf der in Abs. 2 S. 1 statuierten Nachfrist in Lauf

---

116   BGH NJW 1984, 2102 (2104) (noch zu § 211 aF).
117   BGH NJW 2011, 2193 Rn. 12.
118   BGH NJW 2011, 2193.
119   BGH NJW 2011, 2193 Rn. 12 ff.
120   BGHZ 78, 1 (4).
121   Staudinger/*Peters/Jacoby* BGB § 204 Rn. 27.
122   OLG München GRUR-RR 2008, 139 (142); OLG Rostock OLG-NL 2004, 209 (211); OLG Schleswig FamRZ 2003, 1696 (noch zu § 209 aF); Palandt/*Ellenberger* BGB § 204 Rn. 11; Staudinger/*Peters/Jacoby* BGB § 204 Rn. 11.
123   BGH NJW-RR 1989, 1269 f. (noch zu §§ 209, 212 Abs. 2 aF); MüKoBGB/*Grothe* § 204 Rn. 20; Palandt/*Ellenberger* BGB § 204 Rn. 11; Staudinger/*Peters/Jacoby* BGB § 204 Rn. 11.
124   BGHZ 46, 221 (229 f.).
125   Staudinger/*Peters/Jacoby* BGB § 204 Rn. 11.
126   Palandt/*Ellenberger* BGB § 204 Rn. 10.

127   BGH NJW-RR 1989, 1269 (Parteiwechsel); BGHZ 46, 221 (229 f.) (Aufhebung der Nachlassverwaltung); OLG München GRUR-RR 2008, 139 (142); OLG Celle OLGR Celle 2001, 153 (nachträgliche Genehmigung der Abtretung); OLG Schleswig FamRZ 2003, 1696 (Genehmigung durch den Berechtigten); MüKoBGB/*Grothe* § 204 Rn. 20; BeckOK BGB/*Henrich* § 204 Rn. 10; Staudinger/*Peters/Jacoby* BGB § 204 Rn. 11.
128   OLG Frankfurt NZFam 2020, 291 (293); BGH NJW 1995, 1675 (1676); Staudinger/*Peters/Jacoby* § 204 Rn. 10.
129   MüKoBGB/*Grothe* § 204 Rn. 20; Palandt/*Ellenberger* BGB § 204 Rn. 11; BeckOK BGB/*Henrich* § 204 Rn. 10.
130   Vgl. MüKoBGB/*Grothe* § 204 Rn. 20.
131   Staudinger/*Peters/Jacoby* BGB § 204 Rn. 5.
132   BeckOK BGB/*Henrich* § 204 Rn. 2; Soergel/*Niederführ* BGB § 204 Rn. 4.

gesetzt (sofern nicht andere Hemmungsgründe, zB nach §§ 203 oder 207, 208 fortwirken oder die Titelver-jährung nach § 197 Abs. 1 Nr. 3 oder Nr. 4 zum Tragen kommt; → Rn. 51).

42 Wird das Verfahren noch vor dem Tag des Verjährungsbeginns beendet (zB durch Klagerücknahme oder -abweisung; vgl. hierzu auch → Rn. 8) oder gerät es vor diesem Zeitpunkt in Stillstand, so greift die Hemmung nach Abs. 1 Nr. 1 nicht ein; die Verjährung beginnt vielmehr unbeeinflusst durch Abs. 1 Nr. 1 zu dem gesetzlich vorgesehenen Zeitpunkt zu laufen.[133] Dies gilt selbst dann, wenn der Fristbeginn noch innerhalb der sechsmonatigen Nachfrist des Abs. 2 liegen sollte. Beginnt die Verjährung nicht während der Zeitspanne, in welcher der Gläubiger seine Rechte mit den in Abs. 1 bezeichneten Mitteln verfolgt, muss dieser auch nicht davor geschützt werden, dass der Anspruch während des Verfahrens zu seiner Durchsetzung verjährt (→ Rn. 1). Da die Verjährung erst nach der Beendigung des Verfahrens bzw. nach dessen Stillstand beginnt, steht dem Gläubiger auch ohne die Hemmung nach Abs. 1 Nr. 1 die volle Verjährungsfrist zur Verfügung, um ggf. eine erneute Rechtsverfolgung zu initiieren. Eine Verschiebung des Verjährungseintritts gem. Abs. 2 ist in den Fällen, in denen die Verjährung nicht nach Abs. 1 Nr. 1 gehemmt wurde, weder durch das Gesetz vorgegeben noch erscheint eine solche vor dem Hintergrund des Vorstehenden notwendig.

43 **e) Umfang der Hemmung. aa) Sachliche Reichweite.** Von der Hemmungswirkung des Abs. 1 Nr. 1 einer in unverjährter Zeit erhobenen Klage wird der prozessuale Anspruch und damit der den prozessualen Anspruch bildende **Streitgegenstand** der betreffenden Klage erfasst.[134] Nach hM wird dieser durch den Klageantrag und den zu seiner Begründung vorgetragenen Lebenssachverhalt bestimmt.[135] Er umfasst somit alle Tatsachen, die bei einer natürlichen, vom Standpunkt der Parteien ausgehenden Betrachtungsweise zu dem durch den Klägervortrag zur Entscheidung gestellten Tatsachenkomplex gehören, unabhängig davon, ob einzelne Tatsachen dieses Lebenssachverhalts von den Parteien vorgetragen sind oder nicht.[136] Durch Klageerhebung gem. Abs. 1 Nr. 1 gehemmt sind somit jedenfalls alle materiellrechtlichen Ansprüche, deren Rechtsfolge den Klageantrag stützt und deren tatbestandliche Voraussetzungen durch den vorgebrachten Lebenssachverhalt erfüllt werden.[137] **Beispiele**: Daher führt die **Änderung einer Schadensberechnung** (zB Erfüllungsinteresse des § 179 BGB statt negatives Interesse bei unverändertem Lebenssachverhalt) zu keiner Änderung des Streitgegenstands und hat deshalb keinen Einfluss auf die Hemmung.[138] Eine auf die Veröffentlichung eines fehlerhaften Prospekts gestützte Schadensersatzklage hemmt die Verjährung nicht nur in Bezug auf einzelne **Prospektfehler**, die in der Klageschrift geltend gemacht worden sind, sondern auch für solche, die erst nach Klageerhebung in den Prozess eingeführt werden. Denn bei einzelnen Fehlern des Prospekts handelt es sich nur um Bestandteile eines einheitlichen Geschehensablaufs und damit um denselben prozessualen Streitgegenstand. Die Hemmungswirkung ist damit davon unabhängig, ob der einzelne, auf einen bestimmten Fehler gestützte materiellrechtliche Anspruch bei der Klageerhebung geltend gemacht wird oder nicht.[139] Die auf **Gläubigeranfechtung** gestützte Zahlungsklage hemmt die Verjährung auch bezüglich eines alternativ gegebenen, auf Zahlung gerichteten Bereicherungsanspruchs, wenn dessen Voraussetzungen mit dem Sachvortrag der Klage dargelegt sind.[140] Durch die Stellung des Leistungsantrags im **Zugewinnausgleichsverfahren** wird nicht nur die Verjährung des Zahlungsanspruchs, sondern auch die der wechselseitigen Auskunftsansprüche gem. § 1379 BGB gehemmt.[141]

Im Umkehrschluss folgt, dass eine Klage, welche die Durchsetzung eines Anspruchs lediglich vorbereitet, nicht die Verjährung des Anspruchs selbst hemmt.[142] Zur Stufenklage → Rn. 22–24.

44 Bei **Teilklagen** wird die Verjährung des Anspruchs nur in der Höhe des eingeklagten Teils gehemmt,[143] selbst wenn dem Kläger nicht bewusst gewesen sein sollte, dass er nur einen Teilbetrag einklagte (vgl. auch

133 Vgl. BeckOK BGB/*Henrich* § 204 Rn. 2, der allerdings auf die Fälligkeit, nicht auf den Verjährungsbeginn abstellt, der nach § 199 Abs. 1 auch auf einen späteren Zeitpunkt datieren kann. AA Staudinger/*Peters*/*Jacoby* BGB § 204 Rn. 38.

134 BGH NJW 2017, 2673; BGH BeckRS 2015, 09790; BGH NJW 2009, 1950 (1951) Rn. 12; BGH NJW 2000, 2678 (2679); BGH NJW 1999, 2110 (2111) (die letzten beiden noch zu § 209 aF); MüKoBGB/*Grothe* § 204 Rn. 10; Palandt/*Ellenberger* BGB § 204 Rn. 13; Erman/*Schmidt-Räntsch* BGB § 204 Rn. 7; *Lau*, S. 23; zur Hemmung im Rahmen der Insolvenzanfechtung *Zenker* NJW 2008, 1038 (1041).

135 BGH NJW-RR 1997, 1216 (1217); BGH NJW 1996, 1743; BGH NJW 1995, 1614; BGH NJW 1993, 2439 (2440); MüKoBGB/*Grothe* § 204 Rn. 10; BeckOK BGB/*Henrich* § 204 Rn. 17.

136 BGH NJW 2017, 2673 (2674) Rn. 20 mwN.

137 Staudinger/*Peters*/*Jacoby* BGB § 204 Rn. 13.

138 BGH NJW 2017, 2673 (2674) Rn. 22 ff.

139 BGH BeckRS 2016, 2556 Rn. 15; BGH NJW 2015, 3162 f. Rn. 14 ff.; BGH NJW 2015, 236 (249) Rn. 145 ff. mwN.

140 BGH NJW 2015, 3711 (3712) 8 ff.

141 BGH NJW 2018, 950 (951) Rn. 13 ff.

142 LAG RhPf Urt. v. 5.6.2008 – 10 Sa 699/07, Juris-Dok.-Nr. JURE080014043, Rn. 49.

143 BGH NJW 2009, 1950 (1951) Rn. 12; BGH NJW-RR 2008, 521; OLG Stuttgart VersR 2008, 109; zu der Frage der Hemmungswirkung im Fall der bezifferten verdeckten Teilklage vgl. BGH NJW-RR 2008, 521 (522), Rn. 16; BGH JR 2003, 246 (st. Rspr., *in casu* noch zu § 209 Abs. 1 aF) m. abl. Anm. *Zeuner* JR 2003, 247; krit. auch *Meyer* NJW 2002, 3067.

→ Rn. 30).[144] Die Hemmungswirkung umfasst stets den **prozessualen Anspruch** (Streitgegenstand). Sollten in einem Streitgegenstand wegen eines einheitlichen Lebenssachverhaltes mehrere materielle Ansprüche betroffen sein, so werden alle Ansprüche gehemmt.[145] Sollte im Rahmen einer Teilklage nur ein Teil einer Summe geltend gemacht werden und basiert die vollständige Summe auf mehreren materiellen Ansprüchen, so stellt sich die Frage, welche konkreten Ansprüche damit gehemmt sind. Nach der ständigen Rechtsprechung kann die Bestimmung, bis zu welcher Höhe bzw. in welcher Reihenfolge die einzelnen Teilansprüche verfolgt werden, mit Rückwirkung nachgeholt werden.[146] Abweichendes gilt für den Mahnbescheid und die Forderungsanmeldung im Insolvenzverfahren.[147] Bei der Klage auf Zahlung eines **Vorschusses** nach § 637 Abs. 3 hingegen umfasst die Hemmungswirkung auch spätere Erhöhungen.[148] Begründet liegt dies im Wesen des Anspruchs auf Vorschuss, der abzurechnen, dh nicht auf die endgültige Fixierung des für die Mangelbeseitigung notwendigen Betrags gerichtet ist. Wird im Lauf des Verfahrens die Klage zur Erhöhung des geforderten Vorschusses erweitert, folgt die Hemmung der Verjährung des mit der Klageerweiterung geforderten Teilbetrags der Hemmung, die durch die ursprüngliche Klage bewirkt wurde. Anders verhält es sich, wenn ursprünglich nur Vorschuss für einen Teil der Mängel eingeklagt wurde und mit der Klageerweiterung Vorschuss zur Beseitigung weiterer Mängel verlangt wird. In diesem Fall ist die Hemmung der Verjährung jeweils gesondert zu behandeln.[149]

Unter altem Recht (§ 209 Abs. 1 aF) ist in der Rechtsprechung über den Streitgegenstand hinaus eine Ausweitung der Unterbrechungswirkung befürwortet worden, wenn der zunächst nicht streitgegenständliche Anspruch mit einer zuvor eingeklagten Forderung wesensgleich war und der nunmehr vorgetragene Lebenssachverhalt in seinem Kern bereits Gegenstand der Erstklage gewesen ist.[150] Diese Wertung wird in der Literatur partiell auf die Hemmung nach Abs. 1 Nr. 1 übertragen.[151] Das Bedürfnis für eine derartige extensive Handhabung der Hemmungswirkung durch Klageerhebung ist unter neuem Recht jedoch wesentlich geringer als dies noch in Bezug auf die Unterbrechung nach § 209 Abs. 1 aF der Fall war. Infolge der Neuregelung des § 213 erstreckt sich die Wirkung der Hemmung nach Abs. 1 Nr. 1 nunmehr ohnehin auf solche Ansprüche, die zwar nicht mehr vom Streitgegenstandsbegriff erfasst sind, jedoch aus demselben Grund **wahlweise** neben dem von der Hemmung erfassten Anspruch oder an seiner Stelle gegeben sind. Wer die **Wahlschuld** aus dem Anwendungsbereich des § 213 ausscheidet (→ § 213 Rn. 8), der wird die hier beschriebene erweiterte Hemmungswirkung bei Wahlschulden anzuerkennen haben. **45**

Auf **Gestaltungsrechte** (insbes. Rücktritt und Minderung) findet die Hemmungsregelung des Abs. 1 Nr. 1 keine unmittelbare Anwendung. Die Vorschrift wirkt sich jedoch indirekt über § 218 auch auf diese aus (vgl. die dortige Kommentierung).[152] **46**

bb) Persönliche Reichweite. Von der Hemmung der Verjährungsfrist begünstigt bzw. belastet werden grundsätzlich nur der Gläubiger und der Schuldner, in deren Person die Voraussetzungen des Abs. 1 Nr. 1 erfüllt sind. Bei einer Gesamtschuld gilt der **Grundsatz der Einzelwirkung** (§ 425 Abs. 1 und 2).[153] Eine Erstreckung der gegen einen Schuldner erwirkten Hemmung auf weitere Verpflichtete ist nur in Ausnahmefällen vorgesehen (so zB nach § 115 Abs. 2 S. 4 VVG,[154] § 129 Abs. 1 HGB).[155] Keine derartige Ausnahme stellt die **notwendige Streitgenossenschaft** iSd § 62 ZPO dar. Die Schuldner bleiben in diesem Fall selbstständige Streitparteien in jeweils besonderen Prozessrechtsverhältnissen zu dem gemeinsamen Gläubiger.[156] **47**

Ebenfalls nur Wirkung für den einzelnen Kläger zeitigt die Klageerhebung im Fall der **Gesamtgläubigerschaft** (§ 428) sowie in den von § 432 erfassten Fällen (vgl. §§ 429 Abs. 3 S. 1, 432 Abs. 2). Die Rechtsverfolgung hemmt hier nur die Verjährung des Anspruchs des klagenden Gläubigers bzw. im Fall der Prozessstandschaft desjenigen, von dem die Berechtigung zur Klageerhebung abgeleitet wird. **48**

Kommt es auf Schuldnerseite zu einer **Rechtsnachfolge**, so muss der Rechtsnachfolger die nach Abs. 1 Nr. 1 bewirkte Hemmung der Verjährung gegen sich gelten lassen.[157] Zur Abtretung des Anspruchs durch den Gläubiger während des Prozesses → Rn. 36. **49**

144 BGH NJW 2009, 1950 (1951) Rn. 12.
145 BGH NJW 2015, 236 (249) Rn. 145; NJW 2014, 314 (315) Rn. 22; BGH WM 2015, 1202, jedenfalls soweit die Teilansprüche ausreichend bestimmt sind.
146 BGH NJW 2014, 3298 (3299) Rn. 16.
147 BGH NJW 2014, 3298 (3299) Rn. 15, 17 f.
148 BGH NJW-RR 2005, 1037; BGH NJW-RR 1989, 208 (jeweils zu § 209 Abs. 1 aF); im Ergebnis ebenso *Lau*, S. 34.
149 Näher BGHZ 66, 138 (142); BGH NJW-RR 2005, 1037 (jeweils zu § 209 Abs. 1 aF).
150 BGH NJW 1996, 1743; OLG Köln ZIP 2001, 563 (565).
151 So MüKoBGB/*Grothe* § 204 Rn. 10.
152 Vgl. auch Staudinger/*Peters*/*Jacoby* BGB § 204 Rn. 48.
153 Staudinger/*Peters*/*Jacoby* BGB § 204 Rn. 12.
154 OLG Hamm VersR 2002, 564 (565) (noch zu § 209 Abs. 1 aF und § 3 Nr. 3 S. 4 PflVG aF); BeckOK BGB/*Henrich* § 204 Rn. 11.
155 Staudinger/*Peters*/*Jacoby* BGB § 204 Rn. 12; Erman/*Schmidt-Räntsch* BGB § 204 Rn. 4.
156 BGH NJW 1996, 1060 (1061) (noch zu § 209 Abs. 1 aF).
157 Staudinger/*Peters*/*Jacoby* BGB § 204 Rn. 12.

50 Wird bei einer durch **Bürgschaft** gesicherten Forderung die Verjährung des Anspruchs des Gläubigers gegen den Hauptschuldner gehemmt, so hat dies entsprechend dem vorstehenden Grundsatz (→ Rn. 47) keine unmittelbaren Auswirkungen auf den Lauf der Verjährungsfrist des Anspruchs gegen den Bürgen.[158] Anders liegt es jedoch, wenn der Hauptschuldner als Rechtsperson untergegangen ist und der Gläubiger deshalb keine Möglichkeit hat, die Verjährung der Hauptforderung durch Klage gegen den Hauptschuldner zu verhindern.[159] Konsequenzen hat die Hemmung des Anspruchs des Gläubigers gegen den Hauptschuldner für den Bürgen nur insoweit, als dieser die Einrede der Verjährung der Hauptschuld nach § 768 Abs. 1 S. 1 erst entsprechend später geltend machen kann.[160]

51 **f) Titelverjährung.** Hat die **Klage Erfolg**, dann beginnt mit Rechtskraft der zusprechenden Entscheidung oder eines Prozessvergleichs die dreißigjährige Verjährungsfrist des § 197 Abs. 1 Nr. 3 bzw. Nr. 4. Die zunächst nach Abs. 1 Nr. 1 bewirkte Hemmung ist in diesem Fall durch das Anlaufen der neuen Verjährungsfrist obsolet geworden. Die Frist des § 197 Abs. 1 Nr. 3 bzw. Nr. 4 wird von der Hemmungswirkung des Abs. 1 Nr. 1 nicht erfasst, dh insbes. die sechsmonatige Nachfrist des Abs. 2 hat keine Auswirkungen auf den Beginn der nach Maßgabe des § 201 anlaufenden Titelverjährung.

52 **g) Rücknahme oder Abweisung der Klage als unzulässig.** Das Gesetz sieht davon ab, entsprechend **§ 212 Abs. 1 aF** und den auf diese Vorschrift verweisenden Bestimmungen der §§ 212a–215 und 220 aF rückwirkend die bereits begründete Hemmung wieder entfallen zu lassen, wenn die Klage oder der sonstige Antrag zurückgenommen oder durch Prozessurteil abgewiesen wird. Durch die Umstellung von der Unterbrechungs- auf die Hemmungswirkung wird in deutlich geringerem Maße als bisher auf den Lauf der Verjährung eingewirkt. Die Aussetzung des Fristlaufs für die Dauer des Verfahrens und der sechsmonatigen Nachfrist bleibt daher auch dann wirksam, wenn die Klage zurückgenommen oder als unzulässig abgewiesen wird.[161]

53 **1 a. Anmeldung zum Klageregister einer Musterfeststellungsklage (Abs. 1 Nr. 1 a).** Die §§ 606–614 ZPO regeln das zum 1.11.2018 eingeführte Verfahren der zivilprozessualen Musterfeststellungsklage.[162] Nach Abs. 1 Nr. 1 a[163] wird die Verjährung durch die Erhebung einer Musterfeststellungsklage durch den Musterfeststellungskläger für den Anspruch oder ein einschlägiges Rechtsverhältnis desjenigen anderen Gläubigers gehemmt, den bzw. das dieser Gläubiger zu dem zu der Klage geführten Klageregister **wirksam** iSv § 608 Abs. 2 ZPO **angemeldet** hat, wenn dem angemeldeten Anspruch bzw. dem Rechtsverhältnis **derselbe Lebenssachverhalt** (zur **Individualisierung** → Rn. 43 ff., 61 ff.) zugrunde liegt wie den Feststellungszielen der Musterfeststellungsklage, von denen sie iSv § 608 Abs. 1 ZPO abhängen. Der Begriff des **Feststellungsziels** entspricht § 2 Abs. 1 KapMuG.[164] Danach können Feststellungsziele die Feststellung des Vorliegens oder Nichtvorliegens anspruchsbegründender oder anspruchsausschließender Voraussetzungen oder die Klärung von Rechtsfragen umfassen. Anspruch meint den **prozessualen Anspruch,** also den Streitgegenstand (→ Rn. 43 ff.).

Die Anmeldung steht nur **Verbrauchern** offen (§ 608 Abs. 1 ZPO). Die Bindungswirkung des § 613 Abs. 1 S. 1 ZPO wirkt nur im Verhältnis mit Verbrauchern. Abs. 1 S. 2 setzt eine wirksame Anmeldung voraus. Es wird in der zivilprozessualen Literatur angenommen, dass eine fehlende Verbrauchereigenschaft die formale Wirksamkeit der Anmeldung nicht hindert.[165] Auch bestimmt Abs. 1. Nr. 1 a selbst darüber, unter welchen Voraussetzungen eine Anmeldung die Rechtsfolge der Hemmung eintreten lässt. Abs. 1 Nr. 1 a verlangt die Anspruchsanmeldung durch einen Gläubiger, beschränkt somit den Tatbestand nicht auf die Anmeldung eines Verbraucheranspruchs. Daher löst jede, nicht nur die von **Verbrauchern** vorgenommene (sonst) wirksame Anmeldung die Hemmung aus.[166]

Die **Anmeldung** zum Klageregister kann gem. § 608 Abs. 1 ZPO bis zum Ablauf des Tages vor Beginn des ersten Termins **erfolgen**. Anmeldung und Rücknahme erfolgen gegenüber dem Bundesamt für Justiz (§ 608 Abs. 4 ZPO). **Zurückgenommen** werden kann die Anmeldung nur bis zum Ablauf des Tages des Beginns

158 Soergel/*Niedenführ* BGB § 204 Rn. 30.
159 Dazu s. näher BGHZ 153, 337 (342 f.); BGHZ 182, 76 (80) Rn. 14 mAnm *Budzikiewicz* NJ 2010, 32.
160 Staudinger/*Peters/Jacoby* BGB § 204 Rn. 12.
161 BT-Drs. 14/6040, S. 118; eine entspr. andersgerichtete Prüfbitte des Bundesrats blieb im Gesetzgebungsverfahren ohne Wirkung, s. BT-Drs. 14/6857, S. 7 f., 43. Ebenso Henssler/von Westphalen/*Bereska*, Praxis der Schuldrechtsreform, 2. Aufl. 2003, § 204 Rn. 5, 7; MüKoBGB/*Grothe* BGB § 204 Rn. 25.
162 Zu grenzüberschreitenden Verfahren s. *Horn* ZVglRWiss 118 (2019) 314.
163 Art. 2 und 6 Gesetz vom 12.7.2018 zur Einführung einer zivilprozessualen Musterfeststellungsklage

BGBl. 2018 I 1151 ff. Zum sogenannten Abgasskandal als Hintergrund der gesetzlichen Regelung s. *Mansel* WM 2019, 1621 ff.
164 MüKoBGB/*Grothe* BGB § 204 Rn. 30 a.
165 BeckOK ZPO/*Lutz* § 608 Rn. 16; Musielak/Voit/ *Stadler* ZPO § 608 Rn. 3; Staudinger/*Peters/Jacoby* BGB § 204 Rn. 48 e; aA BeckOGK/*Meller-Hannich* BGB § 204 Rn. 111 („nur Verbraucher können ihre Ansprüche wirksam iSd § 608 ZPO zum Klageregister anmelden.").
166 BeckOK ZPO/*Lutz* § 608 Rn. 16, 22; Musielak/Voit/ *Stadler* ZPO § 608 Rn. 3; Staudinger/*Peters/Jacoby* BGB § 204 Rn. 48 e; **aA** BeckOGK/*Meller-Hannich* BGB § 204 Rn. 111.

der mündlichen Verhandlung in erster Instanz (§ 608 Abs. 3 ZPO).[167] Nach §§ 136 Abs. 1, 220 Abs. 1 ZPO beginnt die mündliche Verhandlung mit dem ersten Aufruf zur Sache und der Feststellung, wer von den bzw. für die Parteien erschienen ist.[168] Der Termin kann nach §§ 272 Abs. 2, 279 Abs. 1 ZPO ein früher erster Termin zur mündlichen Verhandlung (§ 275 ZPO) sein oder ein Haupttermin (§§ 272 Abs. 1, 279 Abs. 2 ZPO).[169] Sonstige ausdrücklich geregelte Rücknahmevoraussetzungen bestehen nicht. Gründe müssen bei der Rücknahme der Anmeldung nicht angegeben werden.

Nach Abs. 1 Nr. 1 a **beginnt** die **Hemmung** mit der **Erhebung** der **Musterfeststellungsklage**. Die Musterfeststellungsklage muss zum Zeitpunkt der Anmeldung nicht zulässig sein (→ Rn. 35), aber **wirksam erhoben** sein[170] (→ Rn. 29 ff.); zum Zeitpunkt der Erhebung und zur Bedeutung des § 167 ZPO → Rn. 30 ff. Die Angaben iSv **§ 606 Abs. 2 ZPO** werden noch **zusätzlich** für die wirksame Erhebung der Musterfeststellungsklage verlangt.[171] Zum **Ende der Hemmung** → Rn. 146. **54**

Der angemeldete Anspruch muss **bei Erhebung der Musterfeststellungsklage** noch **unverjährt** sein. Umstritten ist, ob er auch bei seiner Anmeldung unverjährt sein muss. Nach **einer Ansicht** setzt der Eintritt der Hemmungswirkung des Abs. 1 Nr. 1 a **ferner** voraus, dass der angemeldete Anspruch – unabhängig von Abs. 1 Nr. 1 a – bei der Erhebung der Musterfeststellungsklage und im Zeitpunkt der **Anmeldung zum Klageregister noch unverjährt** war.[172] Nach überwiegender **anderer Ansicht** muss das nicht der Fall sein, so dass die Hemmung auch dann eintritt, wenn ein nach Erhebung der Musterfeststellungsklage, aber vor Anmeldung zum Klageregister eigentlich verjährter Anspruch bis zum Ablauf des Tages vor Beginn des ersten Termins (§ 608 Abs. 1 ZPO) angemeldet wird.[173] Danach **hemmt** bereits die **Erhebung der Musterfeststellungsklage** die Verjährung der sachlich erfassten Ansprüche unabhängig von deren Anmeldung. Die Nichtanmeldung zum Klageregister innerhalb der Anmeldefrist lässt bei dieser Auslegung dann die Hemmungswirkung wieder rückwirkend entfallen.[174] Hierzu werden verfassungsrechtliche Bedenken geäu-

167 S. *Weinland*, Die neue Musterfeststellungsklage, 2019, Rn. 105 mwN.

168 S. Wieczorek/Schütze/*Gerken* ZPO § 136 Rn. 5 f.

169 *Röthemeyer*, Musterfeststellungsklage, ZPO § 608 Rn. 3.

170 Dazu BeckOGK/*Meller-Hannich* BGB § 204 Rn. 108; Staudinger/*Peters/Jacoby* BGB § 204 Rn. 48 c; aA *Prütting* ZIP 2020, 197.

171 Dazu BeckOGK/*Meller-Hannich* BGB § 204 Rn. 108; Staudinger/*Peters/Jacoby* BGB § 204 Rn. 48 c.

172 So *Prütting* ZIP 2020, 197 (202) (sonst verfassungswidrige Rückwirkung); wohl auch *Schulze/Dörner* BGB § 204 Rn. 2; BeckOK ZPO/*Lutz* § 608 Rn. 18 („Die Anmeldung eines Anspruches hemmt folglich die Verjährung rückwirkend auf den Zeitpunkt der Erhebung der Musterfeststellungsklage, wenn der Anspruch in diesem Zeitpunkt unverjährt war."); ausführlich *Deiß/Graf/Salger* BB 2018, 2883 (2885 f.) mwN (Der Wortlaut der Neuregelung spreche wegen der gleichberechtigten Erwähnung von Klageerhebung und Anmeldung ebenso wie die Systematik der anderen Hemmungstatbestände des Abs. 1 und der allgemeine Zweck der Verjährungsvorschriften für Hemmungserfordernis der Anmeldung in unverjährter Zeit gegen Äußerung der Bundesregierung); vielleicht auch MüKoBGB/*Grothe* § 204 Rn. 30 a („[…] *angemeldete* Verbraucher, die den Ausgang der Musterfeststellungsklage im Hinblick auf die Bindungswirkung des Musterfeststellungsurteils abwarten, [sollen] nicht durch den *Ablauf von Verjährungsfristen während des Musterfeststellungsverfahrens* daran gehindert werden, ihren Anspruch gerichtlich durchzusetzen" [im Original kein Kursivdruck]). Bei verfassungskonformer Auslegung diese Ansicht stützend: *Grzeszick* NJW 2019, 3269 (3270), 3274; s. auch die Zweifel daran, ob der Normtext eine andere

Auslegung deckt, bei *Röthemeyer*, Musterfeststellungsklage, § 204 Rn. 5.

173 So etwa *Mekat/Nordholtz* NJW 2019, 411 (412); *Heese* JZ 2019, 429 (435); *Weinland*, Die neue Musterfeststellungsklage Rn. 104; BeckOK BGB/*Henrich* § 204 Rn. 20 a; Staudinger/*Peters/Jacoby* BGB § 204 Rn. 48 h; Musielak/Voit/*Stadler* ZPO § 608 Rn. 1; *Stadler* ZHR 2018, 623; *U. Schmidt* WM 2018, 1966 (1970); tendenziell auch *Salger*, jurisPR-BKR 10/2018 Anm. 1 unter C IV 3; zweifelnd, ob der Normtext die Auslegung einer auflösend bedingten Hemmung deckt und unter Hinweis auf die einzelfallbezogene politische Motivation der Bundesregierung: *Röthemeyer* Musterfeststellungsklage, § 204 Rn. 2 f., 5; bei gleichem Ergebnis keine auflösend bedingte Hemmung, sondern eine *rückwirkende Hemmung* zum Zeitpunkt der Erhebung der Musterfeststellungsklage annehmend, sobald die Anspruchsanmeldung fristgerecht erfolgt: BeckOGK/*Meller-Hannich* BGB § 204 Rn. 116 f.; *Prütting/Gehrlein/Halfmeier* ZPO § 608 Rn. 1; ebenso *Beckmann/Waßmuth* WM 2019, 89 (95); *Scholl* ZfPW 2019, 317 (352 f.) – Im Ergebnis eine solcher Auslegung der Norm eine verfassungswidrige Rückwirkung annehmend *Grzeszick* NJW 2019, 3269 (3270), 3274.

174 Stellungnahme des Bundesrates, in: Deutscher Bundestag, Unterrichtung durch die Bundesregierung vom 13.6.2018 zum Entwurf eines Gesetzes zur Einführung einer zivilprozessualen Musterfeststellungsklage – Drucksache 19/2439 – Stellungnahme des Bundesrates und Gegenäußerung der Bundesregierung, Drucksache 19/2701 S. 7 (Nr. 13), S. 9 f. (Nr. 13); bestätigt in: Deutscher Bundestag, Beschlussempfehlung und Bericht des Ausschusses für Recht und Verbraucherschutz (6. Ausschuss), Drucksache 19/2741, S. 23.

ßert[175] und auch der Bundesrat sah dieses Normverständnis kritisch.[176] Die Bundesregierung folgte dem nicht, sondern stützte die heute überwiegende Ansicht.[177]

55　Ein angemeldeter Verbraucher kann während der Rechtshängigkeit gegen den Beklagten keine Klage erheben, deren Streitgegenstand denselben Lebenssachverhalt und dieselben Feststellungsziele betrifft (§ 610 Abs. 3 ZPO). Die vor Bekanntmachung der Musterfeststellungsklage anhängig gewordenen einschlägigen Individualklageverfahren des Verbrauchers sind nach Anmeldung zum Klageregister auszusetzen (§ 613 Abs. 2 ZPO). Diese **Sperrwirkung** entfällt mit der **Anmeldungsrücknahme**.[178] Nach § 613 Abs. 1 S. 2 ZPO wird die individuelle Klage wieder zulässig. Der Verbraucher profitiert dann von der **sechsmonatigen Nachfrist** des Abs. 2 S. 2 (→ Rn. 140 ff., 146). Denn danach tritt die Verjährung, unabhängig vom Verlauf der Verjährungsfrist im konkreten Einzelfall, frühestens sechs Monate nach der Anmeldungsrücknahme ein, bzw. eine in concreto noch offene Verjährungsfrist verlängert sich um die Nachfrist. Mit der individuellen Klageerhebung greift dann der weitere Hemmungstatbestand der Klageerhebung im Sinne des Abs. 1 Nr. 1, Abs. 2 S. 1.

Es ist grundsätzlich legitim und begründet im Regelfall **keinen Rechtsmissbrauch anzunehmen**, wenn der Gläubiger eine Rechtsverfolgungsmaßnahme allein zum Zwecke der Verjährungshemmung nach Abs. 1 vornimmt.[179] Im **Einzelfall** kann allerdings ein Rechtsmissbrauch des Abs. 1 vorliegen, wenn eine Rechtsverfolgungsmaßnahme zweckwidrig eingesetzt wird. Die Hemmung nach Abs. 1 soll verhindern, dass während der Durchführung der Rechtsverfolgungsmaßnahme Verjährung eintritt. In den **Rechtsmissbrauchskonstellationen** ist es umgekehrt. Hier hat der Gläubiger an der Durchführung der Rechtsverfolgungsmaßnahme selbst kein Interesse. Die Hemmung ist dann nicht deren Folge, sondern angestrebter Primärzweck. Diese **Umkehrung des Normzwecks** löst die Rechtsmissbrauchsfolge aus. Rechtsfolge der missbräuchlichen Inanspruchnahme des Verfahrens ist, dass es dem Gläubiger gem. § 242 verwehrt ist,[180] sich auf die durch die Rechtsverfolgungsmaßnahme ausgelöste Hemmung der Verjährung nach **Abs. 1 Nr. 1 a** zu berufen.[181]

Steht schon bei Verfahrenseinleitung fest, dass der Antragsgegner nicht bereit ist, die Rechtsverfolgungsmaßnahme ernsthaft zu betreiben, und wird dadurch der Verfahrenszweck verfehlt, erfolgt die spätere Rücknahme der Anmeldung rechtsmissbräuchlich mit Blick auf die Hemmungswirkung. Abs. 1 Nr. 1 a verfolgt einen **prozessökonomischen Zweck**.[182] Ein Gläubiger, der einen Anspruch zum Klageregister anmeldet, obgleich er am Kollektivverfahren und seinen Ergebnissen nicht teilnehmen möchte, sondern das genaue Gegenteil durch sein Folgeverhalten (Antragsrücknahme und Individualklage) bewirkt, verfehlt Sinn und Zweck des Rechtsinstituts.[183] Dies ist der Fall, wenn das Verfahren allein zur Fristverlängerung benutzt werden könnte, um dann nach der Rücknahme der Anmeldung Einzelverfahren einzuleiten, die nicht von den Bindungswirkungen des Musterfeststellungsurteils profitieren und eine Mehrbelastung der Justiz durch eigenständige Beweisaufnahmen über Feststellungsziele (→ Rn. 53, 55) des Musterklageverfahrens herbeiführen. Die Anmeldungsrücknahme bleibt zwar wirksam, doch kann sich der Gläubiger dann im Einzelfall nach Treu und Glauben (§ 242) nicht auf eine Hemmungswirkung nach Abs. 1 Nr. 1 a berufen, wenn die Rücknahme der Anmeldung seiner Ansprüche (§ 608 Abs. 3 ZPO) allein erfolgte, um die Wohltat der verlängerten Verjährungsfrist zu erhalten und von Anfang an die Anmeldungsrücknahme geplant war. Bei der

---

175　*Prütting* ZIP 2020, 197 (202); *Grzeszick* NJW 2019, 3269 (3270), 3274.

176　Stellungnahme des Bundesrates, in: Deutscher Bundestag, Unterrichtung durch die Bundesregierung vom 13.6.2018 zum Entwurf eines Gesetzes zur Einführung einer zivilprozessualen Musterfeststellungsklage – Drucksache 19/2439 – Stellungnahme des Bundesrates und Gegenäußerung der Bundesregierung, Drucksache 19/2701 S. 7 (Nr. 13).

177　Deutscher Bundestag, Beschlussempfehlung und Bericht des Ausschusses für Recht und Verbraucherschutz (6. Ausschuss), Drucksache 19/2741, S. 23.

178　Baumbach/Lauterbach/*U. Schmidt* ZPO § 610 Rn. 8, dort auch zur Rechtswegsperre des § 610 Abs. 3 ZPO.

179　S. am Beispiel des Abs. 1 Nr. 4 etwa BGH NJW 2016, 233 (235) Rn. 33.; ferner zB BGH NJW-RR 1993, 1495 (1496); BGH NJOZ 2016, 645 Rn. 12; OLG Brandenburg BeckRS 2010, 07659, unter II 1 f dd.

180　Zur Rechtsfolge siehe etwa BGH NJW 2016, 233 (235) Rn. 34.

181　Dazu näher mit Beispielen der rechtsmissbräuchlichen Anmeldungsrücknahme *Mansel* WM 2019, 1621 (1622 ff.); ebenso *Deiß/Graf/Salger* BB 2019, 1674; *Mekat/Nordholt* NJW 2019, 411 (412); *Nordholtz/Mekat/Rohls*, Musterfeststellungsklage, § 5 Rn. 79; zustimmend: LG Köln 20.12.2019 – 4 O 171/19 Rn. 33; Rechtsmissbrauch im Einzelfall geprüft und abgelehnt: LG Aurich BeckRS 2020, 9299 Rn. 53 f.; LG Ellwangen BeckRS 2019, 33130; **aA** (im Ergebnis grundsätzlich ablehnend) LG Kiel BeckRS 2020, 4178 Rn. 48; LG Schweinfurt BeckRS 2020, 4173 Rn. 52; LG Saarbrücken BeckRS 2019, 33068 Rn. 22 f.; LG Saarbrücken BeckRS 2020, 329 Rn. 23 f.; LG Nürnberg-Fürth BeckRS 2019, 26959 Rn. 34; BeckOGK/*Meller-Hannich* BGB § 204 Rn. 113.1; *Röthemeyer*, Musterfeststellungsklage, § 204 Rn. 13.

182　Näher *Mansel* WM 2019, 1621 (1622 ff.).

183　Siehe allgemein dazu, dass Zweckentfremdung eines Rechtsinstituts den Rechtsmissbrauchseinwand begründet, Staudinger/*Olzen/Looschelders* § 242 Rn. 216 f.

Feststellung des Vorliegens des Rechtsmissbrauchs kommt es auf das **objektive Gesamtbild** an. Ein Gesamtbild des Rechtsmissbrauchs entsteht **zB** dann, wenn zeitlich kurz nach einer Anmeldung die Abmeldung vom Klageregister erfolgte und sich nur durch diese Operation infolge Abs. 2 S. 2 BGB ein späterer Verjährungseintritt ergibt, als er ohne Anmeldung hätte erreicht werden können.[184] Das freie Recht der Anmeldungsrücknahme im Sinne von § 608 Abs. 3 ZPO bleibt unberührt, doch die Berufung auf den Wegfall (gem. **Abs. 2 S. 2**) der Hemmungswirkung iSv **Abs. 1 Nr. 1 a** unterliegt dem **Missbrauchsvorbehalt.**

2. Antrag im vereinfachten Unterhaltsverfahren (Abs. 1 Nr. 2). Abs. 1 Nr. 2 knüpft die Verjährungshemmung an den Antrag im vereinfachten Verfahren über den Unterhalt Minderjähriger (§§ 249 ff. FamFG). Die Vorschrift entspricht mit der Maßgabe der erläuterten Umstellung auf den Hemmungstatbestand (→ Rn. 1 ff.) dem bisherigen **§ 209 Abs. 2 Nr. 1 b aF.**[185] Insofern kann auch hier – unter Berücksichtigung des Rechtsfolgenunterschieds – auf die Ergebnisse der Rechtsprechung und Lehre zu § 209 Abs. 2 Nr. 1 b aF im Grundsatz zurückgegriffen werden. In Einklang mit der Überschrift von Buch 2 Abschnitt 9 Unterabschnitt 3 wird in Abs. 1 Nr. 2 nunmehr von dem „vereinfachten Verfahren über den Unterhalt Minderjähriger" gesprochen und nicht mehr, wie noch in § 209 Abs. 2 Nr. 1 b aF, von dem „vereinfachten Verfahren zur Festsetzung von Unterhalt".[186] **56**

Die Hemmung nach Abs. 1 Nr. 2 **beginnt** mit der Zustellung des Antrags nach § 645 Abs. 1 ZPO oder einer Mitteilung über seinen Inhalt (vgl. § 251 Abs. 1 FamFG). Bei einer demnächst erfolgenden Zustellung beginnt die Hemmung entsprechend § 251 Abs. 1 FamFG iVm § 167 ZPO mit der Antragseinreichung bei Gericht.[187]

Ebenso wie bei der Klageerhebung (Abs. 1 Nr. 1; → Rn. 33) wird die Hemmungswirkung nicht dadurch berührt, dass der Festsetzungsantrag bei einem **unzuständigen Gericht** angebracht wurde.[188]

Streitig ist, welche inhaltlichen **Voraussetzungen** der Antrag im vereinfachten Unterhaltsverfahren erfüllen muss, um die Hemmungswirkung nach Abs. 1 Nr. 2 herbeizuführen. Zum Teil wird bereits als ausreichend erachtet, dass der verfolgte Anspruch auf Unterhalt individualisierbar ist; die in § 250 Abs. 1 FamFG (entspricht § 646 Abs. 1 ZPO) für die Formulierung des Antrags aufgestellten Kriterien seien für die Hemmung durch Zustellung des Antrags nach Abs. 1 Nr. 2 ohne Bedeutung.[189] Andere Stimmen fordern dagegen die Einhaltung zumindest des § 250 Abs. 1 Nr. 1 FamFG (entspricht § 646 Abs. 1 Nr. 1 ZPO),[190] partiell auch des § 250 Abs. 1 Nr. 1, 2, 4 und 6 FamFG (entspricht § 646 Abs. 1 Nr. 1, 2, 4 und 6 ZPO).[191]

Die **Wirkung der Hemmung** gem. Abs. 1 Nr. 2 richtet sich nach § 209 (s. dort). Zu der Hemmung nach Abs. 1 Nr. 2 kann parallel jene nach Abs. 1 Nr. 1 treten, sofern eine Partei gem. §§ 650, 651 Abs. 1 S. 1 ZPO die **Durchführung des streitigen Verfahrens** beantragt.[192] Wird der Antrag innerhalb von sechs Monaten nach Zugang der Mitteilung über das Vorliegen von Einwendungen iSd § 254 S. 1 FamFG gestellt,[193] so gilt der Rechtsstreit gem. § 255 Abs. 2 S. 1 und Abs. 3 FamFG als mit der Zustellung des Festsetzungsantrags rechtshängig geworden. Die Fiktion bewirkt zugleich die rückwirkende Hemmung nach Abs. 1 Nr. 1 (analog);[194] Abs. 1 Nr. 2 verliert in diesem Fall seine eigenständige Bedeutung.[195] **57**

3. Mahnbescheid und Europäischer Zahlungsbefehl (Abs. 1 Nr. 3). Nach Abs. 1 Nr. 3 führt jetzt auch die Zustellung des Mahnbescheids im Mahnverfahren zur Hemmung der Anspruchsverjährung. Die Norm entspricht mit der Maßgabe der oben erläuterten Umstellung (→ Rn. 1 ff.) auf den Hemmungstatbestand dem bisherigen **§ 209 Abs. 2 Nr. 1 aF;**[196] die zum alten Recht gefundenen Auslegungsergebnisse können bei der Anwendung des Abs. 1 Nr. 3 daher mit der gebotenen Vorsicht und unter Berücksichtigung des Umstandes, dass die Verjährungsunterbrechung abgeschafft wurde und an ihre Stelle die Hemmung getreten ist,[197] weiterhin herangezogen werden. **58**

---

184 Näher mit Beispielen der rechtsmissbräuchlichen Anmeldungsrücknahme *Mansel* WM 2019, 1621 (1622 ff.).

185 BT-Drs. 14/6040, S. 113.

186 BT-Drs. 14/6040, S. 113.

187 Näher Staudinger/*Peters/Jacoby* BGB § 204 Rn. 51. Zur Auslegung des Terminus „demnächst" vgl. Zöller/*Greger* ZPO § 167 Rn. 10 ff.

188 MüKoBGB/*Grothe* § 204 Rn. 31; Palandt/*Ellenberger* BGB § 204 Rn. 17; BeckOK BGB/*Henrich* § 204 Rn. 21; Soergel/*Niedenführ* BGB § 204 Rn. 49; Staudinger/*Peters/Jacoby* BGB § 204 Rn. 49.

189 MüKoBGB/*Grothe* § 204 Rn. 31; Palandt/*Ellenberger* BGB § 204 Rn. 17; Soergel/*Niedenführ* BGB § 204 Rn. 49.

190 Staudinger/*Peters/Jacoby* BGB § 204 Rn. 49.

191 BeckOK BGB/*Henrich* § 204 Rn. 21.

192 Vgl. Palandt/*Ellenberger* BGB § 204 Rn. 35; Staudinger/*Peters/Jacoby* BGB § 204 Rn. 52.

193 Die Sechsmonatsfrist resultiert aus § 255 Abs. 6 FamFG.

194 Vgl. auch MüKoBGB/*Grothe* § 204 Rn. 31; Erman/*Schmidt-Räntsch* BGB § 204 Rn. 41, die jeweils gestützt auf § 255 Abs. 2 S. 1 FamFG (entspricht § 651 Abs. 2 S. 1 ZPO) von einer Fortdauer der Hemmung ausgehen.

195 Staudinger/*Peters/Jacoby* BGB § 204 Rn. 150.

196 BT-Drs. 14/6040, S. 113.

197 Vgl. BGH NJW 2009, 56 (57) Rn. 22 (keine Vorlage an den Großen Senat für Zivilsachen, da für die Auslegung des Abs. 1 Nr. 3 die Rechtsprechung zu § 209 Abs. 2 Nr. 1 BGB aF nicht bindend ist).

59 Die Hemmung **beginnt** mit der Zustellung des wirksamen Mahnbescheids (→ Rn. 60) gem. § 166 Abs. 2 ZPO im Verfahren nach §§ 688 ff. ZPO;[198] erfolgt die Zustellung demnächst, so beginnt die Hemmung schon mit der Antragseinreichung bei Gericht (§ 167 ZPO; früher: § 693 Abs. 2 ZPO aF).[199] Umstritten ist, in welchem Umfang die Monatsfrist des § 691 Abs. 2 ZPO bei der Konkretisierung des Merkmals „demnächst" in § 167 ZPO Beachtung finden soll. Zum Teil wird dem Antragsteller eine Frist von einem Monat zugestanden zwischen Mitteilung des Grundes der Verzögerung und Eingang der fehlenden Angaben bei Gericht sowie eine zusätzliche nach § 167 ZPO zu bestimmende Frist für die demnächst zu bewirkende Zustellung.[200] Der BGH und die überwiegende Literatur[201] fordern hingegen, dass bereits die Zustellung des Mahnbescheids beim Schuldner innerhalb der Monatsfrist des § 691 Abs. 2 ZPO erfolgt. Um einen Gläubiger, der den Mahnantrag zeitig stellt, nicht gegenüber einem Gläubiger, der bis zum letzten Tag der Verjährungsfrist mit der Antragstellung wartet, zu benachteiligen, ist der für die Bestimmung des Merkmals „demnächst" relevante Zeitraum vom Datum des Ablaufs der Verjährungsfrist zum Datum der Zustellung des Mahnbescheids zu berechnen.[202] Wird der Mahnantrag wegen eines Mangels iSd § 691 Abs. 1 ZPO zurückgewiesen, gilt die Verjährung gem. § 691 Abs. 2 ZPO trotz Zurückweisung bereits als mit der Einreichung oder Anbringung des Antrags gehemmt, sofern innerhalb eines Monats nach Zustellung der Zurückweisung Klage eingereicht und diese iSd § 167 ZPO demnächst zugestellt wird.[203] Die Hemmung richtet sich in derartigen Fällen allerdings nicht nach Abs. 1 Nr. 3 (mangels Zustellung des Mahnantrags), sondern unmittelbar nach Abs. 1 Nr. 1.[204] Wird innerhalb der von § 691 Abs. 2 ZPO aufgestellten Frist nach Zurückweisung ein berichtigter Mahnantrag eingereicht und dessen Zustellung demnächst bewirkt, muss § 691 Abs. 2 ZPO jedenfalls entsprechend gelten.[205] Nach der hier vertretenen Auffassung wird die Verjährung auch bei erneuter Antragstellung iSd § 688 Abs. 1 ZPO rückwirkend nach § 691 Abs. 2 ZPO (analog) iVm Abs. 1 Nr. 3 gehemmt, und zwar selbst dann, wenn in der Zwischenzeit ohne die Hemmungswirkung des Abs. 1 Nr. 3 bereits Verjährung eingetreten wäre.[206]

60 Die Hemmung nach Abs. 1 Nr. 3 wird nur dann bewirkt, wenn der Mahnbescheid den betroffenen Anspruch im Zeitpunkt der Zustellung ausreichend individualisiert.[207] Unter engen Voraussetzungen hat der BGH[208] die **Unwirksamkeit einer Zustellung** für den Eintritt der Hemmungswirkung als unschädlich angesehen, wenn der Anspruchsinhaber für die wirksame Zustellung alles aus seiner Sicht Erforderliche getan hat, der Anspruchsgegner in unverjährter Zeit von dem Erlass des Mahnbescheids und seinem Inhalt Kenntnis erlangt hat und die Wirksamkeit der Zustellung ebenfalls in unverjährter Zeit in einem Rechtsstreit geprüft worden ist.

61 Maßgebend für die stets **erforderliche Anspruchsindividualisierung** sind die Anforderungen des § 690 Abs. 1 Nr. 1–3 ZPO.[209] § 690 Abs. 1 Nr. 1 ZPO verlangt die **Bezeichnung der Parteien**, ihrer gesetzlichen Vertreter und der Prozessbevollmächtigten. Zu diesen Merkmalen vgl. bereits → Rn. 29, 36 f.; die dortigen Anmerkungen zu Abs. 1 Nr. 1 gelten entsprechend. Nach § 690 Abs. 1 Nr. 3 ZPO muss der Antrag zudem den mit dem Mahnbescheid zu verfolgenden Anspruch bezeichnen unter bestimmter Angabe der verlangten Leistung. Gewährleistet werden soll die Individualisierbarkeit des Anspruchs. Der BGH sieht dieses Kriterium als erfüllt an, wenn die Ausführungen des Antragstellers so konkret sind, dass sie die **Grundlage eines Vollstreckungstitels** bilden können und der Schuldner in die Lage versetzt wird zu entscheiden, ob er Ver-

---

198 Funktional dem Mahnbescheid nach Abs. 1 Nr. 3 gleichwertig ist der schweizerische Zahlungsbefehl; vgl. BGH NJW-RR 2002, 937 (938) (noch zu § 209 Abs. 1 Nr. 1 aF); s. auch *Geimer*, Int. Zivilprozessrecht, 7. Aufl. 2015, Rn. 2829 (Fn. 198).

199 *Schach* GE 2002, 1118 (1119). Zu der Bewertung eines Verschuldens des Antragstellers bei der Verzögerung der Zustellung vgl. Staudinger/*Peters*/*Jacoby* BGB § 204 Rn. 57.

200 OLG Hamburg NJW-RR 2003, 286 (dort noch zu § 693 Abs. 2 ZPO aF); *Ebert* NJW 2003, 732; Zöller/*Greger* ZPO § 167 Rn. 11.

201 BGH NJW 2002, 2794; BGH NJW 2011, 842 (843) Rn. 19; Palandt/*Ellenberger* BGB § 204 Rn. 18; BeckOK BGB/*Henrich* § 204 Rn. 25; Staudinger/ *Peters*/*Jacoby* BGB § 204 Rn. 54; Zöller/*Seibel* ZPO § 691 Rn. 6, 8.

202 BGH NJW 1995, 2230 (2231); OLG Koblenz OLGR Koblenz 349, 351; vgl. auch BGH NJW 2010, 856 (857) Rn. 12.

203 Zur Fristberechnung unter Berücksichtigung der Entscheidung des BGH 21.3.2002 (NJW 2002, 2794) – vgl. *Schach* GE 2002, 1118 (1119).

204 Zöller/*Seibel* ZPO § 691 Rn. 8.

205 Vgl. Zöller/*Seibel* ZPO § 691 Rn. 8.

206 Ähnlich OLG Brandenburg 7.5.2008 – 4 U 179/07, Juris-Dok.-Nr. JURE080008710, Rn. 51 (für einen Mangel [Verwendung von nicht bearbeitungsfähigen Antragformularen], der nicht zur Zurückweisung des Antrags führte).

207 Vgl. BGH WM 2000, 2375 (2378). Werden die Anforderungen, die an einen wirksamen Mahnbescheid zu stellen sind, erst nach der Zustellung erfüllt, insbes. die Forderung erst nachträglich ausreichend individualisiert, kann Hemmung nur *ex nunc* eintreten; eine Rückwirkung findet nicht statt BGH aaO.

208 BGH WM 2010, 984 (985) Rn. 16.

209 BeckOK BGB/*Henrich* § 204 Rn. 23.

teidigungsmaßnahmen gegen die Rechtsverfolgung ergreifen möchte.[210] Je länger das den Anspruch begründende Geschehen zurückliegt, desto detailliertere Angaben sind vom Antragsteller zu erwarten.[211] Keine ausreichende Individualisierung besteht, wenn für den Anspruchsgegner weder aus dem in Bezug genommenen Zeitraum noch aus der Forderungshöhe eine **Kennzeichnung des Anspruchs** folgt.[212] Die Bezugnahme auf Rechnungen oder andere (vorprozessuale) Urkunden im Mahnbescheid kann zur Individualisierung geeignet sein, sofern sie dem Mahnbescheid in Abschrift beigefügt oder dem Antragsgegner bereits zugegangen sind.[213] Ausreichend ist, wenn der Schuldner selbst – etwa anhand einer im Mahnbescheid genannten und ihm bekannten Forderungsaufstellung – erkennen kann, um welche Forderungen es geht.[214] Eine knappe Kennzeichnung des geltend gemachten Anspruchs und der verlangten Leistung genügt den gesetzlichen Anforderungen insbesondere dann, wenn zwischen den Parteien keine weiteren Rechtsbeziehungen bestehen.[215] Geringfügige Differenzen zwischen dem im Antrag auf Erlass eines Mahnbescheids angegebenen **Gesamtbetrag** der geltend gemachten Ansprüche und dem in einem vorprozessualen Anspruchsschreiben, auf das ohne dessen Beifügung zur Individualisierung der Ansprüche Bezug genommen wird, genannten Gesamtbetrag sind unschädlich, wenn für den Antragsgegner ohne Weiteres ersichtlich ist, dass es sich um ein Schreibversehen handelt.[216] Werden im Mahnbescheid **mehrere Ansprüche** aus mehreren Vertragsverhältnissen geltend gemacht, dürfen die Vertragsverhältnisse nicht in sinnentstellender Weise verkürzt werden.[217] Wird ein einheitlicher Antrag auf **unterschiedliche Lebenssachverhalte** gestützt, muss dies im Mahnbescheid auch hinreichend deutlich zum Ausdruck kommen.[218] Auch ist anzugeben, ob aus eigenem oder aus abgetretenem Recht vorgegangen wird.[219] Hingegen wird die Hemmung der Verjährung nicht davon beeinflusst, wenn nach dem Mahnantrag die **Schadensberechnung** (kleinen statt großen Schadensersatz) verändert wird, solange kein abgewandelter Lebenssachverhalt vorliegt.[220]

Die Hemmungswirkung setzt die Individualisierung des geltend gemachten prozessualen Anspruchs voraus. **62** Dabei kommt es für die Hemmung der Verjährung im Falle des Abs. 1 Nr. 3 auf den **Zeitpunkt der Zustellung des Mahnbescheids** an; eine rückwirkende Heilung durch eine nachträgliche Individualisierung der Klageforderung nach Ablauf der Verjährungsfrist kommt nicht in Betracht.[221] Für die hinreichende Individualisierung im Mahnantrag muss der Anspruch so eindeutig bezeichnet und abgegrenzt werden, „dass er Grundlage eines der materiellen Rechtskraft fähigen Vollstreckungsbescheids sein kann und dem Schuldner die Beurteilung ermöglicht, ob er sich gegen den Anspruch zur Wehr setzen will. Wann diesen Anforderungen Genüge getan ist, kann nicht allgemein und abstrakt festgelegt werden; vielmehr hängen Art und Umfang der erforderlichen Angaben im Einzelfall von dem zwischen den Parteien bestehenden Rechtsverhältnis und der Art des Anspruchs ab."[222] Das gilt nach dieser Rechtsprechung zB auch, wenn eine Forderung aus **mehreren Einzelforderungen** zusammengesetzt ist und im Mahnbescheid eine Aufschlüsselung unterblieben ist. Ohne ausreichende Individualisierung der Einzelforderungen und genaue Aufteilung des geforderten Teilbetrags könne weder auf Grundlage des Mahnbescheids ein der materiellen Rechtskraft fähiger Vollstreckungstitel ergehen noch werde dem Schuldner die Beurteilung ermöglicht, ob er sich gegen den Anspruch ganz oder teilweise zur Wehr setzen wolle.[223] Die ältere Rechtsprechung zum BGB aF hält der 9. Zivilsenat des BGH wegen der grundlegenden Neuregelung, die das Verjährungsrecht durch das

210 St. Rspr., vgl. BGHZ 172, 42 (55); BGH NJW 2009, 56 (57); zu § 209 Abs. 2 Nr. 1 aF BGH NJW 2007, 1952 (1956); BGH NJW 2001, 305 (306); BGH NJW 2000, 1420, jeweils mwN s. im Übrigen die Beispiele bei Palandt/*Ellenberger* BGB § 204 Rn. 18; Soergel/*Niedenführ* BGB § 204 Rn. 56; *Klose* MDR 2010, 11 (12).
211 OLG Brandenburg 24.5.2007 – 12 U 197/05, Rn. 31.
212 BGH NJW 2016, 1083 (1084) Rn. 20 ff.
213 BGH BeckRS 2018, 13554 Rn. 13; BGH BeckRS 2017, 110843 Rn. 12; BGH NJW 2016, 1083 (1084) Rn. 18; BGH BeckRS 2015, 13523 Rn. 6; BGH NJW 2015, 3228 (3234) Rn. 63 f.; BGH NJW 2015, 3165 (3167) Rn. 25; BGH NJW 2011, 613 Rn. 9.
214 BeckRS 2017, 110843 Rn. 12.
215 BGH NJW 2015, 3228 (3234) Rn. 64; BGH NJW 2002, 520 (521).
216 BGH BeckRS 2018, 13554 Rn. 13.
217 OLG Köln OLGR Köln 2006, 550, 551 (Angabe „gem. Verträge Nr. x bis Nr. y" genügt nicht).
218 BGH VersR 2010, 125 (126) Rn. 19 (mwN).
219 OLG München NJW-RR 2010, 647 (648).

220 BGH BeckRS 2015, 15779; BGH NJW 2014, 3435 Rn. 11.
221 St. Rspr., s. zB BGH NJW-RR 2017, 506; BGH NJW 2013, 3509 (3510) Rn. 17 mwN; BKR 2015, 216; BGH NJW 2009, 56 (57) Rn. 21; BGH NJW 2008, 3498 (3499) Rn. 16; s. ferner AG Hannover NdsRpfl 2009, 390 (391); AG Mannheim Urt. v. 10.6.2010 – 3 C 84/10, Juris-Dok.-Nr. KORE217652010 Rn. 31 (jede einzelne Forderung ist zu bezeichnen).
222 St. Rspr., s. BGH NJW 2015, 2407 (2409) Rn. 17–19; ferner zB NJW 2013, 3509 Rn. 14; NJW 2011, 613 Rn. 9; BGH NJW 2009, 56 Rn. 18; BGH NJW 2008, 1220 Rn. 15.
223 BGH BeckRS 2016, 921 Rn. 12; BGH NJW 2009, 56 (57) Rn. 20. Zu bedenken bleibt jedoch, dass ein Antrag auf Erlass eines Mahnbescheids keine Klageschrift ist (vgl. § 697 Abs. 1 S. 1 ZPO); zu weitgehend deshalb die Anforderungen des AG Hannover NdsRpfl 2009, 390 (391), das bei Inanspruchnahme aus einer Bürgschaft auch Angaben im Mahnbescheid zur aus mehreren Forderungen zusammengesetzten Hauptforderung verlangt.

SchuldRModG erfahren hat, für nicht bindend.[224] Der 12. Zivilsenat des BGH hatte unter Geltung von § 209 Abs. 2 Nr. 1 aF judiziert, dass die Verjährung aller im Mahnbescheid ausreichend bezeichneten Einzelforderungen bis zur Höhe des geltend gemachten Teilbetrags unterbrochen werde und deshalb eine Nachholung der Aufschlüsselung der Einzelforderungen im weiteren Verlauf des Verfahrens jederzeit zulässig sei; selbst wenn ohne eine Einflussnahme auf den Verjährungslauf zu diesem Zeitpunkt bereits Verjährung eingetreten wäre.[225] Für die Unterbrechung der Verjährung sei die Individualisierung des Anspruchs erforderlich aber auch hinreichend. Eine weitergehende Substantiierung könne noch im Verfahren auch nach Ablauf der Verjährungsfrist erfolgen. Dies gelte insbesondere für die konkrete Berechnung. Dieser Rechtsprechung ist für § 204 Abs. 1 Nr. 3 nicht zu folgen.

63 Nicht erforderlich ist jedoch nach Ansicht des **12. und 13. Zivilsenats,**[226] dass aus dem Mahnbescheid für einen außenstehenden Dritten ersichtlich ist, welche Forderungen konkret gegen den Antragsgegner erhoben werden. Es genüge, dass der Antragsgegner selbst in der Lage ist, die Forderungen zu erkennen. Diese Einschränkung steht im Gegensatz zur Grundaussage, dass die Angaben im Mahnbescheid so konkret sein müssen, dass sie die Grundlage eines der materiellen Rechtskraft fähigen Vollstreckungstitels bilden können. Denn die Vollstreckungsfähigkeit setzt die inhaltliche Bestimmtheit des Titels dahin gehend voraus, dass der Titel aus sich heraus verständlich ist und auch für jeden Dritten erkennen lässt, was der Vollstreckungsgläubiger vom Vollstreckungsschuldner verlangen kann.[227] Ist etwa bei einer Teilklage nicht erkennbar, welcher Teil des Gesamtanspruchs Gegenstand der Klage sein soll, so lässt sich dem Urteil nicht entnehmen, über welche der Einzelforderungen oder welche Teilbeträge das Gericht entschieden hat. Ein solches Urteil kann nicht in materielle Rechtskraft erwachsen.[228]

64 Aufgrund der **schärferen Anforderungen an die Individualisierbarkeit** in der neueren höchstrichterlichen Rechtsprechung ist in der **Praxis** bei **zusammengesetzten Forderungen oder Teilforderungen** darauf zu achten, dass bereits im Mahnbescheid eine genaue Individualisierung durch Aufschlüsselung im Mahnbescheid erfolgt.[229]

65 Eine **handschriftliche Unterzeichnung** des Antrags (vgl. § 690 Abs. 2 ZPO) ist, anders als im Fall der Hemmung durch Klageerhebung gem. Abs. 1 Nr. 1 (→ Rn. 34), für die Bewirkung der Hemmung nach Abs. 1 Nr. 3 nicht erforderlich.[230] Der Mangel stellt lediglich einen Zurückweisungsgrund dar (vgl. § 691 Abs. 1 Nr. 1 ZPO); wird er nicht bemerkt und der Mahnbescheid trotz Fehlens der Unterschrift erlassen, liegt eine wirksame gerichtliche Entscheidung vor, die nach Zustellung zur Verjährungshemmung führt. Ebenfalls im Rahmen des Abs. 1 Nr. 3 unbeachtlich ist die Nichterfüllung der in § 690 Abs. 1 Nr. 4 und 5 ZPO aufgestellten Anforderungen.[231] Auch Verstöße gegen **§ 688 ZPO** führen nicht zur Unwirksamkeit des Mahnbescheids, weshalb ein entgegen § 688 ZPO erlassener und zugestellter Mahnbescheid zur Hemmung der Verjährung nach Abs. 1 Nr. 3 führt.[232]

66 Wurde der Mahnantrag bei einem **unzuständigen Gericht** eingereicht, hindert dies in Parallelität zu Abs. 1 Nr. 1 (dort → Rn. 33, 35) die Hemmung nach Abs. 1 Nr. 3 nicht.[233] § 690 Abs. 1 Nr. 2 ZPO verlangt lediglich die Bezeichnung des Gerichts, bei dem der Antrag gestellt wird; die Nennung des in der Sache zuständigen Gerichts ist für die Bewirkung der Rechtsfolgen des Abs. 1 Nr. 3 nicht erforderlich.

67 Die **Wirkung der Hemmung** gem. Abs. 1 Nr. 3 bestimmt sich nach § 209; zum Eintritt der Hemmungswirkung gelten die Ausführungen zu Abs. 1 Nr. 1 entsprechend (→ Rn. 40 ff.). Schließt sich an das Mahnverfahren nach Widerspruch oder Einspruch des Antragsgegners das **Verfahren vor dem Prozessgericht** an,

224 BGH NJW 2009, 56 (57) Rn. 22 (im Hinblick auf eine Vorlage an den Großen Senat für Zivilsachen).

225 BGH WM 2003, 1439 (Vortrag eines erforderlichen Beseitigungsverlangens durch einen Dritten kann nachgeschoben werden); BGH NJW 1996, 2152 (2153); zust. der 11. Zivilsenat des BGH NJW 2001, 305 (306 f.); und im Erg. *Voit* WuB IV A § 209 BGB 1.03, der allerdings die Formulierung des BGH als zu allgemein erachtet und eine Konkretisierung vorschlägt.

226 BGHZ 172, 42 (57) Rn. 46 (12. Zivilsenat); BGH NJW 2008, 1220 (1221) Rn. 15 (13. Zivilsenat); OLG Brandenburg Urt. v. 27.8.2009 – 12 U 1/09, Rn. 40 (aus vor Mahnbescheid übersandtem Schreiben ergaben sich die zur Individualisierung erforderlichen Informationen); *Klose* MDR 2010, 11 (12); aA LG Düsseldorf NJW 2007, 3009; LG Kleve 29.11.2007 – 6 S 124/07, Juris-Dok.-Nr. JURE080007398, Rn. 17.

227 OLG Hamm NJW 1974, 652; Zöller/*Seibel* ZPO § 704 Rn. 4; Musielak/Voit/*Lackmann* ZPO § 704 Rn. 6.

228 BGHZ 124, 164 (166); BGH NJW 1990, 2068 (2069); Zöller/*Feskorn* ZPO, Vor § 300 Rn. 19.

229 *Klose* MDR 2010, 11 (12).

230 BGHZ 86, 313 (323 f.); BeckOK BGB/*Henrich* § 204 Rn. 23; Staudinger/*Peters/Jacoby* BGB § 204 Rn. 54.

231 Staudinger/*Peters/Jacoby* BGB § 204 Rn. 54 (in Bezug auf § 690 Abs. 1 Nr. 5 ZPO).

232 OLG Koblenz OLGR Koblenz 2005, 349 (350) (zu § 688 Abs. 2 Nr. 2 ZPO); Zöller/*Seibel* ZPO § 691 Rn. 8.

233 BGHZ 86, 313 (322); MüKoBGB/*Grothe* § 204 Rn. 33; Palandt/*Ellenberger* BGB § 204 Rn. 33; BeckOK BGB/*Henrich* § 204 Rn. 22; Soergel/*Niedenführ* BGB § 204 Rn. 58; Staudinger/*Peters/Jacoby* BGB § 204 Rn. 54; Erman/*Schmidt-Räntsch* BGB § 204 Rn. 13.

so bleibt die Verjährung trotz Beendigung des Mahnverfahrens weiterhin gehemmt;[234] die Hemmungswirkung resultiert nunmehr allerdings aus Abs. 1 Nr. 1, der in der vorliegenden Konstellation zumindest entsprechende Anwendung findet.[235] Der Rechtsstreit, während dessen Fortführung die Verjährung nach Abs. 1 Nr. 1 (analog) gehemmt wird, gilt gem. § 696 Abs. 3 ZPO bzw. § 700 Abs. 2 ZPO bereits als mit der Zustellung des Mahnbescheids rechtshängig geworden. Abs. 1 Nr. 1 tritt infolgedessen rückwirkend neben Abs. 1 Nr. 3, der dadurch seine eigenständige Bedeutung verliert.[236]

Hinsichtlich des **Umfangs der Hemmungswirkung** durch Zustellung des Mahnbescheids → Rn. 13 a; es **68** gelten die Grundsätze, die auch der Hemmung durch Klageerhebung (Abs. 1 Nr. 1) zugrunde liegen (→ Rn. 43 ff.). Wer im Mahnantrag bewusst unrichtig angibt, die Gegenleistung sei bereits erbracht, kann sich wegen Missbrauchs des Mahnverfahrens gem. § 242 grundsätzlich nicht auf die verjährungshemmende Wirkung des Mahnbescheids berufen.[237]

Bei der Umstellung von der Unterbrechungs- auf die Hemmungswirkung der Zustellung des Mahnbe- **69** scheids hat der Gesetzgeber davon abgesehen, eine dem § 213 aF entsprechende Regelung in das neue Recht aufzunehmen. Wird der Mahnantrag zurückgenommen oder verliert der Mahnbescheid gem. § 701 ZPO seine Kraft, führt dies daher nicht zu einer rückwirkenden Aufhebung der Hemmung. Die nach Abs. 1 Nr. 3 bewirkte Aussetzung des Fristlaufs für die Dauer des Verfahrens und die sich anschließende sechsmonatige Nachfrist (Abs. 2 S. 1 bzw. S. 2) bleiben unangetastet.[238] Gleiches gilt, wenn die Sache nach Erhebung des Widerspruchs nicht alsbald an das Streitgericht abgegeben werden sollte (vgl. § 696 Abs. 3 ZPO).[239] Auch in diesem Fall kann allenfalls ein Stillstand des Verfahrens konstatiert werden, welcher nach Abs. 2 S. 3 die Nachfrist des Abs. 2 S. 1 auslöst und damit das Ende der Hemmung bedingt, sofern nicht vor Ablauf der Sechsmonatsfrist das Verfahren weiter betrieben wird (Abs. 2 S. 4);[240] den nach Abs. 1 Nr. 3 zuvor ausgelösten Eintritt der Hemmung sowie die bisherige Hemmungsdauer berührt der Verfahrensstillstand nicht.

Der Zustellung eines Mahnbescheids gleichgestellt ist seit dem 12.1.2008 die Zustellung des **Europäischen** **70** **Zahlungsbefehls** nach der EuMVVO.[241] Zu den Vorschriften der Verordnung treten die Durchführungsbestimmungen der §§ 1087–1091 ZPO. Auch für die Zustellung des Europäischen Zahlungsbefehls gilt die Rückwirkungsfiktion des § 167 ZPO, und zwar unabhängig davon, ob im In- oder Ausland zugestellt wird.[242] Dies setzt die Regierungsbegründung zu Abs. 1 Nr. 3 nF[243] voraus und wird von der einheitlichen Literatur ebenso gesehen.[244]

Zu beachten ist, dass die Hemmungswirkung nach Abs. 1 Nr. 3 nur eintritt, wenn auf die mit dem Europä- **71** ischen Zahlungsbefehl geltend gemachte Forderung **deutsches Recht anwendbar** ist.[245] Ob die Zustellung eines Europäischen Zahlungsbefehls die Verjährung hemmt, wenn auf die geltend gemachte Forderung ausländisches Recht zur Anwendung kommt, richtet sich nach dem ausländischen Recht. Daraus folgt für die Praxis: Bevor versucht wird, durch die Zustellung eines Europäischen Zahlungsbefehls die Verjährung einer grenzüberschreitenden Forderung zu hemmen, ist zu prüfen, ob die Forderung deutschem Recht unterliegt. Ist dies nicht der Fall, muss festgestellt werden, ob das anwendbare ausländische Recht an die Beantragung, den Erlass oder die Zustellung des Europäischen Zahlungsbefehls verjährungsrechtliche Konsequenzen knüpft.

---

234 Palandt/*Ellenberger* BGB § 204 Rn. 36; *Mansel/Budzikiewicz*, Das neue Verjährungsrecht, 2002, § 8 Rn. 47.

235 MüKoBGB/*Grothe* § 204 Rn. 88 ff.; Erman/*Schmidt-Räntsch* BGB § 204 Rn. 42 (unter Hinweis auf § 697 Abs. 2 S. 1 ZPO).

236 Staudinger/*Peters/Jacoby* BGB § 204 Rn. 150.

237 BGH NJW 2012, 995 Rn. 9 ff.; BGH NJW 2014, 3435 Rn. 11; BGH BeckRS 2015, 15779 Rn. 3; BGH NJW 2015, 3160 (3163) Rn. 17 ff. mwN; BGH NJW 2004, 3772; OLG München BKR 2015, 260 Rn. 18 ff.; OLG Bamberg BKR 2014, 334 Rn. 53 f.; OLG Stuttgart WM 2014, 1998.

238 *Ebert* NJW 2003, 732 (733); BeckOK BGB/*Henrich* § 204 Rn. 63.

239 *Ebert* NJW 2003, 732 (733); Palandt/*Ellenberger* BGB § 204 Rn. 18; Erman/*Schmidt-Räntsch* BGB § 204 Rn. 13.

240 S. *Ebert* NJW 2003, 732 (733).

241 Eingefügt durch Art. 7 des Gesetzes zur Verbesserung der grenzüberschreitenden Forderungsdurchsetzung und Zustellung (GrFordDuG) v. 30.10.2008 BGBl. I S. 2122; zur Verordnung s. *Kreuzer/Wagner*, in: Dauses, Handbuch des EU-Wirtschaftsrechts, 24. EL 2009, Rn. 792–813; *Einhaus* IPRax 2008, 323; *Freitag/Leible* BB 2008, 2750; *Hess/Bittmann* IPRax 2008, 305; *Freitag* IPRax 2007, 509; *Sujecki* NJW 2007, 1622.

242 *Vollkommer/Huber* NJW 2009, 1105 (1106).

243 BT-Drs. 16/8839, S. 32.

244 Staudinger/*Peters/Jacoby* BGB § 204 Rn. 54; Palandt/*Ellenberger* BGB § 204 Rn. 18; *Vollkommer/Huber* NJW 2009, 1105 (1006); wohl auch Erman/*Schmidt-Räntsch* BGB § 204 Rn. 13; ausführlich zum Problem *Nordmeier* ZZP 124 (2011) 95, 115 ff.

245 Staudinger/*Peters/Jacoby* BGB § 204 Rn. 54; *Vollkommer/Huber* NJW 2009, 1105 (1006). Für vertragliche Schuldverhältnisse folgt aus Art. 32 Abs. 2 Nr. 4 EGBGB bzw. Art. 12 Abs. 1 lit. d) Rom I-VO für außervertragliche Schuldverhältnisse aus Art. 15 lit. h) Rom II-VO, dass Fragen der Verjährung unter das jeweilige Statut fallen.

72 **4. Veranlassung der Bekanntgabe des Streitbeilegungsantrags (Abs. 1 Nr. 4).** Abs. 1 Nr. 4 legt die Bedingungen fest, unter welchen die Durchführung einer **außergerichtlichen Streitbeilegung** die Verjährung hemmt. Die Hemmung infolge Veranlassung der Bekanntgabe des Streitbeilegungsantrags beruht auf **§ 209 Abs. 2 Nr. 1 a aF**; die Regelung ist jedoch nicht nur von einem Unterbrechungstatbestand auf einen Hemmungstatbestand umgestellt worden, sie hat darüber hinaus auch weitere Änderungen erfahren (s. im Folgenden). Dies ist bei der Heranziehung der Rechtsprechung zum bisherigen Recht für die Auslegung der Vorschrift zu beachten. Art. 6 Gesetz zur Umsetzung der Richtlinie über alternative Streitbeilegung in Verbraucherangelegenheiten und zur Durchführung der Verordnung über Online-Streitbeilegung in Verbraucherangelegenheiten vom 19.2.2016[246] hat Abs. 1 Nr. 4 mit Wirkung zum 26.2.2016 **teilweise neu gefasst** und verallgemeinert (Streitbeilegungsstelle statt Gütestelle). Die Norm setzt zudem Art. 12 Richtlinie über alternative Streitbeilegung in Verbraucherangelegenheiten (**ADR-Richtlinie**)[247] um. Nach diesem Artikel müssen die Mitgliedstaaten sicherstellen, dass die Parteien, die zur Beilegung einer Streitigkeit Verfahren zur alternativen Streitbeilegung in Anspruch nehmen, deren Ergebnis nicht verbindlich ist, im Anschluss daran nicht durch den Ablauf der Verjährungsfristen während dieses Verfahrens daran gehindert werden, in Bezug auf dieselbe Streitigkeit ein Gerichtsverfahren einzuleiten. Soweit § 204 den genannten Art. 12 umsetzt, ist er **richtlinienkonform** auszulegen.[248]

73 Abs. 1 Nr. 4 sieht nur eine Hemmung vor, wenn der Anspruch außergerichtlich vor einer **Streitbeilegungsstelle** geltend gemacht wird. Solche Stellen sind nach **Abs. 1 Nr. 4 lit. a Alt. 1** alle **staatlichen Stellen**, die Streitbeilegung durchführen. Staatlich ist insoweit „jede Stelle, die von einer öffentlich-rechtlichen Körperschaft, Anstalt oder Stiftung eingerichtet wurde. Dazu gehören insbesondere alle Stellen des Bundes, der Länder, der Gemeinden und Kammern, die außergerichtliche Streitbeilegung betreiben."[249] Dazu zählen auch die **behördlichen Verbraucherschlichtungsstellen** nach § 28 Verbraucherstreitbeilegungsgesetz (VSBG) und die **Universalschlichtungsstelle** des Bundes nach § 29 VSBG (seit 1.1.2020).

Staatlich anerkannte Stellen iSv **Abs. 1 Nr. 4 lit. a Alt. 2** sind insbesondere private Schlichtungsstellen, die vom Bund und den Ländern genehmigt oder sonst anerkannt sind.[250] Dazu zählen die in **§ 794 Abs. 1 Nr. 1 ZPO** und in **§ 15 a Abs. 1 S. 1, Abs. 6 EGZPO** anerkannten **Gütestellen** sowie die nach § 24 VSBG anerkannten **Verbraucherschlichtungsstellen**.[251]

74 Zudem wird durch **Abs. 1 Nr. 4 lit. b** der Anwendungsbereich auf die Verfahren vor einer „**anderen Streitbeilegungsstelle**" erweitert. Damit sind private Streitbeilegungsstellen gemeint, insbesondere Streitbeilegungsstellen iSv **§ 15 a Abs. 3 EGZPO**, vor allem die in § 15 a Abs. 3 S. 2 EGZPO genannten branchengebundenen Gütestellen, etwa die sog. „Ombudsmänner".[252] Die Hemmungswirkung nach Abs. 1 Nr. 4 durch einen Streitbeilegungsantrag vor einer sonstigen Streitbeilegungsstelle setzt nach Abs. 1 Nr. 4 lit. b (in Übereinstimmung mit § 15 a Abs. 3 S. 1 EGZPO) voraus, dass der Einigungsversuch von den Parteien einvernehmlich unternommen wird, also das **Verfahren im Einvernehmen** mit dem Antragsgegner betrieben wird.[253] Das Einvernehmen wird nach § 15 a Abs. 3 S. 2 EGZPO **unwiderleglich vermutet**, wenn ein Verbraucher eine Verbraucherschlichtungsstelle, eine branchengebundene andere Gütestelle oder eine andere Gütestelle der Industrie- und Handelskammer, der Handwerkskammer oder der Innung einschaltet. Allerdings sind Kammern öffentliche Körperschaften. Ihre Schlichtungsstellen sind daher schon von Abs. 1 Nr. 4 lit. a Alt. 1 (staatliche Stellen) erfasst;[254] das gilt auch für die Gutachter- und Schlichtungsstellen der Ärztekammern.[255] Verbraucherschlichtungsstellen fallen regelmäßig unter Abs. 1 Nr. 4 lit. a.

75 Für die beim **Deutschen Patent- und Markenamt** eingerichteten Schiedsstelle für Arbeitnehmererfindungen, für welche bislang Abs. 1 Nr. 4 aF analog galt,[256] ist nun wegen des allgemeineren Anwendungsbereichs Abs. 4 Nr. 4 lit. a direkt anzuwenden.[257] Es greift insoweit nicht Abs. 1 Nr. 12.[258] **Einigungsstellen** nach **§ 15 UWG** werden von Abs. 1 Nr. 4 nicht erfasst; denn die Hemmungsregelung des § 15 Abs. 9 UWG ist insoweit speziell.

246 BGBl. 2016 I S. 254, 264 f.
247 Richtlinie 2013/11/EU des Europäischen Parlaments und des Rates vom 21.5.2013 über die alternative Beilegung verbraucherrechtlicher Streitigkeiten und zur Änderung der Verordnung (EG) Nr. 2006/2004 und der Richtlinie 2009/22/EG (ABl. L 165 vom 18.6.2013, S. 63).
248 BeckOGK/*Meller-Hannich* BGB § 204 Rn. 172, 188.1, 193.1, 193.
249 BT-Drs. 18/5089, S. 80.
250 BT-Drs. 18/5089, S. 80.
251 BeckOGK/*Meller-Hannich* BGB § 204 Rn. 172.
252 LG Hamburg Beschl. v. 23.4.2009 – 313 O 432/07 (unveröffentlicht); weitere Beispiele bei Zöller/*Heßler* EGZPO § 15 a Rn. 21.
253 MüKoBGB/*Grothe* § 204 Rn. 35; BeckOK BGB/*Henrich* § 204 Rn. 27; Staudinger/*Peters/Jacoby* BGB § 204 Rn. 59.
254 Staudinger/*Peters/Jacoby* BGB § 204 Rn. 59; BeckOGK/*Meller-Hannich* BGB § 204 Rn. 182.
255 AA (Abs. 1 Nr. 4 lit. b) BeckOK BGB/*Henrich* § 204 Rn. 27; zur Rechtslage nach Abs. 1 Nr. 4 aF s. BGH NJW 2017, 1879 (1880) Rn. 14.
256 BGH NZA-RR 2014, 305 (306 f.).
257 MüKoBGB/*Grothe* § 204 Rn. 35.
258 BGH NZA-RR 2014, 305 (306 f.).

Verschiedentlich befürwortet wird eine Verjährungshemmung auch für parteiautonom vereinbarte Verfahren **76** vor **ausländischen**[259] **Streitbeilegungsstellen**, wobei wiederum Divergenzen hinsichtlich der Frage bestehen, ob auch einem Schlichtungsverfahren vor der **ICC** in Paris Hemmungswirkung beizumessen ist.[260] Ob eine ausländische Streitbeilegungsstelle als eine Streitbeilegungsstelle im Sinne des Abs. 1 Nr. 4 eingestuft werden kann, ist eine Frage der im Einzelfall zu prüfenden **Substitution**.[261] Zudem muss § 204 in grenzüberschreitenden Sachverhalten überhaupt zur Anwendung berufen sein. Das entscheiden die Vorschriften **des internationalen Verjährungsrechts** (→ Vorbemerkungen zu §§ 194–218 Rn. 29).

Für den Einzelfall gebildete **ad hoc-Streitbeilegungsstellen** unterfallen nicht Abs. 1 Nr. 4.[262] Zu einer neben Abs. 1 Nr. 4 parallel bestehenden oder ggf. auch vorgreifenden **Hemmung nach § 203** → § 203 Rn. 14 f.

Nach § 209 Abs. 2 Nr. 1 a aF wurde die Verjährung bereits durch die bloße Einreichung (Anbringung) des **77** Streitbeilegungsantrags unterbrochen. Da aber grundsätzlich nur solche Rechtsverfolgungsmaßnahmen verjährungsrechtliche Wirkung entfalten können, die dem Schuldner bekannt werden, stellt Abs. 1 Nr. 4 jetzt abweichend vom alten Recht für den **Hemmungsbeginn** nicht mehr auf die Einreichung ab, sondern auf die **Veranlassung der Bekanntgabe** des Streitbeilegungsantrags.[263] Veranlassung der Bekanntgabe meint die aktenkundige Verfügung der Übersendung des Streitbeilegungsantrages an den Schuldner.

Abs. 1 Nr. 4 Hs. 2 sieht ausdrücklich den Beginn der Verjährungshemmung schon im Zeitpunkt der **Einrei-** **78** **chung des Streitbeilegungsantrags** vor, sofern die Veranlassung der Bekanntgabe des Antrags demnächst iSv § 167 ZPO[264] nach dessen Einreichen erfolgt. Es gelten dazu die allgemeinen Grundsätze (→ Rn. 30). Danach ist eine Verzögerung der Veranlassung der Bekanntgabe um bis zu 14 Tage regelmäßig geringfügig, stellt also das Merkmal „demnächst" selbst dann nicht infrage, wenn die Verzögerung dem Antragsteller zuzurechnen ist.[265] Den Antragsteller treffen aber auch Nachfrageobliegenheiten, wenn die Bekanntgabe über einen längeren Zeitraum nach Einreichen des Antrags unterbleibt. Er ist allerdings nicht gehalten, das Mahnverfahren einzuleiten oder Klage zu erheben, wenn die angerufene Streitbeilegungsstelle wegen Überlastung den Antrag nicht zeitnah bekannt gibt.[266] Der zeitweilige Stillstand des Verfahrens in Folge **Arbeitsüberlastung der Streitbeilegungsstelle** verlangt von der antragstellenden Partei nicht, das Verfahren bei der Streitbeilegungsstelle in Erinnerung zu bringen oder auf die Vornahme von Maßnahmen zu dringen.[267] Das gilt aber nicht, wenn dem Anspruchsgläubiger greifbare Anhaltspunkte bekannt sind, dass das Verfahren bei der Streitbeilegungsstelle in Vergessenheit geraten ist.[268]

Ob eine **Bekanntgabe** „demnächst" nach Antragstellung erfolgt, ist entsprechend der Rechtsprechung zu **79** § 167 ZPO, auch im Rahmen des Abs. 1 Nr. 4 Hs. 2 nicht nach einer rein zeitlichen Betrachtungsweise zu beurteilen. Nach der Rechtsprechung des BGH[269] sind die Parteien vor Nachteilen durch Verzögerungen innerhalb des Geschäftsbetriebs der Streitbeilegungsstelle zu bewahren, weil diese Verzögerungen von ihnen nicht beeinflusst werden können. Es gibt deshalb **keine absolute zeitliche Grenze**, nach deren Überschreitung eine Bekanntgabe nicht mehr als „demnächst" anzusehen ist. Dies gilt auch dann, wenn es zu mehrmonatigen Verzögerungen kommt. Denn Verzögerungen bei der Bekanntgabe, die durch eine fehlerhafte Sachbehandlung der Streitbeilegungsstelle verursacht sind, muss sich der Antragsteller grundsätzlich nicht zurechnen lassen.[270] Das OLG Brandenburg hält eine Bekanntgabe des Streitbeilegungsantrags gegenüber dem Antragsgegner mehr als 2 1/2 Jahre nach dessen Einreichung noch für als „demnächst" veranlasst im Sinne der §§ 204 Abs. 1 Nr. 4 BGB, 167 ZPO, wenn die Verzögerungen allein auf die Überlastung der Streitbeilegungsstelle zurückzuführen sind.[271]

259 Palandt/*Ellenberger* BGB § 204 Rn. 19; Erman/ *Schmidt-Räntsch* BGB § 204 Rn. 16; auch *Friedrich* NJW 2003, 1781 (1782), sofern funktionale Gleichwertigkeit besteht.

260 Dafür: *Friedrich* NJW 2003, 1781 (1782); MüKo-BGB/*Grothe* § 204 Rn. 35. Dagegen: Palandt/*Ellenberger* BGB § 204 Rn. 19; Soergel/*Niedenführ* BGB § 204 Rn. 62.

261 Siehe dazu näher *Gössl* MDR 2017, 251 ff.

262 Staudinger/*Peters/Jacoby* BGB § 204 Rn. 59; BeckOGK/*Meller-Hannich* BGB § 204 Rn. 184; s. auch *Friedrich* NJW 2003, 1781 (1783).

263 Vgl. hierzu MüKoZPO/*Gruber* EGZPO § 15 a Rn. 53.

264 Zur Auslegung dieses Begriffs ist auf die zu § 167 ZPO gewonnenen Grundsätze zurückzugreifen, BGHZ 182, 284 (= NJW 2010, 222 = BB 2010, 83

mAnm *Langen/Groß*) Rn. 14; OLG Hamburg NJW-RR 2008, 1090 (1091); OLG Saarbrücken OLGR Saarbrücken 2009, 792 (793 f.); *Petersen*, JK 3/10, BGB § 204 Abs. 1 Nr. 4/3; *Klose* NJ 2010, 100 (103); vgl. auch OLG München WM 2008, 733 (735).

265 BGH NJW 2017, 1879 (1880 f.) Rn. 18 mwN.

266 BGHZ 182, 284 (290) Rn. 18; *Petersen*, JK 3/10, BGB § 204 Abs. 1 Nr. 4/3.

267 BGHZ 182, 284 (291 f.) Rn. 20.

268 Offengelassen von BGHZ 182, 284 (291 f.) Rn. 20.

269 BGHZ 182, 284 (290) Rn. 16 ff.

270 BGHZ 182, 284 (290) Rn. 15 ff.; OLG Brandenburg Urt. v. 3.3.2010 – 4 U 40/09, BeckRS 2010, 07659 unter II 1 f dd.

271 OLG Brandenburg Urt. v. 3.3.2010 – 4 U 40/09, BeckRS 2010, 07659, unter II 1 f dd.

In dem Umstand, dass ein Streitbeilegungsantrag allein zum Zwecke der Verjährungshemmung gestellt wird, liegt kein **Rechtsmissbrauch**.[272] Anderes gilt, wenn der Antrag bewusst bei einer Streitbeilegungsstelle gestellt wurde, von der bekannt ist, dass die Bekanntgabe des Streitbeilegungsantrags Jahre beanspruchen werde.[273] Steht schon vor der Verfahrenseinleitung fest, dass der Antragsgegner nicht bereit ist, an einem Streitbeilegungsverfahren mitzuwirken und sich auf eine außergerichtliche Einigung einzulassen und hat er dies dem Antragsteller schon im Vorfeld in eindeutiger Weise mitgeteilt, erfolgt die Verfahrenseinleitung gleichfalls rechtsmissbräuchlich. Denn dann wird der Verfahrenszweck der Justizlastung und des konsensualen Rechtsfriedens[274] verfehlt.[275]

80   Auf die Bekanntgabe des Streitbeilegungsantrags – wie es der Regierungsentwurf noch vorsah[276] – konnte der Gesetzgeber nicht abstellen, weil eine Bekanntgabe durch förmliche Zustellung von § 15 a EGZPO nicht vorgeschrieben ist. Daher kann auch eine **formlose Bekanntgabe**, insbesondere durch einfachen Brief, erfolgen. In diesen Fällen ist jedoch zu besorgen, dass der Schuldner bestreitet, den Brief erhalten zu haben, was in der Praxis kaum zu widerlegen ist und die Hemmungsregelung untauglich werden ließe. Es erschien dem Rechtsausschuss des Deutschen Bundestags daher sachgerecht, auf das – aktenmäßig nachprüfbare – Vorgehen der Streitbeilegungsstelle abzustellen. Wenn die Streitbeilegungsstelle die Bekanntgabe des Streitbeilegungsantrags veranlasst, also beispielsweise den an den Schuldner adressierten Brief mit dem Streitbeilegungsantrag zur Post gibt, sollen die Voraussetzungen für die Hemmung erfüllt sein.[277] Nach Abs. 1 Nr. 4 kann somit weiterhin in rechtsstaatlich bedenklicher Weise eine Verjährungshemmung ohne Verfahrenskenntnis des Schuldners eintreten.[278]

81   Der Streitbeilegungsantrag muss durch den Berechtigten gestellt worden sein (→ Rn. 36 f.); ein alleiniges Tätigwerden des Verpflichteten führt nicht zur Verjährungshemmung.[279] Der Streitbeilegungsantrag muss zudem einen bestimmten Rechtsdurchsetzungswillen des Gläubigers unmissverständlich erkennen lassen. Dazu müssen die **Streitsache** und das konkrete **Rechtsschutzbegehren** dargestellt werden.[280] Der Antrag hat den geltend gemachten **Anspruch hinreichend genau** zu **bezeichnen**, um so dem Schuldner die Bestimmung des Streitgegenstands zu ermöglichen[281] und die Möglichkeit der Prüfung der Erfolgsaussichten einer Verteidigung zu verschaffen.[282] Dabei kann zur **Individualisierung** nur dann auf **Schriftstücke** zurückgegriffen werden, wenn sie im Streitbeilegungsantrag erwähnt und dem Anspruch beigefügt worden sind.[283] Eine Hemmung der Verjährung sämtlicher zwischen den Parteien streitiger Ansprüche kann nicht durch einen unbestimmten Streitbeilegungsantrag erreicht werden. Der BGH[284] weist jedoch darauf hin, dass die Anforderungen an die Anspruchsindividualisierung nicht überzogen werden dürfen. Denn das Streitbeilegungsverfahren kenne keine strikte Antragsbindung und erstrebe die außergerichtliche gütliche Beilegung des Rechtsstreits. Darin unterscheide es sich von einem Mahn- oder Klageverfahren. Ein vollstreckbarer Titel entstehe erst mit Einigung der Parteien (§ 794 Abs. 1 Nr. 1 ZPO). Die Individualisierung des geltend gemachten Anspruchs im Streitbeilegungsantrag diene der Verfahrensinformation der Streitbeilegungsstelle, um sie für ihre Schlichtungsaufgabe ausreichend zu informieren.[285] Daher hat zB der Streitbeilegungsantrag in **Anlageberatungsfällen** im Grundsatz die konkrete Kapitalanlage und „die Zeich-

---

272   BGH NJW 2016, 236 (237) Rn. 25; BGH NJW 2016, 233 (235) Rn. 33; ferner zB BGH NJW-RR 1993, 1495 (1496); BGH NJOZ 2016, 645 Rn. 12; OLG Brandenburg 3.3.2010 – 4 U 40/09, BeckRS 2010, 07659, unter II 1 f. dd.

273   OLG Brandenburg Urt. v. 3.3.2010 – 4 U 40/09, BeckRS 2010, 07659, unter II 1 f dd.

274   BT-Drs. 14/980, S. 1, 5; BGH NJW 2016, 233 (235) Rn. 33.

275   BGH NJW 2016, 233 (235) Rn. 34; siehe ferner BGH NJOZ 2016, 645; OLG München BeckRS 2017, 128723; OLG München 19.1.2017 – 23 U 2839/16, juris Rn. 100; OLG Stuttgart 23.9.2016 – 6 U 90/16, juris Rn. 14 ff.; ferner OLG Hamm 19.1.2016 – 34 U 179/15, juris Rn. 51 ff., 54; RG 26.10.1907 – V 58/07, RGZ 66, 412 (414 f.).

276   BT-Drs. 14/6040, S. 113 f.

277   BT-Drs. 14/7052, S. 181; MüKoZPO/*Gruber* § 15 a EGZPO Rn. 53; aA Palandt/*Ellenberger* BGB § 204 Rn. 19; Staudinger/*Peters/Jacoby* BGB § 204 Rn. 60: Maßgeblich ist die Bekanntgabe, nicht deren Veranlassung.

278   Ebenso BeckOK BGB/*Henrich* § 204 Rn. 28; *Staudinger/Eidenmüller* NJW 2004, 23 (25).

279   Palandt/*Ellenberger* BGB § 209 Rn. 19; BeckOK BGB/*Henrich* § 204 Rn. 30; aA *Friedrich* NJW 2003, 1781 (1783); MüKoZPO/*Gruber* EGZPO § 15 a Rn. 53.

280   BGH NJW 2016, 233 (234) Rn. 21; BGH NJW 2015, 2407 (2409) Rn. 23 mwN; die dagegen erhobene Verfassungsbeschwerde hat das BVerfG nicht zur Entscheidung angenommen: s. dazu BVerfG 10.9.2015 – 1 BvR 1817/15.

281   BGH NJW 2015, 2407 (2409) Rn. 22 ff.; BGH NJW 2015, 2411; OLG München WM 2008, 733 (734); OLG Hamm Urt. v. 26.4.2007 – 22 U 129/06, Juris-Dok.-Nr. JURE080007542, Rn. 152. Die strengen Anforderungen des § 253 ZPO gelten für die Antragstellung jedoch nicht.

282   BGH NJW 2015, 2407 Rn. 22 (s. dazu den Nichtannahmebeschluss des BVerfG 10.9.2015 – 1 BvR 1817/15); BGH NJW 2015, 2411.

283   BGH BeckRS 2016, 5141 Rn. 16 mwN.

284   BGH NJW 2015, 2407 (2409) Rn. 24 mwN; BGH NJW 2015, 2411.

285   BGH NJW 2015, 2407 (2409) Rn. 24 mwN; BGH NJW 2015, 2411; BGH NJW 2016, 233 (234) Rn. 21.

nungssumme sowie den (ungefähren) Beratungszeitraum anzugeben und den Hergang der Beratung mindestens im Groben zu umreißen; ferner ist das angestrebte Verfahrensziel zumindest soweit zu umschreiben, dass dem Gegner (und der Streitbeilegungsstelle) ein Rückschluss auf Art und Umfang der verfolgten Forderung möglich ist".[286] Eine genaue **Bezifferung** der Forderung muss der Streitbeilegungsantrag jedoch grundsätzlich nicht enthalten.[287] Allerdings fehlt eine ausreichende Individualisierung bei einem Streitbeilegungsantrag, der weder den Namen des Beraters noch den Zeitraum der Beratung und Zeichnung erwähnt und das angestrebte **Verfahrensziel** (Art und Umfang der Forderung) nicht konkretisiert.[288]

Verlangt die **Verfahrensordnung** die Übermittlung der anwaltlichen Vollmacht in Schriftform, genügt die Übersendung einer Kopie nicht.[289] Soweit die Verfahrensordnung des jeweiligen Streitbeilegungsverfahrens keine konkrete Antragstellung oder – bei Geldforderungen – Bezifferung vorschreibt, genügt der Lebenssachverhalt zur Feststellung der Identität des Streitgegenstands; der Streitbeilegungsantrag muss nicht in jeder Beziehung den Anforderungen des § 253 ZPO für eine Klageerhebung entsprechen.[290] Es gilt auch hier der Grundsatz, dass die Hemmung den prozessualen Anspruch und damit den Streitgegenstand insgesamt erfasst. Daher kann die Hemmung gem. Abs. 1 Nr. 4 auch solche Pflichtverletzungen betreffen, welche in dem Streitbeilegungsantrag nicht konkret aufgeführt sind, jedoch zum Streitgegenstand zählen.[291]

Der Antrag muss den Anforderungen der Verfahrensordnung der angerufenen Streitbeilegungsstelle genü- **82** gen, insbesondere deren **Formerfordernissen** entsprechen.[292] Ohne Bedeutung für den Hemmungseintritt nach Abs. 1 Nr. 4 ist nach überwiegender Rechtsprechung hingegen, ob der Streitbeilegungsantrag bei der **örtlich**[293] **und sachlich**[294] zuständigen Streitbeilegungsstelle eingereicht wird.[295]

Eine in der **Praxis** für Zwecke der Verjährungshemmung oft angerufene Streitbeilegungsstelle ist die **83** **Öffentliche Rechtsauskunft- und Vergleichsstelle der Hansestadt Hamburg** (ÖRA). Die ÖRA kann in allen zivilrechtlichen Rechtskonflikten angerufen werden; ihre örtliche Zuständigkeit ist nicht auf Hamburg begrenzt; eine Streitwertgrenze ist nicht ersichtlich.[296] In der Rechtsprechung sind Fälle bekannt,[297] in welchen die Bekanntgabe des Streitbeilegungsantrags mehr als 2 1/2 Jahre nach Einreichen des Antrags erfolgte (→ Rn. 79).

5. Aufrechnung im Prozess (Abs. 1 Nr. 5). Abs. 1 Nr. 5 regelt die Hemmung der Verjährung bei Geltend- **84** machung der Aufrechnung im Prozess.[298] Die Vorschrift entspricht mit der Maßgabe der bereits erläuterten

---

286 S. die Grundsatzentscheidung BGH NJW 2015, 2407 Rn. 25 mit ausführlichen Nachweisen zum Streitstand; s. dazu den Nichtannahmebeschluss des BVerfG 10.9.2015 – 1 BvR 1817/15; ferner BGH NJW 2015, 2411; ebenso: BGH BeckRS 2015, 15316 Rn. 18 mwN; BGH NJW-RR 2016, 372 (373) Rn. 17; BGH NZG 2016, 355 (356) Rn. 16; BGH BeckRS 2016, 5141 Rn. 16 mwN.

287 BGH BeckRS 2015, 15316 Rn. 18 mwN; BGH NJW-RR 2016, 372 (373) Rn. 17; BGH NZG 2016, 355 (356) Rn. 16; BGH BeckRS 2016, 5141 Rn. 16 mwN.

288 BGH BeckRS 2016, 5141 Rn. 16 mwN.

289 BGH Urt. v. 22.2.2008 – V ZR 87/07, BeckRS 2008, 04681 Rn. 10–12; zur Neufassung derselben Verfahrensordnung BGH BeckRS 2016, 10332 Rn. 7.

290 OLG Brandenburg Urt. v. 3.3.2010 – 4 U 40/09 unter II 1 f cc; OLG Hamm Urt. v. 26.4.2007 – 22 U 117/06, BeckRS 2008, 10485 Rn. 152.

291 BGH BeckRS 2015, 15316; BGH NJW 2015, 2411; s. näher oben Rn. 13 a.

292 BGH NJOZ 2017, 16 Rn. 3; BGH NJW 2016, 233 f. Rn. 20 f.; BGH NJW 2015, 2407 (2409) Rn. 21; BGH NJW 2015, 2411; BGH NJW 2008, 506 Rn. 11–12; BGH 22.2.2008 – V ZR 87/07, BeckRS 2008, 04681 Rn. 10 ff. Die gegen die Entscheidung erhobene Verfassungsbeschwerde hat das BVerfG nicht zur Entscheidung angenommen (Nichtannahmebeschluss v. 22.10.2008 – 1 BvR 1218/08, BeckRS 2008, 40224); OLG Hamm Urt. v. 26.4.2007 – 22 U 129/06, BeckRS 2008, 10486 Rn. 154–175; PWW/*Deppenkemper* BGB § 204 Rn. 12; krit. *Schwintowski* BKR 2009, 89 (98).

293 BGHZ 123, 337 (zum bisherigen Recht); OLG Brandenburg Urt. v. 3.3.2010 – 4 U 40/09 unter II 1 f; OLG Hamm Urt. v. 26.4.2007 – 22 U 129/06, BeckRS 2008, 10485 Rn. 148; OLG Saarbrücken OLGR Saarbrücken 2009, 792, 793; *Friedrich* NJW 2003, 1781 (1782); Palandt/*Ellenberger* BGB § 204 Rn. 19; BeckOK BGB/*Henrich* § 204 Rn. 27; *Mansel/Budzikiewicz*, Das neue Verjährungsrecht, 2002, § 8 Rn. 49.

294 Str., wie hier: OLG Hamm Urt. v. 26.4.2007 – 22 U 129/06, BeckRS 2008, 10486 Rn. 148; *Friedrich* NJW 2003, 1781 (1782); BeckOK BGB/*Henrich* § 204 Rn. 27; *Mansel/Budzikiewicz*, Das neue Verjährungsrecht, 2002, § 8 Rn. 49; ferner *Eidenmüller* SchiedsVZ 2003, 163 (168); Palandt/*Ellenberger* BGB § 204 Rn. 19, die allerdings solche Fälle ausschließen wollen, in denen der Gläubiger unredlich handelt.

295 OLG Brandenburg Urt. v. 3.3.2010 – 4 U 40/09, BeckRS 2010, 07659, unter II 1 f; LG Hamburg Beschl. v. 23.4.2009 – 313 O 432/07, S. 2 (unveröffentlicht); MüKoZPO/*Gruber* § 15 a EGZPO Rn. 53; krit. *Staudinger/Eidenmüller* NJW 2004, 23 ff.

296 §§ 1, 6 Gesetz über die Öffentliche Rechtsauskunft- und Vergleichsstelle (ÖRA-Gesetz) vom 16.11.2010, Hamburger Gesetzes- und Verordnungsblatt 2010, 603.

297 OLG Brandenburg Urt. v. 3.3.2010 – 4 U 40/09, BeckRS 2010, 07659.

298 Zu der analogen Anwendung der Vorschrift (iVm Abs. 1 Nr. 11) im Fall der Geltendmachung der Aufrechnung in einem (internationalen) Schiedsverfahren vgl. *Köhne/Langner* RIW 2003, 361 (365); Erman/*Schmidt-Räntsch* BGB § 204 Rn. 18.

Umstellung auf den Hemmungstatbestand (→ Rn. 1 ff.) dem bisherigen **§ 209 Abs. 2 Nr. 3 aF**; auf Rechtsprechung und Literatur zum bisherigen Recht kann daher im Grundsatz zurückgegriffen werden.

85 Hat die Aufrechnung Erfolg, so stellt sich die Verjährungsfrage nicht, da die Forderung, deren Verjährungshemmung nach Abs. 1 Nr. 5 zu bewirken wäre, erloschen ist (vgl. § 389). Abs. 1 Nr. 5 erfasst daher nur solche Ansprüche, bei denen die Aufrechnung nicht durchgreift, etwa weil eine Eventualaufrechnung wegen Klageabweisung nicht berücksichtigt wurde[299] oder die Aufrechnung prozess- oder materiellrechtlich unzulässig war.[300] Gehemmt wird die Verjährung einer Forderung auch dann, wenn eine gerichtliche Entscheidung über die sie betreffende Aufrechnung von vorneherein nicht in Betracht kommt.[301] Die Aufrechnung muss allerdings gegenüber dem **richtigen Schuldner** erfolgen.[302] Die Aufrechnung gegen eine abgetretene Forderung hemmt die Verjährung wegen § 406 auch gegenüber dem Zedenten, wenn dieser Schuldner der zur Aufrechnung gestellten Forderung ist. Der Zessionar wird, was die Aufrechnung angeht, dem Zedenten gleichgestellt.[303] Zur Aufrechnung mit einer die Klageforderung übersteigenden Forderung unten → Rn. 87.

86 Die Hemmung der (unverjährten) Gegenforderung **beginnt** mit der Erklärung der Aufrechnung im Prozess bzw. mit dem Prozessvortrag der außerprozessualen Aufrechnung durch den aufrechnenden Beklagten oder (seltener) den Kläger.[304] Auf eine Zustellung oder Bekanntgabe der Aufrechnungserklärung ist nicht abzustellen. Ist die Aufrechnungserklärung in einem Schriftsatz enthalten, so bedarf dieser nach § 270 S. 1 ZPO nicht der Zustellung, da die Aufrechnung kein Sachantrag ist.[305] Der Lauf einer bereits eingetretenen Verjährung kann nicht rückwirkend über Abs. 1 Nr. 5 gehemmt werden; ist Verjährung eingetreten, kommt eine Aufrechnung mit dem betreffenden Anspruch nur noch unter den Voraussetzungen des § 215 in Betracht.[306]

87 Die Hemmung nach Abs. 1 Nr. 5 tritt nur hinsichtlich des von der (erfolglosen) Aufrechnung erfassten Anspruchsteils ein; dieser kann (für jede der zur Aufrechnung gestellten Forderungen)[307] **maximal** die **Höhe der Klageforderung** erreichen.[308] Übersteigt die zur Aufrechnung gestellte Forderung die Höhe der Klageforderung, so richtet sich die Aufrechnung nicht gegen eine Forderung, die Gegenstand des Rechtsstreits ist, und erfolgt somit nicht „im Prozess", wie es Abs. 1 Nr. 5 verlangt.[309]

88 Zur **Aufrechnung nach Eintritt der Verjährung** s. § 215 und die dortige Kommentierung.

89 **6. Streitverkündung (Abs. 1 Nr. 6).** Nach Abs. 1 Nr. 6 führt auch die wirksame Streitverkündung (§§ 72 ff. ZPO; → Rn. 94) zur Hemmung der Verjährung. Mit dieser Regelung wird an den bisherigen **§ 209 Abs. 2 Nr. 4 aF** angeknüpft. Wie in den übrigen Fällen des Abs. 1 wird auch hier auf einen Hemmungstatbestand umgestellt. Für die Auslegung des Abs. 1 Nr. 6 können die Erkenntnisse zum bisherigen Recht jedoch unter Berücksichtigung der Besonderheiten dieser Umstellung[310] weiter herangezogen werden.

90 Weggelassen wurde gegenüber dem bisherigen § 209 Abs. 2 Nr. 4 aF die irreführende Einschränkung auf die Streitverkündung „in dem Prozesse, von dessen Ausgange der Anspruch abhängt".[311] Die Verjährungswirkung der Streitverkündung war schon nach altem Recht – aus der Sicht der hM – nicht davon abhängig,

---

299 BGH NJW 1990, 2680 (2681) (noch zu § 209 Abs. 2 Nr. 3 aF).
300 BGHZ 176, 128 (132) Rn. 19; BGH NJW-RR 2009, 1169 (1171) Rn. 21; OLG Brandenburg Urt. v. 29.8.2007 – 4 U 29/07, BeckRS 2008, 09571 Rn. 28; MüKoBGB/*Grothe* § 204 Rn. 37; Jauernig/*Mansel* BGB § 204 Rn. 7; *Köhne/Langner* RIW 2003, 361 (365); Soergel/*Niedenführ* BGB § 204 Rn. 67; Staudinger/*Peters/Jacoby* BGB § 204 Rn. 67; Erman/*Schmidt-Räntsch* BGB § 204 Rn. 18. Zu Beispielen s. Palandt/*Ellenberger* BGB § 204 Rn. 20; BeckOK BGB/*Henrich* § 204 Rn. 32.
301 BGHZ 176, 128 (131 f.) Rn. 18 (mwN zur Gegenansicht); OLG Brandenburg Urt. v. 29.8.2007 – 4 U 29/07, BeckRS 2008, 09571, Rn. 28; Staudinger/*Peters/Jacoby* BGB § 204 Rn. 65; aA OLG Köln NJW-RR 1989, 1079 (1080).
302 BGHZ 80, 222 (226); 176, 128 (132) Rn. 21; Staudinger/*Peters/Jacoby* BGB § 204 Rn. 70.
303 BGHZ 176, 128 (132), Rn. 22; BeckOK BGB/*Henrich* § 204 Rn. 32.
304 Zur Möglichkeit des Klägers, die Hemmung durch Aufrechnung herbeizuführen, s. BGHZ 176, 128 (131 f.) Rn. 17–19 (auch Verjährung der hilfsweise zur Gegenaufrechnung gestellten Forderung gehemmt); MüKoBGB/*Grothe* § 204 Rn. 37;

BeckOK BGB/*Henrich* § 204 Rn. 32; Staudinger/*Peters/Jacoby* BGB § 204 Rn. 65; Erman/*Schmidt-Räntsch* BGB § 204 Rn. 18; aA Soergel/*Niedenführ* BGB § 204 Rn. 66.
305 BT-Drs. 14/6040, S. 114.
306 Zu der Frage, in welchem Umfang die Voraussetzungen des § 387 vorliegen müssen, um eine Hemmung nach Abs. 1 Nr. 5 zu rechtfertigen, vgl. BeckOK BGB/*Henrich* § 204 Rn. 32; Jauernig/*Mansel* BGB § 204 Rn. 7; Staudinger/*Peters/Jacoby* BGB § 204 Rn. 67 ff.
307 Vgl. MüKoBGB/*Grothe* § 204 Rn. 38; Palandt/*Ellenberger* BGB § 204 Rn. 20; BeckOK BGB/*Henrich* § 204 Rn. 32; Staudinger/*Peters/Jacoby* BGB § 204 Rn. 73; Erman/*Schmidt-Räntsch* BGB § 204 Rn. 18.
308 BGH NJW-RR 2009, 1169 (1170); BGH NJW 1990, 2680 (2681); MüKoBGB/*Grothe* § 204 Rn. 38; Palandt/*Ellenberger* BGB § 204 Rn. 20; Soergel/*Niedenführ* BGB § 204 Rn. 66; Staudinger/*Peters/Jacoby* BGB § 204 Rn. 73; Erman/*Schmidt-Räntsch* BGB § 204 Rn. 18.
309 BGH NJW-RR 2009, 1169 (1171) Rn. 21.
310 BGH NJW 2010, 856 (857) Rn. 11 (zur Rückwirkung der Zustellung).
311 S. zum Folgenden BT/Drs. 14/6040, S. 114.

dass die tatsächlichen Feststellungen des Vorprozesses für den späteren Prozess maßgebend sein müssen.[312] Entsprechend sieht die überwiegende Auffassung auch unter neuem Recht **Präjudizialität** nicht als Voraussetzung an für die Herbeiführung der Hemmungswirkung nach Abs. 1 Nr. 6.[313]

Die Streitverkündung kann nach § 72 Abs. 1 ZPO bis zur rechtskräftigen Entscheidung des Rechtsstreits erfolgen.[314] Durch die Neuformulierung des Abs. 1 Nr. 6 wurde zudem der Anerkennung der Hemmungswirkung einer Streitverkündung im **selbstständigen Beweisverfahren** in der bisherigen Rechtsprechung des BGH[315] Rechnung getragen.[316] Deren Gleichstellung mit der Streitverkündung im Prozess ist jetzt ebenso zwanglos möglich wie mit der **Streitverkündung im PKH-Verfahren**.[317] Zur Erforderlichkeit einer erneuten Streitverkündung, wenn das Verfahren nach zwischenzeitlichem Stillstand erneut betrieben wird → Rn. 161. **91**

Keine Hemmungswirkung erkannte der BGH, jedenfalls unter altem Recht (§ 209 Abs. 2 Nr. 4 aF), der **Beiladung im Verwaltungsstreit** nach § 65 Abs. 1 VwGO zu; in der betreffenden Entscheidung hat das Gericht bereits angedeutet, keine Veranlassung zu sehen, diese Rechtsprechung unter neuem Recht aufzugeben.[318] **92**

Zur Klarstellung verweist Abs. 1 Nr. 6 für den **Beginn** der Hemmung ausdrücklich auf die nach § 73 S. 2 ZPO erforderliche Zustellung der Streitverkündung; die Hemmung tritt jedoch bereits mit der Einreichung der Streitverkündungsschrift bei Gericht ein, sofern die Zustellung demnächst erfolgt (§ 167 ZPO).[319] **93**

Um die Hemmungswirkung des Abs. 1 Nr. 6 herbeizuführen muss die **Streitverkündung** nach hM **zulässig** sein (vgl. § 72 ZPO).[320] Dieses Zulässigkeitserfordernis wird nicht dadurch entbehrlich, dass der Streitverkündungsempfänger auf Seiten des Streitverkünders beitritt.[321] Wie auch sonst im Rahmen der Hemmungsgründe des Abs. 1 hemmt zudem nur die durch den **Berechtigten** vorgenommene Streitverkündung (vgl. hierzu → Rn. 36 f.).[322] **94**

Nach § 73 S. 1 ZPO setzt eine wirksame Streitverkündung die **Angabe ihres Grundes** voraus, dh des in § 72 Abs. 1 ZPO beschriebenen potenziellen Anspruchs zwischen Streitverkünder und Streitverkündungsempfänger. Grund für eine Streitverkündung ist nach § 72 Abs. 1 ZPO zum einen ein Anspruch auf Gewährleistung oder Schadloshaltung gegen einen Dritten, den der Streitverkünder zu erheben können glaubt (1. Alt.) oder zum anderen die Besorgung des Anspruchs eines Dritten (2. Alt.). § 204 Abs. 1 Nr. 6 erfasst beide Streitverkündungsgründe.[323] Für die Zulässigkeit der Streitverkündung genügt es, dass der Streitverkünder glaubt, einen Anspruch gegen den Streitverkündungsempfänger zu haben. Ob dieser Anspruch tatsächlich besteht, ist für die Zulässigkeit der Streitverkündung unerheblich.[324] Die Angaben in der Streitverkündungsschrift müssen den Anspruch gegen den Streitverkündeten so genau bezeichnen, dass dieser in die **95**

312 BGHZ 36, 212 (214); 65, 127; 70, 187; 134, 190; gegen die hM (mit ausf. Nachw.) Staudinger/*Peters*, 13. Bearbeitung 1995, § 209 Rn. 89 f.

313 Erman/*Schmidt-Räntsch* BGB § 204 Rn. 19; MüKo-BGB/*Grothe* § 204 Rn. 40; ferner Palandt/*Ellenberger* BGB § 204 Rn. 21; BeckOK BGB/*Henrich* § 204 Rn. 33; Soergel/*Niedenführ* BGB § 204 Rn. 71: Die Hemmung nach Abs. 1 Nr. 6 wird auch dann bewirkt, wenn der Streitverkünder im Vorprozess obsiegen sollte. AA Staudinger/*Peters/Jacoby* BGB § 204 Rn. 78 ff.

314 Sie ist deshalb beispielsweise auch im Verfahren der Nichtzulassungsbeschwerde der Revision möglich BGH WM 2010, 372; aA OLG Düsseldorf BauR 2008, 2082 (2086–2088) (Vorinstanz).

315 BGHZ 134, 190.

316 BT-Drs. 14/6040, S. 114.

317 Vgl. OLG Hamm NJW 1994, 203 (noch zu § 209 Abs. 2 Nr. 4 aF); Palandt/*Ellenberger* BGB § 204 Rn. 21; Soergel/*Niedenführ* BGB § 204 Rn. 69.

318 BGH VersR 2003, 873 (874 f.).

319 BGH NJW 2010, 856; aA OLG Rostock Urt. v. 28.11.2007 – 2 U 38/06 BeckRS 2010, 02261.

320 BGH NJW 2019, 1953 (1955) Rn. 29; BGH NJW-RR 2015, 1058 Rn. 21 ff.; BGH BeckRS 2015, 09448; BGHZ 175, 1 (6) Rn. 20; BGH NJW 2009, 1488 (1489) Rn. 18; BGH WM 2010, 372 (373) Rn. 9; OLG Brandenburg NZBau 2006, 720 (722); *Grothe* LM H. 7/2002 Bl. 1210, 1213; Palandt/*Ellen-*

berger BGB § 204 Rn. 21; BeckOK BGB/*Henrich* § 204 Rn. 34; *Mansel/Budzikiewicz*, Das neue Verjährungsrecht, 2002, § 8 Rn. 54; Soergel/*Niedenführ* BGB § 204 Rn. 70; Erman/*Schmidt-Räntsch* BGB § 204 Rn. 19; aA *Althammer/Würdinger* NJW 2008, 2620.

321 BGHZ 175, 1 (4) Rn. 14 (Beitritt ist weder notwendige noch hinreichende Bedingung); BGH NJW 2009, 1488 (1489) Rn. 21; aA *Althammer/Würdinger* NJW 2008, 2620 (2621).

322 BGH NJW 2019, 1953 (1955) Rn. 29; BGH NJW 1993, 1916; KG NJW-Spezial 2009, 301; Palandt/*Ellenberger* BGB § 204 Rn. 21; BeckOK BGB/*Henrich* § 204 Rn. 33; Soergel/*Niedenführ* BGB § 204 Rn. 69; Staudinger/*Peters/Jacoby* BGB § 204 Rn. 77.

323 BGH NJW 2009, 1488 (1490) Rn. 28–33; aA KG ZMR 2006, 687 (690 f.).

324 BGH VersR 2006, 533 (534); OLG Düsseldorf NJW-RR 1996, 532 (533); bedenklich deshalb OLG Brandenburg NZBau 2006, 720 (723), das eine Streitverkündung, die sich auf die vom Erstgericht vertretene Rechtsansicht stützt, für unzulässig erachtet, wenn diese Rechtsansicht von einer in Rechtsprechung und Schrifttum einhellig bewerteten Auffassung abweicht. Gerade bei einer solchen sich andeutenden Änderung der rechtlichen Beurteilung kann der Streitverkünder des Schutzes der Streitverkündung bedürfen.

Lage versetzt wird zu entscheiden, ob er dem Streit beitreten möchte.[325] Insbesondere ist offenzulegen, ob aus eigenem oder aus abgetretenem Recht vorgegangen wird.[326] Ist eine **Individualisierung** der gegen den Streitverkündeten gerichteten Ansprüche nicht möglich, kommt eine Hemmung nach Abs. 1 Nr. 6 nicht in Betracht.[327]

96 Anders als bei der Interventionswirkung wird die Verjährung durch die Streitverkündung auch für solche Ansprüche gem. Abs. 1 Nr. 6 gehemmt, für die ein **anderer Rechtsweg** (zB der Arbeitsgerichtsbarkeit), gegeben ist.[328] Der Eintritt der Hemmungswirkung nach Abs. 1 Nr. 6 setzt nicht voraus, dass dem Verpflichteten der Streit in einem inländischen Prozess verkündet wurde. Im Wege der Substitution[329] kann die Streitverkündung grundsätzlich auch in einem **ausländischen Prozess** erfolgen, sofern eine funktionale Äquivalenz zwischen dem deutschen und dem betreffenden ausländischen Rechtsinstitut besteht.[330] Aus den gleichen Gründen bezogen auf das Parallelproblem des Abs. 1 Nr. 1 (→ Rn. 27 f.) ist die Anerkennungsfähigkeit der im Ausland ergangenen Entscheidung nicht Voraussetzung für den Eintritt der Hemmungswirkung nach Abs. 1 Nr. 6.[331] Erforderlich ist – wie bei der Streitverkündung im Inlandsprozess – lediglich die Zulässigkeit der Einbeziehung des Dritten nach dem ausländischen Prozessrecht, die Vornahme der Einbeziehung durch den Berechtigten, die Individualisierung der gegen den Dritten behaupteten Ansprüche sowie die erwähnte Äquivalenz der Rechtsinstitute.[332]

97 Die **Wirkung der Hemmung** gem. Abs. 1 Nr. 6 bestimmt sich nach § 209 (vgl. im Einzelnen die dortige Kommentierung). Erfasst wird der in der Streitverkündung bezeichnete Anspruch in dem Umfang, wie er sich aus den gesamten tatsächlichen und rechtlichen Grundlagen des Urteils ergibt; eine Beschränkung auf die mit der Urteilsformel ausgesprochene Entscheidung erfolgt nicht.[333] Denn der Streitverkündungsempfänger wird durch die Streitverkündung gewarnt, dass der Streitverkünder beabsichtigt, ihn in Regress zu nehmen. Diese Warnung rechtfertigt die Hemmung der Verjährung des potenziellen Regressanspruchs.[334] Daraus folgt weiter, dass die Verjährung des gesamten potenziellen Anspruchs des Streitverkünders gegen den Streitverkündungsempfänger gehemmt ist.[335] Insoweit reicht die Hemmungswirkung der Streitverkündung weiter als die Interventionswirkung.[336] Der Streitverkündungsempfänger wird nämlich hinsichtlich des gesamten potenziellen Regressanspruchs gewarnt. Diese Annahme wird auch von der Überlegung gestützt, dass der Streitverkünder in der Streitverkündungsschrift die Höhe des potenziellen Regressanspruchs nicht bezeichnen muss.[337] Dies ist insbesondere von Bedeutung, wenn die Streitverkündung in einem Prozess erfolgt, in dem der Kläger eine **Teilklage** erhoben hat: Die Streitverkündung hemmt then potenziellen Rückgriffsanspruch in voller Höhe, nicht nur in Höhe des durch die Teilklage betroffenen Teils.[338] Der gesamte Anspruch des Streitverkünders wird auch dann gehemmt, wenn die im Vor- und im Folgeprozess verfolgten Ansprüche nicht inhaltlich identisch sind oder nicht auf derselben Rechtsgrundlage beruhen. Erforderlich ist dann allerdings, dass zwischen ihnen eine enge materiellrechtlich Verknüpfung besteht und sie das gleiche wirtschaftliche Ziel verfolgen.[339] In der Praxis kann es angebracht sein, vor der Verkündung des Streits eine negative Feststellungswiderklage über die Restforderung zu erheben, um so sicher die Interventionswirkung der nachfolgenden Streitverkündung auch hinsichtlich der Restforderung herzustellen.

325 BGHZ 175, 1 (10) Rn. 28; BGH NJW 2002, 1414 (1416) (noch zu § 209 Abs. 2 Nr. 4 aF); BeckOK BGB/*Henrich* § 204 Rn. 33; Staudinger/*Peters/Jacoby* BGB § 204 Rn. 77.

326 BGHZ 175, 1 (11) Rn. 31.

327 Vgl. BGHZ 175, 1 (10) Rn. 28; BGH WM 2000, 1764.

328 LAG Nürnberg, Urt. v. 29.3.2011 – 7 (4) Sa 702/07, BeckRS 2011, 72253.

329 Zur Substitution allg. s. *Mansel*, in: FS W. Lorenz 1991, S. 689 ff.

330 Soergel/*Niedenführ* BGB § 204 Rn. 71.

331 MüKoBGB/*Grothe* § 204 Rn. 42; BeckOK BGB/*Henrich* § 204 Rn. 34; vgl. auch Erman/*Schmidt-Räntsch* BGB § 204 Rn. 20; auch *Geimer*, Int. Zivilprozessrecht, 7. Aufl. 2015, Rn. 2837; aA Palandt/*Ellenberger* BGB § 204 Rn. 21; Staudinger/*Peters/Jacoby* BGB § 204 Rn. 85; enger in den Voraussetzungen auch Wieczorek/Schütze/*Mansel* ZPO § 68 Rn. 21 ff.

332 S. dazu *Geimer*, Int. Zivilprozessrecht, 7. Aufl. 2015, Rn. 2837.

333 BGHZ 36, 212 (215); BGH NJW 2002, 1414 (1416); Erman/*Schmidt-Räntsch* BGB § 204 Rn. 20.

334 Vgl. BGHZ 176, 361 (367) Rn. 29; Erman/*Schmidt-Räntsch* BGB § 204 Rn. 20; PWW/*Deppenkemper* BGB § 204 Rn. 14.

335 OLG Celle NJOZ 2008, 3064 (3070).

336 Vgl. BGH NJW 2009, 1488 (1491); zum Umfang der Interventionswirkung s. Wieczorek/Schütze/*Mansel* ZPO § 67 Rn. 86 ff.

337 BGH NJW 2002, 1414 (1416); Zöller/*Althammer* ZPO § 73 Rn. 3. Bezüglich der Anspruchshöhe wird der Streitverkündungsempfänger daher nicht gewarnt.

338 BGH NJW 2002, 1414 (1416); Staudinger/*Peters/Jacoby* BGB § 204 Rn. 83; Erman/*Schmidt-Räntsch* BGB § 204 Rn. 20; PWW/*Deppenkemper* BGB § 204 Rn. 14; *Rosenberg/Schwab/Gottwald* ZPO § 51 Rn. 24; nicht eindeutig MüKoBGB/*Grothe* § 204 Rn. 39.

339 BGH NJW 2019, 1953 (1956) Rn. 32; NJW 2009, 1488 (1489 ff.) Rn. 25 ff.

Der Streitverkündung kommt hingegen keine verjährungsunterbrechende Wirkung zu, soweit der der Streitverkündung zugrunde liegende vermeintliche Anspruch durch den Ausgang des Rechtsstreits nicht berührt werden kann.[340] Für die Hemmung erforderlich, aber auch hinreichend ist also, dass die Feststellungen des Erstprozesses im Folgeprozess in irgendeiner Weise Relevanz erlangen. **98**

Bei der Umstellung von der Unterbrechungs- auf die Hemmungswirkung der Zustellung der Streitverkündung hat der Gesetzgeber darauf verzichtet, eine dem **§ 215 Abs. 2 aF** entsprechende Regelung in das neue Recht aufzunehmen. Die Hemmung bleibt daher auch dann wirksam, wenn der Berechtigte nicht innerhalb von sechs Monaten nach Prozessbeendigung Klage auf Befriedigung oder Feststellung des in der Verjährung gehemmten Anspruchs erhebt. **99**

7. Zustellung der Anmeldung zum Musterverfahren (Abs. 1 Nr. 6 a). Abs. 1 Nr. 6 a gilt seit dem 1.11.2012. Die Vorschrift wurde durch das KapMuGReformG (BGBl. 2012 I 2182) befristet bis zum 31.10.2020 in das BGB eingefügt. Nach § 10 Abs. 2 KapMuG kann ein Anspruch eines Kapitalanlegers wegen falscher bzw. irreführender öffentlicher Kapitalmarktinformationen innerhalb einer **Frist** von sechs Monaten ab der Bekanntmachung eines Musterverfahrens zum Musterverfahren angemeldet werden. Gem. Abs. 1 Nr. 6 a hemmt die Zustellung dieser Anmeldung unter bestimmten Voraussetzungen die Verjährung der darin bezeichneten Ansprüche. **99a**

8. Selbständiges Beweisverfahren (Abs. 1 Nr. 7). Abs. 1 Nr. 7 übernimmt die bisher in den §§ 477 Abs. 2, 639 Abs. 1 aF für Gewährleistungsansprüche aus Kauf- und Werkvertrag vorgesehene Unterbrechungsregelung als einen **allgemeinen Hemmungstatbestand**, der alle der Verjährung unterworfenen Ansprüche erfassen kann. Der Antrag auf Durchführung eines selbständigen Beweisverfahrens (§§ 485 ff. ZPO) unterbrach die Verjährung nach §§ 477 Abs. 2, 639 Abs. 2 aF nur für die Gewährleistungsansprüche des Käufers oder Bestellers, nicht jedoch für die Ansprüche des Verkäufers oder Unternehmers oder für die Ansprüche aus sonstigen Verträgen. Es war schon nach bisherigem Recht kein tragender Grund ersichtlich, weshalb der Antrag auf Beweissicherung allein bei Gewährleistungsansprüchen aus Kauf- und Werkvertrag und nicht bei anderen Ansprüchen Einfluss auf den Lauf der Verjährung haben sollte. Das gilt erst recht für das neue Recht, in welchem die Sonderbehandlung der kauf- und werkvertraglichen Gewährleistungsansprüche zurückgedrängt wurde.[341] **100**

Die Hemmung **beginnt** nach Abs. 1 Nr. 7 ausdrücklich erst mit der **Zustellung** des **Antrags** auf Durchführung des selbständigen Beweisverfahrens; es gilt die Vorwirkung des § 167 ZPO bei demnächst erfolgender Zustellung. Teilweise wird eine Zustellung für entbehrlich gehalten: Es genüge die formlose Mitteilung des Antrags[342] oder die Zustellung des auf den Antrag hin ergangenen Beweisbeschlusses.[343] Das ist abzulehnen. Die Hemmung der Verjährung nach Abs. 1 Nr. 7 kann grundsätzlich nur dann erfolgen, wenn der Antrag auf Durchführung eines selbständigen Beweisverfahrens iSv § 166 ZPO förmlich zugestellt worden ist.[344] Zwar mag der Warnfunktion für den Schuldner, dass der Gläubiger die Verjährung seines Anspruchs verhindern will, auch genügt sein, wenn keine Zustellung des Antrags erfolgt, sondern der Schuldner auf andere Weise vom angestrebten selbständigen Beweisverfahren Kenntnis erhält.[345] Abs. 1 Nr. 7 verlangt aber ausdrücklich die Zustellung.[346] Diese ermöglicht – im Gegensatz zu anderweitiger Kenntniserlangung – die zuverlässige Bestimmung des Beginns der Verjährungshemmung nach Abs. 1 Nr. 7 und dient so der Rechtssicherheit.[347] Soweit die Gegenmeinung[348] darauf rekurriert, dass der Gesetzgeber das Zustellungserfordernis in Abs. 1 Nr. 7 in der irrigen Annahme aufgenommen habe, eine Zustellung des Antrags auf Durchführung des selbständigen Beweisverfahrens sei nach § 270 S. 1 ZPO erforderlich,[349] **101**

340 BGH NJW 2009, 1488 (1491); BGH NJW 2002, 1414 (1416); BGH NJW 1979, 264.

341 BT-Drs. 14/6040, S. 114.

342 OLG Sachsen-Anhalt, Urt. v. 13.11.2008 – 6 U 80/08 Rn. 16; OLG Karlsruhe NJW-RR 2008, 402 f.; ablehnend LG Gießen BauR 2008, 881; *Seibel* ZfBR 2008, 9 (13).

343 OLG Frankfurt Urt. v. 5.11.2009 – 3 U 45/08, BeckRS 2010, 01583.

344 BGH NJW 2011, 1965 (1967) Rn. 29 ff. mwN zum Streitstand; s. auch LG Darmstadt Urt. v. 12.9.2005 – 22 O 90/05, Juris-Dok.-Nr. KORE535932005; LG Gießen BauR 2008, 881; *Weyer* NZBau 2008, 228; Erman/*Schmidt-Räntsch* BGB § 204 Rn. 21; Palandt/*Ellenberger* BGB § 204 Rn. 22; PWW/*Deppenkemper* BGB § 204 Rn. 16; differenzierend Staudinger/*Peters/Jacoby* BGB § 204 Rn. 87.

345 OLG Frankfurt Urt. v. 5.11.2009 – 3 U 45/08, BeckRS 2010, 01583.

346 LG Gießen Urt. v. 29.1.2008 – 2 O 388/07, Juris-Dok.-Nr. KORE534592008 Rn. 18.

347 LG Gießen Urt. v. 29.1.2008 – 2 O 388/07, Juris-Dok.-Nr. KORE534592008 Rn. 22. Abweichend ist deshalb die Unterscheidung von Staudinger/*Peters/Jacoby* BGB § 204 Rn. 87, die für die Erweiterung des Verfahrensgegenstands (Einbeziehung weiterer Mängel) eine formlose Mitteilung genügen lassen. Auch in Bezug auf die neu in das Verfahren einbezogenen Mängel lässt sich nur durch die Zustellung der Beginn der Hemmung sicher fixieren.

348 OLG Sachsen-Anhalt Urt. v. 13.11.2008 – 6 U 80/08, Juris-Dok.-Nr. KORE544702009 Rn. 16. Diese Diskrepanz räumt auch LG Darmstadt Urt. v. 12.9.2005 – 22 O 90/05, Juris-Dok.-Nr. KORE535932005 Rn. 37 ein.

349 BT-Drs. 14/6040 v. 14.5.2001, S. 114.

kommt sie nicht über den Wortlaut von Abs. 1 Nr. 7 hinweg. Denn aus § 270 S. 1 ZPO ergibt sich kein Abs. 1 Nr. 7 entgegenstehendes Verbot, ein nicht ohnehin nach § 270 S. 1 ZPO zustellungspflichtiges Dokument dennoch zuzustellen – vielmehr ist über § 270 S. 1 ZPO hinaus eine Zustellung auch dann erforderlich, wenn sie Voraussetzung besonderer Rechtswirkungen ist.[350] Gestützt wird diese Annahme durch Abs. 1 Nr. 9: Auch ein Antrag auf Erlass eines Arrestes, einer einstweiligen Verfügung oder einer einstweiligen Anordnung ist nicht stets zuzustellen. Dennoch knüpft das Gesetz die Hemmungswirkung ausdrücklich an die Zustellung (näher → Rn. 117).

102 Es bleibt die Möglichkeit der **Heilung** durch rügeloses Einlassen nach § 295 ZPO[351] und nach § 189 ZPO.[352] Eines Rückgriffs auf § 203 bedarf es nach Heilung durch § 295 ZPO nicht.[353] Nach § 189 ZPO gilt ein Schriftstück, das unter Verletzung zwingender Zustellungsvorschriften zugegangen ist, in dem Zeitpunkt als zugestellt, in dem es der Person, an die die Zustellung dem Gesetz gemäß gerichtet war oder gerichtet werden konnte, tatsächlich zugegangen ist.

103 Dem **Gläubiger** ist in der **Praxis** zu empfehlen, bei Gericht auf die förmliche Zustellung des Antrags auf Durchführung des selbstständigen Beweisverfahrens hinzuwirken.[354] Für Abs. 1 Nr. 14 hat der BGH[355] eine Verpflichtung des Gerichts angenommen, einem Antrag auf Bekanntgabe des Prozesskostenhilfeantrags zu entsprechen, wenn der Gläubiger durch den Antrag auch die Hemmung der Verjährung bezweckt (→ Rn. 133). Dieser Gedanke lässt sich auf die Zustellung des Antrags auf Durchführung eines selbstständigen Beweisverfahrens übertragen. Der **Schuldner** hingegen sollte, falls ihm der Antrag nur formlos mitgeteilt wurde, die fehlende Zustellung rügen. Das Problem dürfte sich in der Praxis entschärfen, weil Gerichte aufgrund der nicht eindeutigen Rechtslage dazu übergehen, Anträge auf Durchführung des selbstständigen Beweisverfahrens nicht mehr formlos mitzuteilen, sondern zuzustellen.[356]

104 Zu berücksichtigen ist, dass den Antrag auf Durchführung des Beweissicherungsverfahrens nach § 485 ZPO auch der Schuldner stellen kann. Es ist aber wegen der rechtserhaltenden Funktion des Verfahrens anerkannt, dass **nur** ein **vom Gläubiger beantragtes Verfahren** zugleich die Verjährung hemmt.[357] Erlangt der Antragsteller erst nach Verfahrensbeginn die Gläubigerstellung, tritt die Hemmungswirkung des Abs. 1 Nr. 7 *ex nunc* ein – vorausgesetzt, der betreffende Anspruch ist nicht bereits verjährt.[358] Umstritten ist, ob ein vom Unternehmer lediglich zum Zwecke der **Bestätigung der Mangelfreiheit** eingeleitetes selbstständiges Beweisverfahren die Hemmungswirkung des Abs. 1 Nr. 7 herbeizuführen vermag.[359]

105 Der Antrag muss Angaben enthalten, die eine hinreichende **Individualisierung** des materiellrechtlichen Anspruchs enthalten, dessen Verjährung durch Zustellung des Antrags auf Durchführung des Beweissicherungsverfahrens gehemmt werden soll. Dieses Konkretisierungserfordernis ist eine Voraussetzung des materiellen Verjährungsrechts, nicht des Prozessrechtes. Nur ein individualisierter Anspruch kann Gegenstand von Hemmungswirkung sein. Die Hemmung tritt nur im Hinblick auf diejenigen Mängel oder sonstigen Angaben[360] ein, die durch den Antrag zum Gegenstand des selbstständigen Beweisverfahrens gemacht wer-

350 *Rosenberg/Schwab/Gottwald* ZPO § 72 Rn. 7; MüKoZPO/*Becker-Eberhard* § 270 Rn. 3 (§ 270 ZPO als Auffangvorschrift).
351 Palandt/*Ellenberger* BGB § 204 Rn. 22; Staudinger/*Peters/Jacoby* BGB § 204 Rn. 87; ähnlich LG Marburg Urt. v. 30.1.2006 – 1 O 231/03 Juris-Dok.-Nr. KORE507442006 (§§ 189, 295 ZPO analog); aA LG Gießen Urt. v. 29.1.2008 – 2 O 388/07, Juris-Dok.-Nr. KORE534592008 Rn. 20 (der Hinweis auf fehlendes Erklärungsbewusstsein für einen Verzicht ist nur für § 295 Abs. 1, 1. Alt. ZPO stichhaltig; § 295 Abs. 1, 2. Alt. ZPO lässt das Kennenmüssen des Verfahrensmangels genügen, vgl. nur Zöller/*Greger* ZPO § 295 Rn. 9); offengelassen bei BGH NJW 2011, 1965 (1967) Rn. 32.
352 BGH NJW 2011, 1965 (1967) Rn. 32 ff.
353 Für § 203 BGB hingegen Erman/*Schmidt-Räntsch* BGB § 204 Rn. 21.
354 *Seibel* ZfBR 2008, 9 (13).
355 BGH NJW 2008, 1939.
356 *Seibel* ZfBR 2008, 9 (13).

357 BGH NJW 1993, 1916 (zum bisherigen Recht); s. ferner BGH NJW 1980, 1485; BGHZ 72, 23 (29); MüKoBGB/*Grothe* § 204 Rn. 46; BeckOK BGB/*Henrich* § 204 Rn. 37; Zöller/*Herget*, ZPO Vor § 485 Rn. 3; *Lenkeit* BauR 2002, 196 (216).
358 MüKoBGB/*Grothe* § 204 Rn. 46; Palandt/*Ellenberger* BGB § 204 Rn. 22.
359 Dagegen: PWW/*Deppenkemper* BGB § 204 Rn. 16; *Lenkeit* BauR 2002, 196 (216); *Weyer* BauR 2001, 1807 (1810); OLG Saarbrücken NJW-RR 2006, 163 (164 f.) (unter Hinweis auf die Möglichkeit des Werkunternehmers, Zahlungsklage zu erheben oder einen Mahnbescheid zu beantragen, wenn er von der Mangelfreiheit des von ihm hergestellten Werks überzeugt sei), das aber übersieht, dass ein selbstständiges Beweisverfahren auch der Sicherung von Beweisen für eine Zahlungsklage dienen kann. Dafür: Erman/*Schmidt-Räntsch* BGB § 204 Rn. 21; *Klaft/Nossek* BauR 2008, 1980 (1985); vgl. auch MüKoBGB/*Grothe* § 204 Rn. 46.
360 Ausführlich dazu *Helm* NZBau 2011, 328.

den[361] und Grundlage des im Antrag individualisierten Anspruchs sind. Sie bezieht sich daher nur auf solche Ansprüche, für deren Nachweis die Behauptung, die den Gegenstand des Beweisverfahrens bildet, von Bedeutung sein kann.[362] Die Wirkung des Abs. 1 Nr. 7 kann nur gegenüber dem als Gegner im Verfahren **benannten Schuldner** eintreten,[363] da die Hemmung – mit der Maßgabe des § 167 ZPO (→ Rn. 101) – erst mit der Zustellung des Antrags auf Verfahrensdurchführung beginnt. Zum Ende der Hemmungswirkung unten → Rn. 149.

Im Wege der Substitution[364] kann bei funktionaler Vergleichbarkeit[365] auch ein **im Ausland durchgeführtes Beweissicherungsverfahren** zur Verjährungshemmung nach Abs. 1 Nr. 7 führen.[366] Auf die internationale Zuständigkeit des die Beweisanordnung treffenden ausländischen Gerichts kommt es dabei nicht an.[367]   **106**

9. Begutachtungsverfahren (Abs. 1 Nr. 8). Durch Abs. 1 Nr. 8 werden von den Parteien vereinbarte Begutachtungsverfahren dem selbstständigen Beweisverfahren, das nach § 485 ZPO gleichfalls die Begutachtung durch einen Sachverständigen zum Gegenstand haben kann, in ihrer verjährungsrechtlichen Wirkung gleichgestellt.   **107**

Die Hemmung **beginnt** bei dem vereinbarten **Begutachtungsverfahren** mit dessen Beginn, um der Vielfältigkeit der Parteivereinbarungen Rechnung zu tragen. Die Kenntnis des Schuldners von der Hemmung ist unproblematisch, da nur vereinbarte und damit unter Mitwirkung des Schuldners erfolgende Begutachtungsverfahren die Hemmungswirkung auslösen.[368] Den Parteien ist zu empfehlen, bei der Regelung des vereinbarten Begutachtungsverfahrens auch den Beginn und das Ende der Hemmungswirkung nach Abs. 1 Nr. 8 zu **regeln** (zur Vertragsfreiheit im Verjährungsrecht s. § 202).   **108**

Unter das **parteivereinbarte Begutachtungsverfahren** fällt sowohl das Schiedsgutachten[369] als auch das von den Parteien gemeinsam oder von einer Partei mit Einverständnis der anderen Partei eingeholte Privatgutachten. Nicht ausreichend dürfte eine Begutachtung durch eine Partei selbst sein. Das kannte § 639 Abs. 2 aF; der Gesetzgeber sieht diese Norm in § 203 als aufgegangen an, nicht aber in § 204 Abs. 1 Nr. 8.   **109**

§ 641 a wurde durch Art. 1 Nr. 4 des am 1.1.2009 in Kraft getretenen Forderungssicherungsgesetzes[370] aufgehoben. Deshalb hat der Gesetzgeber durch Art. 1 Nr. 1 a dieses Gesetzes auch den Verweis auf die Beauftragung des Gutachters in dem Verfahren nach § 641 a gestrichen.   **110**

Gehemmt wird die Verjährung für **alle Ansprüche**, zu deren Klärung das Begutachtungsverfahren eingeleitet wurde.[371]   **111**

10. Zustellung eines Antrags auf einstweiligen Rechtsschutz (Abs. 1 Nr. 9). Nach **bisherigem Recht** waren Anträge auf Erlass einer einstweiligen Verfügung oder eines Arrestes ohne Einfluss auf den Lauf der Verjährungsfrist.[372] Allein soweit Anträge des einstweiligen Rechtsschutzes als Vollstreckungsmaßnahmen qualifiziert werden konnten,[373] haben sie nach § 209 Abs. 2 Nr. 5 aF die Verjährung unterbrochen. Umstritten war in diesem Zusammenhang die Qualifikation der mit in die einstweilige Verfügung aufgenommenen Strafandrohung (zu der Einstufung unter neuem Recht → Rn. 113).[374] Abs. 1 Nr. 9 regelt nun allgemein die Hemmung infolge eines Antrags auf Erlass eines Arrestes, einer einstweiligen Verfügung   **112**

361 OLG Hamm Urt. v. 30.5.2011 – 17 U 152/10, BeckRS 2011, 16393; NJOZ 2009, 1196 (1197 f.); OLG München NJW-RR 2007, 675 (676); LG Bremen Urt. v. 28.5.2009 – 2 O 832/06, Juris-Dok.-Nr. KORE225812009 Rn. 33; jedoch keine „Aufteilung" in einzelne Beweisthemen, wenn die verschiedenen zu begutachtenden Tatsachen Phänomene eines zugrundeliegenden Mangels sind (vgl. OLG München NJW-RR 2010, 826 f. [grundlegender Planungsfehler eines Architekten]).

362 OLG Hamm Urt. v. 30.5.2011 – 17 U 152/10, BeckRS 2011, 16393 unter Hinweis auf BGH NJW 2008, 1729 Rn. 30; BGH NJW 1976, 956.

363 BGH NJW 1980, 1485 (zum bisherigen Recht); MüKoBGB/*Grothe* § 204 Rn. 46; Palandt/*Ellenberger* BGB § 204 Rn. 22; BeckOK BGB/*Henrich* § 204 Rn. 37; Erman/*Schmidt-Räntsch* BGB § 204 Rn. 21.

364 Zur Substitution allg. s. *Mansel*, in: FS W. Lorenz, 1991, S. 689 ff.

365 Vgl. hierzu auch *Mankowski* WiR 1999, 345 (346); *Spickhoff* IPRax 2001, 37 (39 f.).

366 OLG München BeckRS 2014, 07253; MüKoBGB/*Grothe* § 204 Rn. 48; Staudinger/*Peters/Jacoby* BGB § 204 Rn. 86; Erman/*Schmidt-Räntsch* BGB § 204 Rn. 21.

367 OLG München BeckRS 2014, 07253; MüKoBGB/*Grothe* § 204 Rn. 48; *Spickhoff* IPRax 2001, 37 (39); aA LG Hamburg IPRax 2001, 45 (47) (dort noch zum alten Recht).

368 BT-Drs. 14/6040, S. 114.

369 Erman/*Schmidt-Räntsch* BGB § 204 Rn. 22.

370 Gesetz zur Sicherung von Werkunternehmeransprüchen und zur verbesserten Durchsetzung von Forderungen (Forderungssicherungsgesetz – FoSiG) vom 23.10.2008, BGBl. I S. 2022, berichtigt S. 2582.

371 Palandt/*Ellenberger* BGB § 204 Rn. 23; BeckOK BGB/*Henrich* § 204 Rn. 38.

372 BGH NJW 1979, 217.

373 S. dazu Palandt/*Heinrichs*, 60. Aufl. 2001, BGB § 209 Rn. 22.

374 Qualifikation als Vollstreckungshandlung: OLG Hamm NJW 1977, 2319; abl.: BGH NJW 1979, 217; s. Palandt/*Heinrichs*, 60. Aufl. 2001, BGB § 209 Rn. 22.

oder einer einstweiligen Anordnung. Dieser eigenständige Hemmungsgrund ist **neu**.[375] Auf die Qualifikation als Vollstreckungsmaßnahme kommt es für Abs. 1 Nr. 9 nicht mehr an.

113   Soweit ein Antrag des einstweiligen Rechtsschutzes **zugleich** als Antrag auf Vornahme einer Vollstreckungshandlung zu qualifizieren ist, beginnt die Verjährung gem. **§ 212 Abs. 1 Nr. 2 neu** (zum Zusammentreffen von Hemmung und Neubeginn → § 209 Rn. 9). Wegen des neu geschaffenen Hemmungstatbestands des Abs. 1 Nr. 9 ist eine rein an verjährungsrechtlichen Zwecken und Zielen orientierte vollstreckungsrechtliche Qualifikation von Anträgen künftig auf jeden Fall abzulehnen; daher ist jedenfalls nach neuem Recht die einstweilige Verfügung mit Strafandrohungsbeschluss nicht als Vollstreckungsmaßnahme, die zum Neubeginn der Verjährung nach § 212 Abs. 1 Nr. 2 führt, einzustufen.[376]

114   Der Gesetzgeber begründet den neuen Hemmungstatbestand wie folgt:[377] Bislang fehlten diese Fälle bei der Aufzählung der gerichtlichen Maßnahmen in § 209 aF, da mit einem entsprechenden Antrag nicht der Anspruch selbst, sondern dessen Sicherung geltend gemacht wird. Der Gesetzgeber hat dennoch ein praktisches Bedürfnis der Verjährungshemmung für die Fälle anerkannt, in denen mit der einstweiligen Verfügung eine – wenn auch nur vorläufige – Befriedigung wegen eines Anspruchs erreicht werden kann. Dies sind die Fälle der sog. **Leistungsverfügung**. Betroffen sind in erster Linie (wettbewerbsrechtliche) **Unterlassungsansprüche**.[378] Soweit in diesen Fällen der Anspruch selbst im Wege eines Antrags auf Erlass einer einstweiligen Verfügung geltend gemacht werden kann, wird in diesem Verfahren nicht nur über die Sicherung des Anspruchs, sondern über die vorläufige Befriedigung des Gläubigers entschieden. Der Gläubiger hat dann häufig kein Interesse mehr an dem Hauptsacheverfahren. Da jedoch die Unterlassungsansprüche nach § 11 Abs. 1 UWG einer sechsmonatigen Verjährungsfrist unterliegen, ist der Gläubiger mitunter gezwungen, ein Hauptsacheverfahren allein zur Verjährungsunterbrechung anhängig zu machen, um zu verhindern, dass während eines sich hinziehenden Verfahrens auf Erlass einer einstweiligen Verfügung die Verjährung eintritt. Entsprechendes gilt für den **presserechtlichen Gegendarstellungsanspruch**, der innerhalb der in den Landespressegesetzen bestimmten Aktualitätsgrenzen geltend gemacht sein muss. Der Arrest, die einstweilige Verfügung und die einstweilige Anordnung stehen in ihrer Rechtsschutzfunktion dem in Abs. 1 Nr. 7 geregelten selbstständigen Beweisverfahren und den in Abs. 1 Nr. 8 geregelten Begutachtungsverfahren nicht nach. Auch dort ist der Anspruch selbst nicht unmittelbarer Verfahrensgegenstand.

115   Auf eine unterschiedliche Behandlung der einzelnen Arten der einstweiligen Verfügung, der einstweiligen Anordnung und des Arrestes – **sichernder einstweiliger Rechtsschutz/erfüllungsbezogener einstweiliger Rechtsschutz** – kann nach Auffassung des Gesetzgebers verzichtet werden, weil sie künftig nur eine Hemmung, nicht aber die Unterbrechung bewirken. Diese Wirkung ist weit weniger einschneidend.[379]

116   Nicht eindeutig geregelt ist, welche Ansprüche der Hemmungstatbestand des Abs. 1 Nr. 9 erfasst. Richtigerweise wird von der **Hemmung erfasst** der durch den Antrag des einstweiligen Rechtsschutzes zu **sichernde Anspruch**,[380] aber auch der im Wege der ausnahmsweise zulässigen Leistungsverfügung zu **erfüllende Anspruch**.[381] Das ist sachgerecht, denn die Grenzen zwischen Sicherungsverfügung und Leistungsverfügung sind nicht selten fließend. Zudem können Umstände des Einzelfalls den Anwendungsbereich einer Leistungsverfügung ausweiten, wenn etwa der Gläubiger auf die Erfüllung unter besonderen Umständen unabweisbar angewiesen ist. Schließlich führen auch ein Feststellungsurteil (Abs. 1 Nr. 1), die Streitverkündung (Abs. 1 Nr. 6), das selbstständige Beweissicherungsverfahren (Abs. 1 Nr. 7) und das Begutachtungsverfahren (Abs. 1 Nr. 8) nicht zur Anspruchserfüllung, sondern – im weiteren Sinne – zur Anspruchssicherung.

---

375 Ausf. zu dem entsprechenden, nicht vollständig deckungsgleichen Normvorschlag des DiskE *Baronikians* WRP 2001, 121; zur Fassung des RegE s. *Zimmermann/Leenen* ua JZ 2001, 684 (696), jeweils mN des Gutachtens *Peters/Zimmermann* und des Abschlussberichts.

376 Im Erg. ebenso zum bisherigen Recht: BGH NJW 1979, 217.

377 Zum Folgenden BT-Drs. 14/6040, S. 115.

378 *Maurer* GRUR 2003, 208 (211 f.) weist darauf hin, dass neben einem Unterlassungsanspruch möglicherweise gegebene, jedoch mit dem einstweiligen Verfügungsverfahren nicht verfolgte Auskunfts- oder Schadensersatzansprüche nicht von der Hemmung

nach Abs. 1 Nr. 9 erfasst werden; eine Wirkungserstreckung über § 213 komme nicht in Betracht.

379 BT-Drs. 14/6040, S. 115.

380 Nur den zu sichernden Anspruch erwähnend *Heinrichs* BB 2001, 1417 (1421).

381 So BT-Drs. 14/6040, S. 115; *Harms* TranspR 2000, 294 (295) (dort weiterführende Hinw.); Palandt/*Ellenberger* BGB § 204 Rn. 24; *Maurer* GRUR 2003, 208 (211); Erman/*Schmidt-Räntsch* BGB § 204 Rn. 24. Nur die Leistungsverfügung erwähnend: *Willingmann*, S. 1, 35; tendenziell für eine Beschränkung auf Leistungsverfügungen *Zimmermann/Leenen* ua JZ 2001, 684 (696).

Die Hemmung **beginnt** grundsätzlich mit der **Zustellung** des jeweiligen Antrags.[382] Dies stellt sicher, dass **117**
die Hemmung nicht eintritt, ohne dass der Schuldner hiervon Kenntnis erlangt. Aus § 167 ZPO ergibt sich
die Rückwirkung der Hemmungswirkung auf den Zeitpunkt der Einreichung des Antrags.[383]

Vielfach wird jedoch über das Gesuch ohne mündliche Verhandlung entschieden und der Antrag daher nicht **118**
zugestellt. Für diesen Fall sieht Abs. 1 Nr. 9 Alt. 2 vor, dass die Hemmungswirkung bereits mit der **Einreichung** des Antrags eintritt, jedoch unter der prozessualen Bedingung steht, dass der Arrestbefehl, die einstweilige Verfügung oder die einstweilige Anordnung innerhalb von einem Monat nach Erlass dem Antragsgegner zugestellt wird. Diese (auflösende) Bedingung vermeidet eine „heimliche" Hemmung, die beispielsweise zu besorgen wäre, wenn der Gläubiger von einem ohne Kenntnis des Schuldners ergangenen
Sicherungsmittel keinen Gebrauch macht. Tritt die Bedingung nicht ein, weil das Gericht einen nicht zugestellten Antrag ablehnt und es daher überhaupt nicht zu einem Arrestbefehl usw. kommt, der zugestellt werden könnte, ist die fehlende Hemmungswirkung unschädlich.[384] Der Regierungsentwurf hatte ursprünglich
eine Dreimonatsfrist vorgesehen; sie wurde auf eine Einmonatsfrist reduziert, um die Zustellungsfrist an die
Vollziehungsfrist des § 929 Abs. 2 ZPO anzugleichen.[385]

11. Anmeldung im Insolvenzverfahren (Abs. 1 Nr. 10). Abs. 1 Nr. 10 (Anmeldung des Anspruchs im **119**
Insolvenzverfahren oder im Schifffahrtsrechtlichen Verteilungsverfahren) entspricht mit der Maßgabe der
erläuterten Umstellung auf den Hemmungstatbestand (→ Rn. 1 ff.) dem bisherigen § 209 Abs. 2 Nr. 2 aF.
Dessen Fallmaterial kann daher zur Auslegung des Abs. 1 Nr. 10 unter Beachtung des genannten Rechtsfolgenunterschieds weiter benutzt werden.[386] Zu beachten ist, dass Abs. 1 Nr. 10 lediglich Forderungen iSv
§ 174 ff. InsO erfasst, nicht aber Masseverbindlichkeiten.[387] Zudem kommt es nicht auf die Stellung des
Insolvenzantrags an, sondern (erst und nur) auf die Anmeldung der Forderung im bereits eröffneten Verfahren.[388]

12. Beginn des Schiedsverfahrens (Abs. 1 Nr. 11). Abs. 1 Nr. 11 greift hinsichtlich des schiedsrichterli- **120**
chen Verfahrens gem. §§ 1025 ff. ZPO den Gedanken des bisherigen § 220 Abs. 1 aF auf. Diese Vorschrift
behandelte die Unterbrechung der Verjährung von Ansprüchen, die vor einem Schiedsgericht geltend zu
machen sind, durch Verweisung auf die für gerichtliche Maßnahmen geltenden Vorschriften. Jedoch wurde
in Abs. 1 Nr. 11 nicht mehr lediglich die entsprechende Anwendung der für die Klageerhebung geltenden
Vorschriften angeordnet, sondern eine eigene Hemmungsregelung aufgenommen; damit sollen Unklarheiten
hinsichtlich der Frage vermieden werden, wann man im Schiedsverfahren von einer der Klageerhebung vergleichbaren Situation sprechen kann.

Abs. 1 Nr. 11 **erfasst alle Ansprüche**, die in einem schiedsrichterlichen Verfahren geltend gemacht wer- **121**
den.[389]

Die Hemmung setzt mit dem **Beginn** des schiedsrichterlichen Verfahrens ein. Der Verfahrensbeginn ist in **122**
§ 1044 ZPO geregelt. Der Gesetzgeber hat jedoch ausdrücklich auf einen zunächst vorgesehenen Verweis
auf § 1044 ZPO verzichtet, damit der Anwendungsbereich des Abs. 1 Nr. 11 nicht allein auf Schiedsverfahren in Deutschland beschränkt ist.[390] Die Hemmungswirkung tritt in solchen Fällen nur ein, wenn die Voraussetzungen des § 1044 S. 2 ZPO erfüllt sind.[391] Welche **ausländischen Schiedsverfahren** unter Abs. 1
Nr. 11 fallen, ist eine Frage des Internationalen Privat- und Verfahrensrechts[392] und zugleich eine Substitutionsfrage.[393] Im Rahmen der Prüfung des Abs. 1 Nr. 11 ist für jedes Schiedsverfahren, das der Norm unterfällt, nach seinen eigenen Regeln der Beginn des Verfahrens festzustellen.[394] Soweit danach auch Parteiabreden über den Schiedsverfahrensbeginn zulässig sind – wie beispielsweise nach § 1044 Abs. 1 S. 1 Hs. 1
ZPO –, sind dennoch rechtliche Unsicherheiten insoweit kaum zu befürchten; dies gilt insbesondere auch

382 LG Berlin Urt. v. 13.9.2005 – 102 O 24/05, Juris-
     Dok.-Nr. KORE543182006, 2. Leitsatz. Der Antrag-
     steller hat einen Anspruch darauf, dass das Gericht
     den Antrag zustellt, näher Staudinger/*Peters/Jacoby*
     BGB § 204 Rn. 96.
383 BT-Drs. 14/6040, S. 115; *Maurer* GRUR 2003, 208
     (209).
384 Zum Vorstehenden: BT-Drs. 14/6040, S. 115. Krit.
     Maurer GRUR 2003, 208 (210), der anmerkt, dass
     im Fall der Zurückweisung des Verfügungsantrags
     wegen fehlender Glaubhaftmachung des Verfügungs-
     grundes aufgrund Abs. 1 Nr. 9 Alt. 2 doch wieder
     Verjährung des zu sichernden Anspruchs droht.
385 BT-Drs. 14/7052, S. 181; dazu, dass eine Anglei-
     chung dennoch nicht vollständig verwirklicht wurde,
     Maurer GRUR 2003, 208 (209) (Fn. 12).

386 Instruktiv *Wenner/Schuster* BB 2006, 2649 (mit
     Checkliste 2652).
387 LG Stade ZInsO 2005, 367.
388 LG Göttingen NZI 2005, 395 (396).
389 Zu der analogen Anwendung der Vorschrift (iVm
     Abs. 1 Nr. 5) im Fall der Geltendmachung der Auf-
     rechnung in einem (internationalen) Schiedsverfah-
     ren vgl. *Köhne/Langner* RIW 2003, 361 (365).
390 BT-Drs. 14/7052, S. 181.
391 BGH NJW 2014, 2574 (2575).
392 S. *Geimer*, Int. Zivilprozessrecht, 7. Aufl. 2015, Rn.
     3845 ff.; *Junker* KTS 1987, 45.
393 Zur Substitution allg. s. *Mansel*, in: FS W. Lorenz,
     1991, S. 689 ff.
394 Ausführlich *Wilke* RIW 2007, 189.

deshalb, weil sich die Parteien regelmäßig eines institutionalisierten Schiedsgerichts bedienen, dessen Schiedsverfahrensordnung die Frage des Verfahrensbeginns üblicherweise regelt.[395]

123　Der Übernahme des bisherigen **§ 220 Abs. 2 aF** (→ § 197 Rn. 46, 48) bedurfte es nicht.[396] Diese Vorschrift betraf den Fall, dass zur Durchführung des Schiedsverfahrens noch die Ernennung des oder der Schiedsrichter oder die Erfüllung sonstiger Voraussetzungen erforderlich war. Die Unterbrechung der Verjährung trat in diesen Fällen nach bisherigem Recht bereits dann ein, wenn der Berechtigte alles zur Erledigung der Sache seinerseits Erforderliche vorgenommen hatte. Damit sollte verhindert werden, dass die Unterbrechung der Verjährung durch Umstände verzögert wird, auf die der Berechtigte keinen Einfluss hat. Auf die Ernennung eines Schiedsrichters kommt es aber nach dem neuen § 1044 ZPO nicht mehr an. Auch die Erfüllung sonstiger Voraussetzungen ist für die Hemmung der Verjährung nicht ausschlaggebend.[397] Vielmehr liegt es – beim Fehlen anderer Parteiabsprachen iSv § 1044 Abs. 1 S. 1 Hs. 1 ZPO – allein in der Hand des Anspruchsberechtigten, den Empfang des Antrags, die Streitigkeit einem Schiedsgericht vorzulegen, zu bewirken.

124　**Schiedsgutachtenverträge** unterfallen Abs. 1 Nr. 8.

125　**13. Antragseinreichung bei einer Behörde (Abs. 1 Nr. 12).** In Abs. 1 Nr. 12 (Antragseinreichung bei der Behörde) wurde die erste Alternative des bisherigen **§ 210 S. 1 aF** übernommen. Wie auch in den anderen Fällen des Abs. 1 wurde dabei von einem Unterbrechungs- auf einen Hemmungstatbestand umgestellt. Anders als noch in § 210 S. 1 aF vorgesehen, wird indes nicht mehr an die Zulässigkeit des Rechtswegs, sondern an die der Klage angeknüpft. Schon bislang wurde § 210 aF allerdings dann angewendet, wenn eine behördliche Entscheidung oder ein behördliches Vorverfahren Zulässigkeitsvoraussetzung für die Erhebung der Klage war.[398] Nach überwiegender Auffassung in der Literatur soll die Hemmung nach Abs. 1 Nr. 12, ebenso wie jene nach Abs. 1 Nr. 13 (→ Rn. 130), nur dann eintreten, wenn die Behörde über das Gesuch zur Entscheidung eine **Sachentscheidung** trifft.[399] Jedenfalls soweit Abs. 1 Nr. 13 betroffen ist, hat der BGH demgegenüber jüngst die Auffassung vertreten, dass die Verjährungshemmung nicht vom Erfolg des Antrags auf Bestimmung des zuständigen Gerichts abhängen kann.[400] Weder der Wortlaut des Abs. 1 Nr. 13 noch Sinn und Zweck der Vorschrift oder die Interessen der Beteiligten sollen danach den Schluss zulassen, dass eine Sachentscheidung erforderlich ist, um die Verjährungshemmung zu rechtfertigen. Der Vergleich mit den Hemmungsgründen in Abs. 1 Nr. 1–4 zeige im Gegenteil, dass die Hemmung der Verjährung durch Rechtsverfolgung iSd § 204 regelmäßig auch dann eintrete, wenn die angerufene Stelle keine Entscheidung treffe, zB weil der jeweilige Antrag im Laufe des Verfahrens zurückgenommen wird. Die Hemmung nach Abs. 1 Nr. 5 durch Aufrechnung des Anspruchs im Prozess greife darüber hinaus sogar ausschließlich dann ein, wenn die Aufrechnung unzulässig oder unmöglich sei, mithin gerade keine Sachentscheidung betreffend den zur Aufrechnung gestellten Anspruch ergehe. Angesichts dessen sei nicht ersichtlich, aus welchem Grund hinsichtlich der Hemmung nach Abs. 1 Nr. 13 eine Ausnahme von dem vorstehenden Grundsatz zu machen und eine Sachentscheidung zu fordern sein sollte. Im Übrigen entwerte ein derartiges Erfordernis den Hemmungsgrund des Abs. 1 Nr. 13 auch erheblich, da der Gläubiger immer damit rechnen müsse, dass das angerufene Gericht keine Sachentscheidung erlasse und damit einer Verjährungshemmung die Grundlage entzöge.

126　Die vorstehend dargestellte Argumentation überzeugt. Zwar betreffen die Ausführungen des BGH in erster Linie die Hemmung nach Abs. 1 Nr. 13; da sich die für Abs. 1 Nr. 13 ausgebreitete Problematik im Ergebnis von derjenigen im Rahmen des Abs. 1 Nr. 12 jedoch nicht unterscheidet, können die zu Abs. 1 Nr. 13 gemachten Ausführungen auf die Hemmung durch Einreichung des Antrags bei einer Behörde übertragen werden. Für die Bewirkung einer Hemmung nach Abs. 1 Nr. 12 ist daher ebenso wenig eine Sachentscheidung zu fordern wie für die vom BGH in Blick genommene Hemmung nach Abs. 1 Nr. 13.[401]

127　Der zweite Halbsatz des Abs. 1 Nr. 12 sieht die entsprechende Anwendung für bei einem Gericht oder bei einer Streitbeilegungsstelle iSd Abs. 1 Nr. 4 zu stellende Anträge, deren Zulässigkeit von der **Vorentscheidung einer Behörde** abhängt, vor. Schon in dem bisherigen § 210 aF war als Alternative zur Klage der Streitbeilegungsantrag genannt. Hinzu kommen bei Gericht zu stellende Anträge wie der Prozesskostenhilfeantrag nach Abs. 1 Nr. 14, dessen Zulässigkeit genauso von einer behördlichen Entscheidung abhängen kann wie die Klage, für die Prozesskostenhilfe begehrt wird.[402]

395　BT-Drs. 14/6857, S. 8 und 44 f.
396　S. dazu und zum Folgenden BT-Drs. 14/6040, S. 115 f.
397　BT-Drs. 14/6040, S. 116; s. noch *Harms* TranspR 2001, 294 (296).
398　Palandt/*Heinrichs*, 60. Aufl. 2001, BGB § 210 Rn. 1.
399　MüKoBGB/*Grothe*, 4. Aufl. 2001, § 204 Rn. 54; AnwK/*Mansel* BGB § 204 Rn. 34; Soergel/*Nieden-*

führ BGB § 204 Rn. 91; dagegen Staudinger/*Peters/Jacoby* BGB § 204 Rn. 106.
400　BGH ZIP 2004, 2194 ff.
401　Anders noch die Vorauflage, AnwK/*Mansel* BGB § 204 Rn. 34; wie hier auch MüKoBGB/*Grothe* § 204 Rn. 60; Palandt/*Ellenberger* BGB § 204 Rn. 27; PWW/*Deppenkemper* BGB § 204 Rn. 21.
402　BT-Drs. 14/6040, S. 116.

Um einer „heimlichen" Hemmung vorzubeugen, wird aus § 210 aF die (auflösende) **Bedingung** in Abs. 1 **128**
Nr. 12 übernommen, dass innerhalb von drei Monaten nach Erledigung des Gesuchs die Klage erhoben werden muss. Zudem erscheint es bei einem Verfahren zur Herbeiführung der Zulässigkeit der Klage sachgerecht, die Hemmung nur dann vorzusehen, wenn der Gläubiger die Angelegenheit anschließend weiterbetreibt.[403] Die Dreimonatsfrist beginnt mit dem Zugang der Entscheidung bei dem Gläubiger.[404]

14. Antragseinreichung bei einem höheren Gericht (Abs. 1 Nr. 13). Abs. 1 Nr. 13 betrifft die Hem- **129**
mung der Verjährung durch Einreichung eines Antrags bei einem höheren Gericht, wenn dieses das zuständige Gericht zu bestimmen hat und innerhalb von drei Monaten nach Erledigung des Gesuchs die Klage erhoben oder der Antrag, für den die Gerichtsstandsbestimmung zu erfolgen hat, gestellt wird.[405] Dadurch wird der Unterbrechungstatbestand des **§ 210 S. 1 Alt. 2 aF** in das neue Recht als Hemmungsregelung übernommen.

Um auch hier einer „heimlichen" Hemmung vorzubeugen, wird – wie in § 210 aF – zur Vermeidung des **130**
nachträglichen Wegfalls der Hemmung vorausgesetzt, dass innerhalb von **drei Monaten** nach Erledigung des Gesuchs die Klage erhoben bzw. der Antrag, für welchen die Gerichtsstandsbestimmung zu erfolgen hatte, gestellt wird. Die Gerichtsstandsbestimmung nach § 36 ZPO ist nämlich nicht nur auf den Fall der Klageerhebung anzuwenden, sondern beispielsweise auch für den Fall, dass das für einen Mahnantrag zuständige Gericht bestimmt werden muss.[406] Wie bei Abs. 1 Nr. 12 beginnt die Dreimonatsfrist mit dem Zugang der Entscheidung bei dem Gläubiger.[407] Ebenso wie bei Abs. 1 Nr. 12 (→ Rn. 125) wird auch im Rahmen des Abs. 1 Nr. 13 **nicht** vorausgesetzt, dass es sich um eine **Sachentscheidung** handelt.[408]

15. Veranlassung der Bekanntgabe des Antrags auf Prozesskostenhilfe (Abs. 1 Nr. 14). Abs. 1 **131**
Nr. 14 führt als **neuen Hemmungstatbestand** die Veranlassung der Bekanntgabe des erstmaligen Antrags auf Gewährung von Prozesskostenhilfe (§§ 114 ff. ZPO) ein.[409] Dadurch wird sichergestellt, dass die bedürftige Partei zur Rechtsverfolgung ebenso viel Zeit hat wie diejenige, die das Verfahren selbst finanzieren muss.[410]

Nach **bisherigem Recht** war nicht gesetzlich geregelt, wie sich der Antrag auf Prozesskostenhilfe für die **132**
Klage zur Geltendmachung eines Anspruchs auf dessen Verjährung auswirkt. Nach der Rechtsprechung hemmte der Prozesskostenhilfeantrag nach § 203 Abs. 2 aF die Verjährung, wenn er rechtzeitig vor Ablauf der Verjährung gestellt wurde. Allerdings musste der Antrag ordnungsgemäß begründet, vollständig und mit den erforderlichen Unterlagen versehen sein.[411] Zudem musste der Antragsteller davon ausgegangen sein, er sei im Sinne der Anforderungen an die Gewährung von Prozesskostenhilfe bedürftig.[412]

Nach dem Normtext kommt es für den Eintritt der Hemmungswirkung auf die Veranlassung der Bekannt- **133**
gabe des Antrags an den Schuldner, nicht aber auf die erfolgte Bekanntgabe dem Schuldner gegenüber an.[413] **Veranlassung** meint die aktenkundige **gerichtliche Verfügung** der Versendung des Prozesskostenhilfeantrags an den Schuldner. Im Gesetzgebungsverfahren wurde betont, dass das aktenmäßig nachprüfbare Veranlassen der Bekanntgabe des Antrags entscheidend sei, nicht die vom Gläubiger kaum beweisbare Bekanntgabe an den Schuldner.[414] Die Hemmung tritt jedoch nur ein, wenn der Gläubiger die richtige **ladungsfähige Anschrift** des Schuldners angegeben hat.[415] Denn dem § 204 BGB liegt generell das Prinzip zugrunde, dass die Rechtsverfolgungsmaßnahme von dem Gläubiger zielgerichtet an den Schuldner adressiert wird. Diesem muss der Rechtsverfolgungswille zur Kenntnis gelangen können. Bei Abs. 1 Nr. 14 muss daher die gerichtliche Verfügung im Grundsatz geeignet sein, die Bekanntgabe des Antrags zu bewirken. Das ist nicht der Fall, wenn im Antrag eine unrichtige Anschrift des Antraggegners angegeben ist, also nicht erwartet werden kann, dass die Bekanntgabe überhaupt erfolgen kann.[416] Anträge, deren **Bekannt-**

403 BT-Drs. 14/6040, S. 116.
404 Palandt/*Ellenberger* BGB § 204 Rn. 27.
405 Zu einer analogen Anwendung des Abs. 1 Nr. 13 bei Einreichung eines Antrags auf Feststellung der Zulässigkeit des Schiedsverfahrens gem. § 1032 Abs. 2 Alt. 1 ZPO vgl. *Windthorst* SchiedsVZ 2004, 230 ff.
406 BT-Drs. 14/6040, S. 116.
407 Palandt/*Ellenberger* BGB § 204 Rn. 28.
408 BGH ZIP 2004, 2194 ff.; MüKoBGB/*Grothe* § 204 Rn. 64; Staudinger/*Peters/Jacoby* BGB § 204 Rn. 110; Palandt/*Ellenberger* BGB § 204 Rn. 28; PWW/*Deppenkemper* BGB § 204 Rn. 21; aA MüKoBGB/*Grothe*, Voraufl. (4. Aufl. 2001), § 204 Rn. 57; Soergel/*Niedenführ* BGB § 204 Rn. 95; ebenso noch die Voraufl. AnwK/*Mansel* § 204 Rn. 38.

409 Abs. 1 Nr. 14 stößt nicht auf verfassungsrechtliche Bedenken BGH NJW 2008, 1939 (1940 f.) Rn. 14–18; BVerfG NJW 2010, 3083 ff. und ist mit der EMRK vereinbar EGMR NJW 2018, 527 (528 ff.).
410 BT-Drs. 14/6040, S. 116.
411 BGHZ 70, 235 (237); BGH NJW 1989, 3149; OLG Hamm NJW-RR 1999, 1678; vgl. auch OLG Bamberg OLGR Bamberg 2005, 712.
412 BGH VersR 1982, 41; OLG Düsseldorf WM 1998, 1628.
413 BGH NJW 2016, 151 (152) Rn. 9 ff.; Staudinger/*Peters/Jacoby* BGB § 204 Rn. 117; aA (Bekanntgabe erforderlich) Palandt/*Ellenberger* BGB § 204 Rn. 32.
414 Vorschlag des Rechtsausschusses: BT-Drs. 14/7052, 181 zu Nr. 14, Nr. 4.
415 BGH NJW 2016, 151 (152) Rn. 11.
416 BGH NJW 2016, 151 (152) Rn. 11.

gabe von dem Gericht **nicht veranlasst** wird, bewirken keine Hemmung.[417] Dies ist sachgerecht, denn dann handelt es sich entweder um von vornherein aussichtslose Gesuche oder um solche, bei denen zugleich der Antrag auf Erlass eines Arrestes, einer einstweiligen Verfügung oder einer einstweiligen Anordnung gestellt wird und die Hemmung bereits durch Abs. 1 Nr. 9 sichergestellt ist.[418] Wird der Antrag auf Prozesskostenhilfe (auch) gestellt, um die Verjährung zu hemmen, sollte der Antragsteller bei Gericht darauf hinwirken, unabhängig von den Erfolgsaussichten des Prozesskostenhilfegesuchs dessen Bekanntmachung an die Gegenseite zu veranlassen. Einer solchen Bitte darf sich das Gericht nicht verschließen.[419]

134   Die Hemmungswirkung kommt ausdrücklich **nur** dem **erstmaligen Antrag** zu.[420] Für die Frage, ob ein Antrag erstmalig gestellt wird, ist nur der Zeitraum ab dem 1.1.2002 zu berücksichtigen.[421] Durch das Erfordernis der Erstmaligkeit wird verhindert, dass sich der Gläubiger hinsichtlich eines Anspruchs durch gestaffelte Prozesskostenhilfeanträge eine mehrfache Verjährungshemmung verschafft.[422] Erstmaliger Antrag meint nicht den ersten gestellten Antrag, sondern den **ersten Antrag** (bezogen auf denselben Streitgegenstand; unerheblich ist, ob der Antrag in demselben oder in einem anderen Verfahren gestellt wurde, dh für die Frage der Erstmaligkeit sind auch frühere Verfahren zu berücksichtigen),[423] dessen **Bekanntgabe veranlasst** wurde.[424] Ansonsten könnte das „Hemmungsrecht" durch unzulässige Anträge, die das Gericht nicht zur Bekanntgabe auf den Weg bringt, „verbraucht" werden. Eine solche Rechtsfolge ist nicht beabsichtigt; es soll lediglich die mehrfach hintereinander geschaltete Hemmungsherbeiführung durch gestaffelte Anträge vermieden werden.

135   Nach der Gesetzesbegründung[425] ist es für die Hemmung **nicht erforderlich** – anders als nach der bisherigen Rechtsprechung zu § 203 Abs. 2 aF –, dass der Antrag **ordnungsgemäß begründet**, vollständig, von den erforderlichen Unterlagen begleitet[426] und von der subjektiven Ansicht der Bedürftigkeit (→ Rn. 131) getragen ist.[427] Der Gesetzgeber begründet das damit, dass solche Einschränkungen nur dann zwingend seien, wenn man die Hemmung durch Antrag auf Prozesskostenhilfe aus § 203 Abs. 2 aF herleite und die Unfähigkeit, die erforderlichen Vorschüsse zu leisten, als höhere Gewalt ansehe, die auch durch zumutbare Maßnahmen nicht überwunden werden könne. Im Rahmen einer gesetzlichen Neuregelung erscheine es nicht angebracht, zum Nachteil des Bedürftigen für den Prozesskostenhilfeantrag besondere Anforderungen gesetzlich vorzugeben. Auf solche Vorgaben werde auch bei den in den übrigen Nummern genannten Hemmungstatbeständen verzichtet. Der insbesondere aus der Kostenfreiheit des Prozesskostenhilfeverfahrens resultierenden Missbrauchsgefahr werde dadurch begegnet, dass nur dem erstmaligen Antrag Hemmungswirkung zuerkannt wird. Die Frage der **Mindestanforderungen** an den Antrag überlässt der Gesetzgeber der Rechtsprechung.[428]

136   Für den Eintritt der Hemmung wird vorauszusetzen sein, dass der Antrag die Parteien individualisierbar benennt und das Streitverhältnis so ausreichend darstellt (§ 117 Abs. 1 S. 2 ZPO), dass die von der Verjährungshemmung erfassten Ansprüche dem Grunde nach identifiziert werden können; zu den Mindestanforderungen an die **Individualisierung** im Einzelnen (→ Rn. 8 ff.) Die Veranlassung der Bekanntgabe des erstmaligen Antrags auf Prozesskostenhilfe hemmt nur dann die Verjährung, wenn der Gläubiger die richtige Anschrift des Schuldners mitgeteilt hat (→ Rn. 133).[429] Im Übrigen setzt der Hemmungsbeginn die Veranlassung der Bekanntgabe des Antrags an den Gegner voraus (s. sogleich → Rn. 133, 137), die aber bei unzureichenden Anträgen regelmäßig nicht erfolgen wird, wenn nicht der Antragsteller das Gericht aus-

417 BGH NJW 2008, 1939 (1940) Rn. 11–12 (mAnm *Fischer* LMK 2008, 258711); OLG Frankfurt BeckRS 2015, 903 Rn. 27; PWW/*Deppenkemper* BGB § 204 Rn. 22; aA *Smid/Böttger* DZWIR 2005, 485 (491); zur Pflicht des angerufenen Gerichts, den PKH-Antrag bekanntzugeben, sowie zu einer möglichen Amtshaftung vgl. *Peters* JR 2004, 137 (138 f.).

418 BT-Drs. 14/6040, S. 116 f.

419 S. dazu BGH NJW 2008, 1939 (1940) Rn. 17 (offenlassend); Staudinger/*Peters/Jacoby* BGB § 204 Rn. 116; *Fischer* LMK 2008, 258711; vgl. BGH NJW 2010, 3083 (3084 f.) Rn. 17 f.; ferner auch *Peters* JR 2004, 137 (138). Sollte sich das Gericht dennoch ohne triftige Gründe weigern, den Antrag bekanntzumachen, soll nach *Smid/Böttger* DZWIR 2005, 485 (490) eine Dienstaufsichtsbeschwerde möglich sein.

420 Bei wiederholten Anträgen kann ggf. ein Rückgriff auf § 206 in Betracht kommen; vgl. *Peters* JR 2004, 137 (139); s. aber OLG Thüringen FamRZ 2005,

1994 (1996) (*obiter dictum*: Die Klageerhebung hindernde Armut stelle keine höhere Gewalt dar, weil der Antrag auf Prozesskostenhilfe nach Abs. 1 Nr. 14 einmalig verjährungshemmend sei).

421 BGH NJW 2009, 1137 (mAnm *Fischer* LMK 2009, 274183).

422 BT-Drs. 14/6040, S. 116 f.

423 BGH NJW 2009, 1137 (1138), Rn. 16; OLG Celle NJW-RR 2007, 224 (225).

424 So auch *Smid/Böttger* DZWIR 2005, 485 (487).

425 BT-Drs. 14/6040, S. 116.

426 So kann der Antragsteller etwa die Erklärung zu seinen persönlichen und wirtschaftlichen Verhältnissen nachreichen, s. OLG Nürnberg MDR 2010, 1079 (Leitsatz).

427 BGH NJW 2016, 151 (152) Rn. 11 f.; zustimmend (statt vieler) etwa Erman/*Schmidt-Räntsch* BGB § 204 Rn. 35.

428 BT-Drs. 14/6040, S. 116.

429 BGH NJW 2016, 151 (152) Rn. 11.

drücklich darum ersucht.[430] Es besteht keine Pflicht des Gerichts, den Antrag von Amts wegen zu Zwecken der Verjährungsunterbrechung zuzustellen, wenn ein entsprechender Hinweis des Antragstellers fehlt.[431] Nicht erforderlich ist die tatsächliche Begründetheit des Antrags, dh es tritt auch Hemmung ein, wenn der Antrag mangels Bedürftigkeit des Antragstellers zurückgewiesen wird.[432]

Aus den gleichen Gründen wie bei dem Antrag an die Streitbeilegungsstelle (Abs. 1 Nr. 4, → Rn. 77) **137** **beginnt** die **Hemmung** mit der Veranlassung der Bekanntgabe des Antrags auf Prozesskostenhilfe.[433] Wird die Bekanntgabe demnächst nach der Einreichung des Antrags veranlasst, so tritt die Hemmung der Verjährung bereits mit der Einreichung ein (Abs. 1 Nr. 14 letzter Hs.).[434] Für die Bestimmung des Merkmals „demnächst" kann auf die zu § 167 ZPO entwickelten Grundsätze zurückgegriffen werden.[435] „Demnächst" meint keine bestimmte vorgegebene Zeitspanne, sondern den Zeitraum, der dadurch bestimmt wird, dass der Gläubiger im konkreten Einzelfall alles Erforderliche und Zumutbare für die Veranlassung der Bekanntgabe iSv § 204 BGB Abs. 1 Nr. 14 BGB getan hat und der Rückwirkung keine schützenswerte Belange des Schuldners entgegenstehen.[436] Kommt es im Gerichtsbetrieb zu Verzögerungen, kann das für den Gläubiger keinen Nachteil bedingen, sofern er sie nicht ohne (leichte) Fahrlässigkeit vermeiden kann. Verzögerungen von bis zu 14 Tagen, gerechnet vom Tage des Ablaufs der Verjährungsfrist an, bleiben außer Betracht.[437] Zum Nachteil gereicht es dem Gläubiger, wenn er mit seinem Prozesskostenhilfegesuch die Hemmung einer laufenden Verjährungsfrist erreichen möchte, aber das Gericht nicht darauf hinweist, nicht um umgehende Bekanntmachung an die Gegenseite ersucht und die Veranlassung der Bekanntgabe des Antrags unabhängig von den Erfolgsaussichten des Prozesskostenhilfegesuchs verlangt.[438]

V. Ende der Hemmung (Abs. 2)

1. Allgemeines. Abs. 2 bestimmt das Ende der Hemmung in den in Abs. 1 genannten Fällen. Der **Beginn** **138** der Hemmung ist jeweils in Abs. 1 mitgeregelt (s. aber zum erneuten Hemmungsbeginn bei Beendigung des Verfahrensstillstands → Rn. 159).

Abs. 2 ersetzt **§ 211 Abs. 1 aF** und die vergleichbaren oder auf ihn verweisenden Bestimmungen der **139** **§§ 212 a–215, 220 aF** mit dem Unterschied, dass nicht die Beendigung der Unterbrechung, sondern der Verjährungshemmung geregelt wird. Abs. 2 S. 2 wurde mit Abs. 1 Nr. 1 a für den Fall der Hemmung infolge einer Musterfeststellungsklage mit Wirkung zum 1.11.2018 neu geschaffen (→ Rn. 53 ff.).

2. Sechsmonatige Nachfrist (Abs. 2 S. 1 und S. 2). Die **Hemmung erstreckt sich** über das gesamte, **140** durch einen Antrag iSv Abs. 1 eröffnete Verfahren und über den Zeitraum von weiteren sechs Monaten nach der Verfahrensbeendigung. Die Gewährung der sechsmonatigen **Nachfrist** erklärt sich durch die Umstellung von der Unterbrechungs- auf die Hemmungswirkung und die dadurch bewirkte geringere Intensität der Einwirkung auf den Lauf der Verjährung. Insbesondere bei Verfahren, die nicht mit einer Sachentscheidung enden, muss dem Gläubiger noch eine Frist bleiben, in der er – verschont von dem Lauf der Verjährung – weitere Rechtsverfolgungsmaßnahmen einleiten kann. Dies ist beispielsweise der Fall bei der Geltendmachung der Aufrechnung, wenn über die Aufrechnungsforderung nicht entschieden wurde, bei einem selbstständigen Beweisverfahren oder bei einem Prozesskostenhilfeverfahren. Die Sechsmonatsfrist entspricht verschiedenen vergleichbaren Regeln des bisherigen Rechts (§§ 211 Abs. 2 S. 1, 212 a–215, 220 aF). Sie ist ausreichend lang, damit sich der Gläubiger über die weitere Anspruchsprüfung und Rechtsverfolgung nach Verfahrensbeendigung klar werden kann,[439] sofern das beendete Verfahren den Anspruch nicht bereits erledigt oder infolge rechtskräftiger Entscheidung gem. § 197 Abs. 1 Nr. 3 eine neue, dreißigjährige Frist in Gang gesetzt hat.

Hat der Gläubiger einen **Titel im Sinne des § 197 Abs. 1 Nr. 3–5** erwirkt, dann läuft ab Rechtskraft des **141** Titels (bzw. des diesem Zeitpunkt durch § 201 gleichgestellten Moments) eine neue Verjährungsfrist für den rechtskräftig (oder anderweitig iSd § 197 Abs. 1 Nr. 3–5) festgestellten Anspruch. Die Hemmung nach Abs. 1, die den ursprünglichen, jetzt festgestellten Anspruch ergriffen hat und nach dem Gesetzestext des Abs. 2 noch sechs Monate andauern soll, ist obsolet geworden. Das bringt das Gesetz allerdings nicht zum Ausdruck.

---

430 BGH NJW 2008, 1939 (1940) Rn. 17.
431 BVerfG NJW 2010, 3083; BGH NJW 2008, 1939 (1940 f.) Rn. 14–18; s. auch EGMR NJW 2018, 527 (528 f.).
432 OLG Brandenburg NJW-RR 2005, 871 (872).
433 BT-Drs. 14/7052, S. 181.
434 Vgl. hierzu AG Bad Iburg WuM 2003, 208; OLG Brandenburg BeckRS 2020, 2014 Rn. 15.

435 BGH NJW 2016, 151 (153) Rn. 14 ff.; OLG Frankfurt BeckRS 2015, 903 Rn. 23; OLG Brandenburg NJW-RR 2005, 871 (872) (§ 167 ZPO analog).
436 BGH NJW 2016, 151 (153) Rn. 15.
437 BGH NJW 2016, 151 (153) Rn. 15 mwN.
438 BVerfG NJW 2010, 3083 (3084) Rn. 14 f.; BGH NJW 2008, 1939 (1940) Rn. 17; OLG Frankfurt BeckRS 2015, 903 Rn. 27; s. auch EGMR NJW 2018, 527 (528) Rn. 57.
439 Zum Vorstehenden s. BT-Drs. 14/6040, S. 117.

142 Zweifelhaft ist, ob die Sechsmonatsfrist auch für die gehemmten Ansprüche gelten soll, deren Verjährungs-frist **weniger als sechs Monate** beträgt, wie das beispielsweise bei der Dreimonatsfrist der §§ 61 Abs. 2 und 113 Abs. 3 HGB der Fall ist. Doch sieht Abs. 2 für solche Ausnahmefälle keine Reduzierung der sechs-monatigen Nachfrist vor. Das ist unbillig (vgl. auch §§ 210 Abs. 1 S. 2 und 211 S. 2, die den hier angespro-chenen Gedanken für die Ablaufhemmung nach §§ 210 Abs. 1 S. 1 und 211 S. 1 umgesetzt haben). Es bleibt abzuwarten, ob die Rechtsprechung im Einzelfall hier Abhilfe über § 242 schaffen kann.

143 Die **Kürze der Nachfrist** führt dazu, dass der Gläubiger in den Fällen, in welchen er die Hemmung durch solche Verfahren herbeigeführt hat, die nicht mit einer „Feststellung" im Sinne des § 197 Abs. 1 Nr. 3–5 (welche die dreißigjährige Verjährung eröffnet) enden, derartige Verfahren nach Hemmungsfortfall einleiten muss.[440] Das kann im Ergebnis zu einem erhöhten Klageanfall führen. Daher kann die Umwandlung zahl-reicher Unterbrechungstatbestände in Hemmungstatbestände aus rechtspraktischer Sicht nicht uneinge-schränkt begrüßt werden.

144 **3. Beginn der Nachfrist (Abs. 2 S. 1).** Die sechsmonatige Nachfrist, deren Ablauf das Ende der Hem-mung markiert, beginnt mit der rechtskräftigen **Entscheidung** (→ Rn. 145) oder – falls eine solche Ent-scheidung im konkreten Einzelfall nicht ergeht oder nach Verfahrenstypus nicht ergehen kann – mit der **anderweitigen Beendigung** des Verfahrens (→ Rn. 147 ff.). Zur Nachfrist bei **Abmeldung vom Klagere-gister** der Musterfeststellungsklage iSv Abs. 1 Nr. 1 a s. Abs. 2 S. 2 (→ Rn. 146).

145 **a) Rechtskräftige Entscheidung (Abs. 2 S. 1 Alt. 1).** Entscheidend ist nach Abs. 2 S. 1 Hs. 1 der **Ein-tritt** der formellen **Rechtskraft** der Entscheidung, die das Verfahren abschließt, welches durch den die Hemmung begründenden (Klage-)Antrag eröffnet wurde. Nach dem aufgehobenen § 219 aF (s. auch bei § 197) standen rechtskräftige **Vorbehaltsurteile** nach den §§ 302 und 599 ZPO dem rechtskräftigen Urteil iSd § 211 Abs. 1 aF gleich. Damit sollte klargestellt werden, dass die nach bisherigem Recht durch die Erhebung der Klage bewirkte Unterbrechung bis zum Erlass des Vorbehaltsurteils und nicht noch bis zum Abschluss eines Nachverfahrens andauerte. Auf diese Klarstellung verzichtet das Gesetz jetzt. Dass es hin-sichtlich des Endes der Hemmungswirkung allein auf den Eintritt der formellen Rechtskraft des Vorbehalts-urteils ankommt und nicht auf die erst mit dem Abschluss des Nachverfahrens eintretende Rechtskraft, sieht der Gesetzgeber als selbstverständlich an.[441]

146 **b) Abmeldung vom Klageregister (Abs. 2 S. 2).** Die Hemmung **endet** gem. **Abs. 2 S. 2** sechs Monate nach der Rücknahme der Anmeldung zum Klageregister, sonst[442] gem. **Abs. 2 S. 3** sechs Monaten nach dem rechtskräftigen Ende des Musterverfahrens oder der anderweitigen Beendigung, zB durch Bekanntmachung des Vergleichs im Klageregister (§ 611 Abs. 5 S. 3 ZPO).[443]

147 **c) Anderweitige Beendigung (Abs. 2 S. 1 Alt. 2).** Sofern ein Verfahren ohne abschließende rechtskräf-tige Entscheidung endet, ist für den Beginn der Nachfrist die Verfahrensbeendigung entscheidend (Abs. 2 S. 1 Hs. 2). Auf die Beendigung (und nicht die Erledigung) ist abzustellen, weil manche Verfahren ohne einen besonderen Erledigungsakt enden. Die **Beendigung** ist für jedes der in Abs. 1 genannten Verfahren anhand seiner eigenen Regeln zu ermitteln.[444] Die Hemmung der Verjährung von erstmals im Wege der Anschlussberufung gerichtlich geltend gemachten Ansprüchen endet gem. § 204 Abs. 2 S. 1 BGB sechs Monate nach dem – mit der rechtskräftigen Zurückweisung der Hauptberufung gem. § 522 Abs. 2 ZPO ver-bundenen – Wegfall der Anschlussberufung gem. § 524 Abs. 4 ZPO.[445]

148 Die Beendigung eines **Streitbeilegungsverfahrens (Abs. 1 Nr. 4)** erfolgt durch den Abschluss eines Ver-gleichs, die Rücknahme des Streitbeilegungsantrags oder durch die Einstellung des Verfahrens wegen Scheiterns des Einigungsversuchs. Das **Nichtbetreiben** des Verfahrens durch die Streitbeilegungsstelle in Folge Arbeitsüberlastung fällt nicht darunter.[446] Für die konkrete Beendigung eines Streitbeilegungsverfah-rens im Sinne des § 204 Abs. 2 S. 1 BGB kommt es in erster Linie auf den Inhalt der **Verfahrensordnung** der Streitbeilegungsstelle an.[447] Endet ein Streitbeilegungsverfahren iSv § 204 Abs. 1 Nr. 4 BGB dadurch, dass der Schuldner mitteilt, am Verfahren nicht teilzunehmen, so endet die Hemmung der Verjährung sechs

---

440 Vgl. auch *Krämer* ZGS 2003, 379 (383), der in die-sem Zusammenhang von einer „potenziellen Verjäh-rungsfalle" spricht.

441 BT-Drs. 14/6040, S. 99 f.

442 Gesetzentwurf der Fraktionen der CDU/CSU und SPD. Entwurf eines Gesetzes zur Einführung einer zivilprozessualen Musterfeststellungsklage, BT-Drs. 19/2507, S. 28: alternative Tatbestände der Beendi-gung der Hemmung.

443 BeckOK BGB/*Henrich* § 204 Rn. 56 a; BeckOGK/ *Meller-Hannich* BGB § 204 Rn. 417; aA MüKoBGB/ *Grothe* § 204 Rn. 85 a.

444 Krit. zu der Vorgängernorm des § 204 Abs. 2 vor allem hinsichtlich des einstweiligen Rechtsschutzes insbes. *Baronikians* WRP 2001, 122; *Zimmermann/ Leenen* ua JZ 2001, 684 (696).

445 BGH BeckRS 2018, 35500 Rn. 12.

446 BGHZ 182, 284 (291 f.) Rn. 20; OLG Brandenburg Urt. v. 3.3.2010 – 4 U 40/09, BeckRS 2010, 07659 unter II 1 f dd.

447 BGH BeckRS 2016, 10332 Rn. 9; BGH NJW 2016, 236 (237) Rn. 27 mAnm *Althammer/Lohr*; BGH NJW 2015, 236.

Monate nach dem Zeitpunkt, in dem die Streitbeilegungsstelle die Bekanntgabe dieser Mitteilung an den Gläubiger veranlasst.[448]

Maßgeblicher Anknüpfungspunkt für den **Beginn der Nachlauffrist** des Abs. 2 S. 1 im Fall des Abs. 1 Nr. 4 ist der Zeitpunkt der **Veranlassung der Bekanntgabe** durch die Streitbeilegungsstelle an den Gläubiger. Denn der Zweck der Nachlauffrist[449] des Abs. 2 S. 1 besteht darin, dass dem Gläubiger insbesondere dann, wenn im Verfahren keine Sachentscheidung ergeht, in jedem Fall eine Frist verbleibt, in der er weitere Rechtsverfolgungsmaßnahmen einleiten kann. Für diesen Zeitpunkt spricht auch die Regelung des Hemmungsbeginns in Abs. 1 Nr. 4.[450] Es kommt daher für den Fristbeginn nicht auf den Tag der Verfahrenseinstellung bzw. die Beendigung des Güteverfahrens nach der Verfahrensordnung[451] oder den Zeitpunkt der Bekanntgabe der Einstellungsverfügung an den Gläubiger[452] an.

Ohne eigentlichen Erledigungsakt endet regelmäßig das **selbstständige Beweisverfahren**[453] (Abs. 1 Nr. 7). **149** Auch in § 477 Abs. 2 aF wurde auf die Beendigung des selbstständigen Beweisverfahrens (nicht eines sich eventuell anschließenden Prozesses; für diesen kommt eine eigenständige Hemmung durch Klageerhebung nach Abs. 1 Nr. 1 in Betracht) abgestellt. Insoweit können Rechtsprechung und Lehre zu § 477 Abs. 2 aF zur Auslegung des Abs. 2 S. 1 Hs. 2 bezogen auf das selbstständige Beweisverfahren herangezogen werden. Entscheidend ist die **sachliche Erledigung** des Verfahrens.[454] Diese tritt ein durch die Erstattung oder Erläuterung des im selbstständigen Beweisverfahren erstellten Gutachtens, die Verlesung oder Vorlage des Protokolls[455] oder – sofern keine mündliche Verhandlung stattfindet – mit Zugang des schriftlichen Gutachtens bei den Parteien oder mit Zurückweisung oder Zurücknahme des Antrags.[456] Das Verfahren ist aber noch nicht sachlich erledigt, wenn die Parteien zulässige[457] Einwendungen, Anträge oder ergänzende Fragen iSd § 411 Abs. 4 S. 1 ZPO vorbringen.[458] Für die Praxis wichtig ist, dass nach der Rechtsprechung des BGH die **bloße Ankündigung** von Einwendungen, Anträgen oder Fragen nicht geeignet ist, die Erledigung des selbstständigen Beweisverfahrens und damit den Eintritt des Endes der Hemmungswirkung zu verhindern.[459]

Hat das Gericht in dem selbstständigen Beweisverfahren nach § 41 Abs. 4 S. 2, Hs. 1 ZPO eine Frist gesetzt, **150** so endet die Hemmung jetzt sechs Monate nach fruchtlosem Verstreichen der Frist, nicht etwa mit Ablauf der Frist selbst.[460] Sind Gegenstand des selbstständigen Beweisverfahrens **mehrere Mängel**, ist die Hemmung der Verjährung für jeden Mangel gesondert zu beurteilen.[461] Wird nach Einholung des Gutachtens das Verfahren nicht hinsichtlich aller Mängel weiter betrieben, entfällt die Hemmung in Bezug auf die Mängel, die nicht mehr Gegenstand des weiteren Verfahrens sind.[462]

Haben die Parteien rechtzeitig **Einwendungen gegen** das im selbstständigen Beweisverfahren erstattete **151** **Gutachten** erhoben, ist – sofern nicht eine weitere Beweisaufnahme stattfindet – das selbstständige **Beweisverfahren** nach der Rechtsprechung des BGH jedenfalls dann **beendet**, wenn der mit der Beweisaufnahme befasste Richter zum Ausdruck bringt, dass eine weitere Beweisaufnahme nicht stattfindet und dagegen innerhalb angemessener Frist keine Einwände erhoben werden.[463]

Bei dem **vereinbarten Begutachtungsverfahren** entscheiden die Parteivereinbarungen über die Beendi- **152** gung des Begutachtungsverfahrens, hilfsweise die Grundsätze, die für die Auslegung des § 641 a aF entwickelt wurden. Danach ist der Gutachter verpflichtet, eine Bescheinigung zu erteilen, wenn er die Freiheit von Mängeln festgestellt hat. Liegen Mängel vor, wird sich in der Regel aus der Beauftragung ergeben, dass er den Unternehmer über das Ergebnis zu unterrichten hat. Dies ist dann die Beendigung des Verfahrens.[464]

---

448 BGH NJW 2017, 1879 (1881) Rn. 20; BGH NJW 2016, 236 (237) Rn. 27, 30 mAnm *Althammer/Lohr*; BGH NJOZ 2016, 1560 (1561) Rn. 19.

449 BT-Drs. 14/6040, S. 117.

450 BGH NJW 2016, 236 (237) Rn. 30 ff. mAnm *Althammer/Lohr*.

451 OLG München BeckRS 2014, 23255 Rn. 28 ff.; OLG Bamberg BeckRS 2015, 18796.

452 OLG Celle NJOZ 2007, 648.

453 BT-Drs. 14/7052, S. 181.

454 BGH NJW-RR 2009, 1243, Rn. 4; NJW 2002, 1640 (1641) (st. Rspr.); OLG Düsseldorf NJW-RR 1996, 1527 (1528); *Rosenberg/Schwab/Gottwald* ZPO § 118 Rn. 20.

455 BGH NJW-RR 2009, 1243 Rn. 4–5; vgl. auch BGHZ 150, 55 (58–60).

456 So zur Erledigung BT-Drs. 14/6040, S. 117; Gleiches gilt für die Beendigung des Verfahrens: BT-Drs. 14/7052, S. 181.

457 OLG München NJW-Spezial 2008, 236.

458 OLG Frankfurt ZGS 2004, 398; AG Schöneberg MM 2003, 299; *Schreiber* JR 2004, 201 f. (Anm. zu BGHZ 150, 55, dort noch zu § 477 Abs. 2 aF). Zu § 477 aF s. etwa BGHZ 150, 55; 53, 43; 60, 212; BGH NJW 1993, 851; *Weyer* BauR 2001, 1807 (1811).

459 BGH NJW-RR 2009, 1243 Rn. 6.

460 So aber die Rspr. zum bisherigen Recht: OLG Düsseldorf BauR 2001, 675.

461 OLG Hamm NJOZ 2009, 1196 (1197 f.); OLG München NJW-RR 2007, 675; OLG Dresden BauR 2009, 551; s. auch BGH NJW 1993, 851.

462 OLG Hamm NJOZ 2009, 1196 (1198); Staudinger/ *Peters/Jacoby* BGB § 204 Rn. 90.

463 BGH NJW 2011, 594.

464 So zur Erledigung: BT-Drs. 14/6040, S. 117; Gleiches gilt für die Beendigung des Verfahrens: BT-Drs. 14/7052, S. 181.

153   Das **Prozesskostenhilfeverfahren** (Abs. 1 Nr. 14) ist mit der unanfechtbaren Entscheidung über den Antrag beendet. In diesem Zeitpunkt beginnt die Nachfrist des Abs. 2 S. 1. Die einfache unbefristete Beschwerde ist durch das ZPO-Reformgesetz mit Wirkung zum 1.1.2002 durch die sofortige Beschwerde ersetzt, für die eine Beschwerdefrist von zwei Wochen gilt (§ 569 Abs. 1 S. 1 ZPO),[465] sodass auch im Prozesskostenhilfe-verfahren Entscheidungen unanfechtbar werden können.[466]

154   Die Regelung des **§ 214 Abs. 3 und 4 aF**, welche für die Dauer der Verjährungsunterbrechung bei der Anmeldung des Anspruchs im **Insolvenzverfahren** oder im Schifffahrtsrechtlichen Verteilungsverfahren (Abs. 1 Nr. 10) galt, wurde nicht in das neue Recht übernommen, da hierfür kein Bedürfnis bestand. Der Gläubiger wird anderweitig, insbesondere durch Abs. 1 Nr. 10, vor der Verjährung geschützt.[467] Für das Ende der Hemmung nach Anmeldung im Insolvenzverfahren ist auf das Ende des Insolvenzverfahrens abzustellen. Ein eigenes „Forderungsanmeldungsverfahren" kennt die InsO nicht, so dass der Zugang der Mitteilung des Insolvenzverwalters über das Bestreiten der Forderung, mit dem die Anmeldung der Forde-rung durch den Gläubiger ihren Abschluss findet, verjährungsrechtlich nicht von Bedeutung ist.[468]

155   **4. Verfahrensstillstand (Abs. 2 S. 3 und 4). a) Verfahrensuntätigkeit (Abs. 2 S. 3).** Abs. 2 S. 3 und 4 regeln den Fall, dass die Parteien das Verfahren nicht mehr betreiben und das Verfahren infolge der Untätig-keit der Parteien zum Stillstand kommt. In diesem Fall wird die Hemmung beendet, um eine dauerhafte Verjährungshemmung zu vermeiden. Die Regelung lehnt sich an **§ 211 Abs. 2 aF** an, der für die Fälle der §§ 212 a–215 und 220 aF galt. Angesichts der großen Zahl der rechtshängig gemachten, aber anschließend nicht weiter betriebenen Prozesse entspricht die Regelung einem praktischen Bedürfnis, da sonst zahlreiche Forderungen nie verjähren würden.[469]

156   Vorausgesetzt wird **erstens** eine **Verfahrensuntätigkeit** beider Parteien,[470] die vorliegt, wenn die Parteien ohne triftigen Grund untätig bleiben (näher → Rn. 162). **Zweitens** muss die Untätigkeit **Ursache** des Ver-fahrensstillstands sein. **Drittens** bedarf es eines **Verfahrensstillstands**.[471] Er ist gegeben, wenn das Gericht gem. §§ 251 S. 1, 251 a Abs. 3 ZPO das Ruhen des Verfahrens angeordnet hat oder das Verfahren faktisch zum Stillstand gekommen ist.[472] Jede zur Förderung des Verfahrens bestimmte und geeignet erscheinende Handlung einer Partei verhindert dessen Stillstand.[473]

157   Aus dem Erfordernis der Ursächlichkeit der Verfahrensuntätigkeit der Parteien für den Verfahrensstillstand folgt indirekt eine **vierte** Voraussetzung. Der Verfahrensstillstand darf **nicht** auf die **Untätigkeit des Gerichts** zurückzuführen sein, sofern es von Amts wegen tätig sein müsste. Insbesondere fällt der zeitwei-lige Stillstand des Verfahrens in Folge von Arbeitsüberlastung des Gerichts nicht unter Abs. 2 S. 3.[474] Wie im bisherigen Recht[475] ist die Beendigung der Hemmung daher nicht gerechtfertigt, wenn es Amtspflicht des Gerichts ist, das Verfahren in Gang zu halten.[476] Daher ist kein Hemmungsende gegeben, wenn etwa eine Partei gerichtliche Auflagen nicht erfüllt.[477] Wird der **Prozess** kraft Gesetzes **unterbrochen** (zB bei Insolvenz §§ 239 ff. ZPO oder entsprechender Anwendung des § 17 AnfG bei Unterbrechung des Prozesses eines Gesellschaftsgläubigers gegen den Gesellschafter)[478] oder aufgrund einer gerichtlichen Entscheidung

465   S. *Hartmann* NJW 2001, 2577 (2595).

466   Zur fehlenden Fristgebundenheit der Beschwerde im Prozesskostenhilfeverfahren vor dem 1.1.2002 s. Zöller/*Philippi*, 22. Aufl. 2001, ZPO § 127 Rn. 31; zum daraus erwachsenden Problem der Verfahrensbeendigung nach bisherigem Recht s. BT-Drs. 14/6040, S. 117.

467   Näher BT-Drs. 14/6040, S. 117 f.

468   BGH NZBau 2010, 426 (430) Rn. 44 f.; KG BauR 2007, 1896 (1898).

469   BT-Drs. 14/6040, S. 118.

470   Betrieben werden müssen iSd Abs. 2 S. 3 allerdings nur solche Verfahren, für die der Beibringungsgrund-satz gilt; auf das sozialrechtliche Verwaltungsverfah-ren, das von der Offizialmaxime beherrscht wird, ist die Regelung daher nicht entspr. anwendbar; BSGE 92, 159.

471   Zur Frage des Verfahrensstillstands bei einer Stufen-klage, in deren Rahmen der Auskunftsanspruch voll-streckt wird s. BGH NJW-RR 2006, 948 (949 f.) Rn. 14–18.

472   S. dazu näher BGH NJW-RR 1988, 279 (zum bishe-rigen Recht); Palandt/*Ellenberger* BGB § 204 Rn. 48; BeckOK BGB/*Henrich* § 204 Rn. 73.

473   BGHZ 73, 8 (10 f.); BGH NJW-RR 2006, 948 (950) Rn. 16. Jedenfalls genügend sind Prozessanträge, vgl. OLG Frankfurt Urt. v. 30.5.2007 – 17 U 276/06, Juris-Dok.-Nr. KORE233932007 Rn. 30 (Stellung eines Antrags auf Klageabweisung).

474   BGHZ 182, 284 (291 f.) Rn. 20 (zum Verfahren vor einer Streitbeilegungsstelle); OLG Brandenburg Urt. v. 3.3.2010 – 4 U 40/09, BeckRS 2010, 07659 unter II 1 f dd (zum Verfahren vor einer Streitbeilegungs-stelle); Erman/*Schmidt-Räntsch* BGB § 204 Rn. 55.

475   OLG Karlsruhe OLGR Karlsruhe 2008, 58 (61); Palandt/*Heinrichs*, 60. Aufl. 2001, BGB § 211 Rn. 4.

476   LG Stendal Urt. v. 14.12.2005 – 23 O 303/05, Juris-Dok.-Nr. KORE547282006 Rn. 27; *Saerbeck*, in: FS Thode, 2005, S. 139, 150; zust. erwähnt auch in BT-Drs. 14/6857, S. 45; nicht ausdr. abl. BT-Drs. 14/7052, S. 181; BeckOK BGB/*Henrich* § 204 Rn. 79 mit Beispielen.

477   BGH NJW 2000, 132; OLG Hamm NJW-RR 1999, 575.

478   S. zu Abs. 2 S. 3 in diesem Fall etwa BGH NJW 2016, 1592 (1596) Rn. 35 ff. mAnm *Stamm* LMK 2016, 376659.

ausgesetzt (§§ 148 ff., 246 ff. ZPO, § 8 KapMuG),[479] liegt **kein** Fall des **Abs. 2 S. 3** vor. Es kommt daher nicht zur Beendigung der Hemmung iSv Abs. 2 S. 3 iVm Abs. 2 S. 1. Endet aber die Unterbrechung oder Aussetzung und lässt ein Kläger den Prozess auch dann noch liegen, so besteht ab dann ein Verfahrensstillstand durch Nichtbetreiben iSv Abs. 2 S. 3, weil der Verfahrensstillstand jetzt auf seiner Untätigkeit beruht.[480] Nach Abs. 2 S. 3 iVm Abs. 2 S. 1 endet die Hemmung der Verjährung sechs Monate nach Beendigung der Unterbrechung bzw. Aussetzung.[481]

Sind diese vier Voraussetzungen erfüllt, dann tritt für die Zwecke des Abs. 2 S. 1 an die Stelle der Verfahrensbeendigung die **letzte Verfahrenshandlung** einer der Parteien oder des Gerichts[482] bzw. der sonst mit dem Verfahren befassten Stelle im Falle der außergerichtlichen Verfahren des Abs. 1 (wie etwa dem Begutachtungsverfahren nach Abs. 1 Nr. 8). Bei gerichtlichen Verfahrenshandlungen kommt es nach dem BGH[483] auf die letzte tatsächliche Verfahrenshandlung an, auch wenn deren Notwendigkeit auf Umstände zurückzuführen ist, die in der Sphäre des Gläubigers liegen. Zwar verlangt Abs. 2 S. 3, dass das Verfahren dadurch in Stillstand gerät, dass es die Parteien nicht mehr betreiben. Anknüpfungspunkt für den Stillstand ist jedoch die letzte Verfahrenshandlung des Gerichts. Um Rechtssicherheit zu gewährleisten, kann keine weitergehende Differenzierung dahin gehend erfolgen, welche Umstände das Gericht zur Vornahme der Verfahrenshandlung veranlasst haben. Mit dieser letzten Verfahrenshandlung beginnt dann die **sechsmonatige Nachfrist** des Abs. 2 S. 1, mit deren Ablauf die Hemmung endet. Durch die Nachfrist erhalten die Parteien ausreichend Gelegenheit, sich zu vergewissern, ob der Prozess tatsächlich in Stillstand geraten ist.[484] Wird daher ein Mahnverfahren infolge eines Widerspruchs nicht mehr weiter betrieben, so endet die Hemmungswirkung nach Ablauf der Nachfrist.[485]

b) Weiterbetreiben (Abs. 2 S. 4). Nach Abs. 2 S. 4 beginnt die Hemmung erneut, wenn eine der Parteien das Verfahren weiter betreibt. Auch das Weiterbetreiben durch den **Schuldner** kann daher die erneute Verjährungshemmung auslösen.

Es genügt **jede (Prozess-)Handlung**, die darauf abzielt und dafür geeignet ist, das Verfahren erneut in Gang zu bringen, selbst wenn die Handlung erfolglos bleibt.[486] Ausreichend hierfür sind – auch unzulässige – Terminanträge, Prozesskostenhilfeanträge, die Einlegung von Rechtsbehelfen, die Zahlung eines weiteren Kostenvorschusses[487] etc. Die bloße Mitteilung, das Verfahren solle fortgesetzt werden, ist nicht hinreichend, da darin noch kein erneutes Betreiben des Verfahrens liegt.[488] Ebenso wenig genügt die bloße Ankündigung eines Antrags.[489] Deshalb ist etwa die Einreichung einer Mandatsanzeige zu den Akten, verbunden mit einem Akteneinsichtsgesuch, nicht hinreichend.[490] Kein Weiterbetreiben ist ferner die Beantragung eines selbstständigen Beweisverfahrens, denn dieses ist ein eigenständiges Verfahren.[491]

Eine **Kenntniserlangung** des Verfahrensgegners von der das Verfahren weiter betreibenden Handlung ist für die Zwecke des Abs. 2 S. 4 nicht erforderlich.[492] Anderes soll jedoch für den nicht beigetretenen[493] Streitverkündungsempfänger gelten: In einem zum Stillstand gekommenen selbstständigen Beweisverfahren soll ihm der Antrag auf Verfahrensfortsetzung zuzustellen sein, um die erneute Hemmung der Verjährung ihm gegenüber zu erreichen. Denn nur bei nochmaliger Zustellung erlange der Dritte sicher Kenntnis von der Fortsetzung des Verfahrens.[494] Dies überzeugt nicht. Tritt der Streitverkündungsempfänger nicht bei, wird das Verfahren nach § 74 Abs. 2 ZPO gerade ohne Rücksicht auf ihn fortgesetzt. Er hat kein Recht auf Teilnahme an der Verhandlung, wird nicht zu den Terminen geladen und Schriftsätze werden ihm nicht

158

159

160

161

479 S. zu Abs. 2 S. 3 in diesem Fall etwa BGH NJW 1989, 1729 f.

480 BGH NJW 2016, 1592 (1596) Rn. 35 ff.; s. auch RGZ 72, 185 (187); BGH NJW 1989, 1729; Staudinger/*Peters*/*Jacoby* BGB § 204 Rn. 123.

481 BGH NJW 2016, 1592 (1596) Rn. 37.

482 Bei gerichtlichen Verfügungen ist auf das Datum des Zugangs der Verfügung abzustellen BGHZ 134, 487; BGH NJW-RR 1998, 954; OLG Oldenburg BauR 2006, 1314 f.; Palandt/*Ellenberger* BGB § 204 Rn. 49; PWW/*Deppenkemper* BGB § 204 Rn. 23; ausführlich MüKoBGB/*Grothe* § 204 Rn. 82.

483 BGH NJW 2010, 1662 Rn. 9–11; aA die Vorinstanz OLG Dresden Urt. v. 29.7.2008 – 9 U 1889/07, BeckRS 2010, 05327.

484 BT-Drs. 14/6040, S. 118.

485 S. Henssler/von Westphalen/*Bereska*, Praxis der Schuldrechtsreform, 2. Aufl. 2003, § 204 Rn. 83.

486 BGH NJW 2001, 218 (220); NJW-RR 1994, 514; OLG Thüringen FamRZ 2005, 1994 (1995); OLG Frankfurt ZGS 2004, 398.

487 Vgl. OLG Frankfurt ZGS 2004, 398 f.

488 OLG Nürnberg NJW-RR 1995, 1091.

489 OLG Thüringen FamRZ 2005, 1994 (1995); OLG Nürnberg NJW-RR 1995, 1091 (1092); PWW/*Deppenkemper* BGB § 204 Rn. 25.

490 OLG Nürnberg MDR 2010, 72.

491 BGH NJW 2001, 218 (220).

492 Palandt/*Ellenberger* BGB § 204 Rn. 50.

493 Ist der Streitverkündungsempfänger beigetreten, so sind ihm wegen §§ 74 Abs. 1, 67 ZPO Schriftsätze und Terminbestimmungen in gleicher Weise wie den Parteien zu übermitteln; näher Wieczorek/Schütze/*Mansel*, 4. Aufl. 2018, ZPO § 67 Rn. 72–73. Einer Zustellung des Antrags auf Verfahrensfortsetzung bedarf es deshalb nicht.

494 OLG München BauR 2008, 1929 (1930). Die gegen das Urteil gerichtete Nichtzulassungsbeschwerde hat der BGH (ohne Begründung gem. § 544 Abs. 4 S. 2, 2. Hs. ZPO) zurückgewiesen: BGH Beschl. v. 14.2.2008 – VII ZR 134/07, Juris-Dok.-Nr. KORE536222008.

zugestellt oder mitgeteilt.[495] Das Gesetz nimmt den Dritten in seinem Desinteresse am Verfahren ernst. Bei einer Weiterführung nach Verfahrensstillstand – die nicht zur Einleitung eines neuen Verfahrens führt[496] – kann nicht zulasten des Streitverkünders entgegen § 74 Abs. 2 ZPO eine Pflicht zur erneuten Streitverkündung angenommen werden.[497]

162 **c) Verfahrensstillstand aus triftigem Grund, insbesondere Musterprozesse.** Der Gesetzgeber hat – trotz einer entsprechenden Prüfbitte des Bundesrats und einer zustimmenden Äußerung der Bundesregierung[498] – im letzten Stadium des Gesetzgebungsverfahrens (im Rechtsausschuss des Deutschen Bundestages)[499] auf die Einschränkung verzichtet, wonach ein Stillstand durch Nichtbetreiben des Verfahrens dann die Hemmung nicht beendet, wenn das Nichtbetreiben auf einem „triftigen Grund" beruht. Seinen **Regelungsverzicht** begründet er nicht inhaltlich. Der Gesetzgeber sieht zwar die Sachgerechtigkeit dieser Einschränkung, die bereits durch die Rechtsprechung zum bisherigen Recht entwickelt wurde. Doch meint er, dass die Aufnahme dieses durch die Rechtsprechung geprägten, unbestimmten Rechtsbegriffs keine Erleichterung in der Rechtsanwendung bringen würde.[500]

163 Daher ist – mit der bisherigen Rechtsprechung[501] und der Gesetzesbegründung – auch für Abs. 2 davon auszugehen, dass eine **teleologische Reduktion** der Vorschrift zu erfolgen hat: Die Hemmung endet nicht, wenn die Untätigkeit des Berechtigten einen **triftigen Grund** hat, der für den anderen Teil erkennbar ist.[502] Ein zur Unanwendbarkeit des Abs. 2 führender triftiger Grund liegt nicht vor, wenn der Gläubiger nach einer Bezifferung seiner Schadensersatzansprüche im Mahnverfahren zur Reduzierung seines Prozessrisikos diese Ansprüche im Streitverfahren nicht in voller Höhe geltend macht, um das Ergebnis eines Sachverständigengutachtens abzuwarten.[503] Liegt kein triftiger Grund vor, sind im Übrigen die Motive, aus denen der Berechtigte untätig bleibt, nicht von Bedeutung.[504]

164 Die Anhängigkeit eines Musterprozesses[505] oder das Betreiben von außergerichtlichen Vergleichsverhandlungen[506] ist jedoch noch kein triftiger Grund,[507] insbesondere nicht zur Reduzierung des Prozessrisikos.[508] Hinzuweisen ist allerdings darauf, dass die Parteien gem. § 202 Abs. 2 in einer **Musterprozessvereinbarung**[509] die Hemmung der Verjährung bis zum Abschluss eines Musterprozesses vereinbaren können; dies ist auch stillschweigend möglich.

495 *Rosenberg/Schwab/Gottwald* ZPO § 51 Rn. 28; s. auch MüKoZPO/*Schultes* § 74 Rn. 5 (keine Befugnisse und Funktionen des nicht beigetretenen Streitverkündungsempfängers im laufenden Prozess).

496 Anders liegt es, wenn nach der Streitverkündung der Verfahrensgegenstand erweitert wird, im selbstständigen Beweisverfahren etwa weitere Mängel zur Begutachtung gestellt werden. Dann ist eine Streitverkündung im Hinblick auf diese neuen Mängel erforderlich, um die Verjährung etwaiger Ansprüche des Streitverkünders gegen den Streitverkündungsempfänger bezüglich dieser neuen Mängel zu hemmen. Einer nochmaligen Streitverkündung hinsichtlich der im Moment der ersten Streitverkündung bereits verfahrensgegenständlichen Mängel bedarf es aber nicht.

497 Etwas anderes ergibt sich auch nicht aus dem Wesen des selbstständigen Beweisverfahrens, in dem mit Abschluss der Begutachtung das „normale Ende" des Verfahrens eintritt (so aber OLG München BauR 2008, 1929 (1930)). Eins von beiden: Entweder ist das Verfahren beendet, dann bedarf es eines neuen Verfahrens und einer neuen Streitverkündung, um die Verjährung während des zweiten Verfahrens zu hemmen. Oder das Verfahren ist nicht beendet, sondern stand nur still. Dann kann es fortgesetzt werden, ohne dass eine erneute Streitverkündung erforderlich ist. Ein „eigentlich" beendetes Verfahren, das trotzdem fortgesetzt werden kann, existiert nicht.

498 BT-Drs. 14/6857, S. 8 f., 45.

499 BT-Drs. 14/7052, S. 181.

500 BT-Drs. 14/7052, S. 181.

501 S. dazu BGH NJW 2001, 218 (219); BGH NJW 1999, 1101 (1102); BGH NJW 1999, 3774; BGHZ 106, 295 (299); BGH NJW 1998, 2274 und ferner BT-Drs. 14/6857, S. 8 f., 45.

502 BGH NJW 2009, 1598 (1600) Rn. 27 mwN; BGH NJW 2015, 1588 Rn. 13; OLG Frankfurt Urt. v. 21.4.2010 – 4 U 93/03, juris, Rn. 34; OLG Thüringen FamRZ 2015, 1994 (1995); OLG Frankfurt NZBau 2004, 338 (339) (dort zum Abwarten der Berufungsentscheidung bei Honorarteilklage eines Architekten); Staudinger/*Peters/Jacoby* BGB § 204 Rn. 130; *Ebert* NJW 2003, 732 (733); Palandt/*Ellenberger* BGB § 204 Rn. 47; BeckOK BGB/*Henrich* § 204 Rn. 74 ff.; **offen** (weil nicht entscheidungsrelevant): BGH NJW 2015, 1588 Rn. 13; **aA** Erman/*Schmidt-Räntsch* BGB § 204 Rn. 55 a.

503 BGH NJW 2015, 1588 Rn. 17; für eine weite Auslegung des „triftigen Grunds" hingegen OLG Frankfurt Urt. v. 21.4.2010 – 4 U 93/03 Rn. 35 (Abwarten eines anderen Prozesses zur Schaffung einer Einigungsgrundlage hinreichend); *Saerbeck*, in: FS Thode, 2005, S. 139, 153 f.

504 BGH NJW 1983, 2496 (2497); BGH NJW 2001, 218 (219); OLG Karlsruhe OLGR Karlsruhe 2008, 58 (61); Staudinger/*Peters/Jacoby* BGB § 204 Rn. 130.

505 BGH NJW 2015, 1588 Rn. 17 mwN.

506 BGH NJW 2009, 1598 (1600) Rn. 28.

507 BGH NZBau 2015, 363: BGH NJW 2001, 218 (220); BGH NJW 1998, 2274 (2277 f.) mwN.

508 BGH NZBau 2015, 363.

509 Zum bisherigen Recht s. *Wagner* NJW 2001, 182 (183 f.); zum neuen Recht: Erman/*Schmidt-Räntsch* BGB § 204 Rn. 55 b.

VI. Hemmung der Monatsfristen des Abs. 1 Nr. 6 a, 9, 12 und 13 (Abs. 3)

Nach Abs. 3 finden auf die Dreimonatsfristen des Abs. 1 Nr. 6 a, 12 und 13 und auf die einmonatige Frist **165** des Abs. 1 Nr. 9 die Vorschriften über die Hemmung bei höherer Gewalt (§ 206), die Ablaufhemmung bei nicht voll Geschäftsfähigen (§ 210) und die Ablaufhemmung in Nachlassfällen (§ 211) entsprechende Anwendung. Hinsichtlich der Fälle des Abs. 1 Nr. 12 und 13 entspricht dies § 210 S. 2 aF; die Regelung wird nun auf den neuen Hemmungstatbestand des Abs. 1 Nr. 9 und Nr. 6 a ausgedehnt.[510]

VII. Übergangsrecht

Der intertemporale Geltungsbereich der Hemmungsregelungen des zum 1.1.2002 in Kraft getretenen § 204 **166** wird durch Art. 229 § 6 Abs. 1 S. 1 EGBGB bestimmt. Danach findet die Neuregelung auf alle Ansprüche Anwendung, die an diesem Tag bestehen und noch nicht verjährt sind.[511] Von der Überleitungsvorschrift erfasst sind sowohl die Fälle, in denen altes und neues Recht inhaltlich identisch sind (→ EGBGB Art. 229 § 6 Rn. 25) als auch die Vorschriften, in denen neue Hemmungsvorschriften durch das SchuldRModG statuiert wurden (zB § 204 Abs. 1 Nr. 9 sowie § 204 Abs. 1 Nr. 7, soweit andere als die in §§ 477 Abs. 2, 548 Abs. 3 und 639 Abs. 1 aF genannten Fälle erfasst sind; → EGBGB Art. 229 § 6 Rn. 34). Eine eigenständige Übergangsregelung enthält Art. 229 § 6 Abs. 2 für die Umwandlung von Unterbrechungstatbeständen des alten Rechts in neurechtliche Hemmungstatbestände (→ EGBGB Art. 229 § 6 Rn. 30 ff.); die Vorschrift wird ergänzt durch Art. 229 § 6 Abs. 1 S. 3 EGBGB, der die Fortwirkung des § 212 aF in Übergangsfällen vorgibt (→ EGBGB Art. 229 § 6 Rn. 26 ff.).

C. Weitere praktische Hinweise

Darlegungs- und beweispflichtig für das Vorliegen der in Abs. 1 Nr. 1–14 aufgeführten Hemmungsgründe **167** ist nach allgemeiner Ansicht derjenige, der sich auf den jeweiligen Hemmungsgrund beruft.[512] Die Beweislast für das Vorliegen der Ereignisse, welche den Beginn der sechsmonatigen Nachfrist und damit das Ende der Hemmung auslösen, insbes. der Stillstand des Verfahrens (Abs. 2 S. 2),[513] soll dann beim Schuldner liegen.[514]

§ 205 Hemmung der Verjährung bei Leistungsverweigerungsrecht

Die Verjährung ist gehemmt, solange der Schuldner auf Grund einer Vereinbarung mit dem Gläubiger vorübergehend zur Verweigerung der Leistung berechtigt ist.

Literatur: *Haas/Schulze*, Urteilsvertretendes Anerkenntnis und Verjährung, FS Graf von Westphalen, 2010, S. 253; *Lakkis*, Die Verjährungsvereinbarung nach neuem Recht, AcP 203 (2003), 763; *Lehmacher*, Das neue Verjährungsrecht unter besonderer Berücksichtigung der Teilungsabkommen, Die BG 2003, 384.

A. Allgemeines	1	III. Wirkung der Hemmung	17
B. Regelungsgehalt	6	IV. Übergangsrecht	18
I. Anwendungsbereich	6	C. Weitere praktische Hinweise	19
II. Voraussetzungen	10		

A. Allgemeines

Die Regelung des § 205 beruht auf **§ 202 Abs. 1 aF**;[1] die Vorschriften decken sich jedoch nur zum Teil. **1** Nach § 205 hemmen nur Leistungsverweigerungsrechte die Verjährung, die vorübergehend sind[2] und

---

510 BT-Drs. 14/6040, S. 118.
511 Vgl. OLG Oldenburg BauR 2007, 1428 (1429).
512 Vgl. nur Henssler/von Westphalen/*Bereska*, Praxis der Schuldrechtsreform, 2. Aufl. 2003, Vor §§ 203–213 Rn. 5; Palandt/*Ellenberger* BGB § 204 Rn. 55; Soergel/*Niedenführ* Vor § 203 Rn. 12.
513 Staudinger/*Peters/Jacoby* BGB § 204 Rn. 135; vgl. auch MüKoBGB/*Grothe* Vor § 194 Rn. 25.

514 Henssler/von Westphalen/*Bereska*, Praxis der Schuldrechtsreform, 2. Aufl. 2003, Vor §§ 203–213 Rn. 5; Palandt/*Ellenberger* BGB § 204 Rn. 55; Soergel/*Niedenführ* Vor § 203 Rn. 12.
1 BT-Drs. 14/6040, S. 118.
2 Zum Grund für diese Differenzierung zwischen vorübergehenden und dauerhaften Leistungsverweigerungsrechten s. Staudinger/*Peters/Jacoby* BGB § 205 Rn. 4.

zugleich auf einer Vereinbarung beruhen. Vorübergehende **gesetzliche Leistungsverweigerungsrechte** (zB §§ 273, 320, 1000, § 369 HGB) hemmen die Verjährung jedenfalls nicht nach § 205.[3]

2   Die **Differenzierung** zwischen **vereinbarten und gesetzlichen Leistungsverweigerungsrechten** mag zunächst überraschen, ist der Gläubiger doch in beiden Fällen in derselben Lage, seinen Leistungsanspruch vorübergehend nicht durchsetzen zu können. Die Unterscheidung ist jedoch eine Konzession an den Umstand, dass die **rechtspolitische Rechtfertigung** des § 202 aF umstritten war. Die Gutachter *Peters/ Zimmermann*[4] sprachen sich sogar für die ersatzlose Streichung der Norm aus, da alle Anwendungsfälle über andere rechtliche Konstruktionen mit gleichem Ergebnis gelöst werden könnten, insbesondere durch Rückgriff auf das vielfach in einer Stundung enthaltene **Anerkenntnis** (das unter altem und neuem Recht zum Verjährungsneubeginn führt, vgl. § 212 Abs. 1 Nr. 1) oder durch parteiautonome Manipulation der Anspruchsentstehung (regelmäßig ab Fälligkeit; → § 199 Rn. 15 f.). Im bisherigen[5] wie im neuen Recht[6] bestimmt die Anspruchsentstehung allein oder zusammen mit anderen Umständen den Verjährungsbeginn. Vereinbaren die Parteien daher noch vor der Entstehung (Fälligkeit) des Anspruchs, dass der Gläubiger seine Rechte aus dem Anspruch nicht vor einem bestimmten Datum verfolgen kann, entspricht dies zumeist einer Verschiebung des Fälligkeitstermins und damit einer **Disposition über den Verjährungsbeginn** (vgl. zur Zulässigkeit einer solchen Vereinbarung auch → § 202 Rn. 11, 13). Die in § 205 (bzw. § 202 Abs. 1 aF) statuierte Hemmung aufgrund des Leistungsverweigerungsrechts würde in diesem Fall mangels einer bereits laufenden Verjährungsfrist leer laufen. Auch das bislang unter § 202 aF subsumierte pactum de non petendo konnte nach Ansicht der Gutachter befriedigend durch §§ 852 Abs. 2, 225 aF (jetzt: §§ 202, 203) erfasst werden. § 202 aF habe daher vor allem Bedeutung für Ausweichversuche dort, wo strenger formulierte Unterbrechungs- oder Hemmungstatbestände nicht eingriffen.[7] Der Abschlussbericht[8] teilte diese Auffassung grundsätzlich. Es wurde aber bezweifelt, dass tatsächlich alle nachträglichen Vereinbarungen, die dem Schuldner einen Aufschub gewähren, als Anerkenntnis gewertet werden könnten.

3   Um einen **Auffangtatbestand** für verjährungsrelevante Parteivereinbarungen zu schaffen, die nicht bereits durch andere Tatbestände des Verjährungsrechts erfasst werden, ist § 202 Abs. 1 aF in der reduzierten Form des § 205 aufrechterhalten worden.[9] Soweit neben den Voraussetzungen des § 205 auch jene des § 212 Abs. 1 Nr. 1 (→ Rn. 2) oder weiterer Hemmungstatbestände erfüllt sind (zB des § 203), überlagert sich die Wirkung der betreffenden Vorschriften.[10]

4   Ist der Gläubiger nicht aus rechtlichen, sondern aus **tatsächlichen Gründen** an der Geltendmachung seines Anspruchs gehindert, kommt nicht § 205, sondern allenfalls § 206 (Verjährungshemmung bei höherer Gewalt) zur Anwendung.[11]

5   In den **Grundregeln des Europäischen Vertragsrechts**[12] (dazu → Vor §§ 194–218 Rn. 20 ff.), die allgemeine Verjährungsregeln enthalten, findet sich eine dem § 205 entsprechende Vorschrift nicht. Die Grundregeln beschränken sich auf die allgemeine Statuierung einer Ablaufhemmung bei Verhandlungen (Art. 14:304) sowie eines Verjährungsneubeginns im Fall des Anerkenntnisses (Art. 14:401).

B. Regelungsgehalt

I. Anwendungsbereich

6   Der Hemmungstatbestand des § 205 findet grundsätzlich auf **alle verjährbaren Ansprüche** Anwendung, vorausgesetzt, diese unterliegen zumindest in Bezug auf die Frage der Hemmung vollständig oder ergän-

---

3   BGH NJW 2015, 1007 (1008) (Rn. 22); BGH NJW-RR 2012, 579 (581) (Rn. 23); OLG München BeckRS 2014, 18230 (Rn. 44); OLG Celle 2008, 760 (zur Verjährung des Zahlungsanspruchs der Justizkasse gegen den Kostenzweitschuldner).

4   *Peters/Zimmermann*, Der Einfluß von Fristen auf Schuldverhältnisse, in Bundesministerium der Justiz, Gutachten und Vorschläge zur Überarbeitung des Schuldrechts, S. 253, 308, 324.

5   § 198 S. 1 aF.

6   § 199 Abs. 1 Nr. 1 und § 200 S. 1.

7   *Peters/Zimmermann*, Der Einfluß von Fristen auf Schuldverhältnisse, in Bundesministerium der Justiz, S. 253, 308, 324.

8   Bundesministerium der Justiz, Abschlußbericht der Kommission zur Überarbeitung des Schuldrechts, 1992, S. 88.

9   S. Abschlußbericht der Kommission zur Überarbeitung des Schuldrechts, 1992, S. 88; BT-Drs. 14/6040, S. 118.

10   Krit. zu der möglichen Parallelität von Hemmung und Neubeginn nach §§ 205 und 212 Abs. 1 Nr. 1 *Peters* JZ 2003, 838 (839): Der durch § 205 gewährte Schutz sei im Fall eines mit dem Leistungsverweigerungsrecht verbundenen Anerkenntnisses unverhältnismäßig, da die nach § 212 Abs. 1 Nr. 1 neu in Lauf gesetzte Verjährungsfrist zusätzlich durch § 205 gehemmt werde und nach Ende der Hemmung wieder in voller Länge zur Verfügung stehe.

11   Soergel/*Niedenführ* BGB § 205 Rn. 3; Staudinger/*Peters/Jacoby* BGB § 205 Rn. 1, 7 (dort auch zur Abgrenzung zwischen § 205 und § 206).

12   In deutscher Sprache veröffentlicht in ZEuP 2003, 895 ff.

zend den Regelungen des allgemeinen Verjährungsrechts.[13] Zu beachten ist allerdings, dass die Anwendung des §205 in einigen Sondergesetzen für geringfügige Ansprüche **eingeschränkt** ist (vgl. §5 Abs. 3 S. 4 GKG; §6 Abs. 3 S. 3 GNotKG; §8 Abs. 3 S. 4 GvKostG; §2 Abs. 4 S. 2 JVEG iVm §5 Abs. 3 S. 4 GKG: Bei Beträgen unter 25 EUR wird die Verjährung nicht gehemmt). Vollständig **ausgeschlossen** wird die Anwendung der allgemeinen Hemmungstatbestände (und folglich auch des §205) in §600 Abs. 3 S. 2 HGB.

Über §939 Abs. 2 erstreckt sich die Wirkung des §205 auch auf die **Ersitzung**. Ist die Verjährung des Herausgabeanspruchs gegen den Eigenbesitzer oder den sein Besitzrecht von diesem ableitenden Besitzmittler gem. §205 gehemmt, wird zugleich das Ende der Ersitzungszeit (§937 Abs. 1) hinausgeschoben. **7**

Entsprechend heranzuziehen sein soll die Vorschrift auf den Lauf einer **Klagefrist**, wenn der mit der Klage verfolgte Anspruch (zB Gehaltsforderungen) in einem zuvor geführten Kündigungsschutzprozess bereits Gegenstand eines Prozessvergleichs war. In diesem Fall spricht nach Ansicht der Rechtsprechung vieles dafür, eine Hemmung der Klagefrist analog §205 bis zum Widerruf des Prozessvergleichs anzunehmen.[14] **8**

Auf **Gestaltungsrechte** (insbes. Rücktritt und Minderung) findet die Vorschrift keine unmittelbare Anwendung. Die Hemmung nach §205 kann sich jedoch indirekt über §218 auch auf diese auswirken (vgl. die dortige Kommentierung). **9**

II. Voraussetzungen

§205 setzt ein **vorübergehendes** vereinbartes Leistungsverweigerungsrecht des Schuldners voraus. Ist der Schuldner auf Dauer berechtigt, die Leistung zu verweigern, greift §205 nicht ein. In diesem Fall könnte eine Hemmung der Ansprüche des Gläubigers seine Rechtsposition kaum verbessern; ein entsprechender Tatbestand würde regelmäßig leer laufen.[15] **10**

Das Leistungsverweigerungsrecht muss auf einer (ausdrücklichen oder stillschweigenden)[16] **Vereinbarung** zwischen Schuldner und Gläubiger beruhen.[17] §205 erfasst daher vor allem, aber nicht ausschließlich,[18] die **Stundung**[19] und das sog. pactum de non petendo (Stillhalteabkommen).[20] Als (leasingvertraglich vereinbartes) vorübergehendes Leistungsverweigerungsrecht ist nach BGH auch das Recht des Leasingnehmers zu sehen, die Zahlung der Leasingraten vorläufig einzustellen, wenn er gegen den Lieferanten wegen eines Mangels der Leasingsache auf Rückabwicklung des Kaufvertrags klagt.[21] **11**

Ein **Stillhalteabkommen** liegt vor, wenn die Parteien sich (ausdrücklich oder stillschweigend) einigen, dass der Schuldner vorübergehend, dh für einen beschränkten Zeitraum, berechtigt sein soll, die Leistung zu verweigern, und entsprechend dem Gläubiger vorübergehend die Möglichkeit genommen wird, seinen **12**

---

13 Zur grundsätzlichen Anwendbarkeit des §205 auch im öffentlichen Recht vgl. *Guckelberger*, Die Verjährung im Öffentlichen Recht, S. 601 f.; BeckOK BGB/*Henrich* §205 Rn. 1; Staudinger/*Peters/Jacoby* BGB §205 Rn. 27. Soweit allerdings die dem §62 S. 2 VwVfG entsprechenden Regelungen der Landesgesetze auf die Vorschriften des BGB verweisen, hält *Guckelberger* diese für verfassungswidrig und votiert für die Fortgeltung der §§194 ff. aF (ebd., S. 634 f.).

14 LAG Bln LAGE §309 BGB 2002 Nr. 5. Vgl. aber auch Staudinger/*Peters/Jacoby* BGB §205 Rn. 22: keine direkte Anwendung des §205 auf die Verjährung des Lohnanspruchs, wenn zuvor Kündigungsschutzklage zu erheben war; MüKoBGB/*Grothe* §205 Rn. 11: keine direkte Hemmung nach §205 bei Abschluss eines Vergleichs.

15 Vgl. auch MüKoBGB/*Grothe* §205 Rn. 2.

16 Vgl. BGH NJW 2002, 1488 (1489) (noch zu §202 Abs. 1 aF); Staudinger/*Peters/Jacoby* BGB §205 Rn. 9 (dort zur stillschweigenden Vereinbarung einer Stundung, mit Beispielen) und Rn. 17 (dort zum konkludenten Abschluss eines pactum de non petendo, mit Beispielen).

17 Vgl. BGH FamRZ 2020, 192 (194); NZI 2018, 154 (155); s. auch KG BeckRS 2015, 18485 (Ausübung des Vermieterpfandrechts führt nicht zu einer Hemmung); OLG Hamm ZEV 2018, 153 (155) (einseiti-

ger vorübergehender Verzicht des Gläubigers auf Verfolgung des Anspruchs genügt nicht).

18 Zu weiteren Beispielen vgl. MüKoBGB/*Grothe* §205 Rn. 9 ff.; BeckOK BGB/*Henrich* §205 Rn. 6 (Kontokorrent); Staudinger/*Peters/Jacoby* BGB §205 Rn. 19 ff.; Erman/*Schmidt-Räntsch* BGB §205 Rn. 4 (Inzahlungnahme eines Wechsels) und Rn. 7 (Kontokorrent).

19 S. näher Staudinger/*Peters/Jacoby* BGB §205 Rn. 8 ff.

20 AllgM, vgl. nur BGH BeckRS 2012, 02819 (Rn. 3) (Stundung durch Annahme einer Leistung erfüllungshalber); BGH ZNER 2009, 249 (zum pactum de non petendo); OLG Karlsruhe NJW-RR 2016, 459 (460) (Stundung); OLG Sachsen-Anhalt JAmt 2008, 52 (zur Stundung); LG Hannover BeckRS 2019, 25807 (Abtretung als Leistung erfüllungshalber); Palandt/*Ellenberger* BGB §205 Rn. 2; *Ott* MDR 2002, 1 (5); Erman/*Schmidt-Räntsch* BGB §205 Rn. 5; Staudinger/*Peters/Jacoby* BGB §205 Rn. 14 ff. (zum pactum de non petendo). Zur Abgrenzung gegenüber einem urteilsvertretenden privaten Anerkenntnis s. *Haas/Schulze* FS Graf von Westphalen, 2010, S. 253, 266.

21 BGH NJW 2016, 397 (398) (Tz 19 ff.); BeckRS 2016, 00483.

Anspruch gerichtlich zu verfolgen.[22] Stundung und pactum de non petendo wurden schon unter altem Recht als wesentliche Anwendungsfälle des § 202 Abs. 1 aF erachtet. Die hierzu im Rahmen des alten Rechts gewonnenen Erkenntnisse können daher auf das neue Recht grundsätzlich übertragen werden;[23] allerdings wird jeweils kritisch zu überprüfen sein, ob die Änderungen des neuen Rechts, insbes. die Ausweitung der Parteiautonomie in § 202 und die Schaffung neuer Hemmungstatbestände in § 204 Abs. 1, ggf. eine Neubewertung erforderlich machen. Nicht ausreichend für die Annahme eines pactum de non petendo ist jedenfalls die schlichte Vereinbarung des **Ruhens eines Verfahrens**, sofern es an der für ein Stillhalteabkommen erforderlichen zeitlichen Beschränkung fehlt.[24] Ebenfalls nicht von § 205 erfasst ist die anfängliche **Fälligkeitsvereinbarung**. Eine solche „anfängliche Stundung" begründet kein Leistungsverweigerungsrecht, sondern schiebt originär die Fälligkeit und damit den Beginn der Verjährung hinaus (s. auch → Rn. 2).[25]

13 Soweit der BGH unter altem Recht die Ansicht vertreten hatte, bei Zinsen aus **Sicherungsgrundschulden** sei die Verjährung nicht in entsprechender Anwendung des § 202 Abs. 1 aF bis zum Eintritt des Sicherungsfalls gehemmt (s. dazu näher → § 202 Rn. 58),[26] hindert ihn der Wortlaut des neuen § 205 nicht, diese Rechtsprechung fortzusetzen.[27]

14 Wird ein vorübergehendes Leistungsverweigerungsrecht vereinbart, welches mit einem gesetzlichen Leistungsverweigerungsrecht identisch ist (und nur **vertraglich nachvollzogen** wird), so liegt kein vereinbartes Leistungsverweigerungsrecht iSv § 205 vor.[28] Hatten die Parteien bei der Vereinbarung jedoch den Willen, durch diese Einfluss auf die Verjährungshemmung nach § 205 zu nehmen, so kann die Vereinbarung unter den Voraussetzungen des § 202 Abs. 2 als verjährungserschwerende Vereinbarung qualifiziert werden.[29]

15 ZT wird eine **analoge Anwendung** des § 205 befürwortet, wenn sich ein gesetzliches Leistungsverweigerungsrecht oder andere rechtliche Hindernisse in der Wirkung von einem vereinbarten Leistungsverweigerungsrecht nicht unterscheiden.[30] Dies erscheint nicht unproblematisch. Die für den Schuldner nachteilige Hemmungswirkung rechtfertigt sich in den von § 205 erfassten Fällen nicht zuletzt dadurch, dass der Schuldner an der Begründung des Leistungsverweigerungsrechts mitgewirkt hat. Dieses Argument trägt bei gesetzlichen Leistungshindernissen jedenfalls nicht. Vor allem aber wurde im Tatbestand des § 205 bewusst nur auf rechtsgeschäftlich begründete Leistungsverweigerungsrechte abgestellt.[31] Für eine analoge Anwendung der Regelung auf **gesetzliche Leistungsverweigerungsrechte** fehlt es daher bereits an der erforderlichen planwidrigen Regelungslücke (s. auch → Rn. 1). Nicht erfüllt sind die Voraussetzungen des § 205 daher etwa im Fall der Mittellosigkeit des Betreuten im Sinne des § 1836 d,[32] der Rechtsausübungssperre des § 1600 d Abs. 5[33] oder der Anzeige der Masseunzulänglichkeit nach § 208 Abs. 1 InsO durch den Insolvenzverwalter.[34]

16 Unter altem Recht unterschied § 202 aF sachgerecht[35] zwischen **hinzunehmenden** (§ 202 Abs. 1 aF) und den anderen, von dem Gläubiger **beseitigbaren** (§ 202 Abs. 2 aF) vorübergehenden **Leistungshindernissen**. Diese Unterscheidung nimmt § 205 seinem Wortlaut nach nicht mehr auf. Im Zweifel wird diese Diffe-

22 BGH NJW-RR 2011, 208 (209); ZNER 2009, 249; OLG Brandenburg BeckRS 2016, 16213; OLG Düsseldorf NJW-RR 2007, 13 (14); OLG Saarbrücken NJW-RR 2006, 163.

23 Soergel/*Niedenführ* BGB § 205 Rn. 8 (zum pactum de non petendo); explizit zu der Bewertung des Teilungsabkommens als pactum de non petendo durch die Rspr. (vgl. BGH VersR 2003, 1547): *Lehmacher* die BG 2003, 384 (389).

24 LG Karlsruhe 11.2.2009 – 1 S 91/07, juris Rn. 16 unter Hinweis auf Staudinger/*Peters/Jacoby* BGB § 205 Rn. 18; ebenso MüKoBGB/*Grothe* § 205 Rn. 11.

25 OLG Düsseldorf NJW-RR 2007, 13 (14); MüKoBGB/*Grothe* § 205 Rn. 1, 3; BeckOK BGB/*Henrich* § 205 Rn. 2; Erman/*Schmidt-Räntsch* BGB § 205 Rn. 3; aA Staudinger/*Peters/Jacoby* BGB § 205 Rn. 6.

26 BGH NJW 1999, 3705 (3707).

27 Darauf weist hin BT-Drs. 14/6040, S. 118; ebenso MüKoBGB/*Grothe* § 205 Rn. 11; Palandt/*Ellenberger* BGB § 205 Rn. 2; Soergel/*Niedenführ* BGB § 205 Rn. 15; Erman/*Schmidt-Räntsch* BGB § 205 Rn. 5; vgl. auch BGH NJW 2017, 2469 (2471). Insoweit zust. auch *Lakkis* AcP 203 (2003), 763, 780, die jedoch die Rspr. des BGH im Erg. ablehnt (ebd.,

S. 777 ff., 782); krit. auch Staudinger/*Peters/Jacoby* BGB § 205 Rn. 24.

28 Ebenso MüKoBGB/*Grothe* § 205 Rn. 2; PWW/*Deppenkemper* BGB § 205 Rn. 2; Erman/*Schmidt-Räntsch* BGB § 205 Rn. 2; *Haas/Schulze* FS Graf von Westphalen, 2010, S. 253, 265.

29 Ebenso *Birr* Verjährung und Verwirkung, Rn. 90; MüKoBGB/*Grothe* § 205 Rn. 2.

30 So OLG München ZIP 2009, 1310 (1311); s. auch Palandt/*Ellenberger* BGB § 205 Rn. 3: analoge Anwendung des § 205, wenn ein rechtliches Hindernis in seiner Wirkung einem vereinbarten Leistungsverweigerungsrecht gleichsteht (zB im Fall der unrichtigen Abtretungsanzeige, § 409 Abs. 1); aA BGH FamRZ 2020, 192 (194); NZI 2018, 154 (155); OLG Düsseldorf FamRZ 2018, 541 (542); MüKoBGB/*Grothe* § 205 Rn. 2; Erman/*Schmidt-Räntsch* BGB § 205 Rn. 8.

31 S. auch BGH FamRZ 2020, 192 (194); NZI 2018, 154 (155); Parteiwille muss Grundlage des Leistungsverweigerungsrechts bilden.

32 BGH NJW-RR 2012, 579 (581).

33 BGH FamRZ 2020, 192 (194).

34 BGH NZI 2018, 154 (155).

35 Staudinger/*Peters*, 13. Bearb. 1995, BGB § 202 Rn. 5.

renzierung bei der Auslegung der vereinbarten Leistungsverweigerungsrechte durch **ergänzende Vertragsauslegung** aber wieder aufzunehmen sein. Die vorübergehenden Leistungsverweigerungsrechte, welche der Gläubiger selbst beseitigen kann (wie zB solche, die mit § 320 vergleichbar, wenn auch nicht damit identisch – → Rn. 14 – sind), sollen im Zweifel nicht die Verjährung hemmen, weil der Gläubiger ansonsten einseitig den Hemmungseintritt und die Hemmungsdauer steuern könnte.[36]

III. Wirkung der Hemmung

Die Wirkung der Hemmung richtet sich nach § 209 (vgl. die dortige Kommentierung). Die **Hemmungsdauer** ist von der jeweiligen Parteivereinbarung abhängig und ggf. im Wege der Auslegung zu ermitteln. Im Rahmen des § 202 aF gestand die Rechtsprechung in den Fällen, in denen der Schuldner auf die Geltendmachung der Verjährungseinrede zunächst auf unbestimmte Zeit verzichtet hatte, später jedoch erklärte, sich an diesen Verzicht nicht mehr gebunden zu fühlen, eine kurze **Überlegungsfrist** zu, innerhalb derer der Gläubiger über eine eventuelle Klageerhebung befinden konnte (vgl. zu dieser Rechtsprechung und deren Bewertung unter neuem Recht auch → § 203 Rn. 8).[37] Diese Rechtsprechung wird in der Literatur zT auf die Hemmung nach § 205 übertragen.[38] Eine derartige Karenzfrist wird man dem Gläubiger jedoch nur dann zugestehen können, wenn (a.) das Ende der Hemmung für ihn überraschend kam und (b.) unmittelbar nach Ende der Hemmung Verjährung eintreten würde. Treffen beide Umstände zusammen, kann dem Gläubiger gem. § 242 in Anlehnung an die vorstehende Rechtsprechung auch nach Ablauf der Verjährungsfrist ein kurzer Zeitrahmen zugestanden werden, um sich über das weitere Vorgehen Klarheit zu verschaffen. **17**

IV. Übergangsrecht

Zum Übergangsrecht → EGBGB Art. 229 § 6 Rn. 24 f. **18**

C. Weitere praktische Hinweise

Darlegungs- und **beweispflichtig** für das Vorliegen eines Leistungsverweigerungsrechts im Sinne des § 205 ist nach allg. Ansicht der sich auf den Eintritt der Hemmung berufende Gläubiger.[39] Ist der Hemmungseintritt unstreitig oder dessen Voraussetzungen bewiesen, soll es nach herrschender Auffassung stets Sache des Schuldners sein, die Tatsachen darzulegen und ggf. zu beweisen, die zum Ende der Hemmung führen.[40] Vorliegend würde danach der Schuldner die Beweislast für die Behauptung des Fortfalls des Leistungsverweigerungsrechts tragen. Diese Ansicht ist jedoch nicht unbestritten. Ein Teil der Literatur tritt dafür ein, dass dann, wenn der Schuldner das Vorliegen der den Hemmungsfortbestand tragenden Tatsachen substantiiert bestreitet, der Gläubiger auch die Beweislast dafür trägt, dass das Leistungsverweigerungsrecht während des von ihm geltend gemachten Zeitraums andauerte.[41] Zur Begründung wird vorgetragen, dass die mit dem Bestehen (Eintritt und Fortbestand) eines Leistungsverweigerungsrechts verbundene Hemmungswirkung eine für den Gläubiger vorteilhafte Rechtsfolge darstelle und daher nach allgemeinen Beweislastregeln von diesem zu belegen sei. Ebenfalls auf die allgemeinen Regeln verweist allerdings auch die herrschende Ansicht, nach welcher der Schuldner die Tatsachen darzulegen und zu beweisen hat, aus denen sich die Beendigung der Hemmung ergibt.[42] **19**

Die von den Vertretern beider Ansichten in Anspruch genommene allgemeine Grundregel sieht vor, dass die Beweislast für rechtshemmende Tatsachen (zu denen auch die die Verjährung stützenden Tatsachen zählen) der Anspruchsgegner trägt, während dem Anspruchsteller die Beweislast für die Tatsachen obliegt, welche **20**

---

36 Ebenso MüKoBGB/*Grothe* § 205 Rn. 2; aA jurisPK-BGB/*Lakkis* § 205 Rn. 4.

37 BGH WM 1983, 472 (474) (dort ca. dreieinhalb Monate); OLG Düsseldorf NJW 2002, 2265 (dort fünfeinhalb Wochen).

38 Erman/*Schmidt-Räntsch* BGB § 205 Rn. 5 aE.

39 BGH NJW-RR 2011, 208 (209); OLG Hamm ZEV 2018, 153 (155) (Stillhalteabkommen); LG Karlsruhe 11.2.2009 – 1 S 91/07, juris Rn. 16; Staudinger/*Peters/Jacoby* BGB § 205 Rn. 28; ferner Henssler/von Westphalen/*Bereska* BGB Vor §§ 203–213 Rn. 5; MüKoBGB/*Grothe* BGB § 203 Rn. 1; Soergel/*Niedenführ* BGB Vor § 203 Rn. 12, die allgemein die

Beweislast für den Beginn der Hemmung dem Gläubiger auferlegen.

40 Henssler/von Westphalen/*Bereska* BGB Vor §§ 203–213 Rn. 5; Soergel/*Niedenführ* BGB Vor § 203 Rn. 12; ebenso noch zum alten Recht Baumgärtel/*Laumen* Handbuch der Beweislast im Privatrecht § 202 aF Rn. 2 im Anschluss an BGH WM 1977, 823 f.

41 Staudinger/*Peters/Jacoby* BGB § 205 Rn. 28; ferner MüKoBGB/*Grothe* BGB § 203 Rn. 1.

42 So ausdr. Henssler/von Westphalen/*Bereska* BGB Vor §§ 203–213 Rn. 5.

die Hemmung des Anspruchs hindern. Einwendungen gegen die Hemmungshinderung hat dann wiederum der Anspruchsgegner zu beweisen, etc[43]

21 Die Beantwortung der Frage, wer die Beweislast für den Fortbestand bzw. die Aufhebung des Leistungsverweigerungsrechts trägt, hängt davon ab, wie der Begriff der Hinderung der Anspruchshemmung im Hinblick auf § 205 verstanden wird. Sieht man als die Einrede der Verjährung hindernd nicht nur den Eintritt, sondern auch den Fortbestand der Verjährungshemmung an, so stützt die allgemeine Beweislastregelung die Auffassung, nach der der Gläubiger den Eintritt und (im Bestreitensfalle) den Fortbestand des Leistungsverweigerungsrechts zu beweisen hat. Indes ist dieser Ansatz keineswegs zwingend. Ebenfalls vertretbar erscheint es, bereits innerhalb der Regelung des § 205 eine Aufteilung der Beweislast in der Weise vorzunehmen, dass lediglich der Eintritt der Hemmung und damit die Vereinbarung eines Leistungsverweigerungsrechts vom Gläubiger zu beweisen ist, die Aufhebung dieses Rechts jedoch als die Verjährungshemmung hindernd im Sinne der allgemeinen Beweislastregelung betrachtet wird und daher vom Schuldner darzulegen und zu beweisen ist. Im Einzelnen kann hinsichtlich beider Ansätze auf die ausführliche Darlegung der Parallelproblematik in → § 203 Rn. 60 verwiesen werden.

§ 206 Hemmung der Verjährung bei höherer Gewalt

Die Verjährung ist gehemmt, solange der Gläubiger innerhalb der letzten sechs Monate der Verjährungsfrist durch höhere Gewalt an der Rechtsverfolgung gehindert ist.

Literatur: *Peters*, Der Bürge und die Einrede der Verjährung der Hauptschuld, NJW 2004, 1430; *ders.*, Die Verjährung in Fällen unbekannter Anschrift des Schuldners, NJW 2012, 2556.

A. Allgemeines	1	2. Erfasste Ansprüche	16
B. Regelungsgehalt	9	II. Rechtsfolgen	18
I. Anwendungsbereich	9	III. Übergangsrecht	21
1. Höhere Gewalt	9	**C. Weitere praktische Hinweise**	22

A. Allgemeines

1 § 206 ordnet die Hemmung der Verjährung an, solange der Gläubiger innerhalb der letzten sechs Monate der Verjährungsfrist durch höhere Gewalt an der Rechtsverfolgung gehindert ist. Die Vorschrift entspricht in ihrem sachlichen Gehalt **§ 203 aF**; eine inhaltliche Änderung war durch die Neuformulierung nicht beabsichtigt. Der in § 203 Abs. 1 aF noch ausdrücklich erwähnte Fall des **Stillstands der Rechtspflege** hat im neuen Recht keine gesonderte Regelung mehr erfahren, sondern ist nunmehr als ein Unterfall der höheren Gewalt anzusehen.[1]

2 Zur Auslegung des § 206 können die Ergebnisse herangezogen werden, die Rechtsprechung und Lehre im Hinblick auf § 203 Abs. 1 und 2 aF erzielt haben.[2]

3 Unter altem Recht wurde auch die Einreichung eines vollständigen und ordnungsgemäß begründeten **Gesuchs um Prozesskostenhilfe** als Fall des § 203 Abs. 2 aF qualifiziert (s. auch → § 204 Rn. 132).[3] Diese Rechtsprechung hat mit Inkrafttreten des SchuldRModG an Bedeutung verloren. Die Hemmung infolge Beantragung von Prozesskostenhilfe richtet sich nunmehr, jedenfalls soweit der **erstmalige Antrag** betroffen ist, nach § 204 Abs. 1 Nr. 14 (näher → § 204 Rn. 131 ff.).[4] Der Gläubiger steht sich damit im Regelfall besser als dies nach § 203 Abs. 2 aF der Fall war bzw. nach § 206 der Fall wäre. Zum einen kommt die Hemmung nach § 204 Abs. 1 Nr. 14 nicht innerhalb der letzten sechs Monate vor Verjährungseintritt, sondern zu jedem Zeitpunkt des Fristlaufes zum Tragen, zum anderen wird das Ende der Hemmungsfrist nach § 204 Abs. 2 stets um volle sechs Monate hinausgeschoben. Bei **wiederholten Anträgen**, die nicht mehr von § 204 Abs. 1 Nr. 14 erfasst werden, kann aber ggf. auch weiterhin ein Rückgriff auf § 206 angezeigt sein.[5]

43   Vgl. nur BGH NJW 1999, 352 (353); Zöller/*Greger* ZPO Vor § 284 Rn. 17 a; Stein/Jonas/*Thole* ZPO § 286 Rn. 106 ff.; Thomas/Putzo/*Reichold* ZPO Vor § 284 Rn. 23.

1   BT-Drs. 14/6040, S. 118 f.

2   Ebenso Henssler/von Westphalen/*Bereska* BGB § 206 Rn. 2; Soergel/*Niedenführ* BGB § 206 Rn. 1.

3   BGH FamRZ 2004, 177; NJW 2001, 2545 (2546); 1994, 3360 (3361); OLG Köln NJW 1994, 3360 (3361).

4   Staudinger/*Peters/Jacoby* BGB § 206 Rn. 19; ferner Erman/*Schmidt-Räntsch* BGB § 206 Rn. 8.

5   Ausf. hierzu Staudinger/*Peters/Jacoby* BGB § 206 Rn. 19 ff.

Nicht gefolgt worden ist bei der Neukonzeption des § 206 dem Vorschlag,[6] die Hemmung in Fällen höherer Gewalt auf alle Situationen, in welchen der Gläubiger in den letzten sechs Monaten der ablaufenden Verjährungsfrist **ohne** sein **Verschulden** an der Rechtsverfolgung gehindert ist, auszudehnen. Der Gesetzgeber weist ua darauf hin, dass die Gründe dafür, einen Anspruch nicht rechtzeitig einzuklagen, sehr vielfältig sein können. Dennoch habe die zum alten Recht ergangene Rechtsprechung in den Fällen bloß fehlenden Verschuldens keine Hemmung angenommen.[7] Der Gesetzgeber hat diese Wertung übernommen.[8] De lege lata ist die gesetzgeberische Entscheidung zu akzeptieren. **4**

§ 206 findet auf sonstige Fristen, insbes. auf einige **gesetzliche Ausschlussfristen,** kraft Verweisung entsprechende Anwendung. Hierzu zählen §§ 124 Abs. 2 S. 2, 204 Abs. 3, 802 S. 3, 939 Abs. 2, 1002 Abs. 2, 1317 Abs. 1 S. 3, 1600b Abs. 5 S. 3,[9] 1762 Abs. 2 S. 3, 1944 Abs. 2 S. 3,[10] 1954 Abs. 2 S. 2, 2082 Abs. 2 S. 2, 2283 Abs. 2 S. 2 sowie sondergesetzlich §§ 26 Abs. 1 S. 3, 160 Abs. 1 S. 3 HGB, §§ 45 Abs. 2 S. 2, 133 Abs. 4 S. 2, 157 Abs. 2 S. 2, 224 Abs. 3 S. 2 UmwG und § 327 Abs. 4 S. 3 AktG. **5**

Außerhalb ausdrücklicher Verweisungen ist bei der Übertragung des § 206 auf (gesetzliche oder vereinbarte) Fristen Zurückhaltung geboten. Im Regelfall hat die Verhinderung des Betroffenen aufgrund höherer Gewalt keine Auswirkungen auf den Lauf von Ausschluss- oder sonstigen Fristen.[11] **6**

In der Literatur auf Kritik gestoßen war der durch das SchuldRModG in § 1997 aF (bis 14.12.2004) erfolgte Austausch des § 203 Abs. 1 aF (bis 31.12.2001) durch § 206.[12] Aufgrund der Neuregelung kam es nicht mehr nur bei dem Stillstand der Rechtspflege zu einer **Hemmung des Laufs der Inventarfrist** (wie noch in §§ 1997, 203 Abs. 1 aF [bis 31.12.2001] vorgesehen), sondern in allen Fällen höherer Gewalt. Diese Ausweitung führte zu Friktionen im Verhältnis zu § 1996 aF (bis 14.12.2004), der die Hinderung des Erben an der Inventarerrichtung durch höhere Gewalt gleichfalls, jedoch mit gänzlich anderen Konsequenzen regelte.[13] Durch das am 15.12.2004 in Kraft getretene Gesetz zur Anpassung von Verjährungsvorschriften an das Gesetz zur Modernisierung des Schuldrechts ist schließlich eine Änderung der §§ 1996 und 1997 aF (bis 14.12.2004) erfolgt: Der Verweis in § 1997 auf § 206 wurde aufgegeben; zugleich wurden die Voraussetzungen des § 1996 Abs. 1 gelockert. Dementsprechend kann der Erbe jetzt nicht nur dann eine neue Inventarfrist beantragen, wenn er durch höhere Gewalt an der Inventarerrichtung gehindert war, sondern in allen Fällen fehlenden Verschuldens. **7**

§ 206 entspricht im Wesentlichen Art. 14:303 der **Principles of European Contract Law** (*Lando*-Principles; zu diesen → Vor § 194–218 Rn. 20 ff.)[14] und Art. III-7:303 des **Draft Common Frame of Reference** (DCFR; dazu → Vor §§ 194–218 Rn. 21 f.).[15] Anders als § 206 verwenden Art. 14:303 Abs. 1 PECL und Art. III-7:303 Abs. 1 DCFR allerdings nicht nur den abstrakten Begriff der höheren Gewalt, sondern fordern konkreter, dass der Gläubiger durch einen Hinderungsgrund von der Geltendmachung seines Anspruchs abgehalten werden muss, der außerhalb seines Einflussbereiches liegt und dessen Vermeidung oder Überwindung von ihm vernünftigerweise nicht erwartet werden konnte. **8**

B. Regelungsgehalt

I. Anwendungsbereich

1. Höhere Gewalt. Der Gesetzgeber hat auf eine Legaldefinition der höheren Gewalt verzichtet. Rechtsprechung und Literatur zu § 203 Abs. 2 aF haben den Begriff in Anlehnung an den Terminus des unab- **9**

---

6 *Peters/Zimmermann*, Der Einfluss von Fristen auf Schuldverhältnisse, in Bundesministerium der Justiz, Gutachten und Vorschläge zur Überarbeitung des Schuldrechts, S. 252, 308; abl. BT-Drs. 14/6040, S. 118 f.

7 BGH NJW 1975, 1466 (zu spät behobene Beweisschwierigkeiten); KG und OLG Hamm NJW 1980, 242 ff., 244, 246 (verfassungswidriges Gesetz); BAG NJW 1962, 1077 f. gegen BGH DB 1961, 1257 (geänderte Rspr.).

8 BT-Drs. 14/6040, S. 119.

9 S. dazu OLG Düsseldorf FamRZ 2019, 1871 (1872).

10 S. dazu OLG Brandenburg ZEV 2014, 540 (541); OLG Saarbrücken BeckRS 2011, 18369; *Ivo* ZEV 2002, 309 (313 f.).

11 MüKoBGB/*Grothe* § 206 Rn. 3; Palandt/*Ellenberger* BGB § 206 Rn. 3; Soergel/*Niedenführ* BGB § 206 Rn. 3; Staudinger/*Peters/Jacoby* BGB § 206 Rn. 31

unter Hinw. auf die entspr. Rspr. unter § 203 aF zu §§ 586 Abs. 2 S. 2, 958 Abs. 2 ZPO. Für eine entspr. Anwendung des § 206 auf tarifvertragliche Ausschlussfristen aber *Krause* RdA 2004, 106 (110); vgl. auch LAG Bln BeckRS 2012, 72139 (s. aber auch im Anschluss BAG NZA 2015, 35 (39)); LAG Bln LAGE § 309 BGB 2002 Nr. 5, dort aber letztlich offengelassen.

12 *Siegmann* ZEV 2003, 179 (180 f.).

13 Eindrücklich *Siegmann* ZEV 2003, 179 (180).

14 In deutscher Sprache veröffentlicht in ZEuP 2003, 895 ff. Art. 14:303 PECL entspricht Art. 17:107 PECL der vorherigen Fassung, abgedruckt in ZEuP 2001, 400 (401).

15 Vgl. *von Bar/Clive/Schulte-Nölke*, Principles, Definitions and Model Rules of European Private Law, Draft Common Frame of Reference (DCFR), Full Edition 2009.

wendbaren Zufalls iSd § 233 Abs. 1 ZPO aF allerdings dahin gehend konkretisiert, dass ein Ereignis eingetreten sein muss, durch das der Gläubiger an der Verfolgung seiner Rechte selbst unter **Wahrung der äußersten, billigerweise zu erwartenden Sorgfalt und Anstrengung** gehindert worden ist.[16] Diese Voraussetzungen sind nunmehr auf § 206 zu übertragen.[17] Nicht möglich ist es, Wertentscheidungen des Gesetzgebers über § 206 zu korrigieren.[18]

10 Bereits leichte Fahrlässigkeit des Anspruchsberechtigten oder seines (gesetzlichen oder rechtsgeschäftlichen) Vertreters, insbes. auch seines Prozessbevollmächtigten,[19] steht der Annahme höherer Gewalt entgegen.[20] Anzulegen ist dabei der **Sorgfaltsmaßstab**, der von der jeweiligen Person in der betreffenden sozialen Situation und des jeweiligen Bildungsstandes erwartet werden kann.[21] **Fehlende Rechtskenntnis** oder ein **Rechtsirrtum** sind regelmäßig keine Fälle höherer Gewalt.[22] Wurde die Fehlvorstellung des Gläubigers jedoch durch eine Behörde oder ein Gericht hervorgerufen oder verstärkt, ist der Berechtigte dann entlastet, wenn er das Verschulden der betreffenden Organe auch bei ihm zumutbarer angemessener Sorgfalt nicht hätte erkennen können.[23] Gleiches gilt bei fehlerhaftem **Verhalten eines Notars**.[24]

11 Die Annahme höherer Gewalt ist nicht davon abhängig, dass das betreffende Ereignis außerhalb der Einflusssphäre des Gläubigers liegt (zB **Verzögerung der Briefbeförderung**, sofern diese auch eine Wiedereinsetzung nach § 233 ZPO rechtfertigen würde)[25] oder nicht in dessen Person begründet ist.[26] Auch eine unerwartete schwere **Krankheit**, aufgrund derer dem Gläubiger die Geltendmachung seiner Rechte schlechthin unmöglich wird,[27] oder die **Entführung** des Anspruchsberechtigten oder seines gesetzlichen Vertreters können daher die Rechtsfolge des § 206 zeitigen.[28]

16 St. Rspr., vgl. statt vieler BAG NJW 2003, 2849 (2850); BGH NJW 1997, 3164; 1994, 2752 (2753) jeweils mwN.
17 OLG Frankfurt NZI 2019, 919 (920); OLG Düsseldorf FamRZ 2019, 1871 (1872); OLG Hamm NJW 2019, 3163 (3165); LAG Düsseldorf BeckRS 2011, 73311; OLG Jena AUR 2003, 157; *Birr* Verjährung und Verwirkung, Rn. 91; MüKoBGB/*Grothe* § 206 Rn. 4; Palandt/*Ellenberger* BGB § 206 Rn. 4; Soergel/*Niedenführ* BGB § 206 Rn. 4; Staudinger/ *Peters/Jacoby* BGB § 206 Rn. 26; Erman/*Schmidt-Räntsch* BGB § 206 Rn. 4. Nach *Peters* NJW 2004, 1430 f., soll § 206 auch in dem Fall Wirkung zeitigen, in dem der Gläubiger eine durch Bürgschaft gesicherte Forderung gegenüber dem Hauptschuldner nicht mit den in § 204 Abs. 1 aufgeführten Instituten verfolgen kann. Hier soll die Verjährung nach § 206 innerhalb der letzten sechs Monate der Verjährungsfrist gehemmt sein, um dem Bürgen die Berufung auf die Verjährung der Hauptschuld (vgl. § 768 Abs. 1 S. 1) zu versagen.
18 BGH FamRZ 2020, 192 (194) zur Verjährung des Pflichtteilsergänzungsanspruchs aus § 2329 bei postmortaler Vaterschaftsfeststellung: Der Anspruch verjährt gem. §§ 195, 2332 Abs. 1 auch dann drei Jahre nach dem Erbfall, wenn die anspruchsbegründende Feststellung der Vaterschaft des Erblassers erst nach Eintritt der Verjährung erfolgt ist. § 206 findet keine Anwendung.
19 OLG Düsseldorf BeckRS 2013, 18121; MüKoBGB/ *Grothe* § 206 Rn. 5; Palandt/*Ellenberger* BGB § 206 Rn. 4; Soergel/*Niedenführ* BGB § 206 Rn. 4; Staudinger/*Peters/Jacoby* BGB § 206 Rn. 27. Zum alten Recht: BGH NJW 1997, 3164; 1994, 2752 (2753); KG NJW-RR 2004, 941 (944); OLG Hamm NJW-RR 1994, 522 (523).
20 BGH NJW 1997, 3164; OLG Hamm NJW 2019, 3163 (3165); OLG Schleswig NJW-RR 2019, 680 (682); OLG Celle FamRZ 2010, 1824; KG NJW-RR 2004, 941 (944); BayObLG ZIP 2005, 205 (208); MüKoBGB/*Grothe* § 206 Rn. 4; BeckOK BGB/*Henrich* § 206 Rn. 3; Erman/*Schmidt-Räntsch* BGB § 206 Rn. 4.

21 BayObLG 1989, 116 (122); Staudinger/*Peters/ Jacoby* BGB § 206 Rn. 27.
22 BGH NJW 1997, 3164; OLG Celle FamRZ 2010, 1824; OLG Koblenz FamRZ 2007, 2098; BayObLG ZIP 2005, 205 (208); KG NJW-RR 2004, 941 (944); *Birr* Verjährung und Verwirkung, Rn. 91; MüKoBGB/*Grothe* § 206 Rn. 7; Palandt/*Ellenberger* BGB § 206 Rn. 6; BeckOK BGB/*Henrich* § 206 Rn. 4; Soergel/*Niedenführ* BGB § 206 Rn. 8; Erman/ *Schmidt-Räntsch* BGB § 206 Rn. 5.
23 BAG NZA 2015, 35 (39) (Rn. 42); NJW 2003, 2849 (2850); 1997, 3164; 1994, 2752 (2753); OLG Koblenz FamRZ 2007, 2098; BayObLG ZIP 2005, 205 (208).
24 KG NJW-RR 2004, 941 (944); OLG Hamm NJW-RR 1994, 522 (523); Palandt/*Ellenberger* BGB § 206 Rn. 4; Soergel/*Niedenführ* BGB § 206 Rn. 4; Erman/ *Schmidt-Räntsch* BGB § 206 Rn. 4.
25 OLG Jena AUR 2003, 157; OLG Karlsruhe NJW 2001, 3557; s. dagegen OLG Frankfurt NZI 2019, 919 (920): kein Fall des § 206, wenn die gewöhnliche Postlaufzeit überschritten wird.
26 MüKoBGB/*Grothe* § 206 Rn. 4; Staudinger/*Peters/ Jacoby* BGB § 206 Rn. 3 f.; aA BeckOK BGB/*Henrich* § 206 Rn. 3, der ein von außen kommendes Ereignis verlangt.
27 LAG Düsseldorf BeckRS 2011, 73311; *Birr* Verjährung und Verwirkung, Rn. 91; Staudinger/*Peters/ Jacoby* BGB § 206 Rn. 17. S. auch OLG Schleswig NJOZ 2013, 1227 (Fall der höheren Gewalt, wenn der Geschädigte psychisch außerstande gewesen ist, die Verfolgung seiner Rechte wahrzunehmen; konkret: posttraumatische Belastungsstörung wegen sexuellen Missbrauchs in der Kindheit); vgl. zum Beginn der Regelverjährung im Fall retrograder Amnesie auch *Budzikiewicz* NJ 2013, 252.
28 Weitere Beispiele aus der Rspr. zu § 203 Abs. 2 aF bei MüKoBGB/*Grothe* § 206 Rn. 9; Palandt/*Ellenberger* BGB § 206 Rn. 5; Soergel/*Niedenführ* BGB § 206 Rn. 6; Erman/*Schmidt-Räntsch* BGB § 206 Rn. 7.

Der **Stillstand der Rechtspflege**, der in § 203 Abs. 1 aF noch einen eigenständigen Hemmungsgrund bildete, ist unter neuem Recht als ein Fall höherer Gewalt iSd § 206 zu qualifizieren (→ Rn. 1). Dieser liegt vor, wenn der Gläubiger an der Verfolgung seiner Rechte deshalb gehindert ist, weil die Organe der Rechtspflege, auf deren Tätigkeit der Gläubiger bei der Durchsetzung seines Anspruchs angewiesen ist, ihre Tätigkeit eingestellt haben, sei es aufgrund faktischer Zwänge (zB Schließung des Gerichts wegen Hochwassers, Epidemien, terroristischer Anschläge etc), sei es aufgrund einer Verweigerung des Tätigwerdens im konkreten Fall.[29] **12**

In der Rechtsprechung wird ein Fall des § 206 auch angenommen, wenn der Gläubiger durch **unzutreffende Auskünfte staatlicher Stellen** von einer rechtzeitigen Wahrung seiner Rechte absieht;[30] wenn sich die Erteilung einer (rechtzeitig beantragten) **Genehmigung** der Erbausschlagung **durch das Betreuungs-** oder **Familiengericht** verzögert;[31] bei **fehlerhafter Abweisung einer Kündigungsschutzklage** (und späterem Restitutionsverfahren) im Hinblick auf die Verjährung von Vergütungsansprüchen;[32] wenn die verjährungshemmende Wirkung einer Zustellung der Klageschrift (§ 204 Abs. 1 Nr. 1) infolge eines für den Gläubiger **unabwendbaren gerichtlichen Fehlers** (unzulässige öffentliche Zustellung; verzögerte Sachbehandlung) nicht eingetreten ist.[33] **13**

Keine Fälle höherer Gewalt sollen ausweislich der Gesetzesbegründung[34] hingegen zu spät behobene **Beweisschwierigkeiten**,[35] die fehlerhafte Einschätzung der Erfolgsaussichten wegen Zugrundelegung eines **verfassungswidrigen Gesetzes**[36] sowie die **Änderung der Rechtsprechung**[37] sein.[38] Die Verjährung ist mithin auch dann nicht nach § 206 gehemmt, wenn der Anspruch vor dem Hintergrund der höchstrichterlichen Rechtsprechung zuvor keine Aussicht auf gerichtliche Durchsetzung hatte.[39] Nichts anderes gilt, wenn durch richterliche Rechtsfortbildung neues Recht geschaffen wurde[40] oder die Zulässigkeit der Rechtsverfolgung in einem bestimmten Verfahren höchstrichterlich noch nicht geklärt war.[41] Der Gläubiger kann sich in diesen Fällen nicht darauf berufen, ihm sei das Risiko der Rechtsverfolgung weniger zumutbar gewesen als demjenigen, der tatsächlich aktiv geworden ist und der damit die Rechtsprechungsänderung letzten Endes herbeigeführt hat.[42] **14**

Ebenfalls nicht von § 206 erfasst ist die **Eröffnung des Insolvenzverfahrens** über das Vermögen des Gläubigers[43] oder die **Anzeige der Masseunzulänglichkeit** nach § 208 Abs. 1 InsO durch den Insolvenzverwalter;[44] bei Fehlen eines Insolvenzverwalters kann jedoch § 210 Abs. 1 analog herangezogen werden (→ § 210 Rn. 8). Keinen Fall höherer Gewalt stellt auch die Unkenntnis der aktuellen **Anschrift des Schuldners** dar; dem Gläubiger bleibt hier die Möglichkeit der öffentlichen Zustellung.[45] **15**

---

29 BAG NJW 2003, 2849 (2850); MüKoBGB/*Grothe* § 206 Rn. 8; Palandt/*Ellenberger* BGB § 206 Rn. 4; BeckOK BGB/*Henrich* § 206 Rn. 5; Erman/*Schmidt-Räntsch* BGB § 206 Rn. 6; s. aber BSG BeckRS 2014, 74327 Rn. 30 (kein Stillstand der Rechtspflege, wenn Schlichtungsausschüsse nicht eingerichtet werden).

30 BGH BeckRS 2018, 37884; vgl. auch BAG NZA 2015, 35 (39) (Vertrauen auf die Richtigkeit der gerichtlichen Sachbehandlung).

31 OLG Frankfurt FGPrax 2018, 281 (282); OLG Hamm RNotZ 2016, 179 (183); OLG Brandenburg ZEV 2014, 540 (541); OLG Saarbrücken BeckRS 2011, 18369; *Ivo* ZEV 2002, 309 (313 f.): Hemmung der Ausschlagungsfrist (§ 1944).

32 HessLAG BeckRS 2012, 72139.

33 Zur fehlerhaften öffentlichen Zustellung BGH NJW 2017, 1735 (1736); OLG München GmbHR 2020, 159 (161); zur verzögerten Sachbehandlung durch das Gericht OLG München GmbHR 2020, 159 (162).

34 BT-Drs. 14/6040, S. 119.

35 Vgl. auch Staudinger/*Peters/Jacoby* BGB § 206 Rn. 7.

36 Vgl. auch Staudinger/*Peters/Jacoby* BGB § 206 Rn. 9.

37 Vgl. näher MüKoBGB/*Grothe* § 206 Rn. 6; Palandt/*Ellenberger* BGB § 206 Rn. 7; Soergel/*Niedenführ* BGB § 206 Rn. 9 f.; Staudinger/*Peters/Jacoby* BGB § 206 Rn. 8 ff. Dies schließt auch jene Fälle ein, in denen die st. Rspr. einen Anspruch zunächst einer

längeren Verjährungsfrist unterstellt hat, von dieser Ansicht dann aber abgegangen ist und nunmehr eine kürzere Frist zugrundelegt; vgl. Palandt/*Ellenberger* BGB § 206 Rn. 8; MüKoBGB/*Grothe* § 206 Rn. 6 f.; BeckOK BGB/*Henrich* § 206 Rn. 6; Staudinger/*Peters/Jacoby* BGB § 206 Rn. 11; aA BGH NJW 1960, 283.

38 Weitere Beispiele für die Ablehnung höherer Gewalt aus der Rspr. zu § 203 Abs. 2 aF bei MüKoBGB/*Grothe* § 206 Rn. 9; BeckOK BGB/*Henrich* § 206 Rn. 6; Soergel/*Niedenführ* BGB § 206 Rn. 7; Erman/*Schmidt-Räntsch* BGB § 206 Rn. 7.

39 OLG Hamm 9.1.2006 – 5 U 60/05, juris Rn. 33 (zur Unwirksamkeit von Treuhandverträgen bei Bauherrenmodellen wegen Verstoßes gegen Art. 1 § 1 RBerG: keine Hemmung des Rückforderungsanspruchs nach § 812 Abs. 1 S. 1 Alt. 1 bis zur Entscheidung des BGH NJW 2001, 70); Palandt/*Ellenberger* BGB § 206 Rn. 7; MüKoBGB/*Grothe* § 206 Rn. 6; Staudinger/*Peters/Jacoby* BGB § 206 Rn. 8.

40 BayObLG ZIP 2005, 205 (208); Staudinger/*Peters/Jacoby* BGB § 206 Rn. 9; zweifelnd Palandt/*Ellenberger* BGB § 206 Rn. 8.

41 BayObLG ZIP 2005, 205 (208) (Spruchverfahren in Delistingfällen).

42 BayObLG ZIP 2005, 205 (208); Staudinger/*Peters/Jacoby* BGB § 206 Rn. 8; vgl. auch OLG Hamm 9.1.2006 – 5 U 60/05, juris Rn. 33.

43 LG Heidelberg BeckRS 2015, 02579.

44 BGH NZI 2018, 154 (155).

45 *Peters* NJW 2012, 2556 (2557 f.).

16 **2. Erfasste Ansprüche.** § 206 findet auf alle verjährbaren Ansprüche Anwendung, sofern diese zumindest in Bezug auf die Frage der Hemmung vollständig oder ergänzend den Regelungen des allgemeinen Verjährungsrechts in §§ 203 ff. unterfallen. Die Anwendbarkeit des § 206 ist dabei nicht auf zivilrechtliche Ansprüche beschränkt. Soweit die Vorschriften des allgemeinen Verjährungsrechts auch auf öffentlich-rechtliche Ansprüche erstreckt werden – sei es infolge ausdrücklicher Verweisung (vgl. § 62 S. 2 VwVfG),[46] sei es durch richterrechtlich legitimierte Analogie (→ § 194 Rn. 19 ff.) – kommt der Tatbestand der Hemmung wegen höherer Gewalt dort gleichfalls zum Tragen.[47]

17 Auf Gestaltungsrechte (insbes. Rücktritt und Minderung) findet die Vorschrift keine unmittelbare Anwendung. Die Hemmung nach § 206 wirkt sich jedoch indirekt über § 218 auch auf diese aus (vgl. die dortige Kommentierung).

II. Rechtsfolgen

18 Der Verjährungslauf ist gehemmt, sofern die höhere Gewalt innerhalb der letzten sechs Monate der Verjährungsfrist vorliegt. Die Wirkung der Hemmung richtet sich dabei nach § 209; der Zeitraum, während dessen die Verjährung gehemmt ist, wird in die Verjährungsfrist mithin nicht eingerechnet (näher zur Berechnung des Hemmungszeitraumes → § 209 Rn. 7 f.). Nach dem Ende der Hemmung läuft die restliche Verjährungsfrist weiter.

19 Sollten die Parteien im Rahmen des § 202 Abs. 1 eine **Verjährungsfrist von weniger als sechs Monaten** vereinbart haben, tritt an die Stelle der in § 206 vorgesehenen Sechsmonatsfrist diese kürzere Frist.[48]

20 Dem Hemmungstatbestand des § 206 kann frühestens mit Beginn (0.00 Uhr; vgl. § 187 Abs. 2) des ersten Tages der sechsmonatigen Restfrist[49] der Verjährung Wirkung zukommen. Selbst dann, wenn der Hemmungsgrund der höheren Gewalt bereits vor diesem Zeitpunkt vorlag, kommt eine frühere Hemmung nicht in Betracht.[50] Kam es weniger als sechs Monate vor Eintritt der Verjährung zu der Hinderung durch höhere Gewalt, ist die Verjährung ab diesem Zeitpunkt gehemmt. Die Hemmungswirkung dauert an, solange die höhere Gewalt vorliegt.[51] Nach verbreiteter Ansicht soll der Hemmungszeitraum jedoch **maximal sechs Monate** umfassen.[52] Die Hemmung soll spätestens mit Ablauf des Tages beendet sein, zu dem ohne die Anwendung des § 206 Verjährung eingetreten wäre.[53] Würde etwa der Gläubiger am 5.7. einen schweren Unfall erleiden, der ihn während der folgenden vier Wochen an der Verfolgung seiner Rechte hindert, so wäre die Verjährung eines Anspruchs, die grds. am 10.7. eingetreten wäre, lediglich vom 5.7. (0.00 Uhr) bis zum 10.7. (24.00 Uhr) gehemmt. Die Restfrist von sechs Tagen liefe am 11.7. (0.00 Uhr) an und wäre am 16.7. (24.00 Uhr) abgelaufen – ohne dass der Gläubiger noch die Möglichkeit gehabt hätte, seinen Anspruch zu verfolgen. Die dieser Lösung zugrunde liegende Auslegung des § 206 setzt voraus, dass unter den „letzten sechs Monaten der Verjährungsfrist" die fiktive ungehemmte Restfrist gemeint ist. Der Wortlaut der Norm gibt dies indes nicht zwingend vor. Die Regelung stellt ohne weitere Einschränkungen darauf ab, dass die höhere Gewalt innerhalb der letzten sechs Monate der Verjährungsfrist vorliegen muss. Ob damit die fiktive ungehemmte oder die reale gehemmte Frist gemeint ist, bleibt unklar. Mit der Formulierung des § 206 zu vereinbaren wäre jedenfalls auch die zweite Lösung. Da in jedem Fall in dem Moment des fiktiven Verjährungseintritts immer noch die nicht abgelaufene, maximal sechsmonatige Restfrist zur Verfügung steht, liegt die höhere Gewalt (sollte sie denn fortbestehen) auch nach diesem Zeitpunkt weiterhin „innerhalb der letzten sechs Monate der Verjährungsfrist" vor.[54]

---

46 S. zu der Annahme einer dynamischen Verweisung in § 62 VwVfG auf die neuen Verjährungsregelungen des BGB auch *Guckelberger*, Die Verjährung im Öffentlichen Recht, S. 617 f. Soweit die dem § 62 S. 2 VwVfG entsprechenden Regelungen der Landesgesetze auf die Vorschriften des BGB verweisen, hält *Guckelberger* diese allerdings für verfassungswidrig und votiert für die Fortgeltung der §§ 194 ff. aF (ebd., S. 634 f.).

47 Für die Anwendbarkeit des § 206 im öffentlichen Recht ausdrücklich *Guckelberger*, Die Verjährung im Öffentlichen Recht, 2004, S. 601. Vgl. auch VG Köln BeckRs 2012, 54051 (Übertragung auf den Ablauf der Geltungsdauer einer Baugenehmigung).

48 BeckOK BGB/*Henrich* § 206 Rn. 2; aA Staudinger/*Peters/Jacoby* BGB § 206 Rn. 2.

49 Zu deren Berechnung vgl. das Beispiel bei OLG Köln NJW 1994, 3360 (3361).

50 OLG München GmbHR 2020, 159 (162); BeckOK BGB/*Henrich* § 206 Rn. 2; Soergel/*Niedenführ* BGB § 206 Rn. 2; BeckOGK/*Meller-Hannich* BGB § 206 Rn. 8.

51 OLG Brandenburg ZEV 2014, 540 (541) (zur Berechnung der Ausschlagungsfrist nach § 1944 Abs. 1).

52 S. nur BeckOK BGB/*Henrich* § 206 Rn. 2; Staudinger/*Peters/Jacoby* BGB § 206 Rn. 2.

53 BeckOK BGB/*Henrich* § 206 Rn. 2.

54 Vgl. auch BGH BeckRS 2018, 37884 (Hemmung ca. 1 Jahr und 9 Monate).

III. Übergangsrecht

Zum Übergangsrecht → EGBGB Art. 229 § 6 Rn. 24 f.

21

C. Weitere praktische Hinweise

Darlegungs- und **beweispflichtig** für das Vorliegen höherer Gewalt ist nach allg. und zu befürwortender 22
Ansicht der sich auf die Hemmungswirkung des § 206 berufende Gläubiger.[55] Sind die Tatsachen, aus
denen sich die Hemmung nach § 206 ergibt, unstreitig oder hat der Gläubiger hierfür den Beweis erbracht,
soll nach herrschender Auffassung in Literatur und Rechtsprechung der Schuldner die Darlegungs- und
Beweislast dafür tragen, dass bzw. wann die Verjährungshemmung beendet worden ist.[56] Zur Begründung
wird vorgebracht, dass die Beendigung der Hemmungswirkung eine für den Schuldner vorteilhafte Rechtsfolge darstelle und daher nach allgemeinen Beweislastregeln von Letzterem zu beweisen sei.[57] Ebenfalls auf
die allgemeinen Regeln verweist allerdings auch die Gegenansicht, nach welcher der Gläubiger nicht nur
für die den Hemmungsbeginn auslösenden Tatsachen (hier: Eintritt der höheren Gewalt), sondern auch für
deren Fortbestand beweisbelastet ist, sollte der Schuldner die den Hemmungsfortbestand tragenden Tatsachen substantiiert bestreiten.[58]

Die von den Vertretern beider Ansichten in Anspruch genommene allgemeine Grundregel sieht vor, dass die 23
Beweislast für rechtshemmende Tatsachen (zu denen auch die die Verjährung stützenden Tatsachen zählen)
der Anspruchsgegner trägt, während dem Anspruchsteller die Beweislast für die Tatsachen obliegt, welche
die Hemmung des Anspruchs hindern. Einwendungen gegen die Hemmungshinderung hat dann wiederum
der Anspruchsgegner zu beweisen, etc[59]

Die Beantwortung der Frage, wer die Beweislast für die Dauer bzw. das Ende der höheren Gewalt trägt, 24
hängt davon ab, wie der Begriff der Hinderung der Anspruchshemmung im Hinblick auf § 206 verstanden
wird. Sieht man als die Einrede der Verjährung hindernd nicht nur den Eintritt, sondern auch den Fortbestand der Verjährungshemmung an, so stützt die allgemeine Beweislastregelung die Auffassung, nach welcher der Gläubiger sowohl für den Eintritt als auch für die Dauer der höheren Gewalt beweisbelastet ist.
Legt man den Tatbestand des § 206 hingegen so aus, dass lediglich der Eintritt der höheren Gewalt als die
Anspruchshemmung hindernd vom Anspruchsteller zu beweisen ist, die Beendigung der höheren Gewalt
jedoch als ihrerseits die Verjährungshemmung hindernd vom Anspruchsgegner, so vermag die allgemeine
Beweislastregel auch die Ansicht zu stützen, nach welcher die Beweislast für den Zeitpunkt der Beendigung
der höheren Gewalt dem Schuldner aufzuerlegen ist. Überzeugender erscheint gleichwohl der erste Ansatz.
Die Darlegungs- und Beweislast für den Eintritt und die Fortdauer der höheren Gewalt ist danach dem
Gläubiger aufzuerlegen. Zu Einzelheiten kann auf die ausführliche Darstellung der Parallelproblematik in
→ § 203 Rn. 60 verwiesen werden.

§ 207 Hemmung der Verjährung aus familiären und ähnlichen Gründen

(1) ¹Die Verjährung von Ansprüchen zwischen Ehegatten ist gehemmt, solange die Ehe besteht. ²Das
Gleiche gilt für Ansprüche zwischen

1. **Lebenspartnern, solange die Lebenspartnerschaft besteht,**
2. **dem Kind und**
   a) **seinen Eltern oder**
   b) **dem Ehegatten oder Lebenspartner eines Elternteils**
   bis zur Vollendung des 21. Lebensjahres des Kindes,
3. **dem Vormund und dem Mündel während der Dauer des Vormundschaftsverhältnisses,**

55 LAG Düsseldorf BeckRS 2011, 73311; s. auch BAG
NJW 2003, 2849 (2850); BGH NJW 1994, 2752
(2754) (beide noch zu § 203 aF); ferner Henssler/von
Westphalen/*Bereska* BGB Vor §§ 203–213 Rn. 5;
MüKoBGB/*Grothe* § 203 Rn. 1; Soergel/*Niedenführ*
BGB Vor § 203 Rn. 12, die allg. die Beweislast für
den Beginn der Hemmung dem Gläubiger auferlegen.
56 BGH NJW 1994, 2752 (2754) (zu § 203 aF). Allg.
die Beweislast für die Beendigung der Hemmung

dem Schuldner auferlegend: Henssler/von Westpha-
len/*Bereska* BGB Vor §§ 203–213 Rn. 5; Soergel/
Niedenführ BGB Vor § 203 Rn. 12.
57 So ausdr. Henssler/von Westphalen/*Bereska* BGB
Vor §§ 203–213 Rn. 5.
58 MüKoBGB/*Grothe* § 203 Rn. 1.
59 Vgl. nur BGH NJW 1999, 352 (353); Zöller/*Greger*
ZPO Vor § 284 Rn. 17a; Stein/Jonas/*Thole* ZPO
§ 286 Rn. 106 f.; Thomas/Putzo/*Reichold* ZPO Vor
§ 284 Rn. 23.

4. dem Betreuten und dem Betreuer während der Dauer des Betreuungsverhältnisses und
5. dem Pflegling und dem Pfleger während der Dauer der Pflegschaft.

³Die Verjährung von Ansprüchen des Kindes gegen den Beistand ist während der Dauer der Beistandschaft gehemmt.

(2) § 208 bleibt unberührt.

Literatur: *Ehinger*, Verjährung und Verwirkung beim Kindesunterhalt, FamRB 2018, 320; *Knittel*, Kein Wiederaufleben der Verjährungshemmung gem. § 207 BGB bei treuhänderischer Rückübertragung?, JAmt 2013, 69; *Löhnig*, Das neue familien- und erbrechtliche Verjährungsrecht, FamRZ 2009, 2053; *Peters*, Die Verjährung im Familien- und Erbrecht, AcP 208 (2008), 37.

A. Allgemeines	1	III. Analoge Anwendung	23
B. Regelungsgehalt	6	IV. Hemmung nach § 208 (Abs. 2)	27
I. Anwendungsbereich (Abs. 1 S. 1 und S. 2)	6	V. Übergangsrecht	29
1. Einbezogener Personenkreis	6	1. SchuldRModG	29
2. Erfasste Ansprüche	14	2. ErbVerjÄndG	30
II. Rechtsfolgen	18	**C. Weitere praktische Hinweise**	31

A. Allgemeines

1 § 207 regelt die Verjährungshemmung aus familiären oder personenbezogenen Gründen.[1] Nach Abs. 1 S. 1 unterliegt die Verjährung von Ansprüchen zwischen Ehegatten der Hemmung, solange die Ehe besteht.[2] Das Gleiche gilt nach Abs. 1 S. 2 für Ansprüche zwischen Lebenspartnern, solange die Lebenspartnerschaft besteht, zwischen dem Kind und seinen Eltern und dem Kind und dem Ehegatten oder Lebenspartner eines Elternteils bis zur Vollendung des 21. Lebensjahres des Kindes, dem Vormund und dem Mündel während der Dauer des Vormundschaftsverhältnisses, dem Betreuten und dem Betreuer während der Dauer des Betreuungsverhältnisses, und dem Pflegling und dem Pfleger während der Dauer der Pflegschaft. Zudem ist in Abs. 1 S. 3 die Hemmung der Verjährung von Ansprüchen des Kindes gegen den Beistand während der Dauer der Beistandschaft vorgesehen.

2 Soweit die Vorschrift die Ansprüche zwischen Ehegatten, Lebenspartnern, Eltern und Kindern, die das 21. Lebensjahr noch nicht vollendet haben, sowie Vormund und Mündel in Blick nimmt, soll die Hemmung den auf gegenseitige Rücksichtnahme gegründeten Familienfrieden vor Störungen durch die klageweise Geltendmachung von Ansprüchen bewahren.[3] Ein vergleichbares Näheverhältnis existiert im Fall der Betreuung, Pflegschaft oder Beistandschaft im Regelfall nicht. Hier wird durch die Hemmung jedoch der zumeist vorhandenen strukturellen Überlegenheit des Betreuers, Pflegers oder Beistands Rechnung getragen.[4]

3 Die Hemmungsregelung des § 207 beruht im Wesentlichen auf **§ 204 aF** (Fassung vor dem 1.1.2002). § 207 Abs. 1 S. 1 regelt die Hemmung unter **Ehegatten**. Die Vorschrift ist wortgleich mit § 204 S. 1 aF § 207 Abs. 1 S. 2 Nr. 3 entspricht § 204 S. 2 letzter Hs. aF und betrifft die Hemmung der Ansprüche zwischen dem **Vormund** und dem Mündel (§§ 1773 ff.). § 207 Abs. 1 S. 2 Nr. 2 a deckt sich weitgehend mit § 204 S. 2 erster Hs. aF und statuiert die Hemmung der Ansprüche zwischen **Eltern und Kindern**. Dabei entsprach das SchuldRModG zum 1.1.2002 eingefügte Fassung des § 207 Abs. 1 S. 2 Nr. 2 entsprach in der 1. Alternative (Ansprüche zwischen Eltern und Kindern) noch vollständig § 204 S. 2 erster Hs. aF Beide Regelungen beschränkten die Hemmung der Verjährung von Ansprüchen zwischen Eltern und Kindern auf die Zeit der Minderjährigkeit des Kindes. Die Hemmung nach § 207 Abs. 1 S. 2 Nr. 2 aF endete mithin spätestens mit dem Erreichen der Volljährigkeit (§ 2; zu weiteren Beendigungsgründen → Rn. 12). Das ErbVerjÄndG[5] hat diese Regelung mit **Wirkung zum 1.1.2010** geändert und die Verjährungshemmung in Abs. 1 S. 2 Nr. 2 bis zur Vollendung des 21. Lebensjahres des Kindes verlängert. In der Begründung des Regierungsentwurfes wird hierzu ausgeführt, die Neuerung sei in Anbetracht der Aufhebung des § 197 Abs. 1 Nr. 2 aF (Fassung vor dem 1.1.2010) erforderlich geworden, der für familien- und erbrechtliche Ansprüche noch eine dreißigjährige Verjährungsfrist statuierte. Da an die Stelle der Sonderverjährung nach § 197 Abs. 1 Nr. 2 aF

---

1 BT-Drs. 14/6040, S. 119; teilweise krit. *Mansel*, Die Reform des Verjährungsrechts, in Ernst/Zimmermann, Zivilrechtswissenschaft und Schuldrechtsreform, S. 333, 398 f. (bezogen auf Ansprüche unter Ehegatten); grds. krit. Staudinger/*Peters/Jacoby* BGB § 207 Rn. 2 f.; *Peters* AcP 208 (2008), 37, 53 ff. (jeweils zu § 207 Abs. 1 S. 1 und S. 2 Nr. 2); s. auch *Zimmermann/Leenen/Mansel/Ernst* JZ 2001, 684 (695).

2 Das LG Mainz hat durch Beschl. 23.4.2002 – 4 O 149/01 (BeckRS 2002, 16865) die Frage der Vereinbarkeit des § 204 S. 1 aF (jetzt § 207 Abs. 1 S. 1) mit Art. 6 GG dem BVerfG vorgelegt.

3 BT-Drs. 14/6040, S. 119; BT-Drs. 14/6857, S. 9; BGH NJW 2006, 3561 (3562); vgl. auch BT-Drs. 16/8954, S. 12 (zur Änderung des § 207 Abs. 1 S. 2 Nr. 2 aF [Fassung vor dem 1.1.2010] durch das ErbVerjÄndG).

4 BT-Drs. 14/6040, S. 119.

5 BGBl. 2009 I S. 3142.

zum 1.1.2010 die kurze dreijährige Regelverjährungsfrist des § 195 getreten sei, wäre unter Beibehaltung der Hemmungsregelung in § 207 Abs. 1 S. 2 Nr. 2 aF die Verjährung familienrechtlicher Ansprüche, die während der Minderjährigkeit des Kindes fällig geworden seien, regelmäßig bereits mit Vollendung des 21. Lebensjahres des Kindes eingetreten. In den Jahren zwischen dem vollendeten 18. und dem vollendeten 21. Lebensjahr bestehe jedoch in der Regel noch eine enge emotionale und wirtschaftliche Verbundenheit von Kindern und Eltern. Diese Übergangsphase der Ablösung solle nicht durch den Zwang zur gerichtlichen Geltendmachung von Ansprüchen gestört werden. Die Hemmung der Verjährung von Ansprüchen zwischen Eltern und Kindern sei daher bis zum 21. Geburtstag des Kindes zu verlängern; Eltern und Kind blieben damit weitere drei Jahre, um die Ansprüche gegeneinander vor Eintritt der Verjährung zu verfolgen.[6]

Der Anwendungsbereich des Hemmungstatbestandes des § 207 umfasst – anders als § 204 aF – auch **4** Ansprüche zwischen **Lebenspartnern** (Abs. 1 S. 2 Nr. 1), zwischen **Stiefeltern** und Stiefkindern (Ehegatten oder Lebenspartner eines Elternteils und dessen Kindern; Abs. 1 S. 2 Nr. 2 b), Fälle der **Betreuung** (Abs. 1 S. 2 Nr. 4) und der **Beistandschaft** (Abs. 1 S. 3).

Die **Grundregeln des Europäischen Vertragsrechts** (dazu → Vor §§ 194–218 Rn. 20 ff.) enthalten keine **5** dem § 207 entsprechende Vorschrift. In Art. 14:305 Abs. 2 der Principles of European Contract Law (PECL)[7] und in Art. III.-7:305 Abs. 2 des Draft Common Frame of Reference (DCFR)[8] findet sich aber zumindest eine partiell ähnliche Regelung. Die Normen sehen eine Ablaufhemmung im Hinblick auf Ansprüche zwischen einer geschäftsunfähigen oder in der Geschäftsfähigkeit beschränkten Person und ihrem Vertreter vor. Derartige Ansprüche sollen nicht vor dem Ende eines Jahres nach dem Zeitpunkt ablaufen, in dem die Person unbeschränkt geschäftsfähig wird oder ein Vertreter bestellt worden ist.

B. Regelungsgehalt

I. Anwendungsbereich (Abs. 1 S. 1 und S. 2)

1. Einbezogener Personenkreis. Nach Abs. 1 S. 1 ist die Verjährung von Ansprüchen zwischen **Ehegat-** **6** **ten** während der Dauer der Ehe gehemmt. Mit der Ausweitung des Ehebegriffs durch das Gesetz zur Einführung des Rechts auf Eheschließung für Personen gleichen Geschlechts[9] (s. § 1353 Abs. 1 S. 1)[10] ist auch im Rahmen des Abs. 1 S. 1 von dem Ehebegriff des § 1353 Abs. 1 S. 1 (nF) auszugehen. Die Voraussetzungen der Hemmungsregelung sind mit der wirksamen Eheschließung erfüllt. Die Beziehung zwischen den Ehegatten muss sich weder durch ein besonderes Näheverhältnis auszeichnen, noch ist ein Zusammenleben erforderlich; selbst Ansprüche zwischen getrennt lebenden Ehegatten (vgl. § 1567) sind nach Abs. 1 S. 1 gehemmt.[11] Auch eine **aufhebbare Ehe** (vgl. §§ 1313 ff.) ist eine wirksame Ehe in diesem Sinn und bewirkt daher die Hemmung nach Abs. 1 S. 1, solange die Ehe nicht durch Aufhebungsbeschluss beendet wurde.[12] Nicht erfasst ist hingegen die **Nichtehe**.[13] In grenzüberschreitenden Fällen ist die sogenannte Vorfrage des Bestehens der Ehe nach dem durch Art. 13 EGBGB bzw. (bei gleichgeschlechtlicher Ehe und Ehen, bei denen zumindest ein Ehegatte weder dem weiblichen noch dem männlichen Geschlecht angehört) dem durch Art. 17 b Abs. 4 iVm Abs. 1 S. 1 EGBGB ermittelten anwendbaren Eherecht zu bestimmen.[14] Eine bereits vor der Eheschließung angelaufene Verjährungsfrist wird mit dem Beginn des Tages der Eheschließung (0.00 Uhr; vgl. zur Berechnung des Hemmungszeitraumes → § 209 Rn. 7 f.) ex nunc gehemmt. Der bereits abgelaufene Teil der Verjährungsfrist bleibt dabei allerdings unberührt, so dass nach Wegfall des Hemmungsgrundes lediglich die noch nicht abgelaufene Restfrist weiterläuft. Die Verjährung von Ansprüchen, die erst während der Ehe entstehen oder deren Verjährung zumindest erst nach der Eheschließung beginnt (zB aufgrund der Jahresendverjährung nach § 199 Abs. 1), unterliegt hingegen gem. Abs. 1 S. 1 unmittelbar der Hemmung; die vollständige Frist kann frühestens mit der Beendigung der Ehe anlaufen.

6 BT-Drs. 16/8954, S. 12, 14. Krit. zur Heraufsetzung der Altersgrenze auf das 21. Lebensjahr Jauernig/*Mansel* BGB Anm. zu den §§ 205–209 Rn. 4 („merkwürdiger Gegensatz zur Einschätzung eines ‚jungen Volljährigen' in anderen Rechtsvorschriften").

7 In deutscher Sprache veröffentlicht in ZEuP 2003, 895 ff.

8 Vgl. *von Bar/Clive/Schulte-Nölke*, Principles, Definitions and Model Rules of European Private Law, Draft Common Frame of Reference (DCFR), Full Edition 2009.

9 BGBl. 2017 I S. 2787.

10 S. dazu Jauernig/*Budzikiewicz* BGB § 1353 Rn. 1.

11 OLG Nürnberg NJW 2014, 1111 (1112); OLG Brandenburg BeckRS 2013, 16785; *Knittel* JAmt 2013, 69 (70).

12 Palandt/*Ellenberger* BGB § 207 Rn. 2; BeckOK BGB/*Henrich* § 207 Rn. 2; Soergel/*Niedenführ* BGB § 207 Rn. 6; Staudinger/*Peters/Jacoby* BGB § 207 Rn. 9; PWW/*Deppenkemper* BGB § 207 Rn. 2; Erman/*Schmidt-Räntsch* BGB § 207 Rn. 5.

13 MüKoBGB/*Grothe* § 207 Rn. 4; BeckOK BGB/*Henrich* § 207 Rn. 2; PWW/*Deppenkemper* BGB § 207 Rn. 2; Soergel/*Niedenführ* BGB § 207 Rn. 6; Staudinger/*Peters/Jacoby* BGB § 207 Rn. 9; Erman/*Schmidt-Räntsch* BGB § 207 Rn. 5.

14 S. *Nordmeier* ZZP 124 (2011), 95, 110 f.

7 Ebenfalls gehemmt sind nach Abs. 1 S. 2 Nr. 1 die Ansprüche zwischen **Lebenspartnern**, solange die Lebenspartnerschaft besteht. Die Hemmungswirkung des § 207 setzt in diesem Fall mit der Erklärung nach § 1 Abs. 1 S. 1 LPartG aF (bis 21.12.2018) ein. Ob auch eine wegen Verstoßes gegen § 1 Abs. 3 LPartG aF (bis 21.12.2018) unwirksame Lebenspartnerschaft Hemmungswirkung entfalten kann, ist streitig.[15] Im Übrigen gilt das unter→ Rn. 6 Gesagte.

Wurde die Lebenspartnerschaft nach § 20 a Abs. 1 LPartG durch Erklärung der Partner in eine Ehe umgewandelt, richtet sich die Hemmung nicht mehr nach Abs. 1 S. 2 Nr. 1, sondern nach Abs. 1 S. 1 (→ Rn. 6). Da die **Umwandlung** rückwirkend erfolgt (§ 20 a Abs. 5), ist auch für Hemmungszeiträume, die vor der Umwandlung liegen, anstelle des Abs. 1 S. 2 Nr. 1 nunmehr auf Abs. 1 S. 1 abzustellen. An der bereits bewirkten Hemmung ändert sich durch die rückwirkende Änderung des Hemmungsgrundes (Ehe anstelle von Lebenspartnerschaft) und den dadurch bedingten Normenwechsel nichts.

8 Ansprüche zwischen **Eltern und Kindern** und dem Ehegatten oder Lebenspartner eines Elternteils und dessen Kindern sind bis zur Vollendung des 21. Lebensjahres des Kindes gehemmt (Abs. 1 S. 2 Nr. 2). Voraussetzung der Hemmungswirkung ist im Fall **leiblicher Kindschaft** allein die Feststellung der Abstammung (vgl. §§ 1591, 1592);[16] eine Unterscheidung zwischen ehelicher und nichtehelicher Kindschaft erfolgt nicht.[17] Bei **nichtehelicher Vaterschaft** ist die Verjährung allerdings nur dann gehemmt, wenn die Abstammung nach § 1592 Nr. 2 bzw. Nr. 3 auch tatsächlich formell anerkannt oder festgestellt wurde.[18] § 207 Abs. 1 verlangt für den Eintritt der Hemmungswirkung nicht mehr als das formale Vorliegen der betreffenden Rechtsverhältnisse (→ Rn. 11); doch ist dies auch unabdingbare Voraussetzung der Hemmung. So wenig wie ein sonstiges familiäres Näheverhältnis (nichteheliche Lebensgemeinschaft, Beziehung zwischen Schwiegerkind und Schwiegereltern, Zusammenleben von Geschwistern, Enkeln und Großeltern etc) die Hemmung nach § 207 Abs. 1 bewirken kann (→ Rn. 23 ff.), ist dies bei einer nicht nach § 1592 Nr. 2 oder Nr. 3 formell anerkannten oder festgestellten nichtehelichen Vaterschaft der Fall. Wollte man dies anders sehen, wären erhebliche Unsicherheiten die Folge – so nicht zuletzt, wenn mehrere Männer für sich die genetische Vaterschaft reklamierten oder das Kind seinem Schuldner die rechtlich nicht bestätigte Vaterschaft „antrüge". Das **Zusammenleben** des jeweiligen (rechtlichen) Elternteils mit dem Kind ist dagegen für die Bewirkung der Hemmung nach Abs. 1 S. 2 Nr. 2 a ebenso wenig erforderlich wie die **Übertragung des Sorgerechts**.[19] Ist das Kind **adoptiert** worden, besteht das nach Abs. 1 S. 2 Nr. 2 für die Hemmung erforderliche Eltern-Kind-Verhältnis ausschließlich zu den Adoptiveltern;[20] mit der Adoption ist das Verwandtschaftsverhältnis zu den bisherigen Eltern erloschen (§ 1755) und damit auch der Rechtsgrund für die Hemmung der in diesem Verhältnis begründeten Ansprüche.[21]

9 Abs. 1 S. 2 Nr. 2 b erfasst neben den Ansprüchen zwischen dem Kind und dem Ehegatten eines Elternteils nunmehr ausdrücklich auch die Ansprüche zwischen dem Kind und dem Lebenspartner des Vaters oder der Mutter. In der durch das SchuldRModG eingefügten Fassung des § 207 Abs. 1 S. 2 Nr. 2 waren zunächst nur jene Kinder in den persönlichen Anwendungsbereich der Vorschrift einbezogen worden, die Schuldner oder Gläubiger des **Ehegatten eines Elternteils** sind. Das ErbVerjÄndG hat mit Wirkung zum 1.1.2010 klargestellt, dass sich die Hemmungswirkung auch auf Ansprüche zwischen dem Kind und dem **eingetragenen Lebenspartner eines Elternteils** erstreckt. Bereits vor Inkrafttreten des ErbVerjÄndG wurde überwiegend die Ansicht vertreten, dass Abs. 1 S. 2 Nr. 2 Alt. 2 aF auf die Lebenspartner der Eltern ausgedehnt werden sollte.[22] Das ErbVerjÄndG hat diese Auffassung als der geltenden Rechtslage entsprechend bestätigt.[23]

10 Nach Abs. 1 S. 2 Nr. 3, 4 und 5 unterliegen der Hemmung schließlich auch Ansprüche zwischen **Vormund** (einschließlich des Gegenvormundes, § 1792)[24] und Mündel (vgl. §§ 1773 ff.) während der Dauer des Vormundschaftsverhältnisses,[25] zwischen dem Betreuten und dem **Betreuer** (§§ 1896 ff.) während der Dauer

15 Gegen eine Hemmung: Erman/*Schmidt-Räntsch* BGB § 207 Rn. 6 (bei Verstoß gegen § 1 Abs. 2 LPartG aF [bis 31.12.2008]). Für eine Hemmung: BeckOK BGB/*Henrich* § 207 Rn. 3.

16 S. zur Feststellung der Abstammung ausf. *Budzikiewicz* Materielle Statuseinheit und kollisionsrechtliche Statusverbesserung Rn. 37 f. (Mutterschaft), 69 ff. (Vaterschaft).

17 BeckOK BGB/*Henrich* § 207 Rn. 4; Erman/*Schmidt-Räntsch* BGB § 207 Rn. 9.

18 AA ohne Begründung Staudinger/*Peters/Jacoby* BGB § 207 Rn. 11.

19 MüKoBGB/*Grothe* § 207 Rn. 7; Erman/*Schmidt-Räntsch* BGB § 207 Rn. 9.

20 MüKoBGB/*Grothe* § 207 Rn. 7 ff.

21 Staudinger/*Peters/Jacoby* BGB § 207 Rn. 11; Erman/*Schmidt-Räntsch* BGB § 207 Rn. 9.

22 Vgl. AnwK-BGB/*Mansel/Budzikiewicz* BGB § 207 Rn. 9 und die dortigen Nachw.

23 Vgl. den Hinweis in der Gesetzesbegründung, BT-Drs. 16/8954, S. 14.

24 BeckOK BGB/*Henrich* § 207 Rn. 5; Soergel/*Niedenführ* BGB § 207 Rn. 12; Staudinger/*Peters/Jacoby* BGB § 207 Rn. 13; Erman/*Schmidt-Räntsch* BGB § 207 Rn. 11.

25 Die Hemmung erfasst nicht Vergütungsansprüche und Ansprüche auf Aufwendungsersatz des Vormunds gegen die Staatskasse; LG München FamRZ 1998, 323 (324) (zu § 204 aF).

des Betreuungsverhältnisses[26] sowie zwischen dem Pflegling und dem **Pfleger** (§§ 1909 ff.) während der Dauer der Pflegschaft. Zudem sieht Abs. 1 S. 3 die Hemmung der Verjährung von Ansprüchen des Kindes gegen den **Beistand** (vgl. §§ 1712 ff.) während der Dauer der Beistandschaft vor.

Abs. 1 S. 1 und S. 2 Nr. 1–5 stellen rein **formal** auf das Vorliegen der dort aufgeführten Rechtsverhältnisse ab. Ob sich der einzelne Gläubiger tatsächlich in seiner Entscheidungsfreiheit beeinträchtigt fühlt oder das Verhältnis zum Schuldner durch eine Rechtsverfolgung Belastungen ausgesetzt wäre, ist für die Anwendbarkeit der Regelung ohne Bedeutung.[27] Die Hemmung beginnt vielmehr ungeachtet der Umstände des Einzelfalles, sobald die in Abs. 1 aufgeführten Voraussetzungen **objektiv** gegeben sind.[28]   **11**

Die Hemmung dauert an, solange das prägende Rechtsverhältnis besteht. Sie **endet**:   **12**

- im Fall der Ehe (Abs. 1 S. 1): durch Rechtskraft des (auch ausländischen)[29] Scheidungs- oder Aufhebungsbeschlusses,[30] Tod eines Ehegatten, Wiederverheiratung nach Todeserklärung (§ 1319 Abs. 2);[31]
- im Fall der Lebenspartnerschaft (Abs. 1 S. 2 Nr. 1): durch Aufhebung (§ 15 LPartG), Tod eines Lebenspartners;
- im Fall des Eltern-Kind-Verhältnisses (Abs. 1 S. 2 Nr. 2 a): durch Vollendung des 21. Lebensjahres des Kindes, Adoption hinsichtlich der Hemmung im Verhältnis zu den leiblichen Eltern[32] (vgl. § 1755), Aufhebung der Adoption hinsichtlich der Hemmung im Verhältnis zu den Adoptiveltern (vgl. § 1764 Abs. 2 und 3), rechtskräftige Anfechtung der Vaterschaft;[33]
- wenn das Kind das 21. Lebensjahr noch nicht vollendet hat und eine Ehe oder Lebenspartnerschaft eines Elternteils mit einem Stiefelternteil besteht (doppelte Voraussetzung, Abs. 1 S. 2 Nr. 2 b: wie vorstehend; zudem: Beendigung der Ehe[34]/Lebenspartnerschaft der Eltern;[35] die Umwandlung der Lebenspartnerschaft in eine Ehe (§ 20 a Abs. 1 LPartG) berührt die Hemmung allerdings nicht (→ Rn. 7);
- bei Vormundschaft (Abs. 1 S. 2 Nr. 3): gem. den Vorgaben der §§ 1882, 1884;
- bei Betreuung (Abs. 1 S. 2 Nr. 4): gem. den Vorgaben der §§ 1908 b, 1908 d;
- bei Pflegschaft (Abs. 1 S. 2 Nr. 5): gem. den Vorgaben der §§ 1918, 1919;
- bei Beistandschaft (Abs. 1 S. 3): gem. § 1715.

Sollten die in Abs. 1 S. 1 und S. 2 bezeichneten Rechtsverhältnisse zunächst aufgehoben bzw. beendet, zu einem späteren Zeitpunkt aber **wieder neu begründet** worden sein (zB erneute Eheschließung,[36] Aufhebung der Adoption[37] etc), so wird die Verjährungsfrist, die nach Wegfall der Hemmungsgründe zunächst weitergelaufen ist, nach erneuter Erfüllung der Tatbestandsvoraussetzungen des Abs. 1 ein weiteres Mal gehemmt – vorausgesetzt, das Kind hat in der Zwischenzeit nicht das 21. Lebensjahr vollendet.   **13**

2. Erfasste Ansprüche. Die Hemmung nach Abs. 1 schließt **alle der Verjährung unterliegenden Ansprüche** zwischen den in der Vorschrift genannten Personen ein.[38] Aus welchem Schuldverhältnis der   **14**

---

26 Die Hemmung erfasst nicht Vergütungsansprüche und Aufwendungsersatz des Betreuers gegen die Staatskasse, LG München FamRZ 1998, 323 (324) (zu § 204 aF).

27 BGH NJW 2018, 2871 (2874) (Hemmung auch dann, wenn die Beziehung zwischen den Eheleuten zerrüttet ist); MüKoBGB/*Grothe* § 207 Rn. 2; Staudinger/*Peters/Jacoby* BGB § 207 Rn. 5.

28 Vgl. auch LG Nürnberg-Fürth FamRZ 2010, 1110: Für die Hemmung nach § 207 Abs. 1 S. 2 Nr. 4 ist es ohne Bedeutung, ob eine Betreuung tatsächlich erforderlich war. Die Norm setzt lediglich das *formale* Bestehen eines Betreuungsverhältnisses voraus.

29 Str. ist die Beendigung der Hemmung im Fall ausländischer Scheidungsurteile; vgl. OLG Celle NJW 1967, 783: Aufhebung der Wirkung des § 204 aF auch ohne Durchführung eines Anerkennungsverfahrens; ebenso MüKoBGB/*Grothe* § 207 Rn. 5; BeckOK BGB/*Henrich* § 207 Rn. 2; Soergel/*Niedenführ* BGB § 207 Rn. 8; ähnlich Erman/*Schmidt-Räntsch* BGB § 207 Rn. 5 (auch nicht anerkennungsfähige Scheidungen beenden die Hemmung nach Abs. 1 S. 1); ferner Palandt/*Ellenberger* BGB § 207 Rn. 2 (Beendigung der Hemmung auch bei fehlender

Anerkennung, sofern sich der Gläubiger dauernd im Ausland aufhält). AA Staudinger/*Peters/Jacoby* BGB § 207 Rn. 9 (Anerkennung erforderlich).

30 BGH NJW 2018, 2871 (2874); OLG Köln FamRZ 2015, 1333 (1335); OLG Brandenburg BeckRS 2013, 16785.

31 MüKoBGB/*Grothe* § 207 Rn. 5; BeckOK BGB/*Henrich* § 207 Rn. 2; Staudinger/*Peters/Jacoby* BGB § 207 Rn. 9; Erman/*Schmidt-Räntsch* BGB § 207 Rn. 5; *Bergschneider* FS Schwab, 2005, S. 459, 463.

32 MüKoBGB/*Grothe* § 207 Rn. 9; Soergel/*Niedenführ* BGB § 207 Rn. 11.

33 BeckOK BGB/*Henrich* § 207 Rn. 4.

34 OLG Schleswig NJW-RR 2007, 1017 (1018); Soergel/*Niedenführ* BGB § 207 Rn. 11.

35 MüKoBGB/*Grothe* § 207 Rn. 9.

36 Vgl. AG Biedenkopf FamRZ 2003, 1392 (Hemmung des aus der ersten Ehe resultierenden Zugewinnausgleichsanspruchs nach erneuter Eheschließung).

37 MüKoBGB/*Grothe* § 207 Rn. 9.

38 BGH NJW-RR 1987, 407 (zu § 204 S. 1 aF); LG Nürnberg-Fürth FamRZ 2010, 1110 (zu § 207 Abs. 1 S. 2 Nr. 4); MüKoBGB/*Grothe* § 207 Rn. 2; Soergel/*Niedenführ* BGB § 207 Rn. 5.

Anspruch resultiert, ist ohne Belang.[39] Erfasst sind rechtsgeschäftliche (dh insbes. vertragliche)[40] ebenso wie auf Gesetz beruhende Ansprüche (neben familienrechtlichen Ansprüchen [etwa auf Zugewinnausgleich[41] oder Unterhalt[42]] zB auch solche aus c.i.c. bzw. § 311 Abs. 2, GoA, Delikt[43] oder ungerechtfertigter Bereicherung), Ansprüche aus mehrseitigen ebenso wie aus einseitig begründeten Rechtsverhältnissen (zB Vermächtnis). Die Hemmung nach § 207 kommt auch dann zum Tragen, wenn die betreffenden Ansprüche bereits vor Eintritt der in Abs. 1 aufgeführten familiären oder personenbezogenen Hemmungsgründe entstanden sein sollten.[44] In diesem Fall zeitigt § 207 allerdings erst nach Erfüllung der Voraussetzungen des Abs. 1 S. 1 bzw. S. 2 Wirkung (→ Rn. 6); zudem darf der Anspruch bei Begründung des hemmungsbedingenden Näheverhältnisses noch nicht verjährt sein. Nicht erforderlich ist, dass der Anspruch in der Person des nach Abs. 1 von der Hemmung begünstigten Gläubigers entstanden ist. Der Anwendungsbereich des § 207 ist auch dann eröffnet, wenn der privilegierte Gläubiger den Anspruch erst durch **Rechtsnachfolge** (zB Abtretung oder Erbschaft) erwirbt.[45] In diesem Fall ist die Verjährung des (noch unverjährten) Anspruchs mit dem Erwerb der Gläubigerstellung gehemmt. Zum Übergang der Forderung auf einen von Abs. 1 nicht privilegierten Gläubiger und zur späteren Rückübertragung → Rn. 19.

15 Auf **Gestaltungsrechte** (insbes. Rücktritt und Minderung) findet die Vorschrift keine unmittelbare Anwendung. Die Hemmung nach § 207 wirkt sich jedoch indirekt über § 218 auch auf diese aus (vgl. die dortige Kommentierung).

16 Nach **§ 213** erstreckt sich die Wirkung einer Hemmung auch auf die Ansprüche, die aus demselben Grund wahlweise neben dem von der Hemmung erfassten Anspruch oder an seiner Stelle gegeben sind. Für die Hemmung nach Abs. 1 hat diese Regelung indes keine eigenständige Bedeutung, da dieser bereits sämtliche gegen oder für die in Abs. 1 S. 1 und 2 genannten Personen laufenden Fristen erfasst. Einer Wirkungserstreckung gem. § 213 bedarf es daher nicht.[46]

17 Bei einer analogen Anwendung des § 207 auf **Ausschlussfristen** ist Zurückhaltung geboten. Dies gilt jedenfalls dann, wenn die Ausschlussfrist lediglich eine formlose oder schriftliche Geltendmachung des Anspruchs erfordert.[47]

II. Rechtsfolgen

18 Ist der Anspruch bei Begründung der in Abs. 1 S. 1 und 2 aufgeführten Rechtsverhältnisse noch nicht verjährt, so wird der Fristlauf ausgesetzt, sobald und solange der Hemmungstatbestand der Regelung erfüllt ist. Die Wirkung der Hemmung richtet sich nach § 209; der Zeitraum, während dessen die Verjährung gehemmt ist, wird in die Verjährungsfrist mithin nicht eingerechnet (näher zur Berechnung des Hemmungszeitraumes → § 209 Rn. 7 ff.).

19 Beendet ist die Hemmung spätestens dann, wenn die in Abs. 1 bezeichneten familiären oder personenbezogenen Beziehungen nicht mehr vorliegen (→ Rn. 12). Die Hemmungswirkung kann aber auch schon vor diesem Zeitpunkt aufgehoben werden. Dies ist der Fall, wenn die Forderung durch Rechtsgeschäft oder kraft Gesetzes[48] **auf einen sonstigen**, nicht von Abs. 1 privilegierten **Gläubiger übergeht** (zB infolge Abtretung oder Rechtsnachfolge von Todes wegen).[49] Mit dem Wechsel der Gläubigerstellung endet dann auch die Hemmung;[50] der in der Vergangenheit liegende Hemmungszeitraum bleibt unberührt (→ § 209 Rn. 5). Sollte zu einem späteren Zeitpunkt eine Rückübertragung (zB durch erneute Zession, Rechtsnach-

39 OLG Saarbrücken NJOZ 2012, 1289 (1293); Palandt/*Ellenberger* BGB § 207 Rn. 1; BeckOK BGB/*Henrich* § 207 Rn. 1; Erman/*Schmidt-Räntsch* BGB § 207 Rn. 3; vgl. auch LG Nürnberg-Fürth FamRZ 2010, 1110 (§ 207 Abs. 1 S. 2 Nr. 4: Ansprüche müssen aus dem spezifischen Betreuungsverhältnis resultieren).
40 LAG Stuttgart BeckRS 2007, 42011 (Arbeitsvertrag).
41 BGH NJW 2018, 2871 (2874) (auch bei erfolgreichem Antrag auf vorzeitige Aufhebung der Zugewinngemeinschaft).
42 BGH NJW 2018, 1013 (1014) (Kindesunterhalt); OLG Oldenburg BeckRS 2012, 25078 (Kindesunterhalt); OLG Brandenburg 16.8.2007 – 10 WF 202/07, juris Rn. 7 (Kindesunterhalt).
43 Vgl. BGH NJW 2016, 1818 (1823) (Schadensersatzansprüche des Kindes gegen die Eltern); BGH NJW-RR 1987, 407 ff.; OLG Celle OLGR 2001, 185: § 204 S. 1 aF (jetzt § 207 Abs. 1 S. 1) ist selbst dann anwendbar, wenn der geschädigte Ehepartner statt

des unfallverursachenden Partners auch dessen Versicherung unmittelbar in Anspruch nehmen könnte; ebenso zu § 204 S. 2 aF (jetzt § 207 Abs. 1 S. 2 Nr. 2) OLG Hamm VersR 1998, 1392 (1393 f.).
44 Soergel/*Niedenführ* BGB § 207 Rn. 7; Staudinger/*Peters/Jacoby* BGB § 207 Rn. 8; Erman/*Schmidt-Räntsch* BGB § 207 Rn. 3.
45 Staudinger/*Peters/Jacoby* BGB § 207 Rn. 8; Erman/*Schmidt-Räntsch* BGB § 207 Rn. 3.
46 Vgl. Staudinger/*Peters/Jacoby* BGB § 213 Rn. 10.
47 LAG Stuttgart BeckRS 2007, 42011 (einstufige arbeitsvertragliche Ausschlussfrist).
48 BGH NJW 2016, 1818 (1823) (Rn. 43); NJW-RR 2012, 579 (581) (Rn. 20); NJW 2006, 3561 (3562); OLG Hamm FamRZ 2015, 1404.
49 BGH NJW 2016, 1818 (1823) (Rn. 43).
50 BGH BeckRS 2012, 4960; Palandt/*Ellenberger* BGB § 207 Rn. 1; Soergel/*Niedenführ* BGB § 207 Rn. 5; Staudinger/*Peters/Jacoby* BGB § 207 Rn. 6; Erman/*Schmidt-Räntsch* BGB § 207 Rn. 4.

folge des Zedenten in die Stellung des Zessionars etc) stattfinden, wird die noch nicht abgelaufene Verjährungsfrist erneut gehemmt.[51] Die Situation stellt sich hier nicht anders dar als in den Fällen, in denen der privilegierte Gläubiger den Anspruch erstmals durch Rechtsnachfolge erwirbt (→ Rn. 14); maßgeblich für den (auch wiederholten) Eintritt der Hemmungswirkung ist allein das Vorliegen der Voraussetzungen des Abs. 1 (→ Rn. 18).[52]

Die Hemmung nach Abs. 1 S. 2 Nr. 2 a (Eltern-Kind-Verhältnis) endet auch in den Fällen, in denen der Unterhaltsanspruch des minderjährigen Kindes gegen einen Elternteil nach § 1607 Abs. 2 oder Abs. 3 auf einen ersatzweise leistenden Verwandten oder einen Dritten (Ehegatten des anderen Elternteils oder Scheinvater) übergeht. Abs. 1 S. 2 Nr. 2 a schützt den Familienfrieden lediglich im Verhältnis zwischen dem Minderjährigen und dem unterhaltspflichtigen Elternteil. Mit dem Übergang des Anspruchs auf den Zessionar wird die Hemmungswirkung aufgehoben.[53] Dies gilt auch dann, wenn die Unterhaltsleistungen durch einen Stiefelternteil oder den Scheinvater erbracht wurden. Relevant für die (weitere) Anwendbarkeit des § 207 ist ausschließlich das Verhältnis zwischen (neuem) Gläubiger und Unterhaltsschuldner, nicht dasjenige zwischen Minderjährigem und Zessionar (Stief- oder Scheinvater).[54]

§ 207 kann im Einzelfall – wenn die betreffenden Rechtsverhältnisse lebenslang andauern (zB Ehe oder Lebenspartnerschaft) – zu während der Lebenszeit des Schuldners unverjährbaren Ansprüchen führen. Das BGB kennt – anders als zB in Art. 14:307 PECL und in Art. III.-7:307 DCFR vorgesehen – keine allgemein geltende Höchstdauer der Hemmung (→ Vor §§ 203–213 Rn. 10). **20**

Solange die Verjährung nach § 207 gehemmt ist, wird eine Verwirkung nur im Ausnahmefall in Betracht kommen. Keinesfalls darf die Zielsetzung, den Familienfrieden vor einer Störung durch verjährungshemmende Maßnahmen zu bewahren, unterlaufen werden (→ Rn. 2).[55] **21**

Die Hemmung ist **beidseitig**, dh es ist grundsätzlich unbeachtlich, welcher der Beteiligten Gläubiger des gehemmten Anspruchs ist. Der Gesetzgeber geht davon aus, dass stets ein ausreichendes Näheverhältnis der Beteiligten untereinander besteht, das eine beidseitige Hemmung rechtfertigt.[56] Lediglich bei der **Beistandschaft** ist die Hemmung **einseitig** (Abs. 1 S. 3); nur Ansprüche des Kindes gegen den Beistand werden gehemmt, nicht aber umgekehrt Ansprüche des Beistands gegen das Kind.[57] **22**

III. Analoge Anwendung

Der Gesetzgeber hat die Erweiterung der Vorschrift auf die Partner einer **nichtehelichen Lebensgemeinschaft** sowie auf das Verhältnis des Kindes und des **Lebensgefährten des Elternteils** ausdrücklich abgelehnt.[58] Die Bundesregierung führte hierzu in ihrer Gegenäußerung aus, die Verhältnisse nichtehelicher Lebensgefährten sollten nicht punktuell, sondern im Rahmen einer umfassenden Betrachtung geregelt werden. Solange der Gesetzgeber an seiner bisherigen Grundsatzentscheidung festhielte, die ehe- oder familienähnliche Verhältnisse nicht mit einem besonderen rechtlichen Rahmen auszustatten, sei es nicht opportun, eine vereinzelte Regelung in Form einer Verjährungshemmung zu statuieren. Der Rechtsprechung bleibe es allerdings unbenommen, im Einzelfall in entsprechender Anwendung des § 207 eine Verjährungshemmung anzunehmen, wenn ein der Ehe oder Familie vergleichbares Näheverhältnis bestehe.[59] Bisher standen die **23**

51 AG Nordhorn BeckRS 2013, 5666; MüKoBGB/*Grothe* § 207 Rn. 2; Palandt/*Ellenberger* BGB § 207 Rn. 1; BeckOK BGB/*Henrich* § 207 Rn. 1; Soergel/*Niedenführ* BGB § 207 Rn. 5; Staudinger/*Peters/Jacoby* BGB § 207 Rn. 6; Erman/*Schmidt-Räntsch* BGB § 207 Rn. 4. AA im Hinblick auf die Rückabtretung des Unterhaltsanspruchs nach § 7 Abs. 4 S. 3 UVG, § 94 Abs. 5 S. 1 SGB XII, § 33 Abs. 4 S. 1 SGB II: OLG Oldenburg FamRZ 2013, 984 (§ 33 Abs. 4 S. 1 SGB II); OLG Hamm FamRZ 2017, 71 (72) (§ 7 UVG); FamRZ 2015, 1404 (§ 94 Abs. 5 S. 1 SGB XII); Wendl/Dose/*Klinkhammer* Das Unterhaltsrecht in der familienrichterlichen Praxis § 8 Rn. 118, 274; dagegen mit überzeugenden Argumenten *Knittel* JAmt 2013, 69 (70 ff.).
52 Vgl. auch OLG Nürnberg NJW 2014, 1111 (1112).
53 Erman/*Hammermann* BGB § 1607 Rn. 18.
54 Nicht berücksichtigt von OLG Schleswig NJW-RR 2007, 1017 (1018).

55 Staudinger/*Peters/Jacoby* BGB § 207 Rn. 4; OLG Köln BeckRS 2016, 1549; enger noch MüKoBGB/*Grothe* § 207 Rn. 7 (in den von § 207 Abs. 1 S. 2 Nr. 2 erfassten Fällen ist eine Verwirkung generell ausgeschlossen); s. dagegen BGH NJW 2018, 1013 (1014 f.) (Kindesunterhaltsansprüche): Verwirkung nicht grundsätzlich ausgeschlossen; ebenso BeckOK BGB/*Henrich* § 207 Rn. 1.
56 Zu dem teilweisen Meinungswechsel im Gesetzgebungsverfahren hinsichtlich der Ausgestaltung des Hemmungstatbestandes als ein- oder beidseitig s. BT-Drs. 14/6040, S. 119; BT-Drs. 14/6857, S. 9, 45 f.; BT-Drs. 14/7052, S. 181.
57 OLG Saarbrücken NJOZ 2012, 1289 (1293).
58 S. die Prüfbitte des Bundesrats und die ablehnende Gegenäußerung der Bundesregierung: BT-Drs. 14/6857, S. 9, 45 f.
59 BT-Drs. 14/6857, S. 46.

Gerichte derartigen richterlichen Ausweitungen des Anwendungsbereichs des § 204 aF (jetzt § 207) wegen des Grundsatzes der Rechtssicherheit indes kritisch gegenüber.[60]

24   In der Literatur wird die Frage der analogen Anwendung des Abs. 1 auf nichteheliche Lebensgemeinschaften streitig diskutiert. Zum Teil wird eine Analogie grds. befürwortet mit dem Argument, die Zielsetzung der Hemmung nach Abs. 1 erfasse diese Form des partnerschaftlichen Zusammenlebens in gleicher Weise wie die Ehe oder die Lebenspartnerschaft. Die Belastung, die eine Durchsetzung der Ansprüche innerhalb der Lebensgemeinschaft mit sich bringe, unterscheide sich regelmäßig nicht von derjenigen, die bei den gesetzlich begünstigten Näheverhältnissen zu befürchten stünde.[61]

25   Wollte man der aus dem Vorstehenden postulierten Analogiefähigkeit des Abs. 1 folgen, würde dies allerdings erhebliche **Abgrenzungsschwierigkeiten** mit sich bringen. So stellt sich bereits die Frage, wann eine nichteheliche Lebensgemeinschaft ein der Ehe oder Lebenspartnerschaft vergleichbares Näheverhältnis aufweist, so dass die Hemmung analog Abs. 1 gerechtfertigt wäre.[62] Es mangelt insofern an objektivierbaren Merkmalen, da ein der Eheschließung oder der Eintragung der Lebenspartnerschaft vergleichbarer Akt fehlt. Auch die Bestimmung des Endes der Hemmung wäre kaum trennscharf möglich – ein punktuelles Ereignis wie jenes der Rechtskraft eines Scheidungsurteils oder der gerichtlichen Aufhebung der Lebenspartnerschaft liegt im Fall der Beendigung einer nichtehelichen Lebensgemeinschaft regelmäßig nicht vor.

26   Darüber hinaus könnten mit der gleichen Berechtigung, mit der die Partner einer nichtehelichen Lebensgemeinschaft in den Anwendungsbereich des Abs. 1 einbezogen werden sollen, auch in einem Haushalt lebende Geschwister, Enkel und Großeltern, Schwäger etc auf eine analoge Anwendung des Abs. 1 verweisen.[63] Es stellt sich die Frage, wo die Grenze der Analogiefähigkeit gezogen werden sollte. In jedem Fall verlöre die Regelung des § 207 durch eine fallbezogene und wertungsabhängige Ausweitung ihre klare Struktur. Voraussehbarkeit der Verjährungsgrenzen und damit Rechtssicherheit sind jedoch wesentliche Charakteristika des Verjährungsrechts.[64] Angesichts der aufgezeigten, mit einer Analogie verbundenen Unwägbarkeiten, aber auch vor dem Hintergrund der Ausnahmestellung, die die Regelung einnimmt,[65] sollte von einer Übertragung der Hemmung nach Abs. 1 auf nicht in der dortigen Aufzählung genannte, lediglich faktisch enge Beziehungen einschließlich der nichtehelichen Lebensgemeinschaft kein Gebrauch gemacht werden.[66] Dies gilt auch für Ansprüche im Verhältnis zwischen **Schwiegereltern** und Schwiegerkind.[67]

IV. Hemmung nach § 208 (Abs. 2)

27   Abs. 2 stellt klar, dass im Fall von Ansprüchen wegen Verletzung der sexuellen Selbstbestimmung das Vorliegen der Hemmungsvoraussetzungen des § 207 eine weitere Hemmung nach § 208 nicht ausschließt.[68] Die beiden Tatbestände können nebeneinander zur Anwendung gebracht werden. In Betracht kommt dies etwa dann, wenn einem Kind gegen einen Elternteil oder den Ehegatten oder Lebenspartner eines Elternteils ein Anspruch iSd § 208 zusteht. In diesem Fall ist die Hemmung nach § 207 Abs. 1 S. 2 Nr. 2 mit Vollendung des 21. Lebensjahres beendet; die Hemmung nach § 208 S. 1 läuft bis zur Vollendung des 21. Lebensjahres parallel zu jener nach Abs. 1 S. 2 Nr. 2, im Fall fortgesetzter häuslicher Gemeinschaft mit dem Schädiger dauert sie darüber hinaus bis zu deren Beendigung an (§ 208 S. 2).

28   Die Nennung des § 208 in Abs. 2 besitzt lediglich **exemplarischen Charakter**; es handelt sich nicht um eine abschließende Aufzählung der neben § 207 anwendbaren Hemmungsregelungen. Vielmehr können weitere Tatbestände der Hemmung, der Ablaufhemmung oder auch des Neubeginns parallel herangezogen

60 S. OLG Köln NJW-RR 2000, 558; auch OLG Rostock ZIP 2007, 735 (736) (sonstiges Näheverhältnis zwischen Schädiger und Geschädigtem genügt nicht).

61 Erman/*Schmidt-Räntsch* BGB § 207 Rn. 7; für eine Analogie bei Vorliegen eines der Ehe oder Lebenspartnerschaft entsprechenden Näheverhältnisses auch MüKoBGB/*Grothe* § 207 Rn. 11.

62 BeckOK BGB/*Henrich* § 207 Rn. 7 hält eine Analogie bei besonderer Intensität und Länge der Beziehung für möglich. Indes sind auch diese Kriterien unscharf und lassen eine konkrete Fristenbestimmung nicht zu.

63 Gegen die Einbeziehung anderer Gemeinschaften als jener der nichtehelichen Lebensgemeinschaft allerdings auch Erman/*Schmidt-Räntsch* BGB § 207 Rn. 8; ebenso OLG Nürnberg NJW 2014, 1111 (1112).

64 Vgl. auch BGH NJW-RR 1987, 407 (409), der aus denselben Gründen eine Reduktion des Anwendungsbereichs des § 204 S. 1 aF abgelehnt hat.

65 Vgl. BeckOK BGB/*Henrich* § 207 Rn. 7.

66 Ebenso OLG Nürnberg NJW 2014, 1111 (1112) (nichteheliche Lebensgemeinschaft); OLG Brandenburg 8.5.2007 – 11 U 142/06, juris Rn. 22 (nichteheliche Lebensgemeinschaft); Palandt/*Ellenberger* BGB § 207 Rn. 2; Soergel/*Niedenführ* BGB § 207 Rn. 6; Staudinger/*Peters/Jacoby* BGB § 207 Rn. 7.

67 BGH NJW 2016, 629 (630); NJW 2015, 1014 (1016); OLG Köln FamRZ 2015, 1333 (1335); MüKoBGB/*Grothe* § 207 Rn. 11; BeckOGK/*Meller-Hannich* BGB § 207 Rn. 13; aA Erman/*Schmidt-Räntsch* BGB § 207 Rn. 10 a.

68 BT-Drs. 14/7052, S. 181.

werden. So steht es dem Gläubiger frei, seine Rechte zu verfolgen und neben der Hemmung gem. § 207 auch eine solche nach § 204 Abs. 1 herbeizuführen oder aber im Wege der Verhandlungen mit dem Schuldner über § 203 zu einer Anspruchshemmung zu gelangen. Entsprechendes gilt in Bezug auf den Verjährungsneubeginn. Erkennt der Schuldner den in der Verjährung nach § 207 gehemmten Anspruch an, so beginnt die Verjährung nach § 212 Abs. 1 Nr. 1 neu, wird jedoch erst nach Ende der gem. § 207 bewirkten Hemmung wieder in Lauf gesetzt.

V. Übergangsrecht

1. SchuldRModG. Gem. Art. 229 § 6 Abs. 1 S. 1 EGBGB finden die durch das SchuldRModG eingefügten **29** verjährungsrechtlichen Neuregelungen – und damit auch § 207, soweit dieser über den Tatbestand des § 204 aF hinausgeht – ab dem 1.1.2002 auf alle an diesem Tag bestehenden und noch nicht verjährten Ansprüche Anwendung (näher → EGBGB Art. 229 § 6 Rn. 5 ff., 24 f., 34). Bereits vor dem 1.1.2002 angelaufene, bislang von § 204 aF nicht erfasste und damit ungehemmte Verjährungsfristen werden folglich ex nunc ab dem 1.1.2002 gehemmt.[69] Kam es bei Ansprüchen, die zwar nicht unter § 204 aF fielen, wohl aber die Voraussetzungen des § 207 Abs. 1 erfüllen, bereits vor dem Stichtag zu einer Hemmung (zB aufgrund von Verhandlungen nach § 852 Abs. 2 aF) oder zu einem Neubeginn (zB nach § 208 aF infolge Anerkenntnisses), bleiben die betreffenden Hemmungs- bzw. Neubeginntatbestände für die Zeit bis zum 31.12.2001 weiter wirksam (Art. 229 § 6 Abs. 1 S. 2 EGBGB); danach kommt § 207 Abs. 1 S. 2 Nr. 1, Nr. 2, Nr. 4 und Abs. 1 S. 3 (evtl. neben § 203 oder § 212 Abs. 1 Nr. 1) zum Tragen. Soweit § 207 den Hemmungstatbestand des § 204 aF fortsetzt, kommt es für Altansprüche am 1.1.2002 lediglich zu einem Normenwechsel; die unter altem Recht initiierte Hemmung wird ohne Unterbrechung nach § 207 fortgesetzt.

2. ErbVerjÄndG. Nach Art. 229 § 23 Abs. 1 S. 1 EGBGB finden die durch das ErbVerjÄndG eingefügten **30** Vorschriften über die Verjährung – und damit auch § 207 Abs. 1 S. 2 Nr. 2 a und b – ab dem 1.1.2010 auf alle an diesem Tag bestehenden und noch nicht verjährten Ansprüche Anwendung. Für den Zeitraum vor dem 1.1.2010 kommen gem. Art. 229 § 23 Abs. 3 EGBGB weiterhin die alten Hemmungsregelungen zum Tragen. Ansprüche zwischen dem Kind und seinen Eltern oder zwischen dem Kind und seinen Stiefeltern unterliegen damit bis zum 31.12.2009 unverändert der Hemmungsregelung des § 207 Abs. 1 S. 2 Nr. 2 aF Erst ab dem 1.1.2010 kann auf § 207 Abs. 1 S. 2 Nr. 2 in der durch das ErbVerjÄndG eingefügten Fassung rekurriert werden. Der Regelung kommt **keine Rückwirkung** zu. Waren die Ansprüche bis zum 31.12.2009 nach § 207 Abs. 1 S. 2 Nr. 2 aF gehemmt, kommt es zum 1.1.2010 lediglich zu einem Normenwechsel. Die Hemmung verlängert sich dann auch für solche Ansprüche, die vor dem 1.1.2010 entstanden sind, nach Maßgabe des § 207 Abs. 1 S. 2 Nr. 2 a und b bis zur Vollendung des 21. Lebensjahres des Kindes. Erst danach läuft die Verjährungsfrist an. War das Kind bereits vor dem 1.1.2010 volljährig geworden, endete die Hemmung nach § 207 Abs. 1 S. 2 Nr. 2 aF zu diesem Zeitpunkt (vgl. Art. 229 § 23 Abs. 3 EGBGB). Griffen im Anschluss nicht andere Regelungen der Hemmung oder des Verjährungsneubeginns ein (zB nach §§ 203, 205 oder 212 Abs. 1 Nr. 1), begann die Verjährungsfrist am Tag nach dem 18. Geburtstag des Kindes zu laufen. Hatte das betreffende Kind allerdings am 1.1.2010 das 21. Lebensjahr noch nicht vollendet, wurde die Verjährung am 1.1.2010 nach § 207 Abs. 1 S. 2 Nr. 2 in der Fassung des ErbVerjÄndG ex nunc erneut gehemmt (Art. 229 § 23 Abs. 1 S. 1 EGBGB)[70] – vorausgesetzt die Ansprüche waren am 1.1.2010 noch nicht verjährt. Auf bereits verjährte Ansprüche findet die Neuregelung selbst dann keine Anwendung, wenn das Kind am 1.1.2010 das 21. Lebensjahr noch nicht vollendet hatte.

C. Weitere praktische Hinweise

Darlegungs- und **beweispflichtig** für das Vorliegen der Tatsachen, die den **Beginn der Hemmung** nach **31** §§ 203–208 auslösen, ist nach allgemeiner und zu befürwortender Ansicht der Anspruchsteller.[71] Im Rahmen des § 207 folgt daraus, dass jeweils der sich auf die Hemmung berufende Gläubiger vorzutragen und ggf. zu beweisen hat, dass das in Abs. 1 S. 1 bzw. S. 2 benannte, die Hemmung begründende Rechtsverhältnis entstanden ist.

Wer den Fortbestand bzw. den **Wegfall der** die **Hemmung** tragenden Tatsachen zu beweisen hat, ist losge- **32** löst von § 207 für alle Hemmungstatbestände streitig. Vertreten werden die folgenden Ansichten: Sind die Voraussetzungen eines der Hemmungstatbestände der §§ 203–208 unstreitig oder bewiesen, so soll es nach herrschender Auffassung dem Schuldner obliegen, die Tatsachen darzulegen und ggf. zu beweisen, die zum

---

69 Staudinger/*Peters/Jacoby* BGB § 207 Rn. 10, 11.
70 Vgl. auch *Löhnig* FamRZ 2009, 2053 (2055).

71 Henssler/von Westphalen/*Bereska* BGB Vor §§ 203–213 Rn. 5; MüKoBGB/*Grothe* § 203 Rn. 1; Soergel/*Niedenführ* BGB Vor § 203 Rn. 12.

Ende der Hemmung führen.[72] Konkretisiert auf die Fälle des § 207 würde danach der Schuldner die Beweislast für die Behauptung der Aufhebung bzw. Beendigung der in Abs. 1 S. 1 und S. 2 aufgeführten Rechtsverhältnisse tragen. Ein anderer Teil der Literatur vertritt demgegenüber die überzeugendere Ansicht, dass der Gläubiger dann, wenn der Schuldner das Vorliegen der den Hemmungsfortbestand tragenden Tatsachen substantiiert bestreitet, auch die Beweislast dafür trägt, dass der Hemmungsgrund während des gesamten von ihm geltend gemachten Zeitraums vorlag.[73] Zu Einzelheiten sowie der Auseinandersetzung mit beiden Ansätzen kann auf die ausführliche Darstellung der Parallelproblematik in → § 203 Rn. 60 verwiesen werden.

§ 208 Hemmung der Verjährung bei Ansprüchen wegen Verletzung der sexuellen Selbstbestimmung

[1]Die Verjährung von Ansprüchen wegen Verletzung der sexuellen Selbstbestimmung ist bis zur Vollendung des 21. Lebensjahrs des Gläubigers gehemmt. [2]Lebt der Gläubiger von Ansprüchen wegen Verletzung der sexuellen Selbstbestimmung bei Beginn der Verjährung mit dem Schuldner in häuslicher Gemeinschaft, so ist die Verjährung auch bis zur Beendigung der häuslichen Gemeinschaft gehemmt.

Literatur: *Budzikiewicz*, Beginn der Regelverjährung im Fall retrograder Amnesie infolge sexuellen Missbrauchs, NJ 2013, 252; *Hoffmann*, Materielle Entschädigung nach sexuellem Missbrauch, JAmt 2003, 222; *Keiser*, Mehr Opferschutz durch veränderte Verjährungsvorschriften für deliktische Ansprüche?, FPR 2002, 1; *Kleinschmidt*, Verjährung vorsätzlich begangener torts, ZEuP 2009, 827; *Krämer*, Verjährungshemmung bei Ansprüchen wegen Verletzung der sexuellen Selbstbestimmung gem. § 208 BGB, ZFE 2003, 363; *Zimmermann/Kleinschmidt*, Verjährung: Grundgedanken und Besonderheiten bei Ansprüchen auf Schadensersatz, in: FS Bucher, 2009, S. 861.

A. Allgemeines 1
  I. Normzweck 1
    1. Grundsatz 1
    2. Regelung des S. 1 7
    3. Regelung des S. 2 9
  II. Opfer nicht sexuell motivierter Gewalt 10
B. Regelungsgehalt 11
  I. Hemmung bis zum 21. Lebensjahr (S. 1) 11
    1. Erfasste Ansprüche 11
      a) Anspruchsgrundlagen 11
      b) Schuldner und Gläubiger 16
    2. Hemmung 17
      a) Beginn 17
      b) Ende 19

II. Hemmung während der häuslichen Gemeinschaft (S. 2) 20
    1. Erfasste Ansprüche 20
      a) Anspruchsgrundlage 20
      b) Schuldner und Gläubiger 21
    2. Häusliche Gemeinschaft 22
      a) Begriffsbestimmung 23
      b) Zeitpunkt 24
      c) Analoge Anwendung 26
    3. Hemmungsdauer 27
  III. Hemmungshindernde Vereinbarungen 31
  IV. Übergangsrecht 32
C. Weitere praktische Hinweise 33

A. Allgemeines

I. Normzweck

1   1. Grundsatz. Mit Einführung des § 208 durch das SchuldRModG hat der Gesetzgeber einen neuen Hemmungstatbestand in Bezug auf die Verjährung von Ansprüchen wegen Verletzung der sexuellen Selbstbestimmung geschaffen. Diese Ansprüche sind nach S. 1 nunmehr bis zur Vollendung des 21. Lebensjahres des Gläubigers gehemmt. Lebt der Gläubiger bei Beginn der Verjährung mit dem Schuldner in häuslicher Gemeinschaft, so dauert nach S. 2 die Hemmung bis zur Beendigung der häuslichen Gemeinschaft an.

2   § 208 ist einer teilparallelen strafrechtlichen Hemmungsvorschrift (§ 78 b Abs. 1 Nr. 1 StGB aF)[1] nachgebildet. Nach der Intention des Gesetzgebers soll sie den Schutz von Minderjährigen, die Opfer von Verletzun-

---

72 So allg. und ohne ausdr. Bezug zu § 207: Henssler/von Westphalen/*Bereska* BGB Vor §§ 203–213 Rn. 5; Soergel/*Niedenführ* BGB Vor § 203 Rn. 12; ebenso ein alten Recht Baumgärtel/*Laumen* Handbuch der Beweislast im Privatrecht § 202 aF Rn. 2 unter Berufung auf BGH WM 1977, 823 f.

73 So allg. und ohne ausdr. Bezug zu § 207: MüKo-BGB/*Grothe* § 203 Rn. 1.

1   Die Vorschrift ist in der Zwischenzeit mehrfach geändert worden; mit Wirkung von 27.1.2015 wurde die Altersgrenze für den Beginn der Verfolgungsverjährung bei Sexualdelikten von der Vollendung des 21. Lebensjahrs auf das 30. Lebensjahr erhöht.

gen ihrer sexuellen Selbstbestimmung geworden sind (S. 1), und von Personen, die in der gleichen Weise durch Schädiger verletzt wurden, die mit ihnen in häuslicher Gemeinschaft leben (S. 2), verbessern.[2]

Die **Grundregeln des Europäischen Vertragsrechts** (dazu → Vor §§ 194–218 Rn. 20 ff.), die allgemeine   3
Verjährungsregeln enthalten, haben auf eine § 208 entsprechende Vorschrift verzichtet, da die Problematik nicht punktuell allein im Verjährungsrecht geregelt werden könne.[3]

§ 208 ist eine von verschiedenen **gesetzgeberischen Maßnahmen** zum Schutz der sexuellen Selbstbestim-   4
mung. Durch das Zweite Gesetz zur Änderung schadensrechtlicher Vorschriften vom 19.7.2002 wurde mit § 825[4] ein Schadensersatzanspruch wegen Verletzung der sexuellen Selbstbestimmung mit Schmerzensgeld-folge (§ 253 Abs. 2) eingefügt.[5] Das Gesetz zur Stärkung der Rechte von Opfern sexuellen Missbrauchs (StORMG) vom 26.6.2013 hat ua die dreißigjährige Verjährungsfrist des § 197 Abs. 1 auf Schadensersatz-ansprüche ausgeweitet, die auf der vorsätzlichen Verletzung des Lebens, des Körpers, der Gesundheit, der Freiheit oder der sexuellen Selbstbestimmung beruhen (→ § 197 Rn. 3, 11 ff.).[6] Dadurch soll gewährleistet werden, dass den Geschädigten ausreichend Zeit zur Verfügung steht, ihre zivilrechtlichen Schadensersatz-ansprüche wirksam durchzusetzen.[7] Der ursprüngliche Gesetzentwurf sah korrespondierend noch die Auf-hebung des § 208 vor. Die Hemmungsregelung wurde für entbehrlich gehalten, da sich ein Hinausschieben des Verjährungslaufs bis zur Vollendung des 21. Lebensjahres bei einer dreißigjährigen Verjährungsfrist erübrige; zudem seien die Voraussetzungen eines Schadensersatzanspruchs nach mehr als 30 Jahren auch kaum noch beweisbar.[8] In der Beschlussempfehlung des Rechtsausschusses ist von einer Streichung des § 208 wieder Abstand genommen worden. In der Diskussion um die Missbrauchsfälle habe sich gezeigt, dass die Geschädigten, die als Kinder oder Jugendliche Opfer sexuellen Missbrauchs wurden, zum Teil auch nach 30 Jahren noch nicht in der Lage seien, ihre Ansprüche gegen die Täter gerichtlich zu verfolgen.[9] Die Regelung des § 208 wurde vor diesem Hintergrund beibehalten.

Die Hemmung nach § 208 S. 1 bewirkt, dass auch die Dreißigjahresfrist des § 197 Abs. 1 Nr. 1 jedenfalls   5
nicht vor der Vollendung des 21. Lebensjahres des Geschädigten in Lauf gesetzt wird (vgl. auch → § 197 Rn. 13); unter den Voraussetzungen des § 208 S. 2 kann die Hemmung auch noch über diesen Zeitpunkt hinaus fortdauern (→ Rn. 27).[10] Im Schrifttum wird angesichts des späten Verjährungseintritts zum Teil für eine teleologische Reduktion des § 208 bei den von § 197 Abs. 1 Nr. 1 erfassten Vorsatztaten votiert.[11] Dagegen spricht jedoch, dass der Gesetzgeber die Hemmungsregelung des § 208 bewusst beibehalten hat, um jungen Opfern die Möglichkeit zu geben, ihre Ansprüche auch nach mehr als dreißig Jahren noch durch-setzen zu können.[12]

Zur intertemporalen Anwendbarkeit des novellierten § 197 Abs. 1 Nr. 1 → § 197 Rn. 14.[13]   6

2. Regelung des S. 1. Die **Gesetzesbegründung** zu S. 1[14] weist darauf hin, dass der bis zum 31.12.2001   7
bestehende zivilrechtliche Schutz Lücken aufwies. Nicht selten verzichteten die zur Vertretung der Kinder berufenen Eltern auf die Verfolgung der zivilrechtlichen Ansprüche der verletzten Kinder. Die Motive hier-für seien vielfältig; sie reichten von einer Beschützung der Kinder vor der Rechtsverfolgung einher-gehenden, insbesondere seelischen Belastungen bis hin zu den eher zweifelhaften Motiven der „Rücksicht-nahme" auf den Täter oder der Angst vor einem „Skandal". Die deliktischen Ansprüche aus §§ 823 und 825 wegen Verletzung der sexuellen Selbstbestimmung eines Kindes verjährten bis zum 29.6.2013 gem. §§ 195, 199 Abs. 1 in drei Jahren, beginnend mit dem Schluss des Jahres, in dem der Anspruch entstanden war und Kenntniserlangung im Sinne des § 199 Abs. 1 Nr. 2 vorlag, wobei es auf die Kenntnis des gesetzlichen Ver-treters ankam (→ § 199 Rn. 74). Um zu verhindern, dass die Ansprüche noch während der Minderjährigkeit des Opfers verjährten, wurde die Hemmungsregelung des § 208 eingefügt. Nach Erreichen der Volljährig-keit sollte das Opfer selbst entscheiden können, ob es seine unverjährten Ansprüche verfolgen will oder nicht. Mit der Einfügung des neuen § 197 Abs. 1 Nr. 1 durch das **StORMG** (→ Rn. 4) ist die Verjährungs-frist für Schadensersatzansprüche, die auf der vorsätzlichen Verletzung der sexuellen Selbstbestimmung

2   S. BT-Drs. 14/6040, S. 97, 119; 14/7052, S. 179. Krit. hinsichtlich des Erfolges dieser Zielsetzung *Keiser* FPR 2002, 1 (3).

3   *Zimmermann/Leenen/Mansel/Ernst* JZ 2001, 684 (697).

4   Vgl. hierzu *Haas/Horcher* DStR 2001, 2118 (2121).

5   Am 1.4.2004 ist zudem das Gesetz zur Änderung der Vorschriften über die Straftaten gegen die sexuelle Selbstbestimmung und zur Änderung anderer Vor-schriften v. 27.12.2003 (BGBl. I S. 3007) in Kraft getreten. Vgl. hierzu *Duttge/Hörnle/Renzikowski* NJW 2004, 1065 ff.

6   S. dazu auch *Budzikiewicz* NJ 2013, 252; BR-Drs. 213/11, S. 27.

7   BR-Drs. 213/11, S. 27; zum Reformbedarf s. auch *Franke/Strnad* FamRZ 2012, 1535.

8   BR-Drs., 213/11, S. 27 f.

9   BT-Drs. 17/12735, S. 18.

10   Kritisch zu der durch § 197 Abs. 1 Nr. 1 iVm §§ 207 und 208 bewirkten Verzögerung des Verjährungsein-tritts Staudinger/*Peters/Jacoby* BGB § 197 Rn. 8 a; BeckOGK/*Piekenbrock* BGB § 197 Rn. 7.

11   BeckOGK/*Piekenbrock* BGB § 197 Rn. 7.

12   BT-Drs. 17/12735, S. 18; s. auch Jauernig/*Mansel* BGB § 197 Rn. 2.

13   Vgl. auch *Budzikiewicz* NJ 2013, 252.

14   BT-Drs. 14/6040, S. 119.

beruhen, auf 30 Jahre ausgedehnt worden. Das Problem des Verjährungseintritts während der Minderjährigkeit des Opfers stellt sich damit in den von § 197 Abs. 1 Nr. 1 erfassten Fällen nicht mehr. Gleichwohl ist die Hemmungsregelung des § 208 beibehalten worden, um gerade den besonders schutzwürdigen jungen Opfern die Möglichkeit zu eröffnen, ihre Ansprüche „möglichst lange durchzusetzen".[15] Für Ansprüche aus Fahrlässigkeitstaten richtet sich die Verjährung dagegen weiterhin nach §§ 195, 199 Abs. 1; die Hemmung nach § 208 erfasst auch diese Ansprüche.[16]

8 Die Hemmung nach S. 1 dauert bis zur **Vollendung des 21. Lebensjahres** des Opfers. Die Altersgrenze wurde während des Gesetzgebungsverfahrens von 18 auf 21 Jahre heraufgesetzt, da minderjährige Opfer von Verletzungen der sexuellen Selbstbestimmung auch nach Erlangung der vollen Geschäftsfähigkeit häufig emotional nicht in der Lage sind, ihre Ansprüche wegen solcher Taten selbst zu verfolgen. Im Interesse des Opferschutzes wurde deshalb nicht auf die Volljährigkeit, sondern auf das 21. Lebensjahr abgestellt. Dieser Zeitpunkt ist den Grenzen des § 105 JGG entlehnt.[17] An dem verlängerten Hemmungszeitraum wurde auch nach der Novellierung des § 197 Abs. 1 Nr. 1 unverändert festgehalten (→ Rn. 4 f.).

9 **3. Regelung des S. 2.** Nach S. 2 soll die Verjährung auch während der Zeit gehemmt sein, in der Gläubiger und Schuldner zusammen in häuslicher Gemeinschaft leben. Das Opfer von Ansprüchen wegen Verletzung der sexuellen Selbstbestimmung ist – so die Gesetzesbegründung[18] – oftmals wegen der Rücksichtnahme auf eine häusliche Gemeinschaft mit dem Täter nicht in der Lage, seine Ansprüche zu verfolgen (s. noch → Rn. 22). Das StORMG hat S. 2 ebenso wie S. 1 unverändert gelassen (→ Rn. 4); auch die dreißigjährige Verjährungsfrist des § 197 Abs. 1 Nr. 1 kann daher nach Maßgabe des § 208 S. 2 gehemmt werden.

II. Opfer nicht sexuell motivierter Gewalt

10 Der Hemmungstatbestand des § 208 gilt nur für Ansprüche wegen der Verletzung der sexuellen Selbstbestimmung, nicht aber bei vorsätzlicher widerrechtlicher Verletzung des Körpers, der Gesundheit und der Freiheit.[19] Damit hat der Gesetzgeber des SchuldRModG die Opfer **nicht sexuell motivierter Gewalt** weniger stark geschützt als die Opfer sexuell motivierter Gewalt.[20] Diese Wertung ist kaum nachvollziehbar,[21] insbesondere wenn man die gesetzgeberischen Aktivitäten zum Schutz vor (häuslicher) Gewalt in die Betrachtung einbezieht.[22] Durch das StORMG ist die Position der Opfer nicht sexuell motivierter Gewalt zuletzt auch im Verjährungsrecht gestärkt worden: Die Dreißigjahresfrist des § 197 Abs. 1 wurde nicht nur auf Schadensersatzansprüche wegen der vorsätzlichen Verletzung der sexuellen Selbstbestimmung, sondern auch wegen der vorsätzlichen Verletzung des Lebens, des Körpers, der Gesundheit oder der Freiheit ausgeweitet (→ Rn. 4). Die allein auf Ansprüche wegen Verletzung der sexuellen Selbstbestimmung bezogene Hemmungsregelung des § 208 ist dagegen unverändert geblieben.

B. Regelungsgehalt

I. Hemmung bis zum 21. Lebensjahr (S. 1)

11 **1. Erfasste Ansprüche. a) Anspruchsgrundlagen.** Der Hemmung des S. 1 unterliegen **alle Ansprüche** wegen Verletzung der sexuellen Selbstbestimmung. Dabei ist nicht erforderlich, dass die Anspruchs-

15   BT-Drs. 17/12735, S. 18.
16   Vgl. auch Erman/*Schmidt-Räntsch* BGB § 208 Rn. 2. Anders aber BT-Drs., 17/6261, S. 20, wonach § 208 nur solche Schadensersatzansprüche betreffen soll, die auf der vorsätzlichen Verletzung der sexuellen Selbstbestimmung beruhen. Für eine solche Einschränkung sprechen jedoch weder der Wortlaut noch die Ratio der Norm.
17   BT-Drs. 14/7052, S. 181.
18   BT-Drs. 14/7052, S. 181.
19   Vgl. auch MüKoBGB/*Grothe* § 208 Rn. 4; BeckOGK/*Meller-Hannich* BGB § 208 Rn. 4; *Krämer* ZFE 2003, 363; Staudinger/*Peters/Jacoby* BGB § 208 Rn. 2. Entgegen *Meier* NZFam 2016, 692 (694) ist auch eine analoge Anwendung des § 208 auf den Anspruch auf Auskunft über die eigene genetische Abstammung ausgeschlossen; die Interessenlage ist nicht vergleichbar; s. MüKoBGB/*Grothe* § 208 Rn. 4; zur Verjährung des Auskunftsanspruchs

eines durch heterologe Insemination gezeugten Kindes s. auch *Budzikiewicz* MedR 2015, 435 (437 f.).
20   *Krämer* ZFE 2003, 363 (Fn. 7) weist dort zudem darauf hin, dass eine exakte Trennung oft nur schwer möglich ist.
21   Krit. deshalb auch *Dauner-Lieb/Arnold*, Anm. zur neuesten Fassung des Verjährungsrechts in der konsolidierten Fassung eines Diskussionsentwurfs eines Schuldrechtsmodernisierungsgesetzes, zu § 209 BGB-NF; *Zimmermann/Leenen/Mansel/Ernst* JZ 2001, 684 (696 f.).
22   S. das Gesetz zur Ächtung der Gewalt in der Erziehung und zur Änderung des Kindesunterhaltsrechts v. 2.11.2000 (BGBl. I S. 1479); ferner das Gesetz zur Verbesserung des zivilgerichtlichen Schutzes bei Gewalttaten und Nachstellungen sowie zur Erleichterung der Überlassung der Ehewohnung bei Trennung v. 11.12.2001 (BGBl. I Nr. 63 S. 3513).

grundlage ausschließlich eine Vorschrift zum Schutze dieses Rechtsgutes ist.[23] Eine derartige Einschränkung sah eine frühere Entwurfsfassung (§ 214 Abs. 1 Nr. 2 in der Fassung v. 7.2.2001) noch vor. Im Laufe des Gesetzgebungsverfahrens ist der sachliche Anwendungsbereich der in § 208 getroffenen Regelung dann jedoch ohne nähere Begründung erweitert worden. Auch **allgemeine Anspruchsgrundlagen** wie § 823 Abs. 1[24] oder **vertragliche Anspruchsgrundlagen** wie insbes. §§ 241 Abs. 2, 280 Abs. 1[25] werden jetzt von der Hemmung des § 208 erfasst, sofern der im konkreten Einzelfall erhobene Anspruch nach Überzeugung des mit der Hemmungsprüfung befassten Gerichts auf einer Verletzung der sexuellen Selbstbestimmung beruht.[26]

In erster Linie in Betracht kommen § 823 Abs. 1 und § 823 Abs. 2 in Verbindung mit §§ 174 ff. StGB (auch **12** in den Fällen der §§ 26, 27 und 30 StGB)[27] sowie der zum 1.8.2002 neugefasste § 825 (→ Rn. 4). § 823 Abs. 1 schützt Teilbereiche der sexuellen Selbstbestimmung durch den Schutz der Rechtsgüter Leben, Körper, Gesundheit, Freiheit und durch den Schutz des allgemeinen Persönlichkeitsrechts. Die sexuelle Selbstbestimmung ist als Teil des allgemeinen Persönlichkeitsrechts vom Schutzbereich des § 823 Abs. 1 erfasst.[28] Der Gesetzgeber sieht die sexuelle Selbstbestimmung zudem als eigenständiges Rechtsgut. Das wird deutlich in § 253 Abs. 2, der die sexuelle Selbstbestimmung eigens als geschütztes Rechtsgut erwähnt und den Anspruch auf ein Schmerzensgeld bei dessen Verletzung eröffnet, sowie durch § 825, der vorsieht, dass derjenige, der einen anderen durch Hinterlist, Drohung oder Missbrauch eines Abhängigkeitsverhältnisses zur Vornahme oder Duldung sexueller Handlungen bestimmt, diesem zum Ersatz des daraus entstehenden Schadens verpflichtet ist.

Die Rechtsprechung legt die Regelung des § 208 weit aus: Auch die Verjährung eines Anspruchs auf **13** Schmerzensgeld wegen einer HIV-Infektion infolge ungeschützten Geschlechtsverkehrs soll gem. § 208 gehemmt sein, wenn der Anspruchsteller bei Kenntnis von der Infektion des Anspruchsgegners keine oder nur geschützte Sexualkontakte zugelassen hätte.[29]

§ 208 setzt **keine besondere Rechtsfolge** der in der Verjährung gehemmten Ansprüche voraus. Die Norm **14** gilt daher für Schadensersatz-, Schmerzensgeld-[30] und Unterlassungsansprüche gleichermaßen.[31]

Die Opfer sexuell motivierter Gewalt können allerdings nicht nur durch Eintritt der Verjährung Nachteile in **15** der Verfolgung ihrer Rechte erleiden, sondern auch dann, wenn sonstige Fristen versäumt werden. Dies kann etwa bei unterbliebener **Forderungsanmeldung im Insolvenzverfahren** relevant werden. Versäumt das Opfer die Anmeldung der Forderung zur Insolvenztabelle, stellt sich die Frage, ob Ansprüche wegen Verletzung der sexuellen Selbstbestimmung mit Blick auf die Wertungen des § 208 gleichwohl von der erteilten Restschuldbefreiung ausgenommen sein sollten. § 302 InsO erfasst diesen Fall jedenfalls nicht ausdrücklich. Der BGH hat aber auch eine entsprechende Anwendung des Schutzgedankens des § 208 S. 1 im Rahmen der Auslegung der §§ 301 f. InsO unter Hinweis auf das Fehlen einer planwidrigen Regelungslücke abgelehnt.[32]

b) Schuldner und Gläubiger. S. 1 setzt voraus, dass die Verletzung der sexuellen Selbstbestimmung vor **16** Vollendung des **21. Lebensjahrs** des Verletzten erfolgte; die Minderjährigkeit des verletzten Gläubigers zur Zeit der Verletzungshandlung wird nicht verlangt.[33] Die Hemmung nach S. 1 kommt sowohl zum Zuge, wenn die Tat an einem minderjährigen Opfer verübt wird, als auch, wenn die Tat zwischen der Vollendung des 18. und des 21. Lebensjahrs des Opfers geschieht.[34] Ein besonderes Verwandtschafts- oder Näheverhältnis oder das Vorliegen einer häuslichen Gemeinschaft zwischen Gläubiger und Schuldner fordert S. 1 für den Eintritt der Hemmungsfolge nicht.[35]

---

23 OLG Nürnberg NJW 2014, 1111 (1112); Soergel/*Niedenführ* BGB § 208 Rn. 3. Vgl. auch MüKoBGB/*Grothe* § 208 Rn. 4; Henssler/von Westphalen/*Bereska* BGB § 208 Rn. 7; Staudinger/*Peters/Jacoby* BGB § 208 Rn. 3 (es ist nicht erforderlich, dass zugleich eine Straftat nach §§ 176 ff. StGB vorliegt).

24 Die Gesetzesbegründung nennt Ansprüche aus § 823 beispielhaft als von § 208 erfasst; BT-Drs. 14/6040, S. 119.

25 Zust. MüKoBGB/*Grothe* § 208 Rn. 4; Staudinger/*Peters/Jacoby* BGB § 208 Rn. 3; Erman/*Schmidt-Räntsch* BGB § 208 Rn. 2.

26 Krit. zu dieser Erweiterung *Zimmermann/Leenen/Mansel/Ernst* JZ 2001, 684 (697); zust. dagegen *Krämer*, ZFE 2003, 363.

27 MüKoBGB/*Grothe* § 208 Rn. 4; Palandt/*Ellenberger* BGB § 208 Rn. 2; Staudinger/*Peters/Jacoby* BGB § 208 Rn. 3.

28 *Haas/Horcher* DStR 2001, 2118 (2121); Staudinger/*Peters/Jacoby* BGB § 208 Rn. 3; vgl. auch Palandt/*Sprau* BGB § 825 Rn. 1.

29 OLG Nürnberg NJW 2014, 1111 (1112) (Verletzung der sexuellen Selbstbestimmung des Partners durch Täuschung über die eigene HIV-Infektion); zust. BeckOGK/*Meller-Hannich* BGB § 208 Rn. 4; zweifelnd Staudinger/*Peters/Jacoby* BGB § 208 Rn. 3.

30 OLG Nürnberg NJW 2014, 1111 (1112) (Schmerzensgeldanspruch wegen HIV-Infektion).

31 Staudinger/*Peters/Jacoby* BGB § 208 Rn. 3 mit Beispielen.

32 BGH NJW-RR 2017, 37 (38 ff.); zust. BeckOGK/*Meller-Hannich* BGB § 208 Rn. 5.

33 Erman/*Schmidt-Räntsch* BGB § 208 Rn. 4.

34 BT-Drs. 14/6040, S. 119.

35 OLG Hamm NJW 2006, 2498 (2499); Palandt/*Ellenberger* BGB § 208 Rn. 3; PWW/*Deppenkemper* BGB § 208 Rn. 2.

17 **2. Hemmung. a) Beginn.** Die Hemmung nach S. 1 beginnt vor der Vollendung des 21. Lebensjahrs des Verletzten zu dem Zeitpunkt, zu dem die Verjährungsfrist ohne die Hemmung in Lauf gesetzt würde. Für den Fall, dass sich die Verjährung nach **§ 197 Abs. 1 Nr. 1** richtet, beginnt die Hemmung daher mit der Entstehung des Anspruchs (vgl. § 200 S. 1). Richtet sich die Verjährung nach der **allgemeinen Frist** der §§ 195, 199 Abs. 1, beginnt die Hemmung mit dem Schluss des Jahres, in dem der Anspruch entstanden ist und Kenntniserlangung iSd § 199 Abs. 1 Nr. 2 vorliegt. Da die allgemeine Verjährungsfrist erst zu diesem Zeitpunkt beginnt, kann auch die Hemmung nicht früher einsetzen. Anderes gilt regelmäßig hinsichtlich der parallel zu der Frist der §§ 195, 199 Abs. 1 laufenden **Verjährungshöchstfristen** nach § 199 Abs. 2 und 3. Da diese bereits von dem Zeitpunkt des den Schaden auslösenden Ereignisses (§ 199 Abs. 2 und Abs. 3 S. 1 Nr. 2) bzw. der Entstehung der Schadensersatzansprüche (§ 199 Abs. 3 S. 1 Nr. 1) oder im Fall eines Anspruchs auf Unterlassen von der Zuwiderhandlung (§ 199 Abs. 5) an zu berechnen sind, setzt auch die Hemmung dieser Fristen schon mit der Erfüllung der jeweiligen Tatbestandsmerkmale ein.[36]

18 Werden die **Ansprüche** des Gläubigers **tituliert**, unterliegen diese mit der Rechtskraft der Entscheidung oder der Errichtung des vollstreckbaren Titels (§ 201) der dreißigjährigen Frist des § 197 Abs. 1 Nr. 3 bzw. Nr. 4. Es stellt sich die Frage, ob für den Fall, dass der nach § 201 zu bestimmende Fristbeginn vor der Vollendung des 21. Lebensjahrs des Gläubigers liegt, die neue Verjährungsfrist ebenfalls nach § 208 gehemmt ist. Der Wortlaut der Regelung schließt die Anwendung auf die Titelverjährung jedenfalls nicht aus. Dennoch sollte die Wirkung des § 208 auf bereits titulierte Ansprüche nicht erstreckt werden. Da sich die Gefahr, der die Regelung entgegenwirken möchte, – nämlich die Verjährung des Anspruchs in einer Zeit, in der das Opfer in Folge des sexuellen Missbrauchs noch nicht in der Lage war, gegen den Täter vorzugehen,[37] – nicht realisiert hat, wäre eine Ausdehnung des § 208 auf die dreißigjährige Verjährungsfrist nach § 197 Abs. 1 Nr. 3 und 4 vom Normzweck nicht mehr erfasst. Nach der Ratio des § 208 soll die Hemmung vor einem vorzeitigen Rechtsverlust infolge Passivität schützen, nicht jedoch eine zusätzliche Verzögerung des Verjährungseintritts trotz Rechtsverfolgung gewähren.

19 **b) Ende.** Die Hemmung nach S. 1 **endet** mit der Vollendung des 21. Lebensjahres des Opfers.[38] Danach läuft die Verjährungsfrist, dh im Regelfall die Frist der § 197 Abs. 1 Nr. 1, erstmals an, sofern nicht andere Hemmungsgründe (zB §§ 204 Abs. 1 Nr. 1 bzw. Abs. 2, 207 Abs. 1, 208 S. 2) vorliegen. Ist der Gläubiger vor Vollendung des 21. Lebensjahres **verstorben**, tritt die Beendigung der Hemmung bereits zu diesem Zeitpunkt ein.[39]

II. Hemmung während der häuslichen Gemeinschaft (S. 2)

20 **1. Erfasste Ansprüche. a) Anspruchsgrundlage.** Hinsichtlich der von S. 2 erfassten Ansprüche gilt das zu S. 1 Gesagte (→ Rn. 11 ff.).

21 **b) Schuldner und Gläubiger.** Anders als S. 1 stellt S. 2 **kein Alterserfordernis** für den verletzten Gläubiger auf.[40] Die Hemmung des S. 2 greift auch bei der Verletzung des Rechts auf sexuelle Selbstbestimmung eines Volljährigen, der mit dem Täter in häuslicher Gemeinschaft lebt. Der Normzweck stellt im Gegensatz zu S. 1 nicht auf altersbedingte Rücksichtnahmen (→ Rn. 9) ab.

22 **2. Häusliche Gemeinschaft.** § 208 will die **Entschließungsfreiheit** zur Rechtsverfolgung schützen (→ Rn. 9). Diese Freiheit ist durch die Rücksichtnahmen und faktischen Herrschaftsverhältnisse bedroht, die in dem Näheverhältnis der ständig zusammenlebenden Personen wurzeln.

23 **a) Begriffsbestimmung.** Der Begriff der häuslichen Gemeinschaft wird im BGB mit unterschiedlichen Inhalten verwendet, vgl. §§ 617 Abs. 1 S. 1, 1567 Abs. 1, 2028 Abs. 1, s. auch § 1969 Abs. 1 S. 1 (Hausstand). Für die Zwecke des § 208 S. 2 ist das **gemeinsame Wohnen** von Opfer und Schädiger in derselben Wohnung[41] zu fordern.[42] Es ist unschädlich, wenn auch andere Personen zur häuslichen Gemeinschaft gehören.[43] Nicht vorausgesetzt wird, dass die häusliche Gemeinschaft im Melderegister nach Melderecht dokumentiert ist, denn der Begriff der häuslichen Gemeinschaft stellt allein auf die tatsächlichen Verhältnisse ab.[44] Maßgeblich ist, ob die Parteien gemeinsamen Wohnraum teilen und in einem Näheverhältnis

36 Zu der parallelen Hemmung der allg. Verjährungsfrist nach §§ 195, 199 Abs. 1 und der jeweils maßgeblichen Verjährungshöchstfristen des § 199 Abs. 2–4; s. auch *Mansel/Budzikiewicz* Das neue Verjährungsrecht § 3 Rn. 71; *Fischinger* VersR 2006, 1475 ff.

37 BT-Drs. 17/12735, S. 18.

38 Zur Berechnung s. Henssler/von Westphalen/*Bereska* BGB § 208 Rn. 10.

39 BeckOK BGB/*Henrich* § 208 Rn. 3; Staudinger/*Peters/Jacoby* BGB § 208 Rn. 4.

40 OLG Nürnberg NJW 2014, 1111 (1112); MüKoBGB/*Grothe* § 208 Rn. 6; Soergel/*Niedenführ* BGB § 208 Rn. 6.

41 S. BT-Drs. 14/7052, S. 181.

42 Näher Staudinger/*Peters/Jacoby* BGB § 208 Rn. 5.

43 MüKoBGB/*Grothe* § 208 Rn. 6; Palandt/*Ellenberger* BGB § 208 Rn. 4.

44 MüKoBGB/*Grothe* § 208 Rn. 6; *Krämer* ZAP 2004, 117 (122); Erman/*Schmidt-Räntsch* BGB § 208 Rn. 5.

leben, das geeignet ist, die Rechtsverfolgung zu erschweren. Ein gemeinsames Wohnen kommt daher auch dann in Betracht, wenn die gemeinsame Wohnung von Schädiger und Opfer nicht die einzige Wohnung eines der beiden ist, aber beide im Wesentlichen in der gemeinsamen Wohnung leben.[45]

b) Zeitpunkt. S. 2 setzt voraus, dass die häusliche Gemeinschaft **bei Beginn** der Verjährung besteht, ande-   **24** renfalls kommt die Hemmung nach S. 2 nicht in Betracht. Für den Fall, dass der nach § 208 zu hemmende Anspruch der dreißigjährigen Frist nach §§ 197 Abs. 1 Nr. 1, 200 S. 1 unterliegt, bedeutet dies, dass Täter und Opfer im Zeitpunkt der Anspruchsentstehung in häuslicher Gemeinschaft gelebt haben müssen. Sollte der Anspruch ausnahmsweise der allgemeinen Verjährungsfrist nach §§ 195, 199 Abs. 1 unterliegen (→ Rn. 7), folgt daraus, dass Täter und Opfer sowohl im Moment der Anspruchsentstehung iSd § 199 Abs. 1 Nr. 1 und der Anspruchskenntnis iSd § 199 Abs. 1 Nr. 2[46] als auch bei Beginn der Verjährung zum Schluss des Jahres, in dem die Voraussetzungen des § 199 Abs. 1 erstmals erfüllt sind, ununterbrochen in häuslicher Gemeinschaft gelebt haben müssen. In der Kommentarliteratur wird regelmäßig als ausreichend erachtet, dass die Parteien an dem nach § 199 Abs. 1 bestimmten Jahresende in häuslicher Gemeinschaft lebten. Ein Zusammenleben im Zeitpunkt der Schädigung wird nicht gefordert.[47] Die gegenteilige, hier vertretene Auffassung stelle eine unzulässige teleologische Reduktion des § 208 dar, da es sich hierbei, gegen den Wortlaut des § 208, um eine einschränkende Auslegung zulasten des Opfers handele.[48] Tatsächlich widerspricht die Forderung des Zusammenlebens im Moment der Anspruchsentstehung jedoch weder dem Wortlaut noch dem Zweck des § 208. Es wird übersehen, dass zwar die Frist der §§ 195, 199 Abs. 1 als Ultimo-Verjährung ausgestaltet ist, nicht jedoch jene der Verjährungshöchstfristen des § 199 Abs. 2–4. Die Hemmung dieser Fristen setzt voraus, dass Gläubiger und Schuldner tatsächlich schon in dem Zeitpunkt zusammengelebt haben, in dem die Verletzungshandlung erfolgte (§ 199 Abs. 2 und Abs. 3 S. 1 Nr. 2) bzw. die Schadensersatzansprüche entstanden sind (§ 199 Abs. 3 S. 1 Nr. 1 und Abs. 4);[49] → Rn. 16. Der von § 208 in Bezug genommene Beginn der Verjährung liegt damit nicht erst am Jahresende, sondern bereits mit der Tathandlung vor. Bestand in diesem Moment keine häusliche Gemeinschaft zwischen Täter und Opfer, kommt eine Hemmung daher auch dann nicht in Betracht, wenn die Parteien noch vor dem Jahresende zusammenziehen sollten. Eine andere Auslegung wäre nur dann gerechtfertigt, wenn grundsätzlich auch ein Zusammenleben erst nach dem Verjährungsbeginn die Hemmungswirkung des § 208 auslösen würde. Dies ist jedoch nach überwiegender Auffassung nicht der Fall (→ Rn. 26).

Ein Auseinanderfallen des Zeitpunkts der Verletzungshandlung und der Begründung der häuslichen   **25** Gemeinschaft hindert die Hemmung nach S. 2 allerdings dann nicht, wenn der Anspruch des Opfers erst nach der schädigenden Tat entstanden ist, etwa dann, wenn ein unvorhersehbarer Spätschaden (zB Kosten einer überraschend notwendig gewordenen besonderen Therapie) auftritt. Die Verjährung des Anspruchs, mit dem dieser Schaden geltend gemacht wird, beginnt nach den Regeln der Schadenseinheit (s. bei §§ 195, 199) nicht vor dem Eintritt des unvorhersehbaren Spätschadens. Leben die Parteien im Zeitpunkt des Schadenseintritts weiterhin (oder nunmehr) in häuslicher Gemeinschaft, wird der Anspruch unmittelbar nach S. 2 gehemmt.[50]

c) Analoge Anwendung. Aus dem Wortlaut des § 208, der klar auf das Bestehen einer häuslichen   **26** Gemeinschaft zu Beginn der Verjährung abstellt, ist zu folgern, dass eine **analoge Anwendung** der Norm auf Personen, die nicht in häuslicher Gemeinschaft leben, nicht möglich ist, selbst wenn ein enges Näheverhältnis zwischen ihnen das Opfer an der Rechtsverfolgung hindern sollte.[51] Auch kommt nach dem Gesetzeswortlaut eine Anwendung des S. 2 nicht in Betracht, wenn die häusliche Gemeinschaft erst nach dem

45   Zust. *Birr* Verjährung und Verwirkung Rn. 94; *Krämer* ZFE 2003, 363, 364; aA Soergel/*Niedenführ* BGB § 208 Rn. 7.

46   Vgl. *Mansel/Budzikiewicz* Das neue Verjährungsrecht § 8 Rn. 138.

47   Henssler/von Westphalen/*Bereska* BGB § 208 Rn. 5; MüKoBGB/*Grothe* § 208 Rn. 7; BeckOK BGB/*Henrich* § 208 Rn. 4; Palandt/*Ellenberger* BGB § 208 Rn. 4; *Krämer* ZFE 2003, 363, 364; BeckOGK/ *Meller-Hannich* BGB § 208 Rn. 7.1; Staudinger/ *Peters/Jacoby* BGB § 208 Rn. 6; *Zimmermann/Kleinschmidt* FS Bucher, 2009, S. 861, 918 (Fn. 320).

48   So Henssler/von Westphalen/*Bereska* BGB § 208 Rn. 5.

49   Insoweit zustimmend BeckOK BGB/*Henrich* § 208 Rn. 4; BeckOGK/*Meller-Hannich* BGB § 208 Rn. 7.1.

50   Ein Problem erblickt *Krämer* ZFE 2003, 363, 365, darin, dass die häusliche Gemeinschaft bei Spätschäden bereits vor deren Eintritt aufgehoben sein kann und es dann nicht mehr zu einer Hemmung nach § 208 S. 2 kommt. Eine Hemmung der Verjährung ist jedoch nicht mehr erforderlich, wenn sich das Opfer aufgrund der Trennung vom Schuldner nicht länger in der von § 208 S. 2 in Blick genommenen Zwangslage befindet. Wird der Spätschaden erkennbar, steht dem Gläubiger die gesamte Verjährungsfrist zur Verfolgung seiner Ansprüche zur Verfügung, ohne dass er dem belastenden Einfluss des Schädigers ausgesetzt wäre.

51   Henssler/von Westphalen/*Bereska* BGB § 208 Rn. 8; MüKoBGB/*Grothe* § 208 Rn. 6; Staudinger/*Peters/ Jacoby* BGB § 208 Rn. 2 (keine Anwendbarkeit bei Belästigungen am Arbeitsplatz); Erman/*Schmidt-Räntsch* BGB § 208 Rn. 6.

Verjährungsbeginn begründet wurde[52] oder die Parteien nach deren Beendigung erneut zusammenleben.[53] Das erscheint wenig sachgerecht, hindert doch das durch die häusliche Gemeinschaft begründete (oder gegebenenfalls intensivierte) Näheverhältnis auch in diesem Fall die Entschließungsfreiheit und damit die Rechtsverfolgung. Offenbar soll S. 2 jedoch – soweit es wie im Regelfall um Schadensersatz geht – nur die in der (ersten) häuslichen Gemeinschaft erkennbar gewordenen (→ Rn. 24 f.) Schadensersatzansprüche erfassen.[54]

27 **3. Hemmungsdauer.** Die Hemmung des S. 2 **beginnt** mit der Verletzung der sexuellen Selbstbestimmung während der häuslichen Gemeinschaft (näher → Rn. 23 ff.). Sie **endet** mit deren Beendigung durch räumliche Trennung der Parteien.[55] Nach dem Ende der Hemmung steht dem Gläubiger noch die gesamte Verjährungsfrist zur Verfügung; liegen die Voraussetzungen anderer Hemmungsgründe vor (zB §§ 204 Abs. 1 Nr. 1 bzw. Abs. 2, 207 Abs. 1) kann der Fristlauf aber auch weiterhin ausgesetzt sein. Hinsichtlich der Hemmung titulierter Ansprüche durch S. 2 gelten die Ausführungen unter → Rn. 18 entsprechend.

28 Die Hemmung nach S. 2 ist zum einen eine **Anschlussregelung** zu der Verjährungshemmung nach S. 1. Lebt der durch S. 1 begünstigte Gläubiger bereits bei Verjährungsbeginn (→ Rn. 24 f.) und über die Vollendung des 21. Lebensjahres hinaus in häuslicher Gemeinschaft mit dem Schuldner, dauert die Hemmung bis zur Beendigung der häuslichen Gemeinschaft fort.[56]

29 Zum anderen wirkt die Hemmung nach S. 2 aber auch in anderen als den von S. 1 erfassten Fällen: Kommt es beispielsweise zu Verletzungen der sexuellen Selbstbestimmung innerhalb einer **nichtehelichen Lebensgemeinschaft** von zwei volljährigen Partnern, so ist auch hier die Verjährung gehemmt, bis die häusliche Gemeinschaft endet, also einer der Partner aus der gemeinsamen Wohnung auszieht.[57]

30 § 208 kann im Einzelfall, wenn die häusliche Gemeinschaft lebenslang andauert, zu – während der Lebenszeit des Geschädigten – unverjährbaren Ansprüchen führen. Das erscheint rechtspolitisch zweifelhaft.[58] Es wäre sachgerecht gewesen, eine Höchstgrenze der Verjährungshemmung vorzusehen (zur Höchstgrenze der Verjährung → Vor §§ 203–213 Rn. 10).

III. Hemmungshindernde Vereinbarungen

31 § 208 ist wegen seines Schutzcharakters (→ Rn. 7 f., 9, 22) nach der hier vertretenen Ansicht als **zwingendes Recht** anzusehen; er ist nicht durch verjährungserleichternde Abreden nach § 202 abänderbar.[59]

IV. Übergangsrecht

32 Gem. Art. 229 § 6 Abs. 1 S. 1 EGBGB finden die durch das SchuldRModG eingefügten verjährungsrechtlichen Neuregelungen – und damit auch § 208 – ab dem 1.1.2002 auf alle an diesem Tag bestehenden und noch nicht verjährten Ansprüche Anwendung (näher → Art. 229 EGBGB § 6 Rn. 5 ff.). Bereits vor dem 1.1.2002 angelaufene, bislang ungehemmte Verjährungsfristen werden damit ex nunc am 1.1.2002 bis zur Vollendung des 21. Lebensjahres des Gläubigers (S. 1) bzw. bis zur Beendigung der häuslichen Gemeinschaft (S. 2) gehemmt.[60] Kam es bereits vor dem Stichtag zu einer Hemmung, zB nach § 204 aF oder ggf. im Fall von Verhandlungen nach § 852 Abs. 2 aF, bleiben die betreffenden Hemmungstatbestände für die Zeit bis zum 31.12.2001 weiter wirksam (Art. 229 § 6 Abs. 1 S. 2 EGBGB); danach kommt § 208 (evtl. neben § 203) zum Tragen.[61]

52 Palandt/*Ellenberger* BGB § 208 Rn. 4; BeckOK BGB/*Henrich* § 208 Rn. 4; Soergel/*Niedenführ* BGB § 208 Rn. 7; Staudinger/*Peters/Jacoby* BGB § 208 Rn. 6; Erman/*Schmidt-Räntsch* BGB § 208 Rn. 5.
53 Staudinger/*Peters/Jacoby* BGB § 208 Rn. 5. AA BeckOK BGB/*Henrich* § 208 Rn. 6 (erneute Hemmung im Fall der Wiederaufnahme der häuslichen Gemeinschaft).
54 AA MüKoBGB/*Grothe* § 208 Rn. 7, der für eine analoge Anwendung des S. 2 votiert, wenn die häusliche Gemeinschaft erst nach Verjährungsbeginn begründet wurde.
55 Näher hierzu BeckOK BGB/*Henrich* § 208 Rn. 5. Vgl. auch Erman/*Schmidt-Räntsch* BGB § 208 Rn. 6 (nicht erforderlich ist die Beendigung des Rechtsver-

hältnisses, das der häuslichen Gemeinschaft zugrunde lag).
56 BT-Drs. 14/7052, S. 181.
57 OLG Nürnberg NJW 2014, 1111 (1112); BT-Drs. 14/7052, S. 181.
58 Vgl. auch *Derleder/Meyer* KJ 2002, 325 (336).
59 Zust. Henssler/von Westphalen/*Bereska* BGB § 208 Rn. 11; Soergel/*Niedenführ* BGB § 208 Rn. 10; Erman/*Schmidt-Räntsch* BGB § 208 Rn. 8; BeckOGK/*Meller-Hannich* BGB § 208 Rn. 12. AA Staudinger/*Peters/Jacoby* BGB § 208 Rn. 7.
60 S. hierzu auch *Budzikiewicz* AnwBl 2002, 394 (399).
61 Vgl. OLG Hamm NJW 2006, 2498 (2499); s. hierzu auch *Hoffmann* JAmt 2003, 222 (224).

C. Weitere praktische Hinweise

Die **Darlegungs-** und **Beweislast** für das Vorliegen der Tatsachen, die den **Beginn der Hemmung** auslösen, **33** trägt nach allg. Ansicht der Anspruchsteller.[62] Dieser ohne Differenzierung für sämtliche Hemmungstatbestände der §§ 203–208 vertretenen Auffassung ist für die Hemmung nach § 208 zu entnehmen, dass der Gläubiger vorzutragen und ggf. zu beweisen hat, dass er im Fall des S. 1 zu Beginn des reklamierten Hemmungszeitraumes das 21. Lebensjahr noch nicht vollendet hatte. Im Fall des S. 2 obliegt ihm die Darlegungs- und Beweislast zumindest dafür, dass er im Moment der Anspruchsentstehung in häuslicher Gemeinschaft mit dem Schuldner lebte. Ob er auch beweisbelastet ist hinsichtlich der Fortdauer der Hemmung, dh insbesondere bei Eingreifen der Regelverjährung nach §§ 195, 199 Abs. 1 für das ununterbrochene Zusammenleben vom Zeitpunkt der Anspruchsentstehung bis zum Verjährungsbeginn (→ Rn. 24), wird in Literatur und Rechtsprechung nicht gesondert problematisiert. Diskutiert wird lediglich allgemein und losgelöst von § 208, wer den Fortbestand bzw. den **Wegfall der** die **Hemmung** tragenden Tatsachen zu beweisen hat. Hierzu werden folgende Ansichten vertreten: Nach herrschender Auffassung soll es, wenn die Voraussetzungen eines der Hemmungstatbestände der §§ 203–208 unstreitig oder durch den Gläubiger bewiesen sind, stets Aufgabe des Schuldners sein, die Tatsachen darzulegen und ggf. zu beweisen, die zum Ende der Hemmung führen.[63] Im Rahmen des § 208, vor allem des S. 2, würde dieser Ansatz zur Folge haben, dass der Schuldner darlegen und beweisen müsste, wann der Gläubiger das 21. Lebensjahr vollendet hatte (S. 1) bzw. wann die häusliche Gemeinschaft beendet wurde (S. 2).

Die vorstehende Wertung ist jedoch nicht unstreitig. Ein Teil der Literatur vertritt abweichend die Ansicht, **34** dass der Gläubiger dann, wenn der Schuldner das Vorliegen der den Hemmungsfortbestand tragenden Tatsachen substantiiert bestreitet, auch die Beweislast dafür trägt, dass der Hemmungsgrund während des gesamten von ihm geltend gemachten Zeitraums vorlag.[64] Vorliegend würde dies bedeuten, dass der Gläubiger auch dafür beweisbelastet ist, dass die Voraussetzungen des S. 1 bzw. des S. 2 jedenfalls so lange andauerten, dass dem Schuldner die Berufung auf die Verjährung zu versagen ist. Zu Einzelheiten sowie der Auseinandersetzung mit beiden Ansätzen kann auf die ausführliche Darstellung der Parallelproblematik in → § 203 Rn. 60 verwiesen werden.

§ 209 Wirkung der Hemmung

Der Zeitraum, während dessen die Verjährung gehemmt ist, wird in die Verjährungsfrist nicht eingerechnet.

Literatur: *Derleder/Kähler*, Die Kombination von Hemmung und Neubeginn der Verjährung, NJW 2014, 1617; *Lahme/ Ruster*, Zur Berechnung der Verjährungshemmung nach § 209 BGB, NZKart 2019, 544.

A. Allgemeines 1   B. Regelungsgehalt 7
   I. Normzweck 1   I. Berechnung des Hemmungszeitraumes 7
   II. Sonderfall: Ablaufhemmung 3   II. Übergangsrecht 10
   III. Sachliche und persönliche Reichweite der
      Hemmung 4

A. Allgemeines

I. Normzweck

Die Vorschrift beschreibt die Auswirkungen der Hemmung auf den Lauf der Verjährungsfrist: Sind die Vor- **1** aussetzungen eines Hemmungstatbestandes erfüllt, so wird nach § 209 der **Fristlauf** während des Zeitraums der Hemmung **ausgesetzt** (näher → Rn. 7 f.). War die Verjährungsfrist im Zeitpunkt der Hemmung schon angelaufen, läuft nach dem Wegfall des Hemmungsgrundes lediglich die noch offene Restfrist weiter. Kommt es schon vor dem Verjährungsbeginn zu einer Hemmung (verhandeln die Parteien zB im Fall der Verjährung nach §§ 195, 199 Abs. 1 bereits vor dem Jahresende oder erhebt der Gläubiger vor diesem Zeitpunkt Klage), steht dem Gläubiger nach Beendigung der Hemmung die volle, da bislang noch nicht angelaufene Verjährungsfrist zur Verfügung. Diese beginnt (auch im Fall der Regelverjährung) unmittelbar nach

---

62   Henssler/von Westphalen/*Bereska* BGB Vor §§ 203–213 Rn. 5; MüKoBGB/*Grothe* § 203 Rn. 1; Soergel/*Niedenführ* BGB § 203 Rn. 12.

63   So allg.: Henssler/von Westphalen/*Bereska* BGB Vor §§ 203–213 Rn. 5; Soergel/*Niedenführ* BGB Vor

§ 203 Rn. 12; ebenso noch zum alten Recht Baumgärtel/*Laumen* Handbuch der Beweislast im Privatrecht § 202 aF Rn. 2 unter Berufung auf BGH WM 1977, 823 f.

64   So allg. MüKoBGB/*Grothe* § 203 Rn. 1.

dem Ende der Hemmung, sofern der Verjährungsbeginn in die Zeit der Hemmung gefallen wäre,[1] ansonsten im Zeitpunkt des gesetzlich oder vertraglich vorgesehenen Fristbeginns (die Hemmung wirkt sich in diesem Fall letztlich nicht aus[2]); s. auch → § 203 Rn. 52.

2 § 209 findet auf sämtliche zivilrechtlichen Hemmungsvorschriften Anwendung, unabhängig davon, ob diese innerhalb des BGB oder sondergesetzlich kodifiziert sind.[3] Soweit außerhalb des BGB in zivilrechtlichen oder öffentlich-rechtlichen Vorschriften auf die Hemmungsregelungen der §§ 203 ff. verwiesen wird, schließt dies § 209 mit ein.

II. Sonderfall: Ablaufhemmung

3 Nicht von der Regelung erfasst wird die Ablaufhemmung (zB §§ 210, 211, 438 Abs. 3 S. 2, 445 b Abs. 2, 634 a Abs. 3 S. 2, 2031 Abs. 1 S. 2). Zwar stellt diese einen Unterfall der Hemmung dar, ihr liegt jedoch eine andere Methodik zugrunde. Anders als in § 209 für die Fälle der Hemmung vorgesehen, ruht bei der Ablaufhemmung nicht der Lauf der Verjährung, sondern es wird ein bestimmter Zeitpunkt festgesetzt, zu dem die Verjährung frühestens eintreten kann (→ Vor §§ 203–213 Rn. 1, 4). Hemmung und Ablaufhemmung können nebeneinander zur Anwendung kommen. Partiell ist eine Kombination beider Institute bereits von Gesetzes wegen vorgesehen (vgl. § 203); im Übrigen kann eine gesetzlich in ihrem Ablauf gehemmte Frist aber auch durch die Handlung einer oder beider Parteien zusätzlich gehemmt werden (zB durch Verhandlungen oder Klageerhebung; vgl. hierzu auch → § 211 Rn. 12).

III. Sachliche und persönliche Reichweite der Hemmung

4 Durch § 209 geregelt werden ausschließlich die Folgen der Hemmung für die Berechnung des Laufs der Verjährungsfrist. Nicht beantwortet wird die Frage des **sachlichen** und **persönlichen Anwendungsbereichs** der Hemmungstatbestände. Die sachliche Reichweite wird in erster Linie durch die einzelnen Hemmungsvorschriften selbst bestimmt (s. auch → § 213 Rn. 6). Für die Fälle elektiver oder alternativer Anspruchskonkurrenz findet sich zudem eine gesetzliche Erweiterung des sachlichen Anwendungsbereichs in § 213 (vgl. die dortige Kommentierung).

5 Persönlich von der Hemmung begünstigt bzw. belastet werden grds. nur der Gläubiger und der Schuldner, in deren Person der Hemmungsgrund verwirklicht ist. Bei einer Gesamtschuld gilt der **Grundsatz der Einzelwirkung** (§ 425 Abs. 1 und 2).[4] Eine Ausweitung der gegen einen Schuldner erwirkten Hemmung auf weitere Verpflichtete ist nur in Ausnahmefällen vorgesehen (so zB nach § 115 Abs. 2 S. 4 VVG, § 129 Abs. 1 HGB). Entsprechendes gilt im Fall der Gesamtgläubigerschaft (§ 429 Abs. 3 iVm § 425) sowie in den von § 432 erfassten Fällen (vgl. § 432 Abs. 2). Gehemmt wird jeweils nur die Verjährung der Ansprüche des Gläubigers, der die Voraussetzungen des betreffenden Hemmungstatbestandes persönlich erfüllt. Kommt es auf Gläubiger- oder auf Schuldnerseite zur **Rechtsnachfolge** in einen in der Verjährung gehemmten Anspruch, so bleibt der in der Vergangenheit verstrichene Hemmungszeitraum unangetastet.[5] Eine Fortsetzung der Hemmung für oder gegen den Rechtsnachfolger setzt dann allerdings voraus, dass sich der Hemmungsgrund auch auf diesen persönlich erstreckt.[6]

6 Wird bei einer durch **Bürgschaft** gesicherten Forderung die Verjährung des Anspruchs des Gläubigers gegen den Hauptschuldner gehemmt, so hat dies keine unmittelbaren Auswirkungen auf den Lauf der Verjährungsfrist gegen den Bürgen.[7] Beide Ansprüche verjähren völlig unabhängig voneinander.[8] Entsprechend bleibt umgekehrt das Schicksal der Bürgschaftsforderung (zB Hemmung nach § 204 Abs. 1 Nr. 1) ohne Einfluss auf die Verjährung der Hauptforderung.[9] Trotz der verjährungsrechtlichen Autarkie kann die Verzögerung des Verjährungseintritts im Verhältnis Gläubiger und Hauptschuldner für den Bürgen allerdings insoweit Konsequenzen haben, als dieser die **Einrede der Verjährung der Hauptschuld** nach **§ 768 Abs. 1**

---

1 Vgl. BeckOK BGB/*Henrich* § 209 Rn. 2; s. auch OLG Sachsen-Anhalt 23.10.2008 – 9 U 19/08, juris Rn. 49 (Beginn der allgemeinen Verjährung nach §§ 195, 199 Abs. 1 fällt in den Hemmungszeitraum; der Fristlauf beginnt auch hier unmittelbar nach dem Ende der Hemmung, es kommt nicht zu einer [erneuten] Verschiebung des Verjährungsbeginns auf das Jahresende).

2 BGH NJW 2017, 3144 (3145).

3 MüKoBGB/*Grothe* § 209 Rn. 1.

4 BGH VersR 2014, 1226 (1228).

5 BeckOK BGB/*Henrich* § 209 Rn. 3; Soergel/*Niedenführ* BGB § 209 Rn. 3; Erman/*Schmidt-Räntsch* BGB § 209 Rn. 4.

6 BGH VersR 2014, 1226 (1228); Staudinger/*Peters/Jacoby* BGB § 209 Rn. 4.

7 Staudinger/*Peters/Jacoby* BGB § 209 Rn. 4.

8 MüKoBGB/*Grothe* § 209 Rn. 2; *Hohmann* WM 2004, 757 (761).

9 OLG Saarbrücken 21.2.2008 – 8 U 109/07, juris Rn. 39; *Einsiedler* MDR 2010, 603 (604).

S. 1 gegebenenfalls erst nach Ablauf der gehemmten Verjährungsfrist geltend machen kann.[10] Der BGH zieht hier unter Berufung auf **§ 768 Abs. 2** gleichwohl enge Grenzen. Die Hemmung der Verjährung der Hauptforderung soll den Bürgen nur dann belasten, wenn der verzögerte Verjährungseintritt nicht durch rechtsgeschäftliches Handeln des Hauptschuldners herbeigeführt wurde. Auszuschließen seien daher jene Fälle, in denen der Hauptschuldner ohne Zutun des Bürgen eine **neue Verjährungsfrist schafft** oder die **bestehende Frist verlängert**.[11] Der Bürge soll sich insbesondere dann auf § 768 Abs. 2 berufen können, wenn der Hauptschuldner im Prozess auf die Erhebung der Verjährungseinrede verzichtet hat, so dass nach rechtskräftiger Verurteilung die dreißigjährige Verjährungsfrist des § 197 Abs. 1 Nr. 3 zum Tragen kommt, oder er die Hauptschuld anerkennt mit der Folge des Verjährungsneubeginns (§ 212 Abs. 1 Nr. 1).[12] Hier könne der Bürge die Einrede der Verjährung der Hauptforderung bereits ab dem Zeitpunkt geltend machen, ab dem ohne das rechtsgeschäftliche Eingreifen des Hauptschuldners die Verjährung der Hauptforderung eingetreten wäre. Nicht als Einredeverzicht iSd § 768 Abs. 2 wertet der BGH hingegen **Verhandlungen** iSd § 203 S. 1: Wird die Verjährung der Hauptschuld durch Verhandlungen zwischen Hauptschuldner und Gläubiger gehemmt, kann auch der Bürge die Einrede der Verjährung der Hauptschuld erst nach Ablauf der gem. § 203 S. 1 gehemmten Verjährungsfrist geltend machen. Anders als beim Verzicht auf die Einrede der Verjährung handele es sich bei Verhandlungen iSd § 203 S. 1 nicht um eine Verfügung des Hauptschuldners über die Einrede. Die Hemmung trete vielmehr von Gesetzes wegen ein. Zudem würde die Regelung ihren Zweck verfehlen, müsste der Gläubiger trotz der Verhandlungen mit dem Hauptschuldner jeweils auch gerichtliche Schritte iSd § 204 Abs. 1 gegen diesen einleiten, um dem Bürgen die Möglichkeit zu nehmen, sich auf die Verjährung der Hauptschuld zu berufen. Verhandlungen zwischen Hauptschuldner und Gläubiger, die nicht lediglich zum Schein geführt werden, müsse der Bürge daher gegen sich gelten lassen.[13] Ebenfalls gesetzlich vorgegeben ist die Hemmung im Fall der **Vereinbarung eines Leistungsverweigerungsrechts** zwischen Hauptschuldner und Gläubiger (§ 205). Ob der BGH auch diesen Fall – wie den der Verhandlungen – unter Hinweis auf die gesetzliche Anordnung der Hemmungsfolge aus dem Anwendungsbereich des § 768 Abs. 2 ausschließen oder – wie bei einem Anerkenntnis – von einem Verstoß gegen das Verbot der Fremddisposition ausgehen würde, erscheint noch nicht abschließend geklärt. Behandelt hat der BGH die Problematik allein für den Fall, dass sich der Bürge für die Zahlung von Leasingraten verbürgt hatte und der Leasingnehmer die Zahlung der Leasingraten vorübergehend zu Recht verweigerte, da er gegen den Lieferanten Klage auf Rückabwicklung des Kaufvertrags wegen eines Mangels der Leasingsache erhoben hatte. Nach Auffassung des BGH soll die durch das Leistungsverweigerungsrecht des Leasingnehmers ausgelöste Hemmung nach § 205 BGB auch gegenüber dem Bürgen wirken, da dieser aufgrund der Besonderheiten des Leasingvertrags mit einer derartigen Entwicklung habe rechnen müssen.[14] Ob die Rechtsprechung auf sämtliche Fälle der Hemmung nach § 205 übertragbar ist, bleibt offen. In der obergerichtlichen Rechtsprechung ist die Vereinbarung eines Stillhalteabkommens jedenfalls als unzulässige Haftungsverschärfung zulasten des Bürgen gewertet worden,[15] die diesem gegenüber analog § 768 Abs. 2 keine Wirkung zeitigt.[16]

Erhebt der Bürge die **Einrede der Vorausklage**, so ist nach § 771 S. 2 die Verjährung des Anspruchs des Gläubigers gegen den Bürgen gehemmt, bis der Gläubiger eine Zwangsvollstreckung gegen den Hauptschuldner ohne Erfolg versucht hat.[17] Verhindert der Gläubiger in diesem Fall den Eintritt der Verjährung des Hauptanspruchs zB durch Klageerhebung (vgl. § 204 Abs. 1 Nr. 1), so ist sowohl die Verjährung des Anspruchs gegen den Bürgen über § 771 S. 2 gehemmt als auch dessen Möglichkeit, sich auf § 768 Abs. 1 S. 1 zu berufen, hinausgezögert. Sollte der Gläubiger jedoch die Ergreifung verjährungshemmender Maßnahmen gegenüber dem Hauptschuldner versäumen, so nützt ihm die nach § 771 S. 2 bewirkte Hemmung

10 MüKoBGB/*Grothe* § 209 Rn. 2; BeckOK BGB/*Henrich* § 209 Rn. 3; Staudinger/*Peters/Jacoby* BGB § 209 Rn. 4; Erman/*Schmidt-Räntsch* BGB § 209 Rn. 4.
11 BGHZ 182, 76, 82 (Rn. 20, 22).
12 BGH WM 2007, 2230 (2231 f.) (Rn. 18); NJW 2016, 3158 (3161); ebenso hinsichtlich § 212 Abs. 1 Nr. 1 OLG Hamm BeckRS 2014, 06220 (AGB-Klauseln, die eine Wirkungserstreckung des Anerkenntnisses durch den Hauptschuldner auf den Bürgen vorsehen, sind gem. § 307 Abs. 1 iVm Abs. 2 unwirksam); *Tiedtke/Holthusen* WM 2007, 93 (94 ff.); Palandt/*Ellenberger* BGB § 212 Rn. 8; aA MüKoBGB/*Grothe* § 212 Rn. 4; Staudinger/*Peters/Jacoby* BGB § 212 Rn. 16.
13 BGHZ 182, 76, 81 ff. (Rn. 19 ff.) mAnm *Budzikiewicz* NJ 2010, 32; ebenso BGH 26.1.2010 – XI ZR

12/09, juris Rn. 11. AA OLG München 20.12.2007 – 19 U 3675/07, juris Rn. 42 unter Aufgabe der Auffassung in WM 2006, 684 (687); OLG Saarbrücken 21.2.2008 – 8 U 109/07, juris Rn. 46, 53; *Herrmann*, Verjährung, Verjährungsbeginn und Regress bei Bürgschaft und Gesamtschuld, S. 151 ff.
14 BGH NJW 2016, 397 (400).
15 OLG Saarbrücken 21.2.2008 – 8 U 109/07, juris Rn. 47; OLG Karlsruhe 4.9.2007 – 17 U 351/05, juris Rn. 40.
16 OLG Saarbrücken 21.2.2008 – 8 U 109/07, juris Rn. 45 ff.; ebenso *Herrmann*, Verjährung, Verjährungsbeginn und Regress bei Bürgschaft und Gesamtschuld, S. 144 ff.; aA Erman/*Schmidt-Räntsch* BGB § 209 Rn. 4.
17 Vgl. auch *Peters* NJW 2004, 1430 (1431).

des Anspruchs gegen den Bürgen dann nichts mehr, wenn sich dieser nach Verjährung des Anspruchs gegen den Hauptschuldner auf § 768 Abs. 1 S. 1 beruft.[18]

B. Regelungsgehalt

I. Berechnung des Hemmungszeitraumes

7 Die Berechnung des Zeitraumes, um den der Eintritt der Verjährung aufgrund der Hemmung hinausgeschoben wird, erfolgt unter Einschluss sowohl des Tages, an dem der Hemmungsgrund eingetreten ist,[19] als auch des Tages, an dem dieser weggefallen ist.[20] Da es sich bei der Hemmung **nicht** um eine **Frist iSd § 186** handelt, finden die Auslegungsvorschriften der §§ 187 ff., insbes. der §§ 187 Abs. 1, 188, grds. keine Anwendung.[21] Der Verjährungslauf wird vielmehr mit Ablauf des vor dem hemmenden Ereignis liegenden Tages (24.00 Uhr) angehalten und zu Beginn des Tages (0.00 Uhr), der auf den Tag der Beendigung der Hemmung folgt, wieder mit der noch ausstehenden Restfrist in Lauf gesetzt.[22] Heranzuziehen sind die §§ 187 f. allerdings, sofern der Gesetzgeber die zunächst unbestimmte Hemmungsdauer um eine statische Frist ergänzt oder durch eine solche konkretisiert hat. So sieht etwa § 204 Abs. 2 eine Verschiebung des Endes der Hemmung um sechs Monate vor. Beginn und Ende dieser Zeitspanne werden, obwohl Teil des Hemmungszeitraumes (es handelt sich nicht um eine Ablaufhemmung),[23] nach §§ 187 Abs. 1, 188 Abs. 2 und 3 bestimmt.[24] Auch die Berechnung der für die Hemmung bei höherer Gewalt nach § 206 maßgeblichen letzten sechs Monate der Verjährungsfrist erfolgt nach §§ 187 f. (→ § 206 Rn. 20).

8 **Beispiel:** Für einen der allgemeinen Verjährung nach §§ 195, 199 Abs. 1 unterliegenden Anspruch beginnt der Lauf der Verjährungsfrist am 31.12.2003 (24.00 Uhr). Am 21.9.2004 erhebt der Gläubiger Klage, so dass die Verjährung gem. §§ 204 Abs. 1 Nr. 1, 209 gehemmt ist. Das Verfahren gerät wegen Untätigkeit der Parteien in Stillstand; die letzte Verfahrenshandlung iSd § 204 Abs. 2 S. 2 erfolgt am 14.1.2005. In diesem Fall ist die Verjährung, beginnend mit dem 21.9.2004 (0.00 Uhr), bis zum 14.7.2005 (24.00 Uhr) gehemmt (die ergänzende Sechsmonatsfrist des § 204 Abs. 2 beginnt gem. § 187 Abs. 1 am 15.1.2005 und endet gem. § 188 Abs. 2 mit Ablauf des 14.7.2005). Die dreijährige Verjährungsfrist des § 195, die vor der Hemmung bereits bis zum 20.9.2004 (24.00 Uhr) gelaufen war, läuft am 15.7.2005 (0.00 Uhr) weiter,[25] so dass die Verjährung, die ohne die Hemmung am 31.12.2006 (24.00 Uhr) eingetreten wäre, nunmehr am 23.10.2007 (24.00 Uhr) eintritt. Berechnet wird dieses neue Fristende durch Addition des Hemmungszeitraums von insgesamt 297 Tagen (gerechnet einschließlich 21.9.2004 und des 14.7.2005) zu der noch ausstehenden Restfrist (hier von 832 Tagen). Nicht möglich wäre demgegenüber eine abstrakte Berechnung des neuen Verjährungszeitpunktes unter Zugrundelegung des § 191.[26] Die Verjährungsfrist ist ungeachtet der Hemmung ein zusammenhängender Zeitraum (tempus continuum), auf den § 191, der lediglich das tempus utile in Blick nimmt,[27] keine Anwendung findet.

9 Die Verjährung eines Anspruchs kann sowohl nacheinander **mehrmals gehemmt** werden als auch gleichzeitig **gehemmt und dem Neubeginn unterworfen** sein. Liegen **zur gleichen Zeit** mehrere **unterschiedliche Hemmungsgründe** vor, addieren sich die Hemmungszeiträume allerdings nicht;[28] der Lauf der Verjährungsfrist ist lediglich im gleichen Zeitraum aus verschiedenen Gründen gehemmt. Maßgebend für den Beginn der Hemmung ist in diesem Fall der Eintritt des ersten Hemmungsgrundes; die Hemmung dauert an, bis der letzte Hemmungsgrund weggefallen ist. Kommt es während einer noch andauernden Hemmung zu einem Verjährungsneubeginn (vgl. § 212), so steht dem Gläubiger nach dem Ende der Hemmung (die von

---

18 Krit. zu der Frage, ob sich auch der selbstschuldnerische Bürge stets auf die Verjährung der Hauptschuld berufen kann, wenn der Anspruch zwar ihm gegenüber gehemmt ist, nicht jedoch gegenüber dem Hauptschuldner, *Peters* NJW 2004, 1430 (1431).
19 OLG München NJW-RR 2019, 1326 (1328).
20 BGH NJW 2009, 1488 (1491); MüKoBGB/*Grothe* § 209 Rn. 4; Palandt/*Ellenberger* BGB § 209 Rn. 1; im Erg. auch *Kirchhof* WM 2002, 2037 (2038 mit Fn. 6), allerdings unter missverständlichem Hinweis auf § 187 Abs. 1.
21 MüKoBGB/*Grothe* § 209 Rn. 4; Soergel/*Niedenführ* BGB § 209 Rn. 2; Staudinger/*Peters/Jacoby* BGB § 209 Rn. 7; Erman/*Schmidt-Räntsch* BGB § 209 Rn. 1.
22 *Kirchhof* WM 2002, 2037 (2038) weist darauf hin, dass damit im Fall der Hemmung am letzten Tag der

Verjährungsfrist dem Gläubiger nach Beendigung der Hemmung erneut ein voller Tag zur Verfügung steht.
23 Staudinger/*Peters/Jacoby* BGB § 209 Rn. 8.
24 Palandt/*Ellenberger* BGB § 204 Rn. 33.
25 Es kommt nicht zu einer erneuten Verschiebung des Fristbeginns auf das Jahresende; § 199 Abs. 1 findet in diesem Zusammenhang keine Anwendung; MüKoBGB/*Grothe* § 209 Rn. 4; BeckOK BGB/*Henrich* § 209 Rn. 2; Staudinger/*Peters/Jacoby* BGB § 209 Rn. 7; Erman/*Schmidt-Räntsch* BGB § 209 Rn. 2.
26 BAG 18.12.2019 – 10 AZR 424/18, juris Rn. 70; MüKoBGB/*Grothe* § 209 Rn. 4; BeckOK BGB/*Henrich* § 209 Rn. 2; Soergel/*Niedenführ* BGB § 209 Rn. 2; Staudinger/*Peters/Jacoby* BGB § 209 Rn. 7.
27 HKK/*Hermann* BGB §§ 186–193 Rn. 8.
28 MüKoBGB/*Grothe* § 209 Rn. 1.

dem Neubeginn unberührt bleibt) erneut die gesamte Verjährungsfrist zur Verfügung.[29] Eine **Höchstdauer** der Hemmung (wie auch der Ablaufhemmung) ist grds. nicht vorgesehen,[30] so dass der Verjährungseintritt ggf. auch über Jahrzehnte hinausgeschoben werden kann (→ Vor §§ 203–213 Rn. 10; zu der Begrenzung vertraglich vereinbarter Hemmungs- oder Ablaufhemmungstatbestände nach § 202 Abs. 2 s. aber → § 202 Rn. 37 ff.). Lediglich in speziellen Tatbeständen findet sich ein maximaler Hemmungszeitraum für einzelne Sonderfälle, so beispielsweise in § 497 Abs. 3 S. 3 für die Hemmung bei Ansprüchen auf Darlehensrückerstattung und Zinszahlung beim Verbraucherdarlehen (zehn Jahre).[31]

II. Übergangsrecht

Die Anwendbarkeit des zum 1.1.2002 novellierten Hemmungsrechts in Übergangssituationen regelt **10** Art. 229 § 6 Abs. 1 und 2 EGBGB (vgl. hierzu die dortige Kommentierung).

§ 210 Ablaufhemmung bei nicht voll Geschäftsfähigen

(1) [1]**Ist eine geschäftsunfähige oder in der Geschäftsfähigkeit beschränkte Person ohne gesetzlichen Vertreter, so tritt eine für oder gegen sie laufende Verjährung nicht vor dem Ablauf von sechs Monaten nach dem Zeitpunkt ein, in dem die Person unbeschränkt geschäftsfähig oder der Mangel der Vertretung behoben wird.** [2]**Ist die Verjährungsfrist kürzer als sechs Monate, so tritt der für die Verjährung bestimmte Zeitraum an die Stelle der sechs Monate.**

(2) Absatz 1 findet keine Anwendung, soweit eine in der Geschäftsfähigkeit beschränkte Person prozessfähig ist.

A. Allgemeines	1	2. Beginn der Frist des Abs. 1 S. 1 bzw.	
B. Regelungsgehalt	4	Abs. 1 S. 2	17
I. Anwendungsbereich	4	3. Erneuter Beginn der Ablaufhemmung	19
1. Mangelnde oder beschränkte Geschäftsfä-		III. Konkurrenzen	20
higkeit (Abs. 1 S. 1)	4	IV. Übergangsrecht	21
2. Ausnahme: Prozessfähigkeit (Abs. 2)	7	C. Weitere praktische Hinweise	22
3. Mangel der gesetzlichen Vertretung		I. Beweislast	22
(Abs. 1 S. 1)	8	1. Voraussetzungen des Abs. 1 S. 1	22
4. Erfasste Ansprüche	11	2. Voraussetzungen des Abs. 2	23
II. Rechtsfolgen (Abs. 1 S. 1 und 2)	14	II. Vermeidung von Beweisschwierigkeiten	24
1. Grundsatz	14		

A. Allgemeines

§ 210 enthält eine Ablaufhemmung für **Ansprüche von und gegen geschäftsunfähige oder beschränkt 1 geschäftsfähige Personen**. Die Vorschrift entspricht – bis auf wenige sprachliche Veränderungen – § 206 aF, mit einer sachlichen Änderung: Die Ablaufhemmung der Verjährung von Ansprüchen, die gegen den Geschäftsunfähigen oder beschränkt Geschäftsfähigen gerichtet sind, kannte § 206 Abs. 1 aF nicht.[1] § 206 aF war eine Schutznorm für Personen ohne volle Geschäftsfähigkeit. Dieser Normcharakter hat sich verändert. § 210 sieht jetzt auch eine Ablaufhemmung zulasten des bezeichneten Personenkreises vor. Damit sollen Anwendungsschwierigkeiten des § 57 ZPO ausgeglichen werden.[2] Davon abgesehen können die bisherigen Ergebnisse der Rechtsprechung und Lehre zu § 206 aF jedoch für die Auslegung des § 210 ohne Weiteres herangezogen werden.[3]

Die Vorschrift findet auf einige **gesetzliche Ausschlussfristen** kraft Verweisung entsprechende Anwen- **2** dung. Hierzu zählen §§ 124 Abs. 2 S. 2, 204 Abs. 3, 802 S. 3, 939 Abs. 2, 1002 Abs. 2, 1317 Abs. 1 S. 3,

---

29 OLG Zweibrücken 24.5.2007 – 4 U 104/06, juris Rn. 27, 31; BeckOK BGB/*Henrich* § 209 Rn. 4; Staudinger/*Peters/Jacoby* BGB § 209 Rn. 5; vgl. auch Erman/*Schmidt-Räntsch* BGB § 209 Rn. 3; krit. *Derleder/Kähler* NJW 2014, 1617.

30 Palandt/*Ellenberger* BGB § 209 Rn. 1; BeckOK BGB/*Henrich* § 209 Rn. 1; Staudinger/*Peters/Jacoby* BGB § 209 Rn. 7; Erman/*Schmidt-Räntsch* BGB § 209 Rn. 1.

31 S. hierzu OLG Dresden NJW-RR 2017, 300 (302): keine Sonderverjährungsregelung, sondern Hem-

mungstatbestand; ebenso MüKoBGB/*Schürnbrand/ Weber* § 497 Rn. 34; aA OLG Hamm BeckRS 2016, 01673: Verjährungseintritt spätestens zehn Jahre nach Anspruchsentstehung.

1 S. nur BGH NJW 1979, 1983 f.

2 Dazu BGH NJW 1979, 1983 f.; näher BT-Drs. 14/6040, S. 120.

3 Ebenso: *Birr* Verjährung und Verwirkung Rn. 98; Soergel/*Niedenführ* BGB § 210 Rn. 1.

1600 b Abs. 5 S. 3,[4] 1762 Abs. 2 S. 3, 1944 Abs. 2 S. 3,[5] 1954 Abs. 2 S. 2, 1997, 2082 Abs. 2 S. 2,[6] 2283 Abs. 2 S. 2 sowie sondergesetzlich §§ 26 Abs. 1 S. 3, 27 Abs. 2 S. 2, 139 Abs. 3 S. 2, 160 Abs. 1 S. 3 HGB, §§ 45 Abs. 2 S. 2, 133 Abs. 4 S. 2, 157 Abs. 2 S. 2, 224 Abs. 3 S. 2 UmwG und, eingefügt durch das Gesetz zur Anpassung von Verjährungsvorschriften an das Gesetz zur Modernisierung des Schuldrechts, § 327 Abs. 4 S. 3 AktG.[7] Außerhalb derartiger ausdrücklicher Verweisungen ist bei der Übertragung des § 210 auf gesetzliche Ausschluss- und sonstige Fristen Zurückhaltung geboten. Angesichts der detaillierten Regelung dieser Frage im BGB sowie in den og Sondergesetzen ist grundsätzlich **keine Analogiefähigkeit** gegeben.[8] Bejaht wurde allerdings die entsprechende Anwendung des § 206 aF (ua) im Fall der Ausschlussfrist des § 12 StrEG (Entschädigungsanspruch für Strafverfolgungsmaßnahmen)[9] und des § 1290 Abs. 2 RVO[10] (vgl. jetzt § 99 Abs. 1 SGB VI). Gleiches dürfte nunmehr für § 210 gelten.[11] Vertreten wird die entsprechende Anwendbarkeit des § 210 zudem im Fall der Frist des § 9 Abs. 2 SGB V.[12] Gegen eine Ausweitung des Anwendungsbereichs des § 210 auf **vertragliche Ausschlussfristen** (sofern angesichts der mangelnden Geschäftsfähigkeit überhaupt wirksam vereinbart) bestehen hingegen keine grundsätzlichen Bedenken.[13]

3   § 210 entspricht weitgehend Art. 14:305 Abs. 1 der **Principles of European Contract Law** (PECL, *Lando*-Principles; dazu → Vor §§ 194–218 Rn. 20 ff.)[14] sowie Art. III.–7:305 Abs. 1 des **Draft Common Frame of Reference** (DCFR; dazu → Vor §§ 194–218 Rn. 21 f.).[15] Abweichend von § 210 sehen Art. 14:305 Abs. 1 PECL und Art. III.–7:305 Abs. 1 DCFR allerdings eine erheblich längere Mindestfrist bis zum Eintritt der Verjährung vor. Die Verjährungsfrist läuft danach nicht vor dem Ablauf eines Jahres nach dem Zeitpunkt ab, in dem die ursprünglich geschäftsunfähige oder in der Geschäftsfähigkeit beschränkte Person unbeschränkt geschäftsfähig wird oder ein Vertreter bestellt worden ist. Eine Einschränkung entsprechend Abs. 1 S. 2 findet sich weder in Art. 14:305 Abs. 1 PECL noch in Art. III.–7:305 Abs. 1 DCFR. Dies erklärt sich vor dem Hintergrund, dass die Principles of European Contract Law ebenso wie der Draft Common Frame of Reference eine unter einem Jahr liegende gesetzliche oder vertraglich vereinbarte Verjährungsfrist nicht vorsehen,[16] eine Verkürzung der einjährigen Ablaufhemmung durch im Einzelnen maßgebliche kürzere Fristen mithin nicht in Betracht kommt. Weder in Art. 14:305 PECL noch in Art. III.–7:305 DCFR aufgenommen wurde zudem eine dem § 210 Abs. 2 entsprechende Ausnahmeregelung.

---

4   Zur intertemporalen Anwendbarkeit des § 1600 b Abs. 6 S. 2 aF (jetzt § 1600 b Abs. 5 S. 3) iVm § 210 vgl. OLG Celle 12.3.2002 – 15 WF 44/02. Das Gericht lehnt die Anwendung des § 210 auf bereits angelaufene Fristen ab; vgl. dagegen Art. 229 § 6 EGBGB Rn. 36, 67.

5   Vgl. hierzu BGH WM 2000, 2246 (2248) (zu § 206 aF).

6   Vgl. zur Hemmung der Anfechtungsfrist des § 2082 Abs. 1, Abs. 2 S. 1 nach §§ 2082 Abs. 2 S. 2, 210 Abs. 1 im Fall der Übergehung eines Minderjährigen *Joussen* ZEV 2003, 181 (184).

7   Das Gesetz ist am 15.12.2004 in Kraft getreten; ausf. zu den Neuerungen *Thiessen* ZHR 168 (2004), 503 ff.

8   MüKoBGB/*Grothe* § 210 Rn. 7; Soergel/*Niedenführ* BGB § 210 Rn. 6; Staudinger/*Peters/Jacoby* BGB § 210 Rn. 9; vgl. auch BSG NJW 1964, 124; OLG Schleswig FamRZ 2007, 1902; LSG Bayern 4.9.2008 – L 4 KR 387/07, juris Rn. 30 ff. (keine Anwendbarkeit auf § 189 Abs. 2 SGB V; aA Palandt/*Ellenberger* BGB § 210 Rn. 2; Erman/*Schmidt-Räntsch* BGB § 210 Rn. 10 (§ 210 ist für gesetzliche Ausschlussfristen grds. entspr. heranzuziehen).

9   BGHZ 79, 1, 2 ff.

10   BSG NJW 1974, 519 (520). Ebenfalls entspr. angewandt wurde § 206 aF auf die Frist zur Anzeige der Weiterversicherung gem. § 313 Abs. 2 S. 1 RVO (BSG NJW 1964, 124 (125)) sowie auf die Aus-

schlussfristen des § 1418 RVO und der Art. 2 § 44 S. 4, Art. 2 § 51 a Abs. 3 S. 1 ArVNG (vgl. die Nachweise bei BSG SozR 3–2200 § 314 Nr. 1).

11   Soergel/*Niedenführ* BGB § 210 Rn. 6; vgl. auch BSG 27.1.2010 – B 12 KR 20/08 R, juris Rn. 19 (zu § 99 Abs. 1 S. 1 SGB VI); LSG Bayern BeckRS 2016, 69988 (zu § 99 Abs. 1 SGB VI); LSG Hessen NZS 2009, 224 (225 f.) (zu § 99 Abs. 1 SGB VI); SG Mainz BeckRS 2016, 71249 (zu § 99 Abs. 1 SGB VI).

12   LSG NRW 4.3.2010 – L 5 KR 131/09, juris Rn. 27 ff.; ferner BSG 27.1.2010 – B 12 KR 20/08 R, juris Rn. 20 f. (zu § 5 Abs. 1 Nr. 11 SGB V); aA SG Chemnitz 23.10.2008 – S 10 KR 41/04, juris Rn. 24 ff.

13   MüKoBGB/*Grothe* § 210 Rn. 7; Staudinger/*Peters/Jacoby* BGB § 210 Rn. 10; Erman/*Schmidt-Räntsch* BGB § 210 Rn. 10; aA Soergel/*Niedenführ* BGB § 210 Rn. 6.

14   In deutscher Sprache veröffentlicht in ZEuP 2003, 895 ff. Art. 14:305 Abs. 1 PECL entspricht Art. 17:109 Abs. 1 PECL der vorherigen Fassung, abgedruckt in ZEuP 2001, 400 (401).

15   Vgl. *von Bar/Clive/Schulte-Nölke* Principles, Definitions and Model Rules of European Private Law, Draft Common Frame of Reference (DCFR), Full Edition 2009.

16   Vgl. *Mansel/Budzikiewicz* Das neue Verjährungsrecht § 1 Rn. 35.

B. Regelungsgehalt

I. Anwendungsbereich

1. Mangelnde oder beschränkte Geschäftsfähigkeit (Abs. 1 S. 1). Die Ablaufhemmung nach Abs. 1 **4** S. 1 setzt zunächst voraus, dass der Schuldner oder der Gläubiger eines der Verjährung unterliegenden Anspruchs nicht oder nur beschränkt geschäftsfähig ist. Wann diese Voraussetzungen erfüllt sind, geben § 104 (für die Geschäftsunfähigkeit) und § 106 (für die beschränkte Geschäftsfähigkeit Minderjähriger) vor. Bedingung für die Anwendbarkeit des Abs. 1 ist, dass sich die fehlende unbeschränkte Geschäftsfähigkeit auch konkret auf den in Rede stehenden Anspruch bezieht. Ist eine Person lediglich partiell geschäftsunfähig, so kommt Abs. 1 nicht zum Tragen, wenn der fragliche Anspruch nicht in den Kreis der Angelegenheiten fällt, zu deren Wahrnehmung der Betroffene außerstande ist.[17] Gleiches gilt für beschränkt geschäftsfähige Minderjährige, sofern diese Gläubiger oder Schuldner eines Anspruchs sind, der aus einem Rechtsgeschäft resultiert, für das der Minderjährige nach §§ 112, 113 unbeschränkt geschäftsfähig ist (vgl. auch § 210 Abs. 2 iVm § 52 ZPO).[18]

Nach § 1903 Abs. 1 S. 2 kommt § 210 entsprechend zur Anwendung, wenn für einen Betreuten ein **Einwil-** **5** **ligungsvorbehalt** angeordnet wurde. Dies gilt unabhängig davon, ob der Betroffene zugleich die Voraussetzungen des § 104 Nr. 2 erfüllt. Ist der unter Einwilligungsvorbehalt stehende Betreute allerdings auch geschäftsunfähig, findet § 210 nicht nur über § 1903 Abs. 1 S. 2 entsprechend, sondern nach Abs. 1 S. 1 auch unmittelbar Anwendung. Ungeachtet dessen kann sich aber auch in diesem Fall der Rückgriff auf § 1903 Abs. 1 S. 2 empfehlen, wenn der Beweis der Geschäftsunfähigkeit schwierig zu führen sein sollte (→ Rn. 22 f.). Hier vermag ggf. der Hinweis auf die Anordnung des Einwilligungsvorbehalts über die Beweisschwierigkeiten hinwegzuhelfen.

Nicht übertragbar ist die Regelung des Abs. 1 auf **juristische Personen**. Der fehlenden Vertretung ist hier **6** auf anderem Wege (zB durch die Bestellung eines Notvorstandes gem. § 29) Rechnung zu tragen.[19] Unter altem Recht wurde eine entsprechende Anwendung des § 206 aF auch auf die Fälle abgelehnt, in denen ein Anspruch auf Übertragung des Eigentums gepfändet wurde und gem. **§ 848 ZPO ein Sequester** zu bestellen war[20] oder in denen Maßnahmen zur Sicherung gem. **§ 21 InsO** in Rede standen. Ob diese Ansicht auch unter neuem Recht aufrechtzuerhalten ist, ist in der Literatur streitig.[21] Letztlich ist die Situation in den beiden genannten Fällen jedoch auch nach der Neuregelung des § 210 nicht mit den dort erfassten Konstellationen vergleichbar. Die Erweiterung auf Ansprüche gegen einen nicht voll geschäftsfähigen Schuldner wurde eingefügt, um zu verhindern, dass der Gläubiger sich nur deswegen veranlasst sehen könnte, Maßnahmen zur Klärung der Geschäftsfähigkeit zu ergreifen, weil der Eintritt der Verjährung droht. Sowohl § 848 ZPO als auch § 21 InsO sollen dagegen den Gläubiger primär davor bewahren, dass sich die Vermögenslage aus sonstigen Gründen zu seinen Lasten verschlechtert.[22] Soweit § 848 ZPO betroffen ist, steht es dem Gläubiger zudem frei, die Bestellung eines Sequesters zu beantragen und damit den zu seinen Lasten bestehenden Mangel der Vertretung zu beheben. Eine analoge Anwendung des § 210 erscheint vor diesem Hintergrund auch weiterhin nicht angezeigt.

2. Ausnahme: Prozessfähigkeit (Abs. 2). Nach Abs. 2 findet Abs. 1 keine Anwendung, wenn eine Per- **7** son trotz beschränkter Geschäftsfähigkeit prozessfähig ist. Die Regelung ist von geringer Bedeutung. Soweit über § 52 ZPO hier die Fälle der §§ 112, 113 erfasst sind,[23] hätte es der Regelung nicht bedurft, da schon die Auslegung des Abs. 1 S. 1 zu demselben Ergebnis geführt hätte (→ Rn. 4).[24] Entsprechendes gilt für die von § 9 Abs. 1 Nr. 2 FamFG erfassten Fälle. Von praktischer Relevanz ist Abs. 2 daher allenfalls in den Konstellationen, in denen dem beschränkt Geschäftsfähigen über § 52 ZPO hinaus Prozessfähigkeit zuerkannt wird; vgl. etwa § 9 Abs. 1 Nr. 3 und 4 FamFG sowie § 125 Abs. 1 FamFG (Ehesachen).[25]

3. Mangel der gesetzlichen Vertretung (Abs. 1 S. 1). Zum Tragen kommt die Ablaufhemmung nach **8** Abs. 1 S. 1 nur dann, wenn ein gesetzlicher Vertreter des nicht oder beschränkt Geschäftsfähigen fehlt.

---

17 MüKoBGB/*Grothe* § 210 Rn. 2; BeckOK BGB/*Henrich* § 210 Rn. 2; Staudinger/*Peters/Jacoby* BGB § 210 Rn. 4; Erman/*Schmidt-Räntsch* BGB § 210 Rn. 6.

18 MüKoBGB/*Grothe* § 210 Rn. 2; Palandt/*Ellenberger* BGB § 210 Rn. 3; BeckOK BGB/*Henrich* § 210 Rn. 2; Soergel/*Niedenführ* BGB § 210 Rn. 7; Staudinger/*Peters/Jacoby* BGB § 210 Rn. 4; Erman/*Schmidt-Räntsch* BGB § 210 Rn. 6.

19 MüKoBGB/*Grothe* § 210 Rn. 2; Palandt/*Ellenberger* BGB § 210 Rn. 1; Staudinger/*Peters/Jacoby* BGB § 210 Rn. 2; Erman/*Schmidt-Räntsch* BGB § 210 Rn. 8.

20 BGH WM 1967, 657 (658).

21 Gegen eine Analogie: Staudinger/*Peters/Jacoby* BGB § 210 Rn. 4; MüKoBGB/*Grothe* § 210 Rn. 2. Für eine Analogie zumindest im Hinblick auf § 848 Abs. 2 ZPO: Erman/*Schmidt-Räntsch* BGB § 210 Rn. 11.

22 Vgl. zu § 848 ZPO die Ausführungen in BGH WM 1967, 657 (658).

23 Vgl. Staudinger/*Peters/Jacoby* BGB § 210 Rn. 8.

24 Erman/*Schmidt-Räntsch* BGB § 210 Rn. 9.

25 MüKoBGB/*Grothe* § 210 Rn. 2.

Gesetzlicher Vertreter eines **Minderjährigen** sind in der Regel die Eltern (§ 1629 Abs. 1); übernehmen können diese Aufgabe aber auch ein Vormund (§§ 1773 ff.), ein Pfleger (§ 1909) oder ein Beistand (§§ 1712 ff.). Für **Volljährige**, die entweder geschäftsunfähig iSd § 104 Nr. 2 sind oder für die ein Einwilligungsvorbehalt angeordnet wurde (→ Rn. 5), ist gesetzlicher Vertreter der Betreuer (§§ 1896 ff.). Bereits unter altem Recht wurde eine analoge Anwendung des § 206 aF bei Fehlen eines **Insolvenzverwalters** (§§ 56 ff. InsO) angenommen, Letzterer mithin als gesetzlicher Vertreter der Insolvenzmasse angesehen. Dem ist auch unter neuem Recht zu folgen.[26]

9   Der **gesetzliche Vertreter fehlt**, wenn dieser entweder überhaupt nicht existiert (zB Tod der Eltern, fehlende Betreuung eines geschäftsunfähigen Volljährigen) oder rechtliche Hinderungsgründe einer Vertretung entgegenstehen.[27] Aus rechtlichen Gründen ausgeschlossen ist die Vertretung etwa in den Fällen der §§ 1629 Abs. 2 S. 1, 1795, 181 oder nach Entziehung der Vertretungsmacht für bestimmte Angelegenheiten gem. §§ 1629 Abs. 2 S. 3, 1796 sowie stets bei fehlender Geschäftsfähigkeit (§ 104 Nr. 2) des Vertreters.[28] Voraussetzung für die Anwendbarkeit des Abs. 1 S. 1 ist im Fall lediglich partieller Vertretungsbefugnis, dass die Vertretung gerade für den in Rede stehenden Anspruch rechtlich ausgeschlossen ist. Bei bloß tatsächlicher Verhinderung an der Wahrnehmung der übertragenen Aufgaben kommt die Ablaufhemmung nach Abs. 1 nicht zum Tragen (zB Auslandsreise, Erkrankung, Arbeitsüberlastung);[29] im Einzelfall kann allerdings § 206 heranzuziehen sein (→ § 206 Rn. 11). Ebenfalls ausgeschlossen ist die Anwendung des Abs. 1, wenn es zu einem (übergangslosen) Wechsel in der Vertretung kommt und der neue Vertreter sich erst einen Überblick über die rechtlichen Verhältnisse des Schuldners verschaffen muss.[30] Denn Abs. 1 S. 1 ist bereits dann unanwendbar, wenn ein gesetzlicher Vertreter für den konkret betroffenen Anspruch rein faktisch vorhanden ist; ob dieser arbeitsfähig oder arbeitswillig ist, ist ohne Bedeutung.[31]

10   § 210 enthält über das Vorstehende hinaus keine weiteren Einschränkungen. Daher greift die Vorschrift zugunsten des Gläubigers eines geschäftsunfähigen oder beschränkt geschäftsfähigen Schuldners auch dann ein, wenn der Gläubiger sich nicht im Rahmen des § 57 ZPO darum bemüht hat, den Mangel der Vertretung zu beseitigen.[32] Der Gläubiger soll nicht veranlasst werden, möglicherweise zum Nachteil des Schuldners, Maßnahmen zur Klärung der Geschäftsfähigkeit nur deswegen zu ergreifen, um die drohende Verjährung abzuwenden. Die Ablaufhemmung kann nach Abs. 1 selbst dann eintreten, wenn der Gläubiger die **fehlende volle Geschäftsfähigkeit** seines Schuldners **nicht erkannt** hat.[33]

11   **4. Erfasste Ansprüche.** § 210 findet auf alle verjährbaren Ansprüche Anwendung, sofern diese zumindest in Bezug auf die Frage der Hemmung, der Ablaufhemmung und des Neubeginns vollständig oder ergänzend den Regelungen des allgemeinen Verjährungsrechts in §§ 203 ff. unterfallen. Die Anwendbarkeit des § 210 ist dabei nicht auf zivilrechtliche Ansprüche beschränkt. Soweit die Vorschriften des allgemeinen Verjährungsrechts auch auf öffentlich-rechtliche Ansprüche erstreckt werden – sei es infolge ausdrücklicher Verweisung (vgl. § 62 S. 2 VwVfG),[34] sei es durch richterrechtlich legitimierte Analogie (→ § 194 Rn. 19 ff.) – kommt der Tatbestand der Ablaufhemmung wegen fehlender Geschäftsfähigkeit gleichfalls zum Tragen.

12   Auf **Gestaltungsrechte** (insbes. Rücktritt und Minderung im Falle kauf- oder werkvertraglicher Ansprüche des nicht voll Geschäftsfähigen gegen Dritte sowie umgekehrt) findet die Vorschrift keine unmittelbare Anwendung. Die Ablaufhemmung wirkt sich jedoch indirekt über § 218 auch auf diese aus (vgl. die dortige Kommentierung).

13   Nach § 213 erstreckt sich die Wirkung einer Ablaufhemmung auf die Ansprüche, die aus demselben Grund wahlweise neben dem oder anstelle des in seinem Ablauf gehemmten Anspruch(s.) gegeben sind. Für die Ablaufhemmung nach § 210 hat diese Regelung indes keine eigenständige Bedeutung, da Abs. 1 S. 1 bereits

---

26   MüKoBGB/*Grothe* § 210 Rn. 3; *Kirchhof* WM 2002, 2037 (2039); Staudinger/*Peters/Jacoby* BGB § 210 Rn. 5; Erman/*Schmidt-Räntsch* BGB § 210 Rn. 7.

27   MüKoBGB/*Grothe* § 210 Rn. 4; Soergel/*Niedenführ* BGB § 210 Rn. 7; Erman/*Schmidt-Räntsch* BGB § 210 Rn. 7.

28   MüKoBGB/*Grothe* § 210 Rn. 4; Staudinger/*Peters/Jacoby* BGB § 210 Rn. 6.

29   MüKoBGB/*Grothe* § 210 Rn. 4; Palandt/*Ellenberger* BGB § 210 Rn. 3; BeckOK BGB/*Henrich* § 210 Rn. 4; Soergel/*Niedenführ* BGB § 210 Rn. 7; Staudinger/*Peters/Jacoby* BGB § 210 Rn. 6; Erman/*Schmidt-Räntsch* BGB § 210 Rn. 7.

30   Staudinger/*Peters/Jacoby* BGB § 210 Rn. 6.

31   MüKoBGB/*Grothe* § 210 Rn. 4; Soergel/*Niedenführ* BGB § 210 Rn. 7.

32   OLG Schleswig FamRZ 2007, 1902.

33   BT-Drs. 14/6040, S. 120; OLG Schleswig FamRZ 2007, 1902; BeckOGK/*Meller-Hannich* BGB § 210 Rn. 10.

34   Staudinger/*Peters/Jacoby* BGB § 210 Rn. 11; s. zu der Annahme einer dynamischen Verweisung in § 62 VwVfG auf die neuen Verjährungsregelungen des BGB auch *Guckelberger*, Die Verjährung im Öffentlichen Recht, S. 617 f. Soweit die dem § 62 S. 2 VwVfG entspr. Regelungen der Landesgesetze auf die Vorschriften des BGB verweisen, hält *Guckelberger* diese allerdings für verfassungswidrig und votiert für die Fortgeltung der §§ 194 ff. aF (ebd., S. 634 f.).

sämtliche gegen oder für den nicht voll Geschäftsfähigen laufenden Fristen erfasst. Einer Wirkungserstreckung gem. § 213 bedarf es daher nicht.[35]

II. Rechtsfolgen (Abs. 1 S. 1 und 2)

1. Grundsatz. Nach Abs. 1 S. 1 tritt die Verjährung nicht vor dem Ablauf von **sechs Monaten** nach dem Zeitpunkt ein, in dem der Betreffende unbeschränkt geschäftsfähig oder der Mangel der Vertretung behoben wird. Ansprüche, die nicht schon verjährt waren, als der in Abs. 1 S. 1 bezeichnete Zustand (fehlende Geschäftsfähigkeit, mangelnde Vertretung) eingetreten ist, verjähren danach unabhängig von der in diesem Moment noch zur Verfügung stehenden Restfrist frühestens sechs Monate nach den genannten Zeitpunkten. Ohne Bedeutung ist in diesem Zusammenhang, wie lange der Mangel der gesetzlichen Vertretung andauerte; selbst eine wenige Tage oder Stunden andauernde Verhinderung löst die Rechtsfolgen des Abs. 1 aus.[36]   **14**

Relevant ist die Ablaufhemmung des S. 1 allerdings nur dann, wenn zu Beginn der Berechnung der Sechsmonatsfrist die restliche Verjährungsfrist weniger als sechs Monate umfasst und es zu einer entsprechenden Verjährungsverzögerung auch weder durch eine (Ablauf-)Hemmung noch durch einen Neubeginn der Verjährung nach anderen Vorschriften kommt oder gekommen ist (vgl. hierzu auch → Rn. 20). In diesem Fall wird der Eintritt der Verjährung, der grds. vor dem nach Abs. 1 S. 1 (iVm §§ 187 Abs. 1, 188 Abs. 2) zu errechnenden Termin läge, auf den Tag hinausgeschoben, der sechs Monate nach der Erlangung der unbeschränkten Geschäftsfähigkeit oder der Behebung des Mangels der Vertretung liegt.[37]   **15**

Ist die Verjährungsfrist des Anspruchs (gemeint ist die ursprüngliche Frist, nicht die Restfrist) kürzer als sechs Monate, so wird nach Abs. 1 S. 2 die Zeitspanne von sechs Monaten durch diese **kürzere Frist** ersetzt. Dem Gläubiger soll nicht mehr Zeit zur Verfügung stehen, als dies der Fall wäre, wenn nach Eintritt der gem. Abs. 1 S. 1 die Ablaufhemmung auslösenden Ereignisse die volle Verjährungsfrist neu anlaufen würde.[38] Im Übrigen gilt das in → Rn. 14 f. Ausgeführte entsprechend.   **16**

2. Beginn der Frist des Abs. 1 S. 1 bzw. Abs. 1 S. 2. Die in Abs. 1 S. 1 bzw. in Abs. 1 S. 2 vorgesehene Ablaufhemmung beginnt, nachdem der Betroffene unbeschränkt geschäftsfähig geworden oder der Mangel der Vertretung behoben ist. Gem. § 187 Abs. 1 wird die Frist am Tag nach dem für den Beginn der Ablaufhemmung maßgeblichen Ereignis um 0.00 Uhr in Lauf gesetzt.   **17**

Beispiel: Verstirbt der gesetzliche Vertreter eines Minderjährigen eine Woche bevor ein gegen diesen gerichteter Anspruch mit einer Verjährungsfrist von mehr als sechs Monaten verjährt, und wird ein neuer Vertreter am 15.6. bestellt, so beginnt die sechsmonatige Ablaufhemmung des Abs. 1 S. 1 gem. § 187 Abs. 1 am 16.6. (0.00 Uhr) und endet gem. § 188 Abs. 2 am 15.12. (24.00 Uhr). Da die Verjährung ohne die Ablaufhemmung bereits vor diesem Zeitpunkt eingetreten wäre, kommt ein Fristlauf über den 15.12. hinaus nicht mehr in Betracht; der Anspruch ist vielmehr mit Ablauf dieses Tages verjährt.   **18**

3. Erneuter Beginn der Ablaufhemmung. Der Verjährungseintritt nach Ablauf der Frist des Abs. 1 S. 1 bzw. des Abs. 1 S. 2 setzt voraus, dass während des Fristlaufs der Mangel der Vertretung nicht erneut eintritt. Sollten die Voraussetzungen des Abs. 1 S. 1 während der maßgeblichen Frist zu irgendeinem Zeitpunkt ein weiteres Mal erfüllt sein, etwa weil der Vertreter verstorben ist oder der Geschäftsunfähige nach einer lichten Phase wieder in den Zustand des § 104 Nr. 2 verfällt, läuft die Frist nicht weiter. Sie wird vielmehr erneut in Lauf gesetzt, sobald wiederum unbeschränkte Geschäftsfähigkeit eintritt bzw. der Mangel der Vertretung behoben wird.[39]   **19**

III. Konkurrenzen

Die Ablaufhemmung nach § 210 schließt die parallele (Ablauf-)Hemmung oder den Neubeginn nach anderen Vorschriften nicht aus. Erhebt beispielsweise der gesetzliche Vertreter innerhalb der Sechsmonatsfrist des Abs. 1 S. 1 (oder der nach Abs. 1 S. 2 zu berechnenden kürzeren Frist) Klage oder kommt es zu Verhandlungen zwischen dem Vertreter und dem Anspruchsgegner, stehen die Wirkung des Abs. 1 und jene des § 203 bzw. des § 204 Abs. 1 Nr. 1, Abs. 2 zunächst nebeneinander. Sollte die ursprüngliche Verjährungsfrist im Zeitpunkt der Erfüllung des weiteren Hemmungstatbestandes noch nicht abgelaufen sein, wird der Fristlauf gem. § 209 ausgesetzt. Abs. 1 kommt dann nur noch in den Fällen Bedeutung zu, in denen die Hemmungswirkung vor Ablauf der Frist des Abs. 1 S. 1 oder des Abs. 1 S. 2 aufgehoben wird und es ohne die Ablaufhemmung des § 210 zu einem Verjährungseintritt vor dem danach bestimmten Zeitpunkt käme. Tritt   **20**

---

35   Vgl. Staudinger/*Peters/Jacoby* BGB § 213 Rn. 10; aA BeckOK BGB/*Henrich* § 210 Rn. 1.

36   MüKoBGB/*Grothe* § 210 Rn. 6; BeckOK BGB/*Henrich* § 210 Rn. 6; Staudinger/*Peters/Jacoby* BGB § 210 Rn. 6.

37   Erman/*Schmidt-Räntsch* BGB § 210 Rn. 3.

38   MüKoBGB/*Grothe* § 210 Rn. 6.

39   Soergel/*Niedenführ* BGB § 210 Rn. 8; Erman/*Schmidt-Räntsch* BGB § 210 Rn. 4.

die Verjährung hingegen auch ohne § 210 später als nach Ablauf der dort bestimmten Ablaufhemmung ein, läuft die Vorschrift leer. Entsprechendes gilt, wenn im Zeitpunkt der Hemmung die Verjährungsfrist ohne § 210 bereits abgelaufen wäre. In diesem Fall führt die Hemmung zwar nicht zu einer Aussetzung der noch laufenden Frist, der Eintritt der Verjährung ist aber dennoch so lange aufgeschoben, bis der Hemmungsgrund wegfällt und ggf. eine sich anschließende gesonderte Ablaufhemmungsfrist abgelaufen ist (vgl. etwa § 203 S. 2). Ist in diesem Zeitpunkt auch die Frist des Abs. 1 S. 1 bereits überschritten, tritt in dem Moment Verjährung ein; ansonsten bleibt es bei dem nach Abs. 1 S. 1 bestimmten Verjährungseintritt.

IV. Übergangsrecht

21 Zum Übergangsrecht → EGBGB Art. 229 § 6 Rn. 36, 38.

C. Weitere praktische Hinweise

I. Beweislast

22 **1. Voraussetzungen des Abs. 1 S. 1. Darlegungs-** und **beweispflichtig** für das Vorliegen der Voraussetzungen des Abs. 1 S. 1 soll nach allgemeiner Ansicht jeweils der sich auf die Ablaufhemmung berufende Gläubiger sein.[40] Da Abs. 1 S. 1 kumulativ mangelnde Geschäftsfähigkeit sowie fehlende gesetzliche Vertretung voraussetzt, muss der Gläubiger darlegen und ggf. beweisen, dass zumindest für einen bestimmten Zeitpunkt vor dem Eintritt der Verjährung beide Umstände vorlagen. Wer die Beweislast dafür trägt, dass der Betroffene wieder unbeschränkt geschäftsfähig geworden ist oder der Mangel der Vertretung behoben wurde, wird in Schrifttum und Rechtsprechung zumeist nicht problematisiert. Doch sollte auch insoweit dem Gläubiger die Beweislast auferlegt werden.[41] Eine Vermutung dahingehend, dass die fehlende oder beschränkte Geschäftsfähigkeit bzw. der Mangel der Vertretung fortbesteht, so dass das Gegenteil die Ausnahme darstellte und daher vom Schuldner zu beweisen wäre, ist dem Gesetz nicht zu entnehmen. Vgl. zur Problematik auch die Ausführungen in → § 203 Rn. 60.

23 **2. Voraussetzungen des Abs. 2.** Macht der Schuldner die Ausnahmeregelung des Abs. 2 geltend, so trägt er diesbezüglich die Darlegungs- und Beweislast.

II. Vermeidung von Beweisschwierigkeiten

24 Die Ablaufhemmung nach Abs. 1 kommt dem Gläubiger eines nicht voll geschäftsfähigen Schuldners nur dann zugute, wenn dieser im Falle eines Rechtsstreits tatsächlich die mangelnde Geschäftsfähigkeit nachweisen kann. Bestehen Zweifel an der Beweisbarkeit der Voraussetzungen des Abs. 1 S. 1, so ist zu erwägen, trotz der rechtlich vorgesehenen Begünstigung, zur Wahrung der eigenen Rechte gegen den Schuldner – ggf. unter Heranziehung des § 57 ZPO – innerhalb der Frist vorzugehen, die zur Verfügung stünde, wenn die Ablaufhemmung des Abs. 1 nicht zum Tragen käme.[42]

§ 211 Ablaufhemmung in Nachlassfällen

[1]**Die Verjährung eines Anspruchs, der zu einem Nachlass gehört oder sich gegen einen Nachlass richtet, tritt nicht vor dem Ablauf von sechs Monaten nach dem Zeitpunkt ein, in dem die Erbschaft von dem Erben angenommen oder das Insolvenzverfahren über den Nachlass eröffnet wird oder von dem an der Anspruch von einem oder gegen einen Vertreter geltend gemacht werden kann.** [2]**Ist die Verjährungsfrist kürzer als sechs Monate, so tritt der für die Verjährung bestimmte Zeitraum an die Stelle der sechs Monate.**

---

40   MüKoBGB/*Grothe* § 210 Rn. 1, 5; Staudinger/
     Peters/Jacoby BGB § 210 Rn. 1; PWW/*Deppenkem-*
     per BGB § 210 Rn. 1; Erman/*Schmidt-Räntsch* BGB
     § 210 Rn. 2. Zur Ablaufhemmung bei Ansprüchen
     gegen einen nicht voll Geschäftsfähigen zudem: *Birr*
     Verjährung und Verwirkung, Rn. 97. Zur Ablaufhem-
     mung bei Ansprüchen des nicht voll Geschäftsfähi-
     gen: SG Chemnitz 23.10.2008 – S 10 KR 41/04, juris
     Rn. 27; BGH WM 2000, 2246 (2248) (dort noch zu
     § 206 aF).

41   Ebenso MüKoBGB/*Grothe* § 210 Rn. 1. Vgl. in allg.
     Zusammenhang auch Stein-Jonas/*Thole* ZPO § 286
     Rn. 146, wonach bei Nachweis der Geschäftsunfä-
     higkeit in einem konkreten Moment das Vorliegen
     eines lucidum intervallum von demjenigen zu bewei-
     sen ist, der seine Rechte darauf stützt.

42   *Birr* Verjährung und Verwirkung Rn. 97; MüKoBGB/
     Grothe § 210 Rn. 5; Palandt/*Ellenberger* BGB § 210
     Rn. 1; Staudinger/*Peters/Jacoby* BGB § 210 Rn. 6.

Literatur: *Müller*, Ablaufhemmung nach § 211 BGB bei der Vorlegungsfrist für Inhaberschuldverschreibungen (§ 801 BGB), WM 2006, 13.

A. Allgemeines 1
B. Regelungsgehalt 5
   I. Anwendungsbereich (S. 1) 5
   II. Rechtsfolgen (S. 1 und 2) 7
     1. Grundsatz 7

   2. Beginn der Frist des S. 1 bzw. des S. 2 10
   3. Erneuter Beginn der Ablaufhemmung 11
   III. Konkurrenzen 12
   IV. Übergangsrecht 13
C. Weitere praktische Hinweise 14

A. Allgemeines

§ 211 regelt die Ablaufhemmung der Verjährung von Ansprüchen, die zu einem Nachlass gehören oder sich **1** gegen einen Nachlass richten. Die Vorschrift soll verhindern, dass die betreffenden Ansprüche verjähren, ohne dass dem jeweiligen Gläubiger ausreichend Zeit zur Verfügung gestanden hätte, seine Rechte zu verfolgen.[1] Erben und Nachlassgläubiger sollen gleichermaßen davor bewahrt werden, ihre Ansprüche allein deswegen nicht mehr durchsetzen zu können, weil in unverjährter Zeit aufgrund des Erbfalls eine Verfolgung der Ansprüche nicht oder nicht mehr möglich war. Diese Gefahr besteht ua deshalb, weil nach § 1958 ein gegen den Nachlass gerichteter Anspruch nicht vor der Annahme der Erbschaft gegen den Erben gerichtlich geltend gemacht werden kann. Umgekehrt wäre ohne die Ablaufhemmung nach § 211 ein in den Nachlass fallender Anspruch durch den Erben nicht mehr durchsetzbar, wenn der erstberufene Erbe die Erbschaft ausschlüge und die Verjährung noch vor der Ausschlagung eingetreten wäre. Die Ablaufhemmung nach § 211 **entspricht** sachlich **§ 207 aF**. Bedenken gegen § 211 oder besondere Probleme waren im Gesetzgebungsverfahren nicht aufgetreten.[2] § 207 aF wurde daher, von geringfügigen sprachlichen Überarbeitungen abgesehen, als neuer § 211 beibehalten. Rechtsprechung und Literatur zum alten Recht können dementsprechend für die Auslegung des § 211 auch weiterhin ergänzend herangezogen werden.[3]

Die Vorschrift findet auf einige gesetzliche **Ausschlussfristen** kraft Verweisung entsprechende Anwendung. **2** Hierzu zählen §§ 124 Abs. 2 S. 2, 204 Abs. 3, 802 S. 3, 939 Abs. 2, 1002 Abs. 2, 1954 Abs. 2 S. 2, 2082 Abs. 2 S. 2 sowie sondergesetzlich §§ 26 Abs. 1 S. 3, 160 Abs. 1 S. 3 HGB, §§ 45 Abs. 2 S. 2, 133 Abs. 4 S. 2, 157 Abs. 2 S. 2, 224 Abs. 3 S. 2 UmwG und § 327 Abs. 4 AktG. Die entsprechende Anwendbarkeit des § 207 aF ist unter altem Recht zudem im Fall der Ausschlussfrist des § 89 b Abs. 4 S. 2 HGB (Ausgleichsanspruch des Handelsvertreters) angenommen worden.[4] Gleiches dürfte nunmehr für § 211 gelten.[5] Umstritten ist die Anwendbarkeit des § 211 auf die Vorlegungsfrist des § 801 Abs. 1 S. 1.[6] Die bewusste Unterscheidung zwischen Verjährungs- und Ausschlussfristen in § 801 sowie die ausdrückliche Verweisung auf § 211 in § 802 S. 3 (nicht jedoch in § 801) spricht allerdings gegen die analoge Anwendbarkeit des § 211 auf § 801 Abs. 1 S. 1. Bei der Übertragung des § 211 auf (gesetzliche oder vereinbarte) Ausschlussfristen ist auch ansonsten Zurückhaltung geboten. Im Regelfall hat der Erbfall keine Auswirkungen auf den Lauf von Ausschluss- oder sonstigen Fristen.[7] Eine eigene Ablaufhemmung besteht für den **Herausgabeanspruch des fälschlicherweise für tot Erklärten** in § 2031 (vgl. hierzu die Kommentierung dort).

Die Ablaufhemmung des § 211 erfasst nach § 213 auch jene Ansprüche, die zu den in § 211 genannten in **3** **elektiver** (oder alternativer) **Konkurrenz** stehen.[8]

§ 211 entspricht im Wesentlichen Art. 14:306 der **Principles of European Contract Law** (PECL, *Lando*- **4** Principles; dazu → Vor §§ 194–218 Rn. 20 ff.)[9] und Art. III-7:306 des **Draft Common Frame of Reference** (DCFR; dazu → Vor §§ 194–218 Rn. 21 f.).[10] Anders als § 211 sehen Art. 14:306 PECL und

---

1 *Amend* JuS 2002, 743 (745); Soergel/*Niedenführ* BGB § 211 Rn. 2.
2 BT-Drs. 14/6040, S. 120.
3 Henssler/von Westphalen/*Bereska*, Praxis der Schuldrechtsreform, § 211 Rn. 1; *Birr* Verjährung und Verwirkung Rn. 99; Soergel/*Niedenführ* BGB § 211 Rn. 1.
4 BGHZ 73, 99, 102 f.
5 Im Zeitpunkt der vorstehenden Entscheidung (1978) sah die Regelung des § 89 b Abs. 4 S. 2 HGB aF noch eine Frist von drei Monaten vor. Zwischenzeitlich wurde sie auf ein Jahr erhöht. Die damals tragenden Gründe sind dadurch jedoch nicht überholt, sondern können auf die Neufassung des § 89 b Abs. 4 S. 2 HGB übertragen werden; ebenso Erman/*Schmidt-Räntsch* BGB § 211 Rn. 6.
6 Gegen die Anwendung des § 211 auf § 801 Abs. 1 S. 1: Palandt/*Sprau* BGB § 801 Rn. 1; MüKoBGB/

7 *Habersack* § 801 Rn. 1, 3; Staudinger/*Marburger* BGB § 801 Rn. 5; für eine Analogie *Müller* WM 2006, 13 (16 ff.)
  Vgl. *Reiter* BB 2006, 42 (46 f.) (keine Anwendung auf tarifliche Ausschlussfristen); Staudinger/*Peters/Jacoby* BGB § 211 Rn. 6 (grds. keine Anwendung auf vertragliche Ausschlussfristen).
8 BeckOK BGB/*Henrich* § 211 Rn. 1; aA wohl Staudinger/*Peters/Jacoby* BGB § 213 Rn. 10.
9 In deutscher Sprache veröffentlicht in ZEuP 2003, 895 ff.; Art. 14:306 PECL entspricht Art. 17:110 PECL der vorherigen Fassung, abgedruckt in ZEuP 2001, 400 (401).
10 Vgl. *von Bar/Clive/Schulte-Nölke*, Principles, Definitions and Model Rules of European Private Law, Draft Common Frame of Reference (DCFR), Full Edition, 2009.

Art. III-7:306 DCFR allerdings eine deutlich längere Mindestfrist bis zum Eintritt der Verjährung vor. Die Verjährung tritt danach nicht vor dem Ablauf eines Jahres nach dem Zeitpunkt ein, in dem der Anspruch hätte geltend gemacht werden können. Eine Einschränkung entsprechend S. 2 findet sich weder in Art. 14:306 PECL noch in Art. III-7:306 DCFR. Dies beruht auf dem Umstand, dass die Principles of European Contract Law ebenso wie der Draft Common Frame of Reference eine unter einem Jahr liegende gesetzliche oder vertraglich vereinbarte Verjährungsfrist nicht vorsehen,[11] eine Verkürzung der einjährigen Ablaufhemmung durch im Einzelnen maßgebliche kürzere Fristen mithin nicht in Betracht kommt.

B. Regelungsgehalt

I. Anwendungsbereich (S. 1)

5 § 211 erfasst zunächst alle **zum Nachlass gehörenden** Ansprüche. Hierzu zählen sowohl die in den Nachlass gefallenen Forderungen des Erblassers gegen Dritte als auch solche Ansprüche, die erst nach dem Tod des Erblassers entstanden sind, jedoch gleichfalls als zum Nachlass gehörig betrachtet werden (zB Ansprüche nach § 857 iVm § 861; § 1959 Abs. 1 iVm §§ 681 S. 2, 667; § 2018).[12]

6 In den Anwendungsbereich des § 211 einbezogen sind des Weiteren die **gegen den Nachlass gerichteten** Ansprüche. Nach der Definition des § 1967 Abs. 2 fallen hierunter neben den vom Erblasser begründeten Schulden (Erblasserschulden) auch die den Erben als solchen treffenden Verbindlichkeiten (Erbfallschulden).[13] In erster Linie sind dies die Verbindlichkeiten aus Pflichtteilsrechten,[14] Vermächtnissen und Auflagen, aber auch Ansprüche nach § 1959 Abs. 1 iVm § 683, § 1968 oder § 2022.[15] Obwohl nicht in § 1967 Abs. 2 aufgeführt, gelten als Nachlassverbindlichkeiten zudem Nachlasskosten- oder Nachlassverwaltungsschulden sowie Nachlasserbenschulden (zB Ansprüche aus §§ 812 ff. wegen überzahlter Rentenleistungen), → § 1967 Rn. 54 f. und 56 ff.

Auf **Gestaltungsrechte** (insbes. Rücktritt und Minderung im Falle kauf- oder werkvertraglicher Ansprüche des Erblassers gegen Dritte sowie vice versa) findet die Vorschrift keine unmittelbare Anwendung. Die Ablaufhemmung wirkt sich jedoch indirekt über § 218 auch auf diese aus (vgl. die dortige Kommentierung).

II. Rechtsfolgen (S. 1 und 2)

7 **1. Grundsatz.** Nach S. 1 tritt die Verjährung eines der dort genannten Ansprüche nicht vor dem Ablauf von **sechs Monaten** nach der Annahme der Erbschaft, der Eröffnung des Insolvenzverfahrens oder der Einsetzung eines Vertreters ein. Ansprüche, die im Moment des Erbfalls noch nicht verjährt waren, verjähren danach unabhängig von der noch zur Verfügung stehenden Restfrist frühestens sechs Monate nach den genannten Zeitpunkten. Von Bedeutung ist die Ablaufhemmung des S. 1 immer dann, wenn zu Beginn der Berechnung der Sechsmonatsfrist der restliche Verjährungsfrist weniger als sechs Monate umfasst und es zu einer entsprechenden Verjährungsverzögerung auch weder durch eine (Ablauf-)Hemmung noch durch einen Neubeginn der Verjährung nach anderen Vorschriften kommt oder gekommen ist (vgl. hierzu auch → Rn. 12). In diesem Fall wird der Eintritt der Verjährung, der grds. vor dem nach S. 1 (iVm §§ 187 Abs. 1, 188 Abs. 2) zu errechnenden Termin läge, auf den Tag hinausgeschoben, der sechs Monate nach der Erbschaftsannahme etc liegt.

8 **Beispiel:** Verstirbt der Gläubiger eines Anspruchs eine Woche vor Ablauf einer mehr als sechs Monate betragenden Verjährungsfrist und nimmt der Erbe am 15.6. die Erbschaft an, so beginnt die sechsmonatige Ablaufhemmung des S. 1 gem. § 187 Abs. 1 am 16.6. (0.00 Uhr) und endet gem. § 188 Abs. 2 am 15.12. (24.00 Uhr). Da die Verjährung ohne die Ablaufhemmung bereits vor diesem Zeitpunkt eingetreten wäre, kommt ein Fristlauf über den 15.12. hinaus nicht mehr in Betracht; der Anspruch ist vielmehr mit Ablauf dieses Tages verjährt.

9 Sollte die Verjährungsfrist des Anspruchs (gemeint ist die ursprüngliche Frist, nicht die Restfrist) kürzer sein als sechs Monate, wird nach S. 2 die Zeitspanne von sechs Monaten durch diese **kürzere Frist** ersetzt. Dem Gläubiger soll nicht mehr Zeit zur Verfügung stehen, als dies der Fall wäre, wenn nach der Aufhebung der durch den Erbfall bedingten Hindernisse die volle Verjährungsfrist neu anlaufen würde. Im Übrigen gilt das unter → Rn. 7 Gesagte entsprechend.

---

11   Vgl. *Mansel/Budzikiewicz* § 1 Rn. 35.
12   MüKoBGB/*Grothe* § 211 Rn. 2; BeckOK BGB/*Henrich* § 211 Rn. 2; Staudinger/*Peters/Jacoby* BGB § 211 Rn. 2; Erman/*Schmidt-Räntsch* BGB § 211 Rn. 2.

13   BeckOK BGB/*Henrich* § 211 Rn. 2; Staudinger/ *Peters/Jacoby* BGB § 211 Rn. 3; Erman/*Schmidt-Räntsch* BGB § 211 Rn. 2.
14   Vgl. BGH NJW 2014, 2574 (2576).
15   Weitere Beispiele bei § 1967 Rn. 46 ff.

2. Beginn der Frist des S. 1 bzw. des S. 2. Die Karenzfrist von sechs Monaten nach S. 1 bzw. die kürzere nach S. 2 zu bestimmende Frist beginnt

(a.) mit der **Annahme der Erbschaft** (§§ 1943 ff.).[16] Wurde ein Erbschein erteilt, ist die Annahme der Erbschaft dadurch zumindest indiziert[17] (vgl. zur Beweislast im Übrigen → Rn. 14). Umstritten ist, wie der Fristbeginn zu bestimmen ist, wenn mehrere Personen erbberechtigt sind. Im Schrifttum verbreitet ist die Ansicht, die Frist beginne nicht vor der Annahme durch den letzten Miterben.[18] Sterbe ein Miterbe, beginne die Frist mit der Annahme der Erbschaft durch den Erbeserben neu zu laufen.[19] Zur Begründung wird insbesondere auf die gemeinsame Bindung der Erben nach §§ 2039, 2040 verwiesen.[20] Der BGH unterscheidet dagegen zwischen der Gesamthandsklage, die gegen alle Miterben erhoben werden muss (§ 2059 Abs. 2), und der Gesamtschuldklage gem. §§ 2058, 2059 Abs. 1. Erhebe der Gläubiger gegen einen oder mehrere Miterben die Gesamtschuldklage, sei die Frage der Verjährung gem. § 425 Abs. 2 für jeden Miterben als Gesamtschuldner einzeln zu betrachten. Dies gelte auch für die Frist des § 211; die Ablaufhemmung beginne daher für jeden Miterben gesondert in dem Zeitpunkt, in dem der in Anspruch genommene Miterbe die Erbschaft angenommen habe.[21] Die Entscheidung des IV. Zivilsenats hindert allerdings auch bei Eintritt der Verjährung gegenüber einzelnen Miterben nicht eine Inanspruchnahme im Wege des Innenausgleichs gem. § 426 Abs. 1 und Abs. 2.[22]

(b.) Den Fristbeginn löst ebenfalls die **Eröffnung des Nachlassinsolvenzverfahrens** (§§ 315 ff. InsO) aus. Läuft im Zeitpunkt des Erbfalls bereits ein Insolvenzverfahren über das Vermögen des Erblassers, geht mit dessen Tod das Insolvenzverfahren direkt in ein Nachlassinsolvenzverfahren über.[23] Die Frist des § 211 beginnt in diesem Fall unmittelbar mit dem Erbfall.[24]

Wird nach der Verfahrenseröffnung ein Anspruch gegen den Nachlass zur Nachlass-Insolvenztabelle angemeldet, so führt dies gem. § 204 Abs. 1 Nr. 10 zu einer zusätzlichen Verjährungshemmung einschließlich der nach § 204 Abs. 2 vorgesehenen sechsmonatigen Nachfrist.[25] Die Hemmung nach § 204 und die Ablaufhemmung nach § 211 ergänzen sich in diesem Fall (vgl. auch → Rn. 12).

(c.) Schließlich wird die Frist des § 211 auch durch das Vorhandensein eines **Nachlassvertreters** ausgelöst. Als solche können agieren der Abwesenheitspfleger (§ 1911), der Nachlasspfleger (§§ 1960 ff.),[26] der Nachlassverwalter (§§ 1981 ff.) sowie der Testamentsvollstrecker (§ 2197). Voraussetzung für eine wirksame Vertretung des Nachlasses durch den Testamentsvollstrecker ist allerdings die Annahme des Amtes (§ 2202 Abs. 1). Dementsprechend kann auch die Frist des § 211 erst von diesem Zeitpunkt an gerechnet werden.[27] In den übrigen Fällen kommt es auf die gerichtliche Bestellung an.[28]

3. Erneuter Beginn der Ablaufhemmung. Der Verjährungseintritt nach Ablauf der Frist des S. 1 bzw. des S. 2 setzt voraus, dass der Erbe bzw. der Nachlassgläubiger während des Laufes der Frist ohne den erneuten Eintritt der durch den Erbfall bedingten Hindernisse die Möglichkeit hatte, seine Ansprüche geltend zu machen. Sollte der Nachlass während der maßgeblichen Frist zu irgendeinem Zeitpunkt wiederum nicht vertreten sein, etwa weil die Annahme der Erbschaft angefochten wird oder ein Vertreter nicht mehr zur Verfügung steht, läuft die Frist nicht weiter. Sie wird vielmehr erneut in Lauf gesetzt, sobald wiederum eines der in § 211 aufgeführten Ereignisse (Erbschaftsannahme, Eröffnung des Nachlassinsolvenzverfahrens, Nachlassvertretung) eintritt.[29]

10

11

---

16 Zum Sonderfall der Vor- und Nacherbschaft vgl. Staudinger/*Peters/Jacoby* BGB § 211 Rn. 4.

17 LAG Köln 4.3.2005 – 4 Sa 1198/04, juris Rn. 24; vgl. auch OLG Rostock NJW-RR 2007, 69; SG Augsburg BeckRS 2014, 70279 (Annahme durch Stellung des Antrags auf einen Erbschein).

18 MüKoBGB/*Grothe* § 211 Rn. 3; jurisPK-BGB/*Lakkis* § 211 Rn. 3; Soergel/*Niedenführ* BGB § 211 Rn. 3; BeckOGK/*Meller-Hannich* BGB § 211 Rn. 6; *Holtmeyer* ZEV 2013, 53 (57); differenzierend Staudinger/*Peters/Jacoby* BGB § 211 Rn. 4: Bei Ansprüchen gegen den Nachlass kommt es auf den letzten Miterben an; bei Ansprüchen des Nachlasses gegen Dritte genügt bereits die Annahme durch einen Erben.

19 BeckOGK/*Meller-Hannich* BGB § 211 Rn. 6.

20 MüKoBGB/*Grothe* § 211 Rn. 3.

21 BGH NJW 2014, 2574 (2576 f.); ebenso Jauernig/*Mansel* BGB Anm. zu §§ 210, 211 Rn. 3; BeckOK BGB/*Henrich* § 211 Rn. 3; Palandt/*Ellenberger* BGB § 211 Rn. 1; *Löhnig* ZEV 2013, 677 f.

22 *Holtmeyer* ZEV 2014, 547 f. Zum Gesamtschuldnerausgleich bei Leistung an den Nachlassgläubiger trotz Eintritts der Verjährung gegenüber dem leistenden Schuldner vgl. *Budzikiewicz* NJ 2010, 296.

23 BGH NZI 2011, 138 (139).

24 BeckOGK/*Meller-Hannich* BGB § 211 Rn. 7.

25 *Krug* Die Auswirkungen der Schuldrechtsreform auf das Erbrecht, 2002, Rn. 137 (S. 49); Erman/*Schmidt-Räntsch* BGB § 211 Rn. 5.

26 OLG Hamm 8.3.2016 – I-15 W 307/15, juris Rn. 5 f.

27 RGZ 100, 279, 281.

28 MüKoBGB/*Grothe* § 211 Rn. 5; Palandt/*Ellenberger* BGB § 211 Rn. 1; BeckOK BGB/*Henrich* § 211 Rn. 3; Soergel/*Niedenführ* BGB § 211 Rn. 3; Staudinger/*Peters/Jacoby* BGB § 211 Rn. 5; s. auch OLG Hamm NJOZ 2018, 230 (231) (zu § 124 Abs. 2 S. 2 iVm § 211; Bestellung eines Nachlasspflegers).

29 MüKoBGB/*Grothe* § 211 Rn. 5; BeckOK BGB/*Henrich* § 211 Rn. 3; Soergel/*Niedenführ* BGB § 211 Rn. 5; Staudinger/*Peters/Jacoby* BGB § 211 Rn. 5; Erman/*Schmidt-Räntsch* BGB § 211 Rn. 5.

III. Konkurrenzen

12 Die Ablaufhemmung nach § 211 schließt die parallele (Ablauf-)Hemmung oder den Neubeginn nach anderen Vorschriften nicht aus. Erhebt etwa der Erbe oder ein Nachlassgläubiger innerhalb der Sechsmonatsfrist des S. 1 (oder der nach S. 2 zu berechnenden kürzeren Frist) Klage oder kommt es zu Verhandlungen zwischen den Parteien, stehen die Wirkung des § 211 und jene des § 203 bzw. § 204 Abs. 1 Nr. 1, Abs. 2 zunächst nebeneinander. Sollte die ursprüngliche Verjährungsfrist im Zeitpunkt der Erfüllung der Hemmungstatbestände der §§ 203, 204 (oder anderer) noch nicht abgelaufen sein, wird der Fristlauf gem. § 209 ausgesetzt. § 211 kommt dann nur noch in den Fällen Bedeutung zu, in denen die Hemmungswirkung vor Ablauf der Frist des S. 1 oder des S. 2 aufgehoben wird und es ohne die Ablaufhemmung des § 211 zu einem Verjährungseintritt vor dem nach S. 1 bzw. nach S. 2 zu bestimmenden Zeitpunkt käme. Tritt die Verjährung hingegen auch ohne § 211 später als nach Ablauf der dort bestimmten Ablaufhemmung ein, ist die Vorschrift bedeutungslos. Wäre im Zeitpunkt der Hemmung (nach §§ 203, 204 etc) die Verjährungsfrist hingegen ohne § 211 bereits abgelaufen (ist es mithin allein der Wirkung des § 211 zu verdanken, dass der Anspruch noch nicht verjährt ist), führt eine etwaige Hemmung nach §§ 203, 204 etc nicht zur Aussetzung der noch laufenden Verjährungsfrist (diese ist ja bereits vollständig abgelaufen). Die Hemmung steht vielmehr neben der Ablaufhemmung nach § 211 und verhindert den Eintritt der Verjährung so lange, bis der Hemmungsgrund wegfällt und ggf. eine sich anschließende gesonderte Ablaufhemmungsfrist (zB nach § 203 S. 2) abgelaufen ist. Ist in diesem Zeitpunkt auch die Frist des § 211 bereits überschritten, tritt in dem Moment Verjährung ein; ansonsten bleibt es bei dem nach § 211 bestimmten Verjährungseintritt.

IV. Übergangsrecht

13 Zum Übergangsrecht → EGBGB Art. 229 § 6 Rn. 36 f.

C. Weitere praktische Hinweise

14 **Darlegungs-** und **beweispflichtig** für das Vorliegen eines Nachlassfalles in unverjährter Zeit ist nach den allgemeinen Beweislastregeln (→ § 203 Rn. 60) der sich auf die Ablaufhemmung des S. 1 berufende Gläubiger. Ist dieser Beweispflicht Genüge getan oder ist der Eintritt des Erbfalls unstreitig, schließt sich die Frage an, wer die Beweislast dafür trägt, dass die in S. 1 genannten Ereignisse eingetreten sind, die den Beginn der in der Vorschrift vorgesehenen Sechsmonatsfrist (oder der nach S. 2 zu berechnenden kürzeren Frist) bedingen (Annahme der Erbschaft, Eröffnung des Insolvenzverfahrens, Vorhandensein eines Nachlassvertreters). Da die ungestört fortlaufende Verjährungsfrist den Regelfall, die Hemmung dagegen die Ausnahme darstellt, obliegt es im Streitfall dem Gläubiger, auch die Nichtannahme der Erbschaft, die Nichteröffnung des Insolvenzverfahrens und das Fehlen eines Nachlassvertreters zu beweisen.[30] Vgl. zur Problematik auch die Ausführungen in → § 203 Rn. 60.

§ 212 Neubeginn der Verjährung

(1) Die Verjährung beginnt erneut, wenn

1. der Schuldner dem Gläubiger gegenüber den Anspruch durch Abschlagszahlung, Zinszahlung, Sicherheitsleistung oder in anderer Weise anerkennt oder
2. eine gerichtliche oder behördliche Vollstreckungshandlung vorgenommen oder beantragt wird.

(2) Der erneute Beginn der Verjährung infolge einer Vollstreckungshandlung gilt als nicht eingetreten, wenn die Vollstreckungshandlung auf Antrag des Gläubigers oder wegen Mangels der gesetzlichen Voraussetzungen aufgehoben wird.

(3) Der erneute Beginn der Verjährung durch den Antrag auf Vornahme einer Vollstreckungshandlung gilt als nicht eingetreten, wenn dem Antrag nicht stattgegeben oder der Antrag vor der Vollstreckungshandlung zurückgenommen oder die erwirkte Vollstreckungshandlung nach Absatz 2 aufgehoben wird.

---

30   Ebenso MüKoBGB/*Grothe* § 211 Rn. 2 iVm § 210 Rn. 1. Ohne Auseinandersetzung mit der Problematik dagegen LAG Köln 4.3.2005 – 4 Sa 1198/04, juris   Rn. 24; in der Entscheidung wird lediglich pauschal darauf verwiesen, dass die Voraussetzungen des § 211 vom Gläubiger darzulegen sind.

Literatur: *Arnold*, Verjährung und Nacherfüllung, in: FS Eggert, 2008, S. 41; *Auktor/Möch*, Nacherfüllung – nur noch auf Kulanz?, NJW 2005, 1686; *Bauerfeind*, Der Neubeginn der Verjährung oder die argentinische Inhaberschuldverschreibung, GWR 2018, 326; *Derleder/Kähler*, Die Kombination von Hemmung und Neubeginn der Verjährung, NJW 2014, 1617; *Gramer/Thalhofer*, Hemmung oder Neubeginn der Verjährung bei Nachlieferung durch den Verkäufer, ZGS 2006, 250; *Grunsky*, Die Auswirkungen des „urteilsvertretenden Anerkenntnisses" auf die Verjährung, NJW 2013, 1336; *Haas/Schulze*, Urteilsvertretendes Anerkenntnis und Verjährung, in: FS Graf von Westphalen, 2010, S. 253; *Menges*, Vertraglicher Ausschluss der Kettengewährleistung zulässig, ZGS 2008, 457; *Müller*, Anerkenntnis durch Nacherfüllung – Wie der Verkäufer einem Neubeginn der Verjährung entgehen kann, NJOZ 2016, 481; *Peters*, Das Anerkenntnis des Schuldners im System des Verjährungsrechts, JZ 2003, 838; *Retzlaff*, Kein Anerkenntnis durch Aufrechnung, NJW 2013, 2854; *Schulze-Osterloh*, Erneuter Beginn der Verjährung von Ansprüchen gegen Gesellschafter durch Feststellung des Jahresabschlusses, in: FS Westermann, 2008, S. 1487; *Tiedtke/Holthusen*, Auswirkungen eines Anerkenntnisses der Hauptschuld durch den Hauptschuldner auf die Haftung des Bürgen, WM 2007, 93.

A. Allgemeines 1
  I. Normgeschichte und Normzweck 1
  II. Europäisches Vertragsrecht 6
  III. Weitere Neubeginntatbestände 7
  IV. Ausschluss des Neubeginns 8
B. Regelungsgehalt 11
  I. Anerkenntnis (Abs. 1 Nr. 1) 11
    1. Sachlicher Anwendungsbereich 11
    2. Persönlicher Anwendungsbereich 16
      a) Schuldner 16
      b) Gläubiger 19
  II. Vollstreckungsmaßnahmen (Abs. 1 Nr. 2) 20
    1. Grundsatz 20
    2. Maßgebliche Fristen 22

III. Aufhebung der Vollstreckungshandlung, Zurückweisung des Vollstreckungsantrags (Abs. 2 und 3) 24
IV. Rechtsfolgen 27
  1. Zeitpunkt des Neubeginns 27
    a) Grundsatz 27
    b) Anerkenntnis 31
    c) Vollstreckungshandlung 34
    d) Dauerunterbrechung 35
  2. Sachliche Reichweite des Neubeginns 36
  3. Persönliche Reichweite des Neubeginns .. 38
  4. Zusammentreffen von Neubeginn und Hemmung oder Ablaufhemmung 41
C. Weitere praktische Hinweise 43

A. Allgemeines

I. Normgeschichte und Normzweck

Seit Inkrafttreten des SchuldRModG ist in den §§ 203 ff. ein Neubeginn der Verjährung nur noch gem. **1** § 212 für die Fälle des Anerkenntnisses des Anspruchs (Abs. 1 Nr. 1) sowie der Vornahme oder Beantragung einer gerichtlichen oder behördlichen Vollstreckungshandlung (Abs. 1 Nr. 2) vorgesehen. Im **alten Recht** war die nicht als Neubeginn, sondern als Unterbrechung bezeichnete Rechtsfigur (abgesehen von vereinzelten Sonderbestimmungen) mit zahlreichen unterschiedlichen Tatbeständen in den §§ 208–217 aF geregelt. Die meisten dieser früheren Unterbrechungsgründe sind seit dem 1.1.2002 nur noch Hemmungsgründe und werden jetzt durch §§ 204, 209 erfasst. Der Gesetzgeber entschied sich für eine Umwandlung in Hemmungsgründe, da die Unterbrechungstatbestände des alten Verjährungsrechts im Einzelnen schwer zu rechtfertigende Differenzierungen enthielten. Darüber hinaus sah das bisherige Recht zahlreiche Fälle vor, in denen eine bestimmte Maßnahme die Verjährung unterbrach, ohne dass die daraus sich ergebende Folge – nämlich die Ingangsetzung einer neuen Verjährungsfrist – immer sachlich gerechtfertigt erschien.[1]

Der Einleitungssatz des Abs. 1 **definiert** den Neubeginn und übernimmt den sachlichen Gehalt des § 217 **2** aF. Der Neubeginn bewirkt danach, dass die bereits angelaufene, aber noch nicht abgelaufene (→ Rn. 30) Verjährungszeit nicht beachtet wird und die Verjährungsfrist in voller Länge erneut zu laufen beginnt. Dabei ist wiederum die **ursprünglich** für den Anspruch kraft Gesetzes oder kraft vertraglicher Abrede (s. § 202) **geltende Verjährungsfrist** zur Anwendung zu bringen.[2] Auch eine dreißigjährige Verjährungsfrist kann danach erneut in Lauf gesetzt werden.[3]

Verjährt der Anspruch in der allgemeinen Verjährungsfrist der §§ 195, 199 Abs. 1, so läuft nicht nur die **3** Dreijahresfrist des § 195 neu an, sondern auch die **Verjährungshöchstfristen** des § 199 Abs. 2–4.[4] Dem wird zwar zumeist keine Bedeutung zukommen, da die Voraussetzungen des § 199 Abs. 1 sowohl bei einer Anerkennung durch den Schuldner (Abs. 1 Nr. 1) als auch bei der Beantragung oder Vornahme einer Voll-

---

1 BT-Drs. 14/6040, S. 91.
2 OLG Frankfurt NJW-RR 2014, 1174 (1175) (vertraglich festgelegte Verjährungsfrist); OVG Magdeburg NVwZ-RR 2019, 623; vgl. auch KG Berlin 1.7.2009 – 12 U 87/09, juris Rn. 36 ff. (das Anerkenntnis der Forderung führt nicht dazu, dass nunmehr die dreißigjährige Frist des § 197 Abs. 1 Nr. 3 für rechtskräftig festgestellte Ansprüche gilt). S. allerdings zu dem Sonderfall, dass der Unternehmer seine Pflicht zur Mängelbeseitigung anerkennt, nachdem der Besteller

eines Bauwerkes Beseitigung der Mängel gem. § 13 Nr. 5 Abs. 1 S. 1 VOB/B idF von Juli 1990 nach Ablauf der Gewährleistungsfrist von mehr als drei, aber weniger als fünf Jahren verlangt hat, OLG Celle 18.12.2003 – 6 U 121/03, juris Rn. 33 ff. Nach Auffassung des Gerichts läuft in diesem Fall nicht die vereinbarte fünfjährige Frist erneut an, sondern die zweijährige Regelfrist des § 13 Nr. 4 VOB/B.

3 BGH NJW 2018, 2056 (2058).
4 S. hierzu auch *Fischinger* VersR 2006, 1475 ff.

streckungshandlung (Abs. 1 Nr. 2) regelmäßig vorliegen. Sollte es allerdings aufgrund einer Schädigung zu Spätschäden kommen, die nicht von dem Grundsatz der Schadenseinheit[5] erfasst werden und damit nicht bereits dann als entstanden gelten, wenn sich die Vermögenslage des Geschädigten durch das schadenstiftende Ereignis verschlechtert und sich diese Verschlechterung dem Grunde nach verwirklicht hat, kann namentlich der Neubeginn der Verjährungshöchstfrist des § 199 Abs. 2 doch einmal relevant werden. Voraussetzung ist in diesem Fall allerdings, dass der Neubeginntatbestand auch den Anspruch auf Ersatz dieser Spätschäden mit umfasst.

4 Unterwirft sich der Schuldner mit dem Anerkenntnis zugleich der Zwangsvollstreckung in einer notariellen Urkunde (vgl. § 794 Abs. 1 Nr. 5 ZPO), kommt es ggf. zu einem doppelten Neubeginn der Verjährung. Fallen der Zeitpunkt des Anerkenntnisses und jener der Errichtung des vollstreckbaren Titels zeitlich auseinander, wird die Verjährung zunächst nach Abs. 1 Nr. 1 neu in Lauf gesetzt. Mit der Titulierung beginnt die Frist dann wiederum erneut zu laufen; allerdings ist dies jetzt nicht mehr die ursprünglich für die Verjährung maßgebliche Frist, sondern die dreißigjährige Frist des § 197 Abs. 1 Nr. 4. Fallen Anerkenntnis und Titelerrichtung zusammen, verdrängt § 197 Abs. 1 Nr. 4 die Regelung des Abs. 1 Nr. 1.

5 Der Regelungsgehalt des § 212 entspricht auch in seinen Voraussetzungen dem alten Recht. Die Regelung des Neubeginns der Verjährung infolge eines **Anerkenntnisses** in Abs. 1 Nr. 1 ist mit § 208 aF inhaltsgleich, mit der Ausnahme, dass in Abs. 1 Nr. 1 nun von „Schuldner" und „Gläubiger" statt „Verpflichteter" und „Berechtigter" die Rede ist.[6] Der Unterbrechungsgrund des § 209 Abs. 2 Nr. 5 aF (**Vollstreckungshandlung bzw. Vollstreckungsantrag**) wird jetzt in Abs. 1 Nr. 2 geregelt. Dabei wurde der Normtext gestrafft und auch inhaltlich verändert. Diese Änderungen dienen aber allein der Anpassung des Normtextes an das heutige Verständnis der Zwangsvollstreckung und der erleichterten Rechtsanwendung (→ Rn. 20). Andere Normanwendungsergebnisse ergeben sich daraus nicht und waren nicht beabsichtigt.[7] Abs. 2 und Abs. 3 decken sich inhaltlich mit § 216 Abs. 1 und Abs. 2 aF.

Insgesamt kann für die Anwendung des § 212 daher auf die zu den genannten Normen des bisherigen Rechts ergangene Rechtsprechung und die dazugehörige Lehre verwiesen werden.

II. Europäisches Vertragsrecht

6 § 212 entspricht im Grundsatz Art. 14:401 f. der Principles of European Contract Law (PECL, zu diesen → Vor §§ 194–218 Rn. 20 ff.)[8] und Art. III.-7:401 f. des Draft Common Frame of Reference (DCFR; → Vor §§ 194–218 Rn. 21 f.).[9]

III. Weitere Neubeginntatbestände

7 Außerhalb der §§ 203 ff. finden sich **weitere Tatbestände des Neubeginns**, so etwa in § 5 Abs. 3 S. 2 GKG, § 6 Abs. 3 S. 2 GNotKG, § 7 Abs. 3 S. 2 FamGKG, § 8 Abs. 3 S. 2 GvKostG, § 2 Abs. 4 S. 2 JVEG iVm § 5 Abs. 3 S. 2 GKG.[10]

IV. Ausschluss des Neubeginns

8 Einige **Sonderregeln** schließen für ihren Anwendungsbereich unter bestimmten Umständen den Neubeginn (und die Hemmung) aus. So findet bei **geringfügigen Ansprüchen** ein solcher Ausschluss durch § 5 Abs. 3 S. 4 GKG, § 6 Abs. 3 S. 3 GNotKG, § 8 Abs. 3 S. 4 GvKostG und § 2 Abs. 4 S. 2 JVEG iVm § 5 Abs. 3 S. 4 GKG statt.

9 Einen vollständigen Ausschluss des Neubeginns (und der Hemmung) sieht § 600 Abs. 3 S. 2 HGB vor. Der Ausschluss betrifft allerdings nicht die Verjährung eines Anspruchs, sondern eine **Ausschlussfrist**. § 600 Abs. 1 HGB regelt, dass das **Pfandrecht eines Schiffsgläubigers** nach Ablauf eines Jahres seit der Entstehung der gesicherten Forderung erlischt. § 600 Abs. 2 HGB benennt Ausnahmen davon. So erlischt das Pfandrecht zB nicht, wenn der Gläubiger innerhalb der Jahresfrist die Beschlagnahme des Schiffes wegen

---

5   Vgl. hierzu *Mansel/Budzikiewicz* § 3 Rn. 80 ff.; *Zimmermann/Kleinschmidt* FS Bucher, 2009, S. 861, 877 ff., 883 ff.

6   Zur Kritik an der Begriffsauswechslung s. *Zimmermann/Leenen/Mansel/Ernst* JZ 2001, 684 (698).

7   BT-Drs. 14/6040, S. 121.

8   In deutscher Sprache veröffentlicht in ZEuP 2003, 895 ff. Die Art. 14:401 und 14:402 PECL entspre-

chen Art. 17:112 PECL der vorherigen Fassung, abgedruckt in ZEuP 2001, 400 (401 f.).

9   Vgl. *von Bar/Clive/Schulte-Nölke* Principles, Definitions and Model Rules of European Private Law, Draft Common Frame of Reference (DCFR), Full Edition, 2009.

10   Weitere Beispiele bei MüKoBGB/*Grothe* § 212 Rn. 26 f.; Staudinger/*Peters/Jacoby* BGB § 212 Rn. 2.

des Pfandrechts erwirkt und das Schiff später im Wege der Zwangsvollstreckung veräußert wird, ohne dass das Schiff in der Zwischenzeit von einer Beschlagnahme zugunsten dieses Gläubigers frei geworden ist. § 600 Abs. 3 S. 2 HGB bestimmt, dass (eine Hemmung, eine Ablaufhemmung oder) ein Neubeginn der Erlöschensfrist aus anderen als den in § 600 Abs. 2 HGB genannten Gründen nicht stattfindet.

Auch sonst ist bei der Übertragung des § 212 Abs. 1 Nr. 1 auf Ausschlussfristen grds. Zurückhaltung geboten. Im Regelfall hat das Anerkenntnis keine Auswirkungen auf den Lauf von Ausschluss- oder sonstigen Fristen.[11]   **10**

B. Regelungsgehalt

I. Anerkenntnis (Abs. 1 Nr. 1)

1. Sachlicher Anwendungsbereich. Erkennt der Schuldner dem Gläubiger gegenüber den Anspruch an, so beginnt nach Abs. 1 Nr. 1 die Verjährungsfrist erneut zu laufen. Dabei setzt die Regelung nicht voraus, dass es sich bei dem Anerkenntnis um ein Schuldanerkenntnis iSd § 781 handelt.[12] Für ein Anerkenntnis im Sinne von Abs. 1 S. 1 genügt vielmehr **jedes** (auch rein tatsächliche) **Verhalten**, durch das der Schuldner sein Bewusstsein vom Bestehen des Anspruchs zumindest dem Grunde nach[13] unzweideutig zum Ausdruck bringt (→ Rn. 17).[14] Nach Ansicht des BGH soll das Anerkenntnis darüber hinaus dadurch gekennzeichnet sein, dass der Gläubiger angesichts des Verhaltens des Schuldners „darauf vertrauen darf, dass sich der Verpflichtete nicht nach Ablauf der Verjährungsfrist alsbald auf Verjährung berufen wird".[15] Diese Formulierung ist zum Teil auf Kritik gestoßen: Das Vertrauen auf die Nichtgeltendmachung der Verjährung sei nicht Voraussetzung eines Anerkenntnisses, sondern lediglich dessen regelmäßige Folge.[16] Tatsächlich lässt sich das Erfordernis eines Vertrauenstatbestandes dem Wortlaut der Norm nicht unmittelbar entnehmen. Allerdings wird in der Gesetzesbegründung die Aufnahme der Unterbrechungsregelung des § 212 Abs. 1 Nr. 1 nicht zuletzt mit der Schutzbedürftigkeit des Gläubigers gerechtfertigt, „der möglicherweise im Vertrauen auf das Verhalten des Schuldners davon absieht, den Anspruch geltend zu machen".[17] Dies lässt darauf schließen, dass der Neubeginn der Verjährung an ein Verhalten des Schuldners geknüpft werden soll, das den Gläubiger *regelmäßig* dazu verleiten kann, von der Geltendmachung seines Anspruchs vorerst abzusehen (vgl. auch → Rn. 17). Ob der Gläubiger im Einzelfall tatsächlich im Vertrauen auf die fortgesetzte Leistungsbereitschaft von einer Rechtsverfolgung abgesehen hat, ist dabei unerheblich. Die Rechtsfolge des Abs. 1 Nr. 1 tritt auch dann ein, wenn dem Gläubiger die bevorstehende Verjährung nicht bewusst war.[18]   **11**

Ein Anerkenntnis kann auch aus einem schlüssigen Verhalten, ggf. sogar aus bloßem Stillschweigen zu folgern sein.[19] Ob eine Erklärung oder ein Verhalten des Schuldners ein Anerkenntnis darstellt, ist nach   **11a**

---

11 BGH NJW 2008, 2258 (2259) (Unanwendbarkeit des § 212 Abs. 1 Nr. 1 auf die Frist des § 556 Abs. 3 S. 2); BGH MDR 2004, 26; LSG Berlin-Brandenburg BeckRS 2012, 71125; MüKoBGB/*Grothe* § 212 Rn. 1; Erman/*Schmidt-Räntsch* BGB § 212 Rn. 3 a; Staudinger/*Peters/Jacoby* BGB § 212 Rn. 34 (gesetzliche Ausschlussfristen). Erfüllt der Schuldner die Voraussetzungen, die an das Vorliegen eines Anerkenntnisses gestellt werden, so soll nach BGH MDR 2004, 26 der Vorschrift jedoch in reduzierter Form jedenfalls insofern Geltung zukommen, als die in Rede stehende Ausschlussfrist (in casu § 7 Abs. 8 S. 2 VermG) zwar nicht neu anläuft, der Ablauf der Frist aber für eine gewisse Zeit keine Berücksichtigung findet.

12 Vgl. BGH VersR 1972, 372 (373) (zu § 208 aF); *K. Schmidt* NZG 2009, 361 (364).

13 Vgl. hierzu ausf. Staudinger/*Peters/Jacoby* BGB § 212 Rn. 20; ferner BeckOK BGB/*Henrich* § 212 Rn. 7 (wird dem Grunde nach anerkannt, führt dies zum Verjährungsneubeginn des gesamten Anspruchs ungeachtet etwaiger Einwendungen betreffend die Anspruchshöhe).

14 BGH NJW 2019, 1219 (1220); BeckRS 2018, 31360 (Rn. 10); NJW 2015, 1589; NJW 2012, 3633 (3634);

NJW 2012, 1293 (Rn. 10); s. auch OLG Hamm BeckRS 2015, 15245: Willenserklärung ist nicht erforderlich; zum alten Recht: BGH NJW-RR 2009, 455 (458); NJW 2007, 2843; NJW-RR 2005, 1044 (1047); NJW 2002, 2872 (2873).

15 BGH NJW 1981, 1955; seitdem st. Rspr., s. zuletzt BGH NJW 2019, 1219 (1220); BeckRS 2018, 31360 (Rn. 10); NJW 2015, 1589; ebenso Jauernig/*Mansel* BGB § 212 Rn. 2; MüKoBGB/*Grothe* § 212 Rn. 6; BeckOK BGB/*Henrich* § 212 Rn. 2; juris-PK-BGB/*Lakkis* § 212 Rn. 2; BeckOGK/*Meller-Hannich* BGB § 212 Rn. 4; nicht erwähnt wird das Kriterium von Palandt/*Ellenberger* BGB § 212 Rn. 2; Erman/*Schmidt-Räntsch* BGB § 212 Rn. 6.

16 OLG Schleswig BeckRS 2013, 4959; Staudinger/*Peters/Jacoby* BGB § 212 Rn. 7; dagegen MüKoBGB/*Grothe* § 212 Rn. 6.

17 BT-Drs. 14/6040, S. 120.

18 Staudinger/*Peters/Jacoby* BGB § 212 Rn. 7.

19 BAG NZA 2019, 1046 (1049); BGH NJW-RR 2005, 1044 (1047); OLG Hamm BeckRS 2015, 15245; OLG Celle NJW 2008, 1088; MüKoBGB/*Grothe* § 212 Rn. 6; *Marburger* NZV 2015, 218 (221); s. auch LG Freiburg BeckRS 2013, 21375 (strenge Anforderungen).

§§ 133, 157 analog auszulegen.[20] Das Gesetz nennt lediglich beispielhaft die Abschlagszahlung,[21] Zinszahlung[22] und Sicherheitsleistung[23] als Anerkenntnisakte.

Weitere Beispiele: Als Anerkenntnis gewertet wurden in der Rechtsprechung ua die Erklärung des Schuldners, gem. § 2314 über den Bestand des Nachlasses **Auskunft zu erteilen** und dementsprechend den Pflichtteilsanspruch zu befriedigen (Anerkenntnis dem Grunde nach);[24] Zahlungen auf der Grundlage einer **Einziehungsermächtigung;**[25] eine **Forderungsabtretung** an den Gläubiger, wenn zwischen Schuldner und Gläubiger nur eine einzige Forderung offen steht;[26] eine **Kostenerstattungszusage;**[27] die Mitteilung an einen Beamten, dass die Oberfinanzdirektion angewiesen wurde, den vom Beamten geforderten Ausgleich zu zahlen sowie die anschließende **Aufforderung,** die **Lohnsteuerkarte zu übersenden;**[28] die in einer **Entgeltabrechnung** enthaltene **Mitteilung einer bestimmten Anzahl von Urlaubstagen** (Anerkenntnis der ausgewiesenen Urlaubsansprüche);[29] der Abschluss einer **Ratenzahlungsvereinbarung;**[30] die erklärte Bereitschaft, ein **notarielles Schuldanerkenntnis abzugeben;**[31] der **Antrag auf Feststellung des Annahmeverzugs;**[32] die **Ankündigung** regelmäßiger **Abschlagszahlungen;**[33] die Anzeige der **Erfüllungsbereitschaft,** um den Gläubiger von weiteren Rechtsverfolgungsmaßnahmen abzuhalten;[34] das **Vertrösten und Hinhalten** des Gläubigers;[35] die **Vereinbarung über die Stundung** der titulierten Unterhaltsforderung;[36] die **Bitte um Stundung;**[37] die **Zustimmung des Gesellschafters** zu der Feststellung eines Jahresabschlusses, in dem eine gegen ihn gerichtete Forderung ausgewiesen ist.[38] Ein Anerkenntnis kann auch dann anzunehmen sein, wenn der Schuldner eines Schadensersatzanspruchs auf einzelne Schadenspositionen Zahlungen leistet. Jedenfalls für den Fall, dass ausschließlich Ersatz für einen Personenschaden gefordert ist (Heilungskosten, Erwerbsschaden, Mehrbedarf etc), wird durch **Zahlung auf einzelne Schadensteile** zugleich ein Anerkenntnis des Gesamtanspruchs vorliegen.[39] Ist der Schuldner verpflichtet, in jährlichen Raten eine bestimmte Ware abzunehmen, liegt ein Anerkenntnis der Gesamtverpflichtung vor, wenn der Schuldner wiederholt geringe Mengen abnimmt, ohne eine zeitlich konkretisierte Tilgungsbestimmung vorzunehmen.[40]

---

20 BGH NJW 2002, 2872 (2873 f.); LG Offenburg NJW-RR 2003, 345; s. auch OLG Hamm BeckRS 2015, 15245 (objektiver Empfängerhorizont des Gläubigers); Palandt/*Ellenberger* BGB § 212 Rn. 2; Staudinger/*Peters/Jacoby* BGB § 212 Rn. 7, 12.

21 Vgl. hierzu Soergel/*Niedenführ* BGB § 212 Rn. 16; Staudinger/*Peters/Jacoby* BGB § 212 Rn. 25 f.; Erman/*Schmidt-Räntsch* BGB § 212 Rn. 9; BGH NJW-RR 2018, 1150; OLG Köln NJOZ 2017, 420 (424); OLG Hamm FamRZ 2017, 71 (72) (Teilzahlungen); OLG Naumburg BeckRS 2014, 19094 (Rn. 29); OLG Koblenz NJW-RR 2013, 368 (Teilzahlungen). Zur Reichweite der Anerkennungswirkung von Abschlagszahlungen bei Vorliegen mehrerer Forderungen vgl. OLG Oldenburg NJW-RR 1998, 1283 (analoge Anwendung von § 366 Abs. 1); OLG Köln VersR 1998, 1388 (1389) (analoge Anwendung von § 366 Abs. 2); OLG Koblenz NJW-RR 2008, 1503 (Anwendung von § 366 Abs. 2). Nach BGH NJW 2007, 2843 f. ist von einem Saldoanerkenntnis jedenfalls dann auszugehen, wenn den Abschlagszahlungen eine Mitteilung des Schuldsaldos vorangegangen ist sowie die Aufforderung, diesen Saldo durch zusätzliche Zahlungen zurückzuführen.

22 S. hierzu BGH NJW-RR 2018, 1150; OLG Köln NJOZ 2017, 420 (424).

23 S. hierzu auch LAG Hamm BeckRS 2014, 65621 (strenge Anforderungen).

24 BGH NJW 1975, 1409; s. auch BGH NJW 2019, 1219 (1220) (umfassende Würdigung der Umstände im Einzelfall).

25 OLG Brandenburg 11.7.2007 – 4 U 173/06, juris Rn. 19 ff. (Neubeginn mit jedem Zahlungseingang,

da aus dem Umstand, dass die Einziehungsermächtigung nicht widerrufen wurde, ein konkludentes Einverständnis mit der Abbuchung abzuleiten sei).

26 LG Köln 16.9.2008 – 33 O 42/08, juris Rn. 17.

27 VG Würzburg 24.11.2004 – W 6 K 04.1352, juris Rn. 15.

28 VG Koblenz 18.9.2007 – 6 K 1319/07.KO, juris Rn. 17 f.

29 BAG NZA 2019, 1046 (1049).

30 LG Kleve 30.5.2007 – 2 O 24/07, juris Rn. 33 ff.

31 KG Berlin MDR 2011, 287 (288).

32 OLG Hamm BeckRS 2015, 15245.

33 OLG Köln NJOZ 2017, 420 (424) (Anerkenntnis des Rückgewähranspruchs aus § 346 Abs. 1).

34 LG Fulda BeckRS 2014, 14651.

35 S. BGH NJW-RR 2018, 1150 (1151), wobei die Bitte, nicht auf die besicherte Privatimmobilie zuzugreifen, für sich genommen noch nicht auf ein Anerkenntnis schließen lassen soll.

36 OLG Sachsen Anhalt 6.9.2007 – 8 WF 215/07, juris Rn. 3.

37 BGH NJW-RR 2018, 1150 (1151); NJW 1978, 1014.

38 BGH NZG 2010, 823 (824).

39 BGH NJW-RR 2009, 455 (458); OLG Celle NJW 2008, 1088 f.; s. auch BGH NJW 2017, 2271 (2272); vgl. aber auch OLG Koblenz NZV 2007, 198 f., demzufolge kein Anerkenntnis des Gesamtanspruchs vorliegt, wenn der Schuldner deutlich zu erkennen gibt, dass er die Schuld nur in bestimmter Höhe oder nur hinsichtlich bestimmter Schadensteile (hier: Schmerzensgeldanspruch) anerkennt.

40 LG Offenburg NJW-RR 2003, 345.

Umstritten ist, ob in der Abstimmung über die **Bilanzfeststellung** bei Außen-Personengesellschaften, atypischer stiller Gesellschaft und bei der GmbH ein Anerkenntnis der in der Bilanz ausgewiesenen ausstehenden Einlageforderung gegen die Gesellschafter zu sehen ist.[41]

Im Übrigen kann für die Auslegung des Abs. 1 Nr. 1 auf die zu § 208 aF ergangene Rechtsprechung und die zugehörige Literatur zurückgegriffen werden.[42] **12**

Ein Anerkenntnis kann in (wirksamen oder nichtigen) Willenserklärungen enthalten sein.[43] Gibt der Schuldner ein **konstitutives Schuldanerkenntnis iSd § 781** ab, erfüllt dies grds. zugleich die Voraussetzungen eines Anerkenntnisses im Sinne von Abs. 1 Nr. 1.[44] Zu beachten ist dabei allerdings, dass das konstitutive Schuldanerkenntnis nur dann auch zu einem Neubeginn der Verjährung des Grundgeschäftes führt, wenn dieses tatsächlich besteht und noch nicht verjährt ist (→ Rn. 30). Liegt eine dieser Voraussetzungen nicht vor, so berührt dies zwar die Wirksamkeit des Schuldanerkenntnisses nicht, der Gläubiger kann jedoch lediglich aus § 781 gegen den Schuldner vorgehen. Sichert das Schuldanerkenntnis hingegen eine bestehende, unverjährte Schuld, so stehen dem Gläubiger der Anspruch aus dem Grundgeschäft und jener aus § 781 nebeneinander zur Verfügung. Das Grundgeschäft verjährt in diesem Fall beginnend mit dem Anerkenntnis erneut in der für dieses maßgeblichen Frist (→ Rn. 2); die Forderung aus § 781 unterliegt demgegenüber unabhängig von dem Grundgeschäft der allgemeinen Verjährung nach §§ 195, 199 Abs. 1.[45] Auch ein **deklaratorisches Schuldanerkenntnis** erfüllt ohne Weiteres die Voraussetzungen, die Abs. 1 Nr. 1 an ein Anerkenntnis stellt, ist jedoch gleichfalls nicht Bedingung für einen Verjährungsneubeginn.[46] **13**

In der Gesetzesbegründung wird ausdrücklich klargestellt, dass dem Vorschlag, die **Aufrechnung** als Unterfall des Anerkenntnisses zu behandeln, nicht gefolgt wird. Wer gegen einen gegen ihn geltend gemachten Anspruch aufrechne, erkenne diesen in der Regel gerade nicht an, sondern bestreite.[47] Die Gesetzesbegründung verweist insoweit auch auf die bisherige Rechtsprechung.[48] Es sei – wie bisher[49] – eine von der Rechtsprechung im Einzelfall individuell zu entscheidende Frage, unter welchen Voraussetzungen eine Aufrechnungserklärung ausnahmsweise zugleich als verjährungserneuerndes Anerkenntnis zu qualifizieren sei.[50] Der BGH setzt seine bisherige Rechtsprechung unter neuem Recht fort und stellt auf die Umstände des Einzelfalles ab.[51] **14**

Ausnahmsweise kann auch in einem **Nachbesserungsversuch** ein Anerkenntnis der Mängelgewährleistungsansprüche liegen (→ § 203 Rn. 38). Dies ist der Fall, wenn der Nachbessernde aus der Sicht des anderen Teils nicht nur aus Kulanz oder zur gütlichen Streiterledigung nachbessert, sondern sein Verhalten dahin **15**

41 Vgl. *K. Schmidt* NZG 2009, 361 (363 f.): Jedenfalls dann, wenn der betreffende Gesellschafter der Bilanz ausdrücklich zustimmt oder zumindest in sonstiger Weise zu erkennen gibt, dass er sich nicht gegen die Einlageforderung verwahrt, ist von einem Anerkenntnis iSd Abs. 1 Nr. 1 auszugehen. Zustimmend Staudinger/*Peters/Jacoby* BGB § 212 Rn. 22. AA *Schulze-Osterloh* FS Westermann, 2008, S. 1487, 1499 ff.

42 Vgl. die Beispiele für und gegen die Annahme eines Anerkenntnisses iRd § 208 aF bei MüKoBGB/*Grothe* § 212 Rn. 15 f.; Palandt/*Ellenberger* BGB § 212 Rn. 3 f.; BeckOK BGB/*Henrich* § 212 Rn. 4 f.; Soergel/*Niederführ* BGB § 212 Rn. 18 ff.; Staudinger/*Peters/Jacoby* BGB § 212 Rn. 11 ff. und 22 ff.

43 Palandt/*Ellenberger* BGB § 212 Rn. 2; ferner Soergel/*Niederführ* BGB § 212 Rn. 8; Staudinger/*Peters/Jacoby* BGB § 212 Rn. 8.

44 Erman/*Schmidt-Räntsch* BGB § 212 Rn. 6; PWW/*Deppenkemper* BGB § 212 Rn. 4.

45 S. aber für das „urteilsvertretende Anerkenntnis" OLG Celle IBRRS 2013, 4802: Geltung der dreißigjährigen Verjährungsfrist des § 197 Abs. 1; vgl. dazu allerdings NK-BGB/*Budzikiewicz* § 197 Rn. 51; *Grunsky* NJW 2013, 1336 (1339 ff.)

46 OLG Brandenburg BeckRS 2015, 07893 (Rn. 37); OLG Celle IBRRS 2013, 4802; Palandt/*Ellenberger* BGB § 212 Rn. 2; *Mansel/Budzikiewicz* § 3 Rn. 55; Staudinger/*Peters/Jacoby* BGB § 212 Rn. 6; *Grunsky* NJW 2013, 1336; *v. Waldstein/Holland* TranspR 2003, 387 (395); PWW/*Deppenkemper* BGB § 212 Rn. 4. Zu den Unterschieden zwischen einem urteilsvertretenden Anerkenntnis und einem Anerkenntnis im Sinne des Abs. 1 Nr. 1 s. *Haas/Schulze* FS Graf von Westphalen, 2010, S. 253, 266 f.

47 Nach Staudinger/*Peters/Jacoby* BGB § 212 Rn. 27 soll in der Aufrechnung mit einer Gegenforderung allerdings stets das Anerkenntnis der Hauptforderung des Gläubigers gegen den Schuldner zu sehen sein; aA *Retzlaff* NJW 2013, 2854 (2857).

48 BT-Drs. 14/6040, S. 120 unter Hinw. auf OLG Celle OLGZ 1970, 5 (6); BGHZ 58, 103, 105; OLG Koblenz VersR 1981, 167 (168).

49 S. insbes. BGHZ 107, 395, 397.

50 Zust. MüKoBGB/*Grothe* § 212 Rn. 15; Soergel/*Niederführ* BGB § 212 Rn. 22; Erman/*Schmidt-Räntsch* BGB § 212 Rn. 10; vgl. auch BeckOK BGB/*Henrich* § 212 Rn. 4.

51 BGH NJW 2012, 3633 (3634).

ausgelegt werden kann, dass er in Anerkennung seiner Pflicht zur Nachbesserung handelt.[52] Umfang, Dauer und Kosten der Nachbesserungsarbeiten sind hier Indizien, die für bzw. gegen ein Anerkenntnis aus der Sicht des Gläubigers sprechen können.[53] Letztlich wird aber nur in besonders gelagerten Ausnahmesituationen tatsächlich von einem Anerkenntnis auszugehen sein, da jeder, der eine Nachbesserung unternimmt, seine Rechtsstellung über die Nachbesserung hinaus nicht wird verschlechtern wollen.[54] Vom Neubeginn der Verjährung nach Abs. 1 Nr. 1 zu trennen ist die Frage, ob beim Kauf die Nacherfüllung zu einer erneuten Ablieferung im Sinne des § 438 Abs. 2 und damit zum Lauf einer **neuen Verjährungsfrist gem. § 438** führt.[55] Insofern wird auf die Kommentierung des § 438 verwiesen. Ein vertraglicher Ausschluss der Kettenverjährungsfrist bei mangelbedingter Nacherfüllung wird diskutiert.[56] Zur Kumulation von Neubeginn gem. Abs. 1 Nr. 1 und Hemmung gem. § 203 im Fall des Anerkenntnisses der Nachbesserungspflicht → § 203 Rn. 38.

15a   Nicht von einem Anerkenntnis auszugehen ist dagegen, wenn der Schuldner ein **Vergleichsangebot** macht, ohne jedoch die Einwendungen gegen die in Rede stehenden Ansprüche dem Grunde nach fallen zu lassen.[57]

16   **2. Persönlicher Anwendungsbereich. a) Schuldner.** Nach Abs. 1 Nr. 1 muss das Anerkenntnis durch den Schuldner für eine ihn selbst verpflichtende Forderung abgegeben worden sein. Persönliches Handeln ist allerdings nicht erforderlich; der Schuldner **kann vertreten werden**.[58] Verhandlungsvollmacht des rechtsgeschäftlichen Vertreters ist in diesem Fall ausreichend.[59]

Erkennt ein Sozius einer **BGB-Gesellschaft** (Erwerbsgesellschaft) einen gegen die Gesamtheit der Gesellschafter gerichteten Anspruch an, so wirkt diese Erklärung sowohl gegenüber der Gesamthand als auch gegenüber den persönlich haftenden Gesellschaftern.[60]

Ein Anerkenntnis durch den **Haftpflichtversicherer** bindet regelmäßig zugleich den Versicherten (Halter und berechtigten Fahrer).[61] Dies gilt auch dann, wenn die anerkannten Ansprüche wegen Überschreitung der Deckungssumme den Versicherten persönlich treffen würden,[62] es sei denn, der Versicherer macht deutlich, dass er die Ansprüche nicht über die Deckungssumme hinaus anerkennen möchte.[63] Fehlt es an einer derartigen Beschränkung seitens des Versicherers, führt allein der Umstand, dass der Gläubiger selbst nicht davon ausgegangen ist, dass die Zahlungen des Versicherers zu einem Verjährungsneubeginn des Anspruchs

52 BGH NJW 2014, 3368; 2012, 3229 (3230); 2006, 47 (48); 1999, 2961 f.; OLG Koblenz BeckRS 2018, 28883; OLG Karlsruhe NJW-RR 2018, 689 (maßgeblich ist die Sichtweise des Käufers; s. auch BGH BeckRS 2018, 31360 (Rn. 10); zust. *Arnold* FS Eggert, 2008, S. 41, 45; Palandt/*Ellenberger* BGB § 212 Rn. 4; BeckOK BGB/*Henrich* § 212 Rn. 4; Erman/*Schmidt-Räntsch* BGB § 212 Rn. 6, 11; vgl. auch MüKoBGB/*Grothe* § 212 Rn. 16; OLG Köln 2.3.2007 – 19 U 180/06, juris Rn. 8 (Anerkenntnis des Schuldners durch den Hinweis auf sein wegen unstreitig vorliegender Mängel bestehendes Nachbesserungsrecht).

53 St. Rspr., zB BGH NJW 2006, 47 (48); 1999, 2961; OLG Koblenz BeckRS 2018, 28883; OLG Frankfurt 25.8.2008 – 16 U 200/07, juris Rn. 22; vgl. auch OLG Jena NJW 2016, 1330 (1332) (Beseitigung einzelner Mängel ist kein Anerkenntnis sämtlicher geltend gemachter Mängel); LG Koblenz NJW-RR 2007, 272 (273); ebenso *Auktor/Mönch* NJW 2005, 1686 (1687) mwN.

54 Ebenso *Arnold* FS Eggert, 2008, S. 41, 46. S. hierzu auch OLG München 29.1.2008 – 13 U 4811/07, juris Rn. 42; OLG Sachsen-Anhalt, 28.3.2007 – 6 U 83/06, juris Rn. 57 (kein Anerkenntnis, wenn die Mängelbeseitigung von der Erteilung eines Zusatzauftrages abhängig gemacht wurde); OLG Celle NJW 2006, 2643 (2644); s. aber OLG Naumburg NJW-RR 2011, 1101 (1102) (Werkunternehmer muss darlegen, dass er hinreichend klar zum Ausdruck gebracht hat, nur aus Kulanz gehandelt zu haben).

55 Zum Streitstand vgl. BeckOK BGB/*Faust* § 438 Rn. 64; *Arnold* FS Eggert, 2008, S. 41, 47 ff.; zum Problem s. auch *Menges* ZGS 2008, 457 ff.

56 *Menges* ZGS 2008, 457 ff.

57 BGH BeckRS 2018, 31360 (Rn. 12): Angebot auf Umtausch von emittierten Anleihen im Vergleichswege; s. dazu auch *Bauerfeind* GWR 2018, 326.

58 BGH NJW 2012, 1293 (Zwangsverwaltung); BGH WM 1996, 33 (35) (zu § 208 aF); OLG Hamm BeckRS 2015, 15245 (Prozessbevollmächtigter); LG Hamburg 16.4.2019 – 411 HKO 14/17, juris Rn. 131, 142 (Zwangsverwaltung); s. auch BGH NJW 2019, 1219 (1220) (Prozessbevollmächtigter); MüKoBGB/*Grothe* § 212 Rn. 10; Palandt/*Ellenberger* BGB § 212 Rn. 6; BeckOK BGB/*Henrich* § 212 Rn. 9; Staudinger/*Peters/Jacoby* BGB § 212 Rn. 10.

59 OLG Hamm BeckRS 2015, 15245; MüKoBGB/*Grothe* § 212 Rn. 10; Staudinger/*Peters/Jacoby* BGB § 212 Rn. 10, Letztere jeweils mit dem Hinw., dass vollmachtlose Stellvertretung nicht genehmigt werden kann, eine eventuelle Genehmigung jedoch als eigenes Anerkenntnis wirkt. S. auch BAG NZA 2019, 1046 (1049): Zurechnung nach den Grundsätzen der Rechtsscheinvollmacht.

60 BGH WM 1996, 33 (35) (Steuerberatersozietät).

61 BGH NJW 2015, 1589 (Anerkenntnis durch Erbringung von Schadensersatzleistungen); NJW-RR 2004, 1475 (1476) (Anerkenntnis durch Zahlung des Versicherers); BGH VersR 1972, 372 (373) (zu § 208 aF); ebenso allg. für ein Anerkenntnis des Haftpflichtversicherers BGH NJW 2007, 69 (71).

62 BGH NJW 2007, 69 (71); NJW-RR 2004, 1475 (1476); VersR 1972, 398 (399); 1964, 1199 (1200) (zu § 208 aF); Palandt/*Ellenberger* BGB § 212 Rn. 6; BeckOK BGB/*Henrich* § 212 Rn. 9; Staudinger/*Peters/Jacoby* BGB § 212 Rn. 10.

63 BGH NJW 2007, 69 (71); NJW-RR 2004, 1475 (1476).

über die Deckungssumme hinaus geführt hat, nicht zu einer Beschränkung der Anerkenntniswirkung. Die Reichweite eines Anerkenntnisses bestimmt sich nicht in Abhängigkeit von der subjektiven Sicht des Geschädigten; die Erklärung oder das Verhalten des Anerkennenden ist vielmehr stets nach dem objektiven Empfängerhorizont auszulegen.[64]

Es bedarf wegen der den Schuldner belastenden Verjährungsfolge des Neubeginns der **Geschäftsfähigkeit** des anerkennenden Schuldners für ein wirksames Anerkenntnis.[65] Doch ist das verjährungsrechtliche Anerkenntnis keine rechtsgeschäftliche Willenserklärung, sondern eine geschäftsähnliche Handlung.[66] Die gesetzlichen Beispiele zeigen bereits deutlich, dass die Rechtsfolge des Neubeginns nicht deshalb eintritt, weil sie von dem Schuldner gewollt ist, sondern weil ein Schuldner durch ein solches Verhalten typischerweise das **Vertrauen des Gläubigers weckt**, der Schuldner werde sich der Forderungserfüllung nicht entziehen, so dass der Gläubiger von Zwangsmaßnahmen der Anspruchsdurchsetzung (noch) absieht (vgl. auch → Rn. 11).[67] Die Rechtsfolge des Verjährungsneubeginns tritt daher auch unabhängig davon ein, ob dem Schuldner überhaupt bewusst ist, dass er mit seinem Verhalten den Neubeginn des Fristlaufs auslöst.[68] **17**

Unterlag der Schuldner bei Abgabe des Anerkenntnisses einem **Irrtum** oder wurde er durch den Gläubiger **arglistig getäuscht**, so kann er die Erklärung nach §§ 119, 123 analog innerhalb der Fristen der §§ 121, 124 anfechten.[69] Ggf. steht dem Gläubiger in diesem Fall ein Schadensersatzanspruch entsprechend § 122 Abs. 1 zu.[70] **18**

b) Gläubiger. Das Anerkenntnis des Schuldners muss gegenüber dem (aktuellen) Gläubiger des anerkannten Anspruchs erfolgen. Im Fall der **Abtretung** führt daher grds. nur ein gegenüber dem Zessionar, nicht ein gegenüber dem Zedenten abgegebenes Anerkenntnis zum Neubeginn nach Abs. 1 Nr. 1.[71] Allerdings kann das Anerkenntnis auch gegenüber einem **Stellvertreter** oder einer sonstigen Person erklärt werden, die mit Wirkung für und gegen den Gläubiger zu handeln berufen ist (zB Testamentsvollstrecker, Insolvenzverwalter).[72] Hat der Schuldner einen Dritten irrtümlich für den tatsächlichen Gläubiger gehalten, so führt das Anerkenntnis dennoch zu einem Verjährungsneubeginn, sofern dem Gläubiger das Verhalten des Schuldners demnächst zugetragen wird und der Schuldner sich letztlich gegenüber dem Berechtigten erklären wollte.[73] Ein Zugang des Anerkenntnisses gem. § 130 ist nicht erforderlich.[74] Auch die erbetene Übermittlung des Anerkenntnisses durch einen Boten genügt den Anforderungen des Abs. 1 Nr. 1, sofern dem Gläubiger die Nachricht wirklich überbracht wurde.[75] Erfüllt jedoch das Verhalten oder die Erklärung des Schuldners zwar objektiv die Voraussetzungen eines Anerkenntnisses, soll dieses aber nicht dem Gläubiger gegenüber abgegeben werden (zB Äußerungen, die im Vertrauen gegenüber Dritten gemacht werden), kommt es selbst dann nicht zu einem Neubeginn der Verjährung, wenn der Gläubiger hiervon Kenntnis erhält.[76] **19**

---

64 BGH NJW-RR 2004, 1475 (1476); OLG Hamm BeckRS 2015, 15245; aA OLG Karlsruhe NJW-RR 2018, 689 (Anerkenntnis durch Nachbesserung: maßgeblich ist die Sichtweise des Käufers).

65 Palandt/*Ellenberger* BGB § 212 Rn. 2; BeckOK BGB/*Henrich* § 212 Rn. 2; Staudinger/*Peters/Jacoby* BGB § 212 Rn. 9.

66 OLG Hamm BeckRS 2015, 15245; OLG Hamburg FamRZ 2014, 1737; MüKoBGB/*Grothe* § 212 Rn. 6; Palandt/*Ellenberger* BGB § 212 Rn. 2; Staudinger/*Peters/Jacoby* BGB § 212 Rn. 8; BeckOGK/*Meller-Hannich* BGB § 212 Rn. 5; s. auch BAG NZA 2019, 1046 (1049).

67 Vgl. auch *Ehmann* WM 2007, 329 (330); s. ferner OLG Köln BeckRS 2014, 08626 (Ausformung des Verbots widersprüchlichen Verhaltens).

68 OLG Frankfurt 25.8.2008 – 16 U 200/07, juris Rn. 21.

69 MüKoBGB/*Grothe* § 212 Rn. 12; BeckOK BGB/*Henrich* § 212 Rn. 2; Staudinger/*Peters/Jacoby* BGB § 212 Rn. 9; BeckOGK/*Meller-Hannich* BGB § 212 Rn. 4; aA Palandt/*Ellenberger* BGB § 212 Rn. 2 (im Falle der Arglist allerdings kann sich der Gläubiger gem. § 242 auf das Anerkenntnis nicht berufen); Soergel/*Niedenführ* BGB § 212 Rn. 6; Erman/*Schmidt-Räntsch* BGB § 212 Rn. 12.

70 MüKoBGB/*Grothe* § 212 Rn. 12; BeckOK BGB/*Henrich* § 212 Rn. 2; Staudinger/*Peters/Jacoby* BGB § 212 Rn. 9; BeckOGK/*Meller-Hannich* BGB § 212 Rn. 5.

71 BGH NJW-RR 2009, 455 (458); NJW 2008, 2776 (2778); s. auch Staudinger/*Peters/Jacoby* BGB § 212 Rn. 16; BeckOGK/*Meller-Hannich* BGB § 212 Rn. 9.

72 BGH NJW 2008, 2776 (2778); OLG Hamm BeckRS 2015, 15245 (Prozessbevollmächtigter); MüKoBGB/*Grothe* § 212 Rn. 11; BeckOK BGB/*Henrich* § 212 Rn. 10; Staudinger/*Peters/Jacoby* BGB § 212 Rn. 30, jeweils mit Beispielen.

73 BGH NJW 2008, 2776 (2778); MüKoBGB/*Grothe* § 212 Rn. 11; BeckOK BGB/*Henrich* § 212 Rn. 11; Soergel/*Niedenführ* BGB § 212 Rn. 12.

74 BGH NJW 2008, 2776 (2778).

75 Palandt/*Ellenberger* BGB § 212 Rn. 7.

76 MüKoBGB/*Grothe* § 212 Rn. 11; Palandt/*Ellenberger* BGB § 212 Rn. 7; BeckOK BGB/*Henrich* § 212 Rn. 12; Staudinger/*Peters/Jacoby* BGB § 212 Rn. 30; Erman/*Schmidt-Räntsch* BGB § 212 Rn. 5; s. auch OLG Brandenburg BeckRS 2010, 15185 (Erklärungen des Schuldners in einer strafrechtlichen Hauptverhandlung ohne Anwesenheit des Gläubigers erfüllen nicht die Anforderungen an ein Anerkenntnis iSd § 212 Abs. 1).

II. Vollstreckungsmaßnahmen (Abs. 1 Nr. 2)

20 **1. Grundsatz.** Jeder Antrag des Gläubigers auf Zwangsvollstreckung und jede gerichtliche oder behördliche Vollstreckungshandlung[77] lassen nach Abs. 1 Nr. 2 die Verjährung neu beginnen. Zur Auslegung des Abs. 1 Nr. 2 kann dabei die zu § 209 Abs. 2 Nr. 5 aF bestehende Rechtsprechung und Literatur herangezogen werden, auch wenn der Gesetzgeber durch die Neuformulierung in Abs. 1 Nr. 2 den Tatbestand des § 209 Abs. 2 Nr. 5 aF sprachlich verändert hat. Der Gesetzgeber wollte durch die Umformulierung keine inhaltlichen Änderungen vornehmen, sondern die Vorschrift nur an das moderne Vollstreckungsverständnis anpassen.[78] Abs. 1 Nr. 2 bringt nunmehr klar zum Ausdruck,[79] dass der Antrag, eine gerichtliche oder behördliche Vollstreckungshandlung vorzunehmen, und – davon losgelöst – zusätzlich auch die Vornahme einer solchen gerichtlichen oder behördlichen Vollstreckungshandlung die Verjährung jeweils neu beginnen lassen. Das alte Recht war bereits in diesem Sinne auszulegen – auch wenn diese Auslegung nicht zweifelsfrei war.[80] Die Neufassung des § 209 Abs. 2 Nr. 5 aF in Abs. 1 Nr. 2 hat die Fragen im Sinne der bisher hM geklärt.[81]

20a Die Wirkung des Abs. 1 Nr. 2 tritt unabhängig davon ein, ob der Schuldner **Kenntnis** von dem Vollstreckungsantrag erlangt.[82] Der Neubeginn der Verjährung setzt damit insbesondere nicht voraus, dass der Vollstreckungsantrag dem Schuldner auch demnächst zugestellt wird.[83]

21 Bereits unter altem Recht (§ 209 Abs. 2 Nr. 5 aF) wurde einer Vollstreckungshandlung die **Zahlung durch den Drittschuldner** gleichgestellt.[84] Dem wird auch unter der Neuregelung in Abs. 1 Nr. 2 zu folgen sein.[85] Ebenfalls zum Neubeginn der Verjährung kommt es, wenn sich der Gläubiger eines titulierten Anspruchs gegenüber der vom Schuldner erhobenen **Vollstreckungsgegenklage** (§ 767 ZPO) und der mit dieser verbundenen **vorläufigen Einstellung der Zwangsvollstreckung** (§ 769 ZPO) verteidigt.[86] Zu Recht geht der BGH davon aus, dass es reiner Formalismus wäre, den Gläubiger trotz der vorläufigen Einstellung der Zwangsvollstreckung darauf zu verweisen, einen Antrag auf Zwangsvollstreckung zu stellen, um den Neubeginn der Verjährung nach § 212 Abs. 1 Nr. 2 herbeiführen zu können. Abzustellen sein soll stattdessen auf die „Abwehr" der Klage aus § 767 ZPO, da der Gläubiger damit ausreichend zum Ausdruck bringe, dass er die titulierten Ansprüche weiterhin verfolgen möchte.[87] Auch wenn nähere Ausführungen hierzu in der Rspr. fehlen, wird man wohl auf den Eingang der Verteidigungsanzeige bei Gericht als für die Verjährungsunterbrechung maßgeblichen Zeitpunkt abzustellen haben.[88] Unterbrochen ist die Verjährung dann bis zu dem Zeitpunkt, zu dem die Zwangsvollstreckung wieder betrieben werden kann. Regelmäßig (wenn auch nicht zwingend) wird dies mit dem Abschluss des Verfahrens der Vollstreckungsgegenklage der Fall sein.[89] Dass es sich hier ausnahmsweise nicht um eine Augenblicksunterbrechung (→ Rn. 27), sondern um eine **Dauerunterbrechung** (→ Rn. 35) handelt, folgt aus dem Umstand, dass der Gläubiger an der Durchsetzung seiner Ansprüche gehindert ist, solange die Anordnung nach § 769 ZPO wirkt.

22 **2. Maßgebliche Fristen.** Unterliegt der titulierte Anspruch, für den eine Vollstreckungshandlung beantragt oder vorgenommen wird, der Frist des § 197 Abs. 1 Nr. 3–5, so wird mit der Vollstreckungsmaßnahme erneut die dort vorgesehene Dreißigjahresfrist in Lauf gesetzt; in den von § 197 Abs. 2 erfassten Fällen gilt Entsprechendes für die regelmäßig künftig fällig werdenden regelmäßig wiederkehrenden Leistungen für die regelmäßige Verjährungsfrist des § 195.

23 Die ursprünglich für die Verjährung des Anspruchs maßgebliche Frist ist dagegen heranzuziehen, wenn sich der Vollstreckungsversuch lediglich auf einen **vermeintlich titulierten Anspruch** bezieht. Zwar führt das Betreiben der Vollstreckung auch in diesem Fall zu einem Verjährungsneubeginn nach Abs. 1 Nr. 2, sofern

77 Vgl. hierzu die Beispiele bei MüKoBGB/*Grothe* § 212 Rn. 21; Palandt/*Ellenberger* BGB § 212 Rn. 10; Soergel/*Niedenführ* § 212 Rn. 24 ff.; Staudinger/*Peters/Jacoby* BGB § 212 Rn. 41 ff.; Erman/*Schmidt-Räntsch* BGB § 212 Rn. 14. Keine Vollstreckungshandlung stellt die Erklärung der Aufrechnung dar; s. LG Frankfurt 13.2.2020 – 2/13 T 10/04 (Aufrechnung durch die Staatskasse ist keine Vollstreckungshandlung); aA OLG Brandenburg FamRZ 2019, 910: Vollstreckungsversuch iSd § 212 Abs. 1 Nr. 2 durch Verrechnungsersuchen seitens der Finanzverwaltung.

78 Vgl. BT-Drs. 14/6040, S. 121.

79 S. dazu BT-Drs. 14/6040, S. 120 f.; s. die entspr. Kritik am bisherigen Recht insbes. von Staudinger/*Peters*, 13. Bearb. 1995, BGB § 209 Rn. 94–96.

80 S. zu den Auslegungsfragen und ihrer Lösung in dem Sinne, der jetzt in Abs. 1 Nr. 2 Gesetz wurde, Staudinger/*Peters* 13. Bearb. 1995, BGB § 212 Rn. 96.

81 S. nur MüKoBGB/*Grothe* § 212 Rn. 20.

82 Staudinger/*Peters/Jacoby* BGB § 212 Rn. 38; s. auch OLG Brandenburg FamRZ 2019, 910; aA MüKoBGB/*Grothe* § 212 Rn. 20.

83 Palandt/*Ellenberger* BGB § 212 Rn. 9; aA MüKoBGB/*Grothe* § 212 Rn. 20 (§ 167 ZPO analog).

84 BGH NJW 1998, 1058 (1059).

85 Ebenso Erman/*Schmidt-Räntsch* BGB § 212 Rn. 15.

86 BGH WM 2006, 1398 (1400); BGHZ 122, 287, 295; OLG München BeckRS 2016, 19383 (Rn. 31).

87 BGH WM 2006, 1398 (1400).

88 Vgl. hierzu auch OLG München BeckRS 2016, 19383 (Rn. 31): Antragstellung vor dem Senat.

89 Vgl. Zöller/*Herget* ZPO § 769 Rn. 9 f.

der Anspruch noch nicht verjährt war;[90] mangels wirksamer Titulierung kam es jedoch nicht zu einer Unterstellung des Anspruchs unter das Verjährungsregime der §§ 197 Abs. 1 Nr. 3–5, 201 bzw. §§ 197 Abs. 2, 195, 201, so dass nur die Ursprungsfristen erneut in Lauf gesetzt werden können.

III. Aufhebung der Vollstreckungshandlung, Zurückweisung des Vollstreckungsantrags (Abs. 2 und 3)

Zur Regelung der Frage, wann der Verjährungsneubeginn nach Abs. 1 Nr. 2 wegen Mängeln der Zwangsvollstreckung oder Rücknahme des Antrags rückwirkend wieder entfällt, hat der Gesetzgeber mit Abs. 2 und 3 den Regelungsgehalt des § 216 aF übernommen. Insoweit kann daher auf die Rechtsprechung und Lehre zu § 216 aF verwiesen werden.[91] Änderungen erfolgten nur terminologisch: „Gläubiger" statt „Berechtigter"; „Vollstreckungshandlung" statt „Vollstreckungsmaßregel". **24**

Die dem alten Recht[92] eigene Unterscheidung danach, dass der Neubeginn (früher: die Unterbrechung) nur entfällt, wenn die Voraussetzungen für die Zwangsvollstreckung (Titel, Klausel oder Zustellung) schlechthin fehlen,[93] und nicht schon dann, wenn die Vollstreckungshandlung etwa wegen Unpfändbarkeit der Sache (§ 811 ZPO) oder aufgrund einer Drittwiderspruchsklage (§ 771 ZPO) aufgehoben wird, gilt auch im neuen Recht,[94] und zwar sowohl in den Fällen des Abs. 2[95] als auch in jenen des Abs. 3.[96] **25**

Abs. 2 kennt ebenso wenig wie der als Vorbild dienende § 216 Abs. 1 aF eine **Heilungsvorschrift** entsprechend § 212 Abs. 2 aF; im alten Recht war zunehmend die analoge Anwendung des für die Unterbrechung durch Klageerhebung geltenden § 212 Abs. 2 aF auf die Fälle des § 216 Abs. 1 aF als zutreffend erachtet worden.[97] § 212 Abs. 2 aF wurde in das neue Recht infolge der Umgestaltung des Unterbrechungsgrundes der Klageerhebung (§ 209 Abs. 1 aF) in einen Hemmungsgrund (§ 204 Abs. 1 Nr. 1) nicht übernommen. Damit ist die Analogiebasis weggefallen. Eine Heilung entsprechend § 212 Abs. 2 aF findet im Falle des Verjährungsneubeginns infolge Zwangsvollstreckung nicht statt.[98] Dieses Ergebnis deckt sich im Übrigen mit dem Gesetzeswortlaut des bisherigen Rechts. **26**

IV. Rechtsfolgen

1. Zeitpunkt des Neubeginns. a) Grundsatz. Sind die Voraussetzungen des Abs. 1 Nr. 1 oder Nr. 2 erfüllt, so wird die Verjährungsfrist in voller Länge erneut in Lauf gesetzt (→ Rn. 2). Die Neubeginntatbestände des Abs. 1 sind Fälle einer **Augenblicksunterbrechung**.[99] Danach beginnt die Verjährungsfrist unmittelbar mit dem den Neubeginn auslösenden Ereignis (also dem Anerkenntnis, dem Vollstreckungsantrag oder der Vollstreckungshandlung) erneut von Anbeginn zu laufen.[100] Allerdings ist die infolge des Neu- **27**

90 OLG Köln WM 1995, 597 (600) (zu § 209 Abs. 2 Nr. 5 aF); vgl. auch Staudinger/*Peters/Jacoby* BGB § 212 Rn. 38.

91 Henssler/von Westphalen/*Bereska*, Praxis der Schuldrechtsreform, BGB § 212 Rn. 4 f.

92 Staudinger/*Peters*, 13. Bearb. 1995, BGB § 216 Rn. 3 mwN.

93 Nach OLG Jena NJW-RR 2001, 1648, ist dies nicht schon dann der Fall, wenn die Klausel nach Erinnerung des Vollstreckungsschuldners mangels hinreichender Bestimmtheit aufgehoben wird.

94 BT-Drs. 14/6040, S. 121.

95 Vgl. OLG Saarbrücken BeckRS 2011, 20787; BeckRS 2010, 13184: Kein Fall des Abs. 2, wenn gegen die Sollvorschrift des § 5 Abs. 2 JBeitrO verstoßen wurde.

96 Staudinger/*Peters/Jacoby* BGB § 212 Rn. 48; s. auch OLG Brandenburg FamRZ 2019, 910 (911): ergebnislose Vollstreckung wegen Vermögenslosigkeit kein Fall des Abs. 3; OLG München BeckRS 2016, 19383 (Rn. 31): Einstellung der Zwangsvollstreckung kein Fall des Abs. 3; aA MüKoBGB/*Grothe* § 212 Rn. 25 unter Hinweis auf OLG Hamm FamRZ

2005, 795 (797) (Abs. 3 kommt schon dann zum Tragen, wenn die konkret beantragte Maßnahme an einem Mangel leidet); wie hier aber hinsichtlich Abs. 2.

97 BGHZ 122, 287, 296; Palandt/*Heinrichs*, 60. Aufl. 2001, BGB § 216 Rn. 1; Soergel/*Niedenführ*, 13. Aufl. 1999, BGB § 216 Rn. 2; abl. im Erg. Staudinger/*Peters*, 13. Bearb. 1995, BGB § 216 Rn. 2.

98 Zust. MüKoBGB/*Grothe*, 7. Aufl. 2015, § 212 Rn. 24; Staudinger/*Peters/Jacoby* BGB § 212 Rn. 49; Erman/*Schmidt-Räntsch* BGB § 212 Rn. 16; PWW/*Deppenkemper* BGB § 212 Rn. 8. AA *Böckmann* InVo 2003, 345 (347); Palandt/*Ellenberger* BGB § 212 Rn. 12; Soergel/*Niedenführ* BGB § 212 Rn. 33: Die Wirkung des Abs. 1 Nr. 2 bleibt nach § 204 Abs. 2 analog erhalten, sofern der Gläubiger innerhalb von sechs Monaten die in Abs. 1 Nr. 2 vorgesehenen Handlungen wiederholt.

99 S. *Mansel/Budzikiewicz* § 7 Rn. 19.

100 RGZ 128, 76, 80; BGH NJW 1979, 217; BGHZ 93, 287, 295; 122, 287, 293; 137, 193, 198.

beginns erneut anlaufende Verjährungsfrist in Anwendung des § 187 Abs. 1 erst von dem auf die Verwirk-lichung des Neubeginntatbestands folgenden Tag (0.00 Uhr) an zu berechnen.[101]

28 Führt Abs. 1 zum Neubeginn der **allgemeinen Verjährungsfrist** nach § 195, so gilt nichts anderes; insbe-sondere beginnt die neu anlaufende Verjährung nicht erst mit dem Schluss des Jahres, wie es § 199 Abs. 1 anordnet.[102] § 199 Abs. 1 kommt in diesem Fall nicht erneut zur Anwendung, weil der Beginn des neuen Fristlaufs bereits durch den insoweit spezielleren § 212 Abs. 1 geregelt wird.[103]

29 Werden allerdings die Voraussetzungen des Neubeginns schon vor dem gesetzlichen Verjährungsbeginn erfüllt (erkennt der Schuldner zB im Fall der Verjährung nach §§ 195, 199 Abs. 1 bereits vor dem Jahres-ende seine Verpflichtung an oder wird der Anspruch noch vor diesem Zeitpunkt tituliert), bleibt es bei dem gesetzlich oder vertraglich vorgesehenen späteren Fristbeginn (Abs. 1 Nr. 1 bzw. 2 wirkt sich in diesem Fall nicht aus).[104]

30 Wirkung zeitigen die Anerkennung bzw. die Beantragung oder Vornahme der Vollstreckungshandlung aller-dings nur dann, wenn diese noch **vor Eintritt der Verjährung** vorgenommen werden. Abs. 1 führt nicht dazu, dass bei einem bereits verjährten Anspruch die Verjährungsfrist erneut in Lauf gesetzt wird.[105] Erkennt der Schuldner den Anspruch nach Ablauf der Verjährungsfrist an, kann darin aber ein **Verzicht auf die Erhebung der Verjährungseinrede** liegen.[106]

31 **b) Anerkenntnis.** Erkennt der Schuldner den Anspruch an, so ist für den Neubeginn der Zeitpunkt maß-geblich, in dem der Schuldner die entsprechende Erklärung abgibt oder sich so verhält, dass ein Rück-schluss auf ein Anerkenntnis iSd Abs. 1 Nr. 1 möglich ist.[107] Hat der Gläubiger erst zu einem späteren Zeit-punkt von dem Verhalten oder der Äußerung des Schuldners Kenntnis erlangt, so bleibt dennoch der Moment der **Abgabe des Anerkenntnisses** für die Berechnung der neu anlaufenden Verjährungsfrist ent-scheidend.[108] Maßgeblich für die Berechnung des neuen Verjährungslaufs ist die Frist, die vor dem Aner-kenntnis zum Tragen kam (→ Rn. 2). Das Anerkenntnis hat grundsätzlich keinen Einfluss auf die **Länge der Verjährungsfrist**, insbesondere führt das Anerkenntnis nicht zur Anwendbarkeit der dreißigjährigen Frist für rechtskräftig festgestellte Ansprüche (§ 197 Abs. 1 Nr. 3).[109]

32 Wird der Anspruch **mehrfach anerkannt** – etwa mit jeder monatlichen Teilzahlung oder durch Zahlung auf einzelne Schadenspositionen[110] –, so liegt darin jeweils ein weiterer Fall des Neubeginns,[111] der sich grds. auf den gesamten Anspruch (zB aus Vertragsverletzung oder unerlaubter Handlung) bezieht (→ Rn. 11 a).[112]

33 Mit der Abgabe des Anerkenntnisses ist nicht ohne Weiteres zugleich ein (konkludenter) **Verzicht auf die Erhebung der Verjährungseinrede** verbunden. Ob der Schuldner bereit ist, auch nach Ablauf der durch das Anerkenntnis neu in Lauf gesetzten Frist auf die Verjährungseinrede zu verzichten, ist in jedem Einzel-fall im Wege der Auslegung (§§ 133, 157 analog) zu ermitteln.[113]

34 **c) Vollstreckungshandlung.** Im Falle des Abs. 1 Nr. 2 erfolgt der Neubeginn nicht erst mit Abschluss des Zwangsvollstreckungsverfahrens, sondern bereits unmittelbar mit Vornahme oder der Beantragung der Voll-

101   MüKoBGB/*Grothe* § 212 Rn. 23; BeckOK BGB/
      Henrich § 212 Rn. 15; Palandt/*Ellenberger* BGB
      § 212 Rn. 8; Staudinger/*Peters/Jacoby* BGB § 212
      Rn. 7; Erman/*Schmidt-Räntsch* BGB § 212 Rn. 2;
      vgl. aus der Rspr.: BGH NJW 2013, 1430 (Aner-
      kenntnis); NJW 2012, 3633 (3635) (Anerkenntnis);
      OLG Köln NJOZ 2017, 420 (424) (Anerkenntnis).
102   BGH NJW 2012, 3633 (3635); OVG Magdeburg
      3.1.2019 – 1 P 146/18, juris Rn. 5; MüKoBGB/*Gro-
      the* § 212 Rn. 23; Soergel/*Niedenführ* BGB § 212
      Rn. 29; Erman/*Schmidt-Räntsch* BGB § 212 Rn. 2.
      Zum alten Recht (§ 201 aF) ebenso: BGHZ 86, 103;
      93, 294.
103   Vgl. auch *Peters* JZ 2003, 838.
104   BGH NJW-RR 2018, 1150; NJW 2013, 1430;
      Erman/*Schmidt-Räntsch* BGB § 212 Rn. 2.
105   BGH NJW 2015, 1589 (1590); NJW 2015, 351
      (353); NJW 2014, 2267 (2268); OLG Köln NJOZ
      2017, 420 (424); MüKoBGB/*Grothe* § 212 Rn. 1;
      Palandt/*Ellenberger* BGB § 212 Rn. 2; zum alten
      Recht: BGH NJW 1997, 516 (517).
106   LG Hanau BeckRS 2012, 12898 (Rn. 36); Palandt/
      Ellenberger BGB § 212 Rn. 2; BeckOK BGB/*Hen-
      rich* § 212 Rn. 3; Soergel/*Niedenführ* BGB § 212
      Rn. 28; Erman/*Schmidt-Räntsch* BGB § 212 Rn. 4.

107   OLG Celle 18.12.2003 – 6 U 121/03, juris Rn. 31.
108   MüKoBGB/*Grothe* § 212 Rn. 7; Palandt/*Ellenberger*
      BGB § 212 Rn. 8; BeckOK BGB/*Henrich* § 212
      Rn. 15; Soergel/*Niedenführ* BGB § 212 Rn. 6, 29;
      Staudinger/*Peters/Jacoby* BGB § 212 Rn. 30 f. AA
      KG Berlin NJW-RR 1990, 1402 (1403) zu § 208 aF
      (Rechtsgedanke des § 130 bei Abgabe einer strafbe-
      wehrten Unterlassungserklärung).
109   KG Berlin 1.7.2009 – 12 U 87/09, juris Rn. 36 ff.
110   Vgl. OLG Düsseldorf 9.12.2003 – 23 U 179/02, juris
      Rn. 20 f. (zu § 208 aF).
111   Vgl. OLG Hamm BeckRS 2015, 15245; AG Rosen-
      heim BeckRS 2014, 03454; MüKoBGB/*Grothe*
      § 212 Rn. 2.
112   Soergel/*Niedenführ* BGB § 212 Rn. 10; Erman/
      Schmidt-Räntsch BGB § 212 Rn. 7; vgl. auch OLG
      Düsseldorf 9.12.2003 – 23 U 179/02, juris Rn. 21.
113   Vgl. KG Berlin 1.7.2009 – 12 U 87/09, juris
      Rn. 40 ff. Ebenso wenig kann aus einem befristeten
      Verjährungsverzicht ohne Weiteres geschlossen wer-
      den, der Schuldner wolle dem Gläubiger durch den
      Verzicht zugleich die Möglichkeit der Hemmung
      oder des Neubeginns der Verjährung während den
      Verzichtsfrist eröffnen BGH NJW 2014, 2267
      (2268).

streckungshandlung.[114] Maßgeblich für die Berechnung des neuen Verjährungslaufs ist die Frist, die vor der Vollstreckungshandlung zum Tragen kam (→ Rn. 2).[115] **Weitere Vollstreckungshandlungen** oder -anträge lassen die Verjährung ab diesem Zeitpunkt (→ Rn. 27) jeweils erneut beginnen.[116]

d) Dauerunterbrechung. Sofern außerhalb des BGB einzelne Vorschriften eine dauerhafte Unterbre- 35
chung, also keine Augenblicksunterbrechung anordnen, wird man auf den Rechtsgedanken des § 217 Hs. 2 aF zurückgreifen müssen, um die Wirkung einer dauerhaften Unterbrechung zu bestimmen. Bei einer Dauerunterbrechung hat die Verjährungsfrist (Neubeginn) danach erst mit der tatbestandlich bestimmten Beendigung der Unterbrechung erneut zu laufen.

2. Sachliche Reichweite des Neubeginns. Der Neubeginn betrifft den **Anspruch** oder den **abgrenzba-** 36
ren Anspruchsteil, für den der Tatbestand des Abs. 1 Nr. 1 bzw. Nr. 2 erfüllt ist.[117] Soweit der Neubeginn nach Abs. 1 Nr. 1 in Rede steht, entscheidet ausschließlich der Schuldner darüber, ob er den Anspruch nur zT oder insgesamt anerkennt und ob lediglich ein bestimmter Anspruch erfasst ist oder ob auch die in elektiver oder alternativer Konkurrenz stehenden Ansprüche mit einbezogen sein sollen. Fehlt es an einer ausdrücklichen Äußerung des Schuldners, ist im Wege der Auslegung (§§ 133, 157 analog) zu bestimmen, welche Ansprüche in welchem Umfang von dem Anerkenntnis erfasst sein sollen. Der Umfang des Neubeginns nach Abs. 1 Nr. 2 erfasst alle, aber auch nur die Ansprüche, auf die sich die Vollstreckungshandlung bezieht.[118] Betreibt der Gläubiger zB die Zwangsversteigerung aufgrund einer ihm vom Schuldner zur Sicherung seiner Darlehensforderung bestellten Grundschuld, führt dies nicht zum Neubeginn der Verjährung des Darlehensrückzahlungsanspruchs.[119] Auch eine Wirkungserstreckung über § 213 kommt hier nicht in Betracht, da die Ansprüche nicht aus demselben Grund gegeben sind (→ § 213 Rn. 8).[120] Ohne Bedeutung ist, ob der Vollstreckungsversuch zum Erfolg führt. Den Neubeginn löst bereits der Antrag oder die Vornahme der Vollstreckungshandlung aus; ein erfolgreicher Abschluss ist nicht erforderlich.[121]

§ 213 findet im Rahmen des Abs. 1 Nr. 1, über dessen Reichweite allein der Schuldner bestimmt, keine 37
Anwendung (→ § 213 Rn. 7),[122] wohl aber im Hinblick auf die Reichweite des Neubeginns nach Abs. 1 Nr. 2.

3. Persönliche Reichweite des Neubeginns. Von dem Neubeginn der Verjährungsfrist begünstigt bzw. 38
belastet werden grds. nur der Gläubiger und der Schuldner, in deren Person die Voraussetzungen des Abs. 1 Nr. 1 oder Nr. 2 erfüllt sind. Bei einer Gesamtschuld gilt der **Grundsatz der Einzelwirkung** (§ 425 Abs. 1 und 2);[123] zur Wirkungserstreckung des Anerkenntnisses eines Gesellschafters auf die Mitglieder einer BGB-Gesellschaft vgl. aber → Rn. 16. Eine Ausweitung des gegen einen Schuldner erwirkten Neubeginns auf weitere Verpflichtete ist nur in Ausnahmefällen vorgesehen (so zB nach § 115 Abs. 2 S. 4 VVG, § 129 Abs. 1 HGB).[124] Entsprechendes gilt im Fall der Gesamtgläubigerschaft (§ 429 Abs. 3 iVm § 425)[125] sowie in den von § 432 erfassten Fällen (vgl. § 432 Abs. 2). Kommt es auf Schuldnerseite zu einer **Rechtsnachfolge** in einen Anspruch, dessen Verjährung nach Abs. 1 Nr. 1 oder Nr. 2 neu in Lauf gesetzt wurde, so muss

---

114 OLG Brandenburg NJW-RR 2018, 1470; ferner RGZ 128, 76, 80; BGH NJW 1979, 217; BGHZ 93, 287, 295; 122, 287, 293; 137, 193, 198; vgl. auch FG Sachsen BeckRS 2015, 94283 (Neubeginn der Verjährung einer Gerichtskostenforderung bei unbekanntem Aufenthalt des Schuldners); AG Rosenheim BeckRS 2014, 03454; Henssler/von Westphalen/*Bereska* BGB § 212 Rn. 6; BeckOK BGB/*Henrich* § 212 Rn. 14; Soergel/*Niedenführ* BGB § 212 Rn. 30. AA Staudinger/*Peters/Jacoby* BGB § 212 Rn. 35, die bis zur Befriedigung des Gläubigers von einem andauernden Erneuerungstatbestand ausgehen.

115 OVG Magdeburg NVwZ-RR 2019, 623.

116 LG Essen 12.10.2005 – 10 T 174/05, juris Rn. 4; FG Sachsen BeckRS 2015, 94283; AG Rosenheim BeckRS 2014, 03454; MüKoBGB/*Grothe* § 212 Rn. 2; Erman/*Schmidt-Räntsch* BGB § 212 Rn. 14 mit dem Hinw., dass es bei Pfändung durch den Gerichtsvollzieher regelmäßig zu einem zweimaligen Neubeginn, zunächst durch den Antrag und dann nochmals durch Vornahme der Vollstreckungshandlung, kommt.

117 Vgl. hierzu auch AG Karlsruhe 19.12.2002 – 6 F 244/02, juris Rn. 19, demzufolge ein Anerkenntnis,

das sich zunächst auf den (vorgeschalteten) Auskunftsanspruch bezieht, nur dann zugleich den Leistungsanspruch umfasst, wenn sich das Anerkenntnis zumindest dem Grunde nach auch auf diesen richtet.

118 Vgl. Palandt/*Ellenberger* BGB § 212 Rn. 9; Erman/*Schmidt-Räntsch* BGB § 212 Rn. 14.

119 OLG Nürnberg ZIP 2009, 751 (752).

120 Vgl. OLG Frankfurt aM NJW 2008, 379 (380) (keine Wirkungserstreckung über § 213 bei Vollstreckung aus notariell beurkundetem Schuldversprechen und Darlehensforderung); aA Deter/*Burianski/Möllenhoff* BKR 2008, 281 (282 f.)

121 Staudinger/*Peters/Jacoby* BGB § 212 Rn. 46.

122 Ebenso *Arnold* FS Eggert, 2008, S. 41, 47. AA MüKoBGB/*Grothe* § 212 Rn. 5; Staudinger/*Peters/Jacoby* BGB § 212 Rn. 17 (anders allerdings bei § 213 Rn. 9).

123 MüKoBGB/*Grothe* § 212 Rn. 4; Palandt/*Ellenberger* BGB § 212 Rn. 8; Soergel/*Niedenführ* BGB § 212 Rn. 15; Staudinger/*Peters/Jacoby* BGB § 212 Rn. 16; Erman/*Schmidt-Räntsch* BGB § 212 Rn. 8.

124 MüKoBGB/*Grothe* § 212 Rn. 4; Staudinger/*Peters/Jacoby* BGB § 212 Rn. 16.

125 Staudinger/*Peters/Jacoby* BGB § 212 Rn. 16.

der Rechtsnachfolger den Neubeginn der Verjährung gegen sich gelten lassen.[126] Streitig ist, ob das Anerkenntnis des Anspruchs auf den Pflichtteil durch den **Vorerben** auch zulasten des Nacherben wirkt.[127]

39 Kommt es bei einer durch **Bürgschaft** gesicherten Forderung zum Neubeginn der Verjährung des Anspruchs des Gläubigers gegen den Hauptschuldner, so hat dies entsprechend dem vorstehenden Grundsatz (→ Rn. 38) keine unmittelbaren Auswirkungen auf den Lauf der Verjährungsfrist des Anspruchs gegen den Bürgen. Beide Ansprüche verjähren völlig unabhängig voneinander.[128] Konsequenzen hat der Verjährungsneubeginn im Verhältnis Gläubiger und Hauptschuldner für den Bürgen nur insoweit, als dieser die Einrede der Verjährung der Hauptschuld (§ 768 Abs. 1 S. 1) erst nach dem Ende der für diese neu angelaufenen Frist geltend machen kann (§ 767 Abs. 1 S. 3 und § 768 Abs. 2 sind in diesem Fall nicht heranzuziehen).[129] Zur Problematik auch → § 209 Rn. 6.

40 **Entsprechendes** gilt, wenn es im **Verhältnis Gläubiger und Bürge** zu einem **Neubeginn der Verjährung** kommen sollte. In diesem Fall hat ein Anerkenntnis oder eine Vollstreckungshandlung allein Auswirkungen auf den Lauf der Verjährungsfrist des Anspruchs gegen den Bürgen. Möchte der Gläubiger ebenfalls die Unterbrechung der Verjährung der Hauptschuld herbeiführen, muss er (auch) gegen den Hauptschuldner vorgehen.[130] Ergreift der Gläubiger lediglich Maßnahmen gegen den Bürgen, und kommt es daher zur Verjährung der Hauptschuld, begründet der Verjährungseintritt nicht nur für den Hauptschuldner, sondern auch für den Bürgen das Recht, die Leistung unter Berufung auf die Verjährung zu verweigern (§ 768 Abs. 1 S. 1). Dies gilt selbst dann, wenn die Verjährung der Hauptforderung erst nach Erhebung der Bürgschaftsklage eingetreten sein sollte.[131] Eine **Ausnahme von dem vorstehenden Grundsatz** ist allerdings dann zu machen, wenn der **Hauptschuldner** durch Löschung im Handelsregister vor dem Eintritt der Verjährung **untergegangen** ist, so dass hemmende oder unterbrechende Maßnahmen gegen diesen nicht mehr ergriffen werden können. In diesem Fall bewirkt ausnahmsweise bereits eine gegenüber dem Bürgen herbeigeführte Hemmung oder Unterbrechung der Verjährung unmittelbar auch die Hemmung oder den Neubeginn der Verjährung der Hauptforderung.[132] Dies gilt allerdings nur dann, wenn die für die Hauptforderung maßgebliche Frist bei der Ergreifung der verjährungsrelevanten Maßnahmen gegen den Bürgen noch nicht abgelaufen war. War die Hauptforderung bereits verjährt, bleibt das Recht des Bürgen, sich auf die Verjährung der Hauptforderung zu berufen, von den gegen ihn eingeleiteten Maßnahmen unberührt.

41 **4. Zusammentreffen von Neubeginn und Hemmung oder Ablaufhemmung.** Auch eine **gehemmte Verjährung** kann grundsätzlich durch die Anordnung des Neubeginns in ihrem Ablauf beeinflusst werden[133] und umgekehrt.[134] Wird bei einer (zB nach § 203 S. 1 oder nach § 204 Abs. 1 und 2) gehemmten Verjährung der Neubeginn durch § 212 angeordnet, dann beginnt die Verjährungsfrist erst mit Beendigung der Hemmung erneut von Anfang an zu laufen.[135] Maßgeblicher Zeitpunkt für den Neubeginn wäre im Fall des § 203 S. 1 der Beginn (0.00 Uhr) des Tages nach der Beendigung der Verhandlungen (die Ablaufhemmung nach § 203 S. 2 ist nicht mehr Teil des Hemmungszeitraumes, sondern markiert nur den frühestmöglichen Verjährungszeitpunkt; → § 203 Rn. 53); im Fall der Hemmung gem. § 204 Abs. 1 und 2 würde die Verjäh-

---

126 Palandt/*Ellenberger* BGB § 212 Rn. 8; Soergel/*Niedenführ* BGB § 212 Rn. 14; Staudinger/*Peters/Jacoby* BGB § 212 Rn. 16.

127 Für eine Wirkungserstreckung: Palandt/*Ellenberger* BGB § 212 Rn. 6; Soergel/*Niedenführ* BGB § 212 Rn. 14; Staudinger/*Peters/Jacoby* BGB § 212 Rn. 10; dagegen: MüKoBGB/*Grothe* § 212 Rn. 10.

128 MüKoBGB/*Grothe* § 212 Rn. 4; *Hohmann* WM 2004, 757 (761); Soergel/*Niedenführ* BGB § 212 Rn. 15; OLG Saarbrücken 5.4.2007 – 8 U 169/06, juris Rn. 21, 23.

129 MüKoBGB/*Grothe* § 212 Rn. 4; Staudinger/*Peters/Jacoby* BGB § 212 Rn. 16; aA *Tiedtke/Holthusen* WM 2007, 93 (94 ff.); Palandt/*Ellenberger* BGB § 212 Rn. 8. Vgl. ferner *Geldmacher* NZM 2003, 502 (504 f.), der auch dann von der Unanwendbarkeit der §§ 767 Abs. 1 S. 3, 768 Abs. 2 ausgeht, wenn das Anerkenntnis in einer vollstreckbaren Urkunde aufgenommen wurde, so dass sich zugleich die Verjährungsfrist gem. § 197 Abs. 1 Nr. 4 auf 30 Jahre verlängert hat; aA MüKoBGB/*Grothe* § 212 Rn. 4.

130 OLG Saarbrücken 5.4.2007 – 8 U 169/06, juris Rn. 21; vgl. auch BGHZ 139, 214, 216 ff.

131 BGHZ 139, 214, 216 ff.; *Einsiedler* MDR 2010, 603 (604).

132 BGH NJW-RR 2010, 975 (978) (Verjährungshemmung gem. § 204 Abs. 1 Nr. 1 durch Erhebung der Bürgschaftsklage); OLG Saarbrücken 5.4.2007 – 8 U 169/06, juris Rn. 22 ff. (Verjährungsneubeginn durch Vollstreckungshandlung gegenüber dem Bürgen, § 212 Abs. 1 Nr. 2); *Einsiedler* MDR 2010, 603 (604 f.) Vgl. auch KG IBRRS 2013, 3964: Die Erhebung der Bürgschaftsklage führt nicht zur Hemmung der Verjährung der Hauptforderung, wenn der Hauptschuldner erst nach Rechtskraft der Entscheidung gegen den Bürgen gelöscht worden ist, so dass eine verjährungshemmende Klage gegen den Hauptschuldner noch möglich gewesen wäre.

133 Palandt/*Ellenberger* BGB § 212 Rn. 2.

134 Soergel/*Niedenführ* BGB § 212 Rn. 31; *Derleder/Kähler* NJW 2014, 1617; vgl. auch BGH NJW 2017, 2271 (2272).

135 Soergel/*Niedenführ* BGB § 212 Rn. 31; OLG Zweibrücken 24.5.2007 – 4 U 104/06, juris Rn. 27. Zum Verhältnis von Hemmung und Neubeginn (Unterbrechung) und umgekehrt s. auch BGHZ 109, 220, 223; BGH NJW 1995, 3380 (3381); ferner BGH NJW-RR 1988, 730 (731). AA *Derleder/Kähler* NJW 2014, 1617 (1620 f.).

rungsfrist am Tag nach dem gem. § 204 Abs. 2 zu bestimmenden Ende der Hemmung erneut in Lauf gesetzt.

Fällt die Erfüllung der tatbestandlichen Voraussetzungen des Abs. 1 Nr. 1 oder Nr. 2 mit einer **Ablaufhemmung** zusammen (zB Anerkenntnis während des Laufs der Frist der §§ 203 S. 2, 210 Abs. 1 oder des § 211), so gilt das unter → Rn. 27 ff. Gesagte: Die Frist beginnt ohne weitere Verzögerung unmittelbar mit dem den Neubeginn auslösenden Ereignis.[136]

Solange der betreffende Anspruch nicht verjährt ist, kann der Tatbestand des Neubeginns beliebig oft erneut erfüllt werden, so dass es zu ganzen Abfolgen aneinander gereihter Verjährungsneubeginne kommen kann.[137] Eine allgemeine **Höchstgrenze** der Verjährungsverlängerung durch Neubeginn nach § 212 oder infolge anderer Tatbestände des Neubeginns besteht nicht[138] (zur Höchstgrenze der Verjährung → Vor §§ 203–213 Rn. 10; zu der Begrenzung vertraglich vereinbarter Neubeginntatbestände nach § 202 Abs. 2 s. aber → § 202 Rn. 37 ff.). **42**

C. Weitere praktische Hinweise

Darlegungs- und Beweispflichtig für das Vorliegen eines Anerkenntnisses iSd Abs. 1 Nr. 1 oder der Beantragung oder Vornahme einer Vollstreckungshandlung iSd Abs. 1 Nr. 2 ist der sich auf den Neubeginn berufende Gläubiger.[139] Macht der Schuldner den Nichteintritt des Neubeginns nach Abs. 2 oder 3 geltend, trägt er für diesen Vortrag die Beweislast.[140] **43**

§ 213 Hemmung, Ablaufhemmung und erneuter Beginn der Verjährung bei anderen Ansprüchen

Die Hemmung, die Ablaufhemmung und der erneute Beginn der Verjährung gelten auch für Ansprüche, die aus demselben Grunde wahlweise neben dem Anspruch oder an seiner Stelle gegeben sind.

Literatur: *Lau*, Die Reichweite der Verjährungshemmung bei Klagerhebung, 2008; *Peters*, Der Beginn der Verjährung bei Regressansprüchen, ZGS 2010, 154; *Wolf*, Die Befreiung des Verjährungsrechts vom Streitgegenstandsdenken, in: FS Schumann 2001, S. 579.

A. Allgemeines 1
B. Regelungsgehalt 4
  I. Hemmung, Ablaufhemmung und Neubeginn .. 4
  II. Erfasste Ansprüche 6
    1. Grundsatz 6

    2. Erweiterung des gegenständlichen Anwendungsbereichs von Hemmungs-, Ablaufhemmungs- oder Neubeginnsnormen 7
  III. Rechtsfolge 14
C. Weitere praktische Hinweise 15

A. Allgemeines

§ 213 erweitert den sachlichen Anwendungsbereich eines Hemmungs-, Ablaufhemmungs- oder Neubeginn-tatbestands auf die Ansprüche, die mit dem in seiner Verjährung unmittelbar beeinträchtigten Anspruch in **elektiver Konkurrenz** oder einem vergleichbaren Verhältnis stehen. Die Vorschrift nimmt den Regelungsgehalt der §§ 477 Abs. 3, 639 Abs. 1 aF in sich auf und verallgemeinert ihn. Erfasst sind nicht mehr nur die kauf- und werkvertraglichen Gewährleistungsrechte, sondern auch alle sonstigen Ansprüche, unabhängig davon, ob diese in oder außerhalb des BGB geregelt sind. Der Gesetzgeber hat sich damit der früheren Rechtsprechung angeschlossen, die bereits vor Inkrafttreten des SchuldRModG am 1.1.2002 den Rechtsge-danken der §§ 477 Abs. 3, 639 Abs. 1 aF auf andere Ansprüche ausgedehnt hatte (→ Rn. 12 f.). **1**

Die Gesetzesbegründung erläutert den **Normzweck** des § 213 wie folgt: Der Gläubiger, der ein bestimmtes Interesse mit einem bestimmten Anspruch verfolgt, solle davor geschützt werden, dass inzwischen andere **2**

---

136 Zu den Problemen bei einem Neubeginn im Fall des Vorliegens einer Ablaufhemmung nach § 438 Abs. 3 S. 2 s. *Mansel/Budzikiewicz* § 5 Rn. 119 ff.
137 Palandt/*Ellenberger* BGB § 212 Rn. 8.
138 *Mansel/Budzikiewicz* § 7 Rn. 7; ebenso LG Essen 12.10.2005 – 10 T 174/05, juris Rn. 4; BGH NJW 2018, 2056 (2058); OLG Celle NJW 2008, 1088 (1089).

139 Für den Beweis des Anerkenntnisses: BGH NJW 2012, 3229 (3230); 1997, 516 (517); OLG Karlsruhe NJW-RR 2018, 689; OLG Naumburg BeckRS 2014, 23380; MüKoBGB/*Grothe* § 212 Rn. 13; Soergel/*Niedenführ* BGB § 212 Rn. 34; Staudinger/*Peters/Jacoby* BGB § 212 Rn. 33. Für den Beweis der Beantragung oder Vornahme einer Vollstreckungshandlung: Soergel/*Niedenführ* BGB § 212 Rn. 34.
140 Soergel/*Niedenführ* BGB § 212 Rn. 34.

Ansprüche auf dasselbe Interesse verjähren, die von vornherein wahlweise neben dem geltend gemachten Anspruch gegeben seien oder auf die er stattdessen übergehen könne. Der Gläubiger solle nicht gezwungen werden, mit Hilfsanträgen im Prozess oder durch andere Maßnahmen den Ablauf der Verjährungsfrist der weiteren Ansprüche abzuwenden. Der Schuldner sei insoweit nicht schutzbedürftig, da er durch den Neubeginn, die Ablaufhemmung oder die Hemmung hinsichtlich des einen Anspruchs hinreichend gewarnt sei und sich auf die Rechtsverfolgung des Gläubigers hinsichtlich der übrigen Ansprüche einstellen könne.[1]

3   Neben § 213 findet sich auch in einigen **Sondergesetzen** eine Ausdehnung des Anwendungsbereichs der Hemmungs-, Ablaufhemmungs- und Neubeginntatbestände des allgemeinen und besonderen Verjährungsrechts, vgl. etwa § 159 Abs. 4 HGB[2] oder § 115 Abs. 2 S. 4 VVG. Die vorgenannten Regelungen behandeln allerdings den von § 213 nicht erfassten Fall einer Ausdehnung der (Ablauf-)Hemmungs- oder Neubeginnswirkung auf einen anderen Schuldner. Aufgrund der unterschiedlichen Rechtsfolgen schließen sich § 213 und § 159 Abs. 4 HGB, § 115 Abs. 2 S. 4 VVG nicht gegenseitig aus, sondern können ggf. kumulativ zur Anwendung gebracht werden.

B. Regelungsgehalt

I. Hemmung, Ablaufhemmung und Neubeginn

4   § 213 findet Anwendung auf alle Tatbestände der Hemmung, der Ablaufhemmung und des Neubeginns der Verjährung.[3] In erster Linie erfasst sind damit die Regelungen der §§ 204–212 (§ 203 findet iRd § 213 keine Anwendung, → Rn. 6). Herangezogen werden kann § 213 aber auch hinsichtlich solcher (Ablauf-)Hemmungs- oder Unterbrechungstatbestände, die außerhalb des allgemeinen Verjährungsrechts geregelt sind (zB § 115 Abs. 2 S. 3 VVG hinsichtlich des Umfangs der Hemmungswirkung bei Schadensersatzansprüchen). In der Praxis die größte Bedeutung kommt jedoch (wie bereits unter altem Recht) der Erstreckung einer nach § 204 Abs. 1 Nr. 1 durch Klageerhebung erwirkten Hemmung auf **streitgegenstandsfremde Ansprüche** zu.

5   Die Anwendbarkeit des § 213 ist nicht auf zivilrechtliche Tatbestände beschränkt. Die Regelung kann im **öffentlichen Recht** entsprechend herangezogen werden.[4]

II. Erfasste Ansprüche

6   **1. Grundsatz.** Grundsätzlich wirkt ein Hemmungs-, Ablaufhemmungs- oder Neubeginntatbestand nur für die materiellrechtlichen Ansprüche, die er tatbestandlich erfasst.[5] So bezieht sich § 204 Abs. 1 Nr. 1 nur auf die Ansprüche, die der Streitgegenstand der erhobenen Klage erfasst.[6] Die Hemmung nach § 203 betrifft die Ansprüche oder Anspruchsteile, welche Gegenstand der Verhandlung waren (→ § 203 Rn. 14 ff.),[7] der Neubeginn nach § 212 Abs. 1 Nr. 1 gilt nur für die Ansprüche, die der Schuldner auch anerkennt (→ § 212 Rn. 36 f.)[8] etc. Jede derart bestimmte Hemmungs-, Ablaufhemmungs- oder Neubeginnsnormen bestimmt selbst ihren gegenständlichen Anwendungsbereich. Dieser legt fest, welche Ansprüche durch die Norm in dem Lauf ihrer Verjährungsfrist beeinflusst werden.[9]

7   **2. Erweiterung des gegenständlichen Anwendungsbereichs von Hemmungs-, Ablaufhemmungs- oder Neubeginnsnormen.** § 213 macht eine **Ausnahme** von dem Grundsatz (→ Rn. 6), wonach jede verjährungsbeeinflussende Norm ihren gegenständlichen Anwendungsbereich selbst regelt. Ansprüche (künftig: miterfasste Ansprüche), die aus demselben Grund neben oder wahlweise an der Stelle des in der Verjäh-

---

1   BT-Drs. 14/6040, S. 121. S. auch BGH NJW 2018, 387 f.

2   S. dazu OVG Lüneburg DStR 2014, 965.

3   Palandt/*Ellenberger* BGB § 213 Rn. 1; Soergel/*Niedenführ* BGB § 213 Rn. 3.

4   VGH Mannheim BeckRS 2018, 32549 (§ 213 anwendbar bei öffentlich-rechtlichem Folgenbeseitigungsanspruch und Anspruch aus § 12 Abs. 2 StrG); VG Wiesbaden 10.5.2006 – 8 E 2503/03, juris Rn. 99.

5   S. dazu grundlegend *Henckel* JZ 1962, 335 ff.

6   Vgl. hierzu BGH NJW 2000, 3492 (3493); Staudinger/*Peters/Jacoby* BGB § 213 Rn. 1.

7   Ebenso Staudinger/*Peters/Jacoby* BGB § 213 Rn. 9; vgl. auch OLG Brandenburg 10.10.2007 – 3 U 33/07, juris Rn. 12.

8   *Mansel/Budzikiewicz* § 7 Rn. 23; Staudinger/*Peters/Jacoby* BGB § 213 Rn. 9 (anders *dies.* allerdings in

9   § 212 Rn. 17). AA *Ritzmann* MDR 2003, 430 (431) (§ 213 erfasst auch das Anerkenntnis).

    Ungenau in ihrer Verallgemeinerung sind die Ausführungen in BT-Drs. 14/6040, S. 121, wonach der Neubeginn oder die Hemmung der Verjährung den Anspruch im Sinne des Prozessrechts erfasst, unabhängig davon, ob er aus einer oder mehreren Anspruchsgrundlagen des materiellen Rechts hergeleitet wird. Diese allgemeine Aussage ist etwa für § 203 nicht zutr., weil dort der Umfang der Verhandlungen den Umfang der Hemmung bestimmt. Der Regelung des § 213 kommt im Hinblick auf § 203 keine Bedeutung zu, da ausschließlich die Parteien entscheiden, inwieweit sich die Hemmung nach § 203 auch gegenüber weiteren Ansprüchen auswirken soll. Vgl. hierzu auch Staudinger/*Peters/Jacoby* BGB § 213 Rn. 9.

rung gehemmten, ablaufgehemmten oder vom Neubeginn betroffenen Anspruchs (künftig: betroffener Anspruch) gegeben sind, werden von der Hemmungs-, Ablaufhemmungs- bzw. Neubeginnswirkung gleichfalls umfasst. Bedeutung kommt § 213 immer dann zu, wenn sich die Erstreckung der (Ablauf-)Hemmung oder des Neubeginns nicht schon aus anderen Gründen ergibt (zB Ausdehnung der Hemmungswirkung nach § 204 Abs. 1 Nr. 1 auf alle vom Streitgegenstand umfassten materiellrechtlichen Anspruchsgrundlagen, parteiautonome Bestimmung des Verhandlungsumfangs iRd § 203).[10]

Um den Anwendungsbereich des § 213 zu eröffnen,[11] müssen folgende Voraussetzungen erfüllt sein: **8**

a) Erfasst sind nur solche Ansprüche, die dem Gläubiger **gegen denselben Schuldner** zustehen.[12] Stellt sich etwa nachträglich heraus, dass gegen die falsche Person geklagt wurde, ist der Anspruch gegen den wahren Schuldner nicht gehemmt. Für den Fall der Gesamtschuld ergibt sich die Unanwendbarkeit des § 213 bereits aus § 425 Abs. 2.

b) Die miterfassten Ansprüche und der betroffene Anspruch müssen aufgrund der gesetzlichen Regelung von vornherein dem Gläubiger **zur Wahl stehen**, oder es muss ihm gestattet sein, in Verfolgung seiner Interessen von einem zum anderen Anspruch überzugehen.[13] Ein solches Verhältnis liegt nach der Gesetzesbegründung nicht vor zwischen dem Erfüllungsanspruch und dem Anspruch auf Ersatz des Verzögerungsschadens (s. hierzu auch → Rn. 9).[14] Nach der Gesetzesbegründung sollen gleichfalls **Wahlschuldverhältnisse** (§ 262) nicht erfasst sein,[15] da hier nur ein einziger Anspruch mit alternativem Inhalt vorliegt.[16] Die Rechtsprechung hat sich zu dieser Frage noch nicht geäußert. Scheidet man Wahlschulden mit der Gesetzesbegründung aus dem Anwendungsbereich des § 213 aus, so löst das Folgefragen aus, → § 204 Rn. 45. Nicht erforderlich ist dagegen, dass ein Wahlrecht bei Vornahme der verjährungshemmenden oder den Neubeginn auslösenden Maßnahme noch besteht; der Gläubiger kann sich daher auch dann auf die Wirkungserstreckung nach § 213 berufen, wenn er, nachdem er sich bindend für einen Anspruch entschieden hat, gleichwohl (irrtümlich) den anderen gerichtlich geltend macht.[17]

c) Die Ansprüche müssen **aus demselben Grund** gegeben sein, dh aus demselben Lebenssachverhalt resultieren.[18] Dieses Tatbestandsmerkmal wurde erst während des Gesetzgebungsverfahrens zur Klarstellung[19] eingefügt.[20] Um die befürchteten Abgrenzungsschwierigkeiten iRd § 213 zumindest zu vermindern, sollte im Normtext verdeutlicht werden, dass nur diejenigen Ansprüche von der Wirkungserstreckung betroffen werden, die auf das gleiche Interesse gerichtet sind (→ Rn. 2).[21] Da jedoch dem Begriff des Interesses im Gesetz an verschiedenen Stellen unterschiedliche Bedeutung zukommt, wurde letztendlich die Formulierung „aus demselben Grund" vorgezogen. In der Literatur wird daraus geschlossen, es genüge, wenn der Rechtsgrund der jeweiligen Ansprüche „im Kern" identisch sei.[22] Hiervon sei etwa auszugehen bei allen in § 437 bzw. in § 634 aufgeführten Rechten.[23] Dass die in diesen Vorschriften benannten Rechte auf demselben Grund beruhen, erscheint nicht fraglich. Alle Gewährleistungsrechte des Kauf- oder Werkvertragsrechts gründen letztlich auf dem Umstand, dass die

---

10   Vgl. MüKoBGB/*Grothe* § 213 Rn. 2; Soergel/*Niedenführ* BGB § 213 Rn. 4; Erman/*Schmidt-Räntsch* BGB § 213 Rn. 1; s. auch BGH NJW 2018, 387 (388); OLG München 13.11.2018 – 8 U 1051/18, juris Rn. 57 (Erstreckung der Hemmungswirkung des § 204 Abs. 1 Nr. 1 auch auf nicht streitgegenständliche Ansprüche).

11   Zu einigen der folgenden Punkte s. BT-Drs. 14/6040, S. 121 f.; BT-Drs. 6857, S. 10, 44.

12   BAG NJW 2014, 717 (719); OLG München 13.11.2018 – 8 U 1051/18, juris Rn. 58; BeckOK BGB/*Henrich* § 213 Rn. 2; Soergel/*Niedenführ* BGB § 213 Rn. 6; Staudinger/*Peters/Jacoby* BGB § 213 Rn. 2; Erman/*Schmidt-Räntsch* BGB § 213 Rn. 2; *Wolf* FS Schumann, 2001, S. 579, 587.

13   BGH NJW 2015, 2106 (2107); s. auch BAG NJW 2014, 717 (720).

14   BT-Drs. 14/6040, S. 121 f.; BT-Drs. 14/6857, S. 10, 44; BT-Drs. 14/7052, S. 182.

15   Vgl. den Gesetzesentwurf der Bundesregierung vom 31.8.2001, BT-Drs. 14/6857, S. 46, wo sie dem Einwand entgegentritt, die Formulierung „wahlweise" deute zu sehr auf die Einbeziehung von Wahlschuldverhältnissen hin.

16   BT-Drs. 14/6857, S. 46; vertiefend NK-BGB/*Arnold* § 263 Rn. 5; aA *Wiese* Alternativität in Schuldver-

hältnissen, 2017, S. 250 f.; *Wolf* FS Schumann, 2001, S. 579, 591 (entsprechende Anwendung des § 213); MüKoBGB/*Grothe* § 213 Rn. 4 (Anwendung des § 213 nur, sofern dem Gläubiger das Wahlrecht zusteht); wohl auch *Lau* Die Reichweite der Verjährungshemmung bei Klagerhebung, 2008, S. 129 ff.

17   BGH NJW 2015, 2106 (2107): Gläubiger erklärt zunächst den Rücktritt, verlangt dann jedoch Minderung des Kaufpreises und erhebt Klage auf Zahlung des Minderungsbetrages.

18   Staudinger/*Peters/Jacoby* BGB § 213 Rn. 3; BeckOGK/*Meller-Hannich* BGB § 213 Rn. 4; BGH NJW 2018, 387 (388).

19   S. die Kritik bei *Zimmermann/Leenen/Mansel/Ernst* JZ 2001, 684 (697); Prüfbitte des Bundesrats, BT-Drs. 14/6857, S. 10.

20   S. BT-Drs. 14/6857, S. 44; BT-Drs. 14/7052, S. 182.

21   BT-Drs. 14/6857, S. 10.

22   Palandt/*Ellenberger* BGB § 213 Rn. 2; BeckOK BGB/*Henrich* § 213 Rn. 2; BeckOGK/*Meller-Hannich* BGB § 213 Rn. 4; *Lau* Die Reichweite der Verjährungshemmung bei Klagerhebung, 2008, S. 125. Das Kriterium wird aufgegriffen von BGH NJW 2018, 387 (388); BAG NJW 2014, 717 (719).

23   BGH NJW 2015, 2106 (2108); NJW 2010, 1284 (zu § 634); Palandt/*Ellenberger* BGB § 213 Rn. 2.

Leistung des Käufers oder Unternehmers mangelhaft war.[24] Dies gilt jedoch auch für den Anspruch auf Ersatz des Mangelfolgeschadens, der nach §§ 437 Nr. 3, 280 Abs. 1 ebenfalls zu ersetzen ist. Letzterer steht jedoch nicht wahlweise neben den übrigen in § 437 genannten Rechten, sondern kann jeweils zusätzlich geltend gemacht werden (→ Rn. 10).[25] Daraus folgt, dass ein Abstellen auf den gleichen Grund zwar notwendiges, aber nicht hinreichendes Kriterium ist, um die in § 213 geforderte Alternativität der Ansprüche zu konkretisieren. Tatsächlich muss auch das angestrebte Interesse im weitesten Sinne das gleiche sein.[26] Damit ist nicht notwendig das gleiche wirtschaftliche Interesse gemeint,[27] auch wenn dies häufig vorliegen wird.[28] Vielmehr muss der Gläubiger durch den miterfassten Anspruch nach Wertung des Gesetzes in ähnlicher Weise befriedigt werden. Dies ist auch im Hinblick auf diejenigen Ansprüche zu bejahen, die aus einem Rücktritt bzw. einer Minderung wegen des Mangels einer Kaufsache resultieren; denn es handelt sich um alternative Reaktionsmöglichkeiten auf die gleiche Vertragsstörung.[29]

9   Von § 213 erfasst werden sollen jedenfalls die Fälle **elektiver** (oder auch alternativer) **Anspruchskonkurrenz**.[30] Mit Ansprüchen, die neben den betroffenen Anspruch treten, sind somit **keine Nebenleistungsansprüche** wie etwa Zinsansprüche gemeint, die neben dem Hauptanspruch bestehen; für Nebenleistungsansprüche gilt § 217.[31] Bei elektiver Konkurrenz gibt es keine Haupt- und Nebenansprüche, sondern nur nebeneinander bestehende Ansprüche, bei denen der Gläubiger (nach seiner Wahl) endgültig nur den einen oder den anderen verwirklichen kann.[32] Kennzeichen der elektiven Konkurrenz ist somit, dass die alternativ nebeneinander gegebenen Ansprüche erlöschen, wenn einer von ihnen endgültig gewählt wird. Nicht in die Wirkungserstreckung des § 213 einbezogen sind daher der Leistungsanspruch und der Anspruch auf Schadensersatz wegen Verzögerung der Leistung, da diese sich nicht gegenseitig ausschließen, sondern **kumulativ** geltend gemacht werden können (vgl. auch → Rn. 8).[33] Gleiches gilt für die nebeneinander verfolgbaren Ansprüche auf Ersatz des **materiellen** und des **immateriellen Schadens** oder den Erfüllungsanspruch und den Anspruch aus §§ 241 Abs. 2, 280 Abs. 1,[34] für den **Unterhaltsanspruch** und den Schadensersatzanspruch wegen Verletzung der Unterhaltspflicht,[35] für den **Pflichtteilsanspruch** und den Pflichtteilsergänzungsanspruch[36] sowie für die **Auskunftsansprüche** nach § 2314 Abs. 1.[37] Auch wenn die Ansprüche auf **unterschiedliche Pflichtverletzungen**[38] oder, insbes. im Kauf- und Werkvertragsrecht, auf **verschiedene Mängel** gestützt werden,[39] kommt eine Wirkungserstreckung über § 213 nicht in Betracht. Hier fehlt es an dem Merkmal des gleichen Grundes. Dies ist gleichermaßen der Fall, wenn die Ansprüche aus **unterschiedlichen Schäden** resultieren.[40] Keinen Fall elektiver (oder alternativer) Konkurrenz hat der BGH zudem bei einem **vertraglichen Garantieanspruch** (Anspruch auf Reparatur) einerseits und einem gesetzlichen Gewährleistungsanspruch (Anspruch auf Kaufpreisrückzahlung) andererseits angenommen. Dabei

24 Staudinger/*Peters/Jacoby* BGB § 213 Rn. 3.

25 Staudinger/*Peters/Jacoby* BGB § 213 Rn. 7; s. auch *Arnold* FS Eggert, 2008, S. 41, 44.

26 Vgl. MüKoBGB/*Grothe* § 213 Rn. 3; BeckOK BGB/*Henrich* § 213 Rn. 3; s. a. BGH NJW 2015, 2106 (2107); NJW 2015, 1608 (1611); LAG Berlin-Brandenburg BeckRS 2014, 69688; aA Erman/*Schmidt-Räntsch* BGB § 213 Rn. 2; *Lau* Die Reichweite der Verjährungshemmung bei Klagerhebung, 2008, S. 123 f.; wohl auch Staudinger/*Peters/Jacoby* BGB § 213 Rn. 5.

27 So aber BGH NJW 2018, 387 (388); OLG München 13.11.2018 – 8 U 1051/18, juris Rn. 57.

28 Unzutreffend daher die Kritik von Staudinger/*Peters/Jacoby* BGB § 213 Rn. 5.

29 BGH NJW 2015, 2106 (2107 ff.)

30 BT-Drs. 14/6857, S. 46; BGH NJW 2015, 1608 (1611); NJW 2015, 2106 (2107); NJW 2018, 387 (388). Zur elektiven Konkurrenz s. NK-BGB/*Arnold* § 263 Rn. 5; *Medicus/Lorenz* Schuldrecht I, AT, 21. Auflage 2015, Rn. 201: Die Konkurrenz kann auch zwischen Ansprüchen und Gestaltungsrechten bestehen (beachte aber, dass die Gestaltungsrechte des Rücktritts und der Minderung nur indirekt über § 218 von der Verjährung betroffen sind; näher § 218 Rn. 12 ff.). Kritisch zu der Rechtsfigur der elektiven Konkurrenz *Stamm* NJW 2015, 2109 f.

31 MüKoBGB/*Grothe* § 213 Rn. 4; BeckOK BGB/*Henrich* § 213 Rn. 3. Missverständlich Staudinger/*Peters/*

Jacoby BGB § 213 Rn. 8, die ausführen, der zweite Anspruch sei einschließlich etwaiger Verzugszinsen gehemmt. Die Wirkungserstreckung der Hemmung auf den Zinsanspruch ergibt sich nicht aus § 213, sondern aus § 217 aufgrund der Hemmung des Hauptanspruchs.

32 Vgl. auch BGH NJW 2018, 387 (388); NJW 2019, 234 (236).

33 MüKoBGB/*Grothe* § 213 Rn. 4; Soergel/*Niedenführ* BGB § 213 Rn. 10; Staudinger/*Peters/Jacoby* BGB § 213 Rn. 7; Erman/*Schmidt-Räntsch* BGB § 213 Rn. 5; s. auch OLG Köln NZI 2014, 272 (274) (gesetzlicher Unterhaltsanspruch und Schadensersatzanspruch des Sozialhilfeträgers aus § 823 Abs. 2 BGB, § 170 StGB).

34 Staudinger/*Peters/Jacoby* BGB § 213 Rn. 7.

35 BGH FamRZ 2016, 972 (976).

36 Palandt/*Ellenberger* BGB § 213 Rn. 2; OLG Schleswig FamRZ 2016, 257.

37 OLG Schleswig FamRZ 2016, 257 (258); vgl. auch BGH NJW 2019, 234 (236).

38 Vgl. BGH NJW 2000, 2678 (2679); dazu Henssler/von Westphalen/*Bereska*, Praxis der Schuldrechtsreform, BGB § 213 Rn. 9; BeckOK BGB/*Henrich* § 213 Rn. 6.

39 BGH VersR 2017, 112 (113); MüKoBGB/*Grothe* § 213 Rn. 5; Palandt/*Ellenberger* BGB § 213 Rn. 2; Erman/*Schmidt-Räntsch* BGB § 213 Rn. 3.

40 Staudinger/*Peters/Jacoby* BGB § 213 Rn. 3.

hat der Senat offengelassen, ob § 213 grds. auch dann Anwendung finden kann, wenn die in Rede stehenden Ansprüche allein eine vertragliche Grundlage haben; es fehle jedenfalls an der Voraussetzung desselben Grundes.[41] Mit demselben Argument ist in der Rechtsprechung eine Wirkungserstreckung nach § 213 bei Ansprüchen aus einem **Darlehensvertrag** und einem abstrakten Schuldversprechen abgelehnt worden.[42] Ebenfalls kein Fall des § 213 soll vorliegen bei dem **wettbewerbsrechtlichen** und dem **individualrechtlichen Unterlassungsanspruch**[43] sowie bei dem **Anpassungsanspruch** nach § 313 Abs. 1 und dem Rücktrittsrecht nach § 313 Abs. 3 S. 1 bzw. den durch den Rücktritt begründbaren Ansprüchen.[44] Auch der Anspruch auf **Erstattung zu Unrecht geleisteter Arbeitslosenversicherungsbeiträge** nach § 26 Abs. 2 S. 1 SGB IV und der Anspruch auf Gewährung von Arbeitslosengeld gem. § 117 SGB III stehen nicht in elektiver Konkurrenz.[45] Zwar schließen sich die Ansprüche wechselseitig aus, der Gläubiger kann jedoch weder zwischen ihnen wählen noch kann er von einem Anspruch zum anderen übergehen. Vielmehr steht von vornherein fest, dass tatbestandlich nur der eine oder der andere Anspruch erfüllt sein kann.[46] Derartige Fälle wechselseitigen Ausschlusses sind von § 213 nicht erfasst.[47] Handelt es sich um denselben prozessualen Streitgegenstand, hemmt eine Rechtsverfolgung iSd § 204 Abs. 1 aber auch ohne Rückgriff auf die Wirkungserstreckung des § 213 die Verjährung aller vom Streitgegenstand erfasster Ansprüche,[48] selbst wenn diese sich materiellrechtlich gegenseitig ausschließen (zB hemmt die Klage auf Zahlung von Werklohn nach § 631 Abs. 1 zugleich die Verjährung des Anspruchs aus § 812 im Falle der Nichtigkeit des Vertrages).[49] Zur Frage, ob eine Hemmungswirkung über den **Streitgegenstand** der betreffenden Klage hinaus nach § 204 eintreten kann, → § 204 Rn. 45.

§ 213 gilt hingegen jeweils für die einzelnen in § 437 geregelten **kaufvertraglichen Ansprüche** (Nacherfüllung, Schadensersatz statt der Leistung)[50] sowie die aus einem Rücktritt oder einer Minderung wegen eines Mangels resultierenden Ansprüche.[51] Dasselbe gilt für die entsprechenden **werkvertraglichen Ansprüche** wegen eines Mangels,[52] soweit diese alternativ gegeben sind[53] und aus demselben Mangel resultieren,[54] sowie für die von § 651 j erfassten **reiserechtlichen Ansprüche**.[55] Sofern die gewährleistungsrechtlichen Ansprüche nebeneinander stehen (zB Nachbesserungsanspruch und Ersatz des Mangelfolgeschadens, → Rn. 8) kommt eine Wirkungserstreckung verjährungsverzögernder Tatbestände indes nicht in Betracht.[56] Hier fehlt es an dem Merkmal der Alternativität. Auch ein **deliktischer Anspruch**, der aus einem Sachverhalt resultiert, welcher zugleich zu einem Sachmangelanspruch aus Kauf-, Werk- oder Reisevertrag führt, steht zu diesem insoweit nicht in elektiver Konkurrenz, als der eine nicht erlischt, wenn der andere gewählt wird. **10**

Erfasst sind hingegen der Anspruch auf Erfüllung und der **Schadensersatzanspruch statt der Leistung** gem. § 281 (einschließlich des Anspruchs aus § 284),[57] die wahlweise zur Verfügung stehenden Ansprüche bei **Haftung des Vertreters ohne Vertretungsmacht** gem. § 179 Abs. 1,[58] der Erfüllungsanspruch und der **11**

41 BGH NJW 2018, 387 (388); zust. BeckOGK/*Meller-Hannich* BGB § 213 Rn. 9; zust. *M. Schwab* JuS 2018, 381 (382).
42 OLG Frankfurt aM NJW 2008, 379 (380); aA *Deter/Burianski/Möllenhoff* BKR 2008, 281 (282 f.) (Ansprüche aus Hypothek und gesicherte Forderung sind aus demselben Grund gegeben).
43 OLG Hamm 16.2.2016 – 24 U 132/15, juris Rn. 28.
44 OLG München 13.11.2018 – 8 U 1051/18, juris Rn. 62 ff.
45 AA SG Kassel 26.9.2007 – S 7 AL 223/06, juris Rn. 20.
46 Vgl. zu dieser Konstellation auch BAG NJW 2014, 717 (720): Kein Fall elektiver oder alternativer Konkurrenz, wenn der Gläubiger für den gleichen Zeitraum und die gleiche Tätigkeit (Arbeit in einer Rechtsanwaltskanzlei) einen arbeitsvertraglichen Gewinnanspruch und einen Anteil am Gewinn einer Gesellschaft geltend macht, der eine Anspruch den anderen jedoch zwingend ausschließt.
47 AA *Lau* Die Reichweite der Verjährungshemmung bei Klagerhebung, 2008, S. 174 ff.
48 Vgl. OLG Köln NZI 2014, 272 (274).
49 Vgl. die entsprechende Fallgestaltung bei BGH NJW 2000, 3492 (3493); Staudinger/*Peters/Jacoby* BGB § 213 Rn. 1, 3; vgl. auch *Lau* Die Reichweite der Verjährungshemmung bei Klagerhebung, 2008, S. 48 ff.

50 OLG München ZGS 2007, 80; AG Hamburg 25.10.2006 – 7 c C 31/06, juris Rn. 4. Dass der Anspruch auf Schadensersatz zumeist noch eine vorhergehende Fristsetzung erfordert, hindert die Anwendung des § 213 nicht, Staudinger/*Peters/Jacoby* BGB § 213 Rn. 3.
51 BGH NJW 2015, 2106 (2107); VersR 2017, 112 (113).
52 *Lenkeit* BauR 2002, 196 (220).
53 MüKoBGB/*Grothe* § 213 Rn. 4; Soergel/*Niedenführ* BGB § 213 Rn. 7.
54 BGH 8.12.2009 – XI ZR 183/08, juris Rn. 48; 8.12.2009 – XI ZR 182/08, juris Rn. 49; 8.12.2009 – XI ZR 181/08, juris Rn. 49 (jeweils im Hinblick auf werkvertragliche Ansprüche); MüKoBGB/*Grothe* § 213 Rn. 5; Erman/*Schmidt-Räntsch* BGB § 213 Rn. 3 f.; *Wolf* FS Schumann, 2001, S. 579, 590.
55 *Wolf* FS Schumann, 2001, S. 579, 591.
56 Ebenso *Arnold* FS Eggert, 2008, S. 41, 44.
57 Henssler/von Westphalen/*Bereska*, Praxis der Schuldrechtsreform, BGB § 213 Rn. 6; Staudinger/*Peters/Jacoby* BGB § 213 Rn. 3; Erman/*Schmidt-Räntsch* BGB § 213 Rn. 5.
58 Henssler/von Westphalen/*Bereska*, Praxis der Schuldrechtsreform, BGB § 213 Rn. 5; MüKoBGB/*Grothe* § 213 Rn. 4; BeckOK BGB/*Henrich* § 213 Rn. 4; *Wolf* FS Schumann, 2001, S. 579, 591.

Anspruch auf Vertragsstrafe gem. § 340,[59] der Anspruch auf Schadensersatz und der Anspruch auf das **stellvertretende Commodum** gem. § 285,[60] der Anspruch auf Naturalrestitution und auf Zahlung des hierfür erforderlichen Geldbetrages gem. § 249[61] sowie der Anspruch auf Schadensersatz gegen den Hauptfrachtführer und der Anspruch auf Abtretung der Schadensersatzansprüche des Hauptfrachtführers gegen den Unterfrachtführer.[62] § 213 gilt zudem für den Beseitigungsanspruch gem. § 1004 und den **nachbarrechtlichen Ausgleichsanspruch** analog § 906 Abs. 2 S. 2, der an die Stelle des Beseitigungsanspruchs tritt, wenn dieser aus tatsächlichen oder rechtlichen Gründen nicht durchgesetzt werden kann.[63]

12　Weitere Einzelfälle aus der **Rechtsprechung zum alten Recht**:[64] Das alte Recht kannte keine allgemeine Regelung, welche § 213 entsprochen hätte, sondern nur die punktuellen Vorschriften der §§ 477 Abs. 3, 639 Abs. 1 für das Kauf- und Werkvertragsrecht, deren Rechtsgedanke aber erweiternd angewandt wurde. Eine **Wirkungserstreckung wurde bejaht**: für den Anspruch auf **Kapitalabfindung** im Verhältnis zum Anspruch auf Geldrente;[65] für den Anspruch auf **Herausgabe** einer Sache im Verhältnis zum Anspruch auf Schadensersatz wegen Unmöglichkeit der Herausgabe;[66] für die Klage auf Schadensersatz wegen **Verschweigens eines Mangels** hinsichtlich der Minderung[67] (beachte, dass die Minderung jetzt ein Gestaltungsrecht ist, das – wie alle Gestaltungsrechte – nicht der Verjährung unterliegt; zu den zeitlichen Grenzen der Geltendmachung s. § 218); für die Klage auf Ersatz der **Mängelbeseitigungskosten** hinsichtlich des Anspruchs auf Schadensersatz;[68] für die Zahlungsklage auf Schadensersatz wegen Belastung mit einer Verbindlichkeit im Verhältnis zum **Freistellungsanspruch**[69] wie allgemein im Verhältnis zu Freistellungsanspruch und nachfolgendem Zahlungsanspruch;[70] für die Klage gegen den beschenkten Erben auf Pflichtteilsergänzung (§ 2325) hinsichtlich des **Duldungsanspruchs nach § 2329**;[71] für die Klage auf Zahlung von Werklohn hinsichtlich des im Falle der Nichtigkeit des Vertrages gegebenen Anspruchs aus **Bereicherung**;[72] für die Inanspruchnahme verwaltungsgerichtlichen Rechtsschutzes hinsichtlich des zivilrechtlichen **Amtshaftungsanspruchs**.[73] Diese Fälle führen auch nach § 213 zu einer Wirkungserstreckung der (Ablauf-)Hemmung oder des Neubeginns.[74]

13　Die Abgrenzung im Einzelnen war im **alten Recht** unsicher und nicht immer stringent. **Keine Erstreckung** der Unterbrechungswirkung wurde nach bisherigem Recht etwa zugestanden für die – mangels Vorliegens der Voraussetzung des § 326 aF unbegründete – Klage auf Schadensersatz hinsichtlich des Anspruchs auf Erfüllung,[75] für die Klage auf Leistung hinsichtlich des Schadensersatzanspruchs wegen Verzögerung der Leistung[76] für die Klage auf den großen Pflichtteil hinsichtlich des Anspruchs auf Zugewinnausgleich.[77] Diese Wertungen können unter **neuem Recht** nur im Hinblick auf den Erfüllungsanspruch im Verhältnis zum Anspruch auf Ausgleich des Verzugsschadens aufrechterhalten werden (→ Rn. 8). Der Fall der sich gegenseitig ausschließenden Ansprüche auf Leistung auf der einen und Schadensersatz wegen Nichter-

59　Henssler/von Westphalen/*Bereska*, Praxis der Schuldrechtsreform, BGB § 213 Rn. 5; BeckOK BGB/*Henrich* § 213 Rn. 4; *Wolf* FS Schumann, 2001, S. 579, 591.

60　*Wolf* FS Schumann, 2001, S. 579, 591. Zur Herausgabe des stellvertretenden Commodums im Kaufrecht sowie zur Frage der Verjährung vgl. auch *Mansel/Budzikiewicz* Jura 2003, 1 (9 f.)

61　*Wolf* FS Schumann, 2001, S. 579, 591.

62　BGH NJW 2015, 1608 (1610 f.)

63　BGH BeckRS 2018, 4423.

64　S. *Henckel* JZ 1962, 335 ff. Die folgende Zusammenstellung ist teilweise BT-Drs. 14/6040, S. 121 f. = Abschlussbericht, 96, entnommen; s. dazu noch *Peters/Zimmermann* S. 260 f., 323 (§ 209). Weitere Beispiele finden sich bei Palandt/*Ellenberger* BGB § 213 Rn. 2 f.; BeckOK BGB/*Henrich* § 213 Rn. 5.

65　RGZ 77, 213 ff. mit umstr. Begründung, s. *Henckel* JZ 1962, 335 (337).

66　RGZ 109, 234 ff.

67　RGZ 134, 272.

68　BGHZ 58, 30.

69　BGH NJW 1985, 1152; BGHZ 104, 268, 271 f. (Unterbrechung einer Klage – heute Hemmung – beim Schadensersatzanspruch betrifft die Pflicht zum Schadensersatz als solche und beschränkt sich nicht

auf die einzelnen Ausprägungen in Abhängigkeit von dem Stand der Schadensentwicklung). Ebenso für § 213: Jauernig/*Mansel* BGB § 204 Rn. 3.

70　*Peters* ZGS 2010, 154 (155).

71　BGH NJW 1974, 1327; 1983, 388 (389).

72　BGH NJW 2000, 3492 (3493), allerdings unter Hinw. auf die Identität des Streitgegenstandes; dennoch als Beispiel für ein Alternativverhältnis iSd § 213 aufgeführt bei Palandt/*Ellenberger* BGB § 213 Rn. 2; BeckOK BGB/*Henrich* § 213 Rn. 5. Zutr. von nur einem prozessualen Anspruch und damit von einem allein über § 204 Abs. 1 zu erfassenden Fall gehen dagegen Staudinger/*Peters/Jacoby* BGB § 213 Rn. 1, 3 aus.

73　BGHZ 138, 247, 251; zust. *Guckelberger*, Die Verjährung im Öffentlichen Recht, 2004, S. 602. AA *Dötsch* NWVBl 2001, 385 (388) (Analogie zu § 204 Abs. 1 Nr. 1, Nr. 12).

74　Soergel/*Niedenführ* BGB § 213 Rn. 9; Erman/*Schmidt-Räntsch* BGB § 213 Rn. 5; ferner Henssler/von Westphalen/*Bereska*, Praxis der Schuldrechtsreform, BGB § 213 Rn. 4.

75　BGHZ 104, 6, 12. Krit. zu dieser Entscheidung *Wolf* FS Schumann, 2001, S. 579, 586 f.

76　BGH VersR 1959, 701 und OLG Hamm VersR 1981, 947.

77

füllung auf der anderen Seite erfüllt ohne Weiteres die Voraussetzungen des § 213.[78] Gleiches gilt hinsichtlich des Anspruchs auf den großen Pflichtteil im Hinblick auf den Zugewinnausgleichsanspruch.[79]

III. Rechtsfolge

Liegen die Voraussetzungen des § 213 vor, erstrecken sich die Hemmung, die Ablaufhemmung oder der **14** Neubeginn auf die Verjährung aller von der Regelung einbezogenen Ansprüche. Geht der wahlweise bestehende Anspruch in seinem Umfang über den mit der Klage geltend gemachten Anspruch hinaus, gilt nach Auffassung des BGH die Hemmung gem. § 204 Abs. 1 Nr. 1 auch für den alternativ konkurrierenden Anspruch in voller Höhe.[80] Die Wirkungserstreckung nach § 213 führt allerdings nicht zu einer Parallelisierung aller Verjährungsläufe. Die Hemmung oder der Neubeginn greifen bei jedem Anspruch in dem Verjährungsstadium ein, in dem sich dieser im Zeitpunkt des hemmenden oder den Neubeginn auslösenden Ereignisses befindet. Verjährungsbeginn, frühere Hemmungszeiträume etc bleiben unberührt.[81] Entsprechendes gilt, sofern einer der von § 213 erfassten Ansprüche schon vor der in Rede stehenden Hemmung bzw. vor dem Neubeginn verjährt sein sollte.[82] § 213 hebt eine bereits eingetretene Verjährung nicht wieder auf.

C. Weitere praktische Hinweise

Zurzeit ist noch nicht vollständig absehbar, in welchem Umfang die Rechtsprechung § 213 tatsächlich zur **15** Anwendung bringen wird. Es erscheint daher ratsam, zumindest in den Fällen, in denen unter altem Recht nicht von einer Wirkungserstreckung ausgegangen wurde,[83] nicht unbesehen auf die Anwendung der Vorschrift zu vertrauen.[84] Bestehen Zweifel an dem Umfang eines Hemmungs- oder Neubeginntatbestandes, sollte sicherheitshalber die verjährungsrelevante Handlung für alle infrage kommenden Ansprüche wiederholt werden.

Titel 3 Rechtsfolgen der Verjährung

§ 214 Wirkung der Verjährung

(1) Nach Eintritt der Verjährung ist der Schuldner berechtigt, die Leistung zu verweigern.

(2) ¹Das zur Befriedigung eines verjährten Anspruchs Geleistete kann nicht zurückgefordert werden, auch wenn in Unkenntnis der Verjährung geleistet worden ist. ²Das Gleiche gilt von einem vertragsmäßigen Anerkenntnis sowie einer Sicherheitsleistung des Schuldners.

Literatur: *Harke*, Privatautonomie und Verjährung: Verjährungsvereinbarungen, in: Remien (Hrsg.), Verjährungsrecht in Europa, 2011, S. 107; *Mansel/Budzikiewicz*, Das neue Verjährungsrecht, 2002; *Meller-Hannich*, Die Einrede der Verjährung, JZ 2005, 656; *H. Roth*, Die Einrede des bürgerlichen Rechts, 1988; *Schulze*, Die Naturalobligation, 2008.

A. Allgemeines	1	II. Keine Rückforderung (Abs. 2)	9
B. Regelungsgehalt	3		
I. Dauerndes Leistungsverweigerungsrecht (Abs. 1)	3		

A. Allgemeines

§ 214 regelt die Wirkung der Verjährung. Der Verjährungseintritt führt danach nicht zum Erlöschen des **1** Anspruchs, sondern gibt dem Schuldner lediglich ein dauerndes Leistungsverweigerungsrecht. Die Vorschrift hat sich in der Praxis bewährt. Sie ist in ihrem sachlichen Gehalt nicht umstritten. Der Reformgesetz-

---

78 Palandt/*Ellenberger* BGB § 213 Rn. 3; Erman/*Schmidt-Räntsch* BGB § 213 Rn. 5; aA Soergel/*Niedenführ* BGB § 213 Rn. 11.

79 Staudinger/*Peters/Jacoby* BGB § 213 Rn. 6. AA ohne Begründung: Erman/*Schmidt-Räntsch* BGB § 213 Rn. 5. Die weite Formulierung des § 213 lässt jedoch nicht erkennen, aus welchem Grund der Anspruch auf den großen Pflichtteil und jener auf Zugewinnausgleich nicht von der Wirkungserstreckung erfasst sein sollen. Beide Ansprüche beruhen auf demselben Grund (gesetzlicher Güterstand, Tod eines Ehegatten), richten sich gegen denselben Schuldner (Erbe), stehen wahlweise nebeneinander und sollen dem gleichen Interesse dienen.

80 BGH NJW 2015, 2106 (2109); aA OLG Brandenburg BeckRS 2008, 09531.

81 Staudinger/*Peters/Jacoby* BGB § 213 Rn. 10.

82 Erman/*Schmidt-Räntsch* BGB § 213 Rn. 4.

83 Vgl. die Beispiele bei BeckOK BGB/*Henrich* § 213 Rn. 6.

84 Vgl. auch Henssler/von Westphalen/*Bereska*, Praxis der Schuldrechtsreform, BGB § 213 Rn. 7.

geber des Jahres 2002 sah deshalb keinen Anlass zu grundlegenden Änderungen gegenüber der Vorgängernorm des § 222 aF. Er hat lediglich **geringe Anpassungen** an den heutigen Sprachgebrauch vorgenommen.[1]

2   § 214 ist nahezu wortgleich mit Art. 14:501 der Grundregeln des Europäischen Vertragsrechts (zu diesen → Vor §§ 194–218 Rn. 20 ff.).

B. Regelungsgehalt

I. Dauerndes Leistungsverweigerungsrecht (Abs. 1)

3   Der Eintritt der Verjährung beseitigt den Anspruch als solchen nicht, gibt dem Schuldner aber ein dauerndes Leistungsverweigerungsrecht in Form einer **Einrede (Abs. 1)**. Daher bleibt es dem Schuldner überlassen, ob er sich auf die Verjährung beruft oder ob er die Forderung trotz Bestehens der Einrede erfüllt (s. auch → Rn. 4). Bei Eintritt der Verjährung wandelt sich die Forderung in eine Naturalobligation um. Mit Einredeerhebung wird die Forderung gehemmt.[2] Zu den Folgen der Verjährung für die Aufrechnung und die Geltendmachung eines Zurückbehaltungsrechts s. § 215.

4   Die Hemmung der Forderung tritt nur ein, wenn der Schuldner die Einrede der Verjährung erhebt; eine Berücksichtigung von Amts wegen erfolgt nicht.[3] Eine ausdrückliche Berufung auf die Verjährung ist indes nicht erforderlich; es genügt, wenn sich aus den **Umständen** ergibt, dass der Schuldner aufgrund Zeitablaufs endgültig die Leistung verweigern will.[4] Die Verjährungseinrede ist eine **geschäftsähnliche Handlung**[5] mit gestaltender Wirkung;[6] sie kann daher nur vom Schuldner selbst oder seinem gesetzlichen Vertreter erhoben werden.[7] Die Verjährungseinrede braucht nur einmal erhoben zu werden.[8] Sie kann sowohl gerichtlich als auch außergerichtlich erhoben werden;[9] eine Wiederholung der außergerichtlich erhobenen Einrede im Prozess ist nicht erforderlich.[10] Die Einrede wirkt im Prozess für die nächste Instanz fort.[11] Wird die Verjährungseinrede erstmals in der Berufungsinstanz erhoben, so ist sie unabhängig von den Voraussetzungen des § 531 Abs. 2 ZPO jedenfalls dann beachtlich, wenn sowohl die die Verjährung begründenden Tatsachen als auch die Erhebung der Einrede selbst zwischen den Parteien unstreitig sind.[12] Die erstmalige Erhebung der Einrede der Verjährung im Laufe des Rechtsstreits stellt auch dann ein erledigendes Ereignis dar, wenn die Verjährung bereits vor Rechtshängigkeit eingetreten ist.[13]

5   Ob im Prozess ein **richterlicher Hinweis** auf die mögliche Verjährung zulässig oder sogar geboten ist, ist umstritten.[14] Auszugehen ist vom **Grundsatz der Parteiherrschaft** im Zivilprozess, nach dem es den Parteien zukommt, die entscheidungserheblichen Gesichtspunkte vorzutragen. Im Rahmen der materiellen Prozessleitungspflicht des § 139 ZPO hat der Richter die Parteien zu vollständiger Aufklärung über alle entscheidungserheblichen prozessualen und materiellen Tatsachen zu veranlassen.[15] Von dieser richterlichen Hinweispflicht wird aber die Einrede der Verjährung jedenfalls dann nicht erfasst, wenn der bisherige Par-

---

1   BT-Drs. 14/6040, S. 122.
2   Klärend *Schulze* S. 516 f.; zum Streitstand hinsichtlich der Qualifikation als Naturalobligation ebenda S. 509 f.
3   HM, s. nur Staudinger/*Peters/Jacoby* BGB § 214 Rn. 5; MüKoBGB/*Grothe* § 214 Rn. 3; BGH NJW 2012, 3509 (3510); aA BeckOGK/*Bach* BGB § 214 Rn. 25: Wirkung der Anspruchshemmung ipso iure mit Verjährungseintritt.
4   Staudinger/*Peters/Jacoby* BGB § 214 Rn. 8; BeckOGK/*Bach* BGB § 214 Rn. 38.
5   BGH NJW 2012, 3509 (3510) (Rn. 14) mwN; krit. BeckOGK/*Bach* BGB § 214 Rn. 34.
6   S. Jauernig/*Mansel* BGB § 194 Rn. 4 (Gestaltungsrecht).
7   BGHZ 131, 376. Eine Erhebung der Verjährungseinrede für den Betreuten durch den Verfahrenspfleger ist daher nicht möglich BGH NJW 2012, 3509 (3510).
8   *Schlosser* JuS 1966, 263.
9   HM, s. nur BGH NJW 1951, 557 (558); OLG Düsseldorf NJW 1991, 2089; MüKoBGB/*Grothe* § 214 Rn. 4; zu abweichenden Ansichten s. die Darstellung

des Streitstands bei BeckOGK/*Bach* BGB § 214 Rn. 9.
10   OLG Düsseldorf NJW 1991, 2089 f.
11   BGH NJW 1990, 326 (327).
12   BGH GrZS BGHZ 177, 212. Der Große Senat für Zivilsachen hat damit eine Klärung dieser zwischen einzelnen Senaten des BGH umstrittenen Frage herbeigeführt, vgl. bisher BGHZ 161, 138, 142 (IX. ZS); ebenso BGHZ 166, 29 (III. ZS) einerseits sowie BGH GRUR 2006, 401 (X. ZS) andererseits, wonach die Verjährungseinrede nur bei Vorliegen der Voraussetzungen des § 531 Abs. 2 ZPO zugelassen wurde. Nachweise zur früher ebenfalls divergierenden obergerichtlichen Rechtsprechung finden sich in BGHZ 177, 212; s. dazu auch *H. Roth* JZ 2009, 106; *Jacoby* ZZP 122 (2009), 358 sowie *Kroppenberg* NJW 2009, 642. Zur Zulassung der erstmals in der Revisionsinstanz erhobenen Verjährungseinrede im arbeitsgerichtlichen Verfahren BAG NJW 2019, 2114 (2118).
13   BGHZ 184, 128.
14   Dazu mN *Meller-Hannich* JZ 2005, 656 (662); BeckOGK/*Bach* BGB § 214 Rn. 54 ff.
15   Vgl. nur Thomas/Putzo/*Seiler* ZPO § 139 Rn. 3.

teivortrag keinerlei Ansatzpunkte dafür gegeben hat, dass sich der Beklagte hiermit verteidigen will.[16] Etwas anderes kann aber dann gelten, wenn das Gericht auf von den Parteien bislang nicht berücksichtigte Umstände hinweist, aus denen sich zumindest für die anwaltlich vertretene Partei ohne Weiteres mittelbar ergeben muss, dass der geltend gemachte Anspruch verjährt ist.[17] Zur **Hinweispflicht des Anwalts** → Vor §§ 194–218 Rn. 47.

Eine erhobene Verjährungseinrede hat das Gericht erst zu prüfen, wenn feststeht, dass die Erfüllung des zugrunde liegenden Anspruchs möglich ist, ein Unmöglichkeitseinwand also nicht durchgreift. Denn solange einem Anspruch der Einwand zumindest vorübergehender Unmöglichkeit entgegensteht, ist eine Klage „zur Zeit unbegründet" und der Anspruch auch nicht im Sinne des § 199 Abs. 1 Nr. 1 entstanden.[18] **6**

Ein **Verzicht** auf die Einrede der Verjährung ist im Rahmen des § 202 möglich, näher § 202 → Rn. 43 ff. Er hat zur Folge, dass die Forderung durchsetzbar bleibt. Ein bloßes Fallenlassen der Einrede ist kein Einredeverzicht.[19] **7**

Die Erhebung der Einrede der Verjährung kann unter besonderen Umständen gem. **§ 242** ausgeschlossen sein. Dies ist in Betracht zu ziehen, wenn der Gläubiger aufgrund des Schuldnerverhaltens darauf vertraute und vertrauen durfte, dass der Schuldner die Einrede nicht mehr erheben wird.[20] Hat der Schuldner den Gläubiger also durch sein Verhalten, mag es auch unabsichtlich gewesen sein,[21] von der Erhebung der verjährungshemmenden (§ 204 Abs. 1 Nr. 1) Klage abgehalten, so kann es **rechtsmissbräuchliches Verhalten** darstellen, wenn er die Einrede der Verjährung im späteren Prozess dennoch erhebt.[22] Hieran ist allerdings ein strenger Maßstab anzulegen.[23] Die Erhebung der Einrede der Verjährung kann sich auch als treuwidrig erweisen, wenn der Schuldner zuvor durch vertragswidriges Verhalten den Eintritt der Verjährungshemmung verhindert hat.[24] Kein Rechtsmissbrauch liegt allerdings vor, wenn sich der Beklagte gegenüber einem Kläger auf Verjährung beruft, der selbst die Unwirksamkeit der erfolgten öffentlichen Zustellung eines Versäumnisurteils verursacht hat, zB weil er vor seinem Antrag auf öffentliche Klagezustellung keinen aktuellen Handelsregisterauszug eingeholt hat.[25] **8**

II. Keine Rückforderung (Abs. 2)

Hat der Schuldner die Forderung trotz eingetretener Verjährung erfüllt, so kann er das Geleistete nicht über Bereicherungsrecht zurückfordern, **Abs. 2 S. 1**. Die Leistung ist nach wie vor mit Rechtsgrund erfolgt. Gleichermaßen muss sich der Schuldner an einem formgültigen Anerkenntnis (§ 781, beachte die Ausnahme des § 782 und des § 350 HGB) und an einer geleisteten Sicherheitsleistung festhalten lassen (**Abs. 2 S. 2**). Dies gilt unabhängig davon, ob der Schuldner vom Eintritt der Verjährung Kenntnis hatte.[26] **9**

Ist die Leistung allerdings **nicht freiwillig** erfolgt, etwa dann, wenn zur Abwendung der Zwangsvollstreckung geleistet wurde, oder dann, wenn wegen einer verjährten Forderung vollstreckt wurde, so bleibt eine Rückforderung nach § 813 Abs. 1 S. 1 möglich.[27] Das Gleiche gilt, wenn die Leistung aufgrund einer **Bürg-** **10**

---

16 So nun BGH NJW 2004, 164 mit zust. Anm. *Becker-Eberhard* LMK 2004, 32; krit. *Wernicke* JA 2004, 331 (332–334); genauso ein Teil der Rspr. und Lit., vgl. die Übersicht bei Staudinger/*Peters/Jacoby* BGB § 214 Rn. 15–17; aA noch KG NJW 2002, 1732 (bereits zu § 139 ZPO nF); BayObLG NJW 1999, 1875 (zu § 139 ZPO aF).

17 BGH NJW 1998, 612.

18 BGH NZG 2010, 1436 (1439).

19 S. dazu *Schulze* S. 515 f.

20 St. Rspr., vgl. etwa BGH NJW-RR 1993, 1059 (1061) mwN; ausführlich Staudinger/*Peters/Jacoby* BGB § 214 Rn. 18–25.

21 BGHZ 9, 1, 5; BGH NJW 2002, 3110 (3111); NJW 2008, 2776 (2779); NJW-RR 2014, 1020 (1021). Bloßes Schweigen und Untätigkeit des Gläubigers genügen hingegen regelmäßig nicht, vgl. BGH NJW 1988, 265 (266); BAG DB 2008, 301 mwN.

22 S. auch Kommentierung bei § 242; ferner: MüKo-BGB/*Grothe* Vor § 194 Rn. 19; Palandt/*Ellenberger* BGB Vor § 194 Rn. 17; Erman/*Böttcher* BGB § 242 Rn. 202; Jauernig/*Mansel* BGB §§ 214–217 Rn. 2; Jauernig/*Mansel* BGB § 242 Rn. 51. Eine Berufung auf die Einrede der Verjährung kann im Rahmen des europarechtlichen Staatshaftungsanspruchs auch aus unionsrechtlichen Gründen verwehrt sein, wenn die

beklagte Behörde durch ihr Verhalten die Verspätung der Klage verursacht und so dem Kläger die Möglichkeit genommen hat, seine Rechte aus einer Unionsrichtlinie vor den nationalen Gerichten geltend zu machen, s. EuGH 19.5.2011 – Rs. C-452/09 – Iaia, Slg 2011, I-4043 Rn. 21 mwN (dazu *Piekenbrock* GPR 2012, 7).

23 BGH NJW-RR 2014, 1020 (1021) mwN.

24 So in einem Fall, in dem der Schuldner seinen Wohnsitz ohne Mitteilung einer neuen Anschrift in dem Bewusstsein verlegte, dass der Gläubiger alsbald ein Mahnverfahren einleiten würde, vgl. BGH NJW-RR 2005, 415. Nach neuem Recht hätte in diesem Fall der Lauf der Verjährung mangels Kenntnis der Anschrift des Schuldners noch gar nicht begonnen (s. dazu § 199 Rn. 50). Bedeutung hätte der Wohnsitzwechsel daher allenfalls bei Verstreichen der Maximalfrist erlangen können.

25 OLG München VersR 2010, 1244.

26 BeckOGK/*Bach* BGB § 214 Rn. 107.

27 BGH NJW 1993, 3318 (3320); NJW 2013, 3243 (3244); BeckOK BGB/*Henrich* § 214 Rn. 6; Staudinger/*Peters/Jacoby* BGB § 214 Rn. 37; MüKo-BGB/*Grothe* § 214 Rn. 9 mwN; näher *Schulze* S. 512 ff.

schaft auf erstes Anfordern unter Vorbehalt erbracht wurde. Da sich der Bürge bei der Bürgschaft auf erstes Anfordern nicht auf die Verjährung der gesicherten Hauptforderung berufen kann, können Bürge und Hauptschuldner im Rückforderungsprozess das trotz Verjährung Geleistete zurückverlangen.[28]

11 Eine entsprechende Anwendung des Abs. 2 S. 1 auf Forderungen, die durch **Ablauf einer Ausschlussfrist** erloschen sind, kommt mangels Vergleichbarkeit des Regelungskontextes grundsätzlich (zu möglichen Ausnahmen → Vor §§ 194–218 Rn. 40 f.) nicht in Betracht: Während die Verjährung eines Anspruchs dem Schuldner lediglich eine Einrede gewährt (Abs. 1), führt der Ablauf der Ausschlussfrist ohne Weiteres zu dessen Erlöschen.[29]

§ 215 Aufrechnung und Zurückbehaltungsrecht nach Eintritt der Verjährung

Die Verjährung schließt die Aufrechnung und die Geltendmachung eines Zurückbehaltungsrechts nicht aus, wenn der Anspruch in dem Zeitpunkt noch nicht verjährt war, in dem erstmals aufgerechnet oder die Leistung verweigert werden konnte.

Literatur: *Hilgard*, Verjährung und Aufrechnung beim Unternehmenskauf, BB 2012, 852; *Kiehnle*, Unmöglichkeit nach Verjährung, Jura 2010, 481; *Maier*, § 215 und die verjährte „dolo agit"-Einrede, VuR 2015, 407; s. ferner Vor §§ 194–218.

A. Allgemeines 1
B. Regelungsgehalt 3
  I. Aufrechnung 3
II. Zurückbehaltungsrecht 5
III. Unanwendbarkeit 9

A. Allgemeines

1 § 215 legt fest, unter welchen Voraussetzungen die Aufrechnung und die Geltendmachung eines Zurückbehaltungsrechts nach Eintritt der Verjährung noch möglich sind. Die Norm beabsichtigt **keine Änderung** gegenüber der Rechtslage vor Inkrafttreten des SchuldRModG.[1] Soweit § 215 die **Aufrechnung** auch mit verjährten Ansprüchen zulässt, wenn nur die Aufrechnungslage noch in unverjährter Zeit bestanden hat, entspricht § 215 der Vorschrift des **§ 390 S. 2 aF**; diese Norm wurde in § 215 ohne inhaltliche Änderung übernommen.[2] Auf das **Zurückbehaltungsrecht** ist § 390 S. 2 aF seinerzeit analog angewandt worden. § 215 greift dies auf und stellt der Aufrechnung die Geltendmachung eines Zurückbehaltungsrechts jetzt ausdrücklich gleich.

2 Die Grundregeln des **Europäischen Vertragsrechts** (→ Vor §§ 194–218 Rn. 20 ff.) kennen mit Art. 14:503 eine § 215 vergleichbare Vorschrift, die aber einige andere Regelungen trifft. Art. 14:503 gelingt ein besserer Ausgleich zwischen den Schuldner- und den Gläubigerinteressen als dies in § 215 der Fall ist. Art. 14:503 lautet: „Auch nach Eintritt der Verjährung kann mit einem Anspruch aufgerechnet werden, sofern nicht der Schuldner die Einrede der Verjährung zuvor geltend gemacht hat oder sie innerhalb von zwei Monaten geltend macht, nachdem ihm die Erklärung der Aufrechnung zugegangen ist."

B. Regelungsgehalt

I. Aufrechnung

3 § 215 bildet eine **Ausnahme** zum Verbot der Aufrechnung mit einer einredebehafteten Forderung (§ 390). Mit einer verjährten Forderung kann danach noch aufgerechnet werden, wenn diese bei Eintritt der Aufrechnungslage unverjährt war.[3] Nicht erforderlich ist, dass die Forderung in unverjährter Zeit bereits geltend gemacht wurde (vgl. auch → Rn. 5).[4] § 215 kommt selbst dann zum Tragen, wenn die Forderung, mit der

28 OLG Oldenburg BeckRS 2018, 3675 (Mietbürgschaft auf erstes Anfordern); OLG Hamm NJW-RR 1994, 1073 (1074); BeckOGK/*Bach* BGB § 214 Rn. 111; MüKoBGB/*Grothe* § 214 Rn. 9.
29 BGH NJW 2006, 903 für den bereicherungsrechtlichen Rückforderungsanspruch des Mieters gegenüber der wegen Versäumung der Abrechnungsfrist des § 556 Abs. 3 S. 2 nach § 556 Abs. 3 S. 3 ausgeschlossenen Betriebskostennachforderung des Vermieters.
1 BT-Drs. 14/6040, S. 122.

2 Krit. zu vorausgegangenen Entwurfsfassungen *Haug* S. 180 ff.; *Bydlinski* S. 381, 400; tendenziell positiv aber *Piekenbrock* S. 309, 337 ff. Krit. zu § 390 S. 2 aF *Peters/Zimmermann* S. 266; *Bydlinski* AcP 196 (1996), 293; *Zimmermann* FS Dieter Medicus, 1999, S. 721 ff.
3 S. zu dem Erfordernis der Aufrechnungslage in unverjährter Zeit auch KG 2.12.2019 – 8 U 104/17, juris Rn. 4 ff. (Gleichartigkeit der Forderungen).
4 OLG Brandenburg 19.2.2019 – 3 U 59/17, juris Rn. 69.

aufgerechnet werden soll, vom Schuldner zuvor eingeklagt worden war und die Klage wegen Eintritts der Verjährung rechtskräftig abgewiesen worden ist.[5]

§ 215 bestimmt nur für die Einreden der Verjährung und des Zurückbehaltungsrechts eine Ausnahme. Sie perpetuiert jedoch nicht die anderen nach § 387 erforderlichen Voraussetzungen der in unverjährter Zeit der Gegenforderung gegebenen Aufrechnungslage.[6] Der Schuldner kann daher die durch eine Aufrechnungslage begründete Aufrechnungsbefugnis zwar nicht mehr durch Verjährung verlieren, wohl aber aus anderen Gründen. Dies ist insbesondere dann der Fall, wenn die Hauptforderung zum Zeitpunkt des Zugangs der Aufrechnungserklärung nicht mehr erfüllbar ist.[7]   **4**

II. Zurückbehaltungsrecht

§ 215 stellt der Aufrechnung die Geltendmachung eines Zurückbehaltungsrechts ausdrücklich gleich. Voraussetzung für die Geltendmachung eines Zurückbehaltungsrechts ist allerdings, dass die Forderung, auf die das Zurückbehaltungsrecht gestützt wird, zur Zeit der Entstehung der Hauptforderung noch nicht verjährt war. Dagegen ist es unschädlich, wenn sich der Schuldner nicht bereits zu diesem Zeitpunkt auf das Zurückbehaltungsrecht berufen hat.[8]   **5**

§ 215 gilt auch für den Fall, dass die Einrede des nichterfüllten Vertrags (**§ 320**) erhoben wird, auch wenn strittig ist, ob § 320 ein Zurückbehaltungsrecht oder ein Leistungsverweigerungsrecht begründet.[9] Doch bestand vor Inkrafttreten des SchuldRModG Einvernehmen, dass die Einrede des § 320 BGB auch bei Verjährungseintritt erhalten bleiben soll.[10] § 215 wollte daran nichts ändern.[11] Voraussetzung ist im Falle von synallagmatischen Ansprüchen lediglich, dass die Hauptforderung bei Eintritt der Verjährung bereits entstanden ist; Fälligkeit der Hauptforderung ist nicht erforderlich.[12]   **6**

Anderes gilt im Fall des **§ 273**. Hier greift § 215 nur ein, wenn die Hauptforderung bei Eintritt der Verjährung bereits fällig gewesen ist.[13]   **7**

Will sich der Besteller eines Werkes, der auf Zahlung des Werklohns in Anspruch genommen wird, auf die Mangelhaftigkeit des Werkes berufen, soll § 215 nach Ansicht des BGH allerdings nur eingreifen, wenn der Mangel bereits vor Ablauf der Verjährungsfrist der Mängelansprüche in Erscheinung getreten ist und damit in unverjährter Zeit ein auf den Mangel gestütztes Gegenrecht geltend gemacht werden konnte. Nur in diesem Fall dürfe sich der Besteller im Hinblick auf die gegen ihn gerichtete Werklohnforderung als hinreichend gesichert ansehen.[14] In der Literatur wird dieses enge Verständnis des § 215 zT auf kaufrechtliche Gewährleistungsrechte erstreckt.[15] Zu überzeugen vermag der Ansatz freilich weder im Hinblick auf werk- noch auf kaufrechtliche Gewährleistungsansprüche.[16] Schon der Wortlaut des § 215 gibt eine restriktive Auslegung der Norm keineswegs vor. Die Formulierung „erstmals [...] verweigert werden konnte" erlaubt ebenso ein weites Verständnis, das bereits auf die rechtliche Möglichkeit der Leistungsverweigerung abstellt. Vor allem aber steht die Annahme, dass der Mangel der Kaufsache oder des Werkes bereits vor Verjährungseintritt in Erscheinung getreten sein muss, in Widerspruch zu § 438 Abs. 4 und 5 bzw. zu § 634a Abs. 4 und 5, die eine entsprechende Einschränkung nicht enthalten.   **8**

III. Unanwendbarkeit

Keine Anwendung findet § 215 auf einen gem. § 1613 Abs. 1 ausgeschlossenen **Unterhaltsanspruch**.[17]   **9**

---

5   BGH WM 1971, 1366 (1367); Staudinger/*Peters/ Jacoby* BGB § 215 Rn. 8; MüKoBGB/*Grothe* § 215 Rn. 3.

6   BGH NJW 2012, 445 (446).

7   BGH NJW 2012, 445 (446) (Erlöschen des Sondertilgungsrechts); OLG Düsseldorf 27.1.2016 – 14 U 180/14, juris Rn. 83 (Erfüllung der Hauptforderung durch Einstellung in das Kontokorrent).

8   BGH NJW 2016, 52 (53) unter Verweis auf den Wegfall der Anzeigepflicht nach §§ 639 Abs. 1, 478 Abs. 1 S. 1 BGB aF; ebenso bereits BGHZ 53, 122, 125; Palandt/*Ellenberger* BGB § 215 Rn. 2; Staudinger/*Peters/Jacoby* BGB § 215 Rn. 12; BeckOK BGB/*Henrich* § 215 Rn. 3; *Jaensch* jM 2017, 7 (9); aA *Canaris* JZ 1967, 756 (758); OLG Schleswig BauR 2012, 815 (821 f.), juris Rn. 53 (teleologische Reduktion); OLG Düsseldorf BeckRS 2015, 14822 (ansonsten wäre der Besteller bevorteilt, der grundlos eine Werklohnforderung nicht zahlt).

9   S. nur Soergel/*Gsell* BGB § 320 Rn. 5, 52 ff.; *Kiehnle* Jura 2010, 481 (484) mwN.

10   S. nur MüKoBGB/*Grothe* § 215 Rn. 4 mwN; *Ernst* AcP 199 (1999), 485, 496 f.

11   *Zimmermann/Leenen/Mansel/Ernst* JZ 2001, 684 (697).

12   BGH NJW 2006, 2773 (2775) mwN.

13   So BGH NJW 2016, 3231 (3232); offen gelassen von BGH NJW 2006, 2773 (2775); Palandt/*Ellenberger* BGB § 215 Rn. 2; aA BeckOGK/*Bach* BGB § 215 Rn. 22.

14   BGH NJW 2016, 52 f.

15   BeckOGK/*Bach* BGB § 215 Rn. 20; allg. auf „Mängelansprüche" verweist Erman/*Schmidt-Räntsch* BGB § 215 Rn. 4; differenzierend *Jaensch* jM 2017, 7 (9).

16   S. auch BeckOK BGB/*Faust* § 438 Rn. 52.

17   BGH NJW 1984, 2158 (2160).

10 Auf wegen Ablaufs einer **Ausschlussfrist erloschene Ansprüche** findet § 215 keine entsprechende Anwendung.[18] Auch auf ein Leistungsverweigerungsrecht aus §§ 242, 249 Abs. 1, mit dem der Schuldner eine Forderung des Gläubigers abwehrt, die der Gläubiger durch eine zum Schadensersatz verpflichtende Pflichtverletzung erlangt hat, ist § 215 nicht (entsprechend) anzuwenden, denn der Einwand, so gestellt zu werden, wie wenn man einen bestimmten Vertrag nicht abgeschlossen hat, steht weder einer Aufrechnung mit einem gleichartigen Gegenanspruch, noch der Geltendmachung eines Zurückbehaltungsrechts iSd § 215 gleich.[19]

§ 216 Wirkung der Verjährung bei gesicherten Ansprüchen

(1) Die Verjährung eines Anspruchs, für den eine Hypothek, eine Schiffshypothek oder ein Pfandrecht besteht, hindert den Gläubiger nicht, seine Befriedigung aus dem belasteten Gegenstand zu suchen.

(2) ¹Ist zur Sicherung eines Anspruchs ein Recht verschafft worden, so kann die Rückübertragung nicht auf Grund der Verjährung des Anspruchs gefordert werden. ²Ist das Eigentum vorbehalten, so kann der Rücktritt vom Vertrag auch erfolgen, wenn der gesicherte Anspruch verjährt ist.

(3) Die Absätze 1 und 2 finden keine Anwendung auf die Verjährung von Ansprüchen auf Zinsen und andere wiederkehrende Leistungen.

Literatur: *Kreikenbohm/Niederstetter*, Zur Verjährung von durch Grundschulden gesicherten Darlehen, WM 2008, 718.

A. Allgemeines 1   II. Nicht-akzessorische Sicherungsrechte 5
B. Regelungsgehalt 4   III. Nicht erfasste Sicherheiten 8
   I. Akzessorische Sicherungsrechte 4   IV. Wiederkehrende Leistungen 10

A. Allgemeines

1 § 216 bestimmt, welche Auswirkungen die Verjährung einer Forderung auf die für sie bestellten akzessorischen und nicht-akzessorischen Sicherheiten hat. Abs. 1, Abs. 2 S. 1 und Abs. 3 haben – bei geringfügigen sprachlichen Änderungen – denselben Inhalt wie **§ 223 Abs. 1, Abs. 2 und Abs. 3 aF.**[1] Die zu § 223 aF bestehende Rechtsprechung und Literatur kann für die Auslegung und Anwendung des § 216 herangezogen werden.

2 Abs. 2 S. 2 ist eine neue Gesetzesnorm. Sie ist kodifiziertes Richterrecht, da durch die Vorschrift die hM[2] zum alten Recht, welche § 223 aF auf den **Eigentumsvorbehalt** analog angewandt hatte,[3] nunmehr gesetzlich festgeschrieben ist. Auch zur Anwendung des Abs. 2 S. 2 kann somit im Grundsatz[4] auf die einschlägige Rechtsprechung zum früheren Recht zurückgegriffen werden.

3 Die Vorschrift hat keine Entsprechung in den Grundregeln des **Europäischen Vertragsrechts** (s. dazu → Vor §§ 194–218 Rn. 20 ff.). Sie ist technisch nicht geglückt, rechtspolitisch fragwürdig und war schon bisher insgesamt starker **Kritik** ausgesetzt.[5]

B. Regelungsgehalt

I. Akzessorische Sicherungsrechte

4 Nach **Abs. 1** hindert die Verjährung eines Anspruchs, für den eine Hypothek, eine Schiffshypothek oder ein Pfandrecht besteht, den Gläubiger nicht, seine Befriedigung aus dem belasteten Gegenstand zu suchen. Hypothek (§ 1113) und Pfandrecht (§ 1204) sind akzessorische Sicherungsrechte. Abs. 1 macht für diese

---

18 So der GemS der Obersten Gerichte des Bundes DB 1974, 586 unter Aufgabe von BGHZ 26, 304, 308; umfangreiche Nachweise bei Staudinger/*Peters/ Jacoby* BGB § 215 Rn. 15.

19 BGH NZG 2015, 875 (880), dort Nachweise zur Gegenmeinung.

1 Ausf. dazu BT-Drs. 14/6040, S. 122 ff.

2 S. dazu BGHZ 34, 191, 195; 70, 96, 98; BGH NJW 1979, 2195 (2196); Erman/*Schmidt-Räntsch* BGB § 216 Rn. 4 c mwN; nach neuem Recht nunmehr auch Staudinger/*Peters/Jacoby* BGB § 216 Rn. 7; aA

zum alten Recht *van Look/Stoltenberg* WM 1990, 661 ff.

3 Ausf. Erörterungen dazu in BT-Drs. 14/6040, S. 123 f.

4 Zum Umfang der Verwertungsbefugnis auf der Grundlage des Abs. 2 S. 2 s. aber *Stehle* Jura 2005, 78 (79 f.); Palandt/*Ellenberger* BGB § 216 Rn. 4.

5 S. *Zimmermann/Leenen/Mansel/Ernst* JZ 2001, 684 (698); *Habersack* Diskussionsbeitrag in Ernst/ Zimmermann, S. 427; *Mansel* S. 333, 402; zum alten Recht s. die Nachw. von *van Look/Stoltenberg* WM 1990, 661 ff.

eine ausdrückliche Ausnahme von dem Grundsatz der Akzessorietät. Die Sachhaftung besteht danach fort, auch wenn der gesicherten Forderung die Einrede der Verjährung entgegensteht. Erfasst sind sowohl vertragliche als auch gesetzliche Pfandrechte (§ 1257),[6] das Pfändungspfandrecht,[7] die Hypothek, die Schiffshypothek (§ 8 SchiffsRG), die Arresthypothek (§ 932 ZPO)[8] und das Registerpfandrecht an Flugzeugen (§ 98 Abs. 2 LuftfzRG).[9]

II. Nicht-akzessorische Sicherungsrechte

Abs. 2 S. 1 erweitert die Regel des Abs. 1 auf nicht-akzessorische Sicherungsrechte. Die Verjährung einer Forderung hat danach auf die für sie bestellten abstrakten Sicherheiten keine Auswirkung. Darunter fallen insbesondere die Sicherungsübereignung und Sicherungsabtretung, aber auch Grundschulden[10] sowie das Sicherungsrecht, das auf einer vereinbarten Hinterlegung beim Notar beruht.[11]   **5**

Auf das in einer notariellen Grundschuldbestellungsurkunde abgegebene **abstrakte Schuldversprechen**   **6**
gem. § 780 findet Abs. 2 S. 1 **analoge** Anwendung,[12] → § 194 Rn. 17.

Auch der **Eigentumsvorbehalt** (§ 449) wird durch die Verjährung der Kaufpreisforderung nicht wirkungs-   **7**
los (**Abs. 2 S. 2**). Ein Rücktritt bleibt daher in Abweichung von § 218 auch bei Verjährung möglich (§ 218 Abs. 1 S. 3 iVm Abs. 2 S. 2).

III. Nicht erfasste Sicherheiten

Keine Anwendung findet § 216 auf die **Vormerkung** (§ 883). Nach § 886 kann der Schuldner die Beseiti-   **8**
gung der Vormerkung verlangen, wenn dem durch sie gesicherten Anspruch eine peremptorische Einrede entgegensteht. Dies gilt auch für die Verjährung.[13]

Auch die **Bürgschaft** fällt nicht unter § 216, da § 768 ausdrücklich anordnet, dass sich der Bürge auf die   **9**
Verjährung der Hauptforderung berufen kann.[14] Für eine analoge Anwendung ist kein Raum, da § 216 sich nur auf dingliche Sicherheiten bezieht.[15] Dies gilt nach § 768 Abs. 2 selbst dann, wenn der Hauptschuldner auf die Einrede verzichtet hat.

IV. Wiederkehrende Leistungen

Abs. 3 will verhindern, dass sich durch die Aufsummierung von Zinsen und anderen wiederkehrenden Leis-   **10**
tungen (zum Begriff → § 197 Rn. 71 ff.) eine für den Schuldner erdrückende Last bildet, und schränkt die Abs. 1 und 2 daher ein.[16] Ist der Anspruch auf Zinsen und andere wiederkehrende Leistungen verjährt, so kann sich der Gläubiger auch nicht mehr aus der hierfür gestellten Sicherheit befriedigen; dies gilt genauso für dingliche Sicherheiten.[17] Dem Schuldner steht dann ein Anspruch auf Rückgabe der Sicherheit zu.[18] Ist diese bereits verwertet, so kann er Auskehrung des Erlöses verlangen, soweit dieser auf die Zinsen anzurechnen wäre.[19]

6   OLG Celle WM 1985, 547; Palandt/*Ellenberger* BGB § 216 Rn. 3; Soergel/*Niedenführ* BGB § 216 Rn. 6; Erman/*Schmidt-Räntsch* BGB § 216 Rn. 3.

7   Staudinger/*Peters/Jacoby* BGB § 216 Rn. 4 mwN.

8   OLG Celle WM 1985, 547 (548); OLG Dresden OLGRep. 2002, 422; Erman/*Schmidt-Räntsch* BGB § 216 Rn. 2.

9   Zur analogen Anwendung des § 216 Abs. 1 auf die „Barkaution" s. AG Hannover BeckRS 2016, 10365; dagegen *Lützenkirchen* MDR 2019, 257 (260) (kein dinglicher Charakter); diff. BeckOGK/*Bach* BGB § 216 Rn. 4.1: nur bei Übergabe von Geldnoten, nicht bei Überweisung.

10   BGH NJW 1993, 3318; Soergel/*Niedenführ* BGB § 216 Rn. 8.

11   BGH NJW 2000, 1331; Palandt/*Ellenberger* BGB § 216 Rn. 4; Erman/*Schmidt-Räntsch* BGB § 216 Rn. 4; aA Staudinger/*Peters/Jacoby* BGB § 216 Rn. 5 und *Peters* JZ 2000, 892 f.

12   BGHZ 183, 169 Rn. 18 ff. = DNotZ 2010, 620 mit kritischer Anm. *Eickelberg* ebenda 625 ff.; s. auch

OLG Brandenburg 25.5.2016 – 4 U 82/15, juris Rn. 36 ff.; ebenso bereits OLG Frankfurt aM NJW 2008, 379 mwN, auch zur Gegenansicht; noch offengelassen in BGH WM 2007, 588.

13   Soergel/*Niedenführ* BGB § 216 Rn. 12; Erman/*Schmidt-Räntsch* BGB § 216 Rn. 4 b; MüKoBGB/*Grothe* BGB § 216 Rn. 3; Staudinger/*Peters/Jacoby* BGB § 216 Rn. 4.

14   S. zur Bürgschaft auf erstes Anfordern auch OLG Oldenburg BeckRS 2018, 3675 Rn. 19.

15   BGH NJW 1998, 981 (982); NJW 2015, 2961 (2962); MüKoBGB/*Grothe* BGB § 216 Rn. 3.

16   Vgl. BGH NJW 2016, 3231 (3232) (zu Betriebskostenzahlungen des Mieters).

17   BGH NJW 1993, 3318 (3320); MüKoBGB/*Grothe* BGB § 216 Rn. 5.

18   Staudinger/*Peters/Jacoby* BGB § 216 Rn. 9; Soergel/ *Niedenführ* BGB § 216 Rn. 14.

19   BGH NJW 1993, 3318 (3319 f.); Staudinger/*Peters/Jacoby* BGB § 216 Rn. 9.

11 **Nicht erfasst** von Abs. 3 sind die als Zuschlag zu den Zinsen zu entrichtenden **Tilgungs- und Amortisationsbeträge.**[20]

§ 217 Verjährung von Nebenleistungen

Mit dem Hauptanspruch verjährt der Anspruch auf die von ihm abhängenden Nebenleistungen, auch wenn die für diesen Anspruch geltende besondere Verjährung noch nicht eingetreten ist.

Literatur: *Lüneborg*, Die Verjährung von Ersatz-, Hilfs- und Nebenansprüchen, NJW 2012, 2145; *Müller/Hempel*, Nebenpflichten des Verkäufers unter besonderer Berücksichtigung der Verjährung, AcP 205 (2005), 246; *Ostendorf/von Laer*, Die Bestimmung der Verjährungsfristen für die Geltendmachung von Verzugsschäden, NJW 2013, 1479.

A. Allgemeines 1   I. Gleichlauf von Haupt- und Nebenleistung 4
B. Regelungsgehalt 4   II. Abhängige Nebenleistungen 6

A. Allgemeines

1 Nach § 217 verjährt mit dem Hauptanspruch zugleich der Anspruch auf die von ihm abhängigen Nebenleistungen, auch wenn die für sie geltende besondere Verjährung noch nicht eingetreten ist. Die Norm entspricht – von geringfügigen sprachlichen Änderungen abgesehen – dem **§ 224 aF**; die Gesetzesbegründung[1] macht deutlich, dass die bisherige Auslegung des § 224 aF auf § 217 übertragen werden soll. Somit können die Ergebnisse von Rechtsprechung und Lehre zu § 224 aF für die Auslegung des § 217 nutzbar gemacht werden.

2 § 217 ist von der Wirkungserstreckung von Hemmungs-, Ablaufhemmungs- und Neubeginnstatbeständen auf Ansprüche in **elektiver Konkurrenz** zu dem betroffenen Anspruch abzugrenzen (s. dazu → § 213 Rn. 9).

3 Inhaltsgleich mit § 217, aber klarer und prägnanter formuliert, ist Art. 14:502 der Grundregeln des **Europäischen Vertragsrechts** (zu diesen → Vor §§ 194–218 Rn. 20 ff.).

B. Regelungsgehalt

I. Gleichlauf von Haupt- und Nebenleistung

4 § 217 bestimmt, dass Ansprüche auf Nebenleistungen mit dem Hauptanspruch verjähren, auch wenn die für sie geltende besondere Verjährung noch nicht vollendet ist. Dadurch wird gewährleistet, dass Ansprüche auf Nebenleistungen **spätestens** mit dem Hauptanspruch verjähren. Unberührt bleibt die Möglichkeit eines früheren Verjährungseintritts: Unterliegt ein Anspruch auf eine unselbständige Nebenleistung einer kürzeren Verjährungsfrist als der Hauptanspruch, so ist für den Anspruch auf die Nebenleistung weiterhin die kürzere Frist maßgeblich. § 217 kommt nur zum Tragen, wenn die für den Anspruch auf die Nebenleistung geltende Verjährungsfrist später ablaufen würde als die für den Hauptanspruch maßgebliche Frist.

5 Die Norm dient damit dem Schutz der Dispositionsfreiheit des Schuldners; dieser soll sich nicht gegen einen Nebenanspruch verteidigen müssen, wenn der Hauptanspruch bereits verjährt ist.[2] Aus diesem Schutzzweck folgt aber auch, dass § 217 nicht eingreift, wenn der Nebenanspruch eingeklagt wurde, bevor der Hauptanspruch verjährt ist.[3] Gleiches gilt bei einem Anerkenntnis.[4]

II. Abhängige Nebenleistungen

6 Bei „abhängigen Nebenleistungen" handelt es sich um solche Nebenleistungen, die zusätzlich zur Hauptschuld zu erbringen sind und mit dieser in **Zusammenhang** stehen, insbesondere vertragliche und gesetzli-

---

20 MüKoBGB/*Grothe* § 216 Rn. 5 mwN; *Hohmann* WM 2004, 757 (759).

1 BT-Drs. 14/6040, S. 124.

2 BGH NJW 1995, 252 (253); BeckOK BGB/*Henrich* § 217 Rn. 1.

3 BGH NJW 1995, 252 (253); Soergel/*Niedenführ* BGB § 217 Rn. 3.

4 Soergel/*Niedenführ* BGB § 217 Rn. 5; MüKoBGB/*Grothe* § 217 Rn. 3; Erman/*Schmidt-Räntsch* BGB § 217 Rn. 4.

che Zinsen, auch solche aus Verzug (→ Rn. 7),[5] sowie Kosten (iSd § 367 Abs. 1),[6] Provisionen, Früchte und Nutzungen (zB §§ 346 Abs. 1, 818 Abs. 1, 987, 988).[7]

Wie unter altem Recht unterfallen auch Ansprüche auf Ersatz von (sonstigen) **Verzugsschäden** der Regelung des § 217.[8] Das Gleiche gilt nach BGH für Säumniszuschläge nach dem ZVG.[9]   7

Keine abhängigen Nebenleistungen sind demgegenüber alle selbstständig wiederkehrenden Leistungen wie Unterhaltszahlungen, Renten oder die einzelnen Ansprüche aus einem Dauerschuldverhältnis.[10] Nicht erfasst sind insbesondere auch Ansprüche auf Zahlung von Mietnebenkosten; sie sind Teil des Hauptanspruchs.[11]   8

§ 218 Unwirksamkeit des Rücktritts

(1) ¹Der Rücktritt wegen nicht oder nicht vertragsgemäß erbrachter Leistung ist unwirksam, wenn der Anspruch auf die Leistung oder der Nacherfüllungsanspruch verjährt ist und der Schuldner sich hierauf beruft. ²Dies gilt auch, wenn der Schuldner nach § 275 Absatz 1 bis 3, § 439 Absatz 4 oder § 635 Absatz 3 nicht zu leisten braucht und der Anspruch auf die Leistung oder der Nacherfüllungsanspruch verjährt wäre. ³§ 216 Abs. 2 Satz 2 bleibt unberührt.

(2) § 214 Abs. 2 findet entsprechende Anwendung.

Literatur: *Kiehnle,* Unmöglichkeit nach Verjährung, Jura 2010, 481; *Mansel/Budzikiewicz,* Einführung in das neue Verjährungsrecht, Jura 2003, 1; *dies.,* Das neue Verjährungsrecht, 2002, § 5 Rn. 24 ff.; *Peters,* Verjährungsfristen bei Minderung und mangelbedingtem Rücktritt, NJW 2008, 119; *Ruttloff,* Die Ausschlusswirkung des § 218 BGB für sachgrundbezogene Gestaltungsrechte, BB 2013, 2441; *Seggewiße/Weber,* Begrenzt § 218 das „ewige Widerrufsrecht" des Darlehensnehmers?, BKR 2016, 286; *Wolffskeel von Reichenberg,* Rücktritt und Schadensersatz bei Verjährung und absoluter Unverhältnismäßigkeit, NJW 2015, 2833; s. ferner Vor §§ 194–218.

A. Allgemeines 1
B. Regelungsgehalt 2
  I. Gesetzliches Rücktrittsrecht (Abs. 1) 2
   1. Anwendungsbereich 2
   2. Keine Analogiefähigkeit 7
   3. Verjährung des Hauptanspruchs 8
  4. Berufung auf Verjährung 11
  II. Rechtsfolgen 13
   1. Rücktritt nach Eintritt der Verjährung..... 13
   2. Rücktritt vor Eintritt der Verjährung 17
  III. Mängeleinrede 19

A. Allgemeines

Der Rücktritt ist als **Gestaltungsrecht** ausgeformt. Da nach § 194 Abs. 1 nur Ansprüche verjähren (näher → § 194 Rn. 2 ff.), musste ein Weg gefunden werden, den ansonsten wegen Unverjährbarkeit des Rücktrittsrechts zeitlich unbegrenzt möglichen Rücktritt zu verhindern. Diese Aufgabe hat § 218 übernommen, der die Unwirksamkeit des Rücktritts regelt, wenn die zu dem Gestaltungsrecht des Rücktritts parallel bestehenden Leistungs- und Nacherfüllungsansprüche verjährt sind. Bedeutsam wird § 218 vor allem deswegen, weil der Rücktritt im Kaufrecht (§ 437 Nr. 2) und im Werkvertragsrecht (634 Nr. 3) die Institute der Wandelung (§§ 462, 465, 467 aF bzw. § 634 aF) und der Minderung (§§ 462, 472 aF bzw. § 634 aF) ersetzt hat, die als Ansprüche ausgestaltet und daher ohne Weiteres verjährbar waren.   1

5 BT-Drs. 14/6040, S. 124; BAG NZA 2019, 1725 (1730); AG Ludwigshafen 7.3.2018 – 2 h c 449/17, juris Rn. 15; AG München 8.11.2018 – 282 C 4053/18, juris Rn. 29; Palandt/*Ellenberger* BGB § 217 Rn. 1; Erman/*Schmidt-Räntsch* BGB § 217 Rn. 1; MüKoBGB/*Grothe* § 217 Rn. 1; für Einzelheiten auch *Ostendorf/von Laer* NJW 2013, 1479.

6 BeckOGK/*Bach* BGB § 217 Rn. 5; MüKoBGB/*Grothe* § 217 Rn. 1; s. auch OLG Hamburg 9.7.2010 – 19 U 151/09, juris Rn. 16; AG Ludwigshafen 7.3.2018 – 2 h c 449/17, juris Rn. 15 (Mahn- und Anwaltskosten).

7 OLG Frankfurt MDR 1983, 757 (noch zu § 224 aF); BeckOGK/*Bach* BGB § 217 Rn. 4; MüKoBGB/*Grothe* § 217 Rn. 1; BeckOK BGB/*Henrich* § 217 Rn. 3.

8 BGH NJW 2015, 1007; BGH NJW 1995, 252 (noch zu § 224 aF); s. auch AG München 8.11.2018 – 282 C 4053/18, juris Rn. 29 (analoge Anwendung des § 217).

9 BGH NJW 2012, 2504 (2505).

10 OLG Frankfurt MDR 1983, 757 (noch zu § 224 aF); Staudinger/*Peters/Jacoby* BGB § 217 Rn. 10; MüKoBGB/*Grothe* § 217 Rn. 4.

11 OLG Frankfurt MDR 1983, 757 (noch zu § 224 aF); BeckOGK/*Bach* BGB § 217 Rn. 5; MüKoBGB/*Grothe* § 217 Rn. 1; BeckOK BGB/*Henrich* § 217 Rn. 4; Staudinger/*Peters/Jacoby* BGB § 217 Rn. 6.

B. Regelungsgehalt

I. Gesetzliches Rücktrittsrecht (Abs. 1)

2 **1. Anwendungsbereich.** Die Vorschrift erfasst das gesetzliche Rücktrittsrecht wegen Pflichtverletzung aufgrund Nichtleistung oder nicht vertragsgemäßer Leistung. Der Anwendungsbereich der Vorschrift deckt sich mit dem des § 323. Hauptanwendungsbereich sind die Ansprüche wegen **Mängelgewährleistung** im Kaufrecht (§§ 437 Nr. 2, 438 Abs. 4 S. 1) und im Werkvertragsrecht (§§ 634 Nr. 3, 634 a Abs. 4 S. 1). Ausdrücklich gleichgestellt ist die **Minderung** (§§ 438 Abs. 5, 634 a Abs. 5). Daneben ist die Vorschrift anwendbar auf Rücktrittsrechte wegen verspäteter Leistung wie zB aus § 376 Abs. 1 S. 1 HGB. Zweifelhaft ist hingegen ihre Anwendbarkeit bzgl. § 30 VerlG.

3 Für das Rücktrittsrecht aus **§ 313 Abs. 3** soll nach verbreiteter Ansicht § 218 analog gelten.[1] Die unmittelbare Anwendung der Norm scheidet aus, da das Rücktrittsrecht nicht an eine Nicht- oder Schlechtleistung anknüpft. Um im Fall des § 313 Abs. 3 dennoch ein „ewiges" Rücktrittsrecht zu vermeiden, wird die entsprechende Anwendung des § 218 vorgeschlagen.[2] Indes erscheint eine Analogie zu § 218 nicht notwendig, um den Vertragspartner des Rücktrittsberechtigten zu schützen. Nach umstrittener, aber überzeugender Ansicht ist § 350 auf das Rücktrittsrecht aus § 313 Abs. 3 entsprechend anzuwenden.[3] Damit besteht nach hier vertretener Ansicht für eine analoge Anwendung des § 218 kein Bedarf (vgl. auch → Rn. 5).

4 Eine **Ausnahme** gilt nach **Abs. 1 S. 3** iVm § 216 Abs. 2 S. 2 für den Kauf unter **Eigentumsvorbehalt** (§ 449). Tritt der Verkäufer hier nach §§ 449 Abs. 2, 323 wegen Nichtzahlung des Kaufpreises zurück, so steht dem Rücktritt der Eintritt der Verjährung bezüglich des Kaufpreisanspruchs nicht entgegen. Damit wurde die bereits vor der Schuldrechtsreform von der hM für diese Konstellation durch analoge Anwendung des § 223 aF[4] erreichte Lösung kodifiziert. Zum Bestand von dinglichen Sicherungsrechten bei Verjährung der gesicherten Forderung → § 216 Rn. 4 ff.

5 Bei einem **vertraglich vereinbarten Rücktrittsrecht** führt der bloße Fristablauf zur Unwirksamkeit der Rücktrittserklärung. Für eine Anwendung von Abs. 1 besteht hier kein Bedarf, da der Rücktrittsgegner auch für den Fall, dass keine Ausschlussfrist vereinbart wurde, über § 350 ausreichend geschützt ist.[5] Dies gilt selbst dann, wenn zwischen den Parteien vereinbart ist, dass bei Leistungsstörungen ein Rücktrittsrecht entstehen soll. Auch hier ist Abs. 1 nur für den Fall anwendbar, dass gleichzeitig die Voraussetzungen eines gesetzlichen Rücktrittsrechts vorliegen.[6]

6 Da Abs. 1 ein Rücktrittsrecht wegen Pflichtverletzung des (Nach-)Erfüllungsanspruchs voraussetzt, ist er auf den Rücktritt wegen Verletzung einer vertraglichen Nebenpflicht nach **§ 324 unanwendbar**.[7]

7 **2. Keine Analogiefähigkeit.** § 218 kann nicht analog auf andere Gestaltungsrechte angewandt werden. Hierfür besteht auch kein Bedarf, da insoweit meist in Spezialregelungen Ausschlussfristen bestehen, wie zB für die Anfechtung in §§ 121, 124, für die Kündigung in den §§ 314 Abs. 3, 543 Abs. 2, 561 Abs. 1 S. 1, 569 Abs. 3; 626, 723,[8] oder für das Widerrufsrecht (vgl. § 355 ff.) in § 355 Abs. 2.[9] Im Übrigen ist § 218 aufgrund seines Charakters als speziell für den gesetzlichen Rücktritt geschaffene Sondervorschrift einer Analogie ohnehin nicht zugänglich.[10]

8 **3. Verjährung des Hauptanspruchs.** Abs. 1 S. 1 setzt voraus, dass der Hauptleistungsanspruch oder der wegen Vorliegens eines Mangels gem. §§ 437 Nr. 1, 439 bzw. §§ 634 Nr. 1, 635 entstandene Nacherfül-

---

1 OLG München BeckRS 2018, 36665; BeckOK BGB/*St. Lorenz* § 313 Rn. 93; BeckOGK/*Martens* BGB § 313 Rn. 153; MüKoBGB/*Finkenauer* § 313 Rn. 109.

2 OLG München BeckRS 2018, 36665.

3 So jurisPK-BGB/*Faust* § 313 Rn. 6; MüKoBGB/*Gaier* § 313 Rn. 2; BeckOK BGB/*H. Schmidt* § 313 Rn. 2 f., jeweils mwN, auch zur Gegenansicht.

4 BGHZ 70, 96, 98 ff.; BGH NJW 1979, 2196; *Zimmermann/Leenen/Mansel/Ernst* JZ 2001, 684 (697).

5 Soergel/*Niedenführ* BGB § 218 Rn. 3; MüKoBGB/*Grothe* § 218 Rn. 2.

6 MüKoBGB/*Grothe* § 218 Rn. 2; aA BeckOGK/*Bach* BGB § 218 Rn. 9 f.; Erman/*Schmidt-Räntsch* BGB § 218 Rn. 3; Palandt/*Ellenberger* BGB § 218 Rn. 2; BeckOK BGB/*Henrich* § 218 Rn. 2.

7 Erman/*Schmidt-Räntsch* BGB § 218 Rn. 3; BeckOGK/*Bach* BGB § 218 Rn. 7; BeckOK BGB/*Henrich* § 218 Rn. 2.

8 BGH BKR 2019, 255 (258) (Kündigung der Gesellschaftsbeteiligung); OLG Köln BeckRS 2017, 143824 (Kündigung gem. § 5 Abs. 3 ABB).

9 Gegen eine (analoge) Anwendung des § 218 auf das Widerrufsrecht auch BGH NJW 2018, 1390 (1391); NJW 2018, 225 (226); KG BeckRS 2019, 3038; BeckRS 2019, 13590; BeckRS 2019, 18797; OLG Köln BeckRS 2019, 5593; OLG Karlsruhe BeckRS 2018, 35203; BeckOGK/*Bach* BGB § 218 Rn. 21; MüKoBGB/*Grothe* § 218 Rn. 3; BeckOK BGB/*Henrich* § 218 Rn. 2; *Protzen* NJW 2016, 3479 (3480); aA *Seggewiße/Weber* BKR 2016, 286 (288) (analoge Anwendung bei seit dem 13.6.2014 entstandenen Widerrufsrechten).

10 Vgl. MüKoBGB/*Grothe* § 218 Rn. 3; Soergel/*Niedenführ* BGB § 218 Rn. 5; aA *Ruttloff* BB 2013, 2441 (die Norm enthalte einen verallgemeinerungsfähigen Rechtsgedanken, der für alle sachgrundbezogenen Gestaltungsrechte (Rücktritt, Minderung, außerordentliche Kündigung) gelte.

lungsanspruch verjährt sind. Dabei richtet sich die Verjährungsfrist für den Anspruch auf Erfüllung nach den §§ 195, 199; für den Nacherfüllungsanspruch gelten § 438 bzw. § 634 a. Wurde die Verjährungsfrist wirksam vertraglich verkürzt, ist die vereinbarte kürzere Frist maßgeblich.[11]

Die Rücktritts- und Minderungsrechte sind nach **Abs. 1 S. 2** auch für den Fall unwirksam, dass der Verkäufer nach §§ 275 Abs. 1–3, 439 Abs. 4 bzw. 635 Abs. 3 nicht zu leisten braucht, der Anspruch auf die Leistung oder auf Nacherfüllung aber verjährt wäre, wenn er denn bestanden hätte. Diese Regelung wurde in das Gesetz aufgenommen, um zu verhindern, dass der Käufer bei unbehebbaren Sach- und Rechtsmängeln sein Rücktritts- oder Minderungsrecht zeitlich unbefristet ausüben kann.[12] Braucht der Verkäufer nämlich nach § 275 Abs. 1 wegen eines unbehebbaren Mangels nicht zu leisten, etwa weil der als unfallfrei verkaufte Gebrauchtwagen letztlich doch vor Gefahrübergang in einen Unfall verwickelt war,[13] scheidet ein Anspruch auf Leistung oder (im konkreten Fall) auf Nacherfüllung aus. Fehlt es aber an einem solchen Anspruch, kann dieser auch nicht verjähren, so dass bei wörtlicher Auslegung des Abs. 1 S. 1 das Rücktritts- oder Minderungsrecht des Käufers nach §§ 437 Nr. 2, 326 Abs. 5, 323 zeitlich unbegrenzt ausgeübt werden könnte. Damit würde dem Käufer zugleich die Möglichkeit eröffnet, den gezahlten Kaufpreis noch nach Jahren zurückzufordern. Der durch den Rücktritt begründete Anspruch auf Rückzahlung nach § 346 Abs. 1 entsteht schließlich erst mit der Erklärung des Rücktritts, der das vertragliche Schuldverhältnis in ein Rückgewährschuldverhältnis umgestaltet. Da der Rückzahlungsanspruch gem. §§ 195, 199 aber erst drei Jahre nach dem Schluss des Jahres, in dem der Anspruch entstanden ist und der Käufer hiervon Kenntnis hatte oder haben musste, verjährt, hätte es der Käufer in der Hand, die Rückzahlung beliebig hinauszuschieben. Um diese Konsequenz zu vermeiden, hat sich der Gesetzgeber für eine Klarstellung der Rechtslage in Abs. 1 S. 2 entschieden. **9**

Abs. 1 S. 2 umfasst auch die Fälle, in denen sich der Schuldner lediglich auf ein **Leistungsverweigerungs-recht** nach §§ 275 Abs. 2 und 3, 439 Abs. 3 und 635 Abs. 3 beruft. Diese Ausweitung des Anwendungsbereichs war dogmatisch keineswegs zwingend. Im Gegensatz zu § 275 Abs. 1 ist hier der Anspruch nicht ausgeschlossen und somit grundsätzlich einer Verjährung zugänglich. Aufgrund der auch sonst erfolgten Gleichbehandlung aller Fälle des § 275 hielt es der Gesetzgeber jedoch für zweckmäßig und der Rechtsklarheit für zuträglich, eine ausdrückliche Normierung vorzunehmen.[14] **10**

4. Berufung auf Verjährung. Die Unwirksamkeit des Rücktritts tritt nicht automatisch ein; vielmehr muss sich der Schuldner auf die Verjährung des Leistungs- oder Nacherfüllungsanspruchs berufen. Auf diese Weise wird ein Gleichlauf der Anspruchsverjährung und der zeitlichen Begrenzung des Gestaltungsrechts im Prozess erreicht.[15] Bei der Berufung des Schuldners auf die Verjährung handelt es sich aber nicht um eine Einrede, sondern um ein **Gestaltungsrecht sui generis**, weil die Ausübung nicht anspruchshemmend wirkt, sondern sich gegen das Gestaltungsrecht des Rücktritts richtet.[16] **11**

Eine **Frist** zur Geltendmachung **besteht nicht**.[17] Der Schuldner kann sich im Prozess daher bis zum Ende der letzten mündlichen Verhandlung auf die Unwirksamkeit des Rücktritts berufen. Auch insoweit besteht ein Gleichlauf mit der Einrede der Verjährung. Darin liegt keine ungerechtfertigte Benachteiligung des Käufers bzw. Bestellers: Ist das Schuldverhältnis zu diesem Zeitpunkt bereits rückabgewickelt, so bleibt die Berufung auf die Unwirksamkeit des Rücktritts für ihn wegen Abs. 2 iVm § 214 Abs. 2 ohne Konsequenzen (s. dazu → Rn. 15). Wenn hingegen noch keine Rückabwicklung erfolgt ist, so stellt die Unsicherheit darüber, ob sich der Verkäufer bzw. Unternehmer auf die Unwirksamkeit des Rücktritts beruft, keine unbillige Benachteiligung des Käufers bzw. Bestellers dar, da es allein in seiner Hand liegt, den Rücktritt zu erklären und so den Gegner zur Äußerung zu zwingen. Eine Verwirkung des Rechts aus Abs. 1 (allgemein → Vor §§ 194–218 Rn. 42) ist daher in aller Regel nicht denkbar.[18] **12**

II. Rechtsfolgen

1. Rücktritt nach Eintritt der Verjährung. Beruft sich der Schuldner auf die Verjährung des (Nach-)Erfüllungsanspruchs, so werden Rücktritt bzw. Minderung dadurch mit Wirkung **ex nunc** wir- **13**

11 S. BGH NJW 2020, 759 (760).
12 Vgl. *Knütel* NJW 2001, 2519.
13 Beispiel nach BT-Drs. 14/6857, S. 27 (Nr. 93).
14 Vgl. Rechtsausschuss, BT-Drs. 14/7052, S. 182.
15 BT-Drs. 14/6040, S. 124; Soergel/*Niedenführ* BGB § 218 Rn. 1; MüKoBGB/*Grothe* Rn. 6.
16 AnwK-SchuldR/*Büdenbender* BGB § 218 Rn. 9; MüKoBGB/*Grothe* § 218 Rn. 6; Staudinger/*Peters/Jacoby* BGB § 218 Rn. 3; Soergel/*Niedenführ* BGB

§ 218 Rn. 7 und wohl auch Palandt/*Ellenberger* BGB § 218 Rn. 1. AA Erman/*Schmidt-Räntsch* BGB § 218 Rn. 5 (Einrede).
17 Soergel/*Niedenführ* BGB § 218 Rn. 1; Palandt/*Ellenberger* BGB § 218 Rn. 5; Erman/*Schmidt-Räntsch* BGB § 218 Rn. 5.
18 Vgl. Staudinger/*Peters/Jacoby* BGB § 218 Rn. 3. Zur Verwirkung Erman/*Schmidt-Räntsch* BGB § 218 Rn. 5.

kungslos.[19] Hierfür spricht die Wertung des Gesetzgebers in Abs. 2, wonach eine bereits begonnene Rückabwicklung nicht mehr verändert werden soll (→ Rn. 15). Die gegenteilige Auffassung, die von einer ex-tunc-Wirkung ausgeht,[20] führt aber – bei richtiger Anwendung des Abs. 2 – nicht zu abweichenden Ergebnissen.

14   Das ursprüngliche Schuldverhältnis lebt dadurch wieder auf: Ansprüche aus §§ 346, 347 fallen weg; die Minderung wird wirkungslos, so dass der Anspruch auf Zahlung des vollen Kaufpreises bzw. Werklohns wieder entsteht.

15   Haben die Parteien bereits mit der Rückabwicklung begonnen oder wurde aufgrund der Minderung bereits ein Teil des Kaufpreises oder Werklohns zurückgezahlt, so ordnet **Abs. 2 iVm § 214 Abs. 2** an, dass bereits erfolgte Leistungen nicht zurückgefordert werden können. Dadurch wird der Bestand der bereits begonnenen Rückabwicklung bereicherungsfest gestellt. Für eine Anwendung von § 813 ist schon begrifflich kein Raum, da keine Einrede vorliegt.[21] Aus dem Zweck des § 214 Abs. 2 folgt zudem, dass der Ausschluss der Rückgängigmachung sowohl für die Leistung als auch für die **Gegenleistung** gilt. Hat der Gläubiger also sein Rücktrittsrecht ausgeübt und die mangelhafte Kaufsache bzw. das mangelhafte Werk bereits zurückgegeben, so kann er diese auch bei Vorliegen der Voraussetzungen des § 218 nicht zurückverlangen.[22] Hierfür spräche allenfalls der Wortlaut des § 214 Abs. 2, der nur den verjährten Anspruch erwähnt, nicht aber die Gegenleistung. Für eine Privilegierung des Zurücktretenden gibt es aber keinen Grund, zumal § 218 gerade dem Schutz des Schuldners dient.[23]

16   Auch ist eine Reduzierung des Anwendungsbereichs von Abs. 2 auf die Fälle, in denen die beiderseitig erbrachten Leistungen bereits vollständig rückabgewickelt wurden,[24] weder mit dem Wortlaut noch mit dem Zweck der Norm zu vereinbaren. Soweit wegen des unterschiedlichen Stands der **Rückabwicklung** eine der Parteien benachteiligt wird, ist dies aber nach dem klaren Wortlaut des Abs. 2 hinzunehmen. Hat der Käufer also nach Ablauf der Verjährungsfrist den Rücktritt erklärt und die mangelhafte Kaufsache bereits zurückgegeben, bevor der Rücktrittsgegner sich auf § 218 beruft, so hat er weder einen Anspruch auf Rückzahlung des Kaufpreises noch kann er wegen Abs. 2 den Kaufgegenstand wieder zurückfordern. Der Verkäufer hingegen hat es in der Hand, durch die Geltendmachung des § 218 die ihm jeweils günstigere Rechtsfolge herbeizuführen.

17   **2. Rücktritt vor Eintritt der Verjährung.** Erfolgt der Rücktritt vor Eintritt der Verjährung, wird das vertragliche Schuldverhältnis in ein Rückabwicklungsverhältnis umgewandelt. Damit stellt sich allerdings die Frage, in welcher Frist die durch den Rücktritt begründeten Abwicklungsansprüche nunmehr ihrerseits verjähren. Nach der **Rechtsprechung des BGH** unterliegt der Anspruch auf Rückgewähr (§ 346) nicht mehr dem Regime des § 438, sondern der regelmäßigen Verjährung aus §§ 195, 199;[25] Gleiches gilt für die Ansprüche aus Minderung. Diese Auffassung ist allerdings nicht unproblematisch: Die Anwendung der §§ 195, 199 führt dazu, dass es der Käufer oder Besteller in der Hand hat, durch bloße Ausübung eines Gestaltungsrechts die Verjährungsfrist um mindestens drei Jahre zu verlängern. Darin liegt ein **Wertungswiderspruch** zu den anderen Gewährleistungsrechten Nacherfüllung und Schadensersatz: Hier kann ein vergleichbares Hinauszögern des Verjährungseintritts nur durch Klageerhebung oder Einleitung eines anderen förmlichen Verfahrens erreicht werden (§ 204).[26] Es ist jedoch kein Grund ersichtlich, der die Durchbrechung des verjährungsrechtlichen Gleichlaufs der Gewährleistungsrechte durch die verdeckte Privilegierung des Rücktritts und der Minderung rechtfertigen könnte;[27] vielmehr handelt es sich um einen unbeabsichtigten Nebeneffekt der Konstruktion als Gestaltungsrecht. Der Gesetzgeber wollte im Verhältnis der Gewährleistungsrechte zueinander lediglich den Vorrang der Nacherfüllung statuieren (§§ 281 Abs. 1 S. 1, 323 Abs. 1, 440). Die Rechte aus § 437 Nr. 2 und 3 sollten hingegen gleichrangig nebeneinanderstehen. Trotz dieser Bedenken konnte sich die Auffassung, dass mit der Erklärung des Rücktritts keine neue Verjährungsfrist des Anspruchs auf Rückgewähr (§ 346 Abs. 1) beginnt und die alte Frist des § 438 weiterläuft,[28] nicht durchsetzen.

---

19   AnwK-SchuldR/*Büdenbender* BGB § 218 Rn. 23; BeckOK BGB/*Henrich* § 218 Rn. 10; Palandt/*Ellenberger* BGB § 218 Rn. 6; MüKoBGB/*Grothe* § 218 Rn. 7; Jauernig/*Mansel* BGB § 218 Rn. 2.

20   BeckOGK/*Bach* BGB § 218 Rn. 33; Staudinger/*Peters/Jacoby* BGB § 218 Rn. 4.

21   Vgl. MüKoBGB/*Grothe* BGB § 218 Rn. 8.

22   Dafür aber BeckOGK/*Bach* BGB § 218 Rn. 36; Palandt/*Ellenberger* BGB § 218 Rn. 6.

23   Ausf. MüKoBGB/*Grothe* BGB § 218 Rn. 8.

24   So Staudinger/*Peters/Jacoby* BGB § 218 Rn. 4.

25   BGH NJW 2007, 674, 677 (Anspruch auf Kaufpreisrückzahlung); NJW 2015, 2106 (Anspruch auf Kauf-

preisrückzahlung); ebenso MüKoBGB/*Grothe* § 218 Rn. 4; Palandt/*Ellenberger* BGB § 218 Rn. 7; *Kiehnle* Jura 2010, 481 (486) mit umfassenden Nachweisen zum Streitstand; vgl. auch *Reinking* ZGS 2002, 140 (141).

26   *Wagner* ZIP 2002, 789 (791 f.).

27   Ebenso BeckOGK/*Bach* BGB § 218 Rn. 13. AA MüKoBGB/*Grothe* § 218 Rn. 4: Dieses Ergebnis sei als Entscheidung des Gesetzgebers hinzunehmen.

28   *Wagner* ZIP 2002, 789 (791 f.); *Reinking* ZGS 2002, 140 (142); Staudinger/*Peters/Jacoby* BGB § 218 Rn. 6; *Mansel/Budzikiewicz* Jura 2003, 1 (9); *Peters* NJW 2008, 119 ff.

Die hier vertretene (von der Rechtsprechung nicht geteilte) Lösung (→ Rn. 17) folgt dogmatisch aus einer **18** **ergänzenden Auslegung** des § 218.[29] Dessen ratio ist es, den Schuldner den Konsequenzen des Rücktritts nicht länger auszusetzen als denen des Leistungs- oder Nacherfüllungsverlangens (→ Rn. 1). Daraus folgt, dass die durch den Rücktritt begründeten Ansprüche nur innerhalb der für die Verjährung des (Nach-)Erfüllungsanspruchs maßgeblichen Frist geltend gemacht werden können. Diese Wertung kann über die Verweisungen der §§ 438 Abs. 4 S. 1, Abs. 5 bzw. 634a Abs. 4 S. 1, Abs. 5 auch ins Kauf- und Werkvertragsrecht übertragen werden. Damit sind die speziellen Verjährungsvorschriften der §§ 438, 634a auch auf die durch Rücktritt oder Minderung begründeten Ansprüche anzuwenden. Zur Vermeidung des Rechtsverlusts stehen dem Schuldner die allgemeinen verjährungshemmenden und -unterbrechenden Maßnahmen zur Verfügung.

III. Mängeleinrede

Nach § 438 Abs. 4 S. 2 und Abs. 5 Alt. 2 bzw. § 634a Abs. 4 S. 2 und Abs. 5 Alt. 2 kann der Käufer bzw. **19** Besteller trotz Unwirksamkeit des Rücktritts oder der Minderung nach Abs. 1 die Zahlung des Kaufpreises insoweit **verweigern**, als er aufgrund des Rücktritts oder der Minderung hierzu berechtigt sein würde (Mängeleinrede). Eine Mängelanzeige vor Ablauf der Verjährungsfrist ist für die Geltendmachung der Einrede nicht erforderlich.

Von Bedeutung ist die Möglichkeit der Mängeleinrede für den Käufer bzw. Besteller in den Fällen, in denen **20** sich der Verkäufer bzw. Unternehmer nach Abs. 1 auf die Unwirksamkeit von Rücktritt oder Minderung berufen kann, sein eigener Anspruch auf Kaufpreiszahlung jedoch gem. §§ 195, 199 noch nicht verjährt ist. Dadurch wird der **Fristenunterschied** zwischen der Verjährung der Mängelgewährleistung und der Regelverjährung ausgeglichen.[30]

Wenn der Verkäufer bzw. Unternehmer allerdings von seinem Recht auf Leistungsverweigerung Gebrauch **21** macht, soll er auch nicht besser stehen, als dies bei fristgerechter Geltendmachung des Rücktrittsrechts der Fall gewesen wäre. §§ 438 Abs. 4 S. 3 bzw. 634a Abs. 4 S. 3 eröffnen dem Verkäufer bzw. Unternehmer daher die Möglichkeit, vom Vertrag zurückzutreten und die Rückgabe der Kaufsache zu verlangen.

§§ 219 bis 225 (weggefallen)

---

29 Vgl. *Mansel/Budzikiewicz* Jura 2003, 1 (9). Einen anderen Ansatz verfolgt BeckOGK/*Bach* BGB § 218 Rn. 15: analoge Anwendung des § 217 auf die Rücktrittsfolgen.

30 Ausf. zur Mängeleinrede *Mansel/Budzikiewicz* § 5 Rn. 29–43 (Kaufrecht) und § 5 Rn. 216–223 (Werkvertragsrecht).

Abschnitt 6
Ausübung der Rechte, Selbstverteidigung, Selbsthilfe

§ 226 Schikaneverbot

Die Ausübung eines Rechts ist unzulässig, wenn sie nur den Zweck haben kann, einem anderen Schaden zuzufügen.

Literatur: *Merz*, Vom Schikaneverbot zum Rechtsmißbrauch, ZfRV 1977, 162.

A. Allgemeines	1	1. Unzulässigkeit der Rechtsausübung ohne Eingriff in Bestand des Rechts	7
B. Regelungsgehalt	2	2. Notwehr gegen schikanöse Rechtsaus-	
I. Anwendungsbereich	2	übung	8
II. Art des ausgeübten Rechts	3	3. Schadensersatz	9
III. Zweckbestimmung der Schadenszufügung	4	V. Einzelfälle	10
1. Objektiver Tatbestand	4	1. Unzulässige Rechtsausübung bejaht	10
2. Subjektiver Tatbestand	5	2. Unzulässige Rechtsausübung verneint	11
3. Alle denkbaren Schäden	6	C. Weitere praktische Hinweise	12
IV. Rechtsfolgen	7		

A. Allgemeines

1 § 226 betrifft eine gesetzlich geregelte Fallgruppe des Verbots der unzulässigen Rechtsausübung. Die praktische Bedeutung der Vorschrift ist im Hinblick auf den sehr eng gefassten Tatbestand gering, nachdem nach der Rechtsprechung des Bundesgerichtshofs jeder andere Zweck als eine Schadenszufügung objektiv ausgeschlossen sein muss.[1]

B. Regelungsgehalt

I. Anwendungsbereich

2 Die Vorschrift gilt im Bereich der gesamten Privatrechtsordnung, darüber hinaus auch im öffentlichen Recht und im Prozessrecht.[2]

II. Art des ausgeübten Rechts

3 § 226 betrifft subjektive Rechte aller Art, also neben Ansprüchen im Sinne von § 194 Abs. 1 auch Gestaltungsrechte, absolute Rechte und Gegenrechte.[3]

III. Zweckbestimmung der Schadenszufügung

4 **1. Objektiver Tatbestand.** § 226 setzt voraus, dass die Rechtsausübung **objektiv** keinen anderen Zweck haben kann, als den, einem anderen Schaden zuzufügen.[4] Es genügt somit nicht, dass jemand von seinem Recht in missbilligender Absicht Gebrauch macht; vielmehr muss feststehen, dass die Rechtsausübung keinerlei Vorteil zu bringen vermag, sondern lediglich zur Schädigung eines anderen taugt.[5] Jedes objektiv erkennbare Interesse an der Rechtsausübung, dem die Berechtigung nicht abgesprochen werden kann, schließt den Schikaneeinwand aus.[6]

5 **2. Subjektiver Tatbestand.** Die objektiv bezweckte Schadensstiftung muss in **subjektiver** Hinsicht vom Vorsatz des Rechtsausübenden erfasst sein. Der Vorsatz muss sich sowohl auf die Schädigungshandlung beziehen als auch die Schadenszufügung erfassen.[7] Die Absicht der Schadenszufügung (Schikaneabsicht) ist jedoch nicht erforderlich.[8]

---

1 Vgl. BGH NJW 1975, 1314.

2 Soergel/*Fahse* BGB § 226 Rn. 2; BeckOK BGB/*Dennhardt* § 226 Rn. 3 Palandt/*Ellenberger* BGB § 226 Rn. 1.

3 BeckOK BGB/*Dennhardt* § 226 Rn. 4.

4 Staudinger/*Repgen* BGB § 226 Rn. 15; MüKoBGB/*Grothe* § 226 Rn. 3; BGH NJW 1975, 1314.

5 Soergel/*Fahse* BGB § 226 Rn. 5.

6 MüKoBGB/*Grothe* § 226 Rn. 4.

7 MüKoBGB/*Grothe* § 226 Rn. 5; aA Staudinger/*Repgen* BGB § 226 Rn. 20; Soergel/*Fahse* BGB § 226 Rn. 8.

8 MüKoBGB/*Grothe* § 226 Rn. 5; Staudinger/*Repgen* BGB § 226 Rn. 20; aA Erman/*Wagner* BGB § 226 Rn. 5.

3. Alle denkbaren Schäden. Jede Art von **Schaden** wird von § 226 erfasst, also sowohl materielle als **6** auch immaterielle Schäden. Der Schaden muss nicht eingetreten sein.[9]

IV. Rechtsfolgen

1. Unzulässigkeit der Rechtsausübung ohne Eingriff in Bestand des Rechts. Die Ausübung des **7** Rechts ist unzulässig, sein Bestand wird jedoch nicht berührt. Sofern zu einem späteren Zeitpunkt die schikanösen Umstände entfallen sind, kann das Recht wieder ausgeübt werden.[10]

2. Notwehr gegen schikanöse Rechtsausübung. Die schikanöse Rechtsausübung ist rechtswidrig und **8** damit im Sinne von § 227 notwehrfähig, sofern die weiteren Voraussetzungen dieser Vorschrift vorliegen.

3. Schadensersatz. § 226 ist ein **Schutzgesetz** iSv **§ 823 Abs. 2**.[11] Der Gegner kann daher einen etwa ein- **9** getretenen Schaden liquidieren und, sofern Wiederholungsgefahr gegeben ist, analog § 1004 Abs. 1 S. 2 auf Unterlassung klagen.[12]

V. Einzelfälle

1. Unzulässige Rechtsausübung bejaht

- Aufrechterhaltung einer werktitelverletzenden Domain durch den Inhaber mit dem alleinigen Ziel, diese **10** für den Verletzten zu sperren.[13]
- Registrierung eines fremden, mit der Marke eines Unternehmens gleich lautenden Internet-Domain-Namens ohne nachvollziehbares eigenes Interesse.[14]
- Blockierung der einzigen Einfahrt zu einem Waldgrundstück ohne Verfolgung von Eigentümerinteressen.[15]
- Ausschluss eines Einzelnen ohne triftigen Grund von der allgemein gestatteten Benutzung eines Grundstücksteils als Weg.[16]
- Vollstreckungsmaßnahmen wie die Vollstreckung eines Haftbefehls wegen einer Forderung über 2,10 DM mit dem Ziel, den Schuldner zu schikanieren.[17]
- Verweigerung der Zahlung eines Vollstreckungsschuldners, der einen Geldbetrag Zug um Zug gegen Übergabe einer nahezu wertlosen Couch zahlen soll, mit der Behauptung, es handle sich nicht um die geschuldete Couch.[18]
- Beseitigungsverlangen nach Löschung einer für ein Stromversorgungsunternehmen bestellten Grunddienstbarkeit bezüglich eines Restbetonfundaments in 1,5 m Tiefe, welche lediglich eine Beeinträchtigung der Vegetation auf 0,0083 % der Ackerfläche befürchten lässt, aber Beseitigungskosten von mindestens 25.000 EUR erfordern würde.[19]
- Die Forderung des einzelnen Wohnungseigentümers gegenüber dem Verwalter, gegen Kostenerstattung alle Belege eines Wirtschaftsjahres kopiert und zugesandt zu bekommen, kann im Einzelfall gegen das Schikane- und Missbrauchsverbot verstoßen.[20]
- Missbräuchliche Verfahrenstrennung durch Verfolgung von Unterlassungsansprüchen nach dem UWG gegen eine GmbH und deren Geschäftsführer in getrennten Verfahren ohne sachliche Gründe für eine getrennte Geltendmachung.[21]
- Handstreichartige Einladung zu einer Vollversammlung einer Aktiengesellschaft nach § 20 AktG zum Zwecke der Sicherung der Stimmenmehrheit.[22]
- Betreiben eines Bauvorhabens, bei dem die Anordnung eines Gebäudes (hier eines Schuppens) keinem anderen Zweck als der Schädigung des Nachbarn dient, und der Bauherr kein schutzwürdiges Eigeninteresse verfolgt.[23]
- Verweigerung der Überlassung eines Schlüssels für das Betriebsratsbüro zum Zwecke der Einsichtnahme in die Unterlagen des Betriebsrats aus § 34 Absatz 3 BetrVG, wenn dem Betriebsrat eine solche

9 Soergel/*Fahse* BGB § 226 Rn. 9.
10 MüKoBGB/*Grothe* § 226 Rn. 14; Staudinger/*Repgen* BGB § 226 Rn. 34.
11 BeckOK BGB/*Dennhardt* § 226 Rn. 7; Soergel/ *Fahse* BGB § 226 Rn. 11; Palandt/*Ellenberger* BGB § 226 Rn. 4.
12 BeckOK BGB/*Dennhardt* § 226 Rn. 7.
13 KG NJOZ 2003, 2773.
14 OLG Frankfurt MDR 2000, 1268 f.
15 OLG Düsseldorf NJW-RR 2001, 162 f.

16 OLG Düsseldorf NJW RR 2001, 162.
17 LG Köln DGVZ 1991, 75.
18 LG Berlin NJW-RR 1989, 638 f. (Anm.: wohl sehr weitgehend).
19 OLG Celle NZM 2005, 39 = OLGR Celle 2004, 496.
20 BayObLG NZM 2006, 512 = OLGR München 2006, 653.
21 KG KGR Berlin 2007, 79 = AGS 2007, 216.
22 BGH NJW 2009, 2458.
23 VGH Mannheim NJOZ 2008, 3313.

Überlassung tatsächlich möglich und zumutbar ist und anderenfalls ein jederzeitiges Einsichtnahmerecht des Betriebsratsmitglieds nicht gewährleistet werden kann.[24]

– Erhebt der Schuldner während eines laufenden, aufgrund einer Sicherungsgrundschuld betriebenen Zwangsversteigerungsverfahrens eine Vollstreckungsabwehrklage, die er auf die Verjährung eines Teils der Grundschuldzinsen stützt, kann das Rechtsschutzbedürfnis ausnahmsweise zu verneinen sein. Dies setzt voraus, dass der Gläubiger nicht wegen der verjährten Zinsen vollstreckt; ferner müssen Indizien vorliegen, die in einer Gesamtwürdigung den sicheren Schluss erlauben, dass die Vollstreckungsabwehrklage ausschließlich prozesszweckfremden Zielen dient (im vorliegenden Fall vom BGH bejaht).[25]

Die Ausübung des Antragsrechts auf Einsicht in Geschäftsverteilungspläne eines Gerichts oder eines Spruchkörpers ist insbesondere dann unzulässig, wenn dies völlig antragsfremden Zwecken dienen soll, insbesondere nur der Zweck verfolgt wird, das Gericht zu belästigen. Dies ist insbesondere dann der Fall, wenn es dem Antragsteller erklärtermaßen darum geht, eine Vielzahl von Beschlüssen zur Jahresgeschäftsverteilung gezielt auf Verfahrensfehler zu durchforsten, um daraus (vermeintliche) dienstrechtliche Unregelmäßigkeiten einzelner Richterinnen und Richter aufzudecken und diese angeblichen Gesetzesverletzungen zum Gegenstand von Dienstaufsichtsbeschwerden zu machen. Im vorliegenden Fall ging es dem Antragsteller nach Feststellung des Gerichts nur darum, Kapazitäten der Justiz mit seinen zahllosen Eingaben in sinnloser und auch für ihn selbst nutzloser Weise zu binden. Begründet wird dies mit der prozessrechtlichen Ausprägung des allgemeinen Schikaneverbots des § 226 BGB.[26]

Errichtung eines Tores durch den Eigentümer des dienenden Grundstücks an der nicht zur Straßenseite gelegenen gemeinsamen Grundstücksgrenze, von dem aufgrund seiner Positionierung und technischen Gestaltung und mangels erkennbarer berechtigter Interessen des Errichters angenommen werden muss, dass es allein dazu dienen soll, die Ausübung der Grunddienstbarkeit zu erschweren.[27]

2. Unzulässige Rechtsausübung verneint

11 – Geltendmachung der Blockposition durch einen Mitgesellschafter bei der Übertragung von Geschäftsanteilen im Wege vorweggenommener Erbfolge durch einen anderen Mitgesellschafter auf dessen Sohn.[28]

– Kündigung des Girokontos der NPD durch die kontoführende Bank.[29]

– Kündigung des Postbank-Girokontos der Scientology Mission e.V.[30]

– Geltendmachung des Rechts des Wohnungseigentümers auf Einsicht in die der Jahresabrechnung zugrunde liegenden Belege, auch wenn der Verwalter einer Großanlage hierdurch in praktische Nöte gerät.[31]

– Geltendmachung der Nichtigkeit eines durch unangefochtenen Mehrheitsbeschluss begründeten Sondernutzungsrechts, für welchen ausschließlich vernünftige Gründe sprechen, während das Anliegen des einzelnen Wohnungseigentümers deutlich weniger gewichtig erscheint.[32]

– Nichtausübung des Rechts eines Wohnungseigentümers für die Dauer von 15 Jahren auf Beseitigung einer baulichen Anlage, sofern der Inhaber des Rechtes nicht gewusst hat, dass ihm dieses zusteht.[33]

– Aufenthalt auf einem, die Spielbahn eines Golfplatzes kreuzenden öffentlichen Feldwirtschaftsweges, auch wenn hierdurch das Golfspiel gezielt gestört werden soll.[34]

– Inanspruchnahme des Kommanditisten statt der KG für Gesellschaftsschulden.[35]

– Klage auf Auskunft über Namen und Anschriften der Mitgesellschafter einer Publikums-KG.[36] Es liegt auch dann keine unzulässige Rechtsausübung und kein Missbrauch des Auskunftsrechts vor, wenn das Auskunftsersuchen allein bzw. vorrangig/wesentlich dem Ziel dient, die Namen, Anschriften und Beteiligungshöhe der Mitgesellschafter dazu zu verwenden, um diesen Mitgesellschaftern Kaufangebote hinsichtlich ihrer Anteile zu unterbreiten.[37]

– Kein missbräuchliches Geltendmachen des Antrags auf gerichtliche Entscheidung eines Untersuchungsgefangenen nach § 119a StPO trotz einer Flut von Anträgen.[38]

– Kündigung eines separaten Garagenmietvertrages ohne Eigenbedarf.[39]

24 LAG BW 20.2.2013 – 13 TaBV 11/12, BeckRS 2013, 67255.
25 BGH 21.10.2016 – V ZR 230/15, WM 2016, 2381.
26 OLG Hamm (15. Zivilsenat) 8.5.2018 – 15 VA 12/18, BeckRS 2018, 14982.
27 OLG Saarbrücken NJW-RR 2020, 141.
28 OLG Brandenburg NZG 2002, 872 f.
29 OLG Brandenburg NJW 2001, 450; OLG Köln NJW 2001, 452; LG Köln NJW 2001, 82.
30 LG Ulm NJW 1996, 3347.

31 BayObLG NJW-RR 2000, 1466 ff.
32 OLG Köln NJW-RR 2001, 1304 ff.
33 BayObLG NJW 1997, 1492 ff.
34 OLG Saarbrücken OLGR Saarbrücken 2004, 497.
35 BGH NJW-RR 2007, 1676.
36 BGH NJW 2011, 921 ff.
37 OLG München NZG 2019, 540.
38 OLG Köln NStZ-RR 2013, 285.
39 BGH NJW-RR 2013, 1355.

– Beitritt als Streithelfer zu mehreren aktienrechtlichen Anfechtungsverfahren denselben Hauptversammlungsbeschluss betreffend – Verlangen des Streithelfers nach Ersatz seiner Prozesskosten bei Klageerfolg.[40]
– Geltendmachung eines Anspruchs des ausgeschiedenen Wohnungseigentümers auf Verwaltungsunterlageneinsicht.[41]
– Zurückweisung der angebotenen Zahlung unter Vorbehalt der Rückforderung auf ein noch nicht rechtskräftiges Urteil.[42]
– Geltendmachung des Rechts des Pflichtteilsberechtigten auf Erstellung und Vorlage eines notariellen Nachlassverzeichnisses obwohl bereits ein privates Nachlassverzeichnis vorlag.[43]
– Geltendmachung eines Anspruchs auf Beseitigung eines auf dem Grundstück der Klagepartei belegenen Wasser-/Geröllrückhaltebeckens, obwohl der mutmaßliche Verkehrswert der rechtswidrig in Anspruch genommenen Teilfläche des klägerischen Grundstücks von 70 EUR weit unter den von der Beklagten zugrunde gelegten Kosten für eine Verlegung des Wasser-/Geröllrückhaltebeckens von ca. 14.000 EUR liegt. Käme es nämlich auf den Verkehrswert der in Anspruch genommenen Fläche an, würde nahezu durchweg ein Folgenbeseitigungsanspruch scheitern. Kaum jemals dürfte nämlich der Quadratmeterpreis einer rechtswidrig in Anspruch genommenen Fläche den Kosten entsprechen, die durch die Beseitigung und Verlegung einer darauf errichteten baulichen Anlage entstehen.[44]
– Ausübung des Widerrufsrechts bei Fernabsatzverträgen durch den Käufer mit dem Ziel, für sich selbst günstigere Vertragsbedingungen auszuhandeln.[45]
– Isolierte Kündigung eines gesonderten Stellplatzmietvertrages durch den Wohnraumvermieter ohne Eigenbedarf hinsichtlich des Stellplatzes.[46]

C. Weitere praktische Hinweise

§ 226 ist im Prozess von Amts wegen zu beachten. Die **Beweislast** für die Voraussetzungen des § 226, einschließlich der Tatsachen, aus denen sich ergibt, dass ein anderer Zweck als der Schädigungszweck nicht möglich ist, trägt derjenige, der sich auf die Vorschrift beruft.[47]   **12**

Weil der Bestand des Rechts unberührt bleibt, erschöpft sich die **Rechtskraftwirkung** eines auf § 226 gestützten klageabweisenden Urteils in der Feststellung, dass die Rechtsausübung in dem zur Entscheidung gelangten Fall unzulässig war.[48]   **13**

§ 227 Notwehr

(1) Eine durch Notwehr gebotene Handlung ist nicht widerrechtlich.

(2) Notwehr ist diejenige Verteidigung, welche erforderlich ist, um einen gegenwärtigen rechtswidrigen Angriff von sich oder einem anderen abzuwenden.

Literatur: *Alwart*, Zum Begriff der Notwehr, JuS 1996, 953; *Braun*, Subjektive Rechtfertigungselemente im Zivilrecht?, NJW 1998, 941; *Edenfeld*, Der Schuldner am Pranger – Grenzen zivilrechtlicher Schuldbeitreibung, JZ 1998, 645 ff.; *v. Feldmann*, Selbsthilfe im Rechtssystem, NJW 1987, 119; *Horst*, Der Nachbar als „Big Brother" – Grenzen zulässiger Videoüberwachung, NZM 2000, 937; *Löwisch*, Besitzwehr zur Durchsetzung eines Hausverbots, NJW 1994, 2596; *Mitsch*, Notwehr gegen fahrlässig provozierten Angriff, JuS 2001, 751; *Pelz*, Notwehr- und Notstandsrechte und der Vorrang obrigkeitlicher Hilfe, NStZ 1995, 305; *Schmidhäuser*, Die Begründung der Notwehr, GA 1991, 97; *Schreiber*, Die Rechtfertigungsgründe des BGB, Jura 1997, 29; *Simon*, Einschränkung des Notwehrrechts bei unvermeidbar irrendem Angreifer, JuS 2001, 639; *Kudlich*, „Ich hab' gedacht, ich dürfte das", JA 2016, 150.

A. Allgemeines	1		3. Gegenwärtigkeit des Angriffs	9
B. Regelungsgehalt	2		4. Rechtswidrigkeit des Angriffs	11
I. Notwehrlage (Abs. 2)	2		II. Verteidigungshandlung	14
1. Angriff	2		1. Verteidigungswille	14
2. Angriffsobjekt	4		2. Erforderlichkeit der Verteidigungshandlung	15
a) Allgemein	4		III. Einschränkungen des Notwehrrechts	16
b) Einzelfälle	7		1. Unzulässige Rechtsausübung	16
aa) Notwehr bejaht	7		2. Notwehrprovokation	18
bb) Notwehr verneint	8			

---

40 BGH NZG 2010, 831.
41 KG NZM 2000, 828.
42 BGH BeckRS 2012, 07964.
43 OLG München FamRZ 2018, 1035.
44 OVG Koblenz 4.4.2017 – 1 A 10865/16.

45 BGH 16.3.2016 – VIII ZR 146/15.
46 BGH NJW-RR 2013, 1355.
47 Soergel/*Fahse* BGB § 226 Rn. 13, 14.
48 Soergel/*Fahse* BGB § 226 Rn. 15.

3. Angriffe schuldlos Handelnder 20
IV. Nothilfe 21
V. Rechtsfolgen (Abs. 1) 22
    1. Rechtmäßigkeit der Notwehrhandlung 22

2. Notwehrexzess 23
VI. Putativnotwehr 24
C. Weitere praktische Hinweise 29

A. Allgemeines

1 Die Notwehrbegriffe des § 227 und des § 32 StGB stimmen überein.[1] Sie beruhen auf dem Gedanken, dass das Recht dem Unrecht nicht zu weichen braucht. Beide Vorschriften dienen dem Schutz des angegriffenen Rechtsguts und zugleich der Bewährung der Rechtsordnung.[2]

B. Regelungsgehalt

I. Notwehrlage (Abs. 2)

2 **1. Angriff.** Angriff ist die **von einem Menschen drohende Verletzung** rechtlich geschützter Interessen. Da ein **Verschulden nicht erforderlich** ist, kann der Angriff auch von einem Kind, einem Bewusstlosen oder einem Geisteskranken ausgehen.[3] Daher sind auch die Angriffe durch diese Personen notwehrfähig. Der von einem Tier oder einer Sache ausgehenden Gefahr kann gemäß § 228 durch eine Notstandshandlung begegnet werden.

3 Ein Angriff setzt **aktives Verhalten** voraus. Bloße Untätigkeit stellt keinen Angriff dar, selbst wenn eine gesetzliche oder vertragliche Pflicht zum Handeln besteht. Es muss jedoch geprüft werden, ob tatsächlich ein Unterlassen vorliegt oder ob sich das Verhalten bei wertender Betrachtung nicht doch als aktives Tun darstellt.[4]

4 **2. Angriffsobjekt. a) Allgemein.** Objekt eines Angriffs können **sämtliche Rechtsgüter** sein, so vor allem Leben, Gesundheit, Freiheit, aber auch das Eigentum, die Ehre, das Allgemeine Persönlichkeitsrecht, das Hausrecht,[5] das Recht am eigenen Bild, die Freiheit zur Fortbewegung im Straßenverkehr, die Freiheit zum Aufsuchen des Arbeitsplatzes ua.[6]

5 **Nicht geschützt** ist das **Recht am eigenen Arbeitsplatz**.[7] Die **Ehe** ist zwar ein vom Gesetz geschütztes Rechtsgut, gleichwohl sind ehewidrige Handlungen nicht notwehrfähig.[8]

6 Rechtsgüter von Staat und Allgemeinheit sind grundsätzlich notwehrfähig, soweit es den Staat als Fiskus anbelangt. Die Rechtsordnung als Ganzes ist dagegen ebenso wenig notwehrfähig wie Rechtsgüter der Allgemeinheit bzw. die öffentliche Sicherheit und Ordnung.[9]

b) Einzelfälle

aa) Notwehr bejaht

7 – **Verletzungen des Persönlichkeitsrechts** durch unerlaubtes Fotografieren dürfen grundsätzlich durch Festhalten der Kamera zur Verhinderung weiterer Aufnahmen sowie durch Wegnahme des darin befindlichen Films zur Unterbindung dessen missbräuchlicher Verwendung abgewehrt werden.[10]

– Auch der **Bordgewalt des Flugkapitäns** ist neben gewissen hoheitlichen Ergänzungen im Kerngehalt ein zivilrechtlicher Gehalt eigen. Er übt nicht nur den Besitz und damit das „Hausrecht" bezüglich des Flugzeuges und die damit verbundenen Besitzschutzpositionen aus, sondern kann zu Selbsthilfe, Notwehr und Nothilfe greifen und im Notstandsfall auf fremde Sachen einwirken.[11]

– Auch die Verletzung des **Jagdausübungsrechts** begründet die Notwehr. Das Aufscheuchen von Enten während der Jagd verletzt das Jagdausübungsrecht und die daraus abgeleitete Jagdausübungsbefugnis als sonstige Rechte im Sinne von § 823. Der Grundstückseigentümer ist bei einer unmittelbaren Gefährdung von Leben, Gesundheit und Eigentum durch Munition, die anlässlich einer nahebei durchgeführten Entenjagd auf sein Grundstück abgeschossen wird, nicht auf die Möglichkeit zivilgerichtlicher Abwehrmaßnahmen oder verwaltungsgerichtlicher Verfahren gegen die Entscheidung der Jagdbehörde beschränkt; er darf vielmehr bei Inanspruchnahme des ihm zustehenden Notwehrrechts die geeigneten und notwendigen Maßnahmen ergreifen, um der Gefahr unmittelbar entgegenzuwirken, etwa auch die

---

1   Palandt/*Ellenberger* BGB § 227 Rn. 1; Soergel/*Fahse*
    BGB § 227 Rn. 1, einschr. MüKoBGB/*Grothe* § 227
    Rn. 1–3.
2   Palandt/*Ellenberger* BGB § 227 Rn. 1.
3   BayObLG NJW 1991, 2031.
4   Vgl. BeckOK BGB/*Dennhardt* § 227 Rn. 6.
5   AA OLG Frankfurt NJW 1994, 946 f.

6   Vgl. Palandt/*Ellenberger* BGB § 227 Rn. 3.
7   BAG NJW 1979, 236 f.
8   OLG Köln NJW 1975, 2344 f.
9   MüKoBGB/*Grothe* § 227 Rn. 8.
10 OLG Düsseldorf NJW 1994, 1971 ff.
11 OLG Celle NJW 1982, 770 f.

Jagd ganz unterbinden. Bei der Abwehr von Besitz- oder Eigentumsstörungen ist vom Grundstückseigentümer das Übermaßverbot zu beachten.[12]

– Greifen mehrere Personen einen nach einem vorangegangenen Streit in seinen Pkw geflüchteten Dritten
an, indem sie ihn bedrohen und auf sein Fahrzeug einschlagen, um ihn zum Aussteigen zu nötigen, so
haftet der Dritte mangels Widerrechtlichkeit nicht, wenn er bei dem Versuch, sich der für ihn bedrohli-
chen Situation durch schnelles Rückwärtsfahren zu entziehen, einen der Angreifer verletzt.[13]

– Wenn der Vermieter in einem leeren Appartement in der Dusche einen Wecker mit Vibrationsalarm
installiert, der nachts die Bewohner aus dem Schlaf reißt, liegt ein rechtswidriger Angriff nach § 227
Abs. 2 BGB vor, gegen den der Mieter sich durch eine Kappung der Stromzufuhr im Wege der Notwehr
verteidigen kann.[14]

bb) Notwehr verneint

– Eine nicht von der Gewerkschaft getragene **Arbeitsniederlegung** der Arbeitnehmer eines Betriebes mit **8**
dem Ziel der Wiedereinstellung von Arbeitnehmern, deren aus betriebsbedingten Gründen gekündigt
wurde, ist eine rechtswidrige Arbeitsniederlegung. Sie ist nicht durch Notwehr gerechtfertigt.[15]

– Die **Überwachung einer gemeinsamen Hauseinfahrt** zweier zerstrittener Nachbarn durch einen der
beiden Nachbarn stellt einen Eingriff in das Persönlichkeitsrecht des anderen (nicht zustimmenden)
Nachbarn dar. Sie ist auch nicht durch Notwehr gerechtfertigt, um eventuelle Übergriffe durch den
anderen Nachbarn zu verhindern und Benutzern des Weges, insbesondere Familienangehörigen, ein
„gewisses Sicherheitsgefühl" zu vermitteln.[16]

– Die Einrichtung einer dauerhaften Videoüberwachung in einem Briefverteilungszentrum stellt einen
schwerwiegenden Eingriff in das Persönlichkeitsrecht der dort beschäftigten Arbeitnehmer dar. Sie ist
nicht durch eine Notwehrsituation oder einer notwehrähnlichen Lage der Arbeitgeberin gerechtfertigt.
Notwehr ist gem. § 227 Abs. 2 diejenige Verteidigung, welche erforderlich ist, um einen gegenwärtigen
rechtswidrigen Angriff von sich oder einem anderen abzuwehren. Sie ist, auch wenn eine solche Lage
bestehen sollte, nur gegenüber dem Angreifer zulässig. Durch die Videoaufzeichnungen würden jedoch
auch die ganz überwiegend „unschuldigen" Teile der Belegschaft betroffen.[17]

– Ein Arbeitgeber, der eine Überwachungsmaßnahme „ins Blaue hinein" veranlasst – hier: Einsatz eines
sog. Keyloggers zur Aufzeichnung und Speicherung der Tastatureingaben am Dienst-PC eines Arbeitnehmers, sowie das Fertigen von Screenshots – befindet sich weder in einer Notwehr- oder notwehrähnlichen Situation gem. § 227 BGB bzw. § 32 StGB noch in einer Notstandslage iSv § 34 StGB.[18]

– Der Einsatz von Parkkrallen gegenüber unberechtigterweise auf Privatparkplätzen abgestellten Fahrzeugen ist unzulässig. Der Einsatz von Parkkrallen kann weder durch Besitzkehr, Selbsthilfe, Notwehr,
Einwilligung noch durch sonstige schuldrechtliche Verhältnisse gerechtfertigt werden.[19]

– Wird eine Person, welche aufgrund der äußeren Umstände eines Vermögensdelikts verdächtig erscheint,
durch das Zuhalten einer Autotür am Wegfahren gehindert, um sie der bereits alarmierten Polizei übergeben zu können, stellt sich ein vom Verdächtigen gezielt ins Gesicht des Festhaltenden geführter
Schlag nicht mehr als erforderliche Verteidigung gegen dessen Nötigungshandlung dar. Dem Genötig-
ten ist es in einer solchen Situation vielmehr zumutbar, das alsbaldige Eintreffen der Polizei abzuwarten, um etwaige Missverständnisse sodann von dieser aufklären zu lassen.[20]

3. Gegenwärtigkeit des Angriffs.
Gegenwärtig ist ein Angriff, der bereits stattfindet oder der unmittelbar **9**
bevorsteht, also auch schon dann, wenn das geschützte Rechtsgut noch nicht verletzt ist, sich aber unmittelbar eine Verletzungshandlung entwickeln kann.[21] So stellt nicht erst das Anlegen der Waffe, sondern bereits
der Griff zu ihr den gegenwärtigen Angriff dar. Nicht ausreichend ist jedoch eine innere Willenshaltung des
vermutlichen Angreifers, welcher noch keine nach außen gerichtete Betätigung entspricht.[22] Begehrt
jemand über mehrere Stunden in aggressiver Weise Einlass in ein Jugendzentrum, obwohl ihm seit Jahren
bekannt ist, dass er dort Hausverbot hat, und schreckt er dabei auch nicht vor körperlichen Angriffen gegen
Sachen und gegen die ihm den Zutritt verwehrenden ehrenamtlichen Helfer zurück, steht ein rechtswidriger
Angriff unmittelbar bevor. Gegen diesen als gegenwärtig anzusehenden Angriff ist körperliche Gewalt in
Form eines oder mehrerer gezielter Faustschläge, um diese Angriffsbereitschaft endgültig zu beenden, eine
erforderliche Verteidigung iSv § 227 Abs. 2.[23]

12 OLG Hamm OLGR Hamm 1992, 83 ff.
13 OLG Zweibrücken VersR 2007,1088.
14 LG München I BeckRS 2019, 15696
15 BAG AP GG Art. 9 Arbeitskampf Nr. 58.
16 LG Berlin NJW 1988, 346 f.
17 BAG NJOZ 2005, 2708 = RDV 2005, 216.

18 BAG 27.7.2017 – 2 AZR 681/16, ZIP 2017, 2022
Rn. 41.
19 *Paal/Guggenberger* NJW 2011, 1036.
20 OLG Hamm 8.5.2015 – I-9 U 103/14.
21 Soergel/*Fahse* BGB § 227 Rn. 13.
22 MüKoBGB/*Grothe* § 227 Rn. 9.
23 OLGR Köln 2001, 7–8 (Ls. und Gründe).

10 Der **Angriff dauert an**, bis die Gefährdung bzw. Verletzung des geschützten Rechtsguts nicht mehr besteht. Es genügt für die Fortdauer, dass weitere Tätlichkeiten des Angreifers ernsthaft zu besorgen sind. Gegen den flüchtenden Dieb darf daher so lange Notwehr geübt werden, wie er noch bestrebt ist, sich die Beute zu sichern.[24] **Nicht mehr gegenwärtig** ist ein abgeschlossener, aufgegebener oder fehlgeschlagener Angriff.[25] Daher wurde eine Restitutionsklage, welche auf durch Hausfriedensbruch und Verstoß gegen das Briefgeheimnis erlangte Beweismittel gestützt wurde, als unzulässig verworfen, da die so erlangten Beweismittel unverwertbar seien. Die vom Restitutionskläger begangenen Straftaten seien auch dann nicht durch Notwehr gerechtfertigt, wenn die Gegenseite zuvor einen Prozessbetrug begangen habe, denn eine solche Straftat sei bereits beendet.[26] Die Bezeichnung eines Gegners als „geisteskrank" in einem Zivilprozess ist nicht zulässig, wenn sie nur der Diffamierung der Person gilt und keinen sachlichen Bezug zur Rechtsverfolgung oder -verteidigung hat. Sie ist auch dann nicht durch Notwehr gerechtfertigt, wenn der Gegner seinerseits beleidigende Schriftsätze verfasst hat, weil es schon an der Gegenwärtigkeit des Angriffs fehlt.[27]

11 **4. Rechtswidrigkeit des Angriffs.** Rechtswidrig ist jeder Angriff, zu dessen Duldung der Angegriffene nicht verpflichtet ist; die Rechtsgutverletzung indiziert die Rechtswidrigkeit.[28] Die Rechtswidrigkeit des Angriffs fehlt, wenn dem Angreifer seinerseits ein erfolgsbezogener Rechtfertigungsgrund zur Seite steht. Notwehr gegen Notwehr ist daher nicht möglich.[29] Bei einer einverständlichen Rauferei liegen keine wechselseitigen Notwehrlagen vor.[30]

12 Eine **Amtshandlung** ist ein rechtswidriger Angriff, wenn es an den rechtlichen Voraussetzungen für das Handeln im konkreten Fall fehlt.[31] Das Rechtsstaatsprinzip erlaubt Notwehr gegen nichtige Amtshandlungen. Die durch ein Gericht willkürlich vorgenommene Verneinung einer Notwehrsituation im Zusammenhang mit der Festnahme durch einen Polizeibeamten kann die Verfassungsbeschwerde begründen.[32] Der Geschädigte muss im Rahmen eines gegen ihn gerichteten Polizeieinsatzes beweisen, dass der Polizeibeamte das rechtsstaatliche Prinzip der Verhältnismäßigkeit der Mittel oder die Grenzen einer erforderlichen Abwehrhandlung überschritten hat.[33]

13 Im Übrigen können sich auch **Polizeibeamte** auf § 227 berufen. Der Auffassung, dass die Überschreitung der landesrechtlichen Bestimmungen über den **Schusswaffengebrauch** ungeachtet etwaiger Notrechtsverweisungen ein rechts- und amtswidriges Verwaltungshandeln gegen den betroffenen Bürger begründet, ist im Bereich der Staatshaftung jedenfalls dann nicht zu folgen, wenn es um die Abwehr eines rechtswidrigen Angriffs auf Leib und Leben eines Beamten geht. Hat ein Beamter im Wege der Notwehr oder Nothilfe rechtmäßig den Angreifer verletzt, kann nicht dieselbe Handlung wegen Verstoßes gegen die vom allgemeinen Notwehrrecht abweichenden landesrechtlichen Regelungen über den Schusswaffengebrauch als rechtswidrige Amtspflichtverletzung oder rechtswidrige Maßnahme der Polizei eingestuft werden.[34]

II. Verteidigungshandlung

14 **1. Verteidigungswille.** Die Verteidigungshandlung muss von einem Verteidigungswillen getragen sein. Der Notwehrausübende muss den Schutz der angegriffenen Rechtsgüter bezwecken.[35] Der Umstand, dass sein Handeln daneben durch andere Motive wie etwa Wut und Rache mitbestimmt wird, ist unbeachtlich.[36]

15 **2. Erforderlichkeit der Verteidigungshandlung.** Die Erforderlichkeit der Verteidigungshandlung ist ex ante nach objektiven Gesichtspunkten zu beurteilen. Erforderlich ist jede Verteidigung, die zur Abwehr des Angriffs zumindest teilweise geeignet ist und zugleich das relativ mildeste Gegenmittel darstellt. Beide Kriterien sind rein objektiv zu bestimmen, und zwar aufgrund eines ex ante-Urteils; die persönliche Anschauung des Verteidigers von der Beschaffenheit des Angriffs spielt keine Rolle.[37] Maßgebend sind Stärke und Hartnäckigkeit des Angriffs sowie die dem Angegriffenen zur Verfügung stehenden Verteidigungsmittel.[38] Erforderlich kann danach sowohl die rein defensive Abwehr des Angriffs (sog. **Schutzwehr**) als auch die Abwehr in Gestalt eines Gegenangriffs (sog. **Trutzwehr**) sein.[39] Schusswaffengebrauch ist nur in ernster Gefahrenlage gerechtfertigt. Für ihn gilt grundsätzlich die Abfolge: Drohung, Warnschuss, Schuss in die Beine.[40]

24   RGZ 111, 370, 371.
25   Staudinger/*Repgen* § 227 Rn. 21.
26   OLG Schleswig 27.7.2009 – 15 UF 30/09.
27   OLG Köln NJW-RR 1992, 1247 ff.
28   Soergel/*Fahse* BGB § 227 Rn. 15.
29   MüKoBGB/*Grothe* § 227 Rn. 11.
30   BGH NJW 1990, 2263 f.
31   Soergel/*Fahse* BGB § 227, Rn. 15.
32   BVerfG NJW 1991, 3023 ff.

33   OLG Düsseldorf NJW-RR 1996, 22.
34   OLG Celle NJW-RR 2001, 1033 ff.
35   Bamberger/Roth/*Dennhardt* BGB § 227 Rn. 13. Gegen die hM *Braun* NJW 1998, 941.
36   Vgl. BGH NStZ 2000, 365 f.
37   MüKoBGB/*Grothe* § 227 Rn. 13.
38   BeckOK BGB/*Dennhardt* § 227 Rn. 15.
39   MüKoBGB/*Grothe* § 227 Rn. 13.
40   Vgl. BGH NStZ 87, 322.

III. Einschränkungen des Notwehrrechts

1. Unzulässige Rechtsausübung. Das Notwehrrecht steht unter dem anerkannten Vorbehalt der unzuläs- **16** sigen Rechtsausübung, es kann daher in besonderen Einzelfällen als rechtsmissbräuchlich bewertet und eingeschränkt oder sogar ausgeschlossen werden.[41] Danach ist etwa eine außer allem Verhältnis zu dem angegriffenen Rechtsgut stehende Verteidigungsmaßnahme ungerechtfertigt.[42] So rechtfertigt das widerrechtliche Betreten eines Grundstücks nicht die Verteidigung des Hausrechts durch Schusswaffengebrauch. Dieses Verhalten stellt sich als Missbrauch des Notwehrrechts dar.[43]

Die **schweren Folgen** einer durch Notwehr gebotenen Handlung führen jedoch nicht zur Rechtswidrigkeit. **17** Selbst wenn es durch eine (leichte) Körperverletzung (hier: Stoß gegen die Brust) zum Tod des (64-jährigen) Verletzten gekommen ist (infolge eines bei einem Sturz zugezogenen schweren Schädel-Hirn-Traumas mit Subduralhämatom), kann sich der Schädiger uU auf rechtfertigende Notwehr berufen, so dass (auf den Alleinerben übergegangene) Schadensersatz- und Schmerzensgeldansprüche zu verneinen sind. Dieser Fall ist gegeben, wenn der Schädiger als Reaktion auf eine nachhaltige Verletzung seiner Ehre und der Ehre seiner Partnerin (hier: Bezeichnung als „Ausländerschlampe") versucht hat, weitere verbale Angriffe mit einer leichten Tätlichkeit zu unterbinden.[44]

2. Notwehrprovokation. Das Notwehrrecht des Provokateurs erfährt eine deutliche Einschränkung. Diese **18** Einschränkungen zeichnen sich insbesondere dadurch aus, dass an das Merkmal der Erforderlichkeit der Verteidigungshandlung strengere Anforderungen zu stellen sind. Der in eine Notwehrlage geratene Provokateur ist verpflichtet, jeden anderen möglichen, für die Rechtsgüter des Angreifers weniger gefährlichen Weg zu benutzen. Solange ihm Schutzwehr Aussicht auf Erfolg bieten kann, darf er nicht zur Trutzwehr übergehen. Er muss dabei sogar geringe Beeinträchtigungen und Verletzungen hinnehmen. Ihm wird ferner zugemutet, dem Angriff auch dann auszuweichen, wenn dies als Flucht angesehen werden könnte.

Im Falle der **Absichtsprovokation**, also der zielgerichteten Herbeiführung der Notwehrlage, ist das Not- **19** wehrrecht gänzlich zu versagen, da in Wirklichkeit eine Notwehrlage auf Seiten des „Angreifers" vorliegt.[45]

3. Angriffe schuldlos Handelnder. Gegenüber Angriffen schuldlos Handelnder (Kinder, Geisteskranke, **20** Betrunkene) ist die Notwehr zwar nicht ausgeschlossen, aber eingeschränkt. Kann der Angegriffene ausweichen, so ist eine über die bloße Schutzwehr hinausgehende Verteidigung unzulässig. Ist ein Ausweichen nicht möglich, darf der Angegriffene zur Trutzwehr übergehen, die durch die Verteidigung herbeigeführte Verletzung darf aber nicht außer Verhältnis zu dem drohenden Schaden stehen.[46]

IV. Nothilfe

Auch die Verteidigung fremder Rechtsgüter fällt als Nothilfe unter Abs. 2. Die Erforderlichkeit der Nothil- **21** fehandlung beurteilt sich nach den Grundsätzen der Eigenwehr unter Berücksichtigung der Beteiligung des Nothelfers, dem unter Umständen ein milderes Mittel zur Verfügung steht.[47] Das Recht der Nothilfe zum Schutz privater Bürger steht auch Polizeibeamten zu. Was der normale Bürger darf, kann den zu seinem Schutz tätigen Hoheitsorganen nicht verwehrt werden.[48] **Eine Verteidigung nur der öffentliche Ordnung im Wege der Nothilfe ist nicht zulässig.** Daher ist es beispielsweise nicht zulässig, einen Motorradfahrer, der seine Kinder in ordnungswidriger Weise auf seinem Motorrad mitnimmt, mit Gewalt an der Weiterfahrt zu hindern.[49]

V. Rechtsfolgen (Abs. 1)

1. Rechtmäßigkeit der Notwehrhandlung. Die zur Abwehr einer Notwehrlage erforderliche Verteidi- **22** gung ist rechtmäßig. Der Verteidiger ist daher nicht zum Schadensersatz verpflichtet. Sein Handeln ist weder widerrechtlich noch strafbar. Daher ist es auch nicht notwehrfähig. Sie stellt auch keine verbotene Eigenmacht iSv § 869 dar. Dies gilt jedoch nur so lange, als sich der Handelnde innerhalb der Grenzen erlaubter Notwehr bewegt. So begehrt der Vermieter, der gegen den erklärten Willen des Mieters dessen Balkon betritt, zwar einen Hausfriedensbruch, der für den Vermieter eine Notwehrsituation schafft. Dessen Drohung, er werde den Vermieter sogleich vom Balkon werfen, stellt jedoch einen Notwehrexzess dar, der dem Vermieter seinerseits ein Notwehrrecht gibt (→ Rn. 23). Dieser begeht jedoch seinerseits wegen der

41 BeckOK BGB/*Dennhardt* § 227 Rn. 19.
42 Soergel/*Fahse* BGB § 227 Rn. 39.
43 OLG Karlsruhe RuS 1979, 143 f. = VersR 1979, 453 f.
44 OLGR Hamm 2001, 43–46 (red. Leitsatz und Gründe).
45 BGH NJW 1983, 2267; 2001, 1075.

46 Soergel/*Fahse* BGB § 227 Rn. 40.
47 BeckOK BGB/*Dennhardt* § 227 Rn. 23.
48 MüKoBGB/*Grothe* § 227 Rn. 15 mwN; ebenso OLG Celle NJW-RR 2001, 1033.
49 OLG Koblenz ORGR Koblenz 2006, 759 = SVR 2007, 296.

schuldhaften Provokation der Notwehrlage einen Notwehrexzess, wenn er dem Mieter mittels einer mitgeführten Eisenstange einen mit voller Wucht auf den Kopf geführten Schlag versetzt.[50]

23   **2. Notwehrexzess.** Überschreitet der Verteidiger das zulässige Maß der Abwehr (intensiver Notwehrexzess) oder ist der Angriff zum Zeitpunkt der Verteidigung nicht mehr gegenwärtig (extensiver Notwehrexzess), ist das Handeln nicht gemäß § 227 gerechtfertigt. Er haftet daher für von ihm angerichtete Schäden nach Delikt, wobei sein Verschulden zu prüfen ist. Seine Haftung ist danach zB ausgeschlossen, wenn er über die Stärke des Angriffs ohne Vorwerfbarkeit irrte und deshalb Angriffsmaßnahmen ergriffen hat, die objektiv nicht erforderlich waren.[51]

VI. Putativnotwehr

24   Glaubt sich der Handelnde irrtümlich angegriffen, liegen jedoch die Voraussetzungen einer Notwehr überhaupt nicht vor (Putativnotwehr), so wird das Verhalten nicht durch § 227 gedeckt, eine dem Angreifer zugefügte Rechtsgutsverletzung bleibt daher rechtswidrig. Ansprüche aus unerlaubter Handlung hängen in diesen Fällen davon ab, ob der Irrtum zumindest auf Fahrlässigkeit beruhte. Ist das Verhalten entschuldbar, entfällt die Schadensersatzpflicht.[52]

25   Bedrängt bei einem Flirt ein junger Mann ein sechzehnjähriges Mädchen dergestalt, dass er seine beiden Arme links und rechts von ihr über ihren Kopf an die Wand hält, wo sie eingeklemmt steht und diese äußert: „Hör auf, lass mich in Ruhe! Geh weg!", so kann ein Dritter daraus schuldlos eine Privatnothilfesituation ableiten, die es ihm erlaubt, dem vermeintlichen Angreifer des Mädchens einen Faustschlag ins Gesicht zu geben, um das Mädchen zu befreien.[53]

26   Der Bewohner eines einsam gelegenen Gutshofes, der bemerkt, dass ein Fremder zu mitternächtlicher Stunde das Haus umschleicht, handelt in einem entschuldigten Irrtum über das Vorliegen einer Notwehrlage, wenn er daraufhin mit einer Schrotflinte bewaffnet den Hof betritt und damit einen Warnschuss in die Luft abgibt, weil der aus dem Garten herauskommende Fremde trotz mehrfacher Aufforderung nicht stehen bleibt, sondern sich bis auf 1 1/2 bis 2 m nähert. Dem Fremden steht daher für angeblich durch den Schuss verursachte Hörschäden kein Schadensersatzanspruch zu.[54]

27   Auch im Rahmen der Putativnotwehr ist der Gesichtspunkt der Notwehrprovokation zu berücksichtigen. Reagiert der Provozierte mit einem Faustschlag in das Gesicht des Provozierenden und tritt danach eine gewisse zeitliche Zäsur ein, so ist die Wirkung der Provokation beendet.[55]

28   Da infolge der irrtümlichen Annahme einer Notwehrsituation der Vorsatz des Schädigers entfällt, erhält dieser von seiner **Haftpflichtversicherung Versicherungsschutz**. Der Vorsatzausschluss des § 4 Abs. 2 Nr. 1 AHB greift nicht ein, wenn eine Putativnotwehrsituation festgestellt werden kann. Die Herbeiführung des Versicherungsfalls kann dann nicht mehr als vorsätzlich gewertet werden, da der Vorsatz auch das Wissen um die Rechtswidrigkeit umfassen muss, eine solche Kenntnis aber bei der irrigen Annahme einer Notwehrsituation nicht gegeben ist.[56]

C. Weitere praktische Hinweise

29   Notwehr begründet eine rechtshindernde Einwendung, deren tatsächliche Voraussetzungen nach allgemeinen Regeln derjenige darlegen und beweisen muss, der sich darauf beruft.

30   Die Darlegungs- und Beweislast dafür, dass der Verteidiger die Grenzen der Notwehr überschritten hat, obliegt dem Angreifer. Insofern geht ein non liquet zulasten desjenigen, dem ein rechtswidriger Angriff nachgewiesen worden ist.[57]

31   Bei mehreren Schädigungshandlungen trifft den Verteidiger für jede einzelne die Beweislast, dass die Voraussetzungen einer Notwehrlage vorlagen. Ist streitig, welche Schadensfolgen die einzelnen Verletzungshandlungen nach sich gezogen haben, und sind nur einige dieser Handlungen durch Notwehr gerechtfertigt, muss der Geschädigte beweisen, dass gerade die Verletzungshandlung für die Entstehung seines Schadens ursächlich war, deretwegen sich der Verteidiger nicht auf Notwehr berufen kann.[58]

---

50   OLG Karlsruhe RuS 1990, 233 ff.
51   RGZ 84, 306, 308; 118, 120.
52   Soergel/*Fahse* BGB § 227 Rn. 49.
53   OLG Koblenz RuS 1998, 111 f.
54   OLG Düsseldorf NJW-RR 1996, 1112 f.
55   OLG Düsseldorf VersR 1999, 857 f. = MDR 1998, 1227 f.

56   OLG Karlsruhe RuS 1995, 9; ebenso OLG Düsseldorf VersR 1994, 850–852.
57   MüKoBGB/*Grothe* § 227 Rn. 27; OLG Koblenz 22.8.2018 – 5 U 205/18.
58   BGH NJW 2008, 571.

§ 228 Notstand

¹**Wer eine fremde Sache beschädigt oder zerstört, um eine durch sie drohende Gefahr von sich oder einem anderen abzuwenden, handelt nicht widerrechtlich, wenn die Beschädigung oder die Zerstörung zur Abwendung der Gefahr erforderlich ist und der Schaden nicht außer Verhältnis zu der Gefahr steht. ²Hat der Handelnde die Gefahr verschuldet, so ist er zum Schadensersatz verpflichtet.**

Literatur: *Allgaier*, Zum Verhältnis und zur Abgrenzung von defensivem und aggressivem Notstand, VersR 1989, 788 ff.; *Braun*, Subjektive Rechtfertigungselemente im Zivilrecht?, NJW 1998, 941; *Eberbach*, Heimliche Aids-Tests, NJW 1987, 1470; *Foerste*, Lauschzeugen im Zivilprozess, NJW 2004, 262; *Janker*, Heimliche HIV-Antikörpertests – strafbare Körperverletzung?, NJW 1987, 2897; *Joerden, Jan C.*, Interessenabwägung im rechtfertigenden Notstand bei mehr als einem Eingriffsopfer, GA 1993, 245 ff.; *Kaufmann*, Die Radbruchsche Formel vom gesetzlichen Unrecht und vom übergesetzlichen Recht in der Diskussion um das im Namen der DDR begangene Unrecht, NJW 1995, 81; *Pawlik*, Der rechtfertigende Defensivnotstand im System der Notrechte, GA 2003, 12 ff.; *Pelz*, Notwehr- und Notstandsrechte und der Vorrang obrigkeitlicher Hilfe, NStZ 1995, 305; *Schwintowski*: Äußerungen zur Kredit(un)würdigkeit in der Medienöffentlichkeit, NZG 2003, 810.

A. Allgemeines	1	2. Erforderlichkeit der Notstandshandlung	9
B. Regelungsgehalt	2	3. Verhältnismäßigkeit der Notstandshand-	
I. Notstandslage	2	lung	10
1. Drohende Gefahr	2	4. Subjektiver Tatbestand	17
2. Geschütztes Rechtsgut	3	III. Rechtsfolgen	18
3. Gefahrverursachende fremde Sache	4	1. Rechtfertigung der Notstandshandlung	18
a) Die Sache selbst	4	2. Schadensersatzpflicht bei Verschulden	20
b) Kausalität	5	IV. Putativnotstand	21
c) Fremdheit der Sache	7	C. Weitere praktische Hinweise	22
II. Notstandshandlung	8	I. Beweislast	22
1. Begriff	8	II. Anspruch auf Aufwendungsersatz	24

A. Allgemeines

Die Vorschrift regelt den sogenannten **Verteidigungsnotstand** im Gegensatz zu dem in **§ 904** geregelten **1** **Angriffsnotstand**. Während im Fall des § 228 die drohende Gefahr von der geschädigten bzw. zerstörten Sache selbst ausgeht, stellt die fremde Sache in § 904 nicht die Gefahrenquelle dar. Dort wird die Sache lediglich als Mittel dazu verwendet, einer von anderer Seite ausgehenden (gegenwärtigen) Gefahr zu begegnen, die einen unverhältnismäßig hohen Schaden zu verursachen droht.[1] Im Fall des § 904 bedarf es der Abwägung, ob dem an der Gefahrenentstehung Unbeteiligten eine Aufopferung seines Sachinteresses zuzumuten ist – dies erklärt den engeren Tatbestand dieser Vorschrift und den dort normierten verschuldensunabhängigen Schadensersatzanspruch[2] –, während der Handelnde im Rahmen des defensiven Notstands nur zum Schadensersatz verpflichtet ist, wenn er die Gefahr verschuldet hat.

B. Regelungsgehalt

I. Notstandslage

1. Drohende Gefahr. Diese liegt vor, wenn nach den tatsächlichen Umständen die **Wahrscheinlichkeit** **2** **eines schädigenden Ereignisses** besteht und die Gefahr jederzeit in einen Schaden umschlagen kann oder wenn der Schaden zwar erst später einzutreten droht, eine wirksame Abwehr aber nur durch sofortiges Handeln möglich ist.[3] **Nicht notwendig** ist, dass die **Gefahr gegenwärtig** sein muss, wie § 34 StGB und § 904 voraussetzen. § 228 erfordert damit einen geringeren Wahrscheinlichkeitsgrad für das Eintreten der Gefahr.[4] Die **Möglichkeit eines bloß künftigen Gefahreneintritts genügt** jedoch **nicht**, es müssen vielmehr **konkrete Anhaltspunkte für eine zeitnahe Gefahrverwirklichung** gegeben sein.[5]

2. Geschütztes Rechtsgut. Notstandsfähig ist jedes geschützte Rechtsgut, einschließlich Besitz und Nut- **3** zung fremder Sachen.[6] Unter Umständen kommen auch Rechtsgüter der Allgemeinheit in Betracht, da – im Unterschied zum Notwehrtatbestand – keine gleichzeitige Verfolgung von Individualinteressen gefordert ist; erfasst sind auch bloße Vermögensinteressen oder Konflikte im Straßenverkehr.[7]

1	NK-BGB/*Ring* § 904 Rn. 3.		5	Erman/*Wagner* BGB § 228 Rn. 3.
2	Vgl. BeckOK BGB/*Dennhardt* § 228 Rn. 1.		6	Erman/*Wagner* BGB § 228 Rn. 3.
3	Soergel/*Fahse* BGB § 228 Rn. 3.		7	BeckOK BGB/*Dennhardt* § 228 Rn. 4.
4	BeckOK BGB/*Dennhardt* § 228 Rn. 4; Soergel/			
	Fahse BGB § 228 Rn. 12; MüKoBGB/*Grothe* BGB			
	§ 228 Rn. 7.			

4 **3. Gefahrverursachende fremde Sache. a) Die Sache selbst.** Die Gefahr muss von der Sache (§ 90) selbst ausgehen, welche durch die Notstandshandlung beschädigt bzw. zerstört wird. Ausreichend ist es jedoch, wenn bereits der Zustand der Sache die Gefahr erzeugt (zB ein gefährlicher Stoff oder ein Baum, der droht, auf ein Haus zu stürzen.).[8] § 228 regelt daher den **Fall des defensiven Notstands,** während § 904 den Fall des aggressiven Notstands regelt. Gemäß **§ 90 a S. 3** sind auf Tiere die für Sachen geltenden Vorschriften entsprechend anzuwenden, soweit nicht etwas anderes bestimmt ist. Daher gilt § 228 auch bei Gefahren, welche durch Tiere ausgehen.

5 **b) Kausalität.** Unstreitig sind die Voraussetzungen des § 228 erfüllt, wenn die beschädigte Sache ohne Zwischenschaltung einer weiteren Gefahrenquelle als Gefahrenquelle wirkt (**unmittelbare Kausalität**).[9] Streitig ist jedoch, ob die Notstandshandlung auch gerechtfertigt ist, wenn die beschädigte Sache ein Medium bildet, welches die Gefährlichkeit einer anderen Sache lediglich vermittelt, ohne selbst die eigentliche Gefahrenquelle darzustellen (**mittelbare Kausalität**).[10] Nach früher herrschender Ansicht war in diesen Fällen die Notstandshandlung lediglich nach § 904 gerechtfertigt. Nach nunmehr herrschender Ansicht[11] genügt mittelbare Kausalität.

6 Um Wertungswidersprüche mit der gesetzgeberischen Regelung in § 904 zu vermeiden, wird zumindest zu fordern sein, dass sich in diesem Fall ein latentes Bedrohungspotenzial der betreffenden Sache verwirklicht hat.[12]

7 **c) Fremdheit der Sache.** Über den Wortlaut des § 228 hinaus ist die Vorschrift entsprechend anwendbar auf Fälle, in denen die Gefahr durch eine herrenlose Sache droht.[13]

II. Notstandshandlung

8 **1. Begriff.** Die Notstandshandlung besteht in dem Beschädigen oder Zerstören der die Gefahr verursachenden fremden Sache. Begrifflich umfasst sind jedoch auch Einwirkungen geringerer Intensität auf die Sache, wie etwa deren kurzfristige Inbesitznahme.[14]

9 **2. Erforderlichkeit der Notstandshandlung.** Die Erforderlichkeit der Notstandshandlung ist ex ante nach objektiven Gesichtspunkten zu beurteilen. Der **Grundsatz des geringstmöglichen Eingriffs** ist zu beachten, dh unter mehreren gleich geeigneten Abwehrmöglichkeiten ist die am wenigsten schädigende auszuwählen; der Handelnde hat gegebenenfalls ein weniger eingriffsintensives Abwehrmittel auszuprobieren[15] und wird, soweit dies im Einzelfall möglich ist, auch darauf verwiesen werden können, der Gefahr durch Flucht auszuweichen oder staatliche Hilfspersonen herbeizurufen.[16]

10 **3. Verhältnismäßigkeit der Notstandshandlung.** Der durch die Beschädigung oder Zerstörung der fremden Sache verursachte Schaden darf nicht außer Verhältnis zur abgewendeten Gefahr stehen. Der drohende Schaden kann geringer sein als der durch die Notstandshandlung zugefügte Schaden.

11 So sind etwa Stockschläge des Besitzer eines Dackels auf einen Boxerhund, welcher den Dackel angegriffen und ihm bereits mehrere **Bisswunden** beigebracht hat, auch dann gerechtfertigt, wenn sie dazu dienten, die beiden Hunde zu trennen, und der Boxer an den Stockschlägen stirbt. Hieran ändert auch der Umstand nichts, dass der Boxer ein wertvoller Rassehund war und als Spielgefährte eines behinderten Kindes diente.[17]

12 Wird ein **Briefträger** in Ausübung seines Dienstes von Hunden angefallen und gebissen (hier: drei Dackel) und reagieren die Hunde weder auf Kommandos des Hundehalters, noch sind sie sonst zu beruhigen, liegt eine Notstandslage vor, in der er sich mit einem Knüppel wehren darf. Der Schutz von Leben und Gesundheit des Briefträgers geht dem Interesse an der Unversehrtheit der Hunde vor.[18]

13 Auch die Tötung eines in eine **Schafherde** eingedrungenen Schäferhundes, der sich in ein Schaf verbissen hat, ist gerechtfertigt, selbst wenn das Schaf wirtschaftlich weit weniger wert ist als ein ausgebildeter Schäferhund.[19] Die in der Rechtsgemeinschaft herrschenden Wertanschauungen bilden die Grundlage der vorzunehmenden Abwägung.[20]

---

8 Staudinger/*Repgen* BGB § 228 Rn. 16.

9 So schon RGZ 71, 240; 88, 211, 214.

10 ZB ein brennendes Schiff, dessen Öl vernichtet werden muss, damit sich der Brand nicht weiter ausbreitet, vgl. RGZ 143, 382, 387.

11 Soergel/*Fahse* BGB § 228 Rn. 13; Staudinger/*Repgen* BGB § 228 Rn. 18; aA MüKoBGB/*Grothe* BGB § 228 Rn. 8.

12 Erman/*Wagner* BGB § 228 Rn. 4; für eine kritische Kausalitätsbetrachtung auch BeckOK BGB/*Dennhardt* § 228 Rn. 6.

13 BeckOK BGB/*Dennhardt* § 228 Rn. 7; aA Soergel/*Fahse* BGB § 228 Rn. 15, welcher einen Schutz des Notstandstäters in diesen Fällen nicht für erforderlich erachtet.

14 Soergel/*Fahse* BGB § 226 Rn. 16.

15 MüKoBGB/*Grothe* § 228 Rn. 9.

16 BeckOK BGB/*Dennhardt* § 228 Rn. 8.

17 OLG Koblenz NJW-RR 1989, 541 ff.

18 OLG Hamm NJW-RR 1997, 467 f.

19 OLG Hamm NJW-RR 1995, 279 ff.

20 Soergel/*Fahse* BGB § 226 Rn. 19.

Höchstpersönliche Rechtsgüter des Handelnden, insbesondere Leben und körperliche Unversehrtheit stehen danach im Rang über jedwedem materiellen oder ideellen Interesse des Eigentümers der Sache. So kann etwa die Beschädigung eines abstürzenden Privatflugzeuges gerechtfertigt sein, um hierdurch die eigene Überlebenschance zu erhöhen.[21] Eine Einschränkung ist jedoch uU angebracht, wenn die Zerstörung einer extrem wertvollen Sache erforderlich wäre, um eine geringfügige Beeinträchtigung der körperlichen Integrität abzuwenden. In diesem Fall kann die Berufung auf § 228 gemäß § 242 rechtsmissbräuchlich sein.[22]   **14**

Stehen sich Sachgüter gegenüber, müssen die wirtschaftlichen Werte gegeneinander abgewogen werden, wobei die gefährdete Sache nicht gleichwertig sein muss. Der **Wert der gefährdeten Sache** ist **im unbedrohten Zustand** zu ermitteln.[23] Demgegenüber kann der Wert der Sache, von der die Gefahr ausgeht, durch die gefahrbegründenden Umstände (zB Ausbruch eines Feuers) bereits gemindert sein.[24]   **15**

Ein berechtigtes Affektionsinteresse des Eigentümers der bedrohten Sache ist zu berücksichtigen.[25]   **16**

4. Subjektiver Tatbestand. § 228 setzt voraus, dass der Handelnde bei der Gefahrenabwehr mit **Verteidigungswillen** handelt, also zum Zwecke der Abwehr der Gefahr. Der Verteidigungswille ist kein rechtsgeschäftlicher Wille, setzt somit keine Geschäftsfähigkeit, sondern lediglich einen natürlichen Handlungswillen voraus.[26] Er muss nicht alleiniges Motiv des Handelns sein.[27]   **17**

III. Rechtsfolgen

1. Rechtfertigung der Notstandshandlung. Die Beschädigung oder Zerstörung der fremden Sache ist gerechtfertigt. Die Tat ist weder widerrechtlich noch strafbar. Daher ist sie auch nicht notwehrfähig. Sie stellt auch keine verbotene Eigenmacht im Sinne von § 869 dar.   **18**

Schadensersatzansprüche aus Delikt sind mangels Rechtswidrigkeit nicht gegeben. Auch Inhaber öffentlich-rechtlicher Befugnisse können sich auf § 228 BGB berufen. So sind etwa die öffentlich-rechtlichen Befugnisse der Feuerwehr nach Art. 24 und 25 BayFwG abschließend. Ergänzende Befugnisse können sich aus den Bestimmungen über den zivil- und strafrechtlichen Notstand (§§ 228, 904 BGB, §§ 34, 35 StGB) ergeben, wobei die Vorschriften über den zivilrechtlichen Notstand zur Ergänzung der öffentlich-rechtlichen Regelung der Befugnisse der Feuerwehr entsprechend anzuwenden sind.[28]   **19**

2. Schadensersatzpflicht bei Verschulden. Nach § 228 S. 2 ist der Handelnde zum Schaden verpflichtet, wenn er die Gefahr verschuldet hat. Das Verschulden muss sich auf die Herbeiführung der Gefahr beziehen, nicht auf die Zerstörung der Sache. Als Verschulden genügt die Außerachtlassung der im Verkehr erforderlichen Sorgfalt.[29] § 254 ist anwendbar.[30] Die Schadensersatzpflicht setzt nach hM Deliktsfähigkeit analog §§ 828, 829 voraus.[31]   **20**

IV. Putativnotstand

Der Handelnde haftet im Übrigen nach Delikt, sofern die Voraussetzungen des § 228 S. 1 nicht erfüllt waren, also entweder die Notstandshandlung nicht erforderlich war, der angerichtete Schaden außer Verhältnis zur drohenden Gefahr stand oder eine Notstandslage überhaupt nicht vorlag (sog. Putativnotstand) und der Täter sich hierüber in fahrlässiger Weise im Irrtum befand. War der Irrtum unvermeidbar, haftet der Handelnde nicht. Eine analoge Anwendung des § 904 S. 2 auf Fälle, in denen der Irrtum unvermeidbar war, ist nicht angezeigt. Für einen verallgemeinerungsfähigen verschuldensunabhängigen Schadensersatzanspruch, der das System der §§ 823 ff. durchbricht, fehlt in § 904 jede Grundlage.[32]   **21**

21   OLG Hamm NJW-RR 2001, 237 ff.

22   BeckOK BGB/*Dennhardt* § 228 Rn. 9; Palandt/*Ellenberger* BGB § 228 Rn. 8; Soergel/*Fahse* BGB § 228 Rn. 19; Erman/*Wagner* BGB § 228 Rn. 7.

23   Staudinger/*Repgen* BGB § 228 Rn. 30; BeckOK BGB/*Dennhardt* BGB § 228 Rn. 10.

24   MüKoBGB/*Grothe* BGB § 228 Rn. 10.

25   OLG Koblenz NJW-RR 1989, 541: Tötung eines wertvollen Rassehundes zur Rettung der eigenen „Promenadenmischung".

26   Staudinger/*Repgen* BGB § 228 Rn. 32.

27   Staudinger/*Repgen* BGB § 228 Rn. 32; Soergel/*Fahse* BGB § 228 Rn. 22; aA MüKoBGB/*Grothe* BGB § 228 Rn. 11.

28   BayObLGZ 2002, 35 ff.

29   Soergel/*Fahse* BGB § 228 Rn. 26.

30   Soergel/*Fahse* BGB § 228 Rn. 26; MüKoBGB/*Grothe* § 226 Rn. 13.

31   Soergel/*Fahse* BGB § 228 Rn. 28; MüKoBGB/*Grothe* § 226 Rn. 13; Palandt/*Ellenberger* BGB § 228 Rn. 9; Staudinger/*Repgen* BGB § 228 Rn. 40.

32   MüKoBGB/*Grothe* § 228 Rn. 15; so wohl auch Soergel/*Fahse* BGB § 228 Rn. 30.

C. Weitere praktische Hinweise

I. Beweislast

22   Die Beweislast für die Voraussetzungen des Notstandes trägt derjenige, der den Notstand geltend macht.

23   Im Fall des S. 2 trägt allerdings der Inhaber des Eingriffsgutes die Darlegungs- und Beweislast für das Verschulden des Handelnden.[33]

II. Anspruch auf Aufwendungsersatz

24   Im Fall der **Beschädigung der eigenen Sache** zum Zwecke der Schonung der fremden Sache, von der die Gefahr ausgeht, führt der Handelnde ein fremdes Geschäft und erlangt unter den Voraussetzungen der §§ 667 ff. (Geschäftsführung ohne Auftrag) einen Aufwendungsersatzanspruch gegen den Eigentümer dieser Sache.[34]

§ 229 Selbsthilfe

Wer zum Zwecke der Selbsthilfe eine Sache wegnimmt, zerstört oder beschädigt oder wer zum Zwecke der Selbsthilfe einen Verpflichteten, welcher der Flucht verdächtig ist, festnimmt oder den Widerstand des Verpflichteten gegen eine Handlung, die dieser zu dulden verpflichtet ist, beseitigt, handelt nicht widerrechtlich, wenn obrigkeitliche Hilfe nicht rechtzeitig zu erlangen ist und ohne sofortiges Eingreifen die Gefahr besteht, dass die Verwirklichung des Anspruchs vereitelt oder wesentlich erschwert werde.

Literatur: *Bernsmann*, Zur strafrechtlichen Beurteilung der eigenmächtigen „In-Pfand-Nahme", NJW 1982, 2214; *Bongartz*, Selbsthilfe nach § 229 BGB trotz diplomatischer Immunität?, MDR 1995, 780; *Braun*, Subjektive Rechtfertigungselemente im Zivilrecht?, NJW 1998, 94; *v. Feldmann*, Selbsthilfe im Rechtssystem, NJW 1987, 119; *Haurand/Vahle*, Eigenmächtige Durchsetzung von Rechten, DVP 2002, 223 ff.; *Horst*, Selbsthilfemöglichkeiten bei der Abwicklung beendeter Mietverhältnisse, NZM 1998, 1391; *Knoche/Biersack*, Das zwangsvollstreckungsrechtliche Prioritätsprinzip und seine Vereitelung in der Praxis, NJW 2003, 476; *Krüger*, Grund und Grenzen der Festnahmebefugnis des Betreibers einer SB-Tankstelle gegenüber zahlungsunwilligen und/oder -unfähigen Kunden, NZV 2003, 218.

A. Allgemeines	1		II. Mittel der Selbsthilfe	7
B. Regelungsgehalt	2		1. Wegnahme einer Sache des Schuldners	7
I. Voraussetzungen der Selbsthilfe	2		2. Zerstörung oder Beschädigung der Sache	8
1. Bestehen eines Anspruchs	2		3. Festnahme des Schuldners	9
2. Gefährdung der Anspruchsverwirklichung durch Fehlen des staatlichen Rechtsschutzes	4		III. Beweislast	10
			IV. Irrtumsfälle	11
a) Obrigkeitliche Hilfe	4		V. Rechtsfolgen	12
b) Gefahr der Vereitelung oder Erschwerung der Anspruchsverwirklichung	5			

A. Allgemeines

1   Die Vorschrift gestattet ausnahmsweise ein angreifendes Verhalten gegen fremde Rechtsgüter zur Durchsetzung eines eigenen Rechts. Grundsätzlich ist es Aufgabe des Staates, seinen Bürgern Rechtsschutz zu bieten, damit sich das Recht und nicht das „Recht des Stärkeren" durchsetzt. Grundgedanke der Selbsthilfe ist, dass jemand berechtigt ist, selbst zu handeln, weil er bei drohender Rechtsgefährdung die Hilfe des Staates nicht rechtzeitig erlangen kann. Selbsthilfe darf den Anspruch nur vorläufig sichern.[1]

B. Regelungsgehalt

I. Voraussetzungen der Selbsthilfe

2   **1. Bestehen eines Anspruchs.** Die Vorschrift setzt das Bestehen eines bürgerlich-rechtlichen Anspruchs voraus, wonach der Berechtigte von einem anderen ein Tun, Dulden oder Unterlassen verlangen kann

---

33   BeckOK BGB/*Dennhardt* § 228 Rn. 14.
34   Soergel/*Fahse* BGB § 228 Rn. 31.
1   Vgl. Soergel/*Fahse* BGB § 229 Rn. 1.

(§ 194 Abs. 1). Sämtliche bürgerlich-rechtlichen Ansprüche kommen in Betracht, etwa aus § 1 UWG.[2] § 299 gibt jedoch nicht die generelle Berechtigung zum gewaltsamen Einschreiten gegen das rechtswidrige Verhalten Dritter. So ist etwa das eigenmächtige Entfernen eines „wild" angebrachten Plakats durch ein anderes Plakatierungsunternehmen von einem nicht im Eigentum dieses Plakatierungsunternehmens stehenden Zaunes rechtswidrig.[3] Von § 229 sind nur klagbare und vollstreckbare Ansprüche erfasst, so dass Wettschulden (§ 762) und persönliche Dienstleistungen (§ 888 Abs. 3 ZPO) nicht erzwungen werden können. Bedingte und betagte Ansprüche sind selbsthilfefähig.[4]

Vermeintliche Ansprüche können nicht im Wege der Selbsthilfe durchgesetzt werden. So ist etwa das Personal eines Supermarktes zur Kontrolle der von den Kunden mitgeführten Taschen nur dann berechtigt, wenn ein konkreter Diebstahlsverdacht vorliegt. Eine Hinweistafel auf beabsichtigte Taschenkontrollen für die Fälle, in denen die Kunden der Bitte, die Taschen vor Betreten der Geschäftsräume abzugeben, nicht nachkommen, stellt weder eine rechtsverbindliche Ausgestaltung des Hausrechts noch eine Allgemeine Geschäftsbedingung dar und kann eine Taschenkontrolle nicht rechtfertigen.[5] **3**

2. Gefährdung der Anspruchsverwirklichung durch Fehlen des staatlichen Rechtsschutzes. **4**
a) Obrigkeitliche Hilfe. Obrigkeit im Sinne von § 229 sind alle zuständigen Staatsorgane, also Gerichte, Gerichtsvollzieher, Polizei.

– Ein materiellrechtlicher Räumungs- und Herausgabeanspruch von Wohnraum kann in aller Regel nur durch Räumungsklage und Räumungsvollstreckung auf Grundlage eines Räumungstitels nach § 885 ZPO durch den Gerichtsvollzieher durchgesetzt werden. Der Vermieter darf bei Zahlungsverzug des Mieters oder bei beendetem Mietverhältnis weder die Heizung abstellen, die Versorgung mit Strom und Gas unterbrechen[6] noch gar die gemietete Wohnung eigenmächtig ausräumen.[7] Daher ist Selbsthilfe nicht erlaubt, wenn dem Anspruchsinhaber zuzumuten ist, einstweiligen Rechtsschutz (Arrest, einstweilige Verfügung, einstweilige Anordnung) zu beantragen, ein Vollstreckungsorgan hinzuziehen (§§ 887, 890, 892, 892 a ZPO) oder vor dem Abschleppen eines die Grundstückseinfahrt versperrenden Fahrzeugs die Polizei hinzuzuziehen.[8]

– Ein im Wege der einstweiligen Verfügung erlangter Räumungstitel muss den Schuldner allerdings namentlich bezeichnen. Daran scheiterte die Vollstreckung eines Räumungstitels gegen eine Anzahl von 40 männlichen und weiblichen Personen, die ein Haus besetzt hatten und sich in wechselnder Zahl dort aufhielten. Der BGH hat entschieden, dass das Erfordernis der eindeutigen Bezeichnung der Schuldner im Vollstreckungstitel oder in der Vollstreckungsklausel gemäß § 750 Abs. 1 ZPO auch dann besteht, wenn die Räumungsvollstreckung ein rechtswidrig besetztes Grundstück betrifft und es dem Gläubiger im Erkenntnisverfahren ohne polizeiliche Hilfe nicht möglich ist, die Schuldner namentlich zu bezeichnen. Der Verzicht auf das Erfordernis einer sicheren Identifizierung des Schuldners aufgrund der Bezeichnung im Vollstreckungstitel oder in der Vollstreckungsklausel ist nicht deshalb geboten, weil der Eigentümer ansonsten vollständig rechtlos gestellt wäre. Eine Räumung gegenüber Hausbesetzern kann vielmehr nach dem Polizei- und Ordnungsrecht erfolgen. Das widerrechtliche Eindringen und Verweilen in Wohnungen, Geschäftsräumen oder befriedetem Besitztum ist gemäß § 123 Abs. 1 StGB strafbar; die Verletzung strafrechtlicher Normen stellt stets eine Störung der öffentlichen Sicherheit im Sinne der polizei- und ordnungsrechtlichen Eingriffsermächtigungen der Bundesländer dar. Die Beseitigung dieser Störung fällt in die polizeiliche Aufgabenzuständigkeit; das Polizei- und Ordnungsrecht stellt insoweit auch die zur Durchsetzung erforderlichen Eingriffsbefugnisse zur Verfügung. Der Pflicht zum Eingreifen der Polizei steht nicht entgegen, dass nach dem Polizei- und Ordnungsrecht der Bundesländer der Schutz privater Rechte der Polizei nur dann obliegt, wenn gerichtlicher Schutz nicht rechtzeitig zu erlangen ist und wenn ohne polizeiliche Hilfe die Gefahr besteht, dass die Verwirklichung des Rechts vereitelt oder wesentlich erschwert wird (vgl. zB § 2 Abs. 2 SächsPolG). Diese Bestimmungen betreffen die ausschließliche Gefährdung privater Rechte wie etwa das Vermögen oder Forderungen Privater. Bei Haus- und Grundstücksbesetzungen geht es jedoch um gemäß § 123 StGB strafbare Handlungen und damit um die Störung der öffentlichen Sicherheit im Sinne der allgemeinen polizeilichen Eingriffsermächtigungen. Im Übrigen werden bei Haus- und Grundstücksbesetzungen regelmäßig auch die Voraussetzungen der Eingriffsvoraussetzungen des Polizei- und Ordnungsrechts für den polizeilichen Schutz privater Rechte vorliegen.[9]

---

2 OLG Stuttgart NJW-RR 1996, 1515 ff. (Beseitigung eines Wettbewerbsverstoßes durch hälftiges Überkleben des Plakates des Mitbewerbers).
3 OLG Karlsruhe GRUR-RR 2008, 350.
4 Vgl. Palandt/*Ellenberger* BGB § 229 Rn. 1, 2; BeckOK BGB/*Dennhardt* § 229 Rn. 3, 4; Soergel/*Fahse* BGB § 228 Rn. 7.

5 BGH NJW 1994, 188 ff.
6 OLG Köln NZM 2005, 67.
7 *Horst* NZM 1998,139.
8 Soergel/*Fahse* BGB § 229 Rn. 10.
9 BGH 13.7.2017 – I ZB 103/16 mwN.

- Der Einsatz von Parkkrallen gegenüber unberechtigterweise auf Privatparkplätzen abgestellten Fahrzeugen ist unzulässig. Der Einsatz von Parkkrallen kann weder durch Besitzkehr, Selbsthilfe, Notwehr, Einwilligung noch durch sonstige schuldrechtliche Verhältnisse gerechtfertigt werden.[10]
- Die Begehung eines Hausfriedensbruches und die heimliche Wegnahme von Hunden ist auch dann nicht durch § 229 BGB gerechtfertigt, wenn der Täter annimmt, die Tiere würden unter Verstoß gegen Tierschutzvorschriften gehalten. In dem vom OLG Hamm entschiedenen Fall war bereits nicht ersichtlich, dass die Beklagte im Verhältnis zur Klägerin einen Anspruch auf Herausgabe der Hunde hatte. Erst recht war nicht dargetan, dass obrigkeitliche Hilfe nicht rechtzeitig zu erlangen war. Zudem handelte die Beklagte fahrlässig iSv § 276 Abs. 2 BGB, denn bei Berücksichtigung der im Verkehr gebotenen Sorgfalt hätte sie erkennen können, dass sie zu einem eigenmächtigen Verhalten nicht berechtigt war.[11]

5 **b) Gefahr der Vereitelung oder Erschwerung der Anspruchsverwirklichung.** Ein Zuwarten muss die Gefahr in sich bergen, dass die Verwirklichung des Anspruchs aus objektiver Sicht vereitelt oder wesentlich erschwert wird. Nachdem es der Zweck der Vorschrift ist, den Gläubiger vor einem unlauteren Verhalten des Schuldners zu schützen, genügt es nicht, wenn sich der Schuldner in einer schlechten Vermögenslage befindet, dem Gläubiger Beweisschwierigkeiten drohen oder die Gefahr der Anspruchsbeeinträchtigung durch den drohenden Zugriff anderer Gläubiger auf des Vermögen des Schuldners besteht, anders jedoch, wenn der Schuldner Vermögensgegenstände wegzuschaffen oder sich ins (außereuropäische) Ausland abzusetzen droht.[12]

6 Der Anspruchsgefährdung steht die Möglichkeit, Schadensersatz zu erlangen, nicht entgegen; der Berechtigte braucht seinen Anspruch nicht für einen Ersatz hinzugeben, der für ihn in der Regel den Erfüllungswert unterschreitet.[13] Bei einer Geldforderung kann hingegen eine dingliche oder sonst taugliche Sicherheitsleistung (§ 232) genügen, um den Gläubiger ausreichend zu sichern und das Selbsthilferecht auszuschließen.[14]

II. Mittel der Selbsthilfe

7 **1. Wegnahme einer Sache des Schuldners.** Ausgenommen von der Wegnahme sind Sachen des Schuldners, welche der Pfändung nicht unterliegen (§ 811 ZPO).[15] Die Selbsthilfe darf nicht dazu führen, dass die dem Schuldnerschutz dienenden zwangsvollstreckungsrechtlichen Vorschriften unterlaufen werden.

8 **2. Zerstörung oder Beschädigung der Sache.** Diese Handlungen sind – anders als die Wegnahme – endgültige, nicht nur vorläufige Maßnahmen. Sie sind nach Sinn und Zweck der Selbsthilfe nur als subsidiäre Hilfsmaßnahmen zur Ermöglichung der Wegnahme einer Sache, Festnahme des Verpflichteten oder Erzwingung der Duldung einer Handlung zulässig.[16]

9 **3. Festnahme des Schuldners.** Die Festnahme ist nur bei **Fluchtverdacht** zulässig. Weil der Berechtigte im Falle der Festnahme gemäß § 239 Abs. 2 den persönlichen Sicherungsarrest beantragen muss, ist die Festnahme auch nur zulässig, wenn die Voraussetzungen für deren Erlass (vgl. §§ 916, 918 ZPO) erfüllt sind.[17] Das Festnahmerecht deckt die damit verbundenen Eingriffe in die Rechtsgüter des Festgenommen, weshalb diesem ein Notwehrrecht nicht zusteht und im Falle der Gegenwehr der Gläubiger seinerseits zur Notwehr berechtigt ist. So handelt etwa die Bedienung eines Lokals rechtmäßig, wenn sie den Gast, der das Lokal ohne Zahlung eines von ihm beanstandeten Essens verlassen will, zurückhält, um dessen Personalien zur Klärung der bestehenden Rechtslage festzustellen. Dem Gast steht gegen diesen Angriff auf seine Fortbewegungsfreiheit kein Notwehrrecht zu.[18] Auch wenn die Voraussetzungen eines Festnahmerechts gemäß § 127 StPO nicht vorliegen, kann die Festnahme eines zahlungsunwilligen Taxigastes zwecks Feststellung der Personalien durch die Polizei gerechtfertigt sein.[19] Dasselbe gilt für den Betreiber einer SB-Tankstelle bzw. dessen Hilfspersonal gegenüber einem zahlungsunwilligen und/oder unfähigen Kunden[20] bzw. für den Fahrausweisprüfer gegenüber einem Schwarzfahrer.[21]

---

10   *Paal/Guggenberger* NJW 2011, 1036.
11   OLG Hamm 24.4.2015 – 7 U 30/14, NJW-RR 2016, 91.
12   BeckOK BGB/*Dennhardt* § 229 Rn. 6.
13   MüKoBGB/*Grothe* § 229 Rn. 5.
14   BeckOK BGB/*Dennhardt* § 229 Rn. 6.
15   Soergel/*Fahse* BGB § 229 Rn. 17; Bamberger/Roth/ *Dennhardt* BGB § 229 Rn. 7.

16   Soergel/*Fahse* BGB § 229 Rn. 19.
17   BeckOK BGB/*Dennhardt* § 229 Rn. 9; Soergel/ *Fahse* BGB § 229 Rn. 20; aA MüKoBGB/*Grothe* § 229 Rn. 8.
18   BayObLG NJW 1991, 934.
19   OLG Düsseldorf NJW 1991, 2716 ff.
20   *Krüger* NZV 2003, 218.
21   *Schauer/Wittig* JuS 2004, 107.

III. Beweislast

Die Beweislast für die Voraussetzungen der berechtigten Selbsthilfe trägt der Handelnde, denn er beruft sich auf einen rechtshindernden Einwand.[22] **10**

IV. Irrtumsfälle

Wer irrtümlich annimmt, in berechtigter Selbsthilfe zu handeln, haftet gemäß §231 verschuldensunabhängig für die hierdurch verursachten Schäden. **11**

V. Rechtsfolgen

Die von §229 gedeckte Selbsthilfe ist rechtmäßig und stellt keine verbotene Eigenmacht dar. Dem Schuldner stehen wegen der im Rahmen der Selbsthilfe erfolgten Verletzung seiner Rechtsgüter weder Ansprüche aus positiver Vertragsverletzung noch Ansprüche aus Delikt zu. Notwehr ist gegen sie nicht zulässig. **12**

§230 Grenzen der Selbsthilfe

(1) Die Selbsthilfe darf nicht weiter gehen, als zur Abwendung der Gefahr erforderlich ist.

(2) Im Falle der Wegnahme von Sachen ist, sofern nicht Zwangsvollstreckung erwirkt wird, der dingliche Arrest zu beantragen.

(3) Im Falle der Festnahme des Verpflichteten ist, sofern er nicht wieder in Freiheit gesetzt wird, der persönliche Sicherheitsarrest bei dem Amtsgericht zu beantragen, in dessen Bezirk die Festnahme erfolgt ist; der Verpflichtete ist unverzüglich dem Gericht vorzuführen.

(4) Wird der Arrestantrag verzögert oder abgelehnt, so hat die Rückgabe der weggenommenen Sachen und die Freilassung des Festgenommenen unverzüglich zu erfolgen.

Literatur: *Schünemann*, Selbsthilfe im Rechtssystem – Eine dogmatische Studie am Beispiel der §§227, 228 ff, 1985.

A. Allgemeines	1	2. Im Falle der Festnahme des Verpflichteten	
B. Regelungsgehalt	2	(Abs. 3)	4
I. Erforderlichkeit (Abs. 1)	2	III. Folgen der Verzögerung bzw. Ablehnung des	
II. Verhalten nach Ausübung der Selbsthilfe	3	Arrestantrags (Abs. 4)	6
1. Im Falle der Wegnahme einer Sache		IV. Rechtsfolgen	7
(Abs. 2)	3		

A. Allgemeines

Während §229 die Voraussetzungen der Selbsthilfe regelt, bestimmt §230, in welchem Umfang diese zulässig ist, und weiter, wie derjenige, der sich zulässiger Selbsthilfe bedient hat, im Weiteren vorgehen muss. **1**

B. Regelungsgehalt

I. Erforderlichkeit (Abs. 1)

Die Selbsthilfe darf nur so weit gehen, als dies – aus objektiver Sicht – zur Abwendung der Gefahr für die Anspruchsverwirklichung erforderlich ist, sonst ist die Maßnahme rechtswidrig. Hierfür trägt derjenige, der sich auf Selbsthilfe beruft, die Beweislast.[1] **2**

II. Verhalten nach Ausübung der Selbsthilfe

1. Im Falle der Wegnahme einer Sache (Abs. 2). Die Selbsthilfe ist eine der Staatsgewalt vorauseilende, vorläufige, private Vollstreckung.[2] Deshalb hat der Handelnde im Falle der Wegnahme einer Sache, sofern er nicht bereits über einen Vollstreckungstitel verfügt, mit welchem er die Zwangsvollstreckung betreiben kann, gemäß §§916, 917 ZPO den dinglichen Arrest zu beantragen bzw. für den Fall, dass er über **3**

---

22 Palandt/*Ellenberger* BGB §229 Rn. 9 unter Verweis auf §227 Rn. 13; *Staudinger/Repgen* BGB §229 Rn. 50.

1 Soergel/*Fahse* BGB §230 Rn. 2.
2 Soergel/*Fahse* BGB §230 Rn. 3.

einen nicht auf Zahlung von Geld gerichteten Anspruch verfügt, den Erlass einer einstweiligen Verfügung gemäß §§ 935, 936 ZPO.[3]

4　**2. Im Falle der Festnahme des Verpflichteten (Abs. 3).** Der vorläufig vom Gläubiger festgenommene Schuldner ist gemäß Abs. 3 unverzüglich, dh spätestens am Tage nach der Festnahme[4] dem Amtsgericht vorzuführen. Örtlich zuständig ist das Amtsgericht, in dessen Bezirk die Festnahme erfolgt ist.

5　Zugleich hat der Gläubiger den persönlichen Arrest gemäß §§ 916, 918 ZPO bzw. die Haftanordnung im Wege der einstweiligen Verfügung gemäß §§ 935, 940 ZPO zu beantragen.

III. Folgen der Verzögerung bzw. Ablehnung des Arrestantrags (Abs. 4)

6　Der Gläubiger ist verpflichtet, unverzüglich in das Verfahren über die Gewährung einstweiligen Rechtsschutzes überzugehen. Kommt er dieser Pflicht nicht unverzüglich nach bzw. wird ihm dieser Rechtsschutz nicht gewährt, hat er die weggenommene Sache unverzüglich zurückzugeben bzw. den Festgenommenen unverzüglich freizulassen. Den Instanzenzug kann er nicht abwarten. Bereits bei Ablehnung seines Antrags in der ersten Instanz hat er gemäß Abs. 4 vorzugehen.[5]

IV. Rechtsfolgen

7　Sofern die gemäß § 229 zulässigerweise vorgenommene Selbsthilfe sich innerhalb der Grenzen des § 230 bewegt, ist sie rechtmäßig. Sofern dies nicht der Fall ist, ist sie rechtswidrig und löst, da § 230 Schutzgesetz im Sinne von § 823 Abs. 2 ist, Schadensersatzansprüche nach dieser Vorschrift aus.[6]

§ 231 Irrtümliche Selbsthilfe

Wer eine der im § 229 bezeichneten Handlungen in der irrigen Annahme vornimmt, dass die für den Ausschluss der Widerrechtlichkeit erforderlichen Voraussetzungen vorhanden seien, ist dem anderen Teil zum Schadensersatz verpflichtet, auch wenn der Irrtum nicht auf Fahrlässigkeit beruht.

A. Allgemeines 1
B. Regelungsgehalt 2
　I. Widerrechtliche Selbsthilfe 2
　II. Verschuldensunabhängige Haftung 3
III. Deliktsfähigkeit 4
IV. Schadensersatzanspruch 5
V. Verjährung 6

A. Allgemeines

1　§ 231 begründet eine **schuldunabhängige Schadensersatzpflicht** in Form einer gesetzlichen Risikozurechnung, welche an die besondere Gefährlichkeit der erlaubten Selbsthilfe anknüpft.[1] Der Rechtsgedanke des § 254, der eine Konsequenz des Grundsatzes von Treu und Glauben ist, gilt auch für den Schadensersatzanspruch aus § 231.[2]

B. Regelungsgehalt

I. Widerrechtliche Selbsthilfe

2　Diese liegt sowohl dann vor, wenn die in § 229 normierten Voraussetzungen der Selbsthilfe nicht vorgelegen haben (Putativselbsthilfe), als auch dann, wenn der zur Selbsthilfe Berechtigte die Grenzen der Selbsthilfe überschritten hat (Selbsthilfeexzess).

II. Verschuldensunabhängige Haftung

3　Hat der Täter schuldhaft (vorsätzlich oder fahrlässig) ein durch § 823 Abs. 1 geschütztes Rechtsgut verletzt, haftet er bereits nach dieser Vorschrift. § 231 erweitert die Haftung desjenigen auf sämtliche Fälle, in denen

---

3　BeckOK BGB/*Dennhardt* § 230 Rn. 3.
4　Vgl. § 128 Abs. 1 S. 1 StPO.
5　BeckOK BGB/*Dennhardt* § 230 Rn. 4, 5; Staudinger/*Repgen* BGB § 230 Rn. 5.
6　Palandt/*Ellenberger* BGB § 230 Rn. 3; BeckOK BGB/*Dennhardt* § 230 Rn. 7.

1　MüKoBGB/*Grothe* § 231 Rn. 2; Staudinger/*Repgen* BGB § 231 Rn. 4; aA Palandt/*Ellenberger* BGB § 231 Rn. 1, der von einer gesetzlichen Gefährdungshaftung ausgeht.
2　Staudinger/*Repgen* BGB § 231 Rn. 4.

die Selbsthilfe nicht durch § 229 gedeckt war, ohne dass ein Verschulden des Handelnden zu prüfen wäre. Liegen die Voraussetzungen beider Vorschriften vor, gelangen sie nebeneinander zur Anwendung.[3] Die nicht durch einen gerichtlichen Titel gedeckte eigenmächtige Inbesitznahme einer Wohnung und deren eigenmächtiges Ausräumen durch den Vermieter stellt eine unerlaubte Selbsthilfe dar, für deren Folgen der Vermieter verschuldensunabhängig nach § 231 BGB haftet.[4] Deshalb ist es in Fällen, in denen der Mieter verstorben und Erben nicht bekannt sind, geboten, gemäß § 1961 BGB die Bestellung eines Nachlasspflegers zu beantragen. § 1961 BGB setzt nicht voraus, dass der Anspruch des Gläubigers sogleich gerichtlich geltend gemacht werden soll. Es genügt, dass der Gläubiger den Anspruch zunächst außergerichtlich verfolgen möchte. Die Voraussetzungen des § 1961 BGB sind regelmäßig gegeben, wenn der Erbe unbekannt ist und der Vermieter des Verstorbenen einen Ansprechpartner benötigt, um die Kündigung des Mietvertrags aussprechen und die Räumung der Mietwohnung erreichen zu können.[5]

III. Deliktsfähigkeit

Nach herrschender Meinung[6] ist Deliktsfähigkeit nicht erforderlich. Dies ist abzulehnen. Die Vorschrift des § 231 geht, wie sich aus der Formulierung ergibt, davon aus, dass der Handelnde grundsätzlich zurechnungsfähig ist[7] und der gesetzgeberische Zweck der Risikozurechnung (→ Rn. 1) bei einem Minderjährigen (§ 828 Abs. 1) bzw. einem gemäß § 827 Deliktsunfähigen ersichtlich verfehlt wäre. **4**

IV. Schadensersatzanspruch

Sind die vorgenannten Voraussetzungen erfüllt, schuldet der Handelnde Ersatz des Schadens in vollem Umfang. § 254 BGB ist allerdings anwendbar.[8] **5**

V. Verjährung

Der Anspruch verjährt gemäß der Neuregelung des § 195 in drei Jahren. **6**

3	MüKoBGB/*Grothe* § 231 Rn. 1.
4	BGH NJW 2010, 3434.
5	OLG Köln 10.12.2010 – 2 Wx 198/10, FGPrax 2011, 128.
6	Staudinger/*Repgen* BGB § 231 Rn. 4; MüKoBGB/ *Grothe* § 231 Rn. 2; Erman/*Wagner* BGB § 231

Rn. 2; Soergel/*Fahse* BGB § 231 Rn. 3; zu Recht aA BeckOK BGB/*Dennhardt* § 231 Rn. 1.

7 BeckOK BGB/*Dennhardt* § 231 Rn. 1.

8 BGH NJW 1977, 1818; BeckOK BGB/*Dennhardt* § 231 Rn. 1 § 231 Rn. 1; MüKoBGB/*Grothe* § 231 Rn. 2; Erman/*Wagner* BGB § 231 Rn. 2.

Abschnitt 7
Sicherheitsleistung

Vorbemerkungen zu §§ 232–240

A. **Materiellrechtliche Sicherheitsleistungen** 1
B. **Sondervorschriften** 2
   I. Prozessuale Sicherheitsleistungen 2
   II. Sicherheitsleistung des Steuerpflichtigen 3
   III. Sicherheitsleistung im Rahmen der Zwangs-
     vollstreckung 4

IV. Sicherheitsleistung nach dem Börsengesetz ... 5
C. **Anderweitige Vereinbarungen über die Art
   der Sicherheitsleistung** 6

A. Materiellrechtliche Sicherheitsleistungen

1 Die §§ 232 ff. BGB finden Anwendung, wenn ein Schuldner nach gesetzlichen Vorschriften (zB §§ 468, 843 Abs. 2 S. 1, 1039 Abs. 1 S. 2, 1051, 1067 Abs. 2, 2128 Abs. 1 BGB; § 753 HGB; § 54 InvG; § 9 b KAGG, § 7 AbfVerbrG; §§ 225, 303, 321 AktG; § 213 InsO) oder behördlicher Anordnung (zB nach § 82 AuslG) verpflichtet oder befugt ist, Sicherheit zu leisten. Darüber hinaus finden sie Anwendung, wenn ein Gläubiger als Sicherungsnehmer und sein Schuldner oder ein Dritter als Sicherungsgeber durch Rechtsgeschäft die Pflicht oder auch das Recht zur Sicherheitsleistung begründen.[1]

B. Sondervorschriften

I. Prozessuale Sicherheitsleistungen

2 Für prozessuale Sicherheiten gilt der Katalog des § 232 nicht. Vielmehr kann das Gericht gemäß § 108 Abs. 1 S. 1 ZPO nach freiem Ermessen bestimmen, in welcher Art und Höhe Sicherheit zu leisten ist. Die Vorschriften des § 234 Abs. 2 und des § 235 sind jedoch gemäß § 108 Abs. 2 ZPO entsprechend anwendbar. Im Falle der Sicherheitsleistung durch Hinterlegung von Geld oder Wertpapieren nimmt § 108 Abs. 1 S. 2 ZPO Bezug auf § 234 Abs. 1 und 3. § 239 ist im Falle der Sicherheitsleistung durch Stellung eines Bürgen ebenfalls analog anwendbar.[2]

II. Sicherheitsleistung des Steuerpflichtigen

3 §§ 232 ff. gelten nicht. Die Sicherheitsleistung bestimmt sich nach §§ 241 ff. AO 1977.

III. Sicherheitsleistung im Rahmen der Zwangsvollstreckung

4 § 69 ZVG enthält hierzu eine von § 232 abweichende eigenständige Regelung.

IV. Sicherheitsleistung nach dem Börsengesetz

5 Die Leistung der Sicherheit bestimmt sich nach § 19 Abs. 1 BörsG iVm der Börsenordnung.

C. Anderweitige Vereinbarungen über die Art der Sicherheitsleistung

6 Die Regelungen der §§ 232 ff. sind nicht zwingend. Durch vertragliche Vereinbarung kann von ihnen abgewichen werden.[3]

---

1 BGH NJW 1986, 1038.
2 Vgl. Zöller/*Herget* ZPO § 108 Rn. 7.
3 Soergel/*Fahse* BGB Vor § 232 Rn. 10.

§ 232 Arten

(1) Wer Sicherheit zu leisten hat, kann dies bewirken

durch Hinterlegung von Geld oder Wertpapieren,

durch Verpfändung von Forderungen, die in das Bundesschuldbuch oder in das Landesschuld-
buch eines Landes eingetragen sind,

durch Verpfändung beweglicher Sachen,

durch Bestellung von Schiffshypotheken an Schiffen oder Schiffsbauwerken, die in einem deutschen Schiffsregister oder Schiffsbauregister eingetragen sind,

durch Bestellung von Hypotheken an inländischen Grundstücken,

durch Verpfändung von Forderungen, für die eine Hypothek an einem inländischen Grundstück
besteht, oder durch Verpfändung von Grundschulden oder Rentenschulden an inländischen
Grundstücken.

**(2) Kann die Sicherheit nicht in dieser Weise geleistet werden, so ist die Stellung eines tauglichen Bür-
gen zulässig.**

Literatur: *Kobler*, Die Fälle der Sicherheitsleistung im Bürgerlichen Gesetzbuch, ZZP 102 (1989), 58; *Kohler*, Die Fälle
der Sicherheitsleistung im Bürgerlichen Gesetzbuch – Normgründe, Erfüllungszwang, ZZP 102 (1989), 58–79; *Kotzur*,
Sicherheitsleistung durch Beibringung einer Prozeßbürgschaft mit befreiender Hinterlegungsklausel?, DGVZ 1990, 161;
Kraemer, Kaution und Mietbürgschaft nach der Mietrechtsreform, NZM 2001, 737; *Liebelt-Westphal*, Die gesetzliche
Deckungsgrenze bei der Gewährung von Sicherheiten, ZIP 1997, 230.

A. Allgemeines	1	4. Verpfändung beweglicher Sachen	8
B. Regelungsgehalt	5	5. Bestellung von Hypotheken, Grund- und	
I. Grundsatz der Realsicherheit	5	Rentenschulden	9
1. Katalog des 232 Abs. 1	5	II. Wahlrecht des Sicherungsgebers	10
2. Hinterlegung von Geld oder Wertpapie-		III. Subsidiäre Bestellung einer Personalsicherheit	
ren	6	(Abs. 2)	11
3. Verpfändung von Forderungen	7	C. Weitere praktische Hinweise	12

A. Allgemeines

Die Vorschrift stellt demjenigen, der gemäß Rechtsgeschäft, Gesetz oder gerichtlicher Anordnung Sicher-   **1**
heit zu leisten hat, einen Katalog der zugelassenen Sicherungsmittel zur Verfügung.

Für prozessuale Sicherheiten gilt der Katalog des § 232 nicht. Vielmehr kann das Gericht gemäß § 108   **2**
Abs. 1 S. 1 ZPO nach freiem Ermessen bestimmen, in welcher Art und Höhe Sicherheit zu leisten ist. Die
Vorschriften des § 234 Abs. 2 und des § 235 sind jedoch gemäß § 108 Abs. 2 ZPO entsprechend anwendbar.
Im Falle der Sicherheitsleistung durch Hinterlegung von Geld oder Wertpapieren nimmt § 108 Abs. 1 S. 2
Bezug auf § 234 Abs. 1 und 3. § 239 ist im Falle der Sicherheitsleistung durch Stellung eines Bürgen eben-
falls analog anwendbar.[1]

Der Katalog des § 232 **gilt ferner nicht** für die Sicherheitsleistung des **Steuerpflichtigen**, welche sich nach   **3**
§§ 241 ff. AO 1977 bestimmt, für die Sicherheitsleistung im Rahmen der **Zwangsvollstreckung** welche in
§ 69 ZVG geregelt ist, sowie für die Sicherheitsleistung nach dem **Börsengesetz**, welche sich nach § 19
Abs. 1 BörsG iVm der Börsenordnung bestimmt.

Die Vorschrift findet auch dann keine Anwendung, wenn die Parteien eine abweichende Regelung getroffen   **4**
haben. Die Regelungen der §§ 232 ff. sind nicht zwingend. Durch vertragliche Vereinbarung kann von ihnen
abgewichen werden.[2]

B. Regelungsgehalt

I. Grundsatz der Realsicherheit

1. Katalog des 232 Abs. 1. Grundsätzlich hat der Sicherungsgeber seine Sicherungsmittel aus dem Kata-   **5**
log der Realsicherheiten des Abs. 1 zu wählen, die **Sicherheitsleistung durch Stellung eines tauglichen
Bürgen** (vgl. § 239) ist gemäß Abs. 2 **subsidiär**.

2. Hinterlegung von Geld oder Wertpapieren. Die Hinterlegung von Geld oder Wertpapieren regeln die   **6**
§§ 233–235. Hinterlegungsfähig sind gemäß § 234 Inhaberpapiere. Diese müssen gemäß § 234 Abs. 1 S. 1
mündelsicher im Sinne des § 1807 Abs. 1 Nr. 4 sein. Der Kurswert der Wertpapiere muss den zu sichernden

---

1   Zöller/*Herget* ZPO § 108 Rn. 7.
2   Soergel/*Fahse* BGB Vor § 232 Rn. 10.

Betrag gemäß § 234 Abs. 3 um ein Drittel übersteigen. Im Falle eines Kursrückgangs entsteht eine Ergänzungspflicht gemäß § 240. Die Hinterlegung hat nach den Regeln der Hinterlegungsordnung zu erfolgen. Die Aufgaben der Hinterlegungsstellen sind den Amtsgerichten übertragen (§ 1 Abs. 2 HinterlO). Hinterlegungskasse ist die Kasse der jeweiligen Justizverwaltung (§ 1 Abs. 3 HinterlO). § 235 ermöglicht dem Hinterleger die Realisierung eines eingetretenen Kursgewinns, indem er ihm das Recht einräumt, hinterlegte Wertpapiere gegen andere Wertpapiere oder gegen Geld umzutauschen.

7   **3. Verpfändung von Forderungen.** Die Sicherheitsleistung durch Verpfändung von Forderungen ist in § 236 geregelt. Danach kann Sicherheit ausschließlich durch börsennotierte Schuldbuchforderungen, die in das Bundesschuldbuch[3] (Abs. 1 Fall 1) oder in das Schuldbuch eines Landes (Abs. 1 Fall 2) eingetragen sind, geleistet werden. Weil deren Wert infolge der Abhängigkeit vom Wert der hinterlegten Wertpapiere schwankt, ist der Sicherungswert auf drei Viertel des Kurswertes begrenzt.

8   **4. Verpfändung beweglicher Sachen.** § 237 regelt die Verpfändung beweglicher Sachen. Sicherheit kann danach nur bis zur Höhe von zwei Dritteln des Schätzwertes geleistet werden. Sachen, deren Verderb zu besorgen ist oder deren Aufbewahrung mit besonderen Schwierigkeiten verbunden ist, können zurückgewiesen werden (§ 237 S. 2).

9   **5. Bestellung von Hypotheken, Grund- und Rentenschulden.** Die Bestellung von Hypotheken, Grund- und Rentenschulden ist in § 238 geregelt. Die genannten Sicherungsmittel sind nur dann zur Sicherheitsleistung geeignet, wenn sie **mündelsicher** sind. Die Mündelsicherheit bestimmt sich nach § 1807 Abs. 1 Nr. 1, Abs. 2. Danach kommen nur **sichere** Hypotheken, Grundschulden oder Rentenschulden an einem **inländischen Grundstück** in Betracht.

II. Wahlrecht des Sicherungsgebers

10   Der Sicherungsgeber kann unter den Sicherungsmitteln des Abs. 1 **wählen**.[4] Er kann verschiedene Sicherungsmittel **kombinieren**.[5] Die Auswahlberechtigung begründet kein Wahlschuldverhältnis zwischen den Beteiligten. Dies bedeutet, dass die Wahl nicht durch Erklärung gegenüber dem anderen Teil ausgeübt wird, sie ist vielmehr erst erfolgt, wenn die Sicherheit tatsächlich bestellt ist.[6]

III. Subsidiäre Bestellung einer Personalsicherheit (Abs. 2)

11   Die Stellung eines im Sinne von § 239 tauglichen Bürgen ist gemäß Abs. 2 nur zulässig, wenn der Sicherungsgeber zur Leistung von Sicherheiten im Sinne von Abs. 1 nicht in der Lage ist, was er im Bestreitensfall beweisen muss.[7]

C. Weitere praktische Hinweise

12   Der **Klageantrag auf Leistung einer Sicherheit** richtet sich auf Leistung einer nach Maßgabe des § 232 Abs. 1 zu erbringenden hinreichenden Sicherheit nach Wahl des Schuldners. Eine bestimmte Leistung aus dem Katalog des Abs. 1 kann der Kläger im Hinblick auf die Wahlfreiheit des Sicherungsgebers nicht fordern.[8] Bei einer notariell beurkundeten Unterwerfung des Mieters unter die sofortige Zwangsvollstreckung wegen der laufenden Miete (§ 794 Abs. 1 Nr. 5 ZPO) handelt es sich nicht um eine Sicherheit iSv § 551 Abs. 1, 4 BGB, § 232 BGB. Der Umstand, dass der Wohnraummieter bereits eine Kaution von drei Monatsmieten geleistet hat, führt daher nicht zur Unwirksamkeit der Unterwerfungserklärung. Die Unterwerfungserklärung des Schuldners bietet dem Gläubiger keine zusätzliche Zugriffsmöglichkeit wie etwa eine dingliche Sicherheit (Barkaution, verpfändetes Sparbuch) oder die Bürgschaft eines Dritten, sondern entbebt ihn lediglich der Notwendigkeit, sich vor der Zwangsvollstreckung einen Titel gegen den Mieter zu beschaffen.[9]

---

3   § 7 des Bundeswertpapierverwaltungsgesetzes (BwpVerWG) v. 11.12.2001 (BGBl. I S. 3519).

4   Palandt/*Ellenberger* BGB § 232 Rn. 1; MüKoBGB/*Grothe* § 232 Rn. 2.

5   BeckOK BGB/*Dennhardt* § 232 Rn. 5; MüKoBGB/*Grothe* § 232 Rn. 2.

6   Staudinger/*Repgen* BGB § 232 Rn. 13.

7   BeckOK BGB/*Dennhardt* § 232 Rn. 7; Soergel/*Fahse* BGB § 232 Rn. 13; Palandt/*Ellenberger* BGB § 232 Rn. 4.

8   MüKoBGB/*Grothe* § 232 Rn. 2; BeckOK BGB/*Dennhardt* § 232 Rn. 5; Palandt/*Ellenberger* BGB § 232 Rn. 1.

9   BGH 14.6.2017 – VIII ZR 76/16, NJW 2018, 551.

§ 233 Wirkung der Hinterlegung

Mit der Hinterlegung erwirbt der Berechtigte ein Pfandrecht an dem hinterlegten Geld oder an den hinterlegten Wertpapieren und, wenn das Geld oder die Wertpapiere in das Eigentum des Fiskus oder der als Hinterlegungsstelle bestimmten Anstalt übergehen, ein Pfandrecht an der Forderung auf Rückerstattung.

Literatur: *Walker*, Sicherheitsleistung durch Hinterlegung von Geld beim Notar, EWiR 2000, 465.

A. Allgemeines	1	1. Pfandrecht	6
B. Regelungsgehalt	2	2. Eintritt des Sicherungsfalls	7
I. Hinterlegung	2	C. Weitere praktische Hinweise	8
II. Wirkung der Hinterlegung	6		

A. Allgemeines

Die Vorschrift dient dem Schutz des Sicherungsnehmers vor sicherungswidrigen Verfügungen des Sicherungsgebers sowie vor Zugriffen Dritter, indem sie ihm bei Hinterlegung ein Pfandrecht gemäß § 1257 einräumt. **1**

B. Regelungsgehalt

I. Hinterlegung

Die Hinterlegung hat nach den Regeln der Hinterlegungsordnung zu erfolgen.[1] Die Aufgaben der Hinterlegungsstellen sind den Amtsgerichten übertragen (§ 1 Abs. 2 HinterlO). Hinterlegungskasse ist die Kasse der jeweiligen Justizverwaltung (§ 1 Abs. 3 HinterlO). Die Hinterlegung erfolgt durch gesetzliche (seit 1.1.2002 in Euro) oder gesetzlich zugelassene Zahlungsmittel (§ 7 Abs. 1 HinterlO) oder durch Wertpapiere, Urkunden oder Kostbarkeiten (§ 9 Abs. 1 HinterlO). Die Hinterlegungsstelle darf nur dann eine Annahmeanordnung erlassen, wenn die Hinterlegung gerechtfertigt ist, etwa wenn dem Hinterleger eine gesetzliche Vorschrift zur Seite steht, die ihn zur Hinterlegung berechtigt oder verpflichtet. Ist eine Vollmacht notwendig, weil der Hinterlegende für Dritte handelt, so ist die Hinterlegung nicht möglich, solange diese Vollmacht nicht nachgewiesen wird.[2] **2**

Gesetzliche Zahlungsmittel gehen in das Eigentum des Landesfiskus über (§ 7 Abs. 1 HinterlO). Sie werden nach Maßgabe des § 8 HinterlO **verzinst**. Das gesetzliche Pfandrecht des Berechtigten entsteht in diesem Fall an der Forderung auf Rückerstattung. **3**

Andere Zahlungsmittel (gültige ausländische Münzen und Banknoten) sowie Wertpapiere, Urkunden oder Kostbarkeiten werden unverändert aufbewahrt (§§ 7 Abs. 2 S. 1, 8 Abs. 1 HinterlO). **4**

Der **Sicherungswert gesetzlicher Zahlungsmittel** entspricht ihrem **Nennwert**, bei **anderen Zahlungsmitteln** ist ein **Abschlag von einem Viertel des Kurswertes** vorzunehmen.[3] **5**

II. Wirkung der Hinterlegung

1. Pfandrecht. Der Sicherungsnehmer erwirbt ein **gesetzliches Pfandrecht** an der Forderung auf Rückerstattung bzw. an den unverändert aufzubewahrenden Gegenständen. **6**

2. Eintritt des Sicherungsfalls. Der Berechtigte kann im Fall des Eintritts des Sicherungsfalls die Befriedigung aus dem Pfandrecht verfolgen (§§ 1228 Abs. 1, 1231, 1282 Abs. 2, 1288 Abs. 2). Die Herausgabe durch die Hinterlegungsstelle erfolgt bei Nachweis der Berechtigung (§ 13 Abs. 1 HinterlO) durch Vorlage einer Freigabeerklärung des Hinterlegers oder durch Vorlage einer rechtskräftigen Entscheidung gegen den Hinterleger, durch welche die Berechtigung des Sicherungsnehmers zum Empfang der hinterlegten Sicherheit rechtskräftig festgestellt ist (§ 13 Abs. 2 HinterlO). **7**

Im Fall der Hinterlegung zur Abwendung der Zwangsvollstreckung ist der Nachweis der Empfangsberechtigung erbracht, wenn das Urteil rechtskräftig geworden ist. Handelt es sich bei der titulierten Forderung um eine Masseverbindlichkeit iSd § 209 Absatz 1 Nr. 3 InsO, so steht die Anzeige der Masseunzulänglichkeit

---

1 HinterlO v. 10.3.1937 (RGBl I S. 285; BGBl. III S. 300–315), zuletzt geändert durch Gesetz zur Änderung der Bundesgebührenordnung für Rechtsanwälte v. 20.8.1990 (BGBl. I S. 1765), Abdruck in Schönfelder Nr. 121.

2 OLG Frankfurt OLGR 2006, 747.

3 BeckOK BGB/*Dennhardt* § 233 Rn. 3.

gegenüber dem Insolvenzgericht durch den Insolvenzverwalter (§ 210 InsO) der Herausgabeanordnung zugunsten des Titelgläubigers nicht entgegen.[4]

C. Weitere praktische Hinweise

8　Der Sicherungsberechtigte kann auf die Einhaltung des § 232 verzichten. Die Beteiligten können im Rahmen der Vertragsfreiheit – auch durch Einbeziehung Allgemeiner Geschäftsbedingungen – von den Regelungen der §§ 232 ff. abweichen.[5]

§ 234 Geeignete Wertpapiere

(1) [1]**Wertpapiere sind zur Sicherheitsleistung nur geeignet, wenn sie auf den Inhaber lauten, einen Kurswert haben und einer Gattung angehören, in der Mündelgeld angelegt werden darf.** [2]**Den Inhaberpapieren stehen Orderpapiere gleich, die mit Blankoindossament versehen sind.**

(2) Mit den Wertpapieren sind die Zins-, Renten-, Gewinnanteil- und Erneuerungsscheine zu hinterlegen.

(3) Mit Wertpapieren kann Sicherheit nur in Höhe von drei Vierteln des Kurswerts geleistet werden.

A. Allgemeines	1	III. Mündelsicherheit	4
B. Regelungsgehalt	2	IV. Ergänzungspapiere (Abs. 2)	5
I. Inhaberpapiere	2	V. Wertgrenze (Abs. 3)	6
II. Kurswert	3		

A. Allgemeines

1　§ 232 Abs. 1 erlaubt die Sicherheitsleistung durch Hinterlegung von Wertpapieren. § 234 regelt einschränkend, welche Wertpapiere zur Hinterlegung geeignet sind.

B. Regelungsgehalt

I. Inhaberpapiere

2　Hinterlegungsfähig sind Inhaberpapiere. Das sind solche Papiere, bei denen der Aussteller dem jeweiligen Inhaber die Leistung verspricht. Die Durchsetzbarkeit ist also an die Innehabung (nicht notwendig den unmittelbaren Besitz) des Papiers geknüpft, die Inhaberschaft begründet die widerlegbare Vermutung der materiellen Berechtigung.[1] Inhaberpapiere sind Inhaberschuldverschreibungen (§§ 793 ff.), Inhaberaktien (§ 10 AktG) und Orderpapiere mit Blankoindossament.[2] Neben den Inhaberpapieren sind gemäß Abs. 1 S. 2 Orderpapiere mit Blankoindossament hinterlegungsfähig. Wechsel sind wegen fehlender Mündelsicherheit kein geeignetes Sicherungsmittel.[3]

II. Kurswert

3　Eine amtliche Kurswertfestsetzung ist nicht erforderlich. Es reicht aus, dass ein nach Angebot und Nachfrage bestimmbarer Marktpreis besteht.[4]

III. Mündelsicherheit

4　Die Mündelsicherheit ist in § 1807 Abs. 1 Nr. 4 geregelt. Erforderlich ist danach, dass die Wertpapiere von der Bundesregierung mit Zustimmung des Bundesrates zur Anlegung von Mündelgeld für geeignet erklärt worden sind.[5] Darlegungs- und beweispflichtig für die Mündelsicherheit ist der Schuldner, denn er beruft sich auf die Erfüllungswirkung.[6]

4　BGH 14.2.2018 – IV AR(VZ) 2/17, NZI 2018, 353.
5　MüKoBGB/*Grothe* § 232 Rn. 1.
1　Palandt/*Sprau* BGB Vor § 793 Rn. 3.
2　Vgl. Palandt/*Ellenberger* BGB § 234 Rn. 1.
3　Palandt/*Ellenberger* BGB § 234 Rn. 1.

4　Staudinger/*Repgen* BGB § 234 Rn. 1; Soergel/*Fahse* BGB § 234 Rn. 3.
5　Hinsichtlich der Einzelheiten vgl. Palandt/*Götz* BGB § 1807 Rn. 7.
6　Vgl. LG Berlin NJW-RR 1998, 10.

IV. Ergänzungspapiere (Abs. 2)

Mit den Wertpapieren müssen die in Abs. 2 bezeichneten Ergänzungspapiere hinterlegt werden. **5**

V. Wertgrenze (Abs. 3)

Der Kurswert der Wertpapiere muss den zu sichernden Betrag demnach um ein Drittel übersteigen. Im Falle **6**
eines Kursrückgangs entsteht eine Ergänzungspflicht gemäß § 240.

§ 235 Umtauschrecht

**Wer durch Hinterlegung von Geld oder von Wertpapieren Sicherheit geleistet hat, ist berechtigt, das
hinterlegte Geld gegen geeignete Wertpapiere, die hinterlegten Wertpapiere gegen andere geeignete
Wertpapiere oder gegen Geld umzutauschen.**

Literatur: *Treber, J.*, Der Austausch von prozessualen Sicherheitsleistungen, WM 2000, 343.

A. Allgemeines	1	II. Geeignetheit des Tauschobjekts	3
B. Regelungsgehalt	2	C. Weitere praktische Hinweise	4
I. Anwendungsbereich	2		

A. Allgemeines

Die Vorschrift soll es dem Hinterleger ermöglichen, entweder über hinterlegtes Geld oder über hinterlegte **1**
Wertpapiere zu verfügen, indem sie dem Sicherungsgeber das Recht zum einseitigen Austausch von ihrer
Natur her gleichwertigen Sicherheiten einräumt.[1] Damit schafft sie eine Ausnahme vom Prinzip der Bindung an das einmal gewählte Sicherungsmittel.[2] Praktische Bedeutung gewinnt § 235 in den Fällen, in
denen der Sicherungsgeber einen zwischenzeitlich eingetretenen Kursgewinn durch Verkauf der hinterlegten Wertpapiere realisieren will.

B. Regelungsgehalt

I. Anwendungsbereich

§ 235 gestattet nur den Tausch zwischen den genannten Sicherungsmitteln. Ein Umtausch anderer Werte ist **2**
nicht möglich. Hierzu bedarf es der Zustimmung des Sicherungsnehmers,[3] wobei die Verweigerung der
Zustimmung im Einzelfall gegen Treu und Glauben verstoßen kann.[4]

II. Geeignetheit des Tauschobjekts

Weil der Sicherungsnehmer gleichwertig abgesichert werden muss, ist Sicherheit in der Höhe zu leisten, **3**
welche dem aktuellen Wert der zunächst hinterlegten Gegenstände entspricht. § 234 Abs. 3 ist zu beachten,
dh mit Wertpapieren kann Sicherheit nur in Höhe von drei Vierteln des Kurswertes geleistet werden.[5]

C. Weitere praktische Hinweise

In den übrigen Fällen des § 232 Abs. 1 ist ein Austausch nur mit Zustimmung des Berechtigten möglich. **4**
Ein Anspruch auf Erteilung der Zustimmung besteht grundsätzlich nicht. Im Einzelfall kann jedoch geprüft
werden, ob die Verweigerung der Zustimmung gegen Treu und Glauben (§ 242) verstößt. Dies kann unter
Umständen im Falle des Eintritts einer erheblichen Übersicherung angenommen werden.[6] Für den Fall der
Verweigerung des Austausches einer gleichwertigen Prozessbürgschaft hat der Bundesgerichtshof dies
bejaht.[7]

1	Soergel/*Fahse* BGB § 235 Rn. 1.	5	Vgl. 1 BeckOK BGB/*Dennhardt* § 235 Rn. 1.
2	MüKoBGB/*Grothe* § 235 Rn. 1.	6	BeckOK BGB/*Dennhardt* § 235 Rn. 1; Soergel/
3	Erman/*Schmidt-Räntsch* BGB § 235 Rn. 3.		*Fahse* BGB § 235 Rn. 2.
4	MüKoBGB/*Grothe* § 235 Rn. 1.	7	BGH NJW 1994, 1351.

§ 236 Buchforderungen

Mit einer Schuldbuchforderung gegen den Bund oder gegen ein Land kann Sicherheit nur in Höhe von drei Vierteln des Kurswerts der Wertpapiere geleistet werden, deren Aushändigung der Gläubiger gegen Löschung seiner Forderung verlangen kann.

Literatur: *Keller*, Das Bundeswertpapierverwaltungsgesetz – Abschied vom Reichsschuldbuchrecht sowie den reichsrechtlichen Depotverordnungen der Jahre 1940–1942, BKR 2002, 49; *Löber*, Der Entwurf einer Richtlinie für Finanzsicherheiten, BKR 2001, 118.

A. Allgemeines 1
B. Regelungsgehalt 2
   I. Börsennotierte Schuldbuchforderungen 2

II. Keine entsprechende Anwendbarkeit auf nicht
   börsennotierte Schuldbuchforderungen 4

A. Allgemeines

1 Die Vorschrift regelt, in welchem Umfang mit Schuldbuchforderungen gegen den Bund bzw. ein Land Sicherheit geleistet werden kann.

B. Regelungsgehalt

I. Börsennotierte Schuldbuchforderungen

2 Die Vorschrift betrifft ausschließlich börsennotierte Schuldbuchforderungen, die in das Bundesschuldbuch[1] oder in das Schuldbuch eines Landes (§ 232 Abs. 1) eingetragen sind. Weil deren Wert der Forderungen infolge der Abhängigkeit vom Wert der hinterlegten Wertpapiere schwankt, ist der Sicherungswert auf drei Viertel des Kurswertes begrenzt.[2] Eine entsprechende Regelung enthält § 234 Abs. 3 für Wertpapiere im Sinne von § 234 Abs. 1.

Die neuen Landesgesetze machen von den Vorbehaltsrechten überwiegend durch Verweisung auf das Bundesschuldenwesengesetz (BSchuWG) vom 12.7.2006[3] bezüglich des Landesschuldbuchs Gebrauch. Die Vorbehaltsrechte nach Abs. 2 finden nach Maßgabe des Gleichberechtigungsgesetzes und des nunmehr geltenden Güterstandsrechts Anwendung.[4]

3 Buchforderungen gegen eine Gemeinde sind zur Sicherheitsleistung nicht geeignet.[5]

II. Keine entsprechende Anwendbarkeit auf nicht börsennotierte Schuldbuchforderungen

4 Die Vorschrift ist auf nicht börsennotierte Schuldbuchforderungen (zB Bundesschatzbriefe) nicht anwendbar. Der Sicherungswert dieser Forderungen entspricht dem Nennwert.[6]

§ 237 Bewegliche Sachen

[1]**Mit einer beweglichen Sache kann Sicherheit nur in Höhe von zwei Dritteln des Schätzungswerts geleistet werden.** [2]**Sachen, deren Verderb zu besorgen oder deren Aufbewahrung mit besonderen Schwierigkeiten verbunden ist, können zurückgewiesen werden.**

1   § 7 des Bundeswertpapierverwaltungsgesetzes (BwpVerWG) v. 11.12.2001 (BGBl. I S. 3519).
2   Soergel/*Fahse* BGB § 236 Rn. 1.
3   BGBl. I S. 1466.
4   Landesgesetze: Baden-Württemberg: Landesschuldbuchgesetz vom 11.5.1953 (GBl. S. 65), zuletzt geändert durch Gesetz vom 1.3.2010 (GBl. S. 265); Bayern: Gesetz idF vom 30.3.2003 (GVBl. S. 302), zuletzt geändert durch Gesetz vom 22.12.2006 (GVBl. S. 1056); Berlin: Gesetz vom 17.12.2008 (GVBl. S. 477); DVO vom 21.7.1953 (GVBl. S. 721); Brandenburg: Gesetz vom 29.6.2004 (GVBl. S. 269), geändert durch Gesetz vom 9.1.2012 (GVBl. I Nr. 2); Bremen: Gesetz vom 16.12.2008 (GBl. S. 407); Hamburg: Gesetz vom 29.3.1957 (BL 650-

a), zuletzt geändert durch Gesetz vom 5.3.1986 (GVBl. S. 37); Hessen: Landesschuldengesetz vom 27.6.2012 (GVBl. I S. 222); Niedersachsen: Gesetz vom 12.12.2003 (GVBl. S. 446), zuletzt geändert durch Gesetz vom 17.12.2007 (GVBl. S. 775); Nordrhein-Westfalen: Gesetz vom 18.11.2008 (GV S. 721); Rheinland-Pfalz: Gesetz vom 20.11.1978 (GVBl. S. 709); Sachsen: Gesetz vom 24.5.1994 (GVBl. S. 1015); Sachsen-Anhalt: Gesetz vom 21.12.1992 (GVBl. S. 870), geändert durch Gesetz vom 18.11.2005 (GVBl. S. 698); Schleswig-Holstein: Gesetz vom 21.12.2012 (GVOBl. S. 72).
5   Palandt/*Ellenberger* BGB § 236 Rn. 1.
6   Vgl. BeckOK BGB/*Dennhardt* § 236 Rn. 2.1.

Literatur: *Canaris*, Voraussetzungen und Inhalt des Anspruchs auf Freigabe von Globalsicherheiten gemäß § 242 BGB, ZIP 1997, 813; *Grönwoldt*, Anmerkung zur Entscheidung des Großen Senats des BGH zur Freigabe bei revolvierenden Globalsicherheiten, DB 1998, 364; *Schwab, M.*, Globalsicherheiten und Freigabeklauseln vor dem Großen Senat, WM 1997, 1883.

A.	Allgemeines	1	2. Bedingte Eignung (S. 2)	3
B.	Regelungsgehalt	2	II. Wertobergrenze	5
	I. Zur Sicherheitsleistung geeignete Sachen	2	III. Vornahme der Sicherheitsleistung	6
	1. Unbedingte Eignung	2		

A. Allgemeines

§ 232 Abs. 1 gestattet die Sicherheitsleistung durch Verpfändung beweglicher Sachen. § 237 dient dem **1** Interesse des Sicherungsnehmers, der sich in der Regel keine verderblichen oder schwer aufzubewahrenden Sachen aufdrängen lassen will. Die Vorschrift berücksichtigt auch den schwankenden Wert beweglicher Sachen.

B. Regelungsgehalt

I. Zur Sicherheitsleistung geeignete Sachen

1. Unbedingte Eignung. Unbedingt geeignet sind nur **bewegliche Sachen,** bei denen die Voraussetzun- **2** gen des S. 2 nicht zutreffen.

2. Bedingte Eignung (S. 2). Sachen im Sinne von S. 2 sind bedingt geeignet, der Sicherungsnehmer kann **3** sie zurückweisen. Wenn er der Sicherheitsleistung ausdrücklich zustimmt, kann er diese Zustimmung unter den Voraussetzungen des § 119 Abs. 2 anfechten. Das Unterlassen der Zurückweisung aufgrund Unkenntnis der Regelung des § 237 kann nicht angefochten werden, da insoweit lediglich ein Rechtsirrtum vorliegt. Der Sicherungsnehmer kann jedoch etwa bei eingetretenem Verderb der beweglichen Sachen gemäß § 240 vorgehen.[1] Ob Schwierigkeiten bei der Aufbewahrung bestehen, ist grundsätzlich subjektiv aus Sicht des Sicherungsnehmers zu beurteilen. So wird die „Aufbewahrung" von Tieren, die oftmals als Beispiel für S. 2 genannt wird, dem Landwirt regelmäßig weniger Schwierigkeiten bereiten als dem Bewohner einer Großstadtwohnung.[2]

Gemäß § 1218 Abs. 2 hat der Pfandgläubiger dem Verpfänder von dem **drohenden Verderb unverzüglich** **4** **Anzeige** zu machen, sofern die Anzeige nicht untunlich ist. Die Anzeigepflicht gilt in erweiterter Auslegung des § 1218 Abs. 2 auch für den Fall, dass der Verpfänder die drohende Wertminderung nicht kennt und der Pfandgläubiger dies weiß oder wissen musste. Umgekehrt besteht in einschränkender Auslegung des § 1218 Abs. 2 keine Anzeigepflicht, wenn sich die Sache gemäß § 1206 im Mitbesitz des Verpfänders befindet, weil der Pfandgläubiger dann den drohenden Verderb selbst erkennen kann.[3] Die **Anzeige** ist namentlich bei unbekanntem Wohnort des Verpfänders **untunlich**, die Beweislast für die Untunlichkeit trägt der Pfandgläubiger.[4]

II. Wertobergrenze

Der Sicherheitswert ist auf zwei Drittel des – notfalls vom Sicherungsgeber zu beweisenden – Schätzwertes **5** begrenzt; zu ermitteln ist dabei der gewöhnliche Verkaufswert (**Verkehrswert**), so dass individuelle und ideelle Bewertungen außer Ansatz bleiben.[5]

III. Vornahme der Sicherheitsleistung

Die Sicherheitsleistung erfolgt durch Verpfändung gemäß § 1205, bei Luftfahrzeugen durch Bestellung **6** eines Registerpfandrechts, bei Schiffen durch Bestellung einer Schiffshypothek.

1	Staudinger/*Repgen* BGB § 237 Rn. 3.	4	NK-BGB/*Bülow* § 1218 Rn. 17.
2	BeckOGK/*Bach* § 237 Rn. 16.	5	BeckOK BGB/*Dennhardt* § 237 Rn. 1.
3	NK-BGB/*Bülow* § 1218 Rn. 16.		

§ 238 Hypotheken, Grund- und Rentenschulden

(1) Eine Hypothekenforderung, eine Grundschuld oder eine Rentenschuld ist zur Sicherheitsleistung nur geeignet, wenn sie den Voraussetzungen entspricht, unter denen am Orte der Sicherheitsleistung Mündelgeld in Hypothekenforderungen, Grundschulden oder Rentenschulden angelegt werden darf.

(2) Eine Forderung, für die eine Sicherungshypothek besteht, ist zur Sicherheitsleistung nicht geeignet.

A. Allgemeines 1
B. Regelungsgehalt 2
   I. Mündelsicherheit 2

II. Keine Sicherheitsleistung für Forderungen, für
   die eine Sicherungshypothek besteht
   (§ 238 Abs. 2) 4
C. Weitere praktische Hinweise 5

A. Allgemeines

1 Nach § 232 kann Sicherheit ua durch Verpfändung von Hypothekenforderungen bzw. von Grund- oder Rentenschulden geleistet werden. § 238 bestimmt hierzu einschränkend, dass die genannten Sicherungsmittel nur dann zur Sicherheitsleistung geeignet sind, wenn sie **mündelsicher** sind.

B. Regelungsgehalt

I. Mündelsicherheit

2 Die Mündelsicherheit bestimmt sich nach § 1807 Abs. 1 Nr. 1, Abs. 2. Danach kommen nur **sichere** Hypotheken, Grundschulden oder Rentenschulden an einem **inländischen Grundstück** in Betracht.

3 Nach **§ 1807 Abs. 2** können die **Landesgesetze** für die innerhalb ihres Geltungsbereichs belegenen Grundstücke die Grundsätze bestimmen, nach denen die Sicherheit einer Hypothek, einer Grundschuld oder einer Rentenschuld festzustellen ist. Soweit einschlägige Regelungen bestehen, wird für die Mündelsicherheit eines Grundpfandrechts zumeist verlangt, dass es innerhalb der ersten Hälfte oder der ersten sechs Zehntel des Grundstückswertes (Verkehrswertes, gemeinen Werts) liegt. Wenn keine landesrechtliche Regelung besteht (so etwa in Niedersachsen, Rheinland-Pfalz und Schleswig-Holstein), liegt es nahe, sich an dieser Grenze zu orientieren.[1]

II. Keine Sicherheitsleistung für Forderungen, für die eine Sicherungshypothek besteht (§ 238 Abs. 2)

4 Sicherungshypotheken (§§ 1184 ff.) sind wegen ihrer Abhängigkeit von der zu sichernden Forderung kein geeignetes Sicherungsmittel.[2]

C. Weitere praktische Hinweise

5 Die Sicherheitsleistung erfolgt gemäß § 232 durch Verpfändung nach §§ 1291, 1280, 1273.

6 Die Sicherheitsleistung durch Bestellung von Schiffshypotheken bzw. die Bestellung von Registerpfandrechten an Luftfahrzeugen regelt § 237.

§ 239 Bürge

(1) Ein Bürge ist tauglich, wenn er ein der Höhe der zu leistenden Sicherheit angemessenes Vermögen besitzt und seinen allgemeinen Gerichtsstand im Inland hat.

(2) Die Bürgschaftserklärung muss den Verzicht auf die Einrede der Vorausklage enthalten.

Literatur: *Beuthien*, Bürgschaft einer Kreditgenossenschaft als Sicherheit i.S.v. § 108 ZPO, NJW 1994, 2070; *Ehricke*, Der taugliche Bürge gem. § 239 BGB auf dem Prüfstand des Gemeinschaftsrechts, EWS 1994, 259; *Fuchs, A.*, Sicherheitsleistung durch Bürgschaften ausländischer Banken?, RIW 1996, 280; *Horsch/Hänsel*, Konzernbürgschaften – taugliche Sicherungsmittel nach § 648 a BGB?, BauR 2003, 462; *Klawikowski, H.*, Die Sicherheitsleistung im Zwangsversteigerungsverfahren, Rpfleger 1996, 265; *Kleine-Möller*, Die Sicherung bauvertraglicher Ansprüche durch Bankbürgschaft und

---

1   MüKoBGB/*Kroll-Ludwigs* § 1807 Rn. 11.
2   Palandt/*Ellenberger* BGB § 238 Rn. 1.

Bankgarantie, NZBau 2002, 585; *Ralle*, Bürgertauglichkeit i.S. des § 239 Abs. 1 BGB, WiB 1996, 87; *Zeller*, Bestellung einer prozessualen Sicherheit durch Bürgschaft einer französischen Bank ohne allgemeinen Gerichtsstand in Deutschland, EWiR 1995, 1139.

A. Allgemeines 1
B. Regelungsgehalt 2
  I. Unfähigkeit zur Sicherheitsleistung gemäß
    § 232 Abs. 1 2
  II. Tauglichkeit des Bürgen 3
    1. Vermögen 3

    2. Allgemeiner Gerichtsstand im Inland 4
  III. Verzicht des Bürgen auf die Einrede der Vor-
    ausklage 5
C. Weitere praktische Hinweise 6
  I. Beweispflicht 6
  II. Sicherheitsleistung gemäß § 108 Abs. 1 ZPO . 7

A. Allgemeines

Die Vorschrift regelt die Fälle, in denen der Sicherungsgeber gemäß § 232 Abs. 2 ausnahmsweise Sicherheit durch die Stellung eines tauglichen Bürgen leisten darf, weil ihm die Mittel zur Leistung der Sicherheit gemäß § 232 Abs. 1 fehlen. **1**

B. Regelungsgehalt

I. Unfähigkeit zur Sicherheitsleistung gemäß § 232 Abs. 1

Der Sicherungsgeber darf zur Sicherheitsleistung gemäß § 232 Abs. 1 nicht in der Lage sein. **2**

II. Tauglichkeit des Bürgen

1. Vermögen. Der Bürge ist nur tauglich, wenn die Summe seiner geldwerten Güter unter Abzug der **3** Schulden einschließlich der unpfändbaren Gegenstände die Höhe der zu leistenden Sicherheit übersteigt.[1] Verlangt ist daher ein hinreichendes Eigenkapital, das die jederzeitige Zahlung und notfalls Vollstreckbarkeit der Bürgschaftsschuld gewährleistet.[2]

2. Allgemeiner Gerichtsstand im Inland. Bei Verlegung des Gerichtstandes des Bürgen ins Ausland ver- **4** liert dieser seine Bürgentauglichkeit. Dies löst die Ergänzungspflicht des Sicherungsgebers gemäß § 240 aus. Die Vorschrift ist „europafreundlich" auszulegen. Unter Inland ist daher auch das sog. EU-Inland zu verstehen (→ Rn. 7).[3] Vereinbaren die Parteien eines VOB-Vertrags, dass der Auftragnehmer eine Vertragserfüllungsbürgschaft über 10 % der Auftragssumme zu stellen hat, ist der Auftraggeber nicht dazu verpflichtet, eine Bürgschaft nach Schweizer Recht anzunehmen. Selbst wenn man in § 17 Abs. 2 VOB/B eine Sonderregelung zu § 239 Abs. 1 BGB sieht und deshalb keinen allgemeinen Gerichtsstand des Bürgen im Inland verlangt, muss die Bürgschaft einer nicht im Inland ansässigen Bank der Interessenlage der Parteien entsprechen. Dies setzt zumindest voraus, dass die Bank den Bürgschaftsvertrag dem deutschen Recht unterstellt. Da beide Parteien ihren Sitz im Inland haben, entspricht ihrer Interessenlage nur eine Bürgschaft, die dem deutschen Recht unterliegt. Die von der Klägerin angebotene Bürgschaft nach Schweizer Recht musste die Beklagte daher nicht akzeptieren.[4]

III. Verzicht des Bürgen auf die Einrede der Vorausklage

Der Bürge muss in der Bürgschaftserklärung auf sein Recht aus § 771 S. 1 verzichten. Die gesamte Bürg- **5** schaftserklärung einschließlich des Verzichts auf die Einrede der Vorausklage bedarf außer im Fall des § 350 HGB der Schriftform (§ 766 S. 1). Im Fall des § 349 HGB ist der Verzicht auf die Einrede der Vorausklage entbehrlich. Eine Prozessbürgschaft muss gemäß § 108 Abs. 1 S. 2 ZPO grundsätzlich zudem unwiderruflich, unbefristet und unbedingt sein.

---

1 Soergel/*Fahse* BGB § 239 Rn. 2.
2 BayObLG DB 1988, 1846.
3 Staudinger/*Repgen* BGB § 239 Rn. 3; Palandt/*Ellenberger* BGB § 239 Rn. 1; Soergel/*Fahse* BGB § 239 Rn. 4; differenzierend MüKoBGB/*Grothe* § 239 Rn. 2 wonach ein allgemeiner Gerichtsstand nach

Art. 2, 59, 60 Brüssel Ia-VO oder den entsprechenden Regeln des Luganer Übereinkommens genügt; aA BeckOK BGB/*Dennhardt* § 239 Rn. 2, der eine Änderung des § 239 für erforderlich hält.
4 OLG Frankfurt aM 17.9.2013 – 14 U 129/12, IBBRS 2014, 2045.

C. Weitere praktische Hinweise

I. Beweispflicht

6　Für die Voraussetzung des § 232 Abs. 2[5] sowie für die Tauglichkeit des Bürgen ist der Sicherungsgeber beweispflichtig.[6] Wenn ein Sicherungsgeber die im Zwangsversteigerungstermin gemäß § 70 Abs. 2 ZVG zu leistende sofortige Sicherheit durch einen Bürgen erbringen will, ist dies möglich, der Bonitätsnachweis muss jedoch bis zum Schluss der Versteigerung erbracht werden.[7] Das Registergericht kann in dem Fall, dass sich bei einer Einmanngründung einer GmbH für die restliche, nicht eingezahlte Stammeinlage die 100 %ige Tochtergesellschaft der Gründungsgesellschaft verbürgt hat, einen Bonitätsnachweis verlangen und für den Fall, dass dieser nicht erbracht wird, die Eintragung der Gesellschaft ablehnen.[8]

II. Sicherheitsleistung gemäß § 108 Abs. 1 ZPO

7　Die Vorschrift des § 239 ist im Rahmen der Bestimmung der prozessualen Sicherheitsleistung gemäß § 108 Abs. 1 ZPO nicht entsprechend anwendbar. Daher kann das Gericht im Rahmen der Entscheidung gemäß § 711 iVm § 108 ZPO eine im EU-Ausland als Zollbürgin zugelassene Bank zur Sicherheitsleistung durch Bürgschaft zulassen, wenn ein hinreichender EU-Auslandsbezug besteht, sich die Bank in der Bürgschaftsurkunde der Geltung deutschen Rechts und der internationalen Zuständigkeit eines deutschen Gerichts unterwirft sowie einen in Deutschland ansässigen Zustellungsbevollmächtigten benennt.[9] Die Gegenmeinung[10] berücksichtigt nicht, dass der Gesetzgeber in § 108 Abs. 2 ZPO ausdrücklich nur die entsprechende Anwendung der §§ 234 Abs. 2 und 235 anordnet, weshalb eine planwidrige Lücke des Gesetzes, welche durch die analoge Anwendung des Abs. 1 geschlossen werde müsste, nicht vorliegt.

§ 240 Ergänzungspflicht

Wird die geleistete Sicherheit ohne Verschulden des Berechtigten unzureichend, so ist sie zu ergänzen oder anderweitige Sicherheit zu leisten.

Literatur: *Heide*, Anspruch auf nachträgliche Erhöhung der Kreditsicherung, Grundeigentum 2002, 711.

A. Allgemeines	1	IV. Ausnahmen	5
B. Regelungsgehalt	2	V. Beweislast	6
I. Unzureichende Sicherheit	2	VI. Wahlrecht des Verpflichteten	7
II. Nachträglich eingetretene Umstände	3	VII. Verjährung	8
III. Fehlendes Verschulden des Sicherungsneh-mers	4		

A. Allgemeines

1　Die Vorschrift ordnet für den Fall einer **nachträglich** unzureichend gewordenen Sicherheit eine Ergänzungs- bzw. Erneuerungspflicht des zur Leistung der Sicherheit Verpflichteten an.

B. Regelungsgehalt

I. Unzureichende Sicherheit

2　Sie kann eintreten durch **Wertminderung der geleisteten Sicherheit**, etwa durch Untergang der verpfändeten Sache, Kursverfall bei hinterlegten Wertpapieren, Vermögensverschlechterung bei Bürgen oder durch **Erhöhung des Sicherungsbedarfs** etwa bei Erhöhung der zu sichernden Forderung.[1]

II. Nachträglich eingetretene Umstände

3　War die Sicherheit von vornherein unzureichend, ist § 240 nicht – auch nicht entsprechend – anwendbar. In diesem Fall kann sich ein Anspruch auf Ergänzung nur unmittelbar aus der gesetzlichen oder vertraglichen

---

5　Staudinger/*Repgen* BGB § 232 Rn. 11.
6　Staudinger/*Repgen* BGB § 239 Rn. 5.
7　OLG Hamm NJW-RR 1987, 1016 ff.
8　Vgl. BayObLG DNotZ 1989, 390 ff.

9　OLG Hamburg NJW 1995, 2859 ff.
10　Zöller/*Herget* ZPO § 108 Rn. 7.
1　Soergel/*Fahse* BGB § 240 Rn. 1, 2.

Pflicht zur Sicherheitsleistung ergeben, die Auslegung kann jedoch ergeben, dass der Schuldner seine Pflicht zur Sicherheitsleistung bereits vollständig erfüllt hat.[2]

III. Fehlendes Verschulden des Sicherungsnehmers

Eine Ergänzungspflicht besteht nicht, wenn die Sicherheit durch Verschulden des Sicherungsnehmers unzureichend geworden ist.[3] Bei Mitverschulden kann der Sicherungsnehmer keine Rechte herleiten, wenn ihn insofern ein **Verschulden** trifft. Fällt beiden Teilen ein Verschulden zur Last, so kommt eine nach **§ 254** eingeschränkte Ergänzungspflicht aus dem Gesichtspunkt der positiven Vertragsverletzung in Betracht.[4] **4**

IV. Ausnahmen

Haben die Parteien Sicherheitsleistung durch einen bestimmten Gegenstand vereinbart, begründet dessen Wertminderung im Zweifel keine Ergänzungspflicht.[5] Nach § 551 Abs. 3 S. 2 können Mieter und Vermieter durch übereinstimmende Vereinbarung anstelle der Anlage der Mietkaution als Sparanlage eine andere, unter Umständen auch riskantere Anlageform wählen. Hierbei sollen beide Vertragsparteien ihr jeweils bewusst eingegangenes Verlustrisiko tragen, weshalb eine Ergänzungspflicht des Mieters bei Verlust der Kaution ausscheidet.[6] **5**

V. Beweislast

Der Sicherungsnehmer trägt die Beweislast für seine Behauptung, die Sicherheitsleistung sei nachträglich unzureichend geworden. Die Beweislast für das anspruchsausschließende Verschulden trägt der Sicherungsgeber. **6**

VI. Wahlrecht des Verpflichteten

Der gemäß § 240 Verpflichtete hat die Wahl, ob er statt der unzureichend gewordenen Sicherheit eine neue, gemäß §§ 232 ff. zugelassene Sicherheit leistet oder die unzureichend gewordene Sicherheit ergänzt.[7] **7**

VII. Verjährung

Die Verjährung des Anspruchs aus § 240 bestimmt sich nach dem zugrunde liegenden Schuldverhältnis.[8] **8**

---

2 Vgl. BGH LM Nr. 1 zu § 240; Staudinger/*Repgen* BGB § 240 Rn. 2; Soergel/*Fahse* BGB § 240 Rn. 3.
3 Soergel/*Fahse* BGB § 240 Rn. 3.
4 MüKoBGB/*Grothe* § 240 Rn. 1.

5 BGH LM Nr. 1 zu § 240.
6 *Krämer* NZM 2001, 737 (739).
7 Staudinger/*Repgen* BGB § 240 Rn. 3.
8 BeckOK BGB/*Dennhardt* § 240 Rn. 3.

Einführungsgesetz zum Bürgerlichen Gesetzbuche

In der Fassung der Bekanntmachung vom 21. September 1994[1] (BGBl. I S. 2494, ber. 1997 I S. 1061)
(FNA 400-1)
zuletzt geändert durch Art. 5, 6 Abs. 6 G zur Abmilderung der Folgen der COVID-19-Pandemie im Zivil-,
Insolvenz- und Strafverfahrensrecht vom 27. März 2020 (BGBl. I S. 569)

Erster Teil
Allgemeine Vorschriften

Erstes Kapitel
Inkrafttreten. Vorbehalt für Landesrecht. Gesetzesbegriff

Art. 1 EGBGB [Inkrafttreten des BGB; Vorbehalt für Landesrecht]

(1) Das Bürgerliche Gesetzbuch tritt am 1. Januar 1900 gleichzeitig mit einem Gesetz, betreffend Änderungen des Gerichtsverfassungsgesetzes, der Zivilprozeßordnung und der Konkursordnung, einem Gesetz über die Zwangsversteigerung und die Zwangsverwaltung, einer Grundbuchordnung und einem Gesetz über die Angelegenheiten der freiwilligen Gerichtsbarkeit in Kraft.

(2) Soweit in dem Bürgerlichen Gesetzbuch oder in diesem Gesetz die Regelung den Landesgesetzen vorbehalten oder bestimmt ist, daß landesgesetzliche Vorschriften unberührt bleiben oder erlassen werden können, bleiben die bestehenden landesgesetzlichen Vorschriften in Kraft und können neue landesgesetzliche Vorschriften erlassen werden.

Art. 2 EGBGB [Begriff des Gesetzes]

Gesetz im Sinne des Bürgerlichen Gesetzbuchs und dieses Gesetzes ist jede Rechtsnorm.

Zweites Kapitel
Internationales Privatrecht

Erster Abschnitt
Allgemeine Vorschriften

Art. 3 EGBGB Anwendungsbereich; Verhältnis zu Regelungen der Europäischen Union und zu völkerrechtlichen Vereinbarungen

Soweit nicht

1. unmittelbar anwendbare Regelungen der Europäischen Union in ihrer jeweils geltenden Fassung, insbesondere

    a) die Verordnung (EG) Nr. 864/2007 des Europäischen Parlaments und des Rates vom 11. Juli 2007 über das auf außervertragliche Schuldverhältnisse anzuwendende Recht (Rom II),

    b) die Verordnung (EG) Nr. 593/2008 des Europäischen Parlaments und des Rates vom 17. Juni 2008 über das auf vertragliche Schuldverhältnisse anzuwendende Recht (Rom I),

    c) Artikel 15 der Verordnung (EG) Nr. 4/2009 des Rates vom 18. Dezember 2008 über die Zuständigkeit, das anwendbare Recht, die Anerkennung und Vollstreckung von Entscheidungen und die Zusammenarbeit in Unterhaltssachen in Verbindung mit dem Haager Protokoll vom 23. November 2007 über das auf Unterhaltspflichten anzuwendende Recht,

---

1   Neubekanntmachung des EGBGB v. 18.8.1896
(RGBl. S. 604) in der ab 1.10.1994 geltenden Fassung.

d) die Verordnung (EU) Nr. 1259/2010 des Rates vom 20. Dezember 2010 zur Durchführung einer Verstärkten Zusammenarbeit im Bereich des auf die Ehescheidung und Trennung ohne Auflösung des Ehebandes anzuwendenden Rechts,

e) die Verordnung (EU) Nr. 650/2012 des Europäischen Parlaments und des Rates vom 4. Juli 2012 über die Zuständigkeit, das anzuwendende Recht, die Anerkennung und Vollstreckung von Entscheidungen und die Annahme und Vollstreckung öffentlicher Urkunden in Erbsachen sowie zur Einführung eines Europäischen Nachlasszeugnisses,

f) die Verordnung (EU) 2016/1103 des Rates vom 24. Juni 2016 zur Durchführung einer Verstärkten Zusammenarbeit im Bereich der Zuständigkeit, des anzuwendenden Rechts und der Anerkennung und Vollstreckung von Entscheidungen in Fragen des ehelichen Güterstands sowie

g) die Verordnung (EU) 2016/1104 des Rates vom 24. Juni 2016 zur Durchführung der Verstärkten Zusammenarbeit im Bereich der Zuständigkeit, des anzuwendenden Rechts und der Anerkennung und Vollstreckung von Entscheidungen in Fragen güterrechtlicher Wirkungen eingetragener Partnerschaften oder

2. Regelungen in völkerrechtlichen Vereinbarungen, soweit sie unmittelbar anwendbares innerstaatliches Recht geworden sind,

maßgeblich sind, bestimmt sich das anzuwendende Recht bei Sachverhalten mit einer Verbindung zu einem ausländischen Staat nach den Vorschriften dieses Kapitels (Internationales Privatrecht).

Literatur: *Aden,* Revisibilität des kollisionsrechtlich berufenen Rechts, RIW 2009, 475; *Bachler,* Situ-Regel, innerdeutsche und inneramerikanische Nachlassspaltung, 2007; *Basedow,* Der kollisionsrechtliche Gehalt der Produktionsfreiheiten im europäischen Binnenmarkt: favor offerentis, RabelsZ 59 (1995), 1; *Bernitt,* Die Anknüpfung von Vorfragen im europäischen Kollisionsrecht, 2010; *Bonomi,* Prime considerazioni sulla proposta di regolamento sulle successioni, Riv. dir. int. priv. e proc. 2010, 875; *Brechmann,* Die richtlinienkonforme Auslegung, 1994; *Bruinier,* Der Einfluss der Grundfreiheiten auf das internationale Privatrecht, 2003; *Busse,* Staatenabspaltung und kollisionsrechtliche Verweisung, IPRax 1998, 155; *Coester-Waltjen,* Das Anerkennungsprinzip in Dornröschenschlaf?, FS Jamye I (2004), 445; *dies.,* Anerkennung im Internationalen Personen-, Familien- und Erbrecht und das Europäische Kollisionsrecht, IPRax 2006, 392; *Corneloup,* Zum Bedeutungsverlust des Renvoi, IPRax 2017, 147; *Dörner,* Moderne Anknüpfungstechniken im internationalen Personen- und Familienrecht, StAZ 1990, 1, 4; *Dohrn,* Die Kompetenzen der Europäischen Gemeinschaft im Internationalen Privatrecht, 2004; *Drasch,* Das Herkunftslandprinzip im internationalen Privatrecht, 1997; *Ebenroth/Eyles,* Der Renvoi nach der Novellierung des deutschen Internationalen Privatrechts, IPRax 1989, 1; *Eichel,* Die Revisibilität ausländischen Rechts nach der Neufassung von § 545 I ZPO, IPRax 2009, 389; *Freitag,* Der Einfluss des Europäischen Gemeinschaftsrechts auf das internationale Produkthaftungsrecht, 2000; *Funken,* Das Anerkennungsprinzip im IPR, 2009; *Gössl,* Ein weiterer Mosaikstein bei der Anerkennung ausländischer Statusänderungen in der EU oder: Wann ist ein Name „rechtmäßig erworben‟?, IPRax 2018, 376; *Graue,* Rück- und Weiterverweisung (renvoi) in den Haager Abkommen, RabelsZ 57 (1993), 26; *Großerichter/Bauer,* Unwandelbarkeit und Staatenzerfall, RabelsZ 65 (2001), 201; *Grundmann,* Qualifikation gegen die Sachnorm, 1985; *Heinze,* Bausteine eines Allgemeinen Teils des europäischen Internationalen Privatrechts, FS Kropholler (2008), 105; *Heiss/Loacker,* Die Vergemeinschaftung des Kollisionsrechts der außervertraglichen Schuldverhältnisse durch Rom II, JBL 2007, 613; *Henrich,* Zur Frage der Auslegung von Artikel 12 und Artikel 17 EGV im Hinblick auf das Namensänderungsrecht von minderjährigen Kindern mit doppelter Staatsangehörigkeit, FamRZ 2004, 173; *ders.,* Das internationale Namensrecht auf dem Prüfstand des EuGH, FS Heldrich (2004), 667; *ders.,* Anerkennung statt IPR: Eine Grundsatzfrage, IPRax 2005, 422; *Heß/Hübner,* Die Revisibilität ausländischen Rechts nach der Neufassung des § 545 ZPO, NJW 2009, 3132, 3135; *Heyn,* Die „Doppel-‟ und „Mehrfachqualifikation‟ im IPR, 1986; *Höpping,* Auswirkungen der Warenverkehrsfreiheit auf das IPR, 1997; *v. Hoffmann/Thorn,* Internationales Privatrecht, 9. Aufl. 2007; *Hug,* Die Substitution im IPR, 1983; *Jayme/Hausmann,* Internationales Privat- und Verfahrensrecht, 17. Aufl. 2014; *Jayme/Kohler,* Europäisches Kollisionsrecht 2001 – Anerkennungsprinzip statt IPR?, IPRax 2001, 501; *dies.,* Europäisches Kollisionsrecht 2004: Territoriale Erweiterung und methodische Rückgriffe, IPRax 2004, 481; *Junker,* Die Rom II-Verordnung: Neues Internationales Deliktsrecht auf europäischer Grundlage, NJW 2007, 3675; *Kahn,* Gesetzeskollision – Ein Beitrag zur Lehre des internationalen Privatrechts, in: Jahrbücher für die Dogmatik des heutigen römischen und deutschen Privatrechts, 1891, 1; *Kieninger,* Mobiliarsicherheiten im Europäischen Binnenmarkt, 1996; *Kondring,* Haager Übereinkommen und Staatensukzession in Osteuropa, IPRax 1996, 161; *Kratzke,* Renvoi und Sinn der Verweisung, IPRax 1988, 8; *Kreuzer,* Einheitsrecht als Ersatzrecht – Zur Frage der Nichtermittelbarkeit fremden Rechts, NJW 1983, 1943; *Kroll,* Hinkende Namensverhältnisse im Fokus der gemeinschaftsrechtlichen Freizügigkeit, ZVglRWiss 107 (2008), 320; *Kropholler,* Der Renvoi im vereinheitlichten Kollisionsrecht, FS Henrich 2000, 393; *Kühne,* Der Anwendungsbereich des Renvoi im Lichte der Entwicklung des IPR, FS Ferid 1988, S. 251; *Lagarde,* Développements futurs du droit international privé dans une Europe en voie d'unification: quelques conjectures, RabelsZ 68 (2004), 225; *Leible/Lehmann,* Die neue EG-Verordnung über das auf außervertragliche Schuldverhältnisse anzuwendende Recht („Rom II‟), RIW 2007, 721; *Leifeld,* Das Anerkennungsprinzip im Kollisionsrechtssystem des internationalen Privatrechts, 2010; *Mäsch,* Der Renvoi – Plädoyer für die Begrenzung einer überflüssigen Rechtsfigur, RabelsZ 61 (1997), 285; *ders,* Preliminary Questions, in: Leible (Hrsg.), General Principles of European Private International Law, 2016, 101; *Mankowski,* Privatgutachten über ausländisches Recht – Erstattungsfähigkeit der Kosten, MDR 2001, 194; *Mankowski,* Verbandsklagen, AGB-Recht und Rechtswahlklauseln in Verbraucherverträgen, NJW 2016, 2705; *Mansel,* Anerkennung als Grundprinzip des Europäischen Rechtsraums, RabelsZ 70 (2006), 651; *ders.,* Kritisches zur „Urkundsinhaltsanerkennung‟, IPRax 2011, 341; *Mansel/Coester-Waltjen/Henrich/Kohler,* Stellungnahme zum Grünbuch der Kommission – Weniger Verwaltungsaufwand für EU-Bürger, IPRax 2011, 335 ff; *Max-Planck-Institut für ausländisches und internationales Privatrecht,* Comments on the European Commission's Proposal for a Regulation [...] on jurisdiction, applicable law, recognition and enforcement of decisions and authentic instruments in matters of succession [...], RabelsZ 74 (2010), 522; *Mayer,* Les méthodes de la reconnaissance en droit international privé, Mélanges en l'honneur de Paul Lagarde (2005), 547; *Meyer-Sparenberg*, Staatsvertragliche Kollisionsnormen, 1990; *Michaels*, Der Abbruch der Weiterverweisung im deutschen internationalen Privatrecht, RabelsZ 61 (1997), 685; *Mistelis*, Charakterisierungen und Qualifikation im internationalen Privatrecht, 1999; *Moersdorf-Schulte*, Europäische Impulse für Namen und Status des Mehrstaaters, IPRax 2004, 315; *Müller*, Zur Nichtfeststellbarkeit des kollisionsrechtlich berufenen ausländischen Rechts, NJW 1981, 481; *Müller*, Amazon and Data Protection Law – The end of the Private/Public Divide in EU conflict of laws?, EuCML 2016, 215; *Ohler*, Die Kollisionsordnung des Allgemeinen Verwaltungsrechts, 2005; *Otto*, Die Bedeutung des Art. 4 Abs. 3 bei der Verweisung auf das Recht eines Mehrrechtsstaates, IPRax 1994, 1; *Rauscher*, Die Ausschaltung fremden interlokalen Rechtes durch Art. 4 Abs. 3 Satz 1 EGBGB, IPRax 1987, 206; *ders.*, Sachnormverweisungen aus dem Sinn der Verweisung, NJW 1988, 2151; *Reithmann/ Martiny*, Internationales Vertragsrecht, 7. Aufl. 2009; *W.-H. Roth*, Der Einfluß des Europäischen Gemeinschaftsrechts auf das IPR, RabelsZ 55 (1991), 641; *ders.*, Methoden der Rechtsfindung und Rechtsanwendung im Europäischen Kollisionsrecht, IPRax 2006, 338; *Roth*, Datenschutz, Verbandsklage, Rechtswahlklauseln in Verbraucherverträgen: Unionsrechtliche Vorgaben für das Kollisionsrecht, IPRax 2017, 449; *Schall*, Deutsches Case Law? – zur Anwendung englischen Rechts unter § 293 ZPO, ZZP 122 (2009), 293; *Scherer*, Le nom en droit international privé, 2004; *Schilken*, Zur Rechtsnatur der Ermittlung ausländischen Rechts nach § 293 ZPO, FS Schumann (2001), 373; *Schinkels*, Normsatzstruktur des IPR, 2007; *Schmidt*, Die Sinnklausel der Rück- und Weiterverweisung im Internationalen Privatrecht nach Artikel 4 Abs. 1, Satz 1 EGBGB, 1998; *J. Schröder*, Vom Sinn der Verweisung im internationalen Schuldvertragsrecht, IPRax 1987, 90; *V. Schröder*, Die Verweisung auf Mehrrechtsstaaten im deutschen Internationalen Privatrecht, 2007; *Schurig*, Kollisionsnorm und Sachrecht, 1981; *Siehr*, Internationales Privatrecht, 2001; *ders.*, Engste Verbindung und Renvoi, FS Sonnenberger (2004), 667; *Sommer*, Der Einfluss der Freizügigkeit auf Namen und Status von Unionsbürgern, 2009; *Sonnenberger*, Europarecht und Internationales Privatrecht, ZVglRWiss 95 (1996), 3; *ders.*, Randbemerkungen zum Allgemeinen Teil eines europäisierten IPR, FS Kropholler (2008), 227; *ders.*, Grenzen der Verweisung durch europäisches internationales Vertragsrecht, IPRax 2011, 325 ff; *Sonnentag*, Der Renvoi im Internationalen Privatrecht, 2001; *Spickhoff*, Die engste Verbindung im interlokalen und internationalen Familienrecht, JZ 1993, 336; *Stamm*, Zur fehlenden Revisibilität ausländischen Rechts, FS Klamaris (2016), 769; *Stern*, Das Staatsangehörigkeitsprinzip in Europa, 2008; *Stoll*, Kollisionsrechtliche Fragen bei räumlicher Spaltung des anwendbaren Rechts, FS Keller (1989), 511; *ders.*, Ausländische Vermögensstatute im deutschen internationalen Privatrecht, FS Kropholler (2008), 247; *Thoms*, Einzelstatut bricht Gesamtstatut, 1996; *van Veenroy*, Internationalprivatrechtliche Substitution, 1999; *Voit*, „Heilung durch Statutenwechsel" im internationalen Eheschließungsrecht, 1997; *Wagner*, Anerkennung von Personenstandsurkunden – was heißt das?, DNotZ 2011, 176; *Weber*, Die Theorie der Qualifikation, 1986; *Wengler*, Der deutsche Richter vor unaufklärbarem und unbestimmtem ausländischem Recht, JR 1983, 221; Stellungnahme zum Grünbuch „Weniger Verwaltungsaufwand für EU-Bürger" des Wissenschaftlichen Beirats des Bundesverbandes Deutscher Standesbeamtinnen und Standesbeamten e.V., StAZ 2011, 165; *Wilke*, Offensive Doppelsechs: Das IPR der Verbandsklage gegen AGB, GPR 2017, 21.

A. **Einführung** 1	2. Sach- und Gesamtnormverweisung, Art. 4 39
I. Regelungsgegenstand 1	3. Angleichung, Anpassung 40
II. Entstehungsgeschichte 2	4. Substitution. Handeln unter falschem
B. **Aufbau der Kommentierung** 5	Recht 41
C. **Grundzüge des Internationales Privatrechts,**	5. Gesetzesumgehung (fraus legis) 43
Art. 3 aE 6	6. Anwendung und Ermittlung ausländi-
I. Allgemeines 6	schen Rechts 44
1. Begriff und Aufgabe des IPR, Art. 3 aE ... 6	a) Anwendung ausländischen Rechts 44
2. Geschichte, Systematik und Rechtsquel-	b) Ermittlung ausländischen Rechts 45
len des in Deutschland geltenden IPR 10	c) Besonderheiten im einstweiligen
3. Abgrenzungsfragen 15	Rechtsschutz? 49
II. Internationaler v. interner Entscheidungsein-	d) Fehlende Ermittelbarkeit des ausländi-
klang 18	schen Rechts 50
III. Aufbau der Kollisionsnorm; Qualifikation;	e) Revisibilität der Anwendung und
Anknüpfung; Erstfrage; Vorfrage 21	Ermittlung des ausländischen Rechts .. 51
1. Qualifikation 22	V. Innerdeutsches Kollisionsrecht 55
2. Anknüpfung 25	D. **Unionsrechtliches IPR (EuIPR), Art. 3 Nr. 1** .. 56
a) Allgemeines 25	I. Überblick 56
b) Erstfrage. Vorfrage 26	II. Primärrecht: Herkunftsland- und Anerken-
c) Anknüpfungspunkte 33	nungsprinzip Unionsrecht als Quelle des IPR . 57
d) Wechsel der Anknüpfung (Statuten-	III. Sekundärrecht, Art. 3 Nr. 1 66
wechsel) 36	E. **Staatsvertragliches IPR, Art. 3 Nr. 2** 72
IV. Verweisungstechnik (Überblick) 38	I. Grundlagen 72
1. Einseitige und allseitige Kollisionsnor-	II. Besonderheiten staatsvertraglicher Kollisions-
men 38	normen. 75

A. Einführung

I. Regelungsgegenstand

1 Art. 3–6 beinhalten den **allgemeinen Teil des autonomen deutschen Kollisionsrechts**, dessen besondere Vorschriften im Wesentlichen in Art. 7–48 normiert sind. Sämtlichen Kollisionsnormen ist gemein, dass sie der Bestimmung des Rechts dienen, das auf Sachverhalte mit Bezug zu mehr als einem Staat Anwendung findet (vgl. die Legaldefinition des Internationalen Privatrechts in Art. 3 S. 1). Allerdings werden die kollisionsrechtlichen Vorschriften des EGBGB mittlerweile **ganz weitgehend** von den in Art. 3 Nr. 1 genannten

Rechtsakten des Kollisionsrechts der Europäischen Union (**EuIPR**) sowie von den in Art. 3 Nr. 2 angesprochenen, sehr zahlreichen völkerrechtlichen Verträgen auf dem Gebiet des Kollisions- und Einheitsrechts **verdrängt**. Von europäischer Rechtsvereinheitlichung unberührt sind überhaupt nur noch die größeren Regelungskomplexe des Internationalen Sachenrechts (Art. 43–46), des IPR der Rechts- und Geschäftsfähigkeit (Art. 7 und Art. 12), das Internationale Namensrecht (Art. 10, 47, 48) sowie das IPR der Stellvertretung (Art. 8) und das – allerdings nicht kodifizierte – Internationale Gesellschaftsrecht.[1] Im Familienrecht bleibt für das nationale IPR nur noch die Bestimmung des anwendbaren Rechts in Bezug auf Eheschließung (Art. 13), allgemeine Ehewirkungen (Art. 14), Behandlung von Partnerschaften (Art. 17b), Abstammungs- und Adoptionsfragen (Art. 19, 20 bzw. Art. 22, 23), Eltern-Kind-Verhältnis (Art. 21) sowie für Vormundschaft, Betreuung und Pflegschaft (Art. 24). Hinzu kommen bestimmte Restzuständigkeiten dort, wo das EuIPR bewusst oder unbewusst Lücken lässt, hierzu Rn. 11. Darüber hinaus unterliegen selbst die in der Regelungshoheit des nationalen Gesetzgebers verbliebenen Materien bei Sachverhalten mit Binnenmarktbezug zum Teil sehr weitgehenden Modifikationen und Überformungen durch das europäische (Primär-)Recht, dazu → Rn. 8. Das EuIPR trägt damit den Kern der gänzlichen Ersetzung der Kollisionsnormen des EGBGB in sich, ist aber noch lückenhaft, dazu → Rn. 11.

II. Entstehungsgeschichte

Art. 3 und Art. 4 gehen im **Ausgangspunkt** zurück auf das **IPR-Gesetz von 1986**,[2] das den „Allgemeinen Teil" des deutschen IPR in den Art. 3–6 erstmals an prominenter Stelle kohärent kodifizierte.[3] Art. 3 idF von 1986 fasste die heute auf die Art. 3 und Art. 4 aufgeteilten Regelungen in einer Vorschrift zusammen: Der Gegenstand des heutigen Art. 3 fand sich in Bezug auf die Legaldefinition des IPR in Art. 3 Abs. 1 S. 1 aF und hinsichtlich des Vorrangs völkerrechtlicher Vereinbarungen in Art. 3 Abs. 2 S. 1 aF. Der Hinweis auf den Vorrang des Unionsrechts war in Art. 3 Abs. 2 S. 2 aF enthalten, der allerdings erst durch den Rechtsausschuss eingefügt worden war, um auch dieser Rechtsquelle die nötige Aufmerksamkeit zu verschaffen;[4] und zwar trotz des Umstandes, dass das Unionsrecht zu dieser Zeit noch keinerlei unmittelbar geltende Kollisionsnormen enthielt, sondern die Mitgliedstaaten lediglich durch Richtlinien zur Schaffung kollisionsrechtlicher Bestimmungen nationalen Rechts verpflichtete. **2**

Durch das **Rom II-Anpassungsgesetz von 2008**[5] wurde Art. 3 aF in den heutigen Art. 3 und den ehemaligen Art. 3a aufgespalten, wobei Art. 3 Nr. 1 idF des Rom II-Anpassungsgesetzes lediglich den Verweis des heutigen Art. 3 Nr. 1 lit. a auf die Rom II-VO enthielt. Der Gesetzgeber wollte mit der Neufassung der absehbar zunehmenden Europäisierung des Kollisionsrechts, die er zu Recht als „Paradigmenwechsel" bezeichnete, durch einen prominenten Hinweis im EGBGB Rechnung tragen.[6] Weitergehende inhaltliche Änderungen der sonstigen Bestimmungen des Art. 3 aF waren weder beabsichtigt noch wurden sie unfreiwillig vorgenommen. Art. 3 Nr. 1 nF wurde als „Platzhalternorm" konzipiert, die im Zuge des weiteren Erlasses unmittelbar geltender Bestimmungen des EuIPR jeweils ergänzt werden soll. Die erste derartige Ergänzung erfolgte durch das Rom I-Anpassungsgesetz von 2009 (→ Rn. 11 ff.),[7] durch das Art. 3 Nr. 1 lit. b eingefügt und die Art. 27–37 aufgehoben wurden. Die zweite Anpassung wurde im Zuge der Umsetzung der EU-Unterhaltsverordnung[8] vorgenommen,[9] die dritte 2013 anlässlich der Implementierung der Rom III-VO[10] in das deutsche Recht.[11] Kleinere redaktionelle Klarstellungen waren 2014 anlässlich der Einpassung der Brüssel Ia-VO in das deutsche Recht[12] und des zwischenzeitlichen Inkrafttretens des Haager Unterhaltsübereinkommens geboten.[13] Im Zuge des Inkrafttretens weiterer IPR-Verordnungen wurde **3**

---

1   Zu diesem ausf. Anh. Art. 8.

2   Gesetz zur Neuregelung des Internationalen Privatrechts vom 25.7.1986, BGBl. I, 1142.

3   Begründung des Gesetzentwurfs, BT-Drs. 10/504, 20, 35.

4   BT-Drs. 10/5632, 30.

5   Gesetz zur Anpassung der Vorschriften des Internationalen Privatrechts an die VO (EG) Nr. 864/2007 des Europäischen Parlaments und des Rates v. 11.7.2007 über das auf außervertragliche Schuldverhältnisse anzuwendende Recht (Rom II) v. 10.12.2008, BGBl. I 2008, 2401.

6   Regierungsbegründung BT-Drs. 16/9995, 7.

7   BGBl. 2009 I, 1574.

8   VO (EG) Nr. 4/2009 des Rates v. 18.12.2008 über die Zuständigkeit, das anwendbare Recht, die Anerkennung und Vollstreckung von Entscheidungen und die Zusammenarbeit in Unterhaltssachen, ABl Nr. L 7/1.

9   Gesetz v. 23.5.2011 zur Durchführung der VO (EG) Nr. 4/2009 und zur Neuordnung bestehender Aus- und Durchführungsbestimmungen auf dem Gebiet des internationalen Unterhaltsverfahrensrechts BGBl. I, 898.

10   VO (EU) Nr. 1259/2010 zur Durchführung einer Verstärkten Zusammenarbeit im Bereich des auf die Ehescheidung und Trennung ohne Auflösung des Ehebandes anzuwendenden Rechts.

11   Gesetz v. 23.1.2013 zur Anpassung der Vorschriften des Internationalen Privatrechts an die VO (EU) Nr. 1259/2010 und zur Änderung anderer Vorschriften des Internationalen Privatrechts BGBl. I, 101.

12   Art. 11 des Gesetzes v. 8.7.2014 zur Durchführung der VO (EU) Nr. 1215/2012 sowie zur Änderung sonstiger Vorschriften BGBl. I, 890.

13   Vgl. Regierungsbegründung zum Brüssel Ia-VO-Durchführungsgesetz, BT-Drs. 18/823, 28 f.

Art. 3 EGBGB im Jahr 2015 durch die Erwähnung der EuErbVO in lit. e[14] sowie zuletzt durch die Einführung der lit. f und lit. g mit Wirkung ab dem 29.1.2019 in Bezug auf die europäischen Güterrechtsverordnungen (EuGüVO und EuPartVO) angepasst.[15]

4 Ebenfalls 2019 wurde im Zuge der Reform des Internationalen Güterrechts der bisherige **Art. 3 a abgeschafft**. Der frühere Art. 3 a Abs. 1, der den Begriff der Sachnormverweisung definierte, wurde – was systematisch seit jeher geboten gewesen wäre[16] – in Art. 4 Abs. 2 S. 1 verschoben. Der bisherige Art. 3 a Abs. 2, in dem es um das Verhältnis von „Einzel- und Gesamtstatut" ging, ist dagegen vom Gesetzgeber wegen Irrelevanz gestrichen worden, nachdem das Internationale Familien- und Erbrecht, in dem die Vorschrift bislang ihre größte Bedeutung hatte, zwischenzeitlich weitgehend in europäisches Recht in Form der EuErbVO, der EuEheVO und der EuPartVO überführt worden ist.[17] Vgl. zu den verbleibenden Problemen Art. 4 Rn. 8 ff.

B. Aufbau der Kommentierung

5 Der Aufbau der nachstehenden Ausführungen orientiert sich an den Funktionen des Art. 3. Zunächst werden einleitend die Grundzüge des in Deutschland geltenden IPR dargestellt, soweit diese nicht speziell in Art. 4 oder 6 normiert sind (→ Rn. 6 ff.). Sodann ist auf die Besonderheiten des EuIPR (dazu → Rn. 56 ff.) sowie völkervertraglicher Regelungen auf dem Gebiet des Kollisionsrechts einzugehen (→ Rn. 72 ff.).

C. Grundzüge des Internationales Privatrechts, Art. 3 aE

I. Allgemeines

6 **1. Begriff und Aufgabe des IPR, Art. 3 aE.** Gem. Art. 3 befasst sich das IPR als übergeordnetes Kollisionsrecht (Metarecht) mit der Bestimmung des auf einen Sachverhalt mit Verbindung zum Recht (mindestens) eines ausländischen Staates anzuwendenden Rechts. In diesem Sinne enthält es für sämtliche Bereiche des materiellen Zivilrechts Regelungen, die vorgeben, welche (in- oder ausländische) Rechtsordnung zur Anwendung auf einen Sachverhalt berufen ist.

7 Durch die Berufung auch ausländischer Rechtsordnungen und der hieraus folgenden Übernahme ausländischer Bewertungen von Lebenssachverhalten ist das IPR **Anerkennungsrecht im weiteren Sinne.** Zwar ist die Anerkennung ausländischer Gerichtsentscheidungen, dh die Anerkennung ieS, unbestritten Aufgabe des Internationalen Zivilprozessrechts (IZPR). Doch stellt auch die vom IPR angeordnete Anwendung ausländischen Rechts eine Anerkennung iwS dar, da sie auf der Annahme beruht, dass das ausländische Recht als dem inländischen grundsätzlich gleichwertig anzuerkennen und damit anzuwenden ist.[18] Darüber hinaus werden durch den vom IPR ausgesprochenen Rechtsanwendungsbefehl im Ausland erworbene Rechte und Rechtserscheinungen mit Wirkung für das Inland anerkannt, wenn etwa die ausländische Eheschließung gem. Art. 13, ein ausländisches dingliches Sicherungsrecht gem. Art. 43 oder eine ausländische Gesellschaft nach den ungeschriebenen Grundsätzen des Internationalen Gesellschaftsrechts anerkannt werden. Die „Anerkennung" ausländischer Rechte und Rechtserscheinungen im geschilderten Sinne beruht im klassischen IPR grundsätzlich auf der Anwendung nationaler Kollisionsnormen, bei denen der inländische Gesetzgeber durch autonome Festlegung von Qualifikations- und Anknüpfungsregeln darüber entscheidet, welche ausländischen Rechtserscheinungen er unter welchen Voraussetzungen anerkennt (zum grundsätzlich nationalen Charakter des IPR sogleich → Rn. 8). Diese Grundsätze werden in Bezug auf Sachverhalte mit Bezug zu mehreren EU-Mitgliedstaaten immer stärker überlagert durch das Unionsrecht, das die Mitgliedstaaten zu einer Anerkennung ausländischer Rechte und Rechtserscheinungen zum Teil auch dann zwingt, wenn das nationale IPR eine derartige Anerkennung ablehnt (ausf. dazu → Rn. 58 ff.).

8 Internationales Privatrecht ist entgegen seiner missverständlichen Bezeichnung grundsätzlich nicht etwa internationales, sondern **nationales Recht für grenzüberschreitende Sachverhalte.** Traditionell haben die Staaten jeweils autonom festgelegt, welchem Recht sie internationale Sachverhalte unterwerfen und haben die diesbezüglichen Regelungen in ihrem jeweiligen IPR niedergelegt. Demzufolge finden die Vorschriften des deutschen IPR nur Anwendung, wenn entweder über den Sachverhalt vor deutschen Gerichten gestrit-

14   Durch Art. 15 Nr. 1 des Gesetzes zum Internationalen Erbrecht und zur Änderung von Vorschriften zum Erbschein sowie zur Änderung sonstiger Vorschriften v. 29.5.2015, BGBl. I, 1042.

15   *Vgl.* Art. 2 Nr. 1 des Gesetzes zum Internationalen Güterrecht und zur Änderung von Vorschriften des Internationale Privatrechts vom 17.12.2018, BGBl. I

S. 2573. Zum Inkrafttreten vgl. Art. 10 Abs. 1 des Gesetzes.

16   Vgl. zur Kritik Voraufl. Rn. 1; diese aufgreifend Regierungsbegründung, BT-Drs. 19/4852, S. 36.

17   Vgl. Regierungsbegründung, BT-Drs. 19/4852, S. 36 f.

18   Etwa *Schurig*, Kollisionsnorm und Sachrecht, S. 51 ff., 54.

ten wird oder in einem Rechtsstreit vor ausländischen Gerichten das Kollisionsrecht des angerufenen Gerichts im Sinne einer Gesamtverweisung (ausf. dazu → Art. 4 Rn. 2 ff.) auf deutsches Recht einschließlich des hiesigen IPR verweist. Allerdings beruht das in Deutschland geltende IPR mittlerweile großteils auf **unmittelbar geltenden Verordnungen des Unionsrechts (EuIPR)** und wird darüber hinaus **von zahlreichen völkerrechtlichen Verträgen** überlagert, vgl. dazu bereits Rn. 1.

Gem. Art. 3 aE erfordert eine Anwendung des Kollisionsrechts einen **Auslandsbezug** des Sachverhaltes, **9** während „reine Inlandssachverhalte" offenbar unmittelbar dem deutschen Sachrecht unterliegen sollen. Vergleichbare Regelungen finden sich für das EuIPR in den Art. 1 Abs. 1 Unterabs. 1 Rom I-VO, Art. 1 Abs. 1 S. 1 Rom II-VO, Art. 1 Abs. 1 Rom III-VO. Eine abstrakte Definition des erforderlichen Auslandsbezuges ist allerdings nicht möglich und die Formulierung des Art. 3 aE daher insoweit ebenso wenig hilfreich wie diejenige der genannten Bestimmungen der Rom-Verordnungen. Denn die Prüfung der Frage, ob ein Sachverhalt einen relevanten Auslandsbezug aufweist, kann nur anhand sämtlicher Bestimmungen des einschlägigen Kollisionsrechts erfolgen, die wiederum die Berücksichtigung aller in den potenziell einschlägigen Normen vorkommenden Anknüpfungsgegenstände und -punkte daraufhin erfordert, ob sie im konkreten Einzelfall von Bedeutung sind.[19] Ein Auslandsbezug kann sich selbst bei einem scheinbar reinen Inlandssachverhalt etwa aus der Staatsangehörigkeit (bzw. Staatenlosigkeit), dem Wohnsitz oder dem gewöhnlichen Aufenthalt einer Partei ergeben, aber auch aus dem ausländischen Ort der Vornahme des Geschäfts, der Belegenheit des Geschäftsgegenstandes, der Verbindung des Geschäfts mit einem ausländischen Recht unterliegenden Drittgeschäft, dem Vorliegen einer Rechtswahlvereinbarung etc. Die Formulierung des Art. 3 EGBGB sowie der Parallelbestimmungen der Rom-Verordnungen lässt sich daher nur als Ausdruck des prima facie evidenten Ergebnisses rechtfertigen, dass dann, wenn sämtliche irgendwie denkbaren Umstände des Sachverhalts im Inland belegen sind, auch inländisches Sachrecht berufen ist. Die Richtigkeit dieses Ergebnisses lässt sich aber im Einzelfall erst bestätigen, wenn sämtliche möglicherweise sachlich einschlägigen Kollisionsnormen vorab auf die für sie relevanten lokalen Aspekte geprüft worden sind. Die EuErbVO verzichtet vor diesem Hintergrund zu Recht auf das gesonderte Erfordernis des Auslandsbezugs.

2. Geschichte, Systematik und Rechtsquellen des in Deutschland geltenden IPR. Geschichte des **10** **EGBGB.** Das am 1.1.1900 gemeinsam mit dem BGB in Kraft getretene EGBGB enthielt ursprünglich lediglich einseitige Kollisionsnormen, die sich im Wesentlichen auf die Bereiche des Familien- und Erbrechts sowie das allgemeine Personenrecht und den ordre public beschränkten.[20] Rechtsprechung und Lehre bauten diese Vorschriften im Laufe der Zeit vorsichtig zu allseitigen Kollisionsnormen aus und entwickelten zudem richter- und gewohnheitsrechtliche Anknüpfungskriterien für die gesetzlich nicht geregelten Materien. Diesem unbefriedigenden Zustand hat der Gesetzgeber insbes. 1986 und 1999 durch **umfangreiche Kodifikationsbemühungen** entgegengewirkt: Mit dem am 1.9.1986 in Kraft getretenen Gesetz zur Neuregelung des Internationalen Privatrechts[21] wurden erstmals die allgemeinen Lehren des IPR in den Art. 3–12 EGBGB, sowie (im Zuge der Umsetzung des Römischen EWG-Übereinkommens über das auf vertragliche Schuldverhältnisse anzuwendende Recht)[22] das Internationale Vertragsrecht in den ehemaligen Art. 27–37 EGBGB normiert. Durch das Gesetz zum Internationalen Privatrecht für außervertragliche Schuldverhältnisse und für Sachen,[23] das am 1.6.1999 in Kraft getreten ist, wurden sodann erstmals das Internationale Privatrecht der außervertraglichen Schuldverhältnisse (Art. 38–42) sowie das Internationale Sachenrecht (Art. 43–46) gesetzlich geregelt. Damit war das nationale Kodifikationswerk weitgehend abgeschlossen, spätere IPR-Reformen haben nur noch punktuelle Änderungen gebracht und dienen weitgehend der Anpassung an den ständig wachsenden Korpus des EuIPR und völkerrechtlicher Verträge oder der Umsetzung einschlägiger Gerichtsurteile. Beachtenswerte Ausnahmen sind das Lebenspartnerschaftsgesetz 2001, in dessen Zug Art. 17 b über die kollisionsrechtliche Behandlung gleichgeschlechtlicher Partnerschaften eingefügt wurde, die Schaffung der speziellen namensrechtlichen Vorschriften der Art. 47, 48[24] sowie die Neuregelung des Stellvertretungsrechts in Art. 8.[25]

Durch die **Europäisierung des IPR** in Form der in Art. 3 Nr. 1 genannten, unmittelbar geltenden EU-Verordnungen (dazu bereits → Rn. 2 f. sowie → Rn. 56 ff.), aber auch durch die den Art. 46 b, 46 c zugrunde liegenden Richtlinien, ist das autonome Kollisionsrecht mittlerweile weitgehend funktionslos geworden. Hieraus resultiert seit 2008 ein **Rückbau des EGBGB**, das mittlerweile ähnlich wie in der Zeit vor der **11**

19 MüKoBGB/v. Hein EGBGB Art. 3 Rn. 9 ff., 12; BeckOK BGB/Lorenz EGBGB Art. 3 Rn. 2; näher Staudinger/Hausmann (2019) EGBGB Art. 3 Rn. 7 ff. mwN zur teilw. abweichenden untergerichtlichen Rspr. Wie hier auch BT-Drs. 10/504, 35. Zur Rom I-VO etwa Reithmann/Martiny/Martiny Rn. 1.75.
20 Näher v. Bar/Mankowski IPR I § 6 Rn. 75 ff.
21 BGBl. I 1986, 1142.
22 BGBl. II 1986, 810.

23 BGBl. I 1999, 1026.
24 Eingefügt durch Art. 2 Abs. 15 b des Personenstandsrechtsreformgesetzes vom 19.2.2007, BGBl. I 2007, 122.
25 Eingefügt durch Art. 5 Nr. 1 des Gesetzes zur Änderung von Vorschriften im Bereich des Internationalen Privat- und Zivilverfahrensrechts vom 11.7.2017, BGBl. I 2017, 1607.

Kodifikation nur noch einen **Torso** darstellt. Erhalten geblieben sind insbes. noch einige, in Rn. 1 genannte autonome Kollisionsnormen; das EGBGB wird zunehmend – ähnlich dem Buch 11 der ZPO – zum Ort der Regelung nationaler Durchführungsvorschriften für das EuIPR. Die Aufhebung weiter Teile des nationalen IPR hat **Normlücken im nationalen IPR** dort entstehen lassen, wo der betreffende Rechtsakt des EuIPR keinen allumfassenden, sondern nur einen beschränkten Anwendungsbereich hat und die Regelungslücke auch nicht „intern" innerhalb des betreffenden Rechtsaktes des EuIPR zu schließen ist. So liegt es etwa im Internationalen Vertragsrecht, wo die Art. 27–37 EGBGB zwar anlässlich des Inkrafttretens der Rom I-VO vollständig aufgehoben worden sind, ohne dass der deutsche Gesetzgeber indes berücksichtigt hätte, dass Art. 1 Abs. 2 Rom I-VO diverse Bereichsausnahmen kennt. In der Folge hält das deutsche Recht nunmehr zumindest zum Teil keine expliziten Regelungen mehr für bestimmte Rechtsfragen vor. Welchem Recht etwa eine Anleihe unterliegt, ergibt sich wegen Art. 1 Abs. 2 lit. d Rom I-VO nicht aus dem EuIPR, wegen Fortfalls der Art. 27–37 EGBGB aber auch nicht mehr aus dem geschriebenen deutschen IPR. Ähnliche Probleme stellten sich im Internationalen Scheidungsrecht nach „Aufhebung" des ehem. Art. 17 infolge des Erlasses der Rom III-VO.[26] Denn geschriebene Kollisionsnormen für die Scheidung existierten seither nur noch in der Rom III-VO, die nach der (zutreffenden) Rechtsprechung des EuGH nicht die Privatscheidung erfasst.[27] Grundsätzlich gilt, dass Regelungslücken im EuIPR, die durch nationale Kollisionsnormen geschlossen werden müssen, in **Entsprechung bzw. Analogie zu den Vorschriften des EuIPR** zu schließen sind. Im Internationalen Erbrecht schreibt Art. 25 explizit vor, dass dort, wo die EuErbVO ausnahmsweise nicht gilt, ihre Vorschriften qua nationalen Anwendungsbefehls entsprechend geltend sollen. Der Gesetzgeber begründet dies zu Recht mit dem Interesse an einem Gleichlauf des nur noch randlich bedeutsamen nationalen Rechts mit dem überwiegend anzuwendenden EuIPR.[28] Identisch wurde jüngst die Regelung des auf Privatscheidungen anwendbaren Rechts in Art. 17 Abs. 2 erläutert, der insoweit die nach dem Gesagten hierfür sachlich nicht einschlägige Rom III-VO weitgehend für entsprechend anwendbar erklärt.[29] Im Wege der Analogiebildung ist aber auch dort zu verfahren, wo eine eindeutige gesetzliche Regelung fehlt, dh insbes. im Internationalen Vertragsrecht. Auf Verträge (insbes. Schieds- und Gerichtsstandsvereinbarungen sowie wertpapierrechtlich verbriefte Forderungen), die nicht der Rom I-VO unterfallen, sind die Kollisionsnormen der Rom I-VO aufgrund eines vom nationalen Recht angeordneten, wenn auch ungeschriebenen Verweises analog anzuwenden.[30] Eine **Ausnahme** gilt im Recht der außervertraglichen Schuldverhältnisse. Hier enthalten die Art. 38–42 für solche außervertraglichen Schuldverhältnisse, die von den Bereichsausnahmen des Art. 1 Abs. 2 Rom II-VO erfasst und daher von der Rom II-VO nicht geregelt werden, spezielle Anknüpfungsregelungen, die selbstverständlich anzuwenden sind. Allerdings ist die Rechtsprechung gut beraten, i.R.d. der Anwendung der Art. 38 ff. auf möglichst weitgehende Übereinstimmung mit der Rom II-VO zu achten.

12   Die früher erhebliche Bedeutung gewohnheits- und richterrechtlichen Kollisionsrechts nationaler Provenienz hat stark abgenommen; nationalem **Richter- und Gewohnheitsrecht** kommt praktische Bedeutung dort zu, wo gesetzliche Kollisionsnormen weiterhin fehlen, insbes. im Internationalen Gesellschaftsrecht sowie im Internationalen Wertpapierrecht (s. ausf. Anhang zu Art. 46 c, Internationales Wertpapierrecht, → Rn. 1 ff.). Europäisches Richterrecht prägt insbes. das Verständnis des Internationalen Gesellschaftsrechts, aber auch das Internationale Namensrecht.

13   Die **Grundrechte (des GG sowie der EMRK)** selbst enthalten keine eigenständigen internationalprivatrechtlichen Kollisionsnormen. Doch gibt der Gleichheitssatz des Art. 3 GG – nach dem gleiche Sachverhalte nicht ohne Rechtfertigung ungleich bzw. ungleiche Sachverhalte gleich behandelt werden dürfen – vor, dass ein gänzlicher Verzicht auf die Berücksichtigung der Auslandsbeziehung eines Sachverhaltes verfassungswidrig wäre. Insoweit lässt sich Art. 3 GG als Geltungsgrund des deutschen IPR verstehen.[31] Auch iÜ können die Grundrechte Vorgaben für die Ausgestaltung einfachrechtlicher Kollisionsnormen machen. So sind zahlreiche Kollisionsnormen insbes. des Internationalen Familienrechts, genauer: deren Anwendung im Einzelfall, als mit den Grundrechten für unvereinbar erklärt worden, soweit sie Männer und Frauen ohne hinreichende Rechtfertigung ungleich behandelten; auf die Einzelheiten ist an dieser Stelle nicht einzugehen.[32] Die **Grundfreiheiten des AEUV** (sowie des EWR-Vertrages) sind ebenfalls primär Grenze des

---

26   Dieser wurde durch Art. 1 Nr. 2 des Gesetzes v. 23.1.2013, BGBl. I, 101 zwar nicht aufgehoben, aber gänzlich neu gefasst und befasste sich seither nur noch mit bestimmten Scheidungsfolgen.

27   EuGH 20.12.2017 – Rs. C-372/16 „Soha Sahyouni", NJW 2018, 447 Rn. 35 ff.

28   Vgl. Regierungsbegründung, BT-Drs. 18/4201, 66.

29   Vgl. Regierungsbegründung, BT-Drs. 19/4852, 38.

30   Ebenso Rauscher/*v. Hein* Einl. Rom I-VO Rn. 30; Reithmann/Martiny/*Martiny* Rn. 1.83 ff.

31   Ausf. MüKoBGB/*Sonnenberger* (5. Aufl. 2010) Einl. IPR Rn. 322 ff.; BeckOK BGB/*Lorenz* Einl. IPR Rn. 21, 21 ff.

32   Etwa die „Spanierentscheidung" BVerfGE 31, 58 ff. = NJW 1971, 2121 = FamRZ 1972, 16 mAnm *Sturm* = JZ 1974, 661 mAnm *Fischer*: Verfassungswidrigkeit der Anwendung spanischen Eheschließungsrechts, das einer geschiedenen Frau die Wiederverheiratung untersagte.

nationalen und europäischen IPR und keine eigenständigen Kollisionsnormen, können indes im Einzelfall bei Binnenmarktsachverhalten auch zu konkreten Anknüpfungen zwingen, wenn sich andernfalls (etwa durch Anpassung des Sachrechts) keine unionsrechtskonformen Resultate erzielen lassen.

Zu den Rechtsakten der Europäischen Union und der Rechtsprechung des EuGH zum **EuIPR**, die das auto-   **14** nome deutsche IPR bereits weitgehend verdrängt haben und auch weiterhin verdrängen → Rn. 56 ff. Das **Völkerrecht** ist Quelle des IPR, soweit die Bundesrepublik oder die EU bi- und multilaterale völkerrechtliche Abkommen auf dem Gebiet des IPR abgeschlossen haben. Einzelstaatliches IPR begrenzende Funktion kommt dem Völkerrecht anders als dem Verfassungsrecht dagegen praktisch nur in Form der EMRK zu.[33] Näher zu staatsvertraglichen Kollisionsnormen → Rn. 72 ff.

3. Abgrenzungsfragen. Abzugrenzen ist das Internationale Privatrecht vom **Internationalen Zivilpro-   15 zessrecht** (IZPR). Während sich das IPR mit der Bestimmung des anzuwendenden materiellen Rechts befasst, regelt das IZPR die prozessualen Besonderheiten von Zivilverfahren mit Auslandsberührung und insoweit namentlich Fragen der Internationalen Zuständigkeit sowie der Anerkennung ausländischer (Gerichts-)Entscheidungen im Inland. IPR und IZPR sind eng miteinander verzahnt, da jedes staatliche Gericht stets sowohl nur sein eigenes IZPR als auch sein eigenes IPR anwendet. Aufgrund des Vorrangs der Zuständigkeitsfrage vor der erst im Rahmen der Begründetheitsprüfung zu erörternden kollisionsrechtlichen Rechtsanwendungsfrage besteht ein **Vorrang des IZPR vor dem IPR** in dem Sinne, dass nur ein (international-) zuständiges Gericht auch sein IPR anwendet. In der Folge determiniert die Internationale Zuständigkeit über das anzuwendende IPR das anwendbare Recht und damit im Ergebnis ggf. sogar den Ausgang des Rechtsstreits. Eine umgekehrte Interdependenz zwischen IPR und IZPR besteht in manchen Rechtsordnungen insoweit, als die Anerkennung ausländischer Urteile davon abhängig gemacht wird, dass das Gericht, dessen Urteil anzuerkennen ist, seine Entscheidung auf diejenige Rechtsordnung gestützt hat, die auch von den Gerichten des Anerkennungsstaates angewandt worden wäre (sog. kollisionsrechtliche Konformität). Im Übrigen geht das Anerkennungsrecht des IZPR dem IPR vor: Hat ein ausländisches Gericht bereits über den Sachverhalt bzw. die Rechtsfrage entschieden und ist diese Entscheidung nach den international-zivilprozessualen Regeln der Urteilsanerkennung im Inland anzuerkennen, verbietet sich im Umfang der anzuerkennenden Rechtskraft des ausländischen Urteils jede erneute materiellrechtliche Beurteilung des Sachverhalts, dh seine Überprüfung auf die Vereinbarkeit mit der nach Maßgabe des inländischen IPR (theoretisch) anwendbaren Rechtsordnung.

Internationales öffentliches Recht und **internationales Strafrecht** bestimmen den Anwendungsbereich   **16** der nationalen Verwaltungs- bzw. Strafrechtsordnungen. Eine gewisse Nähe des IPR zum öffentlichen Recht folgt daraus, dass das IPR den internationalen Anwendungsbereich des deutschen Rechts festlegt. Anders als das internationale öffentliche Recht bestimmt es aber ausschließlich für Rechtsfragen aus dem Bereich des materiellen Zivilrechts die anwendbare Rechtsordnung.[34]

Aufgabe des **interlokalen, interpersonalen und interreligiösen Privatrechts** (ILR) ist es, in Staaten mit   **17** mehreren lokalen, personalen oder religiösen Teilrechtsordnungen das jeweils anwendbare Partikularrecht zu ermitteln; diesbezüglich ist auf die Kommentierung zu Art. 4 Abs. 3 zu verweisen (→ Art. 4 Rn. 26 f.) sowie auf die Kommentierungen zu den Rechtsakten des EuIPR, die regelmäßig Schlussbestimmungen enthalten, die sich mit den Thematiken befassen. **Internationales Einheitsrecht** basiert auf staatsvertraglichen Vorschriften, die unmittelbar geltendes Sachrecht für Sachverhalte mit Bezug zu Vertragsstaaten enthalten. Im sachlichen Anwendungsbereich des Einheitsrechts findet grundsätzlich keine kollisionsrechtliche Prüfung statt, da andernfalls die Gefahr drohte, dass das IPR der Mitgliedstaaten des jeweiligen Abkommens auf das Recht eines Nichtvertragsstaates verweist. Allerdings kommt es durchaus vor, dass das betreffende Abkommen den Rückgriff auf das nationale IPR ausdrücklich vorsieht, wobei etwa Art. 1 Abs. 1 lit. b CISG eine derartige Vorschaltung des IPR nur zu dem Zweck gestattet, die Anwendung des Abkommens zu befördern. Eine Rolle spielt das IPR im Zusammenhang mit Internationalem Einheitsrecht ferner dort, wo das einheitsrechtliche Abkommen externe Regelungslücken enthält, die von seinem sachlichen Anwendungsbereich nicht gedeckt sind und daher nur durch Rückgriff auf ein nationales Recht geschlossen werden können, das durch das IPR bestimmt wird. **Sachrechtliche Vorschriften mit internationalen Tatbestandsmerkmalen** (etwa Art. 47 EGBGB, §§ 1944 Abs. 3, 1954 Abs. 3, 2251 BGB, § 92 c HGB) tragen als Bestandteil der (durch das IPR berufenen) lex causae den Besonderheiten der Auslandsbeziehung des Sachverhalts Rechnung, indem sie etwa Fristverlängerungen erst gewähren. Einen besonderen Anwendungsfall der sachrechtlichen Vorschriften mit internationalem Tatbestandsmerkmal bildet das **Fremdenrecht**, das Vorschriften des inländischen materiellen Rechts bezeichnet, die nach ihrem Tatbestand ausschließlich für

---

33 *Kropholler* § 8 I; Staudinger/*Sturm/Sturm* (2012)   34 MüKoBGB/*v. Hein* Einl. IPR Rn. 323 ff. mwN Ausf.
    Einl. IPR Rn. 528 ff.   zum Internationalen Öffentlichen Recht *Ohler* Die
                                                                         Kollisionsordnung des Allgemeinen Verwaltungs-
                                                                         rechts (2005).

Ausländer gelten (insbes. Art. 86, 88 EGBGB).[35] Als sog. **selbstbeschränkte Sachnormen** oder **versteckte Kollisionsnormen**[36] bezeichnete man früher Vorschriften in sachrechtlichem Kontext, die nicht allein sachrechtliche Regelungen enthalten, sondern ihren internationalen Anwendungsbereich explizit oder implizit selbst bestimmen und die damit Hybridnormen mit sach- und kollisionsrechtlicher Doppelnatur sind (vgl. etwa §§ 449 Abs. 3, 451h Abs. 3, 466 Abs. 4 HGB).[37] Soweit derartige Vorschriften in den sachlichen Anwendungsbereich des EuIPR bzw. des IPR völkerrechtlicher Provenienz fallen (was auf sämtliche der vorstehend genannten Bestimmungen zutrifft, die der Rom I-VO unterliegen), ist der Vorrang des höherrangigen Rechts vor dem inländischen Kollisionsrecht zu beachten: Die Anwendung einer selbstbeschränkten Sachnorm erfordert grundsätzlich die Berufung deutschen Rechts nach den Kollisionsnormen des EuIPR bzw. Völkerrechts. Nur ganz ausnahmsweise kann sich eine „selbstbeschränkte Sachnorm" aufgrund ihres eigenen internationalen Geltungswillens gegen die unions- oder völkerrechtlich determinierte Sachrechtsordnung durchsetzen, wenn es sich um eine **international zwingende Norm** oder Eingriffsnorm handelt. Hierunter versteht man allgemein Vorschriften des Sachrechts (regelmäßig aus dem Bereich des öffentlichen Rechts oder des Sozialrechts), die unabhängig von bzw. sogar entgegen dem nach allgemeinen kollisionsrechtlichen Grundsätzen ermittelten Sachstatut Geltung verlangen. Explizite normative Verankerung hat die Thematik der Eingriffsnormen in den Art. 9 Rom I-VO, Art. 16 Rom II-VO sowie Art. 30 EuGüVO/EuPartVO gefunden, die nur sehr zurückhaltend anzuwenden sind. Zwischen Kollisions- und Sachrecht angesiedelt sind die geschriebenen oder ungeschriebenen Regelungen, die nicht die Anwendung, sondern die bloße **Beachtung ausländischen Rechts** anordnen, vgl. etwa Art. 12 Abs. 2 Rom I-VO sowie die Grundsätze zur Beachtung ausländischer Verhaltensvorschriften im Rahmen des Deliktsstatuts gem. Art. 17 Rom II-VO. Es handelt sich in diesen Fällen regelmäßig um die sachrechtliche Berücksichtigung der Auslandsbeziehung des Sachverhalts, nicht um Kollisionsnormen im engeren Sinne, da die betreffenden Bestimmungen nicht das anwendbare Recht festlegen, sondern lediglich den Inhalt des anwendbaren Rechts bei Vorliegen eines Auslandsbezugs im Wege der Anpassung modifizieren.[38]

II. Internationaler v. interner Entscheidungseinklang

18   Zu den Idealvorstellungen des IPR zählt, dass ein Sachverhalt von allen Gerichten weltweit nach derselben Rechtsordnung und damit auch in der Sache identisch beurteilt wird (sog. **internationaler Entscheidungseinklang**).[39] Der internationale Entscheidungseinklang ist kein Selbstzweck und dient auch nicht der unreflektierten Übernahme ausländischer kollisionsrechtlicher Vorstellungen, sondern soll im Parteiinteresse die Entstehung sog. „hinkender Rechtsverhältnisse" verhindern, die in einem Staat als wirksam, in einem anderen hingegen als unwirksam betrachtet werden. Namentlich im Internationalen Personenrecht (iSd Familien- und Namensrechts) kann es besonders misslich sein, wenn eine persönlichkeitsrelevante Rechtsfrage im Inland anders beurteilt wird als in solchen Staaten, zu denen die Person ebenfalls objektiv enge Beziehungen aufweist. Besonders deutlich wird dies in Fällen, in denen Personen in ihrem ausländischen Heimatstaat als wirksam verheiratet (oder geschieden) angesehen werden, während sie an ihrem inländischen Wohnort als nicht verheiratet oder nicht geschieden gelten. Das Ziel des internationalen Entscheidungseinklangs ließe sich allerdings nur durch eine umfassende Vereinheitlichung des Sach- oder Kollisionsrechts sämtlicher Staaten der Welt vollständig realisieren. In Ermangelung einer derartigen Harmonisierung entscheidet das aus Sicht des jeweiligen Rechtsanwenders nationale (oder regionale) IPR über das anzuwendende Recht. Dem Ziel des internationalen Entscheidungseinklangs lässt sich im IPR insbes. Rechnung tragen durch die Beachtlichkeit von Rück- oder Weiterverweisungen durch das IPR des von der inländischen Kollisionsnorm bezeichneten Rechts (**Renvoi**) (ausf. → Art. 4 Rn. 2 ff.). Dem internationalen Entscheidungseinklang soll auch die **unselbstständige Anknüpfung von Vorfragen** dienen (ausf. hierzu → Rn. 26 ff.).

19   Vom äußeren zu unterscheiden ist der sog. **interne Entscheidungseinklang**, dh die einheitliche rechtliche Beurteilung eines Sachverhalts durch die inländischen Gerichte und Behörden.[40] Die Einheit der inländischen Rechtsordnung wäre bedroht, müsste ein inländisches Gericht oder eine inländische Behörde ein und dieselbe Rechtsfrage in unterschiedlichen rechtlichen Kontexten unterschiedlich beurteilen. Zu kontextabhängig unterschiedlichen Beurteilungen des Sachverhalts kann es insbes. im Zusammenhang mit der Problematik sog. **Vorfragen** (dazu ausf. → Rn. 26 ff.) kommen, dh wenn unterschiedliche Kollisionsnormen unterschiedliche Teilaspekte eines Lebenssachverhaltes unterschiedlichen Anknüpfungen unterwerfen. So

35   Dazu BeckOK BGB/*Lorenz* Einl. IPR Rn. 11; Staudinger/*Sturm/Sturm* (2012) Einl. IPR Rn. 562 ff.

36   Ausf. Aufzählung bei Staudinger/*Sturm/Sturm* (2012) Einl. IPR Rn. 641 ff.

37   *V. Bar/Mankowski* § 4 Rn. 7 ff.

38   Näher *Freitag* in Rauscher EuZPR/EuIPR Bd. III Art. 12 Rom I-VO Rn. 10 ff.

39   Vgl. BT-Drs. 10/504, 38. *Kegel/Schurig* IPR S. 122 f.; *Kropholler* IPR § 6.

40   *Kegel/Schurig* IPR S. 141 f.; *v. Bar/Mankowski* IPR I § 7 Rn. 194.

erscheint es zum Beispiel auf den ersten Blick wenig plausibel, eine im Ausland geschlossene Ehe als im Inland wirksam anzusehen, weil die Eheleute iSd Art. 13 nach ihren jeweiligen Heimatrechten sämtliche Eheschließungsvoraussetzungen und auch die gem. Art. 11 maßgeblichen Formanforderungen beachtet haben, die Scheidung dieser Ehe durch deutsche Gerichte aber deswegen zu verweigern, weil das gem. Art. 5 bzw. Art. 8 Rom III-VO bestimmte Scheidungsstatut nicht mit dem Eheschließungsstatut übereinstimmt und seinerseits von einer Nicht-Ehe ausgeht, die folglich auch nicht geschieden werden kann.[41] Vor diesem Hintergrund sowie der Formulierung des Erwägungsgrundes 10 zur Rom III-VO entspricht es der ganz überwiegenden Ansicht, dass i.R.d. Rom III-VO die (Vor-)Frage des Bestehens bzw. Nichtbestehens der Ehe selbstständig anzuknüpfen, dh nach Art. 13 EGBGB und nicht nach dem Scheidungsstatut zu beurteilen ist[42] (zur selbstständigen Vorfragenanknüpfung im EuIPR Rn. 26 ff.). Es versteht sich von selbst, dass internationaler und interner Entscheidungseinklang in einem Spannungsverhältnis zueinander stehen, da das eine Ideal notwendig nur auf Kosten des anderen realisiert werden kann. Nach richtiger Auffassung ist bei einem Konflikt zwischen äußerem und innerem Entscheidungseinklang trotz der gravierenden Nachteile hinkender Rechtsverhältnisse (dazu Rn. 18) dem Wunsch nach einer einheitlichen Beurteilung der Rechte und Rechtsverhältnisse im Inland, dh dem internen Entscheidungseinklang, grundsätzlich Vorrang einzuräumen (näher → Rn. 27).

Deutsches wie europäisches IPR gehen von der grundsätzlichen **Gleichwertigkeit der Privatrechtsordnungen** sämtlicher Staaten der Welt aus.[43] Kollisionsnormen des deutschen IPR wie des EuIPR bestimmen daher bewusst[44] nicht einseitig den Anwendungsbereich deutschen Rechts bzw. des Rechts der EU-Mitgliedstaaten, sondern können gleichberechtigt auch zur Anwendung ausländischen bzw. drittstaatlichen Rechts führen; mit anderen Worten sind deutsches IPR und EuIPR als **allseitiges Kollisionsrecht** ausgestaltet. Hiervon bestehen indes Ausnahmen: Insb. setzen sich international zwingende Bestimmungen oder Eingriffsnormen der lex fori iSd Art. 9 Abs. 2 Rom I-VO, Art. 16 Rom II-VO bzw. Art. 30 EuGüVO/EuPartVO auch gegen das an sich anwendbare Recht durch. Auch der Vorbehalt des ordre public gem. Art. 6 EGBGB schränkt die Akzeptanz des ausländischen Rechts durch das deutsche IPR ein, indem er eine Kontrolle des Ergebnisses der Anwendung fremden Rechts gestattet (ausf. dazu die Kommentierung zu Art. 6). **20**

III. Aufbau der Kollisionsnorm; Qualifikation; Anknüpfung; Erstfrage; Vorfrage

Vollständige Kollisionsnormen sind regelmäßig dergestalt in Tatbestand und Rechtsfolge unterteilt, dass sie bei Erfüllung ihrer Tatbestandsvoraussetzungen als Rechtsfolge das anzuwendende Recht bestimmen. Anderes gilt für sog. Hilfsnormen, die der Ausfüllung oder Ergänzung anderer Kollisionsnormen dienen und wie etwa die Art. 3, 4, 5 Abs. 3, 6 keinen eigenen Verweis auf eine bestimmte Rechtsordnung aussprechen. **21**

1. Qualifikation. Für jede Kollisionsnorm ist zunächst im Wege der sog. Qualifikation ihr Anwendungsbereich zu bestimmen, dh festzustellen, auf welche Rechts- bzw. Sachverhaltsfragen – dh auf welchen sog. **Anknüpfungsgegenstand** – sie anzuwenden ist. Da das deutsche IPR Bestandteil des deutschen Rechts ist, sind bei der Qualifikation grundsätzlich die Kriterien des deutschen, nicht dagegen diejenigen des möglicherweise erst über die betreffende Kollisionsnorm zu berufenden Rechts (sog. Sachstatut oder lex causae), maßgeblich (sog. **Qualifikation** nach der **lex fori**).[45] Hierbei bieten die Normkategorien des deutschen Sachrechts ein wichtiges Indiz. Streitigkeiten über Sachverhalte, die nach deutschem Sachrecht etwa dem Familienrecht zuzuordnen sind, werden in der Regel auch dem Internationalen Familienrecht der Art. 13 ff. unterfallen. Es kann aber geboten sein, für die Zwecke des Kollisionsrechts von den Kategorien des Sachrechts abzuweichen und auf spezifische Besonderheiten des Auslandsbezugs und der Wertungen anderer Rechtsordnungen Rücksicht zu nehmen.[46] Soweit ausländische Rechtsinstitute, die dem deutschen Recht unbekannt sind, kollisionsrechtlich zu würdigen sind, ist diejenige inländische Kollisionsnorm anzuwenden, welche der Regelung inländischer Rechtsverhältnisse dient, die dem ausländischen Institut funktionell vergleichbar sind.[47] So ist etwa die im US-amerikanischen Recht prozessual qualifizierte Verjährung nach **22**

41 Gem. Art. 2 lit. b Rom III-VO regelt die Rom III-VO explizit gerade nicht die für die Scheidung vorgreifliche (Vor-)Frage des Bestehens der ggf. zu scheidenden Ehe.

42 Wie hier Rom III-VO Vor Art. 1 Rn. 71 ff. mwN; BeckOGK/*Gössl* (Stand 1.11.2018) Rom III-VO Art. 1 Rn. 76 ff.; BeckOK BGB/*Heiderhoff* Rom III-VO Art. 1 Rn. 39; MüKoBGB/*Winkler v. Mohrenfels* Rom III-VO Art. 1 Rn. 24 ff.; aA Palandt/*Thorn* Rom III-VO Art. 1 Rn. 8.

43 *Kegel/Schurig* IPR S. 59; MüKoBGB/*v. Hein* Einl. IPR Rn. 20, 92 mwN.

44 Vgl. BT-Drs. 10/504, 29.

45 Ganz hM BGHZ 29, 137, 139 = NJW 1959, 717; BGHZ 44, 121, 124 = NJW 1963, 593 mAnm *Wengler*; BGHZ 47 324, 332 = NJW 1967, 2109. Zu anderen Ansätzen Erman/*Hohloch* Einl. Art. 3 Rn. 48 f.

46 Ausf. *Schurig* Kollisionsnorm und Sachnorm; *Grundmann* Qualifikation gegen die Sachnorm. Beispiele bei *v. Bar/Mankowski* IPR I § 7 Rn. 169.

47 BGHZ 29, 137, 139 = NJW 1959, 717; Soergel/*Kegel* Vor Art. 3 Rn. 120; vgl. ausf. zu dieser Problematik MüKoBGB/*v. Hein* Einl. IPR Rn. 119 f.

deutschem Verständnis als Teil des jeweiligen Sachstatuts zu behandeln.[48] Umstritten, aber ohne praktische Bedeutung, ist der **Gegenstand der Qualifikation**, dh die Frage, ob der jeweilige Lebenssachverhalt oder aber Rechtsfragen unter die einschlägigen Kollisionsnormen zu subsumieren sind; zu folgen ist der erstgenannten Auffassung.[49]

23 Auf der Ebene des **EuIPR** sowie des **völkerrechtlichen IPR** stellt sich das Qualifikationsproblem zweifach und in besonderer Weise: Europa- und völkerrechtliche Rechtsakte definieren stets zunächst ihren eigenen sachlichen Anwendungsbereich (ebenso wie ihren räumlichen und intertemporalen Geltungsanspruch), bevor sie sich auf der Ebene der einzelnen Kollisionsnorm der eigentlichen Anknüpfung und damit auch der Qualifikation ieS widmen. Bereits die Beantwortung der Frage, ob ein Sachverhalt bzw. eine Rechtsfrage in den sachlichen Anwendungsbereich des jeweiligen europa- oder völkerrechtlichen Instruments fällt, erfordert eine Qualifikation. So geht es etwa bei der Frage, ob ein etwaiger Anspruch aus Vertrag mit Schutzwirkung für Dritte nach der Rom I- oder der Rom II-VO anzuknüpfen ist, um nichts anderes als um die Qualifikation des Vertrags mit Schutzwirkung für Dritte als vertragliches oder außervertragliches Institut. Ist der sachliche Anwendungsbereich des jeweiligen Instruments eröffnet, muss sodann auf der Ebene der konkreten Kollisionsnorm deren Anwendungsbereich im Wege eines weiteren Qualifikationsvorgangs geprüft werden. Nach allgemeiner Auffassung hat die Qualifikation unions- und völkerrechtlicher Kollisionsnormen einschließlich der Bestimmung des sachlichen Anwendungsbereichs des jeweiligen Rechtsaktes nicht nach nationalen, sondern anhand genuin europa- bzw. völkerrechtlicher Wertungen zu erfolgen (**autonome unions-** bzw. **völkerrechtliche Qualifikation**).[50]

24 **Hinweis für die Praxis**: Der zur Beurteilung stehende Sachverhalt ist stets vorab summarisch nach allen in Betracht kommenden Rechtsordnungen sowohl sach- als auch kollisionsrechtlich zu würdigen. Aus den gefundenen Resultaten ergibt sich, welche Rechts- bzw. Sachverhaltsfrage kollisionsrechtlich problematisch sein könnte. Sodann ist am Maßstab des eigenen IPR zu fragen, welche Kollisionsnorm des deutschen Rechts diesbezüglich einschlägig ist.

25 **2. Anknüpfung. a) Allgemeines.** Auf der Rechtsfolgenseite schreibt jede Kollisionsnorm unter Bezugnahme auf einen oder mehrere rechtliche oder tatsächliche Merkmale (sog. Anknüpfungspunkte) fest, welche Rechtsordnung anzuwenden ist. So bestimmt sich etwa gem. Art. 13 das Eheschließungsstatut für jeden Nupturienten nach seinem Heimatrecht, während Art. 11 Abs. 1 die Form des Rechtsgeschäfts an das für das Rechtsgeschäft geltende Recht (akzessorisch) anknüpft.

26 **b) Erstfrage. Vorfrage.** Häufig setzen in- oder ausländische Kollisionsnormen ausdrücklich oder implizit das (Nicht) Bestehen präjudizieller Rechtsverhältnisse voraus. So erfordert etwa eine Ehescheidung zwingend das Bestehen einer Ehe, da nur eine solche überhaupt im Wege der Scheidung aufgelöst werden kann. Das präjudizielle Rechtsverhältnis Ehe wird in diesem Fall als **Erstfrage** bzw. kollisionsrechtliche Vorfrage bezeichnet, deren Beantwortung für die Beurteilung der sog. Hauptfrage, diejenige nach der Scheidbarkeit der Ehe, relevant ist. Hier bedarf der Klärung, welches Recht darüber bestimmt, ob eine zu scheidende Ehe überhaupt besteht, wobei in Anbetracht des Umstandes, dass die Rom III-VO zwar in ihren Art. 5 und 8 das Scheidungsstatut bestimmt, nach Art. 2 lit. b jedoch die Vorfrage der Existenz bzw. Nichtexistenz einer Ehe explizit nicht regelt, zwei unterschiedliche Lösungsmöglichkeiten in Betracht kommen: Erstens wäre es iSd „unselbstständigen Anknüpfung" denkbar, die Existenz der zu scheidenden Ehe dem von der Rom III-VO bestimmten Scheidungsstatut zu entnehmen. Zweitens könnte das Ehestatut selbstständig ermittelt werden, dh im Fall inländischer Ehescheidungen anhand von Art. 13 EGBGB bestimmt werden. Ähnliche Probleme stellen sich in Bezug auf präjudizielle Rechtsverhältnisse, die im Rahmen in- oder ausländischer Sachnormen sowie in ausländischen Kollisionsnormen eine Rolle spielen (sog. **Vorfragen ieS**; zu den Hintergründen der Unterscheidung zwischen Vor- und Erstfragen sogleich → Rn. 27 f.). Verweisen etwa Art. 5, 8 Rom III-VO für die Scheidung auf ausländisches Recht, so werden auch dessen materiellrechtliche Bestimmungen eine Scheidung nur zulassen, wenn eine Ehe vorliegt. Auch hier bedarf der Klärung, ob die Existenz der zu scheidenden Ehe dem Scheidungs- oder dem Ehestatut entstammt.

27 Die Behandlung von Vor- und Erstfragen ist (zumindest in Deutschland) seit jeher heftig umstritten. Die deutsche Rechtsprechung und die im Inland herrschende Meinung gehen vom **Grundsatz der selbstständigen Anknüpfung der Erst- und Vorfragen** aus. Demzufolge bestimmen sie das auf die Erst- bzw. Vorfrage anwendbare Recht nach derjenigen Kollisionsnorm des inländischen IPR, die zur Anwendung käme, wenn man das betreffende präjudizielle Recht bzw. Rechtsverhältnis einer isolierten kollisionsrechtlichen

---

48 *BGH* NJW 1960, 1721 f.
49 Ausf. *Heyn* Die „Doppel-" und „Mehrfachqualifikation" im IPR; *Weber* Die Theorie der Qualifikation;

Mistelis Charakterisierungen und Qualifikation im internationalen Privatrecht.
50 Statt aller BeckOK BGB/*Lorenz* Einl. IPR Rn. 62; MüKoBGB/*v. Hein* Einl. IPR Rn. 126, 135.

Betrachtung unterzöge, dh es als Hauptfrage beurteilte.[51] Diese Vorgehensweise liegt nahe, da nur die selbstständige Anknüpfung sicherstellt, dass das präjudizielle Recht bzw. Rechtsverhältnis aus Sicht des inländischen Rechts einheitlich beurteilt und damit innerer Entscheidungseinklang hergestellt wird (dazu bereits → Rn. 19). Allerdings darf der Grundsatz der selbstständigen Anknüpfung von Vor- und Erstfragen nicht schematisch angewendet werden. Denn Parteien, die zwar nicht im Inland, aber etwa in ihrem gemeinsamen ausländischen Herkunftsstaat als verheiratet gelten, können durchaus daran interessiert sein, sich hier scheiden zu lassen, um auch in ihrem Heimatstaat als rechtlich getrennt anerkannt zu werden.[52] Ferner folgt nach einhelliger Auffassung aus der Formulierung des Art. 13 Abs. 2, dass jedenfalls für die Zwecke der Eheschließung im Inland die Vorfrage des Bestehens einer Vorehe nach dem Heimatrecht des betreffenden Nupturienten zu beurteilen und folglich unselbstständig anzuknüpfen ist.[53] Weiterhin ist zu bedenken, dass die selbstständige Anknüpfung der Vorfrage zwar den internen Entscheidungseinklang herstellt, die unselbstständige hingegen dem internationalen Entscheidungseinklang dient, weil wir das präjudizielle Recht bzw. Rechtsverhältnis exakt so beurteilen wie das auf die Hauptfrage anwendbare Recht. Aus diesem Grund wird von Teilen des Schrifttums auch der unselbstständigen Anknüpfung der grundsätzliche Vorzug gegeben.[54] Wägt man zwischen internem und internationalem Entscheidungseinklang ab, ist indes der Einschätzung[55] zu folgen, dass die Einheit der in Deutschland geltenden Rechtsordnung schwerer wiegt als der Gleichlauf zwischen inländischem und ausländischem Recht. Es wäre insbes. nur sehr schwer erträglich, wenn sich natürliche Personen in extremis im Inland von ein und derselben Behörde (namentlich dem Standesbeamten bzw. dem Gericht) in unterschiedlichen Zusammenhängen als verheiratet oder als unverheiratet behandeln lassen müssten.[56]

28 Zum Teil wird die selbstständige Anknüpfung von **Erstfragen**, die bereits auf der Ebene des Tatbestands der inländischen Kollisionsnorm zu beantworten sind, damit begründet, es handele sich insoweit um die Auslegung des Tatbestandes der inländischen Kollisionsnorm, die notwendigerweise nach den Vorstellungen der lex fori, dh im Wege der selbstständigen Anknüpfung zu erfolgen habe.[57] Dem ist im Ergebnis letztlich deswegen die Gefolgschaft zu verweigern, weil der inländische Gesetzgeber durchaus dazu berechtigt und in der Lage ist, auch in Bezug auf das Verständnis einzelner Tatbestandsmerkmale inländischer (Kollisions-)Normen auf ausländisches Recht zu verweisen.[58] Es geht daher bei Vor- und Erstfrage gleichermaßen um die **Bestimmung des Umfangs der Verweisung** durch die einschlägige Kollisionsnorm, der nur durch Auslegung im Einzelnen ermittelt werden kann: Die inländische Kollisionsnorm kann die Beantwortung von Erst- wie auch von Vorfragen sowohl dem deutschen Recht als auch der lex causae überantworten.[59] Dass dennoch auch für Erstfragen im Grundsatz von der selbstständigen Anknüpfung auszugehen ist, liegt nach dem in → Rn. 27 Gesagten daran, dass der interne Entscheidungseinklang grundsätzlich einen höheren Stellenwert genießt als der internationale.

29 Im Übrigen ist gänzlich unbestritten und von **praktisch entscheidender Bedeutung**, dass stets die konkrete Kollisionsnorm daraufhin zu überprüfen ist, ob sie eine selbstständige oder eine unselbstständige Anknüpfung von Vorfragen erfordert (nach hier vertretener Auffassung ist im Zweifelsfall Ersteres und nur ausnahmsweise Letzteres anzunehmen). Demzufolge kann an dieser Stelle grundsätzlich auf die Kommentierung der einzelnen Kollisionsnormen verwiesen werden und ist nur in Bezug auf generelle Aspekte eine weitergehende Analyse geboten.

30 So entspricht es einhelliger Auffassung, dass Vor- bzw. Erstfragen im Rahmen der Anknüpfung der Hauptfrage an die **Staatsangehörigkeit** unselbstständig anzuknüpfen sind. Dies gründet darin, dass das deutsche IPR nicht in die Entscheidung darüber eingreifen will, ob und unter welchen Voraussetzungen andere Staaten natürliche Personen als ihre eigenen Staatsangehörigen ansehen.[60] Soweit daher beispielsweise die Staatsangehörigkeit einer Person von der Wirksamkeit einer geschlossenen Ehe abhängt, obliegt es dem

---

51 BGHZ 43, 213, 218 = NJW 1965, 1129; BGH NJW 1981, 1900 ff. = IPRax 1982, 198 mAnm *Denzler*; BGH NJW 1997, 2114 = JuS 1997, 850 mAnm *Hohloch*; Erman/*Hohloch* Einl. Art. 3–47 Rn. 52 f.; BeckOK BGB/*Lorenz* Einl. IPR Rn. 71 f.; Staudinger/*Sturm/Sturm* (2012) Einl. IPR Rn. 267 ff., 279 ff.; Palandt/*Thorn* Einl. IPR Rn. 29 f.; *v. Bar/Mankowski* IPR I § 7 Rn. 211 f.

52 Was wiederum die Frage aufwirft, ob wir das inländische Gerichtssystem für Ehescheidungen zur Verfügung stellen wollen, derer es für den inländischen Rechtsverkehr an sich nicht bedarf.

53 Statt aller MüKoBGB/*Coester* Art. 13 Rn. 70 ff.; Staudinger/*Mankowski* (2010) Art. 13 Rn. 121 ff. mwN.

54 Etwa *Melchior*, Die Grundlagen des deutschen IPR (1932), 245 ff.

55 BeckOK BGB/*Lorenz* Einl. IPR Rn. 72.

56 Für eine selbstständige Anknüpfung der Vorfrage der Ehe i.R.d. Art. 17 daher auch BGHZ 169, 240, 243; näher *Gruber* Art. 17 Rn. 50.

57 Insbes. *v. Bar/Mankowski* IPR I § 7 Rn. 186.

58 Ausf. wie hier MüKoBGB/*v. Hein* Einl. IPR Rn. 161 f.

59 MüKoBGB/*Sonnenberger* (5. Aufl. 2010) Einl. IPR Rn. 535.

60 Etwa *G. Schulze* Art. 5 Rn. 7 (zur Staatsangehörigkeit); Erman/*Hohloch* Einl. Art. 3–47 Rn. 54; PWW/*Mörsdorf* EGBGB Art. 3 Rn. 48; MüKoBGB/*v. Hein* Einl. IPR Rn. 181; Palandt/*Thorn* Einl. IPR Rn. 30.

Recht des Staates, um dessen Nationalität es geht, darüber zu entscheiden, ob es die betreffende Ehe für wirksam erachtet. Gleiches gilt nach hM für die Anknüpfung von Vorfragen, soweit diese sich auf den zivilrechtlichen **Namen** einer Person auswirken.[61]

31 In Bezug auf **staatsvertragliche Kollisionsnormen wird** häufig postuliert, der mit dem Vertrag erwünschte Vereinheitlichungseffekt lasse sich nur erreichen, wenn Vorfragen nach der einheitlich bestimmten lex causae und nicht nach der vom Gerichtsstand abhängigen lex fori beantwortet würden.[62] Dem ist zu widersprechen.[63] Letztlich ist der Umfang der Geltung des Staatsvertrages und damit auch derjenige der Verweisung durch die staatsvertragliche Kollisionsnorm nach völkerrechtlichen Auslegungsgrundsätzen zu bestimmen. Diese Auslegung wird in der Regel zu dem Resultat führen, dass die Vertragsstaaten nur die Anknüpfung der im Vertrag explizit normierten Hauptfragen harmonisieren wollen und demzufolge die Beurteilung der Vorfragen dem nationalen Recht überlassen, das daher insoweit **selbstständig** anknüpfen kann.

32 Aufgrund vergleichbarer Erwägungen wie im autonomen deutschen IPR sind i.R.d. Anwendung des **EuIPR Vorfragen grundsätzlich selbstständig anzuknüpfen,** falls sich aus dem betreffenden Rechtsakt nicht ausnahmsweise anderes ergeben sollte.[64] Für die Rom III-VO zum Internationalen Scheidungsrecht lässt sich der Grundsatz der selbstständigen Anknüpfung von Vorfragen aus Erwägungsgrund 10 ableiten, Nw → Rn. 19. Gleiches gilt nach dem jew. Art. 1 Abs. 2 lit. b sowie Erwägungsgrund 21 EuGüVO/EuPartVO. Ob der EuGH jüngst in seinem „Amazon"-Urteil[65] auch für die Rom II-VO eine selbstständige Vorfragenanknüpfung vorgenommen hat, ist unklar. Zu entscheiden war über einen deliktischen Anspruch aus Art. 6 Abs. 1 Rom II-VO, wobei die unlautere Handlung darin bestand, dass ein Wettbewerber Vorteile im Geschäftsverkehr dadurch erzielte wollte, dass er gegenüber einem Verbraucher systematisch unangemessene AGB verwendete. Der EuGH entschied, dass die Beurteilung der (Un-)Angemessenheit der AGB nach dem von Art. 6 Rom I-VO bestimmten Recht „eigenständig" zu prüfen sei.[66] Allerdings handelte es sich um einen reinen Binnenmarktsachverhalt im Rechtsverkehr zwischen Luxemburg und Österreich, so dass die Rom I-VO auch bei unselbstständiger Anknüpfung in jedem Fall anzuwenden gewesen wäre. Das überwiegende Schrifttum interpretiert das Urteil gleichwohl iSd der selbstständigen Anknüpfung,[67] Gegenstimmen sind vereinzelt geblieben.[68] Auch für die EuErbVO fehlt es an einer Klarstellung in den Erwägungsgründen und die Thematik ist weiterhin heillos umstritten.[69]

33 c) Anknüpfungspunkte. Die in der Kollisionsnorm genannten rechtlichen oder tatsächlichen Anknüpfungspunkte geben vor, welches Recht für die Entscheidung der Rechtsfrage berufen wird. Welches Kriterium maßgeblich ist, beruht auf einer **rechtspolitischen Entscheidung** des Gesetzgebers. Dieser versucht hierbei in Abhängigkeit vom Anknüpfungsgegenstand ein besonders charakteristisches Merkmal zu wählen, das dem **Ideal der engsten Verbindung** des Sachverhalts zu den in Betracht kommenden Rechtsordnungen am Nächsten kommt. In Bezug auf die Einzelheiten der jeweiligen Anknüpfungspunkte ist grundsätzlich auf die Kommentierungen zu den einzelnen Kollisionsnormen zu verweisen.

34 Von allgemeiner Bedeutung ist, dass der deutsche Gesetzgeber traditionell in allen **personenbezogenen Rechtsfragen,** dh im Internationalen Familien-, Erb- und Namensrecht, aber auch in Bezug auf die Rechts- und Geschäftsfähigkeit, eine starke Präferenz für die Anknüpfung an die **Staatsangehörigkeit** hatte und noch immer hat. Besonders deutlich wird dies etwa in Art. 5 (Rechts- und Geschäftsfähigkeit), Art. 10 Abs. 1 (Namensrecht) oder Art. 13 (Eheschließung), Art. 22 (Adoption) und Art. 24 (Vormundschaft, Betreuung, Pflegschaft). Hierfür sprachen und sprechen im Wesentlichen zwei Gründe: So vermittelt die Nationalität als Ausdruck des Herkommens der Person gerade in personenrechtlichen Fragen eine beson-

---

61   Erman/*Hohloch* Einl. Art. 3–47 Rn. 54; PWW/*Mörsdorf* EGBGB Art. 3 Rn. 48; MüKoBGB/*v. Hein* Einl. IPR Rn. 182; Palandt/*Thorn* Einl. IPR Rn. 30; AA *Mankowski* Art. 10 Rn. 16 f. mwN.

62   OLG Karlsruhe FamRZ 2003, 956; Erman/*Hohloch* Einl. Art. 3–47 Rn. 55; Palandt/*Thorn* Einl. IPR Rn. 30.

63   Wie hier *Meyer-Sparenberg,* Staatsvertragliche Kollisionsnormen, S. 146; *Solomon* FS Spellenberg (2010), S. 355, 366 ff.; *Bernitt,* Die Anknüpfung von Vorfragen im europäischen Kollisionsrecht, S. 101 ff., 139 f.; *Mäsch* in Leible, General Principles, S. 101, 107 ff.; *v. Bar/Mankowski* IPR I § 7 Rn. 208; MüKoBGB/*v. Hein* Einl. IPR Rn. 174 ff.; Staudinger/*Sturm/Sturm* (2012) Einl. IPR Rn. 288.

64   *Heinze* FS Kropholler (2008), S. 105, 111 ff.; *Solomon* FS Spellenberg (2010), S. 355, 369 f.; *Bernitt,* Die Anknüpfung von Vorfragen im europäischen

Kollisionsrecht, S. 101 ff., 140 ff.; *Max-Planck-Institut für ausländisches und internationales Privatrecht* RabelsZ 74 (2010), 522, 526 f. (Rn. 8); *Mäsch* in Leible, General Principles, S. 101 ff. Ähnlich *Sonnenberger* FS Kropholler (2008), S. 227, 240 f., der die selbstständige Anknüpfung jedenfalls in Bezug auf solche Vorfragen favorisiert, die der betreffende Gemeinschaftsrechtsakt von seinem sachlichen Anwendungsbereich ausklammert.

65   EuGH 28.7.2016 – Rs. C-191/15 „Amazon", NJW 2016, 2727.

66   EuGH 28.7.2016 – Rs. C-191/15 „Amazon", NJW 2016, 2727 Rn. 49 ff., 53.

67   *Müller* EuCML 2016, 215 (216 f.); *Roth* IPRax 2017, 449 (452); wohl auch *Mankowski* NJW 2016, 2705.

68   *Wilke* GPR 2017, 21 (23).

69   Nw bei MüKoBGB/*Dutta* EuErbVO Vor Art. 20 Rn. 50 ff.; Palandt/*Thorn* EuErbVO Art. 1 Rn. 5.

ders enge Beziehung zu dem betreffenden Heimatrecht. Viele Menschen fühlen sich auch und gerade während längerfristiger Auslandsaufenthalte ihrem Heimatstaat besonders verbunden. Darüber hinaus ermöglicht die Staatsangehörigkeitsanknüpfung eine hohe rechtliche Stabilität. Während die Nationalität vergleichsweise selten gewechselt wird, gilt in Bezug auf den Wohnsitz oder gewöhnlichen Aufenthalt gerade in einer hochmobilen Gesellschaft anderes. Mit anderen Worten kommt es bei der Staatsangehörigkeitsanknüpfung nur sehr selten zu Statutenwechsel mit ihren problematischen Rechtsfolgen (zu diesen Rn. 36). Dennoch knüpfen EuIPR und völkerrechtliches IPR in aller Regel primär an den **gewöhnlichen Aufenthalt** der Person an (vgl. nur Art. 4 Abs. 1, Abs. 2 Rom I-VO, Art. 8 lit. a Rom III-VO, Art. 21 Abs. 1 EuErbVO, Art. 26 Abs. 1 lit. a EuGüVO). Hierfür streitet erstens, dass die Staatsangehörigkeitsanknüpfung nach dem Herkommen der Person differenziert, was jedenfalls im europäisch-supranationalen Kontext rechtspolitisch fragwürdig ist, weil alle Unionsbürger unabhängig von ihrer Nationalität gleich zu behandeln sind. Schwerer wiegt, dass gerade im personenrechtlichen Bereich auch das am Ort des gewöhnlichen Aufenthalts geltende Recht eine große Bedeutung für die Betroffenen haben kann. Die dauerhafte Staatsangehörigkeitsanknüpfung verwehrt Ausländern die zivilrechtliche Integration in das Recht ihres Aufenthaltsstaates, selbst wenn sie sich an den lokalen Sitten und Gebräuchen orientieren wollen oder gar sollen. Mit anderen Worten verhindert die Anknüpfung an den gewöhnlichen Aufenthalt die Bildung „personenrechtlicher Parallelgesellschaften" in der Wohnbevölkerung der EU-Mitgliedstaaten. Schließlich erleichtert die Anknüpfung an den gewöhnlichen Aufenthalt die Rechtsanwendung im Inland substanziell, da Streitigkeiten gerade in personenrechtlichen Angelegenheiten in der Regel am jeweiligen Wohnort geführt werden und infolge der Anknüpfung an den gewöhnlichen Aufenthalt auch dem dortigen Recht unterliegen.[70]

Gelegentlich verwendet der Gesetzgeber sog. **kumulative Anknüpfungen**, bei denen das betroffene Recht bzw. Rechtsverhältnis nur besteht bzw. wirksam ist, wenn es die Anforderungen sämtlicher Rechtsordnungen erfüllt, die kumulativ berufen sind (vgl. etwa Art. 13 Abs. 1). Im Ergebnis setzt sich damit das „strengste" Recht durch, das in der Logik der Kumulativanknüpfung auch über die Rechtsfolgen der Unwirksamkeit bestimmt.[71] **Alternative Anknüpfungen** (etwa gem. Art. 11 Rom I-VO oder Art. 11, Art. 40 Abs. 1 EGBGB) verweisen ebenfalls auf mehrere Rechte, von denen indes nur eines zur Anwendung gelangt. Die Entscheidung zwischen den relevanten Rechten wird jeweils nach dem Inhalt der befragten Rechte und damit in aller Regel nach sachrechtlichen Kriterien getroffen, wobei die Kollisionsnorm vorgibt, ob das „strengere" oder „mildere" Recht berufen wird (so genügt hinsichtlich Formanforderungen gem. Art. 11 Rom I-VO, Art. 11 EGBGB die Einhaltung der Vorgaben entweder des Geschäftsstatuts oder des Ortsrechts; bei Art. 40 Abs. 1 hat der Geschädigte die Wahl zwischen dem Recht des Handlungs- und demjenigen des Erfolgsortes). Bei der sog. **akzessorischen Anknüpfung** (vgl. etwa Art. 4 Abs. 3 S. 2 Rom II-VO) wird eine Rechtsfrage nach demjenigen Recht beurteilt, das für einen anderen Anknüpfungsgegenstand ermittelt wurde. Zu den unterschiedlichen Anknüpfungen vgl. die Kommentierungen der einzelnen Kollisionsnormen sowie im Hinblick auf die Problematik des Renvoi → Art. 4 Rn. 2ff. | **35**

d) Wechsel der Anknüpfung (Statutenwechsel). Es kann vorkommen, dass sich im Laufe des Bestandes eines Rechts oder Rechtsverhältnisses der tatsächliche oder rechtliche Anknüpfungspunkt ändert, der nach der einschlägigen Kollisionsnorm für die Bestimmung des anwendbaren Rechts maßgeblich ist. So führt etwa die Verbringung einer Mobilie über eine Staatsgrenze hinweg dazu, dass sich das auf sie anwendbare Recht ändert, da Art. 43 Abs. 1 das Recht des jeweiligen Belegenheitsstaates beruft (sog. **Statutenwechsel**). Ebenso kann ein Wechsel der Nationalität bzw. des gewöhnlichen Aufenthalts einen Statutenwechsel bewirken, wenn die betreffende Kollisionsnorm an die Nationalität bzw. den gewöhnlichen Aufenthalt der Person anknüpft. Es hängt von der jeweiligen Kollisionsnorm ab, ob diese eine „dynamische" Verweisung auf das im jeweiligen Zeitpunkt geltende Recht vorsieht oder ob sie den Sachverhalt rein stichtagsbezogen beurteilt und damit unwandelbar an das Recht anknüpft, das im einzigen relevanten Zeitpunkt zu bestimmen ist. Letzteres ist etwa i.R.d. Rom I-VO oder des Art. 13 EGBGB der Fall: Soweit die Rom I-VO das Vertragsstatut an den gewöhnlichen Aufenthalt einer Partei anknüpft (vgl. insbes. Art. 4 Rom I-VO), kommt es darauf an, wo dieser im Zeitpunkt des Vertragsschlusses belegen war. Spätere Wohnortwechsel beeinflussen das Vertragsstatut daher nicht mehr. Gleichermaßen verfährt Art. 13 EGBGB in Bezug auf die Eheschließung, bei der es auf das Heimatrecht der Nupturienten bei Begründung der Ehe ankommt. Anders liegt es bei dauerhaften oder zumindest langfristigen Rechtsverhältnissen etwa im Sachen- oder sonstigen *Familienrecht, die* häufig wandelbar anknüpfen und damit den Statutenwechsel erlauben. Allerdings sind auch in derartigen Fällen ggf. unter einem früheren Recht **wohlerworbene Rechte** bzw. Rechtspositionen **zu schützen**, dh bereits nach einer Rechtsordnung endgültig wirksam erworbene Rechte oder Rechtspositionen dürfen nicht mehr durch spätere Statutenwechsel beeinträchtigt werden. Dies stellt etwa | **36**

70   Näher zu der Thematik etwa *Dutta* IPRax 2017, 139 ff.

71   BGH FamRZ 1991, 300 (303) = JuS 1992, 261 mAnm *Hohloch*. Vgl. auch BeckOK BGB/*Lorenz* Einl. IPR Rn. 38.

Art. 43 Abs. 2 für das deutsche Internationale Sachenrecht klar.[72] Anderes gilt nur, wenn das im Ausland wohlerworbene Recht im Inland gegen den ordre public verstößt. Vom Statutenwechsel zu unterscheiden sind **Änderungen im anwendbaren Recht selbst**. Hier sind die allgemeinen Grundsätze des intertemporalen Rechts der jeweiligen Rechtsordnung anzuwenden.

37 Umstritten ist, ob ein Statutenwechsel dazu führen kann, dass ein Recht bzw. Rechtsverhältnis, das unter dem alten Statut nicht wirksam erworben bzw. begründet worden ist, nach dem infolge des Statutenwechsels nunmehr anwendbaren neuen Recht als wirksam anzusehen ist, dh ob der Statutenwechsel den bisherigen Mangel zumindest mit Wirkung ex nunc heilt („**Heilung durch Statutenwechsel**"). Nach richtiger Auffassung ist danach zu unterscheiden, ob die betreffende inländische Kollisionsnorm statisch auf den Zeitpunkt des erstmaligen Versuchs der Begründung des betreffenden Rechts bzw. der Vornahme des Rechtsgeschäfts abstellt oder ob sie eine zeitlich dynamische Verweisung ausspricht. Grundsätzlich ist in Bezug auf unter Geltung des alten Statuts bereits abgeschlossene und „gescheiterte" Vorgänge von Ersterem auszugehen, während lediglich noch nicht vollendete Vorgänge auch unter dem neuen Statut noch vollendet werden können. Dies folgt für das Internationale Sachenrecht aus der „Anrechnungsregelung" des Art. 43 Abs. 3.[73] Demgegenüber wird für das Internationale Eherecht überwiegend vertreten, dass der nachfolgende Statutenwechsel einen ursprünglichen Ehemangel heile, was im Wesentlichen der Anerkennung der real und sozial gelebten Ehe dient.[74]

IV. Verweisungstechnik (Überblick)

38 **1. Einseitige und allseitige Kollisionsnormen.** Auf der Rechtsfolgenseite enthält die Kollisionsnorm einen Verweis auf das anzuwendende Recht. Dieser ist bestenfalls in der Form neutral formuliert, dass je nach Sachverhalt in- oder ausländisches Recht zur Anwendung kommt (sog. allseitige Kollisionsnormen). Es kann indes vorkommen, dass sich Kollisionsnormen auf die Bestimmung des Anwendungsbereichs des eigenen Rechts beschränken (sog. einseitige Kollisionsnormen), was sodann die Frage aufwirft, welches Recht das betreffende IPR beruft, falls die Voraussetzungen für die Geltung des inländischen Rechts nicht vorliegen. Zu den hiermit zusammenhängenden Fragen des „versteckten Renvoi" → Art. 4 Rn. 10 ff. Das EGBGB folgt erfreulicherweise grundsätzlich der Technik allseitiger Kollisionsnormen.[75]

39 **2. Sach- und Gesamtnormverweisung, Art. 4.** Der von Kollisionsnormen ausgesprochene Verweis auf ausländisches Recht kann einen unterschiedlichen Umfang haben: Berufen die Kollisionsnormen das Recht des betreffenden ausländischen Staates in seiner Gesamtheit, dh einschließlich des dortigen Kollisionsrechts, handelt es sich um einen sog. Gesamtverweis. Denkbar ist aber auch, dass das inländische IPR direkt das ausländische Sachrecht unter Ausschluss des lokalen IPR beruft, dh eine (in Art. 4 Abs. 2 S. 1 legaldefinierte) Sachnormverweisung ausspricht. Ob eine Sachnorm- oder eine Gesamtverweisung vorliegt, ist für jede Kollisionsnorm gesondert zu ermitteln, wobei Art. 4 Abs. 1, Abs. 2 für das **deutsche IPR** vom Grundsatz der Gesamtverweisung ausgeht, während das mittlerweile überwiegend maßgebliche **EuIPR** in aller Regel Sachnormverweise ausspricht. Näher hierzu die Kommentierung zu Art. 4.

40 **3. Angleichung, Anpassung.** Die gleichzeitige Anwendung unterschiedlicher Rechtsordnungen auf einen Sachverhalt kann zu **Normmängeln** bzw. **-häufungen** führen. Die auftretenden Spannungen sind dadurch zu beseitigen, dass möglichst bereits auf der kollisionsrechtlichen Ebene der Umfang der Verweisung bzw. zumindest das sachrechtliche Resultat angepasst und damit ein Ergebnis gesucht wird, das den in Betracht kommenden Rechtsordnungen am ehesten entspricht.[76]

41 **4. Substitution. Handeln unter falschem Recht.** Es kommt vor, dass Sachverhalte bzw. Rechtsverhältnisse dem Recht eines Staates unterliegen, die Parteien jedoch auf dem Territorium eines anderen Staates und damit auch nach dessen Vorschriften gehandelt haben. Hier ist die Sachnorm der vom inländischen IPR berufenen lex causae zu befragen, ob und wie sie derartige Auslandsvorgänge bewertet: Regelmäßig macht es für die Anwendung der Sachnorm keinen Unterschied, wo sich ein Lebenssachverhalt zugetragen hat. Anders liegt es, wenn die lex causae besondere Anforderungen etwa an die Form von Rechtsgeschäften stellt, die am ausländischen Vornahmeort nicht oder nicht ohne Weiteres erfüllt werden können. Maßgeblich ist hier, ob der den inländischen Anforderungen an sich nicht genügende Auslandsvorgang dem inländi-

---

72   AllgM BGHZ 63, 107, 111 f.; BGH NJW 1996,
2096 f. = IPRax 1998, 211 mAnm *Michaels*; Erman/
Hohloch Einl. Art. 3–47 Rn. 41; PWW/*Mörsdorf*
EGBGB Art. 3 Rn. 40; MüKoBGB/*v. Hein* Einl. IPR
Rn. 80; Palandt/*Thorn* Einl. IPR Rn. 23; vgl. auch § 7
österr. IPRG.

73   Dazu MüKoBGB/*Wendehorst* Art. 43 Rn. 166 ff.

74   Vgl. Andrae IntFamR Art. 13 Rn. 16 mwN; BeckOK
BGB/*Mörsdorf* Art. 13 Rn. 51 ff.; AA insbes. *Voit*,

Heilung durch Statutenwechsel im internationalen
Eheschließungsrecht, S. 86 ff.

75   Näher *Kegel/Schurig* IPR 301 f.; *v. Bar/Mankowski*
IPR I § 1 Rn. 17.

76   BGH DtZ 1993, 278 (280) = ZIP 1993, 948;
BayObLGZ 1995, 366 f. = FamRZ 1996, 694;PWW/
Mörsdorf EGBGB Art. 3 Rn. 60; Erman/*Hohloch*
Einl. Art. 3–47 Rn. 57.

schen gegenüber **gleichwertig** ist, weil zumindest die Zwecke der inländischen Norm gewahrt bleiben. Dies ist im Wege einer wertenden Betrachtung unter Berücksichtigung der jeweiligen Regelungszwecke und inhaltlichen Anforderungen der einschlägigen in- und ausländischen Vorschriften festzustellen.[77] Ist Gleichwertigkeit zu bejahen, wird das inländische Rechtsinstitut durch das ausländische ersetzt (**Substitution**). Vgl. im Einzelnen dazu die Kommentierungen bei den entsprechenden Kollisionsnormen, insbes. bei Art. 11 Rom I-VO und Art. 11 EGBGB.

Mit der Substitution verwandt, von dieser aber zu unterscheiden, ist das sog. **Handeln unter falschem**   **42**
Recht. Hierbei wird ein Rechtsgeschäft vollständig oder teilweise an einem kollisionsrechtlich nicht berufenen Recht ausgerichtet. Dies hat Bedeutung insbes. im Erbrecht, etwa wenn ein Erblasser in Verkennung des Umstandes, dass Art. 21 Abs. 1 EuErbVO an den gewöhnlichen Aufenthalt anknüpft, inhaltlich gemäß den Vorschriften seines Staatsangehörigkeitsrechts testiert. In derartigen Fällen ist zunächst zu prüfen, ob die erkennbare Ausrichtung des Rechtsgeschäfts an dem an sich nicht berufenen Recht eine (ggf. konkludente) Rechtswahl beinhaltet. Scheitert dies – im genannten Beispiel etwa mangels ausdrücklicher Rechtswahlerklärung, vgl. Art. 22 Abs. 2 EuErbVO –, so ist dem Missverständnis i.R.d. berufenen Sachrechts Rechnung zu tragen, insbes. durch Auslegung und Anwendung zivilrechtlicher Generalklauseln.[78]

5. Gesetzesumgehung (fraus legis). Anders als zahlreiche ausländische Rechte, enthalten weder das   **43**
kodifizierte deutsche IPR noch das EuIPR allgemeine Regelungen, die sich mit den Folgen missbräuchlicher kollisionsrechtlicher Gestaltungen (fraus legis, fraude à la loi) befassen.[79] Zu denken ist an Konstellationen, in denen von Rechtswahlbefugnissen in betrügerischer Weise Gebrauch gemacht oder durch Manipulation insbes. tatsächlicher aber auch rechtlicher Anknüpfungspunkte das anwendbare Recht beeinflusst wird, etwa indem eine Partei ihren Wohnsitz in das In- oder Ausland verlegt bzw. ihre Staatsangehörigkeit wechselt, um dort eine Scheidung zu erreichen, die ihr sonst nicht möglich wäre. Regelmäßig besteht kein Bedarf für eine allgemeine kollisionsrechtliche Missbrauchskontrolle, da sich die meisten Problemfälle bereits i.R.d. Anwendung der jeweiligen Kollisionsnorm erfassen lassen. So ist etwa bei einer nur zum Schein erfolgten Verlegung des Wohnsitzes bzw. des gewöhnlichen Aufenthalts der fehlende tatsächliche Wille zur Begründung des neuen Wohnsitzes bzw. gewöhnlichen Aufenthalts zulasten der betreffenden Partei zu berücksichtigen. Bei unerträglichen Ergebnissen der Anwendung ausländischen Rechts hilft zudem der ordre public des Art. 6. Nur ganz ausnahmsweise sind kollisionsrechtliche Gestaltungen, die **ausschließlich** der **Umgehung** berechtigter inländischer Wertungen dienen, dh vorsätzlich erfolgen, nicht anzuerkennen;[80] praktische Bedeutung hat das Phänomen bislang nicht erlangt.

6. Anwendung und Ermittlung ausländischen Rechts. a) Anwendung ausländischen   **44**
Rechts. Die deutschen Gerichte haben die Verweisungen des deutschen IPR von **Amts wegen** zu beachten und damit das ausländische Recht ebenfalls von Amts wegen und nicht nur auf Rüge einer Partei (oder gar beider) **anzuwenden**.[81] Ebenso liegt es im **EuIPR**: Soweit das EuIPR in Verordnungen enthalten ist, gelten diese gem. Art. 288 Abs. 2 AEUV unmittelbar im gesamten Unionsgebiet für sämtliche Rechtsunterworfenen, dh für Private wie für Hoheitsträger. Für deutsches Recht, das Richtlinienkollisionsnormen umsetzt (vgl. Art. 46 b, 46 c EGBGB), gelten die zum deutschen autonomen IPR geschilderten Grundsätze. Das deutsche und das europäische IPR enthalten keine expliziten Aussagen dazu, wie die Anwendung fremden Rechts konkret auszugestalten ist. Doch beinhaltet die Verweisung des inländischen IPR auf eine fremde Rechtsordnung zugleich die Anordnung, diese möglichst ebenso anzuwenden, wie sie im betreffenden ausländischen Staat praktiziert wird. Das ist für das deutsche IPR seit jeher allgemein anerkannt[82] und für das EuIPR gilt nichts anderes. Der geschilderte Grundsatz gilt auch für Bestimmungen **religiösen Rechts**, die nach ausländischem Verständnis Bestandteil des dortigen Rechts sind, selbst wenn sie im Ausland allein von religiösen Gerichten angewandt werden.[83] Allerdings ist in derartigen Fällen stets sorgfältig zu prüfen, ob das Ergebnis der Anwendung des betreffenden religiösen Rechts mit dem inländischen ordre public ver-

---

77 BGHZ 80, 76, 78 = NJW 1981, 400 = IPRax 1983,
    79 mAnm *Firsching*; BGHZ 105, 324, 338 = NJW-
    RR 1989, 160; Erman/*Hohloch* Einl. Art. 3–47
    Rn. 58; BeckOK BGB/*Lorenz* Einl. IPR Rn. 91; ausf.
    zur Thematik *Hug* Die Substitution im IPR; *van Ven-
    roy* Internationalprivatrechtliche Substitution; v. Bar/
    Mankwoski IPR § 7 Rn. 239 ff.
78 Näher Soergel/*Kegel* Vor Art. 3 Rn. 165; v. Bar/
    Mankowski IPR I § 7 Rn. 247 f.; BeckOK BGB/
    Lorenz Einl. IPR Rn. 93; MüKoBGB/*v. Hein* Einl.
    IPR Rn. 223 ff.
79 Ausf. zur Problematik *Heeder* Fraus legis.
80 BGHZ 78, 318, 325 f. = NJW 1981, 522 = IPRax
    1981, 130 mAnm *Großfeld*; MüKoBGB/*v. Hein* Einl.

81 IPR Rn. 282 ff.; Palandt/*Thorn* Einl. IPR Rn. 25 f.;
    Ausf. Nachw. auch zum Schrifttum bei v. Bar/
    Mankowski § 7 Rn. 128 ff.
    Unstr., etwa BGHZ 36, 348, 353 = NJW 1962, 961;
    BGHZ 136, 380, 386 = NJW 1998, 1395; BGH
    NJW-RR 2002, 1359 (1360); Soergel/*Kegel* Vor
    Art. 3 Rn. 166; BeckOK BGB/*Lorenz* Einl. IPR
    Rn. 79; MüKoBGB/*v. Hein* Einl. IPR Rn. 292, 295.
82 Unstr., etwa BGH NJW 1991, 1418 (1419); BGH
    NJW 1992, 3106 f.
83 Grundlegend BGHZ 160, 332 ff. = NJW-RR 2005,
    81 = IPRax 2005, 346 (Anm. *Rauscher* 313) =
    FamRZ 2004, 1952 (Anm. *Henrich* 1958). Vgl. auch
    Andrae NJW 2007, 1730 ff.

einbar ist. Selbstredend sind die deutschen Gerichte bei der Anwendung des ausländischen Rechts an das inländische Verfahrensrecht gebunden, das sie freilich aufgrund seiner dienenden Funktion ggf. an die Besonderheiten des ausländischen Rechts anzupassen haben.

45   **b) Ermittlung ausländischen Rechts.** Das inländische Gericht kann und muss den Inhalt fremder Rechte nicht ex officio kennen, dh der Grundsatz „cura novit iura" gilt insoweit unstreitig nicht. Das inländische Gericht ist allerdings verpflichtet, den Inhalt des ausländischen Rechts gem. § 293 ZPO hinreichend genau zu ermitteln.[84] Die **Ermittlung** des Inhalts **ausländischen Rechts** erfolgt in streitigen Verfahren nach Maßgabe des § 293 ZPO, in Verfahren der Freiwilligen Gerichtsbarkeit gem. § 29 FamFG im **Freibeweisverfahren.**[85] Keine besonderen Maßnahmen sind erforderlich, wenn das Gericht den Inhalt des ausländischen Rechts selbst hinreichend genau kennt.[86] Auch das Recht der ehem. DDR haben die deutschen Gerichte selbst zu erforschen und zu kennen.[87]

46   Ist dem Gericht das ausländische Recht nicht bzw. nicht genügend bekannt, stehen ihm unterschiedliche Mittel zur Verfügung. Es kann sich der Hilfe der Parteien bedienen, Gutachten bei in- oder ausländischen Gutachtern in Auftrag geben oder sie im Wege der Rechtshilfe von Behörden ausländischer Staaten anfordern. Rechtsauskünfte werden innerhalb der EU im Rahmen des Europäischen Justiziellen Netzes erteilt (näher dazu → Rn. 48). Große Bedeutung kommt der gerichtlichen Bestellung insbes. **inländischer Gutachter** zu. Soweit ein Gutachten zum fremden Recht eingeholt wird, ist das Gericht an dessen Inhalt nicht gebunden, sondern hat das Gutachten nach allgemeinen Grundsätzen frei zu würdigen. Stellungnahmen des Gutachtens zum deutschen Recht (einschließlich der kollisionsrechtlichen Ausgangspunkte) sind zwar zulässig, für das Gericht aber ohne Bedeutung.

47   Die **Beanspruchung der Parteien** bei der Ermittlung des fremden Rechts kann insbes. dadurch erfolgen, dass das Gericht den Vortrag der im ausländischen Recht kundigen bzw. beratenen Partei heranzieht oder sich auf von den Parteien in Auftrag gegebene Gutachten stützt. Die Einschaltung der Parteien bei der Ermittlung ausländischen Rechts macht dessen hinreichende Erforschung nicht entbehrlich. Auch ist bei mangelnder Mitwirkung der zur Ermittlung aufgeforderten Partei ein **non liquet unzulässig.**[88] Hier ist entweder anderweitig nachzuforschen oder nach den Grundsätzen der Nichtermittelbarkeit des ausländischen Rechts vorzugehen (s. dazu → Rn. 50). Allerdings kann die fehlende Befolgung einer gerichtlichen Aufforderung zur Mitwirkung bei der Ermittlung fremden Rechts gleichwohl Rechtsnachteile zur Folge haben, etwa wenn die Partei die für sie günstigen Hinweise auf eine bestimmte ausländische Rechtspraxis zu spät, unvollständig bzw. gar nicht beibringt.[89] Hinsichtlich der **Erstattungsfähigkeit** der für **Privatgutachten** zum ausländischen Recht aufgewendeten Kosten ist zu unterscheiden: Soweit die Partei vom Gericht zur Beibringung eines Gutachtens aufgefordert wurde, bestehen gegen die Erstattungsfähigkeit keine Bedenken. Gleiches gilt, wenn die Beauftragung des Gutachters erforderlich war, um den Klageanspruch schlüssig vortragen zu können oder um umgekehrt die Schlüssigkeit/Richtigkeit des gegnerischen Vorbringens zum ausländischen Recht zu widerlegen. Dagegen sind Gutachten zum deutschen Kollisionsrecht keinesfalls erstattungsfähig, da dieses auch vom inländischen Gericht von Amts wegen anzuwenden ist.[90]

48   Der Regelung der **Rechtshilfe** bei der Ermittlung ausländischen Rechts dient ua das praktisch wenig bedeutsame Londoner Europäische Abkommen betreffend Auskünfte über ausländisches Recht vom 7.6.1968[91] nebst Ausführungsgesetz.[92] In Angelegenheiten der grenzüberschreitenden Rechtshilfe werden die Gerichte unterstützt durch das Bundesamt für Justiz,[93] das auch als zentrale deutsche Kontaktstelle im **Europäischen Justiziellen Netz in Zivil- und Handelssachen** (EJN)[94] fungiert. Innerhalb des EJN sind die

---

84   Ausf. zum Folgenden insbes. *Schilken* FS Schumann (2001), S. 373.

85   BGH NJW 1961, 410 f.; NJW 1963, 252 (253) = JZ 1963, 214 mAnm *Steindorff*; Musielak/Voit/*Huber* ZPO § 293 Rn. 5; MüKoBGB-ZPO/*Prütting* ZPO § 293 Rn. 23.

86   Vgl. BGH NJW 2002, 3335 ff. (Anwendung des Rechts von Costa Rica durch den BGH).

87   BGH FamRZ 1997, 494 (496).

88   BGH NJW 1961, 410 f.; BGHZ 69, 387, 393 ff. = NJW 1978, 496 = FamRZ 1978, 771 mAnm *Dilger* BAG NZA 1996, 994 (996).

89   BGH NJW 1973, 1581 (1583) (keine Verletzung der Aufklärungspflicht des deutschen Gerichts iSd § 293 ZPO, wenn dieses dem nicht belegten Hinweis einer Partei auf die abweichende Rechtsprechung im Ausland nicht nachgeht und der Partei die Beibringung der behaupteten Entscheide zumutbar war).

90   Ausf. *Mankowski* MDR 2001, 194 ff. mwN.

91   BGBl. II 1974, 938. Zu den Vertragsstaaten vgl. den jährlichen Fundstellennachw. B zum BGBl. II sowie *Jayme/Hausmann*, Internationales Privat- und Verfahrensrecht, Nr. 200.

92   BGBl. I 1974, 1433.

93   Weitere Informationen unter http://www.bundesjustiz amt.de.

94   Eingerichtet aufgrund Entscheidung 2001/470/EG des Rates über die Einrichtung eines Europäischen Justiziellen Netzes für Zivil- und Handelssachen, ABl L 174/25. Ab dem 1.1 2011 ergeben sich substanzielle Änderungen aufgrund der Entscheidung 568/2009/EG des Europäischen Parlaments und des Rates v. 18.6. 2009 zur Änderung der Entscheidung 2001/470/EG des Rates über die Einrichtung eines Europäischen Justiziellen Netzes für Zivil- und Handelssachen, ABl Nr. L 168/35.

EU-Mitgliedstaaten (mit Ausnahme Dänemarks) gem. Art. 3 Abs. 2 lit. b der Entscheidung 2001/470/EG (idF der Entscheidung 568/2009/EG) seit dem 1.1.2011 ua verpflichtet, Gerichten anderer Mitgliedstaaten Rechtsauskünfte in Bezug auf ihr jeweiliges nationales Recht zu erteilen, soweit dies zur „wirksamen und praktischen Anwendung von Unionsrecht oder zwischen zwei oder mehreren Mitgliedstaaten geltenden Übereinkünften, vor allem im Falle der Anwendbarkeit des Rechts eines anderen Mitgliedstaats" erforderlich ist. Auf den Internetseiten des EJN sind darüber hinaus zahlreiche nützliche Informationen über die Gerichtssysteme und Rechtsordnungen der Mitgliedstaaten abrufbar.[95] Sachlich nicht einschlägig ist hingegen die Europäische Beweisverordnung (EU-BewVO).[96] Die EU-BewVO stellt lediglich eine Fortentwicklung des auf „klassische" Beweisaufnahmen im Ausland beschränkten Haager Übereinkommens vom 18.3.1970 über die Beweisaufnahme im Ausland in Zivil- und Handelssachen[97] dar und regelt damit die Rechtshilfe nur in Bezug auf die aktive und passive Rechtshilfe i.R.d. Beweiserhebung.[98]

c) Besonderheiten im einstweiligen Rechtsschutz? In **Verfahren des einstweiligen Rechtsschutzes**   **49** sind, aufgrund der Eilbedürftigkeit der Sache und der zum Teil unverhältnismäßig langwierigen Ermittlung des ausländischen Rechts die Anforderungen an dessen Feststellung zwar reduziert, doch kommt ein pauschaler Rückgriff auf die lex fori außerhalb von Art. 24 Abs. 3 keinesfalls in Betracht. Im Übrigen ist umstritten, ob es genügt, wenn der Antragsteller den Inhalt des ausländischen Rechts glaubhaft macht[99] oder lediglich der Grad der Überzeugung des Gerichts vom Inhalt des fremden Rechts geringer sein muss.[100]

d) Fehlende Ermittelbarkeit des ausländischen Rechts. Es kann vorkommen, dass der Inhalt des aus-   **50** ländischen Rechts nicht ermittelbar ist, etwa weil der betreffende Staat untergegangen ist, keine Gutachter für die betreffende Rechtsordnung zur Verfügung stehen und auch im Wege der Rechtshilfe und auf sonstigem Wege der Inhalt des Rechts nicht herauszufinden ist. In diesen Ausnahmefällen ist nach der deutschen Rechtsprechung – ebenso für das schweizerische Recht gem. Art. 156 Abs. 2 IPRG – **deutsches Recht als Ersatzrecht** anzuwenden, weil dies besonders praktikabel und zeitsparend sei.[101] Zum Teil wird demgegenüber die Anwendung desjenigen Rechts gefordert, das dem nicht ermittelbaren am nächsten steht.[102] Gegen dieses Konzept spricht allerdings die Willkürlichkeit der hieraus resultierenden Rechtsanwendung. Überzeugender erscheint der Rückgriff auf eine **Hilfsanknüpfung**, dh die Verwendung eines in der einschlägigen inländischen Kollisionsnorm nicht verwendeten Anknüpfungspunktes, falls dieser zu einem feststellbaren Recht führt. So ist etwa in personenrechtlichen Fragestellungen denkbar, das nicht feststellbare Recht der Staatsangehörigkeit gegen das ermittelbare am gewöhnlichen Aufenthalt auszutauschen – und umgekehrt.[103]

e) Revisibilität der Anwendung und Ermittlung des ausländischen Rechts. Die fehlerhafte Anwen-   **51** dung ausländischen Rechts war bis zum 31.8.2009 gem. **§ 545 Abs. 1 ZPO aF** sowie der Parallelnorm des § 72 Abs. 1 FamFG unzweifelhaft nicht revisibel, da nach dieser Vorschrift ausschließlich die Anwendung von Vorschriften des (deutschen) „Bundesrechts" in der Revisionsinstanz überprüft werden durfte.[104] Allerdings konnte die Revision auf einen Verstoß gegen § 293 ZPO gestützt werden, wenn das Gericht seiner Verpflichtung zur Aufklärung des Inhalts des ausländischen Rechts nicht hinreichend nachgekommen war. Das Rechtsmittel hatte unter dem letztgenannten Aspekt bereits Erfolg, wenn nachgewiesen werden konnte, dass das Gericht den Inhalt des ausländischen Rechts nicht hinreichend zur Kenntnis genommen oder ermittelt hatte.[105] Auch wenn das Gericht dabei über einen Ermessensspielraum verfügt, kann die Rüge der Verletzung des § 293 ZPO der auf eine Verletzung des ausländischen Rechts gestützten Revision zumindest sehr nahekommen.

95 Ausf. Informationen nach Ländern unter http://ec.eur opa.eu/civiljustice/index_de.htm sowie http://ec.euro pa.eu/justice_home/judicialatlascivil/html/index_de.h tm.

96 VO (EG) Nr. 1206/2001 des Rates v. 28.5.2001 über die Zusammenarbeit zwischen den Gerichten der Mitgliedstaaten auf dem Gebiet der Beweisaufnahme in Zivil- und Handelssachen, ABl. 2001 Nr. L 174/1.

97 BGBl. II 1977, 1472.

98 Näher v. Hein in Rauscher EuZPR/EuIPR Bd. II Art. 1 EG-BewVO Rn. 11.

99 So OLG Hamburg IPRax 1990, 400 f. mAnm Mankowski = RIW 1990, 225 f.

100 Näher v. Bar/Mankowski IPR Bd. I Rn. 102 ff.; BeckOK BGB/Lorenz Einl. IPR Rn. 79.

101 Etwa BGHZ 21, 155 f.; BGHZ 69, 387 f. = NJW 1978, 496 = FamRZ 1978, 771 mAnm Dilger.

102 Wengler JR 1983, 221 f.; Müller NJW 1981, 481 ff.; Kreuzer NJW 1983, 1943 ff.; Palandt/Thorn Einl. IPR Rn. 36.

103 v. Hoffmann/Thorn IPR § 3 Rn. 145.

104 BGHZ 3, 342, 346; BGHZ 118, 151, 163 = NJW 1992, 2026 = IPRax 1993 mAnm Hanisch; BeckOK BGB/Lorenz Einl. IPR Rn. 87.

105 Etwa BGHZ 36, 348, 353 = NJW 1962, 961; BGH NJW 1991, 634 (635) = IPRax 1991, 345 mAnm v. Hoffmann; BGHZ 118, 151, 163 = NJW 1992, 2026 = IPRax 1993 mAnm Hanisch; BGH NJW-RR 2002, 1359 (1360). Zu den Anforderungen zuletzt BGH NJW 2014, 1244 Rn. 15 mwN; Näher Pfeiffer NJW 2002, 3306 ff. mwN.

52 In seiner am 1.9.2009 in Kraft getretenen Fassung durch das FGG-Reformgesetz von 2008[106] gestattet § 545 **Abs. 1 ZPO nF** (ebenso § 72 Abs. 1 FamFG für die Rechtsbeschwerde nach FamFG) die revisionsrechtliche Überprüfung jeder „Verletzung des Rechts". Dieser Wortlaut erlaubt an sich auch die Überprüfung der korrekten Anwendung ausländischen Rechts. Die Gesetzesänderung ist vom Gesetzgeber allerdings ausschließlich damit begründet worden, es bedürfe auch der Revisibilität von Landesrecht, während die Gesetzgebungsunterlagen die Revisibilität ausländischen Rechts nicht erwähnen.[107] Es liegt daher nahe, dass der Gesetzgeber insoweit keine Änderung gegenüber der bisherigen Rechtslage vornehmen wollte. Andererseits stehen Gesetzeswortlaut und -begründung der Revision ausländischen Rechts auch nicht explizit entgegen. Hinzu kommt, dass in bestimmten Bereichen ein Bedarf an harmonisierter Anwendung ausländischen Rechts im Inland dort besteht, wo – wie insbes. im Gesellschaftsrecht – massenhaft inländische Geschäfte nach ausländischem Recht betrieben werden, inländische Zuständigkeiten bestehen und in denen die Gerichte der betroffenen ausländischen Rechtsordnung nicht oder nur unzureichend mit den im Inland virulenten Rechtsfragen befasst werden. Weiterhin scheint es auf den ersten Blick wenig überzeugend, ggf. den Berufungsgerichten, nicht aber dem BGH, die Befugnis zur Fortentwicklung des ausländischen Rechts zu geben. Demgemäß wird im Schrifttum vielfach die Revisibilität ausländischen Rechts befürwortet.[108]

53 Diese auch in der 2. Auflage[109] vertretene Ansicht und damit die **Revisibilität** ausländischen Rechts wird indes im überwiegenden Schrifttum[110] sowie vom **BGH**[111] aus den nachstehenden systematischen und teleologischen Gründen zu Recht **abgelehnt**. So sieht der für die Rechtsbeschwerde geltende § 576 Abs. 2 ZPO auch weiterhin allein die Überprüfung von Bundesrecht und damit von deutschem Recht vor; eine Differenzierung zwischen der Revision sowie der Rechtsbeschwerde im Hinblick auf den Prüfungsumfang wäre wenig stimmig.[112] Ferner geht § 560 ZPO ausdrücklich davon aus, dass es in der Revision auch vom BGH nicht überprüfbares Recht gibt. Diese Norm hätte bei voller Überprüfbarkeit ausländischen Rechts keinen Anwendungsbereich mehr. Das weitaus gewichtigste systematische Argument folgt jedoch aus einem Gegenschluss zu § 293 ZPO:[113] Dieser stellt ausländisches Recht in prozessualer Hinsicht den Tatsachen weitgehend gleich. Damit verträgt es sich nicht, das bislang wie eine Tatsache behandelte ausländische Recht in der Revision einer vollständigen inhaltlichen Rechtsanwendungskontrolle zu unterstellen. Damit erhielte das ausländische Recht in der Revisionsinstanz eine andere Qualität als vor den Untergerichten. Aus teleologischer Sicht ist zu bedenken, dass die Revision der Anwendung ausländischen Rechts bzw. gar dessen Fortbildung nicht dazu geeignet ist, die von den §§ 542 ff. ZPO bezweckte gleichmäßige Rechtsanwendung im Inland sicherzustellen. So sind die Gerichte der ausländischen Rechtsordnung an Revisionsentscheidungen des BGH in keinem Fall gebunden; selbst innerhalb des *common law*-Rechtskreises kommt ausländischen Entscheidungen im jeweiligen Inland allenfalls *persuasive authority* zu, nicht aber Bindungswirkung iSd *binding authority* (stare decisis).[114] Entscheidungen des BGH zum ausländischen Recht könnten daher selbst vom rangniedrigsten ausländischen Gericht (wenn es das BGH-Judikat denn überhaupt zur Kenntnis nehmen sollte) verworfen werden. Doch auch im Inland können BGH-Entscheidungen zu ausländischen Rechtsordnungen nicht dauerhaft Bindungswirkung entfalten, da die inländischen Gerichte das ausländische Recht so anwenden müssen, wie es im Ausland (und nicht etwa vom BGH) angewendet wird.

106 Gesetz v. 17.12.2008 zur Reform des Verfahrens in Familiensachen und in den Angelegenheiten der freiwilligen Gerichtsbarkeit (FGG-Reformgesetz – FGG-RG), BGBl. 2008 I, 2586. Zum Inkrafttreten vgl. Art. 112 FGG-RG.

107 Vgl. die Begründung des Rechtsausschusses, BT-Drs. 16/9733, 301 f.

108 *Aden* RIW 2009, 475 ff.; *Eichel* IPRax 2009, 389 ff.; *Hau* FamRZ 2009, 821 (824); *Heß/Hübner* NJW 2009, 3132 (3135); *Mäsch* NJW-Editorial Heft 40/2009; *Magnus* LMK 2013, 352015; *Riehm* JZ 2014, 73 ff.; *Geimer* IZPR Rn. 2601; Staudinger/*Hausmann* (2013) Art. 4 Rn. 120; PWW/*Mörsdorf-Schulte* EGBGB Art. 3 Rn. 58.

109 NK-BGB 2. Aufl. EGBGB Art. 1–3 Rn. 50.

110 Etwa *Althammer* IPRax 2009, 381 (389); *Roth* JZ 2009, 585 (590); *Sturm* JZ 2011, 74; *Roth* NJW 2014, 1224 ff.; *Stamm* FS Klamaris (2016) S. 769, 785; Prütting/Gehrlein/*Ackermann* ZPO § 545 Rn. 6; Musielak/Voit/*Ball* ZPO § 545 Rn. 7; Zöller/*Heßler* ZPO § 545 Rn. 8; Saenger/*Kayser* ZPO § 545 Rn. 10 f.; MüKoZPO/*Krüger* § 545 Rn. 11 f.;

Thomas/Putzo/*Reichold* ZPO § 545 Rn. 8 f.; BeckOK ZPO/*Kessal-Wulf* § 545 Rn. 7; Erman/*Hohloch* EGBGB Einl. Art. 3–47 Rn. 67 aE; BeckOK BGB/ *Lorenz* Einl. IPR Rn. 87. Krit. dagegen MüKoBGB/*v. Hein* Einl. IPR Rn. 309 ff.

111 BGHZ 198, 14 Rn. 13 ff. = NJW 2013, 3656; BGH NJW 2014, 1244 Rn. 14.

112 Hieraus lässt sich allerdings wenig ableiten, da nach § 576 ZPO eindeutig Landesrecht nicht im Wege der Rechtsbeschwerde überprüft werden kann, so dass der Prüfungsumfang hier ohnedies von demjenigen des § 545 Abs. 2 ZPO abweicht, was wenig stimmig ist. Man könnte die fehlende Änderung des § 576 ZPO daher ihrerseits als systemwidriges Redaktionsversehen werten, zumal auch für die Revision im arbeitsgerichtlichen Verfahren aus § 73 ArbGG die Revisibilität ausländischen Rechts gefolgert wird, dazu Rn. 50 b.

113 Ausf. *Stamm* FS Klamaris (2016), S. 769, 773 ff.

114 Näher *Jansen/Michaels* ZZP 116 (2003), 3, 42; *Schall* ZZP (2009), 293, 320.

Eine **Besonderheit** soll nach ständiger Rechtsprechung des BAG[115] im **arbeitsgerichtlichen Verfahren** **54** gelten, da § 73 Abs. 1 S. 1 ArbGG seit jeher abweichend von der ZPO pauschal „jede Verletzung einer Rechtsnorm" der Überprüfung durch das BAG unterstellt. Der BGH nimmt diese Diskrepanz zu seiner Rechtsprechung zu § 545 ZPO unter Berufung auf die angeblich abweichende Historie des ArbGG gleichsam hin.[116] Allerdings hat der historische Gesetzgeber die Entscheidung für die früher bestehende Abweichung des Wortlauts des § 73 ArbGG von § 545 ZPO bewusst getroffen und ausschließlich damit begründet, dass man speziell im arbeitsgerichtlichen Verfahren auch die Anwendung und Auslegung des Landesrechts der Überprüfung durch ein oberstes Bundesgericht unterstellen wolle.[117] Vom ausländischen Recht ist in der historischen Gesetzesbegründung ebenso wenig die Rede wie in der Regierungsbegründung zur Neufassung des § 545 ZPO. Die vom BGH behaupteten historischen Unterschiede zwischen ArbGG und ZPO bestehen daher nicht. Zudem hat sich das BAG jeglicher argumentativer Auseinandersetzung mit der → Rn. 51 ff. ausf. geschilderten Problematik enthalten. Im Ergebnis ist damit auch im arbeitsgerichtlichen Verfahren die Annahme der Revisibilität ausländischen Rechts verfehlt.

V. Innerdeutsches Kollisionsrecht

In **intertemporaler** Hinsicht spielen das Verhältnis des bundesdeutschen Rechts zu demjenigen der ehem. **55** DDR sowie die eventuelle Fortgeltung völkerrechtlicher Verträge der ehem. DDR (beschränkt auf das Gebiet der neuen Länder) in Bezug auf die Abwicklung von Nachlässen noch immer eine gewisse Rolle.[118] Mit dem Wirksamwerden des Beitritts der DDR zur Bundesrepublik am 3.10.1990 wurde das bundesdeutsche **Privatrecht** nach Maßgabe der Art. 230–237 grundsätzlich auf das Beitrittsgebiet erstreckt, doch gilt gem. Art. 235 § 1 Abs. 1 für Erbfälle aus der Zeit vor dem 3.10.1990 im jeweiligen Teilgebiet das jeweilige „nationale" Recht.

Soweit nach intertemporalen Grundsätzen ein Altfall vorliegt, der Bezüge zum Gebiet der Bundesrepublik und der ehem. DDR aufweist, ist festzustellen, ob das damalige Recht der Bundesrepublik oder dasjenige der ehem. DDR Anwendung findet. Eine ausdrückliche Regelung der Materie bestand (und besteht) nicht. Die Bundesrepublik hat die DDR bekanntlich nie als eigenständiges Völkerrechtssubjekt anerkannt; demzufolge war das bundesdeutsche IPR in Form der Art. 3 ff. (in ihrer damaligen Fassung) auf innerdeutsche Sachverhalte nicht unmittelbar anwendbar. Vielmehr galten aus bundesrepublikanischer Sicht insoweit eigene **interlokale** Grundsätze, die jedoch aus einer analogen Anwendung der Art. 3 ff. (in ihrer jeweils geltenden Fassung) entwickelt wurden.[119] Die ehem. DDR betrachtete demgegenüber die Bundesrepublik und die ehem. DDR als selbstständige Staaten, so dass für grenzüberschreitende Sachverhalte das im Rechtsanwendungsgesetz (RAG) vom 5.12.1975[120] normierte Kollisionsrecht der DDR anzuwenden war. Das RAG ist demnach anzuwenden, wenn analog Art. 3 ff. eine Gesamtverweisung im Sinne des Art. 4 Abs. 1 auf das Recht der DDR vorlag.

D. Unionsrechtliches IPR (EuIPR), Art. 3 Nr. 1

I. Überblick

Von der EU erlassene Kollisionsnormen haben das nationale IPR in weiten Teilen bereits abgelöst; das **56** EuIPR trägt letztlich den Keim der gänzlichen Ersetzung des nationalen IPR in sich. Soweit das IPR der Mitgliedstaaten (noch) nicht Gegenstand der Harmonisierung ist, hat es gleichwohl den **Vorrang des Unionsrechts** zu wahren, insbes. denjenigen der Grundfreiheiten, des allgemeinen Diskriminierungsverbotes des Art. 18 AEUV sowie der auch auf europäischer Ebene geltenden Menschenrechte.

II. Primärrecht: Herkunftsland- und Anerkennungsprinzip Unionsrecht als Quelle des IPR

Ob das europäische Primärrecht eigenständige Kollisionsnormen für Sachverhalte mit grenzüberschreiten- **57** dem Bezug innerhalb des Binnenmarkts enthält, ist noch immer umstritten. Hinsichtlich **wirtschaftsrechtli-**

---

115 BAGE 27, 99, 109 = AP Internationales Privatrecht, Arbeitsrecht Nr. 12 (unter IV.1. der Gründe, juris-Rn. 38); BAG NZA 1990, 841 (843); BAG AP GVG § 20 Nr. 8 Rn. 59. Vgl. auch ErfK/*Koch* ArbGG § 73 Rn. 3.

116 Vgl. BGHZ 198, 14 Rn. 23.

117 Regierungsbegründung für den Entwurf eines Arbeitsgerichtsgesetzes, BT-Drs. 1/3516, 33.

118 Ausf. *Bachler*, Situs-Regel, innerdeutsche und inneramerikanische Nachlassspaltung, 2007.

119 BGHZ 40, 32, 34; BGHZ 85, 16, 19 ff. = NJW 1983, 279 = IPRax 1983, 184 mAnm *v. Bar*; BGHZ 124, 270, 272 ff. = NJW 1994, 582 = IPRax 1995, 114 mAnm *Dörner*.

120 Gesetz über die Anwendung des Rechts auf internationale zivil-, familien- und arbeitsrechtliche Beziehungen sowie auf internationale Wirtschaftsverträge, GBl. 1975 I, 748, abgedruckt in: *Jayme/Hausmann*, Internationales Privat- und Verfahrensrecht, Nr. 3.

cher **Sachverhalte** wurde bzw. wird zum Teil aus den Grundfreiheiten des AEUV die Geltung eines **Herkunftslandprinzips** auch in Bezug auf privatrechtliche Rechte und Rechtslagen abgeleitet.[121] Danach sollen insbes. Rechtsgeschäfte über die Lieferung von Waren und die Erbringung von Dienstleistungen ebenso dem Heimatrecht des Anbieters unterliegen wie dessen Haftung etwa aus Delikt. Nur so lasse sich eine für die Schaffung eines echten Binnenmarkts unerlässliche zivilrechtliche Parallele zum öffentlich-rechtlichen Anerkennungsregime der Grundfreiheiten erzielen. Dieser Annahme eines primärrechtlich begründeten, kollisionsrechtlich verstandenen Herkunftslandprinzips ist die Gefolgschaft zu verweigern. Der EuGH, der zunächst im Bereich des Internationalen Gesellschaftsrechts,[122] später auch im Internationalen Namensrecht[123] vielfach zu der Problematik Stellung nehmen musste, hat ein derartiges Postulat nie aufgestellt und im Gegenteil das Herkunftslandprinzip (wenn auch in anderem Zusammenhang) explizit verworfen.[124] Das erklärt sich daraus, dass sich die Funktion des Primärrechts und damit auch der EuGH-Rechtsprechung darin erschöpft, das nationale Recht auf seine Konformität mit dem Unionsrecht zu überprüfen. Hierfür aber kommt es – ähnlich der ordre public-Kontrolle nach nationalem IPR – allein auf das Ergebnis der Rechtsanwendung durch die Mitgliedstaaten an, das im Bereich des Privatrechts naturgemäß auf der Anwendung einer aus inländischem Kollisionsrecht und in- oder ausländischem Sachrecht (im Fall der Gesamtverweisung auch auf ausländischem IPR) bestehenden „Gesamtnorm" beruht.[125] Der EuGH muss daher in aller Regel[126] nicht entscheiden, ob die nationale Kollisionsnorm oder das von ihr berufene Sachrecht unionsrechtswidrig ist, sondern stellt ggf. allein den Gemeinschaftsrechtsverstoß der angewandten „Gesamtnorm" fest. Demzufolge obliegt es nach mittlerweile fast unbestrittener Auffassung grundsätzlich der autonomen Entscheidung der Mitgliedstaaten, wie sie einen Verstoß gegen das Primärrecht beseitigen, dh ob sie ihr Kollisionsrecht oder aber das angewandte Sachrecht umformen oder sonstige Wege beschreiten;[127] von einer zwingenden kollisionsrechtlichen Vorgabe des Primärrechts kann daher nicht gesprochen werden. Im Internationalen Gesellschaftsrecht stellt freilich eine kollisionsrechtliche Lösung den einzig gangbaren Weg dar. Nur die Anwendung des Gründungsrechts auf nach ausländischem Recht gegründete Gesellschaften mit Verwaltungssitz im Inland ist überhaupt dazu in der Lage, die ausländische Gesellschaft im Inland so anzuerkennen, wie sie im ausländischen Recht gelebt wird und einen mit der Niederlassungsfreiheit konformen Rechtszustand herbeizuführen. Dagegen mag in anderen Rechtsgebieten (namentlich im Sachenrecht) ein kollisionsrechtlicher Ansatz einfacher zu handhaben sein als eine Umgestaltung des Sachrechts oder sonstige Lösungsansätze. So lassen sich ausländische Rechtsinstitute im Inland nicht allein durch Anwendung ausländischen Sachenrechts, sondern häufig auch durch ihre Transposition in inländische Institute anerkennen.[128]

58 Zunächst für das Internationale Gesellschaftsrecht, später auch für das Internationale Namensrecht, hat der EuGH den Bestimmungen von EWGV/EGV/AEUV über die Niederlassungsfreiheit bzw. die Unionsbürgerschaft ein primärrechtliches **Anerkennungsprinzip** für privatrechtliche Rechtslagen entnommen, dessen Konturen noch immer unklar sind:[129] Nach der Rechtsprechung des EuGH zum Internationalen Gesellschaftsrecht liegt ein Verstoß gegen die Niederlassungsfreiheit (Art. 49, 54 AEUV) vor, wenn eine Gesellschaft, die nach dem Recht eines Mitgliedstaates wirksam errichtet worden ist, von den anderen Mitgliedstaaten als nicht existent oder als inländische Rechtsform angesehen wird. Mit anderen Worten hat jeder Mitgliedstaat die Existenz jeder in einem anderen Mitgliedstaat wirksam gegründeten (und noch nicht wie-

---

121 Insbes. *Basedow* RabelsZ 59 (1995), 1 ff.; *Drasch*, Das Herkunftslandprinzip im Internationalen Privatrecht, S. 301 ff.; *Kieninger* Mobiliarsicherheiten im Europäischen Binnenmarkt; *Höpping*, Auswirkungen der Warenverkehrsfreiheit auf das IPR, S. 103 ff.; *Chroziel* EWS 1991, S. 178 f.; *Weyer* DZWir 1993, S. 362.

122 Ausf. Nachw. bei *Hoffmann* IntGesR Rn. 1 ff.

123 Ausf. Nachw. bei *Mankowski* Art. 10 Rn. 163 ff.

124 EuGH 13.5.1997 – Rs. C-233/94 „Einlagensicherungssystem", Slg 1997, I-2405 Tz 63 f. Weitere Nachw. bei MüKoBGB/*v. Hein* EGBGB Art. 3 Rn. 88 ff.

125 Ausf. *Freitag*, Der Einfluss des Europäischen Gemeinschaftsrechts auf das Internationale Produkthaftungsrecht, S. 307 ff. mwN.

126 Eine Ausnahme bildet der Fall „Garcia Avello", da der EuGH hier eine Kollisionsnorm (des belgischen Rechts) zu überprüfen hatte, die (ebenso wie Art. 5 Abs. 1 S. 2) die inländische Staatsangehörigkeit

gegenüber sämtlichen sonstigen Nationalitäten der betreffenden natürlichen Person privilegierte.

127 Mittlerweile fast allgM, vgl. *Mansel* RabelsZ 70 (2006), 651, 671 ff.; *Funken*, Das Anerkennungsprinzip im internationalen Privatrecht, S. 42 ff.; *Sommer*, Der Einfluss der Freizügigkeit auf Namen und Status von Unionsbürgern, S. 195 f.; *Leifeld*, Das Anerkennungsprinzip im Kollisionsrechtssystem des internationalen Privatrechts, S. 20.

128 Wie hier *Mansel* RabelsZ 70 (2006), 651, 677 ff. mwN.

129 Zum Anerkennungsprinzip ua *Lagarde* RabelsZ 68 (2004), 225; *Coester-Waltjen* FS Jayme I (2004), S. 122; *dies.* IPRax 2006, 392; *Henrich* IPRax 2005, 422; *Mayer*, Mélanges Lagarde (2005), 547; *Mansel* RabelsZ 70 (2006), 651 ff.; *Funken*, Das Anerkennungsprinzip, 2009; *Sommer*, Der Einfluss der Freizügigkeit auf Namen und Status von Unionsbürgern, 2009; *Leifeld*, Anerkennung im Kollisionsrechtssystem, 2010.

der beendeten) Gesellschaft „anzuerkennen". Zunächst mit der Niederlassungsfreiheit,[130] später mit der Unionsbürgerschaft (Art. 18, 21 AEUV),[131] mittlerweile auch (passender) mit dem allgemeinen Persönlichkeitsrecht der Art. 7 EU-Grundrechtecharta und Art. 8 EMRK[132] hat der EuGH begründet, dass der Name, den eine natürliche Person in einem Mitgliedstaat führen durfte, in allen anderen Mitgliedstaaten – vorbehaltlich des nationalen ordre public[133] – anzuerkennen ist, dh dass die betreffende Person sich auch in den anderen Mitgliedstaaten entsprechend nennen darf und von den Behörden entsprechend zu bezeichnen ist. Trotz zum Teil heftiger **Kritik** des Schrifttums an dieser Anerkennungsrechtsprechung[134] ist ihr jedenfalls im Grundsatz (wenn auch nicht in jedem Einzelfall) zuzustimmen. In Zeiten (noch) fehlender vollständiger Kollisionsrechtsharmonisierung[135] kann nur eine Anerkennung nicht allein von Entscheidungen, sondern auch von Rechtslagen, einen echten einheitlichen europäischen Rechtsraum herstellen. Es wäre in Bezug auf wirtschaftliche Aktivitäten mit den Grundfreiheiten, iÜ mit der Unionsbürgerschaft sowie dem allgemeinen Persönlichkeitsrecht unvereinbar, wenn zentrale, für wirtschaftliche Aktivitäten bzw. die Persönlichkeit relevante Rechte und Statusverhältnisse der Markt- bzw. Unionsbürger von Mitgliedstaat zu Mitgliedstaat unterschiedlich beurteilt würden. So liegt es etwa, wenn eine Person in unterschiedlichen Mitgliedstaaten unterschiedliche Namen führen müsste oder etwa teils als verheiratet, teils als unverheiratet gälte. Im Übrigen postuliert das Primärrecht auch in Art. 70 S. 1 AEUV einen allerdings nicht näher konturierten allgemeinen Grundsatz der möglichst umfassenden gegenseitigen Anerkennung im Bereich der justiziellen Zusammenarbeit.

Fraglich sind freilich Anwendungsbereich und -voraussetzungen der Anerkennungslösung sowie deren **59** methodische Durchführung. In Bezug auf den **sachlichen Anwendungsbereich** der Anerkennungslösung ist für das **Internationale Gesellschaftsrecht** und das **Internationale Namensrecht** auf die diesbezüglichen Kommentierungen zu verweisen.[136] Im Übrigen fragt sich, ob das Anerkennungsprinzip auch auf **sonstige zentrale personen- bzw. familienrechtliche Statusverhältnisse** (insbes. die Eheschließung und die Abstammung) der Unionsbürger zu erstrecken ist. Die Frage ist zu bejahen.[137] Zwar dient allein der Name der Identifizierung einer Person im sozialen und rechtlichen Verkehr, so dass ihm unbestreitbar eine herausgehobene persönlichkeitsrechtliche Relevanz zukommt. Doch kann nicht ernstlich bestritten werden, dass etwa auch die von Mitgliedstaat zu Mitgliedstaat divergierende Beurteilung der Wirksamkeit einer Ehe oder sonstiger verwandtschaftlicher Beziehungen ebenfalls eine dramatische Beeinträchtigung des Persönlichkeitsrechts und der Rechtssicherheit für die betroffenen Personen zur Folge hat. Unionsbürger dürften vom Grenzübertritt innerhalb des Binnenmarkts durchaus abgehalten werden, wenn sie sich in ihrem neuen Aufenthaltsstaat ggf. erneut verheiraten oder eine zuvor gesetzlich anerkannte Abstammung im Wege der Adoption neu begründen müssten. Für erbrechtliche Ansprüche oder solche auf Unterhalt hat sich die Problematik mittlerweile durch die UnterhaltsVO sowie die EuErbVO praktisch erledigt.

Im Übrigen versteht sich von selbst, dass es einer primärrechtlichen „Anerkennung" ausländischer Namens- **60** und Statusfragen nicht bedarf, soweit es um gerichtlich festgestellte bzw. angeordnete Statusverhältnisse und -änderungen geht. Denn in Bezug auf gerichtliche Entscheidungen stellen bereits die **international-zivilprozessualen Anerkennungsregeln**, die in Bezug auf die Trennung und Lockerung des Ehebandes in der Brüssel IIa-VO enthalten sind, die Anerkennung sicher. Insoweit beschränkt sich die primärrechtliche Problematik auf die Frage, ob der Anerkennung einer für die Grundfreiheiten oder die Unionsbürgerschaft relevanten Gerichtsentscheidung im Einzelfall der nationale anerkennungsrechtliche ordre public entgegengehalten werden kann.

130 EuGH 30.3.1993 – Rs. C-168/91 „Konstantinidis", Slg 1993, I-1191.

131 EuGH 2.10.2003 – Rs. C-148/02 „Garcia Avello", Slg 2993, I-11613 Rn. 24 ff.; EuGH 14.10.2008 – Rs. C-353/06 „Grunkin Paul", Slg 2008, I-7639 Rn. 21 ff.; EuGH 22.12.2010 – Rs. C-208/09 „Sayn-Wittgenstein", Slg 2010, I-13718 Rn. 53 ff.; EuGH 12.5.2011 – Rs. C-391/09 „Runevic-Vardyn", Slg 2011, I-3818 Rn. 65. So nun auch wieder EuGH 8.6.2017 – Rs. C-541/15 „Freitag", NJW 2017, 3581 Rn. 35.

132 EuGH 22.12.2010 – Rs. C-208/09 „Sayn-Wittgenstein", Slg 2010, I-13718 Rn. 52; EuGH 2.10.2014 – Rs. C-101/13 „.U.", StAZ 2015, 104.

133 EuGH 22.12.2010 – Rs. C-208/09 „Sayn-Wittgenstein", Slg 2010, I-13718 Rn. 81 ff.

134 Etwa *Henrich* FS Heldrich (2004), 667, 676 f.; *ders.* IPRax 2005, 422 f.; *Kroll* ZVglRWiss 107 (2008),

320, 332; *Sommer*, Der Einfluss der Freizügigkeit auf Namen und Statusverhältnisse von Unionsbürgern, 191 f.; *Sonnenberger* FS Spellenberg (2010), 371 ff.

135 Einen Vorschlag für eine europäische Verordnung zum Internationalen Namensrecht unterbreitend *Dutta/Frank/Freitag/Helms/Pintens* StAZ 2014, 33 ff.

136 Ausf. dazu Art. 48 Rn. 2 ff.; Anh. Art. 12 Rn. 1 ff.

137 Dafür wohl ua *Lagarde* RabelsZ 68 (2004), 225, 230 f.; *Henrich* IPRax 2005, 422 (424); *Coester-Waltjen* IPRax 2006, 392 (397); evtl. *Mansel* RabelsZ 70 (2006), 651, 710 f. Einschränkend *Funken*, Das Anerkennungsprinzip im internationalen Privatrecht, S. 173 ff.: Nur bei besonders gravierenden Eingriffen. AA *Röthel* IPRax 2006, 250 (253); *Sommer*, Der Einfluss der Freizügigkeit auf Namen und Status von Unionsbürgern, S. 277 ff.

61   Nach ganz überwiegender und zustimmungswürdiger Ansicht sind allein solche Rechte und Rechtsverhältnisse anerkennungsfähig, die sich an einem behördlichen oder sonst mit besonderer öffentlicher Autorität versehenen „**Kristallisationspunkt**" festmachen lassen, insbes. an Eintragungen in öffentliche Register und notariellen Urkunden.[138] Dagegen sind Vorgänge, Rechte und Rechtsverhältnisse, die keinerlei vergleichbare öffentliche Manifestation erfahren haben, vom Anerkennungsregime ausgeschlossen, weil es hier an einem schützenswerten Vertrauen der Parteien in die Wirksamkeit des Statusverhältnisses im Ausgangsstaat und darüber hinaus an einem „anerkennungsfähigen Substrat" fehlt.

62   Unklar ist die **Bestimmung des Kreises der relevanten Rechtsordnungen**, deren rechtliche Beurteilung der statusrechtlichen Frage der unionsweiten Anerkennungspflicht unterliegt. Das überwiegende Schrifttum räumt, in Übereinstimmung mit den sekundärrechtlichen Anknüpfungskriterien der Rom-Verordnungen und des Zuständigkeits- und Anerkennungsrechts der Brüssel IIa-VO sowie der EuUnterhVO, ausschließlich den Rechten der Staatsangehörigkeit sowie des gewöhnlichen Aufenthalts der Parteien eine entsprechende „Regelungsbefugnis" ein.[139] Demgegenüber nimmt namentlich *W.-H. Roth* an, dass grundsätzlich sämtliche Mitgliedstaaten „zuständig" seien und es daher nur darauf ankomme, welcher Mitgliedstaat zeitlich vorrangig gehandelt (Prioritätsprinzip) bzw. für welches Recht sich die Partei (oder die Parteien) entschieden hat (bzw. haben).[140] Der letztgenannten Auffassung ist deswegen zuzustimmen, weil bereits in rechtstatsächlicher Hinsicht zweifelhaft ist, ob Mitgliedstaaten ohne hinreichenden Bezug des Sachverhalts zu ihrem Territorium statusbegründende Rechtsakte registrieren oder beurkunden lassen. Sollte dies gleichwohl der Fall sein, so gebietet es gerade der hinter Binnenmarkt und Unionsbürgerschaft stehende europäische Gedanke, derartige „Entscheidungen" hinzunehmen, auch wenn dies aus Sicht des anerkennungspflichtigen Staates in concreto unerwünscht sein mag. Auch hat der EuGH im Internationalen Gesellschaftsrecht eine vergleichbare Einschränkung nicht vorgenommen und akzeptiert in stRspr selbst die Gründung reiner „Briefkastengesellschaften". Er hat den Mitgliedstaaten noch in keinem konkreten Fall gestattet, gegen derartige Praktiken den Einwand des ordre public oder des Rechtsmissbrauchs zu erheben.[141] Unbestreitbar birgt ein derart weites Verständnis das Risiko des „race to the bottom", doch könnte dies auch den Druck auf Kommission und Mitgliedstaaten erhöhen, eine sekundärrechtliche Regelung auf den Weg zu bringen.

63   Die potenziell konkurrierende Zuständigkeit mehrerer mitgliedstaatlicher Rechte wirft die weitere Frage danach auf, wie ein etwaiger **Stichentscheid zwischen mehreren zuständigen Rechten** zu erfolgen hat, die die Rechtslage unterschiedlich beurteilen. Hier spricht in der Folge der EuGH-Entscheidungen „Garcia Avello"[142] und „Freitag"[143] viel für ein Wahlrecht der betroffenen Person(en), das diese ggf. durch Stellung eines Registrierungsantrags bzw. Veranlassung einer vergleichbaren öffentlichen Beurkundung ausüben kann (bzw. können). Denn geht man davon aus, dass sämtliche parallel berufenen Rechtsordnungen gleichwertig sind (→ Rn. 20), so kann nur der Betroffene selbst entscheiden, welche Rechtslage für ihn grundfreiheitlich bzw. unionsbürgerrechtlich von Bedeutung ist. Ein Abstellen auf die zeitliche Priorität der unterschiedlichen Statusänderungen bzw. ihrer Beurkundung oder Registrierung in den unterschiedlichen Mitgliedstaaten scheidet auch deswegen aus, weil andernfalls diejenigen Mitgliedstaaten, die die betreffende Änderung von Amts wegen registrieren, gegenüber solchen, die einen Antrag verlangen, ohne Grund bevorzugt würden.[144]

64   Der **persönliche Anwendungsbereich** der Anerkennungsregeln ist naturgemäß auf denjenigen der Bestimmungen über die Unionsbürgerschaft bzw. die Grundfreiheiten beschränkt und erfasst damit allein Marktbürger (in Bezug auf die Grundfreiheiten) bzw. Staatsangehörige von Mitgliedstaaten (in Bezug auf die Unionsbürgerschaft, vgl. Art. 20 Abs. 1 AEUV).

65   Im Hinblick auf die **Art und Weise der Anerkennung** ist es einhellige Auffassung, dass den nationalen Rechten die Entscheidung darüber obliegt, wie der Verstoß gegen das Unionsrecht zu verhindern ist, dh ob insoweit auf kollisions-, verfahrens- oder sachrechtliche Institute zurückgegriffen wird. Im Internationalen Gesellschaftsrecht ist eine kollisionsrechtliche Lösung der einzig gangbare Weg, → Rn. 54. Anders liegt es im Internationalen Namensrecht. Hier hat etwa der belgische Gesetzgeber einen sachrechtlichen Ansatz

---

138   Etwa *Coester-Waltjen* IPRax 2006, 392 (397); ausf. *Mansel* RabelsZ 70 (2006), 651, 716; *Funken*, Das Anerkennungsprinzip im internationalen Privatrecht, 67 ff. AA *Mayer* Mélanges Lagarde (2005), 547, 562.

139   *Lagarde* RabelsZ 68 (2004), 251, 235; *Mansel* RabelsZ 70 (2006), 651, 700 ff.; *Coester-Waltjen* IPRax 2006, 392 (398); *Kroll* ZVglRWiss 107 (2008), 320, 335 f.; wN bei *Funken*, Das Anerkennungsprinzip im internationalen Privatrecht, S. 72 ff.

140   Insbes. *Roth* IPRax 2006, 338 (343 f.); ähnlich *Coester-Waltjen* FS Jayme I (2004), S. 121, 126. Evtl.

auch *Funken*, Das Anerkennungsprinzip im internationalen Privatrecht, S. 71 ff.

141   Ähnlich *Jayme/Kohler* IPRax 2004, 481 (483).

142   EuGH 2.10.2003 – Rs. C-148/02 „Garcia Avello", Slg 2003, I-11613.

143   EuGH 8.6.2017 – Rs. C-541/15 „Freitag", NJW 2017, 3581.

144   Wie hier (alle zum Namensrecht) *Moersdorf-Schulte* IPRax 2004, 315 (322); *Mansel* RabelsZ 60 (2006), 651, 703; *Kroll* ZVglRWiss 107 (2008), 320, 335 f.

gewählt und gestattet den Betroffenen unter vereinfachten Voraussetzungen eine Namensänderung[145] und auch Art. 48 EGBGB geht diesen Weg.[146] Der EuGH hat ein derartiges Vorgehen (bezogen auf eine öffentlich-rechtliche Namensänderung nach deutschem Recht) im Urteil „Freitag" explizit für zulässig erachtet, soweit das anwendbare Verfahrensrecht dem Namensträger die Namensänderung im Inland „nicht unmöglich macht oder übermäßig erschwert".[147] Im Internationalen Sachenrecht dagegen erscheint auch eine Transposition ausländischer in inländische sachenrechtliche Institute denkbar, wobei allerdings eine kollisionsrechtliche Verweisung auf das ausländische Recht zielführender und passgenauer ist. Darüber hinaus ist grundsätzlich die Frage nach der **Methode der Anerkennung** zivilrechtlicher Rechtslagen im Binnenmarkt aufgeworfen. Nur begrenzt zur Problemlösung geeignet ist der zum Teil befürwortete kollisionsrechtliche Weg über eine „Blockverweisung" auf das ausländische Recht desjenigen Mitgliedstaates, dessen rechtliche Beurteilung des Sachverhalts anzuerkennen ist („Ausgangmitgliedstaat").[148] Jedoch ist unbestritten, dass der Ausgangsmitgliedstaat anhand seines eigenen IPR und des hierdurch berufenen Sachrechts über den Sachverhalt entscheidet.[149] Allerdings kann sich die Wirkung der Anerkennung nicht darin erschöpfen, auf den Sachverhalt das Recht anzuwenden, das nach dem ausländischen Recht auf diesen anzuwenden wäre. Denn die ausländische Beurteilung, so wie sie sich in einem „öffentlichen" Akt niedergeschlagen hat, ist auch dann grundsätzlich hinzunehmen, wenn sie versehentlich rechtsfehlerhaft erfolgt ist, wozu auch die Anwendung des aus Sicht des Ausgangsstaates falschen Rechts zählt. Das IPR des Ausgangsstaates kann daher nur insoweit eine Rolle spielen, als es dazu dient, die Grundlage der ausländischen Beurteilung näher zu bezeichnen und Inhalt und Umfang der anzuerkennenden rechtlichen Würdigung zu bestimmen. Andererseits impliziert bereits der Begriff „Anerkennung", dass die anerkennungspflichtigen Mitgliedstaaten der rechtlichen Würdigung des Sachverhalts durch den Ausgangsstaat im Inland keine weitergehenden Wirkungen zukommen lassen müssen als im Ausgangsstaat. Die etwaige Beweiswirkung einer im Ausland erfolgten Registrierung oder Beurkundung nach dortigem Recht kann daher im Inland unter den gleichen Voraussetzungen widerlegt werden wie im Ausgangsstaat. Man wird insoweit aus diesem Grunde ebenso wie im Internationalen Verfahrensrecht von einer **Wirkungserstreckung** auszugehen haben.[150] Abzulehnen ist dagegen die von der EU-Kommission in ihrem Grünbuch „Weniger Verwaltungsaufwand für EU-Bürger" von 2010[151] aufgeworfene Frage nach einer unionsrechtlichen Verpflichtung zur **Anerkennung der in ausländischen Urkunden dokumentierten Statusverhältnisse**. Eine (Personenstands-)Urkunde hat nur in den seltensten Fällen konstitutive Bedeutung für die in ihr dokumentierten Statusverhältnisse, so dass nicht die Urkunde als solche, sondern allenfalls das in ihr dokumentierte Verhältnis der Anerkennungspflicht unterliegen kann.[152]

III. Sekundärrecht, Art. 3 Nr. 1

Seit dem **Vertrag von Amsterdam**[153] verfügt die EU über eine explizite Kompetenz zum Erlass von Rechtsakten zur „Förderung der Vereinbarkeit der in den Mitgliedstaaten geltenden Kollisionsnormen". Diese Zuständigkeit stand allerdings bis zum Inkrafttreten des Vertrages von Lissabon unter dem Vorbehalt, dass die Kollisionsrechtsvereinheitlichung dem „reibungslosen Funktionieren des Binnenmarktes" dienen müsse (vgl. ex-Art. 65 lit. b EGV). Ob die Union damit das gesamte Kollisionsrecht auch außerhalb des unmittelbar binnenmarktrelevanten internationalen Wirtschafts- und Verbraucherrechts angleichen konnte, war umstritten.[154] Die bejahende Antwort folgte daraus, dass ex-Art. 67 Abs. 5 EGV eine besondere Regelung für die Beschlussfassung im Bereich derjenigen Rechtsakte enthielt, die nach dem ehem. Titel IV erlassen werden sollten und „familienrechtliche Aspekte" enthielten, die naturgemäß besonders „binnen-

66

---

145 Grünbuch der Kommission „Weniger Verwaltungsaufwand für EU-Bürger: Den freien Verkehr öffentlicher Urkunden und die Anerkennung der Rechtswirkungen von Personenstandsurkunden erleichtern" KOM(2010)747 endg.

146 Ausf. dazu die Kommentierung dort.

147 EuGH EuGH 8.6.2017 – Rs. C-541/15 „Freitag", NJW 2017, 3581 Rn. 41.

148 Hierfür *Scherer*, Le nom en droit international privé, Rn. 391; ausf. *Mansel* RabelsZ 70 (2006), 651, 692 f.; ebenso *Gössl* IPRax 2018, 376 ff.

149 Demzufolge macht das Anerkennungsprinzip das mitgliedstaatliche Kollisionsrecht auch keineswegs überflüssig, zumal dieses auch im Verhältnis zu Drittstaaten weiterhin anwendbar bleibt, vgl. statt aller *Funken*, Das Anerkennungsprinzip im internationalen Privatrecht, 268 f.

150 Unklar *Coester-Waltjen* FS Jayme I (2004), 121, 125 f.: Einzelfallbetrachtung.

151 BGBl. II 1998, 387; BGBl. II 1999, 296.

152 Wie hier ua *Wagner* DNotZ 2011, 176; Wissenschaftlicher Beirat des Bundesverbandes der Deutschen Standesbeamtinnen und Standesbeamten eV StAZ 2011, 165 (171 ff.) (Rn. 19 ff.); *Mansel* IPRax 2011, 341 f.; *Mansel/Coester-Waltjen/Henrich/Kohler* IPRax 2011, 335 (338 ff.), alle mwN.

153 BGBl. II 1998, 387; BGBl. II 1999, 296.

154 Dazu *Dohrn* Die Kompetenzen der Europäischen Gemeinschaft im Internationalen Privatrecht; Streinz/ *Leible* Art. 81 AEUV (ex.-Art. 65 EGV) Rn. 1 ff. m. zahlr. Nachw. Krit. *Sonnenberger* IPRax 2011, 325 (326 f.) mwN auch aus dem französischen Schrifttum.

marktfern" sind. Dementsprechend beschloss der Rat im sog. Haager Programm von 2004[155] unter anderem den Erlass von Verordnungen zum Kollisionsrecht der vertraglichen und außervertraglichen Schuldverhältnisse, zum Erbrecht, zum ehelichen Güterstandsrecht sowie zum Scheidungsrecht anzustreben. Auf Grundlage der ex-Art. 65 lit. b, ex-Art. 67 EGV sind insbes. die in Art. 3 Nr. 1 lit. a–c genannten **Verordnungen Rom II und Rom I** sowie die **EuUnterhVO** entstanden/erlassen worden.

67 Seit dem **Vertrag von Lissabon** findet sich die Kompetenz der Union zur Vereinheitlichung des Kollisionsrechts in **Art. 81 Abs. 2 lit. c AEUV**. Danach kann die EU sämtliche Maßnahmen erlassen, die „die Vereinbarkeit der in den Mitgliedstaaten geltenden Kollisionsnormen" fördern, ohne dass sie dem reibungslosen Funktionieren des Binnenmarkts dienen müssten. Grundsätzlich gelten für den Erlass von Rechtsakten des EuIPR die allgemeinen Regeln des AEUV; allerdings sieht Art. 81 Abs. 3 AEUV für familienrechtliche Rechtsakte ein besonderes, von den allgemeinen Vorschriften abweichendes Gesetzgebungsverfahren vor. So besteht gem. Art. 81 Abs. 3 Unterabs. 1 AEUV eine ausschließliche Legislativzuständigkeit des Rates, der zudem mit Einstimmigkeit zu entscheiden und das Parlament lediglich anzuhören hat. Allerdings kann der Rat gem. Art. 81 Abs. 3 Unterabs. 2 AEUV auf Vorschlag der Kommission von diesem Verfahren abweichen und einstimmig diejenigen Maßnahmen auf dem Gebiet des Familienrechts bezeichnen, über die im ordentlichen Gesetzgebungsverfahren zu entscheiden ist. Auf der Grundlage des neuen Rechts erlassen worden sind die Rom III-VO (vgl. Art. 3 Abs. 1 lit. d, die EuErbVO sowie die EuGüVO und die EuPartVO.

68 Hinsichtlich der Form etwaiger sekundärrechtlicher Rechtsakte ist zu unterscheiden. Die in **Art. 3** genannten Verordnungen haben bereits gem. Art. 288 Abs. 2 AEUV Vorrang vor dem nationalen Recht. Gleiches gilt selbstredend auch für sonstige **unmittelbar anwendbare Rechtsakte** der Union, dh für sonstige Verordnungen, Entscheidungen und unmittelbar anwendbare völkerrechtliche Verträge der EU mit anderen Staaten, soweit diese Kollisionsnormen enthalten sollten. Da der Anwendungsvorrang des Unionsrechts vor den mitgliedstaatlichen Rechten sowohl aus Sicht des europäischen wie auch des deutschen Rechts außer Frage steht, kommt Art. 3 Nr. 1 nur **deklaratorische Bedeutung** zu.[156]

69 In **Richtlinien** enthaltene Kollisionsnormen sind von den Mitgliedstaaten in ihr jeweiliges nationales Recht umzusetzen; die relevanten Umsetzungsvorschriften finden sich in Art. 46 b, Art. 46 c. Etwaige Umsetzungsfehler sind im Wege der richtlinienkonformen Auslegung des nationalen Rechts zu beheben. Sollte eine richtlinienkonforme Auslegung scheitern, kommt ein Anspruch des durch den Umsetzungsfehler Geschädigten nach den Grundsätzen der unionsrechtlichen Haftung der Mitgliedstaaten für legislatives Unrecht in Betracht.[157] Demgegenüber wirkt Richtlinienkollisionsrecht wegen des **Verbots der horizontalen Drittwirkung** von Richtlinien im Verhältnis zwischen Privaten[158] – auch im Bereich des Verbraucherschutzrechts – nicht unmittelbar anspruchsbegründend, -ausschließend oder -modifizierend.[159]

70 Fragen zur **Auslegung des Unionsrechts** sind von den mitgliedstaatlichen Gerichten gem. Art. 267 AEUV dem EuGH vorzulegen. Die unter Geltung des ex-Art. 68 Abs. 1 EGV bestehende Einschränkung des Vorlagerechts in Bezug auf Rechtsakte, die auf der Grundlage des ex-Art. 65 EGV ergangen sind,[160] ist mit Inkrafttreten des AEUV erfreulicherweise entfallen. Der AEUV enthält keine spezielle Übergangsregelung, die klären würde, ob sich die unbeschränkte Vorlagebefugnis nach neuem Recht allein auf Rechtsakte bezieht, die unter Geltung des AEUV erlassen worden sind, oder ob sie auch bereits unter dem alten Recht erlassene Rechtsakte erfasst. Es ist von Letzterem auszugehen, so dass nunmehr auch nicht-letztinstanzliche Gerichte Fragen zur Auslegung von auf der Grundlage des ex-Art. 65 EGV erlassenen Verordnungen vorlegen dürfen. Eine Perpetuierung der bereits unter altem Recht bedenklichen und erheblicher Kritik ausgesetzten Einschränkung des Vorlagerechts widerspräche ersichtlich dem Willen der Vertragsparteien des AEUV, da man den Bereich der justiziellen Zusammenarbeit nunmehr weitestgehend in das allgemeine Gefüge des Primärrechts einbinden und endgültig „vergemeinschaften" wollte.

71 Im Rahmen der **Anwendung des** in Art. 3 Nr. 1 genannten **sekundärrechtlichen EuIPR** stellen sich grds. die gleichen allgemeinen Fragen der Verweisungstechnik wie bei Anwendung des autonomen deutschen IPR. Aus diesem Grund finden sich Aussagen zur Bedeutung der allgemeinen kollisionsrechtlichen Lehren für das EuIPR jeweils am Ende der Kommentierung der betreffenden verweisungsrechtlichen Problemstel-

---

155 Haager Programm zur Stärkung von Freiheit, Sicherheit und Recht in der Europäischen Gemeinschaft v. 5.11.2004, Ratsdokument 16054/04, abrufbar ua http://data.consilium.europa.eu/doc/document/ST-16 054-2004-INIT/de/pdf, letzter Zugriff am 12.9.2015.

156 Unstr., vgl. MüKoBGB/*v. Hein* EGBGB Art. 3 Rn. 45 mwN.

157 Seit EuGH verb. Rs. C-6/90 u. C-9/90 „Frankovich ua/Italien", Slg 1991, I-5357 = NJW 1992, 165.

158 EuGH Rs. C-91/92 „Facchini Dori/Recreb", Slg 1994, I-3325 Rn. 22 ff. = NJW 1994, 2423.

159 EuGH Rs. C-192/94 „El Corte Inglès", Slg 1996, I-1281 Rn. 15 ff. = NJW 1996, 1401. Zur kollisionsrechtlichen Durchsetzung materiellrechtlicher Verbraucherschutzvorschriften des nationalen Rechts, das auf Richtlinienvorgaben beruht Reithmann/ Martiny/*Freitag* Rn. 414 ff. sowie BGHZ 135, 124, 136 = NJW 1997, 1697 = IPRax 1998, 285 mAnm *Ebke* = RIW 1997, 875 mAnm *Mankowski*.

160 Vorlageberechtigt waren danach allein letztinstanzliche Gerichte.

lung. Etwaige **externe Lücken des EuIPR** sind im Regelfall durch entsprechende Anwendung der einschlägigen europäischen Bestimmungen zu schließen, sei es infolge expliziter Anordnung durch das deutsche Recht (vgl. Art. 17 Abs. 2, Art. 25), sei es aufgrund Analogieschlusses (dazu ausf. Rn. 11). Anderes gilt für von der Rom II-VO nach deren Art. 1 Abs. 2 gelassene Lücken im Bereich der außervertraglichen Schuldverhältnisse; insoweit enthalten Art. 38–42 ärgerlicherweise noch immer eine zumindest teilweise vom EuIPR abweichende Regelung der verbliebenen Restmaterien.

E. Staatsvertragliches IPR, Art. 3 Nr. 2

I. Grundlagen

Gem. Art. 3 Nr. 2 gehen Kollisionsnormen, die in von der Bundesrepublik unterzeichneten völkerrechtlichen Verträgen enthalten sind, dem autonomen deutschen IPR vor (zur Rangfrage Rn. 74). Gleiches gilt für internationales Einheitsrecht, dh für sachrechtliche Vorschriften, die in völkerrechtlichen Verträgen enthalten sind (vgl. dazu Rn. 1). Voraussetzung hierfür ist, dass der Bundestag die Bundesregierung zur Vertragsunterzeichnung nach Maßgabe der Art. 23, 59 GG durch Verabschiedung eines Ratifikationsgesetzes ermächtigt und das Abkommen anschließend von der Regierung ratifiziert wird. Regelmäßig weiterhin erforderlich ist zudem die Hinterlegung einer Ratifikationsurkunde bei der anderen Vertragspartei bzw. einem Depositar, bei multilateralen Verträgen gegebenenfalls auch die Hinterlegung einer bestimmten Mindestzahl von Ratifikationsurkunden auch durch andere Vertragsstaaten. **Nachweise** zu den geltenden völkerrechtlichen Vereinbarungen der Bundesrepublik finden sich im jeweils zum Jahresende erscheinenden Fundstellennachweis B zum BGBl. II, in den Textsammlungen von *Jayme/Hausman, Bülow/Böckstiegel/ Geimer/Schütze* und *Bergmann/Ferid* sowie dort, wo es um multilaterale Abkommen geht, regelmäßig auf den Internetseiten der jeweiligen internationalen Organisation. Besondere praktische Bedeutung, wegen ihrer zum Teil weltweiten Akzeptanz, kommt insbes. den Konventionen zu, die von UNCITRAL, UNIDROIT, der Haager Konferenz für Internationales Privatrecht sowie von der Internationalen Konferenz für das Personenstandswesen (CIEC) ausgearbeitet worden sind.

Ob ein Staatsvertrag **unmittelbar geltende Kollisionsnormen** enthält, ist durch Auslegung zu ermitteln. Erforderlich ist jedenfalls, dass die betreffende Vorschrift so **bestimmt** gefasst ist, dass Einzelne aus ihr Rechte herleiten können ("self executing"), was bei explizit kollisionsrechtlichen Abkommen kaum Probleme bereiten wird. **Keine Anwendung** findet ein von der Bundesrepublik ratifizierter völkerrechtlicher Vertrag, wenn die Bundesrepublik seine innerstaatliche Anwendung durch einen entsprechenden Vorbehalt im Zustimmungsgesetz ausdrücklich ausgeschlossen haben sollte, wie dies im Fall des Europäischen Übk. über das auf schuldrechtliche Verhältnisse anwendbare Recht von 1980 – EVÜ – der Fall war,[161] das indes mittlerweile durch die Rom I-VO ersetzt worden ist.

Das **Rangverhältnis** zwischen völkerrechtlichen Verträgen und nationalem Gesetzesrecht gestaltet sich wie folgt: Völkerrechtliche Abkommen werden in Deutschland nach dem Gesagten durch einfaches Bundesgesetz ratifiziert. Nach der Rspr. des BVerfG erlangen sie damit vorbehaltlich spezieller verfassungsrechtlicher Regelungen den **Rang einfachen Gesetzesrechts** und können folglich auch durch einfaches innerstaatliches Gesetz nachträglich wieder geändert oder außer Kraft gesetzt werden – und zwar auch dann, wenn die Bundesrepublik im Außenverhältnis zu den anderen Vertragsstaaten weiterhin verpflichtet bleibt und die Änderung bzw. Außer-Kraft-Setzung des Vertrages damit völkerrechtswidrig ist (sog. "Treaty Override").[162] Auch Art. 3 Nr. 2 als Bestimmung des einfachen Gesetzesrechts verleiht völkerrechtlichen Verträgen keinen höheren Rang als sonstigen innerstaatlichen Rechtsnormen, da er seinerseits den Rang einfachen Gesetzesrechts hat; dies hat das BVerfG zu der Parallelregelung in § 2 Abs. 1 AO explizit klargestellt.[163] Freilich ist der Existenz völkerrechtlich verbindlicher Regelungen bei der Auslegung des nationalen Rechts Rechnung zu tragen: Aus Art. 3 Nr. 2 folgt die grundsätzliche Auslegungsleitlinie, dass die völkerrechtlichen Verträge der Bundesrepublik grundsätzlich leges speciales gegenüber auch späterem nationalen Recht sein sollen. Anderes gilt nur, falls der nationale Gesetzgeber seinen Willen zur Vornahme eines Völkerrechtsverstoßes durch eine autonome lex posterior unmissverständlich zum Ausdruck bringt und damit ein sog. "offener Treaty Override" vorliegt.[164]

72

73

74

---

161 BGBl. II 1986, 810.
162 BVerfG 15.12.2015 – 2 BvL 1/12 „Treaty Override", NJW 2016, 1295 Rn. 33 ff.
163 BVerfG 15.12.2015 – 2 BvL 1/12 „Treaty Override", NJW 2016, 1295 Rn. 48.

164 MüKoBGB/*v. Hein* Rn. 172; BeckOK BGB/*Lorenz* Rn. 4; Nachw. zur parallelen und stark beachteten steuerrechtlichen Thematik bei *Lüdicke* IStR 2017, 289 (290) (zu § 2 AO).

II. Besonderheiten staatsvertraglicher Kollisionsnormen.

75 Staatsvertragliche Kollisionsnormen sind zT abweichend vom autonomen IPR zu behandeln. Das betrifft zunächst ihre **Auslegung**. Völkerrechtliche Abkommen sind grundsätzlich autonom, dh nach eigenen völkerrechtlichen Maßstäben, namentlich der Wiener Vertragsrechtskonvention,[165] auszulegen, um die bezweckte Rechtsvereinheitlichung zu erreichen und zwar auch dann, wenn die vertraglichen Kollisionsnormen in deutsches Recht umgesetzt wurden.[166] Zu beachten ist, dass für die Auslegung nur die Fassungen der Abkommen in den sog. „**authentischen Vertragssprachen**" verbindlich sind (Art. 33 WVRK), die im jeweiligen Vertrag definiert werden müssen (vgl. Art. 10 WVRK). Nur wenn es an einer entsprechenden Festlegung fehlt, sind sämtliche Sprachfassungen gleichermaßen verbindlich, wobei auch aus deutscher Sicht die deutsche Fassung keinesfalls bevorzugt werden darf.

76 Kollisionsrechtliche Staatsverträge lassen grundsätzlich **keine Rück- bzw. Weiterverweise** im Sinne des Art. 4 Abs. 1 zu, falls sie nicht ausnahmsweise Gegenteiliges bestimmen (s. hierzu → Art. 4 Rn. 25). **Vor- bzw. Erstfragen** in staatsvertraglichen Kollisionsnormen sind nach den in → Rn. 31 dargelegten Grundsätzen selbstständig anzuknüpfen.

77 Anlässlich **Staatensukzessionen**, dh der Entstehung neuer Staaten bzw. des Aufgehens bislang selbstständiger Gebietseinheiten in anderen Staaten, stellt sich die allgemeine völkerrechtliche Frage nach dem Schicksal der von den jeweiligen Staaten geschlossenen völkerrechtlichen Verträge auf dem Gebiet des IPR. In Bezug auf die Besonderheiten dieser Materie ist auf das weiterführende Schrifttum zu verweisen.[167]

Artikel 3 a [aufgehoben]

Art. 4 EGBGB Verweisung

(1) ¹**Wird auf das Recht eines anderen Staates verwiesen, so ist auch dessen Internationales Privatrecht anzuwenden, sofern dies nicht dem Sinn der Verweisung widerspricht. ²Verweist das Recht des anderen Staates auf deutsches Recht zurück, so sind die deutschen Sachvorschriften anzuwenden.**

(2) ¹**Verweisungen auf Sachvorschriften beziehen sich auf die Rechtsnormen der maßgebenden Rechtsordnung unter Ausschluss derjenigen des Internationalen Privatrechts. ²Soweit die Parteien das Recht eines Staates wählen können, können sie nur auf die Sachvorschriften verweisen.**

(3) ¹**Wird auf das Recht eines Staates mit mehreren Teilrechtsordnungen verwiesen, ohne die maßgebende zu bezeichnen, so bestimmt das Recht dieses Staates, welche Teilrechtsordnung anzuwenden ist. ²Fehlt eine solche Regelung, so ist die Teilrechtsordnung anzuwenden, mit welcher der Sachverhalt am engsten verbunden ist.**

Literatur: S. die Schrifttumsangaben bei Art. 3.

A. Überblick 1
B. Gesamt- und Sachnormverweisung,
    Abs. 1, Abs. 2 2
    I. Grundlagen 2
    II. Autonomes deutsches IPR 7
      1. Grundsatz der Gesamtverweisung,
        Abs. 1 S. 1 Hs. 1 7
        a) Allgemeines 7
        b) Problemfälle 8
        c) Abbruch der Verweisungskette,
          Abs. 1 S. 2 14
      2. Sachnormverweisung, Abs. 1 S. 1 Hs. 2,
        Abs. 2 16
        a) Ausdrücklicher Sachnormverweis 17

      b) Ausschluss der Gesamtverweisung bei
        Rechtswahl, Abs. 2 18
      c) Sachnormverweisung „aus dem Sinn
        der Verweisung", Abs. 1 S. 1 Hs. 2 19
    III. EuIPR 24
    IV. Völkervertragliche Kollisionsnormen 25
C. Rechtsspaltung, Abs. 3 (Interlokales und
    Interpersonales Privatrecht) 26
    I. Allgemeines 26
      1. Interlokale Rechtsspaltung 26
      2. Interpersonale und -religiöse Rechtsspal-
        tung................................ 29
    II. Autonomes deutsches IPR 31
      1. Interlokale Rechtsspaltung 31

---

165 Wiener Übereinkommen über das Recht der Verträge vom 23.5.1969, BGBl. 1985 II, 926.

166 BGHZ 52, 216, 219 f. = NJW 1969, 2083; BGH NJW 1976, 1583 (1584) (dazu *Geimer* WM 1977, 66 ff.).

167 Näher *Kondring* IPRax 1996, 161 ff.; *Busse* IPRax 1998, 155 ff.; *Großerichter/Bauer* RabelsZ 65 (2001), 201 ff.; MüKoBGB/*v. Hein* Einl. IPR Rn. 51 ff.; Staudinger/*Sturm/Sturm* (2012) Einl. IPR Rn. 555 ff.; vgl. auch *OLG Zweibrücken* NJW 1995, 536 = IPRax 1996, 28 (*Kondring* 161).

a) Grundlagen und rechtspolitische Kritik 31
b) Anwendung des Art. 4 Abs. 3 im Einzelnen 34
aa) Gesamtverweisung 35
bb) Sachnormverweisung 38

2. Interreligiöse und interpersonale Rechts-
   spaltung 39
III. EuIPR 40
IV. Völkervertragliches IPR 42
D. Einzelstatut und Gesamtstatut
   (ehem. Art. 3 a Abs. 2) 43

A. Überblick

Art. 4 kodifiziert **Grundfragen der Verweisungstechnik** des autonomen deutschen IPR. Art. 4 Abs. 1 und **1**
Abs. 2 befasst sich mit der Frage, ob im Fall der Verweisung auf ausländisches Recht aus deutscher Sicht
auch das ausländische IPR zu beachten ist oder ob allein das dortige Sachrecht anzuwenden ist. Demgegenüber
regelt Art. 4 Abs. 3 den Sonderfall, dass das Privatrecht des ausländischen Staates, auf das vom deutschen
IPR verwiesen wird, territorial gespalten ist, weil in unterschiedlichen Teilgebieten (Gliedstaaten, Provinzen
etc) unterschiedliche Privatrechte gelten. Seit der Aufhebung des früheren Art. 3 a mit Wirkung zum
29.1.2019 (dazu → Art. 3 Rn. 4) und der hierbei vorgenommenen Verschiebung des (rein deklaratorischen)
ehem. Art. 3 a Abs. 1 in den neuen Art. 4 Abs. 2 S. 1 sowie der ersatzlosen Aufhebung des früheren Art. 3 a
Abs. 2 sind damit sämtliche relevanten Regelungen in einer Norm zusammengeführt. Aufgrund der weitgehenden Verdrängung des autonomen deutschen IPR durch vorrangige Bestimmungen des EuIPR (sowie
durch völkerrechtliche Verträge) ist die **praktische Bedeutung** der Norm allerdings mittlerweile ebenso
begrenzt wie diejenige des autonomen deutschen IPR insgesamt.

B. Gesamt- und Sachnormverweisung, Abs. 1, Abs. 2

I. Grundlagen

Nach Art. 4 Abs. 1 S. 1 Hs. 1 gilt im autonomen deutschen IPR – zumindest im theoretischen Ausgangs- **2**
punkt – der **Grundsatz der Gesamt- oder Kollisionsnormverweisung**.[1] Danach schreibt das deutsche IPR
dann, wenn es auf ein ausländisches Recht verweist, grundsätzlich zunächst die Prüfung des ausländischen
IPR daraufhin vor, ob dieses seinerseits die Anwendung seines eigenen Sachrechts anordnet (sog. Annahme
der Verweisung) oder ob es auf ein drittstaatliches Recht weiter- bzw. auf das deutsche Recht zurückverweist (Renvoi). Von einer solchen Gesamtverweisung zu unterscheiden ist die in Abs. 2 S. 1 (früher: Art. 3 a
Abs. 1) legaldefinierte Sachnormverweisung, die die Beachtung des ausländischen IPR gerade ausschließt
und die selbst dann auf das ausländische Sachrecht durchgreift, wenn Gerichte des betreffenden Staates ihr
eigenes Recht nicht anwenden würden. Ein **umgekehrtes Regel-Ausnahmeverhältnis** von Gesamt- und
Sachnormverweisungen besteht im **EuIPR** sowie im **IPR völkerrechtlicher Provenienz**; die einschlägigen
Rechtsakte enthalten in aller Regel ausschließlich Sachnormverweise, während Gesamtverweisungen nur
ganz selten vorkommen, vgl. dazu → Rn. 24 f.

Rechtspolitisch wird der Renvoi seit jeher **kontrovers** diskutiert.[2] Zu seinen zentralen **Vorteilen** zählt der **3**
sog. äußere oder **internationale** Entscheidungseinklang. Danach ist es eines der Ziele des deutschen Kollisionsrechts, den Sachverhalt in Einklang mit den Wertungen der anderen Rechtsordnungen, die einen substanziellen Bezug zum Sachverhalt bzw. zur Rechtsfrage aufweisen, zu entscheiden (dazu → Art. 3 Rn. 18).
Hierzu aber kommt es nur, wenn der Sachverhalt durch deutsche Gerichte (vorbehaltlich der Sonderproble-
matik der Rückverweisung, dazu → Rn. 13 f.) ebenso beurteilt wird wie durch die Gerichte des Staates, dessen Recht vom deutschen IPR berufen wird und die selbstverständlich ihrerseits zunächst ihr eigenes Kollisionsrecht daraufhin befragen, welches Recht für den Sachverhalt gelten soll.[3] Darüber hinaus minimieren
Gesamtverweisungen den Anreiz zum sog. „forum shopping", dh zur Beeinflussung des anwendbaren
Rechts durch Wahl des angerufenen Gerichts. Schließlich dient der Renvoi nicht zuletzt auch der Erleichterung und Verbesserung der Rechtsfindung und -anwendung im Inland: Bei einer Sachnormverweisung muss
in jedem Fall, in dem der Sachverhalt einen relevanten Auslandsbezug aufweist, ausländisches Sachrecht
angewendet und dessen Inhalt zeit- und kostenintensiv sowie fehleranfällig ermittelt werden. Diese Nachteile entfallen bei einem Gesamtverweis jedenfalls in denjenigen Fällen, in denen das ausländische IPR auf
das deutsche Recht zurückverweist. Zudem lässt sich das IPR eines Staates in vielen Fällen leichter und

---

1   Ausf. zum Nachfolgenden *Sonnentag* Der Renvoi im
    Internationalen Privatrecht.
2   Ausf. *Sonnentag*, S. 24 ff.; vgl. auch *Kahn* JherJb 30
    (1891), 1, 32; *Mäsch* RabelsZ 61 (1997), 285 mwN;
    Corneloup IPRax 2017, 147 ff.; *v. Bar/Mankowski*

IPR I § 7 Rn. 236 ff.; MüKoBGB/*v. Hein* EGBGB
Art. 4 Rn. 5 ff.; Staudinger/*Hausmann* (2019)
EGBGB Art. 4 Rn. 16 ff.
3   Ausf. *Sonnentag*, S. 116 ff. mwN; MüKoBGB/*v. Hein*
    EGBGB Art. 4 Rn. 15.

damit schneller und günstiger ermitteln als das dortige Sachrecht, da es praktisch weltweit einen geringeren Regelungsumfang aufweist als das Sachrecht.

4 Gravierendster **Nachteil** des Renvoi ist , dass die Befolgung von Rück- bzw. Weiterverweisungen durch das ausländische IPR die kollisionsrechtlichen Wertungen des deutschen IPR konterkariert: Das inländische IPR versucht, die aus hiesiger Sicht zur Streitentscheidung am besten berufene Rechtsordnung zu bestimmen und bedient sich zu diesem Zweck je nach Materie unterschiedlichster Anknüpfungspunkte, die den inländischen Gerechtigkeitsvorstellungen für Sachverhalte mit Auslandsbezug Rechnung tragen. Dem läuft es zuwider, wenn diese kollisionsrechtlichen Gerechtigkeitsvorstellungen hinter diejenigen des Auslands zurücktreten müssen. Besonders eklatant zeigt sich dieses Manko bei der Annahme von Rückverweisen, da man so im Ergebnis zur Geltung deutschen Sachrechts selbst dort kommt, wo das deutsche Recht nach den Anknüpfungen des EGBGB (jedenfalls grundsätzlich) gerade nicht anwendbar sein soll.[4] Es ist daher auch allgemein konsentiert, dass ein Renvoi nicht einschränkungslos zu befolgen ist, was selbstverständlich schwierige Abgrenzungsfragen evoziert, deren Bewältigung durch die vage „Sinnklausel" des Art. 4 Abs. 1 S. 1 Hs. 2 nicht erleichtert wird. Ebenfalls gegen den Renvoi spricht, dass er das mit ihm verfolgte Ziel des internationalen Entscheidungseinklangs allenfalls sehr unvollständig verwirklichen kann: Verweist ausländisches IPR aufgrund einer vom inländischen abweichenden Anknüpfung auf deutsches Recht zurück, muss es notwendig zu einem Abbruch der Verweisungskette und einer Entscheidung zwischen der Anwendung des in- oder des ausländischen Sachrechts kommen. In jedem Fall widerspricht das Ergebnis dabei entweder der in- oder der ausländischen kollisionsrechtlichen Wertung – dem inländischen IPR, wenn man inländisches Sachrecht anwendet, da das deutsche IPR an sich gerade von einer „Unzuständigkeit" des deutschen Sachrechts ausgeht, dem ausländischen IPR, wenn man das dortige Sachrecht anwendet. Zu erwähnen ist ferner, dass der Renvoi die Rechtsanwendung erschwert, wenn er ggf. die Prüfung weiterer ausländischer Rechtsordnungen erforderlich macht. Aus praktischer Sicht ist iÜ zu konstatieren, dass sich der **Renvoi** insbes. infolge des Einflusses des EuIPR sowie des völkervertraglichen IPR insgesamt **auf dem Rückzug** befindet.[5]

5 Jedenfalls im **Internationalen Familien- und Namensrecht**, in vermindertem Umfang aber auch im **Internationalen Erbrecht** spricht für den Renvoi, dass hinkende Rechts- und Statusverhältnisse bzw. Namensführungen für die Betroffenen ganz gravierende Nachteile haben können;[6] die Nichtanerkennung jedenfalls im Ausland bereits gelebter Statusverhältnisse kann im Einzelfall das Persönlichkeitsrecht der betroffenen Person(en) verletzen. Auf dieser Wertung beruht etwa die (wenn auch nur sehr eingeschränkte) Zulassung des Renvoi durch Art. 34 EuErbVO und die Kritik an dem den Renvoi in Scheidungssachen ausschließenden Art. 11 Rom III-VO.[7] Anders liegt es im **Internationalen Sachenrecht**, das ebenfalls überwiegend Gesamtverweise ausspricht (s. näher die Kommentierung zu Art. 43 ff.). Hier ist die Problematik des Renvoi aufgrund der weltweiten Verbreitung der auch Art. 43 ff. zugrundeliegenden situs-Regel nur von geringer praktischer Bedeutung, da ein ausländisches Belegenheitsrecht eine Gesamtverweisung ganz überwiegend annehmen wird. Jedenfalls gäbe man den Parteien im Inland häufig Steine statt Brot, wenn man das Kollisionsrecht des ausländischen Belegenheitsstaates ignorierte. Letzterer verfügt aufgrund seines alleinigen (vollstreckungsrechtlichen) Zugriffs auf die Sache in jedem Fall über die tatsächliche Möglichkeit, seine eigenen kollisions- und sachrechtlichen Vorstellungen durchzusetzen, so dass inländische Urteile, die sich in Widerstreit hierzu setzen, im Belegenheitsstaat ggf. nicht anerkennungsfähig und vollstreckbar sind. Dagegen überzeugt der von den Verordnungen Rom I und Rom II ausgesprochene Sachnormverweis im **Internationalen Schuldrecht** (→ Rn. 24), da hier vergleichbare Risiken von vornherein nicht bestehen: So können sich die Parteien im Internationalen Vertragsrecht aufgrund der fast weltweiten Anerkennung von Rechtswahlfreiheit ohnedies weitgehend ungefährdet über die anknüpfungsrechtlichen Vorstellungen von In- und Ausland hinwegsetzen. Auch im Bereich der außervertraglichen Schuldverhältnisse ist die divergierende kollisions- und sachrechtliche Beurteilung des Sachverhalts im In- und Ausland weniger einschneidend als im Internationalen Familien-, Erb- und Sachenrecht, weil letztlich „nur" das Vermögen der Person betroffen ist.

6 **Zu kritisieren** ist jedenfalls, dass das mittlerweile nur noch randständig im Internationalen Sachen- und Namensrecht sowie in Teilen des Familien- und Gesellschaftsrechts bedeutsame autonome deutsche IPR am Grundsatz der Gesamtverweisung festhält, obwohl das EuIPR diesen ablehnt. Man kann sicherlich darüber streiten, ob die Bevorzugung des Sachnormverweises durch das EuIPR zumindest in familien- und erbrecht-

---

4 *V. Bar/Mankowski* IPR I § 7 Rn. 238.
5 *Mankowsi* IPRax 2010, 398 (399).
6 Den Renvoi befürwortend daher etwa *v. Hoffmann/Thorn* IPR Rn. 90; MüKoBGB/*v. Hein* EGBGB Art. 4 Rn. 13. Krit. ua *v. Bar/Mankowski* IPR I § 7 Rn. 238 sowie *Sonnentag*, S. 263 ff.; *Kahn* JherJb 30

(1891), 1 ff.; *Mäsch* RabelsZ 61 (1997), 285 ff.; BeckOK BGB/*Lorenz* EGBGB Art. 4 Rn. 7.
7 Insbes. Erman/*Hohloch* Rom III-VO Art. 11 Rn. 2; MüKoBGB/*Winkler von Mohrenfels* Rom III-VO Art. 11 Rn. 1; wenig überzeugt auch NK-BGB/*Budzikiewicz* Rom III-VO Art. 11 Rn. 4; Palandt/*Thorn* Rom III-VO Art. 11 Rn. 1.

lichen Fragen rechtspolitisch überzeugt. Da diese Entscheidung indes tatsächlich zugunsten des Sachnormverweises getroffen wurde, führt die Beachtung des Renvoi in dem vom autonomen deutschen Recht normierten Restbereichen des IPR allenfalls zu Verwirrung und Normkonflikten bzw. -mängeln.

II. Autonomes deutsches IPR

1. Grundsatz der Gesamtverweisung, Abs. 1 S. 1 Hs. 1. a) Allgemeines. Das **deutsche IPR** spricht 7
nach dem in Rn. 2 Gesagten grundsätzlich Gesamtverweisungen aus, so dass bei der Berufung eines ausländischen Rechts durch die inländische Kollisionsnorm zunächst das ausländische Kollisionsrecht anzuwenden ist. Die Hauptschwierigkeit von Gesamtverweisen besteht im deutschen IPR in der Beantwortung der Frage, wann entgegen der theoretischen Grundregel des Art. 4 Abs. 1 S. 1 ein bloßer Sachnormverweis vorliegt (ausf. dazu → Rn. 16 ff.). Handelt es sich um einen Gesamtverweis durch das deutsche IPR, so lässt sich im Regelfall der Inhalt des ausländischen IPR problemlos ermitteln, notfalls ist ein Gutachten zum ausländischen Recht (genauer: zum ausländischen Kollisionsrecht) heranzuziehen (dazu → Art. 3 Rn. 48. Allerdings kann die kollisionsrechtliche Wertung des ausländischen Rechts in Ausnahmesituationen durchaus unklar sein.

b) Problemfälle. Maßgeblich für die Beantwortung der Frage, ob das ausländische IPR auf inländisches 8
Recht zurück- oder auf ein drittstaatliches Recht weiterverweist, sind die Auslegungsgrundsätze und rechtlichen Maßstäbe des betreffenden ausländischen Rechts, da ausländisches Recht – einschließlich des ausländischen IPR – im Inland nach Möglichkeit so anzuwenden ist wie im ausländischen Staat, dazu → Art. 3 Rn. 53. Qualifiziert das ausländische Kollisionsrecht die betreffende Rechtsfrage bzw. den Sachverhalt anders als das deutsche, ist diese abweichende Qualifikation und damit selbstverständlich auch eine Rückbzw. Weiterverweisung durch die aus ausländischer Sicht einschlägige Kollisionsnorm (sog. **Renvoi kraft Qualifikationsdifferenz**) zu beachten.[8]

Es kommt vor, dass das berufene **ausländische Recht** für den betreffenden Anknüpfungsgegenstand **keine** 9
eigenständigen Kollisionsnormen kennt. Namentlich im anglo-amerikanischen Rechtskreis existieren im Internationalen Familien- und Erbrecht zumeist nur wenige echte Kollisionsnormen. Stattdessen wird dort häufig nach dem Grundsatz verfahren, dass ein Gericht, das nach seinem Internationalen Zuständigkeitsrecht für eine Klage zuständig ist, stets sein eigenes Sachrecht anwendet. Eine internationale Zuständigkeit der Gerichte des betreffenden Staates besteht dabei im Zweifel, wenn mindestens eine Partei ihren Aufenthalt (domicile) dort hat bzw. dies auf beide Parteien zutrifft. Derartige ausländische Zuständigkeitsregelungen werden von der deutschen Rechtsprechung[9] – in Übereinstimmung mit dem Willen des Gesetzgebers[10] und dem wohl herrschenden Schrifttum[11] – nicht nur zuständigkeits-, sondern zugleich kollisionsrechtlich verstanden: Sind die für die Zuständigkeitsbegründung nach ausländischem Recht maßgeblichen Umstände in Deutschland verwirklicht, so liege ein **versteckter Rückverweis** auf das deutsche Recht vor. Im Ergebnis wird das ausländische Zuständigkeitsrecht spiegelbildlich im Inland angewandt und bei Bestehen einer entsprechenden hypothetischen Zuständigkeit deutscher Gerichte ein Rückverweis auf deutsches Recht (der gem. Art. 4 Abs. 1 S. 2 Sachnormverweis ist) angenommen. Diese Vorgehensweise ist **Bedenken** ausgesetzt: Zwar ist nicht zu bezweifeln, dass dem ausländischen Zuständigkeitsrecht für den dortigen Rechtsverkehr zugleich die Funktion des IPR zukommt. Doch macht das im Zuständigkeitsrecht „versteckte IPR" ausschließlich einseitige Aussagen darüber, wann die dortigen Gerichte zuständig sind und dann auch nach dem lokalen Recht entscheiden. Man wird ferner sicherlich annehmen können, dass der betreffende ausländische Staat keine Einwände dagegen erhebt, dass Deutschland die Zuständigkeit seiner Gerichte nach den gleichen Grundsätzen bestimmt wie er selbst, und für diesen Fall auch die Anwendung des deutschen Rechts vorschreibt. Allerdings heißt dies noch lange nicht, dass der betreffende ausländische Staat es nicht auch akzeptiert, wenn aufgrund sonstiger Umstände des Sachverhalts möglicherweise auch ein abweichendes Recht zur Anwendung gelangt. Wer die ausländische Wertung pauschal spiegelbildlich übernimmt hypostasiert letztlich eine so nicht existente mehrseitige Kollisionsnorm des ausländischen Rechts. Die zur

8   AllgM, vgl. BGHZ 24, 352, 355 = NJW 1957, 1316; BGH NJW 1980, 2016 (2017) mAnm *Samtleben* = IPRax 1981, 25 mAnm *Firsching*; v. Bar/Mankowski IPR I § 7 Rn. 220; Staudinger/*Hausmann* (2019) Rn. 66 ff.; MüKoBGB/*v. Hein* Rn. 70 ff.; BeckOK BGB/*Lorenz* EGBGB Art. 4 Rn. 18.

9   KG NJW 1960, 248 (250 f.) (Adoption); OLG Bamberg FamRZ 1979, 930 (Scheidung); OLG Stuttgart IPRax 1987, 121 (122) mAnm *Adam* (Versorgungsausgleich); OLG Zweibrücken NJW-RR 1999, 948 = JuS 1999, 1233 mAnm *Hohloch* = FamRZ 1999, 940

(Scheidung); OLG Hamburg NJWE-FER 2001, 194 = IPRax 2002, 304 mAnm *Andrae/Essebier* = FamRZ 2001, 916 (Unterhalt).

10   BT-Drs. 10/504, 38 f.

11   Soergel/*Kegel* EGBGB Art. 4 Rn. 16; Erman/*Hohloch* EGBGB Art. 4 Rn. 6 a; Staudinger/*Hausmann* (2019) EGBGB Art. 4 Rn. 88 ff. mwN Krit. *Mäsch* RabelsZ 61 (1997), 285, 300 f.; BeckOK BGB/ *Lorenz* EGBGB Art. 4 Rn. 18; Palandt/*Thorn* EGBGB Art. 4 Rn. 2.

Lösung des Dilemmas aufgezeigten Wege sind durchgängig problematisch.[12] Im Ausgangspunkt sollte das Anliegen stehen, sowohl der deutschen Kollisionsnorm, die einen Gesamtverweis ausspricht und ein bestimmtes Anknüpfungsmerkmal verwendet, wie auch dem ausländischen Zuständigkeitsrecht Rechnung zu tragen. Dies gelingt sicherlich nicht durch die Umdeutung der deutschen Gesamt- in eine Sachnormverweisung, weil diese die inländische Kollisionsnorm geradezu denaturiert.[13] Ebenso wenig überzeugt es, wenn in den problematischen Fällen ein Wechsel des Anknüpfungsmerkmals propagiert wird, insbes. indem im Internationalen Familienrecht von der im autonomen IPR noch üblichen Anknüpfung an die Staatsangehörigkeit zu derjenigen an den gewöhnlichen Aufenthalt übergegangen und das Problem so „gelöst" wird.[14] Auch hierfür gibt es keinerlei Anhaltspunkte im Gesetz und hinter der Auswahl des Anknüpfungsmerkmals steht letztlich eine bewusste Wertentscheidung des nationalen Gesetzgebers, der in personen- und familienrechtlichen Angelegenheiten die mit der Staatsangehörigkeitsanknüpfung verbundene Stabilität der Rechtsverhältnisse gegenüber der womöglich nur vorübergehenden Einbindung in die Lebensumwelt, wie sie sich aus dem gewöhnlichen Aufenthalt ergibt, bevorzugt. Im Ergebnis führt der geschilderte Wechsel zudem in den neuralgischen Fällen häufig de facto zu einer Umdeutung der Verweisung in einen Sachnormverweis. Damit bleibt letztlich nur die Anerkennung des Instituts der versteckten Rückverweisung. Das deutsche IPR möchte durch den Gesamtverweis die ausländischen Vorstellungen beachten, denen trotz Schweigens des dortigen Rechts durch ihre spiegelbildliche Anwendung im Inland immerhin ansatzweise Rechnung getragen wird. Dieses Vorgehen hat ferner den Vorteil, dass die Anerkennung deutscher Urteile, die auf der Grundlage der genannten Lösung ergehen, im betreffenden Staat weitestgehend sichergestellt ist. Jedenfalls dann, wenn das ausländische Recht Urteile anerkennt, die auf der Grundlage eines bestimmten (aus seiner Sicht) fremden Rechts (bzw. bestimmter mehrerer fremder Rechte) ergangen sind, weil es keine „kollisionsrechtliche Konformität" fordert, wird der versteckte Rückverweis auch von der Gegenansicht anerkannt.[15] Für das **EuIPR** ist die Problematik ohne größere praktische Relevanz: Gesamtverweisungen kommen hier nur im Rahmen der EuErbVO (vgl. Art. 34 EuErbVO) vor, die idR an den gewöhnlichen Aufenthalt des Erblassers anknüpft (vgl. Art. 21 Abs. 1 EuErbVO). Häufig wird es daher zu einem Gleichlauf mit Rechtsordnungen kommen, die an den domicile anknüpfen; in den verbleibenden Restfällen ist ebenso wie im deutschen IPR zu entscheiden.

10   In Ausnahmefällen verweist die inländische Kollisionsnorm auf ein ausländisches (Kollisions-)Recht, das seinerseits nicht selbst über die Qualifikation eines Anknüpfungsgegenstandes entscheidet, sondern insoweit auf ein anderes Recht verweist (sog. „**Qualifikationsverweis**"). Das geltende EuIPR enthält einen Qualifikationsverweis in Art. 30 EuErbVO, der sich mit der Behandlung erbrechtlicher Eingriffsnormen der lex rei sitae für „bestimmte Vermögenswerte" (insbes. für Immobilien und Unternehmen) befasst. Befinden sich Nachlassgegenstände der genannten Art in einem Staat, dessen Recht nicht Erbstatut ist und der die Erbfolge in die betreffenden Gegenstände dennoch zwingend seinem vom Erbstatut abweichenden Recht unterstellt, so ist das zu beachten. Der Verweis des Art. 30 EuErbVO auf das Belegenheitsrecht umfasst auch die Befugnis des betreffenden Staates festzulegen, für welche Nachlassgegenstände er sein Erbrecht international zwingend anwenden will.

11   Gem. Art. 4 Abs. 1 S. 1 ist ein Renvoi des vom deutschen IPR erstberufenen ausländischen Rechts auf das Recht eines Drittstaates beachtlich. Wegen der Seltenheit der Fälle bewusst[16] nicht geregelt wurde hingegen die **Anzahl der** darüber hinaus **zu beachtenden Weiterverweisungen**, falls das Recht des Drittstaates seinerseits einen Renvoi (auf das Recht eines vierten Staates) ausspricht etc Es entspricht allerdings ganz hM, dass grundsätzlich **sämtliche** Renvois zu beachten sind.[17] Anderes gilt gem. Art. 34 Abs. 1 EuErbVO und Art. 21 KSÜ, die Weiterverweisungen nur für beachtlich halten, falls es entweder zu einem Verweis auf das Recht eines Mitgliedstaates der EuErbVO bzw. des KSÜ kommt oder das IPR des Drittstaates, auf dessen Recht verwiesen wird, zum Recht eines anderen Drittstaates führt und letzterer die Verweisung auch annimmt. Im Ergebnis ist damit höchstens ein Rück- bzw. Weiterverweis durch ein drittstaatliches IPR beachtlich, ggf. wird die Gesamtverweisung der EuErbVO zu einer Sachnormverweisung auf das Recht des ersten Drittstaates. Zum Abbruch der Verweisungskette gem. Art. 4 Abs. 1 S. 2 bzw. in den von der Norm nicht erfassten Fällen näher → Rn. 14 f.

---

12 Überblick bei Staudinger/*Hausmann* (2019) EGBGB Art. 4 Rn. 88 ff.; MüKoBGB/*v. Hein* EGBGB Art. 4 Rn. 65 ff.

13 So aber *Schwimann* NJW 1976, 1000 (1003).

14 So aber MüKoBGB/*v. Hein* EGBGB Art. 4 Rn. 69.

15 Etwa *v. Bar/Mankowski* IPR I § 7 Rn. 218; MüKoBGB/*Sonnenberger* (5. Aufl. 2010) EGBGB Art. 4 Rn. 53.

16 Vgl. BT-Drs. 10/504, 38.

17 MüKoBGB/*v. Hein* EGBGB Art. 4 Rn. 106; Palandt/ *Thorn* EGBGB Art. 4 Rn. 3; Erman/*Hohloch* EGBGB Art. 4 Rn. 9; BeckOK BGB/*Lorenz* EGBGB Art. 4 Rn. 21. Ebenso etwa § 5 Abs. 2 Hs. 2 des österreichischen IPRG und Art. 14 Abs. 1 des schweizerischen IPRG.

Grundsätzlich beachtlich ist auch ein **teilweiser Rück- bzw. Weiterverweis** (Teilrenvoi).[18] Hierzu kommt 12
es, wenn das ausländische Recht anders qualifiziert bzw. anknüpft als das deutsche. So lässt etwa **Art. 34
EuErbVO** bereits nach seinem Wortlaut den Teilrenvoi zu.[19]

Sollte der **Inhalt des ausländischen Kollisionsrechts nicht feststellbar** sein – was auch erfordert, dass 13
nicht etwa ein „versteckter Rückverweis" iSd → Rn. 9 vorliegt –, so sind die allgemeinen Grundsätze über
die Nichtermittelbarkeit ausländischen Rechts (dazu → Art. 3 Rn. 50 nicht entsprechend anzuwenden.[20]
Vielmehr ist, da sich ein äußerer Entscheidungseinklang und damit der Zweck der Gesamtverweisung von
vornherein nicht realisieren lässt, eine Sachnormverweisung anzunehmen.[21]

c) Abbruch der Verweisungskette, Abs. 1 S. 2. Art. 4 Abs. 1 S. 2 bricht die Verweisungskette ab, wenn 14
das ausländische IPR **einen Rückverweis auf deutsches Recht** ausspricht; in diesem Fall ist deutsches
Sachrecht anzuwenden. Parallel hierzu ordnet Art. 34 Abs. 1 Nr. 1 EuErbVO den Abbruch der Verweisungskette an, wenn ein drittstaatliches IPR auf das Recht eines Mitgliedstaates der EuErbVO zurück- oder weiterverweist. Der Zweck dieser Vorschriften besteht unbestritten darin, „Endlosverweisungen" zwischen
deutschem bzw. europäischem IPR einerseits und ausländischem IPR andererseits dann zu vermeiden, wenn
beide (ggf. auch mehrere) Rechtsordnungen jeweils Gesamtverweise aussprechen und aufgrund unterschiedlicher Anknüpfungen wechselseitig aufeinander verweisen. Bedeutung haben derartige Regelungen
nur, wenn das ausländische IPR einen Gesamtverweis auf deutsches Recht ausspricht, da es andernfalls (dh
bei Vorliegen eines Sachnormverweises durch das ausländische IPR) ohnedies zur Anwendung deutschen
bzw. mitgliedstaatlichen Sachrechts kommt. Dass ein Abbruch der Verweisungskette zur Verhinderung end-
loser Verweisungszirkel geboten ist, versteht sich von selbst. Allerdings sind Art. 4 Abs. 1 S. 2 EGBGB,
Art. 34 Abs. 1 Nr. 1 EuErbVO Gegenstand **rechtspolitischer Kritik:** Erstens ignoriert der Befehl zur
Anwendung deutschen bzw. mitgliedstaatlichen Sachrechts die Wertung der einschlägigen deutschen bzw.
europäischen Kollisionsnorm, die primär ein ausländisches bzw. drittstaatliches Recht berufen hat und
damit das deutsche bzw. mitgliedstaatliche Sachrecht an sich gerade für „unzuständig" hält. Zweitens soll
im Fall eines Gesamtverweises das ausländische IPR auch im Inland grundsätzlich so angewendet werden,
wie es im Ausland praktiziert wird. Es ist aber keineswegs gesagt, dass die ausländische Rechtsordnung den
drohenden Verweisungszirkel ihrerseits beim deutschen bzw. mitgliedstaatlichen Recht abbrechen würde.
Drittens spricht das ausländische Recht in den Fällen des Art. 4 Abs. 1 S. 2 EGBGB, Art. 34 Abs. 1 Nr. 1
EuErbVO an sich einen Gesamtverweis auf das deutsche bzw. mitgliedstaatliche Recht aus, der durch Art. 4
Abs. 1 S. 2, Art. 34 Abs. 1 Nr. 1 EuErbVO in eine Sachnormverweisung denaturiert wird. Dementsprechend
wird auch vorgeschlagen, die Verweisungskette nach der sog. *foreign court theory* dort abzubrechen, wo
dies das ausländische IPR tun würde.[22] Gleichwohl sind der Abbruch der Verweisungskette und die Anwendung inländischen bzw. mitgliedstaatlichen Sachrechts gerechtfertigt: Zu nennen ist zuvörderst das sehr
praktische Argument, dass die Anwendung des heimischen Sachrechts der zeitnahen und kostengünstigen
Entscheidungsfindung durch die inländischen Gerichte dienlicher ist als diejenige einer fremden Rechtsordnung, die zudem in der Regel deutlich fehleranfälliger sein wird.[23] Auch ist die Entscheidung darüber, an
welcher Stelle man den Verweisungszirkel abbricht, notwendig willkürlich und auch die foreign court-
Theorie ist daher Einwänden ausgesetzt. Insbes. ist denkbar, dass das ausländische IPR die Problematik
ebenso entscheidet wie derzeit Art. 4 Abs. 1 S. 2 EGBGB, Art. 34 Abs. 1 Nr. 1 EuErbVO und die Verweisungskette bei sich selbst abbricht. Eine solche Entscheidung wäre dann allerdings ebenso bedenklich wie
diejenige des derzeitigen deutschen bzw. europäischen lex lata und führte zu der Frage, warum man dem
ausländischen Staat eine Entscheidung zugesteht, die man für sich selbst ablehnt. Allenfalls könnte man
dieser Lösung zugutehalten, dass dem Sinn der inländischen Verweisung Genüge getan ist, nicht etwa deutsches Sachrecht zur Lösung heranzuziehen. Freilich verfängt auch dieses Argument kaum, wenn man
annimmt, dass der deutsche bzw. europäische Gesamtverweis wegen eines latenten Unbehagens gegenüber
dem Renvoi von vornherein nicht so endgültig gemeint ist, dass dem deutschen bzw. mitgliedstaatlichen
Sachrecht in jedem Fall der Anwendungswille abgesprochen werden soll. Zudem könnte es sein, dass das
ausländische IPR die Entscheidung über den Abbruch der Verweisungskette ebenfalls nach der *foreign
court theory* trifft. Dann käme es ebenso wie derzeit zum Endloszirkel, der nur durch einen Willkürakt
zugunsten des einen oder anderen Rechts beendet werden kann.

Im deutschen IPR mangels gesetzlicher Regelung umstritten ist die Behandlung der sehr seltenen Fälle, in 15
denen eines der berufenen ausländischen Kollisionsrechte einen **Rückverweis auf ein früheres Glied der**

---

18 BeckOK BGB/*Lorenz* EGBGB Art. 4 Rn. 22.

19 Etwa MüKoBGB/*Dutta* EuErbVO Art. 34 Rn. 9.

20 So aber *Kegel/Schurig* IPR § 10 VI; *Kreuzer* NJW
    1983, 1943 (1946 ff.).

21 MüKoBGB/*v. Hein* EGBGB Art. 4 Rn. 92; BeckOK
    BGB/*Lorenz* EGBGB Art. 4 Rn. 23; Staudinger/

Hausmann (2013) EGBGB Art. 4 Rn. 119; *v. Bar/
Mankowski* IPR I § 7 Rn. 221.

22 So insbes. *Michaels* RabelsZ 61 (1997), 685, 701 ff.;
    Erman/*Hohloch* EGBGB Art. 4 Rn. 9; Palandt/*Thorn*
    EGBGB EGBGB Art. 4 Rn. 3.

23 Etwa MüKoBGB/*v. Hein* EGBGB Art. 4 Rn. 96, 11;
    Erman/*Hohloch* EGBGB Art. 4 Rn. 7.

Kette ausspricht, das nicht das deutsche Recht ist. Hier ist Art. 4 Abs. 1 S. 2 analog anzuwenden und die Verweisung bei derjenigen Rechtsordnung zu beenden, auf die erstmals zurückverwiesen wird. Dies entspricht den in den genannten Bestimmungen zum Ausdruck gebrachten Wertungen wie auch dem Gebot der Einfachheit der Rechtsfindung und -anwendung und vermeidet die Unzulänglichkeiten der *foreign court theory*.[24] Für das EuIPR stellt sich diese Frage von vornherein nicht, da Verweise auf ein mitgliedstaatliches Recht in aller Regel Sachnormverweise sind und Art. 34 Abs. 1 Nr. 2 EuErbVO als derzeit einzige Gesamtverweisungsnorm des EuIPR maximal einen einzigen Weiterverweis eines drittstaatlichen IPR auf das Recht eines anderen Nicht-Mitgliedstaates zulässt.

16   **2. Sachnormverweisung, Abs. 1 S. 1 Hs. 2, Abs. 2.** Art. 4 Abs. 1 S. 1, Hs. 2 stellt klar, dass der Grundsatz der Gesamtverweisung nicht unbegrenzt gilt, sondern das inländische Kollisionsrecht auch **Sachnormverweise** ausspricht, falls dies „dem Sinn der Verweisung" entspricht. Die vage Formulierung dieser „Sinnklausel" führt – abgesehen von den Evidenzfällen des ausdrücklich angeordneten Sachnormverweises sowie der Rechtswahl (dazu Rn. 18) – seit jeher zu Streitigkeiten darüber, ob im Einzelfall ein Gesamt- oder Sachnormverweis vorliegt. Gänzlich anders liegt es im **EuIPR**, da dieses erstens mit Ausnahme des Art. 34 EuErbVO durchgängig Sachnormverweise ausspricht und zweitens jeweils explizit anordnet, welchen Umfang die Verweisung hat.

17   **a) Ausdrücklicher Sachnormverweis.** Diverse Kollisionsnormen des autonomen deutschen IPR enthalten **ausdrückliche Sachrechtsverweise** bzw. schließen Gesamtverweisungen explizit aus. Zu nennen sind aus dem Bereich des deutschen Rechts die Art. 8, Art. 11 Abs. 1, Abs. 2, Abs. 4, Art. 12, Art. 17a, Art. 17b Abs. 1 S. 1. In diesen Fällen bedarf es keines Rückgriffs auf die „Sinnklausel" des Art. 4 Abs. 1 S. 1.

18   **b) Ausschluss der Gesamtverweisung bei Rechtswahl, Abs. 2.** Gem. Art. 4 Abs. 2 S. 2 sind bei einer Rechtswahl Gesamtverweisungen ausgeschlossen, dh die Parteien dürfen nur Sachvorschriften wählen. Die Vorschrift betrifft jedenfalls die Rechtswahl im Rahmen der Art. 10 Abs. 2, Abs. 3, Art. 14 Abs. 2, Abs. 3 sowie des Art. 42. Ob auch das einseitige Bestimmungsrecht des Art. 40 Abs. 1 im Kontext der Rechtswahl zu nennen ist oder ob es sich um einen Fall der den Renvoi ebenfalls ausschließenden Alternativanknüpfung (zu dieser Rn. 22) handelt oder ob der Renvoi auch bei Art. 40 Abs. 1 zu beachten ist, ist sehr umstr.[25] Art. 4 Abs. 2 bezweckt die Schaffung von Rechtssicherheit, indem er anordnet, dass sich das anwendbare Recht unmittelbar aus der Rechtswahlvereinbarung ergibt. Die Annahme eines Sachnormverweises wird in aller Regel dem Willen der Parteien entsprechen, da die Parteien andernfalls das anwendbare Recht nur mittels des Kollisionsrechts der gewählten Rechtsordnung bestimmen und das in der Sache geltende Recht damit jedenfalls nicht unmittelbar ihrem Vertrag entnehmen könnten. Rechtspolitisch wird der gänzliche Ausschluss vertraglicher Gesamtverweisungen zum Teil kritisiert, da er letztlich zu einer „Zwangsbeglückung" der Parteien führe. Diese können in der Tat ganz ausnahmsweise ein Interesse an einer Gesamtverweisung haben, falls sie ihre Rechtsbeziehungen dynamisch demselben Recht unterstellen wollen, das auch vom Kollisionsrecht eines für sie bedeutsamen anderen Staates bezeichnet wird.[26] Jedenfalls bleibt *de lege lata* das Verbot des Art. 4 Abs. 2 zu beachten.

19   **c) Sachnormverweisung „aus dem Sinn der Verweisung", Abs. 1 S. 1 Hs. 2.** Eine Sachnormverweisung kann nach der „Sinnklausel" des Art. 4 Abs. 1 S. 1 Hs. 2 auch nach „dem Sinn der Verweisung" geboten sein, wobei die Bestimmung der relevanten Fälle äußerst umstritten ist.[27] Insoweit sind verschiedene Fallgruppen zu unterscheiden; außerhalb dieser ist jeweils die Kommentierung der einzelnen Bestimmung zu konsultieren.

20   Eine Sachnormverweisung liegt unproblematisch vor, falls das deutsche IPR unmittelbar **deutsches Recht für anwendbar erklärt** (Art. 9 S. 2, 10 Abs. 2 Nr. 2, Abs. 3 Nr. 2, 13 Abs. 2, Abs. 3, 24 Abs. 1 S. 2). Eine nochmalige Prüfung des deutschen IPR ist hier zur Vermeidung einer sinnlosen „kollisionsrechtlichen Schleife", deren Ergebnis von vornherein feststeht, entbehrlich.[28]

21   Teilweise umstritten ist der Umfang von Verweisungen im Rahmen der **Alternativanknüpfungen** gem. Art. 11 Abs. 1, 14 Abs. 4 S. 2 Hs. 2, 19 Abs. 1 S. 2 u. 4, 20 Abs. 1, Art. 40 Abs. 1, 4. Alternativanknüpfungen stellen häufig Verlegenheitslösungen in Fällen dar, in denen der inländische Gesetzgeber mehrere Anknüpfungsfaktoren für gleichgewichtig hält und sich daher nicht etwa auf eine von ihnen festlegt, sondern sie alternativ zulässt. Darüber hinaus verfolgen Alternativanknüpfungen entweder ausschließlich oder auch nur

---

24   Wie hier etwa BeckOK BGB/*Lorenz* EGBGB Art. 4 Rn. 18; wohl auch MüKoBGB/*v. Hein* EGBGB Art. 4 Rn. 105. Ebenso § 5 Abs. 2 Hs. 2 aE österr. IPRG.

25   Umfassend hierzu zuletzt *Rademacher* IPRax 2019, 140 (142 ff.) Nachw. Art. 40 Rn. 8.

26   Rechtspolitisch für die Zulassung vertraglicher Gesamtverweise etwa *Schröder* IPRax 1987, 90 (92) mwN; Erman/*Hohloch* EGBGB Art. 4 Rn. 14;

MüKoBGB/*Martiny* (4. Aufl. 2006) Art. 35 Rn. 5 f.; MüKoBGB/*v. Hein* EGBGB Art. 4 Rn. 21 f.

27   Ausf. *Kühne* FS Ferid (1988), S. 251 ff.; *Rauscher* NJW 1988, 2151; *Ebenroth/Eyles* IPRax 1989, 1; *Kartzke* IPRax 1988, 8.

28   BT-Drs. 10/504, 35; *Ebenroth/Eyles* IPRax 1989, 1 (3); Erman/*Hohloch* EGBGB Art. 4 Rn. 15.

als Folge der kollisionsrechtlichen Unentschlossenheit des Gesetzgebers auch materielle Ziele. Beruft das inländische IPR mehrere Rechtsordnungen alternativ, macht es eine Auswahl unter ihnen erforderlich, die entweder nach den Zwecken der betreffenden Kollisionsnorm (etwa die sichere Feststellung einer Vaterschaft i.R.d. Art. 19) durch das Gericht erfolgt oder einer Partei (insbes. i.R.d. Art. 40) übertragen wird. Das Gericht muss dabei dasjenige der betroffenen Rechte präferieren, das den von der inländischen Kollisionsnorm verfolgten Zielen objektiv am besten dient, während die Partei im Zweifel die für sie (sachrechtlich) günstigste Rechtsordnung bestimmen wird. Diesem Normzweck widerspräche es nach einhelliger Ansicht, wenn die Auswahlentscheidung zwischen den alternativ berufenen Rechten deswegen entfiele, weil eine der beiden zu vergleichenden Rechtsordnungen unmittelbar oder mittelbar auf die andere rück- bzw. weiterverwiese. Denn jedenfalls durch einen derartigen Renvoi würde im Ergebnis überhaupt nur eine einzige Rechtsordnung berufen, womit die Grundlage für den Günstigkeitsvergleich entfiele.[29] Umstritten sind die verbleibenden Fälle, in denen der Renvoi nicht etwa die Zahl der potenziell berufenen Rechtsordnungen einschränkt, sondern lediglich auf deutsches Recht oder ein sonstiges früheres Recht in der Verweisungskette zurückverweist. Hierbei sind im Wesentlichen drei Lösungsansätze denkbar:[30] Erstens ließe sich aus dem Gesagten folgern, dass Gesamtverweisungen bei Alternativanknüpfungen generell zugunsten von Sachnormverweisen zurückweichen müssen.[31] Zweitens könnte man den Renvoi solange zulassen, wie er die Zahl alternativ zur Verfügung stehender Rechtsordnungen nicht reduziert.[32] Drittens ließe sich der Umfang der Verweisung in Abhängigkeit vom Telos der jeweiligen inländischen Kollisionsnorm bestimmen.[33] Gegen den erstgenannten Lösungsansatz spricht, dass die generelle Annahme, alternativ anknüpfende Kollisionsnormen enthielten nur Sachnormverweise, dem Grundprinzip des Art. 4 Abs. 1 S. 1 Hs. 1 widerspricht. Von selbst versteht sich, dass bei einer Alternativanknüpfung ein Gesamtverweis dann unbeachtlich sein muss, falls er zu einer Reduktion der Anzahl der zu vergleichenden Rechtsordnungen führt. Entscheidende Bedeutung kommt damit im Sinne der letztgenannten These dem Telos der jeweiligen inländischen Kollisionsnorm zu, die die Alternativanknüpfung ausspricht. In vielen Fällen wird der Renvoi daher nur beachtlich sein, wenn er das sachrechtliche Begünstigungsinteresse der deutschen Kollisionsnorm fördert, dh zu einer Rechtsordnung führt, die für den Begünstigten vorteilhafter ist als die verweisende, in Bezug auf die Einzelheiten s. die Kommentierungen zu den die einschlägigen Alternativanknüpfungen aussprechenden Kollisionsnormen.

Diskutiert wird über die Anwendung der Sinnklausel ferner in Bezug auf Kollisionsnormen, die eine **Anknüpfung an die engste Verbindung** vorsehen.[34] Im autonomen IPR ist die Thematik insbes. noch relevant für die Art. 14 Abs. 1 Nr. 3, Art. 41 Abs. 1 und für Art. 46. Im Ausgangspunkt ist unbestritten, dass es bereits begrifflich keine engere als gerade die „engste" Verbindung geben kann,[35] so dass es sinnwidrig wäre, die nach den Kriterien des deutschen (Kollisions-)Rechts als am besten zur Entscheidung des Sachverhaltes ermittelte Rechtsordnung über einen eventuellen Renvoi wieder auszuschalten. Allerdings differenziert die wohl herrschende Auffassung zu Recht wie folgt zwischen Anknüpfungen an die engste Verbindung ieS und bloßen Ersatz- bzw. Auffanganknüpfungen:[36] Die Anknüpfung an eine besonders enge Verbindung der Eheleute zu einer bestimmten Rechtsordnung im Rahmen des Art. 14 Abs. 1 Nr. 3 ist eine „Notlösung" für den Fall, dass die vorrangigen Anknüpfungen an die gemeinsame Staatsangehörigkeit (Art. 14 Abs. 1 Nr. 1) bzw. den gemeinsamen gewöhnlichen Aufenthalt (Art. 14 Abs. 1 Nr. 2), die nach der Grundregel des Art. 4 Abs. 1 S. 1 Hs. 1 Gesamtverweise darstellen, scheitern. In Wirklichkeit knüpft Art. 14 Abs. 1 Nr. 3 daher gar nicht an die engste Verbindung ieS an, da diese nach deutschen kollisionsrechtlichen Vorstellungen gerade zum Recht der gemeinsamen Nationalität, allenfalls noch zu demjenigen des gemeinsamen gewöhnlichen Aufenthalts der Eheleute, besteht. Es besteht daher kein Anlass, den Umfang der Verweisung des Art. 14 Abs. 1 Nr. 3 anders zu beurteilen als denjenigen gem. Art. 14 Abs. 1 Nr. 1 und 2. Geht es freilich um eine „echte" Anknüpfung an die engste Verbindung, insbes. um eine solche, die zu Abweichungen von einer Regelanknüpfung berechtigt, widerspräche ein Renvoi dem Sinn einer derartigen Verweisung.[37] Keine Anknüpfung an die engste Verbindung ieS liegt unbestritten vor, wenn gem. Art. 4 Abs. 3 S. 2 für den Fall der Rechtsspaltung im Ausland an das Teilrecht der engsten Verbindung angeknüpft wird.

22

---

29 BT-Drs. 10/5632, 39; *Ebenroth/Eyles* IPRax 1989, 1 (10); diff. Erman/*Hohloch* EGBGB Art. 4 Rn. 19. AA wohl nur Soergel/*Kegel* EGBGB Art. 4 Rn. 28.

30 Nachw. bei *Sonnentag*, S. 203 ff. sowie im Folgenden.

31 So Voraufl. Rn. 16; *Baum*, Alternativanknüpfungen (1985), 58, 257; *Schröder*, Das Günstigkeitsprinzip im internationalen Privatrecht (1996), 148 f.; *Kühne* FS Ferid (1988), S. 251, 258; *Ebenroth/Eyles* IPRax 1989, 1 (10); *Kartzke* IPRax 1988, 8; für das Internationale Familienrecht auch *Rauscher* NJW 1988, 2151 (2153).

32 Vgl. Palandt/*Thorn* EGBGB Art. 4 Rn. 6; BeckOK BGB/*Lorenz* EGBGB Art. 4 Rn. 11.

33 Insbe. MüKoBGB/*v. Hein* EGBGB Art. 4 Rn. 31.

34 Ausf. *Siehr* FS Sonnenberger (2004), S. 667.

35 *Sonnentag*, S. 171.

36 *Siehr* FS Sonnenberger (2004), S. 667, 672 f.; Erman/*Hohloch* EGBGB Art. 4 Rn. 18; MüKoBGB/*v. Hein* EGBGB Art. 4 Rn. 32; Palandt/*Thorn* EGBGB Art. 4 Rn. 7.

37 Vgl. *Siehr* FS Sonnenberger (2004), S. 667, 671; MüKoBGB/*v. Hein* EGBGB Art. 4 Rn. 32.

23 Problematisch ist die Anwendung der Sinnklausel ferner bei **akzessorischen Anknüpfungen** (etwa gem. Art. 41 Abs. 2 Nr. 1, früher auch i.R.d. Art. 15). Hier fragt sich, ob für das „akzessorisch" anzuknüpfende Statut das für die Hauptfrage ermittelte Sachrecht unter Ausschluss des Kollisionsrechts der lex causae gilt oder ob eine Sachverweisung überhaupt ausscheidet.[38] Gefordert ist eine differenzierende Betrachtung:[39] Akzessorische Anknüpfungen ieS, insbes. gem. Art. 38 Abs. 1, 39 Abs. 2, 40 Abs. 4 und 41 Abs. 1 Nr. 1, beruhen auf dem Gedanken, dass die von der akzessorischen Anknüpfung betroffenen Materien aufgrund inhaltlicher, dh sachrechtlicher, Zusammenhänge nach demselben Recht zu beurteilen sind wie die Hauptmaterie. Insoweit scheidet eine Gesamtverweisung aus, da sie den Sinnzusammenhang der Materien im Sachrecht zerrisse. Anderes gilt, wenn – wie dies etwa bei dem früheren Art. 15 der Fall war – die akzessorische Anknüpfung primär Ersatz für die Schaffung einer eigenen Kollisionsnorm ist.

III. EuIPR

24 Für das **EuIPR** ist die **Sachnormverweisung die** weit verbreitete **Regel** und der Renvoi die sehr seltene Ausnahme: Ausschließlich Sachnormverweise enthalten die drei Rom-Verordnungen (vgl. Art. 20 Rom I-VO, Art. 24 Rom II-VO, Art. 11 Rom III-VO), die beiden Verordnungen zum Internationalen Güterrecht (vgl. den jeweiligen Art. 32 der EuGüVO und der EuPartVO), aber auch die EuUnterhaltsVO in Verbindung mit Art. 12 des Haager UnterhProt. Die einzige Ausnahme macht Art. 34 EuErbVO nach dem Vorbild des Art. 21 Abs. 2 KSÜ, indem er maximal eine Rück- und Weiterverweisung unter den in der Norm genannten engen Voraussetzungen gestattet, um internationalen Entscheidungseinklang herzustellen.[40] Die grundsätzliche Abneigung des EuIPR gegenüber Rück- und Weiterverweisungen ist nach dem in Rn. 5 Gesagten gerade im Familien- und Erbrecht zwar bedenklich,[41] wird aber mit dem Vereinheitlichungsziel dieser supranationalen Rechtsakte begründet:[42] Die von der EU für angemessen erachteten kollisionsrechtlichen Wertungen sollen nicht zur Disposition des IPR von Nicht-Mitgliedstaaten gestellt werden. Freilich ist dieses Argument zwiespältig, weil der Rechtsstreit auch bei Zulassung eines Renvoi in sämtlichen Mitgliedstaaten des betreffenden EU-Rechtsaktes bzw. völkerrechtlichen Vertrages identisch entschieden werden müsste, wenn das einschlägige Instrument eine Verpflichtung zur Beachtung von Rück- bzw. Weiterverweisungen durch das IPR eines Drittstaates enthielte. Allenfalls erhöht ein Renvoi die Zahl der zu prüfenden ausländischen Kollisionsrechte und damit auch das Risiko ihrer unterschiedlichen Auslegung und Anwendung in den Mitglied- bzw. Vertragsstaaten. Ehrlicher ist es, die Renvoi-Feindlichkeit von EuIPR und von völkerrechtlichem IPR damit zu begründen, dass man die mehr oder minder mühsam konsentierten gemeinsamen Verweisungsregeln auch tatsächlich zur Anwendung bringen, dh seine rechtspolitischen Vorstellungen unbedingt durchsetzen will. Ein solches Ansinnen ist auch nicht illegitim. Es hat zudem den Vorteil der Vereinheitlichung der Rechtsanwendung, da es allein der Prüfung des harmonisierten Kollisionsrechts sowie eines einzigen ausländischen Sachrechts bedarf. Eine **allgemeine Verweisungslehre im Zusammenhang mit Gesamtverweisen** hat sich im EuIPR mangels Bedarfs noch nicht herausgebildet. Allerdings kann im Kontext des Art. 34 EuErbVO grundsätzlich auf die Erläuterungen zum deutschen Recht verwiesen werden; zu den Einzelheiten vgl. die Kommentierung bei Art. 34 EuErbVO.

IV. Völkervertragliche Kollisionsnormen

25 Weithin unbestritten ist, dass Kollisionsnormen, die in unmittelbar anwendbaren **völkerrechtlichen Vereinbarungen** enthalten sind, grundsätzlich Sachnormverweise aussprechen.[43] Dies folgt daraus, dass völkerrechtliche Verträge auf dem Gebiet des Kollisionsrechts ebenso wie das EuIPR gerade auf einer mühsamen Einigung über die relevanten Anknüpfungen beruhen, die nicht von den kollisionsrechtlichen Vorstellungen

---

38 Für Letzteres *Rauscher* NJW 1988, 2151 (2154).

39 MüKoBGB/*v. Hein* EGBGB Art. 4 Rn. 33; BeckOK BGB/*Lorenz* EGBGB Art. 4 Rn. 11; *Rauscher* NJW 1988, 2151 (2154); *Kartzke* IPRax 1988, 8 (10 f.); *Kühne* FS Ferid (1988), S. 251, 262 ff.; *Ebenroth/ Eyles* IPRax 1989, 1 (12); *Dörner* StAZ 1990, 1 (4). Widersprüchlich Palandt/*Thorn* EGBGB Art. 4 Rn. 8 einerseits, Art. 15 Rn. 2 andererseits.

40 So explizit Erwägungsgrund (57) S. 3 EuErbVO.

41 Vgl. etwa *Heinze* FS Kropholler (2008), 105, 118 f.; *Sonnenberger* FS Kropholler (2008), S. 227, 238; *Bonomi* Riv. dir. int. priv. e proz. 2010, 875, 910 f.; *Max-Planck-Institut für ausländisches und internationales Privatrecht* RabelsZ 74 (2010), 522, 657 ff. (Rn. 233 ff.); Weitere Nachw. zur Diskussion im Rah-

men der Rom II-VO bei *Mankowski* IPRax 2010, 389 (398 f.).

42 Im Ergebnis unstr., vgl. NK-BGB/*Budzikiewicz* Rom III-VO Art. 11 Rn. 1; NK-BGB/*Leible* Rom I-VO Art. 20 Rn. 1; siehe auch MüKoBGB/*Dutta* EuErbVO Art. 34 Rn. 1; MüKoBGB/*Junker* Rom II-VO Art. 24 Rn. 1 f.; MüKoBGB/*Martiny* Rom I-VO Art. 20 Rn. 2; MüKoBGB/*Winkler von Mohrenfels* Rom III-VO Art. 11 Rn. 1.

43 Erman/*Hohloch* EGBGB Art. 4 Rn. 16; BeckOK BGB/*Lorenz* EGBGB Art. 4 Rn. 10; MüKoBGB/*Sonnenberger* (5. Aufl. 2010) EGBGB Art. 4 Rn. 66 ff. mwN; Palandt/*Thorn* EGBGB Art. 4 Rn. 11. Ausf. *Kropholler* FS Henrich (2000), S. 393 ff. und *Graue* RabelsZ 57 (1993), 26 ff.

dritter Staaten ausgehebelt werden sollen. Nicht ausgeschlossen ist, dass entgegen der geschilderten Regel eine völkervertragliche Kollisionsnorm ausnahmsweise einen Gesamtverweis ausspricht, was allerdings – wie etwa in Art. 21 Abs. 2 KSÜ – in der Regel ausdrücklich geschieht.[44]

C. Rechtsspaltung, Abs. 3 (Interlokales und Interpersonales Privatrecht)

I. Allgemeines

1. Interlokale Rechtsspaltung. In sog. Mehrrechtsstaaten mit **territorialer Rechtsspaltung** (etwa USA, Vereinigtes Königreich, Spanien, Mexiko, Kanada, Australien)[45] gilt in unterschiedlichen Teilen des Territoriums vollständig oder teilweise unterschiedliches Privatrecht (sog. Teil- oder Partikularrechtsordnungen). Auch die Bundesrepublik ist in Bezug auf die wenigen privatrechtlichen Regelungen der Länder im Nachbar- und Erbrecht ein Mehrrechtsstaat. Ähnlich gelagert war in der Zeit vor dem 3.10.1990 auch das Verhältnis zwischen dem Gebiet der Bundesrepublik und demjenigen der DDR, da beide deutschen „Staaten" – zumindest aus westdeutscher Sicht – als Teilgebiete des einheitlichen Gesamtstaates angesehen wurden.[46] Das Kollisionsrecht von Mehrrechtsstaaten ist notwendig **zweischichtig aufgebaut**: Auf der oberen Ebene ist das „externe Kollisionsrecht" im Sinne des Internationalen Privatrechts angesiedelt, das sich mit dem Verhältnis des Mehrrechtsstaates (bzw. seiner Gliedstaaten, dazu sogleich) zu Drittstaaten befasst. Bestenfalls wird dieses externe Kollisionsrecht vom Gesamtstaat einheitlich für sämtliche Teilgebiete normiert; so liegt es etwa in den privatrechtlich gespaltenen EU-Mitgliedstaaten Spanien und Vereinigtes Königreich, für die die einheitlichen Normen des EuIPR oder hilfsweise einheitliche Kollisionsnormen gelten. Häufig geht die interlokale Rechtsspaltung jedoch mit einer **kollisionsrechtlichen Rechtsspaltung** einher, dh auch das im Verhältnis zu anderen Staaten geltende Kollisionsrecht ist nicht einheitlich gesamtstaatlich, sondern gliedstaatlich geregelt. Auf einer dem IPR nachgelagerten Ebene ist die interlokale Frage angesiedelt, wie über die Verteilung der Rechtsfrage unter den gliedstaatlichen Teilrechtsordnungen zu entscheiden ist. Zumindest aus Sicht des Mehrrechtsstaates ist insoweit das sog. interlokale Privatrecht maßgeblich („**ILR**"), wobei auch insoweit eine einheitliche und eine gespaltene Lösung denkbar sind: Entweder der Gesamtstaat verfügt über ein einheitliches internes Kollisionsrecht mithilfe dessen er die „Zuständigkeiten" zwischen den Teilstaaten verteilt oder er überlässt auch diese Frage den gliedstaatlichen Rechten. In Deutschland etwa gilt die ungeschriebene Regelung, dass jedes Land seine nachbarrechtlichen Regelungen auf Nachbarschaftskonflikte zwischen Grundeigentümern anwendet, deren Immobilien im jeweiligen Land belegen sind. Der Fall, dass das ILR gesamtstaatlich normiert ist, die eine Rechtsspaltung auch auf Ebene des ILR vorliegt, fällt regelmäßig mit demjenigen der kollisionsrechtlichen Rechtsspaltung zusammen. Hier (zB in den USA) wird es ferner häufig so liegen, dass die Gliedstaaten überhaupt nur ein Set an Kollisionsnormen vorhalten, die sowohl für externe wie interne Kollisionsfälle gelten, weil die Gliedstaaten einander kollisionsrechtlich ebenso behandeln wie externe Drittstaaten. Die betreffenden Kollisionsnormen weisen damit eine internationalprivatrechtliche und interlokale Doppelnatur auf.

In Fällen der territorialen Rechtsspaltung muss (vorbehaltlich der IPR-Thematik, dazu → Rn. 28) geklärt werden, auf welche der Teilrechtsordnungen sich die vom inländischen IPR ausgesprochene Verweisung bezieht. Zur Problemlösung in Betracht kommen mindestens **drei verschiedene Vorgehensweisen**, von denen zwei Extrempositionen darstellen, die dritte hingegen einen Mittelweg: **Erstens** kann das inländische IPR die Zuweisung der Rechtsfrage innerhalb des ausländischen Mehrrechtsstaates dessen interlokalem Privatrecht überlassen. Das ausländische ILR hätte dann im Wege einer Unteranknüpfung darüber zu entscheiden, welche seiner Teilrechtsordnungen zur Anwendung berufen ist. In gewisser Weise ähnelt diese Vorgehensweise dem Gesamtverweis, der ebenfalls die Wertungen des ausländischen Rechts (wenn auch auf der Ebene des externen Kollisionsrechts) beachten will. Für diese Lösung sprechen folglich der Respekt vor dem ausländischen Recht, das so angewendet wird, wie es im Mehrrechtsstaat praktiziert wird und der Gedanke des internationalen Entscheidungseinklangs. **Zweitens** kann das inländische IPR umgekehrt das ausländische ILR ignorieren und unmittelbar selbst diejenige ausländische Teilrechtsordnung bezeichnen, die aus inländischer Sicht berufen ist. Dieser Ansatz ähnelt einer Sachnormverweisung und legt größeren Wert auf die heimischen kollisionsrechtlichen Wertungen, die man nicht zur Disposition abweichender ausländischer Anknüpfungskonzepte stellt. Denkbar ist **drittens** als Mittelweg, das inländische IPR im Einzelfall darüber entscheiden zu lassen, ob das ausländische ILR beachtet oder ob unmittelbar auf die relevante ausländische Teilrechtsordnung durchgegriffen werden soll. Welche Variante konkret zur Anwendung gelangt, hängt von unterschiedlichen rechtspolitischen Erwägungen ab, die eine mehrdimensionale Matrix

26

27

---

44   Aufzählung derartiger Regelungen bei *Kropholler* FS   46   Ausf. *Bachler* Situs-Regel, innerdeutsche und inner-
      Henrich (2000), S. 393, 394 ff.   amerikanische Nachlassspaltung.

45   *V. Schröder*, Die Verweisung auf Mehrrechtsstaaten
      im deutschen Internationalen Privatrecht, S. 176 ff.,
      zum US-amerikanischen Recht S. 195 ff.

aus den soeben genannten Aspekten bilden: So erschiene es zumindest konsequent, dort, wo das inländische IPR in Form von Sachnormverweisen die ausländischen kollisionsrechtlichen Wertungen von vornherein ignoriert, auch das dortige ILR außer Acht zu lassen und unmittelbar auf eine nach inländischen Maßstäben bestimmte Teilrechtsordnung zuzugreifen. Erst recht gilt dies dort, wo das ausländische Recht auch kollisionsrechtlich gespalten ist. In denjenigen Bereichen, in denen in Bezug auf den Anknüpfungsgegenstand der internationale Entscheidungseinklang befördert werden soll und das im Inland geltende IPR daher Gesamtverweisungen ausspricht, liegt dagegen die Beachtung des ausländischen ILR in der Logik der inländischen Verweisung. Zudem ist zu berücksichtigen, ob die inländische Kollisionsnorm überhaupt spezifisch lokalisierende Anknüpfungskriterien, wie etwa die Belegenheit von Vermögenswerten oder den gewöhnlichen Aufenthalt von Personen, verwendet (was für einen Durchgriff auf die Teilrechtsordnung spricht) oder ob sie ortsneutral an die Staatsangehörigkeit etc anknüpft und daher die Unteranknüpfung unvorbelastet dem ausländischen IPR überlassen kann. Zu bedenken wäre ferner, ob das ausländische Recht über ein einheitliches ILR (und/oder auch über kein einheitliches IPR) verfügt oder auch insoweit gespalten ist: Jedenfalls bei einer kollisionsrechtlichen Spaltung muss das inländische IPR im Fall des Gesamtverweises eine Teilrechtsrechtsordnung bestimmen, die zur externen kollisionsrechtlichen Thematik zu befragen ist. Bei Vorliegen eines Sachnormverweises und Fehlen eines ILR liegt es ebenso.

28   Nach dem Gesagten steht die interlokale Problematik unter einem **kollisionsrechtlichen Vorbehalt**: Auf die interne Verteilung der Regelungszuständigkeiten im Mehrrechtsstaat kommt es von vornherein nicht an, wenn das inländische IPR eine Gesamtverweisung auf das Recht des ausländischen Mehrrechtsstaates ausspricht und dieses die Verweisung nicht annimmt, sondern die Sache zurück- bzw. weiterverweist. Die Rechtsspaltung im ausländischen Mehrrechtsstaat spielt hier aus inländischer Sicht allerdings nur dann keine Rolle, wenn der betreffende Mehrrechtsstaat über ein einheitliches externes Kollisionsrecht (IPR) verfügt, das über die Rück- bzw. Weiterverweisung verbindlich für sämtliche Teilgebiete entscheidet.[47] Bei auch kollisionsrechtlicher Rechtsspaltung (→ Rn. 26) bedarf es dagegen bereits auf der kollisionsrechtlichen Ebene der Klärung, welches gliedstaatliche externe Kollisionsrecht danach zu befragen ist, ob die Verweisung angenommen oder ein Renvoi ausgesprochen wird. Ein Rückgriff auf das ILR des Mehrrechtsstaates kommt hier nicht ernstlich in Betracht: Erstens verfügen kollisionsrechtlich gespaltene Staaten in aller Regel über kein gesamtstaatliches ILR und zweitens dient ein gleichwohl (rein hypothetisches) ILR in einem solchen Fall gerade nicht der Bewältigung externer, dh internationaler, sondern nur interner Konflikte. Es entspricht für das deutsche autonome Recht daher allgemeiner Meinung, dass insoweit auf Art. 4 Abs. 3 S. 2 zurückzugreifen und das IPR desjenigen Gliedstaates anzuwenden ist, zu dem der Sachverhalt aus inländischer Sicht die engste Verbindung aufweist (dazu → Rn. 38). Das **EuIPR** spricht bekanntlich nur in der EuErbVO in eng begrenztem Umfang einen Gesamtverweis aus. Bei kollisionsrechtlicher Rechtsspaltung im Ausland wird vertreten, dass das anzuwendende gliedstaatliche IPR ebenfalls primär gem. Art. 36 Abs. 1 EuErbVO nach dem ILR des Mehrrechtsstaates und nur sekundär nach den Hilfsanknüpfungen des Art. 36 Abs. 2 EuErbVO zu bestimmen sei.[48]

29   **2. Interpersonale und -religiöse Rechtsspaltung.** Vergleichbare Fragen wie bei der territorialen Rechtsspaltung stellen sich, wenn ein ausländisches Recht für Personen unterschiedlicher ethnischer Abstammung oder religiöser Überzeugung unterschiedliche Regelungen vorhält (sog. **interpersonale** bzw. **interreligiöse Rechtsspaltung**). Praktisch relevant sind derartige Differenzierungen insbes. im Internationalen Familien- und Erbrecht, aber auch in sonstigen „personenbezogenen" Materien wie der Geschäftsfähigkeit oder der Namensführung. In solchen Fällen wird das anzuwendende Teilrecht regelmäßig auf Ebene des Gesamtstaates bestimmt, so dass eine interne Rechtsspaltung insoweit praktisch nicht vorkommt. Auch das IPR ist in den betreffenden Staaten üblicherweise einheitlich normiert, dh eine kollisionsrechtliche Rechtsspaltung liegt nicht vor. Interpersonale Rechtsspaltungen sind aus deutscher und europäischer Sicht rechtspolitisch **bedenklich**, da sie den Keim der religiösen, ethnischen etc Diskriminierung in sich tragen. Es kommt daher aus inländischer Sicht von vornherein nicht in Betracht, dass deutsche oder europäische Kollisionsnorm ohne Not unmittelbar ein interpersonales oder interreligiöses Teilrecht beruft. Die im Ausland bestehende Rechtsspaltung kann allerdings nicht einfach ignoriert werden, so dass deutsche und unionale Kollisionsnormen in aller Regel auf das im betreffenden ausländischen Staat geltende interpersonale oder -religiöse Privatrecht verweisen und diesem die Unteranknüpfung überlassen. Eine Korrektur der ausländischen Anknüpfung über den inländischen ordre public kommt nur dann in Betracht, wenn das Ergebnis der Anwendung ausländischen Rechts unangemessen ist. Nur wenn es ganz ausnahmsweise an einem ausländischen interpersonalen Privatrecht fehlt, muss ausnahmsweise auf die – aus inländischer Sicht – engste Verbindung der Person zu einem der ausländischen Teilrechte ausgewichen werden.

47   Staudinger/*Hausmann* (2019) EGBGB Art. 4 Rn. 456 ff.; MüKoBGB/*v. Hein* EGBGB Art. 4   Rn. 177; BeckOK BGB/*Lorenz* EGBGB Art. 4 Rn. 28.

48   MüKoBGB/*Dutta* EuErbVO Art. 36 Rn. 14.

Rechtsvergleichend werden Fälle der Rechtsspaltung höchst unterschiedlich behandelt. Das **autonome**   **30**
deutsche IPR folgt mit Art. 4 Abs. 3 dem in → Rn. 27 geschilderten Mittelweg: Zwar stellt Art. 4 Abs. 3
S. 1 – und zwar unabhängig davon, ob das deutsche IPR einen Gesamt- oder einen Sachnormverweis ausspricht – den Grundsatz auf, dass ein vorhandenes ausländisches ILR zu berücksichtigen ist, während Art. 4
Abs. 3 S. 2 nur eine Auffangregel für den Fall enthält, dass es an einem einheitlichen ILR fehlt. Allerdings
steht der Grundsatz des Art. 4 Abs. 3 S. 1 unter dem expliziten Vorbehalt, dass das deutsche Recht die maßgebliche Teilrechtsordnung selbst bezeichnet, was naturgemäß zu Streit darüber führt, wann diese Voraussetzung vorliegt (dazu → Rn. 31 ff.). Für Fälle interpersonaler Rechtsspaltung gelten die für die Bewältigung interlokaler Konflikte entwickelten Normen und Grundsätze analog (→ Rn. 39). Das **EuIPR** differenziert in den unterschiedlichen Verordnungen, dazu → Rn. 40 f. Im **Völkerrecht** ist eine gewisse Präferenz
für die Beachtung des interlokalen bzw. interpersonalen Privatrechts zu beachten, dazu → Rn. 42.

II. Autonomes deutsches IPR

1. Interlokale Rechtsspaltung. a) Grundlagen und rechtspolitische Kritik. Art. 4 Abs. 3 S. 1   **31**
schreibt im Fall der interlokalen Rechtsspaltung für das autonome deutsche IPR im Grundsatz ein Vorgehen
iSd internationalen Entscheidungseinklangs fest, dh die Unteranknüpfung hat (wenn auch nur scheinbar)
primär anhand des ILR des betreffenden Mehrrechtsstaates zu erfolgen. Art. 4 Abs. 3 sieht freilich **zwei**
bedeutsame **Ausnahmen** vor. Zum einen bedarf es des Durchgriffs in dem von Art. 4 Abs. 3 S. 2 adressierten Fall, dass es an einem ILR in dem betreffenden Staat gänzlich fehlt: Hier muss das inländische IPR ein
gliedstaatliches Recht bestimmen, das über die interlokale Zuordnung entscheidet; ebenso verfahren auch
die Regelungen des EuIPR sowie des völkervertraglichen IPR (→ Rn. 40 f., 42). Problematisch ist dagegen
die zweite, in Art. 4 Abs. 3 S. 1 enthaltene Ausnahme, wonach die Beachtlichkeit des ausländischen ILR
unter dem zusätzlichen Vorbehalt steht, dass das deutsche IPR die maßgebliche Teilrechtsordnung nicht
unmittelbar selbst bezeichnet. In der **Gesetzesbegründung** zum IPR-Reformgesetz von 1986 heißt es, eine
Bestimmung der relevanten Teilrechtsordnung liege nicht vor, wenn das deutsche Recht an die Staatsangehörigkeit anknüpfe, dagegen werde „bei anderen Anknüpfungen, etwa an den gewöhnlichen Aufenthalt
oder den Lageort von Vermögenswerten […] die anwendbare Teilrechtsordnung unmittelbar berufen“.[49]
Art. 4 Abs. 3 sei ferner internationalen Vorbildern nachgebildet, namentlich Art. 14 des (gem. Art. 2 sachrechtsverweisenden) MSA 1961, Art. 1 Abs. 2 des (gem. Art. 1 Abs. 1 sachrechtsverweisenden) Haager Testamentsübk. 1961 sowie Art. 16 des (gem. Art. 4 Abs. 1 sachrechtsverweisenden) Haager Unterhaltsübk.
1973.[50]

Diese **Begründungen** sind – ebenso wie die getroffene Regelung selbst – jedenfalls in Bezug auf Gesamt-   **32**
verweise aus verschiedenen Gründen **verfehlt**: Unzutreffend ist zumindest ex post, aber partiell auch ex
ante, bereits die Annahme, der unmittelbare Durchgriff auf das ausländische Teilrecht infolge lokalisierender Anknüpfungen stelle die Ausnahme von der Regel dar; das Gegenteil trifft mittlerweile zu. Allerdings
präferierte das autonome deutsche IPR früher zumindest im Internationalen Familien-, Erb- sowie Personenrecht die „neutrale“ Staatsangehörigkeitsanknüpfung, was etwa in früheren Fassungen der Art. 7, 8, 9,
10, 14, 15, 18, 22, 23, 24, 25 zum Ausdruck kam, die sich zum Teil in das (noch) geltende autonome deutsche IPR hinübergerettet haben (vgl. Art. 7–10, 14, Art. 15, 22, 23, 24, 25 [soweit noch anwendbar]). Lokalisierende Anknüpfungen an den gewöhnlichen Aufenthalt waren im autonomen deutschen Internationalen
Familien- und Erbrecht dennoch bereits früher – und sei es als Hilfs- bzw. Ersatzanknüpfungen – verbreitet,
namentlich in Art. 5, 14, 18, 19, 20, 21. Heutzutage ist in den genannten Materien der Siegeszug der lokalisierenden Anknüpfung an den gewöhnlichen Aufenthalt unbestreitbar, was namentlich aus dem EuIPR
sowie dem völkervertraglichen IPR folgt, aber auch aus der Berufung des Rechts der Registrierung der eingetragenen Partnerschaft durch den autonom deutschrechtlichen Art. 17 b. Im Internationalen Sachenrecht
wurde und wird seit jeher an den Lageort und damit an einen lokalisierenden Faktor angeknüpft (heute
Art. 43 ff.). Auch im Internationalen Schuldvertragsrecht kam der Staatsangehörigkeitsanknüpfung allenfalls randständige Bedeutung für die Rechts- und Geschäftsfähigkeit (Art. 7) zu, wo sie indes durch Art. 12
(heute durch Art. 13 Rom I-VO) noch weiter marginalisiert wurde. Im Recht der außervertraglichen Schuldverträge spielte die Nationalität ebenfalls kaum je eine Rolle, in der Rom II-VO nur noch am äußersten
Rande; im verbleibenden autonomen deutschen Internationalen Schuldrecht wird überwiegend lokalisierend
angeknüpft, etwa in Form der Bezugnahme auf den Handlungs- bzw. Erfolgsort in Art. 40 oder der Maßgeblichkeit des gewöhnlichen Aufenthalts bzw. des Gesellschaftssitzes in Art. 40 Abs. 2. Ebenso bedenklich ist
die Berufung des Gesetzgebers auf völkerrechtliche Vorbilder. Denn sämtliche der in der Regierungsbegründung genannten Abkommen verpflichten vorbehaltlos dazu, ein etwaiges interlokales bzw. -personales
Privatrecht des Mehrrechtsstaates zu beachten, Nachw. → Rn. 31. Allerdings ist zu konzedieren, dass sich

49   BT-Drs. 10/504, 40.
50   BT-Drs. 10/504, 39 mit Nw zu den Fundstellen der
     erwähnten Übk.

die Regelungen von MSA und Haager TestamentsÜbk. von vornherein allein auf Anknüpfungen an die Staatsangehörigkeit beziehen und daher zur Behandlung lokalisierender Anknüpfungen im Fall der Rechtsspaltung schweigen.[51] Anders liegt es freilich beim Haager Unterhaltsübk. 1973, das in seinem Art. 16 explizit lokalisierend an den gewöhnlichen Aufenthalt anknüpft und auch insoweit das ausländische ILR für beachtlich erklärt. Jedenfalls heutzutage knüpfen EuIPR und völkerrechtliches IPR fast ausschließlich ortsbezogen an den gewöhnlichen Aufenthalt an, ohne dass sie deswegen das ausländische ILR außer Betracht ließen (Nachw. → Rn. 30 und → Rn. 40 ff.). Ein aktuelles und prominentes Spiegelbild der Vorbehaltsregelung des Art. 4 Abs. 3 S. 1 findet sich überhaupt nur in Art. 14 Rom III-VO.

33 Vor den geschilderten Hintergründen wird die Vorbehaltsregelung des Art. 4 Abs. 3 S. 1 zumindest in den Fällen, in denen das deutsche IPR Gesamtverweisungen ausspricht, zu Recht ganz überwiegend **rechtspolitisch kritisiert**.[52] Insbes. dienen Gesamtverweise der Herbeiführung eines internationalen Entscheidungseinklangs (→ Rn. 3), der dann nicht verwirklicht werden kann, wenn das ausländische interlokale bzw. -personale Recht die Rechtsfrage intern anders verteilt als die lokalisierende deutsche Kollisionsnorm. Mit anderen Worten hebelt die Vorbehaltsklausel des Art. 4 Abs. 3 S. 1 den inneren Geltungsgrund eines jeden Gesamtverweises aus und führt Art. 4 Abs. 1 damit ad absurdum. Darüber hinaus akzeptiert das deutsche IPR auch im Fall der Anknüpfung an die Belegenheit von Sachen oder den gewöhnlichen Aufenthalt von Personen grundsätzlich einen Rück- bzw. Weiterverweis durch ein gesamtstaatliches IPR des ausländischen „Belegenheitsstaates" und misst den eigenen lokalisierenden Anknüpfungspunkten daher von vornherein nur eine vergleichsweise geringe Bedeutung bei. Vor diesem Hintergrund ist nicht erklärlich, warum Deutschland dann, wenn die ausländische Rechtsordnung die Rechtsfrage nicht extern, sondern lediglich intern anders verteilt als die deutsche, auf der Geltung eines bestimmten Partikularrechts entgegen dem ausländischen interlokalen Recht bestehen sollte. Im Ergebnis ist es daher geboten, Art. 4 Abs. 3 S. 1 **teleologisch einzuschränken** und **auf Konstellationen des Sachnormverweises** zu begrenzen.[53] Zwar wollte der Gesetzgeber den ortsbezogenen Anknüpfungen größere Bedeutung einräumen, andererseits aber die in → Rn. 31 genannten Vorbilder aus dem Bereich des völkerrechtlichen IPR, die gerade keine Vorbehaltsklausel vorsehen, in das deutsche Recht übernehmen. Mit anderen Worten ist der gesetzgeberische Wille wegen seiner Fehlerbehaftetheit und Widersprüchlichkeit ohne entscheidende Aussagekraft und verträgt sich auch nicht mit der vom selben Gesetzgeber verlangten Beförderung des internationalen Entscheidungseinklangs. Ferner hat sich das unions- und völkerrechtliche Normumfeld des Art. 4 Abs. 3 mittlerweile grundlegend gewandelt, da praktisch nur die Rom III-VO überhaupt noch den Durchgriff auf das lokale Teilrecht vorsieht. Eine Sonderregelung des deutschen IPR wäre sinnwidrig und komplizierte die Rechtsanwendung unangemessen, weil in den wenigen Restzuständigkeiten des deutschen IPR anders verfahren würde als im EuIPR. Die gebotene Einschränkung der Vorbehaltsklausel ist auch bereits de lege lata möglich und nicht erst einer erneuten gesetzgeberischen Intervention zu überlassen.[54] Dem wenig klaren Willen des Gesetzgebers sowie der Aussage des Gesetzeswortlauts, wonach die Vorbehaltsklausel einen eigenständigen Anwendungsbereich haben soll, beachtet auch eine Beschränkung der Vorbehaltsklausel auf Sachnormverweise. Dort widerspricht sie zwar ebenfalls den europäischen und internationalen Vorbildern, verstößt aber immerhin nicht per se gegen den Sinn der Verweisung und belässt dem Vorbehalt in Art. 4 Abs. 3 S. 1 zumindest noch einen gewissen Anwendungsbereich.

34 **b) Anwendung des Art. 4 Abs. 3 im Einzelnen.** Der in → Rn. 28 geschilderte Vorrang des externen vor dem internen Kollisionsrecht zwingt dazu, bei der Behandlung der Rechtsspaltung danach zu differenzieren, ob das deutsche IPR eine Sachnorm- oder eine Gesamtverweisung ausspricht. Zudem ist im Einzelfall zu fragen, ob das deutsche IPR eine **lokalisierende Anknüpfung** iSd in → Rn. 32 genannten Faktoren (insbes. Belegenheit von Vermögenswerten, Registerort, Niederlassung, Handlungs- und Erfolgsort etc) vornimmt, sowie ferner danach, ob der betreffende ausländische Mehrrechtsstaat über ein einheitliches IPR verfügt oder auch kollisionsrechtlich gespalten ist, schließlich danach, ob ein einheitliches ILR existiert. Hieraus ergibt sich die nachstehende Prüfungsreihenfolge:

35 **aa) Gesamtverweisung.** Verfügt der Mehrrechtsstaat über ein **gesamtstaatliches IPR**, ist dieses – im Ergebnis unbestritten – unabhängig davon anzuwenden, ob die deutsche Kollisionsnorm an die Staatsangehörigkeit anknüpft oder lokalisierende Anknüpfungspunkte verwendet.[55] Dieses Resultat ist bei Staatsange-

51 Hierauf zu Recht hinweisend MüKoBGB/v. *Hein* EGBGB Art. 4 Rn. 198.

52 Vgl. mwN *V. Schröder*, Die Verweisung auf Mehrrechtsstaaten im deutschen Internationalen Privatrecht, S. 127 ff.; MüKoBGB/v. *Hein* EGBGB Art. 4 Rn. 188 ff.; BeckOK BGB/Lorenz EGBGB Art. 4 Rn. 26.

53 Ebenso *Rauscher* IPRax 1987, 206 (208 f.); ähnlich *Otto* IPRax 1994, 1 f.

54 Anders BeckOK BGB/*Lorenz* (Stand 1.2.2019) EGBGB Art. 4 Rn. 19.

55 Schulze/*Dörner* EGBGB Art. 4 Rn. 19; Staudinger/ *Hausmann* (2019) EGBGB Art. 4 Rn. 457 ff.; MüKoBGB/v. *Hein* EGBGB Art. 4 Rn. 177; Erman/*Hohloch* EGBGB Art. 4 Rn. 26; BeckOK BGB/*Lorenz* (Stand 1.2.2019) EGBGB Art. 4 Rn. 28; Palandt/ *Thorn* EGBGB Art. 4 Rn. 13.

hörigkeitsanknüpfungen evident, da hier auch nach dem Willen des historischen Gesetzgebers die lokalen Gegebenheiten zu beachten sind, bedarf aber bei lokalisierenden Anknüpfungen der Begründung, die auf (mindestens) drei Wegen möglich und geboten ist:[56] Erstens fehlt es im Mehrrechtsstaat infolge der Existenz des gesamtstaatlichen IPR bereits an einer tatbestandsmäßigen Rechtsspaltung iSd Art. 4 Abs. 3 S. 1. Zweitens rechtfertigen es selbst lokalisierende Anknüpfungen des deutschen Rechts nicht, eine lediglich sachrechtliche Rechtsspaltung zum Anlass für eine Umdeutung der deutschen Gesamt- in eine Sachnormverweisung zu nehmen. Drittens ließe sich die Relevanz des gesamtstaatlichen IPR auch bei lokalisierenden Anknüpfungen damit begründen, dass das deutsche IPR zwar unmittelbar die ausländische Teilrechtsordnung durchgreifen lassen will, im betreffenden Gliedstaat indes das gesamtstaatliche IPR als Bestandteil des lokalen Rechts gilt; immerhin ist auch unbestritten, dass etwa das Unionsrecht Bestandteil der deutschen Rechtsordnung ist.

Fehlt es im betreffenden Mehrrechtsstaat an einem gesamtstaatlichen IPR, dh liegt eine **kollisionsrechtliche Rechtsspaltung vor**, bedarf es der Bestimmung einer Teilrechtsordnung, die über die Annahme bzw. Ablehnung der Verweisung entscheidet. Diesbezüglich ist umstritten, welche Rechtsordnung nach welchen Regeln die betreffende Teilrechtsordnung bestimmt. Die Antwort hängt mit der Frage zusammen, welche Bedeutung einem etwa vorhandenen ausländischen gesamtstaatlichen ILR zukommt, so dass im Folgenden danach zu unterscheiden ist, ob ein solches gesamtstaatliches ILR existiert (was nur ganz ausnahmsweise der Fall sein wird) oder ob (wie in der Regel) auch insoweit Rechtsspaltung herrscht: Besteht **kein gesamtstaatliches ILR**, kann nur das deutsche IPR die maßgebliche Teilrechtsordnung selbst bezeichnen. Soweit das deutsche IPR an die Staatsangehörigkeit oder sonst nicht lokalisierend anknüpft, ist gem. Art. 4 Abs. 3 S. 2 das IPR[57] desjenigen Gliedstaats zu befragen, zu dem der Sachverhalt die engste Verbindung aufweist.[58] Knüpft das deutsche IPR dagegen lokalisierend an, ist diejenige Teilrechtsordnung zur Beantwortung der kollisionsrechtlichen Frage berufen, in der das lokalisierende Element verwirklicht ist.[59] Verweist das IPR des so ermittelten Gliedstaates auf das Recht eines Drittstaates weiter oder zurück auf deutsches Recht, erübrigt sich die weitere Prüfung des Art. 4 Abs. 3. Nimmt das ausländische IPR die Verweisung an, ist dagegen wie in → Rn. 38 für den Fall der Sachnormverweisung geschildert weiter zu verfahren.   **36**

Sollte der ausländische Mehrrechtsstaat **trotz kollisionsrechtlicher Spaltung** über ein **gesamtstaatliches ILR** verfügen, so fragt sich, ob dieses zu konsultieren oder ob die in → Rn. 35 f. geschilderte Vorgehensweise anzuwenden ist. Im Ergebnis besteht mittlerweile weitgehende Einigkeit, dass das ausländische ILR im Wege der Unteranknüpfung über die anzuwendende Teilrechtsordnung zu bestimmen hat, da jede andere Vorgehensweise den mit der Gesamtverweisung bezweckte Erfolg vereitelte, internationalen Entscheidungseinklang herzustellen. Richtiger Ansicht nach ist dieses Resultat im Wege der teleologischen Reduktion der Vorbehaltsklausel des Art. 4 Abs. 3 S. 1 zu erzielen (dazu → Rn. 33). Wenig überzeugend erscheint dagegen die zum selben Ergebnis führende These, das gesamtstaatliche ILR sei als Bestandteil des lokalen Rechts des betreffenden Gliedstaates anzuwenden.[60] Allerdings ist in (→ Rn. 35) in Bezug auf den Fall der Gesamtverweisung auf das Recht eines kollisionsrechtlich vereinheitlichten Mehrrechtsstaates vertreten worden, das gesamtstaatliche IPR sei als Bestandteil des im betreffenden Gliedstaat geltenden Rechts anzusehen. Freilich liegen die Dinge vorliegend insoweit anders, als die Inkorporation des ausländischen ILR in das – dann nur scheinbar – unmittelbar berufene gliedstaatliche Teilrecht an eine Münchhausen'sche Operation erinnert, die das entscheidende Problem kaschiert.   **37**

bb) Sachnormverweisung. Liegt eine **Sachnormverweisung** auf einen Mehrrechtsstaat vor, ist aus deutscher Sicht die interlokale Rechtsfrage zwingend zu klären und hierbei Art. 4 Abs. 3 S. 1 und S. 2 ernst zu nehmen und zwischen der räumlich „neutralen" Anknüpfung an die Staatsangehörigkeit und derjenigen an lokalisierende Faktoren zu unterscheiden: Verweist die deutsche Kollisionsnorm auf die Rechtsordnung des Staates, dessen Angehörige(r) die Person ist, obliegt es einem etwa vorhandenen gesamtstaatlichen ILR, im Wege der Unteranknüpfung die maßgebliche Teilrechtsordnung zu bestimmen. Fehlt es an einem gesamtstaatlichen ILR, ist Art. 4 Abs. 3 S. 2 anzuwenden und das Recht der engsten Beziehung zu ermitteln. Bei lokalisierenden Verweisen bleibt das ILR des ausländischen Staates insgesamt außer Betracht, so dass die Teilrechtsordnung anzuwenden ist, in der das lokalisierende Sachverhaltselement belegen ist.   **38**

2. Interreligiöse und interpersonale Rechtsspaltung. Einige (insbes. islamisch geprägte und/oder afrikanische) Rechtsordnungen behandeln Angehörige unterschiedlicher Religions- oder Stammeszugehörig-   **39**

---

56 Schulze/*Dörner* EGBGB Art. 4 Rn. 19; Staudinger/*Hausmann* (2019) EGBGB Art. 4 Rn. 457 ff.; MüKoBGB/*v. Hein* EGBGB Art. 4 Rn. 177; Erman/*Hohloch* EGBGB Art. 4 Rn. 26; BeckOK BGB/*Lorenz* EGBGB Art. 4 Rn. 28; Palandt/*Thorn* EGBGB Art. 4 Rn. 13.

57 Der Renvoi ist beachtlich, da es sich bei Art. 4 Abs. 3 S. 2 nicht um eine den Renvoi ausschließende

Anknüpfung an die engste Verbindung handelt, vgl. dazu → Rn. 22 aE.

58 MüKoBGB/*v. Hein* EGBGB Art. 4 Rn. 178.

59 Wie hier MüKoBGB/*v. Hein* EGBGB Art. 4 Rn. 201.

60 MüKoBGB/*v. Hein* EGBGB Art. 4 Rn. 203; BeckOK BGB/*Lorenz* EGBGB Art. 4 Rn. 28; Palandt/*Thorn* EGBGB Art. 4 Rn. 13.

keiten vor allem in familienrechtlichen Angelegenheiten unterschiedlich.[61] Insoweit sind im deutschen IPR die zu **Art. 4 Abs. 3** entwickelten Grundsätze **analog** anzuwenden.[62] Hierbei ist zu berücksichtigen, dass das deutsche IPR seinerseits nie je eigenständige interpersonale Anknüpfungen vorsieht, und sich daher die Problematik der Vorbehaltsklausel des Art. 4 Abs. 3 S. 1 im vorliegenden Kontext nicht stellt. Führt die Anwendung des ausländischen interreligiösen bzw. interpersonalen Privatrechts zu nach deutschem Verständnis unerträglichen, insbes. diskriminierenden Folgen, liegt ein Verstoß gegen den inländischen ordre public vor (näher dazu die Kommentierung bei Art. 6).

III. EuIPR

40 Die **interlokale Rechtsspaltung** wird im EuIPR wie folgt behandelt: Nach Art. 22 Abs. 1 Rom I-VO und Art. 25 Abs. 1 Rom II-VO sind die Gliedstaaten „wie selbstständige Staaten" zu behandeln. Damit greifen Rom I- und Rom II-VO unmittelbar auf die betreffenden Teilrechtsordnungen durch und ignorieren das ILR des Gesamtstaates. Umgekehrt schreiben Art. 36 Abs. 1 EuErbVO, Art. 33 Abs. 1 EuGüVO, Art. 33 Abs. 1 EuPartVO in erb- und güterrechtlichen Angelegenheiten die Unteranknüpfung durch das ausländische interlokale Privatrecht vor. Nur wenn es an einschlägigen Bestimmungen fehlen sollte, ergibt sich das anwendbare Recht unmittelbar aus dem europäischen Recht, genauer: aus den Unteranknüpfungskaskaden der Art. 36 Abs. 2 EuErbVO, Art. 33 Abs. 2 EuGüVO, Art. 33 Abs. 2 EuPartVO. Ebenso ist in Unterhaltsangelegenheiten zu verfahren: Art. 15 EuUnterhVO, Art. 16 Abs. 2 lit. a Haager UnterhProt. ordnen grundsätzlich die Anwendung des ausländischen interlokalen Privatrechts an, nur subsidiär ist gem. Art. 15 EuUnterhVO, Art. 16 Abs. 2 lit. b Haager UnterhProt. nach den in Art. 16 Abs. 1 Haager UnterhProt. selbst genannten Kriterien unteranzuknüpfen. Für die Ehescheidung bzw. Lockerung des Ehebandes differenziert Art. 14 Rom III-VO. Unterliegt die Scheidung bzw. Lockerung des Ehebandes nach Art. 5 Abs. 1 lit. d oder Art. 8 lit. d Rom III-VO der lex fori eines territorial gespaltenen Mitgliedstaates, beruft Art. 14 lit. a Rom III-VO unmittelbar das lokal am Gerichtsort geltende Recht.[63] Ebenso bestimmt Art. 14 lit. b Rom III-VO unmittelbar die maßgebliche Teilrechtsordnung, wenn sich das Scheidungsstatut gem. Art. 5 Abs. 1 lit. a oder lit. b Rom III-VO (bei Rechtswahl) bzw. gem. Art. 8 Abs. 1 lit. a oder lit. b Rom III-VO (bei objektiver Anknüpfung) nach dem gewöhnlichen Aufenthalt der Parteien bestimmt. Nur soweit die Scheidung bzw. Lockerung des Ehebandes gem. Art. 5 Abs. 1 lit. c, Art. 8 Abs. 1 lit. c Rom III-VO an das Recht der Nationalität der Parteien angeknüpft wird, ist gem. Art. 14 lit. c Rom III-VO primär nach dem interlokalen Privatrecht des betreffenden Staates unteranzuknüpfen und nur hilfsweise auf die Rechtswahl der Parteien bzw. die engste Verbindung abzustellen.

41 Mit dem Phänomen der aus hiesiger Sicht unerwünschten **interpersonalen Rechtsspaltung** geht das EuIPR des Internationalen Familien- und Erbrechts durchgängig dergestalt um, dass es nolens volens primär das ausländische interpersonale Privatrecht beruft, vgl. Art. 15 S. 1 Rom III-VO, Art. 37 S. 1 EuErbVO, Art. 34 S. 1 EuGüVO, Art. 34 S. 1 EuPartVO, Art. 15 EuUnterhVO iVm Art. 17 S. 1 Haager UnterhProt. Nur sekundär, dh bei Fehlen eines interpersonalen Privatrechts im betreffenden ausländischen Staat, muss das EuIPR die anwendbare Teilrechtsordnung selbst bezeichnen. Insoweit wird durchgängig auf das Recht der „engsten Verbindung" abgestellt, vgl. Art. 15 S. 2 Rom III-VO, Art. 37 S. 2 EuErbVO, Art. 34 S. 2 EuGüVO, Art. 34 S. 2 EuPartVO, Art. 17 S. 2 Haager UnterhProt. Die Ermittlung der engsten Verbindung erfordert stets eine komplexe Gesamtbetrachtung sämtlicher persönlicher Bindungen der betroffenen Person zu den in Betracht kommenden Teilrechtsordnungen, wobei die kulturelle und/oder religiöse Verbundenheit eine herausragende Rolle spielt.[64] Keine vergleichbaren Regelungen enthalten die Verordnungen Rom I und Rom II zum Internationalen Schuldrecht, da die interpersonale Rechtsspaltung hier keine Rolle spielt.

IV. Völkervertragliches IPR

42 Für das völkervertragliche IPR ist die Lage abkommensabhängig normiert, so dass an dieser Stelle nur einige (chronologisch sortierte) Übereinkommen genannt werden können, die die **grundsätzliche Präferenz für eine Beachtlichkeit des ILR** belegen: Nach Art. 1 Abs. 2 Haager Testamentsübk. 1961, Art. 14 Haager MSA 1961, Art. 16 Haager Unterhaltsübk. 1973, Art. 48, 49 KSÜ 1996, Art. 46, 47 Haager Erwachsenenschutzübk. 2000 sind jeweils primär die interlokalen bzw. -personalen Bestimmungen des Mehrrechtsstaates maßgeblich, nur hilfsweise ein ggf. im Einzelnen näher bezeichnetes Teilrecht bzw. dasjenige der engsten Verbindung. Ebenso verfährt das Haager UnterhProt. 2007 (dazu → Rn. 42), während das rein ver-

---

61 Zum iranischen Recht zB OLG Saarbrücken FamRZ 1992, 848 = IPRax 1993, 100 mAnm *Henrich*.

62 Unstr., BeckOK BGB/*Lorenz* EGBGB Art. 4 Rn. 26; Palandt/*Thorn* Vor Art. 3 Rn. 4.

63 Vgl. BeckOGK/*Gössel* Rom III-VO Art. 14 Rn. 10, 10.1; BeckOK BGB/*Heiderhoff* Rom III-VO Art. 14 Rn. 4.

64 Vgl. nur Rauscher/*Helms* Rom III-VO Art. 15 Rn. 7; BeckOGK/*J. Schmidt* EuErbVO Art. 37 Rn. 10.

fahrensrechtliche Haager UnterhaltsÜb. 2007 in seinem Art. 46 einen zwingenden Durchgriff auf die Teilrechtsordnungen anordnet.

D. Einzelstatut und Gesamtstatut (ehem. Art. 3 a Abs. 2)

Nach dem mit Wirkung zum 29.1.2019 aufgehobenen Art. 3 a Abs. 2 galten Verweisungen der das Internationale Familien- und Erbrecht regelnden Art. 13–26, die sich auf das **Vermögen** einer Person als Ganzes beziehen, nicht für solche Vermögensgegenstände, die erstens nicht in dem Staat der vom deutschen IPR berufenen lex causae belegen sind und die zweitens nach dem Recht des Belegenheitsstaates „besonderen Vorschriften" unterliegen. Hintergrund dieser Regelung ist der Umstand, dass das am Ort der Belegenheit bestimmter Vermögensgegenstände (insbes. von Immobilien) geltende Recht gelegentlich zwingende Geltung selbst dann beansprucht, wenn die Gesamtvermögensmasse, zu der der betreffende Vermögensgegenstand (auch nach dem Belegenheitsrecht) gehört, grundsätzlich einem anderen Recht unterliegt. Hauptanwendungsfall des Art. 3 a Abs. 2 war früher (dh vor „Inkrafttreten" der EuErbVO am 17.4.2015)[65] die Rechtsnachfolge von Todes wegen in ausländisches Immobilienvermögen: Das für die Rechtsnachfolge von Todes wegen bestimmte Recht beansprucht regelmäßig – so etwa das deutsche Recht – Geltung für den gesamten Nachlass, dh das Erbstatut regelt umfassend die vermögensrechtliche Zuordnung sämtlicher Gegenstände des Aktiv- und Passvermögens des Erblassers. Es existieren freilich auch Rechtsordnungen, die für auf ihrem Territorium belegene Vermögensgegenstände, insbes. für Immobilien, zwingend vorschreiben, dass diesen nach dortigem Erbrecht – und damit ggf. abweichend von dem aus deutscher Sicht maßgeblichen Erbstatut – vererbt werden. Für derartige Fälle nahm Art. 3 a Abs. 2 den Geltungsanspruch des aus deutscher Sicht nach den früheren Art. 25, 26 maßgeblichen Erbstatuts explizit zurück. Vergleichbare Fragestellungen fanden sich auch im ehelichen Güterrecht, das ebenfalls Auswirkungen auf das gesamte Vermögen einer Person haben kann. Art. 3 a Abs. 2 war seit jeher **rechtspolitisch umstritten**, da die Vorschrift die Wertungen des deutschen IPR zugunsten derjenigen des betreffenden Belegenheitsrechts aufgab. Am überzeugendsten erschien noch die Annahme, dass Art. 3 a Abs. 2 dem ausländischen Recht deswegen Vorrang einräumte, weil eine Durchsetzung der deutschen kollisionsrechtlichen Vorstellungen entgegen den zwingenden lokalen Vorgaben spätestens im Rahmen der Zwangsvollstreckung, die jedenfalls in Bezug auf Sachen notwendig im Staat ihrer Belegenheit stattfinden muss, in der Praxis ohnedies keinen Erfolg verspricht.[66]

43

Mit „Inkrafttreten" der EuErbVO war die ohnedies geringe **praktische Relevanz der Norm allerdings** bereits sehr **stark reduziert**. Zum endgültigen Bedeutungsverlust des Art. 3 a Abs. 2 kam es mit Inkrafttreten der in Art. 3 Nr. 1 lit. e und lit. f genannten Güterrechtsverordnungen zum 29.1.2019. Vor diesem Hintergrund sowie aufgrund **rechtspolitischer Zweifel** an Art. 3 a Abs. 2 hat der Gesetzgeber die Norm daher mit Wirkung zum 29.1.2019 **aufgehoben**.[67] Das ist unbedingt zu begrüßen. Damit ist für etwaige zukünftige Fälle, in denen das EGBGB das Vermögen einer Person als Ganzes adressiert und es zu einer Kollision mit einem Einzelstatut iSd ehem. Art. 3 a Abs. 2 kommt, auch eine analoge Anwendung des ehem. Art. 3 a Abs. 2 in jedem Fall ausgeschlossen. Für Altfälle bleibt Art. 3 a Abs. 2 allerdings selbstverständlich intertemporal anwendbar, insow ist auf die Kommentierung zu Art. 3 a in der Voraufl zu verweisen.

44

Das **EuIPR** enthält auf dem Gebiet des Internationalen Erbrechts eine dem Art. 3 a Abs. 2 partiell vergleichbare Regelung in **Art. 30 EuErbVO**, vgl. die ausf. Kommentierung dort. Anderes gilt für EuGüVO und die EuPartVO, die keine entsprechenden Bestimmungen vorsehen. Sie gewähren in ihrem jew Art. 28 allenfalls einen gewissen Verkehrsschutz vor überraschenden Wirkungen des Güterrechtsstatuts und erlauben den Mitgliedstaaten nach ihrem jew Art. 30 die Anwendung eigener international zwingender Bestimmungen, nicht aber diejenige von international zwingenden Bestimmungen etwaiger Belegenheitsrechte.

45

Art. 5 EGBGB Personalstatut

(1) ¹Wird auf das Recht des Staates verwiesen, dem eine Person angehört, und gehört sie mehreren Staaten an, so ist das Recht desjenigen dieser Staaten anzuwenden, mit dem die Person am engsten verbunden ist, insbesondere durch ihren gewöhnlichen Aufenthalt oder durch den Verlauf ihres Lebens. ²Ist die Person auch Deutscher, so geht diese Rechtsstellung vor.

(2) Ist eine Person staatenlos oder kann ihre Staatsangehörigkeit nicht festgestellt werden, so ist das Recht des Staates anzuwenden, in dem sie ihren gewöhnlichen Aufenthalt oder, mangels eines solchen, ihren Aufenthalt hat.

65   Vgl. Art. 84 UAbs. 2 EuErbVO.
66   Nachw. Voraufl. Art. 3 a Rn. 4.
67   Vgl. BT-Drs. 19/4852, 36 f.

(3) Wird auf das Recht des Staates verwiesen, in dem eine Person ihren Aufenthalt oder ihren gewöhnlichen Aufenthalt hat, und ändert eine nicht voll geschäftsfähige Person den Aufenthalt ohne den Willen des gesetzlichen Vertreters, so führt diese Änderung allein nicht zur Anwendung eines anderen Rechts.

Literatur: *Aden,* Staatsangehörigkeit und Wohnsitz – Zu einer migrationspolitischen Anknüpfung im Internationalen Privatrecht, ZRP 2013, 186; *d'Avout,* La lex personalis entre nationalité, domicile et résidence habituelle, in: Mélanges Bernard Audit, 2014, 15; *Baetge,* Der gewöhnliche Aufenthalt im IPR, 1994; *v. Bar,* Exklusivnormen und deutsches Personalstatut, IPRax 1985, 272; *Basedow,* Das Staatsangehörigkeitsprinzip in der Europäischen Union, IPRax 2011, 109; *Benesch,* Das Freizügigkeitsabkommen zwischen der Schweiz und der Europäischen Gemeinschaft, 2007; *Benicke,* Auswirkungen des neuen Staatsangehörigkeitsrechts auf das IPR, IPRax 2000, 171; *ders./Zimmermann,* Internationales Namensrecht im Spannungsfeld zwischen Internationalem Privatrecht, Europäischem Unionsrecht und Europäischer Menschenrechtskonvention, IPRax 1995, 141; *Berlit,* Änderungen des Optionsrechts, ZAR 2015, 90; *Börner,* Palästina und die Palästinenser im IPR, IPRax 1997, 47; *Bröcker,* Die externen Dimensionen des EU-Asyl- und Flüchtlingsrechts im Lichte der Menschenrechte und des Völkerrechts, 2010; *Budzikiewicz,* Folgen der Mehrstaatigkeit nach der Reform des deutschen Staatsangehörigkeitsrechts, IPRax 2001, 493; *Dethloff,* Doppelstaatsangehörigkeit und Internationales Privatrecht, JZ 1995, 64; *Dörner,* Moderne Anknüpfungstechniken im internationalen Personen- und Familienrecht, StAZ 1990, 1; *Dutta,* Der gewöhnliche Aufenthalt – Bewährung und Perspektiven eines Anknüpfungsmoments im Lichte der Europäisierung des Kollisionsrechts, IPRax 2017, 139; *Fuchs,* Neues Staatsangehörigkeitsrecht und Internationales Privatrecht, NJW 2000, 489; *dies.,* Mehrstaater im Internationalen Privatrecht, in : Witzleb u.a. (Hrsg.), FS Dieter Martiny 2014, 303; *Gaudemet-Tallon,* Nationalité, statut personnel et droits de l'homme, in: Mansel u.a. (Hrsg.), FS Erik Jayme 2004, S. 205; *Gruber,* Kollisionsrechtliche Implikationen des neuen Staatsangehörigkeitsrechts, IPRax 1999, 426; *Heiderhoff,* Der gewöhnliche Aufenthalt von Säuglingen, IPRax 2012, 523; *Hailbronner/Maaßen/Hecker/Kau,* Staatsangehörigkeitsrecht, 6. Aufl. 2017; *Hailbronner,* Staatsangehörigkeit und Unionsrecht, StAZ 2011, 1; *Hau,* Das System der internationalen Entscheidungszuständigkeit im europäischen Eheverfahrensrecht, FamRZ 2000, 1333; *Hellwig,* Die Staatsangehörigkeit als Anknüpfung im deutschen IPR, 2001; *Henrich,* Abschied vom Staatsangehörigkeitsprinzip?, in: FS Hans Stoll 2001, S. 437; *ders.,* Parteiautonomie, Privatautonomie und kulturelle Identität, in: FS Erik Jayme 2004, S. 321; *Jayme,* Kulturelle Identität und Internationales Privatrecht, in: ders. (Hrsg.), Kulturelle Identität und Internationales Privatrecht, 2003, S. 5; *ders.,* Nation und Staat im internationalen Privatrecht, in: Jayme/Mansel (Hrsg.), Nation und Staat im internationalen Privatrecht, 1990, S. 3; *ders.,* Zur Entscheidung von Doppelstaatern mit verschiedener effektiver Staatsangehörigkeit, IPRax 2002, 209; *ders.,* Mehrstaater im Europäischen Kollisionsrecht, IPRax 2014, 89; *F.K. Juenger,* The National Law Principle, in: Gerkens, u.a. (Hrsg.), Mélanges Fritz Sturm, Bd. II, 1999, S. 1519; *Kohler,* Verständigungsschwierigkeiten zwischen europäischem Unionsrecht und IPR, in: Mansel u.a. (Hrsg.), FS Erik Jayme 2004, S. 445; *Kränzle,* Heimat als Rechtsbegriff? Eine Untersuchung zu Domicile und gewöhnlichem Aufenthalt im Lichte der EU-Erbrechtsverordnung, 2014; *Kropholler,* Der gewöhnliche Aufenthalt des Kindes und das Aufenthaltsbestimmungsrecht, in: FS Erik Jayme 2004, S. 471; *Majer,* Das deutsch-türkische Nachlassabkommen: ein Anachronismus, ZEV 2012, 182; *Mankowski,* Kulturelle Identität und Internationales Privatrecht, IPRax 2004, 282; *ders.,* Der gewöhnliche Aufenthalt des Erblassers unter Art. 21 Abs. 1 EuErbVO, IPRax 2015, 39; *ders.,* Das Staatsangehörigkeitsprinzip – gestern und heute, IPRax 2017, 130; *Mansel,* Personalstatut, Staatsangehörigkeit und Effektivität, 1988; *ders.,* Doppelstaater mit Drittstaatenaufenthalt und die Bestimmung ihrer effektiven Staatsangehörigkeit, IPRax 1985, 209; *ders.,* Vertragsautonome Mehrstaateranknüpfung und nicht feststellbare Effektivität, IPRax 1988, 22; *ders.,* Das Staatsangehörigkeitsprinzip im deutschen und unionsrechtlichen Internationalen Privatrecht, in: Jayme (Hrsg.), Kulturelle Identität und Internationales Privatrecht, 2003, S. 119; *ders./Thorn/Wagner,* Europäisches Kollisionsrecht 2010: Verstärkte Zusammenarbeit als Motor der Vereinheitlichung?, IPRax 2011, 1; *Martiny,* Probleme der Doppelstaatsangehörigkeit im deutschen Internationalen Privatrecht, JZ 1993, 1145; *Mörsdorf-Schulte,* Dänische Eheschließung vor dem OVG, NJW 2007, 1331; *Mosbacher,* Die reformierte Optionspflicht im Staatsangehörigkeitsrecht, NVwZ 2015, 268; *Rauscher,* Heimatlos in Europa? – Gedanken gegen eine Aufgabe des Staatsangehörigkeitsprinzips im IPR, in: FS Erik Jayme 2004, 719; *Rentsch,* Die Zukunft des Personalstatuts im gewöhnlichen Aufenthalt, ZEuP 2015, 288; *W.-H. Roth,* Der Einfluss der Grundfreiheiten auf das internationale Privatrecht, in: Baur/Mansel (Hrsg.), Systemwechsel im europäischen Kollisionsrecht nach Amsterdam und Nizza, 2002, S. 47; *Schmid,* Auswirkungen des Zuwanderungsgesetzes auf den Ius-Soli-Erwerb der deutschen Staatsangehörigkeit nach § 4 Abs. 3 StAG, StAZ 2005, 65; *G. Schulze,* Der engere gewöhnliche Aufenthalt?, IPRax 2012, 526; *ders.,* Das Personalstatut bei ineffektiver Mehrstaatigkeit, IPRax 2016, 575; *ders.,* Individuelle und überindividuelle Interessen im Europäischen Kollisionsrecht, in: Gebauer/Mansel/Schulze (Hrsg.), Die Person im Internationalen Privatrecht, Liber Amicorum Erik Jayme, 2019, 183; *Spickhoff,* Grenzpendler als Grenzfälle: Zum „gewöhnlichen Aufenthalt" im IPR, IPRax 1995, 185; *ders.,* Asylbewerber und gewöhnlicher Aufenthalt, IPRax 1990, 225; *Sturm,* Geburtsbeurkundung bei ungeklärter Identität der Eltern, StAZ 2005, 281; *ders.,* Zur Identifizierung Schriftenloser, in: Lorenz u.a. (Hrsg.), FS für Andreas Heldrich 2005, 1324; *M. Weller,* Europäisches Kollisionsrecht, in: Gebauer/Teichmann (Hrsg.), Enzyklopädie Europarecht, Bd VI, 2016, § 8 – Allgemeine Lehren; *M.-P. Weller,* Der „gewöhnliche Aufenthalt" – Ein Plädoyer für einen willenszentrierten Aufenthaltsbegriff, in: Leible/Unberath (Hrsg.), Brauchen wir eine Rom 0-Verordnung? 2013, S. 293; *ders.,* Die neue Mobilitätsanknüpfung im internationalen Familienrecht, IPRax 2014, 225; *Zimmermann,* Staats- und völkerrechtliche Fragen der Reform des deutschen Staatsangehörigkeitsrecht, IPRax 2000, 180.

A. Allgemeines	1	3. Erwerb und Verlust der deutschen Staats-	
I. Überblick	1	angehörigkeit	9
1. Personalstatut	2	a) Erwerbstatbestände	10
2. Wohnsitz und domicile	4	b) Verlusttatbestände	13
II. Staatsangehörigkeit	6	III. Aufenthalt	16
1. Staatsangehörigkeitsprinzip	6	1. Der gewöhnliche Aufenthalt	16
2. Bestimmung der Staatsangehörigkeit	7	2. Der schlichte Aufenthalt	20

B. Regelungsgehalt 21
  I. Doppel- und Mehrstaater (Abs. 1) 21
    1. Ohne deutsche Staatsangehörigkeit
      (Abs. 1 S. 1) 22
    2. Auch die deutsche Staatsangehörigkeit
      (Abs. 1 S. 2) 26
    3. Keine Anwendung des Abs. 1 30
  II. Staatenlose und Personen mit nicht feststellba-
  rer Staatsangehörigkeit (Abs. 2) 34
    1. Anknüpfung an den gewöhnlichen Auf-
      enthalt 34

    2. Feststellung der Staatenlosigkeit 36
    3. Keine Anwendung des Abs. 2 39
  III. Aufenthaltswechsel ohne Willen des einge-
    schränkt Geschäftsfähigen (Abs. 3) 40
    1. Voraussetzungen, Vorfragen (Abs. 3) 42
    2. Rechtsfolge des Abs. 3 44
    3. Keine Anwendung des Abs. 3 45

A. Allgemeines

I. Überblick

Die Anknüpfungen an die Staatsangehörigkeit und an den (gewöhnlichen) Aufenthalt werden unter der amt-   **1**
lichen Überschrift **Personalstatut** erfasst. Die Anknüpfung an die Staatsangehörigkeit bedarf der näheren
Konkretisierung, wenn die betreffende Person mehreren Staaten angehört (Abs. 1), wenn sie keine Staatsangehörigkeit besitzt oder eine Staatsangehörigkeit nicht festgestellt werden kann (Abs. 2). Die Bedeutung des
Abs. 2 ist aufgrund vorrangiger, allerdings inhaltsgleicher staatsvertraglicher Kollisionsnormen gering (vgl.
→ Anhang I zu Art. 5 Rn. 1). Auch der gewöhnliche Aufenthalt ist in grenzüberschreitenden Fällen nicht
immer einfach zu bestimmen, insbesondere wenn Personen in zwei oder mehreren Staaten leben und arbeiten. Als Anknüpfungspunkt hat der gewöhnliche Aufenthalt im Europäischen Kollisionsrecht zunehmende
Bedeutung erlangt und die Staatsangehörigkeit weithin verdrängt.[1] Diese Entwicklung schlägt vereinzelt auf
das autonome IPR durch, wie die aktuelle Neufassung von Art. 14 belegt. Eine gesetzliche Definition hat
der gewöhnliche Aufenthalt von natürlichen Personen aber auch im EU-Kollisionsrecht nicht erfahren (zum
gewöhnlichen Aufenthalt von Gesellschaften, Vereinen, juristischen Personen vgl. Art. 19 Rom I-VO,
Art. 23 Rom II-VO). Die nationale Konkretisierung des Begriffs „gewöhnlicher Aufenthalt" kann zumindest Anhaltspunkte für die autonome unionsrechtliche Begriffsbildung liefern. Umgekehrt kann die Auslegung des Aufenthaltsbegriffs durch den EuGH das nationale Begriffsverständnis beeinflussen.[2] Bei nicht
voll geschäftsfähigen Personen ist die Anknüpfung an den gewöhnlichen oder schlichten Aufenthalt mit
dem Willen des gesetzlichen Vertreters verknüpft (Abs. 3). Diese Sondervorschrift soll insbesondere dem
sog. legal kidnapping entgegenwirken. Ihr Anwendungsbereich ist ebenfalls gering, da sie von vorrangigen
staatsvertraglichen Regelungen des Kindes- (KSÜ/HKÜ) und Erwachsenenschutzes (ESÜ) verdrängt wird
(vgl. Anhänge I bis IV zu Art. 24 EGBGB).

1. Personalstatut. Das Personalstatut umfasst die Summe aller rechtlichen Regelungen, die die Fähigkei-   **2**
ten und die persönlichen Verhältnisse einer natürlichen Person betreffen. Es hat im Internationalen Perso-
nen-, Familien- und Erbrecht besondere Bedeutung.[3] Die Staatsangehörigkeit der natürlichen Person ist
dabei der bestimmende Anknüpfungspunkt, weshalb auch vom **Staatsangehörigkeitsprinzip** im deutschen
IPR gesprochen wird.[4] Daneben stehen die Anknüpfungspunkte des gewöhnlichen und des schlichten Aufenthalts. Staatsangehörigkeit und gewöhnlicher Aufenthalt sind gesetzliche Typisierungen für ein tatsächlich bestehendes Näheverhältnis der Person zu einer Rechtsordnung. Es handelt sich damit um rechtserhebliche Tatsachen, die typischerweise dafür sprechen, dass ein enge Verbindung zwischen einer Person und
einer bestimmten Rechtsordnung besteht. Es erscheint daher räumlich gerecht, dass diese Rechtsordnung
die aufgeworfene Rechtsfrage auch beantwortet (s. auch → Rn. 22).[5]

Auf die Staatsangehörigkeit verweisen Art. 7 Abs. 1 (Geschäftsfähigkeit), Art. 9 S. 1 (Todeserklärung),
Art. 10 Abs. 1 (Name), Art. 13 Abs. 1 (Eheschließung), Art. 14 Abs. 2 Nr. 3 (Allgemeine Ehewirkungen),
Art. 15 Abs. 1 EGBGB aF (Güterstand), Art. 17 Abs. 1, 2 iVm Art. 8 lit. c Rom III-VO (Scheidungsfolgen,
Privatscheidungen), Art. 4 Abs. 4 und Art. 8 lit. a HUP (Unterhalt), Art. 19 Abs. 1 S. 2 (Abstammung),
Art. 22 (Adoption), Art. 24 (Betreuung, Vormundschaft, Pflegschaft), Art. 25 und Art. 22 Abs. 1 EuErbVO
(Erbrecht). Ferner spielt die Staatsangehörigkeit dort eine Rolle, wo an die engste Beziehung angeknüpft
wird und somit Berührungspunkte für ein Rechtsanwendungsinteresse festzustellen sind.

---

1 Eingehend zu dieser Entwicklung *Dutta* IPRax 2017, 139 ff.
2 Zu dieser Wechselbeziehung der Begriffsverständ-nisse MüKoBGB/*v. Hein* EGBGB Art. 5 Rn. 136.
3 Der Begriff Personalstatut fasst die Anknüpfungsge-genstände untechnisch zusammen. Art. 5 ist aber keine Kollisionsnorm, sondern kollisionsrechtliche

Hilfsnorm, vgl. BeckOK BGB/*Lorenz* EGBGB Art. 5 Rn. 1; MüKoBGB/*v. Hein* EGBGB Art. 5 Rn. 1.
4 Zu den Grundlagen und Fragestellungen des Staats-angehörigkeitsprinzips *Mankowski* IPRax 2017, 130 ff.
5 Zur rechtssoziologischen Dimension dieser Frage-stellung, vgl. *Schulze* IPRax 2012, 526; *ders.* Liber Amicorum Jayme, 2019, S. 183.

3 Der gewöhnliche Aufenthalt eines Menschen ist im Kindschaftsrecht (Art. 19–21) sowie teilweise auch im Eherecht (Art. 14 Abs. 1 Nr. 1, 2) maßgeblich. Daneben kommt der gewöhnliche Aufenthalt subsidiär nach Art. 5 Abs. 2 Hs. 1 zum Zuge. Der schlichte Aufenthalt ist eine Hilfsanknüpfung für den Fall, dass ein gewöhnlicher Aufenthalt nicht besteht (Abs. 2 Hs. 2). Im staatsvertraglichen und unionsrechtlichen Kollisionsrecht ist der gewöhnliche Aufenthalt als Anknüpfungsmoment von zentraler Bedeutung. Er gilt primär beim Unterhalt (Art. 3, 4 Abs. 2 u. 3 HUP), im Kindschaftsrecht (Art. 15–17 KSÜ) sowie im Erb- (Art. 21 EuErbVO) und Güterrecht (Art. 26 Abs. 1 lit. a EuGüVO). Im Schuldrecht wird auf den gewöhnlichen Aufenthalt der Vertragspartner (Art. 4–6 Rom I-VO) und der Haftungsbeteiligten (Art. 4 Rom II-VO) abgestellt. Für eine Anknüpfung an den gewöhnlichen Aufenthalt spricht die Praktikabilität und eine Vermeidung unmittelbarer Diskriminierungen im Bereich des Personalstatutes. Im Familien- und Erbkollisionsrecht der EU ist die Staatsangehörigkeitsanknüpfung nicht aufgegeben, aber doch zugunsten einer Rechtswahl und einer Anknüpfung an den gewöhnlichen Aufenthalt zurückgedrängt worden.[6]

4 **2. Wohnsitz und domicile.** Der Wohnsitz ist im deutschen IPR kein Anknüpfungsmerkmal.[7] Verwendet wird der Wohnsitzbegriff aber in Art. 12 Abs. 1 der Genfer Flüchtlingskonvention (GFK) und in Art. 12 Abs. 1 des UN-Übereinkommens über die Rechtsstellung der Staatenlosen. Der Wohnsitzbegriff ist dort im Kontext des jeweiligen Staatsvertrages auszulegen. Das führt zu einer Angleichung der dort verwendeten Wohnsitzbegriffe an den Begriff des **gewöhnlichen Aufenthaltes**[8] (vgl. Anhang I zu → Art. 5 Rn. 6; Anhang II zu → Art. 5 Rn. 26). Die nationalen deutschen Vorschriften über den Wohnsitz in §§ 7–11 BGB sind daher insoweit[9] ohne Bedeutung.

5 Die Anknüpfung an das „domicile" ist im angelsächsischen Recht verbreitet und spielt bei Gesamtverweisungen (Art. 4 Abs. 1 u. 3) eine beträchtliche Rolle. Die Auslegung dieses Begriffs ist nach dem jeweiligen ausländischen Recht zu bestimmen. In den Grundzügen ähnelt das domicile der Staatsangehörigkeit und weniger dem gewöhnlichen Aufenthalt, weil es von einer **Heimatverbundenheit** der Person ausgeht. Jede Person erwirbt mit der Geburt das domicile of origin des Vaters oder bei Nichtehelichkeit oder Vorversterben des Vaters das der Mutter.[10] Das domicile of origin drückt die Zugehörigkeit zu einem Rechtsgebiet aus,[11] es ist unwandelbar und unverlierbar. Es kann aber zeitweilig oder dauerhaft verdrängt werden durch ein domicile of choice. An seine Begründung werden besondere Anforderungen gestellt, wobei das englische Recht strenger ist als die US-amerikanischen Teilrechtsordnungen.[12] Die Niederlassung muss in der Absicht genommen werden, dort für immer oder auf unbestimmte Zeit zu bleiben. Dies kann für Soldaten auch der Stationierungsort sein.[13] Im HUP ist das domicile der Staatsangehörigkeitsanknüpfung gleichgestellt (Art. 9 HUP).[14]

II. Staatsangehörigkeit

6 **1. Staatsangehörigkeitsprinzip.** Das deutsche autonome Internationale Privatrecht (Art. 3 ff.) beruht maßgeblich auf dem Staatsangehörigkeitsprinzip.[15] Der Gesetzgeber geht mit der Anknüpfung an die Staatsangehörigkeit davon aus, dass die betreffende Person in Bezug auf den jeweiligen Anknüpfungsgegenstand (insbes. Personen-, Familien- und Erbrecht) am engsten mit dem Staat verbunden ist, dessen

---

6 Vgl. *Weller* in Gebauer/Teichmann § 8 Rn. 125 f., 128; MüKoBGB/*Dutta* EuErbVO Art. 21 Rn. 3; einen Vorschlag für ein europäisches Personalstatut macht *Rauscher* FS Erik Jayme 2004, S. 719, 728 ff., 738 ff.

7 Eine Ausnahme bestand im Hinblick auf die Testamentsform, Art. 26 Abs. 1 S. 1 Nr. 3 Alt. 1 EGBGB aF Auch der deutschsprachige Begriff „Domizil" spielt keine Rolle; anders dagegen das „domicile", s. nachfolgend im Text.

8 Mangels Auslegungshinweisen im Staatsvertrag ist auf den gewöhnlichen Aufenthalt, nicht dagegen auf das nationale Wohnsitzrecht (§§ 7 ff. BGB) zurückzugreifen; Erman/*Hohloch* EGBGB Art. 5 Rn. 58.

9 Anders aber im Internationalen Verfahrensrecht, wo der Wohnsitzbegriff entweder direkt oder indirekt auch über die nationalen Wohnsitzregeln bestimmt wird, vgl. OLG Frankfurt aM FamRZ 2009, 796 f. (Aufgabe des Wohnsitzes bei Auslandsstudium im

Rahmen von Art. 5 Nr. 2 EuGVVO aF und § 23 a ZPO).

10 Vgl. Staudinger/*Mankowski* EGBGB Vor Art. 13 Rn. 20 ff.; Dicey/Morris/Collins/*McClean*, The Conflict of Laws, 15. Aufl. London 2012, Rn. 6–027 ff.

11 *V. Bar/Mankowski*, IPR I, § 7 Rn. 25 f

12 Vgl. Staudinger/*Mankowski* EGBGB Vor Art. 13 Rn. 25 ff.

13 OLG Zweibrücken NJW-RR 1999, 948; AG Landstuhl FamRZ 2003, 1300; AG Heidelberg IPRax 1988, 113.

14 Zu Konzept und Parallelen zum gewöhnlichen Aufenthalt näher *Kränzle*, S. 26 ff.

15 Damit wird nicht die völkerrechtliche Personalhoheit und das Schutzgebot der Staatsangehörigkeit angesprochen, vgl. Staudinger/*Bausback* Anh. I zu Art. 5 EGBGB Rn. 2 u. 13, sondern eine kollisionsrechtliche Wertung getroffen. Zur Entstehung des Staatsangehörigkeitsprinzips im europäischen Rechtsraum *Basedow* IPRax 2011, 109 ff.

Staatsangehörigkeit sie besitzt (sog. Heimatrecht). Die Richtigkeit dieser Annahme ist umstritten.[16] Neuere Rechtsentwicklungen auf internationaler und auf europäischer Ebene zeigen einen **Rückzug des Staatsangehörigkeitsprinzips** zugunsten einer Anknüpfung an den gewöhnlichen Aufenthalt.[17] In der Anknüpfung an die Staatsangehörigkeit liegt aber grundsätzlich weder ein Verstoß gegen das allgemeine Diskriminierungsverbot (Art. 18 AEUV = 12 EGV aF)[18] noch gegen die besonderen Diskriminierungsverbote aus den Grundfreiheiten[19] (vgl. aber → Rn. 25 und → Rn. 29). Auch das rechtspolitische Interesse nach Assimilierung rechtfertigt eine Abkehr vom Staatsangehörigkeitsprinzip nicht.[20] Für die Staatsangehörigkeit spricht die oftmals Identität stiftende **Verbundenheit der Person** zu ihrem Heimatstaat und dessen Kultur, die sich auch in den personenrechtlichen Wertungen widerspiegelt.[21] Ferner ist der Gleichlauf mit dem staatlichen Wahlrecht und die damit verbundene demokratische Legitimation des angewandten Rechts ein überzeugendes Argument zugunsten der Staatsangehörigkeitsanknüpfung.[22] Eine Flexibilisierung durch Einführung eines **Optionsrechts** entweder zugunsten des Aufenthaltsrechts oder zugunsten des Staatsangehörigkeitsrechts ist im Hinblick auf migrierende heterogene Bevölkerungsgruppen de lege ferenda aber zu befürworten.[23] Auch für Mehrstaater ermöglicht die Anknüpfung an die effektive Staatsangehörigkeit eine subjektive Selbstzuordnung der Person zu einer von mehreren sachnahen Rechtsordnungen. Die Staatsangehörigkeit wird dabei aber nicht als Status verstanden, sondern als rechtliche Eigenschaft einer Person, die eine Nähe zu einer staatlichen Rechtsordnung ausweist (→ Rn. 2 und → Rn. 22).

2. Bestimmung der Staatsangehörigkeit. Jeder Staat entscheidet selbst darüber, welche Personen ihm 7 angehören. Die Staatsangehörigkeit einer Person wird daher allein nach dem Staatsangehörigkeitsrecht des betreffenden Staates[24] bestimmt.[25] Soweit Erwerb oder Verlust der Staatsangehörigkeit von privatrechtlichen Statusfragen abhängen (Eheschließung, Adoption usw), sind diese **Vorfragen** nach dem Kollisionsrecht des Staates zu bestimmen, um dessen Staatsangehörigkeit es geht (unselbstständige Anknüpfung der Vorfrage).[26] Ausnahmsweise ist das ausländische Staatsangehörigkeitsrecht aber dann nicht anzuwenden, wenn etwa willkürlich oder aus politischen, religiösen oder rassischen Gründen die Staatsangehörigkeit entzogen wurde (Art. 6).[27] Für die Anwendung des Staatsangehörigkeitsrechts kommt es auf die völkerrechtliche Anerkennung des betreffenden Staates oder auf die Völkerrechtskonformität geänderter Staatsgrenzen nicht an.[28] Es müssen aber die konstitutiven Merkmale eines Staates vorliegen (Staatsgewalt, Staatsvolk,

---

16 Eingehend zur Diskussion MüKoBGB/*v. Hein* EGBGB Art. 5 Rn. 28 ff.; gegen eine Anknüpfung an die Staatsangehörigkeit *Juenger*, Mélanges Fritz Sturm, S. 1519, 1526 ff.; grds. sehr skeptisch auch *Mankowski* IPRax 2004, 282 (285).

17 Vgl. dazu *Henrich* FS Hans Stoll 2001, S. 437 ff.; EnzEuR VI/*Weller* § 8 Rn. 125 f., 128; *Rentsch* ZEuP 2015, 288; *Dutta* IPRax 2017, 139 ff. Zu gegenläufigen Entwicklungen im Hinblick auf die osteuropäischen Transformationsstaaten s. *Mansel* in Jayme, S. 119, 124 ff., ebenso aus französischer Sicht und der Menschenrechte, vgl. *Gaudemet-Tallon* FS Erik Jayme 2004, S. 205, 214 ff.; gegen eine Aufgabe der Staatsangehörigkeitsanknüpfung *Rauscher* FS Erik Jayme 2004, S. 719, 736 f.

18 EuGH 14.10.2008 – C-353/06 – Grunkin-Paul Slg 2008, I-7639, FamRZ 2008, 2089, Rn. 19 f.; *Kegel/Schurig*, § 4 II, S. 224; *v. Bar/Mankowski*, IPR I, § 3 Rn. 41; MüKoBGB/*v. Hein* EGBGB Art. 5 Rn. 41; BeckOK BGB/*Lorenz* Einl. IPR Rn. 29; diff. *Basedow* IPRax 2011, 109 (111 ff.) Das gilt ebenso bei einer Anknüpfung an die gemeinsame Staatsangehörigkeit von Ehegatten etwa in Art. 14 Abs. 2 Nr. 3 EGBGB. Die Ungleichbehandlung von gemischt-nationalen Ehen knüpft hier nicht an den Besitz einer bestimmten Staatsangehörigkeit, sondern an das Fehlen einer gemeinsamen Staatsangehörigkeit an, zutr. Staudinger/*Spellenberg*, Art. 3 Brüssel IIa-VO Rn. 48; abl. *Hau* FamRZ 2000, 1333 (1336).

19 Zutreffend MüKoBGB/*v. Hein* EGBGB Art. 5 Rn. 50 f.; *Mansel*, Staatsangehörigkeitsprinzip, S. 119, 147 f.; *W.-H. Roth*, S. 47, 49; aA Staudinger/*Bausback* Anh. I zu Art. 5 EGBGB Rn. 29.

20 Vgl. *v. Bar/Mankowski*, IPR I, § 7 Rn. 19 ff.

21 *Jayme*, Kulturelle Identität, S. 5, 10; *Basedow* IPRax 2011, 109 (115) (soziale Nähe); *Kegel/Schurig*, § 13 II 3, S. 448; Staudinger/*Bausback* Anh. I zu Art. 5 EGBGB Rn. 14; skeptisch dagegen *Henrich* FS Erik Jayme 2004, S. 321, 323; *v. Bar/Mankowski*, IPR I, § 7 Rn. 21; abl. *Mankowski* IPRax 2004, 282 (285).

22 *Mansel*, Staatsangehörigkeitsprinzip, S. 119, 135 f.

23 Eine Abwahl des Rechts des gewöhnlichen Aufenthalts zugunsten des Rechts der Staatsangehörigkeit wird eröffnet durch Art. 5 Abs. 1 lit. c Rom III-VO (Ehescheidung) und durch 22 Abs. 1 EuErbVO (Erbsachen); so bereits *Mansel*, Staatsangehörigkeitsprinzip, S. 119, 138 f. (unter Hinweis auf Bikulturalität, Transnationalität und ethnische Kolonien als Globalisierungsphänomene); dem Optionsmodell zust. *Henrich* FS Erik Jayme 2004, S. 321, 327 f.; sa *Aden* ZRP 2013, 186 (187); *Mankowski* IPRax 2015, 39 f.

24 Eine Darstellung des Staatsangehörigkeitsrechts der meisten ausländischen Staaten gibt Staudinger/*Bausback* Anh. III zu Art. 5.

25 Das folgt aus dem völkerrechtlichen Grundsatz der Personalhoheit, vgl. Staudinger/*Bausback* Anh. I zu Art. 5 EGBGB Rn. 13; MüKoBGB/*v. Hein* EGBGB Art. 5 Rn. 14.

26 HM, MüKoBGB/*v. Hein*, Einl. IPR Rn. 181 EGBGB Art. 5 Rn. 14; Erman/*Hohloch* EGBGB Art. 5 Rn. 3 a; Staudinger/*Looschelders* Einl. zum IPR Rn. 1169; Staudinger/*Bausback* EGBGB Art. 5 Rn. 3.

27 Vgl. Staudinger/*Bausback* Anh. I zu Art. 5 EGBGB Rn. 36.

28 MüKoBGB/*v. Hein* EGBGB Art. 5 Rn. 17; *v. Bar/Mankowski*, IPR I, § 3 Rn. 28; aA Staudinger/*Bausback* Anh. I zu Art. 5 EGBGB Rn. 41.

Staatsgebiet), wobei die Staatsgewalt effektiv ausgeübt werden und eine eigene Rechtsordnung bestehen muss.[29]

8   Festzustellen ist das Staatsangehörigkeitsrecht in dem für den Erwerbstatbestand jeweils maßgebenden Zeitpunkt (Geburt, Annahme als Kind, ggf. Eheschließung). Diese **intertemporale Bestimmung** des Staatsangehörigkeitsrechts kann aufgrund der häufig weit zurückreichenden Zeitpunkte und daher veränderten Rechtslagen erhebliche Schwierigkeiten bereiten. Die **Unionsbürgerschaft** folgt aus dem Besitz der Staatsangehörigkeit eines Mitgliedstaates. Sie bedeutet nur einen komplementären Status und tritt zur Staatsangehörigkeit hinzu (Art. 20 Abs. 1 AEUV). Die EU verfügt dementsprechend auch nicht über eine Regelungskompetenz zum Erwerb und Verlust der Unionsbürgerschaft. Es bleibt insoweit bei der ausschließlichen Kompetenz der Mitgliedstaaten. Bei Ausübung dieser Kompetenz sind die Mitgliedstaaten aber unionsrechtlichen Beschränkungen unterworfen. Der EuGH prüft, ob eine Beeinträchtigung der Grundfreiheiten und völkerrechtlicher Verpflichtungen besteht, sowie die Verhältnismäßigkeit etwa einer Rücknahme- oder Versagungsentscheidung.[30]

9   **3. Erwerb und Verlust der deutschen Staatsangehörigkeit.** Erwerb und Verlust der deutschen Staatsangehörigkeit richten sich nach dem Staatsangehörigkeitsgesetz v. 22.7.1913 (StAG),[31] welches bis zur Reform im Jahr 1999 Reichs- und Staatsangehörigkeitsgesetz, RuStAG, hieß. Die weitere Reformgesetzgebung durch das Zuwanderungsgesetz[32] brachte mit Wirkung zum 1.1.2005 wesentliche Änderungen.[33] Weitere Anpassungen insbesondere an die Richtliniensetzung der EU folgten. Das Gebot der Vermeidung von Mehrstaatigkeit tritt seit 20.12.2014 zudem weiter zurück (→ Rn. 11). In den Grundzügen gilt Folgendes:

10 **a) Erwerbstatbestände.** Erworben wird die deutsche Staatsangehörigkeit nach § 3 StAG durch Geburt, Erklärung, Annahme als Kind oder durch Einbürgerung. Die Eheschließung führt dagegen nur zu Erleichterungen bei der Einbürgerung (§ 9 StAG). Für den Erwerb durch Geburt (Abstammungs- oder **ius-sanguinis-Prinzip**) genügt es, wenn ein Elternteil Deutscher ist. Ist nur der Vater Deutscher und ist er nicht verheiratet, so ist Anerkennung oder Feststellung der Vaterschaft notwendig (§§ 4 Abs. 1 S. 2, 5 StAG).[34] Die Adoption durch eine(n) Deutsche(n) vermittelt dem minderjährigen Kind nach § 6 StAG ebenfalls die deutsche Staatsangehörigkeit. Auch eine Auslandsadoption genügt, sofern sie die wesentlichen Merkmale einer Inlandsadoption erfüllt (→ EGBGB Art. 22 Rn. 34). Der Staatsangehörigkeiterwerb durch Legitimation (Eheschließung der Eltern oder Ehelicherklärung) ist nur noch für vor dem 1.7.1993 geborene Kinder von Bedeutung. Sie können bis zum 23. Lebensjahr die deutsche Staatsangehörigkeit durch Erklärung erwerben (§ 5 StAG).

11 Die deutsche Staatsangehörigkeit können auch Kinder ausländischer Eltern erwerben und zwar entweder ipso iure, wenn das Kind nach dem 31.12.1999 im Inland geboren wurde, oder auf Antrag, wenn es nach dem 31.12.1989 geboren und zwischen dem 1.1. und dem 31.12.2000 einen Antrag auf befristete Einbürgerung nach § 40 b StAG gestellt hat. Der Erwerb setzt weiter voraus, dass ein Elternteil seit acht Jahren rechtmäßig seinen gewöhnlichen Aufenthalt im Inland hat[35] und ein unbefristetes Aufenthaltsrecht[36] oder, als Schweizer Staatsangehöriger oder dessen Familienangehöriger, eine Aufenthaltserlaubnis nach dem Freizügigkeitsabkommen zwischen Deutschland und der Schweiz besitzt[37] (§ 4 Abs. 3 StAG, Territorialitäts- oder ius-soli-Prinzip).[38] Die damit regelmäßig verbundene Mehrstaatigkeit wird durch den prinzipiellen Zwang

---

29 Das ist im Hinblick auf eine palästinensische Staatsangehörigkeit fraglich. Abl. und auf eine israelische Aufenthaltsberechtigung abstellend, *Looschelders*, IPR, EGBGB Art. 5 Rn. 6; vgl. ferner *v. Bar/Mankowski*, IPR I, § 3 Rn. 26 Fn. 138; *Börner* IPRax 1997, 47 (48 f.).

30 St.Rspr. EuGH 2.3.2010 – C-135/08 – Rottmann StAZ 2010, 141 ff.; vgl. *Hailbronner* StAZ 2011, 1 (3 ff.).

31 Gesetz v. 15.7.1999 (BGBl. I S. 1618 ff.). In Kraft getreten am 1.1.2000. Letzte Änderung durch Art. 5 G zur Neubestimmung des Bleiberechts und der Aufenthaltsbeendigung v. 27.7.2015 BGBl. I S. 1386.

32 Das Zuwanderungsgesetz v. 20.6.2002 (BGBl. I S. 1946) war durch Urt. des BVerfG v. 18.12.2002 (NJW 2003, 339 ff.) aufgehoben worden. Die Änderungen durch das Gesetz zur Steuerung und Begrenzung der Zuwanderung und zur Regelung des Aufenthalts und der Integration von Unionsbürgern und Ausländern (ZuwanderungsG) v. 30.7.2004 (BGBl. I

S. 1950, 1996 ff.) traten mit Wirkung zum 1.1.2005 in Kraft (Art. 15 Abs. 3 Nr. 4).

33 Zu den Auswirkungen der Reform auf das Internationale Privatrecht: *Gruber* IPRax 1999, 426; *Benicke* IPRax 2000, 171; *Zimmermann* IPRax 2000, 180; *Fuchs* NJW 2000, 489; vgl. auch MüKoBGB/*v. Hein* EGBGB Art. 5 Rn. 24.

34 Das umfasst auch eine anzuerkennende Vaterschaftsfeststellung im Ausland, vgl. BeckOK BGB/*Lorenz* EGBGB Art. 5 Rn. 4.

35 Unterbrechung und Anrechnung von Aufenthaltszeiten werden in § 12 b StAG geregelt.

36 Sie wird auch erteilt für Angehörige von Unionsbürgern, die selbst nicht Unionsbürger sind (§ 2 des Freizügigkeitsgesetzes/EU). S. näher NK-AuslR/*Oberhäuser* StAG § 4 Rn. 17 ff.

37 Nach Art. 2 des Anhangs I zum FreizügAbk/Schweiz (Abl. EU 2002 Nr. L 114/6 v. 30.4.2002, BGBl. 2001 II, S. 810). Zu den Rechten nach diesem Abkommen vgl. *Benesch*, S. 117 ff.

38 Vgl. näher *Schmid* StAZ 2005, 65.

zur Optionsausübung (§ 29 StAG) wieder beseitigt.[39] Die Optionspflicht ist jedoch sowohl für EU-Bürger als auch für Schweizer Staatsangehörige und ebenso für im Inland geborene und aufgewachsene Kinder (§ 29 Abs. 1 a StAG) mit der Folge aufgehoben, dass deren Mehrstaatigkeit dauerhaft akzeptiert wird.[40] Das optionspflichtige Ausländerkind muss dagegen zwischen dem 21. und 23. Lebensjahr eine Erklärung darüber abgeben, welche Staatsangehörigkeit es beibehalten möchte. Geht dadurch die deutsche Staatsangehörigkeit wieder verloren, so führt dies im Bereich des Zivilrechts aufgrund von Art. 5 Abs. 1 S. 2 EGBGB regelmäßig zu einem Statutenwechsel.

Ein Erwerb der deutschen Staatsangehörigkeit durch Einbürgerung richtet sich hingegen nach den Vorschriften der §§ 8 ff. StAG in Verbindung mit den Bestimmungen des Aufenthaltsgesetzes.[41]

Eine nach dem Staatsbürgergesetz der früheren DDR[42] erworbene **DDR-Staatsangehörigkeit** hatte in den   **12** Grenzen des ordre public[43] auch den Erwerb der gesamtdeutschen Staatsangehörigkeit zur Folge.[44] Mit dem Einigungsvertrag vom 31.8.1990 ist die DDR-Staatsbürgerschaft untergegangen, während die (gesamt-)deutsche Staatsangehörigkeit erhalten blieb.

b) Verlusttatbestände. Der Verlust der deutschen Staatsangehörigkeit darf nach **Art. 16 Abs. 1 S. 2 GG**   **13** nicht ohne gesetzliche Grundlage und gegen oder ohne den Willen des Betroffenen nur dann eintreten, wenn dieser dadurch nicht staatenlos wird. Die in Art. 17 Abs. 1 Nr. 1–7 StAG aufgezählten Verlustgründe sind danach abschließend. Die dort nicht erwähnte **Eheschließung** bewirkt daher auch dann keinen Staatsangehörigkeitsverlust, wenn dadurch ipso iure eine fremde Staatsangehörigkeit hinzu erworben wurde.[45] Der Verlust der deutschen Staatsangehörigkeit tritt ein durch Entlassung (§§ 18 ff. StAG), Erwerb einer ausländischen Staatsangehörigkeit auf Antrag, sofern keine Genehmigung zur Beibehaltung der deutschen Staatsangehörigkeit erteilt wurde (§ 25 Abs. 1 StAG),[46] durch Verzicht (§ 26 StAG), durch Adoption durch einen Ausländer (§ 27 StAG), durch freiwilligen Eintritt in den Militärdienst eines anderen Staates (§ 28 StAG), durch Erklärung (§ 29 StAG) oder durch Rücknahme eines rechtswidrigen Einbürgerungsakts (§ 35 StAG).

Der Verlust der Staatsangehörigkeit durch Optionserklärung nach § 29 StAG soll die entstandene Mehrstaa   **14** tigkeit wieder beseitigen, die durch die iure soli erworbene deutsche Staatsangehörigkeit nach § 4 Abs. 3 StAG regelmäßig eingetreten ist. Durch die Herausnahme von Kindern von EU-Bürgern, Schweizer Staatsangehörigen und Ausländerkindern, die in Deutschland im Sinne von § 29 Abs. 1 a StAG aufgewachsen sind, bleibt die Mehrstaatigkeit in vielen Fällen erhalten (→ Rn. 11). Der Verlust der deutschen Staatsangehörigkeit tritt ein, wenn der Mehrstaater für seine oder eine seiner mehreren ausländischen Staatsangehörigkeiten **optiert** (§ 29 Abs. 1 und Abs. 2 S. 1 StAG). Der Verlust tritt ferner ein, wenn der Betroffene zwar für die deutsche Staatsangehörigkeit optiert, aber nicht fristgerecht die Aufgabe oder den Verlust der bisherigen Staatsangehörigkeit nachgewiesen hat oder eine Behaltensgenehmigung besitzt (§ 29 Abs. 3 S. 2 u. 3, Abs. 4 StAG). Der Verlust der nach § 4 Abs. 3 StAG erworbenen deutschen Staatsangehörigkeit tritt ferner ein, wenn der Betroffene bis zur Vollendung seines 23. Lebensjahres **keine Erklärung** abgegeben hat (§ 29 Abs. 2 S. 2). Hierüber ist er nach § 29 Abs. 5 StAG zu belehren. Bestand insoweit die Möglichkeit zur Einflussnahme für den Betroffenen, liegt auch in diesem Fall keine nach Art. 16 Abs. 1 S. 1 GG unzulässige Entziehung der deutschen Staatsangehörigkeit vor.[47]

39   Es sei denn, eine Beibehaltungsgenehmigung wurde nach Maßgabe von § 29 Abs. 4 StAG erteilt. Zu den dazu erforderlichen Voraussetzungen vgl. NK-AuslR/ *Hocks* StAG § 29 Rn. 17 f.

40   Durch Art. 1 Nr. 1 des Zweiten Gesetzes zur Änderung des Staatsangehörigkeitsgesetzes v. 13.11.2014, BGBl. I, 1714 (seit 20.12.2014 in Kraft); *Berlit* ZAR 2015, 90; *Mosbacher* NVwZ 2015, 268.

41   Die Voraussetzungen der Einbürgerung sind durch die §§ 10–12 b StAG weitgehend in das Staatsangehörigkeitsgesetz integriert worden. Zu den bis zum 31.12.2004 geltenden Anforderungen nach dem AusländerG vgl. HMHK StAG § 10 Rn. 2 f.

42   Vgl. dazu Staudinger/*Bausback* Anh. II zu Art. 5 EGBGB Rn. 141 ff.

43   Nicht bei Einbürgerung einer Person, die ein Sicherheitsrisiko für die Bundesrepublik darstellt, vgl. BVerwG NJW 1986, 1506 (Landesverräter).

44   Das in der Bundesrepublik geltende Staatsangehörigkeitsrecht ging stets von einer einheitlichen deut

schen Staatsangehörigkeit aus; vgl. BVerfG NJW 1988, 1313. Der Verlust des DDR-Staatsbürgerrechts blieb daher für eine erworbene (gesamt-)deutsche Staatsangehörigkeit ohne Bedeutung.

45   Anders nur, wenn der Erwerb der fremden Staatsangehörigkeit einen Antrag oder eine gesonderte Erklärung voraussetzt; dann hängt der Erhalt der deutschen Staatsangehörigkeit von der Genehmigung nach § 25 Abs. 2 StAG ab, vgl. Erman/*Hohloch* EGBGB Art. 5 Rn. 25.

46   Dies gilt nach der Neuregelung ab dem 1.1.2000 auch bei einem bestehenden Inlandswohnsitz; vgl. Staudinger/*Bausback* Anh. II zu Art. 5 EGBGB Rn. 124; die Verfassungsmäßigkeit des § 25 Abs. 1 StAG bzgl. des Verlustes der deutschen Staatsangehörigkeit bei Erwerb einer ausländischen Staatsangehörigkeit bejaht BVerfG NVwZ 2007, 441 ff. = FamRZ 2007, 267.

47   Die Möglichkeit der Einflussnahme genügt nach allg. Auffassung, vgl. *Jarass/Pieroth* GG Art. 16 Rn. 8.

15 Der Entzug der Staatsangehörigkeit durch **nationalsozialistisches Unrecht** wird nach Maßgabe des Art. 116 Abs. 2 GG für unwirksam erklärt. Ist früheren deutschen Staatsangehörigen die Staatsangehörigkeit aus politischen, rassischen oder religiösen Gründen entzogen worden, so sind sie auf Antrag wieder einzubürgern (Art. 16 Abs. 2 S. 1 GG). Eines Antrags bedarf es nicht, wenn die Betroffenen ihren Wohnsitz nach dem 8.5.1945 in Deutschland mit Gebietsstand vom 31.12.1937 genommen und keinen gegen die Beibehaltung der deutschen Staatsangehörigkeit gerichteten Willen geäußert haben (Art. 16 Abs. 2 S. 2 GG). Die Wohnsitznahme führt hier zu der rückwirkenden Fiktion der fortbestehenden Staatsangehörigkeit („gelten als nicht ausgebürgert").[48] Kollisionsrechtlich sind jedoch aus Gründen des Vertrauensschutzes Ausnahmen von dieser Rückwirkung zuzulassen.[49]

III. Aufenthalt

16 **1. Der gewöhnliche Aufenthalt.** Das Anknüpfungsmerkmal „gewöhnlicher Aufenthalt" ist vom Gesetzgeber bewusst nicht definiert worden, da eine Umschreibung aller tatbestandlichen Einzelheiten nicht möglich erschien und eine Harmonisierung des autonomen und staatsvertraglichen IPR nicht gefährdet werden sollte.[50] Rechtsprechung[51] und Lehre[52] stellen auf den **Lebensmittelpunkt** einer Person ab. Dieser wird nach den tatsächlichen Lebensumständen (Beziehungen subjektiver und objektiver Art) bestimmt. Auch der untechnische Begriff „**faktischer Wohnsitz**"[53] ist berechtigt, weil es auf die Abgabe rechtswirksamer Willenserklärungen nicht ankommt und auch der gewöhnliche Aufenthalt von Kindern selbstständig festgestellt wird, anstatt ihn von den Eltern abzuleiten.[54] Der Wille zum dauerhaften oder unbestimmten Verbleib (animus manendi)[55] wie auch ein Rückkehrwille (animus revertendi) sind als tatsächliche subjektive Umstände lediglich von indizieller Bedeutung;[56] ein Defizit an objektiven Faktoren kann allerdings durch entsprechende subjektive Elemente ausgeglichen werden (lediglich kurzer Aufenthalt kann ausreichen, wenn Wille zum dauerhaften Verbleib besteht). Ein gestiegenes Mobilitätsverhalten der Bevölkerung rechtfertigt es nicht, primär auf den Willen als auf äußere Tatsachen abzustellen.[57] Auch das Gesetz geht davon aus, dass ein Elternwille in Bezug auf den gewöhnlichen Aufenthalt des Kindes sich nicht dauerhaft gegen die objektiven Tatsachen durchzusetzen vermag (Abs. 3).[58] Im europäischen IPR ist der gewöhnliche Aufenthalt autonom, dh ohne Rückgriff auf nationalstaatliche Begriffskonzepte zu bestimmen.[59] Der EuGH vermeidet dabei eine einheitliche Begriffsbestimmung. Es ist vielmehr für jeden Rechtsakt nach dem jeweiligen Kontext getrennt zu entscheiden.[60] So sind zur Bestimmung des gewöhnlichen Aufenthalts nach Art. 8 Abs. 1 EuEheVO insbesondere die Bedürfnisse des Kindesschutzes (Kindeswohl) einzubeziehen. In diesem Zusammenhang hat der EuGH[61] klargestellt, dass das Wohl des Kindes bestmöglich beachtet werden muss und unter dem gewöhnlichen Aufenthalt der Ort zu verstehen ist, an dem eine gewisse Integration des Kindes in ein soziales und familiäres Umfeld zu erkennen ist. Dieser Ort ist vom nationalen Gericht unter Berücksichtigung aller besonderen tatsächlichen Umstände jedes Einzelfalls festzustellen. Zur Bestimmung

48 *Jarass/Pieroth* GG Art. 116 Rn. 15; *Maunz/Dürig* GG Art. 116 Rn. 117 ff.; Staudinger/*Bausback* Anh. IV zu Art. 5 EGBGB Rn. 25.

49 So kann eine Eheschließung aufgrund der Rückwirkung nicht nachträglich als nichtig angesehen werden BGHZ 27, 375, 380 ff. Ebenso soll ein einmal begründetes Güterrechtsstatut (gemeinsame Staatsangehörigkeit im Zeitpunkt der Eheschließung) nicht aufgrund der Rückwirkung geändert werden, vgl. OLG Düsseldorf IPRax 1981, 219; Palandt/*Thorn* Anh. zu Art. 5 EGBGB Rn. 13; Erman/*Hohloch*[14] EGBGB Art. 5 Rn. 34.

50 BT-Drs. 10/504, 41.

51 BGH NJW 1975, 1068; BGHZ 78, 293, 295; BGH NJW 2002, 2955; 1993, 2047, 2048.

52 *Kegel/Schurig* § 13 III 3 a, S. 471; *Raape/Sturm*, IPR, S. 130; *Kropholler*, IPR, § 39 II 2, S. 283 ff. (mit Begriffsdifferenzierungen je nach Regelungszusammenhang); Staudinger/*Bausback* EGBGB Art. 5 Rn. 43; Erman/*Hohloch* EGBGB Art. 5 Rn. 47.

53 BGHZ 78, 293, 295; *Kegel/Schurig* § 13 III 3 a, S. 471; Palandt/*Thorn* EGBGB Art. 5 Rn. 10.

54 AllgM, MüKoBGB/*v. Hein* EGBGB Art. 5 Rn. 167. Das gilt ungeachtet des Art. 5 Abs. 3 und entspricht der Rspr. des EuGH 22.12.2010 – C-497/10 – Mercredi IPRax 2012, 340 (Anm. *Siehr*, 316, 317 f.).

55 Vgl. ebenso den tatsächlichen Willen hervorhebend *Baetge*, S. 133; *v. Bar/Mankowski*, IPR I, § 7 Rn. 26.

56 Staudinger/*Bausback* EGBGB Art. 5 Rn. 46; OLG München FamRZ 2006, 1562 (1563) (objektive Bestimmung auch für Strafgefangenen bei Fehlen eines anderen Daseinsmittelpunktes).

57 Der weitergehende Vorschlag von *Weller* in Leible/Unberath, S. 293 und *ders.*, IPRax 2014, 225 ff. maßgeblich auf die innere Willensrichtung abzustellen, erscheint nicht praktikabel und unterläuft auch die Abgrenzung zur Rechtswahl, zutr. *Weller* in Gebauer/Teichmann § 8 Rn. 126.

58 MüKoBGB/*v. Hein* EGBGB Art. 5 Rn. 153.

59 Palandt/*Thorn* EGBGB Art. 5 Rn. 13.

60 Erman/*Hohloch* EGBGB Art. 5 Rn. 47 a.

61 EuGH 2.4.2009 – C-523/07, IPRax 2011, 76 (Anm. *Pirrung*, 50 ff.). Der EuGH stellt hier auf die körperliche Anwesenheit des Kindes, die (beabsichtigte) Dauer des Aufenthalts des Kindes und die Absichten der Eltern ab, wobei ein Wanderleben in einem anderen als dem festen Wohnsitzstaat einen Aufenthaltswechsel nicht begründet (Rn. 38–43). Ergänzend stellt EuGH 22.12.2010 – C-497/10 – Mercredi auf die geographische und familiäre Herkunft der Mutter eines Säuglings ab.

des gewöhnlichen Aufenthalts des Erblassers kann demgegenüber auch die Belegenheit des Nachlassvermögens von besonderer Bedeutung sein (vgl. Erwägungsgrund 24 EuErbVO).

Der **tatsächliche Lebensmittelpunkt** ist danach zu bestimmen, wo der Schwerpunkt aller sozialen, kulturellen und wirtschaftlichen Beziehungen der Person liegt.[62] In erster Linie sind die familiären und beruflichen Beziehungen ausschlaggebend. Lässt sich feststellen, dass eine Ehe nur zum Schein geschlossen wurde, so folgt aus der Eheschließung auch kein Indiz für den gewöhnlichen Aufenthalt.[63] Bei Tagespendlern (Grenzgängern) und Wochenendheimfahrern wird der Wohnort der Familie, bei Familienbesuchern (Jahresurlaub und einzelne Wochenenden) der Arbeitsort regelmäßig den Schwerpunkt bilden.[64] Es können sich auch Pattsituationen ergeben (Wanderarbeitnehmer, Halbjahresurlauber) sein. Ein Teil der Lehre geht hier zutreffend von der Möglichkeit aus, dass **mehrere Daseinsmittelpunkte** gleichzeitig oder alternierend[65] bestehen können, und fragt nach dem effektiveren (engeren) gewöhnlichen Aufenthalt (Abs. 1 S. 1 analog).[66] Nach anderer Ansicht soll sich eine Differenzierung nach Effektivität präziser bereits in die Schwerpunktbildung integrieren lassen und sei daher unnötig.[67] Bei der praktischen Rechtsanwendung gelangen beide Ansätze freilich regelmäßig zum selben Ergebnis. Hat eine Person umgekehrt keinen gewöhnlichen Aufenthalt oder lässt sich dieser nicht ermitteln, so ist entsprechend Abs. 2 an den schlichten Aufenthalt anzuknüpfen.[68]

17

Eine **Änderung des gewöhnlichen Aufenthalts** und ein damit verbundener Statutenwechsel[69] tritt ein, wenn die betreffende Person ihren bisherigen Daseinsmittelpunkt aufgibt. Ob und ab welchem Zeitpunkt eine solche Aufgabe stattgefunden hat, ist nach den **Kriterien der Schwerpunktbildung** festzustellen. Bis zu dem Zeitpunkt der Verlagerung des Schwerpunktes bleibt der bisherige gewöhnliche Aufenthalt erhalten. Nach Ablauf von sechs bis zwölf Monaten[70] am neuen Aufenthaltsort ist im Regelfall von einem Aufenthaltswechsel auszugehen.[71] Subjektive Momente wie der fehlende oder vorhandene Rückkehrwille sind hier bedeutsam.[72] Besteht ein Rückkehrwille, können **auch längerfristige Aufenthalte unbeachtlich** sein (Internat,[73] Auslandsstudium,[74] Stationierung,[75] Heilanstalt,[76] Strafhaft und Kriegsgefangenschaft).[77] Fehlt der Rückkehrwille, so wird auch ein sofortiger Aufenthaltswechsel bereits vor jeder sozialen Integration mit dem Umzug häufig zu bejahen sein. Insoweit spielt der Aufenthaltswille eine mitentscheidende Rolle. Anderes gilt aber, wenn der weitere Verbleib am neuen Aufenthaltsort praktisch ausgeschlossen ist. Hiervon ist etwa bei einem Asylbewerber auszugehen, der in absehbarer Zeit wieder abgeschoben werden wird.

18

---

62 Erman/*Hohloch* EGBGB Art. 5 Rn. 47; Palandt/*Thorn* EGBGB Art. 5 Rn. 10.

63 Das gilt ebenso für Scheinehen, die einen aufenthaltsrechtlichen Status im Bereich des Ausländerrechts herbeiführen sollen. Voraussetzung ist die gelebte Ehegemeinschaft, vgl. *Mörsdorf-Schulte* NJW 2007, 1331 (1333), krit. Anm. zu OVG Münster NJW 2007, 314; MüKoBGB/*Coester* EGBGB Art. 13 Rn. 59 mwN.

64 *Spickhoff* IPRax 1995, 185 (187); vgl. auch Palandt/*Thorn* EGBGB Art. 5 Rn. 10.

65 *V. Bar/Mankowski*, IPR I, § 7 Rn. 24 Fn. 83: Sommer in Hamburg, Winter in Palma de Mallorca.

66 *Schulze* IPRax 2012, 526 (Anm. zu OLG Oldenburg IPRax 2012, 550); *Spickhoff* IPRax 1995, 185 (189); *Raape/Sturm*, IPR, S. 130; Staudinger/*Bausback* EGBGB Art. 5 Rn. 48; Erman/*Hohloch* EGBGB Art. 5 Rn. 55; Soergel/*Kegel* EGBGB Art. 5 Rn. 49.

67 Für nur einen einzigen Daseinsmittelpunkt *Looschelders*, IPR, EGBGB Art. 5 Rn. 8; HK-BGB/*Dörner* EGBGB Art. 5 Rn. 10; MüKoBGB/*v. Hein* EGBGB Art. 5 Rn. 160; Palandt/*Thorn* EGBGB Art. 5 Rn. 10; PWW/*Mörsdorf* EGBGB Art. 5 Rn. 31; *Mankowski* IPRax 2015, 39 (45); ablehnend für die europäische Begriffsbildung auch *Pirrung* IPRax 2011, 50 (54).

68 HK-BGB/*Dörner* EGBGB Art. 5 Rn. 10.

69 So ausdrücklich etwa beim Aufenthaltswechsel des Unterhaltsberechtigten nach Art. 3 Abs. 2 HUP.

70 Die Dauer von 6 Monaten entspricht Art. 8 Abs. 1 des Europäischen Sorgerechtsübereinkommens v. 20.5.1980 (BGBl. 1990 II S. 220). 12 Monate sieht

Art. 12 Haager Kindesentführungsübereinkommen v. 25.10.1980 (BGBl. 1990 II S. 206) vor.

71 Vgl. *Kropholler*, IPR, § 39 II 4 a, S. 284; Staudinger/*Bausback* EGBGB Art. 5 Rn. 44; Palandt/*Thorn* EGBGB Art. 5 Rn. 10; *Helms* IPRax 2015, 217 (219) (Anm. zu OLG Stuttgart IPRax 2015, 251).

72 Das bedeutet jedoch nicht, dass stets ein entsprechender subjektiver Wille vorliegen muss (so die subjektive Theorie, *Raape/Sturm*, IPR, S. 130). Vielmehr kann bei einer langen Verweildauer der Wille unbeachtlich sein. Für die sog. objektive Theorie vgl. Staudinger/*Bausback* EGBGB Art. 5 Rn. 46; PWW/*Mörsdorf* EGBGB Art. 5 Rn. 30.

73 BGH NJW 1975, 1068; 1993, 2047, 2048.

74 OLG Hamm FamRZ 1989, 1331 = IPRax 1990, 58 mAnm *Henrich*. Ebenso OLG Frankfurt aM FamRZ 2009, 796 mAnm *Gottwald* (hier aber zum Wohnsitzbegriff in § 23 a ZPO und Art. 5 Nr. 2 EuGVVO).

75 Umstände des Einzelfalls, vorgesehene Verweildauer: OLG Zweibrücken NJW-RR 1999, 948; AG Landstuhl FamRZ 2003, 1300.

76 Anders nur bei Bleibewillen nach Abschluss, *Kegel/Schurig* § 13 III 3 a, S. 472.

77 In den letztgenannten Fällen wird meist auf das zwangsweise Verbringen oder Verbleiben abgestellt, welches eine Integration und damit die Begründung eines neuen gewöhnlichen Aufenthalts hindere, so etwa Staudinger/*Bausback* EGBGB Art. 5 Rn. 45; Palandt/*Thorn* EGBGB Art. 5 Rn. 10; ähnlich wie hier *Kropholler*, IPR, § 39 II 6 c, S. 288 f.; vgl. aber OLG München FamRZ 2006, 1562, 1563 bei fehlendem sonstigen Daseinsmittelpunkt außerhalb der Strafhaft.

Auch in den Fällen eines unberechtigten Aufenthalts kann jedoch anhand objektiver Anhaltspunkte über eine bereits erfolgte Integration ein Wechsel des gewöhnlichen Aufenthalts eingetreten sein.[78]

19 Der selbstständig zu bestimmende **Daseinsmittelpunkt des Kindes** ergibt sich in gleicher Weise aus dem Schwerpunkt seiner persönlichen Bindungen (etwa bei einer Trennung der Eltern).[79] Allerdings ist sowohl im europäischen als auch im autonomen IPR anerkannt, dass bei minderjährigen Kindern, insbes. bei Neugeborenen, vor allem auf ihre Bezugspersonen, die es betreuen und versorgen, sowie deren soziales und familiäres Umfeld abzustellen ist.[80] Im Falle der Kindesentführung (Aufenthaltswechsel ohne den Willen des zur Aufenthaltsbestimmung berechtigten Elternteils) greift ergänzend Abs. 3 ein. Danach ist der objektive Aufenthaltswechsel nur ein (schwaches) Indiz für eine Änderung des gewöhnlichen Aufenthalts des Kindes (→ Rn. 44). Maßgeblich sind fortbestehende Bindungen des Elternteils zum bisherigen gewöhnlichen Aufenthalt sowie ein eventuell bestehender Rückkehrwille.[81]

20 **2. Der schlichte Aufenthalt.** Nicht jede Person muss einen gewöhnlichen Aufenthalt besitzen (Nichtsesshafte, Landfahrer, Flüchtlinge). Nur im Falle der **gesetzlichen Anordnung** ist ersatzweise auf den schlichten Aufenthalt abzustellen (Art. 5 Abs. 2 Hs. 2; 24 Abs. 1 S. 2 Hs. 2 sowie Art. 12 Abs. 1 GFK).[82] Ferner knüpft die dem Verkehrsschutz dienende Vorschrift des Art. 12 an den schlichten Aufenthalt an. Der schlichte Aufenthalt ist jeder Ort, an dem sich die Person über eine gewisse Dauer hin aufhält. Nur flüchtige Kontakte (Durchreise, Ausflug usw) genügen grundsätzlich nicht.[83] Anders ist es aber, wenn sich ein fixierbarer Lebensmittelpunkt für eine Person nicht finden lässt. Hier macht eine Differenzierung nach Flüchtigkeitsgraden keinen Sinn und es gilt das Recht des (flüchtigen) Aufenthaltsorts im maßgeblichen Zeitpunkt.[84] Ist die Ersatzanknüpfung an den schlichten Aufenthalt anstelle des gewöhnlichen Aufenthalts dagegen gesetzlich **nicht** vorgesehen, so ist nicht an **den letzten** (gewöhnlichen) Aufenthalt der Person anzuknüpfen, sondern an die lex fori.[85] Etwas anderes gilt aber, wenn die Kollisionsnorm, die an den gewöhnlichen Aufenthalt anknüpft, subsidiär ein anderes Anknüpfungsmerkmal für maßgeblich erklärt (zB Art. 14 Abs. 2 Nr. 1–4 EGBGB). Die subsidiäre Anknüpfungsleiter der selbstständigen Kollisionsnorm gibt dann selbst die Ersatzanknüpfung vor.

B. Regelungsgehalt

I. Doppel- und Mehrstaater (Abs. 1)

21 Besitzt eine Person zwei oder mehrere Staatsangehörigkeiten (Doppelstaater/Mehrstaater),[86] so ist zu entschieden, welche Staatsangehörigkeit maßgeblich sein soll. Die Vorschrift unterscheidet danach, ob die Person nur fremde Staatsangehörigkeiten (S. 1) oder daneben auch die deutsche Staatsangehörigkeit besitzt (S. 2). Auf völkervertraglicher oder unionsrechtlicher Ebene existiert bislang keine Regelung für Mehrstaater (vgl. Erwägungsgrund 22 Rom III-VO).[87]

22 **1. Ohne deutsche Staatsangehörigkeit (Abs. 1 S. 1).** Gehört die Person mehreren ausländischen Staaten an, so ist das Recht des Staates anzuwenden, mit dem die Person am engsten verbunden ist (**Grundsatz der engsten Verbindung**). Diese Staatsangehörigkeit wird als die „**effektive Staatsangehörigkeit**" bezeichnet.[88] Die dadurch verdrängte nicht oder weniger effektive Staatsangehörigkeit wird deshalb aber nicht zurückgesetzt und lediglich formal anerkannt. Auch findet keine Kontrolle über fremde Staatsangehö-

78 Die Aufenthaltsberechtigung und die Entscheidung über den Asylantrag sind als rechtliche Fakten nur ein Indiz für die Prognose des weiteren Verbleibs (bevorstehende Abschiebung), vgl. *Spickhoff* IPRax 1990, 225 ff.; *Looschelders*, IPR, EGBGB Art. 5 Rn. 10; MüKoBGB/v. *Hein* EGBGB Art. 5 Rn. 159; OLG Bremen FamRZ 1992, 962 (963); OLG Koblenz FamRZ 1998, 536; bejahend nur für den Fall, dass eine soziale Integration des Asylbewerbers bereits stattgefunden hat, Palandt/*Thorn* EGBGB Art. 5 Rn. 10.

79 BGH IPRax 2003, 145; BGH NJW 1981, 520; OLG Nürnberg IPRax 2003, 147 (148); OLG Bremen FamRZ 1992, 962 (963); KG Berlin FamRZ 1998, 440 (441); OLG Düsseldorf FamRZ 1999, 112.

80 EuGH 22.12.2010 – C-497/10 – Mercredi IPRax 2012, 340 Rn. 53 ff.; BGH 20.3.2019 – XII ZB 530/17; ähnlich *Heiderhoff* IPRax 2012, 523 (525) (entscheidend sei, wo sich das Kind tatsächlich aufhält und versorgt wird).

81 *Helms* IPRax 2015, 217 (219) (Anm. zu OLG Stuttgart IPRax 2015, 251).

82 *V. Bar/Mankowski*, IPR I, § 7 Rn. 30.

83 *Kegel/Schurig* § 13 III 3 a, S. 472.

84 Zu Recht *v. Bar/Mankowski*, IPR I, § 7 Rn. 30; Soergel/*Kegel* EGBGB Art. 5 Rn. 50; KG Berlin FamRZ 1968, 489 (Fundort einer Leiche).

85 *Raape/Sturm*, IPR, Bd. 1, 6. Aufl. 1977, S. 131; dagegen für letzten gewöhnlichen Aufenthalt Staudinger/*Bausback* EGBGB Art. 5 Rn. 50.

86 Zu den Gründen der zunehmenden Entstehung von Mehrstaatigkeit, vgl. *v. Bar/Mankowski*, IPR I, § 7 Rn. 114 ff.; zu den Auswirkungen der Mehrstaatigkeit nach der Reform des StAG, vgl. *Budzikiewicz* IPRax 2001, 493 ff.; s. ferner → Rn. 10 f.

87 S. aber den Vorschlag der Groupe européen de droit international privé (GEDIP) v. 20.9.2013, abgedruckt in IPRax 2014, 90 f. und *Jayme* IPRax 2014, 89.

88 Vgl. zur Begriffsgeschichte *Mansel*, Personalstatut, Staatsangehörigkeit und Effektivität, Rn. 174 ff.

rigkeitsrechte statt.[89] Es geht allein um die kollisionsrechtliche Bestimmung des anwendbaren Rechts und daher um die Feststellung der stärkeren Verbundenheit der Person zu einem bestimmten Staat.[90] Zur Konkretisierung der engsten Verbindung der Person nennt das Gesetz den gewöhnlichen Aufenthalt oder den Verlauf des Lebens. Sämtliche weiteren Umstände, etwa die Sprache, die Religion und andere, die persönliche Identität ausbildende Faktoren (kulturelle Prägung,[91] persönliche Bindungen durch Beruf, Schule, Familie oder Freunde, staatsbürgerliche Rechte [Wahlen] und Pflichten [Wehrdienst]) sind zu berücksichtigen und insgesamt zu gewichten.[92] Auch die subjektive Selbstzuordnung kommt als Kriterium in Betracht, sofern sie durch die übrigen objektiven Kriterien plausibel erscheint.[93] Als **Gewichtungsregel** gibt der gewöhnliche Aufenthalt im Zweifel den Ausschlag. Liegt dieser in einem Drittstaat, so erlangen der Lebensverlauf und damit auch die frühere Entwicklung und der vormalige gewöhnliche Aufenthalt hervorgehobene Bedeutung.[94] Dabei kann es auch eine Rolle spielen, welche von mehreren Staatsangehörigkeiten die betreffende Person zuletzt erworben hat.[95] Bei Kleinkindern soll auf die Staatsangehörigkeit des leiblichen Elternteils abzustellen sein, bei dem das Kind lebt.[96] Formalisierte Regeln[97] sind jedoch nicht sinnvoll. Entscheidend sollte hier wie auch bei der Bestimmung des gewöhnlichen Aufenthalts das **Gesamtbild** sein.

Der Wille ist für sich betrachtet zwar ohne eigenständige Bedeutung, denn eine (indirekte) Rechtswahlmöglichkeit sieht Art. 5 nicht vor.[98] Ebenfalls zu berücksichtigen sind aber im Rahmen des Lebensverlaufs auch die **Zukunftsplanung** und die Perspektiven der Person.[99] Lässt sich dennoch kein klares Bild gewinnen oder sind die relevanten Umstände unaufklärbar, so ist **ersatzweise** an den gegenwärtigen gewöhnlichen Aufenthalt anzuknüpfen (Abs. 2 analog).[100] Eine solche Ersatzanknüpfung scheidet allerdings aus, wenn die Kollisionsnorm, die an die Staatsangehörigkeit anknüpft, eine speziellere subsidiäre Anknüpfung an ein anderes Merkmal vorsieht (zB Art. 14 Abs. 2 Nr. 4 EGBGB). Die subsidiäre Anknüpfungsleiter darf nicht durch eine Ersatzanknüpfung nach Art. 5 unterlaufen werden (→ Rn. 20).   **23**

Stellt die Kollisionsnorm auf eine gegenwärtige oder vergangene gemeinsame Staatsangehörigkeit zweier Personen ab (etwa für die Ehewirkungen in Art. 14 Abs. 2 Nr. 3), so ist für den ausländischen Mehrstaater ebenso allein seine effektive Staatsangehörigkeit maßgeblich.[101] Sind beide Personen Mehrstaater, so liegt eine gemeinsame Staatsangehörigkeit im Sinne dieser Vorschrift nur vor, wenn die effektive Staatsangehörigkeit jedes Einzelnen auch die gemeinsame Staatsangehörigkeit ist.[102] Anders liegt es bei einem auchdeutschen Mehrstaater, dessen deutsche Staatsangehörigkeit selbst dann Vorrang hat, wenn sie nicht effektiv ist, Abs. 1 S. 2 (→ Rn. 27). Eine frühere gemeinsame Staatsangehörigkeit wird durch den späteren zusätzlichen Erwerb der deutschen Staatsangehörigkeit eines Partners nicht rückwirkend beseitigt.[103]   **24**

89 V. Bar/Mankowski, IPR I, § 7 Rn. 117.
90 Ebenso gut lässt sich von der effektiveren Staatsangehörigkeit sprechen, Jayme IPRax 1983, 222; Mansel, Personalstatut, Staatsangehörigkeit und Effektivität, Rn. 226.
91 Skeptisch dazu Mankowski IPRax 2004, 282 (285 f.); anerkennend noch Staudinger/Mankowski EGBGB Art. 14 Rn. 36; dieser weiche Faktor ist iÜ aber allg. anerkannt, wenngleich eine Abgrenzung zu den übrigen Merkmalen zu verschwimmen droht, vgl. Staudinger/Bausback EGBGB Art. 5 Rn. 15; Staudinger/Weick/Althammer EGBGB Art. 9 Rn. 52; Palandt/Thorn EGBGB Art. 5 Rn. 2; Looschelders, IPR, EGBGB Art. 5 Rn. 22; und nachfolgende Fn.
92 Vgl. BayObLG FamRZ 2005, 1704 (1705); AG Freiburg FamRZ 2002, 888 = IPRax 2002, 223; dazu Jayme IPRax 2002, 209; OLG München FamRZ 1994, 634 (kulturelle Prägung); OLG Frankfurt FamRZ 1994, 715 f.; Mansel, Personalstatut, Staatsangehörigkeit und Effektivität, Rn. 304.
93 Schulze Liber Amicorum Erik Jayme, 2019, S. 183.
94 Für eine nur vergangenheitsbezogene Betrachtung des Lebenslaufs Dörner StAZ 1990, 1 (2).
95 Das darf jedoch nicht als pauschale Regel gelten, vgl. BayObLG FamRZ 2005, 1704 (1705).
96 AG Nürnberg FamRZ 2011, 308 (Adoption des leiblichen russisch-italienischen Kindes durch einen US-Amerikaner aus einer gleichgeschlechtlichen Ehe nach belgischem Recht).
97 Dafür Soergel/Kegel EGBGB Art. 5 Rn. 9; Kegel/Schurig, § 13 II 5, S. 454; abl. aber Staudinger/Baus-

back EGBGB Art. 5 Rn. 15; Erman/Hohloch EGBGB Art. 5 Rn. 5; Palandt/Thorn EGBGB Art. 5 Rn. 2.
98 Ebenso BeckOK BGB/Lorenz EGBGB Art. 5 Rn. 8; Dethloff JZ 1995, 64 (69).
99 BayObLGZ 1984, 162 (164); krit. insoweit Mansel IPRax 1985, 209 (212).
100 BGH IPRax 2016, 609 (611); OLG Frankfurt FamRZ 1994, 715 (716); Erman/Hohloch EGBGB Art. 5 Rn. 5; Looschelders, IPR EGBGB Art. 5 Rn. 22; MüKoBGB/v. Hein EGBGB Art. 5 Rn. 60; Staudinger/Bausback EGBGB Art. 5 Rn. 16; PWW/Mörsdorf EGBGB Art. 5 Rn. 25; diff. Mansel IPRax 1988, 22 (23) (bei gleich effektiven Staatsangehörigkeiten gilt Aufenthaltsrecht nur, wenn beide Heimatrechte zu unterschiedlichen Ergebnissen gelangen); aA Schulze IPRax 2016, 575 (576 f.), der für eine stärkere Berücksichtigung der Parteiinteressen und des Gedankens der wohlerworbenen Rechte plädiert.
101 Staudinger/Mankowski EGBGB Art. 14 Rn. 36.
102 AG Freiburg FamRZ 2002, 888 = IPRax 2002, 223; dazu Jayme IPRax 2002, 209 (Doppelstaater mit doppelt gemeinsamer, aber jeweils nicht-effektiver Staatsangehörigkeit haben nach diesen Grundsätzen keine (aktuelle) gemeinsame Staatsangehörigkeit iSv Art. 14 Abs. 2 Nr. 3 EGBGB); übersehen von AG Rastatt IPRax 2001, 152 mAnm Jayme; OLG Frankfurt FamRZ 1994, 715 f. (Gründe für einen Staatsangehörigkeitserwerb).
103 OLG Hamm FamRZ 2011, 220 f. zu Art. 14 Abs. 1 Nr. 1 Alt. 2 EGBGB aF.

25 Besitzt der ausländische Mehrstaater eine nicht-effektive Staatsangehörigkeit eines EU-Mitgliedstaates, so ist der Vorrang der effektiven Staatsangehörigkeit aus primärrechtlichen Gründen einzuschränken.[104] Durch die Anwendung eines Drittstaatenrechts (als dem Recht der effektiven Staatsangehörigkeit) dürfen nämlich die Gewährleistungen des Unionsrechts (Wahrnehmung der Grundfreiheiten) weder beschränkt noch dem Unionsbürger entzogen werden. Allerdings liegt kein Verstoß gegen das Diskriminierungsverbot aus Art. 18 AEUV oder gegen eine Grundfreiheit, zB das Recht auf Freizügigkeit aus Art. 21 AEUV, vor, wenn das IPR eine Rechtswahl zugunsten der nicht-effektiven mitgliedstaatlichen Staatsangehörigkeit zulässt.[105]

26 **2. Auch die deutsche Staatsangehörigkeit (Abs. 1 S. 2).** Besitzt die Person neben einer oder mehreren ausländischen Staatsangehörigkeiten auch die deutsche, so ist diese allein maßgebend (Abs. 1 S. 2). Es kommt weder darauf an, ob die deutsche Staatsangehörigkeit die effektive ist, noch darauf, ob zu Deutschland sonst überhaupt irgendeine (aktuelle) Beziehung besteht. Der Gesetzgeber hat sich aus Gründen der Praktikabilität und Rechtssicherheit und in Kenntnis der Argumente für diese rechtspolitisch sehr zweifelhafte[106] Regelung entschieden.[107] Sie **widerspricht dem Grundgedanken** des IPR nach räumlicher Gerechtigkeit im Sinne der engsten Beziehung und verhindert den internationalen Entscheidungseinklang. Dennoch sehen viele Staaten eine solche pro domo-Regelung vor.[108] Die Bestimmung fördert ferner die Entstehung von hinkenden Rechtsverhältnissen, also solchen, die in einem Staat als wirksam, im anderen dagegen als unwirksam angesehen werden. Das Problem hat sich durch die Reform des Staatsangehörigkeitsgesetzes weiter verschärft, weil das Optionsmodell für Einwandererkinder (§ 29 StAG) bis zum Entscheidungszeitpunkt zur Anwendung des Abs. 1 S. 2 führt und der ggf. eintretende Verlust der deutschen Staatsangehörigkeit automatisch einen Statutenwechsel bewirkt. Nur für **Altfälle** (vor Inkrafttreten des IPR-Reformgesetzes zum 1.9.1986) kommt noch die frühere Rechtsprechung des BGH zum Tragen, wonach sich eine wesentlich engere Beziehung zu dem ausländischen Heimatstaat als zu Deutschland durchsetzt.[109] Abs. 1 S. 2 greift auch bei deutsch-iranischen Doppelstaatern. Das Niederlassungsabkommen zwischen Deutschland und dem Königreich Persien v. 17.2.1929[110] gilt nämlich nur für Personen, die ausschließlich die deutsche oder die iranische Staatsangehörigkeit besitzen.[111]

27 Stellt das Kollisionsrecht auf eine gegenwärtige oder vergangene gemeinsame Staatsangehörigkeit zweier Personen ab (so für die Ehewirkungen in Art. 14 Abs. 2 Nr. 3), so ist für den auch-deutschen Mehrstaater allein seine deutsche Staatsangehörigkeit maßgeblich (Abs. 1 S. 2). Sind beide Personen auch-deutsche Mehrstaater, so liegt darin die gemeinsame Staatsangehörigkeit, ungeachtet der Frage, ob die deutsche Staatsangehörigkeit auch nur für einen von beiden die effektive Staatsangehörigkeit darstellt.[112] Anders liegt es bei Anwendung von Abs. 1 S. 1 (→ Rn. 24).

28 In der Lehre wird verbreitet für eine Nichtanwendung des Abs. 1 S. 2 im Wege **teleologischer Reduktion** plädiert, wenn der deutsch-ausländische Mehrstaater keinerlei über die bloße Staatsangehörigkeit hinausgehenden Beziehungen zu Deutschland hat.[113] Gegen die Zulässigkeit einer solchen Rechtsfortbildung spricht jedoch der erkennbare Wille des Gesetzgebers.[114] Dieser hat bewusst den Zielen der Praktikabilität und Rechtsklarheit den Vorzug gegeben, obwohl ihm bekannt war, dass der schematische Vorrang der inländischen Staatsangehörigkeit mitunter zu zweifelhaften Ergebnissen führen kann. Der Vorrang nach Abs. 1 S. 2 gilt gleichermaßen für de iure soli erworbene deutsche Staatsangehörigkeit von Kindern ausländischer

---

104 Vgl. auch *Mankowski* IPRax 2017, 130 (134).

105 BGH IPRax 2016, 609 Rn. 19; MüKoBGB/*v. Hein* EGBGB Art. 5 Rn. 83.

106 Vgl. *Benicke* IPRax 2000, 171 (176 f.); für eine Abschaffung de lege ferenda *Fuchs* NJW 2000, 489 (491); *dies.*, FS Dieter Martiny 2014, S. 303, 312 f.; *Gesing*, DAJV-Newsletter 2012, 140; mit Änderungsvorschlag *Gruber* IPRax 1999, 426 (429).

107 BT-Drs. 10/504, 40 f.

108 *V. Bar/Mankowski*, IPR I, § 7 Rn. 119.

109 BGHZ 75, 32, 39 ff.; BGH NJW 1980, 2016; für Altfälle vgl. BayObLGZ 2000, 18 (22). Zur geschichtlichen Entwicklung des Vorrangs der effektiven Staatsangehörigkeit auch gegenüber der deutschen Staatsangehörigkeit vgl. *Hellwig*, S. 44 ff.; daran anknüpfend auch nach der Reform *Benicke* IPRax 2000, 171 (179).

110 Zur dessen Fortgeltung vgl. BGH IPRax 2005, 346 (348).

111 BVerfG FamRZ 2007, 615 = NJW-RR 2007, 577 (578); OLG München 1.2.2010 – 31 Wx 37/09, Rn. 11; LG Köln 15.7.2014 – 2 O 534/13; vgl. auch AG Hamburg-St. Georg 13.4.2015 – 970 VI 1645/12 zur Anwendbarkeit bei doppelter Staatsangehörigkeit mit einem Drittstaat; *Majer* ZEV 2012, 182 (183) zum deutsch-türkischen Nachlassabkommen.

112 Staudinger/*Mankowski* EGBGB Art. 14 Rn. 36; Palandt/*Thorn* EGBGB Art. 5 Rn. 3.

113 So *Mansel*, Personalstatut, Staatsangehörigkeit und Effektivität, Rn. 272; *v. Bar/Mankowski*, IPR I, § 7 Rn. 119; *Looschelders*, IPR EGBGB Art. 5 Rn. 25; BeckOK BGB/*Lorenz* EGBGB Art. 5 Rn. 11.

114 Gegen eine Einschränkung auch OLG Hamm IPRspr. 1993, Nr. 77; *Martiny* JZ 1993, 1145 (1147); *Martiny*, zit. nach *Budzikiewicz* IPRax 2001, 496 f.; *Kegel/Schurig*, § 13 II 5, S. 456; Erman/*Hohloch* EGBGB Art. 5 Rn. 6; MüKoBGB/*v. Hein* EGBGB Art. 5 Rn. 64; Palandt/*Thorn* EGBGB Art. 5 Rn. 3; Staudinger/*Bausback* EGBGB Art. 5 Rn. 25.

Eltern im Inland nach Art. 4 Abs. 3 StAG.[115] Verlieren diese die deutsche Staatsangehörigkeit nach § 29 StAG wieder, so tritt grundsätzlich[116] ein Statutenwechsel ein.

Der Vorrang der deutschen Staatsangehörigkeit nach Abs. 1 S. 2 kann in Binnenmarktsachverhalten (nicht **29** jedoch in Drittstaatenfällen) gegen das allgemeine Diskriminierungsverbot aus Art. 18 AEUV verstoßen.[117] Die ungerechtfertigte Ungleichbehandlung liegt in dem aufgezwungenen deutschen Personalstatut. Praktische Bedeutung kann diese Frage etwa im Namensrecht[118] oder bei der Vaterschaftsanerkennung[119] haben (vgl. zur Vereinbarkeit des Kollisionsrechts mit dem Unionsrecht → EGBGB Art. 3 Rn. 68 und oben → Rn. 6). Eine Verstoß gegen Art. 18 AEUV oder Art. 21 AEUV scheidet jedoch aus, wenn das deutsche Kollisionsrecht eine Rechtswahl zugunsten des Rechts des anderen Mitgliedstaates gestattet (vgl. Art. 10 Abs. 3 S. 1 Nr. 1) oder das sich durchsetzende deutsche Sachrecht eine unionsrechtskonforme Ergebniskorrektur ermöglicht (vgl. Art. 48).[120]

3. Keine Anwendung des Abs. 1.
Abs. 1 findet **ausdrücklich** keine Anwendung bei einer **Rechtswahl** **30** nach Art. 10 Abs. 2 S. 1 Nr. 1, Abs. 3 S. 1 Nr. 1 sowie Art. 14 Abs. 1 Nr. 3. Gewählt werden kann hier also auch die nicht-effektive und die nicht-deutsche Staatsangehörigkeit.[121] Im Umkehrschluss ist Abs. 1 aber auf die Rechtswahlmöglichkeit nach Art. 15 Abs. 2 Nr. 1 EGBGB aF anwendbar und engt diese ein.[122]

Bei Alternativanknüpfungen (Art. 19 Abs. 1 S. 2 u. 3, 20, 23) könnte das Interesse an günstigen Ergebnissen **31** gegen eine Anwendung des Abs. 1 sprechen.[123] Die durch Abs. 1 bewirkte Einengung der in Betracht kommenden Rechtsordnungen ist in diesen Fällen jedoch hinnehmbar, weil ohnehin mehrere Rechtsordnungen alternativ nebeneinander stehen.[124]

Keine Anwendung findet Abs. 1 im Anwendungsbereich **staatsvertraglichen** Kollisionsrechts. Das ergibt **32** sich bereits aus der Quellenlage und dem Vorrang der Staatsverträge nach Art. 3 Nr. 2. Eine entsprechende Anwendung des Abs. 1 ist aber auch bei fehlenden abkommenseigenen Regeln abzulehnen, weil sie die Entwicklung einer solchen einheitlichen Regel eher behindert.[125] Anders liegt es aber, wenn der Staatsvertrag den eigenen Staatsangehörigen lediglich ihre Rechte sichern soll, wie etwa das Niederlassungsabkommen zwischen Deutschland und dem Königreich Persien v. 17.2.1929. Es findet auf Mehrstaater keine Anwendung.[126]

Keine Anwendung findet Abs. 1 schließlich im **Internationalen Verfahrensrecht**.[127] Zur Begründung der **33** internationalen Zuständigkeit aufgrund der Staatsangehörigkeit (vgl. §§ 98 Abs. 1 Nr. 1, 99 Abs. 1 Nr. 1 100 Nr. 1, 101 Nr. 1, 103 Abs. 1 Nr. 1, 104 Abs. 1 Nr. 1 FamFG) genügt aus Gründen der Rechtssicherheit und

---

115 *Benicke* IPRax 2000, 171 (177); *Looschelders*, IPR, EGBGB Art. 5 Rn. 26 mwN; MüKoBGB/*v. Hein* EGBGB Art. 5 Rn. 65; gegen die Anwendung des Art. 5 Abs. 1 S. 2 in Fällen der „deutschen Staatsangehörigkeit auf Zeit" aber LG Karlsruhe StAZ 2001, 111; *Gruber* IPRax 1999, 426 (429).

116 Nicht aber bei einer auf einen Zeitpunkt fixierten und darum unwandelbaren Anknüpfung etwa der des Güterstandes, Art. 15 Abs. 1 EGBGB aF; zur Verfassungsmäßigkeit eines Staatsangehörigkeitsverlustes nach § 25 StAG, BVerfG FamRZ 2007, 267 ff.

117 Offen gelassen von BGH NJW 2014, 1383; *Basedow* IPRax 2011, 109 (112) (nicht aber im Drittstaatenverhältnis, 116); ebenso *Fuchs* FS Dieter Martiny 2014, 303, 312 f.; *v. Bar/Mankowski*, IPR I, § 3 Rn. 41; MüKoBGB/*v. Hein* EGBGB Art. 5 Rn. 86 f.; *Junker*, IPR, § 6 Rn. 29.

118 Zu einer namensrechtlichen Inländerdiskriminierung, vgl. *Benicke/Zimmermann* IPRax 1995, 141 (144 ff.); zust. auch OLG Düsseldorf StAZ 2010, 110, vgl. *Wall* StAZ 2011, 37 ff. (Lösung über eine unselbständige Vorfragenanknüpfung); zu einer namensrechtlichen Diskriminierung durch Belgien in Bezug auf den Geburtsnamen von belgisch-spanischen Kindern EuGH 2.10.2003 – C-148/02 – Garcia Avello; dazu *Henrich* FamRZ 2004, 17; *Weber* NZFam 2015, 4; *Kohler* FS Erik Jayme 2004, S. 445, 454 f.; PWW/*Mörsdorf* EGBGB Art. 5 Rn. 26; *Fuchs* FS Dieter Martiny 2014, 303, 313.

119 Erwogen von *Mansel/Thorn/Wagner* IPRax 2011, 1 (7 f.) zu KG Berlin IPRax 2011, 70.

120 BGH FamRZ 2019, 218 (220); Palandt/*Thorn* EGBGB Art. 5 Rn. 3.

121 OLG Stuttgart StAZ 2010, 265 (Namenswahl).

122 Staudinger/*Mankowski* (2010) EGBGB Art. 15 Rn. 134 ff.; MüKoBGB/*Looschelders* EGBGB Art. 15 Rn. 83 f.; Palandt/*Thorn* EGBGB Art. 15 Rn. 22; aA Erman/*Hohloch* EGBGB Art. 5 Rn. 7, EGBGB Art. 15 Rn. 26 a.

123 So BeckOK BGB/*Lorenz* EGBGB Art. 5 Rn. 11 für den Fall, dass die Anwendung von Abs. 1 S. 2 zu einem offenkundigen Widerspruch zur Anspruchsgerechtigkeit führt.

124 Vgl. *Mansel*, Personalstatut, Staatsangehörigkeit und Effektivität, Rn. 416; Erman/*Hohloch* EGBGB Art. 5 Rn. 7; *Looschelders*, IPR, EGBGB Art. 5 Rn. 28.

125 OLG München StAZ 2010, 208 (209) (dt.-iran. Niederlassungsabk.); OLG Düsseldorf NJW-RR 1994, 5 (6) (zu Art. 3 MSA); offengelassen von OLG Nürnberg IPRax 2003, 147 (148); *Mansel*, Personalstatut, Staatsangehörigkeit und Effektivität, Rn. 436 (zu Art. 18); *Looschelders*, IPR EGBGB Art. 5 Rn. 30; BeckOK BGB/*Lorenz* EGBGB Art. 5 Rn. 12; MüKoBGB/*v. Hein* EGBGB Art. 5 Rn. 90; aA Erman/*Hohloch* EGBGB Art. 5 Rn. 8.

126 BVerfG FamRZ 2007, 615 = NJW-RR 2007, 577 (578); OLG München 1.2.2010 – 31 Wx 37/09, Rn. 11.

127 BGHZ 118, 312, 327 f.; BGH NJW 1997, 3024 (3025); MüKoBGB/*v. Hein* EGBGB Art. 5 Rn. 71; Palandt/Thorn EGBGB Art. 5 Rn. 5; BeckOK BGB/*Lorenz* EGBGB Art. 5 Rn. 12; PWW/*Mörsdorf* EGBGB Art. 5 Rn. 28.

Praktikabilität auch eine nicht-effektive deutsche Staatsangehörigkeit, ohne dass es insoweit auf eine entsprechende Anwendung von Abs. 1 S. 2 ankäme. Dies gilt ebenso für das Europäische Verfahrensrecht.[128] Für Art. 3 Abs. 1 lit. b EuEheVO hat der EUGH ausdrücklich klargestellt, dass auch eine gemeinsame nicht-effektive Staatsangehörigkeit der Ehegatten zuständigkeitsbegründend wirkt.[129]

II. Staatenlose und Personen mit nicht feststellbarer Staatsangehörigkeit (Abs. 2)

34   **1. Anknüpfung an den gewöhnlichen Aufenthalt.** Besitzt eine Person keine Staatsangehörigkeit oder ist diese nicht feststellbar, so ist an den gewöhnlichen Aufenthalt der Person (→ Rn. 16 ff.) oder hilfsweise an den (schlichten) Aufenthalt (→ Rn. 20) anzuknüpfen. Die Verweisung bleibt auch in diesen Fällen eine Verweisung unter Einschluss des ausländischen Kollisionsrechts, wenn die Kollisionsnorm eine solche **Gesamtverweisung** ausspricht (Art. 4 Abs. 1 S. 1). Das Anknüpfungsmerkmal Staatsangehörigkeit wird durch das des gewöhnlichen Aufenthalts nach Abs. 2 lediglich ersetzt, ohne eine darüber hinausgehende kollisionsrechtliche Wertung einzuführen.[130]

35   Mit einem Aufenthaltswechsel der betreffenden Person tritt ein Statutenwechsel ein, sofern die Anknüpfung **wandelbar** ausgestaltet ist, dh nicht auf einen bestimmten Zeitpunkt abstellt. Ist sie dagegen auf einen bestimmten Zeitpunkt fixiert (zB Art. 15 Abs. 1 EGBGB aF: Zeitpunkt der Eheschließung), so ist der gewöhnliche Aufenthalt in diesem Moment maßgeblich. Befindet sich eine Person auf der Durchreise und hat sie weder einen gewöhnlichen noch einen schlichten Aufenthalt, so kann nicht weiter ersatzweise an einen früheren (den letzten) gewöhnlichen Aufenthalt angeknüpft werden, weil Abs. 2 einen Vergangenheitsbezug nicht herstellen will.[131] In diesem Falle ist die lex fori anzuwenden.

36   **2. Feststellung der Staatenlosigkeit.** Die Ursachen für die Entstehung der Staatenlosigkeit sind vielfältig. Sie reichen von zufälligen Konstellationen bei der Geburt eines Kindes in einem Staat, welcher dem Abstammungsprinzip folgt und dessen Eltern einem Staat des ius soli angehören, bis hin zu Auswanderung und Ausbürgerung. Die Staatenlosigkeit ist von Amts wegen anhand der betreffenden Staatsangehörigkeitsrechte festzustellen (de-iure-**Staatenlosigkeit**). Vorgelagert ist dabei die Identitätsfeststellung.[132] Eine Bindung an Entscheidungen ausländischer Behörden besteht nicht.[133] Auf das Fehlen eines völkerrechtlichen Schutzes durch den festgestellten Heimatstaat (de-facto-Staatenlosigkeit) kommt es kollisionsrechtlich nicht an.[134]

37   Kann eine Staatsangehörigkeit **nicht positiv festgestellt** werden, so ist der Betroffene als Staatenloser zu behandeln.[135] Auf eine wahrscheinliche oder auf eine frühere entstandene, aber wieder verlorene Staatsangehörigkeit sollte nicht abgestellt werden.[136] Auch kommt es nicht auf die Gründe für die Nichtfeststellbarkeit der Staatsangehörigkeit an. Als staatenlos gelten daher auch solche Asylbewerber, die ihren Pass verloren oder vernichtet haben.[137] Staatenlosigkeit liegt ebenso vor, wenn die (völkerrechtliche) Existenz des betreffenden Staates zu verneinen ist.[138]

38   Staatenlose und die ihnen gleichgestellten Personen mit nicht feststellbarer Staatsangehörigkeit, die sich im Inland aufhalten, haben somit ein deutsches Personalstatut. Grundsätzlich gelten für sie daher auch all jene kollisionsrechtlichen Regelungen, die unmittelbar an die **Rechtsstellung als Deutscher** anknüpfen (zB Art. 13 Abs. 2 Nr. 1 Alt. 2).[139] Abs. 2 läuft demnach im praktischen Ergebnis auf eine Inländergleichbehandlung hinaus.[140] Eine Ausnahme ist nur für solche **Exklusivnormen** geboten, die eine besondere Privilegie-

128 Eingehend MüKoBGB/*v. Hein* EGBGB Art. 5 Rn. 75 ff.

129 EuGH 16.7.2009 – C-168/08 – Hadadi IPRax 2010. 66.

130 Vgl. die stattdessen in der Lit. vorgeschlagene Anknüpfung Staatenloser an ihre „Nation": *Jayme*, Nation und Staat, S. 3, 8; abl. *Mankowski* IPRax 2004, 282 (286).

131 *Raape/Sturm*, IPR, S. 131 (unter Hinweis auf Flüchtlinge); *Looschelders*, IPR EGBGB Art. 5 Rn. 31; aA Staudinger/*Bausback* EGBGB Art. 5 Rn. 50.

132 Zu den praktischen Schwierigkeiten bei der Feststellung von Identität und Personenstand, vgl. BayObLG FamRZ 2005, 825; OLG Hamm FamRZ 2006, 1215; LG Berlin StAZ 2005, 143 und *Sturm* StAZ 2005, 281; *ders.* FS Andreas Heldrich 2005, S. 1324 ff.

133 BGH IPRspr. 77, Nr. 110; BGH WM 1987, 217.

134 Staudinger/*Bausback* EGBGB Art. 5 Rn. 33 f.

135 OLG Hamm FamRZ 1995, 1602 (1603).

136 Für ein bewegliches System mit Hilfslösungen dagegen *Kegel/Schurig*, § 15 V 1, S. 511 f. Gegen diesen pragmatischen Lösungsweg spricht der klare Wortlaut des Art. 5 Abs. 2; abl. *Looschelders*, IPR, EGBGB Art. 5 Rn. 32; *Mankowski* IPRax 2017, 130 (135).

137 Palandt/*Thorn* EGBGB Art. 5 Rn. 6; einschränkend *Mankowski* IPRax 2017, 130 (135 f.).

138 Im Hinblick auf Palästina vgl. → Rn. 7.

139 OLG Köln FamRZ 1996, 946 (947); BGH IPRax 1985, 292 (keine Anwendung, wenn Deutsche gerade wegen ihrer Staatsangehörigkeit begünstigt werden sollen).

140 Ähnlich *Looschelders*, IPR, EGBGB Art. 5 Rn. 33; MüKoBGB/*v. Hein* EGBGB Art. 5 Rn. 109 f.

rung aufgrund der Staatsangehörigkeit aussprechen (Art. 38 aF).[141] Im geltenden Recht trifft dies praktisch nur noch auf Art. 91 Abs. 2 S. 2 WG und Art. 60 Abs. 2 S. 2 ScheckG zu.

3. Keine Anwendung des Abs. 2. Der Anwendungsbereich von Abs. 2 ist aufgrund vorrangiger staats-   **39** vertraglicher Regelungen sehr begrenzt. Das **UN-Übereinkommen über die Rechtsstellung der Staatenlosen** (Anhang I zu Art. 5) besitzt gem. Art. 3 Nr. 2 Vorrang gegenüber Abs. 2. Ebenso gehen die **Genfer Flüchtlingskonvention** und die weiteren sondergesetzlichen Regelungen (vgl. Anhang II zu Art. 5) Abs. 2 vor.[142] Abgestellt wird bei den vorrangigen Regelungen statt an den gewöhnlichen Aufenthalt zum Teil auf den Wohnsitz der staatenlosen Person. Aus deutscher Sicht wird der Wohnsitzbegriff aber im Sinne des gewöhnlichen Aufenthalts interpretiert (→ Rn. 4),[143] so dass im praktischen Ergebnis keine Abweichungen bestehen.

III. Aufenthaltswechsel ohne Willen des eingeschränkt Geschäftsfähigen (Abs. 3)

Nach der allgemeinen Regel kann bereits die Änderung des gewöhnlichen oder schlichten Aufenthalts zu   **40** einem Statutenwechsel führen (→ Rn. 18). Abs. 3 erschwert diesen Statutenwechsel für nicht voll geschäftsfähige Personen. Bei ihnen ist ergänzend auch der Wille des gesetzlichen Vertreters zu berücksichtigen. Abs. 3 weist insoweit Parallelen zum abgeleiteten Wohnsitz des Kindes nach § 11 BGB auf.

Die Sonderregel des Abs. 3 soll insbesondere **internationalen Kindesentführungen** entgegenwirken.   **41** Dabei steht das sog. legal kidnapping im Vordergrund, bei dem der nicht oder nicht allein sorgeberechtigte Elternteil das Kind in ein Land verbringt, in dem er entweder eine für ihn günstigere Sorgerechtsentscheidung auf der Grundlage des dortigen Rechts erstrebt oder durch den Statutenwechsel aus inländischer Sicht zumindest das für ihn günstigere Recht zur Anwendung gelangen lassen will.[144] Diesem Bestreben wirkt Abs. 3 entgegen. Die Vorschrift ist aber nicht auf Kindesentführungen beschränkt, sondern allgemein auf Personen bezogen, die nicht voll geschäftsfähig sind.

1. Voraussetzungen, Vorfragen (Abs. 3). Zunächst ist die fehlende oder beschränkte **Geschäftsfähigkeit**   **42** der betroffenen Person zu ermitteln; Art. 7 Abs. 1 spricht hierfür eine Gesamtverweisung auf das Heimatrecht aus (Art. 4 Abs. 1 S. 1; → Art. 7 Rn. 6).

Abs. 3 setzt ferner voraus, dass der Aufenthaltswechsel ohne den Willen des gesetzlichen Vertreters erfolgt.   **43** Die fehlende Zustimmung genügt. Danach ist zunächst wiederum im Wege der selbstständig anzuknüpfenden **Vorfrage** zu klären, welche Person(en) gesetzlicher Vertreter des Betroffenen ist (sind). Art. 21 stellt für das **Eltern-Kind-Verhältnis** auf das Recht am Ort des gewöhnlichen Aufenthalts des Kindes ab.[145] Hier ist allerdings nach dem Schutzzweck der Vorschrift nicht auf den geänderten neuen, sondern auf den gewöhnlichen bisherigen Aufenthaltsort des Kindes **vor** dem fraglichen Aufenthaltswechsel abzustellen.[146] Besteht nach diesem Recht eine gemeinsame Vertretung des Kindes (wie etwa nach §§ 1626 f., 1631 Abs. 1 BGB), so genügt es bereits, wenn die Aufenthaltsänderung ohne oder gegen den Willen **eines** zur Aufenthaltsbestimmung berechtigten Elternteils erfolgte. Kindesentführungen durch einen nicht oder nicht allein sorgeberechtigten Elternteil begründen daher zunächst keinen Statutenwechsel.

2. Rechtsfolge des Abs. 3. Die Rechtsfolge des Abs. 3 ist zurückhaltend formuliert. Danach führt der   **44** Aufenthaltswechsel ohne den Willen des gesetzlichen Vertreters „allein nicht" zur Anwendung eines anderen Rechts. Bezweckt ist mit dieser Aussage eine flexible Handhabung und Anpassung an die Rechtsprechung zu Art. 1 des Haager Minderjährigenschutzabkommens (MSA; vgl. Anhang II zu Art. 24 EGBGB). Ein Aufenthaltswechsel ohne den Willen des gesetzlichen Vertreters erschwert einen Statutenwechsel, schließt ihn aber nicht aus. Die auf einer tatsächlichen Integration beruhende Begründung eines gewöhnlichen Aufenthalts kann durch das Aufenthaltsbestimmungsrecht nicht verhindert werden. Ausgeschlossen ist regelmäßig[147] der sofortige Statutenwechsel durch Verbringung an einen anderen Ort.[148] Verlangt werden

141 Ebenso für eine grundsätzliche Anwendung von Exklusivnormen in den Fällen des Abs. 2 BeckOK BGB/*Lorenz* EGBGB Art. 5 Rn. 13; Palandt/*Thorn* EGBGB Art. 5 Rn. 9; aA Erman/*Hohloch* EGBGB Art. 5 Rn. 14.

142 Palandt/*Thorn* EGBGB Art. 5 Rn. 7, *Looschelders*, IPR, EGBGB Art. 5 Rn. 35.

143 BT-Drs. 10/504, S. 41; Erman/*Hohloch* EGBGB Art. 5 Rn. 16; MüKoBGB/*v. Hein* EGBGB Art. 5 Anh. II Rn. 62.

144 Vgl. etwa BGH IPRax 2003, 145; OLG Nürnberg IPRax 2003, 147 (jeweils im Anwendungsbereich des MSA).

145 Auch dabei handelt es sich um eine Gesamtnormverweisung (Art. 4 Abs. 1 S. 1). Es sind also Rück- und

Weiterverweisungen zu beachten, vgl. Staudinger/*Henrich* EGBGB Art. 21 Rn. 32 ff.; anders im Anwendungsbereich des KSÜ/MSA, vgl. Anh. I, II zu Art. 24 EGBGB.

146 BT-Drs. 10/504, S. 42; Palandt/*Thorn* EGBGB Art. 5 Rn. 11; Erman/*Hohloch* EGBGB Art. 5 Rn. 19.

147 Vgl. aber BGH IPRax 2003, 145 (sofortiger Wechsel des gewöhnlichen Aufenthalts).

148 *Looschelders*, IPR, EGBGB Art. 5 Rn. 43; vgl. *Kropholler* FS Erik Jayme 2004, S. 471, 474 f. (umgekehrt kann aber durch das Aufenthaltsbestimmungsrecht ein gewöhnlicher Aufenthalt des Kindes sofort begründet werden).

mithin zusätzliche, einen Statutenwechsel rechtfertigende Umstände. Liegt etwa eine feste und dauerhafte Eingliederung des Betroffenen in seine neue soziale Umgebung vor (Einschulung des Kindes, Integration in die Lebensumwelt), so kann ein Statutenwechsel zu bejahen sein.[149] Der entgegenstehende Wille der oder des Sorgeberechtigten ist aber als **Indiz gegen die Eingliederung** zu berücksichtigen.[150] Dagegen führen ein fehlender Rückholwille und das Unterlassen geeigneter Maßnahmen (Gerichtsschutz) eher zu einer Bejahung des Statutenwechsels.[151] Im Übrigen können die in den internationalen Übereinkommen zugrunde gelegten Zeitspannen (6 Monate/1 Jahr) als Anhaltspunkt dienen.[152] Nach Ablauf von sechs bis zwölf Monaten[153] am neuen Aufenthaltsort ist dann von einem Aufenthaltswechsel im Regelfall auszugehen.[154]

45 **3. Keine Anwendung des Abs. 3.** Abs. 3 wird verdrängt, soweit der Anwendungsbereich des Haager Übereinkommens über die Zuständigkeit, das anzuwendende Recht, die Anerkennung, Vollstreckung und Zusammenarbeit auf dem Gebiet der elterlichen Verantwortung und der Maßnahmen zum Schutz von Kindern (**KSÜ**) v. 19.10.1996[155] eröffnet ist (vgl. Anhang II zu Art. 24 EGBGB). Dort wird unmittelbar auf den gewöhnlichen Aufenthalt des Kindes abgestellt, Art. 16 und 17 KSÜ.[156] Vorrangige Bedeutung hat ferner das **Haager Kindesentführungsübereinkommen** von 1980 (HKÜ, vgl. Anhang III zu Art. 24 EGBGB), nach dessen Art. 12 Abs. 1 u. 2 ein Rückgabeantrag nach Jahresfrist und Einleben des Kindes in die neue Umgebung zurückzuweisen ist. Das praktisch weniger bedeutsame Luxemburger Europäische Sorgerechtsübereinkommen von 1980 (EuSorgeRÜbk) schafft ferner verfahrensrechtliche Erleichterungen für die Rückführung unzulässig verbrachter Kinder (vgl. Anhang V zu Art. 24 EGBGB).

46 Auch Art. 10 der für die EU-Mitgliedstaaten mit Ausnahme Dänemarks in Kraft befindlichen **EuEheVO**[157] erklärt den faktischen Aufenthaltswechsel im Falle einer Kindesentführung (widerrechtliches Verbringen oder Zurückhalten des Kindes) für unbeachtlich.

Anhang I zu Art. 5 EGBGB: New Yorker UN-Übereinkommen über die Rechtsstellung der Staatenlosen

Übereinkommen über die Rechtsstellung der Staatenlosen[1]

Vom 28. September 1954 (BGBl. 1976 II S. 474)

Kapitel I
Allgemeine Bestimmungen

StaatlÜbk Art. 1 Definition des Begriffs „Staatenloser"

(1) Im Sinne dieses Übereinkommens ist ein „Staatenloser" eine Person, die kein Staat aufgrund seines Rechtes als Staatsangehörigen ansieht.

149 Erman/*Hohloch* EGBGB Art. 5 Rn. 19a.
150 BGH NJW 1981, 520; OLG Bamberg NJW-RR 1990, 774; OLG Celle FamRZ 1991, 1221; OLG Hamm NJW-RR 1997, 5 (6); abl. Erman/*Hohloch* EGBGB Art. 5 Rn. 19a.
151 OLG Nürnberg IPRax 2003, 147 (148); Erman/*Hohloch* EGBGB Art. 5 Rn. 19a.
152 Palandt/*Thorn* EGBGB Art. 5 Rn. 11.
153 Die Dauer von 6 Monaten entspricht Art. 8 Abs. 1 des Europäischen Sorgerechtsübereinkommens v. 20.5.1980 (BGBl. 1990 II S. 220). 12 Monate sieht Art. 12 Haager Kindesentführungsübereinkommen v. 25.10.1980 (BGBl. 1990 II S. 206) vor.
154 Vgl. *Kropholler*, IPR, § 39 II 4a, S. 284; Palandt/*Thorn* EGBGB Art. 5 Rn. 10; so auch *Helms* IPRax 2015, 217 (219) (Anm. zu OLG Stuttgart IPRax 2015, 251).

155 Auf der Grundlage des Beschl. des Rates der EU v. 5.6.2008, ABl. 2008 L 161, 6; veröffentlicht in BGBl. 2009 II 602. Das KSÜ gilt für Deutschland seit 1.1.2011, BGBl. 2010 II 1527.
156 MüKo/*Staudinger* KSÜ Art. 17 Rn. 1.
157 Verordnung (EG) Nr. 2201/2003 des Rates über die Zuständigkeit und Anerkennung und Vollstreckung von Entscheidungen in Ehesachen und in Verfahren betreffend die elterliche Verantwortung und zur Aufhebung der VO (EG) Nr. 1347/2000 v. 27.11.2003 (ABl. EG 2003 L 338, S. 1); ausf. dazu Anhang I zum III. Abschnitt EGBGB.
1 In deutscher Übersetzung. Authentisch sind gleichberechtigt der englische, französische und spanische Text.

(2) Dieses Übereinkommen findet keine Anwendung

i)   auf Personen, denen gegenwärtig ein Organ oder eine Organisation der Vereinten Nationen, mit Ausnahme des Hohen Flüchtlingskommissars der Vereinten Nationen, Schutz oder Beistand gewährt, solange sie diesen Schutz oder Beistand genießen;

ii)   auf Personen, denen die zuständigen Behörden des Landes, in dem sie ihren Aufenthalt genommen haben, die Rechte und Pflichten zuerkennen, die mit dem Besitz der Staatsangehörigkeit dieses Landes verknüpft sind;

iii)   auf Personen, bei denen aus schwerwiegenden Gründen die Annahme gerechtfertigt ist,

    a) daß sie ein Verbrechen gegen den Frieden, ein Kriegsverbrechen oder ein Verbrechen gegen die Menschlichkeit im Sinne der internationalen Übereinkünfte begangen haben, die abgefaßt wurden, um Bestimmungen hinsichtlich derartiger Verbrechen zu treffen;

    b) daß sie ein schweres nichtpolitisches Verbrechen außerhalb ihres Aufenthaltslands begangen haben, bevor sie dort Aufnahme fanden;

    c) daß sie sich Handlungen zuschulden kommen ließen, die den Zielen und Grundsätzen der Vereinten Nationen zuwiderlaufen.

StaatlÜbk Art. 2–11 (nicht abgedruckt)

Kapitel II

Rechtsstellung

StaatlÜbk Art. 12 Personalstatut[2]

(1) Das Personalstatut eines Staatenlosen bestimmt sich nach den Gesetzen des Landes seines Wohnsitzes oder, wenn er keinen Wohnsitz hat, nach den Gesetzen seines Aufenthaltslandes.

(2) Die von einem Staatenlosen früher erworbenen, sich aus seinem Personalstatut ergebenden Rechte, insbesondere die aus der Eheschließung, werden von jedem Vertragsstaat vorbehaltlich der nach seinen Gesetzen gegebenenfalls zu erfüllenden Förmlichkeiten geachtet; hierbei wird vorausgesetzt, daß es sich um ein Recht handelt, das nach den Gesetzen dieses Staates anerkannt worden wäre, wenn der Berechtigte nicht staatenlos geworden wäre.

StaatlÜbk Art. 13–42 (nicht abgedruckt)

Literatur: *Börner*, Palästina und die Palästinenser im IPR, IPRax 1997, 47; *Sturm*, Geburtsbeurkundung bei ungeklärter Identität der Eltern, StAZ 2005, 281; *ders.*, Zur Identifizierung Schriftenloser, in: Lorenz u.a. (Hrsg.), FS für Andreas Heldrich 2005, 1324.

A. Allgemeines 1   II. Personalstatut des Staatenlosen
B. Regelungsgehalt 3   (Art. 12 Abs. 1 StaatlÜbk) 6
   I. Anwendungsbereich (Art. 1 StaatlÜbk) 3

A. Allgemeines

Das Übereinkommen ist für die Bundesrepublik Deutschland am 24.1.1977 in Kraft getreten.[3] Das Übereinkommen verdrängt in seinem Anwendungsbereich Art. 5 Abs. 2 EGBGB. Nur für Staatenlose, für die das Abkommen nach Art. 1 Abs. 2 nicht gilt, bleibt Art. 5 Abs. 2 EGBGB anwendbar. Das Übereinkommen wird für staatenlose Flüchtlinge seinerseits **verdrängt durch** die insoweit speziellere[4] **Genfer Flüchtlingskonvention (GFK)**. Aufgrund der praktisch wortgleichen Vorschrift des Art. 12 GFK bleibt dies aber ohne praktische Auswirkung. Auch die unionsrechtliche Mindestharmonisierung des Flüchtlingsrechts durch die

    1

2   Einen Vorbehalt zu Art. 12 haben Botsuana und   1.9.2018) und Fundstellennachweis B zum
     Schweden erklärt. Die Vorschrift bindet beide Staa-   BGBl. mit Länderübersicht im Registerteil 2017 II,
     ten nicht.   S. 490.
3   Ratifikation in BGBl. II 1976, S. 474; Bekanntma-   4   *Raape/Sturm*, IPR, Bd. 1, S. 133; offen gelassen bei
     chung über das Inkrafttreten in BGBl. II 1977,   Staudinger/*Bausback* EGBGB Art. 5 Rn. 61; Palandt/
     S. 235. Zu den weiteren Mitgliedstaaten der Konven-   *Thorn*, Anh. zu Art. 5 Rn. 2; JurisPK-BGB/*Baetge*
     tion vgl. *Jayme/Hausmann* Nr. 12 Fn. 1 (Stand   EGBGB Art. 5 Rn. 65.

Richtlinien 2011/95/EU v. 13.12.2011, 2013/32/EU v. 26.6.2013, 2013/33/EU v. 26.6.2013 erfasst die staatenlosen Flüchtlinge.

2 Das Personalstatut eines Staatenlosen im Sinne des Übereinkommens (Art. 1) ist das Recht seines Wohnsitz- oder ersatzweise seines Aufenthaltslandes (Art. 12 Abs. 1). Wohnsitz ist dabei im Sinne von gewöhnlichem Aufenthalt zu verstehen. Ferner werden durch das Übereinkommen die auf dieser Grundlage erworbenen Rechte des Staatenlosen geschützt (Art. 12 Abs. 2). Daneben enthält die Staatenlosenkonvention in Art. 16[5] eine prozessuale Schutzvorschrift über den Zugang zu den Gerichten.

B. Regelungsgehalt

I. Anwendungsbereich (Art. 1 StaatlÜbk)

3 Der Begriff des Staatenlosen im Sinne von Art. 1 Abs. 1 der Staatenlosenkonvention entspricht jenem des Art. 5 Abs. 2 EGBGB. Maßgebend ist danach die festgestellte Staatenlosigkeit oder die nicht feststellbare Staatsangehörigkeit der betreffenden Person, wobei der Identitätsfeststellung[6] eine vorgelagerte Bedeutung zukommt (→ EGBGB Art. 5 Rn. 36). Für staatenlose Flüchtlinge gehen die spezielleren Vorschriften für Flüchtlinge vor (→ Rn. 1).

4 Keine Anwendung findet das Abkommen auf Staatenlose, die eine bevorzugte Behandlung aufgrund einer besonderen Schutzstellung nach Art. 1 Abs. 2 i) und ii) erhalten. Den Schutz und Beistand der Vereinten Nationen (i) erhalten gegenwärtig nur **Palästina-Flüchtlinge** durch die *United Nations Relief and Works Agency for Palestine Refugees* (UNRWA).[7] Besonderen staatlichen Schutz (ii) erhalten bezogen auf Deutschland die staatenlosen **Volksdeutschen**. Auf sie ist Art. 116 GG anzuwenden (→ Anhang II zu Art. 5 Rn. 6).

5 Keine Anwendung findet das Abkommen ferner auf Staatenlose, die unter dem begründeten schwerwiegenden Verdacht stehen (iii), ein völkerrechtswidriges Verbrechen (a), ein schweres sonstiges Verbrechen im Ausland (b) oder eine „UN-widrige" Handlung (c) begangen zu haben. Dieser Ausnahmetatbestand hat bislang keine praktische Bedeutung erlangt. Als Verdachtsregel ist sie verfassungsrechtlich bedenklich.[8]

II. Personalstatut des Staatenlosen (Art. 12 Abs. 1 StaatlÜbk)

6 Art. 12 Abs. 1 ist loi uniforme und greift daher auch dann ein, wenn die staatenlose Person keinen Wohnsitz bzw. (gewöhnlichen) Aufenthalt im Inland oder in einem Mitgliedstaat hat.[9] Der Wohnsitzbegriff in Art. 12 Abs. 1 ist aus deutscher Sicht im Sinne des gewöhnlichen Aufenthalts und der des Aufenthalts im Sinne des schlichten Aufenthalts zu verstehen (Art. 5 Abs. 2 EGBGB, → EGBGB Art. 5 Abs. 2 Rn. 34). Diese **transformierende Gleichsetzung der Begriffe** Wohnsitz und gewöhnlicher Aufenthalt legitimiert sich aus der Überlegung, dass jeder Mitgliedstaat den Wohnsitzbegriff zur Erreichung der Abkommensziele und im Rahmen seiner völkerrechtlich zulässigen Auslegungskompetenz selbst interpretieren darf.[10] Das Abstellen auf den gewöhnlichen Aufenthalt als den faktischen Wohnsitz ist gegenüber einer bürgerlich-rechtlichen Wohnsitzbestimmung vorzugswürdig (→ Art. 5 Rn. 16 ff.).

7 Art. 12 Abs. 1 entspricht funktional Art. 5 Abs. 2 EGBGB. Es handelt sich auch bei Art. 12 Abs. 1 nicht selbst um eine Kollisionsnorm, sondern um eine kollisionsrechtliche Hilfsnorm (Ersetzung des Anknüpfungsmerkmals Staatsangehörigkeit). **Rück- und Weiterweisungen** sind daher nach Maßgabe der kollisionsrechtlichen Verweisungsnorm beachtlich.[11]

8 Art. 12 Abs. 2 wiederholt einen allgemeinen kollisionsrechtlichen Grundsatz, wonach **wohlerworbene Rechte**, dh hier solche, die aufgrund des früheren Personalstatuts des Staatenlosen entstanden sind, bestehen bleiben.

---

5   Abgedruckt bei *Jayme/Hausmann* Nr. 214.
6   Dazu *Sturm* StAZ 2005, 281; *ders.* FS Andreas Heldrich 2005, 1324.
7   *Börner* IPRax 1997, 47 (52).
8   Staudinger/*Bausback* EGBGB Art. 5 Rn. 60; offengelassen von MüKoBGB/*v. Hein* EGBGB Art. 5 Anh. I Rn. 2.
9   MüKoBGB/*v. Hein* EGBGB Art. 5 Anh. I Rn. 8; *Looschelders*, IPR, Anhang zu Art. 5 Rn. 14.

10 Staudinger/*Bausback* EGBGB Art. 5 Rn. 63 ff.; Erman/*Hohloch* EGBGB Art. 5 Rn. 58.
11 *Raape/Sturm*, IPR, Bd. 1, S. 132 f.; BeckOK BGB/*Lorenz* EGBGB Art. 5 Rn. 35; MüKoBGB/*v. Hein* EGBGB Art. 5 Anh. I Rn. 11; Staudinger/*Hausmann* EGBGB Art. 4 Rn. 132; Staudinger/*Bausback* EGBGB Art. 5 Rn. 70; aA Erman/*Hohloch* Art. 5 Rn. 65 (Sachnormverweisung); diff. *Looschelders*, IPR, Anh. zu Art. 5 Rn. 15 (renvoi im Einzelfall unbeachtlich).

Anhang II zu Art. 5 EGBGB: Sonderregelungen für Flüchtlinge, Verschleppte und Vertriebene

Literatur: *Andrae*, Flüchtlinge und Kinderehen, NZFam 2016, 923; *Bröcker,* Die externen Dimensionen des EU-Asyl- und Flüchtlingsrechts im Lichte der Menschenrechte und des Völkerrechts, 2010; *Börner*, Palästina und die Palästinenser im IPR, IPRax 1997, 47; *Fuchs*, Neues Staatsangehörigkeitsgesetz und Internationales Privatrecht, NJW 2000, 489; *Henrich*, Parteiautonomie, Privatautonomie und kulturelle Identität, in: Mansel u.a. (Hrsg.), FS Erik Jayme 2004, S. 321; *Jayme*, Zum Personalstatut der „Kontingentflüchtlinge", IPRax 1981, 73; *ders.*, Neue Bestimmungen zum Personalstatut der Asylberechtigten, IPRax 1984, 114; *Lass*, Der Flüchtling im deutschen IPR, 1995; *Leninger*, Nationalsozialistische „Volkstumsarbeit" und Umsiedlungspolitik, Von der Minderheitenbetreuung zur Siedlerauslese, 2006; *Mankowski*, Die Reaktion des Internationalen Privatrechts auf neue Erscheinungsformen der Migration, IPRax 2017, 130; *Peters*, Die Entwicklung des Vertriebenen- und Ausländerrechts in den Jahren 1993–1999, NVwZ 2000, 1372; *Rupp*, Volljährigkeit, Vormundschaft und Flüchtlingseigenschaft, ZfPW 2018, 57; *Spickhoff*, Asylbewerber und gewöhnlicher Aufenthalt, IPRax 1990, 225; *Wendehorst*, Inzidentprüfung der Flüchtlingseigenschaft im Unterhaltsprozeß – Zur Bindung der Zivilgerichte an verwaltungsgerichtliche Feststellungen, IPRax 1999, 276. S.a. die Literatur bei Art. 5 EGBGB.

A. Allgemeines 1
B. Einzelregelungen 4
    I. Volksdeutsche Flüchtlinge und Vertriebene
       (Art. 9 II Nr. 5 FamRÄndG, Art. 116 GG) 4
       1. Grundgedanke und praktische Relevanz
          der Gleichstellung 4
       2. Art. 116 Abs. 1 GG 6
       3. Kollisionsrechtliche Gleichstellung nach
          Art. 9 Abs. 2 Nr. 5 FamRÄndG,
          Art. 116 Abs. 1 GG 9
    II. Nicht deutsche Flüchtlinge und Verschleppte . 10
       1. AHK-Gesetz Nr. 23 über die Rechtsver-
          hältnisse verschleppter Personen und
          Flüchtlinge 10

    2. Gesetz über die Rechtsstellung heimatlo-
       ser Ausländer im Bundesgebiet (Heimat-
       lAuslG) 13
    3. Genfer UN-Abkommen über die Rechts-
       stellung der Flüchtlinge vom 28.7.1951
       nebst Zusatzprotokoll vom 31.1.1967 15
       a) Allgemeines 15
       b) Anwendungsbereich 16
       c) Personalstatut 25
    4. Asylgesetz 30
    5. Gesetz über Maßnahmen für im Rahmen
       humanitärer Hilfsaktionen aufgenommene
       Flüchtlinge (KontingentG) 36

A. Allgemeines

Die kollisionsrechtlichen Fragestellungen für Flüchtlinge und Vertriebene sind charakterisiert durch deren **1** erzwungene Entwurzelung ebenso wie durch den Zerfall und die Neugliederung von Staaten und Rechtsordnungen. Das Schicksal von Flucht und Vertreibung rechtfertigt eine gesteigerte Solidarität und Unterstützung im Aufnahmestaat.[1] Der rechtliche Schutz und die staatliche Fürsorge für die davon betroffenen Personen sind Gegenstand einer Reihe von nationalen Gesetzen und völkerrechtlicher Abkommen. Deren persönlicher Anwendungsbereich umfasst staatenlose und ausländische Flüchtlinge einerseits sowie volksdeutsche Flüchtlinge und ausgebürgerte Deutsche andererseits (Art. 116 GG; nachfolgend → Rn. 4). In der rechtspraktischen Bedeutung treten die Sonderregelungen des deutschen Staatsangehörigkeitsrechts (vgl. dazu → EGBGB Art. 5 Rn. 15) als Bestandteil der rechtlichen Wiedergutmachung für das nationalsozialistische Unrecht hinter dem internationalen Flüchtlingsrecht zurück. In dessen Mittelpunkt steht die **Genfer Flüchtlingskonvention (GFK)** vom 28.7.1951 mit dem Zusatzprotokoll vom 31.1.1967. Die unionsrechtlichen Harmonisierungsrichtlinien und die deutschen Gesetze betreffend ausländische Flüchtlinge und politisch Verfolgte (Art. 16 a Abs. 1 GG) gruppieren sich um die Konvention herum und erweitern deren Anwendungsbereich (→ Rn. 10). Die – an sich nach wie vor mögliche – Anknüpfung an die Staatsangehörigkeit wird durch Art. 12 GFK zugunsten des gewöhnlichen Aufenthalts aufgegeben.[2] Gleiches gilt wegen der Verweisung in § 2 Abs. 1 AsylG auf die GFK auch für anerkannte Asylberechtigte.[3] Soweit keine Sonderregeln eingreifen gelten aber die allgemeinen Regeln des Kollisionsrechts. Daher sind etwa Wirtschaftsflüchtlinge, (noch nicht positiv beschiedene) Asylbewerber oder illegale Einwanderer nach dem Recht ihrer Staatsangehörigkeit zu beurteilen.[4]

Der Europäische Rat hat auf dem Gipfel von Tampere (1999) die Schaffung eines Gemeinsamen Europä- **2** ischen Asylsystems für die Europäische Union zum Ziel erklärt und in der Folge eine Mindestharmonisierung durch mehrere Richtlinienvorhaben verfolgt. In einer ersten Phase wurden Mindestnormen zum materiellen Flüchtlingsrecht sowie für das Verfahren zur Anerkennung der Flüchtlingseigenschaft geschaffen, auf deren Grundlage mittlerweile verbesserte und präzisierte Richtlinien → EGBGB (Anhang I zu Art. 5 Rn. 1) insbesondere zur Straffung des Verfahrens erlassen wurden. Angestrebt werden die uneingeschränkte

---

1   Zu den rechtlichen Rahmenbedingungen für eine
    Aufnahme in extraterritorialen Aufnahmeeinrichtun-
    gen vgl. *Bröcker*, S. 135 ff.

2   HK-BGB/*Dörner* EGBGB Art. 5 Rn. 7; *Mankowski*
    IPRax 2017, 39 (41).

3   BGH NJW-RR 2007, 145 f.; HK-BGB/*Dörner*
    EGBGB Art. 5 Rn. 7; *Mankowski* IPRax 2017, 39
    (42).

4   Palandt/*Thorn*, Anh. zu Art. 5 EGBGB Rn. 5.

und umfassende Anwendung der GFK und insbesondere eine einheitliche Auslegung und Ausgestaltung des Flüchtlingsstatus. Die Richtlinien lassen die GFK (im Übrigen) aber unberührt (Art. 20 Abs. 1 RL 2011/95/EU) und enthalten auch keine kollisionsrechtlichen Regelungen. Sie belassen ferner den Mitgliedstaaten die Möglichkeit, günstigere Regeln beizubehalten oder zu schaffen.

3 Die Anknüpfung an den **gewöhnlichen Aufenthalt** des Flüchtlings statt an seine Staatsangehörigkeit führt bei Inlandsaufenthalt zu einem **deutschen Personalstatut.** Der Grundgedanke geht dahin, die Flüchtlinge nicht zu zwingen, weiterhin nach den Gesetzen eines Staates zu leben, aus dem sie geflohen sind und von dem sie sich endgültig abgewandt haben. Die rechtliche Eingliederung in ihr Lebensumfeld (sog. Umweltrecht) erleichtert dabei auch die Integration im Zufluchtsstaat und folgt einem mutmaßlichen Interesse nach Assimilierung. Dies trifft allerdings nicht auf alle Flüchtlingsgruppen in gleichem Umfang zu. Nicht selten ist das Aufnahmeland nur eine vorübergehende Zufluchtsstätte. Die Flüchtlinge wollen ihre kulturelle Identität nicht aufgeben und hoffen auf eine baldige Rückkehr. De lege ferenda ist daher an die Einführung eines Optionsrechts zu denken.[5]

B. Einzelregelungen

I. Volksdeutsche Flüchtlinge und Vertriebene (Art. 9 II Nr. 5 FamRÄndG, Art. 116 GG)

FamRÄndG Art. 9 II Nr. 5

1–4. (…)

5. [1]Soweit im deutschen bürgerlichen Recht oder im deutschen Verfahrensrecht die Staatsangehörigkeit einer Person maßgebend ist, stehen den deutschen Staatsangehörigen die Personen gleich, die, ohne die deutsche Staatsangehörigkeit zu besitzen, Deutsche im Sinne des Artikels 116 Abs. 1 des Grundgesetzes sind. [2]Rechtskräftige gerichtliche Entscheidungen bleiben unberührt.

6. (…)

GG Art. 116

(1) Deutscher im Sinne dieses Grundgesetzes ist vorbehaltlich anderweitiger gesetzlicher Regelung, wer die deutsche Staatsangehörigkeit besitzt oder als Flüchtling oder als Vertriebener deutscher Volkszugehörigkeit oder als dessen Ehegatte oder Abkömmling in dem Gebiete des Deutschen Reiches nach dem Stande vom 31. Dezember 1937 Aufnahme gefunden hat.

(2) [1]Frühere deutsche Staatsangehörige, denen zwischen dem 30. Januar 1933 und dem 8. Mai 1945 die Staatsangehörigkeit aus politischen, rassischen oder religiösen Gründen entzogen worden ist, und ihre Abkömmlinge sind auf Antrag wieder einzubürgern. [2]Sie gelten als nicht ausgebürgert, sofern sie nach dem 8. Mai 1945 ihren Wohnsitz in Deutschland genommen haben und nicht einen entgegengesetzten Willen zum Ausdruck gebracht haben.

4 **1. Grundgedanke und praktische Relevanz der Gleichstellung.** Art. 9 Abs. 2 Nr. 5 FamRÄndG[6] erklärt die zivilrechtliche und damit auch die kollisionsrechtliche Gleichstellung volksdeutscher Flüchtlinge und Vertriebener mit deutschen Staatsangehörigen. Damit wird Art. 116 Abs. 1 GG einfachgesetzlich konkretisiert, wonach neben deutschen Staatsangehörigen auch all jene Flüchtlinge und Vertriebene Deutsche im Sinne des Grundgesetzes sind, die als volkszugehörig gelten und Aufnahme im Reichsgebiet nach dem Gebietsstand vom 31.12.1937 gefunden haben[7] (sog. **Statusdeutsche**).

5 Die Gleichstellung durch Art. 116 Abs. 1 GG, Art. 9 Abs. 2 Nr. 5 FamRÄndG hat nur noch eine eingeschränkte praktische Bedeutung. Nach § 40 a S. 1 StAG erwarben Statusdeutsche kraft Gesetzes mit Wirkung zum 1.8.1999 die deutsche Staatsangehörigkeit („an diesem Tag"). Für Spätaussiedler, ihre Ehegatten

5   Vgl. *Henrich* FS Erik Jayme 2004, S. 321, 328.
6   Die Vorschrift ist durch das Familienrechtsänderungsgesetz v. 11.8.1961 (BGBl. I S. 1221) eingeführt worden. Sie hat nur deklaratorische Bedeutung und „wirkt" (daher) auf den Zeitpunkt des Inkrafttretens von Art. 116 GG am 24.5.1949 zurück, OLG Celle FamRZ 1995, 1228; vgl. allgM, Palandt/*Thorn* Anh. zu Art. 5 EGBGB Rn. 11.

7   Das Aufnahmefinden setzt nach der Rechtsprechung (vgl. BVerwG 1.8.2006 – 5 B 37/06) voraus, „dass der Betroffene mit dem Zuzug einen ständigen Aufenthalt im Bundesgebiet erstrebt und aufgrund eines Tätigwerdens oder sonstigen Verhaltens der Behörden der Schluss berechtigt ist, dass ihm die Aufnahme nicht verweigert wird". Ferner zur Wendung „als Abkömmling Aufnahme gefunden", ebd.

und Abkömmlinge fand ein solcher übergeleiteter Staatsangehörigkeitserwerb statt, wenn ihnen vor dem 1.8.1999 eine Spätaussiedlerbescheinigung erteilt wurde (§ 40 a S. 2 StAG iVm § 15 BVFG).[8] Wurde und wird diese Bescheinigung nach diesem Zeitpunkt erteilt, so tritt der Erwerb mit der Erteilung ein (§ 7 S. 1 StAG). Er erstreckt sich dann nur noch auf die Kinder, die ihre Deutscheneigenschaft von dem nach § 7 S. 1 StAG begünstigten Elternteil ableiten (§ 7 S. 2 StAG).[9] Die Deutscheneigenschaft kann dabei nicht auch durch eine Erwachsenenadoption vermittelt werden.[10] Die Gleichstellung ist damit **nur noch von Bedeutung**, soweit es bei der Anwendung der Kollisionsnormen auf die Deutscheneigenschaft vor dem Zeitpunkt 1.8.1999 ankommt (Altfälle) und danach, wenn keine Bescheinigung im Sinne von § 7 StAG vorliegt bzw. bis zur Erteilung der Bescheinigung.

2. Art. 116 Abs. 1 GG. Art. 116 Abs. 1 GG verlangt für die Gleichstellung mit einem deutschen Staatsangehörigen, dass die betreffende Person erstens Flüchtling oder Vertriebener im Sinne von § 1 BVFG ist, zweitens eine deutsche Volkszugehörigkeit im Sinne von § 6 BVFG[11] aufweist und drittens aufgrund von Flucht oder Vertreibung Aufnahme im Reichsgebiet mit Gebietsstand zum 31.12.1937 gefunden hat.　**6**

Seit dem Inkrafttreten des Zwei-plus-Vier-Vertrags zum 3.10.1993 umfasst das Aufnahmegebiet durch die territoriale Veränderung (endgültige Nichtzugehörigkeit der Ostgebiete) das heutige Bundesgebiet.[12] Finden Ehegatten und Abkömmlinge des Statusdeutschen Aufnahme im deutschen Gebiet, so erwerben sie – falls sie nicht selbst Flüchtlinge oder Vertriebene sind – als personae coniunctae originär ebenfalls die Statusdeutscheneigenschaft. Auch ein derivativer Erwerb dieser Eigenschaft ist möglich bei Heirat oder Geburt nach Abschluss der Vertreibung oder Flucht und Aufnahme im Bundesgebiet. Es gelten die Erwerbsgründe des StAG analog.[13]

Eine Sonderregelung gilt für sog. **Spätaussiedler**, dh Volksdeutsche, die seit dem 1.3.1993 im Rahmen eines normalen Aufnahmeverfahrens nach Deutschland gekommen sind.[14] Sie werden nach § 4 Abs. 3 BVFG iVm Art. 116 Abs. 1 GG den deutschen Staatsangehörigen ebenfalls gleichgestellt. Das gilt für Ehegatten und Abkömmlinge des Spätaussiedlers nur unter der weiteren Voraussetzung, dass diese in den Aufnahmebescheid nach Maßgabe des neu geregelten § 27 Abs. 1 S. 2 BVFG mit einbezogen wurden. Eine Erwachsenenadoption vermittelt die Deutscheneigenschaft nicht.[15]　**7**

Rechtlicher Schutz in den Fällen der Ausbürgerung aufgrund nationalsozialistischen Unrechts[16] wird gewährleistet durch **Art. 116 Abs. 2 GG**. Die Ausbürgerung ist danach unwirksam und die deutsche Staatsangehörigkeit wird als fortbestehend behandelt, wenn die betroffene Person nach dem 8.5.1945 ihren tatsächlichen Wohnsitz im Bundesgebiet genommen und keinen entgegengesetzten Willen zum Ausdruck gebracht hat (Abs. 2 S. 2 GG). In jedem Falle besteht aber ein Wiedereinbürgerungsanspruch (Abs. 2 S. 1 GG; vgl. näher → EGBGB Art. 5 Rn. 15).　**8**

3. Kollisionsrechtliche Gleichstellung nach Art. 9 Abs. 2 Nr. 5 FamRÄndG, Art. 116 Abs. 1 GG. Soweit Kollisionsnormen an die Staatsangehörigkeit oder an die Eigenschaft als Deutscher anknüpfen, gelten die volksdeutschen Flüchtlinge und Vertriebenen im Sinne von Art. 116 Abs. 1 GG sowie deren Abkömmlinge und Ehegatten als Deutsche (**Statusdeutsche**).[17] Besitzt ein Statusdeutscher auch eine ausländische Staatsangehörigkeit, so gilt er als Mehrstaater und der Vorrang der deutschen Staatsangehörigkeit nach **Art. 5 Abs. 1 S. 2 EGBGB** (→ EGBGB Art. 5 Rn. 26 ff.) gilt auch für ihn. Der volksdeutsche Flüchtling oder Vertriebene erwirbt die Eigenschaft eines Statusdeutschen mit der Aufnahme im Reichsgebiet, jedoch frühestens mit dem Inkrafttreten des Grundgesetzes am 24.5.1949. Der Gleichstellung im Sinne von Art. 116 Abs. 1 GG kommt kollisionsrechtlich keine Rückwirkung zu. Sie wirkt ex nunc.[18] Die Rechtsstel-　**9**

---

8   Bundesvertriebenengesetz in der Fassung der Bekanntmachung v. 10.8.2007 (BGBl. I S. 1902), zuletzt geändert durch Art. 1 Zehntes ÄndG vom 6.9.2013 (BGBl. I S. 3554).

9   *Fuchs* NJW 2000, 489 (490).

10 BVerwG 21.11.2006 – NJW 2007, 937 = BVerwGE 127,177.

11 Zu den Voraussetzungen vgl. Erbs/Kohlhaas/*Wache*/ *Lutz* BVFG § 6 Rn. 1 ff.; OVG Münster 25.2.2010 – 12 A 1424/08; 18.2.2010 – 12 A 1374/08; BVerwG NVwZ 2004, 753; 2007, 1087 (zur Sprachfähigkeit); *Peters* NVwZ 2000, 1372 ff.

12 Sa BVerwG DÖV 1972, 238; BayObLG IPRspr. 1975, Nr. 184; Staudinger/*Bausback* Anh. IV zu Art. 5 EGBGB Rn. 15; Erman/*Hohloch* EGBGB Art. 5 Rn. 40.

13 BVerwGE 8, 340 ff.; 71, 301; Staudinger/*Bausback* Anh. IV zu Art. 5 EGBGB Rn. 16.

14 Zur Anerkennung als Spätaussiedler OVG Münster 26.10.2009 – 12 A 2739/08.

15 BVerwG 21.11.2006 – NJW 2007, 937 = BVerwGE 127, 177; ferner bereits keine Bindung an die Feststellung der Eigenschaft als Spätaussiedler im Verfahren der Erteilung einer Abkömmlingsbescheinigung BVerwGE 123, 101.

16 Für die Zeit von 1933–1945 vgl. *Leninger*, 2006.

17 BGHZ 121, 305, 314; OLG Hamm FamRZ 2001, 918 (919).

18 BGHZ 121, 305, 314; BGH NJW 1993, 2244 (2245); OLG Hamm StAZ 1999, 75 (76); OLG Stuttgart StAZ 1999, 78; BayObLGZ 1999, 153 (157); vgl. MüKoBGB/v. *Hein* EGBGB Art. 5 Anh. II Rn. 14; Erman/*Hohloch* EGBGB Art. 5 Rn. 42; *Looschelders*, IPR, Anh. zu Art. 5 Rn. 7. Das gilt auch für die Frage der Begründung eines Güterstandes nach Art. 15: keine rückwirkende Neuanknüpfung, passim.

lung geht durch die Verlegung des dauernden Aufenthalts in das Ausland als öffentlich-rechtlicher Status nicht verloren;[19] etwas anderes gilt nur bei Rückkehr in einen Staat des Vertreibungsgebietes oder bei Erwerb einer ausländischen Staatsangehörigkeit, die zum Verlust der deutschen Staatsangehörigkeit geführt hätte.

II. Nicht deutsche Flüchtlinge und Verschleppte

1. AHK-Gesetz Nr. 23 über die Rechtsverhältnisse verschleppter Personen und Flüchtlinge

Erster Teil

Allgemeine Vorschriften

AHKG Art. 1

Soweit das Einführungsgesetz zum Bürgerlichen Gesetzbuch bestimmt, daß die Gesetze des Staates, dem eine Person angehört, maßgebend sind, werden die Rechtsverhältnisse einer verschleppten Person oder eines Flüchtlings nach dem Recht des Staates beurteilt, in welchem die Person oder der Flüchtling zu der maßgebenden Zeit den gewöhnlichen Aufenthalt hat oder gehabt hat, oder, falls ein gewöhnlicher Aufenthalt fehlt, nach dem Recht des Staates, in welchem die Person oder der Flüchtling sich zu der maßgebenden Zeit befindet oder befunden hat.

AHKG Art. 2

Artikel 1 findet keine Anwendung auf die in Artikel 24 und 25 des Einführungsgesetzes zum Bürgerlichen Gesetzbuch[20] geregelten Gegenstände.

AHKG Art. 3–9 (nicht abgedruckt)

Dritter Teil

Schlußvorschriften

AHKG Art. 10

Im Sinne dieses Gesetzes bedeutet:

a) Der Ausdruck „verschleppte Personen und Flüchtlinge" Personen, die nicht die deutsche Staatsangehörigkeit besitzen oder deren Staatsangehörigkeit nicht festgestellt werden kann, sofern sie ihren Aufenthalt im Gebiet der Bundesrepublik haben und eine amtliche Bescheinigung darüber besitzen, daß sie der Obhut der internationalen Organisation unterstehen, die von den Vereinten Nationen mit der Betreuung der verschleppten Personen und Flüchtlinge beauftragt ist;

b) der Ausdruck „Deutschland" die Länder Baden, Bayern, Bremen, Brandenburg, Hansestadt Hamburg, Hessen, Niedersachsen, Mecklenburg-Pommern, Nordrhein-Westfalen, Rheinland-Pfalz, Sachsen, Sachsen-Anhalt, Schleswig-Holstein, Thüringen, Württemberg-Baden, Württemberg-Hohenzollern und Groß-Berlin.

10   Das AHK-Gesetz Nr. 23 über die Rechtsverhältnisse verschleppter Personen und Flüchtlinge im Bundesgebiet vom 17.3.1950[21] richtet sich an die im Zusammenhang mit dem Zweiten Weltkrieg stehenden Flüchtlinge und Verschleppten, die zumindest einen schlichten Aufenthalt in Deutschland haben (bzw. im kollisionsrechtlich relevanten Zeitpunkt hatten), eine Obhutsbescheinigung der UN-Flüchtlingsbehörde besitzen und nicht unter Art. 116 Abs. 1 GG fallen, dh die weder deutsche Staatsangehörige noch Statusdeutsche sind. Erfasst werden damit ausländische Staatsangehörige, Staatenlose und Personen, deren Staatsangehö-

---

19   Staudinger/*Bausback* Anh. IV zu Art. 5 EGBGB Rn. 19 f. und ebenso zur Möglichkeit des Verzichts.

20   Ausgeschlossen ist das internationale Erbrecht, jetzt Art. 25 EGBGB idF des IPR-G v. 25.7.1986.

21   ABl. AHK S. 140, in Kraft seit 1.4.1950 idF des AHKG Nr. 48 v. 1.3.1951 (ABl. AHK S. 808).

rigkeit nicht feststellbar ist (Art. 10 a),[22] sowie jene Abkömmlinge oder Ehegatten, die ihren staatsangehörigkeitsrechtlichen Status von einer Person dieses Kreises ableiten.[23]

Die Vorschriften haben seit dem Inkrafttreten der GFK zum 24.12.1953 kaum noch eine praktische Bedeutung.[24] Die Flüchtlingskonvention (Art. 12 Abs. 1) ist als lex posterior vorrangig.[25] Das AHK-Gesetz Nr. 23 **gilt daher nur** für verschleppte Personen, die nicht zugleich Flüchtlinge im Sinne der Konvention sind. Ferner gilt sie intertemporal für Flüchtlinge in der Zeit bis zum Inkrafttreten der GFK.[26]   **11**

Anknüpfungspunkte sind nach Art. 1 der gewöhnliche Aufenthalt, ersatzweise der schlichte Aufenthalt (die Anknüpfung erfolgt in Anlehnung an Art. 5 Abs. 2 EGBGB; s. dazu → EGBGB Art. 5 Rn. 34 ff.). Sie ersetzen die Staatsangehörigkeitsanknüpfung des IPR vollumfänglich.[27] Ausgenommen ist nach Art. 2 nur das Erbstatut (Art. 24, 25 EGBGB aF = Art. 25, 26 EGBGB nF).   **12**

2. Gesetz über die Rechtsstellung heimatloser Ausländer im Bundesgebiet (HeimatlAuslG)

HeimatlAuslG § 8 [Erworbene Rechte, Eheschließung]

[1]Hat ein heimatloser Ausländer vor Inkrafttreten dieses Gesetzes nach anderen als den deutschen Vorschriften Rechte erworben, so behält er diese, sofern die Gesetze des Ortes beobachtet sind, an dem das Rechtsgeschäft vorgenommen ist. [2]Dies gilt insbesondere für eine vor Inkrafttreten dieses Gesetzes geschlossene Ehe.

Das Gesetz über die Rechtsstellung heimatloser Ausländer im Bundesgebiet vom 25.4.1951 (HeimatlAuslG)[28] enthält selbst keine Regelung über das Personalstatut.[29] Kollisionsrechtlich bedeutsam ist Art. 8 HeimatlAuslG nur insofern, als es das nach Art. 1 AHK-Gesetz Nr. 23 (→ Rn. 12) bestehende Personalstatut um ein Rückwirkungsverbot zum Schutz vormals erworbener Rechte ergänzt. Das entspricht bereits den allgemeinen Grundsätzen über die Tragweite eines Statutenwechsels (→ EGBGB Art. 3 Rn. 34).   **13**

Art. 8 HeimatlAuslG stellt klar, dass das deutsche Personalstatut des heimatlosen Ausländers nach Art. 1 AHK-Gesetz Nr. 23 nur für Vorgänge ab dem 1.4.1950 (Inkrafttreten des AHK-Gesetzes Nr. 23) gilt[30] und damit vor diesem Zeitpunkt unter anderem Recht erworbene Rechte oder Rechtsstellungen nicht beeinträchtigt werden. Art. 8 HeimatlAuslG wird im Anwendungsbereich der GFK von der entsprechenden Vorschrift des Art. 12 Abs. 2 verdrängt.   **14**

3. Genfer UN-Abkommen über die Rechtsstellung der Flüchtlinge vom 28.7.1951 nebst Zusatzprotokoll vom 31.1.1967. a) Allgemeines. Das Genfer UN-Abkommen über die Rechtsstellung der Flüchtlinge vom 28.7.1951 (GFK) ist in der Bundesrepublik Deutschland am 24.12.1953 in Kraft getreten.[31] Es dient dem rechtlichen Schutz und der Eingliederung von ausländischen Flüchtlingen in Deutschland. Das Zusatzprotokoll über die Rechtsstellung der Flüchtlinge vom 31.1.1967[32] erweitert den Anwendungsbereich des Übereinkommens, indem es dessen räumliche und zeitliche Grenzen zur Bestimmung der Flüchtlingseigenschaft für nicht anwendbar erklärt. Kollisionsrechtlich regelt das Abkommen das Personal-   **15**

---

22   Neben undurchsichtigen Staatsangehörigkeitsverhältnissen sollte auch den Schwierigkeiten der Rechtsanwendung des fremden Rechts vorgebeugt werden, so dass auch eine festgestellte ausländische Staatsangehörigkeit der Anwendung nicht entgegensteht, vgl. Staudinger/*Bausback*, Anh. IV zu Art. 5 EGBGB Rn. 38; anders Erman/*Hohloch* EGBGB Art. 5 Rn. 70.

23   Ein abgeleiteter Schutzstatus ist aus deutscher Sicht im Hinblick auf die gesetzliche Regelung in Art. 1 Abs. 2 HeimatlAuslG anzuerkennen; vgl. MüKoBGB/*v. Hein* EGBGB Art. 5 Anh. II Rn. 51.

24   Ebenso MüKoBGB/*v. Hein* EGBGB Art. 5 Anh. II Rn. 17.

25   *Raape/Sturm*, IPR, S. 154; Staudinger/*Bausback* Anh. IV zu Art. 5 EGBGB Rn. 45; MüKoBGB/*v. Hein* EGBGB Art. 5 Anh. II Rn. 10.

26   Palandt/*Thorn* zu Art. 5 EGBGB Rn. 13; vgl. auch MüKoBGB/*v. Hein* EGBGB Art. 5 Anh. II Rn. 11, 17.

27   Unter Einschluss der sog. Exklusivnormen (vgl. Art. 5 EGBGB Rn. 38). Siehe auch Erman/*Hohloch* EGBGB Art. 5 Rn. 72.

28   BGBl. I S. 269, zuletzt geändert durch Art. 7 des Zuwanderungsgesetzes v. 30.7.2004 (BGBl. I S. 1950, 2000 f.).

29   Palandt/*Thorn* Anh. zu Art. 5 EGBGB Rn. 14; aA OLG Celle FamRZ 1987, 837.

30   Staudinger/*Bausback* Anh. IV zu Art. 5 EGBGB Rn. 44; Soergel/*Kegel* Anh. nach Art. 5 EGBGB Rn. 22; BeckOK BGB/*Lorenz* EGBGB Art. 5 Rn. 47.

31   Art. 2 des Gesetzes v. 1.9.1953 (BGBl. II S. 559). Völkerrechtlich gilt es für die Bundesrepublik Deutschland seit dem 22.4.1954 (BGBl. II, S. 619). Das Abkommen gilt heute für 144 Staaten, vgl. Fundstellennachweis B zum BGBl. mit Länderübersicht im Registerteil 2014, S. 418 (s. www.bundesgesetzblatt.de).

32   BGBl. II 1969, S. 1294. Vertragsstaaten des Zusatzprotokolls unter BGBl. II FN B 2014, S. 617 (s. www.bundesgesetzblatt.de).

statut durch Anknüpfung an den Wohnsitz (gewöhnlichen Aufenthalt) und den Schutz wohlerworbener Rechte des Flüchtlings (Art. 12 GFK).

b) Anwendungsbereich

Genfer UN-Abkommen über die Rechtsstellung der Flüchtlinge[33]

Kapitel I

Allgemeine Bestimmungen

GFK Art. 1 Definition des Begriffs „Flüchtling"

A.

Im Sinne dieses Abkommens findet der Ausdruck „Flüchtling" auf jede Person Anwendung:

1. **Die in Anwendung der Vereinbarungen vom 12. Mai 1926 und 30. Juni 1928 oder in Anwendung der Abkommen vom 28. Oktober 1933 und 10. Februar 1938 und des Protokolls vom 14. September 1939 oder in Anwendung der Verfassung der Internationalen Flüchtlingsorganisation als Flüchtling gilt.**

    Die von der Internationalen Flüchtlingsorganisation während der Dauer ihrer Tätigkeit getroffenen Entscheidungen darüber, daß jemand nicht als Flüchtling im Sinne ihres Statuts anzusehen ist, stehen dem Umstand nicht entgegen, daß die Flüchtlingseigenschaft Personen zuerkannt wird, die die Voraussetzungen der Ziffer 2 dieses Artikels erfüllen;

2. **Die infolge von Ereignissen, die vor dem 1. Januar 1951 eingetreten sind, und aus der begründeten Furcht vor Verfolgung wegen ihrer Rasse, Religion, Nationalität, Zugehörigkeit zu einer bestimmten sozialen Gruppe oder wegen ihrer politischen Überzeugung sich außerhalb des Landes befindet, dessen Staatsangehörigkeit sie besitzt, und die den Schutz dieses Landes nicht in Anspruch nehmen kann oder wegen dieser Befürchtungen nicht in Anspruch nehmen will; oder die sich als staatenlos infolge solcher Ereignisse außerhalb des Landes befindet, in welchem sie ihren gewöhnlichen Aufenthalt hatte, und nicht dorthin zurückkehren kann oder wegen der erwähnten Befürchtungen nicht dorthin zurückkehren will.**

Für den Fall, daß eine Person mehr als eine Staatsangehörigkeit hat, bezieht sich der Ausdruck „das Land, dessen Staatsangehörigkeit sie besitzt" auf jedes der Länder, dessen Staatsangehörigkeit diese Person hat. Als des Schutzes des Landes, dessen Staatsangehörigkeit sie hat, beraubt, gilt nicht eine Person, die ohne einen stichhaltigen, auf eine begründete Befürchtung gestützten Grund den Schutz eines der Länder nicht in Anspruch genommen hat, deren Staatsangehörigkeit sie besitzt.

B.

1. **Im Sinne dieses Abkommens können die im Artikel 1 Abschnitt A enthaltenen Worte „Ereignisse, die vor dem 1. Januar 1951 eingetreten sind" in dem Sinne verstanden werden, daß es sich entweder um**

    a) **„Ereignisse, die vor dem 1. Januar 1951 in Europa eingetreten sind" oder**

    b) **„Ereignisse, die vor dem 1. Januar 1951 in Europa oder anderswo eingetreten sind"**

    handelt. Jeder vertragschließende Staat wird zugleich mit der Unterzeichnung, der Ratifikation oder dem Beitritt eine Erklärung abgeben, welche Bedeutung er diesem Ausdruck vom Standpunkt der von ihm aufgrund dieses Abkommens übernommenen Verpflichtung zu geben beabsichtigt.[34]

---

33   V. 28.7.1951 (BGBl. II 1953 S. 560). Übersetzung; authentisch sind gleichberechtigt der englische und der französische Text.

34   Zur Auslegung des Abschnitts A hat Burundi keine Erklärung abgegeben. Eine Erklärung iSv von Abschnitt B Ziff. 1 a, haben Kongo, Madagaskar,

Malta, Monaco und die Türkei abgegeben. Die Bundesrepublik Deutschland und alle übrigen Vertragsstaaten des Übk. legen den Abschnitt A iSv Abschnitt B Ziff. 1 b, dh ohne geographische Beschränkung auf Europa, aus.

2. Jeder vertragschließende Staat, der die Formulierung zu a) angenommen hat, kann jederzeit durch eine an den Generalsekretär der Vereinten Nationen gerichtete Notifikation seine Verpflichtungen durch Annahme der Formulierung b) erweitern.

C.

Eine Person, auf die die Bestimmungen des Absatzes A zutreffen, fällt nicht mehr unter dieses Abkommen,

1. wenn sie sich freiwillig erneut dem Schutz des Landes, dessen Staatsangehörigkeit sie besitzt, unterstellt; oder

2. wenn sie nach dem Verlust ihrer Staatsangehörigkeit diese freiwillig wiedererlangt hat; oder

3. wenn sie eine neue Staatsangehörigkeit erworben hat und den Schutz des Landes, dessen Staatsangehörigkeit sie erworben hat, genießt; oder

4. wenn sie freiwillig in das Land, das sie aus Furcht vor Verfolgung verlassen hat oder außerhalb dessen sie sich befindet, zurückgekehrt ist und sich dort niedergelassen hat; oder

5. wenn sie nach Wegfall der Umstände, aufgrund deren sie als Flüchtling anerkannt worden ist, es nicht mehr ablehnen kann, den Schutz des Landes in Anspruch zu nehmen, dessen Staatsangehörigkeit sie besitzt.

Hierbei wird jedoch unterstellt, daß die Bestimmung dieser Ziffer auf keinen Flüchtling im Sinne der Ziffer 1 des Abschnitts A dieses Artikels Anwendung findet, der sich auf zwingende, auf früheren Verfolgungen beruhende Gründe berufen kann, um die Inanspruchnahme des Schutzes des Landes abzulehnen, dessen Staatsangehörigkeit er besitzt;

6. wenn es sich um eine Person handelt, die keine Staatsangehörigkeit besitzt, falls sie nach Wegfall der Umstände, aufgrund deren sie als Flüchtling anerkannt worden ist, in der Lage ist, in das Land zurückzukehren, in dem sie ihren gewöhnlichen Wohnsitz hat. Dabei wird jedoch unterstellt, daß die Bestimmung dieser Ziffer auf keinen Flüchtling im Sinne der Ziffer 1 des Abschnitts A dieses Artikels Anwendung findet, der sich auf zwingende, auf früheren Verfolgungen beruhende Gründe berufen kann, um die Rückkehr in das Land abzulehnen, in dem er seinen gewöhnlichen Aufenthalt hatte.

D.

Dieses Abkommen findet keine Anwendung auf Personen, die zur Zeit den Schutz oder Beistand einer Organisation oder einer Institution der Vereinten Nationen, mit Ausnahme des Hohen Kommissars der Vereinten Nationen für Flüchtlinge, genießen.

Ist dieser Schutz oder diese Unterstützung aus irgendeinem Grunde weggefallen, ohne daß das Schicksal diese Personen endgültig gemäß den hierauf bezüglichen Entschließungen der Generalversammlung der Vereinten Nationen geregelt worden ist, so fallen diese Personen ipso facto unter die Bestimmungen dieses Abkommens.

E.

Dieses Abkommen findet keine Anwendung auf eine Person, die von den zuständigen Behörden des Landes, in dem sie ihren Aufenthalt genommen hat, als eine Person anerkannt wird, welche die Rechte und Pflichten hat, die mit dem Besitz der Staatsangehörigkeit dieses Landes verknüpft sind.[35]

F.

Die Bestimmungen dieses Abkommens finden keine Anwendung auf Personen, in bezug auf die aus schwerwiegenden Gründen die Annahme gerechtfertigt ist,

a) daß sie ein Verbrechen gegen den Frieden, ein Kriegsverbrechen oder ein Verbrechen gegen die Menschlichkeit im Sinne der internationalen Vertragswerke begangen haben, die ausgearbeitet worden sind, um Bestimmungen bezüglich dieser Verbrechen zu treffen;

b) daß sie ein schweres nichtpolitisches Verbrechen außerhalb des Aufnahmelandes begangen haben, bevor sie dort als Flüchtling aufgenommen wurden;

c) daß sie sich Handlungen zuschulden kommen ließen, die den Zielen und Grundsätzen der Vereinten Nationen zuwiderlaufen.

GFK Art. 2–11 (nicht abgedruckt)

---

35   S. dazu Art. 9 Abs. 2 Nr. 5 FamRÄndG (Rn. 4).

Genfer Protokoll über die Rechtsstellung der Flüchtlinge[36]

Art. I. Allgemeine Bestimmung

(1) Die Vertragsstaaten dieses Protokolls verpflichten sich, die Artikel 2 bis 34 des Abkommens auf Flüchtlinge im Sinne der nachstehenden Begriffsbestimmungen anzuwenden.

(2) Außer für die Anwendung des Absatzes 3 dieses Artikels bezeichnet der Ausdruck „Flüchtling" im Sinne dieses Protokolls jede unter die Begriffsbestimmung des Artikels 1 des Abkommens fallende Person, als seien die Worte „infolge von Ereignissen, die vor dem 1. Januar 1951 eingetreten sind, und ..." sowie die Worte „... infolge solcher Ereignisse" in Artikel I, Abschnitt A, Absatz 2 nicht enthalten.

(3) Dieses Protokoll wird von seinen Vertragsstaaten ohne jede geographische Begrenzung angewendet; jedoch finden die bereits nach Artikel 1, Abschnitt B, Absatz 1, Buchstabe a) des Abkommens abgegebenen Erklärungen von Staaten, die schon Vertragsstaaten des Abkommens sind, auch aufgrund dieses Protokolls Anwendung, sofern nicht die Verpflichtungen des betreffenden Staates nach Artikel 1, Abschnitt B, Absatz 2 des Abkommens erweitert worden sind.[37]

Art. II.–VII. (nicht abgedruckt)

16   Der Flüchtlingsstatus (sog. Konventionsflüchtling) kann erstens auf der Entscheidung einer UN-Flüchtlingsorganisation beruhen. Dabei handelt es sich um Entscheidungen auf der Grundlage der in Art. 1 A Nr. 1 GFK genannten früheren Flüchtlingsabkommen. Er wird durch die Vorlage entsprechender Ausweisdokumente nachgewiesen (sog. Nansen- oder IRO-Flüchtlinge).[38]

17   Der **Flüchtlingsstatus** kann zweitens (das ist der Regelfall) nach Maßgabe des Art. 1 A Nr. 2–F, Art. I des Zusatzprotokolls GFK durch die Behörden und Gerichte der Mitgliedstaaten in den betreffenden staatlichen Verfahren festgestellt werden. Eine harmonisierte Anwendung des Begriffs „Flüchtling" wird im Rahmen der EU durch die „Richtlinie über Normen für die Anerkennung von Drittstaatsangehörigen oder Staatenlosen als Personen mit Anspruch auf internationalen Schutz, für einen einheitlichen Status für Flüchtlinge oder für Personen mit Anrecht auf subsidiären Schutz und für den Inhalt des zu gewährenden Schutzes" (Richtlinie 2011/95/EU des Europäischen Parlaments und des Rates vom 13.12.2011)[39] hergestellt.

18   Einer bestandskräftigen Entscheidung des Bundesamtes für Migration und Flüchtlinge (vormals Bundesamt für die Anerkennung ausländischer Flüchtlinge) kommt **keine Bindungswirkung** zu (→ Rn. 34).[40] Die behördliche Anerkennung hat aber eine starke Indizwirkung für die Flüchtlingseigenschaft.

Sofern nach § 2 Abs. 1 AsylG die Asylberechtigung positiv anerkannt wurde, steht auch die Anwendbarkeit der GFK fest. Darin liegt zugleich eine gesetzliche Ausweitung des Anwendungsbereichs der GFK in Deutschland.[41]

---

36   V. 31.1.1967 (BGBl. II 1969, S. 1294). Übersetzung; authentisch sind gleichberechtigt der englische und der französische Text. Das Protokoll ist für die Bundesrepublik Deutschland am 5.11.1969 in Kraft getreten (Bek. v. 14.4.1970, BGBl. II S. 194). Es gilt im Verhältnis zu den Vertragsstaaten des Genfer UN-Abk. v. 28.7.1951, mit Ausnahme von Madagaskar, Monaco, St. Kitts und Nevis, St. Vincent und den Grenadinen sowie Weißrussland. Vertragsstaaten nur des Protokolls sind Kap Verde, Venezuela und die Vereinigten Staaten.

37   S. hierzu die Anm. zu Art. 1, Abschnitt B des Genfer UN-Abk. v. 28.7.1951.

38   *Fritjof Nansen* war der erste Hohe Kommissar des Völkerbundes für das Flüchtlingswesen. Man spricht daher auch von einem Nansen-Pass. IRO war die frühere und 1952 umgewandelte UN-Flüchtlingsbehörde; vgl. eingehend mN MüKoBGB/*v. Hein* EGBGB Art. 5 Anh. II Rn. 33 f.

39   ABl. Nr. L 337 S. 9.

40   Palandt/*Thorn* Anh. zu Art. 5 EGBGB Rn. 22; MüKoBGB/*v. Hein* EGBGB Art. 5 Anh. II Rn. 34; Erman/*Hohloch* EGBGB Art. 5 Rn. 81; aA für eine Bindungswirkung anerkennender Entscheidungen Bergmann/*Dienelt* AsylG § 6 Rn. 11 f.; *Wendehorst* IPRax 1999, 276 (277); BeckOK BGB/*Lorenz* EGBGB Art. 5 Rn. 45, unter der Einschränkung, dass das Gericht bei begründeten erheblichen Zweifeln an der Flüchtlingseigenschaft die Aufhebung des Anerkennungsbescheids anregen und das Verfahren nach § 148 ZPO aussetzen könne. Für eine Bindung von Strafgerichten etwa bei der Entscheidung über die Abschiebungshaft, auch Erbs/Kohlhaas/*Hadamitzky/Senge* AsylG § 6 Rn. 3.

41   Palandt/*Thorn* Anh. zu Art. 5 EGBGB Rn. 21; *Mankowski* IPRax 2017, 39 (42).

Das Durchlaufen eines Anerkennungsverfahrens ist keine Voraussetzung aus international-privatrechtlicher [19] Sicht. Die Gerichte entscheiden **inzident** über die Flüchtlingseigenschaft.[42] Auch behördliche Entscheidungen eines anderen Vertragsstaates sind nicht bindend, sondern nur als gewichtiges Indiz zu werten.[43] Eine Bindung ergibt sich jedoch aus Gerichtsentscheidungen aus anderen Mitgliedstaaten, sofern diese rechtskräftig über den Status des Flüchtlings entschieden haben[44] und diese Entscheidungen in Deutschland anzuerkennen sind. Der Flüchtling und die in seinem familiären Schutzbereich stehenden Personen besitzen insoweit auch einen klagbaren Anspruch auf Feststellung und Anerkennung des Status als Flüchtling. Das Asylrecht ist EU-einheitlich auf der Grundlage von Mindeststandards durch die Richtlinien, 2011/95/EU v. 13.12.2011, 2013/32/EU v. 26.6.2013, 2013/33/EU v. 26.6.2013 harmonisiert.

Die festzustellende **Flüchtlingseigenschaft** wird von Art. 1 A Nr. 2–F GFK als Statusverhältnis definiert. [20] Art. I Abs. 2 und 3 des Zusatzprotokolls GFK erweitert den Anwendungsbereich, indem es die räumlichen und die zeitlichen Begrenzungen des Art. 1 A und B GFK von der Anwendung ausnimmt. Damit fallen **weltweit** alle gegenwärtigen und auch künftigen Fluchtbewegungen in den Anwendungsbereich des Übereinkommens (etwa aus Afghanistan, Iran, aus dem Gebiet des ehemaligen Jugoslawien, Syrien). Voraussetzung ist, dass die betroffene Person aus der begründeten **Furcht vor Verfolgung** wegen ihrer Rasse, Religion, Nationalität, Zugehörigkeit zu einer bestimmten sozialen Gruppe oder wegen ihrer politischen Überzeugung ihr Herkunftsland[45] verlassen hat bzw. verfolgungsbedingt dorthin nicht zurückkehren kann oder will. Eine Flucht im engeren Sinne ist demnach nicht erforderlich (Exil genügt). Die subjektive Furcht vor Verfolgung muss auf objektiven Beweggründen (Verfolgungsmaßnahme des Herkunftsstaates) beruhen.[46] Eine „Flucht" aus wirtschaftlicher Not wird auch dann nicht erfasst, wenn sie existenzbedrohend ist.

Das Übereinkommen erfasst staatenlose Flüchtlinge sowie solche, die eine oder mehrere Staatsangehörig- [21] keiten besitzen (Doppel- und Mehrstaater). Besteht eine oder bestehen mehrere Staatsangehörigkeiten, so ist weitere Voraussetzung, dass der Flüchtling den Schutz keiner seiner Staatsangehörigkeiten in Anspruch nehmen kann oder will (Art. 1 A Nr. 2 Abs. 1 und 2 GFK).

Art. 1 GFK und Art. I des Zusatzprotokolls lassen offen, ob das Übereinkommen auch auf die Ehefrau und [22] die Abkömmlinge des Flüchtlings anwendbar ist, sofern diese die Flüchtlingseigenschaft nicht in der eigenen Person erfüllen (sog. **abgeleiteter Flüchtlingsstatus**). Die Rechtsprechung und ein Teil der Lehre bejahen dies für minderjährige Kinder und die Ehefrau, wenn diese auch ihre Staatenlosigkeit oder ihre Staatsangehörigkeit von dem Flüchtling ableiten.[47] Richtigerweise ist das zu verneinen, denn die Konvention enthält hierfür keine Anhaltspunkte (anders dagegen im Rahmen des AHK-Gesetz Nr. 23 über die Rechtsverhältnisse verschleppter Personen und Flüchtlinge, → Rn. 10). Die Frage geht vielmehr dahin, ob die tatsächliche familiäre Verbundenheit der Ehefrau oder dem Abkömmling einen **eigenen Flüchtlingsstatus** vermittelt.[48] Diesen Standpunkt nimmt auch die EU-Richtlinie 2011/95/EU v. 13.12.2011 zum materiellen Flüchtlingsrecht ein (Erwägungsgrund Nr. 16, 18, 19, 36 u. 38; Art. 23). Zur Wahrung des Familienverbands erhalten Familienangehörige, die die Flüchtlingseigenschaft selbst nicht besitzen, einen eigenen Schutzstatus. Erfasst werden Ehegatten, rechtlich anerkannte Lebenspartner (anerkannt nach Maßgabe des gemeinsamen Aufenthaltsstaates), leibliche und angenommene Kinder (Art. 2 lit. j RL 2011/95/EU). Für diesen Personenkreis gilt das Personalstatut aus Art. 12 GFK mithin nicht.

42 Vgl. BGHZ 169, 240 = BGH NJW-RR 2007, 145 (146); BGHZ 217, 165 = BGH NJW 2018, 613 (615).

43 Palandt/*Thorn* Anh. zu Art. 5 EGBGB Rn. 22; aus österreichischer Sicht OGH IPRax 1999, 260 mit Aufsatz *Wendehorst* IPRax 1999, 276.

44 Eine nur inzident getroffene Anerkennungs- oder Ablehnungsentscheidung genügt dagegen nicht.

45 Vgl. Art. 1 A Nr. 2 Abs. 2 FlüchtlKonv: Das ist das Land, dessen Staatsangehörigkeit die Person besitzt, dessen Schutz sie aber nicht in Anspruch nehmen kann oder will, oder, bei einer staatenlosen Person, das Land in dem sie ihren gewöhnlichen Aufenthalt hatte.

46 Das sind staatliche Maßnahmen gegen Leben, Freiheit, Gesundheit oder die materielle Existenzgrundlage. Auch die Verfolgung durch Untergrundorganisationen oder bei Kämpfen zwischen Volksgruppen kommt in Betracht; MüKoBGB/*v. Hein* EGBGB

Art. 5 Anh. II Rn. 43; Erman/*Hohloch* EGBGB Art. 5 Rn. 80 (Abwägung im Einzelfall); vgl. Staudinger/ *Bausback* Anh. IV zu Art. 5 EGBGB Rn. 63 (sofern die legale Staatsgewalt den Opfern im eigenen Land keinen Schutz gewähren kann).

47 AG Schöneberg StAZ 1996, 209; BayObLGZ 1999, 27 (30) Anm. *Hohloch* JuS 2000, 297; Erman/*Hohloch* EGBGB Art. 5 Rn. 82; Palandt/*Thorn* Anh. zu Art. 5 EGBGB Rn. 21.

48 Ist dies nicht der Fall, besteht grundsätzlich auch kein Anlass, von der Regelanknüpfung abzuweichen, vgl. zum Namensrecht AG Rottweil 30.9.2002 – 4 GRI 12/99; OLG Düsseldorf StAZ 1989, 281 (282); differenzierend MüKoBGB/*v. Hein* EGBGB Art. 5 Anh. II Rn. 51 ff.; BeckOK BGB/*Lorenz* EGBGB Art. 5 Rn. 27; zweifelnd bereits *Jayme* IPRax 1981, 73 (75); weiter gehend möchte *Lass*, S. 51, in diesen Fällen den Tatbestand der indirekten Verfolgung etablieren.

23   Die Flüchtlingseigenschaft geht **verloren**, wenn der Flüchtling selbst wieder Beziehungen zu seinem Herkunftsland aufnimmt (Art. 1 C Nr. 1–4 GFK) oder die objektiven Gründe für die Flucht entfallen sind (Art. 1 C Nr. 5 GFK).

24   **Ausgenommen** von der Anwendung des Abkommens sind anderweitig durch die UN geschützte Personen (Art. 1 D GFK; etwa die Palästina-Flüchtlinge),[49] anderweitig durch den Aufenthaltsstaat geschützte Personen (Art. 1 E GFK; etwa die Statusdeutschen, dh die volksdeutschen Flüchtlinge und Vertriebenen gem. Art. 116 Abs. 1 GG) und Personen, bei denen aus schwerwiegenden Gründen der Verdacht besteht, dass sie ein Kriegsverbrechen, Verbrechen gegen die Menschlichkeit usw oder eine „UN-widrige" Handlung begangen haben (Art. 1 F GFK).[50]

c) Personalstatut

Genfer UN-Abkommen über die Rechtsstellung der Flüchtlinge (Forts.)

Kapitel II
Rechtsstellung

GFK Art. 12 Personalstatut

(1) Das Personalstatut jedes Flüchtlings bestimmt sich nach dem Recht des Landes seines Wohnsitzes oder, in Ermangelung eines Wohnsitzes, nach dem Recht seines Aufenthaltslandes.

(2) Die von einem Flüchtling vorher erworbenen und sich aus seinem Personalstatut ergebenden Rechte, insbesondere die aus der Eheschließung, werden von jedem vertragschließenden Staat geachtet, gegebenenfalls vorbehaltlich der Formalitäten, die nach dem in diesem Staat geltenden Recht vorgesehen sind. Hierbei wird jedoch unterstellt, daß das betreffende Recht zu demjenigen gehört, das nach den Gesetzen dieses Staates anerkannt worden wäre, wenn die in Betracht kommende Person kein Flüchtling geworden wäre.

GFK Art. 13–46 (nicht abgedruckt)

25   Das Personalstatut des Flüchtlings wird nach Art. 12 Abs. 1 GFK an seinen Wohnsitz und ersatzweise an seinen Aufenthalt angeknüpft, um ihm eine rechtliche Heimat außerhalb des Fluchtstaates zu bieten. Es ersetzt damit kollisionsrechtlich das Anknüpfungsmerkmal der Staatsangehörigkeit[51] und ggf. auch das des früheren gewöhnlichen Aufenthalts, falls dies zur Anwendung des Rechts des Fluchtstaates führen würde (vgl. Art. 14 Abs. 2 Nr. 2 EGBGB).[52] Der Begriff des Personalstatuts iSv Art. 12 Abs. 1 GFK umfasst insbesondere auch die Frage der Volljährigkeit des Flüchtlings.[53]

26   Der Wohnsitzbegriff in Art. 12 Abs. 1 GFK ist im Sinne des **gewöhnlichen Aufenthalts** und der Aufenthalt im Sinne des schlichten Aufenthalts zu verstehen. Diese Interpretation ist ebenso wie bei der parallelen Regelung in Art. 12 Abs. 1 des UN-Übereinkommens über die Rechtsstellung der Staatenlosen (→ EGBGB Anhang I zu Art. 5 Rn. 6) zulässig, weil jeder Mitgliedstaat den Wohnsitzbegriff zur Erreichung der Abkommensziele und im Rahmen seiner völkerrechtlich zulässigen Auslegungskompetenz selbst interpretieren darf.[54] Für Konventionsflüchtlinge tritt mithin das Anknüpfungsmerkmal des gewöhnlichen Aufenthalts an die Stelle einer Anknüpfung an die Staatsangehörigkeit (→ EGBGB Art. 5 Rn. 16 ff.).

---

49   Sie werden von der United Nations Relief and Works Agency for Palestine Refugees (UNRWA) betreut. Entfällt die Betreuung, wird die Konvention ipso facto wieder anwendbar, vgl. dazu *Börner* IPRax 1997, 47 (48 f.).

50   Diese Außerschutzstellung hat bislang keine praktische Bedeutung erlangt und ist als Verdachtsregel verfassungsrechtlich bedenklich; Staudinger/*Bausback* Anh. IV zu Art. 5 EGBGB Rn. 49; zur parallelen Problematik s. bereits Anhang I zu Art. 5 Rn. 5.

51   Das kann leicht übersehen werden, vgl. zutreffend OLG Rostock FamRZ 2006, 947.

52   Die Konvention sieht hierfür keine Ersatzanknüpfung vor. Die Lösung ist nach dem deutschen Kollisionsrecht zu suchen. Notfalls ist an die lex fori anzuknüpfen; vgl. MüKoBGB/v. *Hein* EGBGB Art. 5 Anh. II Rn. 61; *Looschelders*, IPR, Anh. zu Art. 5 Rn. 22.

53   BGHZ 217, 165 = BGH NJW 2018, 613 (614 f.); eingehend MüKoBGB/v. *Hein* EGBGB Art. 5 Anh. II Rn. 58; aA OLG Karlsruhe 23.7.2015 – 5 WF 74/15.

54   Erman/*Hohloch* EGBGB Art. 5 Rn. 84; *Looschelders*, IPR, Anh. zu Art. 5 Rn. 20; vgl. auch Staudinger/*Bausback*, Anh. IV zu Art. 5 EGBGB Rn. 67.

Rück- und Weiterweisungen sind als Gesamtverweisungen nach Maßgabe der kollisionsrechtlichen Verweisungsnorm zu beachten. Dies gilt ausnahmsweise dann nicht, wenn die Rück- oder Weiterverweisung zu dem Heimatstaat führt,[55] der gleichzeitig Fluchtstaat ist. Ein solcher renvoi widerspricht dem Zweck der Konvention, den Flüchtling von der Rechtsordnung des Verfolgerstaates zu entkoppeln und unter Schutz zu stellen.[56]   **27**

Art. 12 Abs. 1 GFK kommt keine Rückwirkung zu. Es tritt beim Flüchtling ein Statutenwechsel ein, sobald der Flüchtlingsstatus de facto vorliegt. Art. 12 Abs. 2 S. 1 GFK wiederholt daher den allgemeinen kollisionsrechtlichen Grundsatz, wonach vorher **wohlerworbene Rechte** bestehen bleiben (etwa im Hinblick auf einen Namenserwerb[57] oder auf eine Heirat).[58] Dies gilt nicht, wenn die Beibehaltung des Rechts gegen den ordre public des Aufnahmelandes verstößt (Art. 12 Abs. 2 S. 2 GFK).   **28**

Art. 12 der GFK findet ferner ergänzend Anwendung auf die Haager Vereinbarung über Flüchtlingsseeleute v. 23.11.1957 (sog. fliegende Holländer).[59]   **29**

4. Asylgesetz

AsylG § 1 Geltungsbereich

(1) Dieses Gesetz gilt für Ausländer, die Folgendes beantragen:

1. Schutz vor politischer Verfolgung nach Artikel 16a Absatz 1 des Grundgesetzes oder
2. internationalen Schutz nach der Richtlinie 2011/95/EU des Europäischen Parlaments und des Rates vom 13. Dezember 2011 über Normen für die Anerkennung von Drittstaatsangehörigen oder Staatenlosen als Personen mit Anspruch auf internationalen Schutz, für einen einheitlichen Status für Flüchtlinge oder für Personen mit Anrecht auf subsidiären Schutz und für den Inhalt des zu gewährenden Schutzes (ABl. L 337 vom 20.12.2011, S. 9); der internationale Schutz im Sinne der Richtlinie 2011/95/EU umfasst den Schutz vor Verfolgung nach dem Abkommen vom 28. Juli 1951 über die Rechtsstellung der Flüchtlinge (BGBl. 1953 II S. 559, 560) und den subsidiären Schutz im Sinne der Richtlinie; der nach Maßgabe der Richtlinie 2004/83/EG des Rates vom 29. April 2004 über Mindestnormen für die Anerkennung und den Status von Drittstaatsangehörigen oder Staatenlosen als Flüchtlinge oder als Personen, die anderweitig internationalen Schutz benötigen, und über den Inhalt des zu gewährenden Schutzes (ABl. L 304 vom 30.9.2004, S. 12) gewährte internationale Schutz steht dem internationalen Schutz im Sinne der Richtlinie 2011/95/EU gleich; § 104 Absatz 9 des Aufenthaltsgesetzes bleibt unberührt.

(2) Dieses Gesetz gilt nicht für heimatlose Ausländer im Sinne des Gesetzes über die Rechtsstellung heimatloser Ausländer im Bundesgebiet in der im Bundesgesetzblatt Teil III, Gliederungsnummer 243–1, veröffentlichten bereinigten Fassung in der jeweils geltenden Fassung.

AsylG § 2 Rechtsstellung Asylberechtigter

(1) Asylberechtigte genießen im Bundesgebiet die Rechtsstellung nach dem Abkommen über die Rechtsstellung der Flüchtlinge.

(2) Unberührt bleiben die Vorschriften, die den Asylberechtigten eine günstigere Rechtsstellung einräumen.

(3) Ausländer, denen bis zum Wirksamwerden des Beitritts in dem in Artikel 3 des Einigungsvertrages genannten Gebiet Asyl gewährt worden ist, gelten als Asylberechtigte.

55 *Raape/Sturm*, IPR, Bd. 1, 6. Aufl. 1977, S. 153; *Looschelders*, IPR, Anh. zu Art. 5 Rn. 21; BeckOK BGB/*Lorenz* EGBGB Art. 5 Rn. 35 (Fall des Art. 4 Abs. 1 S. 1 aE EGBGB); MüKoBGB/*v. Hein* EGBGB Art. 5 Anh. II Rn. 69; Staudinger/*Hausmann* EGBGB Art. 4 Rn. 132; Staudinger/*Bausback* Anh. IV zu Art. 5 EGBGB Rn. 68.
56 Die Gegenauffassung gelangt zu einer Sachnormverweisung mit der Einschränkung, dass das Einzelstatut

beachtlich bleibt, Erman/*Hohloch* EGBGB Art. 5 Rn. 87; Palandt/*Thorn* Anh. zu Art. 5 EGBGB Rn. 24; Soergel/*Kege* Anh. nach Art. 5 EGBGB Rn. 74.
57 BayObLGZ 1968, 7; 71, 204; OLG Hamm OLGZ 1983, 46 (55).
58 OVG Koblenz IPRspr. 1993, Nr. 54.
59 Vgl. mN Staudinger/*Bausback* Anh. IV zu Art. 5 EGBGB Rn. 69 f.

AsylG § 3 Zuerkennung der Flüchtlingseigenschaft

(1) Ein Ausländer ist Flüchtling im Sinne des Abkommens vom 28. Juli 1951 über die Rechtsstellung der Flüchtlinge (BGBl. 1953 II S. 559, 560), wenn er sich

1. aus begründeter Furcht vor Verfolgung wegen seiner Rasse, Religion, Nationalität, politischen Überzeugung oder Zugehörigkeit zu einer bestimmten sozialen Gruppe
2. außerhalb des Landes (Herkunftsland) befindet,

    a) dessen Staatsangehörigkeit er besitzt und dessen Schutz er nicht in Anspruch nehmen kann oder wegen dieser Furcht nicht in Anspruch nehmen will oder

    b) in dem er als Staatenloser seinen vorherigen gewöhnlichen Aufenthalt hatte und in das er nicht zurückkehren kann oder wegen dieser Furcht nicht zurückkehren will.

(2) [1]Ein Ausländer ist nicht Flüchtling nach Absatz 1, wenn aus schwerwiegenden Gründen die Annahme gerechtfertigt ist, dass er

1. ein Verbrechen gegen den Frieden, ein Kriegsverbrechen oder ein Verbrechen gegen die Menschlichkeit begangen hat im Sinne der internationalen Vertragswerke, die ausgearbeitet worden sind, um Bestimmungen bezüglich dieser Verbrechen zu treffen,
2. vor seiner Aufnahme als Flüchtling eine schwere nichtpolitische Straftat außerhalb des Bundesgebiets begangen hat, insbesondere eine grausame Handlung, auch wenn mit ihr vorgeblich politische Ziele verfolgt wurden, oder
3. den Zielen und Grundsätzen der Vereinten Nationen zuwidergehandelt hat.

[2]Satz 1 gilt auch für Ausländer, die andere zu den darin genannten Straftaten oder Handlungen angestiftet oder sich in sonstiger Weise daran beteiligt haben.

(3) [1]Ein Ausländer ist auch nicht Flüchtling nach Absatz 1, wenn er den Schutz oder Beistand einer Organisation oder einer Einrichtung der Vereinten Nationen mit Ausnahme des Hohen Kommissars der Vereinten Nationen für Flüchtlinge nach Artikel 1 Abschnitt D des Abkommens über die Rechtsstellung der Flüchtlinge genießt. [2]Wird ein solcher Schutz oder Beistand nicht länger gewährt, ohne dass die Lage des Betroffenen gemäß den einschlägigen Resolutionen der Generalversammlung der Vereinten Nationen endgültig geklärt worden ist, sind die Absätze 1 und 2 anwendbar.

(4) Einem Ausländer, der Flüchtling nach Absatz 1 ist, wird die Flüchtlingseigenschaft zuerkannt, es sei denn, er erfüllt die Voraussetzungen des § 60 Abs. 8 Satz 1 des Aufenthaltsgesetzes oder das Bundesamt hat nach § 60 Absatz 8 Satz 3 des Aufenthaltsgesetzes von der Anwendung des § 60 Absatz 1 des Aufenthaltsgesetzes abgesehen.

AsylG § 6 Verbindlichkeit asylrechtlicher Entscheidungen

[1]Die Entscheidung über den Asylantrag ist in allen Angelegenheiten verbindlich, in denen die Anerkennung als Asylberechtigter oder die Zuerkennung des internationalen Schutzes im Sinne des § 1 Absatz 1 Nummer 2 rechtserheblich ist. [2]Dies gilt nicht für das Auslieferungsverfahren sowie das Verfahren nach § 58 a des Aufenthaltsgesetzes.

30 § 2 Abs. 1 u. 3 des Asylgesetzes[60] erweitern den Anwendungsbereich der GFK. **Anerkannten Asylberechtigten**, einschließlich jenen aus der früheren DDR (§ 2 Abs. 3 AsylG), und anerkannten sonstigen politisch Verfolgten wird danach unter den Einschränkungen des § 3 Abs. 2 und 3 AsylG die Rechtsstellung nach der GFK zuerkannt.[61] Anerkannte Asylberechtigte und die ihnen gleichgestellten politisch Verfolgten erhalten daher den Schutz der Konvention, auch wenn sie nicht zugleich als Konventionsflüchtling einzustufen sind.[62] Eine gesonderte Prüfung der Flüchtlingseigenschaft wird für diesen Personenkreis damit entbehrlich. Bloß subsidiär Schutzberechtigte iSd § 1 Abs. 1 Nr. 2 Hs. 2 AsylG sind hingegen weder Flüchtlinge iSd GFK noch Asylberechtigte. Auf sie findet die FlüchtlingsKonv daher weder unmittelbare noch mittelbare Anwendung.[63]

31 Das Asylrecht ist EU-einheitlich durch die Richtlinien 2013/32/EU v. 26.6.2013, 2013/32/EU v. 26.6.2013, 2013/33/EU v. 26.6.2013 harmonisiert.

---

60   Asylgesetz in der Fassung der Bekanntmachung v. 2.9.2008 (BGBl. I S. 1798), zuletzt geändert durch Gesetz vom 4.12.2018 (BGBl. I S. 2250).

61   § 2 Abs. 1 AsylG meint anerkannte Asylberechtigte, vgl. BGH FamRZ 1993, 47 (48); *Jayme* IPRax 1984, 114 (115).

62   MüKoBGB/*v. Hein* EGBGB Art. 5 Anh. II Rn. 72.

63   MüKoBGB/*v. Hein* EGBGB Art. 5 Anh. II Rn. 74; *Andrae* NZFam 2016, 923 (925); *Rupp* ZfPW 2018, 57 (70); aA (Art. 12 GFK analog) *Mankowski* IPRax 2017, 40 (44 f.).

Asylberechtigt sind nach Art. 16 a Abs. 1 GG[64] alle politisch verfolgten Ausländer. Nicht asylberechtigt sind **32** Ausländer, die aus einem EU-Land oder einem anderen Drittstaat einreisen, in dem die Anwendung der FlüchtlingsKonv und der Europäischen Menschenrechtskonvention (EMRK) sichergestellt ist (Art. 16 a Abs. 2 GG).[65] Das Asylgesetz findet darüber hinaus keine Anwendung auf heimatlose Ausländer im Sinne des HeimatlAuslG (§ 1 Abs. 2 AsylG; → Rn. 13 f.). Der Status eines Asylberechtigten erlischt nach Maßgabe der §§ 72 u. 73 a Abs. 1 AsylG kraft Gesetzes. Ferner kann die Anerkennungsentscheidung zurückgenommen bzw. widerrufen (§ 73 AsylG) oder bei Wegfall der Anerkennungsvoraussetzungen entzogen werden (§ 73 a Abs. 2 AsylG).

Kollisionsrechtlich ist Art. 12 GFK somit auf anerkannte Asylberechtigte und festgestellt politisch Verfolgte **33** anwendbar. Die Anknüpfung des Personalstatuts an den Wohnsitz (Art. 12 Abs. 1 GFK), verstanden und interpretiert im Sinne des **gewöhnlichen Aufenthalts**, und ersatzweise die Anknüpfung an den schlichten Aufenthalt (→ Rn. 26), gelten daher auch für diesen Personenkreis. Die Anknüpfung tritt vollumfänglich an die Stelle der Anknüpfung an die Staatsangehörigkeit. Die – an sich nach wie vor mögliche – Anknüpfung an die Staatsangehörigkeit wurde aufgrund der Verweisung in §§ 2 Abs. 1, 3 AsylG somit aufgegeben.[66] § 2 Abs. 2 AsylG erlaubt aber eine kollisionsrechtliche Günstigkeitsregel, die einen Rückgriff auf das Heimatrecht im Einzelfall nach Maßgabe der einschlägigen allgemeinen Anknüpfungsregeln eröffnet.[67]

Die positiven Anerkennungsentscheidungen wie auch ablehnende Bescheide des Bundesamtes für Migra- **34** tion und Flüchtlinge haben für eine gerichtliche Entscheidung über die kollisionsrechtliche Anknüpfung keine **Bindungswirkung**. Die bindende Verwaltungsentscheidung im Sinne von § 6 AsylG meint allein die behördliche Bindung sowie die des Beteiligten (str.),[68] → Rn. 18.

Familienangehörige (Ehefrauen und Kinder) können – außer in der eigenen Person – den Status eines Asyl- **35** berechtigten auch abgeleitet erlangen (**Familienasyl**, § 26 AsylG). Allerdings erfordert auch diese abgeleitete Schutzstellung eine förmliche Anerkennungsentscheidung zugunsten des Angehörigen unter den Voraussetzungen des § 26 AsylG, so dass sich die Frage eines abgeleiteten Erwerbs ipso iure hier nicht stellt.[69] Zur eigenständigen Rechtsstellung von Familienangehörigen im Sinne von Art. 2 lit. j) der Richtlinie 2011/95/EU → Rn. 22.

5. Gesetz über Maßnahmen für im Rahmen humanitärer Hilfsaktionen aufgenommene Flüchtlinge (KontingentG)

KontingentG § 1 Rechtsstellung

(1) Wer als Ausländer im Rahmen humanitärer Hilfsaktionen der Bundesrepublik Deutschland aufgrund der Erteilung einer Aufenthaltserlaubnis vor der Einreise in der Form des Sichtvermerks oder aufgrund einer Übernahmeerklärung nach § 33 Abs. 1 des Ausländergesetzes im Geltungsbereich dieses Gesetzes aufgenommen worden ist, genießt im Geltungsbereich dieses Gesetzes die Rechtsstellung nach den Artikeln 2 bis 34 des Abkommens über die Rechtsstellung der Flüchtlinge vom 28. Juli 1951 (BGBl. 1953 II S. 559).

---

64 Art. 16 a GG wurde durch Art. 1 Nr. 2 G v. 28.6.1993 I 1002 in das Grundgesetz aufgenommen. Vgl. BVerfG NVwZ 1996, 700 (kein Verstoß gegen Art. 79 Abs. 3 GG).

65 Vgl. etwa *Jarass/Pieroth*, GG Art. 16 a Rn. 5 ff. und 23.

66 HK-BGB/*Dörner* EGBGB Art. 5 Rn. 7.

67 OLG Düsseldorf StAZ 1989, 281 (282); *Jayme* IPRax 1984, S. 114, 115; Palandt/*Thorn*, Anh. zu Art. 5 EGBGB Rn. 28; abl. MüKoBGB/*v. Hein* EGBGB Art. 5 Anh. II Rn. 81; Erman/*Hohloch* EGBGB Art. 5 Rn. 93; *Looschelders*, IPR, Anh. zu Art. 5 Rn. 26; Soergel/*Kegel*, Anh. nach Art. 5 EGBGB Rn. 97; BeckOK BGB/*Lorenz* EGBGB Art. 5 Rn. 43.

68 Gegen eine Bindungswirkung von ablehnenden Entscheidungen auch BGHZ 169, 240 = BGH NJW-RR 2007, 145 f. Für eine umfassende Bindungswirkung von positiven sowie negativen Entscheidungen Staudinger/*Bausback* Anh. IV zu Art. 5 EGBGB

Rn. 56. Für eine Bindungswirkung von positiven Entscheidungen Erman/*Hohloch* EGBGB Art. 5 Rn. 95; MüKoBGB/*v. Hein* EGBGB Art. 5 Anh. II Rn. 75; Palandt/*Thorn* Anh. zu Art. 5 EGBGB Rn. 26; wohl auch Bergmann/*Dienelt* AsylG § 6 Rn. 11; *Wendehorst* IPRax 1999, 276 (277); BeckOK BGB/*Lorenz* EGBGB Art. 5 Rn. 40 unter der Einschränkung, dass das Gericht bei begründeten erheblichen Zweifeln an der Flüchtlingseigenschaft die Aufhebung des Anerkennungsbescheids anregen und das Verfahren nach § 148 ZPO aussetzen könne. Für eine Bindung von Strafgerichten etwa bei der Entscheidung über die Abschiebungshaft, auch Erbs/Kohlhaas/*Hadamitzky/Senge* AsylG § 6 Rn. 3.

69 Ebenso BeckOK BGB/*Lorenz* EGBGB Art. 5 Rn. 41; MüKoBGB/*v. Hein* EGBGB Art. 5 Anh. II Rn. 54; im Übrigen scheidet ein abgeleitetes Personalstatut aber aus, vgl. zum Namensrecht AG Rottweil 30.9.2002 – 4 GRI 12/99.

(2) Auch ohne Aufenthaltserlaubnis oder Übernahmeerklärung genießt die Rechtsstellung nach Absatz 1, wer als Ausländer vor Vollendung des 16. Lebensjahres und vor dem Inkrafttreten des Gesetzes zur Neuregelung des Ausländerrechts im Rahmen humanitärer Hilfsaktionen der Bundesrepublik Deutschland im Geltungsbereich dieses Gesetzes aufgenommen worden ist.

(3) Dem Ausländer wird eine unbefristete Aufenthaltserlaubnis erteilt.

KontingentG § 2 a Erlöschen der Rechtsstellung

(1) [1]Die Rechtsstellung nach § 1 erlischt, wenn der Ausländer

1. sich freiwillig oder durch Annahme oder Erneuerung eines Nationalpasses erneut dem Schutz des Staates, dessen Staatsangehörigkeit er besitzt, unterstellt oder
2. nach Verlust seiner Staatsangehörigkeit diese freiwillig wiedererlangt hat oder
3. auf Antrag eine neue Staatsangehörigkeit erworben hat und den Schutz des Staates, dessen Staatsangehörigkeit er erworben hat, genießt.

(2) (...)

36 Das Gesetz über Maßnahmen für im Rahmen humanitärer Hilfsaktionen aufgenommene Flüchtlinge vom 22.7.1980 (KontingentG)[70] ist **mit Wirkung zum 1.1.2005 außer Kraft** getreten.[71] Es behält über diesen Zeitpunkt hinaus Bedeutung für die bis zum Außerkrafttreten aufgenommenen Flüchtlinge.[72] Nach § 103 des AufenthaltsG gelten die §§ 2 a und 2 b KontingentG (Erlöschen des Flüchtlingsstatus) fort. Daraus ergibt sich auch, dass der einmal erworbene Flüchtlingsstatus durch die Aufhebung des Gesetzes **nicht verloren** geht.

37 Das Gesetz erstreckt den Anwendungsbereich der GFK auf Ausländer, die im Rahmen humanitärer Hilfsaktionen in der Bundesrepublik Aufnahme gefunden haben. Einer weiter gehenden Feststellung der Flüchtlingseigenschaft bedarf es in diesen Fällen nicht.[73] Diese sog. **Kontingentflüchtlinge** werden aufgrund der vergleichbaren Interessenlage den Konventionsflüchtlingen gleichgestellt.[74]

38 § 1 Abs. 1 KontingentG setzte die Erteilung einer Aufenthaltserlaubnis vor der Einreise in der Form eines Sichtvermerks (§ 3 Abs. 1 u. 3 AuslG) oder eine Übernahmeerklärung (§ 33 Abs. 1 AuslG) voraus. Für Jugendliche unter 16 Jahren genügte die tatsächliche Aufnahme im Sinne einer Eingliederung durch die deutschen Behörden.[75] Ein abgeleiteter Flüchtlingsstatus aufgrund Abstammung oder Heirat wurde nicht anerkannt.[76] Die Bescheinigung nach § 2 KontingentG hat lediglich deklaratorischen Charakter (str.).[77]

39 Kollisionsrechtlich ist Art. 12 GFK anwendbar und ersetzt die Anknüpfung an die Staatsangehörigkeit. Der Wohnsitzbegriff (Art. 12 Abs. 1 GFK) ist zu verstehen und zu interpretieren im Sinne des **gewöhnlichen Aufenthalts**; ersatzweise ist an den schlichten Aufenthalt anzuknüpfen (→ Rn. 26). Die Kontingentflüchtlinge haben somit das deutsche Personalstatut.[78] Im Falle eines Statutenwechsels, etwa aufgrund des Erlöschens der Rechtsstellung nach § 2 a KontingentG, bleiben die erworbenen Rechte nach den allgemeinen kollisionsrechtlichen Grundsätzen bestehen (→ Rn. 28).

40 Die Aufhebung des KontingentG führte dazu, dass Ausländer in vergleichbarer Situation ihrem Heimatrecht unterstehen (Art. 5 Abs. 1 S. 1 EGBGB), sofern sie nicht als Flüchtlinge im Sinne der GFK anzusehen sind.

---

70 BGBl. I 1980, S. 1057, zuletzt geändert durch Gesetz v. 29.10.1997 (BGBl. I S. 2584). Dem Gesetz kommt keine Rückwirkung zu (§ 6 KontingentG).

71 Art. 15 Abs. 3 Nr. 3 des Zuwanderungsgesetzes v. 30.7.2004 (BGBl. I S. 1950, 2009 f.).

72 Vgl. auch MüKoBGB/*v. Hein* EGBGB Art. 5 Anh. II Rn. 82.

73 Betroffen waren bislang Personengruppen wie etwa die sog. „boat-people" aus dem südostasiatischen Raum sowie Flüchtlinge aus Argentinien, Chile und Uganda, vgl. Staudinger/*Bausback* Anh. IV zu Art. 5 EGBGB Rn. 78; eine Anerkennung als Asylberechtigte erfolgt hier regelmäßig nicht; vgl. auch Erman/*Hohloch* EGBGB Art. 5 Rn. 90.

74 Zur Gleichstellung der Kontingentflüchtlinge mit Inlandsdeutschen AG Leverkusen FamRZ 2007, 1565.

75 Diese Regelung galt für Aufnahmen bis zum Inkrafttreten des AuslG zum 1.1.1991 (§ 15 Abs. 2). Die bloße Verbringung von Kindern ins Inland genügt für eine Aufnahme im Sinne einer Eingliederung nicht, vgl. MüKoBGB/*Sonnenberger*, 4. Aufl. 2006, EGBGB Art. 5 Anh. II Rn. 96.

76 MüKoBGB/*Sonnenberger*, 4. Aufl. 2006, EGBGB Art. 5 Anh. II Rn. 97; aA *Jayme* IPRax 1984, 114 (115); *ders.*, IPRax 1995, 73 (74); Staudinger/*Bausback* Anh. IV zu Art. 5 EGBGB Rn. 79.

77 MüKoBGB/*Sonnenberger*, 4. Aufl. 2006, EGBGB Art. 5 Anh. II Rn. 96; Staudinger/*Bausback* Anh. IV zu Art. 5 EGBGB Rn. 79; BeckOK BGB/*Lorenz* EGBGB Art. 5 Rn. 4245; aA, dh für einen konstitutiven Charakter, Palandt/*Thorn*, Anh. II zu Art. 5 EGBGB Rn. 33.

78 Anders nur bei Aufnahme im Ausland.

Das betrifft insbesondere die zum vorübergehenden Schutz aufgenommenen Ausländer, denen ein Aufenthaltsrecht im Inland nach § 23 AufenthaltsG[79] zusteht.

Art. 6 EGBGB Öffentliche Ordnung (ordre public)

[1]Eine Rechtsnorm eines anderen Staates ist nicht anzuwenden, wenn ihre Anwendung zu einem Ergebnis führt, das mit wesentlichen Grundsätzen des deutschen Rechts offensichtlich unvereinbar ist. [2]Sie ist insbesondere nicht anzuwenden, wenn die Anwendung mit den Grundrechten unvereinbar ist.

Literatur: *Andrae*, Anwendung des islamischen Rechts im Scheidungsverfahren vor deutschen Gerichten, NJW 2007, 1730; *dies.*, Zum Beitritt der Europäischen Gemeinschaft zum Haager Protokoll über das Unterhaltskollisionsrecht, GPR 2010, 196; *Basedow*, Die Verselbständigung des europäischen ordre public, in: Coester u.a. (Hrsg.), Privatrecht in Europa, FS Hans Jürgen Sonnenberger 2004, S. 291; *Baumert*, Ordre public international versus ordre public interne bei inländischen Schiedssprüchen, SchiedsVZ 2014, 139; *Becker*, Die Ermittlung und Anwendung ausländischen Rechts in der deutschen Rechtspraxis, in: Witzleb ua (Hrsg.), FS Dieter Martiny 2014, 619; *Behrens*, Die Bedeutung des Kollisionsrechts für die ‚Globalisierung‘ der Wirtschaft, in: Basedow u.a. (Hrsg.), Aufbruch nach Europa: 75 Jahre MPI (2001), S. 381; *Bock*, Der Islam in der Entscheidungspraxis der Familiengerichte, NJW 2012, 122; *Brödermann*, Die erweiterten UNIDROIT-Principles 2004, RIW 2004, 721; *Brüning*, Die Beachtlichkeit des fremden ordre public, 1997; *Corthaut*, EU Ordre Public, 2012; *Domej*, Die Neufassung der EuGVVO – Quantensprünge im europäischen Zivilprozessrecht RabelsZ 78 (2014), 508; *Gössl*, Intersexuelle Menschen im Internationalen Privatrecht, StAZ 2013, 301; *Dörner*, Bürgenhaftung und ordre public, in: Berger (Hrsg.), FS Otto Sandrock 2000, S. 205; *ders.*, Zur Beerbung eines in der Bundesrepublik Deutschland verstorbenen Iraners, IPRax 1994, 33; *Elwan/Menhofer*, Talaq nach iranischem Recht und die wesensmäßigen Zuständigkeit deutscher Gerichte, StAZ 2005, 168 ff.; *dies.*, Scheidungswunsch versus in Syrien geltendes Recht der unierten Ostkirchen, StAZ 2007, 325; *Fetsch*, Eingriffsnormen und EG-Vertrag: die Pflicht zur Anwendung der Eingriffsnormen anderer EG-Staaten, 2001; *Fischer*, Abschied vom ordre public beim Abschluss von Börsentermingeschäften im Ausland, IPRax 1999, 450; *Frie*, Die Mitmutter kraft ausländischen Rechts, FamRZ 2015, 889; *Frötschl*, Die neue Mitmutterschaft nach dänischem Recht, FamRZ 2013, 1445; *Gallala-Arndt*, Die Einwirkung der Europäischen Konvention für Menschenrechte auf das Internationale Privatrecht am Beispiel der Rezeption der Kafala in Europa, RabelsZ 79 (2015) 405; *Gebauer*, Gesamtverweisung und ordre public, in: Mansel u.a. (Hrsg.), FS Erik Jayme 2004, S. 413; *Girsberger/Mráz*, Sittenwidrigkeit der Finanzierung von internationalen Waffengeschäften, IPRax 2003, 545; *Habermeier*, Neue Wege zum Wirtschaftskollisionsrecht, 1997; *Hau*, Brüssel Ia-VO Neue Regeln für die Anerkennung und Vollstreckung ausländischer Entscheidungen in Zivil- und Handelssachen, MDR 2014, 1417; *Heiderhoff*, Rechtliche Abstammung im Ausland geborener Leihmutterkinder, NJW 2014, 2673; *Helms*, Ordre public – Der Einfluss der Grund- und Menschenrechte auf das IPR, IPRax 2017, 153; *Henrich*, Leihmütterkinder: Wessen Kinder?, IPRax 2015, 229; *Herrmann*, Die Anerkennung US-amerikanischer Urteile in Deutschland unter Berücksichtigung des ordre public, 2000; *Heß*, Urteilsfreizügigkeit und ordre public-Vorbehalt bei Verstößen gegen Verfahrensgrundrechte und Marktfreiheiten, IPRax 2001, 301; *Heßler*, Islamischrechtliche Morgengabe; vereinbarter Vermögensausgleich im deutschen Scheidungsfolgenrecht, IPRax 1988, 95; *Hüßtege*, Braucht die Verordnung über den europäischen Vollstreckungstitel eine ordre-public-Klausel?, in: Mansel u.a. (Hrsg.), FS Erik Jayme 2004, S. 371; *Jansen/Michaels*, Die Auslegung und Fortbildung ausländischen Rechts, ZZP 116 (2003), 3; *Jayme*, Ausländische Rechtsregeln und Tatbestand inländischer Sachnormen – Betrachtungen zu Ehrenzweigs Datum-Theorie, in: GS Albert A. Ehrenzweig 1976, S. 35; *ders.*, Methoden der Konkretisierung des ordre public im internationalen Privatrecht, 1989; *ders.*, Kulturelle Identität und Kindeswohl im internationalen Kindschaftsrecht, IPRax 1996, 237; *ders.*, Nationaler ordre public und europäische Integration, 2000 (Zweitabdruck in: Jayme, Wiener Vorträge, 2001, S. 265); *ders.*, Zum internationalen Geltungswillen der europäischen Regeln über den Handelsvertreterausgleich, IPRax 2001, 190; *ders.*, Pasquale Stanislao Mancini (1817–1888): Internationales Privatrecht und Völkerrecht, in: ders.(Hrsg.), Internationales Privatrecht und Völkerrecht, Gesammelte Schriften Bd. 3, 2003, 9; *ders.*, Neue Wege im Internationalen Unterhaltsrecht: Parteiautonomie und Privatisierung des ordre public, IPRax 2010, 377; *Junker*, Empfiehlt es sich, Art. 7 EVÜ zu revidieren oder aufgrund der bisherigen Erfahrungen zu präzisieren?, IPRax 2000, 65; *ders.*, Das internationale Privat- und Verfahrensrecht im Zugriff der europäischen Union, in: Coester u.a. (Hrsg.), Privatrecht in Europa, FS Hans Jürgen Sonnenberger 2004, S. 418; *Kasolowsky/Steup*, Ordre public-Widrigkeit kartellrechtlicher Schiedssprüche – ein Schritt in die Richtung einheitlicher Entscheidungen in der Europäischen Union, IPRax 2011, 96; *Kropholler/v. Hein*, Spezielle Vorbehaltsklauseln im internationalen Privat- und Verfahrensrecht der unerlaubten Handlungen, in: FS Hans Stoll 2001, S. 553; *Lamsa*, Allgemeinbegriffe in der Firma einer inländischen Zweigniederlassung einer EU-Auslandsgesellschaft, IPRax 2008, 239; *Laukemann*, Der ordre public im Europäischen Insolvenzverfahren, IPRax 2012, 207; *Levante*, Der materielle ordre public bei der Anerkennung von ausländischen Scheidungsurteilen in der Schweiz, IPRax 2013, 191; *Lorenz*, Deutscher Gleichbehandlungsgrundsatz und fremdes Kollisionsrecht – oder: Soll am deutschen (Grundrechts-)Wesen die Welt genesen?, in: Gerkens u.a. (Hrsg.), Mélanges Fritz Sturm, Bd. II, Liège 1999, S. 1559; *ders.*, „RGZ 106, 82 ff. revisited": Zur Lückenfüllungsproblematik beim ordre public in „Ja/Nein-Konflikten", IPRax 1999, 429; *ders.*, Renvoi und ausländischer ordre public, in: Schütze (Hrsg.), Einheit und Vielfalt des Rechts, FS Reinhold Geimer 2002, S. 555; *W. Lorenz*, Rechtsfolgen ausländischer Eingriffsnormen – Zur Lehre vom Vernichtungsstatut, in: Mansel u.a. (Hrsg.), FS Erik Jayme 2004, S. 549; *Looschelders*, Die Ausstrahlung der Grund- und Menschenrechte auf das Internationale Privatrecht, RabelsZ 65 (2001) 463; *ders.*, Begrenzung des ordre public durch den Willen des Erblassers, IPRax 2009, 246; *ders.*, Anwendbarkeit des § 1371 Abs. 1 BGB nach Korrektur einer ausländischen Erbquote wegen Unverein-

---

79 Aufenthaltsgesetz v. 25.2.2008 (BGBl. I S. 162),
     zuletzt geändert durch Art. 1 des G v. 12.7.2018
     (BGBl. I S. 114).

barkeit mit dem ordre public, IPRax 2009, 505; *ders.*, Anpassung und ordre public im Internationalen Erbrecht, in: Kronke/Thorn (Hrsg.), FS Bernd v. Hoffmann 2011, S. 266; *Mäsch*, Der Pflichtvergessene Anwalt „und die hinkende Ausländerehe" oder: Der BGH im Kampf mit der Verfassung, IPRax 2004, 421; *Mankowski*, Kulturelle Identität und Internationales Privatrecht, IPRax 2004, 282; *ders.*, Enwicklungen im Internationalen Privat- und Prozessrecht 2003/2004 (Teil 2), RIW 2004, 587; *ders.*, Obergrenze für das erstattungsfähige Honorar eines ausländischen Verkehrsanwalts?, NJW 2005, 2346; *ders.*, Die Rom I-Verordnung – Änderungen im europäischen IPR für Schuldverträge, IHR 2008, 133; *Mansel*, Eingriffsnormen im internationalen Sachenrecht, in: Ackermann/Köndgen (Hrsg.), FS Wulf-Henning Roth, 2015, S. 375; *Martiny*, Spiel und Wette im Internationalen Privat- und Verfahrensrecht, in: Rauscher/Mansel (Hrsg.), FS W. Lorenz zum 80. Geburtstag, 2001, S. 375; *ders.*, Die Zukunft des europäischen ordre public, in: Coester u.a. (Hrsg.), Privatrecht in Europa, FS Hans Jürgen Sonnenberger 2004, S. 523; *ders.*, Neuanfang im Europäischen Internationalen Vertragsrecht mit der Rom I-Verordnung, ZEuP 2010, 747; *Marx*, Der verfahrensrechtliche ordre public bei der Anerkennung und Vollstreckung ausländischer Schiedssprüche in Deutschland, 1994; *Mayer*, Ordre public und Anerkennung der rechtlichen Elternschaft in internationalen Leihmutterschaften, RabelsZ 78 (2014), 551; *dies.*, Sachwidrige Differenzierungen in internationalen Leihmutterschaftsfällen, IPRax 2014, 57; *dies.*, Verfahrensrechtliche Anerkennung einer ausländischen Abstammungsentscheidung zugunsten eingetragener Lebenspartner im Falle der Leihmutterschaft – Zum Beschluss des BGH vom 10.12.2014, StAZ 2015, 33; *Mörsdorf*, Die Auswirkungen des neuen „Grundrechts auf Verbraucherschutz" gemäß Art. 38 GR-Ch auf das nationale Privatrecht, JZ 2010, 759; *Matscher*, Der verfahrensrechtliche ordre public im Spannungsfeld von EMRK und Unionsrecht, IPRax 2001, 428; *Nordmeier*, Kap. 37 – Verordnung über das auf vertragliche Schuldverhältnisse anzuwendende Recht (Rom I), in: Gebauer/Wiedmann (Hrsg.), Zivilrecht unter europäischem Einfluss, 2. Aufl. 2010, 2207; *Nußberger*, Die Europäische Menschenrechtskonvention und das Privatrecht, RabelsZ 80 (2016), 817; *Pfeiffer*, Eingriffsnormen und ihr sachlicher Regelungsgegenstand, in: Schütze (Hrsg.), Einheit und Vielfalt des Rechts, FS Reinhold Geimer 2002, S. 821; *ders.*, Die revisionsgerichtliche Kontrolle der Anwendung ausländischen Rechts, NJW 2002, 3306; *ders.*, Einheitliche unmittelbare und unbedingte Urteilsgeltung in Europa, in: Mansel u.a. (Hrsg.), FS Erik Jayme 2004, S. 675; *Piekenbrock/G. Schulze*, Internationale Zuständigkeit im Rechtsmittelverfahren und Gerichtsstand der Gewinnzusage, IPRax 2003, 328; *Pohl*, Die Neufassung der EuGVVO – im Spannungsfeld zwischen Vertrauen und Kontrolle, IPRax 2013, 109; *Rakob*, Ausländische Mobiliarsicherungsrechte im Inland, 2001; *Rauscher*, Iranischrechtliche Scheidung auf Antrag der Ehefrau vor deutschen Gerichten; *ders.*, Bis dass der Tod euch scheide?, IPRax 2006, 140; *Reich*, EuZW 2001, 51 (Anm. zu Rs. Ingmar); *Reuß*, Gestaltung des europäischen abstammungsrechtlichen Kaleidoskops – Einige Überlegungen zur Anerkennung der niederländischen Duo-Mutterschaft in Deutschland, in: Hilbig-Lugani u.a. (Hsrg.), FS Dagmar Coester-Waltjen 2015, S. 681; *W.-H. Roth*, Der Einfluss des Europäischen Unionsrechts auf das Internationale Privatrecht, RabelsZ 55 (1991) 623; *Sandrock*, „Scharfer" ordre public interne und „laxer" ordre public international? in: Coester u.a. (Hrsg.), Privatrecht in Europa, FS Hans Jürgen Sonnenberger 2004, S. 615; *Schefold*, Moratorien ausländischer Staaten und ausländisches Devisenrecht, IPRax 2007, 313; *Schilling*, Das Exequatur und die EMRK, IPRax 2011, 31; *A. Schnyder*, Wirtschaftskollisionsrecht – Sonderanknüpfung und extraterritoriale Anwendung wirtschaftsrechtlicher Normen unter besonderer Berücksichtigung von Marktrecht, 1990; *ders.*, „Zwingendes" Recht im internationalen Wirtschaftsrecht nach der neueren Rechtsprechung des EuGH, in: Baur/Mansel (Hrsg.), Systemwechsel im Internationalen Privatrecht nach Amsterdam und Nizza, 2001, S. 81; *G. Schulze*, Bedürfnis und Leistungsfähigkeit im internationalen Unterhaltsrecht, 1998; *ders.*, Anerkennung einer ausländischen Entscheidung bei Einwand strukturell ungleicher Verhandlungsstärke und nicht wirksamer Vertretung im Erstverfahren (Art. 27 Nr. 1 und Nr. 2 EuGVÜ), IPRax 1999, 342; *ders.*, Datum-Theorie und narrative Norm – zu einem Privatrecht für die multikulturelle Gesellschaft, in: Jayme (Hrsg.), Kulturelle Identität und Internationales Privatrecht, 2003, S. 155; *ders.*, Die Zeitehe des iranischen Rechts – Rechtsfragen aus deutscher Sicht, StAZ 2009, 197; *ders.*, Moralische Forderungen und das IPR, IPRax 2010, 290; *ders.*, Fortentwicklung des Schweizer Vertragsrechts und Präklusion bei der inzidenten Anerkennung eines CAS-Entscheids, SpuRt 2014, 139; *ders.*, You'll never walk alone? Verstoß gegen Unionsrecht und Rechtsbehelfsobliegenheit in der Urteilsanerkennung, IPRax 2016, 234; *Schurig*, Mandatory Law, „International Norms" and New Conflicts Law, RabelsZ 54 (1990), 217; *Schütze*, Überlegungen zur Anerkennung und Vollstreckbarerklärung US-amerikanischer Zivilurteile in Deutschland – Zur Kumulierung von Ordre-public-Verstößen –, in: Schütze (Hrsg.), Einheit und Vielfalt des Rechts, FS Reinhold Geimer 2002, S. 1025; *Schwark*, Ordre public und Wandel grundlegender Wertvorstellungen am Beispiel ausländischer Börsentermingeschäfte, in: Berger (Hrsg.), FS Otto Sandrock 2000, S. 881; *Schwung*, Das Ersatzrecht bei einem Verstoß des ausländischen Rechts gegen den ordre public, RabelsZ 49 (1985), 407; *Sieberichs*, Gleichgeschlechtliche Elternschaft im deutschen IPR und Personenstandsrecht am Beispiel der belgischen Mitmutterschaft, StAZ 2015, 1; *Siehr*, Der ordre public im Zeichen der Europäischen Integration: Die Vorbehaltsklausel und die EU-Innenbeziehung, in: Kronke/Thorn (Hrsg.), FS Bernd v. Hoffmann 2011, S. 424; *Sonnenberger*, Die Eingriffsnorm – ein internationalprivatrechtliches dkanialon?, in: FS Wolfgang Fikentscher 1998, S. 283; *Spickhoff*, Der ordre public im internationalen Privatrecht. Entwicklung – Struktur – Konkretisierung, 1989; *ders.*, Zu den Voraussetzungen für die Anerkennung und Vollstreckung ausländischer Schiedssprüche: fehlende Schiedsvereinbarung und rügelose Einlassung, behauptete Falschaussage und überhöhte Verzugszinsen, IPRax 2006, 522; *Staudinger*, Internationales Verbraucherschutzrecht made in Germany, RIW 2000, 416; *ders.*, Kap. 38 – Verordnung über das auf außervertragliche Schuldverhältnisse anzuwendende Recht (Rom II), in: Gebauer/Wiedmann (Hrsg.), Zivilrecht unter europäischem Einfluss, 2. Aufl. 2010, 2279; *Stoll*, Fragen der Selbstbeschränkung des gemeinschaftlichen Rechts der internationalen Schuldverträge in Europa – Eine Skizze –, in: Mansel u.a. (Hrsg.), FS Erik Jayme 2004, S. 905; *Stürner*, Zur Anerkennung US-amerikanischer Gesellschaften in Deutschland, IPRax 2005, 305; *ders.*-, Rechtsschutz gegen fehlerhafte Vollstreckungstitel, GPR 2010, 43; *ders.*, Europäisierung des (Kollisions-) Rechts und nationaler ordre public, in: Kronke/Thorn /Hrsg.), FS Bernd v. Hoffmann 2011; *ders.*, Der ordre public im Europäischen Kollisionsrecht, in: Arnold (Hrsg.), Grundfragen des Europäischen Kollisionsrechts, 2016, S. 87; *Sturm*, Durchbruch der Grundrechte in Fällen mit Auslandsberührung, FamRZ 1972, 16; *ders.,* Handschuhehe und Selbstbestimmung, IPRax 2013, 412; *Völker*, Zur Dogmatik des ordre public – Die Vorbehaltsklauseln bei der Anerkennung fremder gerichtlicher Entscheidungen und ihr Verhältnis zum ordre public des Kollisionsrechts, 1998; *Voltz*, Menschenrechte und ordre public im Internationalen Privatrecht, 2002; *v. Bar*, Menschenrechte im Kollisionsrecht, BerDGesVR 33 (1994) 191; *Wagner/Beckmann*, Beibehaltung oder Abschaffung des Vollstreckbarerklärungsverfahrens in der EuGVVO?, RIW 2011, 44; *Weller*, Europäisches Kollisionsrecht, in: Gebauer/Teichmann (Bd-

Hrsg.), Enzyklopädie Europarecht, Bd VI, 2016, § 8 – Allgemeine Lehren; *Wurmnest*, Ordre public, in: Leible/Unberath (Hrsg.), Brauchen wir eine Rom 0-Verordnung?, 2013, S. 445.

A. Allgemeines	1		b) Kontrolle des Anwendungsergebnisses (Auswirkungsregel)	28
I. Überblick	1	2.	Verstoß gegen wesentliche Grundsätze	
II. Begriffsabgrenzungen	3		des deutschen Rechts (S. 1)	32
1. Ordre public	3		a) Wesentlicher Grundsatz des deutschen	
2. International zwingende Sachnormen	5		Rechts	33
a) Sachnormen des deutschen Rechts (inländische Eingriffsnormen)	5		b) Offensichtliche Unvereinbarkeit (Relativität des ordre public)	36
b) International zwingende Sachnormen fremder Rechte (ausländische Eingriffsnormen)	9		aa) Offensichtlichkeit des Verstoßes (Schwere)	37
3. Ordre public international und ordre public interne	10		bb) Hinreichender Inlandsbezug (räumliche Nähe)	38
4. Völkerrechtlicher und europäischer bzw. unionsrechtlicher ordre public	12		cc) Gegenwartsbeziehung (zeitliche Nähe)	43
5. Innerdeutscher ordre public	16	3.	Verstoß gegen Grundrechte (S. 2)	46
III. Formen der ordre-public-Kontrolle	17		a) Grundrechtskollisionsrecht	48
1. Allgemeine, spezielle, unionsrechtliche und staatsvertragliche ordre-public-Klausel	17		b) Gleichstellung von EMRK und völkerrechtlich verbürgten Menschenrechten	51
2. Kollisionsrechtliche und anerkennungsrechtliche ordre-public-Kontrolle	19	II.	Rechtsfolgen eines ordre-public-Verstoßes	52
3. Beachtung eines ausländischen (fremden) ordre public	21		1. Allgemeines	52
B. Regelungsgehalt	25		2. Nichtanwendung der fremden Rechtsnorm und Lückenschließung	53
I. Voraussetzungen für einen ordre-public-Verstoß	25	**C.**	**Überblick nach Rechtsgebieten (Einzelfälle)**	58
1. Ausländische Rechtsnorm und Kontrolle des Anwendungsergebnisses	25		I. Allgemeiner Teil	59
			II. Schuldrecht	60
a) Ausländische Rechtsnorm	26		III. Sachenrecht	61
			IV. Familienrecht	62
			V. Erbrecht	65

A. Allgemeines

I. Überblick

Art. 6 verlangt eine Ergebniskontrolle nach den Grundwertungen des deutschen Rechts (ordre-public-Vorbe- **1** halt), bevor die Rechtsfolgen einer ausländischen Rechtsnorm im Inland in Geltung gesetzt werden. Das auf der Grundlage ausländischen Rechts gefundene Ergebnis muss mit wesentlichen inländischen Rechtswertungen noch vereinbar sein. Die **Vereinbarkeitsprüfung** nach Art. 6 stellt damit ein notwendiges Korrektiv innerhalb des kollisionsrechtlichen Normensystems dar. Im Ausgangspunkt basiert das IPR auf der Grundannahme, dass die Privatrechtsordnungen aller Staaten gleichwertig sind. Die Beachtung des fremden und räumlich besten Rechts ist gerade das Ziel des Kollisionsrechts,[1] weshalb unterschiedliche Wertungen und Vorstellungen prinzipiell hinzunehmen sind.[2] Die Idee der Gleichwertigkeit der Rechtsordnungen ist allerdings nur eine „Arbeitshypothese",[3] die es in einem ersten Schritt ermöglichen soll, ungeachtet der konkreten sachrechtlichen Lösung das Recht mit der engsten Verbindung zu ermitteln. Die Offenheit und Toleranz des IPR gegenüber der Anwendung ausländischen Rechts findet indes dort ihre Grenze, wo ein Verstoß gegen fundamentale Grundwerte der lex fori droht.[4] Diese Grenzziehung ergibt sich im Hinblick auf die Grundrechte schon notwendig daraus, dass sowohl der deutsche Gesetzgeber bei der Ausgestaltung des Kollisionsrechts als auch die deutschen Gerichte bei der Anwendung ausländischen Rechts an die Grundrechte gebunden sind (Art. 1 Abs. 3 GG).[5]

---

1   Vgl. auch zur historischen Entwicklung dieses Grundgedankens *Jayme*, Pasquale Stanislao Mancini (1817–1888): Internationales Privatrecht und Völkerrecht in ders., Internationales Privatrecht und Völkerrecht, S. 9. Für einen aus dem völkerrechtlichen Grundsatz der Staatengleichheit abgeleiteten Anspruch auf Anwendung des richtigen Rechts in auslandsverknüpften Fällen auf privatrechtlicher Ebene *Schulze* IPRax 2010, 290 (295).

2   BeckOGK/*Schulze* EGBGB Art. 3 Rn. 8; zutr. AG Halle IPRspr. 2011, Nr. 6 (zum nigerianischen Namensrecht).

3   So treffend MüKoBGB/*v. Hein* EGBGB Art. 6 Rn. 1.

4   Zur Notwendigkeit der ordre-public-Kontrolle auch *v. Bar/Mankowski*, IPR I, § 7 Rn. 258.

5   Grundlegend BVerfGE 31, 58 = NJW 1971, 1509 (1511 ff.); vgl. auch Staudinger/*Looschelders*, Einl. IPR, Rn. 1280.

Das von den Kollisionsnormen zur Anwendung berufene Recht darf gleichwohl nur in eng begrenzten Ausnahmefällen ausgeschlossen werden.[6] Die Nichtanwendung einer ausländischen Rechtsnorm durch Art. 6 (sog. negative ordre-public-Funktion) ist erst gerechtfertigt, wenn das Ergebnis der Rechtsanwendung mit **wesentlichen** Grundsätzen des deutschen Rechts **offensichtlich unvereinbar** ist (S. 1). Das ist insbesondere der Fall, wenn sie mit den Grundrechten unvereinbar ist (S. 2). Ferner bilden die Art und die Intensität der Inlandsbeziehung des Falles maßgebliche Faktoren für die Vereinbarkeit. Art. 6 ist damit ein Instrument, mit dem das Ergebnis der Fremdrechtsanwendung kontrolliert werden kann und muss, bietet aber keine Grundlage für eine abstrakte Normenkontrolle des berufenen Rechts selbst.[7]

2   In einem zweiten Schritt ist das **Ersatzrecht** zu bestimmen, welches anstelle des ausgeschlossenen ausländischen Sachrechts angewendet werden soll. Die Ersatzrechtsbildung ist von Art. 6 **nicht geregelt**.[8] Es wird also nicht ohne Weiteres die lex fori angewendet. Das zeigt, dass die ordre-public-Kontrolle nicht allein der Wahrung von unverzichtbaren oder unantastbaren Grundlagen der heimischen Rechtsordnung,[9] sondern ebenso dem kollisionsrechtlichen Schutz der Betroffenen dient. Der ordre public sichert räumlich relational einen rechtlichen Mindeststandard zur Erzielung eines gerechten Ergebnisses im Einzelfall. Dieser Schutzgedanke erlaubt es zwar nicht, Art. 6 auf der Basis der inländischen Rechtswertungen als (verdeckte) Vertrauensschutzregel einzusetzen oder als Ausweichklausel in Härtefällen zugunsten der lex fori zu nutzen.[10] Dennoch sind es neben dem Staatsinteresse auch die Personen, die beim kollisionsrechtlichen „Sprung ins Dunkle"[11] von Art. 6 geschützt werden. Die neuere Rechtsentwicklung zeigt zudem, dass an die Stelle von ordre-public-Klauseln individuelle Rechtsschutzformen, wie etwa Einrederechte zugunsten der Anwendung eines anderen Rechts und weiter gehende Rechtswahlmöglichkeiten treten.[12]

II. Begriffsabgrenzungen

3   **1. Ordre public.** Der deutsche Rechtsbegriff **ordre public** ist dem französischen Recht entlehnt. Dort steht er für die Summe aller französischen Rechtsnormen, die absolute Geltung im französischen Staatsgebiet beanspruchen. Gekennzeichnet ist damit der unverrückbare Kern, die Grundprinzipien der Rechtsordnung.[13] Das hat nach französischer Lesart sowohl die vertragliche Unabdingbarkeit bestimmter Rechtssätze (ordre public interne) als auch die international zwingende Geltung einzelner französischer Rechtssätze in auslandsverknüpften Sachverhalten (ordre public international) zur Folge.[14] Derartige international zwingenden Sachnormen werden ausgehend von der französischen Lehre verbreitet als lois d'application immédiate[15] oder als lois d'ordre public (positive ordre-public-Normen) bezeichnet.[16] Der Ausschluss des fremden und die Anwendung des eigenen Rechts fallen hier gewissermaßen in einen Akt zusammen.

6   St. Rspr. BGHZ 104, 240, 243; BGH SchiedsVZ 2014, 151 (153) Rn. 29; MüKoBGB/*v. Hein* EGBGB Art. 6 Rn. 13; *v. Bar/Mankowski*, IPR I, § 7 Rn. 259.

7   MüKoBGB/*v. Hein* EGBGB Art. 6 Rn. 117; BeckOGK/Stürner EGBGB Art. 6 Rn. 278; *v. Bar/ Mankowski*, IPR I, § 7 Rn. 265. Das gilt ebenso für die unionsrechtlichen ordre public-Klauseln vgl. EnzEuR VI/*Weller* § 8 Rn. 106; *Wurmnest* in Leible/ Unberath, Brauchen wir eine Rom 0-Verordnung?, S. 445, 468 (dort auch zum Grenzfall des Art. 12 Rom III-VO).

8   Teilweise wird die Heranziehung von wesentlichen deutschen Rechtsgrundsätzen missverständlich als „positive" Funktion des ordre public bezeichnet, vgl. MüKoBGB/*v. Hein* EGBGB Art. 6 Rn. 4.

9   Das entspricht der (ganz überwiegend) auf hoheitliche Souveränitätsinteressen abstellenden traditionellen Sicht, *v. Bar/Mankowski*, IPR I, § 7 Rn. 258, und wird auch von der Begründung des Regierungsentwurfs betont, BT-Drs. 10/504, S. 42; Gerechtigkeitsvorstellungen stehen dagegen auch bei *Kegel/Schurig*, § 16 I, S. 520 f. im Vordergrund.

10   *V. Bar/Mankowski*, IPR I, § 7 Rn. 259; BeckOK BGB/*Lorenz* EGBGB Art. 6 Rn. 5.

11   Mit dieser auf *Raape/Sturm*, IPR, S. 199, zurückgehenden Metapher wird die ordre-public-Kontrolle klassischerweise legitimiert.

12   Vgl. *Jayme* IPRax 2010, 377 (378) u. Fn. 10 (sog. „Privatisierung des ordre public").

13   Vgl. *Niboyet/de Geouffre de la Pradelle*, Droit international privé, Paris 2008, Rn. 311 ff. Das gilt aber nicht nur für den französischen Sprachgebrauch, sondern als genereller Bedeutungsgehalt des „ordre public", vgl. *Basedow* FS Hans Jürgen Sonnenberger 2004, S. 291; BVerfG NJW 2004, 3099; BGH NJW 2003, 2097 (2099) (zur Justiziabilität innerkirchlicher Maßnahmen).

14   Die Erweiterung des zwingenden Charakters vom nationalen (ordre public interne) auf den internationalen Bereich (ordre public international) geht auf den romanischen Einfluss auf das französische Recht zurück und ist *Mancini* zuzuschreiben, vgl. *Jayme*, Methoden, S. 61 ff.; ferner Staudinger/*Voltz* EGBGB Art. 6 Rn. 12 mit Überblick über die verschiedenen ordre-public-Konzepte in anderen Rechtsordnungen, Rn. 219 ff.

15   Die unmittelbare Geltung beruht auf der Vorstellung, dass diese Sachnormen von den Kollisionsnormen (lois de conflit) unabhängig sind und daher unmittelbar zur Anwendung gelangen. Der Rechtsanwendungsbefehl lässt sich aber nicht einfach wegdenken. Er folgt notwendig aus der Metaordnung des Kollisionsrechts. Diese Sachnormen enthalten daher jeweils einen (ungeschriebenen) auf sie bezogenen Rechtsanwendungsbefehl (einseitige einzelnormbezogene Kollisionsnorm); vgl. Staudinger/*Looschelders*, Einl. zum IPR Rn. 17 ff.; *v. Bar/Mankowski*, IPR I, § 4 Rn. 12.

16   Staudinger/*Looschelders*, Einl. zum IPR Rn. 17.

Dagegen ist der in Art. 6 definierte **deutsche ordre-public-Begriff** auf den Ausschluss des fremden Rechts beschränkt. Der Ausschluss ist vom Ergebnis der Rechtsanwendung im Einzelfall und dessen Unvereinbarkeit mit wesentlichen Grundsätzen des deutschen Rechts abhängig.[17] Die inländischen Rechtsvorstellungen wirken somit allein bei der Frage nach dem Ausschluss des fremden Rechts und müssen nicht unbedingt in Gestalt der lex fori durchgesetzt werden. Die international zwingende Geltung inländischer Rechtssätze wird in der deutschen und europäischen IPR-Dogmatik dagegen als Problem der Sonderanknüpfung von Eingriffsnormen (→ Rn. 5) behandelt.[18]

Im deutschen Sprachgebrauch zeigt die Begriff ordre public an, dass ein Fall des grenzüberschreitenden **4** Rechtsverkehrs betroffen ist. Der Übersetzung in „öffentliche Ordnung" fehlt diese grenzüberschreitende (internationale) Konnotation, weshalb der amtlichen Überschrift des Art. 6 die Bezeichnung ordre public in Klammern angefügt wurde.[19] Diese Dopplung hat sich auch in den EU-Verordnungen zum IPR durchgesetzt (bspw. etwa Art. 21 Rom I-VO, Art. 26 Rom II-VO, Art. 26 EuInsVO).[20] Die Rechtsprechung zur Vorgängernorm des Art. 30 aF kann aber weiterhin berücksichtigt werden, weil eine inhaltliche Änderung durch den Bezeichnungswechsel nicht eingetreten ist.[21]

2. International zwingende Sachnormen. a) Sachnormen des deutschen Rechts (inländische **5** Eingriffsnormen).

Die international zwingenden Sachnormen des deutschen Rechts, die den lois d'application immédiate rechtstechnisch entsprechen, werden nicht über Art. 6 zur Anwendung gebracht. Ihnen liegt ein gesonderter Rechtsanwendungsbefehl zugrunde, welcher der betroffenen Sachnorm selbst entnommen werden muss (sog. Sonderanknüpfung). Der international zwingende Charakter einer nationalen Sachnorm kann auf einer ausdrücklichen gesetzlichen Anordnung beruhen (etwa §§ 449 Abs. 3, 466 Abs. 4 HGB)[22] oder er ist – wie meist – durch Auslegung der Sachnorm konkret festzustellen.[23] Die Sonderanknüpfung von Sachnormen steht außerhalb des kollisionsrechtlichen Systems und geht dessen Verweisungen einschließlich Art. 6 vor. Die Rechtsanwendungsfrage wird dabei entgegen der klassischen Methode des IPR nicht vom auslandsverknüpften Sachverhalt bzw. Rechtsverhältnis hergestellt, sondern es wird nach dem räumlich-persönlichen Anwendungsbereich der inländischen Sachnorm gefragt. Die auf diesem dogmatisch eigenständigen Weg unmittelbar zur Anwendung gebrachten Normen werden daher auch als (nationale) **Eingriffsnormen** bezeichnet.[24] Das allgemeine, ungeschriebene Institut der Sonderanknüpfung von Eingriffsnormen gilt für alle Rechtsbereiche.[25] Der Vorrang der Eingriffsnormen gegenüber dem (an sich) berufenen Sachrecht wird auch in den EU-Verordnungen durch sog. Öffnungsnormen klargestellt (vgl. Art. 9 Abs. 2 u. 3 Rom I-VO; Art. 16 Rom II-VO).[26] Art. 9 Abs. 1 Rom I-VO enthält eine verbindliche, wenngleich nicht eindeutige Begriffsbestimmung in Anlehnung an die Rechtsprechung des EuGH.[27] Der Durchgriff ist grundsätzlich beschränkt auf die Eingriffsnormen der lex fori, aus deutscher Sicht also auf die international zwingenden Normen des deutschen Sachrechts. Im Schuldvertragsrecht können allerdings auch die Eingriffsnormen des Rechts am Erfüllungsort durchgreifen (vgl. Art. 9 Abs. 3 Rom I-VO). Ob und

---

17   Die negative Konzeption ist in allen modernen kollisionsrechtlichen Gesetzen Europas vorherrschend, vgl. *Spickhoff*, S. 62 ff. Gleichzeitig haben jedoch auch die international zwingenden Normen an Bedeutung gewonnen, *Basedow* FS Hans Jürgen Sonnenberger 2004, S. 291, 298; *Martiny* FS Hans Jürgen Sonnenberger 2004, S. 523, 539.

18   MüKoBGB/*v. Hein* EGBGB Art. 6 Rn. 2 f.

19   BT-Drs. 10/504, S. 42; *Jayme*, Methoden, S. 10.

20   Dazu *Laukemann* IPRax 2012, 207.

21   AllgM, vgl. Staudinger/*Voltz* EGBGB Art. 6 Rn. 2.

22   Ausdr. Hinw. auf Art. 34 EGBGB aF in BT-Drs. 13/8445, S. 88.

23   Umschrieben wird dies auch mit dem (internationalen) Anwendungsinteresse bzw. „Anwendungswillen" einer Norm; vgl. krit. *Kegel/Schurig*, § 6 I 5, S. 308 f., der aus den Sachinteressen der betreffenden Norm die kollisionsrechtlichen Interessen ableitet und diese in eine (isolierte ungeschriebene) einseitige Kollisionsnorm für die Anwendung der Sachnorm überführt, vgl. *Schulze* FS Erik Jayme 2004, S. 837, 845 (dort aber für eine allseitige Anknüpfung an den Tätigkeitsort).

24   „Eingriffsnorm" ist eine ältere Bezeichnung, die weitgehend synonym zum Begriff der „international

zwingenden Norm" verwendet wird, krit. vgl. *Jayme* IPRax 2001, 190 (191) (voreuropäischer Begriff der Eingriffsnorm); *v. Bar/Mankowski*, IPR I, § 4 Rn. 87.

25   *Mansel* FS Wulf-Henning Roth, S. 375, 377 mN; MüKoBGB/*v. Hein* Einl. IPR Rn. 286 ff.

26   Die Vorschriften klären nur das Verhältnis zweier kollisionsrechtlicher Entscheidungen: Die Verweisungen des Regelkollisionsrechts treten gegenüber der Anwendungsentscheidung hinsichtlich der Eingriffsnorm zurück. Der Vorrang der spezielleren Rechtsanwendungsentscheidung ergibt sich grundsätzlich bereits aus der allgemeinen lex-specialis-Regel. Zur Diskussion über die Funktion und Wirkungsweise des Art. 34 EGBGB aF (Art. 7 EVÜ), vgl. *Schurig* RabelsZ 54 (1990), 217, 221 ff., *Sonnenberger* FS Wolfgang Fikentscher 1998, S. 283, 288; *v. Bar/Mankowski*, IPR I, § 4 Rn. 86.

27   Nach der Arblade-Formel muss die Norm für die Wahrung des öffentlichen Interesses des Staates entscheidend sein, vgl. EuGH 23.11.1999 – C-369/96 u. C-376/96 – Arblade Slg 1999, I-8453 = NJW 2000, 1553; zur Diskussion im umstrittenen Bereich des Vertragsrechts vgl. *Martiny* ZEuP 2010, 747 (775 ff.).

inwieweit außerdem die Eingriffsnormen der lex causae zu berücksichtigen sind, ist umstritten.[28] Die Durchsetzung international zwingender Sachnormen muss ferner jedenfalls bei Bezügen zu Mitgliedstaaten der EU von den Schranken des Diskriminierungsverbots (Art. 25 EUV = Art. 12 EGV aF) und der Grundfreiheiten gedeckt sein. Auf den damit verbundenen Problemen beruht die im Schrifttum verschiedentlich erhobene Forderung nach einer eigenen Systembildung für die Anwendung von Eingriffsnormen im Unionsrecht.[29] Ferner ist die Frage aufgeworfen, ob die Anwendung der Eingriffsnormen eines anderen Mitgliedstaats unmittelbar oder mittelbar aus dem Grundsatz der loyalen Zusammenarbeit der Mitgliedstaaten geboten sein kann (Art. 4 Abs. 3 EUV).[30] Dies hat der EuGH insoweit verneint, als der in Art. 4 Abs. 3 EUV niedergelegte Grundsatz die Mitgliedstaaten nicht dazu berechtige, den abschließenden Charakter des Art. 9 Abs. 3 Rom I-VO außer Acht zu lassen.[31] Art. 9 Abs. 3 Rom I-VO verbiete es jedoch nicht, mitgliedstaatliche Eingriffsnormen als tatsächliche Umstände nach Maßgabe des Vertragsstatuts zu berücksichtigen.[32]

6 Eingriffsnormen sind im Anwendungsbereich des Unionsprivatrechts in Art. 9 Abs. 1 der Rom I-VO[33] legaldefiniert und EU-einheitlich auszulegen (s. Erl. dort). Generell lässt sich sagen, dass sie öffentlich-rechtlicher oder privatrechtlicher Natur sind und einen besonderen wirtschafts- oder sozialpolitischen Ordnungsgehalt aufweisen (Ausfuhrverbote, Preis- und Devisenvorschriften, Kartellbestimmungen, Urheberschutz, Mieter- und Verbraucherschutzvorschriften [str.], Kulturgüterschutzregeln usw). Erfasst werden diejenigen Vorschriften eines bestimmten Wirtschafts- oder Sozialsystems, die **überindividuellen staatlichen Interessen** dienen bzw. eine systemregulierende Funktion übernehmen.[34] Dabei ist es unschädlich, wenn die betreffende Vorschrift auch dem Interessenausgleich der beteiligten Parteien dient.[35] Eine Schwerpunktbildung[36] wird in Mischfällen häufig in vage Abwägungsmodelle münden.[37] In Pattsituationen sollte die Sachnorm nur dann als Eingriffsnorm klassifiziert werden, wenn dies zur Erreichung ihres sachrechtlichen Regelungsziels zwingend erforderlich ist.[38] Relativierend kann ferner der Inlandsbezug des Falles berücksichtigt werden.[39]

Diese Umschreibungen gelten außerhalb des unionsrechtlich regulierten Bereichs nicht. Hier ist, wie etwa im internationalen Sachenrecht,[40] auf die autonomen deutschen Grundsätze zurückzugreifen.

7 Die §§ 138, 242 BGB sind lediglich **einfach zwingende** (dh durch Vertrag nicht abdingbare) Rechtsnormen (ius cogens). Sie gehören nicht zu den international zwingenden Vorschriften, weil sie allein dem Ausgleich

28 Für eine Berücksichtigung etwa Hk-BGB/*Staudinger* Rom I-VO Art. 9 Rn. 14; dagegen Palandt/*Thorn* Rom I-VO Art. 9 Rn. 15; MüKoBGB/*Martiny* Rom I-VO Art. 9 Rn. 43 jeweils mwN.
29 Für ein Modell nach dem Marktauswirkungsprinzip etwa *Habermeier*, S. 90 ff.; für ein bewegliches System zugunsten einer europäischen rule of reason *Schnyder* in Baur/Mansel, 2001, S. 81, 83; *ders.*, Wirtschaftskollisionsrecht, S. 4 ff.; ebenso für den Bereich des Unionsrechts *Roth* RabelsZ 55 (1991), 623, 663 f., der aus den Freiheiten und der Gemeinschaftstreue eine Verpflichtung zur Durchsetzung des Eingriffsrechts anderer Mitgliedstaaten herleitet. Darauf aufbauend entwickelt *Fetsch*, S. 340 ff. aus den (zu koordinierenden) Schranken der Grundfreiheiten ein allseitiges Kollisionssystem.
30 Danach fragte das BAG in seinem Vorlagebeschl. v. 25.2.2015 – 5 AZR 962/13, NZA 2015, 542 = BeckRS 2015, 66693 (Griechenland).
31 EuGH 18.10.2016 – C-135/15 – Nikiforidis NZA 2016, 1389 Rn. 54.
32 EuGH 18.10.2016 – C-135/15 – Nikiforidis NZA 2016, 1389 Rn. 51 f.
33 Die Formulierung ist aus der Entscheidung des EuGH 23.11.1999 – C-369/96 und C-376/96, RIW 2000, 137 = Slg 1999, I-8453 – Arblade übernommen und lässt erheblichen Interpretationsspielraum, vgl. Palandt/*Thorn* Rom I-VO Art. 9 Rn. 5; *Nordmeier* in Gebauer/Wiedmann, Zivilrecht unter europäischem Einfluss, Kap. 37 Rn. 91 ff.
34 Eingriffsrecht dient der Korrektur von systemischem Marktversagen, nicht dagegen von immanentem

35 Marktversagen (gestörter Interessenausgleich), vgl. *Behrens*, S. 381, 387.
35 Entsprechend hat auch der EuGH den Ausgleichsanspruch des Handelsvertreters als Eingriffsnorm anerkannt, vgl. EuGH NJW 2001, 2007 (2008 f.) (Ingmar).
36 Der Schwerpunkt muss danach in der Verfolgung eines staatlichen Interesses liegen, verneint etwa von BGHZ 135, 124, 129 (Rechtswahl bei Haustürgeschäften zugunsten des Rechts der Isle-of-Man). Die Eingriffsnormqualität der Firmenrechtsgrundsätze der §§ 17 ff. HGB bejahen *Rehberg* in Eidenmüller, Ausländische Kapitalgesellschaften im deutschen Recht, § 5 Rn. 38 ff.; vgl. dazu LG Aachen IPRax 2008, 270 (ordre public), krit. *Lamsa* IPRax 2008, 239 (246).
37 Krit. *Schurig* RabelsZ 54 (1990), 217, 228 ff. Nach der Rspr. des BAG soll es genügen, dass eine dem privaten Interessenausgleich dienende Norm zumindest auch öffentliche Gemeinwohlinteressen verfolgt, vgl. BAG IPRax 2003, 258 (261); zust. *Looschelders*, IPR, Art. 34 Rn. 21; zu Recht abl. *Stoll* FS Erik Jayme 2004, S. 905.
38 Das überindividuelle Regelungsinteresse und der individuelle Interessenausgleich fallen hier zusammen. Für eine solche positivistische Beschränkung ganz generell *Pfeiffer* FS Geimer 2002, S. 821, 827; für einen zurückhaltenden Gebrauch auch Palandt/*Thorn* Rom I-VO Art. 9 Rn. 5.
39 Das richtet sich nach der Sachnorm, vgl. *v. Bar/Mankowski*, IPR I, § 4 Rn. 86.
40 *Mansel* FS Wulf-Henning Roth 2015, S. 375, 378 ff.

von Parteiinteressen dienen.[41] Bei Anwendung fremden Rechts ist ihre Geltung deshalb nur indirekt als Wertungsgrundlage im Rahmen des allgemeinen ordre-public-Vorbehalts des Art. 6 möglich.[42]

Eine Sonderstellung nehmen zwingende inländische Sachnormen ein, die auf EU-rechtlicher Grundlage **8** beruhen (bspw. § 661 a BGB).[43] Nach Art. 46 b (= Art. 29 a aF) wird die Anwendung von **unionsrechtlich zwingenden Sachnormen** des Verbraucherrechts nach den dort aufgestellten räumlichen Anknüpfungsvoraussetzungen durchgesetzt. Zur Frage einer analogen Anwendbarkeit des Art. 46 b EGBGB s. dort.

b) International zwingende Sachnormen fremder Rechte (ausländische Eingriffsnormen). Vom **9** Regelungsbereich des ordre public zu unterscheiden sind ferner die **ausländischen** international zwingenden Sachnormen. Die Anwendung wird im Schuldvertragsrecht[44] heute[45] durch Art. 9 Abs. 3 Rom I-VO zugelassen für Eingriffsnormen des Erfüllungsortes[46] (→ Rn. 5).

Berücksichtigung finden kann drittstaatliches Eingriffsrecht ferner bei der Sachrechtsanwendung, insbesondere bei der Konkretisierung von Generalklauseln und unbestimmten Rechtsbegriffen. Ist deutsches Recht zur Anwendung berufen, so werden im Rahmen der §§ 138, 242, 313 f. BGB fremde Wertungen und faktische Rechtslagen im Ausland als tatsächliche Umstände (sog. Daten) berücksichtigt.[47] Einer solchen tatsächlichen Berücksichtigung von drittstaatlichen Eingriffsnormen nach Maßgabe des Vertragsstatuts steht Art. 9 Abs. 3 Rom I-VO nicht entgegen.[48]

3. Ordre public international und ordre public interne. Weder der Gesetzgeber noch die Rechtslehre **10** wollten mit der Übernahme des fremdsprachlichen ordre-public-Begriffs auch die romanische Lehre vom ordre public übernehmen. Die von der französischen und der italienischen Doktrin stammende Unterscheidung zwischen dem ordre public international und dem ordre public interne (Letzterer umfasst die vertraglich nicht abdingbaren, zwingenden Normen des nationalen Privatrechts, im deutschen Recht etwa §§ 104 ff., 134, 138, 242, 278 Abs. 3, 476 BGB usw) wird nicht übernommen. Der ordre public im deutschen Sprachgebrauch ist immer „international".

Auch im Anerkennungsrecht sollte nicht von einem ordre public international zur Hervorhebung einer **11** gegenüber Art. 6 abgeschwächten Kontrollintensität gesprochen werden.[49] Wiederum in Anlehnung an die

---

41 BGHZ 135, 124, 139; Palandt/*Thorn* Rom I-VO Art. 9 Rn. 10; MüKoBGB/*Martiny* Rom I-VO Art. 9 Rn. 60; aA LG Tübingen NJW-RR 1995, 1142; LG Duisburg NJW-RR 1995, 883; LG Detmold NJW 1994, 3301 (3302).

42 Vgl. *v. Bar/Mankowski*, IPR I, § 4 Rn. 87.

43 Vgl. zum Meinungsstand der ip-rechtlichen Einstufung des § 661 a BGB (Gewinnzusage) *Mankowski* RIW 2004, 587 (592); zur materiellrechtlichen Qualifikation der Gewinnzusage BGH NJW 2004, 3039 (3040); *Piekenbrock/Schulze* IPRax 2003, 328 (331 f.).

44 Eine entsprechende Regelung enthält aber auch Art. VIII des Abkommens von Bretton-Woods über den Internationalen Währungsfonds v. 1./22.7.1944, der die Berücksichtigung ausländischer Devisenbestimmungen vorsieht (BGBl. II 1952 S. 637, 728).

45 Zur Rechtslage vor Inkrafttreten der Rom I-VO: Die Bundesrepublik Deutschland hatte sich die Anwendung des Art. 7 Abs. 1 EVÜ, der eine Beachtung drittstaatlicher Eingriffsnormen vorsieht, gem. Art. 22 Abs. 1 lit. a EVÜ aus Gründen der Rechtssicherheit vorbehalten (vgl. BT-Drs. 10/504, S. 34, 83). Das sollte aber einer entsprechenden Anwendung dieser Norm oder des Art. 34 EGBGB aF nicht entgegenstehen, vgl. MüKoBGB/*Martiny*, 4. Aufl. 2006, EGBGB Art. 34 Rn. 60 ff.

46 Kodifiziert wurde damit die sog. Machttheorie, vgl. *Mankowski* IHR 2008, 133 (147), weil am tatsächlichen Erfüllungsort die Leistungshandlung unterbunden werden kann. Die sog. Einheitsanknüpfung (ieS Schuldstatutstheorie) hat sich unionsrechtlich nicht

durchgesetzt. Vgl. zum früheren Recht BGH NJW 1998, 2452 (2453); Palandt/*Thorn*, 68. Aufl., EGBGB Art. 34 Rn. 6; gegen die Einbeziehung von Eingriffsnormen in die allg. Verweisung *Schurig* RabelsZ 54 (1990), 217, 244 ff.; *v. Bar/Mankowski*, IPR I, § 4 Rn. 120, S. 284; MüKoBGB/*Martiny*, 4. Aufl. 2006, EGBGB Art. 34 Rn. 55.

47 Vgl. zu der in diesen Fällen vorzugswürdig anwendbaren Datum-Theorie *Jayme* GS Albert Ehrenzweig 1976, S. 35, 49 ff.; *v. Bar/Mankowski*, IPR I, § 4 Rn. 124 ff., 286 ff.; zust. *Lorenz* FS Erik Jayme 2004, S. 549, 559; dagegen keine Bedenken gegen eine kollisionsrechtliche Lösung über Art. 7 Abs. 1 EVÜ hat *Junker* IPRax 2000, 65 (72); zur Rezeption der Datum-Theorie vgl. *Schulze* in Jayme, S. 155, 159 f.

48 EuGH 18.10.2016 – C-135/15 – Nikiforidis NZA 2016, 1389 Rn. 51 f.

49 So aber insbesondere die Rechtsprechung, vgl. BGHZ 203, 350 Rn. 28 (zu § 109 Abs. 1 Nr. 4 FamFG); BGHZ 48, 327, 331 (zu § 328 Abs. 1 Nr. 4 ZPO); BGH NJW 1978, 1114 (1115) (zu Art. V Abs. 3 des Deutsch-britischen Abkommens v. 14.6.1960 über die gegenseitige Anerkennung und Vollstreckung von gerichtlichen Entscheidungen in Zivil- und Handelssachen); BGHZ 98, 70, 73 (§ 1044 ZPO aF); BGHZ 138, 331 (Art. 2 Abs. 1 des dt-österreichischen Vertrages v. 6.6.1959); BGH IPRax 1999, 371 (373) (Art. 27 Nr. 1 EuGVÜ); BGH IPRax 2001, 580 (§ 1061 ZPO). Abl. *Sandrock* FS Hans Jürgen Sonnenberger 2004, S. 615, 648 f.; MüKoBGB/*v. Hein* EGBGB Art. 6 Rn. 8.

französische Doktrin ist es insoweit präziser, von einem **ordre public atténué** zu sprechen.[50] Die Bezeichnung „international" ist von daher nicht nur missverständlich, sondern vor allem auch entbehrlich.[51] Ebenso ist es mit Blick auf inländische Schiedssprüche nicht notwendig, von einem ordre public interne zu sprechen.[52] Das gilt umso mehr, als der ordre-public-Kontrolle ein mit Art. 6 EGBGB weitgehend übereinstimmender Maßstab zugrunde zu legen ist.[53]

12 **4. Völkerrechtlicher und europäischer bzw. unionsrechtlicher ordre public.** Vom kollisionsrechtlichen ordre public des Art. 6 ist der **völkerrechtliche ordre public** begrifflich und inhaltlich abzugrenzen. Ebenso wie über die Existenz eines eigenständigen unionsrechtlichen ordre public diskutiert wird (→ Rn. 13), ist in der Lehre umstritten, ob ein selbstständiger völkerrechtlicher ordre public anzuerkennen ist, der die Anwendung völkerrechtswidriger Normen oder die Anerkennung völkerrechtswidriger Hoheitsakte unmittelbar, dh ohne Rückgriff die nationale Vorbehaltsklausel, verbietet.[54] Im Ausgangspunkt besteht jedenfalls Einigkeit, dass alle Staaten völkerrechtlich verpflichtet sind, ausländische Hoheitsakte oder Normen dann nicht anzuerkennen bzw. anzuwenden, wenn diese gegen zwingendes Völkerrecht (ius cogens, vgl. Art. 53 Wiener Übereinkommen über das Recht der Verträge v. 23.5.1969) verstoßen.[55] Zu den zwingenden völkerrechtlichen Grundsätzen zählen bspw. das Recht auf Leben sowie die Verbote des Völkermordes, der Sklaverei und der Folter.[56] Ein Teil der Lehre nimmt an, dass diese fundamentalen Rechtsgrundsätze des Völkerrechts – als völkerrechtlicher ordre public – eine Anwendung völkerrechtswidriger Normen im Inland unmittelbar ausschließen. Dahinter steht die systematische Überlegung, dass die völkerrechtlichen Rechtsgrundsätze in die innerstaatliche Rechtsordnung inkorporiert sind und normenhierarchisch über der einfachgesetzlichen Vorbehaltsklausel stehen (Art. 25 S. 2 GG).[57] Die überwiegende Ansicht schlägt, zumindest in internationalprivatrechtlichen Fallgestaltungen, einen anderen methodischen Weg ein und bringt die völkerrechtlichen Regeln bloß mittelbar als wesentliche Grundsätze des deutschen Rechts iSv Art. 6 zur Geltung.[58] Das völkerrechtliche ius cogens wird demnach ebenso wie das nicht-zwingende Völkerrecht[59] bei der Konkretisierung des nationalen ordre public berücksichtigt (völkerrechtskonforme Auslegung bzw. „völkerrechtsbezogener ordre public", → Rn. 51). Der normenhierarchische Vorrang des zwingenden Völkerrechts kann sich insoweit dahin gehend auswirken, dass auf einen Inlandsbezug des streitigen Sachverhalts ggf. ganz zu verzichten ist.[60] In welchem Ausmaß eine Inlandsbeziehung erforderlich ist, muss hier – ebenso wie bei Grundrechtsverstößen (Art. 6 S. 2) – den vorrangigen völkerrechtlichen Rechtsnormen selbst entnommen werden.[61] Im praktischen Ergebnis kommen beide Auffassungen zum selben Ergebnis.

13 Im Hinblick auf den Einfluss des Unionsrechts auf den ordre public wird vereinzelt die Existenz eines eigenständigen **unionsrechtlichen (europäischen)** ordre public postuliert.[62] Die hM begreift den ordre public dagegen zutreffend als nationales Konzept und geht davon aus, dass die öffentliche Ordnung der Mitgliedstaaten durch das europäische Recht lediglich angereichert bzw. beschränkt wird.[63] Der nationale ordre

---

50 Sog. „effet atténue de la reconnaissance" (abgeschwächte Wirkung der Anerkennung); entspr. für die Anerkennung ausländischer Entscheidungen BGHZ 138, 331; BGH IPRax 1999, 371 (372); hM Zöller/*Geimer*, ZPO, § 328 Rn. 210; MüKoBGB/*v. Hein* EGBGB Art. 6 Rn. 102 ff.; Staudinger/*Voltz* EGBGB Art. 6 Rn. 118; krit. zu dieser Differenzierung *Völker*, S. 53; *Schulze* IPRax 1999, 342 (344).

51 MüKoBGB/*v. Hein* EGBGB Art. 6 Rn. 8 f.,105; Staudinger/*Voltz* EGBGB Art. 6 Rn. 120.

52 *Pfeiffer* LMK 2014, 356293; aA *Baumert* SchiedsVZ 2014, 139.

53 BGH NJW 2014, 1597 (1598) Rn. 4 ff.

54 Zur Problemstellung *Girsberger/Mráz* IPRax 2003, 545 (548 f.); Staudinger/*Voltz* EGBGB Art. 6 Rn. 75 ff. jeweils mwN; vgl. auch MüKoBGB/*v. Hein* EGBGB Art. 6 Rn. 115 f.

55 ,, IPR, § 8 I 2, S. 53 f.; Staudinger/*Voltz* EGBGB Art. 6 Rn. 75; MüKoBGB/*v. Hein* EGBGB Art. 6 Rn. 115.

56 Näher Staudinger/*Voltz* EGBGB Art. 6 Rn. 76.

57 In diesem Sinne etwa Staudinger/*Voltz* EGBGB Art. 6 Rn. 78.

58 *Girsberger/Mráz* IPRax 2003, 545 (549); *Looschelders*, IPR, EGBGB Art. 6 Rn. 16; wohl auch *Kropholler*, IPR, § 8 I 2, S. 54, § 36 III 2 a, S. 248 f.

59 S. etwa BGHZ 203, 350 = NJW 2015, 479 zur Konkretisierung des (anerkennungsrechtlichen) ordre public durch die EMRK.

60 *Kropholler*, IPR, § 36 III 2 a, S. 249.

61 Die Auslegung der völkerrechtlichen Rechtsnorm muss danach ergeben, ob und inwieweit sie im konkreten Fall Geltung beansprucht. Dies lässt sich als Grundrechts- oder Völkerrechtskollisionsrecht bezeichnen, vgl. *v. Bar/Mankowski*, IPR I, § 7 Rn. 261 (Grundrechte).

62 Dafür *Basedow* FS Hans Jürgen Sonnenberger 2004, S. 291 ff.; ohne spezifisch kollisionsrechtliches Verständnis vgl. *Corthaut*, EU Ordre Public, 2012 [Rez. *Weller* RabelsZ 178 (2014) 872].

63 EuGH 11.5.2000 – C-38/98, Slg 2000, I-2973 Rn. 32 – Renault; EuGH 16.7.2015 – C-681/13, EU:C:2015:471 Rn. 48 – Diageo Brands; BGHZ 123, 268, 278 (jeweils zum anerkennungsrechtlichen ordre public); BGHZ 169, 240 Rn. 37; *Kropholler*, IPR, § 36 III 1, S. 248; *v. Bar/Mankowski*, IPR I, § 7 Rn. 271 f.; *Stürner* FS Bernd v. Hoffmann 2011, S. 463, 472; MüKoBGB/*v. Hein* EGBGB Art. 6 Rn. 153 ff., 161 ff.; Palandt/*Thorn* EGBGB Art. 6 Rn. 8; Erman/*Hohloch* EGBGB Art. 6 Rn. 23; *Stürner* in Arnold, Grundfragen des Europäischen Kollisionsrechts, S. 87, 92 ff. Zur Schrankenwirkung des Unionsrechts vgl. EuGH 28.3.2000 – C-7/98, Slg 2000 I-1935 Rn. 22 – Krombach; *Jayme*, Nationaler ordre public und europäische Integration, S. 265, 275 ff.; *v. Bar/Mankowski*, IPR I, § 7 Rn. 272.

public erfährt eine Überformung durch das innerstaatlich vorrangige und unmittelbar anwendbare primäre und sekundäre Unionsrecht, namentlich durch die EU-Grundrechte und -freiheiten sowie durch die privatrechtsrelevanten Verordnungen und Richtlinien. Das Unionsrecht wird folglich mittelbar als Bestandteil der jeweiligen nationalen Rechtsordnung geschützt. EU-Richtlinien gehören deshalb erst mit ihrer innerstaatlichen Umsetzung bzw. mit dem Ablauf der Umsetzungsfrist zum Kontrollmaßstab.[64] Vor Ablauf der Umsetzungsfrist kann eine nicht implementierte Richtlinie allenfalls dann zum nationalen ordre pubilc gerechnet werden, wenn ansonsten das europarechtliche Frustrationsverbot verletzt würde.[65]

Funktional betrachtet können demnach Rechtssätze drittstaatlicher Rechtsordnungen ebenso wie solche 14 anderer EU-Mitgliedstaaten im Wege der ordre-public-Kontrolle abgewehrt werden, wenn sie gegen wesentliche Grundsätze des Unionsrechts verstoßen. Dabei kann der Inlandsbezug als Kriterium der ordre-public-Prüfung grundsätzlich auch durch einen Binnenmarktbezug oder einen Bezug zu einem anderen Mitgliedstaat der EU ersetzt werden (vgl. dazu näher → Rn. 41).[66]

Dogmatisch unrichtig ist dagegen die Umkehrung des Art. 6 S. 1 dergestalt, dass deutsche Gerichte auch nationales deutsches Recht am europäischen Recht zu messen hätten.[67] Ein Verstoß des deutschen Rechts gegen vorrangiges Unionsrecht führt schon nach allgemeinen Grundsätzen zur Nichtanwendung der betreffenden nationalen Norm. Ob ein solcher Verstoß vorliegt, ist durch eine (europarechtskonforme) Auslegung der jeweiligen deutschen Sachnormen einschließlich des Kollisionsrechts zu ermitteln. Lässt sich ein europarechtskonformes Ergebnis durch Auslegung oder Rechtsfortbildung nicht erzielen, so bleibt die deutsche (Kollisions-)Norm unangewendet.[68]

Besteht der Verstoß gegen den europarechtlich überformten ordre public darin, dass ein anderer Mitgliedstaat eine **Richtlinie nicht (fristgerecht) oder unionsrechtswidrig umgesetzt** hat, so ist streitig, ob das Unionsrecht im Wege des ordre public zur Anwendung gebracht werden darf oder gar muss.[69] Das Problem entfällt freilich, wenn eine richtlinienkonforme Auslegung bzw. Rechtsfortbildung des fremden Rechts möglich ist; in diesem Fall hat der deutsche Richter die lex causae in gleicher Weise unionsrechtskonform anzuwenden, wie dies auch ein Gericht des betreffenden Mitgliedstaats tun müsste. Außerdem stellt sich die Frage nur dann, wenn die nicht (richtig) umgesetzten Richtlinienbestimmungen überhaupt wesentliche Rechtsgrundsätze iSd Art. 6 EGBGB enthalten.[70] Ein Teil der Lehre erblickt in der Richtlinienwidrigkeit des anwendbaren mitgliedstaatlichen Rechts einen Verstoß gegen den nationalen ordre public und befürwortet eine Durchsetzung der unionsrechtlichen Wertungen.[71] Gegen diese Auffassung spricht allerdings, dass sie eine vom Unionsrecht nicht anerkannte horizontale Drittwirkung der Richtlinie erzwingt.[72] Die in dem einen Mitgliedstaat nicht (richtig) umgesetzte Richtlinie würde nämlich in dem anderen Mitgliedstaat über den Umweg der ordre-public-Kontrolle doch Wirkungen auf die Beziehungen zwischen den Bürgern entfalten.

Im Verhältnis der Mitgliedstaaten untereinander tritt die ordre-public-Kontrolle im Prozess der Rechtsangleichung freilich insgesamt eher zurück.[73]

---

64 Die Umsetzungsverpflichtung als solche genügt grundsätzlich noch nicht. Dem steht das prinzipielle Vorwirkungsverbot des Richtlinienrechts entgegen. Jedenfalls mit der Umsetzung gehört die Richtlinie dagegen zum wertungsmäßigen Bestand der innerstaatlichen Ordnung. In diesem Sinne auch *Looschelders*, IPR, EGBGB Art. 6 Rn. 15; Erman/*Hohloch* EGBGB Art. 6 Rn. 23; MüKoBGB/*v. Hein* EGBGB Art. 6 Rn. 162.

65 Näher dazu MüKoBGB/*v. Hein* EGBGB Art. 6 Rn. 165.

66 MüKoBGB/*v. Hein* EGBGB Art. 6 Rn. 193 mwN; vorsichtig bejahend für Rechtsgebiete, die mit der europäischen Integration zusammenhängen, Staudinger/*Voltz* EGBGB Art. 6 Rn. 160; abl., weil de lege lata keine Rechtsgrundlage besteht, BeckOK BGB/*Lorenz* EGBGB Art. 6 Rn. 16.

67 Das LG Aachen IPRax 2008, 270 (271) lässt § 18 Abs. 1 HGB (Unterscheidungskraft einer Firmenbezeichnung) für die inländische Zweigniederlassung einer englischen Limited nach Maßgabe des Art. 6 S. 1 EGBGB unangewendet. Krit. *Lamsa* IPRax 2008, 239 (246).

68 Vgl. zum (kollisionsrechtlichen) Anerkennungsprinzip nach der Entscheidung EuGH 14.10.2008 –

C-353/06 – Grunkin-Paul = NJW 2009, 135, Anm. *Rieck* (125); ähnlich OLG München StAZ 2010, 76; vgl. auch OLG Düsseldorf StAZ 2010, 110, Anm. *Wall* StAZ 2011, 37 ff. (Lsg. über eine unselbständige Vorfragenanknüpfung).

69 Bezogen auf die Durchsetzung der Pflichten aus der EMRK wird dies einhellig bejaht; vgl. Staudinger/*Voltz* EGBGB Art. 6 Rn. 85 mwN.

70 Vgl. *Staudinger* RIW 2000, 416 (417) (Verbraucherschutzrecht kann nicht allg. als grundlegende Wertung angesehen werden).

71 *Basedow* FS Hans Jürgen Sonnenberger 2004, S. 291, 307; Brödermann/*Iversen/Iversen*, IPR, Rn. 1052, 1063; wohl auch *Kropholler*, IPR, § 36 III 2 c, S. 250.

72 *Martiny* FS Hans Jürgen Sonnenberger 2004, S. 523, 538; MüKoBGB/*v. Hein* EGBGB Art. 6 Rn. 163.

73 Im Anerkennungsrecht ist die Abschaffung der ordre-public-Kontrolle erwogen worden, vgl. zust. *Heß* IPRax 2001, 301 (305). Sie ist allg. bereits in das Rechtsmittelverfahren verschoben worden (vgl. Art. 46 EuGVVO); zu den Gründen und ihren Vorteilen *Stein* IPRax 2004, 181 (182 ff.); zust. *Hüßtege* FS Erik Jayme 2004, S. 371, 385; für eine generelle Abschaffung noch zu früh, *Pfeiffer* FS Erik Jayme 2004, S. 675, 690.

16 **5. Innerdeutscher ordre public.** Solange im Verhältnis zur früheren DDR ein interlokales Kollisionsrecht existierte, gab es aus beiderlei Sicht (jeweils) auch einen **innerdeutschen ordre public**. Die insoweit bejahte Notwendigkeit einer analogen Anwendung des Art. 6 in Bezug auf Regeln des DDR-Rechts ist mit dem Einigungsvertrag entfallen.[74] Soweit früheres DDR-Recht intertemporal noch zur Anwendung berufen wird, ist es unter Berücksichtigung des mit der Wiedervereinigung eingetretenen Wertewandels und im Übrigen nun unmittelbar am Maßstab des Grundgesetzes zu messen.[75] Das nimmt eine entsprechende Anwendung des Art. 6 gleichsam vorweg und steht im Ergebnis einer ordre-public-Kontrolle zumindest nahe.[76]

III. Formen der ordre-public-Kontrolle

17 **1. Allgemeine, spezielle, unionsrechtliche und staatsvertragliche ordre-public-Klausel.** Neben der allgemeinen Bestimmung in Art. 6 enthält das EGBGB auch Vorbehaltsklauseln für einzelne Rechtsgebiete oder Rechtsfragen, mit denen spezifische Wertungen des eigenen Rechts durchgesetzt werden sollen. Man spricht hier von **speziellen Vorbehaltsklauseln**, wie bspw. Art. 13 Abs. 2 (Abwehr von Hindernissen bei der Eheschließung), Art. 13 Abs. 3 (Abwehr der Ehemündigkeit von unter 18-Jährigen), Art. 40 Abs. 3 (Kappung übermäßiger und Ausschluss zweckverfremdeter Schadensersatzansprüche),[77] nicht aber Art. 17 Abs. 4 S. 2 EGBGB (Durchführung eines Versorgungsausgleichs).[78] Für das Eingreifen der speziellen ordre-public-Klausel stellt das Gesetz eigenständige, vor Art. 6 unabhängige Tatbestandsvoraussetzungen auf. Gleichwohl kann die Auslegung der jeweiligen Norm ergeben, dass hiernach ebenfalls eine offensichtliche Unvereinbarkeit mit wesentlichen Grundsätzen des deutschen Rechts sowie ein hinreichender Inlandsbezug erforderlich ist.[79] Auf Rechtsfolgenseite der speziellen Vorbehaltsklauseln ist idR ausdrücklich die ersatzweise Anwendung des deutschen Rechts vorgesehen. Sind die tatbestandlichen Voraussetzungen der speziellen Vorbehaltsklauseln nicht erfüllt, so kann grundsätzlich auf die allgemeine Vorbehaltsklausel des Art. 6 zurückgegriffen werden, weil die besonderen Schutzklauseln nach dem Willen des Gesetzgebers nur einen verstärkenden Schutz sicherstellen wollen.[80] Nur ausnahmsweise ist ein Rückgriff auf Art. 6 wegen des Spezialitätsgrundsatzes gesperrt. So richtet sich bspw. die Abwehr der Ehemündigkeit von unter 18-jährigen ausschließlich nach Art. 13 Abs. 3 EGBGB; eine Anwendung von Art. 6 kommt daneben nicht in Betracht. Ferner wird Art. 6 durch die in ihrem Anwendungsbereich vorrangigen allgemeinen Vorbehaltsklauseln des Unions- oder Völkervertragsrechts verdrängt (→ Rn. 18).

18 Allgemeine **Vorbehaltsklauseln in Staatsverträgen** gehen Art. 6 aufgrund der Vorrangregel des Art. 3 Nr. 2 vor. Fehlt eine entsprechende staatsvertragliche Vorbehaltsklausel, so muss durch Auslegung des Staatsvertrages zunächst geklärt werden, ob durch den Staatsvertrag nationale Vorbehalte ausgeschlossen werden sollten, oder ob ein Rückgriff auf inländische Wertungen über Art. 6 zulässig ist.[81] Art. 8 Abs. 3 S. 2 des deutsch-iranischen Niederlassungsabkommens vom 17.12.1929[82] lässt eine Anwendung des Art. 6 zu.[83] Selbst bei Fehlen eines staatsvertraglichen Vorbehalts kann der Rückgriff auf Art. 6 aufgrund der völkervertraglichen Bindung ausgeschlossen sein.[84] Die Frage des Verhältnisses stellt sich auch im Verfahrensrecht,

---

74   BGHZ 127, 195, 204; 127, 297, 309; zust. MüKo-BGB/*Sonnenberger*, 4. Aufl. 2006, EGBGB Art. 6 Rn. 41.
75   BGHZ 117, 135, 138: verfassungskonforme Auslegung; BGHZ 124, 270, 277: Korrektur nach elementaren Rechtsprinzipien wie den guten Sitten und Treu und Glauben.
76   BGHZ 127, 195, 204 f. Damit bleiben Vorschriften und Auslegungskriterien, die spezifische Wertungen des totalitären Systems zum Ausdruck bringen, unberücksichtigt, vgl. Staudinger/*Voltz* EGBGB Art. 6 Rn. 103; Erman/*Hohloch* EGBGB Art. 6 Rn. 25.
77   *Kropholler*, IPR, § 36 VIII, S. 259; *Kropholler/v. Hein* FS Hans Stoll 2001, S. 553 ff.
78   BGH FamRZ 2005, 1666 (1667) = NJW-RR 2005, 1449 f.; OLG Frankfurt aM FamRZ 2011, 1065; MüKoBGB/*v. Hein* EGBGB Art. 6 Rn. 56.
79   Näher dazu MüKoBGB/*v. Hein* EGBGB Art. 6 Rn. 60 ff., 64 ff.
80   MüKoBGB/*v. Hein* EGBGB Art. 6 Rn. 69; vgl. auch *Jayme*, Methoden S. 23 f. im Anschluss an *Ferid*, IPR, 3. Aufl. 1986, S. 3–30.

81   *Kropholler*, IPR, § 36 VI, S. 256 f.
82   RGBl II 1930 S. 1006; das Abkommen erfasst ua die Fragen der Geschäftsfähigkeit, Volljährigkeit, Vormundschaft, Pflegschaft, Entmündigung, Ehe, Erbfolge. Text abgedruckt bei *Jayme/Hausmann*, Nr. 22 mit Fn. 2.
83   BGHZ 160, 332 = IPRax 2005, 346 (349); BGH NJW-RR 2005, 1449 (1450) Rn. 9; OLG Düsseldorf NJW-RR 2009, 732 (733); OLG Hamburg FamRZ 2015, 1232 (1233); OLG München NJW-RR 2012, 1096; AG Hamburg-St. Georg BeckRS 2015, 09778.
84   Das wird etwa angenommen für den deutsch-amerikanischen Freundschafts-, Handels- und Schifffahrtsvertrag v. 29.10.1954 (BGBl. 1956 II, S. 488), vgl. *Rehm* JZ 2005, 304 (306); *Stürner* IPRax 2005, 305 (307). Der Rückgriff auf Art. 6 ist dagegen zulässig bei Verstößen gegen Devisenbestimmungen im Rahmen des IWF-Übereinkommens von Bretton-Woods, vgl. *Schefold* IPRax 2007, 313 (317); Staudinger/*Voltz* EGBGB Art. 6 Rn. 40.

so etwa im Hinblick auf den speziellen Vorbehalt nach Art. 13 Abs. 1 Haager Zustellungsübereinkommens (HZÜ).[85]

Der Vorrang des **Unionsrechts** wird in Art. 3 Nr. 1 nur deklaratorisch klargestellt,[86] er folgt aus dem Europarecht selbst. Die allgemeinen ordre public-Klauseln in den EU-Verordnungen[87] (Art. 21 Rom I-VO, 26 Rom II-VO, 12 Rom III-VO, 15 EuUntVO iVm 13 HUntProt, 35 EuErbVO, 31 EuGüVO/EuPartVO) gehen Art. 6 vor und sind abschließend. In der Sache nehmen sie aber die öffentliche Ordnung des Forums in Bezug und damit den ordre public des jeweiligen Mitgliedstaats („ordre public des Staates des angerufenen Gerichts"). Diese nationale Konzeption des ordre public belässt den mitgliedstaatlichen Gerichten die Möglichkeit, eigene Standards zur Geltung zu bringen und dadurch in den kritischen *ordre-public*-Fällen eine europäische Rechtsentwicklung anzustoßen oder kritisch zu begleiten. Das EU-Recht einschließlich der GR-Charta ist allerdings Bestandteil des mitgliedstaatlichen Rechts und fließt in die nationale Maßstabbildung ein (→ Rn. 13).[88] Aufgrund der Rückbeziehung des *ordre-public*-Vorbehalts auf den nationalen Rechtsstand kann auf die Konkretisierungen des ordre public nach Maßgabe des **Art. 6** zurückgegriffen werden, ohne diese Vorschrift selbst anzuwenden. Nur die wesentlichen Rechtsgrundsätze und Grundrechte, deren Verletzung in Rede steht, sind der lex fori zu entnehmen. Der EuGH besitzt allerdings die Kompetenz, den *rechtlichen Rahmen* festzulegen, innerhalb dessen der nationale ordre public zur Geltung gebracht werden darf.[89] Dabei können sich Schranken insbesondere aus dem primären Unionsrecht, wie etwa aus den EU-Grundrechten und -freiheiten ergeben (vgl. auch ErwG 25 S. 2 Rom III-VO, ErwG 58 S. 2 EuErbVO). Liegt der fragliche Verstoß gegen den ordre public in der Verletzung von Unionsrecht, so prüft der EuGH ausnahmsweise auch den Inhalt des ordre public, namentlich die Frage, ob es sich um einen wesentlichen Rechtssatz des Unionsrechts handelt.[90] Ebenso wie Art. 6 setzen auch die Vorbehaltsklauseln in den EU-Verordnungen einen hinreichenden **Inlandsbezug** voraus.[91] Unstreitig fallen die Grundrechte der inländischen Verfassung unter die national zu bestimmenden wesentlichen Grundsätze.[92] Insoweit gelten die zu Art. 6 EGBGB entwickelten Grundsätze.[93]

2. Kollisionsrechtliche und anerkennungsrechtliche ordre-public-Kontrolle. Art. 6 bezieht sich auf   **19** die Anwendung des ausländischen Rechts, auf das die Kollisionsnormen des EGBGB verweisen. Dieser kollisionsrechtlichen Kontrolle durch den Erst- bzw. Urteilsstaat steht der **anerkennungsrechtliche ordre public** gegenüber, der die Anerkennung und Vollstreckung ausländischer Entscheidungen durch das Zweitgericht im Inland unter Vorbehalt stellt (etwa §§ 328 Abs. 1 Nr. 4, 723 Abs. 2 S. 2 ZPO, 108 Nr. 4 FamFG sowie Art. 45 Abs. 1 lit. a), 46 EuVVO).[94] Bei der zweitstaatlichen Anerkennung ist die ausländische Entscheidung des Erststaats sowohl in verfahrensrechtlicher (rechtliches Gehör, Vertretung im Verfahren, Unabhängigkeit des Gerichts usw) als auch materiellrechtlicher Hinsicht auf ihre Vereinbarkeit mit inländischen Rechtswertungen zu überprüfen. In diesem Sinne wird im Internationalen Zivilverfahrensrecht zwischen dem **verfahrensrechtlichen** und dem **materiellrechtlichen** ordre public unterschieden. Die Maß-

85   BVerfG IPRax 2009, 249 u. 253, dazu *Rogler* IPRax 2009, 223 (225 ff.); vgl. auch BVerfG NJW 2013, 990. Beispielhaft für den im Vergleich zu Art. 6 EGBGB engeren Maßstab, KG Berlin 25.10.2012 – 1 VA 11/12, BeckRS 2012, 25092.

86   BeckOGK/*Schulze* EGBGB Art. 3 Rn. 55 (narrative Norm).

87   Eingehend zum ordre public im Europäischen IPR *Stürner* in Arnold, Grundfragen des Europäischen Kollisionsrechts, S. 87 ff.

88   *Leible* RIW 2009, 257 (263). Zum anerkennungsrechtlichen ordre public EuGH 11.5.2000 – C-38/98, Slg 2000, I-2973 Rn. 32 – Renault; EuGH 16.7.2015 – C-681/13, EU:C:2015:471 Rn. 48 – Diageo Brands.

89   Namentlich im Verhältnis zum Recht anderer Mitgliedstaaten, vgl. zur Urteilsanerkennung EuGH 28.3.2000 – C-7/98, Slg 2000, I-1935 Rn. 22 f. – Krombach; EuGH 11.5.2000 – C-38/98, Slg 2000, I-2973 Rn. 27 f. – Renault; EuGH 6.9.2012 – C-619/10, IPRax 2013, 427 Rn. 49; EuGH 16.7.2015 – C-681/13, EU:C:2015:471 Rn. 42 – Diageo Brands. Zur Übertragbarkeit dieser Rechtsprechung auf das Kollisionsrecht MüKoBGB/*v. Hein* EGBGB Art. 6 Rn. 27, 170.

90   EuGH 16.7.2015 – C-681/13, EU:C:2015:471 Rn. 49 ff. – Diageo Brands; *Schulze* IPRax 2016, 234 (235).

91   MüKoBGB/*v. Hein* EGBGB Art. 6 Rn. 31; *Siehr* FS Bernd v. Hoffmann 2011, S. 424 ff.; *Stürner* FS Bernd v. Hoffmann 2011, S. 463, 480 f.

92   *Helms* IPRax 2017, 153; MüKoBGB/*v. Hein* EGBGB Art. 6 Rn. 29.

93   Ebenso *Staudinger* in Gebauer/Wiedmann, Kap. 38 Rn. 104 f.

94   Soweit das Exequaturverfahren im Rechtsraum der Union abgeschafft wurde, entfällt grundsätzlich die vorgeschaltete ordre public-Kontrolle. So sind mitgliedstaatliche Entscheidungen gemäß Art. 36 Abs. 1 EuGVVO ohne besonderes Verfahren anzuerkennen und nach Art. 39 EuGVVO vollstreckbar. Zur Abschaffung des Exequaturverfahrens durch die Neufassung der EuGVVO *Domej* RabelsZ 78 (2014), 508, 510 ff.; *Hau* MDR 2014, 1417; *M. Pohl* IPRax 2013, 109 (112 ff.); *R. Wagner/M. Beckmann* RIW 2011, 44 ff. Es bleibt jedoch möglich, eine Versagung der Anerkennung (Art. 45 EuGVVO) oder Vollstreckung (Art. 46 EuGVVO) zu beantragen. In diesem Fall ist weiterhin zu prüfen, ob die Anerkennung bzw. Vollstreckung dem ordre public des Anerkennungs- bzw. Vollstreckungsstaates offensichtlich widerspricht, Art. 45 Abs. 1 lit. a EuGVVO.

stäbe für die materiellrechtliche ordre-public-Kontrolle sind mit denen des Art. 6 praktisch identisch.[95] Dennoch nimmt die hM für die Zwecke der Anerkennung bzw. Vollstreckung eine andere Gewichtung vor und entwickelt eine eigenständige Begrifflichkeit (ordre public atténué bzw. gleichbedeutend ordre public international) (→ Rn. 11).[96] Eigenständig ist dagegen der verfahrensrechtliche ordre public, der auf eklatante Verfahrensverstöße beschränkt ist.[97] Besondere Bedeutung für die Konkretisierung des verfahrensrechtlichen ordre public entfaltet erneut der **unionsrechtliche** (und menschenrechtliche) **Einfluss** auf das nationale Recht.[98]

20 Diese Grundsätze gelten der Sache nach ebenso für den **schiedsverfahrensrechtlichen ordre public** bei der Anerkennung in-[99] und ausländischer Schiedssprüche (§§ 1059 Abs. 2 Nr. 2 Buchst. b, 1060 Abs. 2 S. 1 ZPO sowie § 1061 Abs. 1 ZPO iVm Art. V Abs. 2 lit. b des New Yorker Übereinkommens über die Anerkennung und Vollstreckung ausländischer Schiedssprüche vom 10.6.1958).[100]

21 **3. Beachtung eines ausländischen (fremden) ordre public.** Art. 6 schützt ausdrücklich allein den deutschen ordre public. Ein ausländischer ordre public wird grundsätzlich nicht berücksichtigt.[101] Der ordre-public-Vorbehalt einer ausländischen Rechtsordnung (ausländischer oder fremder ordre public) ist nach hM aber ausnahmsweise beachtlich, wenn er nach dem Grundsatz der kollisionsrechtlichen Gesamtverweisung (Art. 4 Abs. 1 S. 1) in den Verweisungsvorgang integriert ist.[102] Als kollisionsrechtliche Regelung der berufenen Rechtsordnung gehört er zu deren Anwendung dazu (→ Rn. 27).[103] Die Beachtung der ausländischen Vorbehaltsklausel durch die deutschen Gerichte dient dem internationalen Entscheidungseinklang. Wird die Verweisung angenommen, so ist der fremde ordre-public-Vorbehalt freilich funktionslos. Bedeutung erlangen kann der Vorbehalt nur, wenn das berufene Kollisionsrecht eine **Rück-**[104] oder **Weiterverweisung**[105] ausspricht und das anzuwendende, zweitberufene Recht aus der Sicht des erstberufenen Rechts zu einem anstößigen Ergebnis führt. Decken sich die inländischen Wertungen mit denen des erstberufenen Rechts, so ist es sachgerecht, auf den ordre public des erstberufenen Rechts abzustellen und dessen Sachnormen zur Lückenfüllung heranzuziehen, weil dies zur Anwendung des nach eigener kollisionsrechtlicher Wertung richtigen fremden Sachrechts führt. Die Anwendung der lex fori wäre in einem solchen Fall reines Heimwärtsstreben.[106]

22 Verletzt das Anwendungsergebnis der (zweitberufenen) lex causae die **Wertungen des** (erstberufenen) **weiterverweisenden Rechts**, nicht aber die eigenen, so ist die Beachtung des fremden ordre public gleichfalls zu befürworten, sofern dies nicht zu einem Verstoß gegen den eigenen ordre public führt.[107] Verweist das erstberufene Recht auf die deutsche Rechtsordnung zurück (renvoi), so kann es geboten sein, das eigene

95 Vgl. etwa OLGR Hamburg 2009, 184, 186 (Anerkennung eines italienischen Zahlungsurteils über eine Entschädigung bei Verleumdung mit Mitteln der Presse).

96 Hierfür spricht, dass die Entscheidung bereits Rechtswirkungen im Erststaat erlangt hat. Sie schafft ein fait accompli. Die Nichtanerkennung würde zu hinkenden Rechtsverhältnissen führen. Auch ist der Inlandsbezug der res iudicata meist schwächer, vgl. Zöller/*Geimer* ZPO § 328 Rn. 243; MüKoBGB/*v. Hein* EGBGB Art. 6 Rn. 101 ff.

97 Vgl. BGH NJW 2009, 3306 (3308) (Vaterschaftsfeststellung und Unterhaltspflicht aufgrund eines Zeugnisses vom Hörensagen durch ein englisches Gericht); BGH NJW 2010, 153 (154) (Gehörsverletzung durch Ausschluss des beklagten Unterhaltsschuldners wegen Missachtung des Gerichts (contempt of court)).

98 Vgl. *Heß* IPRax 2001, 301 (305 f.); *Matscher* IPRax 2001, 428 (430 ff.); *Junker* FS Hans Jürgen Sonnenberger 2004, S. 418, 421 ff.; zum menschenrechtlichen Standard *Schilling* IPRax 2011, 31 ff.

99 Speziell zur ordre public Prüfung bei inländischen Schiedssprüchen vgl. *Baumert* SchiedsVZ 2014, 139.

100 BGH NJW 2014, 1597 (1598) Rn. 4 ff.; BGH SchiedsVZ 2014, 151 (153) Rn. 29; *Marx*, S. 70 ff.; vgl. *Spickhoff* IPRax 2006, 522 (523); LG München SchiedsVZ 2014, 100 (Fall Pechstein) mAnm *Schulze* SpuRt 2014, 139 (140 f.) Zu einem kartell-

rechtlichen Schiedsspruch nach europäischen Grundsätzen vgl. *Kasolowsky/Steup* IPRax 2011, 96 ff.

101 MüKoBGB/*v. Hein* EGBGB Art. 6 Rn. 74.

102 RGZ 132, 416, 418; OLG Karlsruhe IPRspr. 1970, Nr. 83 = FamRZ 1970, 251; OLG Frankfurt aM NJW 1990, 2204 (2205); *Kegel/Schurig*, § 10 VI, S. 409; *Kropholler*, IPR, § 36 VII, S. 258 f.; MüKoBGB/*v. Hein* EGBGB Art. 6 Rn. 77; Palandt/*Thorn* EGBGB Art. 6 Rn. 8; aA BeckOK BGB/*Lorenz* EGBGB Art. 6 Rn. 19; *ders.* FS Reinhold Geimer 2002, S. 555 ff.

103 Das ist zu trennen von der ebenso zu bejahenden Frage, ob das ausländische Kollisionsrecht gegen den inländischen ordre public verstoßen kann und wie in diesen Fällen das Ersatzrecht zu bilden ist, vgl. dazu *Gebauer* FS Erik Jayme 2004, S. 413, 414 ff.

104 Vgl. OLG Karlsruhe IPRspr. 1970, Nr. 83 = FamRZ 1970, 251 (Verstoß des deutschen Rechts gegen algerischen ordre public bei Legitimation durch nachfolgende Eheschließung. IE wurde dies wegen Verstoßes gegen den eigenen ordre public verneint).

105 Vgl. RGZ 132, 416, 418; OLG Frankfurt aM NJW 1990, 2204 (2205).

106 *Gebauer* FS Jayme 2004, S. 413, 421.

107 *Gebauer* FS Jayme 2004, S. 413, 423; *Kegel/Schurig*, § 10 VI, S. 409; *Kropholler*, IPR, § 36 VII, S. 258 f.; Staudinger/*Voltz* EGBGB Art. 6 Rn. 106 ff.; Palandt/*Thorn* EGBGB Art. 6 Rn. 8; MüKoBGB/*v. Hein* EGBGB Art. 6 Rn. 81.

Recht unter Beachtung der fremden Wertung zu korrigieren.[108] Die fremde Sachnorm, die der ausländische ordre public ersatzweise beruft, verstößt in diesen Fällen allerdings regelmäßig gegen die von Art. 6 geschützten inländischen Gerechtigkeitsvorstellungen, so dass sie unbeachtet bleibt und der Rückverweisung zu folgen ist.[109]

Der ordre public eines Drittstaates, dessen (Kollisions-)Recht kein Glied in der Verweisungskette bildet, ist nicht zu beachten.[110] Für eine ordre-public-Kontrolle gibt es hier weder praktischen Bedarf noch einen dogmatischen Ansatzpunkt. Soweit sach- oder kollisionsrechtliche Wertungen des drittstaatlichen Rechts Geltung beanspruchen, kommt deren Berücksichtigung auf materiellrechtlicher Ebene als faktische Rechtslage (sog. Datum) in Betracht. Die Anwendung drittstaatlichen Eingriffsrechts im Wege der Sonderanknüpfung scheidet dagegen regelmäßig aus (→ Rn. 9). **23**

Eine Beachtung des ausländischen ordre public ergibt sich ferner im Bereich des internationalen Zuständigkeitsrechts. Soweit nicht die EheVO 2003 vorrangig zu beachten ist, macht **§ 98 Abs. 1 Nr. 4 FamFG** die internationale Zuständigkeit deutscher Gerichte in Ehesachen von einer positiven Anerkennungsprognose abhängig, wenn nur einer der ausländischen Ehegatten seinen gewöhnlichen Aufenthalt im Inland hat. Hier wird der anerkennungsrechtliche ordre public[111] der jeweiligen Heimatstaaten der Ehegatten in die eigene Zuständigkeitsprüfung integriert. **24**

B. Regelungsgehalt

I. Voraussetzungen für einen ordre-public-Verstoß

1. Ausländische Rechtsnorm und Kontrolle des Anwendungsergebnisses. Ansatzpunkt der ordre-public-Kontrolle ist die Anwendung einer ausländischen Rechtsnorm, wie sie sich aus dem internationalprivatrechtlichen Verweisungssystem ergibt. Dies setzt die kollisionsrechtliche Bestimmung der anzuwendenden Rechtsordnung und die sachrechtliche Lösung der aufgeworfenen Rechtsfrage voraus. Daher ist zunächst das anwendbare ausländische Recht nach den hierfür maßgebenden verfahrensrechtlichen Grundsätzen zu ermitteln.[112] Eine ordre-public-Prüfung ist aber ganz ausgeschlossen, soweit ein deutsches Gericht zur Überprüfung hoheitlicher Maßnahmen eines anderen Staates nach Maßgabe seiner Gesetze in seinem Hoheitsgebiet angerufen wird. Der Überprüfung der ausländischen Maßnahmen insgesamt und damit auch der Anwendung von Art. 6 steht die Staatenimmunität entgegen.[113] **25**

Das eigene Kollisionsrecht muss das Gericht nach dem Grundsatz „iura novit curia" kennen, das fremde Recht muss es von Amts wegen feststellen.[114] Ein ordre-public-Verstoß **auf Verdacht** ist unzulässig.[115] Bei **Nichtermittelbarkeit** des berufenen Rechts folgt dessen Nichtanwendung und die Ersatzrechtsbestimmung nicht aus Art. 6, sondern aus den von Rechtsprechung und Lehre hierfür eigens entwickelten Grundsätzen (grundsätzlich Anwendung der lex fori).[116] Bei Unklarheiten und Normwidersprüchen im fremden Recht sind diese im Wege der Anpassung zu beseitigen. Die Anpassung hat Vorrang gegenüber der ordre-public-Kontrolle.[117]

---

108 Souveränitäts- und Zumutbarkeitsbedenken sind nicht berechtigt, vgl. zutr. *Gebauer* FS Erik Jayme 2004, S. 413, 426; aA *Lorenz* FS Geimer 2002, S. 555, 563 f. (führt zu einer falschen Anwendung des deutschen Rechts).

109 MüKoBGB/*v. Hein* EGBGB Art. 6 Rn. 81; *Looschelders*, IPR, EGBGB Art. 6 Rn. 14.

110 *Kropholler*, IPR, § 36 VII, S. 258; anders dagegen *Brüning*, S. 283 ff., 285.

111 Nicht dagegen der materiellrechtliche ordre public, vgl. Staudinger/*Voltz* EGBGB Art. 6 Rn. 109.

112 BGH NJW 1997, 1697 (1700); MüKoBGB/*v. Hein* EGBGB Art. 6 Rn. 118.

113 OLG Schleswig 4.12.2014 – 5 U 89/14, IPRspr. 2014, Nr. 163 = ZIP 2015, 1253 Rn. 90 f.

114 BGH NJW 2002, 3335; 1998, 1395, 1396; 1997, 324, 325; vgl. eingehend Staudinger/*Looschelders*, Einl. zum IPR Rn. 1285 ff.; zur Ermittlung nach Maßgabe des § 293 ZPO, vgl. Zöller/*Geimer* ZPO § 293 Rn. 1 ff.; zum revisionsrechtlichen Kontrollumfang vgl. *Pfeiffer* NJW 2002, 3306 ff.

115 BGH SchiedsVZ 2014, 151 (153) Rn. 48; BeckOK BGB/*Lorenz* EGBGB Art. 6 Rn. 13; MüKoBGB/*v. Hein* EGBGB Art. 6 Rn. 118; Palandt/*Thorn* EGBGB Art. 6 Rn. 5; *Spickhoff*, S. 79.

116 Staudinger/*Looschelders*, Einl. zum IPR Rn. 231 ff. mwN; Staudinger/*Voltz* EGBGB Art. 6 Rn. 121.

117 Staudinger/*Voltz* EGBGB Art. 6 Rn. 71, 122; Palandt/ *Thorn* EGBGB Art. 6 Rn. 5; *Looschelders*, IPR, EGBGB Art. 6 Rn. 12; *ders.* FS v. Hoffmann 2011, S. 266, 267.

26   **a) Ausländische Rechtsnorm.** Kontrolliert wird das Ergebnis der Anwendung staatlicher[118] Rechtsnormen. Dazu gehören das geschriebene und ungeschriebene ausländische Recht sowie die allgemeinen Rechtsgrundsätze, wie sie in dem fremden Staat angewendet werden. Umfasst werden in Fällen einer Gesamtverweisung daher **auch die ausländischen Kollisionsnormen**, die von der inländischen Verweisungsnorm berufen sind (Art. 4 Abs. 1 S. 1). Die festzustellende Unvereinbarkeit kann sich sowohl auf eine konkrete ausländische Rechtsnorm beziehen als auch auf das Fehlen einer solchen Norm, die im deutschen Recht vorhanden ist.[119]

27   Streitig ist, ob die Befolgung einer anstößigen ausländischen Kollisionsnorm (etwa eine nach Art. 3 Abs. 2 GG gleichheitswidrige Rück- oder Weiterverweisung)[120] bereits ein ordre-public-widriges Anwendungsergebnis darstellt oder ob sich die Anstößigkeit erst aus dem sachrechtlichen Gesamtergebnis ergeben kann (so die hM).[121] Überzeugender ist es, auf das **Anwendungsergebnis der Kollisionsnorm** abzustellen und nicht erst auf das Ergebnis des danach anzuwendenden Sachrechts. Im Falle einer gleichheitswidrigen Anknüpfung werden wesentliche Grundsätze des deutschen Kollisionsrechts verletzt, nicht dagegen solche des materiellen Rechts. Auch wenn der Gleichheitssatz in beiden Segmenten des inländischen Rechts Geltung beansprucht, so ist es doch die **kollisionsrechtliche Ungleichbehandlung**, die hier in Rede steht und sich in der Anwendung einer bestimmten Rechtsordnung manifestiert. Es ist daher nur konsequent auf das Ergebnis des Verweisungsbefehls (die gleichheitswidrige Berufung einer Rechtsordnung) zu schauen und nicht auf das sachrechtliche Anwendungsergebnis. Damit wird weder abstrakt jede diskriminierende Verweisung als ordre-public-Verstoß eingeordnet,[122] noch das ausländische Kollisionsrecht einer nicht zulässigen Grundrechtsbindung[123] unterworfen. Maßgebend ist vielmehr, ob die Befolgung des Verweisungsbefehls aus Sicht des deutschen Kollisionsrechts nicht mehr hinnehmbar erscheint, weil keine persönliche Verbindung zu der berufenen Rechtsordnung besteht und daher auch eine (hypothetische) Ersatzanknüpfung nicht zu demselben Anwendungsergebnis führen könnte.[124]

28   **b) Kontrolle des Anwendungsergebnisses (Auswirkungsregel).** Das Ergebnis der Rechtsanwendung ist auf seine Vereinbarkeit mit den inländischen Rechtswertungen zu überprüfen. Maßgebend ist nicht, ob die ausländische Rechtsnorm und die ihr zugrunde liegenden Wertungen für sich gesehen anstößig sind (keine „abstrakte Normenkontrolle"), sondern ob deren fallbezogene Anwendung zu einem Ergebnis führt, welches offensichtlich gegen wesentliche Grundsätze des deutschen Rechts verstößt (Auswirkungsregel). Hierzu ist eine **zweistufige Analyse** – zunächst über die Anstößigkeit der berufenen ausländischen Rechtsnorm (oder über das Fehlen einer Regelung im fremden Recht)[125] und sodann über die daraus folgende Anstößigkeit ihres Ergebnisses im konkreten Fall – einer reinen Ergebnisschau vorzuziehen. Das zweistufige Modell zwingt zu einer präziseren Fundierung des Eingriffs.[126] Außerdem erweisen sich die bloßen Rechtsanwendungsergebnisse nicht selten als wertungsmäßig indifferent.

29   Ein **Verstoß** auf erster Ebene (anstößige Wertung der ausländischen Rechtsnorm) bleibt danach **unbeachtlich, wenn er im Ergebnis nicht wirksam** wird, sei es, weil das deutsche Recht zu demselben[127] oder einem ähnlichen und damit noch hinnehmbaren Ergebnis führen würde, sei es, weil das anstößige fremde Recht den partiellen Rechtsverstoß an anderer Stelle im Ergebnis kompensiert.[128] So ist bspw. die Bevorzugung des Vaters im iranischen Sorgerecht hinzunehmen, wenn die väterliche Sorge im konkreten Fall dem

---

118 Nicht erfasst werden Normen, die etwa der lex mercatoria zugerechnet werden, oder andere nichtstaatliche Rechtsregeln (zB UNIDROIT-Principles). Für sie gilt das kollisionsrechtliche Anknüpfungssystem grundsätzlich nicht (ebenso nicht für verbandsrechtliche Regelwerke wie die FIS-Regeln des internationalen Skiverbandes, dazu OLG Hamm NJW-RR 2001, 1537 (1538) oder OLG Karlsruhe NJW-RR 2004, 1257: Rechtsnormqualität von Wettsegelbestimmungen). Einbezogen sind die nichtstaatlichen Normen aber, soweit die lex causae ihre Einbeziehung erlaubt; vgl. *W.H. Roth*, Zur Wählbarkeit nichtstaatlichen Rechts FS Erik Jayme 2004, S. 757, 768 ff. (befürwortet eine weiter gehende Öffnung); ebenso *Brödermann* RIW 2004, 721 (726 f.).

119 OLG Schleswig-Holstein FamRZ 2008, 1104 (1105) Rn. 32; MüKoBGB/*v. Hein* EGBGB Art. 6 Rn. 120, 237 ff.

120 *Raape/Sturm*, IPR, Bd. 1, S. 221 ff.; vgl. auch *Kropholler*, IPR, § 24 II 2, S. 171 (Korrektur über Art. 4 Abs. 1 S. 1: keine Gesamtverweisung wegen Widerspruchs gegen den Sinn der Verweisung).

121 *Lorenz*, Mélanges Fritz Sturm 1999, Bd. II, S. 1559, 1570 f.; BeckOK BGB/*ders.*, Einl. IPR Rn. 23 sowie Art. 6 EGBGB Rn. 12; zust. *v. Bar/Mankowski*, IPR I, § 7 Rn. 276; Erman/*Hohloch* EGBGB Art. 6 Rn. 20, 24; Staudinger/*Voltz* EGBGB Art. 6 Rn. 123; MüKoBGB/*v. Hein* EGBGB Art. 6 Rn. 125; Palandt/*Thorn* EGBGB Art. 6 Rn. 5, 7.

122 So *Raape/Sturm*, IPR, Bd. 1, S. 221.

123 Vgl. *Looschelders* RabelsZ 65 (2001) S. 463, 478, 490.

124 *Gebauer* FS Jayme 2004, S. 413, 420 f.; vgl. auch *Kropholler*, IPR, § 24 II 2, S. 171.

125 MüKoBGB/*v. Hein* EGBGB Art. 6 Rn. 120, 237 ff.

126 *Spickhoff*, S. 79 f.; *Dörner* IPRax 1994, 33 (35 f.); *ders.* FS Sandrock 2000, S. 205, 213 f.; zustimmend *v. Bar/Mankowski*, IPR I, § 7 Rn. 266 Fn. 1128; *Looschelders* IPRax 2009, 246 (247).

127 BVerfG NJW 2008, 2835 (2836) (bewusst wahrheitswidrig abgegebenes Vaterschaftsanerkenntnis nach togolesischem Recht).

128 BeckOK BGB/*Lorenz* EGBGB Art. 6 Rn. 10; MüKoBGB/*v. Hein* EGBGB Art. 6 Rn. 119.

Kindeswohl besser entspricht.[129] Das Adoptionsverbot des islamischen Rechts ist unschädlich, wenn ein Ersatzinstitut wie die Kafala (Schutzzusage) im konkreten Fall eine für das Kind förderliche Betreuung (ähnlich wie in einer Pflegefamilie) ermöglicht und dies dem Wohl des Kindes und der Entwicklung seiner kulturellen Identität besser entspricht als eine inländische Adoption.[130] Das einseitige Verstoßungsrecht des Mannes (talaq) begründet keinen ordre-public-Verstoß, wenn die Frau darin eingewilligt hat oder die Scheidung auch nach deutschem Recht verlangt werden könnte.[131] Dasselbe gilt, wenn eine anstößige erbrechtliche Schlechterstellung durch einen güterrechtlichen Ausgleich oder einen Unterhaltsanspruch gegen die Erben im einheitlich berufenen fremden Recht ausgeglichen wird, so dass im konkreten Ergebnis die partielle Anstößigkeit beseitigt ist.[132] Zu berücksichtigen ist dabei ferner, ob der Erblasser gerade auf diese Schlechterstellung abzielte und im Hinblick auf die Rechtslage nach dem Erbstatut auf eine letztwillige Verfügung verzichtete. Das Anwendungsergebnis ist dann im Hinblick auf die Testierfreiheit des Erblassers schutzwürdig und kann nicht als ordre-public-widrig eingestuft werden. Voraussetzung ist aber, dass sich der Erblasser konkrete Vorstellungen über die Erbfolge gemacht hat.[133]

Das Ergebnis einer Rechtsanwendung ist für sich genommen zumeist wertneutral und kann daher nicht   **30**
gegen wesentliche Grundsätze des deutschen Rechts verstoßen. Als ein rechtlich generiertes Faktum (im Wege der fallbezogenen Rechtsanwendung) ist das Ergebnis aber nur mit Rücksicht auf die zugrundeliegenden Wertungen der angewendeten Normen zu verstehen.[134] Art. 6 soll demnach verhindern, dass sich die anstößige Wertung einer ausländischen Rechtsnorm in der konkreten Rechtsanwendung realisiert. In Fällen einer nicht anstößigen Normaussage beruht ein schon für sich genommen anstößiges Ergebnis idR auf Friktionen, die durch das kollisionsrechtliche Verweisungssystem erst erzeugt worden sind. Insoweit ist Art. 6 nicht anwendbar.[135] Vielmehr sind solche Friktionen durch **Anpassung des ausländischen Rechts** (Angleichung) aufzulösen.[136]

Ausländische Rechtsnormen, die zwar für sich genommen noch hinnehmbare Verstöße gegen wesentliche   **31**
inländische Rechtgrundsätze erzeugen, aber in ihrer Summe ein insgesamt nicht mehr akzeptables Gesamtergebnis generieren, werden ebenfalls von Art. 6 ausgeschlossen. Auch im Anerkennungsrecht wird die **Kumulierung von ordre-public-Verstößen** befürwortet, weil die teilweise Nichtanerkennung (Teilanerkennung)[137] meist keine Lösung bietet.[138] Übertragen auf das Kollisionsrecht kann folglich eine Häufung von minderen Verstößen in einer Gesamtbetrachtung zur Bejahung eines ordre public-Verstoßes nach Art. 6 führen.[139]

2. Verstoß gegen wesentliche Grundsätze des deutschen Rechts (S. 1). Art. 6 ist eine **eng auszule-**   **32**
gende Ausnahmevorschrift. Voraussetzung ist die offensichtliche Unvereinbarkeit mit wesentlichen Grundsätzen des deutschen Rechts. In ständiger Rechtsprechung konkretisiert der BGH den Kontrolltatbestand mit der Fragestellung, „ob das Ergebnis der Anwendung des ausländischen Rechts zu den Grundgedanken

129 BGH NJW-RR 1993, 962 (963).
130 OLG Karlsruhe FamRZ 1998, 56 (57); vgl. dazu
     Jayme IPRax 1999, 49 f.u. IPRax 1996, 237 (238);
     Mankowski IPRax 2004, 282 (288).
131 BGH IPRax 2005, 346 (350); OLG Köln FamRZ
     2002, 166; BayObLGZ 1998, 109; OLG Hamm
     IPRax 1995, 174 (175); zust. *Andrae* FamRZ 2007,
     1730 (1721 f.); dagegen aber OLG Stuttgart IPRax
     2000, 427 ff.; zust. *Looschelders* IPRax 2006, 462 (463);
     BeckOK BGB/*Lorenz/Wall* EGBGB Art. 25 Rn. 61;
     Staudinger/*Dörner* EGBGB Art. 25 Rn. 717; krit.
     MüKoBGB/*Dutta* EuErbVO Art. 35 Rn. 9.
132 OLG Düsseldorf IPRax 2009, 520 (521) zust.
     Looschelders IPRax 2009, 505 (506 f.).
133 Allgemeine Vorstellungen dahin, dass nach dem
     anwendbaren Erbstatut „schon alles in Ordnung
     geht", genügen nicht, OLG Düsseldorf IPRax 2009,
     520 (521) zust. *Looschelders* IPRax 2009, 505 (506);
     KG Berlin IPRax 2009, 263 zust. *Looschelders*
     IPRax 2009, 246 (248 f.); *ders.* FS v. Hoffmann
     2011, S. 266, 276; OLG Hamm IPRax 2006, 481
     (486 f.); zust. *Looschelders* IPRax 2006, 462 (463);
     BeckOK BGB/*Lorenz/Wall* EGBGB Art. 25 Rn. 61;
     Staudinger/*Dörner* EGBGB Art. 25 Rn. 717; krit.
     MüKoBGB/*Dutta* EuErbVO Art. 35 Rn. 9.
134 Ähnlich *Dörner* IPRax 1994, 33 (35).
135 Für eine Anwendung des Art. 6 auch bei reinen Ergebnis-
     verstößen aber Staudinger/*Voltz* EGBGB Art. 6
     Rn. 126 unter Hinweis auf RGZ 150, 283 (Rechts-
     schutzlosigkeit wegen wesenseigener Unzuständig-

     keit für einen Ausspruch über die Trennung von
     Tisch und Bett); ebenso BeckOK BGB/*Lorenz*
     EGBGB Art. 6 Rn. 10; differenzierend MüKoBGB/*v.
     Hein* EGBGB Art. 6 Rn. 121, der nicht hinnehmbare
     Ergebnisse „im Falle einer mittelbaren Diskriminie-
     rung im konkreten Einzelfall" für möglich hält.
136 *Looschelders*, IPR, EGBGB Art. 6 Rn. 12; *ders.* FS
     v. Hoffmann 2011, S. 266, 267 f; *Spickhoff*, S. 80.
137 Teilbarkeit ist insbes. bei Leistungsurteilen in Geld
     möglich. Art. 40 Abs. 3 Nr. 1 und 2 sieht dies für das
     internationale Deliktsrecht vor. Zur Teilanerkennung
     im Vollstreckungsverfahren in Bezug auf punitive
     damages vgl. BGHZ 118, 312, 330; Zöller/*Geimer*
     ZPO § 328 Rn. 250.
138 Hier aber wegen der Unteilbarkeit von Verfahrens-
     verstößen, *Schütze* FS Geimer 2002, S. 1025,
     1039 ff.; gegen die Zulässigkeit der Kumulierung
     Herrmann, S. 274 ff.
139 Vgl. zu einer Art Zwangsheirat AG Offenbach StAZ
     2011, 155 f. (Handschuhehe einer 16-jährigen Mus-
     lima). Die Ehefähigkeit mit Eintritt der Pubertät nach
     muslimischem Recht verbunden mit einer Stellvertre-
     tung in der Person bei der Eheschließung sowie die
     Auswahl des Ehegatten durch die Eltern der Braut
     führte insgesamt zu einem Verstoß gegen den ordre
     public.

der deutschen Regelung und der in ihnen liegenden Gerechtigkeitsvorstellungen in so starkem Widerspruch steht, dass es von uns für untragbar gehalten wird".[140]

33 **a) Wesentlicher Grundsatz des deutschen Rechts.** Die ordre-public-Kontrolle setzt bei der Bewertung und Analyse des eigenen Rechts an. Der Kontrollmaßstab ist nach der vorgenannten Formel des BGH an den Grundgedanken und Gerechtigkeitsvorstellungen des deutschen Rechts auszurichten, die den einzelnen inländischen Sach- oder Kollisionsnormen zugrunde liegen. Betroffen sein muss ein Rechtsgrundsatz, der sich entweder aus dem **Zweck** des betroffenen Gesetzes ergibt, in Generalklauseln manifestiert oder aus vorrechtlichen Wertmaßstäben wie den **guten Sitten oder Treu und Glauben** folgt.[141] Bei den verfassungsrechtlich verankerten Grundrechten handelt es sich stets um wesentliche Rechtsgrundsätze (S. 2). Abdingbare Vorschriften sind dagegen idR nicht als Bestandteil des ordre public einzuordnen.[142]

34 Die **Wesentlichkeit** eines Grundsatzes wird ausgehend von der reichsgerichtlichen Rechtsprechung[143] und den Gesetzesmaterialien[144] verbreitet dramatisierend umschrieben. Der „Kernbestand der inländischen Rechtsordnung" darf danach nicht „angetastet" werden oder die Rechtsanwendung darf nicht zu einer „schwerwiegende[n], untragbare[n] und tiefgreifende[n] Abweichung von inländischen Grundsatznormen" führen.[145] Das Pathos zeigt an, dass dogmatische Kriterien zur Bestimmung eines wesentlichen Rechtsgrundsatzes weitgehend fehlen. Jedenfalls muss der Begründungsaufwand gesteigert werden,[146] um den ordre-public-Verstoß gegenüber der im Grundsatz akzeptierten Differenz unterscheidbar zu halten.

35 Ein deutliches Indiz gegen die Wesentlichkeit eines inländischen Rechtssatzes ist dessen rechtspolitische Erschütterung im Inland[147] und erst recht, wie etwa beim Börsentermineinwand, dessen zwischenzeitliche Aufgabe.[148] Ein **Anschauungswandel** kann umgekehrt durch rechtspolitische Verstärkungen beeinflusst sein, die den einfachen Rechtssatz sukzessive zu einem Grundsatz aufwerten. Zweifelhaft ist aber, ob dies doktrinär vorgegeben werden kann, so etwa im Hinblick auf die Abschaffung der Legitimation (→ EGBGB Art. 21 Rn. 1) oder der Entmündigung im Inland (→ EGBGB Art. 7 Rn. 26). Diese gesetzgeberischen Entscheidungen dürften – auch zur Vermeidung von Glaubwürdigkeitsverlusten – erst nach längerer Zeit und unter Abstützung rechtsvergleichender Standards zum „unantastbaren Kernbestand" gehören. Anerkannt ist, dass zum Kernbestand inländischer Rechtswertungen gleichermaßen europäische oder internationale (völkerrechtliche) Standards zählen und in die Konkretisierung einfließen.[149] Sie zu bilden und fallbezogen zu konkretisieren, bereitet zwar ggf. Schwierigkeiten, ist aber im Anwendungsbereich des ordre public ein rechtsstaatliches Gebot.

36 **b) Offensichtliche Unvereinbarkeit (Relativität des ordre public).** Die Toleranzgrenzen für die Abweichung von inländischen Grundwerten sind weit gezogen. Sie sind erst dann überschritten, wenn die Unvereinbarkeit sowohl in räumlicher als auch zeitlicher Beziehung (Relativität des ordre public) offensichtlich ist. Darin zeigt sich der Ausnahmecharakter des ordre-public-Vorbehalts. Er wird auf spezifisch kollisionsrechtliche Weise nach Kriterien der räumlichen Verbundenheit des Sachverhalts mit dem Inland unter Berücksichtigung hier eintretender Folgen der Entscheidung (Stärke der Inlandsbeziehung) umgesetzt.

37 **aa) Offensichtlichkeit des Verstoßes (Schwere).** Das Merkmal der Offensichtlichkeit meint die materiellrechtliche Evidenz des Verstoßes im Sinne von Schwere („manifestement"), nicht dagegen die leichte

---

140 BGHZ 50, 370, 376; 75, 32, 43; 104, 240, 243; 123, 268, 270; BGH IPRax 2001, 586 (587).

141 In Fortsetzung der früheren Dichotomie des Art. 30 aF, der auf den Zweck des betroffenen Gesetzes und die guten Sitten abstellte; vgl. *Looschelders*, IPR, EGBGB Art. 6 Rn. 13. Der Unterschied gegenüber den sachrechtlichen Vorschriften der §§ 138, 242 BGB ergibt sich aus der räumlichen Relativität (s. unten Rn. 38); ebenso *Völker*, S. 162. Beispielhaft OLG Schleswig-Holstein FamRZ 2008, 1104 (1105) Rn. 38.

142 MüKoBGB/*v. Hein* EGBGB Art. 6 Rn. 135.

143 St. Rspr. des RG, beginnend RGZ 60, 296, 300 bis RGZ 169, 240, 245, und des frühen BGH (BGHZ 22, 162, 167; 28, 375, 384 f.; 35, 329, 337). Die Gerichte stellten auf die rechtliche und gesellschaftliche Integrität des Gemeinwesens ab und sprachen von einem Angriff auf die Grundlagen des deutschen staatlichen oder wirtschaftlichen Lebens; vgl. krit. *Raape/Sturm*, IPR, Bd. 1, S. 211. Auch obergerichtliche Urteile neueren Datums verfolgen noch einen staatsautori-

ren Begründungsansatz, vgl. OLG Bremen NJW-RR 1996, 1029 (1030); BayObLGZ 1993, 222 (223).

144 Begründung des Regierungsentwurfs BT-Drs. 10/504, S. 43.

145 Staudinger/*Voltz* EGBGB Art. 6 Rn. 136 mwN; das OLG Schleswig-Holstein FamRZ 2008, 1104 (1105) Rn. 38 verlangt die „Grundwertehaltigkeit" der verletzten Norm.

146 *Jayme*, Methoden, S. 12.

147 *Jayme*, Methoden, S. 59 f. (zur erbrechtlichen Stellung des Lebensgefährten im deutschen Recht und ihrer sukzessiven Veränderung durch die Rspr.; hier die Gewährung des Dreißigsten nach § 1931 Abs. 1 BGB analog); vgl. desgleichen zu den gewandelten Überzeugungen im Zusammenhang mit Börsentermingeschäften, *Schwark* FS Sandrock 2000, S. 881, 885 ff.; *Fischer* IPRax 1999, 450 ff.

148 BGH NJW-RR 2005, 1071 (1073) (Börsentermineinwand nach § 764 BGB aF, §§ 52 ff. BörsG aF).

149 BeckOK BGB/*Lorenz* EGBGB Art. 6 Rn. 14; MüKoBGB/*v. Hein* EGBGB Art. 6 Rn. 144 ff., 153 ff.

Erkennbarkeit des Rechtsverstoßes (beweisrechtliches Evidenzkriterium).[150] Der ordre-public-Vorbehalt ist damit auf besonders schwere Verstöße beschränkt.[151] Das Anwendungsergebnis des ausländischen Rechts muss aus der Perspektive der inländischen Rechtsvorstellungen „schlechthin untragbar[152]" sein („nicht hinnehmbarer Widerspruch", „krasser Unterschied",[153] „besonders krasser Verstoß"). In der Sache wird auch insoweit ein gesteigerter Begründungsaufwand gefordert.[154] Ein Ansatzpunkt ist dabei der Sinn und Zweck der ausländischen Rechtsnorm. Auf der Grundlage einer funktionalen Betrachtung können im Inland prinzipiell auch unbekannte Rechtsfiguren – wie etwa die Morgengabe des islamischen Rechts[155] oder das französische besitzlose Registerpfandrecht[156] – akzeptiert werden. Daneben kann der Verankerung des ausländischen Rechtssatzes in seinem originären Geltungsbereich indizielle Bedeutung zukommen. So lässt sich eine Anwendung von Art. 6 leichter rechtfertigen, wenn die anstößige Norm in der ausländischen Rechtsordnung selbst rechtspolitisch umstritten (erschüttert) und einem Anschauungswandel unterworfen oder sogar bereits aufgegeben worden ist.[157] Ermöglicht ein solcher Wandel bereits innerhalb der lex causae eine entsprechende (restriktive oder erweiternde) Auslegung oder Fortbildung des ausländischen Rechtssatzes, so ist der Wertungswiderspruch freilich auf diesem Wege und nicht über Art. 6 zu beseitigen. Bei noch nicht entschiedenen Fallgestaltungen darf das ausländische Recht fortentwickelt werden.[158] Das Reichsgericht hat darüber hinaus ein Hinwegsetzen über ausländische höchstrichterliche Entscheidungen ausdrücklich gebilligt.[159] Demgegenüber hat der Bundesgerichtshof zur **Rechtsfortbildung ausländischen Rechts** durch inländische Gerichte bislang nicht explizit Stellung genommen. Aus der zwischenstaatlichen Dimension folgt ein (völkerrechtliches) Gebot besonderer Zurückhaltung.[160] Diese Einschränkung ist für die unionsrechtskonforme Auslegung fremden mitgliedstaatlichen Rechts aber schon deshalb gelockert, weil das Unionsrecht in allen Mitgliedstaaten Anwendungsvorrang genießt.[161] Ob sich das auch auf die EMRK und deren Vertragsstaaten erweitern lässt, und sich fremdes Recht damit auch menschenrechtskonform fortbilden lässt,[162] ist eine noch offene Frage.

Auch ein entgegenstehender rechtsvergleichender oder internationaler Standard kann die Akzeptanz des fremden Rechtssatzes schwächen.[163]

bb) Hinreichender Inlandsbezug (räumliche Nähe). Die Vereinbarkeit des fremden Rechts mit den eigenen wesentlichen Rechtsgrundsätzen hängt maßgeblich von dem **ungeschriebenen Tatbestandsmerkmal** der **Inlandsbeziehung** des Sachverhalts ab. Die Intensität der Inlandsbeziehung und die Schwere des Rechtsverstoßes bilden ein bewegliches System.[164] Je geringer die Inlandsbeziehung, desto eher ist ein Rechtsverstoß noch hinnehmbar. Je stärker der Inlandsbezug ist, desto eher begründet er die Unvereinbarkeit. Gleiches gilt in umgekehrter Richtung: Je schwerer der Rechtsverstoß, desto geringer sind die Anfor-   **38**

150 Das Merkmal der Offensichtlichkeit wurde übernommen von dem Europäischen Vertragsrechtsübereinkommen, Art. 16 EVÜ; vgl. *Kegel/Schurig* § 16 III 3, S. 529.

151 BeckOK BGB/*Lorenz* EGBGB Art. 6 Rn. 14.

152 So die in st. Rspr. vom BGH gebrauchte Formel, s. BGHZ 123, 268, 270.

153 *Jayme*, Methoden, S. 33.

154 *Jayme*, Methoden, S. 33.

155 BGH JZ 2010, 733 Anm. *Wurmnest* (736); BGH IPRax 1988, 109 (110) (Brautgabe mit vereinbarter Fälligkeit für den Zeitpunkt der Verstoßung), Anm. *Heßler* IPRax 1988, 95 ff.

156 BGHZ 39, 173, 180 (funktionale Entsprechung im Sicherungseigentum); vgl. *Rakob*, Ausländische Mobiliarsicherungsrechte im Inland, S. 38 ff.

157 KG Berlin FamRZ 2011, 1008 (das Fiskuserbrecht für Erben 4. Grades (Cousins u. Cousinen) war nach dem Erbfall abgeschafft worden), krit. zur Nichtbeachtung der Abschaffung der stark eingeschränkten Verwandtenerbfolge in Russland *Schulze/Stieglmeier* IPRax 2013, 245 (246).

158 Das ist eine Frage nach der Methode der Fremdrechtsanwendung und ihren Grenzen. S. auch *Zöller/Geimer* ZPO § 293 Rn. 26, der die Kompetenz zur Rechtsfortbildung aber auf diesen Fall beschränkt: „Der deutsche Richter darf nicht auf dem Umweg über die ‚Fortentwicklung' dem ausländi-

schen Recht den ‚deutschen Geist' einhauchen." Ebenso MüKoZPO/*Prütting* ZPO § 293 Rn. 58: Vorgehen im Geiste der ausländischen Rechtsordnung.

159 RGZ 126, 196 (202): „Der Berufungsrichter habe „das Recht für sich in Anspruch genommen, sie [Verf.: die einschlägige Rechtsprechung des OGH] bei Ermittlung und Auslegung des österreichischen Rechts nach dem Gewicht ihrer Begründungen zu würdigen. Ihr zu folgen war er nicht verpflichtet."

160 Vgl. Wieczorek/Schütze/*Schütze* ZPO § 293 Rn. 38 f. Jedenfalls sind die entsprechenden Entscheidungen ausländischer Gerichte grundsätzlich als vorrangig anzuerkennen, *Schack*, IZVR, Rn. 705; einschränkend *Jansen/Michaels* ZZP 116 (2003), 3 (42 f.).

161 *Gebauer* in Jayme, Kulturelle Identität und Internationales Privatrecht, 2003, 187, 199 f., der eine Rechtsfortbildung der lex causae erlaubt, wenn eine durch den EuGH festgestellte Inkonformität mit EU-Recht besteht.

162 Bejahend *Schulze* SpuRt 2014, 139 (141); näher *Becker* FS Martiny 2014, 619, 627 ff.

163 *Jayme*, Methoden, S. 44 ff.; 49 ff. Ein rechtsvergleichender Standard ist durch entsprechende Analysen und nach dem Fallmaterial zu Art. 6 zu gewinnen, ein internationaler Standard dagegen aus international vereinheitlichten Rechtssätzen oder sonstigen internationalen Regeln.

164 Ebenso MüKoBGB/*v. Hein* EGBGB Art. 6 Rn. 263.

derungen an den Inlandsbezug.[165] Feste Regeln für diesen Abwägungsprozess lassen sich aber nicht angeben.[166]

39 Zur Bestimmung der Inlandsbeziehung kommen grundsätzlich sämtliche Sachverhaltsmomente in Betracht, die eine sinnvolle Verknüpfung mit dem Inland herstellen. Im Vordergrund stehen die **deutsche Staatsangehörigkeit** und der (gewöhnliche) **Inlandsaufenthalt** eines oder mehrerer Beteiligter.[167] Daneben können die inländische Vermögensbelegenheit,[168] der inländische Unternehmenssitz, der Ort einer Handlung, der Zahlungsort usw einbezogen werden.[169] In einem weiteren Schritt sind die relevanten Elemente zu bewerten und zu gewichten. Die deutsche Staatsangehörigkeit und der Inlandsaufenthalt haben besonderes Gewicht. Zu berücksichtigen ist ferner auch die **qualitative und quantitative Intensität des jeweiligen Inlandsbezuges**. So kann etwa der Grad der Assimilierung zugewanderter Ausländer zu berücksichtigen sein, ihre noch – oder nicht mehr – bestehende kulturelle Verbundenheit zu ihrem Heimatstaat durch Religion, Pflege von Brauchtum, die tatsächliche Aufenthaltsdauer im Inland[170] usw. Auch die Auswirkungen, die das Eingreifen des ordre public für die Beteiligten (etwa Kinder) im Inland haben würde, können berücksichtigt werden.[171]

40 Eine eher theoretische Frage ist es, ob in bestimmten Fällen (zB bei schwersten Menschenrechtsverletzungen) auf das Merkmal der Inlandsbeziehung verzichtet werden kann, etwa weil eine Pflicht zu ihrer Durchsetzung unabhängig von einer einfachgesetzlich bestimmten Inlandsbeziehung besteht. Ganz ohne Inlandsbeziehung tritt die Rechtfrage nach einem Verstoß gegen den inländischen ordre public allerdings nicht auf. Eine bestehende internationale Zuständigkeit deutscher Gerichte vermittelt stets den erforderlichen minimum contact.[172] Aber auch die Grund- oder Menschenrechte verlangen nach Durchsetzung nur im Falle einer räumlichen Beziehung zum Inland, wobei die Anforderungen an die räumliche Nähe bei Menschenrechten geringer anzusetzen sind (→ Rn. 51). Diese Geltungsbeschränkung folgt allerdings nicht aus S. 2, der als untergesetzliches Recht die Geltung der Grundrechte nicht beschränken könnte, sondern unmittelbar aus den jeweiligen Grund- und Menschenrechten selbst (sog. Grundrechtskollisionsrecht; vgl. dazu näher → Rn. 48).[173]

41 Der **Bezug des Sachverhalts zu einem EU-Mitgliedstaat** oder ein sonstiger EU-Binnenbezug (vermittelt etwa durch die Entscheidungsfolgen) können genügen und damit einen fehlenden Inlandsbezug des Sachverhalts ersetzen oder einen schwachen Bezug verstärken.[174] Der verletzte Rechtsgrundsatz muss aber auf innerstaatlich geltendem europäischem Recht beruhen, wozu auch die nationalen Umsetzungsvorschriften zählen. Der Unionsbezug vermittelt den Geltungsanspruch der verletzten unionsrechtlichen Grundsätze allein auf der Ebene der ordre-public-Kontrolle. Die betroffene Sachnorm erlangt hingegen nur indirekt (negative Ausschlusswirkung des fremden Rechts), ergebnisabhängig und subsidiär Geltung.

42 Für eine direkte Durchsetzung einer deutschen Vorschrift kommt vorrangig eine sachnormbezogene Sonderanknüpfung als Eingriffsnorm in Betracht. Liegen die Voraussetzungen hierfür nicht vor, etwa weil die Vorschrift keinen überwiegend ordnungspolitischen Gehalt aufweist (→ Rn. 6), so ist zunächst eine Anknüpfung durch eine besondere einseitige Kollisionsnorm in Betracht zu ziehen. Ein Beispiel dafür bildet Art. 46 b für das Umsetzungsrecht der Verbraucherschutzrichtlinien. Hier genügt der gesetzlich näher ausge-

165 Die beiden Variablen werden meist in einem Komparativsatz miteinander verbunden: Je geringer die Inlandsbeziehung, desto schwerere Verstöße sind hinnehmbar, vgl. BGHZ 28, 375, 385; 118, 312, 349; *Looschelders*, IPR, EGBGB Art. 6 Rn. 18.

166 KG Berlin FamRZ 2011, 1008 (1009), krit. zur Annahme fehlenden Inlandsbezugs *Schulze/Stieglmeier* IPRax 2013, 245 (246); OLG Schleswig-Holstein FamRZ 2008, 1104 (1107), OLGR Hamburg 2005, 448.

167 Vgl. BT-Dr 10/504, S. 43.

168 KG Berlin FamRZ 2011, 1008 (1009) (verneint aber hinreichenden Inlandsbezug bei alleiniger Belegenheit einer Kontoforderung im Inland).

169 AllgM, MüKoBGB/*v. Hein* EGBGB Art. 6 Rn. 186; BeckOK BGB/*Lorenz* EGBGB Art. 6 Rn. 16.

170 Zurückhaltend für Grundrechtsverstöße BVerfGE 116, 243 = NJW 2007, 900 (903), das eine hinreichende Inlandsbeziehung allein für den Fall verneint, dass der Betreffende nur deshalb nach Deutschland einreist, um einen Antrag §§ 1, 8 TSG zu stellen, den ihm sein Heimatrecht versagt.

171 So hat der BGH bei der Frage, ob ein italienisches Legitimationshindernis gegen den deutschen ordre

public verstößt, die nachteiligen Auswirkungen für die im Inland lebenden Kinder berücksichtigt und einen Verstoß aus diesem Grund bejaht, vgl. BGHZ 50, 370, 378; dazu *Jayme*, Methoden, S. 47.

172 Die bloße Befassung eines deutschen Gerichts oder einer Behörde mit dem Sachverhalt genügt insofern. Anders aber, soweit die Befassung nur die Zuständigkeitsprüfung des Gerichts und damit die Zulässigkeit der Klage betrifft. Ebenso BeckOK BGB/*Lorenz* EGBGB Art. 6 Rn. 16 (bei besonders krassen Verstößen ist die internationale Zuständigkeit ausreichend); iE ebenso Staudinger/*Voltz* EGBGB Art. 6 Rn. 79, 157 (bei völkerrechtlichen Verstößen); MüKoBGB/*v. Hein* EGBGB Art. 6 Rn. 197 ff. („Einschränkungen bei universal geltenden Menschenrechten").

173 *V. Bar/Mankowski*, IPR I, § 7 Rn. 261; BeckOK BGB/*Lorenz* EGBGB Art. 6 Rn. 15.

174 MüKoBGB/*v. Hein* EGBGB Art. 6 Rn. 193; Staudinger/*Voltz* EGBGB Art. 6 Rn. 160; *Siehr* FS Bernd v. Hoffmann 2011, S. 424, 430 ff. (auch Bezug zu EMRK-Vertragsstaaten genügt); abl. de lege lata BeckOK BGB/*Lorenz* EGBGB Art. 6 Rn. 16.

staltete Bezug zu einem Mitgliedstaat der EU oder des EWR. Kommt auch eine analoge Anwendung dieser Vorschrift nicht in Betracht (→ Rn. 8), so ist letztlich Art. 6 einschlägig. Dabei ist einschränkend zu berücksichtigen, dass nicht die einfache Rechtsverletzung, sondern die Unvereinbarkeit mit einem wesentlichen Grundsatz des Unionsrechts festgestellt werden muss.[175] Die Frage steht damit insgesamt im Zusammenhang mit der Herausbildung eines eigenständigen europäischen ordre public (→ Rn. 14).

cc) Gegenwartsbeziehung (zeitliche Nähe). Neben der räumlichen ist zudem die **zeitliche Relativität** **43** des ordre public zu beachten. Im Laufe der Zeit können sich die maßgeblichen inländischen Wertvorstellungen wandeln. Was früher noch als anstößig galt, mag von der Rechtsordnung heute toleriert, wenn nicht sogar ausdrücklich anerkannt sein (zB Leihmutterschaft,[176] gleichgeschlechtliche Ehe), oder umgekehrt (zB Minderjährigenehe). Insofern stellt sich zunächst die Frage, welcher Zeitpunkt für die Bestimmung der inländischen Rechtswertungen und deren Verletzung maßgeblich ist. Die ganz hM stellt auf das Hier und Jetzt, dh auf den Zeitpunkt der gerichtlichen Entscheidung ab,[177] nicht dagegen auf den Zeitpunkt, zu dem sich der infrage stehende Sachverhalt ereignet hat. Zwischenzeitlich überholte Wertungen können somit über Art. 6 nicht noch rückwirkend zur Geltung gebracht werden. Die gewandelten Grundanschauungen der Gegenwart setzen sich durch. Eine Ausnahme von diesem Grundsatz macht der BGH aus Gründen der Rechtssicherheit allerdings bei der Beurteilung der Gültigkeit von Rechtsgeschäften (insbesondere Verfügungsgeschäften).[178] Hier soll es allein auf die Vereinbarkeit mit dem ordre public im Zeitpunkt der Vornahme des Rechtsgeschäfts ankommen. Nach anderer Ansicht ist dagegen erneut der Zeitpunkt der gerichtlichen Entscheidung maßgeblich;[179] eine Verletzung des ordre public könne aber am fehlenden Gegenwärtigkeitsbezug des Sachverhalts (→ Rn. 44) scheitern.

Mittels des ordre-public-Vorbehalts darf freilich nicht rückwirkend und unbesehen in Rechtsverhältnisse **44** eingegriffen werden, die im Ausland bereits vor längerer Zeit rechtswirksam begründet oder beseitigt worden sind. Handelt es sich um einen in der Vergangenheit liegenden, abgeschlossenen Sachverhalt, so kommt eine Anwendung von Art. 6 nur dann in Betracht, wenn der damalige Verstoß gegen den ordre public in der Gegenwart noch hinreichend fortwirkt. Ansonsten ist der Rechtssicherheit und dem Vertrauensschutz der Beteiligten Vorrang einzuräumen. So ist etwa bei der Beurteilung einer bereits lange zurückliegenden ausländischen Ehescheidung oder beim Eigentumserwerb von Kunstgegenständen im Ausland trotz gegebener Anstößigkeit mit einer Korrektur durch den ordre public Zurückhaltung geboten.[180] Je geringer der Gegenwartsbezug ausfällt, desto eklatanter muss der Rechtsverstoß sein, und umgekehrt.[181]

Mitunter wird schließlich danach unterschieden, ob die anstößigen Normen dem Hauptfragestatut oder **45** lediglich dem **Vorfragestatut** entstammen (sog. sachliche Relativität).[182] Da Art. 6 auf das (Gesamt-)Ergebnis der Rechtsanwendung abstellt, wird teilweise eine isolierte ordre-public-Kontrolle der Vorfragenbeurteilung abgelehnt und auf das Anwendungsergebnis in der Hauptfrage geschaut.[183] So wird ein ordre-public-Verstoß bspw. verneint, wenn der gewährte Anspruch auf Ehegattenunterhalt (Hauptfrage) auf einer im Ausland zulässig geschlossenen polygamen Ehe (Vorfrage) beruht. Gleiches gilt im Falle einer polygamen Zeitehe.[184] Bei genauerer Betrachtung beruht die gebotene Zurückhaltung bei der ordre-public-Kontrolle der polygamen Ehe in diesen Fällen jedoch nicht darauf, dass es sich formal um eine bloße Vorfrage handelt. Ein (isolierter) ordre-public-Verstoß ist hier vielmehr deshalb abzulehnen, weil die in der Vergangenheit liegende Eingehung einer polygame Ehe im Ausland einen schwächeren Inlands- und Gegenwartsbezug aufweist. Im Inland lässt sich eine polygame Ehe dagegen nicht schließen; insoweit begründet der starke Inlands- und Gegenwartsbezug einen ordre-public-Verstoß.

3. Verstoß gegen Grundrechte (S. 2). Nach S. 2 ist eine ausländische Rechtsnorm insbesondere dann **46** nicht anzuwenden, wenn ihre Anwendung mit den Grundrechten unvereinbar ist. Es hätte keiner ausdrücklichen Hervorhebung bedurft, dass die Grundrechte zu den wesentlichen Grundsätzen des deutschen Rechts gehören. Klargestellt hat der Gesetzgeber damit aber, dass die Grundrechtsprüfung im Rahmen der ordre-

---

175 Bedeutung erlangen könnte hier auch der in Art. 38 EU Grundrechte-Charta (GR-Ch) niedergelegte Grundsatz der Förderung der Rechte der Verbraucher und die Verpflichtung zu einem hohen Verbraucherschutzniveau. Zur rechtlichen Aufwertung der früheren Aufgabenzuweisung zu einem Verbrauchergrundrecht, vgl. *Mörsdorf* JZ 2010, 759 (763 ff.).

176 Zur Vereinbarkeit mit dem (anerkennungsrechtlichen) ordre public BGHZ 203, 350 = NJW 2015, 479.

177 BGHZ 138, 331, 335; BGH NJW-RR 1993, 1519; *Looschelders* EGBGB Art. 6 Rn. 20; BeckOK BGB/ *Lorenz* EGBGB Art. 6 Rn. 14; MüKoBGB/*v. Hein*

EGBGB Art. 6 Rn. 204; Soergel/*Kegel* EGBGB Art. 6 Rn. 29.

178 BGHZ 147, 178, 185; BGH NJW-RR 2005, 1071 (1073).

179 BeckOGK/*Stürner* EGBGB Art. 6 Rn. 274; *Kegel/ Schurig* § 16 V, S. 537.

180 MüKoBGB/*v. Hein* EGBGB Art. 6 Rn. 206 (Minderjährigenehe, aus der eine langjährige echte Paarbeziehung entstanden ist).

181 Staudinger/*Voltz* EGBGB Art. 6 Rn. 165; MüKoBGB/*v. Hein* EGBGB Art. 6 Rn. 206.

182 Vgl. Staudinger/*Voltz* EGBGB Art. 6 Rn. 166.

183 Vgl. Staudinger/*Voltz* EGBGB Art. 6 Rn. 166.

184 *Schulze* StAZ 2009, 197 (202 ff.).

public-Kontrolle zu erfolgen hat.[185] Bei Grundrechtsverstößen ist folglich ebenso auf das Ergebnis der Rechtsanwendung abzustellen und nicht eine Überprüfung der ausländischen Rechtsnorm am Maßstab der Grundrechte durchzuführen.[186] Ferner ist grundsätzlich ebenso ein hinreichender Inlands- und Gegenwartsbezug erforderlich. Damit findet die im „**Spanier-Beschluss**" des BVerfG ausgesprochene Grundrechtsbindung bei der Anwendung des Kollisionsrechts und des berufenen fremden Rechts gesetzliche Anerkennung.[187]

Das Gebot der Grundrechtskonformität greift aber auch für die (selbstständigen) Kollisionsnormen. Das ist aus deutscher Sicht mit dem Spanier-Beschluss ebenfalls festgestellt worden und findet seine Fortsetzung in der Rechtsprechung des EuGH und des EGMR.[188]

47 S. 2 stellt auf die (einfache) Unvereinbarkeit mit den Grundrechten ab. Das qualifizierende Merkmal „offensichtlich" fehlt. Darin liegt zunächst die Klarstellung, dass jede Unvereinbarkeit mit den Grundrechten als offensichtlich (im Sinne von schwerwiegend, → Rn. 37) einzustufen ist.[189] Darüber hinaus werden durch S. 2 die Parameter der ordre-public-Prüfung verschoben. Eine Unterscheidung zwischen tragbaren und untragbaren Grundrechtsverletzungen ist nicht möglich.[190] Die Schwere des Verstoßes bleibt gleichwohl **eine Variable** im Rahmen des beweglichen Systems (→ Rn. 38), weil zwischen dem räumlichen und zeitlichen Geltungsanspruch des Grundrechts und der Eingriffsintensität eine Wechselwirkung besteht (→ Rn. 49). So kann sich ein besonders massiver Eingriff auch dann als Grundrechtsverletzung darstellen, wenn das betreffende Grundrecht wegen geringen Inlandsbezugs nur in abgeschwächter Form Geltung beansprucht.

48 **a) Grundrechtskollisionsrecht.** Nicht jedes Anwendungsergebnis, das bei einem reinen Inlandsfall als Grundrechtsverletzung einzustufen wäre, bedeutet zugleich einen Verstoß gegen den ordre public.[191] Die Auslandsverknüpfung des Sachverhalts ist vielmehr auch zu berücksichtigen, soweit die Grundrechte als Kontrollmaßstab herangezogen werden. S. 2 zeigt dies an, indem er auf eine Unvereinbarkeit mit den Grundrechten und nicht auf einen Verstoß gegen diese abstellt. Inhaltlich sagt S. 2 über die Methode zur Konkretisierung einer Unvereinbarkeit aber nichts aus. Abstrakt differenzierende Regeln über den internationalen Geltungsbereich der Grundrechte sind nur in Ansätzen vorhanden (sog. Grundrechtskollisionsrecht). Das betroffene Grundrecht ist danach für den konkreten Fall auf seinen internationalen Geltungsanspruch hin auszulegen. Hierbei ist zu prüfen, ob das Grundrecht nach „Wortlaut, Inhalt und Funktion unter der Berücksichtigung der Gleichstellung anderer Staaten und der Eigenständigkeit ihrer Rechtsordnungen für auslandsbezogene Sachverhalte Geltung verlangt".[192] Diese fallbezogene Konkretisierung soll den **sachlich-persönlichen Besonderheiten** des Falles wie auch dem **Grad der Inlandsbeziehungen** Rechnung tragen.[193]

49 Die maßgeblichen Kriterien sind damit die **Inlandsbeziehung** und die **Gegenwartsberührung** des Sachverhalts. Das entspricht der Prüfung im Rahmen von S. 1. Je stärker der Inlandsbezug ist, desto eher ist ein ordre-public-Verstoß zu bejahen. Je schwächer die Inlandsbeziehung ist, desto eher ist ein Verstoß zu verneinen. Die Frage nach der Schwere der Grundrechtsverletzung verlagert sich in die Beurteilung, ob in Anbetracht des räumlichen und zeitlichen Geltungsanspruchs des Grundrechts im konkreten Fall überhaupt eine Verletzung zu bejahen ist. Die „sachlich-persönlichen Besonderheiten" des Falles und der konkrete

185 Eine unmittelbare Anwendung der Grundrechte als Schranke für die Anwendung ausländischen Rechts im Inland wird damit zugleich abgelehnt; vgl. zur Entstehungsgeschichte *Jayme*, Methoden, S. 14 f. Dies entspricht auch der Lehre von der Drittwirkung der Grundrechte, vgl. Staudinger/*Voltz* EGBGB Art. 6 Rn. 140.

186 BeckOK BGB/*Lorenz* EGBGB Art. 6 Rn. 15. Die Grundrechtsbindung nach Art. 1 Abs. 3 GG zwingt den inländischen Richter zu einer Ergebniskontrolle, berechtigt ihn aber nicht zur Normenkontrolle, weil der ausländische Gesetzgeber der Grundrechtsbindung des Art. 1 Abs. 3 GG nicht unterliegt, vgl. *Looschelders* RabelsZ 65 (2001), 463, 478. Das hindert in der praktischen Rechtsanwendung nicht daran, in einer zweistufigen Analyse zunächst eine Prüfung auf Normebene und sodann im Hinblick auf das Erg. vorzunehmen, → Rn. 28.

187 BVerfGE 31, 58, 72 ff.; zust. *Sturm* FamRZ 1972, 16; Staudinger/*Looschelders*, Einl. zum IPR Rn. 256 ff. mwN; Staudinger/*Voltz* EGBGB Art. 6 Rn. 138.

188 EGMR NJW 2004, 2647 – Caroline v. Hannover/Deutschland; hierzu *v. Hein* GPR 2003/04, 252 ff.; EGMR NJW 2012, 1053 – Caroline v. Hannover/Deutschland II (Persönlichkeitsrecht); EGMR NJW 2004, 3397 – Görgülü/Deutschland (Sorge- und Umgangsrecht); EGMR 4.10.2012 – Nr. 43631/09 – Harroudj ./.Frankreich (Adoption); zust. Anm. *Gallala-Arndt* RabelsZ 79 (2015) 405, 410.

189 BT-Drs. 10/504, 44; MüKoBGB/*v. Hein* EGBGB Art. 6 Rn. 137; Staudinger/*Voltz* EGBGB Art. 6 Rn. 138 mwN.

190 BVerfGE 31, 58, 86; *Spickhoff*, S. 124; *Looschelders* RabelsZ 65 (2001), 463, 479 jeweils mN zum früheren Rechtszustand.

191 BGHZ 63, 219, 226; 120, 29, 34.

192 BVerfGE 31, 58, 86 f.

193 BVerfGE 116, 243 = NJW 2007, 900 (903); BGHZ 63, 219, 226; 120, 29, 34; 169, 240, 251; OLG Düsseldorf FamRZ 1997, 882; *Dörner* FS Sandrock 2000, S. 205, 208.

Geltungsanspruch des Grundrechts in Bezug auf den Sachverhalt ermöglichen die Berücksichtigung von relativierenden oder verschärfenden Umständen.[194]

Eine weitere Konkretisierung bei der Prüfung einer Grundrechtsverletzung ist nach der Funktion des jeweiligen Grundrechts als subjektives Abwehrrecht, objektive Institutsgarantie, allgemeine Wertentscheidung oder als soziales Leistungsrecht möglich. Führt etwa die Anwendung des fremden Rechts zu einer Einschränkung von subjektiven **Freiheitsrechten**, so wird dieser Eingriff durch die **Einwilligung** des Betroffenen neutralisiert.[195] Ein Verstoß liegt damit bezogen auf das Ergebnis der Rechtsanwendung (Auswirkungsregel) nicht vor. Deshalb ist es, ebenso unter dem Gesichtspunkt der Gleichbehandlung von Männern und Frauen, unbedenklich, wenn eine im Ausland geschlossene polygame Ehe, auch in Gestalt einer Zeitehe,[196] im Inland einvernehmlich fortgesetzt wird,[197] oder wenn eine Frau mit der einseitigen Verstoßung durch ihren Ehemann (talaq) einverstanden ist.[198] **Institutsgarantien und objektive Wertentscheidungen** der Verfassung stehen dagegen nicht zur Disposition der Beteiligten, so dass es etwa Ausländern verwehrt ist, in Deutschland eine nach ihrem Heimatrecht zulässige polygame Ehe zu schließen.[199] Die Verletzung von Institutsgarantien oder objektiven Wertentscheidungen kommt allerdings idR nur bei einem entsprechend starken Inlandsbezug in Betracht.[200] Eines starken Inlandsbezugs bedarf es auch in Fällen von Schutz- und Beistandsansprüchen (zB beim Vollstreckungsschutz), weil die Betroffenen nur in diesem Fall Schutz und Beistand durch die deutsche Staatsgewalt erwarten dürfen.[201]

b) Gleichstellung von EMRK und völkerrechtlich verbürgten Menschenrechten. Grundrechte im　**51** Sinne von S. 2 sind jene des Grundgesetzes und der Länderverfassungen[202] sowie der EU-Grundrechtecharta.[203] Der Gesetzgeber hielt ferner die von der Europäischen Menschenrechtskonvention (EMRK) und die in anderen internationalen Übereinkommen geschützten Menschenrechte für von S. 2 erfasst.[204] So ist Art. 6 zB auch im Lichte der UN-Kinderrechtekonvention zu konkretisieren.[205] Teile des Schrifttums ordnen die völkerrechtlichen Rechtsgrundsätze allerdings dogmatisch S. 1 zu, weil und soweit ihnen innerstaatlich nur einfacher Gesetzesrang zukommt oder sie Teil des Völkergewohnheitsrechts sind.[206] Die Zuordnung zu S. 1 bedeutet, dass der Rechtsverstoß „offensichtlich" sein muss. Für die Einordnung unter S. 2 spricht indessen die Autonomie der völkerrechtlichen Bestimmungen gegenüber dem nationalen Recht, ihr (indirekter) Vorrang gegenüber nationalen Wertungen nach Art. 1 Abs. 2 GG und nach dem Grundsatz der Völkerrechtsfreundlichkeit[207] sowie die Herausbildung eigenständiger kollisionsrechtlicher Kriterien in Bezug auf deren internationalen Geltungsbereich.[208] Außerdem sind die EMRK sowie die Rechtsprechung des EGMR nach der Rechtsprechung des BVerfG gerade als Auslegungshilfe für die Bestimmung des Inhalts und der Reichweite der im GG verbürgten Grundrechte heranzuziehen.[209] Menschenrechtsverstöße gleichen damit eher Grundrechtsverstößen nach S. 2 als Verstößen gegen wesentliche Rechtsgrundsätze des

---

194　Vgl. OLG Hamm IPRax 2006, 481 (485), OLG Düsseldorf IPRax 2009, 505 (508).

195　*Looschelders*, IPR, EGBGB Art. 6 Rn. 28.

196　*Schulze* StAZ 2009, 197 (203).

197　Ordre public wird nicht mehr erwähnt von BSG IPRax 2003, S. 267 (auf mehrere Frauen aufgeteilte Witwenrente eines marokkanischen Versicherten, mAnm *Jayme*). Dasselbe gilt auch bei einer sonst unwirksamen Eheschließung im Ausland, vgl. BVerfGE 62, 323 (Witwenrente trotz einer aus inländischer Sicht nicht wirksam geschlossenen Ehe im Ausland). Zur Korrektur auf der Ebene der Vorfragenanknüpfung vgl. *Kropholler*, IPR, § 32 II, S. 222 f. Heilung abgelehnt dagegen in Bezug auf eine im Inland (!) hinkend geschlossene Ehe vor einem griechisch-orthodoxen Geistlichen BGH IPRax 2004, 438; krit. *Pfeiffer* LMK 2003, 128 f.; *Mäsch* IPRax 2004, 421 (424).

198　BGHZ 160, 332 = NJW-RR 2005, 81 (84).

199　*Looschelders*, IPR, EGBGB Art. 6 Rn. 29.

200　*Looschelders*, IPR, EGBGB Art. 6 Rn. 29; *ders.*, RabelsZ 65 (2001), 463, 489.

201　Vgl. *Looschelders*, IPR, EGBGB Art. 6 Rn. 29 und 30; *Dörner* FS Sandrock 2000, S. 205, 209; in Bezug auf den Vollstreckungsschutz des strukturell unterlegenen Bürgen BGH IPRax 1999, 371 (nur bei besonders krasser struktureller Unterlegenheit); krit. *Schulze* IPRax 1999, 342 (345).

202　Die Grundrechte der Länderverfassungen werden ebenfalls erfasst, vgl. Palandt/*Thorn* EGBGB Art. 6 Rn. 7; Erman/*Hohloch* EGBGB Art. 6 Rn. 21; *Looschelders*, IPR, EGBGB Art. 6 Rn. 22.

203　ABl. EG C 364 v. 18.12.2000 S. 1. Diese hat mit Inkrafttreten des Lissabon-Vertrages zum 1.12.2009 über Art. 6 Abs. 1 S. 2 EUV unmittelbare Geltung als Primärrecht erlangt.

204　BT-Drs. 10/504, S. 44; *v. Bar*, BerDGesVR 33 (1994) 191, 207; Palandt/*Thorn* EGBGB Art. 6 Rn. 7. Zur Konkretisierung des ordre public durch die EMRK *Helms* IPRax 2017, 153 (157); *Nußberger* RabelsZ 80 (2016), 817, 846 ff.

205　AG Hamm IPRspr. 2007, Nr. 87 (Auslandsadoption); zur Beachtung des Art. 20 Abs. 3 der UN-Kinderrechtskonvention bei ausländischem Adoptionsverbot im Rahmen der ordre-public-Kontrolle, OLG Karlsruhe FamRZ 1998, 56 (Kafala); *Jayme* IPRax 1996, 237 (242).

206　MüKoBGB/*v. Hein* EGBGB Art. 6 Rn. 146; *Looschelders*, IPR, EGBGB Art. 6 Rn. 22; Staudinger/*Voltz* EGBGB Art. 6 Rn. 85.

207　Zur, ob ausländische Normen, die vom EGMR für menschenrechtswidrig erklärt worden sind, aus deutscher Sicht noch angewendet werden dürfen (EGMR EuGRZ 1979, 454 – Marckx) vgl. Staudinger/*Voltz* EGBGB Art. 6 Rn. 91 mwN.

208　*Voltz*, S. 96 ff.

209　BVerfG NJW 2011, 1931, Rn. 86 ff.

einfachen Rechts nach S. 1. Die EMRK wird den unionsrechtlichen Geltungsvorrang erst durch den Beitritt der EU zur EMRK[210] erlangen; ihre Gewährleistungen gelten bis dahin als allgemeine Rechtsgrundsätze im Sinne von Art. 6 Abs. 3 EUV. Auch dies spricht insgesamt für die Zuordnung sämtlicher Grundrechtsverbürgungen zu Art. 6 S. 2. Die Konkretisierung der Vorbehaltsklausel im Hinblick auf universell anerkannte Menschenrechte kann einerseits zu einer Ausweitung ihres Anwendungsbereichs führen. Aufgrund der universellen Geltung der Menschenrechte ist nämlich idR nur ein Mindestmaß an Inlandsbezug zu verlangen.[211] Die Beachtung von Menschenrechten kann andererseits eine begrenzende Wirkung auf die Anwendung des ordre public haben, soweit durch sie nationale Standards eingeschränkt werden. Insbesondere die Achtung der kulturellen Identität der betroffenen Person kann eine ordre-public-Widrigkeit aufheben (→ Rn. 61 ff.).

II. Rechtsfolgen eines ordre-public-Verstoßes

52 **1. Allgemeines.** Liegt ein ordre-public-widriges Ergebnis im Sinne von S. 1 oder S. 2 vor, so sind diejenigen Rechtsnormen des berufenen Rechts nicht anzuwenden, auf denen der Verstoß beruht. Die **Ausschlusswirkung** (negative ordre-public-Wirkung) besagt nur, dass der anstößige ausländische Rechtssatz im konkreten Fall im Inland keine Geltung erlangt. Das berufene Recht bleibt im Übrigen anwendbar.[212] Das ergibt sich bereits aus dem Wortlaut des Art. 6 S. 1 und entspricht dem Grundsatz möglichst weitgehender **Schonung des fremden Rechts.** In manchen Fallkonstellationen hat es mit der Nichtanwendung der beanstandeten Norm sein Bewenden. In anderen Fällen entsteht durch den Ausschluss des Rechtssatzes jedoch eine regelungsbedürftige Lücke, die vom Richter geschlossen werden muss.

53 **2. Nichtanwendung der fremden Rechtsnorm und Lückenschließung.** Über die Anordnung der Nichtanwendung der ausländischen Norm hinaus werden die Rechtsfolgen eines Verstoßes gegen den ordre public nicht näher konkretisiert. Dies war eine bewusste Entscheidung des Gesetzgebers, der damit den Weg für flexible und differenzierte Lösungen durch die Praxis frei machen wollte.[213] Damit stellt sich die Frage, nach welchen Grundsätzen und Kriterien die durch die Nichtanwendung der ausländischen Rechtsnorm entstandene Lücke der lex causae zu schließen ist. Die hM[214] lehnt es ab, in sämtlichen Fällen eines ordre-public-Verstoßes generell und sogleich auf das deutsche Recht zurückzugreifen. Im Interesse einer möglichst weitgehenden Schonung des fremden Rechts soll eine Lösung vielmehr in erster Linie durch eine modifizierte Anwendung der lex causae gefunden werden, etwa durch „Heranziehung passender Vorschriften des fremden Rechts"[215] oder „Herausbildung fallbezogener neuer Sachregeln".[216] Die lex fori komme dagegen nur hilfsweise als Ersatzrecht zum Zuge. Dieser Ansatz wird auch in der Gesetzesbegründung befürwortet, wenngleich sich der Gesetzgeber einer verbindlichen Wertentscheidung letztlich enthalten hat. Die Gegenauffassung will die ordre-public-gerechte Lösung demgegenüber primär auf der Grundlage des deutschen Rechts entwickeln.[217] Bei der praktischen Rechtsanwendung führen beide Grundansätze in vielen Fällen zu übereinstimmenden Ergebnissen.[218] So gesteht auch die hM ein, dass in einigen Konstellationen allein eine Anwendung deutschen Rechts in Betracht kommt. Umgekehrt will die Gegenauffassung den Wertungen der lex causae möglichst weitgehend Rechnung tragen.

54 Vielfach findet sich im Schrifttum die Formulierung, dass in manchen Fällen bereits die **„schlichte" Nichtanwendung** der ausländischen Norm „ausreiche", um ein ordre-public- und sachgerechtes Rechtsanwendungsergebnis zu erzielen; die Frage der Lückenfüllung stelle sich dann angeblich gar nicht.[219] Als Beispiele werden insbesondere anstößige Verbotsnormen und Ausschlusstatbestände des ausländischen Rechts

210 Die Beitrittsverhandlungen auf der Grundlage von Art. 6 Abs. 2 EUV bleiben nach dem Gutachten des EuGH 18.12.2014 – C-2/13 JZ 2015, 773 möglich, werden aber noch unbestimmt lange andauern (s. Anm. *Schorkopf* JZ 2015, 781 (784)).

211 Staudinger/*Voltz* EGBGB Art. 6 Rn. 143; MüKo-BGB/*v. Hein* EGBGB Art. 6 Rn. 201.

212 OLG Frankfurt aM FamRZ 2011, 1065; BeckOK BGB/*Lorenz* EGBGB Art. 6 Rn. 17.

213 BT-Drs. 10/504, 44.

214 RGZ 106, 82, 85 f.; BGHZ 120, 29, 37 f.; OLG Zweibrücken NJW-RR 2002, 581; OLG Schleswig NJW-RR 2001, 1372 f.; OLG Düsseldorf IPRax 2009, 520 (521), zust. *Looschelders* IPRax 2009, 505 (508); OLG Düsseldorf FamRZ 1998, 1113; OLG München NJW-RR 2012, 1096 (1097); Erman/*Hohloch* EGBGB Art. 6 Rn. 26; MüKoBGB/*v. Hein* EGBGB

Art. 6 Rn. 214 ff.; Palandt/*Thorn* EGBGB Art. 6 Rn. 13; *Kropholler*, IPR, § 36 V, S. 255 f.

215 BT-Drs. 10/504, 44.

216 BT-Drs. 10/504, 44.

217 *V. Bar/Mankowski*, IPR I, § 7 Rn. 285 ff.; Kegel/Schurig, § 16 VI, S. 538 ff.; *Lorenz* IPRax 1999, 429 (431); BeckOK BGB/*Lorenz* EGBGB Art. 6 Rn. 18; *Looschelders* EGBGB Art. 6 Rn. 33.

218 *Looschelders* EGBGB Art. 6 Rn. 33; BeckOK BGB/*Lorenz* EGBGB Art. 6 Rn. 18; krit. im Hinblick auf die unterschiedliche Revisibilität deutschen und ausländischen Rechts, MüKoBGB/*v. Hein* EGBGB Art. 6 Rn. 227.

219 Staudinger/*Voltz* EGBGB Art. 6 Rn. 206; MüKo-BGB/*v. Hein* EGBGB Art. 6 Rn. 211; *Looschelders* EGBGB Art. 6 Rn. 32; BeckOK BGB/*Lorenz* EGBGB Art. 6 Rn. 17; *Kropholler*, IPR, § 36 V, S. 254.

genannt (zB Ehehindernisse, Erbausschlussregelungen, Ausschlussfristen), die schlichtweg unbeachtet bleiben müssten. Diese Sichtweise ist allerdings missverständlich, weil sie suggeriert, dass in den genannten Fällen die Lösung bereits aus der lex causae selbst folgt, ohne dass es einer Lückenschließung bedürfte. Bei genauerer Betrachtung bedeutet es jedoch die schärfste Form einer Absage an das ausländische Recht, wenn es erforderlich ist, die anstößige Norm gänzlich unangewendet zu lassen und nicht einmal durch eine abgemilderte Ersatzregelung zu substituieren. Es handelt sich m.a.W. um die **denkbar schärfste Rechtsfolge** des Art. 6, wenn es mit der „schlichten" Nichtanwendung der ausländischen Rechtsnorm sein Bewenden hat und keine der fremden Wertung nahekommende, noch ordre-public-gerechte Lösung entwickelt wird. Die durch die Nichtanwendung der ausländischen Norm entstandene Lücke wird in den einschlägigen Fällen gänzlich durch die gegenteilige Wertung bzw. Regelung der lex fori geschlossen.[220] Diese Betrachtung wirkt keineswegs gekünstelt;[221] gekünstelt erscheint vielmehr die umgekehrte Sicht, dass die ordre-public-gerechte Lösung bei Nichtanwendung der ausländischen Rechtsnorm der lex causae selbst zu entnehmen ist.[222]

Die Fallgestaltungen, in denen die ausländische Norm unangewendet bleiben und stattdessen die inländische Regelung zur Geltung gebracht werden muss, zeichnen sich idR dadurch aus, dass die betroffene Rechtsfrage nur in dem einen oder anderen, gegenteiligen Sinne beantwortet werden kann.[223] Es handelt sich um **Entscheidungsfragen (Ja-/Nein-Fragen)**, Alternativnormen[224] oder Regelungen, deren Rechtsfolge nicht quantitativ teilbar ist (zB bei Statusfragen). Verstößt das Anwendungsergebnis des ausländischen Rechts in diesen Fällen gegen den ordre public, so muss zur Lückenschließung notwendig die lex fori herangezogen werden. Eine vermittelnde Lösung zwischen den diametral entgegengesetzten Wertungen der lex causae und der lex fori scheidet aufgrund ihrer Alternativität von vornherein aus. So tritt an die Stelle eines Ehehindernisses oder Erbverbots wegen Religionsverschiedenheit notwendig die gegenteilige Wertung des deutschen Rechts, wonach die unterschiedliche Glaubensrichtung weder eine Heirat noch eine Erbenstellung ausschließt. Eine der fremden Norm angenäherte Ersatzregelung, zB eine Herabsetzung des Erbteils wegen der Religionsverschiedenheit, kommt von vornherein nicht Betracht, da die ausländische Wertung als solche inakzeptabel ist. Gleiches gilt für eine anstößige Erlaubnisnorm des ausländischen Rechts. Gestattet das fremde Recht bspw. die Eingehung einer Mehrehe des Nupturienten, so wird diese Regelung bei einer Eheschließung im Inland (→ Rn. 45) durch die gegenteilige Verbotsnorm des deutschen Rechts (vgl. § 1306 BGB) ersetzt.[225] Ist ein Anspruch aus Spiel- oder Wettschulden nach der lex causae klagbar, so kann in Deutschland bloß eine Naturalobligation anerkannt werden.[226] Die fehlende Möglichkeit einer Adoption nach dem anwendbaren Recht muss grundsätzlich[227] durch Heranziehung des deutschen Rechts geschaffen werden.[228] Das gilt auch für die fehlende Möglichkeit einer Vaterschaftsanerkennung.[229] Die Versagung eines Unterhaltsanspruches durch die lex causae lässt sich allein durch Gewährung eines Anspruches nach der lex fori ausgleichen.[230] Erst bei der weiteren Frage nach der Höhe des zuzuerkennenden Unterhaltsbetrages können Wertungsdifferenzen austariert werden. Richtiger Ausgangspunkt bleibt das ggf. zu modifizierende deutsche Unterhaltsrecht. Art. 14 HUP schafft in diesem Fall die Grundlage für einen angepassten und nach beiden Seiten verteilungsgerecht zu bestimmenden Unterhaltsbetrag.[231]

55

---

220 *Schwung* RabelsZ 49 (1985), 407, 421; Kegel/Schurig, § 16 VI, S. 538 f.

221 So der Vorwurf von MüKoBGB/*v. Hein* EGBGB Art. 6 Rn. 211.

222 In diesem Sinne MüKoBGB/*v. Hein* EGBGB Art. 6 Rn. 211 („das auch vom ausländischen Recht im Allgemeinen anerkannte Prinzip der Eheschließungs- bzw. Vertragsfreiheit oder des Erbrechts naher Angehöriger wird durch die Ausschaltung einer besonderen Verbotsnorm nicht infrage gestellt und lebt insoweit wieder auf"); BeckOGK/*Stürner* EGBGB Art. 6 Rn. 284 (Rückgriff „auf die hinter der inkriminierten Vorschrift liegende, allgemeine Norm").

223 Vgl. *Looschelders*, IPR, EGBGB Art. 6 Rn. 32; Kegel/Schurig, § 16 VI, S. 538.

224 *Schwung* RabelsZ 49 (1985), 407, 421; BeckOGK/*Stürner* EGBGB Art. 6 Rn. 285.

225 Vgl. auch MüKoBGB/*v. Hein* EGBGB Art. 6 Rn. 212.

226 Das entspricht sachlich § 762 BGB, vgl. OLG Hamm NJW-RR 1997, 1007; *Martiny* FS Lorenz 2001, S. 375, 389 ff.

227 Im Einzelfall fehlt es allerdings an einem ordre-public-Verstoß wegen Kompensation der anstößigen

Wertung, wenn ein Ersatzinstitut wie die Kafala (Schutzzusage) im konkreten Fall eine für das Kind förderliche Betreuung (ähnlich in einer Pflegefamilie) ermöglicht und dies dem Wohl des Kindes und der Entwicklung seiner kulturellen Identität besser entspricht als eine inländische Adoption. In diesem Sinne OLG Karlsruhe FamRZ 1998, 56 (57); vgl. dazu *Jayme* IPRax 1996, 237 (238); insoweit im Ansatz zust. *Mankowski* IPRax 2004, 282 (288).

228 OLG Schleswig FamRZ 2008, 1104 Rn. 32; MüKoBGB/*v. Hein* EGBGB Art. 6 Rn. 239.

229 Entspr. War nach früherem Rechtszustand die fehlende Legitimationsmöglichkeit nur durch Legitimation nach deutschem Recht zu erreichen, vgl. Staudinger/*Voltz* EGBGB Art. 6 Rn. 215 mwN.

230 Vgl. OLG Köln FamRZ 1980, 886 (889); OLG Zweibrücken FamRZ 1997, 93 (95); 2001, 920, 921 f.

231 BGH NJW 1991, 2212; vgl. näher *Schulze*, Bedürfnis und Leistungsfähigkeit, S. 182 (zur inhaltsgleichen Vorschrift des Art. 18 Abs. 7 EGBGB aF; Soergel/*Kegel* EGBGB Art. 18 Rn. 22.

56   Eine Lückenfüllung primär auf der Grundlage der lex causae kommt aber in Betracht, wenn sich die anstö-ßige Regelung des ausländischen Rechts auf ein erträgliches, ordre-public-konformes Maß reduzieren lässt. Das ist insbesondere der Fall, wenn die Rechtsfolgen der inkriminierten Norm quantitativ teilbar sind.[232] Ist die Höhe eines Zahlungsanspruches mit dem ordre public unvereinbar, etwa im Falle eines überhöhten anwaltlichen Erfolgshonorars,[233] so ist der Anspruch auf das nach inländischen Vorstellungen gerade noch erträgliche Maß zu kürzen, was aber keineswegs die Anwendung des deutschen Rechts bzw. der Sätze des RVG bedeutet.[234] Ähnlich ist es, wenn auf eine titulierte Forderung ein 50 %iger Verzugsaufschlag erfolgt[235] oder eine Schmerzensgeldsumme zu bestimmen ist. Nach ErwG 33 der Rom II-VO sollen „alle relevanten tatsächlichen Umstände des jeweiligen Opfers" berücksichtigt werden. Damit lassen sich ange-messene Ergebnisse erzielen. Daraus folgt jedoch nicht auch eine fixe nationale Obergrenze im Sinne einer Deckelung.[236] Sonst würde durch die Hintertür eine Inländerschutzklausel nach dem Vorbild des Art. 38 EGBGB aF geschaffen.[237] Ist ein nach der lex causae gewährter Unterhaltsanspruch zu niedrig bemessen, so muss er auf das nach den inländischen Wertungen gebotene Maß erhöht werden.[238]

57   Diese Grundsätze gelten in gleicher Weise im Falle **unterschiedlicher Verjährungsregeln**. Eine nach schweizerischem Recht unverjährbare Forderung ist auf das gerade noch erträgliche inländische Höchstmaß zu kürzen. In der viel diskutierten Entscheidung des Reichsgerichts[239] hätte die Verjährung somit zum damaligen Zeitpunkt längstens 30 Jahre betragen dürfen (§ 195 BGB aF). Eine längere Frist (vielleicht 50 Jahre)[240] stünde der Unverjährbarkeit zwar wertungsmäßig näher, hätte aber auch im fremden Recht keine Grundlage, sondern würde den anstößigen Rechtssatz in freirechtlicher Weise substituieren. Die Lösung des Reichsgerichts, die Verjährung auf die sonst längste Frist nach dem schweizerischen Verjährungsrecht (zehn Jahre) abzukürzen, war von der negativen Ausschlusswirkung des ordre public nicht gedeckt. Dieser schließt nämlich Fristenregeln des fremden Rechts bis zu der damaligen deutschen Obergrenze von 30 Jah-ren jedenfalls nicht aus. Die lex fori legt mithin auch die Grenzen des negativen ordre public fest (und muss sie in der Entscheidungssituation festlegen),[241] bei deren Überschreitung die Unvereinbarkeit beginnt.[242]

C. Überblick nach Rechtsgebieten (Einzelfälle)

58   Die Rechtsprechung zu Art. 30 aF (bis zum 1.9.1986) kann weiterhin berücksichtigt werden. Art. 6 hat an dem bisherigen Rechtszustand sachlich nichts geändert. Da die Vorschrift auf das Ergebnis im Einzelfall abstellt, sind konkretisierende Aussagen über die ordre-public-Widrigkeit bestimmter ausländischer Rechts-sätze oder Wertungen nicht möglich und auch nicht gewollt. Das Fallmaterial ist groß und den Erläuterun-gen der jeweils einschlägigen Kollisionsnormen zu entnehmen. Insbesondere sind die von den ordre-public-Vorbehalten der Art. 21 Rom I-VO und 26 Rom II-VO abgedeckten Sachbereiche des Schuldvertragsrechts sowie der außervertraglichen Schuldverhältnisse nicht mehr aufgeführt. Auf die dortigen Erläuterungen wird verwiesen.

I. Allgemeiner Teil

59   Der Verlust der Rechtsfähigkeit mit dem Eintritt ins Kloster („Klostertod")[243] begründet einen ordre-public-Verstoß. Ein Verstoß ist auch zu bejahen, wenn ein neunjähriges Mädchen von ihrem Heimatrecht für voll-

---

232   S. auch BT-Drs. 10/504, 44.

233   Erfolgshonorare sind heute nach Maßgabe des § 4 a RVG (§ 49 b Abs. 2 S. 1 BRAO) zulässig. Ein ver-gleichbares Problem kann aber entstehen, wenn die gesetzlichen Voraussetzungen nicht erfüllt sind. Das Erfolgshonorar muss insbesondere zur Sicherstellung der Rechtsverfolgung notwendig sein. Zum früheren Recht BGHZ 44, 183, 190 (Kürzung nach allgemei-nen Billigkeitserwägungen); ähnlich BGHZ 118, 312, 333 f. (Teilanerkennung bei Schadensersatz wegen punitive damages).

234   Zur Obergrenze für das erstattungsfähige Honorar eines ausländischen Verkehrsanwalts, *Mankowski* NJW 2005, 2346 (2347) zu BGH NJW 2005, 1373.

235   OLG Düsseldorf IPRax 2013, 349 verneint allerdings einen ordre-public-Verstoß im Rahmen der Anerken-nung nach Art. 34 Nr. 1 EuGVVO; zust. Anm. *Wür-dinger* (322).

236   So aber AG Frankenthal 15.10.2014 – 3 a C 158/13, NJW-RR 2015, 544.

237   Nach Art. 38 EGBGB aF durften bei einer im Aus-land begangenen unerlaubten Handlung gegen einen Deutschen keine weitergehenden Ansprüche als nach dem deutschen Recht geltend gemacht werden.

238   Vgl. MüKoBGB/*v. Hein* EGBGB Art. 6 Rn. 218; OLG Köln FamRZ 1980, 886 (889); OLG Zweibrü-cken FamRZ 2001, 920 (921 f.).

239   RGZ 106, 82.

240   *Kegel/Schurig* § 16 VI, S. 539.

241   Es handelt sich daher auch nicht lediglich um ein Scheinproblem. So aber *Lorenz* IPRax 1999, 429 (431); BeckOK BGB/*Lorenz* EGBGB Art. 6 Rn. 18. Zutr. *v. Bar/Mankowski*, IPR I, § 7 Rn. 286 Fn. 1237.

242   Das schweizerische Verjährungsrecht war danach nur in dem Umfange von der Anwendung ausgeschlos-sen, als es eine Verjährungsfrist von länger als 30 Jahren vorsah. Weiter konnte die Ausschlusswirkung nicht reichen; vgl. ähnlich *v. Bar/Mankowski*, IPR I, § 7 Rn. 286; *Lorenz* IPRax 1999, 429 (432); BeckOK BGB/*Lorenz* EGBGB Art. 6 Rn. 18.

243   RGZ 32, 173.

jährig und geschäftsfähig erklärt wird.[244] Die Abschaffung von Adelsprädikaten im Ausland verstößt grundsätzlich nicht gegen den ordre public.[245] Umgekehrt kann es gegen den ordre public verstoßen, wenn es das Namensstatut zulässt, dass sich die Person nach freier Wahl einen Scheinadelstitel zulegt.[246] Ein ungewöhnlicher Vorname verstößt grundsätzlich ebenfalls nicht gegen den ordre public.[247] Gleiches gilt für weite Wahlmöglichkeiten bei der Bestimmung des Nachnamens eines Kindes.[248] Allerdings kann eine Änderung des Familiennamens durch Behörden des Heimatstaates ordre-public-widrig sein, soweit sie sich auf die Namensgebung eines Kindes auswirkt.[249] Der zwangsweise Namenswechsel ethnischer Minderheiten führt jedenfalls dann nicht zu einem ordre-public-Verstoß, wenn er nur im Rahmen der Vorfrage der Namensführung von Vorfahren relevant wird.[250] Das alleinige Namensbestimmungsrecht des Vaters kann ordre-public-widrig sein.[251] Dagegen begründet die fehlende Rechtsfähigkeit zum Abschluss von Außenhandelsverträgen keinen ordre-public-Verstoß,[252] gleichfalls nicht das fehlende Verbot des Selbstkontrahierens (§ 181 BGB)[253] oder die fehlende Ausrichtung der Auslegung von Willenserklärungen nach dem Empfängerhorizont.[254]

Fristunterschiede bei der Verjährung sind unbeachtlich, die fehlende Verjährbarkeit dagegen anstößig.[255]

II. Schuldrecht

Verwiesen wird auf die Erl. zu Art. 21 Rom I-VO für die vertraglichen Schuldverhältnisse sowie auf Art. 26　**60**
Rom II-VO für die außervertraglichen Schuldverhältnisse.

III. Sachenrecht

Gegen den ordre public verstößt die entschädigungslose Enteignung von Vermögensgegenständen außer-　**61**
halb des enteignenden Staates.[256] Der sachenrechtliche ordre public wird nicht verletzt durch das besitzlose Registerpfandrecht nach französischem Recht.[257] Die nach dem Territorialitätsprinzip eigenständig angeknüpfte staatliche Enteignung eines simbabwischen Kaffeefarmers verstößt nicht gegen den ordre public, wenn eine hinreichende Inlandsbeziehung fehlt.[258]

IV. Familienrecht

Im Internationalen Familienrecht ergeben sich ordre-public-Verstöße oftmals im Zusammenhang mit stark　**62**
religiös geprägten Rechten.[259] Aufgrund der soziokulturellen Bedeutung des Familienrechts kommt dem ordre-public aber auch generell eine gesteigerte Bedeutung zu. Soweit das **Unterhaltsrecht** betroffen ist,

244　OLG Köln FamRZ 1997, 1240.
245　BVerwG NJW 1960, 452; MüKoBGB/v. *Hein* EGBGB Art. 6 Rn. 247; BeckOK BGB/*Lorenz* EGBGB Art. 6 Rn. 22; BeckOK BGB/*Mäsch* EGBGB Art. 10 Rn. 13. In der Nichtanerkennung eines ausländischen Adelsprädikats liegt auch kein Verstoß gegen die Freizügigkeit (Art. 21 AEUV), die durch die öffentliche Ordnung eingeschränkt sein kann EuGH 22.12.2010 – C-208/09 – Sayn-Wittgenstein FamRZ 2011, 1486; EuGH 2.6.2016 – C-438/14 – Bogendorff von Wolffersdorff FamRZ 2016, 1239; BGH FamRZ 2019, 218 (222).
246　In der Nichtanerkennung eines in der EU erworbenen und eingetragenen Scheinadelstitels liegt auch kein Verstoß gegen die Freizügigkeit (Art. 21 AEUV), weil diese durch die öffentliche Ordnung eingeschränkt sein kann EuGH 22.12.2010 – C-208/09 – Sayn-Wittgenstein FamRZ 2011, 1486; EuGH 2.6.2016 – C-438/14 – Bogendorff von Wolffersdorff FamRZ 2016, 1239; BGH FamRZ 2019, 218 (222).
247　OLG Bremen NJW-RR 1996, 1029 (1030) (je nach Kindeswohl); OLG Düsseldorf NJW-RR 1989, 1033 (1034) (Vorname ohne geschlechtsspezifische Zuordnung zulässig); *Wall* NJOZ 2010, 2344 (2346 f.) (dif-

ferenzierend nach dem Kindeswohl einerseits und dem Interesse an Namenskontinuität andererseits).
248　AG Kleve StAZ 2013, 290.
249　OLG Naumburg 6.9.2013 – 2 Wx 20/12, BeckRS 2014, 02904 (Namensänderung in Aserbaidschan zu erfundenem deutschen Adelstitel).
250　OLG Hamm 18.2.2014 – I-15 W 20/13 BeckRS 2014, 19794 Rn. 25 ff.
251　Dagegen verneint von AG Halle IPRspr. 2011, Nr. 6 (nigerianisches Namensrecht), soweit das Bestimmungsrecht die Folge einer Namensrechtswahl nach Art. 10 Abs. 3 Nr. 1 EGBGB war.
252　BGH NJW 1998, 2452 (2453).
253　RG JW 1928, 2013.
254　OLG Hamm NJW-RR 1998, 1542.
255　RGZ 151, 193, 201 (Frist); RGZ 106, 82 (Unverjährbarkeit).
256　BGHZ 104, 240, 244; BVerfG NJW 1991, 1594 ff.; 1996, 1666, 1671.
257　BGHZ 39, 173.
258　OLGR Hamburg 2005, 448.
259　Vgl. zB den Überblick zu islamisch geprägten Rechtsordnungen bei *Bock* NJW 2012, 122.

schließen die Art. 13 u. 14 des Haager Unterhaltsprotokolls (HUP)[260] als vorrangige ordre-public-Regeln seit dem 18.6.2011[261] einen Rückgriff auf Art. 6 EGBGB aus.

Im **Internationalen Verlöbnisrecht** wurde die Vereinbarung einer Vertragsstrafe bei Scheitern der Eheschließung für ordre-public-widrig gehalten (§ 1297 Abs. 2 BGB).[262] Die Versagung von Kranzgeld erschien früher ebenfalls ordre-public-widrig.[263]

Im Bereich der **Eheschließung** werden Ehehindernisse, die auf rassischen, religiösen oder politischen Gründen beruhen, nicht beachtet. Sie werden vorrangig von der speziellen Vorbehaltsklausel in Art. 13 Abs. 2 erfasst und ausgeschlossen. Das Verbot der Mehrehe (§ 1306 BGB) verhindert eine Eheschließung im Inland, steht aber der Beachtung einer im Ausland geschlossenen polygamen Ehe nicht entgegen.[264] Gleiches gilt für eine Zeitehe nach islamischem Recht.[265] Für die Frage der Ehemündigkeit enthält Art. 13 Abs. 3 nunmehr eine spezielle Vorbehaltsklausel. Kein Verstoß gegen den ordre public liegt vor, wenn das ausländische Recht eine Ehe oder eingetragene Partnerschaft unter Beteiligung von intersexuellen Personen („x") zulässt. Das ergibt sich auch aus der Einführung von § 22 Abs. 3 PersG[266] und jetzt klar aus Art. 17 b Abs. 4. Die Stellvertretung bei der Eheschließung (sog. Handschuhehe) ist grundsätzlich nur dann ordre-public-widrig, wenn eine Vertretung im Willen vorlag.[267] Jedoch kann auch die Botenschaft unter Vorlage einer schriftlichen Genehmigung der Braut den ordre-public-Verstoß begründen, weil das Zustandekommen der Genehmigung im familiären Bereich eine selbstbestimmte Entscheidung nicht erwarten lässt, wenn die Eltern der minderjährigen Braut den Ehemann auswählen.[268] Im Bereich der **allgemeinen Ehewirkungen** verstößt die gesetzliche Vertretung der Ehefrau durch den Mann gegen den ordre public.[269] Die fehlende Möglichkeit der Wohnungszuweisung nach fremdem Recht[270] hat sich durch die Anknüpfung nach Art. 17 a an das deutsche Recht erledigt.

63　Im Bereich des **Internationalen Scheidungsrechts**[271] sind Privatscheidungen oder Verstoßungen (talaq) im Inland wegen des gerichtlichen Scheidungsmonopols ausgeschlossen (Art. 17 Abs. 2). Scheidungshindernisse des berufenen ausländischen Rechts können unter bestimmten Voraussetzungen durch eine Scheidung nach deutschem Recht überwunden werden (Art. 10 Rom III-VO).[272] Ein einseitiges Scheidungsverbot und die einseitige Schlechterstellung der Frau werden durch einen Rückgriff auf die lex fori ausgeschlossen. Ordre-public-widrig (Art. 12 Rom III-VO)[273] ist auch der einseitige Verlust der vermögensrechtlichen Ansprüche bei Scheidung durch die Frau (Loskaufscheidung).[274] Eine Loskaufscheidung kann jedoch mit dem ordre public vereinbar sein, wenn die Ehefrau bereits auf Unterhaltsansprüche und die Zahlung der Brautgabe verzichtet hat und wegen fehlender Leistungsfähigkeit des Ehemannes auch nach deutschem

260　Haager Protokoll über das auf Unterhaltspflichten anzuwendende Recht vom 23.11.2007, Abl. EU 2009 L 331, S. 19.

261　Ab diesem Datum wird die VO (EG) Nr. 4/2009 des Rates über die Zuständigkeit, das anwendbare Recht, die Anerkennung und Vollstreckung von Entscheidungen und die Zusammenarbeit in Unterhaltssachen v. 18.12.2008 (EuUnthVO), Abl. EU 2009 Nr. L 7, S. 1, verbindlich angewendet (Art. 76), die zur Bestimmung des anwendbaren Rechts in ihrem Art. 15 auf das Haager Protokoll verweist; vgl. *Andrae* GPR 2010, 196 ff.

262　LG Bochum FamRZ 1990, 883.

263　BGHZ 28, 375, 385; aufgegeben von BGHZ 62, 283.

264　BVerwGE 71, 228 (entscheidend sei der Inlandsbezug); BSG IPRax 2003, S. 267 (auf mehrere Frauen aufgeteilte Witwenrente, mAnm *Jayme*); keine Witwenrente bei Tod des ersten von zwei Ehefrauen, *Jayme* zust. Anm. zu LSG Darmstadt IPRax 2005, 307.

265　*Schulze* StAZ 2009, 197 (202).

266　*Gössl* StAZ 2013, 301.

267　So AG Gießen StAZ 2001, 39; kein ordre-public-Verstoß bei gebundener Stellvertretung oder Botenschaft (Formfrage), BGHZ 29, 137, 143; KG Berlin FamRZ 1973, 313 (315); BayObLG StAZ 2001, 66 (67); KGR 2004, 326 f. = IPRspr. 2004, Nr. 206; das gilt auch, wenn sich die Ehegatten nicht kannten, OLG Zweibrücken NJW-RR 2011, 725. Dazu auch *Sturm* IPRax 2013, 412 (416 f.), der eine Vertretung in der Erklärung auch bei Entscheidungsfreiheit

268　Zutr. AG Offenbach StAZ 2011, 155 f. (Handschuhehe nach der Nikah-Zeremonie einer 16-jährigen Muslima).

269　LG Berlin FamRZ 1993, 198.

270　OLG Celle FamRZ 1999, 443; OLG Frankfurt FamRZ 1994, 633 (634).

271　Zur ordre public Prüfung bei der Anerkennung von Scheidungsurteilen vor Schweizer Gerichten s. *Levante* IPRax 2013, 191.

272　Die Reichweite dieser Vorschrift ist im Hinblick auf die hiermit verbundene abstrakte Normenkontrolle des berufenen Rechts allerdings umstritten, s. EnzEuR VI/*Gebauer/Teichmann* § 1 Rn. 106; *Wurmnest* in Leible/Unberath, Brauchen wir eine Rom 0-Verordnung?, S. 445, 468 (für eine teleologische Reduktion von Art. 10 Rom III-VO).

273　Noch zum alten Recht: OLG Stuttgart FamRZ 2004, 25 (26); OLG Rostock FamRZ 2006, 947 (948); OLG Hamm FamRZ 2010, 1563 (1564) (marokkanisches Scheidungsrecht in der Fassung 1993); OLG Hamm FamRZ 2011, 1056 (1057) (marokkanisches Scheidungsrecht nach der Reform 2004); OLG Frankfurt aM FamRZ 2011, 1065 (iranisches Scheidungsrecht); differenzierend aber OLG Hamm FamRZ 2013, 1481 (1484) (kein ordre public-Verstoß bei Vereinbarung vertraglicher Scheidungsgründe nach Art. 1119 iran. ZGB).

274　OLG Stuttgart NJW-RR 2009, 585 (586) (offengelassen).

Recht keine weitergehenden Ansprüche hätte.[275] Einseitige Privatscheidungen im Ausland (etwa durch talaq) sind im Hinblick auf das fehlende rechtliche Gehör und wegen der Ungleichbehandlung der Frau bedenklich. Ein ordre-public-Verstoß scheidet aber aus, wenn die Frau zugestimmt hat oder die Voraussetzungen für die Scheidung nach deutschem Recht vorliegen.[276] Auch die erzwungene Mitwirkung an einer privaten „Get-Scheidung" in Israel würde gegen den ordre public verstoßen.[277] Ausländische Scheidungsverbote werden heute bei hinreichendem Inlandsbezug grundsätzlich als ordre-public-widrig angesehen,[278] nicht aber Scheidungen auf der Grundlage des Verschuldensprinzips.[279]

Die Versagung von Unterhalt bei Scheidungsverschulden des Unterhaltsberechtigten verstößt nicht gegen den ordre public,[280] ohne Verschulden bei betreuungsbedürftigen Kindern und in Härtefällen dagegen schon.[281] Das Versagen eines Versorgungsausgleichs ist nicht ordre-public-widrig.[282] Auch die Höhe einer geschuldeten Brautgabe kann ordre-public-widrig sein.[283]

Im **Kindschaftsrecht** ist mit der Einführung vielfältiger Alternativanknüpfungen (Art. 19 ff.) der ordre public zurückgedrängt worden. Gegen den ordre public (vgl. Art. 22 KSÜ) kann ein allein dem Vater zustehendes Sorgerecht nach dem iranischen Recht verstoßen, wenn im Einzelfall das Kindeswohl nicht gewahrt ist.[284] Auch die gerichtliche Anerkennung der Vaterschaft ohne Zustimmung des gesetzlichen Vertreters des Kindes kann ggf. ordre-public-widrig sein.[285] Eine Vaterschaftsanerkennung nach einer Leihmutterschaft stellt keinen ordre-public-Verstoß dar.[286] Ebenso verstößt es nicht gegen den anerkennungsrechtlichen ordre public (§ 109 Abs. 1 Nr. 4 FamFG), wenn eine ausländische Entscheidung ein rechtliches Eltern-Kind-Verhältnis zu den verschieden- oder gleichgeschlechtlichen Wunsch- bzw. Bestelleltern allein auf Grundlage eines Leihmutterschaftsvertrages feststellt. Das gilt jedenfalls dann, wenn eine Ehe bzw. eingetragene Lebenspartnerschaft zwischen den Wunscheltern besteht und ein Wunschelternteil – im Unterschied zur Leihmutter – mit dem Kind genetisch verwandt ist.[287] Diese Ergebniskontrolle durch den BGH ist wegweisend für künftige Fälle, insbesondere hinsichtlich der Berücksichtigung grund- und menschenrechtlicher Vorgaben, die ebenfalls gegen einen ordre-public-Verstoß sprechen können.[288] Die Entscheidungen machen zudem deutlich, dass die Wahrung des Kindeswohls als Teil des deutschen ordre public anzusehen ist und nicht allein auf die Regelung des § 1591 BGB abgestellt werden sollte.[289]

Den zum anerkennungsrechtlichen ordre public aufgestellten Grundsatz, dass die Zuweisung der Elternstellung an gleichgeschlechtliche Ehegatten oder Lebenspartner im Inland anerkannt werden kann, hat der BGH auf den kollisionsrechtlichen ordre public des Art. 6 übertragen.[290] Demnach liegt kein Verstoß gegen den ordre public vor, wenn das nach Art. 19 berufene ausländische Recht die Elternstellung für ein durch künstliche Befruchtung gezeugtes Kind neben der Mutter auch deren Ehefrau bzw. Lebenspartnerin zuweist

64

275 OLG Koblenz NJW 2013, 1377.

276 BGHZ 160, 332 = IPRax 2005, 346 (349) mAnm *Rauscher* IPRax 2005, 313; *Elwan/Menhofer* StAZ 2005, 168 ff.; vgl. insgesamt *Andrae* NJW 2007, 1730 ff. mN.

277 OLG Oldenburg FamRZ 2006, 950 (952).

278 Zum Scheidungsverbot nach can. 1141 CIC und can. 853 CCEO vgl. BGHZ 169, 240 = FamRZ 2007, 109 (111) mAnm *Henrich*; auch *Elwan/Menhofer* StAZ 2007, 325 ff.; anders die Vorinstanz OLG Karlsruhe IPRax 2006, 181 krit. *Rauscher* IPRax 2006, 140 (141); früher ebenso noch BGH NJW 1972, 161; 1977, 1014 (zum portugiesischen Recht).

279 BGH IPRax 1983, 180 (182); OLG Oldenburg FamRZ 1990, 632; BayObLG FamRZ 1993, 1469; OLG Hamm FamRZ 2011, 220 (221) (Verschuldenserfordernis nach türkischem Recht).

280 OLG Bremen IPRax 1998, 366 f.

281 BGH FamRZ 1991, 925; OLG Hamm FamRZ 1999, 1142; OLG Zweibrücken FamRZ 2000, 32.

282 Art. 17 Abs. 3 S. 2 EGBGB aF hat damit keine ordre public Wirkung BGH FamRZ 2005, 1666 (1667) = NJW-RR 2005, 1449 f.

283 OLG Bamberg NJOZ 2011, 577 (Herabsetzung einer Brautgabe nach afghanischem Recht), krit. *Mörsdorf-Schulte* FamRBint 2011, 25 (26 f.).

284 BGHZ 120, 29; BGH NJW-RR 1993, 962 (963).

285 Vgl. BVerfG NJW 2008, 2835 (2836).

286 AG Nürnberg StAZ 2010, 182 (russisches Abstammungsrecht).

287 BGH NJW-RR 2018, 1473 (1474) Rn. 14 ff.; BGH NJW 2015, 479 (480) Rn. 28 ff. mAnm *Heiderhoff*; zust. *Helms* FamRZ 2015, 245; *Henrich* IPRax 2015, 229 (231); *Hilbig-Lugani* LMK 2015, 367522; *Mayer* StAZ 2015, 33; *Schall* DNotZ 2015, 306; *Zwißler* NZFam 2015, 112; aA KG Berlin IPRax 2014, 72 (74 ff.), jedenfalls bezüglich des nicht genetisch verwandten Wunschelternteils.

288 Vgl. BGH NJW 2015, 479 (481) Rn. 40 ff.; zuvor auch schon AG Friedberg FamRZ 2013, 1994 (1995 f.).

289 Dazu *Mayer* RabelsZ 78 (2014), 551, 580 ff.; *dies.*, IPRax 2014, 57 (59 f.); ebenso *Heiderhoff* NJW 2014, 2673 (2674) (zum anerkennungsrechtlichen ordre public); aA VG Berlin FamRZ 2013, 738, das zwar von einer Ergebniskontrolle spricht, aber allein aus dem Verbot der Leihmutterschaft in Deutschland auf die Nichtanwendbarkeit ausländischer (hier ukrainischer) Vorschriften zur genetischen Elternschaft schließt.

290 BGHZ 210, 59 = BGH FamRZ 2016, 1251 (1255 f.).

(sog. Mitmutterschaft).[291] Dies gilt jedenfalls dann, wenn die nach dem anwendbaren Recht bestehende Eltern-Kind-Beziehung dem Kindeswohl entspricht.[292] In diesem Fall sind die Wunscheltern somit nicht auf eine Adoption im Inland zu verweisen. Anders liegt es nur, wenn keiner der Wunscheltern genetisch mit dem Kind verwandt ist.[293]

Der Umstand, dass nach ausländischem Recht die gemeinschaftliche Begründung der Elternschaft gleichgeschlechtlicher Eltern durch **Adoption** möglich ist, verstößt nicht gegen den ordre public.[294] Das gilt auch, wenn zwischen den Elternteilen keine rechtliche Bindung besteht, jedenfalls soweit nach ausländischem Recht eine gewisse Festigkeit der Bindung als Voraussetzung im Adoptionsverfahren geprüft wird.[295] Die Adoptionsvoraussetzung der Kinderlosigkeit steht dem ordre public entgegen, wenn die Annahme dem Kindeswohl entspricht.[296] Die Adoptionsentscheidung durch ein ausländisches Gericht ist aber ordre-public-widrig, wenn das Kind von seinen leiblichen, im Ausland lebenden Eltern nur zum Zwecke der Weitergabe gezeugt und zur Welt gebracht worden ist.[297] Ein ordre-public-Verstoß soll auch bereits dann vorliegen, wenn eine Kindeswohlprüfung im ausländischen Adoptionsverfahren nicht[298] oder nur unzureichend[299] stattgefunden hat. Dagegen kann ein fehlender vorheriger Kontakt der Adoptiveltern zum Adoptivkind hingenommen werden, wenn eine positive Prognose über das Entstehen eines Eltern-Kind-Verhältnisses möglich ist.[300] Das Adoptionsverbot des islamischen Rechts ist nicht anstößig, wenn das berufene Recht ein Ersatzinstitut wie die Kafala (Schutzzusage) kennt, das im konkreten Fall eine für das Kind förderliche Betreuung (ähnlich in einer Pflegefamilie) ermöglicht.[301] Sieht das Adoptionsstatut keine Adoption vor und fehlen alternative Gestaltungen, so führt dies zur Anwendung des deutschen Rechts.[302]

V. Erbrecht

65   Verwiesen wird auf die Erl. zu Art. 35 EuErbVO.

---

291   Eine solche ist möglich in Belgien, Dänemark, England & Wales, den Niederlanden, Norwegen, Schweden, Spanien, dem Vereinigten Königreich oder Südafrika. Vgl. *Frie* FamRZ 2015, 889; *Frötschl* FamRZ 2013, 1445; *Reuß* FS Coester-Waltjen 2015, S. 681; *Sieberichs* StAZ 2015, 1. Nach deutschem Recht wird die Ehefrau der gebärenden Mutter dagegen nicht gemäß § 1592 Nr. 1 BGB (analog) zur Mitmutter des Kindes BGH NJW 2019, 153; zust. *Coester-Waltjen* FamRZ 2018, 1919; krit. *Löhnig* JA 2019, 69.

292   *Henrich* IPRax 2015, 229 (232 f.) verweist auf einen möglichen Widerspruch zum Kindeswohl, wenn sich die Wunscheltern getrennt haben und kein Interesse mehr an dem Kind besteht; *Reuß* FS Coester-Waltjen 2015, S. 681, 692 sieht hingegen selbst bei fehlender Kindeswohlprüfung grundsätzlich keinen op-Verstoß gegeben.

293   *Henrich* IPRax 2015, 229 (233).

294   BGHZ 206, 86 = FamRZ 2015, 1479 Rn. 35 (zum anerkennungsrechtlichen ordre public); OLG Schleswig NJOZ 2014, 1298.

295   BGHZ 206, 86 = FamRZ 2015, 1479 Rn. 42.

296   OLG Zweibrücken NJW-RR 2001, 1372; AG Siegen IPRax 1993, 184 f.; AG Heidenheim IPRspr. 1996 Nr. 111; aA AG Weilheim IPRax 1982, 161.

297   AG Hamm ZKJ 2007, 369 f. = IPRspr. 2007, Nr. 87.

298   Keine Anerkennung nach § 16 a Nr. 4 FGG aF, OLG Hamm StAZ 2010, 368 f. (Thailand); differenzierend kein zwingender Versagungsgrund) OLG Bremen NJW-RR 2014, 1411 (1412 f.); OLG Frankfurt aM FamRZ 2014, 1572 (1573 f.).

299   OLG Düsseldorf FamRZ 2013, 714 (Verstoß gegen anerkennungsrechtlichen ordre public durch türkische Entscheidung, die Auslandsbezug und Besonderheiten der Verwandtenadoption zu Lebzeiten der leiblichen Eltern nicht berücksichtigt hat); differenzierend OLG Celle FamRZ 2014, 1131 (bei geringerem Inlandsbezug).

300   AG Nürnberg StAZ 2010, 80 f. (äthiopische Adoption).

301   OLG Karlsruhe FamRZ 1998, 56 (57). Zur französischen Rechtslage, wonach das Adoptionsverbot ebenfalls akzeptiert wird EGMR 4.10.2012 – Nr. 43631/09 – Harroudj ./.Frankreich (Adoption); zust. Anm. *Gallala-Arndt* RabelsZ 79 (2015) 405, 410.

302   OLG Schleswig FamRZ 2008, 1104 (1106) = StAZ 2008, 142 (144).

Zweiter Abschnitt
Recht der natürlichen Personen und der Rechtsgeschäfte

Art. 7 EGBGB Rechtsfähigkeit und Geschäftsfähigkeit

(1) ¹Die Rechtsfähigkeit und die Geschäftsfähigkeit einer Person unterliegen dem Recht des Staates, dem die Person angehört.¹ ²Dies gilt auch, soweit die Geschäftsfähigkeit durch Eheschließung erweitert wird.

(2) Eine einmal erlangte Rechtsfähigkeit oder Geschäftsfähigkeit wird durch Erwerb oder Verlust der Rechtsstellung als Deutscher nicht beeinträchtigt.

Literatur: *Baetge*, Anfechtung der Rechtsfolgen bei fehlender Geschäftsfähigkeit, IPRax 1996, 185; *Basedow*, in: Gottwald (Hrsg.), Materielles Recht und Prozessrecht und die Auswirkungen der Unterscheidung im Recht der internationalen Zwangsvollstreckung, 1992, S. 131; *Brinkmann*, Das lex fori-Prinzip und Alternativen, ZZP 129 (2016), 461; *Ebenroth*, Neuere Entwicklungen im deutschen internationalen Gesellschaftsrecht – Teil 1, JZ 1988, 18; *Gössl*, Intersexuelle Menschen im Internationalen Privatrecht, StAZ 2013, 301; *Hepting*, Die Herabsetzung des Volljährigkeitsalters und ihre Auswirkungen im internationalen Privat- und Verfahrensrecht, FamRZ 1975, 451; *Kissner*, Bestand der Ehe zwischen einem Briten und einer Deutschen nach Geschlechtsumwandlung des Mannes in Großbritannien, StAZ 2005, 147; *Kropholler/v. Hein*, Der postmortale Persönlichkeitsschutz im geltenden und künftigen Internationalen Privatrecht, in: FS Andreas Heldrich 2005, S. 793; *Lipp*, Verkehrsschutz und Geschäftsfähigkeit im IPR, RabelsZ 63 (1999) 107; *Lipp.*, Geschäftsfähigkeit im europäischen IPR: Status oder Willensmangel, in: Baur u.a. (Hrsg.), Festschrift für Gunther Kühne zum 70. Geburtstag, 2009, S. 765; *Mäsch*, Die Bestimmung der Minderjährigkeit im internationalen Unterhaltsrecht zwischen Haupt-, Vorund Teilfrage, in: FS Andreas Heldrich 2005, S. 857; *Pagenstecher*, Werden die Partei- und Prozeßfähigkeit eines Ausländers nach seinem Personalstatut oder nach den Sachnormen der lex fori beurteilt?, ZZP 64 (1951), 249; *Wagner/Mann*, Die Kaufmannseigenschaft ausländischer Parteien im Zivilprozess, IPRax 2013, 122.

A. Allgemeines	1	II. Geschäftsfähigkeit natürlicher Personen		
I. Überblick	1	(Abs. 1 S. 1)	16	
II. Vorrangiges Recht	3	1. Anwendungsbereich	16	
III. Kollisionsrechtliche Regeln	5	2. Abgrenzung und ausgeschlossene Materien	18	
B. Regelungsgehalt	9	3. Beginn und Ende der Geschäftsfähigkeit	24	
I. Rechtsfähigkeit natürlicher Personen		III. Erweiterung der Geschäftsfähigkeit durch		
(Abs. 1 S. 1)	9	Eheschließung (Abs. 1 S. 2)	28	
1. Beginn der Rechtsfähigkeit	12	IV. Statutenwechsel (Abs. 2)	29	
2. Ende der Rechtsfähigkeit	14			

A. Allgemeines

I. Überblick

Der **zweite Abschnitt** des EGBGB enthält zum „Recht der natürlichen Personen und Rechtsgeschäfte" nur **1** einzelne fragmentarische Regelungen (Art. 7–12). Zum Recht der natürlichen Personen gehören Art. 7 (Rechts- und Geschäftsfähigkeit), Art. 9 (Todeserklärung) und Art. 10 (Name). Art. 8 betraf die Entmündi-

---

1   Wegen der Rechtsstellung von Volksdeutschen iSd Art. 116 Abs. 1 GG, welche die deutsche Staatsangehörigkeit nicht besitzen, vgl. Art. 9 II Nr. 5 FamilienrechtsänderungsG.

Wegen der Rechtsstellung heimatloser Ausländer im Bundesgebiet siehe G über die Rechtsstellung heimatloser Ausländer im Bundesgebiet.

Siehe das Übereinkommen über die Rechtsstellung der Staatenlosen, G zu dem Übereinkommen v. 12.4.1976 (BGBl. II S. 473) und Bek. über das Inkrafttreten (24.1.1977) v. 10.2.1977 (BGBl. II S. 235).

Beachte aber auch das Abkommen über die Rechtsstellung der Flüchtlinge, G über den Beitritt zu diesem Abkommen v. 1.9.1953 (BGBl. II S. 559) und Bek. über das Inkrafttreten v. 25.5.1954 (BGBl. II S. 619). Art. 12 dieses Abkommens lautet:

„**Art. 12. Personalstatut**

1. Das Personalstatut jedes Flüchtlings bestimmt sich nach dem Recht des Landes seines Wohnsitzes oder, in Ermangelung eines Wohnsitzes, nach dem Recht seines Aufenthaltslandes.

2. Die von einem Flüchtling vorher erworbenen und sich aus seinem Personalstatut ergebenden Rechte, insbesondere die aus der Eheschließung, werden von jedem vertragschließenden Staat geachtet, gegebenenfalls vorbehaltlich der Formalitäten, die nach dem in diesem Staat geltenden Recht vorgesehen sind. Hierbei wird jedoch unterstellt, daß das betreffende Recht zu demjenigen gehört, das nach den Gesetzen dieses Staates anerkannt worden wäre, wenn die in Betracht kommende Person kein Flüchtling geworden wäre."

Beachte auch das Protokoll über die Rechtsstellung der Flüchtlinge mit G v. 11.7.1969 (BGBl. II S. 1293) und Bek. über das Inkrafttreten v. 14.4.1970 (BGBl. II S. 194).

gung und ist mit dem BetreuungsG zum 1.1.1992 aufgehoben worden. Die Rechtsgeschäftslehre wird von Art. 8 (rechtsgeschäftliche Vollmacht), Art. 11 EGBGB bzw. Art. 11 Rom I-VO (Form der Rechtsgeschäfte) und Art. 12 EGBGB bzw. Art. 13 Rom I-VO (ergänzende Verkehrsschutzvorschrift für die Rechts-, Geschäfts- und Handlungsfähigkeit beim Vertragsschluss) gesetzlich geregelt, wobei für Schuldverträge, die ab dem 17.12.2009 geschlossen werden, die Rom I-VO gilt. Keine geschriebenen Kollisionsnormen bestehen zu den juristischen Personen und Personenvereinigungen (vgl. Anhang zu Art. 12 EGBGB). Andere Fragen der Rechtsgeschäfte, wie etwa Vertragsschluss, Form, Willensmängel oder Verjährung, werden insbesondere vom internationalen Schuldvertragsrecht erfasst (vgl. Art. 10–17 Rom I-VO).

2 **Art. 7 bestimmt**, nach welchem Recht die Rechtsfähigkeit und die Geschäftsfähigkeit einer natürlichen Person zu beurteilen ist. Abs. 1 S. 1 knüpft beide Fähigkeiten an die Staatsangehörigkeit der Person.[2] Das gilt nach Abs. 1 S. 2 auch für den Sonderfall, dass die Eheschließung den Umfang der Geschäftsfähigkeit erweitert. Abs. 2 dient dem Schutz wohlerworbener Rechte im Falle des Erwerbs oder des Verlustes der deutschen Staatsangehörigkeit oder der Rechtsstellung als Deutscher (im Sinne von Art. 116 Abs. 1 GG, dh als Statusdeutscher; vgl. dazu → EGBGB Anhang II zu Art. 5 Rn. 9).

II. Vorrangiges Recht

3 Die Rechts-, Geschäfts- und Handlungsfähigkeit wird unionsrechtlich nicht geregelt (vgl. Art. 1 Abs. 1 lit. a Rom I-VO). Die Verkehrsschutzregel in Art. 13 Rom I-VO entspricht Art. 12 und ermöglicht eine Korrektur der Regelanknüpfung nach Art. 7. Ein Verstoß gegen besondere oder gegen das allgemeine Diskriminierungsverbot (Art. 18 AEUV; Art. 25 EUV = 12 EGV aF) liegt in der Anknüpfung an die Staatsangehörigkeit grundsätzlich nicht (vgl. zur Vereinbarkeit des Kollisionsrechts mit dem Unionsrecht → EGBGB Art. 3 Rn. 68, und in Bezug auf das Anknüpfungsmerkmal der Staatsangehörigkeit → EGBGB Art. 5 Rn. 6). Das Haager Erwachsenenschutzabkommen vom 2.10.2000 (ESÜ)[3] mit seiner Grundsatzanknüpfung für Schutzmaßnahmen an die lex fori (Art. 13 Abs. 1 ESÜ) ist zum 1.1.2009 in Kraft getreten.

4 Art. 7 wird von Art. 12 GFK verdrängt, da die Geschäftsfähigkeit zum Kernbereich des Personalstatuts im Sinne dieser Norm gehört.[4] Art. 8 Abs. 3 S. 1 des Deutsch-Iranischen Niederlassungsabkommens vom 17.12.1929[5] verdrängt Abs. 1 (Vorrang des Staatsvertrages, Art. 3 Abs. 2). Danach gilt ebenfalls das jeweilige Heimatrecht der Person (die heimischen Gesetze). Es handelt sich aber um eine Sachnormverweisung. Rück- und Weiterverweisungen kommen daher, anders als bei Abs. 1, nicht in Betracht.[6] Art. 7 Abs. 2 (wohlerworbene Rechte) und Art. 12 bzw. Art. 13 Rom I-VO (Verkehrsschutz beim Vertragsabschluss) bleiben im Verhältnis zum Iran als allseitige Regelung anwendbar (Art. 8 Abs. 3 S. 2 dt.-iran. Niederlassungsabk.).

III. Kollisionsrechtliche Regeln

5 Die Anknüpfung an die Staatsangehörigkeit gilt nicht für juristische Personen (zu deren Rechtsstatus vgl. Anhang zu Art. 12 EGBGB).

Art. 7 Abs. 1 S. 1 wird aus Verkehrsschutzgründen auch für natürliche Personen nach Kriterien des **Vertrauensschutzes** nach **Art. 12** bzw. **Art. 13 Rom I-VO** verdrängt. Danach gilt beim Vertragsabschluss für die Rechts- und Geschäftsfähigkeit abweichend das Recht am Abschlussort.

6 Bei der Rechts- und Geschäftsfähigkeit nach Art. 7 handelt es sich um eine selbstständig anzuknüpfende **Teilfrage**.[7] Das gilt ausnahmsweise nicht für die sog. besonderen Rechts- und Geschäftsfähigkeiten, die in einem unmittelbaren Sachzusammenhang mit der betroffenen Rechtsmaterie stehen (bspw. Deliktsfähigkeit, Erbfähigkeit; → Rn. 10). Sie unterstehen dem in der Hauptfrage anzuwendenden Recht (Wirkungsstatut).

7 Bei Abs. 1 handelt es sich um eine **Gesamtverweisung** (Art. 4 Abs. 1 S. 1). Rück- und Weiterverweisungen durch die Kollisionsnormen des Heimatrechts sind daher zu beachten. Besitzt die Person mehrere Staatsan-

---

2   Soweit die Rechtsfähigkeit bereits für die Zuschreibung von Personalität (Person) für erforderlich angesehen wird, bedarf es des logischen Vorgriffs: Über die Rechtsfähigkeit entscheidet danach das Recht, welches – Rechtsfähigkeit vorausgesetzt – das Personalstatut wäre, vgl. Staudinger/*Hausmann* EGBGB Art. 7 Rn. 16.

3   BGBl. 2007, II S. 323, vgl. Text bei *Jayme/Hausmann*, Nr. 20 und Mitgliedstaaten Fn. 2; authentisch sind die englische und französische Sprachfassung, vgl. RabelsZ 64 (2000) 752 u. Rev. crit. dr. int. pr. 1999, 877.

4   BGH NJW 2018, 613 (614 f.); Palandt/*Thorn* Anh. Art. 5 Rn. 23; aA OLG Karlsruhe FamRZ 2015, 1820 (1821) m. abl. Anm. *v. Hein.*

5   RGBl II 1930 S. 1006; das Abkommen erfasst ua die Fragen der Geschäftsfähigkeit, Volljährigkeit, Vormundschaft, Pflegschaft, Entmündigung. Text abgedruckt bei *Jayme/Hausmann*, Nr. 23 mit Fn. 2.

6   Erman/*Hohloch* EGBGB Art. 7 Rn. 2 c.

7   BeckOK BGB/*Mäsch* EGBGB Art. 7 Rn. 1; *Looschelders*, IPR, Art. 7 Rn. 1; Palandt/*Thorn* EGBGB Art. 7 Rn. 1.

gehörigkeiten, so ist bei deutschen Mehrstaatern die deutsche Staatsangehörigkeit maßgebend (Art. 5 Abs. 1 S. 2), soweit hierin keine Diskriminierung von EU-Bürgern liegt. Bei Mehrstaatern ohne die deutsche Staatsangehörigkeit ist nach Art. 5 Abs. 1 S. 1 die effektive Staatsangehörigkeit zu ermitteln.

Besitzt die Person keine Staatsangehörigkeit oder ist diese nicht feststellbar,[8] so tritt an die Stelle der Anknüpfung an die Staatsangehörigkeit die Anknüpfung an den gewöhnlichen Aufenthalt, ersatzweise an den schlichten Aufenthalt (Art. 5 Abs. 2; ggf. die vorrangigen Regelungen zum **Personalstatut**, → EGBGB Art. 5 Rn. 39).

Das nach Abs. 1 berufene Recht kann in der konkreten Rechtsanwendung gegen den **ordre public** verstoßen (Art. 6). Das ist praktisch selten. Hiervon ist im Hinblick auf den Minderjährigenschutz aber etwa auszugehen, wenn das berufene Recht ein 9-jähriges Mädchen für volljährig und geschäftsfähig erklärt.[9] Ebenso begründet die Aberkennung der Geschäftsfähigkeit im Zusammenhang mit einem Strafurteil ("bürgerlicher Tod"),[10] die Beschränkung der Geschäftsfähigkeit von Ehefrauen[11] oder unter besonderen Umständen eine Entmündigung einen ordre-public-Verstoß (→ Rn. 26 f.). **8**

B. Regelungsgehalt

I. Rechtsfähigkeit natürlicher Personen (Abs. 1 S. 1)

Rechtsfähigkeit bedeutet die **allgemeine Fähigkeit** einer natürlichen Person, Träger von Rechten und Pflichten zu sein. Praktisch bedeutsam sind dabei die Fragen nach dem Beginn und dem Ende der Rechtsfähigkeit. Art. 9 enthält eine ergänzende Regelung für die Fälle, in denen der Tod oder der Zeitpunkt des Eintritts des Todes ungewiss sind (vgl. Erl. zu Art. 9 EGBGB). **9**

Nicht erfasst werden von Art. 7 die **besonderen Rechtsfähigkeiten**. Die Deliktsfähigkeit, dh die personalen Voraussetzungen für eine deliktische Verantwortlichkeit (vgl. §§ 827 ff. BGB) oder einen deliktischen Schutz (zB Schutz des nasciturus bei einer pränatalen Schädigung) sind nach dem Deliktsstatut zu beurteilen.[12] Ebenso untersteht die Fähigkeit zum Erwerb von Grundstücken nicht dem Heimatrecht des Erwerbers, sondern dem Belegenheitsrecht der Sache (lex rei sitae).[13] Ferner ist die Erbfähigkeit, etwa die des nasciturus (vgl. § 1923 Abs. 2 BGB), nach dem Erbstatut zu bestimmen (→ EGBGB Art. 25 Rn. 3) und auch die Adoptionsfähigkeit (Minderjährigkeit) fällt in das Adoptionsstatut.[14] Die Staatsangehörigkeitsfähigkeit wird durch das Staatsangehörigkeitsrecht bestimmt, um dessen Zuerkennung es geht.[15] **10**

Die verfahrensrechtliche **Parteifähigkeit** einer natürlichen Person bestimmt sich, wie das Verfahrensrecht grundsätzlich, nach der lex fori. Das deutsche Verfahrensrecht stellt jedoch auf die materiellrechtliche Rechtsfähigkeit zur Bestimmung der Parteifähigkeit ab (§ 50 Abs. 1 ZPO). Die Rechtsfähigkeit einer Person ist wiederum nicht nach der deutschen lex fori,[16] sondern nach dem durch Art. 7 berufenen Personalstatut zu bestimmen.[17] Nach der Gegenauffassung existiert eine (ungeschriebene) prozessuale Kollisionsnorm, welche die Parteifähigkeit von vornherein dem Heimatrecht des Betroffenen unterstellt.[18] Allerdings setzt sich im Prozessrecht der Gedanke durch, dass die Parteifähigkeit ersatzweise auch dann zu bejahen ist, wenn die Person zwar nicht nach ihrem Heimatrecht, wohl aber nach deutschem Recht (lex fori) parteifähig **11**

8   Zu den praktischen Schwierigkeiten der Feststellung des Personenstandes s. die Nachw. bei → EGBGB Art. 5 Rn. 36.

9   OLG Köln FamRZ 1997, 1240; zust. Staudinger/*Hausmann* EGBGB Art. 7 Rn. 28; *Looschelders*, IPR, Art. 7 Rn. 5.

10 Bei lebenslänglicher Freiheitsstrafe nach dem Recht des Staates New York (Civil Death), in Gabun und Australien; vgl. mit Nachw. *Kegel/Schurig* § 17 I 1, S. 545; ebenso zu dem heute überholten Klostertod (Verlust der Rechtsfähigkeit durch Eintritt ins Kloster), vgl. RGZ 32, 173.

11 Staudinger/*Hausmann* EGBGB Art. 7 Rn. 28, 75 ff.

12 MüKoBGB/*Lipp* EGBGB Art. 7 Rn. 16 f.; BeckOK BGB/*Mäsch* EGBGB Art. 7 Rn. 16.

13 Vgl. Erman/*Hohloch* EGBGB Art. 7 Rn. 7. Ausländer werden fremdenrechtlich in einigen Staaten vom Grundstückserwerb ausgeschlossen. Diese fremdenrechtliche Beschränkung ist bereits als rechtliches

Datum unabhängig von dem berufenen Recht zu beachten.

14 AA OLG Bremen 15.3.2006 – BeckRS 2007, 03255 (gesonderte Anknüpfung nach Art. 7 EG).

15 Erwerb der deutschen Staatsangehörigkeit frühestens mit der Geburt, SächsOVG StAZ 2009, 380.

16 Es geht mithin nicht um die kollisionsrechtliche Bestimmung der Parteifähigkeit nach dem Heimatrecht der betroffenen Partei, sondern um jene der Rechtsfähigkeit als verfahrensrechtliche Voraussetzung der Parteifähigkeit (Vorfrage), vgl. *Basedow*, S. 131, 147.

17 BGH NJW 2003, 1461 (1462); Erman/*Hohloch* EGBGB Art. 7 Rn. 25; BeckOK BGB/*Mäsch* EGBGB Art. 7 Rn. 11; *Looschelders*, IPR, Art. 7 Rn. 8; Palandt/*Thorn* EGBGB Art. 7 Rn. 2.

18 *Pagenstecher* ZZP 64 (1951), 249 ff.; MüKoZPO/*Lindacher* § 50 Rn. 55 f.; *Junker*, IPR, § 13 Rn. 8.

ist (alternative Anknüpfung).[19] Unterschiede können sich insoweit aber allenfalls hinsichtlich der Parteifähigkeit des nasciturus ergeben.[20]

Art. 7 gilt nicht auch für die Parteifähigkeit von juristischen Personen und diesen gleichgestellten Personenvereinigungen, deren Rechtsfähigkeit nach dem jeweiligen Gesellschaftsstatut zu bestimmen ist (vgl. Anhang zu → EGBGB Art. 12 Rn. 12).

12 **1. Beginn der Rechtsfähigkeit.** Jede zivilisierte Rechtsordnung verleiht allen ihr unterworfenen Menschen Rechtsfähigkeit.[21] Unterschiede bestehen aber im **Zeitpunkt des Beginns** der Rechtsfähigkeit. Das Personalstatut entscheidet daher, ab wann ein Mensch im Rechtssinne existiert und ihm die Rechtsfähigkeit zuerkannt wird. Dies hat kollisionsrechtlich insbesondere Auswirkungen auf die Erbfolge. So beginnt die Rechtsfähigkeit in Deutschland mit Vollendung (nicht Einleitung) der Geburt (§ 1 BGB), in Frankreich und Spanien mit der Geburt des lebensfähigen Neugeborenen (Art. 725 franz. Code civil, Art. 30 des span. Código Civil).

13 Auch die **Geschlechtszugehörigkeit** sowie die Anerkennung einer Geschlechtsumwandlung sind nach dem Personalstatut (Abs. 1 S. 1) zu entscheiden.[22] Bei deutschem Personalstatut gilt für Transsexuelle das Gesetz über die Änderung des Vornamens und die Festlegung der Geschlechtszugehörigkeit.[23] Ausländische Transsexuelle, die sich rechtmäßig und nicht nur vorübergehend im Inland aufhalten, können unter bestimmten Voraussetzungen nach § 1 Abs. 1 Nr. 3 lit. d TSG ihren Vornamen ändern lassen, sofern deren Heimatrecht keine vergleichbaren Regeln kennt.[24] Entscheidungen des Heimatstaates eines Transsexuellen zum Vornamen und zur Geschlechtszugehörigkeit werden nach Maßgabe des § 109 FamFG anerkannt. Erfolgte eine Geschlechtsumwandlung einer verheirateten Person, so entscheidet das Scheidungsstatut über deren Auswirkungen auf den Bestand der Ehe.[25]

14 **2. Ende der Rechtsfähigkeit.** Das von Abs. 1 S. 1 berufene Heimatrecht regelt zudem das Ende der Rechtsfähigkeit. Das ist der **Tod** im Rechtssinne. Auch behördliche Todeserklärungen und Lebens- oder Todesvermutungen unterliegen dem Heimatrecht (s. Art. 9 S. 1). Das Personalstatut entscheidet insbesondere darüber, ob es für den rechtlichen Tod auf den Herz- oder den Hirntod ankommt. Die medizinische Feststellung des Todes und des Todeszeitpunktes richten sich als rechtserhebliche Tatsachen dagegen nach dem jeweiligen Ortsrecht und im Inland damit nach den geltenden medizinischen Erkenntnissen.[26] Das ist schon aus Gründen der Praktikabilität für die ärztliche Feststellung geboten. Zur Rechtslage bei Verschollenen → EGBGB Art. 9 Rn. 7.

15 Verstorbenen kann mangels fortbestehender Rechtsträgerschaft nicht ohne Weiteres eine nachwirkende Rechtsfähigkeit oder eine postmortale Teilrechtsfähigkeit zuerkannt werden. Sowohl die nichtvermögensrechtliche **Totensorge** als auch das Bestehen und die Ausübungsbefugnis eines **postmortalen Persönlichkeitsschutzes** sollten daher dem Personalstatut (Abs. 1 S. 1) und nicht dem Delikts- oder dem Erbstatut unterstellt werden. Schutz und Andenken eines Verstorbenen sind weniger eine Frage der deliktischen Umweltbedingungen oder der vermögensrechtlichen Erbfolgeregelung. Die Stellung der Person im Gefüge der Rechtsordnung umfasst auch die Frage nach dem Schutz Verstorbener und die Befugnis zur Ausübung der Persönlichkeitsrechte eines Verstorbenen. Sie sind daher sachlich am besten dem Personalstatut zuzuweisen.[27] Soweit es dagegen um vermögensrechtliche Ansprüche aus einem postmortalen Persönlichkeits-

19 Wieczcorek/Schütze/*Schulze* ZPO § 50 Rn. 43; *Linke/Hau* IZVR Rn. 8.4.; *Brinkmann* ZZP 129 (2016), 461, 488 ff.

20 Staudinger/*Hausmann* EGBGB Art. 7 Rn. 119.

21 Vgl. auch Art. 6 der Allgemeinen Erklärung der Menschenrechte v. 10.12.1948; Art. 16 des Internationalen Paktes über bürgerliche und politische Rechte v. 19.12.1966.

22 AllgM, OLG Karlsruhe StAZ 2003, 139; LG Stuttgart StAZ 1999, 15; Staudinger/*Hausmann* EGBGB Art. 7 Rn. 39; MüKoBGB/*Lipp* EGBGB Art. 7 Rn. 27; Palandt/*Thorn* EGBGB Art. 7 Rn. 6 (Art. 7 analog); MüKoBGB/*Coester* EGBGB Art. 13 Rn. 51; das gilt sowohl für Transsexualität als auch für Intersexualität; zur Intersexualität *Gössl* StAZ 2013, 301 (302).

23 Das Transsexuellengesetz in der Fassung v. 20.7.2007, BGBl. I S. 1566 (TSG) betrifft die Vornamensänderung (§ 1–7, sog. kleine Lösung) und die gerichtliche Feststellung der Geschlechtszugehörigkeit (§ 8, sog. große Lösung).

24 Insoweit wird die Anknüpfung an die Staatsangehörigkeit zugunsten des gewöhnlichen Aufenthalts durchbrochen, vgl. MüKoBGB/*Lipp* EGBGB Art. 7 Rn. 29. Vgl. AG Mannheim StAZ 2010, 50 (iE verneint); die Regelung geht auf BVerfGE 116, 243 = NJW 2007, 900 = IPRax 2007, 214 Anm. *Röthel* (204) zurück.

25 Fachausschuss-Nr. 3727, *Kissner* StAZ 2005, 147 (148); MüKoBGB/*Lipp* EGBGB Art. 7 Rn. 31.

26 Staudinger/*Hausmann* EGBGB Art. 7 Rn. 35; ähnlich Erman/*Hohloch* EGBGB Art. 7 Rn. 4 (Verfahrensrecht, daher lex fori); aA Staudinger/*Dörner*, Art. 25 EGBGB Rn. 24; MüKoBGB/*Lipp* EGBGB Art. 7 Rn. 20 (Personalstatut).

27 Ebenso Staudinger/*Dörner*, Art. 25 EGBGB Rn. 26; MüKoBGB/*Lipp* EGBGB Art. 7 Rn. 25 f.; aA *Kropholler/v. Hein* FS Andreas Heldrich 2005, S. 793, 796; Staudinger/*Hausmann* EGBGB Art. 7 Rn. 86 (kumulative Anknüpfung von Personal- und Deliktsstatut); Erman/*Hohloch* EGBGB Art. 7 Rn. 5; BeckOK BGB/*Mäsch* EGBGB Art. 7 Rn. 15 (jeweils Deliktsstatut).

schutz geht, ist der Bezug zum jeweiligen Wirkungsstatut stärker. Hierfür gilt dann das Statut des Anspruchs (Delikt, ungerechtfertigte Bereicherung, GoA).[28]

II. Geschäftsfähigkeit natürlicher Personen (Abs. 1 S. 1)

1. Anwendungsbereich. Geschäftsfähigkeit bedeutet die Fähigkeit einer natürlichen Person, Rechtswir- **16** kungen durch Rechtsgeschäfte und Rechtshandlungen herbeizuführen.[29] Abs. 1 S. 1 erfasst zunächst die **Voraussetzungen der Geschäftsfähigkeit**. Das betrifft die verschiedenen Geschäftsfähigkeitsstufen (volle und beschränkte Geschäftsfähigkeit, Teilgeschäftsfähigkeit, Geschäftsunfähigkeit). Ebenso unterfällt die nur vorübergehende Geschäftsunfähigkeit dem Art. 7 (sog. natürliche Geschäftsunfähigkeit, Fall des § 105 Abs. 2 BGB). Nach deutschem Rechtsverständnis handelt es sich nicht um einen Willensmangel in Bezug auf ein konkretes Rechtsgeschäft, so dass eine Zuordnung zum Wirkungsstatut ausscheidet.[30]

Erfasst werden von Art. 7 ferner die Voraussetzungen einer erweiterten Geschäftsfähigkeit (vgl. etwa §§ 110, 112, 113 BGB und auch § 105 a BGB), auch durch Eheschließung (Art. 7 Abs. 1 S. 2).

Praktisch bedeutsam ist die Frage, ob auch die **rechtlichen Folgen fehlender Geschäftsfähigkeit** (Nichtig- **17** keit, schwebende [Un-]Wirksamkeit, Anfechtbarkeit, Konvaleszenz durch Erfüllung, Genehmigung usf.) dem Personalstatut unterstellt werden. Die sachliche Verzahnung von Voraussetzungen und Folgen mangelnder Geschäftsfähigkeit ist naturgemäß eng und ihre Aufspaltung führt zu erheblichen Anpassungsproblemen. Zwar entstehen vergleichbare Anpassungsprobleme ebenso dann, wenn das Wirkungsstatut andere Rechtsfolgen anordnet. Die Anwendung des Abs. 1 S. 1 ist aber aufgrund des starken sachlichen Konnexes dennoch mit der herrschenden Meinung zu bejahen.[31]

2. Abgrenzung und ausgeschlossene Materien. Abs. 1 S. 2 betrifft nur die Erweiterung der Geschäfts- **18** fähigkeit durch Heirat. Nicht zum Anwendungsbereich gehören **Beschränkungen** der Geschäftsfähigkeit durch **Heirat**. Sie unterfallen Art. 14 oder Art. 15 EGBGB aF bzw. der EuGüVO und sind ggf. ordre-public-widrig (→ EGBGB Art. 6 Rn. 61).

Ob und inwieweit die Vornahme eines Rechtsgeschäfts **Geschäftsfähigkeit voraussetzt** (vgl. bspw. die **19** Zulässigkeit eines minderjährigen Stellvertreters, § 165 BGB), ist nicht nach dem Personalstatut, sondern nach dem Wirkungsstatut zu beurteilen.[32] Wer gesetzlicher Vertreter eines nicht oder beschränkt Geschäftsfähigen ist, richtet sich nach dem Statut des Vertretungsverhältnisses, bei Minderjährigen nach dem Eltern-Kind-Verhältnis (Art. 1, 2 MSA; 16 f. KSÜ, Art. 21 EGBGB). Voraussetzungen und Wirkungen der Betreuung sind nach Art. 24 bzw. dem ESÜ zu beurteilen.

Ebenfalls nicht in den Anwendungsbereich des Abs. 1 S. 1 fällt die **Rückabwicklung** eines infolge fehlen- **20** der Geschäftsfähigkeit unwirksamen (nichtigen) Vertrages. Nach Art. 12 Abs. 1 lit. e Rom I-VO richtet sich die Rückabwicklung nach dem Geschäftsstatut.[33]

Besondere geschäftliche Fähigkeiten einer natürlichen Person in Teilrechtsgebieten sind selbstständig kol- **21** lisionsrechtlich geregelt (Wechsel- und Scheckrecht: Art. 91 WG; Art. 60 ScheckG) oder dem Wirkungsstatut zu entnehmen, bei deutschem Geschäftsrecht etwa die Termingeschäftsfähigkeit (§§ 50 ff. BörsG aF). Die Deliktsfähigkeit untersteht dem Deliktsstatut (Art. 40 bzw. 15 lit. a Rom II-VO), die Ehefähigkeit und -mündigkeit dem Eheschließungsstatut (Art. 13 Abs. 1), die güterrechtlichen Verfügungsbeschränkungen dem Güterrechtsstatut (Art. 27 lit. d EuGüVO)[34] und die Testierfähigkeit untersteht dem Erbstatut (Art. 26 Abs. 1 lit. a EuErbVO).

---

28 Ebenso MüKoBGB/*Lipp* EGBGB Art. 7 Rn. 26.
29 Die Qualifikation des Begriffs „Geschäftsfähigkeit" erfolgt nach der lex fori, wobei andere ausländische Begriffsverwendungen mit demselben Ordnungszweck ohne Rücksicht auf die Benennung (etwa Handlungsfähigkeit) oder die rechtstechnische Einordnung ebenso erfasst werden; vgl. Erman/*Hohloch* EGBGB Art. 7 Rn. 8.
30 AA *Kegel/Schurig* § 17 V 1, S. 614 und *Lipp* FS Kühne 2009, S. 765, 773 f., der selbst die dauerhafte Geschäftsunfähigkeit nach § 104 Nr. 2 BGB dem Vertragsstatut (Wirkungsstatut) zuordnet.
31 OLG Hamm NJW-RR 1996, 1144; *Lipp* FS Kühne, 2009, S. 765, 776; *Baetge* IPRax 1996, 185 (187 f.); *Reithmann/Martiny* Internationales Vertragsrecht Rn. 7.909; MüKoBGB/*Lipp* EGBGB Art. 7 Rn. 56; Staudinger/*Hausmann* EGBGB Art. 7 Rn. 91; Soergel/*Kegel* EGBGB Art. 7 Rn. 7; Erman/*Hohloch*

EGBGB Art. 7 Rn. 14; Palandt/*Thorn* EGBGB Art. 7 Rn. 5; BeckOK BGB/*Mäsch* EGBGB Art. 7 Rn. 28; *Looschelders*, IPR, Art. 7 Rn. 15; aA OLG Düsseldorf IPRax 1996, 199 (Wirkungsstatut).
32 Erman/*Hohloch* EGBGB Art. 7 Rn. 13; Staudinger/*Hausmann* EGBGB Art. 7 Rn. 56; *Looschelders*, IPR, Art. 7 Rn. 14.
33 Palandt/*Thorn* EGBGB Art. 7 Rn. 5; Erman/*Hohloch* EGBGB Art. 7 Rn. 15; Staudinger/*Hausmann* EGBGB Art. 7 Rn. 92; aA *Lipp* FS Kühne 2009, S. 765, 776 f. weil und soweit es sich um eine status-bedingte Geschäftsunfähigkeit handelt.
34 Soweit sie keinen güterrechtlichen Charakter haben oder es sich um Interzessionsbeschränkungen handelt (etwa Eingehung von Bürgschaften unter Ehegatten), richten sich nach dem Ehewirkungsstatut (Art. 14); Erman/*Hohloch* EGBGB Art. 7 Rn. 10.

22 Die **Prozessfähigkeit**, dh die Fähigkeit, Prozesshandlungen selbst oder als Vertreter wirksam vorzunehmen oder entgegenzunehmen (prozessuale Handlungsfähigkeit), bzw. die Verfahrensfähigkeit bestimmt sich als verfahrensrechtliche Frage nach der lex fori. Vor inländischen Gerichten gelten daher die §§ 51 ff. ZPO bzw. § 9 FamFG. Nach § 55 ZPO kann sich die Prozessfähigkeit eines Ausländers alternativ aus seinem Heimatrecht oder aus deutschem Recht ergeben (§ 52 ZPO iVm §§ 104 ff. BGB).[35] Durch den Verweis auf die Prozessfähigkeit im Heimatland wird nicht fremdes Prozessrecht angewendet, sondern der verfahrensrechtliche Status des Ausländers in seinem Heimatland für das inländische Verfahren als ausreichend anerkannt. Auf Art. 7 EGBGB – zwecks Ermittlung der Geschäftsfähigkeit – kommt es in diesem Zusammenhang nicht an.[36] Entsprechend zu beurteilen ist die Verfahrensfähigkeit in Verfahren nach dem Familienverfahrensgesetz (§ 9 Abs. 5 FamFG).[37] Zur Prozessfähigkeit von juristischen Personen und diesen gleichgestellten Personenvereinigungen vgl. Anhang zu Art. 12 EGBGB.

23 Art. 7 findet keine Anwendung auf die **Kaufmannseigenschaft** einer Person. Diese ist eine Besonderheit des deutschen Handelsrechts. Für sie ist das Wirkungsstatut maßgebend, dh das Recht, dem das Rechtsgeschäft, für das die Kaufmannseigenschaft von Bedeutung ist, untersteht.[38] Speziell für das Verfahrensrecht (§ 95 GVG) bietet sich die Anknüpfung an die lex fori an, um so eine praktikable, rechtssichere und gleiche Behandlung der Verfahrensbeteiligten sicherzustellen.[39]

Auch fallen Verletzungen des **Persönlichkeitsrechts** zu Lebzeiten des Betroffenen nicht unter Art. 7, sondern unterstehen nach nahezu einhelliger Auffassung[40] dem Wirkungsstatut (Delikt, GoA, ungerechtfertigte Bereicherung (Art. 4 ff. Rom II-VO).[41] Das gilt ebenso für den postmortalen Persönlichkeitsschutz, soweit er die vermögensrechtlichen Ansprüche betrifft. Im Übrigen wird der postmortale Schutz dagegen von Art. 7 erfasst (→ Rn. 15).

24 **3. Beginn und Ende der Geschäftsfähigkeit.** Das von Abs. 1 S. 1 berufene Heimatrecht bestimmt, wann eine Person beschränkt oder voll geschäftsfähig wird. Das betrifft sowohl die zumeist maßgeblichen **Altersgrenzen** (nach deutschem Recht 7 und 18 Jahre)[42] als auch die vorzeitige Erweiterung der beschränkten Geschäftsfähigkeit zu einer partiellen Geschäftsfähigkeit im Sinne der §§ 112, 113 BGB. Ebenso entscheidet das Heimatrecht über eine mögliche vorzeitige Emanzipation (Milderung der Beschränkungen) oder Volljährigkeitserklärung.[43] Werden diese Rechtsakte von Behörden oder Gerichten ausgesprochen, so sind die ausländischen Entscheidungen nach § 108 FamFG anzuerkennen.[44]

25 Das Ende der Geschäftsfähigkeit untersteht ebenfalls nach Art. 7 dem Heimatrecht des Betroffenen. Daher entscheidet das Heimatrecht auch über das Ende der Minderjährigkeit (Altersgrenzen). Das kann im Anwendungsbereich des KSÜ sowie des MSA (hiernach ist grundsätzlich das Aufenthaltsrecht des Kindes anwendbar) zu einem Statutenwechsel führen, weil der Vorrang der Übereinkommen gegenüber dem EGBGB mit Vollendung des 18. Lebensjahres endet (Art. 2 KSÜ, 12 MSA).[45]

Kollisionsrechtlich gesondert geregelt ist aber der **Kindesunterhalt** in Art. 3 f. HUP. Das Unterhaltsstatut entscheidet auch über das Ende der Minderjährigkeit (Altersgrenzen) und über den Verlust der damit verbundenen Privilegien des Unterhaltsgläubigers.[46]

---

35   V. Bar/Mankowski, IPR I, § 5 Rn. 92; Erman/Hohloch EGBGB Art. 7 Rn. 26; MüKoZPO/Lipp § 55 Rn. 94; Linke/Hau, IZVR, 7. Aufl. 2018, Rn. 8.4; Brinkmann ZZP 129 (2016), 461, 488 ff.

36   AA Zöller/Althammer ZPO § 55 Rn. 1; Palandt/Thorn EGBGB Art. 7 Rn. 4; BeckOK BGB/Mäsch EGBGB Art. 7 Rn. 33.

37   Palandt/Thorn EGBGB Art. 7 Rn. 4.

38   Staudinger/Hausmann EGBGB Art. 7 Rn. 78; MüKo-BGB/Lipp EGBGB Art. 7 Rn. 69; Erman/Hohloch EGBGB Art. 7 Rn. 11; Looschelders, IPR, Art. 7 Rn. 19; BeckOK BGB/Mäsch EGBGB Art. 7 Rn. 40; aA Ebenroth JZ 1988, 18 (19); Palandt/Thorn EGBGB Art. 7 Rn. 7 (jeweils das Recht am Ort der gewerblichen Niederlassung der betroffenen Person).

39   Wagner/Mann IPRax 2013, 122 (125) mN.

40   Vgl. mN Kropholler/v. Hein FS Heldrich 2005, S. 793, 795; Palandt/Thorn EGBGB Art. 40 Rn. 10.

41   Keine Anwendung findet die Rom II-VO gem. Art. 1 Abs. 2 lit. g.

42   Übersichten zu den Altersgrenzen für die Volljährigkeit nach ausländischen Rechten bei Staudinger/Hausmann EGBGB Anh. Art. 7; BeckOK BGB/Mäsch Anh. nach Art. 7 EGBGB Rn. 57.1 (Stand 2019); Brandhuber/Zeyringer/Heussler, Standesamt und Ausländer.

43   Die Volljährigkeitserklärung war früher in §§ 3–5 BGB geregelt und ist mit Einführung des Volljährigkeitsalters von 18 Jahren abgeschafft worden, vgl. Hepting FamRZ 1975, 451.

44   Vgl. zur Vornahme im Inland und zur Anerkennung ausländischer Entscheidungen, Erman/Hohloch EGBGB Art. 7 Rn. 27 ff.

45   OLG München FamRZ 2010, 1095; OLG München FamRZ 2010, 1096; OLG München BWNotZ 2009, 154 f.

46   Palandt/Thorn HUntProt Art. 11 Rn. 39; zu Art. 18 EGBGB aF s. OLG Hamm FamRZ 1999, 888; aA Mäsch FS Heldrich 2005, S. 857, 861 f.

Ebenso ist die **Betreuung** nicht nach Art. 7 anzuknüpfen, sondern untersteht Art. 24 bzw. dem vorrangigen ESÜ.[47] Die Anwendung des deutschen Betreuungsrechts (§§ 1896 ff. BGB) führt bei Anordnung eines Einwilligungsvorbehalts zu einer beschränkten Geschäftsfähigkeit des Betreuten (§ 1903 BGB).

Die nachträgliche Beseitigung bzw. Begrenzung der Geschäftsfähigkeit durch **Entmündigung** ist in Deutschland zum 1.1.1992 durch das BetreuungsG[48] abgeschafft worden. Gestrichen wurden dabei auch die kollisionsrechtliche Regelung (Art. 8: Entmündigung von Ausländern im Inland nach deutschem Recht) und die Vorschrift zur internationalen Zuständigkeit in Entmündigungssachen (§ 648a ZPO). Nach heutiger Rechtslage scheidet folglich eine Entmündigung von deutschen oder ausländischen Staatsangehörigen nach deutschem Recht aus. Ebenso wenig kommt in Deutschland eine Entmündigung von ausländischen Staatsangehörigen nach ihrem Heimatrecht in Betracht. Unterstellt man die Frage der Entmündigung dem Personalstatut nach Art. 7,[49] so steht dem einschneidenden Eingriff in das Selbstbestimmungsrecht der ordre public (Art. 6) entgegen.[50] Nach zutreffender Auffassung ist die Entmündigung indes betreuungsrechtlich iSv Art. 24 zu qualifizieren und unterfällt nunmehr dem sachlichen Anwendungsbereich des ESÜ.[51] Hiernach ist von deutschen Gerichten gemäß dem Gleichlaufprinzip idR deutsches Recht anzuwenden (Art. 13 Abs. 1 ESÜ). Eines Rückgriffs auf den ordre public bedarf es dann nicht.

Ausländische Entmündigungsentscheidungen sind im Inland nach Maßgabe der §§ 108, 109 FamFG anzuerkennen. Das ESÜ spielt insoweit keine Rolle, da dessen Vertragsstaaten das Institut der Entmündigung beseitigt bzw. durch weniger einschneidende Maßnahmen ersetzt haben.[52] Auf die Form der ausländischen Entscheidung als Beschluss oder Urteil kommt es nicht an.[53] Die Entmündigung kann ggf. einen Verstoß gegen den ordre public bedeuten (§ 109 Abs. 1 Nr. 4 FamFG). Ist ein Deutscher im Staat seines gewöhnlichen Aufenthalts entmündigt worden, so ist diese Entscheidung zwar grundsätzlich anzuerkennen, jedoch nur mit den Wirkungen einer Betreuung unter Einwilligungsvorbehalt nach dem deutschen Recht (§ 1903 BGB).[54] Der ordre-public-Verstoß muss aber auch in diesem Fall wie stets auf einer Einzelfallprüfung beruhen[55] (→ EGBGB Art. 6 Rn. 36 ff.).

III. Erweiterung der Geschäftsfähigkeit durch Eheschließung (Abs. 1 S. 2)

Abs. 1 S. 2 weist die Erweiterung der Geschäftsfähigkeit durch Eheschließung dem Personalstatut (Anknüpfung an die Staatsangehörigkeit) des jeweiligen Nupturienten zu. Der Gesetzgeber hat sich damit gegen eine Zuordnung zum Recht der allgemeinen Ehewirkungen (Art. 14) entschieden. Knüpft eine Rechtsordnung an die Eheschließung Minderjähriger oder sonst beschränkt Geschäftsfähiger die sog. **Emanzipation** (erweiterte beschränkte Geschäftsfähigkeit) oder die **Volljährigkeit** (volle Geschäftsfähigkeit; „Heirat macht mündig"),[56] so sind diese Rechtsfolgen dem Heimatrecht der Person zugeordnet. Dagegen sind Beschränkungen der Geschäftsfähigkeit durch Heirat nach Art. 14, 15 EGBGB aF bzw. EuGüVO und Art. 6 zu beurteilen (→ Rn. 18).

IV. Statutenwechsel (Abs. 2)

Ändert sich das Personalstatut der Person durch Erwerb oder Verlust einer Staatsangehörigkeit oder durch einen Aufenthaltswechsel (Art. 5 Abs. 1 oder 2), so beurteilt sich die Rechts- und Geschäftsfähigkeit mit sofortiger Wirkung (ex nunc) nach dem neuen Heimatrecht. Abs. 2 stellt für diesen Fall sicher, dass eine einmal erlangte Rechts- oder Geschäftsfähigkeit nicht verloren geht und die Person durch den Statutenwechsel keinen Rechtsverlust erleidet (**Schutz wohlerworbener Rechte**). Wer nach seinem bisherigen Heimatrecht volljährig war, bleibt dies auch nach seinem neuen („semel maior, semper maior"). Der Statutenwechsel kann also nur zum Erwerb der Rechts- oder Geschäftsfähigkeit führen, nicht aber zu ihrem Verlust.

Ausdrücklich wird der Schutz von Abs. 2 für den Fall des Erwerbs oder Verlusts der deutschen Staatsangehörigkeit ausgesprochen. Der Grund für die Beschränkung auf die deutsche Staatsangehörigkeit liegt in der Rücksichtnahme des Gesetzgebers. Es sollte der Eindruck vermieden werden, man wolle in fremde Rechts-

26

27

28

29

30

47   Vgl. MüKoBGB/*Lipp* EGBGB Art. 7 Rn. 85, Art. 24 EGBGB Rn. 13; BeckOK BGB/*Mäsch* EGBGB Art. 7 Rn. 24.

48   Gesetz v. 12.9.1990 (BGBl. I S. 2002).

49   In diesem Sinne etwa BeckOK BGB/*Mäsch* Art. 7 Rn. 24; Palandt/*Thorn* EGBGB Art. 7 Rn. 3.

50   Vgl. Staudinger/*Hausmann* EGBGB Art. 7 Rn. 151; MüKoBGB/*Lipp* EGBGB Art. 7 Rn. 86.

51   Staudinger/*Hausmann* EGBGB Art. 7 Rn. 152; MüKoBGB/*Lipp* EGBGB Art. 7 Rn. 89 ff.

52   Staudinger/*Hausmann* EGBGB Art. 7 Rn. 160.

53   *Kegel/Schurig* § 17 I 2, S. 564 u.S. 551.

54   *Kropholler*, IPR, § 42 II, S. 321 f.; *v. Bar*, IPR II, Rn. 48; Palandt/*Thorn* EGBGB Art. 7 Rn. 9; *Looschelders*, IPR, Art. 7 Rn. 21.

55   Kein Automatismus, zutr. BeckOK BGB/*Mäsch* EGBGB Art. 7 Rn. 52.

56   So etwa das türkische Recht, vgl. Staudinger/*Hausmann* EGBGB Art. 7 Rn. 52.

ordnungen eingreifen.[57] Nach allgemeiner Meinung **gilt Abs. 2** aber in allen[58] anderen Fällen eines Statutenwechsels **entsprechend**.[59] Beim Wechsel einer ausländischen Staatsangehörigkeit wird durch den Schutz wohlerworbener Rechte nicht in eine der betroffenen Rechtsordnungen eingegriffen, sondern lediglich allgemein eine **allseitige** kollisionsrechtliche Entscheidung getroffen.

31 Knüpft das frühere Heimatrecht die Zuerkennung einer erweiterten Rechtsstellung an denselben Rechtsakt, der auch den Statutenwechsel auslöst (so bspw. an eine Eheschließung, die zur Emanzipation und zum Wechsel der Staatsangehörigkeit führt), so hat ein Erwerb unter dem alten Recht noch nicht stattgefunden. Maßgebend ist allein das neue Heimatrecht. Art. 7 Abs. 2 ist folglich nicht anwendbar.[60]

Art. 8 EGBGB Gewillkürte Stellvertretung

(1) [1]Auf die gewillkürte Stellvertretung ist das vom Vollmachtgeber vor der Ausübung der Vollmacht gewählte Recht anzuwenden, wenn die Rechtswahl dem Dritten und dem Bevollmächtigten bekannt ist. [2]Der Vollmachtgeber, der Bevollmächtigte und der Dritte können das anzuwendende Recht jederzeit wählen. [3]Die Wahl nach Satz 2 geht derjenigen nach Satz 1 vor.

(2) Ist keine Rechtswahl nach Absatz 1 getroffen worden und handelt der Bevollmächtigte in Ausübung seiner unternehmerischen Tätigkeit, so sind die Sachvorschriften des Staates anzuwenden, in dem der Bevollmächtigte im Zeitpunkt der Ausübung der Vollmacht seinen gewöhnlichen Aufenthalt hat, es sei denn, dieser Ort ist für den Dritten nicht erkennbar.

(3) Ist keine Rechtswahl nach Absatz 1 getroffen worden und handelt der Bevollmächtigte als Arbeitnehmer des Vollmachtgebers, so sind die Sachvorschriften des Staates anzuwenden, in dem der Vollmachtgeber im Zeitpunkt der Ausübung der Vollmacht seinen gewöhnlichen Aufenthalt hat, es sei denn, dieser Ort ist für den Dritten nicht erkennbar.

(4) Ist keine Rechtswahl nach Absatz 1 getroffen worden und handelt der Bevollmächtigte weder in Ausübung seiner unternehmerischen Tätigkeit noch als Arbeitnehmer des Vollmachtgebers, so sind im Falle einer auf Dauer angelegten Vollmacht die Sachvorschriften des Staates anzuwenden, in dem der Bevollmächtigte von der Vollmacht gewöhnlich Gebrauch macht, es sei denn, dieser Ort ist für den Dritten nicht erkennbar.

(5) [1]Ergibt sich das anzuwendende Recht nicht aus den Absätzen 1 bis 4, so sind die Sachvorschriften des Staates anzuwenden, in dem der Bevollmächtigte von seiner Vollmacht im Einzelfall Gebrauch macht (Gebrauchsort). [2]Mussten der Dritte und der Bevollmächtigte wissen, dass von der Vollmacht nur in einem bestimmten Staat Gebrauch gemacht werden sollte, so sind die Sachvorschriften dieses Staates anzuwenden. [3]Ist der Gebrauchsort für den Dritten nicht erkennbar, so sind die Sachvorschriften des Staates anzuwenden, in dem der Vollmachtgeber im Zeitpunkt der Ausübung der Vollmacht seinen gewöhnlichen Aufenthalt hat.

(6) Auf die gewillkürte Stellvertretung bei Verfügungen über Grundstücke oder Rechte an Grundstücken ist das nach Artikel 43 Absatz 1 und Artikel 46 zu bestimmende Recht anzuwenden.

(7) Dieser Artikel findet keine Anwendung auf die gewillkürte Stellvertretung bei Börsengeschäften und Versteigerungen.

(8) [1]Auf die Bestimmung des gewöhnlichen Aufenthalts im Sinne dieses Artikels ist Artikel 19 Absatz 1 und 2 erste Alternative der Verordnung (EG) Nr. 593/2008 mit der Maßgabe anzuwenden, dass an die Stelle des Vertragsschlusses die Ausübung der Vollmacht tritt. [2]Artikel 19 Absatz 2 erste Alternative der Verordnung (EG) Nr. 593/2008 ist nicht anzuwenden, wenn der nach dieser Vorschrift maßgebende Ort für den Dritten nicht erkennbar ist.

Literatur: *Bach*, Zurück in die Zukunft – die dogmatische Einordnung der Rechtsscheinvollmacht im gemeineuropäischen IPR, IPRax 2011, 116; *Basedow*, Das Vertretungsrecht im Spiegel konkurrierender Harmonisierungsentwürfe, RabelsZ 45 (1981), 196; *Becker*, Zum internationalen Privatrecht der gewillkürten Stellvertretung (Art. 8 und 229 § 41 EGBGB), DNotZ 2017, 835; *Behnen*, Die Haftung des falsus procurator im IPR – nach Geltung der Rom I- und Rom II-Verordnungen, IPRax 2011, 221; *Bücken*, Rechtswahlklauseln in Vollmachten, RNotZ 2018, 213; *Kindler/Brüggemann*, Die kollisionsrechtliche Anknüpfung kaufmännischer Vollmachten nach Art. 8 EGBGB, RIW 2018, 473; *G. Fischer*, Ver-

57   BT-Drs. 10/504, S. 45.
58   Auch wenn der Statutenwechsel durch einen Wohnsitz oder Aufenthaltswechsel ausgelöst wurde; vgl. BeckOK BGB/*Mäsch* EGBGB Art. 7 Rn. 46.
59   *Kegel/Schurig*, § 17 I 2, S. 560 f.; *Kropholler*, IPR, § 42 I 2, S. 318 f.; *Staudinger/Hausmann* EGBGB Art. 7 Rn. 114; MüKoBGB/*Lipp* EGBGB Art. 7

Rn. 102; Palandt/*Thorn* EGBGB Art. 7 Rn. 8; *Looschelders*, IPR, Art. 7 Rn. 26; BeckOK BGB/*Mäsch* EGBGB Art. 7 Rn. 45; iE ebenso Erman/*Hohloch* EGBGB Art. 7 Rn. 22.

60   MüKoBGB/*Lipp* EGBGB Art. 7 Rn. 108; *Looschelders*, IPR, Art. 7 Rn. 27.

kehrsschutz im internationalen Vertragsrecht, 1990; *Gebauer*, Stellvertretung, in: Leible/Unberath (Hrsg.), Brauchen wir eine ROM 0-Verordnung?, 2013, 325; *v. Hein*, Agency in the Conflict of Laws: A New German Rule, RDIPP 2018, 5; *Heinz*, Das Vollmachtsstatut, 2011; *Kleinschmidt*, Stellvertretung, IPR und ein optionales Instrument für ein europäisches Vertragsrecht, RabelsZ 75 (2011), 497; *ders.*, Agency and authority of agents, in: Basedow/Rühl/Ferrari/de Miguel Asensio (Hrsg.), Encyclopedia of Private International Law, 2017, 29; *Kurzynsky-Singer*, Anknüpfung und Reichweite des Vollmachtsstatuts, 2005; *Mäsch*, Ein Vollmachtsstatut für Europa, in: Liber Amicorum Schurig, 2012, 147; *Müller-Freienfels*, Der Haager Konventionsentwurf über das auf die Stellvertretung anwendbare Recht, RabelsZ 43 (1979), 80; *Nasse*, La représentation en droit international privé – Une nouvelle règle de conflit allemande renforçant l'autonomie de la volonté, Rev. crit. DIP 2019, 264; *Rabel*, Vertretungsmacht für obligatorische Rechtsgeschäfte, RabelsZ 3 (1929), 807; *ders.*, Unwiderruflichkeit der Vollmacht, RabelsZ 7 (1933), 797; *Rademacher*, Kodifikation des internationalen Stellvertretungsrechts – Zum Referentenentwurf des Bundesjustizministeriums, IPRax 2017, 52; *Schaub*, Kollisionsrechtliche Probleme bei Vorsorgevollmachten, IPRax 2016, 207; *Schwarz*, Stellvertretungsrecht im Spiegel nationaler und supranationaler Kodifikationen, RabelsZ 71 (2007), 729; *Spickhoff*, Kodifikation des Internationalen Privatrecht der Stellvertretung, RabelsZ 80 (2016), 481; *Thöne*, Die Vollmacht im Internationalen Privatrecht – Zur Regelung des Art. 8 EGBGB durch das Gesetz zur Änderung von Vorschriften im Bereich des Internationalen Privat- und Zivilverfahrensrechts, IHR 2017, 141; *Verhagen*, Agency in Private International Law, 1995; *Wagner*, Anwendbares Recht für die gewillkürte Stellvertretung (Art. 8 EGBGB), in: FS Deutsches Notarinstitut, 2018, 829; *Wedemann*, Vorsorgevollmachten im internationalen Rechtsverkehr, FamRZ 2010, 785.

A. Allgemeines 1
  I. Überblick 1
  II. Anwendungsbereich 5
    1. Gewillkürte Stellvertretung, Vollmacht ... 5
    2. Über die Vollmacht hinaus? 9
    3. Ausnahmen 11
  III. Zusammenspiel mit allgemeinen Fragen des
    IPR 14
B. Anknüpfungen 16
  I. Rechtswahl (Abs. 1) 16
    1. Einseitige Rechtswahl (S. 1) 17
    2. Allseitige Rechtswahl (S. 2 und 3) 24
  II. Objektive Anknüpfungen (Abs. 2–5) 26

  1. Allgemeine Fragen 27
    a) Erkennbarkeit objektiver Anknüp-
      fungsmomente 27
    b) Gewöhnlicher Aufenthalt (Abs. 8) 29
    c) Verzicht auf eine Ausweichklausel 32
  2. Anknüpfungen 34
    a) Unternehmerisch und als Arbeitneh-
      mer handelnde Vertreter
      (Abs. 2 und 3) 34
    b) Permanent bevollmächtigte Privatper-
      sonen (Abs. 4) 37
    c) Auffanganknüpfungen (Abs. 5) 39

A. Allgemeines

I. Überblick

Stellvertretergeschäfte sind auch im grenzüberschreitenden Kontext allgegenwärtig. Dennoch hat der deutsche Gesetzgeber das Vertretungsstatut erst vor kurzem einer Regelung zugeführt. Mit Inkrafttreten von Art. 8 EGBGB[1] am 17.6.2017 (zur intertemporalen Anwendbarkeit → EGBGB Art. 229 § 41 Rn. 1 f.) wurde eine seit langem beklagte Lücke des Internationalen Privatrechts der Rechtsgeschäftslehre geschlossen. Die Vorschrift geht auf einen Entwurf des Deutschen Rates für Internationales Privatrecht aus dem Sommer 2015[2] zurück.[3] Sie hat ihren Regelungsstandort an der Stelle erhalten, an der bis zum Jahr 1992 eine Vorschrift zur Entmündigung ausländischer Staatsbürger in Deutschland zu finden war (zu den auf die Anerkennung ausländischer Entmündigungen heute maßgeblichen Regelungen des Haager Erwachsenenschutzabkommens → EGBGB Anh. Art. 8 Rn. 1 ff.). Auf europäischer Ebene war die Regelung des internationalen Stellvertretungsrechts zuvor gescheitert.[4] Art. 1 Abs. 2 lit. g Rom I-VO nimmt die Stellvertretung ausdrücklich vom Anwendungsbereich der Verordnung aus.[5] Das Haager Übereinkommen über das auf die Stellvertretung anzuwendende Recht vom 14.3.1978[6] hat Deutschland nicht ratifiziert. **1**

Die Lücke des nationalen Rechts hatten Rechtsprechung und Lehre **vor Inkrafttreten des Art. 8 EGBGB** im Wege der Rechtsfortbildung geschlossen.[7] Für Altfälle hat die vorherige Rechtslage weiterhin Bedeutung (→ EGBGB Art. 229 § 41 Rn. 1). Ganz überwiegend wurde dabei die selbstständige Anknüpfung an das Recht des Wirkungs- bzw. Gebrauchsorts der Vertretungsmacht als Ausgangspunkt befürwortet. Diesem Anknüpfungsmoment kommt auch in Art. 8 EGBGB eine wichtige Rolle zu. Andere objektive Anknüpfungsmomente oder eine Rechtswahl können ihm jedoch vorgehen. Insgesamt erweist sich Art. 8 EGBGB **2**

---

1 S. BT-Drs. 18/10714.

2 *V. Hein* IPRax 2015, 578. Der Regelungsvorschlag des Deutschen Rats ist auf S. 580 f. abgedruckt. Das vorbereitende Gutachten wurde erstellt von *Spickhoff* RabelsZ 80 (2016), 481; auch dort ist der Regelungsvorschlag des Deutschen Rats abgedruckt (S. 531 f.).

3 Noch zum Referentenentwurf des BMJV *Rademacher* IPRax 2017, 52.

4 Ausführliche Bibliographie dazu bei *Spickhoff* RabelsZ 80 (2016), 481, 483 Fn. 8.

5 Dazu NK-BGB/*Leible* Rom I-VO Art. 1 Rn. 66 ff.

6 Dazu *Müller-Freienfels* RabelsZ 43 (1979), 80; *Basedow* RabelsZ 45 (1981), 196.

7 Zusammenfassende Darstellung der früheren Rechtslage und Streitstände mwN etwa bei BeckOGK/*Mankowski* EGBGB Art. 8 Rn. 321 ff.; Staudinger/*Magnus* EGBGB Art. 8 Rn. 14 ff.; Erman/*Hohloch* EGBGB Art. 8 Rn. 3 ff.

in weiten Teilen als Kodifikation und Feinjustierung der zuvor *praeter legem* entwickelten Grundsätze. Dies gilt insbesondere für die **selbstständige Anknüpfung** der Vertretung, losgelöst vom Geschäftsstatut,[8] sowie für die ebenfalls bereits zuvor anerkannten[9] Möglichkeiten der Rechtswahl (→ Rn. 16 ff.). Die Vorschrift dient damit vorwiegend der **Rechtssicherheit und -klarheit.**[10] Eine kollisionsrechtliche Revolution ist insoweit aus guten Gründen ausgeblieben, wenngleich es zu Akzentverschiebungen gekommen ist. Zugleich fällt es schwer, einen die unterschiedlichen Regeln der Anknüpfungsleiter (→ Rn. 16, 26, 34 ff.) verbindenden Grundgedanken herauszustellen. Ein sich wiederholendes Motiv bildet jedoch der Schutz des Dritten durch die Voraussetzung der Erkennbarkeit der Anknüpfungsmomente (→ Rn. 27 f.). Doch wird dieser Schutzmechanismus nicht in allen Einzelheiten konsistent durchgehalten (→ Fn. 73). Auf eine Ausweichklausel hat er Gesetzgeber bewusst verzichtet (→ Rn. 32 f.).

3   **Stilistisch** ist der deutsche Gesetzgeber mit Art. 8 EGBGB dem europäischen Gesetzgeber gefolgt. Die Vorschrift könnte sich ohne anzuecken in eine europäische Verordnung einfügen und atmet nicht den Geist der karg formulierten Grundsätze des EGBGB von 1986. Sie ist mit acht Absätzen außergewöhnlich lang für eine Kollisionsnorm des EGBGB, detailliert und technisch.[11] Einzelregeln sind mit Ausnahmen und Gegenausnahmen qualifiziert. Es finden sich positive und negative Aussagen zum Anwendungsbereich. Der Gesetzgeber ist ersichtlich bemüht um die Aufstellung unmittelbar subsumtionsgeeigneter Tatbestandsmerkmale. Für die Konkretisierung des Tatbestandsmerkmals des gewöhnlichen Aufenthalts verweist Art. 8 Abs. 8 EGBGB teilweise auf Art. 19 Rom I-VO (→ Rn. 29 f.). Der Deutsche Rat für Internationales Privatrecht verband mit seinem Entwurf, der in wesentlichen Teilen Art. 8 EGBGB entspricht, die Hoffnung, ein **mögliches Vorbild für eine europäische Regelung** geschaffen zu haben.[12] Wünschenswert wäre eine Kodifizierung auf europäischer Ebene schon aus Kohärenzgründen allemal.[13]

4   In der **Gerichtspraxis** hat die neue Vorschrift bislang keine dokumentierten Spuren hinterlassen. Über die einschlägigen Datenbanken lässt sich zum Zeitpunkt des Manuskriptabschlusses – immerhin fast zwei Jahre nach Inkrafttreten – nicht eine Entscheidung ermitteln, die sich inhaltlich mit Art. 8 EGBGB auseinandersetzt. Das mag wegen der hohen Zahl von Vertretergeschäften im Rechtsleben einerseits überraschen. Andererseits war die Zahl höchstrichterlicher Entscheidungen zum internationalen Stellvertretungsrecht auch vor Inkrafttreten des Art. 8 EGBGB eher überschaubar. Eine mögliche Erklärung für die tendenziell seltene Beschäftigung der Gerichte mit dem Stellvertretungsstatut könnte sein, dass bei **vergleichender Betrachtung** des materiellen Stellvertretungsrechts die Unterschiede zwischen den einzelnen Rechtsordnungen vorwiegend in technischen Einzelheiten liegen.[14] Die Frage des auf die Stellvertretung anwendbaren Rechts könnte deshalb möglicherweise deutlich seltener streitentscheidend sein als andere Fragen.

II. Anwendungsbereich

5   **1. Gewillkürte Stellvertretung, Vollmacht.** Art. 8 EGBGB regelt das Kollisionsrecht der gewillkürten Stellvertretung. Es geht um durch Rechtsgeschäft erteilte Vertretungsmacht (vgl. § 166 Abs. 2 S. 1 BGB). Art. 8 EGBGB erfasst also insbesondere die **Entstehung**, den **Umfang** und die **Beendigung der Vollmacht,**[15] die Zulässigkeit der **Unterbevollmächtigung,** des **Insichgeschäfts** und der **Doppelvertretung.**[16] Wegen des engen funktionalen Zusammenhangs gilt dies auch für die Erteilung der **Genehmigung** des Handelns eines zunächst vollmachtlosen Vertreters durch den Vollmachtgeber.[17] Dagegen entscheidet das Geschäftsstatut über die Frage, ob das von einem zunächst vollmachtlosen Vertreter geschlossene Geschäft

---

8   BeckOGK/*Mankowski* EGBGB Art. 8 Rn. 35 ff.; *v. Bar/Mankowski*, IPR II, Rn. 1024; Staudinger/ *Magnus* EGBGB Art. 8 Rn. 53; Palandt/*Thorn* EGBGB Art. 8 Rn. 2; *v. Hein*, RDIPP 2018, 5, 16.

9   S. die Nachweise bei BeckOGK/*Mankowski* EGBGB Art. 8 Rn. 329 ff.; Staudinger/*Magnus* EGBGB Art. 8 Rn. 15.

10   *Rademacher* IPRax 2017, 52 (62).

11   BeckOGK/*Mankowski* EGBGB Art. 8 Rn. 2.

12   *V. Hein* IPRax 2015, 578 (579); BeckOGK/*Mankowski* EGBGB Art. 8 Rn. 3.

13   *Gebauer* in Leible/Unberath, Brauchen wir eine ROM 0-Verordnung?, 2013, 325, 338 f.; *Mäsch* Liber Amicorum Schurig, 2012, 147; vgl. auch *v. Bar/ Mankowski*, IPR II, Rn. 1025. Skeptisch zu den Erfolgsaussichten eines solchen Vorhabens *Wagner* FS Deutsches Notarinstitut, 2018, 829, 840.

14   Rechtsvergleichend zum materiellen Vertretungsrecht unter Einbezug der Regelungsvorschläge zum europäischen Vertragsrecht *Rademacher* in Jansen/R. Zimmermann, Commentaries on European Contract Laws, 2018, Authority of Agents (Art. 3:101–3:304); Überblick bei Basedow/Hopt/Zimmermann EurPrivatR-HdWB 1437, 1709.

15   AllgM; statt aller *v. Bar/Mankowski*, IPR II, Rn. 1066; Staudinger/*Magnus* EGBGB Art. 8 Rn. 136 ff.

16   AA (Geschäftsstatut) MüKoBGB/*Spellenberg* EGBGB Art. 8 Rn. 157.

17   Staudinger/*Magnus* EGBGB Art. 8 Rn. 158; BeckOK BGB/*Mäsch* EGBGB Art. 8 Rn. 26; aA (Geschäftsstatut) BeckOGK/*Mankowski* EGBGB Art. 8 Rn. 293 ff.; Palandt/*Thorn* EGBGB Art. 8 Rn. 6; MüKoBGB/*Spellenberg* EGBGB Art. 8 Rn. 161; Erman/*Hohloch* EGBGB Art. 8 Rn. 36.

infolge der Genehmigung wirksam wird.[18] Für die **Form** der Vollmachtserteilung und die **Geschäftsfähigkeit** von Vertreter und Vollmachtgeber bleibt es bei den speziellen Anknüpfungstatbeständen der Art. 11 bzw. 7 EGBGB.[19]

Zum Statut der gewillkürten Stellvertretung zählt auch die Anknüpfung von Rechtsscheinvollmachten (**Duldungs- und Anscheinsvollmacht**).[20] Dies gebieten bereits die notorischen Abgrenzungsschwierigkeiten zwischen konkludenter Bevollmächtigung und auf Rechtsschein beruhender Vertretungsmacht. Bei einer zumeist nur in der Theorie trennscharf möglichen Abgrenzung wäre eine unterschiedliche Anknüpfung nicht sachgerecht. **6**

Nicht in den Anwendungsbereich fallen hingegen die **gesetzliche** und die **organschaftliche Stellvertretung**. Sie richten sich weiterhin nach dem für das Innenverhältnis von Vertreter und Vollmachtgeber maßgeblichen Recht.[21] Rechtsgeschäftlich erteilte, in ihrem Umfang aber gesetzlich zwingend geregelte Vollmachten – etwa die deutsche **Prokura** (§§ 49 Abs. 1, 50 HGB)[22] – fallen wiederum in den Anwendungsbereich von Art. 8 EGBGB, denn sie gehen auf einen Akt der Selbstbestimmung des Vollmachtgebers zurück.[23] **7**

Umstritten ist, ob die **Haftung des Vertreters ohne Vollmacht** *(falsus procurator)* dem Vertretungsstatut unterliegt. Dazu ist zunächst festzuhalten, dass nicht bereits Art. 12 Rom II-VO beansprucht, das auf die Haftung des *falsus procurator* anwendbare Recht zu bestimmen, sondern dies den mitgliedstaatlichen Gesetzgebern überlässt.[24] Für die Anwendung des Geschäftsstatuts auf die Haftung des vertretungsmachtlosen Vertreters spricht zwar die typische Rechtsfolge des Handelns des *falsus procurator*, nämlich dessen Eigenhaftung auf Erfüllung oder Schadensersatz in Bezug auf das von ihm vorgenommene Geschäft.[25] Doch hängen die Existenz der Vollmacht und die Folgen der Behauptung einer tatsächlich fehlenden Vollmacht so eng zusammen, dass sie nicht unterschiedlich angeknüpft werden sollten. Das auf die Haftung des Vertreters ohne Vertretungsmacht anwendbare Recht bestimmt sich daher nach Art. 8 EGBGB.[26] Dafür spricht auch das systematische Argument, dass die zugehörige intertemporale Kollisionsnorm des Art. 229 § 41 EGBGB die Vollmacht und die Erklärungen eines vollmachtlosen Vertreters dem gleichen Recht unterstellt. **8**

2. Über die Vollmacht hinaus? Die Einführung von Art. 8 EGBGB hat zudem die Diskussion der Frage belebt, ob unter das Vertretungsstatut auch **andere als unmittelbar mit der Vollmacht zusammenhängende Fragen der Stellvertretung** fallen. Die amtliche Überschrift und der den Anwendungsbereich ebenso ansprechende Abs. 1 der Vorschrift stehen einem solchen Verständnis nicht entgegen, legen dies vielmehr nahe. Während sich der Entwurf des Deutschen Rates für Internationales Privatrecht noch auf die „durch Rechtsgeschäft erteilte Vertretungsmacht (Vollmacht)" beschränkte,[27] findet Art. 8 EGBGB auf die „gewillkürte Stellvertretung" Anwendung. Diese Formulierung kann den gesamten Vorgang der Vertretung und deren Rechtsfolgen erfassen,[28] während die Vertretungsmacht lediglich eine Voraussetzung der Stellvertretung unter mehreren bildet. **9**

18　Diese Differenzierung betont zu Recht Soergel/*Lüderitz* Anh. Art. 10 EGBGB Rn. 103.

19　AllgM; statt aller Staudinger/*Magnus* EGBGB Art. 8 Rn. 137, 170 ff.

20　BeckOGK/*Mankowski* EGBGB Art. 8 Rn. 272 ff.; *v. Bar/Mankowski*, IPR II, Rn. 1071 ff.; Staudinger/*Magnus* EGBGB Art. 8 Rn. 39; Palandt/*Thorn* EGBGB Art. 8 Rn. 6; MüKoBGB/*Spellenberg* EGBGB Art. 8 Rn. 153; Erman/*Hohloch* Art. 8 Rn. 35; *Thöne* IHR 2017, 141 (143). Siehe auch BeckOK BGB/*Mäsch* EGBGB Art. 8 Rn. 21, 56 f. Zur Frage, ob Art. 12 Abs. 1 Rom II-VO die Rechtsscheinhaftung des Vollmachtgebers umfasst *Bach* IPRax 2011, 116.

21　BT-Drucks 18/10714, S. 24; BeckOGK/*Mankowski* EGBGB Art. 8 Rn. 24 ff.; *v. Bar/Mankowski*, IPR II, Rn. 1022. *Kindler/Brüggemann* RIW 2018, 473 (476 ff.) weisen auf Friktionen im Verhältnis von Vollmachts- und Gesellschaftsstatut hin.

22　Weitere Beispiele bei *Kötz*, Europäisches Vertragsrecht, S. 442.

23　BeckOGK/*Mankowski* EGBGB Art. 8 Rn. 201; *v. Bar/Mankowski*, IPR II, Rn. 1065; Staudinger/

Magnus EGBGB Art. 8 Rn. 38; MüKoBGB/*Spellenberg* EGBGB Art. 8 Rn. 50; BeckOK BGB/*Mäsch* EGBGB Art. 8 Rn. 22.

24　NK-BGB/*Budzikiewicz* Rom II-VO Art. 12 Rn. 44; *Behnen* IPRax 2011, 221; aA *Bach* in Huber, Rome II Regulation, Art. 12 Rn. 15.

25　MüKoBGB/*Spellenberg* EGBGB Art. 8 Rn. 184; BeckOK BGB/*Mäsch* EGBGB Art. 8 Rn. 26; Erman/*Hohloch* EGBGB Art. 8 Rn. 36; s. auch *v. Bar/Mankowski*, IPR II, Rn. 1075 ff.

26　Staudinger/*Magnus* EGBGB Art. 8 Rn. 40; Palandt/*Thorn* EGBGB Art. 8 Rn. 6; *Thöne* IHR 2017, 141 (143).

27　S. dazu die Nachweise in Fn. 2.

28　S. auch die Gesetzesbegründung zu Art. 8 EGBGB, BT-Drs. 18/10714, S. 24: „Die vorgeschlagene Neuregelung bezieht sich allein auf die *Voraussetzungen und Wirkungen der Stellvertretung* aufgrund einer Vollmacht […]." (Hervorhebung hinzugefügt); vgl. auch *Wagner* FS Deutsches Notarinstitut, 2018, 829, 834.

10 Konkret geht es vor allem um die **Zulässigkeit der gewillkürten Vertretung** sowie um **Publizitätserfordernisse**.[29] Zwischen beiden Themen ist zu differenzieren. Bei der Zulässigkeit der gewillkürten Vertretung geht es um die Wirksamkeit des vom Vertreter vorgenommenen Geschäfts. Sie ist deshalb dem Geschäftsstatut zuzuordnen.[30] Dagegen betrifft die Offenkundigkeit der Stellvertretung – wie die Vollmacht selbst – die Frage, wem das Vertreterhandeln zuzurechnen ist, und sollte daher als genuine Frage des Vertretungsrechts der Vollmacht gleich angeknüpft werden.[31]

11 **3. Ausnahmen.** In unterschiedlicher Weise geht Art. 8 EGBGB mit einzelnen besonderen Formen der Vollmacht um. Vom Wortlaut der Vorschrift ist auch die gewillkürte Vertretung im Prozess erfasst, insbesondere durch einen Rechtsanwalt (**Prozessvollmacht**). Insoweit erscheint jedoch jede vom Gebrauchsort und damit von der *lex fori* wegführende Anknüpfung als wenig sachgerecht. Davon geht ganz selbstverständlich auch die Gesetzesbegründung aus.[32] Art. 8 EGBGB ist deshalb entsprechend eng auszulegen.[33]

12 Für die gewillkürte Stellvertretung bei Verfügungen über **Grundstücke** oder Rechte an Grundstücken ordnet Abs. 6 die Anwendung von Art. 43 Abs. 1 und Art. 46 EGBGB an. Ziel ist der Gleichlauf von Vertretungs- und Sachstatut, um die einheitliche Beurteilung aller Wirksamkeitsvoraussetzungen einer Immobilienverfügung zu gewährleisten.[34] Eine Rechtswahl nach Art. 8 Abs. 1 EGBGB ist damit für Grundstücksverfügungen nicht zulässig.[35] Zugleich veranlasst Art. 8 Abs. 6 EGBGB zu dem systematischen Rückschluss, dass die Abs. 1–5 die Vertretung bei anderen Verfügungsgeschäften als Immobiliarverfügungen, etwa bei der Übereignung beweglicher Sachen oder der Zession sowie bei auf Grundstücke bezogenen Verpflichtungsgeschäften, umfassen.[36]

13 Nach Abs. 7 EGBGB findet die Vorschrift keine Anwendung auf die gewillkürte Stellvertretung bei **Börsengeschäften**[37] und **Versteigerungen**. In diesen Vertragsabschlusssituationen besteht ein besonders enger Bezug zum Börsenplatz bzw. Versteigerungsort. Damit ist vor allem das Ziel verbunden, die Rechtswahlmöglichkeit nach Abs. 1 EGBGB zu versagen und die Vertretung dem Recht des jeweiligen Geschäftsorts zu unterstellen. Dieses Ziel ist freilich weiterhin erst im Wege der Rechtsfortbildung zu erreichen, denn Art. 8 EGBGB trifft keine positive Anknüpfungsaussage und die kollisionsrechtliche Lücke besteht insoweit fort.[38]

III. Zusammenspiel mit allgemeinen Fragen des IPR

14 **Rück- und Weiterverweisungen** sind bei Anwendung des Art. 8 EGBGB ausgeschlossen. Über die Rechtswahl nach Abs. 1 kann gem. Art. 4 Abs. 2 EGBGB nur ein Sachrecht zur Anwendung gebracht werden. Doch gibt der Wortlaut von Art. 8 Abs. 2–5 EGBGB ausdrücklich vor, dass auch die objektiven Anknüpfungen Sachnormverweisungen aussprechen (Ausnahme: Abs. 6 iVm Art. 43 Abs. 1 EGBGB).

29 Vergleichend zum Offenkundigkeitsprinzip im europäischen Stellvertretungsrecht *Rademacher* in Jansen/Zimmermann, Commentaries on European Contract Laws, 2018, Art. 3:102 Rn. 1 ff., Art. 3:302 Rn. 1 ff., Art. 3:303 Rn. 1 ff.; *Moser*, Die Offenkundigkeit der Stellvertretung, 2010. Insoweit geht es insbesondere um die Rechtsfolgen einer „undisclosed agency" des *common law*; zum Zusammenspiel mit Art. 1 Abs. 2 lit. g Rom I-VO: BeckOGK/*Mankowski* EGBGB Art. 8 Rn. 15 ff.

30 BeckOGK/*Mankowski* EGBGB Art. 8 Rn. 242; Palandt/*Thorn* EGBGB Art. 8 Rn. 6; Staudinger/ *Magnus* EGBGB Art. 8 Rn. 162; BeckOK BGB/ *Mäsch* EGBGB Art. 8 Rn. 19; MüKoBGB/*Spellenberg* EGBGB Art. 8 Rn. 156; Erman/*Hohloch* EGBGB Art. 8 Rn. 37. Die Anknüpfung der Zulässigkeit der Stellvertretung an die *lex causae* erscheint vor allem für erb- und familienrechtliche Rechtsgeschäfte sinnvoll, da die ganz überwiegende Zahl der Sachrechte für die Vornahme solcher Rechtsgeschäfte höchstpersönliches Handeln verlangt und die Stellvertretung folglich ausschließt: Staudinger/*Mankowski* EGBGB Art. 13 Rn. 218 ff., 744 ff.; Staudinger/*Dörner* EGBGB Art. 25 Rn. 249 ff.

31 Staudinger/*Magnus* EGBGB Art. 8 Rn. 41; aA (Geschäftsstatut) BeckOGK/*Mankowski* EGBGB Art. 8 Rn. 18, 241 ff.; *v. Bar/Mankowski*, IPR II, Rn. 1067; BeckOK BGB/*Mäsch* EGBGB Art. 8

Rn. 19, 25; Palandt/*Thorn* EGBGB Art. 8 Rn. 6; MüKoBGB/*Spellenberg* EGBGB Art. 8 Rn. 156.

32 BT-Drucks 18/10714, S. 24.

33 BeckOGK/*Mankowski* EGBGB Art. 8 Rn. 186 f.; Palandt/*Thorn* EGBGB Art. 8 Rn. 4; Staudinger/ *Magnus* EGBGB Art. 8 Rn. 49; MüKoBGB/*Spellenberg* EGBGB Art. 8 Rn. 55 f.; Erman/*Hohloch* EGBGB Art. 8 Rn. 31; iE auch BeckOK BGB/*Mäsch* EGBGB Art. 8 Rn. 15: teleologische Reduktion.

34 Staudinger/*Mansel* EGBGB Art. 43 Rn. 1093.

35 BeckOGK/*Mankowski* EGBGB Art. 8 Rn. 169; Staudinger/*Magnus* EGBGB Art. 8 Rn. 124; BeckOK BGB/*Mäsch* EGBGB Art. 8 Rn. 34; MüKoBGB/ *Spellenberg* EGBGB Art. 8 Rn. 125.

36 Als selbstständige Teilfrage beurteilt sich die Vertretung nicht nach dem Verfügungsstatut gemäß Art. 14 Abs. 1 Rom I-VO: BeckOK BGB/*Spickhoff*, Art. 14 Rom I-VO Rn. 4. Zur Vertretung bei Mobiliarverfügungen Staudinger/*Mansel* EGBGB Art. 43 Rn. 1083 f., 1089 f.

37 Dabei ist keine Beschränkung auf Börsen im Sinne des Börsengesetzes, sondern eine weite Auslegung des Börsenbegriffs intendiert: BT-Drucks 18/10714, S. 27.

38 Zu den Gründen des Fehlens einer positiven Anknüpfungsregel *R. Wagner* FS Deutsches Notarinstitut, 2018, 829, 838. Kritisch dazu BeckOGK/*Mankowski* EGBGB Art. 8 Rn. 174.

Auch im Hinblick auf ihre *renvoi*-Feindlichkeit hat die Vorschrift also europäischen Charakter (→ Rn. 3). Bisweilen mag sich indes die Frage der Unteranknüpfung bei Verweisung auf Staaten mit mehreren Teilrechtsordnungen stellen,[39] zB bei der Rechtswahl und der Verweisung auf den gewöhnlichen Gebrauchsort. Das anwendbare Sachrecht ist sodann über Art. 4 Abs. 3 EGBGB zu ermitteln.

Verstöße gegen den **ordre public** im Zusammenhang mit dem Stellvertretungsstatut haben die Gerichte bislang nicht angenommen.[40] **15**

B. Anknüpfungen

I. Rechtswahl (Abs. 1)

Die oberste Sprosse der Anknüpfungsleiter des Art. 8 EGBGB besetzt die parteiautonome Wahl des **16**
anwendbaren Rechts nach Abs. 1. Die Vorschrift folgt damit dem Leitbild des europäischen IPR, das das Wahlstatut zum Ausgangspunkt der meisten Kollisionsnormen nimmt.[41] Die Vorschrift unterscheidet zwischen der einseitigen Wahl des anwendbaren Rechts durch den Vollmachtgeber vor der Ausübung der Vollmacht (Abs. 1 S. 1 → Rn. 17 ff.) und der jederzeit vorrangigen gemeinsamen Rechtswahl von Vollmachtgeber, Vertreter und Drittem (Abs. 1 S. 2 und 3 → Rn. 24 f.). Beide Formen der Rechtswahl sind nicht an die Einhaltung einer besonderen Form geknüpft. Es kann jedes beliebige Recht gewählt werden, eine Beschränkung auf Rechtsordnungen, die im Zusammenhang mit der Vollmacht stehen, existiert nicht.[42]

1. Einseitige Rechtswahl (S. 1). Die einseitige Rechtswahl durch den Vollmachtgeber setzt gemäß Abs. 1 **17**
S. 1 voraus, dass sie dem Dritten und dem Bevollmächtigten bekannt ist und **zeitlich vor Ausübung der Vollmacht** erfolgt. Der praktisch häufigste Fall ist, dass die Rechtswahl mit der Bevollmächtigung zeitlich zusammenfällt, doch muss dies nicht notwendigerweise so sein, wie schon Abs. 1 S. 1 zeigt. Der Wortlaut der Vorschrift macht vielmehr deutlich, dass eine Rechtswahl auch für eine bereits erfolgte Bevollmächtigung getroffen werden kann, solange sie nur chronologisch vor der Ausübung der Vollmacht liegt. Die Rechtswahl führt zu einer Verstetigung des anwendbaren Rechts unabhängig vom jeweiligen Gebrauchsort.[43]

Entgegen der hL[44] unterliegen **Zustandekommen und Wirksamkeit** der Rechtswahl nach Abs. 1 nicht **18**
dem gewählten Recht.[45] An einer Regelung wie Art. 3 Abs. 5 Rom I-VO fehlt es in diesem Zusammenhang. Liegt keine Qualifikationsverweisung vor, bleibt es dabei, dass aus Perspektive des deutschen Rechts zu beurteilen ist, ob die Voraussetzungen eines in einer nationalen Kollisionsnorm verwendeten Tatbestandsmerkmals erfüllt sind.[46] Das (hypothetisch) gewählte Recht auch als Statut der Rechtswahl heranzuziehen, ist im europäischen Kollisionsrecht zwar als ein allgemeiner Rechtsgedanke etabliert.[47] Solange der nationale Gesetzgeber sich diesen nicht zu eigen macht, findet jedoch die *lex fori* Anwendung. Auch das denkbare Gegenargument, wonach das Vertrauen des Vollmachtgebers in die Wirksamkeit seiner Rechtswahl enttäuscht werden könnte, wenn sich diese nach – möglicherweise im Zeitpunkt der Rechtswahl nicht vorhersehbarem – deutschem statt dem gewählten Recht richtet, verfängt bei Art. 8 EGBGB nicht. Denn die Vorschrift stellt mit der Kenntnis von Vertreter und Drittem von der Rechtswahl (→ Rn. 22) ohnehin eigene, vergleichsweise strenge Anforderungen an die Wahl des Vertretungsstatuts.

Was der Vollmachtgeber konkret tun muss, um nach Abs. 1 S. 1 das anwendbare Recht zu wählen, gibt die **19**
Vorschrift nicht vor. Insbesondere benennt sie weder einen Erklärungsempfänger, noch stellt sie besondere Formerfordernisse auf. Allerdings etabliert Abs. 1 S. 1 ein Stufenverhältnis zwischen der Rechtswahl einerseits und der Kenntnis von Vertreter und Drittem andererseits. Dies könnte dahingehend zu deuten sein, dass der Vollmachtgeber die Rechtswahl zunächst weder gegenüber dem Vertreter noch gegenüber dem Dritten erklären muss, da ansonsten die jeweilige Kenntnis dieser beiden Personen als zusätzliche Voraussetzung redundant erscheinen mag. Eine mögliche Schlussfolgerung wäre, eine stillschweigende Rechtswahl zuzulassen oder sie als nicht empfangsbedürftige Willenserklärung einzuordnen, die bei Abgabe im

39 AA BeckOK BGB/*Mäsch* EGBGB Art. 8 Rn. 6.
40 Vgl. BeckOGK/*Mankowski* EGBGB Art. 8 Rn. 254 ff.; Staudinger/*Magnus* EGBGB Art. 8 Rn. 24; BeckOK BGB/*Mäsch* EGBGB Art. 8 Rn. 8; MüKoBGB/*Spellenberg* EGBGB Art. 8 Rn. 191.
41 Dazu *Mansel* in Leible/Unberath, Brauchen wir eine Rom 0-Verordnung?, 2013, 241.
42 BeckOGK/*Mankowski* EGBGB Art. 8 Rn. 48.
43 BeckOGK/*Mankowski* EGBGB Art. 8 Rn. 49; *v. Bar*/*Mankowski*, IPR II, Rn. 1031.

44 BeckOGK/*Mankowski* EGBGB Art. 8 Rn. 87; Staudinger/*Magnus* EGBGB Art. 8 Rn. 69; BeckOK BGB/*Mäsch* EGBGB Art. 8 Rn. 36; Erman/*Hohloch* EGBGB Art. 8 Rn. 7, 17.
45 S. bereits *Rademacher* IPRax 2017, 52 (58).
46 So auch zur parallelen Frage nach dem auf eine Rechtswahl iSv Art. 42 S. 1 EGBGB anwendbaren Recht: MüKoBGB/*Junker* EGBGB Art. 42 Rn. 9; *Dörner* FS Stoll, 2001, 491, 492.
47 *Mansel* in Leible/Unberath, Brauchen wir eine Rom 0-Verordnung?, 2013, 241, 272 ff.

Sinne einer willentlichen Entäußerung zur Existenz gelangt, ihre Wirkung aber erst entfaltet, wenn sie anschließend Vertreter und Drittem bekannt geworden ist.[48]

20 Eine andere Lesart des Abs. 1 S. 1 besteht darin, die Rechtswahl als doppelt (also gegenüber Vertreter und Drittem) empfangsbedürftige Willenserklärung mit modifizierten Zugangsvoraussetzungen zu begreifen. Nach allgemeiner Rechtsgeschäftslehre genügt es für den Zugang einer Willenserklärung, wenn diese in den Machtbereich des Empfängers gelangt und unter normalen Umständen mit der Kenntnisnahme ihres Inhalts zu rechnen ist.[49] Auf die tatsächliche Kenntnisnahme kommt es indes nicht an. An diesem Punkt könnte Abs. 1 S. 1 ansetzen und die tatsächliche Kenntnis von Vertreter und Drittem zur Zugangs- und damit Wirksamkeitsvoraussetzung der Rechtswahlerklärung erheben wollen. Auch bei diesem Normverständnis bleiben freilich Spannungen, da nach dem Wortlaut die Rechtswahl des Vollmachtgebers und die Kenntnis von Vertreter und Drittem konzeptionell entkoppelt sind.

21 Schlüssig lässt sich die **Rechtswahl** deshalb nur **als empfangsbedürftige Willenserklärung** konzeptualisieren, die – wie die Bevollmächtigung – gegenüber dem Vertreter oder dem Dritten abgegeben werden kann, ausdrücklich oder konkludent. Hier bleibt es bei den allgemeinen Zugangskriterien; es kommt also nicht auf die tatsächliche Kenntnis des Erklärungsempfängers an.

22 Die Rechtswahl entfaltet jedoch nur Wirkung, wenn sowohl der Vertreter als auch der Dritte davon **Kenntnis** erlangt haben. Die Voraussetzung der Kenntnis auch des jeweiligen Rechtswahlerklärungsempfängers ist somit nicht redundant, sondern geht über das Zugangserfordernis, für das bereits die Möglichkeit der Kenntnisnahme genügt, hinaus. Ferner muss auch der jeweils andere Beteiligte von der Rechtswahl Kenntnis erlangen. Unerheblich ist dabei, wie beide Personen jeweils Kenntnis erlangt haben; eine Mitteilung durch den Vollmachtgeber ist nicht notwendig.[50] Mit der Kenntnis von Vertreter und Drittem stellt Art. 8 Abs. 1 S. 1 BGB auffällig hohe Anforderungen an die Anwendung des Wahlstatuts. Der Grund dafür liegt in dem besonderen Schutzbedürfnis von Vertreter und Drittem: Während über ersterem das Damoklesschwert der Haftung als *falsus procurator* schwebt, strebt letzterer Gewissheit darüber an, ob der Vertrag zwischen ihm und dem Vollmachtgeber zustande gekommen ist.[51] Für beide Fragen ist das Vollmachtstatut maßgeblich, über das Vertreter und Dritter informiert sein wollen, bevor sie handeln. Den Schutz beider Personen bewertet die Vorschrift so hoch, dass selbst **grob fahrlässige Unkenntnis** einer der beiden Personen der Anwendung des Wahlstatuts insgesamt entgegensteht[52] und stattdessen die objektive Anknüpfung nach Abs. 2–5 entscheidet. Möglicherweise als Ausgleich zu dem strengen Kenntniserfordernis ist die **Formfreiheit** der Rechtswahl zu sehen.[53] Wird bereits die Kenntnis von Vertreter und Drittem für die Begründung des Wahlstatuts verlangt, sinkt das Bedürfnis, die Beweisbarkeit der Rechtswahl durch die Anordnung einer besonderen Form zu stärken.

23 **Zusammengefasst** setzt Abs. 1 S. 1 den Zugang der Rechtswahlerklärung bei Vertreter oder Drittem sowie die Kenntnis beider von der Rechtswahl voraus. Nach dem Wortlaut des Abs. 1 S. 1 ist dabei unerheblich, wie bzw. durch wen Vertreter und Dritter Kenntnis von der Rechtswahl erlangen. Sie muss ihnen nicht zwangsläufig vom Vollmachtgeber oder in einer bestimmten Form mitgeteilt worden sein. Praktisch bedeutsam erscheint vor allem der Fall, dass der Vertreter auf Weisung des Vollmachtgebers den Dritten von der Rechtswahl unterrichtet, ohne dabei notwendigerweise Erklärungsvertreter des Vollmachtgebers zu sein. Umgekehrt trägt der Vollmachtgeber das Risiko, dass seine Rechtswahl wirkungslos bleibt und das Vollmachtstatut objektiv bestimmt wird, wenn er die Information des Dritten über die Rechtswahl dem Vertreter überantwortet.

24 **2. Allseitige Rechtswahl (S. 2 und 3).** Die allseitige Rechtswahl nach Abs. 1 S. 2 und 3 bedeutet einen **dreiseitigen Vertrag**. Auch er ist nicht an eine besondere Form gebunden und kann konkludent geschlossen werden.[54] Auf sein Zustandekommen und seine Wirksamkeit findet Art. 3 Abs. 5 Rom I-VO keine Anwendung, da in einem Rechtswahlvertrag nicht die Begründung eines vertraglichen Schuldverhältnisses (Art. 1 Abs. 1 Rom I-VO) liegt. Vielmehr richten sich Zustandekommen und Wirksamkeit aus den gleichen Gründen wie bei Abs. 1 S. 1 (→ Rn. 18) nach deutschem Recht.

25 Die Vorschrift bedient sich einer Formulierung, die das Hierarchieverhältnis von einseitiger und allseitiger Rechtswahl deutlich hervorhebt. Sie betont, dass die vorrangige allseitige Rechtswahl „jederzeit" erfolgen kann. Damit ist den Parteien auch eine nachträgliche **Heilungsmöglichkeit** vor allem für den Fall eröffnet,

---

48 *V. Bar/Mankowski*, IPR II, Rn. 1030, 1033; Palandt/ *Thorn* EGBGB Art. 8 Rn. 2; MüKoBGB/*Spellenberg* EGBGB Art. 8 Rn. 75 f.

49 NK-BGB/*Faust* BGB § 130 Rn. 22.

50 BT-Drucks 18/10714, S. 25; Palandt/*Thorn* EGBGB Art. 8 Rn. 2.

51 *Spickhoff* RabelsZ 80 (2016), 481, 501 ff.

52 BeckOGK/*Mankowski* EGBGB Art. 8 Rn. 51.

53 Vgl. *Spickhoff* RabelsZ 80 (2016), 481, 503 f.

54 BeckOGK/*Mankowski* EGBGB Art. 8 Rn. 90 f.; Staudinger/*Magnus* EGBGB Art. 8 Rn. 72; MüKo-BGB/*Spellenberg* EGBGB Art. 8 Rn. 81 ff.; BeckOK BGB/*Mäsch* EGBGB Art. 8 Rn. 37.

dass das unilateral oder objektiv bestimmte Statut den gemeinsamen Parteiinteressen zuwiderläuft, indem es das Zustandekommen des Vertrags zwischen Vollmachtgeber und Drittem verhindert.

II. Objektive Anknüpfungen (Abs. 2–5)

Die Zahl der denkbaren Momente für eine objektive Anknüpfung der gewillkürten Vertretung ist so groß wie bei wenigen anderen Statuten.[55] Gleichwohl ließ sich bereits **vor Inkrafttreten von Art. 8 EGBGB** – und zwar auch in rechtsvergleichender Perspektive[56] – zumindest ein gewisses Übergewicht derjenigen ausmachen, die im Regelfall an den **Gebrauchs- oder Wirkungsort der Vertretungsmacht** anknüpfen wollen, vorwiegend verstanden als den Ort, an dem der Vertreter von der Vollmacht tatsächlich Gebrauch gemacht hat.[57] Der Gesetzgeber hat sich im Anschluss an den Entwurf des Deutschen Rates diese Position zu eigen gemacht und von ihm zugleich einige vorrangige Sonderanknüpfungen übernommen, die ihrerseits ebenfalls auf Vorarbeiten in der Literatur zurückgehen. **26**

Im Folgenden seien drei übergreifende Fragen der objektiven Anknüpfungstatbestände vorab besprochen (1.). Anschließend werden die einzelnen Anknüpfungen näher betrachtet (2.).

1. Allgemeine Fragen. a) Erkennbarkeit objektiver Anknüpfungsmomente. Eine Gemeinsamkeit der einzelnen Anknüpfungstatbestände liegt darin, dass die objektiven Anknüpfungsmomente für den Dritten erkennbar sein müssen. Damit ist ein objektiver, abstrakter Maßstab gemeint, der zugleich individuelles Sonderwissen berücksichtigt.[58] Dahinter steht der **verkehrsschützende Gedanke**, dass der Dritte vor der Anwendung eines für ihn überraschenden Statuts bewahrt werden soll,[59] auch weil es an einem allgemeinen Vertrauensanknüpfungstatbestand fehlt.[60] Erst wenn keine besonderen Anknüpfungen einschlägig sind und zudem der Gebrauchsort der Vollmacht für den Dritten nicht erkennbar ist, findet das Recht des gewöhnlichen Aufenthalts des Vollmachtgebers Anwendung, ohne dass es insoweit auf subjektive Voraussetzungen beim Dritten ankommt (Abs. 5 S. 3). **27**

Mit der bloßen Erkennbarkeit der objektiven Anknüpfungsmomente stellt die Vorschrift weniger strenge subjektive Anforderungen auf als bei der Rechtswahl durch den Vollmachtgeber (Abs. 1 S. 1), die lediglich bei Kenntnis (auch) des Dritten Wirkung entfaltet (→ Rn. 22). **Fahrlässige Unkenntnis** des Dritten steht der Anwendung des durch objektive Anknüpfung bestimmten Rechts also nicht entgegen.[61] Darin kommt einmal mehr das besondere Schutzbedürfnis des Dritten bei einer einseitigen Rechtswahl durch den Vollmachtgeber zum Ausdruck. **28**

b) Gewöhnlicher Aufenthalt (Abs. 8). In drei Zusammenhängen stellt Art. 8 EGBGB auf den gewöhnlichen Aufenthalt des Vertreters (Abs. 2) bzw. des Vollmachtgebers (Abs. 3, Abs. 5 S. 3) ab. Zur näheren Bestimmung des gewöhnlichen Aufenthalts verweist Abs. 8 auf **Art. 19 Abs. 1, Abs. 2 Alt. 1 Rom I-VO**. Art. 19 Rom I-VO bietet zwar keine allgemeine Definition des Begriffs des gewöhnlichen Aufenthalts, er regelt aber in Abs. 1 für das Unionskollisionsrecht der vertraglichen Schuldverhältnisse, welcher Ort bei Gesellschaften, Vereinen oder juristischen Personen einerseits und bei natürlichen Personen, die eine berufliche Tätigkeit ausüben, andererseits als gewöhnlicher Aufenthalt gilt. Art. 19 Abs. 2 Alt. 1 Rom I-VO enthält eine Sonderregel für den Vertragsschluss im Rahmen des Betriebs einer Zweigniederlassung, Agentur oder sonstigen Niederlassung. **29**

Die Inbezugnahme von Art. 19 Abs. 2 Alt. 1 Rom I-VO ist durch Abs. 8 jedoch in zweifacher Hinsicht **modifiziert**. Einerseits (Abs. 8 S. 1) wird der nach Art. 19 Abs. 2 Alt. 1 Rom I-VO maßgebliche Vertragsschluss durch die Ausübung der Vollmacht ersetzt. Es geht somit um Vertreter, die ihre Vollmacht im Rahmen des Betriebs einer Zweigniederlassung, Agentur oder sonstigen Niederlassung ausüben. Andererseits (Abs. 8 S. 2) ist die Anknüpfung an den Ort der Zweigniederlassung, Agentur oder sonstigen Niederlassung ausgeschlossen, wenn dieser Ort für den Dritten nicht erkennbar (→ Rn. 27 f.) ist. Hier greift Abs. 8 also erneut den Verkehrsschutzgedanken auf. **30**

---

55 Überblick bei *Heinz*, Das Vollmachtsstatut, 2011, 16 ff.; *Spickhoff* RabelsZ 80 (2016), 481, 507 ff. S. bereits *Rabel* RabelsZ 3 (1929), 807, 815 ff.

56 *Kleinschmidt* in Basedow/Rühl/Ferrari/de Miguel Asensio, Encyclopedia of Private International Law, 2017, 29, 36 ff.; *Heinz*, Das Vollmachtsstatut, 2011, 159 ff.; *Schwarz* RabelsZ 71 (2007), 729, 756 mit Fn. 130.

57 Stellvertretend für die Rechtsprechung BGH IPRax 1991, 247 f.; BGH NJW 2004, 1315 (1316); weiterführender Rückblick mwN bei Staudinger/*Magnus* EGBGB Art. 8 Rn. 14 ff.

58 BeckOGK/*Mankowski* EGBGB Art. 8 Rn. 158 f.

59 Staudinger/*Magnus* EGBGB Art. 8 Rn. 62 ff.; *Spickhoff* RabelsZ 80 (2016), 481, 520 ff.; *v. Hein* IPRax 2015, 578 (580).

60 *Kegel/Schurig*, Internationales Privatrecht, § 14 VII 1 (S. 491); ausführlich *Grolimund*, Vertrauensanknüpfung im Internationalen Privat- und Zivilverfahrensrecht, 2008, 79 ff., 226 ff. (zur Stellvertretung), 355 ff.

61 *V. Bar/Mankowski*, IPR II, Rn. 1037; Staudinger/*Magnus* EGBGB Art. 8 Rn. 65; BeckOK BGB/*Mäsch* EGBGB Art. 8 Rn. 41.

31   Im Übrigen gelten die allgemeinen Grundsätze zur Bestimmung des gewöhnlichen Aufenthalts (→ Art. 5 Rn. 16 ff.).[62]

32   **c) Verzicht auf eine Ausweichklausel.** Auf eine Ausweichklausel hat der Gesetzgeber verzichtet. Damit nimmt das internationale Stellvertretungsrecht im europäischen wie im nationalen Kollisionsrecht eine **Sonderstellung** ein.[63] Denn selbst besonders rechtssicherheitsaffine Regelungsgegenstände wie das internationale Erbrecht (Art. 21 Abs. 2 EuErbVO) und das internationale Sachenrecht (Art. 46 EGBGB) sehen Ausweichklauseln vor; im internationalen Schuldrecht sind diese ohnehin allgegenwärtig (Art. 4 Abs. 3, Art. 5 Abs. 3, Art. 8 Abs. 4 Rom I-VO, Art. 4 Abs. 3, Art. 5 Abs. 2, Art. 10 Abs. 4, Art. 11 Abs. 4 Rom II-VO).

33   In den Vorarbeiten des Deutschen Rates wurde der Verzicht auf eine Ausweichklausel damit begründet, dass die Interessen von Vollmachtgeber und Drittem bereits durch das differenzierte System objektiver Anknüpfungen hinreichend ausbalanciert seien und es deshalb keiner Ausweichklausel bedürfe.[64] Diesen Standpunkt hat sich der Gesetzgeber offenbar zu eigen gemacht. Gleichwohl ist auch bei dem nun in Kraft gesetzten Anknüpfungssystem nicht ausgeschlossen, dass letztlich ein unpassend erscheinendes Sachrecht zur Anwendung gelangt (für ein Beispiel → Rn. 41). Warum der Rechtssicherheit insoweit stärkeres Gewicht als der Anknüpfungsgerechtigkeit beizumessen sein soll,[65] bleibt offen.

34   **2. Anknüpfungen. a) Unternehmerisch und als Arbeitnehmer handelnde Vertreter (Abs. 2 und 3).** Die erste Sonderanknüpfung des Art. 8 EGBGB betrifft in Ausübung ihrer **unternehmerischen Tätigkeit** handelnde Bevollmächtigte, für die das Recht an ihrem gewöhnlichen Aufenthalt berufen ist (Abs. 2). Diese Ausnahme zur Gebrauchsortanknüpfung war zuvor bereits in Rechtsprechung und Literatur vorherrschend.[66] Dem liegt die Annahme zugrunde, dass der Rechtsverkehr das Handeln eines professionellen Vertreters dessen gewöhnlichem Aufenthaltsort auch dann zuordnet, wenn das Handeln grenzüberschreitend erfolgt.[67] Wer unternehmerisch tätiger Vertreter ist, beurteilt sich nach § 14 BGB. Paradigmatisch ist der Handelsvertreter iSv § 84 Abs. 1 HGB.

35   Wird der Vertreter demgegenüber als **Arbeitnehmer des Vollmachtgebers** tätig, findet gemäß Abs. 3 das Recht des gewöhnlichen Aufenthalts (→ Rn. 29 ff.) des Vollmachtgebers Anwendung. Hier besteht eine Zuordnung zum Vollmachtgeber, während der gewöhnliche Aufenthalt des nur untergeordneten Vertreters in den Hintergrund tritt. Unerheblich ist insoweit, ob es sich um leitende oder sonstige Arbeitnehmer handelt.[68] Zur Bestimmung der Arbeitnehmereigenschaft kann § 611 a Abs. 1 BGB herangezogen werden.[69]

36   Beide Statute setzen die Erkennbarkeit des jeweiligen gewöhnlichen Aufenthalts voraus (→ Rn. 27 f.). Für die Bestimmung des jeweiligen gewöhnlichen Aufenthalts ist der Zeitpunkt der Ausübung der Vollmacht maßgeblich. Mit den Regelungen in Abs. 2 und 3 weicht Art. 8 EGBGB also von der Gebrauchsortanknüpfung ab. Den maßgeblichen Vorteil sieht der Gesetzgeber in der **Verstetigung der Anknüpfung:**[70] Auch bei Ausübung der Vollmacht an verschiedenen Gebrauchsorten bleibt das auf die jeweilige Vollmacht anwendbare Recht gleich.

37   **b) Permanent bevollmächtigte Privatpersonen (Abs. 4).** Ein relativ kleiner Anwendungsbereich verbleibt für Art. 8 Abs. 4 EGBGB. Die Vorschrift findet auf dauerhaft Bevollmächtigte Anwendung, allerdings nur soweit der Vertreter weder in Ausübung seiner unternehmerischen Tätigkeit (Abs. 2) noch als Arbeitnehmer des Vollmachtgebers (Abs. 3) handelt. Anwendungsbeispiele bilden deshalb nur **Vollmachten innerhalb familiärer Beziehungen**, insbesondere zwischen Ehegatten. Jedoch unterfallen Vorsorgevollmachten den **vorrangigen Kollisionsnormen des Haager Erwachsenenschutzübereinkommens** (→ Anh. Art. 8 EGBGB Rn. 2, 5, Anh. IV zu Art. 24 EGBGB, Art. 15 ff. ESÜ).

38   Vom Begriff der Dauervollmacht sollen nicht nur unbefristete Vollmachten erfasst sein, sondern auch befristete, solange eine Bevollmächtigung „auf einen längeren Zeitraum" vorgesehen ist.[71] Liegen diese Voraussetzungen vor, ist an den **gewöhnlichen Gebrauchsort** der Permanentvollmacht anzuknüpfen, wenn dieser Ort für den Dritten erkennbar (→ Rn. 27 f.) ist. Zur Bestimmung des Gebrauchsorts → Rn. 40. Welcher

---

62   Staudinger/*Magnus* EGBGB Art. 8 Rn. 60; BeckOK BGB/*Mäsch* EGBGB Art. 8 Rn. 50.

63   S. bereits *Rademacher* IPRax 2017, 52 (60), 62; *Nasse* Rev. crit. DIP 2019, 264, 273.

64   *Spickhoff* RabelsZ 80 (2016), 481, 517 ff.; vgl. auch *Thöne* IHR 2017, 141 (145); *v. Hein* IPRax 2015, 578 (580), der zudem auf den Gewinn an Rechtssicherheit verweist.

65   So *v. Hein* RDIPP 2018, 5, 24 in Erwiderung auf die Kritik am Referentenentwurf (*Rademacher* IPRax 2017, 52 (62)); BeckOGK/*Mankowski* EGBGB Art. 8 Rn. 7.

66   S. BGH IPRax 1991, 247 f.; *Schwarz* RabelsZ 71 (2007), 729, 747 ff.

67   BeckOK BGB/*Mäsch* EGBGB Art. 8 Rn. 38.

68   Staudinger/*Magnus* EGBGB Art. 8 Rn. 95; BeckOK BGB/*Mäsch* EGBGB Art. 8 Rn. 39; Erman/*Hohloch* EGBGB Art. 8 Rn. 24.

69   BeckOK BGB/*Mäsch* EGBGB Art. 8 Rn. 39; aA BeckOK/*Mankowski* EGBGB Art. 8 Rn. 110; *v. Bar/Mankowski*, IPR II, Rn. 1047.

70   BT-Drucks 18/10714, S. 25.

71   BT-Drucks 18/10714, S. 26.

Gebrauchsort als der gewöhnliche anzusehen ist, kann in einer telekommunikativ geprägten Welt schwer zu ermitteln sein.[72]

c) Auffanganknüpfungen (Abs. 5). Die bislang vorgestellten Sonderanknüpfungen – insbesondere nach **39** Art. 8 Abs. 2 und 3 – decken bereits die überwiegende Zahl der wirtschaftlich bedeutsamen Fälle gewillkürter Stellvertretung ab. Die Auffanganknüpfungen nach Abs. 5 kommen deshalb vor allem zum Zuge, wenn es an der Erkennbarkeit der objektiven Anknüpfungsmomente für den Dritten fehlt, die die Sonderanknüpfungen jeweils voraussetzen. Allerdings verlangt auch die **Gebrauchsortanknüpfung** nach Abs. 5 S. 1 im Interesse des Dritten die Erkennbarkeit (→ Rn. 27 f.) des Gebrauchsorts für diesen, wie Abs. 5 S. 3 zeigt: Nach dieser Vorschrift ist bei Unerkennbarkeit das **Recht des gewöhnlichen Vollmachtgeberaufenthalts** (→ Rn. 29 ff.) anzuwenden. Diese Anknüpfung bildet folglich die letzte Auffanganknüpfung, die ohne ein Erkennbarkeitskriterium auskommt.[73] Art. 8 Abs. 5 EGBGB spannt also ein **doppeltes Netz** objektiver Auffangtatbestände.

Den **Gebrauchsort** definiert Abs. 5 S. 1 als den Staat, in dem der Vertreter von der Vollmacht im Einzelfall **40** Gebrauch macht, er also rechtsgeschäftliche Erklärungen abgibt oder empfängt.[74] Eine einzelne Bevollmächtigung kann sich infolgedessen bei einem in mehreren Staaten tätigen Vertreter nach einer Vielzahl von Rechten beurteilen. Für den Fall, dass sich die Frage nach dem anwendbaren Recht – wie etwa in Widerrufsfällen – schon stellt, bevor es zum Gebrauch der Vollmacht gekommen ist, ist vorgeschlagen worden, das Recht des vom Vollmachtgeber vorgestellten Gebrauchsorts anzuwenden.[75] Diese Lösung führt freilich zu keinem eindeutigen Ergebnis, wenn der Vollmachtgeber mehrere oder überhaupt keinen spezifischen Gebrauchsort intendierte.

Der Gesetzgeber hat sich bewusst für die Berufung der *lex loci actus* als Auffangtatbestand entschieden, **41** obwohl die mittlerweile bis in die letzten Winkel vordringende **telekommunikative Vernetzung der Welt** die Möglichkeiten des Abschlusses von Distanzgeschäften noch einmal erheblich erweitert hat. Der momentane geographische Aufenthaltsort einer Person bei Vertragsschluss und damit auch der Gebrauchsort der Vollmacht erscheinen deshalb zunehmend als arbiträr. Freilich setzt die Anwendung des Gebrauchsortsrechts nach Abs. 5 S. 1 und 3 die **Erkennbarkeit des Gebrauchsorts** für den Dritten voraus (fehlt es daran, findet das Recht des gewöhnlichen Vollmachtgeberaufenthalts Anwendung → Rn. 39). Doch ändert dies nichts daran, dass auch das Recht eines dem Dritten bekannten Gebrauchsorts bisweilen als Zufallsstatut erscheint, wenn man sich etwa vorstellt, dass der Vertreter während einer durch mehrere Länder führenden Reise unter Nennung seines momentanen Aufenthaltsorts Verträge telefonisch oder über das Internet abschließt. Soll ein Vertragsschluss wirklich daran scheitern, dass allein nach dem Recht eines Transitlandes, von dem aus der Vertreter per Email seine Annahmeerklärung versandte, die Vollmacht besonders eng auszulegen und das betreffende Geschäft von ihr nicht gedeckt ist? Wenn die Parteien weiterhin den Vertragsschluss wollen, steht ihnen zur Heilung selbstverständlich die nachträgliche, allseitige Rechtswahl nach Abs. 1 S. 2 offen. Kommt diese nicht zustande, etwa weil eine Partei wegen einer veränderten Marktlage das Interesse am Vertragsschluss verloren hat, würde ein Sachrecht den Vertragsschluss verneinen, das allein wegen formaler Ordnungskriterien zur Anwendung gelangt ist, ohne jedoch einen inhaltlich relevanten Bezug zu der Vertretung aufzuweisen. Für solche – zugegebenermaßen wohl nicht häufigen – Fälle würde man sich eine Ausweichklausel wünschen, gegen deren Aufnahme sich der Gesetzgeber jedoch bewusst entschieden hat (→ Rn. 32 f.).

Zum Schutz des Vollmachtgebers erfährt die Gebrauchsortanknüpfung eine Einschränkung nach Abs. 5 **42** S. 2,[76] wenn der Vertreter in einem **von den Weisungen des Vollmachtgebers abweichenden Staat** tätig wird und der Vertreter wie auch der Dritte dies wissen mussten. Vertreter und Dritter sollen nicht (ggf. kollusiv) entgegen den Vorstellungen des Vollmachtgebers die Anwendung eines abweichenden Rechts herbeiführen können.[77] Deshalb findet in diesem Fall das Recht des vom Vollmachtgeber vorgegebenen

---

72 Vgl. Staudinger/*Magnus* EGBGB Art. 8 Rn. 106; MüKoBGB/*Spellenberg* EGBGB Art. 8 Rn. 113 ff.

73 Für die Fälle des als Arbeitnehmer des Vollmachtgebers handelnden Vertreters kann dieser Mechanismus der doppelten Auffanganknüpfungen allerdings zu einem bemerkenswerten Ergebnis führen: Wenn das Recht des gewöhnlichen Vollmachtgeberaufenthalts nach Abs. 3 zum Schutz des Dritten (!) mangels Erkennbarkeit keine Anwendung findet und überdies der nach Abs. 5 S. 1 maßgebliche Gebrauchsort für den Dritten nicht ersichtlich ist, kommt nach Abs. 5 S. 3 letzten Endes doch das Recht des für den Dritten weiterhin unerkennbaren gewöhnlichen Vollmachtgeberaufenthalts zur Anwendung. Man kann sich des-

halb fragen, wie ernst dem Gesetzgeber der durch Abs. 3 eigentlich bezweckte Schutz des Dritten vor der Anwendung des Rechts eines für ihn nicht erkennbaren gewöhnlichen Vollmachtgeberaufenthalts ist.

74 BT-Drs. 18/10714, S. 26; Palandt/*Thorn* EGBGB Art. 8 Rn. 3.

75 *Spickhoff* RabelsZ 80 (2016), 481, 516.

76 Deshalb kann es sinnvoll sein, die Prüfung der Auffanganknüpfungen mit Abs. 5 S. 2 zu beginnen: Staudinger/*Magnus* EGBGB Art. 8 Rn. 112; BeckOK BGB/*Mäsch* EGBGB Art. 8 Rn. 42.

77 BT-Drs. 18/10714, S. 26.

Gebrauchsorts Anwendung. Allerdings bezieht sich der Wortlaut des Satzes allein auf den Fall, dass der Vollmachtgeber einen einzelnen Gebrauchsort bestimmt hat. Der vorgegebene Mechanismus stößt deshalb an Grenzen, wenn der Vollmachtgeber den Vertreter angewiesen hat, von der Vollmacht ausschließlich in zwei (oder mehr) Staaten Gebrauch zu machen, und davon auch den Dritten in Kenntnis gesetzt hat, der Vertreter ein Geschäft mit dem Dritten aber in einem anderen Staat abschließt. Der Vollmachtgeber erscheint hier mitnichten weniger schutzwürdig als in dem von Abs. 5 S. 2 unmittelbar erfassten Fall, doch ist sodann klärungsbedürftig welches (vorgegebene) Recht anstelle des Rechts des Gebrauchsorts Anwendung findet. Vorzugswürdig erscheint, dem Vollmachtgeber in diesen Fällen ein Wahlrecht zwischen den zuvor vorgegebenen Rechtsordnungen einzuräumen,[78] dessen Wirkung an die Voraussetzungen von Abs. 1 S. 1 geknüpft ist: Die Wahl muss Vertreter und Drittem bekannt gemacht werden.

Anhang zu Art. 8 EGBGB: Haager Übereinkommen über den internationalen Schutz von Erwachsenen vom 13.1.2000

Literatur: *Bücken*, Rechtswahlklauseln in Vollmachten, RNotZ 2018, 213; *Gebauer*, Grenzüberschreitender Seniorenschutz, in: Gebauer ua (Hrsg.), Alternde Gesellschaften im Recht, 2015, 59; *Guttenberger*, Das Haager Übereinkommen über den internationalen Schutz von Erwachsenen, 2003; *Helms*, Reform des internationalen Betreuungsrechts durch das Haager Erwachsenenschutzabkommen, FamRZ 2008, 1995; *Jayme,* Die Patientenverfügung: Erwachsenenschutz und internationales Privatrecht, in: FS Spellenberg 2010, 203; *Lagarde*, Erläuternder Bericht, dt.: BT-Drucks 16/3250, S. 28 ff; *Lemmerz*, Die Patientenverfügung, 2014; *Ludwig*, Der Erwachsenenschutz im Internationalen Privatrecht nach Inkrafttreten des Haager Erwachsenenschutzabkommens, DNotZ 2009, 251; *Röthel*, Erwachsenenschutz in Europa: Von paternalistischer Bevormundung zu gestaltbarer Fürsorge, FamRZ 2004, 999; *Röthel/Woitge*, Das ESÜ-Ausführungsgesetz – effiziente Kooperation im internationalen Erwachsenenschutz, IPRax 2010, 409; *dies.*, Das Kollisionsrecht der Vorsorgevollmacht, IPRax 2010, 494; *Schaub*, Kollisionsrechtliche Probleme bei Vorsorgevollmachten, IPRax 2016, 207; *Schnyder*, Auf dem Weg zu einem umfassenden schweizerischen Erwachsenenschutzrecht, FamRZ 2006, 1569; *Spickhoff*, Vorsorgeverfügungen im Internationalen Privatrecht, in: FS Coester-Waltjen, 2015, 825; *A. Schulz*, Das Haager Übereinkommen über den internationalen Schutz von Erwachsenen, Archiv für Wissenschaft und Praxis der Sozialen Arbeit 2007, 48; *R. Wagner*, Die Regierungsentwürfe zur Ratifikation des Haager Übereinkommens vom 13.1.2000 zum internationalen Schutz Erwachsener, IPRax 2007, 11; *Wedemann*, Vorsorgevollmachten im internationalen Rechtsverkehr, FamRZ 2010, 785.

1 Von der Abschaffung der Entmündigung im Jahr 1990 bis zum Inkrafttreten der Kollisionsnorm zur gewillkürten Stellvertretung im Jahr 2017 (→ EGBGB Art. 8 Rn. 1 ff.) war Art. 8 EGBGB unbesetzt. Sowohl die Entmündigung als auch die gewillkürte Stellvertretung weisen Bezüge zum Haager Übereinkommen über den internationalen Schutz von Erwachsenen auf. Diese Zusammenhänge rechtfertigen einige erläuternde Hinweise an dieser Stelle. Das frühere Haager Abkommen über die Entmündigung und gleichartige Fürsorgemaßnahmen vom 17.7.1905[1] ist von der Bundesrepublik Deutschland am 21.1.1992 gekündigt worden und zum 23.8.1992 außer Kraft getreten. Es galt bis zu diesem Zeitpunkt noch im Verhältnis zu Italien und war insoweit als vorrangiges staatsvertragliches Kollisionsrecht auch auf die Betreuung anzuwenden (Art. 13 Entmündigungs-Abk.).

2 An die Stelle des Entmündigungsabkommens ist das Haager Erwachsenenschutzabkommen vom 13.1.2000 (ESÜ)[2] getreten. Es trat für Deutschland am 1.1.2009 in Kraft. Erfasst werden Personen, die das 18. Lebensjahr vollendet haben (Art. 2 ESÜ) und die aufgrund einer Beeinträchtigung oder Unzulänglichkeit ihrer persönlichen Fähigkeiten nicht in der Lage sind, ihre Interessen wahrzunehmen. Auf die Staatsangehörigkeit der Person kommt es nicht an. Das ESÜ ersetzt in seinem Anwendungsbereich Art. 24 EGBGB soweit die Person ihren gewöhnlichen Aufenthalt in Deutschland oder in einem der anderen Mitgliedstaaten des ESÜ[3] hat. Die Art. 15–17 ESÜ gehen ferner Art. 8 Abs. 4 EGBGB sowie dem vormals ungeschriebenen deutschen Kollisionsrecht für die Vorsorgevollmacht[4] vor (→ Rn. 5). Das Übereinkommen gilt ferner für die in Art. 3 ESÜ aufgelisteten Schutzmaßnahmen, wozu auch die deutsche Betreuung (§§ 1896 ff. BGB) zählt.[5] Nicht erfasst werden die in Art. 4 ESÜ genannten Bereiche. Aus deutscher Sicht sind damit die

---

78 Für die Anwendung des Rechts des gewöhnlichen Vollmachtgeberaufenthalts (Abs. 5 S. 3) hingegen BeckOGK/*Mankowski* EGBGB Art. 8 Rn. 148; Staudinger/*Magnus* EGBGB Art. 8 Rn. 115.

1 RGBl. 1912, S. 463; abgedruckt bei Erman/*Arndt*, 8. Aufl., Anh. zu Art. 8 EGBGB.

2 BGBl. 2007 II, S. 323, vgl. *Wagner* IPRax 2007, 11 ff.; Text bei *Jayme/Hausmann*, Nr. 20 mit Mitgliedstaaten Fn. 2; authentisch sind die englische und die französische Sprachfassung, s. RabelsZ 64

(2000), 752 (engl.) und Rev. crit. DIP 1999, 877 (franz.).

3 Zum Ratifikationsstand vgl. http://www.hcch.net/index_de.php?act=conventions.status&cid=71.

4 *Schaub* IPRax 2016, 207; *Gebauer*, 59 (65); *Ludwig* DNotZ 2009, 251 (258); *Spickhoff* FS Coester-Waltjen, 2015, 825, 834 ff.; maßgeblich war bisher das Recht des Wirkungslandes der Vollmacht.

5 *Helms* FamRZ 2008, 1995; *Ludwig* DNotZ 2009, 251 (263 f.); *Röthel/Woitge* IPRax 2010, 409 (410).

Abwesenheitspflegschaft (§ 1911 BGB) sowie die Pflegschaft für unbekannte Beteiligte (§ 1913 BGB) ausgenommen.[6] Das deutsche Ausführungsgesetz zum ESÜ (ErwSÜAG)[7] regelt die konkrete Einpassung des ESÜ in das deutsche Recht.

Das ESÜ verfolgt einen prinzipiellen Gleichlauf von forum und ius. Die Zuständigkeitsregeln nach Art. 5– **3** 12 ESÜ und die Kollisionsnormen bezüglich des anzuwendenden Rechts (Art. 13–21 ESÜ) sind aufeinander abgestimmt. Die Zuständigkeit liegt im Regelfall bei den Behörden und Gerichten am Ort des gewöhnlichen Aufenthalts des Erwachsenen. Das Übereinkommen beruft in grenzüberschreitenden Fällen für behördliche oder gerichtliche Schutzmaßnahmen entsprechend die lex fori (Art. 13 Abs. 1 ESÜ) und erlaubt nur ausnahmsweise ein Ausweichen auf das Recht mit dem der Sachverhalt eng verbunden ist (Art. 13 Abs. 2 ESÜ).[8] Dabei handelt es sich um eine Sachnormverweisung, so dass Rück- oder Weiterverweisungen ausgeschlossen sind. Das angerufene Gericht kann ferner das fremde Recht (direkt) anwenden oder auch nur berücksichtigen. Hintergrund ist Art. 14 ESÜ, der auch die Durchführung von Maßnahmen in einem anderen Vertragsstaat erlaubt, wozu dessen Recht aber nicht notwendig angewendet, sondern ggf. nur berücksichtigt werden muss.[9] Das vermindert den Aufwand, der für die Rechtsfeststellung eines fremden Rechts besteht.[10] Im praktischen Ergebnis ergeben sich im Hinblick auf Art. 24 Abs. 1 S. 2 EGBGB kaum Unterschiede zur bisherigen Rechtslage,[11] so dass auf die Literatur und Rechtsprechung unter Beachtung des jetzigen staatsvertraglichen Kontexts zurückgegriffen werden kann (→ EGBGB Art. 24 EGBGB).

Nicht erfasst werden Schutzvorschriften, die ohne richterliche Anordnung ex lege gelten (im deutschen **4** Recht etwa die Regeln zur Geschäftsunfähigkeit, §§ 104 Nr. 2, 105 a BGB).[12] Ferner fällt die Frage nach der gesetzlichen Vertretungsmacht nicht in das ESÜ, denn hierfür existiert keine Regel. Insoweit gilt das nationale Kollisionsrecht.[13]

Das deutsche Ausführungsgesetz zum ESÜ (ErwSÜAG)[14] bestimmt als Zentrale Behörde iSv Art. 28 ESÜ das Bundesamt für Justiz in Bonn. Anerkennung und Vollstreckung ausländischer Schutzmaßnahmen und das Verfahren der Zusammenarbeit in Erwachsenenschutzsachen werden bundesweit einheitlich durchgeführt.

Die Vorsorgevollmacht für den Fall der Fürsorgebedürftigkeit ist in Art. 15 ESÜ eigenständig geregelt. **5** Bestehen, Umfang und Beendigung richten sich nach dem von der betroffenen Person gewählten Recht (Abs. 2), sonst nach dem Recht am gewöhnlichen Aufenthaltsort der Person im Zeitpunkt der Vollmachtserteilung (Abs. 1). Die Regeln greifen nicht nur, wenn der Erwachsene seinen gewöhnlichen Aufenthalt im Gebiet eines Mitgliedstaates hat,[15] sondern auch dann wenn eine Behörde oder ein Gericht eines Mitgliedstaats über die Vorsorgevollmacht zu entscheiden hat.[16] Die Rechtswahl muss ausdrücklich und schriftlich erfolgt sein. Gewählt werden kann das Heimatrecht, das Recht eines früheren gewöhnlichen Aufenthalts oder das Recht in dem sich Vermögen der Person befindet, beschränkt auf dieses Vermögen, Art. 15 Abs. 2 ESÜ. Die Form der Vorsorgevollmacht richtet sich ebenfalls nach dem von Art. 15 Abs. 1 u. 2 ESÜ bestimmten Recht[17] oder nach der Ortsform im Errichtungsstaat, Art. 11 Abs. 1 Alt. 2 EGBGB. Für die Art und Weise der Ausübung der Vertretungsmacht gilt das Recht am Gebrauchsort (Art. 15 Abs. 3 ESÜ). Das betrifft Rechnungslegungspflichten, Formerfordernisse speziell für die Einwilligung in einen ärztlichen Ein-

6   *Helms* FamRZ 2008, 1995 (1996).
7   § 1 des Gesetzes v. 17.3.2007, BGBl. I, S. 314, Text bei *Jayme/Hausmann*, Nr. 20 a; näher *Wagner* IPRax 2007, 11 ff.; *Röthel/Woitge* IPRax 2010, 409 (411 ff.).
8   Das muss das Recht eines Vertragsstaates sein, vgl. Art. 18 ESÜ; *v. Hein* IPRax 2009, 173 (Anm. zu OGH IPRax 2009, 169); *Schulz*, Archiv für Wissenschaft und Praxis der Sozialen Arbeit 2007, 48, 50; *Siehr* RabelsZ 64 (2000), 715, 718.
9   Etwa bei der Veräußerung eines Gegenstands, das in dem fremden Land belegen ist, *Lagarde*, Erl. Bericht, Nr. 19; *Helms* FamRZ 2008, 1995 (1999).
10 *Gebauer* 2015, 59 (63).
11 *Helms* FamRZ 2008, 1995 (1998).
12 *Lagarde*, Erl. Bericht, Nr. 19; *Guttenberger*, 67; *Helms* FamRZ 2008, 1995 (1998); rechtsvergleichend *Röthel* FamRZ 2004, 999 (1004 f.).

13 *Ludwig* DNotZ 2009, 251 (269); *Guttenberger*, 186 f. Für das Eltern-Kind-Verhältnis gilt Art. 21 EGBGB, s. Erl. dort.
14 § 1 des Gesetzes v. 17.3.2007, BGBl. I, S. 314, vgl. *Wagner* IPRax 2007, 11 ff.; *Röthel/Woitge* IPRax 2010, 409 (411 ff.).
15 Dafür *Röthel/Woitge* IPRax 2010, 494 (496).
16 *Bücken* RNotZ 2018, 213 (224); Staudinger/*v. Hein*, Vorbem Art. 24 EGBGB Rn. 145, 170; NK-BGB/ *Benicke*, 2. Aufl. 2012, Anhang IV zu Art. 24 EGBGB Rn. 4; im Ergebnis ebenso *Gebauer*, 59 (67).
17 *Lagarde*, Erl. Bericht, Nr. 93 f.; *Gebauer*, 59 (68); *Guttenberger*, 155; *Helms* FamRZ 2008, 1995 (2000); *Ludwig* DNotZ 2009, 251 (274 ff.); *Röthel/ Woitge* IPRax 2010, 494 (495); *Spickhoff* FS Coester-Waltjen, 2015, 825, 835; *Wedemann* FamRZ 2010, 785 (787).

griff nicht aber auch etwaige Genehmigungserfordernisse.[18] Ggf. kann ein Genehmigungserfordernis am Schutzort als Eingriffsnorm (Art. 20 ESÜ) anzuwenden sein oder der ordre public (Art. 21 ESÜ) eingreifen.[19] Auf eine Vollmacht findet Art. 15 ESÜ erst ab dem Eintritt der Fürsorgebedürftigkeit Anwendung.[20] Ist die Vollmacht unabhängig von einer Fürsorgebedürftigkeit erteilt worden, so gelten die Art. 15 ff. ESÜ jedoch nicht. Daher sind insbesondere Bank- oder Generalvollmachten, auch wenn Sie im Fürsorgefall eingesetzt werden, nicht erfasst.

Betreuungs- und Patientenverfügungen[21] soweit durch sie keine Vertretungsmacht, sondern lediglich der (hypothetische) Wille des Betroffenen ausgedrückt wird (etwa über den Abbruch der medizinischen Behandlung unter bestimmten Umständen) unterfallen Art. 13 ESÜ (lex fori). Art. 15 ESÜ gilt für sie nicht. Ist die Patientenverfügung mit der Vorsorgevollmacht verbunden, gilt für beide Art. 15 Abs. 3 ESÜ.[22]

Art. 16 ESÜ ermöglicht die Aufhebung und Änderung einer bestehenden Vertretungsmacht, um den Schutz der Person und seines Vermögens sicherzustellen.

6 Das Haager Erwachsenenschutzübereinkommen ist hier im Anhang IV zu Art. 24 EGBGB abgedruckt und ausführlich kommentiert.

Art. 9 EGBGB Todeserklärung

[1]**Die Todeserklärung, die Feststellung des Todes und des Todeszeitpunkts sowie Lebens- und Todesvermutungen unterliegen dem Recht des Staates, dem der Verschollene in dem letzten Zeitpunkt angehörte, in dem er nach den vorhandenen Nachrichten noch gelebt hat.** [2]**War der Verschollene in diesem Zeitpunkt Angehöriger eines fremden Staates, so kann er nach deutschem Recht für tot erklärt werden, wenn hierfür ein berechtigtes Interesse besteht.**

Literatur: *Dörner*, Nachlaßspaltung – und die Folgen, IPRax 1994, 362; *Hochwald*, Behandlung von Auslandssterbefällen in der standesamtlichen Praxis, StAZ 2014, 216; *Jayme/Haack*, Die Kommorientenvermutung im Internationalen Erbrecht bei verschiedener Staatsangehörigkeit der Verstorbenen, ZVglRWiss 84 (1985), 80; *Rugullis*, Commorientes internationales – Kommorienten in der Rechtsvergleichung und im Internationalen Privatrecht, ZVglRWiss 113 (2014), 186; *Vékas*, Zur Bindung an die Todesfeststellung durch ein ausländisches Gericht, IPRax 1982, 142.

A. Allgemeines	1	1. Anwendungsbereich	11
I. Vorrangiges Recht	3	2. Berechtigtes Interesse an der Anwendung	
II. Allgemeine kollisionsrechtliche Fragen	6	des deutschen Verschollenheitsrechts	13
B. Regelungsgehalt	7	C. Verfahrensrecht	16
I. Todeserklärung, Todesfeststellung, Todesvermutungen (S. 1)	7	I. Internationale Zuständigkeit, § 12 VerschG	16
II. Kommorientenvermutung	9	II. Anerkennung ausländischer Entscheidungen,	
III. Todeserklärung nach deutschem Recht (S. 2)	11	§ 108 FamFG, § 328 ZPO	18

A. Allgemeines

1 Art. 9 betrifft zwei rechtliche Aspekte des Todes: Entweder ist der Eintritt des Todes einer natürlichen Person (Verschollenheit) oder der Zeitpunkt des Todes einer verstorbenen Person ungewiss. Im materiellen Recht werden beide Fragen nach „Ob" und „Wann" des Versterbens durch das Verschollenheitsgesetz beantwortet und in getrennten Verfahren abgehandelt (vgl. Verfahren zur Todeserklärung nach §§ 1 Abs. 1, 2 ff., 13 ff. VerschG[1] und zur Feststellung der Todeszeit nach §§ 1 Abs. 2, 39, 44 VerschG).

---

18 Zutr. *Schaub* IPRax 2016, 207; *Wedemann* FamRZ 2010, 785 (789); Staudinger/*v. Hein*, Vorbem Art. 24 EGBGB Rn. 204 ff. Die Gegenauffassung weist Genehmigungserfordernisse wie §§ 1904 Abs. 2, 1906 Abs. 5 S. 2 BGB ebenfalls dem Art. 15 Abs. 3 ESÜ zu, vgl. *Lagarde*, Erl. Bericht, Nr. 107; *Guttenberger*, 161 f.; *Lemmerz*, Die Patientenverfügung, 2014, 136 ff.; *Röthel/Woitge* IPRax 2010, 494 (496); *Helms* FamRZ 2008, 1995 (2000); *Spickhoff* FS Coester-Waltjen, 2015, 825, 835.

19 Am Beispiel von § 1904 BGB hierzu näher *Spickhoff* FS Coester-Waltjen, 2015, 825, 836.

20 Das gilt für die auf diesen Fall bedingten Vorsorgevollmachten und für die unbedingten aber mit einer dahin gehenden Ausübungsbeschränkung im Innen-

verhältnis versehene Vorsorgevollmachten. Vgl. *Ludwig* DNotZ 2009, 251 (271 ff.); *Wedemann* FamRZ 2010, 785 (786 f.); *Röthel/Woitge* IPRax 2010, 494 (495).

21 *Schaub* IPRax 2016, 207 (215); *Lagarde*, Erl. Bericht, Nr. 97; *Guttenberger*, 162 f.; *Helms* FamRZ 2008, 1995 (1999 f.); *Wedemann* FamRZ 2010, 785 (786).

22 *Schaub* IPRax 2016, 207 (209); *Wedemann* FamRZ 2010, 785 (786); *Jayme* FS Spellenberg, 2010, 203, 208; aA *Lemmerz*, Die Patientenverfügung, 2014, 138 f. (Trennung der einzelnen Regelungsinhalte). Dazu aus der notariellen Praxis mit einer Rechtswahlempfehlung *Bücken* RNotZ 2018, 213 (229).

1 Verschollenheitsgesetz v. 15.1.1951 (BGBl. I S. 63).

Art. 9 S. 1 verweist für diese Fragen auf das Heimatrecht des Verschollenen zum Zeitpunkt des Eintritts der   **2**
Verschollenheit bzw. auf das Heimatrecht des Verstorbenen zum Zeitpunkt seines Todes. S. 2 ermöglicht bei
berechtigtem Interesse hilfsweise eine Todeserklärung nach deutschem Recht. Die Verschollenheitsfragen
werden somit im Verhältnis zu anderen Anknüpfungen gesondert angeknüpft (sog. selbstständige Teilfragen, vgl. ebenso wie → EGBGB Art. 7 Rn. 6) und nicht dem Wirkungsstatut unterstellt, in dessen Zusammenhang sie relevant werden (meist das Erb- oder Familienstatut).[2]

Ausnahmen gelten für die Sonderregelungen des deutschen Versorgungs- und Sozialversicherungsrechts,[3]
die aufgrund der besonderen Sachnähe dem Wirkungsstatut zugeordnet werden.[4]

I. Vorrangiges Recht

Neben Art. 9 enthält **Art. 2 § 1 Abs. 4 S. 1 VerschÄndG**[5] eine ergänzende Sonderregelung für verschollene   **3**
Personen mit ausländischem Personalstatut, die im Zusammenhang mit dem zweiten Weltkrieg verschollen
sind. Eine Todeserklärung nach deutschem Recht ist für diesen Personenkreis insbesondere ohne den Nachweis eines besonderen Interesses (wie bei S. 2) möglich. Die Vorschrift lautet:

VerschÄndG Art. 2 § 1

**(1) Wer vor dem 1. Juli 1948 im Zusammenhang mit Ereignissen oder Zuständen des letzten Krieges
vermisst worden und seitdem unter Umständen, die ernstliche Zweifel an seinem Fortleben begründen, verschollen ist, kann für tot erklärt werden.**

(2)–(3) …

**(4) ¹Die Absätze 1–3 gelten auch für einen Verschollenen, der in dem letzten Zeitpunkt, in dem er
nach den vorhandenen Nachrichten noch gelebt hat, Angehöriger eines fremden Staates oder staatenlos war,**

**a) wenn er in diesem Zeitpunkt seinen Wohnsitz oder seinen Aufenthalt im Geltungsbereich dieses
Gesetzes hatte oder als Angehöriger der ehemaligen deutschen Wehrmacht am letzten Kriege teilgenommen hat, oder**

**b) wenn der Ehegatte, ein ehelicher oder ein diesem rechtlich gleichgestellter Abkömmling oder ein
anderer nach § 16 des Verschollenheitsgesetzes antragsberechtigter Verwandter des Verschollenen
seinen Wohnsitz oder seinen gewöhnlichen Aufenthalt im Geltungsbereich dieses Gesetzes hat und
die Todeserklärung beantragt.**
²§ 12 Abs. 2 und 3 des Verschollenengesetzes bleiben unberührt.

Unionsrechtliche Regelungen zu Fragen der Verschollenheit bestehen nicht. Insbesondere sind Fragen der   **4**
Verschollenheit auch vom sachlichen Anwendungsbereich der EuErbVO gem. Art. 1 Abs. 1 lit. c EuErbVO
ausgenommen (s. aber → Rn. 10).

Die UN-Konvention über die Todeserklärung Verschollener vom 6.4.1950 ist für die Bundesrepublik
Deutschland zum 24.1.1967 außer Kraft getreten.[6] Die Haager Konvention über das auf die Rechtsnach-
folge von Todes wegen anwendbare Recht vom 1.8.1989 ist bislang nicht in Kraft getreten und von
Deutschland auch nicht gezeichnet worden.[7]

Art. 9 S. 1 wird durch Art. 8 Abs. 3 S. 1 des Deutsch-Iranischen Niederlassungsabkommen vom 17.12.1929[8]   **5**
verdrängt (Art. 3 Nr. 2). Danach gilt zwar ebenfalls das jeweilige Heimatrecht der Person („die heimischen
Gesetze"). Es handelt sich aber um eine Sachnormverweisung. Rück- und Weiterverweisungen kommen
nicht in Betracht. Art. 9 S. 2 bleibt anwendbar (Art. 8 Abs. 3 S. 2 dt.-iran. Niederlassungs-Abk.).[9]

---

2   MüKoBGB/*Lipp* EGBGB Art. 9 Rn. 12.

3   Vgl. § 180 BEG (Bundesentschädigungsgesetz); § 49
    SGB VI (entspr. §§ 597, 1271 RVO aF sowie § 48
    AngVG aF); § 52 BVersG, § 29 BeamtVG.

4   Staudinger/*Althammer* EGBGB Art. 9 Rn. 49; dage-
    gen will Erman/*Hohloch* EGBGB Art. 9 Rn. 5 den
    räumlichen Anwendungsbereich aus dem Geltungs-
    willen der betreffenden Vorschriften entnehmen.

5   BGBl. I 1951 S. 59, 60 f.

6   BGBl. II 1955 S. 706; die Konvention galt v.
    29.2.1956 bis zum 24.1.1967; vgl. Soergel/*Kegel*
    EGBGB Art. 9 Rn. 41.

7   Zum Stand vgl. http://www.hcch.net/index_de.php?a
    ct=conventions.status&cid=62 (14.5.2019) (eine
    nicht amtliche Übersetzung des Textes der Konven-
    tion ist abgedruckt in IPRax 2000, 53).

8   RGBl II 1930 S. 1006; das Abk. erfasst ua die Fragen
    der Geschäftsfähigkeit, Volljährigkeit, Vormund-
    schaft, Pflegschaft, Entmündigung; Text abgedruckt
    bei *Jayme/Hausmann*, Nr. 23 mit Fn. 2.

9   *Looschelders*, IPR, EGBGB Art. 9 Rn. 25.

II. Allgemeine kollisionsrechtliche Fragen

6 Anknüpfungspunkt des Art. 9 S. 1 ist die Staatsangehörigkeit der Person, deren Leben oder Tod zweifelhaft ist. Art. 9 S. 1 ist Gesamtverweisung. Rück- und Weiterverweisungen sind mithin beachtlich (Art. 4 Abs. 1 S. 1).[10] Für Mehrstaater, Staatenlose und Flüchtlinge gelten die Ersatzanknüpfungen an den gewöhnlichen Aufenthalt (vgl. Anhänge I und II zu Art. 5 EGBGB). Bei deutschen Mehrstaatern gilt der Vorrang des deutschen Rechts (Art. 5 Abs. 1 S. 2).

B. Regelungsgehalt

I. Todeserklärung, Todesfeststellung, Todesvermutungen (S. 1)

7 Die Überschrift Todeserklärung ist dem deutschen System der Verschollenheit entlehnt, das nach Ablauf einer Verschollenheitsperiode die Todeserklärung durch gerichtlichen Beschluss vorsieht (§ 2 VerschG). Das Verfahren auf Feststellung der Todeszeit (§ 39 VerschG) sowie verfahrensunabhängige Vermutungsregeln (Lebensvermutung nach § 10 sowie Kommorientenvermutung nach § 11 VerschG) werden ebenfalls von Art. 9 S. 1 erfasst.

Art. 9 gilt ferner für die Verschollenheitsregelungen anderer Rechtsordnungen, die entweder nur Todesvermutungen (common law) oder vorläufige Verschollenheitserklärungen (déclaration d'absence in Frankreich und dem romanischen Rechtskreis) kennen.[11] Art. 9 umfasst daher **funktional den gesamten Bereich der Verschollenheit**. Das betrifft die Voraussetzungen und Wirkungen einer Todes- oder Verschollenheitserklärung, die Voraussetzungen und Wirkungen einer bloßen Feststellung des Todes oder des Todeszeitpunktes sowie die Lebens- und Todesvermutungen.

8 Maßgeblicher Zeitpunkt für die Anknüpfung an das Heimatrecht nach S. 1 ist derjenige, in dem die verschollene Person nach den vorhandenen Nachrichten zuletzt noch gelebt hat. In Verfahren auf Feststellung der Todeszeit einer verstorbenen Person ist auf die Staatsangehörigkeit im Zeitpunkt des Todes abzustellen.

II. Kommorientenvermutung

9 Art. 9 S. 1 gilt für die Vermutungsregeln bei gemeinsamem Versterben (sog. Kommorientenvermutung). Vor allem im Hinblick auf die Erbfolge hat die Frage der Reihenfolge des Versterbens besondere Bedeutung (vgl. zur Erbfähigkeit § 1923 BGB).

Verweist Art. 9 S. 1 auf das deutsche Recht oder kommt es durch eine Rückverweisung zur Anwendung des deutschen Sachrechts, so gilt § 11 VerschG. Danach wird das gleichzeitige Versterben vermutet, wenn die beteiligten Personen verstorben sind oder für tot erklärt wurden und nicht festgestellt werden konnte, wer vor dem anderen starb. Diese Vermutung gilt unabhängig von einer gemeinsamen Gefahrensituation. Andere Rechtsordnungen entscheiden anders.[12]

10 Für **jeden Beteiligten** ist **gesondert** die Vermutungsregel seines Heimatrechts zu ermitteln. Kommt es bei verschiedenen Heimatrechten der Beteiligten zu einander widersprechenden Vermutungsregeln (überlebt bspw. nach dem Heimatrecht des Ehemannes der Mann im Zweifel seine Frau, nach dem Heimatrecht der Ehefrau hingegen die Frau im Zweifel ihren Mann), so ist der Widerspruch im Wege der **Anpassung** zu beseitigen (vgl. zur Anpassung im Einzelnen Erl. zu → Art. 3 Rn. 38). Nach einem Teil der Lehre soll das materielle Recht angepasst werden und von einem gleichzeitigen Versterben auszugehen sein.[13] Nach anderer Auffassung bedarf es einer Anpassung auf der Ebene des Kollisionsrechts. Die Ersatzanknüpfung folgt dann der Anknüpfung an die familienrechtliche Beziehung der Betroffenen (Ehewirkungsstatut gem. Art. 14; Eltern-Kind-Verhältnis gem. Art. 21 bzw. KSÜ) oder, wenn eine solche Beziehung fehlt, der

---

10 Und zwar auch dann, wenn die Verschollenheit in dem jeweiligen Sachrechtsgebiet (Erbrecht, Familienrecht, Sozialrecht) punktuell mitgeregelt ist. Maßgebend ist dann die entsprechende Kollisionsnorm (sog. Qualifikationsrückverweisung).

11 Vgl. Staudinger/*Althammer* EGBGB Art. 9 Rn. 11 ff. zu den nationalen Verschollenheitsregelungen für Österreich, Schweiz, Frankreich, England. *Kegel/ Schurig*, § 17 I 1 e, f., S. 550, auch Spanien.

12 Rechtsvergleichender Überblick bei *Jayme/Haack* ZVglRWiss 84 (1985), 80, 82; *Rugullis* ZVglRWiss 113 (2014), 186, 190 ff.

13 *Dörner* IPRax 1994, 362 (365); Staudinger/*Dörner* EGBGB Art. 25 Rn. 100; *Looschelders*, IPR, EGBGB Art. 9 Rn. 8; BeckOK BGB/*Lorenz/Wall* EGBGB Art. 25 Rn. 24; PWW/*Mörsdorf-Schulte* EGBGB Art. 9 Rn. 10.

gemeinsam engsten Verbindung.[14] In allen Erbfällen, die am 17.8.2015 oder später eingetreten sind, wird die Anpassungsproblematik durch die („versteckte") Sachnorm des **Art. 32 EuErbVO** gelöst. Hiernach sind die Beteiligten wechselseitig von der Erbfolge ausgeschlossen. Dies entspricht im Ergebnis der deutschen Regelung in § 11 VerschG. Unklar ist, ob die Kommorientenvermutung unter der Geltung der EuErbVO nunmehr erbrechtlich zu qualifizieren ist und daher dem Erbstatut unterliegt[15] oder ob es sich bei der Frage der Todeszeitpunkte um eine Vorfrage handelt, die selbstständig nach der lex fori – in Deutschland also gemäß Art. 9 – anzuknüpfen ist, → EuErbVO Art. 32 Rn. 5. Folgt man mit Blick auf die Bereichsausnahme in Art. 1 Abs. 2 lit. c EuErbVO der letztgenannten Auffassung, so wird man Art. 32 EuErbVO jedenfalls entsprechend anzuwenden haben, wenn infolge unterschiedlicher Staatsangehörigkeiten verschiedene Rechtsordnungen zur Anwendung gelangen, → EuErbVO Art. 32 Rn. 5.

III. Todeserklärung nach deutschem Recht (S. 2)

1. Anwendungsbereich. Art. 9 S. 2 ist **Ausnahmevorschrift** zu der Regelanknüpfung des S. 1. Sie ist trotz ihres Ausnahmecharakters auch auf Verfahren zur Feststellung der Todeszeit (§§ 1 Abs. 2, 39, 44 VerschG) entsprechend anwendbar.[16] Ebenso ist die Formulierung „Angehörige eines fremden Staates" dahin auszulegen, dass auch Staatenlose und Flüchtlinge mit einem ausländischen Personalstatut erfasst werden (die ihren gewöhnlichen Aufenthalt im Ausland haben, → EGBGB Art. 5 Rn. 34). **11**

Art. 9 S. 2 führt auch zur Lebensvermutung des **§ 10 VerschG**. Sie bezieht sich auf die Zeit *vor* einer Todeserklärung. Enthält das Personalstatut des Verschollenen eine kürzere Lebensvermutung, so geht diese aus Gründen des Verkehrsschutzes vor.[17] **12**

2. Berechtigtes Interesse an der Anwendung des deutschen Verschollenheitsrechts. Das berechtigte Interesse an der Anwendung des deutschen materiellen Verschollenheitsrechts ist in S. 2 **subjektlos formuliert**. Es kann sich daher sowohl um die berechtigten Interessen betroffener Personen (Ehegatten oder Angehörige des Verschollenen, Vertragspartner, Mitgesellschafter) als auch um Ordnungsinteressen aus der Sicht der Rechtspflege oder des Gesetzgebers handeln. Das Bestehen eines solchen Interesses wird unter Berücksichtigung aller Umstände des Einzelfalls bestimmt. Es genügt die Feststellung, dass der Sachverhalt einen ausreichenden Inlandsbezug besitzt. Ein Gleichlauf mit dem Merkmal des „berechtigten Interesses" zur Begründung der internationalen Zuständigkeit deutscher Gerichte nach Art. 12 Abs. 2 VerschG besteht nicht.[18] **13**

Die **Kriterien** für das Interesse (Inlandsbezug) sind: der letzte gewöhnliche Aufenthalt des Verschollenen im Inland,[19] die deutsche Staatsangehörigkeit oder der inländische gewöhnliche Aufenthalt des Ehegatten oder der betroffenen Angehörigen, im Inland belegenes Vermögen, ein nach deutschem Recht zu beurteilendes Rechtsverhältnis, für das die Todeserklärung relevant ist. Die Gewichtung der Kriterien ist uneinheitlich. Zumeist wird das Vorliegen **eines** dieser **Inlandsbezüge** für ausreichend angesehen.[20] Dafür sprechen insbesondere die Gesetzesmaterialien.[21] **14**

---

14   *Jayme/Haack* ZVglRWiss 84 (1985), 80, 96; *v. Bar/ Mankowski*, IPR I, § 7 Rn. 255; BeckOK BGB/ *Mäsch* EGBGB Art. 9 Rn. 8; Staudinger/*Althammer* EGBGB Art. 9 Rn. 61 (Angleichung über die Kollisionsnormen und subsidiär Angleichung über die Sachnormen); ähnlich Erman/*Hohloch* EGBGB Art. 9 Rn. 14 (primär kollisionsrechtlich zu lösen durch eine Ersatzanknüpfung an eine enge Beziehung, wozu bereits ein gemeinsamer Aufenthalt genügen soll; führt dazu zu keiner Lösung, so soll durch eine „natürlichere Sicht" das gleichzeitige Versterben im Sinne von Art. 11 VerschG anzunehmen sein).

15   In diesem Sinne MüKoBGB/*Dutta* EuErbVO Art. 1 Rn. 19, EuErbVO Art. 32 Rn. 1; Palandt/*Thorn* EuErbVO Art. 1 Rn. 7; EuErbVO Art. 32 Rn. 2; *Rugullis* ZVglRWiss 113 (2014), 186, 207 f.

16   Einhellige Meinung, vgl. Staudinger/*Althammer* EGBGB Art. 9 Rn. 63.

17   *Kegel/Schurig* § 17 I 1 f., S. 553 (Verkehrsschutz bedeutet hier das Interesse an einer schnellen Bereinigung durch „Liquidierung des Verschollenen"). Insg. zust., aber gegen die Berücksichtigung einer

kürzeren Vermutungsdauer nach dem Heimatrecht, Staudinger/*Althammer* EGBGB Art. 9 Rn. 71.

18   Die Rechtsanwendungsfrage ist nach der Systematik des Art. 9 (primäre Anwendung des Heimatrechts nach S. 1) strenger zu beurteilen als die Zuständigkeitsfrage, Palandt/*Thorn* EGBGB Art. 9 Rn. 3; Erman/*Hohloch* EGBGB Art. 9 Rn. 7; BeckOK BGB/*Mäsch* EGBGB Art. 9 Rn. 11.

19   Gegen die Berücksichtigung dieses Umstandes grds. aber BeckOK BGB/*Mäsch* EGBGB Art. 9 Rn. 11 (ohne Relevanz für ein Interesse anderer Personen an der Todeserklärung nach dem deutschen Recht).

20   Palandt/*Thorn* EGBGB Art. 9 Rn. 3; *Looschelders*, IPR, EGBGB Art. 9 Rn. 13.

21   Danach soll die berechtigte Interesse in Anlehnung an die Ausnahmetatbestände des früheren Art. 12 Abs. 2–4 VerschG aF bestimmt werden können, BT-Drs. 10/504, S. 46; krit. gegen die Tradierung dieses Kriterienkatalogs MüKoBGB/*Lipp* EGBGB Art. 9 Rn. 31 und BeckOK BGB/*Mäsch* EGBGB Art. 9 Rn. 9.

Einschränkungen sind angebracht, sofern die Belegenheit einzelner Vermögensgegenstände oder die Herrschaft des deutschen Rechts über ein tangiertes Rechtsverhältnis den einzigen Inlandsbezug darstellen. Das berechtigte Interesse besteht hier allein in einem Verkehrs- und Ordnungsinteresse. Das genügt für ein Abgehen des primär berufenen Heimatrechts des Verschollenen nach S. 1 nicht.[22] Erforderlich sind daher weitere, einen hinreichenden Inlandsbezug herstellende Momente.[23]

15 Ferner ist nach überwiegender Auffassung das berechtigte Interesse auch ohne einen relevanten Inlandsbezug zu bejahen, wenn das primär berufene ausländische Recht weder eine Todeserklärung noch funktional gleichartige Rechtsinstitute kennt.[24]

C. Verfahrensrecht

VerschG § 12

(1) Für Todeserklärungen und Verfahren bei Feststellung der Todeszeit sind die deutschen Gerichte zuständig, wenn der Verschollene oder der Verstorbene in dem letzten Zeitpunkt, in dem er nach den vorhandenen Nachrichten noch gelebt hat,

1. Deutscher war oder

2. seinen gewöhnlichen Aufenthalt im Inland hatte.

(2) Die deutschen Gerichte sind auch dann zuständig, wenn ein berechtigtes Interesse an einer Todeserklärung oder Feststellung der Todeszeit durch sie besteht.

(3) Die Zuständigkeit nach den Absätzen 1 und 2 ist nicht ausschließlich.

I. Internationale Zuständigkeit, § 12 VerschG

16 Deutsche Gerichte sind international zuständig, wenn der Verschollene zum Zeitpunkt der letzten Nachricht bzw. der Verstorbene bei seinem Tod Deutscher[25] war (Abs. 1 Nr. 1, **Heimatzuständigkeit**) oder der Verschollene/Verstorbene seinen gewöhnlichen Aufenthalt im Inland hatte. Erfasst werden damit die im Inland lebenden Ausländer, Flüchtlinge und Staatenlosen (Abs. 1 Nr. 2, **Aufenthaltszuständigkeit**). Ein dritter Zuständigkeitsgrund ist das Bestehen eines berechtigten Interesses an einer Todeserklärung, der Feststellung der Todeszeit oder den entsprechenden ausländischen Funktionsäquivalenten (Abs. 2, **Zuständigkeit kraft berechtigten Interesses**). Das berechtigte Interesse ist – wie bei S. 2 – nach den Umständen des Einzelfalls zu bestimmen.[26] Das Interesse ist hier aber auf eine Entscheidung im Inland und nicht auf eine Entscheidung nach deutschem Recht gerichtet. Daraus können sich Unterschiede zu S. 2 ergeben. So mag das Verfahren im Ausland für den Antragsteller unzumutbar sein, während die Anwendung seines Heimatrechts keine Schwierigkeiten bereitet. Ein Gleichlauf der Zuständigkeit und des anwendbaren Rechts ist aufgrund der gleich lautenden Formulierung in S. 2 und § 12 Abs. 2 VerschG jedenfalls nicht beabsichtigt. Nicht erforderlich, aber ausreichend ist das Bestehen eines rein objektiven Ordnungsinteresses des inländischen Rechtsverkehrs an einer Entscheidung.[27] § 12 Abs. 2 VerschG soll Zuständigkeitslücken schließen. Der Gedanke der **Fürsorgebedürfnis-Zuständigkeit**[28] dürfte daher vorzugswürdig sein. Aus diesem Grunde ist ein besonderer Inlandsbezug nicht noch zusätzlich zu fordern.[29]

22   Das genügte auch nach dem früheren Rechtszustand nur für eine territorial beschränkte Todeserklärung; Staudinger/*Althammer* EGBGB Art. 9 Rn. 65 spricht sich daher in diesen Fällen für eine solche Beschränkungsmöglichkeit durch einschr. Auslegung des Art. 9 S. 2 aus.

23   Erman/*Hohloch* EGBGB Art. 9 Rn. 9 und MüKo-BGB/*Lipp* EGBGB Art. 9 Rn. 31 verlangen allg. und ohne jede Schematisierung einen hinreichenden Inlandsbezug.

24   Staudinger/*Althammer* EGBGB Art. 9 Rn. 69; Palandt/*Thorn* EGBGB Art. 9 Rn. 3; *Looschelders*, IPR, EGBGB Art. 9 Rn. 13; dagegen verlangt BeckOK BGB/*Mäsch* EGBGB Art. 11 Rn. 9 auch in diesen Fällen einen hinreichenden Inlandsbezug.

25   Deutscher Staatsangehöriger oder Statusdeutscher im Sinne von Art. 116 Abs. 1 GG, vgl. Anhang II zu Art. 5 EGBGB Rn. 9.

26   Palandt/*Thorn* EGBGB Art. 9 Rn. 3; *Looschelders*, IPR, EGBGB Art. 9 Rn. 15.

27   Vgl. Erman/*Hohloch* EGBGB Art. 9 Rn. 7.

28   *Kegel/Schurig* § 17 I 1 f., S. 556.

29   Zu eng ist die von BeckOK BGB/*Mäsch* EGBGB Art. 9 Rn. 15 vorgeschlagene Lösung, wonach ein besonderer Inlandsbezug das Einspringen gerade der deutschen Gerichte rechtfertigen soll. Das läuft auf eine forum-non-conveniens-Zuständigkeit hinaus, die das deutsche und kontinentaleuropäische Zuständigkeitsrecht nicht kennt.

Die nach § 14 VerschG sachlich zuständigen Amtsgerichte (Rechtspfleger, § 3 Nr. 1 lit. g RPflG)[30] entschei- **17**
den nach deutschem Verfahrensrecht (lex fori). Kommt es aufgrund der Verweisung in S. 1 zur Anwendung
fremder Rechtsinstitute (etwa einer déclaration d'absence nach französischem Recht), so lassen sich die
dadurch entstehenden Anpassungsprobleme durch eine sinngemäße Anwendung des deutschen Verfahrensrechts lösen.[31]

II. Anerkennung ausländischer Entscheidungen, § 108 FamFG, § 328 ZPO

Für die Anerkennung ausländischer Todeserklärungen oder anderer Verschollenheitsentscheidungen bedarf **18**
es keines gesonderten Anerkennungsverfahrens. Die Anerkennung erfolgt in jedem innerstaatlichen Verfahren inzident und richtet sich unabhängig von der Form der Entscheidung (Urteil, Beschluss, Verwaltungsakt) nach § 108 FamFG. Eine inhaltliche Überprüfung der ausländischen Entscheidung, etwa im Hinblick
auf das angewandte Recht, findet außer im Rahmen der ordre-public-Kontrolle nicht statt.[32]

Enthält das ausländische Urteil lediglich Feststellungen auf der Grundlage einer Todesvermutung (etwa
nach common law), so richtet sich die Anerkennung nach § 328 ZPO.[33]

Von praktischer Bedeutung ist die internationale Zuständigkeit der ausländischen Gerichte aus der Sicht des **19**
deutschen Zuständigkeitsrechts (§ 109 Nr. 1 FamFG; § 328 Nr. 1 ZPO). Die Todeserklärung eines Deutschen im Ausland ist nach dem Spiegelbildprinzip anerkennungsfähig, wenn er im Entscheidungsstaat seinen letzten gewöhnlichen Aufenthalt hatte oder dort ein berechtigtes Interesse an einer Entscheidung
bestand (§§ 12 Abs. 1 Nr. 2, 2 VerschG). Das deutsche Zuständigkeitsrecht beansprucht mithin **nicht die
ausschließliche Zuständigkeit** für Todeserklärungen Deutscher (§ 12 Abs. 1 Nr. 1, Abs. 3 VerschG) und
steht einer Anerkennung ausländischer Entscheidungen daher nicht entgegen.[34]

Anerkennungsfähig sind auch Entscheidungen, die eine bereits bestehende inländische oder ausländische **20**
Entscheidung nur abändern (etwa hinsichtlich des Todeszeitpunktes). Ein Anerkennungshindernis ergibt
sich bei **konkurrierenden Todes- oder Verschollenheitsentscheidungen**. Nach § 109 Nr. 3 FamFG und
§ 328 Nr. 3 ZPO geht jede (auch eine spätere) inländische Entscheidung einer ausländischen vor.[35] Bei ausländischen Entscheidungen geht die zuerst ergangene vor.

Die Anerkennung bedeutet eine ipso iure eintretende **Wirkungserstreckung** der ausländischen Entschei- **21**
dung im Inland. Der Anerkennungsrichter muss daher die Rechtswirkungen feststellen, die das ausländische
Recht an die Entscheidung knüpft. Das betrifft allerdings nur jene Rechtswirkungen, die das Verschollen-
heitsrecht hervorbringt (Todes- oder Lebensvermutungen, Widerleglichkeit usw), nicht dagegen die sich
hieran anschließenden Folgen in anderen Rechtsgebieten (etwa die Eheauflösung, Wiederheirat oder die
Erbfolge). Sie ergeben sich aus den jeweiligen Wirkungsstatuten (hier dem Ehewirkungs- oder Erbstatut).[36]

Stellt sich eine ausländische Todeserklärung als unrichtig heraus, so ist die Aufhebung oder Abänderung **22**
durch deutsche Gerichte zulässig.[37]

Art. 10 EGBGB Name

(1) Der Name einer Person unterliegt dem Recht des Staates, dem die Person angehört.

**(2) [1]Ehegatten können bei oder nach der Eheschließung gegenüber dem Standesamt ihren künftig zu
führenden Namen wählen**

**1. nach dem Recht eines Staates, dem einer der Ehegatten angehört, ungeachtet des Artikels 5
Abs. 1, oder**

---

30   Die örtliche Zuständigkeit ergibt sich nach §§ 15–
      15 b VerschG primär aus dem letzten Wohnsitz/
      gewöhnlichen Aufenthalt des Verschollenen im
      Inland, ersatzweise nach dem Wohnsitz/gewöhnli-
      chen Aufenthalt des Antragstellers und dem Amtsge-
      richt Berlin-Schöneberg.
31   Staudinger/*Althammer* EGBGB Art. 9 Rn. 58;
      Looschelders, IPR, EGBGB Art. 9 Rn. 16.
32   Staudinger/*Althammer* EGBGB Art. 9 Rn. 80.
33   Anders und stets nach §§ 108, 109 Abs. 1 FamFG
      Staudinger/*Althammer* EGBGB Art. 9 Rn. 78; wie
      hier *Looschelders*, IPR, EGBGB Art. 9 Rn. 17.
34   Zur Todeserklärung eines Deutschen in Polen vgl.
      BGH FamRZ 1994, 498 mAnm *Bosch* (500 f.); zur

      Todeserklärung eines Deutschen in Ungarn vgl. BGH
      IPRax 1982, 155; dazu *Vékas* IPRax 1982, 142.
35   Die Unvereinbarkeit kann sowohl im Ausspruch oder
      der Ablehnung einer Todeserklärung wie auch in
      unterschiedlichen Wirkungen einer im Übrigen über-
      einstimmenden Todeserklärung nach ausländischem
      Recht liegen, vgl. MüKoBGB/*Lipp* EGBGB Art. 9
      Rn. 44.
36   Erman/*Hohloch* EGBGB Art. 9 Rn. 3, 14; MüKo-
      BGB/*Lipp* EGBGB Art. 9 Rn. 12.
37   PWW/*Mörsdorf-Schulte* EGBGB Art. 9 Rn. 12; dif-
      ferenzierend MüKoBGB/*Lipp* EGBGB Art. 9
      Rn. 47 ff., wonach die Zuständigkeit des deutschen
      Gerichts nach § 12 VerschG erforderlich ist.

2. nach deutschem Recht, wenn einer von ihnen seinen gewöhnlichen Aufenthalt im Inland hat.

²Nach der Eheschließung abgegebene Erklärungen müssen öffentlich beglaubigt werden. ³Für die Auswirkungen der Wahl auf den Namen eines Kindes ist § 1617 c des Bürgerlichen Gesetzbuchs sinngemäß anzuwenden.

(3) ¹Der Inhaber der Sorge kann gegenüber dem Standesamt bestimmen, daß ein Kind den Familiennamen erhalten soll

1. nach dem Recht eines Staates, dem ein Elternteil angehört, ungeachtet des Artikels 5 Abs. 1,

2. nach deutschem Recht, wenn ein Elternteil seinen gewöhnlichen Aufenthalt im Inland hat, oder

3. nach dem Recht des Staates, dem ein den Namen Erteilender angehört.

²Nach der Beurkundung der Geburt abgegebene Erklärungen müssen öffentlich beglaubigt werden.

Literatur: *Andrae/Ising,* Modalitäten der Rechtswahl nach Art. 10 Abs. 2 EGBGB, IPRax 2018, 382; *Attlmayr,* Adelsaufhebung und das Gemeinschaftsrecht, JRP 2010, 1; *Benicke,* Aktuelle Probleme des internationalen Namensrechts unter besonderer Berücksichtigung deutsch-spanischer Fälle, StAZ 1996, 97; *Christof Böhmer,* Die Transliteration ausländischer Namen, IPRax 1994, 80; *Bungert,* Ausländische Adelstitel, Schutz deutscher Minderheiten und § 3 a Namensänderungsgesetz, IPRax 1994, 109; *Cambien,* What's in a name: moet een lidstaat en naamswijziging erkennen in dien de nieuwe naam de schijn van adelijke herkomst wekt?, SEW 2016, 498; *Castellaneta,* Libera circolazione delle persone e norme statali sull'attribuzione del cognome, Dir. com. scambi int. 2009, 745; *dies.,* Lo Statò puo cancellare per rispetto dell'uguaglianza la parte del cognome che contiene un titolo nobiliare, Guida dir. 2011 n. 4 S. 106; *Coester-Waltjen,* Das Anerkennungsprinzip im Dornröschenschlaf?, in: FS Erik Jayme, 2004, S. 121; *dies.,* Anerkennung im Internationalen Personen-, Familien- und Erbrecht und das Europäische Kollisionsrecht, IPRax 2006, 392; *Devers,* Non-reconnaissance dans l'État membre don't il est ressortissant du nom acquis par l'enfant dans son État de naissance et de résidence, JCP G 2009 II 10071 = JCP G 15 avril 2009, 35; *Döring,* Ein Vornamensproblem in Europa, JR 2018, 75; *Dutta,* Namenstourismus in Europa?, FamRZ 2016, 1213; *Dutta/Helms/Pintens* (Hrsg.), Ein Name in ganz Europa, 2016; *Andrea Ehlers,* Die Behandlung fremdartiger Namen im deutschen Recht, 2016; *Fillers,* The curious evolution of ECJ's case-law on personal names: beyond the recognition of decisions, NIPR 2018, 725; *Frank,* Die Entscheidung des EuGH in Garcia Avello und ihre Auswirkungen auf das deutsche internationale Namensrecht, StAZ 2005, 161; *ders.,* Der Name des Adoptivkindes bei einer Auslandsadoption, StAZ 2018, 200; *Gaaz,* Zur Reichweite der Wahl eines gemeinsamen Familiennamens gemäß ausländischem Recht nach einem Statutenwechsel zum deutschen Recht, IPRax 2000, 115; *Gössl,* Ein weiterer Mosaikstein bei der Anerkennung ausländischer Status-Änderungen in der EU oder: Wann ist ein Name „rechtmäßig erworben"?, IPRax 2018, 376; *Häussler,* Nach welchem Recht richtet sich der Familienname von schweizerischen Staatsangehörigen mit Wohnsitz in Deutschland?, StAZ 2017, 44; *Henrich,* Die Namensführung von Ehegatten nach dem IPR-Gesetz oder: Was deutsche Gründlichkeit vermag, IPRax 1986, 333; *ders.,* Kollisionsrechtliche Aspekte der Neuordnung des Kindschaftsnamensrechts, IPRax 1994, 174; *ders.,* Die Vaterschaftsanerkennung mit Auslandsberührung und ihre Folgen für die Namensführung des Kindes, StAZ 1995, 284; *ders.,* Die Rechtswahl im internationalen Namensrecht und ihre Folgen, StAZ 1996, 129; *ders.,* Änderungen der internationalprivatrechtlichen Vorschriften im Regierungsentwurf zur Reform des Kindschaftsrechts, StAZ 1996, 353; *ders.,* Die Rück- und Weiterverweisung im Internationalen Privatrecht, vor allem bei der Namensführung in der standesamtlichen Praxis, StAZ 1997, 225; *ders.,* Das Kollisionsrecht im Kindschaftsrechtsreformgesetz, StAZ 1998, 1; *ders.,* Die Wirksamkeit der Adoption als Vorfrage für die Namensführung des Adoptierten, IPRax 1998, 96; *ders.,* Kindschaftsrechtsreformgesetz und IPR, FamRZ 1998, 1401; *ders.,* Namensrecht und Namensschutz im Dickicht der Qualifikation, in: FS Bernhard Großfeld 1999, S. 355; *ders.,* Wie soll unser Kind heißen? Ein Blick auf die Spielwiese des internationalen Namensrechts, in: GS Alexander Lüderitz 2000, S. 273; *ders.,* Das internationale Namensrecht auf dem Prüfstand des EuGH, in: FS Andreas Heldrich 2005, S. 667; *ders.,* Anerkennung statt IPR: eine Grundsatzfrage, IPRax 2005, 422; *ders.,* Die Angleichung im Internationalen Namensrecht – Namensführung nach Statutenwechsel, StAZ 2007, 197; *ders.,* Rückverweisung aufgrund abweichender Qualifikation im Internationalen Namensrecht, IPRax 2008, 121; *Henrich/Wagenitz/Bonrhofen,* Deutsches Namensrecht, 2004; *Hepting,* Das internationale Ehenamensrecht in der Reform, StAZ 1994, 1; *ders.,* Regelungszwecke und Regelungswidersprüche im Namensrecht, StAZ 1996, 1; *ders.,* Das IPR des Kindesnamens nach der Kindschaftsrechtsreform, StAZ 1998, 133; *ders.,* Angleichung im internationalen Namensrecht – Was tun bei fehlenden Vor- oder Familiennamen?, StAZ 2001, 257; *ders.,* Die Angleichung in Art. 47 EGBGB, StAZ 2008, 161; *ders.,* Deutsches und Internationales Familienrecht im Personenstandsrecht, 2010 (zitiert: *Hepting*); *ders.,* Der Schutz des tatsächlich geführten Namens, StAZ 2013, 34; *Hepting/Dutta,* Familie und Personenstand, 2. Aufl. 2015 (zitiert: *Hepting/Dutta*) *Hepting/Martina Bauer,* Spanische Doppelnamen im deutschen Namensrecht – die letzte Kehrtwendung der Rechtsprechung?, IPRax 2000, 394; *Hochwald,* Namensführung eines russischen Staatsangehörigen nach Eheschließung mit einer Deutschen in der Russischen Föderation, StAZ 2008, 49; *dies.,* Adoption eines volljährigen indischen Staatsangehörigen durch ein deutsches Gericht; Anerkennung einer nachfolgenden Namensänderung in Indien, StAZ 2008, 115; *dies.,* Namensführung einer aus Sri Lanka stammenden Familie nach Einbürgerung, StAZ 2009, 49; *Homeyer,* Namensführung von Kindern aus einer deutsch-spanischen Ehe, StAZ 2004, 180; *dies.,* Namensführung eines spanischen Staatsangehörigen nach Wiederheirat, StAZ 2005, 183; *dies.,* Familienname des in Spanien geborenen Kindes spanischer Eltern, die einen Ehenamen nach deutschem Recht führen, StAZ 2005, 266; *dies.,* Namensführung einer georgischen Staatsangehörigen nach Scheidung in Georgien, StAZ 2006, 83; *dies.,* Namensführung von deutschen Staatsangehörigen, die aus Kasachstan nach Deutschland zugezogen sind, StAZ 2008, 86; *Honorati,* Free Circulation of Names for EU Citizens?, Dir. UE 2009, 379; *dies.,* La legge applicabile al nome tra diritto internazionale privato e diritto comunitario nelle conclusioni degli avvocati generali, Liber Fausto Pocar, Vol. I, Milano 2009, S. 473; *dies.,* I diritto al nome della moglie e di figlie nell'ordinamento italiano ed europeo: osservazioni generali, in: *Honorati* (a cura di), Diritto al nome e all'identità personale nell'ordinamento europeo, Milano 2010, S. 3; *Janal,* Anmerkung zu EuGH v. 26.2016 – C-438/14 – Bogendorff von Wolterssdorff, GPR 2017, 67; *Jault-Seseke/Pataut,* Le citoyen européen et son nom, Liber amicorum Christian Kohler, 2018, S. 371; *Jauß,* Wirksamkeit der Ehenamensbestimmung in einer deutsch-italienischen Ehe, StAZ 2004, 274; *ders.,* Namensführung einer deutsch-polnischen Doppelstaaterin nach Eheschließung und Scheidung in Polen, StAZ 2005, 80; *ders.,* Namensführung einer irakischen Familie nach mehrfachem Statutenwechsel, StAZ 2006, 239; *Kampe,* Eheschließung eines Deutschen und einer in Deutschland geschiedenen Brasilianerin in Dänemark; Namensführung der Eltern und der gemeinsamen Kinder, StAZ 2007, 125; *dies.,* Können Ehegatten aufgrund einer Rechtswahl gem. Art. 10 Abs. 2 EGBGB zugunsten amerikanischen Rechts einen Ehedoppelnamen führen?, StAZ 2007, 149; *dies.,* Namensführung in der Ehe eines deutsch-polnischen Doppelstaaters und einer Polin nach Namensänderung des Mannes in Polen, StAZ 2009, 281; *Kissner,* Rückkehr zur getrennten Namensführung nach Statutenwechsel, StAZ 2003, 177; *C. Kohler,* Towards the Recognition of Civil Status in the European Union, YbPIL 15 (2013/2014), 13; *Koritz,* Namensrecht und Unionsbürgerschaft – Oder die Frage, ob ein Doppelname europaweit anzuerkennen ist, FPR 2008, 213; *Kraus,* Namensführung einer Deutschen nach Scheidung der Ehe mit einem Türken; nachträgliche Option zugunsten des Heimatrechts, StAZ 2003, 88; *dies.,* Namensführung einer verheirateten philippinischen Staatsangehörigen; Schicksal des Mittelnamens nach Ehenamensbestimmung nach deutschem Recht, StAZ 2004, 138; *dies.,* Der Begriff des „Ehenamens" bei Sachverhalten mit Auslandsbezug, StAZ 2005, 110; *dies.,* Mehrmalige Rechtswahl nach Art. 10 Abs. 3 EGBGB für den Namen eines Kindes mit deutscher Mutter und spanischem Vater, StAZ 2006, 81; *dies.,* Auswirkung auf einen nach deutschem Recht geführten Ehenamen, wenn der Familienname des Ehemannes durch dessen Heimatbehörde geändert wird, StAZ 2007, 151; *dies.,* Namensführung eines deutsch-mazedonischen Ehepaares und seiner Kinder; Abwandlung von Familiennamen, StAZ 2010, 19; *dies.,* Änderung des Ehenamens in einer deutsch-slowenischen Ehe; Auswirkung auf den Kindesnamen, StAZ 2013, 357; *dies.,* Namensführung eines ehemaligen irakischen Staatsangehörigen nach mehrfachem Statutenwechsel, StAZ 2014, 374; *Th. Kröll,* Adelsaufhebungsgesetz und Unionsbürgerschaft – oder: EuGH und Emotionen, ZfVw 2010, 177; *Krömer,* Gestattet eine nachträgliche Wahl zum Ehenamensstatut gem. Art. 10 Abs. 2 EGBGB namensrechtliche Erklärungen, die nach dem gewählten Recht an den Zeitpunkt der Eheschließung gebunden sind?, StAZ 2003, 116; *ders.,* Neubestimmung des Ehenamens und Übergang zu getrennter Namensführung nach Statutenwechsel, StAZ 2003, 229; *ders.,* Ermöglicht Art. 10 Abs. 3 EGBGB die Wahl eines Namensstatuts, welches keine Vor- und Familiennamen kennt?, StAZ 2006, 152; *ders.,* Namensführung in einer pakistanisch-deutschen Ehe nach Rechtswahl zugunsten deutschen Rechts und Angleichungserklärung gem. Art. 47 EGBGB, StAZ 2008, 48; *ders.,* Namensführung nach dem Heimatrecht in deutsch-türkischen Ehen; Rückverweisung durch das türkische IPR?, StAZ 2009, 280; *ders.,* Namensführung einer tschechischen Mutter nach Feststellung des Nichtbestehens der Vaterschaft eines Deutschen, StAZ 2010, 273; *ders.,* Vaterschaftsanerkenntnis eines minderjährigen Österreichers für das Kind einer minderjährigen Serbin; Familienname des Kindes, StAZ 2011, 257; *ders.,* Hinkende Namensführung eines serbischen Staatsangehörigen nach Einbenennung in Deutschland; Auswirkungen auf den Ehenamen und den Namen ihrer Kinder, StAZ 2014, 28; *ders.,* Ehenamensführung eines amerikanischen Staatsangehörigen mit Namenszusatz in der Ehe mit einer Deutschen nach Wahl deutschen Namensrechts, StAZ 2018, 227; *Kroll,* Hinkende Namensrechtsverhältnisse im Fokus der gemeinschaftsrechtlichen Freizügigkeit, ZvglRWiss 107 (2008), 320; *Kroll-Ludwigs,* Vernachlässigung des unionsrechtlichen Anerkennungsprinzips durch den BGH, NJW 2019, 2277; *H. Krüger,* Neues zum türkischen internationalen Namensrecht, St AZ 2011, 179; *P. Kubicki,* Kurze Nachlese zur Rechtssache Grunkin-Paul – Art. 18 EG und die Rechtsfolgen eines Verstoßes, EuZW 2009, 366; *A. Lang,* Problemi di traslitterazione del nome di fronte alle corti europee i casi Konstantinidis e Mentzen, in: Honorati (a cura di), Diritto al nome e all'identità personale nell'ordinamento europeo, Milano 2010, S. 139; *M. Lehmann,* What's in a Name? Grunkin-Paul and Beyond, Yb. PIL 10 (2008), 135; *Lindemann,* Widersprüche in Art. 10 EGBGB, Diss. Mainz 1998; *Lipp,* Namensrecht und Europa, in: FS Rainer Frank, 2008, S. 393; *ders.,* Namensrecht und Europarecht, StAZ 2009, 1; *ders.,* Die „Anerkennung" des ausländischen Namens eines Bürgers der Europäischen Union – Von „Konstantinidis" bis „Runevič-Vardyn/Wardyn", in: Mélnges Syridon Vl. Vrellis, 2014, S. 539; *Long,* La Corte di giustizia torna a pronunciarsi sul cognome di cittadini europei, NGCC 2009 I 272; *Mankowski,* Die Anknüpfung des Namensschutzes für natürliche Personen im Internationalen Privatrecht, StAZ 2011, 293; *ders.,* Nun sag, wie hast Du's mit dem Anerkennungsprinzip? – Im EU-Ausland „unrechtmäßig" erlangte Namen als Prüfstein, IPRax 2020; *Mansel,* Anerkennung als Grundprinzip des Europäischen Rechtsraums, RabelsZ 70 (2006), 651; *ders.,* The Impact of the European Union's Prohibition of Discrimination and the Right of Free Movement of Persons on the Private International Law Rules of Member States – With Comments on the Sayn-Wittgenstein Case before the European Court of Justice, in: Liber amicorum Kurt Siehr, 2010, S. 291; *Marino,* The Cross-Border Continuity of Names in the European Union, ERPL 2017, 1009; *Meeusen,* The Grunkin and Paul Judgment of the ECJ, or How to Strike a Delicate Balance between Conflict of Laws, Union Citizenship and Freedom of Movement in the EC, ZEuP 2010, 189; *Mörsdorf-Schulte,* Europäische Impulse für Namen und Status des Mehrstaaters, IPRax 2004, 315; *Nordmeier,* Unionsbürgerschaft, EMRK und ein Anerkennungsprinzip: Folgen der namensrechtlichen EuGH-Rechtsprechung für Statusentscheidungen, StAZ 2011, 129; *Martin Otto,* „Scheinadeliger" Namenserwerb durch „deed poll" und der deutsche ordre public, StAZ 2016, 225; *Pataut,* Et le statut personnel?, RTD eur. 2016, 648; *Picod,* Respect de l'interdiction des titres de noblesse, JCP G 2011 n°. 3 S. 111; *Pintens,* Name und Menschenrechtskonvention, in: FS Dieter Henrich 2000, S. 451; *Rass-Masson,* L'ordre public, limite confirmée à la reconnaissance du nom acquis dans un autre État membre de l'Union européenne, Rev. crit. dr. int. pr. 2017, 279; *Rauhmeier,* Namensänderung eines deutsch-brasilianische Kindes nach Eheschließung der Eltern, StAZ 2011, 117; *ders.,* Fortführung des deutschen Geburtseintrags einer kroatischen Staatsangehörigen hinsichtlich des Familiennamens nach Eheschließung, StAZ 2012, 184; *ders.,* Hinkende Vornamensführung einer in der ehemaligen DDR geborenen deutsch-polnischen Doppelstaaterin; Fortführung der Geburtseinträge ihrer ebenfalls dort geborenen Kinder, StAZ 2013, 385; *Rieck,* Anerkennung des Familiennamens in Mitgliedstaaten, NJW 2009, 125; *Rossolillo,* La legge applicabile al nome alla luce delle convenzioni internazionali e di principi comunitari, in: *Honorati* (a cura di), Diritto al nome e all'identità personale nell'ordinamento europeo, Milano 2010, S. 91; *Prinz v. Sachsen Gessaphe,* Transposition oder Fortführung von Vatersnamen nach einem Eingangsstatutenwechsel?, StAZ 2015, 65; *Scherer,* Le nom en droit international privé, 2004; *Anton K. Schnyder,* Parteiautonomie im Internationalen Namensrecht, Liber amicorum Kurt Siehr 2000, S. 667; *Solomon,* Objektive Angleichung nach Eingangsstatutenwechsel, StAZ 2018, 265; *Sommer,* Der Einfluss der Freizügigkeit auf Namen und Status von Unionsbürgern, 2009; *Veit Stoll,* Die Rechtswahl im Namens-, Ehe- und Erbrecht, 1991; *Fritz Sturm,* Kann sich in der Praxis das Persönlichkeitsrecht auf die Namensführung auswirken?, StAZ 1994, 370; *ders.,* Namensführung in gemischtnationalen Ehen, StAZ 1995, 255; *ders.,* Der Kindesname national und international, in: FS Gerhard Lüke 1997, S. 809; *ders.,* Europäisches Namensrecht im dritten Jahrtausend, in: FS Dieter Henrich 2000, S. 611; *ders.,* Namenserklärungen Auslandsdeutscher vor Berliner Hürden?, in: FS Hans Jürgen Sonnenberger 2004, S. 711; *ders.,* Namenserklärungen: Auslandsdeutsche und Heiratstouristen, StAZ 2005, 253; *ders.,* Weshalb zeichnete Deutschland die CIEC-Konvention über die Anerkennung von Namen nicht?, in: FS Ulrich Spellenberg 2010,

S. 523; *F. Sturm/G. Sturm,* Der renvoi im Namensrecht, in: FS Erik Jayme 2004, S. 919; *Tomasi,* Il diritto al nome tra libertà di circolazione e diritti fondamentali, in: *Honorati* (a cura di), Diritto al nome e all'identità personale nell'ordinamento europeo, Milano 2010, S. 111; *Tonolo,* Il riconoscimento di atti e provvedimenti stranieri concernenti il diritto al nome nell'ordinamento italiano: probleme e prospettive, in: *Honorati* (a cura di), Diritto al nome e all'identità personale nell'ordinamento europeo, Milano 2010, S. 151; *Trucco,* Ancora un „via libera" della Corte di Lussemburgo alla „circolazione" dei cognomi, Giur it. 2009, 301; *Wagenitz* (Hrsg.), Familiennamensrechtsgesetz, 1994; *R. Wagner,* Ausschließliche Umsetzung der namensrechtlichen Rechtsprechung des EuGH durch vereinheitlichtes Kollisionsrecht?, Liber amicorum Christian Kohler, 2018, S. 567; *Wall,* Die Vermeidung hinkender Namensverhältnisse in der EU, StAZ 2009, 261; *ders.,* Anerkennung rechtswidriger Namensregistrierungen in der EU?, StAZ 2010, 225; *ders.,* Enthält Art. 21 Abs. 1 AEUV eine „versteckte" Kollisionsnorm?, IPRax 2010, 433; *ders.,* Vermeidung „hinkender Namensverhältnisse" in der EU durch unselbständige Anknüpfung von Vorfragen, StAZ 2011, 37; *ders.,* Keine Adelsprädikate für Österreicher durch Adoption in Deutschland, StAZ 2011, 203; *ders.,* Realisierung des Rechts auf „Einnamigkeit" aus Art. 21 Abs. 1 AEUV nur im Namensänderungsverfahren?, StAZ 2012, 169; *ders.,* Anerkennungsfähigkeit einer slowakischen Namensänderung für ein deutsch-slowakisches Kind, StAZ 2012, 185; *ders.,* Wege zur Durchsetzung des Rechts auf „Einnamigkeit" aus Art. 21 Abs. 1 AEUV de lege ferenda, StAZ 2012, 301; *ders.,* Recht auf „Einnamigkeit" auch in Drittstaatenfällen?, StAZ 2014, 356; *ders.,* Verstößt ein durch englische „deed poll" gewählter Phantasiename gegen den ordre public i.S. von Art. 48 EGBGB?, StAZ 2015, 41; *ders.,* Verbietet Art. 109 Abs. 3 Satz 2 WRV den Erwerb eines Adelsprädikats durch englische „deed poll"?, StAZ 2015, 295; *ders.,* Klärung der Namensführung eines 1977 in Polen geborenen deutsch-polnischen Doppelstaaters und dessen polnischer Ehefrau, StAZ 2017, 22; *ders.,* Gelbe Karte für Art. 48 EGBGB und § 3 NamÄndG, StAZ 2017, 326; *ders.,* Die konkludente Rechtswahl des Ehenamens nach Art. 10 Abs. 2 EGBGB und des Kindesnamens nach Art. 10 Abs. 3 EGBGB, StAZ 2018, 206; *Wohlgemuth,* Vietnamesische Personennamen in Deutschland, StAZ 2008, 329.

A. Allgemeines	1	
I. Systematische Einordnung	1	
II. Praktische Bedeutung	4	
III. Entstehungsgeschichte	5	
IV. Zusammenspiel mit allgemeinen Fragen des IPR	8	
1. Rück- und Weiterverweisung	8	
2. Mehrstaater und Staatenlose	11	
a) Grundsatz	11	
b) Ausnahme bei Rechtswahltatbeständen	13	
3. Erst- und Vorfragen	14	
a) Erstfragen	14	
b) Vorfragen	15	
4. Statutenwechsel	20	
a) Grundsätzliches	20	
b) Statutenwechsel zum deutschen Recht	23	
5. Angleichung und Anpassung	27	
a) Angleichungserklärung	29	
b) Statutenwechsel zum deutschen Recht	31	
c) Zusammengesetzte Namen	34	
d) Ehenamen	36	
e) Sonstige Fälle	38	
6. Ordre public	40	
V. Eingrenzung auf natürliche Personen	44	
B. Regelungsgehalt	46	
I. Namensführung nach dem Personalstatut (Abs. 1)	47	
1. Name als Persönlichkeitsteil	47	
2. Anwendung des Personalstatuts	48	
3. Umfang des Namensstatuts (Qualifikation)	51	
a) Name und Namensführung	51	
aa) Namenserwerb und Namensführung	51	
bb) Schreibweise	52	
cc) Behördliche Namensänderung	56	
b) Einzelne Namensarten	60	
aa) Familienname	60	
bb) Vorname	66	
cc) Mittelname, Beiname	70	
dd) Zusammengesetzter Name, apellidos	71	
ee) Vatersname	72	
ff) Individual- oder Eigenname	75	
gg) Künstlername, Aliasname, Pseudonym	77	
hh) Namenszusätze	79	
ii) Adelstitel	81	
jj) Akademische Grade	86	
kk) Ehename	88	
ll) Gebrauchsname, nom d'usage	90	
c) Recht am eigenen Namen und Namensschutz	91	
II. Rechtswahlbefugnis bei oder nach Eheschließung (Abs. 2)	91a	
1. Rechtswahlbefugnis	92	
a) Berechtigte	92	
b) Kreis wählbarer Rechtsordnungen	95	
aa) Grundsätzliches	95	
bb) Heimatrecht eines Ehegatten	98	
cc) Deutsches Aufenthaltsrecht (mindestens) eines Ehegatten	101	
dd) Ausländisches Aufenthaltsrecht (mindestens) eines Ehegatten	102	
c) Ausübung	105	
d) Ort der Eheschließung	109	
2. Zeitpunkt der Rechtswahl	110	
a) Rechtswahl vor der Ehe	110	
b) Rechtswahl bei der Eheschließung	111	
c) Rechtswahl nach der Eheschließung	112	
d) Wiederholte Wahl, neue Wahl, actus negativus (Aufhebung)	113	
e) Erlöschen der Rechtswahlbefugnis mit dem Ende der Ehe	116	
3. Form der Rechtswahl (Abs. 2 S. 2)	118	
4. Wirkung der Rechtswahl	122	
a) Wirkung für den Ehenamen	122	
b) Wirkung für den Namen eines (gemeinsamen) Kindes (Abs. 2 S. 3)	128	
aa) Grundsätzliches	128	
bb) Deutsches Namensstatut des Kindes	130	
cc) Ausländisches Namensstatut des Kindes	132	
III. Rechtswahlbefugnis des Personensorgeberechtigten für den Kindesnamen (Abs. 3)	135	
1. Rechtswahlbefugnis	135	
a) Grundsätzliches	135	
b) Berechtigte	137	
c) Kreis wählbarer Rechtsordnungen	140	
aa) Heimatrecht eines Elternteils	141	
bb) Deutsches Aufenthaltsrecht eines Elternteils	145	
cc) Heimatrecht eines Namenserteilenden	147	
d) Ausübung	150	
2. Zeitpunkt der Rechtswahl	151	

3. Form der Rechtswahl 154   IV. Überlagerung durch Unionsrecht 163
4. Wirkung der Rechtswahl 158   V. Weitere Rechtsakte und deren Einfluss 175
5. Mehrheit von Kindern 161   C. Weitere praktische Hinweise 177

A. Allgemeines

I. Systematische Einordnung

Mit Art. 10 wird der Name zu einem **eigenen Anknüpfungsgegenstand** erhoben und einem eigenen   **1**
Namensstatut unterstellt. Er ist nicht Teil eines anderen Statuts. Insbesondere werden die Namen von Eheleuten nicht als Ehefolge oder Ehewirkung qualifiziert. Die Zuerkennung eines Namens ist keine Nebenfolge familienrechtlicher Statusverhältnisse, sondern etwas Eigenständiges.[1] Treffend ist Art. 10 in den
Zusammenhang des Personalstatuts und derjenigen Anknüpfungsfragen, die eine Person allein betreffen,
eingestellt.

Die kollisionsrechtliche Bewältigung von Namensfragen bewegt sich in einem **sachrechtlich bedingten**   **2**
Spannungsfeld:[2] Dessen einer Pol ist die privatrechtliche Identifizierungs- und Kennzeichnungsfunktion
des Namens für das Individuum, das persönliche Interesse am Namen als höchstpersönlichem Erkennungszeichen; dessen anderer Pol sind die Belange des öffentlichen Rechts, namentlich Kontrolle und Registrierung anhand der Identifizierungs- und Ordnungsfunktion des Namens. Außerdem gibt es die verfassungsrechtliche Dimension, dass der Name in Deutschland als Teil des allgemeinen Persönlichkeitsrechts durch
Art. 2 Abs. 1 iVm Art. 1 Abs. 1 GG geschützt ist; diese Dimension gilt es auch in Fällen mit Auslandsbezug
zu beachten.[3]

Hinzu treten **unterschiedliche Traditionen** und erhebliche Divergenzen in den Sachrechten. Das Interna-   **3**
tionale Namensrecht muss in hohem Maße Phänomene und Gestaltungen bewältigen, welche das deutsche
Sachrecht nicht kennt (zB Vatersnamen, Mittelnamen, Beinamen, persönliche Namen). Namen müssen so
eindeutig wie möglich sein. Daher kennen viele Staaten formelle Registrierungs- und Eintragungsverfahren,
andere indes nicht.

II. Praktische Bedeutung

Die praktische Bedeutung des Internationalen Namensrechts ist sehr hoch. Dies gilt vor allem für Standes-   **4**
beamte, mit der Standesamtsaufsicht betraute Stellen und die Gerichte im Instanzenzug über die Standesämtern.[4] **Standesbeamte** sind die wahren Praktiker des Internationalen Namensrechts. Dessen Bedeutung
wächst mit dem steigenden Anteil Nicht-Deutscher an der inländischen Wohnbevölkerung, mit der steigenden Zahl in Deutschland geschlossener Ehen mit Ausländerbeteiligung und mit der steigenden Zahl in
Deutschland geborener Kinder mit ausländischer Staatsangehörigkeit oder aus gemischtnationalen Verbindungen. Das eigentliche **Registerrecht** des Personenstandsregisters ist allerdings prozessual zu qualifizieren und unterliegt der lex fori.[5] Dies betrifft Art, Umfang und Form der Eintragungen.[6] Art. 10 betrifft dagegen nur den Inhalt.

III. Entstehungsgeschichte

Art. 10 ist eine vergleichsweise junge, aber trotzdem häufig geänderte Vorschrift. Er wurde erstmals mit   **5**
dem **IPR-NeuregelungsG**[7] zum 1.9.1986 eingeführt. Die Grundregel des Abs. 1 kodifiziert den letzten
Stand des früheren Richterrechts[8] und ist seither unverändert geblieben. Neben Abs. 1 wurden 1986 die
damaligen Abs. 2–6 sowie Art. 220 Abs. 4, 5 als differenzierende Regeln eingefügt.

Wegen der Komplexität und der inneren Spannungen des Gesamtsystems strich schon das **FamNamRG**   **6**
vom 16.12.1993[9] mit Wirkung vom 17.4.1994 die vorherigen Abs. 3 und 4 sowie Art. 220 Abs. 4, 5.[10] Weitere Vereinfachung brachte die Kindschaftsrechtsreform, indem Art. 12 **KindRG**[11] zum 1.7.1998 sachrecht-

---

1 *F. Sturm/G. Sturm* FS Jayme 2004, S. 919.
2 S. nur *Looschelders,* IPR, Art. 10 Rn. 1; Staudinger/
   Hausmann EGBGB Art. 10 Rn. 1 f.
3 S. zB BVerfG StAZ 2001, 207 = NJWE-FER 2001,
   193.
4 Natürlich gilt Art. 10 auch in Verfahren über die
   Berichtigung des Geburtseintrags und sonstigen
   Namensberichtigungsverfahren; OLG Hamm StAZ
   2005, 262.
5 BGH StAZ 1984, 194 mAnm *Beitzke*; LG Traunstein
   StAZ 2008, 246 (247); *Gaaz/Bornhofen* PStG § 21
   PStG Rn. 7; *Rauhmeier* StAZ 2012, 184 (185).

6 *Rauhmeier* StAZ 2012, 184 (185).
7 BGBl. I 1986 S. 1042.
8 BGHZ 56, 193, 195; 63, 107, 109; anders zuvor
   BGHZ 44, 121, 124.
9 BGBl. I 1993 S. 2054.
10 Dazu *Hepting* StAZ 1994, 1; *Coester* FuR 1994, 1;
   Henrich IPRax 1994, 174; *Bornhofen* StAZ 1994,
   141.
11 BGBl. I 1997 S. 2942.

lich induziert auch die kollisionsrechtliche Differenzierung zwischen der Namensführung ehelicher und der Namensführung nichtehelicher Kinder entfallen ließ.[12] Mit Art. 47 hat Art. 10 zum 1.1.2009 eine für die Praxis wichtige Ergänzung erhalten, die sich indes auf der sach-, nicht auf der kollisionsrechtlichen Ebene bewegt. Art. 47 ist wegen dieser kategorialen Verschiedenheit keine lex specialis zu Art. 10 und schränkt Art. 10 nicht ein. 2013 ist – ebenfalls als Sachnorm – ausgestaltet – Art. 48 EGBGB hinzugetreten.

6a   Art. 10 ist geltendes Recht, lex lata. Die europäische Entwicklung hat indes wissenschaftliche Überlegungen ausgelöst, wie eine lex ferenda aussehen könnte.[13] Eine Arbeitsgruppe des Wissenschaftlichen Beirats des Bundesverband der deutschen Standesbeamtinnen und Standesbeamten hat 2014 einen ausgefeilten und viel beachteten[14] Vorschlag für eine europäische Verordnung zum Internationalen Namensrecht vorgelegt.[15] Über dessen offiziöse Begründung[16] hinaus fand am 27.11.2015 eine Vorstellung mit Diskussion der einzelnen Teilkomplexe auf einer Tagung in Marburg statt.[17] Eine europäische IPR-VO zum Internationalen Namensrecht ist de lege ferenda der logische nächste Schritt, aber noch allenfalls in weiter Ferne erklingende Zukunftsmusik. Jedenfalls ist nicht bekannt, dass die EU-Kommission an der Vorbereitung eines solchen Instruments konkret arbeiten würde. Gedanken zur Umsetzung der namensrechtlichen Rechtsprechung des EuGH in eine Kollisionsnorm mit echter kollisionsrechtlicher Methode sind aber legitim.[18] Ein Tätigwerden des europäischen Gesetzgebers würde eine verbindliche und einheitliche Lage für alle Mitgliedstaaten schaffen. Es würde die nationalen Gesetzgeber davon entbinden, sich an der schwierigen Umsetzung der EuGH-Rechtsprechung versuchen zu müssen und dabei in Fallen wie die zu enge Fassung des Art. 48 EGBGB laufen zu können.[19]

7   **Intertemporal** richtet sich die Anwendbarkeit des Art. 10 nach Art. 220 Abs. 1. Er kommt also auf alle bei seinem Inkrafttreten noch nicht abgeschlossenen Vorgänge zur Anwendung. Umgekehrt findet altes IPR auf alle vor dem 1.9.1986 bereits abgeschlossenen Vorgänge Anwendung.[20] Die Änderungen durch das FamR-NamG folgen intertemporal Art. 7 § 5 FamRNamG, jene durch das KindRG Art. 224 § 3.

IV. Zusammenspiel mit allgemeinen Fragen des IPR

8   **1. Rück- und Weiterverweisung.** Rück- und Weiterverweisung richten sich nach den allgemeinen Regeln des Art. 4. Für den Grundtatbestand in Abs. 1 greifen Rück- und Weiterverweisung.[21] Eine Rückverweisung nimmt das deutsche IPR kraft Art. 4 Abs. 1 S. 2 immer an mit der Folge, dass dann deutsches Sachrecht anwendbar ist[22]. Trotz der öffentlich-rechtlichen Bezüge des Namens und der gewünschten Parallelität mit dem öffentlichen Recht widerspricht dies nicht dem Sinn der Verweisung gemäß Art. 4 Abs. 1 S. 1 Hs. 2.[23] Auch eine sog. versteckte Rückverweisung ist gegebenenfalls zu beachten.[24] Bei Verweisung auf einen Mehrrechtsstaat hilft Art. 4 Abs. 3.[25]

9   Rück- und Weiterverweisung werden insbesondere dann relevant, wenn das Heimatrecht des Namensträgers seinerseits nicht an die Staatsangehörigkeit, sondern an das **domicile** oder an den gewöhnlichen Aufenthalt

12   Dazu *Henrich* StAZ 1996, 357; *F. Sturm* FS Lüke 1997, S. 824; *Hepting* StAZ 1998, 133.
13   Siehe den Vorschlag eines Art. 10 Abs. 4 EGBGB-E an Stelle von Art. 48 EGBGB bei *Kohler/Pintens* FamRZ 2017, 1441 (1443); *Wall* StAZ 2017, 326 (337).
14   ZB *Mankowski* FamRZ 2016, 1995.
15   *Dutta/Frank/Freitag/Helms/Krömer/Pintens* StAZ 2014, 40 und in *Dutta/Helms/Pintens*, Ein Name für ganz Europa, 2016, S. 133. Englische Fassung YbPIL 15 (2013/2014), 31; französische Fassung Rev. crit. dr. int. pr. 2014, 733; beide auch in Beil. zu StAZ 2/2014. Dazu ua *Dutta/Frank/Freitag/Helms/Krömer/Pintens* Rev. crit. dr. int. pr. 2014, 733; *dies.* YbPIL 15 (2013/2014), 31; *dies.* Kwartalnik Prawa Prywatnego 25 (2016), 81; *Mączyński* Prawo prywatne i arbitraż 2016, 199.
16   *Dutta/Frank/Freitag/Helms/Krömer/Pintens* StAZ 2014, 33 und in *Dutta/Helms/Pintens*, Ein Name für ganz Europa, 2016, S. 109.
17   S. die Beiträge von *Wagner, Pintens, Frank, de Groot, Freitag, Kohler, Dutta, Viarengo, Helms* und *Mączyński* in Dutta/Helms/Pintens Ein Name für ganz Europa, 2016, S. 11–108.
18   Namentlich *Wagner,* Liber amicorum Christian Kohler, 2018, 567, 576–580.

19   *Dutta* FamRZ 2017, 1178.
20   S. nur BayObLG StAZ 2000, 148 (149); OLG Zweibrücken StAZ 1999, 208; AG Rottweil FamRZ 2000, 57.
21   BGH FamRZ 1999, 570; BGH StAZ 2007, 344; BGH FamRZ 2019, 967 Rn. 16 m. Anm. *Wall*; BayObLGZ 1996, 6 (10); OLG Hamm StAZ 1991, 138 (141); OLG Frankfurt StAZ 2004, 198; OLG Hamm StAZ 2007, 175; OLG München StAZ 2009, 108; OLG Köln FGPrax 2015, 262; *Henrich* StAZ 1997, 225; *ders.* IPRax 2008, 121; *Jauß* StAZ 2004, 274 (275); *Kampe* StAZ 2007, 125 (126); *dies.* StAZ 2009, 281; *Hochwald* StAZ 2008, 49; *dies.* StAZ 2008, 115; *Krömer* StAZ 2009, 280; *ders.* StAZ 2011, 157 (158); *ders.* StAZ 2011, 249 f.; *ders.* StAZ 2014, 28 (29); *Rauhmeier* StAZ 2012, 185; *Rauscher* NJW 2016, 3493 (3493); *Heussler* StAZ 2017, 44 (45); *Kraus* StAZ 2018, 384 (386); *Horenkamp* StAZ 2018, 387.
22   S. nur BGH FamRZ 2019, 967 Rn. 16 m. Anm. *Wall*.
23   *v. Bar,* IPR II, 1991, Rn. 83; Palandt/*Thorn* EGBGB Art. 10 Rn. 3; *Looschelders,* IPR, Art. 10 Rn. 5.
24   Vgl. LG Traunstein StAZ 2008, 246 (247).
25   OLG München StAZ 2009, 108; LG Traunstein StAZ 2008, 246 (247); *Kraus* StAZ 2018, 292 (293).

anknüpft.[26] Das IPR von Staaten, die ebenfalls dem Staatsangehörigkeitsprinzip folgen, nimmt die Verweisung dagegen an.[27] Möglich ist auch eine Rück- oder Weiterverweisung **kraft abweichender Qualifikation**, weil das berufene Recht den Namen eines Ehegatten als Ehewirkung oder den Namen eines Kindes als familienrechtliche Wirkung einordnet[28] und anders anknüpft.[29] Besonders relevant ist dies bei der Anknüpfung von Namen geschiedener Türken, weil das türkische IPR diese Frage dem Scheidungsstatut unterstellt.[30] Allerdings ist jeweils im Lichte des § 293 ZPO, der als Ermittlung ausländischen Rechts die Ermittlung des gelebten Rechts verlangt, zu kontrollieren, ob eine abweichende Qualifikation infolge Zuschlagens des Namens zu einem familienrechtlichen Statut in dem betreffenden Staat überhaupt wirklich praktiziert wird.[31]

Für **Rechtswahltatbestände** wie Abs. 2 und Abs. 3 gilt Art. 4 Abs. 2.[32] Dieser greift unabhängig davon, ob die Rechtswahlbefugnis nur von mehreren gemeinsam (wie bei Abs. 2) oder durch einen Berechtigten allein (wie bei Abs. 3) ausgeübt werden darf. Rück- und Weiterverweisung scheiden daher für Abs. 2 und Abs. 3 aus. Eines Rückgriffs auf die sogenannte Sinnklausel des Art. 4 Abs. 1 S. 1 Hs. 2 bedarf es auch für Abs. 3 nicht.[33] Die Möglichkeit eines renvoi begründet einen Unterschied zwischen Abs. 2, 3 und Abs. 1.[34]   **10**

2. Mehrstaater und Staatenlose. a) Grundsatz. Für Mehrstaater und Staatenlose gilt im Internationalen Namensrecht grundsätzlich Art. 5. Bei **Mehrstaatern** ohne deutsche Staatsangehörigkeit kommt es prinzipiell nach Art. 5 Abs. 1 S. 1 auf deren effektive Staatsangehörigkeit an; bei Mehrstaatern mit deutscher Staatsangehörigkeit setzt sich aus deutscher Sicht immer die deutsche Staatsangehörigkeit nach Art. 5 Abs. 1 S. 2 durch, auch wenn sie nicht die effektive ist.[35] Für namensrechtlich relevante Vorgänge, die sich vor dem 1.9.1986 abgespielt haben, gilt Letzteres nicht; vielmehr muss sich bei ihnen auch die deutsche Staatsangehörigkeit einer Effektivitätsabwägung stellen.[36] Dies gilt auch, sofern sich der Vorgang zu einem Zeitpunkt abspielte, zu welchem die deutsche Rechtsprechung noch einen unbedingten Vorrang der deutschen Staatsangehörigkeit postulierte.[37]   **11**

Für **Staatenlose** tritt gem. Art. 5 Abs. 2 an die Stelle der Staatsangehörigkeit als Anknüpfungspunkt der gewöhnliche Aufenthalt. Das Kind von Elternteilen, die beide in Deutschland leben und anerkannte **Flüchtlinge** oder **Asylbewerber** sind, teilt mit seinen Eltern das deutsche Personalstatut.[38] Lässt sich die Staatsangehörigkeit nicht feststellen, so greift ebenfalls Art. 5 Abs. 2 EGBGB.[39]   **12**

---

26 *F. Sturm* FS Henrich 2000, S. 611, 617; *F. Sturm/G. Sturm* FS Jayme 2004, S. 919, 921; *Rauscher* NJW 2016, 3493 (3493).

27 S. nur OLG Hamm StAZ 2007, 175 (Verweisung für Kindesnamen auf türkisches IPR).

28 So zB das französische Recht; Cass. civ. Rev. crit. dr. int. pr. 87 (1998), 72 mAnm *Hammje*.

29 *Hepting* StAZ 1994, 1 (3); *Henrich* StAZ 1997, 225 (228 f.); *ders.*GS Lüderitz 2000, S. 273, 274; *F. Sturm* FS Henrich 2000, S. 611, 617; *F. Sturm/G. Sturm* FS Jayme 2004, S. 919, 921; Palandt/*Thorn* EGBGB Art. 10 Rn. 3.

30 BGH StAZ 2007, 344; *Henrich* IPRax 2008, 121; *Krömer* StAZ 2009, 280 f.; *Krüger* StAZ 2011, 179 (180) unter Hinweis auf Yargitay (TürkOGH) v. 25.2.2009 – 3618/9413 (2. ZS); aA *F. Sturm*, Infobrief Dt.-Türk. JV 2/2010, 3, 4 f. unter Hinweis auf Yargitay (TürkOGH) v. 25.2.1997 bei *Çelikel/Nomer*, Devletler Hususi Hukuku – Örnek Olaylar Mahkeme Kararlari, S. 473 sowie *Krüger*, IPrax 2008, 281, 283.

31 *F. Sturm/G. Sturm* FS Jayme 2004, S. 919, 928 f.: *F. Sturm*, Infobrief Dt.-Türk, JV 2/2010, 3, 4.

32 S. nur OLG Stuttgart StAZ 2010, 263 (264); OLG Nürnberg FGPrax 2016, 167 (168); LG Berlin StAZ 2000, 217; *Henrich*GS Lüderitz 2000, S. 273, 275; *F. Sturm/G. Sturm* FS Jayme 2004, S. 919, 920; Palandt/*Thorn* EGBGB Art. 10 Rn. 3; *Kampe* StAZ 2007, 149 (150); *Kraus* StAZ 2010, 19; *dies.,* StAZ 2018, 286; *Wall* StAZ 2012, 185 (186); *ders., StAZ 2018, 206 (207); *Berkl*, Personenstandsrecht, 2015 Rn. 538, 837; *Hepting/Dutta* Rn. III-670.

33 Entgegen Erman/*Hohloch* EGBGB Art. 10 Rn. 5.

34 Übersehen von AG München StAZ 2002, 147.

35 S. nur BGH StAZ 2018, 280; BGH FamRZ 2019, 218 Rn. 16 mAnm *Dutta*; BayObLG FamRZ 2000, 56; OLG Frankfurt OLGZ 1990, 139 (140) = StAZ 1990, 71; KG StAZ 1997, 175; OLG Hamm StAZ 1997, 325; OLG Frankfurt StAZ 2000, 238; OLG Hamm StAZ 2001, 331; OLG Frankfurt StAZ 2004, 388; OLG Stuttgart IPRspr. 2004 Nr. 240 S. 472; OLG Frankfurt StAZ 2005, 14; OLG München StAZ 2007, 122; OLG München StAZ 2012, 181; OLG München StAZ 2014, 179; OLG Hamburg StAZ 2015, 14; OLG Brandenburg StAZ 2015, 57 (58); KG StAZ 2017, 327; KG FamRZ 2018, 1000 (1001); LG München I StAZ 1999, 174; LG Karlsruhe StAZ 2001, 111; AG Regensburg StAZ 2005, 234; AG Gießen StAZ 2005, 362; AG Augsburg StAZ 2008, 77; *Jauß* StAZ 2001, 338 (339); *ders.* StAZ 2004, 274 (275); *ders.* StAZ 2005, 80 (81); *Homeyer* StAZ 2008, 86; *Krömer* StAZ 2006, 152; *ders.* StAZ 2009, 115; *ders.* StAZ 2010, 273; *ders.* StAZ 2014, 93; *Hochwald* StAZ 2009, 381 (383); *Wall* StAZ 2014, 280 (281); *ders.* StAZ 2017, 22 (26); *Rauhmeier* StAZ 2016, 187; *Kraus* StAZ 2018, 384 (385). Vgl. auch OLG Karlsruhe StAZ 2015, 19 f.

36 BayObLG StAZ 2000, 148 (149); OLG Bremen StAZ 1986, 9 (10); OLG Hamm NJW-RR 1999, 874 (876).

37 Entgegen OLG Zweibrücken StAZ 1999, 208.

38 BayObLG StAZ 1999, 169; *Homeyer* StAZ 2003, 115 (116), sowie LG Rostock IPRspr. 2001 Nr. 10 S. 24 f.; vgl. aber auch LG Rottweil IPRspr. 2003 Nr. 4 S. 16.

39 OLG Hamm StAZ 2011, 242 f.

13   **b) Ausnahme bei Rechtswahltatbeständen.** Gesetzlich vorgesehene Ausnahmen gelten für Mehrstaater bei den Rechtswahltatbeständen nach Abs. 2 Nr. 1 und Abs. 3 Nr. 1. Beide Tatbestände sehen ausdrücklich von einer Anwendung des Art. 5 Abs. 1 ab.[40] Wählbar ist unter ihnen also jeweils auch das Recht einer nicht effektiven Staatsangehörigkeit. Bei deutsch-ausländischen Mehrstaatern ist auch die Wahl des betreffenden ausländischen Rechts erlaubt.[41]

14   **3. Erst- und Vorfragen. a) Erstfragen.** Erstfragen sind Rechtsbegriffe im Tatbestand einer deutschen Kollisionsnorm.[42] Sie sind ihrerseits immer über die Kollisionsnormen des deutschen Internationalen Privatrechts anzuknüpfen.[43] Im Zusammenhang mit Art. 10 können sich zuvörderst zwei verschiedene Erstfragen stellen: Zum einen ist für Abs. 2 erforderlich, dass eine wirksame Ehe geschlossen wurde und noch besteht. Zum anderen ist für Abs. 3 ein Personensorgeverhältnis festzustellen.

15   **b) Vorfragen.** Folgende Vorfragen können sich im Namensrecht auf der sachrechtlichen Ebene ergeben: ob eine Ehe besteht; ob eine Ehe geschieden oder auf sonstige Weise aufgehoben wurde; von wem ein Kind abstammt bzw. ob es von jemandem abstammt, der behauptet, seine Mutter oder sein Vater zu sein; ob eine Vaterschaft erfolgreich angefochten wurde; ob eine Adoption stattgefunden hat;[44] wer für ein Kind sorgeberechtigt ist;[45] wie der Name derjenigen Person lautet, von welcher der Name des zu beurteilenden Namensträgers abzuleiten ist.[46]

16   Traditionell wird ganz vorherrschend eine **unselbständige Anknüpfung** namensrechtlicher Vorfragen bevorzugt.[47] Die Vorfrage würde danach gemäß dem Internationalen Privatrecht des Namensstatuts angeknüpft. Namensrechtliche Wirkungen soll ein deutsches Scheidungsurteil danach nur dann haben, wenn es im Staat des Namensstatuts anerkannt ist.[48] Nur für die (eheliche) Abstammung knüpft der BGH selbstständig an.[49]

17   Vorzugswürdig ist die **selbstständige Anknüpfung** von Vorfragen, dh dass die Vorfragen nach deutschem IPR angeknüpft werden.[50] Im Namensrecht geht es nahezu ausschließlich um Statusfragen als Vorfragen. Statusfragen verlangen aber eine einheitliche Antwort, unabhängig von dem Zusammenhang, in dem sie sich stellen. Dass jemand nur für namensrechtliche Zwecke sorgeberechtigt wäre, sonst aber nicht, wäre ein absurdes Ergebnis. Dass jemand nur für namensrechtliche Zwecke verheiratet ist, wäre nicht minder absurd. Besondere Gründe, die eine abweichende Behandlung spezifisch der namensrechtlichen Vorfragen zwingend gebieten würden, bestehen nicht. Im Gegenteil könnte eine unselbständige Vorfragenanknüpfung das unerwünschte Ergebnis zeitigen, dass das Kind einen Namen führt, den keiner der Elternteile führt.[51]

18   Angebliche Verwerfungen im Sachrecht des Namensstatuts als Folge selbstständiger Vorfragenanknüpfung entpuppen sich im Übrigen als nur scheinbare Probleme und lassen sich auf eben dieser Ebene des Sachrechts im Namensstatut lösen.[52] Verfehlte öffentlich-rechtliche Zuordnungsvorstellungen vom Namen, weil dieser ja in den öffentlichen Personalpapieren auftauche und ein öffentliches Ordnungsinteresse des Hei-

---

40   *Kraus* StAZ 2018, 286.

41   *Kraus* StAZ 2018, 286.

42   S. nur *Jochem* FamRZ 1964, 392 (393); *Neuhaus,* Die Grundbegriffe des internationalen Privatrechts, 2. Aufl. 1976, S. 140 (§ 16 IV); *Winkler v. Mohrenfels* RabelsZ 51 (1987), 20 f.; *v. Bar/Mankowski,* IPR I, § 7 Rn. 186.

43   S. nur *Winkler v. Mohrenfels* RabelsZ 51 (1987), 20 f.; *Mankowski* FS Herber 1999, S. 147, 149; *v. Bar/Mankowski,* IPR I, § 7 Rn. 186.

44   Näher dazu *Henrich* IPRax 1998, 96.

45   BGH FamRZ 2016, 1747 (1748) mAnm *Prinz v. Sachsen Gessaphe.*

46   *Wall* StAZ 2014, 280 (281); *ders.* StAZ 2017, 22 (24).

47   BGHZ 90, 129, 140; BayObLGZ 1986, 155 (162); BayObLG FamRZ 1990, 93 (94); StAZ 1991, 191 (192); NJW 1992, 632 = FamRZ 1991, 1352; StAZ 1996, 202; FamRZ 2000, 700; StAZ 2002, 143 (145); BayObLGZ 2002, 299 = StAZ 2003, 13; OLG Hamburg StAZ 1976, 100; KG StAZ 1979, 267; 1988, 325 mAnm *Hepting;* OLG Karlsruhe FGPrax 1997, 144; OLG Hamm StAZ 2004, 171; FGPrax 2004, 115 (116) (Vorlagebeschl.); *Jayme* IPRax 1981, 160; *Hausmann/Trabucchi* StAZ 1982, 128;

Wengler IPRax 1987, 164; *F. Sturm* StAZ 1990, 350; *Henrich* StAZ 1996, 353 (357); *ders.* FamRZ 1998, 1401; *ders.* IPRax 1998, 96; *Kampe* StAZ 2007, 125 (126); Erman/*Hohloch* EGBGB Art. 10 Rn. 4; *Wall* StAZ 2011, 37 (41); *ders.* StAZ 2014, 280 (282 f.); *Krömer* StAZ 2011, 157 (158); *ders.,* StAZ 2014, 28 (29) sowie OLG Karlsruhe FamRZ 1999, 253.

48   BayObLGZ 2002, 299.

49   BGH NJW 1986, 3022 (3023) = StAZ 1987, 16 (dazu *F. Sturm* IPRax 1987, 1); dem folgend zB AG München StAZ 2002, 147.

50   OLG Köln StAZ 2013, 319; Soergel/*Schurig* EGBGB Art. 10 Rn. 87–89; *Hepting* StAZ 1998, 133 (142 f.); Staudinger/*Hausmann* EGBGB Art. 10 Rn. 130 f.; *Heldrich,* 50 Jahre BGH – FG aus der Wissenschaft, Bd. II, 2000, S. 733, 747 f.; *Kegel/Schurig,* S. 331 (§ 9 II 2 b); *v. Bar/Mankowski,* IPR I, § 7 Rn. 211 f.; Palandt/*Thorn* EGBGB Art. 10 Rn. 2; *Looschelders,* IPR, Art. 10 Rn. 10; jurisPK BGB/ *Janal* EGBGB Art. 10 Rn. 40; *Hepting* Rn. IV-302 sowie OLG Düsseldorf FamRZ 1999, 328; *Kraus* StAZ 2007, 151.

51   *Krömer* StAZ 2003, 219 (220).

52   Schönes Beispiel bei *Winkler v. Mohrenfels* Jura 1992, 169 (174).

matstaates widerspiegele,[53] dürfen nicht durchschlagen.[54] Weder lässt sich Entscheidungseinklang garantieren, noch wäre die Passausstellung überhaupt eine taugliche Hauptfrage.[55] Ordnungsinteressen des Heimatstaates stellt das deutsche IPR durch die Wahlmöglichkeiten nach Abs. 2, 3 sowieso schon bei der Hauptfrage hintan; umso weniger vermögen sie eine Abweichung von der Regel der selbstständigen Vorfragenanknüpfung zu begründen.[56] Auch das europäische Unionsrecht gebietet keine unselbstständige Vorfragenanknüpfung.[57] Erstens kann die korrekte unselbstständige Vorfragenanknüpfung eine Vermeidung hinkender Namensverhältnisse nicht garantieren, und zweitens sind Vorfragen bereits im unionsrechtlichen Kollisionsrecht der Rom I- und Rom II-Verordnungen richtigerweise selbstständig anzuknüpfen,[58] umso weniger dann unselbstständig im nationalen IPR.

Die **Anerkennung ausländischer Entscheidungen** (zB von Ehescheidungsurteilen oder Adoptionsbeschlüssen) kann eine Vorfragenanknüpfung ersetzen.[59] Die Vorfrage wird dann schon über das Internationale Zivilprozessrecht beantwortet. Anerkennungsrecht ist insoweit ein zweites, vorrangiges Kollisionsrechtssystem.[60] Wird dem Adoptivkind bereits im ausländischen Adoptionsbeschluss konstitutiv ein Name gegeben, so zählt dies auch in Deutschland nach Maßgabe der §§ 108; 109 FamFG.[61] Wiederholt der ausländische Adoptionsbeschluss dagegen nur deklaratorisch einen Namen, so hat er insoweit keinen anerkennungsfähigen Regelungswillen, so dass es bei der Namensgebung nach dem Namensstatut bleibt.[62] Trifft der Adoptionsbeschluss überhaupt keine Aussage zum Namen, so bleibt es erst recht beim Namensstatut.[63] Eine nachträgliche Änderung ist bei konstitutiver wie deklaratorischer Wirkung des Adoptionsbeschlusses statthaft, wenn das Namensstatut des Kindes sie zulässt. In Deutschland kann unter deutschem Namensstatut ein Umwandlungsverfahren auch mit dem alleinigen Ziel eingeleitet werden, den Adoptiveltern nachträglich die Möglichkeiten des § 1757 Abs. 2, 3 BGB (analog) zu eröffnen.[64] **19**

Die Anerkennung eines ausländischen Scheidungsurteils in Deutschland über Art. 21 Brüssel IIa-VO bzw. §§ 107; 109 FamFG entscheidet darüber, ob die Ehe aus deutscher Sicht als geschieden gilt oder nicht.[65] Ebenso entscheidet über ausgesprochene namensrechtliche Folgen eines deutschen Scheidungsurteils richtigerweise die deutsche lex fori.[66] **19a**

4. Statutenwechsel. a) Grundsätzliches. Das für den Namen maßgebliche Recht kann wechseln, indem sich der Anknüpfungspunkt verändert. Unter Abs. 1 tritt dies ein, wenn der Namensträger seine Staatsangehörigkeit wechselt. Außerdem kann sich das Namensstatut verändern, wenn eine Rechtswahlbefugnis nach Abs. 2 oder 3 ausgeübt wird. In allen diesen Fällen entscheidet dann das neue, vom dem neuen Anknüpfungspunkt bezeichnete Recht über den Namen.[67] Es erfolgt also ein Statutenwechsel. Bei mehrmaligem Statutenwechsel entscheidet das jeweils für den betreffenden Zeitpunkt aktuelle Namensstatut.[68] Ob ein Statutenwechsel eintritt, kann im Einzelfall Zusatzüberlegungen auslösen, zB wenn der Namensträger seine Staatsangehörigkeit wechselt, aber zuvor die Wahl eines anderen Rechts unter Abs. 2 oder 3 erfolgt war.[69] Ein Namenserwerb ist mit der Namenserteilung abgeschlossen; die Namensführung dagegen ist ein Dauertatbestand und kann Gegenstand eines Statutenwechsels sein.[70] **20**

53   *Jayme,* IPRx 1981, 160, 161; *Hausmann* StAZ 1982, 121 (128); *Beitzke* StAZ 1984, 198; *F. Sturm* StAZ 1990, 350; *v. Bar/Mankowski,* IPR I, § 7 Rn. 212.
54   *Kegel/Schurig,* S. 331 (§ 9 II 2 b).
55   Näher *v. Bar,* IPR II, Rn. 88.
56   Soergel/*Schurig* EGBGB Art. 10 Rn. 88; *Hepting* StAZ 1998, 133 (142 f.); Staudinger/*Hausmann* EGBGB Art. 10 Rn. 131; *v. Bar/Mankowski,* IPR I, § 7 Rn. 212; *Looschelders,* IPR, Art. 10 Rn. 10; jurisPK BGB/*Janal* EGBGB Art. 10 Rn. 40.
57   Gegen *Wall* StAZ 2011, 37 (41).
58   Näher *Solomon*FS Spellenberg 2010, S. 355; *Bernitt,* Die Anknüpfung von Vorfragen im europäischen Kollisionsrecht, 2010; *Gössl* ZfRV 2011, 65.
59   OLG Karlsruhe FGPrax 1997, 144; OLG Hamburg StAZ 2015, 14.
60   Eingehend *v. Bar/Mankowski,* IPR I, § 5 Rn. 134–140.
61   AG Bonn StAZ 1992, 41; *Hepting/Dutta* Rn. V-569; vgl. aber auch *Frank* StAZ 2018, 202 (203–205).
62   *Hölzel* StAZ 2003, 289 (295); *Krömer* StAZ 2003, 307 (308). Kritisch *Frank* StAZ 2018, 202 (204 f.)
63   *Frank* StAZ 2018, 202 (205).

64   Begründung der Bundesregierung zum Entwurf eines Gesetzes zur Regelung von Rechtsfragen auf dem Gebiet der internationalen Adoption und zur Weiterentwicklung des Adoptionsvermittlungsrechts, BT-Drs. 14/6011, 48; AG Nürnberg StAZ 2003, 144; *Hölzel* StAZ 2003, 289 (296); *Müller/Sieghörtner/Emmerling/de Oliveira,* Adoptionsrecht in der Praxis Rn. 389; *Frank* StAZ 2018, 202 (203).
65   KG StAZ 1994, 192; OLG Karlsruhe IPRax 1998, 110 (111); OLG Düsseldorf StAZ 1999, 114; OLG Hamm StAZ 2004, 171; OLG Hamburg StAZ 2015, 14; LG Bonn StAZ 1988, 354; AG Bonn StAZ 1988, 354; Staudinger/*Hausmann* EGBGB Art. 10 Rn. 140.
66   S. nur KG StAZ 1994, 192; OLG Düsseldorf StAZ 1999, 114; LG und AG Bonn StAZ 1988, 354; Staudinger/*Hausmann* EGBGB Art. 10 Rn. 143; *Kraus* StAZ 2003, 88; *Krömer* StAZ 2003, 345; Palandt/*Thorn* EGBGB Art. 10 Rn. 2.
67   S. nur KG StAZ 1996, 301; AG Köln StAZ 2004, 173; *Rauhmeier* StAZ 2010, 170.
68   *Jauß* StAZ 2006, 239 (240).
69   Vgl. *Hochwald* StAZ 2009, 49 (50).
70   BGH StAZ 2014, 139 (140) = FamRZ 2014, 741 = NJW 2014, 1383; *Prinz v.Sachsen Gessaphe* StAZ 2015, 65 (67).

21   Ein Statutenwechsel zieht nicht automatisch einen Namenswechsel nach sich.[71] Ob sich der Name als Folge des Statutenwechsels ändert, bestimmt vielmehr das neue Namensstatut.[72] Folgt dieses wie das deutsche Recht dem Grundsatz der **Namenskontinuität**, so ändert sich der Name nicht, sondern wird in der Gestaltung übernommen, wie er unter dem alten Namensstatut bestand.[73] Ein unter dem alten Statut erworbener Name beibt erhalten, und nur zukünftige Namensänderungen beurteilen sich nach dem neuen Statut.[74] Allerdings richtet sich die Namensfunktion nach dem Statutenwechsel nur noch nach dem neuen Statut, während dieses den Namenswortlaut von dem unter altem Recht gebildeten Namen (vorbehaltlich einer Anpassung) übernimmt.[75]

22   Indes muss das neue Recht dem Grundsatz der Namenskontinuität und der prinzipiellen Unveränderlichkeit des Namens nicht folgen. Es muss nicht anerkennen, was unter dem alten Namensstatut bestand. Es kann kraft eigener Entscheidung die Namensfrage von Grund auf neu stellen und ab ovo neu beantworten. Es kann auch ein Recht zur namensmäßigen Anpassung an die Umwelt gewähren.[76] Es entscheidet über jegliche Arten von Namenswahlrechten.[77] Es gibt Maß für etwaige Namensänderungen.[78]

23   **b) Statutenwechsel zum deutschen Recht.** Bei Wechsel zum deutschen Recht (sei es unter Abs. 1 durch Einbürgerung oder Anerkennung als Flüchtling, sei es durch Wahl nach Abs. 2 oder 3) können sich Ausnahmen vom sachrechtlichen Grundsatz der Namenskontinuität ergeben, indem ehemals deutsche Familiennamen wiederhergestellt werden oder wenn Übersiedler eine deutsche Namensform annehmen (soweit dies nach deutschem Recht zulässig ist) oder wenn bei Übersiedlern aus slawischen Ländern der Frauenname als eigenständige Form entfällt.[79] Außerdem kann die Reihenfolge von Namen ein Problem sei, zudem der Umgang mit dem deutschen Recht eigentlich unbekannten Namensbestandteilen wie Zwischennamen oder Vatersnamen.[80] Die Zahl der Betroffenen war so groß, dass der deutsche Gesetzgeber mehrfach zu Sonderregeln gegriffen hat.

24   Deren wichtigste ist heute Art. 47 EGBGB, geschaffen durch Art. 2 Abs. 15 lit. b Gesetz zur Reform des Personenstandsrechts (Personenstandsrechtsreformgesetz – PStRG) vom 19.2.2007 (BGBl. I 2007 122) und zum 24.5.2007 in Kraft gesetzt durch Art. 4 Abs. 1 lit. a 7. Gesetz zur Änderung des Bundesvertriebenengesetzes.[81]

25   **Aussiedler deutscher Volkszugehörigkeit** behalten daneben[82] bei Wechsel unter das deutsche Recht grundsätzlich ihren bisherigen Namen;[83] es findet keine rückwirkende Anwendung deutschen Rechts statt.[84] § 94 BVFG[85] erlaubt aber eine ex nunc wirkende sachrechtliche Anpassung an das deutsche Namensrecht, insbesondere durch Ablegen von Namensbestandteilen oder weiblichen Sonderformen oder positiv durch Annahme der männlichen oder der eingedeutschten Form des Familiennamens sowie durch Änderung des Vornamens. Dies gilt auch dann, wenn nur einer der Aussiedler-Ehegatten die Rechtsstellung eines Deutschen nach Art. 116 GG hat.[86] **Abkömmlinge** und **Ehegatten** können nach § 4 Abs. 3 S. 2 BVFG eine Statusdeutscheneigenschaft frühestens mit dem Entstehen des Spätaussiedlerstatus und einer darüber begründeten Statusdeutscheneigenschaft des Hauptbetroffenen ableiten.[87] Ein Statutenwechsel findet durch die bloße Aussiedlung noch nicht automatisch statt; vielmehr können auch Spätaussiedler weiterhin dem Recht einer beibehaltenen ausländischen Staatsangehörigkeit unterstehen.[88]

26   Außerdem stehen weiterhin die Rechtswahlmöglichkeiten aus Art. 10 offen, um über eine geeignete Rechtswahl die Grundlage für eine passende Namenslösung zu schaffen. Ehegatten steht weiterhin offen, nach Abs. 2 Nr. 1 für ihre Namensführung deutsches Recht zu wählen, um einen neuen Ehenamen nach § 1355 BGB zu bilden.[89] Dies ist auch möglich, wenn die Ehegatten unter dem früheren Statut bereits einen Ehena-

---

71   *Solomon* StAZ 2018, 265 (265).

72   Siehe nur BGH StAZ 1975, 11; *Kraus* StAZ 2014, 374 (375); *Solomon* StAZ 2018, 265 (265).

73   S. BGHZ 63, 107; 147, 159, 168; BGH StAZ 2014, 139 (141) = FamRZ 2014, 741 = NJW 2014, 1383; BayObLGZ 1989, 147 (150); OLG Hamm StAZ 1995, 238; KG StAZ 1996, 301 f.; OLG Hamm FGPrax 1999, 55.

74   BGH StAZ 1993, 190; BGH StAZ 2001,211; BayObLG StAZ 1999, 270.

75   S. nur *Hochwald* StAZ 2009, 49 f.

76   OLG Hamburg StAZ 1977, 224; AG Hagen FamRZ 1995, 1357.

77   OLG Frankfurt StAZ 2006, 263; OLG Frankfurt StAZ 2007, 146.

78   *Kraus* StAZ 2014, 374 (375).

79   Erman/*Hohloch* EGBGB Art. 10 Rn. 6.

80   S. nur *Hochwald* StAZ 2010, 335 (336).

81   V. 16.5.2007, BGBl. 2007 I 748.

82   S. Art. 47 Rn. 59 f.

83   BGHZ 121, 305; BGH NJW 1993, 2244.

84   OLG Hamm StAZ 1994, 79; OLG Hamm FGPrax 1999, 55.

85   Heute idF durch das 7. Gesetz zur Änderung des Bundesvertriebenengesetzes v. 16.5.2007, BGBl. I 2007 748, in Kraft seit dem 1.1.2009, abgedr. in Art. 47 EGBGB Rn. 59.

86   OLG Stuttgart StAZ 1999, 79 = FamRZ 1999, 1424; OLG Frankfurt StAZ 2000, 210.

87   *Ott* StAZ 2000, 343 (344).

88   S. nur *Jakob* IPRax 2002, 577 (578); Palandt/*Thorn* Anh. Art. 5 EGBGB Rn. 12.

89   BGHZ 147, 159; BGH FamRZ 2001, 1291; BayObLGZ 1999, 153; OLG Stuttgart FGPrax 1999, 54; 1999, 57; OLG Frankfurt StAZ 2000, 209; OLG Karlsruhe StAZ 2002, 203.

men bestimmt hatten.[90] Der Statutenwechsel ist indes (insbesondere bei Flüchtlingen) bereits vorher erfolgt, nicht erst durch die Rechtswahl.[91] Die Rechtswahl wird eine „**Sicherheitsrechtswahl**".[92]

5. Angleichung und Anpassung. Statutenwechsel oder **abgeleitete Namen**, deren Träger einem anderen Recht als Namensstatut untersteht als derjenige Namensträger, von welchem der Name abgeleitet wird, können eine Angleichung oder Anpassung erforderlich machen.[93] Eine Angleichung will Spannungen, Lücken und Widersprüche überwinden, die sich aus einem Nebeneinander verschiedener Rechtsordnungen im selben Fall ergeben können; ihr Mittel ist eine modifizierte Anwendung von Normen nach Maßgabe der Funktionsäquivalenz.[94] Eine Angleichung steht dagegen nicht infrage, wenn alle beteiligten Personen dasselbe Namensstatut haben (zB bei gleicher ausländischer Staatsangehörigkeit von Eltern und Kind).[95] Eine Angleichung steht auch nicht in Rede, wenn zwar mehrere Namensstatute vorliegen, aber alle zu demselben Ergebnis bei der Namensführung kommen (zB für den Ehenamen bei gemischtnationaler Ehe).[96]   **27**

Bei einem **Konflikt zwischen materiellem Namensstatut und Personenstandsverfahrensrecht** geht im Zweifel das materielle Recht vor, weil das Verfahrensrecht nur dienende Funktion hat.[97] Das Verfahrensrecht soll die materielle Rechtslage abbilden helfen, sie aber nicht gestalten.[98]   **28**

a) Angleichungserklärung. Die in der Praxis (insbesondere bei einem Statutenwechsel zum deutschen Recht) seit langem üblich gewordene,[99] in den Grenzen des Art. 47 EGBGB gesetzlich anerkannte, sogenannte Angleichungserklärung ist keine Ausübung von wie auch immer gearteter Privat- oder Parteiautonomie seitens des Erklärenden, sondern nur ein mitwirkender Akt des Betroffenen, um die objektive Rechtsanwendung zu erleichtern.[100] Sie entfaltet jenseits von Art. 47 EGBGB keinerlei Bindungswirkung für die Standesämter und keinerlei Gestaltungswirkung.[101] Sie ist dort nur zweckmäßig, aber nicht erforderlich.[102]   **29**

Die Angleichungserklärung ist ein nützliches Hilfsmittel, um den Standesämtern die Arbeit zu erleichtern, die Kooperation des Betroffenen zu sichern und Rechtsstreitigkeiten zu vermeiden.[103] Zumal bei mehreren gleichwertigen Optionen (einer von zwei Namen muss in einen Familien-, der andere in einen Vornamen transponiert werden) macht es Sinn und fördert den Rechtsfrieden, den Betroffenen mitbestimmen zu lassen.[104] Später kann eine langjährige Namensführung schutzwürdiges und verfassungsrechtlich geschütztes **Vertrauen** begründen.[105]   **30**

b) Statutenwechsel zum deutschen Recht. Ein Wechsel zum deutschen Recht begründet keine eigentliche Anpassungslage, da zwei Rechte hier nicht neben-, sondern nacheinander anwendbar sind; trotzdem sind die Wertungen der Anpassungen mit denen des hier gegebenen Falles der **Transposition** vergleichbar.[106]   **31**

Ein Statutenwechsel zum deutschen Recht berechtigt nicht dazu, den bisherigen fremdsprachigen Namen nun in einer deutschen Übersetzung, also eingedeutscht zu führen.[107] Vielmehr ist grundsätzlich weiter der bisherige Name **ohne Eindeutschung** zu führen. Bestand unter altem Recht ein Wahlrecht zwischen verschiedenen Formen des Namens,[108] so ist für das neue Recht die zum Zeitpunkt des Statutenwechsels maßgebliche Namensform entscheidend.[109]   **32**

Die mit Abstand häufigsten und wichtigsten Konstellationen bei einem Eingangsstatutenwechsel hin zum deutschen Recht regelt Art. 47 EGBGB jetzt speziell. Dort sind vorrangig Antworten zu suchen. Für Konstellationen mit Anpassungsbedarf jenseits der von Art. 47 EGBGB erfassten Fälle gelten aber die allgemeinen Anpassungsgrundsätze fort. Aus Art. 47 EGBGB ist kein Umkehrschluss zu ziehen, dass ansonsten keine Anpassung möglich wäre. ZB regelt er nicht die Reihenfolge von Namen nach einem Eingangsstatutenwechsel zum deutschen Recht; im Wege der Anpassung kann nun eine grundsätzlich beliebige Reihen-   **33**

90 BGH FamRZ 2001, 1291.
91 *Hepting* StAZ 2001, 257 (262), gegen AG Hagen StAZ 1995, 150.
92 S. *Wachsmann* StAZ 2000, 220 (221).
93 S. zB LG Tübingen StAZ 2004, 137 (isländischer Vatersname und deutsches Recht).
94 BGH StAZ 2014, 139 (141); BGH StAZ 2015, 78 (79).
95 *Hepting* StAZ 2001, 257 (258).
96 *Hepting* Rn. III-655 f., III-663.
97 Staudinger/*Hausmann* EGBGB Art. 10 Rn. 46; *Hepting* StAZ 2001, 257 (259). Strenger: BayObLG StAZ 1996, 41.
98 *Hepting* StAZ 2001, 257 (259).
99 S. nur *Marcks* StAZ 1991, 292 (293); *Wachsmann* StAZ 1998, 323 (324).

100 *Hepting* StAZ 2001, 257 (263); *Homeyer* StAZ 2003, 115 (116).
101 *Hepting* StAZ 2001, 257 (263 f.)
102 Offen gelassen von LG Frankfurt StAZ 2003, 113 (114).
103 *Hepting* StAZ 2001, 257 (264).
104 *Hepting* StAZ 2001, 257 (264).
105 BVerfG StAZ 2001, 207.
106 *Hepting* StAZ 2001, 257 (259), 261.
107 OLG Hamburg OLGZ 1990, 25 (30).
108 Insoweit abl. für das ungarische Recht BayObLGZ 1989, 147; anders OLG Hamburg StAZ 1990, 135 mAnm *Beitzke*; näher *Silagi* StAZ 1992, 133.
109 OLG Hamburg StAZ 1990, 135 mAnm *Beitzke* sowie OVG Koblenz IPRax 1984, 216 Ls. mAnm *Henrich*.

folge bisheriger Namen hergestellt werden, solange dem deutschen Prinzip von Vor- und Familiennamen genügt ist.[110]

33a Sofern unter dem Ausgangsstatut keine strukturelle Aufgliederung in Vor- und Familiennamen erfolgt, sondern Eigennamen gereiht werden, ist bei Eingangsstatutenwechsel zum deutschen Recht eine objektive Angleichung veranlasst.[111] Gibt der Namensträger eine Erklärung nach Art. 47 EGBGB ab, so gibt diese Erklärung maß, und es besteht keine Notwendigkeit zu einer objektiven Angleichung, weil es eine Vorrang heischende subjektive Angleichung gibt. Gibt der Namensträger dagegen *keine* Erklärung nach Art. 47 EGBGB ab, so entfaltet dies zwar keine Sperrwirkung. Indes spricht der Grundsatz der Namenskontinuität dafür, den unter altem Recht gebildeten Namen unter dem neuen deutschen Namensstatut fortzuführen einschließlich nicht abgelegter Zwischennamen.[112] Hier kann eine Vorprägung durch das alte Namensstatut, insbesondere infolge entsprechend ausgestellter Ausweispapiere, zum Tragen kommen.[113] Eine objektive Zwangsumwandlung in Vor- oder Familiennamen ist nicht veranlasst.[114] Allenfalls zwingende Erfordernisse des deutschen Rechts könnten zu einer anderen Entscheidung bewegen.[115] Registerrechtliche Belange reichen dafür in aller Regel nicht aus.[116] Eine objektive Anknüpfung müsste definitionsgemäß unabhängig vom Willen des Namensträgers, notfalls sogar gegen dessen Willen geschehen und wäre deshalb ein rechtfertigungsbedürftiger Eingriff in dessen Persönlichkeitsrecht. Zudem fehlt es an einer Komptenznorm, welche Standesämtern eine entsprechende Gestaltungsbefugnis zuweisen würde.[117]

34 **c) Zusammengesetzte Namen.** Zusammengesetzte Namen des spanischen Rechtskreises (dazu → Rn. 74) werfen die Frage auf, ob beide Namensbestandteile (apellidos) zum Familiennamen gehören, also auch zum Ehenamen eines Partners oder zum Familiennamen eines Kindes unter deutschem Recht werden können. Diese Frage ist zu bejahen. Der funktionalen Gleichstellung des gesamten zusammengesetzten Namens mit einem deutschen Ehenamen steht die mangelnde Vererbbarkeit des zweiten Teils heute nicht mehr entgegen.[118] Wird deutsches Recht zum Ehenamensstatut gewählt und der Geburtsname der spanischen Ehefrau zum Ehenamen bestimmt, so wird der zweigliedrige Name Ehename.[119]

35 Erwirbt ein deutsches Kind den Familiennamen als Namen und ist Familienname ein zusammengesetzter Name, so werden beide Teile des zusammengesetzten Namens zum Geburtsnamen des Kindes.[120] Es gibt kein Verbot von **Doppelnamen als Geburtsnamen** mehr, das wesentlicher Bestandteil des deutschen Rechts wäre.[121] Dafür streitet spätestens die Möglichkeit der sogenannten additiven Einbenennung[122] nach § 1618 Abs. 1 S. 2 BGB in der Fassung durch das KindRG.[123]

36 **d) Ehenamen.** Eine Anpassung kann für Ehenamen erforderlich werden, wenn das Namensstatut des einen Ehegatten automatisch einen Ehenamen vergibt, während das Namensstatut des anderen Ehegatten einen gemeinsamen Ehenamen von einer gemeinsamen Erklärung der Ehegatten abhängig macht (die konkret nicht erfolgt ist). Die Wahl des vom Namensstatut des ersten Ehegatten vorgegebenen Ehenamens wäre im Prinzip verwehrt, weil dieses Recht keine Privatautonomie kennt.[124]

37 So käme kein Ehename zustande, obwohl beide Rechte einen Ehenamen kennen und wollen. Richtigerweise ist daher im Wege der Anpassung dem ersten Ehegatten zu gestatten, entgegen seinem strikten Namensstatut an der Wahl seines Namens zum Ehenamen mitzuwirken. So erzielt man das vom ersten Recht vorgeschriebene und vom zweiten Recht erlaubte Ergebnis.[125] Dieser Weg ist aber nicht gangbar, wenn das

---

110 LG München I StAZ 2006, 168.
111 BGH StAZ 2014, 139 (141) = FamRZ 2014, 741 = NJW 2014, 1383; *Henrich* StAZ 2007, 197 (198); *Mäsch* IPRax 2008, 17 (18), 20; *Hepting* StAZ 2008, 161 (176); *Rauhmeier* StAZ 2010, 337 (338); PWW/*Mörsdorf-Schulte* EGBGB Art. 47 Rn. 3; jurisPK/*Janal* EGBGB Art. 47 Rn. 3.
112 BGH StAZ 2014, 139 (142) = FamRZ 2014, 741 = NJW 2014, 1383; *Solomon* StAZ 2018, 265 (270); jurisPK/*Janal* EGBGB Art. 47 Rn. 3; *Palandt/Thorn* EGBGB Art. 47 Rn. 5 sowie OLG Frankfurt StAZ 2006, 142 (143).
113 *Solomon* StAZ 2018, 265 (276).
114 AA *Henrich* StAZ 2007, 197 (201); *Mäsch* IPRax 2008, 17 (19); *Hepting* StAZ 2008, 161 (173); *Hochwald* StAZ 2010, 335 (336); *Rauhmeier* StAZ 2010, 337 (338); MüKoBGB/*Birk* EGBGB Art. 47 Rn. 33; *Staudinger/Hausmann* EGBGB Art. 47 Rn. 47; PWW/*Mörsdorf-Schulte* EGBGB Art. 47 Rn. 12.
115 *Solomon* StAZ 2018, 265 (270).
116 BGH StAZ 2014, 139 (141).
117 *Solomon* StAZ 2018, 265 (274 f.)
118 BGH FamRZ 1999, 570 unter Hinw. auf die deutsche Sachrechtslage nach BVerfGE 84, 9 = FamRZ 1991, 535; zust. insbes. *Hepting/Bauer* IPRax 2000, 394 (396 f.) Anders zuvor BGHZ 109, 1; BayObLGZ 1987, 418 = StAZ 1998, 199.
119 AG Berlin-Schöneberg StAZ 1998, 180.
120 OLG Düsseldorf StAZ 1995, 41; *Hepting/Bauer* IPRax 2000, 394 (398); BeckOK BGB/*Mäsch* EGBGB Art. 10 Rn. 21; *Looschelders*, IPR, Art. 10 Rn. 25.
121 BGH FamRZ 1999, 570; *Hepting/Bauer* IPRax 2000, 394 (397 f.)
122 Näher *Wagenitz* FamRZ 1998, 1545 (1551).
123 *Hepting/Bauer* IPRax 2000, 394 (398).
124 *Staudinger/Hausmann* EGBGB Art. 10 Rn. 232.
125 *Soergel/Schurig* EGBGB Art. 10 Rn. 63 n; *Staudinger/Hausmann* EGBGB Art. 10 Rn. 241; *Looschelders*, IPR, Art. 10 Rn. 21.

Namensstatut des zweiten Ehegatten seinerseits strikt die Fortführung der bisherigen Namen vorschreiben sollte.

e) Sonstige Fälle. Denkbar ist auch, dass die Eintragung zwar dem tatsächlichen Vorgang und dem **38** Wunsch der Beteiligten entspricht, aber keine im Staat des Namensstatuts zulässige Schreibweise darstellt. Dann eine Unrichtigkeit im Sinne von § 47 PStG zu verneinen[126] ist sehr formal und kann die Beteiligten in unnötige Schwierigkeiten bringen. Vielmehr ist eine Korrektur vorzunehmen. Das Verfahrensrecht muss hier seiner dienenden Funktion gerecht werden.

Ein **Änderungsverlangen einer ausländischen Stelle** allein ist noch kein anzuerkennender Hoheitsakt, der **39** Wirkungen bei deutschem Namensstatut zeitigen würde, zumal dann, wenn er im Ergebnis nur eine andere Schreibweise des Namens nach der einschlägigen ISO-Transliterationsnorm wiedergibt.[127]

6. Ordre public. Auch die über ein ausländisches Namensstatut erzielten Ergebnisse unterliegen der Kon- **40** trolle durch den deutschen ordre public. Der deutsche ordre public selber ist freilich unionsrechtskonform zu handhaben und muss einengende Vorgaben des EuGH beachten, soweit der EuGH liberaler ist und mehr zulässt, als es dem rein nach deutschen Maßstäben verstandenen ordre public entsprechen würde.[128] Einen Verstoß gegen den deutschen ordre public begründet nicht bereits, dass der in Rede stehende Name so unter deutschem Namenssachrecht nicht hätte gebildet werden können; vielmehr ist erforderlich, dass im konkreten Einzelfall ein so starker Widerspruch zu den Grundgedanken der deutschen Regelungen und den in ihnen enthaltenen Gerechtigkeitsvorstellungen besteht, dass der Namen nach inländischen Vorstellungen untragbar erscheint.[129]

Ordre-public-Verstöße können sich insbesondere aus **exzessiver Fremdbestimmung** des Namensträgers **40a** oder aus **fehlender Gleichberechtigung** der Geschlechter ergeben. Sachrechtlicher Mannesvorrang kann bei Inlandsaufenthalt von Ehegatten problematisch sein.[130] Art. 109 Abs. 3 S. 2 WRV ist Teil des deutschen ordre public und steht einem Namen entgegen, welcher den Eindruck von Adel erwecken will.[131]

Außerdem können nach dem Namensstatut zulässige **Vornamen** gegen den deutschen ordre public versto- **41** ßen, wenn sie den Namensträger der **Lächerlichkeit** preisgeben, anstößig sind oder den Namensträger belasten können.[132] Dies ist im Interesse des Kindeswohls geboten.[133] Namensänderungen Deutscher durch ausländische Gerichte oder Behörden sind nicht am materiellen ordre public zu kontrollieren (Namensstatut ist deutsches Recht), sondern am engeren anerkennungsrechtlichen ordre public des § 109 Abs. 1 Nr. 4 FamFG.[134] Bei hinreichendem Inlandsbezug kann eine **automatische Namenserstreckung auf Kinder** unabhängig von deren Alter und deren Zustimmung in Extremfällen zum Problem werden.[135] Den Inlandsbezug kann schon für den Namen der Eltern die deutsche Staatsangehörigkeit der Kinder herstellen.[136] Der Inlandsbezug ist aber für jeden einzelnen Namensträger gesondert zu prüfen.[137]

Einige Rechtsordnungen, insbesondere von Bundesstaaten der USA und England, erlauben eine **private** **42** **Namensänderung ohne besonderen Grund.** Bei starkem Inlandsbezug könnte man darin einen ordre-public-Verstoß sehen, weil es die Identifikationsfunktion des Namens aufstört.[138] Indes dürfte jedenfalls diese Begründung nicht tragen.[139] Denn auch nach der Namensänderung ist die betreffende Person über einen Namen identifizierbar. Dass jemand nun einen bestimmten Namen führt, also das Ergebnis der Rechtsanwendung, wird als solches kaum anstößig sein.[140] Nur der Erwerbsmodus ist anders. Behördliche Mitwirkung und Registrierung kann man aber kaum zu inländischen Rechtswerten erheben, die es mit dem ordre public zu schützen gälte. Versuchen, die eigene Identität durch Namenswechsel zu verschleiern und

126 So LG Bremen StAZ 2000, 239.
127 LG Rostock IPRspr. 2001 Nr. 10 S. 25.
128 *Wagner* Liber amicorum Christian Kohler, 2018, 567, 579.
129 BGH FamRZ 2019, 218 Rn. 36 mAnm *Dutta* unter Verweis auf BGHZ 104, 240, 243; BGH SchiedsVZ 2014, 151 Rn. 29.
130 *Looschelders* EGBGB Art. 10 Rn. 8; PWW/*Mörsdorf-Schulte* EGBGB Art. 10 Rn. 19; MüKoBGB/ *Birk*, 5. Aufl., EGBGB Art. 10 Rn. 31. Zurückhaltender LG Essen IPRspr. 1998 Nr. 11 b = IPRax 1999, 50 mAnm *Jayme*; AG Essen IPRspr. 1998 Nr. 11 a = IPRax 1998, 213 mAnm *Jayme*; *v. Bar,* IPR II, 1991, Rn. 90; Staudinger/*Hausmann* EGBGB Art. 10 Rn. 134.
131 BGH FamRZ 2019, 218 Rn. 32–34 mAnm *Dutta*; *Kienemund* NZFam 2019, 139.
132 *Dörner* IPRax 1983, 287 (288 f.); Soergel/*Schurig* EGBGB Art. 10 Rn. 92; MüKoBGB/*Birk* EGBGB Art. 10 Rn. 32; PWW/*Mörsdorf-Schulte* EGBGB

Art. 10 Rn. 19; jurisPK BGB/*Janal* EGBGB Art. 10 Rn. 38. Beispiel: OLG Bremen StAZ 1996, 86 = NJW-RR 1996, 1029; LG Bremen StAZ 1996, 46: „Frieden Mit Gott Allein Durch Jesus Christus" nach südafrikanischem Recht (ordre public-Verstoß vom OLG verneint, vom LG bejaht).
133 BeckOK BGB/*Mäsch* EGBGB Art. 10 Rn. 12.
134 Staudinger/*Hausmann* EGBGB Art. 10 Rn. 138 sowie OLG Naumburg StAZ 2014, 338 (339).
135 Staudinger/*Hausmann* EGBGB Art. 10 Rn. 135.
136 OLG Naumburg StAZ 2014, 338 (339).
137 OLG Naumburg StAZ 2014, 338 (339).
138 So Erman/*Hohloch* EGBGB Art. 10 Rn. 13; s. a. LG Hagen IPRax 1985, 294; MüKoBGB/*Birk*, 5. Aufl., EGBGB Art. 10 Rn. 46.
139 Ebenso im Erg. BayObLG FamRZ 2000, 55; OLG Hamburg IPRspr. 1980 Nr. 184.
140 BeckOK BGB/*Mäsch* EGBGB Art. 10 Rn. 12; vgl. auch LG Heidelberg IPRspr. 1988 Nr. 6.

sich dadurch etwa dem Zugriff von Gläubigern zu entziehen, ist nicht über den Einsatz des ordre public im Namensrecht zu wehren, sondern insbesondere über das Deliktsrecht (aber auch, soweit Eheschließungen in Rede stehen, über das Internationale Eheschließungsrecht des Art. 13 Abs. 1 EGBGB).[141] Dass der Böswillige faktisch den neuen Namen führt, vermöchte auch der namensrechtliche ordre public nicht zu verhindern. Das Schädigungspotenzial geht vom Faktischen aus, nicht von der Berechtigung zur Namensführung.

43   Trennt ein ausländisches Namensstatut für Kindesnamen noch zwischen ehelicher und **nichtehelicher Kindschaft**, so ist dies hinzunehmen und nicht ordre-public-widrig.[142] Ein grundsätzlich freies Wahlrecht der Eltern für den Nachnamen eines Kindes ist mit dem deutschen ordre public zu vereinbaren.[143] Nicht zum ordre public zählt auch der **Grundsatz der Geschlechtsoffenkundigkeit** für Vornamen.[144] Dem Erfordernis eines Familiennamens sollte man keinen ordre public-Charakter beilegen.[145] Unter ausländischen Namensstatuten sind vielmehr auch Einzelnamen in Gestalt von Eigennamen zu akzeptieren (zB unter dem Recht von Sri Lanka).

V. Eingrenzung auf natürliche Personen

44   Art. 10 gilt grundsätzlich nur für den Namen natürlicher Personen. Dies ergibt sich allerdings nur indirekt aus dem Wortlaut des Abs. 1. Dort geht es nur um den Namen einer Person. Gesellschaften, Vereinigungen oder juristische Personen werden nicht ausdrücklich genannt und nicht ausdrücklich mit einbezogen. Durch diese Nichtnennung werden sie ausgegrenzt. Der Gesetzgeber wollte nach der ganzen Genese nur den Namen natürlicher Personen regeln, wie auch die nur für natürliche Personen sinnvollen Abs. 2 und 3 belegen.

45   Die Wertungsaussage des Abs. 1, dass der Name Teil der Persönlichkeit ist und deshalb dem Personalstatut unterliegt, lässt sich aber auf die **Firma** von juristischen Personen, Gesellschaften und Vereinigungen übertragen: Die Firma einer Gesellschaft richtet sich grundsätzlich nach dem Gesellschaftsstatut als dem Personalstatut der Gesellschaft.[146] Methodisch ist dies als Analogie zu Abs. 1 einzuordnen.[147] Eine kennzeichenrechtsanaloge Einordnung mit Anwendung des Territorialitätsprinzips[148] ist abzulehnen.[149] Allerdings kommt eine überlagernde Sonderanknüpfung von Marktrecht etwa für Verpflichtungen zum Führen von Firmenzusätzen in Betracht.[150]

B. Regelungsgehalt

46   Art. 10 regelt die kollisionsrechtliche Anknüpfung der namensrechtlichen Fragen von natürlichen Personen. Eigene Regeln über die Namensführung selbst enthält er grundsätzlich nicht. Er bestimmt nur das Namensstatut, nicht den Namen. Sein Abs. 1 enthält die Grundregel. Abs. 2 enthält eine wichtige Zusatzregel für Verheiratete, Abs. 3 eine wichtige Zusatzregel für die Möglichkeiten des Namensstatuts bei Kindern. Die Rechtswahlmöglichkeiten der Abs. 2 und 3 schaffen Gestaltungspotenzial, um unerwünschte Ergebnisse zu vermeiden und erwünschte Ergebnisse herbeizuführen. Bei der Auswahl der Anknüpfungspunkte gibt es keine unionsrechtliche Vorgabe, dass ein bestimmter Anknüpfungspunkt zu präferieren wäre; insoweit sind die mitgliedstaatlichen Kollisionsrechtssetzer frei.[151]

---

141 OLG Düsseldorf 31.8.2016 – I-3 Wx 121/15 Rn. 6 mwN; Staudinger/*Mankowski* Art. 13 EGBGB Rn. 223 (2010).
142 Palandt/*Thorn* EGBGB Art. 10 Rn. 20.
143 LG Kleve StAZ 2013, 290.
144 BeckOK BGB/*Mäsch* EGBGB Art. 10 Rn. 12.
145 AA *Krömer* StAZ 2006, 152 (153).
146 S. nur RGZ 82, 164, 167 – Kyriazi Frères; RGZ 100, 182, 185 f. – Gervais; RGZ 109, 213 – Kwatta = JW 1926, 367 mAnm *Kent*; RGZ 117, 215, 218 – Eskimo-Pie = GRUR 1927, 715 = JW 1927, 3045 mAnm *Allfeld* und *Rosenthal*; RGZ 117, 215, 218 – Eskimo Pie; BGH JZ 1958, 241 (242); BGH GRUR 1961, 294 (297) – Esde mAnm *Hefermehl* (insoweit nicht in BGHZ 34, 91); BGH GRUR 1971, 517 (519) – Swops = NJW 1971, 1522; BayObLGZ 1986, 61 = NJW 1986, 2029; KG IPRspr. 1934 Nr. 13 S. 29 = HRR 1934 Nr. 1046; OLG Hamburg IPRspr. 1958/59 Nr. 43 S. 177; BayObLG NJW 1986, 3029; *Wolff,* Das internationale Privatrecht Deutschlands, 3. Aufl. 1954, S. 112 f.; *Raape,* Internationales Privatrecht,

5. Aufl. 1961, S. 652 f.; *BeitzkeLauterbach* Vorschläge und Gutachten zur Reform des deutschen internationalen Personen- und Sachenrechts, 1972, S. 94, 171; Staudinger/*Großfeld,* Int. GesR, Rn. 319; *Geyrhalter/Gänßler* NZG 2003, 409 (412); Palandt/*Thorn,* aaO; Erman Art. 12 EGBGB Rn. 6; *Mankowski/Knöfel* in Hirte/Bücker Handbuch des grenzüberschreitenden Gesellschaftsrechts § 13 Rn. 48.
147 OLG Köln DtZ 1991, 27 (28); Palandt/*Thorn* EGBGB Art. 10 Rn. 5; Erman/*Hohloch* EGBGB Art. 10 Rn. 3; *Mankowski/Knöfel* in Hirte/Bücker Handbuch des grenzüberschreitenden Gesellschaftsrechts § 13 Rn. 48.
148 Dafür *Baur* AcP 167 (1967), 535, 553–557.
149 S. nur Soergel/*Kegel,* Anh. Art. 12 EGBGB Rn. 13; Staudinger/*Großfeld,* Int. GesR, Rn. 319.
150 Näher *Mankowski/Knöfel* in Hirte/Bücker, Handbuch des grenzüberschreitenden Gesellschaftsrechts, 2. Aufl. 2006, § 13 Rn. 51–63.
151 *Marino* ERPL 2017, 1009, 1017.

I. Namensführung nach dem Personalstatut (Abs. 1)

1. Name als Persönlichkeitsteil. Die Namensführung ist ein spezielles Persönlichkeitsrecht.[152] Sie macht **47** einen wesentlichen Teil der Persönlichkeit aus und definiert die Person in ihren Außenbezügen. Daher ist die Anwendung einer mit der Person des Namensträgers verbundenen Rechtsordnung geboten, es sei denn, der Namensträger selber oder eine befugte Person an dessen Stelle habe anders optiert. Als Attribut der Persönlichkeit ist der Name Teil des Persönlichkeitsstatuts.[153]

2. Anwendung des Personalstatuts. Anknüpfungspunkt für das Namensstatut ist die **Staatsangehörig-** **48** **keit des Namensträgers.** Das Namensstatut ist ein Teil des Personalstatuts, und die Anknüpfung des Personalstatuts folgt im deutschen IPR grundsätzlich dem Staatsangehörigkeitsprinzip. Das deutsche IPR will fremden Staatsangehörigen keinen Namen nach deren Aufenthalts- oder Wohnsitzrecht aufzwingen.[154] Mit Blick auf den Namen ist dies umso mehr gerechtfertigt, als in aller Regel amtliche Registrierungen im Heimatstaat erfolgen, schon um darüber staatsbürgerliche Rechte und Pflichten ansetzen zu können. Außerdem stellt in aller Regel der Heimatstaat die Ausweispapiere oder sonstigen Identifikationsdokumente für eine Person aus. Privatrechtliche und öffentlich-rechtliche Fragen werden im Prinzip (vorbehaltlich einer Rück- oder Weiterverweisung) nach demselben Recht beurteilt; dies fördert Rechtssicherheit und Rechtsklarheit.[155] Zweifel an der Identität des Namensträgers hindern eine Anwendung nur bei ernsthaftem Fehlerverdacht.[156]

Es kommt auf die Staatsangehörigkeit jedes einzelnen Namensträgers gesondert an.[157] Maßgeblicher Zeit- **49** punkt ist jener des namensbegründenden Vorgangs.[158] Bei einer Eheschließung kommt es auf die **Staatsan-** **gehörigkeit der Ehegatten vor der Eheschließung** an; dies gilt auch dann, wenn nach dem Staatsangehörigkeitsrecht eines betroffenen Staates dessen Staatsangehörigkeit durch die Eheschließung entweder erworben wird oder verloren geht.[159] Dass die Namensführung in die Ehezeit fällt und damit in den Zeitraum, zu welchem eine neu erworbene Staatsangehörigkeit bereits besteht, verschlägt nicht.[160] Namenserwerb und Namensführung sind zweierlei. Richtigerweise gilt dies auch bei Fortfall einer früheren Staatsangehörigkeit wegen Verlusts als Folge der Heirat mit einem Ausländer.[161] Kinder haben ihr eigenes Personalstatut; ihnen ist (auch zB bei Asylberechtigten als Eltern) nicht automatisch das Personalstatut ihrer Eltern zuzuschreiben.[162]

Anzuerkennende **Entscheidungen ausländischer Gerichte** entfalten nach ihrer inzident gem. §§ 108; 109 **50** FamFG erfolgenden Anerkennung in Deutschland Gestaltungswirkung. Die **Gestaltungswirkung** erstreckt sich auch auf einen namensrechtlichen Ausspruch zB im Rahmen eines Adoptionsdekrets.[163] Sie bindet deutsche Standesbeamte, so dass auch im gerichtlichen Verfahren nach § 45 Abs. 2 PStG oder nach § 47 Abs. 1 S. 2 PStG eine Änderung des Adoptionsdekrets nicht möglich ist.[164] In Betracht kommt nur eine isolierte Anfechtung der Namensbestimmung, sofern man darin keinen Verstoß gegen das analog anzuwendende Veränderungsverbot des § 197 Abs. 3 S. 2 FamFG (zuvor § 56 e S. 3 FGG) sieht.[165]

3. Umfang des Namensstatuts (Qualifikation). a) Name und Namensführung. aa) Namenser- **51** **werb und Namensführung.** Das Namensstatut regiert sowohl den Namenserwerb als auch die Namensführung. Eine unterschiedliche kollisionsrechtliche Behandlung beider wäre nicht zu rechtfertigen. Dass trotzdem unterschiedliche Rechte anwendbar sein können, ist keine Folge unterschiedlich ausgestalteter Anknüpfungstatbestände, sondern nur möglicherweise unterschiedlicher Anknüpfungszeitpunkte. Der **Namenserwerb** ist ein zeitlich fixierter Tatbestand, die **Namensführung** dagegen ein Dauertatbestand.[166] Eine „**Änderung der Namensführung**" ist freilich nichts anderes als der Erwerb eines neuen Namens.[167] Insbesondere regiert das Namensstatut den Erwerb eines ehebedingten Namens.[168] Das jeweilige Namensstatut regiert auch die **Reihenfolge** der einzelnen Namen.[169] Die Eintragung von Namen in ein deutsches

---

152 Eingehend *Pintens* FS Henrich 2000, S. 451.
153 Palandt/*Thorn* EGBGB Art. 10 Rn. 1.
154 *Heussler* StAZ 2017, 44 (45).
155 Palandt/*Thorn* EGBGB Art. 10 Rn. 1.
156 OLG Hamm StAZ 2007, 18 (19 f.)
157 Siehe nur OLG Hamburg StAZ 2015, 14 (15).
158 OLG Zweibrücken StAZ 2013, 384.
159 BGH NJW 1979, 489 (490); AG Gießen StAZ 2002, 171 (172); MüKoBGB/*Birk*, 5. Aufl., EGBGB Art. 10 Rn. 64 f. Differenzierend aber Staudinger/*Hausmann* EGBGB Art. 10 Rn. 211.
160 Entgegen BeckOK BGB/*Mäsch* EGBGB Art. 10 Rn. 33.
161 Entgegen MüKoBGB/*Birk*,5. Aufl., EGBGB Art. 10 Rn. 64.

162 S. nur LG Rottweil IPRspr. 2003 Nr. 4 S. 16. Zumindest ungenau daher LG Leipzig StAZ 2011, 154.
163 BayObLG StAZ 1985, 202; OLG Karlsruhe FamRZ 1999, 252 = StAZ 1997, 278 = IPRax 1998, 110; AG Karlsruhe StAZ 1990, 264; *Henrich* FS Großfeld 1999, S. 355, 358.
164 BayObLG StAZ 1985, 202; OLG Karlsruhe FamRZ 1999, 252 = StAZ 1997, 278 = IPRax 1998, 110.
165 S. OLG Köln StAZ 1982, 278 einerseits und OLG Hamm StAZ 1983, 200 andererseits.
166 BGHZ 63, 107; BayObLGZ 1983, 168 (174); BayObLGZ 1989, 147 (150).
167 Staudinger/*Hausmann* EGBGB Art. 10 Rn. 86.
168 *Krömer* StAZ 2014, 28 (30).
169 S. nur OLG Brandenburg StAZ 2008, 43; LG München I StAZ 2006, 168.

Register in einer Reihenfolge, welche dem ausländischen Namensstatut nicht entspricht, kann eine Persönlichkeitsrechtsverletzung sein.[170] Das Namensstatut entscheidet ebenfalls, ob es ein Recht zur **freien Namenswahl** kennt[171] (zB die sogenannte „deed poll" nach englischem Recht).[172] Die Möglichkeiten einer **Namenswahl**, deren Voraussetzungen und deren Grenzen richten sich nach dem Namensstatut.[173] Dies gilt zB für die Möglichkeit eines Ehegatten, einen Doppelnamen aus seinem Namen und dem Namen des anderen Ehepartners zu führen.[174]

52 **bb) Schreibweise.** Das Namensstatut regiert zudem die Schreibweise.[175] Eine **Transliteration** bei der Übertragung in deutsche Personenstandsbücher richtet sich aber als verfahrensrechtliche Frage nach deutschem Recht.[176] Vorrangig ist indes als völkerrechtliche Sonderregelung das **CIEC-Abkommen** Nr. 14 über die Angabe von Familiennamen und Vornamen in den Personenstandsbüchern.[177]

53 Besteht der Name unter dem Namensstatut aus lateinischen Schriftzeichen, so ist er nach Art. 2 CIEC-Abk. Nr. 14 ohne Änderung oder Übersetzung buchstabengetreu zu übernehmen, unter Einschluss der vom Namensstatut verwendeten **diakritischen Zeichen**.[178] Einzelne dem deutschen Alphabet nicht geläufige Buchstaben sind zu tolerieren und wie diakritische Zeichen zu behandeln.[179] Als Faustregel lässt sich formulieren: Was in den Sonderzeichensätzen der geläufigen Textverarbeitungssoftware als **Sonderzeichen zum lateinischen Alphabet** verwendet wird, ist als Ergänzung zum lateinischen Alphabet hinzunehmen und lässt sich auch in der Praxis ohne größere technische Probleme darstellen.

54 Verwendet das Namensstatut ein anderes Alphabet oder Schriftzeichenreservoir als das lateinische Alphabet, so ist gem. Art. 3 CIEC-Abk. Nr. 14 eine Transliteration nach Maßgabe der von der International Standard Organization (ISO) empfohlenen Regeln vorzunehmen.[180] **ISO-Transliterationsnormen** existieren für arabische, griechische, kyrillische und hebräische Schrift. Eine **Transkription** nach dem phonetischen Lautwert ist dagegen nicht zulässig.

55 Eine Transliteration ist nach Art. 2 Abs. 1 CIEC-Abk. entbehrlich, wenn der Name bereits in einer anderen Urkunde des Heimatstaates in lateinische Buchstaben übertragen worden ist. „Andere Urkunde" ist jede **öffentliche Urkunde aus dem Heimatstaat**, insbesondere neben Personenstandsurkunden ein Ausweisdokument wie ein Reisepass.[181] Die öffentliche Urkunde muss – entgegen früher in Deutschland vorherrschender Ansicht[182] – nicht von einem Standesbeamten ausgestellt sein.[183] Schon § 49 Abs. 2 S. 3 DA stellte dies endgültig klar. Eine zu rigide und strikte Handhabung der ISO-Regelung würde zudem ein Hindernis für die **Niederlassungsfreiheit** innerhalb der EU darstellen und deshalb gegen Art. 49 AEUV (ex Art. 43 EGV) verstoßen.[184] Die Richtigkeit der Schreibweise wird aber insbesondere durch Auszüge aus einem ausländischen Personenstandsregister belegt.[185]

56 **cc) Behördliche Namensänderung.** Voraussetzungen und Wirkungen einer behördlichen Namensänderung bestimmen sich grundsätzlich ebenfalls nach dem Namensstatut.[186] Die internationale Zuständigkeit für solche Änderungen ergibt sich im Verhältnis der Vertragsstaaten zueinander aus dem Istanbuler CIEC-Abkommen Nr. 5 über die Änderung von Namen und Vornamen,[187] das nur geringe Bedeutung hat.[188] Eine Namensänderung durch eine ausländische Behörde ist in Deutschland unter dem CIEC-Abkommen Nr. 5

---

170 OLG Brandenburg StAZ 2008, 43.

171 OLG München StAZ 2009, 108.

172 Näher *Meyer-Witting,* Das Personennamensrecht in England, 1990; *Lettmaier* StAZ 2015, 289.

173 S. nur OLG Frankfurt StAZ 2006, 263; OLG Frankfurt StAZ 2007, 146.

174 Vgl. AG Hanau StAZ 2005, 19; *Sikorski* StAZ 2005, 269 für das italienische Recht.

175 S. nur BGHZ 121, 311; OLG Karlsruhe StAZ 1970, 311; OLG Zweibrücken StAZ 1993, 12; OLG Rostock StAZ 1994, 288; LG Oldenburg StAZ 1990, 196; AG Bonn StAZ 1986, 106; AG Rottweil StAZ 1993, 194; *Kraus* StAZ 2018, 384 (386).

176 S. nur BayObLGZ 1980, 409 (412–414); 1989, 360; 1989, 375; 1990, 221; OLG Hamburg StAZ 1977, 279; OLGZ 1981, 148 (149 f.); OLG Hamm StAZ 2006, 166; OLG München StAZ 2009, 273; LG Hagen StAZ 2006, 166; AG Hagen StAZ 2005, 364. Weitere Nachw. bei Soergel/*Schurig,* EGBGB Art. 10 Rn. 6 Fn. 31.

177 V. 13.9.1973 (BGBl. II 1976 S. 1473; 1977 S. 254).

178 BayObLGZ 1977, 287 (294); KG StAZ 1968, 251; OLG Oldenburg StAZ 1990, 196.

179 LG Stuttgart StAZ 1986, 168; Staudinger/*Hausmann* EGBGB Art. 10 Rn. 60 f.; strenger OLG Celle StAZ 1998, 176.

180 OLG Zweibrücken StAZ 2016, 51; *Rauscher* NJW 2016, 3493 (3493).

181 BGH FamRZ 1994, 225.

182 Insbes. BayObLG StAZ 1984, 11; 1988, 203; OLG Hamm OLGZ 1982, 40; OLG Köln StAZ 1985, 209.

183 Einstimmiger Beschluss der Generalversammlung der CIEC v. 11.9.1992, zust. berichtet bei *Bornhofen* StAZ 1993, 242; *Böhmer* IPRax 1994, 80 (81).

184 EuGH Slg 1993, I-1191, I-1218 f. Rn. 12–17 – Christos Konstantinidis; näher *Streinz* StAZ 1993, 243; *Ludwig* StAZ 1993, 301; *Böhmer* IPRax 1994, 80; *Benicke/Zimmermann* IPRax 1995, 141; *Lang* in Honorati (a cura di), Diritto al nome e all'identità personale nell'ordinamento europeo, Milano 2010, S. 139.

185 S. nur OLG Hamm StAZ 2004, 296 f.

186 S. nur *Kraus* StAZ 2007, 151 (152); *Hochwald* StAZ 2008, 115 (116).

187 Vom 4.9.1958 (BGBl. II 1961 S. 1055).

188 Kurze Darstellung bei MüKoBGB/*Birk,* 5. Aufl., EGBGB Art. 10 Rn. 41–44.

nur anerzukennen, wenn es sich um die Behörde eines Vertragsstaats handelt, was zB bei Polen nicht der Fall ist.[189] Behördliche Zuständigkeit und **Anerkennung behördlicher Änderungen** unterliegen im Übrigen den Grundsätzen des **Internationalen Öffentlichen Rechts**. Soweit es um behördliche Namensänderung durch Behörden in anderen Mitgliedstaaten der EU geht, heischt das Unionsrecht samt seinem Gebot, hinkende Namensverhältnisse zu vermeiden Vorrang; dann müssen sich die Voraussetzungen für eine Anerkennung nach dem Unionsrecht richten (→ Rn. 163).

Eine **behördliche Namensänderung** kann **in Deutschland** ansonsten auf Antrag oder Anregung des **57** Namensträgers erfolgen, insbesondere soweit es um den nach deutschem Recht gebildeten Familiennamen eines ausländischen Ehegatten geht.[190] Die internationale Zuständigkeit deutscher Behörden besteht für Deutsche (auch im Sinne von Art. 116 GG),[191] außerdem für heimatlose Ausländer, Asylberechtigte und Flüchtlinge, die ihren gewöhnlichen Aufenthalt bzw. ihren Wohnsitz im Inland haben.[192]

Eine **Namensänderung durch Behörden des Heimatstaates** ist in Deutschland grundsätzlich anzuerken- **58** nen,[193] sofern sie nicht den deutschen anerkennungsrechtlichen ordre public analog § 328 Abs. 1 Nr. 4 ZPO, § 109 Abs. 1 Nr. 1 FamFG verletzt (also insbesondere nicht gegen den erklärten Willen des Namensträgers zwangsweise erfolgt ist). Verbürgung der Gegenseitigkeit ist nicht erforderlich.[194] Für eine Änderung des Namens eines Deutschen durch ausländische Behörden fehlt es aus deutscher Sicht dagegen prinzipiell an der internationalen Zuständigkeit jener Behörden.[195] Dies gilt selbst bei deutsch-ausländischen Mehrstaatern.[196] Zusammengefasst kann man von einem **Grundsatz der Heimatzuständigkeit** sprechen. Besteht allerdings bereits ein „hinkender" Name, welchen der Namensträger nur im Inland führt, so kann dieser Inlandsname durch eine deutsche Behörde geändert werden.[197]

Um die „Namenshoheit" des Heimatstaates zu respektieren[198] und Divergenzen mit den vom Heimatstaat **59** ausgestellten Ausweisen oder Identitätsnachweisen zu vermeiden, sollte man Namensänderungen durch drittstaatliche Behörden auch im Inland anerkennen, wenn der Heimatstaat sie seinerseits anerkannt hat. Als Anerkennung durch den Heimatstaat ist eine entsprechende Eintragung oder Änderung in den amtlichen Dokumenten anzusehen.[199] Die Anerkennung durch den Heimatstaat wird ihrerseits zur hinreichenden Voraussetzung für die Anerkennung in Deutschland.

b) Einzelne Namensarten. aa) Familienname. Dem Namensstatut unterliegt zuvörderst der **Familien- 60 name**, den eine Person führen darf oder muss. Dies gilt sowohl für den **Geburtsnamen** eines Kindes (also dessen ersten Namen) als auch für spätere Namen, zB einen Familiennamen kraft Ehenamens. Zum Familiennamen gehören auch **Genanntnamen (Vulgonamen)**, wie zB das deutsche Recht sie in Ableitung von Namen eines Bauernhofs oder eines Guts kennt[200] („Inga Dieckmann gen. Spöler").

Das Namensstatut entscheidet, ob es **geschlechtsspezifische Endungen** von Familiennamen gibt.[201] Ein **61** Beispiel für die Existenz weiblicher Suffixe ist etwa das tschechische Recht (zB Neumannova). Erwirbt ein Deutscher seinen Namen von einer anderen Person, deren Name nach ihrem Namensstatut geschlechtsspezifisch ausgestaltet ist, so soll nach deutschem Recht die männliche Form ohne weibliches Suffix als erworben gelten.[202] Da es hier keine weibliche Namensform gebe, gelte dies selbst für eine nichteheliche Tochter, die ihren Namen von einer Statusdeutschen mit weiblicher polnischer Namensform erwerbe.[203] Eine andere Begründung sieht in dem weiblichen Suffix einen bloßen Namenszusatz, eine Konvention und Frage der

189 BayObLG StAZ 2000, 148 (150); OLG Hamm StAZ 1999, 40 (41); OLG München StAZ 2013, 193; *Krömer* StAZ 1997, 143 (144); *Kampe* StAZ 2009, 281 (282); *Wall* StAZ 2014, 280 (282).
190 BVerwG NJW 1986, 601; OVG Hamburg StAZ 1985, 45.
191 BeckOK BGB/*Mäsch* EGBGB Art. 10 Rn. 27.
192 Nr. 2 Abs. 2 Allgemeine Verwaltungsvorschrift zum Gesetz über die Änderung von Familiennamen und Vornamen (NamÄndVwV) v. 11.8.1938 idF v. 18.4.1986 (BAnz 1986 Nr. 78).
193 OLG Bremen StAZ 1986, 9; Erman/*Hohloch* EGBGB Art. 10 Rn. 14.
194 BeckOK BGB/*Mäsch* EGBGB Art. 10 Rn. 28.
195 BVerwG StAZ 1960, 76; BayObLG StAZ 1993, 388; BayObLGZ 2000, 24; OLG Hamm StAZ 1999, 40; LG Hannover StAZ 1964, 250; LG Wiesbaden StAZ 1966, 87; *Gaaz* StAZ 1989, 165 (168).
196 BayObLG StAZ 2000, 148 (150); OLG Hamm StAZ 1999, 40; *Gaaz* StAZ 1994, 388; aA OVG Münster StAZ 1994, 195; BeckOK BGB/*Mäsch* EGBGB

Art. 10 Rn. 28 sowie OLG Bremen StAZ 1986, 9 (10).
197 *Henrich* IPRax 1985, 273; *ders.* StAZ 1996, 129 (134); Staudinger/*Hausmann* EGBGB Art. 10 Rn. 74 f. sowie OVG Hamburg StAZ 1985, 45; Nr. 2 Abs. 3 NamÄndVwV.
198 Vgl. Staudinger/*Hausmann* EGBGB Art. 10 Rn. 76.
199 AG Augsburg IPRspr. 1977 Nr. 180; Staudinger/*Hausmann* EGBGB Art. 10 Rn. 76.
200 *Schröder,* Was bedeutet „gen." beim Nachnamen?, Eckernförder Zeitung vom 2.2.2019, RATGEB1.
201 S. nur BayObLGZ 1977, 287 (294); KG FamRZ 1968, 255; OLG Hamburg StAZ 1970, 52; KG StAZ 1977, 222; OLG Celle FamRZ 1991, 1100; *Kraus* StAZ 2010, 19 (20). Weitere Nachw. bei Soergel/*Schurig* EGBGB Art. 10 Rn. 6 Fn. 22.
202 OLG Hamm StAZ 1986, 10; LG Oldenburg StAZ 1992, 143; *Gaaz* StAZ 1989, 171; *Kubitz* StAZ 1985, 219; Staudinger/*Hausmann* EGBGB Art. 10 Rn. 52. Vgl. aber auch LG Berlin StAZ 2000, 109; *Kraus* StAZ 2010, 19 (20 f.)
203 LG Oldenburg StAZ 1992, 143.

bloßen Namensführung.[204] Die Alternative bestünde in einem Wahlrecht für den Namen der anderen Person, die ihren Namen ableitet.[205]

62 Das Namensstatut ist auch für die **Reihenfolge von Vor- und Familiennamen** maßgeblich. Es kann anordnen, dass der Vorname dem Familiennamen voransteht und umgekehrt. Diese rechtlichen Maßstäbe gelten natürlich nur für den offiziellen Namen, nicht für die inoffizielle Namensführung. Sprechkonventionen regelt das Recht nicht, ebenso wenig Schreibtraditionen im alltäglichen Verkehr.

63 Ob und wie eine Person ihren Familiennamen ändern kann und darf, bestimmt das Namensstatut.[206] Es legt Umfang und Zuschnitt sachrechtlicher **Änderungsmöglichkeiten** fest. Insbesondere kann es so liberal sein, eine Namensänderung schon durch einfache oder qualifizierte Erklärung gegenüber den zuständigen Behörden zu erlauben. So verfahren etwa das englische Recht und die Rechte der US-Bundesstaaten. Das Namensstatut kann auf der anderen Seite streng jede Namensänderung auf rein freiwilliger, willensgetragener Basis untersagen. So entspricht es kontinentaleuropäischer Tradition. Für die Form einer Namenserklärung gilt Art. 11.[207]

64 Fragen der **Namenserstreckung**, also der Erstreckung des Ehenamens der Eltern auf ein Kind, regelt das Statut des Kindesnamens.[208] Dieses muss entscheiden, ob es den einheitlichen Familiennamen kennt.[209] Außerdem beherrscht das Kindesnamensstatut die Frage nach der Erstreckung von Namensänderungen der Eltern: ob überhaupt und, wenn ja, unter welchen Zustimmungserfordernissen, wem gegenüber.[210] Davon zu trennen ist die Namensänderung der Eltern; diese ist für den Kindesnamen eine Vorfrage und nach den Namensstatuten der Eltern zu beurteilen.[211]

65 Die **Form namensrechtlich relevanter Erklärungen** richtet sich nach Art. 11. Solche Erklärungen sind also dann formwirksam, wenn sie den Formanforderungen des Namensstatuts oder den Formanforderungen des Rechts jenes Ortes genügen, an welchem sie abgegeben werden; es reicht, wenn den Formanforderungen eines dieser Rechte genügt ist.[212]

66 **bb) Vorname.** Der Vorname richtet sich grundsätzlich nach dem Namensstatut. Das Namensstatut regiert Vornamensgebung und Zeitpunkt des Namenserwerbs.[213] Das Namensstatut bestimmt darüber, welche Vornamen und wie viele Vornamen zulässig sind. Das Namensstatut gibt insbesondere dafür Maß, ob der Vorname einem Gebot der Geschlechtseindeutigkeit oder **Geschlechtsoffenkundigkeit** unterliegt. Es kann Positivlisten zulässiger oder Negativlisten nicht (oder zumindest nicht allein) zulässiger Vornamen aufstellen. Es kann auch bestimmte **Kombinationen** von Vornamen untersagen oder zulassen.

67 Wer zur **Vornamensgebung** berechtigt ist, bestimmt ebenfalls das Namensstatut.[214] Insoweit gilt es, eine Spaltung zwischen Namensgebung und Berechtigung dazu zu vermeiden.[215] Daher ist es nicht richtig, die Berechtigung von vornherein als Teil der Eltern-Kind-Beziehung zu qualifizieren und Art. 21 EGBGB zu unterstellen.[216] Elternschaft kommt vielmehr mitsamt ihrer Anknüpfung im Wege der Vorfrage zum Zuge, wenn das Namensstatut die Berechtigung zur Namenserteilung den Elternteilen zuspricht. Die Vorfrage kann auch nach dem Sorgeberechtigten lauten, sofern das Namensstatut darauf abstellt.[217] Das Namensstatut regiert sodann die materiellen Voraussetzungen einer Namenserteilung einschließlich etwaiger Erfordernisse, dass die Erteilungserklärung einer amtlichen Stelle zugehen muss und inwieweit dabei eine ausländische eine inländische Stelle substituieren kann.[218] Zugang ist keine Formfrage, die Art. 11 EGBGB unterliegen würde.[219]

---

204 BayObLGZ 1977, 287 (294).
205 Dafür Soergel/*Schurig* EGBGB Art. 10 Rn. 6.
206 S. nur VG Gießen StAZ 2004, 298.
207 VG Oldenburg StAZ 2008, 82; *F. Sturm* FS Sonnenberger 2004, S. 714, 714; *Homeyer* StAZ 2006, 83.
208 S. nur BayObLG StAZ 1998, 284; OLG München StAZ 2009, 11; Staudinger/*Hausmann* EGBGB Art. 10 Rn. 460; *Kraus* StAZ 2018, 384 (386).
209 Eingehend *Hepting* Rn. IV-315-IV-320.
210 Staudinger/*Hausmann* EGBGB Art. 10 Rn. 460.
211 Staudinger/*Hausmann* EGBGB Art. 10 Rn. 461.
212 AG Berlin-Schöneberg StAZ 2002, 81 (82).
213 BayObLG StAZ 1980, 63; *Hepting/Dutta* Rn. II-448 f.; *Kraus* StAZ 2018, 384 (386).
214 OLG Hamm IPRax 1983, 296; OLG Hamm StAZ 1985, 131; OLG Düsseldorf NJW-RR 1989, 1033 = StAZ 1989, 282; AG Schöneberg StAZ 1997, 39;

AG Essen IPRax 1998, 213; *Dörner* IPRax 1983, 287 f.; *v. Bar*, IPR II, Rn. 94; *Jayme* IPRax 1999, 50; *Looschelders*, IPR, Art. 10 Rn. 16; PWW/*Mörsdorf-Schulte* EGBGB Art. 10 Rn. 14. Differenzierend Staudinger/*Hausmann* EGBGB Art. 10 Rn. 490 f.
215 *Looschelders*, IPR, Art. 10 Rn. 16.
216 Dafür aber AG Duisburg IPRspr. 1987 Nr. 80; MüKoBGB/*Birk*, 5. Aufl., EGBGB Art. 10 Rn. 36; BeckOK BGB/*Mäsch* EGBGB Art. 10 Rn. 25; *Rauhmeier* StAZ 2010, 170 (171).
217 BGH FamRZ 2016, 1747 (1748) mAnm *Prinz v. Sachsen Gessaphe*.
218 BGH FamRZ 2016, 1747 (1749) mAnm *Prinz v. Sachsen Gessaphe*.
219 BGH FamRZ 2016, 1747 (1749) mAnm *Prinz v. Sachsen Gessaphe*.

Das Namensstatut bestimmt auch darüber, welche aus seiner Sicht ausländischen Vornamen es zulässt.[220] **68** Bei der Vornamensbildung kann ausnahmsweise eine zweite, kollisionsrechtlich verdrängte zweite Staatsangehörigkeit des Namensträgers eine Rolle spielen: Das Namensstatut kann darauf reagieren, indem es einen größeren Spielraum eröffnet, als es dies normalerweise täte, und auch Vornamen zulässt, die nach seinen normalen Regeln unzulässig wären.

Jedenfalls das deutsche Sachrecht soll so verfahren[221] und außerdem ausländische Vorstellungen und **69** Gebräuche mitberücksichtigen.[222] Allerdings führt dies nicht notwendig dazu, dass etwa der Grundsatz der Geschlechtseindeutigkeit von Vornamen aufgegeben würde.[223]

In manchen Rechtsordnungen existiert ein vom Vornamen abgeleiteter Rufname, gleichsam die Vokativ- **69a** form des Vornamens, der in den amtlichen Personaldokumenten im Nominativ steht.[224] Das Namensstatut entscheidet auch über alle Fragen, welche die Existenz eines solchen Rufnamens und dessen Verhältnis zum Vornamen sowie dessen Eintragbarkeit in amtliche Dokumente betreffen.[225]

cc) Mittelname, Beiname. Die skandinavischen Rechte erlauben die Wahl von **Mittelnamen**, zB das **70** dänische Recht den mellmnavn. Gleiches gilt jedenfalls für die meisten Namensrechte der US-Bundesstaaten.[226] Unter ihnen ist Mittelname bei Kindern der Geburtsname desjenigen Elternteils, dessen Name nicht Familienname geworden ist. Prominentestes Beispiel ist John Fitzgerald Kennedy, Sohn von Rose Kennedy, geb. Fitzgerald. Verheiratete Frauen, die als Ehenamen den Namen ihres Mannes führen, können ihren eigenen Geburtsnamen als Mittelnamen führen (Beispiel: Barbara Pierce Bush, geb. Pierce, Ehefrau von George H.W. Bush). In zweiter Ehe verheiratete Frauen können den Ehenamen ihrer ersten Ehe als Mittelnamen führen (Beispiel: Jacqueline Kennedy Onassis, geb. Bouvier). Ob Mittelnamen zulässig sind und, wenn ja, aus welchem Kreis sie geschöpft werden dürfen, bestimmt das Namensstatut. Es kann insbesondere erlauben, dass der Familienname eines Vorfahren geführt wird, auch von mehreren Geschwistern.[227] Grenzen werden teilweise hinsichtlich des von einem Elternteil in der Ehe aktuell geführten Namens gezogen.[228] Mittelnamen können auch Ausdruck der kulturellen Verbundenheit mit einem weiteren Staat sein.[229] Das Namensstatut hat auch über die Einordnung des Mittelnamens als Vor- oder Familiennamen zu bestimmen.[230] Grundsätzlich dürfte der Mittelname, da frei gewählter und nicht vererblicher Name, als Vorname zu behandeln sein.[231] Mangels Weitergabe von Generation zu Generation ist er jedenfalls kein Familienname,[232] so dass keine Rechtswahlmöglichkeit nach Art. 10 Abs. 2 oder 3 besteht und ausschließlich Art. 10 Abs. 1 gilt.[233]

dd) Zusammengesetzter Name, apellidos. Nach spanischem und portugiesischem Recht sowie den **71** darauf aufbauenden lateinamerikanischen Rechten führen Personen einen **zusammengesetzten Namen** aus zwei Bestandteilen, den sogenannten apellidos. Deren zweiter ist vom Namen der Mutter abgeleitet. Auf die nächste Generation geht dagegen nur der erste Bestandteil über. Inwieweit beide Teile Familienname sind, bestimmt das Namensstatut.[234] Das Namensstatut bestimmt auch über die Reihenfolge der Namensteile[235] und deren eventuelle Änderung, zB nach dem Willen des Namensträgers.[236] Bei deutschem Namensstatut des Ehepartners oder Kindes sind richtigerweise beide Namensteile Teil des Familiennamens (näher → Rn. 37).

ee) Vatersname. Viele Rechte kennen einen **Vatersnamen** oder **Großvatersnamen**, teilweise mit entspre- **72** chenden Zusätzen für Sohnes- oder sogar Enkelverhältnisse. Letzteres gilt insbesondere für arabische Rechtsordnungen (Zusatz „ben" oder „ibn" plus Name des Vaters oder Großvaters). Auch das eritreische Recht sieht einen dreiteiligen Namen aus Vornamen, Vatersnamen, Großvatersnamen vor.[237] Die meisten skandinavischen Rechte kennen -sen, -son oder -sson bzw. -dotter oder -datter als Endung von Nachnamen,

---

220 S. nur OLG Hamm OLGZ 1985, 151; OLG Stuttgart StAZ 1988, 82; OLG Hamm StAZ 1988, 352; KG MDR 1991, 54; wN bei Soergel/*Schurig* EGBGB Art. 10 Rn. 6 Fn. 32.

221 OLG Frankfurt StAZ 2000, 238; 2000, 267; OLG Stuttgart StAZ 2003, 141 (142).

222 OLG Celle StAZ 1989, 322; KG StAZ 1991, 45 = MDR 1991, 54; OLG Stuttgart StAZ 2003, 141 (142); AG Berlin-Schöneberg StAZ 1997, 16.

223 OLG Hamm StAZ 2001, 331; liberaler OLG Frankfurt StAZ 2000, 238.

224 *Döring* JR 2018, 75 (75).

225 Vgl. *Döring* JR 2018, 75 (77 f.).

226 Näher *Flessner* StAZ 1993, 181.

227 OLG Frankfurt OLGZ 1976, 423 = StAZ 1976, 363; OLG Hamm OLGZ 1983, 42 = StAZ 1983, 71 mAnm *Drewello*.

228 KG StAZ 1999, 171.

229 *Kubitz* StAZ 1993, 53; Staudinger/*Hausmann* EGBGB Art. 10 Rn. 31.

230 *Kraus* StAZ 2004, 138.

231 KG StAZ 2017, 327; Staudinger/*Hausmann* EGBGB Art. 10 Rn. 31.

232 S. nur KG StAZ 2017, 327.

233 KG StAZ 1999, 171 (172); *v. Bar* IPR II Rn. 95; BeckOK BGB/*Mäsch* EGBGB Art. 10 Rn. 35; jurisPK/*Janal* EGBGB Art. 10 Rn. 12; s. auch OLG Hamm StAZ 1978, 65 (67); AG Bochum StAZ 1981, 197 (198).

234 Vgl. *Homeyer* StAZ 2005, 183.

235 LG München I StAZ 2006, 168.

236 Art. 109 Abs. 2 Codigó Civil in Spanien erlaubt dem Namensträger, nach dem Erreichen der Volljährigkeit die Reihenfolge seiner apellidos zu ändern.

237 Kap. 2 Art. 4 Nr. 1, 2 EPLF-ZGB.

die ursprünglich vom Namen des Vaters abgeleitet waren (zB den patronymnavn nach § 7 Nr. 1 Navneloven im dänischen Recht). Das isländische Recht als Beispiel benutzt den Vatersnamen wie das deutsche Recht einen Familiennamen;[238] andererseits ist der Vatersname dort ein persönlicher Name und wird nicht vererbt (zB Gunnarsdottir für Gunnars Tochter).[239]

73 Das **vietnamesische „Thi"** kennzeichnet das weibliche Geschlecht und lässt in Verbindung mit einem vorangestellten Vatersnamen die Abstammung erkennen.[240] Es ist – entgegen der lange gebräuchlichen Praxis in Deutschland[241] – kein echter Vorname, weil es bei der Eheschließung grundsätzlich verloren geht.[242]

74 Der typische Vatersname hat eine Familiennamenskomponente, indem er die Abstammung erkennen lässt; andererseits ist er wie ein Vorname mit der einzelnen Person verbunden und unvererblich.[243] Er unterliegt jedenfalls dem Namensstatut.[244] **Materiellrechtliche Einordnungsprobleme**, ob er eher dem Familiennamen oder eher dem Vornamen zuzuschlagen ist, ergeben sich prinzipiell, wenn der Träger eines Vatersnamens unter ein Namensstatut kommt, welches den Vatersnamen als Institut nicht kennt.[245] Unter deutschem Recht erscheint es eher sinnvoll, ihn zum Bereich der Vornamen zu zählen.[246] Die Rechtsprechung behandelt ihn zumindest im Ergebnis jedenfalls nicht als Familiennamen.[247] Unter deutschem Namensstatut ist sie grundsätzlich großzügig mit der Zulassung von Vatersnamen, Großvatersnamen oder sonstigen Patronymen.[248] Ob bei Mädchen ein Patronym in einer männlichen Form zugelassen ist oder ob ein weibliches Suffix verlangt ist, entscheidet grundsätzlich ebenfalls das Namensstatut.[249]

75 **ff) Individual- oder Eigenname.** Individual- oder Eigennamen sind höchstpersönliche Namen einer ganz bestimmten Person. Sie sind unvererblich und untrennbar mit ihrem Träger verbunden. Sie sind in einigen Rechtsordnungen (zB Indien, Pakistan) bekannt. Grundsätzlich unterliegen sie dem Namensstatut. Das deutsche Personenstandsverfahrensrecht muss sich insoweit einem ausländischen Namensstatut unterordnen. Teilweise wird ein ausdrücklicher Ausweis als Individualname gefordert,[250] teilweise wird der Individualname (zu Unrecht)[251] wie ein deutscher Familienname behandelt.[252]

76 Nach dem Namensstatut haftet der Individualname seinem Träger an. Es kann sich allerdings die Frage ergeben, inwieweit der Name anderen Personen, die einem anderen Recht als ihrem Namensstatut unterstehen, weitergegeben werden kann. Wenn das Namensstatut jener anderen Person die Übertragbarkeit bejaht, ist der Widerspruch aufzulösen, im Zweifel zugunsten der für jene andere Person freundlicheren Variante. Daher kann ein Name, der nach dem Namensstatut seines Trägers Individualname ist, bei einer gemischtnationalen Ehe zum Ehenamen gemacht werden.[253] Er kann dann auch als Begleitname hinzugefügt werden.[254]

77 **gg) Künstlername, Aliasname, Pseudonym.** Die Berechtigung, einen Künstlernamen, Aliasnamen oder ein Pseudonym[255] zu führen (hierzu zählt auch der religiöse Ordensnamen,[256] zB Padre Guillermo, Mutter Isabella usw), richtet sich nach dem Namensstatut.[257] In allen drei Fällen geht es um Namensformen oder Namensersetzungen. Gerade weil von der eigentlichen zivilrechtlichen Namensordnung abgewichen wird, muss das Namensstatut maßgebend sein.[258]

78 Zwar kann es sich sachrechtlich um einen Ausfluss des Persönlichkeitsrechts handeln. Dies heißt aber nicht, dass nur die Anknüpfungsregeln für Persönlichkeitsschutz und damit eine deliktische Qualifikation zum Zuge käme. Spätestens dann, wenn ein Pseudonym, Aliasname oder Künstlername auch in die Ausweispa-

238 Zum isländischen Namensrecht *Carsten* StAZ 2010, 136.

239 Skeptisch zur Nachnamensqualität nach deutschen Maßstäben daher *Dutta* FamRZ 2017, 1181 (1182).

240 Zum vietnamesischen Namensrecht *Wohlgemuth* StAZ 2008, 329.

241 AG Köln StAZ 1981, 275; AG Bonn StAZ 1986, 252; *Drewello* StAZ 1986, 259.

242 BezG Cottbus StAZ 1994, 194; Staudinger/*Hausmann* EGBGB Art. 10 Rn. 29; näher *Jauß* StAZ 1995, 153.

243 Staudinger/*Hepting* (2007) EGBGB Art. 10 Rn. 21.

244 S. nur OLG Brandenburg StAZ 2015, 57 (58).

245 Staudinger/*Hepting* (2007) EGBGB Art. 10 Rn. 23.

246 OLG Hamm OLGZ 1978, 129 = StAZ 1978, 65; Staudinger/*Hepting* (2007) EGBGB Art. 10 Rn. 24 sowie OLG Köln StAZ 1980, 92.

247 S. BGH NJW 1971, 1521 = FamRZ 1971, 429; OLG Hamm StAZ 1981, 190 (193); OLG Karlsruhe StAZ 1990, 72; LG Bonn StAZ 1984, 38; tendenziell anders LG Tübingen StAZ 2004, 137.

248 BVerfG StAZ 2006, 50 (Anderson); BGH StAZ 2008, 282 (Lütke); KG StAZ 2007, 207 (Christiansdottir); LG Frankfurt/M. StAZ 2009, 338 (Galinova); AG Bielefeld StAZ 2009, 339 (Michaelowitsch).

249 S. OLG Brandenburg StAZ 2015, 57 (58).

250 So KG StAZ 1993, 9.

251 Staudinger/*Hausmann* EGBGB Art. 10 Rn. 27.

252 So BayObLG StAZ 1996, 41.

253 BayObLGZ 1987, 102 (107) = StAZ 1987, 168 (170); BayObLG StAZ 1993, 387; OLG Hamm StAZ 1978, 65 (67); OLG Köln StAZ 1980, 92 f.; OLG Köln StAZ 1988, 296.

254 AG Augsburg StAZ 1986, 137; aA AG Augsburg StAZ 1989, 262.

255 Zum Phänomen umfassend *Holger Scherer,* Das Pseudonym, 2002.

256 Staudinger/*Hepting* (2007) EGBGB Art. 10 Rn. 3.

257 Soergel/*Schurig* EGBGB Art. 10 Rn. 5 mit Fn. 20; aA *v. Bar,* IPR II, Rn. 91; BeckOK BGB/*Mäsch* EGBGB Art. 10 Rn. 24.

258 Gegen Staudinger/*Hepting* (2007) EGBGB Art. 10 Rn. 3.

piere eingetragen wird, entfällt zudem jedes Argument, dass dessen Unterstellung unter das Namensstatut zu Divergenzen führen könnte.[259] Deliktisch zu qualifizieren sind vielmehr nur der Schutz des Pseudonyms usw und die mögliche Schädigung Dritter durch Gebrauch des Aliasnamens oder Pseudonyms, die eine Identifizierung erschwert.[260]

hh) Namenszusätze. In manchen Staaten sind Namenszusätze gebräuchlich. Zu nennen sind insbesondere die USA. Dort begegnen als nachgestellte Namenszusätze **junior** (jr., jun.) und **senior** (sr., sen.) oder römische Ziffern (zB David Lowe III). Prominent ist auch der Namenszusatz „**Singh** " (= Löwe) für Männer und „**Kaur**" (= Schmuck) für Frauen bei den Sikhs. Dem korrespondiert bei Pakistanis „**Khan**" und „**Begum**".   **79**

Ob solche Namenszusätze Namensbestandteile sind, entscheidet das Namensstatut. Ihnen aus deutscher Sicht den Namenscharakter zu versagen[261] kann keine Allgemeingültigkeit verlangen.[262] Damit provozierte man nur hinkende Namensführungen. Zum Ehenamen oder zum Familiennamen eines Kindes können sie in Deutschland nach herrschender Praxis nicht bestimmt werden.[263] Allerdings genießen „Singh" und „Kaur" als Ausübung der Religionsfreiheit grundrechtlichen Schutz und sind in die Personenstandsbücher aufzunehmen.[264] Im Übrigen sollte es Sache des Namensstatuts sein, zu bestimmen, ob ein Namenszusatz Vor- oder Familiennamensfunktion hat (was zB beim vietnamesischen „Van" changieren kann).[265]   **80**

ii) Adelstitel. Ob jemand einen Adelstitel als Namensbestandteil führen darf, richtet sich nach dem Personalstatut.[266] Dies gilt auch für eventuelle **weibliche Sonderformen**.[267] Das Namensstatut entscheidet, ob Teile der Adelsbezeichnung Namensbestandteil werden und, wenn ja, welche.[268] Sofern der Adel keine Namensfunktion hat, sondern nur einen öffentlich-rechtlichen Status betrifft, kann er nicht in ein deutsches Zivilstandsregister eingetragen werden.[269]   **81**

Ein von einem anderen Staat als jenem des Namensstatuts **qua behördlichem Akt verliehener Adelstitel** kann in Deutschland nur Beachtung finden, wenn der betreffende behördliche Akt in Deutschland anzuerkennen ist. Folgt man der Lehre von der selbstständigen Vorfragenanknüpfung, so kommt es auf eine Anerkennung durch das Namensstatut nicht an. Wird einem Deutschen im Ausland ein angeblicher Adelstitel verliehen, so ist dieser Titel in Deutschland nicht anzuerkennen und darf in Deutschland nicht geführt werden.[270] Mit Blick auf die weit verbreiteten Praktiken des Titelhandels und des Titelkaufs müssen hier generalpräventive Aspekte durchschlagen.   **82**

Das vom Personalstatut bezeichnete Recht ist maßgeblich dafür, ob der Adel (wie zB seit 1919 in Österreich)[271] abgeschafft worden ist.[272] Das Namensstatut regiert die **Abschaffung des Adels**.[273] Dies gilt einschließlich etwaiger Übergangsregelungen oder zwischenzeitlicher Übernahme ausländischer Regelungen oder Veränderungen des staatlichen Zuschnitts.[274] Für Adelstitel gilt also unter deutschem Recht Art. 109   **83**

259 Gegen BeckOK BGB/*Mäsch* EGBGB Art. 10 Rn. 24.
260 Insoweit zutr. BeckOK BGB/*Mäsch* EGBGB Art. 10 Rn. 24; jurisPK BGB/*Janal* EGBGB Art. 10 Rn. 7.
261 So AG Coburg StAZ 1990, 106; AG Bad Kreuznach StAZ 1990, 107; Staudinger/Hausmann EGBGB Art. 10 Rn. 11.
262 Vgl. Soergel/*Schurig* EGBGB Art. 10 Rn. 9.
263 BayObLGZ 1987, 102 = StAZ 1987, 168; OLG Oldenburg StAZ 1991, 154; OLG Jena StAZ 1996, 172; OLG Hamm StAZ 1998, 258 (259).
264 BayObLGZ 1987, 102 = StAZ 1987, 168; OLG Hamm StAZ 1998, 258 (259).
265 *Wohlgemuth* StAZ 1989, 37; Staudinger/*Hepting* (2007) EGBGB Art. 10 Rn. 13.
266 S. nur BayObLGZ 1971, 90; 1971, 204; 1989, 147; BayObLG StAZ 1991, 43; OLG Hamburg StAZ 2015, 12 (13).
267 OLG Hamm OLGZ 1982, 34; auch StAZ 1986, 10 (11).
268 Soergel/*Schurig* EGBGB Art. 10 Rn. 10.
269 Staudinger/*Hausmann* EGBGB Art. 10 Rn. 28.
270 IE ebenso, wenn auch mit anderer Begründung, *v. Bar,* IPR II, Rn. 92; BeckOK BGB/*Mäsch* EGBGB Art. 10 Rn. 28.
271 AdelsaufhebungsG. östStGBl. 211/1919 mit Verfassungsrang. §§ 1; 2 Nr. 4 verbieten österreichischen Staatsangehörigen auch das Führen nicht-österreichischer Adelstitel; östVfGH VfSlg 17.060; *Faber,* Juri-

dicum 2004, 59. Zur unionsrechtlichen Konformität aufgrund schwerwiegender rechtfertigender Interessen Österreichs EuGH 22.12.2010 – Rs. C-208/09, Slg 2010, I-13693 Rn. 81–95 – Ilonka Sayn-Wittgenstein/Landeshauptmann von Wien; GAin *Sharpston,* Schlussanträge in der Rs. C-208/09 v. 14.10.2010, Slg 2010, I-13696 Nr. 59–68; *Castellaneta,* Guida dir. 2011 n. 4 S. 106; *Picod,* JCP G 2011 n°. 3 S. 111, auf die Vorlage östVwGH StAZ 2009, 312 = ABl. EU 2009 C 193/12 und dazu *Attlmayr* JRP 2010, 1; *Wall* StAZ 2011, 203 (209 f.); *Thomas Kröll* ZfVw 2010, 177. Die Vorlage konnte wegen mehrfacher Besonderheiten keine weiterreichende Klärung bringen; *Mansel/Thorn/Wagner* IPRax 2010, 1 (4–6); *Wall* StAZ 2010, 225 (228 f.); *Mansel/Liber amicorum Kurt Siehr,* 2010, S. 291, 304–309; vgl. auch GAin *Sharpston,* Schlussanträge in der Rs. C-208/09 v. 14.10.2010, Slg 2010, I-13696 Nr. 52–57.
272 BVerwGE 9, 323; 24, 126; BVerwG StAZ 1981, 277 (278); FamRZ 1994, 36; BayVGH StAZ 1989, 77 (78); BayObLGZ 1960, 418 (422); 1961, 305, 309, 311 f.; 1964, 377, 379; 1968, 42; 1971, 204, 208, 214 und obiter BVerfGE 17, 199, 200. Gebilligt durch EuGH 22.12.2010 – Rs. C-208/09, Slg 2010, I-13693 – Ilonka Sayn-Wittgenstein/Landeshauptmann von Wien.
273 Siehe nur OLG Hamburg StAZ 2015, 12 (13).
274 Siehe OLG Hamburg StAZ 2015, 12 (13).

Abs. 1, 3 WRV. Art. 109 Abs. 1 WRV verfolgt Gleichstellungsüberlegungen unter den deutschen Staatsbürgern. Generell sind solche Gleichstellungs- und Gleichbehandlungsüberlegungen ein legitimer Zweck.[275] Sie werden aber durch die milde Fassung namentlich des Art. 109 Abs. 3 S. 2 WRV so abgeschwächt, dass es keine komplette Abschaffung auch des Adelsanscheins durch Führen adelig wirkender Namensbestandteile gibt.[276] Dies nimmt Rücksicht auf die Persönlichkeitsrechte der Namensträger.[277]

83a Trotzdem ist Art. 109 Abs. 3 S. 2 WRV Teil der deutschen Staatsräson und des deutschen ordre public, weil er einen überragend wichtigen Gemeinschaftswert konstituiert.[278] Dem steht nicht entgegen, dass Art. 109 Abs. 3 S. 2 WRV über Art. 123 Abs. 1 GG formell nur den Rang eines einfachen Bundesgesetzes hat. Hier müssen generalpräventive Aspekte durchschlagen, insbesondere wenn kein echter konstitutiver behördlicher Akt vorliegt, sondern nur eine privatautonome Namenswahl (zB kraft sogenannter deed poll angeblich unter englischem Recht), mit der ein Name angenommen wird, der nur so aussieht, als wäre er ein Adelstitel („Scheinadel").[279][280] Das gilt auch bei Registrierung eines solchen gewählten Namens in einem EU-Mitgliedstaat.[281]

83b „Nobility shopping" oder „Title's shopping"[282] dieser Art darf keinen Erfolg haben.[283] Anderenfalls drohte die Umgehung politischer Grundentscheidungen über das EU-Ausland.[284] Auf dem Spiel steht die nationale Identität der republikanischen Mitgliedstaaten der EU.[285] Art. 4 Abs. 2 EUV respektiert die Verfassungsidentität der Mitgliedstaaten, und Gleichheit zwischen der Bürger ist auch durch Art. 20 GRC anerkanntes Schutzgut.[286] Es mag zwar eine europäische Fee geben, die Prinzessinnen schützt,[287] aber es gibt keine Fee, welche dem einfachen Bürger erlauben würde, sich selbst zum Prinz zu machen.[288] Eine eigenmächtige Usurpation von(Schein-)Adel darf es so nicht geben.[289] Ordnungsfunktion des Namens und Namenskontinuität sind dagegen keine ordre public-geschützten Werte des deutschen Rechts.[290]

83c Ein nach dem bisherigen Namensstatut verlorener Adelstitel lebt andererseits durch einen Wechsel unter deutsches Namensstatut nicht wieder auf; vielmehr bleiben Verlust oder Aberkennung wirksam.[291]

84 Insoweit kommt **nicht** das **Internationale Enteignungsrecht** in analoger Anwendung dergestalt zum Zuge, dass die Aberkennung des Adels territorial auf das Gebiet des aberkennenden Heimatstaats beschränkt wäre.[292] Namensführung verlangt nach Einheitlichkeit und grenzüberschreitender Wirkung.[293] Es geht nicht

275 EuGH 22.12.2010 – Rs. C-208/09, Slg 2010, I-13693 Rn. 88 f., 93 – Ilonka Sayn-Wittgenstein/Landeshauptmann von Wien; *Wall* StAZ 2015, 295 (297); *Otto* StAZ 2016, 225 (231).

276 GA *Wathelet*, Schlussanträge in der Rs. C-438/14 v. 14.1.2016, ECLI:EU:C:2016:11 Nr. 98–108; *Wall* StAZ 2015, 295 (297); *Rauscher* LMK 2016, 381541; *Otto* StAZ 2016, 225 (229 f.) sowie *Cambien*, SEW 2016, 498, 500.

277 RGZ 113, 107, 109 f.; OLG Jena StAZ 2016, 116 (117); *Wall* StAZ 2015, 41 (48); *ders.*, StAZ 2015, 295 (298).

278 EuGH 2.6.2016 – Rs. C-438/14, ECLI:EU:C:2016:401 Rn. 74–82 – Peter Nabiel Bogendorff v. Woltersdorff/Standesamt der Stadt Karlsruhe u. Zentraler Juristischer Dienst der Stadt Karlsruhe; OLG Jena StAZ 2016, 116; *Rauscher* NJW 2016, 3493 (3494).

279 So sehr plastisch *Otto* StAZ 2016, 225; *Dutta* FamRZ 2017, 1181 (1182); *ders.* FamRZ 2019, 224.

280 Eingehend BGH FamRZ 2019, 218 Rn. 21–34 mAnm *Dutta.*

281 EuGH 2.6.2016 – Rs. C-438/14, ECLI:EU:C:2016:401 Rn. 61–84 – Nabiel Peter Bogendorff v. Woltersdorff/Standesamt der Stadt Karlsruhe und Zentraler Juristischer Dienst der Stadt Karlsruhe; BGH FamRZ 2019, 218 Rn. 35–44 mAnm *Dutta.*
Amüsant zur (langen und etappenreichen) Namensgeschichte des im EuGH-Fall konkret Betroffenen *Dutta* FamRZ 2016, 1213 (1213 f.).
Zweifelnd *Wiegelmann* FamRB 2019, 66 (67) sowie *Kienemund* NZFam 2019, 139.

282 *Denys Simo*, Europe sept. 2016 comm. no. 8 S. 14; *Rass-Masson* Rev. crit. dr. int. pr. 2017, 278, 282.

283 Eingehend zB *Dutta* FamRZ 2016, 1213; *Forni* Dir. com. e sc. int. 2016, 469.
Anders *Helms* IPRax 2017, 153 (158).

284 EuGH 2.6.2016 – Rs. C-438/14, ECLI:EU:C:2016:401 Rn. 76 – Peter Nabiel Bogendorff v. Woltersdorff/Standesamt der Stadt Karlsruhe u. Zentraler Juristischer Dienst der Stadt Karlsruhe.

285 EuGH 2.6.2016 – Rs. C-438/14, ECLI:EU:C:2016:401 Rn. 71 – Peter Nabiel Bogendorff v. Woltersdorff/Standesamt der Stadt Karlsruhe u. Zentraler Juristischer Dienst der Stadt Karlsruhe; *Rass-Masso*, Rev. crit. dr. int. pr. 2017, 278, 284.

286 *Pataut* RTD eur. 2016, 648, 650.

287 EGMR 24.6.2004 – 59320/00, NJW 2004, 2647 – Caroline v. Hannover/Deutschland = JZ 2004, 1015 mAnm *Stürner*; dazu zB *Starck* JZ 2006, 76.

288 Dieses schöne Bild stammt von *Rass-Masson,* Rev. crit. dr. int. pr. 2017, 278, 279.

289 *Pataut* RTD eur. 2016, 648, 651; *Rass-Masson,* Rev. crit. dr. int. pr. 2017, 278, 283.

290 *Dutta* FamRZ 2016, 1213 (1217 f.); *Janal* GPR 2017, 67 (69).
AA OLG Naumburg StAZ 2014, 338; OLG Nürnberg StAZ 2015, 307; OLG Jena StAZ 2016, 116; *Wall* StAZ 2015, 295 (299 f.); *Rauscher* LMK 2016, 381541.

291 BVerwG StAZ 1984, 103; BayObLGZ 1964, 377; 1971, 204; OVG Koblenz StAZ 1984, 105; *Bungert* StAZ 1991, 273 (275); Palandt/*Thorn* EGBGB Art. 10 Rn. 10.

292 Dafür aber *Kegel/Schurig*, S. 532 (§ 17 IV 2). Wie hier Staudinger/*Hausmann* EGBGB Art. 10 Rn. 41.

293 Erman/*Hohloch* EGBGB Art. 10 Rn. 10.

um einen Eingriff in Vermögenswerte, für den man territorial differenzieren könnte;[294] anders als bei Gesellschaften besteht auch keine Restpersönlichkeit im Ausland außerhalb des aberkennenden Heimatstaates. Zudem müsste man ansonsten umgekehrt fragen, ob die Verleihung eines Adelstitels nicht auch territorial begrenzt sein müsste.[295]

Bei **Wechsel unter das deutsche Recht** kommt nur unter Umständen eine Namensänderung nach § 3 a   **85**
NamÄndG[296] in Betracht.[297] Ausländische Adelsprädikate werden grundsätzlich weder übersetzt[298] noch im Wege der Namensänderung eingedeutscht, also deutschen Adelsprädikaten angepasst.[299] Eine Ausnahme wurde teilweise für Deutschbalten gemacht;[300] diese kann aber keinesfalls für einen nicht titulierten russischen Adel gelten.[301] Bei fortbestehendem ausländischem Namensstatut ist eine Übersetzung vorzunehmen, wenn das Namensstatut diese (als Übersetzung in die Sprache des Landes des jeweiligen gewöhnlichen Aufenthalts) ausnahmsweise selber vorsieht.[302]

jj) Akademische Grade. Ob akademische Grade Namensbestandteil sind, ist grundsätzlich dem Namens-   **86**
statut zu entnehmen. Ihnen mit Blick auf die Einstellung des deutschen Sachrechts[303] a priori Namensfunktion abzusprechen[304] würde der geforderten allseitigen Perspektive nicht gerecht. Namensähnlichen Charakter könnte man ihnen schon angesichts ihres rechtlichen Schutzes und ihrer Fähigkeit, in Personenstandsbücher eingetragen zu werden,[305] auch aus einer rein deutschen Perspektive nicht schlechterdings absprechen.

Die Berechtigung, akademische Grade zu führen, unterliegt als solche nicht dem Namensstatut. Vielmehr   **87**
folgt sie zunächst dem Recht jenes Staates, nach welchem der Grad (angeblich) verliehen wurde. Insoweit greift das **Recht der (angeblich) verleihenden Institution.** Allerdings wird es überlagert vom Recht des Staates, in welchem der Rechtsverkehr von der Titelführung betroffen ist.[306] Dieses muss darüber entscheiden, ob und in welchem Umfang es akademische Grade anerkennt, die von Institutionen eines (aus seiner Sicht) anderen Staates verliehen wurden. Hier kommen in Deutschland die Gesetze der Länder über das **Führen ausländischer akademischer Grade** oder internationale Übereinkommen[307] zum Zuge.[308] Ihren internationalen Anwendungsbereich müssen sie selber definieren. Sie müssen selber festlegen, bei welcher Nähe des Sachverhalts zu ihrem Erlassstaat sie eingreifen wollen. Tun sie dies nicht ausdrücklich, so sind die entsprechenden Kriterien durch Auslegung aus ihnen zu ermitteln.

kk) Ehename. Der Name des einzelnen Ehegatten nach der Eheschließung unterliegt grundsätzlich dem   **88**
Recht des Staates, welchem der betreffende Ehegatte angehört.[309] Es gibt kein einheitliches gesetzliches Ehenamensstatut, das für den Ehenamen[310] nach einem beiden Ehegatten verbundenen Recht suchen würde. Der Ehename ist gerade keine Ehewirkung und nicht nach Art. 14 anzuknüpfen. Vielmehr bleibt es bei den einzeln zu bestimmenden Personalstatuten. Die Ehegatten können aber eine namensrechtliche Rechtswahl nach Abs. 2 (dazu näher → Rn. 98–140) treffen, um ihrer beider Ehenamen einem für beide gemeinsamen Recht zu unterstellen oder zu entnehmen.

Für Abs. 1 kommt es grundsätzlich auf die Staatsangehörigkeit *vor* der Eheschließung an, während eine erst   **88a**
durch die Eheschließung dazu erworbene Staatsangehörigkeit unbeachtlich sein soll.[311] Verliert jedoch ein Ehegatte durch die Eheschließung seine alte Staatsangehörigkeit, so sollte es auf diese ankommen.[312] Mehr-

294 Vgl. *Bungert* IPRax 1994, 109 (110); *Looschelders,*
     IPR EGBGB Art. 10 Rn. 26.
295 Soergel/*Schurig* EGBGB Art. 10 Rn. 18.
296 IdF durch das Ergänzungsgesetz v. 29.8.1961
     (BGBl. I S. 1261).
297 S. VGH Mannheim IPRax 1994, 136; *Bungert* IPRax
     1994, 109.
     Vgl. auch VGH Mannheim StAZ 2014, 276 f.: Änderung des Ehenamens gemäß § 3 NamÄndG aus wichtigem Grund unter Vorbehalt, dass früherer Heimatstaat des einen und aktueller Heimatstaat des anderen Ehegatten der Namensänderung zustimmt.
298 BayObLGZ 1989, 147; BayObLG StAZ 1991, 43.
     Anders aber OLG Hamburg StAZ 1990, 25.
299 BayVGH StAZ 1994, 13; Palandt/*Thorn* EGBGB
     Art. 10 Rn. 10.
300 OLG Bremen OLGZ 1967, 229.
301 S. LG Verden StAZ 1990, 143.
302 BayObLG StAZ 1989, 345; Staudinger/*Hausmann*
     EGBGB Art. 10 Rn. 44; BeckOK BGB/*Mäsch*
     EGBGB Art. 10 Rn. 19.

303 BVerwGE 5, 291.
304 So Staudinger/*Hausmann* EGBGB Art. 10 Rn. 18;
     BeckOK BGB/*Mäsch* EGBGB Art. 10 Rn. 21.
305 BGHZ 38, 380; *Gaaz* StAZ 1985, 189.
306 S. nur *Looschelders,* IPR, EGBGB Art. 10 Rn. 27.
307 Insbes. das Europäische Übereinkommen über die
     Anerkennung von akademischen Graden und Hochschulzeugnissen v. 14.9.1959 (BGBl. II 1969
     S. 2057).
308 S. nur MüKoBGB/*Birk,* 5. Aufl., EGBGB Art. 10
     Rn. 18.
309 S. nur BayObLG IPRax 2002, 405 (408); AG Berlin-
     Schöneberg StAZ 2002, 81 (82); *Hepting* Rn.
     III-650; *Rauhmeier* StAZ 2011, 117.
310 Zur Begriffsbildung beim Sachverhalt mit Auslandsbezug BGH StAZ 2001, 111 f.; *Kraus* StAZ 2005,
     110.
311 S. nur BGH StAZ 1979, 63; OLG Hamm StAZ 1979,
     147; KG StAZ 1982, 135.
312 *Hepting* Rn. III-651.

staatigkeit infolge Eheschließung ist richtigerweise zugunsten der effektiven Staatsangehörigkeit über Art. 5 Abs. 1 aufzulösen.[313]

88b Treffen unterschiedliche Namensstatute aufeinander, deren eines enge und deren anderes weite Wahlmöglichkeiten zur Namenswahl für die Ehegatten eröffnet, so setzt sich für den Ehenamen letztlich das starrere Recht durch, das weniger Optionen bietet, wenn die Ehegatten denn das Führen eines gemeinsamen Ehenamens zur obersten Priorität erheben.[314]

88c Schließt ein Namensträger mehrere Ehen, so beurteilen sich die namensrechtlichen Folgen jeder einzelnen Eheschließung nach seinem Personalstatut. Eine Ehe, die nach dem über Art. 13 Abs. 1 EGBGB angeknüpften materiellen Ehewirkungsstatut als bigamische Ehe aufhebbar ist, aber noch nicht aufgehoben wurde, kann namensrechtliche Folgen haben.[315]

89 Dem Ehenamen gleichbehandelt wird kollisionsrechtlich der gemeinsame Name von Lebenspartnern. Für diesen gilt Abs. 2 ausweislich Art. 17 b Abs. 2 S. 1 entsprechend.

89a Für namensrechtliche Folgen einer Ehescheidung besteht keine Sonderregel. Sie richten sich daher für jeden bisherigen Ehegatten gem. Abs. 1 nach seinem eigenen Personalstatut.[316] Eine besondere Rechtswahlbefugnis besteht für ehemalige Ehegatten nicht mehr. Auch ein zuvor gewähltes Ehenamensstatut regiert nicht die namensrechtlichen Folgen einer Eheauflösung, zB durch Scheidung.[317] Vielmehr ist auch insoweit auf die allgemeinen Namensstatute umzuschwenken.[318] Der Anwendungsbereich des gewählten Ehenamensstatuts darf nicht weiter sein als jener des nicht gewählten. Allerdings besteht beim nicht gewählten Ehenamensstatut Kontinuität, da es durchgängig dem Heimatrecht jedes einzelnen Ehegatten folgt.

89b Ist eine *gleichgeschlechtliche* Ehe im Ausland geschlossen worden, bevor das Eheöffnungsgesetz intertemporal eingreift, so ist diese weiterhin aus der Sicht des deutschen Rechts weiterhin als eingetragene Partnerschaft zu qualifizieren. Einen Ehenamen gibt es bei ihr deshalb nicht; die „Ehegatten", Partner, könnten nur einen Lebenspartnerschaftsnamen bestimmen.[319]

90 **II) Gebrauchsname, nom d'usage.** In einigen Gesellschaften ist es üblich, dass die Ehefrau den Familiennamen des Mannes als sogenannten Gebrauchsnamen oder nom d'usage mitbenutzt, obwohl sie dazu nach ihrem Namensstatut eigentlich nicht berechtigt ist, es sich beim Mannesnamen also nicht um den gemeinsamen Ehenamen handelt (zB wird in Spanien der Name des Ehemannes mit dem Bindewort „de" dem ersten Namensteil der Ehefrau hinzugefügt).[320] Teilweise wird der Gebrauchsname einem Pseudonym gleichgestellt.[321] Richtigerweise ist nach dem Statut des benutzten Namens zu beurteilen, ob die benutzende Person berechtigt ist (im Sinne einer rechtlichen Anerkennung, nicht einer rechtlichen Anordnung), den betreffenden Namen zu gebrauchen.[322]

91 **c) Recht am eigenen Namen und Namensschutz.** Vom Namen und der Berechtigung, einen Namen zu führen, ist das Recht am eigenen Namen zu unterscheiden. Das **Recht am eigenen Namen** ist ein besonderes Persönlichkeitsrecht und ein Schutzgut gegen deliktische Verletzungen. Es ist ebenso wie der **Namensschutz** deliktisch zu qualifizieren und über die Art. 40–42 EGBGB anzuknüpfen.[323] Wegen des Ausschlusses von Persönlichkeitsrechtsverletzungen in Art. 1 Abs. 2 lit. g Rom II-VO ist die Rom II-VO sachlich

---

313 OLG Hamburg StAZ 2015, 14 (15); *Soergel/Schurig* EGBGB Art. 10 Rn. 27 Fn. 1 a; *Henrich/Wagenitz/ Bornhofen* Rn. C-177; *Hepting* Rn. III-651.

314 *Hepting* Rn. III-665 f.

315 OLG Hamburg StAZ 2015, 14 (15).

316 OLG Hamm StAZ 2004, 171; OLG Frankfurt StAZ 2004, 338; OLG Stuttgart StAZ 2006, 361 = FamRZ 2007, 149; OLG Frankfurt StAZ 2007, 276; AG Berlin-Schöneberg StAZ 1997, 39; AG Köln StAZ 2004, 173 = FamRZ 2004, 1201; AG Gießen StAZ 2005, 362; Palandt/*Thorn* EGBGB Art. 10 Rn. 12.

317 Dafür aber OLG Hamm StAZ 1999, 370 (371); OLG Dresden StAZ 2004, 170 f.; OLG Frankfurt StAZ 2005, 47; *Stoll*, S. 70; *Homeyer* StAZ 2006, 83; Staudinger/*Hausmann* EGBGB Art. 10 Rn. 269; BeckOK BGB/*Mäsch* EGBGB Art. 10 Rn. 54; *Hepting* Rn. III-692.

318 *v. Bar*, IPR II, Rn. 76 sowie *Henrich* FS Großfeld 1999, S. 355, 362 f.

319 BGHZ 210, 59 = NJW 2016, 2322 mAnm *Rauscher* = FF 2016, 454 mAnm *Osthold* (dazu *Fischer*

NZFam 2016, 657; *Campbell* NZFam 2016, 721); BGH FamRZ 2016, 1761 =StAZ 2016. 341 = FF 2016, 458 mAnm *Ring*; BGH FamRZ 2017, 1209.

320 S. nur *Hepting/Bauer* IPRax 2000, 394 (395).

321 So *v. Bar*, IPR II, Rn. 91 Fn. 348; BeckOK BGB/ *Mäsch* EGBGB Art. 10 Rn. 24; Palandt/*Thorn* EGBGB Art. 10 Rn. 12.

322 Soergel/*Schurig* EGBGB Art. 10 Rn. 6.

323 BVerfG DtZ 1991, 27, RegBegr. BT-Drs. 14/343, 10; OLG Köln DtZ 1991, 27; OLG Stuttgart IPRspr. 1988 Nr. 14; *Baur* AcP 167 (1967), 535, 551; *Wagner*, Das deutsche internationale Privatrecht bei Persönlichkeitsrechtsverletzungen, 1986, S. 99 f.; *ders.* JZ 1993, 1034 (1040 f.); *Looschelders*, ZvglRWiss 95 (1996), 48, 67; *ders.* IPR, Art. 10 Rn. 35; *Mankowski* RabelsZ 63 (1999), 203, 280; *Henrich* FS Großfeld 1999, S. 355, 358 f.; jurisPK BGB/*Janal* EGBGB Art. 10 Rn. 7; Palandt/*Thorn* EGBGB Art. 10 Rn. 11.

nicht anwendbar.[324] Welchen Namen eine Person trägt, bestimmt sich als selbstständig,[325] dh über Art. 10 anzuknüpfende Vorfrage für den Deliktsschutz.[326]

II. Rechtswahlbefugnis bei oder nach Eheschließung (Abs. 2)

Art. 10 Abs. 2 erlaubt den Ehegatten eine Rechtswahl für ihren Ehenamen. Die Ehegatten sollen die Mög- **91a** lichkeit haben, einvernehmlich eine Divergenz ihrer persönlichen Namensstatuten und einen „kollisionsrechtlichen Regelungswiderspruch" zu überwinden.[327] Die Rechtswahl ermöglicht Regelungsharmonie, indem sie Nebeneinander und potenziellen Konflikt durch ein für beide Ehegatten einheitliches gewähltes Recht ersetzt.[328]

1. Rechtswahlbefugnis. a) Berechtigte. Zur Rechtswahl berechtigt sind die **Ehegatten**. Die Rechts- **92** wahlbefugnis steht nur beiden Ehegatten gemeinsam zu. Ein Ehegatte allein kann sie nicht wirksam ausüben. Die einseitige Unterstellung eines Ehegatten unter das deutsche Recht, wie sie Art. 10 Abs. 3, 220 Abs. 4 in der vor 1994 geltenden Fassung erlaubten, gibt es nicht mehr.[329] Den Ehegatten ausdrücklich gleichgestellt sind Partner einer eingetragenen **Lebenspartnerschaft**. Für diese gilt Abs. 2 ausweislich Art. 17 b Abs. 2 S. 1 entsprechend. Was eingetragene Lebenspartnerschaft ist, bestimmt sich nach den bei Art. 17 b Abs. 1 obwaltenden Qualifikationsmaßstäben.

Der einzelne Ehegatte kann seinen Teil der Rechtswahlbefugnis prinzipiell delegieren. Die Rechtswahlbe- **93** fugnis ist **kein höchstpersönliches Recht**, für das qua Sachentscheidung im Kollisionsrecht eine Stellvertretung ausgeschlossen wäre.

Anders verhält es sich nur, soweit man für die **Form der Rechtswahl** bei der Eheschließung an das Form- **94** statut der Eheschließung selber anknüpft und dieses die persönliche Abgabe von Erklärungen verlangt (wie etwa das deutsche Recht in §§ 1310 f., 1355 Abs. 3 S. 1 BGB).

b) Kreis wählbarer Rechtsordnungen. aa) Grundsätzliches. Abs. 2 eröffnet **keine freie Rechtswahl**. **95** Wählbar sind nicht alle Rechtsordnungen, sondern nur solche, die bestimmte objektive Verbindungen zum Sachverhalt haben. Die nötigen objektiven Verbindungen formuliert S. 1 Nr. 1–3 grundsätzlich abschließend. Maßgeblicher Zeitpunkt für das Vorliegen der erforderlichen Anknüpfungstatsachen ist der Zeitpunkt, zu welchem das Wahlrecht ausgeübt wird, nicht der Zeitpunkt der Eheschließung.[330]

Die Wahl unter den von Abs. 2 S. 1 zur Verfügung gestellten Rechtsordnungen ist nicht dadurch beschränkt, **96** dass das gewählte Recht einen einheitlichen Familiennamen nach dem Vorbild des § 1355 Abs. 1 BGB verlangen würde.[331] Die Formulierung „ihren künftig zu führenden Namen" sollte insoweit keinen Anlass zu Missverständnissen geben. Wählbar ist vielmehr jedes Recht aus dem betreffenden Kreis, auch wenn es Namensverschiedenheit der Ehegatten kennt oder zulässt.[332] Darin liegt kein Widerspruch zu Art. 6 Abs. 1 GG.[333]

Für die Ehegatten steht regelmäßig die eigentliche Namenswahl im Vordergrund: Sie wollen als Ergebnis **97** bestimmte Namen führen. Es steht ihnen frei, aus dem Kreis des Abs. 2 S. 1 dasjenige Recht zu wählen, das ihnen sachrechtlich erlaubt, den oder die von ihnen gewollten Namen zu führen. Vom sachrechtlichen Ergebnis her angelegte **Rechtswahlplanung** ist zulässig.[334] Die Rechtswahlmöglichkeit durchbricht Abs. 1.[335]

bb) Heimatrecht eines Ehegatten. Nach Abs. 2 S. 1 Nr. 1 können die Ehegatten das Heimatrecht jedes **98** Ehegatten als Ehenamensstatut wählen. Bei Mehrstaatern ist das Recht jeder Staatsangehörigkeit, auch einer nicht effektiven, wählbar.[336] Wählbar ist natürlich auch das effektive Heimatrecht. Ehegatten wie Standesbeamten soll aber die Effektivitätsprüfung für die Staatsangehörigkeit hier erspart bleiben.[337] Bei ungeklär-

324 Eingehend *Mankowski* StAZ 2011, 293.
325 Zur selbstständigen Anknüpfung von Vorfragen im unionsrechtlichen IPR eingehend *Mankowski* in v. Bar/Mankowski, IPR I, § 7 Rn. 192–213.
326 *Wagner* JZ 1993, 1034 (1036); *Looschelders* ZvglRWiss 95 (1996), 48, 67; *ders.*, IPR, Art. 10 Rn. 36; *Mankowski* RabelsZ 63 (1999), 203, 279; *Henrich* FS Großfeld 1999, S. 355, 359.
327 *Horenkamp* StAZ 2018, 387 (388).
328 *Hepting/Dutta* Rn. III-652; *Horenkamp* StAZ 2018, 387 (388).
329 *Henrich* IPRax 1994, 174 (175).
330 BeckOK BGB/*Mäsch* EGBGB Art. 10 Rn. 42; *Andrae/Ising* IPRax 2018, 382 (384).

331 Erman/*Hohloch* EGBGB Art. 10 Rn. 25.
332 Palandt/*Thorn* EGBGB Art. 10 Rn. 16; Erman/*Hohloch* EGBGB Art. 10 Rn. 25.
333 BVerfG NJW 1988, 1577 f.; BayObLGZ 1999, 158 = FamRZ 1999, 326; OLG Hamm FGPrax 1999, 55 (56); OLG Hamm FamRZ 1999, 1426; AG Rottweil FamRZ 2002, 391.
334 Ebenso Erman/*Hohloch* EGBGB Art. 10 Rn. 25.
335 *Kampe* StAZ 2007, 149 f.; *Kraus* StAZ 2007, 151 (152).
336 S. nur *Rauhmeier* StAZ 2011, 117.
337 *F. Sturm* StAZ 1995, 255 Fn. 1.

ter Staatsnagehörigkeit erfolgt eine Hilfsanknüpfung über Art. 5 Abs. 2 EGBGB.[338] Divergierende Staatsangehörigkeiten der Ehegatten sind keine Voraussetzung für die Rechtswahlbefugnis.[339]

99 Ob das gewählte Heimatrecht vorher schon Namensstatut des betreffenden Ehegatten war, ist unerheblich. Die Rechtswahl kann auch zum nach Abs. 1 bezeichneten Heimatrecht führen.[340] Im Unterschied zu Abs. 1 ist dann eine Rück- oder Weiterverweisung ausgeschlossen, so dass die Rechtswahl auch für den betreffenden Ehegatten eine besondere Wirkung entfalten kann. Recht der Staatsangehörigkeit und Personalstatut können auseinanderfallen, soweit für letzteres eine Rück- oder Weiterverweisung sattfindet.[341]

100 Abs. 2 S. 1 Nr. 1 setzt keine Beziehung des anderen Ehegatten zum gewählten Recht voraus. Insbesondere muss der andere Ehegatte dem betreffenden Staat nicht ebenfalls angehören, denn sonst wäre Abs. 2 S. 1 Nr. 1 neben Abs. 1 eigentlich überflüssig. Ebenso wenig ist erforderlich, dass der andere Ehegatte im Staat des gewählten Rechts seinen gewöhnlichen oder auch nur einen schlichten Aufenthalt haben müsste. Handelt es sich um einen Staat mit territorial gespaltener Rechtsordnung (zB die USA), ist durch Auslegung zu ermitteln, welche Teilrechtsordnung die Ehegatten meinen, ansonsten kommt Art. 4 Abs. 3 zum Einsatz.[342]

101 **cc) Deutsches Aufenthaltsrecht (mindestens) eines Ehegatten.** Abs. 2 S. 1 Nr. 2 erlaubt die Wahl des deutschen Rechts, wenn mindestens einer der Ehegatten seinen **gewöhnlichen Aufenthalt in Deutschland** hat. Damit bildet er die Umweltbezogenheit des Namens ab und erlaubt eine Anpassung an die (gegebenenfalls neue) Umwelt, in welcher der Name geführt wird.[343] Es ist gleichgültig, welcher Ehegatte seinen gewöhnlichen Aufenthalt in Deutschland hat. Abs. 2 S. 1 Nr. 2 ist erst recht gegeben, wenn beide Ehegatten ihren gewöhnlichen Aufenthalt in Deutschland haben. Jedoch ist Gemeinsamkeit gerade nicht vorausgesetzt.[344] Ein bloß schlichter Aufenthalt oder ein bloßer Wohnsitz nur eines Ehegatten in Deutschland reicht aber in keinem Fall.

102 **dd) Ausländisches Aufenthaltsrecht (mindestens) eines Ehegatten.** Abs. 2 S. 1 Nr. 2 formuliert nur eine einseitige, keine allseitige Kollisionsnorm. Die Wahl eines ausländischen Aufenthaltsrechts erlaubt er nach seinem Wortlaut nicht. Daraus könnte man einen strikten **Umkehrschluss** ziehen und die Wahl eines ausländischen Aufenthaltsrechts schlechterdings ausschließen.[345] Immerhin spricht dafür, dass keine planwidrige, sondern zumindest bis 1994 eine „planvolle" Lücke vorlag, weil der deutsche Gesetzgeber Handlungsbedarf für deutsche Behörden nur bei einem Inlandsaufenthalt sah.[346] Eine Änderung des gesetzgeberischen Konzepts durch die 1994 erfolgte Änderung ist ebenfalls nicht ersichtlich.[347]

103 Sachgerechter erscheint jedoch eine **Analogie** zu Abs. 2 S. 1 Nr. 2.[348] Sie trägt einem als berechtigt anzuerkennenden Anpassungsinteresse der Ehegatten Rechnung. Außerdem vermeidet sie in der Sache nicht erklärliche Ungleichbehandlungen: Warum sollte einem in der Schweiz lebenden deutsch-italienischen Ehepaar die Wahl des Schweizer Rechts versagt sein (zumal sie nach Schweizer IPR eine entsprechende Wahlmöglichkeit hätten)?[349] Die Analogie zu Abs. 2 S. 1 Nr. 2 würde insbesondere **Auslandsdeutschen** helfen.[350]

104 Ob ein ausländisches Recht, dessen Sicht unter Umständen für die Ehegatten interessant werden könnte (zB das Heimatrecht des anderen Ehegatten), der Rechtswahl ebenfalls Wirkung beimisst, ist für das deutsche IPR ohne Belang;[351] das deutsche IPR normiert seine Rechtswahltatbestände selber und erhebt nicht zur Voraussetzung, dass die von ihm zugelassene und beachtete Rechtswahl auch im Ausland anerkannt würde. Hinkende Rechtsverhältnisse zu vermeiden (dh eine Namenswahl nach dem gewählten Namensstatut, welche das Aufenthaltsrecht nicht anerkennt) ist Sache der Ehegatten. Wenn hinkende Rechtsverhältnisse drohen, werden gut beratene Ehegatten keine Rechtswahl treffen. Im Gegenteil birgt die Versagung der Rechtswahl die Gefahr hinkender Rechtsverhältnisse, wenn das Aufenthaltsrecht seinerseits die Rechtswahl gestattet. Allerdings droht keine hinkende Namensführung, wenn sich nach allen beteiligten Rechten jeweils Wege finden, um eine übereinstimmende Namensführung zu erzielen.[352]

---

338 OLG Zweibrücken StAZ 2013, 384.
339 BeckOK BGB/*Mäsch* EGBGB Art. 10 Rn. 38.
340 Palandt/*Thorn* EGBGB Art. 10 Rn. 15.
341 *Hepting* Rn. III-684.
342 Ähnlich *Kampe* StAZ 2007, 149 (150).
343 BGHZ 147, 159, 168; *Hepting* Rn. III-675.
344 *Hepting* Rn. III-686.
345 So Staudinger/*Hausmann* EGBGB Art. 10 Rn. 254 f.; BeckOK BGB/*Mäsch* EGBGB Art. 10 Rn. 43; Palandt/*Thorn* EGBGB Art. 10 Rn. 15.
346 Soergel/*Schurig* EGBGB Art. 10 Rn. 30; BeckOK BGB/*Mäsch* EGBGB Art. 10 Rn. 43.
347 BeckOK BGB/*Mäsch* EGBGB Art. 10 Rn. 43.

348 So Soergel/*Schurig* EGBGB Art. 10 Rn. 63 d; *F. Sturm* StAZ 1995, 255 (258); *ders.* FS Henrich 2000, S. 611, 616 mit Fn. 31; *ders.* StAZ 2005, 253 (257); *ders.* StAZ 2009, 327 (329); *Henrich* FS Großfeld 1999, S. 355, 362; vgl. auch Staudinger/*Hausmann* EGBGB Art. 10 Rn. 255; jurisPK BGB/*Janal* EGBGB Art. 10 Rn. 23.
349 Anerkannt bei BeckOK BGB/*Mäsch* EGBGB Art. 10 Rn. 43.
350 *F. Sturm* StAZ 2005, 253 (257); *ders.* StAZ 2009, 237 (239).
351 S. nur *Kraus* StAZ 2004, 138 (139).
352 BGH StAZ 2018, 280.

c) Ausübung. Die Rechtswahl bedarf des **Konsenses** zwischen beiden Ehegatten. Sie besteht aus zwei **105** parallelen, aufeinander bezogenen und inhaltlich übereinstimmenden Erklärungen beider Ehegatten.[353] Der Standesbeamte darf nur beraten und zB darauf hinweisen, unter welchem Recht ein bestimmter gewünschter Name möglich wäre; ihm aber die Wahl zu überlassen, weil er sachkundiger sei, ginge zu weit.[354] Eine einseitige Rechtswahl nur eines Ehegatten gibt es unter Abs. 2 nicht, sei es auch, dass sich nur für jenen Ehegatten namensrechtliche Änderungen ergeben würden.[355]

Im Prinzip ist auch eine stillschweigende Rechtswahl möglich.[356] Eine **stillschweigende Rechtswahl** deut- **105a** schen Rechts aber bereits in der Abgabe einer „Erklärung zur Namensführung in der Ehe unter Beachtung ausländischen Rechts" vor einem deutschen Standesamt zu sehen[357] drohte die unbedingt zu beachtenden Grenzen zwischen Rechts- und Namenswahl zu verwischen und zu geringe Anforderungen an das erforderliche Bewusstsein einer Rechtswahl, an den Rechtswahlwillen, zu stellen. Die Ehegatten werden zwar vorrangig an einer bestimmten Namensführung als Endergebnis interessiert sein; sie sollten sich aber auch bewusst sein, wie viele und welche Schritte sie auf dem Weg dorthin gehen.

Die Unterschrift mit einem Namen, der nur unter einem bestimmten (wählbaren) Recht möglich ist, ist nur, **105b** aber immerhin ein Indiz für eine in diese Richtung weisende Rechtswahl.[358] Eine konkludente Rechtswahl *allein* durch Namensbestimmung[359] erscheint problematisch und bedürfte weiterer Untermauerung des Rechtswahlwillens.[360] Könnte dieser Name unter mehreren Rechten geführt werden, so fehlt es jedenfalls an der Eindeutigkeit der Rechtswahl.[361] Kann der gewünschte Name dagegen so nur nach einem ganz bestimmten Recht gebildet und geführt werden, so ist die Namenswahl starkes Indiz für die Wahl ebendieses Rechts.[362] Namensführung ist keine Rechtswahl, wenn der Name auch nach Heimatrecht geführt werden kann.[363] Umgekehrt wird die Wirksamkeit der gewünschten Namensführung zur Voraussetzung für die Annahme erhoben, dass die Ehegatten ein bestimmtes Recht konkludent durch Namensführung gewählt hätten.[364] Ein Rechtswahlwillen ist wiederum fraglich, wenn die Ehegatten und alle, auch die rechtlich vorgebildeten Beteiligten fälschlich von einem reinen Inlandssachverhalt ohne Auslandsbezug ausgegangen sind.[365] Im Prinzip setzt Rechtswahlbewusstsein das Vorstellungsbild voraus, unter mehreren Möglichkeiten freien Willens auswählen zu können.[366]

Für Zustandekommen und rechtsgeschäftliche Wirksamkeit der Rechtswahl ist nach dem allgemeinen **106** Rechtsgedanken[367] heute des Art. 3 Abs. 5 iVm Art. 10 Abs. 1 Rom I-VO, früher des Art. 27 Abs. 4 iVm Art. 31 Abs. 1 aF das in der Rechtswahl benannte Recht maßgebend.[368] Dieser Rechtsgedanke, das sogenannte bootstrap principle (im Deutschen weniger charmant Münchhausen-Prinzip) findet sich außerdem in Artt. 21 Abs. 3 EuErbVO; 6 Abs. 1 Rom III-VO; 24 Abs. 1 EuGüVO; 24 Abs. 1 EuPartVO. Rechtsgeschäftliche Wirksamkeit der Rechtswahl meint insbesondere Willensmängel. Willensmängel unterliegen deshalb dem in der Rechtswahl benannten Recht. Die Rechtswahlbefugnis ist eine kollisionsrechtliche Befugnis. Obwohl das deutsche IPR sie gewährt, richtet sich die rechtsgeschäftliche Wirksamkeit der Rechtswahl nicht etwa automatisch nach deutschem Sachrecht.[369] Dies würde unzulässig die Grenze zwischen Sach- und Kollisionsrecht verschieben. Dagegen kann man auch nicht das pragmatische Argument ins Feld füh-

353 Siehe nur *Wall* StAZ 2018, 206 (215); *Andrae/Ising* IPRax 2018, 382 (385).
354 Missverständlich *F. Sturm* StAZ 2005, 253 (254 f.)
355 AG Köln StAZ 2004, 173; *F. Sturm* StAZ 1995, 255 (258).
356 OLG Nürnberg StAZ 2017, 49 (50) = FGPrax 2016, 167 (168); *Jauß* StAZ 2004, 274 (275); *Andrae/Ising* IPRax 2018, 382 (383); *Wall* StAZ 2018, 206 (206).
357 So *Jauß* StAZ 2004, 274 (275) sowie *Ehlers* S. 224.
358 *F. Sturm* StAZ 2005, 253 (255); *Wall* StAZ 2018, 206 (208 f.) mit Beispielen 209–211.
359 Dafür OLG Düsseldorf StAZ 2010, 110 (112); OLG Nürnberg StAZ 2017, 49 (50) = FGPrax 2016, 167 (168); *Jauß* StAZ 2005, 80 (81); *Wall* StAZ 2011, 37 (39); *ders.,* StAZ 2014, 294 (296); s. auch *Hepting* Rn. V-697.
360 OLG Nürnberg FGPrax 2016, 167 (168).
361 Staudinger/*Hausmann* EGBGB Art. 10 Rn. 252; *Wall* StAZ 2018, 206 (209); vgl. auch *F. Sturm* StAZ 2005, 253 (256).
362 OLG Düsseldorf StAZ 2010, 110 (112); OLG Nürnberg StAZ 2017, 49 (50) = FGPrax 2016, 167 (168); *Wall* StAZ 2018, 206 (208).
363 *Kraus* StAZ 2011, 218 (219 f.)

364 *Kraus* StAZ 2001, 276 (277); *F. Sturm* StAZ 2005, 253 (255), 259; *Krömer* StAZ 2011, 345 (346); *Wall* StAZ 2018, 206 (207).
365 OLG Nürnberg StAZ 2017, 49 (50) = FGPrax 2016, 167 (168).
366 *Wall* StAZ 2018, 206 (207).
367 *Mankowski* TranspR 1991, 253 (256); MüKoBGB/*Spellenberg* EGBGB Vor Art. 11 Rn. 6, Art. 31 Rn. 7; MüKoBGB/*Siehr*, 6. Aufl., EGBGB Art. 14 Rn. 58; *v. Bar/Mankowski*, IPR I, § 7 Rn. 82; Staudinger/*Mankowski* EGBGB Art. 14 Rn. 138 sowie OLG Zweibrücken DNotZ 2002, 588 (589).
368 Eine Übertragung ausdrücklich ablehnend MüKo-BGB/*Birk*, 5. Aufl., EGBGB Art. 10 Rn. 77; Staudinger/*Hausmann* EGBGB Art. 10 Rn. 256; *Andrae/Ising* IPRax 2018, 382 (384 f.) (immer Anwendung deutschen Rechts).
369 So aber OLG Düsseldorf StAZ 2010, 110 (112); LG Düsseldorf StAZ 2012, 146 (147); *F. Sturm* StAZ 2005, 253 (257 f.); Staudinger/*Hausmann* EGBGB Art. 10 Rn. 256 f.; Palandt/*Thorn* EGBGB Art. 10 Rn. 14; MüKoBGB/*Birk* EGBGB Art. 10 Rn. 78; *Wall* StAZ 2018, 206 (213); *Andrae/Ising* IPRax 2018, 382 (384 f.); vgl. auch OLG Celle StAZ 2014, 274 (275); LG Stuttgart StAZ 2002, 341.

ren, dass es dem deutschen Standesbeamten nicht zumutbar wäre, insoweit Auslandsrecht anwenden zu müssen.[370] Dem deutschen Standesbeamten wird schon bei der Namensbestimmung nach einem anwendbaren ausländischen Namensrecht die Anwendung von Auslandsrecht zugemutet. Eine Widerrufsmöglichkeit nach § 130 Abs. 1 S. 2 BGB[371] besteht also nur bei einer Wahl deutschen Rechts.

106a Erst recht ist die Rechtswahl nicht jeglicher Anfechtung wegen Willensmangels o.ä. per se entzogen.[372] Auch dies würde unzulässig die Grenze zwischen Sach- und Kollisionsrecht verschieben. Insoweit prallen Interessen an Rechtssicherheit und Stetigkeit der Namenseintragung im Personenstandsregister auf Interessen der Namensträger an der fehlerfreien Ausübung ihrer Persönlichkeitsrechte.[373] Fehlerhafte Beratung über die Folgen einer Rechtswahl kann ein Anfechtungsrecht wegen Irrtums nach dem gewählten Recht auslösen,[374] dürfte aber bei Rechtswahl im Inland kaum vorkommen, soweit das in der Rechtspraxis übliche Merkblatt zur Rechtswahl[375] ausgehändigt und von den Ehegatten unterschrieben wurde.[376] Besondere Einschränkungen dergestalt, dass nur ein offensichtlicher Irrtum, beruhend auf einem groben Verfahrensmangel, zur Anfechtung berechtigen würde,[377] oktroyiert das deutsche IPR nicht. Sofern man systemwidrig eine Anfechtung unter deutschem Sachrecht prüfen will, liegt bei Fehleinschätzung über den Inhalt des gewählten ausländischen Rechts ein ausnahmsweise beachtlicher Motivirrtum vor[378] und hat die Anfechtung unverzüglich im Sinne von § 121 BGB erfolgen.[379] Irren sich beide Ehegatten gleichlaufend, so wäre indes § 313 Abs. 2 BGB die systematisch richtige Norm im deutschen Recht[380] und würde den einzelnen Ehegatten sowohl einer fristgerechten Anfechtungserklärung (auf deren Form Abs. 2 S. 2 analog anwendbar sein könnte)[381] als auch einer etwaigen Schadensersatzpflicht aus § 122 Abs. 1 BGB entheben.

107 Eine wirksame Rechtswahl setzt auch voraus, dass die empfangszuständige (Amts-)Person überhaupt bereit ist, eine solche Erklärung entgegenzunehmen; solche Bereitschaft kann nicht unterstellt werden, wenn das IPR des Eheschließungsortes selber keine entsprechende Rechtswahl kennt.[382] Nimmt die zuständige Amtsperson die Rechtswahlerklärung indes entgegen, so ist sie zugegangen, und es bedarf keines zusätzlichen Zugangs bei einem deutschen Standesamt nach § 41 Abs. 2 PStG.[383]

107a Keine Voraussetzung für die Wirksamkeit einer Rechtswahl nach Abs. 2 S. 1 ist dagegen, dass die Ehegatten eine Bestätigungserklärung gegenüber einem deutschen Standesamt abgeben müssten.[384] Zwar verlangt Nr. 34.5 S. 2 Hs. 3 PStG-VwV eine Erklärung der Ehegatten, dass die in der ausländischen Eheurkunde vermerkte Namensführung ihrem Willen entsprach. Zum einen handelt es sich dabei aber um ein anderes Objekt (Namensführung, nicht Rechtswahl als solche). Zum anderen könnte eine bloße Verwaltungsvorschrift der normhierarchisch höheren Gesetzesnorm des Abs. 2 S. 1 keine zusätzliche Wirksamkeitsvoraussetzung einschreiben.[385]

108 Die bloße **Unterzeichnung der Heiratsurkunde** mit einem bestimmten Namen ist für sich allein genommen noch keine Rechtswahl. Eine Rechtswahl liegt nicht vor, wenn die Ehegatten Namen, die ihnen vom Recht des Eheschließungsortes gesetzlich zugewiesen werden, widerspruchslos hinnehmen und in der Folgezeit führen; dann fehlt es am nötigen **Bewusstsein von Alternativen**.[386]

109 **d) Ort der Eheschließung.** Der Gesetzgeber hat die Inlandseheschließung als Normalfall des Abs. 2 vor Augen. Dies belegt schon die Kundgabe der Rechtswahl gegenüber dem Standesbeamten als einer typisch

370 So *Andrae/Ising* IPRax 2018, 382 (385).
371 Angesprochen von *Hepting/Dutta* Rn. II-157; *Wall* StAZ 2018, 206 (213).
372 Dahin BayObLG StAZ 1998, 79 = NJW-RR 1998, 1015 (1016). Vgl. tendenziell anders BGH StAZ 2017, 138. Offen KG StAZ 2017, 236 (237) = FGPrax 2017, 92 = IPRax 2018, 421.
373 *Andrae/Ising* IPRax 2018, 382 (386).
374 Vgl. OLG Celle StAZ 2014, 274 (275); LG Stuttgart StAZ 2002, 341; *Palandt/Thorn* EGBGB Art. 10 Rn. 14. Anders aber wohl Staudinger/*Hausmann* EGBGB Art. 10 Rn. 260.
375 ZB <https://www.gemeinde-moeser.de/media/modelf ield_files/dokumente/dokument/datei/Merkblatt_fuer -Eheschl._unter_Beachtung_auslaendischen_Rechts. pdf>.
376 *Andrae/Ising* IPRax 2018, 382 (386).
377 So aber LG München I StAZ 2006, 531; AG Gießen StAZ 2009, 207 (209).
378 *F. Sturm* StAZ 1994, 370 (376); *Berkl,* Personenstandsrecht, Rn. 538, 857; BeckOGK BGB/*Kroll-Ludwigs* EGBGB Art. 10 Rn. 50; MüKoBGB/*Lipp*

EGBGB Art. 10 Rn. 103; *Wall* StAZ 2018, 206 (214 f.) (mit Einschränkungen für die Kausalität des Irrtums bei bestimmten Fällen mehrfacher Beurkundung).
Insoweit **aA** KG StAZ 2017, 236 (237) = FGPrax 2017, 92 = IPRax 2018, 421.
379 OLG Celle StAZ 2014, 274 (275); siehe auch KG StAZ 2017, 236 (237) = FGPrax 2017, 92 = IPRax 2018, 421.
380 *Andrae/Ising* IPRax 2018, 382 (386).
381 *Wall* StAZ 2018, 206 (215).
382 BayObLGZ 1989, 363 (366) = StAZ 1990, 15; AG Gießen StAZ 2002, 171 (172); MüKoBGB/*Birk* EGBGB Art. 10 Rn. 89; Staudinger/*Hepting* (2007) EGBGB Art. 10 Rn. 338; *Wall* StAZ 2018, 206 (208).
383 *Krömer* StAZ 2017, 129 (130 f.); *Wall* StAZ 2018, 169; *ders.* StAZ 2018, 206 (213).
384 *Wall* StAZ 2018, 206 (212 f.)
385 *Wall* StAZ 2018, 206 (213).
386 AG Gießen StAZ 2002, 171 (172); *Stoll*, S. 72; *Wall* StAZ 2018, 206 (207); Staudinger/*Hausmann* EGBGB Art. 10 Rn. 279.

inländischen Erscheinung. Indes ist damit eine namensrechtliche Rechtswahl nach Abs. 2 für im Ausland geschlossene Ehen nicht ausgeschlossen.[387] Zum einen ist die Rechtswahl schließlich noch jederzeit nach der Eheschließung möglich. Zum anderen differenziert Abs. 2 in seinem Wortlaut nicht ausdrücklich nach in- oder ausländischer Eheschließung und will deshalb beide erfassen.[388] Allerdings ist die Abgabe einer für deutsche Rechtsanwender verbindlichen Rechtswahlerklärung unter Abs. 2 allein im Ausland so nicht möglich.[389] Um im Inland wirksam zu sein, muss sie dem zuständigen deutschen Standesamt nach § 41 Abs. 2 PStG zugehen.[390]

2. Zeitpunkt der Rechtswahl. a) Rechtswahl vor der Ehe. Die Rechtswahl in einem vor der Ehe **110** abgeschlossenen Ehevertrag entfaltet als solche, da vorzeitig getroffen, keine Wirkungen.[391] Anders verhält es sich aber, wenn sie dem Standesbeamten im Rahmen der Eheschließung mitgeteilt wird. Es darf keinen Unterschied machen, ob die Rechtswahl originär getroffen oder zuvor getroffen, jetzt aber in der Zeremonie mitgeteilt wird.[392] Anderenfalls wäre zu raten, den Rechtswahlakt an sich vor dem Standesbeamten zu wiederholen.

b) Rechtswahl bei der Eheschließung. Seinem Wortlaut nach erfasst Abs. 2 S. 1 nicht nur die nachträg- **111** liche Rechtswahl nach der Eheschließung, sondern auch die Rechtswahl unmittelbar bei der Eheschließung. Nur Abs. 2 S. 2 gilt allein für die nachträgliche Rechtswahl.

c) Rechtswahl nach der Eheschließung. Die Ehegatten können jederzeit während ihrer Ehe eine **112** namensrechtliche Rechtswahl treffen.[393] Dies belegt Abs. 2 S. 2 eindeutig. Eine Änderung der objektiven Anknüpfungsverhältnisse ist nicht vorausgesetzt. Es bedarf keiner besonderen Voraussetzungen für eine nachträgliche Rechtswahl; nur die Form nach Abs. 2 S. 2 muss gewahrt sein.[394]

Es gibt keine begrenzende Ausübungsfrist für die Rechtswahl aus Abs. 2.[395] Die Fristen des deutschen **112a** materiellen Namensrechts sind nicht analog anzuwenden.[396] Auch die Fristen für sachrechtliche Namens- wahlbefugnisse aus dem gewählten Recht sind nicht berufen.[397] Denn insoweit trifft Abs. 2 S. 1 selber eine Entscheidung zugunsten der Fristfreiheit, und eine lückenfüllende Verweisung auf das gewählte Recht nach dem bootstrap principle analog Art. 3 Abs. 5 iVm Art. 10 Abs. 1 Rom I-VO kommt nicht zum Zuge. Eine nachträgliche Rechtswahl ohne Frist zuzulassen ist nicht nur bei Eheschließung im Ausland sinnvoll, son- dern kann auch bei Eheschließung im Inland zweckmäßig sein, zB wegen späteren Statutenwechsels beim Namensstatut eines Ehegatten.[398]

d) Wiederholte Wahl, neue Wahl, actus negativus (Aufhebung). Die Ehegatten können auch eine vor- **113** angegangene Rechtswahl durch **wiederholte oder neue Rechtswahl** beliebig ändern oder aufheben.[399] Nur die Form des Abs. 2 S. 2 ist dabei zu wahren.[400] Die Rechtswahlbefugnis ist ein Recht, das sich durch ein- malige Ausübung verbrauchen würde, sondern besteht fort.[401] Die Ehegatten können also beliebig oft eine Rechtswahl treffen.[402] Gerade bei mehrmaligem Wechsel des gewöhnlichen Aufenthalts während der Ehe- zeit würde sonst das durchaus anerkannte Anpassungsinteresse missachtet. Aus der Bindungswirkung der Rechtswahl auf deren Unabänderlichkeit zu schließen[403] wäre fehlerhaft und überspannte die Bindungswir- kung. „Voraussetzungslose und unkontrollierbare Gestaltungsfreiheit"[404] hätte der Gesetzgeber verhindern müssen, wenn er es denn gewollt hätte.

---

387 S. nur *Ehlers* S. 225.

388 S. nur Staudinger/*Hausmann* EGBGB Art. 10 Rn. 274.

389 § 245 Abs. 1 S. 5 DA; *Jauß* StAZ 2005, 80 (81).

390 JurisPK BGB/*Janal* EGBGB Art. 10 Rn. 18; *Horen-kamp* StAZ 2018, 387 (388).

391 Ebenso *Gaaz/Bornhofen* PStG (2009) § 14 PStG Rn. 20; *Hepting* Rn. III-672.

392 Insoweit im Ergebnis anderer Ansicht, aber ohne das Problem zu erwähnen, *Hepting* Rn. III-672.

393 S. nur OLG Düsseldorf FamRZ 2010, 1559 (1560); AG Stuttgart FamRZ 2008, 181; *Andrae/Ising* IPRax 2018, 382 (383) mwN.

394 KG StAZ 2017, 236 (237) = FGPrax 2017, 92 = IPRax 2018, 421 (422).

395 OLG Düsseldorf FamRZ 2010, 1559 (1561); OLG Nürnberg StAZ 2017, 49 (51) = FGPrax 2016, 167 (168); *Andrae/Ising* IPRax 2018, 382 (383) mwN.

396 Soergel/*Schurig* EGBGB Art. 10 Rn. 63 g; MüKo-BGB/*Birk* EGBGB Art. 10 Rn. 87.

397 Entgegen OLG Nürnberg StAZ 2017, 49 (51) = FGPrax 2016, 167 (168); MüKoBGB/*Lipp* EGBGB Art. 10 Rn. 111.

398 *Andrae/Ising* IPRax 2018, 382 (383 f.)

399 KG StAZ 2017, 236 (237) = FGPrax 2017, 92 = = IPRax 2018, 421 (422); *F. Sturm* StAZ 2005, 253 (258) sowie *Andrae/Ising* IPRax 2018, 382 (387). **AA** *Berkl*, Personenstandsrecht, 2015, Rn. 856; *Hochwald* StAZ 2009, 49 (51); *Wall* StAZ 2014, 119 (121); *Wall* StAZ 2018, 169; *Wall* StAZ 2018, 206 (213).

400 KG StAZ 2017, 236 (237) = FGPrax 2017, 92 = IPRax 2018, 421 (422).

401 **AA** *Berkl*, Personenstandsrecht, 2015, Rn. 856; *Hochwald* StAZ 2009, 49 (51); *Wall* StAZ 2014, 119 (121); *Wall* StAZ 2018, 169; *Wall* StAZ 2018, 206 (213).

402 **AA** *Wall* StAZ 2018, 206 (213).

403 So zB BeckOK BGB/*Mäsch* EGBGB Art. 10 Rn. 48.

404 So Staudinger/Hausmann EGBGB Art. 10 Rn. 357; *Hochwald* StAZ 2009, 49 (51). Zurückhaltender *Hepting* Rn. III-739 f.

114 Die Konsumtion der Rechtswahlbefugnis durch einmalige Ausübung wäre so ungewöhnlich und stünde in so starkem Widerstreit zu allen für sonstige Rechtswahltatbestände geltenden Grundsätzen, dass sie ausdrücklich hätte angeordnet werden müssen, wenn der Gesetzgeber sie wirklich gewollt hätte. An einer solchen Verbrauchsanordnung fehlt es aber. Im Gegenteil deutet das „jederzeit" im Wortlaut auf Ausübbarkeit nach dem Belieben der Ehegatten, soweit nicht die Grenzen gesprengt werden, die in Abs. 2 ausdrücklich gezogen sind.

114a Die Ehegatten können ihre einmal getroffene Wahl auch ex nunc aufheben, ohne eine neue Wahl zu treffen. Sie behalten die Kompetenz zur Aufhebung als actus negativus. Diese Kompetenz ist ebenso wenig davon abhängig, dass ihre Ausübung keinen Einfluss auf den Ehenamen hätte, wie es eine neue Wahl wäre.[405] Eine Rückkoppelung auf das Sachrecht und eine Abhängigkeit von einem bestimmten sachrechtlichen Ergebnis wäre mit der Selbständigkeit des Kollisionsrechts nicht zu vereinbaren.[406] Eine reine Aufhebung ohne neue Wahl schafft die ursprüngliche Rechtswahl aus der Welt und führt – mangels noch bestehender Rechtswahl – zur objektiven Anknüpfung nach Abs. 1 zurück.[407]

115 Im Übrigen hilft die Möglichkeit der Aufhebung oder Neuwahl über Probleme hinweg, die entstehen können, wenn die Ehegatten dem zunächst gewählten Recht größere Namenswahlfreiheit unterstellten, als dieses tatsächlich gewährt, und deshalb zunächst enttäuscht wurden:[408] Eine neue Rechtswahl korrigiert dann im Ergebnis die Fehleinschätzung, wenn das neu gewählte Recht es erlaubt, den gewünschten Namen zu führen. Abs. 2 S. 1 gewährt aber – das sei betont – nur die Freiheit zur Rechtswahl, nicht per se ein Recht zur Namenswahl.[409]

116 **e) Erlöschen der Rechtswahlbefugnis mit dem Ende der Ehe.** Eine zeitliche Grenze der Rechtswahlbefugnis zieht die Beendigung der Ehe. Nach dem Ende der Ehe, namentlich durch Scheidung oder Tod, können die Ehegatten keine Rechtswahl mehr treffen.[410] Dazu besteht auch kein Bedürfnis mehr, da eine Rechtswahl sowieso nur ex nunc wirken könnte.

117 Eine analoge Anwendung des Abs. 2, um einem Ehegatten das Überwechseln zu seinem Heimatrecht zu gestatten,[411] steht mit der Zweiseitigkeit und Gemeinsamkeit der Rechtswahl für beide Ehegatten nicht in Einklang;[412] sie ist zudem überflüssig, wenn mit dem Ende der Ehe automatisch die jeweiligen Heimatrechte beider Ehegatten wieder die Namensstatute stellen (→ Rn. 89).

118 **3. Form der Rechtswahl (Abs. 2 S. 2).** Für die Form der **nachträglichen Rechtswahl** schreibt Abs. 2 S. 2 **öffentliche Beglaubigung** vor. Der Gesetzgeber hat dabei nur die Rechtswahl im Inland vor Augen und verlangt deshalb eine spezifische Form des inländischen Rechts. Öffentliche Beglaubigung meint die Form des § 129 BGB. Ein Schreiben der Eltern an das Standesamt mit dem Antrag, dass das Kind den Namen nach einem benannten Recht führen solle, genügt dem nicht.[413] Auf der anderen Seite kann nach § 15 d Abs. 1 S. 3 PStG auch der Standesbeamte die öffentliche Beglaubigung vollziehen.

119 Bei Vornahme der **Rechtswahl im Ausland** ergibt sich das **Substitutionsproblem**, ob gleichwertige Formen des ausländischen Ortsrechts die öffentliche Beglaubigung zu ersetzen vermögen. Es ist nach allgemeinen Substitutionsmaßstäben zu lösen. Funktionelle Gleichwertigkeit sollte genügen. Wesentliche Funktionselemente, zu denen Entsprechungen in der ausländischen Ausgestaltung existieren sollten, sind eindeutige Dokumentation und Authentifikation der jeweils eigenen Erklärung durch die Parteien und dokumentierte Bestätigung der Erklärungsabgabe durch eine unabhängige, Reputation genießende und Seriosität verbürgende Amtsperson oder einen Notar. Werden die Erklärung vor einem ausländischen Standesbeamten abgegeben, der funktionell einem deutschen entspricht, reicht dies aus.[414]

405 Zutreffend *Andrae/Ising* IPRax 2018, 382 (387) gegen KG StAZ 2017, 236 (237) = FGPrax 2017, 92 = IPRax 2018, 421 (422).

406 *Andrae/Ising* IPRax 2018, 382 (387).

407 *Wall* StAZ 2018, 206 (212).

408 Auf solche Probleme macht *F. Sturm* StAZ 1995, 255 (256) Fn. 13 aufmerksam, will sie aber auf anderem Wege lösen.
Wie hier *Andrae/Ising* IPRax 2018, 382 (387).

409 BGH NJW-RR 2015, 321; KG StAZ 2017, 236 (237) = FGPrax 2017, 92 = IPRax 2018, 421 (422).

410 Wagenitz/*Bornhofen* EGBGB Art. 10 Rn. 16; *F. Sturm* StAZ 1995, 255 (256); *Jauß* StAZ 2001, 118 (119); *Hepting/Dutta* Rn. III-725; *Andrae/Ising* IPRax 2018, 382 (383).

411 Dafür OLG Hamm StAZ 1999, 370 (371); OLG Dresden StAZ 2004, 170 (171); OLG Frankfurt StAZ 2005, 47; AG Köln StAZ 2004, 173 = FamRZ 2004, 1201; *Henrich* StAZ 1996, 129 (132); *Kraus* StAZ 2003, 88; *Homeyer* StAZ 2006, 83; *Kropholler*, IPR6 S. 329; MüKoBGB/*Birk*, 5. Aufl., EGBGB Art. 10 Rn. 96; jurisPK BGB/*Janal* EGBGB Art. 10 Rn. 25. Ablehnend wie hier Soergel/*Schurig* EGBGB Art. 10 Rn. 61; BeckOK BGB/*Mäsch* EGBGB Art. 10 Rn. 54.

412 Ebenso AG Köln StAZ 2004, 173.

413 BayObLG FamRZ 2000, 55 = StAZ 1999, 296.

414 OLG Düsseldorf StAZ 2010, 110 (112); *Wall* StAZ 2011, 37 (38).

Abs. 2 S. 2 hat im Prinzip sachrechtlichen Charakter, regelt aber die Form für die vom deutschen Recht **120** gewährte namensrechtliche Rechtswahlbefugnis. Er ist eine Sachnorm.[415] Wie Art. 13 Abs. 3 verdrängt er daher die allgemeine Kollisionsnorm für die Formanknüpfung nach Art. 11.[416]

Für die **Rechtswahl bei Eheschließung** stellt Abs. 2 S. 2 keine ausdrückliche Sonderregel auf. Diese wird **121** daher dem Formstatut der Eheschließung selber unterworfen,[417] das seinerseits über Art. 13 Abs. 3 (Inlands-heirat) oder Art. 11 (Auslandsheirat) zu ermitteln ist. Dass eine dem Art. 3 Abs. 5 Rom I-VO, früher Art. 27 Abs. 4 EGBGB 1986, vergleichbare Verweisung auf Art. 11 fehlt, stört nicht.[418] Art. 11 ist als allgemein gültige Kollisionsnorm aus sich selbst heraus anwendbar, soweit ihn Sonderregeln nicht verdrängen, und bedarf keiner Berufung durch eine spezielle Verweisung. Für die Rechtswahl bei einer Eheschließung in Deutschland ist die Form bereits durch die Trauungszeremonie gedeckt.[419]

4. Wirkung der Rechtswahl. a) Wirkung für den Ehenamen. Eine kollisionsrechtliche Wahl des **122** Namensstatuts ist noch keine sachrechtliche Namenswahl.[420] Wahl des Namensstatuts und Wahl des Namens sind zwei verschiedene Dinge. Die Rechtswahl bewirkt zunächst nur, dass der Name nach dem gewählten Recht zu bilden und zu führen ist.[421] Auch unter dem gewählten Ehenamensstatut können die Ehegatten ihren Ehenamen nur unter jenen Voraussetzungen und gegebenenfalls Einschränkungen wählen, die jenes gewählte Recht vorsieht.[422] Dass jenes Recht über eine Wahl berufen ist, ändert seinen materiellen Gehalt nicht. Sieht es zB überhaupt keine nachträgliche Wahl des Ehenamens vor, so bleibt es dabei. Die Rechtswahl als solche ändert den Ehenamen nicht.[423]

Eine wirksam getroffene Rechtswahl eröffnet alle Möglichkeiten, die Namen der Ehegatten so zu bilden, **123** wie das gewählte Recht sie zur Verfügung stellt.[424] Sofern das gewählte Recht nur eine Art der Namensbil-dung kennt und zulässt, hat es bei genau dieser Art sein Bewenden.[425] Erlaubt das gewählte Recht den Ehe-gatten nicht den von diesen gewünschten Übergang von einem gemeinsamen Ehenamen zu getrennten Namen, so bleibt es bei dem gemeinsamen Ehenamen.[426] Stellt das gewählte Recht aber Wahlmöglichkeiten zur Auswahl, so können die Ehegatten ihre Auswahl in dem Rahmen und in den Grenzen treffen, wie das gewählte Recht sie vorsieht.[427] Bei Wahl deutschen Rechts und Wahl des Namens der Frau zum Ehenamen soll auch eine weibliche Sonderform, gebildet nach dem Recht der UdSSR, zum auch für den Ehemann gül-tigen Ehenamen werden können.[428] Neben der kollisionsrechtlichen Rechtswahlerklärung ist jedoch nach Maßgabe des gewählten Namensstatuts eine zweite, sachrechtliche Erklärung für die eigentliche Namens-wahl erforderlich.[429]

Über den **Verbrauch von Namenswahlmöglichkeiten** entscheidet das gewählte Recht. Es kann den Ehe- **124** gatten eine beliebig häufige Namenswahl freistellen.[430] Es kann insoweit aber auch Grenzen ziehen. Es kann insbesondere eine nur einmalige Wahl erlauben. Es kann sogar anordnen, dass die Befugnis zur einma-ligen Wahl bereits durch eine frühere Namenswahl unter einem anderen Recht verbraucht ist, weil den Ehe-gatten nur eine Wahl pro Ehe gestattet ist. Letzteres ist die Rechtslage unter § 1355 Abs. 3 BGB,[431] aller-dings nicht für Spätaussiedler.[432]

Das gewählte Recht bestimmt auch, in welchem **zeitlichen Abstand von der Eheschließung** eine Namens- **125** wahl möglich ist und ob eine Namenswahl nur bei der Eheschließung erlaubt ist.[433] Die vom deutschen IPR

415 S. nur *Andrae/Ising* IPRax 2018, 382 (384).
416 IE. ebenso Palandt/*Thorn* EGBGB Art. 10 Rn. 14; Erman/*Hohloch* EGBGB Art. 10 Rn. 22; jurisPK BGB/*Janal* EGBGB Art. 10 Rn. 20; *Andrae/Ising* IPRax 2018, 382 (384). **AA** *Hepting* StAZ 1996, 7; Staudinger/*Hepting* (2007) EGBGB Art. 10 Rn. 366; *Hepting* Rn. III-716 f.; Staudinger/*Hausmann* EGBGB Art. 10 Rn. 284.
417 *Hepting* StAZ 1994, 1 (7); *Andrae/Ising* IPRax 2018, 382 (385); BeckOK BGB/*Mäsch* EGBGB Art. 10 Rn. 47.
418 Insoweit treffend Staudinger/*Hausmann* EGBGB Art. 10 Rn. 284 gegen Palandt/*Thorn* EGBGB Art. 10 Rn. 14.
419 OLG Nürnberg FGPrax 2016, 167 (168).
420 BGH StAZ 2015, 78 (79); OLG Nürnberg FGPrax 2016, 167 (168); *Wall* StAZ 2015, 363 (369).
421 S. nur AG Berlin-Schöneberg StAZ 2000, 241.
422 S. nur OLG Hamm StAZ 1999, 75 mwN; OLG Nürnberg FGPrax 2016, 167 (168); *Hepting* StAZ 1996, 235 (236); *Henrich* IPRax 1997, 174 (175).
423 OLG Nürnberg FGPrax 2016, 167 (168).
424 S. nur BayObLG FamRZ 2000, 55.
425 Erman/*Hohloch* EGBGB Art. 10 Rn. 25.
426 *Henrich* IPRax 1994, 174 (175).
427 S. OLG Köln StAZ 1988, 296; FamRZ 1997, 942.
428 So LG Berlin NJW-RR 2000, 1247 = StAZ 2000, 109.
429 *Rauhmeier* StAZ 2011, 117.
430 BayObLG StAZ 1991, 69; *Hepting* Rn. III-691.
431 OLG Hamm FamRZ 1999, 1426 = FGPrax 1999, 55 (56); Soergel/*Schurig* EGBGB Art. 10 Rn. 63 h; BeckOK BGB/*Mäsch* EGBGB Art. 10 Rn. 53.
432 BGHZ 147, 159, 166 f. = FamRZ 2001, 903 (904); BayObLG StAZ 1999, 270; OLG Stuttgart StAZ 1999, 78 (79) = FamRZ 1999, 1425 = FGPrax 1999, 57 (58); OLG Frankfurt StAZ 2000, 209; LG Saar-brücken StAZ 1997, 306 = NJW-RR 1998, 583; AG Nürnberg StAZ 1997, 306; *Silagi* StAZ 1999, 263 (265); *Gaaz* IPRax 2000, 115 (116); aA OLG Hamm StAZ 1999, 75 (76) = FGPrax 1999, 55 (56); BeckOK BGB/*Mäsch* EGBGB Art. 10 Rn. 53.
433 Erman/*Hohloch* EGBGB Art. 10 Rn. 25.

eingeräumte Rechtswahlmöglichkeit hat keine sachrechtsmodifizierende Wirkung dergestalt, dass über sie immer die Möglichkeiten eröffnet sein müssten, welche das gewählte Recht bei der Eheschließung eröffnet.[434] Das deutsche Sachrecht ist liberal; § 1355 Abs. 3 BGB ist so auszulegen, dass eine Namensanpassung insbesondere an eine neue deutsche Umwelt nach Übersiedlung möglich wird und die von Abs. 2 Nr. 1 für das deutsche IPR gewährte Möglichkeit nicht auf der sachrechtlichen Ebene konterkariert wird.[435]

126   Das gewählte Recht regiert Bilden, Führen und Verlust des Ehenamens.[436] Es beherrscht auch die Frage, ob ein Ehegatte einen Beinamen führen darf oder gar muss.[437] Es entscheidet ebenfalls darüber, wie Doppelnamen zu bilden sind oder welche Grenzen für Doppelnamen bestehen.[438]

127   Abs. 2 eröffnet die Rechtswahl nur für den Ehenamen bzw. den in der Ehe geführten Namen der Ehegatten. Außerhalb dessen stehen das allgemeine Namensstatut jedes Ehegatten und das Namensschutzstatut.[439] Das Wahlrecht ist auf das Ehenamensstatut begrenzt, erfasst also nicht andere Namensbestandteile.[440] Es ist ein Recht zur bloßen Teilrechtswahl, wenn man auf den Gesamtnamen blickt.[441] Insbesondere ist keine Wahl für die Vornamen der Ehegatten eröffnet.[442] Der „künftig zu führende Name" ist nur der Ehename, nicht auch der Vorname.[443] Indes verdrängt das Ehenamensstatut bezüglich des Familiennamens für die Dauer der Ehe die allgemeinen Namensstatuten der Ehegatten. Eine Wahl nach Abs. 2 wirkt hinsichtlich des Ehenamens auch nach einem Ende der Ehe fort.[444] Selbst nach einer Scheidung kann das Namensstatut des einzelnen Ehegatten nun nicht einen anderen Namen spezifisch zum Ehenamen bestimmen.[445] Der Ehename nach dem gewählten Statut bleibt der **Ehename**, auch wenn nach der Scheidung wieder Abs. 1 die Namensstatute der Ehegatten regiert. Man mag unter seinem Personalstatut nun einen anderen Namen führen, zB zum eigenen Geburtsnamen zurückkehren, aber seinen Ehenamen kann man nicht mehr verändern.

128   **b) Wirkung für den Namen eines (gemeinsamen) Kindes (Abs. 2 S. 3). aa) Grundsätzliches.** Nach Abs. 2 S. 3 ist für die Auswirkungen einer wirksamen[446] Wahl des Ehenamensstatuts auf den Namen eines Kindes § 1617 c BGB entsprechend anzuwenden. Dies dient dem Schutz des Kindes und dazu, die namensrechtliche Selbstbestimmung des Kindes so weit wie möglich zu wahren. Eine automatische Erstreckung einer Wahl nach Abs. 2 auf den Kindesnamen erfolgt gerade nicht.[447] Wollen die Eltern einen Gleichlauf zwischen Ehenamens- und Kindesnamensstatut herstellen, so müssen sie gegebenenfalls versuchen, diesen mit den Rechtswahlmöglichkeiten herzustellen.[448]

129   Seinem Wortlaut nach bezieht sich Abs. 2 S. 3 nicht nur auf gemeinsame Kinder der Ehegatten, sondern ist weiter formuliert. Wörtlich genommen erfasst er alle Kinder beider Ehegatten, seien diese gemeinsame oder nicht. Ebenso wenig unterscheidet er danach, ob ein Ehegatte ein Kind des anderen Ehegatten angenommen und damit zu einem gemeinsamen Kind gemacht hat.

130   **bb) Deutsches Namensstatut des Kindes.** Die sinngemäße Anwendung des § 1617 c BGB führt dazu, dass sich der neue Ehename, wie er nach dem gewählten Recht gebildet wird, nur dann auf das Kind erstreckt, wenn das Kind das fünfte Lebensjahr noch nicht vollendet hat oder eine Anschlusserklärung abgibt.[449] Die Altersgrenze wird rein faktisch bestimmt und rekurriert nicht tragend auf eine Art von Geschäftsfähigkeit, so dass keine Vorfragenanknüpfung erfolgt.

131   Für die **Anschlusserklärung des Kindes** ergibt sich die weitere Differenzierung aus § 1617 c Abs. 2 S. 1, Abs. 1 S. 1 BGB:[450] Ist das Kind bereits älter als vierzehn Jahre, so kann es jene Erklärung nur selber abgeben, bedarf aber dafür nach § 1617 c Abs. 1 S. 2 Hs. 2 BGB wiederum der Zustimmung seiner gesetzlichen Vertreter. Ist das Kind älter als fünf, aber jünger als vierzehn Jahre, so können entweder die gesetzlichen Vertreter die Anschlusserklärung abgeben oder das Kind mit Zustimmung der gesetzlichen Vertreter. Wer gesetzlicher Vertreter ist, ist eine selbstständig anzuknüpfende Vorfrage.

132   **cc) Ausländisches Namensstatut des Kindes.** Allgemeines Namensstatut eines Kindes kann ausländisches Recht sein. § 1617 c BGB ist weder direkt noch analog Teil dieses Namensstatuts. Man könnte ihn

---

434   Entgegen *Krömer* StAZ 2003, 116 (118 f.)
435   BGHZ 147, 159, 166 f.
436   S. nur Erman/*Hohloch* EGBGB Art. 10 Rn. 26.
437   AG Berlin-Schöneberg StAZ 2002, 81.
438   OLG Karlsruhe FamRZ 1999, 160.
439   Erman/*Hohloch* EGBGB Art. 10 Rn. 26.
440   BGH StAZ 2015, 78 (79); Staudinger/*Hausmann* EGBGB Art. 10 Rn. 263; Erman/*Hohloch* EGBGB Art. 10 Rn. 26.
441   Näher zur Diskussion *Ehlers* S. 226–235.
442   OLG Frankfurt StAZ 2012, 50; OLG Karlsruhe StAZ 2014, 334 (335); *Krömer* StAZ 2013, 130 (132).

443   OLG Karlsruhe StAZ 2014, 334 (335); siehe *Hepting* StAZ 2008, 161 (165).
444   OLG Dresden StAZ 2004, 170 (171); OLG Frankfurt StAZ 2005, 47 (48); OLG Karlsruhe StAZ 2014, 334 (336); *Homeyer* StAZ 2005, 183; MüKoBGB/*Birk* EGBGB Art. 10 Rn. 95.
445   OLG Karlsruhe StAZ 2014, 334 (336).
446   Vgl. BayObLG StAZ 1998, 281 = FamRZ 1999, 326.
447   *Jauß* StAZ 2005, 266.
448   *Jauß* StAZ 2005, 266.
449   S. nur *Looschelders,* IPR, Art. 10 Rn. 50.
450   Vorbildlich BayObLG StAZ 1998, 281 = FamRZ 1999, 326.

dann, wollte man der Anordnung des Abs. 2 S. 3 wörtlich folgen, nur im Wege der Sonderanknüpfung, dafür aber immer durchsetzen.[451]

Die Alternative besteht darin, das ausländische Namensstatut des Kindes über die Folgen der Rechts- und gegebenenfalls Namenswahl der Eltern auf den Kindesnamen entscheiden zu lassen.[452] Der Rechtsgedanke des Abs. 2 S. 3 lässt sich verallgemeinern, indem man die Regeln des Namensstatuts über die Folgen einer materiellrechtlichen Namenswahl der Eltern auf den Kindesnamen jedenfalls bei ex-lege-Änderung als Folge der Rechtswahl zur Anwendung bringt. **133**

Eine allgemeine Anwendung des § 1617c BGB bei ausländischem Namensstatut wäre letztlich ein zu starker kollisionsrechtlicher Eingriff und würde nicht wünschbare hinkende Kindesnamen provozieren. Allenfalls mag man einem Normenmangel im ausländischen Namensstatut durch behutsame Lückenfüllung anhand des § 1617c BGB abhelfen, wenn dort überhaupt keine Normen für die Folgen beim Kindesnamen bestehen.[453] Die Altersgrenzen des § 1617c BGB international zwingend zu machen, würde diese Norm viel zu stark aufwerten.[454] **134**

III. Rechtswahlbefugnis des Personensorgeberechtigten für den Kindesnamen (Abs. 3)

1. Rechtswahlbefugnis. a) Grundsätzliches. Abs. 3 erlaubt dem Sorgeberechtigten, für den Namen des seiner Sorge unterworfenen Kindes eine Rechtswahl zu treffen.[455] Gegenstand der Rechtswahl ist das Statut des Kindesnamens. Der Kindesname selber ist dann nach Maßgabe des gewählten Rechts zu bilden. Er bewegt sich nur auf der sachrechtlichen Ebene. Eine Rechtswahl ist keine direkte Namenswahl.[456] Umgekehrt folgt aus einer Namenswahl allein keine Rechtswahl. Vielmehr ist zusätzlich ein Rechtswahlbewusstsein nötig, dass seinerseits ein Bewusstsein, auswählen zu dürfen, voraussetzt. Daher liegt bei automatischer Kindesnamenszuweisung durch das Sachrecht des Geburtsstaats *keine* konkludente Rechtswahl im Gebrauch dieses Kindesnamens.[457] Werden Eltern, die getrennte Familiennamen führen, vor der Beurkundung des Kindesnamens gefragt, wessen Familiennamen oder aber einen Doppelnamen das Kind haben soll, so schließt dies ein Rechtswahlbewusstsein nicht aus.[458] Wird ein Kindesname gewollt, der sich unter mehreren verschiedenen Rechten ergeben könnte, so fehlt es an der hinreichenden Eindeutigkeit des Willens für eine konkludente Rechtswahl; dagegen ist sie gewahrt, wenn dieser Name nur unter einem einzigen der wählbaren Rechte geführt werden könnte.[459] **135**

Der Zweck der Rechtswahl liegt darin, die Namenstradition anderer Rechts- und Kulturkreise einhalten zu können oder für das Kind eine namensrechtliche Annäherung an sein familiäres oder lokales Umfeld zu ermöglichen.[460] **136**

Ob eine **Zustimmung seitens des Kindes** oder dessen Verwandten zur Namenserteilung notwendig ist und, wenn ja, unter welchen Kautelen und wie eine solche Zustimmung zu erteilen ist, ist zusätzlich, kumulativ nach Art. 23 gemäß dem Heimatrecht des Kindes zu beurteilen.[461] Dies betrifft sowohl die Erforderlichkeit einer Zustimmung zur Namenserteilung als auch deren Ersetzbarkeit.[462] Art. 23 EGBGB erfasst auch etwaige gerichtliche oder behördliche Genehmigungserfordernisse.[463] Die Rechtswahl nach Art. 10 III EGBGB bedarf als kollisionsrechtlicher Gestaltungsakt keiner Zustimmung oder Genehmigung. Zustimmungs- oder Genehmigungserfordernisse treffen nur die eigentliche Namenserteilung auf der sachrechtlichen Ebene. **136a**

b) Berechtigte. Wahlberechtigt ist der **Sorgeberechtigte**. Dabei handelt es sich um eine gesondert anzuknüpfende Vorfrage.[464] Wer sorgeberechtigt ist, ist über das KSÜ zu ermitteln[465] und nur noch für Altfälle (Rechtswahl vor dem 1.11.2011, dem Datum des Inkrafttretens des KSÜ für die Bundesrepublik Deutsch- **137**

---

451 Dafür *F. Sturm* StAZ 1994, 370 (372); *ders.* FS Lüke 1997, S. 809, 822 f.; Palandt/*Thorn* EGBGB Art. 10 Rn. 18; Erman/*Hohloch* EGBGB Art. 10 Rn. 27.

452 Dafür *Henrich* IPRax 1994, 174 (178); Soergel/*Schurig* EGBGB Art. 10 Rn. 75 f.; Staudinger/*Hausmann* EGBGB Art. 10 Rn. 463; BeckOK BGB/*Mäsch* EGBGB Art. 10 Rn. 57.

453 Soergel/*Schurig* EGBGB Art. 10 Rn. 75 f.; BeckOK BGB/*Mäsch* EGBGB Art. 10 Rn. 57.

454 Staudinger/*Hausmann* EGBGB Art. 10 Rn. 463.

455 S. nur *Hepting/Dutta* Rn. IV-326; *Rauhmeier* StAZ 2016, 187.

456 S. nur BayObLGZ 1997, 167 = StAZ 1997, 275.

457 *F. Sturm* FS Sonnenberger, 2004, S. 711, 721; *ders.* StAZ 2005, 253 (259); *Wall* StAZ 2018, 206 (208).

458 *Wall* StAZ 2018, 206 (208).

459 *Wall* StAZ 2018, 206 (209) mit Beispielen 211 f.

460 LG Berlin StAZ 2000, 217 (218); *Henrich* StAZ 1996, 129 (133); *Hepting* StAZ 1998, 133 (137); MüKoBGB/*Birk*, 5. Aufl., EGBGB Art. 10 Rn. 103, 108; BeckOK BGB/*Mäsch* EGBGB Art. 10 Rn. 60.

461 OLG Köln StAZ 2013, 319 (320); AG Rottweil StAZ 2006, 144.

462 OLG Köln StAZ 2013, 319 (320).

463 OLG Köln StAZ 2013, 319 (320).

464 *Wall* StAZ 2012, 185 (186).

465 OLG Köln StAZ 2013, 319.

land)[466] über Art. 21 EGBGB.[467] Art. 16 KSÜ knüpft – wie Art. 21 EGBGB, so dass sich keine wesentliche Unterschiede ergeben – die Sorgeberechtigung an den gewöhnlichen Aufenthalt des betroffenen Kindes an.[468] Sind nach dem Personensorgestatut mehrere Personen sorgeberechtigt, so entscheidet das Personensorgestatut auch darüber, ob diese Personen immer gemeinsam handeln müssen, ob Zusammenwirken ausreicht oder ob gar die Personensorge jeweils von jedem Sorgeberechtigten allein wahrgenommen werden kann.[469] Bloße Elternschaft reicht unter deutschem Recht nicht aus.[470] Stellt das Personensorgestatut auf Elternschaft oder Abstammung ab, so ist diese Elternschaft oder Abstammung als weitere Vorfrage wiederum selbstständig anzuknüpfen, diesmal über Art. 19 EGBGB.[471] Wenn eine gerichtliche Entscheidung über die Sorgeberechtigung vorliegt, so ist diese maßgeblich, im Fall einer ausländischen Entscheidung mittels inländischer Anerkennung über die Brüssel IIa-VO oder über §§ 108; 109 FamFG.[472] Eine solche Entscheidung gibt dann für Person, Zahl und Art der Sorgeberechtigung maß, insbesondere auch für eine gemeinsame Sorgeberechtigung geschiedener Eltern. Ist dagegen nach dem Sorgerechtsstatut nur eine Person sorgeberechtigt, so kann diese Person die Rechtswahl treffen, ohne dass andere zustimmen müssten.[473]

138   Die Rechtswahlberechtigung ist nicht dergestalt beschränkt, dass ein zeitlicher Zusammenhang mit einer tatsächlichen Änderung der Anknüpfungsverhältnisse verlangt wäre.[474] Einer besonderen sachlichen Rechtfertigung im konkreten Einzelfall bedarf sie nicht.[475]

139   Ebenso wenig ist die Rechtswahlbefugnis auf Sachverhalte beschränkt, die einen Bezug zu Deutschland aufweisen.[476] Gesetzlicher Beleg dafür ist § 31 a Abs. 2 S. 3 PStG: Die örtliche Zuständigkeit des Standesbeamten für die Entgegennahme der Rechtswahlerklärung setzt weder einen Aufenthalt oder eine Geburt in Deutschland noch die deutsche Staatsangehörigkeit eines Beteiligten noch ein in Deutschland geführtes Familienbuch voraus.[477] Umgekehrt ist auch jede Beschränkung dergestalt, dass nur Nicht-Deutschen die Wahl gestattet würde, entfallen.[478]

139a   Dagegen soll die Rechtswahlbefugnis aus Abs. 3 bei deutsch-ausländischen Doppelstaatern sachlich nicht für öffentlich-rechtliche Namensänderungen gelten.[479] Aus § 1 NamÄndG wird in diese Fällen eine ausschließliche internationale Zuständigkeit deutscher Behörden für eine öffentlich-rechtliche Namensänderung abgeleitet,[480] parallel dem Wertungsgedanken des Art. 5 Abs. 1 S. 2 EGBGB. Diese ausschließliche Zuständigkeit soll eine Rechtswahl nicht ausschalten können.[481] § 1 NamÄndG folgt dem Grundsatz, dass sich jeder Staat des Eingriffs in die Personalhoheit eines anderen Staats zu enthalten hat.[482]

140   **c) Kreis wählbarer Rechtsordnungen.** Abs. 3 gestattet keine freie Rechtswahl (die erlauben würde, jedes Recht der Erde zu wählen), sondern nur eine beschränkte Rechtswahl. Der Sorgeberechtigte darf nur aus dem Kreis jener Rechte auswählen, die in S. 1 Nr. 1–3 zur Auswahl gestellt werden. Die einzelnen Rechtswahltatbestände sind untereinander disjunktiv. Es reicht aus, wenn einer von ihnen gegeben ist. Maßgeblicher Zeitpunkt für das Vorliegen der erforderlichen Anknüpfungstatsachen ist der Zeitpunkt, zu welchem das Wahlrecht ausgeübt wird, nicht der Zeitpunkt der Kindesgeburt.[483] Beschränkungen gerade aus einem deutschen Personalstatut des Kindes herzuleiten, etwa dass kein Recht gewählt werden dürfte, welches keine Vor- und Familiennamen kennt,[484] ist keine in dieser Gestalt tragfähige Begründung. Von welchem Personalstatut durch die Rechtswahl abgewichen wird, spielt keine Rolle. Beachtlich ist allerdings, dass Abs. 3 Nr. 1 seinen Anknüpfungsgegenstand auf Familiennamen vornimmt.[485] Eine allerletzte Grenze – zudem nur gegenüber den Ergebnissen, nicht gegenüber der Wahl als solcher – vermöchte erst der deutsche ordre public zu ziehen.[486]

141   **aa) Heimatrecht eines Elternteils.** Nach Abs. 3 S. 1 Nr. 1 kann das **Heimatrecht jedes Elternteils** gewählt werden. Wer Elternteil ist, ist eine Erstfrage. Insbesondere setzt die Wahl des Vaterrechts voraus,

---

466 BGBl. 2010 II 1527.
467 S. nur OLG Düsseldorf FamRZ 1999, 328 (329); OLG Köln StAZ 2013, 319; *Henrich*GS Lüderitz 2000, S. 273, 279; BeckOK BGB/*Mäsch* EGBGB Art. 10 Rn. 63; *Hochwald* StAZ 2009, 381 (383); PWW/*Mörsdorf-Schulte* EGBGB Art. 10 Rn. 14; *Hepting* Rn. IV-344; *Wall* StAZ 2012, 185 (186).
468 OLG Köln StAZ 2013, 319.
469 BeckOK BGB/*Mäsch* EGBGB Art. 10 Rn. 63; siehe auch OLG Köln StAZ 2013, 319 (320).
470 S. nur LG Flensburg FamRZ 1996, 1500.
471 OLG Köln StAZ 2013, 319; OLG Karlsruhe StAZ 2015, 19 (20).
472 *Hepting* Rn. IV-344.
473 *Krömer* StAZ 2011, 157 (158).
474 So aber *Hepting* StAZ 1998, 133 (140 f.)
475 BeckOK BGB/*Mäsch* EGBGB Art. 10 Rn. 62.

476 BeckOK BGB/*Mäsch* EGBGB Art. 10 Rn. 64; Palandt/*Thorn* EGBGB Art. 10 Rn. 20; aA *Hepting* StAZ 1998, 133 (141).
477 BeckOK BGB/*Mäsch* EGBGB Art. 10 Rn. 64.
478 *Henrich* IPRax 1994, 174 (176).
479 *Wall* StAZ 2012, 185 (187).
480 OLG Hamm StAZ 1999, 40 (41); *Gaaz* StAZ 1994, 386 (388); Staudinger/*Hausmann* EGBGB Art. 10 Rn. 80.
481 *Wall* StAZ 2012, 185 (187).
482 OVG Hamburg StAZ 1985, 45; VGH Mannheim StAZ 2014, 276 (277).
483 BeckOK BGB/*Mäsch* EGBGB Art. 10 Rn. 68.
484 So *Krömer* StAZ 2006, 152; *Hochwald* StAZ 2009, 49 (51).
485 EGBGB Art. 10 Rn. 158 mwN.
486 Vgl. *Krömer* StAZ 2006, 152 (153).

dass die Vaterschaft rechtlich feststeht.[487] Erkennt der Vater nach dem einschlägigen Anerkennungsstatut die Vaterschaft schon vor der Geburt wirksam an, so ist eine pränatale Rechtswahl möglich.[488]

Der Elternteil, welcher dem Staat des gewählten Rechts angehört, muss nicht sorgeberechtigt sein. Es kann **142** sich auch um einen nicht sorgeberechtigten Elternteil handeln. Wählbar ist bei Mehrstaatern jedes Heimatrecht, auch ein nicht effektives; Art. 5 Abs. 1 gilt hier ausdrücklich nicht.

Eine deutsche Staatsangehörigkeit des Elternteils oder des Kindes hindert nicht, dass eine ausländische **143** Staatsangehörigkeit desselben oder des anderen Elternteils gewählt werden könnte.[489] Auch Art. 5 Abs. 1 S. 2 gilt eben nicht.[490] Sind beide Eltern Deutsche, so ist es unerheblich, ob das Kind eine ausländische Staatsangehörigkeit hat,[491] da Abs. 3 S. 1 Nr. 1 nur auf die Heimatrechte der Eltern abstellt. Typischerweise besitzt das Kind dieselbe Staatsangehörigkeit wie zumindest einer seiner Elternteile, aber es ist möglich, dass das Kind namentlich wegen Geburt in einem Staat, welcher seine Staatsangehörigkeit nach der Geburt in seinem Gebiet verleiht und dem keiner der Elternteile angehört, eine Staatsangehörigkeit hat, die keiner seiner Elternteile besitzt.[492] Mit Abs. 3 S. 1 Nr. 1 ist es möglich, auf Doppelstaatigkeit beim Kind oder bei einem Elternteil namensrechtlich zu reagieren; dies genügt auch den aus dem Unionsrecht abzuleitenden Anforderungen für die Zulässigkeit von Doppelnamen bei Kindern.[493] Die Möglichkeit der Rechtswahl verhindert, dass Diskriminierungsvorwürfe durchschlagen können.[494]

Art. 5 Abs. 2 und Art. 12 Genfer FlüchtlingsKonv. sind dagegen nicht ausgeschlossen. Bei **Flüchtlingen** **144** tritt also an die Stelle der Staatsangehörigkeit der gewöhnliche Aufenthalt.[495] Gleiches gilt erst recht für **Staatenlose**. Das Aufenthaltsrecht ist hier als Recht des Personalstatuts an Stelle des Heimatrechts wählbar.

bb) Deutsches Aufenthaltsrecht eines Elternteils. Zweite Wahlmöglichkeit ist deutsches Recht, wenn **145** ein Elternteil seinen gewöhnlichen Aufenthalt[496] in Deutschland hat. Wo das Kind oder der andere Elternteil seinen gewöhnlichen Aufenthalt hat, ist ohne Bedeutung.[497] Natürlich schadet es nicht, wenn beide Elternteile ihren gewöhnlichen Aufenthalt in Deutschland haben.[498] Der inländische Aufenthalt des einen Elternteils reicht aber vollkommen aus. Dagegen ist unerheblich, ob der betreffende Elternteil im Inland seinen oder auch nur einen Wohnsitz hat.

Abs. 3 S. 1 Nr. 2 erlaubt nur die Wahl eines deutschen Umweltrechts, nicht dagegen die **Wahl eines auslän-** **146** **dischen Umweltrechts**. Der Wortlaut der Norm ist eindeutig und wird durch den Umkehrschluss aus dem allseitig gefassten Abs. 3 S. 1 Nr. 1 untermauert. Gewollt ist die Möglichkeit zur Anpassung an eine deutsche Umwelt. Die Anpassung an die inländische Namensführung zu regeln, ist der deutsche Gesetzgeber befugt.[499] Die Wahl eines ausländischen Umweltrechts dagegen würde, da zugleich ein ausländischer Rechtsverkehr wesentlich betroffen wäre, die Gefahr einer hinkenden Rechtswahl, die von dem betreffenden ausländischen Staat nicht anerkannt würde, erhöhen.[500] Freilich würde dies wiederum nicht gelten, wenn jenes Umweltrecht seine eigene Wahl gestattete. Ein allseitiger Ausbau des Abs. 3 S. 1 Nr. 2 im Wege der **Analogie** müsste trotzdem die Hürde überwinden, dass es an einer planwidrigen Regelungslücke fehlen dürfte.[501]

cc) Heimatrecht eines Namenserteilenden. Abs. 3 S. 1 Nr. 3 erlaubt die Wahl des Heimatrechts einer **147** Person, welche dem Kind den Namen erteilt. Gedacht ist insbesondere an die **Einbenennung** nach Art des § 1618 BGB mit Übernahme des Namens des Stiefelternteils. Ausnahmsweise sind hier kollisionsrechtliche Rechtswahl und sachrechtliches Ergebnis so eng miteinander verkoppelt, dass die Rechtswahl nur zuzulassen ist, wenn sie tatsächlich zu dem angestrebten sachrechtlichen Ergebnis (Namensangleichung mit dem Stiefelternteil) führt.[502] Im Gesetzeswortlaut kann man dies an der Namenserteilung (!) als Tatbestandsmerkmal festmachen.

Art. 5 Abs. 1 findet keine Anwendung.[503] Wählbar ist also auch ein nicht-effektives Heimatrecht des **148** Namenserteilenden.

Für Abs. 3 S. 1 Nr. 3 muss der **Sorgeberechtigte** nicht zugleich Namenserteilender sein. Dies ist wichtig, **149** denn es erlaubt für den Kindesnamen bei unverheirateten Eltern der sorgeberechtigten Mutter, das Heimat-

---

487 Staudinger/Hausmann EGBGB Art. 10 Rn. 425.
488 Soergel/*Schurig* EGBGB Art. 10 Rn. 80; Staudinger/ *Hepting* (2007) EGBGB Art. 10 Rn. 425.
489 Staudinger/*Hepting* (2007) EGBGB Art. 10 Rn. 422; Palandt/*Thorn* EGBGB Art. 10 Rn. 21.
490 Soergel/*Schurig* EGBGB Art. 10 Rn. 75 a.
491 BayObLG FamRZ 2000, 55 (56).
492 *Henrich*FS Heldrich 2005, S. 667, 672.
493 *Henrich*FS Heldrich 2005, S. 667, 671 f.
494 *Henrich*FS Heldrich 2005, S. 667, 673.
495 OLG Nürnberg StAZ 2017, 49 (50) = FGPrax 2016, 167 (168); BeckOK BGB/*Mäsch* EGBGB Art. 10 Rn. 67.

496 Zum Begriff s. Art. 5 EGBGB Rn. 16.
497 Staudinger/*Hepting* (2007) EGBGB Art. 10 Rn. 423.
498 Siehe *Krömer* StAZ 2014, 28 (30).
499 Staudinger/*Hepting* (2007) EGBGB Art. 10 Rn. 424.
500 Staudinger/*Hepting* (2007) EGBGB Art. 10 Rn. 424.
501 Vgl. Soergel/*Schurig* EGBGB Art. 10 Rn. 68.
502 Soergel/*Schurig* EGBGB Art. 10 Rn. 78; BeckOK BGB/*Mäsch* EGBGB Art. 10 Rn. 67.
503 *Looschelders,* IPR, Art. 10 Rn. 63; Palandt/*Thorn* EGBGB Art. 10 Rn. 22.

recht eines späteren Ehemanns (der nicht der Vater ist) wählen und den Namen von diesem erteilen zu lassen.[504]

150 **d) Ausübung.** Der Sorgeberechtigte übt seine Rechtswahlbefugnis durch einseitige **Gestaltungserklärung** aus. Des Konsenses mit dem Kind bedarf er nicht. Entsprechendes gilt bei gemeinsam Sorgeberechtigten, welche die ihnen gemeinsam verliehene Gestaltungsmacht ausüben. Die rechtsgeschäftliche Wirksamkeit der Ausübung regiert analog Art. 3 Abs. 5 iVm Art. 10 Abs. 1 Rom I-VO das in der Rechtswahlerklärung bezeichnete Recht.

150a Die Rechtswahlerklärung ist vor einer zuständigen Personenstandsbehörde abzugeben. Bei einer nachträglichen Rechtswahl kann dies auch eine ausländische Personenstandsbehörde sein.[505]

151 **2. Zeitpunkt der Rechtswahl.** Die Rechtswahlbefugnis nach Abs. 3 ist **nicht fristgebunden**.[506] Mangels ausdrücklich normierter Ausschlussfrist ist eine Rechtswahl daher jederzeit und auch in zeitlichem Abstand von dem letzten namensrechtlich relevanten Ereignis oder dem Erlangen der Sorgebefugnis möglich.[507] Eine Analogie zu § 1617 b Abs. 1 BGB oder zu Art. 10 Abs. 3 S. 2; Abs. 4 S. 2 aF[508] ist mangels planwidriger Regelungslücke abzulehnen.[509] Die Rechtswahl ist insbesondere noch nach der Geburt des Kindes möglich.[510]

152 Das **Ende der Sorgebefugnis** markiert auch das Ende der Rechtswahlbefugnis. Wird der Sorgeunterworfene nach seinem über Art. 7 Abs. 1 zu bestimmenden Personalstatut volljährig und entfällt nach diesem Recht die Sorge, so erlischt auch die Rechtswahlbefugnis.[511] Wann Volljährigkeit eintritt, ist als Teilfrage selbstständig über Art. 7 EGBGB anzuknüpfen.[512]

153 Die einmalige Ausübung verbraucht die Befugnis zur erneuten Rechtswahl nicht. Eine einmal getroffene Rechtswahl ist nicht unveränderlich und ein für alle Mal bindend.[513] Vielmehr entspricht es den allgemeinen Grundsätzen der Parteiautonomie, dass die Rechtswahlbefugnis auch nach ihrer ersten (und jeder späteren) Ausübung fortbesteht. Eine mehrmalige Rechtswahl ist unter Art. 10 Abs. 3 ohne Weiteres möglich.[514] Jede neue abändernde Rechtswahl führt dann zu einem neuen Statutenwechsel.[515]

153a Keine neue Rechtswahl ist jedenfalls eine neue Namenswahl nach Statutenwechsel.[516] Der Statutenwechsel verändert die Grundlage für die einstige Rechtswahl (auch wenn er sie nicht rückwirkend entfallen lassen kann)[517] und eröffnet neue Möglichkeiten.[518]

154 **3. Form der Rechtswahl.** Nach Abs. 3 S. 2 bedürfen **nach der Geburt bzw. erstmaligen Registrierung abgegebene Erklärungen** einschließlich der Rechtswahlerklärung der öffentlichen Beglaubigung. Insoweit besteht eine Sachregelung im IPR. Der Gesetzgeber hat für die **öffentliche Beglaubigung** die Charakteristika der inländischen öffentlichen Beglaubigung gem. § 129 BGB vor Augen, beschränkt Abs. 3 S. 2 aber nicht auf die im Inland abgegebene Rechtswahlerklärung. Bei Abgabe der Rechtswahlerklärung im Ausland ist daher nach Möglichkeiten der Substitution durch funktionsäquivalente ausländische Erscheinungen zu suchen. Die Alternativanknüpfung der Form nach Art. 11 gilt jedenfalls nicht.

155 Für die Form einer bereits **vor oder bei der Geburt bzw. der erstmaligen Registrierung vorgenommenen Rechtswahl** enthält Abs. 3 S. 2 keine direkte Regelung. Zwei Alternativen stehen zur Auswahl: entweder Abs. 3 S. 2 analog anzuwenden[519] oder dieselben formellen Anforderungen zu stellen, wie sie für eine materiellrechtliche Namenswahl bei der Geburt nach deutschem Recht bestehen, dh eine einfache formlose

504 S. *Henrich*GS Lüderitz 2000, S. 273, 282.

505 Staudinger/*Hausmann* EGBGB Art. 10 Rn. 385, 406; *Wall* StAZ 2014, 294 (296); Palandt/*Thorn* EGBGB Art. 10 Rn. 21.

506 S. nur LG Berlin StAZ 2003, 172 (173); Palandt/*Thorn* EGBGB Art. 10 Rn. 21; *Hepting* Rn. IV-335.

507 LG Berlin StAZ 2003, 172 (173); *Jauß* StAZ 2005, 266.

508 Dafür Staudinger/*Hepting* (2007) EGBGB Art. 10 Rn. 430 sowie *Hepting* Rn. IV-335.

509 LG Berlin StAZ 2003, 172 (173).

510 *Hepting* Rn. IV-332 f., V-618; *Wall* StAZ 2012, 185 (186).

511 BeckOK BGB/*Mäsch* EGBGB Art. 10 Rn. 62; Staudinger/*Hausmann* EGBGB Art. 10 Rn. 376 f., 401; *Wall* StAZ 2014, 294 (296).

512 Staudinger/*Hausmann* EGBGB Art. 10 Rn. 377; *Wall* StAZ 2014, 294 (296).

513 AA OLG Frankfurt StAZ 2013, 352 (353); MüKo-BGB/*Birk* EGBGB Art. 10 Rn. 78; Palandt/*Thorn*

EGBGB Art. 10 Rn. 22. Vgl. auch OLG Celle StAZ 2014, 274 (275): ausnahmsweise neue Rechtswahl, weil Geschwister unterschiedlicher Namensgebung unterliegen und diese bereits in Geburtenregister eingetragen mit der Folge unterschiedlicher Familiennamen.

514 S. nur *Kraus* StAZ 2006, 81; *Kampe* StAZ 2007, 125 (126); *Hochwald* StAZ 2009, 49 (51). Kritisch *Krömer* StAZ 1999, 46.

515 S. nur *Kraus* StAZ 2006, 81; *Hochwald* StAZ 2009, 49 (51).

516 OLG Frankfurt StAZ 2013, 352 (353).

517 Insoweit unzutreffend OLG Frankfurt StAZ 2013, 352 (354).

518 OLG Frankfurt StAZ 2013, 352 (354). AA MüKo-BGB/*Birk* EGBGB Art. 10 Rn. 84; *Hepting* Rn. III-681.

519 Dafür *Hepting* StAZ 1998, 133 (138).

Erklärung gegenüber dem Standesbeamten genügen zu lassen.[520] Liberaler ist der zweite, methodisch vorzugswürdig der erste Ansatz. Er trennt zwischen Rechts- und Namenswahl, und er führt den Gedanken der spezifisch kollisionsrechtlichen Regelung weiter. Wenn man dem zweiten Ansatz folgt, ist eine persönliche Erklärung vor dem Geburtsstandesbeamten entsprechend § 17 Abs. 2 PStG zu verlangen.[521]

Keine eigentliche Formfrage ist die **Empfangsbedürftigkeit** der Rechtswahlerklärung.[522] Vielmehr gehört sie zu den rechtsgeschäftlichen Wirksamkeitsvoraussetzungen.[523] Amtsempfangsbedürftigkeit zur materiellen Voraussetzung analog § 130 Abs. 1 BGB (also deutschem Sachrecht) zu erheben,[524] denkt zu einseitig von der Inlandsgestaltung her und verträgt sich nicht mit der richtigen Anwendung von Art. 3 Abs. 5 iVm Art. 10 Abs. 1 Rom I-VO analog auf die materiellen Aspekte der Rechtswahl. **156**

Soweit nach dem gewählten Recht **Amtsempfangsbedürftigkeit** besteht, besteht in Deutschland Empfangszuständigkeit nach § 31a Abs. 2 PStG. Eine teleologische Reduktion des § 31a Abs. 2 S. 3 PStG bei Auslandsgeburt eines ausländischen Kindes[525] ist abzulehnen, wenn man richtigerweise keinen Inlandsbezug für die Rechtswahl fordert. **157**

4. Wirkung der Rechtswahl. Eine Rechtswahl nach Abs. 3 betrifft nach dem klaren Wortlaut des Gesetzes **nur den Familiennamen**, nicht aber den Vornamen des Kindes.[526] Richtigerweise sind den Familiennamen hier auch die Vater- und Zwischennamen zuzuordnen, die ein Abstammungsverhältnis ausdrücken, selbst wenn sie als persönliche Namen nicht an folgende Generationen weitergegeben werden.[527] Kennt ein Recht aber keinen Familiennamen selbst in diesem erweiterten Sinn, so kommt die Wahl dieses Rechts unter Abs. 3 Nr. 1 nicht in Betracht, und eine entsprechende Wahl ist nicht statthaft.[528] Dies trifft insbesondere Rechte, die nur Eigennamen kennen.[529] **158**

Die Rechtswahlwirkung ist indes auf **Zwischennamen mit familiennamenähnlicher Funktion** auszudehnen,[530] um zB zu verhindern, dass Geschwister verschiedene Namen führen, weil einem von ihnen im Gegensatz zu den anderen versagt wird, den Eigennamen des Vaters als weiteren Namen zu führen.[531] **159**

Eine Rechtswahl entfaltet nur **Wirkung ex nunc**.[532] Rückwirkung entfaltet sie dagegen grundsätzlich nicht. Eine in zeitlichem Abstand von der Geburt und nach der Beurkundung der Geburt vorgenommene Rechtswahl bewirkt daher nur eine Änderung des Namens, beeinflusst aber nicht den Erwerb des ursprünglichen Geburtsnamens. Soweit die Rechtswahl Einfluss auf den Geburtsnamen haben soll, muss sie spätestens zeitgleich mit der Beurkundung der Geburt vorgenommen werden.[533] Dann entfaltet die Rechtswahl Rückwirkung auf den Zeitpunkt der Geburt.[534] Auf der sachrechtlichen Ebene entscheidet das gewählte Recht über eine etwaige Rückwirkung bei der Namensführung.[535] **160**

5. Mehrheit von Kindern. Haben Eltern **mehrere Kinder**, so kann für den Namen jedes einzelnen Kindes eine **eigene Rechtswahl** getroffen werden,[536] und die personelle Rechtsweite einer Rechtswahl ist für jedes **161**

520 Dafür BeckOK BGB/*Mäsch* EGBGB Art. 10 Rn. 71 sowie BayObLG StAZ 1997, 174 (175); Palandt/ *Thorn* EGBGB Art. 10 Rn. 21.
521 *Wachsmann* StAZ 1999, 339; Staudinger/*Hepting* (2007) EGBGB Art. 10 Rn. 438.
522 S. BGH FamRZ 2016, 1747 (1749); OLG Schleswig FamRZ 2015, 1328 (1329); *Prinz v. Sachsen Gessaphe* FamRZ 2016, 1750 (1751).
523 *Andrae/Ising* IPRax 2018, 382 (385).
524 So Staudinger/*Hepting* (2007) EGBGB Art. 10 Rn. 439.
525 So Staudinger/*Hepting* (2007) EGBGB Art. 10 Rn. 439.
526 BayObLG StAZ 2000, 235 (236); OLG Stuttgart StAZ 2010, 263 (264); OLG Köln FGPrax 2015, 262; LG Karlsruhe StAZ 2001, 111; *Krömer* StAZ 2006, 152 (153).
     Anderer Ansicht AG Tübingen StAZ 2001, 113; *Henrich* in Vorträge zur Fachtagung des Fachverbandes der bayerischen Standesbeamten eV, München 27. Bis 29. April 1998, S. 31, 44; *ders.*Henrich/ Wagenitz/Bornhofen, Deutsches Namensrecht, 2004 ff., C Rn. 247; *Rauhmeier* StAZ 2016, 187 (wegen internationaler Entscheidungsharmonie und Verhinderung eines „imaginären Drittrechts", dass beim Vornamen ein Ergebnis eintritt, das weder das deutsche noch das gewählte Recht vollumfänglich trügen); *Weber* NZFam 2018, 682 (683).

527 OLG Stuttgart StAZ 2010, 263 (264); KG FamRZ 2018, 1000 (1001) (in unionsrechtskonformer Auslegung des Abs. 3); *Henrich* GS Lüderitz 2000, S. 273, 276 f.; *Wachsmann* StAZ 2000, 220 sowie *Kubitz* StAZ 1997, 244; **aA** AG München StAZ 1992, 313.
528 *Hepting* StAZ 2001, 257 (259) Fn. 23; *Krömer* StAZ 2006, 152 (153); Staudinger/*Hepting* (2007) EGBGB Art. 10 Rn. 424 sowie OLG Stuttgart StAZ 2010, 263 (264).
529 BGH StAZ 2018, 280; *Hepting* StAZ 2001, 257 (259) Fn. 23; *Krömer* StAZ 2006, 152 (153); *ders.* StAZ 2015, 251 sowie OLG Stuttgart StAZ 2010, 265; LG Frankfurt/Main StAZ 2003, 113. Anders AG Kleve StAZ 2013, 290; *Weber* NZFam 2018, 682 f.
530 BGH StAZ 2018, 280.
531 AG Tübingen StAZ 2001, 112.
532 S. nur OLG Nürnberg FGPrax 2016, 167 (168); *Jauß* StAZ 2001, 338 (339).
533 Staudinger/*Hepting* (2007) EGBGB Art. 10 Rn. 429.
534 Staudinger/*Hepting* (2007) EGBGB Art. 10 Rn. 442.
535 OLG Hamm StAZ 2011, 242 (243).
536 *Henrich* StAZ 1996, 129 (134); Soergel/*Schurig* EGBGB Art. 10 Rn. 75 b; BeckOK BGB/*Mäsch* EGBGB Art. 10 Rn. 73; Palandt/*Thorn* EGBGB Art. 10 Rn. 23.

Kind gesondert festzustellen.[537] Im deutschen IPR gibt es kein Pendant zu § 1617 Abs. 1 S. 3 BGB, demzufolge nur eine einheitliche Rechtswahl für alle Kinder gestattet wäre.[538] Vielmehr sind insoweit legitime Anpassungsinteressen anzuerkennen, namentlich bei Staatsangehörigkeits- oder Aufenthaltswechsel der Eltern oder eines Elternteils. Andererseits gibt es keine Beschränkung des Abs. 3 hinsichtlich nachgeborener Kinder auf Fälle, in denen sich die Anknüpfungsbedingungen geändert hätten.[539]

162   **Unterschiedliche Namensstatute** für mehrere Kinder bedingen nicht automatisch unterschiedliche Namen. Ist etwa deutsches Recht Namensstatut für das zweite Kind (sei es über Abs. 1, sei es kraft Rechtswahl nach Abs. 3), so ist auf der sachrechtlichen Ebene § 1617 Abs. 1 S. 3 BGB zu beachten: Der Name des zweiten Kindes ist **materiellrechtlich präjudiziert** durch den Namen des ersten Kindes, gleich unter welchem Recht der Name des ersten Kindes gebildet wird.[540]

IV. Überlagerung durch Unionsrecht

163   Art. 10 wird in erheblichem Umfang durch europäisches Unionsrecht überlagert und verdrängt. Aus der Unionsbürgerschaft aus Art. 20 AEUV (ex-Art. 17 EGV) und der **Freizügigkeit** von Unionsbürgern aus Art. 21 AEUV (ex-Art. 18 EGV) folgert der EuGH, dass diejenigen Namen anzuerkennen sind, die Unionsbürger in amtliche Register anderer Mitgliedstaaten haben eintragen lassen.[541] Die Freizügigkeit wäre nicht effektiv und würde behindert, wenn keine Anerkennung registrierter Namen stattfände und sich in der Folge praktisch mit Grenzübertritt der zu führende Name einer Person ändere.[542] Betroffen ist die psychologische, personale, familiäre und unter Umständen sogar kulturelle Identität der Person.[543] Aus einer hinkenden Namensführung erwüchsen zwangsläufig Nachteile, sobald es im täglichen Leben darum gehe, die Identität im öffentlichen oder im privaten Bereich nachzuweisen.[544] Die Namensführung hinterlässt vielfältige förmliche Spuren im öffentlichen wie im privaten Bereich, z.B. bei Fahrerlaubnis, Sozialversicherungskonten, Handelsregistereintragungen, Bankverbindungen, Versicherungs-, Arbeits- oder Mietverhältnissen.[545]

Unter Umständen können durch Nachweisnotwendigkeiten sogar Nachweise der Verwandtschaftsverhältnisse gefährdet sein[546] (wobei allerdings für Kindesnamen ein gegenläufiges Interesse am Schutz des Kindes gegen die Lächerlichkeit preisgebende Namen abzuwägen ist).[547] Eine Namensspaltung betrifft die Persönlichkeitsrechte des Betroffenen[548] und kann ihn in seinem privaten und geschäftlichen Verkehr erheblich beeinträchtigen,[549] da er je nachdem, wo er sich aufhält, einen anderen Namen führen müsste.[550] Jede Iden-

---

537   *Homeyer* StAZ 2004, 180.

538   *Homeyer* StAZ 2004, 180.

539   So aber *Hepting* StAZ 1998, 133 (139).

540   *Henrich* StAZ 1996, 129 (134); BeckOK BGB/*Mäsch* EGBGB Art. 10 Rn. 73; vgl. aber auch *Rauhmeier* StAZ 2010, 170 (171).

541   Schon auf nationale Rechtsvorschriften zurückgehende unterschiedliche Schreibweisen des Ehenamens von Ehepartnern, die es erschweren, das Ehepaar als solches zu erkennen, können stören; EuGH 12.5.2011 – Rs. C-391/09, Slg 2011, I-3787 Rn. 74–77 – Malgožata Runevič-Vardyn u. Łukasz Paweł Wardyn/Vilniaus miesto savivaldybės administracija.

542   Ebenso zB *Kroll* ZvglRWiss 107 (2008), 320, 324 f.; *Honorati* (a cura di), Diritto al nome e all'identità personale nell'ordinamento europeo, Milano 2010, S. 3, 12 f.; *Marino* ERPL 2017, 1009, 1011.

543   *Blázzquez Rodríguez* Cuad. Der. Trans. 9 (2) (2017), 106,116.

544   EuGH v.14.10.2008 – Rs. C-353/06, Slg 2008, I-7639 Rn. 23–27 – Verfahren auf Antrag von Stefan Grunkin und Dorothee Regina Paul; EuGH 22.12.2010 – Rs. C-208/09, Slg 2010, I-13693 Rn. 61, 66 – Ilonka Sayn-Wittgenstein/Landeshauptmann von Wien; EuGH 12.5.2011 – Rs. C-391/09, Slg 2011, I-3787 Rn. 73–76 – Malgožata Runevič-Vardyn u. Łukasz Paweł Wardyn/Vilniaus miesto savivaldybės administracija; EuGH 2.6.2016 – Rs. C-438/14, ECLI:EU:C:2016:401 Rn. 37 f., 45 f. –

Peter Nabiel Bogendorff v. Woltersdorff/Standesamt der Stadt Karlsruhe u. Zentraler Juristischer Dienst der Stadt Karlsruhe; GAin *Sharpston,* Schlussanträge in der Rs. C-353/06 v. 24.4.2008, Slg 2008, I-7641 Nr. 78; BGH FamRZ 2019, 218 Rn. 36 mAnm *Dutta.*

545   EuGH 22.12.2010 – Rs. C-208/09, Slg 2010, I-13693 Rn. 62 f. – Ilonka Sayn-Wittgenstein/Landeshauptmann von Wien; BGH FamRZ 2019, 967 Rn. 32 m. Anm. *Wall*; *Kroll-Ludwigs* NJW 2019. 2277 (2278).

546   EuGH 2.6.2016 – Rs. C-438/14, ECLI:EU:C:2016:401 Rn. 46 – Peter Nabiel Bogendorff v. Woltersdorff/Standesamt der Stadt Karlsruhe u. Zentraler Juristischer Dienst der Stadt Karlsruhe; EuGH 8.6.2017 – Rs. C-541/15, ECLI:EU:C:2017:432 Rn. 37 – Mircea Florian Freitag; GA *Wathelet,* Schlussanträge in der Rs. C-438/14 v. 14.1.2016, ECLI:EU:C:2016:11 Nr. 68.

547   *Rass-Masson,* Rev. crit. dr. int. pr. 2017, 278, 288.

548   GA *Jacobs,* Schlussanträge in der Rs. C-96/04 v. 30.6.2005, Slg 2006, I-3563 Nr. 55.

549   Teilweise drastische Beispiele bei *F. Sturm* StAZ 2009, 237 (239).

550   EuGH 2.10.2003 – Rs. C-148/02, Slg 2003, I-11613 Rn. 36 – Carlos Garcia Avello/Belgischer Staat; EuGH 14.10.2008 – Rs. C-353/06, Slg 2008, I-7639 Rn. 23 – Verfahren auf Antrag von Stefan Grunkin und Dorothee Regina Paul; *Lipp* StAZ 2009, 1 (5); *Kampe* StAZ 2009, 281 (282).

titätsangabe würde neue Identifizierungsnöte aufwerfen[551] und Verwechslungsgefahr begründen.[552] Divergente Identifizierungen durch Identitätsnachweise und amtliche Dokumente aus verschiedenen Mitgliedstaaten darf es im Prinzip nicht geben.[553] Aufgrund differierender Namensangaben könnte sogar der (unzutreffende) Verdacht von Falschangaben und mangelnder Echtheit der Dokumente entstehen,[554] noch potenziert durch grenzüberschreitende Zusammenarbeit in Strafsachen.[555] Eine Nichtanerkennung hätte unter Umständen gar eine menschenrechtliche Dimension mit Blick auf Art. 8 EMRK;[556] dies hätte wiederum Bedeutung auch für das Unionsrecht, denn die Menschenrechte sind allgemeine Grundsätze des Unionsrechts nach Art. 6 Abs. 2 EUV. Allerdings stimmen die Rechtfertigungstatbestände in ihrer konkreten Anwendung bei Namen inhaltlich sehr weitgehend mit den bei Art. 21 AEUV gültigen überein.[557] Art. 7 GR-Charta schützt als Teil der Identität und des Privatlebens einer Person ebenfalls den Namen.[558]

Dies kommt jedem Unionsbürger zugute. Eine wirtschaftliche Betätigung ist bei der Unionsbürgerschaft **164** und der aus ihr fließenden Freizügigkeit ebenfalls nicht verlangt.[559] Die Unionsbürgerschaft ist „Grundfreiheit ohne Markt".[560] Eine Rechtfertigung für eine Beeinträchtigung der Freizügigkeit[561] sieht der EuGH auch nicht in der Gleichbehandlung eigener Staatsbürger, gleich wo diese geboren werden und gleich wo diese sich aufhalten.[562] Nicht verlangt ist der Nachweis einer konkreten Gefährdung der Freizügigkeit im Einzelfall;[563] vielmehr herrscht ein abstrakter und genereller Maßstab.[564] Sofern Art. 21 AEUV (ex-Art. 18 EGV) eine Erheblichkeitsschwelle überwinden muss, gilt dies aber auch hier.[565] Die Freizügigkeit ist eine

---

551 EuGH 14.10.2008 – Rs. C-353/06, Slg 2008, I-7639 Rn. 25 f. – Verfahren auf Antrag von Stefan Grunkin und Dorothee Regina Paul; EuGH 22.12.2010 – Rs. C-208/09, Slg 2010, I-13693 Rn. 69 – Ilonka Sayn-Wittgenstein/Landeshauptmann von Wien; EuGH 2.6.2016 – Rs. C-438/14, ECLI:EU:C:2016:401 Rn. 45 – Peter Nabiel Bogendorff v. Woltersdorff/Standesamt der Stadt Karlsruhe u. Zentraler Juristischer Dienst der Stadt Karlsruhe; EuGH 8.6.2017 – Rs. C-541/15, ECLI:EU:C:2017:432 Rn. 37 f. – Mircea Florian Freitag; GAin *Sharpston,* Schlussanträge in der Rs. C-208/09 v. 14.10.2010, Slg 2010, I-13696 Nr. 13 sowie EuGH 12.5.2011 – Rs. C-391/09, Slg 2011, I-3787 Rn. 73 f. – Malgožata Runevič-Vardyn u. Łukasz Paweł Wardyn/Vilniaus miesto savivaldybės administracija.
552 EuGH 2.6.2016 – Rs. C-438/14, ECLI:EU:C:2016:401 Rn. 37 – Nabiel Peter Bogendorff v. Woltersdorff/Standesamt der Stadt Karlsruhe und Zentraler Juristischer Dienst der Stadt Karlsruhe; EuGH 8.6.2017 – Rs. C-541/15, ECLI:EU:C:2017:432 Rn. 36 – Mircea Florian Freitag.
553 EuGH 2.6.2016 – Rs. C-438/14, ECLI:EU:C:2016:401 Rn. 45 f. – Peter Nabiel Bogendorff v. Woltersdorff/Standesamt der Stadt Karlsruhe u. Zentraler Juristischer Dienst der Stadt Karlsruhe; EuGH 8.6.2017 – Rs. C-541/15, ECLI:EU:C:2017:432 Rn. 36–39 – Mircea Florian Freitag; GA *Wathelet,* Schlussanträge in der Rs. C-438/14 v. 14.1.2016, ECLI:EU:C:2016:11 Nr. 65 f.; *Wall* StAZ 2011, 203 (204). Vgl. aber *Filler,* NIPR 2018, 725, 729: kein Automatismus.
554 EuGH 14.10.2008 – Rs. C-353/06, Slg 2008, I-7639,Rn. 26, 28 – Verfahren auf Antrag von Stefan Grunkin und Dorothee Regina Paul; EuGH 22.12.2010 – Rs. C-208/09, Slg 2010, I-13693 Rn. 68 – Ilonka Sayn-Wittgenstein/Landeshauptmann von Wien; EuGH 8.6.2017 – Rs. C-541/15, ECLI:EU:C:2017:432 Rn. 38 – Mircea Florian Freitag; GA *Szpunar,* Schlussanträge in der Rs. C-541/15 v. 24.11.2016, ECLI:EU:C:2016:902 Nr. 64; *Kampe* StAZ 2009, 281 (282); *Wall* StAZ 2011, 203 (204).
555 *Rieck* NJW 2009, 125 (128).

556 EuGH 22.12.2010 – Rs. C-208/09, Slg 2010, I-13693 Rn. 52 – Ilonka Sayn-Wittgenstein/Landeshauptmann von Wien unter Hinweis auf EGMR 22.2.1994 – Serie A Nr. 280-B S. 28 § 24 – Burghartz/Schweiz; EGMR 25.11.1994 – Serie A Nr. 299-B S. 60 § 37 – Stjerna/Finnland; GA *Wathelet,* Schlussanträge in der Rs. C-438/14 v. 14.1.2016, ECLI:EU:C:2016:11 Nr. 57 sowie EuGH 12.5.2011 – Rs. C-391/09, Slg 2011, I-3787 Rn. 66 – Malgožata Runevič-Vardyn u. Łukasz Paweł Wardyn/Vilniaus miesto savivaldybės administracija; *Lagarde,* Rev. crit. dr. int. pr. 98 (2009), 86, 90 f. (unter Hinweis auf EGMR 1.7.2008 – no. 44378/05 – Daroczy/Ungarn); *Marino* ERPL 2017, 1009, 1012–1015.
557 *Marino* ERPL 2017, 1009, 1017 f.
558 EuGH 22.12.2010 – Rs. C-208/09, Slg 2010, I-13693 Rn. 52 – Ilonka Sayn-Wittgenstein/Landeshauptmann von Wien; EuGH 2.6.2016 – Rs. C-438/14, ECLI:EU:C:2016:401 Rn. 35 – Peter Nabiel Bogendorff v. Woltersdorff/Standesamt der Stadt Karlsruhe u. Zentraler Juristischer Dienst der Stadt Karlsruhe; GA *Wathelet,* Schlussanträge in der Rs. C-438/14 v. 14.1.2016, ECLI:EU:C:2016:11 Nr. 57; *Janal* GPR 2017, 67 (68); *Marino* ERPL 2017, 1009, 1015 f.
559 S. nur EuGH 22.12.2010 – Rs. C-208/09, Slg 2010, I-13693 Rn. 41 – Ilonka Sayn-Wittgenstein/Landeshauptmann von Wien; *Mörsdorf-Schulte* IPRax 2004, 315 (317); *Lipp* StAZ 2009, 1 (7); *Kroll-Ludwigs* JZ 2009, 153 f.
     Übersehen von MüKoBGB/*Birk*, 5. Aufl., EGBGB Art. 10 Rn. 158.
560 Eingehend *Wollenschläger,* Grundfreiheit ohne Markt, 2007.
561 Näher GAin *Sharpston,* Schlussanträge in der Rs. C-353/06 v. 24.4.2008, Slg 2008, I-7641 Nr. 80–87.
562 EuGH 14.10.2008 – Rs. C-353/06, Slg 2008, I-7639 Rn. 30 f. – Verfahren auf Antrag von Stefan Grunkin und Dorothee Regina Paul. Krit. dazu *Meeusen* ZEuP 2010, 189 (195 f.)
563 *Frank* StAZ 2005, 161 (162).
564 Vgl. auch *Funken* FamRZ 2008, 1091.
565 *Kroll* ZvglRWiss 107 (2008), 320, 331 f. sowie *Mansel* Liber amicorum Kurt Siehr, 2010, S. 291, 301 f. Vgl. auch *Kroll-Ludwigs,* NJW 2019, 2277 (2278).

eigenständige Grundfreiheit. Sie setzt keine Diskriminierung voraus.[566] Eine mögliche Diskriminierung nach Art. 18 AEUV muss hinter Art. 21 Abs. 1 AEUV als dem sedes materiae zurückstehen,[567] obwohl Art. 21 AEUV Namen nirgends explizit erwähnt.[568] Der EuGH hat sich von Garcia Avello und dem dortigen Schwerpunkt beim Diskriminierungsverbot in seiner Folgerechtsprechung abgewandt und gerade bei Einstaatern auf die Freizügigkeit konzentriert.[569]

164a   Eine unionsrechtlich relevante Diskriminierung könnte sowieso nur im Verhältnis zu Angehörigen von EU-Mitgliedstaaten, nicht zu Drittstaaten bestehen.[570] Ein Wahlrecht besteht also auch bei Mehrstaatern nicht zugunsten der Namensführung nach einem drittstaatlichen Heimatrecht.[571] Ergänzende menschenrechtliche Bezüge auf Art. 8 EMRK ändern daran nichts.[572] Deutschrechtlich bietet auch das allgemeine Persönlichkeitsrecht des drittstaatlichen Namensaspiranten aus Art. 2 Abs. 1 iVm Art. 1 Abs. 1 GG keine Grundlage für eine Pflicht zur Anerkennung drittstaatlicher Eintragungen.[573] Das Gleichbehandlungsgebot aus Art. 3 Abs. 1 GG trägt nicht weiter.[574]

165   Hinkende Namensverhältnisse zu vermeiden wird so zu einem Gebot aus der unionsrechtlichen Freizügigkeit.[575] Dies soll auch dann gelten, wenn der Namensträger gar nicht Staatsangehöriger des Registrierungsstaats ist, wenn also der Registrierungsstaat eigentlich gar nicht berufen ist, für den Namensträger Ausweispapiere auszustellen. Entschieden wurde dies vom EuGH für Doppelnamen nach spanischem Recht, eingetragen in Belgien,[576] und für den Doppelnamen eines deutschen Kindes, gebildet aus den Namen seiner Eltern und eingetragen in Dänemark.[577] Ziel ist „Einnamigkeit" dergestalt, dass ein Unionsbürger denselben Namen überall in der Gemeinschaft führen kann.[578] Die besondere Ordnungsfunktion und der besondere Persönlichkeitsbezug des Namens werden so entsprechend besonders geschützt.[579] Das Kontinuitätsinteresse des Namensträgers an der Fortführung seines Namens wird zum dominierenden Moment.[580] Der Schutz seines Vertrauens dominiert.[581] Dies gilt nicht nur bei Namenserwerb im Zusammenhang mit familienrechtlichen Vorgängen (einschließlich einer Adoption),[582] sondern auch bei einer isolierten Namensänderung.[583] Dies gilt gerade – bis zur Grenze des ordre public – bei behördlichen isolierten Namensänderungen im EU-Ausland.[584] Unterhalb der hohen Schwelle des Missbrauchs und des ordre public darf der Forumstaat ein etwaiges Verbot der freiwilligen Namensänderung der freien Namenswahl aus seinem eigenen

---

566   S. nur GA *Jacobs,* Schlussanträge in der Rs. C-96/04 v. 30.6.2005, Slg 2006, I-3563 Nr. 53 f.; *Kubicki* EuZW 2009, 366 (367).

567   *Wall* StAZ 2014, 356 (358); *ders.* StAZ 2016, 327 (333); *ders.* StAZ 2017, 326 (328); *Cambien* SEW 2016, 498, 499. Tendenziell anders GA *Wathelet,* Schlussanträge in der Rs. C-438/14 v. 14.1.2016, ECLI:EU:C:2016:11 Nr. 40–48; *Nettesheim* JZ 2011, 1030 (1034).

568   *Fillers* NIPR 2018, 725, 727.

569   *Wall* StAZ 2014, 356 (358).

570   *Mansel/Thorn/Rolf Wagner* StAZ 2009, 1 (3); *Wall* StAZ 2012, 301 (309); *ders.* StAZ 2014, 356 (358 f.); Staudinger/*Hausmann* EGBGB Art. 10 Rn. 555. Anders Trib. Lamezia Terme Riv. dir. int. priv. proc. 2010, 734, 736 (italienisch-brasilianische Doppelstaaterin).

571   *Henrich* FS Heldrich, 2005, S. 667, 672; *Wall* StAZ 2012, 301 (308); Staudinger/*Hausmann* EGBGB Art. 10 Rn. 557. Anders Trib. Lamezia Terme Riv. dir. int. priv. proc. 2010, 734, 736 (italienisch-brasilianische Doppelstaaterin).

572   *Nordmeier* StAZ 2011, 129 (135); Staudinger/*Hausmann* EGBGB Art. 10 Rn. 555.

573   OLG München StAZ 2014, 366 (367); *Wall* StAZ 2014, 356 (359 f.)

574   OLG München StAZ 2014, 366 (367 f.)

575   S. nur KG StAZ 2011, 148 (150); *Wall* StAZ 2009, 261 (263); *ders.* StAZ 2010, 225 (228); *ders.* StAZ 2011, 37 (41).

576   EuGH 2.10.2003 – Rs. C-148/02, Slg 2003, I-11613 – Carlos Garcia Avello/Belgischer Staat.

577   EuGH 14.10.2008 – Rs. C-353/06, Slg 2008, I-7639 – Verfahren auf Antrag von Stefan Grunkin und Dorothee Regina Paul.

578   OLG Nürnberg StAZ 2012, 182 (183); *Frank* StAZ 2005, 161 (167 f.); *Wall* StAZ 2009, 261 (262); *ders.* StAZ 2010, 225 (228); *ders.,* IPRax 2010, 433 (435); *Hepting* StAZ 2013, 34; *Rauhmeier* StAZ 2013, 385 (387); Staudinger/*Hausmann* EGBGB Art. 10 Rn. 516.

579   *Funken,* Das Anerkennungsprinzip im internationalen Privatrecht, 2009, S. 178.

580   *Tomasi* in Honorati (a cura di), Diritto al nome e all'identità personale nell'ordinamento europeo, Milano 2010, S. 111, 127.

581   *Hepting* StAZ 2013, 34 (38 f.); Staudinger/*Hausmann* EGBGB Art. 10 Rn. 544 f. Methodisch nicht ohne Kritik *Wagner,* Liber amicorum Christian Kohler, 2018, 567, 578.

582   *Wall* StAZ 2011, 203 (206).

583   Staudinger/*Hausmann* EGBGB Art. 10 Rn. 563; *Wall* StAZ 2012, 185 (187 f.); *ders.* StAZ 2015, 295 (296); *Kraus* StAZ 2013, 357; *Rauhmeier* StAZ 2013, 385 (387 f.)

584   Staudinger/*Hausmann* EGBGB Art. 10 Rn. 564.

Diskussion zB bei *Sommer* 164–169 et passim; *Perner,* JbJZRW 2009, 379 (385 f.)

Sachrecht nicht durchschlagen lassen.[585] Dagegen ließe sich allenfalls einwenden, dass der Namensträger durch seine eigene freiwillige Entscheidung die Konfliktlage erst geschaffen habe, deretwegen er nun Nachteile befürchten muss.[586] Lebt der Namensträger jetzt wirklich im Registrierungsstaat des neuen Namens, so dürfte kaum je Missbrauch vorliegen.[587] Dann ist die Verbindung zu diesem Staat nicht flüchtig.[588] Aus der unionsrechtlichen Grundlage folgt zugleich, dass nur Registrierungen in EU-Mitgliedstaaten, nicht aber Registrierungen in Drittstaaten die Anerkennungspflicht auszulösen vermögen.[589]

Das unionsrechtliche Anerkennungsprinzip verdrängt insoweit mit dem Anwendungsvorrang des Unionsrechts[590] gegenüber dem nationalen Recht die korrekte kollisionsrechtliche Anknüpfung.[591] Es ist keine bloße Zielvorgabe.[592] Vielmehr verbietet es deutschen Rechtsanwendern, über Art. 10 zu abweichenden Ergebnissen zu gelangen. Insbesondere müssen Namen übernommen werden, die Deutsche im EU-Ausland für sich haben registrieren lassen. Die Freizügigkeit fordert gebieterisch Vorrang vor dem IPR.[593] Dies destabilisiert das mitgliedstaatliche IPR nicht,[594] sondern überlagert es nur. Insbesondere wird Art. 10 Abs. 1 nicht für schlechterdings ungültig erklärt.[595] Vielmehr wird das mitgliedstaatliche IPR nur ausnahmsweise überlagert und überspielt.[596] Anerkennung konkreter Ergebnisse ist in der Konstruktion grundverschieden von einer abstrakten Kollisionsnorm.[597] In Art. 21 AEUV kann man auch keine versteckte Kollisionsnorm hineinlesen.[598] Im Ergebnis kommt das unionsrechtliche Anerkennungsprinzip nur zum Zuge, wenn in einem anderen Mitgliedstaat ein anderer Name als im Mitgliedstaat der ersten Namensregistrierung zu führen wäre.[599] Allerdings könnte man das unionsrechtliche Anerkennungsprinzip vom Namensrecht ausgehend auf andere Materien ausdehnen.[600]

166

Eine Notwendigkeit zu einer eigenen Umsetzung der Verpflichtung[601] würde dem primärrechtlichen Charakter des Gebots nicht gerecht, das auch ohne spezifische Ventile in den Mitgliedstaaten greift.[602] Eine generelle Lösung durch den Gesetzgeber wäre zwar wünschenswert,[603] ist aber keine Voraussetzung für die Anwendung des Anerkennungsprinzips.[604] Hinkende Namensverhältnisse resultieren aus dem Nebeneinander zweier verschiedener kollisionsrechtlicher Grundanknüpfungen in den Mitgliedstaaten, nämlich dem Nebeneinander von Staatsangehörigkeits- und Aufenthaltsprinzip.[605] Da das Unionsrecht auf der anderen

167

---

585 EuGH 2.6.2016 – Rs. C-438/14,
ECLI:EU:C:2016:401 Rn. 54–58 – Peter Nabiel
Bogendorff v. Woltersdorff/Standesamt der Stadt
Karlsruhe u. Zentraler Juristischer Dienst der Stadt
Karlsruhe; GA *Wathelet,* Schlussanträge in der
Rs. C-438/14 v. 14.1.2016, ECLI:EU:C:2016:11
Nr. 74–89; BGH FamRZ 2019, 218 Rn. 15 mAnm
Dutta; Janal GPR 2017, 67 (69).
Anderer Ansicht OLG Nürnberg FamRZ 2015, 1655;
AG Nürnberg StAZ 2015, 59 (60); AG Meiningen
StAZ 2016, 114 (115); *Wall* StAZ 2012, 185 (188);
ders., StAZ 2013, 237 (246); *ders.,* StAZ 2015, 41
(50); *Hepting* StAZ 2013, 34 (44).
586 *Rauscher* LMK 2016, 381541.
587 *Rauscher* LMK 2016, 381541 sowie *Rass-Masson,*
Rev. crit. dr. int. pr. 2017, 278, 286 f.
588 GA *Wathelet,* Schlussanträge in der Rs. C-438/14 v.
14.1.2016, ECLI:EU:C:2016:11 Nr. 86 f.; *Janal* GPR
2017, 67 (70).
589 Staudinger/*Hausmann* EGBGB Art. 10 Rn. 556.
590 Seit EuGH Slg 1964, 1251, 1279 – Costa/ENEL.
591 GAin *Sharpston,* Schlussanträge in der Rs. C-353/06
v. 24.4.2008, Slg 2008, I-7641 Nr. 91; OLG München
NJW-RR 2010, 660 (661 f.); *Kroll-Ludwigs* JZ 2009,
153 (154); *Honorati,* Dir. UE 2009, 379 (389).
592 **AA** *Henrich* FS Andreas Heldrich, 2005, S. 667, 673;
Lipp FS Rainer Frak, 2008, S. 393, 405; *ders.* StAZ
2009, 1 (8); *Funken* FamRZ 2008, 2091 (2092);
Martiny DNotZ 2008, 453 (454); *Sonnenberger* FS
Ulrich Spellenberg, 2010, S. 371, 388, 390; *Mansel/
Thorn/Wagner* IPRax 2011, 1 (6); *Wall* StAZ 2015,
295 (301); *ders.,* StAZ 2017, 326 (331) sowie EuGH
8.6.2017 – Rs. C-541/15, ECLI:EU:C:2017:432
Rn. 41 f. – Mircea Florian Freitag.
593 *Lagarde,* Rev. crit. dr. int. pr. 98 (2009), 86, 91.

594 So aber *d'Avout* Clunet 136 (2009), 207, 215.
595 GAin *Sharpston,* Schlussanträge in der Rs. C-353/06
v. 24.4.2008, Slg 2008, I-7641 Nr. 49; siehe auch
Kraus StAZ 2013, 357.
596 *Tomasi*/Honorati (a cura di), Diritto al nome e
all'identità personale nell'ordinamento europeo,
Milano 2010, S. 111, 135 f., 137 f.
597 Ähnlich Staudinger/*Hausmann* EGBGB Art. 10
Rn. 543.
598 Entgegen *Wall* StAZ 2009, 261 (264 f.); *dems.,*
IPRax 2010, 433 (434), 437; *dems.,* StAZ 2012, 169
(172 f.); *dems., Wall* StAZ 2016, 327 (332–334).
599 OLG München StAZ 2010, 76 (77); *Krömer* StAZ
2011, 345; *Kraus* StAZ 2013, 357.
600 KG StAZ 2011, 148 f.; OLG Celle StAZ 2011, 150
(153); *Nordmeier* StAZ 2011, 129 (134–138); *Mankowski/Höffmann* IPRax 2011, 247 (253 f.); *Mankowski* FS Coester-Waltjen, 2015, S. 581; vgl. aber auch
Mansel/Thorn/Wagner IPRax 2011, 1 (7 f.)
601 *Wall* StAZ 2017, 326 (331).
Das Bestehen einer Verpflichtung bestreitet
Kubicki EuZW 2009, 366 (367).
602 Treffend OLG München NJW-RR 2010, 660 (662);
Wall IPRax 2010, 433 (436 f.)
Entgegen *Kohler*FS Erik Jayme 2004, S. 445, 446;
Ackermann, (2007) 44 CMLRev. 141, 153 f.; *Lipp*
StAZ 2009, 1 (8); *Martiny* DNotZ 2009, 453 (454).
603 *Lipp* StAZ 2009, 1 (8); *Mansel/Thorn/Wagner* IPRax
2009, 1 (2).
604 OLG München NJW-RR 2010, 660 (662); *Wall*
IPRax 2010, 433 (43).
605 *Helms* GPR 2005, 35 (38); *Wall* StAZ 2009, 261
(263); *ders.,* StAZ 2010, 225 (226); *Sommer* 118–
122.

Seite nicht in das IPR eingreift und genau eine dieser beiden Anknüpfungen gebietet,[606] muss es bei einem ipso iure greifenden überlagernden Anerkennungsmechanismus bleiben. Dies sollte in Deutschland jedenfalls den Weg zu einer Namensänderung nach § 3 NamÄndG frei machen,[607] obwohl auch eine solche Änderung nicht notwendig sein darf. Die *Möglichkeit* einer Anpassung beseitigt nämlich als solche die Beeinträchtigung nicht.[608]

167a Eine beantragte behördliche Namensänderung abzulehnen, weil ja eine Anerkennung durch die Personenstandsbehörden erfolgen könne und einfacher sei, ist nicht erlaubt. Die behördliche Namensänderung muss als zusätzliche Option offenstehen. Sonst läuft der Namensträger Gefahr, dass man ihn öffentlich-rechtlich auf das Zivilrecht verweist und zivilrechtlich auf das öffentliche Recht. Ein solcher Zirkel ist strikt zu vermeiden. Insbesondere können spezielle Ansprüche auf behördliche Namensänderung nach Eingangsstatutenwechsel zum deutschen Recht bestehen, zB nach Nr. 44 a NamÄndVwV, wenn aramäischen oder assyrischen Christen in der Türkei ein Familienname aufgezwungen wurde.[609]

168 Ob die Registrierung des Namens zu Recht oder zu Unrecht erfolgt ist, ob sie also rechtmäßig order unrechtmäßig, rechtswidrig ist, muss ohne Belang sein.[610] Der EuGH hat in Freitag[611] nicht gegenteilig entschieden,[612] denn Freitag betraf einen Fall rechtmäßiger Eintragung.[613] Ebenso wenig ist die Zuständigkeit der registrierenden Stelle nach dem Recht ihres Errichtungsstaates nicht zu kontrollieren, und es kommt auch nicht darauf an, dass gerade eine Personenstandsbehörde die Registrierung vorgenommen hat.[614] Mindestens Gerichtsentscheidungen müssen Amtshandlungen von Personenstandsbehörden gleichstehen.[615] Anerkennung übernimmt Ergebnisse, sie bietet insoweit gerade die Möglichkeit, auf Ermessensausübung zu reagieren[616] und vermeidet eine faktische Namensspaltung, die sich auch aus einer eigentlich falschen oder unzulässigen Registrierung ergeben könnte. Die Anerkennung schließt als Institut eine révision au fond, eine Prüfung, ob die ausländische Stelle das von ihr zugrunde zu legende Recht korrekt angewandt habe, prinzipiell aus.[617] Wo immer es ausformulierte, ihrem Grundanliegen treue Anerkennungsregimes im Recht der EU gibt, verbieten diese konsequent eine révision au fond. Dieses Verbot zieht sich namentlich und ausnahmslos durch alle europäischen Regimes über die Anerkennung gerichtlicher Entscheidungen, also durch das Stammgebiet und die Kernzelle der Anerkennung: Art. 52 Brüssel Ia-VO, 26 Brüssel IIa-VO, 42 EuUnthVO, 41 EuErbVO, 40 EuGüVO, 40 EuPartVO.[618] Eine Gesamtanalogie zu all diesen Vorschriften würde dem zugrundeliegenden Fundamentalgedanken ein rechtliches Gewand geben.[619]

Die Namensregistrierung ist erfolgt, und sie begründet abstrakt wie daraus abzuleitend konkret einen Vertrauenstatbestand sowohl für den Betroffenen[620] als auch für den Rechtsverkehr. Eine deutsche Stelle könnte den vertrauensbegründenden Tatbestand selbst dann, wenn sie eine unrichtige Rechtsfindung im Ausland feststellen sollte, nicht zerstören und aus der Welt schaffen, da sie keine Eintragungen in ausländi-

---

606 GAin *Sharpston,* Schlussanträge in der Rs. C-353/06 v.24.4.2008, Slg 2008, I-7641 Nr. 66; *Frank* StAZ 2005, 161 (163); *Wall* StAZ 2009, 261 (263); Staudinger/*Hausmann* EGBGB Art. 10 Rn. 519 sowie EuGH 8.6.2017 – Rs. C-541/15, ECLI:EU:C:2017:432 Rn. 41 f. – Mircea Florian Freitag; *Mansel/Thorn/Wagner* IPRax 2010, 1 (6).

607 Vgl. *Mansel* RabelsZ 51 (2006), 651, 693 f.; jurisPK BGB/*Janal* EGBGB Art. 10 Rn. 35; *Sommer* S. 207; *Wall* IPRax 2010, 433 (436).

608 *Leifeld,* Das Anerkennungsprinzip im Kollisionsrechtssystem des internationalen Privatrechts, 2010, S. 84; *Wall* IPRax 2010, 433 (437).

609 VG Stade StAZ 2016, 119 (120).

610 KG StAZ 2011, 148 (150); *F. Sturm* StAZ 2010, 146 (147); *Wall* StAZ 2010, 225 (228) (mit Einschränkung 229 f.); *Kroll-Ludwigs* NJW 2019, 2277 (2279); *Mankowski* IPRax 2020 sowie *Wall* StAZ 2009, 261 (263); *ders.,* StAZ 2011, 37 (42); *ders.,* FamRZ 2019, 971.
Anderer Ansicht BGH FamRZ 2019, 967 Rn. 20-39 m. Anm. *Wall*; *Koritz* FPR 2008, 213 (214); *Mansel/Thorn/Wagner* IPRax 2009, 1 (3); *Krömer* StAZ 2009, 150 (151) Fn. 9; *Wagner* FamRZ 2011, 609 (613) Fn. 66.
Differenzierend Staudinger/*Hausmann* EGBGB Art. 10 Rn. 561 f.

611 EuGH 8.6.2017 – Rs. C-541/15, ECLI:EU:C:2017:432 Rn. 37 – Mircea Florian Freitag.

612 Das behaupten indes BGH FamRZ 2019, 967 Rn. 40; *Gössl* IPRax 2018, 376 (382).

613 Staudinger/*Hausmann* Art. 10 Rn. 559; *Wall* StAZ 2019, 225 (231); *Wall* FamRZ 2019, 971; *Kienemund* NZFam 2019, 508; *Kroll-Ludwigs* NJW 2019, 2277 (2279); *Erbarth* FamRB 2019, 401 (403), *Rust* ErbR 2019, 562 (563); *Mankowski* IPRax 2020 sub III 2.

614 *Wall* StAZ 2011, 203 (204).

615 *Wall* StAZ 2011, 203 (204).

616 *Foyer,* Trav. Com. fr. dr. int. pr. 2004–2005, 24; *Lehmann,* Yb. PIL 10 (2008), 135, 158.

617 *Lehmann* YbPIL 10 (2008), 135 (158); *Wall* StAZ 2009, 261 (263); *F. Sturm* StAZ 2010, 146 (147); Staudinger/*Hausmann* EGBGB Art. 10 Rn. 562; *Mankowski* IPRax 2020 sub II.
Weniger kategorisch *Wall* StAZ 2010, 225 (232 f.), der mit einer Vermutung zugunsten der Rechtmäßigkeit der Ersteintragung helfen will.

618 *Stockmann,* jurisPR-FamR 13/2019 Anm. 8 sub B; ähnlich *Salerno,* Rec. des Cours 395 (2018), 9 (166 f.).

619 *Mankowski* IPRax 2020 sub II.

620 GAin *Sharpston,* Schlussanträge in der Rs. C-208/09 v. 14.10.2010, Slg 2010, I-13696 Nr. 57; *Wall* StAZ 2010, 225 (227); *ders.,* StAZ 2011, 203 (208 f.)
Kritisch *Wagner,* Liber amicorum Christian Kohler, 2018, 567, 578.
Ablehnend BGH FamRZ 2019, 967 Rn. 36.

schen Registern ändern kann.[621] Außerdem wäre eine Kontrolle rein praktisch mit zu großem Aufwand, insbesondere bei der Ermittlung des korrekten Inhalts des im Ausland zugrunde zu legenden Rechts, verbunden.[622] Ebenso unerheblich ist, ob eine Namensänderung im Registrierungsstaat privatrechtlicher oder öffentlich-rechtlicher Art war, wenn nur eine amtliche Registrierung erfolgt ist.[623] Wann die anzuerkennende Namenseintragung erfolgte und aus welchem Anlass oder in welchem Zusammenhang ist unerheblich; insbesondere spielt ein zeitlicher Abstand etwa zur Geburt oder zur jetzt zu ändernden Erstbenennung keine Rolle.[624]

Weder eine engere Verbindung zum jetzigen Aufenthaltsstaat noch das Ziel der Integration in die dortige Umwelt rechtfertigen eine Namensspaltung.[625] Höchstens der zweitstaatliche ordre public vermöchte eine Grenze zu ziehen.[626] **Namenstourismus** gilt es über das Erfordernis einer realen Verbindung zum Registrierungsstaat (→ Rn. 171) zu wehren,[627] nötigenfalls über Rechtsmissbrauch.[628] Als ultima ratio kann ihm das unionsrechtliche Verbot des Rechtsmissbrauchs entgegenstehen.[629] Auch das Unionsrecht eröffnet keine unbeschränkte de facto-Rechtswahl durch einfache faktische Gestaltung.[630] Eine nachfolgende Rechtswahl oder ein nachfolgend vom Namensträger bewusst herbeigeführter Namenswechsel gehen als Ausübung von kollisions- bzw. sachrechtlicher Privatautonomie der Anerkennung in jedem Fall vor.[631] Wird der registrierte Name im Registrierungsstaat gar nicht geführt, so sollte man nicht anerkennen.[632]   **169**

Ob nur eine Namensregistrierung im Wohnsitz- oder Aufenthaltsstaat oder ob auch eine Namensregistrierung in einem anderen Mitgliedstaat Anerkennung heischt, ist noch nicht vollständig ausjudiziert.[633] Der EuGH stellt jedenfalls einen Heimatstaat dem Aufenthaltsstaat gleichwertig zur Seite.[634] Daher erscheint eine Bezeichnung als **Herkunftslandprinzip**[635] weniger geeignet und weniger treffend.[636] Eine Ausnahme von dem Grundsatz, dass eine ineffektive Staatsangehörigkeiten bzw. bei deutsch-ausländischen **Mehrstaatern** die nicht-deutsche Staatsangehörigkeit unbeachtlich ist, ist jedenfalls erzwungen: Art. 18; 20 AEUV (ex-Art. 12, 17 EGV) verwehren es einem Mitgliedstaat, seinen Angehörigen, die sowohl dessen Staatsangehörigkeit als auch die Staatsangehörigkeit eines anderen EU-Mitgliedstaates besitzen, die Namensführung nach dem Recht jenes zweiten Mitgliedstaates zu untersagen.[637] Einem entsprechenden Antrag auf Namensführung nach dem Recht des anderen Mitgliedstaates ist stattzugeben.[638] Die mehrfache Staatsangehörigkeit stellt als solche bereits den notwendigen Gemeinschaftsbezug her und nimmt dem Sachverhalt den Charakter eines internen Sachverhalts.[639] Den Grundsatz der Unveränderlichkeit von Familiennamen lässt das Unionsrecht als Rechtfertigungsgrund nicht gelten.[640] Ebenso wenig beugt es sich Praktikabilitätsüberlegungen und bloßer Verwaltungsvereinfachung.[641] Deshalb kann insbesondere die drohende Länge eines Namens kein Rechtfertigungsgrund sein.[642]   **170**

621 Vgl. *Wall* StAZ 2010, 225 (230 f.) (zu Hinweisen an die ausländische Registrierungsstelle und dortiger „Beratungsresistenz").
622 *Wall* StAZ 2010, 225 (231).
623 *Kampe* StAZ 2009, 281 (282).
624 OLG München NJW-RR 2010, 660 (662).
625 *Lagarde,* Rev. crit. dr. int. pr. 93 (2004), 192, 199 f.; *Helms* GPR 2005, 35 (38); *Frank* StAZ 2005, 161 (162 f.); *Ackermann,* (2007) 44 CMLRev. 141, 150 f.; *Lipp* StAZ 2009, 1 (7).
626 *Devers,* JCP G 2009 II 10071 = JCP G 15 Avril 2009, 35, 37 f.
627 GAin *Sharpston,* Schlussanträge in der Rs. C-353/06 v. 24.4.2008, Slg 2008, I-7641 Nr. 86.
628 GA *Wathelet,* Schlussanträge in der Rs. C-438/14 v. 14.1.2016, ECLI:EU:C:2016:11 Nr. 84.
629 *Devers,* JCP G 2009 II 10071 = JCP G 15 Avril 2009, 35, 38.
630 Tendenziell anders *Tomasi*Honorati (a cura di), Diritto al nome e all'identità personale nell'ordinamento europeo, Milano 2010, S. 111, 127.
631 So nicht eingeordnet von *Kroll,* ZvglRWiss 107 (2008), 320 (337).
632 *Hepting* StAZ 2013, 34 (38); Staudinger/*Hausmann* EGBGB Art. 10 Rn. 526.
633 Vgl. *Henrich* IPRax 2005, 422 (423); *Lehmann,* Yb. PIL 10 (2008), 135 (158); *Martiny* DNotZ 2009, 453 (455).

634 EuGH 8.6.2017 – Rs. C-541/15, ECLI:EU:C:2017:432 Rn. 38-42 – Mircea Florian Freitag; zustimmend z.B. *Wall* StAZ 2017, 237; *Erbarth* FamRB 2019, 401 (402).
635 Dafür Staudinger/*Hepting* (2007) EGBGB Art. 10 Rn. 220 f.; MüKoBGB/*Birk* EGBGB Art. 10 Rn. 159; *Bogdan,* ET 2010, 709, 717.
636 Ebenso Staudinger/*Hausmann* EGBGB Art. 10 Rn. 525.
637 EuGH Slg 2003, I-11613 – M. Carlos Garcia Avello/ Belgischer Staat.
638 EuGH Slg 2003, I-11613 Rn. 35 – M. Carlos Garcia Avello/Belgischer Staat; s. a. *Palmeri,* Europa e dir. priv. 2004, 217, 229 f.
639 EuGH Slg 2003, I-11613 Rn. 27 – M. Carlos Garcia Avello/Belgischer Staat.
640 EuGH Slg 2003, I-11613 Rn. 40 – M. Carlos Garcia Avello/Belgischer Staat; *Wall* StAZ 2015, 295 (299).
641 EuGH 14.10.2008 – Rs. C-353/06, Slg 2008, I-7639 Rn. 36 – Verfahren auf Antrag von Stefan Grunkin und Dorothee Regina Paul
642 EuGH 2.6.2016 – Rs. C-438/14, ECLI:EU:C:2016:401 Rn. 59 f. – Peter Nabiel Bogendorff v. Woltersdorff/Standesamt der Stadt Karlsruhe u. Zentraler Juristischer Dienst der Stadt Karlsruhe; GA *Wathelet,* Schlussanträge in der Rs. C-438/14 v. 14.1.2016, ECLI:EU:C:2016:11 Nr. 90 f.; *Wall* StAZ 2015, 295 (298 f.); *Janal* GPR 2017, 67 (68).

171   Einer Parallele zur Anerkennung von Gerichtsentscheidungen würde zwar im Prinzip ein Erfordernis der indirekten internationalen Zuständigkeit entsprechen.[643] Jedoch ist ein solches Erfordernis gerade dem unionsrechtlichen Internationalen Zivilprozessrecht fremd, das indes in régulations doubles auch jeweils eigene einheitliche Zuständigkeitsregimes schafft. Daran fehlt es für die Namensregistrierung bisher. Verlangt man indes eine hinreichende Nahebeziehung, ein „real link" zum Registrierungsstaat, um diesem einen Kompetenz zur Registrierung mit gemeinschaftsweiter Wirkung zuzubilligen,[644] so erscheint es sachgerecht, nur Registrierungen aus einem Heimatstaat einerseits oder dem (seinerzeitigen) Aufenthaltsstaat andererseits, gegebenenfalls dem Geburtsstaat anzuerkennen.[645] Der EuGH hat eine Registrierung aus dem seinerzeitigen Aufenthaltsstaat sanktioniert und zwingt zur Anerkennung der darüber erzielten Ergebnisse. Die entschiedenen Fälle betrafen Unionsbürger, die keine Staatsangehörigen des Aufenthaltsstaates waren. Deshalb sind Registrierungen erst recht anzuerkennen, wenn der Namensträger sogar Staatsangehöriger des Aufenthalts- und Registrierungsstaates war.[646] Jede Erweiterung des Kreises drohte wiederum zu konfligierenden Namenszuschreibungen zu führen. Damit würde man das Problem der Namensspaltung nur auf eine andere Ebene verschieben und zudem die Vermeidung konfligierender Ergebnisse als zentrales Ziel des unionsrechtlichen Internationalen Zivilverfahrensrechts (insbesondere Art. 34 Nr. 3, 4 EuGVVO; 22 lit. c, d; 23 lit. e, f. Brüssel IIa-VO; 21 EuVTVO; 22 Abs. 1 EuMahnVO; 22 Abs. 1 EuBagatellVO) missachten. Der im Prinzip verfahrensrechtliche Ansatz[647] des Anerkennungsprinzips würde im Kern solche Parallelen nahelegen. Eine Anerkennung über Verfahrensrecht (in Deutschland §§ 108; 109 FamFG) findet sowieso statt, wenn die namensrechtliche Regelung im Ausland in einer Gerichtsentscheidung getroffen wurde,[648] allerdings nur im Rahmen der erststaatlichen Rechtskraft. Namensführung verlangt prinzipiell nach Registrierung, Personenstandsurkunden oder Identitätspapieren, um faktisch Konflikte erschweren zu können.[649]

172   Sofern mehrere miteinander widerstreitende Registrierungen existieren, gilt das **Prioritätsprinzip**: Die frühere Registrierung geht vor.[650] In Extremfällen mag dies bei parallelen Anträgen auf Zufälligkeiten und unterschiedliche Schnelligkeit im Verwaltungsverfahren zurückstehen;[651] jedoch lassen sich solche Extremfälle vermeiden. Den Betroffenen ein Wahlrecht zuzubilligen, welche Namensregistrierung sie als die maßgebliche ansehen wollen,[652] würde eine Namensspaltung nicht vermeiden, sondern provozieren, nämlich zumindest mit dem Staat jeder Registrierung, die früher erfolgte als die gewählte. Wenn die Betroffenen eine frühere Registrierung nicht mehr wollen, dann müssen sie so konsequent sein, diese austragen zu lassen, soweit das nach dem Recht des Erstregistrierungsstaats möglich ist. Solange sie dies nicht tun, regiert im Fall konfligierender Registrierungen das objektive Prioritätsprinzip, kein subjektives Wahlrecht.[653] Ein weiterer, praktisch wohl komplizierterer, aber unionsrechtlich konsequenter Ausweg wäre eine Pflicht der Stellen im Erstregistrierungsstaat, eine ändernde spätere Zweitregistrierung aus einem anderen Staat ihrerseits anzuerkennen und auf diesem Wege Gleichklang herzustellen.[654] Praktisch ist jedenfalls zuzugestehen, dass bei der Geltendmachung einer Registrierung in einem anderen als dem Registrierungsstaat in jenem Zweitstaat kaum je Informationen über eine frühere Registrierung in einem weiteren Staat vorliegen dürften, es sei denn, diese seien aus Ausweisdokumenten ersichtlich.[655] Art. 48 EGBGB jedenfalls verwirklicht getreulich das objektive Prioritätsprinzip.[656]

172a   Richtigerweise ist es dem Betroffenen auch zu überlassen, ob er einen im EU-Ausland registrierten Namen anerkennen lassen will. Wenn der Betroffene in verschiedenen Staaten verschiedene Namen führen will

---

643   Vgl. *Henrich* FS Heldrich 2005, S. 667, 676.

644   GAin *Sharpston,* Schlussanträge in der Rs. C-353/06 v. 24.4.2008, Slg 2008, I-7641 Nr. 87; *Mansel* RabelsZ 70 (2006), 651, 703; Staudinger/*Hepting* (2007) EGBGB Art. 10 Rn. 222; *O'Brien,* (2008) 33 E.L.Rev. 643, 659; *Lagarde*Mélanges Gaudemet-Tallon 2008, S. 481, 493 f.; *Meeusen* ZEuP 2010, 189 (199); Staudinger/*Hausmann* EGBGB Art. 10 Rn. 566.

645   *Lipp* StAZ 2009, 1 (7); *Martiny* DNotZ 2009, 453 (455) sowie *Bogdan,* ET 2010, 709, 719. Anders wohl *Gubbels,* FJR 2010, 323 (324): freie Rechtswahl.

646   *Kampe* StAZ 2009, 281 (282).

647   *Trucco,* Giur. it. 2009, 301, 302.

648   *Wall* StAZ 2010, 225 (228).

649   *Mansel/Thorn/Wagner* IPRax 2010, 1 (5).

650   EuGH 14.10.2008 – Rs. C-353/06, Slg 2008, I-7639 Rn. 22, 31, 39 – Verfahren auf Antrag von Stefan Grunkin und Dorothee Regina Paul; GAin *Sharpston,* Schlussanträge in der Rs. C-353/06 v. 24.4.2008,

Slg 2008, I-7641 Nr. 68; *Hepting* Rn. III-703; Staudinger/*Hepting* (2007) EGBGB Art. 10 Rn. 525. Anderer Ansicht *Wall* StAZ 2016, 327 (333); *ders.,* StAZ 2017, 326 (329). Kritisch *d'Avout* Clunet 136 (2009), 207, 212. Unentschieden noch *Wall* StAZ 2011, 203 (206). Vgl. auch *Marino* ERPL 2017, 1009, 1021.

651   *Mansel* RabelsZ 70 (2006), 651, 691; *Sommer* 202.

652   Dafür *Moneger,* Trav. Com. fr. dr. int. pr. 2004–2005, 9, 13; *Lehmann,* Yb. PIL 10 (2008), 135, 159; *Sommer* 202 sowie *Mörsdorf-Schulte* IPRax 2004, 315 (323 f.)

653   Dafür aber *Gössl* IPRax 2018, 376 (382) sowie *Mansel* RabelsZ 70 (2006), 651, 679; *Weller* RabelsZ 81 (2017), 761 f.

654   Staudinger/*Hausmann* EGBGB Art. 10 Rn. 574 a.

655   Zustimmend Staudinger/*Hausmann* EGBGB Art. 10 Rn. 540.

656   *Wall* StAZ 2013, 237 (243); *Mankowski* StAZ 2014, 97 (105).

(deren Führen in dem jeweiligen Staat jeweils rechtmäßig ist) und damit bewusst Nachteile aus fehlender europaweiter Einnamigkeit in Kauf nimmt, sollte man seinen Willen respektieren und nicht kraft einer zwangsweisen objektiven Anerkennung überspielen.[657] Es gibt ein subjektives Recht auf Einnamigkeit, aber keinen objektiven Zwang zur Einnamigkeit.[658] Das subjektive Recht auf Einnamigkeit folgt aus der Grundfreiheit der Freizügigkeit aus Unionsbürgerschaft. Freiheitsträger sind nicht gezwungen, ihre Freiheiten auch auszuüben. Ebenso wenig wie man grenzüberschreitend umziehen muss oder gezwungen wäre, sein Recht auf Freizügigkeit effektiv auszuüben, ist man gezwungen, bei einem grenzüberschreitenden Umzug zwingend und gegen den eigenen Willen auf Einnamigkeit zu beharren.[659]

Die Anerkennung des im Ausland registrierten Namens kann nicht ersetzt werden durch eine unter deut- **173** schem Namensstatut eingeräumte Möglichkeit zur **Namensänderung** für Doppelstaater.[660] Zwar wäre damit eine Anpassungsmöglichkeit eröffnet, jedoch würde weiterhin zunächst nach Grenzübertritt ein anderer Name gelten, jedenfalls bis zur Namensänderung. Weiterhin bestünde die Notwendigkeit, in jedem Staat aufs Neue den Namen ändern zu lassen, bis Gleichlauf erzielt ist. Auch diese prozeduralen Notwendigkeiten mit ihrem Aufwand an Zeit, Kosten und Mühe würden die Freizügigkeit beeinträchtigen.[661] Daher sind Rundschreiben, welche Betroffene auf Namensänderungsverfahren verweisen,[662] rechtlich höchst bedenklich.[663]

Ebenso wenig vermöchte eine Rechtswahlmöglichkeit den Anerkennungsmechanismus auszuschalten.[664] **174** Gestattete „indirekte Rechtswahl" durch gestaltende Beeinflussung der Anknüpfungstatsachen ist etwas anderes als direkte Rechtswahl. Eine Rechtswahlmöglichkeit vermag sie nicht zu ersetzen. Die denkbaren Divergenzen beginnen bereits bei der zeitlichen Dimension: Der registrierte Name besteht ab Wirksamwerden der Registrierung. Eine notwendig nachlaufende Rechtswahlmöglichkeit im Anerkennungsstaat würde dagegen grundsätzlich nur ex nunc ab dem Zeitpunkt der Wahl, nicht aber ex tunc ab dem Zeitpunkt der Registrierung wirken können. Wollte man bereits in dem Antrag auf Registrierung eine Rechtswahl sehen, so müsste man erklären, wie dies eventuellen Formerfordernissen der öffentlichen Beglaubigung genügen solle.[665] Zudem wäre eine Rechtswahl kein Automatismus, sondern würde Aktivität erfordern; erfolgt die Aktivität nicht, so hätte man einen Schwebezustand ohne Einnamigkeit. Die wichtigste Diskrepanz ergibt sich aber, wenn die Registrierung nach dem Recht des Registrierungsstaates nicht korrekt oder gar rechtswidrig war: Bei einer Anerkennungslösung ist dies grundsätzlich hinzunehmen, da dort die Rechtsanwendung im Registrierungsstaat erfolgt; bei einer Rechtswahllösung würde die Rechtsanwendung dagegen (auch) im „Anerkennungsstaat" stattfinden und eine falsche oder rechtswidrige Anwendung des gewählten Rechts dürfte vom Ansatz her nicht erfolgen. Anerkennung durch die Möglichkeit einer Rechtswahl zu ersetzen hätte zudem den konzeptionellen Nachteil, dass eine solche Rechtswahlmöglichkeit im Prinzip allen EU-Staaten zugeschrieben werden müsste, um letztlich Einnamigkeit ohne Namensdivergenz zu erzielen.

V. Weitere Rechtsakte und deren Einfluss

Kein Unionsrecht ist das am 16.9.2005 verabschiedete **CIEC-Abkommen Nr. 31** über die Anerkennung **175** von Namen.[666] Weder wird es vom Unionsrecht gedeckt, noch hat es Relevanz. Denn es ist völkerrechtlich nie in Kraft getreten und darf als gescheitert gelten. Bisher hat nur Portugal es gezeichnet, und es gibt keine einzige Ratifikation. Gegen das Übereinkommen bestehen unionsrechtlich sogar Bedenken.[667] Außerdem werden ihm Lücken, fehlende Zuständigkeiten von Behörden und Frauendiskriminierung vorgeworfen.[668]

657 OLG Nürnberg StAZ 2015, 307; OLG Jena StAZ 2016, 116; *Wall* StAZ 2009, 261 (265); *ders., StAZ* 2012, 301 (309); *ders., StAZ* 2015, 41 (48); Staudinger/*Hausmann* EGBGB Art. 10 Rn. 530.
658 *Wall* StAZ 2017, 22 (24).
659 Siehe *Wall* StAZ 2018, 206 (212).
660 Entgegen *Kohler* FS Erik Jayme 2004, S. 445, 455; *Pintens* StAZ 2004, 353 (359) sowie *Martiny* DNotZ 2009, 453 (457). Wie hier *Wall* IPRax 2010, 433 (437); Staudinger/*Hausmann* EGBGB Art. 10 Rn. 533.
661 Ebenso *Wall* StAZ 2017, 326 (332).
662 Rundschreiben des Innenministers des Landes Schleswig-Holstein v. 9.2.2009 (wenn auch unter Verzicht auf Gebühren für ein Namensänderungsverfahren) sowie Rundschreiben des Bundesministers des Inneren v. 30.1.2009 – V II 1–133 212/22 sowie OLG München StAZ 2012, 181.
663 *F. Sturm* StAZ 2010, 146 (147).
664 OLG München NJW-RR 2010, 660 (662); MüKo-BGB /*Birk*, 5. Aufl., EGBGB Art. 10 Rn. 160; *Finger* FamFR 2010, 143; *Wall* IPRax 2010, 433 (435); Staudinger/*Hausmann* EGBGB Art. 10 Rn. 535. Anders *Frank* StAZ 2005, 161 (164); jurisPK BGB/ *Janal* EGBGB Art. 10 Rn. 35.
665 Zustimmend *Wall* StAZ 2012, 301 (304); Staudinger/ *Hausmann* EGBGB Art. 10 Rn. 538.
666 Abrufbar unter http://www.ciec1.org/Conventions/C onv31.pdf. Deutsche Übersetzung bei *Heussler*, ZZW 2006, 8. Zur ersten Fassung (Madrid 25.9.2003) *Frank* FS Holzhauer 2005, S. 442.
667 *F. Sturm* FS Spellenberg 2010, S. 523, 530–533.
668 *F. Sturm* FS Spellenberg 2010, S. 523, 528–530, 533 f.

176 Außer dem EuGH hat auch der EGMR[669] dem Grundsatz der Namenskontinuität besonderes Gewicht verliehen.[670] Er stützt sich dafür auf Art. 8 EMRK.[671] Dabei hat die Garcia Avello-Entscheidung des EuGH als Referenz in Bezug genommen.[672]

C. Weitere praktische Hinweise

177 Eine **internationalnamensrechtliche Rechtswahl** kann helfen, Komplikationen bei der Anknüpfung zu vermeiden; dies gilt insbesondere bei im Inland geborenen Kindern aus gemischtnationalen Ausländerehen. Praktisch bezeichnen die Eltern einen gewünschten Namen, und der Standesbeamte prüft, ob die gewünschte Namensführung nach einem der in Abs. 3 wählbaren Rechte möglich ist. Nachfolgend wählen die Eltern dann das (oder ein) Recht, nach welchem die gewünschte Namensführung möglich ist.[673]

178 Allerdings birgt die namensrechtliche Rechtswahl eine große **Gefahr**: Da sie in ausländischen Kollisionsrechten zumeist unbekannt ist, kann sie dazu führen, dass die Namensführung einer Person aus deutscher Sicht einem anderen Recht unterliegt als aus der Sicht anderer Rechtsordnungen, insbesondere aus der Sicht des betreffenden Heimatstaates.[674] Misslichstes Ergebnis einer solchen Divergenz kann sogar eine sogenannte **hinkende oder gespaltene Namensführung** sein, also dass aus der Sicht des einen Staates ein bestimmter Name zu führen ist, während aus deutscher Sicht ein anderer Name geführt werden darf.[675] Ein Standesbeamter soll die Wahlwilligen auf die mögliche Gefahr hinweisen.[676]

179 Nur ausnahmsweise, namentlich bei deutsch-ausländischen Doppelstaatlern, kann eine Rechtswahl umgekehrt helfen, eine hinkende Namensführung zu vermeiden.[677] Dies gilt insbesondere, wenn die Eltern des Kindes nicht miteinander verheiratet sind: Dann erlaubt die Wahl des Heimatrechts des nicht-deutschen Elternteils, dass das Kind in beiden Pässen denselben Namen führt.[678]

180 In jedem Fall muss man zwischen einer **kollisionsrechtlichen Rechtswahl** des Namensstatuts einerseits und einer **sachrechtlichen Namenswahl** andererseits genau und deutlich unterscheiden.[679] Die Rechtswahl als solche ist keine Namenswahl, sondern nur ein möglicher Zwischenschritt auf dem Weg zu einem gewünschten Namen. Das IPR des Namens dient der Feststellung des Namens, nicht unmittelbar der Erzielung eines bestimmten Ergebnisses.[680] Umgekehrt gilt: Eine Namenswahl allein ist keine Rechtswahl. Sie kann aber tragendes Indiz für eine Rechtswahl sein, wenn der gewählte Name nur unter einem ganz bestimmten Recht so geführt werden kann, wie er gewählt worden ist.[681] Den Wählenden ist der Wille zu unterstellen, dass sie, wenn irgend möglich, eine wirksame Namenswahl treffen wollen. Dem entspricht eine ermöglichende Wahl einer lex validitatis vel validitationis.

Art. 11 EGBGB [1]Form von Rechtsgeschäften

(1) Ein Rechtsgeschäft ist formgültig, wenn es die Formerfordernisse des Rechts, das auf das seinen Gegenstand bildende Rechtsverhältnis anzuwenden ist, oder des Rechts des Staates erfüllt, in dem es vorgenommen wird.

(2) Wird ein Vertrag zwischen Personen geschlossen, die sich in verschiedenen Staaten befinden, so ist er formgültig, wenn er die Formerfordernisse des Rechts, das auf das seinen Gegenstand bildende Rechtsverhältnis anzuwenden ist, oder des Rechts eines dieser Staaten erfüllt.

---

669 EGMR 5.12.2013 – n°. 32265/10 – Henry Kismoun c. France; EGMR 9.11.2010 – n°. 664/06 – Losonci Rose et Rose c. Suisse; EGMR 26.5.2013 – no. 7971/07 – Leventoğlu Abdulkadiroğlu v. Turkey; EGMR 7.1.2014 – n°. 77/07 – Cusan et Fazzo c. Italie.

670 *Mansel/Thorn/Rolf Wagner* IPRax 2015, 1 (2 f.)

671 Insbesondere EGMR 5.12.2013 – n°. 32265/10 §§ 25–37 – Henry Kismoun c. France

672 EGMR 5.12.2013 – n°. 32265/10 § 17 – Henry Kismoun c. France.

673 *Stoll* S. 204; *Henrich* GS Lüderitz 2000, S. 273, 275.

674 S. nur *Krömer* StAZ 2003, 229 (230).

675 *Henrich* GS Lüderitz 2000, S. 273, 275.

676 *Krömer* StAZ 2003, 229 (230).

677 *Henrich* GS Lüderitz 2000, S. 273, 275 f.

678 *Henrich* GS Lüderitz 2000, S. 273, 280.

679 OLG Frankfurt StAZ 2006, 263. Anderer Ansicht *F. Sturm* FS Sonnenberger 2004, S. 714, 715; *ders.* StAZ 2005, 253 (254).

680 *Kroll-Ludwigs* JZ 2009, 153 f.

681 OLG Düsseldorf StAZ 2010, 110 (112).

1 Vgl. Übereinkommen v. 19.6.1980 über das auf vertragliche Schuldverhältnisse anzuwendende Recht (BGBl. 1986 II S. 810) mit Bek. v. 12.7.1991 (BGBl. II S. 871) und G zu dem Übereinkommen v. 25.7.1986 (BGBl. II S. 809). Vgl. auch das Übereinkommen der Vereinten Nationen über Verträge über den internationalen Warenkauf sowie wegen der Übergangsbestimmungen und des Inkrafttretens Art. 5 bis 7 G v. 5.7.1989 (BGBl. II S. 586) und Bek. 23.10.1990 (BGBl. II S. 1477).

(3) Wird der Vertrag durch einen Vertreter geschlossen, so ist bei Anwendung der Absätze 1 und 2 der Staat maßgebend, in dem sich der Vertreter befindet.

(4) Ein Rechtsgeschäft, durch das ein Recht an einer Sache begründet oder über ein solches Recht verfügt wird, ist nur formgültig, wenn es die Formerfordernisse des Rechts erfüllt, das auf das seinen Gegenstand bildende Rechtsverhältnis anzuwenden ist.

Literatur: *Albers*, Kauf- und Übertragung von GmbH-Anteilen im Ausland, GmbHR 2011, 1078; *Arnold*, Die Beglaubigungsverträge mit Frankreich und Italien, DNotZ 1975, 581; *Barmeyer*, Anerkennung ausländischer, insbesondere englischer Beurkundungen auf dem Gebiet des Gesellschaftsrechts, 1996; *Bausback*, Der dingliche Erwerb inländischer Grundstücke durch ausländische Gesellschaften, DNotZ 1996, 254; *Bayer*, Privatschriftliche Abtretungen deutscher GmbH-Anteile in der Schweiz?, DNotZ 2009, 887; *ders.*, Übertragung von GmbH-Geschäftsanteilen im Ausland nach der MoMiG-Reform, GmbHR 2013, 897; *Biehler*, Multinationale Konzerne und die Abhaltung einer Hauptversammlung nach deutschem Recht im Ausland, NJW 2000, 1243 *Becht/Stephan-Wimmer*, Die rechtliche Anerkennung österreichischer notarieller Beurkundungen über die Gründung einer GmbH, GmbHR 2019, 45; *Bindseil*, Konsularisches Beurkundungswesen, DNotZ 1993, 5; *Bischoff*, Die kollisionsrechtliche Anknüpfung von Anteilsabtretungen: eine wiederbelebte Diskussion, FS Stefan Zimmermann, 2011, 43; *Blumenwitz*, Zum Kollisionsrecht der notariellen Urkunde, DNotZ 1968, 712; *Bokelmann*, GmbH-Gesellschafterversammlung im Ausland und Beurkundung durch ausländische Notare, NJW 1972, 1729; *Böttcher*, Bekannte Probleme unter neuen Vorzeichen – Zur Wirksamkeit von Auslandsbeurkundungen bei der GmbH nach Inkrafttreten des MoMiG, ZNotP 2010, 6; *Böttcher/Blasche*, Die Übertragung von Geschäftsanteilen deutscher GmbHs in der Schweiz vor dem Hintergrund der Revision des Schweizer Obligationenrechts; NZG 2006, 766; *Brambring*, Zur Anerkennung der ausländischen Beurkundung bei Geltung deutschen Rechts, NJW 1975, 1255; *Bredthauer*, Zur Wirksamkeit gesellschaftsrechtlicher Beurkundungen im Kanton Zürich, BB 1986, 1864; *Bungert*, Der internationale Anwendungsbereich von § 15 Abs. 3 und 4 GmbHG, DZWiR 1993, 494; *ders.*, Hauptversammlungen deutscher Aktiengesellschaften und Auslandsbezug, AG 1995, 26; *Cramer*, Die Beurkundung der GmbH-Gründung durch einen in der Schweiz zugelassenen Notar mit Amtssitz im Kanton Bern DStR 2018, 747; *Diehn*, Zur Frage der formwirksamen Beurkundung der Gründung einer deutschen GmbH in der Schweiz, DNotZ 2019, 146–150; *Dignas*, Die Auslandsbeurkundung im deutschen GmbH-Recht, GmbHR 2005, 139; *Dutta*, Form follows function? Formfragen bei Schuldverträgen über ausländische Gesellschaftsanteile, RIW 2005, 41; *Ebenroth/Wilken*, Entwicklungstendenzen im deutschen Internationalen Gesellschaftsrecht – Teil 2, JZ 1991, 1061; *Ettinger/Wolff*, Veräußerung von Anteilen an einer deutschen GmbH & Co. KG im Rahmen grenzüberschreitender Unternehmenskäufe, GmbHR 2002, 890; *Ferid*, Im Ausland erfüllte Tatbestandsmerkmale inländischer Sachnormen, GRUR Int. 1973, 472; *Fetsch*, Zur Beurkundungsbedürftigkeit von Kaufverträgen über eine englische Private Limited Company; GmbHR 2008, 133 ff; *Gärtner/Rosenbauer*, Formbedürftigkeit gem. § 15 Abs. 3 und 4 GmbHG bei Verkauf und Abtretung von Anteilen an ausländischer Gesellschaft mit beschränkter Haftung, DB 2002, 1871; *Gätsch/Schulte*, Notarielle Beurkundung bei der Veräußerung von Anteilen an ausländischen Gesellschaften mbH in Deutschland, ZIP 1999, 1909; *dies.*, Notarielle Beurkundung bei im Ausland erfolgenden GmbH-Anteilsveräußerungen, ZIP 1999, 1954; *Geimer*, Auslandsbeurkundungen im Gesellschaftsrecht, DNotZ 1981, 406; *Gerber,*Zur Frage der Formerfordernisse bei Übertragung und Verpfändung von GmbH-Geschäftsanteilen; GmbHR 2010, 97; *Geyrhalter*, Internationale Cross Border-Transaktionen, RIW 2002, 386; *Goette*, Auslandsbeurkundungen im Kapitalgesellschaftsrecht, DStR 1996, 709 (= FS Boujong 1996, S. 131); *Goette*, Auslandsbeurkundungen im Kapitalgesellschaftsrecht, MittRhNotK 1997, 1; *Großfeld/Berndt*, Die Übertragung von deutschen GmbH-Anteilen im Ausland, RIW 1996, 625; *Heckschen*, Auslandsbeurkundung und Richtigkeitsgewähr, DB 1990, 161; *ders.*, Die Gründung der GmbH im Ausland, DB 2018, 685, 687; *Heinz*, Beurkundung von Erklärungen zur Auflassung deutscher Grundstücke durch bestellte Notare im Ausland, RIW 2001, 928; *Heinze*, Anforderungen an Beurkundung eines Verschmelzungsvertrags durch Schweizer Notar, DStR 2018, 2536; *Hermanns*, Die Auslandsbeurkundung bei Abtretung von GmbH-Geschäftsanteilen, RNotZ 2010, 38; *ders.*, Das Mysterium der Auslandsbeurkundung – Neues aus Düsseldorf, RNotZ 2011, 224; *ders.*, Basel II für Anteilsabtretungen – Neues aus Karlsruhe?, RNotZ 2014, 229; *ders.*, Zur Gründung einer GmbH im Ausland, RNotZ 2018, 271; *Herrler*, Zuständigkeit des ausländischen Notars zur Einreichung der Gesellschafterliste – (k)ein Vehikel zur Klärung der Zulässigkeit der Auslandsbeurkundung, GmbHR 2014, 225; *ders.*, Beurkundung von statusrelevanten Rechtsgeschäften im Ausland, NJW 2018, 1787; *Janßen/Robertz*, Die Formwirksamkeit des internationalen GmbH-Unternehmenskaufs, GmbHR 2003, 433; *Kindler*, Keine Geltung des Ortsstatuts für Geschäftsanteilsabtretungen im Ausland, BB 2010, 74; *ders.*, Geschäftsanteilsabtretungen im Ausland und notarielle Pflicht zur Einreichung der Gesellschafterliste, RIW 2011, 257; *Knoche*, Wirksamkeit von Auslandsbeurkundungen im Gesellschaftsrecht, FS Rheinisches Notariat 1998, S. 297; *Köbl*, Die Bedeutung der Form im heutigen Recht, DNotZ 1983, 207; *König/Bormann*, Die Reform des Rechts der Gesellschaften mit beschränkter Haftung, DNotZ 2008, 652; *König/Götte/Bormann*, Das Formstatut für die dingliche Abtretung von GmbH-Geschäftsanteilen, NZG 2009, 881; *Kröll*, Beurkundung gesellschaftsrechtlicher Vorgänge durch einen ausländischen Notar, ZGR 2000, 111; *Kropholler*, Auslandsbeurkundungen im Gesellschaftsrecht, ZHR 140 (1976), 394; *Kuntze*, Zum internationalen Beurkundungsrecht, DB 1975, 193; *Küppers*, Grunderwerb im Ausland, DNotZ 1973, 645; *Laeger*, Formwirksamkeit der Übertragung von GmbH-Anteilen in der Schweiz, BB 2010, 2647–2651; *Landbrecht/Becker*, Effektiv und kostengünstig – Übertragung deutscher GmbH-Anteile „Swiss Made", BB 2013, 1290; *Leonard*, Gleichwertigkeit einer Beurkundung durch Notar in Basel, jurisPR-HaGesR 10/2014 Anm. 1; *König/Steffes-Holländer*, Beurkundung der Gründung einer deutschen GmbH durch Schweizer Notar, DB 2018, 625; *Lerch*, Beurkundung durch ausländischen Notar, DB 1992, 670; *Lieder*, Auslandsbeurkundung umwandlungsrechtlicher Strukturmaßnahmen ZIP 2018, 1517; *Lichtenberger*, Das Gesetz zur Neuregelung des Internationalen Privatrechts, DNotZ 1986, 644; *Link*, Formerfordernisse des § 15 GmbHG bei internationalen Transaktionen, BB 2014, 579; *Löber*, Beurkundung von Gesellschafterbeschlüssen einer deutschen GmbH vor spanischen Notaren, RIW 1989, 94; *Lorenz*, Internationale Erwachsenenadoption und lex loci actus, IPRax 19984, 193; *Loritz*, Rechtsfragen der notariellen Beurkundung bei Verkauf und Abtretung von GmbH-Geschäftsanteilen, DNotZ 2000, 90; *Ludwig*, Zur Form der ausländischen notariellen Beurkundung des inländische Gegenstände, NJW 1983, 495; *ders.*, Polnische öffentliche Urkunden im deutschen Rechtsverkehr – Teil II, NotBZ 2003, 216; *Maier-Reimer*, Veräußerung von GmbH-Anteilen vor Schweizer Notaren, BB 1974, 1230; *Mankowski*, Änderungen bei der Auslandsbeurkundung von Anteilsübertragungen durch das MoMiG oder die Rom I.-VO?, NZG 2010, 201; *Mann*, Die

Urkunde ausländischer Notare und der deutsche Rechtsverkehr, NJW 1955, 1177; *ders.*, Zur Auslegung des Art. 11, ZHR 138 (1974), 448; *Merkt*, Vertragsform beim Kauf von Anteilen an einer ausländischen Gesellschaft, ZIP 1994, 1417; *ders.*, Internationaler Unternehmenskauf durch Beteiligungskauf, in: FS Sandrock 1995, S. 135; *Müller*, Abtretung eines GmbH-Anteils in der Schweiz und einzuhaltende Form, RIW 2010, 591–598; *ders.*, Auslandsbeurkundung von Abtretungen deutscher GmbH-Geschäftsanteile in der Schweiz, NJW 2014, 1994; *Nordmeier*, Die Unterschriftsbeglaubigung des tschechischen Anwalts und das österreichische Grundbuch, GPR 2017, 171; *Odendahl*, Die Abtretung von GmbH-Geschäftsanteilen vor ausländischen Notaren, RIW 2014, 189; *Omlor*, Verkehrsschutz im Kapitalgesellschaftsrecht, WM 2009, 2105; *Olk*, Beurkundungserfordernisse nach deutschem GmbH-Recht bei Verkauf und Abtretung von Anteilen an ausländischen Gesellschaften; NJW 2010, 1639; *Olk/Nikoleyczik*, Zulässigkeit der Auslandsbeurkundung in der Schweiz bei Verkauf und Abtretung von GmbH-Geschäftsanteilen, DStR 2010, 1576–1582; *Peters*, Ist die Beurkundung von GmbH-Geschäftsanteilsübertragungen in der Schweiz Rechtsgeschichte? DB 2010, 97–100; *Pilger,* Die Unwirksamkeit der Beurkundung der Abtretung von Geschäftsanteilen in der Schweiz, BB 2005, 1285; *Rehm*, Wirksamkeit in Deutschland vorgenommener Akte ausländischer Urkundspersonen, RabelsZ 64 (2000), 104; *Reithmann*, Die Form ausländischer Vollmachten, DNotZ 1956, 469; *ders.*, Substitution bei Anwendung der Formvorschriften des GmbH-Gesetzes, DNotZ 2003, 385; *ders.*, Beurkundung, Beglaubigung, Bescheinigung durch inländische und ausländische Notare, DNotZ 1995, 360; *ders.*, Mitwirkung des ausländischen Notars bei der Geschäftsanteilsabtretung nach dem MoMiG, GmbHR 2009, 699; *ders.*, Urkunden ausländischer Notare in inländischen Verfahren, IPRax 2002, 133; *Reuter*, Keine Auslandsbeurkundung im Gesellschaftsrecht?, BB 1998, 116; *Riedel*, Erklärung der Auflassung vor einem ausländischen Notar, DNotZ 1955, 521; *Riering*, Die Auslandsbeurkundung des deutschen Notars, IPRax 2000, 16; *Rodewald,* Gutgläubiger Erwerb von Geschäftsanteilen nach MoMiG, GmbHR 2009, 196; *Roth*, Legalisation und Apostille im Grundbuchverfahren, IPRax 1994, 86; *Scheftelowitz*, Das neue Notariatsgesetz in Israel, DNotZ 1978, 145; *Schervier*, Beurkundung GmbH-rechtlicher Vorgänge im Ausland, NJW 1992, 593; *H. Schmidt*, Beurkundungen im Ausland, DB 1994, 1216; *Schönwerth*, Die Form der Rechtsgeschäfte im IPR; *Schulze*, Übertragung deutscher GmbH-Anteile in Zürich und Basel, IPRax 2011, 365; *Schulte*, Die GmbH-Gründung in der Schweiz nach der aktuellen Entscheidung des Kammergerichts „Gehen Sie doch das nächste Mal besser zum Tierarzt!", NotBZ 2018, 329; *ders.*, Zur umwandlungsrechtlichen Formrichtigkeit der Gründungsbeurkundung einer deutschen GmbH durch einen Schweizer Notar mit Amtssitz im Kanton Basel, NotBZ 2019, 98; *Sick/Schwarz*, Auslandsbeurkundungen im Gesellschaftsrecht, NZG 1998, 540;*Spellenberg,* Form und Zugang, IPRax 2013, 545; *Stelmaszczyk*, Beurkundung einer GmbH-Gründung im Ausland GWR 2018, 103; *Stenzel,* Formfragen des internationalen Gesellschaftsrechts, GmbHR 2014, 1024; *Stürner*, Die notarielle Urkunde im europäischen Rechtsverkehr, DNotZ 1995, 343; *Tietz*, Beurkundung eines Gesellschaftsvertrags zur Gründung einer deutschen GmbH durch einen Schweizer Notar mit Amtssitz im Kanton Bern, IPRax 2019, 36; *van Randenborgh/Kallmeyer*, Pro und Contra: Beurkundung gesellschaftsrechtlicher Vorgänge durch ausländische Notare?, GmbHR 1996, 908; *Weber*, Nochmals: Die Urkunde ausländischer, insbesondere englischer Notare und der deutsche Rechtsverkehr, NJW 1955, 1784; *Weber*, GmbH-Gründung und Auslandsbeurkundung MittBayNot 2015, 215; *Wicke,* Die GmbH-Gesellschafterliste im Fokus der Rechtsprechung, DB 2011, 255; *ders.*, Zur Beschwerde gegen die Ablehnung der Eintragung einer GmbH-Gründung GmbHR 2018, 380; *Wilhelmi*, Der Notar in der Hauptversammlung der Aktiengesellschaft, BB 1987, 1331; *Winkler*, Beurkundung gesellschaftlicher Akte im Ausland, NJW 1974, 1032; *ders.*, Übertragung eines GmbH-Geschäftsanteils im Ausland, Rpfleger 1978, 44; *Wolff*, Bestellung und Abberufung von GmbH-Geschäftsführern im Ausland, ZIP 1995, 1489; *Wolfsteiner*, Auslandsbeurkundung der Abtretung von Geschäftsanteilen an einer deutschen GmbH, DNotZ 1978, 532; *Wrede*, Zur Beurkundungspflicht bei der Übertragung von Anteilen an einer ausländischen Kapitalgesellschaft, GmbHR 1995, 365; *Zabel*, Zur Formwirksamkeit einer Auslandsbeurkundung der Abtretung und Verpfändung eines GmbH-Geschäftsanteils, DZWIR 2010, 127–132.

A. **Allgemeines** 1
  I. Normgeschichte und Übergangsrecht 1
  II. Normzweck, Normstruktur, Anwendungsbereich 4
    1. Normzweck 4
    2. Normstruktur 5
    3. Anwendungsbereich 6
  III. Staatsvertragliche Regelungen 10
  IV. Qualifikation 11
  V. Substitution 12
  VI. Renvoi 13
  VII. Ordre public 15
B. **Regelungsgehalt** 17
  I. Anknüpfung an das Geschäftsrecht oder Ortsrecht (Abs. 1) 17
    1. Grundsätzliches 17
    2. Geschäftsrecht 19
      a) Gleichwertigkeit bei Erfüllung des Formerfordernisses im Ausland 20
      b) Gesellschaftsrechtliche Vorgänge 25
        aa) Beurkundungen, die die Gesellschaft in ihrem Bestand und ihrer Verfassung selbst betreffen 26
        bb) Abtretung bzw. Verpfändung von GmbH-Geschäftsanteilen 27

      c) Sonstige Vorgänge 29
      d) Erfüllung ausländischer Formerfordernisse im Inland; Inlandsbeurkundung . 33
    3. Ortsrecht 36
      a) Allgemeines 36
      b) Lokalisierung des Vornahmeortes ... 37
      c) Einschränkungen bei gesellschaftsrechtlichen Vorgängen 38
    4. Rechtswahl 43
  II. Distanzgeschäfte (Abs. 2) 46
  III. Vertretergeschäfte (Abs. 3) 48
  IV. Schuldrechtliche Grundstücksgeschäfte (Abs. 4 aF) 49
  V. Dingliche Rechtsgeschäfte (Abs. 4) 51
    1. Allgemeines 51
    2. Anwendungsbereich des Abs. 4 52
C. **Weitere praktische Hinweise** 54
  I. Formfragen im Zusammenhang mit dem Beurkundungsverfahren 54
  II. Registerrecht 57
  III. Legalisation, Apostille und befreiende Abkommen 58

A. Allgemeines

I. Normgeschichte und Übergangsrecht

Art. 11 wurde im Rahmen der IPR-Reform 1986[2] neu gefasst. Inhaltlich entspricht er im Wesentlichen **1** Art. 11 aF, insbesondere blieb die alternative Anknüpfung an Geschäftsrecht und Ortsrecht bestehen. Im Zuge der Reform wurde Art. 9 des EG-Schuldvertragsübereinkommens vom 19.6.1980 (EVÜ) eingearbeitet (→ Rn. 10).

Im Zuge des Inkrafttretens der Rom I-VO mit Wirkung zum 17.12.2009 ist Art. 11 EGBGB durch Art. 11 **2** der Verordnung (EG) Nr. 593/2008 (Rom I-VO) weitgehend verdrängt worden. Art. 11 EGBGB findet nur insoweit Anwendung, als Art. 11 Rom I-VO nicht anwendbar ist. Art. 11 EGBGB findet somit keine Anwendung für nach dem 17.12.2009 geschlossene Schuldverträge[3] und einseitige Rechtsgeschäfte, die sich auf einen Schuldvertrag beziehen.[4] Art. 11 EGBGB bleibt anwendbar auf Verträge, die vor diesem Datum geschlossen wurden sowie auf Rechtsgeschäfte, die keine Schuldverträge sind bzw. nicht mit diesen in Zusammenhang stehen. Nicht vom Anwendungsbereich des Art. 11 Rom I-VO erfasst sind insbesondere Verfügungsgeschäfte über Mobilien, inländische Grundstücke und Geschäftsanteile. Hier gilt Art. 11 Abs. 4 EGBGB. Dies kann dazu führen, dass der schuldrechtliche Vertrag nach Art. 11 Rom I-VO, das dazugehörige Verfügungsgeschäft im Hinblick auf die Formwirksamkeit hingegen nach Art. 11 Abs. 4 EGBGB beurteilt wird. Aus der Sicht des deutschen Rechts, das streng zwischen Verpflichtungs- und Verfügungsgeschäft unterscheidet, mag die Unterwerfung unter zwei unterschiedliche Formkollisionsregeln logisch erscheinen. Doch nicht alle Rechtsordnungen trennen in dieser Klarheit. Nichtsdestotrotz ist der Anwendungsbereich der Rom I-VO klar auf Schuldverträge beschränkt.[5] Art. 11 Rom I-VO gilt daher ebenfalls nicht für die Eheschließung und Scheidung im Ausland, Rechtsgeschäfte auf dem Gebiet des Ehegüterrechts, des Unterhalts- und Kindschaftsrechts sowie für Vollmachten und bestimmte erbrechtliche Geschäfte (Annahme und Ausschlagung der Erbschaft, Erbverzicht, Erbschaftskauf; zum Anwendungsbereich siehe auch → Rn. 6).[6] Art. 11 Rom I-VO entspricht – mit Ausnahme der Beschränkung auf Schuldverträge – im Wesentlichen Art. 11 EGBGB bzw. Art. 9 EVÜ. Allerdings enthält er zusätzlich in Abs. 2 eine weitere alternative Anknüpfung an den gewöhnlichen Aufenthalt der Parteien zum Zeitpunkt des Vertragsabschlusses. Die Kommentierung dieser Norm erfolgt an anderer Stelle. Im Zuge des Inkrafttretens der Rom I-VO wurde Abs. 4 des Art. 11 EGBGB gestrichen, der bisherige Abs. 5 wurde zu Abs. 4.[7] Der bis dahin gültige Abs. 4 galt nur für Schuldverträge über Grundstücke oder Grundstücksrechte, die nunmehr ausschließlich in Art. 11 Rom I-VO geregelt sind.

Für das Übergangsrecht gilt Art. 220 Abs. 1. Dieser beruft für alle bis zum 1.9.1986 „abgeschlossenen Vor- **3** gänge" das bis zu diesem Datum geltende Kollisionsrecht. Probleme werfen die vor diesem Datum begründeten und über dieses Datum hinausreichenden Dauerschuldverhältnisse auf. Diese können nicht per se als „abgeschlossener Vorgang" angesehen werden. Vielmehr ist es heute unbestrittene Auffassung, dass sich die aus einem Dauerschuldverhältnis ergebenden Rechte und Pflichten aufspalten lassen in solche, die sich nach altem, und solche, die sich nach neuem (Kollisions-)Recht bestimmen.[8] Die Frage, ob das Dauerschuldverhältnis vor der IPR-Reform formgültig entstanden ist, ist hingegen als „abgeschlossener Vorgang" anzusehen und somit nach den alten Kollisionsnormen zu ermitteln. Zum zeitlichen Anwendungsbereich im Verhältnis zur Rom I-VO → Rn. 2.

II. Normzweck, Normstruktur, Anwendungsbereich

1. Normzweck. Durch Art. 11 wird für die Frage der Formgültigkeit eine Kollisionsnorm bereitgestellt, die **4** unabhängig von der Ermittlung des Geschäftsstatuts (auch Wirkungsstatut oder lex causae) ist. Das Formstatut ist also vom Geschäftsstatut streng zu unterscheiden. Die Form kann, muss aber nicht nach dem Geschäftsrecht beurteilt werden. Art. 11 hält neben dem Geschäftsrecht das Ortsstatut bereit. Beide Alternativen stehen gleichberechtigt nebeneinander.[9] Zweck dieser alternativen Anknüpfungsmöglichkeiten ist der favor negotii:[10] Die Formwirksamkeit eines Rechtsgeschäfts soll begünstigt werden. Die Anwendbarkeit

---

2   In Kraft seit dem 1.9.1986 (BGBl. I S. 1142).
3   Auch Vereinbarungen im Vorfeld eines Vertrages, *Ferrari ua/Schulze*, Internationales Vertragsrecht, Rom I-VO Art. 11 Rn. 4.
4   MüKoBGB/*Spellenberg*, 5. Aufl., EGBGB Art. 11 Rn. 8.
5   Eine Ausnahme von dieser strengen Trennung wird in Art. 14 Rom I-VO gemacht. Hier wird für die Forderungsabtretung sowohl für das Verfügungsgeschäft als auch für das Verpflichtungsgeschäft einheitlich an

das durch die Rom I-VO bestimmte „Zessionsgrundstatut" angeknüpft.
6   Palandt/*Thorn* EGBGB Art. 11 An 21.
7   Gesetz vom 25.6.2009, BGBl. I S. 1574.
8   Vgl. für weitere Nachw. MüKoBGB/*Sonnenberger* EGBGB Art. 220 Rn. 22; Staudinger/*Winkler von Mohrenfels* EGBGB Art. 11 Rn. 25.
9   *Goette* MittRhNotK 1997, 1 (2).
10 BGHZ 57, 337, 340 f.; Staudinger/*Winkler von Mohrenfels* EGBGB Art. 11 Rn. 40 f.

des Ortsrechts gibt den Parteien darüber hinaus Rechtssicherheit, da sie sich am Ort der Vornahme des Rechtsgeschäftes am leichtesten über die dort geltenden Formerfordernisse informieren können. Dies dient den Verkehrsinteressen der Parteien (favor gerentis).[11] Die Parteien können auch – im Rahmen der in Abs. 4 gesetzten Grenzen und im Rahmen des Anwendungsbereiches von Art. 11[12] – durch Verlagerung des Ortes, an dem das Rechtsgeschäft vorgenommen wird, ein Recht zur Anwendung kommen lassen, das weniger strenge Formerfordernisse aufstellt. Art. 11 nimmt durch die alternative Anknüpfung an das Ortsrecht bewusst in Kauf, dass das die uU strengeren Formvorschriften des Geschäftsstatuts durch das mildere Ortsrecht zur Makulatur werden. Kritik begegnet der alternativen Anknüpfung dann, wenn durch sie die den Schutz einer Vertragspartei bezweckende Warn-, Beweis- und Belehrungsfunktion der Formvorschriften konterkariert wird.[13] Der Wortlaut des Art. 11 ist aber trotz der Kritik eindeutig: Das mildere Formstatut setzt sich durch.

5 **2. Normstruktur.** **Abs. 1** stellt die Grundregel auf, dass sich die Formgültigkeit nach dem **Geschäftsrecht** oder alternativ nach dem Recht desjenigen Ortes richtet, an dem das Rechtsgeschäft vorgenommen wird (**Ortsrecht**). Da das Ortsrecht bei sog. Distanzverträgen, bei denen sich die beiden Parteien bei Vertragsschluss in verschiedenen Staaten befinden, nach Abs. 1 nicht ermittelt werden könnte, stellt **Abs. 2** klar, dass sich die Formgültigkeit des Vertrages aus den Ortsrechten beider Parteien ergeben kann. Da zusätzlich auch das Geschäftsstatut herangezogen werden kann, kommen bis zu drei verschiedene Rechtsordnungen in Betracht. Abs. 2 gilt ausdrücklich nur für Verträge, während Abs. 1 für alle Rechtsgeschäfte gilt. **Abs. 3** behandelt den Fall, in dem ein Vertreter bei einem Vertragsschluss mitwirkt. Hier kommt es für die Bestimmung des Ortsrechts iSv Abs. 1 und 2 nicht auf den Standort des Vertretenen, sondern auf denjenigen des Vertreters an. Dies dient der Rechtssicherheit: Ein Vertragspartner, der mit einem Vertreter einen Vertrag schließt, kann unter Umständen nicht feststellen, wo sich der Vertretene befindet. Es soll vermieden werden, dass ein Recht zur Bestimmung der Formgültigkeit herangezogen wird, das bei Vertragsschluss nicht erkennbar ist. Abs. 4 schränkt den favor negotii wieder ein. Sachenrechtliche Rechtsgeschäfte sind nach **Abs. 4** nur formgültig, wenn die Formvorschriften desjenigen Rechts eingehalten werden, das auf die Sache Anwendung findet. Auch hier müssen die Formvorschriften der nach Art. 43 Abs. 1 maßgeblichen lex rei sitae eingehalten werden. Die Berufung der lex rei sitae durch Abs. 4 rechtfertigt sich durch den engen Bezug zum Belegenheitsstaat.

6 **3. Anwendungsbereich.** Art. 11 findet auf (einseitige und zweiseitige) Rechtsgeschäfte aller Art Anwendung,[14] ist also – anders als das EVÜ – nicht auf vertragliche Schuldverhältnisse beschränkt. Zur Abgrenzung der Anwendungsbereiche von Art. 11 Rom I-VO und Art. 11 EGBGB → Rn. 2. **Besondere Formanknüpfungsvorschriften** bestehen jedoch für Verfügungen von Todes wegen (dann Art. 26 (bis 16.8.2015) bzw. Haager Testamentsformabkommen[15] und ab dem 17.8.2015 die EuErbVO),[16][17] für die Eheschließung im Inland (dann Art. 13 Abs. 3,,[18] für die Begründung einer eingetragenen Lebenspartnerschaft (dann Art. 17b Abs. 1, für die Rechtswahl bei Eheverträgen (dann Art. 14 Abs. 4) und Art. 15 Abs. 3, für die Rechtswahl bei Schuldverträgen (dann Art. 27 Abs. 4 aF bzw. Art. 3 Abs. 1 S. 3 Rom I-VO) und für Verbraucherverträge (dann Art. 6 Rom I-VO). Besondere Formvorschriften bestehen auch für Gerichtsstandsvereinbarungen (dann Art. 25 EuGVVO[19] = 23 EuGVVO aF[20] bzw. §§ 38 ff. ZPO),[21] Schiedsvereinbarun-

11 Dazu ausdr. der Regierungsentwurf BT-Drs. 10/504, S. 48; Staudinger/*Winkler von Mohrenfels* EGBGB Art. 11 Rn. 40; MüKoBGB/*Spellenberg* EGBGB Art. 11 Rn. 1.

12 So ist dies zB für Verbraucherverträge wegen Art. Art. 6 Abs. 1 Rom I-VO nicht möglich.

13 Vgl. zB *Kropholler* ZHR 140 (1976), 394, 399; Staudinger/*Winkler von Mohrenfels* EGBGB Art. 11 Rn. 43 ff.

14 Art. 11 gilt auch für Rechtswahlverträge, vgl. MüKoBGB/*Spellenberg* EGBGB Art. 11 Rn. 65; aA BeckOK BGB/*Mäsch* EGBGB Art. 11 Rn. 18.

15 Vom 5.10.1961 (BGBl. II 1965 S. 1145), abgedruckt auch in *Jayme/Hausmann* Nr. 60.

16 VO (EU) Nr. 650/2012 v. 4.7.2012, ABl. EU L 201, S. 107.

17 Für alle sonstigen erbrechtlichen Rechtsgeschäfte (zB Erbverzichtsvertrag, Erbausschlagung, dazu auch LG Magdeburg IPRspr. 2016, Nr. 189, 4722) gilt

Art. 11, vgl. BayObLG FamRZ 1994, 1354 (1356); MüKoBGB/*Spellenberg* EGBGB Art. 11 Rn. 22.

18 Für im Ausland geschlossene Ehen gilt uneingeschränkt Art. 11; vgl. BeckOK BGB/*Mäsch* EGBGB Art. 11 Rn. 3.

19 EuGVVO = Verordnung (EU) Nr. 1215/2012 des Europäischen Parlaments und des Rates vom 12.12.2012 über die gerichtliche Zuständigkeit und die Anerkennung und Vollstreckung von Entscheidungen in Zivil- und Handelssachen, ABl. EU L 351, S. 1.

20 Verordnung (EG) Nr. 44/2001 des Rates vom 22.12.2000 (ABl. EG L 12 v. 16.1.2001, S. 1).

21 BGHZ 59, 23, 29 = NJW 1972, 1622 (1624); BGH IPRax 1987, 107; für die Beurteilung der Formwirksamkeit von Gerichtsstandsvereinbarungen sind nur diese Vorschriften anwendbar, vgl. MüKoBGB/*Spellenberg* EGBGB Art. 11 Rn. 21a; Staudinger/*Winkler von Mohrenfels* EGBGB Art. 11 Rn. 96; krit. *Lorenz* IPRax 1985, 256 (259 f.).

gen (§ 1031 ZPO), im Scheck- und Wechselrecht (Art. 92 Abs. 1 und 97 WG bzw. Art. 62 Abs. 1 und 66 ScheckG), im internationalen Transportrecht,[22] im FernAbsG (§ 2 Abs. 3) und im TzWrG (§ 3).[23]

Art. 11 gilt auch für die Form von **Zustimmungen und Genehmigungen** von Privaten (zB schriftlich oder **7** öffentlich beglaubigt),[24] auch wenn sich deren Erfordernis aus dem Geschäftsstatut ergibt, und für die Form von rechtsgeschäftsähnlichen Handlungen (zB Mahnung).[25] Er gilt auch für die Erteilung von Vollmachten,[26] für die Abtretung,[27] für die eidesstattliche Versicherung (zB im Erbscheinsantrag),[28] für die Bürgschaft,[29] für familienrechtliche Rechtsgeschäfte[30] und für nicht von Art. 26 bzw. dem Haager Testamentsübereinkommen[31] erfasste erbrechtliche Rechtsgeschäfte.[32]

Art. 11 gilt nicht für die Frage, welches Recht für die Form von **Verfahrenshandlungen** und gerichtlichen **8** Entscheidungen maßgeblich ist. Deren Formgültigkeit bestimmt die lex fori,[33] ebenso die Frage, wie ein Rechtsgeschäft im Prozess **bewiesen** werden muss.[34] Dies gilt auch dann, wenn die Prozesshandlung – wie beispielsweise die Prozessaufrechnung – auch materiellrechtliche Wirkung entfaltet. Für die Zulässigkeit der Beweismittel bei Schuldverträgen gilt Art. 18 Rom I-VO). Demnach können für den Beweis der Vornahme eines Rechtsgeschäfts neben den Beweismitteln der lex fori auch die in den Formstatuten genannten verwandt werden, sofern sie der Art nach der lex fori bekannt sind.[35] Einige ausländische Beweisvorschriften sind (nach der deutschen lex fori) als Formvorschriften zu qualifizieren und unterfallen dann Art. 11.[36]

Bestritten ist, dass Art. 11 uneingeschränkt auch auf gesellschaftsrechtliche Vorgänge anwendbar ist.[37] Dies **9** sollte nach der Begründung des Regierungsentwurfs[38] für Rechtsakte, die die Verfassung von Gesellschaften betreffen, nicht der Fall sein. Allerdings ergibt sich aus dem Wortlaut des Gesetzes keine Ausklammerung dieses Bereiches aus dem Anwendungsbereich des Art. 11. Dieser und die Überschrift des 2.

---

22 CMR vom 19.5.1956 (BGBl. II 1961 S. 1119 und BGBl. II 1980 S. 733); CIM idF vom 7.2.1970 und CIV idF vom 7.2.1970, beide Bestandteil des COTIF (BGBl. II 1985 S. 130).

23 Zur Anwendbarkeit der letztgenannten Vorschriften s. BeckOK BGB/*Mäsch* EGBGB Art. 11 Rn. 6.

24 KG IPRax 1994, 217; S. *Lorenz* IPRax 1994, 193 f.; MüKoBGB/*Spellenberg* EGBGB Art. 11 Rn. 25 a.

25 MüKoBGB/*Spellenberg* EGBGB Art. 11 Rn. 25 a; Staudinger/*Winkler von Mohrenfels* EGBGB Art. 11 97; BeckOK BGB/*Mäsch* EGBGB Art. 11 Rn. 17.

26 Auch für eine Adoptionsvollmacht, vgl. LG Augsburg FamRZ 1973, 160 (161).

27 Die Form des Abtretungsvertrages gehört zu den „Voraussetzungen, unter denen die Übertragung dem Schuldner entgegengehalten werden kann" iSv Art. 33 Abs. 2 (BGHZ 87, 19, 23 = NJW 1983, 1487 (1488); *v. Bar* IPRax 1992, 20 (22); Staudinger/ *Winkler von Mohrenfels* EGBGB Art. 11 Rn. 83 ff. mwN); maßgeblich für das Geschäftsstatut ist also das Forderungsstatut. Art. 11 Abs. 5 ist auch nicht analog anwendbar. Bei der Abtretung ist aber immer fraglich, ob eine bestimmte Voraussetzung als Formfrage oder als materielle Voraussetzung zu qualifizieren ist (zB der „Signifikation" nach französischem Recht vgl. *Sonnenberger* IPRax 1987, 221 ff. und Staudinger/*Winkler von Mohrenfels* EGBGB Art. 11 Rn. 98).

28 Staudinger/*Winkler von Mohrenfels* EGBGB Art. 11 Rn. 99 ordnet eine solche Versicherung als rechtsgeschäftsähnliche Handlung ein.

29 Der Bürgschaftsvertrag ist von der zu sichernden Forderung unabhängig, beurteilt sich folglich nach dem selbstständig auf den Bürgschaftsvertrag anwendbaren Vertragsstatut (Staudinger/*Magnus* EGBGB Art. 28 Rn. 496 ff.). Die Bürgschaft kann also auch in Deutschland formfrei (trotz § 766 BGB) erklärt werden, wenn der Bürgschaftsvertrag durch Rechtswahl einem Recht unterstellt wird, das Formfreiheit vorsieht.

30 ZB Verlöbnis (BGH FamRZ 1959, 105 (106)); Eheschließung (BGHZ 29, 137 = NJW 1959, 717; beachte hier aber Art. 13 Abs. 3); Eheverträge (BayObLG IPRax 1986, 379 (380)); Trennungsvereinbarungen (OLG Zweibrücken IPRax 1988, 357, vgl. dazu *Rauscher* IPRax 1988, 343 (346)); Vaterschaftsanerkenntnisse (BGH NJW 1975, 1069; s. dazu auch die Kommentierung bei Art. 19 EGBGB Rn. 51); Adoptionseinwilligungen (zB KG IPRax 1994, 217).

31 Vom 5.10.1961 (BGBl. II 1965 S. 1145), abgedruckt auch in *Jayme/Hausmann* Nr. 60.

32 Wie Annahme und Ausschlagung der Erbschaft (BayObLG FamRZ 1994, 1354 (1356)); Erbverzicht, Erbschaftskauf und Erbteilsabtretung (Staudinger/ *Winkler von Mohrenfels* EGBGB Art. 11 Rn. 90).

33 MüKoBGB/*Spellenberg* EGBGB Art. 11 Rn. 29; aA Staudinger/*Winkler v. Mohrenfels* EGBGB Art. 11 Rn. 95 (der jedoch die Anwendbarkeit in den Fällen als gegeben ansieht, wenn die Wirkungen materiellrechtlicher Natur sind).

34 Palandt/*Thorn* EGBGB Art. 11 Rn. 7.

35 MüKoBGB/*Spellenberg* EGBGB Art. 11 Rn. 36.

36 So zB im US-amerikanischen Recht (Sec. 2–201 UCC) die Unklagbarkeit eines Kaufvertrages, bei dem der Kaufpreis 500 USD überschreitet und der Kaufvertrag nicht schriftlich geschlossen wurde, noch Teilleistungen erbracht wurden (so OLG Oldenburg RIW 1996, 66; Palandt/*Thorn* EGBGB Art. 11 Rn. 7).

37 LG Augsburg NJW-RR 1997, 420; Staudinger/*Großfeld* Int. GesR Rn. 467 und 498; *Großfeld/Berndt* RIW 1996, 625 ff.; *Geimer* DNotZ 1981, 406 ff.; *Schervier* NJW 1992, 593 (594); *Ebenroth/Wilken* JZ 1991, 1061 (1064); s. ausf. zur Entwicklung und Diskussion Staudinger/*Winkler von Mohrenfels* EGBGB Art. 11 Rn. 254 ff.

38 BT-Drs. 10/504, S. 49.

Abschnitts sprechen von Rechtsgeschäften. Aus diesem Grund findet – wie auch schon vor der IPR-Reform – Art. 11 grundsätzlich auch hier Anwendung[39] (zur Ausnahme beim Ortsstatut → Rn. 38 ff.).

III. Staatsvertragliche Regelungen

10 In Art. 11 wurde im Zuge der IPR-Reform 1986 (→ Rn. 1 f.) das **EG-Schuldvertragsübereinkommen vom 19.6.1980** (EVÜ)[40] eingearbeitet. Die Regelungen des Art. 9 des Übk. entsprechen im Wesentlichen Art. 11.[41] Allerdings ist der Anwendungsbereich des Art. 11 weiter gefasst. Er gilt für Rechtsgeschäfte aller Art, während Art. 9 des EVÜ nur auf vertragliche Schuldverhältnisse anwendbar ist (vgl. Art. 1 EVÜ). Das EVÜ wurde für Verträge ab dem 17.12.2009 durch die Rom I-VO ersetzt (→ Rn. 2). Auch nach Wegfall von Art. 36 sollte Art. 11 europäisch einheitlich ausgelegt werden sollte. Probleme können sich aufgrund des geringfügig unterschiedlichen Wortlauts von Art. 11 EGBGB und Art. 11 Rom I-VO ergeben. Da die notarielle Beurkundung als Ausübung öffentlicher Gewalt in die Bereichsausnahme des Art. 45 EGV fällt, bestehen keine europarechtlichen Vorgaben für die Anknüpfung des Formstatuts.[42]

IV. Qualifikation

11 Art. 11 bestimmt das maßgebliche Recht, das auf die Formerfordernisse anwendbar ist. Dabei kann sich aber die Frage stellen, ob eine bestimmte Regel als Formvorschrift zu qualifizieren ist (dann Art. 11) oder ob es sich um eine Wirksamkeitsvoraussetzung des Rechtsgeschäfts handelt (dann Wirkungsstatut). Die Qualifikation einer Norm ist nach der lex fori, grundsätzlich also nach deutschem Recht vorzunehmen.[43] Eine Formvorschrift ist demnach eine Norm, die die Art und Weise der Äußerung einer Willenserklärung regelt (schriftlich, mündlich, eigenhändig, notariell beurkundet, beglaubigt, Zuziehung von Zeugen oder Amtspersonen).[44] Zudem haben Formvorschriften im deutschen Recht verschiedene Zwecke (Übereilungsschutz, Beratungsfunktion, Beweisfunktion, Richtigkeitsgewähr). Nach diesen Kriterien lässt sich ermitteln, ob eine bestimmte Norm als Formvorschrift zu qualifizieren ist. Die Grenzfragen sind zahlreich und nicht immer einfach zu beantworten. Zum Formstatut gehört jedenfalls die Frage, ob eine Form überhaupt erforderlich ist[45] oder ob eine bestimmte Tatsache eines urkundlichen Beweises unter Ausschluss von Zeugen bedarf.[46] Von großer praktischer Relevanz ist das Verbot von gemeinschaftlichen Testamenten und Erbverträgen in anderen Rechtsordnungen. Hier ist darauf abzustellen, ob das Verbot dem Zweck dient, die Testierfreiheit bis zum Tode zu erhalten (dann Inhalt des Rechtsgeschäftes)[47] oder ob es dazu dient, die richtige Wiedergabe des Erblasserwillens zu erreichen (dann Form des Rechtsgeschäfts).[48] Formfrage ist die Zulässigkeit einer Handschuhehe,[49] ebenso das Verbot der Errichtung privatschriftlicher Testamente im Ausland,[50] die Hinzuziehung von Zeugen oder Amtspersonen bei Heirat und Testament.[51] Keine Formfrage ist das Verbot der Stellvertretung, die Registerpflichtigkeit,[52] das im anglo-amerikanischen Recht existierende Erfordernis der *consideration*,[53] das Erfordernis von Zugang und Empfang einer Willenserklärung (diese

39   Soergel/*Kegel* EGBGB Art. 11 Rn. 24; Erman/*Hohloch* EGBGB Art. 11 Rn. 3; *Reuter* BB 1998, 116 (118); *Bauer* NZG 2001, 45; aA zB *Lichtenberger* DNotZ 1986, 644 (653); *Heckschen* DB 1990, 161 ff.; *Schervier* NJW 1992, 593 (594); *Goette* Mitt-RhNotK 1997, 1 (3) (für Rechtsakte, die die Verfassung der Gesellschaft betreffen); *Knoche* FS Rheinische Notariat 1998, S. 297, 301; *Kröll* ZGR 2000, 111 (115).

40   Für Deutschland in Kraft getreten am 1.4.1991 (BGBl. II S. 871); abgedruckt auch in *Jayme/Hausmann* Nr. 171.

41   Zu den Abweichungen vgl. Staudinger/*Winkler von Mohrenfels* EGBGB Art. 11 Rn. 15 ff.

42   Zur Möglichkeit der Beeinträchtigung der Grundfreiheiten durch Formvorschriften vgl. *Fetsch*, Eingriffsnormen und EG-Vertrag, S. 188 ff.

43   BGHZ 29, 137, 139 = NJW 1959, 717; Palandt/*Thorn* EGBGB Art. 11 Rn. 11; MüKoBGB/*Spellenberg* EGBGB Art. 11 Rn. 141 ff.; BeckOK BGB/*Mäsch* EGBGB Art. 11 Rn. 20; krit. Staudinger/*Winkler von Mohrenfels* EGBGB Art. 11 Rn. 49.

44   Erman/*Hohloch* EGBGB Art. 11 Rn. 13; BeckOK BGB/*Mäsch* EGBGB Art. 11 Rn. 20.

45   *Lorenz* IPRaX 84, 196; PWW/*Mörsdorf-Schulte* EGBGB Art. 11 Rn. 5.

46   BeckOGK/*Gebauer* Rom I-VO Art. 11 Rn. 58, 61 f.; MüKoBGB/*Spellenberg* Rom I-VO Art. 11 Rn. 26.

47   So in Italien (OLG Frankfurt IPRax 1986, 111) und in den Niederlanden (OLG Düsseldorf NJW 1963, 2227 (2228)).

48   So in Frankreich (MüKoBGB/*Spellenberg* EGBGB Art. 11 Rn. 159 Fn. 437) und in Portugal (*Jayme* IPRax 1982, 210).

49   BGHZ 29, 137.

50   BGH NJW 1967, 1177.

51   OLG Düsseldorf FamRZ 1992, 1078.

52   *Köbl* DNotZ 1983, 207 (209); MüKoBGB/*Spellenberg* EGBGB Art. 11 Rn. 162; BeckOK BGB/*Mäsch* EGBGB Art. 11 Rn. 25.

53   Str., so auch Soergel/*Kegel* EGBGB Art. 11 Rn. 29; aA MüKoBGB/*Spellenberg* EGBGB Art. 11 Rn. 156 mwN.

sind eine unselbständige Teilfrage und somit Bestandteil des Geschäftsstatuts);[54] fraglich ist zB, wie Vorschriften über die Vertragssprache einzuordnen sind.[55]

V. Substitution

Stellt das berufene Recht bestimmte Formerfordernisse auf (zB notarielle Beurkundung), so stellt sich die **12** Frage, ob diese Erfordernisse auch außerhalb des räumlichen Geltungsbereichs dieses Statuts erfüllt werden können. Man spricht hier von Substitution.[56] Ob eine solche Substitution zulässig ist, hängt davon ab, ob der Auslandssachverhalt gleichwertig zu dem von der inländischen Sachnorm geforderten Erfüllungstatbestand ist. Dies ist letztlich eine Frage der Subsumtion: Kann dasjenige, was tatsächlich außerhalb des räumlichen Geltungsbereichs des Statuts stattgefunden hat, unter die Tatbestandsvoraussetzungen der Formvorschrift des Statuts subsumiert werden? Die Beantwortung der Frage hängt entscheidend vom Sinn und Zweck der Formvorschrift ab.[57] Konkret stellt sich die Frage der Substitution zum einen bei Eheschließungen vor einem unzuständigen ausländischen Standesbeamten[58] und bei Beurkundungen von Rechtsgeschäften, für die das deutsche (Geschäfts-)Recht eine notarielle Beurkundung vorsieht (siehe dazu → Rn. 19 ff.).

VI. Renvoi

Ein renvoi ist im gesamten Bereich des Art. 11 ausgeschlossen. Ist die Formwirksamkeit eines (bis zum **13** 17.12.2009 geschlossenen; für danach abgeschlossene gilt Art. 20 Rom I-VO) **Schuldvertrages** nach dem Geschäftsstatut zu beurteilen, so ist die Beachtlichkeit eines renvoi schon wegen Art. 35 Abs. 1 aF (bzw. Art. 20 Rom I-VO) ausgeschlossen.[59] Auch ein renvoi des Ortsrechts ist unbeachtlich.[60] Denn anders als in anderen Kollisionsregeln wird nicht auf das „Recht", sondern auf die „Formerfordernisse" des Vornahme- bzw. Aufenthaltsortes verwiesen. Aus diesem Wortlaut kann nur auf eine Sachnormverweisung geschlossen werden.[61] Dieses Ergebnis wird auch vom Normzweck gestützt. Denn es würde dem Interesse des favor gerentis widersprechen, wenn statt der den Parteien geläufigen Ortsform das Recht eines Drittstaates anwendbar wäre, auf den das Ortsrecht verweist.

Ist die Formwirksamkeit von **Rechtsgeschäften, die keine Schuldverträge sind**, zu beurteilen, so gilt für **14** das Ortsrecht das oben (→ Rn. 13) Gesagte: Ein renvoi ist unbeachtlich. Ist das Rechtsgeschäft hingegen nach dem Wirkungsstatut zu beurteilen, so wäre ein vom berufenen Recht ausgesprochener renvoi beachtlich.[62] Ein solcher renvoi hätte mittelbare Auswirkungen auf das Formstatut.[63] Dies wird zwar, teils unter Hinweis auf den Wortlaut des Abs. 1 („Formerfordernisse"),[64] teils unter Hinweis auf das Günstigkeitsprinzip[65] angezweifelt. Die Zweifel können aber nicht überzeugen, da das Geschäftsrecht erst ermittelt werden muss, bevor die Einhaltung der Formerfordernisse dieses Rechts überprüft werden kann. Würde man einen renvoi für das Formstatut nicht zulassen, so würde dies, wenn das Geschäftsstatut einen renvoi anordnet, zu einer „Spaltung" des Geschäftsstatuts führen (erstberufenes Geschäftsstatut für Formerfordernisse, durch renvoi berufenes Geschäftsrecht für alle sonstigen Fragen). Eine solche Aufspaltung wäre dem Bedürfnis nach einem einheitlichen Geschäftsstatut abträglich.[66] Aus diesem Grund ist auch ein Teil-renvoi, für das Formstatut, wie ihn manche Rechtsordnungen vorsehen, nach ganz überwiegender Auffassung[67] unbeacht-

54   BeckOK BGB/*Mäsch* EGBGB Art. 11 Rn. 21; eingehend *Spellenberg* IPRax 2013, 545 (zu BGH IPRax 2013, 579, der anderer Auffassung ist, jedoch zum gleichen Ergebnis gelangt).

55   Für Zuordnung zu Art. 11 MüKoBGB/*Spellenberg* EGBGB Art. 11 Rn. 156; *Downes/Heiss* ZVglRWiss 1999, 28 (41); *Freitag* IPRax 1999, 142 (146). aus Hk-BGB/*Staudinger* Rom I-VO Art. 11 Rn. 1; dagegen (und somit Zuordnung zum Vertragsstatut) Palandt/*Thorn* Rom I-VO Art. 11 Rn. 3.

56   Grundsätzlich zur Substitution: *Reithmann* NJW 2003, 385; *Mansel*, Substitution im deutschen Zwangsvollstreckungsrecht, FS Lorenz 1991, S. 688; *Hug*, Die Substitution im IPR, 1983; *Schulz*, Die Subsumtion ausländischer Rechtstatsachen, 1997; *van Venrooy*, Internationalprivatrechtliche Substitution, 1999.

57   *Reithmann* NJW 2003, 385 ff.

58   Siehe Staudinger/*Winkler von Mohrenfels* EGBGB Art. 11 Rn. 200 ff.

59   BT-Drs. 10/503, S. 33, 62; Staudinger/*Winkler von Mohrenfels* EGBGB Art. 11 Rn. 52.

60   KG IPRspr. 1972 Nr. 6; Staudinger/*Winkler von Mohrenfels* EGBGB Art. 11 Rn. 59; Erman/*Hohloch* EGBGB Art. 11 Rn. 5; aA MüKoBGB/*Spellenberg* EGBGB Art. 11 Rn. 15, der eine Verweisung des Ortsrechts zulassen möchte, wenn sie zur Formgültigkeit führt. Dies ist mE aber mit dem Wortlaut nicht vereinbar.

61   BT-Drs. 10/504, S. 48.

62   MüKoBGB/*Spellenberg* EGBGB Art. 11 Rn. 13; Staudinger/*Winkler von Mohrenfels* EGBGB Art. 11 Rn. 52; Palandt/*Thorn* EGBGB Art. 11 Rn. 3.

63   OLG Hamm StAZ 1991, 315 (317); Palandt/*Thorn* EGBGB Art. 11 Rn. 3.

64   *Kartzke* IPRax 1988, 8.

65   *Ebenroth/Eyles* IPRax 1989, 1 (10).

66   Staudinger/*Winkler von Mohrenfels* EGBGB Art. 11 Rn. 52.

67   *V. Bar* IPR II Rn. 596; Staudinger/*Winkler von Mohrenfels* EGBGB Art. 11 Rn. 57; Erman/*Hohloch* EGBGB Art. 11 Rn. 5; aA MüKoBGB/*Spellenberg* EGBGB Art. 11 Rn. 14.

lich. Dies muss auch im Rahmen von Abs. 4 gelten. Verweist etwa die lex rei sitae auf die Formvorschriften desjenigen Rechts, in dem das Rechtsgeschäft vorgenommen wurde, so wäre dies unbeachtlich.[68] Denn es ist ja gerade der Zweck des Abs. 4, dass die Formvorschriften des Belegenheitsstaates zwingend zur Anwendung kommen.

VII. Ordre public

15   Das durch Art. 11 gewonnene Recht steht grundsätzlich unter dem Vorbehalt des ordre public (Art. 6).[69] Allerdings ist dessen Anwendungsbereich denkbar gering,[70] da durch die Alternativität des Art. 11 deutlich wird, dass die deutschen Formvorschriften nicht zu den wesentlichen Grundsätzen des deutschen Rechts gehören.[71] So verstößt zB eine vor einem schweizerischen Notar vorgenommene Übertragung von GmbH-Geschäftsanteilen nicht gegen die guten Sitten.[72] Gleiches gilt für einen in Deutschland formlos abgeschlossenen Erwerbsvertrag über ein Grundstück, welches in einem Land belegen ist, das keine Formerfordernisse für derartige Verträge aufstellt.[73] Ebenso ist eine im Ausland nach den dortigen Formvorschriften (privatschriftlich[74] bzw. notariell beglaubigt) erteilte unwiderrufliche Vollmacht zur Veräußerung deutschen Grundbesitzes nicht ordre-public-widrig. Auch verstößt ein im Ausland nach den dortigen Formvorschriften wirksam geschlossener (schuldrechtlicher) Kaufvertrag nicht gegen den ordre public, da der durch § 311 b Abs. 1 BGB verfolgte Zweck nicht zu den wesentlichen Grundsätzen des deutschen Rechts gehört[75] (zur Abwicklung eines solchen Kaufvertrages → Rn. 31). Selbiges gilt für vergleichbare Formvorschriften, zB §§ 518, 766 BGB.[76] Generell wird man die „Formerschleichung" nicht als Verstoß gegen den ordre public ansehen können,[77] da Art. 11 durch die Alternativität zu erkennen gibt, dass auch mildere als die deutschen Formvorschriften ausreichen (siehe dazu auch → Rn. 4).

16   Denkbar wäre eine Verstoß gegen den *ordre public* bei geschlechtlichen, rassischen oder religiösen Formendiskriminierungen, wenn zB Frauen andere Formvorschriften einhalten müssten als Männer.[78]

B. Regelungsgehalt

I. Anknüpfung an das Geschäftsrecht oder Ortsrecht (Abs. 1)

17   **1. Grundsätzliches.** Abs. 1 gilt- mit Ausnahme der Schuldverträge, die nach der Rom I-VO zu beurteilen sind – für alle Rechtsgeschäfte[79] und rechtsgeschäftsähnliche Handlungen (→ Rn. 6 f.), beispielsweise auch bei der Adoptionseinwilligung[80] und beim Vaterschaftsanerkenntnis[81] (die Form dieser Erklärungen richtet sich nicht nach den Verfahrensvorschriften der lex fori).[82] Das Rechtsgeschäft muss nur nach einem der beiden von Abs. 1 genannten Rechte formwirksam sein. Ist es nach einem dieser beiden Rechte formunwirksam, so kann sich die Formgültigkeit auch aus dem anderen Recht ergeben. Dieses ist dann nicht gesperrt. Zum Zweck der Alternativität[83] → Rn. 4. Auf die Kenntnis der Parteien von der Alternativität kommt es nicht an. Faktisch entfällt aber die Alternativität, wenn das Ortsrecht das vorgenommene Rechtsgeschäft überhaupt nicht kennt (Normenleere).[84] Umgekehrt ist dies beim Geschäftsstatut logisch nicht denkbar. Die völlige Unkenntnis des Ortsrechts ist aber selten gegeben. Es kommt nämlich nicht darauf an, dass die rechtliche Ausgestaltung des Rechtsgeschäfts im Geschäftsstatut und im Ortsrecht vollständig überein-

---

68   Staudinger/*Winkler von Mohrenfels* EGBGB Art. 11 Rn. 58.

69   MüKoBGB/*Spellenberg* EGBGB Art. 11 Rn. 17; Staudinger/*Winkler von Mohrenfels* EGBGB Art. 11 Rn. 60; Erman/*Hohloch* EGBGB Art. 11 Rn. 6.

70   Palandt/*Thorn* EGBGB Art. 11 Rn. 3; MüKoBGB/*Spellenberg* EGBGB Art. 11 Rn. 17; Erman/*Hohloch* EGBGB Art. 11 Rn. 6.

71   OLG Stuttgart IPRspr. 1981 Nr. 12; MüKoBGB/*Spellenberg* EGBGB Art. 11 Rn. 17; Staudinger/*Winkler von Mohrenfels* EGBGB Art. 11 Rn. 60.

72   OLG Frankfurt DB 1981, 1456 (1457).

73   RGZ 63, 18 ff.; OLG Köln IPRspr. 1974 Nr. 15.

74   ZB OLG Stuttgart IPRspr. 1981 Nr. 12 (Liechtenstein).

75   RGZ 121, 154, 156 f.

76   Staudinger/*Winkler von Mohrenfels* EGBGB Art. 11 Rn. 67.

77   Staudinger/*Winkler von Mohrenfels* EGBGB Art. 11 Rn. 67; MüKoBGB/*Spellenberg* EGBGB Art. 11 Rn. 116.

78   Staudinger/*Winkler von Mohrenfels* EGBGB Art. 11 Rn. 60; MüKoBGB/*Spellenberg* EGBGB Art. 11 Rn. 17.

79   Der Begriff „Rechtsgeschäft" ist nach der lex fori zu qualifizieren, so auch Erman/*Hohloch* EGBGB Art. 11 Rn. 11; aA Staudinger/*Winkler von Mohrenfels* EGBGB Art. 11 Rn. 74.

80   KG FamRZ 1993, 1363.

81   AG Karlsruhe DAVorm 1990, 391.

82   MüKoBGB/*Spellenberg* EGBGB Art. 11 Rn. 31.

83   Die Alternativität kann entfallen, wenn das Geschäftsrecht dem Ortsrecht entspricht, wenn eines der beiden Rechte keine Formvorschriften für das zu beurteilende Rechtsgeschäft bereithält oder wenn das IPR des Geschäftsrechts alleine das Ortsrecht beruft.

84   BGH NZG 2005, 41; OLG Bamberg FamRZ 2002, 1120; KG FamRZ 1993, 1363; *Bokelmann* NJW 1972, 1729 (1731); *Lorenz* IPRax 1994, 193 (196); Palandt/*Thorn* EGBGB Art. 11 Rn. 12; MüKoBGB/*Spellenberg* EGBGB Art. 11 Rn. 136 f.

stimmt. Das Ortsrecht kann also auch dann zur Anwendung kommen, wenn lediglich eine Übereinstimmung in den wesentlichen Zügen vorliegt.[85]

Die **Rechtsfolgen einer etwaigen Formunwirksamkeit** (einschließlich die Frage der Heilungsmöglichkeit)[86] ergeben sich aus demjenigen Recht, welches zur Formunwirksamkeit führt.[87] Führen beide Rechte zur Formunwirksamkeit, so kann nach Sinn und Zweck der Alternativität (ua favor negotii) wiederum auch dasjenige angewendet werden, das die milderen Folgen der Formungültigkeit vorsieht (zB Heilungsmöglichkeit bzw. schwebende Unwirksamkeit statt Nichtigkeit).[88]   **18**

2. Geschäftsrecht. Das Geschäftsrecht bestimmt sich nach den Anknüpfungsregeln, die für dieses maßgeblich sind.[89] Bei der Prüfung, ob die Formerfordernisse des Geschäftsrechts eingehalten wurden, stellt sich häufig die Frage der Substitution (siehe grundlegend dazu → Rn. 12). Diese ist im Rahmen des Geschäftsstatuts nicht zu verwechseln mit der Anwendung der Ortsform. Denn bei der Substitution gelten die Formerfordernisse des Geschäftsrechts. Lediglich die Erfüllung dieser Formerfordernisse findet an einem anderen Ort als an demjenigen statt, an dem das Geschäftsrecht gilt.[90] Das Problem der Substitution stellt sich insbesondere in denjenigen Fällen, in denen das (deutsche) Geschäftsrecht notarielle Beurkundung vorsieht und diese im Ausland vorgenommen werden soll. Es kann sich umgekehrt aber auch stellen, wenn ausländisches Geschäftsstatut gilt und der formgebundene Vorgang in Deutschland erfüllt wird (zB Verkauf von Anteilen an einer ausländischen Gesellschaft in Deutschland), vgl. dazu → Rn. 34 ff.   **19**

a) Gleichwertigkeit bei Erfüllung des Formerfordernisses im Ausland. Die Substitution eines nach dem Geschäftsrecht geforderten Formerfordernisses im Ausland ist nur dann möglich, wenn der Tatbestand, durch den das Formerfordernis im Ausland erfüllt wird, der deutschen Form gleichwertig ist.[91] Praktisch stellt sich diese (sachrechtliche) Frage nur, wenn entweder die Ortsform nicht eingehalten wurde oder ein Rückgriff auf diese nicht möglich ist. Sie stellt sich in erster Linie bei Auslandsbeurkundungen (zu Beglaubigungen → Rn. 29); hier bedeutet dies, dass die Urkundsperson und das Beurkundungsverfahren den Anforderungen des (deutschen) Geschäftsstatuts entsprechen müssen.[92] Die Gleichwertigkeit ist unter dem Aspekt von Sinn und Zweck der deutschen Formvorschrift zu beurteilen.   **20**

Zunächst ist es Voraussetzung, dass die ausländische **Urkundsperson** nach Vorbildung und Stellung im Rechtsleben eine der Tätigkeit des deutschen Notars entsprechende Funktion ausübt, also deren Unabhängigkeit und Zuverlässigkeit gesichert ist.[93] Eine Gleichstellung wird im Bereich des lateinischen Notariats[94] als möglich erachtet.[95] So wurde von der Rechtsprechung explizit die **Gleichwertigkeit der Urkundsperson bejaht** bei einem österreichischen Notar,[96] bei einem spanischen Notar[97] und teilweise bei schweizerischen Notaren. Bei schweizerischen Notaren ist zu beachten, dass das Notariatswesen von Kanton zu Kanton unterschiedlich ausgestaltet ist.[98] Eine Gleichwertigkeit[99] wurde explizit für die Notare der Kantone   **21**

85 Gesetzesbegründung BT-Drs. 10/504, S. 49; OLG Düsseldorf RIW 1989, 225; AG Bln-Schöneberg StAZ 2002, 81; Palandt/*Thorn* EGBGB Art. 11 Rn. 12.

86 MüKoBGB/*Spellenberg* EGBGB Art. 11 Rn. 71 ff.

87 RGZ 133, 161, 165 f.; OLG Celle NJW 1963, 2235 f.; MüKoBGB/*Spellenberg* EGBGB Art. 11 Rn. 71 ff.

88 MüKoBGB/*Spellenberg* EGBGB Art. 11 Rn. 72, Palandt/*Thorn* EGBGB Art. 11 Rn. 17.

89 Denkbar ist, dass beim Geschäftsrecht mehrere Rechtsordnungen maßgeblich sind (zB bei Art. 13 Abs. 1, Eheschließung, wenn nicht Art. 13 Abs. 3 S. 1 greift). In diesem Fall ergeben sich die Formerfordernisse aus der kumulativen Anwendung dieser Statute, vgl. Palandt/*Thorn* EGBGB Art. 11 Rn. 8.

90 Davon zu unterscheiden sind Urkunden, die von deutschen Konsularbeamten im Ausland aufgenommen werden. Diese stehen gem. § 10 Abs. 2 KonsularG inländischen Urkunden gleich.

91 ZB Staudinger/*Winkler von Mohrenfels* EGBGB Art. 11 Rn. 200.

92 ZB BGHZ 80, 76, 78 = DNotZ 1981, 451 (452); OLG Hamm NJW 1974, 1057; OLG Düsseldorf

RIW 1989, 225; OLG München RIW 1998, 147; OLG Bamberg FamRZ 2002, 1120; MüKoBGB/*Spellenberg* EGBGB Art. 11 Rn. 87.

93 *Stürner* DNotZ 1995, 343 (347); MüKoBGB/*Spellenberg* EGBGB Art. 11 Rn. 89.

94 Zum lateinischen Notariat allgemein vgl. *Fessler* FS Rheinisches Notariat 1998, S. 451; *Stürner* DNotZ 1995, 343 ff.; *Basedow* RabelsZ 55 (1991), 409 ff.

95 *Basedow* RabelsZ 55 (1991), 409, 428; *Stürner* DNotZ 1995, 343 (347 f.); MüKoBGB/*Spellenberg* EGBGB Art. 11 Rn. 89; Palandt/*Thorn* EGBGB Art. 11 Rn. 9.

96 LG Kiel DB 1997, 1223; dazu tendierend BayObLG NJW 1978, 500; dazu auch *Becht/Stephan-Wimmer* GmbHR 2019, 45.

97 *Löber* RIW 1989, 94 m. Hinw. auf AG Groß-Gerau 13.4.1988 – 6 AR 25/1988 – nv.

98 Vgl. dazu *Santschi* DNotZ 1962, 626 ff.; *Carlen*, Das Notariatsrecht der Schweiz, 1976.

99 Generell vor der pauschalen Gleichwertigkeit – auch nur für bestimmte Kantone – zweifelnd: *Pilger* BB 1285, 1287.

Basel-Stadt,[100] Bern,[101] Zürich,[102] Zug[103] und Luzern[104] bejaht.[105] Explizit **abgelehnt** wurde die Gleichwertigkeit (für Beurkundungen) bei einem US-amerikanischen notary public.[106] Dieser hat lediglich die Funktion eines offiziellen Zeugen. Dies gilt auch für den dänischen Notar.[107] Von der Literatur wird für die englischen[108] und israelischen,[109] polnischen[110] und niederländischen[111] Notare die Gleichwertigkeit zwar erwogen. Sie ist aber wegen der unterschiedlichen Stellung dieser Beurkundungspersonen zu verneinen. Teilweise wird für die Gleichwertigkeit gefordert, dass der ausländische Notar nach der BNotO haftet.[112] Nur so könne die – nicht verzichtbare – materielle Richtigkeitsgewähr geleistet werden.

22 Weitere Voraussetzung der Gleichwertigkeit ist, dass das ausländische **Beurkundungsverfahren** den Zweck der Formvorschrift in gleicher Weise wie ein deutsches Beurkundungsverfahren erfüllt,[113] es also den tragenden Grundsätzen des deutschen Beurkundungsrechts entspricht. Die Beurkundung dient der Beweissicherung, der materiellen Richtigkeitsgewähr[114] sowie der Gewährleistung einer Prüfung und Belehrung durch den Notar.[115] Widerspricht das ausländische Beurkundungsverfahren zwingenden Vorschriften des Beurkundungsgesetzes (zB Erstellung einer Niederschrift, die vom Notar unterzeichnet wird, vgl. §§ 8, 13 Abs. 3 BeurkG), muss eine Gleichwertigkeit verneint werden. So kann auch eine Beurkundung bei einem Interessenkonflikt des Notars (§§ 6, 7, 27 BeurkG) nicht anerkannt werden.[116] Des Weiteren zählt das nach deutschem Beurkundungsrecht (§ 13 BeurkG) erforderliche Vorlesen einer Urkunde zu denjenigen Erfordernissen, die im ausländischen Beurkundungsverfahren eingehalten werden müssen.[117] Ohne Vorlesen läge eine Beglaubigung und keine Beurkundung vor.

23 Anderes muss grundsätzlich gelten für **Soll-Vorschriften des Beurkundungsgesetzes**,[118] deren Nichteinhaltung auch nach deutschem Recht die Beurkundung nicht unwirksam macht, sondern nur zu einer Amtspflichtverletzung des Notars führt.[119] Bei Nichteinhaltung der Soll-Vorschriften kann die Gleichwertigkeit nicht pauschal verneint werden. Angezweifelt werden muss aber, ob dies auch für den Verzicht auf die **Prüfungs- und Belehrungspflicht** des Notars gem. § 17 BeurkG (Soll-Vorschrift), einem wesentlichen Element des deutschen Beurkundungsverfahrens,[120] gilt. Nur bei Prüfung und Belehrung kann eine notarielle Beurkundung die dem Schutz der Parteien und Dritter dienende materielle Richtigkeitsgewähr bieten. Ansonsten könnte gleich beglaubigt und nicht beurkundet werden. Aus diesem Grund ist die Prüfung und Belehrung ein grundsätzlich unverzichtbares Merkmal des Beurkundungsverfahrens. Teilweise wird vertreten, sie sei verzichtbar.[121] Ein solcher Verzicht könne konkludent schon dadurch erklärt werden, dass der

100 OLG Frankfurt GmbHR 2005, 764; OLG München NJW-RR 1998, 758; LG Nürnberg NJW 1992, 633.
101 OLG Hamburg IPRspr. 1979 Nr. 9.
102 ZB RGZ 88, 227; BGHZ 80, 76, 78 = NJW 1981, 1160; OLG Frankfurt WM 1981, 946 (947); OLG Frankfurt IPRax 1983, 79 (80); LG Köln RIW 1989, 990; aA LG Augsburg DB 1996, 1666; *Pilger* BB 1285, 1287; *Geimer* DNotZ 1981, 406 (410); *Heckschen* DB 1990, 161 ff.; *Bredthauer* BB 1986, 1864 ff.; Staudinger/*Winkler von Mohrenfels* EGBGB Art. 11 Rn. 303 bezweifelt die Gleichwertigkeit der Urkundsperson, da die Notare in Zürich nicht zwingend eine juristische Ausbildung haben müssen.
103 LG Stuttgart IPRspr. 1976 Nr. 5 a.
104 LG Koblenz IPRspr. 1970 Nr. 144; diese ist Entscheidung ist jedoch krit. zu sehen, da der Kanton Luzern nicht zum Bereich des lateinischen Notariats gehört.
105 LG München RIW 1998, 147 (148) (Basel); für eine Gleichwertigkeit Genfer Notare: Staudinger/*Winkler von Mohrenfels* EGBGB Art. 11 Rn. 301; krit. *Schervier* NJW 1992, 593 (596); *Knoche* FS Rheinisches Notariat 1998, S. 297, 313 ff.
106 OLG Stuttgart DB 2000, 1218 (1219), dazu *Biehler* NJW 2000, 1243 (1245); BeckOK BGB/*Mäsch* EGBGB Art. 11 Rn. 36; die ältere Rspr. hat zwar die Beurkundung einer eidesstattlichen Versicherung im Rahmen eines Erbscheinsantrags (LG Mainz NJW 1958, 1496) und die Beurkundung einer unwiderruflichen Grundstücksvollmacht (LG Berlin IPRspr. 1960/61 Nr. 144) vor einem notary public für zulässig erachtet. Dies ist jedoch im Hinblick auf die neue Rspr. zur Gleichwertigkeit (zB BGHZ 80, 76, 78) abzulehnen, so auch MüKoBGB/*Spellenberg*

EGBGB Art. 11 Rn. 49. Etwas anderes kann für Notare des Staates Louisiana gelten, die denjenigen des lateinischen Notariates entsprechen, vgl. MüKoBGB/*Spellenberg* EGBGB Art. 11 Rn. 87 (mwN).
107 *Randszus* DNotZ 1977, 516 (527); *Cornelius* DNotZ 1996, 352 ff.
108 ZB *Mann* NJW 1955, 1177.
109 *Scheftelowitz* DNotZ 1978, 145 ff.
110 *Ludwig* NotBZ 2003, 216 ff.
111 *Luijten* DNotZ 1965, 12 ff.; nur tendenziell: OLG Düsseldorf RIW 1989, 225.
112 *Schervier* NJW 1992, 593 (595); *Pilger* BB 1285, 1287; aA Staudinger/*Winkler von Mohrenfels* EGBGB Art. 11 Rn. 289.
113 MüKoBGB/*Spellenberg* EGBGB Art. 11 Rn. 90 ff.
114 BGHZ 105, 324, 338; OLG Karlsruhe RIW 1979, 567 (568); LG Augsburg DB 1996, 1666.
115 BGHZ 105, 324, 338; einschränkend Staudinger/*Winkler von Mohrenfels* EGBGB Art. 11 Rn. 290 f.
116 MüKoBGB/*Spellenberg* EGBGB Art. 11 Rn. 96.
117 *Brambring* NJW 1975, 1255 (1258); *Heckschen* GmbHR 1991, 25 f.; *Schervier* NJW 1992, 593 (596); *Knoche*, in: FS Rheinisches Notariat 1998, S. 297, 315; *Reithmann* NJW 2003, 385 (388); aA OLG Hamburg IPRspr. 1979 Nr. 9.
118 BGHZ 80, 76, 79 f. = NJW 1981, 1160.
119 ZB §§ 10 Abs. 2, 16 Abs. 2 S. 2 BeurkG.
120 *Schmidt* DB 1974, 1216 (1218); *Winkler* Rpfleger 1978, 44 (45).
121 BGHZ 80, 76, 78 = NJW 1981, 1160; so auch das OLG Düsseldorf RIW 1989, 225; zust. MüKoBGB/*Spellenberg* EGBGB Art. 11 Rn. 95 ff.; Staudinger/*Winkler von Mohrenfels* EGBGB Art. 11 Rn. 289.

ausländische Notar herangezogen werde.[122] Dem kann aus den oben genannten Gründen (Richtigkeitsge-währ) nicht zugestimmt werden.[123] Die vom BGH in der Entscheidung vom 16.2.1981[124] vorgenommene Gleichsetzung von Beurkundung und Beglaubigung[125] trägt dem Umstand keine Rechnung, dass das deutsche (Geschäfts-)Recht bewusst für einige Vorgänge eine Beurkundung, und keine Beglaubigung vorsieht. Damit hat der Gesetzgeber klar gemacht, dass es für gewisse Vorgänge gerade nicht ausreicht, lediglich die Identität der unmittelbar Beteiligten zu prüfen. Nichts anderes kann aber der ausländische Notar, da er nicht notwendigerweise eine Ausbildung im deutschen Recht genossen hat und daher über die rechtliche Tragweite der Erklärungen in der Regel nicht zuverlässig belehren kann. Dass die ausländischen Notare dies selbst so sehen, zeigt sich an den Haftungsfreizeichnungen. Soweit die Beurkundung nur Folgen für die unmittelbar Beteiligten hat, mag dies noch hinnehmbar sein und die Belehrung und Prüfung als verzichtbar angesehen werden. Sobald aber auch Interessen von an der konkreten Beurkundung Unbeteiligten betroffen sind, kann auf Prüfung und Belehrung nicht verzichtet werden.[126] Dies wäre ein Verzicht zulasten Dritter. Der ausländische Notar muss also immer dann prüfen und belehren, wenn die Richtigkeitsgewähr auch Personen dient, die an der Urkunde nicht primär beteiligt sind.[127]

Auch wenn nach den vorgenannten Kriterien für den konkreten Fall keine Substitution möglich ist, kann **24** sich gleichwohl die Formwirksamkeit aus der Einhaltung des Ortsrechts ergeben. Dazu und wann die Beachtung des Ortsrechts alleine nicht ausreicht, → Rn. 36 ff.

b) Gesellschaftsrechtliche Vorgänge. Die Frage der Gleichwertigkeit einer Auslandsbeurkundung stellt **25** sich insbesondere bei der Beurkundung gesellschaftsrechtlicher Vorgänge. Teilweise wird hier die Anwendbarkeit des Art. 11 gänzlich bestritten und die Form allein nach dem Gesellschaftsstatut beurteilt.[128] Dies hätte zunächst nur zur Folge, dass die Ortsform nicht anwendbar ist (siehe dazu → Rn. 38), wohl aber das Geschäftsstatut, das dem Gesellschaftsstatut entspricht. Innerhalb dieser Auffassung gibt es darüber hinaus Stimmen, die eine Substitution durch Auslandsbeurkundung bei Geltung des Geschäftsrechts grundsätzlich ausschließen.[129] Richtigerweise ist jedoch zu unterscheiden zwischen Rechtsgeschäften, die die Verfassung der Gesellschaft, also deren Kernbereich betreffen (→ Rn. 26) und Geschäftsanteilsabtretungen (→ Rn. 27).

aa) Beurkundungen, die die Gesellschaft in ihrem Bestand und ihrer Verfassung selbst betref- **26** **fen.** Bei Beurkundungen, die die Gesellschaft in ihrem Bestand und ihrer Verfassung selbst betreffen,[130] ist die Substitution durch eine ausländische Beurkundung nach den oben (→ Rn. 20 ff.) genannten Grundsätzen nicht möglich.[131] Zweck der Beurkundung nach deutschem Recht ist ua die materielle Richtigkeitsgewähr, die auch Personen schützt, die nicht unmittelbar an der Urkunde beteiligt sind.[132] Diese Richtigkeitsgewähr kann hier nicht gewährleistet werden, da der beurkundende Auslandsnotar keine fundierten Rechtskenntnisse im deutschen Gesellschaftsrecht hat. Diese Rechtskenntnisse sind aber zur Gewährung der Richtigkeit

122 BGHZ 80, 76, 78 = NJW 1981, 1160.
123 GroßKommAktG/*Röhricht* § 23 Rn. 53; *Lerch* DB 1992, 670 (671); *Knoche* FS Rheinisches Notariat 1998, S. 297, 316; ähnlich *Brambring* NJW 1975, 1255 (1259); *Goette* DStR 1996, 709 (713) und Mitt-RhNotK 1997, 1 (5) (für Vorgänge, die die Verfassung der Gesellschaft betreffen).
124 BGHZ 80, 76, 78 = NJW 1981, 1160.
125 So *Goette* MittRhNotK 1991, 1 (4).
126 So auch *Goette* MittRhNotK 1991, 1 (5).
127 So auch OLG Hamm NJW 1974, 1057 (1058); OLG Karlsruhe RIW 1979, 567; OLG Hamburg NJW-RR 1993, 1317; LG Augsburg DB 1996, 1666; LG München DNotZ 1976, 501 (504) mAnm *Brambring*; Staudinger/*Großfeld*, Int. GesR, Rn. 468 ff.; *Geimer* DNotZ 1981, 406 ff.; *Reithmann* DNotZ 1956, 469 (471) und 476; *H. Schmidt* DB 1974, 1216 (1219); ähnlich (Belehrungspflicht immer als erforderlich erachtend) *Weber* NJW 1955, 1784 (1786), *Brambring* NJW 1975, 1259 (1260 f.).
128 Dazu zusammenfassend *Bischoff* FS Zimmermann 2011, 43 ff.; *Albers* GmbHR 2011, 1078; *Kindler* RIW 2011, 257; LG Augsburg NJW-RR 1997, 420; Staudinger/*Großfeld* Int. GesR Rn. 467 und 498; *Geimer* DNotZ 1981, 406 ff.; *Ebenroth/Wilken* JZ 1991, 1061 (1064).
129 LG Augsburg NJW-RR 1997, 420; Staudinger/*Großfeld* Int. GesR Rn. 467 ff. und 497; *Knoche* FS Rhei-

nisches Notariat 1998, S. 297, 302 ff.; *Geimer* DNotZ 1981, 406 ff.; in diese Richtung geht auch das Urteil des OLG Hamburg (NJW-RR 1993, 1317), nach dem eine Satzungsbestimmung, nach der die Abhaltung der Hauptversammlung einer AG auch im Ausland möglich sein soll, unzulässig ist.
130 Davon zu trennen ist die Frage, ob bestimmte Rechtsgeschäfte, zB Beschlüsse einer Gesellschafter- oder Aktionärsversammlung im Ausland vorgenommen werden können. Diese Frage entscheidet das Wirkungs- und nicht das Formstatut, MüKoBGB/*Spellenberg* EGBGB Art. 11 Rn. 67.
131 So deutlich auch *Goette* MittRhNotK 1991, 1 (5); OLG Karlsruhe RIW 1979, 567; LG Augsburg NJW-RR 1997, 1057 m. zust. Anm. *Wilken* EWiR 1996, 1666; AG Köln RIW 1989, 990; Pilger BB 2005, 1285 f.; Staudinger/*Großfeld* IntGesR Rn. 467 ff.; Scholz/*Priester* GmbHG § 53 Rn. 71 ff.; *Knoche* FS Rheinisches Notariat 1998, S. 297, 302; *Geimer* DNotZ 1981, 406 ff.; aA BGHZ 80, 76: Der BGH hat zwar in seiner vom 16.2.1981 (BGHZ 80, 76) die Möglichkeit der Substitution auch in diesen Fällen bejaht. Ob diese Auffassung aber bei einer erneuten Entscheidung immer noch vertreten würde, ist aufgrund der Ausführungen von *Goette* (aaO) fraglich.
132 BGHZ 105, 324, 338; OLG Karlsruhe RIW 1979, 567 (568); LG Augsburg DB 1996, 1666.

der Urkunde notwendig.[133] Selbstverständlich gilt dies nur in den Fällen, in denen eine Beurkundung zwingend vorgeschrieben ist (nicht also bei vielen Vorgängen im Personengesellschaftsrecht). Zu den beurkundungspflichtigen und nicht substituierbaren Vorgängen gehören beispielsweise die Gründung,[134] Satzungsänderung[135] und Auflösung einer GmbH oder Aktiengesellschaft mit Sitz in Deutschland.[136] Des Weiteren sind alle Umwandlungsvorgänge bei deutschen Gesellschaften beurkundungspflichtig (§§ 13 Abs. 2, 125, 176, 193 Abs. 3 UmwG) und nicht substituierbar.[137] Für das Substitutionsverbot bei Vorgängen, die den Bestand der Gesellschaft betreffen, spricht das öffentliche Interesse an der Rechtssicherheit, soweit es um den Bestand und die Verfassung der Gesellschaft geht. Dafür spricht weiter, dass es die Aufgabe des deutschen Notars auf dem Gebiet der vorsorgenden Rechtspflege ist, die Handelsregister zu entlasten; ihm kommt die Rolle einer Vorprüfungsinstanz zu.[138] Sein Auftrag beschränkt sich nicht nur auf Prüfung zugunsten und Belehrung gegenüber den Parteien. Gerade seine Vorprüfung vor und während der Beurkundung, bevor also ein bestimmter gesellschaftsrechtlicher Vorgang zur Eintragung angemeldet wird, erleichtert die Arbeit der Registergerichte erheblich. Würde man die notarielle Beurkundung im Ausland auch für eintragungspflichtige Vorgänge zulassen, so würde dies die Arbeit der Freiwilligen Gerichtsbarkeit erheblich erschweren und – da der ausländische Notar des deutschen Rechts nicht hinreichend kundig sein kann – zu vielen Beanstandungen und Abweisungen von Eintragungsanträgen führen. Auch die Gefahr fehlerhafter Eintragung steigt, weil das bewährte „4-Augen-Prinzip" (Prüfung durch Notar und Registergericht) mangels nicht hinreichend sichergestellter Rechtskenntnis des ausländischen Notars faktisch leerläuft.

27 bb) Abtretung bzw. Verpfändung von GmbH-Geschäftsanteilen. In weit größerem Maße umstritten ist die Frage, ob die **Abtretung bzw. Verpfändung von GmbH-Geschäftsanteilen**, die gem. §§ 15 Abs. 3 und 4 GmbHG der notariellen Form bedarf, vor einem ausländischen Notar beurkundet und diese das Formerfordernis durch die Auslandsbeurkundung substituiert werden kann. Diese Frage stellt sich seit Einführung der Rom I-VO für den Schuldvertrag (§ 15 Abs. 4 GmbHG) im Rahmen des Art. 11 Rom I-VO. Für die dingliche Abtretung (§ 15 Abs. 3 GmbHG) gilt aber weiterhin Art. 11 EGBGB (siehe dazu → Rn. 2 und die Kommentierung bei Art. 11 Rom I-VO). Während einige Stimmen[139] die Substitution durch Auslandsbeurkundung auch in diesem Fall zulassen wollen, sieht sie der überwiegende Teil der Rechtsprechung[140] – jedenfalls bisher – als möglich an, wenn die notarielle Beurkundung im Ausland gleichwertig ist. Zu Recht wird eine generelle Unzulässigkeit der Substitution im Gesellschaftsrecht verneint.[141] Die Anteilsabtretung greift selbst nicht in den Bestand und die Verfassung der Gesellschaft ein und betrifft damit nicht Interessen von Personen, die an der Beurkundung nicht beteiligt sind. Sie kann daher anders als die oben unter (1) behandelten Beurkundungen beurteilt werden. Von der Rechtsprechung wurde explizit die Gleichwertigkeit der Urkundsperson bejaht bei einem österreichischen Notar,[142] bei einem spanischen Notar[143] und – in der Vergangenheit – teilweise bei schweizerischen Notaren. Bei schweizerischen Notaren[144] ist zu

133 OLG Karlsruhe RIW 1979, 567 (568); aA Staudinger/*Winkler von Mohrenfels* EGBGB Art. 11 Rn. 275 ff.

134 AA KG Berlin 24.1.2018 – DNotZ 2019, 134 für einen Berner Notar (wenn dieser die Urkunde vorliest); ablehnend: *Diehn* DNotZ 2019, 146; *Königs/Steffes-Holländer* DB 2018, 625; *Heckschen* DB 2018, 685; *Herrler* NJW 2018, 1787; *Cziupka* EWiR 2018, 137 (138); *Stelmaszczyk* GWR 2018, 103 (105); *Cramer* DStR 2018. 746, 750; *Weber* MittBayNot 2018, 215 (221); *Wicke* GmbHR 2018, 380; *Richter/Knauf* BB 2018, 659; *Lieder* EWiR 2018, 743; *Wicke* GmbHR 2018, 380; *Schulte* NotBZ 2018, 329: *Hermanns* RNotZ 2018, 271; zustimmend *Tietz* IPRax 2019, 36.

135 Eine Satzungsbestimmung, wonach auch ein ausländischer Ort als Ort der Hauptversammlung zugelassen werden kann, ist möglich, vgl. BGHZ 203, 68; aA OLG Hamm NJW 1974, 1057; OLG Hamburg IPRax 1994, 291 = NJW-RR 1993, 1317 (1318); LG Augsburg DB 1996, 1666.

136 OLG Hamm NJW 1974, 1057; OLG Karlsruhe RIW 1979, 567 (Sitzverlegung); LG Augsburg NJW-RR 1997, 420; LG Mannheim IPRspr. 99 Nr. 23 (Kapitalherabsetzung); AG Köln RIW 1989, 990 (Gewinnabführungsvertrag); *Goette* MittRhNotK 1997, 1 (4); *Knoche* FS Rheinisches Notariat 1998, S. 297, 302.

137 LG Augsburg DB 1996, 1666 (Verschmelzungen); aA LG Nürnberg-Fürth NJW 1992, 633; OLG Köln RIW 1989, 990; KG Berlin 26.7.2018 – 22 W 2/18, DNotZ 2019, 141 (Notar in Basel); ablehnend *Diehn* DNotZ 2019, 146; *Heinze* DStR 2018, 2536; *Tebben* GmbHR 2018, 1190; *Lieder* EWiR 2018, 743–744, ders. ZIP 2018, 1517; *Schulte* NotBZ 2019, 98.

138 Scholz/*Priester* GmbHG § 53 Rn. 75 a; *Bredthauer* BB 1986, 1864 (1868).

139 LG München DNotZ 1976, 501; *Knoche* FS Rheinisches Notariat 1998, S. 297, 306 ff.

140 BGH 17.12.2013 – BB 2014, 462; BGHZ 80, 76, 78 = NJW 1981, 1160; BGH RIW 1989, 649; OLG Frankfurt GmbHR 2005, 764.

141 OLG Köln WM 1988, 1749 f.; LG Köln RIW 1989, 990; LG Kiel DB 1997, 1223; *Loritz* DNotZ 2000, 90 (108); *Bungert* AG 1995, 26 (29 f.); *Ettinger/Wolff* GmbHR 2002, 890 (893); *Kröll* ZGR 2000, 111 (125); *Reuter* BB 1998, 116 ff.; *Sick/Schwarz* NZG 1998, 540 ff.; Palandt/*Heldrich* EGBGB Art. 11 Rn. 8.

142 LG Kiel DB 1997, 1223; dazu tendierend BayObLG NJW 1978, 500.

143 *Löber* RIW 1989, 94 mit Hinweis auf AG Groß-Gerau13.4.1988 – 6 AR 25/1988 – (nv).

144 Siehe eine Untersuchung der Gleichwertigkeit in den verschiedenen Kantonen bei *Müller* NJW 2014, 2994.

beachten, dass das Notariatswesen von Kanton zu Kanton unterschiedlich ausgestaltet ist.[145] Eine Gleichwertigkeit wurde in der Vergangenheit explizit für die Notare der Kantone Basel,[146] Bern,[147] Zürich,[148] Zug[149] und Luzern[150] bejaht.[151] Explizit abgelehnt wurde die Gleichwertigkeit (für Beurkundungen) bei einem US-amerikanischen notary public.[152] Dieser hat lediglich die Funktion eines offiziellen Zeugen. Dies gilt auch für den dänischen Notar.[153]

Geht man bisher von der grundsätzlichen Möglichkeit der Substituierbarkeit aus, stellt sich die Frage, ob   **28** auch nach Inkrafttreten des MoMiG eine Gleichwertigkeit der Beurkundung der Anteilsabtretung durch ausländische (idR Schweizer) Notare[154] weiterhin angenommen und damit die Tatbestandsvoraussetzung dieser Norm (die Beurkundung) substituiert werden kann. Die Substituierbarkeit, die in der Vergangenheit für Anteilsabtretungen überwiegend als möglich angesehen wurde (→ Rn. 27), wird durch das MoMiG entschieden in Frage gestellt. Bereits die Gesetzesbegründung wirft Zweifel an der Wirksamkeit von Auslandsbeurkundungen überhaupt auf.[155] Deutlicher wird der Zweifel an der Gleichwertigkeit, wenn man die dem Notar zugedachte Rolle bei Anteilsabtretungen betrachtet. Ihm wird in § 40 Abs. 2 GmbHG die Pflicht auferlegt, dem Handelsregister eine Gesellschafterliste einzureichen, die die Bescheinigung enthält, dass die geänderten Eintragungen den Veränderungen entsprechen, an denen er mitgewirkt hat. Die Einrichtung einer solchen Liste ist ausländischen Notaren zwar möglich, sofern die Gesellschafterliste nicht offensichtlich unrichtig ist;[156] dies ist jedoch nicht verpflichtend und kann es auch nicht sein, denn § 40 Abs. 2 GmbHG stellt eine öffentlich-rechtliche Amtspflicht dar, deren Adressat nur ein inländischer Notars sein kann.[157] Ein ausländischer Notar kann diese Pflicht, da er von dieser nicht erfasst ist, nicht erfüllen; ihm ist es auch technisch nicht möglich, die Gesellschafterliste einzureichen, da er keinen Anschluss an das Elektronische Gerichtspostfach (EGVP) hat. Da somit der ausländische Notar nicht das leisten kann, was einer deutscher Notar zu leisten imstande und verpflichtet ist, bestehen erhebliche Zweifel an der Gleichwertigkeit der Urkundsperson und – wenn man das Einreichen der Gesellschafterliste als Teil des Beurkundungsverfahrens ansieht – auch erhebliche Zweifel an der Gleichwertigkeit des Beurkundungsverfahrens. Dem wird man auch nicht mit dem Argument, die Pflicht zur Einreichung der Gesellschafterliste stände zur Disposition der Parteien und sei verzichtbar, entgegentreten können, da § 40 Abs. 2 GmbHG ja gerade den späteren gutgläubigen Erwerb durch eine andere Partei schützen möchte. Im Verhältnis zur Schweiz, die neuerdings Schriftform ausreichen lässt (Art. 785 OR, siehe dazu auch → Rn. 42), ist zudem festzustellen, dass die Gleichwertigkeit des Urkundsverfahrens bereits deshalb nicht gegeben ist, weil die Anteilsabtretung lediglich durch Vereinbarung der Parteien in Schriftform möglich ist. Damit wäre der Kernpunkt der Gleichwertigkeit, nämlich das die ausländische Urkundsperson ein Verfahren, dass dem deutschen Beurkun-

---

145 Vgl. dazu *Santschi* DNotZ 1962, 626 ff.; *Carlen*, Das Notariatsrecht der Schweiz, 1976.
146 OLG München NJW-RR 1998, 758; LG Nürnberg NJW 1992, 633.
147 OLG Hamburg IPRspr. 1979 Nr. 9.
148 ZB RGZ 88, 227; BGHZ 80, 76, 78 = NJW 1981, 1160; OLG Frankfurt aM WM 1981, 946 (947); OLG Frankfurt aM IPRax 1983, 79 (80); LG Köln RIW 1989, 990; aA LG Augsburg DB 1996, 1666; *Geimer* DNotZ 1981, 406 (410); *Heckschen* DB 1990, 161 ff.; *Bredthauer* BB 1986, 1864 ff.; Staudinger/*Winkler von Mohrenfels* EGBGB Art. 11 Rn. 302 bezweifelt die Gleichwertigkeit der Urkundsperson.
149 LG Stuttgart IPRspr. 1976 Nr. 5 a.
150 LG Koblenz IPRspr. 1970 Nr. 144; diese ist Entscheidung ist jedoch kritisch zu sehen, da der Kanton Luzern nicht zum Bereich des lateinischen Notariats gehört.
151 LG München RIW 1998, 147 (148) (Basel); für eine Gleichwertigkeit Genfer Notare: Staudinger/*Winkler von Mohrenfels* EGBGB Art. 11 Rn. 301; kritisch *Schervier* NJW 1992, 593 (596); *Knoche* FS Rheinisches Notariat, 1998, S. 297, 313 ff.
152 OLG Stuttgart DB 2000, 1218 (1219), dazu *Biehler* NJW 2000, 1243 (1245); BeckOK BGB/*Mäsch* EGBGB Art. 11 Rn. 36; die ältere Rechtsprechung hat zwar die Beurkundung einer eidesstattlichen Versicherung im Rahmen eines Erbscheinsantrags (LG Mainz NJW 1958, 1496) und die Beurkundung einer

unwiderruflichen Grundstücksvollmacht (LG Berlin IPRspr. 1960/61 Nr. 144) vor einem notary public für zulässig erachtet. Dies ist jedoch im Hinblick auf die neue Rechtsprechung zur Gleichwertigkeit (zB BGHZ 80, 76, 78) abzulehnen, so auch MüKoBGB/*Spellenberg* EGBGB Art. 11 Rn. 87. Etwas anderes kann für Notare des Staates Louisiana gelten, die denjenigen des lateinischen Notariates entsprechen, vgl. MüKoBGB/*Spellenberg* EGBGB Art. 11 Rn. 87 (mwN).
153 *Randszus* DNotZ 1977, 516 (527); *Cornelius* DNotZ 1996, 352 ff.
154 Dazu auch *Schulze* IPRax 2011, 335.
155 In BT-Drs. 16/6140 heißt es auf Seite 37: „Die Bestimmungen zur Gesellschafterliste sind bereits durch das Handelsrechtsreformgesetz ... nachgebessert und verschärft worden. Es bestehen noch weitere Lücken, zB bei der Auslandsbeurkundung, die nunmehr geschlossen werden."; aA OLG Düsseldorf NJW 2011, 1370; kritisch zu diesem Beschluss *Kindler* RIW 2011, 257; *Gerber* EWiR 2011, 255; *Wicke* DB 2011, 2037; *Hermanns* RNotZ 2011, 224; dem Beschluss zustimmend *Ulrich/Marniok* GmbHR 2011, 420.
156 BGH 17.12.2013 – BB 2014, 462; aA noch OLG München RNotZ 2013, 450.
157 *Bayer* DNotZ 2009, 887 (888); *Rodewald* GmbHR 2009, 196 (197); *Böttcher* ZNotP 2010, 6 (9); *König/Götte/Bormann* NZG 2009, 881.

dungsverfahren entspricht, (zwingend) zu beachten hat,[158] nicht erfüllt.[159] Im Ergebnis wird man daher davon ausgehen müssen, dass unter Geltung der jetzigen Fassung des § 40 Abs. 2 GmbHG ein Mangel an Gleichwertigkeit nicht nur möglich, sondern sogar wahrscheinlich ist.[160] Zu dieser Frage hat sich jüngst der BGH[161] – in einer Entscheidung, bei der es um Zulässigkeit der Einreichung einer Gesellschafterliste durch einen ausländischen Notar ging – geäußert, wobei die Frage der Gleichwertigkeit einer Auslandsbeurkundung im vorliegenden Fall nicht entscheidungserheblich war. Er führt im Hinblick auf die inhaltliche Richtigkeit der Gesellschafterliste aus, dass *„eine nach dem GmbHG erforderliche Beurkundung auch nach dem Inkrafttreten des Gesetzes zur Modernisierung des GmbH-Rechts und zur Bekämpfung von Missbräuchen (MoMiG) durch einen ausländischen Notar vorgenommen werden kann, sofern die ausländische Beurkundung der deutschen gleichwertig ist.“*[162] Ob diese Gleichwertigkeit (im konkreten Fall bei einer Beurkundung in der Schweiz) – weiterhin – gegeben ist, lässt der BGH jedoch offen.[163] Gegenstand der Entscheidung war nämlich ausschließlich die Frage, ob das Registergericht berechtigt war, die Gesellschafterliste zurückzuweisen.[164] Hierzu wurde festgestellt, dass die Tatsache, dass die in der Gesellschafterliste aufgenommene Veränderung im Ausland beurkundet wurde, allenfalls dann die offensichtliche Unrichtigkeit der Gesellschafterliste begründen kann, wenn für das Registergericht „ohne Weiteres" feststeht, dass der beurkundende ausländische Notar nicht gleichwertig ist. Dies sei *„bei einem Notar mit Sitz in Basel/Schweiz nicht der Fall, dessen Gleichwertigkeit **jedenfalls bis** zum Inkrafttreten des MoMiG und der Reform des Schweizer Obligationenrechts von 2008 anerkannt war."* Damit hat der BGH zunächst nur festgestellt, dass bis zum Inkrafttreten des MoMiG (und der Reform des schweizerischen Obligationenrechts) eine Gleichwertigkeit (bestimmter) schweizerischer Notare anerkannt war. Ob eine Gleichwertigkeit weiterhin angenommen werden kann, wurde offengelassen. Diese Frage war deshalb nicht entscheidungserheblich, weil es – wie ausgeführt – lediglich um die Einreichungszuständigkeit eines schweizerischen Notars ging und diese deshalb nicht verneint wurde, weil keine „sichere Kenntnis" von der Unrichtigkeit der Gesellschafterliste bestehe. Mehr hat der BGH nicht entschieden.[165] Gleichwohl wird teilweise in der Literatur aus der Entscheidung abgeleitet, die Auslandsbeurkundungen (in der Schweiz) seien weiterhin als gleichwertig anzuerkennen.[166]

29 **c) Sonstige Vorgänge.** Bei **Unterschriftsbeglaubigungen** ist die Gleichwertigkeit wesentlich eher anzunehmen als bei Beurkundungen. Zwar muss auch hier Gleichwertigkeit bestehen, allerdings ist diese anders zu beurteilen als bei der Beurkundung.[167] Die Beglaubigung der Unterschrift dient lediglich der Identitätsfeststellung und der Bezeugung, dass die Unterschrift von der identifizierten Person stammt. Eine inhaltliche Prüfungs- und Belehrungspflicht besteht, jedenfalls wenn der Notar die Urkunde nicht selbst entworfen hat, nicht. Eine Beglaubigung kann demnach von Notaren der meisten Kulturstaaten vorgenommen werden.[168] Für Vaterschaftsanerkennungen hat der BGH festgestellt, dass die Beurkundung durch das zuständige spanische Standesamt der nach deutschem Recht vorgeschriebenen Beurkundung gleichwertig ist, was durch die Regelung des CIEC-Übereinkommens vom 14.9.1961 bekräftigt wird.[169]

30 **Anmeldungen zum Handelsregister** müssen in öffentlich beglaubigter Form, also mit Unterschriftsbeglaubigung (§§ 39, 40 BeurkG), erfolgen (§ 12 Abs. 1 HGB). Es ist allgemein anerkannt, dass auch die Beglaubigung durch einen (gleichwertigen) ausländischen Notar ausreicht[170] (→ Rn. 29). Enthält die Registeranmeldung jedoch eine Versicherung gem. § 8 Abs. 3 GmbHG bzw. § 37 Abs. 2 AktG, so ist sicherzustellen, dass der versichernde Geschäftsführer oder Vorstand zuvor über seine unbeschränkte Auskunftspflicht gem. § 52 Abs. 2 BZRG belehrt wurde.[171]

158 BGHZ 80, 76, 78.
159 *Hermanns* RNotZ 2010, 38 (41).
160 AA OLG Düsseldorf NJW 2011, 1370; *Schulze* IPRax 2011, 365 ff.; *Peters* DB 2010, 97; *Laeger* BB 2011, 2647; *Olk/Nikoleyczik* DStR 2010, 2576; wie hier (auch nach der Entscheidung des OLG Düsseldorf) *Kindler* RIW 2011, 257; *Gerber* EWiR 2011, 255; *Wicke* DB 2011, 2037; *Hermanns* RNotZ 2011, 224; LG Frankfurt GmbHR 2010, 96 (97).
161 BGH 17.12.2013 – BB 2014, 462.
162 2. Leitsatz der Entscheidung.
163 *Link* BB 2014, 579 (584); *Hermanns* RNotZ 2014, 229 (230).
164 *Link* BB 2014, 579 (584); *Hermanns* RNotZ 2014, 229 (230).
165 So auch *Herrler* GmbHR 2014, 225, *Leitzen* ZNotP 2014, 42; *Hermanns* RNotZ 2014, 229; *Link* BB

2014, 579 (584); zurückhaltend auch *Leonard* jurisPK-HaGesR 10/2014 Anm. 1.
166 *Odendahl* RIW 2014, 189; *Stenzel* GmbHR 2014, 1024; *Landbrecht/Becker* BB 2013, 1290.
167 Vgl. umfassend dazu *Reithmann* DNotZ 1995, 360 ff.
168 *Blumenwitz* DNotZ 1968, 712 (737); MüKoBGB/ *Spellenberg* EGBGB Art. 11 Rn. 89; OLG Köln RIW 1989, 565 (Belgien); OLG Zweibrücken FGPrax 1999, 86 (Kanada, Provinz Ontario).
169 BGH FamRZ 2017, 1684; vgl. auch Staudinger/ *Winkler v. Mohrenfels* BGB Art. 11 EGBGB Rn. 131; MüKoBGB/*Spellenberg* EGBGB Art. 11 Rn. 86 ff.
170 OLG Naumburg NJW-RR 2001, 1183; *Reithmann* NJW 2003, 386; Palandt/*Thorn* EGBGB Art. 11 Rn. 10.
171 Zur Abgabe dieser Versicherung und zur Belehrung s. Eckhardt/Hermanns/*Bischoff*, Kölner Handbuch Gesellschaftsrecht, 6. Kap. Rn. 40.

Bei **Verträgen über die Veräußerung eines Grundstücks** kann der schuldrechtliche Vertrag, der – wenn **31** er deutschem Recht untersteht – gem. § 311 b BGB der notariellen Beurkundung bedarf, vor einem ausländischem Notar beurkundet werden, sofern die Beurkundung gleichwertig ist (oder die Ortsform erfüllt ist).[172] Die Auflassung kann hingegen nicht vor einem ausländischen Notar, sondern muss vor einem deutschen Notar erklärt werden.[173] Dies ergibt sich aus § 925 BGB. Die Vorschrift spricht zwar nicht ausdrücklich von einem deutschen Notar. Zweck dieser Vorschrift und deren Auslegung ist es jedoch, die Schaffung nach deutschem Recht einwandfreier und unzweideutiger Unterlagen als Grundlage für den Vollzug der Eigentumsumschreibung im Grundbuch zu gewährleisten.[174]

Die Errichtung einer **vollstreckbaren Urkunde** ist gem. § 794 Nr. 5 ZPO nur vor einem deutschen Notar **32** möglich. Unterwirft sich also bei einem im Ausland geschlossenen Kaufvertrag der Käufer hinsichtlich der Zahlung des Kaufpreises der sofortigen Zwangsvollstreckung, so wäre diese Urkunde in Deutschland nach Maßgabe des Art. 58 EuGVVO[175] = Art. 57 EuGVVO aF[176] bzw. der entsprechenden Vorschrift des Lugaer Übereinkommens[177] möglich.[178]

d) Erfüllung ausländischer Formerfordernisse im Inland; Inlandsbeurkundung. Umgekehrt können **33** die vom ausländischen Geschäftsrecht aufgestellten Formerfordernisse – jedenfalls aus der Sicht des deutschen Rechts (ob eine Substitution möglich ist, bestimmt dann ausschließlich das jeweilige ausländische Recht) – wirksam in Deutschland erfüllt werden, insbesondere Notare Vorgänge beurkunden, die ausländischem Recht unterliegen, zB Verträge über ausländische Grundstücke und über Geschäftsanteilsabtretungen. Dies ergibt sich indirekt aus § 17 Abs. 3 S. 2 BeurkG. Schließen die Parteien einen **Kaufvertrag über ein im Ausland belegenes Grundstück** und unterstellen sie diesen Vertrag dem deutschen Recht (was aus dessen Sicht nach Art. 27 möglich ist), so findet auch § 311 b Abs. 1 BGB Anwendung: Der Vertrag bedarf der notariellen Form.[179] Wird diese nicht eingehalten, so kann eine Heilung in entsprechender Anwendung von § 311 b Abs. 1 S. 2 BGB dadurch erfolgen, dass eine wirksame Eigentumsübertragung nach dem Recht des Belegenheitsstaates erfolgt, etwa dadurch, dass der Belegenheitsstaat bereits durch eine privatschriftliche Einigung das Eigentum übergehen lässt.[180] Dies gilt auch dann, wenn das Recht des Belegenheitsortes keine Auflassung und keine Grundbucheintragung kennt[181] oder wenn es die Eintragung in ein dem Grundbuch ähnliches Register in das Belieben der Parteien stellt.[182]

Umstritten ist die Beachtung deutscher Formvorschriften, wenn sich der (schuldrechtliche) Kaufvertrag **34** über **Geschäftsanteile an einer ausländischen Gesellschaft** nach deutschem Recht richtet. Dies ist wegen § 15 Abs. 4 GmbHG nur bei einer der deutschen GmbH vergleichbaren ausländischen Gesellschaftsform relevant, da nur hier Beurkundungspflicht besteht.[183] Zu Recht wird überwiegend die Auffassung vertreten, dass die nach deutschem Recht bestehende Beurkundungspflicht jedenfalls dann besteht, wenn die ausländische Gesellschaft im Wesentlichen der deutschen GmbH entspricht.[184] Der durch § 15 Abs. 4 GmbHG bezweckte Schutz der Anleger vor einem leichtfertigen und spekulativen Handel mit Geschäftsanteilen muss auch für ausländische Gesellschaften gelten. Die Gegenmeinung will den Anwendungsbereich von

172 Hier wäre allerdings die Beurkundung der Auflassung wegen § 925 a BGB problematisch, da dieser die Vorlage eines der Form des § 311 b BGB entsprechenden (oder gleichwertigen) schuldrechtlichen Vertrages verlangt.

173 OLG Köln DNotZ 1972, 489; BayObLG DNotZ 1978, 58; KG DNotZ 1987, 44; LG Ellwangen BWNotZ 2000, 45; *Kropholler* ZHR 140 (1976), 394, 410; *Riedel* DNotZ 1955, 521; Palandt/*Thorn* EGBGB Art. 11 Rn. 10; *Bausback* DNotZ 1996, 254; *Schotten*, Das internationale Privatrecht in der notariellen Praxis, 1995, S. 174 mwN; MüKoBGB/*Kanzleiter* BGB § 925 Rn. 14; aA *Mann* NJW 1955, 1177; MüKoBGB/*Spellenberg* EGBGB Art. 11 Rn. 166; Staudinger/*Winkler von Mohrenfels* EGBGB Art. 11 Rn. 296; *Heinz* RIW 2001, 928.

174 MüKoBGB/*Kanzleiter* BGB § 925 Rn. 14.

175 EuGVVO = Verordnung (EU) Nr. 1215/2012 des Europäischen Parlaments und des Rates vom 12.12.2012 über die gerichtliche Zuständigkeit und die Anerkennung und Vollstreckung von Entscheidungen in Zivil- und Handelssachen, ABl. EU L 351, S. 1.

176 Verordnung (EG) Nr. 44/2001 v. 22.12.2000. (ABl. EG L 12 v. 16.1.2001, S. 1).

177 Art. 50 (BGBl. II 1994 S. 2660).

178 Näheres dazu *Riering* IPRax 2000, 16 (17 f.).

179 ZB BGHZ 52, 239; 53, 189, 194; 57, 337, 339; 73, 391.

180 BGHZ 73, 391; OLG München OLGZ 1974, 19.

181 OLG München OLGZ 1974, 19.

182 BGHZ 73, 391; das OLG Düsseldorf (NJW 1981, 529 f.) lehnt hingegen beim Verkauf einer spanischen Ferienimmobilie die Heilung nach § 311 b Abs. 1 S. 2 BGB wegen der unvollständigen Erfüllung nach spanischem Recht ab (nur Übergang des Miteigentums am Grundstück, kein Übergang des Eigentums an der Eigentumswohnung).

183 Zur Beurkundungsbedürftigkeit von Kaufverträgen über eine englische Private Limited Company, vgl. *Fetsch* GmbHR 2008, 133 ff.

184 OLG Celle NJW-RR 1992, 1126 (1127); Soergel/*Kegel* EGBGB Art. 11 Rn. 17; *Merkt* ZIP 1994, 1417 (1424); BeckOK BGB/*Mäsch* EGBGB Art. 11 Rn. 40; *Dutta* RIW 2005, 98; Fetsch GmbHR 2008, 133 ff.

§ 15 Abs. 4 GmbHG auf deutsche Gesellschaften beschränken.[185] Der BGH hat die Frage noch nicht endgültig entschieden, deutet jedoch in einer Entscheidung an, dass auf einen deutschem Orts- und Geschäftsrecht unterliegenden Treuhandvertrag über einen polnischen GmbH-Anteil § 15 Abs. 4 GmbHG anwendbar sein könnte.[186]

35 Für die **dingliche Abtretung** gelten andere Erwägungen: Da Art. 11 Abs. 4 nach der hier vertretenen Auffassung (→ Rn. 39) hier analog anwendbar ist, müssen zwingend die Formvorschriften des Gesellschaftsstatuts eingehalten werden. Deutsches Recht kann für die dingliche Abtretung gar nicht gewählt werden. Hier ist lediglich eine Substitution möglich, wenn das ausländische Recht dies zulässt. Sieht zB das ausländische Recht nur einfache Schriftform vor, so wäre die Abtretung in dieser Form in Deutschland möglich. Dieses Ergebnis erscheint zunächst widersinnig, da für das dingliche Rechtsgeschäft uU mildere Formvorschriften zu erfüllen sind als für das schuldrechtliche Rechtsgeschäft. Die Parteien haben es jedoch in der Hand: Nur wenn sie das deutsche Recht wählen und den Kaufvertrag deutschen (Form-)Vorschriften unterstellen wollen, kommt Art. 15 Abs. 4 GmbH zur Anwendung.

36 **3. Ortsrecht. a) Allgemeines.** Es reicht auch aus, wenn das Rechtsgeschäft die Formerfordernisse desjenigen Ortes erfüllt, an dem es vorgenommen wird, ohne dass es auf die Aufenthaltsdauer des Erklärenden ankäme. Es gibt jedoch keinen Erfahrungssatz, dass bei Zuziehung eines ausländischen Notars die Formerfordernisse eingehalten wurden.[187] Zur Alternativität → Rn. 17, zu den Einschränkungen durch Abs. 4 aF und 4 nF (der frühere Abs. 5) → Rn. 49 ff. Da die Beachtung der Ortsform unabhängig von der Form des Geschäftsstatuts ist, kann diese auch dann herangezogen werden, wenn das Geschäftsrecht dies nicht zulässt.[188] Auf die Gleichwertigkeit von Urkundsperson und Beurkundungsverfahren kommt es bei der Ortsform nicht an;[189] das Ortsrecht muss also den Formerfordernissen des Geschäftsrechts entsprechen.[190] Dies spielt nur bei der Substitution eine Rolle (vgl. dazu → Rn. 19). Die **„Formerschleichung"**, also das Aufsuchen eines anderen Landes gerade aufgrund der milderen Formvorschriften oder der geringeren Kosten, wird nicht wegen etwaiger Gesetzesumgehung sanktioniert.[191] Art. 11 lässt bewusst die Ortsform zu, ohne auf die Motivation eines Aufenthaltswechsels abzustellen (vgl. auch zum ordre public → Rn. 15). Für eine teleologische Reduktion, welche die durch Artikel 11 eröffneten Möglichkeiten wieder einschränkt, ergeben sich keine Anhaltspunkte.[192] Auch (schuldrechtliche) **Grundstückskaufverträge** über ein im Inland belegenes Grundstück können im Ausland entsprechend den geltenden Formvorschriften – also auch formlos – abgeschlossen werden (siehe auch → Rn. 31).[193]

37 **b) Lokalisierung des Vornahmeortes.** Hinsichtlich der Frage, wo der Vornahmeort liegt, ist zu differenzieren: Bei einseitigen Rechtsgeschäften ist der Vornahmeort dort, wo die Erklärung abgegeben wurde,[194] und zwar unabhängig davon, ob die Erklärung empfangsbedürftig ist oder nicht.[195] Auf den Zugang der Erklärung kommt es insofern nicht an. Bei Abgabe von Erklärungen über das **Internet** ist in der Regel der Ort „des Mausklicks" der Vornahmeort.[196] Bei zweiseitigen Rechtsgeschäften (Verträgen) kommt es auf denjenigen Ort an, an dem diejenige Erklärung abgegeben wird, die das Rechtsgeschäft wirksam werden lässt (Annahme).[197] Auch hier kommt es nicht auf die Empfangsbedürftigkeit an. Unabhängig davon ergeben sich bei Distanzgeschäften Erleichterungen aus Abs. 2 (→ Rn. 46 f.). Bei Vertretergeschäften ist gem. Abs. 3 der Ort maßgebend, an dem sich der Vertreter befindet.

---

185 OLG München NJW-RR 1993, 998 (999); *Bungert* DZWiR 1993, 494 (497); *Gätsch/Schulte* ZIP 1999, 1909 (1911 ff.); *Wrede* GmbHR 1995, 365 (367 f.); *Gärtner/Rosenbauer* DB 2002, 1871 ff.

186 BGH GmbHR 2005, 53.

187 So auch Palandt/*Thorn* EGBGB Art. 11 Rn. 15; aA OLG Wiesbaden Rpfleger 1988, 17; OLG Zweibrücken FGPrax 1999, 86.

188 BGH NJW 1967, 1177; Palandt/*Thorn* EGBGB Art. 11 Rn. 12.

189 *Bokelmann* NJW 1972, 1729 (1731); MüKoBGB/*Spellenberg* EGBGB Art. 11 Rn. 139; *Janßen/Robertz* GmbHR 2003, 433 (434); Palandt/*Thorn* EGBGB Art. 11 Rn. 14.

190 So hat beispielsweise der BGH (IPRax 2012, 356) im Hinblick auf die einzuhaltenden Formvorschriften für den Ehevertrag (§ 1408 BGB: notarielle Form) entschieden, dass – auch bei Anwendung des deutschen Ehegüterrechts – gem. Art. 11 EGBGB auch die Formvorschriften des (in diesem Fall mauritischen)

Ortsrechts (Erklärung gegenüber dem Standesbeamten) ausreichend sind.

191 OLG Frankfurt OLGZ 1967, 374 (zur Formerleichterung); RGZ 62, 379, 380 f. (zu Kostenüberlegungen); OLG Stuttgart Rpfleger 1982, 137; OLG Düsseldorf RIW 1989, 225; MüKoBGB/*Spellenberg* EGBGB Art. 11 Rn. 116 ff.; *Müller-Gindullis* RabelsZ 38 (1974), 640, 644; *Maier-Reimer* BB 1974, 1230 (1234); *Kropholler* ZHR 76 (1976), 394, 399; krit. *Bredthauer* BB 1986, 1864 (1865); aA *Reithmann* DNotZ 1956, 469 (476); *Wolfsteiner* DNotZ 1978, 532 (536); *Geimer* DNotZ 1981, 406 (410).

192 MüKoBGB/*Spellenberg* EGBGB Art. 11 Rn. 116 ff.

193 RGZ 121, 154, 155 f.; BayOLG DNotZ 1978, 58 f.

194 MüKoBGB/*Spellenberg* EGBGB Art. 11 Rn. 125.

195 Die Frage, ob eine Erklärung empfangsbedürftig ist, gehört nicht zur Form, vgl. AG Berlin-Schöneberg StAZ 2002, 81; Palandt/*Thorn* EGBGB Art. 11 Rn. 15.

196 BeckOK BGB/*Mäsch* EGBGB Art. 11 Rn. 43.

197 RGZ 62, 379; Palandt/*Thorn* EGBGB Art. 11 Rn. 15.

c) Einschränkungen bei gesellschaftsrechtlichen Vorgängen. Die Ortsform kann allerdings nicht **38** immer herangezogen werden. So reicht die Einhaltung der Ortsform bei der Beurkundung gesellschafts- rechtlicher Vorgänge grundsätzlich nicht aus[198] (zur vom Ortsrecht zu unterscheidenden Möglichkeit der Substitution bei Geltung des Geschäftsrechts, diese bleibt möglich; → Rn. 19). Art. 11 ist hier nicht unein- geschränkt anwendbar.[199] Einige Stimmen in der Literatur schränken diesen Grundsatz dahin gehend ein, dass nur bei eintragungspflichtigen Vorgängen, also solchen, die die Verfassung der Gesellschaft betref- fen,[200] die Ortsform nicht möglich sein soll.[201] Für diese Einschränkung spricht die Begründung des Regie- rungsentwurfs,[202] nach dem Art. 11 „nicht die Form von Vorgängen regelt, die sich auf die Verfassung von Gesellschaften und juristischen Personen beziehen".

Diejenigen Stimmen hingegen, die – teils nur bezogen auf GmbH-Anteilsabtretungen – die Einhaltung der **39** Ortsform dann als zulässig ansehen, wenn diese überhaupt eine Form bereithält,[203] vernachlässigen die mit Abs. 4 vergleichbare Interessenlage.[204] Nach dieser Vorschrift sind Verfügungen über Sachen nur gültig, wenn sie die Formerfordernisse des Wirkungsstatuts erfüllen. Für (dingliche) Anteilsabtretungen kann diese Vorschrift nicht direkt gelten, da Geschäftsanteile keine Sachen iSd § 90 BGB sind.[205] Aber eine **analoge Anwendung des Abs. 4** ist möglich und auch geboten. Die Voraussetzungen für eine Analogie (Regelungs- lücke, Regelungsbedarf, vergleichbare Interessenlage) liegen hier vor. Wenn die Begründung für die Exis- tenz von Abs. 4 das Interesse der Allgemeinheit an einer klaren dinglichen Rechtslage und die Nähe zu Grundbuchämtern oder vergleichbaren Registern[206] ist, so gilt dies ebenso für die registrierungs- bzw. anzeigepflichtigen gesellschaftsrechtlichen Vorgänge. Auch hier besteht eine Nähe zu den Registergerichten und ein erhebliches Interesse des Rechtsverkehrs an einer klaren und sicheren Rechtslage.[207] Dies hat der Gesetzgeber für die Anteilsabtretung durch die Erschwerung der Fungibilität von GmbH-Geschäftsanteilen (§ 15 Abs. 3, 4 GmbHG) zum Ausdruck gebracht.

198 KG DNotZ 2019, 141 (Verschmelzung); OLG Hamm NJW 1974, 1057; OLG Karlsruhe RIW 1979, 567 (568); LG Augsburg NJW-RR 1997, 420 = DB 1996, 1666; LG Mannheim IPRspr. 1999 Nr. 23; Scholz/ *Priester*, GmbHG § 53 Rn. 71 ff.; Cramer DStR 2018, 747 (748); Cziupka EWiR 2018, 137; *Heck- schen* DB 2018, 685 (687); Hermanns RNotZ 2018, 271; Lieder ZIP 2018, 805 (808); Stelmaszczyk GWR 2018, 103; Weber MittBayNot 2018, 215; Wicke GmbHR 2018, 380; Großfeld/Berndt RIW 1996, 625 (630); *H. Schmidt* DB 1974, 1216 ff.; van Randen- borgh BB 1974, 483 ff.; Winkler NJW 1974, 1032 f.; van Randenborgh/Kallmeyer GmbHR 1996, 908 (909); Brambring NJW 1974, 1255 ff.; *König/Götte/ Bormann* NZG 2009, 881; Laeger BB 2010, 2647; Kuntze DB 1975, 193 (194); Barmeyer, S. 74 ff.; Hermanns RNotZ 2011, 224; Kindler RIW 2011, 257; Knoche FS Rheinisches Notariat 1998, S. 297, 303; Janssen/Robertz GmbHR 2003, 433 (437); Schervier NJW 1992, 593 (594 ff.); Geßler/Hefer- mehl/Eckhardt/Kropff/*Eckhardt* AktG § 23 Rn. 29; Staudinger/*Großfeld* Int. GesR Rn. 466 f. und 497; Geimer DNotZ 1981, 406 ff.; Ebenroth/Wilken JZ 1991, 1061 (1064 f.); Dignas GmbHR 2005, 139; Pilger BB 2005, 1285; Löber RIW 1989, 94 (95); König/Bormann DNotZ 2008, 652; Bayer DNotZ 2009, 887; Rodewald GmbHR 2009, 196; Böttcher ZNotP 2010, 6; Hermanns RNotZ 2010, 38; Reith- mann, GMbHR 2009, 699; Gerber GmbHR 2010, 97; Omlor WM 2009, 2105; Mauch EWiR 2010, 79; Kindler BB 2010, 74 (77; der BGH hat in seiner Entscheidung vom 16.2.1981 (BGHZ 80, 76 ff.) die Frage, ob Ortsrecht anwendbar sei, ausdrücklich offengelassen, da in dem entschiedenen Fall jeden- falls die Formerfordernisse des Wirkungsstatuts im Wege der Substitution erfüllt waren). Auch das OLG Düsseldorf (NJW 2011, 1370) äußert sich nicht klar zur Ortsform, die Ausführungen fußen jedoch auf der Prämisse, dass die (unstreitig eingehaltene Ortsform)

   nicht ausreicht (so auch *Hermanns* RNotZ 2011, 224).

199 AA OLG Frankfurt DNotZ 1982, 186 ff. (für GmbH- Anteilsabtretung); OLG Düsseldorf RIW 1989, 225 = GmbHR 1990, 169 (zur Satzungsänderung vor einem niederländischen Notar); *Maier-Reimer* BB 1974, 1230 ff. (für GmbH-Anteilsabtretung); Palandt/ *Thorn* EGBGB Art. 11 Rn. 13; Böttcher/Blasche NZG 2006, 766; Müller RIW 2010, 591; Mankowski NZG 2010, 201.

200 *Goette* MittRhNotK 1997, 1 (3 f.); Scholz/*Wester- mann*, GmbHG, 9. Aufl. 2002, Einl. Rn. 93.

201 *Kropholler* ZHR 140 (1976), 394, 402 f.; Mann ZHR 138 (1974), 448, 452 f.; Bredthauer BB 1986, 1864 f.; Scholz/*Westermann* GmbHG Einl. Rn. 94; GroßKomm-AktG/*Röhricht*, § 23 Rn. 48; Goette MittRhNotK 1997, 1 (3); Wolff ZIP 1995, 1489 (1491); Geyrhalter RIW 2002, 386 (389); Kröll ZGR 2000, 111 (122 ff.).

202 BT-Drs. 10/504, S. 49.

203 BayObLG NJW 1978, 500; OLG Frankfurt DB 1981, 1456; OLG Stuttgart NJW 1981, 1176; OLG Düsseldorf RIW 1989, 225 = DB 1989, 169 (Sat- zungsänderung); *Merkt* FS Sandrock 1995, S. 135, 156 (für Anteilsabtretung); Reuter BB 1998, 116 ff.; Sick/Schwarz NZG 1998, 540; Loritz DNotZ 2000, 90 (105 f.); Gätsch/Schulte ZIP 1999, 1954 (1956); Bauer NZG 2001, 45 (46); Palandt/*Thorn* EGBGB Art. 11 Rn. 13; MüKoBGB/*Spellenberg* EGBGB Art. 11 Rn. 173 ff.; Olk/Nikoleyczik DStR 2010, 1576.

204 *Kropholler* ZHR 140 (1976), 402; Schervier NJW 1992, 593 (598); Bredthauer BB 1986, 1864; aA MüKoBGB/*Spellenberg*, 5. Aufl., EGBGB Art. 11 Rn. 180 f.

205 *Maier-Reimer* BB 1974, 1230 (1233).

206 *Kropholler* ZHR 140 (1976), 400 f. (mwN); Kegel FS Lewald 1953, S. 259, 274 ff.

207 *Schervier* NJW 1992, 593 (598).

40 Gleiches gilt für die beurkundungspflichtigen Vorgänge, die die Verfassung und den Bestand der Gesellschaft betreffen. Der Vorgang wirkt sich weit über den Kreis der unmittelbar Betroffenen hinaus aus, es besteht ein besonderes Interesse an der Richtigkeitsgewähr. Diesem Interesse wäre nicht entsprochen, wenn (nur) die Einhaltung einer ausländischen Ortsform ausreichend wäre (Stichwort: mündliche Errichtung einer deutschen Aktiengesellschaft im Ausland); des Weiteren kann auf die oben unter → Rn. 26 zum Geschäftsrecht aufgeführten Argumente verwiesen werden. Die Registerpflichtigkeit ist ein Indiz dafür, dass die juristische Umwelt genauso berührt ist wie bei Grundstücksverfügungen.[208]

41 Der Registerrichter kann häufig nicht prüfen, welches die Ortsformvorschriften sind und wie sie eingehalten wurden. Eine starke Rechtsunsicherheit entstünde. Der Einwand, der Registerrichter könne sich im Wege des Amtsermittlungsgrundsatzes (§ 12 FGG) von der Wirksamkeit überzeugen, ist ein in der Praxis wenig verfängliches Argument. Die Amtsermittlung würde zu einer Vielzahl von externen Begutachtungen führen, die nicht nur teuer, sondern auch zeitraubend sind und somit die Spanne zwischen Antragstellung und Eintragung vergrößern würden. Das dies weder im Interesse der Gesellschaft noch des Rechtsverkehrs ist, liegt auf der Hand. Zunächst gilt dies für alle diejenigen Fälle, in denen die Eintragung in Handelsregister konstitutiv ist. Aber auch für Anteilsabtretungen (auch hier muss die Anteilsabtretung angezeigt werden, vgl. § 40 GmbHG) gilt das oben (→ Rn. 39) Gesagte entsprechend. Denn der Rechtsverkehr hat ein Interesse daran zu wissen, wer Anteilsinhaber ist. Hier ist lediglich eine Substitution der vom Geschäftsstatut aufgestellten Formerfordernisse möglich (→ Rn. 27). Bei juristischen Personen kann darüber hinaus das Personalstatut vorsehen, dass bestimmte Vorgänge im Inland stattfinden müssen (str. für die Hauptversammlung einer deutschen Aktiengesellschaft, wenn nichts anderes in der Satzung bestimmt ist,[209] und für die Gesellschafterversammlung einer GmbH).[210]

42 Die jahrzehntelange Diskussion, ob auch die Ortsform für gesellschaftsrechtliche Beurkundungen überhaupt möglich ist und unter welchen Voraussetzungen die Gleichwertigkeit einer Auslandsbeurkundung für die Erfüllung der Geschäftsform überhaupt gegeben ist, wurde jüngst durch zwei parallele Entwicklungen wiederbelebt. So hat zum einen der Gesetzgeber mit dem MoMiG das Beurkundungserfordernis aufgewertet, weil er hieran die Einreichung einer notariell bescheinigten Gesellschafterliste geknüpft hat (§ 40 Abs. 2 GmbHG), die Grundlage für den gutgläubigen Erwerb von GmbH-Geschäftsanteilen und Legitimationsbasis für die Ausübung der Gesellschafterrechte ist.[211] Zum anderen hat die Schweiz im Jahr 2007 ihr in Art. 772 ff. OR kodifiziertes GmbH-Recht grundlegend reformiert und für die GmbH, die in der Schweiz als „schwachbrüstige Schwester der AG" angesehen wird,[212] das Beurkundungserfordernis zugunsten einer privatschriftlich möglichen Anteilsabtretung aufgegeben (Art. 785 OR). Die Aufhebung des Beurkundungserfordernisses in der Schweiz bedeutet, dass – würde man die **Ortsform** als ausreichend erachten – die Abtretung von Anteilen an einer deutschen GmbH künftig privatschriftlich in der Schweiz erfolgen könnte, was eine erhebliche Missbrauchsgefahr mit sich brächte. Dieser Befund stände diametral der vom Gesetzgeber vorgenommenen erheblichen Aufwertung der Gesellschafterliste mit Blick auf deren Legitimationsfunktion für die Ausübung der Gesellschafterrechte und den gutgläubigen Erwerb entgegen.[213] Aufgrund dieser Aufwertung muss aus Sicht des Gesetzgebers,[214] aber auch bereits aus verfassungsrechtlichen Gründen[215] eine erhöhte Richtigkeitsgewähr gegeben sein.[216] Diese Richtigkeitsgewähr wird nach dem Konzept des GmbH-Gesetzes dadurch gewährleistet, dass bei der Darstellung und Einreichung gem. § 40 Abs. 2 GmbHG der Notar für den Regelfall mit eingebunden wird und die Übereinstimmung der beurkundeten Änderungen zu bescheinigen hat. Würde nun die Ortsform als zulässig erachtet, stände das Beurkundungserfordernis in internationalen Fällen letztlich zur Disposition der Parteien.[217] Diese würden zur missbräuchlichen Umgehung des § 15 Abs. 3 GmbHG geradezu eingeladen, da sie etwa in den Abtretungsvertrag unkontrolliert den ausländischen Abschlussort einsetzen können und überdies auch den Zeitpunkt der Abtretung nach Belieben noch vor- oder rückdatieren könnten.[218] Dies ist aber gerade vor dem Hintergrund der durch das MoMiG erfolgten Aufwertung des in § 15 Abs. 3 GmbHG statuierten Beurkundungserfordernisses nicht mit

208 *Kropholler* ZHR 140 (1976), 402.
209 Für die Zulässigkeit: BGHZ 203, 68; OLG Hamburg IPRax 1994, 291 = NJW-RR 1993, 1317 hat sich allerdings gegen die Möglichkeit ausgesprochen, eine derartige Satzungsbestimmung aufzunehmen; ebenso AG Köln RIW 1989, 990; aA MüKoBGB/*Spellenberg* EGBGB Art. 11 Rn. 82 mwN; *Biehler* NJW 2000, 1243 (1244).
210 Wird überwiegend als zulässig angesehen: BGH NJW 1980, 1160; dazu auch MüKoBGB/*Spellenberg* EGBGB Art. 11 Rn. 82 mwN; *Schervier* NJW 1992, 593 (597).

211 *Mauch* EWiR 2010, 79.
212 Es gab Ende 2005 nur halb so viele GmbHs wie Aktiengesellschaften, vgl. *Forstmoser/Peyer/Schott*, Das neue Recht der GmbH, 2006, S. 19 Fn. 5.
213 *Mauch* EWiR 2010, 79.
214 BT-Drs. 16/140, S. 44.
215 *Omlor* WM 2009, 2105 (2107 f.).
216 *König/Bormann* DNotZ 2008, 652 (667); *Mauch* EWiR 2010, 79.
217 *Kindler* BB 2010, 74 (75).
218 *Gerber* GmbHR 2010, 97 (98).

in Einklang zu bringen. Das Beurkundungserfordernis unterfällt daher nicht dem Form,- sondern dem Gesellschaftsstatut, § 15 Abs. 3, 4 GmbHG findet stets Anwendung.[219]

4. Rechtswahl. Die beiden in Abs. 1 genannten Alternativen sind nicht zwingend, sie können durch die **43** Parteien – im Rahmen der durch Art. 11 vorgegebenen Anknüpfungsalternativen – durch Rechtswahlvereinbarung modifiziert werden; der Zweck des Art. 11 steht dem grundsätzlich nicht entgegen. Eine Wahl eines dritten Rechts (neben denjenigen Möglichkeiten, die durch Art. 11 vorgegeben sind) nur für die Form ist hingegen nicht möglich. Art. 11 gibt eine Vielzahl von Anknüpfungsmöglichkeiten vor, die dem favor negotii Rechnung tragen. Diesen noch weitere hinzuzufügen, ist nicht erforderlich, zumal die Parteien die Möglichkeit haben, eine materielle Formvereinbarung (nach deutschem Recht gem. § 127 BGB) zu treffen. Eine solche (kollisionsrechtliche) Wahl eine Drittrechts nur für die Form, die übrigens bisher noch nicht durch die Rechtsprechung behandelt wurde, würde zudem Missbrauchsmöglichkeiten eröffnen, zB indem die Parteien einen privatschriftlichen Grundstückskaufvertrag, der deutschem Recht unterliegt, nur hinsichtlich der Form einem Recht unterwerfen, das keine notarielle Beurkundung kennt. Eine (Form-)Rechtswahl spielt allerdings grundsätzlich nur dort eine Rolle, wo sie möglich ist, dh bei Schuldverträgen. Insofern gilt hier für alle nach dem 17.12.2009 geschlossene (Formwahl-)Verträge Art. 3 Abs. 1 S. 3 Rom I-VO, für alle davor geschlossenen Art. 27 ff. EGBGB aF. EGBGB aF Eine solche (Form-)Rechtswahl ist daher zum einen indirekt dadurch möglich, dass die Parteien das maßgebliche Geschäftsrecht entsprechend Art. 27 ff. EGBGB aF bzw. Art. Abs. 1 S. 3 Rom I-VO selbst wählen. Soweit Art. 11 Abs. 1 EGBGB bzw. Rom I-VO auf das Geschäftsrecht verweist, käme dann das von den Parteien gewählte Recht zur Anwendung. Die Parteien können aber nach der herrschenden Meinung auch direkt entweder das Ortsrecht oder das Geschäftsrecht als für die Form maßgebliches Recht abbedingen[220] oder (ab-)wählen.[221] Wenn sich diese Rechtswahl nur auf die Form bezöge, wäre dies eine zulässige Teilrechtswahl.[222] So kann zB die Maßgeblichkeit der Ortsform ausgeschlossen werden.[223] Der BGH hat in der Wahl des deutschen Vertragsstatuts (= Geschäftsrecht) zugleich die stillschweigende Abwahl des Ortsrechts für die Form angenommen.[224] Ein anderes Mal hat er hingegen bei einer Wahl deutschen Geschäftsstatuts auch die Geltung von Art. 11 Abs. 1 als vereinbart angenommen.[225] Was von den Parteien gemeint ist, ist eine Frage des Parteiwillens und somit der Auslegung der Vereinbarung.[226] In der Regel wollen die Parteien mit der Rechtswahl das Ortsrecht ausschließen, wenn dieses nicht mit dem Geschäftsrecht übereinstimmt. Bei Verbraucherverträgen (Art. 6 Abs. 1 Rom I-VO) und bei den vom Anwendungsbereich des Art. 11 ausgenommenen Rechtsgeschäften (→ Rn. 6 ff.) ist die Rechtswahlmöglichkeit hingegen eingeschränkt.[227] Von der kollisionsrechtlichen Rechtswahl ist die materiellrechtliche Formvereinbarung zu unterscheiden (nach deutschem Recht zB § 127 BGB). Deren Zulässigkeit und Voraussetzungen richten sich nach dem Geschäftsstatut.[228]

Wählen die Parteien bei einem Schuldvertrag gem. Art. 27 EGBGB aF bzw. Art. 3 Abs. 1 Rom I-VO eine **44** bestimmte Rechtsordnung, so ist die **Formgültigkeit des Rechtswahlvertrages** unabhängig von der Formgültigkeit des materiellen Vertrages (dann nur Art. 11) zu beurteilen.[229]

Wird bei Schuldverträgen die **Rechtswahl nachträglich** getroffen und stellt das neue Geschäftsstatut **45** andere Formerfordernisse auf, so gilt mit dem Grundsatz des favor negotii dasjenige Recht mit den milderen Formvorschriften.[230] Ein ursprünglich ungültiger Vertrag kann also durch Formrechtswahl rückwirkend geheilt werden. Umgekehrt bleibt die ursprünglich vorhandene Formwirksamkeit auch dann erhalten, wenn das neu gewählte Recht Formunwirksamkeit annimmt.

II. Distanzgeschäfte (Abs. 2)

Abs. 2 eröffnet die Möglichkeit eines zusätzlichen Formstatuts. Bei Verträgen, bei denen sich die beiden **46** Vertragsparteien in unterschiedlichen Staaten befinden (auf den Aufenthalt oder den gewöhnlichen Aufenthalt kommt es insofern nicht an) kann sich die Formgültigkeit des Vertrages – neben dem Geschäftsstatut –

219 *Kindler* BB 2010, 74 (75); MüKoBGB/*Kindler* Int-GesR Rn. 558 f ff.; Staudinger/*Großfeld* IntGesR Rn. 497; *König/Götte/Bormann* NZG 2009, 881 (993); ebenso *Böttcher* ZNotP 2010, 6 ff.; *Gerber* GmbHR 2010, 97 ff.; *Bayer* DNotZ 2009, 887 ff.

220 BGHZ 57, 337, 339 = NJW 1972, 385; OLG Brandenburg RIW 1997, 424 (425); MüKoBGB/*Spellenberg* Rom I-VO Art. 11 Rn. 39; Palandt/*Thorn* Art. 11 Rn. 2; einschränkend Staudinger/*Winkler von Mohrenfels* EGBGB Art. 11 Rn. 212 ff.; aA BeckOK BGB/*Mäsch* EGBGB Art. 11 Rn. 10.

221 MüKoBGB/*Spellenberg* EGBGB Art. 11 Rn. 65.

222 MüKoBGB/*Spellenberg* EGBGB Art. 11 Rn. 65.

223 BGHZ 57, 337, 339 = NJW 1972, 385; aA *Jayme* NJW 1972, 1618.

224 BGH GmbHR 2005, 53; BGHZ 57, 337, 3399 = NJW 1972, 385; krit. BeckOK BGB/*Mäsch* EGBGB Art. 11 Rn. 10.

225 BGH NJW 1971, 323 (324).

226 So auch MüKoBGB/*Spellenberg* Rom I-VO Art. 11 Rn. 68 f.

227 BGH NJW-RR 2011, 1287.

228 MüKoBGB/*Spellenberg* Rom I-VO Art. 11 Rn. 75 f.

229 BGHZ 73, 391, 394.

230 *Spickhoff* IPRax 1998, 462 (464); BeckOK BGB/*Mäsch* EGBGB Art. 11 Rn. 31.

auch nach den Rechten beider Staaten richten. Es kommt nicht darauf an, wo der Vertrag rechtswirksam – etwa durch Zugang der Annahmeerklärung – zustande kommt.[231] Nach Inkrafttreten der Rom I-VO kommt Abs. 2 nur noch ein Anwendungsbereich für Verträge, die bis zum 17.12.2009 geschlossen wurden, zu. Abs. 2 spricht ausdrücklich nur von Verträgen. Andere Rechtsgeschäfte sind demnach vom Anwendungsbereich ausgeschlossen. So kann zB die Formwirksamkeit einer Willenserklärung, die in einem Staat abgegeben wird und im anderen Staat zugeht, nicht nach den Rechten beider Staaten beurteilt werden, sondern nur nach dem Recht des Staates, in dem die Willenserklärung abgegeben wurde. Auf die Art des Vertrages kommt es hingegen nicht an. So fallen auch einseitig verpflichtende Verträge, etwa ein Schenkungsvertrag[232] oder ein Bürgschaftsvertrag,[233] unter Abs. 2. Bei Letzterem genügt auch die Einhaltung des milderen, keine besondere Form verlangenden Ortsrechts einer Partei, auch wenn das Ortsrecht der anderen Partei eine besondere Form verlangt.[234]

47 Ist der Vertrag nach beiden Ortsrechten (und nach dem Geschäftsrecht) ungültig, so gilt hinsichtlich der Rechtsfolgen das zu Abs. 1 Gesagte (→ Rn. 18). Die Folgen der Formunwirksamkeit beurteilen sich nach dem milderen Recht.

III. Vertretergeschäfte (Abs. 3)

48 Abs. 3 stellt klar, dass es bei Vertretergeschäften für die Bestimmung des Ortes, an dem das Rechtsgeschäft vorgenommen wird, nicht auf den Aufenthalt des Vertretenen, sondern auf den des Vertreters ankommt. Dieser Absatz hat somit eine Hilfsfunktion für die Bestimmung des Ortsrechts. Trotz der Eingrenzung des Wortlauts auf „Verträge" muss Abs. 3 auch auf einseitige Rechtsgeschäfte durch einen Vertreter entsprechend angewendet werden.[235] Er gilt auch für Bürgschaftsverträge.[236] Für durch Boten (zB per Post) übermittelte Erklärungen gilt Abs. 3 nicht, hier muss auf den Ort der Abgabe der Erklärung abgestellt werden. Von der Frage der Formwirksamkeit des durch den Vertreter geschlossenen Hauptgeschäftes ist die Formwirksamkeit der Bevollmächtigung zu unterscheiden, hier kommt es auf die Formvorschriften des für die Vollmacht geltenden Geschäftsrechts oder auf die Formvorschriften desjenigen Ortes an, an dem die Vollmacht erklärt wird.

IV. Schuldrechtliche Grundstücksgeschäfte (Abs. 4 aF)

49 Bis zum 17.12.2009 galt Art. 11 Abs. 4 mit folgendem Wortlaut: „*Verträge, die ein dingliches Recht an einem Grundstück oder ein Recht zur Nutzung eines Grundstücks zum Gegenstand haben, unterliegen den zwingenden Formvorschriften des Staates, in dem das Grundstück belegen ist, sofern diese nach dem Recht dieses Staates ohne Rücksicht auf den Ort des Abschlusses des Vertrags und auf das Recht, dem er unterliegt, anzuwenden sind.*" Diese Bestimmung findet sich jetzt sinngemäß ausschließlich in Art. 11 Abs. 5 Rom I-VO mit folgenden Wortlaut wieder: „*Abweichend von den Absätzen 1 bis 4 unterliegen Verträge, die ein dingliches Recht an einer unbeweglichen Sache oder die Miete oder Pacht einer unbeweglichen Sache zum Gegenstand haben, den Formvorschriften des Staates, in dem die unbewegliche Sache belegen ist, sofern diese Vorschriften nach dem Recht dieses Staates a) unabhängig davon gelten, in welchem Staat der Vertrag geschlossen wird oder welchem Recht dieser Vertrag unterliegt, und b) von ihnen nicht durch Vereinbarung abgewichen werden darf.*" Art. 11 Abs. 4 ist demnach nur noch für bis zum 17.12.2009 geschlossene Verträge anwendbar und bezieht sich nur auf schuldrechtliche Grundstücksgeschäfte. Solche können zum einen Verträge sein, die ein dingliches Recht zum Gegenstand haben, und zum anderen solche, die ein Recht zur Nutzung eines Grundstücks zum Gegenstand haben. Auf die dinglichen Grundstücksgeschäfte selbst ist Abs. 4 nF (früher Abs. 5) anwendbar, zur Auflassung siehe auch → Rn. 31. Nach Abs. 4 aF sind die Formvorschriften des Rechts desjenigen Landes, in dem das vertragsgegenständliche Grundstück belegen ist, immer dann anwendbar, wenn das Belegenheitsrecht ausschließliche Geltung beansprucht.[237] Das deutsche Recht tut dies grundsätzlich nicht[238] (siehe auch → Rn. 15), so dass Abs. 1–3 uneingeschränkt anwendbar sind.[239] Ausnahmen werden nur für den Bereich des Mietrechts erwogen.[240] Ein Vertrag über ein deutsches Grundstück ist demnach auch im Ausland nach den dort geltenden Formvorschriften möglich (→ Rn. 30). Ausländische Rechte können jedoch ausschließliche Geltung beanspruchen, zB das schweize-

231 MüKoBGB/*Spellenberg* EGBGB Art. 11 Rn. 132.

232 Krit. dazu v. *Hoffmann* IPR § 7 Rn. 41, S. 277.

233 BGHZ 121, 224, 235 = NJW 1993, 1126 (1128).

234 BGHZ 121, 224, 235 = NJW 1993, 1126 (1128).

235 MüKoBGB/*Spellenberg* EGBGB Art. 11 Rn. 125; BeckOK BGB/*Mäsch* EGBGB Art. 11 Rn. 52.

236 BGH NJW 1993, 1126 (1128).

237 OLG Brandenburg RIW 1997, 424 (425).

238 S. die Gesetzesbegründung in BT-Drs. 10/504, S. 49; BeckOK BGB/*Mäsch* EGBGB Art. 11 Rn. 56.

239 *Mankowski* RIW 1995, 1034 (1037) (mwN).

240 Vgl. BeckOK BGB/*Mäsch* EGBGB Art. 11 Rn. 56 (mwN).

rische Recht bei Kaufverträgen über schweizerische Grundstücke.[241] Sinn von Abs. 4 aF ist es, auf den Geltungsanspruch dieses Rechts Rücksicht zu nehmen, nicht zuletzt deshalb, weil man sich dagegen nicht durchsetzen könnte.[242]

Der Anwendungsbereich des Abs. 5 aF umfasst zunächst solche Geschäfte, die ein dingliches Recht zum **50** Gegenstand haben, also nicht nur Veräußerungsgeschäfte. Somit unterfallen dem Anwendungsbereich auch die Übertragung und Einräumung beschränkter dinglicher Rechte (Grundpfandrechte, Nießbrauch, Wohnungsrecht etc). Unter Verträgen über die Nutzung eines Grundstücks sind Miete, Pacht und Nießbrauch[243] (auf Letzteren kann auch Abs. 4 nF (Abs. 5 aF) zur Anwendung kommen) zu verstehen.

V. Dingliche Rechtsgeschäfte (Abs. 4)

1. Allgemeines. Abs. 4 fand sich bis zum 17.12.2009 in Abs. 5 und wurde durch die Streichung von **51** Abs. 4, der sich nunmehr ausschließlich in Art. 11 Abs. 5 Rom I-VO findet (→ Rn. 49), zu Abs. 4. Die Rom I-VO ist hier nicht anzuwenden. Abs. 4 schränkt die durch die alternativen Anknüpfungsmöglichkeiten der Abs. 1 und 2 eröffnete Formenvielfalt dadurch ein, dass für dingliche Rechtsgeschäfte die Formwirksamkeit nur durch dasjenige Recht bestimmt wird, das auf das seinen Gegenstand bildende Rechtsverhältnis anzuwenden ist. De facto ergibt sich daraus, dass bei Verfügungsgeschäften die lex rei sitae für die Beurteilung der Formwirksamkeit heranzuziehen ist, wenn nicht gem. Art. 46 ausnahmsweise ein anderes Recht Anwendung findet. Die Anwendbarkeit des Belegenheitsrechts folgt aus Art. 43. Der Grund für diese Sonderregelung liegt bei Grundstücken im Interesse der Allgemeinheit an einer klaren dinglichen Rechtslage und die Nähe zu Grundbuchämtern oder vergleichbaren Registern.[244] Für Mobilien greift diese Rechtfertigung in Deutschland nicht, doch ist in anderen Ländern eine (quasi-)konstitutive Wirkung einer Registrierung – etwa bei Eigentumsvorbehaltsregistern – möglich. Die Anwendbarkeit des nach Abs. 4 berufenen Rechts ist zwingend, eine – auch einvernehmliche – Wahl eines anderen Rechts ist nicht möglich.

2. Anwendungsbereich des Abs. 4. Der gegenständliche Anwendungsbereich des Abs. 4 umfasst nicht **52** nur Grundstücke (zur Auflassung, die zwingend vor einem deutschen Notar erklärt werden muss, → Rn. 31) und grundstücksgleiche Rechte, sondern auch Sachenrechtsgeschäfte über Mobilien. Da der Wortlaut von „Sache" spricht und Sachen im deutschen Recht gem. § 90 BGB nur körperliche Gegenstände sind,[245] gilt Abs. 4 unbestritten nicht für Immaterialgüterrechte.[246] Umstritten ist, ob die Regelung auch entsprechend auf die Übertragung von Geschäftsanteilen (siehe dazu → Rn. 39) und Erbteilen anwendbar[247] ist. Dies ist – jedenfalls im Wege der Analogie – zu bejahen.[248] Denn Abs. 4 bezweckt Rechtssicherheit bei denjenigen Verfügungsgeschäften, die eine bestimmte Nähe zu Registern haben. Zu weiteren Argumenten → Rn. 39 ff. Die Form kann dabei jedoch im Wege der Substitution erfüllt werden (→ Rn. 19 ff.). Denn auch hier werden die Formvorschriften des Geschäftsrechts erfüllt. Nur der tatsächliche Vorgang findet im Ausland statt.

Der lex rei sitae unterliegen sowohl Rechtsgeschäfte, durch die ein Recht an einer Sache begründet wird, als **53** auch solche, mit denen über ein solches Recht verfügt wird.[249] Die schuldrechtlichen (Verpflichtungs-)Geschäfte sind davon jedoch nicht betroffen, auch wenn sie der Rechtsgrund für die Rechtsbegründung/Verfügung sind. Problematisch ist dabei die Behandlung solcher ausländischen Rechtsgeschäfte, die ein sachenrechtliches Vollzugsgeschäft als entbehrlich erachten. So bewirkt im französischen Recht der Abschluss des Kaufvertrages zugleich den Eigentumsübergang. In einem solchen Fall ist Abs. 4 wohl nicht anwendbar.[250] Von Abs. 4 wird nach hM nicht die Erteilung einer Vollmacht umfasst,[251] auch wenn diese unwiderruflich ist. Eine Grundstücksveräußerungs- oder Erwerbsvollmacht für ein inländisches Grundstück kann demnach im Ausland formfrei, also ohne Beachtung von § 311 b BGB erteilt werden, wenn das ausländische Recht dies zulässt.

---

241 § 119 Abs. 3 S. 2 IPRG; hier gilt zwingend die Form der öffentlichen Beurkundung gem. § 216 Abs. 1 OR.

242 MüKoBGB/*Spellenberg*, 3. Aufl., EGBGB Art. 11 Rn. 88.

243 MüKoBGB/*Spellenberg*, 3. Aufl., EGBGB Art. 11 Rn. 89.

244 *Kropholler* ZHR 140 (1976), 400 f. (mwN); *Kegel* FS Lewald 1953, S. 274 ff.; krit. (da in manchen Ländern keine konstitutive Grundbuchwirkung existiert) MüKoBGB/*Spellenberg*, 3. Aufl., EGBGB Art. 11 Rn. 84.

245 Die Qualifikation, was eine Sache ist, obliegt der lex rei sitae, vgl. MüKoBGB/*Spellenberg* EGBGB Art. 11 Rn. 169.

246 MüKoBGB/*Spellenberg* EGBGB Art. 11 Rn. 169.

247 Dafür *Ludwig* NJW 1983, 496; dagegen Palandt/*Thorn* EGBGB Art. 11 Rn. 20.

248 So auch *Bayer* GmbHR 2013, 903; aA MüKoBGB/*Spellenberg* EGBGB Art. 11 Rn. 174.

249 Unter dem Begriff Verfügung, der grundsätzlich nach deutschem Recht zu qualifizieren ist, wird bekanntlich die Übertragung, inhaltliche Änderung, Belastung und Aufhebung eines Rechtes verstanden.

250 BGHZ 73, 391; OLG Köln OLGZ 77, 201; *Küppers* DNotZ 1973, 645 (666); MüKoBGB/*Spellenberg* EGBGB Art. 11 Rn. 167; aA Soergel/*Kegel* EGBGB Art. 11 Rn. 16.

251 OLG Stuttgart MDR 1981, 405; Palandt/*Thorn* EGBGB Art. 11 Rn. 2; aA *Ludwig* NJW 1983, 495; Staudinger/*Winkler von Mohrenfels* EGBGB Art. 11 Rn. 77.

C. Weitere praktische Hinweise

I. Formfragen im Zusammenhang mit dem Beurkundungsverfahren

54 Ist nach dem Formstatut die Mitwirkung einer bestimmten Person bei dem Abschluss des Rechtsgeschäfts erforderlich, so sind auch die Regeln über die Beurkundungszuständigkeit von Behörden und Urkundspersonen (Standesbeamte, Notare)[252] und die Vorschriften über das Beurkundungsverfahren[253] diesem Recht zu entnehmen.[254] Dabei ist zu beachten, dass die Hoheitsbefugnisse eines deutschen Notars auf das deutsche Staatsgebiet beschränkt sind.[255] Gilt also deutsches Formstatut, so ist eine Auslandsbeurkundung durch einen deutschen Notar nicht möglich.[256]

55 **Streitig** ist, ob dies auch dann gilt, wenn sich die **Tätigkeit der Urkundsperson** in **zwei Vorgänge** aufspalten lässt. So besteht der Vorgang der Unterschriftsbeglaubigung nach § 40 BeurkG aus der Sinneswahrnehmung (der Unterschriftzeichnung bzw. Anerkennung) und aus der Fertigung des Beglaubigungsvermerks. Kann in diesem Fall der Notar die Unterschrift im Ausland entgegennehmen und innerhalb Deutschlands den Beglaubigungsvermerk wirksam fertigen? Dies wird teilweise im Hinblick auf die Soll-Vorschrift des § 40 BeurkG für möglich erachtet.[257] Nach dieser Vorschrift soll eine Unterschrift nur dann beglaubigt werden, wenn die Unterschrift in Gegenwart des Notars vollzogen oder anerkannt wurde. Ein Verstoß führt nicht zur Unwirksamkeit, der Notar handelt lediglich amtspflichtswidrig. Gegen die Möglichkeit der Tätigkeit im Ausland, und sei diese Tätigkeit auch nur auf die Sinneswahrnehmung beschränkt, spricht, dass der Notar hoheitliche Befugnisse ausübt und eine hoheitliche Tätigkeit nicht in einem anderen Staatsgebiet ausüben darf.[258] Unstreitig hingegen ist, dass ein deutscher Notar nicht eine Hauptversammlung im Ausland aufnehmen, das Protokoll hingegen im Inland erstellen darf.[259]

56 Wirksame deutsche Urkunden können im Ausland auch die deutschen Konsularbeamten errichten (§ 10 KonsG). Deutsche Konsularbeamte sind insbesondere befugt, Auflassungen entgegenzunehmen und eidesstattliche Versicherungen (wie sie beispielsweise im Erbscheinsverfahren erforderlich sind) abzunehmen (§ 12 KonsG).[260]

II. Registerrecht

57 Welche Wirkungen Registereintragungen (zB Handelsregister und Grundbuch) haben, ob sie also konstitutiv oder rein deklaratorisch wirken, entscheidet das Geschäftsrecht, nicht das Formstatut.[261] Dieses wird bei registerpflichtigen Vorgängen wegen Abs. 4 in den meisten Fällen mit dem Geschäftsstatut übereinstimmen (siehe zur entsprechenden Anwendung auf gesellschaftsrechtliche Vorgänge → Rn. 39). Das Registerverfahren, die Wirkungen der Registereintragung[262] und die Frage, wie bestimmte Nachweise zu erbringen sind (zB durch öffentliche Urkunden), regelt das Recht des Registerortes.[263] Dies ist auch noch einmal im „Piringer"-Urteil des EuGH[264] indirekt bestätigt wurden. Dort hatte auch der Generalanwalt explizit in seinem Schussantrag ausgeführt, dass „die für Eintragungen in das Grundbuch geltenden Formerfordernisse dem nationalen Recht unterstehen".[265] Zur Beglaubigung von Handelsregisteranmeldungen durch einen ausländischen Notar und zur Belehrung gem. § 8 Abs. 3 GmbHG → Rn. 30, zur Legalisation → Rn. 60.

252 OLG Zweibrücken StAZ 1979, 242; OLG Stuttgart FamRZ 1990, 559 (560).

253 ZB das Erfordernis einer ausreichenden Namensunterschrift BGH FamRZ 2003, 675.

254 BeckOK BGB/*Mäsch* EGBGB Art. 11 Rn. 24.

255 BGHZ 138, 359, 361 = NJW 1998, 2830 (2831); *Riering* IPRax 2000, 16 (17); *Biehler* NJW 2000, 1243 (1245); Palandt/*Thorn* EGBGB Art. 11 Rn. 7; Staudinger/*Winkler von Mohrenfels* EGBGB Art. 11 Rn. 251 f., mwN.

256 Nehmen hingegen ausländische Urkundspersonen Beurkundungen in Deutschland vor, so führt dies nicht zwingend zur Unwirksamkeit. Es ist dann anhand des ausländischen Rechts zu prüfen, ob dieses eine solche Beurkundung zulässt und eine Substitution ermöglicht; vgl. dazu *Rehm* RabelsZ 64 (2000), 104 ff.

257 Wie hier Staudinger/*Winkler von Mohrenfels* EGBGB Art. 11 Rn. 252; *Winkler* BeurkG Einl. Rn. 46 und § 40 Rn. 35; Schippel/*Schippel* BNotO § 11 a Rn. 2.

258 *Arndt/Lerch/Sandkühler* BNotO § 11 Rn. 12; *Blumenwitz* DNotZ 1968, 712 (720).

259 OLG Hamburg NJW-RR 1993, 1317; Staudinger/*Winkler von Mohrenfels* EGBGB Art. 11 Rn. 252.

260 Allgemein zum konsularischen Beurkundungswesen vgl. *Bindseil* DNotZ 1993, 5 ff.

261 MüKoBGB/*Spellenberg* EGBGB Art. 11 Rn. 61; Erman/*Hohloch* EGBGB Art. 11 Rn. 13; BeckOK BGB/*Mäsch* EGBGB Art. 11 Rn. 25.

262 Hinzukommen muss jedoch, dass für das Recht, dem das Folgegeschäft unterliegt, der gute Glaube an eine (nicht) bestehende Registereintragung überhaupt Bedeutung zukommt, vgl. MüKoBGB/*Spellenberg* EGBGB Art. 11 Rn. 63.

263 BeckOK BGB/*Mäsch* EGBGB Art. 11 Rn. 25; MüKoBGB/*Spellenberg* EGBGB Art. 11 Rn. 66.

264 EuGH 9.3.2017 – Rs. C-342/15, *Piringer* EuZW 2017, 394; NJW 2017, 1455, dazu ua *Nordmeier* GPR 2017, 171.

265 GA Szpunar, Schlussanträge v. 21.9.2016 – Rs. C-342/15 – Piringer, Tz. 41.

III. Legalisation, Apostille und befreiende Abkommen

Neben der materiellen Formwirksamkeit eines Rechtsgeschäfts stellt sich bei öffentlichen Urkunden die **58** Frage des Gebrauchs außerhalb des Errichtungsstaates. Dies ist keine Frage des Art. 11.[266] Die Frage stellt sich sowohl für ausländische öffentliche Urkunden, die im Inland gebraucht, als auch für inländische öffentliche Urkunden, die im Ausland gebraucht werden sollen. Ausländische Urkunden werden in Deutschland grundsätzlich als öffentlich anerkannt, wenn sie die äußeren Merkmale einer öffentlichen Urkunde enthalten.[267] Deren Echtheit muss jedoch häufig nachgewiesen werden, insbesondere wenn die Urkunde im Zivilprozess (§ 415 ZPO), bei einem öffentlichen Register (zB Handelsregister (§ 12 HGB) oder Grundbuchamt (§ 29 GBO) vorgelegt wird. Zum Echtheitsnachweis bedarf die ausländische öffentliche Urkunde grundsätzlich der **Legalisation**, vgl. § 438 Abs. 2 ZPO.[268] Dies bedeutet, dass die Echtheit der Urkunde durch die Auslandsvertretung (für Deutschland die Konsulate, vgl. § 13 KonsularG) desjenigen Staates bestätigt wird, in dem die Urkunde verwendet werden soll. Soll eine ausländische Urkunde in Deutschland verwendet werden, so kann ein deutscher Konsul (im Ausland) diese legalisieren. Legalisation bedeutet nicht Prüfung der materiellen Formwirksamkeit. Es wird lediglich deren Echtheit bestätigt, gegebenenfalls durch Angabe, ob die Person, die die Urkunde aufgenommen hat, zuständig war und ob die Urkunde in der den Gesetzen des Ausstellungsstaates entsprechenden Form aufgenommen worden ist, § 13 Abs. 4 KonsularG. Soll umgekehrt eine deutsche Urkunde für den Gebrauch im Ausland legalisiert werden, so bedarf es in vielen Fällen einer vorherigen Zwischenbeglaubigung durch den Präsidenten des zuständigen Landgerichts, uU auch einer weiteren Zwischenbeglaubigung durch den Bundesjustizminister und Endbeglaubigung durch das Auswärtige Amt, das diese Befugnisse auf das Bundesverwaltungsamt im Köln übertragen hat.

Von dem teilweise aufwendigen Verfahren der Legalisation kann abgesehen werden, wenn die **Apostille** **59** ausreicht. Dies ist immer dann der Fall, wenn zwischen Deutschland und dem anderen Staat das Haager Übereinkommen zur Befreiung von der Legalisation[269] gilt.[270] An die Stelle der Legalisation tritt dann die Apostille als Echtheitsnachweis, die insofern einfacher zu erlangen ist, als sie von den zuständigen Behörden des Errichtungsstaates erteilt wird.[271] Die Zuständigkeit ist in Deutschland nicht bundeseinheitlich geregelt,[272] in der Regel ist der Präsident des jeweiligen Landgerichts zuständig.[273]

Ganz von dem Erfordernis der Echtheitsbestätigung befreit sind Urkunden für den Rechtsverkehr zwischen **60** Deutschland und Staaten, mit denen ein entsprechendes **bilaterales Abkommen** besteht. So ist es – teils mit großen Einschränkungen – im Verhältnis zu Belgien,[274] Dänemark,[275] Frankreich,[276] Griechenland,[277] Italien,[278] Österreich[279] und der Schweiz.[280] Des Weiteren sind Befreiungen vorgesehen für Urkunden von Konsuln,[281] Auszüge aus Personenstandsbüchern[282] und Personenstandsurkunden.[283]

Art. 12 EGBGB Schutz des anderen Vertragsteils

[1]Wird ein Vertrag zwischen Personen geschlossen, die sich in demselben Staat befinden, so kann sich eine natürliche Person, die nach den Sachvorschriften des Rechts dieses Staates rechts-, geschäfts- und handlungsfähig wäre, nur dann auf ihre aus den Sachvorschriften des Rechts eines anderen Staa-

---

266 BayObLG DNotZ 1993, 397 = IPRax 1994, 122; dazu *Roth* IPRax 1994, 86.

267 *Huhn/v. Schuckmann* BeurkG § 1 Rn. 58.

268 Diese Vorschrift gilt entsprechend im Verfahren der Freiwilligen Gerichtsbarkeit, vgl. BeckOK BGB/ *Mäsch* EGBGB Art. 11 Rn. 72.

269 Vom 5.10.1961 (BGBl. II 1965 S. 876); in Deutschland in Kraft seit dem 13.2.1966 (BGBl. II S. 106); abgedruckt auch in *Jayme/Hausmann* Nr. 250.

270 Zur Liste der beigetretenen Staaten s. *Jayme/Hausmann* Nr. 250 Fn. 1.

271 Eine Übersicht der zuständigen ausländischen Stellen findet sich bei *Bülow/Böckstiegel/Geimer/Schütze*, Int. Rechtsverkehr, Bd. 2 D. II 1 f.

272 Gem. Art. 2 Abs. 1 des deutschen Zustimmungsgesetzes v. 21.6.1965 (BGBl. II S. 875) bestimmen die Bundesregierung und die Landesregierungen oder die von diesen ermächtigten obersten Bundes- oder Landesbehörden in ihrem jeweiligen Geschäftsbereich die zuständigen Behörden. Als zuständige Behörde kann auch der Präsident eines Gerichts bestimmt

werden. Vgl. auch die Verordnung vom 27.6.1970 (BGBl. I S. 905).

273 Für Nordrhein-Westfalen bspw. ergibt sich das aus der Rechtsverordnung zur Regelung der Zuständigkeit für die Erteilung der Apostille vom 8.2.1966 (GV NW 1966, S. 36).

274 Abk. v. 13.5.1975 (BGBl. II 1980 S. 813). Deutschland sieht das Übk. als verbindlich an, Belgien wegen eines Fehlers im Ratifikationsverfahren hingegen nicht.

275 Abk. v. 17.6.1936 (BGBl. II 1953 S. 186).

276 Abk. v. 13.9.1971 (BGBl. II 1974 S. 1074); dazu auch *Arnold* DNotZ 1975, 581 ff.

277 Abk. v. 11.5.1938 (RGBl II 1939 S. 848).

278 Abk. v. 7.6.1969 (BGBl. II 1974 S. 1069).

279 Abk. v. 21.6.1923 (RGBl II 1924 S. 61).

280 Abk. v. 14.2.1907 (RGBl II S. 411).

281 Europäisches Übereinkommen v. 7.6.1968 (BGBl. II 1971 S. 86).

282 Abk. v. 27.9.1956 (BGBl. II 1961 S. 1056).

283 Abk. v. 3.6.1982 (BGBl. II 1983 S. 699) und Abk. v. 26.9.1957 (BGBl. II 1961 S. 1067).

tes abgeleitete Rechts-, Geschäfts- und Handlungsunfähigkeit berufen, wenn der andere Vertragsteil bei Vertragsabschluß diese Rechts-, Geschäfts- und Handlungsunfähigkeit kannte oder kennen mußte. [2]Dies gilt nicht für familienrechtliche und erbrechtliche Rechtsgeschäfte sowie für Verfügungen über ein in einem anderen Staat belegenes Grundstück.

Literatur: *Fischer*, Verkehrsschutz im Internationalen Privatrecht, 1990; *Lipp*, Verkehrsschutz und Geschäftsfähigkeit im IPR, RabelsZ 63 (1999), 107; *Schotten*, Schutz des Rechtsverkehrs im Internationalen Privatrecht, DNotZ 1994, 670.

A.	Allgemeines	1	III. Staatsvertragliche Regelungen und Auslegung	7
	I. Normgeschichte, Übergangsrecht und		IV. Renvoi, ordre public	9
	Rom I-VO	1	B. Regelungsgehalt	11
	II. Normzweck, Normstruktur, Anwendungsbe-		I. Abschlussort	11
	reich	3	II. Fehlende Fähigkeit	13
	1. Normzweck	3	III. Fehlende Kenntnis und keine fahrlässige	
	2. Normstruktur	4	Unkenntnis	16
	3. Persönlicher Anwendungsbereich	5	IV. Rechtsfolge	18
	4. Sachlicher Anwendungsbereich	6	V. Ausgenommene Rechtsgeschäfte (S. 2)	19

A. Allgemeines

I. Normgeschichte, Übergangsrecht und Rom I-VO

1   Art. 12 wurde im Rahmen der IPR-Reform 1986[1] eingeführt und entspricht inhaltlich im Wesentlichen Art. 11 des EG-Schuldvertragsübereinkommens vom 19.6.1980 (EVÜ), → Rn. 6. Vor der Reform befand sich die entsprechende Regelung in Art. 7 Abs. 3 aF, der nach Art. 220 für alle bis zum 1.9.1986 „abgeschlossenen Vorgänge" gilt. Art. 12 unterscheidet sich von Art. 7 Abs. 3 aF dadurch, dass nun der gute Glaube des Vertragspartners („kennen musste") von Bedeutung ist.

2   Art. 12 ist mit Wirkung zum 17.12.2009 durch Art. 13 der Verordnung (EG) Nr. 593/2008 (Rom I-VO) weitgehend ersetzt worden. Art. 13 Rom I-VO enthält ebenfalls eine – weitgehend gleichförmige – Verkehrsschutzregelung für vertragliche Schuldverhältnisse. Die Verordnung hat nach Art. 3 Nr. 1 EGBGB Vorrang vor Art. 12 EGBGB und aufgrund der Geltung für vertragliche Schuldverhältnisse eine deutlich größere Bedeutung. Diese bleibt aber weiter bestehen und behält noch einen – kleinen – Anwendungsbereich. Denn Art. 13 Rom I-VO gilt lediglich für vertragliche Schuldverhältnisse (der Wortlaut spricht daher auch von „Verträgen"), Art. 12 ist hierauf nicht beschränkt (der Wortlaut spricht daher von „Rechtsgeschäften"). Allerdings umfasst Art. 13 Rom I-VO entgegen dem Wortlaut auch einseitige Erklärungen, sofern sie sich auf Schuldverträge beziehen, so zB Kündigung eines Vertragsverhältnisses. Ebenfalls ist Art. 13 Rom I-VO auch auf unentgeltliche Verträge (zB Schenkung und Auftrag) anwendbar.[2] Nicht vom Anwendungsbereich des Art. 13 Rom I-VO erfasst sind und bleiben Verfügungsgeschäfte über Mobilien und inländische Grundstücke.

II. Normzweck, Normstruktur, Anwendungsbereich

3   **1. Normzweck.** Art. 12 bezweckt den Schutz des Rechtsverkehrs. Der Vertragspartner wird vor dem zusätzlichen Risiko geschützt, das dadurch entsteht, dass er mit einem Ausländer kontrahiert, der nach seinem Recht (Personalstatut) nicht oder nur beschränkt geschäftsfähig (bzw. handlungs- oder rechtsfähig) ist. Dieser Schutz wird durch eine (allseitige) Alternativanknüpfung bewerkstelligt. Von der allgemeinen Regel des Art. 7 Abs. 1 wird eine Ausnahme gemacht: Unter der Voraussetzung, dass der andere Vertragsteil die nach Art. 7 Abs. 1 (Personalstatut) bestimmte Rechts-, Geschäfts- oder Handlungsunfähigkeit (vgl. Art. 7) nicht kannte bzw. nicht kennen musste, kann sich der Unfähige nicht darauf berufen, wenn nach dem Recht des Abschlussortes keine solche Unfähigkeit bestand. Im Mittelpunkt steht also der Schutz des Vertrauens, nicht – wie in Art. 11 – der favor negotii.[3] Dieser Vertrauensschutz, der am Abschlussort gelten muss, setzt sich gegenüber den (Schutz-)Regeln des Personalstatuts des (Geschäfts-)Unfähigen durch. Nach deutschem Sachrecht ist zwar der gute Glaube in die Geschäftsfähigkeit nicht geschützt. Die Existenz des Art. 12 rechtfertigt sich aber dadurch, dass durch die Ausländereigenschaft einer Vertragspartei ein zusätzliches (Minderjährigen-)Risiko geschaffen wird (zB durch eine andere Altersgrenze bei der Geschäftsfähigkeit). Da der inländische Vertragspartner die ausländischen Bestimmungen in der Regel nicht kennt, muss er sich nur an den Regeln festhalten lassen, die am Abschlussort gelten und denen er sich durch die Teilnahme am Rechtsverkehr unterworfen hat.[4] Dies gilt unabhängig vom Heimatrecht der Beteiligten. Art. 12 greift also auch

---

1	In Kraft seit dem 1.9.1986 (BGBl. I S. 1142).	3	MüKoBGB/*Spellenberg* EGBGB Art. 12 Rn. 3 f.
2	MüKoBGB/*Spellenberg* EGBGB Art. 12 Rn. 22 f.	4	*Lipp* RabelsZ 63 (1999) 107, 137.

dann, wenn beide Beteiligte sich in einem Drittstaat aufhalten. Begründet wird dies damit, dass die Parteien am örtlichen Rechtsverkehr teilnehmen, dessen Regeln dann primär berufen seien, die über den Zugang zu diesem Rechtsverkehr zu bestimmen.[5] Auch wird angeführt, dass diese Regeln für die Parteien leichter feststellbar sind.[6]

2. Normstruktur. S. 1 stellt die allgemeine Regel auf, von der S. 2 für bestimmte Rechtsgeschäfte eine **4** Ausnahme macht. Diese Ausnahme ist notwendig, weil Art. 12 grundsätzlich alle Verträge umfasst, während Art. 13 Rom I-VO für „familien- und erbrechtliche Rechtsgeschäfte" sowie für Verfügungen nicht gilt.

3. Persönlicher Anwendungsbereich. Art. 12 gilt nur für natürliche Personen, deren nach Art. 7 **5** bestimmtes Personalstatut einem anderen Recht als dem des Abschlussortes unterliegt.[7] Möglich ist die analoge Anwendung auf ausländische juristische Personen.[8] Zur Anwendung des Art. 12 im Internationalen Gesellschaftsrecht siehe Anhang zu Art. 12.

4. Sachlicher Anwendungsbereich. Art. 12 spricht in S. 1 von Verträgen, in S. 2 hingegen von Rechts- **6** geschäften. Daraus folgert die herrschende Meinung, dass der gesamte Art. 12 auf alle empfangsbedürftigen Rechtsgeschäfte – also auch einseitige Rechtsgeschäfte – anwendbar ist.[9] Auch Verfügungsgeschäfte sind von S. 1 umfasst. Denn S. 2 stellt klar, dass nur Verfügungen über Grundstücke besonderen Regeln unterliegen. Für die Schlüsselgewaltgeschäfte enthält Art. 16 Abs. 2 eine Sonderregel. Verfügungs- und Verpflichtungsbeschränkungen (im deutschen Recht zB §§ 1365, 1369 BGB) unterfallen Art. 12.[10] Für die Bestimmung der Partei- und Prozessfähigkeit ist Art. 12 nicht anwendbar.[11] Ebenfalls enthalten das WechselG (dort Art. 91 Abs. 2) und das ScheckG (dort Art. 60 Abs. 2) eigene, vorrangige, Verkehrsschutzregeln. Ob Geschäftsfähigkeit überhaupt erforderlich ist, richtet sich nach der lex causae. Art. 12 kann auch für den Umfang und die Beschränkung gesetzlicher Vertreter Minderjähriger bzw. Geschäftsunfähiger **analog** angewendet werden.[12] Eine analoge Anwendung des Art. 12 in Bezug auf den guten Glauben an das Bestehen und den Umfang einer Vollmacht ist hingegen nicht angezeigt.[13] Dies regelt sich allein nach dem Vollmachtsstatut. Art. 12 (bzw. für Schuldverträge Art. 13 Rom I-VO)[14] wird analog auch angewandt auf Mängel der gesetzlichen Vertretungsmacht von gesetzlichen oder amtlich bestellten Betreuern Geschäftsunfähiger.[15] Dies gilt jedenfalls dann, wenn Art. 19 KSÜ bzw. Art. 17 ESÜ nicht anwendbar sind. Denn Art. 12 wird ebenfalls entsprechend angewandt auf die Rechtsfähigkeit von Gesellschaften und die Vertretungsbefugnisse ihrer Organe (siehe dazu auch den Anhang zu Art. 12).[16] Die Rom I-VO ist hier wegen Art. 1 Abs. 2 lit. f. dieser Verordnung nicht anwendbar.

III. Staatsvertragliche Regelungen und Auslegung

Art. 12 entspricht im Wesentlichen Art. 11 EVÜ.[17] Das EVÜ wurde durch die Rom I-VO abgelöst. Zur **7** Abgrenzung der Anwendungsbereiche von Art. 12 EGBGB und Art. 13 Rom I-VO → Rn. 2.

Zur Beachtung des EVÜ bei der Auslegung → Art. 11 Rn. 10. Auch nach Wegfall von Art. 36 sollte Art. 12 **8** europäisch einheitlich ausgelegt werden sollte.[18] Probleme können sich aufgrund des geringfügig unterschiedlichen Wortlauts von Art. 12 EGBGB und Art. 13 Rom I-VO ergeben. So verweigert Art. 12 den Verkehrsschutz bei „Kennenmüssen", während Art. 13 Rom I-VO von „Fahrlässigkeit" spricht.

5   *Lipp* RabelsZ 63 (1999), 130 f.
6   *Fischer*, S. 357 f.
7   Art. 12 gilt auch für Vertragspartner gleicher Nationalität, wenn sie sich an einem anderen Abschlussort befinden. Allerdings wird hier der gute Glaube an vorhandene Geschäftsfähigkeit aufgrund der Kenntnis der eigenen Rechtsordnung in der Regel fehlen.
8   BGH NJW 1998, 2452; *Bausback* DNotZ 1994, 254 (259); Palandt/*Thorn* Anh. Art. 12 EGBGB Rn. 11; Staudinger/*Großfeld* Int. GesR Rn. 281; *Fischer*, S. 211 ff.; *Kalign* DB 1985, 1449 (1452); MüKo-BGB/*Spellenberg* EGBGB Art. 12 Rn. 15; das LG München (ZIP 1999, 1680) hat Art. 12 auf eine nach ausländischem Recht nicht rechtsfähige Vorgesellschaft mit dem Ergebnis angewendet, dass deutsches Recht anwendbar war; aA Palandt/*Thorn* Rom I-VO Art. 13 Rn. 2.
9   MüKoBGB/*Spellenberg* EGBGB Art. 12 Rn. 22; *Fischer*, S. 42 ff.; *Lichtenberger* DNotZ 1986, 644 (652); BeckOK BGB/*Mäsch* EGBGB Art. 12 Rn. 11.

10   Palandt/*Thorn* Rom I-VO Art. 13 Rn. 6 mwN; aA BeckOK BGB/*Mäsch* EGBGB Art. 12 Rn. 41 und MüKoBGB/*Spellenberg* EGBGB Art. 12 Rn. 20 (für die Anwendung von Art. 16 EGBGB).
11   Dies gilt auch, wenn das anwendbare Prozessrecht hinsichtlich der Parteifähigkeit auf die Rechtsfähigkeit abstellt, vgl. BeckOK BGB/*Mäsch* EGBGB Art. 12 Rn. 17 und 20.
12   BeckOK BGB/*Mäsch* EGBGB Art. 12 Rn. 39; Palandt/*Heldrich* Rom I-VO Art. 13 Rn. 6.
13   BeckOK BGB/*Mäsch* EGBGB Art. 12 Rn. 40.
14   MüKoBGB/*Spellenberg* EGBGB Art. 12 Rn. 23.
15   MüKoBGB/*Spellenberg* EGBGB Art. 12 Rn. 14.
16   MüKoBGB/*Spellenberg* EGBGB Art. 12 Rn. 15.
17   Für Deutschland in Kraft getreten am 1.4.1991 (BGBl. II S. 871); abgedruckt auch in *Jayme/Hausmann*, Nr. 171; rein sprachlich ist eine Abweichung: Art. 12 spricht von „Kennenmüssen", Art. 11 EVÜ hingegen von „Fahrlässigkeit".
18   Staudinger/*Hausmann* EGBGB Art. 12 Rn. 3; MüKoBGB/*Spellenberg* EGBGB Art. 12 Rn. 26.

IV. Renvoi, ordre public

9   Das durch Art. 12 berufene Recht des Abschlussortes ist ausweislich des Wortlauts eine Sachnormverweisung. Ein renvoi ist also nicht zu beachten.[19] Die Alternativanknüpfung des Art. 12 kommt aber nur zum Tragen, wenn sich die Rechts-, Geschäfts- oder Handlungsunfähigkeit nicht schon aus Art. 7 ergibt. Dieser wiederum lässt einen renvoi zu.

10   Das durch Art. 12 gewonnene Recht steht grundsätzlich unter dem Vorbehalt des ordre public (Art. 6). Die am Recht des ausländischen Abschlussortes geltenden Sachvorschriften gelten also dann nicht, wenn sie gegen den deutschen ordre public verstoßen. Insoweit gilt dasselbe wie bei Art. 7.

B. Regelungsgehalt

I. Abschlussort

11   Voraussetzung für die Anwendbarkeit von Art. 12 ist zunächst, dass sich bei Vertragsschluss (bzw. Vornahme des Rechtsgeschäfts) beide Parteien im selben Staat befinden. Das bedeutet nicht, dass die Parteien beide persönlich am selben Ort anwesend sein müssen. Es darf sich lediglich nicht um ein Distanzgeschäft (also Anwesenheit in verschiedenen Staaten) handeln. Bei einer Willenserklärung unter Abwesenden kommt es auf den Zeitpunkt der Abgabe und nicht auf den des Zugangs an.[20] Auch die zufällige, kurze Anwesenheit reicht aus. Dem Gesetzeswortlaut ist keine gegenteilige Einschränkung zu entnehmen. So kann Art. 12 auch gelten bei Geschäften unter Mitgliedern einer Reisegruppe im Ausland,[21] man wird dann aber fragen müssen, ob Gutgläubigkeit des Vertragspartners vorhanden war. Irrt sich der andere Vertragsteil über den Aufenthaltsort des (geschäfts-)unfähigen Vertragspartners, so hat dies keine Auswirkungen auf die Anwendbarkeit der Norm. Art. 12 stellt lediglich auf den tatsächlichen Aufenthaltsort ab.[22]

12   Wird der Vertrag auf der geschäftsunfähigen Seite durch einen Stellvertreter geschlossen, so kommt es – entsprechend Art. 11 Abs. 3 – auf den Aufenthaltsort des Stellvertreters an.[23] Denn auch hier verlässt sich der andere Vertragsteil darauf, dass das Recht des Abschlussortes gilt. Abschlussort ist der Ort, an dem inländische Vertragspartner und der Stellvertreter des ausländischen Vertragsteils anwesend sind, denn an diesem Ort werden die Willenserklärungen abgegeben. Ist der Vertreter selbst (geschäfts-)unfähig, so kommt es auf ebenfalls auf dessen Aufenthaltsort an.[24]

II. Fehlende Fähigkeit

13   Die Partei muss nach ihrem Personalstatut rechts-, geschäfts- oder handlungsunfähig sein, nach dem Ortsrecht diese Fähigkeit aber besitzen. Die **Rechtsfähigkeit** wird fast immer vorhanden sein. Sollte dies bei einer natürlichen Person nicht der Fall sein, dürfte dies gegen den ordre public verstoßen.[25] Sollte eine ausländische juristische Person nicht rechtsfähig sein, so dürfte in den meisten Fällen auch das deutsche Recht im Ergebnis zu einer Rechtsunfähigkeit kommen, so dass Art. 12 tatbestandlich nicht einschlägig wäre.

14   In der Praxis kommt der **Geschäftsfähigkeit**, also der Fähigkeit, Rechte und Pflichten zu begründen oder zu gestalten, eine herausgehobene Bedeutung zu. Sie bestimmt sich nach dem Personalstatut gem. Art. 7 (siehe dort) und hängt in der Regel vom Alter oder von bestimmten geistigen Eigenschaften ab. Besondere Geschäftsfähigkeiten für bestimmte Sachbereiche (zB Testierfähigkeit) werden – wie bei Art. 7- von Art. 12 nicht umfasst, sondern richten sich nach dem Wirkungsstatut.[26] Wird das Rechtsgeschäft in Deutschland vorgenommen, gelten die §§ 104 ff. BGB, also auch § 113 BGB (Teilgeschäftsfähigkeit bei Dienst- oder Arbeitsverhältnis). Art. 12 ist auch anwendbar, wenn der Ausländer in seinem Heimatstaat entmündigt wurde.[27] Ob aus der Sicht des Vornahmestaates eine solche Entmündigung zu beachten ist, hängt von der Anerkennungsfähigkeit der Entmündigungsentscheidung ab. Das deutsche Recht ist dann bei Beurteilung

19   BeckOK BGB/*Mäsch* EGBGB Art. 12 Rn. 6; aA Soergel/*Kegel* EGBGB Art. 12 Rn. 26.

20   BeckOK BGB/*Mäsch* EGBGB Art. 12 Rn. 30.

21   So auch BeckOK BGB/*Mäsch* EGBGB Art. 12 Rn. 24; aA *Lipp* RabelsZ 63 (1999), 107, 134 f.

22   *Fischer*, S. 53 f., ist hingegen der Ansicht, dass in dem Fall, in dem der Vertragspartner irrig annimmt, der Erklärende befinde sich im Ausland, Art. 12 keine Anwendung findet. Ein solches Abstellen auf den Rechtsschein weicht aber mE von dem Wortlaut des Art. 12 ab, der gerade keine Rechtsscheinhaftung verkörpert; so auch BeckOK BGB/*Mäsch* EGBGB Art. 12 Rn. 31.

23   Wie hier *Liessem* NJW 1989, 497 (501); Palandt/*Thorn* Rom I-VO Art. 13 Rn. 3; Erman/*Hohloch* EGBGB Art. 12 Rn. 9; *Schotten* DNotZ 1994, 670 (671); BeckOK BGB/*Mäsch* EGBGB Art. 12 Rn. 26.

24   Bei einem Boten stellt sich diese Frage nicht, da dieser selbst keine eigene Willenserklärung abgibt.

25   BeckOK BGB/*Mäsch* EGBGB Art. 12 Rn. 16.

26   Eine dem Art. 12 entspr. Norm gibt es für die Wechselfähigkeit (Art. 91 Abs. 2 WG) und die Scheckfähigkeit (Art. 60 Abs. 2 ScheckG).

27   BeckOK BGB/*Mäsch* EGBGB Art. 12 Rn. 21; Palandt/*Thorn* Rom I-VO Art. 13 Rn. 5.

der Geschäftsfähigkeit insofern milder, als es keine vollständige Entmündigung kennt, sondern gem. § 1903 BGB allenfalls einen Einwilligungsvorbehalt des Betreuers vorsieht.

Der weiter in Art. 12 aufgeführte Begriff der **Handlungsfähigkeit** existiert im deutschen materiellen Recht **15** nicht. Der Begriff der Handlungsfähigkeit resultiert aus einem Missverständnis bzw. Übersetzungsfehler und ist keine eigene „Fähigkeit".[28] Er wird in der Literatur zumeist als Oberbegriff für Geschäfts- und Deliktsfähigkeit verwendet.[29] Da sich die Deliktsfähigkeit nach dem Deliktsstatut bestimmt und die Geschäftsfähigkeit bereits in Art. 12 aufgeführt ist, kommt der Handlungsfähigkeit keine besondere Bedeutung zu.[30] Dass dieser Begriff in Art. 12 zu finden ist, basiert wohl eher auf der wörtlichen Übernahme des französischen Begriffes „capacité" aus dem EVÜ.[31]

III. Fehlende Kenntnis und keine fahrlässige Unkenntnis

Der (geschäfts-)unfähige Ausländer kann sich auf die fehlende Fähigkeit nur dann berufen, wenn der Ver- **16** tragspartner diese nicht kannte und auch nicht kennen musste. Aufgrund der Anlehnung an die in § 122 Abs. 2 BGB verwendete Terminologie ist als Fahrlässigkeitsmaßstab § 276 BGB heranzuziehen.[32] Die Beweislast für die bewusste Kenntnis oder fahrlässige Unkenntnis des Vertragspartners trägt der Geschäftsunfähige.[33] Der Vertragspartner ist dann durch die Anwendung des Ortsrechts geschützt, wenn er entweder nicht von der ausländischen Staatsangehörigkeit des Geschäftsunfähigen wusste oder er zwar davon Kenntnis hatte, ihm aber die von dem Ortsrecht abweichenden Regeln zur Geschäftsfähigkeit nicht bekannt waren. Der Vertragspartner kann sich jedoch nicht darauf berufen, er habe das Alter des Ausländers nicht gekannt,[34] ebenso nicht darauf, dass er nicht gewusst habe, dass überhaupt ausländisches Recht zur Anwendung kommt.[35]

Problematisch ist es, zu bestimmen, wann die **Unkenntnis vorwerfbar** ist. Hier kommt es darauf an, **17** worauf sich die Unkenntnis bezieht. Die Unkenntnis des Vertragspartners hilft diesem nicht, wenn er in Ausübung seiner gewerblichen Tätigkeit eine grenzüberschreitende Reise („Kaffeefahrt") des Geschäftsunfähigen veranlasst hat (vgl. auch Art. 29 Abs. 1 Nr. 3).[36] Liegt ein solcher Fall nicht vor, wird man abwägen müssen. Hätte sich der Vertragspartner auch bei einem rein nationalen Geschäft Gedanken über die Geschäftsfähigkeit machen müssen, so gilt dies entsprechend bei internationalen Fällen. Geht es beispielsweise um ein Geschäft von großer wirtschaftlicher Bedeutung, gilt ein strengerer Fahrlässigkeitsmaßstab als bei alltäglichen Geschäften.[37] Wird das Geschäft notariell beurkundet, prüft der Notar die Geschäftsfähigkeit, vgl. § 11 BeurkG. Bei Zweifeln über die Geschäftsfähigkeit eines Ausländers soll er darauf gem. § 17 Abs. 3 BeurkG hinweisen. Kennt der Vertragspartner die Ausländereigenschaft des Geschäftsunfähigen, so ist dies allein nicht ausreichend, fahrlässige Unkenntnis zu begründen.[38] Allerdings wird dem Vertragspartner bei Belehrung des Notars über die Anwendbarkeit ausländischen Rechts fahrlässige Unkenntnis vorgeworfen werden können, wenn dieser auf Beurkundung bestand, bevor die Auslandsrechtsfrage geklärt ist.[39] Der Vertragspartner ist aber dann nicht geschützt, wenn er das ausländische Recht kennen müsste, etwa weil er im Staat des Geschäftsunfähigen seinen gewöhnlichen Aufenthalt hat oder (auch) dieselbe Staatsangehörigkeit besitzt.

IV. Rechtsfolge

Liegen die tatbestandlichen Voraussetzungen des Art. 12 vor, kann sich der geschäftsunfähige Ausländer **18** nicht auf seine Geschäftsunfähigkeit berufen. Das Rechtsgeschäft ist also dann wirksam zustande gekommen, wenn es unter Inländern ebenfalls wirksam wäre. Bei Kenntnis oder fahrlässiger Unkenntnis des Vertragspartners richtet sich die Wirksamkeit des Rechtsgeschäfts nach dem Personalstatut des Geschäftsunfähigen.[40] Dass der Geschäftsunfähige sich auf die Unfähigkeit „berufen" kann, bedeutet nicht, dass es sich dabei um eine Einrede handelt, die nur bei aktivem Vorbringen im Prozess berücksichtigt wird. Diese Frage

28 MüKoBGB/*Spellenberg* EGBGB Art. 12 Rn. 13 a.

29 Erman/*Hohloch* EGBGB Art. 12 Rn. 10.

30 *Schotten* DNotZ 1994, 670; BeckOK BGB/*Mäsch* EGBGB Art. 12 Rn. 22; aA Erman/*Hohloch* Art. 12 Rn. 11 und Palandt/*Thorn* Rom I-VO Art. 13 Rn. 6, die diesen Begriff auf familienrechtliche Handlungsbeschränkungen anwenden wollen.

31 BeckOK BGB/*Mäsch* EGBGB Art. 12 Rn. 22; Erman/*Hohloch* EGBGB Art. 12 Rn. 10.

32 BeckOK BGB/*Mäsch* EGBGB Art. 12 Rn. 32.

33 *Wolfsteiner* DNotZ 1987, 67 (82); BeckOK BGB/*Mäsch* EGBGB Art. 12 Rn. 14.

34 BeckOK BGB/*Mäsch* EGBGB Art. 12 Rn. 32.

35 *V. Bar* IPR II Rn. 59; BeckOK BGB/*Mäsch* Art. 12 Rn. 32.; differenzierend Staudinger/*Hausmann* EGBGB Art. 12 Rn. 66 (nur Irrtum über eigenes Kollisionsrecht unbeachtlich).

36 BeckOK BGB/*Mäsch* EGBGB Art. 12 Rn. 32.

37 *Schotten* DNotZ 1994, 670 (672).

38 *Schotten* DNotZ 1994, 670 (672); *Liessem* NJW 1989, 497 (501).

39 *Schotten/Schmellenkamp*, Das IPR in der notariellen Praxis, S. 78.

40 Palandt/*Thorn* Rom I-VO Art. 13 Rn. 4.

bestimmt sich vielmehr nach dem Personalstatut, das zur Geschäftsunfähigkeit führt.[41] Beurteilen Heimatrecht und Ortsrecht die Geschäftsunfähigkeit unterschiedlich, so setzt sich das günstigere Recht, welches die Geschäftsfähigkeit annimmt, durch. Es besteht aber kein Wahlrecht des Vertragspartners.[42] Kommen sowohl das Ortsrecht als auch das Heimatrecht zum Ergebnis, dass das Rechtsgeschäft mangels Geschäftsfähigkeit ungültig ist, so bestimmen sich die Rechtsfolgen nach dem milderen Recht, also demjenigen Recht, das dem Rechtsgeschäft am ehesten zur Wirksamkeit verhilft (vgl. auch → Art. 11 Rn. 18).[43]

V. Ausgenommene Rechtsgeschäfte (S. 2)

19   S. 1 gilt nicht für **familien- und erbrechtliche Rechtsgeschäfte**. So sind vom Anwendungsbereich ausgeschlossen das Verlöbnis, die Adoption, der Ehevertrag, die Vaterschaftsanerkennung, die Errichtung und die Aufhebung von Testamenten und Erbverträgen, die Erbausschlagung und der Erbverzicht. Hier handelt es sich nicht um Verkehrsgeschäfte, also nicht um solche Geschäfte, bei denen ein Verkehrsschutz erforderlich ist.[44] Auch **Verfügungen**[45] **über ausländische Grundstücke**[46] unterfallen nicht S. 1. Hier kommt dem Verkehrsschutz ein geringeres Gewicht zu. Für den Verfügenden ist das Geschäft aber von gesteigerter Bedeutung.[47] Nicht zu vernachlässigen ist auch das Durchsetzungsmonopol des Belegenheitsstaates. Art. 12 unterfallen aber sämtliche schuldrechtlichen Grundstücksgeschäfte. In allen Fällen des S. 2 richtet sich die (Geschäfts-)Fähigkeit allein nach Art. 7 (selbstständige Anknüpfung der Vorfrage).

Anhang zu Art. 12 EGBGB: Juristische Personen und Gesellschaften

Literatur: *Altmeppen,* Parteifähigkeit, Sitztheorie und „Centros", DStR 2000, 1061; *ders.,* Schutz vor „europäischen" Kapitalgesellschaften, NJW 2004, 97; *ders.,* Anwendung deutschen Gläubigerschutzrechts auf die EU-Scheinauslandsgesellschaft, IWRZ 2017, 107; *Altmeppen/Wilhelm,* Gegen die Hysterie um die Niederlassungsfreiheit der Scheinauslandsgesellschaften, DB 2004, 1083; *Andersen/Sorensen,* Free Movement of Companies from a Nordic Perspective, 6 Maastricht Journal (1999), 55; *Anton/Beaumont,* Private International Law, 2nd Ed. 1990; *Balmes,* Societas Privata Europaea (Europäische Privatgesellschaft) – laufende Besteuerung und ausgewählte steuerliche Sonderfragen, DStR 2009, 1557; *Barkalova/Barth,* Nationale Beschränkungen des Wegzugs von Gesellschaften innerhalb der EU bleiben zulässig, DB 2009, 213; *Basedow,* Das internationale Privatrecht in den Zeiten der Globalisierung, in: FS Stoll 2001, 405; *Baudenbacher/Buschle,* Niederlassungsfreiheit für EWR-Gesellschaften nach Überseering, IPRax 2004, 26; *Bausback,* Der dingliche Erwerb inländischer Grundstücke durch ausländische Gesellschaften, DNotZ 1996, 254; *Bayer,* Ein Blick in die deutsche SE-Landschaft 5 Jahre nach Inkrafttreten der SE-VO, AG 2009, R 480; *ders.,* Die EuGH-Entscheidung Inspire Art und die deutsche GmbH im Wettbewerb der europäischen Rechtsordnungen, BB 2003, 2357; *ders.,* Auswirkungen der Niederlassungsfreiheit nach den EuGH-Entscheidungen Inspire Art und Überseering auf die deutsche Mitbestimmung, Die AG 2004, 534; *ders.,* Die Erosion der deutschen Mitbestimmung, NJW 2016, 1930; *Bayer/Schmidt,* Aktuelle Entwicklungen im Europäischen Gesellschaftsrecht (2004–2007), BB 2008, 454; *dies.,* Der Schutz der grenzüberschreitenden Verschmelzung durch die Niederlassungsfreiheit, ZIP 2006, 210; *dies.,* Die neue Richtlinie über die grenzüberschreitende Verschmelzung von Kapitalgesellschaften, NJW 2006, 401; *dies.,* Der Regierungsentwurf zur Änderung des Umwandlungsgesetzes, NZG 2006, 841; *dies.,* Grenzüberschreitende Sitzverlegung und grenzüberschreitende Restrukturierungen nach MoMiG, Cartesio und Trabrennbahn, ZHR 173 (2009), 735; *dies.,* Das Vale-Urteil des EuGH: die endgültige Bestätigung der Niederlassungsfreiheit als „Formwechselfreiheit", ZIP 2012, 1481; *dies.,* Grenzüberschreitende Mobilität von Gesellschaften: Formwechsel durch isolierte Satzungssitzverlegung, ZIP 2017, 2225; *Bechtel,* Parteifähigkeit trotz Verlegung des Gesellschaftssitzes nach Deutschland, NZG 2001, 21; *Becker,* Baldiges neues Gründungsverfahren in Frankreich: die französische „Blitz-S.A.R.L.", GmbHR 2003, 706; *Behme,* Der Weg deutscher Aktiengesellschaften ins Ausland – Goldene Brücke statt Stolperpfad, BB 2008, 70; *ders.,* Der grenzüberschreitende Formwechsel von Gesellschaften nach Cartesio und Vale, NZG 2012, 936; *ders.,* Bestandsschutz für die britische Limited nach dem Brexit?, ZRP 2018, 204; *Behme/Nohlen,* BB-Kommentar, BB 2009, 13; *dies.,* Zur Wegzugsfreiheit von Gesellschaften – Der Schlussantrag von Generalanwalt Maduro in der Rechtssache Cartesio (C-210/06), NZG 2008, 497; *Behrens,* Niederlassungsfreiheit und internationales Gesellschaftsrecht, RabelsZ 52 (1988), 498; *ders.,* Anerkennung, internationale Sitzverlegung und grenzüberschreitende Umstrukturierung von Gesellschaften nach dem Centros-Urteil des EuGH, JBl 2001, 341; *ders.,* Das Internationale Gesellschaftsrecht nach dem Centros-Urteil des EuGH, IPRax 1999, 323; *ders.,* Die grenzüberschreitende Sitzverlegung von Gesellschaften in der EWG, IPRax 1989, 354; *ders.,* Das internationale Gesellschaftsrecht nach dem Überseering-Urteil des EuGH und den Schlussanträgen zu Inspire Art, IPRax 2003, 193; *ders.,* Die GmbH im ausländischen und internationalen Recht, 1997; *ders.,* Die Umstrukturierung von Unternehmen durch Sitzverlegung oder Fusion über die Grenze im Lichte der Niederlassungsfreiheit im Europäischen Binnenmarkt, ZGR 1994, 1; *ders.,* EuGH entscheidet über Sitzverlegung von Gesellschaften, EuZW 2000, 385; *ders.,* EuGH klärt Niederlassungsfreiheit von Gesellschaften, EuZW 2002, 737; *ders.,* Gemeinschaftsrechtliche Grenzen der Anwendung inländischen Gesellschaftsrechts auf Auslandsgesellschaf-

---

41	Erman/*Hohloch* EGBGB Art. 12 Rn. 13; BeckOK BGB/*Mäsch* EGBGB Art. 12 Rn. 36.	43	BeckOK BGB/*Mäsch* EGBGB Art. 12 Rn. 35.
42	Dies ist umstritten, wie hier: BeckOK BGB/*Mäsch* EGBGB Art. 12 Rn. 37; Soergel/*Kegel* EGBGB Art. 12 Rn. 3; Staudinger/*Hausmann* EGBGB Art. 12 Rn. 70; aA *Fischer,* S. 115 ff.; *Schotten* DNotZ 1994, 670 (672).	44	BT-Drs. 10/504, S. 50.
		45	Der Begriff der Verfügung ist nach deutschem Recht zu qualifizieren.
		46	Der Begriff des Grundstücks folgt der lex rei sitae.
		47	BT-Drs. 10/504, S. 50.

ten, IPRax 2004, 20; *ders.*, Gesellschaften sollen Niederlassungsberechtigte gleichen Rechts werden, EuZW 1998, 353; *ders.*, Identitätswahrende Sitzverlegung einer Kapitalgesellschaft von Luxemburg in die Bundesrepublik Deutschland, RIW 1986, 590; *ders.*, Reaktionen mitgliedstaatlicher Gerichte auf das Centros-Urteil des EuGH, IPRax 2000, 384; *Beitzke*, Internationalrechtliches zur Gesellschaftsfusion, in: FS Hallstein 1966, 14; *Berndt*, Die Rechtsfähigkeit US-amerikanischer Kapitalgesellschaften im Inland, JZ 1996, 187; *Berner/Klöhn*, Insolvenzantragspflicht, Qualifikation und Niederlassungsfreiheit, ZIP 2007, 106; *Bernstorff*, Das Betreiben einer englischen Limited in Deutschland, RIW 2004, 498; *Beul*, Zulässigkeit internationaler Fusionen, IStR 2003, 737; *Binchy*, Irish Conflicts of Law, 1988; *Binz*, Die Rechtsstellung von Kapitalgesellschaften aus Nicht-EU/EWR/USA-Staaten mit Verwaltungssitz in Deutschland, BB 2005, 2361; *Binge/Thölke*, Everything goes!?, DNotZ 2004, 21; *Binz/Mayer*, Die ausländische Kapitalgesellschaft & Co KG im Aufwind?, GmbHR 2003, 249; *Bleckmann*, Europarecht, 6. Aufl. 1997, Rn. 1619; *Bochmann/Cziupka*, Ausländische GmbH: Verweigerung der Löschung einer Gesellschaft im Handelsregister vor ihrer Liquidation nach Umwandlung in eine Gesellschaft nach dem Recht eines anderen Mitgliedstaats als Verstoß gegen die Niederlassungsfreiheit, GmbHR 2017, 1261; *Bogdan*, Restrictions Limiting the Right of Foreigners to acquire real Property in Sweden, RabelsZ 41 (1977), 536; *Böcker*, Gesellschaftsrecht oder Insolvenzrecht? Keine „Einheit der Rechtsordnung" im IPR, DZWIR 2016, 174; *Bönner*, Zweigniederlassungen ausländischer Gesellschaften in der notariellen Praxis, RNotZ 2015, 253; *Böttcher/Kraft*, Grenzüberschreitender Formwechsel und tatsächliche Sitzverlegung – Die Entscheidung VALE des EuGH, NJW 2012, 2701; *Bollacher*, Referentenentwurf zur Regelung des Internationalen Gesellschaftsrechts, RIW 2008, 200; *Bonanni/Müntefering*, Grenzüberschreitende Verschmelzung ohne Arbeitnehmerbeteiligung? – Anwendungsbereich und Beteiligungsverfahren des MgVG, NJW 2009, 2347; *Borges*, Die Sitztheorie in der Centros-Ära: Vermeintliche Probleme und unvermeidliche Änderungen, RIW 2000, 167; *ders.*, Gläubigerschutz bei ausländischen Gesellschaften mit inländischem Sitz, ZIP 2004, 733; *ders.*, Der rechtliche Status der im Registerstaat erloschenen Gesellschaft, IPRax 2005, 134; *Brakalova/Barth*, Nationale Beschränkungen des Wegzugs von Gesellschaften innerhalb der EU bleiben zulässig, DB 2009, 213; *Brandi/Schmidt*, Die britische Limited nach dem Brexit – RefE zur Änderung des UmwG mit weiteren Handlungsoptionen für betroffene Gesellschaften, DB 2018, 2417; *Breuninger/Krüger*, Die abnehmende Lokalisierung von Unternehmen als Rechtsproblem im internationalen Steuer- und Gesellschaftsrecht, in: FS Rädler 1999, 79; *Bruns*, Zur Reichweite der Haftung wegen existenzvernichtenden Eingriffs, NZG 2004, 409; *Bungert*, Deutsch-amerikanisches internationales Gesellschaftsrecht, ZVglRWiss 93 (1994), 117; *ders.*, Zur Rechtsfähigkeit US-amerikanischer Kapitalgesellschaften ohne geschäftlichen Schwerpunkt in den USA, WM 1995, 2125; *ders.*, Konsequenzen der Centros-Entscheidung des EuGH für die Sitzanknüpfung des deutschen internationalen Gesellschaftsrechts, DB 1999, 1841; *ders.*, Grenzüberschreitende Verschmelzungsmobilität – Anmerkung zur Sevic-Entscheidung des EuGH, BB 2006, 53; *Bungert/de Raet*, Grenzüberschreitender Formwechsel in der EU, DB 2014, 761; *Busekist*, „Umwandlung einer GmbH in eine im Inland ansässige EU-Kapitalgesellschaft am Beispiel der englischen Ltd., GmbHR 2004, 650; *Calliess/Ruffert/Bröhmer*, EUV/EGV, 5. Aufl. 2016, Art. 48 Rn 7; *Campos Nave*, Das Ende der gegenwärtigen Wegzugsbesteuerung – Der zweite Blick auf Cartesio, BB 2009, 870; *ders.*, Die Liberalisierung der Wegzugsfreiheit in Europa, BB 2008, 1410; *Casper/Weller*, Mobilität und grenzüberschreitende Umstrukturierung der SE, NZG 2009, 681; *Charlesworth/Morse*, Company Law, 15th Ed. 1995; *Cheshire and North´s*, Private International Law, 13th Ed. 1999; *Cohnen*, Spanisches Internationales Gesellschaftsrecht: Stand 2004, IPRax 2005, 467; *Cramer*, Die Beurkundung der GmbH-Gründung durch einen in der Schweiz zugelassenen Notar mit Amtssitz im Kanton Bern, DStR 2018, 746; *ders.*, Von der Limited in die Personenhandelsgesellschaft – Der Referentenentwurf des Vierten Gesetzes zur Änderung des UmwG, DStR 2018, 2435; *Crawford*, International Private Law in Scotland, 1998; *Dautzenberg*, Verwerfung der Sitztheorie, FR 1999, 451; *Däubler*, Mitbestimmung und Betriebsverfassung im Internationalen Privatrecht, RabelsZ 39 (1975), 444; *Deininger*, Körperschaftsteuerrechtliche Auswirkungen der Überseering-Entscheidung des EuGH, IStR 2003, 214; *Dicey/Morris*, Conflict of Laws, 13th Ed. 2009; *Diwan*, Private International Law – Indian and English, 1988; *Dobson/Schmitthoff*, Charlesworth´s Business Law, 1991; *Doralt*, Österreichischer OHG zur verschmelzenden Umwandlung über die Grenze nach Deutschland, NZG 2004, 396; *Dorr/Stukenborg*, „Going to the Chapel": Grenzüberschreitende Ehen im Gesellschaftsrecht – Die ersten transnationalen Verschmelzungen nach dem UmwG 1994, DB 2003, 647; *Dötsch*, Körperschaftsteuerliche Behandlung der Verlegung des Sitzes bzw. der Geschäftsleitung einer Kapitalgesellschaft über die Grenze, BB 1998, 1029; *Drobnig*, Gemeinschaftsrecht und Internationales Gesellschaftsrecht: „Daily Mail" und die Folgen, in: v. Bar, Europäisches Gesellschaftsrecht und IPR, 1991, 185; *Drygala*, Die Mauer bröckelt – Bemerkungen zur Bewegungsfreiheit deutscher Unternehmen in Europa, ZIP 2005, 1995; *ders.*, Stand und Entwicklung des europäischen Gesellschaftsrechts, ZEuP 2004, 337; *ders.*, Zur grenzüberschreitenden Verschmelzung, EWiR 2006, 25; *ders.*, Europäische Niederlassungsfreiheit vor der Rolle rückwärts?, EuZW 2013, 569; *Dübeck*, Einführung in das dänische Recht, 1996; *Ebenroth*, Die Anerkennungsproblematik im Internationalen Gesellschaftsrecht, NJW 1988, 2137; *Ebenroth/Auer*, Internationales Gesellschaftsrecht: Anmerkung zum Beschluß des BayObLG 7.5.1992 – JZ 1993, 375; *Ebenroth/Bippus*, Die staatsvertragliche Anerkennung ausländischer Gesellschaften in Abkehr von der Sitztheorie, DB 1988, 842; *Ebenroth/Einsele*, Gründungstheorie und Sitztheorie in der Praxis – zwei vergleichbare Theorien?, ZVglRWiss 87 (1989), 218; *Ebenroth/Eyles*, Die innereuropäische Verlegung des Gesellschaftssitzes als Ausfluß der Niederlassungsfreiheit, DB 1989, 363; *Ebenroth/Kemner/Willburger*, Die Auswirkungen des genuine-link-Grundsatzes auf die Anerkennung US-amerikanischer Gesellschaften in Deutschland, ZIP 1995, 972; *Ebenroth/Offenloch*, Kollisionsrechtliche Untersuchung grenzüberschreitender Ausgliederungen, RIW 1997, 1; *Eberspächer*, Unternehmerische Mitbestimmung in zugezogenen Auslandsgesellschaften – Regelungsmöglichkeiten des deutschen Gesetzgebers?, ZIP 2008, 1951; *Ebert/Levedag*, Die zugezogene „private company limited by shares (Ltd.)" nach dem Recht von England und Wales als Rechtsformalternative für in- und ausländische Investoren in Deutschland, GmbHR 2003, 1337; *Ebke*, Das Schicksal der Sitztheorie nach dem Centros-Urteil des EuGH, JZ 1999, 656; *ders.*, Unternehmensrecht und Binnenmarkt – E pluribus unum?, RabelsZ 62 (1998), 195; *ders.*, Gesellschaften aus Delaware auf dem Vormarsch: Der BGH macht es möglich, RIW 2004, 740; *Eckert*, Internationales Gesellschaftsrecht, 1. Aufl. 2010; *van Efferink/Ebert/Levedag*, Die zugezogene niederländische B.V. als Rechtsformalternative zur deutschen GmbH für in- und ausländische Investoren in Deutschland, GmbHR 2004, 880; *Eidenmüller*, Ausländische Kapitalgesellschaften im deutschen Recht, 2004; *ders.*, Beurteilung der Rechtsfähigkeit einer ausländischen Gesellschaft nach dem Recht des Gründungsstaats, JZ 2003, 526; *ders.*, Die GmbH im Wettbewerb der Rechtsformen, ZGR 2007, 168; *ders.*, Geschäftsleiter- und Gesellschafterhaftung bei europäischen Auslandsgesellschaften mit tatsächlichem Inlandssitz, NJW 2005, 1618; *ders.*, Mobilität und Restrukturierung von Unternehmen im Binnenmarkt, JZ 2004, 24; *ders.*, Wettbewerb der Gesellschaftsrechte in Europa, ZIP 2002, 2233; *Eidenmüller/Rehm*, Niederlassungsfreiheit versus Schutz des inländischen Rechtsverkehrs: Konturen des Europäischen Internationalen Gesellschaftsrechts, ZGR 2004, 159; *Einsele*, Kollisionsrechtliche Behandlung des Rechts verbundener Unternehmen, ZGR 1996, 40; *Elser/Dürrschmidt*, Die deutsche Immobilien-GmbH mit Geschäftsleitung im Ausland, IStR 2010, 79; *Embid Irujo*, Eine spanische „Erfindung" im Gesellschaftsrecht: Die „Sociedad limitada nueva empresa" – die neue unternehmerische GmbH, RIW 2004, 760; *Emmerich*, Anmerkungen zu der Vulkan-Doktrin, Die AG 2004, 423; *Emmerich/Habersack*, Konzernrecht, 10. Aufl. 2013; *Europäische Kommission*, Studie über die Verlegung des Sitzes einer Gesellschaft von einem Mitgliedstaat in einen anderen, Luxemburg, 1993; *Feldhaus*, Das Erfordernis wirtschaftlicher Inlandstätigkeit beim grenzüberschreitenden (Herein-)Formwechsel nach „Polbud", BB 2017, 2819; *Fingerhuth/Rumpf*, MoMiG und die grenzüberschreitende Sitzverlegung – Die Sitztheorie ein (lebendes) Fossil?, IPRax 2008, 90; *Fischer*, Verkehrsschutz im internationalen Vertragsrecht, 1990; *Fleischer*, Der Rechtsmissbrauch zwischen Gemeineuropäischem Privatrecht und Gemeinschaftsprivatrecht, JZ 2003, 865; *Floer*, Internationale Reichweite der Prospekthaftung, 2002; *Forde*, Company Law, 1992, 45 (2.32); *Forsthoff*, EuGH fördert Vielfalt im Gesellschaftsrecht, DB 2002, 2471; *ders.*, Rechts- und Parteifähigkeit ausländischer Gesellschaften mit Verwaltungssitz in Deutschland? – Die Sitztheorie vor dem EuGH, DB 2000, 1109; *Fränkel*, Der Irrgarten des internationalen Privatrechts, RabelsZ 4 (1930), 239; *Franz*, Internationales Gesellschaftsrecht und deutsche Kapitalgesellschaften im In- bzw. Ausland, BB 2009, 1250; *ders.*, Internationales Gesellschaftsrecht und deutsche Kapitalgesellschaften im In- bzw. Ausland, BB 2009, 1250; *Franz/Laeger*, Die Mobilität deutscher Kapitalgesellschaften nach Umsetzung des MoMiG unter Einbeziehung des Referentenentwurfs zum int. GesR, BB 2008, 678; *Freitag*, Der Wettbewerb der Rechtsordnungen im internationalen Gesellschaftsrecht, EuZW 1999, 267; *ders.*, Zur Ermittlung der Gesellschaftsstatuts bei Nichtexistenz eines effektiven Verwaltungssitzes, NZG 2000, 357; *ders.*, Internationale Zuständigkeit für Schadensersatzklagen aus Insolvenzverschleppungshaftung, ZIP 2014, 302; *ders.* Zur Geltung der Gründungstheorie im Verhältnis der EU-Mitgliedstaaten zu Kanada nach dem CETA-Abkommen, NZG 2017, 615; *Freitag/Korch*, Gedanken zum Brexit – Mögliche Auswirkungen im Internationalen Gesellschaftsrecht, ZIP 2016, 1361; *dies.*, Gedanken zum Brexit – Mögliche Auswirkungen im Internationalen Insolvenzrecht, ZIP 2016, 1849; *Frenzel*, Immer noch keine Wegzugsfreiheit für Gesellschaften im Europäischen Binnenmarkt – die Cartesio-Entscheidung des EuGH, EWS 2009, 158; *Fritz/Herrmann*, Die plc in Deutschland, 2006; *Frobenius*, „Cartesio": Partielle Wegzugsfreiheit für Gesellschaften in Europa, DStR 2009, 487; *Fröhlingsdorf*, Die neue spanische GmbH: Neues Unternehmen, RIW 2003, 584; *Gehrlein*, Die Existenzvernichtungshaftung im Wandel der Rechtsprechung, WM 2008, 761; *Germelmann*, Konkurrenz von Grundfreiheiten und Missbrauch von Gemeinschaftsrecht – Zum Verhältnis von Kapitalverkehrs- und Niederlassungsfreiheit in der neueren Rechtsprechung, EuZW 2008, 596; *Geyrhalter*, Niederlasungsfreiheit contra Sitztheorie – Good Bye Daily Mail, EWS 1999, 201; *Geyrhalter/Gänßler*, „Inspire Art" – Briefkastengesellschaft „on the move", DStR 2003, 2167; *Geyrhalter/Weber*, Die Schlussanträge des Generalanwalts in Sachen SEVIC Systems AG, NZG 2005, 837; *Goette*, Auslandsbeurkundungen im Kapitalgesellschaftsrecht, DStR 1996, 709; *Göttsche*, Das Centros-Urteil des EuGH und seine Auswirkungen, DStR 1999, 1403; *Görk*, Zur Vereinbarkeit der Sitztheorie mit dem Gemeinschaftsrecht, MittBayNot 1999, 300; *Götze/Mörtel*, Zulässigkeit der Einreichung der GmbH-Gesellschafterliste durch einen ausländischen Notar, GmbHR 2014, 369; *Gower's*, Principles of Modern Company Law, 5th Ed. 1992; *Grabitz/Hilf/Randelzhofer/Forsthoff*, EGV, Art. 48 Rn. 22 f.; *Grasmann*, System des internationalen Gesellschaftsrechts, 1970; *Greulich*, Zur Insolvenzverursachungshaftung des Geschäftsleiters einer Auslandsgesellschaft mit Inlandsverwaltungssitz, NZG 2008, 565; *Grohmann*, Grenzüberschreitende Mobilität von Gesellschaften nach der Rechtsprechung des EuGH – von Daily Mail bis Cartesio, DZWIR 2009, 322; *Grohmann/Gruschinske*, Die identitätswahrende grenzüberschreitende Satzungssitzverlegung in Europa – Schein oder Realität?, GmbHR 2008, 27; *Großerichter*, Ausländische Kapitalgesellschaften im deutschen Rechtsraum: Das deutsche Internationale Gesellschaftsrecht und seine Perspektiven nach der Entscheidung „Überseering", DStR 2003, 159; *ders.*, Vom Umgang mit ausländischen Zivilrechtsklagen im Bereich EG-vertraglicher Grundfreiheiten – Eine Zwischenbilanz der Diskussion um Niederlassungsfreiheit und Sitzanknüpfung, in: FS Sonnenberger 2004, 369; *Großfeld*, Internationales Umwandlungsrecht, Die AG 1996, 302; *Großfeld/Erlinghagen*, Internationales Unternehmensrecht und deutsche unternehmerische Mitbestimmung, JZ 1993, 224; *Großfeld/Jasper*, Identitätswahrende Sitzverlegung und Fusion von Kapitalgesellschaften in die Bundesrepublik Deutschland, RabelsZ 53 (1989), 52; *Großfeld/König*, Das Internationale Gesellschaftsrecht in der Europäischen Gemeinschaft, RIW 1992, 433; *Grundmann*, Europäisches Gesellschaftsrecht, 2004, Rn 778; *Guillaume/v. Kraack-Blumenthal*, How to set up a private limited company, oder: Wie gründe ich eine „britische GmbH"?, Steueranwaltsmagazin 2003, 99; *Haase*, Über Sinn und Unsinn von § 12 Abs. 3 KStG, BB 2009, 1448; *ders.*, Zwangsliquidation einer GmbH bei im Ausland ansässigem Geschäftsführer?, DZWIR 2006, 57; *Habersack*, Europäisches Gesellschaftsrecht, 2. Aufl. 2003; *ders.*, Trihotel – Das Ende der Debatte?, ZGR 2008, 533; *Habersack/Verse*, Wrongful Trading – Grundlage einer europäischen Insolvenzverschleppungshaftung?, ZHR 168 (2004), 174; *Handelsrechtsausschuss des DAV*, Stellungnahme zum Referentenentwurf eines Gesetzes zur Modernisierung des GmbH-Rechts und zur Bekämpfung von Missbräuchen (MoMiG), NZG 2007, 211; *Happ/Holler*, „Limited" statt GmbH? – Risiken und Kosten werden gern verschwiegen, DStR 2004, 730; *Hasselmann*, Die Beurkundung von GmbH-Anteilsübertragungen im Ausland, ZIP 2010, 2486; *Heckschen*, Ist das deutsche Umwandlungsrecht gemeinschaftsrechtswidrig?, NotBZ 2005, 315; *Heckschen/Köklü/Maul*, Private Limited Company, 2006; *Heidenhain*, Ausländische Gesellschaften mit Verwaltungssitz in Deutschland, NZG 2002, 1141; *Heinz/Hartung*, Die englische Limited – Eine Darstellung des Gesellschafts- und Steuerrechts mit Gesetzesauszügen und Mustern, 3. Aufl. 2011; *Heinze*, Die Europäische Aktiengesellschaft, ZGR 2002, 66; *ders.*, Probleme der Mitbestimmung und Betriebsverfassung bei einer grenzüberschreitenden Umstrukturierung von Unternehmen im Binnenmarkt, ZGR 1994, 47; *Hellgardt*, Wiederauferstehung der Sitztheorie, NZG 2009, 94; *Hennrichs/Klavina/Pöschke/Laage*, Die Niederlassungsfreiheit der Gesellschaften in Europa, WM 2009, 2009; *Hermanns*, Basel II für Anteilsabtretungen – Neues aus Karlsruhe, RNotZ 2014, 229; *Herrler*, Gewährleistung des Wegzugs von Gesellschaften durch Art. 43, 48 EG nur in Form der Herausumwandlung, DNotZ 2009, 484; *ders.*, Beurkundung von statusrelevanten Rechtsgeschäften im Ausland, NJW 2018, 1787; *Herrler/Schneider*, Go ahead, come back – von der Limited (zurück) zur GmbH – Zivil- und steuerrechtliche Grundlagen mit Erfahrungsbericht, DStR 2009, 2433; *Heuschmid/Däubler*, Cartesio und MoMiG – Sitzverlagerung ins Ausland und Unternehmensmitbestimmung, NZG 2009, 493; *Hirsch/Britain*, Artfully Inspired – Werden deutsche Gesellschaften englisch?, NZG 2003, 1100; *Hirschfeld*, Die niederländische „B.V." nach dem Gesetz zur Vereinfachung und Flexibilisierung des B.V.-Rechts, RIW 2013, 134; *Hirte*, Die Auswirkungen der grenzüberschreitenden Sitzverlegung, EWS 2002, 573; *ders.*, Die Entwicklung des Unternehmens- und Gesellschaftsrechts in Deutschland in den Jahren 2000

Hoffmann

bis 2002, NJW 2003, 1090; *ders.*, Die „Große GmbH-Reform" – Ein Überblick über das Gesetz zur Modernisierung des GmbH-Rechts und zur Bekämpfung von Missbräuchen (MoMiG), NZG 2008, 761; *Höfling*, Die Sitztheorie, Centros und der österreichische OGH, EuZW 2000, 145; *Hoffmann*, Das Anknüpfungsmoment der Gründungstheorie, ZVglRWiss 101 (2002), 283; *ders.*, Die stille Bestattung der Sitztheorie durch den Gesetzgeber, ZIP 2007, 1581; *ders.*, Die Bildung der Aventis S.A. – Ein Lehrstück des Europäischen Gesellschaftsrechts, NZG 1999, 1077; *ders.*, Die Niederlassungsfreiheit der Gesellschaften im Europäischen Binnenmarkt nach Überseering und Inspire Art: Auswirkungen auf die grenzüberschreitende Verschmelzung, EuR 2004, Beiheft 3, 127; *ders.*, in: Heiderhoff/Zmij, Tort Law in Poland, Germany and Europe, 2009, 151; *ders.*, Neue Möglichkeiten zur identitätswahrenden Sitzverlegung in Europa?, ZHR 164 (2000), 43; *ders.*, Die grenzüberschreitende Verschmelzung auf eine deutsche Personenhandelsgesellschaft, NZG 2019, 1208; *Hushahn*, Grenzüberschreitender Formwechsel im EU/EWR-Raum, RNotZ 2014, 137; *ders.*, Der isolierte grenzüberschreitende Formwechsel – Zugleich Anmerkung zum Urteil des EuGH v. 25.10.2017 in der Rechtssache Polbud, RNotZ 2018, 23; *Höhne*, Die Ltd. & Co. KG, 2011; *Horn*, Deutsches und europäisches Gesellschaftsrecht und die EuGH-Rechtsprechung zur Niederlassungsfreiheit – Inspire Art, NJW 2004, 893; *ders.*, Internationale Unternehmenszusammenschlüsse, ZIP 2000, 473; *Hübner*, Die Restgesellschaft der gelöschten Limited, IPRax 2017, 575; *Jaeger*, Kapitalgesellschaften in der EU – dauerhaft Niederlassungsberechtigte 2. Klasse?, NZG 2000, 918; *Jänsch*, Der grenzüberschreitende Formwechsel vor dem Hintergrund der Rechtsprechung des EuGH, EWS 2007, 97; *Jayme*, Neues Gesellschaftsrecht in Portugal – Internationales Privatrecht und Fremdenrecht, IPrax 1987, 46; *Jooß*, Die erloschene Limited, GWR 2010, 340; *Jung*, Hereinverschmelzung zur Aufnahme und Niederlassungsfreiheit, GPR 2004, 87; *ders.*, Anwendung der Gründungstheorie auf Gesellschaften schweizerischen Rechts?, NZG 2008, 681; *ders.*, Welche SPE braucht Europa? – Eine Analyse und Bewertung der Verordnungsentwürfe von Kommission, Parlament und Präsidentschaft, DStR 2009, 1700; *Just*, Die englische Limited in der Praxis, 3. Aufl. 2008; *Kallmeyer*, Grenzüberschreitende Verschmelzungen und Spaltungen?, ZIP 1996, 535; *ders.*, Tragweite des Überseeringurteils vom EuGH vom 5.11.2002 zur grenzüberschreitenden Sitzverlegung, DB 2002, 2521; *ders.*, Umwandlungsgesetz, 2. Aufl. 2001; *ders.*, Vor- und Nachteile der englischen Limited im Vergleich zur GmbH oder GmbH & Co. KG, DB 2004, 636; *ders.*, Der gemeinsame Verschmelzungsplan für grenzüberschreitende Verschmelzungen, AG 2006, 472; *Kallmeyer/Kappes*, Grenzüberschreitende Verschmelzungen und Spaltungen nach SEVIC Systems und der EU-Verschmelzungsrichtlinie, AG 2006, 224; *Kanzleiter*, „Inspire Art" – die Konsequenzen, DNotZ 2003, 885; *Kasolowsky/Schall*, in: Hirte/Bücker, Grenzüberschreitende Gesellschaften, 2. Aufl. 2006; *Kaulen*, Zur Bestimmung des Anknüpfungsmoments unter der Gründungstheorie, IPRax 2008, 389; *Kegel/Schurig*, Internationales Privatrecht, 2004; *Kern*, Überseering – Rechtsangleichung und gegenseitige Anerkennung, 2004; *Kersting*, Rechtswahlfreiheit im Europäischen Gesellschaftsrecht nach „Überseering" – Ein Richtlinienvorschlag, NZG 2003, 9; *Kersting/Schindler*, Die EuGH-Entscheidung „Inspire Art" und ihre Auswirkungen auf die Praxis, RdW 2003, 621; *Kiem*, Die Ermittlung der Verschmelzungswertrelation bei der grenzüberschreitenden Verschmelzung, ZGR 2007, 542; *ders.*, Die Regelung der grenzüberschreitenden Verschmelzung im deutschen Umwandlungsgesetz, WM 2006, 1091; *Kieninger*, The Law Applicable to Corporations in the EC, RabelsZ 2009, 607; *dies.*, Wettbewerb der Privatrechtsordnungen im Europäischen Binnenmarkt, 2002; *dies.*, Niederlassungsfreiheit als Rechtswahlfreiheit, ZGR 1999, 724; *dies.*, Internationales Gesellschaftsrecht nach „Centros", „Überseering" und „Inspire Art": Antworten, Zweifel und offene Fragen, ZEuP 2004, 685; *dies.*, Niederlassungsfreiheit als Freiheit der nachträglichen Rechtswahl, NJW 2017, 3624; *dies.*, Internationales Gesellschaftsrecht zwischen Polbud, Panama und Paradise, ZEuP 2018, 309; *Kindler*, Auf dem Weg zur Europäischen Briefkastengesellschaft, NJW 2003, 1073; *ders.*, Anerkennung der Scheinauslandsgesellschaft und Niederlassungsfreiheit, IPrax 2003, 41; *ders.*, Die „Aschenputtel"-Limited und andere Fälle der Mehrfachqualifikation im Schnittfeld des internationalen Gesellschafts-, Delikts- und Insolvenzrechts, in: FS Jayme 2004, 409; *ders.*, Die Begrenzung der Niederlassungsfreiheit durch das Gesellschaftsstatut, NJW 2007, 1785; *ders.*, Ende der Diskussion über die so genannte Wegzugsfreiheit, NZG 2009, 130; *ders.*, GmbH-Reform und internationales Gesellschaftsrecht, AG 2007, 721; *ders.*, Grundzüge des neuen Kapitalgesellschaftsrechts, NJW 2008, 3249; *ders.*, „Inspire Art" – Aus Luxemburg nichts Neues zum internationalen Gesellschaftsrecht, NZG 2003, 1086; *ders.*, Internationales Gesellschaftsrecht 2009: MoMiG, Trabrennbahn, Cartesio und die Folgen, IPRax 2009, 189; *ders.*, „Cadbury-Schweppes": Eine Nachlese zum internationalen Gesellschaftsrecht, IPRax 2010, 272; *ders.*, Internationales Gesellschaftsrecht am Scheideweg, RIW 2000, 649; *ders.*, Italienisches Handels- und Wirtschaftsrecht, 2002; *ders.*, Neue Offenlegungspflichten für Zweigniederlassungen ausländischer Kapitalgesellschaften, NJW 1993, 3301; *ders.*, Niederlassungsfreiheit für Scheinauslandsgesellschaften, NJW 1999, 1993; *ders.*, Status: Recht 2008, 68; *ders.*, Der reale Niederlassungsbegriff nach dem VALE-Urteil des EuGH, EuZW 2012, 888; *ders.*, Kapitallgesellschaftsrechtliche Durchgriffshaftung und EU-Recht, Festschrift für F.J. Säcker, 2011, S. 393; *ders.*, Insolvenzrecht als Tätigkeitsausübungsregel, EuZW 2016, 136; *ders.*, Unternehmensmobilität nach „Polbud": Der grenzüberschreitende Formwechsel in Gestaltungspraxis und Rechtspolitik, NZG 2018, 1; *Kleinert/Probst*, Endgültiges Aus für Sonderanknüpfungen bei (Schein-)Auslandsgesellschaften, DB 2003, 2217; *dies.*, Scheinauslandsgesellschaften – Erneute Betonung der Niederlassungsfreiheit durch den EuGH, MDR 2003, 1265; *Klett*, Das Vierte Gesetz zur Änderung des Umwandlungsgesetzes – Neues bei grenzüberschreitenden Verschmelzungen mit und ohne Brexit, NZG 2019, 292; *Klöhn/Schwarz*, Das Gesellschaftsstatut der Restgesellschaft, IPRax 2015, 412; *Kloster*, EU-grenzüberschreitende Verschmelzung sind (steuerneutral) durchführbar, GmbHR 2003, 1413; *Knapp*, Am Vorabend zur Anerkennung grenzüberschreitender Umwandlungen, DNotZ 2005, 723; *ders.*, Überseering: Zwingende Anerkennung von ausländischen Gesellschaften, DNotZ 2003, 85; *Knobbe-Keuk*, Niederlassungsfreiheit: Diskriminierungs- oder Beschränkungsverbot, DB 1990, 2573; *ders.*, Umzug von Gesellschaften in Europa, ZHR 154 (1990), 325; *Knof/Morck*, Das MoMiG und die Auslandsinsolvenz haftungsbeschränkter Gesellschaften, GmbHR 2007, 852; *dies.*, Niederlassungsfreiheit und Wegzugsbeschränkungen, ZIP 2009, 30; *Knop*, Die Wegzugsfreiheit nach dem Cartesio-Urteil des EuGH, DZWir 2009, 147; *Kobelt*, Internationale Optionen deutscher Kapitalgesellschaften nach MoMiG, „Cartesio" und „Trabennbahn" – zur Einschränkung der Sitztheorie, GmbHR 2009, 808; *Koch*, Freie Sitzwahl für Personenhandelsgesellschaften, ZHR 173 (2009), 101; *Koch/Eickmann*, Gründungs- oder Sitztheorie? Eine „never ending story"?, AG 2009, 73; *König/Bormann*, Trendwende bei der Anerkennung von „Scheinauslandsgesellschaften" durch die VALE-Entscheidung des EuGH?, NZG 2012, 1241; *Köster*, Die Kodifizierung des Internationalen Gesellschaftsrechts – Bedeutung für die Unternehmensmitbestimmung, ZRP 2008, 214; *Koppensteiner*, Centros und die Folgen, VGR 2 (2000), 151; *ders.*, Internationale und internationales Gesellschaftsrecht, 1971; *Korch/Thelen*, Von der Niederlassungsfreiheit zur Freiheit der Rechtsformwahl – Die praktischen Folgen der Polbud-Entscheidung des EuGH, IPRax 2018, 248; *Korn/Thaler*, Das Urteil des EuGH in der Rs. Centros: Ein Meilenstein für das europäische Gesellschaftskollisionsrecht, WBl 1999, 247; *Korner*, Das Kollisionsrecht der Kapitalgesellschaften in den Vereinigten Staaten von Amerika unter besonderer Berücksichtigung der Pseudo-Foreign Corporations, 1989; *Kovács,* Der grenzüberschreitende (Herein-)Formwechsel in der Praxis nach dem Polbud-Urteil des EuGH, ZIP 2018, 253; *Krauel/ Mense/Wind*, Praxisfragen der grenzüberschreitenden Verschmelzung, Der Konzern 2010, 541; *Kraus*, Die Auswirkungen des Welthandelsrechts auf das Internationale Kollisionsrecht, 2008; *Krause*, Grenzüberschreitende Verschmelzungen und Arbeitnehmermitbestimmung, BB 2007, 2194; *Krause/Kulpa*, Grenzüberschreitende Verschmelzungen, ZHR 171 (2007), 38; *Krebs*, Grenzüberschreitender Formwechsel nach Deutschland – Einordnung, Voraussetzungen und Praxisfolgen, GWR 2014, 144; *Kronke*, Deutsches Gesellschaftsrecht und grenzüberschreitende Strukturänderungen, ZGR 1994, 26; Kropholler, Internationales Privatrecht, 6. Auflage, 2006; *Kröll,* Beurkundung gesellschaftsrechtlicher Vorgänge durch einen ausländischen Notar, ZGR 2000, 111; *Krupski*, Zur Spaltung des auf ausländische Kapitalgesellschaften mit Sitz in Spanien anzuwendenden Rechts, ZVglRWiss 96 (1997), 406; *Kuntz*, Die Insolvenz der Limited mit deutschem Verwaltungssitz – EU-Kapitalgesellschaft in Deutschland nach Inspire Art, NZI 2005, 424; *ders.*, Internationales Umwandlungsrecht – zugleich eine Besprechung des Urteils „Sevic Systems" -, IStR 2006, 224; *ders.*, Zur Möglichkeit grenzüberschreitender Fusionen, EuZW 2005, 524; *Laeger*, Deutsch-Amerikanisches Internationales Gesellschaftsrecht, 2008; *Lamprecht*, Gelöschte Limiteds in Deutschland – Die Spaltungstheorie im Zeitalter der Niederlassungsfreiheit, ZEuP 2008, 289; *Lamsa*, Allgemeinbegriffe in der Firma einer inländischen Zweigniederlassung einer EU-Auslandsgesellschaft, IPRax 2008, 239; *ders.*, Die Firma der Auslandsgesellschaft, 1. Aufl. 2011; *Lange*, Zur Niederlassungsfreiheit im Zusammenhang mit der Eintragung einer inländischen Zweigniederlassung einer ausländischen Gesellschaft, DNotZ 1999, 599; *Lanzius*, Die Directors Disqualification des englischen Rechts – ein Baustein zum Schutz des deutschen Rechtsverkehrs vor Scheinauslandsgesellschaften, ZInsO 2004, 296; *Lechner*, Das Schicksal der europäischen Personengesellschaften im Zeitalter der Niederlassungsfreiheit, 2014; *Lehmann*, Fällt die Sitztheorie jetzt auch international?, RIW 2004, 816; *ders.*, Registerrechtliche Anmeldepflicht für EU-Auslandsgesellschaften – ein zahnloser Tiger?, NZG 2005, 580; *ders.*, Verkehrsschutz im internationalen Gesellschaftsrecht, Festschrift für G. Fischer, 2010, S. 237; *Lehmann/Zetzsche*, Die Auswirkungen des Brexit auf das Zivil- und Wirtschaftsrecht, JZ 2017, 62; *Lehner*, Die steuerliche Ansässigkeit von Kapitalgesellschaften, RIW 1998, 201; *Leible*, Kollisionsrechtlicher Verbraucherschutz im EVÜ und in EG-Richtlinien, in: Schulte-Nölke/Schulze, Rechtsangleichung und nationale Privatrechte, 1999, 353; *ders.*, Niederlassungsfreiheit und Sitzverlegungsrichtlinie, ZGR 2004, 531; *ders.*, Parteiautonomie im IPR – Allgemeines Anknüpfungsprinzip oder Verlegenheitslösung, in: FS Jayme 2004, 485; *ders.*, Niederlassungsfreiheit und Verweigerung der Eintragung einer Zweigniederlassung, NZG 1999, 300; *Leible/Galneder/Wißling*, Englische Kapitalgesellschaften mit deutschem Verwaltungssitz nach dem Brexit, RIW 2017, 718; *Leible/Hoffmann*, Cartesio – fortgeltende Sitztheorie, grenzüberschreitender Formwechsel und Verbot materiellrechtlicher Wegzugsbeschränkungen, BB 2009, 58; *dies.*, Die Grundbuchfähigkeit der Scheinauslandsgesellschaft – (teilweise) Aufgabe der Sitztheorie?, NZG 2003, 259; *dies.*, Grenzüberschreitende Verschmelzungen im Binnenmarkt nach Sevic, RIW 2006, 161; *dies.*, „Überseering" und das deutsche Gesellschaftskollisionsrecht, ZIP 2003, 925; *dies.*, Überseering und das (vermeintliche) Ende der Sitztheorie, RIW 2002, 925; *dies.*, Vom „Nullum" zur Personengesellschaft – Die Metamorphose der Scheinauslandsgesellschaft im deutschen Recht, DB 2002, 2203; *dies.*, Wie inspiriert ist „Inspire Art"?, EuZW 2003, 677; *Leible/Lehmann*, Auswirkungen der Löschung einer Private Limited Company auf ihr in Deutschland belegenes Vermögen, GmbHR 2007, 1095; *Leitzen*, Die GmbH mit Verwaltungssitz im Ausland, NZG 2009, 728; *Lennerz*, Die internationale Verschmelzung und Spaltung unter Beteiligung deutscher Gesellschaften, 2001; *Lenz/Erhardt*, EG-Vertrag, 2. Aufl. 1999, Art. 48 Rn. 4; *Leuering,* Von Scheinauslandsgesellschaften hin zu Gesellschaften mit Migrationshintergrund, *ZRP 2008, 73; Lieder*, Die Haftung der Geschäftsführer und Gesellschafter von EU-Auslandsgesellschaften mit tatsächlichem Verwaltungssitz in Deutschland, DZWIR 2005, 399; *ders.*, Beurkundung der Gesellschaftsgründung durch einen schweizerischen Notar, ZIP 2018, 805; *Lieder/Bialluch*, Brexit-Prophylaxe durch das 4. UmwG-ÄndG, NJW 2019, 805; *Lieder/Kliebisch*, Nichts Neues im Internationalen Gesellschaftsrecht: Anwendbarkeit der Sitztheorie auf Gesellschaften aus Drittstaaten?, BB 2009, 338; *Louven*, Umsetzung der Verschmelzungsrichtlinie, ZIP 2006, 2021; *Lutter*, Überseering und die Folgen, BB 2003, 7; *ders.*, Umstrukturierung von Unternehmen über die Grenze: Versuch eines Resümees, ZGR 1994, 87; *Lutter,* Umwandlungsgesetz, 5. Aufl. 2014; *Mankowski*, Entwicklungen im Internationalen Privat- und Prozessrecht 2003/2004, RIW 2004, 481; *ders.*, Zur grenzüberschreitenden Verschmelzung, EWiR 2004, 139; *ders.*, Insolvenzrecht gegen Gesellschaftsrecht 2:0 im europäischen Spiel um § 64 GmbH, NZG 2016, 281; *Mansel*, Anerkennung als Grudprizip des Europäischen Rechtsraums, RabelsZ 70 (2006), 651; *Martin-Ehlers*, Gemeinschaftsrechtliche Aspekte der Urteile von Centros bis Inspire Art: Der „verständige Gläubiger", in: Sandrock/ Wetzler (Hrsg.), Deutsches Gesellschaftsrecht im Wettbewerb der Rechtsordnungen, 2004, 1; *Mäsch*, Der renvoi – Plädoyer für die Begrenzung einer überflüssigen Rechtsfigur, RabelsZ 61 (1997), 285; *Mäsch/Gausing/Peters,* Deutsche Ltd., PLC und LLP: Gesellschaften mit beschränkter Lebensdauer? – Folgen eines Brexits für pseudo-englische Gesellschaften mit Verwaltungssitz in Deutschland, IPRax 2017, 49; *Maul*, Probleme im Rahmen von grenzüberschreitenden Unternehmensverbindungen, NZG 1999, 741; *Maul/Schmidt*, Inspire Art – Quo vadis Sitztheorie?, BB 2003, 2297; *Maul/Teichmann/Wenz*, Der Richtlinienvorschlag zur grenzüberschreitenden Verschmelzung von Kapitalgesellschaft, BB 2003, 2633; *Meichelbeck/Kraus*, Neues zur Auslandsbeurkundung im Gesellschaftsrecht, DStR 2014, 752; *Meilicke*, Die Niederlassungsfreiheit nach Überseering – Rückblick und Ausblick nach Handelsrecht und Steuerrecht, GmbHR 2003, 793; *ders.*, Sitztheorie versus Niederlassungsfreiheit?, GmbHR 2000, 693; *ders.*, Niederlassungsrecht von Zweigniederlassungen unter Umgehung des nationalen Rechts, DB 1999, 625; *Merkt*, US-amerikanisches Gesellschaftsrecht, 1991; *ders.*, Die Pluralisierung des europäischen Gesellschaftsrechts, RIW 2004, 1; *ders.*, Die Gründungstheorie gewinnt an Einfluss, RIW 2003, 458; *ders.*, Die Pluralisierung des europäischen Gesellschaftsrechts, RIW 2004, 1; *McLeod*, The Conflict of Laws, 1983; *Michalski*, Grundzüge des internationalen Gesellschaftsrechts, NZG 1998, 762; *Miras/Tonner,* Ausweg aus der Limited durch Übertragung der Anteile auf eine neu zu gründende GmbH, GmbHR 2018, 601; *Mock/Schildt*, in: Hirte/ Bücker Grenzüberschreitende Gesellschaften, 2. Aufl. 2006, § 17, Rn 80; *Mohamed*, Effekte des Brexit aus europäisch gesellschaftsrechtlicher Perspektive, ZvglRWiss 117 (2018), 189; *Morris*, Conflict of Law, 5th Ed. 2000; *Mörsdorf*, Beschränkung der Mobilität von EU-Gesellschaften im Binnenmarkt – eine Zwischenbilanz, EuZW 2009, 97; *ders.,* Die norwegische GmbH in Gestalt der jüngsten Reformen, RIW 2013, 824; *ders.,* Nun also doch! – Die überraschende Umdeutung der Niederlassungsfreiheit zur Rechtswahlfreiheit durch den EuGH im Urteil Polbud, ZIP 2017, 2381; *Möslein,* Europäisierung der Haftungsbeschränkung, NZG 2011, 174; *Mülbert/Schmolke*, Die Reichweite der Niederlassungsfreiheit von Gesellschaften – Anwendungsgrenzen der Artt. 43 ff. EGV bei kollisions- und sachrechtlichen Niederlassungshindernissen, ZVglRWiss 100 (2001), 272; *Müller,* Auslandsbeurkundung von Abtretungen deutscher GmbH-Geschäftsanteile in der Schweiz, NJW 2014, 1994; *ders.,* Die englische Limited in Deutschland, BB 2006, 837; *ders.,* Insolvenz ausländischer Kapitalgesellschaften mit inländischem Verwaltungssitz, NZG 2003, 414; *ders.,* Internationalisierung des deutschen Umwandlungsrechts – Die Regelung der grenzüberschreitenden Verschmelzung, ZIP 2007, 1081; *Müller-Bonanni,* in: Hirte/Bücker, Grenzüberschreitende Gesellschaften, § 14, Rn. 17; *ders.,* Unternehmensmitbestimmung nach „Überseering" und „Inspire Art", GmbHR 2003, 1235; *Müller-Bonanni/Müntefering,* Grenzüberschreitende Verschmelzung ohne Arbeitnehmerbeteiligung?, NJW 2009, 2347; *Nagel,* Die Richtlinie zur grenzüberschreitenden Verschmelzung, NZG 2006, 97; *ders.,* Das Gesetz über die Mitbestimmung der Arbeitnehmer bei grenzüberschreitenden Verschmelzungen (MgVG), NZG 2007, 57; *Nappenbach,* Parteiautonomie im internationalen Gesellschaftsrecht, 2002; *Neuling,* Deutsche GmbH und englische private company, 1997; *Neye,* Zur europarechtlichen Zulässigkeit der Eintragung einer Zweigniederlassung einer Gesellschaft in einem Mitgliedstaat bei Gründung der Gesellschaft in einem anderen Mitgliedstaat, EWiR 1999, 259; *ders.,* Zur Vereinbarkeit der Sitztheorie mit Gemeinschaftsrecht, EWiR 2002, 1003; *Nygh,* Conflict of Laws in Australia, 3rd Ed. 1976; *Oechsler,* Die Richtlinie 2005/56/EG über die Verschmelzung von Kapitalgesellschaften aus verschiedenen Mitgliedstaaten, NZG 2006, 161; *Ott,* Die rechtsüberschreitende Verschmelzung nach Centros, Überseering und Inspire Art, in: Sandrock/Wetzler (Hrsg.), Deutsches Gesellschaftsrecht im Wettbewerb der Rechtsordnungen, 2004, 199; *Otte,* Folgen der Trennung von Verwaltungs- und Satzungssitz für die gesellschaftsrechtliche Praxis, BB 2009. 344; *Otte/Rietschel,* Freifahrtschein für den grenzüberschreitenden Rechtsformwechsel nach „Cartesio"?, GmbHR 2009, 983; *Ottersbach,* Rechtsmissbrauch bei den Grundfreiheiten des europäischen Binnenmarktes, 2001; *Paefgen,* Auslandsgesellschaften und Durchsetzung deutscher Schutzinteressen nach Überseering, DB 2003, 487; *ders.,* Cartesio: Niederlassungsfreiheit minderer Güte, WM 2009, 529; *ders.,* Gezeitenwechsel im Gesellschaftskollisionsrecht, WM 2003, 561; *ders.,* Handelndenhaftung bei europäischen Auslandsgesellschaften, GmBHR 2005, 957; *ders.,* Umwandlung, europäische Grundfreiheiten und Kollisionsrecht, GmbHR 2004, 463; *ders.,* Umwandlung über die Grenze – ein leichtes Spiel, IPRax 2004, 132; *ders.,* „Polbud" – Niederlassungsfreiheit als Sitzspaltungsfreiheit – Zum Urteil des EuGH vom 25.10.2017 in der Rechtssache „Polbud", WM 2018, 981; *Paulus,* Änderungen des deutschen Insolvenzrechts durch die Europäische Insolvenzverordnung, ZIP 2002, 729; *Picot/Land,* Der internationale Unternehmenskauf, DB 1998, 1601; *Peterhoff,* Die tatsächliche Verlagerung des Gesellschaftssitzes während der Liquidation – auch ein Problem „post" MoMiG?, DZWIR 2008, 359; *Peters,* Grenzenlose gesellschaftsrechtliche Flexibilität – die Societas Privata Europaea (SPE), NZG 2008, 807; *ders.,* Verlegung des tatsächlichen Verwaltungssitzes der GmbH ins Ausland, GmbHR 2008, 245; *Pluskat,* Der neue Entwurf für eine europäische Verschmelzungsrichtlinie – Transnationale Fusionen in Europa damit in greifbare Nähe gerückt?, EWS 2004, 1; *Poertzgen,* Anwendung des § 64 II GmbHG a.F. auf eine Limited, NZI 2013, 807; *Recq/S. Hoffmann,* Die französische S.A.R.L. als GmbH-Ersatz?, GmbHR 2004, 1070; *Redeker,* Die Haftung für wrongful trading im englischen Recht, 1. Aufl. 2007; *Rehberg,* in: Eidenmüller (Hrsg.), Ausländische Kapitalgesellschaften im deutschen Recht, § 6, Rn. 1; *ders.,* Internationales Gesellschaftsrecht im Wandel, IPRax 2003, 175; *Rehm,* Haftung der Gesellschafter für Verbindlichkeiten einer in den USA nach dortigen Vorschriften gegründeten Gesellschaft, JZ 2005, 304; *Renner,* Kollisionsrecht und Konzernwirklichkeit in der transnationalen Unternehmensgruppe, ZGR 2014, 452; *Renner/Hesselbarth,* Unternehmensverträge und die Rom I-Verordnung, IPRax 2014, 117; *Reichert/Brandes,* Mitbestimmung der Arbeitnehmer in der SE: Gestaltungsfreiheit und Bestandsschutz, ZGR 2003, 767; *Ressos,* Zur Haftung des Geschäftsführers einer private limited company nach § 11 Abs 2 GmbHG analog, DB 2005, 1048; *Richter,* Verlegung des Sitzes einer Gesellschaft in einen anderen Mitgliedstaat als den Gründungsmitgliedstaat, IStR 2009, 59; *Riedemann,* Das Auseinanderfallen von Gesellschafts- und Insolvenzstatut, GmbHR 2004, 345; *Riegger,* Centros – Überseering – Inspire Art: Folgen für die Praxis, ZGR 2004, 510; *Ries,* „Rule Britannia" – Betrachtungen zur SPE aus der Sicht eines deutschen Registerrichters, NZG 2009, 1052; *Ringe,* Überseering im Verfahrensrecht, IPRax 2007, 388; *ders.,* Verstoß gegen die Niederlassungsfreiheit durch Verbot grenzüberschreitender Verschmelzungen, DB 2005, 2806; *ders.,* Zur Frage der Bestimmung der Rechtsfähigkeit einer Gesellschaft, die nicht unter die europäische Niederlassungsfreiheit oder sonstige Freizügigkeitsabkommen fällt, GmbHR 2007, 769; *ders.,* Corporate Mobility in the European Union – a Flash in the Pan? An empirical study on the success of lawmaking and regulatory competition, ECFR 2013, 230; *Ringe/Willemer,* Zur Anwendung von § 64 GmbHG auf eine englische Limited, NZG 2010, 56; *Risse,* Zum Eintrag einer Zweigniederlassung einer ausländischen Gesellschaft ohne Geschäftstätigkeit im Gründungsstaat, MDR 1999, 752; *Roth,* Centros: Viel Lärm um Nichts?, ZGR 2000, 311; *ders.,* Die Sitzverlegung vor dem EuGH, ZIP 2000, 1597; *ders.,* Internationales Gesellschaftsrecht nach Überseering, IPRax 2003, 117; *ders.,* Die Bedeutung von Cadbury-Schweppes für die Centros-Judikatur des EuGH, EuZW 2010, 607; *ders.,* Vorgaben der Niederlassungsfreiheit für das Kapitalgesellschaftsrecht, 2010; *ders.,* Das Ende der Briefkastengründung? – Vale contra Centros, ZIP 2012, 1744; *Rotheimer,* Referentenentwurf zum Internationalen Gesellschaftsrecht, NZG 2008, 181; *Sack,* Auswirkungen der Artt. 52, 58 EWGV auf das internationale Gesellschaftsrecht, JuS 1990, 352; *Sandrock,* Centros: Ein Etappensieg für die Überlagerungstheorie, BB 1999, 1337; *ders.,* Die Konkretisierung der Überlagerungstheorie in einigen zentralen Einzelfragen, in: FS Beitzke 1979, 669; *ders.,* Die multinationalen Kooperationen im Internationalen Privatrecht, BerGesVR 18 (1978), 169; *ders.,* Die Schrumpfung der Überlagerungstheorie, ZVglRWiss 102 (2003), 447; *ders.,* Ein amerikanisches Lehrstück für das Kollisionsrecht der Kapitalgesellschaften, RabelsZ 42 (1978), 227; *ders.,* Gehören die deutschen Regelungen über die Mitbestimmung auf Unternehmensebene wirklich zum deutschen ordre public?, Die AG 2004, 57; *ders.,* Sitztheorie, Überlagerungstheorie und EWG-Vertrag: Wasser, Öl und Feuer, RIW 1989, 505; *Sandrock/Austmann,* Das Internationale Gesellschaftsrecht nach der Daily Mail-Entscheidung des EuGH: Quo vadis?, RIW 1989, 249; *Schack,* Das IPR – Ein Buch mit sieben Siegeln, reif für das moderne Antiquariat?, in: Liber Amicorum Kegel, 2002, 179; *Schall,* Anspruchsgrundlage gegen Direktoren und Gesellschafter einer Limited nach englischem Recht, DStR 2006, 1229; *ders.,* Das Kornhaas-Urteil gibt grünes Licht für die Anwendung des § 64 GmbHG auf eine Limited mit Sitz in Deutschland – Alles klar dank EuGH!, ZIP 2016, 289; *ders.,* Grenzüberschreitende Umwandlungen der Limited (UK) mit deutschem Verwaltungssitz – Optionen für den Fall des Brexit, ZfPW 2016, 407; *Schall/Barth,* Stirbt Daily Mail langsam? – Zu den Folgen von EuGH C-371/10 (National Grid Indus) für Kollisionsrecht und – Wegzugsbesteuerung, NZG 212, 414; *Schanze,* Gesellschafterhaftung für unlautere Einflussnahme nach § 826 BGB – Die Trihotel-Doktrin des BGH, NZG 2007, 681; *Schanze/Jüttner,* Anerkennung und Kontrolle ausländischer Gesellschaften – Rechtslage und Perspektiven nach der Überseering-Entscheidung des EuGH, Die AG 2003, 30; *dies.,* Die Entscheidung für Pluralität: Kollisionsrecht und Gesellschaftsrecht nach der EuGH-Entscheidung „Inspire Art", Die AG 2003, 661; *Schaper,* Grenüberschreitender Formwechsel und Sitzverlegung, ZIP 2014, 810; *Schaumburg,* Steuerliche

Restriktionen bei internationalen Umwandlungen, GmbHR 2010, 1341; *Schiessl*, Leitungs- und Kontrollstrukturen im internationalen Wettbewerb, ZHR 167 (2003), 235; *Schmidt, K.*, Gesellschaftsrecht, 2002; *ders.*, Sitzverlegungsrichtlinie, Freizügigkeit und Gesellschaftsrechtspraxis, ZGR 1999, 20; *Schmidt, J.*, Verfahren und Gefahren bei der Liquidation einer „Rest-Limited"; ZIP 2008, 2400; *dies.*, Grenzüberschreitende Mobilität von Gesellschaften – Vergangenheit, Gegenwart und Zukunft, ZVglRWiss (116) 2017, 313; *Schmidt/Maul*, Zur Frage der Zulässigkeit einer Eintragung einer grenzüberschreitenden Verschmelzung in das nationale Handelsregister, BB 2006, 13; *Schmidt-Kessel*, Verbot des Rechtsmissbrauchs im Gemeinschaftsprivatrecht, Jahrbuch Junger Zivilrechtswissenschaftler 2000 (2001), 61; *Schmidtbleicher*, Verwaltungssitzverlegung deutscher Kapitalgesellschaften in Europa: ‚Sevic' als Leitlinie für ‚Cartesio'?, BB 2007, 613; *Schneider*, Internationales Gesellschaftsrecht vor der Kodifizierung, BB 2008, 566; *Schneider*, Die Kapitalverkehrsfreiheit im Verhältnis zu Drittstaaten, 2018; *Schohe*, Die Haftung juristischer Personen für ihre Organe im internationalen Privatrecht, 1991; *Schollmeyer*, Von der Niederlassungsfreiheit zur Rechtswahlfreiheit, ZGR 2018, 186; *Schön*, Der Rechtsmissbrauch im Europäischen Gesellschaftsrecht, in: FS Wiedemann 2002, 1271; *ders.*, Das System der gesellschaftlichen Niederlassungsfreiheit nach VALE, ZGR 2013, 333; *Schulze/Sester*, Höchstrichterliche Harmonisierung der Kollisonsregeln im europäischen Gesellschaftsrecht, EWS 2002, 545; *Schumann*, Die englische Limited mit Verwaltungssitz in Deutschland: Kapitalaufbringung, Kapitalerhaltung und Haftung bei Insolvenz, DB 2004, 743; *Schwark*, Globalisierung, Europarecht und Unternehmensmitbestimmung im Konflikt, Die AG 2004, 173; *Schwarz*, Europäisches Gesellschaftsrecht, 2000; *ders.*, Sitzverlegung einer GmbH in das EU-Ausland, NZG 2001, 613; *ders.*, Auslandsbeurkundungen im Gesellschaftsrecht, NZG 1998, 540; *Schwimann*, Internationales Privatrecht, 2001; *Sedemund/Hausmann*, Niederlassungsfreiheit contra Sitztheorie – Abschied von Daily Mail?, BB 1999, 810; *Seebach*, Die Zuständigkeitsverteilung zwischen Geschäftsführer und (ausländischem) Notar bei Einreichung und Korrektur einer GmbH-Gesellschafterliste, DNotZ 2014, 413; *Semler/Stengel/Drinhausen*, Umwandlungsgesetz, 2. Aufl. 2007; *Servatius*, Insolvenznahe Geschäftsleiterhaftung bei EU-Auslandsgesellschaften, DB 2015, 1087; *Sethe/Winzer*, Der Umzug von Gesellschaften in Europa nach dem Cartesio-Urteil, WM 2009, 536; *Seydel*, Konzernbildungskontrolle bei der AG, 1995; *Siems*, SEVIC der letzte Mosaikstein im Internationalen Gesellschaftsrecht der EU?, EuZW 2006, 135; *Sinewe*, Eintragungsfähigkeit grenzüberschreitender Verschmelzungen, DB 2005, 2061; *Smith´s*, Conflict of Laws, 2nd Ed. 1999; *Sonnenberger*, Französisches Handels- und Wirtschaftsrecht, 1991; *Sonnenberger/Großerichter*, Konfliktlinien zwischen internationalem Gesellschaftsrecht und Niederlassungsfreiheit, RIW 1999, 721; *Sonnentag*, Die Konsequenzen des Brexits für das internationale Privat- und Zivilverfahrensrecht, 2017; *Spahlinger/Wegen*, Internationales Gesellschaftsrecht in der Praxis, 2005; *Spellenberg*, Geschäftsstatut und Vollmacht im internationalen Privatrecht, 1979; *Spindler/Berner*, Inspire Art – Der europäische Wettbewerb um das Gesellschaftsrecht ist endgültig eröffnet, RIW 2003, 949; *dies.*, Der Gläubigerschutz im Gesellschaftsrecht nach Inspire Art, RIW 2004, 7; *Steiger*, Grenzüberschreitende Fusion und Sitzverlegung nach spanischem und portugiesischem Recht, 1996; *ders.*, Identitätswahrende Sitzverlegung von Gesellschaften aufgrund bilateraler Staatsverträge?, RIW 1999, 169; *Steindorff*, Centros und das Recht auf die günstigste Rechtsordnung, JZ 1999, 1140; *ders.*, Einzelfragen zur Reichweite des Mitbestimmungsgesetzes, ZHR 141 (1977), 457; *Stieb*, Die Verlegung des Sitzes einer GmbH ins Ausland kann nicht ins Handelsregister eingetragen werden, GmbHR 2004, 429; *Stelmaszczyk*, Grenzüberschreitender Formwechsel durch isolierte Verlegung des Satzungssitzes, EuZW 2017, 890; *Stöber*, Grenzüberschreitende Umwandlungen und ihre Besteuerung im Lichte der Niederlassungsfreiheit, ZIP 2012, 1273; *Süß*, Exit vor dem Brexit: Die Flucht aus der Limited – leichtes Spiel oder teurer Spaß?, ZIP 2018, 1277; *Süß*, Exit vor dem Brexit: Die Flucht aus der Limited – leichtes Spiel oder teurere Spaß?, ZIP 2018, 1277; *Sykes/Pryles*, Australian Private International Law, 2nd Ed. 1987; *Teichmann*, Cartesio: Die Freiheit zum formwechselnden Wegzug, ZIP 2009, 393; *ders.*, Binnenmarktkonformes Gesellschaftsrecht, 2006; *ders.*, Die Auslandsgesellschaft & Co., ZGR 2014, 220; *ders.*, Konzernrecht und Niederlassungsfreiheit, ZGR 2014, 45; *Teichmann/Knaier*, Brexit – Was nun? Auswirkungen des EU-Austritts auf englische Gesellschaften in Deutschland, IWRZ 2016, 243; *dies.*, Grenzüberschreitender Formwechsel nach „Polbud", GmbHR 2017, 1314; *Terlau*, Das internationale Privatrecht der Gesellschaft bürgerlichen Rechts, 1999; *Thiermann*, Möglichkeiten und Grenzen von Auslandsgesellschaften & Co., ZIP 2011, 988; *Thomale*, Die Gründungstheorie als versteckte Kollisionsnorm, NZG 2011, 1290; *Thole*, Anwendung und Revisibilität ausländischen Gesellschaftsrechts in Verfahren vor deutschen Gerichten, ZHR 176 (2012), 15; *Thüsing*, Deutsche Unternehmensmitbestimmung und europäische Niederlassungsfreiheit, ZIP 2004, 381; *Timme/Hülk*, Das Ende der Sitztheorie im Internationalen Gesellschaftsrecht?, JuS 1999, 1055; *Timmerman*, Sitzverlegung von Kapitalgesellschaften nach niederländischem Recht und die 14. EU-Richtlinie, ZGR 1999, 148; *Timmermanns*, Die europäische Rechtsangleichung im Gesellschaftsrecht, RabelsZ 48 (1984), 1; *Trautrims*, Das Kollisionsrecht der Personengesellschaften, 2009; *Triebel/von Hase*, Wegzug und grenzüberschreitende Umwandlung deutscher Gesellschaften nach „Überseering" und „Inspire Art", BB 2003, 2409; *Ulmer*, Die Anerkennung US-amerikanischer Gesellschaften in Deutschland, IPRax 1996, 100; *ders.*, Gläubigerschutz bei Scheinauslandsgesellschaften, NJW 2004, 1201; *Unzicker*, Niederlassungsfreiheit der Kapitalgesellschaften in der EU nach der Centros- und der Überseering-Entscheidung des EuGH, 2004; *Veit/Wichert*, Unternehmerische Mitbestimmung bei europäischen Kapitalgesellschaften mit Verwaltungssitz in Deutschland nach „Überseering" und „Inspire Art", AG 2004, 14; *Verse*, Niederlassungsfreiheit und grenzüberschreitende Sitverlegung – Zwischenbilanz nach „National Grid Indus" und „Vale", ZEuP 2013, 458; *Vetter*, Die Regelung der grenzüberschreitenden Verschmelzung im UmwG?, AG 2006, 613; *Vietz*, Verabschiedung des Gesetzes über die neue Blitz-GmbH in Spanien, GmbHR 2003, 523; *Voge*, Zur Erlaubnispflicht grenzüberschreitend betriebener Bank- und Finanzdienstleistungsgeschäfte, WM 2007, 381; *von der Groeben/Schwarze/Tiedje/Troberg*, EUV/EGV, Art. 43, Rn. 89 f; *von Halen*, Das internationale Gesellschaftsrecht nach dem Überseering-Urteil des EuGH, WM 2003, 571; *Vossestein*, Cross-Border Transfer of Seat and Conversion of Companies under the EC-Treaty Provisions on Freedom of Establishment, CMLR 2009, 115; *Wachter*, Auswirkungen des EuGH-Urteils in Sachen Inspire Art Ltd. auf Beratungspraxis und Gesetzgebung, GmbHR 2004, 88; *ders.*, Errichtung, Publizität, Haftung und Insolvenz von Zweigniederlassungen ausländischer Kapitalgesellschaften nach „Inspire Art", GmbHR 2003, 1254; *ders.*, Zur grenzüberschreitenden Verschmelzung, EWiR 2005, 581; *Wackerbarth*, Grenzen der Leitungsmacht in der internationalen Unternehmensgruppe, 2001; *Wagner/Timm*, Der Referentenentwurf eines Gesetzes zum Internationalen Privatrecht der Gesellschaften, Vereine und juristischen Personen, IPRax 2008, 81; *Walden*, Das Kollisionsrecht der Personengesellschaften im deutschen, europäischen und US-amerikanischen Recht, 2001; *ders.*, Niederlassungsfreiheit, Sitztheorie und der Vorlagebeschluss des VII. Zivilsenats des BGH vom 30.3.2000, EWS 2001, 256; *Waldenmaier*, Konzernmitbestimmung: Satzungssitz in Deutschland, Verwaltungssitz im Ausland, BB 2009, 1694; *Wand*, Zur Frage der persönlichen Haftung des Geschäftsführers einer private limited company mit Verwaltungssitz in Deutschland, BB 2005, 1017; *Weber*, GmbH-Gründung und Auslandsbeurkundung, MittBayNot 2018, 215; *Weiss/Herrmann*, Welthandelsrecht, 2003; *Weiss/Seifert*, Der europarechtliche Rahmen für ein „Mitbestimmungserstreckungsgesetz", ZGR 2009, 543; *Weller*, „Inspire Art": Weitgehende Freiheiten beim Einsatz ausländischer Briefkastengesellschaften, DStR 2003, 1800; *ders.*, Das Internationale Gesellschaftsrecht in der neuesten BGH-Rechtsprechung, IPRax 2003, 324; *ders.*, Einschränkung der Gründungstheorie bei missbräuchlicher Auslandsgründung?, IPRax 2003, 520; *ders.*, Scheinauslandsgesellschaften nach Centros, Überseering und Inspire Art: Ein neues Anwendungsfeld für die Existenzvernichtungshaftung, IPRax 2003, 207; *ders.*, Die Verlegung des Center of Main Interest von Deutschland nach England, ZGR 2008, 835; *ders.*, Zum identitätswahrenden Wegzug deutscher Gesellschaften, DStR 2004, 1218; *ders.*, Internationales Unternehmensrecht 2010, ZGR 2010, 679; *ders.*, GmbH-Anteilsabtretungen in Basel, ZGR 2014, 865; *Weller/Rentsch*, Die Kombinationslehre beim grenzüberschreitenden Rechtsformwechsel – Neue Impulse durch das Europarecht, IPRax 2013, 530; *Weller/Schulz*, Die Anwendung des § 64 GmbHG auf Auslandsgesellschaften, IPRax 2014, 336; *Weller/Benz/Thomale*, Rechtsgeschäftsähnliche Parteiautonomie, ZEuP 2017, 250; *Weller/Thomale/Zwirlein*, Brexit: Statutenwechsel und Acquis communautaire, ZEuP 2018, 892; *Weller/Harms/Rentsch/Thomale*, Der internationale Anwendungsbereich der Geschlechterquote für Großunternehmen, ZGR 2015, 361; *Wenglorz*, Die grenzüberschreitende Heraus-Verschmelzung einer deutschen Kapitalgesellschaft: Und es geht doch!, BB 2004, 1061; *Werlauff*, Ausländische Gesellschaften für inländische Aktivitäten, ZIP 1999, 867; *Werner*, Das deutsche Internationale Gesellschaftsrecht nach „Cartesio" und Trabrennbahn, GmbHR 2009, 191; *Wernicke*, Die Niederlassung der ausländischen Gesellschaft als Hauptniederlassung: Zwangsweise Durchsetzung ihrer Eintragung als Zweigniederlassung widerspricht der Rechtsfähigkeit, BB 2006, 843; *ders.*, EuGH: Rechtsfähigkeit niederländischer Gesellschaft in Deutschland, EuZW, 2002, 758; *Wessel/Ziegenhain*, Sitz- und Gründungstheorie im internationalen Gesellschaftsrecht, GmbHR 1988, 423; *Westhoff*, Die Gründung einer britischen Kapitalgesellschaft mit Verwaltungssitz im Inland und die Pflichten ihrer laufenden Geschäftstätigkeit – „How to set up a Limited?", ZInsO 2004, 289; *Wetzler*, Rechtspolitische Herausforderungen, in: Sandrock/Wetzler (Hrsg.), Deutsches Gesellschaftsrecht im Wettbewerb der Rechtsordnungen, 2004, 129; *Wicke*, Mobilität europäischer Kapitalgesellschaften am Vorabend der 14. gesellschaftsrechtlichen Richtlinie über die grenzüberschreitende Sitzverlegung, GPR 2010, 238; *ders.*, Zulässigkeit des grenzüberschreitenden Formwechsels – Rechtssache „Vale" des Europäischen Gerichtshof zur Niederlassungsfreiheit, DStR 2012, 1756; *ders.*, Zum grenzüberschreitenden Formwechsel ohne Änderung des Ortes der wirtschaftlichen Betätigung, NZG 2017, 702; *Wiedemann*, Internationales Gesellschaftsrecht, in: FS Kegel 1977, 187; *Wilhelmi*, Der Wegzug von Gesellschaften im Lichte der Rechtsprechung des EuGH zur Niederlassungsfreiheit, DB 2008, 1611; *Windbichler/Bachmann*, Corporate Governance und Mitbestimmung als „wirtschaftsrechtlicher ordre public", in: FS Bezzenberger 2000, 797; *Winter/Marx/de Decker*, Von Frankfurt nach Rom – zur Praxis grenzüberschreitender „Hinausformwechsel", DStR 2017, 1664; *Wöhlert*, Umzug von Gesellschaften innerhalb Europas – Systematische Darstellung unter Auswertung der Entscheidungen Cartesio und Trabrennbahn, GWR 2009, 161; *Worms*, Insolvenzverschleppung bei der „deutschen" Limited, 2009; *Wowerka*, Polnisches internationales Gesellschaftsrecht im Wandel, IPRax 2011, 299; *Wymeersch*, The transfer of the companys seat in the european company law, CMLR 2003, 661; *Zerres*, Deutsche Insolvenzantragspflicht für die englische Limited mit Inlandssitz, DZWIR 2006, 356; *Ziemons*, Freie Bahn für den Umzug von Gesellschaften nach Inspire Art?!, ZIP 2003, 1913; *Zimmer*, Internationales Gesellschaftsrecht und Niederlassungsfreiheit: Das Rätsel vor der Lösung, BB 2000, 1361; *ders.*, Internationales Gesellschaftsrecht, 1996; *ders.*, Mysterium Centros, ZHR 164 (2000), 23; *ders.*, Nach „Inspire Art": Grenzenlose Gestaltungsfreiheit für deutsche Unternehmen?, NJW 2003, 3585; *ders.*, Von Debraco bis DaimlerChrysler: Alte und neue Schwierigkeiten bei der internationalgesellschaftsrechtlichen Sitzbestimmung, in: Baums/Hopt/Horn, Corporations, Capital Markets and Business in the Law, 2000, 655; *ders.*, Wie es euch gefällt? Offene Fragen nach dem Überseering-Urteil des EuGH, BB 2003, 1; *ders.*, in: FS Schmidt, 2009; *Zimmer/Naendrup*, Das Cartesio-Urteil des EuGH: Rück- oder Fortschritt für das internationale Gesellschaftsrecht?, NJW 2009, 545; *dies.*, For Whom the Bell Tolls – Folgen einer Nichtbeachtung englischer Publizitätsgebote durch in Deutschland aktive Limited Companies, ZGR 2007, 789; *Zimmermann*, Das Rechtsmissbrauchsverbot im Recht der Europäischen Gemeinschaften, 2002. *Zöllner*, Konkurrenz für inländische Kapitalgesellschaften durch ausländische Rechtsträger, insbesondere durch die englische Private Limited Company, GmbHR 2006, 1.

A. Grundlagen 1
  I. Der Regelungsbereich des Internationalen
    Gesellschaftsrechts 1
    1. Überblick 1
    2. Die Anerkennung als zentrale gesell-
       schaftskollisionsrechtliche Fragestellung . 3
    3. Innenverhältnis der Gesellschaft 9
    4. Außenverhältnis der Gesellschaft 13
      a) Außenbeziehungen 14
      b) Haftung der Gesellschafter 19
    5. Handelsrechtliche Fragen 21
    6. Unternehmerische Mitbestimmung 23
    7. Gründung, Auflösung und Liquidation ... 27
    8. Formvorschriften 29
  II. Die anzuwendende Kollisionsnorm: Traditio-
    nelle Anknüpfungslehren 30
    1. Überblick 30
    2. Sitztheorie 31
    3. Gründungstheorie 36
      a) Common Law 37
      b) Kontinentaleuropäische Gründungs-
        theorien 39
      c) Gründungstheorie und Statutenwech-
        sel 44

    4. Weitere Anknüpfungslehren 46
    5. Rück- und Weiterverweisung 47
    6. Stand und Bedeutung der Diskussion in
      Deutschland 48
  III. Gesellschaftskollisionsrecht, Sitzverlegung
    und Niederlassungsfreiheit 50
    1. Frühere Behandlung der grenzüberschrei-
      tenden Sitzverlegung im deutschen Recht 51
    2. Vereinbarkeit mit der Niederlassungsfrei-
      heit des AEUV 56
      a) Vorgeschichte 56
      b) Centros 58
      c) Überseering 60
      d) Inspire Art 62
      e) SEVIC Systems 65
      f) Cartesio 68
      g) National Grid Indus 70
      h) Vale 71
      i) Polbud 74
      j) Fazit 76
  IV. Notwendige Differenzierungen der Fragestel-
    lung 77

B. Juristische Personen 79
  I. Europarechtliche Gründungstheorie 79
    1. Grundlagen 79
       a) Kollisionsrechtliche und materiell-
          rechtliche Lösung 79
       b) Kollisionsrechtliche Lösung des
          EuGH 81
       c) Europarechtliche Gründungstheorie:
          Die Kollisionsnorm der Niederlas-
          sungsfreiheit 84
       d) Anknüpfungsmoment 85
    2. Reichweite 86
       a) Nach dem Recht eines anderen Mit-
          gliedstaates gegründete juristische
          Personen mit tatsächlichem Sitz oder
          Hauptniederlassung in der EU 87
       b) Nach dem Recht eines anderen Mit-
          gliedstaates gegründete juristische
          Personen mit Satzungssitz in der
          Union und tatsächlicher Sitz und dauerhaf-
          ter Verbindung zur Wirtschaft eines
          Mitgliedstaates 88
       c) Nach dem Recht eines anderen Mit-
          gliedstaates gegründete juristische
          Personen nur mit Satzungssitz in der
          Union 89
       d) Nach inländischem Recht gegründete
          juristische Personen 93
       e) Nach drittstaatlichem Recht gegrün-
          dete juristische Personen 96
    3. Zusammenfassung 97
  II. Behandlung der nach EU-mitgliedstaatlichem
      Recht gegründeten Körperschaften im Inland . 99
    1. Anknüpfung des Gesellschaftsstatuts 100
    2. Sitzverlegung 101
    3. Status in Deutschland als Zweigniederlas-
       sung 103
       a) Auslandsgesellschaft als Zweignieder-
          lassung 103
       b) Anwendung der §§ 13 d ff. HGB ... 104
       c) Sanktionierung der Anmeldepflicht ... 107
       d) Zusammenfassung 113
    4. Reichweite zulässiger Überlagerungen
       des Gesellschaftsstatuts 114
       a) Haftungstatbestände 116
       b) Kapitalschutzrecht 121
       c) Organisationsrecht (unternehmerische
          Mitbestimmung, Geschlechterquote) .. 122
       d) Firmenrecht 126
       aa) Informationsmodell und Offenle-
           gung des Gesellschaftsstatuts 126
       bb) Verwechselungsgefahr bei den
           Rechtsformzusätzen 128
       cc) Zulässiges Maß der Überlagerung
           der Firmenbildung 130
       dd) Sanktionierung der irreführenden
           Firmierung 133
       e) Minderheitenschutz 135
  III. Nach deutschem Recht gegründete Körper-
       schaften 137
    1. Anknüpfung des Gesellschaftsstatuts 137
    2. (Eingeschränkter) Übergang zur Grün-
       dungstheorie durch das MoMiG 143

    3. Sitzverlegung 145
  IV. Nach drittstaatlichem Recht gegründete
      Gesellschaften 147
    1. Grundsätzliche Behandlung 147
    2. Ausnahmen aufgrund völkerrechtlicher
       Verträge 152
       a) EWR/EFTA/EU-Assoziationsgebiete . 152
       b) Bilaterale Verträge, insbesondere mit
          den USA 153
       c) GATS 154
C. Personengesellschaften 158
  I. Ausgangslage bezüglich der Anknüpfungsleh-
     ren 158
    1. Bedeutung der Anknüpfung 158
    2. Sitz- und Gründungstheorie bei Personen-
       gesellschaften 159
    3. Rechtswahlfreiheit oder Gründungstheo-
       rie? 162
    4. Qualifikation der Kommanditgesellschaft 170
  II. Niederlassungsfreiheit und Personengesell-
      schaft 173
    1. Anwendungsbereich der Niederlassungs-
       freiheit 173
    2. Mangelnde Übertragbarkeit der „Übersee-
       ring"-Entscheidung 174
    3. Realisierung der Niederlassungsfreiheit
       im Personengesellschaftsrecht 178
       a) Personengesellschaft ist keine Fiktion 178
       b) Pflicht zur Achtung der Rechtsform ... 179
       c) Anforderungen des Art. 54 AEUV bei
          Personengesellschaften 180
       d) Zusammenfassung 183
  III. Kollisionsrechtliche Behandlung niederlas-
       sungsberechtigter Personengesellschaften 184
    1. Anknüpfung 184
    2. Sitzverlegung 186
    3. Status in Deutschland 187
    4. Überlagerung 188
  IV. Kollisionsrechtliche Behandlung anderer, ins-
      besondere deutscher Personengesellschaften .. 193
D. Sonderfragen 195
  I. Grenzüberschreitende Umwandlungen 195
    1. Kombinationslehre als Kollisionsnorm
       des Umwandlungsrechts 195
    2. Zulässigkeit nach dem UmwG 196
    3. Grenzüberschreitende Verschmelzung und
       Niederlassungsfreiheit 197
    4. Grenzüberschreitende Spaltung 201
    5. Grenzüberschreitender Formwechsel
       (Satzungssitzverlegung) 203
  II. Internationales Konzernrecht 206
  III. Grenzüberschreitende Typenvermischung
       (Ltd. & Co. KG) 208
  IV. Rest- und Spaltgesellschaften 211
**E. Die englische Limited mit Sitz in Deutschland
     vor und nach dem BREXIT** 213
  I. Die englische Limited als niederlassungsbe-
     rechtigte Gesellschaftsform 213
    1. Entwicklung 213
    2. Nachteile und Gefahren 217
  II. Die Limited und der BREXIT 221

A. Grundlagen

I. Der Regelungsbereich des Internationalen Gesellschaftsrechts

1. Überblick. Das Internationale Gesellschaftsrecht regelt als Teil des nationalen Kollisionsrechts die   **1**
Frage, „nach welcher Rechtsordnung gesellschaftsrechtliche Beziehungen zu beurteilen sind".[1] Traditionell
sind insoweit zwei unterschiedliche, international verbreitete Anknüpfungslehren zu unterscheiden, die
einerseits an den tatsächlichen Sitz der Gesellschaft (**Sitztheorie**, → Rn. 31 ff.), andererseits an die Gründung unter einer bestimmten Rechtsordnung (**Gründungstheorie**, → Rn. 36 ff.) anknüpfen. Während die
Rechtsprechung in Deutschland traditionell die Sitztheorie anwendet, verlangen europa- und völkerrechtliche Normen, insbesondere die **Niederlassungsfreiheit** des AEUV, die Anwendung der Gründungstheorie
auf bestimmte Gesellschaften (→ Rn. 56 ff.). Daher lässt sich die im deutschen Recht anzuwendende Kollisionsnorm nicht generell bestimmen; vielmehr ist zu differenzieren zwischen **Körperschaften**, die nach
deutschem Recht (→ Rn. 137 ff.), solchen, die nach dem Recht eines anderen EU-Mitgliedstaats
(→ Rn. 99 ff.) und solchen, die nach dem Recht eines Drittstaates (→ Rn. 147 ff.) gegründet worden sind.
Ähnlich ist in Bezug auf die **Personengesellschaften** zu unterscheiden (→ Rn. 184 ff., 193 f.).

Wie stets bei Fragen des Internationalen Privatrechts erfolgt die Anknüpfung aus der Sicht des Kollisions-   **2**
rechts des Forumstaates; der Richter wendet daher das Internationale Gesellschaftsrecht seines Heimatstaates an und ermittelt mit dessen Hilfe und ggf. unter Beachtung von **Rück- und Weiterverweisungen**
(→ Rn. 47) das Gesellschaftsstatut. Grundsätzlich handelt es sich bei den Verweisungen des Internationalen
Gesellschaftsrechts um **Gesamtverweisungen**, also Verweisungen auch auf das Internationale Privatrecht
des Staates, auf dessen Recht verwiesen wird.[2]

Das Gesellschaftsstatut ist für die Entscheidung über alle Fragen berufen, die das Innenverhältnis der
Gesellschaft zu ihren Gesellschaftern, das Verhältnis unter den Gesellschaftern, soweit es unmittelbar aus
der Gesellschaftszugehörigkeit resultiert, sowie Stellung und Auftreten der Gesellschaft im Außenverhältnis
betreffen. Darüber hinaus wird aber auch das **Verhältnis Dritter** zu den Gesellschaftern vom Gesellschaftsstatut geregelt, sofern die Frage sich gerade auf die Stellung als Gesellschafter bezieht. Letztere Fallgruppe
betrifft insbesondere die Frage der Haftung des Gesellschafters für Verbindlichkeiten der Gesellschaft. Das
Bestehen oder die Durchbrechung eines Haftungsprivilegs der Gesellschafter, das typischerweise bei Kapitalgesellschaften mit eigener Rechtspersönlichkeit vorliegt, bemisst sich daher grundsätzlich nach dem
Gesellschaftsstatut.

2. Die Anerkennung als zentrale gesellschaftskollisionsrechtliche Fragestellung. Eine zentrale   **3**
Problematik des Internationalen Gesellschaftsrechts ist die Anerkennung des Status und ggf. der Rechtspersönlichkeit einer Gesellschaft im Inland. Insbesondere die Rechtspersönlichkeit, aber auch eine Teilrechtsfähigkeit, kann grundsätzlich nur von der zur Anwendung berufenen Rechtsordnung gewährt werden.
Beruft sich die Gesellschaft im Inland, etwa zur Begründung ihrer Parteifähigkeit vor inländischen Gerichten, auf ihren Status, wird dieser nur dann anerkannt, wenn die aus Sicht des inländischen Kollisionsrechts
berufene Rechtsordnung ihn verliehen hat. **Nichtanerkennung** bedeutet, dass die im Inland angewendete
Gesellschaftskollisionsnorm nicht zur Anwendung der Rechtsordnung führt, die den Status verliehen hat.
Anerkannt wird dann nur der Status, den die Gesellschaft nach dem so ermittelten Gesellschaftsstatut hat.[3]

Unter der Anerkennung einer Gesellschaft ist also heute[4] nichts anderes zu verstehen als die **Ermittlung**   **4**
und Anwendung des Gesellschaftsstatuts. Bedeutung hat dies vor allem für die Frage, ob die Gesellschaft
als juristische Person mit eigener **Rechtspersönlichkeit** anerkannt wird: Hierzu ermittelt der Rechtsanwender zunächst das Gesellschaftsstatut mithilfe seines eigenen Kollisionsrechts. Sodann prüft er, ob die Voraussetzungen der Verleihung der Rechtspersönlichkeit gerade dieses Rechts erfüllt sind. Ist das der Fall,
wird die Gesellschaft auch im Inland als juristische Person anerkannt. Es wird also nicht notwendigerweise
die Erfüllung der inländischen Gründungsvoraussetzungen verlangt. Ist allerdings eine fremde Rechtsordnung als Gesellschaftsstatut ermittelt worden, erfolgt die Anerkennung mit der von diesem Recht gewährten
Rechtspersönlichkeit und in der fremden Rechtsform. Fehlt es dagegen an den Voraussetzungen, von denen
das Gesellschaftsstatut die Verleihung der Rechtspersönlichkeit abhängig macht, wird die Gesellschaft auch

---

1   Staudinger/*Großfeld* (1998) Int. GesR Rn. 1; ferner:
    MHLS/*Leible* GmbHG Syst. Darst. 2 Rn. 1; MüKo-
    BGB/*Kindler* IntGesR Rn. 1 ff.; Ulmer/Habersack/
    Behrens/Hoffmann GmbHG Einl. Rn. B 1.
2   OLG Hamm NJW 2001, 2183; OLG Frankfurt NJW
    1990, 2204; Ulmer/Habersack/*Behrens/Hoffmann*
    GmbHG Einl. Rn. B 26; MHLS/*Leible* GmbHG Syst.
    Darst. 2 Rn. 77; *Kegel/Schurig* Internationales Privat-
    recht § 17 II 1; MüKoBGB/*Kindler* Int. GesR
    Rn. 506; aA aber *Mäsch* RabelsZ 61 (1997), 285, 291

(für Sachnormverweisung, zumindest bei Anwendung der Sitztheorie).
3   Umfassend zur Anerkennung im IPR: *Mansel*
    RabelsZ 70 (2006), 651, insbes. 670 ff. zur Anerken-
    nungsproblematik im Gesellschaftsrecht.
4   Zur Entwicklung des Begriffs der Anerkennung vgl.
    MHLS/*Leible* GmbHG Syst. Darst. 2 Rn. 94; MüKo-
    BGB/*Kindler* IntGesR Rn. 316 ff.; Staudinger/*Groß-
    feld* (1998) Int. GesR Rn. 162 ff.

dann nicht als juristische Person anerkannt, wenn die Gründungsvoraussetzungen des Forumstaates oder eines dritten Staates erfüllt sind. Praktisch bedeutet die Nichtanerkennung vor allem, dass den Gesellschaftern und Organmitgliedern das der juristischen Person verliehene Haftungsprivileg nicht zugutekommen kann.

5 Die Anerkennungsproblematik kann allerdings auch bei **Personengesellschaften** eine bedeutende Rolle spielen. Besonders deutlich zeigt sich dies an dem Haftungsprivileg des Kommanditisten, das nur bei Anerkennung als Gesellschaft der Rechtsordnung, nach deren Recht die Voraussetzungen der Haftungsbeschränkung gegeben sind, besteht, spielt aber auch für Bestehen und Reichweite einer Teilrechtsfähigkeit der Gesellschaft eine Rolle.

6 Dagegen bedeutet die Nichtanerkennung eines bestimmten Status (insbesondere als juristische Person) nicht, dass das betroffene Gebilde nicht als Gesellschaft anerkannt würde. Vielmehr ist auch die der Fiktion der Rechtspersönlichkeit entkleidete Personenvereinigung als solche zu betrachten und ihr die Rechtsform des berufenen Gesellschaftsrechts zuzuerkennen, deren Voraussetzungen sie objektiv erfüllt. So wird eine nach ausländischem Recht gegründete Körperschaft, die aus der kollisionsrechtlichen Sicht der deutschen Rechtsprechung dem deutschen Gesellschaftsstatut unterliegt, vor deutschen Gerichten als Gesellschaft bürgerlichen Rechts oder, bei Vorliegen der Voraussetzungen, als offene Handelsgesellschaft aufgefasst.[5] Trotz Nichtanerkennung der Rechtspersönlichkeit kann daher im Inland zumindest eine **Teilrechtsfähigkeit** gegeben sein. Eine völlige Nichtanerkennung als Gesellschaft tritt daher nur ein, wenn die objektiven Voraussetzungen keiner Gesellschaftsform vorliegen, insbesondere bei nur einem Beteiligten. Zum Eingriff der Niederlassungsfreiheit in das autonome Gesellschaftskollisionsrecht der EU-Mitgliedstaaten vgl. aber → Rn. 50 ff.

7 Es zeigt sich somit, dass die kollisionsrechtliche Anknüpfung von größter Bedeutung für die Gesellschaft und ihre Gesellschafter ist, da von ihr die Anerkennung des für die gesellschaftsrechtlichen Verhältnisse von den Beteiligten zugrunde gelegten Status abhängt. Insbesondere bei den **Körperschaften** ist mit einer vom Gründungsrecht abweichenden Anknüpfung, also bei Annahme eines Statutenwechsels, die Folge der Nichtanerkennung der Rechtspersönlichkeit verbunden, da die Gründungsvoraussetzungen typischerweise nur in einem Staat erfüllt werden. Insoweit muss man nur darauf hinweisen, dass für die Entstehung der juristischen Person regelmäßig eine konstitutive **Registereintragung** erforderlich ist, die nur im Gründungsstaat bewirkt werden kann. Wird dessen Recht kollisionsrechtlich nicht (mehr) als Gesellschaftsstatut berufen, folgt hieraus ohne Weiteres die Nichtanerkennung der Körperschaft. Die Anerkennung hängt daher wesentlich von der Kollisionsnorm ab, die der Forumstaat zur Anwendung bringt: Verweist das Kollisionsrecht unveränderlich auf das **Gründungsrecht**, kommt eine Nichtanerkennung schon nicht in Betracht. Nur wenn ein tatsächliches, nicht notwendig auf den Gründungsstaat verweisendes und insbesondere **veränderliches Anknüpfungsmoment** zur Anwendung kommt, kann die Folge der Nichtanerkennung überhaupt eintreten.

8 Hieraus könnte man nun schließen, dass das Kollisionsrecht der Gesellschaft in diesen Fällen die Anerkennung entzieht und insbesondere die Sitztheorie, nach der allein die Annahme eines Statutenwechsels in Betracht kommt, dadurch die Mobilität der Gesellschaften beschränkt. Wichtig für das Verständnis international-gesellschaftsrechtlicher Fragestellungen erscheint dagegen die Erkenntnis, dass das Kollisionsrecht die Anerkennung weder bewirken noch verhindern kann. Insoweit ist zu beachten, dass **kollisions- und sachrechtliche Fragestellungen** nicht vermischt werden dürfen.[6] Kollisionsrechtlichen Charakter hat nur die Frage nach dem anwendbaren Recht, dem Gesellschaftsstatut, während sich die Zuerkennung von Rechtspersönlichkeit und -fähigkeit allein nach dem materiellen Gesellschaftsrecht bemisst. Die **Kollisionsnorm** gibt nur vor, ob die Anerkennungsfrage wegen der Anwendung eines anderen als des Gründungsrechts überhaupt problematisch werden kann. Die Entscheidung über die Anerkennung liegt aber allein beim **materiellen Recht**, das durchaus so gestaltet werden kann, dass auch in den Fällen eines Statutenwechsels die Identität und damit die im Ausland verliehene Rechtspersönlichkeit anerkannt wird.

9 **3. Innenverhältnis der Gesellschaft.** Das Gesellschaftsstatut beherrscht zunächst unstreitig alle Fragen des Innenverhältnisses der Gesellschaft. Hierzu gehört zunächst die **Organisation** der Gesellschaft selbst, also die **Organstruktur**, die **Kompetenzverteilung** einschließlich der Geschäftsführungsbefugnis, das **Satzungsrecht** sowie die **Kapitalverfassung** (Kapitalaufbringung einschließlich der Wirksamkeit von Sacheinlagen, Kapitalschutz, Kapitaländerungen). Ebenfalls zum Innenverhältnis zählen die Beziehungen der Gesellschaft zu ihren Gesellschaftern, insbesondere die Rechtsstellung der Gesellschafter sowie die unmittelbar aus dem Gesellschaftsverhältnis resultierenden Rechte und Pflichten (**Einlage- und Beitragspflichten, Treuepflichten, Gewinnansprüche, Teilhabe- und Mitverwaltungsrechte einschließlich der Klage-**

---

5 BGH DB 2002, 2039; dazu ausf. *Leible/Hoffmann* DB 2002, 2203 ff.

6 Hierzu grundlegend *Behrens* RIW 1986, 590 ff.; ausf. *K. Schmidt* ZGR 1999, 22 f.; *Hoffmann* ZHR 164 (2000), 43 ff.

Hoffmann

und Anfechtungsbefugnis) und die aus der Verletzung solcher Pflichten resultierenden Schadensersatzansprüche. Dies betrifft insbesondere die Haftung wegen sorgfaltswidriger Geschäftsführung.

Auch in den Fällen der Fremdorganschaft gilt nichts anderes für die **Haftung der Geschäftsführer oder Organmitglieder** gegenüber der Gesellschaft, soweit diese an die Organstellung anknüpft, nicht an den Anstellungsvertrag. Dagegen unterliegen außergesellschaftsrechtliche Beziehungen (insbes. Austauschverträge) zwischen Gesellschaft und Gesellschaftern nicht dem Gesellschaftsstatut, sondern sind eigenständig anzuknüpfen. Die Verbindung zum Gesellschaftsverhältnis kann aber insbesondere im Rahmen von Art. 4 Abs. 3 der Rom I-VO[7] zu berücksichtigen sein.   **10**

Ebenfalls dem Gesellschaftsstatut unterliegen die Beziehungen zwischen den Gesellschaftern, soweit diese sich aus dem Gesellschaftsverhältnis (zB in Form der auch zwischen den Gesellschaftern wirkenden **Treuepflicht**) ergeben oder sich unmittelbar hierauf beziehen. Letzteres betrifft vertragliche Nebenabreden, durch die die Ausübung der Gesellschafterrechte geregelt wird (insbesondere **Stimmbindungsverträge**), nicht aber solche, durch die lediglich schuldrechtliche Ansprüche zwischen Gesellschaftern begründet werden, auch wenn diese einen (im Rahmen der Art. 4 Abs. 3 oder Abs. 4 Rom I-VO zu berücksichtigenden) Bezug zum Gesellschaftsverhältnis aufweisen. Soweit die Anknüpfung an das Gesellschaftsstatut reicht, scheidet eine Rechtswahl der Parteien auch bei solchen Nebenabreden aus.   **11**

Als Teil der Innenbeziehungen unterliegen zuletzt auch die **Änderungen des Gesellschafterbestandes** dem Gesellschaftsstatut. Dies gilt allerdings nur für die gesellschaftsrechtliche Seite, also Möglichkeit, Voraussetzungen und Verfahren des Ausscheidens oder Hinzutretens eines Gesellschafters, seiner Ausschließung oder der Übertragung eines Gesellschaftsanteils. Besteht darüber hinaus ein **schuldrechtliches Kausalverhältnis** (zB ein Anteilskauf), ist dieses gesondert nach vertragsrechtlichen Grundsätzen anzuknüpfen (Art. 4 Abs. 2 Rom I-VO). Lediglich der dingliche Vollzug des Vertrages unterliegt dem Gesellschaftsstatut, da dieses das auf die Anteile anwendbare Recht bestimmt und daher auf deren Übertragung anwendbar ist.[8] Oftmals wird allerdings auch das Kausalverhältnis gesellschaftsrechtlich zu qualifizieren sein, etwa der Zeichnungsvertrag bei Kapitalerhöhung oder die Aufnahme in eine Personengesellschaft, die unmittelbar im Gesellschaftsvertrag geregelt wird.   **12**

4. Außenverhältnis der Gesellschaft. Beim Außenverhältnis ist zunächst zu differenzieren zwischen den **Außenbeziehungen der Gesellschaft** selbst und der **Außenhaftung** der Gesellschafter für die Verbindlichkeiten der Gesellschaft.   **13**

a) Außenbeziehungen. Für die Außenbeziehungen der Gesellschaft selbst ist zunächst die Frage der **Rechtsfähigkeit** relevant. Diese richtet sich grundsätzlich nach dem Gesellschaftsstatut, das also darüber entscheidet, ob und ggf. durch welche Rechtsgeschäfte das Gesellschaftsvermögen wirksam verpflichtet werden kann.[9] Soweit sich die für die Gesellschaft handelnden Personen bei Abschluss des entsprechenden Vertrages allerdings physisch außerhalb des Staates des Gesellschaftsstatuts befunden haben, kommt nach ganz hM eine **Sonderanknüpfung** der Rechtsfähigkeit analog Art. 12 in Betracht.[10] Dies bedeutet, dass der Gesellschaft im Interesse des Verkehrsschutzes dieselbe Rechtsfähigkeit zugebilligt wird wie der äquivalenten Gesellschaftsform des Rechts des Vertragsschlussstaates. Voraussetzung ist allerdings, dass der Vertragspartner sich einerseits ebenfalls physisch im Vertragsschlussstaat befunden hat, andererseits dessen **Gutgläubigkeit** in Hinblick auf die fehlende Rechtsfähigkeit (näher zu den Voraussetzungen vgl. die Kommentierung zu → EGBGB Art. 12 Rn. 11 ff.). Art. 13 Rom I-VO ist dagegen in Hinblick auf Art. 1 Abs. 2 f. Rom I-VO nicht anwendbar und steht dem Rückgriff auf Art. 12 daher nicht entgegen.[11]   **14**

Nach dem Wortlaut des Art. 12 EGBGB schließt bereits das „Kennenmüssen" der fehlenden Rechtsfähigkeit, mithin einfache Fahrlässigkeit, den besonderen Vertrauensschutz aus. Kernproblem hierbei ist die Frage, wann von **fahrlässiger Unkenntnis** ausgegangen werden kann, sofern dem Vertragspartner zumin-   **15**

7   VO (EG) 593/2008 über das auf vertragliche Schuldverhältnisse anzuwendende Recht, ABl. EG 2008 L 177, S. 6 ff.

8   OLG Stuttgart DStR 2000, 1704; MHLS/*Leible* GmbHG Syst. Darst. 2 Rn. 154; MüKoBGB/*Kindler* IntGesR Rn. 589 f.; Ulmer/Habersack/*Behrens/Hoffmann* GmbHG Einl. Rn. B 106.

9   Soergel/*Lüderitz*, 12. Aufl. 1996, Anh. Art. 10 EGBGB Rn. 17 ff.; MüKoBGB/*Kindler* IntGesR Rn. 542; MHLS/*Leible* GmbHG Syst. Darst. 2 Rn. 121.

10   OLG Stuttgart NJW 1974, 1627 = RIW 1975, 108; MHLS/*Leible* GmbHG Syst. Darst. 2 Rn. 122; *Fischer*, Verkehrsschutz im internationalen Vertragsrecht, S. 213 f.; MüKoBGB/*Kindler* IntGesR Rn. 544; Ulmer/Habersack/*Behrens/Hoffmann* GmbHG Einl. Rn. B 98; krit. *Kropholler* IPR § 55 II 1; abl. Soergel/*Lüderitz*, 12. Aufl. 1996, Anh. Art. 10 EGBGB Rn. 20.

11   Näher MüKoBGB/*Spellenberg* Rom I-VO Art. 13 Rn. 53.

dest bekannt ist, mit einer Auslandsgesellschaft zu kontrahieren.[12] Eine entsprechende Erkundigungsobliegenheit, an deren Verletzung man den Vorwurf der Fahrlässigkeit knüpfen könnte, wird man nur dann annehmen können, wenn sich Zweifel bezüglich der Rechtsfähigkeit aufdrängen oder bereits im Raum stehen (wenn etwa die Frage von einem Verhandlungsbeteiligten aufgeworfen worden ist) oder wenn die Hinnahme einer rechtlichen Unsicherheit als **unvernünftig** erscheint. Letzteres ist dann der Fall, wenn die ökonomische Bedeutung des Vertrages im Verhältnis zu dem mit der rechtlichen Prüfung verbundenen Aufwand eine Prüfung als angezeigt erscheinen lässt. Daher wird bei den meisten Verträgen des internationalen Handels- und Wirtschaftsverkehrs, die typischerweise erhebliche ökonomische Bedeutung haben, eine Sonderanknüpfung ausscheiden.[13]

16　Von der Rechtsfähigkeit zu trennen ist die Frage der **Geschäftsfähigkeit** der Gesellschaft. Anders als bei natürlichen Personen geht es hierbei um die Frage der Vertretungsmacht der Organe, also das rechtliche Vermögen, die Gesellschaft im Außenverhältnis zu verpflichten. Grundsätzlich kommt auch insoweit das Gesellschaftsstatut zur Anwendung, dieses entscheidet über **Organstellung, Umfang und Mängel der Vertretungsmacht.**[14] Fehlt es danach an einer wirksamen Verpflichtung der Gesellschaft, kommt Art. 12 EGBGB analog zur Anwendung.[15] Befinden sich also Gesellschaftsorgan und Geschäftspartner im selben Staat und wäre nach dem Recht des Vertragsschlussstaates bei einer vergleichbaren Gesellschaft die Vertretungsmacht zu bejahen gewesen, kommt dieses **günstigere Ortsrecht** zur Anwendung. Zum Erfordernis der Gutgläubigkeit im Sinn fehlenden „Kennenmüssens" des Vertragspartners gelten die Ausführungen zur Rechtsfähigkeit entsprechend. Das Gesellschaftsstatut regelt indes nur die organschaftliche, nicht dagegen die rechtsgeschäftlich begründete Vertretungsmacht einschließlich der Vertretungsmacht kaufmännischer Hilfspersonen.[16] Diese richtet sich grundsätzlich nach dem **Vollmachtstatut** (dazu näher Anhang zu → EGBGB Art. 32 Rn. 1 ff.).

17　Nicht unter das Gesellschaftsstatut fällt dagegen die Frage der **Deliktsfähigkeit**, also der Haftung für unerlaubte Handlungen der für die Gesellschaft handelnden natürlichen Personen. Diese Frage richtet sich vielmehr nach dem **Deliktsstatut** (Art. 4 Rom II-VO).[17]

18　Ebenfalls nach dem Gesellschaftsstatut bestimmen sich **Partei- und Prozessfähigkeit** der Gesellschaft vor deutschen Gerichten. Dies ergibt sich für die Parteifähigkeit richtigerweise jedoch nicht aus einer Anwendung von § 50 Abs. 1 ZPO, sondern aus einer besonderen **prozessualen Kollisionsnorm**, die auf das Gesellschaftsstatut verweist.[18] Fehlt es danach an der Prozessfähigkeit, kommt jedoch zusätzlich § 50 Abs. 1 ZPO zur Anwendung, so dass die Parteifähigkeit vor deutschen Gerichten stets zu bejahen ist, wenn die Gesellschaft nach ihrem Gesellschaftsstatut **entweder Partei- oder Rechtsfähigkeit** genießt.[19] Ähnliches gilt für die **Prozessfähigkeit**, also Fähigkeit und Vertretungsmacht zur Abgabe prozessualer Erklärungen. Auch insoweit gilt zunächst das Gesellschaftsstatut, fehlt es danach aber an der Prozessfähigkeit, ist auf § 55 ZPO zurückzugreifen. Ist die ausländische Gesellschaft also einer prozessfähigen deutschen

---

12　Allein die Kenntnis, mit einer Auslandsgesellschaft zu kontrahieren, genügt ebenfalls nicht für die Annahme fahrlässiger Unkenntnis, vgl. MüKoBGB/*Kindler* IntGesR Rn. 547; BeckOK BGB/*Mäsch* EGBGB Art. 12 Anh. II Rn. 45; Ulmer/Habersack/*Behrens/Hoffmann* GmbHG Einl. Rn. B 98; wohl auch Staudinger/*Großfeld* (1998), Int. GesR, Rn. 281; wohl enger Soergel/*Lüderitz*, 12. Aufl. 1996, Anh. Art. 10 EGBGB Rn. 39.

13　MHLS/*Leible* GmbHG Syst. Darst. 2 Rn. 122, lässt den Schutz hingegen nur bei grober Fahrlässigkeit entfallen.

14　AllgA: BeckOK BGB/*Mäsch* EGBGB Art. 12 Anh. II Rn. 46; MHLS/*Leible* GmbHG Syst. Darst. 2 Rn. 140 mwN; *Kegel/Schurig*, Internationales Privatrecht, § 17 II 1; Staudinger/*Großfeld* (1998) Int. GesR Rn. 289; Soergel/*Lüderitz*, 12. Aufl. 1996, Anh. Art. 10 EGBGB Rn. 28 ff.; BGHZ 32, 256, 258; 40, 197; 128, 41, 44.

15　*Kegel/Schurig* Internationales Privatrecht § 17 II 2; *Fischer*, Verkehrsschutz im internationalen Vertragsrecht, S. 201 f., 228 f.; Staudinger/*Großfeld* (1998) Int. GesR Rn. 264; MHLS/*Leible* GmbHG Syst. Darst. 2 Rn. 140; Ulmer/Habersack/*Behrens/Hoffmann* GmbHG Einl. Rn. B 97; krit. Soergel/*Lüderitz*, 12. Aufl. 1996, Anh. Art. 10 EGBGB Rn. 39.

16　Hinzuweisen ist in diesem Zusammenhang indes auf die Entscheidung BGH NJW 1992, 618, wonach die Vertretungsmacht des Prokuristen anhand der Sitztheorie anzuknüpfen ist. Hierin wird man aber keine Erstreckung des Gesellschaftsstatuts auf die Prokura zu sehen haben, sondern vielmehr die Herbeiführung eines Gleichlaufs der Kollisionsnormen, vgl. dazu MüKoBGB/*Kindler* IntGesR Rn. 268; MHLS/*Leible* GmbHG Syst. Darst. 2 Rn. 143; *Spellenberg*, Geschäftsstatut und Vollmacht im internationalen Privatrecht, S. 225.

17　MHLS/*Leible* GmbHG Syst. Darst. 2 Rn. 129; *Schohe*, Die Haftung juristischer Personen für ihre Organe im internationalen Privatrecht, S. 25 ff., 53 f.; Soergel/*Lüderitz*, 12. Aufl. 1996, Anh. Art. 10 EGBGB Rn. 26; Ulmer/Habersack/*Behrens/Hoffmann* GmbHG Einl. Rn. B 100.

18　Staudinger/*Großfeld* (1998) Int. GesR Rn. 292; Soergel/*Lüderitz*, 12. Aufl. 1996, Anh. Art. 10 EGBGB Rn. 35; aA MHLS/*Leible* GmbHG Syst. Darst. 2 Rn. 130 (bemisst sich unmittelbar nach dem Gesellschaftsstatut).

19　OLG Frankfurt IPRax 1982, 201; im Ergebnis ebenso MHLS/*Leible* GmbHG Syst. Darst. 2 Rn. 130; Ulmer/Habersack/*Behrens/Hoffmann* GmbHG Einl. Rn. B 100; Soergel/*Lüderitz*, 12. Aufl. 1996, Anh. Art. 10 EGBGB Rn. 29.

Gesellschaftsform vergleichbar, ist sie vor deutschen Gerichten unter denselben Voraussetzungen prozessfähig.[20] Dies bedeutet vor allem, dass die **organschaftliche Vertretungsmacht** die Abgabe prozessualer Erklärungen vor deutschen Gerichten auch dann umfasst, wenn sie nach dem Gesellschaftsstatut fehlt, aber bei einer vergleichbaren deutschen Gesellschaft vorliegen würde.

b) Haftung der Gesellschafter. Die Haftung der Gesellschafter für Gesellschaftsschulden im Außenverhältnis richtet sich ebenfalls nach dem Gesellschaftsstatut.[21] Die Anerkennung der Gesellschaft bedeutet vor allem, dass die Haftungsverfassung des Statuts und damit auch ein **Haftungsprivileg** (im Sinne einer Beschränkung auf das Gesellschaftsvermögen) zur Anwendung kommt. Andererseits gilt dies natürlich auch für Vorschriften, die eine gesellschaftsrechtliche Haftung gerade anordnen, was insbesondere im Personengesellschaftsrecht große Bedeutung hat (zB § 128 HGB). Irrelevant für die Anknüpfung der Haftungsverfassung ist hingegen die Frage, aus welchem Rechtsgrund heraus die Gesellschaftsschuld entstanden ist.   **19**

Als problematisch erscheint lediglich die **Qualifikation** verschiedener Anspruchsgrundlagen: Nur gesellschaftsrechtlich zu qualifizierende Ansprüche unterliegen dem Gesellschaftsstatut, nicht hingegen insolvenz-, vertrags- oder deliktsrechtliche. Schon bisher standen insoweit die Fälle der **Durchgriffshaftung** im Mittelpunkt, die überwiegend gesellschaftsrechtlich einzuordnen waren.[22] In jüngster Zeit hat die Frage in Bezug auf die Haftungsverfassung der inländischen Auslandsgesellschaft stark an Bedeutung gewonnen, wobei aus deutscher Sicht die Fragen der zutreffenden Qualifikation der Existenzvernichtungs- sowie der Insolvenzverschleppungshaftung, aber auch der Möglichkeit einer Sonderanknüpfung von Haftungsnormen im Vordergrund stehen (näher → Rn. 116 ff.).   **20**

5. Handelsrechtliche Fragen. Handelsrechtliche Fragen sind grundsätzlich vom Gesellschaftsstatut zu trennen und eigenständig anzuknüpfen. Dies gilt insbesondere für die Frage, ob eine Gesellschaft als **Kaufmann** zu behandeln ist, was sich ausschließlich nach dem **Geschäftsstatut** des Rechtsgeschäfts bemisst, in dessen Zusammenhang die Kaufmannseigenschaft Bedeutung hat.[23]   **21**

Lediglich in Bezug auf das **Firmenrecht** (einschließlich des bürgerlich-rechtlichen Namensrechts) gilt insoweit eine Ausnahme, als das Gesellschaftsstatut darüber entscheidet, welche Firma bzw. welcher Name der Gesellschaft zusteht.[24] Dies gilt insbesondere für den **Rechtsformzusatz**, der nicht nur die Rechtsform selbst anzeigt, sondern auch einen Hinweis auf das Gesellschaftsstatut gibt.[25] Begrenzt ist die Anwendung des ausländischen Firmenrechts aber durch den inländischen ordre public, der verletzt ist, soweit die Firmierung zu wesentlichen Fehlvorstellungen über die Rechtsverhältnisse der Gesellschaft führt. Jedenfalls der **Kerngehalt des deutschen Firmenrechts** gehört somit zum ordre public, soweit der Verkehrsschutz dies erfordert.[26] Zum Sonderfall der Firmierung inländischer EU-Auslandsgesellschaften → Rn. 126 ff.   **22**

6. Unternehmerische Mitbestimmung. Nach dem Gesellschaftsstatut bemisst sich auch die dem internen Organisationsrecht der Gesellschaft zuzurechnende unternehmerische Mitbestimmung, also die Frage der **Vertretung von Arbeitnehmern** in den Gesellschaftsorganen.[27] Dies gilt auch bei Tochtergesellschaften ausländischer Unternehmen, soweit sie deutschem Recht unterliegen, während bei Tochtergesellschaften deutscher Gesellschaften, die ausländischem Recht unterliegen, deutsches Mitbestimmungsrecht grundsätzlich nicht anzuwenden ist. Nach der Rechtsprechung des EuGH gehört die deutsche Mitbestimmung zwar „sowohl zum deutschen Gesellschaftsrecht als auch zum deutschen kollektiven Arbeitsrecht".[28] Hiermit ist aber nicht gemeint, dass das deutsche Recht daran gehindert wäre, die Mitbestimmung allein dem Gesellschaftsstatut zu unterstellen, vielmehr betont der EuGH gerade das Recht der Mitgliedstaaten, die Anknüp-   **23**

20 MHLS/*Leible* GmbHG Syst. Darst. 2 Rn. 133; Staudinger/*Großfeld* (1998) Int. GesR Rn. 295; Soergel/*Lüderitz*, 12. Aufl. 1996, Anh. Art. 10 EGBGB Rn. 34; Ulmer/Habersack/*Behrens/Hoffmann* GmbHG Einl. Rn. B 100.

21 BGHZ 25, 127; BGH NJW 1959, 1873; OLG Düsseldorf IPRax 1996, 128 (130); OLG München NJW 1986, 2197; MüKoBGB/*Kindler* IntGesR Rn. 611 f.; MHLS/*Leible* GmbHG Syst. Darst. 2 Rn. 156; Staudinger/*Großfeld* (1998) Int. GesR Rn. 348; aA *Grasmann*, System des internationalen Gesellschaftsrechts, Rn. 928.

22 BGHZ 78, 318, 334; BGH NJW 1957, 1435; MüKoBGB/*Kindler* IntGesR Rn. 614 ff.; MHLS/*Leible* GmbHG Syst. Darst. 2 Rn. 162.

23 Heute ganz hM: OLG München NJW 1967, 1326 (1328); MHLS/*Leible* GmbHG Syst. Darst. 2 Rn. 149; zu den umstrittenen Einzelheiten vgl. MüKoBGB/*Kindler* IntGesR Rn. 182 ff.; Staudinger/*Großfeld* (1998) Int. GesR Rn. 326.

24 RGZ 117, 215 (218); BGH NJW 1958, 17 f.; BayObLG NJW 1986, 3029; *Baumbach/Hopt* HGB § 17 Rn. 48; MüKoHGB/*Heidinger* Vor § 17 Rn. 32; *Michalski* NZG 1998, 762 (763); MHLS/*Leible* GmbHG Syst. Darst. 2 Rn. 146; aA MüKoBGB/*Kindler* IntGesR Rn. 234 ff.

25 EuGH EuZW 2003, 687 ff.; dazu näher: *Leible/Hoffmann* EuZW 2003, 677 (680 f.).

26 MüKoHGB/*Heidinger* Vor § 17 Rn. 36; MHLS/*Leible* GmbHG Syst. Darst. 2 Rn. 147; iE MüKoBGB/*Kindler* IntGesR Rn. 237 f. (der dieses Ergebnis indes durch eine gebietsbezogene Anknüpfung ohne Rückgriff auf den ordre public erreicht).

27 BGHZ 82, 188 ff.; BGH DB 1982, 42; Staudinger/*Großfeld* (1998) Int. GesR Rn. 510; MüKoBGB/*Kindler* IntGesR Rn. 568 ff.; *Steindorff* ZHR 141 (1977), 457 ff.; *Heinze* ZGR 1994, 47 ff.

28 EuGH NZG 2017, 949 Rn. 38 – TUI/Erzberger.

fung der Mitbestimmungsregelungen zu bestimmen. Daher ist ein Mitgliedstaat nicht daran gehindert, die Mitbestimmung allein dem Gesellschaftsstatut zu unterstellen.

24   Aufgrund des hohen Mitbestimmungsniveaus geht es insoweit praktisch vor allem um die Anwendbarkeit deutschen Rechts, deren „Umgehung" durch Nutzung ausländischer Rechtsformen im Inland möglichst ausgeschlossen werden soll. Diesem Zweck dient die Erhebung der Mitbestimmung zum ordre public.[29] Da aber Art. 6 EGBGB lediglich die Nichtanwendung ausländischen Rechts, nicht aber die Anwendung inländischen Rechts entgegen der kollisionsrechtlichen Anknüpfung ermöglicht, wurden in der Vergangenheit Ansätze zur **Erweiterung der Mitbestimmung** entwickelt. Als problematisch wurde vor allem der Fall inländischer Zweigniederlassungen von Auslandsgesellschaften angesehen, die schon für sich oberhalb der Mitbestimmungsgrenzen liegen. Teilweise wurde vertreten, in diesen Fällen wäre eine **zwangsweise Einbringung** des Betriebs in eine Tochtergesellschaft deutschen Rechts erforderlich,[30] ferner sollte eine „**Auflösungssperre**"[31] bei Erreichen der Mitbestimmungsgrenze die **Flucht in die Zweigniederlassung** verhindern. Diese rein rechtspolitisch motivierten Versuche der Ausdehnung der deutschen Mitbestimmung über den vom Gesetzgeber angeordneten Anwendungsbereich hinaus sind abzulehnen, ihre Begründung de lege lata ist wenig überzeugend.[32]

25   Die Diskussion um den Schutz der deutschen Mitbestimmung gegen „Umgehungen", also die legitime Nutzung kollisionsrechtlicher Gestaltungsmöglichkeiten, hat sich inzwischen allerdings ganz auf die Frage der **Sonderanknüpfung des Mitbestimmungsrechts** bei EU-Auslandsgesellschaften verschoben (dazu ausführlich → Rn. 122 ff.). Soweit man eine solche für die inländische Auslandsgesellschaft anerkennt, ist auch der Weg für die Anwendung auf sonstige Zweigniederlassungen geebnet.

26   Von dieser gesellschaftskollisionsrechtlichen Fragestellung zu trennen ist indes die **territoriale Reichweite** des Mitbestimmungsrechts, etwa bei Ermittlung der Arbeitnehmerzahl, des Stimmrechts oder für Zwecke der Konzernmitbestimmung. Dies ist keine kollisionsrechtliche Frage, sondern eine Frage des Regelungsanspruchs des materiellen Mitbestimmungsrechts. Grundsätzlich gilt die Aussage von *Koppensteiner*, wonach „die Reichweite der Regeln über die Konzernmitbestimmung an den Landesgrenzen endet".[33] Für andere Teile des Mitbestimmungsrechts gilt richtigerweise nichts anderes.[34] In der Entscheidung **TUI/Erzberger**[35] hat der EuGH bestätigt, dass die Arbeitnehmerfreizügigkeit (Art. 45 AEUV) einer Regelung nicht entgegensteht, die das aktive und passive Wahlrecht bei der Wahl von Arbeitnehmervertretern inländischen Arbeitnehmern vorbehält.

27   **7. Gründung, Auflösung und Liquidation.** Voraussetzungen und Verfahren der **Gründung** einer Gesellschaft unterliegen selbstverständlich dem Gesellschaftsstatut. Schließlich ist es gerade die wirksame Gründung unter dem anwendbaren Recht, die zur Anerkennung der Gesellschaft führt. Hierzu gehören etwa die Anforderungen an den **Gesellschaftsvertrag**, aber auch die **Registereintragung** und die Rechtsfolgen der Gründung. Ebenfalls unstreitig unterliegt die **echte Vorgesellschaft** bereits dem Statut der in Aussicht genommenen Gesellschaft,[36] was insbesondere für Fragen der Haftung der Beteiligten große Relevanz hat. Dagegen sind **Vorgründungsgesellschaft** und **unechte Vorgesellschaft** (bei der die Eintragung nicht mehr ernstlich verfolgt wird)[37] nach ihrem objektiven Charakter anzuknüpfen. Dieser kann – je nach Ausgestaltung – gesellschaftsrechtlicher oder schuldrechtlicher Art sein,[38] jedenfalls unterliegen derartige Beziehungen nicht dem Recht der zu gründenden Gesellschaft.

---

29   Vor allem Staudinger/*Großfeld* (1998) Int. GesR Rn. 510; kritisch MHLS/*Leible* GmbHG Syst. Darst. 2 Rn. 170 mwN.

30   *Däubler* RabelsZ 39 (1975), 444, 474.

31   Staudinger/*Großfeld* (1998) Int. GesR Rn. 522.

32   Zur Reichweite der unternehmerischen Mitbestimmung bei Konzernsachverhalten vgl. ausführlich MüKoBGB/*Kindler* IntGesR Rn. 576 ff.; MHLS/*Leible* GmbHG Syst. Darst. 2 Rn. 171 ff.

33   *Koppensteiner*, Internationale Unternehmen, S. 135; MHLS/*Leible* GmbHG Syst. Darst. 2 Rn. 172; Staudinger/*Großfeld* (1998) Int. GesR Rn. 511 f.; aA aber neuerdings LG Frankfurt aM ZIP 2015, 634 (für Berücksichtigung der ausländischen Konzernarbeitnehmer), dagegen OLG Frankfurt aM ZIP 2018, 1175.

34   Näher Soergel/*Lüderitz*, 12. Aufl. 1996, Anh. Art. 10 EGBGB Rn. 44 mwN; MüKoBGB/*Kindler* IntGesR Rn. 576 ff.

35   EuGH NZG 2017, 949 – TUI/Erzberger; dazu *Habersack* NZG 2017, 1021.

36   BGHZ 134, 333; OLG München NZG 1998, 181; BayOLGZ 1965, 294; OLG München IPRspr. 1966/67 Nr. 15; OLG Nürnberg IPRspr. 1966/67 Nr. 17; Staudinger/*Großfeld* (1998) Int. GesR Rn. 261; MüKoBGB/*Kindler* IntGesR Rn. 528; Ulmer/Habersack/*Behrens/Hoffmann* GmbHG Einl. Rn. B 92; BeckOK BGB/*Mäsch* EGBGB Art. 12 Anh. II Rn. 42.

37   Zum Begriff vgl. statt vieler *K. Schmidt* GesR 4. Aufl. 2002, S. 290 f., 1016 f.

38   MHLS/*Leible* GmbHG Syst. Darst. 2 Rn. 100, weist zutr. darauf hin, dass jedenfalls nach deutschem Recht die Vorgründungsgesellschaft regelmäßig als BGB-Gesellschaft aufzufassen ist, so dass eine gesellschaftsrechtliche Qualifikation nahe liegt; ebenso MüKoBGB/*Kindler* IntGesR Rn. 525; aA BeckOK BGB/*Mäsch* EGBGB Art. 12 Anh. II Rn. 43 (Vertragsstatut).

Spiegelbildlich zur Gründung unterliegen auch **Auflösung und Liquidation** dem Gesellschaftsstatut. Dies **28** betrifft die **Auflösungsgründe**, das einzuhaltende **Verfahren** sowie die Rechtsfolgen der Auflösung, sowie Bestellung, Befugnisse und Vertretungsmacht der **Liquidatoren** bis hin zum Vorgang der **Abwicklung** selbst, soweit diese nicht im Rahmen eines Insolvenzverfahrens erfolgt. Ebenso wie bei der werbenden Gesellschaft kommt bei Rechtsgeschäften mit den Liquidatoren eine analoge Anwendung des Art. 12 in Betracht (zu den Voraussetzungen → Rn. 14 ff.).

8. Formvorschriften. Die **Form** von Rechtsgeschäften wird grundsätzlich gemäß Art. 11 alternativ nach **29** dem **Wirkungsstatut** oder nach dem Recht des Vornahmeorts (**Ortsform**) angeknüpft. Bei gesellschaftsrechtlichen Rechtsgeschäften genügt daher jedenfalls die vom Gesellschaftsstatut vorgeschriebene Form. Dies betrifft etwa Abschluss und Änderung des Gesellschaftsvertrags, Beschlussfassung oder die Anteilsübertragung. Umstritten ist in diesem Zusammenhang jedoch, ob auch im Gesellschaftsrecht die Beurkundung nach der Ortsform anzuerkennen ist oder ob es einer **teleologischen Reduktion des Art. 11** bedarf (ausführlich → EGBGB Art. 11 Rn. 38 ff.). In der neueren Rechtsprechung hat sich insoweit eine differenzierende Sicht durchgesetzt, wonach **organisationsrechtliche Vorgänge** (insbesondere Gründung und Satzungsänderungen) zwingend den Formanforderungen des Wirkungsstatuts (also des Gesellschaftsstatuts) genügen müssen, während für sonstige gesellschaftsrechtliche Rechtsgeschäfte (etwa Anteilsübertragungen) alternativ die Ortsform ausreichend ist.[39] Umstritten ist ferner, ob und unter welchen Voraussetzungen die vom deutschen Gesellschaftsstatut vorgeschriebene notarielle Form auch durch **Beurkundung einer ausländischen Urkundsperson** gewahrt werden kann (ausführlich → EGBGB Art. 11 Rn. 25 ff.).[40] Grundsätzlich setzt dies die **Gleichwertigkeit** sowohl der Urkundsperson als auch des Beurkundungsvorgangs voraus,[41] wobei wiederum umstritten ist, ob bei organisationsrechtlichen Vorgängen ein Auslandsnotar überhaupt als gleichwertig angesehen werden kann.[42] Insoweit ist vor allem ungeklärt, ob die Nichtanerkennung von Beurkundungen durch **EU-ausländische Notare** als Beschränkung der Grundfreiheiten (insbesondere des Art. 56 AEUV) zu bewerten ist.[43] Die Zugehörigkeit der Formvorschriften für gesellschaftsrechtliche Rechtsgeschäfte zum Gesellschaftsstatut ist allerdings unstrittig. Das MoMiG hat sich auf die Wirksamkeit einer Auslandsbeurkundung richtigerweise nicht ausgewirkt.[44]

II. Die anzuwendende Kollisionsnorm: Traditionelle Anknüpfungslehren

1. Überblick. Bezüglich der anzuwendenden Kollisionsnorm besteht international traditionell keine Einig **30** keit. Im Wesentlichen wird zwischen der **Sitz- und der Gründungstheorie** unterschieden.[45] Die Sitztheorie gilt innerhalb der Europäischen Union traditionell in Deutschland, darüber hinaus aber auch in Polen,[46] Österreich, Frankreich, Portugal, Belgien, Luxemburg und Griechenland.[47] In Italien gilt die Sitztheorie insoweit, als die Anknüpfung von Gesellschaften mit Verwaltungssitz oder „Hauptgegenstand" in Italien anhand der Sitztheorie erfolgt, während andernfalls auf das Gründungsrecht verwiesen wird.[48] Dagegen wird in Europa für Kapitalgesellschaften die Gründungstheorie im Vereinigten Königreich, Irland, den Niederlanden, Spanien, Dänemark und Schweden zugrunde gelegt.[49] Zu den Personengesellschaften → Rn. 158 ff.

39 KG NZG 2018, 304; KG NZG 2018, 1195; dazu: *Herrler* NJW 2018, 1787; *Cramer* DStR 2018, 746; *Weber* MittBayNot 2018, 215; *Lieder* ZIP 2018, 805.

40 Die – von der in diesem Kommentar vertretenen Meinung erheblich abweichende – Sichtweise des Verfassers zu diesen Streitfragen ist nachzulesen bei Ulmer/Habersack/*Behrens/Hoffmann* GmbHG Einl. Rn. B 193 ff.; MHLS/*Hoffmann* GmbHG § 53 Rn. 74 ff.; vgl. zur Problematik ferner MHLS/*Leible* GmbHG Syst. Darst. 2 Rn. 102 ff.; MüKoBGB/*Kindler* IntGesR Rn. 532 ff.

41 BGHZ 80, 76, 78 = NJW 1981, 1160; BGHZ 199, 270 = NZG 2014, 219; KG NZG 2018, 304; OLG Hamm NJW 1974, 1057 (1058); vgl. auch öOGH IPRax 1990, 252 (253); ebenso Staudinger/*Großfeld* IntGesR Rn. 472; MüKoBGB/*Kindler* IntGesR Rn. 541; *Goette* DStR 1996, 709 (712); *Kröll* ZGR 2000, 111 (125 ff.); vgl. auch *Sick/Schwarz* NZG 1998, 540 ff.

42 Dafür insbes. KG NZG 2018, 304; dagegen etwa *Herrler* NJW 2018, 1787; *Lieder* ZIP 2018, 805.

43 Dafür Ulmer/Habersack/*Behrens/Hoffmann* GmbHG Einl. Rn. B 193 ff.; dagegen etwa *Lieder* ZIP 2018, 805.

44 BGH NJW 2014, 2026; OLG Düsseldorf NZG 2011, 388; *Weller* ZGR 2014, 865; *Müller* NJW 2014, 1994; *Hermanns* RNotZ 2014, 229; *Götze/Mörtel* NZG 2014, 369; *Meichelbeck/Krauß* DStR 2014, 752; *Seebach* DNotZ 2014, 413; *Hasselmann* ZIP 2010, 2486; anders noch LG Frankfurt ZIP 2010, 88.

45 Zu weiteren Theorien, die sich meist als Spielarten der Sitz- oder der Gründungstheorie darstellen, vgl. die Überblicke bei Staudinger/*Großfeld* (1998) Int. GesR Rn. 26 ff.; MüKoBGB/*Kindler* IntGesR Rn. 387 ff.; *Grasmann*, System des internationalen Gesellschaftsrechts, S. 114 ff., 244 ff.

46 *Wowerka* IPRax 2011, 299.

47 Vgl. die Nachw. bei *Hoffmann* ZHR 164 (2000), 43, 44; ferner den Überblick in Status: Recht 2008, S. 71.

48 Vgl. Art. 25 ital. IPRG; dazu näher *Kindler*, Italienisches Handels- und Wirtschaftsrecht, § 7 Rn. 38 ff.

49 Vgl. die Nachw. bei *Hoffmann* ZHR 164 (2000), 43, 45; ferner den Überblick in Status: Recht 2008, S. 71.

31 **2. Sitztheorie.** Nach der Sitztheorie ist das Anknüpfungsmoment des Gesellschaftsstatuts allein der **reale Sitz** der Gesellschaft, also der Ort, der den **räumlichen Schwerpunkt der gesellschaftlichen Leitungstätigkeit** darstellt. Die Feststellung dieses – oftmals ausdrücklich als „Hauptverwaltung"[50] oder „Verwaltungssitz"[51] bezeichneten – Sitzes kann mitunter schwierig sein, insbesondere, wenn ein Unternehmen über mehrere Niederlassungen verfügt. Zur Abgrenzung des für die Anknüpfung relevanten Sitzes von einfachen Niederlassungen oder Betriebsstätten wird von der deutschen Rechtsprechung darauf abgestellt, an welchem Ort „die grundlegenden Entscheidungen der Unternehmensleitung effektiv in laufende Geschäftsführungsakte umgesetzt werden."[52] Es geht also nicht etwa um den Ort, an dem das maßgebliche Gremium (Haupt- oder Gesellschafterversammlung) tagt, sondern um den Ort, von dem aus die **wesentlichen Verwaltungsfunktionen im Tagesgeschäft** regelmäßig ausgeübt werden, was am „Tätigkeitsort der Geschäftsführung und der dazu berufenen Vertretungsorgane"[53] der Fall ist. Ebenso wenig kann auf den wirtschaftlichen Schwerpunkt des Unternehmens abgestellt werden, da es gerade auf die Ausübung der Leitungsfunktionen ankommt, nicht die gesamte wirtschaftliche Betätigung.

32 Im Gegensatz zur Rechtslage in Deutschland ist die Sitztheorie in **Österreich** sogar gesetzlich verankert. Nach § 10 IPRG kommt es für die Anknüpfung des Gesellschaftsstatuts auf den „tatsächlichen Sitz der Hauptverwaltung" an. Für die Bestimmung dieses tatsächlichen oder „wahren"[54] Sitzes stellt die österreichische Lehre und Rechtsprechung auf dieselben Merkmale wie die deutsche Rechtsprechung ab, insbesondere den „Ort, an dem die grundlegenden Entscheidungen der Unternehmensführung effektiv in laufende Geschäftsführungakte umgesetzt werden."[55] Inhaltlich dürfte sich dieser Begriff wohl nicht von dem in Deutschland verwendeten unterscheiden.[56] Allerdings wurde die Anwendung der Sitztheorie auf nach EU-ausländischem Recht gegründete Gesellschaften vom OGH bereits im Jahr 1999 aufgrund der Niederlassungsfreiheit eingeschränkt.[57]

33 Für **Frankreich** bestimmt Art. 1837 des Code Civil, dass alle Gesellschaften französischem Recht unterworfen sind, die ihren Sitz auf französischem Territorium haben. Zwar können sich Dritte auch auf den Satzungssitz („siège statutaire") berufen, nicht jedoch die Gesellschaft, wenn sich der tatsächliche Sitz („siège réel") an einem anderen Ort befindet. Der danach für die Anknüpfung ausschlaggebende Gesellschaftssitz (auch als „siège social" bezeichnet) ist der Ort, an dem durch Vermittlung ihrer Verwaltungsmitglieder („dirigeants") die grundlegenden Manifestationen ihrer rechtlichen Existenz herbeigeführt werden.[58] Dies wird man nur so verstehen können, dass es ebenfalls auf den Ort der laufenden Geschäftsführung durch die „dirigeants" ankommt.[59] Zu unterscheiden ist der „siège social" ferner vom „siège d'exploitation", an dem die eigentliche wirtschaftliche Tätigkeit von den untergeordneten Personen ausgeübt wird.[60] Auch insoweit wird also auf die tatsächliche Tätigkeit der Leitungsorgane abgestellt, nicht aber auf den Schwerpunkt der wirtschaftlichen Tätigkeit der Gesellschaft. Ganz ähnlich verweist das portugiesische Kollisionsrecht auf den „hauptsächlichen und effektiven Sitz der Verwaltung" der Gesellschaft, wobei sich aber die Gesellschaft nicht auf ein abweichendes Personalstatut berufen kann, wenn sich der Satzungssitz in Portugal befindet.[61] Für die Anknüpfung kommt es somit ebenfalls auf den Ort der Geschäftsleitung, nicht der wirtschaftlichen Tätigkeit an.

34 Diese kurze, rechtsvergleichende Bestandsaufnahme hat gezeigt, dass unter den europäischen Sitztheoriestaaten über ihr Anknüpfungsmoment weitgehende Einigkeit besteht. Es kommt entscheidend auf den Ort an, wo die Personen tätig werden, die die tatsächliche Leitungsfunktion bezüglich des Tagesgeschäfts ausüben, wo also die **Verwaltungstätigkeit auf höchster Ebene** ausgeübt wird. Dieser Ort ist auch dann als **Hauptverwaltung** der Gesellschaft anzusehen, wenn der Schwerpunkt der wirtschaftlichen Tätigkeit (etwa der produzierende Betrieb) sich an anderer Stelle befindet. Irrelevant ist auch, wo die Personen tätig wer-

---

50 Vgl. den Wortlaut von § 10 des österreichischen IPRG („tatsächlicher Sitz seiner Hauptverwaltung"); näher: *Eckert*, Internationales Gesellschaftsrecht, S. 29 ff.

51 Vgl. BGHZ 97, 269 („tatsächlicher Verwaltungssitz"); Art. 3 Abs. 1 portugiesisches CSC („hauptsächlicher und effektiver Sitz der Verwaltung"); Art. 25 ital. IPRG („Verwaltungssitz").

52 Statt vieler: BGHZ 97, 269, 272; Staudinger/*Großfeld* (1998) Int. GesR Rn. 228; MüKoBGB/*Kindler* IntGesR Rn. 420; MHLS/*Leible* GmbHG Syst. Darst. 2 Rn. 84 ff.

53 BGHZ 97, 269, 272 = NJW 1986, 2194.

54 ÖOGH RdW 1999, 719 = NZG 2000, 36 (37).

55 ÖOGH WBl. 1998, 136 (unter ausdr. Verweis auf BGHZ 97, 269); ebenso *Schwimann* IPR, S. 56; *Koppensteiner/Rüffler* GmbHG Allg. Einl. Rn. 17.

56 Ausführlich *Eckert*, Internationales Gesellschaftsrecht, S. 29 ff.

57 ÖOGH RdW 1999, 719 = NZG 2000, 36 mAnm *Kieninger*; dazu krit. *Schwimann* NZG 2000, 230; *Nowotny* RdW 1999, 697; zustimmend *Eckert*, Internationales Gesellschaftsrecht, S. 98 ff.

58 Vgl. *Dalloz* Code Civil, 1997, Nr. 1 zu Art. 1837 CC.

59 *Sonnenberger*, Französisches Handels- und Wirtschaftsrecht, Rn. VIII 63 („Ort, an dem sich die Geschäftsleitung befindet").

60 *Dalloz* Code Civil, 1997, Nr. 1 zu Art. 1837 CC.

61 Art. 3 Abs. 1 CSC; deutsche Übersetzung bei *Jayme* IPrax 1987, 46; dazu näher *Steiger*, Grenzüberschreitende Fusion und Sitzverlegung nach spanischem und portugiesischem Recht, S. 260 ff.

den, die lediglich die wesentlichen strategischen Entscheidungen für die Gesellschaft treffen, nicht aber das Tagesgeschäft bestimmen.

Somit zeigt sich, dass das **Anknüpfungsmoment der Sitztheorie** unzweifelhaft keinen rechtlichen, sondern einen rein **tatsächlichen Charakter** hat. Hieraus ergibt sich, dass es grundsätzlich als wandelbar anzusehen ist, bei Anwendung der Sitztheorie also das Gesellschaftsstatut infolge von tatsächlichen Veränderungen wechseln kann. Diese von der Sitztheorie eröffnete Möglichkeit des Statutenwechsels steht aber nicht als solche einer Verlegung des Verwaltungssitzes entgegen, da erst das **materielle Gesellschaftsrecht** des bisherigen und des neuen Statuts über seine gesellschaftsrechtlichen Folgen und den Fortbestand der Gesellschaft entscheidet. So finden sich etwa im portugiesischen Recht Vorschriften über einen identitätswahrenden, statutenwechselnden Zuzug ausländischer Kapitalgesellschaften, die lediglich zu bestimmten Anpassungen an das neue Gesellschaftsstatut verpflichtet werden.[62] Dies bedeutet, dass eine tatsächlich nach **Portugal** zuziehende Gesellschaft als Körperschaft ohne Neugründung anerkannt wird, sofern nicht das materielle Gesellschaftsrecht des Wegzugstaats zwingend die Auflösung vorsieht.[63] Gleichzeitig wird die Gesellschaft aber dem neuen Recht unterstellt, nach dem sich seine Rechtsverhältnisse zukünftig bemessen. Dies zeigt: Die Möglichkeit einer statutenändernden Verlegung des tatsächlichen Sitzes über die Grenze ist mit der kollisionsrechtlichen Sitztheorie also nicht nur vereinbar, sondern eine notwendige Folge ihrer Anwendung, während rechtliche Beschränkungen des Vorgangs allein dem materiellen Recht entspringen können (näher zur Behandlung der Sitzverlegung unter der Sitztheorie → Rn. 51 ff.).

3. Gründungstheorie. Die **Gründungstheorie** knüpft das Gesellschaftsstatut dagegen anhand eines rein rechtlichen, nicht tatsächlichen Umstands an. Zwischen den einzelnen Gründungstheoriestaaten sind allerdings gewisse Differenzierungen zu beachten.[64]

a) Common Law. Im Rechtskreis des Common Law ist als Anknüpfungsmoment das „domicile" der Gesellschaft anzusehen, worunter allein der **Ort der ursprünglichen Inkorporation** zu verstehen ist.[65] „The domicile of a corporation is in the country under whose law it is incorporated".[66] Es geht also um das Recht, unter dem die Gründer die Gesellschaft errichtet und dessen Gründungsvoraussetzungen sie erfüllt haben. Dabei geht das Kollisionsrecht davon aus, dass für die Errichtung von Gesellschaften mit eigener Rechtspersönlichkeit regelmäßig eine Registrierung oder Eintragung der Gesellschaft im Inkorporationsstaat erforderlich ist. Die Errichtung der Gesellschaft unter einer bestimmten Rechtsordnung wird demnach durch diese Registrierung nach außen sichtbar, so dass der Ort der Registrierung praktisch als Anknüpfungsmoment herangezogen werden kann. Die Anknüpfung des Gesellschaftsstatuts erfolgt demnach an das Recht des Staates, in dem die Gesellschaft registriert worden ist,[67] weil die Gründer die Wahl des Inkorpo-

35

36

37

---

62 Vgl. Art. 3 Abs. 2 CSC; deutsche Übersetzung bei *Jayme* IPRax 1987, 46; dazu bereits *Leible/Hoffmann* DB 2002, 2205.

63 Dies nahmen etwa Rspr. und hL in Deutschland vor der EuGH-Entscheidung Cartesio (u. Rn. 68) und dem MoMiG (u. Rn. 137 ff.) an, vgl. Staudinger/*Großfeld* (1998) Int. GesR Rn. 608 ff. Rn. 634; *Zimmer*, Internationales Gesellschaftsrecht, S. 199; aus der Rspr. zuletzt OLG Hamm NZG 2001, 562; OLG Düsseldorf NZG 2001, 506; ferner BGHZ 25, 134, 144; BayObLGZ 1992, 113 (116); RGZ 7, 68; 88, 53; 107, 94.

64 Ausf. zum Anknüpfungsmoment der Gründungstheorie (unter Berücksichtigung auch der USA und der Schweiz) *Hoffmann* ZVglRWiss 101 (2002), 283 ff.

65 Gasque v. Inland Revenue Commissioners, [1940] 2 K.B. 80, 84; Todd v. Egyptian Delta Land and Investment Company Ltd. [1928] 1 K.B. 152, 173; Kuenigl v. Donnersmarck [1955] 1 Q.B. 515, 535; *Dicey/Morris*, Conflict of Laws, 13th Ed., 30–002; *Smith's.*, Conflict of Laws, 2nd Ed. 1999, S. 85; *Morris*, Conflict of Laws, 5th Ed. (McClean), S. 43 f.; *Cheshire and North's.*, Private International Law, 13th Ed. 1999, S. 175; für Irland: *Binchy*, Irish Conflicts of Law, 1988, S. 484; für Australien: *Nygh*, Conflict of Laws in Australia, 3rd Ed. 1976, S. 392; *Sykes/Pryles*, Australian Private International Law, 2nd Ed. 1987, S. 355 f.; für Schottland: *Carse v. Coppen*, 1951 S.C.

233, 243 f.; *Anton/Beaumont*, Private International Law, 2nd Ed. 1990, Ch. 28; *Crawford*, International Private Law in Scotland, 1998, 7.02; für Kanada: *McLeod*, Conflict of Laws, 1983, S. 459; für Indien: *Diwan*, Private International Law – Indian and English, 1988, S. 382; ausf. zum Anknüpfungsmoment der Gründungstheorie vgl. *Hoffmann* ZVglRWiss 101 (2002), 283 ff.

66 *Dicey/Morris*, Conflict of Laws, 13th Ed., Rule 152 (1); ebenso für das kanadische Recht: *McLeod*, The Conflict of Laws, 1983, Rule 144; für das schottische Recht: *Crawford*, International Private Law in Scotland, 1998, 7.02; für das australische Recht: *Nygh*, Conflict of Laws in Australia, 1976, S. 392 („place of incorporation"); für das indische Recht: *Diwan*, Private International Law – Indian and English, 1988, S. 381 f. („country where it has been created, i.e. the place or country of its incorporation").

67 So ausdr. Gasque v. Inland Revenue Commissioners, [1940] 2 K.B. 80, 84, 80: („place of its registration"); Kuenigl v. Donnersmarck, [1955] 1 Q.B. 535; *Dicey/Morris*, Conflict of Laws, 13th Ed., 30–002; für Schottland: Carse v. Coppen, 1951 S.C. 233, 243 f.: „A company's. domicile is created by registration", zitiert nach: *Anton/Beaumont*, Private International Law, 2nd Ed. 1990, Ch. 28; ebenso *Crawford*, International Private Law in Scotland, 1998, 7.02.

rationsrechts durch die Wahl des Registrierungsortes ausüben. Nur wenn es an einer Registrierung fehlt, wird man auf anderem Wege das Inkorporationsstatut ermitteln müssen.[68]

38 Dieses Gründungsstatut ist **grundsätzlich unwandelbar**, da die ursprüngliche Inkorporation als historische Tatsache keiner nachträglichen Änderung zugänglich ist. Während es den natürlichen Personen offen steht, ihr „domicile" durch Begründung eines „domicile of choice" (und damit ihr Personalstatut) zu verändern,[69] wird den Körperschaften eine derartige Möglichkeit nicht eingeräumt. Diese sind vielmehr während ihrer gesamten Existenz an das „domicile of origin" gebunden. In diesem Sinn ist vor allem der Kernsatz des englischen „leading case" Gasque v. Inland Revenue Commissioners[70] zu verstehen, wo festgestellt wird: „The domicile of origin... clings to it [the company] throughout its existence." Dieser Standpunkt wird auch in der Literatur einhellig geteilt[71] und lässt sich praktisch in allen Common-Law-Rechtsordnungen nachweisen.[72] Während also das „domicile" bei natürlichen Personen eine tatsächliche Komponente hat und daher veränderlich ist, stellt es bei Gesellschaften ein rechtliches Konstrukt dar, dass von der Gründungstheorie des Common Law grundsätzlich als unabänderlich angesehen wird. Lediglich auf spezialgesetzlicher Grundlage, durch die das kollisionsrechtliche Common Law verdrängt wird, käme die Anerkennung einer Änderung des „domicile" einer Körperschaft in Betracht.[73]

39 **b) Kontinentaleuropäische Gründungstheorien.** Ähnliches gilt für die Gründungstheorie des **niederländischen Rechts**, wo im Ergebnis ebenfalls allein der (unveränderliche) Ort der ursprünglichen Inkorporation für die Anknüpfung maßgeblich ist. Dies ergibt sich aus Boek 10 Art. 118 B.W., wonach es für die Anknüpfung auf den Sitz nach dem Gründungsvertrag oder der Gründungsurkunde (Gründungssitz) ankommt, sofern dieser auf dem Gebiet des Staates liegt, nach dessen Recht die Gesellschaft errichtet worden ist.[74] Schon die zweite Bedingung deutet darauf hin, dass es maßgeblich allein auf den Ort der ursprünglichen Inkorporation ankommt. Außerdem wird – wie ein Vergleich mit dem Sachrecht zeigt – schon terminologisch zwischen dem Gründungssitz („ingevolge de oprichtingsovereenkomst of akte van oprichting haar zetel") und dem Satzungssitz („statutaire zetel") unterschieden. Dies zeigt, dass nur der ursprüngliche Sitz kollisionsrechtliche Bedeutung hat, und insbesondere eine Verweisung auf das Recht des aktuellen Satzungssitzes nicht angeordnet wird. Insoweit ist auch zu beachten, dass nach materiellem Gesellschaftsrecht die Gründungurkunde („akte van oprichting") ua die Satzung („statuten") der Gesellschaft enthalten muss,[75] der nachträglichen Änderung aber nur die Satzung zugänglich ist.[76] Im Ergebnis zeigt dies, dass auch in den Niederlanden das Gesellschaftskollisionsrecht grundsätzlich auf den unverän-

---

68   Vgl. *Anton/Beaumont*, Private International Law, 2nd Ed. 1990, Ch. 28: „the domicile of a company is simply the place where it is formed, in the case of a registered company, the place of its registration and formal incorporation"; vgl. ferner Kuenigl v. Donnersmarck, [1955] 1 Q.B. 535 (Anknüpfung an Registrierung, nur wenn diese nicht erforderlich Anknüpfung an Inkorporation).

69   Erforderlich ist dafür die Begründung eines neuen festen Aufenthalts, der von dem Willen getragen wird, dort nachhaltig und zeitlich unbegrenzt zu verbleiben, vgl. *Dicey/Morris*, Conflict of Laws, 13th Ed., 6–033 ff. (Rule 10, S. 117 ff.).

70   [1940] 2 K.B. 80, 84; ebenso: Todd v. Egyptian Delta Land and Investment Company Ltd. [1928] 1 K.B. 152, 173; Kuenigl v. Donnersmarck [1955] 1 Q.B. 515, 535.

71   *Dicey/Morris*, Conflict of Laws, 13th Ed., 30–002; *Smith's*. Conflict of Laws, 2nd Ed. 1999, S. 85; *Morris*, Conflict of Laws, 5th Ed. (McClean), S. 43 f.; *Cheshire and North's.*, Private International Law, 13th. Ed. 1999, S. 175.

72   Vgl. für Irland: *Binchy*, Irish Conflicts of Law, 1988, S. 484; für Australien: *Nygh*, Conflict of Laws in

Australia, 3rd Ed. 1976, S. 392; *Sykes/Pryles*, Australian Private International Law, 2nd Ed. 1987, S. 355 f.; für Schottland: Carse v. Coppen, 1951 S.C. 233, 243 f.; *Anton/Beaumont*, Private International Law, 2nd Ed. 1990, Ch. 28; *Crawford*, International Private Law in Scotland, 1998, 7.02; für Kanada: *McLeod*, Conflict of Laws, 1983, S. 459; für Indien: *Diwan*, Private International Law, 1988, S. 382.

73   Solche Regelungen können im U.S.-amerikanischen und australischen Recht gefunden werden, nach Kenntnis des Verfassers indes weder im Vereinigten Königreich noch in Irland, vgl. hierzu ausf. *Hoffmann* ZVglRWiss 101 (2002), 283, 291 f., 297 ff.

74   Die frühere wortgleiche Regelung im Wet conflictenrecht corporaties (Wet van 17 december 1997, houdende regels van internationaal privaatrecht met betrekking tot corporaties, Staatsblad 1997, S. 699) auszugsweise Übersetzung bei *Timmerman* ZGR 1999, 148 (154)), wurde zum 1.1.2012 in das B.W. eingegliedert.

75   Vgl. Boek 2 Art. 66 Abs. 1 B.W. (für die N.V.); Boek 2 Art. 177 Abs. 1 B.W. (für die B.V.).

76   Vgl. Boek 2 Art. 121 Abs. 1 B.W. (für die N.V.); Boek 2 Art. 231 Abs. 1 B.W. (für die B.V.).

derlichen Ort der ursprünglichen Inkorporation abstellt und ein Statutenwechsel (zumindest für niederländische Gesellschaften) nicht vorgesehen ist.[77]

Dagegen beschreitet das **dänische Kollisionsrecht** einen etwas anderen Weg, wobei man die Verweisungs-   **40**
norm treffender als **Registrierungstheorie** charakterisieren kann. Dies bedeutet, dass bei eintragungspflichtigen Gesellschaften als maßgebliches Anknüpfungsmoment die Registrierung angesehen wird.[78] Dem dänischen Recht unterliegt daher eine Gesellschaft, die bei dem „Erhvervs- og Selskabsstyrelsen" eingetragen
ist.[79] Zwar hat jede dänische Gesellschaft auch einen dänischen Satzungssitz, doch wird dieser dadurch
nicht zum Anknüpfungsmoment.[80]

Dies bedeutet aber auch, dass das Anknüpfungsmoment keine unveränderliche historische Tatsache ist, son-   **41**
dern zumindest theoretisch einer **Veränderung** zugänglich ist. Wenn dennoch der Wechsel des Gesellschaftsstatuts vom dänischen zum zB schwedischen Recht derzeit nicht möglich ist,[81] liegt dies daran, dass
das materielle Gesellschaftsrecht Dänemarks diese Möglichkeit nicht vorsieht. Nichts spricht aber gegen die
Berücksichtigung eines nach anderen Rechten verlegten Eintragungssitzes schon bei Anwendung der Kollisionsnorm, nicht erst im Rahmen einer etwaigen Weiterverweisung.

Ähnlich wie das dänische Recht knüpft auch das **spanische Recht** an einen zwar rechtlichen, aber nicht   **42**
unveränderlichen Umstand an. Nach Art. 8 des Gesetzes über Kapitalgesellschaften von 2010 kommt es
vielmehr auf das „domicilio" der Gesellschaft an, also den Satzungssitz.[82] Allerdings ist die Kollisionsnorm einseitig formuliert, regelt also nur die Anknüpfung des spanischen Gesellschaftsstatuts. Welches
Recht bei ausländischem Satzungssitz zur Anwendung kommt, ist vielmehr in Art. 15 des Handelsgesetzbuchs normiert, der der Gründungstheorie folgt: Anknüpfungspunkt ist hier nicht der Satzungssitz, sondern
die **Gründung im Ausland**.[83]

Konsequenz der Anknüpfung zumindest inländischer Gesellschaften anhand des Satzungssitzes ist, dass –   **43**
ähnlich der dänischen Rechtslage – eine Veränderung des Anknüpfungsmoments und damit ein Statutenwechsel grundsätzlich denkbar ist. Das materielle Gesellschaftsrecht sieht seit 2010 eine Hauptversamm-
lungszuständigkeit und ein qualifiziertes Mehrheitserfordernis für die Satzungssitzverlegung ins Ausland
(„traslado de domicilio al extranjero") vor, stellt den Vorgang mithin der Satzungsänderung gleich, woraus
man auf die grundsätzliche Zulässigkeit schließen kann.[84] Zulässig ist jedenfalls der Erwerb der spanischen
Nationalität durch eine Auslandsgesellschaft, wenn diese sowohl ihren Satzungssitz nach Spanien verlegt
als auch ihr sonstiges Satzungsrecht an das neue Gesellschaftsstatut anpasst.[85] Dieser – auch nur eine enge
Fallgruppe betreffende – Statutenwechsel ist im Recht der Gründungstheoriestaaten eine Ausnahme und
Besonderheit des spanischen Rechts. Kollisionsrechtlich möglich, allerdings materiellrechtlich untersagt,[86]
sind auch die Verlegung des tatsächlichen Verwaltungssitzes in das Ausland sowie der Zuzug der Hauptverwaltung einer Auslandsgesellschaft.[87]

c) Gründungstheorie und Statutenwechsel. Es zeigt sich somit, dass die Gründungstheorie regelmäßig   **44**
an ein **unveränderliches Moment** anknüpft und dadurch einem Statutenwechsel grundsätzlich ablehnend

77 Eine Abweichung besteht nach Boek 10 Art. 120
    B.W. lediglich für die Sitzverlegung ausländischer
    Gesellschaften, bei denen auch das niederländische
    Recht den (von beiden betroffenen Rechten ermög-
    lichten) Statutenwechsel anerkennt. Dies ist aber
    schon insoweit eine Selbstverständlichkeit, als
    Gesellschaftskollisionsnormen grundsätzlich als
    Gesamtverweisungen anzusehen sind und die Sitz-
    verlegung im Rahmen einer Weiterverweisung
    beachtlich ist. Praktische Folge der Regelung ist
    daher lediglich eine Umkehr der Verweisungskette,
    die sich im Erg. nur in einem Ausnahmefall
    auswirkt, vgl. hierzu näher *Hoffmann* ZVglRWiss
    101 (2002), 302 f.
78 *Andersen/Sorensen* 6 Maastricht Journal (1999), 55 f.
    mit Verweis auf ein Urteil des Hoge Rad, Ugeskrift
    for Retsvaesen (1998), S. 1071 und Nachw. aus der
    nordischen Lit.; *Werlauff* ZIP 1999, 867 (874); Beh-
    rens/*Carsten*, Die GmbH im ausländischen und inter-
    nationalen Recht, Rn. DK 49; für das schwedische
    Recht ferner *Bogdan* RabelsZ 41 (1977), 536, 539.
79 Vgl. § 9 Abs. 1 Selskabsloven.
80 Jedenfalls im schwedischen Recht ist der Satzungs-
    sitz aber subsidiäres Anknüpfungsmoment bei nicht

eintragungspflichtigen Gesellschaften, vgl. *Bogdan*
RabelsZ 41 (1977), 536, 539.
81 So ausdr. *Andersen/Sorensen* 6 Maastricht Journal
    (1999), 54 f.: Statutenwechsel nur durch Auflösung
    und Neugründung möglich.
82 Vgl. hierzu ausf. *Steiger*, Grenzüberschreitende
    Fusion und Sitzverlegung nach spanischem und por-
    tugiesischem Recht, S. 162 ff.; *Cohnen* IPRax 2005,
    467 ff.
83 Vgl. den Wortlaut der Vorschrift: „… las Companias
    constituidas en el extranjero podran ejercer el comer-
    cio en Espana con sujecion a las Leyes de su pais".
84 Art. 160 des Gesetzes über Kapitalgesellschaften von
    2010 (zur Hauptversammlungszuständigkeit),
    Art. 194, 199 des Gesetzes über Kapitalgesellschaf-
    ten von 2010 (zum Quorum und zum qualifizierten
    Mehrheitserfordernis).
85 *Steiger*, Grenzüberschreitende Fusion, S. 200 ff.
86 Nach Art. 5 Abs. 2 des Gesetzes über Aktiengesell-
    schaften und Art. 6 Abs. 2 des Gesetzes über GmbH
    muss der Satzungssitz einer Gesellschaft, deren
    Hauptniederlassung sich in Spanien befindet, eben-
    falls in Spanien genommen werden.
87 Ausf. *Steiger*, Grenzüberschreitende Fusion, S. 188,
    195 f.

gegenübersteht. Selbst in den Gründungstheoriestaaten, deren Kollisionsrecht formal an einen veränderlichen Umstand anknüpfen, wird die Änderung des Anknüpfungsmoments auf der materiellrechtlichen Ebene in den meisten Fällen verhindert. Soweit auf spezialgesetzlicher Grundlage ein Statutenwechsel ermöglicht wird, ist dieser im Rahmen der Gründungstheorie ein **das Kollisionsrecht modifizierender Fremdkörper**.[88] Lediglich im spanischen Recht, das für die einseitige Anknüpfung der spanischen Kapitalgesellschaften auch nicht der klassischen Gründungstheorie folgt, sondern ein abweichendes Anknüpfungsmoment zugrunde legt, ist der nachträgliche Erwerb des spanischen Gesellschaftsstatuts anerkannt.

45 Dies bedeutet, dass die Gründungstheorie zwar die **tatsächliche Mobilität** im Sinne einer Verwaltungssitzverlegung, nicht aber die **rechtliche Mobilität** ermöglicht. Während das Kollisionsrecht der Gründungstheoriestaaten an die Verlegung der Hauptverwaltung keine Rechtsfolgen knüpft,[89] verhindert es die nachträgliche Änderung des Gesellschaftsstatuts. Eine Art Rechtswahlfreiheit wird nur den Gründern eingeräumt, die in der Tat ohne Rücksicht auf den Ort der geplanten Geschäftstätigkeit zwischen verschiedenen Gesellschaftsrechten wählen können. Ist der Gründungsvorgang aber abgeschlossen, wird die Gesellschaft für die Dauer ihrer Existenz an die getroffene Wahl gebunden, eine Änderung setzt die Auflösung und Neugründung voraus. Der **„Wettbewerb der Gesetzgeber"** im Gesellschaftsrecht[90] kann daher auch unter Geltung der Gründungstheorie nur sehr bedingt funktionieren. Im Gegensatz zu den Beschränkungen in den Sitztheoriestaaten ist diese Einschränkung der rechtlichen Mobilität schon auf das Kollisionsrecht zurückzuführen, nicht erst auf die materiellrechtliche Ebene.

46 **4. Weitere Anknüpfungslehren.** In der Literatur wurden außer den beiden traditionellen Anknüpfungslehren einige weitere Konzeptionen entwickelt, die sich als Modifikationen oder **Mischformen** der traditionellen Kollisionsnormen darstellen.[91] Hervorzuheben ist insoweit die von *Sandrock*[92] entwickelte **Überlagerungstheorie**, die eine Modifizierung der Gründungstheorie darstellt und zwischen Innen- und Außenstatut unterscheidet: Die Gründungsanknüpfung gilt danach uneingeschränkt für die Fragen der Gründung, der Anerkennung und des Innenverhältnisses. Zwar gilt auch für das Außenstatut, also Fragen des Verhältnisses zu „unmittelbaren privatrechtlichen Gesellschaftsinteressenten", zunächst die Gründungsanknüpfung, der Sitzstaat (im Sinne des tatsächlichen Verwaltungssitzes) ist aber befugt, sein zwingendes Recht auf Verlangen dieser Interessenten (zB Gläubiger, Minderheitsgesellschafter oder Arbeitnehmer, auch für Frage der Mitbestimmung) auf die Auslandsgesellschaft anzuwenden und so das Gründungsrecht zu überlagern und damit zu verdrängen.[93] Diese Theorie konnte sich zwar im deutschen Internationalen Gesellschaftsrecht zunächst nicht durchsetzen, hat dann aber durch die Rechtsprechung des EuGH in den Rechtssachen „Überseering" und „Inspire Art" (näher → Rn. 60 ff.) ihre Renaissance erlebt, da sie trotz der nunmehr europa-

---

88 *Hoffmann* ZVglRWiss 101 (2002), 283 ff. mit ausf. Auseinandersetzung; ebenso bereits *ders.* ZHR 164 (2000), 43 ff.; 55; aA dagegen *Mülbert/Schmolke* ZVglRWiss 100 (2001), 272; sowie *Grundmann*, Europäisches Gesellschaftsrecht, Rn. 796 unter Verweis auf die Entscheidung Hughes v. Hannover Rückversicherungs-Aktiengesellschaft (1997), 1 B.C.L.C. 497 (C.A.) = [1997] EWCA Civ 857 (unter www.bailii.org): Diese Entscheidung betraf die „redomestication" einer Gesellschaft, die nach dem Recht des U.S.-Bundesstaates Massachusetts gegründet worden war, und ihr „domicile" statutenändernd nach Bermuda verlegt hat. Aus Sicht des englischen Kollisionsrechts ging es also um eine *Weiterverweisung*, während zunächst das Gründungsrecht befragt wurde! Schon deshalb kann man dieser Entscheidung nicht entnehmen, dass der Statutenwechsel im Recht des Vereinigten Königreichs verankert wäre – ein nach ausländischem Recht vorgesehener Statutenwechsel wird lediglich im Rahmen der Weiterverweisung anerkannt (dazu bereits *Hoffmann* ZVglRWiss 101 (2002), 290 f. mwN). Aus Sicht des U.S.-amerikanischen Kollisionsrechts ist aber festzustellen, dass die Verlegung des „domicile" nicht aufgrund des Common Law, sondern – ganz in Übereinstimmung mit der hier vertretenen Sichtweise – auf spezialgesetzlicher Grundlage erfolgte, vgl. dazu die Sachverhaltsdarstellung: „The second principal step was to ‚redomesticate' itself to Bermuda. This step involved transferring its domicile as permitted by s.49A Massachusetts Insurance Code and being ‚continued' into

Bermuda as an‚ exempted Company' in accordance with Part XA Bermudian Companies Act 1981."

89 Dagegen setzt auch das materielle Recht vieler Gründungstheoriestaaten voraus, dass Satzungssitz und Hauptverwaltung am selben Ort bzw. beide im Inland genommen werden müssen, wogegen durch eine isolierte Verwaltungssitzverlegung zwingend verstoßen würde, vgl. etwa für Spanien: Art. 5 Abs. 2, 6 Abs. 1 des Gesetzes über Aktiengesellschaften, Art. 6 Abs. 2, 7 Abs. 1 des Gesetzes über GmbH; für Dänemark: § 5 Nr. 2 des Gesetzes über Anteilsgesellschaften, abgedruckt bei *Behrens*, Die GmbH im ausländischen und internationalen Recht, S. 782 ff., 793.

90 Hierzu umfassend *Kieninger*, Wettbewerb der Privatrechtsordnungen im Europäischen Binnenmarkt, S. 105 ff.; *Teichmann*, Binnenmarktkonformes Gesellschaftsrecht, S. 330 ff.

91 Zu nennen sind etwa die auf *Zimmer*, Internationales Gesellschaftsrecht, 1996, zurückgehende Kombinationslehre, oder die von *Grasmann*, S. 343 ff., vertretene Differenzierungslehre. Bei *Grasmann*, S. 116 ff., findet sich auch ein Überblick über die älteren Varianten der Sitzanknüpfung.

92 Grundlegend *Sandrock* BerGesVR 18 (1978), S. 169 ff.; weiterentwickelt in: *ders.* FS Beitzke 1979, S. 669 ff.; *ders.* RIW 1989, 505 ff.; abschließend dann auf das europarechtlich zulässige Maß geschrumpft in: *ders.* ZVglRWiss 102 (2003), 447 ff.

93 Vgl. die Ausformulierung der Überlagerungstheorie bei *Sandrock* BerGesVR 18 (1978), S. 169 ff., 251 f.

rechtlich verankerten Gründungsanknüpfung für EU-Auslandsgesellschaften den Weg zu einer Berücksichtigung der Interessen im Sitzstaat weist. Wie *Sandrock*[94] selbst herausgearbeitet hat, bedarf es dazu allerdings einer **„Schrumpfung" der Überlagerungstheorie** auf das europarechtlich zulässige Maß der Überlagerung des Gründungsstatuts (näher → Rn. 114 ff.).

5. Rück- und Weiterverweisung. Da es sich bei den Verweisungen des Internationalen Gesellschafts- **47** rechts um **Gesamtverweisungen** handelt[95] (→ Rn. 1), sind **Rück- und Weiterverweisungen** bei der Anknüpfung zu beachten. Auch aus Sicht der Sitztheorie ist also nicht immer das Sitzrecht berufen. So unterliegt etwa eine nach deutschem Recht gegründete Gesellschaft mit Verwaltungssitz in den Niederlanden weiterhin dem deutschen Gesellschaftsstatut, da das Sitzrecht zurückverweist (zur materiellrechtlichen Folge der Auflösung der Gesellschaft vgl. aber → Rn. 54). Eine nach holländischem Recht gegründete Gesellschaft mit Verwaltungssitz in England wäre auch aus Sicht der Sitztheorie als holländische Gesellschaft zu behandeln, da das Sitzrecht weiterverweist und das Gründungsrecht die Verweisung annimmt.[96] Bei einer französischen Gesellschaft, die ihren Verwaltungssitz in den Niederlanden hat, käme es aus Sicht der Sitztheorie darauf an, welche Rechtsordnung die Verweisungskette abbricht: Das Sitzrecht folgt der Gründungstheorie und verweist daher auf das französische Gründungsrecht weiter, welches wiederum auf das Sitzrecht zurückverweist. Da kein Recht die Verweisung annimmt, bedarf es des Abbruchs der Verweisungskette, was in Deutschland etwa durch die Vorschrift des Art. 4 Abs. 1 S. 2 EGBGB erfolgt. Dies zeigt, dass die unterschiedlichen Anknüpfungen in den verschiedenen Staaten die Kollisionsrechtslage nicht unerheblich verkomplizieren.

6. Stand und Bedeutung der Diskussion in Deutschland. Trotz vielfältiger gegenteiliger Stimmen in **48** der Literatur hat die Rechtsprechung über mehr als ein Jahrhundert für das **autonome deutsche Gesellschaftskollisionsrecht** an der Sitztheorie festgehalten. Spätestens seit den 1980er Jahren hat sich die Diskussion daher auch zu der Frage hin verlagert, ob die Auswirkungen der Sitztheorie mit der von Art. 49, 54 AEUV gewährleisteten **Niederlassungsfreiheit** vereinbar sind. Dieser, vor allem von der EuGH-Entscheidung „Daily Mail" aus dem Jahr 1988 geprägte Streit erreichte im Anschluss an die Entscheidung „Centros" von 1999 seinen Höhepunkt.

Seit den Entscheidungen „Überseering" von 2002, „Inspire Art" von 2003 und „Cartesio" von 2008 haben **49** diese Diskussionen indes nur noch rechtshistorische Bedeutung. Trotz einiger Bewertungsunterschiede steht nunmehr fest, dass sich aus der **Niederlassungsfreiheit konkrete gesellschaftskollisionsrechtliche Vorgaben** ergeben, die zu einer Gründungsanknüpfung der betroffenen Gesellschaften führen (näher → Rn. 60 ff.). Ebenso steht jedoch fest, dass es neben diesem europarechtlich vorgeprägten Bereich weiterhin ein autonomes Internationales Gesellschaftsrecht geben wird, das für das Inland oder außerhalb der EU gegründete Gesellschaften Geltung beansprucht (näher → Rn. 137 ff.). Durch diese Entwicklung hat die Diskussion um die im deutschen Recht anzuwendende Kollisionsnorm einen ganz neuen Akzent erhalten. Es geht nicht mehr darum, aus mehreren möglichen Lehren eine auszuwählen, sondern darum, ein in sich **konsistentes gesellschaftskollisionsrechtliches System** zu entwerfen. Eine solche, der Vermeidung von Wertungswidersprüchen und unnötiger Überkomplexität der Anknüpfung verpflichtete Lösung kann sicher nicht dadurch erreicht werden, dass man kritiklos an der traditionellen Sitzanknüpfung festhält. Der Gesetzgeber hat die Problematik mit dem MoMiG (näher → Rn. 143 ff.) zwar aufgegriffen, jedoch eine unklare und (wohl) auf die GmbH und die AG deutschen Rechts beschränkte Regelung getroffen. Der BGH hat demgegenüber in der Entscheidung „Trabrennbahn"[97] zwar noch 2008 sein Festhalten an der Sitztheorie zum Ausdruck gebracht, indes in der irrigen Annahme, dass eine Neuregelung aufgrund eines veröffentlichten Gesetzentwurfs (→ Rn. 141) bevorstehe und der „Willensbildung des Gesetzgebers"[98] nicht vorzugreifen sei. Tatsächlich hat dieser Entwurf niemals den Weg in das Gesetzgebungsverfahren gefunden, so dass weiterhin davon auszugehen ist, dass der Gesetzgeber die Entscheidung über die anwendbare Kollisionsnorm dauerhaft der Rechtsprechung überlassen hat. Eine grundsätzliche Neubewertung durch den BGH nach der in „Trabrennbahn" verpassten Chance erscheint daher weiterhin als geboten; in der Sache sollte ein Übergang zur Anknüpfung anhand der Gründungstheorie als einheitlicher Kollisionsnorm des deutschen Rechts erfolgen. Es ist indes zu bedauern, dass der BGH offensichtlich nicht bereit ist, die Fortgeltung der

94   *Sandrock* ZVglRWiss 102 (2003), 447 ff.
95   BGH NZG 2010, 909 (911); BGH NJW 2004, 3706 (3707); OLG Hamm NJW 2001, 2183; OLG Frankfurt NJW 1990, 2204; MHLS/*Leible* GmbHG Syst. Darst. 2 Rn. 78; *Kegel/Schurig* Internationales Privatrecht § 17 II 1; MüKoBGB/*Kindler* IntGesR Rn. 506; aA aber *Mäsch* RabelsZ 61 (1997), 285, 291 (für Sachnormverweisung, zumindest bei Anwendung der

Sitztheorie); BeckOK BGB/*Mäsch* EGBGB Art. 12 Anh. II Rn. 13, 23.
96   Dies entspricht der Konstellation in OLG Frankfurt NJW 1990, 2204 (unter Beteiligung anderer Gründungstheoriestaaten).
97   BGH NJW 2009, 289 (291).
98   BGH NJW 2009, 289 (291).

Sitztheorie grundsätzlich in Frage zu stellen – zuletzt hat er im Jahr 2016 ausdrücklich und ohne weitere Auseinandersetzung an der Sitzanknüpfung drittstaatlicher Körperschaften festgehalten.[99]

III. Gesellschaftskollisionsrecht, Sitzverlegung und Niederlassungsfreiheit

50   Wie bereits angedeutet wird das Gesellschaftskollisionsrecht innerhalb der EU inzwischen maßgeblich von der Anwendung der **Niederlassungsfreiheit** der Art. 49, 54 AEUV geprägt. Diese Rechtslage ist das Resultat einer längeren Entwicklung, die in den Entscheidungen „Überseering", „Inspire Art" und „Cartesio" kulminierte. Um die Bedeutung dieser Entscheidungen überhaupt erfassen zu können, ist im Folgenden in der gebotenen Kürze die Entwicklung zu skizzieren. Ausgangspunkt ist dabei die Fallgruppe der **grenzüberschreitenden Sitzverlegung**, die im Zentrum der Frage des Verhältnisses von Sitztheorie und Niederlassungsfreiheit steht.

51   **1. Frühere Behandlung der grenzüberschreitenden Sitzverlegung im deutschen Recht.** Unter der Fallgruppe der grenzüberschreitenden Sitzverlegung soll hier nur die Verlegung des tatsächlichen Sitzes einer Gesellschaft verstanden werden, also der **Hauptverwaltung**. Ob diese mit der Verlegung auch des **Satzungssitzes** einhergeht, ist irrelevant.[100]

52   Das frühere deutsche Recht nahm bezüglich der Sitzverlegung eine äußerst **restriktive Sichtweise** ein, die auf einer Kombination von kollisionsrechtlicher Sitztheorie und materiellem Gesellschaftsrecht beruhte. Wie gezeigt (→ Rn. 35), ordnet die Sitztheorie im Fall der grenzüberschreitenden Verlegung des Verwaltungssitzes einen **Statutenwechsel** an, so dass der Gesellschaft ihr bisheriges Statut entzogen wird und fortan dem Zuzugsrecht untersteht. Fehlen besondere Vorschriften für die Ermöglichung eines solchen Vorgangs, wird das Zuzugsrecht die Frage stellen, ob die Gesellschaft die nach nationalem Recht bestehenden Gründungsvoraussetzungen erfüllt. Regelmäßig setzt zumindest die Gründung einer mit dem Haftungsprivileg ausgestatteten juristischen Person eine inländische Registereintragung voraus. Da die zuziehende Gesellschaft diese Voraussetzung nicht erfüllen kann, wenn es an einem besonderen Transferverfahren für die Registrierung fehlt, setzte der Zuzug in einen Sitztheoriestaat früher meist eine **Neugründung** voraus. Die dadurch neu entstehende Gesellschaft war aber nicht mit der zugezogenen Auslandsgesellschaft identisch, vielmehr konnte auf sie nur unter **Abwicklung im Heimatstaat** (und einer eventuellen Schlussbesteuerung der stillen Reserven) das Vermögen der Gesellschaft übertragen werden. Eine **identitätswahrende Sitzverlegung** in einen Sitztheoriestaat hinein konnte daher nur auf der Grundlage spezieller Zuzugsvorschriften gelingen.[101]

53   Im deutschen materiellen Gesellschaftsrecht fehlen derartige Vorschriften bis heute, so dass ein identitätswahrender, aber statutenändernder Zuzug jedenfalls bis zur EuGH-Entscheidung „Cartesio" von 2008 (→ Rn. 68) nicht als möglich angesehen wurde.[102] Aber auch die Anerkennung als juristische Person setzte die Erfüllung aller Gründungsvoraussetzungen des deutschen Rechts voraus, so dass ein statutenwahrender tatsächlicher Zuzug ebenso wenig möglich war. Die Rechtsprechung ging bis zur EuGH-Entscheidung „Überseering" davon aus, „dass eine im Ausland wirksam gegründete, in der Bundesrepublik zunächst als rechtsfähig anerkannte Gesellschaft ihre Rechtsfähigkeit verliert, wenn sie ihren ständigen Verwaltungssitz in der Bundesrepublik Deutschland nimmt."[103] Lange Zeit wurde die zugezogene Auslandsgesellschaft als „rechtlich inexistent"[104] und daher ohne Rücksicht auf ihren tatsächlichen Charakter als nicht rechts- und parteifähig angesehen, letztlich also als ein **juristisches Nullum**.[105] Erst im Jahr 2002 konnte sich der BGH[106] dazu durchringen, das zugezogene Gebilde zumindest als **rechtsfähige Personengesellschaft** der Rechtsform, deren Voraussetzungen objektiv erfüllt werden (OHG, BGB-Gesellschaft), anzuerkennen.

---

99   BGH NZG 2016, 1187, Rn. 13 (zum Stiftungskollisionsrecht).

100   Vgl. näher *Hoffmann* ZHR 164 (2000), 43, 45 ff.

101   Solche Vorschriften existieren zB in Portugal, vgl. Art. 3 Abs. 2 Codigo das Sociedades Comerciais (CSC), übersetzt bei *Jayme* IPrax 1987, 46; dazu bereits *Leible/Hoffmann* DB 2002, 2203 (2205); vgl. ferner die umfassende Untersuchung der *Europäischen Kommission* Studie über die Verlegung des Sitzes einer Gesellschaft von einem Mitgliedstaat in einen anderen.

102   Vorschläge in der Literatur, durch analoge Anwendung des Umwandlungsrechts derartige Normen bereitzustellen, konnten sich in der Rechtsprechung nicht durchsetzen. Vgl. *Behrens* RIW 1986, 590 ff.; ferner: *K. Schmidt* ZGR 1999, 28; *Großfeld/Jasper*

RabelsZ 53 (1989), 52, 58 ff.; Behrens/*Behrens*, Die GmbH im ausländischen und internationalen Recht, IPR Rn. 65 mwN.

103   BGH IPRax 2000, 423 = EuZW 2000, 412 (Vorlagebeschluss zum Verfahren „Überseering"); ähnlich bereits BGHZ 97, 269, 272.

104   OLG München NJW-RR 1995, 703 (704); ähnlich LG Aurich IPRspr. 1968/69, Nr. 14.

105   Näher Staudinger/*Großfeld* (1998), Int. GesR, Rn. 427 ff.; sa BGH DB 2000, 1114.

106   BGH IPRax 2003, 62 = NJW 2002, 3539 = BB 2002, 2031 mit Anm. *Gronstedt* = MDR 2002, 1382 mAnm *Haack* = EWiR 2002, 971 (*Emde*) = JuS 2003, 88 (*Hohloch*); vgl. dazu die Besprechungsaufsätze von *Kindler* IPrax 2003, 41; *Leible/Hoffmann* DB 2002, 2203.

Diese Rechtsprechung bedeutet letztlich nur, dass „die zugezogene Gesellschaft ist, was sie nach deutschem Gesellschaftsrecht ist."[107] Es handelt sich aber nicht mehr um die ursprüngliche Gesellschaft ausländischen Rechts, sondern um eine Neugründung in Deutschland, die lediglich von den weniger formalen Gründungsvoraussetzungen des Personengesellschaftsrechts profitiert. Rechtspersönlichkeit und Haftungsprivileg gehen durch den Zuzug jedenfalls verloren. Obwohl diese die im Ausland verliehene Rechtspersönlichkeit ignorierende Rechtsprechung im Anwendungsbereich der Niederlassungsfreiheit überholt ist, hält der BGH an ihr für drittstaatliche Gesellschaften bis heute fest. So wurde im Urteil „Trabrennbahn"[108] aus dem Jahr 2008 eine nach schweizerischem Recht gegründete AG als rechtsfähige Personengesellschaft deutschen Rechts angesehen, nachdem diese ihre Hauptverwaltung ins Inland verlegt hatte.

Ähnliches galt für die Verlegung der Hauptverwaltung aus Deutschland heraus, da diese **„Flucht" aus dem** **54** **Gesellschaftsstatut** nach deutschem materiellem Gesellschaftsrecht unabhängig von der Anerkennung im Zuzugsstaat oder einer Rückverweisung auf deutsches Recht zur Auflösung der Gesellschaft führte.[109] Gesellschaftsrechtlich wurde dies üblicherweise damit begründet, dass der Verlegungsbeschluss als **Auflösungsbeschluss** interpretiert wurde.[110] Erst durch das MoMiG 2008 hat der Gesetzgeber diese mobilitätsfeindliche Sichtweise zumindest für AG und GmbH aufgegeben und erstmals Gesellschaften deutschen Rechts die identitäts- und statutenwahrende Verlegung des Verwaltungssitzes ins Ausland eröffnet.[111]

Zusammenfassend lässt sich also festhalten, dass das materielle deutsche Recht früher sowohl den Zuzug **55** als auch den Wegzug von Gesellschaften mit der Nichtanerkennung bzw. der Auflösung sanktioniert hat und so in Zusammenwirken mit der Sitztheorie grenzüberschreitende Mobilität von Gesellschaften auch im Verhältnis zu anderen EU-Staaten effektiv verhindert hat. Diese ausgesprochen mobilitätsfeindliche Situation wurde erst durch den Einfluss der Rechtsprechung des EuGH zur Reichweite der Niederlassungsfreiheit (Art. 49, 54 AEUV) aufgebrochen – direkt für die niederlassungsberechtigten Auslandsgesellschaften, indirekt durch die Reaktion des Gesetzgebers auf den durch diese Rechtsprechung eröffneten Wettbewerb der Gesellschaftsrechtsordnungen.

2. Vereinbarkeit mit der Niederlassungsfreiheit des AEUV. a) Vorgeschichte. Die skizzierten **56** (→ Rn. 52 f.) früheren Konsequenzen der Anwendung der Sitztheorie wurden schon seit langem als nicht mit der Niederlassungsfreiheit konform angesehen.[112] Die Kombination aus Sitzanknüpfung und Nichtermöglichung des Statutenwechsels sorgte dafür, dass die Gesellschaft nicht nur in ihrem Gründungsstatut, sondern – zumindest in Bezug auf die Hauptverwaltung – auch physisch in ihrem **Gründungsstaat festgehalten** wurde. Darüber hinaus wurde auch Gesellschaften aus anderen Mitgliedstaaten der **tatsächliche Zuzug** unmöglich gemacht, soweit in dem Sitztheoriestaat keine materiellrechtliche Zuzugsregelung bestand. Den Gesellschaften wurde demnach entgegen Art. 49, 54 AEUV die durch die Niederlassungsfreiheit vermittelte **tatsächliche Freizügigkeit** verweigert. Welche Konsequenzen indes aus der Niederlassungsfreiheit für die Anwendung der Sitztheorie zu ziehen sind, war in der reichhaltigen Literatur bis zur Entscheidung „Überseering" heftig umstritten.[113]

Erst im Laufe der letzten ca. 20 Jahre ist durch entsprechende Vorgaben aus Luxemburg eine gewisse Klä- **57** rung eingetreten. Ausgangspunkt der Rechtsprechung des EuGH war die berühmte **„Daily Mail"**-Entscheidung aus dem Jahr 1988, wo es um ein steuerrechtliches Genehmigungserfordernis für den Wegzug der Hauptverwaltung einer Gesellschaft aus einem Gründungstheoriestaat (Vereinigtes Königreich) in einen anderen Gründungstheoriestaat (Niederlande) ging. Der die Diskussion für mehr als ein Jahrzehnt prägende Kernsatz der Entscheidung bestimmte, dass die Niederlassungsfreiheit „beim derzeitigen Stand des Gemeinschaftsrechts einer Gesellschaft, die nach dem Recht eines Mitgliedstaats gegründet ist und in diesem ihren satzungsmäßigen Sitz hat, nicht das Recht (gewährt), den Sitz ihrer Geschäftsleitung in einen

---

107 *Leible/Hoffmann* DB 2002, 2203 (2204).
108 BGH NJW 2009, 289; dazu: *Hellgardt* NZG 2009, 94; *Werner* GmbHR 2009, 191; *Lieder/Kliebisch* BB 2009, 338; *Kindler* IPRax 2009, 189.
109 Staudinger/*Großfeld* (1998) Int. GesR, Rn. 608 ff., 634; *Zimmer*, Internationales Gesellschaftsrecht, S. 199; *Kegel/Schurig*, Internationales Privatrecht, § 17 II; aus der Rspr. zuletzt OLG Hamm NZG 2001, 562; OLG Düsseldorf NZG 2001, 506; ferner BGHZ 25, 134, 144; BayObLGZ 1992, 113 (116); RGZ 7, 68; 88, 53; 107, 94.
110 *Schwarz* NZG 2001, 613; Staudinger/*Großfeld* (1998) Int. GesR Rn. 631; *Ebenroth/Auer* JZ 1993, 375.
111 Näher Rn. 143 ff. sowie Ulmer/Habersack/*Behrens/Hoffmann* GmbHG Einl. Rn. B 56 ff.; MHLS/*Hoffmann* GmbHG § 53 Rn. 1.

112 Grundlegend *Behrens* RabelsZ 52 (1988), 499; *ders.* ZGR 1994, 1; *Knobbe-Keuk* DB 1990, 2573; *dies.* ZHR 154 (1990), 325; *Sandrock* RIW 1989, 505; *v. Bar/Drobnig*, Europäisches Gemeinschaftsrecht und IPR, S. 185; *Koppensteiner*, Internationale Unternehmen im deutschen Gesellschaftsrecht, S. 116 f.; *Wiedemann* FS Kegel 1977, S. 187; *Timmermanns* RabelsZ 48 (1984), 1.
113 Zum Streitstand unmittelbar vor der Entscheidung „Überseering" vgl. mit umfassenden Nachw. MHLS/*Leible* GmbHG Syst. Darst. 2 Rn. 3 ff.; ferner MüKo-BGB/*Kindler* IntGesR Rn. 111 ff. mwN; Ulmer/Habersack/*Behrens/Hoffmann* GmbHG Einl. Rn. B 36 ff.

anderen Mitgliedstaat zu verlegen."[114] Auch wenn die Entscheidung nicht in einem gesellschaftsrechtlichen Zusammenhang erging, wurde hieraus geschlossen, dass der EuGH auch die mobilitätsfeindlichen Konsequenzen der Anwendung der Sitztheorie als mit der Niederlassungsfreiheit vereinbar ansah.[115]

58 **b) Centros.** Erst die „Centros"-Entscheidung[116] aus dem Jahr 1999 hat wieder Bewegung in die Frage gebracht. Hierbei ging es um die Begründung einer Zweigniederlassung einer Gesellschaft aus einem Gründungstheoriestaat (Vereinigtes Königreich) in einem anderen Gründungstheoriestaat (Dänemark), wobei die Gesellschaft ihre gesamte Geschäftstätigkeit über diese Zweigniederlassung abwickeln sollte und die Gründer dänische Staatsangehörige waren. Im Gründungsstaat verblieb lediglich eine Zustelladresse. Das dänische Registeramt wollte die Eintragung der Zweigniederlassung als rechtsmissbräuchlich verweigern, da die Gründung im Vereinigten Königreich offenbar in erster Linie der Umgehung des dänischen Mindestkapitalerfordernisses diente. Der EuGH hielt die Verweigerung der Eintragung indes für einen **Verstoß gegen die sekundäre Niederlassungsfreiheit**, da es nicht rechtsmissbräuchlich sei, „wenn ein Staatsangehöriger eines Mitgliedstaats, der eine Gesellschaft gründen möchte, diese in dem Mitgliedstaat errichtet, dessen gesellschaftsrechtlichen Vorschriften ihm die größte Freiheit lassen, und in anderen Mitgliedstaaten Zweigniederlassungen gründet."[117]

59 Im Anschluss an die „Centros"-Entscheidung wurde intensiv über die Frage diskutiert, ob der EuGH damit von den Aussagen der „Daily Mail"-Entscheidung abgerückt ist. Insbesondere die Tatsache, dass wiederum nur Gründungstheoriestaaten betroffen waren und die Sitztheorie somit nicht direkt angesprochen werden musste, aber auch die Anwendung der sekundären anstelle der primären Niederlassungsfreiheit, obwohl im Gründungsstaat keine Hauptniederlassung bestand, gab Anlass zu Spekulationen über die Reichweite der Entscheidung und ihre Auswirkungen auf die Sitztheoriestaaten.[118] Die weitestgehenden Auswirkungen entnahm wohl der österreichische OGH der Entscheidung, da dieser sie bereits zum Anlass nahm, die Anwendung der in § 10 öIPRG gesetzlich verankerten Sitztheorie auf niederlassungsberechtigte Gesellschaften aufzugeben und so der von „Überseering" geforderten Auslegung bereits vorzugreifen.[119] In jüngerer Zeit wird ferner – in Hinblick auf eine Entscheidung des EuGH auf dem Gebiet des Steuerrechts[120] – diskutiert, ob der EuGH seine Sichtweise der „Centros"-Entscheidung, wonach die Niederlassungsfreiheit gerade keine wirtschaftliche Tätigkeit im Gründungsstaat der Gesellschaft voraussetzt, wieder aufgegeben hat.[121] Tatsächlich hat sich der EuGH in der genannten Entscheidung **„Cadbury-Schweppes"** zwar mit dem Problem der „Briefkastenfirma" befasst,[122] aber – wie nicht verkannt wird[123]- gerade mit der umgekehrten Konstellation einer fehlenden „tatsächlichen Ansiedlung im Aufnahmemitgliedstaat" (aufgrund derer eine Beschränkung durch den Gründungsmitgliedstaat erfolgt), nicht der fehlenden wirtschaftlichen Tätigkeit im Gründungsstaat wie in „Centros". Ferner sind die Aussagen in einem ganz anderen rechtlichen Zusammenhang erfolgt, da der EuGH eine Beschränkung der Niederlassungsfreiheit auch in „Cadbury-Schweppes" unproblematisch bejaht hat[124] und die Aussagen zur **„Briefkastenfirma"** lediglich in Hinblick auf eine Rechtfertigung zur „Bekämpfung missbräuchlicher Praktiken"[125] erfolgt sind. Diese einen spezifisch steuer-

---

114 EuGH Rs. 81/87, Slg 1988, 5483 ff., 5512 Tz 12 – Daily Mail; dazu: *Behrens* IPRax 1989, 354; *Ebenroth/Eyles* DB 1989, 363 und 413; *Sack* JuS 1990, 352; *Sandrock/Austmann* RIW 1989, 249.

115 *Behrens* ZGR 1994, 1 (20 f.); *Ebenroth/Eyles* DB 1989, 363 (372); Staudinger/*Großfeld* (1998) Int. GesR Rn. 123; *Großfeld/König* RIW 1992, 433 (435); *Kindler* NJW 1999, 1993 (1997).

116 EuGH Slg 1999, I-1459 ff. = IPRax 1999, 364 = NJW 1999, 2027 = NZG 1999, 297 mit Anm. *Leible*.

117 EuGH Slg 1999, I-1459 ff. Tz 27 – Centros; aus der umfangreichen Lit. zu dieser Entscheidung sind hervorzuheben: *Freitag* EuZW 1999, 267; *Kieninger* ZGR 1999, 724; *Steindorff* JZ 1999, 1140; *Ebke* JZ 1999, 656; *Zimmer* ZHR 164 (2000), 23; *Behrens* IPRax 1999, 323; *W.-H. Roth* ZGR 2000, 311; *Kindler* NJW 1999, 1993; umfassende Nachw. bei: MHLS/*Leible* GmbHG Syst. Darst. 2 Rn. 20.

118 Vgl. einerseits (keine Bedeutung für Sitztheoriestaaten): *Ebke* JZ 1999, 656 (658); *Görk* MittBayNot 1999, 300 (302); *Kindler* NJW 1999, 1993 (1997); *Lange* DNotZ 1999, 599 (606); *Sonnenberger/Großerichter* RIW 1999, 721 (726); *Timme/Hülk* JuS 1999, 1055 (1058); *Hoffmann* ZHR 164 (2000), 43, 48 f.; wohl auch *W.-H. Roth* ZGR 2000, 311 (326 f.), andererseits (Entscheidung schränkt Anwendung der

Sitztheorie ein): *Behrens* IPRax 1999, 323 (325 ff.); *Bungert* DB 1999, 1841 (1843); *Dautzenberg* FR 1999, 451 (452); *Freitag* EuZW 1999, 267 (269); *Göttsche* DStR 1999, 1403 (1406); *Kieninger* ZGR 1999, 724 (746); *Koppensteiner* VGR 2 (2000), 151, 182 f.; *Korn/Thaler* WBl 1999, 247, 254; *Sandrock* BB 1999, 1337 (1341); *Leible* NZG 1999, 300 (301); *Steindorff* JZ 1999, 1140 (1141); *Geyrhalter* EWS 1999, 201 (203); *Meilicke* DB 1999, 625 (627 f.); *Neye* EWiR 1999, 259 (260); *Risse* MDR 1999, 752 (753); *Sedemund/Hausmann* BB 1999, 810.

119 OGH NZG 2000, 156; dazu *Behrens* IPRax 2000, 384; *Höfling* EuZW 2000, 145.

120 EuGH EuZW 2006, 663 – Cadbury-Schweppes.

121 Hierfür insbesondere *Roth* EuZW 2010, 607; *ders.* Vorgaben der Niederlassungsfreiheit für das Kapitalgesellschaftsrecht; *Kindler* IPRax 2010, 272; MüKo-BGB/*Kindler* IntGesR Rn. 128 ff.

122 EuGH EuZW 2006, 663 Tz 68 – Cadbury-Schweppes.

123 Vgl. etwa *Roth* EuZW 2010, 607 (608 f.).

124 EuGH EuZW 2006, 663 Tz 41 ff. – Cadbury-Schweppes.

125 EuGH EuZW 2006, 663 Tz 55 – Cadbury-Schweppes.

rechtlichen Zusammenhang betreffenden Aussagen dürften richtigerweise ohne Relevanz für das internationale Gesellschaftsrecht sein, da schon die zugrunde liegende Konstellation international-gesellschaftsrechtlich unproblematisch ist, da der Gründung von ausländischen Tochtergesellschaften regelmäßig keine gesellschaftsrechtlichen Hindernisse entgegen stehen.[126] Nichts anderes gilt richtigerweise für die Entscheidung „Vale", die von den Vertretern der Gegenauffassung als Bestätigung interpretiert wurde (→ Rn. 71 ff.).

c) Überseering. Mit der Entscheidung in der Rechtssache „Überseering"[127] aus dem Jahr 2002 wurde **60** deutlich, dass der EuGH einen Widerspruch zwischen der Niederlassungsfreiheit und den Wirkungen der Sitztheorie annimmt. Das Urteil betraf die Rechtsstellung einer nach niederländischem Recht gegründeten Gesellschaft nach der Verlegung ihrer Hauptverwaltung in die Bundesrepublik Deutschland.[128] Der EuGH hielt es für nicht mit der Niederlassungsfreiheit vereinbar, einer derartig zugezogenen Auslandsgesellschaft die **Rechts- und Parteifähigkeit** aufgrund des von der Sitztheorie angeordneten Statutenwechsels abzuerkennen und die Gesellschaft so zur Neugründung zu zwingen. Allerdings anerkannte der EuGH, dass „ein Mitgliedstaat die Möglichkeit hat, einer nach seiner Rechtsordnung gegründeten Gesellschaft Beschränkungen hinsichtlich der Verlegung ihres tatsächlichen Verwaltungssitzes aus seinem Hoheitsgebiet aufzuerlegen, damit sie die nach dem Recht dieses Staates zuerkannte Rechtspersönlichkeit beibehalten kann."[129] Er bestätigte somit das Recht der Mitgliedstaaten, für die ihrem Recht unterliegenden Gesellschaften **Wegzugsbeschränkungen** bis hin zur Auflösung bei Grenzübertritt zu errichten. Für zuziehende Gesellschaften verlangte er dagegen aufgrund der Niederlassungsfreiheit ihre Anerkennung in allen Mitgliedstaaten, in denen sie sich niederlassen wollen,[130] und zwar gerade **als Gesellschaft ihres Gründungsrechts**, da sie „jenseits der nationalen Rechtsordnung, die ihre Gründung und ihre Existenz regelt, keine Realität hat."[131] Die Mitgliedstaaten haben daher wegen Art. 49, 54 AEUV gerade „die Rechtsfähigkeit [...] zu achten, die diese Gesellschaft nach dem Recht ihres Gründungsstaats besitzt."[132]

Der EuGH hat somit einerseits nur den Zuzug in einen Mitgliedstaat der Niederlassungsfreiheit unterstellt, **61** nicht aber auch den Wegzug, und andererseits nicht die materiellrechtlichen Auswirkungen der Sitztheorie, sondern bereits die **Anwendung der Sitztheorie** selbst als mit Art. 49, 54 AEUV inkompatibel angesehen. Letzteres zeigt, dass die Entscheidung unmittelbar in das Gesellschaftskollisionsrecht der Mitgliedstaaten eingreift und diesen nicht die Wahl überlässt, ob sie auf **kollisions- oder materiellrechtlichem Wege** die Zuzugsmöglichkeit schaffen wollen.[133] Die **Rechtfertigung von Beschränkungen** wird zwar grundsätzlich als möglich angesehen, nicht aber in Bezug auf die grundsätzliche Anerkennung der Gesellschaft.[134]

d) Inspire Art. Beschränkungen der Niederlassungsfreiheit in Form von **Überlagerungen des Gesell- 62 schaftsstatuts** waren dann im Jahr 2003 Gegenstand der Entscheidung „Inspire Art".[135] Darin ging es um ein niederländisches Gesetz, durch das Gesellschaften ausländischen Rechts, die ihre gesamte Geschäftstä-

---

126 So auch *Eckert*, Internationales Gesellschaftsrecht, S. 68 ff.

127 EuGH Slg 2002, I-9919 („Überseering") = IPrax 2003, 65 = NJW 2002, 3614 = EuZW 2002, 754 mAnm *Wernicke* = IStR 2002, 809 mAnm *Sedemund* und *Schnitger* = EWS 2002, 569 mAnm *Hirte* = MDR 2003, 96 mAnm Haack = JA 2003, 267 mAnm *Timme/Hülk*. Vgl. auch die Besprechungsaufsätze von *Binz/Mayer* GmbHR 2003, 249; *Deininger* IStR 2003, 214; *Eidenmüller* ZIP 2002, 2233; *Forsthoff* DB 2002, 2471; *Großerichter* DStR 2003, 159; *von Halen* WM 2003, 571; *Heidenhain* NZG 2002, 1141; *Kallmeyer* DB 2002, 2521; *Kersting* NZG 2003, 9; *Kindler* NJW 2003, 1073; *Knapp* DNotZ 2003, 85; *Leible/Hoffmann* RIW 2002, 925; *Lutter* BB 2003, 7; *Paefgen* DB 2003, 487; *ders.* WM 2003, 561; *Roth* IPRax 2003, 117; *Schanze/Jüttner* AG 2003, 30; *Schulze/Sester* EWS 2002, 545; *Zimmer* BB 2003, 1; monographisch *Kern* Überseering – Rechtsangleichung und gegenseitige Anerkennung; *Unzicker* Niederlassungsfreiheit der Kapitalgesellschaft.

128 Die Entscheidung ging auf einen Vorlagebeschluss des BGH zurück, vgl. BGH IPrax 2000, 423 = EuZW 2000, 412 = NZG 2000, 926 mAnm *Bous* NZG 2000, 1025; dazu *Altmeppen* DStR 2000, 1061; *Bechtel* NZG 2001, 21; *Behrens* EuZW 2000, 385; *ders.* IPrax 2000, 384; *Forsthoff* DB 2000, 1109; *Jaeger* NZG 2000, 918; *Kindler* RIW 2000, 649; *Meilicke* GmbHR 2000, 693; *W.-H. Roth* ZIP 2000,

1597; *Walden* EWS 2001, 256; *Zimmer* BB 2000, 1361.

129 EuGH NJW 2002, 3614 Tz 70.

130 EuGH NJW 2002, 3614 Tz 59.

131 EuGH NJW 2002, 3614 Tz 81.

132 EuGH NJW 2002, 3614 Tz 95.

133 Näher und insoweit krit.: *Leible/Hoffmann* RIW 2002, 925 ff.; nach wie vor kritisch in Hinblick auf eine kollisionsrechtliche Bedeutung der Rechtsprechung bleibt MüKoBGB/*Kindler* IntGesR Rn. 121 ff.; ferner *Kindler* IPRax 2009, 189.

134 EuGH NJW 2002, 3614 Tz 92 f.

135 EuGH IPRax 2004, 46 = NJW 2003, 3331. Dazu: *Altmeppen* NJW 2004, 97; *Behrens* IPrax 2004, 20; *Bayer* BB 2003, 2357; *Eidenmüller/Rehm* ZGR 2004, 159; *Geyrhalter/Gänßler* DStR 2003, 2167; *Hirsch/Britain* NZG 2003, 1100; *Horn* NJW 2004, 893; *Kanzleiter* DNotZ 2003, 885; *Kersting/Schindler* RdW 2003, 621; *Kindler* NZG 2003, 1086; *Kleinert/Probst* DB 2003, 2217; *dies.* MDR 2003, 1265; *Leible/Hoffmann* EuZW 2003, 677; *Maul/Schmidt* BB 2003, 2297; *Müller-Bonanni* GmbHR 2003, 1235; *Sandrock* ZVglRWiss 102 (2003), 447; *Schanze/Jüttner* Die AG 2003, 661; *Spindler/Berner* RIW 2003, 949; *Triebel/v. Hase* BB 2003, 2409; *Ulmer* NJW 2004, 1201; *Wachter* GmbHR 2003, 1254; *Weller* DStR 2003, 1800; *Ziemons* ZIP 2003, 1913; *Zimmer* NJW 2003, 3585.

tigkeit von den Niederlanden aus entfalten („**formal ausländische Gesellschaft**"), besondere Pflichten auf- erlegt und besonderen Sanktionen unterworfen wurden.[136] In der Entscheidung hat der EuGH zunächst zwi- schen Regelungen innerhalb und außerhalb des Anwendungsbereichs der Zweigniederlassungsrichtlinie[137] differenziert und Erstere am Maßstab des (abschließenden) Richtlinienrechts gemessen. Insbesondere der Erlass weiter gehender **Offenlegungsvorschriften** ist den Mitgliedstaaten damit verwehrt.

63 Hieraus wird deutlich, dass der EuGH zugezogene Auslandsgesellschaften auch dann als **Zweigniederlas- sungen** im Sinne des europäischen Rechts betrachtet, wenn keine Hauptniederlassung im Ausland besteht. In Bezug auf die Niederlassungsfreiheit liegt die Bedeutung des Urteils darin, dass der EuGH feststellte, dass allein die Anerkennung der Gesellschaft nicht geeignet ist, das Vorliegen eines Beschränkungstatbe- stands zu verneinen (Tz 99 ff.). Denn die Anerkennung ändert nichts daran, dass das Gesellschaftsstatut durch zwingende Vorschriften des niederländischen Gesellschaftsrechts überlagert wird, sofern eine in einem anderen Mitgliedstaat wirksam gegründete Gesellschaft ihre Tätigkeiten ausschließlich oder nahezu ausschließlich im Staat der Zweigniederlassung ausübt. Bereits das ist Beschränkung genug. Schon „Über- seering" hat deutlich gemacht, dass die Gesellschaft so anzuerkennen ist, wie sie ist, dh einschließlich der nach dem Gründungsrecht gewährten Haftungsprivilegien etc.

64 Jede **Durchbrechung des Gesellschaftsstatuts**, und sei es auch „nur" durch Sonderanknüpfungen, beschränkt die Gesellschaft in der Ausübung ihrer Niederlassungsfreiheit und bedarf der Rechtfertigung.[138] Dafür müssten die überlagernden Regelungen in **nicht diskriminierender Weise** angewandt werden, aus- nahmsweise aus **zwingenden Gründen des Allgemeininteresses** gerechtfertigt sein, sofern sie zur Errei- chung des verfolgten Zieles **geeignet, erforderlich und verhältnismäßig ieS** sind. Der EuGH lässt offen, ob Vorschriften über das Mindestkapital einer Gesellschaft überhaupt zur Gewährung von Gläubigerschutz geeignet sind,[139] da potenzielle Gläubiger bereits durch das Auftreten der Inspire Art Ltd. „als Gesellschaft englischen Rechts und nicht als niederländische Gesellschaft" hinreichend darüber unterrichtet sind, dass sie anderen Rechtsvorschriften als denen des niederländischen Rechts unterliegt (Tz 135).

65 **e) SEVIC Systems.** In der Entscheidung „SEVIC Systems" aus dem Jahr 2005[140] hatte der EuGH erstmals Gelegenheit, sich auch zu den Auswirkungen der Niederlassungsfreiheit auf das Umwandlungsrecht, insbe- sondere in Hinblick auf **grenzüberschreitende Umwandlungen** zu äußern. Die deutsche SEVIC Systems AG schloss im Jahr 2002 mit einer luxemburgischem Recht unterliegenden Aktiengesellschaft (SA) einen Verschmelzungsvertrag, in dem eine Verschmelzung zur Aufnahme (§ 2 Nr. 1 UmwG) der Auslandsgesell- schaft in die deutsche AG vereinbart wurde. Das Amtsgericht Neuwied wies den Antrag auf Eintragung der Verschmelzung in das Handelsregister mit der Begründung zurück, dass § 1 Abs. 1 Nr. 1 UmwG nur die Verschmelzung von Rechtsträgern mit Sitz in Deutschland vorsehe. Das LG Koblenz legte dem EuGH im Rahmen des Beschwerdeverfahrens die Frage zur Vorabentscheidung vor, ob die Artikel 49 und 54 AEUV dahin auszulegen sind, dass es im Widerspruch zur Niederlassungsfreiheit für Gesellschaften steht, wenn einer ausländischen europäischen Gesellschaft die Eintragung ihrer angestrebten Verschmelzung mit einer deutschen Gesellschaft in das deutsche Handelsregister versagt wird, weil § 1 Abs. 1 UmwG nur eine Umwandlung von Rechtsträgern mit Sitz im Inland vorsieht.[141] Zu entscheiden war somit die Frage, ob ein genereller Ausschluss grenzüberschreitender Verschmelzungen (als Konsequenz einer restriktiven Ausle- gung des § 1 Abs. 1 UmwG)[142] mit der Niederlassungsfreiheit vereinbar ist, wenn eine vergleichbare Inlandsumwandlung (also hier die Verschmelzung zweier deutscher Aktiengesellschaften) zugelassen wird.

66 Etwas überraschend stellte der EuGH für die Beantwortung der Frage nicht auf die Beschränkung der Mobi- lität selbst, sondern auf die **Diskriminierung** im Vergleich zu den Inlandsumwandlungen ab. Der EuGH ging davon aus, dass die unterschiedliche Behandlung der Auslandsgesellschaften, denen die grenzüber- schreitenden Umwandlungsmöglichkeiten mit deutschen Gesellschaften nicht zur Verfügung stehen, diese davon abhalten können, von der Niederlassungsfreiheit Gebrauch zu machen.[143] Dieser ausdrückliche Hin-

136 Näher *Leible/Hoffmann* EuZW 2003, 677.
137 RL 89/666/EWG, ABl. EG L 395, S. 36 ff (heute: Art. 29 ff. RL (EU) 2017, 1132, Abl. EU 2017, L 169/46).
138 So bereits *Leible/Hoffmann* EuZW 2003, 677 (681).
139 Abl. hingegen GA *Alber* NZG 2003, 262 Rn. 141 ff.; deutlich außerdem bereits EuGH Slg 1999, I-1459 Rn. 35 – Centros.
140 EuGH NJW 2006, 425 = BB 2006, 11. – Sevic; vgl. dazu auch *Leible/Hoffmann* RIW 2006, 161; *Bayer/ Schmidt* ZIP 2006, 210; *Bungert* BB 2006, 53; *Dry- gala* EWiR 2006, 25; *Ringe* DB 2005, 2806; *Schmidt/Maul* BB 2006, 13; *Kuntz* IStR 2006, 224; *Eckert*, Internationales Gesellschaftsrecht, S. 60 ff.

Vgl. auch die ausführlichen Schlussanträge des GA Poiares Maduro v. 7.7.2005, ZIP 2005, 1227; dazu *Drygala* ZIP 2005, 1995; *Geyrhalter/Weber* NZG 2005, 837; *Heckschen* NotBZ 2005, 315; *Knapp* DNotZ 2005, 723; *Kuntz* EuZW 2005, 524; *Sinewe* DB 2005, 2061; *Wachter* EWiR 2005, 581.
141 LG Koblenz NZG 2003, 1124; vgl. dazu *Beul* IStR 2003, 737; *Jung* GPR 2004, 87; *Kloster* GmbHR 2003, 1413; *Mankowski* EWiR 2004, 139.
142 Zu dieser Auslegungsfrage vgl. ausführlich Semler/ Stengel/*Drinhausen* UmwG Einl. C Rn. 21 ff.; Lutter/ *Lutter/Drygala* UmwG § 1 Rn. 4 ff.
143 EuGH NJW 2006, 425 (426) Tz 22.

weis auf die unterschiedliche Behandlung macht deutlich, dass der EuGH hier (nur) eine Gleichbehandlung fordert, so dass die Niederlassungsfreiheit es nicht gebietet, bestimmte Umwandlungsmöglichkeiten erstmals einzuführen. Jedoch dürfen die im Inland bestehenden gesetzlichen Möglichkeiten nicht auf Inlandsumwandlungen beschränkt werden, vielmehr sind diese auf grenzüberschreitende Sachverhalte zu erstrecken. Allerdings gilt auch dies nur insoweit, als die Ungleichbehandlung nicht anhand **zwingender Gründe des Allgemeininteresses** gerechtfertigt werden kann und die Maßnahme geeignet und erforderlich für die Erreichung des verfolgten Ziels ist.[144] Hiermit bedurfte es indes keiner näheren Auseinandersetzung, da sich der EuGH auf die Aussage beschränken konnte, dass eine Rechtfertigung anhand zwingender Gründe des Allgemeininteresses (zB Gläubiger- und Minderheitenschutz, Arbeitnehmerinteressen, Wirksamkeit der Steueraufsicht) zwar denkbar ist, zumindest die hier betroffene generelle Verhinderung grenzüberschreitender Verschmelzungen aber keinesfalls als erforderlich angesehen werden kann. Es ist darauf hinzuweisen, dass der EuGH in der Entscheidung trotz der Diskriminierung bezüglich der Rechtfertigung nicht auf Art. 52 AEUV, sondern auf das Vorliegen zwingender Gründe des Allgemeininteresses abstellt. Damit dürfte sich der EuGH von der traditionellen Differenzierung auf der Rechtfertigungsebene und dem Erfordernis einer „nichtdiskriminierenden Anwendung" als Rechtfertigungsvoraussetzung[145] entfernt haben.

Für die **grenzüberschreitende Verschmelzung** von Kapitalgesellschaften ist das „SEVIC"-Urteil heute nur **67** noch von begrenztem Interesse, da durch die Umsetzung der Richtlinie über die Verschmelzung von Kapitalgesellschaften aus verschiedenen Mitgliedstaaten inzwischen eine spezielle gesetzliche Regelung für diese Fälle geschaffen worden ist (§§ 122 a ff. UmwG, dazu → Rn. 195 ff.). Allerdings lässt sich die (auch in den Formulierungen sehr allgemein gehaltene) Argumentation des EuGH auch auf andere Arten von Umwandlungen übertragen, so dass „SEVIC Systems" letztlich gebietet, alle Umwandlungsmöglichkeiten des UmwG auch grenzüberschreitend zu eröffnen. Lediglich zum Schutz genau bestimmter zwingender Gründe des Allgemeininteresses können in diesen Fällen besondere Verpflichtungen vorgesehen, keinesfalls aber die Umwandlung gänzlich ausgeschlossen werden. Praktische Bedeutung hat dies heute einerseits für die Verschmelzung von Personengesellschaften (die nicht von der Richtlinie erfasst werden), andererseits für die grenzüberschreitende Spaltung (dazu noch → Rn. 201 f.) und den grenzüberschreitenden Formwechsel (dazu sogleich → Rn. 68). Die zunächst in der Literatur diskutierte Frage,[146] ob die „SEVIC"-Entscheidung die Mitgliedstaaten nur dazu verpflichtet, eine **Hineinumwandlung** auf einen inländischen Rechtsträger zuzulassen, oder ob auch den nach eigenem Recht gegründeten Gesellschaften der Herausumwandlung auf einen Rechtsträger ausländischen Rechts zu erlauben ist, dürfte sich in Hinblick auf die Entscheidung „Cartesio" (dazu sogleich → Rn. 68) erledigt haben, da der EuGH hierin auch den statutenwechselnden Wegzug einer Inlandsgesellschaft als von der Niederlassungsfreiheit umfasst angesehen hat – letztlich also den grenzüberschreitenden Formwechsel. Für ein Verbot der **Herausumwandlung** bleibt vor diesem Hintergrund kein Raum mehr.

f) Cartesio. Ein weiteres Puzzleteil fügte der EuGH seiner Rechtsprechung zur Niederlassungsfreiheit der **68** Gesellschaften mit der Entscheidung „Cartesio" vom 16.12.2008 hinzu.[147] Der Sachverhalt betraf eine Kommanditgesellschaft ungarischen Rechts, die ihren tatsächlichen Sitz, also ihre Hauptverwaltung, unter Beibehaltung des ungarischen Gesellschaftsstatuts von Ungarn nach Italien verlegen wollte und die Eintragung dieser Sitzänderung in das Handelsregister begehrte. Das ungarische Gericht legte dem EuGH die Frage vor, ob die Niederlassungsfreiheit der Verweigerung einer solchen Sitzverlegung entgegensteht. Damit war die **Fortgeltung der „Daily Mail"-Doktrin** (→ Rn. 57) unmittelbar angesprochen, also die Frage, ob die Unterbindung des Wegzugs durch den Gründungsstaat auch nach der Neuorientierung der EuGH-Rechtsprechung noch immer als europarechtskonform eingestuft wird. Insbesondere nach einer entsprechenden Stellungnahme des Generalanwalts[148] war in Fachkreisen eine Abkehr von dieser mobilitätsfeindlichen Doktrin erwartet worden. Dennoch entschied sich der EuGH für eine Beibehaltung der bisheri-

144 EuGH NJW 2006, 425 (426) Tz 23, 28 ff.

145 Nach bisherigem Verständnis, das insbesondere der sog. „Gebhard-Formel" zugrunde liegt, setzte eine Rechtfertigung außerhalb des Art. 52 AEUV die nichtdiskriminierende Anwendung der Beschränkung voraus, vgl. EuGH NJW 1996, 1459 – Gebhard. Näher zu diesem Aspekt der „SEVIC"-Entscheidung vgl. *Leible/Hoffmann* RIW 2006, 161.

146 Vgl. etwa *Leible/Hoffmann* RIW 2006, 161.

147 EuGH NJW 2009, 569 = BB 2009, 11; vgl. dazu *Knop* DZWir 2009, 147; *Frobenius* DStR 2009, 487; *Sethe/Winzer* WM 2009, 536; *Heuschmid/Däubler* NZG 2009, 493; *Campos Nave* BB 2009, 870; *Leible/Hoffmann* BB 2009, 58; *Zimmer/Naendrup* NJW 2009, 545; *Paefgen* WM 2009, 529; *Grohmann*

DZWiR 2009, 322; *Kindler* NZG 2009, 130; *ders.* IPRax 2009, 189; *Teichmann* ZIP 2009, 393; *Otte/Rietschel* GmbHR 2009, 983; *Behme/Nohlen* BB 2009, 13; *Bayer/Schmidt* ZHR 173 (2009), 735; *Mörsdorf* EuZW 2009, 97; *Hennrichs/Klavina/Pöschke/Laage* WM 2009, 2009; *Kobelt* GmbHR 2009, 808; *Brakalova/Barth* DB 2009, 213; *Frenzel* EWS 2009, 158; *Werner* GmbHR 2009, 191; *Herrler* DNotZ 2009, 484; *Eckert*, Internationales Gesellschaftsrecht, S. 62 ff.

148 Schlussanträge des GA Poiares Maduro NZG 2008, 498 (in Tz 36); vgl. hierzu *Wilhelmi* DB 2008, 1611; *Grohmann/Gruschinske* EuZW 2008, 496; *Behme/Nohlen* NZG 2008, 496.

gen Sichtweise und hielt eine solche „Einmauerung" für zulässig, soweit die betroffene Gesellschaft an ihrem Personalstatut festhalten will. In einem (wiederum etwas überraschenden) obiter dictum führte der EuGH darüber hinaus jedoch aus, dass die Niederlassungsfreiheit dagegen sehr wohl die **Sitzverlegung unter Änderung des anwendbaren Rechts** erfasst, so „dass der Gründungsmitgliedstaat die Gesellschaft dadurch, dass er ihre Auflösung und Liquidation verlangt" nicht daran hindern darf, „sich in eine Gesellschaft nach dem nationalen Recht dieses anderen Mitgliedstaats umzuwandeln, soweit dies nach diesem Recht möglich ist."[149]

69   Die Konsequenzen der Entscheidung beschränken sich für das internationale Gesellschaftsrecht zunächst darauf, dass infolge der Bestätigung der „Daily Mail"-Doktrin die Anwendung der Sitztheorie durch die Mitgliedstaaten auf Gesellschaften, die nach eigenem Recht gegründet worden sind, weiterhin zulässig bleibt. Die Niederlassungsfreiheit steht also einer **Entziehung des Gesellschaftsstatuts** infolge des tatsächlichen Grenzübertritts der Hauptverwaltung nicht entgegen. Nicht zulässig ist dagegen eine über den Entzug des Statuts hinausgehende materiellrechtliche Zwangsauflösung, da dies eine Fortführung als Gesellschaft ausländischen Rechts verhindern würde. In der Eröffnung der Möglichkeit einer **identitätswahrenden Umwandlung** in eine Auslandsgesellschaft liegt denn auch die eigentliche Bedeutung der Entscheidung: Soweit die Zuzugsrechtsordnung dies ermöglicht, muss auch das bisherige Gesellschaftsstatut einen solchen grenzüberschreitenden Formwechsel hinnehmen. Beschränkungen müssen sich am Maßstab zwingender Gründe des Allgemeininteresses, der Geeignetheit und der Erforderlichkeit messen lassen, so dass ein genereller Ausschluss jedenfalls ausscheidet. Die üblichen umwandlungsrechtlichen Schutzinstrumente (insbes. zum Minderheiten- und Gläubigerschutz) können dagegen regelmäßig gerechtfertigt werden. Da diese Umwandlungsmöglichkeit auch ohne gesetzliche Regelung anzuerkennen ist, müssen derartige Schutzinstrumente (bis zu einer Regelung durch den Gesetzgeber) im Wege der Rechtsfortbildung aus dem geltenden Recht heraus entwickelt werden (→ Rn. 203 ff.). Da der EuGH somit der Niederlassungsfreiheit ein Recht auf das Verlassen der Gründungsrechtsordnung entnommen hat, bleibt auch in Hinblick auf die Entscheidung „SEVIC" für eine Differenzierung zwischen **Herein- und Hinausumwandlungen** (→ Rn. 67) kein Raum mehr. Da eine materiellrechtliche Auflösung „an der Grenze" von der Niederlassungsfreiheit untersagt wird, ergibt sich als weitere Konsequenz, dass ein Wegzug in einen Gründungstheoriestaat auch ohne formwechselnde Umwandlung möglich ist: Hier kommt es aus Sicht des Sitztheoriestaates zu einer Rückverweisung, die – soweit sie angenommen wird – einem Statutenwechsel auch aus Sicht des Sitztheoriestaates entgegensteht. Auch diesen Vorgang wird man nunmehr als von der Niederlassungsfreiheit gedeckt anzusehen haben.[150] Offen ließ die Entscheidung noch, ob die Niederlassungsfreiheit auch einen grenzüberschreitenden Formwechsel ohne Verlegung des Verwaltungssitzes eröffnet[151] – insoweit hat erst die Entscheidung „Polbud" (Rn. 74) Klarheit gebracht.

70   **g) National Grid Indus.** Die Entscheidung „National Grid Indus" von 2011[152] betraf einen Sachverhalt, der dem Fall „Daily Mail" (→ Rn. 57) weitgehend vergleichbar war. Wiederum ging es um die Frage, ob **steuerrechtliche Wegzugshindernisse** bei einer Verlegung des tatsächlichen Verwaltungssitzes mit der Niederlassungsfreiheit vereinbar sind. Da die Sitzverlegung zwischen zwei Gründungstheoriestaaten erfolgen sollte, stand ein Wechsel des Gesellschaftsstatuts in keiner Form im Raum. Der EuGH bestätigt zunächst nochmals seine Rechtsprechung, wonach die Mitgliedstaaten die Bedingungen festsetzen können, die eine Gesellschaft erfüllen muss, um die von ihm zuerkannte Rechtspersönlichkeit bei zu behalten. Aus der Befugnis, an den Wegzug die Aberkennung des Gesellschaftsstatuts zu knüpfen, folge aber nicht, dass auch andere Beschränkungen des Wegzugs nicht in den Anwendungsbereich der Niederlassungsfreiheit fielen. Vielmehr sind – solange das Gründungsrecht das Gesellschaftsstatut nicht entzieht – alle sonstigen Beschränkungen auch der tatsächlichen Sitzverlegung am Maßstab der Niederlassungsfreiheit zu messen. Konkret wurde daher eine Besteuerung nicht realisierter Gewinne (also die Aufdeckung stiller Reserven, die bei Verbleib im Inland nicht erfolgt wäre) anlässlich des Wegzugs als rechtfertigungsbedürftige Beschränkung angesehen. Die ausführlichen Erwägungen zur Rechtfertigung sind nur im steuerrechtlichen Kontext von Interesse. Für das Gesellschaftsrecht bedeutet die Entscheidung, dass die Aussage der „Daily Mail"-Entscheidung, dass die Niederlassungsfreiheit kein Recht auf Verlegung des Verwaltungssitzes aus dem Gründungsstaat heraus gewährt, präzisiert wird: Der Gründungsstaat wird nur nicht daran gehindert, der Gesellschaft bei Wegzug das Gesellschaftsstatut und damit die Rechtspersönlichkeit vollständig zu entziehen. Daraus folgt nicht nur, dass die Sitztheorie weiterhin auf eigene Gesellschaften angewendet werden darf, sondern auch, dass ein Entzug der Rechtspersönlichkeit auf der materiellrechtlichen Ebene zulässig wäre. Andere Beschränkungen, seien sie gesellschaftsrechtlicher oder sonstiger Natur,[153] sind dagegen am

---

149 EuGH EuZW 2009, 75 (80) Tz 112.
150 Ausf. *Leible/Hoffmann* BB 2009, 58 (61).
151 Dazu *Ringe* ZIP 2008, 1072 (1074); *Teichmann* ZIP 2009, 392 (404).
152 EuGH EuZW 2011, 951 – National Grid Indus; dazu *Schall/Barth* NZG 2012, 414; *Stöber* ZIP 2012, 1273; *Verse* ZeuP 2013, 458.
153 AA MüKoBGB/*Kindler* IntGesR Rn. 132 f.

Maßstab der Niederlassungsfreiheit zu messen. Die Mitgliedstaaten können also die Gesellschaften eigenen Rechts auf den (nach „Cartesio" eröffneten, → Rn. 69) Weg des **formwechselnden, identitätswahrenden Wegzugs** verweisen, andere Hindernisse (wie eine höhere Besteuerung), die ja auch diese Form des Wegzugs weniger attraktiv machen würden, bedürfen dagegen einer Rechtfertigung.

h) Vale. In „Cartesio" (→ Rn. 68 f.) hatte der EuGH die formwechselnde Umwandlung in eine Gesellschaft **71** des Zuzugsrechts ausdrücklich davon abhängig gemacht, dass „dies nach diesem Recht möglich ist" (Tz. 112). Schon nach der Entscheidung „SEVIC" (→ Rn. 65) haben die Mitgliedstaaten aber grenzüberschreitende Umwandlungsmöglichkeiten im selben Umfang zu eröffnen wie sie innerstaatliche Umwandlungen zulassen. Da der Wechsel des Gesellschaftsstatuts einem innerstaatlichen Formwechsel vergleichbar ist, wurde die EuGH-Rechtsprechung schon nach „Cartesio" teilweise dahin interpretiert, dass auch die grenzüberschreitende Herein-Umwandlung eröffnet werden muss, wenn im nationalen Recht der Formwechsel in einer vergleichbaren Konstellation (zB zwischen zwei verschiedenen Formen der Kapitalgesellschaft) zugelassen wird.[154] Der EuGH hatte bereits 2012 Gelegenheit, in der Entscheidung **„Vale"**[155] seine Rechtsprechung in diesem Punkt zu konkretisieren. Er stellte fest, dass Tz. 112 der Entscheidung „Cartesio" nicht dahin zu verstehen sei, dass „die Rechtsvorschriften des Aufnahmemitgliedstaats über die Umwandlung von Gesellschaften von vornherein des Regeln des AEUV über die Niederlassungsfreiheit entzogen werden sollen." Vielmehr bedeute dies nur, dass die Bedingungen für die Gesellschaftsgründung dem Recht des Zuzugsstaats als Gesellschaftsstatut zu entnehmen seien.[156] Da somit auch die Herein-Umwandlung in eine Rechtsform des Zuzugsstaats von der Niederlassungsfreiheit erfasst wird, liegt eine als Beschränkung anzusehende „unterschiedliche Behandlung von Gesellschaften" vor, wenn das nationale Recht nur innerstaatliche, nicht aber **grenzüberschreitende Formwechsel** zulässt.[157] Voraussetzung ist lediglich, dass „die tatsächliche Ausübung einer wirtschaftlichen Tätigkeit mittels einer festen Einrichtung im Aufnahmemitgliedstaat auf unbestimmte Zeit" beabsichtigt wird, so dass der Zuzugsstaat diese „tatsächliche Ansiedlung" zur Voraussetzung des Formwechsels machen darf. Ist diese Absicht gegeben, sind den Auslandsgesellschaften aber dieselben Umwandlungsmöglichkeiten in nationale Rechtsformen zur Verfügung zu stellen, wie sie für vergleichbare inländische Gesellschaften vorgesehen sind. Damit steht fest, dass die Niederlassungsfreiheit bei der grenzüberschreitenden Umwandlung für beide beteiligten Mitgliedstaaten relevant ist: Während „Cartesio" den Gesellschaften das Verlassen des bisherigen Gesellschaftsstatuts erlaubt, gebietet „Vale" dem Zuzugsrecht, den Formwechsel in eine Rechtsform des nationalen Rechts zu ermöglichen wenn (1) damit eine tatsächliche, dauerhafte Ansiedlung im Zuzugsstaat verbunden ist, (2) alle Anforderungen des nationalen Rechts an die Gesellschaftsgründung erfüllt werden, also insbesondere die gesellschaftsrechtlichen Grundlagen (insbes. die Satzung) an das Zuzugsrecht angepasst werden, und (3) ein vergleichbarer Formwechsel auch für die korrespondierende Gesellschaftsform nationalen Rechts zugelassen wird.

Für die verfahrensmäßige Ausgestaltung des grenzüberschreitenden Formwechsels gelten das **Äquivalenz-** **72** und das **Effektivitätsprinzip**.[158] Auch wenn das Unionsrecht keine genauen Vorgaben für die Durchführung des grenzüberschreitenden Formwechsels enthält, muss das mitgliedstaatliche Recht gewährleisten, dass sie weder übermäßig erschwert noch weniger günstig als eine vergleichbare innerstaatliche Umwandlung ausgestaltet wird. Da der EuGH ausdrücklich darauf hinweist, dass der Vorgang der „sukzessiven Anwendung von zwei nationalen Rechtsordnungen"[159] bedarf, gelten diese Anforderungen sowohl für das Recht des Wegzugs- als auch des Zuzugsstaats. Nicht mit der Niederlassungsfreiheit vereinbar wäre es daher, die umwandlungsrechtlichen Normen des innerstaatlichen Rechts nicht für vergleichbare grenzüberschreitende Vorgänge zur Verfügung zu stellen. Hieraus folgt, dass es – soweit erforderlich – einer unionsrechtskonformen Rechtsfortbildung bedarf, insbesondere durch die analoge Anwendung des innerstaatlichen Umwandlungsrechts, um dem Äquivalenzgrundsatz Rechnung zu tragen. Da der Gesellschaft durch den Formwechsel vom Zuzugsstaat die Rechtspersönlichkeit (bzw. Rechtsfähigkeit) verliehen wird, können im Rahmen des Verfahrens alle Bedingungen angewendet werden, die im nationalen Recht an die Gesellschaftsgründung gestellt werden (etwa die Anpassung der Satzung an das neue Gesellschaftsstatut sowie ein Mindestkapital). Aus dem Effektivitätsprinzip folgt insbesondere, dass die Mitgliedstaaten das Zusammenwirken von Weg- und Zuzugsrecht in dem Verfahren so zu gewährleisten haben, dass hieraus keine übermäßige Erschwernis oder sogar die Unmöglichkeit des Vorgangs resultiert. Dies betrifft insbesondere die Nachweise, die das Zuzugsrecht in Hinblick auf die Verfahrensschritte im Wegzugsstaat verlangen darf.

154 *Teichmann* ZIP 2009, 393 (402); *Zimmer/Naendrup* NJW 2009, 545 (548); *Otte/Rietschel* GmbHR 2009, 983 (984); *Frobenius* DStR 2009, 487 (490); *Behme/ Nohlen* BB 2009, 13 (14).

155 EuGH EuZW 2012, 621; dazu: *Schön* ZGR 2013, 333; *Bayer/Schmidt* ZIP 2012, 1481; *Verse* ZEuP 2013, 458; *Weller/Rentsch* IPRax 2013, 530; *Roth* ZIP 2012, 1744; *Kindler* EuZW 2012, 888; *Böttcher/*

Kraft NJW 2012, 2701; *Behme* NZG 2012, 936; *Drygala* EuZW 2013, 569; *König/Bormann* NZG 2012, 1241; vgl. auch den Vorlagebeschluss in ZIP 2010, 1956, dazu *Neye* EWiR 2010, 625.

156 EuGH EuZW 2012, 621 Tz. 32 – Vale.

157 EuGH EuZW 2012, 621 Tz. 36 – Vale.

158 EuGH EuZW 2012, 621 Tz. 48 – Vale.

159 EuGH EuZW 2012, 621 Tz. 44 – Vale.

Innerstaatliches Umwandlungsrecht muss daher bei der Anwendung auf grenzüberschreitende Formwechsel unionsrechtskonform so angepasst werden, dass die Vornahme bestimmter Verfahrensschritte im Ausland anerkannt wird und auch die im Auslandsrecht vorgesehenen Nachweise akzeptiert werden.

73 Konsequenz der Zusammenschau der Entscheidungen „Cartesio" und „Vale" ist somit, dass die Niederlassungsfreiheit (unter den genannten Bedingungen) auch das Recht zum identitätswahrenden Formwechsel umfasst, also eine **rechtliche Mobilität** in Hinblick auf das Gesellschaftsstatut gewährleistet. Die für den Herein-Formwechsel erforderliche Niederlassung im Zuzugsstaat ist allerdings nicht mit dem Verwaltungssitz im Sinne der Sitztheorie gleichzusetzen, vielmehr genügt jede dauerhafte Präsenz im Sinne des Niederlassungsbegriffs des AEUV, also auch etwa eine Zweigniederlassung. Diese genügt allerdings nur, um den Anwendungsbereich der Niederlassungsfreiheit zu eröffnen, sagt aber nichts darüber aus, welche Anforderungen das Recht des Zuzugsstaats an die Gründung (also den Erwerb der Rechtsfähigkeit oder Rechtspersönlichkeit nach nationalem Recht) stellen darf. Verlangt das nationale Recht allgemein für die Gründung einen inländischen Verwaltungssitz (was insbesondere Folge der zulässigen Anwendung der Sitztheorie auf Gesellschaften eigenen Rechts ist), kann diese Voraussetzung ebenso (Äquivalenzprinzip) im Rahmen des grenzüberschreitenden Formwechsels angewendet werden. Die Mindestanforderungen des Unionsrechts für die Anwendbarkeit der Niederlassungsfreiheit sind also von den Voraussetzungen des nationalen Rechts zu trennen. Dagegen hat auch das Urteil „Vale" keine Auswirkungen auf die Fallkonstellation der sog. **Briefkastengesellschaften**, die gerade umgekehrt in ihrem Gründungsstaat über keine wirtschaftliche Präsenz verfügen.[160] Denn aus dem Erfordernis, für die Ausübung der Niederlassungsfreiheit eine Präsenz im Zuzugsstaat zu begründen, lässt sich kaum ableiten, dass zusätzlich eine Präsenz im Herkunftsstaat bestehen muss. Nichts in dem Urteil deutet auch nur darauf hin, dass der EuGH von den gegenteiligen Aussagen im Urteil „Centros" abrücken wollte.[161]

74 **i) Polbud.** Während die Entscheidung „Vale" sich mit den Voraussetzungen befasst hat, unter denen das Zuzugsrecht den Formwechsel und damit den identitätswahrenden Erwerb der Rechtsfähigkeit unter dem Zuzugsrecht zu gewährleisten hat, kehrte der EuGH mit der viel diskutierten Entscheidung **„Polbud"**[162] zu den Anforderungen der Niederlassungsfreiheit an das Wegzugsrecht zurück. Die Klägerin (Polbud) ist eine haftungsbeschränkte Gesellschaft polnischen Rechts, die ihren Satzungssitz unter gleichzeitigem Formwechsel in eine Kapitalgesellschaft luxemburgischen Rechts nach Luxemburg verlegt hat, ohne zugleich den Verwaltungssitz ebenfalls aus Polen heraus zu verlegen. Die Klage betraf die Löschung der Gesellschaft im polnischen Register nach der Sitzverlegung nach Luxemburg, die die Vorinstanzen von der Durchführung eines Liquidationsverfahrens in Polen abhängig machen wollten. Der polnische Oberste Gerichtshof hatte daher dem EuGH nicht nur die Frage zur Vorabentscheidung vorgelegt, ob das Wegzugsrecht im Rahmen des Formwechsels die **Liquidation im Inland** verlangen kann, sondern auch, ob die Niederlassungsfreiheit überhaupt einen Heraus-Formwechsel **ohne gleichzeitige Verlegung des Verwaltungssitzes** eröffnet. Letztere Frage war nach „Cartesio" (Rn. 68 f.) noch offen geblieben und wird vom EuGH nunmehr bejaht: Danach ist für die Eröffnung des Schutzbereichs der Niederlassungsfreiheit weder relevant, ob im Rahmen des Hinausformwechsels auch der Verwaltungssitz verlegt werden, noch ob überhaupt irgendeine wirtschaftliche Tätigkeit im Zuzugsstaat aufgenommen werden soll.[163] Vielmehr darf der Gründungsstaat den Formwechsel auch dann nicht beschränken, wenn die wirtschaftliche Tätigkeit der Gesellschaft auf sein Gebiet beschränkt bleibt, sofern nur der Zuzugsstaat dies nicht zur Voraussetzung für den Erwerb der Rechtsfähigkeit macht. Nur das Zuzugsrecht kann mithin den Erwerb der Rechtsfähigkeit von einem tatsächlichen Zuzug abhängig machen, nicht das Wegzugsrecht als Voraussetzung der Aufgabe der bisher von diesem Recht abgeleiteten Rechtsfähigkeit. Damit hat der EuGH die Berufung auf die Niederlassungsfreiheit in einem Kontext eröffnet, in dem kein tatsächlicher Niederlassungsvorgang, sondern allein ein Wechsel des Gesellschaftsstatuts beabsichtigt wird. Diese Erweiterung der Niederlassungsfreiheit zu einer **„Freiheit der Rechtsformwahl"**,[164] die vielfach kritisiert worden ist,[165] erscheint durchaus als konsequent, wenn

160 So aber *Roth* ZIP 2012, 1744; *Kindler* EuZW 2012, 888; *Böttcher/Kraft* NJW 2012, 2701; *König/Bormann* NZG 2012, 1241.

161 Ebenso *Drygala* EuZW 2013, 569; *Bayer/Schmidt* ZIP 2012, 1481; Ulmer/Habersack/*Behrens/Hoffmann* GmbHG Einl. Rn. B 8.

162 EuGH NJW 2017, 3639; dazu: *Bayer/Schmidt* ZIP 2017, 2225; *Bochmann/Cziupka* GmbHR 2017, 1261; *Feldhaus* BB 2017, 2819; *Heßeling* IWRZ 2018, 84; *Hushahn* RNotZ 2018, 23; *Kieninger* NJW 2017, 3624; *dies.* ZEuP 2018, 309; *Kindler* NZG 2018, 1; *Korch/Thelen* IPRax 2018, 248; *Kovács* ZIP 2018,

253; *Mörsdorf* ZIP 2017, 2381; *Mossler* IWRZ 2018, 37; *Nentwig* GWR 2017, 432; *Paefgen* WM 2018, 981; *J. Schmidt* ZVglRWiss (116) 2017, 313; *Schollmeyer* ZGR 2018, 186; *Stelmaszczyk* EuZW 2017, 890; *Teichmann/Knaier* GmbHR 2017, 1314; *Wachter* NZG 2017, 1308; *Wicke* NZG 2017, 702; Jung/Krebs/Stiegler/*Stiegler,* Gesellschaftsrecht in Europa, § 10 Rn. 46.

163 EuGH NJW 2017, 3639 Rn. 38.

164 So etwa *Korch/Thelen* IPRax 2018, 248; ähnlich *Kieninger* NJW 2017, 3624.

165 ZB von *Kindler* NZG 2018, 1 (3).

man bedenkt, dass jedenfalls eine *sofortige Rückverlagerung* des Verwaltungssitzes und aller wirtschaftlicher Aktivitäten nach dem Hinausformwechsel von dem Gründungsstaat nicht verhindert werden könnte.

In Bezug auf die Frage, ob im Rahmen des Hinaus-Formwechsels die **Liquidation im Inland** verlangt werden kann, betont der EuGH zunächst, dass die Befugnis der Mitgliedstaaten zur Festlegung der „Anknüpfung", die für die Aufrechterhaltung der verliehenen Rechtspersönlichkeit erforderlich ist, **„keinesfalls mit irgendeiner Freistellung** des Rechts des Herkunftsmitgliedstaats über die Gründung und Auflösung von Gesellschaften von der Beachtung der Niederlassungsfreiheit verbunden" ist.[166] Daher steht dem Gründungsstaat auch nicht die Befugnis zu, den Hinausformwechsel durch strengere Anforderungen, als sie beim innerstaatlichen Formwechsel gelten, zu behindern. Vielmehr sind zusätzliche, über die Anwendung des innerstaatlichen Umwandlungsrechts hinausgehende Voraussetzungen als **Beschränkungen der Niederlassungsfreiheit** anzusehen und nur bei Rechtfertigung anhand zwingender Gründe des Allgemeininteresses und im Rahmen des Verhältnismäßigkeitsgrundsatzes zulässig.[167] Insbesondere das allgemeine Erfordernis einer vorherigen Liquidation im Gründungsstaat hat der EuGH dabei als nicht erforderlich für den Gläubigerschutz angesehen. **75**

j) Fazit. Zusammenfassend lässt sich also festhalten, dass aufgrund der skizzierten Entwicklung heute das Gesellschaftskollisionsrecht der Mitgliedstaaten wesentlich von den Vorgaben der Niederlassungsfreiheit der Art. 49, 54 AEUV geprägt wird. Dies gilt nicht nur für die anzuwendende **Kollisionsnorm** selbst, sondern auch für die Möglichkeit der **Anwendung zwingenden Rechts** des Sitzstaates, die Ermöglichung **grenzüberschreitender Umwandlungen** sowie die Möglichkeit, den Gründungsstaat mit oder ohne Mitnahme des Verwaltungssitzes **statutenwechselnd zu verlassen** und identitätswahrend die Rechtsfähigkeit einer anderen Rechtsordnung zu erlangen. Die folgende Darstellung des in Deutschland geltenden Internationalen Gesellschaftsrechts wird sich an diesen Vorgaben orientieren, den verbleibenden Spielraum für Überlagerungen abstecken und das daraus resultierende Erfordernis einer Fortentwicklung des autonomen deutschen Gesellschaftskollisionsrechts aufzeigen. **76**

IV. Notwendige Differenzierungen der Fragestellung

Das frühere deutsche Gesellschaftskollisionsrecht war von **Einheitlichkeit** geprägt. Bei der Anwendung der Sitztheorie wurde weder zwischen Körperschaften und Personengesellschaften noch nach dem Gründungsstaat der Gesellschaft differenziert. Aufgrund der nunmehr zu beachtenden europarechtlichen Vorgaben bedarf es allerdings einer Unterscheidung zwischen Sachverhalten innerhalb und außerhalb des Anwendungsbereichs dieser Vorgaben. Dem soll in der folgenden Darstellung durch eine doppelte Differenzierung Rechnung getragen werden: Einerseits wird zwischen dem Kollisionsrecht der **Körperschaften** und dem der **Personengesellschaft** unterschieden, andererseits zwischen nach **inländischem Recht**, nach **EU-ausländischem Recht** und nach **drittstaatlichem Recht** gegründeten Gesellschaften. **77**

Mit der Differenzierung der Darstellung ist aber nicht gesagt, dass im Ergebnis keine **einheitlich anzuwendende Kollisionsnorm** gefunden werden kann. Diese könnte sich allerdings nicht an der traditionellen Sitztheorie orientieren, sondern nur aus einer **Verallgemeinerung der kollisionsrechtlichen Vorgaben der Niederlassungsfreiheit** resultieren. Da der BGH bislang an der Sitztheorie festhält,[168] soweit dies europa- und völkerrechtlich zulässig ist, kann dieses Ziel nur durch eine weitreichende Änderung dieser Rechtsprechung erreicht werden. Mit einer Entscheidung durch den Gesetzgeber kann insoweit jedenfalls nicht gerechnet werden (→ Rn. 49, 141). **78**

B. Juristische Personen

I. Europarechtliche Gründungstheorie

1. Grundlagen. a) Kollisionsrechtliche und materiellrechtliche Lösung. Wie bereits erwähnt hat der EuGH durch die Entscheidung „Überseering" einen tiefen Eingriff zumindest in das Kollisionsrecht derjenigen Mitgliedstaaten vorgenommen, die bisher der Sitztheorie folgten. Nach Ansicht des EuGH liegt die Beschränkung der Niederlassungsfreiheit der Überseering B.V. nicht erst in der Verweigerung der aktiven Parteifähigkeit vor deutschen Gerichten, sondern bereits in der **Nichtanerkennung** der vom niederländischen Recht verliehenen und danach weiter bestehenden **Rechtspersönlichkeit**. Die Art. 49, 54 AEUV verpflichten daher die Mitgliedstaaten nicht nur dazu, auf der sachrechtlichen Ebene die Prozessfähigkeit der zugezogenen Gesellschaft sicherzustellen, sondern bereits zur **Anerkennung der Gesellschaft** auf der kol- **79**

---

166 EuGH NJW 2017, 3639 Rn. 43.
167 EuGH NJW 2017, 3639 Rn. 46 ff.
168 Zuletzt BGH NZG 2016, 1187; grundlegend bereits BGH NJW 2009, 289 – Trabrennbahn; dazu: *Hell-*

gardt NZG 2009, 94; *Werner* GmbHR 2009, 191; *Lieder/Kliebisch* BB 2009, 338; *Kindler* IPRax 2009, 189.

lisionsrechtlichen Ebene. Letzteres bedeutet nichts anderes, als dass die Auslandsgesellschaft das Recht genießt, ihr Gesellschaftsstatut auch nach der Verlegung des Verwaltungssitzes beizubehalten. Das nationale Kollisionsrecht darf also keinen Statutenwechsel anordnen, sondern ist verpflichtet, die Auslandsgesellschaft als solche im Inland zu akzeptieren und damit die Anknüpfung des Gesellschaftsstatuts an das Gründungsrecht vorzunehmen.[169]

80 Diese kollisionsrechtliche Bedeutung der Entscheidung „Überseering" ist indes weder unkritisch zu sehen noch in der Literatur unumstritten.[170] Grundsätzlich ist davon auszugehen, dass das Ziel der Zuerkennung von Rechts- und Parteifähigkeit auf unterschiedlichen Wegen erreicht werden kann. Einerseits ist es möglich, durch eine Anwendung der **Gründungsanknüpfung** die im Ausland verliehene Rechtsfähigkeit anzuerkennen. Andererseits kann aber auch unter Geltung der Sitztheorie der zugezogenen Gesellschaft nach inländischem Recht die Rechts- und Parteifähigkeit zuerkannt werden. In diese Richtung ging etwa das angesprochene (→ Rn. 6) Urteil des BGH,[171] der noch kurz vor der „Überseering"-Entscheidung die zugezogene Auslandsgesellschaft als **Personengesellschaft** behandeln und ihr auf diesem Weg die (auch für die Gesellschaft bürgerlichen Rechts anerkannte)[172] Rechts- und Parteifähigkeit zuerkennen wollte – freilich ohne ihre vom Ausland verliehene Rechtspersönlichkeit und das damit verbundene Haftungsprivileg anzuerkennen. Darüber hinaus könnte aber das **materielle Gesellschaftsrecht** so gestaltet werden, dass es durch eine spezielle Zuzugsregelung auf die Erfüllung der Gründungsvoraussetzungen verzichtet und so die im Ausland verliehene Rechtspersönlichkeit unter Anpassung der Satzung an das neue Gesellschaftsstatut in das Inland überführt. An den Statutenwechsel würde dann nicht mehr die Sanktion des Erfordernisses von Auflösung und Neugründung geknüpft. Es hätte nahe gelegen, den Mitgliedstaaten die Entscheidung zu überlassen, auf welchem Weg sie die Mobilität von Gesellschaften gewährleisten. Interessanterweise führt die EuGH-Rechtsprechung seit „Cartesio" dazu, dass beide Lösungen nebeneinander stehen und die Mitgliedstaaten grundsätzlich (in dem durch „Cartesio", „Vale" und „Polbud" gesteckten Rahmen, Rn. 68 ff.) sowohl den tatsächlichen Zuzug von Auslandsgesellschaften als auch deren identitätswahrenden Herein-Formwechsel und sogar den Heraus-Formwechsel von Gesellschaften eigenen Rechts zu akzeptieren haben. Spätestens durch die Entscheidung „Polbud" ist deutlich geworden, dass der EuGH nicht nur die faktische, sondern auch die rechtliche Mobilität der Gesellschaften als von der Niederlassungsfreiheit erfasst ansieht. Die materiellrechtliche und die kollisionsrechtliche Lösung sieht der EuGH daher als zwei ineinander greifende Elemente einer umfassend verstandenen Niederlassungsfreiheit. Daher verwundert es auch nicht, dass er den Mitgliedstaaten nicht die Wahl zwischen beiden Wegen gelassen hat.

81 **b) Kollisionsrechtliche Lösung des EuGH.** Der EuGH hat in der „Überseering"-Entscheidung ausgesprochen, „dass in dem Fall, dass eine Gesellschaft, die nach dem Recht des Mitgliedstaats gegründet worden ist, in dessen Hoheitsgebiet sie ihren satzungsmäßigen Sitz hat, in einem anderen Mitgliedstaat von ihrer Niederlassungsfreiheit Gebrauch macht, dieser andere Mitgliedstaat nach den Art. 43 und 48 EGV (heute: Art. 49 und 54 AEUV) verpflichtet ist, die Rechtsfähigkeit und damit die Parteifähigkeit zu achten, die diese Gesellschaft nach dem **Recht ihres Gründungsstaats** besitzt."[173] Ob diese Aussage tatsächlich bedeutet, dass der EuGH den Mitgliedstaaten die Gründungsanknüpfung vorschreibt, war in der deutschen Literatur zunächst heftig umstritten. Teilweise wurde insoweit vertreten, dass diesen Anforderungen bereits die Anerkennung als Personengesellschaft im Sinne der BGH-Rechtsprechung genügt, da Rechts- und Parteifähigkeit nur zu „achten" seien. Eine Anerkennung der vom Gründungsrecht gewährten und ausgestalteten Rechts- und Parteifähigkeit sei daher nicht zwingend, sondern bereits ihre Zuerkennung nach dem vom

---

169 Dies ergibt sich insbes. aus Tz 95 sowie aus den Randziffern 59, 80, 81 und 84 des Urteils „Überseering", hierzu ausf.: *Leible/Hoffmann* RIW 2002, 925 (928).

170 Ablehnend ggü. jeglichem kollisionsrechtlichen Charakter der Niederlassungsfreiheit weiterhin *Kindler* NZG 2009, 130 (131), der meint, dass der EuGH in „Cartesio" der gegenteiligen Literaturmeinung eine klare Absage erteilt hätte. Dort ging es aber nur um die Anknüpfung des eigenen Gesellschaftsrechts, während der kollisionsrechtliche Gehalt der Niederlassungsfreiheit gerade die Anknüpfung der nach

EU-ausländischem Recht gegründeten Gesellschaften betrifft. Ausführlich zur abweichenden Sicht vgl. insbes. MüKoBGB/*Kindler* IntGesR Rn. 139 ff.

171 BGH IPRax 2003, 62 = NJW 2002, 3539 = BB 2002, 2031 mit Anm. *Gronstedt* = MDR 2002, 1382 mAnm *Haack* = EWiR 2002, 971 (*Emde*) = JuS 2003, 88 (*Hohloch*); vgl. dazu die Besprechungsaufsätze von *Kindler* IPrax 2003, 41; *Leible/Hoffmann* DB 2002, 2203.

172 BGHZ 146, 341.

173 EuGH NJW 2002, 3614 Tz 95 („Überseering").

Gesellschaftsstatut des Zuzugsstaats bestimmten Recht ausreichend. Überwiegend wurde allerdings schon „Überseering" für sich als **Eingriff in das Kollisionsrecht** interpretiert.[174]

Auch die deutsche Rechtsprechung ist – angeführt vom BayObLG[175] und dem OLG Zweibrücken[176] – als- **82** bald auf diese Linie eingeschwenkt.[177] Eine höchstrichterliche Klärung durch den BGH, der vor allem aufgrund der **fehlenden Identität** zwischen einer inländischen Personen- und einer ausländischen Kapitalgesellschaft und dem mit der Niederlassungsfreiheit unvereinbaren **Verlust des Haftungsprivilegs** eine kollisionsrechtliche Bedeutung annahm, erfolgte bereits im März 2003.[178] Durch die Entscheidung „Inspire Art" wurde der Streit obsolet, da darin ausgesprochen wurde (Tz 99 ff.), dass schon jede Überlagerung des Gesellschaftsstatuts und insbesondere jeder Eingriff in die Haftungsverfassung Beschränkungen der Niederlassungsfreiheit darstellen. Die Annahme einer kollisionsrechtlichen Neutralität der Niederlassungsfreiheit ist damit erkennbar unvereinbar.[179]

Somit ist davon auszugehen, dass in den von dem Urteil „Überseering" erfassten Fallgruppen vorrangig **83** eine vom EuGH unmittelbar Art. 49, 54 AEUV entnommene Kollisionsnorm anzuwenden ist, die man nach der Diktion des Urteils wohl nur als **Gründungstheorie** bezeichnen kann. Anwendung findet danach die „nationale Rechtsordnung, die ihre Gründung und ihre Existenz regelt" (Tz 81), ferner ist gerade die Rechtsfähigkeit „zu achten, die diese Gesellschaft nach dem Recht ihres Gründungsstaates besitzt" (Tz 95).

c) Europarechtliche Gründungstheorie: Die Kollisionsnorm der Niederlassungsfreiheit. Der **84** genaue Inhalt der so definierten Verweisungsnorm, die man zur Abgrenzung von den Anknüpfungen der nationalen Rechtsordnungen wohl am besten als **europarechtliche Gründungstheorie** bezeichnet, bedarf näherer Betrachtung. Festzuhalten ist zunächst, dass die Norm nicht in die übliche Unterscheidung von Sachnorm- und Gesamtverweisung (dazu → EGBGB Art. 4 Rn. 8 ff.) einzuordnen ist. Schließlich hat der Gründungsstaat die Möglichkeit, aufgrund des Wegzugs der Gesellschaft die Zuordnung zu seinem Recht als Gesellschaftsstatut zu entziehen. Dies ergibt sich aus der Bestätigung der „Daily Mail"-Grundsätze und der damit verbundenen Nichtanerkennung eines Rechts auf Wegzug aus dem Gründungsstaat. Macht der Gründungsstaat hiervon durch die Gestaltung seines materiellen Rechts oder seines Kollisionsrechts Gebrauch, lässt er keine Rechtspersönlichkeit bestehen, die der Zuzugsstaat anerkennen müsste. Dies zeigt sich etwa in der Formulierung in Tz 81 des Urteils „Überseering", es gehe um die nationale Rechtsordnung, die die „Existenz regelt", sich also weiterhin für anwendbar hält. Um eine Sachnormverweisung kann es sich somit nicht handeln.

Es bedarf vielmehr einer Prüfung, ob die Verweisung vom Gründungsrecht angenommen wird oder ob das Kollisionsrecht des Gründungsstaates der Gesellschaft ihr Statut entzogen hat. Aber auch um eine klassische Gesamtverweisung handelt es sich nicht, da die Mitgliedstaaten nur dazu verpflichtet werden, die nach dem Gründungsrecht bestehende Rechtsfähigkeit anzuerkennen, nicht aber auch eine Rechtsfähigkeit, die sich erst aufgrund einer Weiterverweisung auf das Recht eines dritten Mitgliedstaates ergibt, selbst wenn dieses auf das Gründungsrecht zurückverweist. Auch in diesen Fällen hat das Gründungsrecht durch Nicht-

174 Vgl. einerseits (Behandlung als rechtsfähige Personengesellschaft genügt den Anforderungen des EuGH): *Großerichter* DStR 2003, 159 (166); *MüKo-BGB/Kindler* IntGesR Rn. 143 ff.; *Kindler* NJW 2003, 1073 (1076 f.); *Neye* EWiR 2002, 1003 (1004); *Wernicke* EuZW 2002, 758 (760); *Roth* IPRax 2003, 117 (122 ff.), andererseits (Eingriff in das Kollisionsrecht der Mitgliedstaaten): *Leible/Hoffmann* RIW 2003, 925 (928 ff.); *dies.* NZG 2003, 259 (260); *dies.* BB 2003, 543; *dies.* ZIP 2003, 925; *Binz/Mayer* GmbHR 2003, 249 (254); *Deininger* IStR 2003, 214; *Eckert*, Internationales Gesellschaftsrecht, S. 54 ff.; *Eidenmüller* ZIP 2002, 2233 (2241); *Forsthoff* DB 2002, 2471 (2475); *von Halen* WM 2003, 571 (575); *Heidenhain* NZG 2002, 1141 (1143); *Hirte* EWS 2002, 573 (574); *ders.* NJW 2003, 1090 (1091 f.); *Kallmeyer* DB 2002, 2521 (2522); *Kersting* NZG 2003, 9; *Lutter* BB 2003, 7 (9); *Paefgen* WM 2003, 561 (563 ff.); *ders.* DB 2003, 487; *Rehberg* IPRax 2003, 175 (180); *Schanze/Jüttner* AG 2003, 30 (33); *Schulze/Sester* EWS 2002, 545 (549); *Sedemund* IStR 2002, 816; *Teichmann*, Binnenmarktkonformes Gesellschaftsrecht, S. 415 ff.; *Zimmer* BB 2003, 1 (3).
175 ZIP 2003, 398 = NZG 2003, 290 mit Bespr. *Leible/Hoffmann* NZG 2003, 259.

176 BB 2003, 864; aA aber noch die Vorinstanz LG Frankenthal NJW 2003, 762 = BB 2003, 542 mit Anm. *Leible/Hoffmann*.
177 Ausf. zur frühen Rspr. nach „Überseering": *Leible/Hoffmann* ZIP 2003, 925 (926 f.).
178 BGHZ 154, 185 = NJW 2003, 1461; dazu *Leible/Hoffmann* ZIP 2003, 925; *Merkt* RIW 2003, 458; *Eidenmüller* JZ 2003, 525; *Weller* IPRax 2003, 324; inzwischen ständige Rspr.: BGHZ 164, 148 = NJW 2005, 3351; BGH NJW 2005, 1648.
179 So konzediert nunmehr etwa *Altmeppen* NJW 2004, 97 (100) zumindest, dass die Sitztheorie zugunsten der Gründungstheorie aufzugeben ist, soweit die aus der Sitztheorie abgeleiteten Ergebnisse gegen die Niederlassungsfreiheit verstoßen. Insbes. *Altmeppen/Wilhelm* DB 2004, 1083 (1086), wollen aber offenbar keine Kollisionsnorm aus der Niederlassungsfreiheit, sondern eine neu gestaltete „Sitztheorie" anwenden, die mit der bisherigen „nichts zu tun hat" und sich aus der „Natur der Sache" ergibt. Weiterhin eine kollisionsrechtliche Relevanz der Rspr. leugnet indes *Kindler* NJW 2003, 1073 (1076 f.) (zu „Überseering"); NZG 2003, 1086 (1089) (zu „Inspire Art") und NZG 2009, 130 (zu „Cartesio").

annahme der Verweisung der Gesellschaft das Statut entzogen und damit der zwingenden Anerkennung durch die anderen Mitgliedstaaten die Grundlage genommen. Dies bedeutet, dass die Verweisungskette bei Nichtannahme durch das Gründungsrecht unmittelbar abgebrochen wird. Es handelt sich folglich um eine **Gesamtverweisung, die keinen *renvoi* anerkennt**. Schon hierdurch unterscheidet sie sich von den Gründungstheorien nationalen Rechts.

Dieser Charakter zeigt, dass es sich nur um eine **vorrangige Verweisungsnorm** handelt, die der Ergänzung durch **subsidiäres nationales Kollisionsrecht** bedarf. Schließlich lässt die Norm keine Anknüpfung zu, wenn das Gründungsrecht die Verweisung nicht annimmt. Da die Mitgliedstaaten in dieser Situation nicht mehr zur Anerkennung verpflichtet sind, können sie insoweit auf ihr autonomes Kollisionsrecht zurückgreifen.

85   **d) Anknüpfungsmoment.** Zu klären ist nunmehr, was als genaues Anknüpfungsmoment der europarechtlichen Gründungstheorie anzusehen ist. Wie gesehen, verweist der EuGH ausdrücklich auf das Recht des Gründungsstaates, das „Gründung und Existenz" der Gesellschaft regelt. Ebenso wie von den nationalen Gründungstheorien[180] wird damit auf das von den Gründern gewählte, grundsätzlich unabänderliche[181] Statut der **ursprünglichen Inkorporation** abgestellt. Dieses Statut fällt aufgrund materiellrechtlicher Vorschriften regelmäßig mit dem (grundsätzlich nur innerstaatlich veränderlichen)[182] **Satzungssitz** zusammen. Letzterer ist aber nicht als Anknüpfungsmoment relevant. Wenn der EuGH mehrfach darauf abstellt, dass sich im Gründungsstaat auch der Satzungssitz der Überseering B.V. befindet, spielt das nur für die **Voraussetzungen des Art. 54 AEUV** eine Rolle, nicht aber für die formulierte Kollisionsnorm. Praktisch tritt das Gründungsstatut vor allem dadurch zu Tage, dass die erforderliche Registrierung im Gründungsstaat vorzunehmen ist. Man kann also für die Ermittlung des Statuts auf den Ort der ursprünglichen **Registereintragung** der Gesellschaft abstellen.[183]

86   **2. Reichweite.** Die Reichweite der Anknüpfung anhand der europarechtlichen Gründungstheorie richtet sich nach dem in Art. 54 AEUV niedergelegten Anwendungsbereich der **Niederlassungsfreiheit** bei Gesellschaften und wird für inländische Gesellschaften durch die „Daily Mail"-Doktrin begrenzt. Da es sich nur um eine vorrangige Anknüpfungsnorm handelt, bleibt es im Übrigen bei der Anwendung des **autonomen Kollisionsrechts** der Mitgliedstaaten (dazu dann → Rn. 137 ff., 193 f.). Im Einzelnen sind folgende Fallgruppen zu unterscheiden:

87   **a) Nach dem Recht eines anderen Mitgliedstaates gegründete juristische Personen mit tatsächlichem Sitz oder Hauptniederlassung in der EU.** Diese Fallgruppe ist der direkte Anwendungsfall der Entscheidung „Überseering". Es besteht kein Zweifel daran, dass diese Gesellschaften nach der Formulierung des Art. 54 AEUV in den Anwendungsbereich der Niederlassungsfreiheit fallen und daher aufgrund der europarechtlichen Gründungstheorie als Gesellschaften ausländischen Rechts anzuerkennen sind, solange das ausländische Recht selbst der Gesellschaft die Anerkennung nicht wieder entzogen hat, also insbesondere die Verweisung annimmt. Anzumerken ist dabei, dass es auf den **tatsächlichen Sitz** oder die **Hauptniederlassung** vor der Verlegung ins Inland ankommt, weil sich danach bemisst, ob sich die Gesellschaft für den Zuzug auf die Niederlassungsfreiheit berufen kann. War schon der Zuzug nicht von der Niederlassungsfreiheit gedeckt, besteht auch kein Anspruch auf Anerkennung im Inland. Schließlich will die Gesellschaft gerade zu diesem Zeitpunkt von ihrer Niederlassungsfreiheit „Gebrauch machen" (Tz 80 des Urteils „Überseering").

Aus der beschriebenen Ausgestaltung der nunmehr vorrangig anzuwendenden Kollisionsnorm ergibt sich, dass auch bezüglich dieser Gesellschaften der Unterschied zwischen **Sitz- und Gründungstheoriestaaten** noch eine große Rolle spielt. Handelt es sich um eine Gesellschaft aus einem Gründungstheoriestaat (wie im Fall der niederländischen Überseering B.V.), wird die Verweisung ohne Weiteres angenommen. Handelt es sich aber um eine Gesellschaft aus einem Sitztheoriestaat, ist das nicht der Fall, sofern dieser auch weiterhin für inländische Gesellschaften an der Sitzanknüpfung festhält (Fallgruppe d, → Rn. 93 ff.). Da die Verweisungskette unter der europarechtlichen Gründungstheorie bei Nichtannahme durch das Gründungsrecht abgebrochen wird (→ Rn. 84), ist eine Anknüpfung mit ihrer Hilfe nicht möglich. Daher ist nun subsidiär auf die **autonome Kollisionsnorm** des nationalen Rechts abzustellen. Die Niederlassungsfreiheit steht

---

180   Zu deren Anknüpfungsmoment vgl. rechtsvergleichend *Hoffmann* ZVglRWiss 101 (2002), 283.

181   Vgl. zB Gasque v. Inland Revenue Commissioners, [1940] 2 K.B. 80, 84 (für das englische Recht); rechtsvergleichend: *Hoffmann* ZVglRWiss 101 (2002), 287, 300 ff.

182   Vgl. für das britische Recht: Sec. 86 f. Companies Act 2006, wo kein Verfahren für die Verlegung des

„registered office" aus der Gründungsjurisdiktion vorgesehen ist. Auch die Vorschriften zur „re-registration" sehen diese Form des Statuswechsels nicht vor, vgl. Sec. 89 ff. Companies Act 2006.

183   So ausdr. für das englische Recht: Gasque v. Inland Revenue Commissioners, [1940] 2 K.B. 80 („place of its registration"); weitere Nachw. bei → Rn. 37 f.

der Sitzanknüpfung jetzt nicht mehr entgegen, weil das Gründungsrecht selbst der Gesellschaft die Anerkennung entzogen hat.

Im praktischen Ergebnis steht damit der **grenzüberschreitende Zuzug** nur Gesellschaften aus Gründungstheoriestaaten offen, während Gesellschaften aus Sitztheoriestaaten auch dann nicht anerkannt werden müssen, wenn das Gründungsstatut keine materiellrechtliche Auflösung der Gesellschaft „an der Grenze" anordnet (dazu → Rn. 54).

b) Nach dem Recht eines anderen Mitgliedstaates gegründete juristische Personen mit Satzungssitz in der Union und tatsächlicher und dauerhafter Verbindung zur Wirtschaft eines Mitgliedstaates. Der Anwendungsbereich der Niederlassungsfreiheit setzt nicht voraus, dass ein tatsächlicher Sitz oder eine Hauptniederlassung in der Union belegen sind. Vielmehr genügt nach dem Wortlaut des Art. 54 AEUV auch die alleinige Existenz eines **Satzungssitzes** in einem Mitgliedstaat. Als unstreitig kann man die Niederlassungsberechtigung dieser Gesellschaften jedenfalls dann ansehen, wenn eine tatsächliche und dauerhafte wirtschaftliche Verbindung zum Unionsgebiet besteht. In diesem Fall haben sie das Recht, durch Zuzug auch den tatsächlichen Sitz in die Union zu verlegen und als Gesellschaft des Gründungsstaates unter denselben Voraussetzungen anerkannt zu werden wie Gesellschaften in den unter → Rn. 84 behandelten Fällen.   **88**

c) Nach dem Recht eines anderen Mitgliedstaates gegründete juristische Personen nur mit Satzungssitz in der Union. Schwieriger ist die Frage zu beantworten, ob auch bei Fehlen einer solchen tatsächlichen und dauerhaften Verbindung zur Wirtschaft eines Mitgliedstaates allein aufgrund des **Satzungssitzes** bereits die Niederlassungsfreiheit zu gewähren ist. Problematisch ist insoweit, dass es sich hierbei eigentlich nur um „pseudo-EU-corporations" handelt, die außer dem Inkorporationsstatut keinen Bezug zur Union aufweisen, also ihrer wirtschaftlichen Tätigkeit lediglich außerhalb des Unionsgebiets nachgehen. Der Satzungssitz vermittelt keine tatsächliche Beziehung, sondern dient insbesondere in den Ländern des Common-Law-Rechtskreises („registered office") nur als inländische **Zustelladresse**.[184] Dessen „Belegenheit" in der Union ist also nur eine Formalie, eine verpflichtende Angabe in der Gründungsurkunde ohne größere Bedeutung für die Gesellschaft. Insbesondere ist in den Gründungstheoriestaaten ohne inländischen Satzungssitz aber eine Inkorporation nicht möglich,[185] so dass das Merkmal keinen **zusätzlichen Unionsbezug** vermittelt. Auch die nachträgliche Verlegung aus dem Gründungsstaat heraus ist gesellschaftsrechtlich nicht möglich.[186]   **89**

Obwohl der Wortlaut des Art. 54 AEUV die Inkorporation unter dem Statut eines Mitgliedstaates allein nicht genügen lässt und ein zusätzliches verbindendes Merkmal verlangt, soll der Satzungssitz, der gerade keine wirtschaftliche Verbindung herstellt, hierfür bereits genügen. Teilweise wurde daher früher angenommen, Art. 54 AEUV enthalte für diese Fälle die aus dem Allgemeinen Niederlassungsprogramm[187] entnommene **ungeschriebene Voraussetzung** der „tatsächlichen und dauerhaften **Verbindung zur Wirtschaft** eines Mitgliedstaates".[188] Einer solchen Sicht ist der EuGH indes schon in der „Centros"-Entscheidung[189] entgegengetreten.   **90**

Dort ging er eindeutig von einer **Gleichwertigkeit** von satzungsmäßigem Sitz, Hauptverwaltung und Hauptniederlassung für die Bestimmung der „Zugehörigkeit zur Rechtsordnung eines Mitgliedstaates" aus[190] und sah die Centros Ltd. als Gesellschaft mit „Sitz in einem anderen Mitgliedstaat" an, obwohl dort nur der Satzungssitz belegen war.[191] Hierauf nahm der EuGH dann in Tz 75 des Urteils „Überseering" und nochmals in Tz 97 des Urteils „Inspire Art" Bezug. Der EuGH verlangt daher in konsequenter Anwendung des Wortlauts des Art. 54 AEUV nur einen **Satzungssitz ohne wirtschaftliche Verbindung** zum Unionsgebiet.

Ganz auf dieser Linie liegt es, wenn der EuGH in „Inspire Art" (Tz 95) bekräftigt, dass „es für die Anwendung der Vorschriften über die Niederlassungsfreiheit ohne Bedeutung ist, dass eine Gesellschaft in einem Mitgliedstaat nur errichtet wurde, um sich in einem zweiten Mitgliedstaat niederzulassen, in dem die Geschäftstätigkeit im Wesentlichen oder ausschließlich ausgeübt werden soll." Dies zeigt, dass den Anfor-   **91**

---

184 Vgl. § 86 Companies Act 2006; *Charlesworth & Morse*, Company Law, 15th Ed. 1995, S. 62 f.; ähnlich in Irland: *Forde*, Company Law, 1992, S. 45 (2.32); näher *Hoffmann* ZVglRWiss 101 (2002), 283, 292 ff.

185 Für das britische Recht: Sec. 9 (2) Companies Act 2006.

186 Vgl. für das britische Recht: Sec. 86 f. Companies Act 2006, wo kein Verfahren für die Verlegung des „registered office" aus der Gründungsjurisdiktion vorgesehen ist. Auch die Vorschriften zur „re-regis-

tration" sehen diese Form des Statuswechsels nicht vor, vgl. Sec. 89 ff. Companies Act 2006.

187 ABl. 1962, Nr. 2, S. 36.

188 So etwa *Lenz/Ehrhardt*, EG-Vertrag Art. 48 Rn. 4; *Bleckmann* Europarecht Rn. 1619.

189 EuGH Slg 1999, I-1459 – Centros.

190 EuGH Slg 1999, I-1459, 1491 Tz 20 – Centros, unter Verweis auf die Urteile Segers Slg 1986, 2375, 2387, Tz 13; Kommission/Frankreich Slg 1986, 273, 304, Tz 18; Commerzbank Slg 1993, I-4017, 4043, Tz 13; ICI Slg 1998, I-4695, 4721, Tz 20.

191 EuGH Slg 1999, I-1459, 1492 Tz 21 – Centros.

derungen des Art. 54 AEUV auch dann genügt ist, wenn zum Zeitpunkt der Ausübung des Niederlassungs-
rechts noch gar keine wirtschaftliche Verbindung zu einem Mitgliedstaat besteht, weil die wirtschaftliche
Tätigkeit erst nach dem Zuzug aufgenommen wird. Demnach greift die Niederlassungsfreiheit auch ein,
wenn bereits bei **Gründung** der tatsächliche Verwaltungssitz im **Zuzugsstaat** liegt.[192] Auch die Entscheidung „Vale" hat hieran nichts geändert, betont sie doch nur das Erfordernis einer „tatsächlichen Ansiedlung" im Aufnahmemitgliedstaat, um einen von der Niederlassungsfreiheit erfassten Niederlassungsvorgang
anzunehmen.[193] Hieraus kann man aber nicht ableiten, dass auch umgekehrt eine vorherige Ansässigkeit im
Gründungsstaat erforderlich wäre.[194] Denn dies betrifft nicht die Abgrenzung der von sachlichen Anwendungsbereich der Niederlassungsfreiheit nach Art. 49 AEUV erfassten Vorgänge, sondern den persönlichen
Anwendungsbereich nach Art. 54 AEUV. Letztere Frage wird in dem Urteil überhaupt nicht angesprochen,
so dass die Annahme fernliegt, dass die entgegenstehenden Aussagen der „Centros"-Entscheidung aufgehoben werden sollten.[195] Auch in der „Polbud"-Entscheidung hat der EuGH zuletzt bestätigt, dass „der satzungsmäßige Sitz, die Hauptverwaltung und die Hauptniederlassung einer Gesellschaft als Anknüpfung für
eine solche Verbundenheit gleich geachtet werden",[196] was erneut deutlich macht, dass keine weitergehende
wirtschaftliche Verbindung erforderlich ist, um sich auf die Niederlassungsfreiheit zu berufen.

92 Auch aus dem Kriterium der **Ansässigkeit** in Art. 49 S. 2 AEUV, dem der EuGH weder in „Centros" noch
in „Inspire Art" eigenständige Bedeutung beigemessen hatte,[197] lässt sich für die hier interessierenden Fälle
keine zusätzliche Voraussetzung herleiten, da es nur für die sekundäre Niederlassungsfreiheit Bedeutung
hat.[198] Konsequenz hieraus ist, dass auch „pseudo-EU-corporations" im Inland anhand der europarechtlichen Gründungstheorie anzuknüpfen und demnach analog der Fallgruppe a) (→ Rn. 87) zu behandeln sind.

93 **d) Nach inländischem Recht gegründete juristische Personen.** Ganz im Gegensatz zur Behandlung
der ausländischen Gesellschaften stehen die Auswirkungen der Rechtsprechung des EuGH auf die Anknüpfung des Gesellschaftsstatuts bei einer Verlegung des tatsächlichen Verwaltungssitzes **inländischer Gesellschaften**. Wie bereits angesprochen (→ Rn. 60) hat der EuGH zunächst in „Überseering" die „Daily Mail"-
Doktrin insoweit bestätigt, als dem Gründungsstaat das Recht zuerkannt wird, den Gesellschaften
„Beschränkungen hinsichtlich der Verlegung ihres tatsächlichen Verwaltungssitzes aus seinem Hoheitsgebiet aufzuerlegen, damit sie die ihr nach dem Recht dieses Staates zuerkannte Rechtspersönlichkeit beibehalten" können (Tz 70). Hieran hat der EuGH nochmals in „Cartesio" ausdrücklich festgehalten und hat
festgestellt, dass ein Mitgliedstaat „sowohl die Anknüpfung bestimmen" kann, „die eine Gesellschaft aufweisen muss, um dann seinem innerstaatlichen Recht gegründet angesehen" zu werden, „als auch die
Anknüpfung, die für den Erhalt dieser Eigenschaft verlangt wird" (Tz 110). Der Gründungsstaat kann daher
die Gesellschaft bei Grenzübertritt **auflösen** und ist nicht verpflichtet, die von ihm verliehene Rechtsperso-
lichkeit nach der Sitzverlegung weiterhin anzuerkennen. Die Niederlassungsfreiheit ist in diesen Konstellationen nach Ansicht des EuGH offenbar schon nicht anwendbar. Ein Recht auf den **identitätswahrenden
Wegzug** wird nicht anerkannt.[199]

94 Kollisionsrechtlich bedeutet dies, dass dem nationalen Recht keine Vorgaben für die Behandlung der nach
inländischem Recht gegründeten Gesellschaften gemacht werden.[200] Insoweit bleibt die Anwendung der
Sitztheorie weiterhin zulässig, und zwar auch nach der Sitzverlegung aus dem Gründungsstaat heraus. Führt
die Anknüpfung dazu, dass aus Sicht des Gründungsstaates ein fremdes Recht als Gesellschaftsstatut zur
Anwendung kommt, ist das mit dem **Entzug der** vom Gründungsrecht verliehenen **Rechtspersönlichkeit**
gleichzusetzen. Die Auswirkungen einer beschränkten Fortgeltung der Sitztheorie wurden bereits in
→ Rn. 87 aufgezeigt: Im Ergebnis bedeutet dies, dass die Verpflichtung zur Anerkennung der ausländischen
Rechtspersönlichkeit praktisch nur gegenüber den **Gesellschaften aus Gründungstheoriestaaten** besteht.
Den Umzug von einem Sitztheoriestaat in einen anderen Sitztheoriestaat ermöglicht die Niederlassungsfrei-
heit dagegen nicht. Soweit **materiellrechtliche Wegzugsbeschränkungen** wie die Auflösung „an der
Grenze" bestehen, kommt eine Sitzverlegung auch unabhängig vom Kollisionsrecht nicht in Betracht, da

---

192 In diesem Sinne bereits *Leible/Hoffmann* ZIP 2003,
     925 (929).
193 EuGH EuZW 2012, 621, Tz. 34 – Vale.
194 So aber *Roth* ZIP 2012, 1744; *Kindler* EuZW 2012,
     888; *Böttcher/Kraft* NJW 2012, 2701; *König/
     Bormann* NZG 2012, 1241.
195 Ebenso *Drygala* EuZW 2013, 569; *Bayer/Schmidt*
     ZIP 2012, 1481; Ulmer/Habersack/*Behrens/Hoff-
     mann* GmbHG Einl. Rn. B 8.
196 EuGH NJW 2017, 3639 Tz. 34 – Polbud.
197 Dazu näher *Kieninger* ZGR 1999, 724 ff.
198 Vgl. den Wortlaut des Art. 49 S. 2 AEUV.
199 Sehr deutlich EuGH EuZW 2009, 75 (80) (Tz 110) –
     Cartesio: „Diese Befugnis umfasst die Möglichkeit

für diesen Mitgliedstaat, es einer Gesellschaft seines
nationalen Rechts nicht zu gestatten, diese Eigenschaft zu behalten, wenn sie sich durch die Verlegung
ihres Sitzes in einem anderen Mitgliedstaat dort neu
organisieren möchte und damit die Anknüpfung löst,
die das nationale Recht des Gründungsmitgliedstaats
vorsieht."
200 Zuletzt bestätigt durch EuGH NJW 2017, 3639 Tz 34
     – Polbud, wonach „mangels Vereinheitlichung im
     Unionsrecht die Definition der Anknüpfung, die für
     das auf eine Gesellschaft anwendbare nationale
     Recht maßgeblich ist, gem. Art. 54 AEUV in die
     Zuständigkeit jedes einzelnen Mitgliedstaats fällt".

das Gründungsrecht dann keine Rechtsfähigkeit bestehen lässt, die vom Zuzugsstaat anerkannt werden könnte.

Erkennbar wird eine wenig zufriedenstellende Folge der Konstruktion des EuGH. Auch nach „Überseering" und „Cartesio" sind nur Gesellschaften aus Gründungstheoriestaaten **Niederlassungsberechtigte gleichen Rechts"**.[201] Dagegen bleiben Gesellschaften aus Staaten, die weiterhin im autonomen Kollisionsrecht der Sitztheorie folgen, praktisch denselben Restriktionen unterworfen, die ihre grenzüberschreitende Mobilität schon bisher in höchst bedenklicher Weise beschränkt haben. Das führt zu einer rechtspolitisch kaum zu rechtfertigenden **Ungleichbehandlung** zwischen den europäischen Gesellschaften, die seit längerer Zeit Gegenstand vielfältiger Kritik in der Literatur ist.[202] Schließlich ist es auch sonst in der EuGH-Rechtsprechung anerkannt, dass die Niederlassungsfreiheit nicht nur den Zugang zu anderen Mitgliedstaaten und ihren Märkten schützt, sondern ebenso ein Recht darauf gewährt wird, den **Heimatstaat zu verlassen**.[203] Durch die Entscheidungen „Cartesio", „Vale" und „Polbud" wird dieses Recht nur dann gewährt, wenn die Gesellschaft bereit ist, ihr Statut und damit ihre Rechtsform zu wechseln und alle Gründungsanforderungen des Zuzugsrechts zu erfüllen. Die Mobilität hat also einen hohen Preis – und setzt zusätzlich voraus, dass der Zuzugsstaat bei dem Formwechsel mitwirkt, wozu dieser auch nach der „Vale"-Entscheidung nur verpflichtet ist, wenn er die formwechselnde Umwandlung innerstaatlich zulässt (→ Rn. 65 ff.). Einer im Vergleich zu natürlichen Personen gleichwertigen Niederlassungsfreiheit entspricht das nicht, schließlich würde man es auch nicht als vereinbar mit der Niederlassungsfreiheit ansehen, wenn ein Mitgliedstaat von seinen Bürgern bei einem Umzug in einen anderen Mitgliedstaat verlangen würde, die eigene Staatsangehörigkeit abzulegen und diejenige des Zuzugsstaats zu erwerben. Dem ähnelt indes die durch „Cartesio" geschaffene Situation der Gesellschaften.[204]

Zu betonen ist jedoch, dass jeder Mitgliedstaat das Maß an **Freizügigkeit seiner Gesellschaften** durch die Gestaltung des autonomen Kollisionsrechts selbst in der Hand hat. Aus deutscher Sicht ist für AG und GmbH durch die Änderungen des MoMiG (→ Rn. 143 ff.) bereits eine wesentliche Verbesserung eingetreten. Für andere Rechtsformen ist zu hoffen, dass der BGH seine Rechtsprechung zukünftig in Richtung eines allgemeinen Übergangs zur Gründungsanknüpfung fortentwickeln wird.

e) Nach drittstaatlichem Recht gegründete juristische Personen. Schon nach dem eindeutigen Wortlaut des Art. 54 AEUV können Gesellschaften, die nicht nach dem Recht eines Mitgliedstaates gegründet worden sind, sich auch nicht auf die Niederlassungsfreiheit berufen. Eine Anknüpfung nach der europarechtlichen Gründungstheorie ist selbst dann nicht erforderlich, wenn ein starker tatsächlicher Bezug zur Union, sei es aufgrund der Geschäftstätigkeit, sei es aufgrund der Nationalität der Gesellschafter, vorhanden ist. Derartige Gesellschaften sind daher ausschließlich nach **autonomem nationalem Kollisionsrecht** zu behandeln, ihnen kann grundsätzlich zB die Rechts- und Parteifähigkeit vollständig vorenthalten werden. Auch aus der Kapitalverkehrsfreiheit (Art. 63 AEUV) ergibt sich kein anderes Ergebnis. Zwar kann man eine Sitzverlegung, da diese notwendigerweise mit einem Transfer von Vermögenswerten in den Zuzugsstaat verbunden ist, regelmäßig auch als Vorgang des **Kapitalverkehrs** auffassen. Ferner ist daran zu erinnern, dass Art. 63 AEUV nicht nur den innereuropäischen Kapitalverkehr, sondern auch den Kapitalverkehr mit Drittstaaten liberalisiert, so dass auch Angehörige von Drittstaaten sich unmittelbar auf die Norm berufen können.[205] Allerdings ist zu berücksichtigen, dass der EuGH beim Zusammentreffen von Niederlassungs- und Kapitalverkehrsfreiheit heute eine restriktive Position einnimmt: So hat der EuGH (zum Verhältnis von Dienstleistungs- und Kapitalverkehrsfreiheit) entschieden, dass er „die in Rede stehende Maßnahme grundsätzlich nur im Hinblick auf eine dieser beiden Freiheiten (prüft), wenn sich herausstellt, dass unter den Umständen des Einzelfalls eine der beiden Freiheiten der anderen gegenüber völlig zweitrangig ist und ihr zugeordnet werden kann."[206] Dieses Prinzip nutzte der EuGH in „Fidium Finanz AG" insbesondere, um zu verhindern, dass eine drittstaatliche Gesellschaft, die sich nur auf die Kapitalverkehrs-, nicht aber die Dienstleistungsfreiheit berufen kann, Finanzdienstleistungen ohne Inlandsniederlassung in den Binnenmarkt hinein erbringt, indem der **Kapitalverkehr** bei der Darlehensgewährung als **völlig zweitrangig** gegenüber

95

96

201 Diese Formulierung stammt von *Behrens* EuZW 1998, 353.
202 Vgl. zB *Bayer* BB 2003, 2357 (2363); *Behrens* IPRax 2003, 193 (197 f.); *Grundmann* Europäisches Gesellschaftsrecht Rn. 778; *Kieninger* ZEuP 2004, 685 (694 ff.); *Mankowski* RIW 2004, 481 (484); *Horn* NJW 2004, 893 (897); *Maul/Schmidt* BB 2003, 2297 (2300); *Meilicke* GmbHR 2003, 793 (803); *Stieb* GmbHR 2004, 492 (493); *Triebel/v. Hase* BB 2003, 2409 (2411); *Leible/Hoffmann* BB 2009, 58 (59); *Hennrichs/Pöschke/von der Laage/Klavina* WM 2009, 2009 (2012 ff.); *Bayer/Schmidt* ZHR 173

(2009), 735, 743 f.; *Sethe/Winzer* WM 2009, 536 (540); *Paefgen* WM 2009, 529 (533 f.).
203 EuGH Slg 1979, 399 – Knoors; Slg 1979, 437 – Auer; Slg 1981, 2311 – Broekmeulen; näher: v.d.Groeben/Schwarze/*Tiedje/Troberg* EUV/EGV Art. 43 Rn. 89 f.
204 *Leible/Hoffmann* BB 2009, 58 (59).
205 Grabitz/Hilf/Nettesheim/ *Ress/Ukrow* AEUV Art. 63 Rn. 120.
206 EuGH EuZW 2006, 689 (690) Tz 35 – Fidium Finanz AG; dazu *Voge* WM 2007, 381.

der **Dienstleistungskomponente** angesehen worden ist. Es ist zu erwarten, dass der EuGH im Fall von gesellschaftsrechtlichen Niederlassungsvorgängen ebenso den Aspekt des Kapitalverkehrs als völlig zweitrangig gegenüber der Niederlassungsfreiheit einstufen wird, so dass eine Berufung auf die Kapitalverkehrsfreiheit ausscheidet. Hierfür spricht auch eine Reihe von Entscheidungen in Hinblick auf die Gestaltung des internationalen Steuerrechts, wonach Regelungen in Bezug auf Beziehungen innerhalb einer Unternehmensgruppe vorwiegend die Niederlassungsfreiheit betreffen und Auswirkungen auf die Kapitalverkehrsfreiheit als „unvermeidliche Konsequenz" nicht gesondert zu prüfen sind[207] (wenn auch diese Fälle keinen Drittstaatenbezug aufwiesen).[208] Nur so kann die vom AEUV offensichtlich beabsichtigte Differenzierung zwischen den niederlassungsberechtigten mitgliedstaatlichen Gesellschaften und den drittstaatlichen Gesellschaften, die gerade nicht dasselbe Maß an Freiheit in der EU genießen sollen, aufrecht erhalten werden.[209] Die ständige Rechtsprechung des EuGH ist zwar kritisch zu sehen,[210] zumal eine parallele Anwendung der Kapitalverkehrsfreiheit eine Erstreckung der Gründungsanknüpfung auf drittstaatliche Gesellschaften und damit eine wünschenswerte Vereinheitlichung des Gesellschaftskollisionsrechts eröffnen könnte.[211] Dies würde auch die Problematik der Nichtanerkennung drittstaatlicher Gesellschaften nach Wegfall ihrer Niederlassungsberechtigung lösen, die insbesondere beim Austritt eines Mitgliedstaats aus der EU auftritt (zu den Auswirkungen des Brexit → Rn. 221 ff.) Für das geltende Recht wird man die Rechtsprechung aber zugrunde zu legen haben, so dass die Mitgliedstaaten aus europarechtlicher Sicht frei bleiben, einer Gesellschaft drittstaatlichen Rechts mit inländischem Verwaltungssitz durch Anwendung der Sitztheorie die Anerkennung zu verweigern. Zu Sonderfällen aufgrund völkerrechtlicher Verträge → Rn. 152 ff.

97   **3. Zusammenfassung.** Zusammenfassend bedeutet die „Überseering"-Entscheidung, dass den Sitztheoriestaaten die Anwendung ihrer Kollisionsnorm im Anwendungsbereich der Niederlassungsfreiheit untersagt wird. Vielmehr entnimmt der EuGH unmittelbar den Art. 49, 54 AEUV eine eigenständige europäische Kollisionsnorm, die als **„europarechtliche Gründungstheorie"** bezeichnet werden kann und die auf mitgliedstaatliche Kapitalgesellschaften zwingend vorrangig anzuwenden ist. Diese Kollisionsnorm verweist für die Anknüpfung des Gesellschaftsstatuts immer dann auf das **Recht des Inkorporationsstaates**, wenn die betroffene Gesellschaft nach dem Recht eines anderen Mitgliedstaates **wirksam gegründet** worden ist, zumindest ihren **Satzungssitz** in der Union hat, nach ihrem Gründungsrecht als **juristische Person** ausgestaltet ist und ihr vom Gründungsrecht nicht aufgrund ihres Wegzugs die Rechtspersönlichkeit wieder **aberkannt** worden ist.

98   Liegt auch nur eine dieser Voraussetzungen nicht vor, kann der Mitgliedstaat die Anknüpfung anhand seines eigenen Kollisionsrechts vornehmen, für das das Unionsrecht keine Vorgaben macht.[212] Bedeutsam ist dies vor allem für die nach dem **eigenen Recht** gegründeten Gesellschaften: Ihnen kann beim Wegzug ohne Weiteres das Gründungsstatut entzogen werden, insbesondere durch Anwendung der Sitztheorie. Dies würde auch eine Anerkennung durch die anderen Mitgliedstaaten verhindern. In solchen Fällen verbleibt den Gesellschaften nur die durch die Urteile „Cartesio", „Vale" und „Polbud" eröffnete Möglichkeit eines grenzüberschreitenden Formwechsels in eine dem Recht des Zuzugsstaats unterliegende Rechtsform. Zu den Personengesellschaften → Rn. 158 ff. Sind hingegen sämtliche Voraussetzungen erfüllt, müssen Auslandsgesellschaften nach Sitzverlegung ins Inland ohne Annahme eines Statutenwechsels als solche, dh als holländische BV, englische Ltd. etc, anerkannt werden. Letztlich handelt es sich um nichts anderes als die Anwendung des **Herkunftslandsprinzips** im Gesellschaftsrecht.[213]

II. Behandlung der nach EU-mitgliedstaatlichem Recht gegründeten Körperschaften im Inland

99   Aufgrund der veränderten kollisionsrechtlichen Situation ergaben sich nach „Überseering" völlig neuartige Fragestellungen für das deutsche Recht. Die wohl wichtigste Frage ist die Behandlung von Gesellschaften, die nach EU-ausländischem Recht gegründet worden sind, im Inland. Insoweit bedarf es auch heute noch einer **Differenzierung** zwischen Gesellschaften, die lediglich in Deutschland tätig sind, und solchen, die ihren **tatsächlichen Sitz**, also ihre Hauptverwaltung im Inland haben. Für Letztere hatte sich unter Geltung

---

207 EuGH IStR 2007, 249, Tz. 33 f. – Thin Cap Group Litigation; EuGH EuZW 2006, 633 Tz. 33 – Cadbury Schweppes; eine ausführliche Analyse der Rechtsprechung findet sich bei *Schneider*, Die Kapitalverkehrsfreiheit im Verhältnis zu Drittstaaten, S. 42 ff.

208 Näher zum Verhältnis von Niederlassungs- und Kapitalverkehrsfreiheit: *Schneider*, Die Kapitalverkehrsfreiheit im Verhältnis zu Drittstaaten, S. 56 ff.; Streinz/*Sedlaczek/Züger* AEUV Art. 63 Rn. 31 ff.; Calliess/Ruffert/*Bröhmer* AEUV Art. 63 Rn. 16 ff.

209 In diesem Sinne auch *Germelmann* EuZW 2008, 596.

210 Zur Kritik: *Schneider*, Die Kapitalverkehrsfreiheit im Verhältnis zu Drittstaaten, S. 103 ff.

211 Zu den Auswirkungen einer weitergehenden Anwendung der Kapitalverkehrsfreiheit auf Auslandsgesellschaften vgl. *Schneider*, Die Kapitalverkehrsfreiheit im Verhältnis zu Drittstaaten, S. 201 ff.

212 Ausf. *Leible/Hoffmann* RIW 2002, 925 (930 f.).

213 *Leible/Hoffmann* RIW 2002, 925 (932).

der Sitztheorie der Begriff der „**Scheinauslandsgesellschaft**" eingebürgert, da es sich nur scheinbar um Auslandsgesellschaften handelte, tatsächlich aber deutsches Recht Gesellschaftsstatut war.[214] Der Begriff hat durch die Anwendung der europarechtlichen Gründungstheorie auf diese Gesellschaften seine Berechtigung verloren. Es empfiehlt sich daher, in Zukunft die Gesellschaft ausländischen Rechts mit Sitz in Deutschland als **inländische Auslandsgesellschaft** zu bezeichnen.[215]

1. Anknüpfung des Gesellschaftsstatuts. Schon aus dem bisher Gesagten ergibt sich, dass die Anknüpfung des Gesellschaftsstatuts aufgrund der „Überseering"-Grundsätze nicht mehr anhand des autonomen deutschen Kollisionsrechts erfolgt, sondern anhand der europarechtlichen Gründungstheorie.[216] Nur außerhalb von deren Anwendungsbereich kann das deutsche Recht frei über die Anknüpfung entscheiden und könnte noch die Sitztheorie anwenden. Das danach ermittelte Gesellschaftsstatut regelt die Rechtsverhältnisse auch nicht nur punktuell, sondern grundsätzlich für den gesamten, oben (→ Rn. 3 ff.) dargelegten Regelungsbereich. Teilweise wird zwar geltend gemacht, dass die europarechtlich vorgegebene Anknüpfung nur die **Grundlagen der Gesellschaft**, insbesondere das Gründungsrecht, erfasst. Für die weiter gehenden Fragen, insbesondere des **Kapital- und Gläubigerschutzes**, bestünden dagegen keine Vorgaben, so dass es insoweit in Deutschland bei einer Sitzanknüpfung bleiben soll.[217] Diese Aufteilung des einheitlichen Gesellschaftsstatuts hätte zur Folge, dass es – anders als bei Annahme einer Sonderanknüpfung von Einzelfragen (dazu → Rn. 114 ff.) – nicht einmal einer Rechtfertigung am Maßstab der Niederlassungsfreiheit bedürfte. Die damit verbundene weitgehende Erstreckung der deutschen Haftungsverfassung auf die Auslandsgesellschaft ist mit dem Urteil „Inspire Art" wohl kaum vereinbar,[218] da dort eine haftungsrechtlich relevante Überlagerung des Gesellschaftsstatuts gerade als Beschränkung der Niederlassungsfreiheit aufgefasst worden ist.[219] Es bleibt daher auch für die inländische Auslandsgesellschaft dabei, dass die Anknüpfung anhand der europarechtlichen Gründungstheorie zu einem **einheitlichen Gesellschaftsstatut** führt und innerhalb von dessen Regelungsbereich eine Anwendung von Vorschriften des Sitzstaates nur aufgrund einer gesondert am Maßstab der Niederlassungsfreiheit zu rechtfertigenden **Sonderanknüpfung** möglich ist (→ Rn. 114 ff.).

2. Sitzverlegung. Aus der Anwendung der europarechtlichen Gründungstheorie ergibt sich ferner unmittelbar die Zulässigkeit von **Sitzverlegungen** (im Sinne der Verlegung des tatsächlichen Verwaltungssitzes), soweit diese vom Gründungsrecht ermöglicht werden. Die Sitzverlegung nach Deutschland ist danach uneingeschränkt möglich, sofern das Gründungsrecht die Gesellschaft nicht aufgrund der Sitzverlegung als aufgelöst behandelt oder ihr durch Anwendung der Sitztheorie ihr Statut an der Grenze entzieht. In beiden Fällen gewährt das Gründungsrecht keine Rechtsfähigkeit mehr, die das Zuzugsrecht anerkennen könnte, so dass dessen autonomes Kollisionsrecht über die Anknüpfung befindet. Bei Zuzug einer Gesellschaft aus einem Sitztheoriestaat kommt dabei übrigens stets inländisches Recht zur Anwendung, unabhängig von der im Inland geltenden Kollisionsnorm: Unter der Sitztheorie ergibt sich dies unmittelbar aus dem inländischen Verwaltungssitz, unter der Gründungstheorie ergäbe sich dieselbe Folge aus einer Rückverweisung auf das Sitzrecht, die vom deutschen Recht nach Art. 4 Abs. 1 S. 2 angenommen wird. Bezüglich zuziehender Gesellschaften aus Sitztheoriestaaten (etwa österreichische GmbHs)[220] behält also die Rechtsprechung des BGH zur Behandlung als **rechtsfähige Personengesellschaft**[221] ihre Bedeutung.

Ebenfalls möglich ist die Sitzverlegung einer in Deutschland **ansässigen Auslandsgesellschaft** in einen **Drittstaat**. Da Wegzugsbeschränkungen nur für die nach eigenem Recht gegründeten Gesellschaften erlassen werden können, werden inländische Auslandsgesellschaften hiervon nicht erfasst. Die mit der europa-

100

101

102

---

214 Aus der älteren Literatur statt vieler *Ulmer* NJW 2004, 1201; *Altmeppen/Wilhelm* DB 2004, 1083. Nach den Entscheidungen „Cadbury Schweppes" und „Vale" hat der Begriff infolge der teilweise vertretenen Interpretation dieser Judikate als Aufgabe der Centros-Rechtsprechung eine gewisse Renaissance erlebt, vgl. insbes. *Kindler* EuZW 2012, 888. Diese Auffassung ist zurückzuweisen (oben Rn. 58 f.), so dass auch der Begriff der Scheinauslandsgesellschaft nicht zu reaktivieren ist.

215 Für den Begriff der „Gesellschaften mit Migrationshintergrund" *Leuering* ZPR 2008, 73.

216 Davon, dass die Entscheidungen „Überseering" und „Inspire Art" keinerlei kollisionsrechtliche Bedeutung haben, geht vor allem noch aus: *Kindler* NJW 2003, 1073 (1076 f.); *ders.* NZG 2003, 1086 (1089); *ders.* NZG 2009, 130 (131); *ders.* EuZW 2012, 888; MüKoBGB/*Kindler* IntGesR Rn. 139 ff.; in diesem Sinne auch *Großerichter* FS Sonnenberger, 2004, S. 369 ff.

217 Hierfür vor allem *Altmeppen* NJW 2004, 97 (100 ff.); ähnlich *Altmeppen/Wilhelm* DB 2004, 1083; MüKo-BGB/*Kindler* IntGesR Rn. 155.

218 So im Erg. auch *Ulmer* NJW 2004, 1201 (1206).

219 EuGH NJW 2003, 3331 Tz 142 – Inspire Art.

220 In Österreich gilt nach § 10 IPRG im autonomen Kollisionsrecht die Sitztheorie. Im österreichischen Schrifttum wird neuerdings indes eine teleologische Reduktion des § 10 IPRG zur Gewährleistung von Mobilität österreichischer Gesellschaften in der EU vertreten, vgl. *Eckert*, Internationales Gesellschaftsrecht, S. 114 ff.

221 BGH IPRax 2003, 62 = NJW 2002, 3539 = BB 2002, 2031 mit Anm. *Gronstedt* = MDR 2002, 1382 mAnm *Haack* = EWiR 2002, 971 (*Emde*) = JuS 2003, 88 (*Hohloch*); vgl. dazu die Besprechungsaufsätze von *Kindler* IPrax 2003, 41; *Leible/Hoffmann* DB 2002, 2203.

rechtlichen Gründungstheorie verbundene Mobilitätsgarantie gilt also nicht nur für das Verlassen des Gründungsstaates, sondern auch für weitere Sitzverlegungen. Nur das Gründungsrecht kann diese Umzugsfreiheit beschränken.

103   **3. Status in Deutschland als Zweigniederlassung. a) Auslandsgesellschaft als Zweigniederlassung.** Aus Sicht des deutschen Rechts stellt sich vor allem die Frage, welcher **Status** der inländischen Auslandsgesellschaft einzuräumen ist. Die Entscheidung „Inspire Art" gibt insoweit wichtige Hinweise, als der EuGH darin vorgibt, dass die Gesellschaft auch dann den Harmonisierungsvorschriften bezüglich Zweigniederlassungen[222] unterliegt, wenn die gesamte Geschäftstätigkeit vom Zuzugsstaat aus entfaltet wird. Der europarechtliche Begriff der Zweigniederlassung setzt also keine ausländische Hauptniederlassung im wirtschaftlichen Sinne voraus, sondern greift auch bei einem ausländischen Satzungssitz. Die inländische Auslandsgesellschaft genießt somit im Inland den rechtlichen Status einer **Zweigniederlassung** und ist dementsprechend anhand der nationalen Umsetzungsvorschriften zu den hierauf bezogenen Richtlinienvorschriften zu behandeln.[223] Da diese Vorschriften abschließend sind, also gerade in Bezug auf die Offenlegung nicht nur eine Mindest-, sondern eine **Vollharmonisierung** enthalten,[224] sind die Mitgliedstaaten auch daran gehindert, in deren Regelungsbereich weiter gehende Vorschriften zu erlassen.

104   **b) Anwendung der §§ 13 d ff. HGB.** Im deutschen Recht war man früher davon ausgegangen, dass die Eintragung einer Zweigniederlassung im Sinne der §§ 13 d ff. HGB eine Hauptniederlassung (§ 13 d Abs. 1 HGB) bzw. den Gesellschaftssitz (§§ 13 d Abs. 1, 13 e Abs. 1, 13 f. Abs. 1 HGB) im Ausland voraussetzt. Dabei wurde unter dem **„Sitz"** allein die **Hauptverwaltung** im Sinne der Sitztheorie verstanden,[225] so dass die Vorschriften auf Niederlassungen aller Gesellschaften anwendbar waren, die aus Sicht des deutschen Kollisionsrechts nicht dem deutschen Gesellschaftsstatut unterlagen. Geht man von dieser Begriffsbestimmung aus, müsste man eigentlich annehmen, dass das deutsche Recht für die Eintragung des Zuzugs der Hauptverwaltung einer Auslandsgesellschaft gar kein Verfahren bereitstellt – und demnach auch keine Eintragungspflicht begründet. Schließlich handelt es sich bei der inländischen Auslandsgesellschaft um eine solche mit **Sitz und Hauptniederlassung im Inland**, so dass §§ 13 d ff. HGB schon nicht anwendbar wären. Die Vorschriften über die Eintragung von Zweigniederlassungen inländischer Gesellschaften passen schon wegen des Umfangs der Offenlegung und des Verfahrensablaufs gar nicht auf die Situation des Zuzugs. Und als Neugründung kann die Gesellschaft aufgrund der Niederlassungsfreiheit gerade nicht behandelt werden.

105   Schon in Hinblick auf „Centros" und „Überseering" war davon auszugehen, dass die Eintragung als Zweigniederlassung nicht wegen des Fehlens einer ausländischen Hauptniederlassung verweigert werden kann.[226] Nach der Entscheidung „Inspire Art" wird man nun den Schluss ziehen müssen, dass die Vorschriften – **richtlinienkonform ausgelegt** – auch auf die zugezogene **Hauptverwaltung** einer Auslandsgesellschaft anzuwenden sind, und zwar unabhängig davon, ob diese als **Zweigniederlassung deklariert** wird.[227] Hieraus ergibt sich nicht nur, dass das Eintragungsverfahren der §§ 13 d ff. HGB auch für inländische Auslandsgesellschaften zur Verfügung stehen muss, sondern auch, dass die Auslandsgesellschaft nach ihrem Zuzug der **Publizitätspflicht** unterliegt.[228] Nur so kann der europarechtlich vorgegebenen **Gleichstellung von Zweigniederlassung und Sitzverlegung** im deutschen Recht Rechnung getragen werden.

106   Demnach erfasst der Begriff der „Zweigniederlassung" iSd §§ 13 d ff. HGB jede inländische Niederlassung einer Gesellschaft im Sinne von Art. 54 AEUV, die unter Berücksichtigung der „Überseering"-Grundsätze nicht deutschem Recht unterliegt. Dies kann man vor allem dadurch erreichen, dass man den Begriff des „Sitzes" (§§ 13 d Abs. 1, 13 e Abs. 1, 13 f. Abs. 1 HGB) so auslegt, dass er in Übereinstimmung mit Art. 54 AEUV alternativ den „satzungsmäßigen Sitz", die „Hauptverwaltung" oder die „Hauptniederlassung" bezeichnet. Hierin kann man eine **europarechtliche Sitzdefinition** sehen, die für die Zwecke der Anwendung von Normen, die der Umsetzung einer Richtlinie dienen, der nationalen Sitzdefinition vorgeht. Nur so wird gewährleistet, dass das Registerverfahren allen niederlassungsberechtigten Gesellschaften offen steht und für Gesellschaften, die dem „Recht eines anderen Mitgliedstaats unterliegen" (Art. 29 Abs. 1 Richtlinie (EU) 2017/1132) bei Niederlassung in Deutschland in jedem Fall Publizitätspflicht besteht.[229] Denn gerade

---

222 Heute finden sich diese Vorschriften in Art. 29 ff. der RL (EU) 2017/1132 über bestimmte Aspekte des Gesellschaftsrechts, Abl. EU 2017, L 169/46; vor der Konsolidierung waren sie Gegenstand der Zweigniederlassungsrichtlinie 89/666/EWG, ABl. EG 1989, L 395, S. 36 ff.

223 *Behrens* IPRax 2004, 20 (24).

224 EuGH IPRax 2004, 46 = NJW 2003, 3331 Tz 69 – Inspire Art.

225 Näher *Kindler* NJW 1993, 3301 (3304); *Wernicke* BB 2006, 843 (844); ferner MüKoBGB/*Kindler* IntGesR Rn. 884.

226 Vgl. die Nachw. aus der Rspr. bei *Leible/Hoffmann* ZIP 2003, 925 (926 f.).

227 OLG Frankfurt ZIP 2008, 1286; MüKoBGB/*Kindler* IntGesR Rn. 884; Ulmer/Habersack/*Behrens/Hoffmann* GmbHG Einl. B Rn. 253; *Wernicke* BB 2006, 843.

228 In diesem Sinne auch *Riegger* ZGR 2004, 510.

229 Zu den praktischen Fragen der erforderlichen Anmeldungen vgl. ausführlich *Bönner* RNotZ 2015, 253.

Letzteres scheint Sinn und Zweck der Konstruktion des EuGH zu sein: „Publizitätslose Niederlassungen kann es somit nicht geben."[230]

c) Sanktionierung der Anmeldepflicht. Von der Frage der Publizitätspflicht zu trennen ist indes die **107** Frage der Sanktionierung der darauf bezogenen Anmeldepflicht. Dieser kommt zentrale Bedeutung zu, da die Publizität praktisch das einzige Instrument zum Schutz der inländischen Verkehrskreise ist. Verstößt die inländische Auslandsgesellschaft gegen die Anmeldepflicht, vereitelt sie praktisch das vom EuGH verfolgte Schutzkonzept. Will man aber den Status als Zweigniederlassung von der Erfüllung der Anmeldepflicht abhängig machen, kann dies nur über deren Sanktionierung erfolgen. Richtigerweise sollte dieser also erhebliche **statusrechtliche Bedeutung** zukommen. Wird lediglich ein Verfahren zur Erzwingung der Anmeldung vorgesehen, kann die Gesellschaft evtl. jahrelang im Zuzugsstaat tätig sein, bevor das Registergericht auf sie aufmerksam wird und die Anmeldung durchsetzt. Mit dem beabsichtigten Schutz inländischer Verkehrskreise, denen die erforderliche Informationsquelle über die Gesellschaftsverhältnisse vorenthalten wird, ist das kaum vereinbar. Es soll hier nicht problematisiert werden, ob das Zwangsgeldverfahren nach § 14 HGB vor diesem Hintergrund überhaupt als hinreichend wirksam und abschreckend anzusehen ist, um den Anforderungen des Art. 40 der Richtlinie (EU) 2017/1132 zu genügen.[231] Denn jedenfalls aus Sicht des Schutzes inländischer Interessen sollte das deutsche Recht einen **zusätzlichen Sanktionsmechanismus** auf der privatrechtlichen Ebene installieren, um das rechtswidrige **Informationsdefizit** zu kompensieren und die inländischen Auslandsgesellschaften effektiv zur Erfüllung der Anmeldepflicht zu zwingen.

Zu berücksichtigen ist insoweit, dass diese Sanktionierung **diskriminierungsfrei** erfolgen muss.[232] Das **108** bedeutet, dass die Rechtsfolgen der Nichteintragung nicht über diejenigen der Nichteintragung einer deutschen GmbH bei Geschäftsaufnahme hinausgehen dürfen. Die Feststellung einer Diskriminierung setzt voraus, dass man einen Vergleichsfall des nationalen Rechts ermittelt. In Betracht kommen insoweit nur die ursprüngliche Anmeldung der GmbH oder aber die Anmeldung der Zweigniederlassung einer Inlandsgesellschaft. Da gerade der erstmaligen Offenlegung in einem Mitgliedstaat nach Art. 33 der Richtlinie (EU) 2017/1132 besondere Bedeutung zukommt, kann man als zutreffenden **Vergleichsfall** wohl nur die erstmalige Anmeldung der GmbH bei Geschäftsaufnahme ansehen.[233]

Dies bedeutet, dass nach der hier vertretenen Ansicht die nicht in das deutsche Handelsregister eingetragene **109** inländische Auslandsgesellschaft haftungsrechtlich einer **Vor-GmbH** gleichgestellt werden kann, ohne dass darin eine Diskriminierung oder ein Verstoß gegen die Richtlinienvorschriften zu sehen wäre. Insbesondere kann eine **Handelndenhaftung** nach dem Vorbild des § 11 Abs. 2 GmbHG für inländische Rechtshandlungen im deutschen Recht verankert werden, die mit dem Zuzug der Zweigniederlassung bzw. Hauptverwaltung beginnt und mit der Eintragung ins Handelsregister endet.[234] Es ist allerdings festzustellen, dass der BGH[235] und die heute ganz hM[236] eine derartige Handelndenhaftung als Verstoß gegen die Niederlassungsfreiheit ansehen, da dies einer Nichtanerkennung der im Ausland erfolgten Eintragung entspricht. Der BGH führt ferner an, dass das deutsche Recht als Sanktion für Verstöße gegen die Publizitätspflicht allein das Zwangsgeld vorsieht, nimmt also § 11 Abs. 2 GmbHG nicht als eine solche Sanktion in den Blick. Die Praxis wird sich hierauf einzurichten haben.

Nur auf der Grundlage der hier vertretenen Ansicht stellt sich die Frage, ob es hierfür eines Tätigwerdens **110** des Gesetzgebers bedarf oder man diese Folge nicht auch aus einer **analogen Anwendung des § 11 Abs. 2 GmbHG** schon de lege lata herleiten kann. Hierfür müsste man zunächst auf der kollisionsrechtlichen Ebene dazu kommen, dass die Frage der Handelndenhaftung nicht nach dem Gesellschaftsstatut, sondern dem Sitzrecht bestimmt wird. Es bedürfte also einer **Sonderanknüpfung** dieser Frage anhand des Niederlassungsortes, was man damit begründen kann, dass es gerade um den Schutz der dortigen Verkehrskreise und die Sanktionierung einer am Niederlassungsort bestehenden Verpflichtung geht. Derartige Sonderanknüpfungen sind im Zweigniederlassungsrecht nicht unbekannt, durch sie wird etwa bezüglich der Rechnungslegung der engen Beziehung zum Niederlassungsstaat Rechnung getragen.[237] Eine Beschränkung der

---

230 *Behrens* IPRax 2004, 20 (24).

231 Die Publizitätswirkungen des § 15 HGB sind bei völlig fehlender Eintragung wenig einschneidend. Krit. zur Wirksamkeit des Durchsetzungsverfahrens nach § 14 HGB mit Hinweis auf die fehlende Möglichkeit der Durchsetzung gegenüber Personen, die sich nicht im Inland aufhalten, auch MüKoBGB/*Kindler* IntGesR Rn. 945 („notorisch ineffizient"); kritisch auch *Wachter* GmbHR 2004, 96 (99); etwas optimistischer *Lehmann* NZG 2005, 580 (582).

232 So ausdr. EuGH IPRax 2004, 46 = NJW 2003, 3331 – Inspire Art.

233 Näher: *Leible/Hoffmann* EuZW 2003, 677 (678 f.).

234 Wie hier: *Leible/Hoffmann* EuZW 2003, 677 (678 f.); MüKoBGB/*Kindler* IntGesR Rn. 945; Ulmer/Habersack/*Behrens/Hoffmann* GmbHG Einl. B Rn. 254; *Paefgen* GmbHR 2005, 957 (mit ausführlicher Begründung der Europarechtskonformität).

235 BGH NJW 2005, 1648.

236 *Lehmann* NZG 2005, 580; *Eidenmüller* NJW 2005, 1618; *Wand* BB 2005, 1017; *Ressos* DB 2005, 1048; *Eckert*, Internationales Gesellschaftsrecht, S. 396.

237 Näher MHLS/*Leible* Syst. Darst. 2 Rn. 247 ff.

Niederlassungsfreiheit liegt bei einer solchen Sonderanknüpfung schon deshalb nicht vor, weil es sich gerade um die **Ausfüllung des Sanktionierungsgebots** des Art. 40 der Richtlinie (EU) 2017/1132 handelt.

111 Auch die Voraussetzungen einer Analogie zwischen Vor-GmbH und inländischer Auslandsgesellschaft vor Eintragung können als gegeben angesehen werden. Die Regelungslücke ergibt sich daraus, dass wegen der Nichtanwendbarkeit der Sitztheorie eine **Lücke in der Schutzkonzeption** des deutschen Rechts aufgetreten ist, während die vergleichbare Interessenlage schon der Erwägung zu entnehmen ist, dass die Gewährung des Haftungsprivilegs bei der Neugründung ebenso wie beim Zuzug nur aufgrund der Offenlegung am Tätigkeitsort der Gesellschaft gerechtfertigt ist. Demnach erscheint die analoge Anwendung des § 11 Abs. 2 GmbHG auf die nicht eingetragene inländische Auslandsgesellschaft als möglich.

112 Auf der Grundlage der genannten Entscheidung des BGH bleibt es dagegen bei der Möglichkeit der Registergerichte, nach § 14 HGB **Zwangsgelder** zu verhängen. Die Effektivität einer solchen Sanktion hängt davon ab, ob hinreichende Ressourcen für die Feststellung und Verfolgung von Verstößen zur Verfügung gestellt werden. Da europarechtlich eine wirksame Sanktionierung gefährdet ist, wird man auf der Grundlage der Ansicht des BGH zu verlangen haben, dass die Registergerichte der Sanktion Wirksamkeit verleihen. Es ist zu bezweifeln, dass die Gerichte für diese Aufgabe gerüstet – oder auch nur besonders geeignet wären. Eine unregelmäßige Anwendung der Norm nur bei Zufallsfunden dürfte dem Maßstab der Wirksamkeit kaum genügen.

113 **d) Zusammenfassung.** Zusammenfassend genießt somit die inländische Auslandsgesellschaft den **Status einer Zweigniederlassung** im Sinne der Art. 29 ff. der Richtlinie (EU) 2017/1132, so dass die deutschen Umsetzungsvorschriften in § 13 d ff. HGB im Wege der **richtlinienkonformen Auslegung** auf diese anzuwenden sind. Bei Verstoß gegen die Offenlegungspflicht kann und sollte das inländische Recht – entgegen der Rechtsprechung des BGH – de lege lata eine **Handelndenhaftung** analog § 11 Abs. 2 GmbHG annehmen und so den Genuss des Haftungsprivilegs des Gründungsrechts von der Publizität im Inland abhängig machen.

114 **4. Reichweite zulässiger Überlagerungen des Gesellschaftsstatuts.** Die Frage, der im Anschluss an die Entscheidung „Inspire Art" sicherlich die meiste Aufmerksamkeit im Schrifttum gewidmet wurde, ist die nach Zulässigkeit und Grenzen von **Sonderanknüpfungen** einzelner Fragen, insbesondere des Haftungsrechts. Insoweit geht es um nichts anderes als den Grundgedanken der von *Sandrock* begründeten **Überlagerungstheorie**, wonach auch bei grundsätzlicher Maßgeblichkeit des Gründungsrechts spezifische Interessen im Sitzstaat durch Inlandsrecht zu schützen sind (dazu schon → Rn. 46). Da solche Überlagerungen aber grundsätzlich als **Beschränkungen der Niederlassungsfreiheit** anzusehen sind,[238] können sie nur anerkannt werden, soweit sie anhand des Maßstabs der **zwingenden Allgemeininteressen** gerechtfertigt werden können.[239]

115 Von der Überlagerung im Wege der Sonderanknüpfung ist indes die Frage der **Qualifikation** von Haftungstatbeständen zu unterscheiden. Unter Qualifikation ist die Zuordnung eines rechtlichen Tatbestandes zu den Systembegriffen zu verstehen, an die das Kollisionsrecht anknüpft (näher → EGBGB Art. 3 Rn. 22 ff.). Es geht konkret um die **Abgrenzung** der Reichweite des Gesellschaftsstatuts im Verhältnis etwa zum Delikts- oder zum Insolvenzstatut, bezüglich derer auch die Auslandsgesellschaft den allgemeinen Gesetzen und Kollisionsnormen unterliegt. Bedeutung hat auch dies vor allem für einzelne Haftungstatbestände: Soweit diese gesellschaftsrechtlich zu qualifizieren sind, müsste ihre Anwendung auf die Auslandsgesellschaft als Überlagerung am Maßstab der Niederlassungsfreiheit gemessen werden. Soweit sie aber dem Insolvenz- oder Deliktsstatut unterliegen und deren Anknüpfungsnormen auf das Sitzrecht verweisen, befindet sich der Sitzstaat bei deren Anwendung in Bezug auf Art. 49, 54 AEUV im „sichersten Hafen".[240] Bei der Diskussion einzelner Regelungen sind beide Aspekte zu berücksichtigen, da eine Sonderanknüpfung überhaupt nur aufgrund einer **gesellschaftsrechtlichen Qualifikation** in Betracht kommt. Dennoch sind beide Aspekte aber zu trennen, da die Anwendung des allgemeinen rechtlichen Rahmens auf Auslandsgesellschaften keiner Rechtfertigung bedarf. Die Vorgaben der Niederlassungsfreiheit wären aber zu beachten, wenn man im Wege der Qualifikation das Gesellschaftsstatut gezielt verengen und so gesellschaftsrechtsspezifische Regelungen in das Delikts- oder Insolvenzstatut überführen wollte.[241]

---

238 EuGH IPRax 2004, 46 = NJW 2003, 3331 – Inspire Art.

239 *Sandrock* ZVglRWiss 102 (2003), 447 ff., bezeichnet die darauf beruhende Beschränkung als „Schrumpfung" der Überlagerungstheorie.

240 Den Begriff verwendet *Ulmer* NJW 2004, 1201 (1207) in diesem Zusammenhang.

241 In diese Richtung deuten manche Qualifikationslösungen in der Lit., zB die Anwendung von „Mehrfachqualifikationen" bei *Kindler* in FS Jayme 2004, S. 409 ff.

a) Haftungstatbestände.[242] Bei der Diskussion um die Anwendung von **Haftungstatbeständen** des deut- **116** schen Rechts auf inländische Auslandsgesellschaften ist zunächst daran zu erinnern, dass in erster Linie das Gesellschaftsstatut darüber bestimmt, ob und unter welchen Voraussetzungen Gesellschafter und Geschäftsleiter persönlich für die Gesellschaftsschulden haften. Wendet man die Haftungsnormen des Gesellschaftsstatuts konsequent an, wozu natürlich auch der deutsche Richter bei entsprechender Anknüpfung berechtigt und verpflichtet ist, sind in den meisten Fällen die Schutzlücken nicht so groß, dass eine Korrektur angezeigt wäre.[243] Denn auch zB das englische Gesellschaftsrecht verfügt durchaus über wirksame Instrumente zur **Verhinderung des Missbrauchs** der „Limited", etwa in Form des Tatbestandes des „wrongful trading" oder der Durchgriffshaftung („piercing the corporate veil"). Näher → Rn. 219.

Die Qualifikation der **Insolvenzverschleppungshaftung** war in der Vergangenheit umstritten, da sie **117** sowohl gesellschaftsrechtliche als auch delikts- und insolvenzrechtliche Bezugspunkte aufweist.[244] Insbesondere der deutsche Gesetzgeber hatte eine insolvenzrechtliche Qualifikation beabsichtigt und dazu die (früher im Gesellschaftsrecht geregelte) Insolvenzantragspflicht in § 15 a InsO[245] insolvenzrechtlich geregelt.[246] Indes ist dies nicht entscheidend, da die Qualifikation schon grundsätzlich nicht dem materiellen Recht des Forumstaats folgt, und sich die Frage hier vor allem im Kontext des autonom zu bestimmenden Anwendungsbereichs der EuInsVO[247] stellt und daher nach europarechtlichen Maßstäben zu beantworten ist. In der Entscheidung „**Kornhaas**" war der EuGH zwar nicht explizit mit der Insolvenzverschleppungshaftung befasst, gleichwohl lässt sich dem Urteil entnehmen, dass derartige Ansprüche der EuInsVO unterliegen und damit insolvenzrechtlich zu qualifizieren sind: Zunächst hat er festgestellt, dass dem Insolvenzstatut „die Regeln für die Bestimmung der zur Stellung des Antrags auf Eröffnung dieses Verfahrens verpflichteten Personen"[248] unterliegen, um die praktische Wirksamkeit der in Art. 7 Abs. 2 EuInsVO genannten Verfahrensvoraussetzungen zu gewährleisten. Da sich die Insolvenzantragspflicht kaum von der Haftungssanktion trennen lässt, unterliegen auch „die Folgen eines Verstoßes gegen diese Verpflichtung"[249] dem Insolvenzstatut. Im deutschen Recht betrifft dies sowohl den Quotenschaden der Altgläubiger, der als Gesamtschaden nach § 92 InsO vom Insolvenzverwalter geltend zu machen ist, als auch den individuell durchsetzbaren Schaden der Neugläubiger. Für letztere Ansprüche ergibt sich das aus dem Umstand, dass nach der Rechtsprechung des EuGH weder die Verfahrenseröffnung noch die Geltendmachung zugunsten der Gläubigergesamtheit Voraussetzung der insolvenzrechtlichen Qualifikation ist.[250] Eine von der Haftung der Altgläubiger auf den Quotenschaden abweichende Qualifikation wäre auch kaum vertretbar, da beide Ansprüche aus einer einheitlichen Pflichtverletzung und derselben Anspruchsgrundlage resultieren.[251] Auch wenn die entsprechenden Ausführungen des EuGH als *obiter dictum* anzusehen sind, dürfte sich die Streitfrage aus praktischer Sicht damit erledigt haben.

Von der Insolvenzverschleppungshaftung zu unterscheiden ist die **Geschäftsleiterhaftung bei Insolvenz-** **118** **reife** nach § 64 GmbHG bzw. § 92 Abs. 2 S. 1 AktG, deren Einordnung früher ebenfalls umstritten war und für die teilweise von einer gesellschaftsrechtlichen,[252] überwiegend aber von einer insolvenzrechtlichen Qualifikation ausgegangen wurde.[253] Auch diese Frage wurde durch die „**Kornhaas**"-Entscheidung des

---

242 *Eidenmüller* Ausländische Kapitalgesellschaften § 4 Rn. 7 ff.; *Eckert*, Internationales Gesellschaftsrecht, S. 338 ff., S. 356 ff. (aus österreichischer Perspektive).

243 Zutr. *Behrens* IPRax 2004, 20 (24).

244 Zutr. *Ulmer* NJW 2004, 1201 (1207); *Eckert* IntGesR S. 366 ff.; *Mock/Schildt* in Hirte/Bücker, Grenzüberschreitende Gesellschaften § 17 Rn. 80 ff.; *Altmeppen/Wilhelm* DB 2004, 1083 (1088); *Spindler/Berner* RIW 2004, 7 (12); *Berner/Klöhn* ZIP 2007, 106; *Zimmer* NJW 2003, 3585 (3590); für eine insolvenzrechtliche Qualifikation: KG ZIP 2009, 2156; *Borges* ZIP 2004, 733 (739); Spindler/Stilz/*Müller* IntGesR Rn. 36; *Müller* NZG 2003, 414 (417); MüKoBGB/ *Kindler* IntInsR, Rn. 58 ff.; *Eidenmüller* Ausländische Kapitalgesellschaften § 4 Rn. 28; *Kuntz* NZI 2005, 424 (428); MHLS/*Leible* GmbHG Syst. Darst. 2 Rn. 160; MüKoGmbHG/*Weller* Einl. Rn. 425; *Worms*, Insolvenzverschleppung bei der deutschen Limited, S. 127 ff.; für eine deliktsrechtliche Qualifikation: *Bayer* BB 2003, 2357 (2365); *Schanze/Jüttner* AG 2003, 661 (670); näher zum Ganzen: Ulmer/ Habersack/*Behrens/Hoffmann* GmbHG Einl. B Rn. 133 ff.

245 Dieser wurde durch das MoMiG (BGBl. 2008 I S. 2026) eingefügt.

246 BT-Drs. 16/6140, S. 17.

247 VO (EU) 2015/848 über Insolvenzverfahren, Abl. EU 2015, L 141/19.

248 EuGH ECLI:EU:C:2015:806 = Rs. C-594/14 (Kornhaas) = NJW 2016, 223 Rn. 19.

249 EuGH ECLI:EU:C:2015:806 = Rs. C-594/14 (Kornhaas) = NJW 2016, 223 Rn. 19.

250 Einerseits EuGH ECLI:EU:C:2014:2410 = Rs. C-295/13 (H/K) = EuZW 2015, 141 Rn. 22 ff.; andererseits EuGH ECLI:EU:C:2017:986 = Rs. C-649/16 (Valach) = NZI 2018, 232 Rn. 32.

251 So auch *Weller/Hübner* NJW 2016, 225; *dies.* FS Pannen (2017), S. 264 f.; *Kindler* EuZW 2016, 136 (139); *Schall* ZIP 2016, 289 (293); *Mankowski* NZG 2016, 281 (286); *Altmeppen* IWRZ 2017, 107 (111) (EuGH habe dies „für selbstverständlich gehalten").

252 OLG Karlsruhe NZG 2010, 509; *Ringe/Willemer* NZG 2010, 56; *Poertzgen* NZI 2013, 809.

253 KG IPRax 2010, 449; OLG Jena IPRax 2014, 357; ausführlich *Weller/Schulz* IPRax 2014, 336 (338) (mwN in FN 32); *Servatius* DB 2015, 1087 (1090 f.); MüKoBGB/*Kindler* IntGesR Rn. 631.

EuGH[254] geklärt, die aufgrund eines Vorabentscheidungsersuchens des BGH zur Anwendbarkeit des § 64 S. 1 GmbHG auf die Direktoren einer englischen private limited company mit deutschem Verwaltungssitz ergangen ist.[255] Schon zuvor hatte der EuGH entschieden, dass eine Klage des Insolvenzverwalters aufgrund von § 64 GmbHG zu den „unmittelbar aus einem Insolvenzverfahren hervorgehenden und in einem engen Zusammenhang damit stehenden Klagen" gehört, für die nach Art. 3 EuInsVO die Zuständigkeit am COMI gegeben ist.[256] In „Kornhaas" wurde sodann § 64 S. 1 GmbHG „eindeutig als insolvenzrechtliche Norm"[257] bezeichnet, die der Anknüpfung an die lex fori concursus (Art. 7 EuInsVO) unterliegt, da es sich um eine Sanktion für die Verletzung der Insolvenzantragspflicht handele, hätte doch bei ordnungsmäßiger Eröffnung des Verfahrens zum Zeitpunkt der Masseschmälerung schon keine Verfügungsbefugnis der Organe des Insolvenzschuldners mehr bestanden. Für die **Haftung aus § 64 S. 3 GmbHG** bzw. § 92 Abs. 2 S. 3 AktG kann kaum etwas anderes gelten:[258] Zwar handelt es sich hier nicht um eine Sanktion für die Verletzung der Antragspflicht, jedoch knüpft auch diese Haftung an die Zahlungsunfähigkeit an und sanktioniert das insolvenzbezogene Verbot der Herbeiführung der Zahlungsunfähigkeit. Auch insoweit besteht daher ein enger Zusammenhang mit dem Insolvenzverfahren.

119 Gesellschaftsrechtlich zu qualifizieren sind dagegen die Fälle der **Durchgriffshaftung** einschließlich der **Existenzvernichtungshaftung**.[259] Im Hinblick auf die „Trihotel"-Entscheidung des BGH[260] werden indes auch eine insolvenzrechtliche[261] oder eine deliktsrechtliche Qualifikation[262] vertreten. Durch diese Entscheidung hat der BGH für das deutsche materielle Recht die Existenzvernichtungshaftung als eigenständige gesellschaftsrechtliche Haftungsfigur aufgegeben und durch eine deliktsrechtliche, in § 826 BGB verankerte Innenhaftung ersetzt. Während die insolvenzrechtliche Qualifikation mit dem Zweck der Verhinderung von Masseverkürzungen begründet wird, soll der Zweck der Sanktionierung der gezielten Gläubigerschädigung für eine deliktsrechtliche Qualifikation sprechen. Schon die Ausgestaltung als Innenhaftung lässt aber erkennen, dass es sich um eine Haftung für die Verletzung gesellschaftsinterner Verpflichtungen handelt, die auf den gesellschaftsrechtlichen Rahmen für den Zugriff auf Gesellschaftsvermögen und auf die gesellschaftsrechtlichen Anspruchsgrundlagen abgestimmt werden muss. Im Hinblick auf Art. 1 Abs. 2 lit. d Rom II-VO wird man festzustellen haben, dass derartige Ansprüche weiterhin gesellschaftsrechtlich zu qualifizieren sind.[263] Bezüglich dieser Ansprüche ist mit der hM[264] aber grundsätzlich die Möglichkeit einer **Überlagerung** des Gesellschaftsstatuts anzuerkennen. Voraussetzung ist allerdings, dass die damit verbundene Beschränkung der Niederlassungsfreiheit im konkreten Fall **gerechtfertigt** werden kann. Insoweit kommen zwei unterschiedliche Begründungen in Betracht: Zunächst könnte das vom EuGH anerkannte **Missbrauchsverbot** eingreifen. Der Anwendungsbereich der Niederlassungsfreiheit ist ausnahmsweise nicht eröffnet, wenn sich Staatsangehörigen unter Missbrauch der durch den AEUV geschaffenen Möglichkeiten der Anwendung des nationalen Rechts entziehen, also sich missbräuchlich oder in betrügerischer Absicht auf Unionsrecht berufen.[265] Allein die Wahl eines laxeren Gesellschaftsstatuts zur Umgehung strengerer Gründungsvorschriften im Staat der Zweigniederlassung ist freilich nicht zur Begründung eines solchen Missbrauchs geeignet. Erforderlich wäre vielmehr ein **konkreter Missbrauch**, der insbesondere in den Fällen der **Existenzvernichtungshaftung** – die ja letztlich nichts anderes als Haftung für den Miss-

---

254 EuGH ECLI:EU:C:2015:806 = Rs. C-594/14 (Kornhaas) = NJW 2016, 223 Rn. 17 ff.; dazu: *Weller/Hübner* NJW 2016, 225; *dies.* FS Pannen (2017), S. 259 ff.; *Kindler* EuZW 2016, 136; *Schall* ZIP 2016, 289; *Mankowski* NZG 2016, 281; *Böcker* DZWIR 2016, 174; *Altmeppen* IWRZ 2017, 107.

255 BGH NZG 2015, 101; dazu: *Servatius* DB 2015, 1087.

256 EuGH EuZW 2015, 141, insbes. Tz. 23 f. – H/K.

257 EuGH ECLI:EU:C:2015:806 = Rs. C-594/14 (Kornhaas) = NJW 2016, 223 Rn. 17.

258 So auch *Weller/Hübner* NJW 2016, 225; *dies.* FS Pannen (2017), S. 267 f.; *Kindler* EuZW 2016, 136 (139); *Schall* ZIP 2016, 289 (292 f.); *Mankowski* NZG 2016, 281 (286); offen lassend *Böcker* DZWIR 2016, 174.

259 *Ulmer* NJW 2004, 1201 (1208); *Sandrock* ZVglRWiss 102 (2003), 447, 484 f.; *Spindler/Berner* RIW 2004, 7 (11); *Eckert*, Internationales Gesellschaftsrecht, S. 338 ff.

260 BGHZ 173, 246 = NJW 2007, 2689; bestätigt in BGH NZG 2012, 1069 („PPM"); dazu: *Habersack* ZGR 2008, 533; *Schanze* NZG 2007, 681; *Gehrlein* WM 2008, 761.

261 MüKoBGB/*Kindler* IntGesR Rn. 622 (für delikts- und insolvenzrechtliche Mehrfachqualifikation).

262 *Schanze/Jüttner* Die AG 2003, 665 (669 f.); *Zimmer* NJW 2003, 3585 (3588 f.); *Kindler* FS Jayme 2004, S. 409, 416 f.

263 Näher zu dieser Problematik MüKoGmbHG/*Weller* Einl. Rn. 415 ff.; Ulmer/Habersack/*Behrens/Hoffmann* GmbHG Einl. B Rn. 116 ff.

264 *Sandrock* ZVglRWiss 102 (2003), 447, 484 ff.; *Ulmer* NJW 2004, 1201 (1208); *Bayer* BB 2003, 2357 (2364 f.); *Eidenmüller* ZIP 2002, 2233 (2242); *Weller* IPRax 2003, 207; *Eidenmüller/Rehm* ZGR 2004, 159 (182); *Zimmer* NJW 2003, 3585 (3589); aA *Kieninger* ZEuP 2004, 685 (699).

265 Zum Rechtsmissbrauch im Unionsrecht vgl. *Fleischer* JZ 2003, 865; *Ottersbach* Rechtsmissbrauch bei den Grundfreiheiten des euopäischen Binnenmarktes; *Schmidt-Kessel* Verbot des Rechtsmissbrauchs im Gemeinschaftsprivatrecht; *Schön* FS Wiedemann 2002, S. 1271; *Zimmermann* Das Rechtsmissbrauchsverbot im Recht der euopäischen Gemeinschaft.

brauch der juristischen Person enthält[266] – in Betracht kommt.[267] Der Missbrauch muss konkret nachgewiesen werden.[268]

Daneben kommt aber auch eine Rechtfertigung nach den allgemeinen Grundsätzen in Betracht: Mitglied-   **120**
staatliche Maßnahmen, die die Niederlassungsfreiheit beschränken, sind nicht per se verboten, sondern können, wenn sie in nichtdiskriminierender Weise angewandt werden, ausnahmsweise aus **zwingenden Gründen des Allgemeininteresses** gerechtfertigt sein, sofern sie zur Erreichung des verfolgten Zieles geeignet,
erforderlich und verhältnismäßig ieS sind.[269] Zwar ist insbesondere der **Gläubigerschutz** grundsätzlich als
ein derartiges zwingendes Allgemeininteresse anerkannt, die Rechtsprechung des EuGH deutet allerdings
auf eine sehr **restriktive Handhabung** hin.[270] Soweit die Gläubiger bereits durch das Auftreten als Auslandsgesellschaft geschützt sind, also das fremde Gesellschaftsstatut offensichtlich war, kommt eine
Beschränkung zum Zwecke des Gläubigerschutzes nicht in Betracht.[271] Die Information der Gläubiger, die
sich dann selbst schützen können, geht also der Überlagerung vor. Innerhalb dieses engen Rahmens ist es
allerdings durchaus denkbar, dass im **Einzelfall** gläubigerschützende Sonderanknüpfungen zu rechtfertigen
sind, beispielsweise zugunsten von Deliktsgläubigern[272] materiell unterkapitalisierter Gesellschaften. Der
Nachweis, dass nach dem Gesellschaftsstatut hinreichende Schutzinstrumente nicht gegeben sind, dürfte im
Rahmen der Erforderlichkeit nicht zu verlangen sein.[273]

b) Kapitalschutzrecht. Im Bereich des Rechts der **Kapitalaufbringung und -erhaltung** sowie des   **121**
Eigenkapitalersatzrechts können nur in ganz engen Grenzen Überlagerungen angenommen werden. Insoweit ist zunächst festzustellen, dass der EuGH ein vorgeschriebenes **Mindestkapital** schon nicht als geeignet ansieht, die Gesellschaftsgläubiger zu schützen.[274] Vorschriften, die an den Schutz eines solchen Mindestkapitals anknüpfen und dessen Entzug sanktionieren, dürften im Wesentlichen dieses Schicksal teilen.[275] Wie *Sandrock* treffend bemerkt, verletzt die Sonderanknüpfung von Vorschriften über
Kapitalaufbringung und -erhaltung „nahezu sämtliche Schranken, die das Europarecht gegenüber Eingriffen
in die Niederlassungsfreiheit aufgerichtet hat."[276] Dies gilt richtigerweise auch für die **Ausschüttungssper-
ren** des Kapitalerhaltungsrechts und die darauf bezogenen **Rückzahlungsansprüche** (§§ 30, 31 GmbHG,
§ 62 AktG).[277] Soweit die Auszahlungen zur Insolvenz der Gesellschaft führen, ist aus dem Aspekt des
Missbrauchs vielmehr eine **Existenzvernichtungshaftung** in den Blick zu nehmen. Schutzlücken können
daher mit diesem Instrument geschlossen werden.

Die Problematik **eigenkapitalersetzender Gesellschafterleistungen** regelt das deutsche Recht heute nur
noch in insolvenzrechtlichem Zusammenhang. Die §§ 39 Abs. 1 Nr. 5, 135 InsO knüpfen direkt an die
Durchführung des **Insolvenzverfahrens** an und entfalten ihre Rechtsfolge (die Anordnung des Nachrangs)
gerade innerhalb dieses Verfahrens. Diese sind daher insolvenzrechtlich zu qualifizieren und unterliegen als
Teil der *lex fori concursus* der Anknüpfung nach der EuInsVO,[278] die gemäß Art. 7 Abs. 2 lit. i EuInsVO
insbesondere das Rangverhältnis der Gläubiger regelt.

c) Organisationsrecht (unternehmerische Mitbestimmung, Geschlechterquote). Im Ausgangspunkt   **122**
unstreitig ist wohl, dass sich das innergesellschaftliche Organisationsrecht allein nach dem Gesellschaftsstatut richtet und hinsichtlich Fragen der internen Kompetenzverteilung auch eine Überlagerung nicht in
Betracht kommt. Ausnahmen werden nur insoweit diskutiert, als durch organisationsrechtliche Vorschriften

266 Vgl. BGHZ 151, 181, 187. Auf den Zusammenhang
     weist zutr. *Borges* ZIP 2004, 733 (742) hin; ferner
     Drygala ZEuP 2004, 337 (347); Allerdings knüpft
     der BGH seit BGHZ 173, 246 („Trihotel") die Haf-
     tung nicht mehr an den „Missbrauch der Rechts-
     form", sondern an die „missbräuchliche Schädigung
     des Gesellschaftsvermögens", was im Hinblick auf
     die Missbräuchlichkeit aber keinen Unterschied
     macht.
267 Ähnlich *Spindler/Berner* RIW 2004, 7 (9), die aber
     einen solchen „konkreten Missbrauch" nur bei
     „betrügerischer Absicht" anerkennen; kritisch *Greu-
     lich/Rau* NZG 2008, 565 (568).
268 Zu einem solchen Missbrauchsfall, der nach Ansicht
     des AG Hamburg die Aberkennung des Haftungspri-
     vilegs einer englischen Ltd. rechtfertigte, vgl. AG
     Hamburg IPRax 2003, 534 = NJW 2003, 2835 = NZI
     2003, 442 mit Anm. *Mock/Schildt* = DStR 2003,
     1763 mAnm *Lürken*; dazu auch *Weller* IPRax 2003,
     520.
269 EuGH IPRax 2004, 46 = NJW 2003, 3331 – Inspire
     Art; Slg 1999, I-1459 Rn. 34 – Centros; Slg 1995,
     I-4165 Tz 37 – Gebhard.

270 In diesem Sinne auch *Ziemons* ZIP 2003, 1913
     (1917); vgl. ferner die eingehende Analyse bei *Teich-
     mann*, Binnenmarktkonformes Gesellschaftsrecht,
     S. 456 ff.
271 EuGH IPRax 2004, 46 = NJW 2003, 3331 – Inspire
     Art.
272 *Spindler/Berner* RIW 2004, 7 (14).
273 Näher *Ulmer* NJW 2004, 1201 (1208 f.); *Borges* ZIP
     2004, 733 (741 f.); aA *Spindler/Berner* RIW 2004, 7
     (14); *Kieninger* ZEuP 2004, 685 (700 ff.); *Eckert* Int-
     GesR S. 343.
274 EuGH Slg 1999, I-1459 Tz 35 – Centros.
275 So auch *Eidenmüller/Rehm* ZGR 2004, 159 (181).
276 ZVglRWiss 102 (2003), 447, 479.
277 Näher: Ulmer/Habersack/*Behrens/Hoffmann*
     GmbHG Einl. B Rn. 117; aA MüKoBGB/*Kindler*
     IntGesR Rn. 595.
278 Ulmer/Habersack/*Behrens/Hoffmann* GmbHG Einl.
     B Rn. 114; MüKoBGB/*Kindler* IntGesR Rn. 598;
     Ulmer NJW 2004, 1201 (1207); *Paulus* ZIP 2002,
     729 (734); *Kindler* NZG 2003, 1086 (1090).

Zwecke verfolgt werden, die nicht auf die Gesellschafter bezogen sind. Zu nennen sind insoweit die **unternehmerische Mitbestimmung** der Arbeitnehmer sowie die **Geschlechterquote** bei der Besetzung des Aufsichtsrats.

123 Erwartungsgemäß kontrovers verläuft die Diskussion bezüglich der Überlagerung des Gesellschaftsstatuts für die Zwecke der unternehmerischen Mitbestimmung. Im Grundsatz ist es unstrittig, dass die unternehmerische Mitbestimmung dem Gesellschaftsstatut unterliegt.[279] Die Aussage des EuGH in der Entscheidung **TUI/Erzberger**, dass die „durch das MitbestG eingeführte Mitbestimmungsregelung ... sowohl zum deutschen Gesellschaftsrecht als auch zum deutschen kollektiven Arbeitsrecht" gehöre,[280] stellt diese Qualifikation nicht in Frage, da sie sich nur auf „Gesellschaften nationalen Rechts" bezieht, das deutsche Gesellschaftsstatut also voraussetzt. Gemeint ist hier lediglich, dass das nationale Recht den Anwendungsbereich der Mitbestimmungsregeln durch weitere Anforderungen eingrenzen kann. Die Diskussion betrifft daher lediglich die Frage einer Sonderanknüpfung des Sitzrechts und deren europarechtliche Zulässigkeit. Man wird wohl behaupten können, dass sich hierin die rechtspolitische Haltung der Autoren zur Mitbestimmungsfrage widerspiegelt. Ob die Mitbestimmung zwingenden Gründen des Allgemeininteresses dient und demnach eine Sonderanknüpfung des Mitbestimmungsrechts vor dem Hintergrund der Niederlassungsfreiheit gerechtfertigt werden kann, ist letztlich eine ebensolche **Glaubensfrage** wie diejenige nach der Vereinbarkeit der Mitbestimmung mit Art. 14 GG, an der sich die deutsche Rechtswissenschaft in den 1970er Jahren aufgerieben hat. Ebenso wie damals wird es auch heute einer expliziten höchstrichterlichen Entscheidung bedürfen, um die Frage zu klären – damals durch das BVerfG,[281] heute durch den EuGH.

124 Der politische Charakter der Fragestellung macht eine Prognose dieser Entscheidung schwierig, wenn nicht sogar unmöglich. Zwar sprechen viele gute Gründe gegen eine solche Überlagerung[282] und insbesondere Geeignetheit und Erforderlichkeit der Mitbestimmung zum Schutz der Arbeitnehmerinteressen erscheinen angesichts der Tatsache, dass die Regelungen auch in Deutschland auf Großunternehmen begrenzt sind, höchst fraglich.[283] Allerdings ist zu erwarten, dass der EuGH den politischen Kompromiss in der Mitbestimmungsfrage,[284] der aktuell auf der sekundärrechtlichen Ebene über die SE und die grenzüberschreitende Verschmelzung hinaus auf die grenzüberschreitende Spaltung und den grenzüberschreitenden Formwechsel erstreckt worden ist,[285] nicht in Frage stellen wird. Eine Auslegung der Niederlassungsfreiheit, die den darin vorgesehenen Kompromiss als primärrechtswidrig erscheinen ließe, wird der EuGH kaum vertreten. Andererseits sind die praktischen Probleme, die mit einer **Überlagerung der Organisationsverfassung** einer fremden Rechtsform durch Mitbestimmungsrecht verbunden wären, nicht von der Hand zu weisen – wenn diese, wie die Europäische Aktiengesellschaft und die von der Richtlinie 2019/2121 erfassten grenzüberschreitenden Umwandlungsvorgänge zeigen, grundsätzlich auch lösbar sind. Fraglich ist nur, ob sie auch ohne spezifisch auf diese Situation zugeschnittene Normen lösbar sind. An dieser Stelle genügt es wohl, die **Frage** als **offen** zu kennzeichnen[286] und eine Vorlage der Frage an den EuGH anzuregen. Ohnehin ist

279 BGH NJW 1982, 939; MHLS/*Leible* GmbHG Syst. Darst. 2 Rn. 169; MüKoBGB/*Kindler* IntGesR Rn. 568; MüKoGmbHG/*Weller* Einl. Rn. 474; Ulmer/Habersack/*Behrens/Hoffmann* GmbHG Einl. B Rn. 125.

280 EuGH ECLI:EU:C:2017:562 = Rs. C-566/15 (Erzberger/TUI) = NZG 2017, 949 Rn. 38.

281 BVerfGE 50, 290.

282 Man kann wohl behaupten, dass die weiterhin überwiegende Meinung in der Lit. sich gegen die Zulässigkeit einer Überlagerung mit Mitbestimmungsrecht ausspricht, vgl.: *Sandrock* Die AG 2004, 57; *Sandrock* ZVglRWiss 102 (2003), 447, 493 ff.; *Windbichler/Bachmann* FS Bezzenberger 2000, S. 799 ff.; *Schiessl* ZHR 167 (2003), 235, 239 ff.; *Eidenmüller/Rehm* ZGR 2004, 159 (184 f.); *Mankowski* RIW 2004, 481 (483); *Martin-Ehlers* Sandrock/Wetzler, S. 1, S. 30 f.; *Müller-Bonanni* GmbHR 2003, 1235 (1237 f.); *Schanze/Jüttner* Die AG 2003, 661 (668); *Schwark* Die AG 2004, 173 (177 ff.); *Horn* NJW 2004, 893 (900); *Ziemons* ZIP 2003, 1913 (1917 f.); *Eberspächer* ZIP 2008, 1951 (1953); MHLS/*Leible* GmbHG Syst. Darst. 2 Rn. 170; *Veit/Wichert* AG 2004, 14 (17); *Müller-Bonanni* in Hirte/Bücker, Grenzüberschreitende Gesellschaften § 14 Rn. 17 ff.; *Zöllner* GmbHR 2006, 1 (10); Ulmer/Habersack/*Behrens/Hoffmann* GmbHG Einl. B Rn. 125 f.; aA

(für Möglichkeit der Überlagerung): *Altmeppen/Wilhelm* DB 2004, 1083 (1089); *Bayer* Die AG 2004, 534; *Drygala* ZEuP 2004, 337 (348 f.); *Bayer* BB 2003, 2357 (2365); *Roth* ZGR 2000, 311 (333); *Thüsing* ZIP 2004, 381; MüKoBGB/*Kindler* IntGesR Rn. 570 ff.; MüKoGmbHG/*Weller* Einl. Rn. 476 ff.; *Weiss/Seifert* ZGR 2009, 543; differenzierend: *Rehberg* in: Eidenmüller, Ausländische Kapitalgesellschaften im deutschen Recht § 6 Rn. 1 ff.

283 Ulmer/Habersack/*Behrens/Hoffmann* GmbHG Einl. B Rn. 127.

284 Zur Mitbestimmungslösung, die sich zunächst in der Mitbestimmungsrichtlinie zur Europäischen Aktiengesellschaft niedergeschlagen hat (Richtlinie 2001/86/EG, ABl. EG L 294, S. 22 ff.) und durch Art. 16 der Richtlinie 2005/56/EG auf die grenzüberschreitende Verschmelzung von Kapitalgesellschaften erstreckt worden ist; vgl. näher *Heinze* ZGR 2002, 66; *Reichert/Brandes* ZGR 2003, 767.

285 Richtlinie (EU) 2019/2121 zur Änderung der RL (EU) 2017/1132 in Bezug auf grenzüberschreitende Umwandlungen, Verschmelzungen und Spaltungen.

286 Der Verf. steht einer Rechtfertigung der Überlagerung allerdings kritisch gegenüber, vgl. ausf. Ulmer/Habersack/*Behrens/Hoffmann* GmbHG Einl. B Rn. 125 ff.

bemerkenswert, dass auch 18 Jahre nach der Entscheidung „Überseering" eine Klärung dieser Frage nicht absehbar ist. Anbieten würde sich dies innerhalb eines **Statusverfahrens** nach § 98 AktG, sobald in Deutschland eine inländische Auslandsgesellschaft mit mehr als 500 Arbeitnehmern auftritt. Dieses Verfahren ist bei einer Ungewissheit über das Erfordernis der Bildung eines Aufsichtsrats, die bei der GmbH regelmäßig auftritt, analog heranzuziehen,[287] so dass man es auch auf eine Auslandsgesellschaft mit tatsächlichem Sitz im Inland analog anwenden könnte. In Ermangelung eines inländischen Satzungssitzes wäre dann lediglich die Zuständigkeit am tatsächlichen Sitz im Inland anzuerkennen. Praktisch kommt dies derzeit wohl vor allem bei Mischformen wie der Ltd. & Co. KG (dazu noch → Rn. 208 ff.) in Betracht, da hier die Arbeitnehmer der deutschen KG nach § 5 MitbestG der Komplementär-Ltd. zuzurechnen sind. Hat die Komplementär-Ltd. ihren tatsächlichen Sitz in Deutschland (was bei Unternehmen wie der Müller Ltd. & Co. KG mit Konzernzentrale in Deutschland zu vermuten ist) und überschreitet sie die für die Anwendbarkeit des MitbestG relevante Schwelle von 2000 Beschäftigten, läge es nahe, das Erfordernis der Bildung eines mitbestimmten Aufsichtsrats der Ltd. nach § 6 MitbestG in einem solchen Verfahren zu klären.[288] Wollte man eine Überlagerung bejahen, wäre das MitbestG auf ausländische Kapitalgesellschaftsformen mit Verwaltungssitz im Inland anzuwenden, die den in § 1 MitbestG genannten inländischen Rechtsformen entsprechen und im Inland über mehr als 2000 Beschäftigte verfügen.

Neuerdings wird ferner diskutiert, ob eine Überlagerung des ausländischen Gesellschaftsstatuts auch in Hinblick auf die Vorschriften des deutschen AktG zur **Geschlechterquote** (§§ 96 Abs. 2, 111 Abs. 5 AktG) anzuerkennen ist. Insoweit wird teilweise angenommen, dass insbesondere die 30 %-Quote für die Besetzung des Aufsichtsrats (§ 96 Abs. 2 AktG) bzw. des Aufsichtsorgans oder des Verwaltungsrats einer SE (§§ 17 Abs. 2, 24 Abs. 3 SEAG) auch auf börsennotierte Auslandsgesellschaften mit Verwaltungssitz im Inland und mehr als 2000 inländischen Mitarbeitern anzuwenden sei. Allerdings richteten sich die Rechtsfolgen eines Verstoßes gegen die Quote nach dem Gesellschaftsstatut, so dass insbesondere die Nichtigkeitsfolge des § 96 Abs. 2 S. 6 AktG nicht anzuwenden sein soll.[289] Die Niederlassungsfreiheit sei nicht verletzt, da eine solche Überlagerung mangels Marktzugangsrelevanz aufgrund der „Keck"-Rechtsprechung nicht in ihren Schutzbereich fiele. Aufgrund der Formulierung des § 96 Abs. 2 S. 1 AktG, der ganz explizit voraussetzt, dass es sich um einen paritätisch mitbestimmten Aufsichtsrat handelt, kann eine derartige Überlagerung nur in Betracht gezogen werden, wenn man zuvor bereits die Anwendbarkeit des deutschen Mitbestimmungsrechts auf Auslandsgesellschaften mit Sitz im Inland angenommen hat.[290] Beide Fragen kann man kaum voneinander trennen: Nimmt man an, dass das Sitzrecht die Zusammensetzung des Aufsichtsbzw. Verwaltungsorgans ohnehin regelt, erscheint es nur als konsequent, diese Überlagerung auf die hieran unmittelbar anknüpfende Frage der geschlechtermäßigen Zusammensetzung des Organs zu erstrecken. Lehnt man dagegen die Überlagerung bezüglich des Mitbestimmungsrechts ab, gibt es keine Grundlage für eine Anwendung der Quotenregelung, da der deutsche Gesetzgeber bei nicht paritätisch zusammengesetzten Organen (auch im Kontext der SE) auf die Anordnung einer Geschlechterquote gerade verzichtet hat. Beide Fragen sollten daher in jedem Fall einheitlich beantwortet werden. Überwiegend wird eine Anwendung auf Auslandsgesellschaften daher auch in der Literatur abgelehnt.[291]

125

d) Firmenrecht. aa) Informationsmodell und Offenlegung des Gesellschaftsstatuts. Das Firmenrecht regelt, unter welchem Namen eine Gesellschaft im Rechtsverkehr auftritt, und bestimmt sich einschließlich des Rechtsformzusatzes grundsätzlich nach dem Gesellschaftsstatut[292] (→ Rn. 22). Der EuGH misst der Firmierung unter dem **Rechtsformzusatz** offenbar große Bedeutung bei, beruht doch gerade hierauf die **Information** der potenziellen Gläubiger bezüglich des fremden Gesellschaftsstatuts. In der Entscheidung „Inspire Art" führte er aus, Beschränkungen zum Zwecke des Gläubigerschutzes kämen schon deshalb nicht in Betracht, weil „Inspire Art als Gesellschaft englischen Rechts und nicht als niederländische Gesellschaft auftritt" (Tz 135). Der Gerichtshof geht also offenbar davon aus, dass Auslandsgesellschaften unter **Angabe ihres Personalstatuts** „auftreten", vor allem also entsprechend firmieren und es auf Geschäftsbriefen (sowie wohl auch im Register) offenlegen.[293]

126

---

287 MHLS/*Heyder* GmbHG § 52 Rn. 41 mwN.

288 *Teichmann* ZGR 2014, 220 (222), weist auf die Relevanz des Ziels der Vermeidung unternehmerischer Mitbestimmung für die Nutzung der Auslandsgesellschaft & Co KG hin.

289 *Weller/Harms/Rentsch/Thomale* ZGR 2015, 361.

290 Tatsächlich plädiert MüKoGmbHG/*Weller* Einl. Rn. 476 ff. für eine Überlagerung durch Mitbestimmungsrecht.

291 Spindler/Stilz/*Spindler* AktG § 96 Rn. 31 b; *Seibt* ZIP 2015, 1193; *Teichmann/Rüb* BB 2015, 898.

292 RGZ 117, 215 (218); BGH NJW 1958, 17 f.; BayObLG NJW 1986, 3029; OLG München GmbHR 2007, 979; *Baumbach/Hopt* HGB § 17 Rn. 48; *Michalski* NZG 1998, 762 (763); MHLS/*Leible* GmbHG Syst. Darst. 2 Rn. 146; aA MüKoBGB/*Kindler* IntGesR Rn. 234 ff.; ausführlich zur gesamten Problematik *Lamsa*, Die Firma der Auslandsgesellschaft, S. 366 ff.

293 Zu diesem „Informationsmodell" des EuGH vgl. auch *Merkt* RIW 2004, 1 (6).

127 Die sekundärrechtlichen Vorschriften zur Offenlegung bei Zweigniederlassungen sehen eine derartige Pflicht aber gerade nicht vor: Nach Art. 30 Abs. 1 lit. d der GesR-Richtlinie (EU) 2017/1132[294] bedarf es lediglich der Offenlegung der „**Firma** und der **Rechtsform** der Gesellschaft", nicht aber der Angabe des Gesellschaftsstatuts. Im Umkehrschluss zu Art. 37 lit. c der Richtlinie, der nur für Gesellschaften aus Drittstaaten eine solche Offenlegung explizit vorschreibt, ergibt sich für Gesellschaften aus den Mitgliedstaaten, dass sie nicht zur Angabe ihres Gesellschaftsstatuts verpflichtet werden können – schließlich ist die Regelung der Publizitätsgegenstände in Art. 30 abschließend.[295]

Angesichts dessen drängt sich natürlich die Frage auf, wieso der EuGH gleichwohl meint, dass die Auslandsgesellschaft stets als Gesellschaft ihres Personalstatuts auftritt. Der Grund dürfte einerseits darin zu sehen sein, dass das offen zu legende und auf den Geschäftsbriefen anzugebende Register (Art. 30 Abs. 1 lit. c und Art. 35 iVm Art. 26 GesR-Richtlinie) auf das nach der „Überseering"-Entscheidung regelmäßig maßgebliche Gründungsrecht schließen lässt.[296] Ebensolche Indizwirkung hat auch der auf den Geschäftsbriefen anzugebende **Satzungssitz**. Eine explizite Angabe ist aber nicht vorgesehen. Wer also aufmerksam das Kleingedruckte auf dem Briefkopf liest oder gleich Einsicht in das Handelsregister nimmt, kann unschwer das Personalstatut der Gesellschaft ermitteln. Man wird dem EuGH aber kaum unterstellen können, dass er in Anbetracht dieser Informationsmöglichkeiten eines problembewussten und rechtskundigen Dritten davon ausgeht, dass „potenzielle Gläubiger hinreichend darüber unterrichtet [sind], dass [die Gesellschaft] anderen Rechtsvorschriften als denen unterliegt", die im Inland für die Gründung einer Kapitalgesellschaft gelten (Tz 135 des Urteils „Inspire Art"). Vielmehr dürfte der Gerichtshof damit meinen, dass sich bereits aus der Firma, unter der die Gesellschaft im Inland auftritt, ergibt, dass die Gesellschaft ausländischem Recht unterliegt.

128 **bb) Verwechselungsgefahr bei den Rechtsformzusätzen.** Im konkreten Fall der „Inspire Art Ltd." im niederländischen Rechtsverkehr mag das stimmen. Verallgemeinern lässt sich dieser Gedanke jedoch nur in begrenztem Maße. Denn das Firmenrecht ist in Europa nicht harmonisiert. Selbst der Rechtsformzusatz des Heimatrechts erlaubt nicht immer eine **eindeutige Zuordnung** zu einer bestimmten Rechtsordnung: So kann etwa eine „S.A." alternativ dem französischen, belgischen, luxemburgischen, portugiesischen oder spanischen Recht unterliegen. Ähnliche Probleme treten bei der „S.A.R.L." (Frankreich, Luxemburg) oder sogar der „GmbH" (Deutschland, Österreich) auf. Selbst bei der „Ltd." („private limited company") kann man nicht erkennen, ob sie englischem, schottischem oder irischem Recht unterliegt.[297] Dennoch spielt der Aspekt der Erkennbarkeit des ausländischen Gesellschaftsstatuts eine **zentrale Rolle** in der Argumentation des EuGH, schließt er doch allein damit eine Rechtfertigung aufgrund des Gläubigerschutzes aus.

129 Eine in sich schlüssige Lösung ergibt sich nur, wenn der EuGH implizit davon ausgeht, dass die Mitgliedstaaten die Möglichkeit haben, den Gesellschaften ein **eindeutiges Auftreten** als Auslandsgesellschaft vorzuschreiben, indem er insbesondere dem Sitzrecht die Befugnis zubilligt, europarechtskonform die **Firmenbildung** zu überlagern.[298] Gleichzeitig ist es dem nationalen Recht aber verwehrt, zusätzliche Verpflichtungen bezüglich der Offenlegung der Gesellschaften zu begründen. Beides lässt sich nur schwer voneinander trennen, wie insbesondere die im Fall „Inspire Art" streitgegenständliche Angabe als „formal ausländische Gesellschaft" zeigt: Verpflichtet man die Gesellschaft dazu, diese Angabe in ihre Firma aufzunehmen, wird sie einerseits als Firmenbestandteil offen gelegt, andererseits müsste die Gesellschaft unter dieser Angabe im Rechtsverkehr auftreten und sie daher auch auf ihren Geschäftsbriefen angeben.[299] Derselbe Erfolg, der vom EuGH als richtlinienwidrig betrachtet wurde, hätte also auch über das Firmenrecht erreicht werden können. Dies zeigt, dass Vorschriften über die Firmierung der Auslandsgesellschaft ebenfalls an den Richtlinienvorgaben zu messen sind und daher **keine zusätzliche Offenlegung** insbesondere des Gesellschaftsstatuts vorgeschrieben werden kann.[300]

130 **cc) Zulässiges Maß der Überlagerung der Firmenbildung.**[301] Das nationale Recht muss also befugt sein, den Auslandsgesellschaften ein eindeutiges Auftreten als Auslandsgesellschaft vorzuschreiben, darf aber zu diesem Zweck keine zusätzliche Offenlegung verlangen. Betrachtet man Tz 135 des Urteils „Inspire Art" genauer, kommt es dem EuGH nicht darauf an, dass die potenziellen Gläubiger gerade darüber unter-

294 Abl. EU 2017, L 169/46.
295 EuGH IPRax 2004, 46 = NJW 2003, 3331 – Inspire Art.
296 Näher *Leible/Hoffmann* RIW 2002, 925 (930 f.).
297 Eine Übersicht über die abgekürzten Rechtsformzusätze innerhalb der EU findet sich bei *Schwarz*, Europäisches Gesellschaftsrecht, S. 169 ff.
298 So auch *Rehberg* in Eidenmüller, Ausländische Kapitalgesellschaften im deutschen Recht, § 5 Rn. 57 ff.; noch weitergehend MüKoBGB/*Kindler* IntGesR Rn. 242 ff.

299 Die Angabe der Firma auf den Geschäftsbriefen ist zwar weder in der Ersten noch in der Elften Richtlinie vorgesehen, dürfte aber wohl als selbstverständlich vorausgesetzt worden sein.
300 AA *Rehberg* in Eidenmüller, Ausländische Kapitalgesellschaften im deutschen Recht, § 5 Rn. 64 f.; MüKoBGB/*Kindler* IntGesR Rn. 245 ff.; *Lamsa*, Die Firma der Auslandsgesellschaft, S. 156 ff.
301 Ausführlich zum Meinungsstand: *Lamsa*, Die Firma der Auslandsgesellschaft, S. 377 ff.

richtet sind, dass es sich bei der Inspire Art Ltd. um eine Gesellschaft englischen Rechts handelt. Entscheidend ist vielmehr, dass sie „hinreichend darüber unterrichtet [sind], dass sie anderen Rechtsvorschriften als denen unterliegt, die in den Niederlanden die Gründung von Gesellschaften mit beschränkter Haftung regeln" (Tz 135). Dafür genügt die Firmierung als „Ltd.", obwohl sich daraus nicht ergibt, ob die Gesellschaft englischem, schottischem oder irischem Recht unterliegt.

Das bedeutet: Die Mitgliedstaaten können von den Auslandsgesellschaften nur verlangen, so zu firmieren, **131** dass zweifelsfrei ersichtlich ist, dass es sich nicht um eine Gesellschaft inländischen Rechts handelt. Kommt es dem so gewarnten potenziellen Gläubiger darauf an, das Gesellschaftsstatut in Erfahrung zu bringen, müsste er entsprechende Nachforschungen anstellen – etwa durch einen Blick auf die Angabe des Gründungsregisters. Eine Firmierung unter dem **Rechtsformzusatz des Heimatstaats**[302] wird daher regelmäßig den vom EuGH zugrunde gelegten Anforderungen an den Verkehrsschutz genügen. Nur in den Fällen, in denen eine **Verwechselungsgefahr** mit inländischen Rechtsformzusätzen besteht, sind die Mitgliedstaaten befugt, im Interesse des Verkehrsschutzes eine Überlagerung der Firmenbildung vorzunehmen und zu verlangen, dass sich die Eigenschaft als ausländische Gesellschaft zweifelsfrei aus der Firmierung ergibt.[303] Der Inspire Art Ltd. könnte demnach in Irland vorgeschrieben werden als „Ltd. (England)" zu firmieren, nicht aber in den Niederlanden. Ganz ähnlich könnte das deutsche Recht eine Firmierung als „GmbH österreichischen Rechts" verlangen, während deutsche und österreichische GmbH in Frankreich denselben Rechtsformzusatz verwenden können. Dagegen wäre das deutsche Recht (im Gegensatz zum französischen) daran gehindert, bei der Firmierung einer S.A. zusätzliche Anforderungen zu stellen. Nur so kann das Spannungsverhältnis zwischen abschließender Offenlegung und Erkennbarkeit der Eigenschaft als ausländische Gesellschaft schlüssig aufgelöst werden.[304]

De lege lata lässt sich eine solche Pflicht zur Firmierung als Auslandsgesellschaft bereits dem **Grundsatz** **132** **der Firmenwahrheit** (§ 18 Abs. 2 HGB) entnehmen.[305] Als tragender Grundsatz des deutschen Firmenrechts ist dieser besonders geeignet, durch **Überlagerung** des Gesellschaftsstatuts in dem europarechtlich nicht nur zulässigen, sondern sogar geforderten Maße die Erkennbarkeit des fremden Gesellschaftsstatuts sicherzustellen. Auch wenn die Firma selbst daher nach ausländischem Gründungsrecht zu bilden ist, folgt der Schutz inländischer Verkehrskreise vor irreführenden Firmen zumindest insoweit deutschem Sitzrecht, als die Irreführung das Gesellschaftsstatut betrifft. Auch darüber hinaus ist inzwischen anerkannt, dass der Grundsatz der Firmenwahrheit als Teil des inländischen ordre public das ausländische Firmenrecht überlagert, soweit dies am Maßstab der Niederlassungsfreiheit gerechtfertigt werden kann.[306] Insoweit bestehen keine Bedenken gegen eine generelle Anwendung des Verbots der Irreführung, während die Rechtsprechung im Hinblick auf die Niederlassungsfreiheit geringere Anforderungen an die Unterscheidungskraft der Firma einer inländischen Auslandsgesellschaft stellt, soweit die Firma den Anforderungen des Gesellschaftsstatuts entspricht.[307]

dd) Sanktionierung der irreführenden Firmierung. Zentrale Bedeutung kommt ferner der **Sanktionie-** **133** **rung** dieser Anforderungen an die Firmierung zu. Rechtsfolgen eines Verstoßes gegen den Grundsatz der Firmenwahrheit treffen grundsätzlich den unter der Firma Auftretenden, nicht aber die dahinterstehenden natürlichen Personen. Nur soweit diesen selbst ein Fehlverhalten sowie Verschulden nachzuweisen ist, kommt im Einzelfall eine deliktsrechtliche Haftung in Betracht. In dem hier interessierenden Fall der Irreführung über das Gesellschaftsstatut beseitigt die falsche Firmierung aber gerade den Kern des **Gläubiger-** **schutzes durch Information**, auf dem die Konzeption des EuGH beruht. Die Verhängung einer weit reichenden Haftungssanktion durch das Sitzrecht ist daher europarechtlich nicht nur unter dem Gesichtspunkt des Missbrauchsverbots zur Bekämpfung von Betrug gerechtfertigt, sondern geradezu geboten. Auch insoweit bedarf es allerdings nicht unbedingt eines gesetzgeberischen Tätigwerdens, vielmehr kann durch Rechtsfortbildung eine angemessene Sanktion erreicht werden.

---

302 Es wird hier davon ausgegangen, dass europaweit kein Recht existiert, das eine Firmierung von Körperschaften ohne Rechtsformzusatz erlaubt. Wäre das der Fall, müsste man konsequenterweise den Sitzstaaten auch erlauben, die Verwendung eines unterscheidungsfähigen Rechtsformzusatzes überhaupt vorzuschreiben.

303 Weitergehend insbes. MüKoBGB/*Kindler* IntGesR Rn. 245 ff. (für Nationalitätshinweis, der im Hinblick auf die Offenlegung des Registers der Hauptniederlassung nicht richtlinienwidrig sein soll, da er demgegenüber „einen geringeren potenziellen Eingriff" enthält).

304 So bereits *Leible/Hoffmann* EuZW 2003, 677 (680 f.); zust. *Eidenmüller/Rehm* ZGR 2004, 159 (183).

305 Im Ergebnis auch MüKoBGB/*Kindler* IntGesR Rn. 241 (allerdings aufgrund einer ordnungsrechtlichen Qualifikation).

306 OLG München GmbHR 2007, 979; NZG 2011, 157; OLG Frankfurt DB 2008, 1488; MHLS/*Leible* GmbHG Syst. Darst. 2 Rn. 147; MüKoHGB/*Heidinger* Vor § 17 Rn. 42.

307 OLG München GmbHR 2007, 979; KG Berlin GmbHR 2008, 146; LG Aachen NZG 2007, 600; dazu näher *Lamsa* IPRax 2008, 239.

134 Konkret geht es hier um den Fall des Auftretens einer ausländischen Gesellschaft als „GmbH" oder ganz ohne Rechtsformzusatz, der die Eigenschaft als Körperschaft anzeigt. Nach den **Grundsätzen der Rechtsscheinhaftung**[308] muss sich der Handelnde, dem der Gebrauch der unzulässigen Firma zuzurechnen ist, den von ihm gesetzten Schein entgegenhalten lassen. Tritt die Auslandsgesellschaft im Inland **als „GmbH"** auf, muss sich der Handelnde so behandeln lassen, als wäre er tatsächlich für eine deutsche GmbH aufgetreten. Da diese GmbH aber nicht in das Handelsregister eingetragen ist, haftet er persönlich für die von ihm eingegangene Verbindlichkeit **analog § 11 Abs. 2 GmbHG**. Tritt die Auslandsgesellschaft dagegen ganz **ohne Rechtsformzusatz** auf, wird dadurch der Rechtsschein erzeugt, dass Unternehmensträger jedenfalls nicht eine beschränkt haftende Körperschaft ist, da eine Haftungsbeschränkung firmenrechtlich stets deutlich zu machen ist (Rechtsgedanke des § 19 Abs. 2 HGB). Auch insoweit ist also eine **persönliche Haftung nach Rechtsscheingrundsätzen** anzuerkennen,[309] soweit der Handelnde selbst betroffen ist oder der Rechtsschein den Gesellschaftern zurechenbar ist.[310] Die Entwicklung der Haftungssanktion aus allgemeinen Grundsätzen des deutschen Rechts zeigt auch, dass es sich hierbei um eine **nichtdiskriminierende Sanktion** handelt, der europarechtlich keine Bedenken entgegenstehen.[311]

135 **e) Minderheitenschutz.** Nicht in Betracht kommt eine Überlagerung des Gesellschaftsstatuts bezüglich Vorschriften, die das **Innenverhältnis** der Gesellschaft betreffen, auch soweit Regelungen zum Schutz von **Minderheitsgesellschaftern** betroffen sind. Wenn schon den Belangen des Gläubigerschutzes weitgehend dadurch genügt wird, dass diese über das fremde Gesellschaftsstatut informiert werden, gilt dies erst recht für die Gesellschafter selbst. Wer sich an einer Gesellschaft beteiligt, muss sich über seine rechtliche Position in dem Unternehmen informieren und seine Anlageentscheidung hieran ausrichten. Dies gilt auch für den Fall späterer Änderungen im Gesellschafterbestand und eine daraus resultierende Veränderung der rechtlichen Position des Minderheitsgesellschafters. Denn auch mit solchen Veränderungen muss man rechnen und sich ggf. im Rahmen des Gesellschaftsstatuts absichern.[312] Zwingende Gründe des Allgemeininteresses streiten jedenfalls nicht dafür, dem Gesellschafter eine vorteilhaftere Position zu sichern, als er sie aufgrund seiner **privatautonomen Anlageentscheidung** beanspruchen kann.[313]

136 Während also der gesellschaftsrechtliche Minderheitenschutz keine Sonderanknüpfung rechtfertigen kann, ist darauf hinzuweisen, dass es auch **kapitalmarktrechtlich** zu qualifizierende Schutzinstrumente gibt, die eigenen Kollisionsnormen folgen. Paradigma ist etwa das Übernahmerecht, das eigenen europarechtlich determinierten Kollisionsnormen folgt (§ 1 Abs. 1–3 WpÜG).[314] Soweit derartige Schutzinstrumente an kapitalmarktrechtliche Umstände wie etwa die Zulassung zum Börsenhandel im Inland anknüpfen, steht die Niederlassungsfreiheit einer Anwendung auf Gesellschaften ausländischen Rechts nicht entgegen.

III. Nach deutschem Recht gegründete Körperschaften

137 **1. Anknüpfung des Gesellschaftsstatuts.** Wie bereits dargelegt (→ Rn. 93) enthält die Rechtsprechung des EuGH zur Niederlassungsfreiheit keine Vorgaben für die kollisionsrechtliche Behandlung von Gesellschaften, die nach eigenem Recht gegründet worden sind. Insoweit bleibt es also bei der Maßgeblichkeit des **autonomen deutschen Gesellschaftskollisionsrechts**.

138 Damit ist aber noch nichts darüber gesagt, welcher Kollisionsnorm das autonome deutsche Recht heute folgt. Traditionell gilt in Deutschland die **Sitztheorie** (→ Rn. 31). Die Konsequenzen dieser Anknüpfung innerhalb eines von den „Überseering"-Grundsätzen geprägten Europa wurden aber bereits aufgezeigt: Die autonome Sitzanknüpfung entzieht der Gesellschaft bei Verlassen des bisherigen Sitzstaates das Gesellschaftsstatut, so dass keine Grundlage für eine Anerkennung im Zuzugsstaat mehr besteht. Soweit die deutsche Rechtsprechung also im autonomen Recht weiterhin die Sitztheorie anwenden wollte, beraubte sie die deutschen Gesellschaften der **Vorteile der grenzüberschreitenden Mobilität,** die sie aufgrund der Niederlassungsfreiheit eigentlich genießen sollten. Die durch „Cartesio" und „Polbud" anerkannte Möglichkeit des grenzüberschreitenden Formwechsels (→ Rn. 68 ff.) stellt insoweit kein gleichwertiges Substitut dar. Einerseits fehlt es bislang im deutschen Recht an direkt anwendbaren umwandlungsrechtlichen Vorschriften, die in Hinblick auf die Voraussetzungen des Formwechsels Rechtssicherheit schaffen würden – wenn diese auch mit der Umsetzung der Richtlinie über grenzüberschreitende Umwandlungen, Verschmelzungen und

308 Allgemein: *Baumbach/Hopt* HGB § 5 Rn. 9 ff.; näher im hier interessierenden Kontext: *Lamsa*, Die Firma der Auslandsgesellschaft, S. 397 ff.

309 BGH NJW 1996, 2645; NJW 1991, 2627.

310 AA BGH NJW 2007, 1529 (Haftung trifft grundsätzlich allein den Handelnden, während eine Haftung der Gesellschafter nur in Extremfällen aus dem Deliktsrecht in Betracht kommt).

311 So ausdrücklich (für den Fall einer im Inland ohne Rechtsformzusatz aufgetretenen B.V.) BGH NJW 2007, 1529; dazu *Kindler* NJW 2007, 1785; *Lamsa*, Die Firma der Auslandsgesellschaft, S. 400 f.

312 AA *Sandrock* ZVglRWiss 102 (2003), 447, 481 f.

313 Ebenso: *Eidenmüller/Rehm* ZGR 2004, 159 (182 f.); MHLS/*Leible* GmbHG Syst. Darst. 2 Rn. 139.

314 Hierzu ausführlich: MHdB GesR VI/*Hoffmann* § 63 Rn. 1 ff.

Spaltungen (→ Rn. 203 ff.) einzuführen sind. Andererseits ist der mit dem Statutenwechsel als Umwandlungsvorgang verbundene Aufwand erheblich. Zuletzt ändert die Verfügbarkeit eines statutenwechselnden Wegzugsverfahrens nichts daran, dass eine Sitzanknüpfung den Gesellschaften die Möglichkeit vorenthalten würde, nach Verlegung des Verwaltungssitzes in der bisherigen Rechtsform zu verbleiben. Hieran können aber durchaus legitime Interessen bestehen, insbesondere wenn die Gesellschafter sich für eine Tätigkeit im EU-Ausland einer Rechtsform ihres Heimatrechts bedienen wollen. Es ist daher weiterhin daran festzuhalten, dass internationale Mobilität der Gesellschaften in Europa effektiv nur durch die Gründungsanknüpfung erreicht werden kann.

139 Ein Festhalten an der Sitztheorie hätte weitere Nachteile:[315] Es ist unschwer zu erkennen, dass die europarechtlichen Vorgaben bei Beibehaltung der Sitztheorie im autonomen Recht zu einer für den Rechtsanwender **kaum mehr überschaubaren Rechtslage** führt. Es entsteht ein **gespaltenes Kollisionsrecht**, das nicht nur danach differenziert, ob der Sachverhalt Bezüge zu EU- und Nicht-EU-Staaten aufweist, sondern weiterhin danach unterscheidet, ob der in der Union belegene Staat, in dem die Gesellschaft wirksam gegründet worden ist, der Gründungs- oder Sitztheorie folgt.

140 Angesichts dieser Situation stellt sich die Frage immer dringender, ob es nicht an der Zeit ist, auch im deutschen Kollisionsrecht grundsätzlich die **Gründungs- an die Stelle der Sitztheorie** treten zu lassen. Hierfür lassen sich in der Tat einige Argumente ins Feld führen. Zum einen kann nur so die mit „Überseering" entstandene Komplexität des deutschen Internationalen Gesellschaftsrechts auf ein für den Rechtsanwender erträgliches Maß zurückgeführt werden. Für eine Zuwendung zur Gründungstheorie spricht zum anderen aber auch die damit einhergehende verstärkte Beachtung der Parteiautonomie, die auch in anderen Bereichen des Kollisionsrechts zunehmend Bedeutung gewinnt.[316] Hinzu kommt der mit der Gründungstheorie verbundene Gewinn an **Rechtssicherheit**. Sie schafft eindeutigere Anknüpfungspunkte als die Sitztheorie, da sich Inkorporations- und Registrierungsort einer Gesellschaft meist leichter feststellen lassen als ihr tatsächlicher Verwaltungssitz.[317] Das ist gerade angesichts der zunehmenden Möglichkeit einer Verbindung von Unternehmensteilen mittels Digitalisierung („**virtuelle Unternehmen**") und des Trends zu **transnationalen Unternehmen** von besonderer Bedeutung.[318] Und schließlich bewahrt sie den Rechtsverkehr vor **Schein- oder hinkenden Gesellschaften**, da alle einmal wirksam gegründeten Gesellschaften ohne Wenn und Aber als existent behandelt werden.[319] Insoweit hat der Übergang zur Gründungsanknüpfung für deutsche Gesellschaften sogar Rückwirkungen auf das EU-Ausland, da den dortigen Rechtsanwendern beim Verkehr mit deutschen GmbHs die Notwendigkeit einer Überprüfung des Verwaltungssitzes abgenommen würde. Gerade der ausländische Rechtsverkehr würde also vor nach deutschem Recht gegründeten, aber tatsächlich aufgelösten bzw. fremdem Recht unterliegenden Gesellschaften geschützt werden.

141 Der deutsche Gesetzgeber hat auf die vielfältigen Forderungen der Literatur[320] in Hinblick auf eine Aufgabe der Sitztheorie insoweit reagiert, als im Rahmen des **MoMiG von 2008** für GmbH, AG und KGaA Änderungen der materiellrechtlichen Sitzvorschriften vorgenommen wurden, denen im Wege der Auslegung auch kollisionsrechtliche Relevanz im Sinne eines Übergangs zur Gründungstheorie für diese Rechtsformen zuzubilligen ist (→ Rn. 143). Der ebenfalls 2008 veröffentlichte **Referentenentwurf** für ein Gesetz zum Internationalen Privatrecht der Gesellschaften, Vereine und juristischen Personen,[321] der erstmals eine Kodifikation des internationalen Gesellschaftsrechts in das EGBGB eingefügt und inhaltlich den **Übergang zur Gründungsanknüpfung** vollzogen hätte,[322] ist allerdings nie über das Entwurfsstadium hinausgekommen und inzwischen obsolet.

142 Auch die neuere Rechtsprechung lässt momentan keine Tendenz hin zu einer allgemeinen Gründungsanknüpfung im autonomen deutschen Gesellschaftskollisionsrecht erkennen. Nach der „Überseering"-Entscheidung des EuGH hatte das BayObLG schon im Jahr 2004 explizit angenommen, dass ein **Wegzug**

---

315 Dazu bereits *Leible/Hoffmann* RIW 2002, 925 (932).

316 Zur Bedeutung der Parteiautonomie im Internationalen Gesellschaftsrecht vgl. *Nappenbach* Parteiautonomie im internationalen Gesellschaftsrecht.

317 Vgl. dazu exemplarisch OLG Frankfurt NZG 1999, 1097 = GmbHR 1999, 1254 mAnm *Borges* = RIW 2000, 56 mAnm *Haack* = EWiR § 50 ZPO 2/99 (*Kindler*), sowie die Besprechungsaufsätze von *Bechtel* NZG 2001, 21; *Borges* RIW 2000, 167; *Freitag* NZG 2000, 357.

318 Vgl. dazu *Borges* RIW 2000, 167 (171 ff.); *Breuninger/Krüger* FS Rädler 1999, S. 79 ff.; *Zimmer* in Baums/Hopt/Horn, Corporations, Capital Markets and Business in the Law, S. 655 ff.

319 MHLS/*Leible* GmbHG Syst. Darst. 2 Rn. 8.

320 In diesem Sinne etwa *Behrens* RabelsZ 52 (1988), 512; *Leible/Hoffmann* RIW 2002, 925 (932); *Hoffmann* ZIP 2007, 1581 (1589); *Bayer/Schmidt* ZHR 173 (2009), 735, 772 f.; *Eidenmüller* ZIP 2002, 2233 (2244); *Rehm* JZ 2005, 304 (306); *Kieninger* ZEuP 2004, 685 (702 f.); *Ringe* GmbHR 2007, 769 (770); *Wetzler* in Sandrock/Wetzler, S. 129 ff.

321 Dazu näher: *Leuering* ZRP 2008, 73; *Wagner/Timm* IPRax 2008, 81; *Schneider* BB 2008, 566; *Bollacher* RIW 2008, 200; *Kindler*, Status: Recht 2008, 68.

322 Der Entwurf beruhte auf einem Vorschlag des Deutschen Rates für IPR aus dem Jahr 2006, abgedruckt bei: *Sonnenberger/Bauer* RIW 2006, Teil. 1.

deutscher Gesellschaften von der Rechtsprechung nicht toleriert wird.[323] Von dem damit verbundenen Festhalten an der Sitztheorie für inländische und drittstaatliche Gesellschaften ist die Rechtsprechung bis heute nicht abgerückt. Insbesondere hat der II. Zivilsenat des BGH in der Entscheidung „Trabrennbahn"[324] von 2008 eine Rechtsprechungsänderung als Vorgriff auf die „Willensbildung des Gesetzgebers" abgelehnt und für die Anknüpfung drittstaatlicher Gesellschaften (für die ebenfalls die autonome Gesellschaftskollisionsnorm gilt, → Rn. 147 ff.) an der Sitztheorie festgehalten. Trotz der Bezugnahme auf den seinerzeit aktuellen Referentenentwurf (→ Rn. 141) ist der BGH nach der Aufgabe des Gesetzgebungsvorhabens hiervon nicht abgerückt. Zuletzt hat der II. Zivilsenat an der Anwendung der Sitztheorie im autonomen Stiftungskollisionsrecht festgehalten.[325] Auch der IX. Zivilsenat des BGH hat 2009 festgestellt, dass die Rechtsprechung die „Sitztheorie nur für die Bereiche aufgegeben (hat), in denen nach ausländischem Recht gegründete Kapitalgesellschaften im Inland Niederlassungsfreiheit genießen."[326] Dagegen hat die Rechtsprechung bislang noch keine Gelegenheit gehabt, zu der Frage einer kollisionsrechtlichen Bedeutung der sachrechtlichen Regelungen des MoMiG Stellung zu nehmen, aus der sich richtigerweise ein Übergang zur Gründungsanknüpfung für deutsche Kapitalgesellschaften ergibt.

143 **2. (Eingeschränkter) Übergang zur Gründungstheorie durch das MoMiG.** Durch das **MoMiG von 2008**[327] hat der Gesetzgeber – soweit für das internationale Gesellschaftsrecht von Interesse – in § 4 a GmbHG und § 5 AktG jeweils den früheren Absatz 2 gestrichen, so dass das deutsche Recht nicht mehr verlangt, dass bei GmbH, AG und KGaA der Satzungssitz einen Bezug zu einem tatsächlichen Tätigkeitsort der Gesellschaft aufweist. Auf den ersten Blick hat diese Änderung rein materiellrechtliche Bedeutung, setzt sie doch die Anwendbarkeit deutschen Gesellschaftsrechts bereits voraus. Aus den Gesetzesmaterialien[328] ergibt sich indes deutlich, dass der Gesetzgeber durch die Änderung das Ziel verfolgte, es auch deutschen Gesellschaften zu ermöglichen, ihre Geschäftstätigkeit ausschließlich im Rahmen einer (Zweig-) Niederlassung außerhalb des deutschen Hoheitsgebiets zu entfalten, ohne dabei ihren Status als deutsche GmbH oder AG zu verlieren. Das bedeutet nicht weniger, als dass der Gesetzgeber deutschen Gesellschaften die tatsächliche Sitzverlegung ohne Änderung des anwendbaren Rechts erlauben will. Dieses Ziel lässt sich indes nur erreichen, wenn man der Änderung nicht nur materiellrechtliche (im Sinne einer Aufhebung materiellrechtlicher Wegzugsbeschränkungen), sondern auch eine **kollisionsrechtliche Bedeutung** zuerkennt: Da das wesentliche Hindernis der grenzüberschreitenden Sitzverlegung in dem von der Sitztheorie grundsätzlich angenommenen Statutenwechsel zu sehen ist, würde ohne eine kollisionsrechtliche Interpretation die statutenwahrende Sitzverlegung nur aufgrund einer Rückverweisung, also bei einer Sitzverlegung in einen Gründungstheoriestaat, ermöglicht.[329] Dem Ziel des Gesetzgebers, eine weitgehende Mobilität zu gewährleisten, würde eine rein materiellrechtliche Auslegung indes nicht Rechnung tragen. Es bedarf hierfür der Anerkennung eines kollisionsrechtlichen Gehalts der Gesetzesänderung.[330]

144 In Hinblick auf die deutliche Diskrepanz zwischen dem Wortlaut der Änderung (dem sich ein kollisionsrechtlicher Gehalt zugegebenermaßen nicht direkt entnehmen lässt) und den hiermit vom Gesetzgeber verfolgten Zielen ist die Auslegung der neu gefassten Vorschriften der §§ 4 a GmbHG, 5 AktG höchst umstritten. Zu unterscheiden sind drei unterschiedliche denkbare **Auslegungsmöglichkeiten.**[331] Zunächst könnte man unter Hinweis auf den Wortlaut jede kollisionsrechtliche Aussage negieren, womit man aber den Willen des Gesetzgebers ignorieren und Sitzverlegungen nur in Rückverweisungsfällen eröffnen würde. Auch in Hinblick darauf, dass die Schaffung einer eindeutigen kollisionsrechtlichen Regelung durch den Referentenentwurf nur kurze Zeit später auf den Weg gebracht werden sollte und man daher die Änderung im MoMiG auch als Schaffung der materiellrechtlichen Rahmenbedingungen für das in Aussicht genommene neue Kollisionsrecht ansehen könnte, erfreut sich eine derart restriktive, die Sitztheorie weiterhin verteidigende Sichtweise in der Literatur erheblicher Gefolgschaft.[332] Bejaht man dagegen eine kollisionsrechtliche Relevanz, kann man in Hinblick auf die Reichweite der Änderung zwei unterschiedliche Positionen vertreten. Der Verfasser hatte dafür plädiert, die Änderung als Ausdruck des allgemeinen Rechtsgedankens der Gründungsanknüpfung zu verstehen und diese daher zum Anlass zu nehmen, von der Sitztheorie im deutschen Recht insgesamt abzurücken und so die Rückkehr zu einer einheitlichen Gesellschaftskollisionsnorm

323 BayObLG GmbHR 2004, 490 mAnm *Stieb.*
324 BGH NJW 2009, 289; dazu: *Hellgardt* NZG 2009, 94; *Werner* GmbHR 2009, 191; *Lieder/Kliebisch* BB 2009, 338; *Kindler* IPRax 2009, 189.
325 BGH NZG 2016, 1187 Rn. 13.
326 BGH GmbHR 2010, 211 (zu einer Gesellschaft singapurischen Rechts).
327 Gesetz zur Modernisierung des GmbH-Rechts und zur Verhinderung von Missbräuchen BGBl. 2008 I S. 2026.
328 BR-Drs. 345/07, S. 65.

329 Für eine derartige Interpretation insbesondere *Kindler* AG 2007, 721 (722).
330 Hierzu ausführlich: *Hoffmann* ZIP 2007, 1581 (1584 ff.).
331 *Hoffmann* ZIP 2007, 1581 (1584 ff.).
332 *Kindler* AG 2007, 721 (722); *ders.* NJW 2008, 3249 (3251); *ders.* IPRax 2009, 189; *ders.* NZG 2009, 130 (132); MüKoGmbHG/*Weller* Einl. Rn. 384; *Peters* GmbHR 2008, 245; *Werner* GmbHR 2009, 191 (195); *Lieder/Kliebisch* BB 2009, 338 (343); *Franz/ Laeger* BB 2008, 678 (681 f.); *Franz* BB 2009, 1250 (1251).

schon de lege lata zu erreichen.[333] Dieser erkennbar rechtspolitisch motivierte, in seinen Wirkungen über den zum Ausdruck gebrachten gesetzgeberischen Willen hinausgehende Ansatz wurde in der Literatur indes als zu weitgehend verworfen,[334] und auch der BGH hat in seiner „Trabrennbahn"-Entscheidung[335] festgestellt, dass § 4 a GmbHG idF des MoMiG „keine Regelung über die Anerkennung ausländischer Gesellschaften mit Verwaltungssitz im Inland" enthält. Einer Interpretation als allgemeinen Rechtsgedanken, der auch die Anknüpfung der Auslandsgesellschaften betroffen hätte, wurde damit implizit eine Absage erteilt. Die inzwischen hM[336] billigt den §§ 4 a GmbHG, 5 AktG daher den Charakter **versteckter einseitiger rechtsformspezifischer Kollisionsnormen** zu, die eine Anknüpfung anhand des Satzungssitzes vorschreiben. Als einseitige Kollisionsnormen sind sie nur für die Frage heranzuziehen, ob eine Gesellschaft als AG, KGaA oder GmbH deutschen Rechts anzusehen ist, wofür neben dem inländischen Satzungssitz auch alle weiteren Gründungsvoraussetzungen des deutschen Aktien- oder GmbH-Rechts erfüllt sein müssen. Sind diese Voraussetzungen nicht erfüllt (also auch dann, wenn es sich um eine andere Körperschaft deutschen Rechts handelt) bleibt es (legt man die Rechtsprechung des BGH zugrunde) bei der Sitztheorie als fortgeltender autonomer Gesellschaftskollisionsnorm. Die erfassten Gesellschaftsformen werden hingegen auch dann anhand ihres Satzungssitzes angeknüpft („**Satzungssitztheorie**") und damit weiterhin deutschem Recht unterstellt, wenn ihr tatsächlicher Sitz ins Ausland verlegt wird oder von Anfang an die Gesellschaft ihre wirtschaftlichen Aktivitäten ausschließlich im Ausland verfolgt. Den inländischen Verkehrsinteressen wird durch das – ebenfalls durch das MoMiG eingeführte – Erfordernis einer inländischen Zustellungsadresse („Geschäftsanschrift") Rechnung getragen (§§ 8 Abs. 4 Nr. 1 GmbHG, 37 Abs. 3 Nr. 1 AktG).[337] Auch wenn sich der genannten BGH-Entscheidung hierzu keine Aussage entnehmen lässt, beginnt sich dieser Standpunkt auch in der Rechtsprechung durchzusetzen.[338] Daher ist nunmehr davon auszugehen, dass die Anknüpfung von GmbH, AG und KGaA nicht mehr anhand der Sitztheorie erfolgt, sondern aufgrund einer einseitigen Kollisionsnorm, die an den **inländischen Satzungssitz** anknüpft und den §§ 4 a GmbHG, 5 AktG entnommen wird.

3. Sitzverlegung. Durch die Änderungen der §§ 4 a GmbHG, 5 AktG (→ Rn. 143 f.) ist inzwischen   **145** unstreitig, dass einer **Verlegung des Verwaltungssitzes** einer deutschen AG, KGaA oder GmbH keine materiellrechtlichen Hindernisse mehr entgegenstehen. Dies gilt nicht nur in Hinblick auf das Erfordernis eines Bezugs des Satzungssitzes zur Geschäftstätigkeit des Unternehmens, sondern auch bezüglich einer Auflösung bei Grenzübertritt[339] oder eine Interpretation des Verlegungsbeschlusses als Auflösungsbeschluss.[340] Für diese frühere restriktive Sichtweise des deutschen Rechts, die niemals im Gesetz verankert gewesen ist, gibt es angesichts der eindeutigen Stellungnahme des Gesetzgebers auch bei einer rein materiellrechtlichen Interpretation der MoMiG-Änderungen keine Grundlage mehr.[341] Eine Verlegung des Verwaltungssitzes ist somit für inländische AG, KGaA und GmbH möglich und führt weder zur Auflösung der Gesellschaft noch (aus deutscher Sicht) nach hier vertretener Ansicht zu einem Statutenwechsel (→ Rn. 144). Für andere Körperschaften deutschen Rechts ist die Rechtslage indes derzeit unklar. Nach der hier vertretenen Auffassung ist ein allgemeiner Übergang zur Gründungsanknüpfung durch die Rechtsprechung zu befürworten, was auch der Fortgeltung materiellrechtlicher Wegzugshindernisse die Grundlage

333 *Hoffmann* ZIP 2007, 1581 (1586 f.).
334 Vgl. etwa *Paefgen* WM 2009, 529 (531).
335 BGH NJW 2009, 289 (291).
336 MHLS/*Leible* GmbHG Syst. Darst. 2 Rn. 193; Ulmer/Habersack/*Behrens/Hoffmann* GmbHG Einl. B Rn. 56 ff.; Scholz/*Cziupka* GmbHG § 4 a Rn. 24; Lutter/Hommelhoff/*Bayer* GmbHG § 4 a Rn. 15; *Hüffer/Koch* AktG § 5 Rn. 3; Baumbach/Hueck/*Fastrich* GmbHG § 4 a Rn. 11; Spindler/Stilz/*Müller* IntGesR § 5; Spindler/Stilz/*Drescher* AktG § 5 Rn. 10; MHLS/*Hoffmann* GmbHG § 53 Rn. 118; MHdB GesR II/*Lehmann* § 5 Rn. 25; *Wicke* GmbHG § 4 a Rn. 13; Ring/Grziwotz/*Ring* GmbHG § 4 a Rn. 5 ff.; *Habersack/Verse* Europäisches Gesellschaftsrecht § 3 Rn. 33; Jung/Krebs/Stiegler/*Stiegler* Gesellschaftsrecht in Europa § 10 Rn. 106; Handelsrechtsausschuss des DAV NZG 2007, 211 (212); *Bayer/Schmidt* ZHR 173 (2009), 735, 746 ff.; *Knof/Morck* GmbHR 2007, 852 (856); dies. ZIP 2009, 30 (32); *Elser/Dürrschmidt* IStR 2010, 79; *Leitzen* NZG 2009, 728; *Fingerhuth/Rumpf* IPRax 2008, 90; *Däubler/Heuschmid* NZG 2009, 493 (494); *Kobelt* GmbHR 2009, 808 (811); *Leible/Hoffmann* BB 2009, 58 (62); *Paefgen* WM 2009, 529 (531); *Sethe/Winzer*

WM 2009, 536 (540); *Barkalova/Barth* DB 2009, 213 (216); *Koch/Eickmann* AG 2009, 73; *Behme* BB 2008, 70 (72); *Campos Nave* BB 2008, 1410; *Wicke* GPR 2010, 238; wohl auch *Hirte* NZG 2008, 761 (766).
337 Näher zu dieser Konzeption als einseitiger Kollisionsnorm: *Hoffmann* ZIP 2007, 1581 (1585 f.).
338 Vgl. OLG München NJW-RR 2010, 338; OLG Zweibrücken NZG 2010, 1347; OLG Frankfurt BeckRS 2011, 16105; alle unter Bezugnahme auf OLG Düsseldorf NZG 2009, 678, wo es unter ausdrücklichem Hinweis auf die Neufassung des § 4 a GmbHG heißt: „Nunmehr kann eine deutsche GmbH ihren Verwaltungssitz an jeden beliebigen Ort im Ausland verlegen, mithin ihre Geschäfte auch vollständig im Ausland oder aus dem Ausland tätigen."
339 Zur früheren Rechtslage vgl. näher: Staudinger/*Großfeld* (1998) IntGesR Rn. 608 ff.
340 MHLS/*Hoffmann* GmbHG § 53 Rn. 118; ebenso wohl *Kindler* AG 2007, 721 (722) (der nur zur Klarstellung eine Regelung der Frage anregt).
341 MüKoGmbHG/*Weller* Einl. Rn. 380; *Wicke* GmbHG § 4 a Rn. 11.

entziehen würde. Wird an den Wegzug des Verwaltungssitzes kein Statutenwechsel mehr geknüpft, um die Mobilität zu gewährleisten, wäre es widersinnig, die Hindernisse auf der materiellrechtlichen Ebene aufrecht zu erhalten.

146   Dagegen wird die **Verlegung des Satzungssitzes** auch durch das MoMiG nicht eröffnet. Aufgrund der Entscheidungen „Cartesio" und „Polbud" (→ Rn. 68 ff.) gebietet es indes die Niederlassungsfreiheit (Art. 49, 54 AEUV), den Inlandsgesellschaften eine statutenändernde und dadurch formwechselnde Verlegung (auch ohne Mitnahme des Verwaltungssitzes) zu ermöglichen, soweit der Zuzugsstaat eine solche identitätswahrende Hineinverlegung zulässt. Die Änderung des Satzungssitzes ist in diesem Fall allerdings nicht durch eine einfache Satzungsänderung möglich, sondern nur durch ein Umwandlungsverfahren in analoger Anwendung der Vorschriften des UmwG. In Umsetzung der Richtlinie über grenzüberschreitende Umwandlungen, Verschmelzungen und Spaltungen wird dieses Verfahren zukünftig ebenfalls gesetzlich ausgestaltet werden (näher → Rn. 203 ff.).

IV. Nach drittstaatlichem Recht gegründete Gesellschaften

147   **1. Grundsätzliche Behandlung.** Vorbehaltlich auf völkerrechtlichen Verträgen beruhender Ausnahmen (→ Rn. 152 ff.) kann das deutsche Recht frei darüber entscheiden, welche Kollisionsnorm es auf Gesellschaften anwendet, die nach dem Recht von Staaten gegründet worden sind, die nicht der EU angehören. Nach traditionellem Verständnis bedeutet dies, dass insoweit die **Sitztheorie** zur Anwendung kommt und insbesondere bei Zuzug ins Inland nach der Rechtsprechung des BGH (→ Rn. 53) von einer **rechtsfähigen Personengesellschaft** auszugehen ist.

148   Nach der hier vertretenen Ansicht sollte im Interesse einer einheitlichen Kollisionsnorm dagegen auch auf derartige drittstaatliche Gesellschaften in Deutschland die **Gründungstheorie** angewendet werden.[342] Dadurch wird die **Rechtssicherheit** gefördert, da die inländischen Verkehrskreise nur schwer überblicken können, wo sich die Hauptverwaltung einer Gesellschaft befindet. Unerträglich wird die Unsicherheit vor allem bei **„mobilen" Gesellschaften** mit minimaler organisatorischer Struktur, bei denen sich der Verwaltungssitz praktisch mit dem Aufenthaltsort der dahinter stehenden natürlichen Personen verändert. Dass bei derartigen Gesellschaften die Sitztheorie keine überzeugenden Ergebnisse liefert, hat auch die deutsche Rechtsprechung eingesehen.[343] Dennoch hält der BGH bis heute an der Anwendung der Sitztheorie für drittstaatliche Gesellschaften fest.[344] In der Entscheidung „Trabrennbahn" hatte der BGH von einer Neubewertung der Frage abgesehen, um der „Willensbildung des Gesetzgebers" nicht vorzugreifen. Da der erwähnte Referentenentwurf (→ Rn. 141) niemals auch nur in das Gesetzgebungsverfahren gelangt ist, hat diese Begründung für eine Verweigerung der Neubewertung keine Grundlage. Gleichwohl hat der BGH seine Rechtsprechung in allgemeiner Form zuletzt im Jahr 2016 bestätigt,[345] so dass derzeit nicht mit einer Neuorientierung zu rechnen ist.

149   Auch nach der gebotenen Neubewertung kann die Gründungstheorie indes nicht ohne **Einschränkungen** gelten. Sie muss vielmehr auch schützenswerten Interessen des Staates, mit dem die Gesellschaft aufgrund ihres tatsächlichen Verwaltungssitzes eng verbunden ist, Rechnung tragen. Einer schrankenlosen Heranziehung des Gründungsrechts redet niemand das Wort. Schließlich gilt selbst in den USA – insbesondere nach den negativen Erfahrungen mit den sog. „pseudo-foreign corporations" – die Gründungstheorie nicht in reiner Form.[346] Im Zentrum der kommenden Diskussion sollten daher nicht das Anknüpfungsmoment, sondern die Zulässigkeit und Reichweite von die Anknüpfung an den Gründungssitz durchbrechender Sonderanknüpfungen stehen. Wenn Differenzierungen zwischen Sachverhalten inner- und außerhalb des Anwendungsbereichs der Niederlassungsfreiheit möglich und angezeigt sind, dann hier. Von einer Briefkastengesellschaft oder „Offshore Corporation" aus Saint Kitts and Nevis oder Vanuatu[347] wird man in stärkerem Maße die **Beachtung deutscher Schutznormen** verlangen können als von einer EU-Kapitalgesellschaft.[348]

150   Das Entscheidende ist dabei, dass das deutsche Recht die **Reichweite der Überlagerung** mit Sitzrecht in diesen Fällen autonom bestimmen kann. Es ist also nicht gehindert, weit reichende Überlagerungen der

---

342 So auch zB MHLS/*Leible* GmbHG Syst. Darst. 2 Rn. 9; Ulmer/Habersack/*Behrens/Hoffmann* GmbHG Einl. B Rn. 29 ff.

343 OLG Frankfurt NZG 1999, 1097 = GmbHR 1999, 1254.

344 BGH NJW 2009, 289 – „Trabrennbahn"; BGH GmbHR 2010, 211 (zu einer Gesellschaft singapurischen Rechts).

345 BGH NZG 2016, 1187, Rn. 13.

346 Vgl. dazu zB *Ebenroth/Einsele* ZVglRWiss 87 (1989), 218, 218 ff.; *Korner* Das Kollisionsrecht der Kapitalgesellschaften in den Vereinigten Staaten; *Sandrock* RabelsZ 42 (1978), 227, 246 ff.

347 Derartige Offshore-Jurisdiktionen verfügen oftmals über eigenständige Gesellschaftsrechte für „Offshore Corporations", die überhaupt nur für die Geschäftstätigkeit mit Gebietsfremden zur Verfügung stehen und die in steuer-, aufsichts- und gesellschaftsrechtlicher Hinsicht privilegiert sind.

348 So bereits *Leible/Hoffmann* RIW 2002, 925 (935).

Haftungsverfassung und des Firmenrechts vorzunehmen, die weit über das am Maßstab der Niederlassungsfreiheit zu Rechtfertigende hinausgehen könnten. Die Diskussion über die Frage, welche Überlagerungen in diesem Zusammenhang notwendig oder zumindest zweckmäßig sind, ob dies insbesondere nur zum Gläubiger- und Verkehrsschutz oder auch zum Zweck des Minderheitenschutzes erfolgen sollte, hat noch nicht einmal begonnen. Ausgangspunkt kann aber nur die von *Sandrock*[349] bereits in den 1970er Jahren ausgearbeitete „ungeschrumpfte"[350] **Überlagerungstheorie** sein, die bereits ein vollständiges Konzept für die sinnvolle Reichweite von Sonderanknüpfungen enthielt. Sicher scheint zu sein, dass man die inländischen Interessen, deren Schutz die Sitztheorie bezweckt, auch auf diesem Wege berücksichtigen kann.

Bisher lässt sich keinerlei Bereitschaft der deutschen **Rechtsprechung** erkennen, die Sitztheorie für Gesell-　**151** schaften aus Drittstaaten aufzugeben. Vielmehr wurde die Sitztheorie zuletzt auf Gesellschaften sambesischen,[351] schweizerischen[352] und singapurischen[353] Rechts angewendet. Die nachfolgend aufzuzeigenden völkerrechtlichen Ausnahmen, die bereits heute in erheblichem Umfang die Anwendung der Gründungstheorie auch auf drittstaatliche Gesellschaften vorgeben, sollten ein weiteres Argument dafür sein, dass nur durch einen umfassenden Wechsel zur Gründungstheorie eine überschaubare Rechtslage erreicht wird.

2. Ausnahmen aufgrund völkerrechtlicher Verträge.　a) EWR/EFTA/EU-Assoziationsgebiete. Völ-　**152** kervertragliche Sonderregelungen für das Gesellschaftskollisionsrecht ergeben sich zunächst aus dem **EWR-Abkommen.** Gesellschaften aus den EWR/EFTA-Staaten genießen gemäß den Art. 31, 34 EWR-Abkommen, die weitestgehend den Art. 49, 54 AEUV nachgebildet sind, in vergleichbarer Weise **Niederlassungsfreiheit** wie die EU-Gesellschaften. Praktisch betrifft dies Gesellschaften aus **Liechtenstein, Island** und **Norwegen.** Nach ständiger Rechtsprechung des EFTA-Gerichtshofes sind diese Vorschriften ebenso auszulegen wie die korrespondierenden Vorschriften des AEUV, so dass insbesondere die Rechtsprechung des EuGH übertragen werden kann.[354] Der BGH hat daher zutreffend die für die Anerkennung von EU-Auslandsgesellschaften geltenden Grundsätze auch als für die in einem EFTA-Staat gegründeten Kapitalgesellschaften gültig angesehen.[355] Demnach sind auch Gesellschaften aus EWR/EFTA-Staaten anhand der **europarechtlichen Gründungstheorie** anzuknüpfen und keinen weiter gehenden Sonderanknüpfungen auszusetzen als EU-Gesellschaften.[356] Dasselbe gilt ferner für Gesellschaften aus den EU-Assoziationsgebieten, die in Anhang II zum AEUV genannt sind (Art. 199 Abs. 5 AEUV).[357] Praktische Bedeutung kann dies insbesondere für Gesellschaften aus den Steueroasen Caiman Islands, Bermuda oder Niederländische Antillen erlangen, während der Inkorporationstourismus in die Französischen Antarktisgebiete bislang ausgeblieben ist.

b) Bilaterale Verträge, insbesondere mit den USA. Vorrangiges Gesellschaftskollisionsrecht ist mitun-　**153** ter auch in bilateralen völkerrechtlichen Verträgen verankert. Während die **gegenseitige Anerkennung** von Gesellschaften häufiger Gegenstand von Niederlassungs-, Handels- und Freundschaftsverträgen ist, haben diese doch meist keine kollisionsrechtliche Bedeutung.[358] Eine Ausnahme gilt vor allem für das Verhältnis zu den **USA.** Nach Art. XXV Abs. 5 S. 2 des **Freundschafts-, Handels- und Schifffahrtsvertrags** zwischen der Bundesrepublik Deutschland und den Vereinigten Staaten von Amerika vom 29.10.1954[359] gelten „Gesellschaften, die entsprechend den Gesetzen und sonstigen Vorschriften des einen Vertragsteils in dessen Gebiet errichtet sind, [...] als Gesellschaften dieses Vertragsteils; ihr rechtlicher Status wird in dem Gebiet des anderen Vertragsteils anerkannt". Ob es sich dabei um eine kollisionsrechtliche Regelung handelt, die gem. Art. 3 Nr. 2 EGBGB als **völkervertragliches IPR** dem autonomen IPR vorgeht, war lange Zeit umstritten.[360] Der BGH hat sich in inzwischen gefestigter Rechtsprechung für eine kollisionsrechtliche

---

349　Grundlegend *Sandrock* BerGesVR 18 (1978), S. 169 ff.; weiterentwickelt in: *ders.* FS Beitzke 1979, S. 669 ff.

350　Die von *Sandrock* inzwischen vorgenommene „Schrumpfung" der Überlagerungstheorie (ZVglRWiss 102 (2003), 447) beruhte auf der Reduzierung auf das nach Art. 49, 54 AEUV zulässige Maß, die im hier interessierenden Zusammenhang aber gerade nicht zu beachten sind.

351　BayObLG RIW 2003, 387.

352　BGH NJW 2009, 289.

353　BGH GmbHR 2010, 211.

354　Ausf. und mit Nachw. aus der Rspr. des EFTA-Gerichtshofes: *Baudenbacher/Buschle* IPRax 2004, 26 (27).

355　BGHZ 164, 148 = NJW 2005, 3551; vgl. auch OLG Frankfurt IPRax 2004, 56.

356　Heute allg. Meinung, vgl. näher: *Baudenbacher/Buschle* IPRax 2004, 26 ff.

357　Vgl. BGH ZIP 2010, 1233; ZIP 2004, 2095 (2096) (jeweils zu Ltd.'s. von den British Virgin Islands).

358　Zu weiteren Verträgen vgl. umfassend MüKoBGB/*Kindler* IntGesR Rn. 328 ff.; MHLS/*Leible* GmbHG Syst. Darst. 2 Rn. 71 ff.

359　BGBl. II 1956 S. 487. In Kraft seit dem 14.7.1956 (BGBl. II 1956 S. 763).

360　Für eine kollisionsrechtliche Sichtweise OLG Zweibrücken NJW 1987, 2168; OLG Celle WM 1992, 1703 (1706); OLG Düsseldorf NJW-RR 1995, 1124; RIW 1996, 859; *Ebenroth/Bippus* DB 1988, 842 (843); *Ebenroth* NJW 1988, 2137; *Großfeld/Erlinghagen* JZ 1993, 224; dagegen OLG Hamm NJOZ 2002, 2723 (2725); *Berndt* JZ 1996, 187; *Ebke* RabelsZ 62 (1998), 195, 211; Staudinger/*Großfeld* Int. GesR Rn. 211; *Lehner* RIW 1998, 201 (208 f.).

Bedeutung und damit für eine **Gründungsanknüpfung** US-amerikanischer Gesellschaften entschieden.[361] Ob das Vorliegen eines in der Literatur verschiedentlich verlangten[362] „genuine link" Voraussetzung der Gründungsanknüpfung ist, hat der BGH dabei ausdrücklich offen gelassen. Selbst wenn man ein solches Erfordernis annehmen wollte, lässt der BGH jedenfalls minimale wirtschaftliche Bezugspunkte in den USA genügen, die weit hinter einer Präsenz zurückbleiben.[363] Praktisch hat die Fragestellung daher nur geringe Bedeutung. Bei der Bestimmung des Gesellschaftsstatus ist daher zumindest im Verhältnis zu den USA in Abkehr von der Sitztheorie an die Gründung der Gesellschaft nach dem Recht eines **Einzelstaates der USA** anzuknüpfen.[364] Bisher weitgehend ungeklärt ist dagegen die Frage, inwieweit die Anerkennung des „rechtlichen Status" die **Überlagerung** des Gesellschaftsstatuts zulässt.[365] Insoweit wird man dem Sitzrecht wohl einen **größeren Spielraum** einräumen müssen, als dies unter Geltung der Niederlassungsfreiheit der Fall ist. Bislang hat der BGH indes die Haftungsverfassung einer inländischen US-Gesellschaft ausschließlich nach dem Delawarer Gründungsrecht bestimmt.[366] Die Investitionsschutzbestimmungen des **CETA-Abkommens**[367] mit Kanada haben eine dem Abkommen mit den USA ähnliche Wirkung, so dass auch diesen gesellschaftskollisionsrechtliche Relevanz zukommen dürfte.[368] Zur Situation der britischen Ltd. nach dem BREXIT → Rn. 204 ff.

154 **c) GATS.** Umstritten ist weiterhin, ob auch das unter dem Dach der WTO geschlossene **General Agreement on Trade in Services (GATS)** insoweit kollisionsrechtliche Vorgaben macht, als es den Marktzugang fremder Dienstleistungserbringer gewährt und somit auch deren **Anerkennung** verlangt.[369] Entgegen der ganz hM in Literatur[370] und Rechtsprechung hält der Verfasser weiterhin an der Auffassung fest, dass dem GATS eine solche kollisionsrechtliche Bedeutung des GATS zukommt. Trotz der hieran geäußerten Kritik soll an der Auffassung festgehalten werden. Betrachtet man zunächst die welthandelsrechtlichen Grundlagen, ergibt sich aus Art. XXVIII (m) (i) GATS, dass die **Zurechnung juristischer Personen** anhand der Gründung unter dem Recht eines Mitglieds erfolgt, sofern nur in irgendeinem WTO-Mitgliedstaat eine **erhebliche Geschäftstätigkeit** ausgeübt wird.[371] Der Entzug von Handelsvorteilen ist nur zulässig, wenn die Gesellschaft in diesem Sinne nicht einem anderen WTO-Mitglied zuzurechnen ist (Art. XXVII c GATS).

155 Die Verbindung zum Gesellschaftskollisionsrecht ergibt sich aus der niederlassungsrechtlichen Bedeutung des Abkommens, das sich nach Art. I Abs. 2 c GATS auch auf die Erbringung von Dienstleistungen mittels „kommerzieller Präsenz" (Modus 3) bezieht. Soweit in diesem Modus gemäß Art. XVI GATS Marktzugangsverpflichtungen in den entsprechenden Listen begründet und keine spezifischen Vorbehalte erklärt wurden,[372] können die Mitglieder nach Art. XVI Abs. 2 e GATS die Wahl „**bestimmter Arten rechtlicher Unternehmensformen**" nicht beschränken. Hieraus folgt, dass einer Gesellschaft, die aufgrund ihres Gründungsrechts einem WTO-Mitglied zuzurechnen ist und die im Inland von einem in der Verpflichtungsliste[373] eingeräumten Recht auf Marktzugang in Modus 3 Gebrauch machen will, weder die Gründung eines inländischen Tochterunternehmens vorgeschrieben noch die Erbringung unter der Rechtsform des Heimatrechts verweigert werden darf, so dass insbesondere auch Zweigniederlassungen der Zugang zu gewähren

361 Vgl. BGH ZIP 2002, 1155 = NJW-RR 2002, 1359 (1360); BGH ZIP 2003, 720 = BB 2003, 810; BGH NZG 2004, 1001; BGH NZG 2005, 44; BGH GmbHR 2005, 51.

362 OLG Düsseldorf NJW-RR 1995, 1124 (1125); *Bausback* DNotZ 1996, 254 (258); *Ebenroth/Bippus* DB 1988, 842 (844 ff.); *Ebenroth* NJW 1988, 2137; *Ebenroth/Kemner/Willburger* ZIP 1995, 972; *Ebenroth/Offenloch* RIW 1997, 1 (2); *Picot/Land* DB 1998, 1601 (1606). Gegen das Erfordernis eines „genuine link" hingegen *Bungert* WM 1995, 2125 (2128 ff.); *Ulmer* IPRax 1996, 100 (101); *Wessel/ Ziegenhain* GmbHR 1988, 423 (431).

363 Näher MüKo GmbHG/*Weller* Einl. Rn. 370; Spindler/Stilz/*Müller* AktG IntGesR Rn. 21; MHLS/*Leible* GmbHG Syst. Darst. 2 Rn. 75 f.

364 Hierzu ausführlich *Laeger* Deutsch-Amerikanisches Internationales Gesellschaftsrecht; *Kaulen* IPRax 2008, 389.

365 Ausf. Überlegungen hierzu finden sich bei *Bungert* ZVglRWiss 93 (1994), 117, der von einem gespaltenen Gesellschaftsstatut ausgeht und gerade das Innenrecht der Gesellschaft dem Sitzrecht unterstellen will. Dies widerspricht erkennbar der hier vertretenen Einheitlichkeit der Kollisionsnorm.

366 BGH RIW 2004, 787; dazu näher *Ebke* RIW 2004, 740.

367 Abl.EU 2017, L 11/23.

368 Näher: *Freitag* NZG 2017, 615.

369 Soweit ersichtlich erstmals aufgeworfen wurde die Frage von *Leible* ZGR 2004, 531; ausf. hierzu *Lehmann* RIW 2004, 816.

370 Abl. BGH NJW 2009, 289; MüKoBGB/*Kindler* IntGesR Rn. 503 f.; *Lehmann* RIW 2004, 816; *Jung* NZG 2008, 681; *Weller* ZGR 2010, 679 (699); ausf. *Kraus*, Die Auswirkungen des Welthandelsrechts auf das internationale Kollisionsrecht, S. 188 ff. (vorsichtig zustimmend für bestimmte Konstellationen der Sitzverlegung insbes. S. 206 ff.).

371 Zu Art. XXVIII (m) als Zurechnungsnorm vgl. *Weiss/Herrmann/Ohler* Welthandelsrecht Rn. 848.

372 Zur Struktur der spezifischen Verpflichtungen nach dem GATS vgl. *Weiss/Herrmann/Ohler* Welthandelsrecht Rn. 872 ff.

373 Die von der EU/Deutschland eingegangenen Verpflichtungen gehen auch in Modus 3 sehr weit und enthalten keinen allgemeinen Vorbehalt bezüglich der zulässigen Rechtsformen.

ist. Da aber die Zurechnung der Nationalität der Gesellschaft nach Maßgabe der Gründungstheorie erfolgt, gibt es im GATS keine Grundlage dafür, einer Gesellschaft die Handelsvorteile zu entziehen, nur weil sie bei Begründung ihrer kommerziellen Präsenz im Inland auch ihre **Hauptverwaltung im Inland** genommen hat. Eine Einordnung als deutsche Personengesellschaft aufgrund der Anwendung der Sitztheorie würde der Gesellschaft nicht nur entgegen Art. XVI GATS die **Rechtsform** vorschreiben, sondern mangels Identität von inländischer Personen- und ausländischer Kapitalgesellschaft der „juristischen Person des anderen Mitglieds" die **Handelsvorteile vollständig entziehen**.[374] Hieraus ist zu folgern, dass die Anwendung der Sitztheorie auf Gesellschaften, die nach dem Recht eines WTO-Mitglieds gegründet worden sind, schon vor ihrem Zuzug eine „Geschäftstätigkeit von erheblichem Umfang" innerhalb der WTO ausgeübt haben[375] und im Inland Dienstleistungen in Form der kommerziellen Präsenz im Rahmen der spezifischen Verpflichtungen der Bundesrepublik Deutschland erbringen wollen, gegen das GATS verstößt. Diesen Gesellschaften ist vielmehr in der von ihnen durch Inkorporation gewählten Rechtsform im Inland Marktzugang zu gewähren, so dass es kollisionsrechtlich der Anwendung der **Gründungstheorie** bedarf. Für die Zulässigkeit von **Überlagerungen** des Gesellschaftsstatuts ist darauf abzustellen, ob die konkrete Rechtsanwendung zu einem **Entzug von Handelsvorteilen** führt, also den Marktzugang beeinträchtigt oder einen Verstoß gegen das Gebot der Inländerbehandlung (Art. XVII GATS) oder der Meistbegünstigung (Art. II GATS) enthält. Auch insoweit wird man davon ausgehen können, dass dieser Maßstab **weniger streng** ist als die Niederlassungsfreiheit des AEUV.

Es trifft sicherlich zu, dass nicht damit zu rechnen ist, dass die Bundesrepublik Deutschland in absehbarer Zeit von der WTO, insbesondere im Rahmen eines **Streitbeilegungsverfahrens**, dazu gezwungen wird, die kollisionsrechtlichen Schlüsse aus ihren Marktzugangsverpflichtungen zu ziehen.[376] Das ändert aber nichts daran, dass die deutsche Rechtsprechung aufgrund der **Völkerrechtsfreundlichkeit** der deutschen Rechtsordnung dazu verpflichtet ist, die Verpflichtungen aus dem GATS bei der innerstaatlichen Rechtsanwendung zu berücksichtigen. Jedenfalls bei fehlender widersprechender nationaler Gesetzesnorm gibt es keine Rechtfertigung dafür, einen gültigen völkerrechtlichen Vertrag bei der Rechtsanwendung zu ignorieren. Diese Verpflichtung zur völkerrechtskonformen Auslegung des nationalen Rechts beruht letztlich auf der Grundentscheidung der Art. 25 GG und ist scharf von der Frage einer unmittelbaren Anwendbarkeit des GATS[377] zu unterscheiden. Auch eine nicht unmittelbar anwendbare Norm eines völkerrechtlichen Vertrags genießt schließlich im Inland Gesetzeskraft und muss sich – mangels entgegenstehenden Gesetzesrechts – gegenüber der Anwendung richterrechtlicher Grundsätze durchsetzen. Daher wäre auch nicht von einer kollisionsrechtlichen Relevanz des GATS auszugehen, wenn die Sitztheorie in Deutschland kodifiziert wäre. Gegenüber ungeschriebenen Rechtsprechungsgrundsätzen vermag sich auch ein nicht unmittelbar anwendbarer völkerrechtlicher Vertrag im Wege der völkerrechtsfreundlichen Auslegung durchzusetzen.

Der BGH hat diese auf völkerrechtskonformer Auslegung beruhende Argumentation in der Entscheidung „Trabrennbahn"[378] folgendermaßen zurückgewiesen: „Eine völkerrechtsfreundliche Auslegung des nationalen Rechts (…) im Sinne einer Gewährleistung auch der Niederlassungsfreiheit für Gesellschaften scheitert bereits daran, dass das Übereinkommen international nicht so verstanden wird." Wie gezeigt geht es aber gar nicht darum, dem GATS eine dem AEUV vergleichbare umfassende Niederlassungsfreiheit zu entnehmen, sondern nur darum zu verhindern, dass ein im Rahmen der spezifischen Marktzugangsverpflichtungen zugesagter Handelsvorteil in Modus 3 durch das Gesellschaftskollisionsrecht entzogen wird. Auch eine **völkerrechtskonforme Auslegung** ist daher nur erforderlich, soweit eine Gesellschaft in einem derart liberalisierten Sektor tätig ist. Dass das GATS keine umfassende Niederlassungsfreiheit im Sinne von Art. 49, 54 AEUV gewährleistet, ist unbestritten. Erforderlich wäre im Fall des BGH die Prüfung gewesen, ob die schweizerische AG in Deutschland Dienstleistungen erbringt, für die eine spezifische Marktzugangsverpflichtung besteht – nur dann wäre eine Gründungsanknüpfung erforderlich.[379]

374 *Kraus*, Die Auswirkungen des Welthandelsrechts auf das internationale Kollisionsrecht, S. 206 ff.

375 Dieses Erfordernis ergibt sich aus der Zurechnungsregel des Art. XXVIII (m) (i) GATS und schließt den Marktzugang durch Briefkastengesellschaften aus.

376 Dazu näher *Lehmann* RIW 2004, 816.

377 Es ist heute (im Anschluss an EuGH Slg 1999, I-8395, Tz 36 ff.) weitgehend unstreitig, dass GATT

und GATS im nationalen Recht nicht unmittelbar anwendbar sind.

378 BGH NJW 2009, 289 (290).

379 In diesem Sinn dürften auch die (vom BGH für seine Auffassung herangezogenen) Ausführungen von *Jung* NZG 2008, 681 (683) zu verstehen sein, der nur eine umfassende Niederlassungsfreiheit, nicht aber eine begrenzte kollisionsrechtliche Bedeutung des GATS ablehnt.

156

157

C. Personengesellschaften

I. Ausgangslage bezüglich der Anknüpfungslehren

158 **1. Bedeutung der Anknüpfung.** Während bisher nur von juristischen Personen, also Gebilden mit eigener Rechtspersönlichkeit, ausgegangen wurde, stellt sich die Frage, inwieweit diese Grundsätze auch auf **Personenvereinigungen ohne eigene Rechtspersönlichkeit** zu übertragen sind. Betroffen sind von der Fragestellung vor allem die Personenhandelsgesellschaften, die Gesellschaften bürgerlichen Rechts und die nichtrechtsfähigen Vereine. Diesen kommt nach deutschem Recht zwar (Teil-)Rechtsfähigkeit zu,[380] sie sind aber nicht durch eine eigene Rechtspersönlichkeit gegenüber ihren Gesellschaftern verselbstständigt. Trotzdem ging man für das deutsche Recht traditionell davon aus, dass auch diese Vereinigungen nicht nach schuldrechtlichen Grundsätzen anzuknüpfen sind, sondern ein **einheitliches Gesellschaftsstatut** in Anwendung der Sitztheorie zu ermitteln ist.[381] Auch wenn im Personengesellschaftsrecht ein generelles Haftungsprivileg fehlt, ist die Anknüpfung praktisch von höchster Relevanz, wie allein schon die **beschränkte Kommanditistenhaftung** deutlich macht: Ginge man von der uneingeschränkten Anwendbarkeit der Sitztheorie auf Personengesellschaften aus und verlegte eine ausländische Kommanditgesellschaft ihren tatsächlichen Sitz nach Deutschland, würden alle Gesellschafter nach § 176 HGB unbeschränkt für Verbindlichkeiten, die bis zur Eintragung der Haftungsbeschränkung in das Handelsregister begründet worden sind, haften.[382] Zur Aufrechterhaltung des Haftungsprivilegs bedarf es mithin der Eintragung in das deutsche Handelsregister, und zwar nicht als Zweigniederlassung der Auslandsgesellschaft, sondern als deutsche Neugründung. Diese für die Gesellschafter einschneidende Folge eines Statutenwechsels zeigt zugleich auf, dass die **Niederlassungsfreiheit** durch die Anwendung der Sitztheorie ebenso berührt sein kann wie bei den Körperschaften (→ Rn. 173 ff.).

159 **2. Sitz- und Gründungstheorie bei Personengesellschaften.** Grundsätzlich erscheint es zunächst als unproblematisch möglich, die **Sitztheorie** auf die Anknüpfung der Personengesellschaft anzuwenden. Auch für eine Personengesellschaft lässt sich regelmäßig ein Verwaltungssitz feststellen, an dem die Leitungsentscheidungen in Geschäftsführungsakte umgesetzt werden (→ Rn. 31). Aufgrund des zumindest das deutsche Recht beherrschenden Grundsatzes der Selbstorganschaft wird sich dieser regelmäßig am Haupttätigkeitsort der geschäftsführenden Gesellschafter befinden. Eine Verlagerung des Verwaltungssitzes in einen anderen Staat bewirkt nach der Sitztheorie einen Statutenwechsel, so dass eine Personengesellschaft, die ursprünglich im Ausland ansässig war, in vollem Umfang den Vorschriften des Zuzugsrechts unterliegt. Anders als bei den Körperschaften, deren Entstehung idR einer konstitutiven Registereintragung bedarf, bedeutet dies aber nicht, dass die Personengesellschaft als inexistent angesehen wird. Da die Gründung zumindest bestimmter Gesellschaftsformen keine über den Vertragsschluss hinausgehende formale Voraussetzungen erfordert, ist zu prüfen, ob der Personenzusammenschluss die Anforderungen einer Gesellschaftsform des Zuzugsrechts objektiv erfüllt. Es ändert sich regelmäßig zwar mit dem Zuzug die Rechtsform und der gesamte gesellschafts- und haftungsrechtliche Rahmen, ferner kann es zur Aberkennung einer im Zuzugsrecht für solche Gesellschaften nicht vorgesehenen Rechtsfähigkeit kommen. Die Existenz als Personengesellschaft wird aber nicht in Frage gestellt, vielmehr handelt es sich um eine Art konkludente Neugründung unter dem Zuzugsrecht. Damit sind die Konsequenzen (einmal abgesehen von der beschränkten Kommanditistenhaftung, dazu → Rn. 158) zwar weniger einschneidend als bei den Körperschaften, der Wechsel des anwendbaren Rechts stellt aber schon für sich einen erheblichen Eingriff in die Rechtsposition der Gesellschafter dar. Denn der Wechsel des Gesellschaftsstatuts, dass auch das Innenverhältnis betrifft, führt zB zu einer Neuregelung von Einfluss- und Kontrollrechten. Vor allem aber können sich auch die Haftungsverhältnisse ändern, wenn etwa eine französische *société civile* als deutsche BGB-Gesellschaft fortgesetzt wird und anstelle der bisherigen subsidiären Haftung *pro rata*[383] die primäre gesamtschuldnerische Haftung analog § 128 HGB tritt. Hinzu kommt die Kumulation der Haftungsgrundsätze, kann man doch nicht davon ausgehen, dass die Gesellschafter sich durch eine Verwaltungssitzverlegung ihrer Haftung für bereits begründete Verbindlichkeiten entziehen können. Jedenfalls bei der Verlegung des Verwaltungssitzes einer deutschen BGB-Gesellschaft oder OHG wäre (wenn man an der Anwendung der Sitztheorie festhalten will) davon auszugehen, dass die Haftung nach § 128 HGB (ggf. analog) für die Altverbindlichkeiten erhalten bleibt und eine Begrenzung dieser kumulativen Anwendung beider Haftungsregime materiellrechtlich

---

380 Dies gilt aufgrund des Verweises auf das Recht der BGB-Gesellschaft in § 54 BGB seit Anerkennung von deren Rechtsfähigkeit (BGHZ 146, 341) sogar für den „nichtrechtsfähigen" Verein, der nunmehr zutreffend als Verein ohne Rechtspersönlichkeit bezeichnet werden sollte.

381 Ausf.: *Walden*, Das Kollisionsrecht der Personengesellschaften, S. 55 ff.; *Trautrims*, Das Kollisionsrecht

der Personengesellschaften, S. 107 ff.; Staub/*Schäfer* HGB Vor § 105 Rn. 27 ff.; ferner: Staudinger/*Großfeld* Int. GesR Rn. 746 ff.; MüKoBGB/*Kindler* Int-GesR Rn. 282 ff., jew. mit umfassenden Nachw.

382 So im Erg. Staudinger/*Großfeld* Int. GesR Rn. 767.

383 Vgl. *Windbichler* ZGR 2014, 110 (132).

nur nach § 160 HGB (ggf. iVm § 736 Abs. 2 BGB) auf einen Zeitraum von 5 Jahren nach Kenntnis des Gläubigers[384] von der Verwaltungssitzverlegung (sofern keine Handelsregistereintragung erfolgt ist) vorzunehmen ist. Auch für Personengesellschaften ist ein von der Sitztheorie erzwungener Statutenwechsel daher eine wesentliche Freiheitsbeschränkung.

Dagegen erscheint die Anwendbarkeit der **Gründungstheorie** auf Personengesellschaften als problematisch, da diese in den traditionellen Gründungstheoriestaaten regelmäßig allein die Anknüpfung von Körperschaften betrifft. Bezugspunkt ist in den meisten hierauf beruhenden Rechtsordnungen die **Inkorporation** der Gesellschaft, mithin der Vorgang, der zum Erwerb der eigenständigen Rechtspersönlichkeit führt. So gilt etwa die gesetzliche Regelung der Gründungstheorie in den **Niederlanden** ausdrücklich nur für „Körperschaften".[385] Für die in **Dänemark** geltende Registrierungstheorie[386] ergibt sich dies bereits daraus, dass nur für Körperschaften ein konstitutives Registrierungserfordernis besteht, während Personengesellschaften allein bei Betrieb eines Unternehmens und zudem nur deklaratorisch in das Handelsregister einzutragen sind.[387] Die Registrierungstheorie würde bei dänischen Personengesellschaften also ins Leere gehen. Im Rechtskreis des **Common Law** fällt auf, dass sowohl in der Literatur als auch in der Rechtsprechung zur Gründungstheorie stets ausdrücklich auf die Eigenschaft als Körperschaft und den Vorgang der Inkorporation abgestellt wird[388] (näher → Rn. 37 f. mwN). Auch die Zuschreibung eines „domicile of origin", also die personenrechtliche Analogie, auf der die Gründungstheorie beruht,[389] setzt die eigenständige Rechtspersönlichkeit voraus. Schließlich kann nur eine Person ein „domicile" besitzen. Allerdings wird das Kollisionsrecht der „partnership" praktisch nicht diskutiert. Nur im Rahmen des Internationalen Sachenrechts werden die Anteile an der „partnership" als am tatsächlichen Unternehmenssitz belegen angesehen, während bei Anteilen an Körperschaften auf den Inkorporationsort abzustellen ist.[390] Dies ist ein deutlicher Hinweis auf die Nichtgeltung der Gründungstheorie für Personengesellschaften.

160

Gleichwohl erscheint es nicht als ausgeschlossen, auch im Personengesellschaftsrecht eine Art Gründungstheorie anzuwenden, allerdings bedarf es hierfür einer **Anpassung** an die Besonderheiten des Personengesellschaftsrechts. Mangels eines formalisierten Gründungsvorgangs mit konstitutiver Registereintragung kann der Registrierung jedenfalls in keiner Form Bedeutung zukommen. Da das Anknüpfungsmoment der Gründungstheorie auch gerade nichts mit dem Ort der Gründungshandlung zu tun hat (ausführlich → Rn. 36 ff.) müsste ein Anknüpfungsmoment gefunden werden, das auch bei konkludenter Gründung einer Gelegenheitsgesellschaft die Anknüpfung ermöglicht. Eine Anwendung auf Personengesellschaften könnte also nicht einfach das aus dem Körperschaftsrecht bekannte Anknüpfungsmoment übernehmen. Der bereits angesprochene, gescheiterte **Referentenentwurf** für eine Kodifizierung des deutschen internationalen Gesellschaftsrechts (→ Rn. 141) hatte daher vorgeschlagen, für die Personengesellschaften zu differenzieren: Sobald es zu einer Eintragung in einem öffentlichen Register gekommen ist, sollte das **Recht des Registerstaates** als Gesellschaftsstatut anwendbar sein (Art. 10 Abs. 1 S. 1 EGBGB-E), andernfalls das Recht, nach dem sich die Gesellschaft im Innenverhältnis **„organisiert"** hat (Art. 10 Abs. 1 S. 2 EGBGB-E, „Organisationsstatut").[391] Im Ergebnis hätte dies bedeutet, dass als Gesellschaftsstatut das Recht zur Anwendung kommt, das die Gesellschafter im Gesellschaftsvertrag gewählt haben, da die Organisation unter einem Recht nichts anderes als der Vollzug einer solchen (ggf. konkludent getroffenen) Vereinbarung ist. Beschränkt wäre die Rechtswahl nur durch das Erfordernis einer Registerzuständigkeit, die etwa in Deutschland nur bei tatsächlicher Präsenz gewährt wird[392] – was aber nur eine Einschränkung darstellt, wenn eine (hier ohnehin nur deklaratorische) Eintragung überhaupt angestrebt wird. Eine so verstandene Gründungstheorie für Personengesellschaften wäre durchaus denkbar und könnte auch von der Rechtsprechung anerkannt werden. Mit den traditionellen Gründungstheorien des Körperschaftsrechts hätte sie indes

161

---

384 BGH NJW 2007, 3784.

385 Boek 10 Art. 117 B.W.; näher (noch zur inhaltsgleichen Vorgängerregelung in Art. 1 Wet conflictenrecht corporaties) *Hoffmann* ZVglRWiss 101 (2002), 283, 301 ff.

386 *Andersen/Sorensen*, 6 Maastricht Journal (1999), 55 f. mit Verweis auf ein Urteil des Hoge Rad, Ugeskrift for Retsvaesen (1998), S. 1071 und Nachw. aus der nordischen Lit.; *Werlauff* ZIP 1999, 867 (874); *Behrens/Carsten* Rn. DK 49; für das schwedische Recht ferner *Bogdan* RabelsZ 41 (1977), 536, 539.

387 Vgl. *Dübeck*, Einführung in das dänische Recht, S. 272 ff.

388 Gasque v. Inland Revenue Commissioners, [1940] 2 K.B. 80, 84.

389 Gasque v. Inland Revenue Commissioners, [1940] 2 K.B. 80, 84; *Dicey/Morris*, Conflict of Laws, 13th

Ed. 2000, 30–002; *Nygh*, Conflict of Laws in Australia, S. 392; *Crawford*, International Private Law in Scotland, 7.02.; näher *Hoffmann* ZVglRWiss 101 (2002), 283, 289.

390 *Dicey/Morris*, The Conflict of Laws, 13th Ed. 2000, Vol. 2, 22–044 (für companies), 22–049 (für partnerships).

391 *Roth* ZGR 2014, 168 (195).

392 So die bisherige Rechtsprechung in Deutschland, vgl. BGH BB 1957, 799 = WM 1957, 999. Bereits de lege lata ist diese Rechtsprechung indes abzulehnen und mit der sich im Vordringen befindlichen Ansicht für eine freie Sitzwahl auch der Personenhandelsgesellschaft zu plädieren, dazu überzeugend *Koch* ZHR 173 (2009), 101 (mit umfassenden Nachweisen auch zur hM).

wenig gemeinsam, da man hier gerade nicht an ein formalisiertes Gründungsverfahren anknüpfen kann, sondern praktisch das Gesellschaftsstatut für eine **Rechtswahl** der Gesellschafter öffnet.[393]

162 **3. Rechtswahlfreiheit oder Gründungstheorie?** Will man die traditionelle Sitzanknüpfung des deutschen Rechts auch im Personengesellschaftsrecht überwinden, besteht neben einer derartigen Anpassung der Gründungstheorie die Möglichkeit einer **vertragsrechtlichen Anknüpfung**. Hierfür spricht, dass im Rechtskreis des Common Law die Personengesellschaft ("partnership") nicht als rechtsfähiges, von ihren Mitgliedern rechtlich verselbstständigtes Gebilde angesehen wird, sondern lediglich als eine Form eines Vertrages, eine **relative "Beziehung"**[394] zwischen Personen: "A company is a legal entity distinct from the members forming the company, while a partnership has no legal existence apart from its individual members."[395] Aus praktischen Gründen kann sie zwar unter ihrer Firma klagen oder Eigentum erwerben, eine rechtliche Verselbstständigung, wie sie etwa bei der deutschen OHG besteht, ist ihr aber fremd. Die Haftung der Gesellschafter für die Schulden der partnership beruht daher auch auf der Ausübung rechtsgeschäftlicher **Vertretungsmacht**, hat also ebenfalls eine vertragsrechtliche, keine gesellschaftsrechtliche Grundlage.[396] Dieses Verständnis der Personengesellschaft lässt es als nachvollziehbar erscheinen, dass auch die Anknüpfung vertragsrechtlichen Regeln folgt. Insbesondere das U.S.-amerikanische Restatement (2nd) stellt als Standpunkt des Common Law daher auf eine Anknüpfung des Innenverhältnisses nach **vertragsrechtlichen Grundsätzen** ab, während die Frage der Haftung der Gesellschaft und der Partner für im Namen der Gesellschaft vorgenommene Handlungen sich nach dem **Vollmachtstatut** bestimmt.[397]

163 Um sich der Frage zu nähern, ob man diesen vertragsrechtlichen Ansatz auf das deutsche Kollisionsrecht übertragen kann, muss man zunächst zwischen den Innen- und den Außengesellschaften differenzieren. Für die **Innengesellschaften**, denen nach deutschem Sachrecht keine Rechtsfähigkeit zukommt, geht die Rechtsprechung bereits grundsätzlich von einer Anknüpfung anhand von vertragsrechtlichen Grundsätzen aus.[398] Da hier Verkehrsinteressen nicht berührt werden, kann die inhaltliche Ausgestaltung einschließlich der Wahl des anwendbaren Rechts den Parteien überlassen werden. Mit dieser vertragsrechtlichen Qualifikation ist indes noch nichts über die anzuwendende Kollisionsnorm gesagt. Da die Rom I-VO auf derartige gesellschaftsvertragsrechtliche Beziehungen nicht anwendbar ist (Art. 1 Abs. 2 lit. f. Rom I-VO), kann die Anknüpfung nur anhand des autonomen deutschen Vertragskollisionsrechts erfolgen.[399] Da das EGBGB keine Kodifikation mehr enthält, sind hierfür ungeschriebene Kollisionsnormen anzuerkennen, die auf den hergebrachten Prinzipien des internationalen Vertragsrechts beruhen. Das bedeutet aber nicht notwendigerweise, dass die Rom I-VO analog anzuwenden wäre.[400] Vielmehr dürfte es an einer vergleichbaren Interessenlage gerade fehlen, sind doch die Vorschriften erkennbar nur auf Austauschverträge zugeschnitten und daher auf Gesellschaftsverträge gerade nicht anwendbar.[401] Daher können nur allgemeine, ungeschriebene vertragskollisionsrechtliche Grundsätze angewendet werden. Vorrangig gilt daher der **Grundsatz der freien Rechtswahl**, bei Fehlen einer (auch konkludenten) Vereinbarung dagegen der Grundsatz der **engsten Verbindung**: Die Gesellschafter haben also die Möglichkeit, das anwendbare Recht frei zu wählen und auch durch nachträgliche Vereinbarung einen Statutenwechsel herbeizuführen.[402] Nur bei einem reinen Inlandssachverhalt wäre zwingendes Recht des einzig betroffenen Staates dennoch anwendbar (Rechtsge-

393 Ähnlich *Trautrims*, Das Kollisionsrecht der Personengesellschaften, S. 144 ff., die ebenfalls eine Geltung der Gründungstheorie für Personengesellschaften annimmt, deren Ausgestaltung aber an die Erfordernisse bei Personengesellschaften angepasst ist (insbes. S. 149 ff.) und nur auf objektive Umstände abstellt, die uneingeschränkt von den Gesellschaften herbeigeführt werden können.

394 Vgl. Sec. 1 des britischen Partnership Act 1890: "relation".

395 *Dobson/Schmitthoff*, Charlesworth's Business Law, 15th Ed., S. 282. Anders ist dies aber bei *partnerships* nach schottischem Recht, vgl. Sec. 4 (2) Partnership Act 1890.

396 *Dobson/Schmitthoff*, Charlesworth's Business Law, 15th Ed., S. 287 ff.

397 ALI, Restatement (2nd) of Conflicts of Law, § 294 iVm §§ 187 f.; § 295 iVm § 292. Während das Restatement das Common Law abbildet, hat in den letzten Jahren eine einheitliche Anknüpfung des Gesellschaftsstatuts anhand der Sitztheorie, nämlich dem Ort des "chief executive office", (vgl. § 106 Revised Uniform Partnership Act 1994; dazu ausf.

Terlau, Das internationale Privatrecht der Gesellschaft bürgerlichen Rechts, 1999, S. 48 ff.) an Bedeutung gewonnen. Auch insoweit kommt also gerade nicht die Gründungstheorie zur Anwendung. Zur Entwicklung des Kollisionsrechts der partnership in den USA vgl. die ausf. Darstellung bei *Walden*, Das Kollisionsrecht der Personengesellschaften, S. 287 ff.

398 BGH NJW 2009, 1482 (zur BGB-Innengesellschaft); BGH NJW 2004, 3706 (zur stillen Gesellschaft).

399 Zutreffend Heidel/Schall/*Schall* HGB Anh. Int. PersGesR Rn. 31.

400 Meist wird zur Schließung von durch Beschränkungen des Anwendungsbereichs (Art. 1 Rom I-VO) entstandenen Regelungslücken auf eine solche Analogie zurückgegriffen, vgl. etwa BeckOK BGB/*Spickhoff* Rom I-VO Art. 1 Rn. 40; MüKoBGB/*Martiny* Rom I-VO Art. 1 Rn. 65 ff.

401 Heidel/Schall/*Schall* HGB Anh. Int. PersGesR Rn. 31.

402 Insoweit aA Heidel/Schall/*Schall* HGB Anh. Int. PersGesR Rn. 35 f. (aber nur in Hinblick auf den umstrittenen Fall der Innengesellschaft mit Gesamthandsvermögen).

danke des Art. 3 Abs. 3 Rom I-VO), was bei einer Innengesellschaft die Ansässigkeit aller Gesellschafter im selben Staat voraussetzen würde. Da Verkehrsinteressen bei Innengesellschaften regelmäßig nicht berührt werden, bedarf es keiner weitergehenden Beschränkungen der Rechtswahl. Bei Fehlen einer Rechtswahlvereinbarung ist im Wege einer Gesamtschau (wie unter dem früheren Art. 28 EGBGB aF) festzustellen, zu welchem Staat die engste Verbindung besteht, wofür insbesondere eine gemeinsame Ansässigkeit aller Gesellschafter in einem Staat, die Ansässigkeit des „geschäftsführenden" (also im Außenverhältnis für Rechnung der Innengesellschaft tätig werdenden) Gesellschafters (der die vertragscharakteristische Leistung erbringt), ggf. eine eigenständige Hauptverwaltung der Innengesellschaft oder auch die Ausrichtung der wirtschaftlichen Tätigkeit der Gesellschaft auf einen Staat regelmäßig ausschlaggebend sein werden. Das so ermittelte **Gesellschaftsstatut** ist als umfassend anzusehen, regelt also grundsätzlich (vorbehaltlich der Möglichkeit, durch Rechtswahl einzelne Aspekte einem anderen Recht zu unterwerfen) alle gesellschaftsrechtlich zu qualifizierenden Fragen.[403]

Auf die **Außengesellschaften** wird dagegen traditionell die **Sitztheorie** angewandt (→ Rn. 31ff) und zu **164** ihrer Überwindung die Gründungstheorie in ihrer an die Besonderheiten der Personengesellschaft angepassten Version („Organisationstheorie", → Rn. 161) diskutiert. Alternativ zu einer so verstandenen Gründungstheorie erscheint es möglich, die Anknüpfung auch der Außengesellschaft nach den für die Innengesellschaften anerkannten **vertragsrechtlichen Grundsätzen** vorzunehmen.[404] Eine solche Lösung erschiene schon deshalb als sinnvoll, weil Innen- und Außengesellschaft sich strukturell kaum unterscheiden und beide Formen auch ineinander übergehen können. Dagegen ist nicht zu bestreiten, dass die Verkehrsinteressen bei der Außengesellschaft eine wesentlich größere Rolle spielen als bei der Innengesellschaft. So wird man es den Gesellschaftern kaum erlauben können, durch nachträgliche Rechtswahl ihre Haftung für bestehende Verbindlichkeiten anderen (insbesondere weniger strengen) Grundsätzen zu unterwerfen,[405] oder die ursprünglich bestehende Rechtsfähigkeit mit Wirkung für die Vergangenheit aufzuheben, da dies auch die dingliche Rechtslage bezüglich des Gesellschaftsvermögens verändern kann. Hieraus wird man für die **nachträgliche Rechtswahl** zu schließen haben, dass diese nur für das Innenverhältnis wirksam sein kann, für alle Fragen des Außenverhältnisses aber das Gesellschaftsstatut nur für die Zukunft geändert werden kann. Eine einmal begründete Haftung oder ein einmal vorgenommenes Rechtsgeschäft wird daher durch den Statutenwechsel im Außenverhältnis nicht mehr berührt. Sachrechtlich ist bei einem Wechsel aus dem deutschen Gesellschaftsstatut heraus eine zeitliche Begrenzung analog § 159 HGB, oder § 160 HGB, § 736 Abs. 2 BGB nicht angezeigt, da es für beide Fälle an einer vergleichbaren Interessenlage fehlt, kommt es doch weder zu einer Vollbeendigung der Gesellschaft (die Hintergrund der Sonderverjährung des § 159 HGB ist) noch verbleibt dem Gläubiger die unbeschränkte Haftung der Mitgesellschafter (wie bei §§ 160 HGB, § 736 Abs. 2 BGB).

Den Verkehrsinteressen wird bei einer derartigen Anknüpfung nach vertragsrechtlichen Grundsätzen **165** darüber hinaus durch den **kollisionsrechtlichen Vertrauensschutz** nach Art. 12 EGBGB analog[406] Rechnung getragen. Obwohl die Norm nach ihrem Wortlaut nur die Rechts-, Geschäfts- und Handlungsfähigkeit natürlicher Personen regelt, ist die analoge Anwendung auf Gesellschaften weitgehend anerkannt.[407] Bei Rechtsgeschäften, die die Personengesellschaft mit ausländischem Gesellschaftsstatut im Inland vornimmt, kann sich der Vertragspartner daher nicht nur auf die Rechtsfähigkeit berufen, die die Gesellschaft im Inland hätte, sondern auch auf den Umfang der organschaftlichen Vertretungsmacht der vergleichbaren Inlandsgesellschaft. Schließt etwa eine *partnership* englischen Rechts, die ein Handelsgewerbe betreibt, im Inland einen Vertrag, kann sich der Vertragspartner nicht nur auf die Rechtsfähigkeit des § 124 HGB berufen (die der partnership tatsächlich gar nicht zukommt), sondern auch auf die Einzelvertretungsbefugnis nach § 125 HGB. Dies gilt jedenfalls dann, wenn das ausländische Gesellschaftsstatut nicht (zB durch Verwendung des Rechtsformzusatzes) offengelegt worden ist. Ist die Auslandsgesellschaft dagegen als solche aufgetreten, ist zu fragen, ob der inländische Vertragspartner dadurch Kenntnis von der Rechtsunfähigkeit erlangt oder diese kennen musste. Da es auf die fast immer fehlende Rechtsfolgenkenntnis ankommt, stellt sich idR nur die Frage, ob allein die Kenntnis, es mit einer Auslandsgesellschaft zu tun zu haben, bereits eine Erkundigungspflicht bzgl. Rechtsfähigkeit und Vertretungsrecht auslöst, die das Kennenmüssen begründet. Da es sich hierbei um schwierige Rechtsfragen handelt und die Norm gerade bei einem Rechts-

---

403 Heidel/Schall/*Schall* HGB Anh. Int. PersGesR Rn. 49.

404 So auch Heidel/Schall/*Schall* HGB Anh. Int. PersGesR Rn. 50 (jedoch nur de lege ferenda, während de lege lata an der Sitztheorie festgehalten wird, ebenda Rn. 19).

405 Zu den unterschiedlichen Haftungsverhältnissen in europäischen Personengesellschaften vgl. den rechts-

vergleichenden Überblick bei *Windbichler* ZGR 2014, 110 (132 ff.).

406 Mit MüKoBGB/*Spellenberg* EGBGB Art. 12 Rn. 33 Rom I-VO Art. 13 Rn. 52 f. mwN, ist davon auszugehen, dass Art. 13 Rom I-VO insoweit wegen der Ausnahme für das Gesellschaftsrecht nicht anwendbar ist.

407 BGH NJW 1998, 2452; MüKoBGB/*Spellenberg* EGBGB Art. 12 Rn. 32 mwN.

irrtum Schutz gewähren soll, dürften hier keine strengen Maßstäbe anzulegen sein. Eine Obliegenheit, vor Vertragsschluss einen (ausländischen) Rechtsanwalt mit der Klärung der rechtlichen Situation des Vertragspartners zu beauftragen, könnte man allenfalls bei Vertragsschlüssen mit außerordentlicher wirtschaftlicher Bedeutung in Betracht ziehen, so dass selbst bei Kenntnis des Gesellschaftsstatuts regelmäßig nicht von Kennenmüssen auszugehen ist.[408] Bezüglich der Haftung der Gesellschafter hilft der kollisionsrechtliche Verkehrsschutz indes nicht weiter, dieser führt vielmehr zu einer Haftung der Gesellschaft, für die die Gesellschafter grundsätzlich nur im Rahmen des Gesellschaftsstatuts haften.

166 Allerdings wird der kollisionsrechtliche noch durch einen sachrechtlichen Verkehrsschutz ergänzt, der unabhängig vom Gesellschaftsstatut anzuknüpfen ist. Zunächst sind auch bei Personengesellschaften die **Grundsätze der Rechtsscheinhaftung** analog § 179 BGB anzuwenden, die nach der Rechtsprechung des BGH anhand des Ortes anzuknüpfen ist, an dem der Rechtsschein entstanden ist und an dem er sich ausgewirkt hat.[409] Tritt eine Personengesellschaft ausländischen Rechts im Inland in Erscheinung, ohne ihre ausländische Rechtsform offen zu legen, haften die für die Gesellschaft **Handelnden** persönlich nach Maßgabe des deutschen Rechts. Dies gilt unabhängig davon, ob die Gesellschaft unter einem falschen (inländischen) Rechtsformzusatz oder ganz ohne einen solchen Zusatz aufgetreten ist, da damit ebenfalls die Vorstellung einer unbeschränkten persönlichen Haftung erzeugt wird. Tritt also zB eine *partnership* englischen Rechts in Deutschland ohne entsprechenden Rechtsformzusatz auf und erweckt dadurch den Eindruck, GbR oder OHG zu sein, können sich die Gläubiger neben der gesellschaftsrechtlichen Haftung nach dem Gesellschaftsstatut auf die Haftung analog § 179 BGB berufen. Allerdings trifft eine solche Rechtsscheinhaftung nach der Rechtsprechung des BGH[410] (die das Handeln für eine ausländische Kapitalgesellschaft betraf, dazu schon oben → Rn. 134) nur den persönlich Handelnden, nicht aber die anderen Gesellschafter. Der BGH begründet seine Auffassung damit, dass die Analogie zu § 179 BGB nur eine Haftung der für die Gesellschaft auftretenden Person begründen kann. Zu beachten ist aber, dass diese Rechtsprechung nur das Auftreten für eine Kapitalgesellschaft ohne Offenlegung des Rechtsformzusatzes betraf, so dass nicht der Eindruck erweckt wurde, dass eine bestimmte Person persönlich haften würde, sondern nur, dass überhaupt eine natürliche Person unbeschränkt haftet. Die hier interessierende Fallkonstellation des Auftretens für eine Personengesellschaft ohne Offenlegung des ausländischen Gesellschaftsstatuts ist darüber hinaus dem Fall einer **Haftung als Scheingesellschafter** vergleichbar, soweit der Eindruck erweckt wird, eine bestimmte Person wäre persönlich haftender Gesellschafter nach deutschem Recht. In diesem Kontext nimmt der BGH eine Haftung nach Rechtsscheingrundsätzen zutreffend bereits dann an, wenn der Gesellschafter gegenüber dem Gläubiger in zurechenbarer Weise der Eindruck erweckt hatte, er sei selbst persönlich haftender Gesellschafter.[411] Hierfür kann auch die Duldung der Nennung auf einem Briefkopf ausreichen, soweit der Verkehr aus der Bezeichnung auf die Gesellschafterstellung schließt, unabhängig davon, wer letztlich unter diesem Briefkopf Erklärungen für die Gesellschaft abgibt.[412] Überträgt man diese Grundsätze auf die Gesellschafter einer ausländischen Personengesellschaft kommt es mithin darauf an, ob das **Auftreten als Inlandsgesellschaft** dem Gesellschafter **zurechenbar** war, wofür die Duldung eines solchen Auftretens im Rechtsverkehr genügt und was bei Zustimmung zur Firmierung bzw. Namensführung außer Frage stehen dürfte. Hinzukommen muss lediglich noch, dass zugleich (und ebenso zurechenbar) die **einzelnen Gesellschafter** bei diesem Auftreten **benannt** worden sind, da es um den Schutz des Vertrauens in ihre Haftung geht. Tritt also eine *partnership* englischen Rechts im Inland mit Zustimmung aller Gesellschafter auf, ohne auf ihr ausländisches Gesellschaftsstatut hinzuweisen, und benennt dabei (zB auf dem Briefkopf) ihre Gesellschafter, haften alle Gesellschafter nach Rechtsscheingrundsätzen gemäß § 128 HGB (ggf. analog). Unabhängig von der Offenlegung der Gesellschafter haftet dagegen analog § 179 BGB in jedem Fall der für die Gesellschaft Handelnde wegen des Auftretens unter der fehlerhaften Gesellschaftsbezeichnung. Und natürlich tritt neben diese Haftung nach deutschem Recht noch die reguläre Gesellschafterhaftung nach dem Gesellschaftsstatut.

167 Diese Überlegungen zeigen, dass auch im Rahmen einer Anknüpfung des Gesellschaftsstatuts der Personengesellschaft nach vertragsrechtlichen Grundsätzen ein **hinreichender Verkehrsschutz** anerkannt werden kann, soweit man die Außenwirkung des Statutenwechsels auf die Zukunft beschränkt und nur für das Innenverhältnis eine nachträgliche Rechtswahl ermöglicht. Da eine solche Rechtswahl als Vertrag die Zustimmung aller Gesellschafter voraussetzt, bedarf es auch keines zusätzlichen Minderheitenschutzes.

408 Bloße Kenntnis soll grds. nicht ausreichen, Erman/ *Hohloch* Art. 12 EGBGB, Rn. 12; Palandt/*Thorn* Rom I-VO Art. 13, Rn. 3; jedoch kommt es auf die Umstände des Einzelfalls an, Staudinger/*Hausmann* EGBGB Art. 12, Rn. 82; Schulze/*Staudinger* EGBGB Art. 12 Rn. 9; *Schotten* DNotZ 1994, 670 (672).

409 BGH NZG 2012, 1192; BGH NJW 2007, 1529; BGH NJW 1965, 487.

410 BGH NJW 2007, 1529.

411 BGH NJW 2001, 1056 (1061) – ARGE Weißes Ross; BGH NJW 1955, 985.

412 BGH NJW 2001, 1056 (1061) – ARGE Weißes Ross (wo lediglich die Voraussetzung nicht vorlag, dass der Rechtsverkehr aus der Bezeichnung auf die Gesellschafterstellung schließen konnte).

Eine so verstandene **Rechtswahlfreiheit der Personengesellschaften** stellt daher eine tragfähige Lösung zur Überwindung der Sitztheorie dar, deren Anwendung auch bei Personengesellschaften gegen die Niederlassungsfreiheit verstößt (dazu → Rn. 173 ff.). Bei Lichte betrachtet sind die praktischen **Unterschiede zur Gründungstheorie** in ihrer an die Bedürfnisse des Personengesellschaftsrecht angepassten Form („Organisationstheorie", → Rn. 161) auch gering. Wie bereits angesprochen ist hier ebenso der Wille der Gesellschafter ausschlaggebend, der lediglich über den Umweg des Organisationsrechts festgestellt wird. Auch die vorrangige Maßgeblichkeit einer Registereintragung begründet keinen wesentlichen Unterschied, bildet doch die Eintragung idR nur die Rechtswahl ab und wäre auch im Rahmen einer vertragsrechtlichen Anknüpfung zumindest als wesentliches **Indiz für eine konkludente Rechtswahl** beachtlich. Zwar wären insoweit Abweichungen vorstellbar, diesen wäre aber auf der sachrechtlichen Ebene des Registerrechts zu begegnen. Wird etwa eine Gesellschaft als OHG in das deutsche Handelsregister eingetragen, wurde aber zB österreichisches Recht als Gesellschaftsstatut gewählt, läge es in den Angelegenheiten der Gesellschafter (§ 108 HGB), diesen Umstand im Rahmen der Firmierung (§ 106 Abs. 2 Nr. 2 HGB) zum Handelsregister anzumelden (zur Firmierung von Auslandsgesellschaften → Rn. 126 ff.). Selbst wenn man de lege lata davon ausgehen wollte, dass die Eintragung einer Auslandsgesellschaft an einem inländischen Hauptsitz möglich ist, wäre der Rechtsverkehr doch zumindest über § 15 HGB geschützt. Solange nur der Verkehrsschutz gewährleistet wird, gibt es indes keinen Grund, der Rechtswahl auch für das Innenverhältnis die Wirksamkeit zu versagen. Hinzuweisen ist ferner darauf, dass die unabhängig vom Gesellschaftsstatut anzuknüpfenden Verkehrsschutzinstrumente (Art. 12 EGBGB analog, Rechtsscheinhaftung, → Rn. 166) auch unter der Gründungstheorie anwendbar wären,[413] sich also auch insoweit kein Unterschied ergibt.

Die Anknüpfung an die interne Organisation bei den nicht eingetragenen Gesellschaften führt im Vergleich **168** zur vertragsrechtlichen Anknüpfung in aller Regel nicht zu einem abweichenden Gesellschaftsstatut. Orientieren sich die Gesellschafter feststellbar bei der Organisation ihrer Gesellschaft an einer bestimmten Rechtsordnung, ist dies ein klares Indiz für eine konkludente Rechtswahl. Ein Unterschied kann sich dann nur bei einem Widerspruch zwischen der ausdrücklichen Rechtswahl und der Ausrichtung des internen Organisationsrechts ergeben. Auch in diesen Fällen ist die vertragsrechtliche Anknüpfung aber vorzugswürdig, da die ausdrückliche Rechtswahl im Vergleich zur schwer feststellbaren Organisationsausrichtung erheblich zur Rechtsklarheit beiträgt. Die wesentliche **Schwäche der so angepassten Gründungstheorie** vermeidet die vertragsrechtliche Anknüpfung jedenfalls: Denn die Gründungstheorie (jedenfalls in der Form der Organisationstheorie) geht davon aus, dass sich nicht eingetragene Gesellschaften stets nach einem bestimmten Recht organisieren. Das wird häufig aber gar nicht der Fall sein, da Personengesellschaften gerade nicht über eine ausdifferenzierte Organisation verfügen müssen, sondern nur den rechtlichen Rahmen für das faktische Zusammenwirken der Gesellschafter bilden. Die Gründungstheorie als „Organisationstheorie" hat darauf keine eigene Antwort, sondern behilft sich damit, dass man aus dem Auftreten im Außenverhältnis (etwa dem Rechtsformzusatz) auf die Organisation schließen kann. Sieht man einmal davon ab, dass das Auftreten im Außenverhältnis eigentlich nichts mit der internen Organisation zu tun hat (und es der Sache nach bei dieser Vermutung eher um die Anerkennung einer durch das Auftreten zum Ausdruck gebrachten konkludenten Rechtswahl geht) sind durchaus Situationen denkbar, in denen diese Kriterien nicht weiterführen: Tritt etwa eine aus einem in Deutschland und einem in Österreich ansässigen Gesellschafter bestehende Gesellschaft als „Gesellschaft bürgerlichen Rechts" auf und wurden im Gesellschaftsvertrag keine organisationsrechtlichen Regelungen getroffen, lässt sich kaum entscheiden, ob es sich um eine Gesellschaft nach §§ 705 ff. BGB oder §§ 1175 ff. öABGB handeln soll. Und selbst wenn der Vertrag ausführliche Regelungen enthält, ist doch das Personengesellschaftsrecht regelmäßig in hohem Maß dispositiv, so dass man meist feststellen wird, dass die Regelungen unter allen in Betracht kommenden Rechten so getroffen werden können. Die Antwort kann ebenso wie bei nicht feststellbarer Organisation nur der Verweis auf das internationale Vertragsrecht[414] oder zumindest diesem entnommene Wertungen („Willen der Gesellschafter")[415] sein. Demgegenüber erscheint die hier skizzierte vertragsrechtliche Anknüpfung aller Personengesellschaften als vorzugswürdig, da sie ebenso wie die Gründungstheorie die Rechtswahlfreiheit der Gesellschafter gewährleistet, aber mit dem **Grundsatz der engsten Verbindung** zu einer Rechtsordnung ein konsequentes (wenn auch sicher nicht immer eindeutiges) Prinzip für die objektive Anknüpfung von Gesellschaften zur Verfügung stellt. Die praktischen Unterschiede zur „Organisationstheorie" sind ohnehin gering.

Zusammenfassend ist daher daran festzuhalten, dass zur Überwindung der Sitztheorie im Personengesell- **169** schaftsrecht eine Anknüpfung des Gesellschaftsstatuts anhand der allgemeinen Grundsätze des internationalen Vertragsrechts erfolgen sollte. Vorrangig ist daher eine **ausdrückliche Rechtswahl** der Gesellschafter im Gesellschaftsvertrag heranzuziehen. Andernfalls ist zu prüfen, ob eine **konkludente Rechtswahl** vor-

---

413   So ausdrücklich *Roth* ZGR 2014, 168 (200).
414   So die Begründung zum RefE zum IntGesR, S. 9.
415   *Roth* ZGR 2014, 196.

liegt, wobei die von allen Gesellschaftern getragene Vornahme einer Registereintragung in einem Staat, das Auftreten der Gesellschaft im Außenverhältnis oder eine erkennbare Orientierung der internen Organisation an einer Rechtsordnung starke Indizien für eine solche Vereinbarung sind. Lässt sich eine solche Wahl nicht feststellen, ist zu fragen, zu welchem Staat die Gesellschaft die **engste Verbindung** aufweist. Hierfür ist eine Gesamtbetrachtung erforderlich, wobei ua der Ansässigkeit der Gesellschafter, aber auch dem Ort der Hauptverwaltung und der Ausrichtung der wirtschaftlichen Betätigung der Gesellschaft auf einen Staat erhebliche Bedeutung zukommen können. Die Anwendung international-vertragsrechtlicher Grundsätze ermöglicht zwar auch eine **nachträgliche Rechtswahl**, diese kann allerdings im Außenverhältnis und in Hinblick auf die dingliche Rechtslage bezüglich des Gesellschaftsvermögens nur für die Zukunft wirksam werden, während eine Wirkung auch für die Vergangenheit nur für das Innenverhältnis vereinbart werden kann. Ansonsten ist der Verkehrsschutz im Rahmen eigenständig anzuknüpfender sachrechtlicher Vorschriften des Verkehrsstaates zu gewährleisten, insbesondere durch Instrumente der Rechtsscheinhaftung. Eingeschränkt wird die Rechtswahlfreiheit darüber hinaus nach dem hier als allgemeinen Grundsatz ebenfalls heranzuziehenden **Rechtsgedanken des Art. 3 Abs. 3 Rom I-VO** bei Gesellschaftsverträgen, bei denen alle „Elemente des Sachverhalts" nur in einem Staat belegen sind.[416] In solchen Fällen lässt die Rechtswahl die Anwendung des zwingenden Rechts dieses Staates unberührt, was auch für gesellschaftsrechtliche Regelungen wie etwa § 723 Abs. 3 BGB oder das personengesellschaftsrechtliche Haftungsregime (§§ 128 ff. HGB) von Bedeutung ist. Relevant wird diese Einschränkung aber nur, wenn alle Gesellschafter dieselbe Ansässigkeit haben und auch Verwaltung und Tätigkeit der Gesellschaft sich auf diesen Staat konzentrieren, es sich also um einen **reinen Inlandssachverhalt** handelt.

170   **4. Qualifikation der Kommanditgesellschaft.** Im Gegensatz zu den bisher betrachteten Personengesellschaften, die grundsätzlich auf dem Prinzip unbeschränkter persönlicher Haftung der Gesellschafter beruhen, weist die Kommanditgesellschaft sowohl kapital- als auch personengesellschaftsrechtliche Elemente auf. Dabei wird die Haftungsbeschränkung des Kommanditisten, also das **körperschaftsrechtliche Element**, grundsätzlich erst mit einer Registereintragung wirksam. Dieser kommt somit eine Art konstitutiver Wirkung zwar nicht für die Entstehung der Gesellschaft selbst (die wie jede andere Personengesellschaft allein durch Abschluss des Gesellschaftsvertrags entsteht), wohl aber für die Entstehung als Kommanditgesellschaft zu. Besonders deutlich wird das bei der Kommanditgesellschaft englischen Rechts (Limited Partnership), die als eine „Mischung" zwischen partnership und Körperschaft angesehen wird.[417] Nach Sec. 5 und Sec. 8 des britischen Limited Partnership Act 1907 bedarf diese Gesellschaftsform der Registrierung in einer der Körperschaft vergleichbaren Weise. Bevor diese Registrierung erfolgt ist, gelangt die Limited Partnership als solche nicht zur Entstehung, sondern wird nach Sec. 5 als einfache partnership und die Kommanditisten werden als „general partners" (Komplementäre) behandelt. Im französischen und österreichischen Recht haben die Registereintragungen für Handelsgesellschaften bereits allgemein konstitutive Bedeutung (vgl. § 123 öUGB, Art. L210–6 C.Com.), so dass auch hier die Gesellschaft als rechtsfähige Kommanditgesellschaft erst mit der Eintragung entsteht (was freilich auch für andere Handelsgesellschaften gilt). Die Auswirkungen auf das Haftungsprivileg der Kommanditisten sind allerdings unterschiedlich. Das französische Recht sieht die Gesellschaft konsequent als noch nicht existent an und daher (wie bei Kapitalgesellschaften) eine Handelndenhaftung sowie das Erfordernis einer besonderen Haftungsübernahme nach Eintragung vor (Art. L210–6 Abs. 2 C.Com.). Die Eintragung lässt also die Kommanditistenhaftung überhaupt erst entstehen, und zwar unmittelbar als beschränkte Haftung. Dagegen bleibt im österreichischen Recht die Eintragung ohne praktische Folgen für die Haftungsbeschränkung, was angesichts der konstitutiven Wirkung der Eintragung überraschend ist: Nach § 176 öUGB haftet der Kommanditist auch für die vor Eintragung begründeten Verbindlichkeiten der KG nur „bis zur Höhe seiner Haftsumme", so dass bereits in der Vor-KG die Haftungsbeschränkung wirkt, allein aufgrund der internen Vereinbarung. Dazwischen steht das deutsche Recht, das in § 176 HGB zwar grundsätzlich eine unbeschränkte Haftung vor Eintragung anordnet, diese aber von der Zustimmung zur Geschäftsaufnahme abhängig macht und durch die Ausnahme bei positiver Kenntnis des konkreten Gläubigers von der Kommanditistenstellung einschränkt. Auch hier gilt aber, dass zumindest im Grundsatz die Wirksamkeit der Haftungsbeschränkung von der Registereintragung abhängig ist.

171   Bei der Kommanditgesellschaft hat somit die Eintragung in das Register regelmäßig wesentliche Bedeutung für die Entstehung der Haftungsbeschränkung der Kommanditisten und damit des wesentlichen Charakteristikums dieser Gesellschaftsform. Diese Eintragung bringt ein formalisiertes und von dem Recht des Registerstaates ausgestaltetes Gründungsverfahren zum Abschluss, das Bezugspunkt für eine Anknüpfung nach körperschaftrechtlichen Grundsätzen, insbesondere also zur Anknüpfung anhand der Gründungstheorie in ihrer körperschaftsrechtlichen Ausgestaltung sein kann. Aufgrund des **Mischcharakters** der KG bedarf es

---

416   Heidel/Schall/*Schall* HGB Anh. Int. PersGesR   417   *Dobson/Schmitthoff*, Charlesworth's Business Law,
      Rn. 18, 37.   15th Ed., S. 305 („cross between a partnership and a
                                                        limited company").

somit der **Qualifikation** der konkret betrachteten Gesellschaftsform: Soweit die Ausgestaltung überwiegend körperschaftlich ist, sollte man sie auch als Körperschaft behandeln, andernfalls konsequent als nur vertragsrechtliche Personengesellschaft.[418] Jedenfalls das US-amerikanische Recht scheint sich für eine **Qualifikation als Körperschaft** und damit eine Anwendung der Gründungstheorie entschieden zu haben.[419] Ist eine Gesellschaft zumindest teilrechtsfähig, besteht ein Haftungsprivileg und ist dessen Entstehung an eine konstitutive Registereintragung gebunden, so dass die Gründung sich notwendigerweise an den Anforderungen des Rechts des Registerstaates zu orientieren hat, steht einer körperschaftlichen Qualifikation und damit der Anwendung der klassischen Gründungstheorie nichts entgegen. Derartige Gesellschaftsformen sind demnach entsprechend der oben entwickelten **Grundsätze für juristische Personen** zu behandeln. Auch die EuGH-Entscheidung „Cartesio"[420] lässt sich in diesem Sinn interpretieren, da der EuGH hier die für juristische Personen entwickelten Grundsätze ohne jegliche Auseinandersetzung auf eine KG angewendet hat.[421]

Für die deutsche Kommanditgesellschaft ist aufgrund der zumindest grundsätzlich bestehenden Abhängigkeit der Haftungsbeschränkung von der Registereintragung davon auszugehen, dass die Anknüpfung nach körperschaftsrechtlichen Grundsätzen erfolgt. Traditionell wäre daher die Sitztheorie anzuwenden, da das Personengesellschaftsrecht keine dem § 4a GmbHG und § 5 AktG entsprechende versteckte einseitige Kollisionsnorm kennt (→ Rn. 143 f.) und eine Inlandsgesellschaft sich nicht auf die europarechtliche Gründungstheorie berufen kann. Auch sachrechtlich hat der BGH[422] seine Rechtsprechung, dass im Personengesellschaftsrecht der die Registerzuständigkeit begründende Sitz stets am Ort der Hauptverwaltung belegen sein muss, niemals aufgegeben. Solange die Rechtsprechung an dieser mobilitätsfeindlichen Sicht festhält, kann somit eine KG deutschen Rechts nur gegründet und ins Register eingetragen werden, wenn auch die **Hauptverwaltung in Deutschland** eingerichtet wird, bei deren Verlegung ins Ausland der KG auch das deutsche Gesellschaftsstatut und damit das Haftungsprivileg der Kommanditisten entzogen werden würde. Diese traditionelle Sicht ist indes sowohl in kollisions- als auch in sachrechtlicher Hinsicht abzulehnen. Vorzugswürdig erscheint demgegenüber der allgemeine Übergang zur Gründungstheorie (→ Rn. 137 ff.) sowie die Anerkennung einer sachrechtlich **freien Sitzwahl** für Kommanditgesellschaften (aber auch die OHG).[423] Normativer Anknüpfungspunkt für die Abkehr von der Sitztheorie auch für die KG kann dabei die Neufassung des § 106 Abs. 2 Nr. 2 HGB (iVm § 161 Abs. 2 HGB) durch das MoMiG sein, durch die das Erfordernis einer inländischen Geschäftsanschrift zusätzlich zur Anmeldung des Sitzes aufgenommen worden ist. Da man dieses Element der inländischen Geschäftsanschrift im selben Gesetz auch für die GmbH als Ausgleich für die Entkoppelung von Sitz und tatsächlicher Niederlassung[424] eingeführt hat (§ 8 Abs. 4 Nr. 1 GmbHG), kann man ihm bei der KG dieselbe Funktion zuerkennen,[425] was nur bei freier Sitzwahl und Anwendung der Gründungstheorie auf die KG Bedeutung hat. Unter der hier befürworteten allgemeinen Anwendung der Gründungstheorie im Körperschaftsrecht ist somit auch die KG unabhängig von ihrem Verwaltungssitz anzuknüpfen und unterliegt immer dann deutschem Recht, wenn aufgrund eines Satzungssitzes in Deutschland eine inländische Registerzuständigkeit begründet wurde und die Eintragung als Kommanditgesellschaft im deutschen Handelsregister erfolgt ist oder angestrebt wird. Da die Vorgesellschaft bereits dem Gesellschaftsstatut unterliegt (→ Rn. 27) gilt für die Kommanditistenhaftung vor Eintragung die Regelung des § 176 HGB, soweit die Eintragung im deutschen Handelsregister angestrebt wird und eine entsprechende Registerzuständigkeit (kraft Satzungssitzes) besteht. Entscheidend ist also auch hier, welchem Recht die Gesellschafter ihre Gründung unterstellen wollten.

II. Niederlassungsfreiheit und Personengesellschaft

1. Anwendungsbereich der Niederlassungsfreiheit. Zunächst ist festzuhalten, dass sich auch Personengesellschaften grundsätzlich auf die **Niederlassungsfreiheit** berufen können. Denn nach allgemeiner

---

418 In diesem Sinne: ALI, Restatement (2nd) of Conflicts of Law, Chapter 13 („Business Corporations"), Introductory Note: „These attributes are also enjoyed in varying degrees by limited partnerships, joint stock associations and business trusts ... to the extent that they enjoy the same attributes as business corporations, the choice of law rules stated in this Chapter should usually be applicable to them."

419 Vgl. die Darstellung bei *Walden*, Das Kollisionsrecht der Personengesellschaften, S. 312 ff.

420 EuGH EuZW 2009, 75.

421 Vgl. *Leible/Hoffmann* BB 2009, 58.

422 BGH BB 1957, 799 = WM 1957, 999.

423 Grundlegend und zutreffend *Koch* ZHR 173 (2009), 101 (mit umfassenden Nachweisen auch zur hM).

424 Die Regelung soll insbesondere bei GmbH mit ausländischem Verwaltungssitz eine inländische Zustellung ermöglichen, vgl. BT-Drucks.16/6140, S. 36.

425 Es ist allerdings zu konzedieren, dass sich der Begründung zum MoMiG ein derartiger gesetzgeberischer Wille nicht entnehmen lässt, vgl. BT-Drucks.16/6140, S. 49.

172

173

Auffassung[426] fallen trotz der Formulierung „sonstige juristische Personen" nicht nur Körperschaften, sondern zumindest auch teilrechtsfähige Gebilde in deren Anwendungsbereich, soweit sie nur einen **Erwerbszweck** verfolgen. Die deutsche Fassung verwendet hierfür das Wort „Gesellschaften" als Oberbegriff. In der englischen Fassung ist dagegen von „companies and firms" die Rede, da unter „companies" im englischen Recht nur inkorporierte Gesellschaften verstanden werden, während „firm" die Bezeichnung für ein als Personengesellschaft („partnership") geführtes Unternehmen ist.[427] Schon dies zeigt, dass der Anwendungsbereich mehr umfassen muss als allein Körperschaften.

174   **2. Mangelnde Übertragbarkeit der „Überseering"-Entscheidung.** Auf den ersten Blick mag man daher meinen, auch **Personengesellschaften** hätten aufgrund der Niederlassungsfreiheit ein Recht auf Anerkennung als **Gesellschaft ausländischen Rechts**. Gleichwohl kann man der Entscheidung „**Überseering**"[428] wohl keine dahin gehende Aussage entnehmen. Zwar ist dort durchgängig von „Gesellschaften" die Rede, was zumindest in der deutschen Fassung so allgemein formuliert ist, dass man es als Verweis auf den Anwendungsbereich des Art. 54 AEUV verstehen kann. Aber schon ein Blick in die englische Urteilsfassung zeigt, dass der EuGH sich wohl allein mit der Niederlassungsfreiheit von Körperschaften befasst hat. Dort wird nämlich durchgängig nur der Begriff der „companies" benutzt, während die „firms" keine Erwähnung finden. Auf den Wortlaut des Art. 54 AEUV wird also gerade nicht abgestellt. Zu bedenken ist außerdem, dass der EuGH grundsätzlich von der **Anerkennung der Rechtsfähigkeit** spricht. Es ist aber kaum zu erwarten, dass der EuGH hiermit die Trennung zwischen rechtsfähigen und nicht rechtsfähigen Personengesellschaften vornehmen will, weil diese Unterscheidung als recht willkürlich erscheint und nicht annähernd so trennscharf ist wie die Abgrenzung nach der Eigenständigkeit der Rechtspersönlichkeit. So wäre die BGB-Gesellschaft früher nicht erfasst gewesen, wohl aber unter Zugrundelegung der heutigen Sichtweise des BGH.[429] Noch gravierender ist aber, dass etwa eine „partnership" englischen Rechts keine Rechtsfähigkeit genießt, wohl aber die (im selben Gesetz geregelte) „partnership" schottischen Rechts.[430] Nennenswerte materiellrechtliche Unterschiede sind hiermit indes nicht verbunden. Ferner stellt der EuGH an mehreren Stellen des Urteils „Überseering" nicht nur auf die Rechtsfähigkeit, sondern auf die „**Rechtspersönlichkeit**" ab (Tz 62, 65, 70, 71, 73). Auch dies deutet darauf hin, dass eine Aussage zu den Personengesellschaften nicht beabsichtigt ist.[431]

175   In der Sache lässt sich die Argumentation des EuGH in „Überseering" auf Personengesellschaften nicht ohne Weiteres übertragen. Die Anerkennung der im Ausland verliehenen Rechtsfähigkeit korrespondiert den stark formalisierten Gründungsvoraussetzungen der Körperschaften und insbesondere der Registrierung im Gründungsstaat. Hiermit ist die Gründung einer Personengesellschaft, die grundsätzlich sogar konkludent erfolgen kann und jedenfalls keine konstitutive Registereintragung kennt, nicht vergleichbar. Ferner passt die Argumentation, die Gesellschaft hätte „jenseits der nationalen Rechtsordnung, die ihre Gründung und Existenz regelt, keine Realität", schon nicht auf Personengesellschaften. Gemeint ist damit, dass die **Fiktion der Rechtspersönlichkeit** juristischer Personen zwingend an das Gründungsrecht gebunden ist. Fehlt es aber schon an dieser Fiktion, hat die Aussage keine Bedeutung. Schließlich ist das **Zusammenwirken in der Personengesellschaft** keine Fiktion, sondern Realität, die auch außerhalb des Gründungsstaates nicht geleugnet werden kann. Die Personengesellschaft mag bei der Sitzverlegung im Einzelfall ihre Rechtsfähigkeit verlieren, nicht aber ihre im Zusammenwirken der Gesellschafter fußende Existenz.

176   Entscheidend gegen eine Erstreckung der Gründungsanknüpfung spricht aber, dass im Internationalen Privatrecht der Personengesellschaft ein **Fremdkörper** wäre. Eine Gründungstheorie für Personengesellschaften ist zwar denkbar, wie gezeigt (→ Rn. 159 ff.) in Europa aber nicht verbreitet. Man kann dem EuGH wohl nicht unterstellen, er wolle entgegen der Rechtstradition der Mitgliedstaaten die Personengesellschaft in die verpflichtende Gründungsanknüpfung einbeziehen. Die Entscheidung „Überseering" hat daher keine Bedeutung für Personengesellschaften, der EuGH hat sich darin – trotz der allgemeinen Diktion zumindest der deutschen Sprachfassung – **ausschließlich mit Körperschaften** beschäftigt.[432] Auch die zu einer Kommanditgesellschaft ergangene Entscheidung „Cartesio" ändert hieran nichts, da man dieses Judikat besser als körperschaftsrechtliche Qualifikation der KG (→ Rn. 170) denn als Aussage zur Personengesellschaft interpretieren kann.[433]

---

426   Calliess/Ruffert/*Korte* AEUV Art. 49 Rn. 6, Art. 54 Rn. 3 f.; Streinz/*Müller-Graff* AEUV Art. 54 Rn. 2 und 4; von der Groeben/Schwarze/Hatje/*Tiedje* AEUV Art. 54 Rn. 19; Grabitz/Hilf/Nettesheim/*Forsthoff* AEUV Art. 54 Rn. 3; *Roth* ZGR 2014, 168 (180 f.).
427   Vgl. Sec. 4 (1) Partnership Act 1890.
428   EuGH Slg 2002, I-9919 („Überseering") = IPrax 2003, 65 = NJW 2002, 3614.

429   Sog. „Weißes Roß"-Doktrin, vgl. BGHZ 146, 341.
430   Vgl. Sec. 4 (2) Partnership Act 1890.
431   AA *Binge/Thölke* DNotZ 2004, 21 (24); für einheitliche Behandlung von Kapital- und Personengesellschaften auch MüKoBGB/*Kindler* IntGesR Rn. 282 ff.
432   So bereits *Leible/Hoffmann* RIW 2002, 925 (932).
433   Vgl. *Leible/Hoffmann* BB 2009, 58.

Damit soll allerdings nicht gesagt werden, dass in der Sache eine **uneingeschränkte Anwendung der Sitz-** 177
anknüpfung auf Personengesellschaften keinen Verstoß gegen die Niederlassungsfreiheit darstellen
würde. Der auch die Personengesellschaften erfassende Art. 54 AEUV zeigt, dass die Wirkungen dieser
Rechtsprechung – wenn auch auf anderem Wege – auf die Personengesellschaften zu erstrecken sind. Nur
aus „Überseering" ergibt sich dies nicht.[434]

3. Realisierung der Niederlassungsfreiheit im Personengesellschaftsrecht. a) Personengesell- 178
schaft ist keine Fiktion. Sieht man einmal von den Fällen der beschränkten Kommanditistenhaftung ab
(die nach hier vertretener Ansicht ohnehin körperschaftsrechtlich einzuordnen ist), sind die Auswirkungen
der Sitztheorie im Personengesellschaftsrecht so einschneidend wie bei den Körperschaften. Wie
bereits angesprochen fußt die Personengesellschaft im Zusammenwirken der Gesellschafter, nicht in einer
an ein bestimmtes Verfahren geknüpften Fiktion. Aus diesem Grund hängt die Anerkennung einer Personengesellschaft auch nicht von besonderen Gründungsvoraussetzungen ab, die nach dem Gesellschaftsstatut
zu ermitteln wären. Vielmehr entsteht – und das nicht nur nach deutschem Verständnis – die Gesellschaft
bereits durch das **zweckgerichtete Zusammenwirken** der Gesellschafter, da dieses regelmäßig den zumindest konkludenten Abschluss des für die Entstehung erforderlichen Gesellschaftsvertrags enthält.[435] Anders
als bei Körperschaften wird eine real existierende Gesellschaft unabhängig von ihrer Anknüpfung also stets
anerkannt, in Deutschland zumindest als rechts- und parteifähige **Gesellschaft deutschen Rechts**.[436] Da die
Personengesellschaft auch keine eigenständige Rechtspersönlichkeit hat, ist die im Inland anerkannte
Gesellschaft selbst dann mit der ursprünglich ausländischen Gesellschaft **identisch**, wenn sie dem inländischen Recht unterstellt wird. Eine Neugründung, deren Erfordernis der EuGH geradezu als „Negierung der
Niederlassungsfreiheit"[437] ansah, ist also keinesfalls erforderlich.

b) Pflicht zur Achtung der Rechtsform. Bezüglich der Niederlassungsfreiheit ist aber zu fragen, ob 179
diese eine allgemeine Pflicht zur **Achtung der Rechtsform** enthält, deren körperschaftsrechtliche Ausformung die europarechtliche Gründungstheorie ist.[438] Hinweise hierfür kann man der Entscheidung **„Inspire**
Art"[439] entnehmen: Geht man von der in Art. 54 AEUV verankerten niederlassungsrechtlichen **Gleichstel-**
lung von Personen- und Kapitalgesellschaften aus, bedeutet die Aussage, dass die Verpflichtung, das
Recht des Zuzugsstaates zu beachten, ohne Weiteres die Ausübung der Niederlassungsfreiheit behindert (Tz
101 des Urteils „Inspire Art"), dass auch Personengesellschaften kein abweichendes Recht übergestülpt
werden kann. Denn die Anwendung der **Sitztheorie** hat auf Personengesellschaften eine ganz ähnliche
Wirkung wie **Sonderanknüpfungen** im Körperschaftsrecht: In beiden Fällen steht nicht die grundsätzliche
Anerkennung zur Disposition, sondern nur die rechtliche Stellung der Beteiligten, vor allem in Bezug auf
die Haftung. Auch bei grundsätzlich unbeschränkter Haftung der Gesellschafter kann diese doch ganz
unterschiedlich ausgestaltet sein (zB als akzessorische, gesamtschuldnerische, quotale oder subsidiäre Haftung) und auch in ihrer Reichweite (etwa bei Eintritt und Ausscheiden) Unterschiede aufweisen.[440] Diese
die Außenhaftung betreffenden Fragen sind auch typischerweise nicht privatautonom durch die Gesellschafter zu regeln, sondern zwingendes Recht. Die Sitzanknüpfung der Personengesellschaft führt also zu vergleichbaren Folgen wie die Überlagerung des Körperschaftsrechts und sollte daher in Übereinstimmung mit
der Wertung des Urteils „Inspire Art" ebenfalls als **Beschränkung der Niederlassungsfreiheit** aufgefasst
werden.[441]

c) Anforderungen des Art. 54 AEUV bei Personengesellschaften. Hieraus folgt, dass auch die Perso- 180
nengesellschaft das Recht hat, in der von ihr gewählten **Rechtsform** im Inland behandelt zu werden. Auch
für diese stellt es keinen Missbrauch dar, das Recht eines Staates zu wählen, obwohl die Geschäftstätigkeit

---

434   Die Äußerung bei *Leible/Hoffmann* RIW 2002, 925
     (932), wonach bei Personengesellschaften „weiterhin
     eine Sitzanknüpfung zulässig bleibt", ist in diesem
     Sinne zu verstehen.

435   Entgegen Heidel/Schall/*Schall* HGB Anh. Int. Pers-
     GesR Rn. 74 wurde auch in den Vorauflagen nicht
     behauptet, dass die deutsche Personengesellschaft
     aufgrund eines „Realakts" entstehe, sondern durch
     den in der Aufnahme des Zusammenwirkens enthal-
     tenen konkludenten Vertragsschluss.

436   Illustriert wird dies durch die Entscheidung BGH
     IPRax 2003, 62: Soll schon eine zuziehende Körper-
     schaft ohne Weiteres als Personengesellschaft aner-
     kannt werden, kann für ausländische Personengesell-
     schaften nichts anderes gelten.

437   EuGH Slg 2002, I-9919 („Überseering") = IPrax
     2003, 65 = NJW 2002, 3614.

438   Wohl für eine solche Pflicht auch in Bezug auf Per-
     sonengesellschaften: *Terlau*, Das internationale Pri-
     vatrecht der Gesellschaft bürgerlichen Rechts,
     S. 142; dagegen aber *Walden*, Das Kollisionsrecht
     der Personengesellschaften, S. 247 f. (allerdings noch
     auf der Grundlage der „Daily Mail"-Rspr.).

439   EuGH IPRax 2004, 46 = NJW 2003, 3331 – Inspire
     Art.

440   Hierzu rechtsvergleichend *Windbichler* ZGR 2014,
     110 (132 f.).

441   So im Ergebnis auch *Koch* ZHR 173 (2009), 101,
     113; *Roth* ZGR 2014, 168 (184 f.); MüKoBGB/*Kind-*
     ler IntGesR Rn. 282 ff.; aA Heidel/Schall/*Schall*
     HGB Anh. Int. PersGesR Rn. 81.

in einem anderen Mitgliedstaat ausgeübt werden soll.[442] Voraussetzung ist allerdings, dass die Personengesellschaft niederlassungsberechtigt ist, also den **Anforderungen des Art. 54 AEUV** genügt. Erforderlich sind die **Gründung** nach den Rechtsvorschriften eines Mitgliedstaats sowie der zusätzliche **territoriale Bezug** zum Unionsgebiet, vermittelt durch satzungsmäßigen Sitz, Hauptverwaltung oder Hauptniederlassung. Die Gründung nach dem mitgliedstaatlichen Recht setzt natürlich voraus, dass dieses Recht kollisionsrechtlich überhaupt zur Verfügung steht. Soweit ein Mitgliedstaat der Personengesellschaft nach vertragsrechtlichen Grundsätzen **Parteiautonomie** gewährt, steht das nicht infrage. Die Anknüpfung ergibt sich dann – ganz unabhängig vom Ort des Vertragsschlusses oder der Tätigkeit – schon aus der Rechtswahl. Ebenso wie bei den Körperschaften (→ Rn. 93 ff.) können die Mitgliedstaaten nach der „Daily Mail"-Doktrin aber auch weitergehende kollisionsrechtliche Anforderungen für die Anwendbarkeit ihres Gesellschaftsrechts stellen, insbesondere also für Gesellschaften eigenen Rechts an der Sitzanknüpfung festhalten.

181 Bezüglich der Herstellung des **territorialen Bezugs** gelten ebenfalls dieselben Grundsätze wie im Körperschaftsrecht, so dass auch hier satzungsmäßiger Sitz, Hauptverwaltung oder Hauptniederlassung als ausreichend anzusehen sind. Das bedeutet vor allem, dass die Gesellschaft bereits mit Gründung (also vor Aufnahme der wirtschaftlichen Tätigkeit) in den Genuss der Niederlassungsfreiheit kommen kann, soweit dabei ein „satzungsmäßiger Sitz" in der Union begründet wird.[443] Da die Sitzbestimmung im Personengesellschaftsrecht häufig kein (notwendiger) Bestandteil des Gesellschaftsvertrags ist, muss vor dem Hintergrund des anwendbaren Rechts ermittelt werden, was sinngemäß dem Satzungssitz entspricht. Bei registerpflichtigen (oder zumindest eintragungsfähigen) Gesellschaften wird dies der Ort sein, an dem die **Registerzuständigkeit** besteht (unabhängig davon, ob bei einer nicht-konstitutiven Eintragung diese bereits stattgefunden hat).[444] Ob eine reine Satzungsbestimmung hierfür genügt, ist nach dem Gesellschaftsstatut zu entscheiden. Nur wenn das anwendbare Recht eine freie Sitzwahl zur Begründung der Registerzuständigkeit zulässt (wie etwa für das deutsche Recht zutreffend zuletzt von *Koch*[445] entgegen der hM zu § 106 HGB vorgeschlagen, dazu bereits → Rn. 172) kann also die Satzungsbestimmung für sich den erforderlichen satzungsmäßigen Sitz in der Union begründen. Bei nicht eintragungsfähigen Gesellschaftsformen ist hingegen darauf abzustellen, ob das Gesellschaftsstatut einer Sitzbestimmung im Gesellschaftsvertrag überhaupt rechtliche Relevanz beimisst. Ist das nicht der Fall, da das materielle Gesellschaftsrecht den Sitz entweder gar nicht vorsieht (wie bei der deutschen BGB-Gesellschaft) oder zwingend bei der Hauptverwaltung verortet (wie bei den deutschen Personenhandelsgesellschaften nach der Rechtsprechung[446] zu § 106 HGB), kann sich die Gesellschaft für die Zwecke des Art. 54 AEUV nicht auf eine Regelung des Sitzes im Gesellschaftsvertrag berufen.

182 Beschränkt wird die Reichweite der Niederlassungsfreiheit nach der „Daily Mail"-Doktrin zusätzlich durch das Recht des Staates, dessen Recht die Gesellschaft unterliegt, dieser das Statut wieder zu entziehen und damit auch der Anwendung seines Gesellschaftsrechts durch andere Mitgliedstaaten die Grundlage zu entziehen.[447] Diese Aussage des EuGH ist auch auf Personengesellschaften zu übertragen, da ihre Niederlassungsfreiheit nicht weiter gehen kann als bei den Körperschaften. Auch hier gilt also, dass ein Mitgliedstaat, der für eigene Gesellschaften an der Sitzanknüpfung festhält, das Gesellschaftsstatut bei Grenzübertritt entziehen kann, so dass im Zuzugsstaat die Rechtsform des Gründungsrechts nicht zu achten wäre. Es wäre dann aber zu gewährleisten, dass auch Personengesellschaften das Recht auf statutenändernden, aber **identitätswahrenden Formwechsel** nach Maßgabe der Entscheidungen „Cartesio",[448] „Vale"[449] und „Polbud"[450] genießen (→ Rn. 68 ff.) – was bei der Gewährung von Rechtswahlfreiheit ohne Weiteres der Fall ist.

183 **d) Zusammenfassung.** Zusammenfassend sind der Niederlassungsfreiheit des AEUV auch für die Anknüpfung der Personengesellschaften Vorgaben zu entnehmen, die einer uneingeschränkten Anwendung der Sitztheorie auf EU-ausländische Personengesellschaften entgegenstehen. Die Niederlassungsfreiheit ist durch die Anerkennung einer **beschränkten europarechtlichen Rechtswahlfreiheit** zu gewährleisten: Die Gesellschafter entscheiden sich durch Rechtswahl oder Ausrichtung der Gründung auf eine bestimmte Rechtsordnung für ein Gesellschaftsstatut. Erfüllt die Gesellschaft die kollisions- und materiellrechtlichen Anforderungen der auf diese Weise gewählten (Gründungs-)Rechtsordnung, und verfügt sie über einen satzungsmäßigen Sitz, einen Verwaltungssitz oder eine Hauptniederlassung in der EU, ist sie auch von anderen

442   EuGH IPRax 2004, 46 = NJW 2003, 3331 – Inspire
      Art; EuGH Slg 1999, I-1459 = NJW 1999, 2027 –
      Centros.
443   *Roth* ZGR 2014, 168 (184); Heidel/Schall/*Schall*,
      HGB, Anh. Int. PersGesR Rn. 71; *Lechner*, Das
      Schicksal der europäischen Personengesellschaften
      im Zeitalter der Niederlassungsfreiheit, S. 16 f.; die
      in den Vorauflagen vertretene abweichende Auffassung wird aufgegeben.
444   Ähnlich *Roth* ZGR 2014, 168 (184); Heidel/Schall/
      Schall HGB Anh. Int. PersGesR Rn. 71.

445   ZHR 173 (2009), 101.
446   BGH BB 1957, 799 = WM 1957, 999.
447   EuGH IPRax 2004, 46 = NJW 2003, 3331 – Inspire
      Art; EuGH Slg 2002, I-9919 – Überseering = IPrax
      2003, 65 = NJW 2002, 3614; EuGH EuZW 2009, 75
      – Cartesio.
448   EuGH EuZW 2009, 75 – Cartesio.
449   EuGH EuZW 2012, 621 – Vale.
450   EuGH NJW 2017, 3639 – Polbud.

Mitgliedstaaten als Gesellschaft ihres Gründungsrechts anzuerkennen. Ob diese spezielle Form der Rechtswahlfreiheit durch Anwendung einer modifizierten, auf die Besonderheiten der Personengesellschaften zugeschnittenen Gründungstheorie oder durch Anwendung vertragsrechtlicher Anknüpfungsgrundsätze (ausführlich → Rn. 162 ff.) kollisionsrechtlich realisiert wird, ist aus Sicht der Niederlassungsfreiheit unerheblich und den Mitgliedstaaten überlassen. Soweit der tatsächliche Verwaltungssitz außerhalb des Staates des Gesellschaftsstatuts genommen wird, sind **Überlagerungen** des Gesellschaftsstatuts nur insoweit zulässig, wie diese anhand der Niederlassungsfreiheit gerechtfertigt werden können.

III. Kollisionsrechtliche Behandlung niederlassungsberechtigter Personengesellschaften

1. Anknüpfung. Die aufgezeigte europarechtliche Situation muss somit – ähnlich wie im Bereich der Körperschaften – bei der Anknüpfung des Gesellschaftsstatuts berücksichtigt werden. Bevor die Kollisionsnorm des autonomen Rechts angewendet werden kann, bedarf es der Prüfung, ob es nach Art. 49, 54 AEUV der **Anerkennung einer Rechtswahl** iwS bedarf. Zunächst ist festzustellen, ob die Gesellschafter durch Rechtswahl oder Ausrichtung des Gründungsvorgangs die Gesellschaft dem Recht eines Mitgliedstaats der EU unterstellt haben, und ob die nach diesem Recht erforderlichen Entstehungsvoraussetzungen einschließlich der Anforderungen des autonomen Kollisionsrechts erfüllt sind. Ebenso wie im Körperschaftsrecht gilt auch hier, dass die Mitgliedstaaten für die Gesellschaften eigenen Rechts an der Sitzanknüpfung festhalten können. Dies hat zur Folge, dass das Gesellschaftsstatut nur bei inländischem Verwaltungssitz im Gründungsstaat zur Verfügung steht und bei Sitzverlegung entzogen wird, so dass es auch im Zuzugsstaat nicht mehr anzuerkennen ist. Sind diese Voraussetzungen aber zu bejahen, insbesondere wenn der Gründungsstaat kollisionsrechtlich Rechtswahlfreiheit gewährt, ist festzustellen, ob die Gesellschaft bei Ausübung der Niederlassungsfreiheit (also insbesondere zum Zeitpunkt einer Verlegung des Verwaltungssitzes) bereits ihren **satzungsmäßigen Sitz, Hauptverwaltung** oder **Hauptniederlassung** innerhalb der EU hatte. Da es bei der sinngemäßen Anwendung des „satzungsmäßigen Sitzes" idR auf den die Registerzuständigkeit begründenden Umstand ankommt, wird es bei nicht eintragungsfähigen Gesellschaften meist erforderlich sein, dass vor Ausübung der Niederlassungsfreiheit eine wirtschaftliche Tätigkeit in der EU aufgenommen worden ist. Im Gründungsstaat registrierte Personengesellschaften können sich dagegen schon bei Aufnahme der wirtschaftlichen Tätigkeit in einem anderen Mitgliedstaat auf die Niederlassungsfreiheit und damit die Anknüpfung an das gewählte Recht berufen.

184

Sind diese Voraussetzungen erfüllt, ist die Gesellschaft auch im Inland aufgrund der vorrangigen, unmittelbar aus der Niederlassungsfreiheit abgeleiteten **europarechtlichen Rechtswahlfreiheit** anhand der Rechtswahl (iwS) der Gesellschafter anzuknüpfen. Maßgeblich ist die jeweils aktuelle Rechtswahl, so dass den Personengesellschaften die von den Entscheidungen „Cartesio", „Vale" und „Polbud" geforderte Möglichkeit des Formwechsels unter Änderung des Gesellschaftsstatuts eingeräumt wird. Auch dabei sind aber die (materiellrechtlichen wie kollisionsrechtlichen) Entstehungsvoraussetzungen des neu gewählten Rechts anzuwenden (näher → Rn. 203 f.). Fehlt es an einer der Voraussetzungen, erfolgt die Anknüpfung anhand der autonomen Kollisionsnorm des nationalen Rechts (zur in Deutschland anzuwenden Norm → Rn. 193).

185

2. Sitzverlegung. Bereits aus diesen Grundsätzen folgt, dass auch Personengesellschaften grundsätzlich das Recht haben, ihren **tatsächlichen Sitz** innerhalb der EU zu verlegen, ohne dadurch ihr Gesellschaftsstatut zu verlieren.[451] Die Voraussetzungen ergeben sich aus den Ausführungen zur Anknüpfung (→ Rn. 184 f.). Anzumerken bleibt, dass die „Daily Mail"-Doktrin auch hier ein Recht auf Verlegung des tatsächlichen Sitzes aus dem Staat, dessen Gesellschaftsstatut zur Anwendung kommt, ausschließt. Soweit also die Voraussetzungen der europarechtlichen Rechtswahlfreiheit nicht vorliegen, insbesondere bei Personengesellschaften eines im autonomen Kollisionsrecht an der Sitztheorie festhaltenden Staates, ist das Herkunftsrecht nicht daran gehindert, ihr bei **Wegzug** kollisionsrechtlich das Statut zu entziehen. Allerdings hat das Herkunftsrecht einen grenzüberschreitenden Formwechsel durch Satzungsänderung nach Maßgabe der Entscheidungen „Cartesio" und „Polbud" zu dulden. Im Hinblick auf die zur Wahrung von Gläubiger-, Minderheiten- und Arbeitnehmerinteressen gerechtfertigten Beschränkungen ist auf → Rn. 203 f. zu verweisen.

186

3. Status in Deutschland. Ebenso wie bei den Körperschaften (→ Rn. 103 ff.) ist die zugezogene Personengesellschaft im Inland **als Zweigniederlassung** zu behandeln und unterliegt daher der **Anmeldepflicht** zum Handelsregister nach § 13 d HGB. Zwar existieren für Personengesellschaften keine europäischen Sekundärrechtsvorschriften, die diesen Status ausgestalten würden,[452] jedoch hat der deutsche Gesetzgeber durch § 13 d HGB die entsprechenden Pflichten für die Zweigniederlassungen von Handelsgesellschaften autonom geregelt. Eine Abweichung von der Rechtslage bei den Körperschaften ist insoweit nicht ange-

187

---

451 Näher: *Roth* ZGR 2014, 168 (201 ff.).
452 Die Regelungen zur Publizität von Zweigniederlassungen in Art. 29 ff. der GesR-RL (EU) 2017/1132

erfassen lediglich Zweigniederlassungen von Kapitalgesellschaften.

zeigt. Voraussetzung ist lediglich, dass es sich um eine Handelsgesellschaft handelt, dass die Gesellschaft also die Kaufmannseigenschaft besitzt. Ob dies der Fall ist, bestimmt sich nach dem Gesellschaftsstatut. Eine über die Gesellschafterhaftung hinausgehende spezielle Haftungssanktion bei Missachtung der entsprechenden Verpflichtung ist hier allerdings nicht angezeigt, dennoch können unterlassene Anmeldungen im Rahmen von § 15 Abs. 4 HGB negative Konsequenzen haben oder vom Registergericht durch Zwangsgeld durchgesetzt werden. Materiellrechtlich ändert dies aber nichts an der Maßgeblichkeit des Gesellschaftsstatuts, soweit nicht deutsches Recht im Wege der Überlagerung einwirkt.

188   **4. Überlagerung.** Eine wesentliche Rolle nimmt somit die Frage der Reichweite zulässiger Überlagerungen des Gesellschaftsstatuts ein. Zentraler Aspekt ist auch hier der **Gläubigerschutz**, der nach dem Konzept des EuGH vor allem durch **Information** zu gewährleisten ist. Zentrale Punkte sind insoweit **Publizität** und **Firmierung**. Bezüglich der Registerpublizität bedarf es aufgrund der Einordnung als Zweigniederlassung (→ Rn. 187), die zur Anmeldepflicht nach § 13 d HGB führt, keiner weitergehenden Überlagerung des Gesellschaftsstatuts.

189   Bezüglich der **Firmierung** ist auf die Ausführungen in → Rn. 126 ff. zu verweisen: Zwar ist die Firma nach Maßgabe des Gesellschaftsstatuts zu bilden, doch bleibt es dem Sitzstaat unbenommen, durch eine Sonderanknüpfung des **Grundsatzes der Firmenwahrheit** zumindest sicherzustellen, dass der Charakter als Gesellschaft ausländischen Rechts deutlich wird. Andernfalls haften diejenigen, denen der so gesetzte **Rechtsschein** zurechenbar ist, wie die Gesellschafter einer deutschen OHG oder GbR.

190   Ansonsten dürften im Personengesellschaftsrecht Überlagerungen in noch geringerem Umfang zulässig sein als im Körperschaftsrecht. Aufgrund der zumindest im Grundsatz bestehenden **persönlichen Haftung** der Gesellschafter ist die Notwendigkeit gerade bezüglich des Gläubigerschutzes erheblich geringer. Eine Überlagerung der Haftungsverfassung wird wohl allenfalls in **Missbrauchs- oder Betrugsfällen** in Betracht kommen, wenn etwa in betrügerischer Absicht eine Rechtsordnung gewählt wurde, die einen bestimmten Haftungsaspekt nicht kennt. Grundsätzlich gilt aber auch hier, dass die Wahl eines vorteilhaften Statuts keinen Missbrauch darstellt.[453]

191   Auch bezüglich des **Innenverhältnisses** ist im Wesentlichen auf die Ausführungen zur Körperschaft zu verweisen, so dass sich eine Überlagerung regelmäßig nicht rechtfertigen lassen wird. Im Personengesellschaftsrecht gilt noch stärker als im Körperschaftsrecht, dass die Information über die Rechtsverhältnisse der Gesellschaft in der eigenen Verantwortung des Gesellschafters liegt. Missbrauchsfälle sind wohl allenfalls in Bezug auf **Publikumspersonengesellschaften** denkbar.[454]

192   Im Einzelnen ist in Hinblick auf die Rechtfertigung von Überlagerungen des Gesellschaftsstatuts vieles ungeklärt und umstritten.[455] Insbesondere nimmt *Schall* an, dass im Personengesellschaftsrecht sogar ein Festhalten an der Sitzanknüpfung zwar als Beschränkung der Niederlassungsfreiheit anzusehen ist, aber in Hinblick auf die (im Vergleich zum Kapitalgesellschaftsrecht) geringere Eingriffsintensität und ein erhöhtes Erfordernis für einen Umgehungsschutz gerechtfertigt werden kann.[456] Nach dieser Argumentation könnte man praktisch jede Überlagerung mit zwingendem Sitzrecht rechtfertigen. Soweit dies mit einer **Parallele zu Art. 3 Abs. 3 Rom I-VO** begründet wird,[457] ist dem auf der Grundlage der Anerkennung dieser Vorschrift als allgemeines Prinzip des internationalen Vertragsrechts (→ Rn. 163) zwar grundsätzlich zuzustimmen. Es ist aber darauf hinzuweisen, dass diese Vorschrift nur in Ausnahmefällen anwendbar ist, da jeder Auslandsbezug in Hinblick auf Ansässigkeit eines Gesellschafters, Verwaltung und Tätigkeit der Gesellschaft die Anwendung ausschließt. Nur in diesen Fällen erfolgt eine Überlagerung des gewählten Gesellschaftsstatuts mit dem zwingenden Gesellschaftsrecht des Sitzstaats, die auch niederlassungsrechtlich unbedenklich ist, während der Verwaltungssitz allein diese Wirkung nicht haben kann. Die hier vertretene Ansicht nimmt in den verbleibenden Fällen die weitgehende Gleichstellung von Personen- und Kapitalgesellschaften in Art. 54 AEUV ernst und überträgt die **Wertungen des EuGH** konsequent auf das Personengesellschaftsrecht.

---

453   *Roth* ZGR 2014, 168 (184).

454   Allerdings unterliegt die Prospekthaftung ohnehin nicht der Anknüpfung anhand des Gesellschaftsstatuts, sondern folgt kapitalmarktrechtlichen Grundsätzen, vgl. dazu näher *Floer*, Internationale Reichweite der Prospekthaftung, 2002.

455   *Roth* ZGR 2014, 168 (199 ff.), nimmt etwa nur Sonderanknüpfungen zur Gewährleistung des Verkehrsschutzes in den Blick.

456   Heidel/Schall/*Schall* HGB Anh. Int. PersGesR Rn. 83 ff.

457   Heidel/Schall/*Schall* HGB Anh. Int. PersGesR Rn. 85.

IV. Kollisionsrechtliche Behandlung anderer, insbesondere deutscher Personengesellschaften

Außerhalb des Anwendungsbereichs der europarechtlichen Rechtswahlfreiheit, insbesondere für Gesellschaften, die mit **Satzungssitz in Deutschland** gegründet werden, erfolgt die Anknüpfung allein nach der **autonomen Kollisionsnorm** des deutschen Rechts. Soweit also die oben begründeten Voraussetzungen (→ Rn. 176) nicht gegeben sind, wäre es europarechtlich zulässig, an der Sitzanknüpfung festzuhalten. Dasselbe gilt – vorbehaltlich der bereits erörterten (→ Rn. 152 ff.) völkerrechtlichen Verträge[458] – für Personengesellschaften aus **Drittstaaten**. Verlegen diese ihren Verwaltungssitz ins Inland, wäre die Anwendung deutschen Rechts ohne Weiteres zulässig. **193**

Nach der hier vertretenen Ansicht bedarf es auch für die Personengesellschaften einer **Neuorientierung** in Hinblick auf die ungeschriebene autonome Kollisionsnorm des deutschen Rechts. Die Auswirkungen des Festhaltens an der Sitztheorie im autonomen Recht sind hier indes ebenso schädlich wie im Körperschaftsrecht. Hält die Rechtsprechung hieran fest, verweigert sie den Gesellschaften, die ihren Sitz in Deutschland nehmen wollen, nicht nur die Rechtswahlfreiheit, sondern auch die **Möglichkeit nachträglicher Sitzverlegung** unter Mitnahme ihres Gesellschaftsstatuts. Ob man hierfür auf eine modifizierte, an die Besonderheiten des Personengesellschaftsrechts angepasste Gründungstheorie oder die hier vorgeschlagene Anknüpfung nach vertragsrechtlichen Grundsätzen abstellt (ausführlich oben → Rn. 162 ff.) ist wegen der weitgehend vergleichbaren Ergebnisse von nachrangigem Interesse. Zentrale Bedeutung hat das Ziel der Überwindung der Sitzanknüpfung auch im autonomen Kollisionsrecht der Personengesellschaft. Der **Parteiautonomie** als allgemeinem und grundlegendem **Anknüpfungsprinzip** des IPR[459] kann nur so auch im Internationalen Gesellschaftsrecht der gebührende Raum eingeräumt und die zwingende Anknüpfung auf rechtfertigungsbedürftige Ausnahmefälle[460] und reine Inlandssachverhalte reduziert werden. Zugleich würden die umstrittenen Problemfälle, in denen eine zwingende gesellschaftsrechtliche Anknüpfung als unpassend angesehen wird (und diese gerade bei internationalen Partnern auch auf völliges Unverständnis stößt, so dass sie in der Praxis ohnehin ignoriert wird), einer einfachen und überzeugenden Lösung zugeführt. Angesprochen sind die (als Außengesellschaften konzipierten) internationalen Konsortien, insbesondere im Bereich der Finanzdienstleistungen.[461] Die wirtschaftliche Relevanz solcher Erscheinungsformen zeigt, dass das autonome Kollisionsrecht gut beraten wäre, insoweit Rechtssicherheit zu schaffen.[462] **194**

D. Sonderfragen

I. Grenzüberschreitende Umwandlungen

1. Kombinationslehre als Kollisionsnorm des Umwandlungsrechts. Bei grenzüberschreitenden **Umwandlungsvorgängen**, insbesondere der **Verschmelzung**, ist zunächst das Gesellschaftsstatut beider Beteiligten bezüglich Zulässigkeit, Voraussetzungen und Verfahren zu befragen.[463] Für jede Gesellschaft ist also getrennt zu ermitteln, welche Voraussetzungen für die Durchführung der Verschmelzung zu erfüllen sind, welche Minderheits- und Gläubigerrechte zu beachten sind und ob der Vorgang überhaupt zugelassen wird. Nach dieser **Kombinationslehre** (oder **Vereinigungstheorie**) ist also ein Zusammenwirken beider Rechtsordnungen erforderlich, wobei der Vorgang nur gelingen kann, wenn er auf beiden Seiten materiellrechtlich zugelassen wird, entsprechende Vorschriften bereitgestellt werden und diese nicht zueinander inkompatibel sind, etwa durch völlig unterschiedliche Wirkungen. Es bedarf also zumindest auf der Rechts- **195**

---

458 Die hier vertretene kollisionsrechtliche Bedeutung des GATS (Rn. 146 ff.) lässt sich wohl nur im Ansatz auf Personengesellschaften übertragen: Zwar ist in Art. XXVIII I) GATS von juristischen Personen die Rede, diese werden aber als „rechtsfähige Organisationseinheiten" unter ausdrücklichem Einschluss von „Personengesellschaften" definiert. Da bei der Personengesellschaft indes die Anerkennung selbst nicht infrage steht, wäre – ebenso wie bei den Überlagerungen des Statuts der Körperschaft – zu prüfen, ob die Anwendung des Sitzrechts zu einem Entzug der Handelsvorteile führt.

459 Dazu zuletzt *Weller/Benz/Thomale* ZEuP 2017, 250; ferner *Leible* FS Jayme 2004, S. 485 ff., speziell zum Int. Gesellschaftsrecht S. 497 ff.; *Nappenbach*, Parteiautonomie im Internationalen Gesellschaftsrecht, 2002.

460 Für eine solche Reduzierung der objektiven Anknüpfung insbes. *Schack* Liber Amicorum Kegel 2002, S. 179, S. 196; ferner: *Basedow* FS Stoll 2001, S. 405, 413; *Leible* FS Jayme 2004, S. 485, 503.

461 Dazu ausführlich: *Lechner*, Das Schicksal der europäischen Personengesellschaften im Zeitalter der Niederlassungsfreiheit, S. 43 ff.

462 Hierzu: *Spahlinger/Wegen*, Internationales Gesellschaftsrecht in der Praxis, Rn. B 118 ff.

463 So grundlegend *Beitzke* FS Hallstein 1966, S. 14 ff.; *Koppensteiner*, Internationale Unternehmungen im deutschen Gesellschaftsrecht, S. 255 ff.; ferner: MüKoBGB/*Kindler* IntGesR Rn. 799 ff.; Staudinger/*Großfeld* Int. GesR Rn. 683; *Behrens* ZGR 1994, 1 (13); *Horn* ZIP 2000, 473 (477); *Hoffmann* NZG 1999, 1077 (1078); *Dorr/Stukenborg* DB 2003, 647 (648); *Picot/Land* DB 1998, 1601 (1605 f.).

Hoffmann

folgenseite einer **Mindestübereinstimmung der Rechtsordnungen**.[464] Dieser Ansatz liegt auch dem europäischen Richtlinienrecht zugrunde, schon seit 2005 für die grenzüberschreitende Verschmelzung[465] und nunmehr auch für den grenzüberschreitenden Formwechsel und die grenzüberschreitende Spaltung.[466]

196 **2. Zulässigkeit nach dem UmwG.** Für das deutsche Recht war die **Zulässigkeit der grenzüberschreitenden Umwandlung** lange Zeit streitig, da man § 1 Abs. 1 UmwG so auslegen kann, dass das UmwG für grenzüberschreitende Vorgänge nicht zur Verfügung steht und somit das deutsche Recht seine Mitwirkung verweigert.[467] Zwingend war eine solche Auslegung nie, vielmehr erschließt sie sich überhaupt erst aus der Gesetzgebungsgeschichte des UmwG 1994.[468] Während der Gesetzgeber zum damaligen Zeitpunkt grenzüberschreitende Umwandlungsvorgänge zivilrechtlich noch nicht für durchführbar hielt, hat er inzwischen durch Einfügung der Normen für grenzüberschreitende Verschmelzung (§§ 122 a ff. UmwG) ohne Anpassung des Wortlauts des § 1 Abs. 1 UmwG deutlich gemacht, dass ein Ausschluss grenzüberschreitender Umwandlungen nicht mehr beabsichtigt ist, sondern das UmwG auch in solchen Fällen Anwendung finden soll. Aus den Materialien zu dieser Gesetzesänderung ergibt sich deutlich, dass der Gesetzgeber dies nicht auf die grenzüberschreitende Verschmelzung beschränken wollte, sondern vielmehr eine kollisionsrechtliche Lösung für „alle im Anwendungsbereich des Artikel 48 EG (heute: Art. 54 AEUV) europaweit denkbaren Umwandlungen" anstrebte.[469] Eine solche kollisionsrechtliche Lösung (im Sinn der Kombinationslehre) setzt voraus, dass das UmwG auf grenzüberschreitende Umwandlungen anwendbar ist, soweit der Vorgang sich kollisionsrechtlich nach deutschem Recht bemisst. Daher lässt sich festhalten, dass § 1 Abs. 1 UmwG heute so auszulegen ist, dass die Vorschrift einer Anwendung des UmwG auf deutsche Gesellschaften auch dann nicht entgegen steht, wenn an dem Vorgang Rechtsträger ausländischen Rechts beteiligt sind.[470] Unzweifelhaft ist dieses Ergebnis jedenfalls, soweit die Niederlassungsfreiheit des AEUV (dazu sogleich → Rn. 197) die Zulässigkeit eines Umwandlungsvorgangs gebietet, da insoweit auch das Gebot der **europarechtskonformen Auslegung** ein solches Ergebnis fordert.[471] Mit der bevorstehenden Umsetzung der **Richtlinie über grenzüberschreitende Umwandlungen, Verschmelzungen und Spaltungen**[472] wird sich die Frage ohnehin erledigen, da hierdurch auch statutenändernde Formwechsel und grenzüberschreitende Spaltungen – ebenso wie schon bislang die grenzüberschreitenden Verschmelzungen – ausdrücklich geregelt werden. In Hinblick auf die durch das MoMiG eingeführte Möglichkeit eines ausländischen Verwaltungssitzes unter Beibehaltung des deutschen Gesellschaftsstatuts (→ Rn. 143 ff.) ist § 1 Abs. 1 UmwG heute so auszulegen, dass mit dem dort genannten „Sitz" ausschließlich der **Satzungssitz** gemeint ist,[473] so dass gewährleistet wird, dass das UmwG auf alle Gesellschaften mit deutschem Gesellschaftsstatut anwendbar ist. Bei den Personenhandelsgesellschaften ist dieser Gleichlauf ebenfalls zu gewährleisten, so dass auf den Verwaltungssitz (§ 106 HGB in der Auslegung des BGH, → Rn. 172) abzustellen ist, solange die Rechtsprechung an der Anwendung der Sitztheorie für die inländischen Personengesellschaften (→ Rn. 193) festhält.

197 **3. Grenzüberschreitende Verschmelzung und Niederlassungsfreiheit.** Lange Zeit umstritten war ferner, ob eine **restriktive Auslegung** des UmwG bezüglich grenzüberschreitender Verschmelzungen innerhalb der EU mit der **Niederlassungsfreiheit des AEUV** vereinbar wäre. Vor allem *Lutter*[474] plädierte schon früh dafür, das UmwG europarechtskonform dahin auszulegen, dass es sowohl der Durchführung von Her-

---

464 ÖOGH IPRax 2004, 128 (mit Nachw. aus der österreichischen Lit.); dazu *Dorald* NZG 2004, 396; *Paefgen* IPRax 2004, 132; ferner: MüKoBGB/*Kindler* IntGesR Rn. 817; Staudinger/*Großfeld* Int. GesR Rn. 685; MHLS/*Leible* GmbHG Syst. Darst. 2 Rn. 230; *Großfeld/Jasper* RabelsZ 53 (1989), 52; *Behrens* ZGR 1994, 1 (13 ff.); *Grundmann*, Europäisches Gesellschaftsrecht, Rn. 769.

465 Vgl. RL 2005/56/EG vom 26.10.2005 über die Verschmelzung von Kapitalgesellschaften aus verschiedenen Mitgliedstaaten, ABl. EU 2005, L 310, S. 1 ff.; inzwischen aufgegangen in Art. 118 ff. der GesR-RL (EU) 2017/1132.

466 Richtlinie (EU) 2019/2121 über grenzüberschreitende Umwandlungen, Verschmelzung und Spaltungen, Abl. EU 2019, L 321/1.

467 Zur Entwicklung und zum früheren Meinungsstand vgl. statt vieler die Darstellung bei *Lennerz*, Die internationale Verschmelzung und Spaltung unter Beteiligung deutscher Gesellschaften, S. 39 ff. mit umfassenden Nachw.

468 Ausf. *Hoffmann* EuR 2004, Beiheft 3, 127, 131 f.

469 BR-Drs. 548/06, S. 20.

470 Ulmer/Habersack/*Behrens/Hoffmann* GmbHG Einl. Rn. B 173; MHdB GesR VI/*Hoffmann* § 53 Rn. 10; Lutter/*Drygala* UmwG § 1 Rn. 5 ff.; Semler/Stengel/*Drinhausen* UmwG Einl. C Rn. 4 (alle mwN); aA weiterhin MüKoBGB/*Kindler* IntGesR Rn. 860.

471 OLG Nürnberg NZG 2014, 349 (350).

472 Richtlinie (EU) 2019/2121, Abl. EU 2019, L 321/1.

473 So auch MüKoBGB/*Kindler* IntGesR Rn. 863.

474 *Lutter* ZGR 1994, 87 (90); ausf. *Lennerz*, Die internationale Verschmelzung und Spaltung unter Beteiligung deutscher Gesellschaften, S. 66 ff.; ferner: *Kallmeyer* ZIP 1996, 535 (537); *Dorr/Stukenborg* DB 2003, 647 (648); *Kronke* ZGR 1994, 26 (30); *Horn* ZIP 2000, 473 (477); *Bungert* Die AG 1995, 489 (502); dagegen aber *Semler/Stengel* UmwG Einl. A Rn. 114; auf der Grundlage der Daily Mail-Rspr. noch *Hoffmann* NZG 1999, 1077 (1083); *Behrens* ZGR 1994, 1 (20 ff.); *ders.* JBl 2001, 341 (355).

ein- wie auch von Herausverschmelzungen[475] nicht entgegensteht. Durch die EuGH-Entscheidungen „SEVIC Systems" (→ Rn. 65 ff.), „Cartesio" (→ Rn. 68 ff.), „VALE" (→ Rn. 74 ff.) und „Polbud" (→ Rn. 74 f.) ist in dieser Frage inzwischen eine weitgehende Klärung eingetreten. Wie oben dargelegt (→ Rn. 65 ff. mit umfangreichen Nachweisen) hat der EuGH durch diese Judikate zunächst die generelle Untersagung grenzüberschreitender Verschmelzungen als Verstoß gegen die Niederlassungsfreiheit angesehen, soweit eine vergleichbare Inlandsverschmelzung zugelassen wird. Dass hiervon auch die Herausverschmelzung erfasst wird, durch die sich die Gesellschaft ihrem bisherigen Gesellschaftsstatut entzieht und Teil eines Rechtsträgers ausländischen Rechts wird, wurde spätestens durch „Cartesio" deutlich. Der EuGH hat darin klargestellt hat, dass auch das Verlassen des Gründungsstaates unter Wechsel des Gesellschaftsstatuts von der Niederlassungsfreiheit erfasst wird, so dass für die Herausverschmelzung (die eine vergleichbare Wirkung hat) nichts anderes gelten kann. Seit „Polbud" ist auch klar, dass der Gründungsstaat nicht verlangen kann, dass dabei die Hauptverwaltung verlegt wird – was allerdings im Fall der Herausverschmelzung ohnehin nicht angenommen wurde.

Für die Praxis hat die Frage der Niederlassungsfreiheit ihre Bedeutung durch die Umsetzung der **Richtlinie 2005/56/EG über die Verschmelzung von Kapitalgesellschaften aus verschiedenen Mitgliedstaaten**[476] (aufgegangen in Art. 118 ff. der konsolidierten Richtlinie (EU) 2017/1132 über bestimmte Aspekte des Gesellschaftsrechts)[477] inzwischen allerdings weitgehend verloren, da §§ 122 a ff. UmwG hierfür nunmehr spezielle Vorschriften enthalten. Die Richtlinie basiert prinzipiell auf der Kombinationslehre, regelt also die grenzüberschreitende Verschmelzung weitgehend kollisionsrechtlich, während einheitliche materiellrechtliche Regelungen nur ergänzend vorgesehen sind.[478] Zulässigkeit, Schutzvorschriften und „Formalitäten" der Verschmelzung bemessen sich nach Art. 121 Abs. 1 der GesR-Richtlinie nach dem Gesellschaftsstatut jeder beteiligten Gesellschaft, lediglich der Wirksamkeitszeitpunkt bemisst sich einheitlich nach dem Statut des aufnehmenden Rechtsträgers (Art. 129 GesR-RL). Dabei enthält die Richtlinie keine Verpflichtung, die Verschmelzung aller Kapitalgesellschaften zuzulassen – nur wenn eine Gesellschaft innerstaatlich verschmelzungsfähig ist, muss auch die grenzüberschreitende Verschmelzung ermöglicht werden. Eine materiellrechtliche Harmonisierung ergänzt diesen kollisionsrechtlichen Ansatz insbesondere in Hinblick auf die Rechtsfolgen der Verschmelzung, die in Art. 131 GesR-RL einheitlich geregelt werden, und die endgültige Wirksamkeit der Verschmelzung nach ihrer Eintragung (Art. 134 GesR-RL). Darüber hinaus werden einzelne Aspekte des Verschmelzungsverfahrens harmonisiert (insbesondere bezüglich des Verschmelzungsplans, den Berichtspflichten und der Kontrolle). Durch die Umsetzung dieser Richtlinie ist inzwischen gewährleistet, dass europaweit nicht nur die für die Kombinationslehre erforderliche Mindestübereinstimmung der Rechtsordnungen gegeben ist, sondern auch, dass ein spezifischer rechtlicher Rahmen für die Verschmelzung von Kapitalgesellschaften zur Verfügung steht und somit Rechtssicherheit geschaffen worden ist.

198

Nicht harmonisiert ist allerdings die grenzüberschreitende Verschmelzung von **Personengesellschaften**, so dass für diese die aus der Niederlassungsfreiheit entwickelten Grundsätze relevant bleiben, soweit das autonome nationale Recht die Frage nicht regelt. In Deutschland hat der Gesetzgeber im Jahr 2018 die Vorschriften über die grenzüberschreitende Verschmelzung grundsätzlich auf Personenhandelsgesellschaften erstreckt,[479] da diese nunmehr zu den nach § 122 b Abs. 1 Nr. 2 UmwG grenzüberschreitend verschmelzungsfähigen Rechtsträgern zählen. Allerdings beabsichtigt der Gesetzgeber keine umfassende Regelung, sondern begrenzt die Beteiligung von Personenhandelsgesellschaften einerseits auf die Rolle als übernehmenden oder neuen Rechtsträger, und knüpft sie andererseits an die Bedingung, dass die Personenhandelsgesellschaft idR nicht mehr als 500 Arbeitnehmer beschäftigt. Gemeint ist offenbar die Arbeitnehmerzahl nach Vollzug der Verschmelzung, da bezweckt wird, mitbestimmungsrechtlich relevante Sachverhalte auszuschließen. Hiermit soll den britischen Ltd. mit inländischem Verwaltungssitz die Möglichkeit gegeben werden, sich vor dem Verlust der Niederlassungsfreiheit im Rahmen des BREXIT (näher → Rn. 221) auf eine deutsche Personenhandelsgesellschaft zu verschmelzen (insbesondere im Rahmen einer UG & Co. KG).[480] Dies zeigt sich insbesondere an der zugleich aufgenommenen BREXIT-Übergangsregelung des § 122 m UmwG – wenn auch die Möglichkeit allgemein und nicht nur für die Ltd. eingeführt worden ist. Sonstige Konstellationen, insbesondere übertragende Verschmelzungen deutscher Personengesellschaften

199

---

475 Unter einer Hereinverschmelzung ist eine Verschmelzung zu verstehen, bei der die überlebende Gesellschaft deutschem Recht unterliegt, unter der Herausverschmelzung ein Vorgang mit überlebender Auslandsgesellschaft.

476 ABl. EG 2005 L 310/1.

477 Abl.EU 2017, L 149/46.

478 Zu der Richtlinie vgl. näher: *Neye* ZIP 2005, 1893; *Kiem* WM 2006, 1091; *Bayer/Schmidt* NJW 2006,

401; *Kallmeyer/Kappes* AG 2006, 224; *Kallmeyer* ZIP 2007, 472; *Krause/Kulpa* ZHR 171 (2007), 39; *Nagel* NZG 2006, 97; *Oechsler* NZG 2006, 161.

479 Vgl. das 4. UmwG-Änderungsgesetz vom 19.12.2018, BGBl. 2018 I, 2694.

480 Näher zu der Neuregelung: *Lieder/Bialluch* NJW 2019, 805; *Klett* NZG 2019, 292; *Hoffmann* NZG 2019, 1208.

oder solche unter Beteiligung von Gesellschaften mit mehr als 500 Arbeitnehmern, sind dadurch aber nicht ausgeschlossen: Soweit die Niederlassungsfreiheit es gebietet, solche Verschmelzungen zuzulassen (→ Rn. 197), bedarf es trotz der Einschränkungen einer primärrechtskonformen Anwendung[481] der (nunmehr an mehreren Stellen Sonderregelungen für Personengesellschaften enthaltenden) Vorschriften der §§ 122 a ff. UmwG.

200 Die deutschen **Umsetzungsnormen** der grenzüberschreitenden Verschmelzungsrichtlinie finden sich in §§ 122 a ff. UmwG. Grundsätzlich unterliegt die grenzüberschreitende Verschmelzung den allgemeinen Vorschriften für Verschmelzungen (§ 122 a Abs. 2 UmwG), da lediglich für einzelne Aspekte des Verfahrens Sonderregelungen getroffen werden. Interessanterweise enthalten die Normen keine explizite Umsetzung der kollisionsrechtlichen Vorgaben, so dass die Kombinationslehre vom Gesetzgeber als ungeschriebenes geltendes Recht zugrunde gelegt wurde. Andererseits enthalten die Vorschriften neben eher technischen Umsetzungen einzelner Richtlinienvorschriften – etwa die Regelung des Verschmelzungsplans (§ 122 c UmwG), der an die Stelle des Verschmelzungsvertrags (§ 5 UmwG) tritt, sowie die Regelungen bezüglich des grenzüberschreitenden Eintragungsverfahrens (§§ 122 k f. UmwG) – auch nicht durch die Richtlinie vorgegebene Modifikationen des Minderheiten- (§§ 122 h f. UmwG) und des Gläubigerschutzrechts (§ 122 j UmwG). Ergänzt werden die Regelungen des UmwG noch um die Vorschriften des MgVG,[482] das Sondervorschriften für die unternehmerische Mitbestimmung bei der grenzüberschreitenden Verschmelzung enthält. Für die Einzelheiten ist auf das Spezialschrifttum zu verweisen.[483] Durch die jüngst verabschiedete **Richtlinie über grenzüberschreitende Umwandlungen, Verschmelzungen und Spaltungen**[484] werden auch die verschmelzungsrechtlichen Regelungen überarbeitet und insbesondere die Schutzvorschriften für Gläubiger und Minderheitsgesellschafter harmonisiert, so dass auch §§ 122 a ff. UmwG im Zuge der Umsetzung zu überarbeiten sind.

201 **4. Grenzüberschreitende Spaltung.** Von einer **grenzüberschreitenden** oder **internationalen Spaltung** kann gesprochen werden, wenn übertragender und (mindestens ein) übernehmender Rechtsträger unterschiedliche Gesellschaftsstatute haben. Kollisionsrechtlich ist auch hier die Kombinationslehre (→ Rn. 195) maßgeblich, so dass sich Zulässigkeit, Voraussetzungen und Verfahren für jede Gesellschaft getrennt nach ihrem Gesellschaftsstatut bestimmen und es insbesondere in Hinblick auf die Rechtsfolgen einer Mindestübereinstimmung bedarf, die in Europa indes in Hinblick auf die Harmonisierung des Spaltungsrechts regelmäßig gegeben ist.[485] Spezielle Regelungen für grenzüberschreitende Spaltungen kennt das deutsche Recht nicht, so dass – aufgrund der restriktiven Auslegung des § 1 Abs. 1 UmwG (→ Rn. 196) – früher von einer Unzulässigkeit auch der grenzüberschreitenden Spaltung ausgegangen wurde. Heute ist dagegen grundsätzlich anerkannt, dass auch Spaltungen in den Anwendungsbereich der Niederlassungsfreiheit des AEUV fallen und die Mitgliedstaaten dementsprechend grenzüberschreitende Spaltungen innerhalb der EU nicht grundsätzlich untersagen dürfen.[486] Diese Auffassung beruht insbesondere auf der EuGH-Entscheidung „SEVIC Systems" (dazu näher → Rn. 65 ff. mit umfangreichen Nachw.),[487] die allerdings nicht direkt den Fall der Spaltung betrifft. Jedoch lassen sich die Erwägungen des EuGH weitgehend übertragen. Denn ebenso wie die Verschmelzung stellt auch die Spaltung „ein wirksames Mittel zur Umwandlung von Gesellschaften dar, da es im Rahmen eines einzigen Vorgangs ermöglicht, eine bestimmte Tätigkeit in neuer Form und ohne Unterbrechung auszuüben, so dass Komplikationen sowie Zeit- und Kostenaufwand verringert werden, die andere Formen der Umgestaltung von Gesellschaften mit sich bringen, etwa die [...] Gründung einer neuen Gesellschaft unter Übertragung der einzelnen Vermögensgegenstände auf diese."[488] Diese Erwägung des EuGH zeigt deutlich, dass die Grundsätze des „SEVIC"-Urteils auf andere Formen der Umwandlung zu übertragen sind. Die Beschränkung der Niederlassungsfreiheit liegt allerdings nicht bereits in der Verweigerung der grenzüberschreitenden Umwandlung, sondern in der „unterschiedlichen Behandlung" gegenüber der innerstaatlichen Umwandlung. Das bedeutet letztlich, dass die Niederlassungsfreiheit es nicht gebietet, bestimmte Umwandlungsmöglichkeiten erstmals zu schaffen. Vielmehr müssen lediglich die für innerstaatliche Vorgänge bestehenden Vorschriften auch für die grenzüberschreitende Umwandlung

---

481 Näher: *Hoffmann* NZG 2019, 1208, 1215 f.
482 Gesetz über die Mitbestimmung der Arbeitnehmer bei einer grenzüberschreitenden Verschmelzung (MgVG) vom 21.12.2006, BGBl. 2006 I S. 3332.
483 Vgl. die Darstellung bei MHdB GesR VI/*Hoffmann* § 53 Rn. 20 ff.; ferner *Krause/Kulpa* ZHR 171 (2007), 39, insbes. 53 ff.; *Müller* ZIP 2007, 1081; *Bayer/Schmidt* NZG 2006, 841; *Kiem* WM 2006, 1091; *Krauel/Mense/Wind* Der Konzern 2010, 541; *Schaumburg* GmbHR 2010, 1341; *Louven* ZIP 2006, 2021; *Vetter* AG 2006, 613; insbes. zum MgVG: *Nagel* NZG 2007, 57; *Krause* BB 2007, 2194;

Müller-Bonanni/Müntefering NJW 2009, 2347; sowie die Kommentierungen bei Semler/Stengel/ *Drinhausen*, *Lutter/Bayer*.
484 Richtlinie (EU) 2019/2121, Abl. EU 2019, L 321/1.
485 Art. 135 ff. GesRRL (EU) 2017/1132, Abl. EU 2017, L 169/46.
486 *Leible/Hoffmann* RIW 2006, 161 (165); *Bayer/ Schmidt* ZHR 173 (2009), 735, 768; *Siems* EuZW 2006, 135 (139); *Kallmeyer/Kappes* AG 2006, 224 (234).
487 EuGH NJW 2006, 425.
488 EuGH NJW 2006, 425, Tz 21.

zur Verfügung gestellt werden. Für das deutsche Recht folgt daraus, dass das breite Spektrum von Umwandlungsmöglichkeiten des UmwG auch für grenzüberschreitende Vorgänge zur Verfügung gestellt werden muss. Soweit also die Spaltung von Rechtsträgern im UmwG vorgesehen ist, sind dieselben Möglichkeiten auch in Hinblick auf die grenzüberschreitende Spaltung zu gewähren. Praktische Probleme, die sich aus dem Fehlen besonderer Verfahrensvorschriften ergeben, sind (trotz des Ausschlusses in § 125 UmwG) durch **analoge Anwendung der §§ 122 a ff. UmwG zu lösen.**[489] Dies gilt nicht nur für Kapitalgesellschaften, sondern für alle niederlassungsberechtigten Gesellschaften im Sinne von Art. 54 AEUV, sowie sowohl für die Herein- wie für die Herausspaltung. Dies lässt sich deutlich der Entscheidung „Cartesio" entnehmen, → Rn. 68.

Auch insoweit bedarf es zukünftig für die Hauptanwendungsfälle keines Rückgriffs auf primärrechtliche Grundsätze mehr, da die jüngst verabschiedete **Richtlinie über grenzüberschreitende Umwandlungen, Verschmelzungen und Spaltungen**[490] erstmals eine ausführliche, an den Regelungen der grenzüberschreitenden Verschmelzung orientierte sekundärrechtliche Regelung der Spaltung unter Beteiligung von Kapitalgesellschaften enthält. Nach deren Umsetzung wird ein gesetzlicher Rahmen existieren, der die rechtssichere Durchführung derartiger Spaltungen ermöglicht. Dagegen ist die Frage, inwieweit auch eine Spaltung unter Beteiligung drittstaatlicher Gesellschaften vom deutschen Recht zugelassen wird, bislang ungeklärt. Sofern die beteiligten Umwandlungsrechte miteinander kompatibel sind, so dass der Vorgang im Einzelfall als durchführbar erscheint, sollte das deutsche Recht seine Mitwirkung hieran nicht verweigern.[491]   **202**

5. Grenzüberschreitender Formwechsel (Satzungssitzverlegung). Wie bereits dargelegt hat der EuGH in den Entscheidungen „Cartesio" (→ Rn. 68 ff.) und „Polbud" (→ Rn. 74 f.) ein Recht der Gesellschaften anerkannt, ihren Gründungsstaat unter Wechsel des Gesellschaftsstatuts zu verlassen, soweit der Zuzugsstaat dies identitätswahrend (also ohne Liquidation und Neugründung) ermöglicht. Da es bei einem solchen Vorgang einer Anpassung der Satzung bedarf und üblicherweise ein Satzungssitz im Zuzugsstaat erforderlich ist, kann man diesen Vorgang als **grenzüberschreitende Satzungssitzverlegung** bezeichnen, oder – wegen des damit verbundenen Erwerbs einer ausländischen Rechtsform – von einem **grenzüberschreitenden Formwechsel** sprechen. Aus der Zusammenschau beider Entscheidungen ergibt sich, dass der Herkunftsstaat den identitätswahrenden Wegzug nicht durch materiellrechtliche Hindernisse (wie etwa die Auflösung bei Grenzübertritt oder die Annahme der Nichtigkeit der Satzungssitzverlegung ins Ausland) unterbinden (wie es das deutsche Recht früher getan hat)[492] oder von der Mitnahme des Verwaltungssitzes abhängig machen darf. Beschränkungen, etwa durch die Anwendung umwandlungsrechtlicher Vorschriften, bedürfen einer Rechtfertigung anhand **zwingender Gründe des Allgemeininteresses**, wobei insbesondere der Minderheiten- und der Gläubigerschutz hier als solche Allgemeininteressen in Betracht kommen und die Anwendung der typischen umwandlungsrechtlichen Schutzinstrumente grundsätzlich wird rechtfertigen können. In der Entscheidung „Vale" (→ Rn. 71 ff.) hat der EuGH darüber hinaus die Mitgliedstaaten aufgrund der Niederlassungsfreiheit als verpflichtet angesehen, nicht nur den Wegzug, sondern auch den **identitätswahrenden Zuzug** zu ermöglichen. Denn die Satzungssitzverlegung unter Wechsel des Gesellschaftsstatuts ist zugleich als Formwechsel und damit als Umwandlung aufzufassen. Der bereits in der Entscheidung „SEVIC Systems" entwickelte Grundsatz, dass grenzüberschreitende Umwandlungen im selben Umfang zuzulassen sind wie entsprechende innerstaatliche Vorgänge, wurde in der Entscheidung „Vale" bestätigt und ausdrücklich auf „die Umwandlung einer dem Recht eines anderen Mitgliedstaats unterliegenden Gesellschaft in eine inländische Gesellschaft mittels Gründung der letztgenannten Gesellschaft" erstreckt.[493] Ferner hat der EuGH für einen derartigen Umwandlungsvorgang das **Äquivalenz-** und das **Effektivitätsprinzip** betont,[494] so dass dieser weder übermäßig erschwert noch weniger günstig als eine vergleichbare innerstaatliche Umwandlung ausgestaltet werden darf. Da der EuGH ausdrücklich darauf hinweist, dass der Vorgang der „sukzessiven Anwendung von zwei nationalen Rechtsordnungen"[495] bedarf, gelten diese Anforderungen sowohl für das Recht des Wegzugs- als auch des Zuzugsstaats.[496] Wenn also ein Mitgliedstaat den Formwechsel zwischen verschiedenen nationalen Gesellschaftsformen zulässt, muss zur Vermeidung einer Diskriminierung ausländischer Gesellschaften auch der Formwechsel einer ausländischen in eine inländische Gesellschaft in vergleichbarem Umfang und aufgrund eines vergleichbaren Verfahrens   **203**

---

489 *Bayer/Schmidt* ZHR 173 (2009), 735, 769; näher: MHdB GesR VI/*Hoffmann* § 56 Rn. 37 ff.

490 Richtlinie (EU) 2019/2121, Abl. EU 2019, L 321/1.

491 Näher Ulmer/Habersack/*Behrens/Hoffmann* GmbHG Einl. Rn. B 191 f.; MHdB GesR VI/*Hoffmann* § 56 Rn. 35 f.

492 Vgl. nur BayObLG DStR 2004, 1224 (wo die Eintragung einer Satzungssitzverlegung nach Portugal abgelehnt worden ist, obwohl dort ein identitätswahrender, statutenändernder Zuzug möglich ist).

493 EuGH EuZW 2012, 621 Tz. 41 – Vale (vgl. hierzu die Nachweise in → Rn. 70); in diesem Sinne bereits vor dieser Entscheidung: *Zimmer/Naendrup* NJW 2009, 545 (548); *Hennrichs/Pöschke/Laage/Klavina* WM 2009, 2009 (2012); *Bayer/Schmidt* ZHR 173 (2009), 735, 759 f.; MHdB GesR VI/*Hoffmann* § 54 Rn. 7 ff.

494 EuGH EuZW 2012, 621, Tz. 48 – Vale.

495 EuGH EuZW 2012, 621, Tz. 44 – Vale.

496 EuGH EuZW 2012, 621, Tz. 48 – Vale.

zugelassen werden. Zulässig bleibt es allerdings aufgrund der „Daily Mail"-Doktrin, den Erwerb der Rechtsform des Zuzugsstaats von dem tatsächlichen Zuzug (also der Verlegung der Hauptverwaltung) abhängig zu machen, also auch in diesem Rahmen an der Sitzanknüpfung bezüglich eigener Gesellschaften festzuhalten. Während mithin der Wegzugsstaat nach „Polbud" die Mitnahme der Hauptverwaltung nicht verlangen darf, kann der Zuzugsstaat den Formwechsel hiervon abhängig machen – kann aber auch einen isolierten Zuzug des Satzungssitzes ermöglichen.

204 Für das deutsche Recht ergeben sich hieraus eine Reihe von Konsequenzen:[497] Erforderlich ist zunächst die Aufhebung **materiellrechtlicher Wegzugsbeschränkungen**, um deutschen Gesellschaften nicht nur (wie durch das MoMiG bereits geschehen, → Rn. 137 ff.) die Verwaltungssitzverlegung, sondern auch den Formwechsel in die Rechtsform eines Mitgliedstaates zu ermöglichen, der dies ermöglicht. Zur Wahrung von **Minderheits-, Arbeitnehmer- und Gläubigerinteressen** bedarf es dabei der analogen Anwendung des UmwG, wobei grundsätzlich von den Vorschriften des Formwechsels (§§ 190 ff. UmwG) auszugehen ist, diese indes – ähnlich wie im Fall der Spaltung – zur Berücksichtigung der besonderen Situation beim Wechsel in eine ausländische Rechtsform um Vorschriften der §§ 122 a ff. UmwG vorsichtig zu ergänzen sind. Die konkrete Ausgestaltung dieses Formwechsels und der Grenzen, die die Niederlassungsfreiheit der analogen Anwendung des UmwG zieht, ist noch nicht abschließend geklärt, insbesondere in Hinblick auf die ergänzende analoge Anwendung des Sitzverlegungsrechts des SE-Rechts sowie die mitbestimmungsrechtlichen Folgen.[498] Die grundsätzliche Möglichkeit einer solchen Hinausumwandlung deutscher Gesellschaften ist inzwischen auch von der Rechtsprechung anerkannt worden.[499] In der Praxis hat die vom AG Charlottenburg herausgegebene sog. „Checkliste" eine gewisse Bedeutung erlangt, auf der die (nach Meinung des AG) jeweils analog anzuwendenden Vorschriften des UmwG aufgeführt sind.[500] Dasselbe gilt für den **formwechselnden Zuzug**: Da das deutsche Recht (§ 191 UmwG) den Formwechsel in die verschiedenen Kapitalgesellschaftsformen (aber auch in andere Rechtsformen) weitgehend zulässt, gebietet es die Niederlassungsfreiheit, EU-ausländischen Gesellschaften den formwechselnden Zuzug ebenso zu ermöglichen. Auch insoweit sollten umwandlungsrechtliche Vorschriften des Formwechsels sowie – soweit erforderlich – der grenzüberschreitenden Verschmelzung analog angewendet werden,[501] wobei zu berücksichtigen ist, dass der Vorgang bis zur Wirksamkeit des Formwechsels allein dem bisherigen Gesellschaftsstatut unterliegt. Das deutsche Recht hat also das Verfahren und die Voraussetzungen des Erwerbs der deutschen Rechtsfähigkeit durch analoge Anwendung zu regeln, nicht aber für den Minderheits- und Gläubigerschutz zu sorgen. Letzteres ist vielmehr Sache des Herkunftsrechts, das entsprechende Schutzvorschriften vorsehen kann. Auch die Möglichkeit des Hereinformwechsels in das deutsche Recht ist inzwischen von der Rechtsprechung anerkannt.[502] Im Einzelnen erscheint das konkret einzuhaltende Verfahren wenig geklärt.

205 Auch für den grenzüberschreitenden Formwechsel gilt, dass ein rechtssicheres Verfahren eine gesetzliche Regelung voraussetzt. Die Umsetzung der jüngst verabschiedeten **Richtlinie über grenzüberschreitende Umwandlungen, Verschmelzungen und Spaltungen**[503] wird auch insoweit ein spezielles Verfahrensrecht enthalten, das den Umwandlungsvorgang ähnlich der grenzüberschreitenden Verschmelzung regelt und auch Regelungen zum Gläubiger- und Minderheitenschutz sowie zu den mitbestimmungsrechtlichen Folgen des Formwechsels enthalten wird. Die unmittelbar aus der Niederlassungsfreiheit abgeleiteten Grundsätze werden dadurch auch im Bereich des Formwechsels ihre Bedeutung weitgehend verlieren und allenfalls noch für Personengesellschaften relevant bleiben.

---

497 Näher: Ulmer/Habersack/*Behrens/Hoffmann* GmbHG Einl. Rn. B 163 ff.; MHdB GesR VI/*Hoffmann* § 54 Rn. 10 ff.; *Verse* ZEuP 2013, 458 (483 ff.), 491 ff.; *Hushahn* RNotZ 2014, 137; *Schaper* ZIP 2014, 810; *Bungert/de Raet* DB 2014, 761; *Krebs* GWR 2014, 144; *Bayer/Schmidt* ZHR 173 (2009), 735, 761 ff.; *Leible/Hoffmann* BB 2009, 58 (62 f.); für das österreichische Recht vgl. ausführlich *Eckert*, Internationales Gesellschaftsrecht, S. 554 ff.

498 Vgl. aus dem umfangreichen Schrifttum: *Behme* Rechtsformwahrende Sitzverlegung und Formwechsel von Gesellschaften über die Grenze; *Allmendinger* Die Beschlussfassung zum grenzüberschreitenden Wegzug im Binnenmarkt; *Stiegler* Der grenzüberschreitende Rechtsformwechsel in der EU; ferner: *Behme* ZHR 182 (2018), 32; *Kieninger* ZEuP 2018, 309; *Schall* ZfPW 2018, 176; *Mörsdorf* CML Rev. 2012, 629; *Schön* ZGR 2013, 333; *Zwirlein* ZGR 2017, 114; *Bergmann* ZEuS 2012, 233; *Schmidt*

ZVglRWiss 116 (2017), 313; *Teichmann* ZIP 2017, 1190; *Hushahn* RNotZ 2014, 137; *Verse* ZEuP 2013, 458 (483 ff.) 491 ff.; *Bayer/Schmidt* ZHR 173 (2009), 735, 764; MHdB GesR VI/*Hoffmann* § 54 Rn. 10 ff.; *Henrichs/Pöschke/Laage/Klavina* WM 2009, 2009 (2015); *Paefgen* WM 2009, 529 (533); *Teichmann* ZIP 2009, 393 (403).

499 OLG Frankfurt/M. NZG 2017, 423; dazu *Teichmann* ZIP 2017, 1190; *Winter/Marx/de Decker* DStR 2017, 1664; *Klett* NZG 2017, 428.

500 Abgedruckt in GmbHR 2014, R 311 f. (für Hinein- und Herausumwandlungen).

501 OLG Frankfurt/M. NZG 2017, 423; dazu *Teichmann* ZIP 2017, 1190; *Winter/Marx/de Decker* DStR 2017, 1664; *Klett* NZG 2017, 428.

502 KG NZG 2016, 834; OLG Düsseldorf Der Konzern 2018, 108; OLG Nürnberg NZG 2014, 349 (351).

503 Richtlinie (EU) 2019/2121, Abl. EU 2019, L 321/1.

II. Internationales Konzernrecht

Nur angedeutet werden können die Grundsätze des **Konzernkollisionsrechts**, bei denen es sich nicht um **206** eigenständige Kollisionsnormen handelt, sondern um **Zuordnungsnormen** zu den Gesellschaftsstatuten der beteiligten Gesellschaften.[504] Grundsätzlich bestimmt sich der konzernrechtliche Schutz der **abhängigen Gesellschaft** nach deren Gesellschaftsstatut, ebenso die Fälle einer speziellen **konzernrechtlichen Durchgriffshaftung** der Gesellschaftsgläubiger auf das Vermögen eines Gesellschafters. Organisationsrechtliche Fragen, wie etwa Zuständigkeiten im Rahmen einer **Konzerneingangskontrolle** oder die Grenzen der **Einflussnahme des herrschenden Gesellschafters** auf die Gesellschaftsorgane, unterliegen dagegen dem Gesellschaftsstatut des jeweils betroffenen Rechtsträgers. Auch insoweit werden in der Regel die wesentlichen Fragen bezüglich der Untergesellschaft auftreten, aber auch in der Obergesellschaft können durchaus zB Hauptversammlungskompetenzen im Rahmen der Konzernbildung zu beachten sein.[505] Ähnliches gilt im **Vertragskonzernrecht**.[506] Während die Kompetenzen zu Abschluss oder Beendigung des Unternehmensvertrages sich nach dem jeweiligen Gesellschaftsstatut richten, unterliegen die Wirkungen des Vertrages jedenfalls insoweit dem Statut der abhängigen Gesellschaft, als der Vertrag den Schutz von Gesellschaft und außenstehenden Gesellschaftern sowie das Weisungsrecht des herrschenden Unternehmens und Ausschüttungen bzw. die Gewinnabführung regelt.

In Bezug auf die **Niederlassungsfreiheit** stellt sich auch hier die Frage nach der Überlagerung des Gesell- **207** schaftsstatuts der abhängigen Gesellschaft anhand des Sitzrechts. Trotz der speziellen Konstellation des Konzernkonflikts wird man insoweit zurückhaltend sein müssen. So kann der Gesichtspunkt des **Minderheitenschutzes** in der abhängigen Gesellschaft grundsätzlich keine Überlagerung des Gesellschaftsstatuts rechtfertigen, da der Schutz der Gesellschaft im Konzernzusammenhang grundsätzlich ein Umstand ist, den ein Gesellschafter bei seiner Anlageentscheidung zu berücksichtigen hat.[507] Ausnahmen dürften allenfalls bei konkreten Missbrauchs- oder Betrugsfällen in Betracht zu ziehen sein, wenn etwa über die Absicht der Konzerneinbindung oder den rechtlichen Schutz der Gesellschafter getäuscht worden ist.[508] Ähnliches gilt für konzernrechtliche Haftungstatbestände. Für die Fälle der Existenzvernichtung, die gerade in konzernrechtlichen Zusammenhängen große Bedeutung hat, kann auf die Ausführungen in → Rn. 118 verwiesen werden. Ob darüber hinaus die konzernrechtlichen Schutzvorschriften des AktG auf abhängige EU-Auslandsgesellschaften mit tatsächlichem Sitz im Inland angewendet werden können, erscheint indes als fraglich. Die Missbrauchsfälle dürften von der **Existenzvernichtungshaftung** hinreichend erfasst sein, eine weiter gehende Überlagerung aus Gründen des Gläubigerschutzes erscheint kaum als erforderlich. Insoweit gilt, dass der Anwendungsbereich dieser Haftung bei Auslandsgesellschaften größer sein kann als speziell bei deutschen AG, die bereits durch die vorrangig heranzuziehenden gesetzlichen Vorschriften (§§ 293 ff. AktG) geschützt werden. Auch diese Fragen erscheinen bislang allerdings noch nicht als geklärt, da die bisherige Rechtsprechung des EuGH zur **Konzernhaftung** nicht sehr aufschlussreich war. In der Entscheidung „Impacto Azul"[509] ging es um einen Fall umgekehrter Diskriminierung, da eine Konzernhaftungsnorm des portugiesischen Rechts nur eine Haftung inländischer Konzernmütter vorsah. Dass dadurch die Begründung von Konzernbeziehung nach Portugal hinein und damit die Ausübung der sekundären Niederlassungsfreiheit für ausländische Konzernmütter nicht beschränkt wird, liegt auf der Hand – während die Inländerdiskriminierung bekanntlich durch die Grundfreiheiten nicht verboten wird. Den ausländischen Konzernmüttern wurden auch keine konzernrechtlichen Gestaltungsmöglichkeiten vorenthalten, da die betroffene Rechtsfolge ohne Weiteres auf vertraglicher Grundlage herbeigeführt werden konnte.[510] Dagegen hat der EuGH in der Entscheidung „Idryma Typou"[511] eine Regelung für unvereinbar mit den Grundfreiheiten (Niederlas-

---

504 Ausf. zum Konzernkollisionsrecht: *Wackerbarth*, Grenzen der Leitungsmacht in der internationalen Unternehmensgruppe, S. 101 ff.; Staudinger/*Großfeld* Int. GesR Rn. 556 ff.; MüKoBGB/*Kindler* IntGesR Rn. 681 ff.; MüKoAktG/*Altmeppen* Einl. vor § 291 Rn. 35 ff.; MHLS/*Leible* GmbHG Syst. Darst. 2 Rn. 238 ff.; *Einsele* ZGR 1996, 40; *Maul* NZG 1999, 741; für ein differenzierendes Konzept, das bei Unternehmensverträgen Rechtswahlfreiheit (Art. 3 Rom I-VO) annimmt, die zwingenden Schutzinstrumente dann aber gesellschaftsrechtlich oder deliktisch qualifiziert bzw. als international zwingende Normen iSv Art. 9 Rom I-VO vgl. neuerdings *Renner* ZGR 2014, 452; *Renner/Hesselbarth* IPRax 2014, 117.

505 Statt vieler *Seydel*, Konzernbildungskontrolle bei der AG, 1995; *Emmerich/Habersack*, Konzernrecht S. 121 ff. mwN.

506 Ausf. *Wackerbarth*, S. 435 ff.; MHLS/*Leible* GmbHG Syst. Darst. 2 Rn. 242 ff.; MüKoBGB/*Kindler* Int-GesR Rn. 681 ff.

507 In diesem Sinne *Sandrock* ZVglRWiss 102 (2003), 447, 482 ff.

508 Als Beispiel sei der Fall genannt, dass die Geltung des deutschen Vertragskonzernrechts vorgespiegelt wird, obwohl auch im Vertragskonzern die Anknüpfung objektiv anhand des Gesellschaftsstatuts der abhängigen Gesellschaft erfolgt (vgl. MüKoAktG/*Altmeppen* Vor § 291 Rn. 50).

509 EuGH EuZW 2013, 664; dazu *Teichmann* ZGR 2014, 45.

510 EuGH EuZW 2013, 664, Tz. 37 – Impacto Azul.

511 EuGH EuZW 2011, 149; dazu: *Kindler* FS Säcker, 2011, S. 393 ff.; *Möslein* NZG 2011, 174.

sungs- und Kapitalverkehrsfreiheit) erklärt, die eine Haftung von Aktionären für gegen die Gesellschaft verhängte Geldbußen vorsah, obwohl ein konkreter Einfluss auf die Geschäftsleitung nicht bestand. Verallgemeinerungsfähig ist diese Aussage wohl allenfalls, soweit festgestellt wird, dass die Anordnung einer speziellen (also nicht einer allgemein bestehenden, wie zB bei der Komplementärshaftung in der KG oder KGaA) Durchgriffshaftung der Gesellschafter für Verbindlichkeiten der Gesellschaft sich als rechtfertigungsbedürftige Beschränkung darstellt. Für die Rechtfertigungsprüfung bezüglich der im deutschen Recht existierenden Konzern- und Durchgriffshaftungstatbestände gibt die Entscheidung dagegen nichts her, da die betroffene Norm höchst speziell und insbesondere auf die Verhängung von Geldbußen beschränkt war.

III. Grenzüberschreitende Typenvermischung (Ltd. & Co. KG)

208	Vor allem in Hinblick auf steuerliche Vorteile[512] ist in der Praxis vermehrt das Auftreten von Kommanditgesellschaften deutschen Rechts zu beobachten, deren einziger Komplementär eine Kapitalgesellschaft ausländischen Rechts ist. Die grundsätzliche Zulässigkeit solcher Konstruktionen ist aufgrund der Niederlassungsfreiheit (Art. 49, 54 AEUV) jedenfalls dann als gesichert anzusehen, wenn der Verwaltungssitz der KG im Inland belegen ist.[513] Denn die Niederlassungsfreiheit gebietet es unter dem Aspekt des Diskriminierungsverbots zweifellos, den EU-Auslandsgesellschaften dieselben Möglichkeiten zur Beteiligung an Personengesellschaften einzuräumen wie vergleichbaren Inlandsgesellschaften. Solange die Rechtsprechung allerdings für Personengesellschaften deutschen Rechts an der Sitzanknüpfung festhält (→ Rn. 193), ist bei Verlegung des Verwaltungssitzes der KG ins Ausland davon auszugehen, dass es zu einem Statutenwechsel kommt, die KG also nicht mehr deutschem Recht unterliegt. Die geschäftsführende Komplementärgesellschaft muss daher die Verwaltung der KG vom Inland aus führen. Soweit es um eine reine Komplementärgesellschaft ohne eigene Geschäftstätigkeit (die Grundlage eines ausländischen Verwaltungssitzes trotz Führung der Geschäfte der KG im Inland sein könnte) geht, hängt die Zulässigkeit davon ab, ob das ausländische Gesellschaftsstatut die Verlegung des Verwaltungssitzes nach Deutschland zulässt. Vor allem in Deutschland **Typenvermischung** mit Gesellschaften aus Gründungstheoriestaaten (**Ltd. & Co. KG**) trifft daher aus kollisionsrechtlicher Sicht auf keine Hindernisse, solange der Verwaltungssitz sich in Deutschland befindet. Bei einer Aufgabe der Sitzanknüpfung wäre dagegen auch ein ausländischer Verwaltungssitz der KG zulässig, was die Möglichkeiten erweitern würde.[514]

209	Die praktischen Probleme der Typenvermischung sind grundsätzlich durch eine konsequente **Trennung von KG und Komplementärgesellschaft** zu lösen, so dass jede Fragestellung bzw. jeder Aspekt im Rahmen des jeweils betroffenen Gesellschaftsstatuts zu beantworten ist.[515] Bei der Anwendung der Rechtsprechung zur GmbH & Co. KG ist daher Vorsicht geboten. Dies gilt insbesondere im Bereich der Geschäftsführerhaftung und der Kapitalerhaltung, wo der BGH den Schutz der KG unter Rückgriff auf das GmbH-Recht gewährleistet und hierbei unmittelbar Ansprüche der KG aus dem GmbHG herleitet (insbes. §§ 30, 31, 43 GmbHG).[516] Da sich dies nicht ohne Weiteres auf die Auslandsgesellschaft & Co. KG übertragen lässt, ist es erforderlich (und wäre auch für die GmbH & Co. KG überzeugender), den Schutz insbesondere gegen Vermögensentnahmen im Rahmen des KG-Rechts zu gewährleisten. Bezüglich des Schutzes gegen mit der Kapitalerhaltung unvereinbare Ausschüttungen wurde insoweit eine erweiternde Auslegung des § 174 Abs. 4 HGB vorgeschlagen.[517] Sofern man die §§ 30, 31 GmbHG indes mit einem neueren Ansatz bereits allgemein auf den Schutz des eingetragenen Kommanditkapitals bei der KG analog anwendet,[518] bedarf es einer speziellen Lösung für die Konstruktion der Ltd. & Co. KG nicht mehr.[519] Bezüglich der Geschäftsleiterhaftung ist dem Ansatz zuzustimmen, dass die Pflichtenstellung des Geschäftsleiters ihre Wurzel im Gesellschaftsvertrag der KG hat, aus der der Geschäftsleiter nach dem **Rechtsgedanken des § 311 Abs. 3 BGB persönlich** verpflichtet wird.[520] Auch ohne Rückgriff auf § 43 GmbHG haftet der Geschäftsleiter daher im Rahmen des deutschen Gesellschaftsstatuts der KG persönlich, wenn durch ihn die der Komplementärin obliegenden Pflichten gegenüber der KG verletzt werden. Da die Haftung personengesellschafts-

512	Hierzu *Thiermann* ZIP 2011, 988 (989).
513	*Teichmann* ZGR 2014, 220; *Thiermann* ZIP 2011, 988; monographisch dazu *Höhne* Die Ltd. & Co. KG.
514	Ausführlich zu den verschiedenen Konstellationen in Hinblick auf die Verwaltungssitze von KG und Komplementärgesellschaft: *Thiermann* ZIP 2011, 988 (989 ff.).
515	Zutreffend und ausführlich für verschiedene Problemlagen: *Teichmann* ZGR 2014, 220 (insbes. zur Geschäftsführerhaftung 243 ff.).

516	Zuletzt BGH NZG 2015, 225; ferner BGH NZG 2008, 143; NJW 1998, 3273; NJW 1985, 2947; NJW 1980. 1524; NJW 1978, 160; NJW 1977, 104 sowie grundlegend NJW 1973, 1036.
517	*Teichmann* ZGR 2014, 220 (246).
518	*Bartlitz*, Die Haftung des Kommanditisten auf der Grundlage kapitalgesellschaftsrechtlicher Prinzipien, insbes. S. 72 ff.
519	Näher: Ulmer/Habersack/*Behrens/Hoffmann* GmbHG Einl. Rn. B 214.
520	*Teichmann* ZGR 2014, 220 (246).

rechtlichen Grundsätzen folgt, ergibt sich der Haftungsmaßstab allerdings aus § 708 BGB, nicht aus § 43 GmbHG.[521]

Neben steuerlichen Überlegungen scheint in der Praxis auch das Ziel der Umgehung des **inländischen Mitbestimmungsrechts** eine Rolle zu spielen.[522] Hintergrund ist, dass § 4 MitbestG zwar die GmbH & Co. KG gezielt in die Mitbestimmung einbezieht, hierzu allerdings lediglich anordnet, dass (unter bestimmten Voraussetzungen) die Arbeitnehmer der KG der Komplementärgesellschaft zugerechnet werden. Ein mitbestimmter Aufsichtsrat ist daher keinesfalls im Rahmen der Kommanditgesellschaft, sondern ausschließlich im Rahmen der Komplementärgesellschaft zu bilden, aber eben auch dann, wenn nur die KG über die erforderlichen 2000 Arbeitnehmer (§ 1 Abs. 1 Nr. 2 MitbestG) verfügt. Die Anwendbarkeit des deutschen Rechts auf die KG kann daher für sich nicht die Mitbestimmung begründen. Eine Ltd. & Co. KG mit hinreichender Unternehmensgröße (wie die Drogeriemarktkette Müller Ltd. & Co. KG) wäre daher nur mitbestimmungspflichtig nach dem MitbestG, wenn die Rechtsprechung zukünftig die Anwendung deutschen Mitbestimmungsrechts auf ausländische Kapitalgesellschaften mit Sitz im Inland anerkennen und der EuGH dies als europarechtskonform billigen würde (hierzu bereits → Rn. 122 f.).

210

IV. Rest- und Spaltgesellschaften

Rest- und Spaltgesellschaften können in Deutschland in Zusammenhang mit ausländischen Enteignungsmaßnahmen entstehen, deren Wirkung vom deutschen Recht nicht anerkannt wird und daher den Inlandsvermögen nicht erfassen kann. Von einer **Restgesellschaft** spricht man, wenn mit der Enteignung auch die Gesellschaft selbst in ihrem Statutsstaat vernichtet, ihr also die Rechtsfähigkeit entzogen wird. Da die Enteignung nicht anerkannt wird, kann der ausländische Staat nicht Eigentümer des Inlandsvermögens sein, während die Gesellschaft selbst nicht mehr existiert und daher an sich auch nicht mehr als Eigentümerin anerkannt werden kann. Um eine Herrenlosigkeit des Inlandsvermögens zu vermeiden, wird die Gesellschaft als Restgesellschaft vom deutschen Recht weiterhin anerkannt. Praktische Bedeutung hat die Restgesellschaft heute vor allem für die **Ltd. englischen Rechts**, die bei Nichterfüllung von Publizitätsvorschriften im Gründungsstaat gelöscht werden kann, während der damit verbundene Vermögensverfall zugunsten der Krone in Deutschland nicht anerkannt wird. Träger des enteignungsfreien Inlandsvermögens bleibt trotz ihrer Löschung im Gründungsstaat die enteignete Gesellschaft selbst.[523] Bezüglich des **Gesellschaftsstatuts der Restgesellschaft** geht der BGH[524] – trotz Annahme des Fortbestandes des Rechtsträgers[525] – von der Anwendbarkeit deutschen Rechts aus.[526] Zur Rechtsform inländischen Rechts äußert der BGH sich nicht explizit, geht aber von einer Körperschaft aus, wenn er betont, „dass sich der als Restgesellschaft im Inland fortbestehende Rechtsträger in einer Ausnahmesituation befindet, die es rechtfertigt, vorrangig an praktischen Bedürfnissen gemessene Lösungen als wirksam zu behandeln."[527] Offenbar soll die Restgesellschaft mithin dem numerus clausus des Gesellschaftsrechts nicht unterliegen.[528] Soweit die Organfunktion der bisherigen Vertretungsorgane nach ihrem bisherigen Gesellschaftsstatut (insbes. bei Löschung) endet,[529] wird die Vertretung im Einzelfall nach praktischen Gesichtspunkten durch Heranziehung der jeweils als sachgerecht erscheinenden Vorschriften des deutschen Rechts bestimmt.[530] Da die Restgesellschaft nur der Abwicklung des inländischen Restvermögens dient, kommt insoweit vor allem die Bestellung von Liquidatoren in Betracht, ggf. in Form gerichtlich bestellter Liquidatoren (§ 66 Abs. 2 GmbHG) oder (wenn nur einzelne Abwicklungsmaßnahmen erforderlich sind) von Nachtragsliquidatoren[531] (§ 273 Abs. 4 AktG). Für die Fortsetzung als werbende Gesellschaft scheint der BGH von der Möglichkeit einer „**Umgründung**"

211

521 Ulmer/Habersack/*Behrens/Hoffmann* GmbHG Einl. Rn. B 215.

522 *Teichmann* ZGR 2014, 220 (222); *Bayer* NJW 2016, 1930 (1933).

523 Zuletzt BGH NZG 2017, 347; früher bereits BGHZ 33, 195, 197 = NJW 1961, 22 (23); BGH WM 1965, 227 (228); BGH WM 1977, 730; Staudinger/*Großfeld* IntGesR Rn. 841, 849; Soergel/*von Hoffmann* EGBGB Art. 38 Anh. III, Rn. 61.

524 BGHZ 212, 381 = NZG 2017, 347; früher bereits BGH WM 1963, 81; BGH WM 1970, 983 (984); BGH WM 1991, 1881.

525 BGHZ 212, 381 = NZG 2017, 347 (wo ausdrücklich vom „als Restgesellschaft weiterbestehenden Rechtsträger" gesprochen wird, Rn. 13).

526 So auch OLG Hamm DNotZ 2014, 705; OLG Celle NZG 2012, 738; OLG Brandenburg IPRax 2017,

621; *Hübner* IPRax 2017, 575; *Klöhn/Schwarz* IPRax 2015, 412; *Jooß* GWR 2010, 340; *Leible/Lehmann* GmbHR 2007, 1095.

527 BGHZ 212, 381 = NZG 2017, 347 (Rn. 17); ebenso bereits BGH NJW-RR 1992, 168.

528 *Hübner* IPRax 2017, 575 (578), spricht von einem „Rechtsgebilde eigener Art"; das OLG Brandenburg IPRax 2017, 621 (623), von einer „selbständigen juristischen Person in Form einer sog. Rest- oder Spaltgesellschaft".

529 BGHZ 212, 381 = NZG 2017, 347, Rn. 16.

530 Teilweise werden auch die Vorschriften der vergleichbaren inländischen Rechtsform, insbesondere also des GmbH-Rechts, herangezogen, vgl. *Leible/Lehmann* GmbHR 2007, 1095; *Jooß* GWR 2010, 340.

531 BGHZ 212, 381 = NZG 2017, 347, Rn. 18.

nach deutschem Recht auszugehen.[532] Überzeugender erscheint es dagegen, vom Fortbestand des ausländischen Gesellschaftsstatuts auszugehen,[533] solange die Liquidation noch nicht beendet ist. Die Fortführung als werbende Gesellschaft sollte dagegen eine Neugründung nach deutschem Recht,[534] die ggf. konkludent (als Personengesellschaft) erfolgt, oder den Formwechsel in eine Rechtsform des inländischen Rechts (soweit vom Gesellschaftsstatut eröffnet) voraussetzen.[535]

212 Von einer **Spaltgesellschaft** wird dagegen gesprochen, wenn die Enteignung nicht das Vermögen der Gesellschaft betrifft, sondern die Mitgliedschaftsrechte der Gesellschafter. Formal bleibt die Existenz der Gesellschaft im Gründungsstaat erhalten, so dass diese auch Eigentümerin des Inlandsvermögens bleiben könnte. Indes würde dies wirtschaftlich zur Anerkennung der Wirkung der Auslandsenteignung für das Inlandsvermögen führen. Um dies zu vermeiden wird angenommen, dass in Deutschland eine Spaltgesellschaft entsteht, deren Beteiligungsverhältnisse der Situation vor der Enteignung entsprechen. Die Spaltgesellschaft wird mithin Eigentümerin des Inlandsvermögens und ist von der ursprünglichen, fortexistierenden Gesellschaft zu unterscheiden. Praktische Bedeutung haben solche Vorgänge heute nicht mehr.[536]

E. Die englische Limited mit Sitz in Deutschland vor und nach dem BREXIT

I. Die englische Limited als niederlassungsberechtigte Gesellschaftsform

213 **1. Entwicklung.** Ganz im Mittelpunkt des praktischen Interesses steht seit der Entscheidung „Überseering" aus dem Jahr 2002 die private limited company (abgekürzt plc oder Ltd.) englischen Rechts, die vielfältig, nicht zuletzt von professionellen Inkorporationsunternehmen als Alternative zur GmbH für die inländische Geschäftstätigkeit propagiert worden ist. Vor allem rechtlich unerfahrenen Unternehmern wurde eine gefahrlose und kostengünstige Möglichkeit der Haftungsbeschränkung vorgespiegelt, so dass vor allem in der ersten Zeit nach „Überseering" eine zunehmende **Nachfrage** nach dieser Rechtsform festzustellen war (und eine korrespondierende Präsenz der damit verbundenen Fragen in der deutschen Literatur).[537] Nicht zuletzt durch die Reformen des MoMiG und die Einführung der UG im deutschen Recht hatte die Ltd. als Rechtsform für Kleinunternehmen allerdings schon vor dem BREXIT-Referendum wieder an Bedeutung verloren. Der **Wettbewerb der Gesetzgeber**[538] hat in Europa übrigens auch im Gesellschaftsrecht anderer Staaten zu Liberalisierungen geführt, etwa in den **Niederlanden,**[539] **Norwegen,**[540] **Frankreich**[541] und **Spanien.**[542] Gleichwohl ist es (soweit ersichtlich) nicht zu einer nennenswerten Nutzung dieser Rechtsformen

532 BGHZ 212, 381 = NZG 2017, 347, Rn. 16.

533 OLG Jena NZG 2007, 877; OLG München IPRspr. 1966/67 Nr. 189; *Zimmer/Naendrup* ZGR 2007, 789 (806); *Lamprecht* ZEuP 2008, 289 (307), 312 f.; *Schmidt* ZIP 2008, 2400; *Borges* IPRax 2005, 134; GroßKommAktG/*Assmann* Einl. Rn. 685; Staudinger/*Großfeld* IntGesR Rn. 849; Soergel/*von Hoffmann* EGBGB Art. 38 Anh. III Rn. 62; MüKo-BGB/*Kindler* IntGesR Rn. 976.

534 OLG Hamm DNotZ 2014, 705 (ohne Einschränkung auf werbende Gesellschaften); OLG Celle NZG 2012, 738; *Borges* IPRax 2005, 134 (141); *Leible/Lehmann* GmbHR 2007, 1095 (1098); *Jooß* GWR 2010, 340; *Zimmer/Naendrup* ZGR 2007, 789 (808 f.); aA *Lamprecht* ZEuP 2008, 289 (313 ff.) (für Fortexistenz als Ltd. und Handelndenhaftung analog § 11 Abs. 2 GmbHG); ähnlich *J. Schmidt* ZIP 2008, 2400 (2403 f.) (für Fortexistenz als Liquidations-Ltd. und Beschränkung der Vertretungsmacht des Nachtrags-Liquidators auf Abwicklungsgeschäfte, mit der Konsequenz einer falsus procurator-Haftung bei Geschäftsfortführung); anders *Klöhn/Schwarz* IPRax 2015, 412 (416) (Restgesellschaft unterliegt schon ab Löschung der Ltd. deutschem Recht, Inlandsforderungen gehen analog § 190 UmwG auf Restgesellschaft über).

535 Zum Ganzen: Ulmer/Habersack/*Behrens/Hoffmann* GmbHG Einl. Rn. B 225 ff. mwN.

536 Für die Einzelheiten ist daher auf Ulmer/Habersack/*Behrens/Hoffmann* GmbHG Einl. Rn. B 233 ff. zu verweisen.

537 Dazu ausf. *Kasolowsky/Schall* in Hirte/Bücker, Grenzüberschreitende Gesellschaften, § 4; *Just*, Die englische Limited in der Praxis; *Fritz/Hermann*, Die Private Limited Company in Deutschland; *Luke*, Die U.K. Limited; *Triebel/von Hase/Melerski*, Die Limited in Deutschland; *Schall*, Companies Act 2006; *Rehm* in Eidenmüller, Ausländische Kapitalgesellschaften im deutschen Recht, § 10; *Heinz/Hartung*, Die englische Limited; ferner: *Kallmeyer* DB 2004, 636; *Schumann* DB 2004, 743; *Ebert/Levedag* GmbHR 2003, 1337; *v. Busekist* GmbHR 2004, 650; *Happ/Holler* DStR 2004, 730; *Westhoff* ZInsO 2004, 289; *Guillaume/ v. Kraack-Blumenthal* Steueranwaltsmagazin 2003, 99; *von Bernstorff* RIW 2004, 498; zu Einzelaspekten: *Redeker*, Die Haftung für wrongful trading im englischen Recht; *Schall* DStR 2006, 1229; *Worms* Insolvenzverschleppung bei der „deutschen" Limited; *Lanzius* ZInsO 2004, 296; *Habersack/Verse* ZHR 168 (2004); *Riedemann* GmbHR 2004, 345.

538 Dazu zuletzt *Eidenmüller* ZGR 2007, 168; *Zimmer* FS K. Schmidt, 2009, S. 1789 ff.; MüKoGmbHG/*Fleischer* Einl. Rn. 217 ff.

539 Dazu *Hirschfeld* RIW 2013, 134; vgl. zum früheren Recht noch *van Etterink/Ebert/Lovedag* GmbHR 2004, 880.

540 Dazu *Mörsdorf* RIW 2013, 824.

541 Dazu *Wachter* GmbHR 2003, R 377; *Becker* GmbHR 2003, 706.

542 Dazu *Fröhlingsdorf* RIW 2003, 584; *Vietz* GmbHR 2003, 523.

in Deutschland gekommen. Das liegt einerseits sicher an der Verfügbarkeit der UG und der im Vergleich zur Ltd. höheren sprachlichen Hürde, andererseits aber zum Teil auch am Kollisionsrecht der genannten Staaten: Soweit das Gründungsrecht der Gesellschaft bei Grenzübertritt durch die Sitzanknüpfung das Statut entzieht, ist die Gesellschaft auch in Deutschland nicht anzuerkennen. Die französische S.A.R.L. mit frei wählbarem Grundkapital kann daher bei inländischem Verwaltungssitz ebenso wenig genutzt werden[543] wie die AS des norwegischen Rechts, das ebenfalls an der Sitzanknüpfung festhält,[544] wohl aber die „kleine GmbH" des spanischen Rechts[545] oder die reformierte B.V. niederländischen Rechts.

Durch das BREXIT-Referendum 2016, den **Austritt des Vereinigten Königreichs aus der EU** und den **214** dadurch bevorstehenden Verlust der Niederlassungsfreiheit (zu den Auswirkungen → Rn. 221) hat die Ltd. derzeit ihre Attraktivität für eine Geschäftstätigkeit in Deutschland verloren. Es ist aber nicht ausgeschlossen, dass die Ltd. auch nach dem Ausscheiden des Vereinigten Königreichs als Rechtsform wieder Bedeutung erlangt: Zwar sind Ltd. (ggf. nach Ablauf eines im Austrittsabkommen geregelten Übergangszeitraums) als drittstaatliche Gesellschaften nicht mehr nach Art. 54 AEUV niederlassungsberechtigt. Ob eine Ltd. mit Hauptverwaltung in Deutschland gleichwohl als solche anerkannt wird (also von der Rechtsprechung nicht der Sitzanknüpfung unterworfen wird), hängt vor allem von dem noch zu verhandelnden Abkommen über die zukünftigen Beziehungen zwischen der EU und dem Vereinigten Königreich ab. Sofern darin eine gegenseitige Anerkennung von Gesellschaften mit kollisionsrechtlicher Relevanz vereinbart wird (wie es auch bei dem CETA-Abkommen mit Kanada der Fall ist, → Rn. 153), könnte die Rechtsform auch zukünftig noch im Inland genutzt werden. Da auch nach dem BREXIT eine enge wirtschaftliche Verbindung und ein Abkommen mit einer weitreichenden Liberalisierung des grenzüberschreitenden Geschäftsverkehrs angestrebt wird, ist eine solche Gestaltung grundsätzlich zu erwarten. Daher sind die Vor- und Nachteile der Ltd. im Rahmen der Rechtsformwahl hier weiterhin zu behandeln.

Der gerade für Kleinunternehmen relevante **Vorteil der Ltd.** liegt darin, dass die plc **kein Mindestkapital**, **215** und dementsprechend auch keine Regeln zur Kapitalaufbringung kennt. Nach der Einführung der UG durch das MoMiG hat dieser Aspekt jedoch an Relevanz verloren, da eine Inkorporation nunmehr auch in Deutschland ohne Mindestkapital möglich ist (§ 5 a GmbHG). Ein **Kostenvorteil** ist ferner die weitgehende **Formfreiheit**, die im Gegensatz zu den teuren Beurkundungserfordernissen des deutschen GmbH-Rechts steht.[546] Darüber hinaus ist es jedoch schwer, gerade für Kleinunternehmen interessante Vorteile der plc zu finden. Insbesondere die Ausgestaltung der inneren Struktur der Gesellschaft[547] kann zwar im Einzelfall zu bevorzugen sein, erscheint aber kaum als generell vorteilhaft.[548]

Am anderen Ende der Skala findet sich der nur für Großunternehmen relevante Vorteil des Fehlens einer **unternehmerischen Mitbestimmung**.[549] Für das Auftreten großer Ltd. & Co. KG (→ Rn. 210) spielt diese Motivation neben steuerlichen Vorteilen eine nicht unerhebliche Rolle. Inwieweit dieser Vorteil bei tatsächlichem Sitz in Deutschland gegenüber einer Sonderanknüpfung Bestand haben wird, muss erst die Zukunft zeigen. Verlassen kann man sich auf die Mitbestimmungsfreiheit mangels höchstrichterlicher Rechtsprechung noch immer nicht (→ Rn. 122 ff.).

Es bleibt der Vorteil, sich durch die Wahl ausländischen Rechts **unliebsamen Instrumenten** des deutschen **216** Gesellschaftsrechts entziehen zu können. Als relevant sind insoweit vor allem die Haftungsgefahren aus den Kapitalaufbringungs- und erhaltungsregeln zu nennen. Bei dieser Motivation ist allerdings – gerade aus Sicht des Beraters – höchste Vorsicht geboten: Zu berücksichtigen sind nicht nur die skizzierten (→ Rn. 114 ff.) möglichen **Sonderanknüpfungen** des Sitzrechts und die verbreitet insolvenzrechtlich qualifizierten Anspruchsgrundlagen,[550] sondern auch die korrespondierenden **Schutzvorschriften des englischen Rechts**. Denn bei genauer Betrachtung ist dieses nicht so „liberal", wie es mitunter dargestellt wird.[551]

---

543   Dies verkennen *Recq/S. Hoffmann* GmbHR 2004, 1070. Gleiches gilt übrigens auch im Fall des Übergangs der deutschen Rspr. auf eine Gründungsanknüpfung, da die in Frankreich geltende Sitztheorie auf das deutsche Recht zurückverweisen und das deutsche Recht die Rückverweisung annehmen würde.

544   *Mörsdorf* RIW 2013, 824.

545   Zum neuen spanischen GmbH-Recht vgl. näher *Embid Irujo* RIW 2004, 760; *Müller* GmbHR 2006, 583.

546   Kostenvorteile ergeben sich daraus nicht nur bei der Gründung, sondern insbesondere bei der Anteilsübertragung und können daher ein wesentlicher Aspekt der Rechtsformwahl sein, wenn auf eine leichte und

kostengünstige Übertragbarkeit, also ein Mindestmaß an Anteilsfungibilität, Wert gelegt wird, vgl. *Kallmeyer* DB 2004, 636 (638).

547   Näher *Heinz/Hartung*, Die englische Limited, Kap. 6 ff.; *Ebert/Levedag* GmbHR 2003, 1337 (1340 ff.).

548   Zum Steuerrecht vgl. ausf. *Heinz/Hartung*, Die englische Limited, Kap. 16 Rn. 1 ff.

549   *Kallmeyer* DB 2004, 636 (638).

550   So nimmt etwa das KG NZG 2010, 71, an, dass der Ersatzanspruch aus § 64 GmbHG insolvenzrechtlich zu qualifizieren und damit auch auf Limiteds mit Tätigkeitsschwerpunkt im Inland anwendbar ist, dazu kritisch: *Ringe/Willemer* NZG 2010, 56.

551   Ein ausf. Rechtsvergleich liegt vor von *Neuling* Deutsche GmbH und englische private company.

217 **2. Nachteile und Gefahren.** Nicht verschwiegen werden sollten in der Beratungspraxis die vielfältigen Nachteile und Gefahren, die mit einer plc verbunden sind. Zu nennen sind zunächst die **Kosten**:[552] Nimmt man einen Inkorporationsdienstleister in Anspruch, der nicht nur eine einmalige Gebühr veranschlagt, sondern laufende Kosten für das „registered office" usw in Rechnung stellt, ist innerhalb der ersten zehn Jahre mit Gesamtkosten von ca. 9.000 EUR zu rechnen[553] – trotz Formfreiheit der Errichtung! Hinzu kommt, dass die plc nicht nur in England, sondern zusätzlich als **Zweigniederlassung** im Inland anzumelden ist (→ Rn. 103), was doppelten Verwaltungsaufwand sowie im Inland Beibringung und Übersetzung der ausländischen Urkunden erfordert. Die **Rechnungslegung** ist nach britischem Recht zu erstellen, was der heimische Steuerberater im Zweifel nicht ohne Weiteres vermag.[554] Die Sanktion für die Nichteinreichung der Rechnungslegung ist drakonisch: Sie führt zur Löschung der Gesellschaft, und damit jedenfalls für die Zukunft zum **Verlust des Haftungsprivilegs**.[555] Grundsätzlich führt diese Löschung in Großbritannien sogar zum **entschädigungslosen Vermögensverlust** zugunsten der Krone.[556] Allerdings wird diese Enteignungswirkung in Deutschland nicht anerkannt, so dass die Ltd. in Deutschland als **Restgesellschaft** fortbesteht, solange sie noch über abzuwickelndes inländisches Vermögen verfügt (näher dazu (→ Rn. 211).[557] Solange bleibt auch die Parteifähigkeit vor deutschen Gerichten erhalten.[558]

218 Nicht zu unterschätzen ist ferner der Aufwand, der aus der Unkenntnis des fremden Rechts und seiner Vorgaben resultiert, die erhöhten Beratungsbedarf nach sich zieht.[559] Insbesondere wenn es zwischen den Gesellschaftern zu Streit kommt, können sehr viel höhere Kosten entstehen als bei einer vergleichbaren Streitigkeit innerhalb einer GmbH. Nach der Rechtsprechung des BGH bestimmt sich die **ausschließliche internationale Zuständigkeit** für gesellschaftsrechtliche Streitigkeiten iSv Art. 24 Nr. 2 der EuGVVO 1215/2012 nach dem Satzungssitz im Gründungsstaat.[560] Auch wenn alle Gesellschafter in Deutschland ansässig sind und auch die Ltd. allein in Deutschland tätig ist, sind die englischen Gerichte daher ausschließlich für Beschlussmängelklagen zuständig. Beide Parteien müssen also britische Rechtsvertreter mandatieren und ggf. Reisekosten aufwenden. Und selbst wenn deutsche Gerichte zuständig sind, fehlt es den deutschen Rechtsanwälten und Richtern häufig an der erforderlichen Kenntnis im englischen Gesellschaftsrecht. Den Mehraufwand eines solchen Falles wird die Anwaltschaft sich regelmäßig vergüten lassen, während dem Richter § 293 ZPO die mit hohen Gutachterkosten verbundene Möglichkeit der **Beweiserhebung** über ausländisches Recht eröffnet.[561] Die Kosten trägt die unterliegende Partei, und auch die obsiegende Partei kann auf einem Teil ihrer Anwaltskosten sitzen bleiben, soweit ein nicht erstattungsfähiges Honorar vereinbart wurde. Diese Umstände zeigen, dass die deutsche GmbH (speziell als UG) gerade für das Kleinunternehmen in der Regel die günstigere Rechtsform sein dürfte.[562]

219 Aber auch die gesellschaftsrechtlichen **Haftungsgefahren** sind bei der plc nicht zu unterschätzen.[563] Zunächst ist darauf hinzuweisen, dass die **Vermögensbindung** erheblich strenger ist als im deutschen Recht, und somit der Zugriff auf das Gesellschaftsvermögen (über ausgewiesene Gewinne hinaus) nicht möglich ist.[564] Eine persönliche Haftung der Gesellschafter kommt in Betracht nach den Grundsätzen der **Durchgriffshaftung** („piercing the corporate veil"), etwa bei Strohmanngesellschaften, die nur eine „reine Fassade" darstellen, bei Sphärenvermischung oder sonstigen Missbrauchsfällen – wenn dieses Instrument auch sehr zurückhaltend angewendet wird.[565] Praktisch bedeutsam ist aber vor allem die insolvenzrechtliche Haftung wegen **„wrongful trading"**, nach der die Geschäftsleiter, faktischen Geschäftsleiter und „Schattendirektoren"[566] im Fall der Insolvenz der Gesellschaft auf Schadensersatz haften, soweit sie nach Eintritt einer negativen Fortführungsprognose nicht jeden vernünftigen Schritt eingeleitet haben, um den Gläubiger-

---

552 Dazu MüKoGmbHG/*Fleischer* Einl. Rn. 312.
553 Vgl. *Ulmer* NJW 2004, 1201; *Wachter* GmbHR 2004, 88 (94).
554 MüKoGmbHG/*Fleischer* Einl. Rn. 312.
555 *Kallmeyer* DB 2004, 636 (637); *v. Bernstorff* RIW 2004, 498 (502).
556 Sec. 1012 Companies Act 2006.
557 BGHZ 212, 381 = NZG 2017, 347; OLG Nürnberg NZG 2008, 76; näher: Ulmer/Habersack/*Behrens*/*Hoffmann* GmbHG Einl. Rn. B 225 ff.
558 KG NZG 2014, 901; OLG Hamm DNotZ 2014, 705; OLG Celle NZG 2012, 738; KG NZG 2010, 310; OLG Düsseldorf NZG 2010, 1226; OLG Nürnberg NZG 2008, 76; OLG Jena NZG 2007, 877.
559 Hierzu MüKoGmbHG/*Fleischer* Einl. Rn. 312; *Wachter* GmbHR 2004, 88.
560 BGH NZG 2011, 1114; dazu *Thomale* NZG 2011, 1290.
561 Hierzu im gesellschaftsrechtlichen Kontext ausführlich *Thole* ZHR 176 (2012), 15, 29 ff.

562 MüKoGmbHG/*Fleischer* Einl. Rn. 313 a („in der Regel abzuraten").
563 Ausf. zu den Anspruchsgrundlagen nach englischem Recht: *Schall* DStR 2006, 1229.
564 *Zimmer/Naendrup* ZGR 2007, 789; *Kallmeyer* DB 2004, 636 (637).
565 Ausf. *Gower*'s. Principles of Modern Company Law, 5th Ed., S. 108 ff.; ferner: *Neuling* Deutsche GmbH und englische private company; S. 94 ff.; *Heinz*/*Hartung*, Die englische Limited, Kap. 6 Rn. 50ff.; *Ebert/Levedag* GmbHR 2003, 1337 (1340); *v. Bernstorff* RIW 2004, 498 (502); *Schall* DStR 2006, 1229 (1235).
566 Hierunter sind Personen zu verstehen, deren Weisungen die Geschäftsleiter üblicherweise befolgen, so dass vor allem beherrschende Gesellschafter hiervon erfasst werden dürften, vgl. näher *Habersack/Verse* ZHR 168 (2004), 174, 189 ff.

ausfall zu minimieren.[567] Dieses Instrument erfüllt also Funktionen sowohl der deutschen Insolvenzverschleppungshaftung als auch des Eigenkapitalersatzrechts.

Diese Aspekte zeigen, dass die englische plc wohl entgegen der auf Hochglanz gedruckten Anpreisungen der Inkorporationsbranche doch nicht dem gelobten Land des Kapitalgesellschaftsrechts entsprungen ist. Jedem Existenzgründer ist zu raten, seine nunmehr um einen internationalen Aspekt bereicherten Alternativen bei der Rechtsformwahl sorgfältig abzuwägen und sich vorab über Kosten und Risiken zu informieren. Die Herausforderung, diesen Prozess auch mit international-privatrechtlicher und rechtsvergleichender Fachkompetenz zu begleiten, hat die deutsche **Beratungspraxis** inzwischen wohl gut gemeistert. Dies zeigt sich daran, dass die „Welle der Amateure" vorbei ist, und die „Stunde der Experten" geschlagen hat,[568] die Gründer der Ltds. in Deutschland also nicht mehr schlecht beratene Kunden von Inkorporationsdienstleistern sind, sondern vielmehr gut beratene Unternehmer, die mit der Rechtsformwahl spezifische Ziele verfolgen (etwa steuerlicher oder mitbestimmungsrechtlicher Art oder zur Erleichterung internationaler Geschäftstätigkeit) und die Nachteile dieser Rechtsform bewusst in Kauf nehmen.

220

II. Die Limited und der BREXIT

Mit Ablauf des 31.1.2020 ist der Austritt des Vereinigten Königreichs aus der EU wirksam geworden, so dass sich die existierenden **Ltd. mit Verwaltungssitz in Deutschland** grundsätzlich nicht mehr auf die Niederlassungsfreiheit nach Art. 49, 54 AEUV berufen können. Wie bereits angesprochen (→ Rn. 198) bedeutet dies nicht, dass damit notwendigerweise der Verlust der Anerkennung verbunden wäre; diese Frage hängt vielmehr von den völkerrechtlichen Instrumenten ab, die die Beziehungen im Anschluss an den Austritt regeln werden. Im Jahr 2020 läuft noch eine Übergangsphase, während der ein umfassendes Abkommen über die zukünftigen Beziehungen verhandelt werden soll und während der das Vereinigte Königreich Teil des Binnenmarkts bleibt, mithin auch die Niederlassungsfreiheit weiterhin anwendbar ist. Ob es mit Ablauf der Übergangsphase zum Verlust der Anerkennungspflicht der EU-Mitgliedstaaten und damit zur Anwendung der Sitztheorie durch die deutsche Rechtsprechung auf die dann drittstaatlichen Gesellschaften (und somit zur Behandlung als Personengesellschaft mit den entsprechenden haftungsrechtlichen Konsequenzen)[569] kommen wird, hängt von dem Inhalt dieses Abkommens ab: Wird darin die gegenseitige Anerkennungspflicht für Gesellschaften mit kollisionsrechtlicher Relevanz geregelt, würde sich der Status der Ltd. in Deutschland nicht ändern. Nur wenn eine solche (an sich naheliegende) Regelung nicht getroffen oder das Abkommen nicht bis zum Ablauf der Übergangsphase in Kraft treten würde, käme es zum Verlust der Anerkennung. Die **Politische Erklärung über die künftigen Beziehungen** lässt allerdings nicht erkennen, ob eine solche Regelung angestrebt wird, enthält diese doch nur ein Bekenntnis zur nichtdiskriminierenden Behandlung von Dienstleistungsanbietern und Investoren im Rahmen der „Regeln des Aufnahmestaats".[570]

221

Obwohl mithin noch immer völlig unklar ist, ob es zum Wegfall der Anerkennung kommen wird, hat die Problematik ein hohes Maß an Aufmerksamkeit in der deutschen Literatur gefunden.[571] Diskutiert wird insoweit ein **Bestandsschutz** nach dem Rechtsgedanken des Art. 7 Abs. 2 EGBGB für einen Zeitraum von drei Jahren, während dessen die Rechtsfähigkeit als Ltd. weiter anzuerkennen sein soll.[572] Soweit man der auch hier vertretenen Auffassung folgt, dass drittstaatliche Gesellschaften anhand der Gründungstheorie als einheitlicher Gesellschaftskollisionsnorm des deutschen Rechts anzuknüpfen sind (→ Rn. 147), ändert sich an der Situation der Ltd. ohnehin nichts, so dass man auch nicht über einen Bestandsschutz diskutieren muss. Aus praktischer Perspektive muss man sich zwar auf die Rechtsprechung und damit die Sitzanknüpfung einstellen, könnte sich aber ohnehin nicht auf einen solchen nur in der Literatur vorgeschlagenen Bestandsschutz verlassen. Geht man als Ltd.-Gesellschafter nicht davon aus, dass in dem zukünftigen völkerrechtlichen Abkommen eine Anerkennungspflicht geregelt wird, bedarf es mithin entweder einer (nachweisbaren) Verlegung des Verwaltungssitzes in das Vereinigte Königreich, oder einer **Überführung der**

222

567　Ausf. zu diesem Tatbestand *Habersack/Verse* ZHR 168 (2004), 174; *Redeker* Die Haftung für wrongful trading im englischen Recht; *Schall* DStR 2006, 1229 (1234); *Heinz/Hartung*, Die englische Limited, Kap. 7 Rn. 56 ff.

568　Treffend ausgedrückt von *Ringe* ECFR 2013, 230 (267).

569　BGH NJW 2009, 289 – Trabrennbahn.

570　Vgl. Politische Erklärung zur Festlegung des Rahmens für die künftigen Beziehungen zwischen der EU und dem VK, Abl. EU 2020, C 34/1 Nr. 29.

571　*Mohamed* ZvglRWiss 117 (2018), 189; *Weller/Thomale/Zwirlein* ZEuP 2018, 892; *Süß* ZIP 2018,

1277; *Leible/Galneder/Wißling* RIW 2017, 718; *Lehmann/Zetzsche* JZ 2017, 62; *Freitag/Korch* ZIP 2016, 1361; *dies.* ZIP 2016, 1849; *Miras/Tonner* GmbHR 2018, 601; *Behme* ZRP 2018, 204; *Mäsch/Gausing/Peters* IPRax 2017, 49; *Teichmann/Knaier* IWRZ 2016, 243; *Schall* ZfPW 2016, 407; monographisch *Sonnentag*, Die Konsequenzen des Brexits für das internationale Privat- und Zivilverfahrensrecht, S. 61 ff.

572　*Mäsch/Gausing/Peters* IPRax 2017, 49; kritisch dazu *Weller/Thomale/Zwirlein* ZEuP 2018, 892 (903ff.); *Hoffmann* NZG 2019, 1208.

Ltd. **in eine Rechtsform des deutschen Rechts**. Für Letzteres stehen eine ganze Reihe von Möglichkeiten zur Verfügung, solange die Ltd. noch Niederlassungsfreiheit genießt. Möglich ist zunächst ein **grenzüberschreitender Formwechsel** nach den „Polbud"-Grundsätzen in die Rechtsform der GmbH (nicht in die UG, da dem wohl das Sacheinlageverbot nach § 5 a Abs. 2 S. 2 GmbHG entgegenstehen würde), was allerdings zu Rechtsunsicherheit bezüglich des einzuhaltenden Verfahrens führen würde. Daher empfiehlt sich eher eine **grenzüberschreitende Verschmelzung** nach §§ 122 a ff. UmwG auf eine zu diesem Zweck gegründete GmbH. Auch eine Verschmelzung auf eine UG wird überwiegend (zu Unrecht)[573] mit Blick auf das Sacheinlageverbot abgelehnt.[574] Der deutsche Gesetzgeber hat gerade zur Erleichterung von Hereinverschmelzungen solcher Ltd. im 4. UmwGÄndG 2018 in § 122 b Abs. 1 Nr. 2 UmwG auch die grenzüberschreitende Verschmelzung auf Personengesellschaften zugelassen, offenbar um eine Verschmelzung auf eine UG & Co. KG ohne Aufbringung des Mindest-Stammkapitals zu ermöglichen. Ferner wurde in § 122 m UmwG eine Übergangsvorschrift aufgenommen, um das Verfahren bei Beteiligung einer britischen Ltd. noch nach Wegfall der Anerkennung als Ltd. abschließen zu können.[575] Zuletzt wird vorgeschlagen, **eine personengleiche inländische Gesellschaft** (die auch UG sein kann) zu gründen und alle Anteile an der Ltd. auf diese zu übertragen, so dass zunächst eine Holdingstruktur entsteht. Mit Wegfall der Anerkennung der Ltd. geht das Unternehmen dann mit allen Aktiva und Passiva auf den Alleingesellschafter über – da dies bei dieser Konstruktion eine Kapitalgesellschaft ist, kommt es nicht zu einer persönlichen Haftung.[576] Problematisch könnte hier aber das gezielt herbeigeführte hinkende Gesellschaftsverhältnis werden, schließlich würde die Ltd. vor britischen Gerichten (jedenfalls zunächst, zur Löschung → Rn. 211) noch als existent und als Inhaber des Vermögens angesehen werden. Ferner besteht die Gefahr, dass es aufgund der Gestaltung des Abkommens über die zukünftigen Beziehungen (→ Rn. 221) nie zum Wegfall der Anerkennung kommt und die Holdingstruktur dann fortbesteht (bzw. eine der Gesellschaften liquidiert werden muss).

Dritter Abschnitt
Familienrecht

Art. 13 EGBGB Eheschließung

(1) Die Voraussetzungen der Eheschließung unterliegen für jeden Verlobten dem Recht des Staates, dem er angehört.

(2) Fehlt danach eine Voraussetzung, so ist insoweit deutsches Recht anzuwenden, wenn

1. ein Verlobter seinen gewöhnlichen Aufenthalt im Inland hat oder Deutscher ist,

2. die Verlobten die zumutbaren Schritte zur Erfüllung der Voraussetzung unternommen haben und

3. es mit der Eheschließungsfreiheit unvereinbar ist, die Eheschließung zu versagen; insbesondere steht die frühere Ehe eines Verlobten nicht entgegen, wenn ihr Bestand durch eine hier erlassene oder anerkannte Entscheidung beseitigt oder der Ehegatte des Verlobten für tot erklärt ist.

(3) Unterliegt die Ehemündigkeit eines Verlobten nach Absatz 1 ausländischem Recht, ist die Ehe nach deutschem Recht

1. unwirksam, wenn der Verlobte im Zeitpunkt der Eheschließung das 16. Lebensjahr nicht vollendet hatte, und

2. aufhebbar, wenn der Verlobte im Zeitpunkt der Eheschließung das 16., aber nicht das 18. Lebensjahr vollendet hatte.

(4) [1]Eine Ehe kann im Inland nur in der hier vorgeschriebenen Form geschlossen werden. [2]Eine Ehe zwischen Verlobten, von denen keiner Deutscher ist, kann jedoch vor einer von der Regierung des Staates, dem einer der Verlobten angehört, ordnungsgemäß ermächtigten Person in der nach dem Recht dieses Staates vorgeschriebenen Form geschlossen werden; eine beglaubigte Abschrift der Ein-

573 Näher: *Hoffmann* NZG 2019, 1208, 1209.

574 Lutter/*Drygala* UmwG § 3 Rn. 12; Semler/*Stengel* UmwG § 3 Rn. 20 a; Ulmer/Habersack/Löbbe/*Paura* GmbHG § 5 a Rn. 67; Scholz/*Westermann* GmbHG § 5 a Rn. 35 jeweils mwN.

575 Zu den Regelungen des 4. UmwGÄndG vgl. näher *Zwirlein* ZGR 2018, 900; *Lieder/Bialluch* NJW

2019, 805; *Klett* NZG 2019, 292; *Cramer* DStR 2018, 2435; *Behme* ZRP 2018, 204; *Brandi/Schmidt* DB 2018, 2417.

576 *Süß* ZIP 2018, 1277; ähnlich *Miras/Tonner* GmbHR 2018, 601.

tragung der so geschlossenen Ehe in das Standesregister, das von der dazu ordnungsgemäß ermächtigten Person geführt wird, erbringt vollen Beweis der Eheschließung.

Literatur: *Andrae*, Internationales Familienrecht, 4. Auflage 2019; *dies.*, Flüchtlinge und Kinderehen, NZFam 2016, 923; *dies.*, Zur Neuregelung der Ehemündigkeit, RPsych 2017, 446 *Andrae/Abbas*, Personenstandsrechtliche Behandlung einer gleichgeschlechtlichen Eheschließung, STAZ 2011, 97; *Antomo*, Eheschließung Minderjähriger und das deutsche Recht, NZFam 2016, 1155; *Bergmann/Ferid/Henrich*, Internationales Ehe- und Kindschaftsrecht mit Staatsangehörigkeitsrecht, Loseblatt, Stand 2018; *Bock*, Der Islam in der Entscheidungspraxis der Familiengerichte, NJW 2012, 122; *Böhmer/Finger*, Das gesamte Familienrecht, Stand 2009; *Buschbaum*, Anerkennung von Rechtslagen aufgrund von Personenstandsurkunden, STAZ 2011, 106; *Coester*, Probleme des Eheschließungsrechts in rechtsvergleichender Sicht, SAZ 1988, 122; *ders.*, in: MüKoBGB, IPR I, 7. Aufl. 2018, Art. 13, 17 b EGBGB; *ders.*, Die rechtliche Behandlung von im Ausland geschlossenen Kinderehen, StAZ 2016, 257; *ders.*, Kinderehen in Deutschland, Stellungnahme der Kinderrechtekommission des Deutschen Familiengerichtstags e.V. [DFGT] v. 29.11.2016, FamRZ 2017, 77; *Coester-Waltjen*, Reform des Art. 13 EGBGB?, StAZ 2013, 10; *dies.*, Kinderehen – Neue Sonderanknüpfungen im EGBGB, IPRax 2017, 429; *dies.*, Minderjährigenehen – wider den „gesetzgeberischen Furor", IPRax 2019, 127; *Dörner*, Grundfragen der Anknüpfung gleichgeschlechtlicher Partnerschaften, in: FS Jayme 2004, S. 143; *Dutta*, Eheschließungen auf See; StAZ 2014, 44; *ders.*, Anm zu BGH v. 14.11.2018, XII ZB 292/16, FamRZ 2018, 188; *ders.*, Anm zu AG Kassel; FamRZ 2018, 1150; *Dutta/Yassari*, Islamische Brautgabe als Eheschließungsvoraussetzung? StAZ 2014, 289; *Frank*, Eheschließung unter Missachtung der Inlandsform nach falscher behördlicher Auskunft über die Staatsangehörigkeit, StAZ 2011, 236; *ders.*, Die Anerkennung von Minderjährigenehen, StAZ 2012, 129; *Heiderhoff*, Ehevoraussetzungen in Europa, StAZ 2014, 193; *Hettich*, Anm zu BGH v. 14.11.2018, XII ZB 292/16, FamRZ 2018, 188; *Hißtege*, Das Verbot der Kinderehe nach kollisionsrechtlicher Sicht, FamRZ 2017, 1374, *Gaaz/Bornhofen*, Personenstandsgesetz, 2008; *Jayme*, Die Wiederanwendung der Haager Familienrechtsabkommen von 1902 und 1905, NJW 1965, 13; *ders.*, Kritische Betrachtungen zum Entwurf eines Gesetzes zur Bekämpfung der Mehrehe, IPRax 2018, 473; *Henrich*, Internationales Familienrecht, 2. Auflage 2000; *Hepting*, Der letzte Schritt zur Vollwirksamkeit nichtstandesamtlicher Eheschließungen – Kommt die Heilung mit Statusfolge?, IPRax 1994, 355; *ders.*, Deutsches und internationales Familienrecht im Personenstandsrecht, 2010; *Hohloch*, in: Erman BGB Bd. 2 15. Aufl. 2017, Art. 13 EGBGB; *ders.*, Eheschließung bei unterschiedlicher Staatsangehörigkeit, FPR 2011, 422; *Kaiser*, Zwangsheirat, FamRZ 2013, 77; *Krömer*, Formwirksamkeit von Eheschließungen auf Seeschiffen, StAZ 2013, 228; *Lorenz/Unberath*, Nichteheliche Lebensgemeinschaft und Verlöbnis im Internationalen Privat- und Verfahrensrecht oder: „Was es nicht gibt, knüpf' ich nicht an!", IPRax 2005, 516; *Mankowski*, in: Staudinger, Internationales Eherecht, 2011; *ders.* Zur Anerkennug einer nach syrischem Recht geschlossenen Kinderehe, FamRZ 2016, 1274; *Mankowski/Höffmann*, Scheidung ausländischer gleichgeschlechtlicher Ehen in Deutschland?, IPRax 2011, 247 *Martiny*, Internationales Privatrecht, in: Hausmann/Hohloch (Hrsg.), Das Recht der internationalen Lebensgemeinschaft, 2004, S. 773 ff; *Mäsch*, Der pflichtvergessene Anwalt und die hinkende Ausländerehe oder der BGH im Kampf mit der Verfassung, IPRax 2004, 421; *Mörsdorf*, in: BeckOK BGB 49. Ed. 1.11.2018, EGBGB Art. 13; *Ring*, Zur Frage der Nichtigkeit einer ausländischen Kinderehe, FF 2019, 68; *Rohe*, Eheschließung in islamischen Staaten – Prüfung der Wirksamkeit durch deutsche Behörden, StAZ 2006, 93; *ders.*, Die rechtliche Behandlung von Minderjährigenehen in Deutschland, StAZ 2018, 73; *Schulze*, Die Zeitehe des iranischen Rechts – Rechtsfragen aus deutscher Sicht, StAZ 2009, 197; *Schurig*, in: Soergel, BGB Bd. 10, 1996, Art. 13 EGBGB; *Schwimann*, Der rätselhafte Art. 13 Abs. 2 EGBGB nF, StAZ 1988, 35; *Siehr*, Heilung einer ungültigen Ehe gemäß einem späteren Aufenthalts- oder Heimatrecht der Eheleute, IPRax 2007, 30; *Striewe*, Ausländisches und Internationales Privatrecht der nichtehelichen Lebensgemeinschaft, 1986; *ders.*, Zum Internationalen Privatrecht der nichtehelichen Lebensgemeinschaft, IPRax 1983, 248; *Sturm*, Die Nichtehe und ihre Heilung im Alltag des Standesbeamten, StAZ 1999, 289; *ders.*, Eheschließung im Ausland, StAZ 2005, 1; *ders.*, Die Wirksamkeit im Ausland geschlossener Ehen mit deutscher Beteiligung und ihre namensrechtlichen Wirkungen, StAZ 2010, 1; *ders.*, Handschuhehe und Selbstbestimmung, IPRax 2013, 412; *ders.* in: Süß/Ring, Eherecht in Europa, Deutsches Familienrecht 2017; *Thorn*, in: Palandt, 78. Aufl. 2019; *Wagner*, Das neue Internationale Privat- und Verfahrensrecht zur eingetragenen Lebenspartnerschaft, IPRax 2001, 281; *Wagner*, Anerkennung im Ausland begründeter Statusverhältnisse – neue Wege, STAZ 2012, 133; *ders.*, Ausländische Entscheidungen, Rechtsgeschäfte und Rechtslagen im Familienrecht aus der Sicht des autonomen deutschen Rechts, FamRZ 2013, 1620; *ders.*, Inhaltliche Anerkennung von Personenstandsurkunden – ein Patentrezept?, FamRZ 2011, 609; *Wall*, Anerkennungsfähigkeit von Ahmadiyya-Eheschließungen (Fachausschuss-Nr. 3946), StAZ 2012, 120; Wissenschaftlicher Beirat des BDS, Der freie Verkehr öffentlicher Urkunden und die gegenseitige Anerkennung der Rechtswirkungen von Personenstandsurkunden in der Europäischen Union, Stellungnahme zum Grünbuch »Weniger Verwaltungsaufwand für EU-Bürger«, StAZ 2011, 165; *Weller/Thomale/Hategan/Werner*, Das Gesetz zur Bekämpfung von Kinderehen – eine kritische Würdigung, FamRZ 2018, 1289.

A.	Allgemeines	1	bb) Ausländische Eheverbote	27
	I. Ehe	1	4. Sachliche Ehevoraussetzungen im Einzel-	
	II. Regelungsinhalt Überblick	6	nen	28
	III. Hinweise zum ausländischen Recht	8	a) Einseitige oder zweiseitige Ehemän-	
	IV. Europäische Union, Staatsverträge	9	gel	28
B.	Regelungsgehalt	12	b) Ehemündigkeit	29
	I. Sachliche Voraussetzungen (Abs. 1)	12	c) Zustimmung Dritter	31
	1. Anwendungsbereich	12	d) Eheschließungswille	33
	2. Anknüpfung	13	e) Scheinehe	36
	3. Allgemeine Fragen des IPR	16	f) Doppelehe	38
	a) Statutenwechsel	16	aa) Existenz der Vorehe als Vorfrage	40
	b) Renvoi	19	bb) Vorfrage der Auflösung der Vorehe	41
	c) Mehrrechtsstaaten	20	(1) Bei Eingehen der Zweitehe	41
	d) Gesetzesumgehung	21	(2) Bei Bestehen einer Zweitehe	47
	e) Ordre public	24	cc) Todeserklärung	53
	aa) Inländische Eheverbote	24		

g) Verwandtschaft, Schwägerschaft,
   Adoption 55
h) Ehehindernis der Religionsverschiedenheit 57
i) Ehehindernisse staatspolitischer Prägung 59
j) Sonstige Ehehindernisse 61
5. Fehlen der sachlichen Eheschließungsvoraussetzungen 63
   a) Beabsichtigte Inlandstrauung 63
   b) Erfolgte Eheschließung 64
   aa) Gestaltungs- und Feststellungsan-
       trag 66
   bb) Nichtigkeit kraft Gesetzes 67
   cc) Antragsbefugnis 68
   dd) Heilung 70
   ee) Grundsatz des ärgeren Rechts 71
   c) Folgewirkungen 77
6. Abgrenzung zum Scheidungsstatut 80
II. Ordre public (Abs. 2) 83
   1. Hintergrund, Zielstellung, Anwendungs-
      bereich 83
   2. Voraussetzungen 86
   3. Verhältnis zu Art. 6 92
      a) Beabsichtigte Inlandstrauung 93
      b) Bereits geschlossene Ehen 94
III. Eheschließung vor Vollendung des
    18. Lebensjahres (Abs. 3) 95
IV. Form der Eheschließung
    (Abs. 4, Art. 11 Abs. 1–3) 99
   1. Inlands- und Auslandseheschließung 99
   2. Ort der Eheschließung 100
   3. Inlandseheschließung (Abs. 4) 101
      a) Inlandsform 101
      aa) Grundsatz (S. 1) 101
      bb) Hinkende Ehen 103
      cc) Reichweite 104
      dd) Heilung 106
      b) Auslandsform (S. 2) 115
      aa) Ursprung 115

bb) Voraussetzungen 116
   (1) Person des Verlobten 116
   (2) Trauungsperson 118
   cc) Formerfordernis 122
   dd) Beweis der Eheschließung 124
4. Auslandseheschließung 125
   a) Grundsatz der alternativen Anknüp-
      fung 125
   b) Rück- und Weiterverweisung 127
   aa) Ortsrecht 127
   bb) Geschäftsrecht 128
   c) Ort der Eheschließung 129
   d) Eheschließungsstatut 131
   aa) Ausländisches Eheschließungsstatut . 131
   bb) Deutsches Eheschließungsstatut 133
   (1) Grundsatz 133
   (2) Deutsche Konsularbeamte 134
   (3) Ermächtigte Trauungsperson eines
       Drittstaates 135
   e) Anwendungsbereich des Formstatuts . 137
   f) Übergreifende Probleme 142
   aa) Handschuhehe und Stellvertretung
       im Willen 142
   bb) Aufgebot, Ehefähigkeitszeugnis 147
C. Weitere praktische Hinweise
   (Personenstandsrecht) 151
   I. Eheschließung im Inland 151
   II. Ausstellung eines Ehefähigkeitszeugnisses
       (§ 39 PStG) 153
   III. Standesamtliche Registrierung 155
   IV. Ausländische Urkunden 159
   V. Rechtsmittel 164
   VI. Streitige Gerichtsbarkeit 165
   1. Internationale Zuständigkeit 165
   2. Verfahren 166
   3. Anerkennung ausländischer Entscheidun-
      gen 167
   VII. Befreiung von Ehehindernissen 169
   1. Inländische Ehehindernisse 170
   2. Ausländische Ehehindernisse 171

A. Allgemeines

I. Ehe

1 Gegenstand von Art. 13 ist das Eingehen einer Ehe. Der international-privatrechtliche **Begriff der Ehe** geht weiter als im materiellen deutschen Recht.[1] Die Abgrenzung, insbesondere zu den nichtehelichen Lebensgemeinschaften, ist nach der funktionalen Qualifikationsmethode vorzunehmen. Es ist nach der Stellung, dem Sinn und dem Zweck der Lebensgemeinschaft gemäß dem ausländischen Recht zu fragen und dann mit der Institution der Ehe im deutschen Recht zu vergleichen. Als Ehe ist anzusehen, „was in einem bestimmten Kulturkreis als die typische Normalform des Zusammenlebens der Geschlechter angesehen wird [… und dort] alle Rechtsfolgen einer Ehe hat".[2] Keine Ehe ist eine Verbindung, bei der die Partner gerade nicht den Willen haben, eine Ehe einzugehen, oder die in der betreffenden Rechtsordnung als Alternative zur Ehe begriffen wird.

2 Art. 13 regelt die Eheschließung von Mann und Frau. Nur Abs. 3 findet auch Anwendung, wenn es um die Frage der Wirksamkeit einer gleichgeschlechtlichen Ehe geht, vgl. Art. 17 b Abs. 5 S. 1. Die Eheschließung seitens eines gleichgeschlechtlichen Paares wird ansonsten von Art. 17 b Abs. 1 und 4 S. 1 erfasst. Die Nichteinbeziehung der gleichgeschlechtlichen Partnerschaft in den Anwendungsbereich des Art. 13 ist nicht dogmatischen, sondern pragmatischen Gesichtspunkten geschuldet und führt zu keiner Diskriminierung.[3] Eine kollisionsrechtliche Gleichbehandlung hätte eine Neufassung von Art. 13 Abs. 1 erfordert, was schon aufgrund tatsächlichen Geschehens nicht zu realisieren war.[4] Die in Art. 13 Abs. 1 vorgesehene Anknüpfung an die Staatsangehörigkeit jedes Verlobten konnte angesichts der Nichtzulassung gleichgeschlechtlicher Ehen in zahlreichen Staaten nicht übernommen werden. Sie hätte dazu geführt, dass eine derartige

---

1   Hierzu ausf. *Henrich* § 1 I S. 20 f.
2   *Henrich* § 1 I S. 21.
3   AA Palandt/*Thorn* EGBGB Art. 13 Rn. 5.
4   Hierzu *Mankowski* IPRax 2017, 541 ff.

Eheschließung nach dem an sich berufenen Recht oft nicht gestattet wäre. Ein solches Ergebnis wäre dann über Art. 13 Abs. 2 oder den ordre public zu korrigieren. Die gewählte Lösung besteht darin, die **Regelung für die Begründung einer eingetragenen Lebenspartnerschaft** entsprechend **auf die Eingehung einer Ehe** durch ein gleichgeschlechtliches Paar zu übertragen.

Art. 13 ist bezogen auf eine Eheschließung anzuwenden, wenn die Partner geschlechtsverschieden sind, **3** Art. 17 b Abs. 4, 1 S. 1 EGBGB, wenn sie gleichgeschlechtlich sind. Außerdem erfasst Art. 17 b Abs. 4 S. 1 die Eheschließung eines Paares, bei dem ein oder beide Partner rechtlich intersexuell, divers oder nicht feststehend einzuordnen sind. Welches Geschlecht die Verlobten haben und inwieweit eine rechtlich anzuerkennende Geschlechtsumwandlung vorliegt, ist eine kollisionsrechtliche Vorfrage (Erstfrage), die vom Standpunkt des deutschen Rechts zu entscheiden ist. Eine deutsche Feststellungsentscheidung zum Geschlechtsstatus einer Person hat Vorrang vor der kollisionsrechtlichen Lösung der Vorfrage. Die Anerkennung einer diesbezüglichen ausländischen Entscheidung richtet sich nach §§ 108 Abs. 1, 109 Abs. 1 FamFG.[5] Fehlt es an einer rechtskräftigen deutschen oder anzuerkennenden ausländischen Entscheidung, so bestimmt sich der Geschlechtsstatus analog Art. 7 Abs. 1 EGBGB nach dem jeweiligen Personalstatut (Gesamtverweisung). Der ordre public ist bei ausländischem Personalstatut vorbehalten.

Die in islamischen Rechtsordnungen teilweise zugelassene **Zeitehe**[6] ist ebenfalls Art. 13 zuzuordnen. Zwar **4** können hierfür erhebliche Bedenken hervorgebracht werden, denn zum einen stellt die Zeitehe – auch soweit sie zugelassen wird – nicht die typische Normalform des Zusammenlebens von Mann und Frau dar. Zum anderen dient sie der Realisierung von Funktionen, die gerade nicht für die Ehe charakteristisch ist. Sieht man von verschleierter Prostitution und einem Konkubinat ab, ermöglicht sie eine legale Erprobungsphase einer Partnerschaft, die sonst nach ausländischem Recht – da außerhalb der Ehe – nicht gestattet wäre. Als solche verschafft sie einerseits der Frau eine Sicherheit und gleichzeitig als Ehe mit geringen Wirkungen mehr Freiraum für die Partner.[7] Für die Qualifikation als Ehe spricht, dass die Zeitehe nach ausländischem Recht Statuswirkung hat und die Anknüpfungen in Art. 13 Abs. 1 funktional dem Rechtsinstitut am besten entsprechen. Sie sichert nämlich, dass eine geschlossene Zeitehe im Inland überhaupt nur Anerkennung finden kann, wenn die Heimatrechte beider Ehegatten sie kennen. Im Übrigen ist die Frage, ob im Inland eine Zeitehe eingegangen werden kann oder eine geschlossene Zeitehe Anerkennung findet, eine des ordre public und nicht eine Qualifikationsfrage.[8]

Sog. **postmortale Eheschließungen**, dh solche, die nach dem Tod eines Verlobten erfolgen, fallen nicht **5** unter Art. 13, da eine Lebensgemeinschaft nicht begründet werden kann.[9] Dagegen erfasst Art. 13 die in ausländischen Rechtsordnungen zugelassenen **polygamen Ehen**.[10] Die Form der Eheschließung ist für die Qualifikation unerheblich. Auch formlose Eheschließungen – sog. faktische Ehen –, wie zB common law marriages in einigen Bundesstaaten der USA[11] und früher sog. faktische Sowjetehen, sind einbezogen.[12]

II. Regelungsinhalt Überblick

Abs. 1 regelt das auf die sachlichen Voraussetzungen für eine wirksame Eheschließung anwendbare Recht. **6** Er ist heranzuziehen sowohl für die Fragen, ob die Voraussetzungen für die Eheschließung im Inland bestehen, als auch dafür, ob eine Ehe wirksam zustande gekommen ist.

Abs. 2 ist veranlasst durch die „Spanier-Entscheidung" des BVerfG,[13] in der das Gericht im Ergebnis feststellte, dass das aus Art. 6 Abs. 1 GG abgeleitete Grundrecht auf Eheschließungsfreiheit auch gegenüber Ausländern wirkt. Dogmatisch ist die Regelung als spezieller Ordre-public-Vorbehalt einzuordnen.

Abs. 3 EGBGB wurde durch das Gesetz zur Bekämpfung von Kinderehen, das am 22.7.2017 in Kraft getreten ist, eingefügt. Anlass war, dass mit der Flüchtlingswelle seit 2015 vermehrt verheiratete Flüchtlinge

5   *Hepting/Dutta* III-322.
6   Zur Zulässigkeit und Verbreitung ua *Rohe,* Das islamische Recht – Geschichte und Gegenwart, (2009) 82, 359; *Scherpe/Yassari/Yassari,* Die Rechtsstellung nichtehelicher Lebensgemeinschaften, S. 557 ff.; *Schulze* StAZ 2009, 197 ff.
7   Hierzu *Schulze* StAZ 2009, 197 (201).
8   *Schulze* StAZ 2009, 197 (202); MüKoBGB/*Coester* EGBGB Art. 13 Rn. 8; anders *Rohe* StAZ 2006, 93 (98) mwN der einerseits die Qualifikation als Ehe ablehnt andererseits jedoch Art. 13 für das Kollisionsrecht heranzieht.
9   MüKoBGB/*Coester* EGBGB Art. 13 Rn. 8; iE Soergel/*Schurig* EGBGB Art. 13 Rn. 45, 47; aA (Zulässigkeit als materielle Ehevoraussetzung) ua

OLG Karlsruhe StAZ 1990, 353; iE Erman/*Hohloch* EGBGB Art. 13 Rn. 24; Staudinger/*Mankowski* EGBGB Art. 13 Rn. 192 ff.
10   Erman/*Hohloch* EGBGB Art. 13 Rn. 13 mwN; MüKoBGB/*Coester* EGBGB Art. 13 Rn. 5.
11   RGZ 138, 214, 216 f.; AG Mainz IPRspr. 1954/55 Nr. 83.
12   RGZ 157, 257, 259.
13   BVerfGE 31, 58. Die Entscheidung ist in zahlreichen Aufsätzen ausgewertet worden. Hinzuweisen ist ua auf die Beiträge in der RabelsZ 36 (1972) von *Henrich,* S. 2 ff.; *Jayme,* S. 19 ff.; *Kegel,* S. 27 ff.; *Lüderitz,* S. 35 ff.; *Makarov,* S. 54 ff.; *Müller,* S. 60 ff.; *Neumayer,* S. 73 ff.; *Siehr,* S. 93 ff.; *Wengler,* S. 116 ff.; *Neuhaus,* S. 127 ff.

unter 18 Jahren einreisten, wobei die Betroffenen, meist weibliche Personen, zum Teil unter 16 Jahre alt waren. Es handelt sich gleichfalls um eine Bestimmung mit Ordre-public-Charakter, die auf eine im Ausland geschlossene Ehe durch eine Person mit ausländischem Eheschließungsstatut die deutschen Bestimmungen zur Eheschließung vor Vollendung des 18. Lebensjahres erstreckt.

Abs. 4 regelt die Form der Eheschließung im Inland. Für die Formwirksamkeit einer im Ausland geschlossenen Ehe ist Art. 11 maßgeblich (→ Rn. 99).

7 Art. 13 findet Anwendung auf Eheschließungen seit dem 1.9.1986.[14] Vorher geschlossene Ehen sind nach Art. 13 aF sowie § 15 a EheG (Art. 220 Abs. 1) zu beurteilen. Eine inhaltliche Änderung ist nicht eingetreten. Für die neuen Bundesländer ist für die vor dem 3.10.1990 geschlossenen Ehen Art. 236 § 1 zu beachten.[15] Für Abs. 3 ergibt sich die intertemporale Geltung aus Art. 229 § 44.

III. Hinweise zum ausländischen Recht

8 Vorschriften des internationalen und des materiellen Eheschließungsrechts wichtiger Länder mit Erläuterungen sind in deutscher Übersetzung in der Loseblattsammlung von *Bergmann/Ferid/Henrich* (hrsg. vom Verlag für Standesamtswesen, Frankfurt/M.) abgedruckt. Wichtige Hinweise finden sich auch in den „Gutachten zum internationalen und ausländischen Privatrecht" (IPG) und in Eherecht in Europa (Hrsg. Rembert *Süß*/Gerhard *Ring*).

IV. Europäische Union, Staatsverträge

9 **Bezogen auf das Europäische Unionsrecht** gibt es bisher keine konkreten Projekte zur Vereinheitlichung des Kollisionsrechts der Eheschließung.

Die **EuUrKVO**[16] bezweckt keine Änderung des materiellen Rechts und des Kollisionsrechts der Mitgliedstaaten in Bezug auf die Eheschließung. Er zielt nicht auf die Anerkennung der Rechtswirkungen von Personenstandsurkunden ausgestellt in einem Mitgliedstaat in den anderen Mitgliedstaaten. Er sieht keine § 54 PStG vergleichbare Bestimmung bezogen auf Personenstandsurkunden aus anderen Mitgliedstaaten vor. Die Prüfung des wirksamen Zustandekommens einer in der Personenstandsurkunde aus einem anderen Mitgliedstaat verlautbarten Eheschließung gemäß dem vom Kollisionsrecht berufenen Recht erübrigt sich demnach weiterhin dort nicht, wo dies relevante Vorfrage ist. Aufgrund der Unterschiedlichkeit des Kollisionsrechts der Mitgliedstaaten sind bis auf Weiteres innerhalb der Europäischen Union hinkende Ehen nicht ausgeschlossen, was ein Hindernis bezogen auf die Personenfreizügigkeit darstellt. Diskutiert wurde im Vorfeld des Regelungsentwurfes, ob ua in Bezug auf eine Eheschließung in anderen Mitgliedstaaten zum inhaltlichen Anerkennungsprinzip[17] übergegangen werden sollte, wenn diese in der Personenstandsurkunde aus einem anderen Mitgliedsstaat verlautbart ist.[18] Das würde zur Folge haben, dass in einem anderen Mitgliedstaat der Status anzuerkennen ist, wie er sich aus dem Inhalt der Urkunde aus dem Ursprungsmitgliedstaat ergibt.[19] Dagegen wird ua vorgebracht, dass Personenstandsurkunden anders als gerichtliche Entscheidungen keine konstitutive (Feststellungs-) Wirkungen in Bezug auf die betreffende Rechtslage haben.[20] Ihnen kann grenzüberschreitend keine weitergehende Wirkung als im Ursprungsmitgliedstaat beigemessen werden. So beweist die Eheurkunde zwar nach deutschem Recht die Eheschließung, wenn sie in der Urkunde verlautbart ist, der Beweis der Unrichtigkeit ist jedoch zulässig.[21] Das Anerkennungsprinzip bietet keine Lösung für falsche oder bestrittene sowie für konkurrierende Personenstandsurkunden. In deutschen Stellungnahmen zum Grünbuch wurde dafür plädiert, den Weg der Vereinheitlichung des Kollisionsrechts

14 BGH FamRZ 1997, 542 (543) = NJW 1997, 2114 mAnm *Hohloch* JuS 1997, 850; offen gelassen von BGH NJW 1991, 3088 (3090) = FamRZ 1991, 300; Soergel/*Schurig* EGBGB Art. 220 Rn. 18.

15 Erman/*Hohloch* EGBGB Art. 13 Rn. 11; MüKoBGB/ *Coester* EGBGB Art. 13 Rn. 170; Soergel/*Schurig* EGBGB Art. 13 Rn. 174 f.

16 VO (EU) 2016/1191 zur Förderung der Freizügigkeit von Bürgern durch die Vereinfachung der Anforderungen an die Vorlage bestimmter öffentlicher Urkunden innerhalb der Europäischen Union und zur Änderung der VO (EU) Nr. 1024/2012 ABl-200 S. 1.

17 Zum Anerkennungsprinzip ua *Mansel* RabelsZ 2006, 651 ff.; *Mansel* IPRax 2011, 341 f.; *Coester-Waltjen* IPRax 2006, 392 ff.; *Wagner* FamRZ 2011, 609 (611); MüKoBGB/*v.Hein* EGBGB Art. 3 Rn. 117 f.

18 Grünbuch Weniger Verwaltungsaufwand für EU-Bürger: Den freien Verkehr öffentlicher Urkunden und die Anerkennung der Rechtswirkungen von Personenstandsurkunden erleichtern Dok. KOM (2010) 747endg. S. 11 ff.; Hierzu ua Stellungnahme des Wissenschaftlichen Beirats des BDS zum Grünbuch; StAZ 2011, 165 ff.; *Wagner* DNotZ 2011, 176 ff.; *Wagner* StAZ 2012, 133 (136 ff.); *Buschbaum* StAZ 2011, 106 ff.; zu Personenstandsurkunden aus anderen Mitgliedstaaten auch → Rn. 159 ff.

19 *Wagner* StAZ 2012, 133 (138).

20 Weitergehend *Buschbaum* StAZ 2011, 106 (107 ff.).

21 Hierzu Stellungnahme des Wissenschaftlichen Beirats des BDS zum Grünbuch StAZ 2011, 165 (172).

fortzusetzen,[22] um dann in einer späteren Phase zu prüfen, ob und nach welchem Modus der Status einer Person, wie er in der Personenstandsurkunde aus einem anderen Mitgliedstaat verlautbart ist, übernommen wird.

Bezogen auf das **deutsche Kollisionsrecht** gibt es veröffentlichte Vorstellungen zur **Reform** des Art. 13 EGBGB, die von der Zurückdrängung des Staatsangehörigkeitsprinzips ausgehen und stattdessen das Recht des Eheschließungsortes als Hauptanknüpfung vorschlagen.[23] Dann wird es auch keine gesonderte kollisionsrechtliche Regelung für die Eheschließung durch ein gleichgeschlechtliches Paar mehr geben.

Das **Haager Eheschließungsübereinkommen** (HESchlÜ)[24] ist von Deutschland mit Wirkung zum   **10**
1.6.2019 gekündigt worden.[25] Es regelt sowohl das anwendbare Recht für die sachlichen und die formellen Voraussetzungen einer Eheschließung als auch die Rechtsfolgen ihrer Verletzung. Vertragsstaaten waren zum Schluss nur noch Deutschland und Italien. Anwendbar ist das Übereinkommen, wenn die Wirksamkeit einer Ehe zu beurteilen ist, die vor dem 1.6.2019 geschlossen wurde, vorausgesetzt der territoriale und persönliche Anwendungsbereich war eröffnet. Die Kollisionsnormen des Abkommen weichen im Ergebnis nicht vom autonomen deutschen IPR ab.[26]

Für iranische Staatsangehörige bestimmen sich die sachlichen Voraussetzungen für die Eheschließung in   **11**
Deutschland gemäß Art. 8 Abs. 3 **Deutsch-Iranisches Niederlassungsabkommen**[27] (vgl. Art. 3 Abs. 2 S. 1) nach iranischem Recht.[28] Die Bestimmung findet keine Anwendung, wenn der betreffende Verlobte die Staatsangehörigkeit beider Vertragsstaaten besitzt,[29] oder soweit er anerkannter Asylberechtigter in der Bundesrepublik bzw. internationaler Flüchtling iSd GFK[30] ist.[31] Als spezielle Ordre-public-Bestimmungen sind Abs. 2 und 3 auch gegenüber Personen heranzuziehen, deren Eheschließungsstatut nach dem Abkommen iranisches Recht ist. Das folgt daraus, dass aus Art. 8 Abs. 3 S. 2 Niederlassungsabkommen gefolgert werden kann, dass der ordre public vorbehalten ist.[32] Für die Form der Eheschließung sieht das Deutsch-Iranische Niederlassungsabkommen keine Regelung vor. Bei Eheschließung in Deutschland findet folglich Abs. 4 und bei Eheschließung im Ausland Art. 11 Anwendung.

B. Regelungsgehalt

I. Sachliche Voraussetzungen (Abs. 1)

1. Anwendungsbereich. Unter den Voraussetzungen der Eheschließung sind die **sachlichen Vorausset-**   **12**
zungen zu verstehen, während die Formerfordernisse von Abs. 4 oder Art. 11 erfasst sind. Alles, was nicht zu den Formerfordernissen (hierzu → Rn. 104 ff.) gehört und keinen verfahrensrechtlichen Charakter trägt, ist als sachliche Voraussetzung zu qualifizieren.[33] Hierzu gehören insbesondere: Ehefähigkeit, Zustimmung anderer Personen, Ehewille und Willensmängel, Ehehindernisse, Rechtsfolgen und Heilung von sachlichen Ehemängeln (im Einzelnen → Rn. 28 ff.).

2. Anknüpfung. Die sachlichen Voraussetzungen bestimmen sich für jeden Verlobten gesondert nach sei-   **13**
nem Heimatrecht. Wird sein **Personalstatut** durch ein anderes Recht bestimmt, tritt dieses an die Stelle des Heimatrechts. Das berufene Recht wird mit dem Begriff „**Eheschließungsstatut**" bezeichnet. Es kommt auf das Personalstatut zum Zeitpunkt der Eheschließung an – **Grundsatz der Unwandelbarkeit** (zu den Ausnahmen → Rn. 16 ff.). Erwerb oder Verlust der Staatsangehörigkeit durch die Eheschließung bzw. danach bleiben grundsätzlich außer Betracht.[34] Für **Mehrstaater** ist die maßgebliche Rechtsordnung iVm Art. 5

---

22 So Stellungnahme des Wissenschaftlichen Beirats des BDS zum Grünbuch StAZ 2011, 165 (171 ff.); *Wagner* StAZ 2012, 133 (141); *Buschbaum* StAZ 2011, 106 (110).

23 Hierzu *Coester Waltjen* StAZ 2013, 10 ff.

24 Haager Übereinkommen zur Regelung des Geltungsbereichs der Gesetze auf dem Gebiet der Eheschließung v. 12.6.1902 (RGBl. 1904 S. 221).

25 Bek. v. 23.11.2017 (BGBl. II S. 1508).

26 Zu Anwendungsbereich und Inhalt wird auf die Vorauflage Anh. III zu Art. 13 EGBGB verwiesen.

27 Niederlassungsabkommen zwischen dem Deutschen Reich und dem Kaiserreich Persien v. 17.2.1929 (RGBl II 1930 S. 1006, II 1931 S. 9 und BGBl. II 1955, S. 829).

28 Zum ordre public → EGBGB Art. 14 Rn. 8.

29 BGH IPRax 1986, 382 (383) = FamRZ 1986, 344 (345); BGHZ 60, 68, 74; OLG Bremen IPRax 1985, 296 (297); *Erman/Hohloch* EGBGB Art. 14 Rn. 5;

30 Genfer UN-Abkommen über die Rechtsstellung der Flüchtlinge v. 28.7.1951 (BGBl. II 1953 S. 560).

31 BGH IPRax 1991, 54 = NJW 1990, 636; BayObLGZ 2000, 335 (338); KG NJW-RR 1994, 199; MüKoBGB/*Siehr* EGBGB Art. 14 Rn. 4; Staudinger/*Mankowski* EGBGB Art. 14 Rn. 5 a; *Schotten/Wittkowski* FamRZ 1995, 264 (266).

32 *Andrae* IntFamR § 1 Rn. 3.

33 *Kegel/Schurig* IPR § 20 IV 1 b S. 798 f.; MüKoBGB/ *Coester* EGBGB Art. 13 Rn. 10.

34 BGHZ 27, 375, 380 f. = FamRZ 1958, 367 = NJW 1958, 1627 mAnm *Beitzke* JZ 1959, 123 und *Pohle* MDR 1959, 197; MüKoBGB/*Coester* EGBGB Art. 13 Rn. 15 f.; Soergel/*Schurig* EGBGB Art. 13 Rn. 32 mwN.

Soergel/*Kegel* EGBGB Vor Art. 3 Rn. 46; *Looschelders* EGBGB Art. 14 Rn. 39; *Schotten/Wittkowski* FamRZ 1995, 264 (265 f.).

Abs. 1 zu bestimmen. Ist der Verlobte auch Deutscher, regeln sich die Ehevoraussetzungen nach deutschem Recht, ansonsten kommt es für Mehrstaater auf das Recht des Heimatstaates an, mit dem er am engsten verbunden ist (→ EGBGB Art. 5 Rn. 21 ff.).[35]

Die Identität und Staatsangehörigkeit ist durch die Vorlage von Urkunden bei der Anmeldung der Eheschließung nachzuweisen.[36] Der **Nachweis der ausländischen Staatsangehörigkeit** von Personen ist nach § 12 Abs. 2 Nr. 3 PStG durch Vorlage der hierfür geeigneten Urkunden (Personalausweis, Reisepass, Bescheinigung der zuständigen Behörde des Heimatstaates) zu führen. Ohne diese Vorlage kann die Anmeldung nicht erfolgen.[37] Der Nachweis kann in Ausnahmefällen nach § 9 Abs. 2 PStG auch auf andere Weise geführt werden, wenn die Beschaffung der üblichen Ausweispapiere oder Dokumente unmöglich oder nur unter erheblichen Schwierigkeiten oder mit unverhältnismäßigen Kosten durchführbar und deshalb unverhältnismäßig und unzumutbar ist.[38]

14 Bei **Staatenlosen** wird iVm Art. 12 Staatenlosenkonvention[39] auf das Recht des Wohnsitzstaates und mangels eines solchen auf das Recht des Aufenthaltsortes zur Zeit der Eheschließung verwiesen. Der Wohnsitz ist hierbei iSd gewöhnlichen Aufenthalts auszulegen (→ Anhang I zu Art. 5). Dasselbe gilt für Personen, deren Personalstatut sich zur Zeit der Eheschließung nach Art. 12 GFK[40] bestimmt. Hierzu gehören **Asylberechtigte** (§ 2 AsylG), **internationale Flüchtlinge** iSd Art. 1 GFK iVm dem Protokoll über die Rechtsstellung der Flüchtlinge vom 31.1.1967 sowie Personen, deren Rechtsstellung sich nach dem Gesetz über Maßnahmen für im Rahmen humanitärer Hilfsaktionen aufgenommene Flüchtlinge[41] (näher → Anhang II zu Art. 5) bestimmt. Die rechtskräftige Ablehnung eines Asylantrags oder die noch ausstehende Entscheidung darüber schließt nicht den Status eines Flüchtlings nach der GFK aus. Vielmehr ist in solchen Fällen die Flüchtlingseigenschaft eigenständig zu prüfen.

Ebenso wie der „Stammberechtigte" genießt auch der Familienasylberechtigte die Rechtsstellung als Flüchtling nach der GFK.[42] Sein Personalstatut und damit auch sein Eheschließungsstatut bestimmt sich mit Zuerkennung des Status nach dem Recht seines Wohnsitzes (= Recht des gewöhnlichen Aufenthalts). Nicht erfasst sind Personen, die subsidiär Schutzberechtigte nach § 4 AsylG sind. Für ihr Personalstatut und damit auch für ihr Eheschließungsstatut wird auf das Heimatrecht verwiesen.[43] Für Ehen, die vor dem Zeitpunkt des Erwerbs der Rechtsstellung nach der GFK geschlossen wurden, beurteilt sich die materielle Wirksamkeit nach dem Recht des Staates, dessen Staatsangehörigkeit der Ehegatte zur Zeit der Eheschließung besaß.

15 Für Personen, die nach ihrer Aufnahme in die Bundesrepublik den Status eines Deutschen iSd **Art. 116 Abs. 1 GG** besaßen, beurteilen sich die Ehevoraussetzungen iVm Art. 9 Abs. 2 Nr. 5 FamRÄndG nach deutschem Recht. Haben sie die Ehe vor ihrer Aufnahme geschlossen, kommt es auf ihr Personalstatut zum Eheschließungszeitpunkt an.

16 **3. Allgemeine Fragen des IPR. a) Statutenwechsel.** Aus dem **Grundsatz der Unwandelbarkeit** folgt, dass eine nach den Eheschließungsstatuten gültige Ehe durch späteren Wechsel der Personalstatuten nicht zu einer ungültigen oder vernichtbaren Ehe werden kann.[44]

An diesem Grundsatz wird jedoch nicht ausnahmslos festgehalten, wenn es um eine Ehe geht, der zur Zeit der Eheschließung Ehehindernisse nach dem Personalstatut eines oder beider Verlobten entgegenstanden, soweit die Eheleute zum Zeitpunkt der Entscheidung über die Wirksamkeit der Ehe gemeinsam das Personalstatut eines Staates besitzen, nach dessen Rechtsordnung die Ehe keinen Mangel aufweist.[45]

17 Die **Rechtsprechung** hat sich verschiedentlich obiter dicta für eine **Heilung** ausgesprochen, wenn gemäß dem nach der Eheschließung erworbenen gemeinsamen Heimatrecht die Ehe materiell wirksam ist.[46] Zwei Entscheidungen sind in diesem Zusammenhang von Bedeutung. In RGZ 132, 416 ging es um das Ehehindernis der Religionsverschiedenheit nach dem Eheschließungsstatut. Das RG bestimmte das auf die Nich-

35 Ua OLGR Nürnberg 1997, 278 = FamRZ 1998, 1109; OLG Saarbrücken FamRZ 2008, 275; Johannsen/Henrich/*Henrich* EGBGB Art. 13 Rn. 2.

36 OLG Frankfurt StAZ 2005, 322.

37 OLG Frankfurt StAZ 2005, 322.

38 KG InfAuslR 2002, 95; OLG Zweibrücken StAZ 1996, 268 f.; OLG Frankfurt StAZ 2005, 322.

39 New Yorker UN-Übereinkommen über die Rechtsstellung der Staatenlosen v. 28.9.1954 (BGBl. II 1976 S. 474); Text → Anh. I zu Art. 5 EGBGB und *Jayme/Hausmann*, Nr. 12.

40 Genfer UN-Abkommen über die Rechtsstellung der Flüchtlinge v. 28.7.1951 (BGBl. II 1953 S. 560); Protokoll v. 31.1.1967 (BGBl. II 1969 S. 1294); abgedruckt in → Anh. II zu Art. 5 EGBGB.

41 BGBl. I 1980 S. 1057, außer Kraft getreten durch Art. 15 Abs. 3 Nr. 3 ZuwanderungsG v. 30.7.2004 (BGBl. I 2004 S. 1950) mit Wirkung v. 1.1.2005, die vor dem 1.1.2005 erworbene Rechtsstellung gilt nach § 103 AufenthaltsG fort.

42 BVerwG 13.11.2000 – 9 C 10/00.

43 Wie hier Palandt/*Thorn* EGBGB Art. 5 Rn. 27.

44 Ua BGHZ 27, 375, 380 f. = FamRZ 1958, 367 = NJW 1958, 1627; KG IPRspr. 1970 Nr. 57; *v. Bar* IPR II Rn. 134; MüKoBGB/*Coester* EGBGB Art. 13 Rn. 16.

45 Hierzu rechtsvergleichend *Siehr* IPrax 2007, 30 ff.

46 RG JW 1938, 855; BGHZ 27, 375, 380 ff. = FamRZ 1958, 367 = NJW 1958, 1627; KG IPRspr. 1970 Nr. 57; aA LG Kiel IPRspr. 1960/61 Nr. 92 (die Möglichkeit der Heilung nicht angesprochen).

tigkeitsklage anwendbare Recht analog dem Scheidungsstatut ua mit der Begründung, dass der deutsche Richter keine Veranlassung hat, eine Ehe für nichtig zu erklären, die im Heimatstaat der Ehegatten als gültig behandelt wird.[47] Im zweiten, durch das KG[48] entschiedenen Fall, ging es um den Mangel der Doppelehe nach deutschem Recht bei einer Ehe zwischen einer Deutschen, die später die niederländische Staatsangehörigkeit unter Verlust der deutschen angenommen hatte, und einem Niederländer. Beide lebten vor und nach der Eheschließung in den Niederlanden. Die Vorehe des Ehemannes mit einer Deutschen war durch ein niederländisches Gericht geschieden worden, die Nichtanerkennungsfähigkeit der Scheidung war nach Art. 7 § 1 FamRÄndG (jetzt § 107 FamFG) festgestellt. Das KG hat in Bezug auf die deutsche Frau einen nachträglichen Statutenwechsel vom deutschen zum niederländischen Recht mit der Begründung angenommen, dass eine Ehe zu erhalten sei, die im Geltungsbereich eines Rechts geschlossen wurde, dem zum Zeitpunkt der Entscheidung beide Partner unterstanden und nach dem die Ehe mangelfrei ist, wenn zudem eine völlige und dauerhafte Lösung von der deutschen Rechtsordnung erfolgt war.[49] Die Entscheidung ist ua auf Kritik gestoßen, weil bei der Vorfragenproblematik das Weiterbestehen der Erstehe mit einer Deutschen vom Standpunkt des deutschen Rechts unberücksichtigt blieb.[50]

In der **Literatur** wird eine Heilung durch Statutenwechsel – mit unterschiedlichen Voraussetzungen – überwiegend für möglich angesehen.[51] Von einer Heilung ist nur dann auszugehen, wenn beide Ehegatten sich von der Rechtsordnung dauerhaft gelöst haben, nach der die Ehe nichtig oder vernichtbar ist. Die Eheleute müssen weiterhin in dem Staat, dessen Recht nunmehr gemeinsames Personalstatut ist, auch ihren Lebensmittelpunkt haben.[52] Bei der Abwägung sind Rechtspositionen Dritter, etwa des Partners einer Vorehe, zu berücksichtigen.[53] Bei einem ausländischen Eheschließungsstatut kommt dem ordre public Vorrang vor dem Statutenwechsel zu.[54] Wenn ein Ehehindernis nach dem ursprünglichen ausländischen Eheschließungsstatut gem. Abs. 2 oder Art. 6 nicht zu beachten ist, ist ein Statutenwechsel überflüssig. Bei dem Ehemangel der Doppelehe ist zudem die den Umständen des Einzelfalls gerecht werdende Lösung für die Anknüpfung der Vorfrage der Existenz der Erstehe dem Statutenwechsel für das Eheschließungsstatut insgesamt vorzuziehen (zu Vorfragen → Rn. 40 ff.). Stellt sich die Frage der Wirksamkeit der Ehe als Vorfrage und unterliegt die Hauptfrage (zB die Rechtsnachfolge von Todes wegen) dem nach der Eheschließung erworbenen gemeinsamen Heimatrecht, kommt auch eine unselbständige Anknüpfung der Vorfrage in Betracht, was die Rechtsprechung bisher jedoch abgelehnt hat.[55] Liegen ausnahmsweise die Voraussetzungen eines Statutenwechsels zugunsten der Ehewirksamkeit vor (favor matrimonii), tritt die Heilung ex nunc, also mit dem Statutenwechsel ein.[56]

b) Renvoi. Rück- und Weiterverweisung sind nach Art. 4 Abs. 1 zu beachten. Sie kommen relativ häufig vor, weil andere Rechtsordnungen zT an den Eheschließungsort (bspw. Südafrika, Argentinien, Paraguay, Uruguay)[57] oder den Wohnsitz (bspw. Großbritannien, Peru)[58] anknüpfen. Bei der Anwendung ausländischen Kollisionsrechts ist eine eventuell vom deutschen Recht abweichende Qualifikation zu beachten (zB statt Beurteilung als materielle Ehevoraussetzung Qualifikation als Formproblem).[59]

18

19

---

47 RGZ 132, 416, 419; hierzu *Siehr* FS Ehrenzweig 1976, S. 136 ff.

48 KG OLGZ 1987, 433 = IPRax 1987, 33 = FamRZ 1987, 950 mAnm *Siehr* IPRax 1987, 19.

49 KG OLGZ 1987, 433 (435) = IPRax 1987, 33 = FamRZ 1987, 950 mAnm *Siehr* IPRax 1987, 19.

50 *Siehr* IPRax 1987, 19. Zur Heilung ungültiger Ehen durch Statutenwechsel sa MüKoBGB/*Coester* EGBGB Art. 13 Rn. 17 ff.

51 Ua *Beitzke* JZ 1959, 125; *Siehr* IPRax 1987, 19 ff.; *ders.* FS Ehrenzweig 1976, S. 140 ff.; MüKoBGB/*Coester* EGBGB Art. 13 Rn. 17 ff.; Staudinger/*Mankowski* EGBGB Art. 13 Rn. 90 ff.; abl. *Henrich* § 1 VII S. 41, für den Status, jedoch für Anerkennung von Ehewirkungen bei hinkenden Ehen; auch abl. Soergel/*Schurig* EGBGB Art. 13 Rn. 33 f.; *Kegel/Schurig* IPR § 20 IV 1 c S. 808; *Siehr* IPRax 2007, 30 (34).

52 Ausf. *Siehr* FS Ehrenzweig 1976, S. 143 ff.; *ders.* IPRax 1987, 19 ff.; MüKoBGB/*Coester* EGBGB Art. 13 Rn. 19; Erman/*Hohloch* EGBGB Art. 13 Rn. 13; erweiternd *Siehr* IPRax 2007, 30 (34), wonach eine geheilte Ehe nicht dadurch wieder

ungültig wird, dass die Eheleute in einen Staat ziehen, nach dessen Recht die Ehe wiederum einen Mangel aufweist.

53 *Siehr* IPRax 1987, 19 (21); MüKoBGB/*Coester* EGBGB Art. 13 Rn. 20; entgegen KG OLGZ 1987, 433 (435) = IPRax 1987, 33.

54 BGH FamRZ 1997, 542 (543) = NJW 1997, 2114; *Hohloch* JuS 1997, 850; *Siehr* FS Ehrenzweig 1976, S. 140.

55 Für das Erbrecht BGH NJW 1981, 1900 mAnm *Hausmann* FamRZ 1981, 833 und *Denzler* IPRax 1982, 181; OLG Hamm FamRZ 1993, 607 mAnm *Haas* FamRZ 1993, 610; differenziert LG Stuttgart FamRZ 1969, 542 (betrifft Formmangel).

56 AA Staudinger/*Mankowski* EGBGB Art. 13 Rn. 98.

57 AG Tübingen IPRspr. 1990 Nr. 73 a = ZfJ 1992, 48 mAnm *Coester*, S. 141; Staudinger/*Mankowski* EGBGB Art. 13 Rn. 62.

58 OLG Karlsruhe IPRspr. 1994 Nr. 69 = StAZ 1994, 286 (Ghana); Staudinger/*Mankowski* EGBGB Art. 13 Rn. 60 f.

59 *V. Bar* IPR II Rn. 129; *v. Bar/Mankowski* IPR I § 7 Rn. 149 f.

20   **c) Mehrrechtsstaaten.** Abs. 1 kann zu der Rechtsordnung eines Staates führen, dessen Kollisionsrecht und/oder materielles Recht für die Eheschließung territorial oder personal gespalten ist. Die maßgebliche Teilrechtsordnung ist gem. Art. 4 Abs. 3 zu bestimmen (näher → EGBGB Art. 4 Rn. 26 ff.).

21   **d) Gesetzesumgehung.** Es wird zwischen echter und unechter Gesetzesumgehung unterschieden. Bei der **echten Gesetzesumgehung** führen ein oder beide Verlobte die Änderung ihres Personalstatuts herbei, um Ehehindernisse, die nach dem bisherigen Personalstatut bestehen, zu umgehen. Hierzu gehört auch die bewusste Herbeiführung einer Rück- oder Weiterverweisung, wenn das Heimatrecht an den Wohnsitz oder den Eheschließungsort anknüpft. Es bleibt in solchen Fällen bei der Anwendung von Abs. 1 und Art. 4 Abs. 1, die Gesetzesumgehungsabsicht wird toleriert.[60] Das schließt nicht aus, dass materiellrechtlich eine Korrektur mithilfe der ordre-public-Klausel erfolgt, wenn deren Voraussetzungen vorliegen.

22   Bei der **unechten Gesetzesumgehung** schließen die Eheleute vom Standpunkt des Rechts des Eheschließungsortes eine wirksame Ehe, ohne eine Änderung ihres Eheschließungsstatuts vom Standpunkt des deutschen Rechts herbeigeführt zu haben. Typische Beispiele sind die sog. Gretna-Green-Trauungen[61] und Tondern-Ehen.[62] Die materielle Wirksamkeit der Ehe wird gem. Abs. 1 für jeden Partner nach seinem Heimatrecht (Gesamtverweisung) beurteilt.

23   Haben die Verlobten den Eheschließungsort ins Ausland verlagert, um das Erfordernis der Beibringung eines Ehefähigkeitszeugnisses oder die Befreiung hiervon nach § 1309 BGB zu umgehen, berührt dies die materiellrechtliche Wirksamkeit nicht. Selbst eine ohne Ehefähigkeitszeugnis oder Befreiung hiervon im Inland geschlossene Ehe ist wirksam, wenn den Anforderungen der Eheschließungsstatuten Rechnung getragen ist (zum Ehefähigkeitszeugnis → Rn. 148 ff., 153 ff.).

24   **e) Ordre public. aa) Inländische Eheverbote.** Art. 6 ist anzuwenden, wenn im ausländischen Recht Eheverbote, die das deutsche Recht vorsieht, fehlen und dies in Bezug auf die betreffende Eheschließung zu einer wirksamen Ehe führen würde, was im Ergebnis die Grundrechte oder wesentliche Grundprinzipien des deutschen Rechts verletzen würde.[63] Für Art. 6 ist maßgebend, ob es um eine Zulassung der Eheschließung im Inland geht oder ob die Wirksamkeit einer bereits (im Ausland) geschlossenen Ehe zu beurteilen ist.

25   Im ersteren Fall stellt bereits die Mitwirkung des Standesbeamten an einer solchen Eheschließung den hinreichenden Inlandsbezug für die Anwendung von Art. 6 dar, um das Inzestverbot[64] und das Verbot der Doppelehe auch entgegen dem nach Abs. 1 maßgeblichen Recht zur Anwendung zu bringen (hierzu → Rn. 38ff.) Bezogen auf das Verbot der Eheschließung vor Vollendung des 18. Lebensjahres ist § 1310 Abs. 1 BGB und Art. 13 Abs. 3 gegenüber der allgemeinen Ordre-public-Klausel vorrangig. (hierzu → Rn. 29, 95 ff.).

26   Ob der Wirksamkeit einer bereits geschlossenen Ehe, die den Erfordernissen ausländischen Sachrechts genügt, der ordre public entgegensteht, ist nicht abstrakt zu prüfen, sondern hängt davon ab, welche Rechtsfolgen dies für das konkret geltend gemachte Begehren hat. Es kommt für die Beurteilung auf den Zeitpunkt der Entscheidung an. Das gilt auch für den erforderlichen Inlandsbezug.[65] Geht es um die Rechtswirkungen einer unter der Herrschaft einer fremden Rechtsordnung begründeten Ehe – zB um den Unterhalt oder das Erbrecht –, ist Art. 6 nicht heranzuziehen, wenn lediglich die Begründung und nicht die Rechtswirkungen der Ehe den Grundsätzen des deutschen Eherechts widersprechen.[66] Zudem kann die Anwendung des ordre public auf eine bereits geschlossene Ehe keine weiter gehende Folge haben, als für die Verletzung dieses Eheverbotes nach inländischem Recht vorgesehen ist. So führt die Anwendung der ordre-public-Klausel auf eine im Ausland geschlossene polygame Ehe nicht zu deren Nichtigkeit, sondern zu ihrer Aufhebbarkeit nach § 1314 BGB.[67]

27   **bb) Ausländische Eheverbote.** Wegen des Zusammenhangs zu Abs. 2 wird auf → Rn. 83 ff. verwiesen. Inwieweit einzelne Ehehindernisse oder ihr Fehlen nach dem ausländischen Recht dem ordre public widersprechen, wird in den sachlichen Ehevoraussetzungen im Einzelnen behandelt (→ Rn. 29 ff.).

28   **4. Sachliche Ehevoraussetzungen im Einzelnen. a) Einseitige oder zweiseitige Ehemängel.** Bei einer Eheschließung, bei der jeder Verlobte einem anderen Sachrecht unterliegt, ist zu prüfen, ob die Ehehindernisse einseitig oder zweiseitig ausgestaltet sind. Ein **einseitiges Ehehindernis** stellt nur dann ein Hin-

---

60   Ua *v. Bar* IPR II Rn. 130.

61   Eheschließung deutscher Minderjähriger in Schottland, nicht möglich, dazu *Marcks* StAZ 1985, 19.

62   Eheschließung vor allem italienischer Staatsangehöriger unter der Bedingung des damaligen Scheidungsverbots nach italienischem Recht, hierzu: *Jayme/Krause* IPRax 1983, 307; Staudinger/*Mankowski* EGBGB Art. 13 Rn. 70 ff.

63   *V. Bar* IPR II Rn. 151.

64   AG Hanau FamRZ 2004, 949 (950); *v. Bar* IPR II Rn. 151.

65   So OLG Hamm IPRspr. 1960/61 Nr. 115; MüKo-BGB/*Sonnenberger* EGBGB Art. 6 Rn. 83 mwN.

66   IE LG Frankfurt FamRZ 1976, 217; MüKoBGB/*Sonnenberger* EGBGB Art. 6 Rn. 85.

67   AG Hanau FamRZ 2004, 949 (950).

dernis für die Eheschließung dar und führt zu Ehemängeln, wenn es auf den Verlobten zutrifft, dessen Eheschließungsstatut es vorschreibt. Bei **zweiseitigem Ehehindernis** fordert das Eheschließungsstatut, dass das Ehehindernis für beide Verlobten beachtet wird. Ob ein Ehehindernis ein- oder zweiseitig ist, entscheidet das anwendbare Sachrecht für jeden Verlobten.[68]

b) Ehemündigkeit. Die Ehemündigkeit bestimmt sich für jeden Ehegatten nach seinem Eheschließungsstatut.[69] Stellt dieses hierfür auf die Geschäftsfähigkeit ab, ist Art. 7 Abs. 1 anzuwenden (Vorfrage, selbstständige Anknüpfung).[70] Steht nach ausländischem Recht der Ehefähigkeit eine gerichtliche Entscheidung über die Handlungsunfähigkeit entgegen, so ist zu prüfen, ob diese gem. § 109 FamFG anzuerkennen ist.[71] Was das Ehemündigkeitsalter betrifft, kommt es gleichfalls zunächst auf das Eheschließungsstatut für jeden Verlobten an. Hat ein Verlobter zum Eheschließungstermin das achtzehnte Lebensjahr noch nicht vollendet und gestattet ihm sein Eheschließungsstatut die Eingehung der Ehe, so muss der Standesbeamte die Mitwirkung an der Eheschließung verweigern, wenn sie zu einer unwirksamen Ehe nach Art. 13 Abs. 3 Nr. 1 (näher → Rn. 95 f.) führen würde, vgl. § 1310 Abs. 1 S. 3 Nr. 2 BGB.[72] Das betrifft den Fall, dass der Betreffende das 16. Lebensjahr noch nicht vollendet hat. Hat er zwar das 16., aber nicht das 18. Lebensjahr vollendet, und käme deshalb die Aufhebung der Ehe über Art. 13 Abs. 3 Nr. 2 EGBGB in Betracht, so hat er gleichfalls die Eheschließung nicht vorzunehmen. Nun bestimmt § 1315 Abs. 1 S. 1 Nr. 1 lit. b BGB, dass eine Aufhebung der Ehe ausgeschlossen ist, wenn aufgrund außergewöhnlicher Umstände die Aufhebung der Ehe eine so schwere Härte für den minderjährigen Ehegatten darstellen würde, dass die Aufrechterhaltung der Ehe ausnahmsweise geboten erscheint (hierzu → Rn. 97). Nach der Begründung zum Gesetzentwurf hat auch in einem solchen Fall der Standesbeamte die Mitwirkung an der Eheschließung abzulehnen. Jedoch ist ein Vorgehen nach § 49 PStG möglich, womit der Rechtsweg offenstände.[73] Über das Eingreifen der Härtefallklausel, um die Eheschließung zu ermöglichen, soll nicht der Standesbeamte, sondern das Gericht entscheiden.[74] Liegt Ehemündigkeit nach ausländischem Eheschließungsstatut vor und trifft die Härtefallregelung zu, so weist das Gericht, das in der Personenstandssache angerufen wird, den Standesbeamten an, die Eheschließung vorzunehmen. Gesetzlich ist dieses Vorgehen nicht geregelt. Inhaltlich geht es um die Befreiung vom Erfordernis des Erreichens des 18. Lebensjahres für eine Eheschließung. Wie die Entscheidung über die Aufhebung einer geschlossenen Ehe gehört die Befreiung an sich in die Zuständigkeit der Familiengerichte.[75]

Abgeleitet aus ihrem Sinn und Zweck, Kinder bzw. Jugendliche vor zu früher ehelicher Bindung zu schützen, muss sich die Regelung auf alle inländischen Eheschließungen unabhängig davon erstrecken, ob deutsches Recht Eheschließungsstatut ist. Die Neuregelung befindet sich, was die Eheschließung im Inland betrifft, in Übereinstimmung mit Art. 2 des UN-Übereinkommens über die Erklärung des Ehewillens, das Heiratsmindestalter und die Registrierung von Eheschließungen.[76] Mit der Ratifizierung hat sich die Bundesrepublik verpflichtet, ein Heiratsmindestalter festzulegen und Personen, die dieses Alter nicht erreicht haben, nicht zu ermöglichen rechtmäßig eine Ehe einzugehen. Die zuständige Behörde kann – so die Regelung im Übereinkommen – „aus schwerwiegenden Gründen im Interesse der künftigen Ehegatten" Befreiung vom Alterserfordernis erteilen.

c) Zustimmung Dritter. Ob ein Verlobter der Zustimmung Dritter zur Eheschließung bedarf, ist nach seinem Eheschließungsstatut zu beurteilen. Dieses Recht bestimmt darüber, ob und durch wen die Zustimmung ersetzt oder hiervon befreit werden kann.[77]

Bei fehlender Zustimmung, die nach dem Eheschließungsstatut die Heirat eines Volljährigen hindert, ist Abs. 2 zu prüfen.[78] Das Erfordernis der Zustimmung des Vaters zur Eheschließung der volljährigen Tochter

29

30

31

32

---

68 Etwa v. Bar IPR II Rn. 148; Fachausschuss Nr. 3789 StAZ 2006, 363.

69 So ua AG Hannover FamRZ 2002, 1116 f.; OLG Köln FamRZ 1999, 1130; OLG Saarbrücken FamRZ 2008, 275; Fachausschuss-Nr. 3789 StAZ 2006, 363.

70 Ua Henrich § 1 II 7 S. 27; Erman/Hohloch EGBGB Art. 13 Rn. 24 mwN; MüKoBGB/Coester EGBGB Art. 13 Rn. 10, 39.

71 Vorrang hat gegenüber Vertragsstaaten des Übereinkommens über den internationalen Schutz von Erwachsenen vom 13.1. 2000 (BGBl. II 2007 S. 323) dessen Art. 22 in Bezug der Entscheidungen, die nach Inkrafttreten des Übereinkommens in der Bundesrepublik (1.1.2009) und dem Erlassstaat ergangen sind.

72 Eingefügt durch Gesetz zur Bekämpfung von Kinderehen BGBl. 2017 I Nr. 48.

73 BR-Drs. 275/17, 16, 25 (Gesetzentwurf, Begründung).

74 BR-Drs. 275/17, 16, 25 (Gesetzentwurf, Begründung).

75 Die Befreiung vom Erfordernis der Ehemündigkeit nach § 1303 Abs. 2 BGB aF war Kindschaftssache und fiel in die Zuständigkeit der Familiengerichte, siehe nur Palandt/Brudermüller BGB § 1303 Rn. 10; Thomas/Putzo/Hüßtege FamFG § 151 Rn. 7.

76 V. 10.12.1962, BGBl. II 1969, S. 161 ff.

77 MüKoBGB/Coester EGBGB Art. 13 Rn. 40; BGH IPRspr. 1964/65 Nr. 88; OLG Frankfurt MDR 1951, 299 = IPRspr. 1950/51 Nr. 126; OLGR Nürnberg 1997, 278 = FamRZ 1998, 1109.

78 LG Kassel StAZ 1990, 169 (170) = IPRspr. 1990 Nr. 66 mAnm Kremer StAZ 1990, 171; MüKoBGB/Coester EGBGB Art. 13 Rn. 40; aA Erman/Hohloch EGBGB Art. 13 Rn. 24.

nach ausländischem Recht verstößt indessen gegen Art. 6, weil nicht nur das Grundrecht auf Eheschließungsfreiheit, sondern auch das Benachteiligungsverbot wegen des Geschlechts verletzt ist.[79] Einer Befreiung von diesem Ehehindernis bedarf es zur Eheschließung im Inland nicht, dem Familiengericht fehlt für die Erteilung einer solchen Befreiung auf Antrag die wesenseigene Zuständigkeit.[80]

33   **d) Eheschließungswille.** Welche Anforderungen an den Eheschließungswillen zu stellen sind, bestimmt für jeden Verlobten sein Eheschließungsstatut. Es entscheidet auch darüber, ob bei der Eheschließung **Willensmängel** (wie fehlende Ernstlichkeit, Geistesstörung, Irrtum, Täuschung oder Drohung) vorliegen und welche Wirkungen diese auf die Wirksamkeit der Ehe (etwa Aufhebbarkeit, Nichtigkeit oder Anfechtbarkeit) haben.[81]

34   Bei Willensmängeln, wie Geschäftsunfähigkeit, Bewusstlosigkeit oder vorübergehender Störung der Geistesfähigkeit, kann es sich um ein zweiseitiges Ehehindernis handeln.[82]

35   Auch die Zulässigkeit und die Rechtsfolgen von Eheschließungserklärungen unter einer **Bedingung** oder einer **Befristung** unterliegen dem Eheschließungsstatut. Es handelt sich um Fragen, die als sachliche Ehevoraussetzungen zu qualifizieren sind.[83] Soweit für beide Verlobte ein ausländisches Eheschließungsstatut gilt, kann eine zeitlich befristete oder bedingte Ehe im Inland nicht eingegangen werden, weil sie im offensichtlichen Widerspruch zu den Grundvorstellungen über die Ehe im deutschen Recht steht.[84] Ob eine im Ausland unter ausländischem Eheschließungsstatut geschlossene Zeitehe – zB nach iranischem Recht – ordre-public-widrig ist, ist umstritten.[85] Ein genügender Inlandsbezug fehlt jedenfalls dann, wenn beide Partner ein ausländisches Eheschließungsstatut besitzen und zum Zeitpunkt der Eheschließung ihren gewöhnlichen Aufenthalt nicht in Deutschland haben.[86]

36   **e) Scheinehe.** In § 1310 Abs. 1 Hs. 2 iVm § 1314 Abs. 2 Nr. 5 BGB ist mit dem Aufhebungsgrund der fehlenden Absicht beider Verlobten, eine eheliche Lebensgemeinschaft zu gründen, zugleich ein materielles Ehehindernis normiert.[87] Die Bestimmung ist anwendbar, wenn sich die materiellen Voraussetzungen für die Eheschließung wenigstens eines Verlobten nach deutschem Recht richten.[88] Allgemein bestimmen die Eheschließungsstatuten beider Ehegatten kumulativ, ob eine beabsichtigte Scheinehe ein Ehehindernis darstellt. Gilt für beide Ehepartner insoweit ausländisches Recht und besteht danach kein Ehehindernis, stellt sich die Frage, ob der Standesbeamte gleichwohl nach § 1310 Abs. 1 S. 2 Hs. 2 BGB die Mitwirkung an der Eheschließung verweigern kann.[89] Erwogen wird, die Mitwirkung bei einer Eheschließung zu verweigern, wenn sie darauf zielt, einem Partner das Aufenthaltsrecht zu verschaffen (sog. Aufenthaltsehe). Gestützt werden diese Überlegungen auf Art. 6,[90] das allgemeine Verbot des Rechtsmissbrauchs oder auf die Qualifikation von § 1310 Abs. 1 S. 2 Hs. 2 BGB als Annex zur Eheschließungsform bzw. verfahrensrechtliche Vorschrift.[91]

37   Alle Begründungen rufen Widerspruch hervor. § 1310 Abs. 1 S. 2 Hs. 2 BGB zielt auf die Verhinderung von Eheschließungen, die materiellrechtliche Ehemängel aufweisen. Solche sind jedoch dem Eheschließungsstatut, vorbehaltlich des ordre public, zu entnehmen. Liegt danach kein Ehehindernis vor, darf der Standesbeamte die Eheschließung nicht verweigern. Gegen die Heranziehung des ordre public spricht, dass die deutsche Regelung erst 1998 eingeführt wurde und sich nicht auf eine vorher allgemein anerkannte Rechtspraxis

---

79   Richtig LG Kassel StAZ 1990, 169 (171) = IPRspr. 1990 Nr. 66 (Iran); AG Gießen StAZ 2001, 39; *Bock* NJW 2012, 122 (123).

80   LG Kassel StAZ 1990, 169 (170) = IPRspr. 1990 Nr. 66.

81   Ua RG IPRspr. 1931 Nr. 58; OLG Frankfurt FamRZ 1987, 155 = IPRspr. 1986 Nr. 54; OLG München IPRspr. 1950/51 Nr. 132; MüKoBGB/*Coester* EGBGB Art. 13 Rn. 45; Staudinger/*Mankowski* EGBGB Art. 13 Rn. 432.

82   RG JW 1937, 2039 (Geschäftsunfähigkeit bei Eheschließung); aA *Kegel/Schurig* IPR § 20 IV 1 b bb S. 800 ff.

83   MüKoBGB/*Coester* EGBGB Art. 13 Rn. 46 124; Staudinger/*Mankowski* EGBGB Art. 13 Rn. 793; *Schulze* StAZ 2009, 197 (202).

84   So iE jedoch Doppelqualifikation auch als Formfrage MüKoBGB/*Coester* EGBGB Art. 13 Rn. 46 124; Staudinger/*Mankowski* EGBGB Art. 13 Rn. 794; *Rohe* StAZ 2006, 93 (98); *ders.* StAZ 2000, S. 161, 167; wie hier *Schulze* StAZ 2009, 197 (202) jedoch mit erheblichen Bedenken.

85   MüKoBGB/*Coester* EGBGB Art. 13 Rn. 46 mwN bejahend; Staudinger/*Mankowski* EGBGB Art. 13 Rn. 793 abl. mwN.

86   Ähnlich *Schulze* StAZ 2009, 197 (204).

87   KGR Berlin 2001, 165 = FamRZ 2001, 1610; AG Heilbronn StAZ 2000, 176 (177); MüKoBGB/*Coester* EGBGB Art. 13 Rn. 58; aA OLG Düsseldorf StAZ 1996, 138 (139) (Qualifikation als Formfrage).

88   AG Heilbronn StAZ 2000, 176 = FamRZ 2000, 1364; *Hepting* FamRZ 1998, 713 (721); Palandt/*Brudermüller* § 1310 Rn. 8; MüKoBGB/*Coester* EGBGB Art. 13 Rn. 58.

89   Bejahend MüKoBGB/*Wellenhofer* § 1310 Rn. 16 f.; abl. *Gaaz* StAZ 1998, 241 (242 f.); *Henrich* FS Rolland, 1999, S. 170 f.; *Hepting* FamRZ 1998, 713 721 f.; *Wolff* FamRZ 1998, 1477; Palandt/*Thorn* EGBGB Art. 13 Rn. 22.

90   *Henrich* FS Rolland 1999 S. 172; *Hepting/Gaaz* (38. EL 2003) § 5 a PStG Rn. 74 f. 93 und III-409 f.

91   KG KGR Berlin 2001 165 = FamRZ 2001, 1610 (obiter); MüKoBGB/*Wellenhofer* § 1310 Rn. 17; MüKoBGB/*Coester* EGBGB Art. 13 Rn. 59.

stützen konnte.[92] Gegen den Gedanken des allgemeinen Verbots des Rechtsmissbrauchs spricht, dass im Falle eines solchen die Korrektur über den ordre public erfolgt. Bei einer schon geschlossenen Ehe kann § 1314 Abs. 2 Nr. 5 BGB nicht über den ordre public herangezogen werden.[93] Das Kollisionsrecht kann nicht die Funktion übernehmen, die dem Aufenthaltsrecht zukommt.

f) Doppelehe. Hinsichtlich des Ehehindernisses der Doppelehe unterliegt jeder Verlobte seinem Ehe- **38** schließungsstatut. Dieses bestimmt für ihn darüber, ob es sich um ein einseitiges oder zweiseitiges Ehehindernis handelt. In den Ländern, in denen das Prinzip der Einehe gilt, ist das Verbot der Mehrehe ein zweisei- tiges Ehehindernis. In islamischen Rechtsordnungen ist es dem Mann vielfach – an bestimmte Vorausset- zungen gebunden – gestattet, mehr als eine Frau zu heiraten.[94] Aufgrund des Kumulationsprinzips des Abs. 1 setzt sich bezüglich des Verbots und der statusrechtlichen Folgen der Doppelehe das strengere Recht durch (→ Rn. 71). Der Eheschließung einer Frau, deren Eheschließungsstatut die Mehrehe verbietet, mit einem verheirateten Mann, dessen Eheschließungsstatut ihm die Eingehung einer weiteren Ehe gestattet, steht das Verbot der Mehrehe entgegen. Sehen beide Statuten kein Verbot vor, ist die Eheschließung im Inland durch Art. 6 gehindert.[95] Bei geschlossenen Ehen ist zu berücksichtigen, dass die Verletzung des Prinzips der Einehe im deutschen Recht lediglich zu einer aufhebbaren Ehe führt. Eine polygame Ehe, die im Ausland unter Beteiligung eines Verlobten mit deutschem Personalstatut geschlossen wurde, verletzt § 1306 BGB.[96] Solange die Ehe nicht für aufgehoben erklärt worden ist, kann sie auf Antrag im Eheregister beurkundet werden, wenn die sonstigen Voraussetzungen vorliegen (§ 34 PStG).[97] Art. 6 gebietet es nicht, eine im Ausland wirksam geschlossene polygame Ehe den Regeln des deutschen Rechts für die Doppelehe zu unterwerfen, selbst soweit einer der Beteiligten inzwischen ein deutsches Personalstatut erworben hat.[98]

Um eine potenziell polygame Ehe handelt es sich, wenn der Verlobte ledig ist und für ihn ein polygames **39** Eheschließungsstatut zur Anwendung gelangt.[99] Ob dies ein Ehehindernis für die Frau darstellt, bestimmt das für sie geltende Eheschließungsstatut; für das deutsche Sachrecht trifft dies nicht zu.[100] Schließt der Ehemann später nach seinem Heimatrecht eine Zweitehe, unterliegt die Frage, ob dies zur Auflösung der Erstehe berechtigt, dem nach der Rom III-VO anwendbaren Recht, weil es sich um eine Störung der Ehe handelt, die erst nach der Eheschließung eingetreten ist.

aa) Existenz der Vorehe als Vorfrage. Der Grundsatz der Einehe ist nur verletzt, wenn eine Vorehe **40** geschlossen wurde und diese zum Zeitpunkt der zweiten Eheschließung nicht aufgehoben ist. Die Frage nach der Begründung der Vorehe wird vom Standpunkt des deutschen Rechts entschieden (selbstständige Anknüpfung der Vorfrage).[101] Das nach deutschem Kollisionsrecht maßgebliche Recht für die Vorehe bestimmt darüber, ob sie wirksam zustande gekommen ist und, soweit danach Ehemängel vorliegen, ob für den Fall der Wiederverheiratung von der Existenz der Ehe auszugehen ist.[102] Eine kollisionsrechtliche Prüfung entfällt, wenn die Ehe durch inländisches Urteil oder hier anerkannte ausländische Entscheidung aufgehoben, für nichtig erklärt oder ihre Nichtexistenz festgestellt worden ist (→ Rn. 42).

bb) Vorfrage der Auflösung der Vorehe. (1) Bei Eingehen einer Zweitehe. Existiert eine Vorehe, die **41** die Eheschließung hindern würde, stellt sich die Frage, ob diese Vorehe aufgelöst oder für nichtig erklärt worden ist. Bei Verlobten mit unterschiedlichem Personalstatut ist sie für jeden gesondert zu beantworten.

92 Erman/*Roth* § 1310 Rn. 7; generell abl. *Kartzke* Scheinehen zur Erlangung aufenthaltsrechtlicher Vorteile Diss. 1990 S. 107; *Lüderitz* FS Oehler 1985 S. 490 mit Einschränkungen; Staudinger/*Mankowksi* EGBGB Art. 13 Rn. 341.
93 Anders *Henrich* FS Rolland 1999 S. 173; MüKo-BGB/*Wellenhofer* § 1314 Rn. 38; wie hier MüKo-BGB/*Coester* EGBGB Art. 13 Rn. 59; *Spellenberg* IPRax 1992, 233 237.
94 Aufzählung der Rechtsordnungen nach denen Mehrehe erlaubt ist bei Staudinger/*Mankowski* EGBGB Art. 13 Rn. 239 ff.
95 Ua BFH NJW 1986, 2209; *v. Bar* IPR II Rn. 140; MüKoBGB/*Coester* EGBGB Art. 13 Rn. 68 mwN; Staudinger/*Mankowski* EGBGB Art. 13 Rn. 252; *Rohe* StAZ 2000, 161 166; *Spickhoff* JZ 1991, 323 (327).
96 OLG Zweibrücken FamRZ 2004, 950.
97 AG Bremen StAZ 1991, 232 = IPRspr. 1990 Nr. 69 (für Familienehen nach altem Recht).
98 OLG Hamm StAZ 1986, 352 = IPRspr. 1986 Nr. 53; LG Frankfurt FamRZ 1976, 217; *v. Bar* IPR II Rn. 134. Nachzugerlaubnis für die zweite Ehefrau ua

BVerwG IPRax 1985, 351 (Bericht *Henrich*); VG Gelsenkirchen FamRZ 1975, 338 mAnm *Jayme* FamRZ 1975, 338 und *Cullmann* FamRZ 1976, 313; aA OVG Münster IPRax 1985, 351 = IPRspr. 1985 Nr. 2; hierzu auch *Rohe* StAZ 2006, 93 (98).
99 *V. Bar* IPR II Rn. 140.
100 MüKoBGB/*Coester* EGBGB Art. 13 Rn. 67; *Spickhoff* JZ 1991, 323 (327); zu ausländischen Rechtsordnungen Staudinger/*Mankowski* EGBGB Art. 13 Rn. 249 f. mwN.
101 BGH FamRZ 1997, 542 (543) = NJW 1997, 2114; BGH FamRZ 1976, 336 (338); OLG Koblenz IPRax 1996, 278 (279) mAnm *Jayme*; Soergel/*Schurig* EGBGB Art. 13 Rn. 17; Staudinger/*Mankowski* EGBGB Art. 13 Rn. 270; *Henrich* § 1 II 7 S. 27; dif- ferenzierter *Hepting/Gaaz* (38. EL 2003) Bd. 2 Rn. III-373; **aA** MüKoBGB/*Coester* EGBGB Art. 13 Rn. 72.
102 OLGR Frankfurt 2001, 322 = FamRZ 2002, 705: Eine wegen Bigamie vorliegende Nichtehe nach phil- ippinischem Recht hindert die Wiederverheiratung solange die Nichtehe gerichtlich nicht festgestellt ist.

42   Für einen **Verlobten mit deutschem Eheschließungsstatut** (auch durch Rückverweisung) ist die Vorfrage vom Standpunkt des deutschen Rechts zu lösen. Das Ehehindernis der Doppelehe besteht nicht, wenn die Ehe durch einen deutschen rechtskräftigen Beschluss , durch eine hier anerkannte ausländische Entscheidung oder Privatscheidung aufgelöst oder für nichtig erklärt wurde. Ausländische Eheauflösungen, die von § 107 FamFG erfasst werden, erfüllen diese Voraussetzung erst mit der förmlichen Feststellung der Anerkennungsfähigkeit durch die Landesjustizverwaltung (hierzu Anhang II zum III. Abschnitt, §§ 107, 108, 109 FamFG). Im Übrigen ist im Verfahren der Befreiung von der Beibringung des Ehefähigkeitszeugnisses oder durch den Standesbeamten selbst (bei Vorlage eines Zeugnisses) die Anerkennungsfähigkeit inzident zu prüfen. Betroffen sind Entscheidungen, die Art. 21 ff. EheVO unterliegen (s. Anhang I zum III. Abschnitt, → EheVO Art. 21 Rn. 1 ff.), sowie Entscheidungen eines Gerichts des Staates, dem beide Ehegatten angehören (§ 107 Abs. 1 S. 2 FamFG; näher Anhang II zum III. Abschnitt, §§ 107, 108, 109 FamFG → Rn. 15).

43   Wird die Nichtanerkennungsfähigkeit festgestellt, besteht das Ehehindernis der Doppelehe nach § 1306 BGB.[103] Fehlt die erforderliche förmliche Feststellung nach § 107 FamFG, ist die Eheschließung gehindert[104] und die Erteilung eines Ehefähigkeitszeugnisses durch die deutsche Behörde für den inländischen Verlobten blockiert.

44   Für **Verlobte mit ausländischem Eheschließungsstatut** ist die Lösung der Vorfrage von der Zielstellung geprägt, eine hinkende Zweitehe zu verhindern, die dadurch verursacht wird, dass das deutsche Recht und das ausländische Eheschließungsstatut die Frage der Auflösung der Vorehe unterschiedlich beantworten. Die Vorfrage der Auflösung der Vorehe ist jedenfalls dann positiv zu beantworten, wenn diese sowohl vom Standpunkt des deutschen Rechts als auch des auf die Hauptfrage anwendbaren Rechts aufgelöst ist.[105]

45   Auf die Auflösung der Vorehe aus der Sicht des Heimatrechts der Verlobten kommt es nur dann an, wenn die Vorehe von Beginn an eine hinkende Inlandsehe ist, dh nur vom Standpunkt des deutschen Rechts existiert, zB weil das Verbot der Religionsverschiedenheit nach dem Heimatrecht der Ehegatten entgegensteht.[106]

46   Ist die Vorehe vom Standpunkt beider Rechtsordnungen oder nur des deutschen Rechts nicht aufgelöst, steht der Eheschließung das Verbot der Doppelehe nach dem Eheschließungsstatut entgegen. Ist die Vorehe nur nach dem ausländischen Recht nicht aufgelöst, ist das Ehehindernis der Doppelehe nach dem ausländischen Eheschließungsstatut unbeachtlich, wenn die Voraussetzungen des Abs. 2 vorliegen (→ Rn. 83).[107]

47   **(2) Bei Bestehen einer Zweitehe.** Vom Grundsatz her ist der Mangel der Doppelehe für eine bereits geschlossene Ehe nach demselben Schema zu prüfen. In diesem Zusammenhang hat der BGH in einer Entscheidung, in der es um die Nichtigkeit der Ehe wegen Verletzung des Verbots der Doppelehe nach türkischem Recht ging, die Auffassung vertreten, dass sich die Vorfrage, ob die Vorehe durch ein Gericht eines Drittstaates wirksam aufgelöst worden ist, jedenfalls auch nach Art. 7 § 1 FamRÄndG (jetzt § 107 FamFG) mithin nach deutschem Recht, richtet.[108] In einer anderen Entscheidung, die eine Vorehe betraf, welche durch ein deutsches Gericht geschieden worden ist, wurde geprüft, ob dies zu ihrer Auflösung aus der Sicht des Heimatrechts des ausländischen Verlobten geführt hat.[109]

48   Das KG wich von der kumulativen Vorgehensweise bei der Prüfung der Auflösung der Vorehe ab, als es eine geschlossene Zweitehe nicht als Doppelehe ansah, obwohl die zuvor im Ausland durchgeführte Privatscheidung der Erstehe nach Art. 7 § 1 Abs. 1 FamRÄndG (jetzt § 107 FamFG) nicht anerkannt war.[110]

49   Das ausländische Recht ist für die Vorfrage dann unbeachtlich, wenn seine Anwendung gegen den durch die Grundrechte mitbestimmten ordre public bei hinreichendem Inlandsbezug verstößt (Abs. 2 bzw. Art. 6;

103 OLGR Nürnberg 1997, 278 = FamRZ 1998, 1109; Palandt/*Thorn* EGBGB Art. 13 Rn. 7.

104 BayObLGZ 1975, 44 = FamRZ 1975, 582 = NJW 1975, 1077 mAnm *Geimer*; Staudinger/*Mankowski* EGBGB Art. 13 Rn. 303 f.

105 *Andrae* IntFamR § 1 Rn. 46 ff.; iE MüKoBGB/*Coester* EGBGB Art. 13 Rn. 75 ff.; Palandt/*Thorn* EGBGB Art. 13 Rn. 8 f.

106 KG OLGZ 1976, 149 = FamRZ 1976, 353 m. krit. Anm. *Görgens* StAZ 1977, 79.

107 Palandt/*Thorn* EGBGB Art. 13 Rn. 9.

108 BGH FamRZ 2001, 991 (992); OLGR Nürnberg 1997, 278 = FamRZ 1998, 1109; so auch OLG Düsseldorf FamRZ 1975, 584 = NJW 1975, 1081 mAnm

Geimer FamRZ 1975, 586; Palandt/*Thorn* EGBGB Art. 13 Rn. 9.

109 BGH FamRZ 1997, 542 (543) = NJW 1997, 2114; vor der „Spanierentscheidung" des BVerfG BGHZ 41, 136 = FamRZ 1964, 188 = NJW 1964, 976 mAnm *Dieckmann* JuS 1966, 99 (102); zum Streit *Hausmann* FamRZ 1981, 833; für unselbständige Anknüpfung OLG München IPRax 1988, 354 (356) mAnm *Winkler v. Mohrenfels* IPRax 1988, 341; für ausschließlich selbstständige Anknüpfung (prozessuale Lösung) Erman/*Hohloch* EGBGB Art. 13 Rn. 31; *Kegel/Schurig* IPR § 20 IV 1 b bb S. 801.

110 KG StAZ 1984, 309 = IPRspr. 1984 Nr. 44 mAnm *Bürgle* StAZ 1985, 104.

→ Rn. 24 ff; 83 ff.). Kein Verstoß gegen den ordre public liegt jedoch vor, wenn das ausländische Recht die Anerkennung des deutschen Scheidungsurteils von einem förmlichen Verfahren abhängig macht.[111]

War die Erstehe nach ausländischem Recht zur Zeit der Schließung der Zweitehe bereits aufgelöst, jedoch **50** ein Anerkennungsverfahren nach Art. 7 § 1 FamÄndG (jetzt § 107 FamFG) nicht durchgeführt worden, kann es auf Antrag nachgeholt werden. Die Feststellung der Anerkennungsfähigkeit wirkt auf den Zeitpunkt des Wirksamwerdens der Scheidung nach dem Recht des Erlassstaates (bei gerichtlicher Entscheidung) oder nach dem die Scheidung erfolgt ist (bei Privatscheidung) zurück.

Gegen das kumulative Herangehen an die Lösung des Vorfragenproblems sind bei bereits geschlossenen **51** Zweitehen Bedenken angebracht. Es geht nicht mehr darum, hinkende Zweitehen zu verhindern und die Ehegatten dazu anzuhalten, alle zumutbaren Schritte zu unternehmen, damit die Erstehe nach deutschem Recht und ihrem Heimatrecht aufgelöst ist. Die Anforderungen an die Wirksamkeit der Zweitehe sollten nicht dadurch erhöht werden, dass für die Frage der Auflösung der Vorehe kumulativ sowohl die deutsche als auch die ausländische Rechtsordnung, eingeschränkt durch Abs. 2 und Art. 6, herangezogen werden. Diese Methode ist im Interesse des inneren und des internationalen Entscheidungseinklangs nur gerechtfertigt, wenn es darum geht, ob die Ehe im Inland geschlossen werden kann.

Da eine Kumulation interessenwidrig ist, muss man sich entweder für die prozessrechtliche oder für die **52** materiellrechtliche Lösung der Vorfrage entscheiden. Der prozessrechtlichen Lösung kommt im Allgemeinen der Vorrang zu.[112] Eine Eheschließung nach einer in Deutschland durchgeführten oder anerkannten Nichtigkeitserklärung oder Auflösung einer Vorehe ist grundsätzlich nicht deshalb fehlerhaft, weil das Heimatrecht eines Verlobten diese Auflösung nicht anerkennt.[113] Ob sich die Verlobten um eine Anerkennung oder um erneute Scheidung im Heimatstaat bemüht haben, muss deshalb als unerheblich angesehen werden. Im Einzelfall kann jedoch die materiellrechtliche Lösung interessengerechter sein, insbesondere dann, wenn die Vorehe oder die Zweitehe zum Zeitpunkt der Eheschließung keinen Inlandsbezug aufweist und die Zweitehe im Ausland geschlossen wurde, ohne dass eine Gesetzesumgehung vorliegt.[114] Damit wird dem Umstand Rechnung getragen, dass die Partner bei der Eheschließung nicht damit rechnen konnten, die Wirksamkeit ihrer Ehe werde von der Anerkennung der Scheidung der Vorehe in Deutschland abhängig gemacht. Solche Fälle treten in der Rechtspraxis jedoch kaum auf.[115]

cc) Todeserklärung. Bei der Todeserklärung des Partners aus erster Ehe wird nach hM zunächst nicht **53** danach gefragt, ob die Erstehe dadurch aufgelöst ist.[116] Vielmehr wird direkt geprüft, ob die Todeserklärung die Wiederverheiratungsfähigkeit des überlebenden Ehegatten bewirkt. Diese Frage untersteht dem Eheschließungsstatut.[117] Soweit das Heimatrecht beider Verlobten das Verbot der Mehrehe vorsieht, muss die Todeserklärung nach beiden gem. Abs. 1 maßgeblichen Rechtsordnungen die Eheschließungsfähigkeit herbeiführen. Die materiellrechtliche Vorfrage einer wirksamen Todeserklärung des Partners aus vorangegangener Ehe ist nach derselben Methode wie die Vorfrage der Eheauflösung zu beurteilen.[118]

Bei deutschem Eheschließungsstatut kommt es darauf an, ob eine Todeserklärung seitens des Amtsgerichts **54** vorliegt oder eine ausländische Todeserklärung hier gem. § 109 FamFG anerkannt ist, was inzident zu prüfen ist. Bei ausländischem Eheschließungsstatut ist zusätzlich zu prüfen, ob auch vom Standpunkt dieser Rechtsordnung der Ehegatte aus der Vorehe für tot erklärt ist (Kumulation von prozessrechtlicher und materiellrechtlicher Lösung). Trifft Letzteres nicht zu oder kennt das ausländische Recht die Wiedererlangung der Ehefähigkeit durch Todeserklärung nicht, ist das Ehehindernis der Doppelehe nach dem Heimatrecht unbeachtlich, wenn die Voraussetzungen des Abs. 2 vorliegen.

g) Verwandtschaft, Schwägerschaft, Adoption. Ehehindernisse der Verwandtschaft,[119] Schwäger- **55** schaft[120] und der Milchverwandtschaft[121] bestimmen sich für jeden Verlobten nach seinem Eheschließungs-

---

111 BGH FamRZ 1997, 542 = NJW 1997, 2114; iE MüKoBGB/*Coester* EGBGB Art. 13 Rn. 76; Staudinger/*Mankowski* EGBGB Art. 13 Rn. 295 f.

112 Soergel/*Schurig* EGBGB Art. 13 Rn. 61; *Kegel/Schurig* IPR § 20 IV 1 b bb S. 801.

113 Insoweit fehlerhaft Fachausschuss-Nr. 3787 StAZ 2007, 125, wonach eine in Dänemark zwischen einem Deutschen und einer Brasilianerin geschlossene Ehe den Mangel der Doppelehe nach brasilianischem Recht aufweist, weil die Scheidung der früheren Ehe des Mannes durch ein deutsches Gericht in Brasilien bisher nicht förmlich anerkannt ist; ähnlich Staudinger/*Mankowski* EGBGB Art. 13 Rn. 311 ff.

114 ZB bei KG StAZ 1984, 309; hierzu *v. Bar* IPR II Rn. 144.

115 Als Beispiel KG StAZ 1984, 309; LG Hamburg IPRspr. 1976 Nr. 32; Staudinger/*Mankowski* EGBGB Art. 13 Rn. 311 ff.

116 Zum bisherigen Recht: BSGE 65, 48; MüKoBGB/ *Winkler v. Mohrenfels* (5. Aufl. 2010) EGBGB Art. 17 Rn. 26; Staudinger/*Mankowski* EGBGB Art. 13 Rn. 322.

117 MüKoBGB/*Coester* EGBGB Art. 13 Rn. 78; Soergel/ *Schurig* EGBGB Art. 13 Rn. 39; Staudinger/*Mankowski* EGBGB Art. 13 Rn. 321; nicht eindeutig BSGE 65, 48; AG Lüneburg IPRspr. 1970 Nr. 1 a.

118 Staudinger/*Mankowski* EGBGB Art. 13 Rn. 323 f.

119 OLG Düsseldorf FamRZ 1969, 654.

120 OLGR Stuttgart 2000, 157 = FamRZ 2000, 821.

121 Hierzu Staudinger/*Mankowski* EGBGB Art. 13 Rn. 232.

statut. Die Anwendung von Art. 6 kommt in Betracht, wenn das ausländische Recht gegenüber Ehen von Blutsverwandten das Inzestverbot des § 1307 BGB nicht vorsieht.[122] Strengere Verbote sind grundsätzlich zu beachten.[123] Bei den Ehehindernissen der Schwägerschaft oder sehr weiter Verwandtschaft kann Abs. 2 anwendbar sein.[124]

56 Ob eine Adoption die Eheschließung hindert, ist dem Eheschließungsstatut zu entnehmen.[125] Die Vorfrage des Bestehens eines Adoptionsverhältnisses wird vom Standpunkt des deutschen Rechts, einschließlich des IZVR und des IPR beurteilt. Bei einem ausländischen Adoptionsdekret kommt es auf die verfahrensrechtliche Anerkennung an. Soweit hierüber nach dem AdoptWirkG entschieden wurde, ist die Bindung nach § 4 Abs. 2 AdoptWirkG zu beachten, die auch die statusrechtlichen Wirkungen betrifft. Im Übrigen kann die Anerkennung inzident geprüft werden. Rechtsgrundlagen sind Art. 23 HAdoptÜ (Vertragsstaatenadoption) oder §§ 108 Abs. 1, 109 FamFG. Wie weit das ausländische Adoptionsdekret reicht und welche statusrechtlichen Wirkungen es folglich hat, bestimmt sich entsprechend dem Wirkungserstreckungsprinzip, nach dem Recht unter dem es ergangen ist.[126] Die Wirksamkeit und die statusrechtlichen Wirkungen einer Vertragsadoption regeln sich nach dem Adoptionsstatut, vgl. Art. 22 Abs. 1, 2 EGBGB.[127] Das Eheschließungsstatut entscheidet darüber, ob die von ihm vorausgesetzte Statusbeziehung, die die Eheschließung hindert, aufgrund der Adoption besteht (Substitutionsfrage).[128] Für bereits geschlossene Ehen sollte die Vorfrage dagegen allein gemäß dem Eheschließungsstatut entschieden werden, da nach deutschem Recht die Nichtbeachtung des Ehehindernisses der Adoption keine Auswirkungen auf die Wirksamkeit der Ehe hat.[129] Die Wirkung einer Eheschließung auf das Adoptionsverhältnis unterliegt dem Adoptionsstatut.[130]

57 **h) Ehehindernis der Religionsverschiedenheit.** Ehehindernisse der Religionsverschiedenheit sind in Rechtsordnungen anzutreffen, in denen das Eherecht durch religiöses Recht geprägt ist.[131] Bei Inlandstrauungen sind solche Verbote wegen Verletzung des ordre public (Art. 6, Grundrechtsverstoß gegen die Religionsfreiheit) sowie nach Abs. 2 unbeachtlich.[132]

58 Die Rechtsfolgen der Nichtbeachtung des Ehehindernisses der Religionsverschiedenheit nach dem Heimatrecht bleiben bei geschlossenen Ehen auch dann unbeachtlich, wenn der ausreichende Inlandsbezug erst nach Eheschließung herbeigeführt wird.[133] Von diesem ist stets auszugehen, wenn deutsche Gerichte/Behörden direkt oder inzident über die Wirksamkeit einer solchen Ehe zu entscheiden haben.[134]

59 **i) Ehehindernisse staatspolitischer Prägung.** Ehehindernissen der Rassenverschiedenheit, unterschiedlicher Staatsangehörigkeit und der Zugehörigkeit zu verschiedenen sozialen Schichten ist auf gleiche Weise wie Ehehindernissen der Religionsverschiedenheit zu begegnen. Ferner besteht die Möglichkeit, sie aufgrund ihres politisch diskriminierenden Charakters als ausländische Eingriffsnormen zu qualifizieren, die im Inland unbeachtet bleiben.[135]

60 Bedarf die Eheschließung nach dem Heimatrecht der staatlichen Genehmigung (etwa für Staatsbedienstete und Militärangehörige), ist diese beizubringen. Inwieweit bei fehlender staatlicher Genehmigung die Eheschließung im Inland wegen des Inlandsbezuges zulässig ist, beurteilt sich nach Abs. 2 (Nichtbeachtung wegen Verletzung der Eheschließungsfreiheit).[136]

61 **j) Sonstige Ehehindernisse. Wartefristen** oder **Eheverbote** als Scheidungsfolgen bestimmen sich für jeden Verlobten nach seinem Eheschließungsstatut. Sie bleiben wegen Verletzung der Eheschließungsfrei-

122 MüKoBGB/*Coester* EGBGB Art. 13 Rn. 54; Erman/*Hohloch* EGBGB Art. 13 Rn. 28.

123 OLG Düsseldorf FamRZ 1969, 654; Erman/*Hohloch* EGBGB Art. 13 Rn. 28; MüKoBGB/*Coester* EGBGB Art. 13 Rn. 54.

124 Erman/*Hohloch* EGBGB Art. 13 Rn. 28; Staudinger/*Mankowski* EGBGB Art. 13 Rn. 348.

125 Palandt/*Thorn* EGBGB Art. 13 Rn. 8; MüKoBGB/*Coester* EGBGB Art. 13 Rn. 55; *Kegel/Schurig* IPR § 20 IV 1 b bb S. 803.

126 *Andrae* IntFamR § 8 Rn. 72, 90.

127 Hierzu *Andrae* IntFamR § 8 Rn. 63, 92.

128 Zum Substitutionsproblem *Andrae* IntFamR § 8 Rn. 116 f.

129 Anders Staudinger/*Mankowski* EGBGB Art. 13 Rn. 351; *Dorenberg*, Hinkende Rechtsverhältnisse im internationalen Familienrecht, S. 170.

130 Staudinger/*Mankowski* EGBGB Art. 13 Rn. 351.

131 Zu ausländischen Rechtsordnungen ua *Elwan* IPRax 1986, 124 (Iran); *Kropp* StAZ 1984, 216 (Iran); *Krüger* StAZ 1984, 336 (Iran); IPG 1967/68 Nr. 19

(jüdisches Recht); Übersicht bei Staudinger/*Mankowski* EGBGB Art. 13 Rn. 388 ff.

132 OLG Hamm IPRspr. 1976 Nr. 33; BGHZ 56, 180 = FamRZ 1971, 366 = NJW 1971, 1519; *Krüger* StAZ 1984, 337; *Zimmermann* StAZ 1980, 139; MüKoBGB/*Coester* EGBGB Art. 13 Rn. 86; Palandt/*Thorn* EGBGB Art. 13 Rn. 2 8; Soergel/*Schurig* Art. 13 Rn. 127; Staudinger/*Mankowski* EGBGB Art. 13 Rn. 395.

133 IE MüKoBGB/*Coester* EGBGB Art. 13 Rn. 86; Staudinger/*Mankowski* EGBGB Art. 13 Rn. 397; *Krömer* StAZ 2001, 43; *Strumpel* StAZ 1972, 228; *Bock* NJW 2012, 122 (124).

134 KG KGR Berlin 2005, 668.

135 MüKoBGB/*Coester* EGBGB Art. 13 Rn. 89.

136 Verstoß gegen ordre public bejahend OLG Köln FamRZ 1969, 335; *Wolff* Das IPR Deutschlands 3. Aufl. 1954 S. 190; MüKoBGB/*Coester* EGBGB Art. 13 Rn. 90; Staudinger/*Mankowski* EGBGB Art. 13 Rn. 411 f.

heit unbeachtet, wenn Abs. 2 oder Art. 6 eingreifen.[137] Das Eheschließungsstatut für jeden Partner bestimmt auch, inwieweit die Eheschließung unter falschem Namen zu Ehemängeln führt.[138]

Die **Morgengabe** nach islamischen Rechtsordnungen hat verschiedene Funktionen zu erfüllen, was ihre **62** Qualifikation im Kollisionsrecht erschwert (→ EGBGB Art. 14 Rn. 71 ff.). Soweit es um die Morgengabevereinbarung als Eheschließungsvoraussetzung geht, ist sie nach den Eheschließungsstatuten für beide Verlobte zu beurteilen.[139]

5. Fehlen der sachlichen Eheschließungsvoraussetzungen. a) Beabsichtigte Inlandstrau- 63 ung. Bestehen nach dem gem. Abs. 1 unter Beachtung von Art. 4 Abs. 1 maßgeblichen Recht für einen oder beide Partner sachliche Ehehindernisse, kann die Ehe im Inland nicht geschlossen werden.[140] Etwas anderes gilt nur dann, wenn die Ehehindernisse nach Abs. 2 oder Art. 6 nicht zu beachten sind (hierzu → Rn. 83 ff.). Der Eheschließung entgegen steht auch ein nach dem Eheschließungsstatut aufschiebendes Eheverbot, dessen Verletzung die Gültigkeit der gleichwohl geschlossenen Ehe nicht beeinträchtigen würde.[141]

b) Erfolgte Eheschließung. Ist eine Ehe im In- oder Ausland geschlossen worden, obwohl nach dem **64** gem. Abs. 1 maßgeblichen Recht die sachlichen Ehevoraussetzungen nicht vorlagen, bestimmt das verletzte Recht über die Rechtsfolgen für den Bestand der Ehe. Das gilt dann nicht, wenn der Ehemangel, der sich aus einem ausländischen Recht ergibt, nach Abs. 2 oder Art. 6 nicht zu beachten ist. Maßgeblich ist also das Eheschließungsstatut, für das sich, bezogen auf diesen Teilkomplex, auch der Begriff **Ehebeseitigungsstatut** findet.[142] Die Zuordnung zum Eheschließungsstatut rechtfertigt sich, weil es um die Rechtsfolgen von Ehemängeln geht, die zum Zeitpunkt der Eheschließung vorlagen.

– Dieses Recht entscheidet insbesondere darüber,   **65**
– ob der Mangel überhaupt Folgen für den Bestand der Ehe hat und – wenn dies zutrifft –
– ob die Ehe deswegen aufhebbar, anfechtbar oder kraft Gesetzes nichtig ist.[143]

aa) Gestaltungs- und Feststellungsantrag. Ist die Ehe nach dem Ehebeseitigungsstatut **aufhebbar 66** oder **anfechtbar**, bedarf es im Inland eines entsprechenden Gestaltungsantrags.[144] Ob die Entscheidung ex tunc oder ex nunc auf den Bestand der Ehe wirkt, richtet sich ebenfalls nach dem Ehebeseitigungsstatut. Ihm wird auch insoweit gefolgt, als es die Rechtsfolgen des Mangels nicht in der Aufhebbarkeit oder Anfechtbarkeit der Ehe sieht, sondern ihn als einen Scheidungsgrund einstuft. Dementsprechend muss dann der Antrag lauten. Die unterschiedliche Qualifikation ist bereits für Art. 4 Abs. 1 zu beachten, denn die Verweisung erfolgt auf den Teil des ausländischen IPR, der nach den dortigen Auffassungen die Rechtsfolgen des betreffenden Ehemangels erfasst (Qualifikation nach anwendbarem IPR).

bb) Nichtigkeit kraft Gesetzes. Bei Nichtigkeit kraft Gesetzes bestimmt das Ehebeseitigungsstatut, ob es **67** zu seiner Geltendmachung der gerichtlichen Feststellung bedarf oder die Nichtigkeit auch ohne entsprechenden gerichtlichen Ausspruch feststeht.[145]

cc) Antragsbefugnis. Auch die Frage, wer für einen Gestaltungs- oder Feststellungsantrag **aktivlegiti- 68 miert** ist, bestimmt das Ehebeseitigungsstatut.[146] Das betrifft sowohl die Antragsbefugnis der Ehegatten als auch Dritter sowie des Ehegatten aus früherer Ehe und Erben. Ist deutsches Recht Ehebeseitigungsstatut, ergibt sich die Antragsbefugnis der zuständigen inländischen Verwaltungsbehörde aus § 1316 BGB.[147] Bei

---

137 Palandt/*Thorn* EGBGB Art. 13 Rn. 2 8; MüKoBGB/*Coester* EGBGB Art. 13 Rn. 82; Staudinger/*Mankowski* EGBGB Art. 13 Rn. 366.
138 OLG München FamRZ 2009, 1845 Rn. 12; OLG Düsseldorf StAZ 2012, 204 Rn. 13.
139 OLG Köln IPRspr. 1982 Nr. 43; OLG Düsseldorf FamRZ 1993, 188 (187); MüKoBGB/*Coester* EGBGB Art. 13 Rn. 84; Erman/*Hohloch* EGBGB Art. 13 Rn. 33; *Heldrich* IPRax 1983, 64; *Kutzur* IPRax 1993, 305 (306); *Rohe* StAZ 2002, 161 (167); *ders.* StAZ 2006, 93 (99); Palandt/*Thorn* EGBGB Art. 13 Rn. 11; ausführlich *Dutta/Yassari* StAZ 2014, 289 ff.
140 Ua OLG Hamburg IPRspr. 1983 Nr. 50; MüKoBGB/*Coester* EGBGB Art. 13 Rn. 108; Soergel/*Schurig* EGBGB Art. 13 Rn. 98; zu Beweisfragen BayObLGR 1997, 31 = FamRZ 1997, 817.
141 BGH StAZ 1971, 195.
142 S. etwa MüKoBGB/*Coester* EGBGB Art. 13 Rn. 118 119.

143 Aus der Rspr.: BGH FamRZ 2001, 991; OLG Hamburg StAZ 1988, 132; LG Hamburg IPRspr. 1974 Nr. 50; 1973 Nr. 34; 1973 Nr. 35; 1973 Nr. 37; RGZ 136 142; RG JW 1938, 855; MüKoBGB/*Coester* EGBGB Art. 13 Rn. 109 ff.; Palandt/*Thorn* EGBGB Art. 13 Rn. 13.
144 Für die Frage der Aufhebbarkeit einer Ehe wendet die Rspr. mitunter Art. 14 EGBGB an so OLG Schleswig FamRZ 2007, 470; OLG Karlsruhe NJW-RR 2000, 737; offen gelassen von OLG Zweibrücken FamRZ 2006, 1201.
145 Ua OLGR Frankfurt 2001, 322 = FamRZ 2002, 705; LG Kiel IPRspr. 1960/61 Nr. 92; OLG Hamburg StAZ 1988, 132 (134); Palandt/*Thorn* EGBGB Art. 13 Rn. 11.
146 Ua BT-Drs. 10/504 52; LG München IPRspr. 1952/53 Nr. 109; Erman/*Hohloch* EGBGB Art. 13 Rn. 36; Staudinger/*Mankowski* EGBGB Art. 13 Rn. 455; differenzierend Palandt/*Thorn* EGBGB Art. 13 Rn. 13.
147 Ua AG Heidelberg IPRax 1986, 165.

ausländischem Eheaufhebungsstatut stellt sich zunächst die Frage nach der Antragsberechtigung der ausländischen Behörde. Wegen des hoheitlichen Charakters – der Antrag dient der Durchsetzung von staatlichen Ordnungsinteressen – ist sie zu verneinen.[148] Antragsbefugt ist allein die deutsche Verwaltungsbehörde. Umstritten ist, ob die deutsche Verwaltungsbehörde den Antrag auf der Grundlage des Eheaufhebungsstatuts (an Stelle der ausländischen Behörde) oder des deutschen Rechts stellen kann.[149] Die vermittelnde Auffassung – der zu folgen ist – will sowohl berücksichtigen, dass sich die statusrechtlichen Folgen aus dem ausländischen Recht ergeben, als auch, dass die Verwaltungsbehörde zur Wahrung inländischer öffentlicher Interessen tätig wird. Sie läuft auf eine Kumulation beider Rechtsordnungen hinaus. Die Grenze ist durch § 1316 BGB gesetzt. Die Antragsbefugnis besteht in diesem Rahmen nur dann, wenn der Mangel zur Zeit der Antragstellung auch nach ausländischem Recht gegeben ist (zB darf der Mangel der Doppelehe nicht geheilt und nach ausländischem Recht die Antragsbefugnis nicht auf Private beschränkt sein).[150]

69   Das Eheschließungsstatut ist auch für die **Fristen einer Antragstellung** heranzuziehen.

70   **dd) Heilung.** Das Eheschließungsstatut, aus dem sich Mängel der Ehe ergeben, entscheidet über die Möglichkeiten und Voraussetzungen ihrer Heilung, zB bei Auflösung der Erstehe, Bestätigung oder Zeitablauf.[151]

71   **ee) Grundsatz des ärgeren Rechts.** Regeln sich die Voraussetzungen für die Eheschließung materiellrechtlich für jeden Ehegatten nach einer anderen Rechtsordnung und liegt nach dem Heimatrecht nur eines Partners ein Ehemangel vor, bestimmt dieses Recht über die statusrechtlichen Rechtsfolgen. Oft ist es jedoch so, dass nach dem Heimatrecht beider Partner ein Ehemangel besteht. Der in der Praxis häufig auftretende Fall ist der der Doppelehe, wenn beide Heimatrechte vom Prinzip der Einehe ausgehen. Nach dem sog. Grundsatz des ärgeren Rechts sind die statusrechtlichen Rechtsfolgen – wenn sie in beiden Rechtsordnungen unterschiedlich ausgestaltet sind – dem Recht zu entnehmen, das diesbezüglich die **strengeren Rechtsfolgen** vorsieht.[152] Ein nach beiden Rechtsordnungen vorliegender Mangel bei der Eheschließung ist folglich nur dann geheilt, wenn dies beide Rechtsordnungen vorsehen. Trifft das nicht zu, sind die Rechtsfolgen dem Recht zu entnehmen, nach dem keine Heilung eingetreten ist.[153]

72   Die Rechtsfolge der **Nichtehe** hat **Vorrang** vor der ipso iure nichtigen Ehe, die geltend gemacht werden muss; diese wiederum vor der vernichtbaren Ehe, bei Letzterer die Rechtsfolge der ex-tunc- vor der ex-nunc-Ehevernichtung.[154] Die Rechtsfolge der Nichtehe verstößt nicht gegen Art. 6.[155] Ist nach dem einen (ausländischen) Eheschließungsstatut die Nichtigkeits- bzw. Aufhebungsklage unbegründet, weil der Mangel der Doppelehe nicht (mehr) besteht, und nach dem anderen (deutschen) Eheschließungsstatut unzulässig, weil rechtsmissbräuchlich, greift Letzteres das ärgere Recht.[156] Das Prinzip des ärgeren Rechts ist dadurch entschärft, dass es nur dann greift, wenn im konkreten Fall die Voraussetzungen für die statusrechtlichen Rechtsfolgen **nach beiden Rechtsordnungen** vorliegen. Hierzu gehört auch das Erfordernis der gerichtlichen Geltendmachung.[157] Stellt zB in einer gemischt-nationalen Ehe, bei der Abs. 1 für nur einen Partner zum deutschen Recht führt, ein Ehegatte den Antrag auf Aufhebung der Ehe wegen Verletzung des Verbots der Mehrehe, setzt sich das strengere ausländische Eheschließungsstatut nur dann durch, wenn die Ehe

148 *Beitzke* RabelsZ 23 (1958) 708; *Dölle* FS Boehmer, 1954, S. 139; Staudinger/*Mankowski* EGBGB Art. 13 Rn. 462 ff.

149 Für Art. 13 Abs. 1 ua *Beitzke* RabelsZ 23 (1958), 708, 726; *Dölle* FS Boehmer, 1954, S. 135; MüKo-BGB/*Coester* EGBGB Art. 13 Rn. 114; aA dargestellt in Staudinger/*Mankowski* EGBGB Art. 13 Rn. 465 mwN.

150 Staudinger/*Mankowski* EGBGB Art. 13 Rn. 462 ff.

151 AG Hannover FamRZ 2002, 1116 (1117); LG Hamburg FamRZ 1974, 96; Erman/*Hohloch* EGBGB Art. 13 Rn. 35.

152 BGH NJW 1991, 3088 3090 = FamRZ 1991, 300 mAnm *Hohloch* JuS 1992, 261; BayObLGZ 1993, 222; OLGR Frankfurt 2001, 322 = FamRZ 2002, 705; OLG Koblenz IPRax 1996, 278 (279); OLG Düsseldorf IPRax 1993, 251 = FamRZ 1992, 815 mAnm *Henrich* IPRax 1993, 236; OLG Zweibrücken FamRZ 2004, 950; OLG Zweibrücken FamRZ 2006, 1201; OLG Stuttgart FamRZ 2011, 217; *Rauscher* IPR Rn. 705; MüKoBGB/*Coester* EGBGB Art. 13 Rn. 115. Für die Anwendung des Scheidungsstatuts *Lüderitz* IPR Rn. 339.

153 BGHZ 149, 357, 360 ff. = FamRZ 2002, 604 = NJW 2002, 1268; OLG Oldenburg IPRax 2001, 143 (144); OLGR Nürnberg 1997, 278 = FamRZ 1998, 1109 (jedoch Aufhebungsklage abgewiesen wegen unzulässiger Rechtsausübung); *Henrich* § 1 VII S. 39; Staudinger/*Mankowski* EGBGB Art. 13 Rn. 443.

154 Hierzu ua BGH NJW 1991, 3088 (3090) = FamRZ 1991, 300 mAnm *Hohloch* JuS 1992, 261; BayObLGZ 1993, 222; OLG Düsseldorf IPRax 1993, 251 = FamRZ 1992, 815 mAnm *Henrich* IPRax 1993, 236; OLG Hamburg OLGZ 1988, 151; OLG Zweibrücken FamRZ 2004, 950. Zur Nichtigkeit einer in Kanada geschlossenen Ehe brasilianischer Staatsangehöriger OLG Frankfurt FamRZ 2010, 1560.

155 BGH NJW 1991, 3088 (3090) = FamRZ 1991, 300; OLGR Frankfurt 2001, 322 = FamRZ 2002, 705.

156 BGHZ 149, 357, 360 ff. = FamRZ 2002, 604 = NJW 2002, 1268; OLGR Nürnberg 1997, 278 = FamRZ 1998, 1109 zur Klage des Staatsanwalts nach § 24 EheG nunmehr § 1316 Abs. 3 BGB (Antrag der Verwaltungsbehörde).

157 MüKoBGB/*Coester* EGBGB Art. 13 Rn. 112.

danach ipso iure ohne gerichtliche Geltendmachung nichtig ist. Bedarf es nach ausländischem Recht dagegen der gerichtlichen Geltendmachung, zB des Antrags auf Nichtigkeitserklärung, sind deren Voraussetzungen mit dem Antrag auf Aufhebung der Ehe nicht erfüllt. Der Antrag auf Aufhebung ist jedoch nicht abzuweisen, vielmehr ist ihm stattzugeben, wenn die Voraussetzungen nach deutschem Recht hierfür vorliegen.[158] Besteht nach beiden Rechtsordnungen das Verbot der Doppelehe und regeln beide Rechtsordnungen übereinstimmend, dass es einer gesonderten gerichtlichen Feststellung der Aufhebung bzw. Nichtigkeit dieser Ehe bedarf und ist dies bis zum Tod eines der Ehegatten nicht erfolgt, so ist die Ehe zum Zeitpunkt des Todes als bestehend anzusehen.[159]

Die Gerichte waren verschiedentlich mit Eheanfechtungsklagen bzw. Aufhebungsanträgen nach deutschem **73**
Recht als ärgerem Recht in den Fällen befasst, in denen nach ausländischem Recht der **Mangel der Dop-**
pelehe nicht bestand oder geheilt war und die Ehe zum Zeitpunkt der Entscheidung auch aus der Sicht des deutschen Rechts aufgelöst war. In BGHZ 149, 357 wurde der Aufhebungsantrag des Ehegatten aus der ersten Ehe als missbräuchliche Rechtsausübung für unzulässig erklärt. Das OLG Nürnberg wies die Klage des Staatsanwalts nach § 24 EheG (nunmehr Antrag der Verwaltungsbehörde gem. § 1316 Abs. 3 BGB) als unzulässig zurück, weil die Zweitehe durch Art. 6 Abs. 1 GG geschützt sei.[160]

Zur Frage, ob dem von einem Ehegatten erhobenen Eheaufhebungs- bzw. Ehenichtigkeitsantrag das auslän- **74**
dische Scheidungsurteil entgegensteht, s. Anhang I zum III. Abschnitt, → EheVO Art. 21 Rn. 44.

Welches Recht heranzuziehen ist, wenn die statusrechtlichen **Rechtsfolgen** in beiden Rechtsordnungen **75**
gleichartig sind, ist umstritten. Diese Frage ist von Bedeutung, weil auch die weiteren Folgewirkungen überwiegend dem Ehebeseitigungsstatut unterstellt werden (→ Rn. 77 ff.). Folgende Auffassungen werden hierzu vertreten:
– Anwendung des Rechts, das einschließlich der Folgewirkungen die strengeren Rechtsfolgen vorsieht,[161]
– Anwendung des Heimatrechts der verletzten Person,[162]
– Kumulierung beider Statuten für jede Einzelfrage,[163]
– Anwendung des Prinzips der engsten Beziehung.[164]

Letztere Ansicht ist zu bevorzugen. Sie führt zu einer einheitlichen neutralen Anknüpfung. Maßgeblich ist **76**
das Eheschließungsstatut für den Ehegatten, zu dessen Gebiet beide Ehepartner bei Eheschließung oder danach, insbesondere durch den gemeinsamen gewöhnlichen Aufenthalt, die engste Beziehung hatten.[165]

c) Folgewirkungen. Die persönlichen Beziehungen der Partner untereinander unterstehen dem Recht, das **77**
auf die statusrechtlichen Folgen des Ehemangels Anwendung findet. Das für den Unterhalt maßgebliche Recht bestimmt sich nach dem HUP.[166] Für den Versorgungsausgleich ist es sinnvoll, Art. 17 Abs. 4 S. 2 EGBGB entsprechend heranzuziehen. Was die Vermögensbeziehungen betrifft, so kommt es darauf an, wann die Ehe geschlossen wurde. War dies vor dem 29.1.2019, regeln sich die Vermögensverhältnisse nach dem Ehebeseitigungsstatut.[167] Für Eheschließungen danach ist das Kollisionsrecht der EuGüVO anzuwenden. Dass die Verordnung auch auf die vermögensrechtlichen Beziehungen der Partner einer fehlerhaften Ehe anzuwenden ist, lässt sich aus Art. 5 EuGüVO folgern. Was für die Zuständigkeit in diesen Streitsachen bei Anhängigkeit eines Verfahrens zur Ungültigkeitserklärung einer Ehe zutrifft, muss dann auch für das Kollisionsrecht gelten. Die namensrechtlichen Folgen unterliegen Art. 10 EGBGB.[168]

Die sozialrechtlichen Folgen von fehlerhaften Ehen, insbesondere bei Doppelehen, richten sich nach deut- **78**
schem Recht.[169]

Die Abstammung von Kindern bestimmt sich selbstverständlich nach den gem. Art. 19 berufenen Rechten **79**
und nicht nach dem Ehebeseitigungsstatut. In diesem Zusammenhang kann sich die Vorfrage nach dem Bestehen der Ehe stellen. Typisches Beispiel ist die Frage nach der Abstammung eines in Deutschland geborenen Kindes, bei dem die Ehe der Mutter nach Art. 13 Abs. 3 Nr. 1 ipso iure nichtig ist. Hier wird es im Kindeswohlinteresse sinnvoll sein, bei der Anknüpfung an das Heimatrecht des Mannes nach Art. 19

---

158 So iE Staudinger/*Mankowski* EGBGB Art. 13
      Rn. 444.
159 OlG Naumburg FamRZ 2015, 2054.
160 OLGR Nürnberg 1997, 278 = FamRZ 1998, 1108.
161 Staudinger/*Mankowski* EGBGB Art. 13 Rn. 445.
162 OLG Düsseldorf IPRax 1993, 251 (252) = FamRZ
      1992, 815 mAnm *Henrich* IPRax 1993, 236; OLG
      Zweibrücken FamRZ 2006, 1201.
163 Erman/*Hohloch* EGBGB Art. 13 Rn. 37; Palandt/
      Thorn EGBGB Art. 13 Rn. 15; Soergel/*Schurig*
      EGBGB Art. 13 Rn. 110.
164 OLG Stuttgart FamRZ 2011, 217; MüKoBGB/*Coes-
      ter* EGBGB Art. 13 Rn. 116; ähnlich *Henrich* § 1 VII

S. 40 (gemeinsamer gewöhnlicher Aufenthalt bei
      oder unmittelbar nach Eheschließung); auch *ders.*
      IPRax 1993, 236 (237).
165 MüKoBGB/*Coester* EGBGB Art. 13 Rn. 116.
166 MüKoBGB/*Coester* EGBGB Art. 13 Rn. 119; *Kegel/*
      Schurig § 20 IV 3 S. 813.
167 Ua Palandt/*Thorn* EGBGB Art. 13 Rn. 14.
168 *Kegel/Schurig* IPR § 20 IV 3 S. 813; MüKoBGB/
      Coester EGBGB Art. 13 Rn. 119; Staudinger/*Man-*
      kowski EGBGB Art. 13 Rn. 475.
169 Ua BSozG IPRax 2003, 267 mAnm *Jayme*;
      HessLSG IPRax 2005, 43 mAnm *Jayme*.

Abs. 1 S. 2 bezogen auf seine rechtliche Vaterschaft die materiellrechtliche Vorfrage nach dem Bestehen der Ehe unselbständig anzuknüpfen. Hängt die Entscheidung in einer Hauptfrage davon ab, ob das Kind ehelich oder nichtehelich ist, so ist diese Vorfrage ebenfalls unselbständig anzuknüpfen. Führt ein daraus folgender Status des Kindes dazu, dass es im Ergebnis bezogen auf die Hauptfrage, zB bezogen auf die Erbberechtigung, gegenüber einem ehelichen Kind, schlechter gestellt wird, ist die Heranziehung des ordre public zu prüfen. Eine Verneinung der Abstammung des Kindes aufgrund von Mängeln der Ehe der Eltern kann im Übrigen gleichfalls im Widerspruch zum deutschen ordre public stehen.[170]

80 **6. Abgrenzung zum Scheidungsstatut.** Die Abgrenzung zum Scheidungsstatut kann Probleme bereiten, wenn derselbe Ehemangel zu einer nichtigen bzw. vernichtbaren Ehe nach dem gem. Abs. 1 anwendbaren Recht führt, er aber auch nach der gem. Rom III-VO maßgeblichen Rechtsordnung einen Scheidungsgrund darstellt bzw. ein Umstand ist, der für die Zerrüttung der Ehe spricht (zB Geisteskrankheit oder Impotenz von Beginn an).

81 Zunächst ist zu prüfen, ob überhaupt eine Ehe besteht, denn die Existenz der Ehe wird von der Rom III-VO vorausgesetzt (als Erstfrage oder kollisionsrechtliche Vorfrage bezeichnet).[171] Bisher war diese kollisionsrechtliche Vorfrage (Erstfrage) nach hM gemäß der **lex fori** zu lösen.[172] Hiervon ist auch für die Rom III-VO auszugehen.[173] Zwar ist dies nicht ausdrücklich bestimmt, kann jedoch aus Art. 13 Rom III-VO abgeleitet werden.[174] Ein Gericht braucht danach eine Ehescheidung nicht vorzunehmen, wenn nach der lex fori die betreffende Ehe für die Zwecke des Scheidungsverfahrens nicht als gültig angesehen wird. Ob eine Ehe besteht, ist im Scheidungsverfahren von Amts wegen zu ermitteln.[175] Der Verweis auf das Recht des Gerichts schließt dabei dessen Internationales Privat- und Verfahrensrecht ein. Weist die Ehe danach einen Mangel auf, kommt es auf die Rechtsfolgen für die Existenz der Ehe nach dem verletzten Recht an. Handelt es sich um eine Nichtehe oder eine von Beginn an nichtige Ehe, die nach dieser Rechtsordnung nicht scheidbar ist, hat ein Antrag auf Scheidung keinen Erfolg; der Antragsteller ist auf eine Feststellungs- oder Gestaltungsklage nach dem Ehebeseitigungsstatut beschränkt (→ Rn. 66 ff.).

82 In den anderen Fällen einer aufhebbaren oder anfechtbaren Ehe kann der Antragsteller wählen, ob er die Scheidung (dann Rom III-VO) oder die Aufhebung/Nichtigkeitserklärung (dann Abs. 1) beantragt.[176] Das Problem löst sich für das angerufene Gericht also in Abhängigkeit von dem gestellten Antrag.[177] Wird der Antrag auf Scheidung gestellt, so bestimmt das nach der Rom III-VO anwendbare Sachrecht, ob die Scheidungsvoraussetzungen vorliegen. Erforderlich ist jedoch, dass die Ehe, deren Scheidung beantragt wird, besteht.[178] Wird dagegen der Antrag auf Feststellung einer Nichtehe oder nichtigen Ehe oder der Aufhebung der Ehe gestellt, so bestimmen das auf die sachlichen und formellen Voraussetzungen der Eheschließung anwendbaren Rechte, ob ein anfänglicher Ehemangel vorliegt, der den Antrag begründet. Der Anwalt, der für die Partei im Inland den richtigen Antrag stellen will, hat folglich zuerst zu prüfen, ob nach den auf die Eheschließung anwendbaren Rechten Ehemängel vorliegen und welche statusrechtlichen Rechtsfolgen sich daraus ergeben.[179]

II. Ordre public (Abs. 2)

83 **1. Hintergrund, Zielstellung, Anwendungsbereich.** In Abs. 2 sind die Grundsätze, die das BVerfG in seiner „Spanier-Entscheidung" vom 4.5.1971[180] aufgestellt hat, und die Konsequenzen, die daraus für die Eheschließung entwickelt wurden,[181] verallgemeinernd gesetzlich geregelt. Ziel ist es, eine Balance zwischen zwei Anliegen zu erreichen. Zum einen soll eine Grundrechtsverletzung ausgeschlossen werden, die

170 Wie hier MüKoBGB/*Coester* EGBGB Art. 13 Rn. 119.

171 Ua für das bisherige Recht BGH FamRZ 2003, 838 (842); BGH NJW-RR 2007, 145 (146) = FamRZ 2007, 109 = StAZ 2007, 337.

172 MüKoBGB/*Winkler v. Mohrenfels* (5. Aufl. 2010) EGBGB Art. 17 Rn. 77 ff.; *Henrich* IFR § 4 I 1 f.S. 138.

173 *Rauscher* IPR Rn. 813 825; aA Palandt/*Thorn* Rom III 1 Rn. 8.

174 So auch *Rauscher* IPR Rn. 825.

175 BGH NJW-RR 2007, 145 (146) = FamRZ 2007, 109 = StAZ 2007, 337; Zöller/*Lorenz* FamFG § 127 Rn. 2.

176 Vernichtbare bzw. aufhebbare Ehe kann geschieden werden Soergel/*Schurig* EGBGB Art. 13 Rn. 3; Staudinger/*Mankowski* Art. 17 Rn. 80.

177 MüKoBGB/*Winkler v. Mohrenfels* Art. 1 Rom III-VO Rn. 42.

178 Wie folgt ausführlich bereits *Andrae* IntFamR § 3 Rn. 39 ff.

179 Vgl. BGH FamRZ 2003, 838.

180 BVerfGE 31, 58 = FamRZ 1971, 414 = NJW 1971, 1509. Zu entscheiden war, ob die Nichtbefreiung eines Ausländers, der eine Deutsche heiraten will, von der Beibringung eines Ehefähigkeitszeugnisses das Grundrecht auf Eheschließungsfreiheit verletzt, wenn das Heimatrecht die Scheidung von bürgerlichen Ehen nicht zulässt, und die Entscheidung des Gerichts eines anderen Staates als dem eigenen ordre public widersprechend die Anerkennung versagt.

181 So OLG Hamm FamRZ 1982, 166; 1977, 384; NJW 1977, 1014; OLG Hamburg IPRspr. 1977 Nr. 54; BGH NJW 1972, 1619.

dadurch entsteht, dass die Inlandstrauung wegen eines Ehehindernisses nach dem gem. Abs. 1 maßgeblichen ausländischen Recht abgelehnt wird. Zum anderen soll möglichst ein Statuseinklang mit dem ausländischen Recht erreicht werden, um eine sog. hinkende Ehe zu verhindern.[182]

Nach hM ist Abs. 2 sachlich nicht auf den Fall der im Heimatstaat nicht anerkannten Voreheauflösung beschränkt, sondern erstreckt sich auf alle Ehehindernisse, die das Grundrecht auf **Eheschließungsfreiheit** verletzen.[183]   **84**

Abs. 2 stellt eine **spezielle ordre-public-Vorschrift** dar.[184] Er betrifft unmittelbar die Zulässigkeit einer Eheschließung im Inland,[185] siehe. jedoch → Rn. 94. Die Entscheidung darüber, ob seine Voraussetzungen vorliegen, wird in der Rechtspraxis hauptsächlich im Rahmen der Befreiung von der Beibringung des Ehefähigkeitszeugnisses nach § 1309 BGB vom Präsidenten des Oberlandesgerichts getroffen.[186]   **85**

2. Voraussetzungen. Ein nach dem gem. Abs. 1 iVm Art. 4 Abs. 1 berufenen ausländischen Recht bestehendes materielles Ehehindernis ist unbeachtlich, wenn folgende Voraussetzungen **kumulativ** zutreffen: **86**

–   Das **ausländische Recht lässt die Eheschließung** im konkreten Fall aus Gründen **nicht zu**, die dem Anwendungsbereich des Abs. 1 zuzurechnen sind, bspw. Doppelehe, Religionsverschiedenheit, fehlende Zustimmung Dritter.

–   Das **Ehehindernis würde bei Anwendung des deutschen Sachrechts nicht bestehen**, entweder weil das deutsche Recht das Ehehindernis nicht kennt oder weil es im konkreten Fall die Voraussetzungen hierfür nicht als gegeben ansieht.

–   Zumindest einer der Verlobten muss zum Zeitpunkt der Eheschließung Deutscher sein, ein **deutsches Personalstatut** aus anderem Grund besitzen (zB Flüchtling, Staatenloser) oder seinen **gewöhnlichen Aufenthalt in der Bundesrepublik Deutschland** haben (Nr. 1). Damit ist der notwendige Inlandsbezug für die Geltung des Grundrechts auf Eheschließungsfreiheit bei auslandsbezogenen Sachverhalten für eine Inlandstrauung bestimmt (s. jedoch → Rn. 94).

–   Die Partner müssen **zumutbare Schritte** unternommen haben, um die Voraussetzungen für die Eheschließung nach dem gem. Abs. 1 maßgeblichen Recht zu erfüllen (Nr. 2). Mit diesem Erfordernis soll erreicht werden, dass in dem Heimatstaat die Ehe als wirksam anerkannt, demnach eine „hinkende Inlandsehe" (zum Begriff → Rn. 103) verhindert wird. Soweit das Eheverbot nach dem ausländischen Recht ohne Befreiungsmöglichkeit besteht, zB bei dem Eheverbot aufgrund unterschiedlicher Religionszugehörigkeit, entfällt Nr. 2 als Anwendungsvoraussetzung.[187]

In der Literatur finden sich Auffassungen, die Nr. 2 auf im Heimatstaat nicht anerkannte Eheauflösungen beschränken[188] oder gerade diese vom Anwendungsbereich ausnehmen wollen.[189] Die hM lehnt dies ab und kann dabei auf den Wortlaut der Regelung und ihren Zweck („Statuseinklang mit dem Heimatrecht") verweisen.[190]   **87**

Die Begründung des Regierungsentwurfs zur Neuregelung des IPR geht von einer strengen Auslegung der Nr. 2 aus. Nur wenn etwaige Schritte wegen der Praxis des Heimatstaates aussichtslos sind, sind sie den Verlobten als unzumutbar zu ersparen.[191] Beschwerlichkeit und lange Verfahrensdauer begründen danach keine Unzumutbarkeit.[192] Insgesamt ist eine Tendenz zur Auflockerung der Anforderungen zu verzeichnen.[193]

Zumutbar ist, die förmliche Anerkennung eines Eheurteils eines deutschen Gerichts oder des Gerichts eines Drittlandes im Heimatstaat zu betreiben[194] bzw., soweit es nicht aussichtslos ist,[195] im Heimatstaat die Auflösung der Erstehe herbeizuführen. Eine erneute Scheidung kann jedoch nur dann gefordert werden, wenn ihre Wiederholung relativ unproblematisch ist (zB je nach Ausgestaltung: Privatscheidung nach religiösem Recht oder Scheidung nach dem Zerrüttungsprinzip infolge längerer Trennung).   **88**

---

182   IE BT-Drs. 10/504 53; MüKoBGB/*Coester* EGBGB Art. 13 Rn. 26; *Schwimann* StAZ 1988, 35 (37).

183   U. MüKoBGB/*Coester* EGBGB Art. 13 Rn. 27; Soergel/*Schurig* EGBGB Art. 13 Rn. 50; aA MüKoBGB/*Schwimann*, 2. Aufl. 1990, EGBGB Art. 13 Rn. 23 g.

184   AllgM ua v. *Bar* IPR II Rn. 150; *Schwimann* StAZ 1988, 35 (36); MüKoBGB/*Coester* EGBGB Art. 13 Rn. 24; *Rauscher* IPR Rn. 708.

185   Soergel/*Schurig* EGBGB Art. 13 Rn. 55; *Andrae* IntFamR § 1 Rn. 84.

186   BT-Drs. 10/504 52.

187   S. KG KGR Berlin 2005 668 Rn. 29; Staudinger/*Mankowski* EGBGB Art. 13 Rn. 395.

188   *V. Bar* IPR II Rn. 153–155.

189   *Lüderitz* IPR Rn. 334.

190   Ua MüKoBGB/*Coester* EGBGB Art. 13 Rn. 28; v. *Bar* IPR II Rn. 153; *Kropholler* IPR § 44 I S. 332 f.; *Spickhoff*, Der ordre public im IPR, S. 277; einschr. *Böhmer/Finger/Finger* EGBGB Art. 13 Rn. 91.

191   BT-Drs. 10/504 53.

192   Hierzu *Schwimann* StAZ 1988, 35 (37) mwN.

193   IE MüKoBGB/*Coester* EGBGB Art. 13 Rn. 31; Soergel/*Schurig* EGBGB Art. 13 Rn. 54.

194   BT-Drs. 10/504 53; BGH NJW 1997, 2114 (2115) = FamRZ 1997, 542; OLGR Hamm 2003, 297, 298 = StAZ 2003, 169; OLG Köln NJW 1990, 644.

195   BGH NJW 1997, 2114 (2115) = FamRZ 1997, 542.

89   Bei Personen, die ihren Heimatstaat aus Verfolgungsgründen verlassen haben, ist zu prüfen, ob sie nicht ein deutsches Eheschließungsstatut besitzen; dann kommt es auf Verbote nach dem Heimatrecht nicht an. Die Frage nach der Zumutbarkeit von Schritten stellt sich jedoch bei zweiseitigen Ehehindernissen dann, wenn der andere Verlobte dieselbe Staatsangehörigkeit, aber nicht das Personalstatut eines internationalen Flüchtlings bzw. Asylberechtigten besitzt. Während das OLG Köln trotz möglicher Nachteile für den asylberechtigten Verlobten Schritte nach Nr. 2 verlangte, ging das LG Kassel von einer Unzumutbarkeit aus.[196] Es bedarf der Bewertung des Einzelfalls, jedoch ist die Erreichung des äußeren Entscheidungseinklangs nicht ein so hohes Ziel, dass an die Unzumutbarkeit äußerst strenge Anforderungen zu stellen sind. Außerdem müssen die Schritte auf das Ehe- und Eheverfahrensrecht beschränkt sein und zB nicht Religionswechsel, Aufgabe politischer Tätigkeiten, Absolvierung des Militärdienstes oder die Befreiung vom Eheverbot der höheren Weihen betreffen.[197]

90   Schritte zur Beseitigung des Ehehindernisses sind auch dann nicht erforderlich, wenn diese selbst den Grundrechten widersprechen.[198] Das trifft auf das Erfordernis der Einholung der Zustimmung des Ehevormundes und deren Ersetzung durch das Gericht für die volljährige Frau zu;[199] nicht jedoch für Wartefristen[200] hinsichtlich einer erneuten Eheschließung, um eine mögliche Schwangerschaft der Frau aus vorangegangener Ehe abzuklären.

91   – Die **Versagung der Eheschließung** nach ausländischem Recht muss **mit** dem **Grundrecht auf Eheschließungsfreiheit unvereinbar** sein (Nr. 3). Von einer **Grundrechtsverletzung** ist stets auszugehen – ohne dass eine Wertung vorzunehmen ist –, wenn das ausländische Ehehindernis der Doppelehe auf der Annahme der Existenz einer Vorehe beruht, die nach deutschem Recht aufgelöst ist, weil (alternativ)

   – ein diesbezügliches deutsches Urteil ergangen oder eine ausländische Eheauflösung in der Bundesrepublik Deutschland anerkannt ist (eingehend → Rn. 42) oder
   – der Partner aus der Vorehe eines Verlobten durch eine diesbezügliche Entscheidung eines deutschen Gerichts oder eine hier anerkannte ausländische Entscheidung für tot erklärt wurde (näher → Rn. 53 f.).

Bei **anderen Ehehindernissen** nach ausländischem Recht bedarf es einer Wertung, ob ihre Beachtung zu einer Verletzung des Grundrechts auf Eheschließungsfreiheit führen würde. Sind die Voraussetzungen des Abs. 2 Nr. 1–3 erfüllt, ist das nach dem ausländischen Eheschließungsstatut bestehende Ehehindernis unbeachtlich.

92   **3. Verhältnis zu Art. 6.** Abs. 2 stellt eine spezielle Vorbehaltsklausel dar, die Vorrang vor Art. 6 hat.[201] Abs. 2 erfasst den Fall, dass die Nichtzulassung der Eheschließung aufgrund der Eheverbote nach dem ausländischen Recht zur Verletzung der Eheschließungsfreiheit führen würde.

93   **a) Beabsichtigte Inlandstrauung.** Hier ist in erster Linie Abs. 2 anzuwenden. Wenn durch das Ehehindernis (auch) andere wesentliche Grundsätze des deutschen Rechts, insbesondere andere Grundrechte, wie die Religionsfreiheit oder der Grundsatz der Nichtdiskriminierung, verletzt werden, ist (daneben) Art. 6 heranzuziehen.[202] Dabei kann ein anderer Inlandsbezug (bspw. die bloße Inlandstrauung) ausreichend sein und das Erfordernis von Abs. 2 Nr. 2 entfallen, um den ordre public zur Anwendung zu bringen. Dies wird einhellig auch für den Fall einer besonders gravierenden Verletzung der Eheschließungsfreiheit vertreten.[203]

94   **b) Bereits geschlossene Ehen.** Soweit die Voraussetzungen für die Anwendung von Abs. 2 im Zeitpunkt der Eheschließung vorlagen und danach ein ausländisches Ehehindernis nicht zu beachten war, ist die geschlossene Ehe materiellrechtlich fehlerfrei. Das trifft auch dann zu, wenn die Ehe im Ausland geschlossen wurde.[204] Im Übrigen ist Art. 6 zu prüfen, wenn die Wirksamkeit bereits geschlossener Ehen zu beurteilen ist. Abs. 2 Nr. 1 und 2 sind bezogen auf Art. 6 nicht zwingend Anwendungsvoraussetzungen. Im Rahmen des Art. 6 ist bei der Gesamtwürdigung zu berücksichtigen, inwieweit die Partner zumutbare Schritte zur Beseitigung von Ehehindernissen nach dem Heimatrecht unternommen haben. Soweit zur Zeit der Eheschließung die Voraussetzungen für die Anwendung des ordre public in Bezug auf das ausländische Ehehindernis vorlagen, bleibt es bei seiner Anwendung, auch wenn sich später das ausländische Recht geändert

196 OLG Köln NJW 1990, 644 (645); LG Kassel StAZ 1990, 169 mAnm *Kremer*.
197 Nach altem Recht OLG Hamm DVBl 1974, 685 (687) = StAZ 1974, 66; *v. Bar* IPR II Rn. 153; iE Staudinger/*Mankowski* EGBGB Art. 13 Rn. 132.
198 *Spickhoff* JZ 1971, 323 (326).
199 LG Kassel StAZ 1990, 169 mAnm *Kremer*; *v. Bar* IPR II Rn. 153 Fn. 267.
200 Staudinger/*Mankowski* EGBGB Art. 13 Rn. 143.

201 KG KGR Berlin 2005, 668 Rn. 13; MüKoBGB/ *Coester* EGBGB Art. 13 Rn. 24; Soergel/*Schurig* EGBGB Art. 13 Rn. 73.
202 *V. Bar* IPR II Rn. 150; *Spickhoff* JZ 1971, 323 (326); Soergel/*Schurig* EGBGB Art. 13 Rn. 73.
203 *Spickhoff* JZ 1971, 323 (326); Soergel/*Schurig* EGBGB Art. 13 Rn. 73; *v. Bar* IPR II Rn. 150.
204 KG KGR Berlin 2005, 668 Rn. 14 ff.; OLG München FamRZ 2011, 1506 (in Bezug auf die Eintragung in das Eheregister gem. § 34 PstG).

hat[205] oder der Inlandsbezug entfallen ist. Das folgt aus dem Grundsatz der Unwandelbarkeit der kollisions-rechtlichen Anknüpfung zugunsten der Wirksamkeit der Ehe.[206] Waren jedoch im Zeitpunkt der Eheschließung die Voraussetzungen für die Anwendung des ordre public nicht gegeben, liegen sie aber zur Zeit der Entscheidung vor (bspw. nunmehr Inlandsbezug oder Wandlung der Anschauungen über tragende Rechts-grundsätze), ist Art. 6 zugunsten der Ehewirksamkeit zur Anwendung zu bringen.[207]

III. Eheschließung vor Vollendung des 18. Lebensjahres (Abs. 3)

Art. 13 Abs. 3 bezieht sich auf eine bereits geschlossene Ehe, bei der mindestens ein Partner zum Zeitpunkt der Eheschließung noch nicht das 18. Lebensjahr vollendet hat. Eheschließungsstatut ist ausländisches Recht und nach diesem ist die Ehe nicht unwirksam. Vorgesehen sind materiellrechtliche Rechtsfolgen, die die Wirksamkeit der Ehe betreffen. Unterschieden wird hierbei zwischen Ehen, bei denen der Verlobte im Zeitpunkt der Eheschließung das 16. Lebensjahr nicht vollendet hatte (Nr. 1), und jenen, bei dem dieser das 16., aber nicht das 18. Lebensjahr vollendet hatte (Nr. 2). **95**

Trifft Nr. 1 zu, so ist die betreffende Ehe nach deutschem materiellem Recht von Beginn an ipso iure unwirksam.[208] Das Paar wird so behandelt, als hätte es keine Ehe geschlossen. Es bedarf keiner gerichtli-chen Feststellung der Nichtigkeit.[209] Für sie gibt es keine Heilungsmöglichkeit. Der Mangel kann nicht durch eheliches Zusammenleben auch noch nach Vollendung des 18. Lebensjahres und Bestätigung der Ehe geheilt werden. Eine Ausnahmeregelung für besondere Härtefälle, die ihren Grund in der Auslandsbezogen-heit hat, gibt es nicht.[210] Welche Ehen intertemporal von dieser Rechtsfolge erfasst werden, ergibt sich aus Art. 229 § 44 Abs. 4.[211] Es kommt darauf an, wann der Partner, der zum Zeitpunkt der Eheschließung noch nicht das 16. Lebensjahr vollendet hat, geboren wurde. Nur wenn das Geburtsdatum vor dem 22.7.1999 lag, findet die Vorschrift keine Anwendung.[212] Der erforderliche Inlandsbezug ist gleichfalls Art. 229 § 44 Abs. 4 zu entnehmen.[213] Er ist dort negativ bestimmt, indem festgelegt wird, wann Nr. 1 keine Anwendung findet. Hierfür muss „die nach ausländischem Recht wirksame Ehe bis zur Volljährigkeit des minderjähri-gen Ehegatten geführt worden" sein und kein Ehegatte darf „seit der Eheschließung bis zur Volljährigkeit des minderjährigen Ehegatten seinen gewöhnlichen Aufenthalt in Deutschland" gehabt haben. Die Aus-schlussgründe für die Nichtanwendung müssen kumulativ zutreffen.[214] Die Führung der Ehe erfordert, dass beide Partner an der Ehe festhalten.[215] Nicht erforderlich ist danach, dass eine eheliche Lebensgemeinschaft überhaupt bzw. bis zur Volljährigkeit im Ausland bestand.[216]Vielmehr wird auf das Wollen der ehelichen Verbindung beiderseits bis zur Volljährigkeit abgestellt. Fraglich ist dann, an welchen äußeren Kriterien dies festgemacht wird. Wegen der Unbestimmtheit des Kriteriums hätte darauf besser verzichtet werden sollen. Für die Anwendung von Abs. 3 Nr. 1 reicht es aus, dass einer der Ehegatten in der fraglichen Zeit seinen gewöhnlichen Aufenthalt in Deutschland hat. Es muss nicht die bei Eheschließung unter sechzehnjährige Person sein. Ob und ab wann dieses Kriterium im konkreten Fall bei einer nach Deutschland einreisenden Person erfüllt ist, ist nicht immer eindeutig zu bestimmen. Insoweit impliziert die Regelung Rechtsunsicher-heit,[217] weil die Rechtsfolge für das Statusverhältnis ipso iure eintritt. Möglich ist ein Feststellungsverfah-ren nach § 121 Nr. 3 FamFG. Anders als für das Aufhebungsverfahren vorgesehen, die Berechtigung liegt nur bei den „Ehegatten".[218] Außerdem hat die Fest-stellungsentscheidung nur inter partes Wirkung. **96**

Ein Versuch, der Bestimmung ihre Wirkung teilweise zu nehmen, besteht darin, die Volljährigkeit als Vor-frage anzusehen und sie nach Art. 7 Abs. 1 gesondert anzuknüpfen. Wenn dann das Heimatrecht die Verwei-sung annimmt und den Grundsatz **Heirat macht mündig** kennt, wobei die Wirksamkeit der Eheschließung unselbständig anzuknüpfen wäre, würde Volljährigkeit des Kindes bereits mit Eheschließung eintreten.[219] Hätte das Paar im Zeitpunkt der Eheschließung dann auch noch seinen gewöhnlichen Aufenthalt im Aus-land, wäre bei dieser Konstruktion Art. 13 Abs. 3 Nr. 1 nicht anwendbar. Die Wirksamkeit wäre nur der all-

205 BGH NJW 1997, 2114 (2115) = FamRZ 1997, 542
     mAnm *Hohloch* JuS 1997, 850.
206 *V. Bar* IPR II Rn. 134.
207 *V. Bar/Mankowski* IPR I § 7 Rn. 268; *v. Bar* IPR II
     Rn. 150; Soergel/*Schurig* EGBGB Art. 6 Rn. 29.
208 § 1303 S. 2 BGB; VG Berlin 30.11.2017–5 L 550.17
     V.
209 AG Kassel FamRZ 2018, 149 (Feststellungsentschei-
     dung aufgrund eines Feststellungsinteresses).
210 VG Berlin 19.1.2018 – 28 K 418.16 V.
211 Ausführlich *Frank* StAZ 2018, 1 ff.; *Rohe* StAZ
     2018, 73 (76).

212 VG Berlin 30. 11. 2017–5 L 550.17 V; OLG Frank-
     furt FamRZ 2019, 1530; hierzu auch *Hüßtege*
     FamRZ 2017, 1374 (1375).
213 Beispiel: VG Berlin 19.1.2018 – 28 K 418.16 V.
214 Näher *Hüßtege* FamRZ 2017, 1374 (1375).
215 BR-Drs. 275/17 25 (Gesetzentwurf Begründung).
216 AA Palandt/*Thorn* EGBGB Art. 13 Rn. 22.
217 *Coester-Waltjen* IPRax 2017, 429, 435; Palandt/
     Thorn EGBGB Art. 13 Rn. 22.
218 Prütting/Helms/*Helms* FamFG § 121 Rn. 11.
219 Hierzu *Coester-Waltjen* IPRax 2019, 127 (130);
     Coester-Waltjen IPRax 2017, 429 (433); so auch
     Dutta FamRZ 2018, 1150.

gemeinen Ordre-public-Prüfung unterworfen.[220] Gegen diese Lösung spricht, dass Art. 229 § 44 Abs. 4 in Übereinstimmung mit dem erkennbaren Willen des Gesetzgebers auszulegen ist.[221] Unabhängig davon, ob der Begriff der Volljährigkeit hier für die Vollendung des 18. Lebensjahres steht oder hierfür eine kollisionsrechtliche Verweisung vorgenommen wird, widerspricht es Sinn und Zweck der Regelung, den Grundsatz Heirat macht mündig zur Anwendung zu bringen.

Die Bestimmung hat vielfältige Kritik erfahren.[222] Zu hoffen ist, dass sie aufgehoben wird und – wie bisher – die Lösung auf den Einzelfall bezogen über den ordre public erfolgt.[223] Zumindest sollte sie nachgebessert werden, zB indem ein Feststellungsverfahren mit Wirkung erga omnes ermöglicht wird, für das auch die Verwaltungsbehörde antragsberechtigt ist. Nach Auffassung des BGH[224] ist die Bestimmung mit Art. 1, 2 Abs. 1, 3 Abs. 1 und 6 Abs. 1 GG insofern unvereinbar, als die Wirksamkeit der Ehe nach deutschem Recht ohne Rücksicht auf den konkreten Fall versagt wird und diese Rechtsfolge auch für Ehen angeordnet wird, die bis zum Inkrafttreten des Gesetzes zur Bekämpfung von Kinderehen auch nach deutschem Recht wirksam und nur aufhebbar waren.[225] Der BGH hat deshalb ein konkretes Verfahren,[226] in dem die Frage nach der Wirksamkeit der Ehe Vorfrage ist, ausgesetzt und das BVerfG angerufen.[227]

97 Trifft Nr. 2 zu, so ist die Ehe nach deutschem Recht aufhebbar.[228] Der Verweis auf deutsches Recht bedeutet: Für die Aufhebung finden §§ 1313 ff. BGB Anwendung. Daraus folgt, dass die zuständige deutsche Behörde den Antrag auf Aufhebung stellen muss, sie hat kein Ermessensspielraum. Das befasste Familiengericht muss die Ehe aufheben, es sei denn „auf Grund außergewöhnlicher Umstände würde die Aufhebung der Ehe eine so schwere Härte für den minderjährigen Ehegatten darstellen, dass die Aufrechterhaltung der Ehe ausnahmsweise geboten erscheint". Nach der Begründung zum Gesetzentwurf muss es sich um einen gravierenden Einzelfall handeln; genannt werden schwere lebensbedrohliche Erkrankungen, krankheitsbedingte Suizidabsicht des Minderjährigen und Verletzung der Freizügigkeitsrechte verheirateter Unionsbürger.[229] Von der Aufhebung ist eine Ehe ausgenommen, bei der der minderjährige Ehegatte zwischenzeitlich volljährig geworden ist und zu erkennen gegeben hat, dass er die Ehe fortsetzen will (Bestätigung), zur Auslegung des Begriffs Volljährigkeit siehe bereits → Rn. 96. Eine spezielle intertemporale Überleitungsregelung für diese Ehen ist nicht getroffen worden. Die Regelung erstreckt sich deshalb nur auf Ehen, die seit dem 22.7.2017 geschlossen wurden. Dies lässt sich zum einen aus dem Sinn des Art. 229 § 44 Abs. 1–3 EGBGB ableiten. Zum anderen kann der Grundsatz angeführt werden, dass die Eheschließung einen abgeschlossenen Vorgang darstellt und ihre Wirksamkeit und Aufhebbarkeit sich nach dem zur Zeit der Eheschließung geltenden Recht bestimmen, was auch das Kollisionsrecht einbezieht.

98 Gesetzlich ist kein Inlandsbezug vorgesehen. Eine nach ausländischem Recht wirksame Ehe ist von deutschen Gerichten nach deutschem Recht aufhebbar, wenn sie hierfür international zuständig sind. Es gilt folglich das schlichte **lex fori-Prinzip**. Die Zuständigkeit ergibt sich vorrangig aus Art. 3 ff. EheVO. Nur soweit diese eine Restzuständigkeit ermöglicht, kommt es auf § 98 Abs. 2 FamFG an. Danach wird die internationale Zuständigkeit bereits durch den **schlichten Aufenthalt** des Ehegatten in Deutschland begründet, der im Zeitpunkt der Eheschließung das 16., aber nicht das 18. Lebensjahr vollendet hat.[230] Damit soll die Schwierigkeit umgangen werden, im Einzelfall zu bestimmen, ab welchem Zeitpunkt die betreffende Person ihren gewöhnlichen Aufenthalt in Deutschland hat.[231] Ungeachtet dessen entspricht die Regelung nicht dem Sinn und Zweck der Inanspruchnahme der Zuständigkeit für solche Verfahren. Hier wäre eine Parallele zur Grundzuständigkeit nach der Brüssel IIa-VO und dem KSÜ angebracht gewesen. So handelt es sich um eine internationale Zuständigkeit mit exorbitantem Charakter.

Fälle, in denen die **Härteklausel dem Wortlaut nach** zutrifft, wird es kaum geben.[232] Sie ist von fehlender Toleranz gegenüber ausländischen Rechtsordnungen gekennzeichnet.[233] Auch viele europäische Länder las-

---

220 So wohl auch *Hüßtege* FamRZ 2017, 1374 (1375); aA *Coester-Waltjen* IPRax 2017, 429 (432); *Dutta* FamRZ 2019, 188.

221 So auch Erman/*Hohloch* EGBGB Art. 13 Rn. 41 b; Palandt/*Thorn* EGBGB Art. 13 Rn. 22.

222 U.a.*Hüßtege* FamRZ 2017, 1374 (1377 ff.); *Coester-Waltjen* IPRax 2017, 429 ff. insbes. 432 ff.; *Andrae* RPsych 2017, 426 ff.; *Rohe* StAZ 2018, 73 ff.; *Dutta* FamRZ 2019, 188; *Andrae* IntFamR § 1 Rn. 118 ff.; Palandt/*Thorn* EGBGB Art. 13 Rn. 20.

223 Für eine Lösung über die allgemeine Ordre-public-Klausel *Coester* FamRZ 2017, 77 80 (vor Einfügung von Abs. 3) zum bisherigen Recht.

224 BGH 14.11.2018 – XII ZB 292/16 FamRZ 2019, 181 mAnm *Hettich* und *Dutta* S. 188; *Coester-Waltjen* IPRax 2019, 127 ff.; *Ring* FF 2019, 68 ff.

225 BGH 14.11.2018 – XII ZB 292/16 Rn. 67 ff.; aA VG Berlin 28.9. 2018–3 K 349.16 V.

226 OLG Bamberg FamRZ 2016, 1270 Anm. ua *Andrae* NZFam 2016, 923; *Antomo* NJW 2016, 3558; *Coester* StAZ 2016, 257; *Majer* NZFam 2016, 1019: *Mankowski* FamRZ 2016, 1274.

227 BVerfG 1 BvL 7/18, anhängig, noch nicht entschieden.

228 § 1314 Abs. 1 Nr. 1 BGB.

229 BR-Drs. 275/17 24 (Gesetzentwurf Begründung).

230 Ausdrücklich BR-Drs. 275/17 16 (Gesetzentwurf Begründung).

231 BR-Drs. 275/17 14 (Gesetzentwurf Begründung).

232 *Coester-Waltjen* IPRax 2017, 429 (431).

233 So auch *Frank* StAZ 2018, 13; kritisch auch *Hüßtege* FamRZ 2017, 1374 (1378).

sen, zwar regelmäßig eingeschränkt, Eheschließungen von unter 18-jährigen zu.[234] Die Kriterien sind zu eng gefasst. Für die Gerichte muss ein Spielraum für eine die konkreten Umstände und die Meinung des Jugendlichen berücksichtigende, an seinem Wohl orientierte Entscheidung darüber bestehen, ob die Ehe aufzuheben oder nicht aufzuheben ist.[235] Dazu müssen nunmehr die Tatbestandsmerkmale „außergewöhnliche Umstände" und „so schwere Härte" sehr weit interpretiert werden, was sich nicht in Übereinstimmung mit der Gesetzesbegründung befindet.[236] Zurückhaltung ist hinsichtlich der Aufhebung einer solchen Ehe zusätzlich auch deshalb geboten, weil sie zu einer hinkenden Ehe führt.[237]

IV. Form der Eheschließung (Abs. 4, Art. 11 Abs. 1–3)

1. Inlands- und Auslandseheschließung. Für die Form wird zwischen Inlands- und Auslandseheschließung unterschieden. Während eine Ehe im Inland, soweit nicht die speziellen Voraussetzungen des Abs. 4 S. 2 vorliegen, ausschließlich nach deutschen Formvorschriften geschlossen werden kann (näher → Rn. 101 ff.), ist eine im Ausland geschlossene Ehe nach den allgemeinen Vorschriften für die Form von Rechtsgeschäften gem. Art. 11 Abs. 1 formwirksam, wenn sie den Formerfordernissen des Orts- oder Geschäftsrechts entspricht (eingehend → Rn. 125 ff.). **99**

2. Ort der Eheschließung. Ort der Eheschließung ist der Ort, an dem die Verlobten ihre Willenserklärungen, gerichtet auf die Eingehung der Ehe, abgeben. Wird die Ehe im Rahmen **einer förmlichen Trauungszeremonie** unter Mitwirkung einer besonderen Trauungsperson (wie Standesbeamter, Bürgermeister oder Geistlicher) geschlossen, ist Eheschließungsort der Ort, an dem in Anwesenheit dieser Trauungsperson die Zeremonie stattfindet.[238] Das gilt auch dann, wenn ein oder beide Verlobten bei der Trauung nicht persönlich anwesend sind, sondern von Dritten vertreten werden.[239] **100**

Bei **Konsens-Ehen ohne förmliche Trauungszeremonie** kommt es auf den Ort an, an dem sich die Verlobten zur Zeit der Abgabe ihrer Erklärungen befinden.[240] Bei **Eheschließungen unter Abwesenden** sind Eheschließungsorte die Orte, an denen sich die Eheschließenden zum Zeitpunkt der Abgabe ihrer Erklärung aufhalten.[241] Gibt einer der Verlobten seine Konsenserklärung in Deutschland ab, handelt es sich (auch) um eine in Deutschland geschlossene Ehe, deren Formwirksamkeit nach Abs. 4 zu beurteilen ist.[242] Wegen Missachtung von § 1310 Abs. 1 BGB liegt eine Nichtehe vor (→ Rn. 105).

Manche Rechtsordnungen (zB Korea, Japan) sehen zwar keine förmliche Trauungszeremonie vor, ordnen jedoch die **Registrierung des Ehekonsenses mit konstitutiver Wirkung** für die Eheschließung an.[243] Für den Eheschließungsort soll es in diesen Fällen auf den Amtssitz des Registerbeamten ankommen.[244] So wurde die Eheschließung zweier Koreaner, die den Ehekonsens in Deutschland erzielten und die Eheschließung per Post in Korea angemeldet hatten, als in Korea geschlossen angesehen.[245] Für diese Lösung spricht, dass der Eheschließungsort unzweifelhaft festgestellt werden kann und sie zugunsten der Formwirksamkeit der Ehe wirkt. Dagegen ist jedoch vorzubringen, dass Art. 11 Abs. 1–3 auf den Ort der Abgabe der Willenserklärungen und nicht des Wirksamwerdens des Rechtsgeschäfts abstellen. Zudem wird der Eheschließungsort dann von der Regelung der Eheschließung des Landes abhängig, das erst über die Anknüpfung an den Eheschließungsort ermittelt werden soll. Auch bei solchen Eheschließungen ist deshalb der Grundregel zu folgen.

---

234 Näher *Dethloff/Maschwitz* StAZ 2010, 162 ff.
235 So bereits *Schwab* FamRZ 2017, 1369 (keine übertriebenen Anforderungen).
236 Erste Entscheidungen bestätigen, dass die Regelung zu rigide ist, zB AG Frankenthal FamRZ 2018, 749 (Schutz der Jugendlichen die das zweite Kind erwartet); AG Nordhorn FamRZ 2018, 750 (Schutz der Jugendlichen die Mutter eines Kindes und Waise ist); OLG Oldenburg FamRZ 2018, 1152 (Beeinträchtigung der Arbeitnehmerfreizügigkeit); OLG Frankfurt FamRZ 2019, 1853 (Beeinträchtigung der Freizügigkeit nach Art. 21 AEUV und der Rechte auf Arbeitnehmerfreizügigkeit und Aufenthalt nach Art. 45 III lit. b und c AEUV).
237 Erman/*Roth* BGB § 1315 Rn. 4.
238 Ua BGHZ 29, 137, 143 f. = FamRZ 1959, 143 = NJW 1959, 717 mwN; OLG Bremen FamRZ 1975, 209 mwN; KG FamRZ 1958, 324 (325 f.); MüKoBGB/*Coester* EGBGB Art. 13 Rn. 131; Soergel/*Schurig* EGBGB Art. 13 Rn. 80.

239 Ua KG OLGZ 1973, 435 (438 f.); KG FamRZ 1958, 324 (325); *Dieckmann*, Die Handschuhehe, S. 87.
240 MüKoBGB/*Coester* EGBGB Art. 13 Rn. 131 mwN.
241 Erman/*Hohloch* EGBGB Art. 13 Rn. 58; MüKoBGB/*Coester* EGBGB Art. 13 Rn. 131 mwN.
242 MüKoBGB/*Coester* EGBGB Art. 13 Rn. 131.
243 Hierzu LG Hamburg IPRspr. 1977 Nr. 51 = StAZ 1977, 342; *Beitzke* StAZ 1964, 25; *Sakurada* StAZ 1975, 85 (87); *Schurig* StAZ 1971, 94 (95 f.); *Suzuki* RabelsZ 19 (1954), 104, 110 f.
244 LG Hamburg IPRspr. 1977 Nr. 51 = StAZ 1977, 342; AG Tübingen IPRax 1989, 379; MüKoBGB/*Coester* EGBGB Art. 13 Rn. 131 mwN; Erman/*Hohloch* EGBGB Art. 13 Rn. 58; Staudinger/*Mankowski* EGBGB Art. 13 Rn. 479 ff.
245 LG Hamburg IPRspr. 1977 Nr. 51 = StAZ 1977, 342; LG Frankenthal FamRZ 1975, 698 (699); zust. MüKoBGB/*Coester* EGBGB Art. 13 Rn. 131, 140 Fn. 548; Staudinger/*Mankowski* EGBGB Art. 13 Rn. 481.

101   **3. Inlandseheschließung (Abs. 4). a) Inlandsform. aa) Grundsatz (S. 1).** Nach der Grundsatzregel (S. 1) kann eine Ehe im Inland lediglich in der hier vorgeschriebenen Form geschlossen werden (Ausnahme unter → Rn. 115 ff.). Zulässig ist nur die obligatorische, vor dem deutschen Standesbeamten geschlossene Zivilehe. Eine Ehe kommt daher nicht wirksam zustande, wenn die Verlobten im Inland die Eheschließung unter Einhaltung der Formerfordernisse der ausländischen Rechte vornehmen, die gem. Abs. 1 über die materiellen Eheschließungsvoraussetzungen bestimmen. Das gilt auch für die Eheschließung iranischer Staatsangehöriger im Inland, Art. 8 Abs. 3 deutsch-iranisches Niederlassungsabkommen findet nur auf die materiellen Ehevoraussetzungen und nicht auf die Form Anwendung.[246]

102   Für Eheschließungen auf dem Gelände diplomatischer und konsularischer **Vertretungen ausländischer Staaten** sowie im **Stationierungsgebiet ausländischer Truppen** in Deutschland gilt S. 1, denn hierbei handelt es sich um inländisches Territorium. Eheschließungen nach ausländischen Formvorschriften sind formwirksam, soweit die gesetzlichen oder staatsvertraglichen Ausnahmeregelungen greifen (→ Rn. 119 ff.).

103   **bb) Hinkende Ehen.** Abs. 4 S. 1 führt unter Umständen zu „hinkenden" Ehen. Eine hinkende Ehe entsteht dadurch, dass

– die Eheleute den Formerfordernissen des deutschen Ortsrechts nachkommen, ihr Heimatrecht jedoch zwingend die Beachtung des eigenen Rechts vorschreibt („**hinkende Inlandsehe**"),[247] oder

– die Ehe in Deutschland nicht vor dem deutschen Standesbeamten, sondern in einer vom Heimatrecht anerkannten Form geschlossen wird (bspw. konfessionelle oder bloße Konsens-Eheschließung), ohne dass das deutsche Recht oder staatsvertragliche Bestimmungen dies zulassen („**hinkende Ausland-sehe**"; typische Beispiele: katholische,[248] griechisch-orthodoxe[249] und muslimische[250] Eheschließungen sowie Militärtrauungen).[251]

104   **cc) Reichweite.** Als **Formerfordernisse des deutschen Rechts** sind einzuordnen:

– die Erklärung des Ehekonsenses vor dem Standesbeamten (§ 1310 Abs. 1 BGB)

– die Eheschließung vor dem Scheinstandesbeamten (§ 1310 Abs. 2 BGB)

– die persönliche Abgabe der Erklärung bei gleichzeitiger Anwesenheit der Eheschließenden vor dem Standesbeamten (§ 1311 BGB)

– der Ablauf der Trauung, die Zeugen und die Eintragung der Eheschließung (§ 1312 BGB).

Kein Formerfordernis ist die Beibringung des Ehefähigkeitszeugnisses nach § 1309 BGB. Die Erfüllung zusätzlicher, dem Heimatrecht entstammender Formerfordernisse steht der Formwirksamkeit der Eheschließung nach deutschem Recht ebenfalls nicht entgegen.

105   Das deutsche Recht als Formstatut bestimmt auch über die Rechtsfolgen der Nichteinhaltung der Formvorschriften für das Zustandekommen der Ehe. Ehekonsenserklärungen im Inland, die nicht vor dem Standesbeamten abgegeben werden, führen zu einer Nichtehe. Die Verletzung des Gebots der persönlichen und gleichzeitigen Anwesenheit der Verlobten zieht die Rechtsfolge der aufhebbaren Ehe nach sich (§ 1314 Abs. 1 BGB), während die Verletzung von § 1312 BGB als Ordnungsvorschrift den Bestand der Ehe nicht berührt.

106   **dd) Heilung.** Das inländische Recht als Formstatut bestimmt auch über die Möglichkeiten der Heilung von Formmängeln einer im Inland geschlossenen Ehe.[252] § 1315 Abs. 2 Nr. 2 BGB, der die Aufhebung einer Ehe, die unter Verletzung von § 1311 S. 1 BGB geschlossen wurde, unter bestimmten Voraussetzungen ausschließt, ist deshalb unabhängig von dem auf die sachlichen Eheschließungsvoraussetzungen anwendbaren Recht heranzuziehen, wenn sich die Form der Eheschließung nach deutschem Recht richtet.

107   § 1310 Abs. 3 BGB bestimmt, unter welchen Voraussetzungen eine nicht formwirksam geschlossene Ehe als geschlossen angesehen wird, wenn die Ehegatten den Ehekonsens erklärt haben. Zu seinem Anwendungsbereich werden unterschiedliche Auffassungen vertreten. Nach der einen ist die Vorschrift nur anwendbar, wenn beide Partner ein deutsches Personalstatut besitzen oder deutsches Recht durch Rückver-

---

246   Fehlerhaft AG Leverkusen FamRZ 2008, 1758 = IPRspr. 2007 Nr. 68.

247   Ua BGHZ 73, 370 = FamRZ 1979, 467 = NJW 1979, 1775; KG OLGZ 1976, 149 = FamRZ 1976, 353; OLG Celle NJW 1962, 1160; BayObLGZ 1963, 265 = FamRZ 1964, 45; MüKoBGB/*Coester* EGBGB Art. 13 Rn. 135; Soergel/*Schurig* EGBGB Art. 13 Rn. 84.

248   BSGE 45, 180 = FamRZ 1978, 240 = NJW 1978, 2472; LSG Hamburg FamRZ 1986, 994; AG Karlsruhe IPRspr. 1975 Nr. 39 a (Polen).

249   OLG Koblenz IPRspr. 1975 Nr. 35 = StAZ 1976, 172; OLG Celle FamRZ 1965, 43 = NJW 1965, 224; LG Mannheim IPRspr. 1952/53 Nr. 96.

250   AG Bonn StAZ 1982, 249.

251   BSG IPRax 1983, 126 = FamRZ 1981, 767 = NJW 1981, 2655; AG Pinneberg FamRZ 1978, 893.

252   MüKoBGB/*Coester* EGBGB Art. 13 Rn. 161; *Henrich* § 1 7 S. 39; Staudinger/*Mankowski* EGBGB Art. 13 Rn. 497; *v. Bar* IPR II Rn. 166.

weisung auf die materiellen Ehevoraussetzungen anwendbar ist.[253] Die andere Ansicht lehnt diese Voraussetzung ab.[254] Letzterem ist zu folgen. Die Bestimmung findet dann Anwendung, wenn sich die Form der Eheschließung nach deutschem Recht richtet. Das ist der Fall bei einer inländischen Eheschließung (Beispiel: Eheschließung im Inland nach islamischem Ritus), jedoch auch dann, wenn das Eheschließungsstatut für beide Ehegatten nach Art. 13 Abs. 1 EGBGB unter Beachtung der Gesamtverweisung deutsches Recht ist. Darüber hinaus sollte § 1310 Abs. 3 BGB Anwendung finden, wenn ein deutscher Standesbeamter eine in dieser Bestimmung vorgesehene Handlung vorgenommen und damit zum inländischen Rechtsschein der Existenz der Ehe beigetragen hat.[255] § 1310 Abs. 3 BGB ist keine ordre-public-Vorschrift, sondern eine des materiellen deutschen Rechts, die die Härte der Sanktion „Nichtehe" in engen Grenzen aufhebt.[256]

§ 1310 Abs. 3 BGB ist am 1.7.1998 in Kraft getreten und findet auch auf die vor diesem Zeitpunkt **108** geschlossenen Ehen Anwendung (Art. 226 Abs. 3).[257] Vor dem Inkrafttreten der Vorschrift wurde in international gelagerten Fällen in Rechtsprechung und Lehre ausgiebig erörtert, ob und unter welchen Voraussetzungen die Rechtsfolge der Nichtehe bei nicht amtlicher inländischer Eheschließung, etwa im typischen Fall einer hinkenden Auslandsehe (bspw. Trauung in religiöser Form; → Rn. 103), abzumildern ist.

Die herrschende Rechtsprechung hat an der statusrechtlichen Folge der Nichtehe bei Verletzung von Abs. 4 **109** S. 1 festgehalten.[258] In besonderen Härtefällen, die nunmehr meist unter § 1310 Abs. 3 BGB fallen würden, ließ die Rechtsprechung hinkenden Ehen einzelne Wirkungen zukommen. Das betraf insbesondere die Anerkennung von sozialrechtlichen Wirkungen (Hinterbliebenenrente).[259] So hat das BVerfG § 2264 RVO (jetzt § 46 SGB VI) unter Heranziehung des Art. 6 Abs. 1 GG dahin gehend ausgelegt, dass Witwer/Witwe iSd Vorschrift auch ein hinterbliebener Ehegatte aus einer hinkenden Ehe ist.[260] Diese Rechtsprechung behält ihre Bedeutung in Fällen, die nicht vom § 1310 Abs. 3 BGB erfasst werden, weil die dort geforderten Tätigkeiten des Standesbeamten nicht vorliegen.[261]

Der BGH hat die Auffassung vertreten, dass allein ein 26 Jahre dauerndes Zusammenleben der Partner und gemeinsame Kinder aus der Verbindung nicht ausreichen, um den Mangel der Eheschließung auszugleichen.[262] Ohne qualifizierte Mitwirkung eines Standesbeamten kommt danach eine Heilung nicht in Betracht. Die Entscheidungen des BSG und des BVerfG zur Wirkung solcher hinkenden Ehen im Sozialrecht, gestützt auf Art. 6 Abs. 1 GG, sind nach dem BGH nicht auf die zivilrechtlichen Beziehungen der Ehegatten übertragbar, denn hier handele es sich um einen besonderen Ehebegriff im Sozialrecht. Diese Ansicht ruft mit Recht Bedenken hervor, weil Art. 6 Abs. 1 GG nicht nur den sozialrechtlichen, sondern auch den familienrechtlichen Schutzmechanismus, wie den Versorgungsausgleich, umfasst.[263] Insgesamt ist deshalb § 1310 Abs. 3 BGB nicht als abschließende Regelung der Heilungsmöglichkeit für formfehlerhaft geschlossene Ehen anzusehen.[264]

Entspricht eine in Deutschland geschlossene Ehe nicht den Anforderungen des § 1310 BGB, ist die Ehe **110** formwirksam zustande gekommen, wenn die Ehegatten später die Eheschließung im Ausland nach dortigem

---

253 *Bosch* FamRZ 1997, 138 (139); Erman/*Hohloch* EGBGB Art. 13 Rn. 45; Palandt/*Thorn* EGBGB Art. 13 Rn. 28.

254 *Sturm* StAZ 1999, 285 (293 f.); MüKoBGB/*Coester* EGBGB Art. 13 Rn. 163; Fachausschuss Nr. 3767 StAZ 2006, 266 ff.

255 MüKoBGB/*Coester* EGBGB Art. 13 Rn. 162; OLG Frankfurt FamRZ 2014, 1106 Rn. 9 (Keine Anwendung auf eine im Ausland geschlossene Ehe, da keine Eintragung in ein inländisches Personenstandsregister).

256 *Hepting* IPRax 1994, 355 (358).

257 *Hepting* FamRZ 1998, 713 (728).

258 BSG IPRspr. 1989 Nr. 82 (jedoch keine Anwendung, wenn ein Partner zur Zeit der Eheschließung [auch] die deutsche Staatsangehörigkeit besitzt oder es sich nicht um eine hinkende Ehe handelt); BSGE 45, 180 = FamRZ 1978, 240 = NJW 1978, 2472; BSG IPRax 1983, 126 = FamRZ 1981, 767 = NJW 1981, 2655; anders OLG Köln OLGZ 1994, 195 = IPRax 1994, 371 = NJW 1993, 2755 mAnm *Hepting* IPRax 1994, 355; OLG Nürnberg FamRZ 1965, 380; BGH FamRZ 2003, 838 = IPRax 2004, 438 mAnm *Borgmann* FamRZ 2003, 844; *Mäsch* IPRax 2004, 421. Nach KG FamRZ 1996, 944 = StAZ 1996, 204 ist solchen Ehen jedenfalls die personenrechtliche Anerkennung zu versagen, soweit es um Eintragungen in Personenstandsbücher mit Beweisfunktion hinsichtlich des Familienstandes geht (wie Heirats- und Familienbuch.).

259 BSGE 46, 104, 106 = FamRZ 1978, 587 = NJW 1979, 1792; LSG Stuttgart FamRZ 1974, 259; BSG FamRZ 1983, 251; BSGE 33, 219, 221 = FamRZ 1972, 131 = NJW 1972, 1021.

260 BVerfGE 62, 323 = IPRax 1984, 88 = NJW 1983, 511.

261 MüKoBGB/*Wellenhofer* § 1310 Rn. 34; *Sturm* StAZ 1999, 289 (295).

262 BGH FamRZ 2003, 838 (839) = IPRax 2004, 438 mAnm *Borgmann* FamRZ 2003, 844; *Mäsch* IPRax 2004, 421; sa *Coester* FS Heldrich, 2005, S. 537, 543 ff.; neuerdings AG Groß-Gerau 8.6.2017 – 76 F 1057/16 S.

263 *Mäsch* IPRax 2004, 421 (424); hierzu auch *Coester* FS Heldrich, 2005, S. 537, 543 ff.

264 MüKoBGB/*Coester* EGBGB Art. 13 Rn. 164; Beispiel: OLG Frankfurt FamRZ 2014, 1106 (Eintragung des Familienstandes mit verheiratet bei einem Sterbefall im Sterberegister bei einer im Ausland formunwirksam geschlossenen Ehe mit einem klarstellenden Zusatz „Die Ehe war nach deutschem Recht unwirksam").

Recht formwirksam wiederholen oder ein konstitutiv wirkendes Ehebestätigungsverfahren nach dem Ortsrecht durchgeführt wird;[265] hierzu auch → Rn. 113.

111 Die Rechtsprechung und – vor allem – die Lehre haben ferner kollisionsrechtliche Möglichkeiten der Auflockerung der zwingenden Inlandsform gesucht. Entgegen dem Grundsatz der Unwandelbarkeit wurde verschiedentlich eine „**Heilung durch Statutenwechsel**" angenommen.[266] Der Nachteil dieser Lösung besteht darin, dass sie nur für bestimmte Fallkonstellationen und nicht allgemein verwendbar ist.

112 Stellt sich die Existenz der Ehe als materiellrechtliche Vorfrage in Fällen, in denen die Hauptfrage ausländischem Recht unterliegt, kann erwogen werden, ob die **Vorfrage unselbstständig anzuknüpfen** ist.[267] Die Formstrenge des deutschen Rechts bleibt unberücksichtigt, wenn das Kollisionsrecht des Rechts, das auf die Hauptfrage Anwendung findet, für die Form auf ein Recht verweist, nach dem die Ehe formwirksam zustande gekommen ist. Mögliche Anwendungsbereiche sind insbesondere Erb- und Namensrecht sowie Abstammung und Unterhalt. Es bedarf jeweils einer Einzelfallbewertung. Die Rechtsprechung steht bisher einer unselbstständigen Anknüpfung reserviert gegenüber.[268]

113 Liegt eine „hinkende" Auslandsehe vor (hierzu → Rn. 103), könnte man daran denken, ein **Feststellungsurteil** über den Bestand der Ehe in dem Heimatstaat zu erwirken, nach dessen Recht die Ehe wirksam besteht. Ob eine solche Entscheidung in Deutschland anerkannt wird, ist allerdings fraglich. Die Literaturauffassungen gehen auseinander. Gegen eine Anerkennung wird vorgebracht, dass Abs. 4 S. 1 zum Kernbestand der deutschen IPR-Ordnung gehört.[269] Dafür spricht jedoch, dass Rechtsprechung und Lehre verschiedene Möglichkeiten erwogen haben, die strenge Rechtsfolge der Verletzung von Abs. 4 S. 1 einzuengen und mit § 1310 Abs. 3 BGB eine gesetzliche Regelung existiert. Der ordre public steht der Anerkennung eines positiven Feststellungsurteils nicht entgegen, wenn eine tatsächlich gelebte Gemeinschaft von Mann und Frau betroffen ist.[270] Dieses Ergebnis folgt aus der Relativität des ordre public, der auch eine zeitliche Komponente enthält. Das KG hatte einen Fall zu entscheiden, wo es um die Wirksamkeit einer Ehe zwischen zwei muslimischen Libanesen als Vorfrage ging.[271] Die Verlobten hatten 2004 erst in Deutschland in einer Moschee einen Ehevertrag nach islamischem Ritus geschlossen und einige Monate später unter Inanspruchnahme der Handschuhehe vor dem Sunnitische Scharia Gericht noch einmal einen solchen im Libanon. Das Scharia Gericht entschied später, dass der erste Ehevertrag wirksam und der zweite deshalb unwirksam sei. Das KG ging von der Nichtanerkennungsfähigkeit der Entscheidung des religiösen Gerichts bezogen auf die Eheschließung in Deutschland aus, weil der wesentliche Grundsatz der obligatorischen Zivilehe in Deutschland keine Beachtung fand und ihm eine größere Bedeutung einzuräumen sei als einem gemeinsamen Ehewillen. Das ist auf diesen Einzelfall bezogen vertretbar, weil diesbezüglich kein Vertrauen auf die Wirksamkeit der Eheschließung in Deutschland aufgebaut war. Das KG hätte dann jedoch für die Heranziehung des ordre public das Gesamtergebnis der ausländischen Entscheidung in Bezug auf diese „Ehe" werten, die Anerkennung insgesamt ablehnen und deshalb die Wirksamkeit der zweiten Eheschließung im Libanon materiellrechtlich nach dem gem. Art. 13 Abs. 1 und 11 maßgeblichen libanesischen Recht ohne Rücksicht auf die libanesische Entscheidung prüfen müssen.[272]

114 Ebenfalls umstritten ist der Fall, in dem es um die Anerkennung einer ausländischen Entscheidung geht, die eine nach deutschem Recht formgültig im Inland geschlossene Ehe („hinkende" Inlandsehe; → Rn. 103) für nichtig erklärt. Vorzuziehen ist hier die Auffassung, die die Anerkennung wegen des Verstoßes gegen den

265 OLGR Hamm 2000, 93 = FamRZ 2000, 823 (marokkanisches Ehebestätigungsverfahren bei Eheschließung nach islamischem Recht in Deutschland); OLG München StAZ 2013, 143 (eine später formgültig geschlossene Ehe erübrigt die Heilung einer zuvor formunwirksam geschlossenen Ehe.); **aA** KG Berlin 26.2.2019 – 1 W 561–564/17 (Hier hatte das libanesische Gericht eine zweite Eheschließung im Libanon für unwirksam erklärt, weil es die zeitlich davorliegende Eheschließung in Deutschland unter Nichteinhaltung von Art. 13 Abs. 4 für wirksam hielt.

266 OLG München RzW 1965, 169; OLG Koblenz IPRspr. 1975 Nr. 39 a (Wiedergutmachungsfälle); KG OLGZ 1986, 433 = IPRax 1987, 33 mAnm *Siehr*; *Coester* FS Heldrich, 2005, S. 537, 542.

267 Ua BayObLGZ 1990, 1 = FamRZ 1990, 797 = IPRax 1991, 119 (für die Legitimation nach ausländischem Recht); *Hepting* IPRax 1994, 355 (357 ff.); *Wengler* NJW 1981, 2617 ff.; *ders.* IPRax 1984, 68 ff.; *Böhmer* FS Firsching, 1985, S. 41 ff.; aA *Bayer/Knorzer/Wandt* FamRZ 1983, 770 (772 ff.); Staudinger/*Mankowski* EGBGB Art. 13 Rn. 536 ff.

268 OLG Hamm FamRZ 1982, 166 167 mAnm *Rau*.

269 Erman/*Hohloch* EGBGB Art. 13 Rn. 46 mwN; ablehnend auch MüKoBGB/*Coester* EGBGB Art. 13 Rn. 165; *Coester* FS Heldrich, 2005, S. 537, 542; aA Palandt/*Thorn* EGBGB Art. 13 Rn. 28.

270 Für eine Anerkennung *Bayer/Knorzer/Wandt* FamRZ 1983, 770 (774 ff.).

271 KG Berlin FamRZ 2019, 685 = IPRax 2020, 44.

272 Unabhängig davon hat das KG schon deshalb fehlerhaft entschieden, weil es um die Frage ging, ob die Kinder aus der Verbindung die libanesische Staatsangehörigkeit besitzen, worauf es für die Anknüpfung nach Art. 10 ankam. Das KG hätte die Vorfrage der Wirksamkeit der Ehe der Eltern für die Frage nach dem Erwerb dieser Staatsangehörigkeit zwingend statt selbstständig unselbständig anknüpfen müssen. Es hat hier die Vorfragenproblematik bezogen auf die Staatsangehörigkeit mit der bezogen auf Art. 10 verwechselt, was an den herangezogenen Entscheidungen ersichtlich ist.

ordre public ablehnt,[273] vorausgesetzt, die ausländische Entscheidung führt im Ergebnis zur Einschränkung der Eheschließungsfreiheit im Inland,[274] weil hier lebende Eheschließungswillige die einzig zur Verfügung stehende Eheschließungsform nicht nutzen können.

b) Auslandsform (S. 2). aa) Ursprung. 1947 ist durch den Kontrollrat § 15 a EheG eingeführt worden,   **115** der inhaltlich Abs. 4 S. 2 entspricht und weiterhin auf die vor dem 1.9.1986 geschlossenen Ehen Anwendung findet (Art. 220 Abs. 1). Die Vorschrift sollte den Staatsangehörigen der Besatzungsmächte ermöglichen, Ehen in Deutschland nach den Formvorschriften ihrer Heimatländer eingehen zu können.[275] Sie hat später in der Rechtspraxis für Eheschließungen von Ausländern in Deutschland allgemein breite Nutzung erfahren.[276]

bb) Voraussetzungen. (1) Person des Verlobten. Keiner der Verlobten darf unmittelbar vor der Ehe-   **116** schließung die deutsche Staatsangehörigkeit besitzen oder Deutscher iSd Art. 116 Abs. 1 GG sein. Der Ausschluss betrifft auch Deutsche, die zu diesem Zeitpunkt zusätzlich noch eine oder mehrere ausländische Staatsangehörigkeiten besitzen.[277]

Mindestens einer der Verlobten muss Angehöriger des Staates sein, dessen Regierung die Person, vor der   **117** die Ehe geschlossen wird, ermächtigt hat. Der andere Verlobte kann dieselbe Staatsangehörigkeit, die eines dritten Staates oder keine Staatsangehörigkeit besitzen. Es kann sich auch um einen Asylberechtigten oder internationalen Flüchtling handeln.[278]

(2) Trauungsperson. Es muss eine ordnungsgemäße Ermächtigung der Trauungsperson erfolgt sein. Hier-   **118** unter ist jede nach dem Recht des ermächtigenden Staates wirksame Verleihung der staatlichen Trauungsbefugnis speziell für das Ausland zu verstehen.[279] Die Ermächtigung kann sich entweder auf eine allgemeine Norm oder auf einen einzelnen Verwaltungsakt des Ermächtigungs-/Entsendestaates gründen. Die Trauungsperson muss nicht die Staatsangehörigkeit des ermächtigenden Staates besitzen.[280]

Gründet sich die Ermächtigung auf eine allgemeine Rechtsvorschrift, muss sich aus der ausländischen   **119** Regelung die Befugnis eines solchen Funktionsträgers zur Auslandstrauung ergeben. Die die Trauung vornehmende Person muss in Übereinstimmung mit der ausländischen Rechtsordnung für dieses Amt bestellt sein. Einer individuellen Bekanntgabe bedarf es nicht.[281] Infrage kommt die Ermächtigung der Konsularbeamten und/oder diplomatischer Vertreter zur Eheschließung aufgrund einer Rechtsvorschrift des Entsendestaates oder eines Konsularvertrages zwischen dem Entsendestaat und der Bundesrepublik.[282] Die Befugnis lässt sich nicht unmittelbar aus Art. 5 Buchst. f. Wiener Übereinkommen über konsularische Beziehungen vom 24.4.1963[283] ableiten.[284] Eine allgemeine gesetzliche Ermächtigung durch den ausländischen Staat wird auch für Truppenoffiziere mit standesamtlichen Befugnissen und andere Militärstandesbeamten angenommen.[285] In einigen Konsularverträgen ist die Befugnis des Konsularbeamten zur Vornahme von Eheschließungen im Empfangsstaat vorgesehen. Regelmäßig ist erforderlich, dass beide Eheschließungswillige dem Entsendestaat angehören. Insoweit gehen die Abkommensregelungen nicht über Abs. 4 S. 2 hinaus. Ihre praktische Bedeutung liegt noch darin, dass in der Abkommensregelung eine generelle Ermächtigung des Konsulbeamten zur Eheschließung nach dem Recht des Entsendestaates zum Ausdruck kommt.[286]

Fehlt eine generelle gesetzliche Ermächtigung, bedarf es einer individuellen Benennung der Trauungsper-   **120** son durch die Regierung des betreffenden Staates. Dies trifft auf Priester und andere Geistliche – einschließ-

---

273 KG OLGZ 1976, 149 = FamRZ 1976, 353; *Bayer/ Knorzer/Wandt* FamRZ 1983, 770 (776); Erman/ *Hohloch* EGBGB Art. 13 Rn. 46; aA *Görgens* StAZ 1977, 79; Palandt/*Thorn* EGBGB Art. 13 Rn. 28.

274 KG OLGZ 1976, 149 = FamRZ 1976, 353.

275 Eingehend BayObLGZ 1988, 86.

276 Hierzu Erman/*Hohloch* EGBGB Art. 13 Rn. 48.

277 MüKoBGB/*Coester* EGBGB Art. 13 Rn. 137; Erman/*Hohloch* EGBGB Art. 13 Rn. 49; Staudinger/ *Mankowski* EGBGB Art. 13 Rn. 623; Zum Fall der Eheschließung nach Art. 13 Abs. 3 S. 2 durch eine deutsch-türkische Staatsangehörige nach falscher deutscher behördlicher Auskunft über den Verlust der deutschen Staatsangehörigkeit *Frank* StAZ 2011, 236; Fachausschuss Nr. 3923 StAZ 2011, 247.

278 MüKoBGB/*Coester* EGBGB Art. 13 Rn. 137.

279 BGHZ 43 213 (220 f.) = FamRZ 1965 = NJW 1965, 1129; *Kraus* Fachausschuss Nr. 4077 StAZ 2015, 90 (91); Erman/*Hohloch* EGBGB Art. 13 Rn. 50; MüKoBGB/*Coester* EGBGB Art. 13 Rn. 138.

280 Ua *Bornhofen* StAZ 1981, 269 (271); Erman/*Hohloch* EGBGB Art. 13 Rn. 50; Staudinger/*Mankowski* EGBGB Art. 13 Rn. 628.

281 MüKoBGB/*Coester* EGBGB Art. 13 Rn. 138 mwN; zweifelnd Erman/*Hohloch* EGBGB Art. 13 Rn. 50.

282 BayObLGZ 1988, 86 (Türkei); *Hepting/Gaaz* (38. EL 2003) § 11 EheG Rn. 72; MüKoBGB/*Coester* EGBGB Art. 13 Rn. 138.

283 BGBl. II 1969 S. 1587.

284 Ua *Hepting* StAZ 1987, 154 (159); Staudinger/*Mankowski* EGBGB Art. 13 Rn. 630.

285 OLG Hamm OLGZ 1986, 135 = FamRZ 1986, 678 mAnm *Beitzke* IPRax 1987, 17 und *Bosch* FamRZ 1986, 679; *Bornhofen* StAZ 1981, 269 (270 ff.); *Henrich* FamRZ 1986, 841 (842); *Hepting* StAZ 1987, 154 (158); Staudinger/*Mankowski* EGBGB Art. 13 Rn. 633–635 mwN; zweifelnd Erman/*Hohloch* EGBGB Art. 13 Rn. 50.

286 Näher ua: Staudinger/*Mankowski* EGBGB Art. 13 Rn. 29 ff.; BeckOK BGB/*Mörsdorf* EGBGB Art. 13 Rn. 8 ff.

lich Militärgeistliche – zu,[287] weil ihre allgemeine Befugnis zur Eheschließung in den Heimatländern nicht auf einer staatlichen Bestellung, sondern auf der Hinnahme der religiösen Eheschließung durch diesen Staat beruht.[288] Die Rechtsprechung[289] ist vom Erfordernis der persönlichen Benennung durch die Regierung des Entsendestaates für Priester der griechisch-orthodoxen Kirche und katholische Priester (Italien, Polen, Spanien, lateinamerikanische Staaten) ausgegangen.[290] Erforderlich ist, dass sich die Ermächtigung auf die Bundesrepublik bezieht oder sie einschließt. Ist sie für die Bundesrepublik territorial auf bestimmte Bundesländer beschränkt, so bedarf es für die Formwirksamkeit der Eheschließung innerhalb des bezeichneten Territoriums.[291] Der Entsendestaat bestimmt über das Ermächtigungsverfahren und den Umfang der Ermächtigung.

121   In der Verwaltungspraxis benennt die Botschaft des Entsendestaates die zur Eheschließung ermächtigte Person dem Auswärtigen Amt, das seinerseits der Botschaft den Eingang der Mitteilung mit Datum bestätigt. Mit dem Eingang der Verbalnote beim Auswärtigen Amt wird die Ermächtigung wirksam.[292] Über den Vorgang informiert die ausländische Botschaft ihre Konsule in Deutschland. Diese beglaubigen die Abschriften über vollzogene Eheschließungen, die als Grundlage für die Eintragung durch den deutschen Standesbeamten dienen, nur dann, wenn auf oben beschriebene Weise eine ordnungsgemäße Ermächtigung erfolgt ist.[293] Die Benennung hat keine Rückwirkung für Eheschließungen, die zuvor ohne die Ermächtigung vorgenommen wurden.[294]

122   **cc) Formerfordernis.** Die Eheschließung hat in der nach dem ausländischen Recht vorgeschriebenen Form zu erfolgen. Nach diesem Recht richtet sich, ob eine Handschuhehe zulässig ist (zum Begriff → Rn. 143),[295] weiterhin bestimmt es über die Rechtsfolgen von Formverletzungen und Möglichkeiten ihrer Heilung.

123   Abs. 4 S. 2 sieht als eigenständiges sachrechtliches Formerfordernis des deutschen Rechts vor, dass die Eheschließung „vor" der Trauungsperson zu erfolgen hat. Probleme ergeben sich in Bezug auf Rechtsordnungen, die eine solche Mitwirkung bei der Abgabe der Willenserklärungen nicht vorsehen (so Japan, Korea, Vietnam, Ägypten; → Rn. 100). Wird der Ehekonsens in der im ausländischen Recht vorgeschriebenen Form (formlos, schriftlich, beurkundet uÄ) unter (nach ausländischem Recht nicht erforderlicher) Anwesenheit der ermächtigten Trauungsperson geschlossen, ist den Erfordernissen des S. 2 Rechnung getragen. Hiervon ist auch auszugehen, wenn die Partner eine bereits nach dem Heimatrecht erfolgte Eheschließung persönlich und gleichzeitig anwesend anmelden, weil die ermächtigte Person sich vom Eheschließungswillen überzeugen kann und damit dem Formzweck genüge getan ist.[296] Das trifft jedoch nicht mehr zu, wenn die Anmeldung bspw. per E-Mail oder Post übersandt wird. Ist die Eheschließung nicht „vor" der ermächtigten Trauungsperson erfolgt, handelt es sich vom Standpunkt des deutschen Rechts um eine Nichtehe.[297]

124   **dd) Beweis der Eheschließung.** Vollen Beweis erbringt nach S. 2 Hs. 2 eine beglaubigte Abschrift der Eintragung der Eheschließung in ein Register, das von der dazu ordnungsgemäß ermächtigten Person geführt wird. Zum Teil wird die Regelung dahin gehend verstanden, dass andere Beweismittel als der Nachweis der Eintragung nicht zulässig sind.[298] Damit würde der Eintragung faktisch die Bedeutung einer zusätzlichen Formwirksamkeitsvoraussetzung zukommen. Nach anderer Auffassung[299] – der zu folgen ist – bedeutet voller Beweis nicht ausschließlicher Beweis. Die Regelung des Hs. 2 besagt lediglich, dass der Standesbeamte bei Vorlage der beglaubigten Abschrift keine weiteren Ermittlungen anzustellen hat. Zu prü-

---

287 Ua BGHZ 43, 213, 220 f. = FamRZ 1965, 311 = NJW 1965, 1129; BSG IPRspr. 1975 Nr. 33 b; BSGE 33, 219, 221 = FamRZ 1972, 131 = NJW 1972, 1021; KG IPRspr. 1966/67 Nr. 65; OLG Bremen NJW 1964, 1828; *Kraus* Fachausschuss Nr. 4077 StAZ 2015, 9091.

288 BGHZ 43, 213, 225.

289 AA OLG Köln FamRZ 1964, 210; OLG Düsseldorf FamRZ 1965, 144 = NJW 1965, 1140.

290 Ua BayObLGZ 1965, 450 = FamRZ 1966, 147 (148); BSGE 33, 219, 221; AG Karlsruhe IPRspr. 1975 Nr. 39 a; mwN Staudinger/*Mankowski* EGBGB Art. 13 Rn. 639.

291 *Kraus* Fachausschuss Nr. 4077 StAZ 2015, 90 (91).

292 *Kraus* Fachausschuss Nr. 4077 StAZ 2015, 90 (91).

293 Im Einzelnen *Hepting/Gaaz* (38. EL 2003) EheG § 11 Rn. 62 ff.; Staudinger/*Mankowski* EGBGB Art. 13 Rn. 643. Listen ermächtigter Personen werden beim Bundesverwaltungsamt Referat III A6 (Eupener Straße 125, 50993 Köln) aufbewahrt.

294 HM ua BGH FamRZ 2003, 838 (839) = IPRax 2004, 438 mAnm *Borgmann* FamRZ 2003, 844; *Mäsch* IPRax 2004, 421; BGHZ 43, 213, 226; BayObLGZ 1994, 227 = FamRZ 1995, 602.

295 Erman/*Hohloch* EGBGB Art. 13 Rn. 59; MüKoBGB/*Coester* EGBGB Art. 13 Rn. 148; KG JuS 2005, 753 (Pakistan); aA *Rauscher* StAZ 1985, 101 (102).

296 *Sakurada* StAZ 1975, 85 (87 f.); *Schurig* StAZ 1971, 94,; aA *Beitzke* StAZ 1964, 25 f.

297 *Beitzke* StAZ 1964, 25 f.; MüKoBGB/*Coester* EGBGB Art. 13 Rn. 140. Sa *Rohe* StAZ 2006, 93 (101).

298 So wohl BGHZ 43, 213, 226; *v. Bar* IPR II Rn. 178; *Hepting/Gaaz* (38. EL 2003) EheG § 11 Rn. 97; Staudinger/*Mankowski* EGBGB Art. 13 Rn. 648.

299 BayObLGZ 1988, 86; VG Stuttgart IPRspr. 1991 Nr. 73; *Kraus* Fachausschuss Nr. 4077 StAZ 2015, 90 (96); MüKoBGB/*Coester* EGBGB Art. 13 Rn. 141; Palandt/*Thorn* EGBGB Art. 13 Rn. 35; Soergel/*Schurig* EGBGB Art. 13 Rn. 92.

fen bleibt jedoch, ob die Eheschließenden und die „ermächtigte" Person die Anforderungen von S. 2 Hs. 1 erfüllen.[300] Die Registrierung hat lediglich deklaratorische Wirkung.

Eine Eheschließung nach Abs. 4 S. 2 wird auf Antrag im standesamtlichen Eheregister beurkundet (§ 34 Abs. 1 PStG). Antragsberechtigt sind jeder Ehegatte, soweit beide verstorben sind, ihre Eltern oder Kinder. Zuständig ist das Standesamt am Wohnsitz oder gewöhnlichen Aufenthalt der antragstellenden Person. Fehlt es daran im Inland, ist das Standesamt I in Berlin zuständig (§ 34 Abs. 4 PStG). Die Beurkundungen beweisen die Eheschließung (§ 54 Abs. 1 PStG).

4. Auslandseheschließung. a) Grundsatz der alternativen Anknüpfung. Nach Art. 11 Abs. 1 ist die **125** Ehe formwirksam zustande gekommen, wenn sie den Formerfordernissen entweder des Rechts am Eheschließungsort oder des Rechts bzw. der Rechte entspricht, die für die materiellrechtlichen Ehevoraussetzungen gelten (alternative Verweisung zugunsten der Formwirksamkeit auf das Orts- und das Geschäftsrecht). Es genügt, wenn die Formerfordernisse einer der beiden Rechtsordnungen erfüllt sind; ohne Belang ist, wenn die andere Rechtsordnung die Ehe nicht als formwirksam ansieht. Heiraten zB zwei deutsche Staatsangehörige jüdischen Glaubens in Israel nach Ortsform, ist die Ehe formwirksam, obgleich das deutsche Eherecht die obligatorische Zivileheschließung vorschreibt.

Weist die Eheschließung nach beiden Statuten Formmängel auf, die unterschiedlicher Art sein können, ist **126** das Recht maßgeblich, das die weniger gravierenden Rechtsfolgen für den Bestand der Ehe vorsieht.[301]

b) Rück- und Weiterverweisung. aa) Ortsrecht. Die Verweisung auf das Ortsrecht ist Sachnormver- **127** weisung. Ist nach den Sachvorschriften des Rechts des Eheschließungsortes die Ehe formwirksam zustande gekommen, bleibt das Kollisionsrecht außer Betracht. Umstritten ist, ob zugunsten der Formwirksamkeit der renvoi zu beachten ist, wenn nach dem materiellen Ortsrecht die Eheschließung nicht formwirksam ist.[302] Es handelt sich hierbei um ein für die Praxis wenig relevantes Problem, weil das Ortsrecht die Verweisung stets annehmen wird. Sieht es außerdem eine alternative Anknüpfung vor und kommt es zur Rückverweisung auf das deutsche Recht, führt diese ins Leere, denn die deutsche standesamtliche Eheschließung findet im Ausland nicht statt (s. hierzu und zu den Ausnahmen → Rn. 133 ff.). Übrig bleibt nur der Fall, dass eine Weiterverweisung zB auf das Recht des gemeinsamen domicile oder gewöhnlichen Aufenthalts erfolgt und dies nicht bereits das alternativ durch Art. 11 Abs. 1 S. 1 Alt. 1 berufene Recht ist. Dem der alternativen Anknüpfung zugrunde liegenden Günstigkeitszweck in Art. 11 Abs. 1 würde es nicht widersprechen, einer solchen Weiterverweisung zu folgen, wenn sie im Ergebnis zu einer formwirksamen Ehe führt.[303] Gefolgt wird auch einer Vorschrift des Ortsrechts, die die Eheschließung von Ausländern nach ausländischen Formvorschriften an bestimmte Sachvoraussetzungen knüpft.[304]

bb) Geschäftsrecht. Der Charakter der Verweisung auf das Geschäftsrecht leitet sich aus der streng **128** akzessorischen Anknüpfung ab. Sinn und Zweck der Verweisung ist es, einen Gleichlauf von Sach- und Formstatut zu erreichen. Die Formgültigkeit richtet sich nach dem Recht/den Rechten, die auf die sachlichen Eheschließungsvoraussetzungen unter Beachtung des renvoi Anwendung finden.[305] Diesem Recht sind die materiellrechtlichen Formvorschriften zu entnehmen, insoweit ist die Verweisung in Bezug auf die Form selbst Sachnormverweisung.[306]

c) Ort der Eheschließung. Art. 11 Abs. 2 lässt es für einen Vertrag unter Abwesenden genügen, dass der **129** Vertrag formwirksam nach dem Recht eines der Staaten ist, in dem sich die Partner bei Abgabe ihrer Willenserklärungen befinden. Diese Vorschrift findet keine Anwendung auf die Ferntrauung, die dadurch charakterisiert ist, dass die Eheschließung vor der Trauungsperson in Abwesenheit eines oder beider Verlobten erfolgt. Die Formwirksamkeit richtet sich nach Art. 11 Abs. 1, weil nur der Ort, an dem der Trauungsvorgang stattfindet, als Eheschließungsort anzusehen ist (→ Rn. 100). In der Lehre ist umstritten, ob Art. 13 Abs. 4 auf Konsens-Ehen, die unter Abwesenden geschlossen werden, anwendbar ist.[307] Jedenfalls ist Art. 13 Abs. 4 dann heranzuziehen, wenn sich einer der Erklärungsorte in Deutschland befindet (hierzu

---

300 Hierzu Staudinger/*Mankowski* EGBGB Art. 13 Rn. 650; BayObLGZ 1965, 450 = FamRZ 1966, 147; OLG Hamm FamRZ 1967, 570; OLG Oldenburg StAZ 1970, 74 f.

301 Staudinger/*Mankowski* EGBGB Art. 13 Rn. 763; Palandt/*Thorn* EGBGB Art. 13 Rn. 27.

302 Hierzu v. Bar IPR II Rn. 159 ff.; MüKoBGB/*Coester* EGBGB Art. 13 Rn. 128 ff.; Soergel/*Schurig* EGBGB Art. 13 Rn. 124.

303 Hierzu OLG Hamm FamRZ 1992, 351; *Kegel/Schurig* IPR § 10 V S. 405 mwN; MüKoBGB/*Coester* EGBGB Art. 13 Rn. 127.

304 ZB OLG Köln StAZ 1972, 140 (Eheschließung eines Kubaners mit einer Spanierin vor dem kubanischen Konsul in Frankreich nach kubanischen Formvorschriften).

305 Ua OLG Hamm FamRZ 1992, 351; MüKoBGB/*Coester* EGBGB Art. 13 Rn. 146, 130; Staudinger/*Mankowski* EGBGB Art. 13 Rn. 496.

306 OLG Hamm FamRZ 1992, 551; aA Staudinger/*Mankowski* EGBGB Art. 13 Rn. 495; MüKoBGB/*Coester* EGBGB Art. 13 Rn. 130.

307 Für die Heranziehung Erman/*Hohloch* EGBGB Art. 13 Rn. 53 mwN; MüKoBGB/*Coester* EGBGB Art. 13 Rn. 140; aA Soergel/*Schurig* EGBGB Art. 13 Rn. 79; *Ferid* IPR Rn. 8–52.

→ Rn. 100). Bei Eheschließungen durch einen Stellvertreter für einen oder beide Verlobte ist Art. 11 Abs. 3 maßgebend. Für die Formwirksamkeit der Eheschließung kommt es nicht auf den Ort der Bevollmächtigung des Vertreters durch den Verlobten an, sondern auf den Ort, an dem der Vertreter die zur Ehe führende Erklärung (vor der Trauungsperson) abgibt (zum Ort der Eheschließung → Rn. 100 ff.; zur Zulässigkeit der Vertretung → Rn. 142 ff.). Hiervon ist die Formwirksamkeit der Vollmacht zu unterscheiden, die selbstständig nach Art. 11 Abs. 1 anzuknüpfen ist.

130   Bei der **Trauung auf Schiffen** in internationalen Gewässern kommt es auf das Recht des Flaggenstaates,[308] bei **Flugzeugen** auf das Registrierungsland, wenn sich das Flugzeug auf einem den Luftraum eines Staates überschreitenden Flug befindet, an.[309] Nach dieser Rechtsordnung richtet sich auch, ob der Kapitän trauungsbefugt ist.

131   **d) Eheschließungsstatut.   aa) Ausländisches Eheschließungsstatut.** Haben die Ehegatten ein gemeinsames ausländisches Heimatrecht iSd Abs. 1, ist die Ehe wirksam zustande gekommen, wenn den Formerfordernissen dieses Rechts entsprochen ist (zB religiöse oder Konsens-Eheschließung nach dem Heimatrecht). Es kommt nicht darauf an, ob das Ortsrecht diese Ehe gleichfalls für formwirksam ansieht und ob das Heimatrecht die Verweisung für die Form der Eheschließung annimmt (→ Rn. 127).

132   Führt Abs. 1 für jeden Verlobten zu einem anderen ausländischen Eheschließungsstatut, ist die Ehe nur formwirksam zustande gekommen, wenn die Formerfordernisse beider Rechtsordnungen eingehalten worden sind (kumulative Anknüpfung). Weist die Ehe nach beiden Rechtsordnungen Formmängel auf, ist das Recht entscheidend, das die strengeren Rechtsfolgen für den Bestand der Ehe vorsieht.[310] Bei Heilung der Formmängel nach dem „ärgeren Recht" bleiben die Formmängel nach dem weniger strengen Recht zu beachten.

133   **bb) Deutsches Eheschließungsstatut. (1) Grundsatz.** Regeln sich die sachlichen Voraussetzungen für die Eheschließung (auch) nach deutschem Recht, kann die Ehe nur nach der Ortsform (Art. 11 Abs. 1 Alt. 2) und nicht in der Form geschlossen werden, die das Geschäftsrecht (Art. 11 Abs. 1 Alt. 1) vorsieht. Die als hoheitlich einzustufende Tätigkeit des Standesbeamten nach §§ 1310 und 1312 BGB ist auf das Inland beschränkt,[311] wodurch eine Eheschließung in dieser Form im Ausland ausgeschlossen ist.

134   **(2) Deutsche Konsularbeamte.** Mit Änderung des Konsulargesetzes durch Gesetz vom 17.12.2008[312] ist die Regelung entfallen, wonach ein dazu ermächtigter deutscher Konsularbeamter im Ausland Eheschließungen vornehmen kann, wenn mindestens ein Verlobter Deutscher und keiner von ihnen Angehöriger (auch) des Empfangsstaates ist. Dies hängt damit zusammen, dass Konsularbeamte keine Funktionen von Standesbeamten nach der Neuregelung ausüben. Ehen, die im Ausland nach dem KonsG aF geschlossen wurden, bleiben natürlich formwirksam, wenn die Formerfordernisse eingehalten wurden.[313]

135   **(3) Ermächtigte Trauungsperson eines Drittstaates.** Schließt ein **Deutscher** eine Ehe **mit dem Angehörigen eines Drittstaates** (nicht des Staates, in dem die Ehe geschlossen wird) vor der hierzu ermächtigten Trauungsperson, durch die Regierung des Drittlandes, ist sie als formwirksam anzusehen, wenn

–   das Recht des Eheschließungsortes unter Einschluss von Staatsverträgen mit dem Drittstaat diese Eheschließung auf seinem Territorium zulässt (insoweit Anwendung von Art. 11 Abs. 1 Alt. 2) und

–   die dafür vorgesehenen Formvorschriften des Rechts des Eheschließungsortes eingehalten sind. Diese können auch die Weiterverweisung auf das Recht des Drittstaates bestimmen, der dann zu folgen ist.

    Beispiele: Eheschließung in der afghanischen Botschaft in Pakistan zwischen einem Deutschen mit weiterer afghanischer Staatsangehörigkeit und einer afghanischen Staatsangehörigen[314] oder in der pakistanischen Botschaft in London zwischen einer Deutschen und einem pakistanischen Staatsangehörigen.[315] Macht das Ortsrecht die Formwirksamkeit der Eheschließung davon abhängig, dass die Partner die Staatsangehörigkeit des Drittstaates haben, so kommt es hierfür bei Doppelstaater nicht auf Art. 5 Abs. 1, sondern auf die Sicht gemäß dem Ortsrecht an.[316]

    Ist nach dem Ortsrecht die Ehe nicht formwirksam zustande gekommen, so verhilft die alternative Anknüpfung in Art. 11 Abs. 1 an das Geschäftsrecht (= Eheschließungsstatut) nicht zu einer formwirk-

---

308   Hierzu *Dutta* StAZ 2014, 44 ff. wonach das Flaggenrecht auch für die Eheschließung auf einem Schiff gilt, wenn dieses sich außerhalb der inneren Gewässer des Küstenstaates befindet.

309   Hierzu ua MüKoBGB/*Coester* EGBGB Art. 13 Rn. 149; Soergel/*Schurig* EGBGB Art. 13 Rn. 81; Staudinger/*Mankowski* EGBGB Art. 13 Rn. 739.

310   MüKoBGB/*Coester* EGBGB Art. 13 Rn. 146 156; Soergel/*Schurig* EGBGB Art. 13 Rn. 112.

311   AG Kassel StAZ 1998, 81; MüKoBGB/*Coester* EGBGB Art. 13 Rn. 146; Soergel/*Schurig* EGBGB Art. 13 Rn. 83; LG Hamburg IPRspr. 1977 Nr. 51 = StAZ 1977, 342.

312   BGBl. I 2008, S. 2586.

313   Hierzu näher AnwK-BGB/*Andrae*, 1. Aufl. 2005, EGBGB Art. 13 Rn. 134–137.

314   OLG Frankfurt aM StAZ 2014, 48.

315   OLG Frankfurt aM FamRZ 2014, 1106 = StAZ 2014, 206; hierzu auch *Könnecke* StAZ 1993, 199.

316   OLG Frankfurt aM StAZ 2014, 48.

samen Ehe. Selbst, wenn für den ausländischen Partner die Formvorschriften seines Eheschließungsstatuts gewahrt sind, sind bezogen auf den deutschen Partner die des deutschen Rechts nicht eingehalten. Art. 13 Abs. 4 S. 2 kann nicht spiegelbildlich herangezogen werden, da dieser eng auszulegen ist und sich ausschließlich auf die Eheschließung im Inland bezieht.[317] Hat der deutsche Verlobte außerdem eine ausländische Staatsangehörigkeit, so kommt es auch hier für die Bestimmung des Eheschließungsstatuts auf Art. 5 Abs. 1 S. 2 an, so dass in solchen Fällen die Formwirksamkeit nach dem Geschäftsrecht zu verneinen ist.[318]

Sind beide Ehegatten **Staatsangehörige von Drittstaaten**, so kommt die alternative Anknüpfung von Art. 11 Abs. 1 zum Zuge. Beispiele: Eheschließung einer Spanierin mit einem Kubaner im kubanischen Generalkonsulat in Frankreich[319] oder eines Griechen mit einer Rumänin im rumänischen Generalkonsulat in der Republik Moldau.[320] Die Ehe ist formwirksam zustande gekommen, wenn sie dem Ortsrecht in der in → Rn. 135 dargestellten Weise entspricht. Alternativ reicht es aus, wenn sie dem Eheschließungsstatut der Verlobten gerecht wird, zum Renvoi → Rn. 128. Führt dies für beide Partner zu unterschiedlichen Rechten, so ist deren Kumulation für die Formwirksamkeit zu beachten. Bei doppelter Staatsangehörigkeit ist für die Bestimmung des Eheschließungsstatuts die maßgebliche nach Art. 5 Abs. 1 S. 1 zu bestimmen. **136**

e) Anwendungsbereich des Formstatuts. Dem Formstatut unterliegen alle privatrechtlichen Fragen der äußeren Gestaltung des Eheschließungsaktes.[321] Es ist insbesondere auf folgende Fragen anwendbar: **137**

– Eheschließung in staatlicher (ziviler) oder religiöser Form sowie die Möglichkeit ihrer Wahl durch die Eheleute;[322]
– Erfordernis eines Trauungsaktes;
– Form der Willenserklärung eines Verlobten (zB mündlich, notariell beurkundet, formlos);
– Trauungsperson (Person, vor der die Eheschließung erfolgt oder die die Trauung vornimmt, etwa Standesbeamter, Priester, Friedensrichter), ihre Ermächtigung und Zuständigkeiten;[323]
– Erfordernis von Zeugen und ihre persönlichen Voraussetzungen;[324]
– Erfordernis der persönlichen Anwesenheit der Verlobten vor der Trauungsperson, Zulässigkeit und Voraussetzungen von Ferntrauung und Handschuhehe (→ Rn. 142 ff.);
– Trauungsstätte (zB Kirche);
– Registrierung der Eheschließung/des Ehekonsenses und ihre konstitutive oder deklaratorische Wirkung für die Wirksamkeit der Ehe;[325]
– Wirkungen von Formverstößen für die Wirksamkeit der Ehe (so, ob die Ehe ipso iure unwirksam [Nichtehe], anfechtbar [nichtig im Sinne von vernichtbar] ist oder ein Formverstoß ohne Folgen für das Eheband vorliegt, sowie darüber, wie der Mangel geltend zu machen ist, einschließlich der Antragsbefugnis;[326] für Nebenfolgen → Rn. 77 ff.);
– Möglichkeit der Heilung von Formmängeln;
– Die Frage, ob eine Vorschrift des fremden Rechts als Formvorschrift oder als sachlich-rechtliche Bestimmung anzusehen ist, ist vom Standpunkt des deutschen IPR zu entscheiden (funktionelle Qualifikation).[327] Auf die Einordnung nach ausländischem Recht kommt es nicht an.

Die **Heilung von Formmängeln** bestimmt sich nach dem Recht, dem die Formerfordernisse entnommen werden, einschließlich der Gesetze mit rückwirkender Heilung. In der Rechtspraxis erlangten die in der Türkei nach der Säkularisierung in islamisch-religiöser Traditionsform geschlossenen Ehen besondere Bedeutung, die durch die türkische Gesetzgebung zu verschiedenen Zeitpunkten rückwirkend als wirksam bestimmt wurden.[328] **138**

Darüber hinaus kommt die Heilung von Formmängeln einer im Ausland geschlossenen Ehe nach deutschem Recht in Betracht. Die Rechtsfolge einer Nichtehe oder einer nichtigen Ehe wird überwunden, wenn die **139**

317   OLG Frankfurt aM FamRZ 2014, 1106 = StAZ 2014, 206 für den inhaltsgleichen § 15 a EheG bezogen auf eine 1977 geschlossene Ehe.
318   OLG Frankfurt aM StAZ 2014, 48.
319   OLG Köln StAZ 1972, 140 (141); hierzu auch *Bargen* StAZ 1994, 325.
320   Fachausschuss Nr. 3998 StAZ 2014, 246.
321   BGHZ 29, 137, 140 = FamRZ 1959, 143 = NJW 1959, 717; BayObLG StAZ 2000, 145 (146); MüKoBGB/*Coester* EGBGB Art. 13 Rn. 120 mwN.
322   Überblick über einzelne Länder Staudinger/*Mankowski* EGBGB Art. 13 Rn. 659.
323   BGHZ 29, 137, 140; BayObLG StAZ 2000, 145 (146); Staudinger/*Mankowski* EGBGB Art. 13 Rn. 786 mwN.

324   OLG Düsseldorf IPRax 1993, 331 = FamRZ 1993, 187 (Marokko) mAnm *Börner* StAZ 1993, 377 ff. und *Kotzur* IPRax 1993, 305 (306).
325   AG Hannover FamRZ 2002, 1116 (1118) mwN; KG FamRZ 2006, 1863; MüKoBGB/*Coester* EGBGB Art. 13 Rn. 123; Staudinger/*Mankowski* EGBGB Art. 13 Rn. 797.
326   RGZ 133, 161, 164 ff.; BayObLG StAZ 2000, 145 (146); OLG Düsseldorf FamRZ 1993, 1083 (1084 f.); MüKoBGB/*Coester* EGBGB Art. 13 Rn. 160.
327   BGHZ 29, 137, 139 = NJW 1959, 717; KG FamRZ 2006, 1863.
328   Hierzu *Ansay* StAZ 1982, 70; *Arslan* StAZ 1976, 99; *Böhmer/Finger/Finger* EGBGB Art. 13 Rn. 96 a mwN; *Dilger* StAZ 1976, 353.

Voraussetzungen von § 1310 Abs. 3 BGB gegeben sind. Die Vorschrift ist anwendbar, wenn der deutsche Standesbeamte die vorgesehenen Handlungen vorgenommen hat.[329] Diese sind nicht nur Sachvoraussetzungen für die statusrechtliche Heilung, sondern bringen auch den notwendigen Inlandsbezug bei Auslandstrauung zum Ausdruck. § 1310 Abs. 3 BGB kann auch herangezogen werden, wenn die Formwirksamkeit der Eheschließung zweifelhaft, die Erklärung des Ehekonsenses jedoch zweifelsfrei ist.[330] Der BGH hat in einem Fall, in dem sich die Vorfrage der Formwirksamkeit einer im Ausland geschlossenen Ehe stellte, § 1310 Abs. 3 BGB in Bezug auf Parteien geprüft, die beide hinsichtlich der materiellen Eheschließungsvoraussetzungen ausländischem Recht unterlagen, zum Zeitpunkt der Hauptentscheidung jedoch beide eventuell den Status eines internationalen Flüchtlings hatten.[331]

140 Vor Inkrafttreten von § 1310 Abs. 3 BGB ist die Heilung von Formmängeln einer Auslandstrauung in Bezug auf einzelne Rechtsfolgen aus dem allgemeinen Prinzip der Freiheit der Eheschließung oder aus Art. 6 Abs. 1 GG abgeleitet worden, sofern die Ehegatten langjährig als verheiratet zusammengelebt hatten. Einen besonderen Gesichtspunkt hierbei bildete die Unmöglichkeit oder Unzumutbarkeit der Nutzung der Ortsform zum Zeitpunkt der Eheschließung.[332] Ob diese Rechtsprechung in solchen Fällen, in denen die Voraussetzungen für die Anwendung von § 1310 Abs. 3 BGB nicht vorliegen, soweit es um die bürgerlich-rechtlichen Rechtsfolgen solcher Ehen geht, fortgeführt wird, ist unsicher, siehe auch → Rn. 106 ff.[333] Das OLG Frankfurt aM, das sich mit der Eintragung in das Sterberegister zu befassen hatte, suchte den Kompromiss dahin gehend, dass die Eintragung in das Sterberegister als „verheiratet" mit dem Zusatz „Die Ehe war nach deutschem Recht unwirksam" erfolgen sollte.[334] Eine solche Lösung hilft jedoch bei einer hinkenden Auslandsehe dort nicht weiter, wo das Bestehen der Ehe Vorfrage bei einer dem deutschen Recht unterliegenden materiellrechtlichen Hauptfrage, wie die Erbberechtigung des überlebenden Ehepartners nach deutschem Recht, ist. Insgesamt ist in solchen Fällen eine liberale Haltung hinsichtlich der Heilung von Formmängeln, die vom Standpunkt des deutschen Rechts unter Einschluss des IPR die Nichtehe oder die unwirksame Ehe zur Folge haben, unter folgenden Voraussetzungen zu befürworten: (1) Die Ehe ist von dem Paar lange Zeit tatsächlich in gutem Glauben in ehelicher Gemeinschaft gelebt worden, ohne dass die Existenz der Ehe durch deutsche Behörden oder Gerichte infrage gestellt wurde. (2) Die Ehe ist formwirksam im Ausland nach dem Heimatrecht des einen Ehegatten zum Zeitpunkt der Eheschließung geschlossen worden. Hierfür kann auch angeführt werden, dass bei Auslandseheschließung zwingende inländische Formvorschriften keine Geltung verlangen.

Nach Ansicht von *Coester* können die in § 1310 Abs. 3 BGB vorgesehenen Verrichtungen des Standesbeamten durch vergleichbare Tätigkeiten ausländischer Standesbeamter substituiert werden.[335]

141 Vereinzelt wird auch die Heilung einer formunwirksamen Auslandstrauung durch „Statutenwechsel" vertreten, wobei die Formwirksamkeit nach dem Recht der gemeinsamen Staatsangehörigkeit beurteilt wird, die erst nach der Eheschließung erworben worden ist.[336] Besteht Zweifel an dem wirksamen Zustandekommen der Ehe im Ausland, so besteht die Möglichkeit einer erneuten Eheschließung im Inland, weil – selbst soweit die erste Eheschließung mangelfrei ist – bei denselben Partnern das Verbot der Doppelehe nach § 1306 BGB nicht greift.

142 f) Übergreifende Probleme. aa) Handschuhehe und Stellvertretung im Willen. Wird die Ehe nicht persönlich, sondern durch Boten oder Stellvertreter geschlossen, kommt nach der funktionellen Qualifikationsmethode entweder eine Zuordnung zum Formstatut oder zum Sachstatut infrage.[337]

143 Einerseits kann es um die Zulässigkeit der persönlichen Abwesenheit eines oder beider Verlobten bei der Eheschließung gehen. Bei dieser **Stellvertretung in der Erklärung** hat die Mittelsperson nur die vom Vertretenen vorgegebene Konsenserklärung vor dem Trauungsorgan abzugeben, ohne eigene Entscheidungsfreiheit über die Partnerwahl zu besitzen (Handschuhehe). Zulässigkeit und Voraussetzungen der persönli-

329 *Coester* FS Heldrich, 2005, S. 537, 546.
330 ZB AG Hannover FamRZ 2002, 1116 (1118).
331 NJW-RR 2007, 145 (146) = FamRZ 2007, 109 = StAZ 2007, 337.
332 OLG München FamRZ 1968, 599; OLG Stuttgart FamRZ 1963, 39 (42 f.).
333 Vgl. BGH FamRZ 2003, 838 (839) = IPRax 2004, 438; NJW-RR 2007, 145 Rn. 14 = FamRZ 2007, 109 = StAZ 2007, 337; bejahend ua *Coester* FS Heldrich, 2005, S. 537, 540 f.; *Borgmann* FamRZ 2003, 844 (845 f.).
334 Beispiel OLG Frankfurt aM FamRZ 2014, 1106 = StAZ 2014, 206 bezogen auf eine in London

geschlossenen Ehe zwischen einer Deutschen und einem Pakistani, die nach dem pakistanischen Recht formwirksam war.
335 *Coester* FS Heldrich, 2005, S. 537, 539; Substitution abl. OLG Karlsruhe StAZ 1994, 286.
336 OLG München StAZ 1993, 151 (152) m. krit. Anm. *Bungert* StAZ 1993, 140 (146); SG Hamburg IPRax 2007, 47 (48); *Bayer/Körzer/Wandt* FamRZ 1983, 770 (773 ff.); *Coester* FS Heldrich, 2005, S. 537, 541 f.; Staudinger/*Mankowski* EGBGB Art. 13 Rn. 519 mwN; *Siehr* IPRax 2007, 30 (34); eher abl. BGH FamRZ 1978, 232.
337 Hierzu *Spellenberg* FS Schwab, 2005, S. 1279 ff.

chen Abwesenheit und die Erklärung durch Dritte unterliegen dem Formstatut.[338] Hierzu wird auch das Handeln unter fremdem Namen bei der Eheschließung gerechnet (verdeckte Stellvertretung).[339] Bei Eheschließung im Inland findet vorbehaltlich Abs. 4 S. 2 deutsches Recht, also § 1311 BGB Anwendung. Bei Eheschließung im Ausland kommt die Ehe zustande, wenn entweder den diesbezüglichen Voraussetzungen des Vornahmeortes (zum Eheschließungsort → Rn. 100 ff.) oder den Rechten Genüge getan ist, die die materiellen Ehevoraussetzungen regeln.[340] Die Anerkennung einer im Ausland eingegangenen Handschuhehe ist jedoch bei genügendem Inlandsbezugs wegen Verletzung des ordre public dann ausgeschlossen, wenn sich die Eheschließenden zum Zeitpunkt der Eheschließung nachweisbar nicht persönlich gekannt haben.[341] Gestattet das auf die Form anwendbare Recht die Handschuhehe oder die verdeckte Stellvertretung nicht, sind die Rechtsfolgen für den Ehestatus diesem Recht zu entnehmen.[342]

Andererseits kann die (Un-)Zulässigkeit der **Stellvertretung im Willen** betroffen sein. Im Gegensatz zur   **144** Handschuhehe hat der Vertreter bei der Willenserklärung die (Mit-)Entscheidung über das „Ob" der Eheschließung oder über die Wahl des Partners.[343] Im deutschen Recht ist die Unzulässigkeit der Stellvertretung im Willen als zweiseitiges Ehehindernis ausgestaltet. Bei deutschem Personalstatut führt die Nichtbeachtung daher zur Nichtehe.[344] Der Schließung einer solchen Ehe im Inland zwischen Personen mit ausländischem Personalstatut steht Abs. 4 S. 1 iVm § 1311 S. 1 BGB entgegen, weil sie auch nicht das (Form-)Erfordernis der gleichzeitigen und persönlichen Anwesenheit vor dem Standesbeamten erfüllt.

Ob eine durch Stellvertretung im Willen nach dem Eheschließungsstatut wirksam geschlossene Ehe[345]   **145** wegen Verstoßes gegen Art. 6 nicht anzuerkennen ist, hängt vom Einzelfall ab.[346] Zu fragen ist insbesondere:

- In welchem Zusammenhang stellt sich die Frage der Wirksamkeit?
- Haben die Ehegatten nach Eheschließung eine eheliche Lebensgemeinschaft gewollt begründet?
- Wie lange besteht die Lebensgemeinschaft?
- Sind aus ihr Kinder hervorgegangen?

Lässt das auf die Form der Eheschließung anwendbare Ortsrecht sowohl die Handschuhehe als auch die   **146** Vertretung im Willen in Bezug auf die Eheschließung zu, kommt es für die Qualifikation auf die Ausgestaltung der Vollmacht und den Gebrauch durch den Bevollmächtigten an. Enthält die Vollmacht zur Eheschließung die konkrete Weisung hinsichtlich der Person des anderen Ehegatten und hält sich der Bevollmächtigte an diese Weisung, ohne von der in der Rechtsordnung des Eheschließungsortes vorgesehenen Möglichkeit des Abweichens Gebrauch zu machen, ist diese Eheschließung als Handschuhehe zu qualifizieren. Maßgeblich ist das auf die Form der Eheschließung anwendbare Recht.[347]

Hinter einer Handschuheheschließung kann uU eine Zwangsverheiratung versteckt sein, wenn die Willensfreiheit eines oder beider Eheschließenden unzureichend ermöglicht war. Beispiel: Bevollmächtigung zur Eheschließung im Elternhaus durch eine 16-jährige Braut.[348] In diesem Fall ist die Anwendung des ordre public zu prüfen, wobei auch die unter → Rn. 145 genannten Gesichtspunkte zu berücksichtigen sind.[349] Wird auf diese Weise eine Person verheiratet, die im Zeitpunkt der Eheschließung das 18. Lebensjahr noch nicht vollendet hat, kommen weiterhin die Rechtsfolgen nach Abs. 3 in Betracht.

---

338 Ua BGHZ 29, 137, 139; OLG Karlsruhe StAZ 1994, 286; LG Stuttgart StAZ 1992, 379; OLG Hamm StAZ 1986, 134; rechtsvergleichender Gesamtüberblick *Coester-Waltjen/Coester* International Encyclopedia of Comparative Law Chapter 3 1997 sec 129–133; Staudinger/*Mankowski* EGBGB Art. 13 Rn. 754 f.; zum Kollisionsrecht umfassend *Dieckmann*, Die Handschuhehe deutscher Staatsangehöriger nach deutschem IPR, 1959.

339 OLG Karlsruhe StAZ 1994, 286; *Beitzke* FS Dolle, 1963, S. 244 ff.

340 Ua BGHZ 29, 137, 143 f. = FamRZ 1959, 143 = NJW 1959, 717; BayObLGZ 2000, 335 = StAZ 2001, 66; LG Stuttgart StAZ 1992, 379.

341 Ordre public-Problem nicht gesehen OLG Zweibrücken NJW-RR 2011, 725; zweifelnd *Bock* NJW 2012, 122 (124); **aA** MüKoBGB/*Coester* EGBGB Art. 13 Rn. 148.

342 OLG Karlsruhe StAZ 1994, 286.

343 Ua BGHZ 29, 137, 140 ff. (obiter); KG OLGZ 1973, 435. 439 f. (obiter); KG IPRspr. 2004 Nr. 206, 464

(obiter); *v. Bar* IPR II Rn. 163; Erman/*Hohloch* EGBGB Art. 13 Rn. 24; Staudinger/*Mankowski* EGBGB Art. 13 Rn. 218 ff.

344 Fehlerhaft Art. 6 angewandt: AG Gießen StAZ 2001, 39; *Rauscher* StAZ 1985, 101 (102); Staudinger/*Mankowski* EGBGB Art. 13 Rn. 219.

345 Teilweise in islamischen Rechtsordnungen zB Pakistan s. *Rauscher* StAZ 1985, 101.

346 BGHZ 29, 137, 140 ff. (obiter); KG OLGZ 1973, 435 (439 f.) (obiter); AG Gießen StAZ 2001, 39 (Anlegung eines Familienbuches gestützt auf Art. 6 [ordre public] abgelehnt); *Deuchler* FS Raape, 1948, S. 88; Erman/*Hohloch* EGBGB Art. 13 Rn. 24; Soergel/*Schurig* EGBGB Art. 13 Rn. 80; eher abl.: OLG Celle FamRZ 1958, 30.

347 BayObLGZ 2000, 335; KG FamRZ 1973, 313. 315; KG IPRspr. 2004 Nr. 206, 464; Staudinger/*Mankowski* EGBGB Art. 13 Rn. 221.

348 AG Offenbach FamRZ 2010, 1561.

349 *Bock* NJW 2012, 122 (123 f.).

147 **bb) Aufgebot, Ehefähigkeitszeugnis.** Das **Aufgebot** wird überwiegend zur Form gerechnet.[350] Überzeugender ist jedoch die verfahrensrechtliche Zuordnung, weil das Aufgebot nicht die Konsenserklärung betrifft, sondern dem Trauungsorgan zur Ermittlung von Ehehindernissen dient. Entsprechendes gilt für das Ehefähigkeitszeugnis. Jedenfalls ergibt sich das Erfordernis eines Aufgebots und eines Ehefähigkeitszeugnisses aus dem Recht des Eheschließungsortes; das Heimatrecht beider Verlobten bleibt außer Betracht.

148 Ein **Ehefähigkeitszeugnis** ist gem. § 1309 BGB beizubringen, wenn die Ehe in Deutschland vor dem Standesbeamten geschlossen werden soll und die Voraussetzungen für die Eheschließung ausländischem Recht unterliegen.

149 Die hM hält ein Ehefähigkeitszeugnis auch für erforderlich, wenn das ausländische Recht auf das deutsche zurückverweist.[351] Für eine Nichteinbeziehung spricht, dass das Ehefähigkeitszeugnis dem Aufspüren von materiellen Ehehindernissen dient. Wenn die Ehehindernisse dem deutschen Recht unterliegen, schafft das Ehefähigkeitszeugnis hierfür keine Erleichterung, sondern erschwert ohne ausreichenden Grund die Eheschließung. Dafür spricht jedoch, dass die Frage, ob eine Person mit ausländischer Staatsangehörigkeit dem inländischen oder ausländischen Eheschließungsrecht unterliegt, vom Kollisionsrecht des Heimatstaates abhängt. Dabei könnte zB zu beurteilen sein, wo vom Standpunkt dieser Rechtsordnungen der Verlobte seinen Wohnsitz hat. Da es sich um komplizierte Rechtsfragen handelt, ist die Einhaltung des Verfahrens nach § 1309 BGB zweckmäßig.

150 Keines Ehefähigkeitszeugnisses bedürfen Verlobte, die ein deutsches Personalstatut besitzen, ohne Deutsche zu sein (→ Rn. 14 f.; zu den Anforderungen an das Ehefähigkeitszeugnis, seinen Wirkungen, zur Zulässigkeit und den Voraussetzungen für die Befreiung von der Beibringung s. § 1309 BGB). Inwieweit Deutsche bei Eheschließung im Ausland ein Ehefähigkeitszeugnis ihrer Heimatbehörde vorlegen müssen, bestimmt sich nach dem Recht des Eheschließungsortes. Die Ausstellung in Deutschland regelt sich nach § 39 PStG (näher → Rn. 153 f.).

C. Weitere praktische Hinweise (Personenstandsrecht)

I. Eheschließung im Inland

151 Der Standesbeamte hat bei Anmeldung der Eheschließung zu prüfen, ob der Eheschließung ein **Ehehindernis** entgegensteht. Zur Erleichterung dieser Prüfung haben Personen, die hinsichtlich der Voraussetzungen für die Eheschließung ausländischem Recht unterliegen, nach § 1309 Abs. 1 BGB dem Standesbeamten ein **Ehefähigkeitszeugnis** der inneren Behörde ihres Heimatstaates vorzulegen.[352] Vom Erfordernis der Beibringung kann der Präsident des zuständigen OLG nach § 1309 Abs. 2 BGB eine Befreiung erteilen.[353] Das Standesamt, bei dem die Eheschließung angemeldet wird, hat den Antrag auf Befreiung aufzunehmen und die Entscheidung vorzubereiten. Dazu haben die Eheschließenden auch die Nachweise zu erbringen, die die Prüfung der Eheschließungsvoraussetzungen nach ausländischem Recht ermöglichen (§ 12 Abs. 3 PStG).

152 Das beigebrachte Ehefähigkeitszeugnis entbindet den Standesbeamten nicht von der **Prüfung** des Vorliegens **der materiellen Voraussetzungen** für die Eheschließung nach dem hierfür maßgeblichen Recht.[354] Es bindet den Standesbeamten nicht.[355]

Dem Standesbeamten ist durch Urkunden der Nachweis über die Auflösung einer Vorehe zu erbringen. Bei ausländischen Entscheidungen in Ehesachen kommt es darauf an, nach welcher Rechtsquelle sich die Anerkennung richtet.[356] Handelt es sich um eine Entscheidung aus einem Mitgliedstaat der EU (außer Dänemark), die sachlich und zeitlich der EheVO unterliegt, so erfolgt die Anerkennung ipso iure, wenn die Anerkennungsvoraussetzungen nach Art. 21 EheVO vorliegen. Dies kann vom Standesbeamten im Rahmen der Prüfung der Ehevoraussetzungen geprüft werden, hierzu → Anh. I zum III. Abschnitt EGBGB Art. 21 EheVO Rn. 20. Bei rechtskräftigen Entscheidungen in Ehesachen, die der EheVO unterliegen, gehen die Standesbeamten ohne Prüfung regelmäßig von ihrer Anerkennung aus, soweit eine Bescheinigung nach Art. 39 EheVO vorgelegt wird. Soweit jedoch Umstände bekannt sind, die Zweifel an dem Vorliegen der

---

350 Ua BGHZ 29, 137, 149; RGZ 88, 191, 193; BayObLG StAZ 2000, 145 (146); BayObLG FamRZ 1997, 818 (819); Soergel/*Schurig* EGBGB Art. 13 Rn. 8; Staudinger/*Mankowski* EGBGB Art. 13 Rn. 772.

351 BT-Drs. 13/4898, S. 15; *Hepting* FamRZ 1998, 713 (718); Palandt/*Budermüller* BGB § 1309 Rn. 6; Hepting/Gaaz/*Gaaz* (38. EL 2003) Bd. 1 § 5 a Rn. 38; Erman/*Roth* BGB § 1309 Rn. 3; aA Palandt/*Thorn* EGBGB Art. 13 Rn. 29.

352 Ausf. ua MüKoBGB/*Wellenhofer* § 1309 Rn. 7 ff.

353 Näher ua MüKoBGB/*Wellenhofer* § 1309 Rn. 12 ff.; *Schmitz-Justen* StAZ 2007, 107 ff.

354 BayObLG StAZ 1998, 252 (253); Hepting/Gaaz/*Gaaz* (38. EL 2003) Bd. 1 § 5 Rn. 15; Hepting/Gaaz/*Hepting* (38. EL 2003) Bd. 2 Rn. III-321.

355 BGHZ 46, 87, 92 = NJW 1966, 1811.

356 S. ua Hepting/Gaaz/*Gaaz* (38. EL 2003) Bd. 1 § 5 Rn. 45 f.; Hepting/Gaaz/*Hepting* (38. EL 2003) Bd. 2 Rn. III-590 ff.

Anerkennungsvoraussetzungen begründen, hat der Standesbeamte eine amtliche Übersetzung der Entscheidung zu fordern und eine Prüfung an die zuständige Verwaltungsbehörde zu übergeben. Eheschließungen aus anderen Staaten bedürfen der förmlichen Anerkennung durch die zuständige Landesjustizverwaltung oder den zuständigen Präsidenten des OLG nach § 107 FamFG. Ausgenommen sind nur gerichtliche oder behördliche Entscheidungen aus dem Heimatstaat beider Ehegatten. Zu Einzelheiten → Anh. II zum III. Abschnitt EGBGB Teil II. Nur für diese kann die Anerkennung durch den Standesbeamten oder den Präsidenten des OLG im Befreiungsverfahren nach § 1309 Abs. 2 BGB geprüft werden.

II. Ausstellung eines Ehefähigkeitszeugnisses (§ 39 PStG)

Die Ausstellung eines Ehefähigkeitszeugnisses, das ein Deutscher für die Eheschließung im Ausland benötigt, erfolgt **auf Antrag durch das Standesamt**.[357] Ein solches Zeugnis erhalten auch Staatenlose, heimatlose Ausländer, Asylberechtigte und internationale Flüchtlinge mit gewöhnlichem Aufenthalt in Deutschland (§ 39 Abs. 3 PStG). Das Ehefähigkeitszeugnis wird nur erteilt, wenn der beabsichtigten Eheschließung für den deutschen Verlobten kein einseitiges oder zweiseitiges Ehehindernis **nach deutschem Recht** entgegensteht.[358] Für die Erteilung sind dieselben Unterlagen beizubringen wie bei der Anmeldung der Eheschließung in Deutschland. Das Ehefähigkeitszeugnis gilt für die Dauer von 6 Monaten. Im Verhältnis zu Italien, Luxemburg, den Niederlanden, Österreich, Portugal, der Schweiz, Spanien und der Türkei findet das Münchener CIEC-Übereinkommen über die Ausstellung von (mehrsprachigen) Ehefähigkeitszeugnissen vom 5.9.1980 Anwendung.[359] Vereinbarungen mit Luxemburg,[360] Österreich[361] und der Schweiz[362] enthalten darüber hinaus Regelungen, die die Beschaffung des Ehefähigkeitszeugnisses zusätzlich erleichtern.[363]   **153**

Die **örtliche Zuständigkeit** bestimmt sich nach dem Wohnsitz, subsidiär nach dem (letzten) gewöhnlichen Aufenthalt. Fehlt es an einem jetzigen und früheren gewöhnlichen Aufenthalt in Deutschland, ist der Standesbeamte des Standesamtes I Berlin zuständig.[364]   **154**

III. Standesamtliche Registrierung

Die vor einem deutschen Standesbeamten geschlossene Ehe wird seit dem 1.1.2009 in dem elektronisch geführten Eheregister eingetragen. Ohne Bedeutung hierfür ist die Staatsangehörigkeit der Eheleute und ob sie nach der Eheschließung ihren Wohnsitz oder gewöhnlichen Aufenthalt im Ausland haben.   **155**

Hat ein Deutscher im Ausland die Ehe geschlossen, so erfolgt auf Antrag die Beurkundung im Eheregister, § 34 PStG. Für den Besitz der deutschen Staatsangehörigkeit kommt es auf den Zeitpunkt der Antragstellung an.[365] Gleiches gilt für Staatenlose, heimatlose Ausländer, Asylberechtigte und internationale Flüchtlinge nach der GFK mit gewöhnlichem Aufenthalt im Inland.[366] Die Beantragung kann auch auf die Beurkundung für eine Ehe, die nach Abs. 4 S. 2 geschlossen wurde, gerichtet sein (→ Rn. 124). Antragsberechtigt sind die Ehegatten und, soweit diese verstorben sind, deren Kinder und Eltern. Zuständig für die Entgegennahme des Antrags ist das Standesamt am Wohnsitz oder gewöhnlichen Aufenthalt des Antragstellers, fehlt es daran im Inland, liegt die Zuständigkeit beim Standesamt I in Berlin.[367]   **156**

---

357 Einzelheiten Nr. 39 ff. PStG-VwV (BAZ 15.4.2010 Nr. 57 a); Hierzu ausf. *Gaaz/Bornhofen* PStG 2008 § 39.

358 *Gaaz/Bornhofen* PStG 2008 § 39 Rn. 13 ff.

359 BGBl. II 1997, S. 1087; Bekanntmachung v. 25.5.1999 (BGBl. II S. 486). Ausgestellt wird das Ehefähigkeitszeugnis im Rahmen des CIEC-Übereinkommens durch die vom jeweiligen Vertragsstaat benannte Behörde (Art. 8) gem. dem vom Übereinkommen vorgeschriebenen Muster für Angehörige des Heimatstaates (Art. 1) sowie Flüchtlinge und Staatenlose, deren Personalstatut sich nach dem Recht dieses Staates richtet (Art. 2). Einer Beglaubigung des Ehefähigkeitszeugnisses (Legalisation) bedarf es nicht. Näher ua *Böhmer/Finger/Böhmer* 6.5A1.

360 Deutsch-luxemburgisches Abkommen v. 3.6.1982 (BGBl. II 1983, S. 698; BGBl. II 1984, S. 188).

361 Deutsch-österreichischer Vertrag v. 18.11.1980 (BGBl. II 1981, S. 1050; BGBl. II 1982, S. 207 und S. 459).

362 Deutsch-schweizerische Vereinbarung v. 6.6.1956 (BGBl. II 1960, S. 453 und S. 2123).

363 Angehörige eines Vertragsstaates können den Antrag auf Ausstellung des beizubringenden Ehefähigkeitszeugnisses bei beabsichtigter Eheschließung im anderen Vertragsstaat auch bei dem Standesbeamten stellen, bei dem die Eheschließung angemeldet wird. Zudem muss das Ehefähigkeitszeugnis nicht legalisiert werden. Eingehend zu den Vereinbarungen ua *Böhmer/Finger/Böhmer* 6.4.1 bis 6.4.3.

364 § 39 Abs. 1 PStG; Erklärung der Bundesregierung zum Beitritt zum CIEC-Übereinkommen (BGBl. II 1999, S. 486).

365 § 34 Abs. 1 S. 1 Hs. 2 PStG.

366 § 34 Abs. 1 S. 3 PStG.

367 § 34 Abs. 3 PStG; Einzelheiten Nr. 34 ff. PStG-VwV (BAZ 15.4.2010 Nr. 57 a).

Der Antrag ist an keine Frist gebunden. Nicht erforderlich ist ferner, dass die Ehe noch besteht oder die Ehegatten noch leben.[368] Der Antragsteller muss die vom Standesbeamten zu beurkundenden Angaben durch Beurkundungen in anderen Personenstandsbüchern, in- oder ausländische Personenstandsurkunden oder andere öffentliche Urkunden, ersatzweise kirchliche oder andere beweiskräftige Bescheinigungen, notfalls durch Versicherungen an Eides statt nachweisen.[369] Die Würdigung ist unter Berücksichtigung der Gesamtheit der Umstände vorzunehmen; zu ausländischen Heiratsurkunden → Rn. 159 ff.[370]

157 Der Standesbeamte hat zu prüfen, ob der Nachweis über eine förmliche Eheschließung erbracht ist; und weiterhin, ob nach den gemäß deutschem IPR maßgeblichen materiellen Rechten eine (form-)wirksame Ehe zustande gekommen ist.[371] Die Prüfung schließt auch die ordre public-Prüfung[372] sowie die Ehehindernissen nach ausländischem Recht die Prüfung nach Abs. 2 ein.[373] Ist der Standesbeamte von der wirksamen Eheschließung im Ausland überzeugt, hat er die Eintragung vorzunehmen; bei Zweifeln darf und muss er den Sachverhalt durch Ermittlungen aufklären. Er kann hierüber die Entscheidung des AG herbeiführen (§ 49 Abs. 2 PStG). Für die inländische standesamtliche Registereintragung einer im Ausland oder nach Abs. 4 S. 2 erfolgten Eheschließung sowie der darauf bezogenen Personenstandsurkunde trifft die **Beweiskraftregelung** des § 54 PStG zu. Die Eintragung sowie die Urkunde beweisen die Eheschließung, wirken allerdings nicht konstitutiv sondern lediglich deklaratorisch. Begründet wird folglich nur eine gesetzliche Vermutung, der Beweis der Unrichtigkeit ist zulässig.[374]

158 Die Eintragung in das Eheregister kann nicht erfolgen, wenn die im Ausland geschlossene Ehe nach ausländischem Recht zB wegen **Bigamie** eine Nichtehe ist.[375] Ist sie aus diesem Grund nach dem anwendbaren Recht dagegen erst durch Entscheidung über ihre Nichtigkeit/Unwirksamkeit vernichtbar, ist sie im Eheregister einzutragen.[376]

IV. Ausländische Urkunden[377]

159 Der Nachweis einer Eheschließung im Ausland erfolgt typischerweise durch eine ausländische öffentliche Urkunde. Die Übersetzung der Urkunde ist nicht zwingend erforderlich, sie kann jedoch von dem Gericht bzw. der Behörde angefordert werden.[378]

Während für inländische öffentliche Urkunden die widerlegbare Vermutung der Echtheit besteht,[379] trifft dies für ausländische öffentliche Urkunden nicht zu. Ob sie echt sind, entscheidet das Gericht frei nach den Umständen des Einzelfalls, § 438 Abs. 1 ZPO.[380] Ist eine Legalisation erfolgt oder wird gemäß Staatsvertrag von der Legalisation befreit und erfüllt die Urkunde die dafür vorgesehenen Förmlichkeiten, so genügt das für den Beweis ihrer Echtheit, § 438 Abs. 2 ZPO.[381] Der Beweis, dass die Legalisation oder die Urkunde unecht sind, ist zulässig.[382] Rechtsgrundlage für die Legalisation ausländischer Urkunden[383] durch deutsche Konsularbeamte ist § 13 KonsG. Die Legalisation im engeren Sinne, die meist erteilt wird, „bestä-

368 Zur entsprechenden Regelung im PStG aF für die Anlegung des Familienbuchs BayObLG StAZ 2000, 296 (298) mwN; OLG Karlsruhe StAZ 1994, 286.
369 § 9 Abs. 2 PStG.
370 Hierzu BayObLG StAZ 2000, 296; BayObLG IPRspr. 1988 Nr. 93; OLG Düsseldorf StAZ 2014, 205 (206).
371 BGH FamRZ 1991, 300 (301 f.) = StAZ 1991, 187 (188 f.); OLG Düsseldorf StAZ 2014, 205; OLG Düsseldorf StAZ 2012, 204; KG FamRZ 2012, 1495 Rn. 7; OLG München FamRZ 2011, 1506; OLG Karlsruhe StAZ 1994, 286; KG KGR Berlin 2005, 668 ff. (für das Familienbuch nach altem Recht); hierzu *Knauber* StAZ 1993, 69 ff.; *Gaaz/Bornhofen* PStG 2014 § 34 Rn. 15 16; *Sturm* StAZ 2010, 1; *Helms* StAZ 2014, 201 (202).
372 KG FamRZ 2012, 1495.
373 OLG München FamRZ 2011, 1506.
374 *Rhein* PStG § 54 Rn. 10.
375 OLG Hamburg StAZ 1987, 311 (für das Familienbuch nach altem Recht).
376 OLG Karlsruhe StAZ 1994, 286 (287); AG Bremen StAZ 1991, 232 = IPRspr. 1990 Nr. 69 (für das Familienbuch nach altem Recht); *Gaaz/Bornhofen* PStG 2014 § 34 Rn. 16; *Helms* StAZ 2014, 201 202; nicht beachtet OLG Düsseldorf StAZ 2014, 205 Rn. 21.

377 Zu den Beweisformen des islamischen Rechts insbesondere der Eheschließung und ihrer Wertung im deutschen Recht *Börner* StAZ 1993, 377 insbes. 380 ff.
378 § 142 Abs. 3 ZPO; zum Erfordernis der Übersetzung, die möglichst durch einen öffentlich berechtigten oder anerkannten Übersetzer erfolgen sollte, Einzelheiten A 4.1.1 ff. PStG-VwV (BAZ 15.4.2010 Nr. 57 a).
379 Vgl. § 437 ZPO.
380 OLG Düsseldorf StAZ 2014, 205 (Heiratsurkunde, bei der die Legalisation durch die deutsche Botschaft nicht zu erlangen ist); vgl. hierzu MüKoZPO/*Schreiber* § 438 Rn. 1; Thomas/Putzo/*Reichold* ZPO § 438 Rn. 1.
381 § 438 Abs. 2 ZPO nach einer Auffassung ergibt sich daraus eine gesetzliche Vermutungsregelung so Zöller/*Geimer* ZPO § 438 Rn. 1; MüKoZPO/*Schreiber* § 438 Rn. 3 5; **aA** *Langhein* Rpfleger 1996, 45 (47).
382 Thomas/Putzo/*Reichold* ZPO § 438 Rn. 1.
383 Ausführlich zur Legalisation in Deutschland und in anderen Staaten bei vertragslosem Zustand *Bülow* DNotZ 1955, 9 ff.

tigt die Echtheit der Unterschrift, die Eigenschaft; in welcher der Unterzeichner der Urkunde gehandelt hat, und gegebenenfalls die Echtheit des Siegels, mit dem die Urkunde versehen ist".[384]

Deutschland ist Vertragsstaat einer Reihe bilateraler und multilateraler Staatsverträge, die eine Befreiung von der Legalisation vorsehen.[385] Hierzu gehört das Wiener CIEC-Übereinkommen Nr. 16 über die Ausstellung mehrsprachiger Auszüge aus Personenstandsbüchern/Zivilstandsregistern vom 8.9.1976.[386] Nach Art. 1 des Übereinkommens werden in den Vertragsstaaten Auszüge aus Personenstandsbüchern, in denen ua die Eheschließung beurkundet ist, nach dem Übereinkommen beigefügten Formblättern ausgestellt. Sie haben nach Art. 8 die gleiche Beweiskraft wie die nach den innerstaatlichen Rechtsvorschriften des ausstellenden Staates erteilten Auszüge. Damit wird keine Regelung darüber getroffen, welche Beweiskraft der Auszug in einem anderen Vertragsstaat hat. Die Bestimmung wird dahin gehend ausgelegt, dass Auszügen aus anderen Vertragsstaaten in Deutschland nur die Beweiskraft einer ausländischen, nicht einer deutschen öffentlichen Urkunde zukommt.[387] Für den Nachweis der Echtheit bedürfen die Auszüge, die gemäß dem Übereinkommen ausgestellt sind, nach Art. 8 keiner Legalisation, Beglaubigung oder gleichwertigen Förmlichkeit. **160**

Bezogen auf das Personenstandswesen sind weiterhin zu nennen: Luxemburger CIEC-Übereinkommen Nr. 2 über die kostenlose Erteilung von Personenstandsurkunden und der Verzicht auf ihre Legalisation vom 26.9.1957[388] sowie bilaterale Staatsverträge mit Luxemburg,[389] Österreich[390] und der Schweiz.[391] Sie sehen die Befreiung der Personenstandsurkunden des einen Vertragsstaates von der Legalisation im anderen Vertragsstaat vor.

Für Personenstandsurkunden sind weiterhin von Bedeutung Staatsverträge, die allgemein die Befreiung öffentlicher Urkunden von der Legalisation regeln. Von den multilateralen Übereinkommen ist hier das Haager Übereinkommen zur Befreiung ausländischer öffentlicher Urkunden von der Legalisation vom 5.10.1961 zu nennen.[392] Danach sind öffentliche Urkunden eines Vertragsstaates, die im anderen Vertragsstaat vorgelegt werden, von der Legalisation im engeren Sinne befreit. An deren Stelle tritt die Apostille. Diese wird auf Antrag von der hierfür zuständigen Behörde des Herkunftsstaates auf der Urkunde oder einem damit verbundenen Blatt angebracht (Art. 4 Abs. 1, 6 Abs. 1). Die Apostille schafft den Nachweis der Echtheit der Unterschrift, der Eigenschaft, in welcher der Unterzeichner der Urkunde gehandelt hat und gegebenenfalls der Echtheit des Siegels oder Stempels, mit dem die Urkunde versehen ist (Art. 5 Abs. 2 Haager Übereinkommen).[393] Es handelt sich um eine widerlegbare Vermutung. Mit welchen Mitteln sie widerlegt werden kann, bestimmt sich nach dem Recht der jeweiligen lex fori.[394]

Im Verhältnis bilateraler Staatsverträge zum Haager Übereinkommen gilt das Günstigkeitsprinzip.[395] Vorrang haben die Staatsverträge zu den Personenstandsurkunden im Verhältnis der Vertragsstaaten zueinander.

Die Vorlage einer öffentlichen Urkunde im Bereich des Personenstandswesens, einschließlich der Eheschließung, innerhalb der **Europäischen Union wird** durch die VO 2016/1191 erleichtert.[396] Das Erfordernis der Legalisation oder anderer Förmlichkeiten für öffentliche Urkunden aus anderen Mitgliedstaaten entfällt (Art. 1). Erfasst werden öffentliche Urkunden, die von mitgliedstaatlichen Behörden ausgestellt werden, Beweiskraft haben und den Behörden eines anderen Mitgliedstaats vorgelegt werden müssen. Die Befreiung bezieht sich auch auf die beglaubigten Kopien der öffentlichen Urkunde. Als Ergänzung werden **161**

---

384 § 13 Abs. 2 KonsG.

385 Auflistung der für die standesamtliche Tätigkeit bedeutenden Staatsverträge sowie weitere Einzelheiten A. 5 ff. PStG-VwV (BAZ 15.4.2010 Nr. 57 a).

386 BGBl. II 1997 S. 774; Übereinkommenstext mit Vertragsstaaten zu finden: http://www.ciec-deutschland. de/SharedDocs/Standardartikel/CIEC-Dokumente/ue bereinkommenI/ue16.html.

387 Für die entsprechende Regelung im nicht mehr anwendbaren CIEC-Übereinkommen über die Erteilung gewisser für das Ausland bestimmter Auszüge aus Personenstandsbüchern vom 27.9.1956 (BGBl. 1961 II, S. 1055): BSGE 77 144; KG Berlin FamRZ 2007, 1828; vgl. BGHZ 169, 240 = FamRZ 2007, 109; *Rhein* PStG § 54 Rn. 7.

388 BGBl. 1961 II, S. 1067 Übereinkommenstext und Teilnehmerstaaten sind zu finden: http://www.ciec-de utschland.de/SharedDocs/Standardartikel/CIEC-Dok umente/uebereinkommenI/ue02.html.

389 V. 3.6.1982 BGBl. 1983 II, S. 699.

390 V. 18.11.1980 BGBl. 1981 II, S. 1051.

391 V. 4.11.1985 BGBl. 1988 II, S. 127.

392 BGBl. 1965 II, S. 876 Teilnehmerstaatenzahl: 107 Stand 18.6.2014 Text und weitere Nachweise: http:// www.hcch.net/index_en.php?act=conventions.status &cid=41.

393 Zur Anbringung der Apostille auf deutsche öffentliche Urkunden siehe: http://www.konsularinfo.diplo.d e/contentblob/1615024/Daten/844721/Urkunden_De utsche_oeffentlich_imAusland.pdf. Die zuständigen ausländischen Behörden für die Anbringung der Apostille erfährt man über die deutsche diplomatische oder konsularische Vertretung im Herkunftsland.

394 Geimer/Schütze/*Schmidt* IRV Bd. IV D II 1 c Fn. 19 S. 762–6.

395 Das Günstigkeitsprinzip ist ausdrücklich in Art. 3 Abs. 2 Haager Übk. v. 1961 festgehalten.

396 VO 2016/1191 zur Förderung der Freizügigkeit von Bürgern und Unternehmen durch die Vereinfachung der Annahme bestimmter öffentlicher Urkunden innerhalb der Europäischen Union ABl Nr. 200 v. 26.7.2016, 1; hierzu auch → Rn. 9.

mehrsprachige Formulare als Übersetzungshilfe ausgefüllt. Für den Fall, dass die Behörde, der eine öffentliche Urkunde aus einem anderen Mitgliedstaat über die Eheschließung vorgelegt wird, Zweifel an der Echtheit der Urkunde hat, ist ein Verfahren der Nachprüfung seitens der Ausstellungsstaates vorgesehen. Nach ErwG 4 hindert die Verordnung Personen nicht daran, weiterhin andere zwischen den Mitgliedstaaten geltende Systeme der Befreiung öffentlicher Urkunden von der Legalisation oder einer ähnlichen Förmlichkeit zu nutzen, wenn sie das wünschen. Diese Verordnung stellt insofern ein eigenständiges und autonomes Instrument gegenüber dem Apostilleübereinkommen dar. Eine Vermutung vergleichbar § 54 PStG ist in der Verordnung nicht vorgesehen. Für die Beweiskraft der öffentlichen Urkunden aus anderen Mitgliedstaaten über die Eheschließung gelten deshalb die Ausführungen zu ausländischen öffentlichen Urkunden im Allgemeinen.[397]

162   Die Beweiskraft ausländischer öffentlicher Urkunden richtet sich nach dem Recht des Staates, in dem von der Urkunde Gebrauch gemacht wird. In Deutschland werden sie, soweit sie als echt angesehen werden, hinsichtlich der Beweiskraft den inländischen gleichgestellt.[398] Dies bedarf jedoch insoweit einer Einschränkung, als ihr Beweiswert nicht weitergehen kann als im Herkunftsland.[399] Das folgt daraus, als Regelungen zum Beweiswert im engen Zusammenhang zu den Sorgfaltsanforderungen stehen, die an die Beurkundenden im Herkunftsland gestellt werden.[400] Auf ausländische Personenstandsurkunden findet § 54 PStG keine Anwendung;[401] nur die allgemeinen Bestimmungen aus der ZPO über die Beweiskraft öffentlicher Urkunden sind entsprechend heranzuziehen, so insbesondere die §§ 415 und 418 ZPO.[402]

Damit die §§ 415 ff. ZPO entsprechend auf ausländische öffentliche Urkunden Anwendung finden, ist es erforderlich, dass die beurkundende Behörde oder Amtsperson die Urkunde innerhalb der Grenzen ihrer Amtsbefugnis bzw. innerhalb ihres ihr zugewiesenen Tätigkeitsbereiches in vorgeschriebener Form aufgenommen hat.[403] Einfache Legalisation, Apostille und die Freistellungsregelungen hierfür in den Staatsverträgen beziehen sich nur auf die Echtheit der Urkunde und nicht auf die Beweiskraft, soweit es hierzu keine gesonderten Regelungen gibt. Das Gericht/die Behörde hat sie bei ausländischen Urkunden nach freiem Ermessen zu prüfen.[404] In der Rechtspraxis wird als mittelbare Wirkung von Legalisation oder Erteilung der Apostille regelmäßig angenommen, dass die Voraussetzungen der §§ 415 ff. ZPO bezogen auf die beurkundende ausländische Behörde erfüllt sind.[405] Erforderlich ist weiterhin, dass keine äußerlichen und innerlichen Mängel der Urkunde erkennbar sind. Anders als bei inländischen öffentlichen Urkunden[406] greift die Vermutung der Richtigkeit bei ausländischen öffentlichen Urkunden bereits dann nicht, wenn konkrete auf den Einzelfall bezogene Hinweise vorliegen, dass die Angaben in der Urkunde unrichtig sind. Wie bei inländischen öffentlichen Urkunden erstrecken sich die gesetzlichen Beweiskraftregelungen in den §§ 415 und 418 ZPO nicht auf die in den Urkunden enthaltenen rechtlichen Wertungen.[407] Folglich ist dort, wo sich die Wirksamkeit der Ehe für ein deutsches Gericht oder eine deutsche Behörde als Vorfrage stellt, zu prüfen, ob die Urkunde über die Eheschließung mit der materiellrechtlichen Rechtslage nach deutschem Recht im Einklang steht.[408] Eine ausländische Personenstandsurkunde über die Eheschließung an einem bestimmten Tag, die die Kriterien für ihre Echtheit erfüllt und bei der davon auszugehen ist, dass die beurkundende Behörde innerhalb ihrer Amtsbefugnis gehandelt hat, beweist allenfalls, dass diese stattgefunden hat und je nach Inhalt der Urkunde, dass die Formerfordernisse nach dem Ortsrecht eingehalten wurden,[409] nicht jedoch, dass die Ehe nach den gemäß deutschem IPR maßgeblichen Rechten materiell wirksam ist.[410]

---

397 Zu den Hintergründen, vor allem warum die Anerkennungsmethode keine Anwendung finden sollte *Wagner* NZFam 2014, 121 ff.

398 BVerwG NJW 1987, 1159; MüKoZPO/*Schreiber* § 438 Rn. 5.

399 *Langhein* Rpfleger 1996, 45 (51).

400 Zu möglichen Kriterien einer Seriositätskontrolle ausländischer öffentlicher Urkunden *Langhein* Rpfleger 1996, 45 (51 ff.).

401 BGHZ 121 305 = FamRZ 1993, 935; BGHZ 169, 240 Rn. 13= FamRZ 2007, 109 (für ausländische kirchliche Heiratsurkunden); KG FamRZ 2007, 1828 Rn. 6; *Zeyringer* StAZ 1999, 193 (195); *Rhein* PStG § 54 Rn. 7.

402 *Wagner* DNotZ 2011, 176 (183).

403 *Zeyringer* StAZ 1999, 193 (195); *Langhein* Rpfleger 1996, 45 (48).

404 AG Tempelhof FamRZ 2004, 1488 (1489); *Langhein* Rpfleger 1996, 45 (47 f.); *Zeyringer* StAZ 1999, 193 (196 f.).

405 Ua BVerwG NJW 1987, 1159; Zöller/*Geimer* ZPO § 438 Rn. 2; hierzu kritisch und weiterführend *Langhein* Rpfleger 1996, 45 (47 f.).

406 Für deutsche öffentliche Urkunden genügt für die Aussetzung der Beweiskraftregel die Erschütterung des Richtigkeitsgehaltes nicht BGH NJW 2002, 3027 (3028).

407 BGHZ 121, 305 Rn. 16 = FamRZ 1993, 935; KG Berlin StAZ 2006, 326 (bezogen auf das Namensrecht) *Zeyringer* meint hier, man muss unterscheiden, ob lediglich die Erklärung beurkundet oder ob die ausländische Behörde die Richtigkeit überprüft hat. Nur im ersten Fall träfe § 415 im letzteren § 418 ZPO zu; *Zeyringer* StAZ 1999, 193 (196).

408 BGHZ 169, 240 Rn. 13= FamRZ 2007, 109 (für ausländische kirchliche Heiratsurkunden).

409 *Wagner* DNotZ 2011, 176 (185); vgl. als Beispiel BGH FamRZ 1991, 300 Rn. 24, 27 ff.

410 Vgl. BGH FamRZ 1991, 300 (301); MüKoBGB/*Helms* EGBGB Art. 19 Rn. 74.

Fraglich ist, ob dies auch für Personenstandsurkunden aus anderen EU-Mitgliedstaaten gilt. In der Rechtssa-   **163**
che C-336/94 hat der EuGH[411] die beträchtlichen Unterschiede in der Beurkundung von Personenstandsan-
gelegenheiten in den Mitgliedstaaten gewürdigt. Er hat weiterhin darauf hingewiesen, dass dieser Bereich
bisher weder harmonisiert, noch ein System der gegenseitigen Anerkennung solcher Urkunden geschaffen
wurde. Andererseits hat der EuGH den Zusammenhang zwischen Freizügigkeit der Arbeitnehmer, ihren
sozialrechtlichen Ansprüchen, der Beweiskraft von Personenstandsurkunden und ihrer Berichtigung hergestellt. Als Konsequenz hat er abgeleitet, dass in Verfahren, die sozialrechtliche Leistungsansprüche eines
Wanderarbeiters aus der Gemeinschaft betreffen, die von den zuständigen Behörden der anderen Mitgliedstaaten ausgestellten Urkunden und ähnliche Schriftstücke über den Personenstand zu beachten sind, sofern
deren Richtigkeit nicht durch konkrete, auf den jeweiligen Einzelfall bezogene Anhaltspunkte ernstlich in
Frage gestellt ist. Da der EuGH diese Schlussfolgerung auf sozialrechtliche Verfahren beschränkt hat, geht
es zu weit, sie auf familien- oder personenstandsrechtliche Verfahren generell zu erstrecken.[412] Außerdem
betraf der konkrete Fall die Beurkundung des Geburtsdatums, also einer Tatsache, und nicht das Bestehen
eines statusrechtlichen Rechtsverhältnisses, wie die Ehe. Bezogen auf die Verlautbarung von Statusverhält-
nissen in Personenstandsurkunden aus anderen Mitgliedstaaten stellt sich eher die Frage, ob das Anerkennungsprinzip statt der materiellrechtlichen Überprüfung gemäß dem kollisionsrechtlich anwendbaren Recht
zur Anwendung kommen sollte, hierzu bereits → Rn. 9.

V. Rechtsmittel

Bei Ablehnung des Antrags auf Eheschließung, auf Erteilung eines Ehefähigkeitszeugnisses und auf Eintra-   **164**
gung der Ehe in das Eheregister gemäß § 34 PStG können die Beteiligten **beim zuständigen AG** beantragen,[413] den Standesbeamten anzuhalten, die Amtshandlung vorzunehmen (§ 49 Abs. 1 PStG). Einem vom
Standesbeamten oder der Aufsichtsbehörde beantragten Verfahren können die Beteiligten in jedem Stadium
dieses Verfahrens beitreten (§ 51 Abs. 2 PStG). Das Verfahren ist im Einzelnen in **§§ 45–50 PStG** geregelt.
Es unterliegt im Übrigen dem **FamFG**.

VI. Streitige Gerichtsbarkeit

1. Internationale Zuständigkeit. Die Internationale Zuständigkeit der deutschen Gerichte in Verfahren,   **165**
die die Aufhebung oder Nichtigkeitserklärung der Ehe betreffen, bestimmt sich nach **Art. 3 ff. EheVO**.
Umstritten ist, ob Feststellungsverfahren erfasst werden. Die Frage ergibt sich daraus, dass in Art. 1 Abs. 1
lit. a EheVO nur Gestaltungsverfahren aufgezählt sind und Art. 22 EheVO für die Anerkennung nur solche
erfasst, die zur Aufhebung der Ehe, zu ihrer Ungültigkeitserklärung oder zur förmlichen Trennung führen.
Die Auffassungen reichen von dem Ausschluss von Feststellungsverfahren, über die Einbeziehung sog.
negativer Feststellungsverfahren, dh in denen die Feststellung des Nichtbestehens begehrt wird, bis zur
Erstreckung auf alle Feststellungsverfahren.[414] *Rauscher* will in den Begriff der Entscheidung Feststel-
lungsverfahren hineinnehmen, ihn jedoch für die Anerkennung auf negative Feststellungsentscheidungen
beschränken.[415] Funktionell lässt sich die Erstreckung auf Feststellungsverfahren unschwer begründen.[416]
Dagegen spricht jedoch der Wortlaut von Art. 1 Abs. 1 EheVO mit einer Aufzählung von ausschließlich
Gestaltungsverfahren, ohne einen solchen übergreifenden Begriff wie Eheverfahren zu verwenden. Zur
Zuständigkeit nach der EheVO s. Anhang I zum III. Abschnitt EGBGB EheVO Art. 3 ff.

Die Zuständigkeit für Verfahren, die nicht der EheVO unterliegen oder für die nach Art. 7 EheVO die
Anwendung des einzelstaatlichen Rechts subsidiär möglich bleibt, richtet sich nach § 98 Abs. 1 FamFG.
Letzteres betrifft Verfahren, für die nach der EheVO keine Zuständigkeit der Gerichte eines Mitgliedstaates

---

411 Slg 1997 I-6761 = EuZW 1998, 47.
412 Anders jedoch OLG Köln StAZ 2006, 53 (Fall betraf
     Geburtsdatum); KG StAZ 2013, 80 (Fall betraf
     Namensrecht); MüKoBGB/*Klinkhardt* (5. Aufl.
     2010) EGBGB Art. 19 Rn. 63; unentschieden *Zeyrin-
     ger* StAZ 1999, 193 (196); Für das Namensrecht ist
     in diesem Zusammenhang EuGH C-353/06 (*Grun-
     kin-Paul*) Slg 2008, 7639 zu beachten.
413 Zur Zuständigkeit s. § 50 PStG.
414 Für einen Ausschluss von Feststellungsverfahren:
     Helms FamRZ 2001, 257 (259); *Simotta* FS Geimer,
     2002, S. 1115, 1145 ff.; Staudinger/*Spellenberg*
     EheGVO Art. 1 Rn. 2 8. Für die Einbeziehung von

Feststellungsverfahren: *Gruber* FamRZ 2000, 1129
(1130); *Hau* FamRZ 1999, 484 (485); *ders.* FamRZ
2000, 1333; Thomas/Putzo/*Hüßtege* EuEheVO Art. 1
Rn. 2; *Wagner* IPRax 2001, 73 (76) Fn. 58. Für die
Einbeziehung nur sog. negativer Feststellungsverfahren: MüKoBGB/*Coester* EGBGB Art. 13 Rn. 171;
Zöller/*Geimer* Anh. II A EuEheVO Art. 1 Rn. 1;
Vogel MDR 2000, 1045 (1046).
415 Rauscher/*Rauscher* EuZPR Art. 1 Brüssel IIa-VO
     Rn. 13 f.
416 Hierzu Rauscher/*Rauscher* EuZPR Art. 1 Brüssel IIa-
     VO Rn. 1314.

besteht und der Antragsgegner weder die Staatsangehörigkeit eines anderen Mitgliedstaates besitzt, noch dort seinen gewöhnlichen Aufenthalt hat.[417] Der Begriff Mitgliedstaat umfasst nicht Dänemark.

166 **2. Verfahren.** Das Verfahren unterliegt dem deutschen Recht. Nachgewiesen werden können ausländische Eheschließungen mit jedem geeigneten Mittel (bspw. Urkunden, eidesstattliche Versicherungen und Zeugenaussagen).[418] Die Begründetheit des Antrags wird materiellrechtlich nach den Rechten geprüft, die aufgrund kollisionsrechtlicher Verweisung nach deutschem IPR berufen sind.

167 **3. Anerkennung ausländischer Entscheidungen.** Die Anerkennung von Entscheidungen der Gerichte der Mitgliedstaaten der EU (mit Ausnahme Dänemarks) über die Ungültigkeitserklärung einer Ehe richtet sich nach **Art. 21 ff. EheVO** (näher hierzu Anhang I zum III. Abschnitt EGBGB EheVO Art. 21 ff.). Soweit sich bilaterale Abkommen mit den Mitgliedstaaten der EU zur Anerkennung von Entscheidungen in Zivil- und Handelssachen auch auf Ehesachen beziehen,[419] finden sie nur noch Anwendung auf Entscheidungen über die Feststellung des Bestehens oder Nichtbestehens der Ehe. Von den bilateralen Abkommen mit den Nichtmitgliedstaaten erfassen das Abkommen mit der Schweiz[420] sowie der Vertrag mit Tunesien[421] Entscheidungen in Ehesachen.

168 Im Übrigen richtet sich die Anerkennung nach **§ 109 FamFG**. Im Verhältnis zwischen bilateralem Abkommen und § 109 FamFG gilt das **Günstigkeitsprinzip**.[422] Damit sie im Inland Wirkung entfalten, bedürfen alle ausländischen Entscheidungen mit Ausnahme der Entscheidungen, die der EheVO unterliegen und solcher von Gerichten des Staates, dem beide Ehegatten angehören, der förmlichen **Feststellung** ihrer **Anerkennungsfähigkeit durch die zuständige Landesjustizverwaltung** (§ 107 Abs. 1 FamFG; näher zur Anerkennung Anhang II zum III. Abschnitt, §§ 107, 108, 109 FamFG).

VII. Befreiung von Ehehindernissen

169 Inwieweit von einem Hindernis für das Eingehen der Ehe befreit werden kann, ergibt sich aus dem Recht, das das Ehehindernis aufstellt.[423] Maßgeblich für das Hindernis und die Befreiungsmöglichkeiten ist das auf die materiellen Ehevoraussetzungen anwendbare Recht auf Seiten des vom Hindernis betroffenen Verlobten.[424]

170 **1. Inländische Ehehindernisse.** Geregelt ist nur noch die Befreiung vom Ehehindernis der Adoption, soweit durch diese eine Verwandtschaft in der Seitenlinie begründet wurde, vgl. § 1308 BGB.

Die deutschen Gerichte sind für die Entscheidung über die Befreiung zuständig, wenn die materiellen Voraussetzungen für die Eheschließung dem deutschen Recht unterliegen.[425] Die Maßgeblichkeit deutschen Rechts kann sich aus der deutschen Staatsangehörigkeit des Eheschließungswilligen, seinem gewöhnlichen Aufenthalt im Inland, bei Staatenlosen und Personen, deren Personalstatut durch Art. 12 Genfer Flüchtlingskonvention geregelt wird, oder aufgrund der Rückverweisung des ausländischen IPR ergeben.[426] Die deutschen Gerichte sind für die Erteilung der Befreiung auch dann zuständig, wenn die Ehe im Ausland geschlossen werden soll.

Es ist davon auszugehen, dass eine Befreiung vom Erfordernis der Vollendung des achtzehnten Lebensjahres für die Eheschließung einer Person, die ein ausländisches Eheschließungsstatut hat, durch das in der Personenstandssache zuständige deutsche Gericht erteilt werden kann. Offensichtlich muss sein, dass die geschlossene Ehe nach § 1315 Abs. 1 Nr. 1 lit. b BGB wegen schwerwiegender Gründe nicht aufhebbar wäre (nicht zweifelsfrei, hierzu bereits → Rn. 29).

171 **2. Ausländische Ehehindernisse.** Den deutschen Gerichten fehlt die weseneigene Zuständigkeit[427] von ausländischen Ehehindernissen zu befreien, die einen religiösen oder staatspolitischen Hintergrund haben.

---

417 Sog. Restzuständigkeit, hierzu näher Anh. I zum III. Abschnitt.

418 BayObLG IPRspr. 1988 Nr. 59; MüKoBGB/*Coester* EGBGB Art. 13 Rn. 172.

419 Hinsichtlich der Anerkennung von Entscheidungen in Zivil- und Handelssachen unter Einschluss der Ehesachen sind in Bezug auf die Mitgliedstaaten der EU für die Bundesrepublik Deutschland in Kraft: das Abkommen mit Belgien v. 30.6.1958 (BGBl. II 1959, S. 765); der Vertrag mit Griechenland v. 4.11.1961 (BGBl. II 1963, S. 109); das Abkommen mit Italien v. 9.3.1936 (RGBl II 1937, S. 145; BGBl. II 1952, S. 986); der Vertrag mit Spanien v. 14.11.1983 (BGBl. II 1987, S. 34); das Abkommen mit dem Vereinigten Königreich Großbritannien und Nordirland v. 14.7.1960 (BGBl. II 1961, S. 301).

420 Abkommen v. 2.11.1929 (RGBl II 1930, S. 1066).

421 Vertrag v. 19.7.1966 (BGBl. II 1969, S. 890).

422 BGH IPRax 1989, 104 (106) = FamRZ 1987, 580 (582) = NJW 1987, 3083 (3084); *Andrae* IntFamR § 4 Rn. 138 mwN.

423 Ua *Kropholler* IPR § 44 I 1 S. 332; Staudinger/*Mankowski* EGBGB Art. 13 Rn. 160; OLG Stuttgart FamRZ 2000, 821 (822).

424 MüKoBGB/*Coester* EGBGB Art. 13 Rn. 91.

425 Ua *Kremer* StAZ 1990, 171; Staudinger/*Mankowski* EGBGB Art. 13 Rn. 161.

426 Staudinger/*Mankowski* EGBGB Art. 13 Rn. 161.

427 Weiterführend ua *Andrae* IntFamR, 3. Aufl., § 2 Rn. 66 ff.; *Kropholler* IPR § 57 II S. 602 ff.; *Schack*, Int. Zivilverfahrensrecht, Rn. 570 ff.

Von solchen Hindernissen nach ausländischem Recht wird bei inländischer Eheschließung nicht befreit, sondern es wird geprüft, ob solche Hindernisse nach Abs. 2 und/oder Art. 6 EGBGB unbeachtet bleiben. Hierzu gehören insbesondere: Ehehindernisse der unterschiedlichen Religions- oder Rassenzugehörigkeit, der höheren Weihen, mit staatspolitischem Hintergrund, wie Heiratsverbot vor Erfüllung der Wehrpflicht, Genehmigungserfordernis für das Eingehen der Ehe durch Beamte oder Militärpersonal oder die Eheschließung mit einem Ausländer.

Dagegen können deutsche Familiengerichte Befreiungen von Ehehindernissen nach ausländischem Recht erteilen, wenn das Hindernis familienrechtlich motiviert ist, wie zB vom Ehehindernis der Verwandtschaft oder Schwägerschaft. Die Auffassung, dass die Befreiung in der ausschließlichen Kompetenz der Gerichte/ Behörden liegt, deren Rechtsordnung das Hindernis aufgestellt hat, ist als überwunden anzusehen.[428] Eine Befreiung vom Ehehindernis fehlender Ehemündigkeit nach ausländischem Recht kann wegen Art. 13 Abs. 3 nur erteilt werden, wenn die betreffende Person zum Zeitpunkt der beabsichtigten Eheschließung das achtzehnte Lebensjahr vollendet hat.

Die internationale Zuständigkeit für eine gerichtliche Befreiung ist nicht geregelt. Der Grundsatz der Doppelfunktionalität nach § 105 FamFG hilft nicht weiter, da es an einer passenden Bestimmung für die örtliche Zuständigkeit fehlt. Die Lücke kann für die internationale Zuständigkeit durch die analoge Anwendung von § 99 Abs. 1 FamFG geschlossen werden. Die deutschen Gerichte sind für eine Befreiung vom Ehehindernis nach ausländischem Recht auch zuständig, wenn der betroffene Ehegatte einen inländischen gewöhnlichen Aufenthalt hat oder ein besonderes Fürsorgebedürfnis[429] besteht. Die Befreiung durch einen inländischen Gerichtsbeschluss ist ausgeschlossen, wenn das Ehehindernis selbst ordre-public-widrig ist und deshalb sowieso unbeachtet bleiben muss. **172**

Beispiel: Zustimmungserfordernis des Ehevormunds zur Eheschließung einer volljährigen weiblichen Person (hierzu → Rn. 32).

Anhang I zu Art. 13 EGBGB: Verlöbnis

I. Begriff

Verlöbnis ist die Rechtsbeziehung zwischen zwei Personen , die durch das wechselseitige Eheversprechen (Verlobung) begründet wird. Eine gesetzliche Regelung fehlt. **1**

II. Anknüpfung der Verlobung

Die Voraussetzungen für eine wirksame Verlobung zwischen Partnern unterschiedlichen Geschlechts werden in **entsprechender Anwendung von Art. 13 Abs. 1** für jeden Partner nach seinem Personalstatut beurteilt.[1] **Rück- und Weiterverweisungen** sind zu beachten. Die Verlobung ist wirksam, wenn ihr nach den danach maßgebenden Rechten kein Hindernis entgegensteht. Ein Zustandekommen wird nicht dadurch gehindert, dass das Heimatrecht eines Partners das Verlöbnis als Rechtsinstitut nicht kennt und deshalb keine Bestimmungen für das Zustandekommen bereithält.[2] **2**

Die **Form** richtet sich nach **Art. 11 Abs. 1 und 2**.[3] Die Verlobung ist formwirksam zustande gekommen, wenn sie entweder nach dem Heimatrecht beider Partner oder nach dem Recht des Staates formwirksam vorgenommen ist, in dem sie stattfand.[4] **3**

428 Hierzu *Henrich* § 1 VI S. 38; Staudinger/*Mankowski* EGBGB Art. 13 Rn. 163.

429 Einzelheiten mit Beispielen aus älterer Rechtsprechung bei Staudinger/*Mankowski* EGBGB Art. 13 Rn. 170, 171; einschränkender MüKoBGB/*Coester* EGBGB Art. 13 Rn. 94.

1 Ua BGHZ 28, 375, 376 f.; OLG Hamm FamRZ 1971, 321; *Kropholler* IPR § 44 IV 1 S. 42; *Henrich* § 1 VIII S. 42; *v. Bar* IPR II Rn. 111; Soergel/*Schurig* EGBGB Vor Art. 13 Rn. 14; Staudinger/*Mankowski* EGBGB Anh. Art. 13 Rn. 10; Palandt/*Thorn* EGBGB Art. 13 Rn. 36.

2 Ua *Henrich* § 1 VIII S. 42; *v. Bar* IPR II Rn. 111; Staudinger/*Mankowski* EGBGB Anh. Art. 13 Rn. 13;

Erman/*Hohloch* EGBGB Vor Art. 13 Rn. 11; differenzierter Soergel/*Schurig* EGBGB Vor Art. 13 Rn. 14.

3 Ua *Kropholler* IPR § 44 IV 1 S. 332; *Henrich* § 1 VIII 1 S. 43; Soergel/*Schurig* EGBGB Vor Art. 13 Rn. 14; zur Qualifikation *v. Bar* IPR II Rn. 112.

4 Vorschriften, die den Schadensersatz wegen Auflösung des Verlöbnisses von der Wahrung einer bestimmten Form der Verlobung abhängig machen, sind kollisionsrechtlich den Rechtsfolgen der Auflösung zuzuordnen, vgl. Staudinger/*Mankowski* EGBGB Anh. Art. 13 Rn. 16; *v. Bar* IPR II Rn. 112.

III. Anknüpfung der Rechtsfolgen der Auflösung

4   Bei den Rechtswirkungen des Verlöbnisses geht es in der Rechtspraxis ausschließlich um vermögensrechtliche Ansprüche bei Auflösung des Verlöbnisses. Zu unterscheiden sind:

– eigenständige **gesetzliche Ausgleichs- und bereicherungsrechtliche Ansprüche bei** Scheitern des Verlöbnisses, die ihren Grund in der Inanspruchnahme von Vertrauen in das Zustandekommen der Ehe haben. Typisches Beispiel sind die §§ 1298 ff. BGB. Aufgrund ihrer Spezifik sind sie nicht dem allgemeinen Schuldrecht sondern dem Familienrecht zuzuordnen (i.F. Verlöbnisauflösungsstatut). Überwiegend wird die Anknüpfung an ein **gemeinsames Personalstatut der Verlobten vertreten.** Die **Lehre** bevorzugt bei unterschiedlichen Personalstatuten in Anlehnung an Art. 14 Abs. 1 Nr. 2 EGBGBaF (nunmehr Art. 14 Abs. 2 Nr. 1) überwiegend die Anknüpfung an den **gemeinsamen gewöhnlichen Aufenthalt,** was zu der Rechtsordnung führt, mit der die Verlobten gemeinsam am engsten verbunden sind.[5] Bei fehlendem gemeinsamem gewöhnlichen Aufenthalt wird wiederum die Anwendung des Heimatrechts eines Verlobten vorgeschlagen.[6] Aber auch die Kumulation beider Rechtsordnungen zugunsten des in Anspruch Genommenen[7] und das Prinzip der engsten Verbindung (analog Art. 14 Abs. 1 Nr. 3 EGBGBaF nunmehr Art. 14 Abs. 2 Nr. 4)[8] werden vertreten.

Stellungnahme: Für das Kollisionsrecht bietet sich eine Analogie zu Art. 17 Abs. 1 EGBGB an, der für die vermögensrechtlichen Scheidungsfolgen auf die Rom III-VO verweist. Insofern ist Art. 8 Rom III-VO analog heranzuziehen. Führt die Verweisung zum ausländischen Recht, ist die Gesamtverweisung nach Art. 4 Abs. 1 zu beachten.

5   – **Rückforderungsrechte aus Verträgen** zwischen den Partnern im Zusammenhang mit der Auflösung des Verlöbnisses, insbesondere aufgrund des Widerrufs einer Schenkung oder des Wegfalls der Geschäftsgrundlage: Bisher sind Rechtsprechung und Literatur davon ausgegangen, dass das Verlöbnisstatut auch auf die Rückabwicklung von Schenkungen unter Verlobten nach Auflösung des Verlöbnisses Anwendung findet.[9] Solche Schenkungen stellen iSd Rom I-VO Schuldverträge dar, die nicht durch Art. 1 Abs. 2 lit. b oder c ausgeschlossen sind. Das folgt bereits daraus, dass das Verlöbnis selbst nicht vom Begriff des Familienverhältnisses erfasst wird,[10] weil es keine der Ehe vergleichbare Wirkungen entfaltet.[11] Das auf die Schenkung anwendbare Recht ist gemäß Art. 3 ff. Rom I-VO zu bestimmen. Auch die Auffassung des BGH, dass es sich bei diesem Rückforderungsanspruch um einen bereicherungsrechtlichen Anspruch in Form der Leistungskondiktion handelt,[12] führt aufgrund der akzessorischen Anknüpfung nach Art. 10 Abs. 1 Rom II-VO zum Vertragsstatut. In erster Linie kommt es auf die **Rechtswahl** der Partner an (Art. 3 Rom I-VO). Diese kann ausdrücklich aber auch konkludent erfolgen. Sie muss sich jedoch mit hinreichender Sicherheit aus dem Vertrag oder aus den Umständen ergeben. Letzteres kann zB zutreffen, wenn Geschenke auf einer Verlobungsfeier überreicht werden, die nach charakteristischen Traditionen und Gebräuchen ausgestaltet wird. Ansonsten wird nach Art. 4 Abs. 2 Rom I-VO auf das Recht des gewöhnlichen Aufenthalts des Schenkers verwiesen, jedoch kann über die Ausweichklausel des Art. 4 Abs. 3 Rom III-VO auch einer gemeinsamen engeren Verbindung zu einer anderen Rechtsordnung Rechnung getragen werden. Familienrechtliche und schuldvertragsrechtliche Anspruchsgrundlagen stehen nur dann nebeneinander, wenn das Verlöbnisauflösungsstatut die Rückforderungsansprüche nicht abschließend regelt.

6   – **deliktsrechtliche Ansprüche.** Wird der Anspruch auch auf deliktsrechtliche Tatbestände (wie Betrug oder Vorspiegelung der Heiratsabsicht mit dem Ziel, den anderen Partner zum Geschlechtsverkehr oder zu unvorteilhaften Vermögensverfügungen zu bewegen) gestützt, kommt zusätzlich eine Beurteilung der Ansprüche nach dem Deliktsstatut in Betracht.[13] Hierfür ist das anwendbare Recht nach Art. 4 Rom II-VO zu bestimmen. In erster Linie kommt es auf den gemeinsamen gewöhnlichen Aufenthalt zum

5   Ua *Kropholler* IPR § 44 IV 3 S. 333; *Soergel/Schurig* EGBGB Vor Art. 13 Rn. 18; *Erman/Hohloch* EGBGB Vor Art. 13 Rn. 7; *Mankowski* IPRax 1997, 173 (178 ff.); *Staudinger/Mankowski* EGBGB Anh. Art. 13 Rn. 19 ff.; *Schwimann* ZfRV 1974, 198 (204); *MüKoBGB/Coester* EGBGB Vor Art. 13 Rn. 6.

6   Recht des Anspruchstellers: *Schwimann* ZfRV 1974, 198 (204); Recht des in Anspruch Genommenen: *Henrich* § 1 VIII 1 S. 43.

7   *Soergel/Schurig* EGBGB Vor Art. 13 Rn. 18.

8   Ua *Staudinger/Mankowski* EGBGB Anh. Art. 13 Rn. 32; *Mankowski* IPRax 1997, 173 (180); iE wohl auch *Erman/Hohloch* EGBGB Vor Art. 13 Rn. 13.

9   Ua BGHZ 28, 375, 378; BGHZ 132, 105, 116; BGH NJW-RR 2005, 1089 (1090); *MüKoBGB/Coester* EGBGB Vor Art. 13 Rn. 3; *Palandt/Thorn* Art. 13 Rn. 36.

10   Rechtsvergleichend zum Verlöbnis in den EU-Mitgliedstaaten *Staudinger/Mankowski* EGBGB Anh. zu Art. 13 Rn. 1 ff.

11   Zum Begriff Erwägungsgrund 8 Rom I-VO; wie hier BeckOK BGB/*Spickhoff* VO (EG) 593/2008; Art. 1 Rn. 36; *Palandt/Thorn* Art. 1 Rom I-VO Rn. 8; ausführlich *Andrae* IntFamR § 6 Rn. 15 ff.

12   BGHZ 132, 105, 109 f.=FamRZ 1996, 601.

13   *Erman/Hohloch* EGBGB Vor Art. 13 Rn. 15; *Staudinger/Mankowski* EGBGB Anh. Art. 13 Rn. 40.

Zeitpunkt des Schadenseintritts an (Abs. 2); mangels eines solchen wird auf den Schadenseintrittsort abgestellt (Abs. 1). Schließlich sieht **Art. 4 Abs. 3 Rom II-VO eine Ausweichklausel vor**, wonach abweichend von Abs. 1 und 2 das Recht eines anderen Staates Anwendung findet, mit welchem die unerlaubte Handlung eine offensichtlich engere Verbindung aufweist (**Ausweichklausel**). In erster Linie kommt die akzessorische Anknüpfung an ein zwischen den Beteiligten bestehendes Rechtsverhältnis in Betracht.[14] Dieses kann sich auch aus dem familienrechtlichen Bereich ergeben, wenn die Pflichtverletzung einen unmittelbaren Bezug hierzu hat und nicht lediglich ein Verstoß gegen allgemeine Verhaltenspflichten vorliegt.[15] Der Vorteil der akzessorischen Anknüpfung besteht darin, dass ein einheitlicher Lebenssachverhalt einem einzigen Recht unterstellt wird, wodurch Normenwidersprüche und Angleichungen verhindert werden. Der BGH hat in einem Fall des Betruges die akzessorische Anknüpfung des Deliktsstatuts an das Verlöbnisstatut aus folgenden Gründen abgelehnt.[16] Einerseits ist das Verlöbnis seiner rechtlichen Natur nach kein vergleichbar stabiles und durch äußere Merkmale gekennzeichnetes Rechtsverhältnis. Es besteht in vielen Ländern nicht mehr als offizielles Rechtsverhältnis und es tritt auch als gesellschaftliche Einrichtung immer mehr in den Hintergrund. Weiterhin sprechen die inhaltlichen Unterschiede zwischen dem Rücktritt von einem Verlöbnis und einer damit zusammenhängenden unerlaubten Handlung, die gleichzeitig einen strafrechtlichen Unrechtsgehalt aufweist, gegen eine Verknüpfung.[17] Das war im Ergebnis im konkreten Fall jedenfalls schon deshalb richtig, weil der BGH den Anspruch aus dem Verlöbnis dem Heimatrecht des in Anspruch Genommenen unterstellt hatte, zu dem der Sachverhalt insgesamt keinen engen Bezug aufwies.[18]

Bei der Auflösung eines Verlöbnisses geht es vielfach auch um das Schicksal der **Geschenke von Verwandten** beider Seiten. Die **lex rei sitae** bestimmt darüber, wer Eigentümer der Geschenke geworden ist. Eine besondere güterrechtliche Ordnung gibt es während des Verlöbnisses nicht. Kommt die Ehe zustande, so ist das Ehegüterrechtsstatut auch für die vermögensrechtliche Zuordnung im Innenverhältnis bezogen auf Zuwendungen, die Dritte aufgrund der Verlobung geleistet haben, heranzuziehen.[19] **Ansprüche Dritter** auf Herausgabe der Verlobungsgeschenke und anderer Zuwendungen, insbesondere eines Brautgelds, wegen Auflösung oder Scheiterns des Verlöbnisses werden einerseits dem Verlöbnisstatut[20] und andererseits dem Vertragsstatut[21] unterstellt.   **7**

Bei der regelmäßig vorzuziehenden schuldvertraglichen Qualifikation bestimmt sich – mangels Rechtswahl – das maßgebliche Recht nach Art. 4 Abs. 2 Rom I-VO, was zur Anknüpfung an den gewöhnlichen Aufenthalt des Zuwendenden führt. Nur wenn die Beteiligten eine gemeinsame Staatsangehörigkeit besitzen, kann diese den gewöhnlichen Aufenthalt aufgrund der Ausweichklausel des Art. 4 Abs. 3 Rom I-VO verdrängen, wenn sich aus dem Gesamtzusammenhang eine engere Beziehung zu dieser Rechtsordnung ergibt. Hat die Zuwendung den Charakter der Ausstattung des eigenen Kindes durch die Eltern eingedenk der bevorstehenden Eheschließung aufgrund der Verlobung,[22] so ist die Anwendung der Rom I-VO ausgeschlossen. Es handelt sich dann um ein Schuldverhältnis sui generis, das kollisionsrechtlich als Eltern-Kind-Verhältnis zu qualifizieren ist und insofern dem Art. 17 KSÜ[23] oder Art. 21 EGBGB unterliegt. Eine nach deutschem Sachrecht zu beurteilende Brautgeldabrede zwischen den Verwandten des Bräutigams und der Braut ist gem. § 138 Abs. 1 BGB sittenwidrig, wenn sie mit der Freiheit der Eheschließung und der Menschenwürde nicht zu vereinbaren ist.[24] Der Wirksamkeit einer dem ausländischen Recht unterliegenden Brautgeldabrede steht dann bei hinreichendem Inlandsbezug der ordre public entgegen.

14   Ua Palandt/*Thorn* Rom II-VO Art. 4 Rn. 11; BeckOK BGB/*Spickhoff* (EG) 864/2007 Rom II-VO Art. 4 Rn. 12 ff.

15   Ua Palandt/*Thorn* Rom II-VO Art. 4 Rn. 12; BeckOK BGB/*Spickhoff* (EG) 864/2007 Rom II-VO Art. 4 Rn. 16.

16   BGHZ 132, 105, 117=FamRZ 1996, 601.

17   MüKoBGB/*Coester* EGBGB Vor Art. 13 Rn. 5; *Looschelders* EGBGB Art. 41 Rn. 15 u. EGBGB Art. 13 Rn. 86; *Kegel/Schurig* IPR § 20 II S. 795; *Rauscher* IPR Rn. 733; *Gottwald* JZ 1997, 92 (93); aA Staudinger/*Mankowski* EGBGB Anh. zu Art. 13 Rn. 40 f.; *Kropholler* IPR § 44 IV 3 S. 333.

18   BGHZ 132, 105 Ls. 4=FamRZ 1996, 601. zust. MüKoBGB/*Coester* EGBGB Vor Art. 13 Rn. 7; *Gott-*

wald JZ 1997, 93; für akzessorische Anknüpfung *Kropholler* IPR § 44 IV 3 S. 333.

19   KG FamRZ 1993, 198 (198).

20   OLG Hamm IPRax 2012, 257 Rn. 34; OLG Düsseldorf FamRZ 1992, 1295; KG FamRZ 1990, 345; Staudinger/*Mankowski* (2011) EGBGB Anh. zu Art. 13 Rn. 42; MüKoBGB/*Coester* EGBGB Vor Art. 13 Rn. 4.

21   OLG Köln FamRZ 1994, 1523 (1524) = NJW-RR 1994, 1026; OLG Düsseldorf FamRZ 1983, 1229.

22   Vgl. im deutschen Recht § 1624 BGB.

23   Altersgrenze des Kindes Vollendung des 18. Lebensjahres (Art. 2 KSÜ).

24   OLG Hamm IPRax 2012, 257.

Anhang II zu Art. 13 EGBGB: Nichteheliche Lebensgemeinschaft

I. Allgemeines 1
  1. Einführung 1
  2. Abgrenzung 4
II. Einzelne Probleme 6
  1. Begründung 6
  2. Unterhalt 7
  3. Eltern-Kind-Beziehungen 8
  4. Gesetzliche Erben, Verfügungen von
    Todes wegen 9

5. Innen-, insbesondere Vermögensbezie-
    hungen 10
6. Auflösung 16
7. Beziehungen zu Dritten 18
III. Weitere praktische Hinweise 19
  1. Rechtswahl 19
  2. Internationale Zuständigkeit 20

I. Allgemeines

1 **1. Einführung.** Die nichteheliche Lebensgemeinschaft ist in **Deutschland** im bürgerlichen Recht nicht gesondert geregelt, obwohl sie ein typisches soziales Phänomen darstellt. **In einer Reihe ausländischer Rechtsordnungen** sind dagegen Regelungen anzutreffen. Hier kann von einem eigenständigen Rechtsinstitut gesprochen werden.[1] Typisches Beispiel sind die Rechtsordnungen der Nachfolgestaaten des früheren Jugoslawiens, die die nichteheliche Lebensgemeinschaft in ihren Familiengesetzen und selbst im IPR-Gesetz regeln.[2] In Schweden existiert ein Gesetz über Zusammenlebende (Partner einer nichtehelichen Lebensgemeinschaft).[3]

2 In Schottland wurden Regelungen zum Vermögensausgleich zwischen den Partnern der nichtehelichen Lebensgemeinschaft (*cohabitation*) gesetzlich eingeführt[4] und in dem neuen ungarischen IPRG finden sich spezielle Bestimmungen zu dieser Gemeinschaft.[5]Die deutsche Rechtsprechung hat sich zum **Kollisionsrecht** bisher nicht platziert.[6]

Der BGH hat es inzident abgelehnt, die nichteheliche Lebensgemeinschaft als eine familienrechtliche Gemeinschaftsbeziehung zu qualifizieren. Er hat die Ansprüche nach der Auflösung einer nichtehelichen Lebensgemeinschaft dem Statut unterstellt, das für die einzelne Zuwendung gilt. Bei ihrem Fehlen soll das Bereicherungsrecht zur Anwendung gebracht werden.[7] Damit hat er seine für das deutsche Sachrecht entwickelte Sichtweise internationalprivatrechtlich durch eine reine lex fori Qualifikation umgesetzt.[8] Folgerichtig würden die Vermögensbeziehungen der Partner, insbesondere bei Auflösung der Gemeinschaft, den Kollisionsnormen der Rom I- und II-VO unterliegen.[9] Richtigerweise ist jedoch auch hier funktionell zu qualifizieren und durch die entsprechende Fortbildung des Kollisionsrechts auf die personen- und familienrechtlichen Regelungen für nichteheliche und nicht registrierte andere Lebensgemeinschaften in anderen Rechtsordnungen zu reagieren und sie kollisionsrechtlich als eigenständige familienrechtliche Verbindung anzuerkennen.[10]

3 In der Lehre werden unterschiedliche Auffassungen vertreten. Eine geht dahin, die nichteheliche Lebensgemeinschaft im Prinzip den Regeln des internationalen Schuldvertragsrechts zu unterstellen.[11] Nach anderer Auffassung untersteht eine vertraglich gestaltete nichteheliche Lebensgemeinschaft den Regeln des interna-

---

1   *Röthel* ZRP 1999, 511 (514); *Striewe* § 4 S. 138; *v. Bar* IPR II Rn. 118; *Schotten/Schmellenkamp* IPR Rn. 257.

2   Vgl. Art. 39 des Gesetzes über die Regelung der Kollision von Gesetzen mit den Vorschriften anderer Staaten in bestimmten Verhältnissen v. 15.7.1982 (IPRG), der von den Nachfolgestaaten übernommen worden ist; eine deutsche Übersetzung findet sich in RabelsZ 1985, 544 (551); bezogen auf die Nachfolgestaaten siehe bei Bergmann/Ferid/Henrich bei den einzelnen Nachfolgenstaaten; zur Regelung im materiellen Recht s. ebenfalls dort; dazu auch *Striewe* § 4 S. 139 ff.; *Abbas*, Die Vermögensbeziehungen der Ehegatten und nichtehelichen Lebenspartner im serbischen Recht, 2011.

3   Eine deutsche Übersetzung ist abgedruckt in Bergmann/Ferid/Henrich/*Carsten* Schweden S. 110 ff.; sa *Agell* FamRZ 1990, 817 ff.; *Heilmann* JA 1990, 116 ff.; *Radau* MDR 1989, 703 ff.; *Spindler* FamRZ 1988, 913 ff.

4   Hierzu Süß/Ring/*Odersky*, Länderbericht Großbritannien: Schottland Rn. 21 ff.

5   Hierzu *Szeibert* FamRZ 2017, 1487 (1488).

6   OLG Zweibrücken FamRZ 1994, 982 = NJW-RR 1993, 1478 – Qualifikation offen gelassen, da die möglichen Qualifikationen alle zum deutschen Recht führen.

7   S. BGH NJW-RR 2005, 1089 (1090 f.) = FamRZ 2005, 1151.

8   *Prinz von Sachsen Gessaphe* LMK 2005, 154687; zur Entscheidung auch *Lorenz/Unberath* IPRax 2005, 516 insbes. 519. Anders *Schaal* ZNotP 2009, 290 (291), der der Meinung ist, der BGH habe sich zur Qualifikationsfrage noch nicht geäußert.

9   Folgerichtig Palandt/*Thorn* EGBGB Art. 13 Rn. 3.

10   Hausmann/Hohloch/*Martiny* S. 787; MüKoBGB/*Sonnenberger* Einl. IPR Rn. 517.

11   Palandt/*Thorn* EGBGB Art. 13 Rn. 5 Art. 17b Rn. 13; Erman/*Hohloch* EGBGB Vor Art. 13 Rn. 20 (für Vermögensbeziehungen soweit die Partner der nichtehelichen Lebensgemeinschaft ihren gewöhnlichen Aufenthalt im Inland haben); *Sieht* IPR § 14 IV S. 80 (für die Abwicklung).

tionalen Vertragsrechts, soweit es sich nicht um typische ehe(güter)rechtliche Regelungen handelt.[12] Ob solche Vorschriften einbezogen werden können, soll sich nach den eherechtlichen Kollisionsnormen bestimmen.[13] Bei fehlender vertraglicher Vereinbarung soll sich die Rechtsanwendung nach der Art des geltend gemachten Anspruchs richten.[14] Eine zunehmend an Bedeutung gewinnende Auffassung will die nichteheliche Lebensgemeinschaft international familienrechtlich qualifizieren.[15] Hierfür sprechen sowohl tatsächliche als auch rechtliche Gründe. Die nichteheliche Lebensgemeinschaft kann sowohl eine Alternative zur Ehe als auch ein davor gelagertes Verhältnis sein. Den Interessen der Beteiligten wird am ehesten entsprochen, wenn die kollisionsrechtliche Lösung nicht von völlig anderen Prinzipien beherrscht wird. Dem personalen, in erster Linie nicht wirtschaftlichen Charakter der Beziehung wird weder eine schuldrechtliche noch eine gesellschaftsrechtliche Qualifikation gerecht. Für eine familienrechtliche Anknüpfung spricht auch, dass im deutschen Sachrecht der familienrechtliche Charakter der nichtehelichen Lebensgemeinschaft zunehmend an Gewicht gewinnt. Deutliches Beispiel hierfür ist die Reform des Kindschaftsrechts. Das IPR muss zudem der Rechtsentwicklung in anderen Ländern Rechnung tragen. Soweit die nichteheliche Lebensgemeinschaft geregelt ist, erfolgt dies im Rahmen des Familienrechts.[16]

2. Abgrenzung. Die Frage, ob die konkret betroffene Partnerschaft unter den Begriff nichteheliche   **4** Lebensgemeinschaft fällt, stellt auf der Ebene des Kollisionsrechts ein **Qualifikationsproblem** dar.[17]

Es geht um die Beziehung zwischen zwei Partnern, die **miteinander nicht verheiratet** sind und auf die   **5** nicht die Kriterien für eine eingetragene Partnerschaft nach Art. 3 Abs. 1 lit. a EuPartVO zutreffen. Sie leben **auf Dauer** (unbestimmte Zeit) zusammen. Keine Bedeutung haben das Geschlecht und die sexuelle Orientierung der Partner.[18] Die Beziehung beruht auf dem freien Entschluss der Partner und kann von ihnen jederzeit ohne Rechtsgrund aufgehoben werden. Charakteristisch ist die gewollte Nichtehelichkeit der Beziehung.[19] Äußerlich muss die Lebensgemeinschaft in Erscheinung treten, regelmäßig durch einen gemeinsamen Haushalt. Deshalb wird stets ein gemeinsamer Lebensmittelpunkt vorhanden sein.[20] Erfasst wird auch die Lebensgemeinschaft von Verlobten, nicht jedoch von fehlerhaften Ehen. Deren Rechtswirkungen bestimmen sich nach dem Recht, nach dem sich die Eheschließung richtet und dessen Erfordernisse nicht eingehalten wurden (hierzu mit Nachweisen → EGBGB Art. 13 Rn. 63 ff.).

II. Einzelne Probleme

1. Begründung. Für die Begründung der nichtehelichen Lebensgemeinschaft ist Art. 13 Abs. 1 nicht analog anwendbar,[21] da nach deutschem Recht die nichteheliche Lebensgemeinschaft wegen ihrer beliebigen   **6** Gestaltung und Aufhebbarkeit keine Statusbeziehung darstellt. Ob eine nichteheliche Lebensgemeinschaft besteht, stellt sich gegenwärtig nur als Vorfrage, bspw. im Sorge-, Unterhalts- und Erbrecht sowie im öffentlichen Recht (etwa im Sozialrecht). In diesem Zusammenhang hat *Rauscher* zu Recht darauf hingewiesen, dass der Begriff der „nichtehelichen Lebensgemeinschaft" gegenwärtig im Gegensatz zur Ehe nicht wechselseitig zwischen den beteiligten Rechtsordnungen austauschbar ist.[22] Diese sehen andere tatsächliche Vor-

---

12   *Henrich* § 1 VIII 2 a S. 44 ff.; ohne Einschränkung *Siehr* IPR § 14 S. 79 ff.

13   *Henrich* § 1 VIII 2 a S. 46.

14   *Henrich* § 1 VIII 2 b S. 46 ff.; *Siehr* IPR § 14 III und IV S. 80, der für die Abwicklung und die Wirkungen jedoch das Recht des gewöhnlichen Aufenthalts heranzieht.

15   Ua *Striewe* IPRax 1983, 248 (250); Staudinger/*Mankowski* EGBGB Anh. Art. 13 Rn. 59 ff.; *Hausmann* FS Henrich, 2000, S. 241, 249; *Andrae* § 9 Rn. 38; MüKoBGB/*Coester* EGBGB Art. 17 b Rn. 146 f.; *Kropholler* IPR § 46 V S. 376; Hausmann/Hohloch/ *Martiny* S. 786 f.; *Prinz von Sachsen Gessaphe* LMK 2005, 154687.

16   *Striewe* § 4 S. 151; *v. Bar* IPR II Rn. 118; sa *Agell* FamRZ 1990, 817 ff.; *Heilmann* JA 1990, 116 ff.; *Radau* MDR 1989, 703 ff.; *Spindler* FamRZ 1988, 913 ff. sowie in Bezug auf die kanadische Provinz Neufundland *Wengler* IPRax 1991, 72 f.

17   Zur Qualifikation s. ua *Kegel/Schurig* IPR § 7 S. 325 ff.; *Siehr* IPR § 49 II S. 29 ff.; MüKoBGB/*v. Hein* Einl. IPR Rn. 108 ff.

18   So auch MüKoBGB/*Coester* EGBGB Art. 17 b Rn. 106; *Looschelders* EGBGB Art. 13 Rn. 89 aE; Hausmann/Hohloch/*Martiny* Kap. 12 Rn. 2, 11, 112.

19   Zu den „Ehen minderen Rechts" einiger südamerikanischer Staaten, die die deutsche Rechtspraxis bisher nicht beschäftigt haben, Soergel/*Schurig* EGBGB Art. 13 Rn. 6 mwN in Fn. 17; Staudinger/*Mankowski* EGBGB Anh. Art. 13 Rn. 44 ff.

20   Näher Hausmann/Hohloch/*Martiny* S. 788; zur begrifflichen Erfassung im deutschen materiellen Recht *Grziwotz* FamRZ 1994, 1217 f.; *ders.*, Nichteheliche Lebensgemeinschaft, § 3; zur Abgrenzung allg. *Striewe* § 3 S. 44 ff.; Staudinger/*Mankowski* EGBGB Anh. Art. 13 Rn. 75; Soergel/*Schurig* EGBGB Art. 13 Rn. 5 ff. und 78.

21   Wie hier Palandt/*Thorn* EGBGB Art. 13 Rn. 3; *Lüderitz* IPR Rn. 360; *Rauscher* IPR Rn. 876; Erman/ *Hohloch* EGBGB Vor Art. 13 Rn. 19; MüKoBGB/ *Coester* EGBGB Art. 17 b Rn. 144; *Siehr* IPR § 14 II S. 81; *Schümann*, Nichteheliche Lebensgemeinschaften und ihre Einordnung im IPR, Diss. 2001, S. 107; *Süß/Ring/Süß* EheR in Europa, Deutsches IFR, Rn. 285; aA Staudinger/*Mankowski* EGBGB Anh. Art. 13 Rn. 79; *Striewe* § 14 S. 411.

22   *Rauscher* IPR Rn. 876; ebenso MüKoBGB/*Coester* EGBGB Art. 17 b Rn. 144.

aussetzungen vor, um eine die angeordneten Rechtsfolgen rechtfertigende Partnerbeziehung anzunehmen. Daher ist die Frage nach dem Bestehen der Gemeinschaft dem **Sachrecht** des Staates zu unterstellen, das auf die **Hauptfrage** Anwendung findet, und nicht erneut (selbstständig oder unselbstständig) kollisionsrechtlich anzuknüpfen.[23]

7 **2. Unterhalt.** Ob und inwieweit innerhalb der nichtehelichen Lebensgemeinschaft der eine Partner dem anderen **außerhalb eines Vertrages** Unterhalt schuldet, bestimmt sich nach dem Haager Protokoll. Das Haager Protokoll gestattet die **Rechtswahl**: Zum einen die Wahl des Rechts des Gerichts für einen bestimmten Prozess (Art. 7 Haager Protokoll); zum anderen die Wahl des Heimatrechts oder des Rechts des gewöhnlichen Aufenthalts eines Partners zum Zeitpunkt der Rechtswahl (Art. 8 Abs. 1 Haager Protokoll). Die Rechtswahl hat schriftlich oder auf einem Datenträger zu erfolgen, dessen Inhalt später zugänglich ist, und die Vereinbarung ist von beiden Parteien zu unterschreiben. **Mangels einer Rechtswahl** findet das **Recht des gewöhnlichen Aufenthalts** des Unterhaltsberechtigten Anwendung (Art. 3 Haager Protokoll). Der Inanspruchgenommene kann jedoch einwenden, dass er weder nach dem Recht des Staates des gewöhnlichen Aufenthalts der verpflichteten Person, noch – soweit gegeben – nach dem gemeinsamen Heimatrecht zum Unterhalt verpflichtet ist (Art. 6 Haager Protokoll), **kollisionsrechtliche Einrede**. Das Haager Protokoll regelt sowohl gesetzliche als auch vertraglich vereinbarte Unterhaltspflichten (umstritten).

8 **3. Eltern-Kind-Beziehungen.** Auf die Eltern-Kind-Beziehungen innerhalb der nichtehelichen Lebensgemeinschaft sind nach dem Inkrafttreten des KSÜ die Art. 15 ff. KSÜ anwendbar. Die **Elternschaft** bestimmt sich nach Art. 19 und 20.

9 **4. Gesetzliche Erben, Verfügungen von Todes wegen.** Das Erbstatut bestimmt sich für Erbfälle ab dem 17.8.2015 nach Art. 20 ff. EuErbVO, für Erbfälle davor nach Art. 25. Diesem Recht ist dann zu entnehmen, ob der nichteheliche Lebenspartner zum Kreis der gesetzlichen Erben gehört und inwieweit der Erblasser Verfügungen von Todes wegen zugunsten des Partners treffen konnte.[24] Auch hier sind die Anforderungen, die an die nichteheliche Lebensgemeinschaft zu stellen sind, dem Hauptstatut zu entnehmen (→ Rn. 6).

10 **5. Innen-, insbesondere Vermögensbeziehungen.** Die Vermögensrechtsbeziehungen der Partner einer nichtehelichen Lebensgemeinschaft werden nicht von EuGüVO und EuPartVO erfasst. Fraglich ist, ob sie gleichfalls vom Anwendungsbereich der **Rom I- und Rom II-VO** ausgeschlossen sind. **Eine Auffassung** geht dahin, einen Ausschluss zu verneinen[25] und folgerichtig die vermögensrechtlichen Ansprüche der Partner gegeneinander im Zusammenhang mit der Auflösung der Gemeinschaft ihren Kollisionsnormen zu unterstellen. Dagegen kann angeführt werden, dass beide Verordnungen vom Anwendungsbereich „Schuldverhältnisse aus einem Familienverhältnis" sowie „aus Güterständen aufgrund von Verhältnissen, die nach dem auf diese Verhältnisse anzuwendenden Recht mit der Ehe vergleichbare Wirkungen entfalten ..." ausnehmen. Der **Begriff Güterstände** muss hier in Übereinstimmung mit EuGüVO/EuPartVO ausgelegt werden. Rechtspraktisch geht es regelmäßig um die Vermögensauseinandersetzung sowie um Ausgleichsansprüche wegen Zuwendungen oder aufgenommener Kreditverbindlichkeiten während gelebter nichtehelicher Lebensgemeinschaft infolge der Trennung oder des Todes eines Partners. Wenn die nichteheliche Lebensgemeinschaft in Bezug auf den Unterhalt als Familienbeziehung qualifiziert wird, kann dies bezogen auf Vermögensrechtsbeziehungen, die unmittelbar ihren Grund in der Lebensgemeinschaft haben, nicht anders gesehen werden. Folglich werden diese nicht von der Rom I- oder Rom II-VO erfasst. Anders ist es nur mit solchen Vermögensrechtsbeziehungen der Partner, die nicht darauf zurückgeführt werden können. Im Ergebnis bestimmt sich das anwendbare Recht bezogen auf Vermögensrechtsbeziehungen, die ihren Grund in der Lebenspartnerschaft haben, nach autonomem IPR.

11 Für eine familienrechtliche Anknüpfung[26] spricht, dass im deutschen Sachrecht der familienrechtliche Charakter der nichtehelichen Lebensgemeinschaft zunehmend an Gewicht gewinnt. In Bezug auf die vermögensrechtliche Abwicklung der Lebensgemeinschaft sind Veränderungen mit den Entscheidungen des BGH zur Innengesellschaft und zu gemeinschaftsbedingten Zuwendungen eingetreten.[27] Zudem muss das IPR der

---

23   *Rauscher* IPR Rn. 876; *Schaal* ZNotP 2009, 290 (293); *Süß/Ring/Süß* EheR in Europa, Deutsches IFR, Rn. 285; aA Staudinger/*Mankowski* EGBGB Anh. Art. 13 Rn. 79; *Striewe* § 14 S. 411.

24   BayObLG NJW 1976, 2076; *v. Bar* IPR II Rn. 120; *Rauscher* IPR Rn. 875; Staudinger/*Mankowski* EGBGB Anh. Art. 13 Rn. 55; *Striewe* § 14 II 1 S. 361 ff.

25   So Palandt/*Thorn* Rom I-VO Art. 1 Rn. 5; EGBGB Art. 17 b Rn. 12; BeckOK BGB/*Spickhoff* VO (EG)

593/2008 49; Art. 1 Rn. 36; Palandt/*Thorn* Rom I-VO Art. 1 Rn. 8; MüKoBGB/*Martini* Rom I-VO Art. 1 Rn. 28.

26   MüKoBGB/*Coester* EGBGB Art. 17 b Rn. 154; *Andrae* IntFamR § 6 Rn. 33 ff.

27   BGH NJW 2011, 2880; NJW 2010, 998; FamRZ 2009, 849; NJW 2008, 3282; NJW 2008, 3277; NJW 2006, 1268; zu diesem Zusammenhang auch *Buschbaum* RNotZ 2010, 149 ff.

Rechtsentwicklung in anderen Ländern Rechnung tragen. Soweit die nichteheliche Lebensgemeinschaft geregelt ist, erfolgt dies im Rahmen des Familienrechts.[28]

Die Partner können ausdrücklich oder mit hinreichender Sicherheit erkennbar für ihre Vermögensbeziehungen eine **Rechtswahl** zumindest in dem Umfang treffen, wie sie nach Art. 14 Abs. 1 zulässig ist.[29] Zum Teil wird für eine unbeschränkte Rechtswahlmöglichkeit eingetreten.[30] Für die **Form ist** Art. 11[31] heranzuziehen. Das deutsche Recht schreibt keine Form vor.[32]   **12**

Wesentliches Merkmal der nichtehelichen Lebensgemeinschaft ist die gemeinsame Haushaltsführung am gemeinsamen Lebensmittelpunkt. Die Gestaltung der Innenbeziehung und der Beziehungen der Gemeinschaft zu Dritten wird durch die Umgebung geprägt. Eine nichteheliche Lebensgemeinschaft unterscheidet sich von der Ehe durch ihren fehlenden statusrechtlichen Charakter und aufgrund der Freiheit der Gestaltung und der Beliebigkeit der Auflösung. Der Stetigkeit der Beziehung kommt geringere Bedeutung zu. All dies spricht für die Anknüpfung an den gemeinsamen gewöhnlichen Aufenthalt. Hierfür kann auch angeführt werden, dass die objektive Anknüpfungsleiter in der EuGüVO und nunmehr auch in Art. 14 Abs. 2 mit dem gemeinsamen gewöhnlichen Aufenthalt beginnt. Heiratet das zunächst in nichtehelicher Lebensgemeinschaft lebende Paar, kommt es infolge der Eheschließung regelmäßig nicht zum Statutenwechsel.   **13**

Anders als das Güterrechtsstatut für die Ehe unterliegt jedoch das Vermögensstatut für die nichteheliche Lebensgemeinschaft dem **Statutenwechsel.** Eine im Inland begründete und gelebte Lebensgemeinschaft richtet sich nach deutschem Recht. Bei Aufenthaltswechsel über die Grenze sind die allgemeinen Regeln für einen Statutenwechsel heranzuziehen. Eine am bisherigen ausländischen Aufenthaltsort wirksam begründete Gemeinschaft wird, wenn der Lebensmittelpunkt in das Inland verlegt wird, hier anerkannt. Die vermögensrechtlichen Wirkungen der Beziehungen bestimmen sich nunmehr nach inländischem Recht.[33] Einen gemeinsamen gewöhnlichen Aufenthalt wird es regelmäßig geben, hilfsweise ist auf den letzten gemeinsamen gewöhnlichen Aufenthalt bei Bestehen der Gemeinschaft abzustellen. Die Verweisung ist eine **Gesamtverweisung** (Art. 4 Abs. 1 S. 1 EGBGB). Dem Trend für eheliche Beziehungen folgend, wäre es optimal, wenn die objektive Anknüpfung mittels einer Ausweichklausel eingeschränkt flexiblen Charakter erhält. Als Vorbild könnte die Ausgestaltung in Art. 5 HUP oder Art. 26 Abs. 3 EuGüVO für eheliche Beziehungen dienen. Die offensichtlich engere Beziehung zu einer anderen Rechtsordnung müsste demzufolge von einem der Partner geltend gemacht werden.   **14**

Dieses Statut für die nichteheliche Lebensgemeinschaft bestimmt über die **Rechte und Pflichten der Partner zueinander**, auch über eine Haftungsbegrenzung und die Hemmung der Verjährung von Ansprüchen sowie die Ausgleichsansprüche im Innenverhältnis bei Inanspruchnahme durch Dritte. Vereinbarungen zwischen den Partnern in Bezug auf ihre Vermögensbeziehungen, die ihren Grund in der Lebensgemeinschaft haben, müssen hinsichtlich des Zustandekommens und der Wirksamkeit die Anforderungen dieses Rechts erfüllen. Für die Form ist Art. 11 EGBGB heranzuziehen. Wem **Vermögenswerte,** wie dingliche Rechte und Forderungen, zugeordnet sind, bestimmt sich nach dem betreffenden Einzelstatut.[34] Sieht das für die inneren Vermögensbeziehungen maßgebliche Recht eine **Sonderordnung für das Vermögen** vor (Gesamtstatut), hat diese Vorrang.[35] Bei Statutenwechsel für das Gesamtstatut wird die nach bisherigem Statut erfolgte Zuordnung von bereits vorhandenen Vermögensgegenständen anerkannt.   **15**

6. Auflösung. Die **vermögensrechtliche Abwicklung** nach Auflösung der nichtehelichen Lebensgemeinschaft richtet sich nach dem Statut für die Lebensgemeinschaft.[36] Dieses Recht bestimmt darüber, ob hierfür eine Sonderordnung existiert oder davon abgesehen ist, und auch darüber, ob die Regelungen eines bestimmten Rechtsinstituts hierauf analog Anwendung finden. Hierzu gehört auch der im deutschen Recht herrschende Grundsatz, dass zwischen den Partnern bei Trennung grundsätzlich kein Ausgleich stattfindet.   **16**

---

28   Siehe Nachweise bei Staudinger/*Mankowski* (2011) EGBGB Anh. Art. 13 Rn. 44 ff.; Hausmann/Hohloch/*Martiny* Kap. 12 Rn. 4–6.

29   *Schotten/Schmellenkamp* IPR Rn. 259; *Henrich* § 1 VIII 2 a S. 45; *v. Bar* IPR II Rn. 122; auch Hausmann/Hohloch/*Martiny* S. 797 f.; Staudinger/*Mankowski* EGBGB Anh. Art. 13 Rn. 85; *Schaal* ZNotP 2009, 290 (296); Soergel/*Schurig* EGBGB Vor Art. 13 Rn. 31; Süß/Ring/*Süß* EheR in Europa, Deutsches IFR, Rn. 289.

30   *Lüderitz* IPR Rn. 360; Palandt/*Thorn* EGBGB Art. 13 Rn. 12.

31   Hausmann/Hohloch/*Martiny* S. 798; aA Staudinger/*Mankowski* EGBGB Anh. Art. 13 Rn. 86 (Schriftform aus Schutzgründen).

32   Hausmann/Hohloch/*Martiny* S. 798.

33   Ähnlich im Ergebnis *Münch* Familienrecht § 20 Rn. 314 (rückwirkende Anwendung des gemeinsamen Aufenthaltsrechts bei Auflösung der Gemeinschaft).

34   Hausmann/Hohloch/*Martiny* S. 796; für Rechte an Sachen gilt Art. 43.

35   Konzeptionell wie hier aber ausgehend von einer Analogie zu Art. 15 Abs. 1 EGBGBaF Hausmann/Hohloch/*Martiny* S. 796.

36   Ähnlich: MüKoBGB/*Coester* EGBGB Art. 17 b Rn. 113 114.

Das Gleiche gilt für die Abwicklung der nichtehelichen Lebensgemeinschaft nach den Grundsätzen der Innengesellschaft und der gemeinschaftlich bedingten Zuwendungen.[37]

Ebenso sind Ansprüche zu behandeln, die sich auf den **Wegfall der Geschäftsgrundlage** oder auf **ungerechtfertigte Bereicherung** stützen.[38]

17 Das maßgebliche Recht für Ansprüche der Partner aus einzelnen **schuldrechtlichen Verträgen** (Schenkung, Darlehen, Übernahme einer Bürgschaft; Gesellschaft) ist nur dann gesondert nach den einschlägigen Bestimmungen der Rom I-VO zu bestimmen, wenn der direkte Bezug zur Gestaltung der nichtehelichen Lebensgemeinschaft fehlt.[39] Ansonsten regelt sich die Abwicklung nach dem einheitlichen Vermögensstatut. Insoweit ist die Lösung der EU-Güterrechtsverordnungen für die Vermögensbeziehungen der nichtehelichen Lebensgemeinschaft zu übernehmen.

18 **7. Beziehungen zu Dritten.** Für die Beziehungen zu Dritten wird zum Teil vorgeschlagen, die Rechtswirkungen der nichtehelichen Lebensgemeinschaft dem Recht zu unterstellen, dem die betreffende Beziehung mit dem Dritten unterliegt (zB Kauf, Kreditvertrag oder Bürgschaft).[40] Nach anderer Auffassung, der gefolgt werden sollte, richtet sich diese Frage nach dem **auf das Innenverhältnis anwendbaren Recht**. Zugunsten des inländischen Rechtsverkehrs ist jedoch der Rechtsgedanke der **Art. 16 Abs. 2, 17 b Abs. 2 S. 2 aF** heranzuziehen.[41] Der Dritte kann darauf vertrauen, dass die deutschen Vorschriften Anwendung finden, wenn das Rechtsgeschäft hier vorgenommen wird und die Vermögensbeziehungen der Lebenspartner einem ausländischen Recht unterliegen, soweit dies für den Dritten günstiger ist. **§ 563 Abs. 2 BGB** ist anzuwenden, wenn die Mietwohnung im Inland belegen ist.

III. Weitere praktische Hinweise

19 **1. Rechtswahl.** Der Rechtsanwalt sollte seinem Mandanten wegen der Rechtsunsicherheit eine Rechtswahl mit seinem Lebenspartner empfehlen.[42] Da die Rechtswahl im Inland (Art. 11 Abs. 1 Alt. 2) **an keine Form gebunden** ist, braucht sie nicht notariell beurkundet zu werden; aus Beweisgründen ist die Schriftform zu empfehlen. Für den Unterhalt ist sie nach Art. 7 (Wahl der lex fori) und Art. 8 Haager Protokoll (auf bestimmte Rechtsordnungen beschränkte Rechtswahl, Schriftformerfordernis) möglich.[43] Die Rechtswahl kann zu jeder Zeit erfolgen. Sie kann also auch noch im Zeitpunkt der Abwicklung getroffen, die Abwicklungsvereinbarung demnach mit einer Rechtswahl verbunden werden. In Sorgerechtssachen und anderen Angelegenheiten der elterlichen Verantwortung ist eine Rechtswahl gänzlich ausgeschlossen.

20 **2. Internationale Zuständigkeit.** Die internationale Zuständigkeit für Klagen der Partner gegeneinander richtet sich – von Sorgerechts-, Unterhalts- und Erbrechtssachen abgesehen – nach der **Brüssel Ia-VO**,[44] da es sich um eine Statussache und kein eheliches Güterrecht handelt. Bezogen auf Streitigkeiten aus Vermögensverhältnissen der Partner kann sich jedoch ein Ausschluss aus Art. 2 Abs. 2 lit. a Brüssel Ia-VO ergeben. Ausgeschlossen vom Anwendungsbereich sind danach auch Güterstände aus Verhältnissen, „die nach dem auf diese Verhältnisse anzuwendenden Recht mit der Ehe vergleichbare Wirkungen entfalten". Die Regelung ist so abgefasst, dass darunter nicht nur formalisierte sondern auch nicht formalisierte Lebensgemeinschaften subsumiert werden könnten, soweit sie hinsichtlich der inneren Vermögensbeziehungen der Ehe weitgehend gleichgestellt sind. Unterliegt zB die Vermögensauseinandersetzung dem serbischen Recht, so ist die Brüssel Ia-VO sachlich nicht anwendbar, da nach diesem Recht die Lebenspartner diesbezüglich den Ehegatten bei Aufhebung der ehelichen Lebensgemeinschaft weitgehend gleichgestellt sind.[45] Ist der sachliche oder räumliche Anwendungsbereich der Brüssel Ia-VO nicht eröffnet, finden bezogen auf die Vermögenbeziehungen die **§§ 12 ff. ZPO** Anwendung. Es gilt der Grundsatz: Die örtliche Zuständigkeit eines deutschen Gerichts indiziert die internationale. Die Vorschriften des FamFG zur internationalen und örtli-

---

37 Ua BGH NJW 2014, 2638; NJW 2011, 2880; NJW 2010, 998; FamRZ 2009, 849; NJW 2008, 3282; zu diesem Zusammenhang auch *Buschbaum* RNotZ 2010, 149 ff.

38 So auch Soergel/*Schurig* EGBGB Vor Art. 13 Rn. 30; aA *Henrich* § 1 VIII 2 b cc S. 50 (konnexes Vertragsstatut bzw. Recht des Staates, in dem Bereicherung eingetreten ist); BGH IPRax 2005, 545 (546) = FamRZ 2005, 1151.

39 Staudinger/*Mankowski* (2011) EGBGB Anh. zu Art. 13 Rn. 75; Soergel/*Schurig* EGBGB Vor Art. 13 Rn. 33; *Schaal* ZNotP 2009, 290 (297).

40 *Striewe* § 14 I S. 358; Staudinger/*Mankowski* EGBGB Anh. Art. 13 Rn. 56; Hausmann/Hohloch/*Martiny* S. 806.

41 *Henrich* § 1 VIII 2 c S. 51; dagegen den Anknüpfungsgegenstand des Art. 16 Abs. 2 verneinend Staudinger/*Mankowski* EGBGB Anh. Art. 13 Rn. 56.

42 So auch *Schotten/Schmellenkamp* IPR Rn. 258.

43 Hierzu Rauscher/*Andrae* EuZPR Art. 7, 8 HUntSt-Prot 2007.

44 Anders wohl *Wagner* IPRax 2001, 281.

45 Zur Gleichstellung *Abbas*, Die Vermögensbeziehungen der Ehegatten und nichtehelichen Lebenspartner im serbischen Recht, 2011 insbes. S. 23 ff.

chen Zuständigkeit in Familiensachen sind nicht einschlägig.[46] Die Zuständigkeit in Unterhaltssachen richtet sich ausschließlich nach Art. 3 ff. EuUnthVO.[47]

Art. 14 EGBGB Allgemeine Ehewirkungen

(1) [1]Soweit allgemeine Ehewirkungen nicht in den Anwendungsbereich der Verordnung (EU) 2016/1103 fallen, unterliegen sie dem von den Ehegatten gewählten Recht. [2]Wählbar sind

1. das Recht des Staates, in dem beide Ehegatten im Zeitpunkt der Rechtswahl ihren gewöhnlichen Aufenthalt haben,

2. das Recht des Staates, in dem beide Ehegatten ihren gewöhnlichen Aufenthalt während der Ehe zuletzt hatten, wenn einer von ihnen im Zeitpunkt der Rechtswahl dort noch seinen gewöhnlichen Aufenthalt hat, oder

3. ungeachtet des Artikels 5 Absatz 1 das Recht des Staates, dem ein Ehegatte im Zeitpunkt der Rechtswahl angehört.

[3]Die Rechtswahl muss notariell beurkundet werden. [4]Wird sie nicht im Inland vorgenommen, so genügt es, wenn sie den Formerfordernissen für einen Ehevertrag nach dem gewählten Recht oder am Ort der Rechtswahl entspricht.

(2) Sofern die Ehegatten keine Rechtswahl getroffen haben, gilt

1. das Recht des Staates, in dem beide Ehegatten ihren gewöhnlichen Aufenthalt haben, sonst

2. das Recht des Staates, in dem beide Ehegatten ihren gewöhnlichen Aufenthalt während der Ehe zuletzt hatten, wenn einer von ihnen dort noch seinen gewöhnlichen Aufenthalt hat, sonst

3. das Recht des Staates, dem beide Ehegatten angehören, sonst

4. das Recht des Staates, mit dem die Ehegatten auf andere Weise gemeinsam am engsten verbunden sind.

Literatur: *Abbas*, Die Vermögensbeziehungen der Ehegatten und nichtehelichen Lebenspartner im serbischen Recht, Tübingen 2011; *Andrae*, Internationales Familienrecht, 3. Auflage 2014; *dies*, Der sachliche Anwendungsbereich der Europäischen Güterrechtsverordnung; IPRax 2018, 221; *Börner*, Die Anforderungen an eine konkludente Rechtswahl des auf die Ehewirkungen anwendbaren Rechts nach Art 14 EGBGB, IPRax 1995, 309; *Coester-Waltjen*, Fernwirkungen der Europäischen Verordnungen auf die international-familienrechtlichen Regelungen des EGBGB, FamRZ 2013, 170; *Christandl*, Die Ehegatteninnengesellschaft im internationalen Privatrecht mit besonderer Berücksichtigung deutsch-spanischer Sachverhalte, FamRZ 2012, 1692; *Finger*, in: Böhmer/Finger, Das gesamte Familienrecht, Bd. 2 Das internationale Recht (72. Lieferung September 2009); *Gruber*, Die konkludente Rechtswahl im Familienrecht, IPRax 2014, 53; *Hausmann*, Internationales und Europäisches Familienrecht, 2. Aufl. 2018; *Heiderhoff*, Das autonome IPR in familienrechtlichen Fragen, IPRax 2017, 160; *dies*. Die EU-Güterrechtsverordnungen, IPRax 2018, 1; *Heldrich*, Das juristische Kuckucksei aus dem Morgenland, IPRax 1983, 64; *Henrich*, Internationales Familienrecht, 2. Auflage 2000; *ders.*, Das internationale Eherecht nach der Reform, FamRZ 1986, 841; *ders.* Die Morgengabe und das Internationale Privatrecht, FS Sonnenberger, 2004, S 389; *Hohloch*, in: Erman BGB Bd. 2, 15. Aufl. 2017; *Jayme*, Schlüsselgewalt des Ehegatten und IPR, IPRax 1993, 80; *Krüger*, Zum Problem der Brautgabe im türkischen Recht, IPRAx 2014, 204; *Kühne*, Die außerschuldvertragliche Parteiautonomie im neuen Internationalen Privatrecht, IPRax 1987, 69; *Looschelders,* Der Anspruch auf Rückzahlung des Brautgelds nach yezidischem Brauchtum, IPRax 2012, 238; *ders*, Internationales Privatrecht Art. 3–46 EGBGB; *ders*, in: MüKoBGB, 7. Aufl. 2018, EGBGB Art. 14, 15; *Mankowski*, in: Staudinger, Internationales Eherecht, 2011; *ders*, Neue Gesetze im deutschen Internationalen Ehe- und Eheverfahrensrecht, NJW 2019, 465; *Mayr*, Die Anknüpfung des allgemeinen Ehewirkungsstatuts bei Staatenlosen und Flüchtlingen, FamRBint 2013, 51; *Mörsdorf* in: BeckOK EGBGB 49. Ed. 1.11.2018 Art. 14 EGBGB; *Schotten/Schmellenkamp,* Das Internationale Privatrecht in der notariellen Praxis, 2. Aufl. 2007; *Schurig,* in: Soergel BGB Bd. 10, 1996; *Sier,* in: MüKo BGB, IPR I, 6. Aufl. 2015; *Spickhoff*, Die engste Verbindung im interlokalen und internationalen Familienrecht, JZ 1993, 336; *Thorn,* in: Palandt, 78. Aufl. 2019; *Wurmnest*, Die Brautgabe im Bürgerlichen Recht, FamRZ 2005, 1878; *ders.*, Die Mär von der mahr, RabelsZ 71 (2007), 527; *ders.* Kritik an der Einordnung als allgemeine Ehewirkung der Brautgabevereinbarung zwischen muslimischen Ehepartnern, JZ 2010, 736; *Yarayan,* Die Morgengabe nach türkischem Recht in der deutschen Rechtspraxis, **NZFam 2016, 1153;** *Yassari*, Die islamische Brautgabe im deutschen Kollisions- und Sachrecht, IPRax 2011, 63; *dies.* Die Brautgabe im Familienvermögensrecht, 2014.

A. Allgemeines	1	B. Anknüpfungen	9	
I. Neufassung von Art. 14	1	I. Rechtswahl	9	
II. Abgrenzung	2	1. Anforderungen	9	
III. Gleichgeschlechtliche Ehen	5	2. Wählbare Rechtsordnungen	11	
IV. Charakteristische Merkmale	6	3. Form	13	
V. Deutsch-Iranisches Niederlassungsabkommen	8	4. Art	15	

---

46 So wohl auch *Wagner* IPRax 2001, 281 (283).

47 Verordnung (EG) Nr. 4/2009 des Rates über die Zuständigkeit das anwendbare Recht die Anerken- nung und Vollstreckung von Entscheidungen und die Zusammenarbeit in Unterhaltssachen vom 18.12.2008 (Abl. EU 2009 Nr. L 7, S. 1).

5.	Zeitpunkt	17
6.	Zustandekommen, Wirksamkeit und Auslegung	18
II.	Objektive Anknüpfung (Abs. 2)	19
1.	Wandelbarkeit	19
2.	Anknüpfungsleiter	20
3.	Gemeinsamer gewöhnlicher Aufenthalt (Nr. 1 und 2)	21
	a) Anknüpfung	21
	b) Auslegung: gewöhnlicher Aufenthalt	23
	c) Begründung des gewöhnlichen Aufenthalts	24
4.	Gemeinsames Heimatrecht (Nr. 3)	29
5.	Grundsatz der engsten Verbindung (Nr. 4)	31
	a) Kriterien für die Abwägung	32
	b) Fallkonstellationen	35
	c) Keine engste Verbindung	38
III.	Allgemeine Fragen des IPR	39
1.	Renvoi	39
2.	Vorfragen	43
3.	Ordre public	45
4.	Rechtsspaltung, Mehrrechtsstaat	46
C.	**Anwendungsbereich**	48
I.	Grundsätzliches	48
1.	Ehen, die der EuGüVO unterliegen	49
2.	Ehen, die nicht der EuGüVO unterliegen	50
3.	Abgrenzung zu Rom I-VO und Rom II-VO	51
II.	Allgemeine Ehewirkungen nicht vermögensrechtlichen Charakters	53
1.	Herstellung der ehelichen Lebensgemeinschaft, Getrenntleben, Ehestörungen	53
2.	Gegenseitige Unterstützung und Hilfeleistung	54
3.	Ehelicher Lebensmittelpunkt, Wohnsitz	55
4.	Gegenseitige Sorgfaltspflichten	56
III.	Ehewirkungen vermögensrechtlichen Charakters	57
1.	Schlüsselgewalt und Eigentumsvermutung	57
2.	Hausratverteilung und Zuweisung der Ehewohnung	58
3.	Verpflichtungs- und Verfügungsbeschränkungen	59
4.	Unbenannte Zuwendungen	62
5.	Weitere Verträge zwischen Ehegatten	63
6.	Bürgschaft, Schuldbeitritt, Garantie	66
7.	Anspruch auf Rückgabe von Verlobungs- und Hochzeitsgeschenken	67
8.	Verjährung	69
9.	Zwangsvollstreckung	70
10.	Sonderfall Morgengabe	71
	a) Qualifikation	72
	b) Anwendung deutschen Rechts	77
	c) Beziehung zur Türkei	81
11.	Außervertragliche Schuldverhältnisse zwischen Ehegatten	82

A. Allgemeines

I. Neufassung von Art. 14

1 Art. 14 wurde durch das Gesetz zum Internationalen Güterrecht und zur Änderung von Vorschriften des Internationalen Privatrechts vom 17.12.2018[1] neu gefasst. Die Neuregelung ist am 29.1.2019 in Kraft getreten.

Die Neuregelung ist natürlich von vornherein auf Ehen anwendbar, die ab dem 29.1.2019 geschlossen werden. Sie erstreckt sich aber auch auf Ehen, die davor geschlossen wurden. Für diese bestimmen sich bis einschließlich 28. 1. 2019 die allgemeinen Wirkungen der Ehe nach der bisher geltenden Fassung von Art. 14 und danach nach der neuen Fassung, vgl. in Art. 229 § 47 EGBGB. Für die Abgrenzung kommt es auf den Zeitpunkt des Eintritts des Ereignisses an, dessen eherechtliche Wirkungen zu beurteilen sind. Beispiel: Es geht darum, welches Recht auf die Mithaftung eines Ehegatten für ein vom anderen Ehegatten abgeschlossenes Geschäft zur Deckung des Lebensbedarfs Anwendung findet. Wurde das Geschäft vor dem 29.1.2019 geschlossen, dann findet Art. 14 EGBGB aF Anwendung. Wurde es danach geschlossen, unterliegt die Frage Art. 14 EGBGB nF, es sei denn, die Ehe wird von der EuGüVO erfasst.

II. Abgrenzung

2 Die **Kollisionsnormen der EuGüVO** haben **Vorrang vor Art. 14**. Sie sind anwendbar, wenn die Ehe seit dem 29.1.2019 geschlossen wurde oder die Ehegatten, die vor diesem Termin die Ehe eingingen, seitdem „für das auf ihren ehelichen Güterstand anzuwendende Recht" eine Rechtswahl getroffen haben. Im letzten Fall ist die EuGüVO für die Frage des wirksamen Zustandekommens der Rechtswahl heranzuziehen. Fällt die Prüfung positiv aus, unterliegt die Ehe in Fragen des „ehelichen Güterstandes" der EuGüVO. Der **Begriff Güterstand** im Sinne der EuEheVO entspricht nicht dem im autonomen deutschen IPR. Er ist weit und autonom auszulegen. Er erfasst die Gesamtheit der Vermögensrechtsbeziehungen der Ehegatten zueinander und im Verhältnis zu Dritten, die ihren unmittelbaren Grund in der Ehe haben. Eingeschlossen sind folglich alle vermögensrechtlichen Angelegenheiten, die im autonomen Kollisionsrecht von Art. 14 und 17 Abs. 1 EGBGB sowie 15, 16 oder 17a EGBGB aF erfasst werden. Art. 14 findet auf diese Ehen nur

---

[1] BGBl. I S. 2573.

Anwendung, wenn es sich um eine Frage handelt, die nach autonomem Kollisionsrecht als allgemeine Ehewirkung zu qualifizieren und als nicht zum „Güterstand" iSd der EuGüVO gehörend einzuordnen ist.

Für Ehen, die **nicht dem Kollisionsrecht der EuGüVO** unterliegen, umfasst das allgemeine Ehewirkungsstatut nach Art. 14 gleichfalls die Ehewirkungen nicht vermögensrechtlichen Charakters. Hinzukommen vermögensrechtliche Ehewirkungen, soweit diese nicht von Art. 15 EGBGB **idF v. 1986**, Art. 17 Abs. 1 EGBGB und Art. 17a EGBGB aF erfasst werden.[2] Art. 14 ist insoweit eine **Auffangregel für eherechtliche Vermögensbeziehungen**. 3

Art. 15 EGBGB idF v. 1986 ist mit Wirkung vom 29.1.2019 ersatzlos aufgehoben worden. Nach Art. 229 § 47 Abs. 2 Nr. 2 ist die Vorschrift weiterhin anwendbar auf Ehen, die vor dem 29.1. 2019 geschlossen wurden und für die die Ehegatten ab diesem Zeitpunkt keine wirksame Rechtswahl nach der EuGüVO getroffen haben. Art. 15 Abs. 1 EGBGB **idF v. 1986** verweist für das Güterstatut auf das für die allgemeinen Wirkungen der Ehe maßgebende Recht zum Zeitpunkt der Eheschließung. **Verwiesen wird** damit auf **Art. 14 GBGB aF** und nicht auf die geltende Fassung von Art. 14 EGBGB. Das ist darin begründet, dass für das Güterstatut im autonomen deutschen IPR – von der Rechtswahl abgesehen – der Grundsatz der Unwandelbarkeit herrscht. Insoweit kommt Art. 14 EGBGB aF noch in der Rechtspraxis eine relativ große Bedeutung zu. Das ist Veranlassung, ihn weiter – reduziert auf Rechtsfragen, die für das Güterstatut nach autonomem deutschen Kollisionsrecht von Bedeutung sind – in die Kommentierung aufzunehmen. 4

III. Gleichgeschlechtliche Ehen

Für **gleichgeschlechtliche Ehen** ist eine Zwischenlösung getroffen worden, bei der die Motivation des Gesetzgebers nicht erkennbar ist. Gleichgeschlechtliche Ehen unterliegen vom Standpunkt des deutschen autonomen IPR der EuGüVO und nicht der EuPartVO, vgl. Art. 17b Abs. 4 S. 2. Konsequent wäre es deshalb gewesen, für die Ehewirkungen Art. 14 als Ganzes für anwendbar zu erklären. Stattdessen wird zwischen der Rechtswahl und der objektiven Anknüpfung unterschieden. Den Ehegatten wird die Rechtswahlmöglichkeit nach Art. 14 eingeräumt, für die objektive Anknüpfung bleibt es jedoch beim Registerstatut (vgl. Art. 17b Abs. 4 S. 1, Abs. 5 S. 2, Abs. 1 S. 1). 5

IV. Charakteristische Merkmale

Gegenüber der bisherigen Regelung ist die Möglichkeit einer Rechtswahl erweitert und zudem einfacher und klarer gefasst.[3] Für die objektive Anknüpfung hat nunmehr der gemeinsame gewöhnliche Aufenthalt Vorrang vor der gemeinsamen Staatsangehörigkeit. Damit wird dem Trend im europäischen internationalen Familienrecht gefolgt, den gewöhnlichen Aufenthalt gegenüber der Staatsangehörigkeit zu bevorzugen. Insbesondere wird damit auch ein gewisser Gleichlauf zur EuGüVO hergestellt. Eine andere Priorität in der Zielstellung, die der kollisionsrechtlichen Regelung zugrunde liegt, ist erkennbar. Mit dem Verweis auf das gemeinsame Heimatrecht sollte der engen Beziehung der Eheleute zu dieser Rechtsordnung Rechnung getragen werden. Dabei wurde davon ausgegangen, dass gerade Ehebeziehungen von Traditionen geprägt sind, die auch bei längerem Auslandsaufenthalt bewahrt werden. Die Anknüpfung an den gewöhnlichen Aufenthalt will die Integration der Familie in das jeweilige soziale und wirtschaftliche Lebensumfeld fördern. 6

Art. 14 besitzt nunmehr endgültig keine zentrale Bedeutung für das Kollisionsrecht des internationalen Familienrechts mehr. Den Charakter als Grundkollisionsnorm hat die Regelung verloren. Noch in Art. 19 Abs. 1 S. 3 wird für die Abstammung als Alternative auf das gesetzliche Ehewirkungsstatut verwiesen. Eine solche Verweisung gibt es in Art. 22 Abs. 1 S. 2 auch für die Adoption durch eine verheiratete Person. Mit der Rom III-VO ist bereits die Koppelung des Scheidungsstatuts an das Ehewirkungsstatut entfallen. Mit Art. 17 Abs. 1 gibt es für die speziellen vermögensrechtlichen Scheidungsfolgen eine nicht an Art. 14 EGBGB gebundene Kollisionsnorm; auch für den Versorgungsausgleich spielt Art. 14 EGBGB keine Rolle mehr. Eine weitere Zurückdrängung der Bedeutung des Art. 14 ist zum 29.1.2019 erfolgt. Für Ehen, die von der EuGüVO erfasst werden, ist der Anwendungsbereich des Art. 14 auf nichtvermögensrechtliche Ehewirkungen beschränkt. Für Ehen, die intertemporal nicht der EuGüVO unterliegen, bleibt es bezogen auf das Güterstatut bei der bisherigen Rechtslage; Anwendung findet demzufolge Art. 15 EGBGB idF v. 1986; Art. 220 Abs. 3 EGBGB sowie die Vorschriften des Gesetzes über den ehelichen Güterstand von Vertriebenen und Flüchtlingen, siehe Art. 229 § 47 Abs. 2 EGBGB. Der Verweis in Art. 15 Abs. 1 EGBGB idF v. 7

---

2   Die Weiteranwendung der Art. 3a, 15, 16, 17a EGBGB in der bis zum 28. 1.2019 geltenden Fassung sowie der Vorschriften des Gesetzes über den ehelichen Güterstand von Vertriebenen und Flüchtlingen ist in Art. 229 § 47 EGBGB für diese Ehen bestimmt, Art. 220 III EGBGB wurde nicht aufgehoben. Einer Überleitungsvorschrift bedurfte es hierfür nicht.

3   BegrRegE, BT-Drs. 385/18, 36.

1986 bezieht sich natürlich auf Art. 14 EGBGB aF Dabei bleibt es natürlich, Art. 14 EGBGB nF hat hierfür außer Betracht zu bleiben. Im Ergebnis gibt es nunmehr im autonomen Kollisionsrecht für eherechtlich zu qualifizierende Vermögensrechtsbeziehungen drei Kollisionsnormen, die von unterschiedlichen Anknüpfungsprinzipien für die objektive Anknüpfung geprägt sind, nämlich Art. 14 (Vorrang des gemeinsamen gewöhnlichen Aufenthalts mangels Rechtswahl, wandelbare Anknüpfung), Art. 15 EGBGB idF v. 1986 (Vorrang der gemeinsamen Staatsangehörigkeit mangels Rechtswahl, unwandelbare Anknüpfung) und Art. 17 Abs. 1 (Bindung der vermögensrechtliche Scheidungsfolgen an das Scheidungsstatut nach der Rom III-VO).

V. Deutsch-Iranisches Niederlassungsabkommen

8   Vorrang vor Art. 14 hat Art. 8 Abs. 3 Deutsch-Iranisches Niederlassungsabkommen.[4] Seine Anwendung wird auch nicht durch die EuGüVO berührt, vgl. Art. 62 Abs. 1 EuGüVO. Die Kollisionsnorm ist auf Ehen zwischen Ehegatten gemeinsamer deutscher Staatsangehörigkeit im Iran und gemeinsamer iranischer Staatsangehörigkeit in Deutschland anwendbar, jedoch ausgeschlossen, wenn wenigstens einer der Eheleute die Staatsangehörigkeit beider Vertragsstaaten besitzt.[5] Darüber hinaus ist das Abkommen nicht einschlägig, wenn das Personalstatut eines oder beider Ehegatten sich nicht nach der Staatsangehörigkeit richtet. Das trifft zu, wenn mindestens einer von ihnen anerkannter Asylberechtigter in der Bundesrepublik oder internationaler Flüchtling iSd GFK[6] ist.[7] Art. 8 Abs. 3 des Abkommens führt für die Ehe zweier iranischer Staatsangehöriger zum iranischen Recht. Die Vorschrift enthält selbst keine Ordre-public-Klausel. Über Art. 8 Abs. 3 S. 2 des Abkommens, wonach Einschränkungen der Verweisung auf das Heimatrecht zulässig sind, soweit sie allgemein gegenüber jedem Staat erfolgen, ist Art. 6 anwendbar.[8]

B. Anknüpfungen

I. Rechtswahl

9   **1. Anforderungen.** Die Rechtswahl muss nach dem 28.1.2019 erfolgt sein. Zulässigkeit und wirksames Zustandekommen einer Rechtswahl, die davor erfolgte, sind nach Art. 14 Abs. 2 bis 4 EGBGB aF zu beurteilen. Ist danach eine wirksame Rechtswahl erfolgt, unterliegen die allgemeinen Ehewirkungen auch für Ereignisse nach dem 28.1.2019 dem gewählten Recht. Eine vor dem 29.1.2019 getroffene Rechtswahl kann nach dem 28.1.2019 gemäß Art. 14 Abs. 1 EGBGB nF geändert oder aufgehoben werden.

10   Die Rechtswahl muss die **allgemeinen Ehewirkungen unter Ausschluss der ehelichen Vermögensbeziehungen** zum Gegenstand haben. In der Rechtspraxis wird es eine solche Rechtswahl in reiner Form kaum geben. Vielmehr werden die Ehegatten entweder für ihre güterrechtlichen (= vermögensrechtlichen) Beziehungen oder allgemein für ihre ehelichen Beziehungen als solche eine Rechtswahl treffen. Eine Rechtswahl, die sich nur auf die vermögensrechtlichen Beziehungen bezieht, unterliegt der EuGüVO. Bei einer Rechtswahl für die ehelichen Beziehungen ist zu ermitteln, worauf sich die Willenseinigung bezieht. Erstreckt sie sich auf die ehelichen Beziehungen insgesamt, soweit sie der Rechtswahl zugänglich sind, ist zwischen der unterhalts-, vermögens- und der nicht vermögensrechtlichen Seite der Beziehung zu unterscheiden. Der erste Teil unterliegt dem HUP, der zweite dem Kollisionsrecht der EuGüVO und nur der dritte Art. 14 Abs. 1 EGBGB.

11   **2. Wählbare Rechtsordnungen.** Abs. 1 beschränkt die Rechtswahl auf folgende Möglichkeiten:

–   Die Ehegatten können das Recht des Staates wählen, in dem beide Ehegatten zur Zeit der Rechtswahl ihren gewöhnlichen Aufenthalt haben. Der Begriff ist wie für Abs. 2 auszulegen. Fehlt es zum Zeitpunkt der Rechtswahl an einem gemeinsamen gewöhnlichen Aufenthalt in einem Staat, so können sie das Recht des Staates wählen, in dem beide ihren gewöhnlichen Aufenthalt während der Ehe zuletzt

4   Niederlassungsabkommen zwischen dem Deutschen Reich und dem Kaiserreich Persien v. 17.2.1929 (RGBl II 1930 S. 1006, II 1931 S. 9 und BGBl. II 1955, S. 829).

5   BGH IPRax 1986, 382 (383) = FamRZ 1986, 344 (345); BGHZ 60, 68, 74; OLG Bremen IPRax 1985, 296 (297); Erman/*Hohloch* EGBGB Art. 14 Rn. 5; Soergel/*Kegel* EGBGB Vor Art. 3 Rn. 46; *Looschelders* EGBGB Art. 14 Rn. 39; Schotten/Wittkowski FamRZ 1995, 264 (265 f.).

6   Genfer UN-Abkommen über die Rechtsstellung der Flüchtlinge v. 28.7.1951 (BGBl. II 1953 S. 560).

7   BGH IPRax 1991, 54 = NJW 1990, 636; BayObLGZ 2000, 335 (338); KG NJW-RR 1994, 199; MüKo-BGB/*Siehr*, 6. Aufl., EGBGB Art. 14 Rn. 4; Staudinger/*Mankowski* EGBGB Art. 14 Rn. 5 a; Schotten/*Wittkowski* FamRZ 1995, 264 (266).

8   BGHZ 120, 29, 32 = IPRax 1993, 102; OLG Bremen FamRZ 1999, 1520 (1521); OLG Düsseldorf FamRZ 1998, 1113 (1114); MüKoBGB/*Sonnenberger* (5. Aufl. 2010) EGBGB Art. 6 Rn. 28; Soergel/*Kegel* EGBGB Vor Art. 3 Rn. 46; Schotten/Wittkowski FamRZ 1995, 264 (267); Staudinger/*Voltz* (2013) EGBGB Art. 6 Rn. 60.

hatten, wenn einer ihn dort zur Zeit der Rechtswahl noch innehat. Wählbar ist folglich nicht das Recht des gewöhnlichen Aufenthaltes eines weggezogenen Ehegatten. Beispiel: Die Ehegatten hatten beide einen gewöhnlichen Aufenthalt im Staat A. Dann ist der Ehemann in den Staat B verzogen. Wählbar ist nur das Recht des Staates A, vorausgesetzt die Frau hat ihren gewöhnlichen Aufenthalt noch in diesem Staat zur Zeit der Rechtswahl. Haben die Ehegatten ihren gewöhnlichen Aufenthalt in einem Staat mit territorialer Rechtsspaltung, sollte durch Rechtswahl eine Festlegung auf eine dieser Teilrechtsordnungen möglich sein, vorausgesetzt, einer der Ehegatten hat dort seinen gewöhnlichen Aufenthalt.

– Weiterhin kann das Recht des Staates gewählt werden, dem ein Ehegatte zur Zeit der Rechtswahl angehört. Es ist davon auszugehen, dass bei mehrfacher Staatsangehörigkeit jedes Heimatrecht gewählt werden kann. Die Wahl des Heimatrechts eines Ehegatten ist auch möglich, wenn sich sein Personalstatut nach Art. 12 GFK bestimmt.

Die Wirkungen der Rechtswahl nach Abs. 1 enden, wenn die Ehegatten sie aufheben; dann erfolgt die Bestimmung des maßgebenden Rechts nach Abs. 2.[9] Die Eheleute können die Rechtswahl auch ändern, indem sie ein anderes zulässiges Recht wählen.[10] Aufgrund des kollisionsrechtlichen Charakters von Aufhebung und Änderung der Rechtswahl unterliegen diese den Formerfordernissen des Abs. 1 S. 2.[11] **12**

3. Form. Für die Form der Rechtswahl wird die Lösung aus Art. 14 Abs. 4 EGBGB aF übernommen. Für **13** die **im Inland** vorgenommene Rechtswahl ist zwingend die notarielle Beurkundung vorgeschrieben (**Abs. 1 S. 3**). Ist das Erfordernis nicht eingehalten, ist die Rechtswahl (form-)nichtig; das maßgebliche Recht bestimmt sich nach Abs. 2.[12] Für Art. 14 EGBGB aF ist umstritten ist, ob den Anforderungen des § 1410 BGB in Bezug auf die Anwesenheit beider Teile zur Niederschrift des Notars Rechnung zu tragen ist. Dasselbe Problem gibt es bei der Neuregelung. Die Argumente dafür[13] und dagegen[14] halten sich die Waage. Das Problem entsteht in der Rechtspraxis kaum, da die Rechtswahlklausel regelmäßig im Ehevertrag Aufnahme findet. Aus Gründen der Rechtssicherheit sollte in der Vertragspraxis auch für die Rechtswahlklausel auf die Einhaltung von § 1410 BGB geachtet werden.

Werden die Erklärungen **im Ausland** abgegeben, genügt es gem. **Abs. 1 S. 4**, wenn für die Rechtswahl die **14** Formerfordernisse für einen Ehevertrag nach dem gewählten Recht oder am Ort der Rechtswahl eingehalten worden sind (Sachnormverweisung).[15] Es schadet also nicht, dass das gewählte Recht oder das am Ort der Rechtswahl geltende Recht eine Rechtswahl für die Ehewirkungen nicht kennen.[16] Daneben ist zu berücksichtigen, dass die Rechtswahl ein eigenständiger (kollisionsrechtlicher) Vertrag ist. Es kommt demnach nicht darauf an, ob es sich bei der Urkunde, in der die Rechtswahlklausel enthalten ist, um einen Ehevertrag handelt.[17] Entscheidend ist, dass die Rechtswahl[18] – bei der konkludenten Rechtswahl die Bestimmungen, aus denen auf die Rechtswahl geschlossen wird – den Formerfordernissen eines Ehevertrags nach diesem Recht entspricht. Eine Gleichwertigkeit der ausländischen mit der inländischen Form ist nicht erforderlich.[19]

Versteckt enthält S. 4 noch eine weitere Möglichkeit für die Form aufgrund einer Gesamtbetrachtung mit S. 3. Eine Beurkundung durch einen ausländischen Notar ist ausreichend, soweit der ausländische Notar dem deutschen Notar und der Beurkundungsvorgang dem im deutschen Recht vorgeschriebenen gleichwertig ist.[20] Zulässig ist ferner die Beurkundung durch den Konsularbeamten einer deutschen Auslandsvertretung.[21]

9   Nach altem Recht: Palandt/*Thorn* EGBGB Art. 14 Rn. 16; MüKoBGB*Siehr*, 6. Aufl., EGBGB Art. 14 Rn. 45.

10 Nach altem Recht: Soergel/*Schurig* EGBGB Art. 14 Rn. 21; Erman/*Hohloch* EGBGB Art. 14 Rn. 26; *Looschelders* EGBGB Art. 14 Rn. 31.

11 Nach altem Recht: Staudinger/*Mankowski* EGBGB Art. 14 Rn. 149; Reithmann/Martiny/*Hausmann* Rn. 5890; *Schotten/Schmellenkamp* IPR Rn. 123.

12 OLG Düsseldorf FamRZ 1995, 932; Palandt/*Thorn* EGBGB Art. 14 Rn. 14; Staudinger/*Mankowski* EGBGB Art. 14 Rn. 118.

13 Vgl. Staudinger/*Mankowski* EGBGB Art. 14 Rn. 120 mwN.

14 Soergel/*Schurig* EGBGB Art. 14 Rn. 32 mwN.

15 KG IPRax 2014, 71; MüKoBGB/*Siehr*, 6. Aufl., EGBGB Art. 14 Rn. 61; Erman/*Hohloch* EGBGB Art. 14 Rn. 6 und 24; *Looschelders* EGBGB Art. 14 Rn. 36.

16 BayObLG FamRZ 1998, 1594 (1596); MüKoBGB/ *Siehr* EGBGB Art. 14 Rn. 61; *Börner* IPRax 1995, 309 (312).

17 Übersehen von BayObLG FamRZ 1998, 1594 (1596).

18 Vgl. BayObLG FamRZ 2003, 381 (383).

19 Staudinger/*Mankowski* EGBGB Art. 14 Rn. 132; aA *Börner* IPRax 1995, 309 (312).

20 So auch Staudinger/*Mankowski* EGBGB Art. 14 Rn. 126; Soergel/*Schurig* EGBGB Art. 14 Rn. 32; *Looschelders* EGBGB Art. 14 Rn. 36; *Wagner* IPRax 2000, 512 (513). Das Problem ist in der Rspr. zum Eherecht bisher nicht aufgetreten; vorhandene Rspr. bezieht sich auf das Gesellschaftsrecht; weiterführend Staudinger/*Mankowski* EGBGB Art. 14 Rn. 127 ff.

21 S. § 10 Konsulargesetz v. 11.9.1974 (BGBl. I S. 2317 zuletzt geändert durch Art. 4 Abs. 42 G v. 7.8.2013 BGBl. I, S. 3154).

15   **4. Art.** Die Rechtswahl kann **ausdrücklich**, aber auch **konkludent**[22] erfolgen, wenn sie sich mit hinreichender Sicherheit aus der Vereinbarung der Partner und den Umständen ergibt, die zur Vereinbarung führten. Ein ausschließlich vermögensrechtliche Fragen unter Einschluss des Versorgungsausgleichs regelnder Ehevertrag indiziert keine Rechtswahl für das Ehewirkungsstatut.[23]

16   In der Rechtspraxis hat die **konkludente Rechtswahl** nach altem Recht vor allem Bedeutung im Hinblick auf Eheschließungen nach religiösem Recht erlangt. Von einer solchen ist nicht auszugehen, wenn angesichts des ausländischen Eheschließungsorts die Klauseln im Ehevertrag nur als Hinweis auf den Eheschließungsritus nach religiösem Recht oder als bloße Feststellung der Geltung des Rechts des Eheschließungsorts zu verstehen sind.[24] Eine Rechtswahl erfordert einen nach außen tretenden realen Parteiwillen, sich dem Recht eines bestimmten Staates zu unterstellen. Das ist aus dem Inhalt der Urkunde im Zusammenhang mit den Gesamtumständen des Vertragsabschlusses zu folgern. Dieser kann auch in der ehevertraglichen Vereinbarung eines für eine Rechtsordnung charakteristischen Rechtsinstituts ihren Ausdruck finden. Da nach neuem Recht die Rechtswahl sich nur auf nicht vermögensrechtliche Ehewirkungen bezieht, kann eine konkludente Rechtswahl nur aus einer Vereinbarung geschlossen werden, die nicht auch vermögensrechtliche Fragen regelt. Beispiel: Die Ehegatten haben gemäß der Heiratsurkunde die Ehe ausdrücklich gemäß islamrechtlichen Grundsätzen geschlossen. Eine solche Vereinbarung lässt verschiedene Deutungen zu. Sie könnte als bloßer Hinweis auf den Eheschließungsritus nach muslimischem Recht zu verstehen sein. Sie könnte auch die bloße Feststellung der Geltung des syrischen Rechts für die in Syrien geschlossene Ehe enthalten. Insoweit reicht es für die Annahme einer Rechtswahl nicht aus. Anders ist es jedoch, wenn der Ehemann im Ehevertrag zur Bedingung gemacht hat, die Ehefrau müsse mit ihm in Deutschland ständigen Aufenthalt nehmen, wo er bereits seinen gewöhnlichen Aufenthalt hat und beruflich tätig ist. Nach den Umständen und dem Wortlaut der Vereinbarung kann dann davon ausgegangen werden, dass die Eheleute mit dieser Vereinbarung festlegen wollten, dass angesichts ihres künftigen gemeinsamen Lebensmittelpunkts in Deutschland für ihre Ehe und ihre Ehewirkungen das ausländische Recht gelten soll, mit dem sie gemeinsam durch Religion, Sprache, Familie usw verbunden sind.[25] Die Vereinbarung einer Morgengabe im Rahmen einer islamischen Trauung ohne weitere deutliche Hinweise reicht für die Annahme einer Rechtswahl bezogen auf die allgemeinen Ehewirkungen nicht aus.

17   **5. Zeitpunkt.** Die Rechtswahl ist an keinen Zeitpunkt gebunden. Sie ist bereits vor der Eheschließung möglich. Dabei besteht eine Bindung an die möglichen Rechtsordnungen nach Abs. 1 S. 2 zum Zeitpunkt der Rechtswahl. Eine vorausschauende Rechtswahl bezogen auf zu erwartende Änderungen der Umstände ist ausgeschlossen. Beispiel: Die Ehegatten leben im Staat A und wollen in absehbarer Zeit in den Staat B verziehen. Solange sie im Staat A ihren gewöhnlichen Aufenthalt haben, können sie das Recht des Staates A, nicht jedoch die das Staates B wählen, es sei denn, mindestens einer von ihnen hat die Staatsangehörigkeit des Staates B.

18   **6. Zustandekommen, Wirksamkeit und Auslegung.** Art. 3 Abs. 4, 10 Abs. 1 Rom I-VO, 6 Rom III-VO, 24 EuGüVO bringen den allgemeinen Grundsatz zum Ausdruck, dass das Zustandekommen und die rechtsgeschäftliche Wirksamkeit der Rechtswahl nach dem gewählten Recht zu beurteilen sind. Diese kollisionsrechtliche Regel ist auch auf die Rechtswahl im autonomen eherechtlichen Kollisionsrecht anwendbar.[26] Erfasst sind grundsätzlich Zustandekommen, Willenseinigung, Willensmängel.[27] In Bezug auf die Auslegung werden unterschiedliche Auffassungen vertreten. Jedenfalls dann, wenn das gewählte Recht die Rechtswahl auf diesem Gebiet nicht kennt, ist schon aus pragmatischen Gesichtspunkten die Heranziehung der lex fori angezeigt.[28]

---

22   Zum alten Recht: vgl. BayObLG FamRZ 2003, 381 (383) und FamRZ 1998, 1594 (1596); OLG Karlsruhe FamRZ 2006, 948; KG IPRax 2014, 71; *Gruber* IPRax 2014, 53 ff.; Staudinger/*Mankowski* EGBGB Art. 14 Rn. 143; Böhmer/Finger/*Finger* EGBGB Art. 14 Rn. 36.

23   Staudinger/*Mankowski* EGBGB Art. 14 Rn. 144.

24   Vgl. BayObLG FamRZ 2003, 381 (383); *Börner* IPRax 1995, 309 (313) Fn. 41.

25   BayObLG FamRZ 1998, 1594: Ehe eines deutsch-syrischen Staatsangehörigen mit einer Syrerin bei Eheschließung in Syrien, Abschluss eines Ehevertrages nach islamrechtlichen und gesetzlichen Grundsätzen mit der Sonderbedingung, dass die Ehefrau

mit dem Mann im dauernden Aufenthalt im Ausland, insbes. Deutschland lebt; anders entschieden KG IPRax 2014, 71, der tatsächliche Unterschied bestand darin, dass in diesem Fall der Ehemann im Zeitpunkt der Eheschließung die ausländische Staatsangehörigkeit nicht mehr besaß.

26   Nach altem Recht: Erman/*Hohloch* EGBGB Art. 14 Rn. 23; MüKoBGB/*Siehr*, 6. Aufl., EGBGB Art. 14 Rn. 59; Staudinger/*Mankowski* EGBGB Art. 14 Rn. 138; *Looschelders* EGBGB Art. 14 Rn. 37.

27   Vgl. Staudinger/*Mankowski* EGBGB Art. 14 Rn. 138 ff. mwN.

28   Für die Heranziehung der lex fori generell KG IPRax 2014, 71; Palandt/*Thorn* EGBGB Art. 14 Rn. 14 aE.

II. Objektive Anknüpfung (Abs. 2)

1. Wandelbarkeit. Die Verweisung ist wandelbar. Ändern sich die Berührungen der Eheleute zu der in- **19** oder zu einer ausländischen Rechtsordnung, auf die es für die Anknüpfung ankommt, so führt dies zum Wechsel des anwendbaren Rechts. Bereits eingetretene Rechtslagen werden anerkannt und nicht neu bewertet.[29] Die **Wandelbarkeit der Anknüpfung** bedeutet, dass es auf den Zeitpunkt während des Bestehens der Ehe ankommt, zu dem das Ereignis stattfand, um dessen rechtliche Beurteilung es geht.[30] Verbietet zB das ursprüngliche Ehewirkungsstatut die Schenkung unter Ehegatten, wird eine unter diesem Statut vorgenommene Schenkung nicht nachträglich wirksam, weil für die Ehe nunmehr ein anderes Recht gilt. Im umgekehrten Fall des Wechsels zu einer Rechtsordnung, die die Schenkung verbietet, behält die Schenkung, die nach dem alten Statut zulässig war, ihre Wirkung.

2. Anknüpfungsleiter. Die objektive Anknüpfung erfolgt gemäß einer **Anknüpfungsleiter**. Mit ihr soll **20** einerseits der Gleichberechtigung der Geschlechter und andererseits der engsten Verbindung der Eheleute zu einer bestimmten Rechtsordnung Rechnung getragen werden.[31] Anknüpfungsleiter bedeutet, dass der Reihenfolge der in Abs. 2 genannten Anknüpfungen bei der Prüfung zu folgen ist (gestaffelte subsidiäre Anknüpfung). Sind die Voraussetzungen für die vorrangig bezeichnete Anknüpfung erfüllt, sind die nachfolgenden Stufen ausgeschlossen.[32] Wegen der wandelbaren Anknüpfung kommt es stets auf den konkreten Beurteilungszeitpunkt an. Die Neuregelung übernimmt fast alle bisherigen Anknüpfungen; ihre Reihenfolge in der Anknüpfungsleiter wurde geändert.

3. Gemeinsamer gewöhnlicher Aufenthalt (Nr. 1 und 2). a) Anknüpfung. In erster Linie ist das **21** Recht des gemeinsamen gewöhnlichen Aufenthalts anwendbar. Die Voraussetzungen sind erfüllt, wenn jeder Ehegatte an **einem beliebigen Ort in demselben Staat** seinen gewöhnlichen Aufenthalt hat.[33] Für jeden Ehegatten ist der gewöhnliche Aufenthalt getrennt festzustellen und danach zu prüfen, ob beide sich im selben Staat befinden. Haben die Ehegatten zum maßgeblichen Zeitpunkt beide ihren gewöhnlichen Aufenthalt in demselben Staat, so findet das Recht dieses Staates Anwendung.

Haben die Ehepartner zum maßgebenden Zeitpunkt keinen gemeinsamen gewöhnlichen Aufenthalt, so **22** kommt es auf den letzten gemeinsamen gewöhnlichen Aufenthalt während der Ehe an. Voraussetzung ist, dass einer der Ehepartner diesen gewöhnlichen Aufenthalt ununterbrochen beibehalten hat.[34] Zunächst ist hierfür festzustellen, in welchem Staat die Ehegatten zu dem für die Anknüpfung maßgeblichen Zeitpunkt ihren gewöhnlichen Aufenthalt haben, denn nur einer davon kommt für die Anknüpfung infrage. Danach ist zu prüfen, ob sie in einem dieser Staaten in der davorliegenden Ehezeit beide ihren gewöhnlichen Aufenthalt hatten. Trifft das zu, darf der Ehegatte, der in diesem Staat seinen gewöhnlichen Aufenthalt hat, diesen seit dem letzten Zeitpunkt des gemeinsamen gewöhnlichen Aufenthalts nicht aufgegeben haben. Es reicht nicht aus, wenn dieser Ehegatte zwischenzeitlich den gewöhnlichen Aufenthalt in diesem Land verloren hatte und ihn später wieder begründet hat. Sofern einer der Ehegatten den gemeinsamen gewöhnlichen Aufenthalt nicht mehr innehat und nicht bekannt ist, ob der andere Ehegatte ihn beibehalten hat, scheidet diese Anknüpfungsstufe gleichsam aus.[35]

b) Auslegung: gewöhnlicher Aufenthalt. Der gewöhnliche Aufenthalt ist nicht gesetzlich definiert. Er **23** erfordert zunächst einen Aufenthalt in dem betreffenden Land. Die Anwesenheit muss nicht notwendigerweise ununterbrochen andauern. Für die weitere Frage, ob ein Aufenthalt als gewöhnlicher Aufenthalt anzusehen ist, sind vor allem die objektiven Merkmale der Dauer und die Beständigkeit des Aufenthalts sowie andere Umstände zu berücksichtigen, die dauerhafte Beziehungen zwischen einer Person und ihrem Aufenthalt in dem Land anzeigen.[36] Demgemäß wird von dem gewöhnlichen Aufenthalt einer Person in einem Staat gesprochen, in dem sich ihr **Daseinsmittelpunkt** befindet.[37] Es ist der Ort, an dem sie sich nicht nur

29 Siehe zum Statutenwechsel nach altem Recht: ua *Kropholler* IPR § 27 S. 184 ff.; Staudinger/*Mankowski* (2011) EGBGB Art. 14 Rn. 99 ff.; MüKoBGB/*Looschelders*, 7. Aufl. 2018, EGBGB Art. 14 Rn. 13.
30 *Mankowski* NJW 2019, 465 (468).
31 BegrRegE, BT-Drs. 10/504, 54.
32 Zu Art. 14 Abs. 1 Nr. 2 EGBGB aF: ua BGH IPRax 1995, 111 (113) = FamRZ 1994, 434; OLG Düsseldorf FamRZ 1993, 575; OLG Zweibrücken FamRZ 1999, 940; MüKoBGB/*Siehr*, 6. Aufl. 2015, EGBGB Art. 14 Rn. 12.
33 Zu Art. 14 Abs. 1 Nr. 2 EGBGB aF: Erman/*Hohloch* EGBGB Art. 14 Rn. 16; MüKoBGB*Siehr*, 6. Aufl. 2015; EGBGB Art. 14 Rn. 29; Soergel/*Schurig* EGBGB Art. 14 Rn. 11; *Looschelders* EGBGB Art. 14 Rn. 21; Böhmer/Finger/*Finger* EGBGB

Art. 14 Rn. 17; *Schotten/Schmellenkamp* IPR Rn. 112; *v. Bar/Mankowski* IPR I § 7 Rn. 23 Fn. 77.
34 Zu Art. 14 Abs. 1 Nr. 2 EGBGB aF: BGH IPRax 1994, 131 (133) = FamRZ 1993, 798 = NJW 1993, 2047; KG FamRZ 2002, 840 (841); *v. Bar* IPRax 1994, 100 (102); MüKoBGB/*Siehr* EGBGB Art. 14 Rn. 30; Staudinger/*Mankowski* EGBGB Art. 14 Rn. 63; Soergel/*Schurig* EGBGB Art. 14 Rn. 13.
35 AG Leverkusen FamRZ 2002, 1484 (1485).
36 Ua BGH IPRax 1994, 131 (133); KG FamRZ 2002, 840 (841); näher NK-BGB/*Schulze* EGBGB Art. 5 Rn. 16 ff.; MüKoBGB/*v. Hein* EGBGB Art. 5 Rn. 113 ff.
37 St. Rspr., vgl. BGH FamRZ 1975, 272 (273); *Henrich* § 2 I 2 b S. 60.

vorübergehend aufhält, an dem der **Schwerpunkt ihrer Bindungen**, insbesondere in persönlicher und beruflicher Hinsicht, besteht.[38] Ein bereits begründeter gewöhnlicher Aufenthalt wird durch eine zeitweilige Abwesenheit, auch von längerer Dauer, normalerweise nicht aufgehoben, sofern die Absicht besteht, an den früheren Aufenthalt zurückzukehren.[39]

24   **c) Begründung des gewöhnlichen Aufenthalts.** Der gewöhnliche Aufenthalt kann sich auf zweifache Weise ergeben.[40] Einerseits wird er durch einen tatsächlich nicht nur geringen Aufenthalt in einem Staat und die dadurch entstandenen Bindungen der verschiedensten Art begründet.[41] Bei dieser **faktischen** Begründung ist der subjektive Wille der Person, ihren Lebensmittelpunkt in diesem Staat zu errichten, nicht erforderlich. Notwendig ist eine gewisse Integration in die dortigen gesellschaftlichen Verhältnisse und die Aufnahme objektiv feststellbarer sozialer Beziehungen, was bei längerem Aufenthalt regelmäßig anzunehmen ist.[42] Letzteres trifft jedoch nicht zu, wenn der Aufenthalt von Beginn an unfreiwillig ist, zB Gefangenschaft oder Geiselnahme.[43] Hier kann von einer sozialen Integration nicht ausgegangen werden.[44] Allerdings kann sich ein vormals zwangsweiser Aufenthalt später in einen freiwilligen Aufenthalt mit der Möglichkeit der Begründung eines gewöhnlichen Aufenthalts entwickeln.[45]

25   Andererseits wird der gewöhnliche Aufenthalt auch ohne eine längere Aufenthaltsdauer begründet, wenn von vornherein ein langfristiges Verweilen und die Integration in die gesellschaftlichen Beziehungen in diesem Land **beabsichtigt** sind.[46] Aus den Umständen muss sich ergeben, dass zukünftig dieser Ort Lebensmittelpunkt sein soll.[47] Ein Aufenthalt muss jedoch auch hier begründet sein.

26   Ob eine Person in Bezug auf die kollisionsrechtliche Anknüpfung in Art. 14 EGBGB aF einen gewöhnlichen Aufenthalt gleichzeitig[48] in verschiedenen Staaten haben kann, ist umstritten.[49] Er wird für die Neuregelung fortgetragen werden. In dem sehr seltenen Fall, wo eine solche Annahme infrage kommt, sollte dem Aufenthaltsort der Vorzug gegeben werden, der zu einer Verweisung nach Abs. 2 Nr. 1 oder 2 führen würde.[50]

27   Der gewöhnliche Aufenthalt kann ausnahmsweise ganz fehlen.[51] Der BGH hat dies für den Fall angenommen, dass ein Ehegatte mit dem anderen Ehegatten in ein anderes Land umzieht, sich jedoch nicht sicher ist, ob er am neuen Aufenthalt bleiben wird oder wieder zurückkehrt. Hier kann ein neuer gewöhnlicher Aufenthalt nicht von Beginn an angenommen werden, der alte gewöhnliche Aufenthalt ist jedoch aufgegeben, wenn der Aufenthalt im anderen Staat nicht als nur vorübergehend angezeigt ist.[52]

28   Eine illegal in Deutschland eingereiste Person kann auch ohne Aufenthaltserlaubnis einen gewöhnlichen Aufenthalt in Deutschland im kollisionsrechtlichen Sinne begründen; jedoch nur durch längeren Aufenthalt und soziale Integration.[53] Der Wille, in Deutschland zu bleiben, reicht bei erst kurzem Aufenthalt nicht aus, wenn dem subjektiven Wollen des längerfristigen Aufenthalts fremdenrechtliche Bestimmungen offensicht-

38   BGH IPRax 1994, 131 (133); Palandt/*Thorn* EGBGB Art. 5 Rn. 10; Staudinger/*Mankowski* EGBGB Art. 14 Rn. 52; Soergel/*Kegel* EGBGB Art. 5 Rn. 44 f. mit umfangreichen Verweisen auf weitere Rspr.

39   BGH IPRax 1994, 131 (133); *Kropholler* IPR § 39 II 4, 5, S. 284 f.; MüKoBGB/*Sonnenberger* (5. Aufl. 2010) Einl. IPR Rn. 722; Palandt/*Thorn* EGBGB Art. 5 EGBGB Rn. 10; Böhmer/Finger/*Finger* EGBGB Art. 14 Rn. 15; Soergel/*Kegel* EGBGB Art. 5 EGBGB Rn. 46 mwN.

40   Deutlich *Andrae* IntFamR § 2 Rn. 57 ff.; *Kilian* IPRax 1995, 9 (10); *Spickhoff* JZ 1993, 336 (342); *ders.* IPRax 1990, 225 (227); *Henrich* FamRZ 1986, 841 (846).

41.   Hierzu BGH IPRax 1994, 131 (133); BGHZ 78, 293, 295 = FamRZ 1981, 135; *v. Bar*/Mankowski IPR I § 7 Rn. 23.

42   Vgl. Staudinger/*Mankowski* EGBGB Art. 14 Rn. 54.

43   Vgl. OLG Koblenz FamRZ 1998, 756 (757); OLG Köln FamRZ 1996, 946 f.; *Henrich* § 2 I 2 b S. 62.

44   Hierzu mit weiteren Literaturangaben MüKoBGB/*Sonnenberger* (5. Aufl. 2010) Einl. IPR Rn. 725.

45   *Henrich* § 2 I 2 b S. 62.

46   BGHZ 78, 293, 295; *Andrae* IntFamR § 2 Rn. 57; Soergel/*Kegel* EGBGB Art. 5 EGBGB Rn. 54 mwN; *v. Bar*/

Mankowski IPR I § 7 Rn. 23; *Henrich* § 2 I 2 b S. 61; *Spickhoff* JZ 1993, 336 (342).

47   BGH IPRax 1994, 131 (133); Palandt/*Thorn* EGBGB Art. 5 EGBGB Rn. 10; Staudinger/*Mankowski* EGBGB Art. 14 Rn. 53.

48   Ein alternierender Aufenthalt ist möglich, vgl. *v. Bar*/ *Mankowski* IPR I § 7 Rn. 24 Fn. 83.

49   Befürwortend: BayObLGZ 1996, 122 (124); KG FamRZ 1987, 603 (605) = NJW 1988, 328; Erman/ *Hohloch* EGBGB Art. 14 Rn. 16 iVm Art. 5 Rn. 55; Soergel/*Kegel* EGBGB Art. 5 Rn. 49 iVm 75; *v. Hoffmann*/Thorn IPR § 5 Rn. 80; *Spickhoff* IPRax 1995, 185 (189). Differenzierend: *Kropholler* IPR § 39 II 6 a S. 287 f. Ablehnend: Böhmer/Finger/*Finger* EGBGB Art. 14 Rn. 15; Palandt/*Thorn* EGBGB Art. 5 EGBGB Rn. 10; MüKoBGB*Sonnenberger* (5. Aufl. 2010) Einl. IPR Rn. 724; MüKoBGB/*v. Hein* EGBGB Art. 5 Rn. 160; Staudinger/*Mankowski* EGBGB Art. 14 Rn. 53; *Henrich* § 2 I 2 b S. 62.

50   So auch MüKoBGB/*Looschelders* EGBGB Art. 14 Rn. 98.

51   BGH IPRax 1994, 131 (133); krit. *Kropholler* IPR § 39 II 6 b S. 288.

52   BGH IPRax 1994, 131 (133); zust. *v. Bar* IPRax 1994, 100 (102).

53   OLG Bremen FamRZ 1992, 962; OLG Hamm IPRax 1990, 247 (248); Palandt/*Thorn* EGBGB Art. 5 Rn. 10; *Kilian* IPRax 1995, 9 (11).

lich entgegenstehen.[54] Der einmal entstandene gewöhnliche Aufenthalt entfällt nicht dadurch, dass der Asylantrag abgelehnt und die Ausreise angeordnet wurde.[55] Die Faktizität wiegt hier schwerer als die aufenthaltsrechtliche Situation.[56]

4. Gemeinsames Heimatrecht (Nr. 3). Gibt es keinen gemeinsamen gewöhnlichen Aufenthalt und auch   **29** keinen letzten gemeinsamen gewöhnlichen Aufenthalt, wird auf das gemeinsame Heimatrecht verwiesen. Für Doppelstaater ist Art. 5 Abs. 1 zu beachten. Besitzt einer der Eheleute auch die **deutsche Staatsangehörigkeit**, kommt es für die Anknüpfung nur auf diese an (Art. 5 Abs. 1 S. 2).[57] Nr. 3 ist folglich nicht anwendbar, wenn der eine Ehegatte eine ausländische Staatsangehörigkeit besitzt, der andere Ehegatte dieselbe ausländische, zugleich aber auch die deutsche Staatsangehörigkeit innehat.[58] Dies ist zwar kritisch zu sehen; wegen der eindeutigen gesetzlichen Anordnung und aus Gründen der Rechtssicherheit muss dem jedoch entsprochen werden (→ Art. 5 Rn. 27 ff.).

Der Begriff „Staatsangehörigkeit" in Abs. 2 Nr. 3 steht als Synonym für das Personalstatut nach deutschem   **30** IPR. Er sollte für die Anknüpfung im EGBGB, insbesondere jedoch im Verhältnis von Art. 13 und Art. 14, nicht unterschiedlich verwendet werden. Wird das Personalstatut eines oder beider Ehegatten deshalb durch den Wohnsitz (= gewöhnlichen Aufenthalt) bestimmt, so tritt dieser an die Stelle seiner Staatsangehörigkeit. Dies betrifft hauptsächlich **Staatenlose** (vgl. Art. 12 Abs. 1 Staatenlosenkonvention[59] und Art. 5 Abs. 2), internationale **Flüchtlinge** (vgl. Art. 12 Abs. 1 GFK),[60] **Asylberechtigte** (vgl. § 2 Abs. 1 AsylVfG;[61] auch abgelehnte Asylbewerber können Flüchtlinge iSd GFK sein)[62] sowie **Ausländer**, deren Rechtsstellung sich nach § 1 Abs. 1 des Gesetzes über Maßnahmen für im Rahmen humanitärer Hilfsaktionen aufgenommene Flüchtlinge[63] richtet.

5. Grundsatz der engsten Verbindung (Nr. 4). Versagt auch die Anknüpfung an einen (früheren)   **31** gemeinsamen Aufenthalt, ist das Recht zu ermitteln, mit dem die Ehepartner auf andere Weise gemeinsam am engsten verbunden sind. Diese generalklauselartige Anknüpfung erfordert eine Einzelfallentscheidung.[64] Sie nahm auch bei Art. 14 EGBGB aF bei der objektiven Anknüpfung eine letzte Stufe ein. Sie hat besondere Bedeutung für das Ehegüterstatut nach autonomem IPR durch die Verweisung in Art. 15 Abs. 1 EGBGB **idF v. 1986** auf Art. 14 EGBGB aF Auch in Art. 26 Abs. 1 lit. c EuGüVO wird in der letzten Stufe auf das Recht des Staates verwiesen, mit dem die Ehegatten am engsten verbunden sind. Während es jedoch für die Verordnung sowie für 15 Abs. 1, Art. 14 Abs. 1 EGBGB aF auf den Zeitpunkt der Eheschließung ankommt, ist für das Ehewirkungsstatut die engste Verbindung für den Zeitpunkt zu ermitteln, auf den es für die Beurteilung ankommt.

a) Kriterien für die Abwägung. In die Konkretisierung sind – ohne Rangfolge, Gewichtung oder Voll-   **32** ständigkeit – einzubeziehen:[65] die gemeinsame soziale Bindung der Ehegatten an einen Staat durch Herkunft (iwS), Kultur, Sprache oder berufliche Tätigkeit; der gemeinsame einfache Aufenthalt, allerdings nicht nur ganz vorübergehender Natur; der letzte gemeinsame gewöhnliche Aufenthalt, wenn zwar beide Ehegatten ihn aufgegeben haben, aber einer von ihnen dem betreffenden Staat noch angehört; der beabsichtigte Erwerb einer gemeinsamen Staatsangehörigkeit; die beabsichtigte Begründung eines gemeinsamen

---

54   OLG Koblenz FamRZ 1998, 756; OLG Köln FamRZ 1996, 946; OLG Bremen FamRZ 1992, 962 (963); Palandt/*Thorn* EGBGB Art. 5 EGBGB Rn. 10; Böhmer/Finger/*Finger* EGBGB Art. 14 Rn. 16; *Kilian* IPRax 1995, 9 (11); aA v. *Hoffmann/Thorn* IPR § 5 Rn. 83; *Spickhoff* IPRax 1990, 225 (228).

55   OLG Nürnberg FamRZ 2002, 324; MüKoBGB*Sonnenberger* (5.Aufl. 2010) Einl. IPR Rn. 722; Böhmer/Finger/*Finger* EGBGB Art. 14 Rn. 16.

56   *Henrich* § 2 I 2 b S. 62.

57   Zu Art. 14 Abs. 1 Nr. 1 EGBGB aF: BGH IPRax 1995, 111 (113) = FamRZ 1994, 434; BayObLG FamRZ 1998, 1594 (1596); AG Leverkusen FamRZ 2002, 1484 (1485); AG Hamburg FamRZ 2000, 958; Palandt/*Thorn* EGBGB Art. 14 Rn. 7; Böhmer/Finger/*Finger* EGBGB Art. 14 Rn. 9; Soergel/*Schurig* EGBGB Art. 14 Rn. 5; Staudinger/*Mankowski* EGBGB Art. 14 Rn. 34; *Dethloff* JZ 1995, 64 (67).

58   BayObLG IPRax 1995, 324 (325) mwN; *Dethloff* JZ 1995, 64 (67).

59   New Yorker UN-Übereinkommen über die Rechtsstellung der Staatenlosen v. 28.9.1954 (BGBl. II 1976 S. 474).

60   Genfer UN-Abkommen über die Rechtsstellung der Flüchtlinge v. 28.7.1951 (BGBl. II 1953, S. 560).

61   Asylverfahrensgesetz idF der Bekanntmachung v. 2.9.2008 (BGBl. I S. 1798).

62   BGHZ 169, 240, 243, 248 = FamRZ 2007, 109 OLG Nürnberg FamRZ 2002, 324 (325), jedoch übersehen, dass bei nicht verdrängter Staatsangehörigkeit durch Flüchtlingsstatus das Deutsch-Iranische Niederlassungsabkommen dem Art. 14 vorgeht.

63   V. 22.7.1980 (BGBl. I S. 1057), aufgehoben durch § 23 AufenthaltsG idFv. 30.7.2004 (BGBl. I S. 1950), nicht berührt von der Aufhebung wird die Rechtsstellung der nach dem Gesetz aufgenommenen Flüchtlinge, OLG Celle StAZ 2012, 81; AG Leverkusen FamRZ 2007, 1565 (1566).

64   Palandt/*Thorn* EGBGB Art. 14 Rn. 10; Staudinger/*Mankowski* EGBGB Art. 14 Rn. 64; Soergel/*Schurig* EGBGB Art. 14 Rn. 14.

65   Vgl. allg. dazu den Bericht des Rechtsausschusses, BT-Drs. 10/5632, 41, hierzu auch KG FamRZ 2007, 1561 (1562); Überblick bei MüKoBGB/*Looschelders* EGBGB Art. 14 Rn. 102 ff.

gewöhnlichen Aufenthalts;[66] letztlich auch der Ort der Eheschließung, soweit die Verbindung zu dem betreffenden Staat nicht rein zufällig ist und durch weitere Indizien verstärkt wird,[67] insbesondere wenn ein Ehegatte die Staatsangehörigkeit dieses Staates besitzt (bzw. besaß) und/oder dort seinen gewöhnlichen Aufenthalt hat (bzw. hatte).[68] Auch eine gemeinsame Erklärung der Ehegatten, sie seien mit einer bestimmten Rechtsordnung gemeinsam am engsten verbunden, ist ein deutliches Indiz.[69] Weitere Faktoren sind der Geburts- bzw. Aufenthaltsort von gemeinsamen Kindern.[70]

33 Fraglich ist, ob die **Zugehörigkeit beider Ehegatten zu einer Religionsgemeinschaft** (regelmäßig Islam) bei unterschiedlicher Staatsangehörigkeit eine engste Verbindung iSd Nr. 4 zu dem Heimatrecht eines der Ehegatten, das durch diese Religion im Eherecht geprägt ist, zum Ausdruck bringt. Zwar wird dies als eine zulässige Anknüpfungsmöglichkeit bei im Wesentlichen übereinstimmenden Rechtssystemen in beiden Heimatstaaten angesehen, selbst wenn die Ehegatten ihren Aufenthalt getrennt in verschiedenen Staaten haben.[71] Voraussetzung hierfür ist aber, dass beide Ehegatten mit dem Rechtssystem eines dieser Staaten hinreichend eng verbunden sind. Hierfür kann sprechen, dass die Ehegatten sonstige soziale und kulturelle Verbindungen zu diesem Staat gemeinsam gepflegt haben. Ist einer der Ehegatten (auch) Deutscher, ist hiervon nicht auszugehen.[72] Zusätzliche Gesichtspunkte, die bei deutscher Staatsangehörigkeit (beachte Art. 5 Abs. 1 S. 2) gegen die besondere Berücksichtigung der Zugehörigkeit zu derselben Religionsgemeinschaft sprechen, liegen vor, wenn die Ehe niemals in dem anderen Heimatstaat gelebt wurde und/oder der deutsche Ehepartner im zeitlichen Zusammenhang zur Eheschließung zum Islam übergetreten ist.[73]

34 Die Häufung von Kontakten der Eheleute zu einer Rechtsordnung verstärkt deren Gewicht für die Anknüpfung im Verhältnis zu anderen.[74]

35 **b) Fallkonstellationen.** In der Rechtspraxis haben sich verschiedene Fallkonstellationen herausgebildet. In der **ersten Gruppe** hatten die Eheleute zwar zu einem Zeitpunkt in der Vergangenheit einen gemeinsamen gewöhnlichen Aufenthalt bzw. eine gemeinsame Staatsangehörigkeit, aber beide haben die Verbindungen zu dem betreffenden Recht abgebrochen.[75] Für beide wird das Personalstatut nicht mehr durch die Staatsangehörigkeit, sondern durch den gewöhnlichen Aufenthalt bestimmt, der in unterschiedlichen Drittstaaten liegt. Haben sich die Ehegatten aus Verfolgungsgründen vom Heimatstaat abgewandt, sind sie jedoch weiterhin ua kulturell, sprachlich, familiär und/oder durch die Religion mit der Gesellschaft ihres Heimatstaates verbunden, kommt über Nr. 4 die Anwendung des Rechts dieses Staates in Betracht, soweit sich der Widerspruch zum Machtsystem nicht auch auf das Familienrecht erstreckt.[76]

36 Eine **zweite Fallsituation** ist gegeben, wenn die Eheleute verschiedene Staatsangehörigkeiten haben und gemeinsam in einem Drittstaat ihren Lebensmittelpunkt hatten, den beide zum maßgeblichen Zeitpunkt nicht mehr innehaben.[77] Hier gewinnt ein früherer gemeinsamer gewöhnlicher Aufenthalt von längerer Dauer besonderes Gewicht, es sei denn, beide Eheleute sind mit einem anderen Kulturkreis verbunden und das dort geltende Recht weicht grundlegend von den übereinstimmenden Vorstellungen zum Eherecht ihrer Heimatländer ab.[78]

37 **Fallgruppe drei** hat zum Gegenstand, dass ein Ehepaar mit keiner übereinstimmenden Staatsangehörigkeit iSd Art. 5 Abs. 1 von Beginn der Ehe an keinen gemeinsamen gewöhnlichen Aufenthalt hat. Typisches Beispiel wäre eine Handschuhehe im Heimatstaat der Ehefrau geschlossen, bei der die Ehefrau die Staatsangehörigkeit dieses Staates hat, während der Ehegatte zusätzlich die deutsche Staatsangehörigkeit besitzt. Die Ehefrau ist bisher nicht nach Deutschland eingereist. In die Abwägung einzubeziehen sind Planungen der Ehegatten über einen zukünftigen gemeinsamen Lebensmittelpunkt sowie eventuell über den Erwerb einer gemeinsamen Staatsangehörigkeit, insbesondere wenn ein Ehegatte mit dem betreffenden Staat eng verbun-

66   OLG Köln FamRZ 1998, 1590; AG Hannover NJWE-FER 2001, 279 (280) = IPRspr. 2001 Nr. 64 und FamRZ 2000, 1576; KG FamRZ 2007, 1561 (1562) (geplanter gemeinsamer ehelicher Wohnsitz).

67   BGH IPRax 1994, 131 (133); OLG Celle FamRZ 1998, 686 (687); *Looschelders* EGBGB Art. 14 Rn. 25.

68   OLG Düsseldorf FamRZ 2003, 381.

69   MüKoBGB*Siehr*, 6. Aufl. 2015, EGBGB Art. 14 Rn. 37.

70   AG Würzburg FamRZ 1998, 1591; MüKoBGB/ *Siehr*, 6. Aufl. 2015, EGBGB Art. 14 Rn. 37.

71   So auch KG FamRZ 2002, 840 (841); MüKoBGB/ *Siehr*, 6. Aufl. 2014, EGBGB Art. 14 Rn. 37.

72   Hierzu insgesamt KG FamRZ 2002, 840 (841).

73   Vgl. KG FamRZ 2002, 840 (841).

74   BGH IPRax 1994, 131 (133 f.); Staudinger/*Mankowski* EGBGB Art. 14 Rn. 79.

75   Bsp: Iranische Ehegatten flüchten aus ihrer Heimat, der Mann nach Deutschland, die Frau in die USA; vgl. OLG München IPRax 1989, 238.

76   Vgl. dazu *Andrae* IntFamR § 3 Rn. 59 f.

77   Bsp: Eine Deutsche und ein Franzose lebten gemeinsam in New York etwa wegen eines mehrjährigen beruflichen Aufenthaltes, nunmehr ist sie nach Berlin und er nach Paris verzogen.

78   Bsp wie eben, allerdings gemeinsamer Lebensort im Iran; vgl. auch Staudinger/*Mankowski* EGBGB Art. 14 Rn. 77.

den ist, auch soweit diese Vorstellungen nicht verwirklicht wurden.[79] Zu beachten ist auch ein gemeinsamer schlichter Aufenthalt.[80] Dem Eheschließungsort kommt dann Gewicht zu, wenn ein Ehegatte die Staatsangehörigkeit dieses Staates besitzt (bzw. besaß) und/oder dort seinen gewöhnlichen Aufenthalt hat (bzw. hatte).[81]

c) Keine engste Verbindung. Lässt sich bei Abwägung aller Umstände eine engste Verbundenheit nicht feststellen, ist deutsches Recht maßgeblich.[82] Dies rechtfertigt sich daraus, dass aufgrund der Vorschriften über die Zuständigkeit die deutschen Gerichte mit der konkreten Ehe nur befasst sind, wenn ein ausreichender Inlandsbezug die internationale Zuständigkeit eröffnet.[83]   **38**

III. Allgemeine Fragen des IPR

1. Renvoi. Die Verweisung auf ausländisches Recht durch eine **wirksame Rechtswahl** der Ehepartner ist immer eine Sachnormenverweisung (vgl. Art. 4 Abs. 2).   **39**

Im Gegensatz dazu sind für das **gesetzliche Ehewirkungsstatut** Rück- und Weiterverweisung zu beachten   **40**
(Art. 4 Abs. 1 S. 1). Besondere Bedeutung haben die Rück- und Weiterverweisungen des ausländischen IPR aufgrund des Wohnsitzprinzips oder des domicile-Prinzips.[84] Umstritten ist, ob die Anknüpfung an die gemeinsame engste Verbindung der Ehepartner gem. Abs. 1 Nr. 3 eine Verweisung auf die Sachvorschriften ausspricht.[85] Nach einer Auffassung ist der renvoi zu beachten, weil für die objektive Anknüpfung insgesamt das Prinzip der Gesamtverweisung gelte.[86] Nach anderer Auffassung – der gefolgt wird – widerspricht eine Gesamtverweisung hier dem Sinn und Zweck kollisionsrechtlicher Verweisung (Art. 4 Abs. 1 S. 1 aE).[87] Die Anknüpfung beruht auf der Würdigung aller Umstände und den daraus resultierenden Rechtsanwendungsinteressen für den konkreten Einzelfall. Ausländisches Recht wird aufgrund dieser Anknüpfung nur berufen, wenn die Ehepartner weder einen gemeinsamen gewöhnlichen Aufenthalt in Deutschland haben oder zuletzt hatten, noch eine gemeinsame deutsche Staatsangehörigkeit besitzen und auch keine sonstigen Umstände vorliegen, die eine Verweisung auf deutsches Recht sachgerecht erscheinen lassen. Der renvoi ist deshalb hier überflüssig (→ EGBGB Art. 4 Rn. 17).

Qualifiziert das **fremde Kollisionsrecht** das betreffende materiellrechtliche Problem anders als das deutsche IPR, wird im Rahmen der Prüfung des renvoi auf die Kollisionsnorm des ausländischen Rechts verwiesen, die nach der dortigen Rechtsauffassung diesen Gegenstand erfasst.[88]   **41**

In ausländischen Rechtsordnungen sind **gleichberechtigungswidrige Anknüpfungen** im Ehe(wir-   **42**
kungs)recht immer seltener anzutreffen. Soweit im konkreten Fall die Verweisung nach Abs. 2 zu einer solchen Rechtsordnung führt, ist zu prüfen, ob die Anwendung des ausländischen Kollisionsrechts durch Art. 6 ausgeschlossen ist. Art. 6 bezieht sich nicht nur auf das ausländische Sach-, sondern auch auf das Kollisionsrecht.[89] Entscheidend ist, ob durch die Anwendung gleichberechtigungswidriger Kollisionsnormen eine Verletzung des Grundrechts nach Art. 3 Abs. 2 GG vorliegt. Die Grundrechte verbieten die Anwendung ausländischen Rechts jedoch nur, soweit sie wegen genügend enger Inlandsbeziehungen Geltung beanspruchen und die Anwendung im konkreten Fall zu einem verfassungswidrigen Ergebnis führt. Für den Ausschluss des renvoi reicht es nicht aus, abstrakt einen Verstoß des ausländischen Kollisionsrechts gegen den Gleich-

79   OLG Köln FamRZ 1998, 1590; AG Hannover
     NJWE-FER 2001, 279 (280) = IPRspr. 2001 Nr. 64;
     AG Hannover FamRZ 2000, 1576; *v. Bar* IPR II
     Rn. 206.
80   Vgl. Staudinger/*Mankowski* EGBGB Art. 14 Rn. 74;
     v. Bar IPR II Rn. 206.
81   OLG Düsseldorf FamRZ 2003, 381; Staudinger/
     Mankowski EGBGB Art. 14 Rn. 73.
82   KG FamRZ 2002, 840 (842); OLG Schleswig
     FamRZ 2007, 470; Palandt/*Thorn* EGBGB Art. 14
     Rn. 10; MüKoBGB*Siehr* EGBGB Art. 14 Rn. 38;
     Erman/*Hohloch* EGBGB Art. 14 Rn. 18 a; Böhmer/
     Finger/*Finger* EGBGB Art. 14 Rn. 23; *Spickhoff* JZ
     1993, 336 (341 f.), offengelassen, da beide Rechts-
     ordnungen zum selben materiellrechtlichen Ergebnis
     kommen; AG Leverkusen FamRZ 2006, 1384
     (1385).
83   AA Staudinger/*Mankowski* EGBGB Art. 14 Rn. 81
     (ohne eine andere Anknüpfung aufzustellen);
     Soergel/*Schurig* EGBGB Art. 14 Rn. 15 sowie *Kegel/
     Schurig* IPR § 20 V 1 a S. 833 (kumulative Berufung
     der beiden Heimatrechte nach dem Grundsatz des
     schwächeren Rechts).

84   Zum domicile nach common law s. KG EuLF 2007;
     II-120; IPG 1996, Nr. 32, S. 426; KG FamRZ 2007,
     1561 (1563); *Henrich* RabelsZ 25 (1960), 456 ff.;
     Andrae IntFamR § 2 Rn. 34 ff.
85   Vgl. dazu ausf. *Sonnentag*, Der Renvoi im internatio-
     nalen Privatrecht, Diss. 2001, S. 171 ff.
86   AG Hannover FamRZ 2000, 1576; AG Leverkusen
     FamRZ 2006, 950; KG FamRZ 2007, 1561 (1562);
     Palandt/*Thorn* EGBGB Art. 14 Rn. 3; MüKoBGB/
     Sonnenberger (5. Aufl. 2010) EGBGB Art. 4 Rn. 29;
     Soergel/*Schurig* EGBGB Art. 14 Rn. 70;
     Looschelders EGBGB Art. 14 Rn. 9; *Schotten/
     Schmellenkamp* IPR Rn. 114.
87   MüKoBGB/*Siehr*, 6. Aufl. 2015, EGBGB Art. 14
     Rn. 122; Erman/*Hohloch* EGBGB Art. 14 Rn. 6, 18;
     Böhmer/Finger/*Finger* EGBGB Art. 14 Rn. 5; *Hen-
     rich* § 2 I 2 d S. 64.
88   Ua BGHZ 24, 352, 355; BGH NJW 1980, 2016
     (2017).
89   Palandt/*Thorn* EGBGB Art. 6 Rn. 9; *Andrae* Int-
     FamR § 3 Rn. 75.

berechtigungsgrundsatz festzustellen. Verweist das ausländische IPR, zB durch Anknüpfung an das Heimatrecht des Ehemannes, auf das deutsche Recht zurück, ist diese Rückverweisung grundsätzlich anzunehmen, weil die Anwendung deutschen Sachrechts die Ehefrau regelmäßig nicht benachteiligt, das Ergebnis der Anwendung folglich nicht gleichberechtigungswidrig ist.[90] Verweist das ausländische Recht auf sich selbst, dann ist das Ergebnis gleichfalls nicht grundrechtswidrig, denn dieses Recht ist gemäß den in Art. 14 festgelegten, die Gleichheit der Geschlechter beachtenden, Anknüpfungsregeln bestimmt worden.

43 **2. Vorfragen.** Art. 14 setzt voraus, dass zwischen den Partnern zum maßgeblichen Zeitpunkt eine Ehe besteht; dh die Ehe muss wirksam geschlossen worden und darf noch nicht beendet sein (kollisionsrechtliche Vorfrage oder Erstfrage). Die Frage nach dem wirksamen Zustandekommen der Ehe ist **selbstständig** nach Art. 13, bei Eheschließung im Ausland für die Form zusätzlich nach Art. 11, zu prüfen. Die Ehe ist aufgelöst, wenn eine entsprechende deutsche Entscheidung ergangen ist oder eine diesbezügliche ausländische Entscheidung hier anerkannt wird.

Die Prüfung kann einerseits dazu führen, dass die Ehe nach dem deutschen internationalen Eheschließungsrecht nicht wirksam eingegangen ist. Dann treten keine Wirkungen der Ehe ein.[91]

44 Andererseits kann die Prüfung ergeben, dass eine Ehe nur vom Standpunkt des deutschen Rechts, nicht aber aus der Sicht der ausländischen Rechtsordnung besteht, die nach Art. 14 berufen ist (sog. **hinkende** [Inlands-]**Ehe**). Die hM beurteilt die Ehewirkungen in diesem Fall ohne Differenzierung nach dem gem. Art. 14 maßgeblichen ausländischen Recht.[92] Sehen das deutsche und das ausländische Recht die Ehe zwar als wirksam an, ist sie aber vom Standpunkt des Ehewirkungsstatuts bereits aufgelöst, aus der Sicht des deutschen Rechts jedoch nicht, da die Scheidung hier nicht anerkannt ist, dann bestimmen sich die Wirkungen dieser hinkenden Ehe nach dem gem. Art. 14 maßgeblichen Ehewirkungsstatut. Das ist deshalb gerechtfertigt, weil die Ehe in einem solchen Fall auch gemäß dem ausländischen Recht gelebt wurde und einem Statutenwechsel begegnet wird.

45 **3. Ordre public.** Bisweilen sind im anzuwendenden ausländischen materiellen Recht die Ehewirkungen betreffende **gleichberechtigungswidrige Bestimmungen** anzutreffen, zB die Minderung der Geschäftsfähigkeit der Ehefrau als Folge der Eheschließung, das Abhängigmachen der Aufnahme einer Berufstätigkeit von der Zustimmung des Mannes, die Verpflichtung zur alleinigen Führung des Haushalts oder die gesetzliche Vertretung der Ehefrau durch den Ehemann in bestimmten Prozessen.[93] Bei hinreichendem Inlandsbezug sind sie nach Art. 6 S. 2 iVm Art. 3 Abs. 2 GG unbeachtlich.[94]

46 **4. Rechtsspaltung, Mehrrechtsstaat.** Auch bei dem Verweis auf die Rechtsordnung eines Mehrrechtsstaates ist zunächst der renvoi zu prüfen, sofern er beachtlich ist. Hat die ausländische Rechtsordnung ein einheitliches IPR, ist dieses heranzuziehen. Fehlt es daran, ist nach Art. 4 Abs. 3 zunächst für das IPR die maßgebliche Teilrechtsordnung zu bestimmen.

47 Nimmt das ausländische IPR die Verweisung an, ist die anwendbare sachrechtliche Teilrechtsordnung nach Art. 4 Abs. 3 zu bestimmen. Bei territorialer Rechtsspaltung ist nach den Anknüpfungskriterien zu differenzieren. Haben beide Ehegatten ihren gewöhnlichen Aufenthalt in einem Teilrechtsstaat oder hatten sie ihn iSd Abs. 2 Nr. 2, so ist diese Teilrechtsordnung maßgeblich. Befindet er sich in unterschiedlichen Teilrechtsstaaten, ist das interlokale Privatrecht des Gesamtstaates zu befragen. Gibt es ein solches nicht, ist das Recht der Teilrechtsordnung anzuwenden, mit welcher die Ehegatten am engsten verbunden sind. Kann dies ausnahmsweise nicht festgestellt werden, so ist die Verweisung nach Art. 14 Abs. 2 Nr. 1 oder 2 als gescheitert zu betrachten. Dann kommt es auf Art. 14 Abs. 2 Nr. 3 an, soweit die Ehegatten eine gemeinsame Staatsangehörigkeit haben. Ist es dasselbe Recht, wird das Ergebnis nicht anders lauten. Letztlich muss dann das anwendbare Recht nach dem Grundsatz der engsten Verbindung bestimmt werden.

---

90 **AA** MüKoBGB/*Siehr* EGBGB Art. 14 Rn. 130.
91 Erman/*Hohloch* EGBGB Art. 14 Rn. 9; Staudinger/ *Mankowski* EGBGB Art. 14 Rn. 23.
92 So bereits KG NJW 1963, 51 (53); Palandt/*Thorn* EGBGB Art. 14 Rn. 17; Erman/*Hohloch* EGBGB Art. 14 Rn. 9; *Looschelders* EGBGB Art. 14 Rn. 8; Staudinger/*Mankowski* EGBGB Art. 14 Rn. 19 mwN; MüKoBGB/*Siehr* EGBGB Art. 14 Rn. 119; Soergel/

Schurig EGBGB Art. 14 Rn. 69 mit Nachw. für die aA, die die Wirkungen einer solchen Ehe dem deutschen Recht entnimmt.
93 LG Berlin FamRZ 1993, 198.
94 Staudinger/*Mankowski* EGBGB Art. 14 Rn. 232; Soergel/*Schurig* EGBGB Art. 14 Rn. 75; *Looschelders* EGBGB Art. 14 Rn. 11.

C. Anwendungsbereich

I. Grundsätzliches

Art. 14 EGBGB hat den Charakter einer Auffangnorm[95] für Ehewirkungen, die nicht durch spezielle Kolli-   **48**
sionsnormen geregelt sind. Die unterhaltsrechtlichen Ehewirkungen werden vom HUP und die namensrechtlichen von Art. 10 erfasst.

Hinsichtlich der vermögensrechtlichen Ehewirkungen außerhalb des Unterhalts ist zwischen den **Ehen** zu
unterscheiden, **die intertemporal** den Kollisionsnormen der **EuGüVO unterstehen** und jenen für die das
nicht zutrifft → Rn. 2.

1. Ehen, die der EuGüVO unterliegen. Rechtsbeziehungen bzw. Rechtsfragen, die bezogen auf die erste   **49**
Gruppe der EuGüVO unterliegen, sind vom Anwendungsbereich des Art. 14 ausgeschlossen. Was zum
Anwendungsbereich der EuGüVO gehört, ist einheitlich und autonom auszulegen. Es kommt also nicht
darauf an, wie die betreffenden Fragen nach deutschem autonomem IPR zu qualifizieren sind. Da die
EuGüVO sämtliche vermögensrechtliche Regelungen einschließt, die zwischen den Ehegatten und in ihren
Beziehungen zu Dritten aufgrund der Ehe oder ihrer Auflösung gelten (vgl. Art. 3 lit. a EuGüVO)
beschränkt sich der Anwendungsbereich von Art. 14 grundsätzlich auf **Ehewirkungen nicht vermögensrechtlichen Charakters.**[96]

2. Ehen, die nicht der EuGüVO unterliegen. Für **Ehen**, die **nicht dem Kollisionsrecht der EuGüVO**   **50**
unterliegen, kommen für Art. 14 darüber hinaus noch die **vermögensrechtlichen Ehewirkungen** hinzu, die
nach deutschem IPR nicht als güterrechtlich oder als unmittelbare Scheidungsfolge zu qualifizieren sind.
Als Faustregel gilt: Sollen die infrage stehenden Vorschriften die eheliche Lebensgemeinschaft als solche
absichern, dann spricht dies für eine Zuordnung zum Ehewirkungsstatut.[97] Das Güterstatut (Art. 15 EGBGB
aF) betrifft die Ordnung des Vermögens innerhalb der Ehe. Bestimmungen, die die Zuordnung der in die
Ehe eingebrachten sowie der während der Ehe erworbenen Vermögensgegenstände regeln, gehören zum
Güterstatut.[98] Das Statut der vermögensrechtlichen Scheidungsfolgen (Art. 17 Abs. 1) bezieht sich nur auf
solche Bestimmungen, die speziell den Fall der Scheidung betreffen. Die Abgrenzung ist bei einzelnen
Rechtsfragen schwierig und deshalb zum Teil umstritten, weil Rechtsinstitute bzw. Bestimmungen durchaus
doppelfunktional sein können. Soweit gesetzliche Verpflichtungen eines Ehegatten gegenüber dem anderen
dessen Lebensbedarf sicherstellen sollen und sich an dessen Bedürftigkeit und an der Leistungsfähigkeit des
Verpflichteten orientieren, sind sie als unterhaltsrechtlich zu qualifizieren.[99] Das trifft auch zu, wenn es die
Deckung eines Sonderbedarfs betrifft, so zB die Prozesskostenvorschusspflicht eines Ehegatten.[100]

3. Abgrenzung zu Rom I-VO und Rom II-VO. Auswirkungen hat die EuGüVO indirekt auch auf die   **51**
Qualifikation bezogen auf die Ehen, auf die ihr Kollisionsrecht keine Anwendung findet. Was sachlich der
EuGüVO zuzuordnen ist, gehört nicht zu den Anwendungsbereichen der Rom I- und II-Verordnung. Beide
Verordnungen schließen „Schuldverhältnisse aus ehelichen Güterständen" aus. Dieser Begriff muss für die
europäischen Verordnungen einheitlich ausgelegt werden. Das hat zur Folge, dass Schuldverhältnisse aus
ehelichen Güterständen, die zwar sachlich der EuGüVO unterliegen würden, aber intertemporal von ihr ausgeschlossen sind, nicht vom europäischen IPR erfasst werden und damit letztlich dem autonomen IPR
unterstehen. Die Qualifikation für die Zuordnung zu einer Kollisionsnorm richtet sich dann auch nach autonomem IPR. Mit der Aufhebung von Art. 27 ff. EGBGB fehlt es im deutschen IPR an einer rechtlichen
Regelung für Schuldverträge aus ehelichen Beziehungen. Der aufgehobene Art. 37, der die Ausschlusstatbestände regelte, listete sie nicht auf. Insoweit konnten die in das EGBGB inkorporierten Kollisionsnormen
des EuVÜ[101] auf Schuldverträge dieser Art erstreckt werden.[102]

Der weite Ausschluss von Schuldverträgen aus ehelichen Beziehungen vom Anwendungsbereich der Rom   **52**
I-VO ist erst durch die Endfassung der EuGüVO deutlich geworden.[103] Natürlich wäre es möglich, die Rom

95 BGHZ 183, 287 Rn. 19 = NJW 2010, 1528; MüKo-
    BGB/*Looschelders* EGBGB Art. 14 Rn. 25.
96 *Hausmann* IntEuFamR B 601, 643; BeckOK BGB/
    Mörsdorf EGBGB Art. 14 Rn. 7 a; *Heiderhoff* IPRax
    2018, 1 (2).
97 MüKoBGB/*Looschelders* EGBGB Art. 14 Rn. 28.
98 MüKoBGB/*Looschelders* EGBGB Art. 14 Rn. 28.
99 Rauscher/*Andrae* Art. 1 EG-UntVO Rn. 23; MüKo-
    BGB/*Looschelders* EGBGB Art. 14 Rn. 52.
100 KG FamRZ 1988, 167 (169); BeckOK BGB/Mörs-
    dorf EGBGB Art. 14 Rn. 18; Staudinger/*Mankowski*
    (2011) Rn. 270; Soergel/*Schurig* Rn. 52; Rauscher/
    Andrae EG-UntVO Art. 1 Rn. 23; MüKoBGB/
    Looschelders EGBGB Art. 14 Rn. 52.

101 Übereinkommen über das auf vertragliche Schuld-
    verhältnisse anzuwendende Recht v. 19.6.1980,
    ABl. L 266 v. 9.10.1980.
102 Der BGH hat nach altem Recht eine schuldvertrags-
    rechtliche Qualifikation vorgenommen BGHZ 119,
    392, 395 = FamRZ 1993, 289 = IPRax 1995, 399
    (400); so auch *Lorenz* FamRZ 1993, 393 (396);
    Looschelders EGBGB Art. 15 Rn. 6; Staudinger/
    Mankowski EGBGB Art. 14 Rn. 294 aE, EGBGB
    Art. 15 Rn. 414 ff.
103 So zB noch Zuordnung zur Rom I-VO öster. OGH
    FamRZ 2016, 229.

I-VO zwar nicht direkt, jedoch entsprechend für das autonome IPR heranzuziehen. Diese Variante ist nicht zu favorisieren, denn die Rom I-VO ist auf Schuldverträge aus ehelichen Beziehungen nicht ausgerichtet, was die Aufnahme in den Ausschlusskatalog dokumentiert. Ihrer Spezifik könnte für die objektive Anknüpfung bezogen auf den Einzelfall mit Art. 4 Abs. 3 und 4 Rom I-VO (Ausweichklausel, Prinzip der engsten Verbindung) Rechnung getragen werden. Regelmäßig würden dann die Anknüpfungspunkte den Ausschlag geben, die für eheliche Vermögensbeziehungen im Allgemeinen eine enge Beziehung zu einer Rechtsordnung zum Ausdruck bringen. Insoweit ist die direkte Anwendung eherechtlicher Kollisionsnormen angezeigt. Beispiel: Die Schenkung unter Eheleuten wurde bisher nach hM schuldvertraglich qualifiziert. Die Rom I-VO kann jedenfalls dann nicht herangezogen werden, wenn sie eindeutig ihren Grund in der Ehe hat. Art. 14 ist durchaus aufgrund seines veränderten Inhalts eine für dieses Rechtsverhältnis geeignete kollisionsrechtliche Regelung. Noch eindeutiger wird die Entscheidung, wenn die Parteiautonomie betrachtet wird. Für die Rom I-VO ist die unbeschränkte Rechtswahl charakteristisch. Die Regelung ist auf den Wirtschaftsverkehr ausgerichtet und passt nicht für Schuldverträge aus ehelichen Beziehungen. So fehlt es an Vorkehrungen um zu sichern, dass die Rechtswahl dem Willen beider Ehegatte entspricht und sie ihre Tragweite erkennen können. Außerdem ist es nicht sinnvoll, neben der Rechtswahl für die allgemeinen Ehewirkungen und den Güterstand auch noch eine unbeschränkte und davon abweichende Rechtswahl für einzelne Schuldverträge zwischen Ehegatten zuzulassen, die in diesen Komplex eingebettet sind. In der Konsequenz sind **Schuldverträge** zwischen Ehegatten, **die ihren Grund in den ehelichen Beziehungen haben**, auch bezogen auf das autonome IPR eherechtlichen Kollisionsnormen zuzuordnen.[104] Dabei ist es angezeigt, Rechtsinstitute des deutschen Familienrechts, für die der Begriff Nebengüterrecht geprägt ist, sowie in der Funktion vergleichbare Rechtsinstitute ausländischer Rechtsordnungen Art. 15 EGBGB **idF v. 1986** zu unterstellen.[105] Es geht um Rechtsinstitute, die neben dem Güterstand im engeren Sinne einen vermögensrechtlichen Ausgleich zwischen den Ehegatten beim Scheitern der Ehe bewirken sollen.

II. Allgemeine Ehewirkungen nicht vermögensrechtlichen Charakters

53 **1. Herstellung der ehelichen Lebensgemeinschaft, Getrenntleben, Ehestörungen.** Alle als Ehewirkungen – vom Namensrecht abgesehen – zu qualifizierenden Rechtsfragen nicht vermögensrechtlichen Charakters werden von Art. 14 erfasst.

Art. 14 unterliegen der Antrag auf Herstellung der ehelichen Lebensgemeinschaft oder umgekehrt auf Feststellung des Rechts auf Getrenntleben bzw. deren (Un-)Klagbarkeit[106] sowie auf **Unterlassung von Ehestörungen,**[107] während diesbezügliche Ansprüche eines Ehegatten gegen Dritte als deliktsrechtlich zu qualifizieren sind.[108]

54 **2. Gegenseitige Unterstützung und Hilfeleistung.** Zum Ehewirkungsstatut gehört die Pflicht zur gegenseitigen Unterstützung und Hilfeleistung,[109] was auch die Obligation zur Mitwirkung bei der Verfolgung von Rechtsangelegenheiten, zB durch Auskunftserteilung, einschließt.[110] Das maßgebliche Recht bestimmt zudem darüber, ob der Auskunftsanspruch auch nach Beendigung der Ehe geltend gemacht werden kann. Demgegenüber unterliegen Auskunftsansprüche, die der Aufklärung des Umfangs der Ansprüche der Ehegatten zueinander dienen, dem Recht, das auf den betreffenden Anspruch Anwendung findet.[111] Auch die Regelung der Haushaltsführung zwischen den Ehegatten gehört dazu.[112]

55 **3. Ehelicher Lebensmittelpunkt, Wohnsitz.** Dem Ehewirkungsstatut unterfällt die materiellrechtliche (familienrechtliche) Frage, ob ein Ehegatte den Lebensmittelpunkt mit dem anderen teilen muss. Soweit die berufene ausländische Vorschrift das Problem gleichberechtigungswidrig löst, kommt die Anwendung des ordre public in Betracht. Das gleiche gilt für eine ausländische Bestimmung, die die Berechtigung zur Aus-

104 AA *Hausmann* IntEuFamR B 549.
105 So inhaltlich bereits *Andrae* IPRax 2018, 221 (223); So wohl auch BeckOK BGB/*Mörsdorf* EGBGB Art. 15 Rn. 38.
106 BGH NJW 1976, 1028 = FamRZ 1976, 202; OLG München FamRZ 1986, 807; KG FamRZ 1968, 646; Palandt/*Thorn* EGBGB Art. 14 Rn. 18; Erman/*Hohloch* EGBGB Art. 14 Rn. 29; Staudinger/*Mankowski* EGBGB Art. 14 Rn. 243 und 245; MüKoBGB/*Siehr* EGBGB Art. 14 Rn. 80 und 83; Soergel/*Schurig* EGBGB Art. 14 Rn. 40; *Henrich* § 2 II 1 S. 66.
107 BGH NJW 1990, 706 (707); OLG Hamm NJW-RR 1998, 1542; Palandt/*Thorn* EGBGB Art. 14 Rn. 18; *Hausmann* IntEuFamR B 643.
108 Insoweit allg. Auffassung, vgl. Erman/*Hohloch* EGBGB Art. 14 Rn. 29; Staudinger/*Mankowski*

EGBGB Art. 14 Rn. 262; MüKoBGB/*Looschelders* EGBGB Art. 14 Rn. 42 f.; Böhmer/Finger/*Finger* EGBGB Art. 14 Rn. 54 a.
109 BGH NJW 1976, 1588 (1589); Staudinger/*Mankowski* EGBGB Art. 14 Rn. 253; MüKoBGB/*Siehr* EGBGB Art. 14 Rn. 98; Böhmer/Finger/*Finger* EGBGB Art. 14 Rn. 51; *Hausmann* IntEuFamR B 643.
110 BGH FamRZ 1984, 465 (466) = NJW 1984, 2040; Palandt/*Thorn* EGBGB Art. 14 Rn. 18; Staudinger/ *Mankowski* EGBGB Art. 14 Rn. 253; *Henrich* § 2 II 1 S. 66.
111 Palandt/*Thorn* EGBGB Art. 14 Rn. 18; Böhmer/ Finger/*Finger* EGBGB Art. 14 Rn. 48.
112 Ua *Heiderhoff* IPRax 2017, 160 (162).

landsreise eines Ehegatten von der Zustimmung des anderen abhängig macht. Es gibt immer noch Rechtsordnungen, in denen die Ehefrau einen vom Ehemann abhängigen Wohnsitz besitzt,[113] der Ehemann ein diesbezügliches einseitiges Bestimmungsrecht hat; mitunter ist der Familienwohnsitz auch durch gegenseitiges Einverständnis festzulegen.[114] Auch insoweit ist das Ehewirkungsstatut heranzuziehen, der ordre public bleibt vorbehalten.[115] Der Genehmigungsvorbehalt bezogen auf die Aufnahme einer Erwerbstätigkeit des anderen Ehegatten (meist der Ehefrau) ist eher dem Ehewirkungsstatut als dem Vermögensstatut der EuEheVO zuzuweisen, weil dies unmittelbar das Recht auf Selbstbestimmung des Einzelnen in der Ehe betrifft.

4. Gegenseitige Sorgfaltspflichten. Dem Ehewirkungsstatut unterliegt auch die Frage, welche Sorgfalts   **56**
pflichten die Ehegatten untereinander zu beobachten haben.[116] Soweit es um eine Ehe geht, die der EuGüVO unterliegt, wird die Sorgfaltspflicht bezogen auf die ehelichen Vermögensbeziehungen von dieser erfasst.

III. Ehewirkungen vermögensrechtlichen Charakters

1. Schlüsselgewalt und Eigentumsvermutung. Inwieweit Ehegatten gesetzlich in Bezug auf den ande   **57**
ren Ehegatten Vertretungsmacht und/oder eine (Mit-)Verpflichtungsermächtigung besitzen, bestimmt sich, soweit sich die Regelung nicht auf einen einzelnen Güterstand bezieht, nach dem durch Art. 14 berufenen Recht.[117] Die sog. Schlüsselgewalt wird folglich vom Art. 14 EGBGB erfasst. § 1357 BGB ist also anwendbar, wenn deutsches Recht Ehewirkungsstatut ist.[118] Das Ehewirkungsstatut entscheidet über die Voraussetzungen, den Umfang und die Widerspruchsrechte sowie den Ausschluss der Verpflichtungsermächtigung. Auch Eigentumsvermutungen in Bezug auf das Vermögen der Ehepartner, soweit diese nicht aus dem konkreten Güterstand abgeleitet sind oder schlicht sachenrechtlichen Charakter tragen, sind dem von Art. 14 EGBGB berufenen Recht zu entnehmen. Zum Schutz des inländischen Rechtsverkehrs ist jedoch bei ausländischem Ehewirkungsstatut Art. 16 Abs. 2 EGBGB aF zu beachten, der nach Art. 229 § 47 Abs. 2 Nr. 2 weiterhin anwendbar ist.

2. Hausratverteilung und Zuweisung der Ehewohnung. Nach Art. 17 a EGBGB aF unterliegen die   **58**
Verteilung des Hausrats und die Zuweisung der Ehewohnung, soweit sie im Inland belegen sind, dem deutschen Recht. Befinden sich diese jedoch im Ausland, ist eine Qualifikationsentscheidung erforderlich. Einerseits wird die Zuordnung zu den allgemeinen Ehewirkungen bzw. im Falle einer Scheidung zum Scheidungsstatut nach Art. 17 Abs. 1 S. 1 befürwortet,[119] andererseits sollen diese Fragen dem Unterhaltsstatut[120] entnommen werden.[121] Eine Zuordnung zu Art. 14 und im Scheidungsfall zu Art. 17 Abs. 1 S. 1 ist zu bevorzugen, weil eine unterhaltsrechtliche Qualifikation nicht überzeugt.[122] Dagegen spricht, dass die Hausratsverteilung die Versorgung beider Ehepartner mit diesen Gütern sicherstellen soll. Auch bei der Zuweisung der Ehewohnung fehlt es an der für den Unterhalt typischen Konstellation der Leistungsfähigkeit eines Partners, weil es um die Aufteilung bisher gemeinsamer materieller Grundlagen geht.

3. Verpflichtungs- und Verfügungsbeschränkungen. Diese können Art. 14 EGBGB oder Art. 15   **59**
EGBGB aF zugeordnet sein. Dienen sie dem Schutz der ehelichen Lebensgemeinschaft unabhängig vom Güterstand, sind sie den allgemeinen Ehewirkungen zuzurechnen; sind sie jedoch Ausfluss eines bestimm-

113 So in Indien, vgl. OLG Hamburg IPRax 2002, 304
     mAnm *Andrae/Essebier* IPRax 2002, 294 (297).
114 S. dazu die rechtsvergleichenden Ausführungen bei
     Staudinger/*Mankowski* EGBGB Art. 14 Rn. 218 ff.
115 So auch MüKoBGB/*Looschelders* EGBGB Art. 14
     Rn. 49.
116 MüKoBGB/*Looschelders* EGBGB Art. 14 Rn. 45.
117 OLG Celle IPRax 1993, 96; Erman/*Hohloch*
     EGBGB Art. 14 Rn. 31; MüKoBGB/*Siehr* EGBGB
     Art. 14 Rn. 116; Soergel/*Schurig* EGBGB Art. 14
     Rn. 44; Staudinger/*Mankowski* EGBGB Art. 14
     Rn. 297; *Henrich* § 2 II 1 S. 66; *Jayme* IPRax 1993,
     80 (81); *Hausmann* IntEuFamR B 644 ff.
118 So iE – trotz fehlerhafter IPR-Prüfung – BGH IPRax
     1993, 97 mAnm *Jayme* = JR 1992, 498 mAnm *Böhmer*.
119 OLG Celle FamRZ 1999, 443; OLG Stuttgart
     FamRZ 1998, 1321 (1322); Palandt/*Thorn* EGBGB
     Art. 14 Rn. 18, EGBGB Art. 17 Rn. 17; Soergel/
     Schurig EGBGB Art. 14 Rn. 50; Staudinger/*Man-

kowski EGBGB Art. 14 Rn. 272, 292; *Rausch* NJW
1994, 2120 (2128).
120 OLG Koblenz IPRax 1991, 263 = NJW-RR 1991,
     522; OLG Hamm IPRax 1990, 114 (114 f.); AG Kerpen FamRZ 1997, 893 (894); *Henrich* § 2 II 2 S. 67;
     Kegel/Schurig IPR § 20 V 3 S. 837; *Kropholler* IPR
     § 45 II 1 S. 346; *Brudermüller* FamRZ 1999, 193
     (204); *Weber* IPRax 1990, 95 (98) (zugleich Besprechung von OLG Hamm IPRax 1990, 114); ausf.
     Banse, Qualifikation der Zuweisung der Ehewohnung, S. 72 ff.
121 Teilweise wird nach dem Zusammenleben differenziert, vgl. MüKoBGB/*Siehr* EGBGB Art. 14
     Rn. 105 f. Daneben werden vereinzelt die Maßgeblichkeit der lex rei sitae und der lex fori vertreten,
     vgl. mit Nachw. Erman/*Hohloch* EGBGB Art. 14
     Rn. 33.
122 Staudinger/*Mankowski* EGBGB Art. 14 Rn. 272;
     Looschelders EGBGB Art. 14 Rn. 5.

ten Güterstands oder dienen seiner Sicherung, sind sie als güterrechtlich zu qualifizieren.[123] Einen Hinweis hierfür gibt die Stellung der Regelung im Eherecht, die endgültige Entscheidung ist jedoch entsprechend der Funktion der Regelung zu treffen. Eventuell kommt auch eine doppelte Zuordnung infrage.

60 Besonders umstritten ist die Qualifikation bei Beschränkungen, die den **Hausrat und die Ehewohnung** betreffen,[124] weil im deutschen Recht hierzu eine Regelung nur für die Zugewinngemeinschaft, in ausländischen Rechtsordnungen eine solche Einschränkung oft unabhängig vom Güterstand, getroffen ist.[125] Als Lösung bietet sich eine Doppelqualifikation an.[126] Dem Ehewirkungsstatut sind Beschränkungen zu entnehmen, die unabhängig vom Güterstand eingreifen. Sieht das Ehewirkungsstatut keine derartigen Regelungen vor oder bindet es sie an einen bestimmten Güterstand, wie bei § 1369 BGB, ist das nach Art. 15 EGBGB aF anwendbare Recht gefragt. Regelt dieses das Problem nicht für die einzelnen Güterstände gesondert, sondern unabhängig vom Güterstand als régime primaire, dann ist die Verweisung auch darauf zu erstrecken.[127] Ein solches Vorgehen rechtfertigt sich aus zwei Gründen. Zum einen besitzen derartige Normen auch den Charakter einer Sonderordnung für das Vermögen der Ehegatten; eine Aufnahme in die einzelnen Güterstände ist entbehrlich, wenn die Regelung für alle Güterstände gleichermaßen erfolgt. Zum anderen wird ein durch Verweisung hervorgetretener Normenmangel durch Anpassung beseitigt.

61 Manche Rechtsordnungen beschränken zum Schutz der ehelichen Lebensgemeinschaft die **Kündigung der Ehewohnung** durch einen Ehepartner. Dogmatisch ist eine Qualifikation als Ehewirkung angezeigt.[128] Jedoch sollte wegen der Parallele zur Hausrats- und Wohnungszuweisung bei Belegenheit im Inland Art. 17a EGBGB aF entsprechende Anwendung finden.

62 **4. Unbenannte Zuwendungen.** Ehebedingte/unbenannte Zuwendungen werden nicht vom Geltungsbereich der Rom I-VO erfasst.[129] Es handelt sich um ein Rechtsgeschäft sui generis, das familienrechtlichen Charakter trägt und dessen Zweck nach dem übereinstimmenden Willen der Parteien ein Beitrag zur Ausgestaltung/Erhaltung oder Sicherung der ehelichen Lebensgemeinschaft ist.[130] Nicht auszuschließen ist, dass die Rechtsprechung im Anschluss an die Entscheidung des BGH zur Morgengabe die ehebedingten/unbenannten Zuwendungen der wandelbaren Anknüpfung des Art. 14 EGBGB unterstellt.[131] Für das Ehewirkungsstatut spricht der Zweck der Zuwendung. Es handelt sich um einen Vermögensbeitrag eines Ehegatten zugunsten des anderen Partners, der um der ehelichen Lebensgemeinschaft willen getätigt wird. Mit der Zuwendung soll keine Sonderordnung des Vermögens zwischen den Ehegatten geschaffen oder aufrechterhalten werden. Aber auch bei einer solchen Qualifikation ist für die einzelne Zuwendung unwandelbar auf den Zeitpunkt der Vereinbarung abzustellen, ungeachtet eines möglicherweise inzwischen eingetretenen Statutenwechsels (→ Rn. 19). Das hat dann jedenfalls zur Folge, dass das auf eine Zuwendung vor dem 29.1.2019 anwendbare Recht nach Art. 14 EGBGB aF zu bestimmen ist. Vorzuziehen ist rechtspraktisch jedoch eine Zuordnung zum Güterrechtsstatut, da die Anknüpfung funktionsadäquater ist.[132] Hierfür spricht der vermögensrechtliche Charakter der Zuwendung, die selbst, auch wenn sie nicht als Güterrechtsvertrag angesehen wird, im unmittelbaren Zusammenhang zur güterrechtlichen Rahmenordnung steht. Im materiellen Recht hängen die Zuwendung und ihre mögliche Rückabwicklung bei Auflösung der Ehe von der güterrechtlichen Ordnung ab. Es gibt keine für alle Güterstände gleichermaßen geltenden Regelungen. Diesem Zusammenhang wird durch die Zuordnung zum Güterrechtsstatut Rechnung getragen. Außerdem hat die Zuordnung zu Art. 15 EGBGB **idF v. 1986** den Vorteil, dass es für die Anknüpfung nicht auf den Zeitpunkt der Zuwendung ankommt, sondern alle Zuwendungen demselben Statut unterliegen.

63 **5. Weitere Verträge zwischen Ehegatten.** Ausländische Rechtsordnungen beschränken mitunter die Zulässigkeit von bestimmten Verträgen zwischen den Ehegatten wie Schenkung und Kauf.[133] Hierzu sind auch Sondervorschriften über den Widerruf und die Anfechtung solcher Verträge unter Ehegatten zu zählen.

123 Palandt/*Thorn* EGBGB Art. 14 Rn. 18; MüKoBGB/*Siehr* EGBGB Art. 14 Rn. 117; *Henrich* § 2 II 8 S. 73 ff.
124 Für Art. 14: *v. Bar* IPR II Rn. 241; grds. auch Staudinger/*Mankowski* EGBGB Art. 14 Rn. 303; *Hausmann* IntEuFamR B 649. Für Art. 15: Soergel/*Schurig* EGBGB Art. 15 Rn. 33 mwN.
125 Vgl. dazu die Hinw. bei Staudinger/*Mankowski* EGBGB Art. 14 Rn. 302.
126 So auch Staudinger/*Mankowski* EGBGB Art. 14 Rn. 303; *Henrich* § 2 II 8 S. 74.
127 Im Ergebnis *Hausmann* IntEuFamR B 653 f.
128 Palandt/*Thorn* EGBGB Art. 14 Rn. 18; *Henrich* § 2 II 9 S. 75.
129 Der BGH hat nach altem Recht eine schuldvertragsrechtliche Qualifikation vorgenommen BGHZ 119,

392, 395 = FamRZ 1993, 289 = IPRax 1995, 399 (400); so auch *Lorenz* FamRZ 1993, 393 (396); *Looschelders* EGBGB Art. 15 Rn. 6; Staudinger/*Mankowski* EGBGB Art. 14 Rn. 294 aE, EGBGB Art. 15 Rn. 414 ff.
130 BGHZ 142, 137, 147 ff. = NJW 1999, 2960 (2965); BGHZ 116, 167, 169 f.
131 BGH FamRZ 2010, 533.
132 *Andrae* IntFamR § 3 Rn. 158; Reithmann/Martiny/*Hausmann* Rn. 6041; *Winkler v. Mohrenfels* IPRax 1995, 379 (381).
133 Rechtsvergleichende Ausführungen bei Staudinger/*Mankowski* EGBGB Art. 14 Rn. 290 f.; *Henrich* § 2 II 5 S. 72; BeckOK BGB/*Mörsdorf* EGBGB Art. 15 Rn. 38.

Beschränkungen, die sich auf alle Güterstände beziehen, richten sich nach dem Ehewirkungsstatut.[134] Sie sind nur dann als güterrechtlich zu qualifizieren, wenn sie Ausfluss und Folge eines bestimmten Güterstandes sind.[135] Für die praktische Rechtsanwendung bedeutet dies, dass zunächst das Ehewirkungsstatut zu befragen ist, ob es Einschränkungen dieser Art für die Ehe im Allgemeinen kennt, und zusätzlich das Ehegüterrechtsstatut, jedoch nur soweit es Einschränkungen für den Güterstand vorsieht, in dem die Ehegatten leben.

Ein Verbot von **Gesellschaftsverträgen** zwischen Ehegatten ist nach hM dem Güterrechtsstatut zu entnehmen.[136] Diesem Recht sollen auch Beschränkungen unterliegen, die sich auf **Ehegattenarbeitsverträge** beziehen.[137] Dagegen spricht jedoch, dass diese im Kontext der Verpflichtung der Ehegatten stehen, zum Familienunterhalt beizutragen oder sogar im Unternehmen des anderen Ehepartners mitarbeiten zu müssen.[138] Deshalb ist die Anwendung von Art. 14 vorzugswürdig, soweit sich das Verbot nicht auf einen bestimmten Güterstand bezieht.   **64**

Was Schuldverträge zwischen Ehegatten betrifft, ist zwischen jenen zu unterscheiden, die in den Anwendungsbereich der Rom I-VO gehören und jenen, die davon ausgeschlossen sind, weil sie autonom als Schuldverhältnisse aus ehelichen Güterständen zu qualifizieren sind → Rn. 51. Zu Ersteren gehören Arbeitsverträge, für die sich das anwendbare Recht nach Art. 8 Rom I-VO bestimmt.[139] **Außengesellschaften** von Ehegatten, wie Gemeinschaftspraxen oder Architektengemeinschaften, unterliegen dem Gesellschaftsstatut. Haben die Ehegatten die Gesellschaft nicht eindeutig nach einem bestimmten Recht gegründet, so ist davon auszugehen, dass auf sie das Recht des Staates Anwendung findet, in dem der Gesellschaftszweck hauptsächlich verfolgt wird.[140]   **65**

Schuldverträge, die unmittelbar aus den ehelichen Beziehungen resultieren, zB eine Schenkung oder unentgeltliche Darlehensgewährung, sind nach Art. 1 Abs. 2 lit. c Rom I-VO ausgeschlossen. Statt einer Analogie zu passenden Kollisionsnormen der Rom I-VO kommt eher eine Zuordnung zu Art. 14 EGBGB infrage → Rn. 51. Dabei kommt es für die Anknüpfung auf den Zeitpunkt des Vertragsabschlusses an. Für die Formerfordernisse des Vertrages ist Art. 11 EGBGB heranzuziehen.

Für die **Ehegatteninnengesellschaft** ist jedoch eine Zuordnung zum Güterstatut angezeigt,[141] soweit über diese rechtliche Konstruktion ein gerechter Vermögensausgleich erreicht werden soll, wenn das Ehegüterrecht keine befriedigende Lösung gewährleistet.[142]

Die Verpflichtung eines Ehegatten zur **Mitarbeit im Geschäft des anderen Ehegatten gehört zu Art. 14 EGBGB**.[143] Für den daraus folgenden Ausgleichs- oder Beteiligungsanspruch kommt – wie für die Ehegatteninnengesellschaft bei funktionaler Entsprechung – eher eine güterrechtliche Qualifikation infrage.[144]

6. Bürgschaft, Schuldbeitritt, Garantie. Ausländische Rechtsordnungen erfordern mitunter die Zustimmung des anderen Ehegatten für den Abschluss solcher Rechtsgeschäfte.[145] Der BGH hat das Zustimmungserfordernis des Ehegatten zur Bürgschaftserklärung als eine besondere Schuldnerschutzvorschrift angesehen und dem Vertragsstatut unterstellt;[146] das OLG Köln folgt dem für den Schuldbeitritt.[147] Gegen diese Zuordnungen sind in der Literatur Bedenken erhoben worden. Es handelt sich um Schutzvorschriften für die eheliche Lebensgemeinschaft. Mit ihnen soll verhindert werden, dass ein Ehepartner ohne Zustimmung des anderen durch Übernahme derartiger Verpflichtungen die Vermögensgrundlage der Familie gefährdet und je nach Güterstand auch eine Inanspruchnahme des anderen Ehepartners infrage kommt. Deshalb ist eine familienrechtliche Qualifikation angezeigt und die Zuordnung zum Ehewirkungsstatut zu   **66**

134 Palandt/*Thorn* EGBGB Art. 14 Rn. 18; Erman/*Hohloch* EGBGB Art. 14 Rn. 32; MüKoBGB/*Siehr* EGBGB Art. 14 Rn. 111; Soergel/*Schurig* EGBGB Art. 14 Rn. 63; Böhmer/Finger/*Finger* EGBGB Art. 14 Rn. 68; *v. Bar* IPR II Rn. 192; *Hausmann* IntEuFamR 552.

135 Böhmer/Finger/*Finger* EGBGB Art. 14 Rn. 68; *Kühne* FamRZ 1969, 371 (376 ff.); aA (stets ehewirkungs-rechtlich) Staudinger/*Mankowski* EGBGB Art. 14 Rn. 293 und – nur die Vorfrage des Güterstandes dem Art. 15 unterstellend – *Henrich* § 2 II 5 S. 72.

136 OLG Stuttgart NJW 1958, 1972; Palandt/*Thorn* EGBGB Art. 14 Rn. 18; Erman/*Hohloch* EGBGB Art. 14 Rn. 32; Soergel/*Schurig* EGBGB Art. 14 Rn. 63; Staudinger/*Mankowski* EGBGB Art. 14 Rn. 312; Böhmer/Finger/*Finger* EGBGB Art. 14 Rn. 68 a; *Hausmann* IntEuFamR B 659.

137 FG Düsseldorf RIW 1987, 644; Erman/*Hohloch* EGBGB Art. 14 Rn. 32; wohl auch *v. Bar* IPR II Rn. 192 Fn. 429.

138 Staudinger/*Mankowski* EGBGB Art. 14 Rn. 294.

139 Hierzu *Andrae* IPRax 2018, 221 (222).

140 MünchKomm-BGB/*Martiny* Rom I-VO Art. 1 Rn. 70.

141 *Christandl* FamRZ 2012, 1692 (1695); *Hausmann* IntEuFamR B554; *Andrae* IntFamR § 3 Rn. 217; *Mankowski* NZFam 2015, 784.

142 *Christandl* FamRZ 2012, 1692 (1695).

143 Reithmann/Martiny/*Hausmann* Rn. 7.697; MüKo-BGB/*Looschelders* EGBGB Art. 14 Rn. 47.

144 Für eine Qualifikation als Ehewirkung, *Henrich*, Familienrecht EGBGB Art. 14 Rn. 8; MüKoBGB/*Looschelders* EGBGB Art. 14 Rn. 47.

145 Vgl. die Beispiele bei Staudinger/*Mankowski* EGBGB Art. 14 Rn. 234.

146 BGH NJW 1977, 1011 (1012) mAnm *Jochem* NJW 1977, 1012 f. und *Kühne* JZ 1977, 439 ff.

147 OLG Köln RIW 1998, 148 (149).

bevorzugen, soweit die Regelung für alle Güterstände gleichermaßen gilt.[148] Zu berücksichtigen ist im Rahmen der Prüfung des renvoi freilich eine abweichende Qualifikation der ausländischen Rechtsordnung. Außerdem ist der inländische Verkehrsschutz (analog Art. 12 EGBGB bzw. 16 Abs. 2 EGBGB aF) zu beachten.[149]

67 **7. Anspruch auf Rückgabe von Verlobungs- und Hochzeitsgeschenken.** Die Rechtsprechung ist verschiedentlich mit Rückgabeansprüchen von Verlobungs- und Hochzeitsgeschenken bei Scheitern der Ehe insbesondere mit Bezug zur Türkei befasst worden.[150] Ein familienrechtlicher Anspruch, wonach jeder Ehegatte sein persönliches Vermögen bei Scheidung zurückerhält, soweit er unabhängig vom Güterstand ist, unterliegt als Scheidungsfolge dem Scheidungsstatut, vgl. Art. 17 Abs. 1. Den bereicherungsrechtlichen Herausgabeanspruch eines Ehegatten gegen den anderen wird man akzessorisch dem Ehewirkungsstatut unterstellen können (Art. 41 Abs. 1 und 2). Möglich ist auch ein sachenrechtlicher Herausgabeanspruch, der sich nach dem Recht des Lageortes der Geschenke zum Zeitpunkt der Geltendmachung richtet.[151] Die eigentumsrechtliche Zuordnung im Verhältnis Schenker – Ehegatten bezogen auf die Übereignung bestimmt sich nach der lex rei sitae zum Zeitpunkt des Vollzugsgeschäfts. Ist dann nur einer der Ehegatten Eigentümer geworden, hängt es vom Güterstatut ab, ob eine gesetzliche Zuordnung an beide Ehegatten erfolgt ist.[152]

68 Ein sich auf den Widerruf der Schenkung stützender Herausgabeanspruch des schenkenden Dritten unterliegt dem auf die Schenkung anwendbaren Recht.[153] Bezogen auf Verlobungsgeschenke ist insoweit die Rom I-VO anwendbar. Ob Schenkungen Dritter anlässlich der Eheschließung oder später, so auch zur Unterstützung der ehelichen Lebensgemeinschaft, vom Anwendungsbereich der Rom I-VO erfasst oder nicht erfasst werden, ist nicht zweifelsfrei. Das hängt wiederum von der autonomen Auslegung des Begriffs ehelicher Güterstand ab, der nach der verordnungsrechtlichen Definition auch sämtliche vermögensrechtlichen Regelungen erfasst, die im Verhältnis der Ehegatten zu Dritten aufgrund der Ehe und ihrer Auflösung gelten. An sich steht mit Art. 3 und 4 Rom I-VO eine adäquate flexible kollisionsrechtliche Regelung für diese schuldrechtlichen Beziehungen zur Verfügung.

69 **8. Verjährung.** Eine Teilanknüpfung für Sonderbestimmungen, die die Verjährung von Ansprüchen der Ehegatten gegeneinander abweichend vom allgemeinen Verjährungsrecht regeln, findet nicht statt. Wie die Verjährung im Allgemeinen sind sie dem Recht zu entnehmen, das auf den betreffenden Anspruch Anwendung findet.[154]

70 **9. Zwangsvollstreckung.** Verbote oder Beschränkungen der Zwangsvollstreckung wegen Ansprüchen der Ehegatten gegeneinander gehören zum Anwendungsbereich des Art. 14, während sich die Zwangsvollstreckung im Übrigen nach der lex fori richtet.[155]

71 **10. Sonderfall Morgengabe.** Besondere Schwierigkeiten treten im Zusammenhang mit der dem deutschen Recht unbekannten Morgengabe[156] auf, die ein zentrales Rechtsinstitut im islamischen Eherecht darstellt.[157] Die Ehegatten treffen in der Eheschließungsurkunde, die nach islamischem Recht aufgesetzt ist, oder in einem gesonderten Vertrag eine Vereinbarung über die Leistung einer Morgengabe des Mannes an die Frau. Ein Teilbetrag wird meist bei der Heirat geleistet, der andere ist je nach Vereinbarung auf Verlangen der Frau sofort zahlbar oder erst bei Auflösung der Ehe durch Tod oder Scheidung.[158] Die Morgengabe hat eine Vielzahl von Funktionen zu erfüllen, wobei auch der Zusammenhang zu den islam-rechtlichen Traditionen zu beachten ist (ua die Zulassung der Polygamie, die Aufhebung der Ehe durch [grundlose] Verstoßung [talaq], das weitgehende Fehlen eines nachehelichen Unterhaltsanspruchs und die geringe Erbberech-

---

148 Palandt/*Thorn* EGBGB Art. 14 Rn. 18; Erman/*Hohloch* EGBGB Art. 14 Rn. 30; Staudinger/*Mankowski* EGBGB Art. 14 Rn. 237; MüKoBGB/*Siehr* EGBGB Art. 14 Rn. 92; *Henrich* § 2 II 7 S. 73; *Hausmann* IntEuFamR B 650 ff.

149 *Kegel/Schurig* IPR § 20 V 3 S. 839 Fn. 253.

150 ZB OLG Köln NJW-RR 1994, 200; LG Tübingen FamRZ 1992, 1437; LG Berlin FamRZ 1993, 198; zu Zuständigkeitsfragen vgl. OLG Köln FamRZ 1994, 1476; OLG Hamm FamRZ 1993, 211.

151 OLG Köln NJW-RR 1994, 200.

152 AA Zuordnung zum Ehewirkungsstatut LG Berlin FamRZ 1993, 198; *Henrich* § 2 II 4 S. 71.

153 AA *Henrich* § 2 II 4 S. 71, der eine familienrechtliche Qualifikation befürwortet.

154 MüKoBGB/*Siehr*, 6. Aufl., EGBGB Art. 14 Rn. 114; Staudinger/*Mankowski* EGBGB Art. 14 Rn. 283; *Henrich* § 2 II 6 S. 72.

155 Erman/*Hohloch* EGBGB Art. 14 Rn. 32; MüKoBGB/*Siehr* EGBGB Art. 14 Rn. 115; Böhmer/Finger/*Finger* EGBGB Art. 14 Rn. 62 und 68 b.

156 Arabisch „mahr", türkisch „mehir". Daneben finden sich die Begriffe „Brautgabe" und „Heiratsgeld". Zu Bezeichnungen in anderen Sprachen *Krüger* FamRZ 1977, 114 Fn. 2.

157 Von *Heldrich* IPRax 1983, 64 stammt der Begriff „das juristische Kuckucksei aus dem Morgenland".

158 BGH FamRZ 2010, 533; OLG München IPRspr. 1985 Nr. 67; *Henrich* § 2 II 3 S. 69, näher zur Funktion auch *Wurmnest* RabelsZ 2007, 527 ff.; *Yassari* StAZ 2003, 198 ff.

tigung der Ehefrau).[159] In einigen Staaten wird das Versprechen als Gültigkeitsvoraussetzung für die Ehe angesehen, in den meisten Ländern wird sie für eine Ehewirkung gehalten.[160]

a) Qualifikation. Wie aus den vorstehenden Ausführungen bereits deutlich wird, ist eine eindeutige internationalprivatrechtliche Zuordnung zum Anwendungsbereich einer deutschen Kollisionsnorm problematisch. Aus diesem Grund gehen die Meinungen auseinander. Einigkeit besteht noch darüber, dass sich die Frage, ob eine Morgengabevereinbarung bzw. die Leistung der Morgengabe Voraussetzung für eine wirksame Eheschließung ist, nach dem gem. Art. 13 Abs. 1 anwendbaren Recht bestimmt, hierzu → EGBGB Art. 13 Rn. 62. Im Übrigen kommt eine Zuordnung zum Unterhalts-, Güterrechts-, Ehewirkungs- (bzw. Scheidungs-) und Erbstatut in Betracht. Eine Entscheidung ist nur dann erforderlich, wenn dies im konkreten Fall zu verschiedenen Rechtsordnungen führt.[161] Für die Lösung des Qualifikationsproblems werden zwei Auffassungen vertreten.   **72**

Eine Meinung bevorzugt eine **Mehrfachqualifikation**;[162] die Zuweisung der Morgengabe zum Anwendungsbereich einer Kollisionsnorm ist von ihrer überwiegenden Funktion im Zeitpunkt der Fälligkeit oder Geltendmachung abhängig.[163] Wird die Morgengabe während des Bestehens der Ehe geltend gemacht, wird sie überwiegend als allgemeine Ehewirkung,[164] ferner güterrechtlich qualifiziert.[165] Im Zusammenhang mit der Geltendmachung bzw. Fälligkeit der Morgengabe bei Ehescheidung, der in der Rechtspraxis am häufigsten auftretende Fall, wird eine unterhaltsrechtliche Qualifikation vertreten.[166] Daneben findet sich die Qualifikation als Scheidungsfolge; abgestellt wird hier auf das Ehewirkungsstatut zum Zeitpunkt der Rechtshängigkeit des Scheidungsantrags,[167] nunmehr auch Art. 17 Abs. 1 EGBGB zur Anwendung gebracht.[168] Anzutreffen ist auch eine erbrechtliche Qualifikation.[169] Wird die Morgengabe erst bei Auflösung der Ehe infolge des Todes des Ehemannes verlangt, findet eine erbrechtliche Qualifikation statt.[170]   **73**

Nach anderer, vorzuziehender Auffassung ist eine **Einheitsqualifikation** vorzunehmen und die Einordnung des Versprechens einer Morgengabe nicht vom Zeitpunkt der Geltendmachung abhängig zu machen.[171] Dass die Morgengabe verschiedene Funktionen im materiellen Recht erfüllt, befreit nicht von der Aufgabe einer eindeutigen kollisionsrechtlichen Zuordnung, die den spezifischen internationalprivatrechtlichen Interessen in Bezug auf dieses Rechtsinstitut Rechnung tragen muss.[172] Eine schuldvertragliche Qualifikation lässt unberücksichtigt, dass die Morgengabe zwar in der Regel, aber nicht notwendig, auf einer vertraglichen Grundlage beruht.[173] Gegen eine unterhaltsrechtliche Qualifikation spricht, dass die Morgengabe nicht von der Bedürfnislage der Ehefrau abhängig ist, der Ehemann während der Ehe eine umfassende Unterhaltspflicht hat und auch nach der Scheidung zum Teil ein äußerst eingegrenzt – ein von der Morgengabe zu unterscheidender nachehelicher Unterhaltsanspruch besteht.[174] Als ehevertragliche Vereinbarung ist sie nach Art. 1 Abs. 2 lit. c Rom I-VO von ihrem Anwendungsbereich ausgeschlossen. Die Entscheidung kann für das autonome IPR deshalb nur zwischen dem Ehewirkungsstatut und dem Güterrechtsstatut fallen. Für die Zuordnung zum Güterrechtsstatut spricht, dass „die Morgengabe in einem Ehevertrag festgelegt wird,   **74**

---

159 S. *Andrae* IntFamR § 3 Rn. 184; *Rauscher* DEuFamR 1999, 194, 196; *Heldrich* IPRax 1983, 64; *Krüger* FamRZ 1977, 114; *Wurmnest* FamRZ 2005, 1878 f.

160 Nach *Henrich* § 2 II 3 S. 69 sehen die Morgengabe als Ehewirkung Syrien, Libyen und Kuwait an; wohl auch Jordanien, vgl. KG FamRZ 1980, 470 (471); sa *Krüger* FamRZ 1977, 114 (115).

161 So hat die Rspr. letztlich die Frage offengelassen, soweit jede Lösung zum selben Recht geführte, vgl. BGH FamRZ 1999, 217 = NJW 1999, 574, und IPRax 1988, 109 (110) = FamRZ 1987, 463; OLG Hamm FamRZ 1991, 1319 (1320); OLG München IPRspr. 1985 Nr. 67.

162 Zum Begriff vgl. MüKoBGB/*Sonnenberger*, 5. Aufl. 2010, Einl. IPR Rn. 519 ff.

163 Palandt/*Thorn* EGBGB Art. 13 Rn. 11; wohl auch *Kegel/Schurig* IPR § 7 III 3 b cc aaa S. 350; Böhmer/Finger/*Finger* EGBGB Art. 14 Rn. 72; *Hohloch* JuS 1999, 707; *Heldrich* IPRax 1983, 64;

164 OLG Nürnberg FamRZ 2001, 1613; Palandt/*Thorn* EGBGB Art. 14 Rn. 18 u. Art. 13 EGBGB Rn. 9; Erman/*Hohloch* EGBGB Art. 14 Rn. 34; Staudinger/*Mankowski* EGBGB Art. 14 Rn. 294; *v. Bar* IPR II Rn. 192; *Heldrich* IPRax 1983, 64 (65).

165 *Henrich* § 5 IV 2 b S. 188; *Heßler* IPRax 1988, 95 (96).

166 KG FamRZ 1988, 296 u. FamRZ 1980, 470 (471); AG Fürth FPR 2002, 450 (451); AG Kerpen FamRZ 1999, 1429; OLG Hamm 22.4.2016 – II-3 UF 262/15; Palandt/*Thorn* EGBGB Art. 13 Rn. 9; *Henrich* § 5 IV 2 b S. 188; *Heßler* IPRax 1988, 95 (97); tendenziell auch OLG Celle FamRZ 1998, 374 (375).

167 *V. Bar* IPR II Rn. 192; *Heldrich* IPRax 1983, 64 (65).

168 Eher ablehnend NK-BGB/*Gruber* EGBGB Art. 17 Rn. 19 f.

169 OLG Frankfurt FamRZ 1996, 1478 (1479); OLG Düsseldorf FamRZ 1998, 623 (624); OLG Köln IPRax 1983, 73 und OLG Bremen FamRZ 1980, 606 (607) (die letzten beiden Gerichte wohl die Einheitsqualifikation zugrunde legend).

170 Palandt/*Thorn* EGBGB Art. 13 Rn. 11; *v. Hoffmann/Thorn* IPR § 6 Rn. 9; *Kropholler* IPR § 17 I S. 128; *Heldrich* IPRax 1983, 64 (65).

171 OLG Köln IPRax 1983, 73; OLG Bremen FamRZ 1980, 606 (607) (beide nicht eindeutig); MüKoBGB/*Siehr* EGBGB Art. 15 Rn. 87; *Rauscher* DEuFamR 1999, 194, 195; *Wurmnest* RabelsZ 2007, 527 (549).

172 IdS auch MüKoBGB/*Siehr* EGBGB Art. 15 Rn. 87; *Rauscher* DEuFamR 1999, 194, 195.

173 BGH FamRZ 2010, 533.

174 BGH FamRZ 2010, 533; *Wurmnest* RabelsZ 2007, 527 (551); Staudinger/*Mankowski* EGBGB Art. 14 Rn. 275; *Henrich* § 2 II 3 S. 70.

der – wie das Ehegüterrecht – die Ehe stabilisiert und die Ehefrau – wie durch den Zugewinnausgleich – für die Zeit nach Auflösung der Ehe finanziell sichern soll".[175] Sie wird dem Interesse der Partner an der Stabilität der Anknüpfung gerecht. Die Ehegatten wissen, welchem Recht die Morgengabe bei Vertragsabschluss und auch zukünftig untersteht.

75 Der BGH hat eine **Qualifikation als Ehewirkung** vorgenommen und eine güterrechtliche Qualifikation abgelehnt.[176] Er argumentiert dahin gehend, dass die Verpflichtung zur Zahlung einer Morgengabe für sich genommen keinen Güterstand begründet, sie generell auf der Grundlage der wirtschaftlichen Verhältnisse vor der Eheschließung berechnet wird und deshalb keinen güterrechtlichen Ausgleich des Vermögenszuwachses während der Ehe bewirkt. Weil die Morgengabe von spezielleren Familienstatuten nicht erfasst wird, sei sie dem Auffangtatbestand des Art. 14 EGBGB zuzuordnen. Der BGH sieht den Vorteil dieser Anknüpfung vor allem in der Wandelbarkeit, mit der Folge, dass dann, wenn beide Ehegatten die deutsche Staatsangehörigkeit erwerben und in ein grundlegend anderes soziales und rechtliches Umfeld eingebunden werden, eben auch die Morgengabe dem deutschen Recht unterstellt wird.[177] Weiterhin argumentiert er dahin gehend, dass die Qualifikation als Ehewirkung, verbunden mit einer wandelbaren Anknüpfung, zu einem Gleichlauf zum Scheidungs-, Scheidungsfolgen-, Unterhalts- und Versorgungsausgleichsstatut führt.[178] Letzteres Argument lässt sich wieder mit der Neufassung von Art. 14 EGBGB anführen. Zwar ist mit dem HUP für den nachehelichen Unterhalt, der Rom III-VO für die Scheidung sowie mit Art. 17 Abs. 4 für den Versorgungsausgleich inzwischen eine Loslösung vom Ehewirkungsstatut des Art. 14 EGBGB erfolgt, jedoch führen die Verweisungen nach diesen Kollisionsnormen stets zum deutschen Recht, wenn die Ehegatten in Deutschland ihren gewöhnlichen Aufenthalt haben.

Die Begründung des BGH zeigt, dass es nicht nur um das Qualifikationsproblem der Zuordnung der Morgengabe zum Ehewirkungs- oder Güterstatut geht, sondern auch darum, ob sie wandelbar oder unwandelbar angeknüpft wird. Auch bei einer Anwendung von Art. 14 finden sich Argumente, auf den Zeitpunkt der Eheschließung jedenfalls dann abzustellen, wenn sie auf einer Vereinbarung der Ehegatten im Zusammenhang mit der Eheschließung beruht. Dafür spricht, dass sie ein Versprechen des Ehemannes beinhaltet, eine bestimmte, einmalige Leistung zu erbringen und dass der Anspruch bereits mit der Eheschließung entsteht, auch wenn er rechtspraktisch vertraglich auf den Zeitpunkt der Eheauflösung gestundet sein kann. Insoweit ist die Morgengabevereinbarung dann durchaus mit einer Schenkung vergleichbar, die unwandelbar dem maßgeblichen Recht zum Zeitpunkt des Vertragsabschlusses unterstellt wird.[179] Die unwandelbare Anknüpfung entspricht den kollisionsrechtlichen Interessen beider Ehegatten nach Rechtssicherheit und Verlässlichkeit hinsichtlich eines bereits entstandenen Anspruchs.[180] Die Argumentation des BGH überzeugt auch deshalb nicht, weil das deutsche Recht für die Morgengabevereinbarung keine adäquaten Regelungen zur Verfügung stellt. Vielmehr wird auf den allgemeinen Teil des BGB bzw. die Bestimmungen über Schuldverträge (zB § 313 BGB) zurückgegriffen. Hinzu kommt, dass es trotz eines grundlegend anderen sozialen und rechtlichen Umfelds bei dem ausländischen Güterrechtsstatut verbleibt. Durch die Lösung wird dem engen Zusammenhang zwischen dem gesetzlichen Güterstand nach islamischem Recht und der Morgengabe nicht Rechnung getragen.[181]

Die Frage der wandelbaren oder unwandelbaren Anknüpfung hat gravierende Folgen für die Rechtspraxis. Als Beispiel sei ein syrisches Ehepaar genannt, das 2015 in Deutschland einreiste. Eine unwandelbare Anknüpfung der Morgengabe zum Zeitpunkt der Eheschließung hat zur Folge, dass je nach Qualifikationsentscheidung entweder Art. 15 EGBGB idF **v. 1986** (Zuordnung zum Güterrechtsstatut) oder Art. 14 EGBGB aF (Zuordnung zum Ehewirkungsstatut) heranzuziehen wäre. Anwendbar wäre bei beiden Qualifikationen syrisches Recht als gemeinsames Heimatrecht der Ehegatten zu diesem Zeitpunkt. Würde dagegen der Anspruch als Ehewirkung qualifiziert und dann noch auf den Zeitpunkt der Geltendmachung abgestellt, würde Art. 14 Abs. 2 Nr. 1 zum deutschen Recht führen, während es für das Güterrecht beim syrischen Recht bleiben würde.

---

175 MüKoBGB/*Siehr* EGBGB Art. 15 Rn. 87; idS auch Soergel/*Schurig* EGBGB Art. 15 Rn. 35; *Wurmnest* RabelsZ 2007, 527 (533 ff.); *ders.* JZ 2010, 736 (737); BeckOK BGB/*Mörsdorf* EGBGB Art. 14 Rn. 20.

176 BGH FamRZ 2010, 533; folgend OLG Frankfurt FamRZ 2017, 357; für Qualifikation als Ehewirkung auch *Henrich* § 2 II 3 S. 69; Staudinger/*Mankowski* EGBGB Art. 14 Rn. 274; So auch MüKoBGB/*Looschelders* EGBGB Art. 14 Rn. 55 f.

177 Zustimmend So auch MüKoBGB/*Looschelders* EGBGB Art. 14 Rn. 56.

178 BGH FamRZ 2010, 533 Rn. 20, 22, 26.

179 Ähnlich auch *Wurmnest* JZ 2010, 736 (738); *Moersdorf-Schulte* ZfRV 2010, 166 (167); BeckOK BGB/*Mörsdorf* EGBGB Art. 14 Rn. 20.

180 Hierzu auch *Yassari* IPRax 2011, 63 (66); für eine unwandelbare Anknüpfung *Hausmann* IntEuFamR B 560.

181 So auch *Moersdorf-Schulte* ZfRV 2010, 166 (168).

Die Vereinbarung über eine Morgengabe ist **formwirksam**, wenn sie den Anforderungen des Rechts ent-   **76**
spricht, das auf die Morgengabe selbst Anwendung findet, oder des Rechts des Ortes, an dem die Vereinbarung getroffen wurde; Art. 11 findet Anwendung.

b) Anwendung deutschen Rechts. Die kollisionsrechtliche Verweisung kann zur Folge haben, dass die   **77**
Morgengabe dem deutschen Recht unterliegt. Sie hat nicht den Charakter eines abstrakten Schuldverspre-
chens, soweit die Vereinbarung ausdrücklich als Morgengabe oder vergleichbar bezeichnet worden ist und
bestimmte – dem islamischen Recht entlehnte – Voraussetzungen aufgeführt sind, an die die Verpflichtungen des Ehemannes geknüpft sind.[182] Gleiches ist für eine Vereinbarung anzunehmen, die ohne weitere Einzelheiten während der islamischen Trauungszeremonie getroffen wird.

Auch ist sie nicht als güterrechtliche Vereinbarung einzuordnen,[183] es sei denn, sie steht im Kontext mit
güterrechtlichen Regelungen, zB über die Gütertrennung der Ehegatten in einem Ehevertrag. Sie hat keinen
unterhaltsrechtlichen Charakter.[184] Der Wille der Parteien ist regelmäßig nicht darauf gerichtet, die Unterhaltspflichten zwischen ihnen zu gestalten. Die Vereinbarung ist nicht als Abfindungsregelung für einen
Unterhaltsverzicht der Ehefrau nach der Scheidung auszulegen. Sie kann auch nicht als Schenkung eingeordnet werden. Ihr fehlt das Merkmal der gewollten Unentgeltlichkeit. Das gilt, wenn sie als eine Leistung
des Mannes an die Frau als Ausgleich für die Nachteile betrachtet wird, die sie bei traditionellem Verständnis mit Eingehung der Ehe erleidet.[185] Es trifft aber auch dann zu, wenn unter Berücksichtigung der Entwicklung des Familienrechts in den islamisch geprägten Rechtsordnungen der primäre Zweck in der finanziellen Sicherung der Ehefrau für den Zeitraum nach der Auflösung der Ehe gesehen wird.[186]

Die Morgengabevereinbarung passt nicht in die Kategorien des deutschen Familienrechts, sie stellt eine   **78**
Vereinbarung sui generis dar.[187]

Bei der Einordnung der Morgengabevereinbarung geht es zum einen um Fallgestaltungen, die man mit dem
Handeln unter falschem Recht beschreiben könnte.[188] Hier ist der Bedeutung der Morgengabe „unter
Berücksichtigung der ihr zugrunde liegenden ausländischen Rechtsvorstellungen" Rechnung zu tragen.[189]
Diese Fallsituation wird öfter vorkommen, wenn sich die Qualifikation nach Art. 14 verbunden mit einer
(abzulehnenden) wandelbaren Anknüpfung durchsetzt.

Zum anderen sind die Fallgestaltungen jedoch die, dass die Braut-/Morgengabe in Deutschland anlässlich
von Eheschließungen vereinbart wird, die keinen auslandsrechtlichen Hintergrund haben bzw. wo dieser die
Vereinbarung nicht prägt. Sie ist getragen von der Zugehörigkeit beider Ehepartner oder zumindest eines
Partners zum Islam, und sie ist auf kulturelles und religiöses Brauchtum zurückzuführen.[190]

Für die Einordnung im materiellen Recht bieten sich zwei Lösungen.   **79**

Die erste besteht darin, sie als eine unvollkommene Verbindlichkeit (Naturalobligation) zu betrachten. Sie
wird dann als Erwerbsgrund (§ 812 BGB) anerkannt, jedoch ist sie nicht einklagbar.[191] Diese Lösung kann
sich darauf stützen, dass die Vereinbarung ihre Wurzeln im religiösen Recht/Brauchtum hat.[192] Die Trennung von Staat und Religion rechtfertigt es, dass der staatliche Durchsetzungszwang nicht für derartige Vereinbarungen zur Verfügung steht. Für diese Lösung spricht auch, dass die Morgengabe als Institut mit dem
Grundverständnis über die Ehe in der modernen Gesellschaft nicht in Übereinstimmung steht. Die komplizierte Frage, unter welchen Voraussetzungen ein wirksam entstandener Anspruch entfällt oder sich redu-

182 BGH FamRZ 1999, 217 (218) = NJW 1999, 574;
     Rauscher DEuFamR 1999, 194; *Wurmnest* FamRZ
     2005, 1878 (1879) Fn. 28; aA OLG Hamm FamRZ
     1988, 516 (518); Staudinger/*Mankowski* (2011)
     EGBGB Art. 14 Rn. 273 (differenzierend).

183 Ua *Henrich* FS Sonnenberger 2004, 389, 399; *Wurm-
     nest* FamRZ 2005, 1878 (1880 f.); *Yassari* IPRax
     2011, 63 (67).

184 Ua *Yassari* IPRax 2011, 63 (66); *Wurmnest* FamRZ
     2005, 1878 (1884); *Rauscher* DeuFamR 1999, 194,
     198.

185 Hierzu *Rohe* StAZ 2000, 161 (169); *Yassari* StAZ
     2003, 198 (199); *Rauscher* DEuFamR 1999, 194 f.

186 So *Wurmnest* FamRZ 2005, 1879 (1879); *Yassari*
     IPRax 2011, 63 (64).

187 *Henrich* FS Sonnenberger 2004, 389, 399; *Wurmnest*
     FamRZ 2005, 1878 (1880 f.); *Yassari*, Die Brautgabe,
     S. 348.

188 *Wurmnest* FamRZ 2005, 1879 (1879).

189 Ua BGH FamRZ 1987, 463 (466); *Yassari* IPRax
     2011, 63 (66).

190 Beispiele OLG Stuttgart FamRZ 2008, 1756 Anm.
     Morsdorf-Schulte FamRBint 2011, 25; BGH FamRZ
     1987, 463.

191 Illustrativ hierzu ist die Entscheidung AG Brühl
     12.10.2010 – 32 F 353/10, die zu dem Fazit kommt,
     dass das in der iranischen Eheschließungspraxis übli-
     che Versprechen „für Dich zahle ich ... Goldmün-
     zen" unter dem Strich eigentlich nur das Versprechen
     „für Dich gehe ich notfalls für 6 Monate ins Gefäng-
     nis" bedeutet. Was dann der Frau die Scheidungsfrei-
     heit unter Verzicht auf die Morgengabe schafft. *Yas-
     sari*, Die Brautgabe, S. 194, spricht in diesem
     Zusammenhang von einer inflatorischen Inhaftie-
     rung.

192 Das übersieht der BGH, wenn er den rechtsgeschäft-
     lichen Gehalt der Erklärung des Mannes anlässlich
     der islamischen Trauung in Deutschland daraus
     ableitet, dass die Morgengabe nach islamischer Vor-
     stellung eine rechtliche Verpflichtung beinhaltet;
     FamRZ 1987, 463 Rn. 11.

ziert, stellt sich nicht. Auch tritt keine Kumulation mit anderen, gleichfalls dem deutschen Recht unterliegenden Ansprüchen auf. Die Lösung hat auch den Vorteil, dass das Formerfordernis nicht problematisiert zu werden braucht. Dagegen spricht an sich nur, dass Rechtsprechung und Literatur diesen Weg bisher nicht gegangen sind.

Nach der anderen Lösung ist die Morgengabe als Vereinbarung sui generis zu charakterisieren, die dogmatisch den ehebedingten (unbenannten) Zuwendungen zuzuordnen ist.[193] Das kann damit gerechtfertigt werden, dass die Morgengabe – abstrakt, losgelöst vom islamischen Familienrecht im Übrigen, betrachtet – eine Zuwendung darstellt, die mit Rücksicht auf die Eingehung und den Bestand der Ehe erfolgt, das eheliche Zusammenleben begünstigen und die Frau, für den Fall der Auflösung der Ehe, finanziell unterstützen soll. Die Vereinbarung selbst hat der Wirksamkeitskontrolle nach § 138 Abs. 1 BGB sowie der Ausübungskontrolle nach § 242 BGB standzuhalten;[194] sie ist nach den allgemeinen Bestimmungen anfechtbar.[195] Ein Entfallen oder eine Reduzierung der Verbindlichkeit des Ehemannes kommt auch unter dem Gesichtspunkt des Wegfalls der Geschäftsgrundlage infrage.[196]

80 Nur soweit die Morgengabe als einklagbare Verbindlichkeit eingestuft wird, stellt sich die Frage nach der Formbedürftigkeit. Für ein Formerfordernis spricht,[197] dass mit einer Morgengabevereinbarung, soweit sie über einen symbolischen Zweck hinausgeht, vom dispositiven Gesetzesrecht mit seinem auf Art. 6 Abs. 1 GG beruhenden Schutz- und Leitbildcharakter abgewichen wird. Weiterhin kann angeführt werden, dass der Gesetzgeber das Erfordernis der notariellen Beurkundung in §§ 1378 Abs. 3 S. 2, 1585 c S. 2 BGB, § 7 Abs. 1 VersAusglG für die wichtigsten nachehelichen vermögensrechtlichen Vereinbarungen der Ehegatten vor der Scheidung vorsieht.[198] Beratungsbedarf und Warnfunktion bestehen jedenfalls dann, wenn die Morgengabe über eine Zuwendung bei der Trauung, zB von Schmuck, hinausgeht.[199] Andererseits ist zu bedenken, dass sie auf einem kulturellen und religiösen Brauchtum beruht und zum Teil bereits im Rahmen der religiösen Eheschließung erbracht wird. Einer freiwillig vollzogenen formlosen Morgengabevereinbarung sollte nicht wegen Verletzung des Formerfordernisses die rechtliche Anerkennung versagt werden. Diesen beiden Aspekten wird am ehesten eine analoge Anwendung von § 518 BGB gerecht.[200]

81 **c) Beziehung zur Türkei.** Besonderheiten gelten für eine Morgengabevereinbarung mit Bezug zur Türkei.[201] Im türkischen bürgerlichen Recht ist die „Mehir" als Institution nicht mehr vorhanden und auch gewohnheitsrechtlich nicht anerkannt.[202] Ungeachtet dessen wird bei einer islamischen Trauung, die neben der vorausgegangenen zivilen Eheschließung erfolgt, vielfach eine „Mehir" vereinbart. In der Türkei wird sie regelmäßig als Schenkungsversprechen eingeordnet.[203] Dem ist bei Sachverhalten mit Bezug zur Türkei zu folgen und dementsprechend die kollisionsrechtliche Anknüpfung vorzunehmen → Rn. 65. Das Schenkungsversprechen ist vom Anwendungsbereich der Rom I-VO ausgeschlossen.[204] Vorzuziehen ist eine Zuordnung zum Ehewirkungsstatut.[205] Selbst bei einer analogen Heranziehung von Art. 4 Abs. 3 Rom I-VO müsste es zur akzessorischen Anknüpfung an das Ehewirkungsstatut kommen.[206] Für die Anknüpfung kommt es auf den Zeitpunkt der Abgabe des Schenkungsversprechens an. Für die Formerfordernisse greift Art. 11 EGBGB. Ist türkisches Recht Geschäftsstatut oder ist die Vereinbarung in der Türkei geschlossen

193 OLG Frankfurt 11.3.2010 – 1 UF 146/08, juris Rn. 12.

194 *Wurmnest* FamRZ 2005, 1878 (1880 f.).

195 BGH FamRZ 1987, 463 Rn. 12.

196 BGH FamRZ 1987, 463 Rn. 28; OLG Frankfurt 11.3.2010 – 1 UF 146/08, juris Rn. 13 (wegen kurzer Ehedauer).

197 Für Formfreiheit *Yassari*, Die Brautgabe, S. 353 ff.

198 So auch *Wurmnest* JZ 2010, 236 (238); Einzelheiten *Yassari*, Die Brautgabe, S. 355 ff.

199 Beispiele aus der Rspr. zeigen, dass es um beträchtliche Forderungen gehen kann. BGH FamRZ 1987, 463 (Verpflichtung 100.000 DM); BGH FamRZ 2010, 533 (nicht inflationsbereinigt Verpflichtung 1.428,23 EUR); AG Büdingen NJW-RR 2014, 1033 (Verpflichtung zu 4.857,27 EUR); OLG Hamm IPRspr. 2012, Nr. 90, 182 (Verpflichtung zu 800 Bahaar-Azadi-Goldmünzen = 213.208,00 EUR); AG Brühl 12.10.2010 – 32 F 353/10 (Prozesskostenhilfeverfahren Verpflichtung zu 600 Bahaar-Azadi-Goldmünzen = 138.000 EUR); OLG Bamberg IPRspr. 2010, Nr. 89, 190 (Verpflichtung zu 150.000 US-Dollar); OLG Frankfurt 11.3.2010 – 1 UF 146/08 (200 Stück Bahar-Azadi Goldmünzen); zur durch-

200 schnittlichen Höhe der Morgengabe im Iran *Yassari*, Die Brautgabe, S. 184 ff.

200 *Henrich* FamRZ 2010, 537 plädiert für die Heranziehung von § 1585 c BGB ohne dies näher zu begründen; *Wurmnest* (JZ 2010, 736 (739)) sieht wohl ebenfalls die Lösung in einer Analogie zu §§ 1410, 1585 c S. 2 BGB; § 7 VersAusglG. Der Nachteil besteht darin, dass auch einer geleisteten Morgengabe wegen Formnichtigkeit die causa fehlen würde.

201 Dazu ausf. *Öztan* FamRZ 1998, 624 ff.; AG Karlsruhe FamRZ 2015, 663; AG Ingolstadt 11.1.2017 – 002 F 808/15; nicht gesehen zB: KG FamRZ 2015, 1607 mit krit. Anm. *Yassari*; AG München 9.8.2018 – 527 F 12575/17.

202 *Öztan* FamRZ 1998, 624 (624 f.).

203 So OLG Nürnberg FamRZ 2001, 1613; OLG Köln NJW-RR 1994, 200; *Krüger* IPRax 2014, 204 f.; *Yarayan* NZFam 2016, 1153 ff.

204 So auch MüKoBGB/*Looschelders* EGBGB Art. 14 Rn. 60.

205 So auch MüKoBGB/*Looschelders* EGBGB Art. 14 Rn. 60.

206 So auch MüKoBGB/*Looschelders* EGBGB Art. 14 Rn. 60.

worden, genügt die Einhaltung der Schriftform für das Schenkungsversprechen nach türkischem Recht.[207] Die Wirksamkeit der Vereinbarung ist jedenfalls an eine wirksame Eheschließung gebunden.[208] Auch soweit die Schenkung selbst türkischem Recht unterliegt, sollte diese Vorfrage selbstständig angeknüpft werden.

11. Außervertragliche Schuldverhältnisse zwischen Ehegatten. Außervertragliche Schuldverhält **82** nisse zwischen Ehegatten vermögensrechtlichen Charakters, die ihren Grund in der Ehe haben, sind nach Art. 1 Abs. 1 lit. b Rom II-VO von ihrem Anwendungsbereich ausgeschlossen und werden von den Kollisionsnormen der EuGüVO erfasst, soweit diese intertemporal anwendbar ist. Unterliegen sie intertemporal nicht der EuGüVO ist das anwendbare Recht nach Art. 38 ff. EGBGB zu bestimmen. Für Ansprüche aus Leistungskondiktion erfolgt eine Verweisung auf das zugrunde liegende Rechtsverhältnis, vgl. Art. 38 Abs. 1. Ansonsten, so bei Geschäftsführung ohne Auftrag, kommt eine akzessorische Anknüpfung an das Ehewirkungsstatut gemäß Art. 41 infrage.

Bezogen auf die deliktische Haftung ist eine akzessorische Anknüpfung an das Ehewirkungsstatut nur in **83** Betracht zu ziehen, wenn es um Ansprüche wegen der Verletzung spezifisch familien- und ehebezogener Pflichten geht.[209] Die sonstige deliktische Haftung der Ehegatten untereinander richtet sich nach Art. 4 Rom II-VO.[210] Eine Berücksichtigung des Familienstatuts über Art. 4 Abs. 3 Rom II-VO erfolgt nicht, soweit es die Haftung wegen Verletzung allgemeiner Verhaltenspflichten (zB im Verkehr) und allgemeiner Straftatbestände (wie Betrug) betrifft.[211] Dem Deliktstatut unterliegt zudem der allgemeine Haftungsmaßstab, wohingegen dem nach Art. 14 berufenen Recht zu entnehmen ist, ob davon abweichend für die Eheleute zueinander ein besonderer Haftungsmaßstab gilt.[212] Das Ehewirkungsstatut entscheidet also darüber, ob Ehegatten einander besondere Sorgfalt schulden, ob ihre Haftung gemildert, aufgehoben oder verschärft ist. Dagegen ist das Deliktstatut für die Frage heranzuziehen, inwieweit eine Haftungsmilderung für den Ehegatten auch auf die Haftpflichtversicherung zurückwirkt.

Anhang zu Art. 14 EGBGB: Allgemeine Ehewirkungen
(in der Fassung des IPRG v. 25.7.1986)[1]

(1) Die allgemeinen Wirkungen der Ehe unterliegen

1. **dem Recht des Staates, dem beide Ehegatten angehören oder während der Ehe zuletzt angehörten, wenn einer von ihnen diesem Staat noch angehört, sonst**
2. **dem Recht des Staates, in dem beide Ehegatten ihren gewöhnlichen Aufenthalt haben oder während der Ehe zuletzt hatten, wenn einer von ihnen dort noch seinen gewöhnlichen Aufenthalt hat, hilfsweise**
3. **dem Recht des Staates, mit dem die Ehegatten auf andere Weise gemeinsam am engsten verbunden sind.**

(2) Gehört ein Ehegatte mehreren Staaten an, so können die Ehegatten ungeachtet des Artikels 5 Abs. 1 das Recht eines dieser Staaten wählen, falls ihm auch der andere Ehegatte angehört.

(3) [1]Ehegatten können das Recht des Staates wählen, dem ein Ehegatte angehört, wenn die Voraussetzungen des Absatzes 1 Nr. 1 nicht vorliegen und

1. **kein Ehegatte dem Staat angehört, in dem beide Ehegatten ihren gewöhnlichen Aufenthalt haben, oder**
2. **die Ehegatten ihren gewöhnlichen Aufenthalt nicht in demselben Staat haben.**

[2]Die Wirkungen der Rechtswahl enden, wenn die Ehegatten eine gemeinsame Staatsangehörigkeit erlangen.

(4) [1]Die Rechtswahl muß notariell beurkundet werden. [2]Wird sie nicht im Inland vorgenommen, so genügt es, wenn sie den Formerfordernissen für einen Ehevertrag nach dem gewählten Recht oder am Ort der Rechtswahl entspricht.

207 Zu den Formerfordernissen OLG Düsseldorf NJW-RR 2009, 1380; OLG Nürnberg FamRZ 2001, 1613.
208 AG Ingolstadt 11.1.2017 – 002 F 808/15; *Yarayan* NZFam 2016, 1153 (1354).
209 MwN Staudinger/*Mankowski* EGBGB Art. 14 Rn. 279; MüKoBGB/*Siehr* EGBGB Art. 14 Rn. 112.
210 MüKoBGB/*Siehr* EGBGB Art. 14 Rn. 112; Soergel/*Schurig* EGBGB Art. 14 Rn. 45.

211 ZB BGH IPRax 1997, 187 (191) = NJW 1996, 1411 (zur Verlobung); BGHZ 119, 137, 144 f.
212 Vgl. Erman/*Hohloch* EGBGB Art. 14 Rn. 31; Staudinger/*Mankowski* EGBGB Art. 14 Rn. 279; *Henrich* § 2 II 1 S. 66.
1 BGBl. I 1142.

A.	Allgemeines	1	b) Keine engste Verbindung	17
B.	Regelungsgehalt	5	III. Gewähltes Ehewirkungsstatut (Abs. 2–4)	18
	I. Überblick	5	1. Gemeinsames Heimatrecht (Abs. 2)	19
	II. Gesetzliches Ehewirkungsstatut (Abs. 1)	7	2. Heimatrecht eines Ehegatten (Abs. 3)	23
	1. Gemeinsames Personalstatut (Nr. 1)	7	3. Weitere übergreifende Fragen zur Rechts-	
	2. Gemeinsamer gewöhnlicher Aufenthalt		wahl	28
	(Nr. 2)	13	IV. Allgemeine Fragen des Internationalen Privat-	
	3. Grundsatz der engsten Verbindung (Nr. 3)	14	rechts	32
	a) Kriterien für die Abwägung	15	V. Staatensukzession	33

A. Allgemeines

1 Die Vorschrift ist durch das Gesetz zum Internationalen Güterrecht und zur Änderung von Vorschriften des Internationalen Privatrechts vom 17.12.2018[2] mit Wirkung zum 28.1.2019 aufgehoben worden. Das anwendbare Recht auf die als allgemeine Ehewirkungen zu qualifizierenden Rechtsfragen bestimmt sich bis einschließlich 28.1.2019 nach Art. 14 EGBGB aF, vgl. Art. 229 § 47 Abs. 1. Entscheidend für die Abgrenzung ist nicht der Zeitpunkt einer gerichtlichen Entscheidung, sondern der Zeitpunkt des Ereignisses, aus dem die eherechtlichen Wirkungen abgeleitet werden, → EGBGB Art. 14 Rn. 1. Auf die objektive Anknüpfung nach Art. 14 Abs. 1 EGBGB aF kommt es auch für Art. 19 Abs. 1 S. 3 EGBGB an, wenn das Kind, um dessen Abstammung es geht, vor dem 29.1.2019 geboren wurde.

2 Die Hauptbedeutung von Art. 14 aF besteht darin, dass in Art. 15 Abs. 1 EGBGB idFv 1986, der mit Wirkung zum 28.1.2019 aufgehoben wurde, für das Güterstatut auf das nach Art. 14 EGBGB anwendbare Recht zum Zeitpunkt der Eheschließung verwiesen wird.[3] Wegen des Grundsatzes der Unwandelbarkeit des Güterrechtsstatuts bezieht sich diese Verweisung auf Art. 14 EGBGB aF. Soweit also Art. 15 Abs. 1 EGBGB idFv 1986 zur Anwendung kommt, zieht dies die Anwendung von Art. 14 EGBGB aF nach sich. Dies wird in der Rechtspraxis noch ziemlich häufig bezogen auf Ehen vorkommen, bei denen die Eheschließung vor dem 29.1.2019 lag (im Folgenden als Altehen bezeichnet). Nur im Falle einer wirksamen Rechtswahl für das Güterstatut erfolgt keine Bestimmung des anwendbaren Rechts für diese Altehen über Art. 14 EGBGB aF. Diese muss, wenn sie vor dem 29.1.2019 getroffen wurde, die Erfordernisse des Art. 15 Abs. 2–4 EGBGB idFv 1986 erfüllen. Ist sie nach dem 28.1.2019 erfolgt, kommt es darauf an, ob die Rechtswahl den Anforderungen der EuEheGüVO hierfür entspricht. Trifft Letzteres zu, unterliegt die Ehe hinsichtlich des auf den „Güterstand" anwendbaren Rechts der EuEheGüVO. Für Vermögensbeziehungen der Ehegatten, die ihren Grund in der Ehe haben, findet dann weder Art. 15 EGBGB idFv 1986 noch Art. 14 EGBGB aF bzw. nF Anwendung. Die dadurch hervorgerufene Änderung des anzuwendenden Rechts in Bezug auf den ehelichen Güterstand, verstanden im iSd EuEheGüVO, trifft nur für die Zukunft ab dem Zeitpunkt der Rechtswahl ein. Eine rückwirkende Änderung bedarf der Vereinbarung der Ehegatten.[4] Nicht zweifelsfrei ist, ob diese Rückwirkung dann auch auf den Zeitpunkt vor Inkrafttreten der Verordnung bezogen ist. Dies sollte im Interesse der Ehegatten, die eine Rückwirkung vereinbaren, um die Abwicklung des bisherigen Güterstandes aufgrund des Statutenwechsels zu vermeiden, bejaht werden. Rechte Dritter dürfen davon nicht berührt werden.[5]

3 Ob eine vermögensrechtliche Angelegenheit bezogen auf eine Altehe Art. 15 EGBGB idFv 1986 (Güterstatut) oder Art. 14 EGBGB zuzuordnen ist, ist mithilfe der funktionellen Qualifikation zu entscheiden, hierzu → EGBGB Art. 14 Rn. 48 ff., → EGBGB Art. 15 Rn. 65 ff. Fällt die Wahl zugunsten des Ehewirkungsstatuts aus, kommt es dann noch darauf an, ob Art. 14 EGBGB aF oder nF anwendbar ist. Das hängt davon ab, wann das Ereignis stattfand, aus dem die ehewirkungsrechtliche Folge abgeleitet wird. Das soll am Beispiel der Morgengabe, die nunmehr im Scheidungsverfahren geltend gemacht wird, demonstriert werden. Wird sich für eine güterrechtliche Qualifikation entschieden, findet über Art. 15 Abs. 1 EGBGB idFv 1986 Art. 14 EGBGB aF Anwendung. Dabei ist auf den Zeitpunkt der Eheschließung abzustellen. Wird der ehewirkungsrechtlichen Qualifikation gefolgt, stellt sich die Frage, auf welchen Zeitpunkt es für die Anknüpfung ankommt. Geht man davon aus, dass sich der Anspruch aus einer Vereinbarung der Ehegatten ergibt und es deshalb auf den Zeitpunkt der Eheschließung ankommt, weil damit die Vereinbarung wirksam geworden ist, ist Art. 14 EGBGB aF bezogen auf diesen Zeitpunkt heranzuziehen. Wird jedoch der Zeitpunkt der gerichtlichen Geltendmachung/oder der Entscheidung über den Anspruch für maßgebend angesehen, ist Art. 14 EGBGB nF anzuwenden, → EGBGB Art. 14 Rn. 74 f.

4 Im Folgenden werden nur die Verweisungen des Art. 14 EGBGB aF erläutert; für den Anwendungsbereich wird auf Art. 14 EGBGB nF verwiesen, → EGBGB Art. 14 Rn. 48 ff.

2	BGBl. I S. 2573.	4	Art. 22 Abs. 2 EuEheGüVO.
3	Außer Betracht in der Darstellung bleiben Art. 220	5	Art. 22 Abs. 3 EuEheGüVO.
	Abs. 3 EGBGB und das Gesetz über den ehelichen		
	Güterstand von Vertriebenen und Flüchtlingen.		

B. Regelungsgehalt

I. Überblick

In erster Linie bestimmt das Gesetz das Ehewirkungsstatut durch eine objektive stufenweise Anknüpfung **5** (vgl. Abs. 1). Sind die Voraussetzungen für die vorrangig bezeichnete Anknüpfung erfüllt, sind die nachfolgenden Stufen ausgeschlossen.[6] Das gesetzliche Ehewirkungsstatut ist **wandelbar**. Das bedeutet, dass es auf den Zeitpunkt während des Bestehens der Ehe ankommt, zu dem das Ereignis stattfand, um dessen rechtliche Beurteilung es geht. Haben sich die Berührungen der Eheleute zu der Rechtsordnung, auf die es für die Anknüpfung ankommt, geändert, führt dies zum Wechsel der anwendbaren Rechtsordnung.

Die Ehepartner hatten die Möglichkeit, das auf die allgemeinen Ehewirkungen anwendbare Recht unter eng **6** begrenzten Voraussetzungen zu wählen (vgl. Abs. 2–4). Die Rechtswahl muss bis zum 28.1.2019 wirksam geworden sein. Eine solche **Rechtswahl** verdrängt das gemäß objektiver Anknüpfung anwendbare Recht. Über eine Wahl des Ehewirkungsstatus wird das Güterstatut nach Art. 15 Abs. 1 EGBGB idFv 1986 nur bestimmt, wenn diese zum Zeitpunkt der Eheschließung wirksam erfolgt war.

II. Gesetzliches Ehewirkungsstatut (Abs. 1)

1. Gemeinsames Personalstatut (Nr. 1). Verwiesen wird **vorrangig** auf **das gemeinsame Heimatrecht** **7** **der Ehegatten** zum maßgeblichen Zeitpunkt. Hat einer oder haben beide Ehepartner **mehrere ausländische Staatsangehörigkeiten**, ist von einer gemeinsamen Staatsangehörigkeit nur auszugehen, wenn diese für beide Ehepartner die effektive Staatsangehörigkeit iSd Art. 5 Abs. 1 S. 1 ist.[7] Besitzt zB der eine Ehegatte die Staatsangehörigkeit der Staaten A und B und der andere die der Staaten A und C, dann wird durch Nr. 1 das Recht des Staates A nur berufen, wenn für beide die Staatsangehörigkeit des Staates A die effektive ist. Selbst soweit die Ehegatten dieselben mehrfachen Staatsangehörigkeiten besitzen, also beide die der Staaten A und B, bestimmt sich das maßgebliche Recht nach Nr. 1 nur, wenn für beide Eheleute dieselbe Staatsangehörigkeit die effektive iSv Art. 5 Abs. 1 S. 1 ist.[8]

Besitzt einer der Eheleute auch die **deutsche Staatsangehörigkeit**, kommt es für die Anknüpfung nur auf **8** diese an (Art. 5 Abs. 1 S. 2).[9] Art. 14 Abs. 1 Nr. 1 Alt. 1 EGBGB aF ist nicht anwendbar, wenn der eine Ehegatte eine ausländische Staatsangehörigkeit besitzt, der andere Ehegatte dieselbe ausländische, zugleich aber auch die deutsche Staatsangehörigkeit innehat.[10] Wie in Bezug auf Art. 5 Abs. 1 S. 2 ist ebenso für das Ehewirkungsstatut in der Literatur kritisch bewertet worden, dass dies im Ergebnis zur Anwendung des deutschen Rechts führen kann, obwohl keiner der Beteiligten eine tatsächlich gelebte Beziehung zu Deutschland hat.[11] Zum Teil wird daher bei Nr. 1 für eine Einschränkung von Art. 5 Abs. 1 S. 2 eingetreten,[12] andere lehnen dies ab.[13] Letzterem ist wegen der eindeutigen gesetzlichen Anordnung und aus Gründen der Rechtssicherheit zu folgen (→ EGBGB Art. 5 Rn. 26 ff.).

Deutsche iSd Art. 116 Abs. 1 GG, die bis zum 1.8.1999 nicht die deutsche Staatsangehörigkeit besaßen, **9** haben an diesem Tag gem. § 40 a StAG die deutsche Staatsangehörigkeit erworben. Geht es um das Ehewirkungsstatut vor diesem Zeitpunkt, ergibt sich aus Art. 9 Abs. 2 Nr. 5 FamRÄndG,[14] dass sie für die Anknüpfung nach Art. 14 den deutschen Staatsangehörigen ab dem Zeitpunkt gleichgestellt sind, zu dem sie den

---

6　BGH IPRax 1995, 111 (113); OLG Zweibrücken FamRZ 1999, 940; MüKoBGB/*Siehr* EGBGB Art. 14 Rn. 12; Staudinger/*Mankowski* EGBGB Art. 14 Rn. 27; Böhmer/Finger/*Finger* EGBGB Art. 14 Rn. 8; *Andrae* IntFamR (3.Aufl.) § 3 Rn. 42.

7　OLG München FamRZ 1994, 634; OLG Frankfurt FamRZ 1994, 715 (716); Palandt/*Thorn*EGBGB Art. 14 Rn. 7; MüKoBGB/*Siehr* EGBGB Art. 14 Rn. 20; *Looschelders* EGBGB Art. 14 Rn. 17; *Henrich* § 2 I 1, S. 57.

8　AG Freiburg IPRax 2002, 223 (224) = FamRZ 2002, 888 (französische und libanesische Staatsangehörigkeit); Staudinger/*Mankowski* EGBGB Art. 14 Rn. 38.

9　BGH IPRax 1995, 111 (113) = FamRZ 1994, 434; BayObLG FamRZ 1998, 1594 (1596); AG Leverkusen FamRZ 2002, 1484 (1485); AG Hamburg FamRZ 2000, 958; Palandt/*Thorn* EGBGB Art. 14 Rn. 7; Böhmer/Finger/*Finger* EGBGB Art. 14 Rn. 9; Soergel/*Schurig* EGBGB Art. 14 Rn. 5; Staudinger/

Mankowski EGBGB Art. 14 Rn. 34; *Dethloff* JZ 1995, 64 (67).

10　BayObLG IPRax 1995, 324 (325) mwN; *Dethloff* JZ 1995, 64 (67).

11　Vgl. vor allem MüKoBGB/*Siehr* EGBGB Art. 14 Rn. 22; *ders.* IPR S. 14; *ders.* FS Ferid 1988, S. 433, 443; ferner krit. Staudinger/*Mankowski* EGBGB Art. 14 Rn. 34; Böhmer/Finger/*Finger* EGBGB Art. 14 Rn. 9 a.

12　MüKoBGB/*Siehr* EGBGB Art. 14 Rn. 22 aE (Vorschlag: teleologische Reduktion, soweit während der Ehe die deutsche Staatsangehörigkeit niemals die effektive war); *Benicke* IPRax 2000, 171 (178) iVm 176 f.

13　OLG Düsseldorf FamRZ 1994, 1261 (1262) = NJW-RR 1994, 1221; Erman/*Hohloch* EGBGB Art. 14 Rn. 13; *Looschelders* EGBGB Art. 14 Rn. 17.

14　Gesetz zur Vereinheitlichung und Änderung familienrechtlicher Vorschriften (Familienrechtsänderungsgesetz) v. 11.8.1961 (BGBl. I S. 1221).

Status nach Art. 116 Abs. 1 GG erwarben.[15] Das deutsche Personalstatut hat dann Vorrang vor einer eventuell daneben bestehenden ausländischen Staatsangehörigkeit.[16]

10   Soweit das Personalstatut eines oder beider Ehegatten durch den gewöhnlichen Aufenthalt bestimmt wird, wird teilweise[17] die Anwendung von Nr. 1 abgelehnt. Dies betrifft hauptsächlich **Staatenlose** (vgl. Art. 12 Abs. 1 Staatenlosenkonvention[18] und Art. 5 Abs. 2), internationale **Flüchtlinge** (vgl. Art. 12 Abs. 1 GFK),[19] **Asylberechtigte** (vgl. § 2 Abs. 1 AsylG;[20] auch abgelehnte Asylbewerber können Flüchtlinge iSd GFK sein)[21] sowie **Ausländer**, deren Rechtsstellung sich nach § 1 Abs. 1 des Gesetzes über Maßnahmen für im Rahmen humanitärer Hilfsaktionen aufgenommene Flüchtlinge[22] richtet. Das Ehewirkungsstatut für die Ehe solcher Personen bestimmt sich nach dieser Auffassung primär nach Nr. 2. Dogmatisch kann dem nicht gefolgt werden.[23] Der Begriff „Staatsangehörigkeit" (Synonym für Personalstatut nach deutschem IPR) sollte für die Anknüpfung im EGBGB, insbesondere jedoch im Verhältnis von Art. 13 und Art. 14 EGBGB aF, nicht unterschiedlich ausgelegt werden. Zudem stehen Art. 5 Abs. 2 bzw. die staatsvertraglichen Bestimmungen zum Personalstatut entgegen.

11   Haben die Eheleute zum maßgeblichen Zeitpunkt **keine** gemeinsame Staatsangehörigkeit,[24] dann kommt es nach **Abs. 1 Nr. 1 Alt. 2** darauf an, ob sie **während der Ehe** eine hatten, die einer von ihnen ununterbrochen bis zum maßgeblichen Beurteilungszeitpunkt beibehalten hat.[25] Diese Stufe der Leiter entfällt für Art. 15 Abs. 1, weil hier auf den fixen Zeitpunkt der Eheschließung abgestellt wird (→ EGBGB Art. 15 Rn. 11).[26] Insoweit ist der Anwendungsbereich von Nr. 1 Alt. 2 reduziert. Es muss um eine allgemeine Ehewirkung gehen, wobei das Ereignis, aus dem die Wirkungen abgeleitet wird, vor dem 29.1.2019 liegen muss.

12   Nr. 1 Alt. 2 ist nur dann relevant, wenn es ein **gemeinsames Personalstatut** während der Ehe gab und einer der Eheleute es noch ununterbrochen bis zu dem für die Anknüpfung maßgeblichen Zeitpunkt beibehalten hat.[27] Ziel der Regelung ist es, eine Kontinuität der Anknüpfung zu erreichen und einen Statutenwechsel, der nur von einem Ehegatten verursacht wird, zu vermeiden.[28] Ist etwa ein Ehepaar mit der Staatsangehörigkeit des Staates X in Deutschland eingereist und hat nur einer von ihnen mit der Einreise oder danach ein deutsches Personalstatut erworben, der andere aber die Staatsangehörigkeit des Staates X beibehalten, ist bis zum 28.1.2019 das Recht des Staates X Ehewirkungsstatut, auch wenn beide ihren gewöhnlichen Aufenthalt in Deutschland haben.[29] Erwarb einer der Eheleute eine weitere Staatsangehörigkeit und behielt der andere die bisherige gemeinsame Staatsangehörigkeit bei, trifft auf jeden Fall Nr. 1 zu, entweder weil die

---

15   Vgl. BGHZ 121, 305, 314 = FamRZ 1993, 935 = NJW 1993, 2241; OLG Köln NJW 1993, 336 (zu Art. 10); NK-BGB/*Schulze* EGBGB (3.Aufl.) Art. 5 Anh. II Rn. 4 ff.; MüKoBGB/*v. Hein* EGBGB Art. 5 Anh. II Rn. 13, 14.

16   OLG Köln NJW 1993, 336; BayObLGZ 1991, 400 (403) (jeweils zu Art. 10); Palandt/*Thorn*, Art. 5 EGBGB Rn. 3; MüKoBGB/*Sonnenberger* (5. Aufl. 2010) EGBGB Art. 5 Anh. II Rn. 28.

17   OLG Nürnberg FamRZ 2002, 324 (325); Erman/ *Hohloch* EGBGB Art. 14 Rn. 14; MüKoBGB/*Siehr* EGBGB Art. 14 Rn. 26.

18   New Yorker UN-Übereinkommen über die Rechtsstellung der Staatenlosen v. 28.9.1954 (BGBl. II 1976 S. 474).

19   Genfer UN-Abkommen über die Rechtsstellung der Flüchtlinge v. 28.7.1951 (BGBl. II 1953 S. 560).

20   Asylgesetz idF der Bekanntmachung v. 2.9.2008 (BGBl. I S. 1798), zuletzt geändert durch Art. 1 G v. 4.12.2018 I 2250.

21   BGHZ 169, 240, 243, 248 = FamRZ 2007, 109 OLG Nürnberg FamRZ 2002, 324 (325), jedoch übersehen, dass bei nicht verdrängter Staatsangehörigkeit durch Flüchtlingsstatus das Deutsch-Iranische Niederlassungsabkommen dem Art. 14 vorgeht.

22   V. 22.7.1980 (BGBl. I S. 1057), aufgehoben durch § 23 AufenthaltsG idFv. 30.7.2004 (BGBl. I S. 1950), nicht berührt von der Aufhebung wird die Rechtsstellung der nach dem Gesetz aufgenommenen Flücht-

linge, OLG Celle StAZ 2012, 81; AG Leverkusen FamRZ 2007, 1565 (1566).

23   Wie hier ua BGHZ 169, 240, 243, 248 = FamRZ 2007, 109; OLG Celle IPRspr. 2011, Nr. 86, 185, OLG Köln FamRZ 1999, 1517; OLG Celle FamRZ 1998, 757 f.; OLG Hamm FamRZ 1992, 1181; Palandt/*Thorn* EGBGB Art. 14 Rn. 2, 7; Staudinger/ *Mankowski* EGBGB Art. 14 Rn. 33; *Looschelders* EGBGB Art. 14 Rn. 20; Böhmer/Finger/*Finger* EGBGB Art. 14 Rn. 11; *Schotten/Schmellenkamp* IPR Rn. 111.

24   Bei Staatenlosen etc tritt an die Stelle der Staatsangehörigkeit ihr durch den gewöhnlichen Aufenthalt bestimmtes Personalstatut; vgl. auch OLG Köln FamRZ 1999, 1517; OLG Celle FamRZ 1998, 757 (758); OLG Karlsruhe FamRZ 1996, 1146 (1147).

25   OLG Celle IPRspr. 2011, Nr. 86, 185; OLG Düsseldorf NJW-RR 2012, 521.

26   Palandt/*Thorn* EGBGB Art. 15 Rn. 17; Soergel/*Schurig* EGBGB Art. 15 Rn. 7 mwN.

27   Krit. *Kropholler*, IPR, § 45 II 3 b, S. 347; MüKoBGB/*Siehr* EGBGB Art. 14 Rn. 17 aE, aber Rückgriff auf freiwillige Aufgabe beschränkt; dagegen zu Recht Staudinger/*Mankowski* EGBGB Art. 14 Rn. 49; Böhmer/Finger/*Finger* EGBGB Art. 14 Rn. 10 und 14.

28   Vgl. BT-Drs. 10/504, 55; Staudinger/*Mankowski* EGBGB Art. 14 Rn. 40.

29   Vgl. LG Hamburg FamRZ 1999, 253 (254); AG Lebach IPRspr. 1999, Nr. 92 = DAVorm 2000, 435.

gemeinsame Staatsangehörigkeit die relevante[30] für beide oder die übereinstimmende die letzte gemeinsame relevante ist, die einer noch innehat. Erwarben beide eine weitere (jeweils andere) Staatsangehörigkeit, trifft Nr. 1 nur zu, wenn entweder für beide oder für einen die gemeinsame ursprüngliche Staatsangehörigkeit ununterbrochen iSd Art. 5 Abs. 1 die relevante war. Soweit beide dieselbe Staatsangehörigkeit hinzuerwarben, kommt es darauf an, ob die neuerworbene für beide die relevante Staatsangehörigkeit iSd Art. 5 Abs. 1 war. Wenn dies der Fall ist, richtet sich das Ehewirkungsstatut ab dem Zeitpunkt des Erwerbs durch beide nach dem hinzugekommenen Heimatrecht, auch wenn später bei Verlegung des Lebensmittelpunktes die ersterworbene Staatsangehörigkeit für einen der Ehepartner wieder die relevante wurde.

Galt für das Ehewirkungsstatut zunächst ausländisches Recht aufgrund der übereinstimmenden ausländischen Staatsangehörigkeit, so erfolgt ein Wechsel zum deutschen Recht, wenn der eine Partner zwischenzeitlich die deutsche Staatsangehörigkeit erworben hatte und der andere Partner Asylberechtigter oder internationaler Flüchtling mit gewöhnlichem Aufenthalt in Deutschland wurde. Das gilt selbst, soweit einer oder beide noch die ausländische Staatsangehörigkeit besitzen.[31]

2. Gemeinsamer gewöhnlicher Aufenthalt (Nr. 2). Mangels eines gemeinsamen Heimatrechts ist der gemeinsame gewöhnliche Aufenthalt (Alt. 1) zum maßgeblichen Zeitpunkt entscheidend. Fehlt es auch daran, wird in einer weiteren Stufe auf den letzten gemeinsamen gewöhnlichen Aufenthalt, den einer von ihnen noch innehat, verwiesen (2. Alt). Beide subsidiäre Verweise finden sich in Art. 14 EGBGB nF wieder. Hier sind sie in der Stufenleiter die primäre bzw. die erste sekundäre Verweisung. Für die Auslegung wird auf → EGBGB Art. 14 Rn. 21 ff. verwiesen. **13**

3. Grundsatz der engsten Verbindung (Nr. 3). Versagt auch die Anknüpfung an einen (früheren) gemeinsamen Aufenthalt, ist das Recht zu ermitteln, mit dem die Ehepartner auf andere Weise gemeinsam am engsten verbunden sind. Diese generalklauselartige Anknüpfung erfordert eine Einzelfallentscheidung.[32] Die Häufung von Kontakten der Eheleute zu einer Rechtsordnung verstärkt deren Gewicht für die Anknüpfung im Verhältnis zu anderen.[33] **14**

a) Kriterien für die Abwägung. Das Gesetz gibt keinen Hinweis, welche Faktoren einzubeziehen sind. Die im Regierungsentwurf enthaltene beispielhafte Aufzählung „insbesondere durch den Verlauf der ehelichen Lebensgemeinschaft oder durch den Ort der Eheschließung"[34] wurde zu Recht weggelassen. Sie hätte von vornherein den Blickwinkel der vielgestaltigen Möglichkeiten eingeengt. Daneben wären wieder neue Zweifelsfragen aufgetaucht (Verlauf der Ehe?).[35] Außerdem ist der Ort der Eheschließung nicht selten zufällig und für sich allein wenig kennzeichnend für eine Ehe.[36] **15**

In die Konkretisierung sind – ohne Rangfolge, Gewichtung oder Vollständigkeit – einzubeziehen:[37] die gemeinsame soziale Bindung der Ehegatten an einen Staat durch Herkunft (iwS), Kultur, Sprache oder berufliche Tätigkeit; der gemeinsame einfache Aufenthalt, allerdings nicht nur ganz vorübergehender Natur; der letzte gemeinsame gewöhnliche Aufenthalt, wenn zwar beide Ehegatten ihn aufgegeben haben, aber einer von ihnen dem betreffenden Staat noch angehört; der beabsichtigte Erwerb einer gemeinsamen Staatsangehörigkeit; die beabsichtigte Begründung eines gemeinsamen gewöhnlichen Aufenthalts;[38] letztlich auch der Ort der Eheschließung, soweit die Verbindung zu dem betreffenden Staat nicht rein zufällig ist und durch weitere Indizien verstärkt wird,[39] insbesondere wenn ein Ehegatte die Staatsangehörigkeit dieses Staates besitzt (bzw. besaß) und/oder dort seinen gewöhnlichen Aufenthalt hat (bzw. hatte).[40] Auch eine gemeinsame Erklärung der Ehegatten, sie seien mit einer bestimmten Rechtsordnung gemeinsam am engsten verbunden, ist ein deutliches Indiz.[41] Weitere Faktoren sind der Geburts- bzw. Aufenthaltsort von gemeinsamen Kindern.[42] Näher zu den Kriterien der Abwägung und Fallkonstellationen → EGBGB Art. 14 Rn. 31 ff. **16**

---

30   Auch im Rahmen dieser Stufe der Anknüpfung gilt Art. 5, vgl. Soergel/*Schurig* EGBGB Art. 14 Rn. 8; Staudinger/ *Mankowski* EGBGB Art. 14 Rn. 46; aA AG Hamburg FamRZ 2000, 958.

31   AG Leverkusen FamRZ 2005, 1684 (1685).

32   Palandt/*Thorn* EGBGB Art. 14 Rn. 10; Staudinger/ *Mankowski* EGBGB Art. 14 Rn. 64; Soergel/*Schurig* EGBGB Art. 14 Rn. 14.

33   BGH IPRax 1994, 131 (133 f.); Staudinger/*Mankowski* EGBGB Art. 14 Rn. 79.

34   Vgl. BT-Drs. 10/504, 9 und 55.

35   BT-Drs. 10/5632, 41 (Bericht des Rechtsausschusses).

36   OLG Düsseldorf FamRZ 2003, 381; AG Hannover FamRZ 2000, 1576; Palandt/*Thorn* EGBGB Art. 14

Rn. 9; MüKoBGB/*Siehr* EGBGB Art. 14 Rn. 37; Staudinger/*Mankowski* EGBGB Art. 14 Rn. 66.

37   Vgl. allg. dazu den Bericht des Rechtsausschusses, BT-Drs. 10/5632, 41, hierzu auch KG FamRZ 2007, 1561 (1562).

38   OLG Köln FamRZ 1998, 1590; AG Hannover NJWE-FER 2001, 279 (280) = IPRspr. 2001 Nr. 64 und FamRZ 2000, 1576; KG FamRZ 2007, 1561 (1562) (geplanter gemeinsamer ehelicher Wohnsitz).

39   BGH IPRax 1994, 131 (133); OLG Celle FamRZ 1998, 686 (687); *Looschelders* EGBGB Art. 14 Rn. 25.

40   OLG Düsseldorf FamRZ 2003, 381.

41   MüKoBGB/*Siehr* EGBGB Art. 14 Rn. 37.

42   AG Würzburg FamRZ 1998, 1591; MüKoBGB/*Siehr* EGBGB Art. 14 Rn. 37.

17   **b) Keine engste Verbindung.** Lässt sich bei Abwägung aller Umstände eine engste Verbundenheit zum maßgeblichen Zeitpunkt nicht feststellen, ist deutsches Recht maßgeblich.[43] Dies rechtfertigt sich daraus, dass aufgrund der Vorschriften über die Zuständigkeit die deutschen Gerichte mit der konkreten Ehe nur befasst sind, wenn ein ausreichender Inlandsbezug die internationale Zuständigkeit eröffnet.[44]

III. Gewähltes Ehewirkungsstatut (Abs. 2–4)

18   Die Möglichkeit, eine Rechtswahl für ihre Ehewirkungen zu treffen, war für die Ehegatten nach Art. 14 EGBGB aF äußerst eingeschränkt. Die Möglichkeit, das Recht des gemeinsamen gewöhnlichen Aufenthalts zu wählen, bestand nicht. Eine Rechtswahl, die nach Art. 14 Abs. 2–4 EGBGB aF vor dem 29.1.2019 wirksam getroffen wurde, ist auch nach diesem Zeitpunkt maßgeblich, soweit sie nicht aufgehoben wurde oder durch eine Rechtswahl nach Art. 14 Abs. 1 EGBGB nF ersetzt wird. Die rechtsgeschäftliche Aufhebung unterliegt den inhaltlich identischen Formerfordernissen des Art. 14 Abs. 4 EGBGB aF bzw. des Art. 14 Abs. 1 S. 3 und 4 EGBGB nF.

19   **1. Gemeinsames Heimatrecht (Abs. 2).** Die Ehegatten konnten für die Ehewirkungen bis zum 28.1.2019 das gemeinsame Heimatrecht wählen, auch soweit es für die objektive Bestimmung des Ehewirkungsstatuts nach Art. 14 Abs. 1 EGBGB aF außer Betracht blieb,[45] weil die Vorschrift Art. 5 Abs. 1 ausdrücklich ausgenommen wird. Der typische Fall ist der, dass ein deutscher Staatsangehöriger, der auch die Staatsangehörigkeit des Staates A besitzt, einen Angehörigen des Staates A geheiratet hat. Nach Abs. 1 wäre das Recht ihres gemeinsamen Aufenthalts (Nr. 2) maßgeblich, denn Nr. 1 findet keine Anwendung, weil es für den Doppelstaater nach Art. 5 Abs. 1 S. 2 allein auf seine deutsche Staatsangehörigkeit ankommt. Abs. 2 eröffnete für dieses Ehepaar die Möglichkeit, das Recht des Staates A als gemeinsames Heimatrecht zu wählen.

20   Umstritten ist, ob die Rechtswahl zugunsten eines gemeinsamen Heimatrechts zulässig war, das bereits gesetzliches Ehewirkungsstatut nach Abs. 1 Nr. 1 zum Zeitpunkt der Rechtswahl ist. Besaßen oder erwarben beide Ehepartner zusätzlich zur Staatsangehörigkeit des Staates A auch die des Staates B und war Letztere für die objektive Anknüpfung wegen Art. 5 Abs. 1 entscheidend, konnten sie das Recht des Staates A wählen und damit erreichen, dass das gesetzliche Ehewirkungsstatut (Recht des Staates B) nicht zur Anwendung kommt.

21   Konnten die Ehegatten jedoch auch das bereits nach Abs. 1 Nr. 1 maßgebliche Recht des Staates B wählen? Die ablehnende Auffassung[46] meint, dass es dafür keinen Anlass gibt. Die Rechtswahl sei nur in engen Grenzen zulässig und der Wunsch nach Ausschluss des renvoi legitimiere dies nicht, zumal die Vorschrift nur das Problem der Mehrstaater regeln wolle.[47] Die Gegenmeinung[48] – der zu folgen ist – kann darauf verweisen, dass Abs. 2 im Unterschied zu Abs. 3 nicht den einschränkenden Bezug auf Abs. 1 Nr. 1 vorsieht. Auch die Ausschaltung des renvoi ist legitim, denn den Ehegatten geht es regelmäßig um die Anwendung eines bestimmten Sachrechts. Zudem beugt eine solche Rechtswahl einem Statutenwechsel vor, denn es kann durchaus sein, dass bei identischen Doppelstaatern die relevante Staatsangehörigkeit durch Verlegung des ehelichen Daseinsmittelpunktes wechselt. Die Rechtswahl schafft Rechtssicherheit und macht die Anknüpfung unabhängig vom Wechsel des gewöhnlichen Aufenthalts, kommt also dem Interesse nach Stetigkeit der Anknüpfung entgegen. Sie befreit die Ehegatten von einer Effektivitätsprüfung.[49]

---

43   KG FamRZ 2002, 840 (842); OLG Schleswig FamRZ 2007, 470; Palandt/*Thorn* EGBGB Art. 14 Rn. 10; MüKoBGB/*Siehr* EGBGB Art. 14 Rn. 38; Erman/*Hohloch* EGBGB Art. 14 Rn. 18 a; Böhmer/Finger/*Finger* EGBGB Art. 14 Rn. 23; *Spickhoff* JZ 1993, 336 (341 f.), offengelassen, da beide Rechtsordnungen zum selben materiellrechtlichen Ergebnis kommen; AG Leverkusen FamRZ 2006, 1384 (1385).

44   AA Staudinger/*Mankowski* EGBGB Art. 14 Rn. 81 (ohne eine andere Anknüpfung aufzustellen); Soergel/*Schurig* EGBGB Art. 14 Rn. 15 sowie Kegel/Schurig IPR § 20 V 1 a, S. 833 (kumulative Berufung der beiden Heimatrechte nach dem Grundsatz des schwächeren Rechts).

45   Wenn diese Staatsangehörigkeit nach Art. 5 Abs. 1 S. 1 (nicht effektive Staatsangehörigkeit) oder Art. 5 Abs. 1 S. 2 (Vorrang der deutschen Staatsangehörigkeit) nicht zu berücksichtigen ist.

46   Palandt/*Thorn* EGBGB Art. 14 Rn. 12; Erman/*Hohloch* EGBGB Art. 14 Rn. 20; Soergel/*Schurig* EGBGB Art. 14 Rn. 19; *Looschelders* EGBGB Art. 14 Rn. 30; Böhmer/Finger/*Finger* EGBGB Art. 14 Rn. 26; *Schotten/Schmellenkamp* IPR Rn. 118; *v. Bar* IPR II Rn. 199 Fn. 459; *Lichtenberger* FS Ferid 1988, S. 269, 273.

47   Vgl. *Looschelders* EGBGB Art. 14 Rn. 30.

48   MüKoBGB/*Siehr* EGBGB Art. 14 Rn. 42; Staudinger/*Mankowski* EGBGB Art. 14 Rn. 172; *Kühne* IPRax 1987, 69 (70 f.).

49   Ausf. dazu Staudinger/*Mankowski* EGBGB Art. 14 Rn. 171 ff.

Fraglich ist, ob die Rechtswahl automatisch analog Abs. 3 S. 2 endete. Dies wird zum Teil vertreten.[50] Die **22** zutreffende Gegenauffassung[51] weist darauf hin, dass ein solcher Tatbestand nach den Grundsätzen der Parteiautonomie und aus Gründen des Vertrauensschutzes ausdrücklich normiert sein muss.[52] Zudem ist diese Lösung konsequent, weil die Ehegatten im Rahmen des Abs. 2 bereits die gemeinsame relevante Staatsangehörigkeit wählen können.[53] Weiterhin spricht der Wille des Gesetzgebers dafür.[54] Hätte er Abs. 3 S. 2 als allgemeinen Beendigungsgrund für die Rechtswahl setzen wollen, hätte er es rechtstechnisch anders lösen müssen. Aus der Vorschrift ergibt sich gerade im Wege eines Umkehrschlusses die vorzuziehende Meinung. Letztlich endet die Rechtswahl nicht, wenn später ihre Voraussetzungen wegfallen.[55]

2. Heimatrecht eines Ehegatten (Abs. 3). Nach S. 1 konnten die Eheleute das Heimatrecht eines Part- **23** ners wählen. Die Rechtswahl war nach dem Wortlaut der Vorschrift ausgeschlossen, wenn sich das anwendbare Recht bereits aus Abs. 1 Nr. 1 ergab; die Ehegatten durften zum Zeitpunkt der Rechtswahl also weder eine gemeinsame Staatsangehörigkeit noch eine frühere gemeinsame Staatsangehörigkeit besitzen, die einer noch innehatte, wobei für Doppelstaater Art. 5 Abs. 1 zu beachten war.

Weiterhin knüpft die Norm die Zulässigkeit der Rechtswahl an zusätzliche Voraussetzungen. Hatten die **24** Ehegatten einen gemeinsamen gewöhnlichen Aufenthalt, war die Rechtswahl nur statthaft, wenn keiner der Ehegatten die Staatsangehörigkeit dieses Staates besaß (**Abs. 3 S. 1 Nr. 1**). Dabei meint Staatsangehörigkeit die iSd Art. 5 Abs. 1 relevante, weil nur diese anknüpfungsbedeutend ist und zusammen mit dem gemeinsamen gewöhnlichen Aufenthalt zu einer solch starken Verbindung führt, die den Ausschluss der Rechtswahl rechtfertigt.[56] Heiratete die Staatsangehörige des Staates A den Staatsangehörigen des Staates B und lebten sie in Deutschland, konnten sie das Recht des Staates A oder B wählen. Hatte jedoch einer von ihnen (auch) die deutsche Staatsangehörigkeit, so war die Rechtswahl nicht zulässig.

Die Rechtswahl war alternativ gem. **Abs. 3 S. 1 Nr. 2** möglich, wenn die Ehegatten ihren gewöhnlichen **25** Aufenthalt in unterschiedlichen Staaten hatten. Es kam nicht darauf an, ob beide oder einer von ihnen die Staatsangehörigkeit des jeweiligen Aufenthaltsstaates besaßen.

Umstritten ist, ob die Möglichkeit der Wahl des Heimatrechts bei einem **Mehrstaater** sich nur auf dessen **26** relevante Staatsangehörigkeit iSd Art. 5 Abs. 1 bezog[57] oder ob auch das Recht der nichtrelevanten Staatsangehörigkeit gewählt werden konnte.[58] In veröffentlichten Entscheidungen ist das Problem bisher nicht aufgetreten.

Die Wirkungen der Rechtswahl endeten gem. Abs. 3 S. 2 automatisch, wenn die Eheleute eine gemeinsame **27** Staatsangehörigkeit – relevante iSd Art. 5 Abs. 1[59] – bis einschließlich 28.1.2019 erwarben. Das bedeutet, dass sich das Ehewirkungsstatut dann nach Abs. 1 Nr. 1 richtete. Dagegen berührte die Begründung eines gemeinsamen gewöhnlichen Aufenthalts in einem Land, dessen Staatsangehörigkeit einer der Ehegatten besaß, die Wirkungen der Rechtswahl nicht.

Es ist davon auszugehen, dass die Regelung in Abs. 3 S. 2 zur gesetzlichen Aufhebung einer getroffenen Rechtswahl ab dem 29.1.2019 keine Anwendung mehr findet, denn sie steht im Widerspruch zu Art. 14 Abs. 1 EGBGB nF. Außerdem ist ihre Heranziehung ausgeschlossen, wenn die Ehegatten eine Rechtswahl nach Abs. 3 EGBGB zum Zeitpunkt der Eheschließung getroffen hatten und es um die Bestimmung des Güterstatuts nach Art. 15 Abs. 1 EGBGB idFv 1986 geht.

50　*Schotten/Schmellenkamp* IPR Rn. 122; *Kühne* IPRax 1987, 69 (72).
51　Palandt/*Thorn* EGBGB Art. 14 Rn. 15; MüKoBGB/*Siehr* EGBGB Art. 14 Rn. 44; Soergel/*Schurig* EGBGB Art. 14 Rn. 20; Staudinger/*Mankowski* EGBGB Art. 14 Rn. 177; *Looschelders* EGBGB Art. 14 Rn. 31; Böhmer/Finger/*Finger* EGBGB Art. 14 Rn. 27.
52　Staudinger/*Mankowski* EGBGB Art. 14 Rn. 176.
53　MüKoBGB/*Siehr* EGBGB Art. 14 Rn. 44; Soergel/*Schurig* EGBGB Art. 14 Rn. 20.
54　Vgl. BT-Drs. 10/504, 56.
55　Vgl. MüKoBGB/*Siehr* EGBGB Art. 14 Rn. 44; Böhmer/Finger/*Finger* EGBGB Art. 14 Rn. 27; aA Soergel/*Schurig* EGBGB Art. 14 Rn. 20.
56　So auch Staudinger/*Mankowski* EGBGB Art. 14 Rn. 191 f.; *Looschelders* EGBGB Art. 14 Rn. 32; *Kühne* IPRax 1987, 69 (71); MüKoBGB/*Siehr* EGBGB Art. 14 Rn. 49; aA Soergel/*Schurig* EGBGB Art. 14 Rn. 24; Böhmer/Finger/*Finger* EGBGB Art. 14 Rn. 32.

57　Erman/*Hohloch* EGBGB Art. 14 Rn. 22; Staudinger/*Mankowski* EGBGB Art. 14 Rn. 182 ff.; Palandt/*Thorn* EGBGB Art. 14 Rn. 13; *Looschelders* EGBGB Art. 14 Rn. 34; MüKoBGB/*Siehr* EGBGB Art. 14 Rn. 49 für Art. 14 Abs. 3 Nr. 1; Böhmer/Finger/*Finger* EGBGB Art. 14 Rn. 32; *v. Bar* IPR II Rn. 200; *Kühne* IPRax 1987, 69 (71); *Wegmann* NJW 1987, 1740 (1741).
58　Soergel/*Schurig* EGBGB Art. 14 Rn. 22; MüKoBGB/*Siehr* EGBGB Art. 14 Rn. 50 für Art. 14 Abs. 3 Nr. 2; *Schotten/Schmellenkamp* IPR Rn. 119; *Lichtenberger* FS Ferid 1988, S. 269, 273; *Kegel/Schurig* IPR § 20 V 1 b S. 834.
59　Erman/*Hohloch* EGBGB Art. 14 Rn. 26; MüKoBGB/*Siehr* EGBGB Art. 14 Rn. 51; Soergel/*Schurig* EGBGB Art. 14 Rn. 26; *Wegmann* NJW 1987, 1740 (1741); *Kühne* IPRax 1987, 68 (72); aA Palandt/*Thorn* EGBGB Art. 14 Rn. 15; *v. Hoffmann/Thorn* IPR § 8 Rn. 28.

28   **3. Weitere übergreifende Fragen zur Rechtswahl.** Die Regelung für die Form der Rechtswahl in Art. 14 Abs. 4 EGBGB aF ist inhaltlich identisch mit Art. 14 Abs. 1 S. 3 und 4 EGBGB nF. Deshalb wird hierfür auf → EGBGB Art. 14 Rn. 13 f verwiesen.

29   Die Rechtswahl konnte **ausdrücklich**, aber auch **konkludent**[60] erfolgt sein, wenn sie sich mit hinreichender Sicherheit aus der Vereinbarung der Partner und den Umständen ergibt, die zur Vereinbarung führten, hierzu näher wegen der Identität der Auslegung → EGBGB Art. 14 Rn. 15 f.

30   Da auch das Ehewirkungsstatut nach Art. 14 EGBGB aF wandelbar ist, war auch die Rechtswahl an keinen Zeitpunkt gebunden. Sie war bereits vor der Eheschließung möglich und konnte auch zu einer Zeit erfolgen, in der die Bedingungen für eine Rechtswahl nicht gegeben waren (vorsorgliche Rechtswahl).[61] Allerdings traten die Wirkungen der Rechtswahl erst und nur dann ein, wenn die gesetzlichen Voraussetzungen hierfür erfüllt waren.[62] Die Rechtswahl konnte auch noch im Rahmen einer Scheidungsvereinbarung bzw. zur Vorbereitung der Scheidung getroffen werden; nur musste sie sich auf die Ehewirkungen nicht nur auf die Scheidung beziehen.[63] Nur eine Rechtswahl, die bereits zum Zeitpunkt der Eheschließung getroffen wurde und voll wirksam war, bestimmt über Art. 15 Abs. 1 EGBGB das Güterstatut. Da es für das Güterstatut auf das Ehewirkungsstatut zur Zeit der Eheschließung ankommt, ändert sich Ersteres nicht dadurch, dass die Rechtswahl für das Ehewirkungsstatut später aufgehoben oder geändert wurde. Nur die Rechtswahl für das Güterstatut nach Art. 15 Abs. 2–4 EGBGB idFv 1986 konnte bis zum 28.1.2019 die Änderung des Güterstatuts bewirken.

31   Zustandekommen und rechtsgeschäftliche Wirksamkeit, einschließlich Willensmängel der Rechtswahl, sind nach dem gewählten Recht zu beurteilen.[64] Die Zulässigkeit der Rechtswahl als solche, die wählbare Rechtsordnung und der Umfang der Rechtswahl sind hiervon jedoch abzugrenzen; sie bestimmen sich stets nach inländischem Recht.[65]

IV. Allgemeine Fragen des Internationalen Privatrechts

32   Für den renvoi, den ordre public, die Vorfrage des Bestehens der Ehe und die Verweisung auf das Recht eines Mehrrechtsstaates wird wegen der Übereinstimmung auf → Rn. 18 verwiesen.

V. Staatensukzession

33   Hatten die Ehegatten die gemeinsame Staatsangehörigkeit eines Staates, der inzwischen zerfallen ist oder von dem sich Teile als Staaten abgespalten haben (zB Sowjetunion, Jugoslawien, Tschechoslowakei), gilt für das Ehewirkungsstatut aufgrund seiner Wandelbarkeit Folgendes: Haben die Ehegatten nunmehr eine gemeinsame Staatsangehörigkeit, dann kommt es auf diese an. Dagegen kann die frühere gemeinsame Staatsangehörigkeit nicht als Anknüpfungspunkt dienen, wenn beide nunmehr die Staatsangehörigkeit unterschiedlicher Staaten besitzen, die sich auf dem Territorium des zerfallenen Staates befinden. Das gilt selbst dann, wenn einer der Staaten rechtlich mit dem Altstaat identisch ist. In diesen Fällen kommt es für die Anknüpfung auf den gemeinsamen gewöhnlichen Aufenthalt oder den letzten gemeinsamen gewöhnlichen Aufenthalt an (Abs. 1 Nr. 2).[66] Letzterer führt jedoch dann nicht zur maßgeblichen Rechtsordnung, wenn dieser Aufenthalt zeitlich vor der Staatensukzession lag. In diesem Fall wird über den gewöhnlichen Aufenthalt keine Verbindung der Ehegatten zur Rechtsordnung eines der nunmehr bestehenden Staaten zum Ausdruck gebracht. Die Anknüpfung ist in diesem Fall nach dem Prinzip der engsten Verbindung (Abs. 1 Nr. 3) vorzunehmen. Soweit eine engste Verbindung nicht festgestellt werden kann, ist deutsches Recht anzuwenden (→ Rn. 14 ff).

---

60   Vgl. BayObLG FamRZ 2003, 381 (383) und FamRZ 1998, 1594 (1596); OLG Karlsruhe FamRZ 2006, 948; Staudinger/*Mankowski* EGBGB Art. 14 Rn. 143; Böhmer/Finger/*Finger* EGBGB Art. 14 Rn. 36.

61   Palandt/*Thorn* EGBGB Art. 14 Rn. 11; Erman/*Hohloch* EGBGB Art. 14 Rn. 23; Soergel/*Schurig* EGBGB Art. 14 Rn. 29; Staudinger/*Mankowski* EGBGB Art. 14 Rn. 145; Böhmer/Finger/*Finger* EGBGB Art. 14 Rn. 25.

62   BT-Drs. 10/504, 56; MüKoBGB/*Siehr* EGBGB Art. 14 Rn. 58; Soergel/*Schurig* EGBGB Art. 14 Rn. 29 mwN.

63   KG IPRax 2000, 544 (544 f.) mwN; Staudinger/*Mankowski* EGBGB Art. 14 Rn. 146.

64   Erman/*Hohloch* EGBGB Art. 14 Rn. 23; MüKoBGB/*Siehr* EGBGB Art. 14 Rn. 59; Staudinger/*Mankowski* EGBGB Art. 14 Rn. 138; *Looschelders* EGBGB Art. 14 Rn. 37; aA Palandt/*Thorn* EGBGB Art. 14 Rn. 14 aE; *Börner* IPRax 1995, 309 (313 f.).

65   So auch Staudinger/*Mankowski* EGBGB Art. 14 Rn. 139; *Börner* IPRax 1995, 309 (312 f.).

66   OLG Düsseldorf FamRZ 1995, 932 (933); AG Heidelberg IPRax 1999, 386 (Ls. mit Anm. *Jayme*); *Jayme* IPRax 1992, 333 (Anm. zu AG Böblingen, ebd.).

Die Lösung für das Ehewirkungsstatut ist nicht ohne Weiteres auf Art. 15 Abs. 1 iVm 14 Abs. 1 Nr. 1 **34** EGBGB idFv 1986 zu übertragen.[67] Die unwandelbare Anknüpfung für das Ehegüterrecht schafft Probleme, wenn der Staat, dessen Recht danach berufen wäre, zum Entscheidungszeitpunkt nicht mehr existiert und auf seinem Territorium mehrere Staaten entstanden sind. Das gesetzlich vorgeschriebene Anknüpfungskriterium der gemeinsamen Staatsangehörigkeit muss für einen solchen Fall ergänzt werden.[68] Hierfür eignet sich der Grundsatz der engsten Verbindung in Analogie zu Art. 4 Abs. 3 S. 2 EGBGB.[69] Verwiesen wird auf das Recht eines der Nachfolgestaaten, wenn die Ehegatten zum Zeitpunkt der Eheschließung eine gemeinsame enge Verbindung zu dem Gebiet in dem untergegangenen Staat hatten, das nunmehr Territorium dieses Nachfolgestaates ist. Besonders zu berücksichtigende Verbindungen sind der gemeinsame gewöhnliche Aufenthalt in einem solchen Teilgebiet zum Zeitpunkt der Eheschließung, notfalls auch die damalige gemeinsame Republikzugehörigkeit.[70] Letzteres rechtfertigt sich dann, wenn für die betreffende Person nach dem Staatsangehörigkeitsgesetz des Nachfolgestaates aufgrund der Republikzugehörigkeit ein automatischer Wechsel zur Staatsangehörigkeit erfolgte.[71] Wegen der internationalprivatrechtlichen Grundentscheidung für eine personelle Anknüpfung an die Staatsangehörigkeit in Art. 14 Abs. 1 Nr. 1 EGBGB idFv 1986 kann bezogen auf die Ergänzung nicht zu objektiv-sachverhaltsbezogenen Kriterien gewechselt werden.[72] Deshalb ist der Eheschließungsort als Kriterium nicht geeignet.[73] Wie bei Art. 15 Abs. 1, 14 Abs. 1 Nr. 1 EGBGB idFv 1986 im Allgemeinen kann auch bei dieser Modifikation eine gemeinsame Verbindung der Ehegatten der geforderten Art zu einem Nachfolgestaat fehlen, so dass die nächstfolgende subsidiäre Anknüpfung zu prüfen ist.[74] Das anwendbare Recht ist dann nach Art. 15 Abs. 1, 14 Abs. 1 Nr. 2 (gemeinsamer gewöhnlicher Aufenthalt zur Zeit der Eheschließung), notfalls nach Nr. 3 EGBGB idFv 1986 (engste gemeinsame Verbindung zur Zeit der Eheschließung) zu bestimmen.

Art. 15 und 16 EGBGB [aufgehoben]

Art. 17 EGBGB Sonderregelungen zur Scheidung

(1) Soweit vermögensrechtliche Scheidungsfolgen nicht in den Anwendungsbereich der Verordnung (EU) 2016/1103 oder der Verordnung (EG) Nr. 4/2009 fallen oder von anderen Vorschriften dieses Abschnitts erfasst sind, unterliegen sie dem nach der Verordnung (EU) Nr. 1259/2010 auf die Scheidung anzuwendenden Recht.

(2) Auf Scheidungen, die nicht in den Anwendungsbereich der Verordnung (EU) Nr. 1259/2010 fallen, finden die Vorschriften des Kapitels II dieser Verordnung mit folgenden Maßgaben entsprechende Anwendung:

1. Artikel 5 Absatz 1 Buchstabe d der Verordnung (EU) Nr. 1259/2010 ist nicht anzuwenden;

2. in Artikel 5 Absatz 2, Artikel 6 Absatz 2 und Artikel 8 Buchstabe a bis c der Verordnung (EU) Nr. 1259/2010 ist statt auf den Zeitpunkt der Anrufung des Gerichts auf den Zeitpunkt der Einleitung des Scheidungsverfahrens abzustellen;

---

67 Hierzu *Andrae* IntFamR § 4 Rn. 238 ff.

68 Näher hierzu: *Andrae* IPRax 2016, 578 ff.

69 *Grosserichter/Bauer* RabelsZ 65(2001), 201, 213 ff.; *Kropholler* IPR § 28 IV.2; MüKoBGB/*v. Hein*, 7. Aufl. 2018, Einl. IPR Rn. 53; Palandt/*Thorn* EGBGB Art. 4 Rn. 12; *Abbas*, Die Vermögensbeziehungen, 50 ff., insbes. 73 ff., 117 ff. 253 ff.

70 Es gibt Entscheidungen, die direkt die gemeinsame Staatsangehörigkeit eines Nachfolgestaates zum Beurteilungszeitraum als maßgebend betrachten, so OLG Koblenz NJW-RR 1994, 648; OLG Hamm FamRZ 1999, 299; OLG Stuttgart FamRZ 2002, 1032. Dass es im Zeitpunkt der Eheschließung den Gesamtstaat Jugoslawien gab, wird ausgeblendet. Diese vereinfachte Methode führt nur dann zu einem akzeptablen Ergebnis, das in Übereinstimmung mit Art. 15 Abs. 1 EGBGB idFv 1986 steht, wenn die beiden Ehegatten bereits vor dem Zerfall die entsprechende übereinstimmende Republikzugehörigkeit hatten. Ansonsten wird der Grundsatz der Unwandelbarkeit verletzt.

71 Hierzu mit Nachweisen *Abbas*, Die Vermögensbeziehungen, 215 ff.

72 MüKoBGB/*v. Hein*, 7. Aufl. 2018, Art. 4 EGBGB Rn. 169; andere Sicht OLG Frankfurt FamRZ 2017, 1169.

73 AG Böblingen IPRspr. 1992, S. 195 Nr. 85.

74 Typischer Fall ist der, dass in Deutschland lebende ehemalige jugoslawische Staatsangehörige mit unterschiedlicher Republikzugehörigkeit die Ehe eingingen, OLG Stuttgart NJW-RR 2015, 838, kritisch *Andrae* IPRax 2016, 578 ff. Das OLG Stuttgart kommt zwar zum deutschen Recht, nimmt jedoch hier mE fehlerhaft an, dass serbisches Recht nach Art. 15 Abs. 1, 14 Abs. 1 Nr. 1 EGBGB idFv 1986 berufen wäre, obwohl es keine Verbindung der Ehefrau zum Gebiet der Republik Serbien zur Zeit der Eheschließung aufzeigt. Es kommt zum deutschen Güterrecht aufgrund einer Rückverweisung des serbischen IPR auf das deutsche Recht; ähnlicher Sachverhalt OLG Nürnberg FamRZ 2011, 1509.

3. **abweichend von Artikel 5 Absatz 3 der Verordnung (EU) Nr. 1259/2010 können die Ehegatten die Rechtswahl auch noch im Laufe des Verfahrens in der durch Artikel 7 dieser Verordnung bestimmten Form vornehmen, wenn das gewählte Recht dies vorsieht;**
4. **im Fall des Artikels 8 Buchstabe d der Verordnung (EU) Nr. 1259/2010 ist statt des Rechts des angerufenen Gerichts das Recht desjenigen Staates anzuwenden, mit dem die Ehegatten im Zeitpunkt der Einleitung des Scheidungsverfahrens auf andere Weise gemeinsam am engsten verbunden sind, und**
5. **statt der Artikel 10 und 12 der Verordnung (EU) Nr. 1259/2010 findet Artikel 6 Anwendung.**

(3) Eine Ehe kann im Inland nur durch ein Gericht geschieden werden.

(4) ¹Der Versorgungsausgleich unterliegt dem nach der Verordnung (EU) Nr. 1259/2010 auf die Scheidung anzuwendenden Recht; er ist nur durchzuführen, wenn danach deutsches Recht anzuwenden ist und ihn das Recht eines der Staaten kennt, denen die Ehegatten im Zeitpunkt des Eintritts der Rechtshängigkeit des Scheidungsantrags angehören. ²Im Übrigen ist der Versorgungsausgleich auf Antrag eines Ehegatten nach deutschem Recht durchzuführen, wenn einer der Ehegatten in der Ehezeit ein Anrecht bei einem inländischen Versorgungsträger erworben hat, soweit die Durchführung des Versorgungsausgleichs insbesondere im Hinblick auf die beiderseitigen wirtschaftlichen Verhältnisse während der gesamten Ehezeit der Billigkeit nicht widerspricht.

Literatur: *Antomo,* Privatscheidungen und der neue Art. 17 Abs. 2 EGBGB: Rom III-VO à la berlinoise, StAZ 2019, 33; *dies.,* Ausländische Privatscheidungen im Standesamt, StAZ 2020, 33; *Hau,* Zur Durchführung der Rom III-VO in Deutschland, FamRZ 2013, 249; *Gruber,* Die neue Anknüpfung des Versorgungsausgleichs – eine Bestandsaufnahme, IPRax 2016, 539; *Rauscher,* Anpassung des IPR an die Rom III-VO, FPR 2013, 257; *Reetz,* Auslandsberührung und Versorgungsausgleichsstatut, NotBZ 2012, 401; *Schlürmann,* Art. 17 Abs. 2 EGBGB n. F. als überschießende Anwendung der Rom III-VO – das neue Kollisionsrecht für Privatscheidungen nach Sahyouni, FamRZ 2019, 1035.

A. Allgemeines 1
B. Vermögensrechtliche Scheidungsfolgen
    (Abs. 1) 5
    I. Tatbestandliche Voraussetzungen 5
    II. Subsidiarität neben vorrangigem Verordnungsrecht bzw. Art. 15 EGBGB aF 7
    III. Anwendungsfälle 13
        1. Genugtuungs- und Entschädigungsansprüche des unschuldig Geschiedenen 13
            a) Ehen außerhalb des zeitlichen Anwendungsbereichs der EuGüVO 13
            b) Ehen im zeitlichen Anwendungsbereich der EuGüVO 16
        2. Widerruf von Schenkungen 17
            a) Ehen außerhalb des zeitlichen Anwendungsbereichs der EuGüVO 17
            b) Ehen im zeitlichen Anwendungsbereich der EuGüVO 18
        3. Anspruch auf Zahlung der Brautgabe 19
            a) Ehen außerhalb des zeitlichen Anwendungsbereichs der EuGüVO 19
            b) Ehen im zeitlichen Anwendungsbereich der EuGüVO 21
        4. Nutzungsbefugnis an im Ausland belegenen Gegenständen 22
            a) Ehen außerhalb des zeitlichen Anwendungsbereichs der EuGüVO 22
            b) Ehen im zeitlichen Anwendungsbereich der EuGüVO 24
    IV. Anwendung der Rom III-VO im Einzelnen ... 25
    V. Anknüpfung der Privatscheidung (Abs. 2) 33
        1. Regelungslücke infolge der Entscheidung des EuGH in der Rs. Sahyouni II 33
        2. Wirksamkeit der in einem Drittstaat vorgenommenen Privatscheidung 38
            a) Abgrenzung zwischen gerichtlicher/ behördlicher Scheidung und Privatscheidung 38
            b) Anknüpfung nach Art. 17 Abs. 2 iVm der Rom III-VO im Einzelnen 43
            aa) Objektive Anknüpfung 43
            bb) Rechtswahl 50

        cc) Ordre public 55
    c) Verfahrensrechtliche Einkleidung der Wirksamkeitskontrolle 59
        3. Wirksamkeit der in einem EU-Mitgliedstaat vorgenommenen Privatscheidung ... 60
VI. Scheidungsmonopol der Gerichte (Abs. 3) 64
        1. Dogmatische Einordnung 64
        2. Einfluss auf inländische Entscheidungen . 65
            a) Inländische Entscheidung bei einer vom ausländischen Recht vorgesehenen Zuständigkeit von Behörden oder geistlichen Gerichten 65
            b) Inländische Entscheidung bei einer vom ausländischen Recht vorgesehenen Privatscheidung 66
        3. Unwirksamkeit von im Inland vorgenommenen, nicht durch das Familiengericht ausgesprochenen Scheidungen 70
VII. Versorgungsausgleich
    (Art. 17 Abs. 4 EGBGB) 80
        1. Überblick 80
        2. Maßgeblichkeit des Scheidungsstatuts 85
            a) Allgemeine Anknüpfungsgrundsätze .. 85
            b) Anwendung der Rom III-VO im Einzelnen 90
            aa) Prüfung einer Verweisung auf das deutsche Recht 90
            bb) Objektive Anknüpfung 91
            cc) Rechtswahl 93
            dd) Versorgungsausgleich in den Fällen des 10 und Art. 12 Rom III-VO 97
            ee) Anknüpfung des vertraglichen Ausschlusses des Versorgungsausgleichs 99
            c) Anwendung bei hinkender Ehe 102
            d) Einschränkung durch zusätzliche Anwendung des Heimatrechts 104
            aa) Wirkungsweise der Vorschrift im Allgemeinen 104
            bb) Teleologische Reduktion bei Wahl des Scheidungsstatuts 106

cc) Alternative Sachnormverweisung
auf das Heimatrecht der Ehegatten .. 109
dd) Kenntnis des Versorgungsausgleichs
durch das ausländische Recht 112
ee) Rechtsfolge 118
3. Regelwidrige Durchführung nach deutschem Recht (Abs. 4 S. 2) 119
a) Überblick 119
b) Voraussetzungen 122
aa) Anwendbarkeit des Abs. 4 S. 2 122
bb) Teleologische Reduktion bei Wahl
des Scheidungsstatuts 123

cc) Antrag.............................. 125
dd) Erwerb eines Anrechts im Inland,
kein Widerspruch zur Billigkeit 130
c) Rechtsfolge 136
4. Feststellung und Bewertung ausländischer
Anwartschaften 140
5. Vorrangiges EU-Verordnungsrecht;
Staatsverträge 143
a) EuGüVO 143
b) Deutsch-iranisches Niederlassungsabkommen............................... 149

A. Allgemeines

Die Rom III-VO[1] enthält eine kollisionsrechtliche Bestimmung des auf die **Scheidung** anwendbaren **1**
Rechts. Als EU-Verordnung ist sie, soweit ihr Anwendungsbereich reicht, gegenüber dem nationalen Kollisionsrecht vorrangig anzuwenden. Allerdings beschränkt sie sich auf die Bestimmung des für die Scheidungsvoraussetzungen maßgeblichen Rechts und nimmt Neben- oder Folgefragen zur Scheidung ausdrücklich von ihrem Anwendungsbereich aus (s. Band Rom-Verordnungen, → Rom III-VO Art. 1 Rn. 55 ff.).
Auch ist die Rom III-VO nach dem EuGH nicht auf die Privatscheidung anwendbar (→ Rn. 33 ff.).

Art. 17 Abs. 1, 2 und 4 sehen hieran anschließend für bestimmte Regelungsfragen, die an sich nicht im **2**
sachlichen Anwendungsbereich der Rom III-VO liegen, eine „überschießende" Anwendung der Rom III-
VO vor. Es handelt sich näher betrachtet um sehr unterschiedliche Anknüpfungsgegenstände, nämlich um
bestimmte **vermögensrechtliche Scheidungsfolgen** (Abs. 1), die **Privatscheidung** (Abs. 2) sowie den **Versorgungsausgleich** (Abs. 4).

Allerdings hat der deutsche Gesetzgeber nur im Falle des Art. 17 Abs. 1 (vermögensrechtliche Scheidungs- **3**
folgen) eine unmodifizierte Anwendung der Rom III-VO angeordnet. Im Falle von Art. 17 Abs. 2 (Privatscheidung) und vor allem im Falle von Art. 17 Abs. 4 (Versorgungsausgleich) kommt die Rom III-VO nur
mit erheblichen Modifikationen zur Anwendung.

Art. 17 Abs. 3 enthält schließlich eine Sonderregelung für die Privatscheidung. Die Norm legt fest, dass eine **4**
Ehe **im Inland nur durch ein Gericht geschieden** werden kann. Der Regelungsgehalt des § 1564 BGB
wird damit auch in Fällen mit Auslandsbezug durchgesetzt. Damit wird zugleich gesagt, dass eine Privatscheidung, die im Inland vorgenommen wird, unwirksam ist. Hieraus folgt wiederum, dass die in Art. 17
Abs. 2 vorgesehene Anknüpfung der Privatscheidung von vornherein nur für die Fälle relevant ist, in denen
die Privatscheidung *außerhalb* Deutschlands vorgenommen worden ist.

B. Vermögensrechtliche Scheidungsfolgen (Abs. 1)

I. Tatbestandliche Voraussetzungen

Abs. 1 bezieht sich auf **vermögensrechtliche Folgen** einer **Scheidung**, enthält also im Ausgangspunkt **5**
einen sehr weit gefassten Tatbestand. Auf Scheidungsfolgen, die nicht „vermögensrechtlicher" Natur sind,
ist Abs. 1 nicht anzuwenden. Dies betrifft etwa namensrechtliche Folgen, die von Art. 10 erfasst sind, sowie
das vornehmlich vom KSÜ geregelte elterliche Sorge- oder Umgangsrecht. In **zeitlicher Hinsicht** ist die
Vorschrift anzuwenden, wenn das Verfahren auf Ehescheidung nach dem 28.1.2013 eingeleitet worden ist
(Art. 229 § 28 Abs. 1 EGBGB).[2] Durch das Gesetz zum Internationalen Güterrecht und zur Änderung von
Vorschriften des Internationalen Privatrechts[3] vom 17.12.2018 wurde in Abs. 1 der (deklaratorische) Hin-
weis aufgenommen, dass Art. 15 UnterhaltsVO iVm dem Haager Protokoll vom 23.11.2007 über das auf
Unterhaltspflichten anzuwendende Recht sowie die EuGüVO vorrangig anzuwenden sind; dies ergibt sich

---

1   Verordnung (EU) Nr. 1259/2010 des Rates vom
20.12.2010 zur Durchführung einer Verstärkten
Zusammenarbeit im Bereich des auf die Ehescheidung und Trennung ohne Auflösung des Ehebandes
anzuwendenden Rechts, ABl. L 343 S. 10.

2   Allerdings ist zu beachten, dass die Rom III-VO
bereits für gerichtliche Verfahren und Rechtswahlvereinbarungen gilt, die ab dem 21.6.2012 eingeleitet
bzw. geschlossen worden sind (Art. 18 Rom III-VO).

Allerdings war auch für diese Scheidungsfolgen an
das Statut der Rom III-VO anzuknüpfen; durch die
Einführung des Art. 17 Abs. 1 EGBGB nF hat sich
insoweit nichts geändert (s. MüKoBGB/*Winkler
v. Mohrenfels* EGBGB Art. 229 § 28 Rn. 1, 2.

3   BGBl. I, S. 2573 (dort Art. 2 Nr. 6 b). Die (mit dem
deklaratorischen Hinweis auf die vorrangigen Verordnungen ergänzte) Vorschrift ist seit dem
29.1.2019 anzuwenden.

aber ohnehin aus dem Anwendungsvorrang von EU-Verordnungen und hat daher keine eigenständige Bedeutung.[4]

6 Bei der Scheidung kann es sich um eine Inlandsscheidung oder um eine anzuerkennende ausländische Scheidung bzw. auch um eine wirksam im Ausland vorgenommene Privatscheidung handeln. Die Vorschrift ist darüber hinaus entsprechend anzuwenden, wenn es um die Folgen einer gerichtlichen **Trennung ohne Auflösung des Ehebandes** – etwa nach einer romanischen Rechtsordnung – geht.[5] Für **gleichgeschlechtliche Ehen** ordnet Art. 17 b Abs. 5 eine entsprechende Anwendung von Abs. 1 an.

II. Subsidiarität neben vorrangigem Verordnungsrecht bzw. Art. 15 EGBGB aF

7 Art. 17 Abs. 1 weist ausdrücklich darauf hin, dass er nur anzuwenden ist, wenn nicht der Anwendungsbereich der Verordnung (EU) 2016/1103 – also der **EuGüVO** – oder der Verordnung (EG) Nr. 4/2009 – also der **UnterhaltsVO** – eröffnet ist. Die UnterhaltsVO enthält ihrerseits in Art. 15 eine Weiterverweisung auf das **Haager Protokoll vom 23.11.2007 über das auf Unterhaltspflichten anzuwendende Recht**. Bei Art. 17 Abs. 1 handelt es sich maW um einen nur subsidiär anwendbaren **Auffangtatbestand**.

8 Gerade die EuGüVO weist einen sehr weiten Anwendungsbereich auf. Sie ist nach ihrem Art. 1 Abs. 1 auf „die ehelichen Güterstände" anzuwenden. Der Begriff des ehelichen Güterstands wird sodann in Art. 3 Abs. 1 lit. a EuGüVO definiert. Er umfasst **„sämtliche vermögensrechtlichen Regelungen**, die zwischen den Ehegatten und in ihren Beziehungen zu Dritten aufgrund der Ehe oder der Auflösung der Ehe gelten". Neben der EuGüVO – deren zeitliche Anwendbarkeit vorausgesetzt – bleibt daher für Art. 17 Abs. 1 kaum noch Raum. Art. 17 Abs. 1 könnte noch im Hinblick auf Genugtuungs- oder Entschädigungsansprüche eines Ehegatten aus Anlass der Scheidung anwendbar sein; selbst dies ist aber nicht ganz zweifelsfrei (→ Rn. 16).

9 Allerdings gelten die Kollisionsregeln der EuGüVO in **zeitlicher Hinsicht** nur für Ehegatten, die an oder nach dem 29.1.2019 die Ehe eingegangen sind oder an oder nach dem 29.1.2019 eine Wahl des auf ihren Güterstand iSd EuGüVO anzuwendenden Rechts getroffen haben (Art. 69 Abs. 3 EuGüVO). Aufgrund dieser Regelung des zeitlichen Anwendungsbereichs bleibt für das nationale Kollisionsrecht daher doch noch ein erheblicher Spielraum.

10 Zu beachten ist sodann aber wiederum, dass der durch das Gesetz zum Internationalen Güterrecht und zur Änderung von Vorschriften des Internationalen Privatrechts vom 17.12.2018 aufgehobene[6] Art. 15 EGBGB (Güterrecht) nach Art. 229 § 47 Abs. 2 Nr. 2 EGBGB auf solche Ehen anwendbar bleibt, die in zeitlicher Hinsicht nicht von der EuGüVO erfasst werden. Für diese „Altehen" verdrängt Art. 15 EGBGB – soweit sein sachlicher Anwendungsbereich reicht – Art. 17 Abs. 1 EGBGB.

11 Art. 15 EGBGB erstreckt sich allerdings, anders als die EuGüVO, nicht pauschal auf sämtliche „vermögensrechtlichen Regelungen", die zwischen den Ehegatten und in ihren Beziehungen zu Dritten aufgrund der Ehe oder der Auflösung der Ehe gelten. Vielmehr beschränkt sich die Vorschrift auf die genuin „güterrechtlichen Wirkungen" der Ehe. Der Anwendungsbereich des Art. 15 EGBGB bleibt daher seinem Umfang nach etwas hinter dem Anwendungsbereich der EuGüVO zurück. Während somit Art. 17 Abs. 1 in sachlicher Hinsicht von der EuGüVO fast vollständig verdrängt wird, bleibt für Art. 17 Abs. 1 im Verhältnis zu Art. 15 EGBGB ein etwas größerer Spielraum.

12 Daraus folgt wiederum, dass bei der Frage, ob Art. 17 Abs. 1 EGBGB anwendbar ist, zwischen den von der EuGüVO erfassten Ehen einerseits und den noch von Art. 15 EGBGB erfassten „Altehen" andererseits unterschieden werden muss. In jedem Fall vorrangig anzuwenden ist im Übrigen noch das deutsch-iranische Niederlassungsabkommen vom 17.2.1929.

III. Anwendungsfälle

13 **1. Genugtuungs- und Entschädigungsansprüche des unschuldig Geschiedenen. a) Ehen außerhalb des zeitlichen Anwendungsbereichs der EuGüVO.** Bei in zeitlicher Hinsicht nicht von der EuGüVO erfassten Ehen (→ Rn. 9) findet Abs. 1 vor allem auf **Genugtuungs- oder Entschädigungsansprüche** des für das Scheitern der Ehe nicht verantwortlichen Ehegatten Anwendung. Mit der Regelung des Abs. 1 wollte der deutsche Gesetzgeber gerade solche Ansprüche erfassen.[7] Genugtuungs- oder Entschädigungsansprüche im Anschluss an ein Scheitern der Ehe sind im deutschen Sachrecht nicht vorgesehen. Sie haben aber im ausländischen Recht eine gewisse praktische Relevanz. So sieht insbesondere das türkische

---

4 BT-Drs. 19/4852 S. 38.
5 Erman/*Hohloch* EGBGB Art. 17 Rn. 14.
6 Siehe Art. 2 Nr. 5 des Gesetzes (BGBl. I, S. 2573).
7 Entwurf eines Gesetzes zur Anpassung der Vorschriften des Internationalen Privatrechts an die Verord-

nung (EU) Nr. 1259/2010 und zur Änderung anderer Vorschriften des Internationalen Privatrechts (BR-Drs. 468/12, S. 10).

Recht in Art. 174 Abs. 2 türk. ZGB einen derartigen Anspruch vor; dieser Anspruch ist darauf gerichtet, dem Ehegatten, den an der Scheidung kein Verschulden oder ein geringeres Verschulden als den anderen Ehegatten trifft, eine Kompensation für seelische Leiden zu gewähren.[8] Ein derartiger Anspruch ist weder unterhaltsrechtlich noch güterrechtlich iSd Art. 15 EGBGB zu qualifizieren.[9] Dementsprechend ist insoweit Art. 17 Abs. 1 anzuwenden.

Das türkische Recht sieht vor, dass die Schadensersatzpflicht nach Art. 174 Abs. 2 türk. ZGB auch eine **14** dritte Person trifft, die mit einem Ehegatten während der Ehe eine außereheliche Beziehung hat. Diese dritte Person kann sodann neben dem ebenfalls anspruchsverpflichteten Ehegatten als Gesamtschuldnerin in Anspruch genommen werden.[10] Diesen Anspruch wird man im Ausgangspunkt deliktisch, aber letztlich akzessorisch an das Statut des Art. 17 Abs. 1 anknüpfen müssen (vgl. Art. 41 Abs. 2 Nr. 1).[11]

Demgegenüber ist der Schadensersatzanspruch nach Art. 174 Abs. 1 türk. ZGB unterhaltsrechtlich zu quali- **15** fizieren; er gehört damit zu dem von Art. 15 UnterhaltsVO iVm dem Haager Protokoll bestimmten Unterhaltsrecht.[12] Art. 174 Abs. 1 türk. ZGB ist auf den Ersatz eines Vermögensschadens wegen einer Beeinträchtigung der in der Ehe bestehenden materiellen Vorteile gerichtet. Solche Vorteile sind insbesondere in der Versorgung der Ehegatten durch das Zusammenleben im gemeinsamen Haushalt zu sehen.[13] Für eine unterhaltsrechtliche Qualifikation spricht unter anderem, dass der Anspruch nach Art. 174 Abs. 1 türk. ZGB in einem Wechselverhältnis zum Unterhaltsanspruch nach Art. 175 türk. ZGB steht; insbesondere werden bereits zugesprochene Entschädigungsansprüche auf eventuell verbleibende Unterhaltsansprüche angerechnet.[14] Art. 17 Abs. 1 ist insoweit nicht anwendbar.

b) Ehen im zeitlichen Anwendungsbereich der EuGüVO. Bei von der EuGüVO in zeitlicher Hinsicht **16** erfassten Ehen (→ Rn. 9 ff.) stellt sich die Frage, ob Genugtuungs- oder Entschädigungsansprüche in den sachlichen Anwendungsbereich der gegenüber dem nationalen Kollisionsrecht vorrangig anwendbaren EuGüVO fallen. Die EuGüVO betrifft „vermögensrechtliche" Ansprüche zwischen den Ehegatten (Art. 3 Abs. 1 lit. a EuGüVO). Zwar ist ein Zahlungsanspruch als solcher vermögensrechtlicher Natur; der Anspruch ist aber auf Ersatz eines immateriellen Schadens gerichtet. Dies spricht dafür, dass der Anwendungsbereich der EuGüVO, was die genannten Ansprüche anbelangt, nicht eröffnet ist. Auch insoweit bleibt daher Art. 17 Abs. 1 anwendbar.

2. Widerruf von Schenkungen. a) Ehen außerhalb des zeitlichen Anwendungsbereichs der **17** **EuGüVO.** Für Ehen, die in zeitlicher Hinsicht nicht von der EuGüVO erfasst sind, gilt Art. 17 Abs. 1 auch für den Widerruf von Schenkungen, soweit der Widerrufsgrund speziell mit der Scheidung verknüpft ist.[15] Hier kommt eine Anwendung von Art. 15 UnterhaltsVO iVm dem Haager Protokoll nicht in Frage. Auch Art. 15 EGBGB ist nicht einschlägig, da derartige Fragen nicht im (engen) Sinne der Norm dem Güterrecht zugeordnet werden können. Für den Widerruf aus allgemeinen schenkungsrechtlichen Gründen (zB grober Undank, Verarmung) gilt demgegenüber das Schenkungsstatut.[16]

b) Ehen im zeitlichen Anwendungsbereich der EuGüVO. Anders stellt sich die Rechtslage für Ehen **18** dar, die in zeitlicher Hinsicht der EuGüVO unterfallen. Ein mit der Scheidung verknüpfter Schenkungswiderruf betrifft die „vermögensrechtlichen Beziehungen" zwischen Ehegatten (Art. 3 Abs. 1 lit. a EuGüVO). Diese Regelungsfrage ist für diese Ehen also nach der EuGüVO und nicht nach Art. 17 Abs. 1 EGBGB anzuknüpfen.[17]

3. Anspruch auf Zahlung der Brautgabe. a) Ehen außerhalb des zeitlichen Anwendungsbereichs **19** **der EuGüVO.** Nach einer vor Schaffung des Art. 17 nF ergangenen Entscheidung des BGH zählt der Anspruch auf Auszahlung der Morgengabe bzw. **Brautgabe** (*mahr*)[18] zu den allgemeinen Wirkungen der

8   *Elden* NZFam 2018, 1065 (1066 f.); *Oguz* FamRZ 2005, 766 (771).

9   Vgl. zum alten Recht (Scheidungsfolge iSd Art. 17 EGBGB aF) OLG Stuttgart FamRZ 2012, 999 (1001); OLG Frankfurt aM NJW-RR 2003, 725; FamRZ 1992, 1182; auch AG Karlsruhe FamRZ 1988, 837 (838); gegen eine güterrechtliche Anknüpfung, die genaue Qualifikation aber offenlassend OLG Karlsruhe FamRZ 2006, 948.

10   *Elden* NZFam 2018, 1065 (1066 f.).

11   Die Rom II-VO dürfte gem. Art. 1 Abs. 2 lit. a Rom III-VO nicht anzuwenden sein.

12   OLG Stuttgart FamRZ 2012, 999 (1000); s. auch *Savaş* FPR 2013, 101 (104).

13   *Oguz* FamRZ 2005, 766 (771 f.).

14   OLG Stuttgart FamRZ 2012, 999 (1000); FamRZ 1993, 975; OLG Karlsruhe FamRZ 2006, 948; aus

der Lit. *Özen/Odendahl* FamRBint 2010, 33 mit Verweisen auf Literatur und türkische Rechtsprechung.

15   Palandt/*Thorn* EGBGB Art. 17 Rn. 4; Erman/*Hohloch* EGBGB Art. 17 Rn. 12; *Rauscher* FPR 2013, 257 (258); zum alten Recht vgl. noch eingehend *Kühne* FamRZ 1969, 371 (375).

16   MüKoBGB/*Winkler v. Mohrenfels* EGBGB Art. 17 Rn. 67; Palandt/*Thorn* EGBGB Art. 17 Rn. 4; vgl. auch zum alten Recht Staudinger/*Mankowski* EGBGB Art. 17 Rn. 275; *Kühne* FamRZ 1969, 371 (378).

17   BeckOK BGB/*Heiderhoff* EGBGB Art. 17 Rn. 18.

18   Gegen die Verwendung des (allerdings in der deutschen Literatur häufig anzutreffenden) Begriffs „Morgengabe" *Wurmnest* RabelsZ 71 (2007), 527 (531).

Ehe und ist damit nach Art. 14 EGBGB anzuknüpfen.[19] Gegen eine güterrechtliche Qualifikation iSd Art. 15 EGBGB[20] spricht nach Auffassung des BGH, dass die Brautgabe keinen Güterstand begründet und auch nicht als eine pauschalierte Teilhabe an der Vermögensbildung des Mannes verstanden werden kann.[21]

20 Mit der Einführung des Art. 17 Abs. 1 waren nach einer Formulierung im Gesetzentwurf weitergehende „Änderungen der geltenden Praxis in Bezug auf sonstige vermögensrechtliche Ansprüche zwischen Ehegatten ... nicht beabsichtigt".[22] Dies spricht dafür, dass der BGH seine Rechtsprechung zur Morgengabe fortsetzen dürfte, ohne sich hieran durch Art. 17 Abs. 1 gehindert zu sehen.[23]

21 **b) Ehen im zeitlichen Anwendungsbereich der EuGüVO.** Für Ehen, die in zeitlicher Hinsicht von der EuGüVO erfasst werden, ist auf Fragen der Morgengabe bzw. Brautgabe demgegenüber die EuGüVO anzuwenden. Es handelt sich nämlich auch hier um einen vermögensrechtlichen Anspruch iSv Art. 3 Abs. 1 lit. a EuGüVO.[24]

22 **4. Nutzungsbefugnis an im Ausland belegenen Gegenständen. a) Ehen außerhalb des zeitlichen Anwendungsbereichs der EuGüVO.** Was die Nutzungsbefugnis an im Inland belegenen Wohnungen und Haushaltsgegenständen betrifft, ist für Ehen, die zeitlich nicht von der EuGüVO erfasst werden, nach Art. 17 a EGBGB aF deutsches Recht anzuwenden. Art. 17 a EGBGB aF bezieht sich nicht nur auf die Nutzungsbefugnis im Falle des (tatsächlichen) Getrenntlebens, sondern darüber hinaus auch auf die im Falle der Scheidung anwendbaren §§ 1568 a, 1568 b BGB (s. näher → EGBGB Art. 17 a Rn. 2).[25] Art. 17 a EGBGB aF gilt nach Art. 299 § 47 Abs. 2 Nr. 2 EGBGB weiterhin für solche Ehen, die in zeitlicher Hinsicht nicht von der EuGüVO erfasst werden (s. näher → EGBGB Art. 17 a Rn. 3).

23 Art. 17 a EGBGB aF ist seinem Wortlaut nach einseitig gefasst und trifft daher keine Regelung für im **Ausland belegene Wohnungen** bzw. **Haushaltsgegenstände** im Zusammenhang mit einer Scheidung. Die Vorschrift ist auch nicht entsprechend anzuwenden, also nicht zu einer „allseitig" anwendbaren Kollisionsnorm auszubauen.[26] Dementsprechend bestimmt sich die Nutzungsbefugnis für im Ausland belegene Wohnungen bzw. Haushaltsgegenstände im Zusammenhang mit einer Scheidung nach dem durch Art. 17 Abs. 1 bestimmten Recht.[27] Vorrangig zu beachten ist allerdings der nach Art. 299 § 47 Abs. 2 Nr. 2 EGBGB insoweit weiterhin anwendbare Art. 3 a Abs. 2.[28] Enthält das Recht eines ausländischen Staates eine Regelung,

19   BGHZ 183, 287 = FamRZ 2010, 533 mit zust. Anm. *Henrich* = JZ 2010, 733 mit abl. Anm. *Wurmnest* und abl. Bespr. *Mörsdorf-Schulte* ZfRV 2010, 166 ff.; nachfolgend OLG Köln NJW 2016, 649 (650) = FamRZ 2016, 720; KG NJW-RR 2015, 904 (950) = FamRZ 2015, 1607; zuvor OLG Köln FamRZ 2006, 1380 (1381); OLG Zweibrücken FamRZ 2007, 1555; differenzierend OLG Stuttgart FamRZ 2009, 1580; FamRZ 2008, 1756 (sei die Brautgabe nicht anlässlich der Eheschließung gezahlt worden, richte sich ihr weiteres Schicksal und die aus ihr abzuleitenden Ansprüche der Ehefrau nach dem Ehewirkungsstatut, im Scheidungsfall dementsprechend nach dem Scheidungsstatut). Zuvor hatte der BGH die Entscheidung der Frage offenlassen können, da die in Betracht kommenden Anknüpfungen zu demselben Recht führten (vgl. BGH NJW 1999, 574 (575); FamRZ 1987, 463).

20   Hierfür insbesondere *Wurmnest* RabelsZ 71 (2007), 527 (553 ff.); in der Rspr. OLG Köln, Urt. v. 20.3.2007 (4 UF 123/06) = OLGR Köln 2007, 519; OLG Köln IPRax 1983, 73 (74) mAnm *Heldrich*, S. 64; OLG Bremen FamRZ 1980, 606. Differenzierend *Rauscher* IPRax 2005, 313 (320) (güterrechtliche Qualifikation, wenn der Anspruch auf die Brautgabe bei Eheschließung fällig war – auch dann, wenn er nicht geleistet wurde – und scheidungsfolgenrechtliche Qualifikation, soweit es sich um einen erst bei Scheidung fälligen Anteil handele).

21   BGHZ 183, 287 (Rn. 16); dem BGH folgend OLG Köln NJW 2016, 649 (650) = FamRZ 2016, 720; aA (mit überzeugender Begründung) *Wurmnest* RabelsZ 71 (2007), 527 (553); *Yassari* IPRax 2011, 62 (65).

22   Entwurf eines Gesetzes zur Anpassung der Vorschriften des Internationalen Privatrechts an die Verordnung (EU) Nr. 1259/2010 und zur Änderung anderer Vorschriften des Internationalen Privatrechts (BR-Drs. 468/12, S. 10).

23   Für Anwendung von Art. 14 EGBGB auch nach Inkrafttreten des Art. 17 Abs. 1 nF OLG Köln NJW 2016, 649 (650) = FamRZ 2016, 720; siehe auch KG FamRZ 2015, 1607 = NJW-RR 2015, 904; abw. (Begründung des BGH nicht mehr tragfähig) BeckOK BGB/*Heiderhoff* EGBGB Art. 17 Rn. 21.

24   *Andrae* IPRax 2018, 221 (223); *Heiderhoff* IPRax 2018, 1 (2); *Dutta* FamRZ 2016, 1973 (1975); *Henrich* ZfRV 2016, 171 (174); *Köhler* in Dutta/Weber, Die Europ. Güterrechtsverordnungen, S. 147, (149, Rn. 6); *Weber* DNotZ 2016, 659 (665).

25   *Erman/Hohloch* EGBGB Art. 17 a Rn. 9; *Johannsen/Henrich* EGBGB Art. 17 a Rn. 3; *Looschelders* EGBGB Art. 17 Rn. 4; MüKoBGB/*Winkler v. Mohrenfels* EGBGB Art. 17 a Rn. 9; abl. Staudinger/*Mankowski* EGBGB Art. 17 a Rn. 15, 16.

26   Staudinger/*Mankowski* EGBGB Art. 17 a Rn. 10; Palandt/*Thorn* EGBGB Art. 17 a Rn. 4; BeckOK BGB/*Heiderhoff* EGBGB Art. 17 Rn. 23; Erman/*Hohloch* EGBGB Art. 17 a Rn. 8; *Johannsen/Henrich* EGBGB Art. 17 a Rn. 4; abw. *Thorn* IPRax 2002, 349 (356) (es sei an einen allseitigen Ausbau zu denken).

27   Entwurf eines Gesetzes zur Anpassung der Vorschriften des Internationalen Privatrechts an die Verordnung (EU) Nr. 1259/2010 und zur Änderung anderer Vorschriften des Internationalen Privatrechts (BR-Drs. 468/12, S. 10); so auch Palandt/*Thorn* EGBGB Art. 17 Rn. 4 und Art. 17 a EGBGB Rn. 4.

28   Erman/*Hohloch* EGBGB Art. 17 Rn. 6.

nach der für die Nutzungsbefugnis an den in seinem Staatsgebiet belegenen Sachen die eigene *lex rei sitae* gilt, ist das ausländische Sachrecht anzuwenden.

b) Ehen im zeitlichen Anwendungsbereich der EuGüVO. Die Nutzungsbefugnis an Wohnungen und Haushaltsgegenständen wird sachlich von der EuGüVO erfasst.[29] Dementsprechend ist für solche Ehen, die in zeitlicher Hinsicht unter die EuGüVO fallen, nationales Kollisionsrecht nicht mehr anzuwenden. **24**

IV. Anwendung der Rom III-VO im Einzelnen

Abs. 1 verweist auf das durch die Rom III-VO bestimmte Recht. Es kommt also, soweit deutsche Gerichte über die Scheidung und die Scheidungsfolgen entscheiden, grundsätzlich zu einem **Gleichlauf** zwischen dem durch die Rom III-VO bestimmten Scheidungsstatut und dem von Abs. 1 erfassten Scheidungsfolgenstatut. Diese Lösung erscheint durchaus sachgerecht, da einzelne von Art. 17 Abs. 1 nF erfasste Scheidungsfolgen – insbesondere die Genugtuungs- und Entschädigungsansprüche des an der Scheidung unschuldigen Ehegatten (→ Rn. 13) – eng mit dem Scheidungsstatut zusammenhängen können. **25**

Im Rahmen der **objektiven Anknüpfung** ist Art. 8 Rom III-VO anzuwenden. Dieser stellt in seiner lit. a auf das Recht des Staates ab, in dem die Ehegatten zum – nach Art. 16 EheVO 2003 zu bestimmenden – Zeitpunkt der Anrufung des Gerichts ihren gewöhnlichen Aufenthalt haben. Im Falle von türkischen Ehegatten mit gewöhnlichem Aufenthalt in Deutschland gilt also aus der Sicht deutscher Gerichte deutsches und nicht türkisches Recht; Art. 174 Abs. 2 türk. ZGB wird folglich in diesem Fall nicht berufen (→ Rn. 13). **26**

Soweit die Ehegatten für die Scheidung eine **Rechtswahl** nach Art. 5 Rom III-VO vorgenommen haben, gilt das gewählte Recht auch für die von Abs. 1 erfassten Scheidungsfolgen. Türkische Ehegatten haben nach Art. 5 Abs. 1 lit. c Rom III-VO die Möglichkeit, türkisches Scheidungsrecht und – über Art. 17 Abs. 1 – türkisches Scheidungsfolgenrecht zu wählen. In diesem Fall kommt dann auch wieder ein Ersatzanspruch nach Art. 174 Abs. 2 türk. ZGB in Betracht. **27**

Bislang ist ungeklärt, ob die Ehegatten eine **Teilrechtswahl** treffen können. Denkbar ist etwa, dass sie die Rechtswahl nur auf die Scheidung beschränken und es für die Scheidungsfolgen bei dem durch Art. 8 Rom III-VO objektiv bestimmten Recht belassen wollen oder umgekehrt die Rechtswahl auf die von Art. 17 Abs. 1 erfassten Scheidungsfolgen beschränken möchten. Theoretisch könnten sie sogar, da Art. 5 Rom III-VO häufig die Wahl verschiedener Rechtsordnungen ermöglicht, eine inhaltlich abweichende Rechtswahl für die Scheidung einerseits und für die Scheidungsfolgen andererseits anstreben. Die Teilrechtswahl ist im aktuellen IPR verschiedentlich vorgesehen; sogar die Rom III-VO geht – wenn auch nur punktuell in Art. 9 Abs. 2 – von der Zulässigkeit einer Teilrechtswahl aus.[30] Im Gesetzgebungsverfahren zu Art. 17 nF ist die Frage nach der Möglichkeit einer Teilrechtswahl allerdings nicht behandelt worden. **28**

Aus der Anordnung eines Gleichlaufs und dem Schweigen der Gesetzesmaterialien hierzu könnte man ggf. schließen, dass eine Teilrechtswahl verworfen worden ist.[31] Es liegt aber näher, dass die Möglichkeit einer Teilrechtswahl übersehen oder nicht als gesondert regelungsbedürftig angesehen wurde. Aus der Sicht des deutschen Kollisionsrechts bestehen näher betrachtet gegen die Zulässigkeit einer Teilrechtswahl keine durchgreifenden Bedenken.[32] Das Interesse an einem Gleichlauf zwischen dem Scheidungsstatut der Rom III-VO und dem Scheidungsfolgenstatut des Abs. 1 ist nicht so stark, dass es eine Teilrechtswahl per se ausschließt. Es erschiene widersprüchlich, einerseits über die Verweisung auf Art. 5 Rom III-VO eine sehr weitgehende Rechtswahlfreiheit zu gewähren, diese aber andererseits mit der Auflage eines strikten Gleichlaufs zwischen Scheidungs- und Scheidungsfolgenstatut zu versehen und damit wieder empfindlich einzuschränken. Damit würde mittelbar auch die von der Rom III-VO vorgesehene Rechtswahlfreiheit nach der Rom III-VO eingeschränkt; eine solche Einschränkung steht dem deutschen Gesetzgeber aber nicht zu. Zudem ist der strikte Gleichlauf zwischen Scheidungsstatut und Scheidungsfolgenstatut ohnehin durchbrochen, wenn die Scheidung durch ein ausländisches Gericht ausgesprochen wird, das nicht die Rom III-VO angewendet hat, und die Scheidungsfolgensache nachfolgend von einem deutschen Gericht unter Anwendung von Art. 17 Abs. 1 zu entscheiden ist (→ Rn. 32). Nach der hier vertretenen Ansicht ist daher eine zwischen den Scheidungsvoraussetzungen einerseits und den Scheidungsfolgen andererseits differenzierende Rechtswahl möglich; es bleibt aber abzuwarten, ob sich diese Lösung in der Praxis durchsetzen wird (zur entsprechenden Frage beim Versorgungsausgleich → Rn. 94 ff.). **29**

---

29 Siehe BT-Drs. 19/4852 S. 27 und S. 39; aus der Literatur *Heiderhoff* IPRax 2018, 1 (2); *dies.*, IPRax 2017, 160 (163); *Andrae* IPRax 2018, 221 (224); *Dutta/Wedemann* FS Kaissis 2012, 133 (147); *Dutta* FamRZ 2016, 1973 (1975).

30 S. auch Art. 3 Abs. 1 S. 3 Rom I-VO; zur Teilrechtswahl in der Rom II-VO s. etwa Palandt/*Thorn* Rom II-VO Art. 14 Rn. 4.

31 So *Hau* FamRZ 2013, 249 (253) („Einheitslösung").

32 Dafür auch jurisPK/*Ludwig* Art. 17 EGBGB Rn. 19; dagegen aber *Hau* FamRZ 2013, 249 (253).

30 Abs. 1 enthält eine generelle Verweisung auf das durch die Rom III-VO für die Scheidungsvoraussetzungen bestimmte Recht. Dementsprechend scheint grundsätzlich auch auf die Regelung des Art. 10 Rom III-VO verwiesen zu werden. Hat m.a.W. das deutsche Gericht – weil das an sich anzuwendende Scheidungsrecht die Scheidung generell nicht zulässt oder geschlechterdiskriminierend ist – auf die Scheidungsvoraussetzungen gem. Art. 10 Rom III-VO die deutsche *lex fori* anzuwenden, folgt aus einer wortlautgetreuen Anwendung von Abs. 1, dass auch deutsches Scheidungsfolgenrecht anzuwenden ist. Allerdings sollte auch hier der Gleichlauf zwischen Scheidungs- und Scheidungsfolgenstatut nicht überbetont werden: Es spricht mehr dafür, es für Scheidungsfolgen von vornherein bei der Anknüpfung nach Art. 17 Abs. 1 EGBGB iVm Art. 5 oder Art. 8 Rom III-VO zu belassen und im Übrigen eine Ergebniskorrektur anhand von Art. 6 EGBGB vorzunehmen.

31 Abs. 1 ist eine **dynamische Verweisung** auf die Rom III-VO zu entnehmen. Es ist also auch im Rahmen von Art. 17 Abs. 1 EGBGB nF die Rom III-VO in der jeweils maßgeblichen Fassung anzuwenden.

32 Abs. 1 ist auch anzuwenden, wenn ein im Inland anzuerkennendes **ausländisches Scheidungsurteil** vorliegt, das noch nicht über die Scheidungsfolgen iSv Abs. 1 befunden hat. Hier ist von deutschen Gerichten auf die Scheidungsfolgen nach Abs. 1 das Recht anzuwenden, das in dem – in Anlehnung an den nach Art. 16 EheVO 2003 zu bestimmenden – Zeitpunkt der Rechtshängigkeit des Scheidungsantrags bei Heranziehung der Rom III-VO anzuwenden gewesen wäre.[33] Nicht maßgeblich ist also, welches Recht dieses Gericht tatsächlich angewendet hat; dies wird insbesondere dann relevant, wenn das Gericht die Rom III-VO fehlerhaft angewendet hat oder (als Gericht eines Drittstaates bzw. nicht an der Rom III-VO teilnehmenden Mitgliedstaats) von vornherein nicht an die Rom III-VO gebunden war. Soweit die Anknüpfung nach Art. 8 lit. d Rom III-VO (Recht des Staates des angerufenen Gerichts) erfolgt, sollte hierbei die ausländische *lex fori* des Gerichts angewendet werden, das die Scheidung ausgesprochen hat; dies gilt jedenfalls dann, wenn ein nach den Vorschriften der EheVO 2003 zuständiges Gericht eines anderen Mitgliedstaates unter Anwendung von Art. 8 lit. d Rom III-VO die Scheidung ausgesprochen hat, aber in der Konsequenz wohl auch dann, wenn das Gericht eines Drittstaates entschieden hat. Bei im Ausland vorgenommenen und hier als wirksam anzusehenden **Privatscheidungen** ist das Recht zunächst nach den Art. 8 lit. a -c Rom III-VO zu bestimmen; da es an einer Anrufung eines Gerichts iSd Art. 8 lit. d Rom III-VO fehlt, sollte sodann – in (entsprechender) Anwendung von Art. 17 Abs. 2 Nr. 4 EGBGB – das Recht des Staates als maßgeblich erachtet werden, zu dem die Ehegatten bei Einleitung des Scheidungsverfahrens gemeinsam den engsten Bezug hatten.

V. Anknüpfung der Privatscheidung (Abs. 2)

33 **1. Regelungslücke infolge der Entscheidung des EuGH in der Rs. Sahyouni II.** In den europäischen Rechtsordnungen konnte eine Scheidung lange Zeit nur durch eine konstitutive gerichtliche Entscheidung – also in deutscher Terminologie durch ein Gestaltungsurteil – herbeigeführt werden. Zahlreiche Rechtsordnungen sehen aber seit langem vor, dass die Scheidung unmittelbar durch **private (Willens-)Erklärungen** herbeigeführt werden kann.[34] Bisweilen kann eine Privatscheidung ganz ohne Beteiligung von Hoheitsträgern zustande kommen (sog. „reine" Privatscheidung). Zumeist verhält es sich aber auch so, dass die Scheidung zwar konstitutiv durch private Erklärungen der Ehegatten zustande kommt, aber immerhin eine Mitwirkung von Gerichten oder Behörden (etwa vorbereitend oder registrierend) vorgesehen ist. Schon seit langem sehen verschiedene **asiatische Rechtsordnungen** Privatscheidungen durch (Auflösungs-)Vertrag vor (etwa Japan, Südkorea, Thailand).[35] Daneben ist die Privatscheidung seit jeher in religiösen Rechtsordnungen vorgesehen. Große praktische Bedeutung haben Eheauflösungsverträge sowie insbesondere der *talaq* nach dem **islamischen Recht**. Das Rechtsinstitut des *talaq* gibt dem Ehemann die Möglichkeit, die Ehe durch einseitige Erklärung aufzulösen.[36] Schließlich stellt auch die Scheidung durch Übergabe des Scheide-

---

33 Erman/*Hohloch* EGBGB Art. 17 Rn. 15.
34 Zu entsprechenden Vorschlägen für das deutsche Recht siehe die Darstellung bei *Dutta* in Scheidung ohne Gericht?, S. 31 (51 ff.) (sich in einer Gesamtabwägung letztlich tendenziell gegen eine Einführung der Privatscheidung aussprechend); für die Einführung einer außergerichtlichen Scheidung demgegenüber *Coester-Waltjen* JZ 2017, 1073 (1078 f.).

35 Siehe etwa BGHZ 110, 267, 272 f. = FamRZ 1990, 607 = NJW 1990, 2194 (Privatscheidung nach thailändischem Recht). Weitere Nachweise bei MüKoBGB/*Winkler v. Mohrenfels* Rom III-VO Art. 1 Rn. 8.
36 Etwa BGHZ 160, 332, 345 = FamRZ 2004, 1952; OLG Düsseldorf FamRZ 2018, 1657 (1658). Im tunesischen Recht ist allerdings nur die gerichtliche Scheidung, nicht die Scheidung durch *talaq* oder einen sonstigen Privatakt vorgesehen (siehe näher *Yassari* in Scheidung ohne Gericht?, S. 315 (320 ff.)).

briefs nach dem **jüdischen Recht** nach Auffassung des BGH eine Privatscheidung dar.[37] In den letzten Jahren haben zudem verschiedene **EU-Mitgliedstaaten** Privatscheidungen in ihr nationales Recht eingeführt.[38] Zu nennen sind etwa Italien, Spanien, Frankreich und Griechenland (hierzu näher Band Rom-Verordnungen → Rom III-VO Art. 1 Rn. 94 ff.).

Art. 17 Abs. 3 EGBGB legt fest, dass eine Privatscheidung in Deutschland nicht wirksam vorgenommen **34** werden kann. Daraus folgt, dass eine Privatscheidung, die in Deutschland vorgenommen wird, die Scheidung nicht herbeiführt. Allerdings können deutsche Gerichte eine Scheidung aussprechen und sich hierbei auf den in Deutschland vorgenommenen Privatakt als Scheidungsgrund stützen (hierzu → Rn. 66 ff.). Das von der Rom III-VO für maßgebend erklärte Privatscheidungsrecht wird in diesem Fall allerdings *modifiziert* angewendet: So kann der im ausländischen (Privat-)Scheidungsrecht vorgesehene Aufhebungsvertrag wegen Art. 17 Abs. 3 die Scheidung nicht selbst unmittelbar herbeiführen; er stellt aber aus der Sicht des deutschen Gerichts die **materiellrechtliche Grundlage** für den Scheidungsbeschluss des deutschen Gerichts dar.

Es stellt sich die Frage, nach welchen Maßstäben eine im Ausland vorgenommene Privatscheidung in **35** Deutschland auf ihre Wirksamkeit hin zu prüfen ist. Lange Zeit ging man in Deutschland davon aus, dass sich die Wirksamkeit einer Privatscheidung nach dem materiellen Recht des Staates richtet, welches von den Kollisionsnormen der Rom III-VO als das maßgebliche bezeichnet wird. Auf Vorlage des OLG München hat der EuGH – bezogen auf eine in Syrien vorgenommene Privatscheidung – in der Rs. *Sahyouni II* entschieden, dass die Rom III-VO nicht auf Privatscheidungen anzuwenden ist.[39] Daraus folgt, dass sich die Wirksamkeit einer Privatscheidung grundsätzlich nicht nach dem europäischen Verordnungsrecht, sondern nach **dem nationalen Verfahrens- bzw. Kollisionsrecht** richtet. Deshalb hat der deutsche Gesetzgeber in Art. 17 Abs. 2 – um eine Regelungslücke zu vermeiden – eine Verweisung auf die Rom III-VO vorgesehen, hierbei aber punktuelle Änderungen vorgenommen.[40]

Art. 17 Abs. 2 ist zweifelsfrei auf Privatscheidungen anzuwenden, die in **Drittstaaten** außerhalb der EU **36** vorgenommen werden. Vorrangig anzuwenden ist allerdings das **deutsch-iranische Niederlassungsabkommen** vom 17.2.1929.[41] Im Hinblick auf Privatscheidungen, die in **EU-Mitgliedstaaten** vorgenommen werden und dort als wirksam angesehen werden, erscheint demgegenüber – ungeachtet der Entscheidung des EuGH in der Rs. *Sahyouni II* – eine Anerkennung nach der EheVO 2003 *de lege lata* nicht gänzlich ausgeschlossen. Die Entscheidung des EuGH ist an dieser Stelle unklar bzw. auslegungsbedürftig (s. Band Rom-Verordnungen → Rom III-VO Art. 1 Rn. 87 ff.). Für die Anerkennung von Privatscheidungen, die am oder nach dem 1.8.2022 zustande kommen, gilt die Neufassung der EheVO 2003 (hier so genannte EheVO 2019).[42] Diese erstreckt sich auch auf Privatscheidungen, die in einem anderen EU-Mitgliedstaat wirksam zustande kommen; sie sieht damit eine (quasi-)verfahrensrechtliche Anerkennung dieser Privatscheidungen vor (näher → Rn. 63). Dementsprechend empfiehlt sich eine differenzierte Betrachtung von Privatscheidungen, die in Drittstaaten außerhalb der EU vorgenommen werden, und von Privatscheidungen, die außerhalb Deutschlands in einem anderen EU-Mitgliedstaat vorgenommen werden (→ Rn. 38 ff. und → Rn. 60 ff.).

In **zeitlicher Hinsicht** gilt die Vorschrift für Privatscheidungen, die an oder ab dem 21.12.2018 vorgenom- **37** men worden sind.[43] Für Privatscheidungen, die vor diesem Datum, aber nach dem 28.1.2013 eingeleitet

---

37 BGHZ 176, 365 = FamRZ 2008, 1409 mAnm *Henrich* = IPRax 2009, 347 mit Bespr. *Siehr* 332 = JR 2009, 327 mAnm *Dörner*; zuvor bereits OLG Oldenburg FamRZ 2006, 950 (952); kritisch dazu *Elmaliah/Thomas* FamRZ 2018, 739 (741 ff.) Zum jüdischen Scheidungsrecht etwa *Herfarth,* Die Scheidung nach dem jüdischen Recht im internationalen Zivilverfahrensrecht, 21 ff. und 28 ff.; *ders.,* IPRax 2002, 17 f.; *Homolka,* Das Jüdische Eherecht, 2009, S. 113 ff.

38 Zuvor kam als Anwendungsfall einer Privatscheidung nach dem Recht eines EU-Mitgliedstaats nur die Scheidung von Muslimen griechischer Nationalität vor dem Mufti in Griechenland nach Art. 5 Abs. 2 des griechischen Gesetzes 1920/1991 in Betracht. Allerdings muss die Entscheidung des Mufti ihrerseits, um in Griechenland Wirksamkeit zu erlangen, vom Einzelrichtergericht erster Instanz des Bezirkes, in dem der Mufti seinen Sitz hat, für vollstreckbar erklärt werden (siehe hierzu OLG Frankfurt IPRspr. 2006, Nr. 146, 318 = IPRax 2008, 352). Es dürfte

daher insoweit eine gerichtliche Entscheidung anzunehmen sein, die ihrerseits unter die EheVO 2003 und die Rom III-VO fällt.

39 EuGH, Rs. C-372/16, Sahyouni II NJW 2018, 447 = FamRZ 2018, 169 m. krit. Bespr. *Coester-Waltjen* IPRax 2018, 238 ff.

40 BT-Drs. 19/4852, S. 1, 30 und 38. Eine Auslegungskompetenz des EuGH ist gegeben, soweit Art. 17 Abs. 2 auf die Rom III-VO verweist, dort anzunehmen sein (näher *Schlürmann* FamRZ 2019, 1035 (1036)).

41 OLG Frankfurt NJW 2019, 3461.

42 Verordnung (EU) 2019/1111 des Rates vom 25. Juni 2019 über die Zuständigkeit, die Anerkennung und Vollstreckung von Entscheidungen in Ehesachen und in Verfahren betreffend die elterliche Verantwortung und über internationale Kindesentführungen (Neufassung), ABl. L 178 S. 1.

43 Siehe Art. 10 des Gesetzes zum Internationalen Güterrecht und zur Änderung von Vorschriften des Internationalen Privatrecht (BGBl. I, S. 2573).

worden sind, enthält das deutsche Recht keine ausdrückliche Kollisionsnorm.[44] Fraglich ist, ob Art. 17 Abs. 2 in der aktuellen Fassung auf diese **rückwirkend** angewendet werden kann.[45] Die Begründung zum Gesetzesentwurf scheint darauf hinzudeuten, dass eine rückwirkende Anwendung in Erwägung gezogen worden ist bzw. zumindest nicht ausgeschlossen werden sollte.[46] Letztlich fehlt es hierfür aber an einer hinreichenden gesetzlichen Anordnung, die man – bei einer hier anzunehmenden echten Rückwirkung, welche ohnehin nur unter besonderen Voraussetzungen zulässig ist – aber jedenfalls hätte erwarten können. Nach der hier vertretenen Auffassung bleibt es somit bei dem in Art. 220 Abs. 1 EGBGB zum Ausdruck gebrachten Grundsatz, dass **abgeschlossene Vorgänge**, zu denen auch eine vollständig durchgeführte Privatscheidung gehört,[47] nach dem im Zeitpunkt dieses Vorgangs geltenden IPR zu beurteilen sind.[48] Für Privatscheidungen, die vor dem 21.12.2018, aber nach dem 28.1.2013 vorgenommen worden sind, hält daher das deutsche Kollisionsrecht keine unmittelbar einschlägige Kollisionsnorm bereit. Wie diese Lücke zu schließen ist, ist umstritten. Nach der hier vertretenen Auffassung kann man sich in diesen Fällen aber ebenfalls mit einer (analogen) Anwendung der Rom III-VO behelfen; damit kommt es letztlich auf den genauen zeitlichen Anwendungsbereich des Art. 17 Abs. 2 idR nicht entscheidend an (s. zur Herleitung dieser Analogie und zu den Einzelfragen ausf. Band Rom-Verordnungen → Rom III-VO Art. 1 Rn. 76 ff.).[49]

38   2. Wirksamkeit der in einem Drittstaat vorgenommenen Privatscheidung. a) Abgrenzung zwischen gerichtlicher/behördlicher Scheidung und Privatscheidung. Mit der Entscheidung des EuGH in der Rs. *Sahyouni II* steht fest, dass sich die Wirksamkeit einer in einem Drittstaat vorgenommenen Privatscheidung nicht nach EU-Regeln, sondern nach den nationalen Verfahrens- oder Kollisionsrecht der Mitgliedstaaten beurteilt (s. Band Rom-Verordnungen → Rom III-VO Art. 1 Rn. 76). Die Rom III-VO bezieht sich nach dem EuGH nur auf Scheidungsverfahren vor Gerichten aus EU-Mitgliedstaaten; und die EheVO 2003 ist auf jeden Fall deshalb nicht anzuwenden, weil sie sich nicht auf die Anerkennung von Entscheidungen aus Drittstaaten, sondern nur auf Entscheidungen aus EU-Mitgliedstaaten bezieht. Selbst wenn man also grundsätzlich (ggf. unter besonderen Voraussetzungen) eine Privatscheidung für die Zwecke der Anerkennung einer gerichtlichen/behördlichen Entscheidung gleichstellen möchte, wäre die EheVO 2003 immer noch nicht auf eine in einem *Drittstaat* vorgenommene Privatscheidung anwendbar. Im Verhältnis zu Privatscheidungen aus Drittstaaten besteht daher aktuell eine völlige Regelungshoheit der einzelnen Mitgliedstaaten.

39   Was die Wirksamkeit einer in einem Drittstaat zustande gekommenen Scheidung anbelangt, enthält das nationale deutsche Recht aktuell zwei Lösungswege: Für die Anerkennung von „**Entscheidungen**" sind die Anerkennungsversagungsgründe nach § 109 FamFG zu prüfen. Für die Wirksamkeit von Scheidungen, die nicht unter § 109 FamFG fallen, ist das nach Art. 17 Abs. 2 EGBGB iVm der Rom III-VO berufene Recht zu befragen. Es stellt sich in diesem Zusammenhang die Frage, wie die durch eine „Entscheidung" zustande kommende Scheidung von einer Privatscheidung abzugrenzen ist.

---

44   Art. 17 Abs. 1 aF EGBGB – der eine Kollisionsnorm für die Scheidungsvoraussetzungen enthielt und auch auf die Privatscheidung (analog) anwendbar war – ist durch das Gesetz zur Anpassung der Vorschriften des Internationalen Privatrechts an die Verordnung (EU) Nr. 1259/2010 und zur Änderung anderer Vorschriften des Internationalen Privatrechts vom 23.1.2013 (BGBl. I 101) durch die Vorgängervorschrift des aktuellen Art. 17 Abs. 1 EGBGB (Anknüpfung bestimmter Scheidungs*folgen*) ersetzt worden. Nach Art. 229 § 28 Abs. 1 EGBGB ist der neu gefasste (auf die Scheidungsfolgen beschränkte) Artikel 17 Abs. 1 EGBGB in der am 29.1.2013 geltenden Fassung anzuwenden, wenn das Verfahren auf Ehescheidung nach dem 28.1.2013 eingeleitet worden ist.

45   So aber OLG Stuttgart FamRZ 2019, 1532 (1533) unter Berufung auf BeckOK BGB/*Heiderhoff* EGBGB Art. 17 Rn. 4, 45 und 156.

46   Abweichend BeckOK BGB/*Heiderhoff* EGBGB Art. 17 Rn. 4 und 156 unter Hinweis auf die Begründung zum Gesetzentwurf (BT-Drs. 19/4852, 39). Dort heißt es: „Soweit Scheidungen nicht von der Rom III-VO erfasst werden, weil sie schon nicht in ihren zeitlichen Anwendungsbereich fallen, bleibt es bei dem vor Inkrafttreten der Rom III-VO geltenden deutschen Recht. Die Neuregelung bezieht sich also nur auf Fälle, in denen der sachliche Anwendungsbe-

reich der Rom III-VO nach der Rechtsprechung des EuGH nicht eröffnet ist."

47   MüKoBGB/*Sonnenberger,* 5. Aufl. 2010, EGBGB Art. 220 Rn. 15.

48   Siehe Art. 220 Abs. 1 EGBGB (Übergangsvorschrift zum Gesetz vom 25. Juli 1986 zur Neuregelung des Internationalen Privatrechts).

49   Das OLG München hat die in Syrien vorgenommene Privatscheidung im Nachgang zu der Entscheidung des EuGH in der Rs. Sahyouni nach dem Recht beurteilt, das von der vormals geltenden deutschen Scheidungskollisionsnorm (Art. 17 Abs. 1 S. 1 EGBGB aF) für anwendbar erklärt worden wäre (OLG München FamRZ 2018, 817). Für die analoge Anwendung der Rom III-VO OLG Düsseldorf FamRZ 2018, 1657 (1658); BeckOGK/*Gössl,* Art. 1 Rn. 45; *dies.,* StAZ 2016, 232 (235); *Hausmann,* IntEuFamR, Rn. A 323; *Antomo* NJW 2018, 435 (436 f.); *dies.,* NZFam 2018, 243 (245); *Mankowski* FamRZ 2018, 821 f.; *Pika/Weller* IPRax 2017, 65 (71); *Rieck* NZFam 2018, 128 (129); *Mayer* FamRZ 2018, 171 (172); *dies.,* StAZ 2018, 106 (113); *Kohler/Pintens* FamRZ 2016, 1509 (1518). Für eine analoge Anwendung von Art. 14 EGBGB aF demgegenüber *Arnold/Schnetter* ZEuP 2018, 652 (658 ff.); für eine Analogie zu Art. 17 b EGBGB *Gössl* GPR 2018, 94 (98).

Der BGH hat im alten Recht danach unterschieden, ob es um die „Anerkennung eines konstitutiven **40** Hoheitsakts (hier: Statusentscheidung)" oder um die „Anerkennung eines privaten Rechtsgeschäfts" ging.[50] Maßgeblich war also, ob die Ehe durch einen konstitutiven Hoheitsakt oder durch ein privates Rechtsgeschäft aufgelöst wurde. Selbst eine Privatscheidung, bei der eine intensive Mitwirkung durch Gerichte und Behörden erfolgte und diese Mitwirkung von einer Prüfung materiellrechtlicher Scheidungsvoraussetzungen abhängig gemacht wurde, war nach dieser Formel als Privatscheidung anzusehen.[51] Umgekehrt ist nach der vom BGH verwendeten Formel von einer gerichtlichen/behördlichen Scheidung auszugehen, wenn zwar ein Einvernehmen der Parteien vorliegen muss, aber dieses seinerseits nur eine Voraussetzung für einen nachfolgenden konstitutiven Ausspruch der Scheidung durch ein Gericht oder eine Behörde darstellt. Es fragt sich, ob diese überkommene Abgrenzungsformel auch der Differenzierung zwischen § 109 FamFG und der Anknüpfung nach Art. 17 Abs. 2 EGBGB zugrunde gelegt werden kann.

Tatsächlich ist nicht ersichtlich, dass der deutsche Gesetzgeber von dieser Formel abweichen wollte. Zwar **41** ist in der Literatur in Erwägung gezogen worden, den Begriff der „Entscheidung" in § 109 FamFG weiter auszulegen und auch auf gerichtlich/behördlich „begleitete" Privatscheidungen auszudehnen (s. Band Rom-Verordnungen → Rom III-VO Art. 1 Rn. 84, 85).[52] Dieser Gedanke ist aber durch den Gesetzgeber nicht aufgegriffen worden; vielmehr beruht die Einfügung einer kollisionsrechtlichen Anknüpfungsregel offenbar auf der Erwägung, dass es bei der bisherigen Abgrenzung von verfahrensrechtlicher Anerkennung und kollisionsrechtlicher Anknüpfung verbleiben sollte.[53] Dies führt dazu, dass die oben erwähnten Privatscheidungen durch Aufhebungsvertrag nach den verschiedenen asiatischen Rechtsordnungen sowie die Formen der Privatscheidung im islamischen Recht (Vertrag, *talaq*) und schließlich die Scheidung nach jüdischem Recht nicht nach Maßgabe von § 109 FamG anzuerkennen, sondern nach Art. 17 Abs. 2 iVm der Rom III-VO anzuknüpfen sind.

Aus der kollisionsrechtlichen Einordnung der Problematik ergibt sich folgendes: Führt die Anknüpfung **42** nach Art. 17 Abs. 2 EGBGB iVm der Rom III-VO zu einem Recht, das die Privatscheidung vorsieht, so wird die nach dem ausländischen Recht wirksam zustande gekommene Privatscheidung,[54] vorbehaltlich der Prüfung des allgemeinen *ordre public* (Art. 17 Abs. 2 Nr. 5 iVm Art. 6 EGBGB), grundsätzlich auch im Inland als wirksam angesehen. Führt die Anknüpfung nach Art. 17 Abs. 2 EGBGB iVm der Rom III-VO demgegenüber zum deutschen Recht, so ist – in Fortführung der Rechtsprechung des BGH zu Art. 17 EGBGB aF – die im Ausland vorgenommene Privatscheidung als unwirksam anzusehen. Dies ergibt sich daraus, dass § 1564 BGB, der zwingend eine konstitutive gerichtliche Entscheidung vorsieht, nach dem BGH (auch) materiellrechtlich zu qualifizieren ist (s. Band Rom-Verordnungen → Rom III-VO Art. 1 Rn. 71).[55]

---

50 BGHZ 176, 365 (Rn. 36) = FamRZ 2008, 1409 (zur Scheidung nach dem jüdischen Recht); BGHZ 110, 267 (272) (zur Privatscheidung nach dem thailändischen Recht).

51 Siehe BGHZ 176, 365 (Rn. 34) = FamRZ 2008, 1409 (der BGH „bleibt bei seiner Auffassung, dass es sich bei der Scheidung vor einem (und nicht: durch ein) Rabbinatsgericht um eine Privatscheidung handelt, auch wenn diese in ein strenges und formalisierten Verfahrensvorschriften unterliegendes gerichtsförmiges Verfahren eingebettet ist").

52 *Dutta* FF 2018, 60 (64) („durchaus denkbar, bei einer staatlich kontrollierten Privatscheidung nur die Anerkennungsvoraussetzungen des § 109 FamFG zu prüfen"); ähnlich *Helms* FamRZ 2016, 1134 (1135) (es könnte über „eine neue Grenzziehung zwischen Privat- und Verfahrensscheidung nachgedacht werden"); *Coester-Waltjen* IPRax 2018, 238 (242); *Antomo* NZFam 2018, 243 (246); für die Scheidung nach jüdischem Recht *Elmaliah/Thomas* FamRZ 2018, 739 (744 ff.); ferner *Andrae* IntFamR § 4 Rn. 183 (Anwendung von § 109 FamFG, wenn ein [auch religiöses] Gericht die Ehescheidung nach Prüfung der Begründetheit bewilligt oder bestätigt hat); *Henrich*, Internationales Scheidungsrecht, Rn. 42 ff.; *Helms* FS Coester-Waltjen 2015, 413 (441 f.); abl. *Mayer* StAZ 2018, 106 (113) (im Hinblick auf die Einordnung als Entscheidung iSv Art. 21 EheVO 2003); *Pika/Weller*

IPRax 2017, 65 (71). In der französischen Praxis werden bereits jetzt für die „Anerkennung" von Privatscheidungen regelmäßig die Regeln für die Anerkennung von Entscheidungen herangezogen (siehe etwa *Clavel*, Droit international privé, 5. éd. 2018, Rn. 725; weitere Nachweise zum ausländischen Recht bei *Gössl* GPR 2018, 94 (98)).

53 So auch *Antomo* StAZ 2019, 33 (35).

54 Der nach iranischem Recht als Voraussetzung einer Scheidung notwendige Nachweis der Zahlung der Morgengabe ist vom OLG Frankfurt verfahrensrechtlich qualifiziert worden. Er stellt also keine vom deutschen Gericht zu beachtende materielle Scheidungsvoraussetzung dar (OLG Frankfurt NJW 2019, 3461 mit zust. Anm. *Mankowski* NZFam 2019, 697).

55 Siehe BGHZ 110, 267, 276 = NJW 1990, 2194 (eine im Ausland vollzogene Privatscheidung sei nicht anerkennungsfähig, wenn für die Scheidung der Ehe deutsches Recht maßgebend sei; denn die Regelung des § 1564 BGB, die eine Scheidung durch gerichtliche Entscheidung vorschreibe, habe „auch materiellen Gehalt"; ebenso BGHZ 176, 365 (Rn. 37) = FamRZ 2008, 1409 (bei Geltung deutschen Scheidungsstatuts sei eine im Ausland vollzogene rechtsgeschäftliche Scheidung stets unwirksam und nicht anerkennungsfähig); dem BGH folgend etwa OLG München NZFam 2016, 790 (793) = IPRax 2017, 92.

43 **b) Anknüpfung nach Art. 17 Abs. 2 iVm der Rom III-VO im Einzelnen. aa) Objektive Anknüpfung.** Art. 17 Abs. 2 nimmt im Rahmen der objektiven Anknüpfung eine Verweisung auf die Rom III-VO vor, die nur in zweierlei Weise modifiziert wird: Zum einen wird die Hilfsanknüpfung nach Art. 8 lit. d Rom III-VO (Recht des Staates des angerufenen Gerichts) ausgeschlossen; anstelle dessen wird gemäß Art. 17 Abs. 2 Nr. 4 das Recht des Staates berufen, mit dem die Ehegatten im Zeitpunkt der Einleitung des Scheidungsverfahrens auf andere Weise gemeinsam am engsten verbunden sind (dazu → Rn. 46 ff.). Zum anderen wird nach Art. 17 Abs. 2 Nr. 4 bei der objektiven Anknüpfung insgesamt, anders als bei Art. 8 Rom III-VO, nicht auf den Zeitpunkt der „Anrufung des Gerichts", sondern den Zeitpunkt der „Einleitung des Scheidungsverfahrens" abgestellt (dazu → Rn. 49).

44 Primär kommt es im Rahmen der objektiven Anknüpfung auf das Recht des Staates an, in dem die Ehegatten im Zeitpunkt der Einleitung des Scheidungsverfahrens ihren gemeinsamen **gewöhnlichen Aufenthalt** hatten (Art. 8 lit. a Rom III-VO). Hatten also die Ehegatten im Zeitpunkt der Einleitung des Scheidungsverfahrens ihren gewöhnlichen Aufenthalt in Japan, so ist eine in Japan vorgenommene Privatscheidung auch aus deutscher Sicht nach dem japanischen Recht auf seine Wirksamkeit hin zu beurteilen. Hatten die Ehegatten indes im Zeitpunkt der Einleitung des Scheidungsverfahrens ihren gewöhnlichen Aufenthalt in Deutschland – und haben sie keine Rechtswahl zugunsten des japanischen Rechts getroffen (→ Rn. 50 ff.) –, so ist die in Japan vorgenommene Privatscheidung aus deutscher Sicht unwirksam, da gem. Art. 17 Abs. 2 iVm Art. 8 lit. a Rom III-VO das deutsche Recht berufen ist und dieses gemäß § 1564 BGB zwingend eine gerichtliche Entscheidung vorschreibt (s. → Rn. 42).

45 Hatten die Ehegatten im Zeitpunkt der Einleitung des Scheidungsverfahrens keinen gewöhnlichen Aufenthalt in ein und demselben Staat, so ist das Recht anzuwenden, in dem die Ehegatten **zuletzt ihren gewöhnlichen Aufenthalt** hatten, sofern dieser nicht vor mehr als einem Jahr vor Einleitung des Scheidungsverfahrens endete und einer der Ehegatten zum Zeitpunkt der Einleitung des Scheidungsverfahrens dort noch seinen gewöhnlichen Aufenthalt hatte (Art. 8 lit. b Rom III-VO). Schlagen sowohl die Anknüpfung nach Art. 8 lit. a als auch die Anknüpfung nach Art. 8 lit. b Rom III-VO fehl – weil es an einem gemeinsamen oder nach Art. 8 lit. b Rom III-VO relevanten vormaligen gemeinsamen gewöhnlichen Aufenthalt der Ehegatten fehlt –, ist auf Art. 8 lit. c Rom III-VO zurückzugreifen. Hiernach ist das Recht des Staates anzuwenden, dem die Ehegatten im Zeitpunkt der Einleitung des Scheidungsverfahrens **gemeinsam angehörten**. Im Fall der mehrfachen Staatsangehörigkeit ist im Rahmen von Art. 8 lit. c Rom III-VO auf die effektive Staatsangehörigkeit des jeweiligen Ehegatten abzustellen. Die effektive Staatsangehörigkeit bleibt allein maßgeblich, wenn der betreffende Ehegatte neben einer ausländischen auch die deutsche Staatsangehörigkeit hat; eine abstrakt-generelle Bevorzugung der deutschen Staatsangehörigkeit nach Maßgabe von Art. 5 Abs. 1 S. 2 EGBGB ist im Rahmen der Rom III-VO und damit mittelbar auch bei der Anknüpfung der Privatscheidung nicht statthaft.

46 Schlägt auch diese Anknüpfung fehl, so kommt es bei direkter Anwendung der Rom III-VO zur Berufung des Rechts des angerufenen Gerichts (Art. 8 lit. d Rom III-VO). Nach Art. 17 Abs. 2 Nr. 4 ist diese Anknüpfung aber im Falle der Privatscheidung nicht zu vorzunehmen. Anstelle dessen ist das Recht desjenigen Staates anzuwenden, mit dem die Ehegatten im Zeitpunkt der Einleitung des Scheidungsverfahrens auf andere Weise gemeinsam **am engsten verbunden** sind. Insoweit verwendet Art. 17 Abs. 2 Nr. 4 dieselbe Hilfsanknüpfung wie Art. 14 Abs. 2 Nr. 2 Nr. 4.

47 Bei der Bestimmung der engsten Verbindung dürfte vorrangig auf den letztmaligen gemeinsamen gewöhnlichen Aufenthalt der Ehegatten abzustellen sein. Wurde also eine deutsch-japanische Ehe nur in Deutschland geführt und hat der Ehemann vor mehr als einem Jahr vor Einleitung des Scheidungsverfahrens seinen gewöhnlichen Aufenthalt in Japan begründet, so besteht in der Regel der gemeinsame engste Bezug der Ehegatten zu Deutschland. Anders mag es sein, wenn der gemeinsame gewöhnliche Aufenthalt der Ehegatten in Deutschland nur von verhältnismäßig geringer Dauer war und die Ehe zuvor über einen deutlich längeren Zeitraum in Japan geführt worden ist.

48 Dem Wortlaut nach stellt die Vorschrift auf die gemeinsame Verbindung „der Ehegatten" mit einem Staat ab. Hierbei stellt sich die Frage, ob für die Feststellung der Verbindung nur die Ehezeit oder auch davorliegende Zeiträume in den Blick zu nehmen sind. Denkbar ist etwa, dass die Ehegatten, bevor sie die Ehe eingegangen sind, über einen längeren Zeitraum „ohne Trauschein" in einem Staat zusammengelebt haben. Mit dem Wortlaut der Vorschrift ist die Berücksichtigung von vor Eingehung der Ehe liegender Umstände vereinbar; denn anders als etwa Art. 5 Haager Protokoll stellt Art. 17 Abs. 2 Nr. 4 nicht auf die Verbindung der „Ehe", sondern der „Ehegatten" mit einem bestimmten Staat ab. Auch im Rahmen des Art. 14 Abs. 2 Nr. 4 EGBGB, der allerdings eine „wandelbare" Anknüpfung vorsieht, können Umstände, die noch vor Eheschließung liegen, berücksichtigt werden. Ließe man solche Umstände *a priori* unberücksichtigt, würde das Prinzip des engsten Bezugs letztlich nicht voll verwirklicht.

49 Bei Anwendung von Art. 8 lit. a-c Rom III-VO sowie von Art. 17 Abs. 2 Nr. 4 kommt es auf die Verhältnisse im Zeitpunkt der „**Einleitung des Scheidungsverfahrens**" an. Dieser Zeitpunkt kommt nach Auffassung des Gesetzgebers dem in der Rom III-VO verwendeten Zeitpunkt der Anrufung des Gerichts" – der nach Art. 16 EheVO 2003 zu bestimmen ist – am nächsten.[56] Maßgeblich sei der Zeitpunkt „in dem der Scheidungsgegner mit der Scheidung erstmals förmlich befasst wird".[57] Das Tatbestandsmerkmal passt für den Fall, in dem die Privatscheidung in dem betreffenden Staat in ein (begleitendes) gerichtliches oder behördliches Verfahren eingebettet ist. Mit welchen (förmlichen) Verfahrensschritten ein solches Verfahren beginnt, ist hierbei nach dem anwendbaren Recht zu beurteilen. Bei Versöhnungsverfahren sollte (nicht anders als bei Scheidungen, die durch einen konstitutiven Hoheitsakt zustande kommen) danach differenziert werden, ob das Versöhnungsverfahren bei wertender Betrachtung Bestandteil des (Privat-)Scheidungsverfahrens ist (→ EheVO 2003 Art. 16 Rn. 10). Handelt es sich um eine „reine" Privatscheidung ohne Mitwirkung von Gerichten und Behörden, passt die Wendung „Einleitung des Scheidungsverfahrens" nicht richtig.[58] Es ist hier auf die Vornahme des (ersten) konstitutiven Teilakts abzustellen. Nicht maßgeblich sind in jedem Fall bloße Vorbereitungshandlungen wie die Mandatierung eines Anwalts oder Notars zur einvernehmlichen Scheidung.[59]

bb) Rechtswahl. Nach Art. 17 Abs. 2 EGBGB finden auch die **Rechtswahlvorschriften** der Rom III-VO Anwendung. Ausgenommen wird allerdings die Rechtswahlmöglichkeit nach Art. 5 Abs. 1 lit. d Rom III-VO (Recht des angerufenen Gerichts). **50**

Was die **Form der Rechtswahl** anbelangt, wird durch die Verweisung auf die Rom III-VO auch die Regelung des Art. 7 Rom III-VO in Bezug genommen. Art. 7 Abs. 1 Rom III-VO sieht zunächst ein Mindest-Formerfordernis vor: Danach muss die Rechtswahl schriftlich erfolgen, datiert und unterzeichnet werden und kann auch durch eine elektronisch übermittelte, speicherbare Fassung ersetzt werden. Allerdings gelten nach Art. 7 Abs. 2 bzw. 4 Rom III-VO *zusätzliche* Formerfordernisse des Mitgliedstaats, in dem beide Ehegatten ihren gewöhnlichen Aufenthalt haben oder in dem ein Ehegatte seinen gewöhnlichen Aufenthalt hat, wenn der andere gar keinen gewöhnlichen Aufenthalt in einem Mitgliedstaat hat. Deutschland hat von der Möglichkeit, zusätzliche Formerfordernisse zu schaffen, in Art. 46e Abs. 1 EGBGB Gebrauch gemacht. Hiernach ist die Rechtswahl **notariell zu beurkunden.**[60] Dies bedeutet, dass etwa zwei japanische Staatsangehörige mit gewöhnlichem Aufenthalt in Deutschland, die in Japan eine auch aus deutscher Sicht wirksame Privatscheidung nach japanischem Recht in die Wege leiten wollen, zunächst eine notariell beurkundete Rechtswahlvereinbarung schließen müssen. In aller Regel wird es sich um eine in Deutschland vorgenommene notarielle Beurkundung handeln. Ob eine im Ausland vorgenommene notarielle Beurkundung einer deutschen gleichzustellen ist, ist nach Substitutionsgrundsätzen zu beurteilen. Es ist also zu fragen, ob sie der Beurkundung durch einen deutschen Notar gleichwertig ist.[61] **51**

Art. 17 Abs. 2 Nr. 3 befasst sich mit der Zulässigkeit und der Formwirksamkeit einer Rechtswahl, die erst nach der Einleitung des Scheidungsverfahrens zustande kommt. Sie tritt hierbei an die Stelle des Art. 5 Abs. 3 Rom III-VO und versucht, dessen Regelungsgehalt zu übertragen. Eine **nachträgliche Rechtswahl** ist überhaupt nur dann **zulässig**, wenn das gewählte Recht dies vorsieht. **52**

Es stellt sich die Frage, wie der Fall zu beurteilen ist, dass das nach Art. 17 Abs. 2 iVm Art. 5 Rom III-VO gewählte Recht zwar keine Rechtswahl oder jedenfalls keine nachträgliche Rechtswahl zulässt, aber bereits aufgrund einer objektiven Anknüpfung davon ausgeht, dass es selbst anwendbar ist. Denkbar ist etwa der Fall, dass zwei ausländische Staatsangehörige mit gewöhnlichem Aufenthalt in Deutschland das Recht eines die Privatscheidung vorsehenden Staates wählen, der seinerseits objektiv an die Staatsangehörigkeit anknüpft. Man wird eine nachträgliche Rechtswahl als zulässig anzusehen haben, da sich in dem konkreten Fall aus der Sicht des gewählten Rechts keine Einwände gegen die Anwendung dieses Rechts ergeben. **53**

Was die **Form** der nachträglichen Rechtswahl anbelangt, sieht die Vorschrift eine Verweisung auf Art. 7 Rom III-VO vor; diese tritt an die Stelle der in Art. 5 Abs. 3 Rom III-VO vorgesehenen gerichtlichen Protokollierung der Rechtswahl. Es gilt das in → Rn. 51 Gesagte. Soweit hiernach gemäß Art. 46e Abs. 1 EGBGB eine notarielle Beurkundung erforderlich ist, muss diese bis zur Vornahme der Privatscheidung vorliegen; eine nachträgliche Beurkundung der Rechtswahlvereinbarung erst nach Vornahme der Privatscheidung reicht nicht aus. **54**

cc) Ordre public. Nach Art. 17 Abs. 2 Nummer 5 ist anstelle der Vorbehaltsklauseln der Artikel 10 und 12 der Rom III-VO die allgemeine Vorbehaltsklausel des Art. 6 EGBGB anzuwenden. Bedeutsam ist insbesondere, dass Art. 10 Var. 2 der Rom III-VO nicht anzuwenden ist, der – abstrakt-generell – die Anwendung **55**

---

56 BT-Drs. 19/4852, S. 38.

57 BT-Drs. 19/4852, S. 38. Zur Konkretisierung dieses Merkmals auch *Antomo* StAZ 2019, 33 (39).

58 BeckOK BGB/*Heiderhoff* EGBGB Art. 17 Rn. 48; *Kohler/Pintens* FamRZ 2018, 1369 (1372).

59 BT-Drs. 19/4852, S. 38.

60 Kritisch hierzu *Antomo* StAZ 2020, 33 (38 f.); *dies.* StAZ 2019, 33 (40 f.) (im Ergebnis für eine Streichung von Art. 46e Abs. 1 EGBGB).

61 Vgl. BeckOGK/*Gössl* EGBGB Art. 46e Rn. 13 ff.; aus der Rspr. siehe etwa BGH NJW 2014, 2026; BGHZ 199, 270 = NJW 2014, 2026; NJW 1981, 1160; BGHZ 80, 76 (78 f.) = NJW 1981, 1512.

eines Rechts untersagt, welches Mann und Frau im Hinblick auf die Scheidungsvoraussetzungen ungleich behandelt. Anderenfalls würde bei wortlautgetreuer Anwendung von Art. 10 Var. 2 eine Privatscheidung nach dem **islamischen**[62] und auch dem **jüdischen Recht**[63] aus deutscher Sicht abstrakt-generell als unwirksam anzusehen sein, da diese Rechtsordnungen Mann und Frau hinsichtlich der Scheidungsgründe nicht gleich behandeln (zur umstrittenen Frage nach einer teleologischen Reduktion des Art. 10 Var. 2 Rom III-VO s. Band Rom-Verordnungen → Rom III-VO Art. 10 Rn. 25 ff.).[64]

56 Im Rahmen des anstelle dessen anwendbaren allgemeinen ordre public-Vorbehalts (Art. 6 EGBGB) ist zunächst zu prüfen, ob im Zeitpunkt der Einleitung bzw. Durchführung des Privatscheidungsverfahrens ein relevanter Bezug zu Deutschland bestand (**Inlandsbezug**). War dies nicht der Fall – und ist dieser Bezug erst nach Vornahme der Scheidung hergestellt worden –, so greift der Ordre-public-Vorbehalt nicht ein.[65]

57 Bei Anwendung von Art. 6 EGBGB kommt es im Übrigen – selbst bei Bestehen eines hinreichenden Inlandsbezugs – nicht auf eine abstrakt-generelle Betrachtung der Inhalte des ausländischen Rechts, sondern darauf an, ob das im konkreten Fall unter Anwendung dieses Rechts erzielte **Ergebnis** hinnehmbar ist oder nicht. Danach kann die Privatscheidung aus deutscher Sicht auch nach einem Recht zustande kommen, das eine Ungleichbehandlung von Mann und Frau vorsieht. Nach dem BGH liegt im Falle des *talaq* (Auflösung der Ehe durch einseitige Erklärung des Ehemannes) nach dem islamischen Recht – trotz der abstrakt-generellen Ungleichbehandlung von Mann und Frau – im konkreten Fall kein ordre public-Verstoß vor, wenn die **Ehefrau mit dem *talaq* einverstanden** ist, also praktisch eine einverständliche Scheidung vorliegt.[66] Nach dem BGH ist ein *talaq* sogar dann mit dem deutschen ordre public vereinbar, wenn die Ehefrau nicht ihre Zustimmung erklärt, aber die Ehe – wegen einer Zerrüttung des ehelichen Verhältnisses – im Übrigen **auch nach dem deutschen Recht** scheidbar wäre.[67] Diese bisherige Rechtsprechung kann nunmehr weitergeführt werden.[68] Bei der Prüfung eines Einverständnisses der Ehefrau mit dem *talaq* ist aber eine eher zurückhaltende Betrachtung geboten. Wendet die Ehefrau im Anerkennungsverfahren (s. → Rn. 59) ein, dass sie mit der Scheidung nicht einverstanden ist, kann dies als Indiz für ein fehlendes Einverständnis bereits bei Vornahme des *talaq* gewertet werden.[69] Ein Einverständnis, das sich auf die Durchführung eines Scheidungsverfahrens in Deutschland bezieht, stellt nicht zugleich die Zustimmung zur einseitigen Verstoßung durch den Ehemann dar.[70]

58 Für Angehörige eines durch das islamische Recht geprägten Staates mit gewöhnlichem Aufenthalt in Deutschland ergeben sich daher praktisch betrachtet zwei Möglichkeiten, eine Scheidung herbeizuführen: Sie können in Deutschland einen Scheidungsantrag stellen. Dieser wird nach Art. 8 lit. a Rom III-VO nach dem deutschen Recht beurteilt. Zwar können sie auch das Recht ihres islamischen Heimatstaates wählen (Art. 5 Abs. 1 lit. c Rom III-VO); allerdings könnte sich diese Rechtswahl als wirkungslos erweisen, da Art. 10 Var. 2 Rom III-VO bei wortlautgetreuer Auslegung dem deutschen Gericht die Anwendung dieses Rechts abstrakt-generell untersagt und es anstelle zur Anwendung der deutschen *lex fori* verpflichtet. Alternativ können die beiden Ehegatten im Anschluss an eine nach Art. 46 e Abs. 1 EGBGB wirksam beurkun-

---

62 Zu der Scheidung im islamischen Recht siehe näher *Yassari* in Scheidung ohne Gericht?, S. 315 ff. (die dort auch auf den Sonderfall Tunesien hinweist, das eine Gleichbehandlung von Mann und Frau im Scheidungsrecht vorsieht). Zu den Vorbehalten gegen die Anwendung islamischen Rechts bei der Beratung über den Verordnungsentwurf Rom III *Kohler* FamRZ 2008, 1673 (1678).

63 Zum jüdischen Scheidungsrecht *Herfarth*, Die Scheidung nach dem jüdischen Recht im internationalen Zivilverfahrensrecht, 2000, 21 ff. und 28 ff.; *ders.*, IPRax 2002, 17 f.; *Homolka*, Das Jüdische Eherecht, 2009, S. 113 ff.; auch *Elmaliah/Thomas* FamRZ 2018, 739 ff.

64 Krit. *Schlürmann* FamRZ 2019, 1035 (1037).

65 *Antomo* StAZ 2020, 33 (40).

66 BGHZ 160, 332 (344) = FamRZ 2004, 1952 (obiter dictum); OLG Frankfurt FamRZ 2009, 1504 (1505); zuvor OLG Frankfurt IPRax 1985, 48 (Leitsatz) mAnm *Henrich*; BayObLG IPRax 1982, 104 (105); OLG München IPRax 1980, 238 m. zust. Anm. *Jayme*, S. 223; AG Esslingen IPRax 1993, 250 (251) mAnm *Beitzke*, S. 231; AG Bonn IPRax 1985, 165; *Looschelders* RabelsZ 56 (2001), 463, 488; *Andrae* NJW 2007, 1730 (1731); *Unberath* IPRax

2004, 515 (517 f.); *Rauscher* IPRax 2000, 391 (394); *Lüderitz* FS Baumgärtel 1990, S. 333 (338); *Beitzke* IPRax 1993, 231 (234); *Bolz* NJW 1990, 620 (621); *Jayme* IPRax 1989, 223; *Dopffel* FamRZ 1987, 1205 (1213); abweichend (Verstoßung auch bei Zustimmung der Ehefrau mit Art. 6 EGBGB unvereinbar) AG Frankfurt NJW 1989, 1434 = IPRax 1989, 237; AG München IPRax 1982, 250; zweifelnd KG NJW-RR 1994, 199 (200).

67 BGHZ 160, 332, 344 und 351 = FamRZ 2004, 1952; OLG Frankfurt FamRZ 2009, 1504 (1505); OLG Hamm IPRspr. 2006 Nr. 55; OLG Zweibrücken NJW-RR 2002, 581 (582); OLG Hamm IPRax 1995, 174 (176) mit zust. Anm. *Henrich*; OLG Stuttgart FamRZ 1997, 882 (883); OLG Köln FamRZ 1996, 1147; OLG Koblenz FamRZ 1993, 563 (564); OLG München IPRax 1989, 238 mit zust. Anm. *Jayme*, S. 223 = FamRZ 1994, 1263 = NJW-RR 1994, 771; AG Esslingen IPRax 1993, 250 (251); *Unberath* IPRax 2004, 515 (517); *Beitzke* IPRax 1993, 231 (234); *Bolz* NJW 1990, 620 (621).

68 *Antomo* StAZ 2019, 33 (42).

69 Ähnlich BeckOK BGB/*Heiderhoff* EGBGB Art. 17 Rn. 53.

70 OLG Stuttgart FamRZ 2019, 1532 (1533 f.).

dete Rechtswahl auch die Privatscheidung in dem betreffenden Staat vornehmen. Kommt diese nach dem islamischen Recht wirksam zustande, wird sie auch aus deutscher Sicht als wirksam angesehen. Zwar könnte dem wiederum der ordre public (Art. 6 EGBGB) entgegenstehen; allerdings ist ein solcher Verstoß nach der bisherigen Rechtsprechung des BGH nicht anzunehmen, wenn die Ehefrau mit der Scheidung einverstanden war oder die Ehe auch bei (unterstellter) Anwendung deutschen Rechts scheidbar gewesen wäre.

c) Verfahrensrechtliche Einkleidung der Wirksamkeitskontrolle. In prozessualer Hinsicht ist noch **59** darauf hinzuweisen, dass (wie bisher) die Wirksamkeitsprüfung analog § 107 FamFG grundsätzlich durch die Landesjustizverwaltung[71] erfolgt. Nach der Rechtsprechung ist § 107 FamFG zumindest dann (analog) auf die Privatscheidung anzuwenden, wenn bei dieser ein ausländisches Gericht oder eine ausländische Behörde in irgendeiner Weise (auch nur registrierend) mitgewirkt hat.[72] Richtigerweise ist die Vorschrift nach ihrem Regelungszweck sogar generell (analog) auf sämtliche Privatscheidungen – also auch auf die Fälle einer „reinen" Privatscheidung – anzuwenden.[73] Die Vorschrift betrifft aber nur die Frage, *wer* die Prüfung vorzunehmen hat und lässt den Prüfungs*maßstab* unberührt. Die Landesjustizverwaltung stellt maW in dem Verfahren nach § 107 FamFG fest, ob die in einem Drittstaat zustande gekommene Privatscheidung nach Maßgabe des von der Rom III-VO für anwendbar erklärten Rechts wirksam war oder nicht. Diese (feststellende) Entscheidung der Landesjustizverwaltung ist für alle Gerichte und Behörden in Deutschland bindend (§ 107 Abs. 9 FamFG). Eine bindende Feststellung ist aber nach § 107 Abs. 1 S. 2 FamFG nicht vorgeschrieben, wenn ein Gericht oder eine Behörde des Staates entschieden hat, dem beide Ehegatten zur Zeit der Entscheidung angehört haben. Diese Vorschrift gilt entsprechend, wenn die Privatscheidung in einem Staat durchgeführt worden ist, dem beide Ehegatten im Zeitpunkt der Durchführung der Privatscheidung angehört haben.[74]

3. Wirksamkeit der in einem EU-Mitgliedstaat vorgenommenen Privatscheidung. Die Nichtan- **60** wendbarkeit der Rom III-VO gilt nach der dargestellten Entscheidung des EuGH in der Rs. *Sahyouni II* auch im Hinblick auf Privatscheidungen, die in dem Recht von EU-Mitgliedstaaten eingeführt worden sind. Nach dem EuGH „wären … für die Einbeziehung von Privatscheidungen in den Anwendungsbereich dieser Verordnung Änderungen erforderlich, für die allein der Unionsgesetzgeber zuständig ist."[75]

Eine andere Frage besteht darin, ob die in einem anderen Mitgliedstaat zustande gekommene Privatschei- **61** dung nach Maßgabe der Artt. 21 ff. EheVO 2003 anzuerkennen ist. Unmittelbar ist die EheVO 2003 auf die Privatscheidung nicht anwendbar; dies ergibt sich unter anderem aus der in Art. 2 Nr. 4 EheVO 2003 enthaltenen Definition der „Entscheidung".

Allerdings ist aktuell noch nicht eindeutig geklärt, wie der EuGH in diesem Zusammenhang die (von der **62** EheVO 2003 erfasste) behördliche Scheidung von der (von der EheVO 2003 nicht erfasste) Privatscheidung im Einzelnen abgrenzen möchte. In der Rs. *Sahyouni II* hat der EuGH angedeutet, dass er möglicherweise nicht maßgeblich darauf abstellen möchte, ob die Scheidung konstitutiv durch einen Hoheitsakt oder einen Privatakt (Vertrag) herbeigeführt wird. Vielmehr könnte nach dem EuGH eine (von der EheVO 2003 erfasste) behördliche Entscheidung bereits dann anzunehmen sein, wenn der für die Scheidung konstitutive Privatakt „unter der Kontrolle" einer Behörde zustande kommt.[76] Dies könnte dazu führen, dass die mittler-

71 Nach § 107 Abs. 3 FamFG können die Bundesländer die Befugnis zur Prüfung der Wirksamkeit der Scheidung auf einen oder mehrere Präsidenten der Oberlandesgerichte übertragen (Überblick hierzu bei MüKoZPO/*Rauscher* FamFG § 107 Rn. 40).

72 BGHZ 82, 34, 41 f. = NJW 1982, 517 f.; BGHZ 110, 267 (270 f.) = NJW 1990, 2194 (noch zu dem gleichlautenden Art. 7 des Gesetzes zur Vereinheitlichung und Änderung familienrechtlicher Vorschriften (Familienrechtsänderungsgesetz – FamRÄndG); OLG Stuttgart FamRZ 2019, 1532 (1533); OLG München FamRZ 2015, 1611, FamRZ 2012, 1142; zu § 107 FamFG OLG Nürnberg IPRax 2018, 528 mit Bspr. *Gebauer* 497.

73 Präs. OLG Frankfurt StAZ 2003, 137; MüKoZPO/*Rauscher*, FamFG, § 107 Rn. 28; *Andrae/Heidrich* FamRZ 2004, 1622 (1626); *dies.*, FPR 2004, 292

(293); *Wall* StAZ 2020, 44 (46); aA BeckOK FamFG/*Sieghörter* § 107 Rn. 10; MüKoBGB/*Winkler v. Mohrenfels*, Anh. Art. 17 a Rn. 93; *Helms* StAZ 2019, 144; *Althammer* IPRax 2009, 381 (387); *Heiderhoff* StAZ 2009, 328 (331 f.).

74 BGH NJW 2019, 931 = StAZ 2019, 143 m. krit. Anm. *Helms* und Bespr. *Krömer* StAZ 2019, 309; differenzierend *Wall* StAZ 2020, 44 ff.; aA noch OLG Nürnberg FamRZ 2017, 360; OLG Frankfurt aM FamRZ 2005, 989 (990).

75 EuGH, Rs. C-372/16 – Sahyouni II NJW 2018, 447 (Rn. 47) = FamRZ 2018, 169 unter Bezugnahme auf Nr. 66 der Schlussanträge des Generalanwalts; wie hier *Coester-Waltjen* IPRax 2018, 238 (239).

76 EuGH, Rs. C-372/16 – Sahyouni II NJW 2018, 447 (Rn. 45) = FamRZ 2018, 169.

weile ua im italienischen,[77] spanischen[78] und französischen[79] Recht vorgesehenen (Privat-)Scheidungsverfahren letztlich doch ganz oder teilweise in den Anwendungsbereich der EheVO 2003 fallen. Die Frage nach der Anwendbarkeit der EheVO 2003 auf europäische Privatscheidungsverfahren ist daher aktuell noch nicht geklärt (siehe zu alledem die ausf. Darstellung im Band Rom-Verordnungen → Rom III-VO Art. 1 Rn. 70 ff., 87 ff.). Zur ebenfalls sehr umstrittenen (nach der hier vertretenen Auffassung abzulehnenden) Anwendung des Art. 46 EheVO 2003 auf die Privatscheidung siehe noch Band Rom-Verordnungen → Rom III-VO Art. 1 Rn. 90 ff.).

63   In Reaktion auf die Entscheidung des EuGH in der Rs. *Sahyouni II* hat man allerdings in der **Neufassung der EheVO 2003** – der hier sogenannten EheVO 2019[80] – neue Regelungen zur Anerkennung von Privatscheidungen eingefügt. Die EheVO 2019 gilt für Privatscheidungen, die in einem Mitgliedstaat am oder nach dem 1.8.2022 zustande kommen (Art. 100 EheVO 2019).[81] In der EheVO 2019 werden offenkundig Privatscheidungen, die im Anschluss an eine vorherige behördliche bzw. gerichtliche materielle (Inhalts-)Kontrolle vorgenommen werden, *a priori* anzuerkennenden „Entscheidungen" gleichgestellt.[82] Insoweit könnte die vom EuGH in der Rs. *Sahyouni II* angedeutete Abgrenzungsformel, bei der es auf die „Kontrolle" des Privatakts durch ein Gericht oder eine Behörde ankommen soll (→ Rn. 62), weiter Verwendung finden. Die Anerkennung erfolgt dann unmittelbar nach Maßgabe der auch auf „klassische" gerichtliche Scheidungsurteile anwendbaren Art. 30 ff. EheVO 2019. Für die verbleibenden Privatscheidungen, die in öffentlichen Urkunden oder sonstigen Vereinbarungen enthalten sein können, sehen Art. 64 ff. EheVO 2019 aber letztlich ebenfalls einen (quasi-)verfahrensrechtlichen Anerkennungsmechanismus vor. Voraussetzung für die Anerkennung nach Art. 64 ff. EheVO 2019 ist nur, dass eine in Art. 66 EheVO 2019 näher umschriebene **Bescheinigung** vorgelegt wird. Aus dieser Bescheinigung muss sich ergeben, dass der Mitgliedstaat, in dem die Privatscheidung zustande gekommen ist, gem. Art. 3 ff. EheVO 2019 international zuständig war, und dass die öffentliche Urkunde oder die Vereinbarung in diesem Mitgliedstaat „rechtsverbindliche Wirkung" hat, also die Ehe aufgelöst oder (im Falle der Trennung ohne Auflösung des Ehebandes) eine „Lockerung" des Ehebandes bewirkt hat. Wird eine solche Bescheinigung nicht vorgelegt, wird die Scheidung nach Art. 66 Abs. 5 EheVO 2019 nicht anerkannt. Daraus ist wohl zu folgern, dass es den Mitgliedstaaten in einem solchen Fall auch nicht möglich ist, eine „Anerkennung" der Privatscheidung auf kollisionsrechtlichem Wege vorzusehen. Art. 17 Abs. 2 EGBGB iVm der Rom III-VO ist also auf Privatscheidungen, die an oder nach dem 1.8.2022 in anderen EU-Mitgliedstaaten vorgenommen werden, in jedem Fall nicht mehr anzuwenden; es ist allein der Weg über eine verfahrensrechtliche bzw. quasi-verfahrensrechtliche Anerkennung nach der EheVO 2019, nicht aber der Weg über eine kollisionsrechtliche Anknüpfung und Wirksamkeitskontrolle nach dem hiernach anwendbaren Sachrecht eröffnet.

VI. Scheidungsmonopol der Gerichte (Abs. 3)

64   **1. Dogmatische Einordnung.** Abs. 3 sieht ein Scheidungsmonopol der Gerichte im Falle einer Inlandsscheidung vor. In der Literatur ist umstritten, wie diese Norm dogmatisch einzuordnen ist. Während es sich nach einer Auffassung um eine verfahrensrechtliche Regelung handelt,[83] sehen andere in ihr eine besondere Eingriffsnorm[84] oder auch ordre public-Vorschrift,[85] während schließlich auch eine Einordnung als Formkollisionsnorm vertreten wird.[86] Die Diskussion um die dogmatische Einordnung von Abs. 3 hat dadurch praktische Bedeutung verloren, dass nach dem EuGH die Rom III-VO ohnehin nicht auf die Privatschei-

77   Nähere Darstellung des italienischen Privatscheidungsverfahrens bei *Patti* in Scheidung ohne Gericht?, S. 105 ff.; *Scalzini* StAZ 2016, 129 ff.; *Cubeddu Wiedemann/Henrich* FamRZ 2015, 1253 ff.; *Beller/Wahl* BWNotZ 2015, 158 (160); *Mayer* StAZ 2018, 106 (108); Bergmann/Ferid/ *Henrich/Henrich*, Internationales Ehe- und Kindschaftsrecht, Italien, 223. Erg.Lief., S. 41 f.

78   *Riba* in Scheidung ohne Gericht?, S. 119, 131 ff.; *ders.* FamRZ 2016, 1557 (1558); *Mayer* StAZ 2018, 106 (109).

79   *Ferrand* in Scheidung ohne Gericht?, S. 146 (167 ff.); *Ferrand/Francoz-Terminal* FamRZ 2017, 1456 ff.; *Mayer* StAZ 2018, 106 (109 f.).

80   Verordnung (EU) 2019/1111 des Rates vom 25. Juni 2019 über die Zuständigkeit, die Anerkennung und Vollstreckung von Entscheidungen in Ehesachen und in Verfahren betreffend die elterliche Verantwortung

und über internationale Kindesentführungen (Neufassung), ABl. L 178 S. 1.

81   S. Art. 100 Abs. 1 EheVO 2019: „Diese Verordnung gilt nur für am oder nach dem 1. August 2022 eingeleitete gerichtliche Verfahren, förmlich errichtete oder eingetragene öffentliche Urkunden und eingetragene Vereinbarungen."

82   S. dazu den 14 ErwGr. S. 2: „Jede vom Gericht nach einer Prüfung in der Sache nach dem nationalen Recht und nach dem nationalen Verfahren gebilligte Vereinbarung sollte als "Entscheidung" anerkannt oder vollstreckt werden." In diesem Sinne auch *Antomo* StAZ 2020, 33 (43).

83   *Rauscher/Helms*, EuZPR/EuIPR, Art. 1 Rn. 19.

84   *Andrae* IntFamR § 4 Rn. 57.

85   Palandt/*Thorn* EGBGB Art. 17 Rn. 2, 6; Staudinger/ *Mankowski* EGBGB Art. 17 Rn. 182.

86   *Ziereis/Zwirlein* IPRax 2016, 103 ff.

dung anzuwenden ist.[87] Daher ist Abs. 3 grundsätzlich auch dann (ohne Weiteres) neben der Rom III-VO anwendbar, wenn man in ihr eine Regelung der materiellen Scheidungsvoraussetzungen sieht.

2. Einfluss auf inländische Entscheidungen. a) Inländische Entscheidung bei einer vom ausländischen Recht vorgesehenen Zuständigkeit von Behörden oder geistlichen Gerichten. Dieses **65** Scheidungsmonopol gilt zunächst dann, wenn die Rom III-VO auf das Recht eines Staates verweist, der eine Scheidung durch eine Behörde oder ein **geistliches Gericht** vorsieht. Die deutschen Gerichte können den Scheidungsantrag in diesen Fällen nicht mit der Begründung als unzulässig zurückweisen, dass die von ihnen geforderte Tätigkeit einem staatlichen Gericht „wesensfremd" sei und ihnen deshalb die internationale Zuständigkeit fehle. Dies gilt nach dem BGH und der ganz hL auch dann, wenn nach dem ausländischen Verfahrensrecht ein **geistliches Gericht** zuständig wäre.[88] Der Ausspruch einer Scheidung ist deutschen Gerichten nicht wesensfremd, und ein den deutschen Gerichten fremdes ausländisches Verfahren kommt nach dem lex-fori-Grundsatz ohnehin nicht zur Anwendung. Ein Tätigwerden deutscher Gerichte lässt sich auch nicht mit dem Argument ablehnen, dass das ausländische Verfahren und das ausländische materielle Recht eine untrennbare Einheit bildeten, die nicht auseinander gerissen werden dürfe.[89] Durch den verfahrensrechtlichen lex-fori-Grundsatz werden das Verfahrensrecht und das ausländische materielle Recht stets voneinander getrennt, ohne dass dies eine Rechtsverweigerung rechtfertigen würde.[90] Hinzuweisen bleibt schließlich darauf, dass die Ablehnung einer Entscheidung nur deshalb, weil eine angeblich „wesensfremde" richterliche Tätigkeit verlangt werde, eine Verletzung des sich aus dem Rechtsstaatsprinzip ergebenden Anspruchs auf Justizgewährung darstellen kann.[91]

b) Inländische Entscheidung bei einer vom ausländischen Recht vorgesehenen Privatscheidung. Besondere Bedeutung kommt der Regelung des Abs. 3 in den Fällen zu, in denen das zuständige **66** deutsche Gericht nach der Rom III-VO das Recht eines Staates anzuwenden hat, der eine **Privatscheidung** vorsieht (zur unstreitigen Anwendbarkeit der Rom III-VO in diesem Fall → Rom III-VO Art. 1 Rn. 66 ff.). Einvernehmliche Privatscheidungen sind etwa in verschiedenen asiatischen Rechtsordnungen vorgesehen.[92] Ferner ist der *talaq* nach dem islamischen Recht – die einseitige „Verstoßung" der Ehefrau – als Privatakt anzusehen.[93] Schließlich stellt auch die Scheidung durch Übergabe des Scheidebriefs nach dem jüdischen Recht nach Auffassung des BGH eine Privatscheidung dar.[94] Ferner ist auch in verschiedenen europäischen Rechtsordnungen – namentlich im italienischen, spanischen und französischen Recht – die Möglichkeit einer Privatscheidung eingeführt worden (siehe zu alledem die ausf. Darstellung im Band Rom-Verordnungen → Rom III-VO Art. 1 Rn. 70 ff., 87 ff., 95 ff.).

Aus Abs. 3 ist abzuleiten, dass das deutsche Gericht das ausländische (Privat-)Scheidungsrecht, soweit es **67** von der Rom III-VO als anwendbares Recht bestimmt worden ist, modifiziert anzuwenden hat. Die nach dem ausländischen Recht vorgenommenen Privatakte führen die Scheidung nicht selbst herbei, sondern werden zur Grundlage der (konstitutiven) deutschen Gestaltungsentscheidung.[95]

---

87 EuGH, Rs. C- 372/16 – Sahyouni II FamRZ 2018, 169 = NJW 2018, 447.

88 BGHZ 160, 332 (339 ff., 342) = FamRZ 2004, 1952 (zum iranischen Recht) m. zust. Anm. *Henrich* = StAZ 2005, 175 m. zust. Bespr. *Elwan/Menhofer,* 168 = IPRax 2005, 346 m. zust. Bespr. *Rauscher* 313; anders noch KG IPRax 2000, 126 mAnm *Herfarth*, S. 101 f. (betr. islamische Scheidung, die im Iran vor einem Sharia-Richter durchgeführt werde); KG FamRZ 1994, 839 (840) (betr. Scheidung von Juden israelischer Staatsangehörigkeit); aus der Lit. wie hier zB *Andrae* IntFamR § 4 Rn. 71; *Gottwald* FS Nakamura 1996, S. 189 (193 f.); *Henrich.*, IPRax 1995, 86 (88).

89 BGHZ 160, 332, 342 = FamRZ 2004, 1952 (zum iranischen Recht); so aber noch das KG FamRZ 1994, 839 (840) (Scheidung von Juden israelischer Staatsangehörigkeit); KG IPRax 2000, 126 (zum iranischen Recht).

90 Zur Argumentation näher BGHZ 160, 332, 342 f. = FamRZ 2004, 1952; wie hier auch Staudinger/*Mankowski* EGBGB Art. 17 Rn. 223; zu den geschichtlichen Grundlagen der Lehre von der „wesenseigenen Zuständigkeit" *Jayme*, Religiöses Recht vor staatlichen Gerichten, 1999, S. 10 f.

91 BGHZ 160, 332 (347 f.) = FamRZ 2004, 1952; vgl. auch KG IPRax 2000, 126 (127), das selbst darauf

hinweist, dass die iranische Antragstellerin den Scheidungsprozess nicht persönlich im Iran führen konnte, weil sie im Falle der Einreise in den Iran dort ein Ausreiseverbot zu befürchten hätte. Nach Ansicht des KG hätte die Ehefrau aber vortragen müssen, dass das Scheidungsverfahren im Iran nicht in Abwesenheit der Ehefrau durch einen schriftlich oder fernmündlich beauftragten Rechtsanwalt hätte geführt werden können. Zu Recht krit. hierzu *Herfarth* IPRax 2000, 101 (103); *Jayme*, Religiöses Recht vor staatlichen Gerichten, 1999, S. 2.

92 S. etwa BGHZ 110, 267 (272 f.) = FamRZ 1990, 607 = NJW 1990, 2194 (Privatscheidung nach thailändischem Recht).

93 BGHZ 160, 332 (345) = FamRZ 2004, 1952; OLG Stuttgart FamRZ 2019, 1532 (1533).

94 BGHZ 176, 365 = FamRZ 2008, 1409 mAnm *Henrich* = IPRax 2009, 347 mit Bespr. *Siehr* 332 = JR 2009, 327 mAnm *Dörner*; zuvor bereits OLG Oldenburg FamRZ 2006, 950 (952).

95 BGHZ 160, 332 (345) = FamRZ 2004, 1952; OLG Frankfurt FamRZ 2009, 1504 (1505); AG Kulmbach IPRax 2004, 529 (530) m. Bespr. *Unberath* S. 515; BeckOK BGB/*Heiderhoff* EGBGB Art. 17 Rn. 38, 107; *Andrae* NJW 2007, 1730 (1732); aA *Kegel/ Schurig*, § 20 VII 3 b (S. 870).

68 In dem Fall, in dem das anzuwendende Scheidungsstatut eine **Scheidung durch Rechtsgeschäft** bzw. durch eine einem Rechtsgeschäft ähnliche Handlung (etwa durch einen einvernehmlichen Aufhebungsvertrag, die Übergabe eines Scheidebriefs oder eine einseitige Verstoßung) vorsieht, kann dieser Akt unmittelbar vor dem deutschen Gericht vorgenommen werden.[96] Es reicht aber auch aus, wenn das Rechtsgeschäft außerhalb der Verhandlung vorgenommen und dem Gericht nur nachgewiesen wird.[97]

69 Die Scheidung nach dem islamischen und auch nach dem jüdischen Recht hat vor deutschen Gerichten unter Geltung des Art. 17 Abs. 1 aF eine durchaus erhebliche praktische Relevanz erlangt. Allerdings ist sehr fraglich, ob dies auch unter Geltung der Rom III-VO noch der Fall sein wird. Nach Art. 10 Var. 2 Rom III-VO ist nämlich das an sich berufene Recht nicht anzuwenden, wenn es einem der Ehegatten aufgrund seiner Geschlechtszugehörigkeit keinen gleichberechtigten Zugang zur Ehescheidung gewährt; vielmehr ist in diesen Fällen – zwingend – auf die *lex fori* zurückzugreifen. Diese Regelung ist ersichtlich gegen das islamische Recht gerichtet, das nur dem Mann, nicht aber der Frau die Scheidung durch *talaq* ermöglicht.[98] Betroffen ist aber auch das jüdische Recht.[99] Nach dem Wortlaut von Art. 10 Var. 2 Rom III-VO reicht bereits die Ungleichbehandlung von Mann und Frau im ausländischen Recht als solche – abstrakt betrachtet – aus, um die zwingende Anwendung der *lex fori* auszulösen; dies würde bedeuten, dass islamisches und jüdisches Scheidungsrecht unter Geltung der Rom III-VO in Deutschland generell nicht mehr angewendet werden dürften. Allerdings wird vielfach vertreten, dass eine derartige wortlautgetreue Anwendung von Art. 10 Var. 2 Rom III-VO insbesondere dann über das Ziel hinausschieße, wenn der im ausländischen Recht abstrakt benachteiligte Ehegatte im konkreten Fall nach dem ausländischen Recht die Scheidung ebenfalls verlangen könne – also *in concreto* von dem ausländischen Recht gar nicht benachteiligt werde –, oder wenn er mit der vom anderen Ehegatten nach dem ausländischen Recht begehrten Scheidung einverstanden sei. Ob Art. 10 Var. 2 Rom III-VO in diesen Fällen von der Rechtsprechung teleologisch reduziert werden kann, bleibt abzuwarten (s. dazu Band Rom-Verordnungen, → Rom III-VO Art. 10 Rn. 25 ff.).

70 **3. Unwirksamkeit von im Inland vorgenommenen, nicht durch das Familiengericht ausgesprochenen Scheidungen.** Eine **im Inland vorgenommene,** nicht durch das Familiengericht ausgesprochene Scheidung ist in jedem Fall unwirksam, selbst wenn sie den Voraussetzungen des an sich maßgeblichen Scheidungsstatuts genügt.[100] Von Bedeutung ist dies etwa bei Inlandsscheidungen durch ein **geistliches Gericht** oder durch eine kirchliche Behörde[101] sowie insbesondere bei Privatscheidungen.[102] Anders verhält es sich aber, wenn ein im Inland ergangenes kirchliches Urteil selbst noch keine zivilrechtlichen Wirkungen entfaltet und die Scheidung erst durch ein ausländisches Delibationsurteil erfolgt, welches dem kirchlichen Urteil zivilrechtliche Wirkungen verleiht.[103]

71 Auch die in einer **Botschaft** oder einem Konsulat eines ausländischen Staates vorgenommene Scheidung ist eine Inlandsscheidung. Dies gilt auch dann, wenn es sich um die diplomatische Vertretung des Heimatstaates eines oder beider Ehegatten handelt.[104] Die Scheidung ist auch dann nach Abs. 3 unwirksam, wenn der diplomatische Vertreter nach dem Recht des Entsendestaates eine Scheidung aussprechen kann.[105] Etwas anderes würde nur dann gelten, wenn der diplomatische Vertreter nach dem deutschen Recht bzw. einem für Deutschland maßgeblichen Staatsvertrag dazu ermächtigt wäre, Scheidungen im Inland vorzunehmen, also insoweit einem deutschen Richter gleichstünde. Hiervon ist gegenwärtig aber nicht auszugehen.[106] Auch die Inlandsscheidung von solchen Personen, die nicht der deutschen Gerichtsbarkeit unterliegen (sog. extraterritorialen Personen, vgl. §§ 18–20 GVG), ist nach Abs. 3 unwirksam.[107]

96 Vgl. den Tatbestand bei OLG München IPRax 1989, 238 (241); ferner OLG Köln FamRZ 1996, 1147; aus der Lit. zur Anwendung mosaischen Rechts s. etwa *Coester-Waltjen* FS Kühne 2009, S. 669, 684 f.; *Herfarth* IPRax 2000, 101 (103); *Gottwald* FS Nakamura 1996, 187 (193).

97 BeckOK BGB/*Heiderhoff* EGBGB Art. 17 Rn. 107; *Lüderitz* FS Baumgärtel 1990, S. 333 (336).

98 Zu den Vorbehalten gegen die Anwendung islamischen Rechts bei der Beratung über den Verordnungsentwurf Rom III *Kohler* FamRZ 2008, 1673 (1678).

99 *Christoph Herfarth,* Die Scheidung nach dem jüdischen Recht im internationalen Zivilverfahrensrecht, 2000, 21 ff. und 28 ff.; *ders.,* Get-Statutes und ihre Anwendbarkeit in Deutschland IPRax 2002, 17 f.

100 BGHZ 82, 34 (45) = NJW 1982, 517 = FamRZ 1982, 44 = IPRax 1983, 37; OLG Stuttgart IPRax 1988, 172 m. krit. Anm. *Beule*, S. 150.

101 Hierzu AG Hamburg StAZ 1981, 83; JM Baden-Württemberg IPRax 1990, 51 (52) m. krit. Anm. *Jayme*, S. 32; *Krzywon* StAZ 1989, 93 (105).

102 Nds. OVG StAZ 2006, 111; Erman/*Hohloch* EGBGB Art. 17 Rn. 18; MüKoBGB/*Winkler v. Mohrenfels* EGBGB Art. 17 Rn. 14; *Johannsen/Henrich* EGBGB Anh. zu Art. 17 Rn. 64.

103 *Jayme* IPRax 1990, 32.

104 BGHZ 82, 34 = NJW 1982, 517 = IPRax 1983, 37 = FamRZ 1982, 44; MüKoBGB/*Winkler v. Mohrenfels* EGBGB Art. 17 Rn. 13; Erman/*Hohloch* EGBGB Art. 17 Rn. 21.

105 Staudinger/*Mankowski* EGBGB Art. 17 Rn. 204.

106 Staudinger/*Mankowski* EGBGB Art. 17 Rn. 205.

107 Staudinger/*Mankowski* EGBGB Art. 17 Rn. 206.

Größere Schwierigkeiten bereitet die Beurteilung der Frage, wann eine reine **Privatscheidung** bzw. eine **72** Privatscheidung mit nachfolgender Beteiligung ausländischer (Register-)Behörden als iSv Abs. 3 im Inland vorgenommen anzusehen ist. Diese Frage stellt sich etwa im Falle der rechtsgeschäftlichen Scheidung nach dem islamischen[108] oder jüdischen Recht[109] oder bei dem Abschluss eines nach dem Recht von Japan, Südkorea oder Thailand zulässigen Eheaufhebungsvertrages. Allgemein gilt: Im Inland vorgenommen ist eine Scheidung jedenfalls dann, wenn ein für die Scheidung konstitutiver Teilakt im Inland vorgenommen wird.[110] Setzt die Scheidung mehrere konstitutive Teilakte voraus – etwa eine Erklärung der Ehegatten und die Eintragung der Scheidung in ein Register –, reicht es für eine Unwirksamkeit dieser Scheidung aus, wenn nur einer dieser Teilakte im Inland vorgenommen wird.[111]

Bei der Scheidung durch Übergabe eines Scheidebriefs kommt es auf den Ort der Übergabe an.[112] Bei der **73** **Verstoßungserklärung** besteht ein konstitutiver Teilakt in der Abgabe der Verstoßungserklärung. Wird die Erklärung also im Inland vorgenommen, so liegt eine nach Abs. 3 unwirksame Inlandsscheidung vor. Abs. 3 ist auch dann einschlägig, wenn an der Scheidung nur Ausländer beteiligt sind und deren Heimatstaat die Scheidung anerkennt.[113] Der Umstand, dass eine im Ausland abgegebene Verstoßungserklärung ins Inland übermittelt wird, macht die Verstoßung – da sie nicht von einem Zugang der Erklärung bei der Ehefrau abhängt – allerdings nicht zu einer gem. Abs. 3 unwirksamen Inlandsscheidung.[114]

Eine nach Abs. 3 unwirksame Inlandsscheidung liegt nach der Rechtsprechung auch dann vor, wenn die im **74** Inland ausgesprochene **Verstoßung** – wie etwa im pakistanischen Recht – noch einer **Registrierung bzw. einer sonstigen behördlichen oder gerichtlichen Mitwirkung im Heimatstaat** bedarf.[115] Es kommt hierbei nach hM auch nicht darauf an, ob die Verstoßung bis zum Zeitpunkt ihrer Registrierung widerruflich ist, da auch eine widerrufliche Gestaltungserklärung (für den Fall des Unterlassens eines Widerrufs) Gestaltungswirkung entfaltet.[116] Nach der in der Literatur vertretenen Gegenansicht ist demgegenüber dann, wenn neben dem Ausspruch der Verstoßung noch gerichtliche Mitwirkungsakte erforderlich sind, nicht mehr von einer Inlandsscheidung auszugehen.[117] Hiergegen spricht, dass der Charakter der Verstoßungserklärung als privater, rechtsgestaltender Akt trotz der Mitwirkung eines Richters erhalten bleibt. Die Verstoßungserklärung bleibt auch hier bei wertender Betrachtung der letztlich maßgebende konstitutive Akt; sie wird in ihrer Bedeutung nicht auf einen bloßen Antrag auf Mitwirkung des Scheidungsrichters herabgemindert.

Beim **Eheaufhebungsvertrag** kommt es auf den Ort des Vertragsschlusses an. Problematisch ist hier die **75** Beurteilung der – etwa postalisch geschlossenen – Distanzscheidung. Nach einer Ansicht liegt in diesem Fall kein für Abs. 3 erforderlicher „reiner" Inlandsfall mehr vor, wenn nur einer der Ehegatten seinen gewöhnlichen Aufenthalt im Inland hat und sich der Erklärungstatbestand dementsprechend nicht vollständig im Inland vollzieht.[118] Dies erscheint zweifelhaft. Geht man davon aus, dass eine Inlandsscheidung bereits dann vorliegt, wenn nur ein konstitutiver Teilakt im Inland vorgenommen wird, so liegt es nahe, im Falle des Aufhebungsvertrages von zwei Teilakten (nämlich Angebot und Annahme) auszugehen. Dementsprechend reicht es aus, wenn eine dieser Erklärungen im Inland vollzogen wird, wobei richtigerweise auf die Abgabe (nicht lediglich die Entgegennahme) einer Erklärung abzustellen ist.

Abs. 3 stellt seinem Wortlaut nach nur darauf ab, **wo die Scheidung vorgenommen wird**. Auf den gewöhn- **76** lichen Aufenthalt der beteiligten Ehegatten im In- oder Ausland kommt es daher für Abs. 3 grundsätzlich nicht an. Abs. 3 lässt es zu, dass sich die Ehegatten nur zum Zweck der Privatscheidung ins Ausland begeben. Denkbar ist etwa, dass beide Ehegatten ins Ausland reisen, um dort einen Eheaufhebungsvertrag abzuschließen, oder sich nur der Ehemann ins Ausland begibt, um dort eine Verstoßungserklärung nach dem islamischen Recht abzugeben. Eine erweiterte Auslegung des Abs. 3 – etwa dergestalt, dass eine Scheidung

108 Vgl. hierzu *Wiedensohler* StAZ 1991, 40.
109 Vgl. dazu BGH IPRax 1995, 111 = FamRZ 1994, 434; KG FamRZ 1994, 839; *Herfarth* IPRax 2002, 17 f.; *Homolka*, Das jüdische Eherecht (2009), S. 121 ff.
110 Präs. OLG Frankfurt StAZ 2001, 37 (außergerichtliche Übereinkunft japanischer Ehegatten); MüKo-BGB/*Winkler v. Mohrenfels* EGBGB Art. 17 Rn. 15.
111 Staudinger/*Mankowski* EGBGB Art. 17 Rn. 189; Erman/*Hohloch* EGBGB Art. 17 Rn. 20, 21; *v. Bar,* IPR II, Rn. 258.
112 MüKoBGB/*Winkler v. Mohrenfels* EGBGB Art. 17 Rn. 17.
113 Vgl. bereits BGHZ 82, 34 (45 f.) = NJW 1982, 517 = FamRZ 1982, 44 = IPRax 1983, 37.
114 Ohne nähere Problematisierung der Fragestellung OLG Frankfurt NJW 1990, 646; aus der Lit. wie hier

BeckOK BGB/*Heiderhoff* EGBGB Art. 17 Rn. 41; Erman/*Hohloch* EGBGB Art. 17 Rn. 21.
115 BayObLG FamRZ 1985, 75; OLG Düsseldorf IPRax 1986, 305 (Leitsatz mAnm *Henrich*); OLG Stuttgart IPRax 1988, 172 (173) mit krit. Anm. *Beule* 150 (151); Erman/*Hohloch* EGBGB Art. 17 Rn. 21; MüKoBGB/*Winkler v. Mohrenfels* EGBGB Art. 17 Rn. 17; aA *Beule* IPRax 1988, 150 (151).
116 BayObLG FamRZ 1985, 75; auch OLG Stuttgart IPRax 1982, 172 (173 f.); MüKoBGB/*Winkler v. Mohrenfels* EGBGB Art. 17 Rn. 17; aA *Beule* IPRax 1988, 150 (152).
117 Zum pakistanischen Recht *Henrich*, Int. Familienrecht, § 4 I 2 b (S. 142 f.); *Beule* IPRax 1988, 150 (151).
118 Staudinger/*Mankowski* EGBGB Art. 17 Rn. 198; BayObLG StAZ 1977, 309.

von Ehegatten mit gewöhnlichem Aufenthalt im Inland nur durch gerichtlichen Beschluss möglich ist – ist nicht vorzunehmen. Insbesondere kann auch keine fraudulöse Umgehung des deutschen Scheidungsmonopols angenommen werden.[119] Zu bedenken ist, dass über eine zu weite Auslegung des Abs. 3 eine Vielzahl an „hinkenden" Scheidungen und damit an hinkenden Ehen herbeigeführt würde.

77   Sehr fraglich ist, ob etwas anderes gilt, wenn die Ehegatten die Scheidung durch einen **Vertreter** oder **Boten** im Ausland vornehmen lassen, ohne selbst Deutschland zu verlassen. Maßgeblich ist darauf abzustellen, ob ein für die Scheidung unmittelbar konstitutiver Akt bereits mit der Beauftragung des Boten bzw. Vertreters oder erst der Abgabe bzw. Weiterleitung der Erklärung durch den Boten bzw. Vertreter oder erst deren Zugang beim anderen Ehegatten wirksam wird. Wird zB eine Verstoßungserklärung im Inland unterzeichnet und an einen im Ausland befindlichen Boten geschickt, der sie an die im Ausland befindliche Ehefrau übermittelt, liegt – wenn erst die Weiterleitung der Erklärung durch den Boten konstitutive Wirkung entfaltet – keine nach Abs. 3 unwirksame Inlandsscheidung vor.[120] Dasselbe gilt bei dem Einsatz von Vertretern.[121]

78   Liegt keine Unwirksamkeit einer Privatscheidung nach Abs. 3 vor – wurde also die Privatscheidung nicht im Inland, sondern im Ausland vorgenommen –, so ist deren Wirksamkeit nach dem auf die Privatscheidung anwendbaren Recht zu beurteilen. Es ist also das nach Abs. 2 iVm der Rom III-VO berufene Recht zu prüfen.

79   Abs. 3 findet nach seinem Sinn und Zweck nur Anwendung, wenn die Scheidung nicht ohnehin ipso iure eintritt Endet die Ehe nach dem anzuwendenden ausländischen Recht durch Tod oder andere Umstände **kraft Gesetzes**, ist Abs. 3 nicht einschlägig.[122]

VII. Versorgungsausgleich (Art. 17 Abs. 4 EGBGB)

80   **1. Überblick.** Die Anknüpfung des Versorgungsausgleichs richtet sich nach Abs. 4. Vorrangiges europäisches Verordnungsrecht besteht grundsätzlich nicht, da die EuGüVO den Versorgungsausgleich im Kern aus seinem Anwendungsbereich ausnimmt (vgl. Art. 1 Abs. 1 lit. f EuGüVO). Zweifelhaft und nach dem Wortlaut von Art. 1 Abs. 1 lit. f EuGüVO zu verneinen ist dies allerdings im Hinblick auf Anrechte auf eine Kapitalleistung nach dem Betriebsrentengesetz oder dem Altersvorsorgeverträge-Zertifizierungsgesetz (näher → Rn. 146 ff.).

81   Grundsätzlich gilt nach Abs. 4 S. 1 Hs. 1 für den Versorgungsausgleich das von der Rom III-VO bestimmte Recht (Abs. 4 S. 1 Hs. 1), also das **Scheidungsstatut.** Die Durchführung eines Versorgungsausgleichs wird sodann aber in Abs. 4 S. 1 Hs. 2 an zwei weitere Voraussetzungen geknüpft. Ein Versorgungsausgleich findet danach nur statt, wenn der Versorgungsausgleich **deutschem Recht** untersteht und ihn zudem das **materielle Recht eines der Staaten** kennt, denen wenigstens einer der Ehegatten angehört.[123] Abs. 4 S. 2 enthält sodann eine **erweiterte Möglichkeit** der Durchführung eines Versorgungsausgleichs nach dem deutschen Recht. Er ist immer dann zu beachten, wenn ein Versorgungsausgleich nicht nach Abs. 4 S. 1 durchgeführt werden kann, also dann, wenn der Versorgungsausgleich nicht dem deutschen Recht untersteht[124] bzw. kein Staat, dem ein Ehegatte angehört, den Versorgungsausgleich kennt. Im Einzelnen ist der Versorgungsausgleich nach Abs. 4 S. 2 auf Antrag eines Ehegatten nach deutschem Recht durchzuführen, wenn einer der Ehegatten in der Ehezeit ein Anrecht bei einem inländischen Versorgungsträger erworben hat, soweit die Durchführung des Versorgungsausgleichs insbesondere im Hinblick auf die beiderseitigen wirtschaftlichen Verhältnisse während der gesamten Ehezeit der Billigkeit nicht widerspricht.

82   Abs. 4 macht auf den ersten Blick den Eindruck eines inkonsequenten Hin und Her: Ausgangspunkt ist das Scheidungsstatut, soweit es zum deutschen Recht führt. Abs. 4 S. 1 Hs. 2 beschränkt sodann die Durchführung eines Versorgungsausgleichs nach dem deutschen Recht, während umgekehrt Abs. 4 S. 2 den Versorgungsausgleich nach dem deutschen Recht wieder fördert. Entscheidend für das Verständnis der Norm ist der Hinweis, dass die meisten **ausländischen Rechtsordnungen** den Versorgungsausgleich als Institut nicht kennen. Der deutsche Gesetzgeber wollte mit Abs. 4 dementsprechend zweierlei erreichen: Zum einen sollte ausländischen Ehegatten eine Durchführung des Versorgungsausgleichs nach dem deutschen Recht nicht ohne Weiteres aufgezwungen werden. Dem trägt Abs. 4 S. 1 Hs. 2 mit der zusätzlichen Verweisung

---

119 Staudinger/*Mankowski* EGBGB Art. 17 Rn. 200.
120 *Beule* IPRax 1988, 150 (151); im Erg. auch – ein inländisches „Minimalgeschehen" annehmend – OLG Stuttgart NJW 1971, 994 (995); abw. MüKo-BGB/*Winkler v. Mohrenfels* EGBGB Art. 17 Rn. 17.
121 OLG Frankfurt NJW 1990, 646 (ohne die Problematik näher zu erörtern).
122 MüKoBGB/*Winkler v. Mohrenfels* EGBGB Art. 17 Rn. 18.

123 Die zuerst genannte Voraussetzung wurde mit dem Gesetz zur Strukturreform des Versorgungsausgleichs vom 3.4.2009 eingefügt (BGBl. I S. 700).
124 Dies ist eine notwendige Folge der Beschränkung des Anwendungsbereichs des Abs. 3 S. 1 auf den Fall, dass der Versorgungsausgleich dem deutschen Recht untersteht (Begr. zum RegE BT-Drs. 16/10144, S. 114 f.).

auf das Heimatrecht der Ehegatten Rechnung. Zum anderen sollte die Nichtdurchführung eines Versorgungsausgleichs aber auch nicht in jedem Fall hingenommen werden. Deshalb wird in den Fällen, in denen dies aufgrund eines starken Inlandsbezugs sachgerecht erscheint, das deutsche Versorgungsausgleichsrecht doch wieder zur Anwendung gebracht (Abs. 4 S. 2).[125]

Das Statut des Versorgungsausgleichs beherrscht die **Durchführung eines Versorgungsausgleichs** zwischen zu scheidenden bzw. geschiedenen Ehegatten. Dies gilt sowohl im Hinblick auf Anrechte, die bei inländischen Versorgungsträgern bestehen, als auch im Hinblick auf Anrechte, die bei ausländischen, zwischenstaatlichen oder überstaatlichen Versorgungsträgern bestehen. Auch diesbezügliche **Auskunftsansprüche** werden vom Statut des Versorgungsausgleichs erfasst.[126] **83**

Rechtspolitisch betrachtet kann die Anknüpfung an das Scheidungsstatut der Rom III-VO nicht überzeugen.[127] So führt Art. 17 Abs. 4 EGBGB iVm Art. 8 lit. a Rom III-VO bei deutschen Ehegatten, die während des Berufslebens ihren gewöhnlichen Aufenthalt in Deutschland haben, aber nachfolgend ihren Lebensabend außerhalb Deutschlands verbringen, zu einer Maßgeblichkeit ausländischen Rechts und damit zur Verneinung des Regel-Versorgungsausgleichs nach deutschem Recht.[128] Ferner ist zu berücksichtigen, dass die Anknüpfung nach Art. 17 Abs. 4 EGBGB iVm Art. 8 lit. b Rom III-VO vom Zeitpunkt der Rechtshängigkeit des Scheidungsantrags abhängt; dies führt dazu, dass es in der freien Entscheidung des Antragstellers liegt, ob der Versorgungsausgleich nach Art. 8 lit. b Rom III-VO oder nach Art. 8 lit. c Rom III-VO bzw. Art. 8 lit. d Rom III-VO angeknüpft wird. Es liegt daher uU im freien Belieben (nur) des Antragstellers, einen Regel-Versorgungsausgleich nach deutschem Recht herbeizuführen bzw. umgekehrt auszuschließen.[129] Gänzlich unpassend ist die objektive Anknüpfung gem. Art. 17 Abs. 4 EGBGB nach Art. 8 lit. d Rom III-VO (*lex fori*); auch hier wird die Durchführung bzw. Nichtdurchführung eines Regel-Versorgungsausgleichs nach deutschem Recht praktisch in die Hände des Antragstellers gegeben.[130] Unklar ist schließlich, wie sich eine Anwendung der *lex fori* nach Art. 10 Rom III-VO auf den Versorgungsausgleich auswirkt (→ Rn. 97).[131] **84**

2. Maßgeblichkeit des Scheidungsstatuts. a) Allgemeine Anknüpfungsgrundsätze. Der Versorgungsausgleich unterliegt als Scheidungsfolge grundsätzlich dem durch die Rom III-VO bestimmten Recht (Abs. 4 S. 1 Hs. 1). Er ist nur durchzuführen, wenn danach deutsches Recht anzuwenden ist und ihn das Recht eines der Staaten kennt, denen die Ehegatten im Zeitpunkt des Eintritts der Rechtshängigkeit des Scheidungsantrags angehören (Abs. 4 S. 1 Hs. 2). Die Rom III-VO enthält eine Sachnormverweisung auf das Scheidungsrecht (Art. 11 Rom III-VO). Eine Rück- oder Weiterverweisung durch ausländisches Kollisionsrecht ist daher im Rahmen der Rom III-VO nicht zu prüfen. Dasselbe gilt sodann für den Versorgungsausgleich: Eine Rück- und Weiterverweisung durch ausländische Kollisionsnormen zum Versorgungsausgleich ist nicht zu prüfen.[132] Im praktischen Ergebnis reduziert sich die Prüfung nach Abs. 4 S. 1 daher darauf, ob die Rom III-VO eine Verweisung auf das deutsche Recht enthält. **85**

Die **Vorfrage** nach dem wirksamen Zustandekommen der Ehe ist selbstständig nach Art. 13, 11 anzuknüpfen. Ist nach dem gem. Art. 13, 11 anwendbaren Recht die Ehe nicht wirksam zustande gekommen, kommen eine Scheidung und damit ein Ausspruch über den Versorgungsausgleich nicht in Betracht.[133] Auch Abs. 4 S. 2 kann in diesem Fall nicht weiterhelfen. **86**

Ist die Scheidung bereits ausgesprochen, kann ein nachträglicher Versorgungsausgleich stattfinden. Dies gilt auch dann, wenn die Scheidung durch ein ausländisches Gericht ausgesprochen worden ist.[134] Voraussetzung ist dann aber, dass die Scheidung im Inland anerkannt wird.[135] Auch für den nachträglichen Versorgungsausgleich ist sodann maßgebend, ob sich aus Abs. 1 S. 1 iVm Rom III eine Verweisung auf das deutsche Recht ergibt. Der relevante Zeitpunkt ist auch hier, nicht anders als in der Rom III-VO, die Rechtshän- **87**

---

125 Vgl. die Begründung zum Regierungsentwurf, BT-Drs. 10/504, S. 59 f.

126 OLG Bamberg NJW 1979, 497 (500) = FamRZ 1979, 239; BeckOK BGB/*Heiderhoff* EGBGB Art. 17 Rn. 82; Erman/*Hohloch* EGBGB Art. 17 Rn. 46 aE.

127 Eingehend *Gruber* IPRax 2016, 539 ff.; *Hausmann,* IntEuFamR, D 31.

128 *Gruber* IPRax 2016, 539 (540 f.).

129 *Gruber* IPRax 2016, 539 (541); wie hier auch *Hausmann,* IntEuFamR, D 42.

130 *Gruber* IPRax 2016, 539 (541 f.); *Hausmann,* IntEuFamR, D 42.

131 *Gruber* IPRax 2016, 539 (542).

132 *Hausmann,* IntEuFamR, D 48; *Borth,* Versorgungsausgleich, 8. Aufl. 2017, C 15; jurisPK/*Ludwig* EGBGB Art. 17 Rn. 70; *Andrae* IntFamR § 4 Rn. 88.

133 BGH FamRZ 2003, 838 (842).

134 BGH FamRZ 2009, 681 (682); OLGR Köln 2005, 441 = FamRZ 2006, 44 (Ls.).

135 BGH FamRZ 2009, 681 (682); NJW 1993, 2047 = FamRZ 1993, 798; BGH NJW-RR 1994, 322; OLG Stuttgart FamRZ 1991, 1068 = NJW-RR 1992, 262; Staudinger/*Mankowski* EGBGB Art. 17 Rn. 286; *Klattenhoff* FuR 2000, 49 (50). Sieht das anwendbare Recht eine allgemeine Unscheidbarkeit der Ehe vor und wird die Scheidung dort durch eine gerichtliche Trennung von Tisch und Bett ersetzt, reicht eine derartige Trennung ausnahmsweise für die Durchführung eines Versorgungsausgleichs aus (vgl. hierzu – allerdings zu § 1587 Abs. 2 BGB und die Frage nicht entscheidend – *Hohloch* NJW 1995, 702 (703)).

gigkeit des Scheidungsantrags.[136] Der Zeitpunkt der Rechtshängigkeit ist hier – wie für die Scheidung nach der Rom III-VO[137] – gemäß Art. 16 EheVO 2003 zu bestimmen.[138] Stellte man auf einen anderen Zeitpunkt ab, so könnten sich, selbst wenn die Scheidung durch ein deutsches Gericht ausgesprochen wurde, Diskrepanzen zwischen der Anknüpfung der Scheidung und der Anknüpfung des Versorgungsausgleichs ergeben; Abs. 4 strebt aber ersichtlich einen größtmöglichen Gleichlauf zwischen der Anknüpfung der Scheidung und der Anknüpfung des Versorgungsausgleichs an. Im Falle einer Privatscheidung ist auf den Zeitpunkt der Einleitung des Scheidungsverfahrens abzustellen (vgl. Art. 17 Abs. 2 Nr. 2 EGBGB).

88 Bei dem nach Abs. 1 S. 1 iVm Rom III-VO maßgeblichen deutschen Recht bleibt es im Falle des nachträglichen Versorgungsausgleichs selbst dann, wenn vom deutschen Familiengericht fälschlich ein anderes Scheidungsstatut angewandt worden ist.[139] Auch wenn die Scheidung durch ein ausländisches Gericht – unter Anwendung seines nationalen Kollisionsrechts – ausgesprochen wurde, kommt es allein auf das nach Abs. 1 S. 1 iVm der Rom III-VO maßgebliche Recht und nicht auf das vom ausländischen Gericht angewandte Recht an.[140]

89 Demgegenüber kann eine kollisionsrechtlich fehlerhaft zustande gekommene Entscheidung über einen Versorgungsausgleich mit den zur Verfügung stehenden Rechtsbehelfen korrigiert werden. Nach Ansicht des BGH ist dies allerdings nicht im Verfahren nach **§§ 225, 226 FamFG** möglich.[141]

90 **b) Anwendung der Rom III-VO im Einzelnen. aa) Prüfung einer Verweisung auf das deutsche Recht.** Nach Abs. 4 S. 1 ist der Versorgungsausgleich nur dann durchzuführen, wenn – bei Anwendung der Rom III-VO – deutsches Recht berufen ist. Diese Beschränkung auf die Durchführung eines Versorgungsausgleichs nach dem deutschen Recht wurde damit begründet, dass ein deutsches Gericht einen öffentlich-rechtlichen Ausgleich bei einem ausländischen Sozialversicherungsträger aus Kompetenzgründen selbst dann nicht vorsehen kann, wenn ihn dieses Recht kennt.[142] Den Parteien, die einen Versorgungsausgleich nach einem ausländischen Recht anstreben, ist folglich zu empfehlen, sich an die jeweiligen ausländischen Gerichte und Behörden zu wenden.

91 **bb) Objektive Anknüpfung.** Ist das Scheidungsstatut nicht durch Rechtswahl bestimmt worden (→ Rn. 93 ff.), ist deutsches Recht anwendbar, wenn die Ehegatten im Zeitpunkt der Rechtshängigkeit des Scheidungsantrags ihren gewöhnlichen Aufenthalt in Deutschland hatten (Art. 8 lit. a Rom III-VO). Hatten die Ehegatten im Zeitpunkt der Rechtshängigkeit des Scheidungsantrags keinen gewöhnlichen Aufenthalt in ein und demselben Staat, so ist ein Versorgungsausgleich nach dem deutschen Recht durchzuführen, wenn die Ehegatten zuletzt ihren gewöhnlichen Aufenthalt in Deutschland hatten, sofern dieser nicht vor mehr als einem Jahr vor Anrufung des Gerichts endete und einer der Ehegatten zum Zeitpunkt der Anrufung des Gerichts noch seinen gewöhnlichen Aufenthalt in Deutschland hatte (Art. 8 lit. b Rom III-VO). Schlagen sowohl die Anknüpfung nach Art. 8 lit. a als auch die Anknüpfung nach Art. 8 lit. b Rom III-VO fehl – weil es an einem gemeinsamen gewöhnlichen oder nach Art. 8 lit. b relevanten vormaligen gemeinsamen gewöhnlichen Aufenthalt der Ehegatten fehlt –, ist auf Art. 8 lit. c Rom III-VO zurückzugreifen. Hiernach ist der Versorgungsausgleich nach deutschem Recht durchzuführen, wenn die Ehegatten im Zeitpunkt der Rechtshängigkeit des Scheidungsantrags deutsche Staatsangehörige waren. Im Fall der mehrfachen Staatsangehörigkeit ist im Rahmen von Art. 8 lit. c Rom III-VO auf die effektive Staatsangehörigkeit des jeweiligen Ehegatten abzustellen.[143] Die effektive Staatsangehörigkeit bleibt auch dann allein maßgeblich, wenn der betreffende Ehegatte neben einer ausländischen auch die deutsche Staatsangehörigkeit hat; eine abstrakt-generelle Bevorzugung der deutschen Staatsangehörigkeit nach Maßgabe von Art. 5 Abs. 1 S. 2 EGBGB ist im Rahmen der Rom III-VO und damit mittelbar auch bei der Anknüpfung des Versorgungsausgleichs nicht statthaft.[144]

---

136 Staudinger/*Mankowski* EGBGB Art. 17 Rn. 287.
137 NK/*Hilbig-Lugani* Rom III-VO Art. 8 Rn. 7; Palandt/ *Thorn* Rom III-VO Art. 8 Rn. 6.
138 JurisPK/*Ludwig* EGBGB Art. 17 Rn. 68.
139 OLG Zweibrücken NJW 2000, 2432 = FamRZ 2001, 33; OLG Köln FamRZ 2009, 1589 (1590); ebenso OLG Celle FamRZ 2007, 1566 (1567); *Hausmann,* IntEuFamR, D 43; Palandt/*Thorn* EGBGB Art. 17 Rn. 8, Erman/*Hohloch* Art. 17 EGBGB Rn. 31.
140 BGH NJW 1993, 2047 = FamRZ 1993, 798; auch BGH FamRZ 2009, 677 (678); FamRZ 2009, 681 (682); Staudinger/*Mankowski* EGBGB Art. 17 Rn. 292; *Hausmann,* IntEuFamR, D 44; *Johannsen/ Henrich,* Art. 17 Rn. 10; *Borth* FamRZ 1996, 714 (721).
141 Noch zum früheren § 10 a VAHRG BGH FamRZ 1996, 282; *Klattenhoff* FuR 2000, 49 (53); aA OLG

Hamm FamRZ 1992, 826 f. = NJW-RR 1993, 263 mit abl. Bespr. *Reinhard* FuR 1992, 228.
142 Begr. zum RegE BT-Drs. 16/10144, S. 114.
143 Erman/*Hohloch* Rom III-VO Art. 8 Rn. 4; NK/*Hilbig-Lugani* Rom III-VO Art. 8 Rn. 19; Palandt/*Thorn* Rom III-VO Art. 8 Rn. 4.
144 NK-BGB/*Hilbig-Lugani* Rom III-VO Art. 8 Rn. 19; *Gruber* IPRax 2012, 381 (385); *Helms* FS Pintens 2012, Bd. 1, S. 681 (695); Palandt/*Thorn* Rom III-VO Art. 8 Rn. 4. Bei Staatenlosen und Flüchtlingen dürfte es in Übereinstimmung mit Art. 12 Abs. 1 des UN-Übereinkommens über die Rechtsstellung Staatenloser vom 28.9.1954 sowie Art. 12 Abs. 1 der Genfer Flüchtlingskonvention vom 28.7.1951 auf den Wohnsitz und hilfsweise den Aufenthalt des Staatenlosen bzw. Flüchtlings ankommen (*Gruber* IPRax 2012, 381 (388)).

Schließlich ist ein Versorgungsausgleich dann nach dem deutschen Recht durchzuführen, wenn die Anknüpfungen nach Art. 8 lit. a–c Rom III-VO sämtlich fehlschlagen; in diesem Fall ergibt sich aus Art. 8 lit. d Rom III-VO eine Verweisung auf die *lex fori*. Soweit die Scheidung durch deutsche Gerichte ausgesprochen worden ist, gilt somit deutsches Recht. Soweit allerdings die Scheidung durch ausländische Gerichte ausgesprochen worden ist, sollte die Verweisung auf Art. 8 lit. d Rom III-VO auch konsequent in dem Sinne verstanden werden, dass die ausländische *lex fori* des Gerichts angewendet wird, das die Scheidung ausgesprochen hat (→ Rn. 32).

Gravierende Konsequenzen ergeben sich für deutsche Ehegatten, die ihren gewöhnlichen Aufenthalt außerhalb Deutschlands haben. Hier folgt aus Art. 8 lit. a Rom III-VO eine Verweisung auf das Recht des Staates, in dem die Ehegatten ihren gemeinsamen gewöhnlichen Aufenthalt haben; eine Durchführung eines Versorgungsausgleichs nach deutschem Recht gemäß Abs. 4 S. 1 scheidet aus.[145] Die Ehegatten sind darauf angewiesen, das deutsche Recht zu wählen (s. → Rn. 93 ff.) oder einen Antrag nach Abs. 4 S. 2 zu stellen (dazu → Rn. 119 ff.). **92**

cc) Rechtswahl. Zu beachten ist ferner, dass die Parteien unter den Voraussetzungen des Art. 5 Rom III-VO die Möglichkeit haben, das auf die Scheidung anwendbare Recht per Rechtswahl zu bestimmen. Art. 5 Abs. 1 Rom III-VO listet die verschiedenen Rechtsordnungen auf, die von den Parteien gewählt werden können. Ein Versorgungsausgleich nach **deutschem Recht** ist mithin dann durchzuführen, wenn die Ehegatten unter den Voraussetzungen von Art. 5 Rom III-VO deutsches Recht für die Scheidung gewählt haben. **93**

Wie bei Art. 17 Abs. 1 stellt sich auch im Falle von Art. 17 Abs. 4 die Frage, ob eine auf die Scheidung bzw. den Versorgungsausgleich begrenzte **Teilrechtswahl** möglich ist, oder ob die Vorschrift eine strenge und auch nicht durch Rechtswahl auflösbare Akzessorietät des Versorgungsausgleichsstatuts anordnet. Die Frage ist als völlig offen und ungeklärt zu bezeichnen. Nach der hier vertretenen Auffassung besteht (nicht anders als bei Art. 17 Abs. 1 → Rn. 28 ff.) letztlich kein durchgreifender Grund dafür, eine Rechtswahl nur „en bloc" für die Scheidung und den Versorgungsausgleich zuzulassen.[146] Das Interesse an einem Gleichlauf zwischen dem auf die Scheidung und dem auf den Versorgungsausgleich anwendbaren Recht steht dem nicht entgegen. Ein derartiger Gleichlauf wird ohnehin nicht lückenlos verwirklicht, insbesondere dann nicht, wenn ein im Inland anzuerkennendes ausländisches Scheidungsurteil vorliegt, bei dem das ausländische Gericht sein autonomes Scheidungskollisionsrecht und nicht die Rom III-VO angewandt hat, und im Inland ein nachträglicher Versorgungsausgleich durchzuführen ist (→ Rn. 87). **94**

Die Zulassung einer Teilrechtswahl kann durchaus im Parteiinteresse liegen. So können die Ehegatten etwa ein Interesse daran haben, bei einem in Deutschland anhängigen Scheidungsverfahren die deutsche *lex fori* zu wählen, um sich die kosten- und zeitaufwendige Ermittlung eines ausländischen Scheidungsrechts zu ersparen. Es besteht aber in diesem Fall kein Grund, automatisch – gegen den erklärten Willen der Parteien – eine Anwendung deutschen Rechts auch auf den Versorgungsausgleich vorzusehen (s. dazu auch noch unten → Rn. 106 ff. ff. zur Folgeproblematik bei Abs. 4 S. 1 Hs. 2). Umgekehrt können die Ehegatten bei einem inländischen Verfahren ein Interesse daran haben, das deutsche Recht zugunsten eines evtl. noch „scheidungsfreundlicheren" Rechts abzuwählen;[147] dies sollte aber nicht notwendigerweise bedeuten, dass dann die Durchführung eines Regel-Versorgungsausgleichs nach deutschem Recht gem. Abs. 4 S. 1 entfällt. Zu berücksichtigen ist auch, dass die Zulassung einer Rechtswahl nur „en bloc" mittelbar auch die von der Rom III-VO vorgesehene Rechtswahlfreiheit für die Scheidung einschränkt; eine solche Einschränkung steht dem deutschen Gesetzgeber aber nicht zu.[148] Somit ist den Ehegatten die Möglichkeit zuzubilligen, die Rechtswahl auf die Scheidung zu begrenzen und den Versorgungsausgleich nach dem objektiv über Art. 8 anwendbaren deutschen Recht durchzuführen. **95**

Umgekehrt ist richtigerweise auch davon auszugehen, dass die Ehegatten die Möglichkeit haben, es für die Scheidung bei der objektiven Anknüpfung zu belassen und eine nur auf den Versorgungsausgleich begrenzte Rechtswahl zu treffen. Anderenfalls wären die Ehegatten, die einen Versorgungsausgleich nach dem deutschen Recht durchführen wollen, mittelbar gezwungen, zugleich auch deutsches Scheidungsrecht zu wählen.[149] Aktuell ist aber sehr unsicher, ob sich diese Lösung, die der Parteiautonomie größtmöglichen Raum gibt, durchsetzen wird. **96**

---

145 Kritisch *Gruber* IPRax 2016, 539 (540 f.); *Rauscher* FPR 2013, 257 (259).

146 Wie hier *Hausmann,* IntEuFamR, D 64; auch *Schall/Weber* IPRax 2014, 381 (384 f.); aA aber BeckOK BGB/*Heiderhoff* EGBGB Art. 17 Rn. 61 (wenngleich kritisch); *Andrae* IntFamR § 4 Rn. 88; *Hau* FamRZ 2013, 249 (253).

147 Denkbar ist etwa, dass ein deutsch-spanisches Ehepaar mit gewöhnlichem Aufenthalt in Deutschland,

bei dem die Trennungsfristen nach dem deutschen Scheidungsrecht noch nicht abgelaufen sind, möglichst rasch nach dem praktisch „voraussetzungslosen" spanischen Scheidungsrecht geschieden werden will.

148 *Hausmann,* IntEuFamR, D 65.

149 Insoweit allerdings abw. *Hausmann,* IntEuFamR, D 65; *Schall/Weber* IPRax 2014, 381 (385).

97   **dd) Versorgungsausgleich in den Fällen des 10 und Art. 12 Rom III-VO.** Art. 10 Rom III-VO ordnet in bestimmten Fällen, in denen es dem an sich durch die Art. 5 oder Art. 8 Rom III- berufenen ausländischen Recht an bestimmten Eigenschaften mangelt, die strikte Anwendung der *lex fori* an. Sieht das nach Art. 5 oder Art. 8 Rom III-VO anzuwendende Recht eine Ehescheidung nicht vor oder gewährt es einem der Ehegatten aufgrund seiner Geschlechtszugehörigkeit keinen gleichberechtigten Zugang zur Ehescheidung oder Trennung ohne Auflösung des Ehebandes, so ist das Recht des Staates des angerufenen Gerichts anzuwenden. Es stellt sich – ähnlich wie in den Fällen des Abs. 1 (→ Rn. 30) – die Frage, ob die durch Art. 10 Rom III-VO ausgelöste Anwendung des deutschen Scheidungsrechts zugleich auch die Anwendung des deutschen Versorgungsausgleichsrechts nach sich zieht. Art. 17 Abs. 4 S. 1 Hs. 1 spricht dem Wortlaut nach eine umfassende Verweisung auf das durch die Rom III-VO bestimmte Recht aus; allerdings erscheint es sachwidrig, aus dem Umstand, dass ein bestimmtes Recht Mann und Frau hinsichtlich der Scheidungsvoraussetzungen ungleich behandelt, auf die Anwendung deutschen Versorgungsausgleichsrechts zu schließen.[150] Bedeutung hat die Frage nur dann, wenn der Versorgungsausgleich nicht ohnehin an Abs. 4 S. 1 Hs. 2 scheitert, also das Heimatrecht zumindest eines der Ehegatten den Versorgungsausgleich kennt.

98   Flexiblere Lösungen sind jedenfalls dann möglich, wenn das ausländische Recht gegen den ordre public (Art. 12 Rom III-VO) verstößt und deutsches Scheidungsrecht nur als (ein mögliches) Ersatzrecht herangezogen wurde. Hier kann es bei der Lösung verbleiben, dass im Rahmen des allgemeinen ordre public der Eingriff in ein anwendbares ausländisches Recht so gering wie möglich gehalten werden sollte.

99   **ee) Anknüpfung des vertraglichen Ausschlusses des Versorgungsausgleichs.** Die Wirksamkeit eines **vertraglichen Ausschlusses des Versorgungsausgleichs** ist allgemein nach dem als Scheidungsstatut maßgebenden Recht zu beurteilen.[151] Hieran dürfte sich allein dadurch, dass nach Abs. 4 S. 1 nF ein Versorgungsausgleich nur dann durchzuführen ist, wenn deutsches Recht zur Anwendung gelangt, nichts geändert haben. Hielte man den vertraglichen Ausschluss des Versorgungsausgleichs nur dann für möglich, wenn deutsches Recht anwendbar ist, gelangte man zu einer viel zu weitreichenden und sachlich nicht zu rechtfertigenden Einschränkung der Privatautonomie. Eine Vereinbarung über den Ausschluss des Versorgungsausgleichs ist daher auch dann möglich, wenn das anwendbare ausländische Recht eine solche Vereinbarung zulässt. Allerdings ist zu beachten, dass das letztlich maßgebliche Recht bei Abschluss der Vereinbarung noch nicht feststeht, da nachfolgende Statutenwechsel, etwa infolge eines Wechsels der Staatsangehörigkeit bzw. des gewöhnlichen Aufenthalts uÄ möglich sind. Damit ist für die Wirksamkeit dieser Vereinbarung auf das Recht abzustellen, das zum Zeitpunkt der Vereinbarung für den Versorgungsausgleich maßgeblich gewesen wäre.[152]

100   Fraglich ist, ob es für die Wirksamkeit einer derartigen Vereinbarung auch ausreicht, dass sie nach dem Recht, das im Zeitpunkt der Rechtshängigkeit des Scheidungsantrags maßgeblich ist, wirksam ist.[153] Hiergegen spricht, dass sodann eine Heilung einer unwirksamen Vereinbarung durch Statutenwechsel möglich wäre, was aber der Rechtssicherheit nicht dienlich ist und Möglichkeiten einer manipulativen Veränderung der Anknüpfungstatsachen eröffnet. Hiervon zu unterscheiden ist die Frage, nach welchem Recht zu beurteilen ist, ob in der Geltendmachung des – als solchen wirksamen – vertraglichen Ausschlusses des Versorgungsausgleichs im Scheidungsfall ein Rechtsmissbrauch liegt (sogenannte **Ausübungskontrolle**).[154] Diese Frage beurteilt sich nach dem Recht, das im Zeitpunkt der Geltendmachung des vertraglichen Ausschlusses auf den Versorgungsausgleich anzuwenden ist.[155]

101   Die **Form der Vereinbarung** richtet sich nach Art. 11;[156] bei Maßgeblichkeit deutschen Rechts gilt also § 7 VersorgungsausgleichsG. Allerdings soll die Ortsform dann nicht relevant sein, wenn das insoweit maßgebliche Recht einen Versorgungsausgleich nicht kennt.[157]

102   **c) Anwendung bei hinkender Ehe.** Ebenso wie bei der Anknüpfung sonstiger Scheidungsnebenfolgen stellt sich im Falle des Versorgungsausgleichs die Frage, wie im Falle sog. „hinkender" Ehen anzuknüpfen ist. Unter „hinkenden Ehen" werden hierbei solche Ehen verstanden, die aus der Sicht deutscher Gerichte

---

150   *Hausmann,* IntEuFamR, D 40; Palandt/*Thorn* EGBGB Art. 17 Rn. 8 (unter Hinweis auf die vergleichbare Frage unter Geltung von Art. 17 EGBGB aF); *Gruber* IPRax 2016, 539 (542).

151   S. (zum alten Recht) OLG Köln FamRZ 2009, 1589 (1590).

152   *Hausmann,* IntEuFamR, D 60; abweichend BeckOK BGB/*Heiderhoff* EGBGB Art. 17 Rn. 102 (es gelte das bei der Rechtshängigkeit des Scheidungsantrags berufene Recht; *anders verhalte es sich nur dann,* wenn die Geltung deutschen Scheidungsstatuts beim Vertragsschluss nicht vorhersehbar war).

153   Dies bejahend etwa *Hausmann,* IntEuFamR, D 60; auch BeckOK BGB/*Heiderhoff* EGBGB Art. 17

Rn. 60 (anders nur dann, wenn die Geltung des Scheidungsstatuts beim Vertragsschluss nicht vorhersehbar war).

154   BGH NJW 2005, 137.

155   BeckOK BGB/*Heiderhoff* EGBGB Art. 17 Rn. 60.

156   OLG Schleswig FamRZ 2012, 132 (133); OLG Köln FamRZ 2009, 1589 (1590 f.); FamRZ 2009, 1592; OLG Celle FamRZ 2007, 1566 (1568);

157   OLG Schleswig FamRZ 2012, 132 (133); OLG Köln FamRZ 2009, 1589 (1590 f.); FamRZ 2009, 1592; OLG Celle FamRZ 2007, 1566 (1568); *Hausmann,* IntEuFamR, D 61.

wirksam zustande gekommen und auch zwischenzeitlich nicht aufgelöst worden sind, aber nach dem gem. Abs. 1 S. 1 iVm der Rom III-VO anwendbaren ausländischen Recht nicht (mehr) existieren. Nach vielfach vertretener Ansicht zum alten Kollisionsrecht fand auf die Scheidung derartiger „hinkender Ehen" deutsches Sachrecht Anwendung;[158] dieselbe Lösung wird in der Literatur auch für die Anknüpfung der Scheidung unter Geltung der Rom III-VO befürwortet.[159] Dies müsste bei der Anknüpfung nach Abs. 4 S. 1 zur Folge haben, dass sich auch der Versorgungsausgleich in diesem Fall nach dem deutschen Sachrecht beurteilt.

Nach der hier vertretenen Auffassung sollte es bei der Anknüpfung der Nebenfolgen einer Scheidung bei   **103**
der Anwendung des nach Abs. 1 S. 1 iVm Rom III-VO an sich maßgeblichen Scheidungsstatuts sein
Bewenden haben. Zwischen der Nichtanerkennung einer aus deutscher Sicht wirksam geschlossenen Ehe
im Ausland und der Frage nach der Durchführung eines Regel-Versorgungsausgleichs nach deutschem
Recht besteht kein sachlicher Zusammenhang.

d) Einschränkung durch zusätzliche Anwendung des Heimatrechts. aa) Wirkungsweise der Vor-   **104**
schrift im Allgemeinen. Ein nach dem deutschen Recht an sich durchzuführender Versorgungsausgleich
ist nach Abs. 4 S. 1 Hs. 2 ausgeschlossen, wenn ihn das Recht keines der Staaten **kennt**, denen die Ehegatten im maßgebenden Zeitpunkt der Rechtshängigkeit des Scheidungsantrags angehören. Die Vorschrift trägt
dem Umstand Rechnung, dass nur relativ wenige ausländische Rechtsordnungen einen Versorgungsausgleich vorsehen. Ehegatten mit ausländischer Staatsangehörigkeit sollen demgemäß nicht durch eine
Anwendung des ihnen nicht vertrauten deutschen Versorgungsausgleichsrechts überrascht werden.[160] Praktische Bedeutung hat diese zusätzliche Voraussetzung etwa für ausländische Staatsangehörige mit gewöhnlichem Aufenthalt in Deutschland (Art. 8 lit. a Rom III-VO).

Kennt zumindest eines der Heimatrechte den Versorgungsausgleich, so wird der Versorgungsausgleich nach   **105**
dem deutschen Recht durchgeführt. Der Versorgungsausgleich ist also nicht nur in dem Umfang durchzuführen, in dem er dem betreffenden Heimatrecht bekannt ist (→ Rn. 118).[161]

bb) Teleologische Reduktion bei Wahl des Scheidungsstatuts. Nach einer zum alten Recht teilweise   **106**
vertretenen Ansicht sollte Abs. 4 S. 1 Hs. 2 nicht anzuwenden sein, wenn die Ehegatten das maßgebliche
(deutsche) Ehewirkungsstatut und damit – mittelbar – auch das Statut des Versorgungsausgleichs selbst
durch Rechtswahl bestimmt hatten. Hierfür sprach das Argument, dass das Vertrauen auf den Inhalt einer
bestimmten Heimatrechtsordnung dann nicht mehr schutzwürdig erscheint, wenn sich der Ehegatte durch
Rechtswahl für die Geltung einer anderen Rechtsordnung entschieden hat.[162] Eine ähnlich gelagerte Frage
stellt sich im neuen Recht dann, wenn die Parteien nach Art. 5 Rom III-VO das deutsche Scheidungsrecht
gewählt und dabei ein an sich nach Art. 8 Rom III-VO berufenes ausländisches Scheidungsrecht abgewählt
haben. Denkbar ist etwa, dass zwei türkische Staatsangehörige, von denen nur noch einer seinen gewöhnlichen Aufenthalt in Deutschland hat und der andere vor mehr als einem Jahr in die Türkei gezogen ist,
gemäß Art. 5 Abs. 1 lit. b Rom III-VO im deutschen Scheidungsverfahren deutsches Scheidungsrecht wählen, also aufgrund der Rechtswahl anstelle des an sich objektiv anwendbaren türkischen Scheidungsrechts
(Art. 8 lit. c Rom II-VO) das gewählte deutsche Scheidungsrecht (Art. 5 Abs. 1 lit. b Rom III-VO) zur
Anwendung kommt. Hier ist zu prüfen, ob der Durchführung des Versorgungsausgleichs nach dem deutschen Recht der Umstand entgegensteht, dass das türkische Recht den Versorgungsausgleich nicht kennt.

Nach der hier vertretenen Auffassung empfiehlt sich eine differenzierende Lösung: War den Parteien   **107**
bewusst, dass sie mit der Wahl deutschen Scheidungsrechts auch die Möglichkeit der Durchführung eines
Versorgungsausgleichs nach deutschem Recht herbeiführen – oder war dies sogar ihr eigentliches Ziel –,
bedarf es keiner Anwendung Abs. 4 S. 1 Hs. 2; denn wer sich der Rechtsfolge bewusst ist oder diese sogar
anstrebt, bedarf keines Vertrauensschutzes.[163] Allerdings ist nicht immer gewährleistet, dass sich die Parteien der Folgen, die eine Wahl des Scheidungsrechts auf den Versorgungsausgleich hat, bewusst sind.
Denkbar ist etwa, dass die Parteien im Rahmen eines deutschen Scheidungsverfahrens das deutsche Scheidungsrecht nur deshalb wählen, weil sie dem Kosten- und Zeitaufwand, der mit der Ermittlung ausländischen Rechts verbunden ist, entgehen wollen. Sind sie sich der Auswirkungen der Wahl des Scheidungs-

---

158   OLG Zweibrücken FamRZ 2001, 920 (921); OLG
      Koblenz FamRZ 1994, 1262 = NJW-RR 1994, 647;
      OLG Hamm FamRZ 1994, 1182 = StAZ 1994, 221;
      OLG Karlsruhe IPRax 1990, 52 (52); OLG Stuttgart
      FamRZ 1980, 783 (784); dahingestellt von BGH
      DAVorm 1982, 925; abw. *Galster* StAZ 1988, 160
      (164). Im Regierungsentwurf wurde die Lösung der
      Frage bewusst offengelassen (BT-Drs. 10/504,
      S. 59 f.).

159   JurisPK/*Ludwig* Rom III-VO Art. 1 Rn. 8.
160   BeckOK BGB/*Heiderhoff* EGBGB Art. 17 Rn. 62.
161   Palandt/*Thorn* EGBGB Art. 17 Rn. 9; Staudinger/
      Mankowski EGBGB Art. 17 Rn. 348; aA *Lüderitz*
      IPRax 1987, 79 (für kumulative Anwendung von
      Hs. 1 und 2).
162   Etwa *Klattenhoff* FuR 2000, 49 (56).
163   Vorsichtig *Hausmann*, IntEuFamR, D 67; abl. allerdings *Andrae* IntFamR § 4 Rn. 92.

rechts auf den Versorgungsausgleich nicht bewusst, behält die Vertrauensschutzregelung des Abs. 4 S. 1 Hs. 2 ihren Sinn und sollte weiterhin angewandt werden.[164]

108 Die Problematik zeigt im Übrigen, dass für die oben diskutierte Teilrechtswahl ein praktisches Bedürfnis besteht: Um Unklarheiten darüber, ob eine Wahl des auf die Scheidung anwendbaren Rechts Auswirkungen auf den Versorgungsausgleich hat, von vornherein vermeiden zu können, sollten die Parteien die Möglichkeit haben, die Wahl auf das auf die Scheidungsvoraussetzungen anwendbare Recht zu begrenzen und den Versorgungsausgleich von der Rechtswahl explizit auszusparen.

109 **cc) Alternative Sachnormverweisung auf das Heimatrecht der Ehegatten.** In den übrigen Fällen kommt es auf die Frage an, wann ein bestimmtes ausländisches Heimatrecht den Versorgungsausgleich kennt. Hierbei ist nach hM unmittelbar auf das **Sachrecht des Heimatstaates** abzustellen; Rück- oder Weiterverweisungen sind also nicht zu beachten.[165] Dies ergibt sich daraus, dass Abs. 4 S. 1 Hs. 2 dem Vertrauen auf den Inhalt des Sachrechts des Heimatstaats Rechnung trägt.[166]

110 Bei Mehrstaatern ist nur das in Art. 5 Abs. 1 S. 1 bezeichnete effektive Heimatrecht zu berücksichtigen.[167] Eine deutsche Staatsangehörigkeit geht nach Art. 5 Abs. 1 S. 2 immer vor.[168] Da das deutsche Recht den Versorgungsausgleich kennt, sperrt Abs. 4 S. 1 Hs. 2 in diesem Fall den Versorgungsausgleich nicht.[169] Bei Staatenlosen (unter dem Geltungsbereich des New Yorker Übereinkommens) ist auf den gewöhnlichen bzw. einfachen Aufenthalt abzustellen. Dasselbe gilt für Flüchtlinge (mit Flüchtlingsstatus unter dem Genfer Abkommen) sowie ihnen gleichgestellte Asylberechtigte. Die Staatsbürgerschaft wird hier durch die Eigenschaft als Flüchtling bzw. Asylberechtigter verdrängt.[170]

111 Nach seinem eindeutigen Wortlaut greift Abs. 4 S. 1 Hs. 2 nur dann ein, wenn keines der Heimatrechte den Versorgungsausgleich kennt. Der Versorgungsausgleich wird also bereits dann durchgeführt, wenn ihn nur eines der maßgeblichen Heimatrechte kennt. Es kommt nicht darauf an, ob es sich hierbei um das Heimatrecht des potenziell Ausgleichspflichtigen oder das Heimatrecht des potenziell Ausgleichsberechtigten handelt.[171] Abzustellen ist auf die Staatsangehörigkeiten der Ehegatten im **Zeitpunkt der Rechtshängigkeit**. Dieser dürfte sich nicht nach Maßgabe von Art. 16 EheVO 2003 bestimmen, sondern – wie im alten Recht – nach dem Zeitpunkt der Zustellung des Scheidungsantrags;[172] bei Abs. 4 S. 1 Hs. 2 handelt es sich um eine Regelung des autonomen deutschen Kollisionsrechts, die keine Anlehnung an die Rechtshängigkeitsdefinition der EheVO 2003 erforderlich macht.

112 **dd) Kenntnis des Versorgungsausgleichs durch das ausländische Recht.** Ob eine „Kenntnis" des Versorgungsausgleichs durch das ausländische Recht vorliegt, ist **funktionell-rechtsvergleichend** zu bestimmen. Dem ausländischen Sachrecht ist ein Versorgungsausgleich iSd deutschen Rechts dann materiell „bekannt", wenn der Kerngehalt des betreffenden Rechtsinstituts mit den wesentlichen Strukturmerkmalen des deutschen Versorgungsausgleichs übereinstimmt.[173] Charakteristisch für den Versorgungsausgleich iSd deutschen Rechts ist die Aufteilung der Versorgungsrechte zwischen den Ehegatten mit direkter Wirkung gegenüber dem jeweiligen Träger der Altersversorgung.[174] Eine ausländische Rechtsordnung „kennt" also den Versorgungsausgleich, wenn sie – wie die deutsche – eine Teilung der Versorgungsrechte vorsieht und hierbei zu **direkten Ansprüchen des ausgleichsberechtigten Ehegatten** gegen die Träger der Altersversorgung gelangt.[175] Es reicht insoweit, was den Umfang der Teilung anbelangt, eine grundsätzliche Übereinstimmung zwischen dem deutschen und dem ausländischen Recht aus. Eine grundsätzliche Übereinstimmung dürfte – in Gestalt einer groben Faustregel – regelmäßig dann anzunehmen sein, wenn das

---

164 *Hausmann*, IntEuFamR, D 67.
165 AG Minden IPRax 1992, 108; AG Detmold IPRax 1990, 415; AG Heidelberg IPRspr. 1989 Nr. 93, S. 222 = IPRax 1990, 126 (Leitsatz); Staudinger/*Mankowski* EGBGB Art. 17 Rn. 347; MüKoBGB/*Winkler v. Mohrenfels* EGBGB Art. 17 Rn. 82; *Hausmann*, IntEuFamR, D 52; Palandt/*Thorn* EGBGB Art. 17 Rn. 9; Erman/*Hohloch* EGBGB Art. 17 Rn. 34; *Klattenhoff* FuR 2000, 49 (54); *Kartzke* IPRax 1988, 8 (12 f.); *Samtleben* IPRax 1987, 96 (98); *Ebenroth/Eyles* IPRax 1989, 1 (12); *Jayme* IPRax 1992, 108, *ders.*, Jus 1989, 387, 389; aA noch *Lüderitz* IPRax 1987, 74 (80); ferner Soergel/*Schurig* EGBGB Art. 17 Rn. 137 (für den Fall, dass das IPR des Heimatstaates auf ein Recht eines Staates verweist, der den Versorgungsausgleich kennt); die Frage bleibt offen bei OLG Koblenz FamRZ 1991, 1323 (1324).
166 Staudinger/*Mankowski* EGBGB Art. 17 Rn. 347.
167 Erman/*Hohloch* EGBGB Art. 17 Rn. 33; BeckOK BGB/*Heiderhoff* EGBGB Art. 17 Rn. 62; *Hausmann*, IntEuFamR, D 51; *Andrae* IntFamR § 4 Rn. 89.
168 Erman/*Hohloch* EGBGB Art. 17 Rn. 33.
169 BGH NJW 1993, 2047 (2049) = FamRZ 1993, 798.
170 BeckOK BGB/*Heiderhoff* EGBGB Art. 17 Rn. 62; Palandt/*Thorn* EGBGB Art. 17 Rn. 9; *Andrae* IntFamR § 4 Rn. 89.
171 Staudinger/*Mankowski* EGBGB Art. 17 Rn. 302 f.; *Klattenhoff* FuR 2000, 49 (55).
172 *Elden* NZFam 2014, 245 (246).
173 BGH FamRZ 2009, 677; FamRZ 2009, 681 (682); *Hausmann*, IntEuFamR, D 53; *Andrae* IntFamR § 4 Rn. 94; für eine weitere Auslegung des Merkmals *Hohloch/Klöckner* IPRax 2010, 520 (525 ff.).
174 Staudinger/*Mankowski* EGBGB Art. 17 Rn. 319.
175 BGH FamRZ 2009, 677 (679); *Hausmann*, IntEuFamR, D 54; *Klattenhoff* FuR 2000, 49 (55).

ausländische Recht eine Teilung bei mehr als der Hälfte der Anwartschaften vorsieht.[176] Die Übertragung geringerer Anrechte reicht demgegenüber regelmäßig nicht aus. Da auch nach den Maßstäben des deutschen Rechts zur Aufteilung ausländischer Versorgungsanrechte nur der schuldrechtliche Versorgungsausgleich zur Verfügung steht, reicht es auch aus, wenn die ausländische Regelung nur eine dem deutschen schuldrechtlichen Versorgungsausgleich vergleichbare Regelung vorsieht.[177]

Rechtsvergleichende Untersuchungen sowie die Ergebnisse der deutschen Rechtsprechung zeigen, dass ein **113** Versorgungsausgleich nach deutschem Muster nur sehr wenigen Rechtsordnungen bekannt ist. Insbesondere fehlt es idR an der für den deutschen Versorgungsausgleich charakteristischen unmittelbaren Außenwirkung gegenüber dem Träger der Altersversorgung, die durch die Teilung der Versorgungsrechte herbeigeführt wird. Von einer „Kenntnis" des Versorgungsausgleichs wird in der Literatur überwiegend im Hinblick auf die **Schweiz** und **Südafrika** ausgegangen.[178] Nach bislang vielfach vertretener, aber ungesicherter Ansicht kann darüber hinaus auch im Falle **Kanadas** sowie einiger **Bundesstaaten der USA** von einer Kenntnis des Versorgungsausgleichs ausgegangen werden. Angenommen wurde eine Kenntnis des Versorgungsausgleichs bei solchen Bundesstaaten der USA, die eine „community property" vorsehen.[179]

Der BGH hat sich allerdings im Falle der Niederlande für eine restriktive Auslegung entschieden. Zwar sei **114** hinsichtlich der Ausgleichung von Versorgungsansprüchen (WVP) grundsätzlich eine Vergleichbarkeit mit dem deutschen schuldrechtlichen Versorgungsausgleich gegeben. Aufgrund des fehlenden Ausgleichs der AOW-Pensionen, der zu einer den Halbteilungsgrundsatz verletzenden, ungleichen Verteilung führen kann, ist nach Auffassung des BGH dennoch davon auszugehen, dass die niederländische Regelung nicht mit dem deutschen Versorgungsausgleich vergleichbar ist. Das niederländische Recht kennt folglich keinen Versorgungsausgleich iSd Abs. 4 S. 1.[180] Überträgt man die strengen Maßstäbe des BGH auf andere Rechtsordnungen, dürfte eine „Kenntnis" des Versorgungsausgleichs auch im Falle von Kanada und den Bundesstaaten der USA (→ Rn. 113) wohl nicht mehr angenommen werden können.[181]

Einmalzahlungen des einen an den anderen Ehegatten, die nach dem ausländischen Recht einen finanziel- **115** len Ausgleich für die Altersversorgung bewirken sollen, können in keinem Fall als Versorgungsausgleich iSd Abs. 4 angesehen werden. Hier fehlt es an der für den Versorgungsausgleich charakteristischen Außenwirkung gegenüber dem Träger der Altersversorgung.[182] Aus diesem Grund nicht ausreichend ist dementsprechend auch die (unterhaltsrechtlich zu qualifizierende) **Erhöhung bestehender Unterhaltsansprüche.**[183]

Auch die Einbeziehung von Anwartschaften auf Altersversorgung in einen **güterrechtlichen Ausgleich** **116** kann nicht als eine „Kenntnis" des Versorgungsausgleichs angesehen werden. Gegen eine solche Einbeziehung spricht wiederum die fehlende Außenwirkung gegenüber dem Träger der Altersversorgung.[184] Ließe man die güterrechtliche Einbeziehung von derartigen Anwartschaften als „Kenntnis" eines Versorgungsausgleichs ausreichen, könnte sich – für den Fall, dass der güterrechtliche Ausgleich nach dem ausländischen Heimatrecht vorzunehmen ist – bei einer zusätzlichen Durchführung eines Versorgungsausgleichs iÜ eine Normenhäufung ergeben. Dies würde im Einzelfall erhebliche Anpassungsprobleme nach sich ziehen.

Auch eine **Geschiedenenwitwenrente** kann nicht als Versorgungsausgleich angesehen werden. Zwar **117** besteht hier ein direkter Anspruch gegen einen Träger der Altersversorgung. Dieser Anspruch beruht aber nicht auf einer Teilung der Anwartschaften der Ehegatten, sondern knüpft an den Tod des Ehegatten an.[185]

ee) Rechtsfolge. Kennt zumindest eines der Heimatrechte den Versorgungsausgleich, so wird der Versor- **118** gungsausgleich in vollem Umfang nach dem deutschen Recht durchgeführt. Der Versorgungsausgleich ist

---

176 So *Kegel/Schurig*, § 20 VII 4 (S. 878); diff. BeckOK BGB/*Heiderhoff* EGBGB Art. 17 Rn. 63.

177 BGH FamRZ 2009, 677 (679) mwN; *Hausmann*, IntEuFamR, D 55.

178 Vgl. Staudinger/*Mankowski* EGBGB Art. 17 Rn. 329 f.; *Klattenhoff* FuR 2000, 49 (55 f.); zur Schweiz *Hohloch/Klöckner* IPRax 2010, 520 (526); abw. *Ruland* Versorgungsausgleich Rn. 124.

179 *Klattenhoff* FuR 2000, 49 (55 f.); für Florida vgl. AG Heidelberg IPRax 1990, 126 (Leitsatz) mAnm *Jayme*.

180 BGH FamRZ 2009, 677 (679 f.) (mit ausf. Begründung); bestätigt durch BGH FamRZ 2009, 681 (682); näher dazu *Hohloch/Klöckner* IPRax 2010, 522 (524 ff.).

181 *Hohloch/Klöckner* IPRax 2010, 520 (526) (die sodann allerdings angesichts der Reform des Abs. 3

für eine neue großzügige Auslegung des „Kennens" plädieren).

182 Staudinger/*Mankowski* EGBGB Art. 17 Rn. 320; *Hausmann*, IntEuFamR, D 55; *Henrich* FamRZ 1986, 841 (851).

183 Staudinger/*Mankowski* EGBGB Art. 17 Rn. 321; *Klattenhoff* FuR 2000, 49 (55); *Henrich* FamRZ 1986, 841 (851).

184 Staudinger/*Mankowski* EGBGB Art. 17 Rn. 321; *Klattenhoff* FuR 2000, 49 (55); *Henrich* FamRZ 1986, 841 (852).

185 Staudinger/*Mankowski* EGBGB Art. 17 Rn. 322; *Hausmann*, IntEuFamR, D 55; *Looschelders* EGBGB Art. 17 Rn. 48; *Klattenhoff* FuR 2000, 49 (55); *Johannsen/Henrich* EGBGB Art. 17 Rn. 11; *Henrich* FamRZ 1986, 841 (851); s. auch BGH NJW-RR 1994, 322.

also nicht nur in dem Umfang durchzuführen, in dem er dem betreffenden Heimatrecht bekannt ist.[186] Dies ergibt sich daraus, dass der Versorgungsausgleich nach dem Wortlaut der Vorschrift durchzuführen ist, „wenn" ihn eines der Heimatrechte kennt. Hätte der Gesetzgeber den Versorgungsausgleich auch im Umfang beschränken wollen, hätte er anordnen müssen, dass der Versorgungsausgleich durchzuführen ist, „soweit" ihn zumindest eines der maßgeblichen Heimatrechte kennt. Geschützt werden damit nur solche Ehegatten, die – aufgrund des Inhalts ihrer Heimatrechtsordnungen – mit der Durchführung eines Versorgungsausgleichs überhaupt nicht rechnen konnten. Das Vertrauen auf eine bestimmte Art und einen bestimmten Umfang des Versorgungsausgleichs wird demgegenüber nicht geschützt.

119 **3. Regelwidrige Durchführung nach deutschem Recht (Abs. 4 S. 2). a) Überblick.** Die Sonderregelung des Abs. 4 S. 2 ermöglicht ausnahmsweise die Durchführung eines Versorgungsausgleichs nach **deutschem Recht**, obwohl dieses nicht Scheidungsstatut ist bzw. zwar an sich Scheidungsstatut ist, die Anwendung des deutschen Versorgungsausgleichsrechts aber an Abs. 4 S. 1 Hs. 2 scheitert. Abs. 4 S. 2 trägt dem Umstand Rechnung, dass die Versagung des Versorgungsausgleichs unbillig sein kann, wenn bei einem entsprechenden reinen Inlandsfall unter vergleichbaren Umständen ein Anspruch selbstverständlich gegeben wäre. Die Anwendung des deutschen Rechts über Abs. 4 S. 2 ist verfassungsgemäß.[187] Im Einzelnen ist der Versorgungsausgleich auf Antrag eines Ehegatten nach deutschem Recht durchzuführen, wenn einer der Ehegatten in der Ehezeit ein Anrecht bei einem inländischen Versorgungsträger erworben hat, soweit die Durchführung des Versorgungsausgleichs insbesondere im Hinblick auf die beiderseitigen wirtschaftlichen Verhältnisse während der gesamten Ehezeit der Billigkeit nicht widerspricht.

120 Die Vorschrift wurde durch das Gesetz zur Anpassung der Vorschriften des Internationalen Privatrechts an die Verordnung (EU) Nr. 1259/2010 und zur Änderung anderer Vorschriften des Internationalen Privatrechts vom 23.1.2013[188] geändert; ihre grundsätzliche Aussage wurde dabei allerdings nicht angetastet. Art. 17 Abs. 3 S. 3 aF setzte noch voraus, dass der Antragsgegner in der Ehezeit ein inländisches Anrecht erworben hatte. Art. 17 Abs. 4 S. 2 lässt es genügen, dass einer der Ehegatten – sei es der Antragsteller oder der Antragsgegner – während der Ehezeit ein derartiges Anrecht erworben hat.[189]

121 Art. 17 Abs. 3 S. 2 Nr. 2 aF sah noch einen weiteren Tatbestand vor, der zur „regelwidrigen" Anwendung deutschen Versorgungsausgleichsrechts führen konnte. Voraussetzung war hier, dass die allgemeinen Wirkungen der Ehe (Art. 14 EGBGB aF) während eines Teils der Ehezeit einem Recht unterlagen, das den Versorgungsausgleich kannte. Für einen solchen Tatbestand war nach der Begründung zum Gesetzentwurf nach Auswertung der Rechtsprechung kein praktisches Bedürfnis festzustellen; er wurde deshalb abgeschafft.[190]

122 **b) Voraussetzungen. aa) Anwendbarkeit des Abs. 4 S. 2.** Subsidiär ist der Versorgungsausgleich unter den Voraussetzungen des Abs. 4 S. 2 regelwidrig nach deutschem Recht durchzuführen, wenn nicht schon nach Abs. 4 S. 1 ein Versorgungsausgleich nach deutschem Recht durchgeführt werden kann. Ein Versorgungsausgleich nach deutschem Recht kann zum einen nicht durchgeführt werden, wenn das anzuwendende Scheidungsstatut nicht deutsches Recht ist (Abs. 4 S. 1 Hs. 1).[191] Zum anderen kann ein Versorgungsausgleich grundsätzlich nicht stattfinden, wenn zwar deutsches Recht Scheidungsstatut ist, der Versorgungsausgleich aber den Heimatrechten (Personalstatuten) der Ehegatten nicht bekannt ist (Abs. 4 S. 1 Hs. 2).

123 **bb) Teleologische Reduktion bei Wahl des Scheidungsstatuts.** Art. 17 Abs. 3 S. 2 aF war nach einer verbreiteten Ansicht teleologisch einzuschränken, wenn die Ehegatten nach Art. 14 Abs. 2–4 ein Statut der persönlichen Ehewirkungen gewählt hatten, welches keinen Versorgungsausgleich kannte.[192] Nach der Gegenansicht war die Rechtswahl nur als ein Element in der nach Abs. 3 S. 2 vorgeschriebenen Billigkeitsprüfung zu berücksichtigen.[193] Die Frage stellt sich für Art. 17 Abs. 4 S. 2 nF in zumindest vergleichbarer Form, wenn die Parteien unter Anwendung der Rom III-VO das deutsche Recht abgewählt haben.

124 Der Gesetzentwurf zum neu gefassten Abs. 3 S. 2 (jetzt Abs. 4 S. 2) spricht sich für eine Berücksichtigung der Rechtswahl (nur) im Rahmen der Billigkeitsprüfung aus. Das im Rahmen der Billigkeit relevante Kriterium des Vertrauensschutzes könnte „im Fall der frühzeitigen Wahl eines Scheidungsrechts, das den Versor-

186 Staudinger/*Mankowski* EGBGB Art. 17 Rn. 348; Palandt/*Thorn* EGBGB Art. 17 Rn. 9; aA *Lüderitz* IPRax 1987, 79 (für kumulative Anwendung von Hs. 1 und 2).

187 OLG Düsseldorf FamRZ 1993, 433 (434) = NJW-RR 1993, 1414.

188 Gesetz zur Anpassung der Vorschriften des Internationalen Privatrechts an die Verordnung (EU) Nr. 1259/2010 und zur Änderung anderer Vorschrif-

ten des Internationalen Privatrechts vom 23.1.2013, BGBl. I S. 101.

189 BR-Drs. 468/12, S. 11.

190 BR-Drs. 468/12, S. 12; s. auch *Hausmann,* IntEuFamR, D78 f.

191 *Henrich* FamRZ 1986, 841 (852).

192 *Klattenhoff* FuR 2000, 108 f.; *Henrich* FamRZ 1986, 841 (852).

193 Staudinger/*Mankowski* EGBGB Art. 17 Rn. 396.

gungsausgleich nicht kennt [...] Bedeutung erlangen."[194] Der im Gesetzentwurf favorisierten Lösung ist zuzustimmen. Die Wahl eines ausländischen Scheidungsrechts dürfte häufig ganz unabhängig von dem Gesichtspunkt des Versorgungsausgleichs vorgenommen werden; sie kann etwa auf der Überlegung beruhen, dass das ausländische Recht die Scheidung unter einfacheren Voraussetzungen zulässt als das deutsche Recht oder dass durch die Wahl des ausländischen Rechts die Aussichten auf eine Anerkennung der in Deutschland ausgesprochenen Scheidung in einem bestimmten Drittstaat steigen. Auswirkungen auf den Versorgungsausgleich sollte eine auf derartigen Motiven beruhende Rechtswahl nicht haben. Anders verhält es sich demgegenüber dann, wenn die Rechtswahl nach dem übereinstimmenden Willen der Parteien das Ziel hatte, die Durchführung des Versorgungsausgleichs nach dem deutschen Recht abzuwenden.[195] Nach der hier vertretenen Auffassung können die Parteien Unklarheiten dadurch begegnen, dass sie eine auf die Scheidungsvoraussetzungen beschränkte Rechtswahl vornehmen (→ Rn. 94 ff.) und es für den Versorgungsausgleich bei dem durch Art. 8 Rom III-VO bestimmten Recht belassen.

cc) Antrag. Abs. 4 S. 2 setzt weiter voraus, dass ein Ehegatte den Versorgungsausgleich **beantragt**.[196] Der Versorgungsausgleich wird also im Falle der „regelwidrigen" Anwendung deutschen Rechts nicht von Amts wegen durchgeführt. **125**

Der Antrag muss zum Zwecke der Behandlung als Folgesache im **ersten Rechtszug** gestellt werden. Im Rahmen des Verbundverfahrens besteht auch insoweit Anwaltszwang (§ 114 FamFG). Wird der Antrag im Verbundverfahren nicht rechtzeitig in der ersten Instanz gestellt, kann er im Beschwerdeverfahren nicht mehr nachgeholt werden; er ist gem. § 137 Abs. 2 S. 1 FamFG als verspätet zurückzuweisen.[197] Der Antrag auf Durchführung des Versorgungsausgleichsverfahrens kann aber iÜ auch noch **nachträglich** nach dem Eintritt der Rechtskraft der Scheidung gestellt werden.[198] Ist ein Versorgungsausgleich nach Abs. 4 S. 2 im deutschen Scheidungsverfahren aufgrund fehlenden Antrags der Parteien nicht ergangen, so kann dieser noch nachträglich stattfinden;[199] dies gilt auch dann, wenn das Scheidungsverfahren bereits seit mehreren Jahren rechtskräftig abgeschlossen ist.[200] Er kann schließlich auch dann noch gestellt werden, wenn die Scheidung durch ein ausländisches Gericht erfolgt ist. Voraussetzung ist dann allerdings, dass die Scheidung im Inland anerkannt wird (→ Rn. 87). **126**

Nach herrschender Ansicht kann eine **Antragstellung** bereits darin gesehen werden, dass einer der Ehegatten dem deutschen Gericht die **Fragebögen über die Vermögensverhältnisse** und bestehende Versorgungsrechte ausgefüllt zurückschickt.[201] Eine Antragstellung dürfte allerdings nicht anzunehmen sein, wenn dieser Ehegatte potenziell ausgleichspflichtig ist.[202] Im Zweifel wird das Gericht hier auf das Erfordernis eines Antrags hinweisen und die Ehegatten zu einer hinreichend deutlichen Erklärung auffordern.[203] Entsprechend ist zu verfahren, wenn der ausgleichspflichtige Ehegatte nur einen bedingten Antrag auf Ausschluss des Versorgungsausgleichs stellt.[204] **127**

Ist ein Versorgungsausgleichsverfahren eingeleitet worden, ohne dass ein Antrag gestellt worden war, wird der notwendige Antrag durch das **nachträgliche Einverständnis** der Parteien ersetzt. Möglich ist ferner eine Ersetzung des Antrags durch **rügelose Einlassung** der Parteien.[205] Umgekehrt kann ein einmal gestellter Antrag auch wieder zurückgenommen werden.[206] **128**

Ist eine **ausländische Entscheidung** über den Versorgungsausgleich bereits ergangen, so ist diese nach allgemeinen Grundsätzen anzuerkennen. Nicht anerkannt wird allerdings eine ausländische Entscheidung, die **129**

194 Entwurf eines Gesetzes zur Anpassung der Vorschriften des Internationalen Privatrechts an die Verordnung (EU) Nr. 1259/2010 und zur Änderung anderer Vorschriften des Internationalen Privatrechts (BR-Drs. 468/12, S. 11).
195 BeckOK BGB/*Heiderhoff* EGBGB Art. 17 Rn. 78.
196 OLG Saarbrücken FamRZ 2018, 1075 (1076) = NJW-RR 2018, 644; OLG Hamm FamRZ 1991, 204 = NJW-RR 1991, 266; FamRZ 1989, 1191; OLG München IPRax 1990, 255 = FamRZ 1990, 186; OLG Schleswig FamRZ 1991, 96.
197 OLG München NJW 2014, 1893 (1894).
198 BGH FamRZ 2014, 105; OLG Saarbrücken FamRZ 2018, 1075 (1076) = NJW-RR 2018, 644; OLG Stuttgart FamRZ 2009, 1587 (1588); OLG Karlsruhe FamRZ 2006, 955; OLG Braunschweig FamRZ 2005, 1683 (1684) (es fehle dann an einer Entscheidung über den Versorgungsausgleich, die in Rechtskraft erwachsen könne); OLG Düsseldorf FamRZ 1999, 1210.
199 Etwa OLG Karlsruhe FamRZ 2006, 955.
200 OLG Braunschweig FamRZ 2005, 1683.
201 Staudinger/*Mankowski* EGBGB Art. 17 Rn. 371; *Klattenhoff* FuR 2000, 108 (109); *Finger* FamRBint 2010, 18 (20); *ders.*, FF 2002, 154,158; vgl. aber auch OLG Schleswig FamRZ 1991, 96 (97); OLG München FuR 1993, 231.
202 Staudinger/*Mankowski* EGBGB Art. 17 Rn. 371; *Klattenhoff* FuR 2000, 108 (109) Fn. 110.
203 Staudinger/*Mankowski* EGBGB Art. 17 Rn. 371; *Finger* FamRBint 2010, 18 (20).
204 Staudinger/*Mankowski* EGBGB Art. 17 Rn. 371; demgegenüber bereits hierin einen Antrag sieht OLG Schleswig IPRspr. 1998 Nr. 79 = SchlHA 1998, 135 f.
205 OLG Schleswig FamRZ 1991, 96 (97); *Finger* FamRBint 2010, 18 (20).
206 OLG Schleswig FamRZ 1991, 96 (97); Staudinger/*Mankowski* EGBGB Art. 17 Rn. 373; *Finger* FF 2002, 154 (158).

einen Versorgungsausgleich ablehnt.[207] Eine Sperrung eines inländischen Verfahrens widerspräche hier dem Zweck von Abs. 4 S. 2. Ferner ist zu beachten, dass ein ausländisches Gericht keinen öffentlich-rechtlichen Ausgleich inländischer Anwartschaften vornehmen kann (vgl. dazu → Rn. 90). Daher besteht selbst dann, wenn ein ausländisches Gericht bereits einen schuldrechtlichen Versorgungsausgleich durchgeführt hat, ein Bedürfnis nach einer nachträglichen Durchführung eines öffentlich-rechtlichen Ausgleichs im Inland. Prozessual kann dies mithilfe einer Abänderungsklage (§ 238 FamFG) erreicht werden.[208]

130 **dd) Erwerb eines Anrechts im Inland, kein Widerspruch zur Billigkeit.** Weiterhin muss nach dem Wortlaut des Abs. 4 S. 2 einer der Ehegatten – wobei es nicht darauf ankommt, ob es sich um den Antragsteller oder um den Antragsgegner handelt – **in der Ehezeit** eine **inländische Versorgungsanwartschaft** erworben haben. Unter einer inländischen Anwartschaft ist eine Anwartschaft zu verstehen, die gegen einen inländischen Träger der Altersversorgung gerichtet ist.[209] Erfasst werden hierbei auch solche Anwartschaften, die aufgrund von Beschäftigungszeiten im Ausland entstanden sind.[210] Dies kann insbesondere dann der Fall sein, wenn in einem Sozialversicherungsabkommen mit dem betreffenden Staat die Anrechnung derartiger Beschäftigungszeiten vorgesehen ist.[211] Die Vorschrift ist nach teilweise vertretener Auffassung entsprechend anzuwenden, wenn ein Ehegatte ausländische Versorgungsanwartschaften in einem ausländischen Staat erworben hat, der ebenfalls den Versorgungsausgleich kennt.[212] Eine derartige entsprechende Anwendung hätte jedoch richtigerweise zur Folge, dass ausländisches Versorgungsausgleichsrecht anzuwenden wäre.[213] Eine Durchführung eines Versorgungsausgleichs nach ausländischem Recht ist aber nach der Neukonzeption des Abs. 4 vom Gesetzgeber grundsätzlich nicht (mehr) gewollt.

131 Die **Ehezeit** reicht bei einer Scheidung im Inland bis zur Zustellung des Scheidungsantrags.[214] Bei einer Durchführung des Scheidungsverfahrens im Ausland ist auf die Rechtshängigkeit nach der ausländischen *lex fori* bzw. einen funktionell vergleichbaren Zeitpunkt abzustellen.[215] Auch dann, wenn dem Scheidungsverfahren ein gerichtliches Trennungsverfahren (Trennung ohne Auflösung des Ehebandes) nach einem ausländischen Recht vorangegangen ist, ist für das Ehezeitende auf den Scheidungsantrag – nicht den Trennungsantrag – abzustellen.[216] Die Versorgungsanwartschaft kann – vorbehaltlich einer Billigkeitsprüfung nach § 27 **VersorgungsausgleichsG**[217] (→ Rn. 135) – auch während der Trennungszeit erworben worden sein.[218]

132 Ein Versorgungsausgleich scheidet aus, soweit ein **Widerspruch zur Billigkeit** besteht. Nach der gesetzlichen Formulierung ist grundsätzlich davon auszugehen, dass die Durchführung des Versorgungsausgleichs der Billigkeit entspricht. Es müssen mit anderen Worten besondere Umstände vorliegen, die der Billigkeit ausnahmsweise entgegenstehen.[219] Die Billigkeit ist nur auf eine besondere Einrede hin zu prüfen.[220] Zwar gilt im Versorgungsausgleichsverfahren der Grundsatz der Amtsermittlung;[221] den Antragsgegner trifft allerdings die **Darlegungslast** für die Umstände, die eine Unbilligkeit begründen können.[222]

133 Im Gesetz ist vorgegeben, dass für die Beurteilung der Billigkeit die **wirtschaftlichen Verhältnisse** zu berücksichtigen sind. Darüber hinaus können aber auch andere Gesichtspunkte auf die Frage der Billigkeit

207 Staudinger/*Mankowski* EGBGB Art. 17 Rn. 378.
208 Staudinger/*Mankowski* EGBGB Art. 17 Rn. 377; *v. Bar* IPRax 1994, 100 (102).
209 OLG Celle FamRZ 1991, 714 (715); AG Berlin-Charlottenburg FamRZ 1991, 1069 (jeweils zur entsprechenden Anwendung im interlokalen Privatrecht).
210 Staudinger/*Mankowski* EGBGB Art. 17 Rn. 381.
211 OLG Karlsruhe FamRZ 1989, 399.
212 Erman/*Hohloch* EGBGB Art. 17 Rn. 42; zu Art. 17 EGBGB aF *Lorenz* FamRZ 1987, 645 (653); abl. BeckOK BGB/*Heiderhoff* EGBGB Art. 17 Rn. 73; MüKoBGB/*Winkler v. Mohrenfels* EGBGB Art. 17 Rn. 94; Staudinger/*Mankowski* EGBGB Art. 17 Rn. 382 f.
213 BeckOK BGB/*Heiderhoff* EGBGB Art. 17 Rn. 114; abw. *Lorenz* FamRZ 1987, 645 (653) (deutsches Recht).
214 BGH FamRZ 1994, 825 = NJW-RR 1994, 962; OLG Koblenz FamRZ 1991, 1324.
215 Vgl. (zu § 1587 Abs. 2 BGB) BGH NJW 1993, 2047 (2049) = FamRZ 1993, 798.
216 BGH FamRZ 1994, 825 f. = NJW-RR 1994, 962; OLG Koblenz FamRZ 1991, 1324; OLG Saarbrücken ZFE 2004, 283.

217 Früher § 1587 c BGB, geändert durch das Gesetz zur Strukturreform des Versorgungsausgleichs vom 3.4.2009, BGBl. I 2009, S. 700.
218 BGH FamRZ 1994, 825 (826) = NJW-RR 1994, 962; OLG Koblenz FamRZ 1991, 1324.
219 BGH FamRZ 2009, 681 (683); FamRZ 2007, 366 (367); FamRZ 1994, 825 (826) = NJW-RR 1994, 962; OLG Hamm FamRZ 1994, 573 (578) („eng gefasste Ausnahmeklausel", die nur dann gegen den Versorgungsausgleich in Ansatz zu bringen ist, „wenn die Unbilligkeit ersichtlich ist").
220 AA Staudinger/*Mankowski* EGBGB Art. 17 Rn. 391.
221 Da in §§ 217 ff. FamFG keine Darlegungs- und Beweislastvorschriften aufgestellt werden, gilt der Grundsatz der Amtsermittlung nach § 26 FamFG. Anderenfalls wäre die umfassende verfahrensrechtliche Auskunftspflicht gegenüber dem Gericht nach § 220 FamFG nicht zu erklären. Die amtswegige Sachverhaltsaufklärung ist allerdings durch eine Mitwirkungsverpflichtung der Ehegatten erweitert, § 220 Abs. 3 FamFG; Prütting/Helms/*Wagner* FamFG § 220 Rn. 24.
222 BGH NJW 2014, 61 (62) (Rn. 18); FamRZ 2007, 996 (998) m. zust. Anm. *Borth*; FamRZ 2007, 366 (367); FamRZ 1994, 825 (827) = NJW-RR 1994, 962; OLG Stuttgart FamRZ 2009, 1587 (1588).

Einfluss nehmen.[223] Die Durchführung eines Versorgungsausgleichs widerspricht insbesondere dann der Billigkeit, wenn nur ein Ehegatte im Inland eine Altersversorgung aufgebaut hat und der andere Ehegatte Vermögen im Ausland besitzt, welches weder in einen Versorgungsausgleich noch in einen güterrechtlichen Ausgleich einbezogen werden kann.[224] Im Rahmen der Billigkeit ist schließlich zu berücksichtigen, ob ein ausländisches Anrecht bereits durch eine im Inland zu beachtende Gerichtsentscheidung oder durch eine verbindlich getroffene Parteivereinbarung ausgeglichen worden ist.[225] Ein der Frau von dem ausländischen Gericht zugesprochener Unterhalt sowie eine Morgengabe stehen nach der zutreffenden Auffassung des OLG Köln der Billigkeit jedenfalls dann nicht entgegen, wenn der Ehefrau nach deutschem Recht neben dem Versorgungsausgleich auch Ansprüche auf Zahlung von Unterhalt und gegebenenfalls auch Zugewinnausgleich zuständen.[226] In die Abwägung ist auch die Unterschiedlichkeit der Lebenshaltungskosten im In- und Ausland einzubeziehen.[227] Der Umstand einer Wiederverheiratung als solcher ist demgegenüber ohne Relevanz; er besagt nichts über eine damit verbundene Altersversorgung.[228] Haben die Ehegatten das deutsche Scheidungsrecht und damit auch mittelbar den Versorgungsausgleich nach deutschem Recht abgewählt, kann auch dies im Rahmen der Billigkeitsprüfung zu berücksichtigen sein (→ Rn. 123 ff.).

Zu berücksichtigen ist auch, ob ein insoweit anwendbares ausländisches Recht die erlangten Versorgungsanwartschaften in einen **güterrechtlichen Ausgleich** einbezieht.[229] Bei Nichtberücksichtigung würde eine Normenhäufung zugunsten des Berechtigten eintreten: Er würde von einem ausländischen güterrechtlichen Ausgleich und von einem deutschen Versorgungsausgleich profitieren. Damit widerspricht ein Versorgungsausgleich nach deutschem Recht in dem Umfang der Billigkeit, in dem nach dem anwendbaren Güterrecht ein güterrechtlicher Ausgleich bereits erfolgt ist bzw. beansprucht werden kann.[230] **134**

Für Abs. 4 S. 2 ohne Bedeutung ist die Frage, ob dem Versorgungsausgleich eine überlange gesetzliche oder nur tatsächliche Trennungszeit entgegensteht. Eine lange Trennungszeit kann auf der materiellrechtlichen Ebene im Rahmen des § 27 **VersorgungsausgleichsG** Berücksichtigung finden, wobei idR keine Gründe für eine unterschiedliche Behandlung einer nur tatsächlichen und einer – etwa auf dem italienischen Recht beruhenden – rechtlichen Trennung von Tisch und Bett ersichtlich sind.[231] Für die Frage der Billigkeit kommt es nach der zum alten Recht hM auch nicht darauf an, welcher Ehegatte die **Schuld** an der Zerrüttung der Ehe trägt.[232] Dies soll auch dann gelten, wenn das Scheidungsrecht dem Schuldprinzip anhängt.[233] **135**

c) Rechtsfolge. Die Rechtsfolge von Abs. 4 S. 2 besteht einheitlich darin, dass ein Versorgungsausgleich nach dem **deutschen Recht** durchzuführen ist.[234] Der Versorgungsausgleich ist hierbei nicht auf die bei einem inländischen Versorgungsträger bestehenden Anrechte beschränkt. Vielmehr erstreckt er sich auch auf Anrechte bei **ausländischen, zwischenstaatlichen oder überstaatlichen Versorgungsträgern.**[235] Hierfür spricht indiziell bereits, dass der Antrag auf Durchführung des Versorgungsausgleichs nach der Reform des Tatbestands von beiden Ehegatten gestellt werden kann (→ Rn. 120), also auch von dem Ehegatten, der seinerseits nur über Anrechte bei einem inländischen Versorgungsträger verfügt, aber einen Ausgleich der bei einem ausländischen Versorgungsträger bestehenden Anrechte verlangt. Überdies ist im Rahmen der Billigkeitsprüfung ohnehin eine Gesamtabwägung aller Anrechte und der sonstigen wirtschaftlichen Verhältnisse erforderlich.[236] **136**

223 BGH FamRZ 2009, 681 (683); IPRax 2001, 138 (139) = FamRZ 2000, 418 (Prüfung der Umstände des jeweiligen Einzelfalls, da diese zusätzlich durch individuelle Besonderheiten bestimmt sein können); OLG Celle FamRZ 1991, 204 (205); OLG Frankfurt FamRZ 1990, 417; OLG Karlsruhe FamRZ 1989, 399.

224 So Bericht des Rechtsausschusses, BT-Drs. 10/5632, S. 43; BGH FamRZ 2014, 105 (106) (Rn. 14); OLG Bremen FamRZ 2016, 141; FamRZ 2007, 996 (997); FamRZ 1994, 825 (826) = NJW-RR 1994, 962; OLG Frankfurt FamRZ 2018, 184; OLG Koblenz FamRZ 2017, 879 (880); OLG Stuttgart FamRZ 2008, 1759 f.; Palandt/*Thorn* EGBGB Art. 17 Rn. 12; BeckOK BGB/*Heiderhoff* EGBGB Art. 17 Rn. 76; *Borth* FamRZ 2007, 1001; zur Notwendigkeit der Berücksichtigung eines güterrechtlichen Ausgleichs s. *Lüderitz* IPRax 1987, 74 (79).

225 BGH FamRZ 2009, 681 (683); *Rauscher* IPRax 2015, 139.

226 OLG Köln FamRZ 2016, 1592.

227 BGH 2007, 366; IPRax 2001, 138 (139) = FamRZ 2000, 418; OLG Frankfurt FamRZ 2000, 418 (419).

228 BGH FamRZ 2007, 996 (998).

229 Staudinger/*Mankowski* EGBGB Art. 17 Rn. 397.

230 Staudinger/*Mankowski* EGBGB Art. 17 Rn. 398; auch *Lüderitz* IPRax 1987, 74 (79).

231 Ausdr. OLG Düsseldorf FamRZ 1993, 433 (434); vgl. auch BGH FamRZ 1994, 825 (827) = NJW-RR 1994, 962.

232 OLG Hamm FamRZ 1994, 573 (578) = NJW-RR 1993, 1352; OLG Celle FamRZ 1991, 204 (205); Bericht des Rechtsausschusses BT-Drs. 10/5632, S. 42; aus der aktuellen Literatur Palandt/*Thorn* EGBGB Art. 17 Rn. 12; BeckOK BGB/*Heiderhoff* EGBGB Art. 17 Rn. 79.

233 Zweifel bei Staudinger/*Mankowski* EGBGB Art. 17 Rn. 395.

234 Staudinger/*Mankowski* EGBGB Art. 17 Rn. 400; *Hausmann*, D Rn. 87.

235 *Hausmann*, IntEuFamR, D 87; BeckOK BGB/*Heiderhoff* EGBGB Art. 17 Rn. 80; Palandt/*Thorn* EGBGB Art. 17 Rn. 11.

236 *Borth*, Versorgungsausgleich, C 22.

137 Auf der Ebene des materiellen Rechts ist noch die **Härteklausel des § 27 VersorgungsausgleichsG** anzuwenden.[237] Diese tritt neben die Billigkeitsklausel des Abs. 4 S. 2.[238] Sie ist jedoch auf die Billigkeitserwägungen zu beschränken, die auch bei reinen Inlandsfällen von Bedeutung sind.[239] Billigkeitsgesichtspunkte, die aus der Internationalität des Sachverhalts herrühren, sind vorrangig und abschließend bei Abs. 4 S. 2 zu berücksichtigen.[240]

138 Im Hinblick auf Anrechte, die bei ausländischen, zwischenstaatlichen oder überstaatlichen Versorgungsträgern bestehen, schreibt § 19 Abs. 3 VersorgungsausgleichsG eine weitere Billigkeitsprüfung vor; es kann sodann auf dieser (materiellrechtlichen) Ebene zu einer Ausgleichssperre kommen.[241]

139 Die Härteklausel nach Abs. 4 S. 2 steht nach dem BGH allerdings einer Anwendung des Verwirkungseinwandes als eigenständiges Rechtsinstitut entgegen. Denn sie setze gegenüber § 242 BGB andere und – vor allem durch das Merkmal der Unbilligkeit – strengere Maßstäbe und verdränge daher im Bereich des Versorgungsausgleichs die allgemeinen Grundsätze über die Verwirkung von Rechten.[242]

140 **4. Feststellung und Bewertung ausländischer Anwartschaften.** Erhebliche Schwierigkeiten entstehen dann, wenn auch **ausländische Versorgungsanwartschaften** Gegenstand eines nach dem deutschen Recht durchzuführenden Versorgungsausgleichs sind. Zunächst gilt, dass nicht alle ausländischen Anwartschaften überhaupt berücksichtigungsfähig sind. Gegenstand des Versorgungsausgleichs sind grundsätzlich nur solche Anwartschaften, die auf einer gemeinsamen Lebensleistung der Ehegatten beruhen und auf eine Versorgung wegen Alters, Berufs- oder Erwerbsunfähigkeit gerichtet sind.[243] Dass sie in nicht unerheblichem Umfang durch Steuern finanziert sind, steht ihrer Einbeziehung nicht entgegen.[244]

141 Geht es um den Ausgleich von Anwartschaften, die gegenüber einem ausländischen Versorgungsträger bestehen, so ist allerdings nur ein **schuldrechtlicher Versorgungsausgleich** vorzunehmen (§§ 20 ff. VersorgungsausgleichsG). Deutsche Gerichte haben nämlich keine Kompetenz, Eingriffe in ausländische Sozialsysteme vorzunehmen, § 19 Abs. 2 Nr. 4 VersorgungsausgleichsG. Damit können ausländische Anwartschaften weder durch interne Teilung (§§ 10 ff. VersorgungsausgleichsG) noch durch externe Teilung (§§ 14 ff. VersorgungsausgleichsG) aufgeteilt werden.[245] Auch die **Bewertung ausländischer Versorgungsrechte** im Rahmen des schuldrechtlichen Versorgungsausgleichs bereitet in der Praxis erhebliche Probleme. Die Bewertung richtet sich nach den §§ 39 ff. VersorgungsausgleichsG und liegt im Zweifel im Ermessen des Gerichts, § 42 VersorgungsausgleichsG.

142 Die Durchführung eines Versorgungsausgleichs ist nicht ausgeschlossen, wenn der Ausgleichsberechtigte nur einen **ausländischen Wohnsitz** hat.[246] Ihm steht die aus dem Versorgungsausgleich herrührende Rente nämlich grundsätzlich auch dann zu, wenn er sich im Ausland aufhält.[247]

143 **5. Vorrangiges EU-Verordnungsrecht; Staatsverträge. a) EuGüVO.** Die EuGüVO ist nach ihrem Art. 1 Abs. 1 auf „die ehelichen Güterstände" anzuwenden, worunter nach der weiten Definition des Art. 3 EuGüVO „sämtliche vermögensrechtlichen Regelungen" zu verstehen sind, „die zwischen den Ehegatten und in ihren Beziehungen zu Dritten aufgrund der Ehe oder der Auflösung der Ehe gelten". Dieser weiten Definition nach wäre also der Versorgungsausgleich an sich von der EuGüVO erfasst.

237 BGH FamRZ 1994, 825 (827) = NJW-RR 1994, 962 (Die Billigkeitsklausel diene dazu, „die wirtschaftlichen Verhältnisse der Eheleute zu berücksichtigen und internationalen Elementen des Eheverlaufs Rechnung zu tragen".); OLG Düsseldorf FamRZ 1993, 433 (434 f.); OLG Celle FamRZ 1991, 204 (205); Staudinger/Mankowski EGBGB Art. 17 Rn. 400; krit. zum Nebeneinander der Billigkeit in Art. 17 Abs. 3 S. 2 EGBGB und § 1587c BGB Lorenz FamRZ 1987, 645 (650).
238 OLG Stuttgart FamRZ 2008, 1759 (1760).
239 Rauscher IPRax 2015, 139 (144).
240 BGH FamRZ 2007, 996 (997); 2007, 366; FamRZ 1994, 825 (827) = NJW-RR 1994, 962; OLG Stuttgart FamRZ 2008, 1759 (1760); OLG Düsseldorf FamRZ 1993, 433 (434).
241 Näher KG FamRZ 2016, 982 mit Anm. Borth; OLG Zweibrücken FamRZ 2015, 2063 (2065).
242 BGH FamRZ 2014, 105; abl. Rauscher IPRax 2015, 139 (143).
243 BGH FamRZ 2008, 770 (773); OLG Karlsruhe FamRZ 2002, 962; OLG Hamm FamRZ 1989, 759 (760); AG Hamburg FamRZ 1982, 717 (Anwart-
schaften auf französische Sozialversicherungsrente); OLG Köln FamRZ 2002, 1632 (belgische Pensionsanwartschaften); KG FamRZ 1990, 1257; OLG Karlsruhe IPRax 1982, 245 (in der schweizerischen AHV begründete Rentenanwartschaften); zum italienischen Recht vgl. OLG Köln FamRZ 1986, 689; zum US-amerikanischen Recht AG Heidelberg IPRspr. 1989 Nr. 93, S. 221 = IPRax 1990, 126 (Leitsatz); AG Landstuhl IPRax 1995, 108 (109) = FamRZ 1994, 837.
244 BGH FamRZ 2008, 770 (773).
245 BGH FamRZ 2016, 1576 (1577 f.); FamRZ 2008, 2263; noch zu § 3b VAHRG: BGH NJW 1989, 1997 = FamRZ 1989, 949; OLG Bamberg FamRZ 2003, 1567 (1568); FamRZ 1986, 691; NJW 1979, 497 (500) = FamRZ 1979, 239; OLG Stuttgart FamRZ 1989, 760; Erman/Hohloch EGBGB Art. 17 Rn. 46.
246 BGH NJW 1986, 1932 (1933) = FamRZ 1986, 657; BGH FamRZ 1983, 263 (264); 1982, 473 (474); OLG Karlsruhe FamRZ 1998, 1029; OLG Düsseldorf FamRZ 1995, 1496; Klattenhoff FuR 2000, 49 (51).
247 Vgl. Klattenhoff FuR 2000, 49 (51).

Allerdings ist zunächst zu beachten, dass die Kollisionsregeln der EuGüVO in zeitlicher Hinsicht nur für **144** Ehegatten gelten, die an oder nach dem 29.1.2019 die Ehe eingegangen sind oder an oder nach dem 29.1.2019 eine Rechtswahl des auf ihren Güterstand iSd EuGüVO anzuwendenden Rechts getroffen haben (Art. 69 Abs. 3 EuGüVO). Damit bleibt die Anknüpfung des Versorgungsausgleichs für nicht von der EuGüVO erfasste „Altehen" von vornherein (wie bisher) dem nationalen IPR überlassen.

Aber auch bei Ehen, die in zeitlicher Hinsicht von der EuGüVO erfasst werden, bleibt der Versorgungsaus- **145** gleich von der EuGüVO grundsätzlich ausgenommen. Dies ergibt sich aus dem Ausnahmetatbestand des Art. 1 Abs. 2 lit. f. EuGüVO. Hiernach gilt die Verordnung nicht für „die Berechtigung, Ansprüche auf Alters- oder Erwerbsunfähigkeitsrente, die während der Ehe erworben wurden und die während der Ehe zu keinem Renteneinkommen geführt haben, im Falle der Ehescheidung, der Trennung ohne Auflösung des Ehebands oder der Ungültigerklärung der Ehe zwischen den Ehegatten zu übertragen oder anzupassen". In der Sache besteht kein Zweifel, dass damit in erster Linie der Versorgungsausgleich nach dem deutschen Recht gemeint ist.[248]

In der Literatur ist allerdings darauf hingewiesen worden, dass sich der Ausnahmetatbestand des Art. 1 **146** Abs. 2 lit. f. EuGüVO von vornherein nur auf **„Ansprüche auf Alters- oder Erwerbsunfähigkeitsrente"** bezieht.[249] Hierunter sind nach dem üblichen Wortsinn **wiederkehrende Versorgungsleistungen** für die Dauer der Lebenszeit bzw. einer Invalidität zu verstehen. Im deutschen Recht fallen allerdings nicht nur Renten in den Versorgungsausgleich; vielmehr werden nach § 2 Abs. 2 Nr. 3 2. Hs. VersorgungsausgleichsG Anrechte im Sinne des **Betriebsrentengesetzes** oder des **Altersvorsorgeverträge-Zertifizierungsgesetzes** unabhängig von der Leistungsform ausgeglichen. Damit werden insoweit auch Anrechte auf eine Kapitalleistung in den Versorgungsausgleich einbezogen.[250]

Folgt man dem Wortlaut, wären Anrechte im Sinne des Betriebsrentengesetzes oder des Altersvorsorgever- **147** träge-Zertifizierungsgesetzes, die in einer Kapitalleistung bestehen, nicht vom Ausnahmetatbestand des Art. 1 Abs. 2 lit. f. EuGüVO erfasst und damit nach der EuGüVO anzuknüpfen.[251] Für den Fall, dass die EuGüVO auf ausländisches Güterrecht verweise, wären damit diese Rechte nach einem ausländischen Güterrecht zu beurteilen; dies hätte zur Folge, dass sie jedenfalls nicht in einem Versorgungsausgleich nach dem deutschen Recht berücksichtigt werden könnten.

Auch der 23. Erwägungsgrund bringt keine abschließende Klärung.[252] Er enthält die Formulierung, dass **148** sich der Versorgungsausgleich auf „Ansprüche gleich welcher Art"[253] beziehen könne und „die in den Mitgliedstaaten bestehenden spezifischen Systeme zu berücksichtigen" seien. Dies könnte dafür sprechen, dass die Verordnung es dem nationalen Gesetzgeber auch in kollisionsrechtlicher Hinsicht freistellt, über die in den Versorgungsausgleich einzustellenden Rechte frei zu befinden. Allerdings postuliert der 23. Erwägungsgrund auch, dass Art. 1 Abs. 2 lit. f. EuGüVO „eng ausgelegt" werden müsse. Vor allem ist nach dem 23. Erwägungsgrund „die Frage der Kategorisierung von Rentenansprüchen"[254] vom Anwendungsbereich der EuGüVO umfasst. Tendenziell scheint der 23. Erwägungsgrund daher – entsprechend Art. 1 Abs. 2 lit. f. EuGüVO – davon auszugehen, dass die EuGüVO nur insoweit ihren Geltungsanspruch zurücknimmt und korrespondierend einen kollisionsrechtlichen Spielraum für die Mitgliedstaaten vorsieht, als es sich um Rentenansprüche im engeren Sinne handelt.[255]

248 Palandt/*Thorn*, Art. 1 EuGüVO Rn. 10; *Heiderhoff* IPRax 2018, 1 (2); *Weber* DNotZ 2016, 659 (665); *Dutta* FamRZ 2016, 1973 (1975); *Köhler* in Dutta/Weber, Die Europ. Güterrechtsverordnungen, S. 147 (149).

249 *Dutta* FamRZ 2016, 1973 (1975); *Köhler* in Dutta/Weber, Die Europ. Güterrechtsverordnungen, S. 147 (149).

250 BT-Druck. 16/10144, S. 46 r. Sp.

251 Dies für möglich haltend *Dutta* FamRZ 2016, 1973 (1975); *Köhler* in Dutta/Weber, Die Europ. Güterrechtsverordnungen, S. 147 (149).

252 Siehe den Wortlaut des 23. ErwGr: „Fragen im Zusammenhang mit der Berechtigung, Ansprüche gleich welcher Art auf Alters- oder Erwerbsunfähigkeitsrente, die während der Ehe erworben wurden und die während der Ehe zu keinem Renteneinkommen geführt haben, zwischen den Ehegatten zu übertragen oder anzupassen, sollten vom Anwendungsbereich dieser Verordnung ausgenommen werden, wobei die in den Mitgliedstaaten bestehenden spezi-

fischen Systeme zu berücksichtigen sind. Allerdings sollte diese Ausnahme eng ausgelegt werden. Somit sollte diese Verordnung insbesondere die Frage der Kategorisierung von Rentenansprüchen, der während der Ehe an einen der Ehegatten bereits ausgezahlten Beträge und des eventuell zu gewährenden Ausgleichs bei mit gemeinsamem Vermögen finanzierten Rentenversicherungen regeln."

253 Vgl. die englische Version („whatever their nature"); und die französische Version („quelle que soit leur nature").

254 Die englische Version spricht von „classification of pension assets"; die französische Fassung von „classification des capitaux de retraite".

255 So auch BT-Drs. 19/4852 S. 27: „Allerdings ist der autonom zu bestimmende Anwendungsbereich der Verordnungen maßgeblich, so dass es nicht darauf ankommt, ob nach deutschem Verständnis ein bestimmtes Anrecht als Teil des Versorgungsausgleichs zu verstehen ist."

149 **b) Deutsch-iranisches Niederlassungsabkommen.** An multilateralen Übereinkommen, die die kollisionsrechtliche Anknüpfung der Scheidung bzw. des Versorgungsausgleichs zum Gegenstand haben, ist Deutschland gegenwärtig nicht beteiligt. Nach wie vor in Kraft ist das **deutsch-iranische Niederlassungsabkommen** vom 17.2.1929. Das NiederlAbK erfasst auch die Fragen des **Versorgungsausgleichs.**[256]

150 Art. 8 Abs. 3 S. 1 NiederlAbK verweist bei rein iranischen Ehen im Wege einer Sachnormverweisung auf das Heimatrecht der Ehegatten.[257] Haben die Beteiligten mehrere **Staatsangehörigkeiten,** kommt das NiederlAbK demgegenüber nicht zur Anwendung. Es gilt auch dann nicht, wenn nur einer der Beteiligten eine doppelte Staatsangehörigkeit hat.[258] In diesem Fall ist wieder auf Art. 17 Abs. 4 zurückzugreifen. Das NiederlAbK ist schließlich auch dann nicht anzuwenden, wenn es sich bei einem der Beteiligten um einen Flüchtling iSd Genfer Flüchtlingskonvention oder um einen Asylberechtigten handelt.[259]

151 Wenn somit Art. 8 Abs. 3 NiederlAbK bei rein iranischen Ehen auf das iranische Recht verweist, ist grundsätzlich kein Versorgungsausgleich durchzuführen. Längere Zeit war fraglich, ob eine Hilfsanknüpfung nach Abs. 4 S. 2 vorgenommen werden konnte; dies war nach einer verbreiteten Auffassung deshalb möglich, weil Art. 8 Abs. 3 S. 2 NiederlAbK die ordre-public-Klauseln des deutschen Rechts für anwendbar erkläre und Abs. 4 S. 2 als eine solche besondere ordre-public-Klausel angesehen werden könne.[260] Nach der zustimmenswerten Auffassung des BGH ist demgegenüber der Weg über Abs. 4 S. 2 nicht möglich. Ein Rückgriff auf den ordre public ist nach Sinn und Zweck der staatsvertraglichen Regelung nur statthaft, wenn ein besonderer Härtefall vorliegt. Abs. 4 S. 2 verlangt lediglich, dass die Durchführung des Versorgungsausgleichs der Billigkeit nicht widerspricht, nicht aber, dass ein Unterbleiben zu aus deutscher Sicht untragbaren und deshalb ordre-public-widrigen Ergebnissen führt. Abs. 4 S. 2 stellt somit keinen (speziellen) ordre-public-Vorbehalt iSd staatsvertraglichen Regelung dar.[261]

Art. 17 a EGBGB Ehewohnung

Betretungs-, Näherungs- und Kontaktverbote, die mit einer im Inland belegenen Ehewohnung zusammenhängen, unterliegen den deutschen Sachvorschriften.

A. Allgemeines

1 Die Vorschrift ist durch Gesetz vom 17.12.2018[1] mit Wirkung vom 29.1.2019 geändert worden. Sie hat nur noch einen geringen Anwendungsbereich: Sie bezieht sich lediglich auf **Betretungs-, Näherungs- und Kontaktverbote**, die mit einer im Inland belegenen **Ehewohnung** zusammenhängen, und unterwirft diese dem deutschen Recht. Art. 17 a gilt auch für die Lebenspartnerschaft (Art. 17 b Abs. 2) und für die gleichgeschlechtliche Ehe (Art. 17 b Abs. 4 iVm Art. 17 b Abs. 2). Erfasst sind nur noch die in **§ 1 Gewaltschutzgesetz** (GewSchG) enthaltenen Maßnahmen, soweit sie sich auf die eheliche Wohnung beziehen sowie die Betretungs-, Näherungs- und Kontaktverbote, die aus **§ 1361 b Abs. 3 S. 1 BGB** abgeleitet werden können (→ Rn. 6).

2 In der bis zum 29.1.2019 geltenden Fassung hatte die Vorschrift einen deutlich größeren Anwendungsbereich. Sie lautete: „Die Nutzungsbefugnis für die im Inland belegene Ehewohnung und die im Inland befindlichen Haushaltsgegenstände sowie damit zusammenhängende Betretungs-, Näherungs- und Kontaktverbote unterliegen den deutschen Sachvorschriften." Sie bezog sich damit sowohl auf die **Wohnungszu-**

---

256 BGH FamRZ 2005, 1666 (1667).
257 Art. 8 Abs. 3 lautet: „In Bezug auf das Personen-, Familien- und Erbrecht bleiben die Angehörigen jeder der vertragschließenden Staaten im Gebiet des anderen Staates jedoch den Vorschriften der heimischen Gesetze unterworfen. Die Anwendung dieser Gesetze kann von dem anderen vertragschließenden Staat nur ausnahmsweise und nur insoweit ausgeschlossen werden, als ein solcher Ausschluss allgemein gegenüber jedem anderen Staat erfolgt."
258 BGH IPRax 1986, 382 (383) = FamRZ 1986, 345 (346); Schotten/Wittkowski FamRZ 1995, 264 (265).
259 BGH NJW 1990, 636 = FamRZ 1990, 32; OLG München IPRax 1989, 238 (240) (jeweils zum Asylberechtigten); ausf. Begründung bei Lass, Der Flüchtling im deutschen internationalen Privatrecht,

S. 22; Schotten/Wittkowski FamRZ 1995, 264 (266); Dörner IPRax 1994, 33.
260 OLG Oldenburg FamRZ 1995, 1590; vgl. auch Schotten/Wittkowski FamRZ 1995, 264 (267), die für eine enge Auslegung der ordre-public-Klausel bzw. deren Anwendung nur in „Extremfällen" plädieren, andererseits Art. 17 Abs. 3 S. 2 als eine zu beachtende besondere ordre-public-Klausel nennen.
261 BGH FamRZ 2005, 1666 (1667); so auch schon OLG Köln FamRZ 2002, 613; Palandt/Thorn EGBGB Art. 17 Rn. 10; Staudinger/Mankowski EGBGB Art. 17 Rn. 355; Johannsen/Henrich EGBGB Art. 17 Rn. 19; Klattenhoff FuR 2000, 49 (52).
1 Gesetz zum Internationalen Güterrecht und zur Änderung von Vorschriften des Internationalen Privatrechts BGBl. I S. 2573.

weisung nach § 2 GewSchG als auch auf die **Nutzungszuweisungen** nach §§ 1361 a, 1361 b BGB und §§ 1568 a, 1568 b BGB iVm §§ 200 ff. FamFG. Mittlerweile werden diese Wohnungs- bzw. Nutzungszuweisungen aber sachlich von der **EuGüVO**[2] erfasst;[3] für eine eigenständige nationale Kollisionsnorm besteht damit insoweit kein Raum mehr.[4]

Zu berücksichtigen ist allerdings, dass sich die Kollisionsregeln der EuGüVO in **zeitlicher Hinsicht** nur auf   3
solche Ehen beziehen, die ab dem 29.1.2019 geschlossen werden oder bei denen ab diesem Zeitpunkt eine Rechtswahl nach der EuGüVO getroffen worden ist. Dementsprechend sieht Art. 229 § 47 Abs. 2 Nr. 2 EGBGB vor, dass Art. 17 a EGBGB aF auf die „Altehen", die noch nicht von der EuGüVO erfasst werden, anzuwenden ist. Dies bedeutet wiederum, dass Art. 17 a EGBGB aF noch längere Zeit bedeutsam bleibt. Insoweit wird auf die Kommentierung in der Vorauflage. verwiesen.

B. Regelungsgehalt

Art. 17 a nF betrifft „Betretungs-, Näherungs- und Kontaktverbote" des deutschen Rechts, allerdings nur   4
insoweit, als sie sich auf die eheliche Wohnung beziehen. Erfasst sind damit zunächst die auf die eheliche Wohnung bezogenen Anordnungen nach **§ 1 Gewaltschutzgesetz** (GewSchG). Zu nennen sind also insbesondere das Betretungsverbot nach § 1 Abs. 1 Nr. 1 GewSchG, das Näherungsverbot nach § 1 Abs. 1 Nr. 1 GewSchG sowie die Anordnung nach § 1 Abs. 2 Nr. 1 GewSchG. Die Anknüpfung nach Art. 17 a erfasst auch Betretungs-, Näherungs- und Kontaktverbote, die sich aus **§ 1361 b Abs. 3 S. 1 BGB** ergeben.

Der Begriff der **Ehewohnung** ist iSd materiellen deutschen Rechts, also iSd § 1361 b BGB zu verstehen.   5
Die Vorfrage nach dem Bestehen einer Ehe ist eigenständig anzuknüpfen.

Die Wohnungszuweisung nach § 2 GewSchG und nach §§ 1361 a, 1361 b BGB und nach §§ 1568 a, 1568 b   6
BGB unterfallen nicht mehr Art. 17 a, sondern werden von der EuGüVO erfasst. Sobald keine Rechtswahl nach Art. 22 EuGüVO vorliegt, verweist Art. 26 EuGüVO grundsätzlich auf das Recht des Staates, in dem die Ehegatten nach der Eheschließung ihren ersten gemeinsamen gewöhnlichen Aufenthalt haben. Hierbei kann – etwa bei Ehegatten, die ihren ersten gewöhnlichen Aufenthalt nach Eheschließung in einem anderen Staat hatten und erst später nach Deutschland gezogen sind – durchaus ein ausländisches Recht maßgeblich sein. Allerdings ist noch ungeklärt, ob § 2 GewSchG oder §§ 1361 a, 1361 b BGB und evtl. auch §§ 1568 a, 1568 b als Eingriffsnormen iSv Art. 30 EuGüVO qualifiziert werden können.[5] In diesem Falle wären sie weiterhin dann anwendbar, wenn sich die betroffene Ehewohnung in Deutschland befindet; mit der Änderung des Art. 17 a wäre damit de facto keinerlei inhaltliche Änderung gegenüber der bisherigen Rechtslage verbunden. Eine Eingriffsnorm dürfte jedenfalls dann anzunehmen sein, wenn und soweit die Anordnung dem Gewaltschutz dient.[6]

C. Verhältnis zur Rom II-Verordnung

Auch im Hinblick auf den verbleibenden (schmalen) Anwendungsbereich des Art. 17 a stellt sich die Frage,   7
ob insoweit nicht vorrangig europäisches Verordnungsrecht heranzuziehen ist. Art. 17 a könnte nämlich von der **Rom II-Verordnung** über das auf außervertragliche Schuldverhältnisse anzuwendende Recht verdrängt werden. Tatsächlich ist unklar, ob die Rom II-VO anwendbar ist oder ob insoweit der Ausnahmetatbestand des Art. 1 Abs. 2 a Rom II-VO (außervertragliche Schuldverhältnisse aus einem Familienverhältnis) eingreift.[7] Es bleibt also weiterhin unklar, ob für eine eigenständige nationale Kollisionsnorm wie Art. 17 a EGBGB überhaupt Raum ist.

Hält man die Rom II-VO für sachlich anwendbar, bliebe allerdings noch zu fragen, ob § 1 GewSchG sowie   8
§ 1361 b Abs. 3 BGB als Eingriffsnorm im Sinne von Art. 16 Rom II-VO angesehen werden können. Art. 17 a könnte vor diesem Hintergrund als Umschreibung des internationalen Geltungswillens des § 1 GewSchG bzw. des § 1361 b Abs. 3 BGB verstanden werden: Die Vorschrift soll nach dem Willen des deutschen Gesetzgebers immer dann international zwingend anwendbar sein, wenn die betreffende Wohnung im

---

2   Verordnung (EU) 2016/1103 des Rates vom 24.6.2016 zur Durchführung einer Verstärkten Zusammenarbeit im Bereich der Zuständigkeit, des anzuwendenden Rechts und der Anerkennung und Vollstreckung von Entscheidungen in Fragen des ehelichen Güterstands.

3   Siehe BT-Drs. 19/4852 S. 27 und S. 39; aus der Literatur (aber jeweils unter Außerachtlassung bzw. ausdrückliche Nennung von § 2 GewSchG) *Heiderhoff* IPRax 2018, 1 (2); *dies.* IPRax 2017, 160 (163);

Andrae IPRax 2018, 221 (224); *Dutta* FamRZ 2016, 1973 (1975).

4   BT-Drs. 19/4852 S. 39.

5   Den Eingriffscharakter von §§ 1361 b, 1568 a BGB bejahend *Heiderhoff* IPRax 2018, 1 (8 f.); auch *Henrich* ZfRV 2016, 171 (172).

6   *Erbarth* NZFam 2018, 342 (343 ff.).

7   Gegen ein Eingreifen des Ausnahmetatbestands und Anwendung der Rom II-VO *Breidenstein* FamFR 2012, 172 (174 f.).

Inland belegen ist. Für die Annahme von Eingriffsnormen spräche insbesondere auch, dass die durch das GewSchG bzw. § 1361 b Abs. 3 BGB angestrebte Gewaltprävention im öffentlichen Interesse liegt.[8]

9   Letztlich kommt der Frage, ob Art. 17 a oder die Rom II-VO anzuwenden ist – und ob § 1 GewSchG bzw. § 1361 b Abs. 3 BGB ggf. als Eingriffsnormen nach Art. 16 Rom II-VO anzusehen sein könnten – aber nur selten praktische Bedeutung zu. Nach Art. 17 a iVm § 1 GewSchG bzw. § 1361 b Abs. 3 BGB kommt eine Anordnung von Betretungs-, Näherungs- und Kontaktverboten nach Art. 17 a iVm § 1 GewSchG bzw. § 1361 b Abs. 3 BGB in Betracht, wenn die Wohnung im Inland belegen ist und die Ehegatten einen auf Dauer angelegten gemeinsamen Haushalt führen. Hält man demgegenüber die Rom II-VO für anwendbar, beruft Art. 4 Abs. 2 Rom II-VO zu deutschen Recht, wenn beide Ehegatten ihren gewöhnlichen Aufenthalt zum Zeitpunkt des Schadenseintritts in Deutschland haben. Fälle, in denen sich in Deutschland eine Ehewohnung befindet, aber die Ehegatten nicht zugleich ihren gemeinsamen gewöhnlichen Aufenthalt in Deutschland haben, dürften nur selten vorkommen. Ferner wird auch die allgemeine Anknüpfung nach Art. 4 Abs. 1 Rom II-VO regelmäßig zum deutschen Recht führen; nichts anderes gilt für eine ebenfalls in Betracht kommende akzessorische Anknüpfung nach Art. 4 Abs. 3 Rom II-VO iVm Art. 14 EGBGB nF.

Art. 17 b EGBGB Eingetragene Lebenspartnerschaft und gleichgeschlechtliche Ehe

(1) [1]Die Begründung, die Auflösung und die nicht in den Anwendungsbereich der Verordnung (EU) 2016/1104 fallenden allgemeinen Wirkungen einer eingetragenen Lebenspartnerschaft unterliegen den Sachvorschriften des Register führenden Staates. [2]Der Versorgungsausgleich unterliegt dem nach Satz 1 anzuwendenden Recht; er ist nur durchzuführen, wenn danach deutsches Recht anzuwenden ist und das Recht eines der Staaten, denen die Lebenspartner im Zeitpunkt der Rechtshängigkeit des Antrags auf Aufhebung der Lebenspartnerschaft angehören, einen Versorgungsausgleich zwischen Lebenspartnern kennt. [3]Im Übrigen ist der Versorgungsausgleich auf Antrag eines Lebenspartners nach deutschem Recht durchzuführen, wenn einer der Lebenspartner während der Zeit der Lebenspartnerschaft ein Anrecht bei einem inländischen Versorgungsträger erworben hat, soweit die Durchführung des Versorgungsausgleichs insbesondere im Hinblick auf die beiderseitigen wirtschaftlichen Verhältnisse während der gesamten Zeit der Lebenspartnerschaft der Billigkeit nicht widerspricht.

(2) Artikel 10 Abs. 2 und Artikel 17 a gelten entsprechend.

(3) Bestehen zwischen denselben Personen eingetragene Lebenspartnerschaften in verschiedenen Staaten, so ist die zuletzt begründete Lebenspartnerschaft vom Zeitpunkt ihrer Begründung an für die in Absatz 1 umschriebenen Wirkungen und Folgen maßgebend.

(4) [1]Gehören die Ehegatten demselben Geschlecht an oder gehört zumindest ein Ehegatte weder dem weiblichen noch dem männlichen Geschlecht an, so gelten die Absätze 1 bis 3 mit der Maßgabe entsprechend, dass sich das auf die Ehescheidung und auf die Trennung ohne Auflösung des Ehebandes anzuwendende Recht nach der Verordnung (EU) Nr. 1259/2010 richtet. [2]Die güterrechtlichen Wirkungen unterliegen dem nach der Verordnung (EU) 2016/1103 anzuwendenden Recht.

(5) [1]Für die in Absatz 4 genannten Ehen gelten Artikel 13 Absatz 3, Artikel 17 Absatz 1 bis 3, Artikel 19 Absatz 1 Satz 3, Artikel 22 Absatz 3 Satz 1 sowie Artikel 46 e entsprechend. [2]Die Ehegatten können für die allgemeinen Ehewirkungen eine Rechtswahl gemäß Artikel 14 treffen.

Literatur: *Becker*, Die Qualifikation der cohabitation légale des belgischen Rechts im deutschen internationalen Privatrecht, 2011; *Brandt*, Die Adoption durch eingetragene Lebenspartner im internationalen Privat- und Verfahrensrecht, 2004; *Buschbaum*, Kollisionsrecht der Partnerschaften außerhalb der traditionellen Ehe, RNotZ 2010, 73; *Buschbaum/Simon*, Die Vorschläge der EU-Kommission zur Harmonisierung des Güterkollisionsrechts für Ehen und eingetragene Partnerschaften – eine erste kritische Analyse, GPR 2011, 262 und 305; *Coester*, Die kollisionsrechtliche Bedeutung des Bundesverfassungsgerichtsurteils zur Lebenspartnerschaft, in: FS Sonnenberger 2004, S. 321; *ders.*, Das Erbrecht registrierter Lebenspartner unter der EU-Erbrechtsverordnung, ZEV 2013, 115; *ders.*, Art. 17 b EGBGB unter dem Einfluss des Europäischen Kollisionsrechts, IPrax 2013, 114; *Coester-Waltjen/Coester*, Ehe und eingetragene Lebenspartnerschaft, sachrechtliche Visionen und kollisionsrechtliche Konsequenzen, in: FS Brudermüller 2014, S. 73; *Corneloup/Stark*, Die Ausdehnung der Gestaltungsfreiheit im französischen Familienrecht, in: Gebauer/Huber (Hrsg.), Gestaltungsfreiheit im Familienrecht, 2017, S. 9; *Dörner*, Grundfragen der Anknüpfung gleichgeschlechtlicher Partnerschaften, in: FS Jayme 2004, S. 143; *Dutta*, Die Umwandlung eingetragener Lebenspartnerschaften in gleichgeschlechtliche Ehen – auch nach dem „Eheöffnungsumsetzungsgesetz" ein Mysterium?, FamRZ 2019, 163; *Erbarth*, Die bürgerliche Ehe für Personen gleichen Geschlechts – keine Ehe für alle, FamRZ 2017, 429; *ders.*, Neues Internationales Privatrecht für die Wirkungen

---

8   Zu berücksichtigen ist auch, dass ein Verstoß gegen   (§ 4 GewSchG); abweichend (keine Eingriffsnorm)
eine Anordnung nach § 1 GewSchG strafbewehrt ist   *Breidenstein* FamFR 2012, 172 (176).

der Ehe im Allgemeinen, FamRZ 2019, 417; *Ferrand*, Das französische Gesetz über den pacte civil de solidarité, FamRZ 2000, 517; *Finger* (Hrsg.), Das gesamte Familienrecht, Band 2: Das internationale Recht (Loseblatt, 2019); *Forkert*, Eingetragene Lebenspartnerschaften im deutschen IPR: Art. 17 b EGBGB, 2003; *Frank*, Die eingetragene Lebenspartnerschaft unter Beteiligung von Ausländern, Mitteilungen des Bayerischen Notarvereins 2001, Sonderheft Lebenspartnerschaften, S. 35; *Gebauer*, Das deutsch-türkische Nachlassabkommen im Sog des Europäischen Kollisionsrechts, IPRax 2018, 345; *ders.*, Analoge Anwendung des § 107 FamFG bei inländischer Privatscheidung unter Beteiligung einer ausländischen Behörde, IPRax 2018, 497; *Gebauer/Huber* (Hrsg.), Gestaltungsfreiheit im Familienrecht, 2017; *Gebauer/Staudinger*, Registrierte Lebenspartnerschaften und die Kappungsregel des Art. 17 b Abs. 4 EGBGB, IPRax 2002, 275; *Gergen*, Der französische PACS – Inhalt und Neuerungen bei der Registrierung, FPR 2010, 219; *Hausmann*, Überlegungen zum Kollisionsrecht registrierter Partnerschaften, in: FS Henrich 2000, S. 241; *Helms*, Gesetz zur Einführung des Rechts auf Eheschließung für Personen gleichen Geschlechts – Auswirkungen auf das Familien- und Personenstandsrecht, StAZ 2018, 33; *Henrich*, Kollisionsrechtliche Fragen der eingetragenen Lebenspartnerschaft, FamRZ 2002, 137; *Hepting/Dutta*, Familie und Personenstand, 3. Auflage 2019; *Hilbig*, Der Begriff des Familienverhältnisses in Art. 1 HPUnt 2007 und Art. 1 EuUntVO, GPR 2011, 310. *Jakob*, Die eingetragene Lebenspartnerschaft im internationalen Privatrecht, 2002; *Jayme/Nordmeier*, Brasilien: Zur Eintragungsfähigkeit „stabiler Lebensgemeinschaften" in das Personenstandsregister bei gleichgeschlechtlichen Partnern und ihre Bedeutung im Rahmen des Art. 17 b I 3 EGBGB, StAZ 2015, 270; *Kaiser*, Gleichgeschlechtliche Ehe – nicht ganz gleich und nicht für alle, FamRZ 2017, 1889; *Leipold*, Die neue Lebenspartnerschaft aus erbrechtlicher Sicht, insbesondere bei zusätzlicher Eheschließung, ZEV 2001, 218; *Löhnig*, Die gleichgeschlechtliche Ehe im Internationalen Privatrecht, NZFam 2017, 1085; *Mankowski*, Das Gesetz über die „Ehe für alle", seine Folgen und sein europäisches Umfeld im Internationalen Privat- und Prozessrecht, IPRax 2017, 541; *ders.*, Neue Gesetze im deutschen Internationalen Ehe- und Eheverfahrensrecht, NJW 2019, 465; *Mankowski/Hoffmann*, Scheidung ausländischer gleichgeschlechtlicher Ehen in Deutschland?, IPRax 2011, 247; *Mansel*, Beschlüsse der Sitzung der Ersten Kommission des Deutschen Rates für Internationales Privatrecht zur Reform des Ehe- und Lebenspartnerschaftsrechts am 9./10.11.2012 in Würzburg, IPRax 2013, 200; *Martiny*, Die Anknüpfung güterrechtlicher Angelegenheiten nach den Europäischen Güterrechtsverordnungen, ZfPW 2017, 1; *Röthel*, Registrierte Partnerschaften im internationalen Privatrecht, IPRax 2000, 74; *dies.*, Gleichgeschlechtliche Ehe und ordre public, IPRax 2002, 496; *Scherpe/Hayward* (Hrsg.), The Future of Registered Partnership, 2017; *Sonnenberger*, Die Eingehung einer Ehe und anderer personaler Lebens- und Risikogemeinschaften als Anknüpfungsgegenstände des Internationalen Privatrechts, in: FS Martiny 2014, S. 181; *Süß*, Notarieller Gestaltungsbedarf bei eingetragenen Lebenspartnerschaften mit Ausländern, DNotZ 2001, 168; *Thorn*, Entwicklungen des Internationalen Privatrechts 2000–2001, IPRax 2002, 349; *Wagner*, Das neue internationale Privat- und Verfahrensrecht zur eingetragenen Lebenspartnerschaft, IPRax 2001, 281; *Wasmuth*, Eheschließung unter Gleichgeschlechtlichen in den Niederlanden und deutscher ordre public, in: Liber amicorum Gerhard Kegel 2002, S. 237; *Wiggerich*, Bis dass der Tod sie scheidet? – Probleme der Scheidung ausländischer gleichgeschlechtlicher Ehen am Beispiel Kanadas, FamRZ 2012, 111.

A. Allgemeines	1	
I. Gegenstand der Regelung	1	
II. Verhältnis zum Europarecht und zum früheren Recht	5	
B. Regelungsgehalt	8	
I. Überblick	8	
II. Qualifikation	12	
1. Unproblematische Gemeinschaften	13	
2. Problematische Gemeinschaften	14	
a) Heterosexuelle registrierte Partnerschaften	15	
aa) Unmittelbare Anwendung des Art. 17 b	16	
bb) Entsprechende Anwendung des Art. 17 b	19	
cc) Eignung der Art. 17 b für heterosexuelle Partnerschaften	21	
b) Einstandsgemeinschaften	23	
III. Geltung der allgemeinen kollisionsrechtlichen Regeln	24	
1. Rück- und Weiterverweisung	25	
2. Vorfragen	26	
3. Form	32	
4. Rechtswahl	35	
5. Einzel- und Gesamtstatut	36	
6. Substitution	37	
a) Bei fehlender Regelung in der lex causae	38	
b) Bei unterschiedlicher Regelung in der lex causae	39	
c) Umwandlungen	41	
7. Intertemporale Fragen	42	
8. Ordre public	43	
IV. Begründung, Auflösung sowie allgemeine Wirkungen (Abs. 1 S. 1)	45	
1. Besonderheiten der Anknüpfung	45	
2. Begründung der Lebenspartnerschaft und Eingehung der Ehe (Abs. 1 S. 1 Alt. 1)	47	
3. Auflösung (Abs. 1 S. 1 Alt. 2)	49	
4. Allgemeine Wirkungen und der Hinweis auf EuPartVO bzw. EuGüVO (Abs. 1 S. 1 Alt. 3)	52	
5. Güterrechtliche Wirkungen bei vor dem 29.1.2019 geschlossenen Ehen und Lebenspartnerschaften	54	
6. Versorgungsausgleich (Abs. 1 S. 2 u. 3)	56	
V. Unterhaltsrechtliche Folgen	58	
VI. Erbrechtliche Folgen	63	
VII. Name, Ehe- und Partnerschaftswohnung	68	
1. Namensrecht (Abs. 2 Alt. 1)	68	
2. Ehe und Partnerschaftswohnung (Abs. 2 Alt. 2)	72	
VIII. Verkehrsschutz (Abs. 2 S. 3 aF)	74	
IX. Mehrfachregistrierung (Abs. 3)	76	
X. Gleichgeschlechtliche Ehe: (Eingeschränkte) Verweisung auf Abs. 1–3; Scheidung, Trennung und güterrechtliche Wirkungen (Abs. 4)	77	
1. Allgemeine Verweisung (Abs. 4 S. 1)	77	
2. Scheidung und Trennung (Abs. 4 S. 1)	79	
3. Güterrechtliche Wirkungen (Abs. 4 S. 2)	82	
XI. Entsprechende Geltung weiterer Normen für die gleichgeschlechtliche Ehe (Abs. 5)	84	
C. Weitere praktische Hinweise	85	
I. Internationale Zuständigkeit deutscher Gerichte	85	
II. Anerkennung ausländischer Entscheidungen	88	

A. Allgemeines

I. Gegenstand der Regelung

1 Art. 17 b kodifiziert das Kollisionsrecht der eingetragenen Lebenspartnerschaft und der gleichgeschlechtlichen Ehe. Die gleichgeschlechtliche Ehe wurde erst 2017 in den Anwendungsbereich der Norm aufgenommen, als der deutsche Gesetzgeber auch im Sachrecht die Ehe für gleichgeschlechtliche Paare öffnete. Kollisionsrechtlich wurde damit eine unterschiedliche Behandlung von heterosexuellen und homosexuellen Ehen und damit ein unterschiedlicher Ehebegriff im Sachrecht und im Kollisionsrecht statuiert,[1] weil dem Gesetzgeber die **kollisionsrechtliche Gleichstellung der gleichgeschlechtlichen Ehe mit der eingetragenen Lebenspartnerschaft** rechtspolitisch sinnvoller erschien als die Gleichstellung mit der verschiedengeschlechtlichen Ehe. Gesetzestechnisch wurde dies in einem zweiten Anlauf nach dem „Eheöffnungsgesetz" von 2017[2] mit Wirkung zum 29.1.2019 so umgesetzt,[3] dass für gleichgeschlechtliche Ehen gem. Abs. 4 mit gewissen Vorbehalten (zugunsten des europäischen Scheidungs- und Ehegüterrechts) die auf die eingetragene Lebenspartnerschaft bezogenen Abs. 1–3 entsprechend gelten und gem. Abs. 5 darüber hinaus auch andere, das internationale Eherecht betreffende Normen des EGBGB zur entsprechenden Geltung berufen sind.

2 Im deutschen Sachrecht wurde mit Einführung der „Ehe für alle" im Jahre 2017 die eingetragene Lebenspartnerschaft für die Zukunft abgeschafft. **Lebenspartnerschaften** zwischen zwei Personen gleichen Geschlechts können gemäß § 1 LPartG in Deutschland nicht mehr begründet werden. Es besteht nach § 20 a LPartG allerdings die Möglichkeit der Umwandlung einer bestehenden Lebenspartnerschaft in eine Ehe. Kollisionsrechtlich spielen die Abs. 1–3 in direkter Anwendung also eine Rolle für die **vor dem 1.10.2017 in Deutschland begründeten** (und nicht in eine Ehe umgewandelten) Lebenspartnerschaften sowie für **alle außerhalb Deutschlands begründeten** Beziehungen, die als eingetragene Lebenspartnerschaft nach Art. 17 b Abs. 1 zu qualifizieren sind.

3 Es erscheint sinnvoll, sowohl gleichgeschlechtliche Ehen als auch eingetragene Lebenspartnerschaften kollisionsrechtlich und auch gesondert voneinander zu erfassen, wie dies der deutsche Gesetzgeber getan hat. Dies wird der weltweiten **Vielfalt an Erscheinungsformen und sachrechtlichen Regelungen**[4] besser gerecht als eine übergreifende Anknüpfung, die sich von den begrifflichen Unterscheidungen zu lösen versucht.[5] Auch der europäische Gesetzgeber hat die Unterscheidung zwischen Partnerschaften und Ehen jedenfalls im Güterrecht aufrechterhalten.[6]

4 Kollisionsrechtliches Neuland im Familienrecht betrat der deutsche Gesetzgeber bereits 2001 mit der in Art. 17 b Abs. 1 S. 1 vorgesehenen Grundanknüpfung, die zu einer weitreichenden Maßgeblichkeit der **lex libri** führt, also zur Anwendbarkeit des Sachrechts des Register führenden Staates.[7] Diese Grundanknüpfung wurde durch den Gesetzgeber seit 2017 auch auf die gleichgeschlechtliche Ehe ausgedehnt.

---

1   *Mankowski* NJW 2019, 465 (470); *Erbarth* FamRZ 2019, 417 (421).

2   Gesetz vom 20.7.2017, BGBl. I 2017, S. 2787, in Kraft getreten am 1.10.2017. Zu diesem ersten Anlauf mit einer gesetzgeberisch im Kollisionsrecht nicht überaus geglückten Regelung vgl. *Mankowski* IPRax 2017, 541; *ders.* NJW 2019, 465 (470); *Erbarth* FamRZ 2017, 429 (432); *Löhnig* NZFam 2017, 1085.

3   Durch zwei Gesetze, nämlich durch das Gesetz zum Internationalen Güterrecht und zur Änderung von Vorschriften des Internationalen Privatrechts vom 17.2.2018, BGBl. I 2018, S. 2573 sowie durch das Gesetz zur Umsetzung des Gesetzes zur Einführung des Rechts auf Eheschließung für Personen gleichen Geschlechts vom 18.12.2018, BGBl. 2018 I, S. 2639. Hierzu *Mankowski* NJW 2019, 465 ff.

4   Für einen rechtsvergleichenden Überblick vgl. *Duden* jurisPK-BGB, Art. 17 b EGBGB Rn. 7 ff., 11 ff.; BeckOK BGB/*Heiderhoff* EGBGB Art. 17 b Rn. 6–10; *v. Bar/Mankowski* IPR BT II § 4 Rn. 758; vgl. ferner die Beiträge in *Scherpe/Hayward*, The Future of Registered Partnership, 2017 und in *Gebauer/Huber*, Gestaltungsfreiheit im Familienrecht, 2017.

5   *V. Bar/Mankowski* IPR BT II § 4 Rn. 759.

6   *V. Bar/Mankowski* IPR BT II § 4 Rn. 760.

7   Vgl. *Dörner* FS Jayme 2004, S. 143, 145 ff.; *Forkert*, S. 88 f.; *Wagner* IPRax 2001, 281 (288 ff.) Vielfach wird auch von einer Anknüpfung an den „Registrierungsort" gesprochen; diese Bezeichnung ist in den Fällen nicht ganz korrekt, in denen von der Möglichkeit Gebrauch gemacht wird, eine Partnerschaft vor den Konsulaten einzugehen; s. hierzu MüKoBGB/*Coester* EGBGB Art. 17 b Rn. 20.

II. Verhältnis zum Europarecht und zum früheren Recht

Art. 17 b ist seit dem ersten Inkrafttreten im Jahre 2001[8] oftmals geändert worden. Viele dieser Änderungen   **5**
waren der **Entwicklung des Europäischen Kollisionsrechts** geschuldet und betrafen unterhalts-, schei-
dungs-, erb- und güterrechtliche Fragen. Auch eine spezielle Vorbehaltsklausel, die das deutsche Recht von
2001–2017 in Art. 17 b Abs. 4 aF enthalten hatte und die ganz allgemein die Wirkungen einer im Ausland
begründeten Lebenspartnerschaft am Maßstab des deutschen Rechts reduzieren sollte, war – abgesehen von
sonstigen Problemen dieser Kappungsregel – kaum in Einklang mit vorrangigem Unionsrecht zu bringen.[9]

Unterhalts- und erbrechtliche Fragen unterfallen heute unmittelbar dem HUP bzw. der EuErbVO; bis zu   **6**
ihrem Inkrafttreten in den Jahren 2011 bzw. 2015 waren diese Fragen ebenfalls von Art. 17 b erfasst. Etwas
komplexer liegen die Dinge im Scheidungs- und vor allem im Güterrecht. Ein **Zweck des Art. 17 b** besteht
auch darin, **Vorrangverhältnisse klarzustellen und die Rechtsquellen ggf. sinnvoll zu koordinieren**,
teilweise durch Erstreckung des Europarechts über seinen eigentlichen Anwendungsbereich hinaus bzw.
durch schlichten Verweis auf das ohnehin Geltende.

Intertemporal ist zu beachten, dass für die vor dem 29.1.2019 geschlossenen Lebenspartnerschaften und   **7**
gleichgeschlechtlichen Ehen das aktuelle Recht nur eingeschränkt Geltung beansprucht. Vor allem bei den
güterrechtlichen Wirkungen und beim Verkehrsschutz sind eine Reihe von Kollisionsnormen des EGBGB
gem. Art. 229 §§ 47 Abs. 1–3 EGBGB jeweils in ihrer bis einschließlich 28.1.2019 geltenden Fassung weiter anzuwenden. Das betrifft auch Normierungen innerhalb der Art. 17 b, ohne dass die **latente Geltung des
alten Rechts** dem aktuellen Normwortlaut zu entnehmen ist. Das kommt zwar öfter vor, aber hier werden
die Übergangsregelungen voraussichtlich für besonders lange Zeit von praktischer Relevanz sein, weil sich
auch nach Jahrzehnten noch Fragen nach den **Wirkungen** von **vor dem 29.1.2019 geschlossenen Lebenspartnerschaften und gleichgeschlechtlichen Ehen** stellen werden.[10] Deshalb nimmt die Kommentierung
an den betroffenen Stellen einen entsprechenden Bezug auf die Bedeutung des alten Rechts.

B. Regelungsgehalt

I. Überblick

Mit Art. 17 b wurde eine neuartige Kollisionsnorm in das Internationale Familienrecht eingeführt, deren   **8**
Abgrenzung von den übrigen Kollisionsnormen wegen der unterschiedlichen Anknüpfungsmomente
weitreichende Auswirkungen hat. Auf welche Ehe- und Partnerschaftsformen findet die Norm Anwendung, welche werden von ihr nicht erfasst (→ Rn. 12 ff.)? Neben dieser Qualifikationsfrage gibt Art. 17 b
eine Reihe von weiteren Fragen auf, die sich auf die Geltung der allgemeinen kollisionsrechtlichen Grundsätze beziehen und wegen ihres Querschnittscharakters in einem eigenen Abschnitt behandelt werden
(→ Rn. 24 ff.).

Abs. 1 S. 1 kombiniert eine objektive und grundsätzlich unwandelbare Anknüpfung mit einer Sachnormver-   **9**
weisung. Das im Internationalen Familienrecht bei seiner Einführung im Jahre 2001 **neuartige Anknüpfungsmoment der Registerführung,**[11] das heute auch das Europäische Güterrecht der Lebenspartnerschaften bei objektiver Anknüpfung gem. Art. 26 Abs. 1 EuPartVO prägt,[12] gilt nach Abs. 1 S. 1 zunächst für die
Begründung der eingetragenen Lebenspartnerschaft bzw. der gleichgeschlechtlichen Ehe sowie für die
Auflösung der eingetragenen Lebenspartnerschaft (nicht aber der gleichgeschlechtlichen Ehe, Abs. 4 S. 1).
Darüber hinaus gilt es nach Abs. 1 S. 1 auch für ihre allgemeinen Wirkungen, sofern diese nicht in den wei-
ten sachlichen Anwendungsbereich der EuPartVO fallen.[13] Schließlich gilt das Anknüpfungsmoment der
Registerführung (gem. Art. 17 b Abs. 1 S. 1 EGBGB 2017) **aus intertemporalen Gründen** auch auf lange
Zeit noch für die **güterrechtlichen Wirkungen** einer eingetragenen Lebenspartnerschaft bzw. gleich-
schlechtlichen Ehe. Das ist der (nicht seltene) Fall, wenn die eingetragene Lebenspartnerschaft bzw. gleich-

8   Als Teil des „Gesetzes zur Beendigung der Diskriminierung gleichgeschlechtlicher Gemeinschaften:
Lebenspartnerschaften" vom 16.2.2001 (BGBl. I
2001 S. 266) trat auch die Kollisionsnorm am
1.8.2001 in Kraft (Überblick zum damaligen Gesetzgebungsverfahren bei *Forkert*, S. 3 ff.; Staudinger/
Mankowski EGBGB Art. 17 b Rn. 5; *Wagner* IPRax
2001, 281 (286)). Die Kollisionsnorm befand sich
allerdings zunächst vier Monate lang in Art. 17 a aF
und wurde erst durch die Schaffung des neuen
Art. 17 a, der die Ehewohnung und Hausrat betrifft, zum
1.1.2002 in den Buchst. b verschoben.

9   Vgl. *Gebauer/Staudinger* IPRax 2002, 275 (278 f.)
Erst mit Wirkung zum 1.10.2017 wurde diese Kappungsregel aufgehoben. Auch rückwirkend ist ihre
Anwendung verwehrt, vgl. Art. 229 § 48 EGBGB.
10   Vgl. zum Ehegüterrecht *Mankowski* NJW 2019, 465
(469).
11   Hierzu *Forkert*, S. 88 ff.; Staudinger/*Mankowski*
EGBGB Art. 17 b Rn. 1–4 und 28; zum rechtspolitischen Hintergrund vgl. *Wagner* IPRax 2001, 281
(289).
12   *V. Bar/Mankowski* IPR BT II § 4 Rn. 778 f.
13   *Mankowski* NJW 2019, 465 (469).

geschlechtliche Ehe vor dem 29.1.2019 geschlossen und ab diesem Zeitpunkt keine Rechtswahl getroffen wurde. Dann findet nämlich bei einer eingetragenen Lebenspartnerschaft Art. 17 b Abs. 1 S. 1 in der Fassung von 2017 weiter Anwendung[14] und bei einer gleichgeschlechtlichen Ehe die gleiche Norm über die Verweisung aus Art. 17 b Abs. 4 in der Fassung von 2017.[15] Nur sofern die eingetragene Lebenspartnerschaft bzw. die gleichgeschlechtliche Ehe **nach dem 29.1.2019 geschlossen oder** nach diesem Zeitpunkt eine **Rechtswahl** für sie getroffen wurde, gelangen Normen des Europarechts zur Anwendung. Im Fall der gleichgeschlechtlichen Ehe sind dies für die güterrechtlichen Wirkungen die Normen der **EuGüVO** (mit dem bei objektiver Anknüpfung völlig anderen Anknüpfungsmoment des ersten gemeinsamen gewöhnlichen Aufenthalts nach Eheschließung, Art. 26 Abs. 1 lit. a EuGüVO); dies folgt aus Art. 17 b Abs. 4 S. 2. Im Fall der eingetragenen Lebenspartnerschaft sind es die Normen der **EuPartVO** (mit der bei objektiver Anknüpfung sehr ähnlichen Maßgeblichkeit des Rechts des Staates, „nach dessen Recht die eingetragene Partnerschaft begründet wurde", Art. 26 Abs. 1 EuPartVO); darauf weist Art. 17 b Abs. 1 S. 1 hin. (→ Rn. 52 ff.).

10   Für die **unterhalts- und erbrechtlichen Folgen** der Lebenspartnerschaft wurde früher auf die damaligen autonomen deutschen Kollisionsnormen in diesen Bereichen verwiesen. Heute unterfallen die unterhalts- bzw. erbrechtlichen Folgen der Lebenspartnerschaft und der Ehe unmittelbar der Europäischen Unterhalts- bzw. Erbverordnung. **Abs. 1 S. 2 und 3** betreffen die **Durchführung des Versorgungsausgleichs. Name, Wohnung und Hausrat** sind in **Abs. 2** angesprochen, der heute nur noch aus einem Satz besteht (→ Rn. 72 ff.).

In der Fassung von 2017 hatten Abs. 2 S. 2 und 3 noch den **Schutz des inländischen Rechtsverkehrs** im Auge und setzten auch gegen ausländisches Partnerschafts- bzw. Ehewirkungsstatut bestimmte inländische Sachnormen durch. Diese Funktion übernimmt heute bei der eingetragenen Lebenspartnerschaft Art. **28 EuPartVO** und bei der Ehe **Art. 28 EuGüVO**, so dass Art. 17 b Abs. 2 S. 2 und 3 aF aufgehoben wurde.[16] Das Europarecht kann den Schutz des inländischen Rechtsverkehrs aber nur insoweit übernehmen, als es intertemporal zur Anwendung berufen ist. Es findet keine Anwendung, wenn die eingetragene Lebenspartnerschaft bzw. gleichgeschlechtliche Ehe vor dem 29.1.2019 geschlossen und ab diesem Zeitpunkt keine Rechtswahl getroffen wurde. Konsequenterweise findet dann **Art. 17 b Abs. 2 S. 2 und 3 EGBGB in der Fassung von 2017** bei einer eingetragenen Lebenspartnerschaft weiter Anwendung[17] und bei einer gleichgeschlechtlichen Ehe die gleiche Norm über die Verweisung aus Art. 17 b Abs. 4 in der Fassung von 2017.[18] Auch hier gilt es also, die aufgehobenen Normen nicht ganz aus dem Blick zu verlieren, weil sie **intertemporal anwendbar sein können** (→ Rn. 74).

Bei **mehrfach erfolgter Registrierung** in verschiedenen Staaten und einer damit einhergehenden Vermehrung der Anknüpfungsmomente legt **Abs. 3** das maßgebende Registerrecht fest (→ Rn. 76).

11   **Abs. 4** fügt die **gleichgeschlechtliche Ehe** in das kollisionsrechtliche System der eingetragenen Lebenspartnerschaft ein. Das geschieht in der Weise, dass für gleichgeschlechtliche Ehen grundsätzlich die auf die eingetragene Lebenspartnerschaft bezogenen Abs. 1–3 entsprechend gelten sollen. Allerdings erfolgt diese Verweisung auf die ersten drei Abs. gem. Abs. 4 S. 1 mit der Maßgabe, dass sich das auf die Ehescheidung bzw. auf die Trennung ohne Auflösung des Ehebandes anzuwendende Recht nach der **Rom III-VO** richtet; außerdem wird für die güterrechtlichen Wirkungen Bezug genommen auf die **EuGüVO**, nicht etwa auf die EuPartVO (→ Rn. 82). **Abs. 5** erklärt für die gleichgeschlechtliche Ehe auch noch weitere Normen aus dem EGBGB für entsprechend anwendbar und ermöglicht für die allgemeinen Ehewirkungen eine Rechtswahl nach Art. 14 (→ Rn. 84).

II. Qualifikation

12   Art. 17 b umfasst mit seiner **tatbestandlichen Bezugnahme auf die eingetragene Lebenspartnerschaft** zunächst sicher solche Lebensgemeinschaften, die auch im deutschen Sachrecht von 2001 bis 2017 erfasst waren, also gleichgeschlechtliche,[19] nichteheliche, registrierte Gemeinschaften.[20] Hinzu treten solche Ehen, die das deutsche Sachrecht bis 2017 gerade nicht kannte und die tatbestandlich in Abs. 4 noch näher

---

14   Vgl. Art. 229 § 47 Abs. 3 EGBGB.
15   Vgl. Art. 229 § 47 Abs. 2 Nr. 2 EGBGB.
16   Vgl. *Mankowski* NJW 2019, 465 (469).
17   Vgl. Art. 229 § 47 Abs. 3 EGBGB.
18   Vgl. Art. 229 § 47 Abs. 2 Nr. 2 EGBGB.
19   Die im deutschen Sachrecht geregelte Lebenspartnerschaft stand gem. § 1 LPartG nur Personen des gleichen Geschlechts offen. Die deutsche Kollisionsnorm des Art. 17 b EGBGB enthält und enthielt auch nie ausdrücklich diese Einschränkung (vgl. *Frank*

MittBayNot 2001, Sonderheft Lebenspartnerschaften, S. 35, 36). Zur Frage, ob sich aus dem in der Kollisionsnorm fehlenden Merkmal der Gleichgeschlechtlichkeit etwas für die Qualifikation heterosexueller registrierter Partnerschaften ableiten lässt, → Rn. 15.

20   Vgl. Erman/*Hohloch* EGBGB Art. 17 b Rn. 6; Staudinger/*Mankowski* EGBGB Art. 17 b Rn. 7; *Wagner* IPRax 2001, 281 (288).

umschrieben sind, also die **gleichgeschlechtlichen Ehen**. Mit der Entscheidung des Gesetzgebers, die gleichgeschlechtliche Ehe kollisionsrechtlich der eingetragenen Lebenspartnerschaft und nicht der Ehe anzugleichen, ist ein früher im Rahmen des Art. 17 b sehr umstrittenes Qualifikationsproblem entfallen.[21] **Qualifikationsprobleme** können sich insbesondere dort ergeben, **wo Lebensgemeinschaften**, um deren kollisionsrechtliche Einordnung es geht, **von Merkmalen des deutschen Sachrechts abweichen**. Insgesamt sechs verschiedene Typen der gemeinschaftlichen Lebensführung können gegenwärtig (teilweise nur im Ausland) rechtliche und damit (auch im Inland) kollisionsrechtliche Relevanz erlangen und in unterschiedlichem Maße die Frage nach einer Abgrenzung der Kollisionsnormen voneinander aufwerfen: die Ehe, die registrierte Lebensgemeinschaft sowie die nicht formalisierte Lebensgemeinschaft, alle drei Varianten jeweils in einer verschieden- und in einer gleichgeschlechtlichen Ausprägung. Hinzu tritt – vermutlich in Zukunft mit zunehmender Bedeutung – die Solidargemeinschaft ohne sexuelle Komponente; nach ihr mag gerade in alternden Gesellschaften die Nachfrage steigen.[22]

1. Unproblematische Gemeinschaften. Keine Qualifikationsprobleme entstehen bei den drei Gruppen, die vom deutschen Kollisionsrecht idealtypisch erfasst werden, also die **heterosexuelle Ehe** sowie im Rahmen des Art. 17 b die **gleichgeschlechtliche Ehe und die gleichgeschlechtliche registrierte Lebenspartnerschaft**.[23] Für diese drei Gruppen gelten jeweils unproblematisch Art. 13 ff. einerseits und Art. 17 b andererseits. Umstritten ist dagegen die Qualifikation der **nichtehelichen Lebensgemeinschaften**, die durch keinen Registrierungsakt formalisiert wurden und alleine in Deutschland ein millionenfaches Phänomen sind.[24] Während teilweise eine schuldrechtliche Qualifikation vertreten wird,[25] orientiert sich die herrschende Meinung an den familienrechtlichen Kollisionsnormen der Art. 13 ff. (ausführlich hierzu → EGBGB Anhang II zu Art. 13 Rn. 2).[26] Dabei kann es keinen sinnvollen Unterschied machen, ob es sich um heterosexuelle oder um homosexuelle Lebensgemeinschaften handelt[27] (→ EGBGB Anhang II zu Art. 13 Rn. 6). Eine Heranziehung des Art. 17 b wäre bei diesen nichtehelichen Lebensgemeinschaften schon deshalb kaum sinnvoll, weil es am Anknüpfungsmoment der Registrierung gerade fehlt.[28]

13

2. Problematische Gemeinschaften. Damit erweist sich im Rahmen des Art. 17 b von den sechs genannten Gruppen, bei denen zwischen hetero- und homosexuellen Paarbeziehungen unterschieden werden kann, letztlich nur ein Typus von Gemeinschaften als problematisch in der Qualifikation: die **heterosexuelle registrierte Partnerschaft**. Als ebenfalls fragwürdig erweist sich die Einordnung solcher Gemeinschaften im Rahmen des Art. 17 b, für die überhaupt keine sexuelle Ausrichtung typisch erscheint, also **einfache Einstandsgemeinschaften**, die beispielsweise auch von Geschwistern eingegangen werden können.

14

a) Heterosexuelle registrierte Partnerschaften. Etwa das französische Recht kennt mit dem PACS[29] auch die registrierte Partnerschaft für heterosexuelle Lebensgemeinschaften.[30] Wie die Ehe steht auch der PACS den Paaren ungeachtet ihrer sexuellen Orientierung zur Verfügung.[31] **In ihrer praktischen Bedeutung** sind die heterosexuellen registrierten Lebensgemeinschaften **herausragend**. Im Jahr 2013 beispielsweise kamen in Frankreich auf drei Eheschließungen ungefähr zwei eingetragene Lebenspartnerschaften, und 96,4 % der eingetragenen Lebenspartnerschaften wurden zwischen heterosexuellen Paaren geschlossen.[32] Dieses Verhältnis ist in den folgenden Jahren offenbar ähnlich geblieben.[33] Die für die Einordnung dieser heterosexuellen Paarbeziehungen in das deutsche Kollisionsrecht vertretenen Ansichten sind weit gestreut. Sie reichen von einer unmittelbaren über eine entsprechende Anwendung des Art. 17 b bis hin zur Annahme eines gesetzlichen Ausschlusses jeder Analogie im Hinblick auf diese Norm und zu einer entsprechenden Anwendung der Art. 13 ff. **Vorzugswürdig** erscheint die **unmittelbare Anwendung des Art. 17 b**

15

---

21 Zum früheren Streitstand bei der Qualifikation von im Ausland geschlossenen, gleichgeschlechtlichen Ehen siehe die Vorauflage Rn. 18 ff.

22 Hierzu *Coester-Waltjen/Coester* FS Brudermüller 2014, S. 73, 80 f.; MüKoBGB/*Coester* EGBGB Art. 17 b Rn. 151 f.

23 Die homosexuelle registrierte Lebenspartnerschaft, wie sie bis 2017 in Deutschland begründet werden konnte, dürfte weiterhin vom deutschen Kollisionsrecht idealtypisch erfasst sein, obwohl sie sachrechtlich in Deutschland nicht mehr begründet werden kann.

24 Vgl. *v. Bar/Mankowski* IPR BT II § 4 Rn. 800 ff., 805.

25 Vgl. Palandt/*Thorn* EGBGB Art. 17 b Rn. 12.

26 Zu den jeweiligen Konsequenzen bei der Anknüpfung *v. Bar/Mankowski* IPR BT II § 4 Rn. 811 ff.

27 Staudinger/*Mankowski* EGBGB Art. 17 b Rn. 96.

28 Vgl. *Wagner* IPRax 2001, 281 (292).

29 Pacte civil de solidarité, Art. 515–1 bis 515–7 Code civil.

30 Vgl. hierzu *Ferrand* FamRZ 2000, 517; Staudinger/*Mankowski* EGBGB Art. 17 b Rn. 19; *Gergen* FPR 2010, 219; zur Qualifikation der cohabitation légale des belgischen Rechts im deutschen internationalen Privatrecht siehe die gleichnamige Monographie von *Becker*, 2011.

31 Vgl. *Corneloup/Stark* in Gebauer/Huber, S. 9, 13.

32 *Corneloup/Stark* in Gebauer/Huber, S. 9, 14, mwN.

33 So kamen etwa im Jahre 2017 auf 226.671 Eheschließungen zwischen verschiedengeschlechtlichen Paaren 7.244 Ehen zwischen gleichgeschlechtlichen Paaren; und 186.614 Lebenspartnerschaften (PACS) zwischen verschiedengeschlechtlichen Paaren entsprachen 7.336 Lebenspartnerschaften zwischen gleichgeschlechtlichen Paaren, vgl. www.insee.fr > statistiques.

auf diese Partnerschaften. Die Norm ist allseitig ausgestaltet, und weder ihr Wortlaut noch ihr Zweck stehen einer Erstreckung auf heterosexuelle Partnerschaften entgegen. Vielmehr sprechen sowohl der Wortlaut als auch die hinter Art. 17 b stehenden kollisionsrechtlichen Interessen für eine Einbeziehung dieser registrierten Partnerschaften in den Anwendungsbereich des Abs. 1.

16 **aa) Unmittelbare Anwendung des Art. 17 b.** Bei Kollisionsnormen ist die **Abgrenzung von Auslegung und Rechtsfortbildung** fragwürdiger als beim Umgang mit Sachnormen.[34] Denn die tatbestandliche Reichweite ihrer Systembegriffe ist typischerweise nicht nur viel weiter als bei Sachnormen. Hinzu kommt vor allem, dass die Wortlautgrenze als Trennlinie zwischen Auslegung und Rechtsfortbildung[35] bei ihnen umso mehr verschwimmt, als sich bei der **funktionalen Qualifikation** der Blick von der lex fori (mit ihrer Sprache) löst und auf die potenzielle lex causae richtet, um rechtsvergleichend zu ermitteln, ob die ausländische Rechtserscheinung funktional den Regelungen entspricht, welche die inländische Kollisionsnorm typischerweise erfassen will.[36] Das ist schon vom Ansatz her in allen problematischen Konstellationen ein analogisches Verfahren, bei dem begriffliche Grenzen in den Hintergrund treten.

17 Bei Art. 17 b Abs. 1 tritt noch eine weitere Überlegung hinzu: Während die Gleichgeschlechtlichkeit für Lebenspartnerschaften, die früher in Deutschland registriert werden konnten, nach dem LPartG ohne Zweifel eine begriffliche Voraussetzung im Sachrecht bildeten, hat der Gesetzgeber **bei der Kollisionsnorm das Merkmal der Gleichgeschlechtlichkeit von Anfang an nicht aufgenommen**, sondern sprach stets nur von eingetragenen Lebenspartnerschaften.[37] Mit dem **Wortlaut des Art. 17 b Abs. 1** lässt es sich also durchaus vereinbaren, heterosexuelle registrierte Partnerschaften der Norm gemäß anzuknüpfen.[38] Der Gesetzgeber wäre nicht daran gehindert gewesen, die Systembegriffe der Kollisionsnorm genauso eng zu fassen wie im Sachrecht und auf diese Weise Wortlautgrenzen auch im Kollisionsrecht zu ziehen. Hätte der Gesetzgeber etwa in Art. 17 b Abs. 1 eine ausdrückliche Beschränkung auf gleichgeschlechtliche Partnerschaften vorgenommen, so läge darin in der Tat eine Wortlautgrenze, und jedenfalls die direkte Anwendung der Bestimmung auf heterosexuelle Partnerschaften wäre dann ausgeschlossen. Die Überschreitung einer solchen Grenze, die hier nicht zu erkennen ist, bedürfte dann vielmehr des Nachweises einer planwidrigen Unvollständigkeit des Gesetzes.

18 Ein weiteres Argument tritt hier durch die Einführung der gleichgeschlechtlichen Ehe noch hinzu: Während der Wortlaut des Art. 17 b von Anfang an bei der Lebenspartnerschaft auf die **Voraussetzung der Gleichgeschlechtlichkeit** verzichtete, wurde diese Voraussetzung im Jahre 2017 in Art. 17 b eingeführt – aber **nur im Hinblick auf die Ehe**. Die heterosexuelle Ehe unterfällt eben nicht Art. 17 b. Auch in der Überschrift der Norm kommt seither zum Ausdruck, dass Art. 17 b eingetragene Lebenspartnerschaften und gleichgeschlechtliche Ehen regelt. Dass sich die Gleichgeschlechtlichkeit damit nur auf die Ehe bezieht, legt den **Umkehrschluss** nahe und ist ein zusätzliches Argument dafür, den Tatbestand der eingetragenen Lebenspartnerschaft in derselben Norm nicht durch eine ungeschriebene Voraussetzung der Gleichgeschlechtlichkeit gegenüber der Reichweite des Wortlautes einzuzengen. Auch die Erste Kommission des Deutschen Rates für Internationales Privatrecht war bereits 2012 der Auffassung, dass Art. 17 b gleichermaßen verschiedengeschlechtliche Partnerschaften erfasst.[39]

19 **bb) Entsprechende Anwendung des Art. 17 b.** Wer trotz des Fehlens einer solchen Wortlautgrenze den genetischen Zusammenhang der Kollisionsnorm mit dem Lebenspartnerschaftsgesetz oder jedenfalls die Konzipierung des Art. 17 b Abs. 1 mit Blick auf gleichgeschlechtliche Partnerschaften betont,[40] mag zu dem Ergebnis gelangen, dass auch Art. 17 b Abs. 1 trotz seines Wortlauts unmittelbar nur die gleichgeschlechtlichen Lebenspartnerschaften im Auge hat[41] und der Gesetzgeber im Übrigen schweigt. Dann stellt sich die Frage, ob die **Unvollständigkeit des Gesetzes**, die aus diesem Schweigen im Hinblick auf heterosexuelle Partnerschaften resultiert, auch eine **planwidrige** ist, ob also eine **Lücke** vorliegt und die Voraussetzungen für eine analoge Anwendung des Art. 17 b gegeben sind (für eine Analogie sa → Anhang zu EGBGB Art. 13 Rn. 5).

---

34 Vgl. *Kropholler* IPR § 15 I 5 (S. 116): „Im Grenzfall berührt sich die Qualifikation mit der richterlichen Schöpfung einer neuen Kollisionsnorm".

35 Vgl. hierzu allg. *Canaris*, Die Feststellung von Lücken im Gesetz, S. 22 f.; *Larenz*, Methodenlehre der Rechtswissenschaft, S. 322 f.

36 Zu Begriff und Bedeutung der funktionalen Qualifikation vgl. etwa *Kropholler* IPR § 17 I (S. 126 ff.).

37 Vgl. *Frank* MittBayNot 2001, Sonderheft Lebenspartnerschaften, S. 35, 36.

38 Vgl. *Brandt*, S. 71 f.; *v. Hoffmann/Thorn* IPR § 8 Rn. 73 b (S. 348); *Thorn* IPRax 2002, 349 (355); BeckOK BGB/*Heiderhoff* EGBGB Art. 17 b Rn. 14.

39 *Mansel* IPRax 2013, 200 (201).

40 Vgl. MüKoBGB/*Coester* EGBGB Art. 17 b Rn. 96; *Duden* in jurisPK-BGB EGBGB Art. 17 b Rn. 10; *Forkert*, S. 67; *Frank* MittBayNot 2001, Sonderheft Lebenspartnerschaften, S. 35, 36; Erman/*Hohloch* EGBGB Art. 17 b Rn. 6; Staudinger/*Mankowski* EGBGB Art. 17 b Rn. 7.

41 So die in der vorherigen Fn. Genannten sowie *Dörner* FS Jayme 2004, S. 143, 151; *Wagner* IPRax 2001, 281 (288).

Teilweise wird die Analogie mit der Begründung abgelehnt, dem Gesetzgeber sei das Phänomen der heterosexuellen Lebenspartnerschaften bekannt gewesen; wenn er es dennoch nicht geregelt habe, so sei dies als **bewusster Regelungsverzicht** mit der Folge geschehen, dass eine analoge Anwendung des Art. 17 b auf heterosexuelle Partnerschaften ausscheide, weil bei einer bewussten Regelungslücke eben keine planwidrige Unvollständigkeit des Gesetzes vorliege.[42]

Diese **Argumentation vermag nicht zu überzeugen**, auch wenn man sich auf den Standpunkt begibt, dass Art. 17 b die heterosexuelle Partnerschaft nicht unmittelbar regelt. Denn auch ein bewusster Regelungsverzicht des Gesetzgebers schließt eine planwidrige Unvollständigkeit des Gesetzes und dementsprechend eine Fortbildung des Rechts nicht generell, sondern nur dann aus, wenn ein „beredtes" oder „qualifiziertes" Schweigen des Gesetzes vorliegt. Von einem solchen spricht man dann, wenn dem Gesetz für die fragliche Materie entweder entnommen werden kann, dass überhaupt keine rechtliche Regelung eingreifen soll, mit anderen Worten die Materie dem rechtsfreien Raum zugewiesen ist, oder wenn sich dem Gesetz entnehmen lässt, dass für die fragliche Materie die Rechtsfolge einer bestimmten Norm gerade nicht eingreifen soll, mit anderen Worten ein Umkehrschluss am Platze ist.[43]

Beides wird man für Art. 17 b im Hinblick auf heterosexuelle Partnerschaften nicht annehmen können. Während das Argument des rechtsfreien Raums im Sachrecht bei den nicht formalisierten Lebensgemeinschaften durchaus herangezogen wird,[44] gilt dies sicher nicht für die kollisionsrechtliche Behandlung registrierter Partnerschaften:[45] Dass eine im Ausland eingetragene heterosexuelle Partnerschaft aus deutscher Sicht überhaupt keiner Rechtsordnung unterliegen soll, wird wohl nicht vertreten. Ebenso wenig wird man Art. 17 b ein argumentum e contrario, also eine mittelbare, negative Lösung[46] für die heterosexuellen Partnerschaften entnehmen können. Wenn das Gesetz denn wirklich schweigt (und nicht vielmehr die heterosexuellen Partnerschaften positiv mitregelt, → Rn. 17), dürfte der Grund des Schweigens vielmehr darin liegen, dass der Gesetzgeber die Lösung zunächst nicht selbst vornehmen, sondern der Entwicklung durch Rechtsprechung und Lehre überlassen wollte. Dadurch aber wird **weder die Annahme einer planwidrigen Unvollständigkeit des Gesetzes noch die Analogiefähigkeit einer bestimmten Norm ausgeschlossen.**[47] Die planwidrige Unvollständigkeit ergibt sich vielmehr **aus der kollisionsrechtlichen Notwendigkeit,** im Ausland eingetragene, heterosexuelle Partnerschaften irgendwie anzuknüpfen.[48] Die Frage kann dann nur noch lauten, ob die (vermeintliche) Lücke eher durch eine Heranziehung der Art. 13 ff. oder des Art. 17 b zu schließen ist. **20**

cc) Eignung des Art. 17 b für heterosexuelle Partnerschaften. Während in der Literatur teilweise eine analoge Anwendung der Art. 13 ff. vertreten wird, die sich auf den Aspekt der Verschiedengeschlechtlichkeit stützen lässt,[49] **erscheint Art. 17 b deutlich besser geeignet**, die heterosexuelle Partnerschaft kollisionsrechtlich zu erfassen, als dies durch eine entsprechende Anwendung der Art. 13 ff. geschehen könnte.[50] Es sind die gleichen Gründe wie bei gleichgeschlechtlichen Partnerschaften, die hier wie dort für das vom Gesetzgeber bevorzugte Anknüpfungsmerkmal der Registrierung sprechen, bis auf eine Ausnahme, die nach Abschaffung der eingetragenen Lebenspartnerschaft im deutschen Sachrecht ohnehin keine Rolle mehr spielt: Die frühere rechtspolitische Erwägung, die deutsche Lebenspartnerschaft auch Partnern mit gewöhnlichem Aufenthalt im Ausland oder mit ausländischer Staatsangehörigkeit zugänglich zu machen,[51] kann bei der heterosexuellen Partnerschaft keine Bedeutung haben, weil das deutsche Sachrecht bis heute die eingetragene verschiedengeschlechtliche Lebenspartnerschaft nicht kennt. Gleich geblieben ist aber das **Argument der Rechtssicherheit** für die Personen, die im Ausland eine formalisierte Partnerschaft eingegangen sind. Das **Anknüpfungsmerkmal der Registrierung** nach Abs. 1 S. 1 ist bei ihnen stets gegeben.[52] **21**

---

42 So *Forkert*, S. 71 ff.

43 *Canaris*, Die Feststellung von Lücken im Gesetz, S. 39 f., 44 ff.

44 Vgl. *Röthel* IPRax 2000, 74 (76), mwN.

45 Auch die nicht formalisierten Partnerschaften bedürfen einer kollisionsrechtlichen Regelung. Der Unterschied hängt also nicht mit der Registrierung, sondern mit den unterschiedlichen Regelungsansprüchen von Sach- und Kollisionsrecht zusammen, vgl. *Röthel* IPRax 2000, 74 (76 f.) Anders als das inländische Sachrecht muss das Kollisionsrecht dem Umstand Rechnung tragen, dass Materien, die im Inland bewusst einer rechtlichen Regelung entzogen sind, im Ausland eine solche erfahren haben können und umgekehrt.

46 Vgl. *Canaris*, Die Feststellung von Lücken im Gesetz, S. 44. Zum argumentum e contrario sa

Larenz, Methodenlehre der Rechtswissenschaft, S. 390 f.

47 Vgl. *Canaris*, Die Feststellung von Lücken im Gesetz, S. 134 f.

48 Vgl. auch *Forkert*, S. 73 f.

49 Vgl. *Hepting/Dutta* Rn. III-849; MüKoBGB/*Coester* EGBGB Art. 17 b Rn. 95. Sowohl Dutta als auch Coester sprechen sich selbst aber für eine (analoge) Einordnung bei Art. 17 b aus.

50 Für eine analoge Anwendung des Art. 17 b Abs. 1 auch MüKoBGB/*Coester* EGBGB Art. 17 b Rn. 96; *Coester-Waltjen/Coester* FS Brudermüller 2014, S. 73, 79 f.; *Dörner* FS Jayme 2004, S. 143, 151; *Wagner* IPRax 2001, 281 (292).

51 BT-Drs. 14/3751, S. 60; vgl. hierzu *Forkert*, S. 89 f.; *Wagner* IPRax 2001, 281 (289 f.).

52 Vgl. Staudinger/*Mankowski* EGBGB Art. 17 b Rn. 100.

Würde man die heterosexuelle Partnerschaft dem Anwendungsbereich des Art. 17 b entziehen, so käme dies einer wertungsmäßig kaum zu rechtfertigenden Spaltung ausländischer Rechtsinstitute gleich, die die gleiche Rechtsform der Partnerschaft hetero- wie homosexuellen Partnern zur Verfügung stellen. Man würde durch eine unterschiedliche Anknüpfung diese auch funktional einheitlichen Rechtsinstitute kollisionsrechtlich „in der Mitte zweiteilen".[53]

22 Soweit der Zweck des Art. 17 b dahin geht, die Anerkennung registrierter Partnerschaften zu fördern, weil die Anknüpfung an das Registerrecht stets zu einem Recht führt, das die fragliche Partnerschaft kennt, spricht dies ebenfalls für die Einordnung der heterosexuellen registrierten Lebenspartnerschaft bei Art. 17 b Abs. 1. Diese rechtspolitische Zielsetzung hat offensichtlich den deutschen Gesetzgeber auch bei der gleichgeschlechtlichen Ehe dazu veranlasst, sie kollisionsrechtlich anders zu behandeln als die heterosexuelle Ehe.[54] Es lässt sich nicht erkennen, warum das Gesetz ein entsprechendes **Rechtssicherheitsbedürfnis bei heterosexuellen, registrierten Lebenspartnerschaften** für unbedeutend erachten sollte. Auch der **internationale Entscheidungseinklang** und die Vorhersehbarkeit für die registrierten Lebenspartner und ihre Verwandten sprechen für die Maßgeblichkeit des Rechts des Register führenden Staates.

23 **b) Einstandsgemeinschaften.** Ein sachrechtliches Phänomen von voraussichtlich zunehmender Bedeutung sind Solidar- oder Einstandsgemeinschaften. Sie eignen sich aus heutiger Sicht nicht für eine einheitliche Anknüpfung im Kollisionsrecht.[55] Bei ihnen **stehen häufig andere Zwecke im Vordergrund** als bei den herkömmlichen gleich- oder verschiedengeschlechtlichen Paarbeziehungen.[56] Wo sie rechtlich geregelt sind,[57] können solche Gemeinschaften häufig auch von Verwandten eingegangen werden. Sie sind dann schon idealtypisch nicht auf eine sexuelle Beziehung ausgerichtet. Nicht selten sind sie auch mit schwächeren Rechtswirkungen versehen als herkömmliche Lebenspartnerschaften oder Ehen. Schließlich spielt bei ihnen häufig die privatautonome Gestaltung eine größere Rolle.

Gerade der letzte Aspekt mag bei einer Reihe dieser Gemeinschaften eine schuldrechtliche Einordnung nahelegen.[58] Je nach ihrer sachrechtlichen Ausgestaltung kommt, wie bei der nichtehelichen Lebensgemeinschaft, auch eine familienrechtliche Qualifikation in Betracht.[59] Handelt es sich um **registrierte Solidaroder Einstandsgemeinschaften**, so sprechen gute Gründe dafür, sie als registrierte Lebenspartnerschaften im Sinne des Art. 17 b Abs. 1 zu qualifizieren.[60] Dafür sprechen – insofern ähnlich wie bei den heterosexuellen registrierten Lebenspartnerschaften – vor allem der äußere Entscheidungseinklang und der Rechtssicherheitsaspekt. Denn sowohl die Partner solcher Gemeinschaften als auch ihre Verwandten können sich am besten auf die Rechtsfolgen einstellen, die das Recht des Register führenden Staates für diese Gemeinschaften vorsieht.

III. Geltung der allgemeinen kollisionsrechtlichen Regeln

24 Art. 17 b ist im Wesentlichen als allseitige Kollisionsnorm ausgestaltet,[61] die nicht nur einseitig bestimmt, unter welchen Voraussetzungen deutsches Recht zur Anwendung gelangen soll (so allerdings die Bestimmungen zum Versorgungsausgleich, → Rn. 56 f.), sondern auch festlegt, wann aus deutscher Sicht ausländisches Recht gilt.[62] Mit der grundsätzlichen Ausgestaltung als allseitige Kollisionsnorm ist die **Frage nach den allgemeinen Grundsätzen des IPR** aufgeworfen, für die im Rahmen des Art. 17 b zum Teil Abweichungen erforderlich sind.

25 **1. Rück- und Weiterverweisung.** Soweit Abs. 1 S. 1 auf das Recht des Register führenden Staates verweist, geschieht dies im Wege der **Sachnormverweisung**; Rück- und Weiterverweisung scheiden also aus. Dies mag zwar im Einzelfall den internationalen Entscheidungseinklang beeinträchtigen,[63] erspart aber die Suche nach den Kollisionsnormen im Recht des Register führenden Staates. Allseitige und geschriebene

53   So Staudinger/*Mankowski* EGBGB Art. 17 b Rn. 100, der sich iE dennoch für eine Analogie zu Art. 13 ff. ausspricht.

54   *Hepting/Dutta* Rn. III-849.

55   So auch die Beschlüsse der Sitzung der Ersten Kommission des Deutschen Rates für Internationales Privatrecht zur Reform des Ehe- und Lebenspartnerschaftsrechts vom 9./10.11.2012 in Würzburg; dazu *Mansel* IPRax 2013, 200 (201); vgl. *Coester-Waltjen/Coester* FS Brudermüller 2014, S. 73, 79 f.

56   MüKoBGB/*Coester* EGBGB Art. 17 b Rn. 115.

57   Für einen rechtsvergleichenden Überblick siehe MüKoBGB/*Coester* EGBGB Art. 17 b Rn. 115, mit Fn. 241.

58   MüKoBGB/*Coester* EGBGB Art. 17 b Rn. 116.

59   MüKoBGB/*Coester* EGBGB Art. 17 b Rn. 116.

60   MüKoBGB/*Coester* EGBGB Art. 17 b Rn. 116; *Coester* FS Sonnenberger 2004, S. 321, 339 ff.

61   Vgl. BT-Drs. 14/3751, S. 60.

62   Die allseitige Ausgestaltung bedingt eine kollisionsrechtlich-funktionale, weite Auslegung der in der Norm enthaltenen Systembegriffe, so dass auch solche Lebenspartnerschaften (bzw. gleichgeschlechtliche Ehen) erfasst werden können, die nicht vollständig der deutschen Lebenspartnerschaft entsprechen; vgl. *Wagner* IPRax 2001, 281 (288).

63   Vgl. *v. Hoffmann/Thorn* IPR § 8 Rn. 73 f. (S. 350); *Süß* DNotZ 2001, 168 (170); MüKoBGB/*Coester* EGBGB Art. 17 b Rn. 14.

Kollisionsnormen waren im Jahre 2001 noch ziemlich selten.[64] Im Laufe der Zeit haben sie sich zwar mit der Ausbreitung der Lebenspartnerschaft und der gleichgeschlechtlichen Ehe ausdifferenziert, erscheinen aber konzeptionell uneinheitlich.[65] In dieser Situation mag die deutsche Sachnormverweisung eine nicht immer leichte Ermittlung von (teilweise auch unkodifizierten) Kollisionsnormen im ausländischen Recht ersparen.[66]

2. Vorfragen. Vorfragen für die **Begründung einer Lebenspartnerschaft**, insbesondere das Bestehen   **26** einer anderweitigen Ehe oder Lebenspartnerschaft, sind nach dem Willen des Gesetzgebers selbstständig anzuknüpfen.[67] Entsprechendes gilt über Abs. 4 für die **Schließung einer gleichgeschlechtlichen Ehe**. Mit der Betonung, dass Vorfragen selbstständig anzuknüpfen sind, ist zunächst sicherlich gemeint, dass sie gesondert anzuknüpfen sind, also nicht mitumfasst sind von dem Statut, das die Eheschließung bzw. die Begründung der Lebenspartnerschaft beherrscht. Die Vorfragenproblematik im Sinne der Alternative zwischen selbstständiger und unselbstständiger Anknüpfung wird freilich nur dann relevant, wenn auf die Hauptfrage ausländisches Recht Anwendung findet, wenn mit anderen Worten die Vorfrage aus einem ausländischen Recht stammt.[68] Wenn hingegen auch die Hauptfrage inländischem Recht unterliegt, wenn also eine gleichgeschlechtliche Ehe im Inland geschlossen werden soll,[69] fallen lex fori und lex causae nicht auseinander, so dass sich das Problem einer selbstständigen oder unselbstständigen Anknüpfung der Vorfrage auch nicht stellen kann.

Vorfragen einer anderweitigen Ehe oder Lebenspartnerschaft können aber dann relevant werden, wenn aus   **27** einer **im Ausland bereits eingetragenen Partnerschaft bzw. geschlossenen Ehe** in Deutschland Rechte geltend gemacht werden und sich daher die **(Haupt-)Frage stellt, ob diese Partnerschaft wirksam begründet bzw. ob die Ehe wirksam geschlossen wurde**, obwohl im Zeitpunkt ihrer Eingehung bereits eine anderweitige Ehe oder Lebenspartnerschaft bestand. Die Vorfrage nach dem Bestehen einer anderweitigen Verbindung richtet sich dann bei **selbstständiger Anknüpfung** nach dem durch die deutschen Kollisionsnormen für die Vorfrage berufenen Recht. Wie sich eine danach bestehende Ehe oder Lebenspartnerschaft auf die spätere Eheschließung bzw. Begründung der Lebenspartnerschaft auswirkt, richtet sich als Hauptfrage aber nach dem Recht des Staates, der für diese Verbindung das Register führt.

Weitere Vorfragen, die bei einer im Ausland begründeten Lebenspartnerschaft oder gleichgeschlechtlichen   **28** Ehe **selbstständig anzuknüpfen** sind, betreffen die Minderjährigkeit der Beteiligten oder das Bestehen eines Verwandtschafts- oder Sorgerechtsverhältnisses zwischen ihnen.[70] Schließlich kann das Bestehen einer im Ausland begründeten Lebenspartnerschaft bzw. Ehe zu einer Vorfrage werden im Rahmen der Scheidung einer solchen Gemeinschaft als Hauptfrage. Auch wenn die Scheidung einer gleichgeschlechtlichen Ehe der Rom III-VO unterliegt (vgl. Art. 17 b Abs. 4 S. 2),[71] regelt die Verordnung doch nicht das Bestehen einer Ehe (vgl. Art. 1 Abs. 2 lit. b) Rom III-VO). Diese Vorfrage ist nach dem autonomen Kollisionsrecht zu beantworten,[72] in Deutschland also nach dem Recht des Register führenden Staates gem. Art. 17 b Abs. 4 S. 1 iVm Abs. 1 S. 1. Die Frage nach dem Geschlecht der Nupturienten ist im Rahmen des Art. 17 b Abs. 4 S. 1 eine **Erstfrage**. Die Anwendung der Norm setzt voraus, dass beide Ehegatten demselben Geschlecht angehören oder zumindest ein Ehegatte weder dem weiblichen noch dem männlichen Geschlecht angehört. Die Erstfrage nach dem Geschlecht ist gemäß Art. 7 Abs. 1 nach dem jeweiligen Heimatrecht unter Beachtung eines eventuellen Renvoi zu beantworten.[73]

Im Rahmen erbrechtlicher Hauptfragen können sich mitunter schwierige **Vorfragen nach der Auflö-**   **29** **sung einer Lebenspartnerschaft** stellen, wenn etwa einer in Deutschland registrierten Partnerschaft eine spätere Ehe eines der Partner im Ausland folgte, ohne dass die in Deutschland registrierte Partnerschaft zuvor durch Urteil gem. § 15 Abs. 1 LPartG aufgehoben wurde. Stirbt nun der Lebenspartner, der später im Ausland geheiratet hat, und sieht das Erbstatut im Unterschied zum deutschen Recht vor, dass durch die Eheschließung eine registrierte Partnerschaft automatisch aufgelöst wird,[74] so kommen als Erben aus deutscher Sicht sowohl der Ehegatte als auch der Lebenspartner in Betracht, wenn das Erbstatut ein gesetzliches (wenn auch nicht gleichzeitiges) Erbrecht sowohl des Ehegatten als auch des Lebenspartners kennt. Zur

64 Vgl. *Röthel* IPRax 2000, 74; *Wagner* IPRax 2001, 281 (285).

65 MüKoBGB/*Coester* EGBGB Art. 17 b Rn. 9.

66 Vgl. MüKoBGB/*Coester* EGBGB Art. 17 b Rn. 14; *Forkert*, S. 95 f.; *Wagner* IPRax 2001, 281 (290).

67 Vgl. BT-Drs. 14/3751, S. 60.

68 Vgl. *v. Bar/Mankowski* IPR AT I § 7 Rn. 192 (S. 671); *Kropholler* IPR § 32 II (S. 222).

69 Lebenspartnerschaften können dagegen in Deutschland heute keine mehr neu begründet werden, § 1 LPartG.

70 Vgl. *Forkert*, S. 91; *Henrich* FamRZ 2002, 137; Staudinger/*Mankowski* EGBGB Art. 17 b Rn. 35; MüKoBGB/*Coester* EGBGB Art. 17 b Rn. 29.

71 Vgl. *Coester-Waltjen/Coester* FS Brudermüller 2014, S. 73, 77; *V. Bar/Mankowski* IPR BT II § 4 Rn. 792.

72 NK-BGB/*Gruber* Rom III-VO Art. 13 Rn. 11.

73 *Mankowski* NJW 2019, 465 (471).

74 So etwa das französische Recht in Art. 515–7 Code civil.

Lösung dieses Konfliktes wurde vorgeschlagen, die Vorfrage nach dem Noch-Bestehen bzw. der Auflösung einer Lebenspartnerschaft unselbstständig, also aus der Sicht des Erbstatuts anzuknüpfen.[75]

30 Die **unselbstständige Anknüpfung** ist jedoch **kein geeigneter Weg**, den Konflikt zu lösen, der sich daraus ergibt, dass das Erbstatut – anders als das Recht des Register führenden Staates – die Auflösung einer Lebenspartnerschaft durch nachfolgende Ehe kennt. Denn das Ergebnis hängt auch bei unselbstständiger Anknüpfung wiederum vom Inhalt der Kollisionsnormen im Erbstatut ab: Nur wenn nach den dortigen Kollisionsnormen auch die Auflösung der Lebenspartnerschaft einem Recht unterliegt, das mit dem Erbstatut identisch ist, kommt es zu einem alleinigen Erbrecht des Ehegatten; knüpft das Erbstatut hingegen (etwa wie das deutsche Kollisionsrecht) die Auflösung der Partnerschaft an das Recht des Register führenden Staates, so sind auch bei unselbstständiger Anknüpfung sowohl der Ehegatte als auch der Lebenspartner als Erben berufen. Die unselbstständige Anknüpfung verfehlt also ihren Zweck, die eine Seite erbrechtlich zu begünstigen.[76]

31 Soweit man den Konflikt dadurch zu lösen sucht, dass man die Vorfrage der Partnerschaftsauflösung direkt dem Erbstatut unterstellt, handelt es sich dabei nicht um eine unselbstständige Anknüpfung, sondern praktisch um eine akzessorische Anknüpfung der Vorfrage. Eine solche wird aber bei echten Vorfragen, die nicht nur Teil einer einheitlich anzuknüpfenden Rechtsfrage ohne eigene internationalprivatrechtliche Relevanz sind,[77] nicht vertreten,[78] weil sie den inneren wie den äußeren Entscheidungseinklang verfehlen würde.[79] Davon abgesehen erscheint nicht nur eine zweckgerichtet begründete unselbstständige Anknüpfung kaum überzeugend,[80] sondern auch der Zweck selbst, nur die eine Seite erbrechtlich zu begünstigen.[81] Das **Problem einer kumulativen Erbberechtigung** ist also nicht durch unselbstständige Anknüpfung der Vorfrage, sondern **nur im Wege der Angleichung zu lösen**.[82] Im Rahmen der Angleichung mag in dem Beispielsfall der nachträglichen Eheschließung auch berücksichtigt werden, dass der Erblasser im Zeitpunkt seines Todes sich ausschließlich in der späteren Ehe erbrechtlich gebunden sah und dies nach dem Inhalt des Erbstatuts auch könnte. Für die Anknüpfung von **Vorfragen** bleibt es aber dabei, dass **im Rahmen des Art. 17 b keine Besonderheiten** gegenüber den allgemeinen Regeln gelten.

32 **3. Form.** Besonderheiten ergeben sich für die Form, denn Abs. 1 S. 1 durchbricht Art. 11: Für die Formfragen einer Lebenspartnerschaft ist Art. 11 nicht heranzuziehen, sie werden vielmehr vom Recht des Register führenden Staates miterfasst.[83] Entsprechendes hat für die gleichgeschlechtliche Ehe durch die Verweisung in Abs. 4 S. 1 auf Abs. 1 S. 1 zu gelten. Dieser **Gleichlauf zwischen Formstatut und Registerstatut** ergibt sich aus der Natur der Sache,[84] denn die in Art. 11 vorgesehene alternative Anknüpfung an die lex causae und das Recht des Vornahmeortes würde letztlich ebenso nur zum Recht des Register führenden Staates gelangen, weil sich Art. 17 b nur auf eingetragene Partnerschaften bezieht.[85]

33 Art. 17 b enthält **keine Entsprechung zu Art. 13 Abs. 4**, wonach eine Ehe im Inland nur in der hier vorgeschriebenen Form geschlossen werden kann.[86] Art. 13 Abs. 4 findet auch bei gleichgeschlechtlichen Ehen keine Anwendung, wie sich (im Umkehrschluss) aus Art. 17 b Abs. 5 ergibt.[87] In den allermeisten Fällen gelangt man freilich wegen der Maßgeblichkeit des Registerstatuts zu Anknüpfungsergebnissen, die bei einer Registrierung in Deutschland mit Art. 13 Abs. 4 S. 1 übereinstimmen.[88] Bei der Registrierung von

75 *Henrich* FamRZ 2002, 137 (143).
76 Anders wohl *Forkert*, S. 238, der bei einer unselbstständigen Anknüpfung ebenfalls zu einer automatischen Aufhebung der Lebenspartnerschaft bei Eingehung der Ehe gelangt und das von der erbrechtlichen Kollisionsnorm berufene Recht auch insoweit für maßgeblich hält, ohne allerdings die Kollisionsnormen zu berücksichtigen, die im Recht der Hauptfrage die Vorfrage regeln.
77 Vgl. hierzu *Kegel/Schurig*, § 9 II 1 (S. 376).
78 Vgl. *v. Hoffmann/Thorn* IPR § 6 Rn. 67 (S. 243), in Fn. 134 „allgemeine Ansicht"; *Kegel/Schurig*, § 9 II 1 (S. 377): „sicher ist: ..."; *Kegel*, Internationales Privatrecht, § 9 II 1 (S. 274): „Alle Welt ist darüber einig: ..."
79 *Kegel*, Internationales Privatrecht, § 9 II 1 (S. 277): „Sowohl innerer wie äußerer Entscheidungseinklang könnten verfehlt werden, wenn die Rechtsfolge im Tatbestand einer Sachnorm anhand der übrigen Sachnormen derselben Rechtsordnung beurteilt würde. Das ist der unausgesprochene Grund für die eingangs erwähnte allgemeine Ansicht, dass dieser Weg ausscheidet."

80 Vgl. Staudinger/*Mankowski* EGBGB Art. 17 b Rn. 52.
81 Vgl. *Forkert*, S. 239.
82 Näher hierzu *Forkert*, S. 236 f.; gegen eine Korrektur im Wege der Angleichung *Buschbaum* RNotZ 2010, 73 (91).
83 BT-Drs. 14/3751, S. 60.
84 MüKoBGB/*Coester* EGBGB Art. 17 b Rn. 25.
85 Vgl. *Forkert*, S. 92; Palandt/*Thorn* EGBGB Art. 17 b Rn. 3; Staudinger/*Mankowski* EGBGB Art. 17 b Rn. 36; *Wagner* IPRax 2001, 281 (289).
86 Zu den Gründen hierfür s. MüKoBGB/*Coester* EGBGB Art. 17 b Rn. 26.
87 Auch bei der gleichgeschlechtlichen Ehe gilt es nicht, im Sinne des historischen Kulturkampfes eine staatliche gegen eine nichtstaatliche Form zu verteidigen (vgl. hierzu MüKoBGB/*Coester* EGBGB Art. 17 b Rn. 26), wenn ohnehin nur ein staatliches Register als Anknüpfungsmoment dient.
88 Finger/*Finger* EGBGB Art. 17 b Rn. 21; *Forkert*, S. 92; Staudinger/*Mankowski* EGBGB Art. 17 b Rn. 36.

Lebenspartnerschaften oder bei der Schließung von gleichgeschlechtlichen Ehen vor den Konsulaten oder Botschaften ausländischer Staaten in Deutschland gilt die deutsche Form freilich nicht: Die Registrierung und ihre Form richten sich dann nach dem Recht des ausländischen Staates, der das Register führt.[89] Das liegt aber nicht etwa daran, dass es dann am Tatbestandsmerkmal „Inland" fehlen würde,[90] sondern es liegt am maßgeblichen Anknüpfungsmoment: Es kommt eben strenggenommen nicht auf den Ort der Registrierung an, vielmehr gilt gem. Abs. 1 S. 1 das Recht „des Register führenden Staates".

Die Maßgeblichkeit des Registerstatuts für Formfragen umfasst alle privatrechtlichen Fragen der äußeren **34** Gestaltung des Begründungsaktes und seiner rechtlichen Vorbereitung.[91] **Wichtigste Formfragen** sind die nach der Mitwirkung von Standesbeamten oder ähnlichen Personen, nach der Gestalt der Begründungserklärungen und nach dem Ablauf der Zeremonie.[92]

4. Rechtswahl. Im Gegensatz zu den **allgemeinen Ehewirkungen** nach Art. 14 sieht das Gesetz für die **35** allgemeinen **Lebenspartnerschaftswirkungen** (soweit sie nicht von der EuPartVO erfasst sind) **keine direkte Rechtswahlmöglichkeit** vor.[93] Das ist **bei gleichgeschlechtlichen Ehen anders**. Hier können die Ehegatten gem. Abs. 5 S. 2 für die allgemeinen Ehewirkungen eine Rechtswahl gemäß Art. 14 treffen. Für **namensrechtliche Fragen** wird hingegen auch bei der Lebenspartnerschaft durch die entsprechende Anwendung des Art. 10 Abs. 2 über Art. 17 b Abs. 2 den Parteien ausdrücklich die Möglichkeit einer Rechtswahl eröffnet[94] (hierzu → Rn. 68 ff.); für die gleichgeschlechtliche Ehe ergibt sich dies aus der Verweisung des Abs. 4. Darüber hinaus besteht auch für die **Begründung** sowie für die **allgemeinen Wirkungen** der Lebenspartnerschaft bzw. Ehe die Möglichkeit einer **mittelbaren Rechtswahl** durch die Parteien, zum einen über Abs. 3, indem bei erneuter Registrierung ein Statutenwechsel bewusst herbeigeführt werden kann,[95] und zum anderen durch die Grundanknüpfung an das Recht des Register führenden Staates, die den Partnern ebenfalls durch Auswahl des Registrierungsstaates einen Gestaltungsspielraum eröffnet.[96]

5. Einzel- und Gesamtstatut. Güter- und Erbstatut können bei eingetragenen Lebenspartnerschaften und **36** bei gleichgeschlechtlichen Ehen durchbrochen werden durch ein vorrangiges Einzelstatut gem. **Art. 30 EuErbVO** bzw. durch Eingriffsnormen im Sinne des **Art. 30 EuPartVO/EuGüVO**. Wurde die Ehe oder Lebenspartnerschaft vor dem 29.1.2019 geschlossen und haben die Partner ab diesem Zeitpunkt keine Rechtswahl nach der EuGüVO oder der EuPartVO über das auf ihren Güterstand anzuwendende Recht getroffen, so findet das Europarecht keine Anwendung und es wird für die güterrechtlichen Wirkungen auf das Recht des Register führenden Staates verwiesen. Diese Verweisung bezieht sich dann gem. **Art. 3 a Abs. 2 aF** „nicht auf Gegenstände, die sich nicht in diesem Staat befinden und nach dem Recht des Staates, in dem sie sich befinden, besonderen Vorschriften unterliegen."

6. Substitution. Eingetragene Lebenspartnerschaft und gleichgeschlechtliche Ehe werfen einige Substitu- **37** tionsfragen auf, die sich bei der Anwendung inländischen wie ausländischen Sachrechts stellen können. Sie können immer dann auftauchen, wenn die lex causae nicht das Recht des Register führenden Staates ist, also etwa bei den **erbrechtlichen Folgen**, die gemäß der EuErbVO angeknüpft werden. Dann kann sich nämlich die Situation einstellen, dass ein Systembegriff im Tatbestand einer Sachnorm (zB „Lebenspartner" oder „Ehegatte") nur durch Tatsachen und rechtliche Beziehungen ausgefüllt werden kann, die unter der Geltung und mit der Prägung eines anderen Rechts stattgefunden haben bzw. begründet wurden. Voraussetzung einer Substitution ist stets, dass es sich bei dem fraglichen Systembegriff um einen offenen, „substituierbaren" handelt und dass die fremde Rechtserscheinung dem Systembegriff in der lex causae funktional gleichwertig ist.[97] Die problematischen Substitutionsfragen erklären sich aus der bunten Vielfalt und aus der

---

89   Vgl. MüKoBGB/*Coester* EGBGB Art. 17 b Rn. 20, 26.

90   Im Sinne des Art. 17 Abs. 3, wonach eine Ehe im Inland nur durch ein Gericht geschieden werden kann, ist als Inlandsscheidung auch die in einer Botschaft oder einem Konsulat eines ausländischen Staates vorgenommene Scheidung anzusehen (BGH NJW 1982, 517, sa → EGBGB Art. 17 Rn. 71). Die analoge Anwendung des § 107 FamFG bei inländischer Privatscheidung unter Beteiligung einer ausländischen Behörde beruht hingegen auf anderen Erwägungen, die sich aus dem Zweck gerade dieser verfahrensrechtlichen Norm ergeben, wenn die Behörde in Ausübung ausländischer Hoheitsgewalt tätig geworden ist (vgl. hierzu *Gebauer* IPRax 2018, 497 f.).

91   Finger/*Finger*, Art. 17 b Rn. 22; *Forkert*, S. 92; Staudinger/*Mankowski* EGBGB Art. 17 b Rn. 37.

92   Vgl. Finger/*Finger*, Art. 17 b Rn. 22; *Forkert*, S. 92; Staudinger/*Mankowski* EGBGB Art. 17 b Rn. 37.

93   Ausf. und krit. hierzu *Forkert*, S. 117 ff.; Staudinger/*Mankowski* EGBGB Art. 17 b Rn. 41.

94   Vgl. Staudinger/*Mankowski* EGBGB Art. 17 b Rn. 68 ff.

95   Vgl. MüKoBGB/*Coester* EGBGB Art. 17 b Rn. 17; *Forkert*, S. 288 f.

96   Vgl. MüKoBGB/*Coester* EGBGB Art. 17 b Rn. 22; *Forkert*, S. 96; Staudinger/*Mankowski* EGBGB Art. 17 b Rn. 4.

97   Vgl. hierzu *Mansel* FS W. Lorenz 1991, S. 689 f., 696 f. Vgl. auch *Kropholler* IPR § 33 II (S. 231 ff.), auch mit Beispielen zum Ausschluss der Substitution nach dem Sinn der anzuwendenden Sachnorm in Ausnahmefällen.

unterschiedlichen Dichte und inhaltlichen Ausgestaltung der lebenspartnerschaftlichen und eherechtlichen Regelungen in den verschiedenen Rechtsordnungen.

38   **a) Bei fehlender Regelung in der lex causae. Kennt** das (beispielsweise gem. Art. 21 Abs. 1 EuErbVO berufene) **Erbstatut kein Institut der eingetragenen Lebenspartnerschaft bzw. der gleichgeschlechtlichen Ehe**, so lässt sich daran denken, ob nicht die erbrechtliche Berechtigung eines **Ehegatten** (in einer verschiedengeschlechtlichen Ehe) in der lex causae entsprechend auf die Berechtigung eines Lebenspartners bzw. gleichgeschlechtlichen Ehegatten angewendet werden kann. Diese Entscheidung unterliegt zunächst jedoch nicht der inländischen Sichtweise, sondern ist in der lex causae zu suchen, die das Erbstatut bildet.[98] Im Zweifel wird man nicht von einer solchen Substitution im Verhältnis von verschiedengeschlechtlicher Ehe einerseits und Lebenspartnerschaft bzw. gleichgeschlechtliche Ehe andererseits in der erbrechtlichen lex causae ausgehen können,[99] jedenfalls wenn dort weder eine eingetragene Lebenspartnerschaft noch eine gleichgeschlechtliche Ehe existiert.

Eine andere Frage ist es, ob man dieses Ergebnis korrigieren kann, etwa mit der Begründung, dass die fehlende Erbberechtigung auf einer Diskriminierung wegen der sexuellen Ausrichtung im Sinne des Art. 21 Abs. 1 GRCh beruht. Auf dieser Grundlage lässt sich ggf. eine Ersatznorm im fremden Recht bilden, die infolge eines angenommenen ordre public-Verstoßes (gemäß Art. 35 EuErbVO) zur analogen Anwendung der für verschiedengeschlechtliche Ehepartner geltenden Erbrechtsbestimmungen führen mag.[100] In diesem Fall werden aber inländische (eventuell auch europäisch aufgeladene) Wertvorstellungen durchgesetzt, auch auf Kosten des internationalen Entscheidungseinklangs. Um Substitution handelt es sich dabei nicht. Die planwidrige Unvollständigkeit ergibt sich vielmehr aus externen Wertungen, wenn nicht damit zu rechnen ist, dass auch Gerichte in der Rechtsordnung der lex causae entsprechend verfahren würden.

Ähnliche Fragen können sich bei der Scheidung einer gleichgeschlechtlichen Ehe stellen, **wenn das Scheidungsstatut nur eine verschiedengeschlechtliche Ehe kennt** (näher hierzu bei der Kommentierung von Abs. 4 S. 1, → Rn. 81). Denn anders als die Auflösung einer eingetragenen Lebenspartnerschaft unterliegt die Scheidung einer gleichgeschlechtlichen Ehe nicht dem Recht des Register führenden Staates, sondern dem nach der Rom III-VO anwendbaren Recht.

39   **b) Bei unterschiedlicher Regelung in der lex causae.** Nicht leicht sind auch manche Substitutionsfragen zu beantworten, wenn das Institut der eingetragenen Lebenspartnerschaft bzw. der gleichgeschlechtlichen Ehe **in der lex causae zwar bekannt, aber in wesentlichen Punkten anders ausgestaltet** ist als im Recht des Register führenden Staates. So mag die Lebenspartnerschaft im Erbstatut zwar bekannt, aber nicht mit einer gesetzlichen Erbberechtigung des überlebenden Partners versehen sein. Das muss keineswegs auf einer Diskriminierung beruhen und kann sachlich gerechtfertigt sein. So hat der überlebende Partner eines französischen PACS kein Intestaterbrecht. Auch wenn sich der PACS der Ehe in einigen Punkten angenähert hat, blieb es doch bei der **fehlenden Erbberechtigung**.[101] Wenn nun beispielsweise eine Partnerin aus einer deutschen Lebenspartnerschaft verstirbt, wäre unter französischem Erbstatut an sich keine gesetzliche Berechtigung der überlebenden Partnerin vorgesehen. Allerdings kennt die (auch gleichgeschlechtlichen Paaren offenstehende) Ehe im französischen Recht ein Intestaterbrecht der überlebenden Partnerin. Hier lässt sich erwägen, die französische Ehe erbrechtlich durch die deutsche Lebenspartnerschaft zu substituieren. Eine solche Substitution ließe sich mit der funktionalen Äquivalenz im Erbrecht und mit den erbrechtlichen Erwartungen in einer unter deutschem Recht eingegangenen Lebenspartnerschaft begründen.

40   Als umgekehrter Fall einer problematischen Substitutionsfrage ist auch der Fall denkbar, dass die Partnerschaft nach dem **Registerstatut** in ihren erbrechtlichen Wirkungen dort **deutlich zurückbleibt hinter** den Wirkungen für die vergleichbare Partnerschaft im **Erbstatut**.[102] So kann sich etwa bei einem PACS des französischen Rechts im Rahmen des deutschen Erbstatuts und damit in Anwendung des § 10 LPartG die Frage stellen, ob der eine Lebenspartner den anderen unter deutschem Recht beerben kann, obwohl das französische Registerrecht ein solches Erbrecht des Lebenspartners nicht kennt.[103] Eine Substitution scheidet hier wohl nicht schon insofern aus, als es eventuell um Ansprüche aus einer heterosexuellen Lebenspartnerschaft geht, obwohl eine solche dem deutschen Recht unbekannt war, als in Deutschland noch Lebenspartnerschaften begründet werden konnten.[104] Das entscheidende Argument gegen eine Substitution dürfte

---

98   Staudinger/*Mankowski* EGBGB Art. 17 b Rn. 51.

99   Vgl. *Wagner* IPRax 2001, 281 (291).

100 MüKoBGB/*Coester* EGBGB Art. 17 b Rn. 56.

101 Vgl. *Corneloup/Stark* inGebauer/Huber, S. 9, 14.

102 Vgl. hierzu *Forkert*, S. 248 ff.; *Frank* MittBayNot 2001, Sonderheft Lebenspartnerschaften, S. 35, 42 f.; *Henrich* FamRZ 2002, 137 (143); Staudinger/*Man-*

kowski* EGBGB Art. 17 b Rn. 53; *Süß* DNotZ 2001, 168 (173 f.).

103 Zum fehlenden Erbrecht im französischen Recht vgl. bereits *Forkert*, S. 258; *Frank* MittBayNot 2001, Sonderheft Lebenspartnerschaften, S. 35, 47 f.; *Buschbaum* RNotZ 2010, 73 (77).

104 Anderer Ansicht noch in der Vorauflage EGBGB Art. 17 b Rn. 36.

beim PACS aber in den gegenüber dem deutschen Erbrecht deutlich schwächeren Wirkungen liegen, auf die sich die Lebenspartner durch ihre Registrierung auch eingelassen haben.[105]

c) Umwandlungen. Schließlich können sich Substitutionsfragen auch bei Umwandlungen stellen, vor   **41**
allem bei der Umwandlung einer Lebenspartnerschaft in eine Ehe.[106] So sieht **§ 20 a Abs. 1 LPartG** vor, dass eine Lebenspartnerschaft in eine Ehe umgewandelt wird, „wenn beide Lebenspartner vor dem Standesbeamten persönlich und bei gleichzeitiger Anwesenheit erklären, miteinander eine Ehe führen zu wollen." Gilt dies nur für Lebenspartnerschaften, die deutschem Recht unterliegen, oder steht die Möglichkeit der Umwandlung auch Partnern aus einer ausländischen Lebenspartnerschaft offen? Schon diese Frage ist umstritten; teilweise wird bestritten, dass sich die Norm auch auf Lebenspartnerschaften bezieht, die einem ausländischen Recht unterliegen.[107] Sofern man die Norm dagegen für generell substitutionsoffen hält, wird man danach unterscheiden können, ob die Lebenspartnerschaft in dem Recht, dem sie unterliegt, in funktional vergleichbarer Weise ausgestaltet ist wie das deutsche Recht. Bei Partnerschaften, die mit deutlich schwächeren Wirkungen ausgestattet sind als das deutsche Recht, wird man eine Umwandelbarkeit ablehnen müssen.[108]

7. Intertemporale Fragen. Für **vor dem 29.1.2019 geschlossene Lebenspartnerschaften und gleichge-**   **42**
schlechtliche Ehen beansprucht das aktuelle Recht nur eingeschränkt Geltung. Vor allem bei den güterrechtlichen Wirkungen und beim Verkehrsschutz sind eine Reihe von Kollisionsnormen des EGBGB gemäß Art. 229 §§ 47 Abs. 1–3 EGBGB jeweils in ihrer bis einschließlich 28.1.2019 geltenden Fassung weiter anzuwenden. Das betrifft auch Normierungen innerhalb des Art. 17 b. Hier werden die Übergangsregelungen voraussichtlich für besonders lange Zeit von praktischer Relevanz sein, weil sich auch nach Jahrzehnten noch Fragen nach den Wirkungen von vor dem 29.1.2019 geschlossenen Lebenspartnerschaften und gleichgeschlechtlichen Ehen stellen können.[109]

In diesen **Altfällen** wird das Anknüpfungsmoment der Registerführung (gem. Art. 17 b Abs. 1 S. 1 EGBGB 2017) auf lange Zeit noch für die güterrechtlichen Wirkungen einer eingetragenen Lebenspartnerschaft bzw. gleichgeschlechtlichen Ehe maßgebend sein. Bei einer gleichgeschlechtlichen Ehe gilt in diesen Altfällen die Registeranknüpfung gem. Art. 17 b Abs. 1 S. 1 EGBGB 2017, für die güterrechtlichen Fragen über die Verweisung aus Art. 17 b Abs. 4 in der Fassung von 2017.[110]

Die alte Kappungsregel des **Art. 17 b Abs. 4 EGBGB aF** spielt intertemporal keine Rolle, auch nicht für Lebenspartnerschaften bzw. Ehen, die vor 2017 geschlossen wurden. Die Norm wurde rückwirkend aufgehoben (dazu → Rn. 43).

8. Ordre public. Abs. 4 enthielt von 2001 bis 2017 eine spezielle Vorbehaltsklausel des Inhalts, dass die   **43**
„Wirkungen einer im Ausland eingetragenen Lebenspartnerschaft [...] nicht weiter [gehen] als nach den Vorschriften des Bürgerlichen Gesetzbuchs und des Lebenspartnerschaftsgesetzes vorgesehen." Sie ist in einer Zeit entstanden, in welcher der Gesetzgeber meinte, an ein Abstandsgebot zur Ehe gebunden zu sein. Von Anfang an unterlag die Norm starker rechtspolitischer Kritik[111] und führte in ihrer Anwendung zu vielfältigen Problemen und Wertungswidersprüchen (ausführlich hierzu die Vorauflage Rn. 72–81). Der Gesetzgeber hat die **spezielle Vorbehaltsklausel** 2017 **ersatzlos gestrichen** und Ende 2018 intertemporal in Art. 229 § 48 EGBGB geregelt, dass die Kappungsgrenze **auch rückwirkend** auf solche Ehen und Lebenspartnerschaften **nicht anzuwenden** ist, die vor dem 1.10.2017 geschlossen wurden. Sie entfalten also (bis zur Grenze des ordre public) im Inland die Wirkungen, die ihnen das anwendbare Recht gibt.[112] Das dient der Rechtssicherheit; schutzwürdige Erwartungen werden durch diese Rückwirkung nicht beeinträchtigt.

Die Fremdrechtsanwendung unterliegt dem **allgemeinen Vorbehalt des ordre public gem. Art. 6.** Umstrit-   **44**
ten ist das Eingreifen des ordre public insbesondere bei einer gemeinsamen Elternschaft der gleichgeschlechtlichen Paare. Nach Ansicht des 12. Zivilsenats des BGH kann eine gleichgeschlechtlichen Lebenspartnern (oder Ehegatten) „zugewiesene Elternstellung für sich genommen keine Verletzung des ordre

---

105 Vgl. auch *Süß* DNotZ 2001, 168 (173 f.), mit folgender Faustformel für die Praxis: „Begründet die Lebenspartnerschaft nach dem Recht des Register führenden Staates kein gesetzliches Erbrecht, ist ein solches auch nach deutschem Erbrecht fraglich." Zur typologischen Einordnung des PACS s. *Buschbaum* RNotZ 2010, 73 (76 ff.).

106 Vgl. *Dutta* FamRZ 2019, 153.

107 Vgl. *Helms* StAZ 2018, 33 (38).

108 Vgl. *Hepting/Dutta* Rn. III-881. Zu den Qualifikationsfragen, die sich bei einer solchen Umwandlung stellen, siehe aaO Rn. III-866 ff.

109 Vgl. zum Ehegüterrecht *Mankowski* NJW 2019, 465 (469).

110 Vgl. Art. 229 § 47 Abs. 2 Nr. 2 EGBGB.

111 Vgl. etwa *Gebauer/Staudinger* IPRax 2002, 275 ff.

112 BT-Drs. 19/4670, S. 28: „Im Ausland wirksam begründete und registrierte Lebenspartnerschaften und gleichgeschlechtliche Ehen entfalten daher stets vom Zeitpunkt ihrer Eingehung an ihre vollen Wirkungen, unabhängig davon, wann die Lebenspartnerschaft begründet bzw. die Ehe geschlossen wurde." Vgl. *Duden* in jurisPK-BGB EGBGB Art. 17 b Rn. 61.2.

public zur Folge haben".[113] Entsprechend wird man dann auch für ein volles gemeinsames Sorgerecht beider Partner annehmen können, dass es nicht für sich genommen gegen den deutschen ordre public verstößt.[114]

IV. Begründung, Auflösung sowie allgemeine Wirkungen (Abs. 1 S. 1)

45   **1. Besonderheiten der Anknüpfung.** Die Anknüpfung an das **Recht des Register führenden Staates** dient der Rechtssicherheit, weil sie stets zu einer Rechtsordnung führt, die das Institut der eingetragenen Lebenspartnerschaft bzw. der gleichgeschlechtlichen Ehe kennt.[115] Deshalb hat der Gesetzgeber auch bei der Öffnung der Ehe für gleichgeschlechtliche Paare dieses Anknüpfungsmoment für die gleichgeschlechtliche Ehe übernommen und damit ein scheinbares Paradox unterschiedlicher Ehebegriffe im Sachrecht und im IPR mit einer kollisionsrechtlichen Ungleichbehandlung der Ehe je nach Geschlechtszugehörigkeit etabliert.[116] **Anknüpfungsmoment** ist streng genommen nicht der Registerort, sondern die Registerführung durch eine staatliche Stelle; diese Unterscheidung wirkt sich freilich nur in seltenen Fällen aus.[117] Die Anknüpfung ist grundsätzlich **unwandelbar**, vorbehaltlich einer späteren Zweitregistrierung in einem anderen Staat: Abs. 3 enthält eine gewisse Einladung zum Statutenwechsel, indem insbesondere den im Ausland registrierten Partnerschaften die Möglichkeit eröffnet wird, durch Neuregistrierung in Deutschland die rechtlichen Wirkungen des deutschen Rechts herbeizuführen.[118] Gewöhnlicher Aufenthalt und Wohnsitz der Parteien spielen ebenso wenig eine Rolle wie ihre Staatsangehörigkeit.

46   Die in Abs. 1 S. 1 gewählte **Anknüpfung ist eine objektive**, so dass die allgemeinen Wirkungen der Lebenspartnerschaft keiner direkten Rechtswahl zugänglich sind (zu den Möglichkeiten einer mittelbaren Rechtswahl → Rn. 35). Angeknüpft wird lediglich an die **Sachvorschriften** des Register führenden Staates, Rück- und Weiterverweisung scheiden somit aus (→ Rn. 25). Als **Register** kommt nicht nur ein besonderes Partnerschaftsregister, sondern auch ein allgemeines Zivilstandsregister in Betracht;[119] entscheidend kommt es nur auf eine Beurkundung des Abschlussaktes durch eine staatliche oder staatlich beliehene Stelle an.[120] Ein weiter, funktionaler Begriff des Registers ist auch wegen der in Abs. 4 angeordneten, entsprechenden Anwendbarkeit des Abs. 1 auf die Eheschließung notwendig. **Anknüpfungsgegenstand** ist neben der gleichgeschlechtlichen Ehe die eingetragene Lebenspartnerschaft. Der Begriff ist in einem weiten Sinn zu verstehen; erfasst werden auch heterosexuelle Lebenspartnerschaften (das ist umstritten, s. hierzu → Rn. 15 ff.).

47   **2. Begründung der Lebenspartnerschaft und Eingehung der Ehe (Abs. 1 S. 1 Alt. 1).** Zur Begründung bzw. Eingehung gehören nicht nur die Abgabe und der Inhalt, sondern auch die **Form** der erforderlichen Erklärungen;[121] die Anwendung von Art. 11 hinsichtlich der Form scheidet daher aus (→ Rn. 32). Die Eintragung muss nicht unbedingt konstitutiv sein; zu verlangen ist aber die Eintragungsfähigkeit der Partnerschaft und die Eintragung im konkreten Fall.[122] Zu den von der Norm erfassten **materiellen Voraussetzungen** gehören nicht nur das Geschlecht der Partner (zur Qualifikation der heterosexuellen Partnerschaften → Rn. 15 ff.), der Konsens und eventuelle Eingehungshindernisse, wie etwa eine verwandtschaftliche Beziehung zwischen den Partnern oder eine bestehende Ehe bzw. anderweitige Lebenspartnerschaft,[123] ferner solche Voraussetzungen, die einen Mindestbezug der Partner zum Registrierungsstaat in Form von Staatsangehörigkeit oder gewöhnlichem Aufenthalt verlangen,[124] sondern auch die rechtlichen **Folgen, die sich aus dem Fehlen einer Begründungsvoraussetzung ergeben**.[125] Insbesondere in diesem Rahmen kann die (fehlende) Begründung einer Lebenspartnerschaft bzw. Eingehung einer Ehe nach ausländischem Recht auch vor deutschen Behörden und Gerichten relevant werden. Geht es um die Begründung bzw. Eingehung in Deutschland, so wird insoweit vor deutschen Gerichten auch nur deutsches Recht gem. Art. 17 b Abs. 1 S. 1 zur Anwendung berufen. Ausländisches Recht wird im Hinblick auf die Begründung der Paarbe-

---

113   BGH NJW 2016, 2322 Rn. 50; für den kollisionsrechtlichen ordre public Rn. 51. Vgl. MüKoBGB/*Coester* EGBGB Art. 17 b Rn. 80.

114   MüKoBGB/*Coester* EGBGB Art. 17 b Rn. 81.

115   Vgl. *Forkert*, S. 88 f.; *Wagner* IPRax 2001, 281 (288).

116   Vgl. *Mankowski* NJW 2019, 465 (470).

117   Unterschiede ergeben sich nur dann, wenn von der Möglichkeit Gebrauch gemacht wird, eine Partnerschaft vor den Konsulaten einzugehen, s. hierzu MüKoBGB/*Coester* EGBGB Art. 17 b Rn. 20.

118   Vgl. MüKoBGB/*Coester* EGBGB Art. 17 b Rn. 17.

119   Vgl. Staudinger/*Mankowski* EGBGB Art. 17 b Rn. 28.

120   Vgl. MüKoBGB/*Coester* EGBGB Art. 17 b Rn. 23; *Andrae* IntFamR § 1 Rn. 182.

121   Palandt/*Thorn* EGBGB Art. 17 b Rn. 3.

122   *Jayme/Nordmeier* StAZ 2015, 270; *Hepting/Dutta* Rn. III-820.

123   Vgl. MüKoBGB/*Coester* EGBGB Art. 17 b Rn. 27; *Forkert*, S. 97 f.; *Frank* MittBayNot 2001, Sonderheft Lebenspartnerschaften, S. 35, 37 f.; *Henrich* FamRZ 2002, 137 (138); Erman/*Hohloch* EGBGB Art. 17 b Rn. 11; Staudinger/*Mankowski* EGBGB Art. 17 b Rn. 30–32.

124   Vgl. Staudinger/*Mankowski* EGBGB Art. 17 b Rn. 31.

125   Vgl. Staudinger/*Mankowski* EGBGB Art. 17 b Rn. 33.

ziehung relevant, wenn im Inland aus einer im Ausland begründeten Lebenspartnerschaft oder eingegangenen Ehe Ansprüche geltend gemacht werden. Denn solche Ansprüche setzen voraus, dass die im Ausland eingetragene Paarbeziehung auch wirksam begründet wurde.

Vorfragen, die sich **im Rahmen der Begründung** einer Lebenspartnerschaft **oder der Eingehung** einer **48** Ehe stellen (etwa die Frage der Minderjährigkeit eines Partners oder das Bestehen einer anderweitigen Lebenspartnerschaft oder Ehe),[126] sind nach dem Willen des Gesetzgebers selbstständig anzuknüpfen,[127] also nicht nach dem IPR des Register führenden Staates als der lex causae, sondern nach dem deutschen IPR als der lex fori. Die selbstständige kann sich hier von der unselbstständigen Vorfragenanknüpfung freilich nur dann unterscheiden, wenn es um Vorfragen im Rahmen einer im Ausland eingetragenen Lebenspartnerschaft bzw. Ehe geht (denn nur dann fallen lex fori und lex causae auseinander, vgl. hierzu und allgemein zu Vorfragen im Rahmen des → Art. 17 b Rn. 26 ff.). Genau diese, in den Gesetzesmaterialien durch die Erwähnung der selbstständigen Anknüpfung angesprochenen Konstellationen sind allerdings recht kompliziert, denn bei ihnen wird die Hauptfrage der wirksamen Partnerschaftsbegründung wohl meist Vorfrage für ein weiteres Rechtsverhältnis sein. **Beispiel**: Partner A einer im Staate X registrierten Lebenspartnerschaft macht in Deutschland Unterhaltsansprüche gegen Partner B nach deutschem Recht geltend. B wendet nun ein, zu einer wirksamen Partnerschaftsbegründung zwischen ihm und A sei es nach dem Recht von X nicht gekommen, weil A im Lande Y mit Partnerin C bereits zuvor eine wirksame Lebenspartnerschaft eingegangen sei. Hier stellt sich die Partnerschaft zwischen A und C als Vorfrage für die Begründung einer wirksamen Partnerschaft zwischen A und B als Hauptfrage, und diese wiederum als Vorfrage im Rahmen von Unterhaltsansprüchen nach deutschem Recht.

3. Auflösung (Abs. 1 S. 1 Alt. 2). Während das Gesetz bei der Begründung der Paarbeziehung ein paralle-   **49** les Anknüpfungsmoment für die Lebenspartnerschaft und die Ehe vorsieht (das gilt gleichermaßen für die allgemeinen Ehe- bzw. Partnerschaftswirkungen sowie für den Versorgungsausgleich), besteht diese Parallelität nicht für die Beendigung der Paarbeziehung (und auch nicht für ihre güterrechtlichen Wirkungen). Deutlich zu unterscheiden sind also Auflösung der Lebenspartnerschaft einerseits und Ehescheidung bzw. Trennung ohne Auflösung des Ehebandes andererseits. Die (fehlende) Parallelität folgt aus der (eingeschränkten) Verweisung in Abs. 4 auf Abs. 1–3. **Ehescheidung** und güterrechtliche Wirkungen der Ehe sind deshalb **bei Abs. 4 kommentiert**; der Begriff der **„Auflösung" in Abs. 1** bezieht sich **ausschließlich** auf die **eingetragene Lebenspartnerschaft.**

Als actus contrarius unterliegt die Auflösung der Lebenspartnerschaft dem gleichen Recht wie ihre Begründung. Durch diesen **Gleichlauf** in der Anknüpfung an das Recht des Register führenden Staates wird sichergestellt, dass jede Lebenspartnerschaft auch aufgelöst werden kann.[128] Sollte sich dennoch einmal die Situation einstellen, dass das Recht des Register führenden Staates keine Auflösungsmöglichkeit vorsieht, so ist an eine analoge Anwendung der im Registerstatut geltenden Scheidungsregeln zu denken.

Sachlich gehören zur Auflösung zunächst sämtliche **Auflösungsvoraussetzungen**. Damit unterliegen dem   **50** Registerstatut nicht nur die zulässigen Auflösungsgründe, sondern auch die Art und Weise, in der aufgelöst wird, sei es durch konsensuale oder einseitige Erklärung, gerichtlichen Konstitutivakt oder das Ablaufen von Trennungsfristen.[129] Da es sich bei der Frage, in welchem gerichtlichen oder behördlichen **Verfahren** die Auflösung erfolgt, um eine verfahrensrechtliche handelt,[130] ist umstritten,[131] ob § 15 LPartG, der die Aufhebung der Partnerschaft durch gerichtliches Urteil vorsieht, als Verfahrensvorschrift der lex fori auch dann Anwendung finden muss, wenn das Registerstatut eine andere Form der Auflösung vorsieht, etwa eine Privatauflösung.[132] Dagegen spricht, dass eine dem Art. 17 Abs. 2 entsprechende Bestimmung in Art. 17 b fehlt; das in § 15 LPartG vorgesehene Gerichtsmonopol bezieht sich auf in Deutschland registrierte Partnerschaften und muss nicht zwingend auf im Ausland registrierte und anders konzipierte Partnerschaften übertragen werden.[133] Privatauflösungen unter ausländischem Registerstatut sind also grundsätzlich auch in

---

126 Hier ist zu unterscheiden: Die Frage, ob eine anderweitige Ehe oder Lebenspartnerschaft bereits besteht, ist als Vorfrage selbstständig anzuknüpfen; wie sich aber eine solche bereits bestehende Ehe oder Lebenspartnerschaft auf die Begründung der neuen Partnerschaft auswirkt, ist nicht Vorfrage, sondern als Hauptfrage dem Recht des (für die spätere Partnerschaft) Register führenden Staates zu entnehmen; vgl. *Forkert*, S. 107; MüKoBGB/*Coester* EGBGB Art. 17 b Rn. 29 f.

127 BT-Drs. 14/3751, S. 60.

128 Vgl. MüKoBGB/*Coester* EGBGB Art. 17 b Rn. 34; *Forkert*, S. 168; *Frank* MittBayNot 2001, Sonderheft Lebenspartnerschaften, S. 35, 38; Staudinger/*Man-*

kowski EGBGB Art. 17 b Rn. 42; *Wagner* IPRax 2001, 281 (289).

129 Vgl. MüKoBGB/*Coester* EGBGB Art. 17 b Rn. 35; *Henrich* FamRZ 2002, 137 (140); Staudinger/*Mankowski* EGBGB Art. 17 b Rn. 44.

130 Vgl. Staudinger/*Mankowski* EGBGB Art. 17 b Rn. 45.

131 Ausf. Wiedergabe des Meinungsstandes bei MüKoBGB/*Coester* EGBGB Art. 17 b Rn. 37 ff.

132 S. etwa Palandt/*Thorn* EGBGB Art. 17 b Rn. 6: Für das Auflösungsverfahren gelte die lex fori, im Inland also § 15 LPartG.

133 Vgl. *Henrich* FamRZ 2002, 137 (141); MüKoBGB/ *Coester* EGBGB Art. 17 b Rn. 38.

Deutschland möglich,[134] und zwar vor den Stellen, die in Deutschland mit der Registrierung von Lebenspartnerschaften betraut worden sind.[135] Verlangt umgekehrt das ausländische Registerstatut eine gerichtliche Auflösung, so kann die Auflösung im Inland auch von einem (international zuständigen) deutschen Gericht vollzogen werden.[136]

51   Zu den Auflösungsvoraussetzungen gehört auch die Frage, ob die **Eheschließung** mit einem Dritten die Lebenspartnerschaft kraft Gesetzes beendet.[137] Die Beantwortung dieser Frage unterliegt also dem Registerstatut, während die Frage, ob eine solche Ehe besteht, als Vorfrage gesondert anzuknüpfen ist[138] (zur Anknüpfung von Vorfragen → Rn. 26 ff.). Dem Registerstatut unterstehen schließlich sämtliche **Folgen der Auflösung**, insbesondere der Versorgungsausgleich nach Abs. 1 S. 2 und 3.[139]

52   **4. Allgemeine Wirkungen und der Hinweis auf EuPartVO bzw. EuGüVO (Abs. 1 S. 1 Alt. 3).** Die allgemeinen Wirkungen unterliegen den Sachvorschriften des Register führenden Staates. **Rechtswahlmöglichkeiten** sind bei der eingetragenen Lebenspartnerschaft nicht vorgesehen,[140] wohl aber können Ehegatten für die allgemeinen Ehewirkungen nach Art. 17b Abs. 5 S. 2 eine Rechtswahl gemäß Art. 14 treffen. **Von den allgemeinen Wirkungen erfasst** werden in Parallele zu Art. 14 die Fragen des Zusammenlebens und die Verpflichtung zur Lebensgemeinschaft, Treuepflichten und die Aufgabenverteilung innerhalb der Partnerschaft, ferner die Veränderung von Haftungsmaßstäben im Verhältnis unter den Partnern und – soweit weder EuGüVO noch EuPartVO einschlägig sind – Verpflichtungsbefugnisse im Rahmen einer eventuellen Schlüsselgewalt (vgl. § 1357 BGB) und die Eigentumsvermutung nach Art des § 1362 BGB.[141] **Nicht erfasst** werden jedenfalls das Unterhalts-, das Namens- und das Erbrecht.[142] Ebenfalls nicht als Partnerschaftswirkung zu qualifizieren ist die sorgerechtliche Beteiligung des Ehegatten bzw. Lebenspartners (vgl. § 9 LPartG).[143] Insoweit findet vielmehr Art. 21 Anwendung, denn mit dem Kind tritt eine dritte Person hinzu, und das Verhältnis zwischen dem Kind und dem Ehe- bzw. Lebenspartner steht bei der sorgerechtlichen Beteiligung im Vordergrund.[144]

Abs. 1 S. 1 stellt klar, dass nur „die nicht in den Anwendungsbereich der [EuPartVO] fallenden allgemeinen Wirkungen einer eingetragenen Lebenspartnerschaft" dem Registerstatut unterfallen; eine entsprechende Einschränkung zugunsten der EuGüVO ergibt sich bei gleichgeschlechtlichen Ehen aus Abs. 4 S. 2. Dieser **Hinweis auf das vorrangige Europarecht** ist im Kontext der allgemeinen Wirkungen besonders wichtig, weil sich durch das europäische Güterrecht die Grenzen bei der Qualifikation verschoben haben. Der sachliche Anwendungsbereich des Europarechts ist sehr weit und umfasst einen großen Teil der Materien, die man jedenfalls früher den allgemeinen Ehewirkungen zugeordnet hätte. Normen wie § 1357 BGB (Mitverpflichtungsbefugnis) oder § 1362 BGB (Eigentumsvermutung), die man unter dem autonomen deutschen Kollisionsrecht der Art. 14, 17b Abs. 1 den allgemeinen Wirkungen zuordnen würde, sind im Anwendungsbereich von EuGüVO bzw. EuPartVO güterrechtlich zu qualifizieren.[145]

53   Der Hinweis auf die auf die **EuPartVO** stellt klar, dass alle nach dieser Verordnung güterrechtlich zu qualifizierenden Wirkungen einer **eingetragenen Lebenspartnerschaft** von dieser Verordnung und nicht von Art. 17b Abs. 1 S. 1 erfasst werden. Allerdings stimmen die Anknüpfungsmomente bei objektiver Anknüpfung weitgehend überein, denn Art. 26 Abs. 1 EuPartVO verweist insofern auf das Gründungsrecht der Partnerschaft, wobei EG 48 dahin gehend konkretisiert, dass es um das Recht geht, nach dem die Partnerschaft begründet und registriert wurde,[146] also wie bei Art. 17b Abs. 1 S. 1 um das Registerstatut.

Ganz andere Wirkungen hat dagegen die in **Abs. 4 S. 2** enthaltene Verweisung auf die **EuGüVO** im Falle einer **gleichgeschlechtlichen Ehe**. Der deutsche Gesetzgeber hat sich autonom dafür entschieden, die gleichgeschlechtliche Ehe im Güterrecht nicht der eingetragenen Lebenspartnerschaft gleichzustellen, son-

134 *Buschbaum* RNotZ 2010, 73 (94); *Henrich* FamRZ 2002, 137 (141); MüKoBGB/*Coester* EGBGB Art. 17b Rn. 40.

135 *Henrich* FamRZ 2002, 137 (141).

136 MüKoBGB/*Coester* EGBGB Art. 17b Rn. 41.

137 Anders als das deutsche Recht kennen etwa das belgische und französische Recht den Auflösungsgrund der Eheschließung, vgl. *Henrich* FamRZ 2002, 137 (140 f.).

138 Vgl. *Henrich* FamRZ 2002, 137 (140); Staudinger/*Mankowski* EGBGB Art. 17b Rn. 46.

139 MüKoBGB/*Coester* EGBGB Art. 17b Rn. 35; Staudinger/*Mankowski* EGBGB Art. 17b Rn. 44.

140 Hierzu *Forkert*, S. 117 ff.

141 Vgl. Mankowski NJW 2019, 465 (468); MüKoBGB/*Coester* EGBGB Art. 17b Rn. 31 ff.; *Forkert*, S. 109 ff.; *Frank* MittBayNot 2001, Sonderheft

142 Lebenspartnerschaften, S. 38; Palandt/*Thorn* EGBGB Art. 17b Rn. 4; *Henrich* FamRZ 2002, 139; Erman/*Hohloch* EGBGB Art. 17b Rn. 12; Staudinger/*Mankowski* EGBGB Art. 17b Rn. 30–32.

142 Vgl. *Forkert*, S. 117; Erman/*Hohloch* EGBGB Art. 17b Rn. 12.

143 Umstritten, aA *Forkert*, S. 113; Erman/*Hohloch* EGBGB Art. 17b Rn. 12.

144 Vgl. MüKoBGB/*Coester* EGBGB Art. 17b Rn. 33, 73; Staudinger/*Mankowski* EGBGB Art. 17b Rn. 93. Zum Adoptionskollisionsrecht s. *Brandt*, S. 89 ff.

145 Vgl. Mankowski NJW 2019, 465 (468); NK-BGB/*Magnus* Art. 3 EuGüVO/EuPartVO Rn. 27 f.; NK-BGB/*Sieghörtner* Art. 28 EuGüVO/EuPartVO Rn. 4.

146 Vgl. NK-BGB/*Sieghörtner* Art. 26 EuGüVO/EuPartVO Rn. 27.

dern sie als Ehe im Sinne der EuGüVO einzustufen.[147] Das führt zu einer ganz anderen objektiven Anknüpfung als nach der EuPartVO, denn Art. 26 Abs. 1 EuGüVO beruft nicht das Recht des Register führenden Staates, sondern verwendet als Regelanknüpfung den ersten gemeinsamen gewöhnlichen Aufenthalt.

5. Güterrechtliche Wirkungen bei vor dem 29.1.2019 geschlossenen Ehen und Lebenspartner- **54** **schaften.** Art. 17 b Abs. 1 S. 1 erfasste früher, nämlich bis zum EGBGB 2017, auch das Güterrecht. Das Registerstatut beherrschte also auch die güterrechtlichen Wirkungen der Lebenspartnerschaft. Über die Verweisung des Art. 17 b Abs. 4 galt dies nach dem EGBGB 2017 auch für die gleichgeschlechtliche Ehe. Erst mit Wirkung zum 29.1.2019 traten die güterrechtlichen Verordnungen EuGüVO und EuPartVO in Kraft. Aus Art. 17 b Abs. 1 S. 1 wurde das Güterrecht entfernt und Art. 15 aF wurde aufgehoben. Allerdings werden beide güterrechtlichen Kollisionsnormen noch auf Jahrzehnte ihre Bedeutung behalten.[148] Wurde eine Ehe oder Lebenspartnerschaft **vor dem 29.1.2019 geschlossen** und erfolgte **danach auch keine güterrechtliche Rechtswahl**, so findet für **Lebenspartnerschaften** Art. 17 b Abs. 1 S. 1 in der bis einschließlich 28.1.2019 geltenden Fassung weiter Anwendung (Art. 229 § 47 Abs. 3 EGBGB) mit seiner güterrechtlichen Verweisung auf das Recht des Register führenden Staates. Für **verschiedengeschlechtliche Ehen** findet Art. 15 iVm Art. 14 aF weiter Anwendung mit seiner regulären Anknüpfung an die gemeinsame Staatsangehörigkeit der Ehegatten bei Eingehung der Ehe. Und für **gleichgeschlechtliche Ehen** findet über Art. 17 b Abs. 4 EGBGB 2017 Art. 17 b Abs. 1 S. 1 aF weiter Anwendung (Art. 229 § 47 Abs. 3 EGBGB) mit seiner güterrechtlichen Verweisung auf das Recht des Register führenden Staates (Art. 229 § 47 Abs. 2 EGBGB).

Wie bei Art. 15 aF sind im Rahmen des intertemporal anwendbaren Art. 17 b Abs. 1 S. 1 aF als güterrecht-   **55** lich alle Regelungen[149] zu **qualifizieren**, mit denen das **Partnervermögen gesondert geordnet** wird, einschließlich der Vermögensauseinandersetzung nach Auflösung der Partnerschaft bzw. Ehe.[150] Dazu gehören insbesondere die Güterstände, Gütermassen sowie Nutzungs- und Verwaltungsbefugnisse,[151] nicht aber Unterhaltsansprüche.[152] Das Registerstatut beherrscht auch die Frage, ob und inwieweit die Lebenspartner bzw. Ehegatten privatautonom den Güterstand ändern oder die vom Gesetz vorgesehenen güterrechtlichen Wirkungen ausschließen können.[153] Davon zu unterscheiden ist die Möglichkeit einer **kollisionsrechtlichen Rechtswahl**, die das alte deutsche IPR den Lebenspartnern und gleichgeschlechtlichen Ehegatten im Unterschied zu verschiedengeschlechtlichen Ehegatten (Art. 15 aF) nicht gewährte. Nur mittelbar war es möglich, deutsches Güterrecht zu wählen, indem die Parteien eine im Ausland registrierte Partnerschaft erneut in Deutschland registrieren ließen (vgl. Abs. 3). Die früher streitige Frage, ob sich durch analoge Anwendung des Art. 15 Abs. 2 aF eine Rechtswahlmöglichkeit begründen ließe,[154] hat sich dadurch erledigt, dass es allen Partnern von eingetragenen Lebenspartnerschaften und (gleichgeschlechtlichen) Ehen heute offensteht, sich über eine Rechtswahl in die europäischen Verordnungen einzuwählen.

6. Versorgungsausgleich (Abs. 1 S. 2 u. 3). Zu den Folgen der Auflösung der Lebenspartnerschaft bzw.   **56** der Trennung oder Scheidung einer gleichgeschlechtlichen Ehe zählt systematisch auch die Durchführung des Versorgungsausgleichs. Er hat in Abs. 1 S. 2 und 3 eine eigene Regelung gefunden und unterliegt grundsätzlich den Sachvorschriften des Register führenden Staates. Allerdings findet die Durchführung des Versorgungsausgleichs nach der lex libri eine wesentliche Einschränkung dadurch, dass **Abs. 1 S. 2 Hs. 2** einseitig ausgestaltet ist und eine **deutsche Registrierung voraussetzt**. Eine weitere Einschränkung ergibt sich daraus, dass der Versorgungsausgleich grundsätzlich auch nur dann nach deutschem Recht durchgeführt wird, wenn eines der Heimatrechte der Partner einen Versorgungsausgleich zwischen Lebenspartnern bzw. gleichgeschlechtlichen Ehegatten kennt. Nach diesem Heimatrecht muss also ein Versorgungsausgleich gerade auch zwischen Lebenspartnern oder gleichgeschlechtlichen Ehegatten vorgesehen sein, nicht ausreichend wäre etwa, dass nach diesem Recht nur ein Versorgungsausgleich zwischen verschiedengeschlechtlichen Eheleuten bekannt ist.[155] Ob das ausländische Recht einen Versorgungsausgleich zwischen Lebenspartnern bzw. gleichgeschlechtlichen Ehegatten „kennt", ist danach zu entscheiden, ob die wesentlichen Strukturmerkmale des ausländischen Rechts dem deutschen gleichen;[156] eine Übereinstimmung in den Einzelheiten ist nicht erforderlich.[157]

---

147 Die EuGüVO selbst enthält keine eigene, unions-rechtliche Definition der Ehe (siehe auch EG 17), vgl. hierzu *v. Bar/Mankowski* IPR BT II § 4 Rn. 796.
148 *Mankowski* NJW 2019, 465 (469).
149 Einen umfassenden rechtsvergleichenden Überblick zum Güterrecht der Lebenspartner gibt *Forkert*, S. 160 ff.
150 Vgl. MüKoBGB/*Coester* EGBGB Art. 17 b Rn. 43; Staudinger/*Mankowski* EGBGB Art. 17 b Rn. 39.
151 Vgl. *Forkert*, S. 125 ff.
152 *Forkert*, S. 125.

153 Staudinger/*Mankowski* EGBGB Art. 17 b Rn. 39.
154 Vgl. bejahend Staudinger/*Mankowski* EGBGB Art. 17 b Rn. 41; verneinend *Gebauer* in der Vorauflage Rn. 45.
155 Vgl. BeckOK BGB/*Heiderhoff* EGBGB Art. 17 b Rn. 44; Erman/*Hohloch* EGBGB Art. 17 b Rn. 15.
156 Zur (Ablehnung der) Vergleichbarkeit des Versorgungsausgleichs nach niederländischem Recht s. BGH DNotZ 2009, 628 (631 ff.).
157 *Buschbaum* RNotZ 2010, 73 (94).

57   Nur ausnahmsweise kommt auch bei ausländischem Registerstatut eine Durchführung des Versorgungsausgleichs gem. **Abs. 1 S. 3** nach deutschem Recht in Betracht. Diese **Ersatzanknüpfung** setzt allerdings voraus, dass eine inländische Versorgungsanwartschaft erworben wurde, dass der Versorgungsausgleich beantragt wurde und dass er nicht unbillig erscheint. Die Besonderheiten der kollisionsrechtlichen Normierung in Abs. 1 S. 2 und 3 sind vor dem Hintergrund zu sehen, dass der Versorgungsausgleich international nicht sehr verbreitet und ferner mit dem Sozialrecht verflochten ist.[158]

V. Unterhaltsrechtliche Folgen

58   Das **Haager Protokoll über das auf Unterhaltspflichten anwendbare Recht von 2007 (Haager Protokoll)** ist seit dem 18.6.2011 in Deutschland anwendbar. Es löste das Haager Unterhaltsübereinkommen (HUntÜ) ab. Die umfassende kollisionsrechtliche Regelung des Unterhaltsrechts durch den Unionsgesetzgeber, der in Art. 15 EuUntVO auf das Haager Protokoll Bezug nimmt, war für den deutschen Gesetzgeber Grund für die Streichung der früheren autonomrechtlichen Vorschrift zum Unterhaltsrecht bei eingetragenen Lebenspartnerschaften.[159]

Das **Haager Protokoll** bestimmt in seinem Art. 1 das „auf solche Unterhaltspflichten anzuwendende Recht, die sich aus Beziehungen der Familie, Verwandtschaft, Ehe oder Schwägerschaft ergeben [...]". Ausdrücklich erwähnt sind also eingetragene Lebenspartnerschaften nicht. Abgesehen von der Sonderfrage, wem die Interpretationshoheit für den Begriff des Familienunterhalts zukommt,[160] besteht Konsens darüber, dass jedenfalls aus deutscher Sicht **Unterhaltsansprüche registrierter Lebenspartner und gleichgeschlechtlicher Ehepartner mit umfasst** sind.[161]

59   Ein unterhaltsrechtlicher Anspruch unter Ehe- bzw. Lebenspartnern setzt voraus, dass zwischen ihnen eine Lebenspartnerschaft bzw. gleichgeschlechtliche Ehe begründet wurde. Im Rahmen unterhaltsrechtlicher Hauptfragen können sich deshalb die Begründung der Partnerschaft und eventuell auch ihre Auflösung als **Vorfragen** stellen (hierzu → Rn. 48).

60   Das Haager Protokoll sieht in seinem Art. 3 grundsätzlich eine **Anknüpfung an den gewöhnlichen Aufenthalt der berechtigten Person** vor, sofern nach Art. 8 keine **Rechtswahl** zwischen der berechtigten und der verpflichteten Person getroffen wurde. Art. 5 sieht eine **Ausweichklausel** gegenüber der Grundanknüpfung des Art. 3 in Bezug auf Unterhaltspflichten zwischen „Ehegatten" und „früheren Ehegatten" für den Fall vor, dass sich eine der Parteien gegen die Grundanknüpfung wendet „und das Recht eines anderen Staates, insbesondere des Staates ihres letzten gemeinsamen gewöhnlichen Aufenthalts, zu der betreffenden Ehe eine engere Verbindung aufweist".

61   Die Frage, ob die **Ausweichklausel nach Art. 5** des Haager Protokolls, die sich ihrem Wortlaut nach auf Ehegatten bezieht, ebenfalls auch gleichgeschlechtliche Ehen bezieht und **analog auch auf eingetragene Lebenspartner** angewendet werden kann,[162] wird besonders dann relevant, wenn das gemäß Art. 3 berufene Recht des gewöhnlichen Aufenthalts eine eingetragene Lebenspartnerschaft bzw. gleichgeschlechtliche Ehe und entsprechend auch Unterhaltsansprüche aus einer solchen Paarbeziehung nicht kennt. Bevor in diesem Fall auf die Ausweichklausel zurückgegriffen wird, kann zunächst geprüft werden, ob nicht in den unterhaltsrechtlichen Vorschriften der lex causae die Lebenspartnerschaft eine Ehe substituieren kann (zur **Substitution** → Rn. 37). Regelmäßig wird eine lex causae, die eine eingetragene Lebenspartnerschaft bzw. eine gleichgeschlechtliche Ehe nicht kennt, in diesem Sinne nicht substitutionsoffen sein.

62   Im Rahmen der Ausweichklausel nach Art. 5 des Haager Protokolls besteht nach herrschender Auffassung ein weitgehender Interpretationsspielraum der EU-Mitgliedstaaten.[163] Nicht zuletzt aus verfassungsrechtlichen Gründen ist für Deutschland die **Möglichkeit einer** solchen **Analogie** zu bejahen,[164] wobei die „engere Verbindung" zu „der betreffenden Ehe" nicht notwendig auf das Recht des Register führenden Staates hinauslaufen muss.[165]

---

158   MüKoBGB/*Coester* EGBGB Art. 17 b Rn. 35; *Buschbaum* RNotZ 2010, 73 (94).

159   BT-Drs. 17/4887 S. 52 2.Sp.: „Dadurch erübrigt sich die unterhaltsrechtliche Komponente des Artikels 17 b." **Art. 17 b Abs. 1 S. 2 aF** in seiner Geltung bis zum 18.6.2011 hatte folgenden **Wortlaut**: „Auf die unterhaltsrechtlichen und die erbrechtlichen Folgen der Lebenspartnerschaft ist das nach den allgemeinen Vorschriften maßgebende Recht anzuwenden; begründet die Lebenspartnerschaft danach keine gesetzliche Unterhaltsberechtigung oder kein gesetzliches Erbrecht, so findet insoweit Satz 1 entsprechende Anwendung".

160   Vgl. *Hilbig* GPR 2011, 310.

161   *Coester* IPRax 2013, 114 (119); MüKoBGB/*Coester* EGBGB Art. 17 b Rn. 50; *Andrae* IntFamR § 10 Rn. 10–18 (16).

162   Vgl. dazu *Coester* IPRax 2013, 114 (120).

163   *Coester* IPRax 2013, 114 (120) mwN.

164   MüKoBGB/*Coester* EGBGB Art. 17 b Rn. 51 f.; vgl. auch *Andrae* IntFamR § 10 Rn. 128: Aus deutscher Sicht gleichgeschlechtliche Ehen in Art. 5 HUP einbezogen und bei eingetragenen Lebenspartnerschaften „zumindest analog anzuwenden".

165   MüKoBGB/*Coester* EGBGB Art. 17 b Rn. 53; *Coester* IPRax 2013, 114 (120).

VI. Erbrechtliche Folgen

Die **EuErbVO** findet nach ihrem Art. 83 Abs. 1 auf die Rechtsnachfolge von Personen Anwendung, die am 63 17.8.2015 oder danach verstorben sind. Entsprechend gilt das alte Recht nur für Personen, die vor dem 17.8.2015 verstorben sind. Art. 17 b Abs. 1 S. 2 aF erfasst diese **Altfälle** und berief grundsätzlich das Heimatrecht des Erblassers. Da diese erbrechtlichen Altfälle heute nur noch in besonders gelagerten Konstellationen eine Rolle spielen können (etwa im Rahmen von Vorfragen), sollen sie hier nicht mehr näher behandelt werden.[166]

Ist ein Ehe- oder Lebenspartner am 17.8.2015 oder danach verstorben, so findet für die Rechtsnachfolge 64 von Todes wegen auf diese **Neufälle** die EuErbVO Anwendung. Ihr Art. 23 Abs. 2 lit. b bezieht sich ausdrücklich auf „Nachlassansprüche des überlebenden Ehegatten oder Lebenspartners". Wird über Art. 21 Abs. 1 EuErbVO auf den letzten gewöhnlichen Aufenthalt oder über Art. 22 EuErbVO ausnahmsweise auf das Heimatrecht des Erblassers verwiesen und ist dieses Erbstatut nicht auch gleichzeitig das Recht des Register führenden Staates, dann kann sich die Frage stellen, ob im Zeitpunkt des Todes die Ehe oder Lebenspartnerschaft noch Bestand hatte oder bereits aufgelöst war, etwa durch eine der Partnerschaftsbegründung nachfolgende Eheschließung. Solche **Vorfragen nach Bestand und Auflösung der Partnerschaft**, die sich im Rahmen der erbrechtlichen Hauptfrage im ausländischen Recht stellen, sind selbstständig anzuknüpfen[167] (hierzu → Rn. 26 ff.).

Sieht das als **Erbstatut** berufene ausländische Recht **keine Erbberechtigung für eingetragene Lebens-** 65 **partner oder gleichgeschlechtliche Ehegatten** vor, etwa weil es diese Rechtsinstitute nicht kennt, dann finden nur **in Altfällen** (→ Rn. 63), wenn also der Erblasser vor dem 17.8.2015 verstorben ist, gem. Abs. 1 S. 2 aF die **Sachvorschriften des Register führenden Staates** Anwendung. Eine solche **subsidiäre Anknüpfung** ist unter Geltung der EuErbVO nicht vorgesehen. Fehlt es nach dem durch die Kollisionsnormen der EuErbVO berufenen Recht an einer Erbberechtigung, so ist zunächst zu fragen, ob die ausländischen Vorschriften über das Ehegattenerbrecht entsprechend herangezogen werden können, weil sie offen für eine Substitution durch gleichgeschlechtliche Paarbeziehungen sind (zur Substitution siehe auch → Rn. 38). Die Antwort auf diese Frage ist im ausländischen Erbstatut mit seinem eigenen System und seinen eigenen Wertvorstellungen zu suchen und wird im Zweifel negativ ausfallen[168] Davon zu unterscheiden ist die Frage, ob man dieses **Ergebnis** einer fehlenden Erbberechtigung im fremden Recht **korrigieren** muss. Das kommt mit der Begründung in Betracht, dass die fehlende Erbberechtigung auf einer Diskriminierung wegen der sexuellen Ausrichtung im Sinne des Art. 21 Abs. 1 GRCh beruht und deshalb infolge eines angenommenen ordre public-Verstoßes (gem. Art. 35 EuErbVO) nicht ohne Weiteres zur Anwendung gelangen kann. Auf dieser Grundlage lässt sich dann eine Ersatznorm im fremden Recht bilden, die zur analogen Anwendung der für verschiedengeschlechtliche Ehepartner geltenden Erbrechtsbestimmungen führen mag.[169] Durchaus auf Kosten des internationalen Entscheidungseinklangs werden dann aber inländische (eventuell auch europäisch aufgeladene) Wertvorstellungen durchgesetzt. Um Substitution handelt es sich dabei nicht. Die planwidrige Unvollständigkeit ergibt sich bei einem ordre public-Verstoß vielmehr aus externen Wertungen, wenn nicht damit zu rechnen ist, dass auch Gerichte in der Rechtsordnung der lex causae entsprechend verfahren würden.

Substitutionsfragen können sich aber auch dann stellen, wenn das Erbstatut eine Erbberechtigung des 66 Lebenspartners wohl vorsieht, nicht aber das Registerstatut, das die registrierte Partnerschaft zwar kennt und regelt, jedoch mit keinen oder wesentlich schwächeren erbrechtlichen Wirkungen versieht als das Erbstatut. Das Standardbeispiel für diese Konstellation ist die Frage nach der erbrechtlichen Stellung des überlebenden Partners eines in Frankreich registrierten PACS bei deutschem Erbstatut im Rahmen des § 10 LPartG[170] (hierzu → Rn. 40).

Vorrangige Staatsverträge, welche die Mitgliedstaaten mit Drittstaaten abgeschlossen haben, setzen sich 67 gem. Art. 75 EuErbVO gegenüber der regulären Anknüpfung nach dem Europarecht oder in Altfällen auch gegenüber der Anknüpfung nach dem autonomen Kollisionsrecht durch.[171] Dies kann zu einer gesetzlichen Ungleichbehandlung der Partner in gemischtnationalen Lebenspartnerschaften bzw. Ehen führen: So kann etwa die türkische Partnerin bei Anwendbarkeit deutschen Rechts gesetzliche Erbin werden, wenn ihre deutsche Ehefrau oder Lebenspartnerin stirbt und deutsches Recht aufgrund der Staatsangehörigkeitsanknüpfung des deutsch-türkischen Nachlassabkommens[172] Anwendung findet, nicht aber im umgekehrten

---

166 Ausführlicher zu den Altfällen die Vorauflage in Rn. 57.

167 AA MüKoBGB/*Coester* EGBGB Art. 17 b Rn. 53; *Henrich* FamRZ 2002, 137 (143).

168 Vgl. *Wagner* IPRax 2001, 281 (291).

169 MüKoBGB/*Coester* EGBGB Art. 17 b Rn. 56.

170 Vgl. *Forkert*, S. 248 ff.; *Süß* DNotZ 2001, 168 (173).

171 Vgl. *Gebauer/Staudinger* IPRax 2002, 275 (279).

172 Vgl. § 14 Abs. 1 der Anlage zu Art. 20 des Konsularvertrages (Nachlassabkommen) zwischen dem deutschen Reich und der türkischen Republik v. 28.5.1929 (RGBl II 1930 S. 748).

Fall der überlebenden deutschen Partnerin, wenn türkisches Recht aufgrund dieses Abkommens auch für den in Deutschland belegenen, beweglichen Nachlass Erbstatut ist.[173] Deshalb empfiehlt sich bei deutsch-türkischen Paarbeziehungen dringend eine erbvertragliche Gestaltung.[174]

VII. Name, Ehe- und Partnerschaftswohnung

68   **1. Namensrecht (Abs. 2 Alt. 1).** Eine eigenständige Kollisionsnorm für die namensrechtlichen Folgen von Lebenspartnerschaft und gleichgeschlechtlicher Ehe enthält Art. 17 b nicht. Nur durch die Verweisung auf Art. 10 Abs. 2 in Abs. 2 wird den Partnern ausdrücklich eine Wahlmöglichkeit eingeräumt. Vorausgesetzt wird die Maßgeblichkeit der Personalstatute beider Lebenspartner gem. Art. 10 Abs. 1; es gilt also im Grundsatz ihr **Heimatrecht**.[175]

69   Die Verweisung in Abs. 2 auf Art. 10 Abs. 2 eröffnet Lebenspartnern wie Ehegatten die **Möglichkeit**, die für die Namensführung maßgebende **Rechtsordnung selbst zu wählen**. Zur Auswahl stehen deutsches Recht, soweit einer der Lebenspartner seinen gewöhnlichen Aufenthalt im Inland hat, sowie eines der Heimatrechte der Lebenspartner; dabei können auch nicht-effektive Staatsangehörigkeiten aktiviert werden.[176] Soweit der Wortlaut des Art. 10 Abs. 2 von einem Standesbeamten spricht, ist damit bei Lebenspartnern entsprechend die Behörde gemeint, die nach Landesrecht zur Registrierung berufen ist; bei gleichgeschlechtlichen Ehegatten verbleibt es insoweit beim Standesamt.[177] Ob die Ehe bzw. Partnerschaft im Inland oder im Ausland geschlossen wurde, spielt keine Rolle; auch eine nachträgliche Rechtswahl für eine im Ausland registrierte Partnerschaft oder geschlossene Ehe durch öffentlich beglaubigte Erklärung gegenüber einer zuständigen deutschen Behörde ist also möglich.[178]

70   Wird ausländisches Namensrecht gewählt und kennt dieses Recht die registrierte Lebenspartnerschaft oder gleichgeschlechtliche Ehe nicht, so ist an eine entsprechende Anwendung der sonstigen ausländischen Ehenamensregeln durch **Substitution** zu denken.[179] Art. 10 Abs. 2 regelt nur die **kollisionsrechtliche Rechtswahl**; nach dem anwendbaren Recht bestimmt sich sodann, ob auch materiellrechtlich eine Wahl des Namens möglich ist.[180] Wird deutsches Recht gewählt, so gilt für die **materielle Namenswahl** § 3 LPartG bzw. § 1355 BGB.[181]

71   Soweit die Lebenspartner ein **gemeinsames Kind** haben (etwa bei Adoption oder bei registrierten heterosexuellen Lebenspartnerschaften), führt die Verweisung in Abs. 2 auch zu Art. 10 Abs. 2 S. 3. Diese Bestimmung regelt die Auswirkungen einer von den Partnern getroffenen Rechtswahl auf den **Namen des Kindes**.[182]

72   **2. Ehe und Partnerschaftswohnung (Abs. 2 Alt. 2).** Abs. 2 Alt. 2 verweist auf Art. 17 a. **Früher** (bis zum 28.1.2019) bezog sich die einseitige[183] und ehespezifische Kollisionsnorm des Art. 17 a auf die **Nutzungsbefugnis** im Hinblick auf die **Ehewohnung** und den **Hausrat** und damit in Zusammenhang stehende Betretungs-, Näherungs- und Kontaktverbote. Deutsches Recht fand deshalb Anwendung, wenn die Partnerschafts- bzw. Ehewohnung in Deutschland belegen war und der Hausrat sich in Deutschland befand. Befanden sich die Ehe- bzw. Partnerschaftswohnung und der Hausrat im Ausland, so erfolgte nach wohl überwiegender Ansicht eine Einordnung als allgemeine Lebenspartnerschaftswirkung, nach erfolgter Auflösung der Partnerschaft eine Einordnung unter das Aufhebungsstatut, insgesamt also eine Anknüpfung an das Recht des Register führenden Staates.[184]

73   **Heute** verbleiben dem sachlichen Anwendungsbereich des Art. 17 a lediglich die **personenrechtlichen Betretungs-, Näherungs- und Kontaktverbote**, die mit einer in Deutschland belegenen Ehe- bzw. Partnerschaftswohnung zusammenhängen. Der deutsche Gesetzgeber hat der Norm also komplett entzogen, was

---

173   Vgl. *Gebauer/Staudinger* IPRax 2002, 275 (279); *Süß* DNotZ 2001, 168 (174).

174   *Süß* DNotZ 2001, 168 (174); die erbvertragliche Gestaltung (weniger das gemeinschaftliche Testament) empfiehlt sich hier nicht nur bei gleichgeschlechtlichen, sondern auch bei verschiedengeschlechtlichen Paarbeziehungen, vgl. *Gebauer* IPRax 2018, 345 (350).

175   Vgl. MüKoBGB/*Coester* EGBGB Art. 17 b Rn. 59; *Forkert*, S. 260; Palandt/*Thorn* EGBGB Art. 17 b Rn. 7; Staudinger/*Mankowski* EGBGB Art. 17 b Rn. 68; BeckOK BGB/*Heiderhoff* EGBGB Art. 17 b 37; *Wagner* IPRax 2001, 281 (291).

176   Vgl. Palandt/*Thorn* EGBGB Art. 17 b Rn. 7; Staudinger/*Mankowski* EGBGB Art. 17 b Rn. 69; *Thorn* IPRax 2002, 349 (352).

177   MüKoBGB/*Coester* EGBGB Art. 17 b Rn. 60; *Forkert*, S. 267; Staudinger/*Mankowski* EGBGB Art. 17 b Rn. 70.

178   Vgl. Palandt/*Thorn* EGBGB Art. 17 b Rn. 7; Staudinger/*Mankowski* EGBGB Art. 17 b Rn. 70.

179   Vgl. MüKoBGB/*Coester* EGBGB Art. 17 b Rn. 60.

180   Vgl. Palandt/*Thorn* EGBGB Art. 17 b Rn. 7.

181   Hierzu *Forkert*, S. 268 ff.

182   Näher hierzu MüKoBGB/*Coester* EGBGB Art. 17 b Rn. 61 f.; *Forkert*, S. 272 ff.

183   Vgl. *Forkert*, S. 276.

184   S. hierzu *Forkert*, S. 114 ff., 276 ff.; vgl. Palandt/*Thorn* EGBGB Art. 17 b Rn. 7; Staudinger/*Mankowski* EGBGB Art. 17 b Rn. 72 f.

vermögensrechtlich mit Ehewohnung und Hausrat zu tun hat.[185] Denn diese Bereiche sind heute vom Europarecht erfasst, vgl. Art. 3 Abs. 1 lit. a EuGüVO/EuPartVO.

Intertemporal ist der **Anwendungsbereich des Art. 17 a aF** mit seinen vermögensrechtlichen Komponenten indes sehr groß. Die Verweisung in Art. 17 b Abs. 2 bezieht sich auf Art. 17 a in seiner alten Fassung immer dann, wenn die Lebenspartnerschaft bzw. gleichgeschlechtliche Ehe vor dem 29.1.2019 geschlossen und die Partner ab diesem Zeitpunkt keine Rechtswahl gem. EuPartVO bzw. EuGüVO getroffen haben (Art. 229 § 47 Abs. 2 Nr. 2 EGBGB). Das wird häufig auf Jahrzehnte noch der Fall sein.

VIII. Verkehrsschutz (Abs. 2 S. 2 und 3 aF)

In gleicher Weise **intertemporal durchwachsen** wie bei Hausrat und Ehewohnung ist die **Rechtslage beim** **74** **inländischen Verkehrsschutz**. Deshalb sollen die Vorschriften zum Schutz Dritter, die das autonome deutsche Kollisionsrecht früher beinhaltete, an dieser Stelle Erwähnung finden. Art. 17 b Abs. 2 S. 2 und 3 aF waren Art. 16 Abs. 2 und 1 aF nachgebildet und dienten bei entsprechendem Inlandsbezug dem Schutz des inländischen Rechtsverkehrs vor überraschenden Folgen, welche die Anwendung ausländischen Güterrechts mit sich bringen kann.[186] Die § 1362 BGB nachgebildete Eigentumsvermutung des § 8 Abs. 1 LPartG griff über Art. 17 b Abs. 2 S. 2 aF deshalb auch dann ein, wenn das anwendbare Güterrecht eine entsprechende Regelung nicht vorsah, und ebenso wurden die §§ 1357, 1365–1370 über § 8 Abs. 2 LPartG international durchgesetzt, soweit sie für gutgläubige Dritte günstiger waren. Art. 17 b Abs. 2 S. 3 aF war Art. 16 Abs. 1 aF nachgebildet und erklärte § 7 S. 2 LPartG iVm § 1412 BGB für entsprechend anwendbar, wenn die güterrechtlichen Wirkungen einer eingetragenen Lebenspartnerschaft dem Recht eines ausländischen Staates unterlagen und einer der Lebenspartner seinen gewöhnlichen Aufenthalt im Inland hatte oder hier ein Gewerbe betrieb.

Mit Wirkung zum 29.1.2019 wurden sowohl Art. 17 b Abs. 2 S. 2 und 3 als auch Art. 16 Abs. 1 und 2 ersatz- **75** los gestrichen. Ihre Funktion übernahm der am gleichen Tag in Kraft getretene Art. 28 EuGüVO/ EuPartVO.[187] In Art. 3 Abs. 1 lit. a dieser Verordnungen ist der Anwendungsbereich sehr weit gefasst.[188] Intertemporal wird der kollisionsrechtliche Verkehrsschutz in Art. 17 b Abs. 2 S. 2 und 3 aF aber noch auf lange Zeit Bedeutung haben.[189] Die **Normen** werden **in ihrer alten Fassung** immer dann noch zur Anwendung gelangen, wenn die Lebenspartnerschaft bzw. gleichgeschlechtliche Ehe **vor dem 29.1.2019** geschlossen wurde und die Partner ab diesem Zeitpunkt keine Rechtswahl gemäß EuPartVO bzw. EuGüVO getroffen haben.[190] Das wird auf Jahrzehnte noch der Fall sein.

IX. Mehrfachregistrierung (Abs. 3)

In umgekehrter zeitlicher Priorität unterstellt Abs. 3 die in Abs. 1 der Vorschrift genannten Folgen und Wir- **76** kungen einer in verschiedenen Ländern geschlossenen Ehe bzw. Partnerschaft zwischen denselben Personen den **Sachvorschriften im Staat der letzten Registrierung bzw. Eheschließung**. Die Norm ist rechtsvergleichend eher ungewöhnlich; gebräuchlicher ist es, eine bereits bestehende Registrierung als Hinderungs- grund für eine erneute Registrierung anzusehen.[191] Vermieden wird aber auf jede dieser Weisen die gleich- zeitige Anwendbarkeit verschiedener Rechtsordnungen. Durch die gleiche Regelung wird den Partnern ermöglicht, einen Statutenwechsel herbeizuführen und auf diese Weise mittelbar eine Rechtswahl zu tref- fen[192] (hierzu → Rn. 35). Im Blick hatte der Gesetzgeber wohl vor allem die deutsche Zweit- bzw. Letztre- gistrierung.

X. Gleichgeschlechtliche Ehe: (Eingeschränkte) Verweisung auf Abs. 1–3; Scheidung, Trennung und güterrechtliche Wirkungen (Abs. 4)

1. Allgemeine Verweisung (Abs. 4 S. 1).
Abs. 4 S. 1 setzt die kollisionsrechtliche **Grundentscheidung** **77** **des Gesetzgebers** um. Durch das für die gleichgeschlechtliche Ehe gewählte Anknüpfungsmoment wird sie

185 Vgl. *Mankowski* NJW 2019, 465 (468).
186 Vgl. MüKoBGB/*Coester* EGBGB Art. 17 b Rn. 44; *Forkert*, S. 282 ff.; Erman/*Hoholoch* EGBGB Art. 17 b Rn. 8; Staudinger/*Mankowski* EGBGB Art. 17 b Rn. 74; BeckOK BGB/*Heiderhoff* EGBGB Art. 17 b Rn. 27.
187 BeckOK BGB/*Heiderhoff* EGBGB Art. 17 b Rn. 38.
188 *Mankowski* NJW 2019, 465 (467 f.).
189 Vgl. BeckOK BGB/*Heiderhoff* EGBGB Art. 17 b Rn. 38.

190 Art. 229 § 47 Abs. 3 EGBGB, für gleichgeschlechtli- che Ehen iVm Art. 229 § 47 Abs. 2 Nr. 2 EGBGB.
191 Vgl. *Coester* IPRax 2013, 114 (121); MüKoBGB/ *Coester* EGBGB Art. 17 b Rn. 18.
192 Vgl. MüKoBGB/*Coester* EGBGB Art. 17 b Rn. 17; *Forkert*, S. 288 ff.; Erman/*Hoholoch* EGBGB Art. 17 b Rn. 9; Staudinger/*Mankowski* EGBGB Art. 17 b Rn. 76 ff.; BeckOK BGB/*Heiderhoff* EGBGB Art. 17 b Rn. 67.

anders behandelt als die verschiedengeschlechtliche Ehe. Die **generelle Verweisung auf Abs. 1 bis 3** bewirkt die Gleichstellung mit eingetragenen Lebenspartnerschaften. Der große Vorteil des gewählten Anknüpfungsmoments besteht darin, dass es zu einer Rechtsordnung führt, in der die gleichgeschlechtliche Ehe bekannt ist und die sie regelt. Das Recht des „Register führenden Staates" wird der gleichgeschlechtlichen Ehe, für die er das Register führt, wohlwollend gegenüberstehen, sonst wäre sie nicht registriert worden.[193] Dieser Vorteil der Rechtssicherheit wiegt den Nachteil eines gespaltenen Ehebegriffs auf, der im Kollisionsrecht eben nicht zu einer Gleichstellung mit den übrigen Ehen führt, anders als im Sachrecht.

78   Die in Bezug genommenen Normen gelten „entsprechend". Gelegentlich ergeben sich gewisse Unterschiede aus dem Umstand, dass es sich um eine Ehe handelt. Die Einzelfragen der gleichgeschlechtlichen Ehe werden hier **im Kontext der eingetragenen Lebenspartnerschaft** jeweils bei Abs. 1 bis 3 **kommentiert**.

Eine pauschale Verweisung auf Abs. 1 bis 3, wie sie das Eheöffnungsgesetz von 2017 ursprünglich in Abs. 4 eingeführt hatte, erwies sich als völlig unzureichend[194] und bedurfte vor allem auch aus europarechtlichen Gründen einer Ergänzung, wie sie in den übrigen Bestimmungen der Abs. 4 und 5 heute zum Ausdruck kommt.

79   **2. Scheidung und Trennung (Abs. 4 S. 1).** Während für die Auflösung einer Lebenspartnerschaft als actus contrarius zu ihrer Begründung gem. Abs. 1 Alt. 2 das Recht des Register führenden Staates berufen ist, richten sich Ehescheidung bzw. Trennung ohne Auflösung des Ehebandes gem. Abs. 4 S. 1 aE nach der Rom III-VO. Ob es sich hierbei um einen bloßen **Hinweis** handelt **oder** um eine **Erstreckung** des Europarechts in das nationale Recht durch autonome Rechtsangleichung, hängt von der Beantwortung der Frage ab, ob die Rom III-VO die gleichgeschlechtliche Ehe umfasst oder nicht.[195] Sollte die gleichgeschlechtliche Ehe nicht schon ohnehin in den sachlichen Anwendungsbereich der Rom III-VO fallen, dann steht einer solchen Erstreckung des Europarechts jenseits seines eigenen Anwendungsbereichs nichts entgegen.[196] Wenn die gleichgeschlechtliche Ehe dagegen in den Anwendungsbereich der Rom III-VO fällt, wie es zu Recht der herrschenden Meinung entspricht,[197] dann käme ein Verstoß des deutschen Rechts gegen das unionsrechtliche Normwiederholungsverbot in Betracht.[198] Aber die deutsche Norm erscheint doch mit der Umschreibung, dass sich das „anzuwendende Recht nach der Verordnung [...] richtet", so vorsichtig formuliert, dass sie auch in ihrem bloßen Hinweischarakter europarechtskonform erscheint.[199]

80   Aufgrund der Maßgeblichkeit der Rom III-VO sind ganz andere Anknüpfungsmomente vorgesehen als bei einer eingetragenen Lebenspartnerschaft. Maßgeblich ist bei **objektiver Anknüpfung** gem. Art. 8 Rom III-VO vorrangig das Recht des aktuellen gemeinsamen gewöhnlichen Aufenthalts. Da dieses Anknüpfungsmoment wandelbar ist, bietet sich eine **Rechtswahl** der Parteien gem. Art. 5 Rom III-VO an, um einen Gleichlauf mit dem auf die Eheschließung gemäß Abs. 4 iVm Abs. 1 anwendbaren Registerrecht herzustellen. Das ist möglich, wenn die Parteien nach der Eheschließung zunächst ihren gewöhnlichen Aufenthalt im Registrierungsstaat haben oder wenn eine der Parteien die Staatsangehörigkeit des Staates besitzt, in dem die gleichgeschlechtliche Ehe registriert wurde.

Auch wenn sich Trennung bzw. Scheidung nach der Rom III-VO richten, gilt dies doch nicht für die **Vorfrage, ob überhaupt eine wirksame Ehe besteht**, die getrennt bzw. geschieden werden kann. Die Vorfrage nach dem wirksamen Zustandekommen einer gleichgeschlechtlichen Ehe ist in jedem Fall gem. Art. 1 Abs. 2 lit. b Rom III-VO von ihrem Anwendungsbereich ausgeschlossen.[200] Bei selbstständiger Anknüpfung richtet sich die Vorfrage nach dem Zustandekommen der gleichgeschlechtlichen Ehe gemäß Art. 17 b Abs. 4 iVm Abs. 1 nach dem **Recht des Staates, in dem die Ehe geschlossen wurde**.[201]

81   **Kennt das für die Scheidung nach der Rom III-VO maßgebende Recht die gleichgeschlechtliche Ehe nicht**, so kommt eine entsprechende Anwendung der für die Scheidung einer verschiedengeschlechtlichen Ehe in diesem Staat maßgebenden Normen mit der Begründung in Betracht, dass die Vorfrage, ob eine scheidbare Ehe vorliegt, eben nicht dem Scheidungsstatut sondern dem Recht des Staates unterliegt, in dem die Ehe geschlossen wurde.[202] Diese Lösung verdient den Vorzug gegenüber einem direkten Rückgriff auf die lex fori.[203] Die Frage ist **von einiger praktischer Relevanz** und stellt sich beispielsweise, wenn zwei deutsche Frauen in Deutschland heiraten, später ihren gemeinsamen Aufenthalt nach Italien verlegen und

---

193 *Mankowski* NJW 2019, 465 (470).
194 Vgl. *Mankowski* IPRax 2017, 541 (542 ff.).
195 Hierzu mit zahlreichen Nachweisen NK-BGB/*Gruber* Rom III-VO Art. 1 Rn. 21 ff.
196 *Mankowski* NJW 2019, 465 (471). Zur internen Harmonisierung durch autonome Rechtsangleichung vgl. *Gebauer*, Grundfragen der Europäisierung des Privatrechts, 1998, 201 ff.

197 NK-BGB/*Gruber* Rom III-VO Art. 1 Rn. 24, mit zahlreichen Nachweisen.
198 Hierzu v. *Bar/Mankowski* IPR BT II § 4 Rn. 795.
199 Für einen deklaratorischen Hinweis auch NK-BGB/ *Gruber* Rom III-VO Art. 1 Rn. 27.
200 NK-BGB/*Gruber* Rom III-VO Art. 1 Rn. 15.
201 NK-BGB/*Gruber* Rom III-VO Art. 1 Rn. 29.
202 NK-BGB/*Gruber* Rom III-VO Art. 1 Rn. 32.
203 NK-BGB/*Gruber* Rom III-VO Art. 1 Rn. 33 f.

schließlich vor den zuständigen deutschen Gerichten über die Scheidung zu entscheiden ist, die italienischem Recht unterliegt.[204] Hier die italienischen Scheidungsvorschriften entsprechend anzuwenden erscheint auch vorzugswürdig gegenüber einer entsprechenden Anwendung der italienischen Normen über die Auflösung der eingetragenen Lebenspartnerschaft, die das italienische Recht seit 2016 in Form der unione civile kennt.[205] Denn die Normen über die Auflösung einer Lebenspartnerschaft mögen in ihren Voraussetzungen deutlich hinter den Normen über die Scheidung einer (verschiedengeschlechtlichen) Ehe zurückbleiben.[206]

3. Güterrechtliche Wirkungen (Abs. 4 S. 2). Die güterrechtlichen Wirkungen unterliegen gem. Abs. 4 S. 2 dem nach der **EuGüVO** anwendbaren Recht. Hier handelt es sich um eine autonome Entscheidung des deutschen Gesetzgebers, weil die EuGüVO selbst gerade offenlässt, was eine Ehe im Sinne der Verordnung ist.[207] Die Zuordnung zur EuGüVO hat weitreichende Konsequenzen, weil sie im Gegensatz zur EuPartVO **keine objektive Anknüpfung an das Recht des Register führenden Staates** vorsieht, sondern vorrangig nach ihrem Art. 26 Abs. 1 den gemeinsamen gewöhnlichen Aufenthalt nach der Eheschließung als maßgebendes Anknüpfungsmoment vorsieht. Wie bei der Scheidung werden also auch beim Güterrecht die gleichgeschlechtlichen Ehen den verschiedengeschlechtlichen gleichgestellt und nicht den eingetragenen Lebenspartnerschaften.[208] Anders als das Scheidungsstatut ist das **Güterstatut** freilich **unwandelbar**, so dass immer dann bei objektiver Anknüpfung ein Gleichlauf zwischen Güter- und Registerstatut besteht, wenn die Ehegatten den ersten gemeinsamen gewöhnlichen Aufenthalt in dem Staat genommen haben, in dem sie auch die Ehe geschlossen haben.   82

Auch hier im Rahmen des Abs. 4 S. 2 ist allerdings der beschränkte **intertemporale Anwendungsbereich** der EuGüVO bzw. des früheren autonomen Rechts zu beachten. Haben die Ehegatten die Ehe vor dem 29.1.2019 geschlossen und ab diesem Zeitpunkt keine Rechtswahl nach der EuGüVO getroffen, so sind gemäß Art. 229 § 47 Abs. 2 Nr. 2 EGBGB Art. 3 a, 15, 16, 17 a sowie 17 b Abs. 4 EGBGB jeweils in ihrer bis einschließlich 28.1.2019 geltenden Fassung weiter anzuwenden. Die Anwendung des Art. 17 b Abs. 4 aF führt in diesen **Altfällen** zu einer weitreichenden **Maßgeblichkeit des Rechts des Register führenden Staates** gemäß Art. 17 b Abs. 1 aF (und nicht des Art. 15 aF) für die güterrechtlichen Wirkungen gleichgeschlechtlicher Ehen. Intertemporal wird auch hier das alte Recht noch auf lange Zeit zur Anwendung gelangen.   83

XI. Entsprechende Geltung weiterer Normen für die gleichgeschlechtliche Ehe (Abs. 5)

Für die gleichgeschlechtliche Ehe normiert Abs. 5 die **entsprechende Geltung** einer Reihe weiterer Kollisionsnormen des EGBGB, die für die verschiedengeschlechtliche Ehe unmittelbar gelten. Es handelt sich um **Art. 13 Abs. 3, 17 Abs. 1 bis 3, 19 Abs. 1 S. 3, 22 Abs. 3 S. 1 sowie 46 e EGBGB**. Diese Anordnung des Gesetzgebers wird zum Teil kritisiert, weil die genannten Normen durch die Öffnung der Ehe für gleichgeschlechtliche Paare ohnehin gelten würden.[209] Allerdings erscheint diese **Abschichtung** doch **sinnvoll** vor dem Hintergrund, dass der Gesetzgeber in Art. 17 b Abs. 4 S. 1 die gleichgeschlechtliche Ehe kollisionsrechtlich gerade nicht der verschiedengeschlechtlichen gleichgestellt, sondern **im Ausgangspunkt** den **Anknüpfungsgleichlauf mit der eingetragenen Lebenspartnerschaft** gesucht hat.[210] Nur beim Scheidungs- und beim Güterrecht ergibt sich aus dem Europarecht bzw. der Anordnung des deutschen Gesetzgebers der kollisionsrechtliche Gleichlauf mit der verschiedengeschlechtlichen Ehe (Abs. 4 S. 1 aE und Abs. 4 S. 2). Auch im Umkehrschluss lässt sich Abs. 5 entnehmen, dass einige der für die verschiedengeschlechtlichen Ehe geltenden Kollisionsnormen nicht gelten sollen, wie beispielsweise der nicht in Abs. 5 genannte Art. 13 Abs. 4, der für die Schließung von Inlandsehen die Maßgeblichkeit der Inlandsform festlegt.[211] Dagegen wird durch die entsprechende Geltung des Art. 17 Abs. 3 angeordnet, dass auch eine gleichgeschlechtliche Ehe im Inland nur durch ein Gericht geschieden werden kann, und nicht etwa vor einem ausländischen Konsulat.[212] Schließlich nimmt beispielsweise Art. 19 Abs. 1 S. 3 für die Abstammung eines   84

---

204 Zu diesem Beispielsfall NK-BGB/*Gruber* Rom III-VO Art. 1 Rn. 31.

205 *Padovini*, Italienische Reformen auch unter dem Einfluss des EGMR, in Gebauer/Huber, S. 37, 44 ff.

206 NK-BGB/*Gruber* Rom III-VO Art. 1 Rn. 35.

207 *V. Bar/Mankowski* IPR BT II § 4 Rn. 796.

208 *Mankowski* NJW 2019, 465 (471).

209 BeckOK BGB/*Heiderhoff* EGBGB Art. 17 b Rn. 62.

210 Vgl. *Mankowski* NJW 2019, 465 (470).

211 Relevant werden könnte dies bei Eheschließungen vor ausländischen Botschaften oder Konsulaten in Deutschland, wenn das ausländische Recht des Register führenden Staates mit seinen Formvorschrif-

ten zur Anwendung gelangt. Aber wie auch bei der eingetragenen Lebenspartnerschaft gilt es bei der gleichgeschlechtlichen Ehe nicht, im Sinne des historischen Kulturkampfes eine staatliche gegen eine nichtstaatliche Form der Eheschließung zu verteidigen (vgl. hierzu MüKoBGB/*Coester* EGBGB Art. 17 b Rn. 26), wenn ohnehin nur ein staatliches Register als Anknüpfungsmoment in Betracht kommt.

212 Zu diesen Konstellationen und ihren verfahrensrechtlichen Konsequenzen bei verschiedengeschlechtlichen Ehen vgl. *Gebauer* IPRax 2018, 497 f.

Kindes darauf Bezug, dass „die Mutter verheiratet" ist, so dass auch tatbestandsmäßig nur eine entsprechende Anwendung auf ein männliches gleichgeschlechtliches Paar in Betracht kommt.

Sinnvoll erscheint schließlich auch die **Anordnung in Abs. 5 S. 2**, dass die Ehegatten für die allgemeinen Ehewirkungen eine **Rechtswahl gem. Art. 14** treffen können, weil diese Möglichkeit für eingetragene Lebenspartner gerade nicht besteht.

C. Weitere praktische Hinweise

I. Internationale Zuständigkeit deutscher Gerichte

85 Bei Unterhaltsansprüchen zwischen Lebenspartnern und Ehegatten richtet sich die internationale Zuständigkeit der deutschen Gerichte nach der **EuUntVO**,[213] soweit deren Anwendungsbereich eröffnet ist.[214] Die **Brüssel IIa-Verordnung (EheVO 2003)**[215] findet auf **Lebenspartnerschaften** keine Anwendung.[216] Nach früher in Deutschland überwiegender Meinung fand sie auch auf **gleichgeschlechtliche Ehen** keine Anwendung.[217] Das muss allerdings im Lichte der Rom III-VO neu überdacht werden; die besseren Gründe sprechen gegen einen Ausschluss der gleichgeschlechtlichen Ehe aus dem Anwendungsbereich der Brüssel IIa-VO.[218] Bei der früheren Diskussion um die Frage nach dem sachlichen Anwendungsbereich der Brüssel IIa-VO fällt wie so oft die sachrechtliche Vorprägung auf; Autoren aus Mitgliedstaaten, in denen die gleichgeschlechtliche Ehe schon seit Längerem bekannt war, befürworteten tendenziell auch eher die entsprechende Prägung des Europarechts als Autoren, die das Phänomen nicht in ihrem eigenen Recht fanden.[219]

86 Im autonomen deutschen Recht richtet sich die internationale Zuständigkeit deutscher Familiengerichte für Lebenspartnerschaftssachen nach § 103 FamFG. Das gilt nicht nur für Lebenspartnerschaften nach deutschem Recht, sondern für alle Lebensgemeinschaften, die als Lebenspartnerschaften im Sinne des Art. 17 b zu qualifizieren sind, also insbesondere für verschiedengeschlechtliche registrierte Lebenspartnerschaften (dazu → Rn. 15 ff.).

87 Gegenüber der parallelen Regelung für Ehesachen in § 98 FamFG sieht § 103 FamFG zwei wesentliche Modifikationen vor: So genügt nach **§ 103 Abs. 1 Nr. 2 FamFG** der gewöhnliche Aufenthalt auch nur eines Lebenspartners in Deutschland, ohne dass es – wie in § 98 Abs. 1 Nr. 4 FamFG vorgesehen – auf die Haltung der Heimatrechte gegenüber der zu fällenden Entscheidung ankäme. Ferner sind die deutschen Gerichte gem. **§ 103 Abs. 1 Nr. 3 FamFG** auch bei einer Registrierung vor einer zuständigen deutschen Stelle international zuständig. Sichergestellt wird auf diese Weise, dass in Deutschland begründete Lebenspartnerschaften auch in Deutschland wieder aufgelöst werden können. Die Verbundzuständigkeit folgt aus **§ 103 Abs. 2 FamFG**.

Soweit die Brüssel IIa-VO keine Anwendung findet (zur Frage ihres sachlichen Anwendungsbereichs bei gleichgeschlechtlichen Ehen vgl. → Rn. 85) unterfallen **gleichgeschlechtliche Ehen** der Zuständigkeitsnorm des **§ 98 FamFG**.[220] Das entspricht auch der Vorstellung des Gesetzgebers: „Ehesachen im Sinne des § 98 FamFG sind auch solche, die Ehen von Personen desselben Geschlechts oder unter Beteiligung mindestens einer Person, die weder dem weiblichen noch dem männlichen Geschlecht angehört, betreffen."[221]

213 Verordnung (EG) Nr. 4/2009 vom 18.12.2008.
214 Zur Erfassung gleichgeschlechtlicher Partnerschaften vom sachlichen Anwendungsbereich der Verordnung vgl. Gebauer/Wiedmann-*Bittmann*, Zivilrecht unter europäischem Einfluss, Kapitel 36, Rn. 17; Thomas/Putzo/*Hüßtege* EuUntVO Vor Art. 1 Rn. 13.
215 Verordnung (EG) Nr. 2201/2003 v. 27.11.2003. S. dazu Anhang I zum III. Abschnitt.
216 Thomas/Putzo/*Hüßtege* EuEheVO Vor Art. 1 Rn. 5.
217 Vgl. BeckOK BGB/*Heiderhoff* EGBGB Art. 17 b Rn. 68; Erman/*Hohloch* EGBGB Art. 17 b Rn. 24.; aus damaliger Sicht *Kohler* NJW 2001, 10 (15): „hat ihre rechtliche Bewältigung im innerstaatlichen und im europäischen Recht erst begonnen". Für eine Ori-

entierung an der materiellrechtlichen lex causae mit der Folge, dass die damals in den Niederlanden neu eingeführte, gleichgeschlechtliche Ehe dem Ehebegriff der Brüssel II-VO unterfalle: *Gebauer/ Staudinger* IPRax 2002, 275 (277), mit Fn. 48. Ein Bild zum heutigen Meinungsstand gibt NK-BGB/ *Gruber* Rom III-VO Art. 1 Rn. 22.
218 NK-BGB/*Gruber* Rom III-VO Art. 1 Rn. 23, Rom III-VO Art. 13 Rn. 22–26; Thomas/Putzo/*Hüßtege*, EuEheVO Vor Art. 1 Rn. 5.
219 NK-BGB/*Gruber* Rom III-VO Art. 1 Rn. 22 mwN.
220 BeckOK BGB/*Heiderhoff* EGBGB Art. 17 b Rn. 68.
221 BT-Drs. 19/4670 vom 1.10.2018, S. 27.

II. Anerkennung ausländischer Entscheidungen

Die Anerkennung ausländischer Unterhaltsentscheidungen richtet sich vorrangig nach Art. 16 ff. der **88** EuUntVO,[222] soweit ihr Anwendungsbereich eröffnet ist.[223]

Die Anerkennung ausländischer **Entscheidungen über die Auflösung von Lebenspartnerschaften** richtet sich nach dem autonomen Recht,[224] weil die Brüssel-IIa-Verordnung (EheVO 2003)[225] auch insoweit auf Lebenspartnerschaften keine Anwendung findet[226] (→ Rn. 85). § 107 FamFG findet auf die Anerkennung ausländischer Lebenspartnerschaften keine Anwendung; die Anerkennung richtet sich vielmehr nach § 108 f. FamFG.[227]

Dem Anwendungsbereich der §§ 108 f. FamFG entzogen sind **Privatauflösungen einer Lebenspartner-** **89** **schaft**: Wird sie nicht durch gerichtliche Entscheidung, sondern durch einen privaten Gestaltungsakt der Lebenspartner beendet, so richtet sich die Wirksamkeit nach dem für die Auflösung maßgebenden Statut, gem. Abs. 1 S. 1 also nach dem Recht des Register führenden Staates.[228]

Bei der Anerkennung ausländischer Entscheidungen über die **Scheidung bzw. Trennung einer gleichge-** **schlechtlichen Ehe** ist zu unterscheiden: Entscheidungen aus **Mitgliedstaaten der EU** unterliegen der **Brüssel IIa-VO.** Das setzt allerdings voraus, dass der sachliche Anwendungsbereich dieser Verordnung für gleichgeschlechtliche Ehen eröffnet ist.[229] Das war insbesondere früher in Deutschland sehr **umstritten** (zur Diskussion bei der int. Zuständigkeit → Rn. 85) und ist auch noch nicht höchstrichterlich geklärt. Eine **Pri-** **vatscheidung** fällt hingegen nicht unter die Brüssel IIa-VO. Denn bei ihr fehlt es an einer gerichtlichen oder vergleichbaren Entscheidung iSd Art. 21 Brüssel IIa-VO.[230]

Die Anerkennung von Entscheidungen in Ehesachen aus **Drittstaaten** richtet sich aus deutscher Sicht nach **90** **§ 107 FamFG.** Die Norm findet auch auf gleichgeschlechtliche Ehen Anwendung.[231] Sollte entgegen der hier vertretenen Ansicht (→ Rn. 89) der Anwendungsbereich der Brüssel IIa-VO die gleichgeschlechtliche Ehe mit umfassen, so würde § 107 FamFG auch eine mitgliedstaatliche Entscheidung über die Scheidung bzw. Trennung einer gleichgeschlechtlichen Ehe erfassen (zur Diskussion über den sachlichen Anwendungsbereich der Brüssel IIa-VO bei der int. Zuständigkeit → Rn. 85).

§ 109 FamFG regelt die **Anerkennungshindernisse des autonomen deutschen Rechts** gemeinsam für **91** Ehe- und andere Familiensachen. § 109 FamFG findet Anwendung, sofern die vorrangige Brüssel IIa-VO keine Anwendung findet, also bei der Auflösung von Lebenspartnerschaften sowie bei drittstaatlichen Entscheidungen über die Trennung bzw. Scheidung einer gleichgeschlechtlichen Ehe. Findet § 109 FamFG Anwendung, so richtet sich etwa die Frage, ob eine ausländische Entscheidung wegen eines Verstoßes gegen den deutschen ordre public nicht anerkennungsfähig ist, nach § 109 Abs. 1 Nr. 4 FamFG. Speziell für Lebenspartnerschaftssachen ist zu beachten, dass trotz einer nach § 109 Abs. 1 Nr. 1 FamFG fehlenden Anerkennungszuständigkeit eine ausländische Entscheidung dennoch anerkennungsfähig ist, wenn der Registrierungsstaat sie anerkennt, § 109 Abs. 3 FamFG. Ein eingeschränktes Erfordernis der Gegenseitigkeitsverbürgung ergibt sich aus § 109 Abs. 4 FamFG.[232]

Art. 18 EGBGB Unterhalt (aufgehoben)

(1) ¹Auf Unterhaltspflichten sind die Sachvorschriften des am jeweiligen gewöhnlichen Aufenthalt des Unterhaltsberechtigten geltenden Rechts anzuwenden. ²Kann der Berechtigte nach diesem Recht vom Verpflichteten keinen Unterhalt erhalten, so sind die Sachvorschriften des Rechts des Staates anzuwenden, dem sie gemeinsam angehören.

(2) Kann der Berechtigte nach dem gemäß Absatz 1 Satz 1 oder 2 anzuwendenden Recht vom Verpflichteten keinen Unterhalt erhalten, so ist deutsches Recht anzuwenden.

---

222 Verordnung (EG) Nr. 4/2009 vom 18.12.2008.
223 Zur Erfassung gleichgeschlechtlicher Partnerschaften vom sachlichen Anwendungsbereich der Verordnung vgl. Gebauer/Wiedmann-*Bittmann*, Zivilrecht unter europäischem Einfluss, Kapitel 36, Rn. 17; Thomas/Putzo/*Hüßtege* EuUntVO Vor Art. 1 Rn. 13.
224 Vgl. *Wagner* IPRax 2001, 281 (287 f.).
225 Verordnung (EG) Nr. 2201/2003 v. 27.11.2003; vgl. dazu Anhang I zum III. Abschnitt.
226 Thomas/Putzo/*Hüßtege* EuEheVO Vor Art. 1 Rn. 5; zum Anwendungsbereich des § 108 FamFG vgl. *Althammer* IPRax 2009, 381 (386), 387; *Hau* FamRZ 2009, 821 (825).

227 Thomas/Putzo/*Hüßtege* FamFG § 107 Rn. 10; BeckOK BGB/*Heiderhoff* EGBGB Art. 17 b Rn. 71.
228 Vgl. MüKoBGB/*Coester* EGBGB Art. 17 b Rn. 88; *Forkert*, S. 180 ff.
229 Zu Recht bejahend etwa NK-BGB/*Gruber* Rom III-VO Art. 1 Rn. 23, Rom III-VO Art. 13 Rn. 22–26; Thomas/Putzo/*Hüßtege* EuEheVO Vor Art. 1 Rn. 5.
230 Thomas/Putzo/*Hüßtege* EuEheVO Vor Art. 21 Rn. 1 b.
231 BeckOK BGB/*Heiderhoff* EGBGB Art. 17 b Rn. 71.
232 Vgl. MüKoBGB/*Coester* EGBGB Art. 17 b Rn. 90.

(3) Bei Unterhaltspflichten zwischen Verwandten in der Seitenlinie oder Verschwägerten kann der Verpflichtete dem Anspruch des Berechtigten entgegenhalten, daß nach den Sachvorschriften des Rechts des Staates, dem sie gemeinsam angehören, oder, mangels einer gemeinsamen Staatsangehörigkeit, des am gewöhnlichen Aufenthalt des Verpflichteten geltenden Rechts eine solche Pflicht nicht besteht.

(4) ¹Wenn eine Ehescheidung hier ausgesprochen oder anerkannt worden ist, so ist für die Unterhaltspflichten zwischen den geschiedenen Ehegatten und die Änderung von Entscheidungen über diese Pflichten das auf die Ehescheidung angewandte Recht maßgebend. ²Dies gilt auch im Fall einer Trennung ohne Auflösung des Ehebandes und im Fall einer für nichtig oder als ungültig erklärten Ehe.

(5) Deutsches Recht ist anzuwenden, wenn sowohl der Berechtigte als auch der Verpflichtete Deutsche sind und der Verpflichtete seinen gewöhnlichen Aufenthalt im Inland hat.

(6) Das auf eine Unterhaltspflicht anzuwendende Recht bestimmt insbesondere,

1. *ob, in welchem Ausmaß und von wem der Berechtigte Unterhalt verlangen kann,*
2. *wer zur Einleitung des Unterhaltsverfahrens berechtigt ist und welche Fristen für die Einleitung gelten,*
3. *das Ausmaß der Erstattungspflicht des Unterhaltsverpflichteten, wenn eine öffentliche Aufgaben wahrnehmende Einrichtung den ihr nach dem Recht, dem sie untersteht, zustehenden Erstattungsanspruch für die Leistungen geltend macht, die sie dem Berechtigten erbracht hat.*

(7) Bei der Bemessung des Unterhaltsbetrags sind die Bedürfnisse des Berechtigten und die wirtschaftlichen Verhältnisse des Unterhaltsverpflichteten zu berücksichtigen, selbst wenn das anzuwendende Recht etwas anderes bestimmt.

1 Durch Gesetz vom 25.7.1986[1] stimmte der Bundestag dem **Haager Übereinkommen über das auf Unterhaltspflichten anzuwendende Recht vom 2.10.1973** (HUntÜ) zu. Das Haager Abkommen enthält umfassende Anknüpfungsregeln für familienrechtliche Unterhaltspflichten.

2 Die kollisionsrechtlichen Vorschriften des Abkommens (also die Art. 4–10 und Art. 11 Abs. 2) wurden mit geringen redaktionellen Abweichungen in Art. 18 eingestellt. Es war infolgedessen umstritten, ob in der praktischen Rechtsanwendung auf das HUntÜ oder auf Art. 18 zurückzugreifen war. Die unmittelbare Anwendung des HUntÜ war rangkollisionsrechtlich unzweifelhaft korrekt.[2] Anstelle dessen war aber auch eine Anwendung von Art. 18 zulässig, wenn hierbei der staatsvertragliche Ursprung der Norm berücksichtigt wurde.[3]

3 Die Haager Konferenz für IPR hat am 23.11.2007 das **Haager Protokoll über das auf Unterhaltspflichten anzuwendende Recht** (Haager Protokoll) beschlossen. Dieses neue – modernere – Abkommen soll das HuntÜ so weit wie möglich ersetzen. Das Haager Protokoll gilt mittlerweile in allen Mitgliedstaaten der EU außer Großbritannien und Dänemark.

4 Die **zeitliche Anwendbarkeit** des Haager Protokolls ergibt sich aus dem Beschluss des Rates der EU vom 30.11.2009, in dem dieser das Haager Protokoll gebilligt hat.[4] Nach Art. 4 des Beschlusses findet das Protokoll seit dem **18.6.2011** in der EU Anwendung.

5 Ob dem HUntÜ aus der Sicht deutscher Gerichte – die „Altfälle" ausgenommen – überhaupt noch ein (geringer) Anwendungsbereich verbleibt, ist außerordentlich umstritten. Nach Auffassung des deutschen Gesetzgebers wird das HUntÜ von dem Haager Protokoll sogar vollständig verdrängt, und dies auch dann, wenn ein räumlicher Bezug zu einem Vertragsstaat des HUntÜ besteht, der seinerseits (noch) nicht Vertragsstaat des Haager Protokolls geworden ist (siehe dazu Art. 18 des Haager Protokolls und dessen Kommentierung im Band 6 des Kommentars – Rom-Verordnungen | EuErbVO | HUP). Infolgedessen ist Art. 18 EGBGB durch Art. 12 Nr. 3 des Gesetzes zur Durchführung der Verordnung (EG) Nr. 4/2009 und zur Neuordnung bestehender Aus- und Durchführungsbestimmungen auf dem Gebiet des internationalen Unterhaltsverfahrensrechts vom 23.5.2011 mit Wirkung zum 18.6.2011 aufgehoben worden.[5] Für die Kommentierung des Art. 18 EGBGB und des HUntÜ wird auf die Vorauflage verwiesen; das Haager Protokoll ist im Band 6 des Kommentars – Rom-Verordnungen | EuErbVO | HUP kommentiert.

1 BGBl. I S. 825.
2 Staudinger/*Mankowski* EGBGB Art. 18 Rn. 2 ff.
3 Vgl. dazu OLG Brandenburg FamRZ 2006, 1766; OLG Hamm FamRZ 1996, 951 (952); 1989, 1331 (1332); LG Kiel FamRZ 1996, 47 mit näherer Begründung abweichend (unmittelbar auf das HUntÜ abstellend) OLG Zweibrücken FamRZ 2007, 1559; OLG Hamm FamRZ 1998, 25; OLG Karlsruhe FamRZ 1992, 58; OLG Saarbrücken FamRZ 1994,

579; OLG Hamburg FamRZ 1993, 101 = NJW-RR 1993, 707.
4 Beschluss des Rates vom 30.11.2009 über den Abschluss des Haager Protokolls vom 23.11.2007 über das auf Unterhaltspflichten anzuwendende Recht durch die Europäische Gemeinschaft (ABl. EG L 331/17).
5 BGBl. I 2011, 898.

Art. 19 EGBGB Abstammung

(1) ¹Die Abstammung eines Kindes unterliegt dem Recht des Staates, in dem das Kind seinen gewöhnlichen Aufenthalt hat. ²Sie kann im Verhältnis zu jedem Elternteil auch nach dem Recht des Staates bestimmt werden, dem dieser Elternteil angehört. ³Ist die Mutter verheiratet, so kann die Abstammung ferner nach dem Recht bestimmt werden, dem die allgemeinen Wirkungen ihrer Ehe bei der Geburt nach Artikel 14 Absatz 2 unterliegen; ist die Ehe vorher durch Tod aufgelöst worden, so ist der Zeitpunkt der Auflösung maßgebend.

(2) Sind die Eltern nicht miteinander verheiratet, so unterliegen Verpflichtungen des Vaters gegenüber der Mutter auf Grund der Schwangerschaft dem Recht des Staates, in dem die Mutter ihren gewöhnlichen Aufenthalt hat.

Literatur: *Andrae*, Internationales Familienrecht 1999; *Benicke*, Kollisionsrechtliche Fragen der Leihmutterschaft, StAZ 2013, 101; *Coester-Waltjen*, Die Mitmutterschaft nach südafrikanischem Recht im deutschen Geburtsregister, IPRax 2016, 132; *Dethloff*, Konkurrenz von Vaterschaftsvermutung und Anerkennung der Vaterschaft, IPRax 2005, 326; *Duden*, Ausländische Leihmutterschaft: Elternschaft durch verfahrensrechtliche Anerkennung, StAZ 2014, 164; *Dörner*, Probleme des neuen Kindschaftsrechts, FS Henrich 2000, S. 119; *Frank,* Die unglückselige Mehrfachanknüpfung in Art. 19 Abs. 1 EGBGB, StAZ 2009, 65; *Freitag*, Das Kuckuckskind im IPR – Kollisionsrechtliche Betrachtungen zum scheidungsakzessorischen Statuswechsel bzw. zur qualifizierten (konsensualen) Vaterschaftsanerkennung, StAZ 2013, 353; *Frie*, Die Mitmutter kraft ausländischen Rechts, FamRZ 2015, 889; *dies.*, Wer ist der richtige Vater? Streit um das „Günstigkeitsprinzip" in Art. 19 Abs. 1 EGBGB in der aktuellen obergerichtlichen Rechtsprechung, StAZ 2017, 104; *Gaaz*, Ausgewählte Probleme des neuen Eheschließungs- und Kindschaftsrechts, StAZ 1998, 241; *Gaul*, Ausgewählte Probleme des materiellen Rechts und des Verfahrensrechts im neuen Abstammungsrecht, FamRZ 2000, 1461; *Engel*, Ausländische Leihmutterschaft und Kindeswohl, ZEuP 2014, 538; *Helms*, Aktuelle Fragen des internationalen Abstammungsrechts, StAZ 2009, 293; *ders.*, Leihmutterschaft – ein rechtsvergleichender Überblick, StAZ 2013, 114; *ders.*, Im Ausland begründete – im Inland unbekannte Statusverhältnisse, StAZ 2012, 2; *Henrich*, Kindschaftsrechtsreform und IPR, FamRZ 1998, 1401; *ders.*, Das Kollisionsrecht im Kindschaftsrechtsreformgesetz, StAZ 1998, 1; *ders.*, Legitimationen nach ausländischem Recht, sind sie noch zu beachten?, FS Sturm Band II 1999, S. 1505; *Hepting*, Ausländische Legitimationen im deutschen Geburtsbuch, StAZ 1999, 97; *ders.*, Konkurrierende Vaterschaften in Auslandsfällen, StAZ 2000, 33; *ders.*, Mehrfachanknüpfung und doppelte Vaterschaft im Abstammungsrecht, IPRax 2001, 114; *ders.*, Folgeprobleme der Kindschaftsrechtsreform: Legitimation, Abstammung und Namenserteilung, StAZ 2002, 129; *Hepting/Fuchs*, Nochmals: Die ausländische Legitimation zwischen Aufenthaltsrecht, Heimatrecht und deutschem Geburtenbuch, IPRax 2001, 114; *Huber*, Die ausländische Legitimation zwischen Aufenthaltsrecht, Heimatrecht und deutschem Geburtenbuch, IPRax 2000, 116; *Looschelders*, Alternative und sukzessive Anwendung mehrerer Rechtsordnungen nach dem neuen internationalen Kindschaftsrecht, IPRax 1999, 420; *Lurger*, Das österreichische IPR bei Leihmutterschaft im Ausland, IPRax 2013, 282; *Mayer*, Ordre public und Anerkennung der rechtlichen Elternschaft in internationalen Leihmutterschaftsfällen, RabelsZ 78 (2014), 551; *dies.*, Sachwidrige Differenzierungen in internationalen Leihmutterschaftsfällen, IPRax 2014, 57; *dies.*, Vaterschaftsfeststellung für Embryonen: Qualifikation, Kollisionsrecht, Sachrecht, IPRax 2016,432; *Oprach*, Das Abstammungsstatut nach Art. 19 EGBGB alter und neuer Fassung im deutsch-italienischen Rechtsverkehr, IPRax 2001, 325; *Rauscher*, Die Rechtsprechung zum Internationalen Privatrecht 2008–2009, NJW 2009, 3614; *Siehr*, Das Internationale Abstammungsrecht im EGBGB – Vorschläge zur Reform der Art. 19–20, 23 EGBGB StAZ 2015, 258; *Sturm*, Grundstrukturen des europäischen internationalen Familienrechts, FS Sandrock 2000, S. 973; *ders.*, Alternatives Abstammungsstatut und Erwerb der deutschen Staatsangehörigkeit, FS Stoll 2001, S. 451; *ders.*, Dürfen Kinder ausländischer Leihmütter zur ihren genetischen Eltern nach Deutschland verbracht werden?, FS Kühne 2009, 930; *Wagner*, Abstammungsfragen bei Leihmutterschaften in internationalen Sachverhalten, StAZ 2012, 294; *Wedemann*, Die kollisionsrechtliche Behandlung der qualifizierten Drittanerkennung nach § 1599 Abs. 2 BGB sowie vergleichbarer ausländischer Rechtsinstitute, StAZ 2012, 225.

A. Allgemeines	1	III. Renvoi	34
I. Normgeschichte und Übergangsrecht	1	IV. Ordre public	36
1. Kindschaftsrechtsreformgesetz	1	C. Weitere praktische Hinweise	40
2. Übergangsrecht	2	I. Rechtslage für Kinder, die vor dem 1.7.1998 geboren wurden	40
II. Normzweck und Normstruktur	4	II. Rechtslage für Kinder, die vor dem 1.9.1986 geboren wurden	41
III. Staatsvertragliche Regelungen	7	III. Innerdeutsches Kollisionsrecht	42
B. Regelungsgehalt	10	IV. Internationales Prozessrecht	43
I. Abstammung nach Abs. 1	10	1. Internationale Zuständigkeit	44
1. Anwendungsbereich des Abstammungsstatuts	10	2. Anerkennung ausländischer Entscheidungen	45
2. Anknüpfung nach Abs. 1 S. 1: gewöhnlicher Aufenthalt des Kindes	14	3. Abstammungsgutachten	47
3. Anknüpfung nach Abs. 1 S. 2: Staatsangehörigkeit der Eltern	16	V. Verfahren in Personenstandssachen	48
4. Zusatzanknüpfung nach Abs. 1 S. 3: Ehewirkungsstatut	17	1. Vaterschaftsanerkennung und Vaterschaftsfeststellung	49
5. Verhältnis der Anknüpfungsalternativen zueinander	22	2. Anerkennung der Mutterschaft	51
6. Sonderprobleme der Mutterschaftsfeststellung	29	3. Berichtigung einer unrichtigen Eintragung ins Personenstandsbuch	52
II. Verpflichtungen des Vaters gegenüber der Mutter (Abs. 2)	31	VI. Legitimation nach ausländischem Recht	53
		VII. Auswirkung der Abstammung auf die Staatsangehörigkeit	55

A. Allgemeines

I. Normgeschichte und Übergangsrecht

1 **1. Kindschaftsrechtsreformgesetz.** Die Vorschrift entspringt dem Kindschaftsrechtsreformgesetz v. 16.12.1997[1] (in Kraft seit dem 1.7.1998). Die Neuregelung des Internationalen Kindschaftsrechts[2] hebt die bisher in Art. 19 und 20 aF vorgenommene Differenzierung nach ehelicher und nichtehelicher Kindschaft grundsätzlich auf. Die Verheiratung der Mutter bleibt nur noch im Hinblick auf die Anknüpfung an das Ehewirkungsstatut gem. Art. 19 Abs. 1 S. 3 und im Hinblick auf die Regelung des Abs. 2 relevant. Das Kindschaftsrechtsreformgesetz erleichtert die Bestimmung der Abstammung dadurch, dass in jedem Fall das Recht des gewöhnlichen Aufenthaltes des Kindes anwendbar ist.[3]

2 **2. Übergangsrecht.** Das Kindschaftsreformgesetz, und damit auch Art. 19 Abs. 1, gilt nur für Kinder, die am 1.7.1998 oder danach geboren worden sind. Für vor diesem Datum geborene Kinder gelten die bisherigen Vorschriften, vgl. Art. 224 § 1. Entgegen abweichender Auffassung[4] muss dies auch für das Kollisionsrecht gelten;[5] dafür spricht der zeitliche Gleichlauf des Kollisionsrechts mit dem materiellen Recht. Für diejenigen Kinder, die vor dem 1.9.1986, also vor Inkrafttreten der IPR-Reform, geboren wurden, gilt Art. 220 Abs. 1. Dieser beruft das bis zu diesem Datum geltende Kollisionsrecht für alle bis zum 1.9.1986 „abgeschlossenen Vorgänge".[6]

3 Hinsichtlich der Regelung in Abs. 2 ist für die unterhaltsrechtlichen Fragen zu beachten, dass der Vorrang des Art. 18 bzw. des Haager Unterhaltsübereinkommens v. 2.10.1973 (→ Rn. 9 und 32 sowie → Art. 18 Rn. 93 f.) dazu führt, dass für die Zeit sowohl vor als auch nach der Kindschaftsrechtsreform Art. 19 Abs. 2 bzw. Art. 20 aF von diesen Reglungen verdrängt werden. Hinsichtlich des restlichen Anwendungsbereichs von Abs. 2 (→ Rn. 31 ff.) gilt das zu → Rn. 2 Gesagte.

II. Normzweck und Normstruktur

4 **Abs. 1** bestimmt das anwendbare Recht bei der Frage, von wem ein Kind abstammt, wer also sein Vater und wer seine Mutter ist. Zwar ist die Mutterschaft nach deutschem Recht einfach zu bestimmen: Mutter ist, wer das Kind geboren hat, § 1591 BGB. Andere Rechtsordnungen sehen dies teilweise anders. Sie können insbesondere eine Anerkennung des Kindes durch die Mutter voraussetzen.[7] Seine wahre Bedeutung erlangt Art. 19 Abs. 1 hingegen bei der Vaterschaftsbestimmung.

5 Art. 19 regelt nur die Begründung der Abstammung. Nach Art. 20 bestimmt sich abschließend die „Beseitigung" der Abstammung. Art. 21 beschäftigt sich dann mit den Wirkungen der Abstammung. Die Begründung der Abstammung kann sich gem. Abs. 1 S. 1 nach dem Recht des Aufenthaltsstaates des Kindes richten. Nach Abs. 1 S. 2 kann sich die Abstammung aber auch nach dem Heimatrecht desjenigen Elternteils richten, zu dem die Abstammung bestimmt werden soll. Nach Abs. 1 S. 3 kann darüber hinaus die Abstammung auch nach dem zum Zeitpunkt der Geburt geltenden Ehewirkungsstatuts (Art. 14) bestimmt werden. Zur Alternativität der Anknüpfungen → Rn. 22.

6 **Abs. 2** regelt nicht das Abstammungsverhältnis des Kindes zu einem Elternteil, sondern die Verpflichtungen des Vaters gegenüber der Mutter aufgrund der Schwangerschaft, wenn die Eltern nicht verheiratet sind. Es wird also unterschieden zwischen den aufgrund der Schwangerschaft bestehenden Verpflichtungen bei bestehender Ehe (dann grds. Art. 14, 15 und 18) und solchen ohne Ehe (dann grds. Art. 19 Abs. 2). Die

---

1 BGBl. I 1997 S. 2942.
2 Vgl. grundsätzlich zum Kollisionsrecht *Henrich* StAZ 1998, 1; *ders.* FamRZ 1998, 1401.
3 *Henrich* FamRZ 1401, 1402.
4 *Dörner* FS Henrich 2000, S. 119, 128.
5 So auch OLG Stuttgart FamRZ 2001, 246 (247); Staudinger/*Henrich* EGBGB Art. 19 Rn. 5 und Art. 20 EGBGB Rn. 3; Erman/*Hohloch* EGBGB Art. 19 Rn. 7; Palandt/*Thorn* EGBGB Art. 19 Rn. 3; *Sturm* FS Stoll 2001, S. 451, 458; *Looschelders* EGBGB Art. 19 Rn. 31; *Andrae*, Rn. 475.
6 Die Frage, auf welchen Zeitpunkt es ankommt (Geburt oder Anerkennung/Feststellung), ist umstritten und ihre Beantwortung hängt davon ab, was unter dem Begriff „abgeschlossener Vorgang" zu verstehen ist. Vgl. dazu einerseits KG FamRZ 1994, 986 f.; OLG Karlsruhe FamRZ 1999, 1370; Staudinger/*Dörner* EGBGB Art. 220 Rn. 37, und andererseits BGH

FamRZ 1991, 325; OLG Oldenburg FamRZ 1993, 1486; Staudinger/*Henrich* EGBGB Art. 19 Rn. 7 mwN Bei ehelichen Kindern kommt es auf die Geburt als maßgeblichen Zeitpunkt an. Ist das Kind vor dem 1.9.1986 geboren, ist der Vorgang abgeschlossen. Gleiches gilt für nichteheliche Kinder, wenn die Abstammung nach dem Heimatrecht des Vaters oder nach demjenigen der Mutter festgestellt wird. Beide Rechte sind unwandelbar. Anders hingegen, wenn bei der nichtehelichen Abstammung auf das Aufenthaltsrecht des Kindes abgestellt wird: dieses ist wandelbar. In diesem Fall ist der Zeitpunkt der Anerkennung/Feststellung maßgeblich; vgl. ausf. Staudinger/*Henrich* EGBGB Art. 19 Rn. 7.

7 Zum Unterschied zwischen dem „Abstammungssystem" und dem „Anerkennungssystem" s. Staudinger/*Henrich* EGBGB Vor Art. 19 Rn. 17.

wichtigste Verpflichtung aufgrund einer Schwangerschaft, nämlich der Unterhalt, bestimmt sich jedoch in beiden Fällen nach dem Aufenthaltsrecht der Mutter.[8] Darüber hinaus ist von dem Regelungsgehalt auch der Ersatz von Kosten umfasst, die durch die Schwangerschaft und Entbindung entstehen.

III. Staatsvertragliche Regelungen

Es gibt vier **CIEC-Staatsverträge**,[9] die die Abstammung zum Inhalt haben. Im Hinblick auf das materielle Recht gilt für Deutschland nur das **Brüsseler CIEC-Übereinkommen**[10] **über die Feststellung der mütterlichen Abstammung nichtehelicher Kinder**. Dieses gilt für Deutschland im Verhältnis zu Griechenland, Luxemburg, den Niederlanden, der Schweiz, Spanien und der Türkei. Das Übereinkommen regelt nur die Abstammung von der Mutter. Die Abstammung eines nichtehelichen Kindes von der Mutter gilt gem. Art. 1 des Übereinkommens als festgestellt, wenn die Mutter im Geburtseintrag als Mutter[11] bezeichnet ist.[12] Eine nach dem jeweiligen Abstammungsstatut des Kindes etwa erforderliche Mutterschaftsanerkennung ist dann im Anwendungsbereich des Übereinkommens nicht mehr erforderlich.[13] Zum **Römischen CIEC-Übereinkommen vom 14.9.1961 betreffend die Vaterschaftsanerkennung** → Rn. 51.   **7**

Sind alle Beteiligten (Kind und Elternteil bzw. Eltern) iranische Staatsangehörige, wird Art. 19 Abs. 1 und 2 vom **Deutsch-Iranischen Niederlassungsabkommen** v. 17.2.1929[14] gem. Art. 8 Abs. 2 verdrängt. Es gilt dann iranisches Recht.   **8**

Soweit Art. 19 Abs. 2 Unterhaltsverpflichtungen regelt, gilt vorrangig das **Haager Übereinkommen über das auf Unterhaltsverpflichtungen anzuwendende Recht** v. 2.10.1973[15] und damit Art. 18.   **9**

B. Regelungsgehalt

I. Abstammung nach Abs. 1

1. Anwendungsbereich des Abstammungsstatuts. Unter Abstammung sind alle Fragen im Zusammenhang mit der Begründung, nicht aber der „Beseitigung" der Abstammung (hier gilt Art. 20) und Wirkung der Abstammung (hier gilt Art. 21) zu verstehen. Das Abstammungsstatut regelt ua Beiwohnungs- und Vaterschaftsvermutungen, welche Empfängniszeiten bestehen, die Wirksamkeit der Anerkennung mit und ohne Zustimmung von Mutter und Kind, sowie Anerkennungs- und Feststellungsverbote.[16]   **10**

Das berufene Recht bestimmt ferner darüber, ob eine Vaterschafts- bzw. Mutterschaftsanerkennung notwendig ist und nach welchen Regeln sie erfolgt, ob es einer Zustimmungserklärung zu einer Anerkennungserklärung[17] bedarf (hier ist zusätzlich Art. 23 zu beachten) und wie eine solche zu erfolgen hat. Wird die Wirksamkeit einer Anerkennung bestritten, so ist die Frage nach dem Bestehen/Nichtbestehen der Abstam-   **11**

---

8   Insofern gibt es hier eine Kollision mit dem Haager Übereinkommen über das auf Unterhaltsverpflichtungen anzuwendende Recht v. 2.10.1973 (BGBl. II 1986 S. 837), – abgedruckt auch in *Jayme/Hausmann* Nr. 41, und auszugsweise in Art. 18 EGBGB Rn. 94 – und damit nach Art. 18. Zu dieser Kollision (→ Rn. 33) s. Staudinger/*Henrich* EGBGB Art. 19 Rn. 101.

9   (1.) CIEC-Übk. über die Erweiterung der Zuständigkeit der Behörden, vor denen nichteheliche Kinder anerkannt werden können vom 14.9.1961 (BGBl. II 1965 S. 19; auch in *Jayme/Hausmann* Nr. 50); – (2.) CIEC-Übk. über die Feststellung der mütterlichen Abstammung nichtehelicher Kinder vom 12.9.1962 (BGBl. II 1965 S. 23; auch in *Jayme/Hausmann* Nr. 51); – (3.) Das Römische CIEC-Übereinkommen über die Legitimation durch nachfolgende Ehe vom 10.9.1970, abgedruckt in *Jayme/Hausmann* Nr. 52, für Deutschland nicht in Kraft; – (4.) Das Münchener CIEC-Übk. über die freiwillige Anerkennung nichtehelicher Kinder vom 5.9.1980 (bisher nicht in deutscher Sprache veröffentlicht; das Dokument kann auf der Homepage der CIEC unter http://perso.wanadoo.fr/ciec-sg/ListeConventions.htm abgerufen werden, für Deutschland nicht in Kraft).

10   (BGBl. II 1965 S. 23), abgedruckt in *Jayme/Hausmann* Nr. 51.

11   In Deutschland aufgrund § 21 PStG.

12   Über den Anwendungsbereich des Übk. besteht zwischen den Vertragsstaaten Uneinigkeit. Während einige Länder (Frankreich, Niederlande, Schweiz, Türkei) das Übk. nur dann anwenden wollen, wenn sowohl Mutter als auch Kind Angehörige eines Vertragsstaates sind, wird von Deutschland, Belgien und Österreich vertreten, dass es für die Anwendung des Übk. gleichgültig ist, ob der Eintrag in einem Vertragstaat oder in einem Nichtvertragstaat erfolgt, und die Anwendung nicht von der Staatsangehörigkeit der Mutter oder des Kindes abhängt; vgl. zur Darstellung des Streits Staudinger/*Henrich* EGBGB Vor Art. 19 Rn. 22.

13   Palandt/*Thorn* EGBGB Art. 19 Rn. 3.

14   BGBl. II 1955 S. 829.

15   BGBl. II 1986 S. 837, abgedruckt in *Jayme/Hausmann* Nr. 41.

16   Ein Überblick über die verschiedenen Ausgestaltungsmöglichkeiten der Rechtsordnungen in diesem Bereich findet sich bei Staudinger/*Henrich* EGBGB Art. 19 Rn. 9.

17   Vorfragen im Zusammenhang mit Abstammungserklärung und Zustimmungserfordernis (Form, Geschäftsfähigkeit, Vertretung) sind – vorbehaltlich materieller Regelungen – selbstständig anzuknüpfen, vgl. MüKoBGB/*Helms* EGBGB Art. 19 Rn. 51.

mung nicht über Art. 20 (Anfechtung) anzuknüpfen, sondern über Art. 19 (vgl. auch → Art. 20 Rn. 9). Art. 19 regelt auch, mit wem das Kind verwandt und verschwägert ist und ob es einer gerichtlichen Abstammungsfeststellung bedarf.

12   Art. 19 regelt hingegen nicht die Rechtsfolgen für das Kind (zB ob es ehelich wird), wenn Vater und Mutter heiraten. Diese Rechtsfolgen setzen in jedem Fall schon eine festgestellte Vaterschaft voraus.[18]

13   Zwar unterscheidet Art. 19 nicht zwischen ehelicher und nichtehelicher Abstammung. Trifft jedoch das durch Art. 19 berufene materielle Recht diese Unterscheidung, so ist sie zu beachten.[19] Sieht eine ausländische Rechtsordnung aber unterschiedliche Rechtsfolgen für eheliche und nichteheliche Kinder vor (zB im Erbrecht und Unterhaltsrecht), so sind diese Fragen mithilfe der Kollisionsnormen des jeweiligen Sachrechts (zB Erbstatut und Unterhaltsstatut), also im Wege einer unselbstständigen Anknüpfung, zu beantworten.[20] Die Frage nach der Wirksamkeit der Ehe ist hingegen eine selbstständig anzuknüpfende Vorfrage.[21] Die Frage der doppelten Mutter- oder Vaterschaft von gleichgeschlechtlichen Paaren bestimmt sich ebenfalls nach Art. 19 Abs. 1.[22]

14   **2. Anknüpfung nach Abs. 1 S. 1: gewöhnlicher Aufenthalt des Kindes.** Nach der Grundregel des Abs. 1 S. 1 ist das für die Abstammung maßgebliche Recht das Aufenthaltsrecht des Kindes.[23] Der gewöhnliche Aufenthalt des Kindes – also der faktische Lebensmittelpunkt – bestimmt sich nach den allgemeinen Regeln (→ EGBGB Art. 5 Rn. 16 ff.). Er ist selbstständig zu bestimmen und leitet sich bei Minderjährigen nicht wie der Wohnsitz (§ 11 BGB) von dem Wohnsitz der Eltern ab.[24] Allerdings ist faktisch häufig der Wohnort der Bezugsperson maßgeblich, weil gerade bei Säuglingen und Kleinkindern die (übrigen) sozialen Kontakte nebensächlich sind.[25] Damit begründet ein Kind, das während eines von vornherein zeitlich beschränkten Auslandsaufenthaltes geboren wird, an seinem Geburtsort keinen gewöhnlichen Aufenthalt.[26] Daher wäre auch bei einer Leihmutterschaft, bei der das Kind im Ausland entbunden aber sodann sogleich von den Wunscheltern in das Land der Wunscheltern gebracht wird, der gewöhnliche Aufenthalt nicht der Geburtsort, sondern das Land, in den die Wunscheltern das Kind verbracht haben.[27] Hat das Kind also seinen gewöhnlichen Aufenthalt in Deutschland, so kann die Abstammung nach deutschem Recht bestimmt werden. Maßgeblich ist beim Abstammungsprozess der Zeitpunkt der letzten mündlichen Verhandlung und bei der Anerkennung die Abgabe der Anerkennungserklärung.

15   Dem Grundsatz nach ist das nach Abs. 1 S. 1 bestimmte Abstammungsstatut wandelbar.[28] Demnach kann ein Aufenthaltswechsel zur Begründung eines nach dem Vorstatut nicht bestehenden Abstammungsverhältnisses[29] und umgekehrt zum Verlust eines solchen führen. Letzteres begegnet Bedenken, da der Statutenwechsel den Schutz wohlerworbener Rechte des Kindes nicht gefährden darf.[30] Dieses Argument ist gewichtiger als das Bedürfnis des Standesbeamten, in jedem Fall sein – idR mit dem Aufenthaltsrecht des

18   Palandt/*Heldrich* EGBGB Art. 19 Rn. 7; Erman/*Hohloch* EGBGB Art. 19 Rn. 22.

19   Erman/*Hohloch* EGBGB Art. 19 Rn. 21; Palandt/*Thorn* EGBGB Art. 19 Rn. 7.

20   Palandt/*Thorn* EGBGB Art. 19 Rn. 8; Erman/*Hohloch* EGBGB Art. 19 Rn. 24; BeckOK BGB/*Heiderhoff* EGBGB Art. 19 Rn. 32; aA *Dörner* FS Henrich 2000, S. 119, 127; *Looschelders* EGBGB Art. 19 Rn. 5.

21   OLG Hamburg FamRZ 2014, 1563; OLG Hamm FamRZ 2007, 656; Palandt/*Thorn* EGBGB Art. 19 Rn. 8; BeckOK BGB/*Heiderhoff* EGBGB Art. 19 Rn. 17; kritisch bzw. differenzierend: MüKoBGB/*Helms* EGBGB Art. 19 Rn. 43 ff.

22   BGH FamRZ 2016, 1251 (1253); KG FamRZ 2015, 943 (944) mAnm *Frie* FamRZ 2015, 889 und *Coester-Waltjen* IPRax 2016, 132; OLG Celle FamRZ 2011, 1518; MüKoBGB/*Helms* EGBGB Art. 19 Rn. 34; ausführlich und differenzierend zu gleichgeschlechtlichen Ehen: MüKoBGB/*Helms* EGBGB Art. 19 Rn. 48 a.

23   Für einen kyrokonservierten Embryo ist der „Aufenthaltsort" streitig, man wird hier wohl seinen Verwahrungsort als Aufenthaltsort annehmen; so *Mayer* IPRax 2016, 432; MüKoBGB/*Helms* EGBGB Art. 19 Rn. 8; aA BGH FamRZ 2016, 1849 (1851).

24   BGH FamRZ 1975, 272 (273); OLG Celle FamRZ 2011, 1518 (1519).

25   OLG Bremen NJW 2016, 655; OLG Köln FamRZ 2012, 1406 (1407).

26   OLG Celle FamRZ 201, 1518, 1519; MüKoBGB/*Helms* EGBGB Art. 19 Rn. 8.

27   BGH NJW 2019, 1605 (wenn das Kind ohne vorherige Abstammungsentscheidung in das Land der Wunscheltern verbracht wird); KG StAZ 2013, 348 (351); *Benicke* StAZ 2013, 101 (107); MüKoBGB/*Helms* EGBGB Art. 19 Rn. 8; aA *Siehr* StAZ 2015, 258 (266).

28   Palandt/*Thorn* EGBGB Art. 19 Rn. 5; Erman/*Hohloch* EGBGB Art. 19 Rn. 9; Staudinger/*Henrich* EGBGB Art. 19 Rn. 14 (Letzterer schränkt dahingehend ein, dass eine nach Vorstatut begründete Vaterschaft eine Anerkennung nach dem neuen Aufenthaltsstatut nicht hindern darf).

29   Beispiele finden sich bei *Henrich* StAZ 1998, 1 (2 ff.) und *Looschelders* IPRax 1999, 420 ff.

30   *Kropholler* IPR § 48 IV; *Looschelders* IPRax 1999, 420 (423 ff.); *ders.* EGBGB Art. 19 Rn. 12; *Andrae*, Rn. 461; *Dörner* FS Henrich 2000, S. 124 ff.; *Sturm* FS Stoll 2001, S. 451, 454; noch weiter gehend *Kegel/Schurig*, § 20 IX 3, der sich für eine unwandelbare Anknüpfung an das Aufenthaltsrecht zum Geburtszeitpunkt ausspricht; aA Palandt/*Thorn* EGBGB Art. 19 Rn. 5; Erman/*Hohloch* EGBGB Art. 19 Rn. 9.

Kindes übereinstimmendes – Recht anwenden zu können.[31] Eine nach dem Vorstatut begründete Abstammung bleibt also bestehen, auch um einen Staatsangehörigkeitswechsel des Kindes zu vermeiden.[32] ME ist die Relevanz dieser bisher gerichtlich nicht entschiedenen Streitfrage aber wegen der weiteren in Abs. 1 S. 2 und 3 bestehenden Anknüpfungsmöglichkeiten gering.

3. Anknüpfung nach Abs. 1 S. 2: Staatsangehörigkeit der Eltern. Die Abstammung kann sich auch **16** nach dem Recht des Landes richten, dessen Staatsangehörigkeit derjenige Elternteil hat, zu dem die Abstammung bestimmt werden soll (auch im Falle einer Leihmutterschaft).[33] Auch dieses Statut ist mit dem Wechsel der Staatsangehörigkeit wandelbar,[34] denn es kommt nicht auf den Zeitpunkt der Geburt, sondern auf den Zeitpunkt der Bestimmung der Abstammung an. Wenn der betreffende Elternteil staatenlos oder Mehrstaater ist, gilt Art. 5 (s. in Anhang II zu Art. 5 auch die Regelung für Flüchtlinge und Asylberechtigte). Relevant im Verhältnis zum Vater wird diese Anknüpfung dann, wenn nach dem Heimatrecht des Vaters, nicht aber nach dem Aufenthaltsrecht des Kindes eine gesetzliche Vaterschaftsvermutung existiert. Gleiches gilt, wenn das Aufenthaltsrecht des Kindes ein Vaterschaftsanerkenntnis verbietet, das Heimatrecht des Vaters ein solches aber erlaubt. Im Verhältnis zur Mutter kann die Zusatzanknüpfung nach Abs. 1 S. 2 relevant werden, wenn nach dem Aufenthaltsrecht des Kindes ein Mutterschaftsanerkenntnis vorausgesetzt wird, das Heimatrecht der Mutter aber ein solches nicht erfordert. Auch das nach Abs. 1 S. 2 bestimmte Statut ist wandelbar.[35]

4. Zusatzanknüpfung nach Abs. 1 S. 3: Ehewirkungsstatut. Nach Abs. 1 S. 3 kann die Abstammung **17** nach dem zur Zeit der Geburt geltenden Ehewirkungsstatut bestimmt werden. Ist die Ehe vorher durch den Tod aufgelöst worden, so ist nicht der Zeitpunkt der Geburt, sondern derjenige der Auflösung maßgeblich. Es ist nicht erforderlich, dass zwischen Ableben und Geburt ein bestimmter Maximalzeitraum liegt. Insofern kann das Ehewirkungsstatut auch dann über die Abstammung befinden, wenn zB der verstorbene Ehemann der Mutter der biologische Vater nicht sein kann. Aufgrund der zeitlichen Fixierung ist diese Anknüpfungsvariante unwandelbar.[36]

Das Ehewirkungsstatut kann aber nur darüber entscheiden, ob die Mutter und deren Ehemann zum Zeit- **18** punkt der Geburt bzw. der Auflösung der Ehe durch Tod die Eltern des Kindes sind. Das Ehewirkungsstatut kann daher nicht herangezogen werden, wenn es um die Abstammung zu einem anderen Mann als dem (vorverstorbenen) Ehemann der Mutter geht. Denn durch den Verweis auf das Ehewirkungsstatut wird die Abstammung zur Ehewirkung.

Zwingende Voraussetzung ist, dass die **Mutter zum Zeitpunkt der Geburt (bzw. Tod des Ehemannes)** **19** **gültig verheiratet** ist. Ob dies der Fall ist, ist als Vorfrage selbstständig nach Art. 13 zu ermitteln.[37] Das danach berufene Recht bestimmt, ob die Ehe rechtsgültig und nicht geschieden ist. Letztlich ist diese Prüfung aber schon in der Ermittlung des Ehewirkungsstatuts enthalten. Die Ehe darf zum Zeitpunkt der Geburt des Kindes (oder des Todes des Ehemannes) auch nicht rechtskräftig geschieden sein. Auf die Anerkennung (einer ausländischen Ehescheidung) kommt es insofern nicht an. Demnach muss eine ausländische Ehescheidung auch dann beachtet werden, wenn sie von dem durch Art. 19 berufenen Recht nicht anerkannt wird oder im konkreten Fall die Anerkennung noch nicht erfolgt ist.[38]

Eine entsprechende Anwendung von Abs. 1 S. 3 auf die eheähnliche Lebensgemeinschaft ist nicht mög- **20** lich.[39] Dies ergibt sich aus dem eindeutigen Wortlaut.

Das Ehewirkungsstatut bestimmt sich nach Art. 14 Abs. 1. Durch diese klare Beschränkung der Verweisung **21** wird klargestellt, dass eine Rechtswahl für die allgemeinen Ehewirkungen gem. Art. 14 Abs. 2 und 3 keine Auswirkungen auf das für die Abstammung maßgebliche Ehewirkungsstatut hat. Dabei ist es unerheblich, ob die Rechtswahl vor oder nach der Heirat stattgefunden hat, es bleibt in jedem Fall bei der Anknüpfung nach Art. 14 Abs. 1.[40] Dies ist auch sinnvoll, denn andernfalls bestünde die Gefahr, dass dem Kind durch die Wahl eines bereits durch Abs. 1 S. 1 oder 2 berufenes Rechtes eine Anknüpfungsmöglichkeit genommen würde.

31 So aber die Begründung des RegE BT-Drs. 13/4899, S. 137.
32 *Sturm* FS Stoll 2001, S. 451, 452.
33 *Benicke* StAZ 2013, 101 (106 f.).
34 *Sturm* FS Stoll 2001, S. 451, 452; BeckOK BGB/*Heiderhoff* EGBGB Art. 19 Rn. 16.
35 *Sturm* FS Stoll 2001, S. 451, 452.
36 *Sturm* FS Stoll 2001, S. 451, 452; BeckOK BGB/*Heiderhoff* EGBGB Art. 19 Rn. 17; *Looschelders* EGBGB Art. 19 Rn. 14.
37 Erman/*Hohloch* EGBGB Art. 19 Rn. 11; Palandt/*Thorn* EGBGB Art. 19 Rn. 8; BeckOK BGB/*Heider-*

hoff EGBGB Art. 19 Rn. 31; differenzierend MüKo-BGB/*Helms* EGBGB Art. 19 Rn. 43 ff. und Staudinger/*Henrich* EGBGB Art. 19 Rn. 33 ff.
38 MüKoBGB/*Helms* EGBGB Art. 19 En 49.
39 Palandt/*Thorn* EGBGB Art. 19 Rn. 5; Erman/*Hohloch* EGBGB Art. 19 Rn. 11; MüKoBGB/*Helms* EGBGB Art. 19 Rn. 48 und BeckOK BGB/*Heiderhoff* EGBGB Art. 19 Rn. 18.
40 Staudinger/*Henrich* EGBGB Art. 19 Rn. 19; Palandt/*Thorn* EGBGB Art. 19 Rn. 5; Erman/*Hohloch* EGBGB Art. 19 Rn. 16.

22 5. Verhältnis der Anknüpfungsalternativen zueinander. Die Anknüpfungsmöglichkeiten des Abs. 1 stehen zueinander in einem **Alternativverhältnis.**[41] Aus dem Wortlaut ergibt sich keine „vorrangige" Anknüpfung, eine solche war auch nicht bezweckt.[42] Alle durch Art. 19 Abs. 1 berufenen Rechtsordnungen sind gleichrangig nebeneinander anwendbar.[43] Die Abstammung kann also wahlweise nach dem Aufenthaltsrecht des Kindes, dem Ehewirkungsstatut bei Geburt und dem Staatsangehörigkeitsrecht desjenigen Elternteils, zu dem die Abstammung zu ermitteln ist, bestimmt werden. Diese Alternativität ist Ausfluss des Günstigkeitsprinzips und dient dem Kindeswohl.[44] Dem Kind soll ein Vater gegeben werden, auch wenn dieser ein „unwahrscheinlicher Vater" ist.[45] Denn ein „unwahrscheinlicher Vater" ist immer noch besser als gar kein Vater.[46] Allerdings werden die Probleme, die die Anwendbarkeit mehrerer Rechtsordnungen aufwerfen, zum Anlass genommen, gesetzliche Änderungen vorzuschlagen.[47]

23 Kommen die verschiedenen Alternativen zu unterschiedlichen Ergebnissen (hat das Kind zB „mehrere Väter"), so stellt sich die Frage, welches Recht gilt. Das Gesetz lässt diese Frage offen. Es gibt daher keine vorgegebene Methode, das Problem der **„konkurrierenden Vaterschaften"** zu lösen.[48] Übereinstimmung besteht lediglich darin, dass jenes Recht maßgeblich sein soll, das für das Kind am günstigsten ist (**Günstigkeitsprinzip**).[49] Nach weit überwiegender Auffassung[50] ist dasjenige Recht am günstigsten, das dem Kind zum frühesten Zeitpunkt – am besten schon zum Zeitpunkt der Geburt – einen Vater zuordnet (**Prioritätsprinzip**). Demnach ist die Abstammung nach der Rechtsordnung zu bestimmen, welche die Abstammung zuerst positiv feststellt.[51] Dies kann für den Fall der Abstammung vom Vater durch Vermutung der Vaterschaft bei der Geburt (etwa bei bestehender Ehe) oder durch Anerkennung der Vaterschaft (etwa bei einer unverheirateten Mutter) geschehen.[52] Der früher Anerkennende setzt sich in letzterem Fall gegenüber dem

---

41   BayObLG FamRZ 2002, 686; OLG Frankfurt FamRZ 2002, 688; LG Leipzig StAZ 2002, 146; AG München StAZ 2002, 147; *Hepting* StAZ 2002, 131; *ders.* StAZ 2002, 33 (24); *ders.* IPRax 2002, 388 (390); *Henrich* StAZ 1998, 1 (3); *Sturm* FS Sandrock 2000, S. 973, 977; *Gaaz* StAZ 1998, 241 (250); Palandt/*Thorn* EGBGB Art. 19 Rn. 6; Erman/*Hohloch* EGBGB Art. 19 Rn. 17; *Looschelders* EGBGB Art. 19 Rn. 15; BeckOK BGB/*Heiderhoff* EGBGB Art. 19 Rn. 19; *Oprach* IPRax 2001, 325; aA *Kegel/Schurig* § 20 IX 2; *Andrae*, Rn. 458.

42   S. die Gesetzesbegründung zu Art. 19 BT-Drs. 13/4899, S. 137.

43   BGH FamRZ 2016, 1251 (1253); MüKoBGB/*Helms* EGBGB Art. 19 Rn. 12.

44   KG FamRZ 2016, 922 (923); OLG Hamm FamRZ 2009, 126 (128).

45   Folgendes Beispiel (nach *Hepting* StAZ 2000, 33 (38 f.)): Eine deutsche Frau ist in Deutschland mit einem türk. Mann verheiratet, lässt sich scheiden und gebiert drei Monate nach der Scheidung ein Kind. Nach türk. Recht (Art. 241 türk. ZGB) ist der Ex-Ehemann Vater, nach deutschem Recht ist das Kind vaterlos. Aufgrund der Alternativität der Anknüpfungen (deutsches Aufenthaltsrecht des Kindes und türk. Heimatrecht des Ex-Ehemanns) ist der türk. Ex-Ehemann als Vater einzutragen, auch wenn seine Vaterschaft unwahrscheinlich ist. In diese Richtung auch OLG Karlsruhe (FamRZ 2016, 924 mAnm *Henrich*): Jedenfalls dann, wenn eine Vaterschaftsanerkennung durch den biologischen Vater nicht erfolgt ist und auch nicht unmittelbar bevorsteht, ist eine aus dem ausländischen Sachrecht folgende Vaterschaftsfiktion gegenüber einer aus dem deutschen Sachrecht folgenden rechtlichen Vaterschaftsfiktion für das Kind auch dann günstiger, wenn die biologische Vaterschaft des betreffenden Mannes unwahrscheinlich oder nicht gegeben ist.

46   *Sturm* FS Stoll 2001, S. 451, 456; *Hepting* StAZ 2000, 33 (37).

47   Zum Reformvorschlag des Deutschen Rates für IPR IPRax 2015, 185; *Siehr* StAZ 2015, 258 ff.

48   Eine Übersicht der obergerichtlichen Rechtsprechung findet sich bei *Frie* StAZ 2017, 104 ff.

49   So zB OLG Hamm StAZ 2014, 239 und FamRZ 2009, 126 (128); OLG Nürnberg FamRZ 2005, 1697; BayObLG FamRZ 2002, 689 (687); *Rauscher/Pabst* NJW 2009, 3614 (3616); Staudinger/*Henrich* EGBGB Art. 19 Rn. 37.

50   BGH NJW 2017, 2911 mAnm *Rauscher*, Anm. *Helms* StAZ 2017, 343; Anm. *Duden* FamRZ 2017, 1690; BGH StAZ 2018, 84, mAnm *Helms*; OLG Köln StAZ 2013, 319; OLG Hamm FamRZ 2009, 126 (128); BayObLG FamRZ 2000, 699 (700); 2001, 1543; 2002, 686, 687; OLG Frankfurt FamRZ 2002, 688; LG Leipzig StAZ 2002, 146; *Helms* StAZ 2009, 293, 294; *Dethloff* IPrax 2005, 326, 329 (gibt der Anknüpfung an den gewöhnlichen Aufenthalt nach Art. 19 Abs. 1 S. 2 EGBGB den Vorrang; Palandt/*Thorn* EGBGB Art. 19 Rn. 6; Erman/*Hohloch* EGBGB Art. 19 Rn. 17; krit. *Hepting* FamRZ 2002, 388; *Hepting* StAZ 2000, 36; BeckOK BGB/*Heiderhoff* EGBGB Art. 19 Rn. 21; differenzierend Staudinger/*Henrich* EGBGB Art. 19 Rn. 38 ff.

51   Differenzierend und insofern einen „Automatismus" ablehnend OLG München FamRZ 2017,1691. Demnach gilt ein Günstigkeitsprinzip, das am Kindeswohl orientiert ist. Die Bestimmung des Kindeswohls ist stets einzelfallbezogen, so dass nicht zwingend auf diejenige Rechtsordnung abzustellen ist, die dem Kind zum frühestmöglichen Zeitpunkt (Geburt) einen Vater zuordnet.

52   BGH FamRZ 2017, 1848; OLG Köln StAZ 2013, 319; OLG Hamm StAZ 2014, 239 (240); OLG Frankfurt FamRZ 2002, 688; BayObLG FamRZ 2000, 699; 2001, 1543; 2002, 686; LG Leipzig StAZ 2002, 146.

später Anerkennenden durch.[53] Die Vaterschaft kann auch gerichtlich festgestellt werden. Hat eine solche **gerichtliche Feststellung** im Ausland stattgefunden, muss diese im Inland nach den allgemeinen Regeln (zB § 328 ZPO) anerkannt werden[54] (vgl. dazu auch → Rn. 45 ff.).

Die Rechtfertigung des Prioritätsprinzips speist sich zum einen aus der Prozessökonomie und zum anderen **24** aus der *ratio legis*: Es macht keinen Sinn, bei einer einmal festgestellten Abstammung weitere Statute auf Vorrat heranzuziehen. Das Gesetz will dem Kind die Feststellung der Abstammung ermöglichen[55] und diese durch die Alternativen erleichtern. Eine „hypothetische Abstammungsbestimmung" bei einmal festgestellter Abstammung würde diesem Zweck zuwiderlaufen. Abweichende Auffassungen, die für die Günstigkeit andere Kriterien ansetzen (Wertentscheidung auf materiellrechtlicher Ebene,[56] Ermittlung des „wirklichen, wahrscheinlichen Vaters" nach deutschem Recht)[57] sind mangels Praktikabilität abzulehnen, da sie stets einen weiteren Bewertungsvorgang voraussetzen. Außerdem ist im Hinblick auf die unterhalts- und erbrechtlichen Konsequenzen der schnellstmöglichen Lösung, also dem Prioritätsgrundsatz, der Vorzug zu geben.[58] Diejenigen, die bei konkurrierenden Vaterschaften Abs. 1 S. 1 als Regelanknüpfung verstehen wollen,[59] finden hierfür keine Stütze im Gesetz.[60]

Ist die Vaterschaft im Rahmen des Prioritätsprinzips nach der dann maßgeblichen Rechtsordnung (zB dem **25** Aufenthaltsrecht des Kindes) bestimmt worden, sind die anderen beiden Alternativen **gesperrt**. Sie können erst dann wieder eine Rolle spielen, wenn die Abstammung durch Anfechtung beseitigt wurde.[61] In diesem Fall gilt dann nach der Anfechtung der Abstammung erneut das Prioritätsprinzip.

Das **Prioritätsprinzip versagt** jedoch in denjenigen Fällen, in denen schon zum Zeitpunkt der Geburt meh- **26** rere Personen als Väter gelten. Die häufigste Konkurrenz in diesen Fällen ist wohl diejenige der gesetzlich vermuteten Vaterschaft des Ehemanns einerseits und der Vaterschaft eines Dritten, die vor der Geburt anerkannt hat (sog. pränatales Vaterschaftsanerkenntnis, § 1594 Abs. 4 BGB), andererseits.[62]

Teilweise wird in diesen Fällen ein **Wahlrecht des Kindes** propagiert.[63] Problematisch ist jedoch die Frage, **27** wer diese Wahl treffen soll. Das Kind ist dazu nicht in der Lage, es kommen nur die gesetzlichen Vertreter in Betracht. Dagegen spricht aber zum einen, dass dies auf eine zusätzliche Rechtswahl hinauslaufen würde, die die Ermittlung der Abstammung zusätzlich verzögert. Zum anderen hinge die Person des Vaters, der als potenziell Sorgeberechtigter auch zur Rechtswahl befugt sein könnte, von eben dieser Rechtswahl ab – ein Zirkelschluss.[64] Schließlich können auch bei der Mutter Motive eine Rolle spielen, durch welche die Wahl zu einem „falschen" Vater führen würde. Möchte die Mutter ihr Kind in eine neue Beziehung „mitnehmen", so wird sie diejenige Anknüpfungsalternative wählen, die zu ihrem neuen Partner führt.[65] Ein Wahlrecht ist somit abzulehnen[66] und eine wertende Entscheidung in diesem Fall unentbehrlich.

Hier sollte dasjenige Recht zur Anwendung kommen, das zum wirklichen Vater führt **(Grundsatz der** **28** **Abstammungswahrheit).**[67] Dies ist für das Kind am günstigsten. Es ist also zu ermitteln, wessen Vater-

---

53   Zur anderweitigen Vaterschaftsanerkennung trotz Eingreifens der Zuordnung zum Ehemann befasst sich das OLG Köln StAZ 2014, 113. Da nach Art. 23 EGBGB die Anerkennung kumulativ der Zustimmungen nach dem Heimatrecht des Kindes bedarf (und das Kind im entschiedenen Fall Deutscher war), qualifiziert es die Anerkennung während der anderweitigen Ehe als § 1599 Abs. 2 BGB entsprechend, so dass die Zustimmung des Ehemanns der Mutter bedurfte.

54   *Palandt/Thorn* EGBGB Art. 19 Rn. 6.

55   *Erman/Hohloch* EGBGB Art. 19 Rn. 17.

56   *Looschelders* IPRax 1999, 420 (421); *ders.* EGBGB Art. 19 Rn. 18.

57   AG Hannover FamRZ 2002, 1722 (1724); *Staudinger/Henrich* EGBGB Art. 19 Rn. 16; *Staudinger/Henrich* EGBGB Art. 19 Rn. 37 ff.; *Henrich* StAZ 1998, 1 (2); *Oprach* IPRax 2001, 325 (326 ff.); dagegen *Gaaz* StAZ 1998, 241 (251 f.) und *Sturm* FS Stoll 2001, S. 451, 454 f.

58   So auch BayObLG FamRZ 2002, 686 (687).

59   *Andrae*, Rn. 458 ff.

60   Ausf. zu den Gegenargumenten *Hepting* StAZ 2002, 129 (133).

61   BayObLG FamRZ 2002, 686 (688); *Palandt/Thorn* EGBGB Art. 19 Rn. 6; *Erman/Hohloch* EGBGB Art. 19 Rn. 17.

62   *Hepting* StAZ 2000, 33 ff.; dort (S. 37) auch folgendes Beispiel: Ein italienisches Ehepaar hat seinen gewöhnlichen Aufenthalt in Deutschland, als ein Kind geboren wird. Die Mutter gibt an, das Kind sei nicht dasjenige des Ehemanns und stamme von einem anderen Italiener. Dieser erkennt die Vaterschaft noch vor der Geburt an. Das deutsche Recht als Aufenthaltsrecht des Kindes sieht den Ehemann als Vater an (§ 1592 Nr. 1 BGB). Die Anerkennung der Vaterschaft ist nach deutschem Recht wegen § 1594 Abs. 2 BGB nicht wirksam, wohl aber nach italienischem Recht (Art. 250 C.c.). Nach italienischem Recht, das ebenfalls als Heimatrecht des Anerkennenden bzw. Ehewirkungsstatut anwendbar ist, ist der Anerkennende der Vater.

63   *Erman/Hohloch* EGBGB Art. 19 Rn. 18; *Palandt/Thorn* EGBGB Art. 19 Rn. 6.

64   *Hepting* StAZ 2000, 33 (35 f.).

65   *Sturm* FS Stoll 2001, S. 451, 454.

66   So im Ergebnis auch BayObLG FamRZ 2002, 686 (688).

67   BayObLG FamRZ 2002, 686; *Gaaz* StAZ 1998, 241 (251); *Hepting* FamRZ 2002, 388 f.; *Henrich* FamRZ 1998, 1401 (1402) (allerdings generell und nicht nur auf diejenigen Fälle bezogen, bei denen der Prioritätsgrundsatz versagt); *Dörner* FS Henrich 2000, S. 119, 123 (stellt auf den „wahrscheinlichen Vater" ab).

schaft „wahrscheinlicher" ist.[68] Bisher haben sich in der Rechtsprechung dazu noch keine Fallgruppen entwickelt. Es können aber bestimmte Grundkonstellationen herausgebildet werden, etwa die, dass bei unangefochtener Ehe sich dasjenige Abstammungsstatut durchsetzt, das zu dem Ehemann als Vater führt.[69] Bei kürzlich geschiedener Ehe und Anerkennung durch einen Dritten spricht hingegen eine hohe Wahrscheinlichkeit für die Vaterschaft des Anerkennenden.[70] Teilweise wird auch auf die Wertungen des deutschen Rechts (§§ 1592, 1593, 1594 Abs. 2 BGB) verwiesen.[71] Der Grundsatz der Abstammungswahrheit allein vermag zu angemessenen Ergebnissen führen, wenn das Prioritätsprinzip versagt. Zwar hat der Grundsatz den Nachteil einer unüberschaubaren Kasuistik und geringer Rechtssicherheit wegen seiner sprachlichen Ungenauigkeit (was ist „wahrscheinlich"?). Auch wird die Mutter hier bestrebt sein, den neuen Ehemann durch entsprechende Angaben, die zu einer „Wahrscheinlichkeit" führen, als Vater des Kindes „durchzusetzen". Mangels Alternativen sind diese Nachteile aber in Kauf zu nehmen.

29 **6. Sonderprobleme der Mutterschaftsfeststellung.** Die Feststellung der Mutterschaft ist idR wesentlich unproblematischer als die Vaterschaftsfeststellung: Mutter ist diejenige Frau, die das Kind geboren hat (§ 1591 BGB).[72] Eine Mutterschaftskonkurrenz ist aber theoretisch denkbar. So zB, wenn eine – nach deutschem Recht unzulässige[73] – **Leihmutterschaft** vorliegt,[74] bei der die gebärende Mutter Deutsche, die genetische Mutter aber Angehörige eines Staates ist, in dem die Möglichkeit besteht, dass die genetische Mutter als leibliche Mutter anerkannt wird,[75] und das Kind auch in diesem Staat geboren wird oder unmittelbar nach der Geburt verbracht wird (→ Rn. 14). Dann kann nach dem Aufenthaltsrecht des Kindes und dem Recht der genetischen Mutter eine Mutterschaft der genetischen Mutter festgestellt werden. Die gebärende Mutter ist – nach deutschem Recht – ebenfalls Mutter. Bisher ist ein solcher Fall in Deutschland nicht entschieden worden. Wegen des unauflösbaren Normenwiderspruchs muss man diesen Fall wohl anhand der materiellen Wertungen der lex fori lösen.[76] Nach anderer Auffassung sollte hingegen regelmäßig der Zuordnung zur Wunschmutter der Vorzug zu geben sein.[77]

30 Eine weitere Problematik stellt sich im Falle einer anonymen Geburt. In einigen Ländern[78] ist die Feststellung der Mutterschaft von einer Anerkennung des Kindes durch die Mutter erforderlich. Unterlässt diese (als Angehörige eines solchen Staates) bei Geburt die Anerkennung, so ist das Kind zunächst mutterlos. Das deutsche IPR kommt erst dann zur Anwendung, wenn das Kind später nach Deutschland übersiedelt und deutsches Recht als Aufenthaltsrecht des Kindes zur Anwendung kommt. *Henrich*[79] plädiert hier für die Feststellung der Mutterschaft nach dem Recht des Geburtsstaates (also durch Anerkennung). ME ist hier jedoch wegen der Wandelbarkeit des Aufenthaltsstatuts des Kindes auch deutsches Recht berufen, so dass die Mutter gem. § 1591 BGB (Mutter durch Geburt) festgestellt werden kann. Probleme treten hingegen nicht auf, wenn eine Deutsche ein Kind in einem Land gebiert, in dem eine Anerkennung der Mutterschaft gefordert wird. Hier steht die Mutter wegen ihres Heimatrechts schon bei Geburt fest, das Kind ist also nicht mutterlos.

II. Verpflichtungen des Vaters gegenüber der Mutter (Abs. 2)

31 Die Verpflichtungen des Vaters gegenüber der Mutter aufgrund der Schwangerschaft richten sich, wenn die Eltern nicht verheiratet sind, nach dem **Aufenthaltsrecht** der Mutter (zur Bestimmung des gewöhnlichen Aufenthaltes vgl. Art. 5 → Rn. 16 ff.). Das Statut ist – wie das Unterhaltsstatut (Art. 18) – wandelbar.[80]

32 In den **Anwendungsbereich** dieser Vorschrift fallen grundsätzlich Unterhaltsansprüche aufgrund der Schwangerschaft (s. aber zur Kollision mit dem HUntÜ → Rn. 33), Ansprüche auf Ersatz der Kosten von

68 OLG Celle StAZ 2007, 82; OLG Hamm FamRZ 2009, 126; *Henrich* FamRZ 1998, 1401 (1402); Staudinger/*Henrich* EGBGB Art. 19 Rn. 41 und 49; krit. *Frank* StAZ 2007, 65 (68).

69 Staudinger/*Henrich* EGBGB Art. 19 Rn. 58; dagegen: *Hepting* FamRZ 2002, 388 (389).

70 BayObLG FamRZ 2002, 686; *Hepting* FamRZ 2002, 388 (389).

71 *Dörner* FS Henrich 2000, S. 119, 123.

72 Die abweichende Registrierung einer anderen Mutter im Ausland führt nicht zu einem anderen Ergebnis, vgl. BGH NJW 2019, 1605.

73 § 1 Abs. 1 Nr. 7 des Gesetzes zum Schutz der Embryonen v. 13.12.1990 (BGBl. I S. 2746).

74 Rechtsvergleichender Überblick bei *Helms* StAZ 2013, 114 ff.

75 Weitere Nachw., zB für England und Kalifornien, bei Staudinger/*Henrich* EGBGB Art. 19 Rn. 77.

76 *Looschelders* IPRax 1999, 420 (423 f.).

77 Staudinger/*Henrich* EGBGB Art. 19 Rn. 78; MüKo-BGB/*Helms* EGBGB Art. 19 Rn. 25; BeckOK BGB/*Heiderhoff* EGBGB Art. 19 Rn. 24 ff.; *Mayer* RabelsZ 2014, 551 (580).

78 ZB Frankreich, Italien; weitere Nachw. bei Staudinger/*Henrich* EGBGB Art. 19 Rn. 72. Der Europäische Gerichtshof für Menschenrechte hat am 13.2.2003 in dem Verfahren Odièvre gegen Frankreich (42326/98) festgestellt, dass das französische Gesetz, welches anonyme Geburten zulässt, nicht gegen geltendes Recht verstößt.

79 Staudinger/*Henrich* EGBGB Art. 19 Rn. 73.

80 Palandt/*Thorn* EGBGB Art. 19 Rn. 9; *Looschelders* EGBGB Art. 19 Rn. 22.

Entbindung und Schwangerschaft (§ 1615i BGB),[81] Ansprüche bei Tod- oder Fehlgeburt des Kindes (§ 1615n BGB) sowie Ansprüche auf Ersatz der Beerdigungskosten, wenn die Mutter aufgrund der Schwangerschaft oder Entbindung stirbt (§ 1615m BGB). Vom Anwendungsbereich nicht erfasst sind deliktische Ansprüche der Mutter oder Ansprüche aus Verlöbnis, diese unterfallen dem Delikts- bzw. Verlöbnisstatut.[82]

Da Abs. 2 grundsätzlich auch Unterhaltsansprüche der Mutter aufgrund der Schwangerschaft oder Geburt **33** erfasst, stellt sich die Frage, wie diese Vorschrift zum **HUntÜ** von 1973[83] steht. Auf den ersten Blick könnte man die Anwendbarkeit des HUntÜ anzweifeln, da es nur Unterhaltsansprüche aus Familie, Verwandtschaft, Ehe oder Schwägerschaft regelt (Art. 1 des Übk). Es entspricht aber heute allgemeiner Auffassung, dass die Beziehungen zwischen den Eltern auch dann solche familiärer Natur sind, wenn sie nicht verheiratet sind.[84] Das HUntÜ bzw. Art. 18 verdrängt demnach Abs. 2 für den Bereich der Unterhaltsansprüche (Art. 3 Abs. 2 S. 1); dessen Anwendungsbereich bleibt beschränkt. Da sowohl das HUntÜ als auch Abs. 2 an das Aufenthaltsrecht der Mutter anknüpfen, wird die Frage, nach welchem Recht die Ansprüche qualifiziert werden sollen (als unterhaltsrechtliche oder solche iSd Abs. 2), entschärft.

III. Renvoi

Die in Art. 19 enthaltenen Anknüpfungen sind grundsätzlich Gesamtverweisungen iSd Art. 4 Abs. 1,[85] so **34** dass eine Rück- oder Weiterverweisung durch ausländisches Kollisionsrecht grundsätzlich möglich ist. Davon ist jedoch bei Abs. 1 eine Ausnahme zu machen, wenn ein *renvoi* dem „Sinn der Verweisung widerspricht" (Art. 4 Abs. 1 S. 1). Sinn der Anknüpfungsalternativen des Abs. 1 ist es, möglichst viele Rechtsordnungen zur Verfügung zu stellen, nach denen sich die Abstammung richtet. Ein renvoi, der die Anzahl der Anknüpfungsalternativen und damit die Anzahl der Möglichkeiten der Abstammungsfeststellung verkleinert, widerspräche daher dem Sinn der Verweisung. Ein renvoi wäre in diesem Fall unbeachtlich.[86] Der wohl häufigste Fall ist derjenige, dass neben dem deutschen Recht weitere Rechte berufen sind. Ein renvoi des ausländischen Rechts auf deutsches Recht wäre dann unbeachtlich.

Grundsätzlich ist die Verweisung des Abs. 2 Gesamtverweisung, ein renvoi ist beachtlich. Besteht aber – bei **35** Unterhaltsansprüchen – Konkurrenz mit dem HUntÜ, gilt das vorrangige HUntÜ mit seiner Sachnormverweisung, ein renvoi ist dann unbeachtlich.[87]

IV. Ordre public

Grundsätzlich steht das aus Abs. 1 und 2 gewonnene Recht unter dem Vorbehalt des ordre public. Die Pro- **36** blematik ist im Hinblick auf Abs. 1 jedoch durch die vielen Anknüpfungsalternativen entschärft.

Keinen Verstoß gegen den ordre public dürften im ausländischen Recht vorhandene Abstammungsvermu- **37** tungen bzw. nicht vorhandene Abstammungsvermutungen darstellen.[88] Ebenso widerspricht es nicht dem ordre public, wenn das berufene ausländische Recht bei einer künstlichen Befruchtung die Abstammung von dem Spender zulässt.[89]

Hingegen verstoßen gegen den ordre public die in einigen Ländern vorhandenen Verbote, die Abstammung **38** festzustellen bzw. anzuerkennen, wenn das Kind einer ehebrecherischen Beziehung einer verheirateten Frau entspringt.[90] Ein solches Anerkennungs- bzw. Feststellungsverbot würde das Recht des Kindes auf seine Eltern vereiteln. Aus demselben Grund dürften Ausschlussfristen, innerhalb deren auf die Feststellung der

---

81 Streitig ist, ob diese Kosten nicht auch dem Unterhaltsstatut und daher Art. 18 bzw. dem HUntÜ unterfallen, vgl. für weitere Nachw. Staudinger/*Henrich* EGBGB Art. 19 Rn. 102.

82 MüKoBGB/*Helms* EGBGB Art. 19 Rn. 79.

83 (BGBl. II 1986 S. 837), abgedruckt in *Jayme/Haus-mann* Nr. 41, auszugsweise auch in Art. 18 EGBGB Rn. 94.

84 Staudinger/*Henrich* EGBGB Art. 19 Rn. 101; MüKo-BGB/*Siehr* EGBGB Art. 18 Anh. I Rn. 43; Staudinger/*v. Bar/Mankowski* (1996) Anh. I zu Art. 18 EGBGB Rn. 110; Erman/*Hohloch* EGBGB Art. 19 Rn. 26; Palandt/*Thorn* EGBGB Art. 19 Rn. 9.

85 Staudinger/*Henrich* EGBGB Art. 19 Rn. 25; Palandt/*Thorn* EGBGB Art. 19 Rn. 2 (mit kleiner Abweichung); Erman/*Hohloch* EGBGB Art. 19 Rn. 4 (mit kleiner Abweichung); *v. Hoffmann* IPR § 8 Rn. 134;

BeckOK BGB/*Heiderhoff* EGBGB Art. 19 Rn. 30; differenzierend *Andrae*, Rn. 462.

86 BGH FamRZ 2016, 1847 (1849); OLG Celle FamRZ 2011, 1518; OLG Hamm FamRz 2009, 126; Staudinger/*Henrich* EGBGB Art. 19 Rn. 25; *v. Hoffmann* IPR § 8 Rn. 134; einschränkend MüKoBGB/*Helms*, § 19 EGBGB Rn. 29, der einen Renvoi doch beachten will, wenn die nach Art. 19 anwendbaren Rechte dem Kind unterschiedliche Personen als Vater oder Mutter zuweisen und durch die Beachtung eines Renvoi der Normenwiderspruch vermieden werden kann.

87 *Looschelders* EGBGB Art. 19 Rn. 23.

88 Staudinger/*Henrich* EGBGB Art. 19 Rn. 104 ff.

89 Staudinger/*Henrich* EGBGB Art. 19 Rn. 109.

90 MüKoBGB/*Helms* EGBGB Art. 19 Rn. 56; so zB zum alten Art. 292 türkisches ZGB, vgl. KG FamRZ 1994, 1413.

Abstammung geklagt werden muss, ordre-public-widrig sein.[91] Zu überlegen ist weiterhin, ob nach der *Marckx*-Entscheidung des Europäischen Gerichtshofs für Menschenrechte[92] ein formales Mutterschaftsanerkenntnis, wie es einige Rechtsordnungen bei unverheirateten Müttern vorsehen, gegen den ordre public verstößt.

39 Bis vor kurzem ungeklärt war die Frage, ob in den Fällen, in denen eine ausländische Leihmutter das Kind einer deutschen Wunschmutter gebiert und das ausländische Recht das Kind rechtlich als von der Wunschmutter abstammend ansieht, einer Anerkennung dieser Zuordnung zur Wunschmutter der ordre public entgegensteht. Dies wird von vielen so vertreten.[93] Als Argument wird im Wesentlichen angeführt, dass die Anerkennung zu einer Umgehung des Verbots der Leihmutterschaft (§ 1 Abs. 1 Nr. 7 ESchG; § 13 c und § 13 d iVm § 14 b AdVermG) führt.[94] Eine Ablehnung der Anerkennung dieser Zuordnung wäre jedoch – wie *Sturm*[95] und *Helms*[96] überzeugend ausführen - mit erheblichen Nachteilen für das Kind verbunden: Wenn nämlich das ausländische Abstammungsstatut das Kind der Wunschmutter zuordnet, dies jedoch in Deutschland nicht anerkannt würde, hätte das Kind im Geburtsland (also in der Regel im Land der Leihmutter) keine dort ansässige Mutter; die deutsche Wunschmutter könnte das Kind dann nur im Wege der Adoption nach Deutschland holen, was mit erheblichen Schwierigkeiten verbunden würde.[97] Aus diesem Grund sollte der ordre public der Anerkennung der ausländischen Zuordnung zur Wunschmutter nicht entgegenstehen. So hat auch der BGH[98] – für einen Fall, in dem die Wunscheltern in Lebenspartnerschaft lebten – entschieden, dass die Feststellung, dass die beiden Wunscheltern die Eltern des Kindes sind, zwar teilweise von der deutschen Gesetzeslage abweiche, da die Durchführung einer Leihmutterschaft im Inland verboten sei. Darin liege hingegen noch keine Abweichung von solcher Tragweite, als dass durch sie der ordre public verletzt wäre. Bei der Beurteilung seien neben dem vorwiegend generalpräventiv wirkenden Verbot der Leihmutterschaft und der darauf beruhenden gesetzlichen Regelung zur Mutterschaft vor allem auch die Grund- und Menschenrechte des Kindes und der Leihmutter zu berücksichtigen. Würde die Anerkennung der Auslandsentscheidung verweigert, so würde zum Nachteil des Kindes ein sogenanntes hinkendes Verwandtschaftsverhältnis entstehen. Davon zu unterscheiden ist jedoch der Fall, in dem keine formelle (gerichtliche) Entscheidung im Ausland ergeht. So hat der BGH[99] jüngst entschieden, dass in dem Fall, in dem die Geburt lediglich beim ausländischen Standesamt registriert und anschließend das Kind zu den Wunscheltern nach Deutschland verbracht wird, entsprechend den allgemeinen Grundsätzen (→ Rn. 14) deutsches Recht als Abstammungsstatut anwendbar ist. Demnach gilt gem. § 1591 BGB als Mutter diejenige, die das Kind geboren hat. In diesem Fall müsste also das Kind von der Wunschmutter adoptiert werden.

C. Weitere praktische Hinweise

I. Rechtslage für Kinder, die vor dem 1.7.1998 geboren wurden

40 Bei Kindern, die vor dem 1.7.1998 geboren wurden und bei denen die Vaterschaft noch nicht feststeht, muss zwischen ehelichen und nichtehelichen Kindern differenziert werden (zum Übergangsrecht → Rn. 2). Für die ehelichen Kinder bestimmt Art. 19 aF, dass das Ehewirkungsstatut zum Zeitpunkt der Geburt maßgeblich ist. Bei unterschiedlicher Staatsangehörigkeit der Ehegatten gilt das Kind auch dann als ehelich, wenn es nach dem Heimatrecht einer der beiden Ehegatten ehelich ist. Bei einer nichtehelichen Abstammung bestimmt sich diese gem. Art. 20 aF im Verhältnis zur Mutter nach dem Heimatrecht der Mutter und im Verhältnis zum Vater alternativ nach dessen Heimatrecht, dem Heimatrecht der Mutter oder dem Recht des Staates, in dem das Kind seinen gewöhnlichen Aufenthalt hat. Maßgeblicher Zeitpunkt ist jeweils die Geburt des Kindes.

II. Rechtslage für Kinder, die vor dem 1.9.1986 geboren wurden

41 Vor der IPR-Reform vom 25.7.1986[100] (in Kraft seit dem 1.9.1986, zum Übergangsrecht → Rn. 2) existierte nur eine Regelung für die eheliche Abstammung. Demnach ist gem. Art. 18 aF deutsches Recht anwendbar, wenn der Ehemann der Mutter zur Zeit der Geburt Deutscher ist.[101] Für die nichteheliche Abstammung

---

91 Staudinger/*Henrich* EGBGB Art. 19 Rn. 110.
92 EGMR NJW 1979, 2449.
93 KG StAZ 2013, 34 (allerdings nicht rechtskräftig) mAnm *Mayer* IPRax 2014, 5; VG Berlin StAZ 2012, 382; *Benicke* StAZ 2013, 191 (109 ff.) Engel ZEuP 2014, 538 (558).
94 Siehe allgemein zu Abstammungsfragen bei Leihmutterschaften *Wagner* StAZ 2012, 294 ff. und *Duden* StAZ 2014, 164 ff.

95 In FS Kühne 2009, 930 ff.
96 MüKoBGB/*Helms* EGBGB Art. 19 Rn. 58.
97 Auch der österreichische Verfassungsgerichtshof hat erhebliche Bedenken, vgl. *Lurger* IPRax 2013, 282.
98 NJW 2015, 479 = DNotZ 2015, 296 (mAnm *Schall*).
99 BGH NJW 2019, 1605.
100 BGBl. I 1986 S. 1142.
101 Vgl. Staudinger/*Henrich* EGBGB Art. 19 Rn. 4.

existierte hingegen keine Kollisionsnorm. Die Abstammung im Verhältnis zur Mutter richtete sich nach der Kollisionsnorm des Art. 20 aF, der das Rechtsverhältnis zwischen Kind und Mutter regelte. Die Abstammung im Verhältnis zum Vater richtete sich nach deutschem Recht, falls deutsches Recht Unterhaltsstatut war, ansonsten nach dem Heimatrecht des Anerkennenden oder des als Vater in Anspruch Genommenen.

III. Innerdeutsches Kollisionsrecht

Für Kinder, die vor dem 3.10.1990 geboren wurden und bei denen ein Bezug zur DDR vorlag, gelten die **42** grundsätzlichen, im innerdeutschen Verhältnis entwickelten Regeln. Demnach ging man von einer einheitlichen deutschen Staatsangehörigkeit aus. Da dies zu keinem Ergebnis für das anwendbare Recht führte, stellte man stattdessen auf den gewöhnlichen Aufenthalt der betreffenden Person ab.[102] Die Abstammungskollisionsnormen wurden dann entsprechend angewendet. Für Kinder, die nach dem 3.10.1990 geboren sind, gelten die allgemeinen Regeln. Zum Übergangsrecht vgl. Art. 234.[103]

IV. Internationales Prozessrecht

Das streitige Verfahren in Abstammungssachen richtet sich nach den §§ 169 ff. FamFG. Nach § 169 Nr. 1 **43** FamFG sind Abstammungssachen solche Verfahren, welche die Feststellung des Bestehens oder Nichtbestehens eines Eltern-Kindes-Verhältnisses bzw. die Feststellung der Wirksamkeit oder Unwirksamkeit einer Anerkennung der Vaterschaft zum Gegenstand haben. Das Verfahren nach den Grundsätzen der freiwilligen Gerichtsbarkeit läuft nach ähnlichen Regeln ab wie das streitige Verfahren. Die lex fori bestimmt darüber, ob ein Verfahren der freiwilligen Gerichtsbarkeit oder ein solches der streitigen Gerichtsbarkeit vorliegt.[104]

1. Internationale Zuständigkeit. Die internationale Zuständigkeit ergibt sich mangels vorrangiger staats- **44** vertraglicher Regelungen aus § 100 FamFG. Demnach sind die deutschen Gerichte – nicht ausschließlich[105] – zuständig, wenn eine der Parteien Deutscher[106] ist oder ihren gewöhnlichen Aufenthalt im Inland hat.[107] Die internationale Zuständigkeit sagt noch nichts darüber aus, wer klagebefugt ist. Dies ist eine Frage des berufenen materiellen Rechts (in Deutschland ergibt sich dies aus § 1600 e BGB).

2. Anerkennung ausländischer Entscheidungen. Die Anerkennung ausländischer Entscheidungen in **45** Deutschland richtet sich für das streitige Verfahren nach § 328 ZPO und nach §§ 108, 109 FamFG für solche Verfahren, die der freiwilligen Gerichtsbarkeit zugeordnet werden. Zwar gibt es bilaterale Abkommen, diese schränken die Anerkennung jedoch ein.[108] Da staatsvertragliche Regelungen die Möglichkeit der Anerkennung jedoch nicht einschränken, sondern erweitern sollen, kann § 328 ZPO daneben zur Anwendung kommen und zu einer schnelleren Anerkennung führen. Die direkte Anwendung von § 328 ZPO ist daher im Hinblick auf das Günstigkeitsprinzip geboten.[109]

Hinsichtlich der Voraussetzungen der Anerkennung gelten die allgemeinen Regeln des § 328 ZPO und der **46** §§ 108, 109 FamFG, insbesondere die Möglichkeit der Verweigerung, wenn die Entscheidung gegen den ordre public (vgl. § 109 Abs. 1 Nr. 4 FamFG) verstößt. So hat das AG Hamburg-Wandsbek[110] einem Urteil die Anerkennung verweigert, weil es lediglich auf die Beiwohnungsvermutung gestützt war. Das AG Würzburg[111] hat die Anerkennung eines Urteils mit der Begründung abgelehnt, der Einwand des Mehrverkehrs und der Zeugungsunfähigkeit seien nicht berücksichtigt worden. Das OLG Oldenburg[112] sah einen Verstoß gegen den ordre public darin, dass das anzuerkennende Urteil das eheähnliche Zusammenleben der Mutter mit dem Mann, zu dem die Abstammung bestimmt werden sollte, zur Voraussetzung der Abstammungsbestimmung gemacht hat. Der BGH verwehrte die Anerkennung einer Vaterschaftsfeststellung in einem Fall, in dem diese lediglich auf eine Aussage nach Hörensagen gestützt worden war und ein vom Putativvater angebotenes Abstammungsgutachten nicht eingeholt worden war.[113]

---

102 *V. Hoffmann* IPR S. 20.
103 Vgl. dazu auch BGH NJW 1999, 1862 ff.
104 Erman/*Hohloch* EGBGB Art. 19 Rn. 28; aA Staudinger/*Henrich* EGBGB Art. 19 Rn. 113.
105 Baumbach/Roth/*Heiderhoff* EGBGB Art. 19 Rn. 28; *Looschelders* EGBGB Art. 19 Rn. 25.
106 Deutscher in diesem Sinne ist nicht nur derjenige, der die deutsche Staatsangehörigkeit besitzt, sondern auch derjenige, der Deutscher iSv Art. 116 Abs. 1 GG ist, vgl. Art. 9 Abs. 2 Nr. 5 FamRÄndG.
107 Insoweit kommt es auf die Klageerhebung an, vgl. BGH IPRax 1985, 162 (163); wenn die Zuständigkeit bei Prozessbeginn gegeben war und nachher entfällt,

wird man im Wege der *perpetuatio fori* von einem Fortbestand der Gerichtsbarkeit ausgehen können (vgl. BGH FamRZ 1983, 1215 (1216)).
108 Vgl. Nachw. bei Staudinger/*Henrich* EGBGB Art. 19 Rn. 115 ff.
109 BGH FamRZ 1987, 580; 1990, 897.
110 AG Hamburg-Wandsbek DAVorm 1982, 706 (708); krit. dazu Staudinger/*Henrich* EGBGB Art. 19 Rn. 123 (Beweiswürdigung sei Sache des Gerichts).
111 AG Würzburg FamRZ 1994, 1596.
112 OLG Oldenburg FamRZ 1993, 1486.
113 BGH FamRZ 2009, 1816.

Zu beachten ist, dass die fehlende Verbürgung der Gegenseitigkeit die Anerkennung nicht verhindert, da in Abstammungssachen § 328 Abs. 2 ZPO gilt.

47   **3. Abstammungsgutachten.** Sind die deutschen Gerichte zuständig, ist deutsches Prozessrecht anzuwenden. Der mutmaßliche Vater ist dann unter Umständen gem. § 372a ZPO verpflichtet, ein Abstammungsgutachten zu dulden. Entzieht er sich einem solchen Gutachten, etwa durch Auslandsaufenthalt, so kann zu seinen Lasten vermutet werden, dass keine schwerwiegenden Zweifel an seiner Vaterschaft bestehen.[114] Denkbar ist auch, die ausländischen Behörden um Rechtshilfe zu ersuchen.[115]

V. Verfahren in Personenstandssachen

48   Im Geburtenregister werden gem. § 21 PStG Vater und Mutter beurkundet, sofern sie zu diesem Zeitpunkt feststehen. Steht nur ein Elternteil fest, so wird dieser eingetragen. Die internationale Zuständigkeit des Standesbeamten ergibt sich aus der örtlichen Zuständigkeit.[116]

49   **1. Vaterschaftsanerkennung und Vaterschaftsfeststellung.** § 27 PStG sieht vor, dass es beim Geburtseintrag zu beurkunden ist, wenn die Vaterschaft nach der Beurkundung der Geburt des Kindes anerkannt oder gerichtlich festgestellt wird. **Anerkennt** der Vater im Ausland das Kind nach der Geburt,[117] so kommt es auf eine Anerkennung nach §§ 108, 109 FamFG nicht an.[118] Die anerkannte Vaterschaft kann aber nur dann beurkundet werden werden, wenn eine „richtige" Vaterschaftsanerkennung und nicht nur eine Anerkennung der „Zahlvaterschaft", die lediglich Unterhaltskonsequenzen zeitigt, vorliegt.[119] So unterscheidet etwa das türkische Recht zwischen „Vaterschaftsfeststellung mit Standesfolge" (Vaterschaft im deutschen Sinne) und „einfacher" Vaterschaftsfeststellung (Zahlvaterschaft). Nur die „Vaterschaftsfeststellung mit Standesfolge" darf beigeschrieben werden. Gleiches gilt bei der Feststellung der Vaterschaft im Ausland **durch Entscheidung.** Nur die Feststellung einer Vaterschaft, die in den rechtlichen Wirkungen einer deutschen Vaterschaft vergleichbar ist, kann beigeschrieben werden.[120] Die Dienstanweisungen für Standesbeamte sehen daher vor, dass der Standesbeamte die im Ausland erfolgte Anerkennung oder Feststellung zunächst der zuständigen Verwaltungsbehörde vorlegt. Diese prüft dann, ob die Vaterschaft in ihren Wirkungen mit der deutschen Vaterschaft vergleichbar ist.

50   Die Vaterschaftsanerkennung muss in Anwendung des Art. 11 der Form desjenigen Rechts entsprechen, dass an dem Ort gilt, an dem die Anerkennung abgegeben wird. Dieses Recht bestimmt auch über die zuständige Stelle, gegenüber der die Anerkennung zu erklären ist.[121] Für nichteheliche Kinder erweitert das **CIEC-Übereinkommen vom 14.9.1961 betreffend die Vaterschaftsanerkennung**[122] den Kreis der zuständigen Behörden.

51   **2. Anerkennung der Mutterschaft.** Die Anerkennung der Mutterschaft kann nach dem durch Abs. 1 ermittelten ausländischen Abstammungsstatut erforderlich sein. Diesen Fall regelt § 27 Abs. 2 PStG. Demnach kann unter den dort genannten Voraussetzungen die Anerkennung der Mutterschaft beurkundet werden. Dabei soll der Standesbeamte nicht prüfen, ob nach dem berufenen Abstammungsstatut die Anerkennung wirksam ist.[123] Materiellrechtlich gilt das CIEC-Übereinkommen über die Feststellung der mütterlichen Abstammung nichtehelicher Kinder vom 12.9.1962[124] (→ Rn. 7). Wenn die Mutter zunächst

---

114   BGH IPRax 1987, 176 (178) = JZ 1987, 42 mAnm *Stürner*; MüKoBGB/*Helms* EGBGB Art. 19 Rn. 65.

115   Vgl. dazu Art. 11 des Haager Zivilprozeßübereinkommens v. 1.3.1954 (BGBl. II 1958 S. 522) – abgedruckt in *Jayme/Hausmann* Nr. 210 – und Art. 9, 10 des Haager Beweisaufnahmeübereinkommens v. 18.3.1970 (BGBl. II 1977 S. 1472) – abgedruckt in *Jayme/Hausmann* Nr. 212.

116   BayObLG FamRZ 2002, 686.

117   Die Anerkennung ist wirksam, wenn sie entspr. den Regeln des durch Art. 19 Abs. 1 berufenen Rechts abgegeben wurde, vgl. MüKoBGB/*Helms* EGBGB Art. 19 Rn. 70 und Erman/*Hohloch* EGBGB Art. 19 Rn. 30.

118   MüKoBGB/*Helms* EGBGB Art. 19 Rn. 70; Erman/*Hohloch* EGBGB Art. 19 Rn. 30; nicht ganz eindeutig: Staudinger/*Henrich* EGBGB Art. 19 Rn. 130.

119   Vgl. MüKoBGB/*Helms* EGBGB Art. 19 Rn. 72 (mwN), Staudinger/*Henrich* EGBGB Art. 19 Rn. 128.

120   Staudinger/*Henrich* EGBGB Art. 19 Rn. 130; MüKoBGB/*Hems* EGBGB Art. 19 Rn. 72.

121   In Deutschland ist die Anerkennung gem. § 1597 Abs. 1 BGB zu beurkunden. Zuständig sind die Notare (§ 20 BNotO), die Standesbeamten (§ 29a PStG), die Urkundsbeamten beim Jugendamt (§ 59 Abs. 1 Nr. 1 SGB VIII), die Amtsgerichte (§ 62 Abs. 1 Nr. 1 BeurkG), das Prozessgericht (§ 641c ZPO), die Konsularbeamten der deutschen Auslandsvertretungen (§§ 2, 10, 19 KonsG). Beglaubigte Abschriften sind gem. § 1597 Abs. 2 BGB von Amts wegen an alle Beteiligten zu versenden.

122   Römisches CIEC-Übereinkommen über die Erweiterung der Zuständigkeit der Behörden, vor denen nichteheliche Kinder anerkannt werden können, vom 14.9.1961 (BGBl. II 1965 S. 19), abgedruckt in *Jayme/Hausmann*, Nr. 50.

123   *Beitzke* StAZ 1970, 235 (237 f.); Staudinger/*Henrich* EGBGB Art. 19 Rn. 134.

124   (BGBl. II 1965 S. 23), abgedruckt in *Jayme/Hausmann* Nr. 51.

unbekannt ist (anonyme Geburt) und das Kind erst später von ihr anerkannt wird, gilt § 2 PStG mangels entsprechender gesetzlicher Regelung analog.[125]

3. Berichtigung einer unrichtigen Eintragung ins Personenstandsbuch. Wird im Personenstandsbuch eine unrichtige Eintragung vorgenommen, etwa weil ein falscher Vater eingetragen wird, so kann diese Eintragung gem. § 48 PStG auf Anordnung des Gerichts berichtigt werden. Voraussetzung ist, dass sie von Anfang an unrichtig war und dies auch feststeht.[126] Die Eintragung eines falschen Vaters hat lediglich eine Beweisfunktion, aber keine rechtserzeugende Wirkung.[127] Die Berichtigung erfolgt auf Antrag eines Beteiligten, § 48 Abs. 2 PStG.   **52**

VI. Legitimation nach ausländischem Recht

Seit dem Kindschaftsrechtsreformgesetz v. 16.12.1997[128] wird nicht mehr zwischen ehelichen und nichtehelichen Kindern unterschieden. Dies hat zur Abschaffung der Vorschriften über die Legitimation nichtehelicher Kinder im BGB (§§ 1719–1740 g) und der entsprechenden Kollisionsnorm des Art. 21 geführt. Aus deutscher Sicht sind die damit verbundenen Fragen nunmehr obsolet geworden. Soweit es in ausländischen Rechten auf eine Legitimation ankommt (zB im Erbrecht, Unterhaltsrecht, Sorgerecht, Namensrecht und bei Bestimmung der Staatsangehörigkeit), kann dieser als Vorfrage Bedeutung zukommen. S. hierzu die Kommentierung bei den jeweiligen Kollisionsnormen.[129]   **53**

Eine praktische Frage stellt sich für den Standesbeamten, ob in dem Fall einer Legitimation nach ausländischem Recht bei einem in Deutschland geborenen Kind diese als Änderung des Personenstands iSv § 27 Abs. 3 PStG (von Amts wegen) beurkundet werden soll bzw. muss.[130] Eine solche Beschreibung ist – entgegen einigen Stimmen[131] – abzulehnen.[132] Auch wenn es im Interesse des Kindes grundsätzlich zu begrüßen ist, die Legitimation zu dokumentieren, so ist dies immer mit einer aufwändigen Befragung des ausländischen Rechts verbunden. Der Beweis für den Status des Kindes lässt sich, sollte es im Ausland darauf ankommen, hingegen auch in anderer Weise, etwa durch Vorlage der Heirats- oder Geburtsurkunde, führen. Aus diesen Gründen ist ein Vermerk nach § 27 Abs. 3 PStG mE weder erforderlich noch geboten.   **54**

VII. Auswirkung der Abstammung auf die Staatsangehörigkeit

Das Abstammungsstatut hat auch Auswirkungen auf die Staatsangehörigkeit des Kindes.[133] Wer von einem Elternteil abstammt, der zum Zeitpunkt der Geburt die deutsche Staatsangehörigkeit besitzt, erhält selbst die deutsche Staatsangehörigkeit.   **55**

Art. 20 EGBGB Anfechtung der Abstammung

[1]**Die Abstammung kann nach jedem Recht angefochten werden, aus dem sich ihre Voraussetzungen ergeben. [2]Das Kind kann die Abstammung in jedem Fall nach dem Recht des Staates anfechten, in dem es seinen gewöhnlichen Aufenthalt hat.**

Literatur: S. bei Art. 19.

A. Allgemeines	1
I. Normgeschichte und Übergangsrecht	1
1. Kindschaftsrechtsreformgesetz	1
2. Übergangsrecht	2
II. Normzweck und Normstruktur	3
III. Staatsvertragliche Regelungen	8

B. Regelungsgehalt	9
I. Anwendungsbereich des Anfechtungsstatuts	9
II. Anknüpfung nach S. 1	11
III. Anknüpfung nach S. 2	13
IV. Renvoi	14
V. Ordre public	15

125 Staudinger/*Henrich* EGBGB Art. 19 Rn. 137 (zu dem vor dem 1.1.2009 geltenden § 29 PStG).
126 BGH NJW 1988, 1469 (1470); BayObLG FamRZ 2002, 686.
127 BayObLG FamRZ 2002, 686.
128 BGBl. I 1997 S. 2942.
129 Ausf. dazu Staudinger/*Henrich* EGBGB Art. 19 Rn. 89–99, und *Looschelders* EGBGB Art. 19 Rn. 6–10.
130 Ausf. *Hepting* StAZ 1999, 97; *Hepting/Fuchs* IPRax 2001, 114; *Huber* IPRax 2000, 116.

131 BayObLG FamRZ 1999, 1443; AG Heilbronn IPRax 1999, 114; so auch Palandt/*Thorn* EGBGB Art. 19 Rn. 8; *Hepting* StAZ 1999, 97 (98 f.); *ders.* StAZ 2002, 129 ff.; *Looschelders* EGBGB Art. 19 Rn. 10.
132 So auch OLG Köln FamRZ 1999, 529 (530); OLG Stuttgart FamRZ 2000, 436 (437); Staudinger/*Henrich* EGBGB Art. 19 Rn. 79 ff.; BeckOK BGB/*Heiderhoff* EGBGB Art. 19 Rn. 34.
133 Vgl. grundlegend zum Verhältnis des Abstammungsstatuts zum Erwerb der Staatsangehörigkeit: *Sturm* FS Stoll 2001, S. 451 ff.

C. **Weitere praktische Hinweise** 17
   I. Rechtslage bei vor dem 1.7.1998 geborenen
      Kindern; innerdeutsches Kollisionsrecht 17
  II. Anfechtung der Mutterschaft 18
 III. Prozessuale Fragen 19

IV. Internationales Prozessrecht 20
   1. Internationale Zuständigkeit 22
   2. Anerkennung ausländischer Entscheidun-
      gen 23
V. Personenstandssachen 26

A. Allgemeines

I. Normgeschichte und Übergangsrecht

1   **1. Kindschaftsrechtsreformgesetz.** Diese Vorschrift entspringt, wie Art. 19, dem Kindschaftsrechtsreformgesetz v. 16.12.1997 (in Kraft seit dem 1.7.1998), vgl. dazu die Kommentierung bei → Art. 19 Rn. 1. Vorher war nur in Art. 19 Abs. 1 S. 4 aF die Anfechtungsmöglichkeit des Kindes nach seinem Aufenthaltsrecht ausdrücklich geregelt. Ansonsten bestimmte man das Anfechtungsstatut nach dem entsprechenden Abstammungsstatut, differenzierte also auch nach ehelicher und nichtehelicher Abstammung.[1]

2   **2. Übergangsrecht.** Für die Anfechtung gilt, anders als bei der Bestimmung der Abstammung, keine Differenzierung für vor und nach dem 1.7.1998 geborene Kinder.[2] Denn Art. 224 § 1 Abs. 2 bestimmt, dass sich die Anfechtung der Ehelichkeit und die Anfechtung der Vaterschaft nach den neuen Vorschriften über die Anfechtung der Vaterschaft richten. Obwohl die zitierte Regelung dem Wortlaut nach nur das materielle Recht betrifft, gilt sie entsprechend auch für das Kollisionsrecht (→ Art. 19 Rn. 2). Das Anfechtungsstatut bestimmt sich also nach Art. 20, unabhängig davon, wann das Kind geboren wurde, und unabhängig davon, wann eine Vaterschafts- oder Mutterschaftsanerkennung stattgefunden hat. Obwohl Art. 224 nur von Vaterschaftsanfechtung spricht, muss die Norm in entsprechender Weise auch auf die – nur theoretisch denkbare – Mutterschaftsanfechtung anwendbar sein.

II. Normzweck und Normstruktur

3   Art. 20 bestimmt das auf die Anfechtung der Abstammung anwendbare Recht, handelt also von der „Beseitigung" der Abstammung. Umfasst sind alle Abstammungsverhältnisse, also sowohl die Abstammung von der Mutter als auch die Abstammung vom Vater. Es kommt nicht darauf an, wie die Abstammung begründet wurde, ebenso wenig auf die eheliche bzw. nichteheliche Zeugung oder Geburt. Art. 20 gilt demnach für die Anfechtung der Abstammung aufgrund gesetzlicher Vermutung gleichermaßen wie für die Anfechtung der Abstammung aufgrund Anerkennung bzw. gerichtlicher Feststellung.[3]

4   Art. 20 hält eine Vielzahl von Anknüpfungsmöglichkeiten bereit: Die Anfechtung kann gem. **S. 1** nach jedem der gem. Art. 19 Abs. 1 möglichen Abstammungsstatute erfolgen. Es kommt dabei nach dem klaren Wortlaut von Art. 20 nicht darauf an, ob die Abstammung tatsächlich nach dem für die Anfechtung geltenden Statut bestimmt wurde. Die Voraussetzungen der Abstammung müssen sich aber aus dem Anfechtungsstatut ergeben.

5   Nach **S. 2** kann das Kind auch nach dem Recht desjenigen Staates anfechten, in dem es seinen gewöhnlichen Aufenthalt hat. Zwar erscheint S. 2 auf den ersten Blick überflüssig: der gewöhnliche Aufenthalt des Kindes ist auch eine Anknüpfungsalternative, die Art. 19 Abs. 1 vorsieht. Allerdings wird der Zweck von S. 2, nämlich das Kind zu privilegieren, klar, wenn man folgende Konstellation bedenkt: Kann nach dem Aufenthaltsrecht des Kindes keine Abstammung bestimmt werden (wird zB die Ehe kurz vor der Geburt in Deutschland geschieden, besteht keine Abstammungsvermutung nach deutschem Aufenthaltsrecht; möglicherweise hält aber das Personalstatut des Vaters eine solche Vermutung bereit, entfiele die Anfechtungsmöglichkeit nach dem Aufenthaltsrecht des Kindes gem. S. 1. Durch S. 2 wird daher eine zusätzliche Anfechtungsmöglichkeit nach dem Aufenthaltsrecht des Kindes eröffnet.

6   Andere Rechte als die nach Art. 19 Abs. 1 möglichen und das Aufenthaltsrecht des Kindes können für die Anfechtung nicht herangezogen werden.

7   Ob das Kind ein eheliches oder nichteheliches ist, ist für die Anknüpfung unerheblich. Differenziert aber das berufene materielle Recht in dieser Weise, so ist dem zu folgen. Die Vorfrage der Ehelichkeit ist dann, wie bei Art. 19 (vgl. dort → Rn. 13), unselbstständig, also nach den Kollisionsnormen des jeweilig berufenen Sachstatuts, anzuknüpfen.[4] Als Vorfrage selbstständig anzuknüpfen ist hingegen die Frage, ob die Eltern wirksam verheiratet sind[5] (→ EGBGB Art. 19 Rn. 19).

---

1   Staudinger/*Henrich* EGBGB Art. 20 Rn. 1.
2   OLG Nürnberg FamRZ 2002, 1722.
3   Zur vor dem 30.6.1998 geltenden Rechtslage s.
     Staudinger/*Henrich* EGBGB Art. 20 Rn. 7 f.

4   Palandt/*Thorn* EGBGB Art. 20 Rn. 1; BeckOK BGB/
     Heiderhoff EGBGB Art. 20 Rn. 13; aA *Looschelders*
     EGBGB Art. 20 Rn. 2 (selbstständige Anknüpfung).
5   Palandt/*Thorn* EGBGB Art. 20 Rn. 1; BeckOK BGB/
     Heiderhoff EGBGB Art. 20 Rn. 13.

III. Staatsvertragliche Regelungen

Die bei Art. 19 potenziell einschlägigen CIEC-Staatsverträge (→ EGBGB Art. 19 Rn. 7), die die Abstammung zum Inhalt haben, regeln nicht die Anfechtung der Abstammung. Sind alle Beteiligten (Kind und Elternteil bzw. Eltern) iranische Staatsangehörige, wird Art. 20 jedoch vom **Deutsch-Iranischen Niederlassungsabkommen** v. 17.2.1929[6] verdrängt. Es gilt dann iranisches Recht.   **8**

B. Regelungsgehalt

I. Anwendungsbereich des Anfechtungsstatuts

Art. 20 bestimmt das anwendbare Recht für alle Fragen, die die Anfechtung betreffen. Nicht umfasst ist damit die in unmittelbarem Zusammenhang stehende Abstammung (wie zB die Vermutung der Elternschaft). Diese richtet sich nur nach Art. 19.[7] Häufig werden Abstammungs- und Anfechtungsstatut übereinstimmen. Wird eine durch Anerkennung begründete Abstammung angefochten, so ist zu unterscheiden: Soll die Abstammung durch die Anfechtung beseitigt werden und wird die Anerkennungserklärung selbst nicht infrage gestellt, so gilt Art. 20. Ist hingegen die Wirksamkeit der Anerkennung streitig (etwa wenn die Voraussetzungen einer Anerkennung nicht vorliegen), so ist dies eine Frage des Abstammungsstatuts.[8]   **9**

Zu den die Anfechtung betreffenden materiellen Normen gehören die Anfechtungsfrist,[9] die Anfechtungsberechtigung,[10] der Anfechtungsgegner, die Anfechtungstatbestände bzw. -gründe[11] (auch die Anfechtung wegen Willensmängeln, etwa weil die Mutter arglistig darüber getäuscht hat, dass kein Mehrverkehr stattgefunden hat)[12] und, in welcher Form die Anfechtung zu erfolgen hat (Klage, Art des Klageverfahrens).[13] Von Art. 20 umfasst sind auch materielle Beweislastregeln bzw. Vermutungen.[14] Art. 20 bestimmt nicht die prozessualen Regeln eines Anfechtungsverfahrens. Diese ergeben sich aus der lex fori.[15] Die Abgrenzung zwischen materiellen und prozessualen Normen ist mitunter schwierig.   **10**

II. Anknüpfung nach S. 1

Ebenso wie Art. 19 hält Art. 20 einen Strauß von Anknüpfungsmöglichkeiten bereit. Die nach Art. 19 berufenen Rechte können auch für die Anfechtung gelten, sofern sich aus dessen Voraussetzungen die Abstammung ergibt. Kann also nach einem der nach Art. 19 möglichen Rechte eine Abstammung nicht begründet werden, so scheidet dieses als Anfechtungsstatut aus. Unerheblich ist es, ob nach dem Anfechtungsstatut tatsächlich die Abstammung bestimmt wurde, es kommt lediglich darauf an, dass die Abstammungsfeststellung nach diesem Recht möglich war.[16] Anfechtungsstatute können nach S. 1 also sein: das Recht am gewöhnlichen Aufenthalt des Kindes, das Personalstatut desjenigen Elternteils, von dem das Kind (vermeintlich) abstammt, und das Ehewirkungsstatut, sofern die Mutter bei Geburt verheiratet war. Für weitere Einzelheiten → EGBGB Art. 19 Rn. 14 ff.   **11**

Wie auch bei Art. 19 können dem Anfechtungswilligen mehrere Anfechtungsstatute zur Verfügung stehen. Der Wortlaut des Art. 20 ist insoweit eindeutig, auch hier handelt es sich um Alternativen, die keiner bestimmten Reihenfolge unterliegen.[17] Insbesondere hat das Recht, nach dem die Abstammung festgestellt wurde, keinen Vorrang. Kommen also mehrere Abstammungsstatute in Betracht, so kann die Anfechtung   **12**

---

6   BGBl. II 1955 S. 829.
7   OLG Hamburg StAZ 2012, 178; OLG Düsseldorf FamRZ 1999, 1287; MüKoBGB/*Helms* EGBGB Art. 20 Rn. 6.
8   Zur Qualifikation der sog. vaterschaftsdurchbrechende Anerkennung nach § 1599 Abs. 2 BGB und vergleichbarer ausländischer Institute siehe MüKoBGB/*Helms* EGBGB Art. 20 Rn. 8, *Freitag* StAZ 2013, 333 und *Wedemann* StAZ 2002, 225.
9   OLG Hamm IPRax 1996, 422; OLG Düsseldorf FamRZ 1998, 53; Staudinger/*Henrich* EGBGB Art. 20 Rn. 36 mwN; dazu gehören auch die Hemmung und Unterbrechung der Frist, vgl. OLG Hamm FamRZ 1998, 1133.
10   Staudinger/*Henrich* EGBGB Art. 20 Rn. 30 mwN; die gesetzliche Vertretung des Kindes aber richtet sich nach Art. 21, vgl. OLG Celle IPRspr. 1997, Nr. 112; Staudinger/*Henrich* EGBGB Art. 20 Rn. 79;

zur Anfechtungsberechtigung des Staatsanwalts nach ausländischem Recht vgl. MüKoBGB/*Helms* EGBGB Art. 20 Rn. 11.
11   MüKoBGB/*Helms* EGBGB Art. 20 Rn. 7; Staudinger/*Henrich* EGBGB Art. 20 Rn. 37 ff.
12   Staudinger/*Henrich* EGBGB Art. 20 Rn. 6.
13   MüKoBGB/*Helms* EGBGB Art. 20 Rn. 10.
14   Erman/*Hohloch* EGBGB Art. 20 Rn. 13; Staudinger/*Henrich* EGBGB Art. 20 Rn. 4.
15   MüKoBGB/*Helms* EGBGB Art. 20 Rn. 10; Erman/*Hohloch* EGBGB Art. 20 Rn. 13.
16   BGH FamRZ 2012, 616 (617); OLG Hamburg StAZ 2012, 178 (179); Staudinger/*Henrich* EGBGB Art. 20 Rn. 10; MüKoBGB/*Helms* EGBGB Art. 20 Rn. 2 f. mwN.
17   Staudinger/*Henrich* EGBGB Art. 20 Rn. 12; *Henrich* FamRZ 1998, 1401 (1403); aA *Andrae*, Rn. 473 (für Priorität des Kindesaufenthaltsrechts).

auf jedes dieser Rechte alleine gestützt werden.[18] Dies hat den Vorteil, dass die Anfechtung nach einem Recht möglich ist, auch wenn sie nach einem anderen Recht scheitert,[19] etwa weil die Anfechtungsfrist bereits abgelaufen ist.[20] Der Anfechtungsberechtigte kann unter den verschiedenen möglichen Anfechtungsstatuten wählen.[21] Eine kumulative Anwendung der möglichen Anfechtungsstatute ist hingegen nicht gewollt.[22] Die Wandelbarkeit ist bei Art. 19 zu beurteilen (→ EGBGB Art. 19 Rn. 15).

III. Anknüpfung nach S. 2

13   Im Gegensatz zu S. 1, der für alle Anfechtungsberechtigten gilt, hält S. 2 nur für das Kind eine zusätzliche Anknüpfungsmöglichkeit bereit. Zum Sinn und Zweck dieser Zusatzanknüpfung → Rn. 2. Die Vorschrift eröffnet eine echte Zusatzanknüpfung, für deren Anwendung nicht etwa ein Scheitern der Anknüpfung nach S. 1 erforderlich ist. Das nach S. 2 bestimmte Anfechtungsstatut ist wandelbar.

IV. Renvoi

14   Die in Art. 20 enthaltenen Anknüpfungen sind Gesamtverweisungen iSd Art. 4 Abs. 1,[23] so dass eine Rück- oder Weiterverweisung durch ausländisches Kollisionsrecht grundsätzlich möglich ist. Davon ist jedoch eine Ausnahme zu machen, wenn ein renvoi dem „Sinn der Verweisung widerspricht" (Art. 4 Abs. 1 S. 1). Hier gilt das bei → EGBGB Art. 19 Rn. 34 f. Gesagte entsprechend: Sinn der Anknüpfungsalternativen ist es, möglichst viele Rechtsordnungen zur Verfügung zu stellen, nach denen angefochten werden kann. Würde durch einen renvoi die Zahl der Anknüpfungsalternativen verkleinert, widerspräche dies dem Sinn der Verweisung. Ein renvoi wäre in diesem Fall unbeachtlich.[24] Wie bei Art. 19 wird der wohl häufigste Fall derjenige sein, dass neben dem deutschen Recht (zB als Aufenthaltsstatut) weitere Rechte berufen sind. Verweist eines dieser Rechte auf deutsches Recht zurück, so ist dies unbeachtlich, da deutsches Recht bereits zur Anwendung kommen kann und das ausländische Recht, das zurückverweist, als weiteres Anfechtungsstatut verloren ginge.

V. Ordre public

15   Das aus Art. 20 gewonnene Anfechtungsstatut steht unter dem Vorbehalt des ordre public. Es sind aber nur wenige Fälle denkbar, in denen dieser Vorbehalt zur Anwendung käme. Dem ordre public kommt deshalb keine große Bedeutung zu.

16   Kein Verstoß gegen den ordre public dürfte es sein, wenn das ausländische Recht zwischen ehelicher und nichtehelicher Abstammung differenziert.[25] Ebenso dürfte es unproblematisch sein, wenn der Kreis der Anfechtungsberechtigten im berufenen Anfechtungsstatut enger oder weiter gefasst wird als nach deutschem Recht[26] oder wenn die Anfechtungsgründe des berufenen Rechts enger sind als die des deutschen Rechts.[27] Auch eine Verkürzung der Anfechtungsfrist stellt grundsätzlich keinen Verstoß dar.[28] Etwas anderes kann zugunsten des betroffenen Kindes nur dann gelten, wenn das berufene Recht eine Anfechtungsfrist ablaufen lässt, ohne dass das Kind Kenntnis von den die Anfechtung begründenden Umständen gehabt

---

18 BGH FamRZ 2012, 616 (617); OLG Hamburg StAZ 2012, 178 (179); MüKoBGB/*Helms* EGBGB Art. 20 Rn. 3.

19 OLG Karlsruhe FamRZ 2000, 107.

20 Beispiel: Bringt eine türk. Ehefrau in Deutschland ein Kind zur Welt und möchte der türk. Ehemann die Abstammung nach zwei Monaten anfechten, so ist ihm dies nach türk. Recht (sein Personalstatut und Ehewirkungsstatut) nicht möglich, da nach türk. Recht die Anfechtungsfrist (ein Monat ab Kenntnis der Geburt, Art. 242 türk. ZGB) bereits abgelaufen ist. Nach deutschem Recht dagegen ist die Frist noch nicht abgelaufen (§ 1600 b BGB).

21 OLG Stuttgart FamRZ 1999, 610; BeckOK BGB/*Heiderhoff* EGBGB Art. 20 Rn. 8; *Looschelders* EGBGB Art. 20 Rn. 10.

22 Palandt/*Thorn* EGBGB Art. 20 Rn. 2; Erman/*Hohloch* EGBGB Art. 20 Rn. 10; MüKoBGB/*Helms* EGBGB Art. 20 Rn. 3.

23 Staudinger/*Henrich* EGBGB Art. 20 Rn. 23; Palandt/ *Thorn* EGBGB Art. 20 Rn. 1; Erman/*Hohloch* EGBGB Art. 20 Rn. 4.

24 OLG Stuttgart FamRZ 2001, 248; Staudinger/*Henrich* EGBGB Art. 20 Rn. 23; Palandt/*Thorn* EGBGB Art. 20 Rn. 1; Erman/*Hohloch* EGBGB Art. 20 Rn. 4.

25 Palandt/*Thorn* EGBGB Art. 20 Rn. 1.

26 OLG Frankfurt NJW 1954, 1527; Staudinger/*Henrich* EGBGB Art. 20 Rn. 59 f.; Erman/*Hohloch* EGBGB Art. 20 Rn. 5; insbes. die in den angelsächsischen Rechtsordnungen häufig bestehende Anfechtungsmöglichkeit für quasi jedermann wurde anerkannt, vgl. OLG Hamm FamRZ 1965, 90.

27 OLG Celle FamRZ 1975, 177 (178).

28 BGH NJW 1979, 1776, s. dazu auch Anm. *Kropholler* NJW 1979, 2468; OLG Düsseldorf FamRZ 1973, 311; OLG München IPRax 1984, 163 mAnm *Jayme*; AG Berlin-Spandau FamRZ 1998, 1132; Erman/*Hohloch* EGBGB Art. 20 Rn. 5; beachte aber *Jayme* StAZ 1980, 301; eine zeitlich unbefristete Anfechtungsmöglichkeit für jedermann bei nichtehelichen Kindern wäre hingegen bedenklich, vgl. dazu Staudinger/*Henrich* EGBGB Art. 20 Rn. 54.

hat.[29] Generell ist dem Recht des Kindes auf Kenntnis seiner eigenen Abstammung ein so hoher Stellenwert zuzumessen,[30] so dass ein Verstoß gegen den ordre public vorliegen kann, wenn dieses Recht von einer fremden Rechtsordnung vereitelt wird. Ein Verstoß gegen den ordre public liegt auch dann vor, wenn das berufene Recht die Anfechtung einer wider besseres Wissen abgegebenen Anerkennung nicht zulässt und gleichzeitig dem Anerkennenden bei der Anerkennung keine genügende Bedenkzeit eingeräumt wurde.[31]

C. Weitere praktische Hinweise

I. Rechtslage bei vor dem 1.7.1998 geborenen Kindern; innerdeutsches Kollisionsrecht

Bei Kindern, die vor dem 1.7.1998 geboren wurden, bestimmt sich die Abstammung nicht nach Art. 19 nF, **17**
sondern nach den alten Regeln (→ EGBGB Art. 19 Rn. 2 und → Rn. 39 f.). Die Anfechtung richtet sich
aber grundsätzlich bei diesen Kindern nach Art. 20 nF (→ Rn. 2). Da Art. 20 wiederum in S. 1 auf diejenigen Rechte verweist, aus denen sich die Voraussetzungen der Abstammung ergeben, kann sich das Anfechtungsstatut auch aus den alten Abstammungskollisionsnormen ergeben.[32] Das durch diese Normen berufene
Recht kann dann auch Anfechtungsstatut iS von S. 1 sein. Entsprechendes gilt für die Beurteilung innerdeutscher (Alt-)Fälle. Auch hier gilt Art. 20 nF Da aber S. 1 auf die Regeln verweist, nach denen die
Abstammung bestimmt wird, kann sich bei Kindern, die vor dem 3.10.1990 geboren wurden, das Abstammungsstatut und damit auch das auf die Anfechtung anwendbare Recht nach den zum innerdeutschen Kollisionsrecht entwickelten Regeln richten (→ EGBGB Art. 19 Rn. 41).

II. Anfechtung der Mutterschaft

Die Anfechtung der Mutterschaft ist im deutschen Recht nicht vorgesehen; bei deutschem Abstammungs- **18**
statut ist eine derartige Anfechtung also nicht möglich. Anderes gilt hingegen in ausländischen Rechtsordnungen. Dort sind Fälle denkbar, in denen nicht der Grundsatz gilt, dass die Mutter diejenige ist, die das
Kind geboren hat. Anerkennt also eine Mutter, die das Kind nicht selbst geboren hat, sondern durch eine
Leihmutter hat austragen lassen, das Kind, und wird sie daraufhin im Geburtenregister eingetragen, so kann
diese Mutterschaft auch in Deutschland nach der die Abstammung bestimmenden Rechtsordnung angefochten werden.[33]

III. Prozessuale Fragen

Der Anfechtende kann, muss sich aber nicht im Rahmen seiner Anfechtungsklage für eines der möglichen **19**
Anfechtungsstatute entscheiden. Eine „Rechtswahl" ist nicht zwingend. Dies ist Sache des erkennenden
Gerichts.[34] Hat sich der Anfechtende zunächst auf ein bestimmtes Statut berufen, so kann er sich während
des Anfechtungsverfahrens noch auf ein anderes Statut stützen.[35] Die Frage der Partei- bzw. Geschäftsfähigkeit des Anfechtenden ist als Vorfrage selbstständig über Art. 7 anzuknüpfen.[36] Die Klagebefugnis bzw.
Anfechtungsberechtigung ist eine Frage des berufenen materiellen Rechts (in Deutschland ergibt sich dies
aus § 1600 e BGB) und nicht des Prozessrechts.

IV. Internationales Prozessrecht

Das Anfechtungsverfahren richtet sich grundsätzlich nach den §§ 169 ff. FamFG. In § 169 Nr. 4 FamFG **20**
wird die Vaterschaftsanfechtung ausdrücklich als Abstammungssache bezeichnet.

Anders als bei Art. 19 bestimmt nicht die *lex fori* darüber, ob ein Verfahren der freiwilligen Gerichtsbarkeit **21**
oder ein solches der streitigen Gerichtsbarkeit vorliegt (→ EGBGB Art. 19 Rn. 42). Diese Frage ist vielmehr nach dem Anfechtungsstatut zu entscheiden.[37]

---

29 So Staudinger/*Henrich* EGBGB Art. 20 Rn. 55 unter
   Berufung auf BVerfG FamRZ 1994, 881.
30 BVerfG FamRZ 1994, 881; NJW 1989, 891.
31 OLG Stuttgart FamRZ 2001, 246, dazu *Henrich*
   IPRax 2002, 118.
32 Staudinger/*Henrich* EGBGB Art. 20 Rn. 3; Erman/
   Hohloch EGBGB Art. 20 Rn. 9.
33 Näheres bei Staudinger/*Henrich* EGBGB Art. 20
   Rn. 43 ff.

34 Staudinger/*Henrich* EGBGB Art. 20 Rn. 18.
35 Staudinger/*Henrich* EGBGB Art. 20 Rn. 19, Erman/
   Hohloch EGBGB Art. 20 Rn. 10.
36 Erman/*Hohloch* EGBGB Art. 20 Rn. 6.
37 Staudinger/*Henrich* EGBGB Art. 20 Rn. 68; MüKo-
   BGB/*Helms* EGBGB Art. 20 Rn. 10; Erman/*Hohloch*
   EGBGB Art. 20 Rn. 13; *Looschelders* EGBGB
   Art. 20 Rn. 13.

22 **1. Internationale Zuständigkeit.** Im streitigen Verfahren ergibt sich die internationale Zuständigkeit mangels vorrangiger staatsvertraglicher Regelungen aus § 100 FamFG. Demnach sind die deutschen Gerichte zuständig, wenn eine der Parteien Deutscher[38] ist oder ihren gewöhnlichen Aufenthalt im Inland hat.[39]

23 **2. Anerkennung ausländischer Entscheidungen.** Sind ausländische Entscheidungen im streitigen Verfahren ergangen, so richtet sich die Anerkennung nach § 328 ZPO. Für solche Verfahren, die der freiwilligen Gerichtsbarkeit zugeordnet werden, richtet sich die Anerkennung nach §§ 108, 109 FamFG. Die Einordnung in streitiges oder freiwilliges Verfahren nimmt das deutsche Recht vor, nicht die ausländische Rechtsordnung.[40]

24 Staatsvertragliche Regelungen können zwar einschlägig sein, stellen aber strengere Anforderungen an die Anerkennung, so dass im Einklang mit dem Günstigkeitsprinzip die §§ 328 ZPO und 108, 109 FamFG vorrangig anzuwenden sind[41] (→ EGBGB Art. 19 Rn. 45).

25 Für die Voraussetzungen der Anerkennung gelten die allgemeinen Regeln des § 328 ZPO und der §§ 108, 109 FamFG. Zu beachten ist, dass die fehlende Verbürgung der Gegenseitigkeit die Anerkennung nicht verhindert, da in Abstammungssachen § 328 Abs. 2 ZPO gilt. Wird eine ausländische Entscheidung anerkannt, so erstrecken sich die Wirkungen dieser Entscheidung auch auf das Inland. Ein ausländisches Urteil, das die Vaterschaft feststellt, steht also einer Klage in Deutschland auf Feststellung des Nichtbestehens der Vaterschaft entgegen.[42]

V. Personenstandssachen

26 Ist die Abstammung wirksam angefochten, so wird gem. § 27 Abs. 3 PStG dies als Änderung des Personenstands beurkundet. Dies gilt auch, wenn die Anfechtung in einem ausländischen Verfahren erfolgreich erwirkt wurde. Die die Anfechtung bestätigende Entscheidung muss allerdings inter omnes wirken und nicht nur – wie häufig im angelsächsischen Recht[43] – inter partes.[44]

Art. 21 EGBGB Wirkungen des Eltern-Kind-Verhältnisses

Das Rechtsverhältnis zwischen einem Kind und seinen Eltern unterliegt dem Recht des Staates, in dem das Kind seinen gewöhnlichen Aufenthalt hat.

Literatur: *Andrae*, Internationales Familienrecht, 3. Aufl 2014; *dies.*, Zur Abgrenzung des räumlichen Anwendungsbereichs von EheVO, MSA, KSÜ und autonomem IZPR/IPR, IPRax 2006, 82; *Baer*, Die Beistandschaft für ausländische Kinder, DAVorm 1998, 492; *Breuer*, Gemeinsame elterliche Sorge – Geltung für ausländische Staatsangehörige in Deutschland FPR 2005, 74; *Coester*, Sorgerecht und Ehewohnung getrenntlebender iranischer Familie, IPRax 1991, 236; *ders.*, Gambische Scheidung, deutsche Sorgerechtsregelung, IPRax 1996, 24; *Hau*, Das internationale Zivilverfahrensrecht im FamFG, FamRZ 2009, 821; *Helms*, Internationales Verfahrensrecht für Familiensachen in der Europäischen Union, FamRZ 2002, 1593; *Henrich*, Religiöse Kindererziehung in Fällen mit Auslandsberührung, in: FS Kegel 1987, 197; *ders.*, Internationales Familienrecht, 2. Auflage 2000; *Looschelders*, Alternative und sukzessive Anwendung mehrerer Rechtsordnungen nach dem neuen internationalen Kindschaftsrecht, IPRax 1999, 420; *ders.*, Die Europäisierung des internationalen Verfahrensrechts für Entscheidungen über die elterliche Verantwortung, JR 2006, 45; *Mansel*, Abänderung ausländischer Sorgerechtsentscheidungen und perpetuatio fori im FGG-Verfahren, IPRax 1987, 298; *Martiny*, Kindesentziehung – „Brüssel II" und die Staatsverträge, ERA-Forum 2003, 97; *Menhofer*, Zur Kafala des marokkanischen Rechts vor deutschen Gerichten, IPRax 1997, 252; *Niklas*, Die europäische Zuständigkeit in Ehe- und Kindschaftsverfahren, 2003; *Rathjen*, Die Fortdauer der internationalen Zuständigkeit (perpetuatio fori interntionalis) im Familienrecht – Überlegungen aus Anlass einer Ergänzung des FamFG-E, Forum Familienrecht 2007, 27; *Rausch*, Familiensachen mit Auslandsbezug vor und nach dem FamFG, FPR 2006, 441; *Rauscher*, Deutsch-Italienisches Kindschaftsrecht nach der Reform, JBItalR 13, 101; *ders.*, Shari'a. Islamisches Familienrecht der sunna und shi'na, 1987; *Roth*, Zwangsvollstreckung ausländischer Entscheidungen der Freiwilligen Gerichtsbarkeit, IPRax 1988, 75; *ders.*, Ausländisches Rechtshängigkeit und perpetuatio fori im Umfeld des Haager Minderjährigenschutzabkommens, IPRax 1994, 19; *Schulz*, Internationale Regelungen zum Sorge- und Umgangsrecht, FRP 2004, 299; *dies.*, Das deutsche internationale Kindschaftsrecht, FamRZ 2018, 797; *Solomon*,

---

38 Deutscher in diesem Sinne ist nicht nur derjenige, der die deutsche Staatsangehörigkeit besitzt, sondern auch derjenige, der Deutscher iSv Art. 116 Abs. 1 GG ist, vgl. Art. 9 Abs. 2 Nr. 5 FamRÄndG.

39 Wenn die Zuständigkeit bei Prozessbeginn gegeben war und nachher entfällt, wird man im Wege der *perpetuatio fori* von einem Fortbestand der Gerichtsbarkeit ausgehen können, vgl. BGH FamRZ 1983, 1215 (1216).

40 BGH FamRZ 1977, 126 (127).

41 So zB BGH FamRZ 1987, 580 (582) mAnm *Gottwald*.

42 OLG Düsseldorf FamRZ 1999, 447.

43 Die angelsächsischen Rechtsordnungen betrachten die Abstammung als eine biologische Tatsache, die von quasi jedermann in sämtlichen Verfahren widerlegt werden kann, vgl. Staudinger/*Henrich* EGBGB Art. 20 Rn. 84.

44 OLG Hamm FamRZ 1965, 90; LG Hamburg IPRspr. 1981, Nr. 90 b; AG Rottweil FamRZ 1990, 1030; Staudinger/*Henrich* EGBGB Art. 20 Rn. 91 und 107; MüKoBGB/*Helms* EGBGB Art. 20 Rn. 24.

„Brüssel IIa" – Die neuen europäischen Regeln zum internationalen Verfahrensrecht in Fragen der elterlichen Verantwortung, FamRZ 2004, 1409; *Spellenberg*, Zur Neuregelung der internationalen Zuständigkeit in Ehesachen, IPRax 1988, 1.

A.	Textgeschichte	1	VII.	Ordre public	45
B.	Anwendungsbereich	3	VIII.	Verfahrensrecht	50
	I. Verhältnis zum MSA	4		1. Internationale Zuständigkeit	50
	II. Verhältnis zur EheVO 2003	6		a) Verhältnis zu Staatsverträgen	50
	III. Verhältnis zum KSÜ	8		b) Autonome internationale Zuständig-	
	IV. Bilaterale Abkommen	16		keit	52
	V. Verhältnis zum HKÜ	17		2. Perpetuatio fori; frühere Rechtshängigkeit	
C.	Regelungsgegenstand	19		im Ausland	64
	I. Grundsatz	19		3. Anerkennung ausländischer Sorgerechts-	
	II. Schutzmaßnahmen	24		entscheidungen	68
	III. Vormundschaft und Beistandschaft	25		a) Staatsverträge	68
	IV. Anknüpfung	32		b) Autonome Anerkennungsregelung	70
	1. Grundsatz	32		c) Wirkungen der Anerkennung und	
	2. Rück- und Weiterverweisung	34		Abänderung	80
	3. Statutenwechsel	36		4. Vollstreckung ausländischer Entscheidun-	
	V. Vorfragen	42		gen	82
	1. Abstammung	42		a) Voraussetzungen und Verfahren	82
	2. Minderjährigkeit	43		b) Vollstreckung und Abänderung	88
	VI. Einwilligung zur Eheschließung Minderjähri-				
	ger	44			

A. Textgeschichte

Art. 21 regelt für eheliche und nichteheliche Kinder einheitlich die Anknüpfung für die Rechtsbeziehungen **1** zu den Eltern. Art. 21 wurde durch das Kindschaftsrechtsreformgesetz[1] mit Wirkung zum 1.7.1998 neu gefasst. Die Regelung des Eltern-Kind-Verhältnisses war zuvor in Art. 19 Abs. 2 (eheliche Kinder) und Art. 20 Abs. 2 (nichteheliche Kinder) enthalten gewesen. Der frühere Art. 21 regelte die Anknüpfung der Legitimation, die aufgrund der einheitlichen Behandlung von nichtehelichen und ehelichen Kindern weitgehend entbehrlich geworden ist (→ EGBGB Art. 19 Rn. 53).

Die **Neuregelung gilt seit 1.7.1998.** Für abgeschlossene Vorgänge verbleibt es bei der Anknüpfung nach **2** altem Recht, während für alle anderen Tatbestände zum 1.7.1998 die neue Anknüpfung maßgeblich geworden ist.[2] Zu einem Statutenwechsel ist es damit etwa für alle Kinder mit gewöhnlichem Aufenthalt im Inland gekommen, deren verheiratete Eltern eine gemeinsame ausländische Staatsangehörigkeit besaßen (zu den Folgen eines Statutenwechsels → Rn. 36 f.).

B. Anwendungsbereich

Der Anwendungsbereich war bereits bisher durch vorrangige Staatsverträge begrenzt, weil bei Schutzmaß- **3** nahmen für das Kind in den meisten Fällen das MSA anwendbar war, das insoweit auch das anwendbare Recht bestimmte. Mit Inkrafttreten der EheVO 2003 erlangte nach der hM Art. 21 wieder Bedeutung, soweit das MSA durch die EheVO 2003 verdrängt wurde (dazu sogleich → Rn. 6). Mit Inkrafttreten des KSÜ (vgl. hierzu Anh. I zu Art. 24 EGBGB) für Deutschland am 1.1.2011 wurde Art. 21 aber auch im Anwendungsbereich der EheVO 2003 fast vollständig durch vorrangige staatsvertragliche Regelungen verdrängt und hat nur einen sehr kleinen Anwendungsbereich behalten.

I. Verhältnis zum MSA

Art. 21 ist bereits bisher im Anwendungsbereich des **MSA** in den meisten Fällen verdrängt worden, wenn **4** ein deutsches Gericht eine Schutzmaßnahme erlassen sollte. Das MSA ist vorbehaltlich der vorrangigen Regeln in der EheVO 2003 und im KSÜ für den Erlass von Schutzmaßnahmen immer anwendbar, wenn der Minderjährige seinen gewöhnlichen Aufenthalt in Deutschland oder in einem anderen Vertragsstaat hat. Das MSA enthält neben den Regelungen zur internationalen Zuständigkeit auch **Kollisionsnormen** zum anwendbaren Recht für den Erlass von Schutzmaßnahmen. Die zuständigen Behörden wenden jeweils ihr eigenes nationales Sachrecht an. Rück- und Weiterverweisungen aufgrund einer anderen Anknüpfung nach autonomem Kollisionsrecht sind nicht zu beachten.[3] Dies gilt auch für die Berufung des Heimatrechts des

---

1 V. 16.12.1997, BGBl. I S. 2942.

2 *Kegel/Schurig* § 20 X 3; Staudinger/*Henrich* EGBGB Art. 21 Rn. 8.

3 OLG Karlsruhe NJW 1976, 485 (486); Palandt/ *Thorn*, 69. Aufl. 2010, Anh. zu EGBGB 24 (IPR) Rn. 4.

Kindes nach Art. 3[4] (→ Anhang II zu Art. 24 EGBGB Vor MSA Art. 1–18 Rn. 10–12; → MSA Art. 3 Rn. 4–7, abgedruckt in der 3. Auflage). Art. 21 war bis zum Inkrafttreten der EheVO 2003 beim Erlass einer Schutzmaßnahme grundsätzlich nur anwendbar, wenn das Kind seinen gewöhnlichen Aufenthalt weder in Deutschland noch in einem anderen Vertragsstaat des MSA hatte.

5 Eine Ausnahme gilt nur für die seltenen Fälle, bei denen das MSA trotz gewöhnlichen Aufenthalts aufgrund seines **engen Minderjährigenbegriffs** nicht anwendbar ist. Art. 12 MSA knüpft für die Minderjährigkeit kumulativ an das Heimatrecht und das Recht des gewöhnlichen Aufenthalts an. Das Kind muss nach beiden Rechtsordnungen noch minderjährig sein. Das bedeutet, dass das MSA bei einem 18-jährigen Ausländer mit gewöhnlichem Aufenthalt im Inland nicht anzuwenden ist, auch wenn nach dem Heimatrecht das Volljährigkeitsalter höher liegt. Nach dem klaren Wortlaut enthält Art. 12 Sachnormverweisungen. Sie gelten aber nur für die Bestimmung des Anwendungsbereichs. Die Frage, ob die betroffene Person noch minderjährig ist und daher die Notwendigkeit einer Schutzmaßnahme besteht, bestimmt sich daher nach dem durch Art. 7 bestimmten Recht. Schutzmaßnahmen für einen 18-jährigen Ausländer, der nach seinem Heimatrecht noch minderjährig ist, unterliegen daher sowohl für die Zuständigkeit als auch für das anwendbare Recht nicht dem MSA, sondern dem autonomen Recht, selbst wenn er seinen gewöhnlichen Aufenthalt im Inland und damit in einem Vertragsstaat des MSA hat.[5] Praktisch ist diese Ausnahme vom Anwendungsbereich des MSA heute fast ohne Bedeutung. Das MSA ist nur noch in der chinesischen Sonderverwaltungszone Macau und auf den niederländischen Antilleninseln Aruba und St. Martin anwendbar und nicht durch das KSÜ ersetzt. In Macau tritt Volljährigkeit mit der Vollendung des 18. Lebensjahres ein.[6] Nur auf den niederländischen Antilleninseln Aruba und St. Martin scheint das Volljährigkeitsalter bei 21 Jahren zu liegen.[7]

Zum Verhältnis des MSA zur EheVO 2003 → Rn. 6 f. und zum Verhältnis des MSA zum KSÜ→ Rn. 8 ff. und Anhang I zu Art. 24 EGBGB: KSÜ → KSÜ Art. 1 Rn. 8.

II. Verhältnis zur EheVO 2003

6 Bedeutung hat Art. 21 allerdings für den Zeitraum zwischen dem Beginn der Geltung der EheVO 2003 am 1.3.2005 und dem Inkrafttreten des KSÜ für Deutschland am 1.1.2011 erlangt. Soweit sich die internationale Zuständigkeit aus der EheVO 2003 ergibt, bestimmte sich bis zum Inkrafttreten des KSÜ das in diesem Verfahren anwendbare Recht nach Art. 21.

Die Regeln zur internationalen Zuständigkeit des MSA wurden weitgehend durch die EheVO 2003 verdrängt. Die EheVO 2003 regelt die internationale Zuständigkeit für Entscheidungen, die die elterliche Verantwortung betreffen, Art. 8 EheVO 2003. Dabei ist der Begriff der „elterlichen Verantwortung" nach Art. 2 Nr. 7 EheVO 2003 in dem weiten Sinn zu verstehen, dass „die gesamten Rechte und Pflichten (umfasst), die einer natürlichen oder juristischen Person durch Entscheidung oder kraft Gesetzes oder durch eine rechtlich verbindliche Vereinbarung betreffend die Person oder das Vermögen eines Kindes übertragen wurden." Damit werden insbesondere, aber nicht nur, das Sorge- und das Umgangsrecht erfasst. Da diese Rechte bzw. Pflichten nicht nur den Eltern, sondern auch anderen Personen zustehen können, werden auch Umgangsrechte dritter Personen, etwa von Großeltern oder Geschwistern, erfasst.[8]

7 Die EheVO 2003 ist anwendbar, wenn sich aus Art. 8 bis Art. 13 die Zuständigkeit des Gerichts eines Mitgliedstaats ergibt.[9] Ob das Kind die Staatsangehörigkeit eines Mitgliedstaates oder eines Drittstaates hat, ist ohne Bedeutung.[9] Es ist auch nicht notwendig, dass das Kind seinen gewöhnlichen Aufenthalt in einem Mitgliedstaat hat.[10] Die EheVO 2003 beansprucht nach ihrem Art. 60 lit. a im Verhältnis zwischen den Mitgliedstaaten **Vorrang vor dem MSA**. Die Zuständigkeit für Schutzmaßnahmen für ein deutsches Kind, das seinen gewöhnlichen Aufenthalt in Italien hatte, richtete sich daher auch vor dem Inkrafttreten des KSÜ in Italien am 1.1.2016 nicht nach dem MSA, sondern nach der EheVO 2003. Im Verhältnis eines Mitgliedstaats, der gleichzeitig auch Vertragsstaat des MSA ist, zu einem anderen Vertragsstaat des MSA, der nicht Mitgliedstaat der EheVO 2003 ist, bleibt hingegen das MSA anwendbar.[11] Die EheVO 2003 soll die völkerrechtliche Verpflichtung, die der Mitgliedstaat durch Ratifizierung des MSA eingegangen ist, nicht beeinträchtigen. Anwendbar bleibt das MSA daher immer, wenn das Kind seinen gewöhnlichen Aufenthalt in einem Vertragsstaat des MSA hat, der nicht auch Mitgliedstaat der EheVO 2003 ist. Bis zum Inkrafttreten

---

4   Erman/*Hohloch*, 12. Aufl. 2008, Anh. zu Art. 24 EGBGB Rn. 26.

5   AG Ingolstadt IPRax 1992, 326 (327) mit Aufsatz *St. Lorenz*, S. 305, 306.

6   So die persönliche Auskunft von Prof. Wei Dan aus Macau.

7   So die Angabe bei Staudinger/*Mankowski* Anh. zu Art. 7 EGBGB Rn. 2 Gliedstaaten Nr. (26) mit Hinweis auf Art. 332 ZGB v. 1869.

8   Rauscher/*Rauscher* Brüssel IIa-VO Art. 1 Rn. 27.

9   Thomas/Putzo/*Hüßtege* EuEheVO Vor Art. 1 Rn. 5.

10 *Looschelders* JR 2006, 45 (46).

11 *Andrae* IPRax 2008, 82 (84); Rauscher/*Rauscher* Brüssel IIa-VO Art. 60, 61 Rn. 6; Staudinger/*Pirrung* EGBGB Vor Art. 19 Rn. C 211; aA Prütting/Helms/ *Hau* FamFG § 99 Rn. 20.

des KSÜ in der Türkei am 1.2.2017 war das MSA daher noch im deutsch-türkischen Rechtsverkehr von Bedeutung. Gegenwärtig gilt das MSA nur noch im Verhältnis zur chinesischem Sonderverwaltungszone Macau und den niederländischen Antilleninseln Aruba und St. Martin. Ob ein deutsches Gericht eine Schutzmaßnahme für ein Kind erlassen kann, das in Macau (China) seinen gewöhnlichen Aufenthalt hat, richtet sich daher ausschließlich nach dem MSA. Eine Zuständigkeit kann sich etwa aus Art. 4 MSA aufgrund der deutschen Staatsangehörigkeit oder aus Art. 9 für eine Eilmaßnahme aufgrund des schlichten Aufenthalts des Kindes in Deutschland ergeben.[12] Nach dem MSA richtet sich aber auch die Zuständigkeit deutscher Gerichte, wenn das Kind zwar im Inland seinen gewöhnlichen Aufenthalt hat, aber die Staatsangehörigkeit eines Vertragsstaates des MSA hat, der nicht auch Mitgliedstaat der EheVO 2003 ist (Anhang I zu Art. 24 EGBGB, Art. 1 KSÜ Rn. 8 ff.).[13] Zwar setzt Art. 60 EheVO 2003 im Unterschied zu Art. 61 lit. a EheVO 2003 nicht voraus, dass das Kind seinen gewöhnlichen Aufenthalt in einem Vertragsstaat hat. Es kann aber nicht angenommen werden, dass die EheVO 2003 auf Kosten einer Verletzung der durch das MSA eingegangenen völkervertraglichen Verpflichtungen eines Mitgliedstaats Anwendung finden will. So ist etwa aus deutscher Sicht in einem solchen Fall Art. 3 MSA zu beachten. Nicht richtig ist es daher, die Abgrenzung zum MSA nach der in Art. 14 EheVO 2003 eröffneten Restzuständigkeit vorzunehmen und das MSA nur anzuwenden, soweit sich aus Art. 8 bis 13 EheVO 2003 keine Zuständigkeit eines Gerichts eines Mitgliedstaats ergibt.[14]

III. Verhältnis zum KSÜ

Mit Inkrafttreten für Deutschland zum 1.1.2011 ersetzt das KSÜ im Verhältnis zu den Vertragsstaaten das **8** MSA. Das KSÜ regelt zum einen wie das MSA die internationale Zuständigkeit für Schutzmaßnahmen sowie das auf den Erlass einer Schutzmaßnahme anzuwendende Recht. Es folgt dabei nach Art. 15 dem Gleichlaufprinzip, so dass nach Art. 15 Abs. 1 die Behörden der Vertragsstaaten in Ausübung ihrer Zuständigkeit nach Kapitel II grundsätzlich die lex fori anzuwenden haben. Zum anderen enthält das KSÜ in Art. 16 eine allgemeine Kollisionsnorm für das auf das Rechtsverhältnis zwischen dem Kind und seinen Eltern anwendbare Recht unabhängig von einer Schutzmaßnahme.

Nach Art. 3 Nr. 2 EGBGB verdrängt das KSÜ in seinem Anwendungsbereich die autonome Regelung in **9** Art. 21. Wenn sich die Zuständigkeit für den Erlass einer Schutzmaßnahme nach dem KSÜ richtet, so bestimmt sich auch das für den Erlass der Schutzmaßnahme anwendbare Recht nach der Regelung des KSÜ.

Die Regelung des KSÜ zum anwendbaren Recht für den Erlass einer Schutzmaßnahme gilt nach ganz hM **10** auch dann, wenn sich die Zuständigkeit für den Erlass der Schutzmaßnahme nicht nach dem KSÜ, sondern nach der EheVO 2003 richtet. Nach der hier vertretenen Ansicht sollte das KSÜ auch dann zur Anwendung kommen, wenn sich die Zuständigkeit allein aus der EheVO 2003 ergibt, mithin keine hypothetische Zuständigkeit nach dem KSÜ besteht. (Einzelheiten zu dieser Problematik → KSÜ Art. 1 Rn. 21 f.).

Ein Anwendungsbereich von Art. 21 verbleibt bei Erlass einer Schutzmaßnahme daher nur für die seltenen **11** Fälle, in denen sich die Zuständigkeit für den Erlass einer Schutzmaßnahme nach autonomem Recht richtet.[15]

Außerdem kommt Art. 21 immer dann zur Anwendung, wenn der persönliche Anwendungsbereich des **12** KSÜ nicht eröffnet ist, weil das Kind bereits das 18. Lebensjahr vollendet hat, nach dem gem. Art. 7 berufenen (Heimat-)Recht aber noch minderjährig ist. Dies gilt sowohl für den Erlass einer Schutzmaßnahme als auch für die Bestimmung des auf das Rechtsverhältnis zwischen Eltern und Kind anwendbaren Rechts unabhängig von einer Schutzmaßnahme.[16]

Außerhalb von Schutzmaßnahmen wird Art. 21 in noch weiterem Maße durch das KSÜ verdrängt. Das **13** KSÜ enthält in Art. 16 eine allgemeine Kollisionsnorm für das Rechtsverhältnis zwischen dem Kind und seinen Eltern. Diese Kollisionsnorm ist als loi uniforme ausgestaltet (Art. 20 KSÜ); sie kommt daher auch dann zur Anwendung, wenn das Kind seinen gewöhnlichen Aufenthalt in einem Nichtvertragsstaat hat und damit auf das Recht dieses Nichtvertragsstaates verwiesen wird.

---

12 Sa Rauscher/*Rauscher* Brüssel IIa-VO Art. 60, 61 Rn. 6; aA Prütting/Helms/*Hau* FamFG § 99 Rn. 20.

13 *Andrae* IPRax 2006, 82 (84); Rauscher/*Rauscher* Brüssel IIa-VO Art. 60, 61 Rn. 6; aA Prütting/Helms/ *Hau* FamFG § 99 Rn. 20; *Solomon* FamRZ 2004, 1409 (1414).

14 *Andrae* IPRax 2006, 82 (84); so aber anscheinend OLG Oldenburg BeckRS 2007, 18287 = FamRZ 2007, 1827, das zuerst prüft, ob eine Zuständigkeit nach Art. 8 ff. EheVO 2003 gegeben ist.

15 *Schulz* FamRZ 2018, 797 (803 f.).

16 S. etwa AG Ingolstadt IPRax 1992, 326 mAnm *St. Lorenz*, S. 305.

14 Einen Restanwendungsbereich hat Art. 21 insoweit auch wieder bei Kindern über 18 Jahren, die nach ihrem gemäß Art. 7 EGBGB maßgeblichen Heimatrecht noch nicht volljährig sind, weil insoweit das KSÜ nicht anwendbar ist (→ Rn. 12).

15 Da der sachliche Anwendungsbereich des KSÜ nicht enger ist als der von Art. 21, insbesondere auch das Umgangsrecht von Großeltern oder Geschwistern erfasst (→ KSÜ Art. 1 Rn. 5), verbleibt auch insoweit kein Restanwendungsbereich von Art. 21. Im Übrigen könnte Art. 21 noch zur Anwendung kommen, soweit sein **sachlicher Anwendungsbereich** weiter ist als der von Art. 15, Art. 16 KSÜ. Im Ergebnis ist der sachliche Anwendungsbereich des KSÜ aber nicht enger als der von Art. 21. Dies gilt auch soweit Art. 21 die Rechtsbeziehungen zu den Verwandten der Eltern regelt, etwa die Frage eines Umgangsrechts von Großeltern oder Geschwistern. Art. 16 KSÜ erfasst nach dem Wortlaut zwar die Zuweisung oder das Erlöschen der **elterlichen** Verantwortung kraft Gesetzes ohne Einschreiten eines Gerichts oder einer Behörde. In Art. 1 Abs. 2 KSÜ wird der Begriff „elterliche Verantwortung" aber sehr weit definiert. Er umfasst danach nicht nur die elterliche Sorge, sondern auch jedes andere entsprechende Sorgeverhältnis, das die Rechte, Befugnisse und Pflichten der Eltern, des Vormunds oder eines anderen gesetzlichen Vertreters in Bezug auf die Person oder das Vermögen des Kindes bestimmt. Die in Art. 3 KSÜ beispielhafte Aufzählung von Schutzmaßnahmen ermöglicht noch eine weitere Präzisierung.[17] Danach können Schutzmaßnahmen auch das Recht zum persönlichen Umgang mit dem Kind betreffen und sind damit auch als Maßnahme im Bereich der elterlichen Verantwortung einzuordnen.[18] Es ist daher davon auszugehen, dass auch ein kraft Gesetzes bestehendes Umgangsrecht von Verwandten von Art. 16 KSÜ erfasst wird und ein Restanwendungsbereich von Art. 21 insoweit nicht gegeben ist.[19]

IV. Bilaterale Abkommen

16 Von den bilateralen Abkommen ist das deutsch-iranische Niederlassungsabkommen v. 17.2.1929[20] von Bedeutung. Es ist allerdings nur anwendbar, wenn alle Beteiligten die iranische Staatsangehörigkeit besitzen. Es ist nicht anwendbar, wenn ein Beteiligter Flüchtling ist[21] oder neben der iranischen auch die deutsche Staatsangehörigkeit besitzt,[22] etwa wenn ein Kind aufgrund von § 4 Abs. 3 StAG die deutsche Staatsangehörigkeit mit der Geburt erworben hat.[23] Sind alle Beteiligten iranische Staatsangehörige, ist auf das Rechtsverhältnis zwischen dem Kind und seinen Eltern iranisches Recht anwendbar.

V. Verhältnis zum HKÜ

17 Das HKÜ ist vor allem ein Rechtshilfeabkommen. Auf die in Art. 21 geregelte kollisionsrechtliche Frage kommt es für das Übereinkommen nur im Hinblick darauf an, ob ein Sorgerecht bestand, das durch die Verbringung oder das Zurückhalten des Kindes widerrechtlich verletzt wurde.

18 Auf das deutsche Kollisionsrecht kommt es für diese Frage nur an, wenn das Kind vor der Entführung in Deutschland seinen gewöhnlichen Aufenthalt hatte. Insoweit verdrängt Art. 16 KSÜ Art. 21. Ein Fall des Restanwendungsbereichs des Art. 21 kann nicht betroffen sein, weil das HKÜ nach seinem Art. 4 nur auf Kinder unter 16 Jahren anwendbar ist. Bei gewöhnlichem Aufenthalt in einem anderen Vertragsstaat ist das Sorgerechtsstatut auch in einem in Deutschland geführten Verfahren auf Rückgabe nicht nach dem deutschen, sondern nach dem Kollisionsrecht des Aufenthaltsstaats zu bestimmen (→ HKÜ Art. 3 Rn. 6).

C. Regelungsgegenstand

I. Grundsatz

19 Anknüpfungsgegenstand von Art. 21 sind alle Rechtsfragen aus dem **gesamten Bereich der elterlichen Sorge**, der sich in die beiden Teilgebiete der Personen- und Vermögenssorge unterteilt, welche jeweils sowohl die gesetzliche Vertretung als auch die tatsächliche Sorge umfassen.[24] Hierzu gehören insbesondere Fragen nach der Person des oder der Sorgeberechtigten sowie nach dem Inhalt und dem Umfang des Sorge-

---

17 *Niklas*, Die europäische Zuständigkeitsordnung in Ehe- und Kindschaftsverfahren, S. 48.
18 *Niklas*, Die europäische Zuständigkeitsordnung in Ehe- und Kindschaftsverfahren, S. 49.
19 Zum immer geringeren Anwendungsbereich des Art. 21 EGBGB vgl. *Schulz* FamRZ 2018, 797 (803 f.), die kritisch aufzeigt, dass das Gleichlaufprinzip des KSÜ in der Praxis nicht immer zu sachgerechten Ergebnissen führt.

20 RGBl II 1930 S. 1002, 1006; RGBl II 1931 S. 9; BGBl. II 1955 S. 829; teilweise abgedruckt bei *Jayme/Hausmann* Internationales Privat- und Verfahrensrecht Nr. 22.
21 LG München I IPRspr. 1997 Nr. 100.
22 BGH IPRax 1986, 382 (383).
23 Staudinger/*Henrich* EGBGB Art. 21 Rn. 11.
24 BeckOGK/*Markwardt* EGBGB Art. 21 Rn. 20.

rechts, etwa das Recht zur Bestimmung des Aufenthalts, der gesetzliche Wohnsitz des Kindes,[25] das Recht, über die religiöse Erziehung zu entscheiden,[26] sowie die Rechte der Eltern bei gemeinsamer Ausübung des Sorgerechts. Erfasst wird auch die gesetzliche Vertretungsmacht einschließlich ihrer Beschränkungen, etwa durch Genehmigungserfordernisse (zB § 1643 BGB),[27] sowie die Befugnis zur Einwilligung in ärztliche Heilmaßnahmen.

Nach dem Eheschließungsstatut (Art. 13) und nach dem Adoptions- sowie Einwilligungsstatut (Art. 22, 23) **20** bestimmt sich, ob bei der **Heirat** oder **Adoption** eines Minderjährigen die Einwilligung des Sorgeberechtigten erforderlich ist. Das Sorgerechtsstatut entscheidet darüber, wer sorgeberechtigt ist, wobei diese Vorfrage in beiden Fällen unselbstständig anzuknüpfen ist.[28]

Nach Art. 21 richtet sich auch die **Vermögenssorge** der Eltern für das Kind. Das Sorgerechtsstatut **21** bestimmt, welche Rechte und Pflichten die Eltern haben (etwa Vermögensauseinandersetzung bei Wiederheirat, § 1687 BGB),[29] ob der Minderjährige für die durch die Eltern begründeten Verbindlichkeiten haftet,[30] ob den Eltern ein Recht zur Nutznießung am Kindesvermögen zusteht[31] und ob die sorgeberechtigten Eltern wegen einer Pflichtverletzung dem Kind gegenüber haften.[32]

Art. 21 gilt nicht für die **Namensführung** des Kindes.[33] Nach hM richtet sich auch die Vornamensführung, **22** etwa Art und Anzahl der zulässigen Vornamen, nach dem Namensstatut (→ Art. 10 Rn. 66).[34] Kommt es für die Namensführung nach dem Namensstatut darauf an, wer sorgeberechtigt ist, weil sich danach wie bei §§ 1617, 1617a BGB die Namensführung richtet oder weil dem Sorgeberechtigten ein Wahlrecht für den Nachnamen oder das Bestimmungsrecht für den Vornamen zusteht, ist dies nach dem Sorgerechtsstatut zu entscheiden.[35] Da diese Vorfrage unselbstständig anzuknüpfen ist, ist insoweit Art. 21 nur bei deutschem Namensstatut einschlägig (aA → Art. 10 Rn. 17).[36]

Unterhaltsansprüche werden von Art. 21 ebenfalls nicht erfasst, sondern unterliegen dem HUntProt,[37] wobei **23** jedoch die Frage, wer sorgeberechtigt ist, als Vorfrage nach Art. 21 zu entscheiden ist.[38] Streitig ist, ob Ansprüche auf Aussteuer oder **Ausstattung** unterhaltsrechtlich zu qualifizieren sind[39] oder dem Art. 21 unterfallen.[40] Da eine Privilegierung der Ansprüche auf Aussteuer oder Ausstattung durch die alternative Anknüpfung des Unterhaltsstatuts nicht gerechtfertigt ist, ist eine Qualifizierung unter Art. 21 vorzuziehen. Zudem handelt es sich bei der Aussteuer bzw. Ausstattung (regelmäßig) um freiwillige Leistungen seitens der Eltern, auf welche – im Gegensatz zum Unterhalt – kein Rechtsanspruch besteht, so dass eine Anwendung des HUntProt nicht angezeigt ist.[41] Dadurch unterliegen sie demselben Recht wie die Mitarbeitspflichten der Kinder gegenüber den Eltern (§§ 1619 f. BGB).[42]

II. Schutzmaßnahmen

Grundsätzlich bestimmt Art. 21 auch das anwendbare Recht für die **Entziehung des Sorgerechts**, die Rege- **24** lung des Sorgerechts bei Scheidung oder Trennung der Eltern oder bei Meinungsverschiedenheiten zwischen den sorgeberechtigten Eltern und die Regelung des Umgangsrechts. Da in diesen Fällen eine gerichtliche Maßnahme in Bezug auf das Eltern-Kind-Verhältnis erlassen werden soll, wird Art. 21 aber meist durch die Vorschriften des vorrangigen MSA oder des KSÜ verdrängt (→ Rn. 4 f., 9 ff.).

III. Vormundschaft und Beistandschaft

Vormundschaft, Betreuung und Pflegschaft richten sich nach Art. 24. Allerdings unterliegen solche Rege- **25** lungen Art. 21 bzw. Art. 16 KSÜ, die einem Elternteil die Vormundschaft zuweisen, sei es kraft Gesetzes

---

25 *Kegel/Schurig* § 20 X; BGH FamRZ 1990, 1224 (1225) zu Art. 19 aF; zweifelnd BGH FamRZ 1993, 47 (48).
26 Staudinger/*Henrich* EGBGB Art. 21 Rn. 99; Einzelheiten *Henrich* FS Kegel 1987, S. 197.
27 OLG Stuttgart NJW-RR 1996, 1288 f.
28 Staudinger/*Henrich* EGBGB Art. 21 Rn. 90 f., 93.
29 Staudinger/*Henrich* EGBGB Art. 21 Rn. 103.
30 Palandt/*Thorn* EGBGB Art. 21 Rn. 5.
31 Staudinger/*Henrich* EGBGB Art. 21 Rn. 102.
32 BGH NJW 1993, 2306 (2307).
33 Staudinger/*Henrich* EGBGB Art. 21 Rn. 62.
34 Staudinger/*Hausmann* EGBGB Art. 10 Rn. 464; MüKoBGB/*Lipp* EGBGB Art. 10 Rn. 29 (Personalstatut).

35 Staudinger/*Henrich* EGBGB Art. 21 Rn. 63; für die Bestimmung des Vornamens Staudinger/*Hausmann* EGBGB Art. 10 Rn. 490; MüKoBGB/*Lipp* EGBGB Art. 10 Rn. 37.
36 Staudinger/*Hausmann* EGBGB Art. 10 Rn. 490.
37 Haager Protokoll über das auf Unterhaltspflichten anzuwendende Recht v. 30. 11. 2009 (ABl L 331/17).
38 BeckOGK/*Markwardt* EGBGB Art. 21 Rn. 14.
39 Erman/*Hohloch* EGBGB Art. 21 Rn. 12.
40 Staudinger/*Henrich* EGBGB Art. 21 Rn. 78; MüKoBGB/*Helms* EGBGB Art. 21 nF Rn. 25.
41 BeckOGK/*Markwardt* EGBGB Art. 21 Rn. 28.
42 MüKoBGB/*Helms* EGBGB Art. 21 nF Rn. 25.

oder aufgrund gerichtlicher oder behördlicher Anordnung, weil es sich dabei sachlich um eine Frage der elterlichen Sorge handelt.[43]

26 Eine die elterliche Sorge ergänzende Vormundschaft oder **Beistandschaft**, wie die des Jugendamtes nach §§ 1712 ff. BGB, bestimmt sich nach Art. 21. Wenn sie kraft Gesetzes oder auf bloßen Antrag hin eintritt, ist sie keine Schutzmaßnahme iSd MSA bzw. des KSÜ.[44] Sie fällt richtiger Ansicht nach auch nicht unter Art. 24, weil sie die elterliche Sorge ergänzt und durch die einheitliche Anwendbarkeit des Sorgerechtsstatuts Anpassungsprobleme vermieden werden.[45]

27 Bei dieser Qualifikation ist **§ 1717 BGB** eine sachrechtliche Vorschrift,[46] die auch keineswegs überflüssig ist.[47] Wenn deutsches Recht aufgrund einer Rückverweisung Sorgerechtsstatut bei einem Kind ist, das seinen gewöhnlichen Aufenthalt nicht im Inland hat, schließt § 1717 BGB den Eintritt oder den Fortbestand der Beistandschaft des deutschen Jugendamtes nach §§ 1712 ff. BGB aus. Im Übrigen bleibt es aber bei der Anwendbarkeit des deutschen Rechts als Sorgerechtsstatut.

28 Die Meinung, die Art. 24 für anwendbar hält, kommt weitgehend zum gleichen Ergebnis, indem sie in § 1717 BGB eine spezielle Kollisionsnorm sieht.[48]

29 Sind **Mutter und Kind ausschließlich iranische Staatsangehörige**, geht das deutsch-iranische Niederlassungsabkommen (→ Rn. 16) vor. Da deutsches Recht nicht als Sorgerechtsstatut berufen ist, kann die Beistandschaft nach §§ 1712 ff. BGB trotz gewöhnlichen Aufenthalts des Kindes in Deutschland nicht eintreten.

30 Vor dem 1.7.1998 trat für nichteheliche Kinder, die ihren gewöhnlichen Aufenthalt im Inland hatten, automatisch die Amtspflegschaft des Jugendamts nach § 1706 BGB aF ein.[49]

31 Ist das Kind Angehöriger eines Mitglieds der **NATO-Truppen** oder eines zivilen Gefolges, tritt die Beistandschaft nach §§ 1712 ff. BGB aufgrund Art. 13 Zusatzabkommen zum NATO-Truppenstatut[50] auch bei gewöhnlichem Aufenthalt des Kindes im Inland nicht ein.[51]

IV. Anknüpfung

32 **1. Grundsatz.** Anknüpfungspunkt ist der jeweilige gewöhnliche Aufenthalt des Kindes. Diese Anknüpfung ist im Kindschaftsrecht rechtsvergleichend im Vordringen und wird auch in den Haager Konventionen (MSA, KSÜ) verwendet. Damit wird das Recht berufen, das am Lebensmittelpunkt des Kindes gilt. Zugleich wird weitgehende Übereinstimmung mit dem Unterhaltsstatut nach Art. 3 HUntProt erreicht.[52]

33 Zur Bestimmung des gewöhnlichen Aufenthalts bei Kindern → Art. 5 Rn. 19, 44, → KSÜ Art. 5 ff.

34 **2. Rück- und Weiterverweisung.** Art. 21 ist als Gesamtnormverweisung ausgestaltet, so dass Rück- und Weiterverweisungen zu beachten sind.[53] Praktisch relevant ist dies bei Kindern mit gewöhnlichem Aufenthalt im Ausland, wenn die dortige Rechtsordnung an das deutsche Ehewirkungsstatut der Eltern oder die deutsche Staatsangehörigkeit eines Elternteils oder des Kindes anknüpft.[54] Ist der Elternteil oder das Kind deutscher Doppelstaater, kann für die Rückverweisung nicht auf Art. 5 Abs. 1 S. 2 abgestellt werden; entscheidend ist die Sichtweise der ausländischen Rechtsordnung).[55]

---

43   BayObLGZ 1963, 123 = IPRspr. 1962–63 Nr. 107; Staudinger/*Henrich* EGBGB Art. 21 Rn. 96.

44   AllgM, BT-Drucks 13/892, Begründung zu § 1717 BGB; Staudinger/*von Hein* EGBGB Art. 24 Rn. 50; aA *Andrae* IntFamR § 6 Rn. 123.

45   Palandt/*Thorn*, 69. Aufl. 2010, Anh. zu EGBGB 24 (IPR) Rn. 14; *Heldrich* FS Ferid 1988, S. 131, 133; iE auch Staudinger/*Dürbeck* BGB § 1717 Rn. 3; sa KG IPRax 1994, 306 m. zust. Anm. *Klinkhardt*, S. 285, 286 (zu Amtspflegschaft und Art. 20 EGBGB aF).

46   S. zur Abgrenzung von Kollisionsnormen zu Sachnormen mit räumlicher Anknüpfung *Kegel/Schurig* § 1 VIII.

47   So aber Staudinger/*Dürbeck* BGB § 1717 Rn. 3; als einseitige Kollisionsnorm wird § 1717 BGB angesehen von Erman/*Hohloch* Art. 24 EGBGB Rn. 1.

48   Regierungsbegründung BT-Drucks 13/892; Palandt/*Götz* BGB § 1717 Rn. 1; *Kegel/Schurig* § 20 XIV 1; *Baer* DAVorm 1998, 493 (494).

49   S. BGH FamRZ 1990, 1103.

50   BGBl. II 1961 S. 1313.

51   Staudinger/*von Hein* EGBGB Art. 24 Rn. 51; für die Amtspflegschaft nach früherem Recht OLG Zweibrücken FamRZ 1990, 91; OLG Karlsruhe FamRZ 1993, 848.

52   Palandt/*Thorn* EGBGB Art. 21 Rn. 1.

53   Palandt/*Thorn* EGBGB Art. 21 Rn. 1; Staudinger/*Henrich* EGBGB Art. 21 Rn. 32; BGH 20.7.2016 = FamRZ 2016, 1747 = NJW-RR 2016, 1473 (1474) Rn. 19; aA MüKoBGB/*Helms* EGBGB Art. 21 nF Rn. 17.

54   Für die Maßgeblichkeit des Domizils der Eltern und der Belegenheit unbeweglichen Vermögens aus britischer Sicht s. IPG 1996 Nr. 34 (Hamburg).

55   Soergel/*Kegel* EGBGB Art. 4 Rn. 31.

Eine versteckte Rückverweisung kommt bei gewöhnlichem Aufenthalt des Kindes im Vereinigten König- **35** reich oder den USA in Betracht, wenn die deutschen Gerichte auch aus dortiger Sicht international zuständig sind (dazu näher → Art. 4 Rn. 9).[56]

3. Statutenwechsel. Das Statut ist bei Wechsel des Aufenthalts wandelbar. Die Rechtsbeziehungen zwi- **36** schen Eltern und Kind richten sich ex nunc nach der neuen Rechtsordnung. Allerdings bleiben **wohlerworbene Rechte**, etwa der Anspruch auf Heiratsgut nach § 1220 österr. ABGB, erhalten.[57] Gleiches gilt für Beschränkungen der elterlichen Sorge, etwa die Verwirkung. Ist sie nach dem bisher anwendbaren Recht eingetreten, so bleibt sie auch bei einem Statutenwechsel bestehen. Das neu anwendbare Recht entscheidet darüber, ob und unter welchen Voraussetzungen sie wieder entfallen können.[58]

Der Statutenwechsel kann wegen der Unterschiede in den nationalen Rechten insbesondere bei nicht verhei- **37** rateten Eltern zum **Entfallen des Sorgerechts** eines Elternteils führen. Hatte das Kind seinen gewöhnlichen Aufenthalt in einem Land, nach dessen Recht die Eltern automatisch die gemeinsame Sorge haben,[59] so verliert der Vater das Sorgerecht, wenn ein neuer gewöhnlicher Aufenthalt in Deutschland begründet wird und keine Sorgerechtserklärungen nach §§ 1626 a–1626 e BGB abgegeben werden. Auf der anderen Seite erhält der Vater die elterliche Mitsorge, wenn der gewöhnliche Aufenthalt von Deutschland in ein Land verlegt wird, in dem auch die nicht verheirateten Eltern automatisch die gemeinsame Sorge haben. Haben die Eltern eine **Sorgeerklärung** nach §§ 1626 a ff. BGB abgegeben und wird der gewöhnliche Aufenthalt des Kindes aus dem Inland in ein Land verlegt, in dem die gemeinsame elterliche Sorge nicht verheirateter Eltern nicht oder nur aufgrund einer Anordnung möglich ist,[60] so verliert der eine Elternteil (meist der Vater) die elterliche Sorge.[61]

Zur inhaltlich anderen Regelung nach Art. 16 Abs. 3 KSÜ → KSÜ Art. 16 Rn. 4. **38**

Ist im Ausland die gemeinsame elterliche Sorge durch eine gerichtliche Anordnung begründet worden, so **39** bleibt sie auch nach Begründung des gewöhnlichen Aufenthalts im Inland erhalten, wenn die Voraussetzungen für eine Anerkennung gegeben sind.

Ungeklärt ist noch, ob eine gemeinsame Sorge der nichtverheirateten Eltern des Kindes, die aufgrund von **40** Erklärungen der Eltern nach dem ausländischen Aufenthaltsrecht begründet wurde, auch nach Verlegung des gewöhnlichen Aufenthalts des Kindes ins Inland fortbesteht. Dies ist im Ergebnis zu bejahen, weil die unter dem früheren Sorgerechtsstatut abgegebenen Erklärungen im Wege der Substitution auch für das deutsche Recht als ausreichend angesehen werden können.[62]

Bei **Entführungsfällen** im Anwendungsbereich des Haager Kindesentführungsabkommens ist für die Frage **41** der Verletzung eines Sorgerechts nach Art. 3 Abs. 1 lit. a HKÜ des Abkommens auf das Recht des Landes abzustellen, in dem das Kind vor dem unberechtigten Verbringen seinen gewöhnlichen Aufenthalt hatte (→ HKÜ Art. 3 Rn. 6).

V. Vorfragen

1. Abstammung. Art. 21 setzt das Bestehen eines Eltern-Kind-Verhältnisses voraus. Diese Frage der **42** Abstammung ist nach Art. 19, 20 selbstständig anzuknüpfen, weil sie Tatbestandsvoraussetzung der deutschen Kollisionsnorm ist.[63] Ob das Eltern-Kind-Verhältnis durch eine im Ausland erfolgte Adoption wirksam begründet wurde, richtet sich dementsprechend nach Art. 22 bzw. bei einer ausländischen Adoptionsentscheidung nach §§ 108, 109 FamFG bzw. Art. 23 ff. Haager AdÜ.

2. Minderjährigkeit. Elterliche Sorge kann nur bei nicht volljährigen Kindern bestehen. Wann ein Kind **43** volljährig ist, bestimmt sich gemäß Art. 7 nach dem Heimatrecht.[64] Dies gilt auch für Volljährigkeit oder

---

56 OLG Stuttgart FamRZ 1997, 958 mAnm *Henrich* (versteckte Rückverweisung des Rechts von Kalifornien); sa IPG 1996 (1997) Nr. 34 (Hamburg): Rückverweisung des englischen Rechts auf die deutsche *lex rei sitae* für die gesetzliche Vertretung eines Minderjährigen mit gewöhnlichem Aufenthalt in England für die Veräußerung eines in Deutschland gelegenen Grundstücks; *Henrich*, Internationales Familienrecht, S. 130 (für das Scheidungsstatut).

57 Staudinger/*Henrich* EGBGB Art. 21 Rn. 27 f.

58 Staudinger/*Henrich* EGBGB Art. 21 Rn. 29.

59 So in Italien, wenn die nicht verheirateten Eltern zusammenleben, Art. 317bis Codice civile.

60 So nach § 167 ABGB in Österreich und nach Art. 298 a ZGB in der Schweiz.

61 Staudinger/*Henrich* EGBGB Art. 21 Rn. 26; BeckOGK/*Marquardt* EGBGB Art. 21 Rn. 42; *Rauscher* JBlItalR 13, 101; aA *Looschelders* IPRax 1999, 420 (425 f.): für teleologische Reduktion der Wandelbarkeit des Sorgerechtsstatuts und für den Fortbestand der gemeinsamen elterlichen Sorge als eine Art wohlerworbenen Rechts.

62 So auch *Looschelders* IPRax 1999, 420 (425 f) für die Substitution des parental responsibility agreement nach englischem Recht durch Sorgerechtserklärungen nach deutschem Recht.

63 Staudinger/*Henrich* EGBGB Art. 21 Rn. 58.

64 BayObLGZ 1963, 123 = IPRspr. 1962–63 Nr. 107; Staudinger/*Henrich* EGBGB Art. 21 Rn. 30.

Emanzipation durch Heirat.[65] Eine einmal begründete Volljährigkeit entfällt nicht durch Statutenwechsel (→ Art. 7 Rn. 29). Art. 7 geht von einem Gleichlauf von Geschäftsfähigkeit und Mündigkeit aus, so dass Schwierigkeiten auftreten können, wenn diese nach ausländischem Verständnis auseinanderfallen.[66]

VI. Einwilligung zur Eheschließung Minderjähriger

44   Das Eheschließungsstatut nach Art. 13 und nicht das Sorgerechtsstatut nach Art. 21 entscheidet darüber, ob für die Eheschließung eines minderjährigen Kindes Einwilligungen erforderlich sind.[67] Wenn das Eheschließungsstatut die Einwilligung der Sorgeberechtigten verlangt, so ist für die Vorfrage, wer sorgeberechtigt ist, das Sorgerechtsstatut maßgeblich. Diese Vorfrage ist selbstständig anzuknüpfen.

VII. Ordre public

45   Die Anwendung einer ausländischen Rechtsordnung verstößt gegen den ordre public, wenn die Regelung der elterlichen Sorge im konkreten Fall keine am Wohl des Kindes ausgerichtete Entscheidung ermöglicht.[68] Praktische Relevanz hat der ordre public insbesondere bei der Verweisung auf eine durch das **islamische Recht** geprägte Rechtsordnung erlangt. Dort steht die tatsächliche Personensorge (hadana) meist der Mutter zu, wobei die Altersgrenzen, bei der die hadana endet, sehr unterschiedlich sind. Dem Vater steht ab Entfallen der hadana die elterliche Sorge allein zu. Aber auch während des Bestehens der hadana der Mutter hat der Vater die Vermögenssorge und die Erziehungsgewalt (Vormundschaft in persönlichen Angelegenheiten) inne und übt damit die Aufsicht über die Erziehung und den Unterricht des Kindes aus.[69]

46   Bei einem **Kind mit gewöhnlichem Aufenthalt in Deutschland oder mit deutscher Staatsangehörigkeit** verstößt eine ausländische Sorgerechtsregelung gegen den deutschen ordre public, wenn im konkreten Fall eine allein am Kindeswohl ausgerichtete Entscheidung zu einer anderen Sorgerechtsregelung führen würde.[70] Die ausländische Regelung muss nicht zu einer Gefährdung des Kindeswohls führen.[71] Auf der anderen Seite reicht ein gleichheitswidriger Norminhalt allein für einen Verstoß gegen den ordre public nicht aus.[72]

47   Problematisch ist in dieser Hinsicht, dass die Personensorge hadana, die die Mutter innehat oder die ihr im Falle der Scheidung übertragen werden kann, durch die kraft Gesetzes bestehende Erziehungsgewalt des Vaters beschränkt wird. Vor einer Anwendung deutschen Rechts ist aber zu prüfen, ob durch Anpassung des ausländischen Rechts eine ordre-public-gemäße Lösung gefunden werden kann. Der BGH hielt dies dadurch für möglich, dass der Mutter die Personensorge einschließlich des Rechts zur Vertretung in Unterhaltssachen übertragen und das Erziehungsrecht des Vaters auf die Vermögenssorge beschränkt wird.[73]

48   Auch bei den Regelungen, nach denen die Mutter die hadana verliert, wenn das Kind ein bestimmtes Alter erreicht[74] oder wenn die Mutter nicht (mehr) der islamischen Religion angehört,[75] kommt es darauf an, ob dieses Ergebnis im konkreten Fall dem Wohl des Kindes am besten entspricht oder nicht.[76]

49   Verlangt das Kindeswohl die Übertragung der elterlichen Sorge allein auf die Mutter, so verstößt eine Regelung, die der Mutter die Personensorge nur bis zu einem bestimmten Alter des Kindes zuweist, regelmäßig

65   Staudinger/*Henrich* EGBGB Art. 21 Rn. 85; Staudinger/*Hausmann* EGBGB Art. 7 Rn. 137.
66   BeckOGK/*Markwardt* EGBGB Art. 21 Rn. 17 f. mit anschaulichem Beispiel nach italienischem Codice civile.
67   Staudinger/*Henrich* EGBGB Art. 21 Rn. 90.
68   *Coester* IPRax 1991, 236.
69   S. dazu BGH FamRZ 1993, 1053 (1054) (iranisches Recht für islamische Bevölkerung); *Rauscher* Shari'a: islamisches Familienrecht der sunna und shi'na; Staudinger/*Henrich* EGBGB Art. 21 Rn. 41–45; *Menhofer* IPRax 1997, 252.
70   *Coester* IPRax 1991, 236; BGH FamRZ 1993, 316 (317) = IPRax 1993, 102 (103 f.)m. Bespr. *Henrich*, S. 81, 83; BGH FamRZ 1993, 1053 (1054); OLG Karlsruhe FamRZ 1992, 1465 (1467) = IPRax 1993, 97; Staudinger/*Henrich* EGBGB Art. 21 Rn. 48; sa AG Einbeck FamRZ 1991, 590 = IPRspr. 1990 Nr. 128, das unter Anwendung syrischen Rechts das Sorgerecht dem Vater übertrug.
71   BGH FamRZ 1993, 316 (317) = IPRax 1993, 102 (103) m. zust. Anm. *Henrich*, S. 81, 83; OLG Bre-

men FamRZ 1999, 1520; Staudinger/*Henrich* EGBGB Art. 21 Rn. 50; aA OLG Saarbrücken IPRax 1993, 100 (101).
72   BGH FamRZ 1993, 316 (317) = IPRax 1993, 102 (103 f.)m. Bespr. *Henrich*, S. 81, 83; BGH FamRZ 1993, 1053 (1054); OLG Karlsruhe FamRZ 1992, 1465 (1467) = IPRax 1993, 97; *Coester* IPRax 1991, 236; Staudinger/*Henrich* EGBGB Art. 21 Rn. 48, 51.
73   BGH FamRZ 1993, 316 (318) = IPRax 1993, 100 (104).
74   OLG Neustadt FamRZ 1963, 51 = IPRspr. 1962–63 Nr. 104; KG IPRspr. 1964–65 Nr. 124; KG FamRZ 1968, 92 = NJW 1968, 361; KG FamRZ 1972, 304 (308) (zum MSA).
75   OLG Hamm IPRax 1991, 191 (192) mAnm *Klinkhardt*, S. 174.
76   BGHZ 54, 132, 140; BGH IPRax 1993, 102 (103 f.)m. Anm. *Henrich*, S. 81, 83; Staudinger/*Henrich* EGBGB Art. 21 Rn. 48; *Coester* IPRax 1991, 236; aA KG FamRZ 1972, 304 (307) (allein Verstoß der abstrakten Regelung gegen Gleichberechtigung von Mann und Frau begründet ordre-public-Verstoß).

gegen den deutschen ordre public, weil dadurch die Sicherheit und Kontinuität der elterlichen Sorge gefährdet wird.

VIII. Verfahrensrecht

1. Internationale Zuständigkeit. a) Verhältnis zu Staatsverträgen. Das deutsch-österreichische Vormundschaftsabkommen ist zum Ablauf des 30.6.2003 außer Kraft getreten (→ Art. 24 Rn. 7).   50

Zum MSA, KSÜ und zur EheVO 2003 → Rn. 4 ff.   51

b) Autonome internationale Zuständigkeit. Die autonome Regelung der internationalen Zuständigkeit   52
in Kindschaftssachen ist in § 99 Abs. 1 FamFG enthalten. Danach sind deutsche Gerichte zuständig, wenn das Kind Deutscher ist oder seinen gewöhnlichen Aufenthalt in Deutschland hat. Ferner sind deutsche Gerichte zuständig, soweit das Kind der Fürsorge durch ein deutsches Gericht bedarf.

Darüber hinaus kann ein deutsches Gericht für eine Kindschaftssache international zuständig sein, wenn sie   53
als Folgesache im Verbund mit einer Ehesache oder Lebenspartnerschaftssache zu entscheiden ist, § 98 Abs. 2, § 103 Abs. 2 FamFG.

Wegen der vorrangigen Regelungen der EheVO 2003 und des MSA bzw. des KSÜ bleibt für diese Regelung nur ein sehr kleiner Anwendungsbereich.   54

Ein deutsches Kind hat seinen gewöhnlichen Aufenthalt weder in einem Mitgliedstaat der EU noch in   55
einem Vertragsstaat des MSA bzw. des KSÜ und es besteht auch keine Zuständigkeit nach Art. 9–13 EheVO 2003 (→ Art. 14 EheVO 2003 Rn. 1 ff.).

Das ausländische Kind hat seinen gewöhnlichen Aufenthalt in Deutschland, ist über 18 Jahre alt, aber nach   56
seinem gem. Art. 7 EGBGB maßgeblichen Heimatrecht noch nicht volljährig (→ Rn. 14).[77]

Ist über eine Sorgerechtssache im Verbund mit einer Ehesache, insbesondere einem **Scheidungsverfahren**   57
zu entscheiden, so erstreckt sich die internationale Zuständigkeit für die Ehesache nach § 98 Abs. 2 FamFG auch auf die Folgesachen. Zu den Folgesachen gehören die in § 137 Abs. 3 FamFG genannten Sorgerechtssachen: Regelung der elterlichen Sorge oder des Umgangs für ein gemeinschaftliches Kind, Anspruch auf Herausgabe des gemeinsamen Kindes an den anderen Elternteil, Umgangsrecht des einen Ehegatten mit dem Kind des anderen Ehegatten.

Die internationale Zuständigkeit deutscher Gerichte für die Folgesachen ergibt sich unabhängig davon, ob   58
die Zuständigkeit für die Ehesache aus der EheVO 2003 oder aus autonomem Recht (§ 98 Abs. 1 FamFG) folgt.[78] So kann sich aus der EheVO 2003 eine Zuständigkeit deutscher Gerichte für das Scheidungsverfahren ergeben, eine Zuständigkeit für die Regelung der elterlichen Sorge oder des Umgangs kann aber nach der EheVO 2003 nicht begründet sein, so dass nach Art. 14 EheVO 2003 insoweit das autonome Zuständigkeitsrecht eingreifen kann.

In weiterem Maße bleibt das autonome Recht und eine daraus folgende internationale Zuständigkeit deut-   59
scher Gerichte nach §§ 103, 269 Abs. 3 FamFG bei der Aufhebung von **Lebenspartnerschaften** anwendbar, wenn die Lebenspartner ein gemeinsames (Adoptiv-)Kind haben oder der eine ein Umgangsrecht mit dem Kind des anderen Lebenspartners geregelt wissen will. Insoweit finden die Vorschriften über die Annexzuständigkeit nach Art. 13 EheVO 2003 und nach Art. 10 KSÜ keine Anwendung.[79]

Allerdings ist die Verbundzuständigkeit nach autonomem Recht auch gegenüber den sonstigen Zuständig-   60
keitsregeln in Kindschaftssachen nach EheVO 2003, MSA und KSÜ nachrangig.[80] Sie greift daher im Wesentlichen nur ein, wenn das Kind seinen gewöhnlichen Aufenthalt weder in einem Mitgliedstaat der EheVO 2003 noch in einem Vertragsstaat des MSA oder des KSÜ hat.

Die Zuständigkeit nach § 99 Abs. 1 S. 2 FamFG aus Fürsorgegesichtspunkten wird in den meisten Fällen   61
ebenfalls nicht zum Zuge kommen. Ein Fürsorgebedürfnis für ein ausländisches Kind wird regelmäßig nur vorliegen, wenn sich das Kind oder das Vermögen des Kindes im Inland befindet.[81] In diesen Fällen bestimmt sich die Zuständigkeit für Eilmaßnahmen aus Art. 11 KSÜ und für vorläufige Maßnahmen aus Art. 12 KSÜ.

77   AG Ingolstadt IPRax 1992, 326 (327) mit Aufsatz *St. Lorenz*, S. 305, 306.

78   *Hau* FamRZ 2009, 821 (823); Thomas/Putzo/*Hüßtege* FamFG § 98 Rn. 6.

79   Vgl. MüKoFamFG/*Rauscher* FamFG § 103 Rn. 10 f.

80   MüKoFamFG/*Rauscher* FamFG § 103 Rn. 21.

81   Staudinger/*Henrich* EGBGB Art. 21 Rn. 152.

62 Für § 99 Abs. 1 S. 1 Nr. 1 FamFG muss bei **Doppelstaatern** die deutsche Staatsangehörigkeit nicht die effektive sein. Dies folgt aus der Schutzpflicht aufgrund der deutschen Staatsangehörigkeit[82] und nicht aus Art. 5 Abs. 1 S. 2.[83]

63 Teilweise lehnen deutsche Gerichte ein Tätigwerden ab, wenn eine sachgerechte Beurteilung aufgrund des ausländischen gewöhnlichen Aufenthalts des Kindes nur schwer möglich erscheint und/oder ernsthafte Zweifel darüber bestehen, ob die deutsche Entscheidung im Aufenthaltsstaat anerkannt und gegebenenfalls vollstreckt würde.[84] Die deutschen Gerichte sehen sich selbst mithin als eine Art forum non conveniens, obwohl diese Rechtsfigur dem deutschen Recht unbekannt ist.[85] Das **Rechtsschutzbedürfnis** kann aber richtigerweise nur verneint werden, wenn der Antrag rechtsmissbräuchlich erscheint.[86]

64 **2. Perpetuatio fori; frühere Rechtshängigkeit im Ausland.** Die Fragen der perpetuatio fori stellen sich im autonomen Recht wegen des Vorrangs der EheVO, des MSA und des KSÜ nur selten (zur perpetuatio fori im Rahmen der EheVO s. Anhang I zum III. Abschnitt, → EheVO Art. 8 Rn. 3 ff., im Rahmen des MSA → MSA Art. 1 Rn. 3 f., abgedruckt in der 3. Auflage; im Rahmen des KSÜ → KSÜ Art. 5 Rn. 3 ff.). Eine praktisch bedeutsame Ausnahme bildet der Fall, dass das ausländische Kind bei einem isolierten Sorgerechtsverfahren aus Deutschland in einen Staat zieht, für den weder die EheVO 2003 noch das MSA oder das KSÜ gilt, und dort einen neuen gewöhnlichen Aufenthalt begründet.[87] Der in § 2 Abs. 2 FamFG für die örtliche Zuständigkeit normierte Grundsatz der perpetuatio fori gilt entsprechend auch für die internationale Zuständigkeit.[88] Der Grundsatz ist aber im konkreten Verfahren einzuschränken, wenn die überwiegenden Interessen der Beteiligten gegen eine Fortdauer der Zuständigkeit sprechen. Gesichtspunkte für die Abwägung sind Fürsorgebedürfnis, Sachnähe des Gerichts, Vermeidung widersprechender Entscheidungen.[89]

65 Das FamFG hat die Frage der früheren Rechtshängigkeit im Ausland nur punktuell geregelt, etwa in § 99 Abs. 2 für die Anordnung einer Vormundschaft. Im Interesse des internationalen Entscheidungseinklangs sollte eine vorher eingetretene ausländische Rechtshängigkeit regelmäßig der Befassung durch ein deutsches Gericht entgegenstehen.[90]

66 Voraussetzung ist aber, dass es auch hinsichtlich der Anträge (endgültige Regelung oder nur einstweilige Maßnahme) um dieselbe Sorgerechtssache geht und dass eine Entscheidung des ausländischen Gerichts im Inland anerkannt werden könnte.[91] Ist im Ausland ein Verfahren zur elterlichen Sorge anhängig, hindert das ein deutsches Gericht nicht, eine erforderliche Eilmaßnahme zu treffen.[92]

67 Haben sich nachträglich die Verhältnisse geändert, so kann etwa eine durch den Aufenthaltswechsel eingetretene größere Sachnähe des deutschen Gerichts ein Abgehen von dem Prioritätsgrundsatz rechtfertigen.[93] Zu weitgehend erscheint es, die ausländische Rechtshängigkeit immer dann nicht zu beachten, wenn aufgrund der Tatsachenveränderung eine ausländische Entscheidung nach § 1696 BGB im Inland abgeändert werden könnte.[94] Entscheidend ist, ob die veränderten Umstände im rechtshängigen und noch nicht abgeschlossenen ausländischen Verfahren in einer Tatsacheninstanz berücksichtigt werden können.

68 **3. Anerkennung ausländischer Sorgerechtsentscheidungen. a) Staatsverträge.** Auch für die Anerkennung ausländischer Sorgerechtsentscheidungen sind vorrangig die Regelungen in europäischen Verordnungen und in (multilateralen) Staatsverträgen zu beachten, § 97 Abs. 1 FamFG. Vorrangig ist daher

---

82   Staudinger/*Henrich* EGBGB Art. 21 Rn. 144; Thomas/Putzo/*Hüßtege* § 99 Rn. 3, § 98 Rn. 7 FamFG; *Spellenberg* IPRax 1988, 1 (4); für Art. 4 MSA BGH NJW 1997, 3024 (3025) = FamRZ 1997, 1070 = IPRspr. 1997 Nr. 9; aA KG IPRax 1998, 274 mit abl. Besprechung *Henrich*, 247, 248 f.

83   So aber Musielak/*Borth/Grandel* FamFG § 99 Rn. 3.

84   OLG Hamburg ZfJ 1988, 94 = IPRspr. 1987 Nr. 136.

85   BeckOGK/*Markwardt* EGBGB Art. 21 Rn. 105.

86   KG IPRax 1991, 60 m. Aufs. *Wengler*, S. 42 f.; Staudinger/*Henrich* EGBGB Art. 21 Rn. 143.

87   S. dazu in Bezug auf das MSA KG IPRax 1998, 274 m. Bespr. *Henrich*, S. 247; OLG München IPRax 1994, 42 m. Bespr. *Roth*, S. 19, 20; OLG Hamburg IPRax 1987, 319 m. Bespr. *Mansel*, S. 298.

88   Thomas/Putzo/*Hüßtege* FamFG § 2 Rn. 4; anders *Hau* FamRZ 2009, 821 (823), der diese Frage durch § 2 Abs. 2 FamFG nicht entschieden ansieht; zu § 43 Abs. 1 Hs. 2 FGG iVm § 35 b FGG sa *Mansel* IPRax 1987, 298 (302); *Roth* IPRax 1994, 19 (20); sa allgemein *Rathjen* Forum Familienrecht 2007, 27 ff.

89   Zum alten Recht KG IPRax 1998, 274 (276); OLG Hamburg IPRax 1987, 319 (320); eingehend Staudinger/*Henrich* EGBGB Art. 21 Rn. 163 f.; sa Staudinger/*von Hein* EGBGB Art. 24 Rn. 106; *Mansel* IPRax 1987, 298 (302); *Henrich* IPRax 1998, 247 (248); offengelassen von BGH NJWE-FER 1997, 138; für uneingeschränkte Geltung der perpetuatio fori OLG München IPRax 1994, 42 (43); *Roth* IPRax 1994, 19 (20).

90   Staudinger/*Henrich* EGBGB Art. 21 Rn. 169 f.; *Hau* FamRZ 2009, 821 (824); sa Soergel/*Kegel* EGBGB Art. 19 Rn. 111; OLG München FamRZ 1993, 349.

91   Staudinger/*Henrich* EGBGB Art. 21 Rn. 170; *Hau* FamRZ 2009, 821 (824).

92   OLG Hamm FamRZ 1988, 864 (865); OLG München FamRZ 1993, 349; Staudinger/*Heinrich* EGBGB Art. 21 Rn. 170.

93   Staudinger/*Henrich* EGBGB Art. 21 Rn. 171; *Roth* IPRax 1994, 19.

94   So aber *Roth* IPRax 1994, 19 (20).

eine Anerkennung nach der EheVO 2003, dem Europäischen Sorgerechtsübereinkommen, dem MSA bzw. dem KSÜ zu prüfen.[95]

Die bilateralen Anerkennungs- und Vollstreckungsabkommen, die die Bundesrepublik Deutschland mit Belgien, Griechenland, Großbritannien, Israel, Italien, den Niederlanden, Norwegen, Österreich, der Schweiz und Tunesien geschlossen hat, erfassen Sorgerechtsentscheidungen nicht.[96]   **69**

b) Autonome Anerkennungsregelung. Mangels einschlägiger europarechtlicher oder staatsvertraglicher   **70** Regelungen richtet sich die Anerkennung von ausländischen Sorgerechtsentscheidungen nach §§ 108, 109 FamFG (früher § 16a FGG). Die Anerkennung erfolgt inzident; neben gerichtlichen Entscheidungen können auch Entscheidungen von ausländischen Behörden anerkannt werden, wenn diese funktional äquivalent sind.[97] Im Anerkennungsrecht gilt allerdings das **Günstigkeitsprinzip**.[98] Auch wenn für die Anerkennung der ausländischen Entscheidung die EheVO 2003, das Europäische Sorgerechtsübereinkommen, das MSA oder das KSÜ anwendbar sind, die danach notwendigen Voraussetzungen für eine Anerkennung aber nicht vorliegen, so kann die Entscheidung dennoch nach autonomem Recht anerkannt werden, wenn dessen Voraussetzungen im Einzelfall gegeben sind.

Die nach § 109 Abs. 1 Nr. 1 FamFG erforderliche **internationale Zuständigkeit** ist in spiegelbildlicher   **71** Anwendung der Vorschriften für die internationale Zuständigkeit deutscher Gerichte zu bestimmen. Ein ausländisches Gericht ist daher zuständig, wenn das Kind seinen gewöhnlichen Aufenthalt im Gerichtsstaat hat, die Staatsangehörigkeit des Gerichtsstaats besitzt oder im Gerichtsstaat ein Fürsorgebedürfnis bestand (§ 99 FamFG) oder im Verbund mit einem Eheverfahren erging, für das die internationale Zuständigkeit in spiegelbildlicher Anwendung von § 98 FamFG besteht.

Der **gewöhnliche Aufenthalt des Kindes** ist aus Sicht des deutschen Rechts zu beurteilen, die Staatsange-   **72** hörigkeit nach dem Recht des Staates, um dessen Staatsangehörigkeit es geht. Weil die Staatsangehörigkeitszuständigkeit auf dem Schutzgedanken beruht (→ Rn. 62), reicht die ausländische Staatsangehörigkeit auch bei einem deutschen Doppelstaater für die Zuständigkeitsbegründung.[99]

Die Anerkennungsvoraussetzung der Gewährung rechtlichen Gehörs setzt nach § 109 Abs. 1 Nr. 2 FamFG   **73** nur voraus, dass den Beteiligten das verfahrenseinleitende Schriftstück ordnungsgemäß und rechtzeitig mitgeteilt worden ist; auf die ordnungsgemäße Zustellung wie bei § 328 Abs. 1 Nr. 2 ZPO kommt es daher nicht an.[100] Bei einem summarischen Verfahren reicht aus, dass der andere Teil seine Einwendungen in einem Überprüfungstermin schriftlich oder mündlich geltend machen kann.[101]

Das Anerkennungshindernis der **Unvereinbarkeit mit einer anderen in Deutschland erlassenen oder**   **74** **anzuerkennenden früheren ausländischen Entscheidung** (§ 109 Abs. 1 Nr. 3 FamFG) hat zu berücksichtigen, dass Sorgerechtssachen jederzeit abgeändert werden können.[102] Eine Unvereinbarkeit ist daher nur anzunehmen, wenn beide Entscheidungen von derselben tatsächlichen Situation ausgehen und zu einer anderen rechtlichen Bewertung gelangen.[103] Empfehlenswert ist, dass sich die spätere ausländische Entscheidung mit der früheren Entscheidung ausdrücklich auseinandersetzt und deutlich macht, dass aufgrund einer neuen Tatsachenlage eine unterschiedliche Entscheidung getroffen wird.[104]

Die Anerkennung erfolgt nach § 108 Abs. 1 FamFG wie bisher nach § 16a FGG bei Vorliegen der Voraus-   **75** setzungen per se, ohne dass es eines besonderen Anerkennungsverfahrens bedarf.

Neu eingeführt wurde in § 108 Abs. 2 S. 1 FamFG ein fakultatives Anerkennungsfeststellungsverfahren. Ein   **76** Beteiligter, der ein rechtliches Interesse hat, kann eine Entscheidung über die Anerkennung oder Nichtanerkennung der ausländischen Entscheidung über das Sorgerecht oder Umgangsrecht beantragen. Eine solche Entscheidung ist nach § 108 Abs. 2 S. 2 iVm § 107 Abs. 9 FamFG für Gerichte und Verwaltungsbehörden bindend.

Vorrangig anzuwenden sind aber weiterhin die besonderen Anerkennungsverfahren im Gemeinschaftsrecht   **77** oder in völkerrechtlichen Verträgen, wie etwa die nach Art. 21 Abs. 3 EheVO 2003, Art. 24 KSÜ und Art. 14 SorgeRÜ.[105]

---

95 *Rausch* FPR 2006, 441 (446).

96 S. dazu im Einzelnen Staudinger/*Henrich* EGBGB Art. 21 Rn. 184–202; MüKoZPO/*Gottwald* IZPR-Schlussanh. C. Nr. 5 Bilaterale Anerkennungs- und Vollstreckungsverträge.

97 Staudinger/*Henrich* EGBGB Art. 21 Rn. 175.

98 MüKoFamFG/*Rauscher* FamFG § 108 Rn. 9.

99 Heute hM OLG Koblenz FamRZ 1989, 204 = NJW 1989, 2201 (2203); *Geimer* FS Ferid II 1988, S. 89, 102; Staudinger/*Henrich* EGBGB Art. 21 Rn. 229.

100 BGH FamRZ 1979, 577 = NJW 1980, 529 (531); Staudinger/*Henrich* EGBGB Art. 21 Rn. 235 ff.

101 OLG Koblenz FamRZ 1989, 204 = NJW 1989, 2201 (2203).

102 Staudinger/*Henrich* EGBGB Art. 21 Rn. 243.

103 OLG Hamm FamRZ 1976, 528 = NJW 1976, 2079 (2080 f.); OLG Frankfurt FamRZ 1992, 463; Staudinger/*Henrich* EGBGB Art. 21 Rn. 245; *Mansel* IPRax 1987, 298 (301).

104 Staudinger/*Henrich* EGBGB Art. 21 Rn. 244.

105 *Hau* FamRZ 2009, 821 (825).

78   Nach der hM kann eine Sorgerechtsentscheidung, die zusammen mit einem Eheurteil ergangen ist, erst nach Durchführung des gemäß § 107 Abs. 1 S. 1 FamFG notwendigen Anerkennungsverfahrens anerkannt werden und im Inland Wirkungen entfalten.[106] Dagegen spricht aber, dass eine Sorgerechtsentscheidung in keinem notwendigen Zusammenhang mit der Wirksamkeit des Eheurteils steht, sondern etwa auch bei bloßer faktischer Trennung ergehen kann.[107] Auch nach der hM sind die Anerkennungsvoraussetzungen weiterhin zu prüfen, weil die Anerkennung der ausländischen Entscheidung durch die Landesjustizverwaltung nicht auch die im Verbund ergangenen Sorgerechtssachen umfasst.[108]

79   Zum Anerkennungshindernis eines Verstoßes gegen den deutschen ordre public → Rn. 45 ff.

80   **c) Wirkungen der Anerkennung und Abänderung.** Anerkennung der ausländischen Entscheidung bedeutet Erstreckung ihrer Wirkungen auch auf das Inland. Die Wirkungen gehen aber nicht weiter als die einer vergleichbaren inländischen Entscheidung.[109] Daher kann die ausländische Entscheidung, auch wenn sie nach dem Gerichtsstaatsrecht materiell rechtskräftig geworden ist, im Inland in einem neuen Verfahren abgeändert werden.[110]

81   Ob die Voraussetzungen für eine inhaltliche Änderung vorliegen, richtet sich nicht nach dem Recht des Entscheidungsstaates oder nach dem bei der ausländischen Entscheidung angewandten Recht, sondern nach dem Recht, das aufgrund der im Inland geltenden Kollisionsnormen anwendbar ist. Maßgeblicher Zeitpunkt der Anknüpfung ist das neue inländische Verfahren.[111] Bei der Anwendbarkeit deutschen Rechts kommt es nach § 1696 BGB darauf an, ob dies aus triftigen, das Wohl des Kindes nachhaltig berührenden Gründen angezeigt ist.[112] Eine Veränderung der tatsächlichen Verhältnisse ist nicht erforderlich.[113]

82   **4. Vollstreckung ausländischer Entscheidungen. a) Voraussetzungen und Verfahren.** Eine Entscheidung, die lediglich gestaltend wirkt, etwa einem Elternteil die elterliche Sorge zuweist, wirkt aufgrund ihrer Anerkennung mit diesem Inhalt und bedarf keiner Vollstreckung. Enthält die ausländische Entscheidung (auch) einen Leistungsbefehl, indem sie etwa die Herausgabe des Kindes von dem einen Elternteil an den anderen anordnet, so bedarf sie (insoweit) der Vollstreckung.[114]

83   Das MSA regelt bei Entscheidungen, die einer Vollstreckung bedürfen, weder die Anerkennungs- noch die Vollstreckungsvoraussetzungen (→ MSA Art. 7 Rn. 10 f., abgedruckt in der 3. Auflage).

84   Das KSÜ regelt nun in Art. 23 ff. die Voraussetzungen für die ex lege Anerkennung einer Schutzmaßnahme aus einem anderen Vertragsstaat. In Art. 24 schreibt es vor, dass zusätzlich die Möglichkeit gegeben sein muss, eine abstrakte Entscheidung über die Anerkennung der ausländischen Maßnahme zu erlangen. Für die Vollstreckung ordnet es eine Gleichstellung der ausländischen mit einer entsprechenden inländischen Maßnahme an, überlässt das Vollstreckungsverfahren ansonsten dem autonomen Recht.

85   Im autonomen Recht erfolgt die Vollstreckung ausländischer Entscheidungen über die Herausgabe von Personen und die Regelung des Umgangs nach §§ 88 ff. FamFG. In diesem Verfahren wird als Vorfrage auch über die Vollstreckbarerklärung der ausländischen Entscheidung entschieden. Ein gesonderter Beschluss über die Vollstreckbarkeit ist anders als in den Fällen des § 110 Abs. 2 iVm § 95 Abs. 1 FamFG nicht zu erlassen.[115]

86   Vollstreckbarerklärung und Vollstreckung erfolgen in dem Verfahren, das für ein vergleichbares inländisches Verfahren in der Sache einschlägig wäre, zu der die ausländische Entscheidung ergangen ist.[116] Die Vollstreckbarerklärung einer Entscheidung, die die Herausgabe des Kindes anordnet oder eine bestimmte Umgangsregelung trifft, richtet sich demnach nach den § 110 Abs. 1, §§ 88 ff. FamFG.

---

106   BGHZ 64, 19 = FamRZ 1975, 273; BGH IPRax 1986, 382; Staudinger/*Henrich* EGBGB Art. 21 Rn. 252; *Mansel* IPRax 1987, 298; *Coester* IPRax 1996, 24.

107   Soergel/*Kegel* EGBGB Art. 19 Rn. 113; s. nun auch für das MSA Staudinger/*Kropholler* (2003), EGBGB Vor Art. 19 Rn. 450.

108   BGHZ 64, 19 = FamRZ 1975, 273; Staudinger/*Henrich* EGBGB Art. 21 Rn. 250; *Mansel* IPRax 1987, 298; *Coester* IPRax 1996, 24.

109   So auch Staudinger/*Henrich* EGBGB Art. 21 Rn. 177, die praktische Tendenz gehe dahin, dass Gleichstellungstheorie und Wirkungserstreckungstheorie kumuliert zum Einsatz kommen.

110   BGHZ 64, 19 = FamRZ 1975, 273; BGH IPRax 1987, 317 mAnm *Mansel*, S. 298; OVG Münster FamRZ 1975, 47 (49) mit Anm. *Jayme* = IPRspr. 1974 Nr. 198; OLG Hamm FamRZ 1976, 528 = NJW

1976, 2079 (2081) aE; Staudinger/*Henrich* EGBGB Art. 21 Rn. 253.

111   S. dazu *Mansel* IPRax 1987, 298 f. mwN.

112   BGH IPRax 1987, 317; Staudinger/*Henrich* EGBGB Art. 21 Rn. 260.

113   BGH IPRax 1987, 317 (318) aE; aA anscheinend Staudinger/*Henrich* EGBGB Art. 21 Rn. 260: („die tatsächliche Situation [muss sich] dergestalt geändert haben, dass eine neue Schutzmaßnahme angezeigt erscheint").

114   Staudinger/*Henrich* EGBGB Art. 21 Rn. 263.

115   *Roth* IPRax 1988, 75 (76); Staudinger/*Henrich* EGBGB Art. 21 Rn. 264; Musielak/*Borth/Grandel* FamFG § 110 Rn. 4.

116   BGHZ 67, 255 = FamRZ 1977, 126 = NJW 1977, 150; BGHZ 88, 113 = FamRZ 1983, 1008 = IPRax 1984, 323; Staudinger/*Henrich* EGBGB Art. 21 Rn. 266; *Roth* IPRax 1988, 75 (76).

§ 44 IntFamRVG enthält ergänzende Sonderregeln für die Vollstreckung von Herausgabe- und Umgangsan- **87**
ordnungen. Danach kommt dem Gericht bei der Vollstreckung eine aktivere Rolle zu als in reinen Inlandsfällen. Dies soll die Schwierigkeiten von im Ausland lebenden Elternteilen ausgleichen.[117] § 44 IntFamRVG
ist aber nur für vollstreckbare Titel nach den vier Rechtsinstrumenten EheVO 2003, KSÜ, HKÜ und Europäisches Sorgerechtsübereinkommen anwendbar.[118]

b) Vollstreckung und Abänderung. Die ausländische Sorgerechtsentscheidung wird gegenstandslos, **88**
sobald ein deutsches Gericht sie abändert bzw. aufhebt.[119] Streitig ist, unter welchen Voraussetzungen eine
Abänderung möglich ist, wenn die ausländische Entscheidung in einer formell rechtskräftigen deutschen
Entscheidung für vollstreckbar erklärt wurde. Da auch im Verfahren der Vollstreckbarkeitserklärung das
Kindeswohl geprüft wird, ist eine Abänderung in einem isolierten Verfahren nur zuzulassen, wenn sich die
nach § 1696 BGB relevanten Umstände seit der letzten Prüfung im Vollstreckbarkeitserklärungsverfahren
geändert haben.[120]

Art. 22 EGBGB Annahme als Kind

(1) ¹Die Annahme als Kind im Inland unterliegt dem deutschen Recht. ²Im Übrigen unterliegt sie
dem Recht des Staates, in dem der Anzunehmende zum Zeitpunkt der Annahme seinen gewöhnlichen
Aufenthalt hat.

(2) Die Folgen der Annahme in Bezug auf das Verwandtschaftsverhältnis zwischen dem Kind und
dem Annehmenden sowie den Personen, zu denen das Kind in einem familienrechtlichen Verhältnis
steht, unterliegen dem nach Absatz 1 anzuwendenden Recht.

(3) ¹In Ansehung der Rechtsnachfolge von Todes wegen nach dem Annehmenden, dessen Ehegatten,
Lebenspartner oder Verwandten steht der Angenommene ungeachtet des nach den Absätzen 1 und 2
anzuwendenden Rechts einem nach den deutschen Sachvorschriften angenommenen Kind gleich,
wenn der Erblasser dies in der Form einer Verfügung von Todes wegen angeordnet hat und die
Rechtsnachfolge deutschem Recht unterliegt. ²Satz 1 gilt entsprechend, wenn die Annahme auf einer
ausländischen Entscheidung beruht. ³Die Sätze 1 und 2 finden keine Anwendung, wenn der Angenommene im Zeitpunkt der Annahme das achtzehnte Lebensjahr vollendet hatte.

Literatur: *Andrae,* Internationales Familienrecht, 4. Auflage 2019; *Beitzke,* Zum deutschen Erbrecht einer amerikani-
schen Adoptivnichte, IPRax 1990, 36; *Benicke,* Typenmehrheit im Adoptionsrecht und deutsches IPR, 1995; *Beyer,* Zur
Frage der ordre public-Widrigkeit ausländischer Adoptionsentscheidungen wegen unzureichender Elterneignungs- und
Kindeswohlprüfung, JAmt 2006, 329; *Botthof,* Perspektiven der Minderjährigenadoption, 2014; *Busch,* Adoptionswir-
kungsgesetz und Haager Adoptionsübereinkommen – von der Nachadoption zur Anerkennung und Wirkungsfeststellung,
IPRax 2003, 13; *Coester-Waltjen,* Die Mitmutterschaft nach südafrikanischem Recht im deutschen Geburtenregister,
IPRax 2016, 132; *Dethloff,* Adoption durch gleichgeschlechtliche Paare, ZRP 2004, 195; *Diel,* Leihmutterschaft und
Reproduktionstourismus, 2014; *Dietz,* Das Erbrecht des Adoptivkindes im Internationalen Privatrecht, 2006; *Duden,* Leihmutterschaft im Internationalen Privat- und Verfahrensrecht, 2015; *Emerling de Oliviera,* Adoptionen mit Auslandsberührung, MittBayNot 2010, 429; *Frank,* Neuregelungen auf dem Gebiet des Internationalen Adoptionsrechts unter besonderer
Berücksichtigung der Anerkennung von Auslandsadoptionen, StAZ 2003, 257; *ders.,* Der Name des Adoptivkindes bei
einer Auslandsadoption, StAZ 2018, 202; *Geimer,* Der ordre public attené de la reconnaissance im Adoptionsrecht, IPRax
2017, 497; *Grassinger,* Die Adoption nach dem revidierten türkischen Gesetzbuch, StAZ 2005, 129; *Grünewald,* Adoption und Flüchtlinge – schaffen wir das? NZFam 2016, 344 u. 389; *Heiderhoff,* Das Erbrecht des adoptierten Kindes nach
der Neuregelung des internationalen Adoptionsrechts, FamRZ 2002, 1682; *Helms,* Vorschlag zur Reform des Internationalen Adoptionsrechts, StAZ 2015, 97; *ders.,* Sind die am Staatsangehörigkeitsprinzip orientierten Anknüpfungsregeln der
Art. 22, 23 EGBGB noch zeitgemäß?, FS Hahne, 2012, 69; *Henrich,* Die Wirksamkeit der Adoption als Vorfrage für die
Namensführung des Adoptierten, IPRax 1998, 96; *ders.,* Internationales Familienrecht, 2. Auflage 2000; *ders.,* Wirksamkeit einer Auslandsadoption und Rechtsfolgen für die Staatsangehörigkeit, IPRax 2008, 237; *ders.,* Leihmütterkinder:
Wessen Kinder? IPRax 2015, 229; *Hepting,* Anerkennung und Substitution schwacher Auslandsadoptionen, StAZ 1986,
305; *Hölzel,* Verfahren nach §§ 2 u 3 AdWirkG – gerichtliche Feststellung der Anerkennung ausländischer Adoptionen
und Umwandlung schwacher Auslandsadoptionen, StAZ 2003, 289; *Jayme,* Schwache Adoptionen durch deutsche Annehmende im Ausland – Anerkennung oder Transformation, IPRax 1983, 169; *ders.,* Erwachsenenadoption und Internationales Privatrecht, NJW 1989, 3069; *Kaiser,* Elternglück durch Fremdspende und Leihmutterschaft?, FS Brudermüller, 2014,
357; *Klinkhardt,* Wege zu einem neuen Umgang mit ausländischen Adoptionen, FS Sonnenberger 2004, S. 443; *Kroppenberg,* Unvereinbarkeit des Verbots der sukzessiven Stiefkindadoption durch eingetragene Lebenspartner mit dem Grundgesetz, NJW 2013, 2161; *St. Lorenz,* Adoptionswirkungen, Vorfragenanknüpfung und Substitution im Internationalen
Adoptionsrecht nach der Umsetzung des Haager Adoptionsübereinkommens v. 29.5.1993, FS Sonnenberger 2004, S. 497;
Lurger, Das österreichische IPR bei Leihmutterschaft im Ausland – das Kindeswohl zwischen Anerkennung, europäischen Grundrechten und inländischem Leihmutterschaftsverbot, IPRax 2013, 282; *Majer,* Die Anerkennung ausländi-

117 BT-Drucks 16/9733, 303 f.; sa *Hau* FamRZ 2009,
     821 (826).
118 Nomos-BR/*Wagner* IntFamRVG § 44 Rn. 1.

119 BGH FamRZ 1986, 469; Staudinger/*Henrich*
     EGBGB Art. 21 Rn. 269; *Roth* IPRax 1988, 75 (80).
120 *Roth* IPRax 1988, 75 (81).

scher Adoptionsentscheidungen, NZFam 2015, 1138; *Mankowski*, Neue Gesetze im Deutschen Internationalen Ehe- und Eheverfahrensrecht, NJW 2019, 465; *Maurer*, Europäisches Übereinkommen vom 27. November 2008 über die Adoption von Kindern (rev.), FamRZ 2015, 1937; *ders.*, Zum Recht gleichgeschlechtlicher Paare auf Adoption, FamRZ 2013, 752; *Paulitz*, Adoption, 2. Auflage 2006; *Poisson-Drogourt*, Codification des règles de droit international en matière d'adoption, DS Chron 2001, 1404; *Reinhardt*, Die Praxis der Anerkennung ausländischer Adoptionsentscheidungen aus der Sicht der Adoptionsvermittlung, JAmt 2006, 325; *ders.*, Kafala und Internationale Adoptionsvermittlung, JAmt 2008, 63; *Schlauß*, Die Anerkennung von Auslandsadoptionen in der vormundschaftsgerichtlichen Praxis, FamRZ 2007, 1699; *Schnabel*, Aufenthaltserlaubnis und Adoption; Adoptionshindernis der Kinderlosigkeit und Vorbehalt des ordre public, IPRax 1993, 169; *Sonnenberger*, Erwerb und Fortfall der Erbberechtigung adoptierter Kinder, insbesondere bei Adoptionen in den USA, GS Lüderitz 2000, S. 713; *Staudinger*, Der ordre public – Vorbehalt bei der Anerkennung ausländischer Adoptionen, FamRBint 2007, 42; *Staudinger/Winkelsträter*, Grenzüberschreitende Adoptionen in Deutschland, FamBInt 2005, 84 und 2006, 10; *Steiger*, Das neue Recht der internationalen Adoption und Adoptionsvermittlung, Einführung, Erläuterung, Materialien, 2003; *ders.*, Im alten Fahrwasser zu neuen Ufern: Neuregelungen im Recht der internationalen Adoption mit Erläuterungen für die notarielle Praxis, DNotZ 2002, 184; *Süss*, Die örtliche Zuständigkeit bei Adoptionen mit Auslandsberührung, MittBayNot 2008, 183; *Wedemann*, Volljährigenadoption im Ausland – ein Bereich für forum shopping?, FamRZ 2015, 2106; *Weitzel*, Anerkennung einer Auslandsadoption nach innerem Recht trotz schwerwiegender Mängel der ausländischen Entscheidung?, JAmt 2006, 333; *ders.*, Zur Anerkennung ausländischer Adoptionsentscheidungen, IPRax 2007, 308; *ders.*, Das Haager Adoptionsübereinkommen v. 29.5.1993, NJW 2008, 186; *Winkelsträter*, Anerkennung und Durchführung internationaler Adoptionen in Deutschland, 2007; *Yassari*, Adoption und Funktionsäquivalente im islamischen Rechtskreis, FS Coester-Waltjen, 2015, 1059; *Zimmermann*, Das Adoptionsverfahren mit Auslandsberührung, NZFam 2016, 150 u. 249.

A. Textgeschichte, Internationale Übereinkommen und praktische Bedeutung	1
B. Anwendungsbereich	7
I. Arten von Adoptionen	7
1. Allgemein	7
2. Pflegekindschaft; Kafala	8
3. Equitable adoption	10
II. Zustandekommen der Adoption	11
III. Aufhebung der Adoption	13
1. Mängel bei der Begründung der Adoption	13
2. Aufhebung aus nachträglichen Gründen	18
IV. Adoptionswirkungen (Abs. 2)	19
1. Statuswirkungen	19
a) Grundsatz	19
b) Adoptionswirkungsstatut	22
aa) Ausländische Dekretadoptionen	22
bb) Wirkungsgleichstellung	23
c) Abgrenzung zu Einzelwirkungsstatuten	25
2. Eltern-Kind-Verhältnis	26
3. Name	27
4. Staatsangehörigkeit	36
5. Erbrecht	42
6. Gleichstellung mit stark adoptiertem Kind (Abs. 3)	50
C. Anknüpfung	56
I. Anknüpfungspunkt	56
1. Adoptionen im Inland	57
2. Adoptionen im Ausland	60
3. Gleichgeschlechtliche Ehen und Lebenspartner	64
II. Rück- und Weiterverweisung	65
D. Anwendung ausländischen Rechts	69
I. Vorfragen	69
II. Ordre public	70
E. Verfahren	71
I. Zuständigkeit	71
1. Internationale Zuständigkeit	71
2. Örtliche Zuständigkeit	75
II. Verfahrensfragen bei ausländischem Adoptionsstatut	78
1. Dekret oder Vertragsbestätigung	78
2. Antragsbefugnis und Zustimmungserklärungen	80
3. Gerichtliche Entscheidungen zu den Adoptionsvoraussetzungen	82
III. Anerkennung ausländischer Adoptionen	84
1. Haager Adoptionsübereinkommen	84
2. Anerkennung nach autonomem Recht	86
3. Internationale Zuständigkeit, § 109 Abs. 1 Nr. 1 FamFG	91
4. Verfahrensrechtlicher Ordre public, § 109 Abs. 1 Nr. 2 und 3 FamFG	93
5. Materiellrechtlicher Ordre public, § 109 Abs. 1 Nr. 4 FamFG	96
a) Allgemeines	96
b) Gemeinschaftliche Adoption durch Lebenspartner	99
c) Schwache Adoptionen und Kafala	100
d) Einwilligungen	102
e) Prüfung des Kindeswohls	109
f) Kinderhandel und Leihmutterschaftsproblematik	122

A. Textgeschichte, Internationale Übereinkommen und praktische Bedeutung

1   Art. 22 wurde mit Wirkung zum 31.3.2020[1] neu gefasst (zur alten Rechtslage, s. Vorauflage).[2] Das BVerfG hatte am 26.3.2019[3] den vollständigen Ausschluss einer Stiefkindadoption in nichtehelichen Familien für verfassungswidrig erklärt und dem Gesetzgeber aufgegeben, bis zum 31.3.2020 für eine verfassungskonforme Rechtslage zu sorgen. Die dadurch erforderlichen Anpassungen im materiellen Adoptionsrecht wirkten sich auch unmittelbar auf das Kollisionsrecht aus. Art. 22 Abs. 1 aF unterschied bisher nämlich zwischen Adoptionen durch Ehegatten und Adoptionen durch unverheiratete Personen und hätte an die neue

---

1   Siehe BT-Drs. 19/15618.
2   Art. 229 § 52 EGBGB lautet: „Auf vor dem 31.3.2020 abgeschlossene Vorgänge bleibt das bisherige Internationale Privatrecht anwendbar".
3   BVerfG NJW 2019, 1793.

Rechtslage angepasst werden müssen.[4] Diesen Umstand nahm der deutsche Gesetzgeber zum Anlass, Art. 22 insgesamt grundlegend zu modernisieren und auch den bisher maßgeblichen Anknüpfungspunkt zu verändern. War nach Art. 22 Abs. 1 aF noch grds. die **Staatsangehörigkeit des Annehmenden** entscheidend, stellt der neue Art. 22 Abs. 1 nunmehr in Übereinstimmung mit dem übrigen internationalen Kindschaftsrecht auf den **gewöhnlichen Aufenthalt des Anzunehmenden** ab und beruft bei Adoptionen, die im Inland durchgeführt werden, die **deutsche *lex fori***. Der deutsche Gesetzgeber ist damit den Vorschlägen des Deutschen Rats für IPR gefolgt, die wiederum ihrerseits maßgeblich auf ein Referat von *Tobias Helms* zurückgehen.[5]

Die Gesetzesbegründung führt hierzu Folgendes aus: „Die Neuregelung (…) stellt die anzunehmende Person in den Vordergrund, da ihre Belange zentral sind. Der allgemeinen internationalen Entwicklung des Übergangs von der Anknüpfung an die Staatsangehörigkeit auf die Anknüpfung an den gewöhnlichen Aufenthalt folgend, wäre im Ausgangspunkt generell auf den gewöhnlichen Aufenthalt dieser Person im Zeitpunkt der Adoption abzustellen. Dann würde sich allerdings eine – aufgrund der Zuständigkeitsregelung in § 101 FamFG in seltenen Fällen weiterhin mögliche – Inlandsadoption eines deutschen Kindes mit gewöhnlichem Aufenthalt im Ausland nach ausländischem Recht richten. In diesen Fällen hätten die deutschen Gerichte vielfach Kindeswohlerwägungen nach Maßgabe des ausländischen Rechts vorzunehmen. Um den Gerichten auch in diesen Sachverhalten die Anwendung deutschen Rechts zu ermöglichen, verweist Absatz 1 Satz 1 (…) bei Inlandsadoptionen generell auf das deutsche Recht. Von dieser Regelung werden auch die in der Praxis vor den deutschen Gerichten im Vordergrund stehenden Sachverhalte erfasst, in denen – in einem Sachverhalt mit Auslandsberührung – das Kind sowie der Annehmende beziehungsweise die Annehmenden den gewöhnlichen Aufenthalt im Inland haben. Insgesamt führt Artikel 22 Absatz 1 Satz 1 EGBGB zu einem Gleichlauf von internationaler Zuständigkeit und anwendbarem Recht. Artikel 22 Absatz 1 Satz 2 EGBGB betrifft die Frage, wie im Ausland vorgenommene Vertragsadoptionen zu bewerten sind. Im Inland kann eine Vertragsadoption nicht wirksam erfolgen, da das nach Satz 1 anzuwendende deutsche Recht gemäß § 1752 Absatz 1 BGB oder § 1768 Absatz 1 BGB einen Gerichtsbeschluss vorsieht. Die Beurteilung, ob eine Vertragsadoption, die im Ausland vorgenommen wurde, aus deutscher Sicht wirksam ist, richtet sich dagegen nach dem Recht des Staates, in dem die anzunehmende Person im Zeitpunkt der Annahme ihren gewöhnlichen Aufenthalt hat. Dies betrifft allerdings seltene Fälle, da der Ausspruch der Adoption durch gerichtliche oder behördliche Entscheidung der häufigere Fall ist."[6]

Diese Begründung überzeugt in der Tat und eine Neufassung des Art. 22 war im Schrifttum zu Recht seit Langem gefordert worden. Sie bietet gegenüber der bisherigen Regelung zum einen den Vorteil, dass eine umständliche und aufwändige Ermittlung und Anwendung fremden Rechts bei Adoptionsverfahren im Inland nunmehr unterbleiben kann. Zum anderen ist aber auch der Wechsel des Anknüpfungspunktes bei im Ausland vorgenommenen Vertragsadoptionen sachgerecht. Zum Schutze des Kindeswohls wird nun richtigerweise, wie auch sonst im internationalen Kindschaftsrecht, auf den Adoptierten und nicht mehr auf den Adoptierenden abgestellt.[7] Auch der zusätzliche Wechsel weg von der Anknüpfung an die Staatsangehörigkeit und hin zu einer Anknüpfung an den gewöhnlichen Aufenthalt entspricht dem aktuellen Trend im Internationalen Privatrecht[8] und ist auch aus Gründen der Vereinheitlichung und Kohärenz zu begrüßen.

Für Adoptionen, die noch vor dem 31.3.2020 abgeschlossen wurden, gilt gem. Art. 229 § 52 EGBGB noch die alte Rechtslage. Dabei ist jedoch zu beachten, dass Art. 22 auch schon Anfang 2019 verändert wurde. Art. 22 Abs. 1 S. 2 aF verwies bei einer Adoption durch einen oder beide Ehegatten auf das Ehewirkungs-

---

4 BT-Drs. 19/15618, S. 15 führt dazu aus: „Die Erweiterung der Adoptionsmöglichkeit erfordert auch eine Änderung des Kollisionsrechts. Das geltende Recht unterscheidet zwischen der Adoption durch eine unverheiratete Person (Artikel 22 Absatz 1 Satz 1 EGBGB) und der Adoption durch (einen oder beide) Ehegatten (Artikel 22 Absatz 1 Satz 2 EGBGB). Diese Differenzierung ist nicht länger aufrechtzuerhalten. Hinzu kommt, dass die Ausdehnung der Regelung für Ehegatten, die das auf die allgemeinen Ehewirkungen anzuwendende Recht beruft, auf die Annahme durch einen Partner eines in verfestigter Lebensgemeinschaft lebenden nichtehelichen Paares unpassend wäre und die Rechtsanwendung unnötig erschwerte. Der dem bisherigen Recht zugrundeliegende Gedanke, dass das Ehewirkungsstatut den Interessen der Ehegatten am ehesten gerecht werde (Bundestagsdrucksache 10/504, S. 72), vernachlässigt die Belange des Anzunehmenden. Die Sonderre-

gel für die Annahme durch einen Lebenspartner (Artikel 22 Absatz 1 Satz 3 EGBGB) passt ebenfalls nicht zur Neukonzeption im BGB. Daher sollen die Regelungen des Absatzes 1 Satz 2 und 3 entfallen. Artikel 22 Absatz 1 Satz 1 EGBGB kann bei Wegfall der Sonderregel für Ehegatten nicht unverändert beibehalten werden, da er mit der Anknüpfung an die Staatsangehörigkeit des Annehmenden auf die Adoption durch eine Person zugeschnitten ist. Die gemeinsame Adoption durch Ehegatten würde durch eine kumulierende Anwendung der Heimatrechte beider Annehmenden unangemessen erschwert (vergleiche Bundestagsdrucksache 10/504, S. 72)."

5 *Mansel* IPRax 2020, 188; *ders.* IPRax 2015, 185; *Helms* StAZ 2015, 97; vgl. auch BT-Drs. 19/15618, S. 16.

6 BT-Drs. 19/15618, S. 15 f.

7 Siehe bereits die Kritik von *Kropholler*, IPR, § 49 I.

8 *Kropholler*, IPR, § 39 III; *Weller* IPRax 2014, 225.

statut in Art. 14. Durch das Umsetzungsgesetz zur Einführung der „Ehe für alle"[9] wurde Art. 14 mit Wirkung zum 29.1.2019[10] jedoch grundlegend verändert, was sich über Art. 22 Abs. 1 S. 2 aF wiederum auch auf das Adoptionsstatut auswirkte.[11] Für Adoptionen, die vor dem 29.1.2019 abgeschlossen wurden, findet über den Verweis in Art. 22 Abs. 1 S. 2 aF daher Art. 14 noch in seiner früheren Fassung Anwendung, in der auf der ersten Stufe der sog. Kegel'schen Leiter[12] die gemeinsame Staatsangehörigkeit der Ehegatten und nicht, wie in der neueren Fassung, deren gemeinsamer gewöhnlicher Aufenthaltsort den Ausschlag gibt.

5 Eine Europäische Verordnung oder mehrseitige Staatsverträge zum Kollisionsrecht der Adoption, die Art. 22 verdrängen könnten, bestehen bislang nicht. Das Haager Übereinkommen über die behördliche Zuständigkeit, das anzuwendende Recht und die Anerkennung von Entscheidungen auf dem Gebiet der Annahme an Kindes statt vom 15.1.1965 ist von der Bundesrepublik Deutschland nicht gezeichnet worden. Es war nur für Österreich, die Schweiz und das Vereinigte Königreich vom 23.10.1978 bis zum 23.10.2008 in Kraft.[13] Das Haager Übereinkommen über den Schutz von Kindern und die Zusammenarbeit auf dem Gebiet der internationalen Adoption vom 29.5.1993 ist für die Bundesrepublik Deutschland hingegen am 1.3.2003 in Kraft getreten. Es enthält jedoch primär Regelungen über die Zusammenarbeit der Behörden und die Anerkennung von Adoptionen und keine unmittelbaren kollisionsrechtlichen Regelungen (s. dazu unten Anhang II zu Art. 22 EGBGB). Das Europäische Übereinkommen vom 27.11.2008 über die Adoption von Kindern (revidiert) gilt für die Bundesrepublik Deutschland seit dem 1.7.2015.[14] Es modernisiert und ersetzt das Europäische Übereinkommen vom 24.4.1967 über die Adoption von Kindern (Übereinkommen von 1967).[15] Das neue wie das alte Europäische Übereinkommen enthalten nur Vorgaben für die Vereinheitlichung des materiellen Adoptionsrechts und regeln nicht das Kollisionsrecht.[16] Von den zweiseitigen Staatsverträgen enthält nur das Deutsch-Iranische Niederlassungsabkommen v. 17.2.1929[17] Regelungen auch für das anwendbare Recht bei Adoptionen. Es geht Art. 22 vor, wenn alle beteiligten Personen die iranische Staatsangehörigkeit besitzen. Das Niederlassungsabkommen ist allerdings dann nicht anwendbar, wenn eine Partei neben der iranischen auch die deutsche Staatsangehörigkeit oder einen Flüchtlingsstatus besitzt.[18] Im Verhältnis zu Dänemark existiert eine Vereinbarung über den vereinfachten Behördenverkehr in Adoptionssachen.[19]

6 Nachdem die Anzahl der Adoptionen von Kindern und Jugendlichen in Deutschland seit Mitte der neunziger Jahre stark zurück gegangen war (1994 gab es noch 8449 Adoptionen, 2009 nur noch 3888), hat sie sich in den letzten zehn Jahren auf einem relativ niedrigen Niveau stabilisiert. 2018 wurden bspw. 3.733 Adoptionen in Deutschland durchgeführt.[20] Der Grund für den zunächst starken Rückgang der Adoptionen liegt wohl in den Fortschritten der Reproduktionsmedizin. Bei den 3.888 in Deutschland im Jahre 2017 durchgeführten Adoptionen hatten 497 Kinder nicht die deutsche Staatsangehörigkeit, 226 von ihnen lebten vor der Adoption im Ausland.[21]

9   Gesetz zur Umsetzung des Gesetzes zur Einführung des Rechts auf Eheschließung für Personen gleichen Geschlechts vom 18.12.2018, BGBl. 2018 I, S. 2639.
10 Vgl. Art. 229 § 47 Abs. 1 EGBGB.
11 Der deutsche Gesetzgeber wollte im Rahmen des Art. 14 EGBGB den noch für das autonome Recht verbleibenden Anwendungsbereich mit den in weiten Teilen vorrangigen Regelungen der EuGüVO/EuPartVO harmonisieren und ist deshalb von der bislang vorrangigen Anknüpfung an die Staatsangehörigkeit in Art. 14 Abs. 1 Nr. 1 EGBGB aF abgerückt. Art. 14 Abs. 2 EGBGB nF sieht, wie auch die Güterrechtsverordnungen, nunmehr vor, dass primär der gewöhnliche Aufenthalt und erst nachrangig die Staatsangehörigkeit der Ehegatten über das anwendbare Recht entscheidet.
12 Benannt nach *Gerhard Kegel*; siehe auch *Kropholler*, IPR, S. 347 (Fn. 8).
13 *Jayme/Hausmann*, Internationales Privat- und Verfahrensrecht, 54 Fn. 1; Text in StAZ 1965, 33.
14 Bekanntmachung über das Inkrafttreten des Europäischen Übereinkommens über die Adoption von Kindern (revidiert), BGBl. 2015 II 463.
15 BGBl. 1980 II S. 1093, 1094.
16 Zu den Regelungen des Europäischen Übereinkommens v. 27.11.2008 s. *Maurer* FamRZ 2015, 1937.
17 Bekanntmachung über die Weitergeltung BGBl. 1955 II 829.
18 *Jayme* IPRax 1984, 279 (280); Erman/*Hohloch* EGBGB Art. 22 Rn. 4.
19 Bekanntmachung v. 24.1.1969, BGBl. II 180.
20 Siehe die Pressemitteilung des BMFSFJ (abrufbar unter: https://www.bmfsfj.de/bmfsfj/aktuelles/presse/pressemitteilungen/kabinett-beschliesst-gesetzentwuerfe-zur-adoptionshilfe-und-stiefkindadoption/140710) sowie die Statistiken der Kinder- und Jugendhilfe – Adoptionen 2017, herausgegeben vom Bundesamt für Statistik, S. 23 ff. (abrufbar unter: https://www.destatis.de/DE/Themen/Gesellschaft-Umwelt/Soziales/Kinderhilfe-Jugendhilfe/Publikationen/Downloads-Kinder-und-Jugendhilfe/adoptionen-5225201177004.pdf?__blob=publicationFile, letzter Abruf am 7.5.2020).
21 Siehe die Statistiken der Kinder- und Jugendhilfe – Adoptionen 2017, herausgegeben vom Bundesamt für Statistik, S. 9, 11 (abrufbar unter: https://www.destatis.de/DE/Themen/Gesellschaft-Umwelt/Soziales/Kinderhilfe-Jugendhilfe/Publikationen/Downloads-Kinder-und-Jugendhilfe/adoptionen-5225201177004.pdf?__blob=publicationFile, letzter Abruf am 7.5.2020).

B. Anwendungsbereich

I. Arten von Adoptionen

1. Allgemein. Art. 22 erfasst alle Arten von Adoptionen, dh von Rechtsverhältnissen, die zwischen Anneh- 7
menden und Angenommenen ein rechtliches Eltern-Kind-Verhältnis schaffen: starke und schwache Adoption, Minderjährigen- und Erwachsenenadoption, spezielle Formen der Adoption durch Verwandte des Kindes.[22]

2. Pflegekindschaft; Kafala. Ausländische Rechtsordnungen kennen teilweise eigene Institute der Pflege- 8
kindschaft. Da durch diese Rechtsinstitute keine rechtliche Verwandtschaft begründet wird, war bis zum
Inkrafttreten des KSÜ in Deutschland am 1.1.2011 umstritten, ob Art. 22 oder Art. 24 bzw. das MSA anzuwenden war.[23] Eine für die analoge Anwendung des Art. 22 vergleichbare Funktion konnte insbesondere
dann angenommen werden, wenn das ausländische Rechtsinstitut die elterliche Sorge auf unbegrenzte
Dauer übertrug und auch eine Unterhaltspflicht der Pflegeperson vorsah. Dementsprechend wurde die
Kafala in islamischen Rechtsordnungen[24] in der Regel ebenfalls nach Art. 22 analog angeknüpft.[25]

Das KSÜ sieht nun in Art. 3 lit. e ausdrücklich vor, dass unter den vom KSÜ erfassten Schutzmaßnahmen 9
auch die Unterbringung in einer Pflegefamilie und die Betreuung durch Kafala oder eine entsprechende
Einrichtung fällt. Mit Inkrafttreten des KSÜ gehen dessen Regelungen über die internationale Zuständigkeit, das anwendbare Recht und die Anerkennung von Entscheidungen für eine Kafala und entsprechende
Einrichtungen dem autonomen deutschen Recht vor. Eine analoge Anwendung von Art. 22 auf die Kafala
oder ähnliche Pflegekindschaften ist vor diesem Hintergrund weder nötig noch möglich.[26]

3. Equitable adoption. In den USA kann eine faktisch gelebte Eltern-Kind-Beziehung als equitable adop- 10
tion Rechtswirkungen entfalten, etwa ein Erbrecht begründen.[27] Als adoptionsähnliches Verhältnis unterliegt es Art. 22.[28]

II. Zustandekommen der Adoption

Das Adoptionsstatut bestimmt die Voraussetzungen (Altersgrenze, Altersunterschied, Erfordernis der Kin- 11
derlosigkeit, erforderliche Einwilligungen und Zustimmungen) und die Art (Vertrag oder Dekret), unter
denen eine Adoption zustande kommen kann.[29]

Unterscheidet das Adoptionsstatut zwischen Minderjährigenadoption und Erwachsenenadoption, entschei- 12
det es auch über die Voraussetzungen, unter denen noch eine Minderjährigenadoption ausgesprochen werden kann, insbesondere auf welchen Zeitpunkt es für die Minderjährigkeit des Adoptivkindes ankommt.
Stellt das Adoptionsstatut nicht auf ein festes Alterserfordernis ab, sondern auf die Minderjährigkeit, so
handelt es sich dabei um eine Vorfrage, die unselbstständig anzuknüpfen ist, weil insoweit das Interesse an
einem internationalen Entscheidungseinklang überwiegt.[30]

---

22 Bamberger/Roth/*Heiderhoff* EGBGB Art. 22 Rn. 8 f.;
    Erman/*Hohloch* EGBGB Art. 22 Rn. 12; Staudinger/
    Henrich EGBGB Art. 22 Rn. 2; Palandt/*Thorn*
    EGBGB Art. 22 Rn. 1.
23 Vgl. hierzu die Nachweise bei Staudinger/*Henrich*
    EGBGB Art. 22 Rn. 2.
24 S. dazu *Menhofer* IPRax 1997, 252 f.
25 Siehe Nachweise bei Staudinger/*Henrich* EGBGB
    Art. 22 Rn. 2; sowie *Jayme* IPRax 1996, 237 (242);
    ders. IPRax 1997, 376 f.; *ders.* IPRax 1999, 49; *Men-
    hofer* IPRax 1997, 252 (254); aA AG Frankfurt/M.
    IPRax 1997, 264 (265); MüKoBGB/*Klinkhardt*,
    5. Aufl. 2010, EGBGB Art. 22 Rn. 8; *Winkelsträter*,
    Anerkennung und Durchführung internationaler
    Adoptionen, 39.
26 BVerwG FamRZ 2011, 369 (371 f.); OVG Hamburg
    NJW-RR 2013, 2 (5); OLG Hamm FamRZ 2015,
    427; MüKoBGB/*Helms* EGBGB Art. 22 Rn. 8;
    Staudinger/*Henrich* EGBGB Art. 22 Rn. 2; BeckOK
    BGB/*Heiderhoff* EGBGB Art. 22 Rn. 12 BeckOGK/
    Markwardt EGBGB Art. 22 Rn. 25; aA Palandt/

Thorn EGBGB Art. 22 Rn. 1; jurisPK-BGB/*Behren-
tin/Grünenwald* EGBGB Art. 22 Rn. 9.
27 *Frank*, Grenzen der Adoption, 1978, S. 229 ff.
28 Staudinger/*Henrich* EGBGB Art. 22 Rn. 2;
    BeckOGK/*Markwardt* EGBGB Art. 22 Rn. 26 ff.
29 BeckOK BGB/*Heiderhoff* EGBGB Art. 22 Rn. 16 f.;
    MüKoBGB/*Helms* EGBGB Art. 22 Rn. 18 f.; Erman/
    Hohloch EGBGB Art. 22 Rn. 13, 15; Staudinger/
    Henrich EGBGB Art. 22 Rn. 23, 33 f.; Palandt/*Thorn*
    EGBGB Art. 22 Rn. 4 f.; BeckOGK/*Markwardt*
    EGBGB Art. 22 Rn. 2.
30 *Andrae* IntFamR § 8 Rn. 35; MüKoBGB/*Helms*
    EGBGB Art. 22 Rn. 20; Soergel/*Lüderitz* EGBGB
    Art. 22 Rn. 2 Fn. 1; differenzierend BeckOK BGB/
    Heiderhoff EGBGB Art. 22 Rn. 52; Staudinger/*Hen-
    rich* EGBGB Art. 22 Rn. 25 f., 31; aA Erman/*Hoh-
    loch* EGBGB Art. 22 Rn. 7; Palandt/*Thorn* EGBGB
    Art. 22 Rn. 1; BeckOGK/*Markwardt* EGBGB Art. 22
    Rn. 35; wegen deutschem Adoptionsstatus war die
    Frage ohne Bedeutung in BayObLGNJW-RR 1995,
    1287; OLG Karlsruhe FamRZ 2000, 768.

III. Aufhebung der Adoption

13   **1. Mängel bei der Begründung der Adoption.** Das Adoptionsstatut entscheidet grundsätzlich auch über die Folgen etwaiger Mängel bei der Adoptionsbegründung sowie darüber, von wem und wie diese geltend zu machen sind. Uneingeschränkt gilt dies aber nur bei der Vertragsadoption. Ist die Adoption durch eine behördliche oder gerichtliche Entscheidung begründet worden, so ist auch deren weiter gehender Bestandsschutz maßgebend.[31]

14   Hat ein **deutsches Gericht** die **Adoption** ausgesprochen, so gilt, § 197 Abs. 3 FamFG. Mängel können nur in dem nach §§ 186 Nr. 3, 198 Abs. 2 FamFG vorgesehenen Aufhebungsverfahren geltend gemacht werden.[32] Das Adoptionsstatut entscheidet darüber, welche Mängel eine Aufhebung begründen und von wem sie vorgebracht werden können.[33]

15   Die §§ 186 Nr. 3, 198 Abs. 2 FamFG finden auch Anwendung, wenn im Inland eine ausländische Dekretadoption aufgehoben werden soll, die im Inland anerkannt wird.[34] Allerdings ist insoweit eine Unwirksamkeit im Entscheidungsstaat zu beachten, weil dadurch die ausländische Entscheidung als Anerkennungsgegenstand entfällt.[35]

16   Wurde die Adoption hingegen im Ausland und unter Anwendung eines anderen Rechts als dem nach Art. 22 ermittelten Adoptionsstatut ausgesprochen, so ist nach hM für die Aufhebung das aus deutscher Sicht maßgebliche Adoptionsstatut anzuwenden.[36] Als Maßstab für die Fehlerhaftigkeit können aber nur die Vorschriften herangezogen werden, die bei der Begründung tatsächlich angewandt wurden. Eine nach dem Begründungsstatut fehlerfrei zustande gekommene Adoption ist nicht allein deswegen fehlerhaft, weil eine aus deutscher Sicht notwendige Voraussetzung nicht eingehalten worden ist.[37]

17   Für die Frage, welche Folgen ein Begründungsmangel hat und ob er etwa die Aufhebbarkeit der Adoption begründet, ist jedoch mit der hM auf das gemäß Art. 22 bestimmte Adoptionsstatut abzustellen.[38]

18   **2. Aufhebung aus nachträglichen Gründen.** Manche Rechtsordnungen sehen vor, dass eine fehlerfrei begründete Adoption später wieder aufgehoben werden kann, etwa aufgrund übereinstimmender Erklärungen der Betroffenen oder aufgrund groben Undanks des Adoptivkindes. Ob eine solche Aufhebung möglich ist, bestimmt sich nach dem über Art. 22 ermittelten Adoptionsstatut. Der hierfür maßgebliche Zeitpunkt war noch unter der alten Fassung des Art. 22 umstritten.[39] Heute bestimmt der neue Art. 22 Abs. 1 S. 2, dass auch bei Auslandsadoptionen insoweit der Zeitpunkt der Annahme entscheidend bleibt. Das Adoptionsstatut ist dadurch praktisch unwandelbar geworden.

IV. Adoptionswirkungen (Abs. 2)

19   **1. Statuswirkungen. a) Grundsatz.** Abs. 2 bestimmt ausdrücklich, dass sich die statusverändernden Wirkungen nach dem Adoptionsstatut richten. Im deutschen internen Adoptionsrecht sind dies die Vorschriften der §§ 1754, 1755, 1756, 1770 Abs. 1 u. 2 BGB.

20   Alle Rechtsordnungen, die die Adoption kennen, sehen vor, dass das Adoptivkind rechtlich Kind des oder der Annehmenden wird. Hinsichtlich der anderen Verwandtschaftsverhältnisse bestehen hingegen große Unterschiede. Bei dem Typus der **schwachen Adoption** bleibt das Verwandtschaftsverhältnis zur Herkunftsfamilie bestehen, während das Kind bei der **starken Adoption** von der Herkunftsfamilie statusrechtlich vollständig gelöst wird. Oft begründet eine schwache Adoption keine Verwandtschaftsverhältnisse zwischen dem Kind und den Verwandten des oder der Annehmenden, während bei der starken Adoption auch insoweit eine volle rechtliche Integration des Kindes in die Familie des oder der Annehmenden erfolgt.

21   Rechtsvergleichend war früher auch bei der Minderjährigenadoption die schwache Adoption verbreitet. Seit etwa 30 Jahren wurde sie jedoch in vielen Rechtsordnungen durch die starke Adoption ersetzt.[40] Die volle

---

31   Staudinger/*Henrich* EGBGB Art. 22 Rn. 36.
32   Staudinger/*Henrich* EGBGB Art. 22 Rn. 36; MüKo-BGB/*Helms* EGBGB Art. 22 Rn. 45.
33   Soergel/*Lüderitz* EGBGB Art. 22 Rn. 34; MüKo-BGB/*Helms* EGBGB Art. 22 Rn. 44.
34   Staudinger/*Henrich* EGBGB Art. 22 Rn. 36; MüKo-BGB/*Helms* EGBGB Art. 22 Rn. 45.
35   *Benicke*, S. 275 f.
36   Palandt/*Thorn* EGBGB Art. 22 Rn. 4; Soergel/*Lüderitz* EGBGB Art. 22 Rn. 35; Staudinger/*Henrich* EGBGB Art. 22 Rn. 37; aA *Kropholler*, IPR, § 49 III 2 d.
37   *Benicke*, S. 287 f.; ebenso MüKoBGB/*Helms* EGBGB Art. 22 Rn. 45, 107.

38   *Benicke*, S. 292 f.
39   Für die Maßgeblichkeit des Zeitpunktes der Aufhebung: *Jayme* IPRax 1985, 233; *Benicke*, S. 295–298, 304 f.; Soergel/*Lüderitz* EGBGB Art. 22 Rn. 36; wohl auch Staudinger/*Henrich* EGBGB Art. 22 Rn. 41; für die Maßgeblichkeit des Zeitpunktes des Wirksamwerdens der Adoption: MüKoBGB/*Helms* EGBGB Art. 22 Rn. 44, 107; anscheinend auch OLG Hamm IPRspr. 1995, Nr. 116; BayObLG FamRZ 1990, 1392; BayObLG ZfJ 1992, 442.
40   *Dethloff*, Familienrecht, S. 499; ausführlich Staudinger/*Henrich* Vor EGBGB Art. 22 Rn. 3 ff.

Integration des Kindes in die Aufnahmefamilie schien den Kindesinteressen am besten zu dienen. In jüngster Zeit besteht aus Gründen des Kindesinteresses eine Tendenz zur sogenannten **offenen Adoption**, bei der das Kind Kontakt zur Herkunftsfamilie behält. Dementsprechend werden auch weiter bestehende verwandtschaftliche Beziehungen zur Herkunftsfamilie positiver bewertet.[41]

b) Adoptionswirkungsstatut. aa) Ausländische Dekretadoptionen. Maßgeblich für die Adoptionswirkungen ist das Adoptionsstatut nach Art. 22 allerdings nur, wenn die Adoption in Deutschland erfolgte oder es sich um eine im Ausland begründete Vertragsadoption handelt.[42] Liegt dagegen eine im Ausland dekretierte (→ Rn. 79) und nach §§ 108, 109 FamFG anerkennungsfähige Adoption vor, so kommt es statt auf das Adoptionsstatut auf das bei der Adoptionsbegründung tatsächlich angewandte Recht an (Adoptionsbegründungsstatut). Auf dieses Recht haben sich schließlich die Anträge und Einwilligungen der Beteiligten bezogen und nach ihm erfolgte auch die gerichtliche oder behördliche Prüfung.[43] **22**

bb) Wirkungsgleichstellung. Sofern die Voraussetzungen nach § 2 AdWirkG für eine Gleichstellung der Adoption mit einer Adoption nach deutschem Recht vorliegen, bestimmen sich die Adoptionswirkungen im Verhältnis zur Aufnahmefamilie nach deutschem Recht. Nur im Verhältnis zur Herkunftsfamilie kann es weiterhin auf das Adoptionsbegründungsstatut ankommen (→ AdWirkG §§ 1–5 Rn. 21). **23**

Im Folgenden wird das für die Adoptionswirkungen maßgebende Recht als Adoptionswirkungsstatut bezeichnet. **24**

c) Abgrenzung zu Einzelwirkungsstatuten. In der praktischen Rechtsanwendung kommt es regelmäßig nicht auf den abstrakten Status des Kindes an, sondern auf einzelne konkrete Wirkungen. Da die meisten aus dem Abstammungsverhältnis folgenden Wirkungen, etwa das Erbrecht und der Name, gesondert angeknüpft werden und die Adoption nach dem Adoptionsstatut und den weiteren Statuten unterschiedliche Wirkungen haben kann, stellen sich dabei regelmäßig Qualifikationsprobleme, dh Fragen nach der Abgrenzung der Anwendungsbereiche von Adoptionsstatut und Einzelwirkungsstatut. **25**

2. Eltern-Kind-Verhältnis. Wie für leibliche Kinder bestimmt sich auch für minderjährige Adoptivkinder das allgemeine Eltern-Kind-Verhältnis grundsätzlich nach Art. 21, der aber mit Inkrafttreten des KSÜ fast vollständig durch dessen kollisionsrechtliche Regelungen verdrängt wird.[44] Auch Schutzmaßnahmen, die von Zuständigkeitsvorschriften der EuEheVO erfasst werden, fallen nach richtiger, aber umstrittener Auffassung in den kollisionsrechtlichen Anwendungsbereich des KSÜ.[45] In dem danach anwendbaren Recht[46] stellt sich die Frage nach der Adoption als Vorfrage nach dem Bestehen eines Abstammungsverhältnisses. **26**

3. Name. Die Namensführung des Kindes richtet sich nicht nach dem Adoptionsstatut, sondern nach dem **Namensstatut (Art. 10)**. Führt die Adoption zum Wechsel der Staatsangehörigkeit des Kindes, so ist die neu erworbene Staatsangehörigkeit für die Anknüpfung nach Art. 10 maßgeblich.[47] Hat das Kind die Staatsangehörigkeit des Annehmenden erworben, ohne seine bisherige Staatsangehörigkeit zu verlieren, so beurteilt sich die Frage, welche Staatsangehörigkeit die effektive iSd Art. 5 ist, nach der neuen, durch die Adoption geschaffenen Lage. Meist wird daher die durch den Annehmenden vermittelte Staatsangehörigkeit die effektive sein. **27**

Kollisionsrechtliche Probleme treten auf, wenn verschiedene Rechtsordnungen als Namensstatut und Adoptionsstatut berufen sind. Hierzu kommt es typischerweise, wenn das Adoptivkind bei einer Adoption im Inland eine ausländische Staatsangehörigkeit besitzt und auch nach der Adoption weiterhin behält. **28**

Streitig ist die **Anknüpfung der Vorfrage** nach dem familienrechtlichen Status des Kindes, die sich bei Anwendung des Namensstatuts stellt. Für die selbstständige Anknüpfung wird vorgebracht, dass dadurch der familienrechtliche Status eines Kindes im Inland einheitlich beurteilt wird.[48] **29**

Entscheidend gegen eine solche Anknüpfung spricht aber, dass das ausländische Kind in den Ausweispapieren den Namen führt, den es aus Sicht seines Heimatrechts hat. Zur Vermeidung einer gespaltenen Namensführung muss daher die Vorfrage nach dem familienrechtlichen Status und damit nach der Wirksamkeit **30**

41 *Baer* in Paulitz, Adoption, S. 16 f.; *Bach* in Paulitz, Adoption, S. 220 ff.

42 Ebenso MüKoBGB/*Helms* EGBGB Art. 22 Rn. 31; BeckOGK/*Markwardt* EGBGB Art. 22 Rn. 102.

43 BeckOK BGB/*Heiderhoff* EGBGB Art. 22 Rn. 25. Dagegen will *Helms* das Adoptionsbegründungsstatut auch für Vertragsadoptionen berücksichtigen, MüKoBGB/*Helms* EGBGB Art. 22 Rn. 38, Fn. 101.

44 S. EGBGB Art. 21 Rn. 10–20; zust. MüKoBGB/*Helms* EGBGB Art. 22 Rn. 33.

45 BeckOK BGB/*Heiderhoff* EGBGB Art. 22 Rn. 13 ff.

46 Zu Frage des maßgeblichen Kollisionsrecht im Anwendungsbereich der EuEheVO → EGBGB Art. 21 Rn. 11–15.

47 MüKoBGB/*Helms* EGBGB Art. 22 Rn. 36; Staudinger/*Henrich* EGBGB Art. 22 Rn. 47; BeckOGK/*Markwardt* EGBGB Art. 22 Rn. 104; LG Gießen IPRspr. 1995, Nr. 13; aA AG Detmold IPRax 1990, 254 f. mAnm *Jayme*.

48 BGH IPRax 1987, 22 (23) (für Vorfrage der Ehelichkeit); BayObLG FamRZ 1991, 1352; *Henrich* IPRax 1998, 96; *Kubitz* StAZ 2001, 44; *Hepting/Dutta* PStR Bd. 2, Rn. II-226; → Art. 10 Rn. 17.

einer Adoption unselbstständig angeknüpft werden.[49] Die Sichtweise des Aufenthaltsrechts ist auch bei der Frage nach der Beachtlichkeit einer Rück- oder Weiterverweisung maßgeblich.

31 **Anpassungsprobleme** ergeben sich, wenn die namensrechtlichen Wirkungen im Adoptionsstatut und Namensstatut unterschiedlich ausgestaltet sind.[50] Das ist etwa der Fall, wenn nach dem Adoptionsstatut eine starke Adoption ausgesprochen wurde, bei der das Adoptivkind den Namen des Annehmenden erhalten würde, aber das Namensstatut in einem solchen Fall nur eine schwache Adoption vorsieht, bei der das Kind seinen bisherigen Namen behält.

32 Kennt das Namensstatut mehrere Arten von Adoptionen, so ist auf die Namensregelung für die Adoptionsart abzustellen, die der nach dem Adoptionsstatut ausgesprochenen Adoption am ehesten entspricht.[51]

33 Meist wird eine Lösung am besten dadurch erfolgen, dass die Annehmenden von dem **Wahlrecht nach Art. 10 Abs. 3** Gebrauch machen.[52] Die Adoptiveltern können so das Namensrecht wählen, das eine Namensführung ermöglicht, die dem konkreten Charakter der Adoption entspricht. Auch bei einer schwachen Adoption kann eine namensmäßige Integration erwünscht sein. Bei der Volljährigenadoption wird man Art. 10 Abs. 3 analog anwenden können. Da kein Sorgerecht mehr besteht, muss die Wahl durch Annehmenden und Angenommenen gemeinsam erfolgen.

34 Ist bei einer **ausländischen Dekretadoption**, die nach §§ 108, 109 FamFG anzuerkennen ist, auch eine Entscheidung über die Namensführung ergangen, so richtet sich die Namensführung nach dieser Entscheidung.[53] Eine Änderung des Namens ist nur über ein behördliches Verfahren möglich.

35 Das Namensstatut bestimmt auch die Möglichkeiten einer Änderung des **Vornamens** anlässlich der Adoption.[54] Ist in einem ausländischen Adoptionsdekret eine Entscheidung über die Vornamensführung getroffen worden, so wird auch sie von der Anerkennung umfasst.[55]

36 **4. Staatsangehörigkeit.** Nach § 6 S. 1 StAG erwirbt ein unter 18 Jahre altes ausländisches Kind „mit der nach den deutschen Gesetzen wirksamen Annahme als Kind" die deutsche Staatsangehörigkeit.

37 Nach hM muss die Adoption nicht unter Anwendung deutschen materiellen Rechts stattgefunden haben. Eine Adoption kann auch dann die deutsche Staatsangehörigkeit begründen, wenn sie im Ausland unter Anwendung eines ausländischen Adoptionsstatuts ergangen ist. Dies gilt selbst dann, wenn die Adoption im Ausland unter Anwendung eines Rechts ausgesprochen wurde, das aus deutscher Sicht nicht Adoptionsstatut war. Auch in einem solchen Fall kann die Adoptionsentscheidung nämlich im Inland anerkannt werden und Wirkungen entfalten (→ Rn. 92).

38 Die hM verlangt hierfür allerdings, dass die unter Anwendung ausländischen Rechts ausgesprochene Adoption in ihren statusverändernden Wirkungen einer starken Minderjährigenadoption deutschen Rechts gleichwertig ist.[56] Streitig ist dabei, in welchem Maß die ausländische Adoption einer Volladoption nach deutschem Recht entsprechen muss.[57] Die neuere Rechtsprechung nimmt eine Gleichwertigkeit im Rahmen von § 6 S. 1 StAG bereits dann an, wenn das Adoptivkind im Verhältnis zu den Annehmenden einem leiblichen Kind rechtlich gleichsteht und die Aufhebung des Annahmeverhältnisses nur unter ähnlich eingeschränkten Voraussetzungen zulässig ist, wie sie das deutsche Recht in §§ 1759, 1760, 1763 BGB normiert. Der Gleichwertigkeit steht danach nicht entgegen, dass einzelne rechtliche Beziehungen zu den leiblichen Eltern, wie insbesondere eine erbrechtliche Berechtigung, bestehen bleiben.[58] Ferner ist es auch nicht erforderlich, dass das Kind infolge der Adoption seine ausländische Staatsangehörigkeit verliert.[59] Die Gleich-

---

49   BayObLG IPRax 1987, 192 (195); KG StAZ 1988, 325; MüKoBGB/*Lipp* EGBGB Art. 10 Rn. 37; Palandt/*Thorn* EGBGB Art. 10 Rn. 2; BeckOGK/*Markwardt* EGBGB Art. 22 Rn. 105; differenzierend BeckOK BGB/*Mäsch* EGBGB Art. 10 Rn. 10.

50   *Benicke*, S. 243 ff.; MüKoBGB/*Helms* EGBGB Art. 22 Rn. 36; Staudinger/*Henrich* EGBGB Art. 22 Rn. 54 f.

51   MüKoBGB/*Helms* EGBGB Art. 22 Rn. 36; Staudinger/*Henrich* EGBGB Art. 22 Rn. 54.

52   MüKoBGB/*Helms* EGBGB Art. 22 Rn. 36; Staudinger/*Henrich* EGBGB Art. 22 Rn. 54.

53   AG Bonn StAZ 1992, 41; *Benicke*, S. 248; MüKo-BGB/*Helms* EGBGB Art. 22 Rn. 103.

54   Allg. für die Maßgeblichkeit des Namensstatuts für den Vornamen: OLG Hamm IPRax 1983, 296 mAnm *Dörner*, S. 287; aA Staudinger/*Henrich* EGBGB Art. 22 Rn. 56; *Mansel* StAZ 1984, 211.

55   Staudinger/*Henrich* EGBGB Art. 22 Rn. 56.

56   BayVGH StAZ 1989, 287; HessVGH StAZ 1985, 312; VG München StAZ 1992, 351; MüKoBGB/*Helms* EGBGB Art. 22 Rn. 41; Staudinger/*Henrich* EGBGB Art. 22 Rn. 61; BeckOGK/*Markwardt* EGBGB Art. 22 Rn. 112; iE auch *Makarov/v. Mangoldt*, Deutsches Staatsangehörigkeitsrecht, 1989, § 6 Rn. 11, der aus diesem Grund einer schwachen Adoption bereits die Anerkennung versagt; aA *Benicke*, S. 259 ff.

57   HessVGH StAZ 1985, 312 nahm Gleichwertigkeit an, obgleich nach dem ausländischen Adoptionsrecht die leiblichen Eltern weiterhin ein Erbrecht hatten.

58   OVG Hamburg IPRax 2008, 261 (267 f.), bestätigt durch BVerwG FamRZ 2007, 1550; s.a. bereits Hess-VGH StAZ 1985, 312.

59   VGH München NJW 1989, 3107; BeckOGK/*Markwardt* EGBGB Art. 22 Rn. 112.

wertigkeit wird hier somit anders verstanden als in § 2 Abs. 1 und Abs. 2 S. 1 Nr. 1 AdWirkG, da diese Vorschriften voraussetzen, dass das bisherige Eltern-Kind-Verhältnis durch die Annahme erloschen ist.[60]

In der Praxis wird eine ausländische Adoption die Gleichwertigkeitsanforderungen nach § 6 S. 1 StAG **39** daher in der Regel erfüllen.[61] Auch sogenannte schwache Adoptionen begründen ein Eltern-Kind-Verhältnis zwischen Annehmenden und Angenommenen und die Entstehung eines Verwandtschaftsverhältnisses auch zu den Verwandten des Annehmenden wird von der Rechtsprechung nicht gefordert.[62] Auch unterschiedliche Regelungen zur Aufhebbarkeit der Adoption nach dem Begründungsstatut waren für die Gleichwertigkeit bislang ohne Bedeutung, weil auf die Aufhebung deutsches Sachrecht anzuwenden war, wenn sowohl der Annehmende als auch, infolge der Adoption, das Kind die deutsche Staatsangehörigkeit besaßen.[63] Durch die neue unwandelbare Anknüpfung an das Aufenthaltsrecht des Anzunehmenden im Zeitpunkt der Adoption in Art. 22 Abs. 1 S. 2 hat sich dieses allerdings geändert, so dass eine deutlich einfachere Aufhebbarkeit der Adoption nach dem ausländischen Adoptionsstatut sich im Hinblick auf die Gleichwertigkeit als problematisch erweisen könnte. Zudem ist auch ein fortbestehendes, weitreichendes Umgangsrecht der leiblichen Eltern grds. geeignet, eine Gleichwertigkeit der Adoption zu verhindern, wenn es die Eingliederung in die neue Familie empfindlich stört.[64]

Dadurch, dass eine schwache Adoption nach ausländischem Recht gemäß § 3 AdWirkG in eine starke **40** Adoption nach deutschem Recht umgewandelt werden kann, hat die Problematik des Staatsangehörigkeitserwerbs bei schwachen Adoptionen ohnehin stark an praktischer Relevanz verloren.

Nach § 27 StAG verliert ein deutsches Kind mit der Annahme durch einen Ausländer die deutsche Staatsan- **41** gehörigkeit, wenn es die Staatsangehörigkeit des Annehmenden erwirbt und das Verwandtschaftsverhältnis mit dem deutschen Elternteil gelöst wird. Für die Aufhebung der Verwandtschaftsbeziehungen müssen die Voraussetzungen des § 2 AdWirkG erfüllt sein.

5. Erbrecht. Nach der heute ganz hM bestimmt weder das Adoptionsstatut noch das Erbstatut allein über **42** die Erbberechtigung eines adoptierten Kindes. Weitgehende Einigkeit besteht über die folgenden **Grundsätze:** Das Erbstatut entscheidet darüber, welches Verwandtschaftsverhältnis für eine erbrechtliche Berechtigung vorliegen muss und welche konkrete Erbberechtigung sich hieraus ergibt. Darüber, ob ein solches Verwandtschaftsverhältnis durch eine Adoption begründet wurde, befindet aber das Adoptionsstatut (Adoptionswirkungsstatut, → Rn. 17).[65]

Ist **deutsches Recht Erbstatut** und geht es um die Erbberechtigung des Adoptivkindes nach dem Bruder **43** oder der Schwester des Annehmenden, so ergibt sich die Erbberechtigung nicht bereits daraus, dass sie bei einer deutschen Minderjährigenadoption zu bejahen wäre. Entscheidend ist vielmehr, ob die Adoption nach dem ggf. ausländischen Adoptionsstatut das in § 1925 Abs. 1 BGB vorausgesetzte Verwandtschaftsverhältnis zu den Eltern und Geschwistern des Annehmenden begründet hat (Substitution). Enthält das Adoptionsstatut keine ausdrückliche Regelung zu den verwandtschaftlichen Beziehungen, so können die erbrechtlichen Vorschriften dieser Rechtsordnung die Indizwirkung dafür entfalten, ob und falls ja zu welchen Personen ein Verwandtschaftsverhältnis entstanden ist.[66]

Dass das Adoptivkind im konkreten Fall nach den erbrechtlichen Regelungen des Adoptionsstatuts keine **44** Erbberechtigung erlangt hätte, ist hingegen unerheblich. Eine kumulative Anwendung auch der erbrechtlichen Vorschriften des Adoptionsstatuts ist gerade nicht vorzunehmen.[67] Hat das Adoptivkind die Stellung eines Kindes des Annehmenden erhalten, lässt das Adoptionsstatut das Adoptivkind aber erst subsidiär nach leiblichen Kindern des Annehmenden erben oder gewährt es ihm im Unterschied zu leiblichen Kindern kein Pflichtteilsrecht, wird hierdurch die erbrechtliche Berechtigung des Adoptivkindes nach deutschem Recht nicht beschränkt.[68]

Streitig sind weiterhin die Fälle, in denen nach dem Erbstatut die **Erbberechtigung eines Adoptivkindes** **45** ausgeschlossen ist, etwa weil das Erbstatut nur eine schwache oder überhaupt keine Adoption kennt. **Eine Ansicht** will insoweit das Erbstatut entscheiden lassen. Da das Erbstatut bestimme, welches Verwandtschaftsverhältnis für eine Erbberechtigung vorliegen müsse, handele es sich um die Auslegung der erbrechtlichen Normen. Diese Normen bestimmten, ob das Verwandtschaftsverhältnis auch durch eine ausländische

---

60 BVerwG FamRZ 2007, 1550.
61 *Henrich* IPRax 2008, 237 (239); Staudinger/*Henrich* EGBGB Art. 22 Rn. 61.
62 *Henrich* IPRax 2008, 237 (238 f.); MüKoBGB/*Helms* EGBGB Art. 22 Rn. 41.
63 So auch OVG Hamburg IPRax 2008, 261 (270).
64 OVG Hamburg IPRax 2008, 261 (268).
65 BGH NJW 1989, 2197; OLG Düsseldorf IPRax 1999, 380 (382 f.); MüKoBGB/*Helms* EGBGB

Art. 22 Rn. 37 f.; Soergel/*Lüderitz* EGBGB Art. 22 Rn. 28; Staudinger/*Henrich* EGBGB Art. 22 Rn. 64.
66 Ebenso MüKoBGB/*Helms* EGBGB Art. 22 Rn. 38: „im Zweifel annehmen können".
67 So aber iE OLG Düsseldorf IPRax 1999, 380 (382 f.).
68 AA OLG Düsseldorf IPRax 1999, 380 (382 f.); wie hier BeckOGK/*Markwardt* EGBGB Art. 22 Rn. 121; BeckOK BGB/*Heiderhoff* EGBGB Art. 22 Rn. 29.

Adoption substituiert werden könne.[69] Sieht das Erbstatut, wie meist in den islamisch geprägten Rechtsordnungen, eine Adoption nicht vor, so wird es auch eine Erbberechtigung aufgrund einer Adoption ablehnen.[70] Nach der **Gegenauffassung**[71] entscheidet das Erbstatut nur darüber, welches Verwandtschaftsverhältnis für eine bestimmte Erbberechtigung vorliegen muss. Ob dieses Verwandtschaftsverhältnis besteht, ist eine selbstständig anzuknüpfende Vorfrage.[72] Geht es um die leibliche Kindschaft, ist demnach das Abstammungsstatut gemäß Art. 19, 20 heranzuziehen. Kommt eine Verwandtschaft aufgrund einer Adoption in Betracht, entscheidet darüber das Adoptionsstatut. Eine Substitution findet erst auf einer zweiten Stufe statt, indem gefragt wird, ob das durch die Adoption geschaffene Verwandtschaftsverhältnis dem vom Erbstatut vorausgesetzten entspricht. Welches Verwandtschaftsverhältnis durch die Adoption begründet worden ist, richtet sich nur nach dem Adoptionsstatut.

46   Zu folgen ist der letztgenannten Ansicht. Nur sie ermöglicht eine einheitliche Behandlung der Adoptivkindschaft und gewährleistet damit eine weitgehende Gleichbehandlung mit der leiblichen Kindschaft. Auch die Vorfragen nach dem Bestehen der leiblichen Kindschaft oder einer Ehe werden insoweit selbstständig angeknüpft.[73] Außerdem werden dadurch Fälle von Normenhäufung und Normenmangel vermieden. Entschiede das Erbstatut darüber, ob ein Adoptivkind erbberechtigt sein kann, könnte ein Adoptivkind uU weder in der leiblichen Familie noch in der Adoptivfamilie erbberechtigt sein.

47   Entsprechend ist auch die Frage zu entscheiden, ob das Adoptivkind noch eine Erbberechtigung nach den Mitgliedern seiner **Herkunftsfamilie** hat. Werden nach dem Adoptionsstatut alle Verwandtschaftsverhältnisse zu der Herkunftsfamilie vollständig gelöst, so hat das Kind kein Erbrecht, auch wenn die als Erbstatut berufene Rechtsordnung nur eine schwache Adoption kennt, bei der ein solches Erbrecht des Kindes erhalten bleiben würde.[74] Umgekehrt behält das schwach adoptierte Kind ein Erbrecht in seiner Herkunftsfamilie auch dann, wenn die als Erbstatut berufene Rechtsordnung nur die starke Adoption kennt.[75]

48   **Umstritten** ist ferner die Behandlung der Fälle, in denen das Adoptionsstatut zwar grundsätzlich vorsieht, dass das Kind in die Adoptivfamilie rechtlich voll integriert wird, dem Kind aber die **Erbberechtigung in der Herkunftsfamilie erhalten bleibt**. Dies gilt etwa für die Adoption nach österreichischem oder türkischem Recht[76] oder für die Adoption nach dem Recht einiger US-Bundesstaaten. Dort sehen die jeweiligen einzelstaatlichen Adoptionsgesetze regelmäßig eine Adoption mit starken Wirkungen vor. Teilweise lassen die gesetzlichen Regelungen aber eine Erbberechtigung in der leiblichen Familie nach dem einzelstaatlichen Common Law unberührt.[77] Da das Adoptionsrecht das Rechtsverhältnis zwischen Adoptivkind und Herkunftsfamilie zumindest erbrechtlich nicht beseitigt, muss das Kind auch für das Erbstatut hinsichtlich der erbrechtlichen Berechtigung als mit der Herkunftsfamilie verwandt angesehen werden und behält daher ein Erbrecht, wenn die übrigen Voraussetzungen nach dem Erbstatut vorliegen.[78]

49   Entgegen der Auffassung in der Vorauflage[79] sollte es auch insoweit bei den oben dargelegten Grundsätzen bleiben. Hat die Adoption nach dem Recht, nach dem sie durchgeführt wurde, das Verwandtschaftsverhältnis auch hinsichtlich eines möglichen Erbrechts endgültig gelöst, kann das erst nachträglich bestimmbare und wandelbare Erbstatut nicht dazu führen, dass aus diesem früheren Verwandtschaftsverhältnis doch noch erbrechtliche Wirkungen entstehen.[80] Wurde also bspw. eine Volladoption eines Kindes nach deutschem Recht durchgeführt und infolgedessen die verwandtschaftlichen Beziehungen zu den leiblichen Eltern gem. § 1755 BGB beseitigt, entsteht eine erbrechtliche Berechtigung des Kindes auch nicht dadurch, dass die

69   *Beitzke* IPRax 1990, 36 (40 f.); *Sonnenberger* GS Lüderitz 2000, S. 716 ff.; Staudinger/*Dörner* EGBGB Art. 25 Rn. 180; Staudinger/*Henrich* EGBGB Art. 22 Rn. 67; *St. Lorenz* FS Sonnenberger, S. 510.

70   Staudinger/*Henrich* EGBGB Art. 22 Rn. 67 f., 70.

71   KG IPRax 1985, 354; OLG Düsseldorf IPRax 1999, 380 (382); Soergel/*Lüderitz* EGBGB Art. 22 Rn. 30 f. mit Fn. 49; *Benicke*, S. 231 ff.; *Heiderhoff* FamRZ 2002, 1682 (1683 f.).

72   Staudinger/*Dörner* EGBGB Art. 25 Rn. 175.

73   BGH NJW 1981, 1900 (Scheidung einer Ehe); BayObLGZ 1980, 72 (Ehelichkeit eines Kindes); OLG Düsseldorf FamRZ 1996, 699; 1998, 1629; ausführlich zum Streitstand bei der Frage nach einer selbstständigen oder einer unselbstständigen Anknüpfung MüKoBGB/*von Hein* Einl. IPR Rn. 169 ff. mwN.

74   Soergel/*Lüderitz* EGBGB Art. 22 Rn. 32; BeckOGK/*Markwardt* EGBGB Art. 22 Rn. 122; BeckOK BGB/*Heiderhoff* EGBGB Art. 22 Rn. 28; Staudinger/*Hen-*

rich EGBGB Art. 22 Rn. 69; iE ebenso MüKoBGB/*Helms* EGBGB Art. 22 Rn. 39; aA Staudinger/*Dörner* EGBGB Art. 25 Rn. 180.

75   Soergel/*Lüderitz* EGBGB Art. 22 Rn. 32; BeckOGK/*Markwardt* EGBGB Art. 22 Rn. 122; so auch Staudinger/*Henrich* EGBGB Art. 22 Rn. 70.

76   Siehe § 199 Abs. 1 ABGB sowie Art. 257 türk. ZGB, zu Letzteren auch AG Siegen IPRax 1993, 184 (185).

77   *Jayme* in Basedow ua, Aufbruch nach Europa, 2001, S. 447, 451 f.; *Sonnenberger* GS Lüderitz 2000, S. 713, 727 ff.

78   Staudinger/*Henrich* EGBGB Art. 22 Rn. 66 aE; *Sonnenberger* GS Lüderitz 2000, S. 730 f.

79   Siehe NK-BGB/*Benicke*, 3. Aufl. 2016, EGBGB Art. 22 Rn. 45.

80   Ebenso auch BeckOK BGB/*Heiderhoff* EGBGB Art. 22 Rn. 29; BeckOGK/*Markwardt* EGBGB Art. 22 Rn. 121; MüKoBGB/*Helms* EGBGB Art. 22 Rn. 39.

leiblichen Eltern nach Österreich ziehen und dort versterben.[81] Umgekehrt führt eine in Österreich durchgeführte Adoption auch dann nicht zum Verlust eines Erbrechts nach den leiblichen Verwandten, wenn diese mit gewöhnlichem Aufenthalt in Deutschland versterben und folglich deutsches Recht das Erbstatut bildet.[82]

6. Gleichstellung mit stark adoptiertem Kind (Abs. 3). Abs. 3 sieht eine Sonderregelung mit einem   **50** sehr beschränkten Anwendungsbereich vor.[83] Hiernach kann ein Kind, das unter Anwendung eines ausländischen Rechts im Ausland schwach adoptiert worden ist, für die Erbfolge nach einem Angehörigen der Adoptionsfamilie einem nach deutschem Recht stark adoptierten Kind gleichgestellt werden. Auf die Erbfolge muss deutsches Recht anwendbar sein und das Kind muss bei der Annahme unter 18 Jahre alt gewesen sein.

Praktische Bedeutung hat diese Gleichstellungsmöglichkeit hauptsächlich dann, wenn eine Umwandlung   **51** der Adoption (→ AdWirkG Rn. 22 ff.) nicht durchgeführt werden kann, etwa weil eine erforderliche Einwilligung fehlt oder weil der Annehmende bereits gestorben ist. Da das Adoptivkind in aller Regel zumindest im Verhältnis zum Annehmenden die rechtliche Stellung eines Kindes erlangt hat, ermöglicht die Gleichstellung vor allem, etwaige Beschränkungen des Erbrechts nach dem Adoptionsstatut zu überwinden.

Rechtliche Wirkungen hat die Gleichstellungsanordnung nur, wenn sie durch Verwandte des Annehmenden   **52** angeordnet wurde. Da der (spätere) Ehegatte des Annehmenden nach deutschem Recht nicht mit dem (zuvor) adoptierten Kind seines Partners verwandt ist, würde eine Gleichstellungsanordnung durch ihn die erbrechtliche Situation hingegen nicht verändern.[84]

Die Gleichstellung muss in der Form einer letztwilligen Verfügung erfolgen. Ihre **Wirkung** besteht darin,   **53** dass sie dem Adoptivkind gegenüber einer unmittelbaren Einsetzung als Erben ein Mehr an Rechten verschaffen kann. So erlangt das Adoptivkind durch die Gleichstellung uU eine Pflichtteilsberechtigung, die die Pflichtteilsberechtigung anderer Verwandter reduziert oder ausschließt.[85] Auch sind Auslegungsregeln im deutschen Erbrecht, die auf die Stellung als Abkömmling verweisen, etwa § 2069 BGB, nunmehr unmittelbar anwendbar.[86] Schließlich kann durch die Gleichstellung eine günstigere Erbschaftssteuerklasse erreicht werden.[87]

Die Gleichstellung wirkt nur im Verhältnis zu der Person, die sie durch letztwillige Verfügung angeordnet   **54** hat. Im Verhältnis zu den anderen Mitgliedern der Adoptivfamilie sowie im Verhältnis zur Herkunftsfamilie bestimmen sich die Verwandtschaftsverhältnisse, die für das Erbrecht relevant sind, weiterhin nach dem Adoptionsstatut.[88]

Ungeklärt ist nach wie vor, unter welchen Voraussetzungen eine Gleichstellung angenommen werden kann,   **55** wenn sie nicht ausdrücklich erfolgt.[89] Um der Vorschrift eine praktische, insbesondere erbschaftsteuerrechtliche Bedeutung zu lassen, muss es ausreichen, dass der Erblasser das Adoptivkind zumindest in dem Maße bedacht hat, wie es dem gesetzlichen Erbteil bei einer starken Adoption entsprechen würde.

C. Anknüpfung

I. Anknüpfungspunkt

Bis zum 31.3.2020 unterschied Art. 22 Abs. 1 zwischen Adoptionen, die durch verheiratete Personen,   **56** Adoptionen, die durch unverheiratete Personen und Adoptionen, die durch Lebenspartner durchgeführt wurden.[90] Durch das **Stiefkindadoptionsgesetz** ist diese Unterscheidung nunmehr entfallen → Rn. 1 ff. Stattdessen differenziert Art. 22 Abs. 1 in seiner neuen Fassung zwischen Adoptionen, die im **Inland** durchgeführt werden, und Adoptionen, die im **Ausland** stattgefunden haben.

1. Adoptionen im Inland. Adoptionen im Inland können nur durch Beschluss eines Familiengerichts   **57** erfolgen (§ 1752 Abs. 1 BGB, sog. **Dekretadoption**).[91] Die internationale Zuständigkeit deutscher Gerichte folgt insoweit aus § 101 FamFG und ist bereits immer dann gegeben, wenn einer der Annehmenden oder

---

81   Soweit keine abweichende Rechtswahl (Art. 22 EuErbVO) vorliegt, würde in diesem Fall für die Rechtsnachfolge von Todes wegen die leiblichen Eltern gem. Art. 21 EuErbVO österreichisches Recht Anwendung finden. Nach § 199 Abs. 1 ABGB stünde dem Adoptivkind auch weiterhin ein Erbrecht nach seinen leiblichen Eltern zu.

82   NK-BGB/*Benicke*, 3. Aufl. 2016, EGBGB Art. 22 Rn. 45.

83   BeckOK BGB/*Heiderhoff* EGBGB Art. 22 Rn. 30 („geringe praktische Relevanz").

84   *Dietz*, S. 109.

85   S. *Heiderhoff* FamRZ 2002, 1682 (1684); *Steiger* DNotZ 2002, 184 (207); *Dietz*, S. 123 ff.

86   *Dietz*, S. 127 f. auch zu §§ 2104, 2105 BGB.

87   *Dietz*, S. 128 ff.

88   Staudinger/*Henrich* EGBGB Art. 22 Rn. 70aE; MüKoBGB/*Helms* EGBGB Art. 22 Rn. 40; *Heiderhoff* FamRZ 2002, 1682 (1685).

89   *Heiderhoff* FamRZ 2002, 1682 (1685).

90   Siehe hierzu die Vorauflage.

91   MüKoBGB/*Maurer* BGB § 1752 Rn. 1 mwN.

das Kind[92] Deutscher ist oder seinen gewöhnlichen Aufenthalt im Inland hat.[93] Die örtliche Zuständigkeit ergibt sich aus §§ 186, 187 FamFG.

58 Zu überlegen ist zunächst, wann jeweils eine inländische Adoption iSd Art. 22 Abs. 1 vorliegt. Dies ist unproblematisch der Fall, wenn ein Antrag auf Annahme als Kind vor einem deutschen Gericht anhängig ist (vgl. § 186 Nr. 1 FamFG). Wird hingegen die Aufhebung oder Anerkennung einer im Ausland vorgenommenen Vertrags- oder Dekretadoption vor einem deutschen Gericht betrieben, handelt es sich zwar um eine Adoptionssache gem. § 186 Nr. 3 FamFG, aber nicht um eine inländische Adoption iSv Art. 22 Abs. 1, so dass unter Umständen ausländisches Sachrecht zur Anwendung gelangt. Gleiches gilt, wenn vor deutschen Gerichten lediglich Nebentätigkeiten (bspw. Ersetzung einer Zustimmung) für ein im Ausland anhängiges Adoptionsverfahren durchgeführt werden. Das Umwandlungsverfahren nach § 3 AdWirkG führt hingegen dazu, dass eine zuvor im Ausland erfolgte Adoption nunmehr deutschen Sachvorschriften unterliegt[94] und sie daher anschließend auch als inländische Adoption iSd Art. 22 Abs. 1 S. 1 gilt. Bis zum Abschluss dieses Verfahrens bleibt sie jedoch eine ausländische Adoption, deren Wirkungen sich nach Art. 22 Abs. 1 S. 2 richten.

59 Liegt demnach eine inländische Adoption vor, ist deutsches Recht das Adoptionsstatut. Sowohl für das wirksame Zustandekommen als auch für die Wirkungen der Adoption sind die §§ 1741 ff. BGB maßgeblich.

60 **2. Adoptionen im Ausland.** Art. 22 Abs. 1 S. 2 betrifft den Fall, dass eine Adoption im Ausland durchgeführt wurde. Dabei ist allerdings zu beachten, dass für die Anerkennung von ausländischen **Dekretadoptionen** vorrangig die Art. 23, 24 HAdoptÜbk und §§ 108, 109 FamFG zur Anwendung gelangen. Scheidet eine Anerkennung der Dekretadoption danach aus, gilt sie im Inland als rechtliches Nullum und entfaltet keine Wirkungen. Wird sie hingegen anerkannt, entfaltet sie grds. auch im Inland die Wirkungen, die ihr nach dem Recht des Staates zukommen, in dem sie durchgeführt wurde (vgl. Art. 26 HAdoptÜbk).[95]

61 Der Anwendungsbereich des Art. 22 Abs. 1 S. 2 beschränkt sich daher auf ausländische **Vertragsadoptionen**. Die Vertragsadoption ist aus rechtsvergleichender Sicht inzwischen eine eher seltene Ausnahme und nur noch in den Rechtsordnungen weniger Länder anzutreffen.[96]

62 Maßgeblicher Anknüpfungspunkt für die ausländische Vertragsadoption ist der **gewöhnliche Aufenthaltsort** des Anzunehmenden im Zeitpunkt der Annahme. Für die Bestimmung des gewöhnlichen Aufenthaltsortes einer meist minderjährigen Person kann auf die Grundsätze zurückgegriffen werden, die Rechtsprechung und Literatur insbesondere zum MSA und KSÜ entwickelt haben.[97] Der gewöhnliche Aufenthaltsort auch eines noch sehr kleinen Kindes ist selbstständig zu bestimmen und liegt an dem Ort, an dem sich der Schwerpunkt seiner sozialen (Schule, Kindergarten) und familiären Bindungen befindet (sog. Daseinsmittelpunkt). Rein faktisch fällt er meist mit dem Aufenthaltsort des betreuenden Elternteils zusammen. Anderes gilt nur, wenn sich das Kind dauerhaft in einem Heim oder Internat aufhält oder ein Sorgerechtsinhaber (momentan) nicht existiert. Bei Fällen der Kindesentführung ist die Sonderregelung in Art. 5 Abs. 3 zu beachten.

63 Durch die Anknüpfung an den gewöhnlichen Aufenthalt im **Zeitpunkt der Annahme**, dh im Zeitpunkt des wirksamen Abschlusses des Adoptionsvertrages, wird das Adoptionsstatut **unwandelbar**. Die spätere Veränderung des gewöhnlichen Aufenthaltsortes hat auf das Adoptionsstatut keinen Einfluss. Soll eine schwache Adoption nach der Verlegung des gewöhnlichen Aufenthaltsortes des Adoptierten in das Inland in eine Volladoption nach deutschem Recht hochgestuft werden, muss daher ein Umwandlungsverfahren nach Art. 3 AdWirkG durchgeführt werden.

64 **3. Gleichgeschlechtliche Ehen und Lebenspartner.** Art. 22 Abs. 1 S. 3 aF enthielt bis zum 31.3.2020 eine Sonderanknüpfung für die Adoption eines Kindes durch gleichgeschlechtliche Lebenspartner. Obwohl der deutsche Gesetzgeber die gleichgeschlechtliche Ehe im Internationalen Privatrecht teilweise wie eine Lebenspartnerschaft behandelte (vgl. Art. 17b Abs. 4), galt dies ausdrücklich nicht für die Anknüpfung in Art. 22 Abs. 1 S. 3 aF. Vielmehr stellte Art. 17b Abs. 5 aF[98] klar, dass die gleichgeschlechtliche Ehe auch insoweit der heterosexuellen Ehe gleichgestellt und über Art. 22 Abs. 1 S. 2 aF nach dem allgemeinen Ehe-

---

92 Mit „Kind" ist richtigerweise auch der Anzunehmende bei Erwachsenenadoptionen gemeint, BeckOK BGB/*Sieghörtner* FamFG § 101 Rn. 7.
93 MüKoFamFG/*Rauscher* § 101 Rn. 1 ff.
94 MüKoBGB/*Helms* EGBGB Art. 22 Rn. 104.
95 MüKoBGB/*Helms* Vor AdÜb Rn. 16 ff.
96 *Helms* StAZ 2015, 97 (103) mwN; Staudinger/*Henrich* EGBGB Art. 22 Rn. 98; bspw. indische Adoptionen nach dem Hindu Adoption and Maintenance Act

1956 werden aber als Vertragsadoptionen angesehen, OLG München IPRspr. 2011, Nr. 117, S. 268.
97 MüKoFamFG/*Wiedemann* KSÜ Art. 5 Rn. 4 ff.; BeckGOK/*Markwardt* KSÜ Art. 5 Rn. 8 ff. jeweils mwN.
98 Eingefügt durch das Gesetz zur Umsetzung des Gesetzes zur Einführung des Rechts auf Eheschließung für Personen gleichen Geschlechts v. 18.12.2018 BGBl. 2018 I S. 2639.

wirkungsstatut anzuknüpfen war.[99] Durch die Änderung der Grundanknüpfung in Art. 22 Abs. 1 nF ist der rechtliche Status der Adoptierenden allerdings nunmehr für die Anknüpfung ohne Bedeutung. Zur **Anerkennung** einer im Ausland begründeten gemeinsamen Adoption durch gleichgeschlechtliche Lebenspartner → Rn. 94.

II. Rück- und Weiterverweisung

Rück- und Weiterverweisungen im Rahmen des Abs. 1 S. 2 sind grundsätzlich zu beachten. Maßgebend ist **65** jeweils die ausländische Kollisionsnorm für das Adoptionsstatut.[100] Verweist Abs. 1 S. 2 bspw. auf das österreichische Recht ist für die Frage nach einer Rück- oder Weiterverweisung § 26 IPRG maßgeblich, der das Adoptionsstatut bestimmt und auf das jeweilige Heimatrecht der adoptierenden Ehegatten abstellt.[101] Bei einem deutschen Ehepaar, das in Österreich ein dort lebendes Kind adoptieren will, findet daher eine Rückverweisung auf das deutsche Recht statt. Bei der stets zum deutschen Recht führenden Anknüpfung in Abs. 1 S. 1 ist eine Rück- oder Weiterverweisung schon per se nicht denkbar.

Einige ausländische Rechtsordnungen, so bspw. auch das österreichische Recht, verweisen kumulativ oder **66** partiell neben dem Heimatrecht des Annehmenden auch auf das Heimatrecht des Anzunehmenden. Auch eine solche teilweise Weiterverweisung ist zu befolgen.

Ist aufgrund einer partiellen Rückverweisung für den einen Ehegatten ausländisches und für den anderen **67** Ehegatten deutsches Recht anwendbar, so kann der deutsche Ehegatte nach § 1741 Abs. 2 BGB das Kind nicht allein annehmen, wenn für das ausländischen Ehegatten nach seinem Heimatrecht ein Adoptionsverbot besteht.[102] Möglich ist nur, dass das Adoptionsverbot wegen Verstoßes gegen den deutschen Ordre public unanwendbar bleibt.

Möglich ist auch eine **versteckte Rückverweisung**, wenn aus der Sicht der Rechtsordnung, auf die Art. 22 **68** Abs. 1 S. 2 verweist, deutsche Gerichte international zuständig sind, und die ausländische Rechtsordnung das anwendbare Recht nicht durch ein eigenes Kollisionsrecht, sondern mittelbar über die internationale Zuständigkeit bestimmt, weil die eigenen Gerichte stets die lex fori anwenden.[103] Weitergehend wird man aufgrund der fortgeschrittenen materiell rechtlichen Angleichung im Adoptionsrecht eine versteckte Rückverweisung auch dann annehmen können, wenn deutsche Gerichte aus Sicht der ausländischen Rechtsordnung zwar nicht international zuständig sind, eine deutsche Entscheidung aber anerkannt wird und nach deutschem Recht eine internationale Zuständigkeit besteht.[104]

D. Anwendung ausländischen Rechts

I. Vorfragen

Ob Vorfragen, die sich bei Anwendung eines ausländischen Adoptionsrechts stellen, selbstständig oder **69** unselbstständig anzuknüpfen sind, ist auch für das internationale Adoptionsrecht noch ungeklärt. Die wohl überwiegende Auffassung tendiert dazu, jedenfalls bei einem engen materiellrechtlichen Zusammenhang eine unselbstständige Anknüpfung der Vorfragen vorzunehmen.[105] Zumindest die Vorfrage, ob das Kind noch minderjährig ist, sollte unselbstständig angeknüpft werden (→ Rn. 12).

99 Zur Anwendung berufen war daher auch hier das über Art. 14 Abs. 2 ermittelte Ehewirkungsstatut, also in der Regel das Recht am gemeinsamen gewöhnlichen Aufenthaltsort der Ehegatten, und nicht das Recht des Staates, in dem das Eheregister geführt wird. Eine nach Art. 14 Abs. 1 grds. mögliche Rechtswahl der Ehegatten wurde insoweit nicht berücksichtigt, was schon durch den klaren Verweis nur auf Art. 14 Abs. 2 (und nicht auch auf Abs. 1) in Art. 22 Abs. 1 S. 2 zum Ausdruck kam.

100 BayObLG FamRZ 1997, 841; LG Hamburg FamRZ 1999, 253 (254); MüKoBGB/*Helms* EGBGB Art. 22 Rn. 15; Palandt/*Thorn* EGBGB Art. 22 Rn. 2; Soergel/*Lüderitz* EGBGB Art. 22 Rn. 61; Staudinger/*Henrich* EGBGB Art. 22 Rn. 14.

101 Vgl. Staudinger/*Henrich* EGBGB Vor Art. 22 Rn. 7.

102 LG Hamburg FamRZ 1999, 253 (254).

103 KG IPRax 1982, 246; *Jayme* ZfRV 1970, 253 (255); Soergel/*Lüderitz* EGBGB Art. 22 Rn. 61; Staudinger/

Henrich EGBGB Art. 22 Rn. 18, 20; BeckOGK/ *Markwardt* EGBGB Art. 22 Rn. 96; BeckOK BGB/ *Heiderhoff* EGBGB Art. 22 Rn. 49; die deutschen Gerichte müssen aus Sicht des ausländischen Rechts nicht ausschließlich zuständig sein, s. *Kegel/Schurig* § 10 VI.

104 OLG Köln FamRZ 2003, 1773; AG Darmstadt StAZ 1979, 324 m. zust. Anm. *Jayme*; *Jayme* FS Lipstein 1980, S. 65, 73 f.; Staudinger/*Henrich* Art. 22 Rn. 19; BeckOGK/*Markwardt* EGBGB Art. 22 Rn. 98; differenzierend BeckOK BGB/*Heiderhoff* EGBGB Art. 22 Rn. 50; eher abl. IPG 1974 Nr. 28 (Köln); LG Wuppertal FamRZ 1976, 714; AG Eggenfelden IPRax 1982, 78 mAnm *Jayme*.

105 Staudinger/*Henrich* EGBGB Art. 22 Rn. 31; BeckOK BGB/*Heiderhoff* EGBGB Art. 22 Rn. 52; MüKo-BGB/*Helms* EGBGB Art. 22 Rn. 18 ff.

II. Ordre public

70 Der Ordre-public-Vorbehalt nach Art. 6 kann eingreifen, wenn das nach Art. 22 Abs. 1 S. 2 berufene ausländische Recht eine Adoption überhaupt nicht oder nur unter sachlich nicht gerechtfertigten Voraussetzungen zulässt. Zu beachten ist allerdings, dass es insoweit nur um ausländische Vertragsadoptionen geht, während sich die Ordre-public-Frage bei ausländischen Dekretadoptionen im Rahmen des Anerkennungsverfahrens nach Art. 23, 24 HAdoptÜbk bzw. nach §§ 108, 109 Abs. 1 Nr. 4 FamFG stellt (→ Rn. 60 u. 83 ff.). Besteht eine inländische Zuständigkeit nach § 101 FamFG, kann die Adoption gem. Art. 22 Abs. 1 S. 1 auch nach deutschem Recht durchgeführt werden. Fehlt es aber bereits hieran – sind weder der Anzunehmende, noch die Annehmenden Deutsche und hat auch keine Partei einen gewöhnlichen Aufenthalt in Deutschland – fehlt es auch an einem Ansatzpunkt für ein diesbezügliches Tätigwerden deutscher Behörden oder Gerichte und auch an einem hinreichenden Inlandsbezug, der für ein Eingreifen des Ordre public erforderlich wäre.[106] In solchen Konstellationen ist der deutsche Ordre public i.S.d. Art. 6 nicht berührt.[107] Für andere Fälle kann auf die unter (→ Rn. 83 ff., insb. 90). angestellten Überlegungen zurückgegriffen werden.

E. Verfahren

I. Zuständigkeit

71 **1. Internationale Zuständigkeit.** Deutsche Gerichte sind nach **§ 101 FamFG** in Adoptionsangelegenheiten international zuständig, wenn der Annehmende, einer der annehmenden Ehegatten oder das Kind Deutscher ist oder seinen gewöhnlichen Aufenthalt im Inland hat. Bei Mehrstaatlern braucht die deutsche Staatsangehörigkeit nicht die effektive zu sein.[108] Über § 103 Abs. 3 FamFG findet diese Regelung auch für die Adoption durch Lebenspartner Anwendung. Die Zuständigkeit nach § 101 FamFG ist nicht ausschließlich (§ 106 FamFG).

72 Die internationale Zuständigkeit hängt nicht von der **Anerkennung** der deutschen Adoptionsentscheidung im Heimatland des oder der Annehmenden oder des Kindes ab.[109] Die fehlende Anerkennung der Adoption im Heimatland oder im Land des gewöhnlichen Aufenthalts der Beteiligten kann aber bei der materiellrechtlichen Beurteilung eine Rolle spielen, ob die Adoption dem Kindeswohl dient.[110]

73 Im Einzelfall kann das **Rechtsschutzbedürfnis** für ein deutsches Verfahren fehlen, wenn die Beteiligten nicht (mehr) im Inland leben, die Anerkennung einer deutschen Entscheidung im Aufenthaltsstaat unsicher ist und/oder nur unter Schwierigkeiten festzustellen ist, ob die Adoption dem Kindeswohl dient und zu erwarten ist, dass zwischen den Annehmenden und dem Kind ein Eltern-Kind-Verhältnis entsteht.[111]

74 Bestand die internationale Zuständigkeit nur aufgrund des gewöhnlichen Aufenthalts von Annehmenden oder Kind in Deutschland und sind alle Beteiligten nach Verfahrensbeginn ins Ausland verzogen, entfällt regelmäßig die internationale Zuständigkeit deutscher Gerichte. Eine Zuständigkeitsfortdauer (perpetuatio fori) ist nur anzunehmen, wenn die Ermittlungen, die die Anwesenheit der Beteiligten und insbesondere des Kindes voraussetzen, abgeschlossen worden sind.[112]

75 **2. Örtliche Zuständigkeit.** Wenn im Adoptionsverfahren ausländische Sachvorschriften zur Anwendung kommen, findet aufgrund von § 187 Abs. 4 FamFG iVm § 5 Abs. 1 S. 1, Abs. 2 AdWirkG eine **Zuständigkeitskonzentration** an einem Familiengericht in jedem Oberlandesgerichtsbezirk statt. Eine ähnliche Regelung sah auch schon § 43 b Abs. 2 S. 2 FGG vor. Im FamFG war eine solche Vorschrift zunächst vergessen

106 Vgl. BeckOK BGB/*Heiderhoff* EGBGB Art. 22 Rn. 53; Staudinger/*Henrich* EGBGB Art. 22 Rn. 71; BeckOGK/*Markwardt* EGBGB Art. 22 Rn. 136 ff.; iE auch MüKoBGB/*Helms* EGBGB Art. 22 Rn. 48, 52.

107 Ebenso MüKoBGB/*Helms* EGBGB Art. 22 Rn. 48, der einen ausreichenden Inlandsbezug nur bei einem dauerhaften Lebensmittelpunkt damit einem gewöhnlichen Aufenthalt des Kindes in Deutschland bejaht.

108 OLG Köln StAZ 2007, 240; Prütting/Helms/*Hau* FamFG § 101 Rn. 11; MüKoBGB/*Helms* EGBGB Art. 22 Rn. 64.

109 MüKoBGB/*Helms* EGBGB Art. 22 Rn. 67, 89; Prütting/Helms/*Hau* FamFG § 101 Rn. 12; Soergel/*Lüderitz* EGBGB Art. 22 Rn. 37; Staudinger/*Henrich* EGBGB Art. 22 Rn. 74.

110 *Jayme* IPRax 1983, 132; *Lüderitz* FS Beitzke 1979, S. 589, 601; Palandt/*Thorn* EGBGB Art. 22 Rn. 9;

Soergel/*Lüderitz* EGBGB Art. 22 Rn. 37; Staudinger/ *Henrich* EGBGB Art. 22 Rn. 75.

111 MüKoBGB/*Helms* EGBGB Art. 22 Rn. 68; Staudinger/*Henrich* EGBGB Art. 22 Rn. 76; BeckOGK/*Markwardt* EGBGB Art. 22 Rn. 159; BeckOK BGB/*Heiderhoff* EGBGB Art. 22 Rn. 60.

112 Soergel/*Lüderitz* EGBGB Art. 22 Rn. 37; BeckOGK/ *Markwardt* EGBGB Art. 22 Rn. 159; für eine generelle Ablehnung der perpetuatio fori im Bereich der Freiwilligen Gerichtsbarkeit *Henrich* IPRax 1986, 364 (366); überwiegend wird eine perpetuatio fori nicht generell für ausgeschlossen gehalten, aber im Einzelfall eine Abwägung der beteiligten Interessen (Fürsorgebedürfnis, Sachnähe des entscheidenden Gerichts, Vermeidung hinkender Rechtsverhältnisse) vorgenommen, s. MüKoBGB/*Helms* EGBGB Art. 22 Rn. 66; *Mansel* IPRax 1987, 298 (301 f.); *Jayme* IPRax 1985, 111.

worden und musste 2009 nachträglich in § 187 Abs. 4 FamFG eingefügt werden.[113] Sinn der Zuständigkeitskonzentration ist die Schaffung eines besonders spezialisierten Spruchkörpers mit hoher fachlicher Kompetenz für internationale Adoptionen.

Nach inzwischen ganz herrschender Auffassung gilt die Zuständigkeitskonzentration nicht für die Erwachsenenadoption.[114] Das Adoptionswirkungsgesetz, auf dessen Regelungen § 187 Abs. 4 FamFG verweist, findet nach seinem § 1 nur für die Minderjährigenadoption Anwendung. Allein der Umstand, dass § 187 Abs. 4 FamFG, anders als die Vorgängernorm in § 43 b Abs. 2 S. 2 FGG, § 5 Abs. 1 S. 1, Abs. 2 AdWirkG nur für „entsprechend" anwendbar erklärt, hat insbesondere die Rechtsprechung der Oberlandesgerichte nicht davon überzeugen können, insoweit eine Rechtsfolgen- und nicht eine Rechtsgrundverweisung anzunehmen und die Zuständigkeitskonzentration nunmehr auch auf Erwachsenenadoptionen zu erstrecken.[115] Da die Zuständigkeitskonzentration auch bei der Erwachsenenadoption eine sinnvolle Spezialisierung ermöglichen würde, ist diese Zurückhaltung der Rechtsprechung jedoch schade.[116] **76**

Ungeklärt ist weiterhin die Frage, ob die Zuständigkeitskonzentration voraussetzt, dass nach Art. 22 Abs. 1 S. 2 ein ausländisches Recht als Adoptionsstatut zur Anwendung gelangt.[117] Zumindest sollte die Zuständigkeitskonzentration über den zu engen Wortlaut der Vorschrift hinaus auch dann eingreifen, wenn Art. 22 überhaupt auf ausländisches Recht verweist. Stellt sich später heraus, dass das ausländische Recht eine Rückverweisung ausspricht,[118] sollte dies auf die Zuständigkeit keine Auswirkung haben. Die Ermittlung des ausländischen Kollisionsrechts kann mitunter aufwändiger und schwieriger sein als die Feststellung des ausländischen Sachrechts.[119] Zu weitgehend erscheint es aber, die Zuständigkeitskonzentration auch dann anzunehmen, wenn ausländisches Recht nur für **Vorfragen** anzuwenden ist.[120] Dagegen spricht, dass die Anwendbarkeit ausländischen Rechts auf Vorfragen bei Verfahrensbeginn nicht immer erkennbar ist. Auch ist die Anwendbarkeit von ausländischem Recht auf Vorfragen in jedem Verfahren möglich und rechtfertigt keine Zuständigkeitskonzentration. **77**

II. Verfahrensfragen bei ausländischem Adoptionsstatut

1. Dekret oder Vertragsbestätigung. Das Adoptionsstatut entscheidet auch über die **Art, wie die Adoption begründet wird,** dh ob sie durch eine gerichtliche Verfügung oder durch einen Adoptionsvertrag zustande kommt und ob ein solcher Adoptionsvertrag einer gerichtlichen Bestätigung bedarf.[121] **78**

Erfolgt die Adoption nach dem Adoptionsstatut durch einen gerichtlich zu bestätigenden Adoptionsvertrag, so kann ein deutsches Gericht eine solche Bestätigung aussprechen. Auf einen entsprechenden Antrag hin kann das Gericht die Adoption aber auch durch einen Beschluss begründen.[122] **79**

2. Antragsbefugnis und Zustimmungserklärungen. Das BayObLG hat in zwei Entscheidungen aus den 1980er Jahren vertreten, die **Antragsbefugnis** richte sich auch bei einem ausländischem Adoptionsstatut nach §§ 1752, 1768 BGB.[123] Die heute herrschende Meinung in der Literatur unterstellt diese Frage hingegen richtigerweise ebenfalls dem Adoptionsstatut.[124] Mit dem Antragserfordernis wird schließlich stets **80**

---

113   Vgl. BGBl. I S. 2449.

114   OLG Köln FamRZ 2011, 311 (312); OLG München NJW-RR 2009, 592; OLG Düsseldorf FamRZ 2011, 59; BeckOK BGB/*Heiderhoff* EGBGB Art. 22 Rn. 74; BeckGOK/*Markwardt* EGBGB Art. 22 Rn. 163; MüKoBGB/*Helms* AdWirkG § 5 Rn. 6; Keidel/*Engelhardt* FamFG § 199 Rn. 27; Prütting/ Helms/*Krause* FamFG § 199 Rn. 11; Thomas/Putzo/ *Hüßtege* FamFG § 187 Rn. 6; MüKoFamFG/*Maurer* FamFG § 187 Rn. 25; Palandt/*Thorn* EGBGB Art. 22 Rn. 9; aA Staudinger/*Henrich* EGBGB Art. 22 Rn. 73 aE; *ders.* IPRax 2007, 338; NK-BGB/*Benicke*, 3. Aufl. 2016, EGBGB Art. 22 Rn. 71.

115   Vgl. OLG Köln FamRZ 2011, 311 (312); OLG Düsseldorf FamRZ 2011, 59; siehe dagegen NK-BGB/ *Benicke*, 3. Aufl. 2016, EGBGB Art. 22 Rn. 71.

116   Ebenso MüKoBGB/*Helms* AdWirkG § 5 Rn. 6; s.a. Staudinger/*Henrich* EGBGB Art. 22 Rn. 73 aE.

117   S. Staudinger/*Henrich* EGBGB Art. 22 Rn. 73; *Busch* IPRax 2003, 13 (20).

118   OLG Karlsruhe FamRZ 2005, 1695; MüKoBGB/ *Helms* AdWirkG § 5 Rn. 6; aA Staudinger/*Winkelstraeter* FamRBint 2006, 10 (11).

119   Staudinger/*Henrich* EGBGB Art. 22 Rn. 73.

120   MüKoBGB/*Helms* AdWirkG § 5 Rn. 6; aA *Bumiller/ Harders* FamFG § 187 Rn. 11; offen BayObLG FGPrax 2005, 65.

121   BayObLG StAZ 1990, 70; MüKoBGB/*Helms* EGBGB Art. 22 Rn. 19; Palandt/*Thorn* EGBGB Art. 22 Rn. 5.

122   BayObLGZ 82, 318; 97, 88; MüKoBGB/*Helms* EGBGB Art. 22 Rn. 19; Palandt/*Thorn* EGBGB Art. 22 Rn. 5; Soergel/*Lüderitz* EGBGB Art. 22 Rn. 41 f.; aA Beitzke/Hoffmann/Sturm, Einbindung fremder Normen in das deutsche Personenstandsrecht, 1985, S. 1, 7; Staudinger/*Henrich* EGBGB Art. 22 Rn. 78; *Henrich*, Int. Familienrecht, § 8 III 2 a.

123   BayObLG IPRax 1981, 220; BayObLG FamRZ 1982, 1133.

124   BeckOGK/*Markwardt* EGBGB Art. 22 Rn. 170; Staudinger/*Henrich* EGBGB Art. 22 Rn. 78; anders allerdings in Rn. 83 für das Antragserfordernis des leiblichen Elternteils bei der Stiefkindadoption nach englischem Recht; mE hat das Antragserfordernis nicht nur eine verfahrensrechtliche Bedeutung, sondern stellt materiellrechtlich die Zustimmung des Elternteils zur Stiefkindadoption dar.

auch darüber entschieden, wer zur Adoption sein Einverständnis erklären muss und ob und bis zu welchem Zeitpunkt Einverständniserklärungen zurückgenommen werden können. Das Adoptionsstatut entscheidet auch darüber, welche **Zustimmungen** erforderlich sind.

81 Zu Spannungen kommt es, wenn Adoptionsstatut und das Verfahrensrecht des forums unterschiedliche Erklärungsempfänger vorsehen. Bei der Dekretadoption nach deutschem Recht sind die Zustimmungen und andere Erklärungen dem Gericht gegenüber abzugeben. Sieht das ausländische Adoptionsstatut eine zu bestätigende Vertragsadoption vor, sind die Erklärungen meist nicht gegenüber dem Gericht abzugeben, sondern diesem nur nachzuweisen. Eine solche Handhabung muss auch bei einem deutschen Verfahren genügen. § 1750 Abs. 1 S. 1 BGB ist somit also nicht verfahrensrechtlich, sondern als materiellrechtliche Vorschrift zu qualifizieren.

82 **3. Gerichtliche Entscheidungen zu den Adoptionsvoraussetzungen.** Sieht das Adoptionsstatut die Möglichkeit vor, dass eine gerichtliche Entscheidung von einem Adoptionshindernis befreit oder eine Adoptionsvoraussetzung ersetzt, so kann eine solche Entscheidung auch von dem für die Adoption zuständigen deutschen Familiengericht ausgesprochen werden.[125] Ist eine solche Entscheidung bereits im Ausland ergangen, entfaltet sie Wirkung auch im Inland, wenn sie nach §§ 108, 109 FamFG anerkannt werden kann[126] und funktional einer Entscheidung nach dem Adoptionsstatut entspricht.[127]

83 Gleiches gilt, wenn nach dem ausländischen Adoptionsstatut das Gericht oder die Behörde vor dem Ausspruch oder der Bestätigung der Adoption gesonderte Entscheidungen über die Adoptionsfähigkeit der Annehmenden oder des Kindes zu treffen hat.[128]

III. Anerkennung ausländischer Adoptionen

84 **1. Haager Adoptionsübereinkommen.** Adoptionen, die in einem Vertragsstaat des **Haager Übereinkommens über den Schutz von Kindern und die Zusammenarbeit auf dem Gebiet der internationalen Adoption** (Haager AdÜ)[129] begründet wurden und den Vorschriften des Übereinkommens entsprechen, sind nach Art. 23 Haager AdÜ anzuerkennen.[130] Notwendig ist nur, dass die Behörde des Staates, in dem die Adoption durchgeführt worden ist, bescheinigt, dass sie gemäß dem Übereinkommen zustande gekommen ist. Dabei muss auch angegeben werden, wann und von wem die Zustimmungen nach Art. 17 lit. c Haager AdÜ erteilt worden sind. Nach Art. 17 lit. c Haager AdÜ müssen die Zentralen Behörden beider Staaten der Fortsetzung des Adoptionsverfahrens zugestimmt haben, bevor im Heimatstaat die Entscheidung getroffen wird, das Kind den künftigen Adoptiveltern anzuvertrauen. Ob es sich bei der Adoption um eine Dekretadoption oder eine Vertragsadoption handelt, ist dann unerheblich.[131] Die Anerkennung der Adoption kann nur bei einem Verstoß gegen den Ordre public versagt werden, Art. 24 Haager AdÜ. Ein solcher ist im Verhältnis zwischen Heimatstaat und Aufnahmestaat in der Praxis kaum denkbar, weil die Adoption im Heimatstaat nur ausgesprochen werden konnte, nachdem die Zentrale Behörde des Aufnahmestaates nach Art. 17 lit. c Haager AdÜ ihre Zustimmung zum Fortgang des Adoptionsverfahrens gegeben hat.[132]

125 Soergel/*Lüderitz* EGBGB Art. 22 Rn. 38; aA Staudinger/*Henrich* EGBGB Art. 22 Rn. 79, der insoweit wie bei der Befreiung von Ehehindernissen entscheiden will und die Zuständigkeit der deutschen Gerichte nur annimmt, wenn eine Zuständigkeitsrückverweisung oder ein dringendes Fürsorgebedürfnis vorliegt oder eine Entscheidung der ausländischen Stelle nicht in zumutbarer Zeit zu erwarten ist; ebenso BeckOGK/*Markwardt* EGBGB Art. 22 Rn. 174.

126 S.a. für die Wirkung einer ausländischen Entscheidung bei deutschem Adoptionsstatut AG Hattingen IPRax 1983, 300: Die anzuerkennende italienische Entscheidung, die den leiblichen Eltern das Sorgerecht entzogen und die Adoptionsfähigkeit des Kindes festgestellt hat, entspricht funktional einer Ersetzungsentscheidung nach § 1748 BGB; ähnlich AG Siegen IPRax 1992, 259 = IPRspr. 1992, Nr. 146.

127 AG Hattingen IPRax 1983, 300 mit zust. Anm. *Jayme*; AG Plettenberg IPRax 1994, 218 mit Bespr. *Hohnerlein*, S. 197, 198.

128 Soergel/*Lüderitz* EGBGB Art. 22 Rn. 40; s.a. AG Darmstadt IPRax 1983, 82, nach dem die nach italienischem Recht vorgesehene, durch gesonderten

Gerichtsbeschluss festzustellende Adoptionseignung durch die unwiderrufliche Adoptionseinwilligung nach § 1750 BGB ersetzt wird; diesem zustimmend Staudinger/*Henrich* EGBGB Art. 22 Rn. 82; MüKoBGB/*Helms* EGBGB Art. 22 Rn. 71.

129 V. 29.5.1993; das Übereinkommen ist für Deutschland zum 1.3.2002 in Kraft getreten (BGBl. II 2001 S. 1034; BGBl. II S. 2872; Abdruck der deutschen Übersetzung im Anhang; Liste der Vertragsstaaten zu finden auf den Internetseiten der Haager Konferenz für Internationales Privatrecht: http://www.hcch.net/ (Stand: 1.12.2019).

130 *Andrae* IntFamR S. 516; MüKoBGB/*Helms* EGBGB Art. 22 Rn. 75, 82, EGBGB Art. 22 Anh. AdÜb Rn. 9; BeckGOK/*Markwardt* HAdoptÜ Art. 23 Rn. 18 ff.

131 S. BT-Drs. 14/6011, S. 26; ebenso MüKoBGB/*Helms* EGBGB Art. 22 Rn. 75 Art. 22 EGBGB Anh., AdÜb Rn. 5, 9; BeckGOK/*Markwardt* HAdoptÜ Art. 23 Rn. 6.

132 *Andrae* IntFamR S. 517; siehe aber auch die Fälle bei BeckOGK/*Markwardt* HAdoptÜ Art. 24 Rn. 9 f.; BeckOK BGB/*Heiderhoff* EGBGB Art. 22 Rn. 64 f.

Umstritten ist, ob das Haager AdÜ eine **abschließende Sonderregel** für die Anerkennung ausländischer **85** Adoptionen darstellt,[133] oder ob nach dem Günstigkeitsprinzip auf §§ 108, 109 FamFG zurückgegriffen werden kann, wenn die Vorgaben des Haager AdÜ nicht eingehalten wurden.[134] Für einen abschließenden Charakter des Haager AdÜ spricht, dass dieses Abkommen nach seinem Art. 1 nicht allein die erleichterte Anerkennung ausländischer Adoptionen bezweckt, sondern auch sicherstellen soll, „dass internationale Adoptionen zum Wohl des Kindes und unter Wahrung seiner Grundrechte stattfinden" und die Entführung und der Verkauf sowie der Handel mit Kindern verhindert wird.[135] Von dieser eher strikten Interpretation des Haager AdÜ und der starken Betonung generalpräventiver Erwägungen[136] hat sich die heutige Rechtsprechung und auch die herrschende Lehre zunehmend entfernt. Stattdessen ist ein neuer Meinungsstreit über die Frage entstanden, ob nun generell auf das Günstigkeitsprinzip abgestellt werden solle[137] oder ob gleichwohl zwar ein Vorrang des Haager AdÜ bestehe, dieser aber bei weniger gravierenden Verstößen eher formaler Natur (etwa Fehlen der erforderlichen Bescheinigung) ausnahmsweise durchbrochen werden könne.[138] Die inzwischen überwiegende Ansicht spricht sich für eine Anwendung des Günstigkeitsprinzips aus. Zum einem sei weder dem Wortlaut, noch dem erläuternden Bericht ein Vorrang der Regelungen des Haager AdÜ vor den nationalen Anerkennungsregeln zu entnehmen.[139] Zum anderen gebiete es das Kindeswohl, eine inzwischen uU entstandene und gelebte Eltern-Kind-Beziehung, die auch unter dem Schutz der Verfassung und des Art. 8 EMRK steht, nicht allein deshalb aufzuheben, weil das Gericht es bei Ausspruch der Adoption versäumt hat, das Kindeswohl in einer dem Haager AdÜ entsprechenden Art und Weise zu prüfen. Die durch das Haager AdÜ auch verfolgten generalpräventiven Zwecke müssten in einem solchen Fall dem Kindeswohl weichen.[140] Eine solche auf den Einzelfall und den Zeitpunkt der Anerkennungsentscheidung[141] fokussierte Orde-public-Kontrolle scheint in der Tat der zentralen Bedeutung des Kindeswohls und der in Frage stehenden Statusverhältnisse[142] am besten zu entsprechen.

2. Anerkennung nach autonomem Recht. Die Anerkennung von Adoptionen aus einem Nichtvertrags- **86** staat des Haager AdÜ oder von Adoptionen, die nicht in den Anwendungsbereich des Haager AdÜ fallen (Erwachsenenadoptionen) richtet sich nach autonomem Recht. Dabei ist zwischen Adoptionsentscheidungen und reinen Vertragsadoptionen zu unterscheiden. Für die Anerkennung einer **Adoptionsentscheidung** (Dekretadoption) sind die **§§ 108, 109 FamFG** maßgeblich. Eine solche Adoptionsentscheidung kann von einem Gericht,[143] aber auch von einer Behörde erlassen worden sein, wenn die Behörde die Adoption in

---

133 Für einen abschließenden Charakter des Haager AdÜ OLG Schleswig FamRZ 2014, 498; OLG Düsseldorf IPRspr. 2012 Nr. 124 b; AG Düsseldorf FamRZ 2018, 1423 (1425); NK-BGB/*Benicke*, 3. Aufl. EGBGB, Art. 22 Rn. 80; Staudinger/*Henrich* Vor EGBGB Art. 22 Rn. 46; Prütting/Helms/*Hau* FamFG § 109 Rn. 13.

134 Für einen (eingeschränkten) Rückgriff auf §§ 108, 109 FamFG: OLG Karlsruhe FamRZ 2015, 1642; OLG Celle FamRZ 2017, 1503; OLG Brandenburg StAZ 2017, 15; OLG Stuttgart FamRZ 2018, 362; OLG Düsseldorf NJW-RR 2019, 391; MüKoBGB/ *Helms* EGBGB Art. 22 Rn. 82, Art. 22 EGBGB Anh. AdÜb Rn. 9; BeckOGK/*Markwardt* Art. 23 HAdoptÜ Rn. 33 ff.; BeckOK BGB/*Heiderhoff* EGBGB Art. 22 Rn. 64 f.; jurisPK-BGB/*Behrentin/ Grünenwald* EGBGB Art. 22 Rn. 117; nunmehr auch Staudinger/*Henrich* Vor EGBGB Art. 22 Rn. 46.

135 S. die Präambel des Haager AdÜ.

136 Siehe hierzu auch BGH NJW 2015, 240 (zur Leihmutterschaft).

137 OLG Düsseldorf NJW-RR 2019, 391; OLG Celle FamRZ 2017, 1503; OLG Brandenburg StAZ 2017, 15; OLG Stuttgart FamRZ 2018, 362; MüKoBGB/ *Helms* EGBGB Art. 22 Rn. 82; Staudinger/*Henrich* Vor EGBGB Art. 22 Rn. 46; BeckOK BGB/*Heiderhoff* EGBGB Art. 22 Rn. 64 f.; jurisPK-BGB/*Behrentin/Grünenwald* EGBGB Art. 22 Rn. 117.

138 OLG Karlsruhe FamRZ 2015, 1642; OLG Frankfurt FamRZ 2017, 15; BeckOGK/*Markwardt* HAdoptÜ Art. 23 Rn. 33 ff.; *Weitzel* NJW 2008, 186.

139 Vgl. auch BT-Drs. 14/5437, 62: „Das Übereinkommen regelt nicht ausdrücklich die Frage, ob eine in einem Vertragsstaat ausgesprochene und in seinen Anwendungsbereich fallende, aber gegen Regelungen des Übereinkommens verstoßende Adoption von anderen Vertragsstaaten anerkannt werden kann, deren internes Recht eine solche Anerkennung zulässt. In einem solchen Fall verstößt der die Adoption vornehmende Vertragsstaat ohne Zweifel gegen das Übereinkommen, weil dessen Vorschriften zwingend sind, und setzt sich damit der Beschwerde nach Artikel 33 aus; aber die Frage der Anerkennung läge außerhalb des Übereinkommens, und die Antwort sollte sich nach dem anzuwendenden Recht des Anerkennungsstaats richten, wobei immer das Wohl des Kindes zu berücksichtigen ist."

140 OLG Düsseldorf NJW-RR 2019, 391; Staudinger/ *Henrich,* Vor EGBGB Art. 22 Rn. 46; MüKoBGB/ *Helms* EGBGB Art. 22 Rn. 83; BeckOK BGB/*Heiderhoff* EGBGB Art. 22 Rn. 64 f.

141 BeckOGK/*Markwardt* Art. 23 HAdoptÜ Rn. 36 mwN.

142 BGH NJW 2015, 2800 (2804).

143 Ob die Adoption im Ausland im streitigen oder nichtstreitigen Verfahren ergeht, ist ohne Bedeutung, BayObLG StAZ 2000, 300 (301) = FamRZ 2001, 1642; MüKoBGB/*Helms* EGBGB Art. 22 Rn. 87; Staudinger/*Henrich* EGBGB Art. 22 Rn. 85; BeckOGK/*Markwardt* EGBGB Art. 22 Rn. 188.

einem der freiwilligen Gerichtsbarkeit vergleichbaren Verfahren konstitutiv begründet hat.[144] Die örtliche Zuständigkeit eines beantragten Anerkennungsverfahrens nach § 108 Abs. 2 S. 1 FamFG ergibt sich dabei aus § 108 Abs. 3 FamFG. Eine Zuständigkeitskonzentration muss mangels Verweisung auf § 5 Abs. 1 S. 1 AdWirkG auch hier für die Fälle der Erwachsenenadoption ausscheiden.[145]

87 Als Adoptionsentscheidungen können weitergehend auch **Bestätigungen und Genehmigungen** einer vertraglich begründeten Adoption durch ein Gericht oder eine Behörde anerkannt werden. Voraussetzung ist insoweit, dass die zuständige Stelle die Beteiligten angehört und die formellen und materiellen Voraussetzungen für eine Adoption überprüft hat sowie die Befugnis besitzt, die Bestätigung oder Genehmigung zu versagen, wenn die Beteiligten ein wirkliches Eltern-Kind-Verhältnis nicht begründen wollen.[146] Nicht ausreichend ist eine bloße formale Registrierung der Adoption.[147]

88 Die früher teilweise vertretene Ansicht,[148] es müsse insoweit zwischen einer Bestätigung nach dem formellen Abschluss des Adoptionsvertrages (dann Dekretadoption) und einer Bewilligung vor dessen Abschluss (dann Vertragsadoption) unterschieden werden, ist heute zu Recht aufgegeben worden,[149] da sie zu zufälligen und sachlich nicht gerechtfertigten Unterschieden führt. Entscheidend ist nur, ob die Zustimmung aufgrund einer eigenen Prüfungskompetenz der Behörde oder des Gerichts erteilt wird.

89 **Zeitlich** sind §§ 108, 109 FamFG anzuwenden, wenn Rechtswirkungen einer ausländischen Entscheidung im Inland nach dem Inkrafttreten des FamFG am 1.9.2009[150] geltend gemacht werden, auch wenn die Entscheidung bereits früher ergangen ist.

90 Reine **Vertragsadoptionen**, bei denen die Mitwirkung einer staatlichen Stelle in dem beschriebenen Umfang nicht stattgefunden hat, können nicht nach §§ 108, 109 FamFG anerkannt werden. Ihre Wirksamkeit bestimmt sich kollisionsrechtlich danach, ob die Voraussetzungen des Rechts eingehalten wurden, das aus deutscher Sicht gemäß Art. 22 Abs. 1 S. 2 für die Adoption anwendbar war.[151]

Sollte eine Vertragsadoption nach dem Adoptionsstatut zustande kommen können, ohne dass eine staatliche oder staatlich beauftragte Stelle mitgewirkt und die Übereinstimmung der Adoption mit dem Kindeswohl geprüft hat, so verstößt diese Regelung bei der **Minderjährigenadoption** gegen den Ordre public, weil keine ausreichende Prüfung des Kindeswohls gewährleistet ist.[152]

91 **3. Internationale Zuständigkeit, § 109 Abs. 1 Nr. 1 FamFG.** Die Anerkennung der ausländischen Adoptionsentscheidung ist ausgeschlossen, wenn die sie aussprechenden Gerichte/Behörden aus deutscher Sicht nicht zuständig sind. Die internationale Zuständigkeit der ausländischen Stelle für den Ausspruch der Adoption ist dabei in spiegelbildlicher Anwendung der Vorschriften für die internationale Zuständigkeit deutscher Gerichte zu bestimmen. Abzustellen ist auf die deutschen Vorschriften für die internationale Zuständigkeit, die beim Erlass galten oder, falls günstiger, zur Zeit der Anerkennung gelten.[153] Seit 1.9.2009 richtet sich die internationale Zuständigkeit nach § 101 FamFG. Davor war sie seit 1.8.1986 inhaltsgleich in § 43 b Abs. 1 FGG[154] geregelt. Die internationale Zuständigkeit der ausländischen Stelle ist demnach gegeben, wenn entweder einer der Annehmenden oder das Kind die Staatsangehörigkeit des Entscheidungsstaates besitzt oder dort seinen gewöhnlichen Aufenthalt hat.[155]

92 Diese Voraussetzungen müssen grds. im Zeitpunkt des Ausspruchs der Adoptionsentscheidung vorliegen.[156] Da allerdings auch deutsche Gerichte ihre Zuständigkeit auf die perpetuatio fori stützen können (→ Rn. 74),

144 Regierungsbegründung BT-Drs. 10/504, S. 93 (zu § 16 a FGG); OLG Zweibrücken NJW-RR 2005, 159 (160); BayObLG StAZ 2000, 104; LG Frankfurt/M. IPRax 1995, 44; LG Tübingen StAZ 1992, 217; Prütting/Helms/*Hau* FamFG § 108 Rn. 5; MüKo-BGB/*Helms* EGBGB Art. 22 Rn. 84, 86; Staudinger/*Henrich* EGBGB Art. 22 Rn. 85.

145 BeckOK BGB/*Heiderhoff* EGBGB Art. 22 Rn. 74; MüKoFamFG/*Maurer* § 187 Rn. 25.

146 BeckOGK/*Markwardt* EGBGB Art. 22 Rn. 188; Erman/*Hohloch* EGBGB Art. 22 Rn. 24 a.

147 S. AG Düsseldorf FamRZ 2018, 1423; AG Frankfurt FamRZ 2018, 1423; AG Duisburg StAZ 1983, 249; MüKoBGB/*Helms* EGBGB Art. 22 Rn. 85; *Benicke*, S. 187 f.; *Henrich* IPRax 1983, 194; *ders.*, Int. Familienrecht, § 8 V 4 b.

148 OVG Hamburg IPRax 2008, 261 (264) im Anschluss an MüKoBGB/*Klinkhardt*, 5. Aufl. 2010, EGBGB Art. 22 Rn. 92; *Andrae* IntFamR, 2. Aufl. 2006, § 7 Rn. 74.

149 Erman/*Hohloch* Art. 22 Rn. 24 f.; Soergel/*Lüderitz* Art. 22 Rn. 51; Staudinger/*Henrich* EGBGB Art. 22

Rn. 98; jetzt auch *Andrae* IntFamR § 7 Rn. 84; MüKoBGB/*Helms* EGBGB Art. 22 Rn. 85; iE ebenso so KG FamRZ 2006, 1405.

150 Das FamFG ist nach Art. 112 FGG-RG am 1.9.2009 in Kraft getreten; s.a. Prütting/Helms/*Prütting* FGG-RG Art. 112 Rn. 1.

151 OLG Zweibrücken NJW-RR 2005, 159 (160); MüKoBGB/*Helms* EGBGB Art. 22 Rn. 75, 85; Palandt/*Thorn* EGBGB Art. 22 Rn. 12; BeckOGK/*Markwardt* EGBGB Art. 22 Rn. 186.

152 S. dazu Staudinger/*Henrich* EGBGB Art. 22 Rn. 78; MüKoBGB/*Helms* EGBGB Art. 22 Rn. 51.

153 Staudinger/*Henrich* EGBGB Art. 22 Rn. 87; MüKoBGB/*Helms* EGBGB Art. 22 Rn. 88.

154 Eingefügt durch IPR-Reformgesetz v. 25.7.1986 (BGBl. I S. 1142); vorher galt § 66 Abs. 1 FGG, der auf den Wohnsitz des Annehmenden abstellte.

155 BayObLG StAZ 2000, 300.

156 Palandt/*Thorn* EGBGB Art. 22 Rn. 13; für den Zeitpunkt des Wirksamwerdens der Adoptionsentscheidung MüKoBGB/*Helms* EGBGB Art. 22 Rn. 88.

genügt es, wenn die Zuständigkeitsvoraussetzungen bei Stellung des Adoptionsantrags vorlagen und erst später entfallen sind.[157] Eine Heilung der mangelnden internationalen Zuständigkeit ist möglich, wenn die Beteiligten bis zum Zeitpunkt der Anerkennungsentscheidung die Staatsangehörigkeit des Adoptionsstaates erworben oder dort ihren gewöhnlichen Aufenthalt begründet haben.[158]

4. Verfahrensrechtlicher Ordre public, § 109 Abs. 1 Nr. 2 und 3 FamFG. Die verfahrensmäßig unge- **93** nügende Beteiligung spielt bei der Adoption regelmäßig keine Rolle.[159] Als potenzieller Verstoß käme aber bspw. die Verletzung des rechtlichen Gehörs des nichtehelichen Vaters des Kindes in Betracht, wenn dieser trotz enger Beziehung zum Kind im Adoptionsverfahren nicht gehört worden ist.[160] Ob die fehlende materiellrechtliche Einwilligung eines Betroffenen ein Anerkennungshindernis darstellt, ist eine Frage des Ordre public nach § 109 Abs. 1 Nr. 4 FamFG.

Nach § 109 Abs. 1 Nr. 3 FamFG kann die Adoption **eines bereits adoptierten Kindes** nur dann nicht aner- **94** kannt werden, wenn sie ohne Berücksichtigung der früher erfolgten und in Deutschland wirksamen Adoption ausgesprochen wurde. Nach § 1742 BGB kann zwar ein bereits adoptiertes minderjähriges Kind grundsätzlich erst nach Aufhebung der Adoption von einem anderen Annehmenden adoptiert werden. Eine weitere Adoption kann aber anerkannt werden, wenn sie inzident die erste Adoption aufgehoben hat, weil nach dem Adoptionsbegründungsstatut eine neue Adoption eine frühere Adoption aufhebt. Die neue Adoptionsentscheidung stellt damit gleichzeitig eine Entscheidung über die Aufhebung der ersten Adoption dar. Liegen insoweit die Anerkennungsvoraussetzungen vor, stellt die erste Adoption kein Hindernis für die Anerkennung der neuen Adoption dar.[161]

Wird ein minderjähriges adoptiertes Kind nach Erreichung der Volljährigkeit im Ausland erneut adoptiert, **95** so kann diese Adoption auch ohne inzidente Aufhebung der ersten Adoption anerkannt werden, wenn sie nur schwache Wirkungen hat und daher das Verwandtschaftsverhältnis zu dem ersten Annehmenden unberührt lässt.[162]

5. Materiellrechtlicher Ordre public, § 109 Abs. 1 Nr. 4 FamFG. a) Allgemeines. Die Anerkennung **96** einer ausländischen Dekretadoption ist nur zu versagen, wenn ihr Ergebnis mit den wesentlichen Grundsätzen des deutschen Rechts offensichtlich unvereinbar ist. Die aus deutscher Sicht anwendbaren Sachvorschriften müssen nicht eingehalten worden sein.

Das in vielen ausländischen Rechtsordnungen anzutreffende Verbot einer **Volljährigenadoption** verstößt **97** nicht gegen den deutschen Ordre public.[163] Die Erforderlichkeit einer Volljährigenadoption ist auch im deutschen Recht umstritten. Auch eine gemeinsame Adoption durch zwei Personen, die weder verheiratet sind, noch in einer Lebenspartnerschaft leben, verletzt nicht den deutschen Ordre public. Zum einen hat sich in dieser Hinsicht vor kurzem auch die deutsche Rechtslage geändert (→ Rn. 1 ff.) und zum anderen ist im Hinblick auf die für die Adoption entscheidende Kindeswohlprüfung primär die Dauerhaftigkeit und Stabilität der Lebensgemeinschaft und nicht ihre formale rechtliche Natur maßgeblich.[164]

Anerkannt ist, dass der Ordre-public-Vorbehalt nur eingreift, wenn das **Ergebnis** der ausländischen Ent- **98** scheidung im **Zeitpunkt** der Entscheidung über die Anerkennung mit dem deutschen Ordre public unvereinbar ist.[165] Anders als bei der Anwendung ausländischen Rechts durch ein deutsches Gericht kann der Ordre-public-Vorbehalt daher bei der Anerkennung einer ausländischen Adoptionsentscheidung nur abgeschwächt eingreifen (**effet atténué**).[166] Dem liegt auch die Überlegung zugrunde, dass die Versagung der Anerkennung die Wirksamkeit der Adoption im Entscheidungsstaat nicht berührt, und dass durch die Adoptionsentscheidung regelmäßig bereits Tatsachen geschaffen wurden, etwa indem ein neues Eltern-Kind-Ver-

---

157 MüKoBGB/*Helms* EGBGB Art. 22 Rn. 88; MüKo-FamFG/*Rauscher* FamFG § 109 Rn. 13; Prütting/Helms/*Hau* FamFG § 109 Rn. 22; aA noch MüKoBGB/*Klinkhardt*, 5. Aufl. 2010, EGBGB Art. 22 Rn. 95.

158 BeckOGK/*Markwardt* EGBGB Art. 22 Rn. 190; MüKoBGB/*Helms* EGBGB Art. 22 Rn. 88; Erman/*Hohloch* EGBGB Art. 22 Rn. 23.

159 Staudinger/*Henrich* EGBGB Art. 22 Rn. 88; MüKoBGB/*Helms* EGBGB Art. 22 Rn. 90; BeckOGK/*Markwardt* EGBGB Art. 22 Rn. 193.

160 Staudinger/*Henrich* EGBGB Art. 22 Rn. 88; BeckOGK/*Markwardt* EGBGB Art. 22 Rn. 193; vgl. auch BVerfG NJW 1995, 2155.

161 BeckOGK/*Markwardt* EGBGB Art. 22 Rn. 193; BeckOK BGB/*Heiderhoff* EGBGB Art. 22 Rn. 70.

162 LG Stuttgart StAZ 2000, 47, das insoweit die Ordre-public-Klausel in § 16 a Nr. 4 FGG prüft und darauf

hinweist, dass eine weitere Erwachsenenadoption auch nach deutschem Adoptionsrecht zulässig ist.

163 Ganz hM BeckOGK/*Markwardt* EGBGB Art. 22 Rn. 149; BeckOK BGB/*Heiderhoff* EGBGB Art. 22 Rn. 53; MüKoBGB/*Helms* EGBGB Art. 22 Rn. 50.

164 MüKoBGB/*Helms* EGBGB Art. 22 Rn. 59.

165 BGHZ 88, 113 (128); BGH NJW 1989, 2197 (2199); OLG Brandenburg StAZ 2017, 15 (17); ebenso MüKoBGB/*Helms* EGBGB Art. 22 Rn. 92; BeckOGK/*Markwardt* EGBGB Art. 22 Rn. 190; Erman/*Hohloch* EGBGB Art. 22 Rn. 23, 25; jurisPK-BGB/*Behrentin/Grünenwald* EGBGB Art. 22 Rn. 110.

166 BGH FamRZ 2015, 1479 (1482); NJW 2015, 480; MüKoBGB/*Helms* EGBGB Art. 22 Rn. 92; jurisPK-BGB/*Behrentin/Grünenwald* EGBGB Art. 22 Rn. 109.

hältnis begründet wurde. Die Nichtanerkennung kann die Situation für die zu schützenden Interessen, etwa der leiblichen Eltern, oft nicht verbessern und würde andererseits andere Interessen, etwa diejenigen des Kindes stark beeinträchtigen. Wird eine im Herkunftsland des Kindes wirksam begründete Adoption in Deutschland nicht anerkannt, so besteht die Gefahr, dass das Kind faktisch elternlos wird. Die ausländischen leiblichen Eltern sind nur noch aus deutscher Sicht, nicht aber aus Sicht des früheren Aufenthaltsstaates die rechtlichen Eltern. Der Annehmende ist aus der Sicht des früheren Aufenthaltsstaates Vater oder Mutter, hat aber im Aufnahmestaat Deutschland keine rechtliche Elternschaft erlangt.[167]

99   **b) Gemeinschaftliche Adoption durch Lebenspartner.** Eine ausländische Entscheidung, durch die eine gemeinschaftliche Adoption durch zwei gleichgeschlechtliche Partner begründet wurde, ist im Inland anzuerkennen. Da heute in Deutschland eine gemeinschaftliche Adoption durch gleichgeschlechtliche Ehepartner möglich ist und auch die „Kappungsgrenze" in Art. 17 b Abs. 4 aF aufgehoben wurde, ist dieses Ergebnis nunmehr zwingend und kein Fall für den Ordre-public-Vorbehalt in § 109 Abs. 1 Nr. 4 FamFG. Gleichwohl ist nach deutschem materiellen Recht eine gemeinschaftliche Adoption durch eingetragene Lebenspartner bislang weiterhin nicht möglich.[168]

100   **c) Schwache Adoptionen und Kafala.** Ist im Ausland eine Adoption mit **schwachen Wirkungen** begründet worden, obgleich nach dem aus deutscher Sicht anwendbaren Adoptionsstatut eine starke Adoption auszusprechen gewesen wäre, stellt dies nach heute allgemeiner Meinung kein Anerkennungshindernis dar.[169] § 2 Abs. 2 Nr. 2 und § 3 Abs. 1 AdWirkG sehen die Anerkennung und Umwandlung von schwachen Auslandsadoptionen ausdrücklich vor. Ebenso wenig kann einer ausländischen Volladoption, die vor der Einführung der starken Minderjährigenadoption[170] erfolgte, die Anerkennung in Deutschland versagt werden.[171]

101   Streitig ist, ob das Bestehen einer Kafala, die in den meisten islamisch geprägten Rechtsordnungen die Möglichkeit einer Adoption ersetzt (→ Rn. 8), eine ausreichend sichere rechtliche Grundlage für eine kontinuierliche Betreuung und Erziehung des Kindes schafft[172] und dadurch einer weiteren inländischen Adoption im Wege steht. Dies wird teilweise angenommen.[173] Die Kafala sei zumindest dann eine angemessene Form der Betreuung, wenn dadurch die Kontinuität der kulturellen Kindesentwicklung gefördert wird.[174] Die bei einer Kafala regelmäßig fehlende verwandtschaftliche Beziehung wird aber bei einem gewöhnlichen und nicht nur vorübergehenden Aufenthalt in Deutschland regelmäßig im Widerspruch zum Kindeswohl stehen und eine Adoption geboten erscheinen lassen. So verhindert die fehlende verwandtschaftliche Beziehung unter anderem den Erwerb der deutschen Staatsangehörigkeit und führt zu einer ausländerrechtlich weniger gesicherten Rechtsstellung des Kindes.[175]

102   **d) Einwilligungen.** Zu den wesentlichen Grundsätzen des deutschen Adoptionsrechts gehört, dass eine Adoption nur mit dem Einverständnis des oder der Annehmenden begründet werden darf.

103   Teil des deutschen Ordre public ist auch der Grundsatz, dass die Adoption die **Einwilligung der Mutter** des Kindes voraussetzt. Auf diese Einwilligung kann nur verzichtet werden, wenn die Adoption im Kindesinteresse geboten ist, weil die Mutter ihrer Elternrolle dem Kind gegenüber nicht entsprochen hat. In den Einzelheiten müssen die Gründe für die Ersetzung der Einwilligung der Mutter nach dem ausländischen Recht nicht mit denjenigen des deutschen Rechts (vgl. § 1748 BGB) übereinstimmen. Die Prüfung der Verzichtbarkeit kann im Adoptionsverfahren selbst erfolgt sein. Eine gesonderte Entscheidung, wie sie das deutsche Recht vorsieht, ist nicht erforderlich. Gleiches gilt für die Zustimmung des Vaters eines ehelichen Kindes.

104   Ist nach dem ausländischen Recht der **Vater eines nichtehelichen Kindes** nicht am Adoptionsverfahren beteiligt worden, so kann hierin unter Umständen ein Ordre-public-Verstoß gesehen werden. Allerdings ist zu berücksichtigen, dass in einer solchen Konstellation nicht generell vom Bestehen einer sozialen Bezie-

---

167 KG FamRZ 2006, 1405; BayObLGZ 2000, 180 (186 f.).

168 *Winkelsträter,* 214 f.; jurisPK-BGB/*Behrentin/ Grünenwald* EGBGB Art. 22 Rn. 109.

169 OLG Düsseldorf StAZ 2012, 82 (83); OLG Köln StAZ 2012, 339 (341); OLG Zweibrücken StAZ 1985, 132; *Hepting* StAZ 1986, 305; MüKoBGB/ *Helms* EGBGB Art. 22 Rn. 98; Palandt/*Thorn* EGBGB Art. 22 Rn. 14; Soergel/*Lüderitz* EGBGB Art. 22 Rn. 50; Staudinger/*Henrich* EGBGB Art. 22 Rn. 96 f.

170 Gesetz über die Annahme als Kind und zur Änderung anderer Vorschriften v. 2.7.1976 (BGBl. I S. 1749).

171 BGH FamRZ 1989, 378 (380); Palandt/*Thorn* EGBGB Art. 22 Rn. 14.

172 OLG Karlsruhe FamRZ 1998, 56 = IPRax 1999, 49 mAnm *Jayme*; Staudinger/*Henrich* EGBGB Art. 22 Rn. 71.

173 *Sonnenberger,* Symposium Spellenberg, 2006, 29 (49); *Menhofer* IPRax 1997, 252; *Grünenwald* NZFam 2016, 389 (390); BeckOK BGB/*Heiderhoff* EGBGB Art. 22 Rn. 53.

174 *Jayme* IPRax 1999, 49; *ders.* IPRax 1996, 237 (238 ff.), 242 f.

175 Zust. MüKoBGB/*Helms* EGBGB Art. 22 Rn. 50.

hung zwischen Vater und Kind auszugehen ist. Kein Ordre-public-Verstoß liegt daher vor, wenn der Vater vor der Adoption kein Interesse an der Erziehung des Kindes gezeigt hat.[176]

Überwiegend wird zum deutschen Ordre public auch gerechnet, dass die Einwilligung der Eltern erst nach einer angemessenen **Überlegungsfrist** nach der Geburt erteilt wird.[177] Hierbei ist zu beachten, dass die Überlegungsfrist auch durch ein Widerrufsrecht einer bereits vor oder kurz nach der Geburt erteilten Einwilligung erreicht werden kann.[178] | **105**

Die formalrechtlich einwandfreie **Zustimmung des Kindes** oder seines gesetzlichen Vertreters gehört nicht zu den unbedingt einzuhaltenden Voraussetzungen.[179] Notwendig, aber auch ausreichend ist, dass die Interessen des Kindes im Verfahren geprüft worden sind.[180] Erforderlich erscheint dabei, dass das Kind im Verfahren selbst angehört worden ist, wenn dies nicht aufgrund seines Alters und Reifegrades unangebracht erscheint.[181] Die Anhörung muss dabei unmittelbar durch das Gericht oder aber durch eine neutrale dritte Stelle erfolgen. | **106**

Ein Indiz für das Maß des Widerspruchs zum deutschen zwingenden Recht ist, ob bei einer deutschen Adoption wegen des gleichen Grundes die Aufhebung nach § 1761 Abs. 2 BGB oder § 1762 BGB möglich oder vielmehr ausgeschlossen wäre (s. aber auch → Rn. 121).[182] | **107**

Weitergehend ist zu fordern, dass durch die Nichtanerkennung die zu schützende Rechtsposition im Zeitpunkt der Entscheidung über die Anerkennung noch gewahrt werden kann. Hat die leibliche Mutter ihre Einwilligung vor oder bereits kurz nach der Geburt erklärt, ist die Adoption nur dann nicht anzuerkennen, wenn die Mutter die Adoption nicht gelten lassen will und tatsächlich und rechtlich in der Lage ist, wieder für das Kind zu sorgen.[183] | **108**

e) Prüfung des Kindeswohls. Ein Verstoß gegen den materiellen Ordre public kommt insbesondere dann in Betracht, wenn im ausländischen Adoptionsverfahren keine ausreichende **Prüfung des Kindeswohls** stattgefunden hat. Die Prüfung des Kindeswohls beinhaltet **drei Elemente**.[184] Aufgrund des Subsidiaritätsgrundsatzes muss erstens geprüft werden, ob ein Bedürfnis für eine Adoption besteht. Daran fehlt es, wenn das Kind in seiner Herkunftsfamilie aufwachsen kann und durch die Adoption nur die äußeren Lebensbedingungen verbessert werden sollen.[185] Eine internationale Adoption darf weiter nur ausgesprochen werden, wenn geprüft worden ist, dass im Herkunftsland keine anderweitigen Unterbringungsmöglichkeiten bestehen. Notwendig ist zweitens, dass eine fachliche Überprüfung der Adoptionseignung der Annehmenden (sog. home study) erfolgt ist. Drittens muss eine Entscheidung darüber herbeigeführt werden, ob im konkreten Fall das Kind und die Adoptiveltern zusammenpassen (sog. matching). In vielen Rechtsordnungen ist insoweit eine der Adoption vorgelagerte Pflegephase vorgesehen.[186] | **109**

Ausgangspunkt der Prüfung eines Ordre-public-Verstoßes ist, dass das Anerkennungsgericht die ausländische Entscheidung nicht generell sachlich nachzuprüfen hat (sog. Verbot der révision au fond). Vielmehr ist davon auszugehen, dass das ausländische Gericht eine angemessene Prüfung des Kindeswohls durchgeführt hat, soweit keine Anhaltspunkte für das Gegenteil bestehen.[187] An der für die Anerkennung notwendigen Kindeswohlprüfung fehlt es aber dann, wenn sie ersichtlich überhaupt nicht erfolgt ist, etwa weil sie nach dem anwendbaren Recht nicht vorgesehen ist[188] oder weil das Gericht das Recht offensichtlich fehlerhaft | **110**

176 Fachausschuss des Bundesverbandes der Deutschen Standesbeamtinnen und Standesbeamten Nr. 3498, StAZ 1998, 383 (384); BeckOGK/*Markwardt* EGBGB Art. 22 Rn. 218; s.a. zur Verfassungswidrigkeit der früheren deutschen Rechtslage wegen unzureichender Berücksichtigung des Vaters BVerfGE 92, 158 = FamRZ 1995, 789; und für die EMRK EGMR FamRZ 1995, 110.

177 Staudinger/*Henrich* EGBGB Art. 22 Rn. 91; MüKoBGB/*Helms* EGBGB Art. 22 Rn. 94; BeckOGK/*Markwardt* EGBGB Art. 22 Rn. 203; *Benicke*, S. 202 ff. mwN.

178 LG Frankfurt/M. IPRax 1995, 44; Staudinger/*Henrich* EGBGB Art. 22 Rn. 91; *Benicke*, S. 205.

179 BayObLG StAZ 2000, 300 (302).

180 BGH IPRax 1990, 55 = FamRZ 1989, 378; BayObLG StAZ 2000, 300 (302); Staudinger/*Henrich* EGBGB Art. 22 Rn. 90.

181 OLG Braunschweig NJOZ 2016, 42; BayObLG StAZ 2000, 300 (302); AG Düsseldorf FamRZ 2018; 1423, 1425; LG Dresden JAmt 2006, 360 = IPRspr. 2006, 497 für ein 14 Jahre altes Kind; zust. MüKoBGB/*Helms* EGBGB Art. 22 Rn. 94.

182 OLG Nürnberg 15.10.2001 – 10 UF 1714/01 (rumänische Adoption eines rumänischen Kindes durch eine deutsche verheiratete Frau, die ohne Einwilligung des Ehemannes erfolgte); LG Nürnberg-Fürth IPRax 1987, 180; *Lüderitz* FS Beitzke 1979, S. 589, 603; *Sonnenberger* GS Lüderitz 2000, S. 713, 723; Staudinger/*Henrich* EGBGB Art. 22 Rn. 90 f.

183 S. dazu ausf. *Benicke*, S. 202 ff.

184 *Weitzel* IPRax 2007, 308 (309); BeckOGK/*Markwardt* EGBGB Art. 22 Rn. 200.

185 OLG Karlsruhe StAZ 2011, 210 (212); OLG Köln FamRZ 2010, 49 (50); OLG Hamm FamRZ 2014, 1571 (1572).

186 S. zum türkischen Recht *Grassinger* StAZ 2005, 129 (130).

187 OLG Düsseldorf NJW-RR 2019, 319; FamRZ 2009, 1078 f.; OLG Brandenburg FamRZ 2015, 869 (870); OLG Frankfurt StAZ 2012, 241 (242); BayObLGZ 2000, 180 (185); MüKoBGB/*Helms* EGBGB Art. 22 Rn. 95.

188 OLG Köln FamRZ 2009, 1607 Nr. 12; KG FamRZ 2006, 1405.

angewandt hat, etwa ohne Grund von einer erforderlichen Pflegezeit absah.[189] Hat das ausländische Gericht eine Kindeswohlprüfung durchgeführt, so ist sie unzureichend, wenn sie aufgrund einer völlig ungenügenden oder ersichtlich falschen Tatsachengrundlage erfolgte. Dies wird oft, wenn auch nicht notwendigerweise darauf beruhen, dass die Beteiligten falsche Angaben gemacht haben.[190]

111 Ein Anerkennungshindernis stellt es immer dar, wenn kein Adoptionsbedürfnis gegeben ist, weil eine Versorgung des Kindes durch die leiblichen Eltern oder nahe Verwandte im Heimatland möglich ist und die Adoption vor allem dem Zwecke dient, dem Kind eine bessere finanzielle Zukunft und/oder Ausbildung zu ermöglichen.[191] Unzureichend kann die Kindeswohlprüfung auch deshalb sein, weil keine Prüfung einer **anderweitigen Unterbringungsmöglichkeit** des Kindes im Herkunftsstaat erfolgt ist.[192] Hintergrund ist insoweit das in Art. 4 lit. b Haager AdÜ enthaltene Subsidiaritätsprinzip bei internationalen Adoptionen. Als allgemeines Prinzip (Art. 21 lit. b UN-Kinderschutzkonvention) gilt es aber auch für Adoption aus Nichtvertragsstaaten des Haager AdÜ. Allerdings wird man nicht verlangen können, dass in der ausländischen Entscheidung ausdrücklich darauf eingegangen wird, dass alternative Unterbringungsmöglichkeiten ausgeschlossen sind.[193]

112 Praktisch relevant ist vor allem die Frage, ob eine angemessene, dem deutschen Ordre public entsprechende Kindeswohlprüfung zwingend erfordert, dass die **Eignung der Adoptionsbewerber** durch eine fachlich qualifizierte Stelle im Staat des gewöhnlichen Aufenthalts überprüft worden ist. Mit der Regierungsbegründung ist davon auszugehen, dass eine dem deutschen Ordre public genügende Kindeswohlprüfung voraussetzt, dass der Adoptionsentscheidung eine fachliche Begutachtung des Adoptionsbewerbers vorausgegangen ist, die dessen Lebensumstände annähernd vollständig erfassen muss.[194] Streitig ist, ob eine solche fachliche Begutachtung nur durch eine Stelle im Staat des gewöhnlichen Aufenthalts des Adoptionsbewerbers, also bei Adoptionsbewerbern aus Deutschland nur durch eine deutsche Stelle erfolgen kann. Die Regierungsbegründung scheint davon auszugehen, dass die Prüfung grds. auch eine ausländische fachliche Stelle leisten kann.[195] Im Anwendungsbereich des Haager AdÜ darf eine Adoption aber nur ausgesprochen werden, wenn die Behörde im Aufnahmestaat ihre Zustimmung erklärt hat. Diese Zustimmung wird bei inländischen Adoptionsbewerbern nur nach einer Begutachtung durch eine inländische Fachstelle erteilt. Außerhalb des Anwendungsbereichs des Haager AdÜ verlangten die meisten Gerichte hingegen nicht, dass im ausländischen Adoptionsverfahren der Bericht einer fachlichen Stelle in Deutschland zur Adoptionseignung vorlag. Teilweise wurde nicht einmal daran Anstoß genommen, dass eine Begutachtung der Adoptionsbewerber auch von keiner ausländischen Fachstelle vorgenommen worden war,[196] oder dass sogar eine negative fachliche Beurteilung durch eine deutsche Stelle vorlag.[197] Neuere Entscheidungen zeigen, dass zumindest[198] die Ober-Gerichte zunehmend strenger geworden sind.[199] Wenn das Erfordernis der Kindeswohlprüfung ernst genommen wird, muss verlangt werden, dass im ausländischen Adoptionsverfahren der

---

189 S. Fall des AG Celle JAmt 2006, 377 = IPRspr. 2006, 459; ebenso BeckOGK/*Markwardt* EGBGB Art. 22 Rn. 203.

190 OLG Köln FamRZ 2009, 1607 Nr. 12.

191 OLG Karlsruhe StAZ 2011, 210 (212); OLG Köln FamRZ 2010, 49 (50); OLG Düsseldorf StAZ 2012, 82 (84 f.); OLG Celle 11.4.2008 – 17 W 3/08 (Nichtanerkennung der Adoption durch Onkel, weil Kind bei Eltern in Tunesien leben kann); jurisPK-BGB/*Behrentin/Grünenwald* EGBGB Art. 22 Rn. 113 f. mit zahlreichen weiteren Nachweisen aus der Rechtsprechung; ebenso MüKoBGB/*Helms* EGBGB Art. 22 Rn. 95; aA AG Hamm (Amt 2004, 375.

192 OLG Düsseldorf FamRZ 2009, 1078 (1079); vgl. auch MüKoBGB/*Helms* EGBGB Art. 22 Rn. 95: vorgetäuschte Inlandsadoption.

193 JurisPK-BGB/*Behrentin/Grünenwald* EGBGB Art. 22 Rn. 112; *Klingenstein*, Kulturelle Identität und Kindeswohl im deutschen und internationalen Adoptionsrecht (2000), S. 47.

194 BT-Drs. 14/6011, 29.

195 BT-Drs. 14/6011, 29.

196 S.a. die Berichte von *Reinhardt* JAmt 2006, 325 und *Schlauß* FamRZ 2007, 1699 (1702).

197 BayObLGZ 2000, 180 (185) nahm keinen Anstoß daran, dass das Kreisjugendamt die Eignung der deutschen Annehmenden zweimal verneint hatte;

ausreichend sei, dass das madagassische Gericht das Kindeswohl geprüft und bejaht habe; ebenso KG FamRZ 2006, 1405.

198 Nach den Recherchen von *Botthoff*, Perspektiven der Minderjährigenadoption (2014), 166 ff., sind die Amtsgerichte bei großen Unterschieden im Einzelfall im Schnitt deutlich anerkennungsfreundlicher.

199 OLG Frankfurt 24.9.2019 – 1 UF 93/18 (keine persönliche Anhörung des Adoptionsbewerbers im Adoptionsverfahren in Sierra Leone); OLG Nürnberg FamRZ 2015, 1640 (keine Berücksichtigung der Folgen eines Aufenthaltswechsels von der Türkei nach Deutschland); KG FamRZ 2012, 1234 (red. Leitsatz); OLG Braunschweig IPRspr. 2013, Nr. 129, 270; OLG Celle FamRZ 2014, 501; OLG Frankfurt StAZ 2012, 268; StAZ 2012, 241; OLG Karlsruhe IPRspr. 2012, Nr. 126 b, 260; OLG Köln FamRZ 2013, 484 (red. Leitsatz); s.a. OVG Bln-Bbg 21.4.2009 – OVG 3 B 8.07, das die Erteilung eines Visums für die Einreise eines marokkanischen Kindes zum Zwecke der Adoption in Deutschland davon abhängig macht, dass ein positiver Eignungsbericht über den Adoptionsbewerber nach § 7 Abs. 3 AdVermiG erstellt worden ist; siehe andererseits aber auch OLG Hamm IPRax 2017, 497 mAnm *Geimer* IPRax 2017, 472.

Bericht einer fachlich qualifizierten Stelle aus dem Land des gewöhnlichen Aufenthalts des Adoptionsbewerbers über seine Eignung in die Entscheidungsfindung aufgenommen wurde.[200]

Streitig ist weiter, ob das Fehlen einer fachlichen Prüfung der Adoptionseignung immer zur Versagung der **113** Anerkennung führt. Für die Beurteilung der Ordre-public-Widrigkeit der ausländischen Adoptionsentscheidung ist grds. der **Zeitpunkt** maßgeblich, in dem das deutsche Gericht über die Anerkennung entscheidet (→ Rn. 98).

Verbreitet ziehen deutsche Gerichte diesen Gesichtspunkt deshalb bei einer unzureichenden Prüfung des Kindeswohls im ausländischen Adoptionsverfahren heran. Sie stellen darauf ab, ob zwischen Kind und Annehmenden eine Eltern-Kind-Beziehung entstanden ist und ob aktuell Zweifel an der Eignung des Annehmenden vorliegen.[201]

Andere Gerichte lehnen dieses Vorgehen dagegen ab und versagen die Anerkennung unabhängig davon, ob zwischenzeitlich ein Eltern-Kind-Verhältnis entstanden ist.[202]

Für die letztgenannte Auffassung spricht, dass sogenannte unbegleitete Adoptionen im deutschen Recht **114** nach dem geplanten neuen § 2 b Adoptionsvermittlungsgesetz-Entwurf untersagt werden sollen[203] und der Konzeption der gesetzlich vorgeschriebenen Adoptionsvermittlung widersprechen.[204] Im Inland kann eine Adoption nur durchgeführt werden, wenn die Adoption durch eine staatliche oder staatlich zugelassene Stelle vermittelt wurde und in diesem Zusammenhang eine positive Begutachtung der Adoptionsbewerber erfolgt ist. Es besteht die Gefahr, dass diese Regelungen unterlaufen werden, wenn eine Auslandsadoption anerkannt wird, bei der eine solche Überprüfung nicht stattgefunden hat. Potenzielle Adoptionsbewerber könnten dadurch dazu angehalten werden, den aufwendigen Weg einer Adoption über eine inländische zugelassene Adoptionsvermittlungsstelle zu vermeiden und direkt im Ausland eine Adoption anzustreben.[205] Zugleich ist eine solche Praxis im Hinblick auf Art. 21 lit. c UN-Kinderrechtskonvention problematisch, weil das Kind bei solchen unbegleiteten internationalen Adoptionen nicht in den Genuss der für nationale Adoptionen geltenden Schutzvorschriften kommt. Der deutsche Gesetzgeber plant daher auch eine neue weitreichende Anerkennungssperre für unbegleitete Auslandsadoptionen in § 4 Abs. 1 AdWirkG-Entwurf einzuführen.[206] Eine Anerkennung soll nur dann zulässig sein, wenn zu erwarten ist, dass zwischen dem Annehmenden und dem Kind ein Eltern-Kind-Verhältnis entsteht und die Annahme für das Wohl des Kindes erforderlich ist (§ 4 Abs. 1 S. 2 AdWirkG-Entwurf).

Auch die Gefahr eines rechtswidrigen **Kinderhandels** wird möglicherweise erhöht, wenn die Umgehung **115** von verfahrensrechtlichen Schutzvorschriften und institutionellen Vermittlungsstrukturen im Ergebnis sanktionslos bleibt und die Adoption im Inland trotz allem anerkannt wird. Gleichwohl sollten auch hier generalpräventive Gründe das konkret im Einzelfall zu prüfende Kindeswohl nicht vollständig verdrängen können (→ Rn. 84) und der inzwischen (wohl) herrschenden Ansicht im Schrifttum gefolgt werden, die eine aktualisierte Kindeswohlprüfung zumindest in einem gewissen Umfang auch noch im Anerkennungsverfahren zulässt.[207]

Maßgeblich für eine solche Handhabung spricht auch der Grundsatz, dass für den Ordre public der **Zeit- 116 punkt der Entscheidung über die Anerkennung** maßgeblich ist, und dass es darauf ankommt, ob im konkreten Fall das **Ergebnis der Anerkennung** mit dem deutschen Ordre public unvereinbar ist.[208] Der Gefahr, dass aufgrund der unzureichenden Kindeswohlprüfung eine Adoption ausgesprochen wird, die dem

---

200 OLG Köln FamRZ 2009, 1607 Nr. 17 (allerdings mit Hinweis auf KG FamRZ 2006, 1405, das eine Begutachtung durch einen Pfarrer für ausreichend hielt); OLG Celle FamRZ 2008, 1109 Nr. 7.

201 AG Hamm JAmt 2004, 376; AG Hamm JAmt 2006, 363; ähnlich BayObLGZ 2000, 180 (186); KG FamRZ 2006, 1405; zustimmend *Beyer* JAmt 2006, 329 (331); MüKoBGB/*Helms* EGBGB Art. 22 Rn. 97; eingehend für eine Orientierung am konkreten Kindeswohl und damit gegebenenfalls für eine Kindeswohlprüfung im Anerkennungsverfahren *Botthoff*, S. 142 ff., zusammenfassend 185 f.

202 OLG Dresden FamRZ 2014, 1129 (1131); OLG Düsseldorf FamRZ 2013, 714 (715); OLG Hamm FamRZ 2011, 310 (311); OLG Frankfurt FamRZ 2009, 1605; OLG Karlsruhe StAZ 2011, 210 (212); *Weitzel* JAmt 2006, 333 (335); s.a. *Weitzel* IPRax 2007, 308 (312 f.), der darauf hinweist, dass sich die Beziehung zu den Annehmenden auch negativ entwickeln kann.

203 S. BT-Drs. 19/16718 v. 22.1.2020 (Adoptionshilfe-Gesetz), S. 9 f.

204 *Reinhardt* JAmt 2006, 325 (327).

205 *Weitzel* JAmt 2006, 333 (336); *Reinhardt* JAmt 2006, 325 (329).

206 BT-Drs. 19/16718, v. 22.1.2020 (Adoptionshilfe-Gesetz), S. 21 u. 68 ff.

207 OLG Brandenburg StAZ 2017, 15; MüKoBGB/ *Helms* EGBGB Art. 22 Rn. 97; BeckOK BGB/*Heiderhoff* EGBGB Art. 22 Rn. 65; jurisPK-BGB/*Behrentin/Grünenwald* EGBGB Art. 22 Rn. 110; Staudinger/*Henrich* EGBGB Art. 22 Rn. 95; differenzierend BeckOGK/*Markwardt* EGBGB Art. 22 Rn. 204 ff.; aA noch NK-BGB/*Benicke*, 3. Aufl. 2016, EGBGB Art. 22 Rn. 108 ff.

208 JurisPK-BGB/*Behrentin/Grünenwald* EGBGB Art. 22 Rn. 110; MüKoBGB/*Helms* EGBGB Art. 22 Rn. 96 f.

Kindeswohl nicht entspricht, kann jedenfalls in klaren Fällen durch eine Überprüfung im Zeitpunkt der Anerkennung entgegengetreten werden.

117 Zuzugeben ist allerdings, dass die fehlende oder fehlerhafte Überprüfung der Adoptionseignung im ausländischen Adoptionsverfahren im Anerkennungsverfahren nur begrenzt nachholbar ist. Fehlen dem Gericht bspw. die hierfür erforderlichen Informationen und sind diese auch nicht ohne Weiteres aus dem Entscheidungsstaat zu beschaffen[209] oder lebt das Kind auch im Anerkennungszeitpunkt noch nicht mit dem Annehmenden zusammen,[210] so scheidet eine Nachholung der Kindeswohlprüfung und damit auch eine Anerkennung der ausländischen Adoptionsentscheidung grds. aus.[211] Dieses Ergebnis wäre wohl auch mit dem neuen § 4 Abs. 1 S. 2 AdWirkG-Entwurf vereinbar.

118 Der weitere Einwand, es könne die Adoption ja durch ein eigenständiges Annahmeverfahren in Deutschland noch nachgeholt werden,[212] verfängt hingegen in der Regel nicht. Zum einen wird die notwendige Beteiligung der leiblichen Eltern ein solches Verfahren oft vor unüberwindbare Schwierigkeiten stellen[213] und zum anderen stellt sich die Frage nach der Wirksamkeit der Adoption oft erst in Zusammenhängen (bspw. im Hinblick auf eine Scheidung oder auf eine Rechtsnachfolge von Todes wegen) und zu einem Zeitpunkt, in dem bzw. in denen eine Nachholung der Adoption realistischerweise nicht mehr in Betracht kommt.[214]

119 Zu beachten ist schließlich, dass eine restriktive Anerkennungspraxis im praktischen Ergebnis zu einem **Ausschluss der Anerkennung unbegleiteter Auslandsadoptionen** durch Annehmende mit gewöhnlichem Aufenthalt in Deutschland führt. Adoptionsbewerbern wird der durch das Jugendamt erstellte (Sozial-)Bericht über die Eignungsprüfung nicht ausgehändigt.[215] Sie haben daher nicht die Möglichkeit, einen positiven Eignungsbericht zu erlangen, den sie in einem ausländischen Adoptionsverfahren vorlegen könnten, wenn keine inländische Adoptionsvermittlungsstelle eingeschaltet ist. Der grundsätzliche Ausschluss der Anerkennung unbegleiteter Auslandsadoptionen ist als notwendige Folge davon, dass der Gesetzgeber für inländische Adoptionen und für Auslandsadoptionen, die durch eine inländische Stelle vermittelt werden, einen hohen Standard, insbesondere im Hinblick auf die Eignungsprüfung, eingeführt hat, durchaus vertretbar, darf jedoch aus den oben beschriebenen Gründen nicht generell zulasten des Kindeswohls im konkreten Einzelfall ausschlagen.

120 Ein Ordre-public-Verstoß ist andererseits immer dann gegeben, wenn die Adoption nachgewiesenermaßen nur begründet wurde, um die deutsche Staatsangehörigkeit bzw. ein **Aufenthaltsrecht** in Deutschland zu erhalten.[216] Gleiches gilt, wenn mit der Adoption primär andere adoptionsfremde Zwecke, bspw. die Erlangung von Steuervorteilen, verfolgt wurden.[217]

121 Der Ansicht, dass Fehler bei der Adoptionsbegründung immer dann keinen Grund für die Versagung der Anerkennung wegen eines Ordre-public-Verstoßes darstellen können, wenn in einem vergleichbaren Fall bei einer inländischen Adoption nach §§ 1760–1762 BGB eine Aufhebung der Adoption nicht (mehr) möglich wäre,[218] kann in dieser Allgemeinheit nicht gefolgt werden (vgl. aber zur Indizwirkung → Rn. 107). Es wird dabei nicht berücksichtigt, dass der deutsche Gesetzgeber die Adoption mit einer weitreichenden Bestandskraft ausstatten konnte, weil er gleichzeitig durch eine entsprechende Ausgestaltung des Verfahrens eine hohe Richtigkeitsgewähr geschaffen hat. So wäre etwa bei Täuschung der leiblichen Eltern durch einen kommerziellen Vermittler, von der die Annehmenden keine Kenntnis hatten, eine Aufhebung nach deutschem internem Recht nicht möglich. Eine solche Adoption würde aber regelmäßig dennoch gegen den deutschen Ordre public verstoßen.

122 **f) Kinderhandel und Leihmutterschaftsproblematik.** Zu versagen ist die Anerkennung der Adoption, wenn der Annehmende bei einer gesetz- oder sittenwidrigen Vermittlung oder Verbringung des Kindes zum Zwecke der Adoption **(Kinderhandel)** mitgewirkt hat. Entsprechend § 1741 Abs. 1 S. 2 BGB[219] ist hiervon nur eine Ausnahme zu machen, wenn das Wohl des Kindes die Aufrechterhaltung der Adoption gerade zu

---

209 OLG Hamm FamRZ 2011, 310; BeckOK BGB/*Heiderhoff* EGBGB Art. 22 Rn. 65.
210 OLG Hamm FamRZ 2017, 1583.
211 BeckOK BGB/*Heiderhoff* EGBGB Art. 22 Rn. 65; BeckOGK/*Markwardt* EGBGB Art. 22 Rn. 209; ähnlich MüKoBGB/*Helms* EGBGB Art. 22 Rn. 97.
212 So noch NK-BGB/*Benicke*, 3. Aufl. 2016, EGBGB Art. 22 Rn. 113.
213 MüKoBGB/*Helms* EGBGB Art. 22 Rn. 96; *Botthof*, S. 150.
214 Ebenso MüKoBGB/*Helms* EGBGB Art. 22 Rn. 96; *Staudinger* FamRBint 2007, 42 (46); aA NK-BGB/*Benicke*, 3. Aufl. 2016, EGBGB Art. 22 Rn. 113.

215 § 7 Abs. 3 S. 3 AdVermiG; § 4 Abs. 5 AdÜbAG; s. dazu Bundesarbeitsgemeinschaft der Landesjugendämter, Empfehlungen zur Adoptionsvermittlung, 6. Fassung 2009, S. 32 unter 6.4.3.1; s.a. jurisPK-BGB/*Behrentin/Grünenwald* EGBGB Art. 22 Rn. 115.
216 OLG Frankfurt FamRZ 2014, 1572; OLG Celle FamRZ 2008, 1109 Nr. 7; BeckOGK/*Markwardt* EGBGB Art. 22 Rn. 202; jurisPK-BGB/*Behrentin/Grünenwald* EGBGB Art. 22 Rn. 115; MüKoBGB/*Helms* EGBGB Art. 22 Rn. 95.
217 BeckOGK/*Markwardt* EGBGB Art. 22 Rn. 202.
218 KG FamRZ 2006, 1405.
219 S. dazu BT-Drs. 13/8511, S. 75.

diesem Annehmenden erfordert. Diese Ausnahme sollte im Interesse einer wirksamen Prävention eng ausgelegt werden. Allein der Umstand, dass zwischen dem Kind und dem Annehmenden bereits ein Eltern-Kind-Verhältnis entstanden ist, reicht nicht aus; ebenso wenig, dass die Rückkehr des Kindes in seine Herkunftsfamilie nicht mehr möglich ist. Entscheidend ist, ob die Adoption durch andere Annehmende ohne eine schwere Schädigung des Kindes möglich erscheint.

Als ein solcher Fall des Kindeshandels ist auch einzuordnen, wenn die Annehmenden ein Ehepaar im Ausland dazu veranlassen, noch ein Kind zu zeugen, damit sie es adoptieren können.[220] Auf den nur schwer zu erbringenden Nachweis, dass die leiblichen Eltern hierfür bezahlt wurden, kommt es nicht an. Allein die Vereinbarung macht das Kind zum bloßen Objekt und ist deswegen als sittenwidrig anzusehen. **123**

Im Zusammenhang mit Fällen der sog. Leihmutterschaft hat der BGH jedoch mehrfach entschieden, dass es im Einzelfall dem Kindeswohl entsprechen kann, eine unter solchen Umständen zustande gekommene Eltern-Kind-Beziehung anzuerkennen und grds. kein Ordre-public-Verstoß vorliege, wenn zumindest ein Elternteil mit dem Kind genetisch verwandt sei.[221] Ein Fall des Kinderhandels und damit auch ein Ordre-public-Verstoß liegen richtigerweise auch dann nicht vor, wenn die Wunschmutter das Kind nach der Verbringung in das Inland von der Leihmutter adoptiert.[222] **124**

Anhang I zu Art. 22 EGBGB: AdWirkG

Gesetz über Wirkungen der Annahme als Kind nach ausländischem Recht (Adoptionswirkungsgesetz – AdWirkG)

Vom 5. November 2001 (BGBl. I S. 2950)
(FNA 404–30)
zuletzt geändert durch Art. 5 des Gesetzes zur Umsetzung der Entscheidung des Bundesverfassungsgerichts vom 26. März 2019 zum Ausschluss der Stiefkindadoption in nichtehelichen Familien vom 19. März 2020 (BGBl. I S. 541)

§ 1 AdWirkG Anwendungsbereich

[1]Die Vorschriften dieses Gesetzes gelten für eine Annahme als Kind, die auf einer ausländischen Entscheidung oder auf ausländischen Sachvorschriften beruht. [2]Sie gelten nicht, wenn der Angenommene zur Zeit der Annahme das 18. Lebensjahr vollendet hatte.

§ 2 AdWirkG Anerkennungs- und Wirkungsfeststellung

(1) Auf Antrag stellt das Familiengericht fest, ob eine Annahme als Kind im Sinne des § 1 anzuerkennen oder wirksam und ob das Eltern-Kind-Verhältnis des Kindes zu seinen bisherigen Eltern durch die Annahme erloschen ist.

(2) [1]Im Falle einer anzuerkennenden oder wirksamen Annahme ist zusätzlich festzustellen,

1. wenn das in Absatz 1 genannte Eltern-Kind-Verhältnis erloschen ist, dass das Annahmeverhältnis einem nach den deutschen Sachvorschriften begründeten Annahmeverhältnis gleichsteht,
2. andernfalls, dass das Annahmeverhältnis in Ansehung der elterlichen Sorge und der Unterhaltspflicht des Annehmenden einem nach den deutschen Sachvorschriften begründeten Annahmeverhältnis gleichsteht.

[2]Von der Feststellung nach Satz 1 kann abgesehen werden, wenn gleichzeitig ein Umwandlungsausspruch nach § 3 ergeht.

---

220 AG Hamm IPRspr. 2007, 259; LG Dortmund IPRspr. 2007, 259.
221 BGH NJW 2015, 479; NJW-RR 2018, 1473; s.a. EGMR Mennesson ./. France NJW 2015, 3211; und EGMR Paradiso u. Campanelli ./. Italien NJW 2017, 941.
222 OLG Frankfurt NJW 2019, 1615, mAnm *Löhnig* NZFam 2019, 311; OLG Düsseldorf NZFam 2017, 404; OLG München NJW-RR 2018, 516; s.a. *Behrentin/Grünenwald* NJW 2019, 2057 (2061 f.) mwN.

§ 3 AdWirkG Umwandlungsausspruch

(1) [1]In den Fällen des § 2 Abs. 2 Satz 1 Nr. 2 kann das Familiengericht auf Antrag aussprechen, dass das Kind die Rechtsstellung eines nach den deutschen Sachvorschriften angenommenen Kindes erhält, wenn

1. dies dem Wohl des Kindes dient,
2. die erforderlichen Zustimmungen zu einer Annahme mit einer das Eltern-Kind-Verhältnis beendenden Wirkung erteilt sind und
3. überwiegende Interessen des Ehegatten, des Lebenspartners oder der Kinder des Annehmenden oder des Angenommenen nicht entgegenstehen.

[2]Auf die Erforderlichkeit und die Erteilung der in Satz 1 Nr. 2 genannten Zustimmungen finden die für die Zustimmungen zu der Annahme maßgebenden Vorschriften sowie Artikel 6 des Einführungsgesetzes zum Bürgerlichen Gesetzbuche entsprechende Anwendung. [3]Auf die Zustimmung des Kindes ist zusätzlich § 1746 des Bürgerlichen Gesetzbuchs anzuwenden. [4]Hat der Angenommene zur Zeit des Beschlusses nach Satz 1 das 18. Lebensjahr vollendet, so entfällt die Voraussetzung nach Satz 1 Nr. 1.

(2) Absatz 1 gilt in den Fällen des § 2 Abs. 2 Satz 1 Nr. 1 entsprechend, wenn die Wirkungen der Annahme von den nach den deutschen Sachvorschriften vorgesehenen Wirkungen abweichen.

§ 4 AdWirkG Antragstellung; Reichweite der Entscheidungswirkungen

(1) [1]Antragsbefugt sind

1. für eine Feststellung nach § 2 Abs. 1
   a) der Annehmende, im Fall der Annahme durch Ehegatten jeder von ihnen,
   b) das Kind,
   c) ein bisheriger Elternteil oder
   d) das Standesamt, das nach § 27 Abs. 1 des Personenstandsgesetzes für die Fortführung der Beurkundung der Geburt des Kindes im Geburtenregister oder nach § 36 des Personenstandsgesetzes für die Beurkundung der Geburt des Kindes zuständig ist;
2. für einen Ausspruch nach § 3 Abs. 1 oder Abs. 2 der Annehmende, annehmende Ehegatten nur gemeinschaftlich.

[2]Von der Antragsbefugnis nach Satz 1 Nr. 1 Buchstabe d ist nur in Zweifelsfällen Gebrauch zu machen. [3]Für den Antrag nach Satz 1 Nr. 2 gelten § 1752 Abs. 2 und § 1753 des Bürgerlichen Gesetzbuchs.

(2) [1]Eine Feststellung nach § 2 sowie ein Ausspruch nach § 3 wirken für und gegen alle. [2]Die Feststellung nach § 2 wirkt jedoch nicht gegenüber den bisherigen Eltern. [3]In dem Beschluss nach § 2 ist dessen Wirkung auch gegenüber einem bisherigen Elternteil auszusprechen, sofern dieser das Verfahren eingeleitet hat oder auf Antrag eines nach Absatz 1 Satz 1 Nr. 1 Buchstabe a bis c Antragsbefugten beteiligt wurde. [4]Die Beteiligung eines bisherigen Elternteils und der erweiterte Wirkungsausspruch nach Satz 3 können in einem gesonderten Verfahren beantragt werden.

§ 5 AdWirkG Zuständigkeit und Verfahren

(1) [1]Über Anträge nach den §§ 2 und 3 entscheidet das Familiengericht, in dessen Bezirk ein Oberlandesgericht seinen Sitz hat, für den Bezirk dieses Oberlandesgerichts; für den Bezirk des Kammergerichts entscheidet das Amtsgericht Schöneberg. [2]Für die internationale und die örtliche Zuständigkeit gelten die §§ 101 und 187 Abs. 1, 2 und 4 des Gesetzes über das Verfahren in Familiensachen und in den Angelegenheiten der freiwilligen Gerichtsbarkeit entsprechend.

(2) [1]Die Landesregierungen werden ermächtigt, die Zuständigkeit nach Absatz 1 Satz 1 durch Rechtsverordnung einem anderen Familiengericht des Oberlandesgerichtsbezirks oder, wenn in einem Land mehrere Oberlandesgerichte errichtet sind, einem Familiengericht für die Bezirke aller oder mehrerer Oberlandesgerichte zuzuweisen. [2]Sie können die Ermächtigung auf die Landesjustizverwaltungen übertragen.

(3) [1]Das Familiengericht entscheidet im Verfahren der freiwilligen Gerichtsbarkeit. [2]Die §§ 159 und 160 Absatz 1 Satz 1, Absatz 2 bis 4 des Gesetzes über das Verfahren in Familiensachen und in den Angelegenheiten der freiwilligen Gerichtsbarkeit sind entsprechend anzuwenden. [3]Im Verfahren

nach § 2 wird ein bisheriger Elternteil nur nach Maßgabe des § 4 Abs. 2 Satz 3 und 4 angehört. [4]Im Verfahren nach § 2 ist das Bundesamt für Justiz als Bundeszentralstelle für Auslandsadoption, im Verfahren nach § 3 sind das Jugendamt und die zentrale Adoptionsstelle des Landesjugendamtes zu beteiligen.

(4) [1]Auf die Feststellung der Anerkennung oder Wirksamkeit einer Annahme als Kind oder des durch diese bewirkten Erlöschens des Eltern-Kind-Verhältnisses des Kindes zu seinen bisherigen Eltern, auf eine Feststellung nach § 2 Abs. 2 Satz 1 sowie auf einen Ausspruch nach § 3 Abs. 1 oder 2 oder nach § 4 Abs. 2 Satz 3 findet § 197 Abs. 2 und 3 des Gesetzes über das Verfahren in Familiensachen und in den Angelegenheiten der freiwilligen Gerichtsbarkeit entsprechende Anwendung. [2]Im Übrigen unterliegen Beschlüsse nach diesem Gesetz der Beschwerde; sie werden mit ihrer Rechtskraft wirksam. [3]§ 4 Abs. 2 Satz 2 bleibt unberührt.

Literatur: *Beitzke,* Immer noch: Auslandsadoptionen, in: Beitzke/Hoffmann/Sturm, Einbindung fremder Normen in das deutsche Personenstandsrecht, 1985, S. 1; *Benicke,* Typenmehrheit im Adoptionsrecht und deutsches IPR, 1995; *Beyer,* Zur Frage der ordre public-Widrigkeit ausländischer Adoptionsentscheidungen wegen unzureichender Elterneignungs- und Kindeswohlprüfung, JAmt 2006, 329; *Botthof/Bienentreu/Behrentin,* Das Ende der vermittelten Auslandsadoption?, JAmt 2013, 503; *Busch,* Adoptionswirkungsgesetz und Haager Adoptionsübereinkommen – von der Nachadoption zur Anerkennung und Wirkungsfeststellung, IPRax 2003, 13; *ders.,* Kein Staatsangehörigkeitserwerb bei der schwachen Auslandsadoption? – Zum Umgang mit einer nur scheinbar eindeutigen Rechtslage, StAZ 2003, 297; *Frank,* Neuregelungen auf dem Gebiet des Internationalen Adoptionsrechts unter besonderer Berücksichtigung der Anerkennung von Auslandsadoptionen, StAZ 2003, 257; *Grünenwald,* Voraussetzungen der Umwandlung nach § 3 AdWirkG im Wandel der Zeit, JAmt 2015, 480; *Hölzel,* Verfahren nach § 2 und § 3 AdWirkG – Gerichtliche Feststellung der Anerkennung ausländischer Adoptionen und Umwandlung schwacher Auslandsadoptionen, StAZ 2003, 289; *Heiderhoff,* Das Erbrecht des adoptierten Kindes nach der Neuregelung des internationalen Adoptionsrechts, FamRZ 2002, 1682; *Klinkhardt,* Zweierlei Zweitadoptionen, IPRax 1995, 238, 239; *ders.,* Wege zu einem neuen Umgang mit ausländischen Adoptionen, in: FS Sonnenberger 2004, S. 443; *St. Lorenz,* Adoptionswirkungen, Vorfragenanknüpfung und Substitution im Internationalen Adoptionsrecht nach der Umsetzung des Haager Adoptionsübereinkommens v. 29.5.1993, in: FS Sonnenberger 2004, S. 497; *Ludwig,* Internationales Adoptionsrecht in der notariellen Praxis nach dem Adoptionswirkungsgesetz, RNotZ 2002, 353; *Maurer,* Das Gesetz zur Regelung von Rechtsfragen auf dem Gebiet der internationalen Adoption und zur Weiterentwicklung des Adoptionsvermittlungsrechts, FamRZ 2003, 133; *ders.,* Zur Rechtsnatur der Verfahren nach dem Adoptionswirkungsgesetz, FamRZ 2013, 90; *Schlauß,* Die Anerkennung von Auslandsadoptionen in der vormundschaftsgerichtlichen Praxis, FamRZ 2007, 1699; *Schurig,* Keine Rechtssicherheit für ausländische Adoptivkinder, IPRax 1984, 25; *Staudinger/Winkelsträter,* Grenzüberschreitende Adoptionen in Deutschland, FamRBint, 2005, 84 (I); 2006, 10 (II); *Steiger,* Das neue Recht der internationalen Adoption und Adoptionsvermittlung, Einführung, Erläuterung, Materialien, 2002; *ders.,* Im alten Fahrwasser zu neuen Ufern: Neuregelungen im Recht der internationalen Adoption mit Erläuterungen für die notarielle Praxis, DNotZ 2002, 184; *Süß,* Ratifikation der Haager Adoptionskonvention – Folgen für die notarielle Praxis, MittBayNot 2002, 88; *Weitzel,* Das Haager Adoptionsübereinkommen vom 29.5.1993 – Zur Interaktion der zentralen Behörden, NJW 2008, 186; *ders.,* Zur Anerkennung ausländischer Adoptionsentscheidungen, IPRax 2007, 308; *Zimmermann,* Die Auslandsadoption, NZFam 2016, 249.

A. Allgemeines	1		1. Kindeswohl	25
B. Anerkennungs- und Wirkungsfeststellung	8		2. Einwilligungen	26
I. Allgemeines	8		a) Inhalt	26
II. Antragsberechtigung	11		b) Anwendbares Recht	30
III. Inhalt der Feststellung	19		c) Einwilligung des Kindes	36
IV. Beendigung des Eltern-Kind-Verhältnisses	21		d) Ersetzung von Einwilligungen	38
V. Reichweite der Entscheidungswirkungen	22		3. Interessen von Ehegatten und Kindern	41
C. Umwandlung	23		III. Wirkungen	42
I. Anwendungsbereich	23		D. Wiederholung einer ausländischen Adoption	
II. Voraussetzungen	24		im Inland	45

A. Allgemeines

Das Adoptionswirkungsgesetz (AdWirkG)[1] wurde im Zusammenhang mit der Ratifikation des Haager Adoptionsübereinkommens (Haager AdÜ) erlassen. Es hat ein Verfahren eingeführt, in dem die Anerkennung und die Wirkung einer im Ausland erfolgten Adoption für das Inland erga omnes festgestellt werden können. Außerdem eröffnet es die Möglichkeit, eine Adoption mit schwächeren Wirkungen in eine starke Adoption nach deutschem Recht umzuwandeln, und bildet damit eine Ausführungsvorschrift zu Art. 27 Haager AdÜ, der dies fakultativ vorsieht.[2]

1

---

1   Gesetz über Wirkungen der Annahme als Kind nach ausländischem Recht (Adoptionswirkungsgesetz) in

der Fassung der Bekanntmachung v. 5.11.2001 (BGBl. I S. 2950).

2   BT-Drs. 14/6011, S. 47 re. Sp.

2 Durch das Adoptionshilfe-Gesetz[3] sind wesentliche Änderungen im AdWirkG geplant, die vor allem das Ziel haben, sog. unbegleitete Auslandsadoptionen wirksam zu unterbinden.[4] Insbesondere soll daher ein verpflichtendes Anerkennungsverfahren für alle Auslandsadoptionen eingeführt werden, die nicht unter Art. 23 des Haager AdÜ fallen.[5] Kann eine gültige Bescheinigung über die Begleitung der Adoption durch die zuständigen inländischen Stellen vorgelegt werden, werden diese Adoptionen aber bis zur endgültigen Entscheidung über ihre Anerkennung zumindest vorläufig anerkannt.[6]

3 Durch das zum 31.3.2020 in Kraft getretene Stiefkindadoptionsgesetz[7] ist § 2 Abs. 3 AdWirkG aF entfallen, da er durch die veränderte Anknüpfung in Art. 22 Abs. 1 EGBGB keinen Anwendungsbereich mehr hatte. Zudem wurde eine Folgeanpassung in § 3 Abs. 1 S. 3 AdWirkG vorgenommen.[8]

4 Der **Anwendungsbereich** des AdWirkG geht über denjenigen des Haager AdÜ hinaus. Das AdWirkG gilt auch für Adoptionen aus Staaten, die Nichtvertragsstaaten des Haager AdÜ sind. Bis zum 31.3.2020 galt das AdWirkG zudem auch für Adoptionen, die durch ein deutsches Familiengericht unter Anwendung eines ausländischen Adoptionsstatus ausgesprochen wurden. **Zeitlich** wirkt das Adoptionswirkungsgesetz insoweit zurück, als Anerkennungs- und Wirkungsfeststellungen sowie Umwandlungen auch für Adoptionen erfolgen können, die vor seinem Inkrafttreten begründet worden sind.[9]

5 Die Anwendbarkeit ist auf die Adoption von unter 18-jährigen Personen beschränkt (§ 1 S. 2 AdWirkG). Maßgebend ist entsprechend der Abgrenzung zwischen Minderjährigen- und Erwachsenenadoption im internen deutschen Recht[10] der Zeitpunkt des Adoptionsakts, nicht derjenige der Stellung der Adoptionsanträge.[11] Es kommt also darauf an, ob das Gericht oder die Behörde die Adoption vor dem 18. Geburtstag des Kindes ausgesprochen oder bestätigt hat. Wenn nach dem ausländischen Recht das Gericht oder die Behörde die Bewilligung zur Adoption erteilt, die erst im Anschluss durch einen Vertrag zwischen den Beteiligten vollzogen wird, so kommt es auf den letzten Akt an, der für das Wirksamwerden der Adoption erforderlich ist.

6 Die **internationale Zuständigkeit** für das Feststellungs- oder das Umwandlungsverfahren richtet sich aufgrund der Verweisung in § 5 Abs. 1 S. 2 AdWirkG nach § 101 FamFG. Die Zuständigkeit ist nach § 5 Abs. 1 S. 1 AdWirkG bei einem Familiengericht für jeden Bezirk eines Oberlandesgerichts konzentriert. Dies und die Beteiligung des Bundesamts für Justiz als Bundeszentralstelle für Auslandsadoptionen nach § 5 Abs. 3 S. 3 AdWirkG dienen der Bildung von speziellen Kompetenzen und der Vereinheitlichung der Rechtspraxis.[12]

7 Das OLG Stuttgart hat in einer Entscheidung aus dem Jahre 2019 die Auffassung vertreten, dass bei einer in Pakistan vorgenommenen Vertragsadoption, die durch ein pakistanisches Gericht ohne Prüfung des Kindeswohls deklaratorisch bestätigt wurde, bereits keine „ausländische Entscheidung" iSd § 1 S. 1 AdWirkG vorliege und daher der Anwendungsbereich des AdWirkG gar nicht eröffnet sei.[13] Die Frage nach der Anerkennungsfähigkeit der Adoptionsentscheidung sollte jedoch richtigerweise nicht mit der Frage nach der Qualität und den Anforderungen an eine Entscheidung iSd Art. 1 S. 1 AdWirkG verwechselt werden. Auch ausländische Vertragsadoptionen werden nach ganz herrschender Auffassung von § 1 S. 1 AdWirkG erfasst,[14] wobei letztlich auch offen bleiben kann, ob und unter welche Voraussetzungen gerichtlich bestä-

---

3 BT-Drs. 19/16718.

4 Vgl. BT-Drs. 19/16718, S. 1 f., 29, 59 ff.

5 BT-Drs. 19/16718, S. 21. In § 1 AdWirkG soll ein Absatz 2 mit folgendem Wortlaut eingefügt werden: „Ist im Rahmen eines internationalen Adoptionsverfahrens (§ 2 a Absatz 1 des Adoptionsvermittlungsgesetzes) eine Adoptionsentscheidung im Ausland ergangen, die nicht nach Artikel 23 des Haager Übereinkommens vom 29.5.1993 über den Schutz von Kindern und die Zusammenarbeit auf dem Gebiet der internationalen Adoption kraft Gesetzes anerkannt wird, bedarf diese Entscheidung der Anerkennungsfeststellung durch das Familiengericht."

6 BT-Drs. 19/16718, S. 22. Es soll ein neuer § 7 AdWirkG mit folgendem Inhalt eingefügt werden: „Bis zum Abschluss des Anerkennungsverfahrens gilt die ausländische Adoptionsentscheidung vorläufig als anerkannt, wenn eine gültige Bescheinigung nach § 2 d des Adoptionsvermittlungsgesetzes vorgelegt wird und die Anerkennung nicht nach § 109

Absatz 1 des Gesetzes über das Verfahren in Familiensachen und in den Angelegenheiten der freiwilligen Gerichtsbarkeit ausgeschlossen ist. Die Bestimmungen des Staatsangehörigkeitsgesetzes bleiben unberührt."

7 BT-Drs. 19/15618.

8 S. BT-Drs. 19/15618, S. 7.

9 OVG Hamburg IPRax 2008, 261 (264); Busch IPRax 2003, 13 (15); ebenso MüKoBGB/Helms AdWirkG § 1 Rn. 4.

10 S. dazu AG Mainz FamRZ 2001, 1641.

11 OLG Bremen FamRZ 2016, 1606; BT-Drs. 14/6011, S. 46 re. Sp.

12 BT-Drs. 14/6011, S. 49 li. Sp.; Busch IPRax 2003, 13 (15).

13 OLG Stuttgart FamRZ 2019, 1548 (Rn. 20).

14 OLG Hamm FamRZ 2015, 427; MüKoBGB/Helms AdWirkG § 1 Rn. 3; Nomos-BR/Weitzel AdWirkG § 1 Rn. 3; BeckOGK/Markwardt AdWirkG § 1 Rn. 15.

tigte Vertragsadoptionen „ausländische Entscheidungen"[15] sind oder aber „auf ausländischen Sachvorschriften beruhen" iSd § 1 S. 1 AdWirkG. Die pakistanische Entscheidung hätte jedenfalls nach dem AdWirkG geprüft, ihr aber wegen einer fehlenden Kindeswohlprüfung nach § 5 Abs. 3 S. 1 AdWirkG iVm § 109 Abs. 1 Nr. 4 FamFG die Anerkennung versagt werden müssen.[16]

B. Anerkennungs- und Wirkungsfeststellung

I. Allgemeines

Die Feststellung der Anerkennung und der Wirkungen einer Adoption nach § 2 Abs. 1 AdWirkG kann bei **8** Adoptionen aus Vertragsstaaten wie aus Nichtvertragsstaaten des Haager AdÜ erfolgen. Sie ist sowohl bei Dekretadoptionen als auch bei reinen Vertragsadoptionen möglich (s. zu den Anerkennungsvoraussetzungen bei reinen Vertragsadoptionen → EGBGB Art. 22 Rn. 70, 90).[17]

Zweck der Feststellung ist es, Unsicherheiten im Hinblick auf den rechtlichen Status des Kindes zu vermei- **9** den[18] und damit dem Kindeswohl zu dienen.[19]

Das Verfahren ist für ausländische Adoptionen fakultativ und verdrängt nicht die ex lege-Anerkennung **10** einer ausländischen Adoptionsentscheidung nach Art. 23 Haager AdÜ oder §§ 108, 109 FamFG. Liegen die Anerkennungsvoraussetzungen vor, entfaltet die ausländische Adoption Wirkungen im Inland, auch wenn ein Feststellungsverfahren (noch) nicht durchgeführt worden ist.[20] Durch das Adoptionshilfe-Gesetz soll nun allerdings für alle Auslandsadoptionen, die nicht unter das Haager AdÜ fallen, ein verpflichtendes Anerkennungsverfahren eingeführt werden (→ Rn. 2).

II. Antragsberechtigung

Antragsberechtigt ist nach § 4 Abs. 1 AdWirkG neben den unmittelbar betroffenen Personen (Annehmen- **11** der, Kind, bisheriger Elternteil) nach lit. d auch das Standesamt, das nach § 27 Abs. 1 des Personenstandsgesetzes für die Fortführung der Beurkundung der Geburt des Kindes im Geburtenregister oder nach § 36 des Personenstandsgesetzes für die Beurkundung der Geburt des Kindes zuständig ist.

Um die völkerrechtlich vorgegebene ex-lege-Anerkennung nach Art. 23 Haager AdÜ nicht auszuhöhlen, ist **12** von der Antragsbefugnis des Standesbeamten nur in Zweifelsfällen Gebrauch zu machen, § 4 Abs. 1 S. 2 AdWirkG.[21] Dafür spricht auch, dass aus Kostengründen ein Verfahren ohne einen Antrag der unmittelbar betroffenen Personen nur bei einem entsprechenden öffentlichen Interesse durchgeführt werden soll.

Außerdem kann ein solches Verfahren aufgrund der notwendigen Anhörung für das Adoptivkind eine **13** Belastung darstellen und sollte daher nicht ohne zwingenden Grund erfolgen.[22] Bezüglich der **Anhörung des Kindes** verweist § 5 Abs. 3 S. 2 AdWirkG auf §§ 159, 160 Abs. 1 S. 1, Abs. 2–4 FamFG.

Insbesondere bei Adoptionen aus einem Vertragsstaat des Haager AdÜ, bei denen eine Bescheinigung der **14** ausländischen Stelle nach Art. 23 vorliegt, bestehen regelmäßig keine Zweifel hinsichtlich der Anerkennung und der starken Wirkungen der Adoption.[23]

Liegen bei der Adoption aus einem Nichtvertragsstaat die Anerkennungsvoraussetzungen zwar eindeutig **15** vor, ist aber zweifelhaft, ob sie starke oder schwache Wirkungen hat, so besteht ebenfalls keine Antragsbefugnis des Standesbeamten. Für die vom Standesbeamten vorzunehmende Eintragung kommt es nämlich nicht darauf an, ob die Adoption schwache oder starke Wirkungen entfaltet.

Das Vorliegen eines Zweifelsfalls ist nach dem Wortlaut und der systematischen Stellung echte Zulässig- **16** keitsvoraussetzung und nicht bloße Sollvorschrift.

Nach § 5 Abs. 1 und 2 AdWirkG erfolgt eine Zuständigkeitskonzentration der Verfahren bei einem Fami- **17** liengericht für den Bezirk eines Oberlandesgerichts.

Stellen die unmittelbar von der Adoption Betroffenen einen Antrag auf Wirkungsfeststellung, wird diesem **18** Antrag allerdings auch dann nicht das Rechtsschutzbedürfnis abzusprechen sein, wenn eine Bescheinigung

---

15 Siehe dazu *Helms* StAZ 2020, 25; MüKoBGB/*Helms* AdWirkG § 1 Rn. 2; Nomos-BR/*Weitzel* AdWirkG § 1 Rn. 32; BeckOGK/*Markwardt* AdWirkG § 1 Rn. 15.

16 Ebenso *Helms* StAZ 2020, 25.

17 BT-Drs. 14/6011, S. 46 re. Sp.; *Busch* IPRax 2003, 13 (15); MüKoBGB/*Helms* EGBGB Art. 22 Rn. 76, AdWirkG § 2 Rn. 5; *Klinkhardt* FS Sonnenberger, S. 443, 446.

18 BVerwG FamRZ 2018, 359 (361); MüKoBGB/ *Helms* AdWirkG § 2 Rn. 1.

19 BT-Drs. 14/6011, S. 28 f.; BeckOGK/*Markwardt* AdWirkG § 2 Rn. 2.

20 MüKoBGB/*Helms* EGBGB Art. 22 Rn. 75.

21 BT-Drs. 14/6011, S. 48 re. Sp.; MüKoBGB/*Helms* AdWirkG § 4 Rn. 4; BeckOGK/*Markwardt* AdWirkG § 2 Rn. 9.

22 S. BT-Drs. 14/6011, S. 48 re. Sp.

23 S. BT-Drs. 14/6011, S. 29; *Busch* IPRax 2003, 13 (17).

nach Art. 23 Haager AdÜ vorliegt, deren Ordnungsgemäßheit von der Bundeszentralstelle für Auslandsadoptionen nach § 9 AdÜbAG[24] bestätigt worden ist.[25] Die noch offene Frage, ob die Bescheinigung nach Art. 23 Haager AdÜ ein ausreichendes Maß an Rechtssicherheit gewährleistet, sollte nicht die Adoptivfamilien belasten.

III. Inhalt der Feststellung

19   Das Familiengericht entscheidet über die Anerkennung der ausländischen Adoptionsentscheidung nach den Voraussetzungen in Art. 23 Haager AdÜ bzw. §§ 108, 109 FamFG. Zusätzlich wird darüber entschieden, ob das Eltern-Kind-Verhältnis des Kindes zu seinen bisherigen Eltern durch die Adoption erloschen ist. Diese Feststellung ist eine Voraussetzung für die darauf aufbauende Feststellung, dass die im Ausland ausgesprochene Adoption einer nach deutschem Adoptionsrecht ausgesprochenen Adoption gleichsteht.[26] Dies wiederum stellt sicher, dass immer dann, wenn eine deutsche Norm als Vorfrage ein durch Adoption begründetes Kindschaftsverhältnis zu den Annehmenden voraussetzt, die dabei auftretende **Substitutionsfrage** positiv zu beantworten ist (→ EGBGB Art. 22 Rn. 43 ff.).[27] § 2 Abs. 2 Nr. 2 AdWirkG knüpft an Art. 26 Abs. 2 Haager AdÜ an, der eine solche Gleichstellung ex lege vorschreibt.[28] Die Feststellung führt aber anders als die Umwandlung (→ Rn. 42) nicht zu einem Wechsel des für die Adoption maßgeblichen Rechts.[29] Daher richten sich die Wirkungen nach überwiegender Auffassung weiterhin nach dem Adoptionsbegründungsstatut. Begründet die Adoption danach kein Verwandtschaftsverhältnis zu den Verwandten des Annehmenden, ändert sich auch durch eine Feststellung nach § 2 AdWirkG hieran nichts.[30]

20   Handelt es sich nach dem auf die Adoption angewandten ausländischen Recht um eine **schwache Adoption**, ergeht nach § 2 Abs. 2 Nr. 2 AdWirkG eine Feststellung über die Wirkungen nur im Hinblick auf die elterliche Sorge und die Unterhaltspflicht des Annehmenden. Insoweit steht auch eine schwache Adoption einer Adoption nach deutschem Recht gleich. Hintergrund für diese Gleichstellung ist der Umstand, dass jede Adoption zumindest ein Eltern-Kind-Verhältnis zwischen den Annehmenden und dem Kind im Hinblick auf die elterliche Sorge begründet und eine primäre Unterhaltspflicht des Annehmenden schafft.

IV. Beendigung des Eltern-Kind-Verhältnisses

21   Die Gleichstellung mit einer starken Adoption nach deutschem Recht setzt voraus, dass nach dem maßgeblichen Recht (→ EGBGB Art. 22 Rn. 22) grundsätzlich alle Rechtsbeziehungen zur Herkunftsfamilie aufgehoben wurden. Anders als bei der bisher vorzunehmenden Substitutionsprüfung für eine konkrete Rechtswirkung bewirkt die Wirkungsfeststellung eine allgemeine Substitution. Bleiben wie nach früherem österreichischem Recht im Verhältnis zur Herkunftsfamilie Erbrechte und auch Unterhaltsrechte bestehen, ist das Eltern-Kind-Verhältnis noch nicht erloschen.[31] Die Möglichkeit, eine über § 2 Abs. 2 S. 1 Nr. 2 AdWirkG hinausgehende Adoption durchzuführen, wird dadurch nicht ausgeschlossen, ist jedoch im Einzelfall wie bisher zu begründen.[32]

V. Reichweite der Entscheidungswirkungen

22   Die Feststellung nach § 2 AdWirkG hat Wirkung erga omnes (§ 4 Abs. 2 S. 1 AdWirkG). Dadurch wird die erwünschte Rechtssicherheit wie bei einem inländischen Adoptionsbeschluss erreicht. Eine Ausnahme besteht im Hinblick auf die leiblichen Eltern des Adoptivkindes (§ 4 Abs. 2 S. 2 AdWirkG). Damit wird verhindert, dass die leiblichen Eltern zwingend am Verfahren beteiligt werden müssen.[33] Dies ist bei internationalen Adoptionen oft nicht oder nur unter unverhältnismäßigen Schwierigkeiten möglich. Bestehen solche

---

24 Adoptionsübereinkommens-Ausführungsgesetz v. 5.11.2001, BGBl. I S. 2950.

25 *Busch* IPRax 2003, 13 (17).

26 Vgl. auch MüKoBGB/*Helms* EGBGB Art. 22 Rn. 70, 96, AdWirkG § 2 Rn. 2, 18 ff.

27 Ähnlich MüKoBGB/*Helms* AdWirkG § 2 Rn. 3, der hervorhebt, dass „die Anerkennung bzw. Wirksamkeit nicht mehr (vor allem in keinem weiteren Verfahren) in Zweifel gezogen werden kann".

28 Vgl. zu Art. 26 Abs. 2 Haager AdÜ: MüKoBGB/*Helms* EGBGB Anh. Art. 22, Vor AdÜb Rn. 22, AdWirkG § 2 Rn. 18.

29 Staudinger/*Henrich* EGBGB Art. 22 Rn. 107; MüKoBGB/*Helms* AdWirkG § 2 Rn. 20.

30 BT-Drs. 14/6011, S. 48; MüKoBGB/*Helms* AdWirkG § 2 Rn. 18; *St. Lorenz* FS Sonnenberger 2004, S. 497, 502 u. 511: Anordnung einer Substitution auf der Ebene des Sachrechts; krit. *Busch* IPRax 2003, 13 (18); *Frank* StAZ 2003, 257 (260 ff.); aA NK-BGB/*Benicke*, 3. Aufl. 2016, EGBGB Art. 22 Rn. 18.

31 *Busch* IPRax 2003, 13 (17 f.); anders bei der Substitutionsfrage konkret für § 6 S. 1 StAG BayVGH StAZ 1998, 287; s.a. *Steiger* DNotZ 2002, 184; *ders.*, Das neue Recht der internationalen Adoption und Adoptionsvermittlung, 2001, S. 84.

32 *Busch* IPRax 2003, 13 (18) Fn. 34; ebenso MüKoBGB/*Helms* AdWirkG § 2 Rn. 19.

33 BT-Drs. 14/6011, S. 48 f.; *Busch* IPRax 2003, 13 (14).

Hindernisse nicht, so kann jeder, der für das Feststellungsverfahren antragsbefugt ist,[34] die Beteiligung eines bisherigen Elternteils beantragen und damit die Wirkung auch gegenüber diesem erreichen (§ 4 Abs. 2 S. 3 Alt. 1 AdWirkG). Eine Wirkung gegenüber dem bisherigen Elternteil tritt auch ein, wenn dieser die Feststellung selbst beantragt hat (§ 4 Abs. 2 S. 3 Alt. 2 AdWirkG). Nach § 4 Abs. 2 S. 4 AdWirkG kann ein Antrag auf Erstreckung der Wirkungen im Verhältnis zu einem bisherigen Elternteil auch noch nach Abschluss des Feststellungsverfahrens in einem gesonderten Verfahren gestellt werden.[35]

C. Umwandlung

I. Anwendungsbereich

Zur Umsetzung von Art. 27 Haager AdÜ wurde in § 3 AdWirkG die Umwandlung einer Adoption nach ausländischem Recht in eine Adoption nach deutschem Recht eingeführt. Die Umwandlung nach § 3 AdWirkG ist sowohl für Adoptionen aus einem Vertragsstaat des Haager AdÜ als auch für Adoptionen aus anderen Staaten möglich.[36] Hat ein deutsches Familiengericht noch unter Geltung des alten Art. 22 EGBGB (→ EGBGB Art. 22 Rn. 1 ff.) eine Adoption unter Anwendung ausländischen Rechts ausgesprochen, so kann auch diese Adoption in eine Adoption nach deutschem Recht umgewandelt werden, § 3 Abs. 2 AdWirkG. Nach der Umwandlung unterliegt sie deutschem Recht.[37]   **23**

II. Voraussetzungen

Die Umwandlung stellt keine Wiederholung der Adoption dar, so dass nicht alle Voraussetzungen für eine Adoption nach dem aus deutscher Sicht anwendbaren Adoptionsstatut erneut geprüft werden müssen. § 3 Abs. 1 AdWirkG beschränkt die Prüfung auf das Kindeswohl, die erforderlichen Zustimmungen und die Interessen der Ehegatten und der Kinder von Annehmenden und Angenommenen.   **24**

1. Kindeswohl. Das Kindeswohl ist daraufhin zu prüfen, ob gerade die Umwandlung der schwachen Adoption in eine starke Adoption dem Kindeswohl entspricht und dem Kind (rechtliche) Vorteile bringt.[38] Das wird regelmäßig der Fall sein, wenn zwischen dem Kind und der leiblichen Familie keine persönlichen Beziehungen bestehen oder das Kind wegen seines ungesicherten Aufenthaltsstatus, der infolge der nur schwachen Wirkungen der Adoption entstanden ist, Besuche bei seinen leiblichen Verwandten unterlässt.[39] Bestehen solche Beziehungen noch, wird es demgegenüber meist dem Kindeswohl entsprechen, diese auch rechtlich nicht abzuschneiden.[40] Im Interesse des Kindes ist auch zu berücksichtigen, was dem Kind durch den Verlust von erbrechtlichen oder unterhaltsrechtlichen Ansprüchen gegenüber seiner Ursprungsfamilie entgeht. Auf diesen Nachteil ist andererseits der Betrag anzurechnen, den das Kind im Gegenzug seinen leiblichen Eltern ggf. in Form von Unterhalt schulden würde.[41] Hat der Anzunehmende im Zeitpunkt der Umwandlung das 18. Lebensjahr bereits vollendet, entfällt die Voraussetzung der Kindeswohlprüfung.[42]   **25**

2. Einwilligungen. a) Inhalt. Eine Umwandlung in eine starke Adoption setzt voraus, dass die Einwilligungen, die zur ursprünglichen schwachen Adoption erteilt worden sind, inhaltlich auch eine starke Adoption tragen. Hintergrund für diese Vorgabe ist der Umstand, dass der durch eine Adoption erfolgende Eingriff in die Elternrechte grundsätzlich nur soweit gerechtfertigt ist, wie er von der Zustimmung der leiblichen Eltern gedeckt wird. Aus der Einwilligung in eine schwache Adoption folgt nicht zwingend, dass die Eltern auch mit einer starken Adoption einverstanden sind, die die rechtliche Beziehung zwischen ihnen und dem Kind vollständig löst.   **26**

Fehlt es bei der Einwilligung an ausdrücklichen Hinweisen für die inhaltliche Reichweite, ist diese anhand von Indizien zu bestimmen.[43] Ist die Einwilligung zu einem konkreten Adoptionsverfahren erteilt worden und konnte nach dem tatsächlich auf die Adoption angewandten Recht nur eine schwache Adoption ausgesprochen werden, so trägt eine solche Einwilligung keine starke Adoption. Konnte nach dem angewandten Recht aufgrund der Einwilligung hingegen statt einer schwachen auch eine starke Adoption ausgesprochen werden, deckt die Einwilligung auch eine Umwandlung. Inhaltlich für eine starke Adoption ausreichend sind auch Einwilligungen, die blanko oder sonst ohne Bezug auf ein bestimmtes Adoptionsverfahren abgegeben worden sind, so dass die Eltern mit der Möglichkeit einer starken Adoption rechnen mussten.   **27**

---

34   Ausgenommen ist das Standesamt, s. § 4 Abs. 2 S. 3 AdWirkG.

35   BT-Drs. 14/6011, S. 49 li. Sp.

36   MüKoBGB/*Helms* AdWirkG § 1 Rn. 6.

37   S. *Busch* IPRax 2003, 13 (18); MüKoBGB/*Helms* EGBGB Art. 22 Rn. 104.

38   AG Frankfurt aM StAZ 2013, 23; MüKoBGB/*Helms* AdWirkG § 3 Rn. 4.

39   OLG Frankfurt aM BeckRS 2014, 02333; BeckOGK/*Markwardt* AdWirkG § 3 Rn. 9.

40   Ebenso BeckOGK/*Markwardt* AdWirkG § 3 Rn. 9.

41   AG Frankfurt aM StAZ 2013, 23 (24).

42   Nomos-BR/*Weitzel* AdWirkG § 3 Rn. 8.

43   Vgl. auch MüKoBGB/*Helms* AdWirkG § 3 Rn. 5: im Wege der Auslegung zu ermitteln.

28 Fraglich ist, ob auch die Zustimmungen anderer Personen, die für die Adoption erforderlich waren, inhaltlich eine starke Adoption mit abdecken müssen. Da eine Umwandlung ohnehin nur mit Zustimmung des Kindes erfolgen kann, spielt es keine Rolle, ob die Zustimmung des Kindes zur ursprünglichen Adoption sich auch auf eine starke Adoption erstreckte.[44]

Gleiches gilt für Zustimmungserfordernisse der Ehegatten und Kinder von Annehmenden und Angenommenen, weil auch deren Interessen bei der Umwandlung erneut geprüft werden.

29 Zustimmungen von Verwandten des Kindes, etwa eines Onkels, die zu der Begründung der Adoption erforderlich waren, müssen demgegenüber inhaltlich eine starke Adoption decken.

Aus deutscher Sicht kann die Verwandtschaftsbeziehung auch ohne Zustimmung der betroffenen Verwandten aufgelöst werden. Maßgebend ist aber das bei der Adoptionsbegründung angewandte Recht. Dies folgt daraus, dass § 3 AdWirkG eine Umsetzung von Art. 27 Haager AdÜ ist, der wiederum ausdrücklich auf die nach Art. 4 Haager AdÜ notwendigen Einwilligungen verweist.

30 **b) Anwendbares Recht.** § 3 Abs. 1 S. 2 AdWirkG bestimmt, dass für die Fragen, welche Zustimmungen erforderlich sind, wie diese beschaffen sein müssen und wann sie ersetzt werden können, das Recht Anwendung findet, nach dem die schwache Adoption im Ausland begründet wurde. Gemeint ist damit richtigerweise aber das Recht, nach dem die Adoption tatsächlich durchgeführt wurde[45] und nicht das Recht, das aus deutscher Sicht nach Art. 22 EGBGB maßgeblich gewesen wäre.[46] Vorbehalten bleibt eine Prüfung des deutschen Ordre public nach Art. 6 EGBGB. Die etwas umständliche Formulierung in § 3 Abs. 1 S. 2 AdWirkG („die für die Zustimmungen zur Annahme maßgebenden Vorschriften") resultiert daraus, dass in Art. 23 EGBGB bis zum 31.3.2020 eine zusätzliche kumulative Anknüpfung auch für die Zustimmungserklärungen enthalten war, die im Rahmen einer Adoption zu erteilen sind.

31 Nach der Gesetzesbegründung enthält § 3 Abs. 1 S. 2 AdWirkG eine **Gesamtverweisung**.[47] Dies ist insofern missverständlich, als die Rechtsordnung maßgeblich ist, die das mit der Adoption im Ausland befasste Gericht nach seinen eigenen Kollisionsnormen im Zeitpunkt der Adoptionsentscheidung richtigerweise angewendet hätte. Würde bspw. ein französisches Gericht über eine schwache Adoption eines Kindes[48] mit gewöhnlichem Aufenthalt in Frankreich durch deutsche Eltern entscheiden, würde das französische Kollisionsrecht an die deutsche Staatsangehörigkeit der Annehmenden anknüpfen[49] und eine Gesamtverweisung auf das deutsche Recht aussprechen. Das deutsche Recht würde jedoch nach Art. 22 Abs. 1 S. 2 EGBGB auf das französische Recht als das Aufenthaltsrecht des Kindes zurückverweisen und die Adoption in Frankreich daher doch nach französischem Recht erfolgen. Dieses wäre dann auch im Rahmen der Verweisung durch § 3 Abs. 1 S. 2 AdWirkG maßgeblich.

32 Im Anwendungsbereich des Haager AdÜ ist dieses Ergebnis durch Art. 27 Haager AdÜ unmittelbar vorgegeben. Insoweit kann es aber nur darauf ankommen, dass die Einwilligungen, deren Vorliegen nach Art. 4 lit. c und lit. d Haager AdÜ notwendig ist und die auch von der Heimatbehörde entsprechend geprüft worden sind, inhaltlich auch eine starke Adoption tragen. Eine eigenständige Bestimmung des anwendbaren Rechts aus deutscher Sicht, die wegen einer unterschiedlichen Handhabung des renvoi zu einer anderen Rechtsordnung führen kann, ist mit Art. 27 Haager AdÜ unvereinbar. Siehe herzu auch das Beispiel in → Rn. 31.

33 Gleiches gilt richtigerweise auch für Fälle außerhalb des Anwendungsbereichs des Haager AdÜ. Der Zweck der Verweisung auf die Rechtsordnung, die bei der Begründung der Adoption angewandt wurde, liegt darin, dass in diesem Zeitpunkt regelmäßig nur die Zustimmungen erteilt wurden, die nach dieser Rechtsordnung notwendig waren. Durch diese Verweisung wird deshalb verhindert, dass für die Umwandlung weitere Zustimmungen notwendig werden, deren nachträgliche Einholung regelmäßig nur unter erheblichen Schwierigkeiten erfolgen kann.

34 Maßgebend ist das ausländische Recht auch für die Fragen, wann, wem gegenüber und in welcher Form die Zustimmung erteilt worden sein muss. Die Schwierigkeiten, die sich in dieser Hinsicht bei der früher übli-

---

44 S. dazu Art. 27 Haager AdÜ, der ausdrücklich eine Zustimmung zur Umwandlung ausreichen lässt.

45 Präziser ist das Recht entscheidend, das nach den kollisionsrechtlichen Vorschriften des ausländischen Staates für die Adoption im maßgeblichen Zeitpunkt hätte Anwendung finden müssen. Eine fehlerhafte Anwendung des eigenen Rechts durch das ausländische Gericht kann insoweit für das Adoptionsstatut keine Bedeutung haben.

46 Staudinger/*Henrich* EGBGB Art. 22 Rn. 102; MüKo-BGB/*Helms* AdWirkG § 3 Rn. 5; *Ludwig* RNotZ 2002, 370; aA Palandt/*Thorn* EGBGB Art. 22 Rn. 17; *Lorenz* FS Sonnenberger, 2004, 497 (512).

47 BT-Drs. 14/6011, S. 48 li. Sp.; ebenso MüKoBGB/*Helms* AdWirkG § 3 Rn. 5; aA *Steiger* DNotZ 2002, 184 (204); *Grünewald* JAmt 2015, 480 (483).

48 Vgl. Art. 360 ff. Code civil; Staudinger/*Henrich* EGBGB Art. 22 Rn. 5.

49 Vgl. Art. 370–3 ff. Code civil; Staudinger/*Henrich* EGBGB Art. 22 Rn. 7 mwN.

chen Wiederholung der Adoption unter Anwendung deutschen Rechts ergaben,[50] werden dadurch vermieden. Für die Form der Zustimmungserklärungen findet zudem Art. 11 EGBGB Anwendung.[51]

Überflüssig ist der Hinweis in § 3 Abs. 1 S. 2 AdWirkG auf den **Ordre-public-Vorbehalt**. Eine Umwandlung ist nur möglich, wenn die schwache Adoption nach Art. 23 Haager AdÜ oder §§ 108, 109 FamFG anerkannt werden kann. Der Mindeststandard hinsichtlich der Zustimmungserfordernisse[52] wird dabei bereits berücksichtigt.   **35**

c) Einwilligung des Kindes. Für die Einwilligung des Kindes beruft § 3 Abs. 1 S. 3 AdWirkG zusätzlich **36** das deutsche Recht zur Anwendung. Unklar ist, ob bereits die Zustimmung des Kindes in die ursprüngliche Adoption den Anforderungen des deutschen Rechts entsprochen haben muss oder ob es genügt, wenn eine Zustimmung des Kindes entsprechend § 1746 BGB für die Umwandlung vorliegt. Wortlaut und systematische Stellung sprechen für die Maßgeblichkeit des deutschen Rechts auch bereits für die Einwilligung des Kindes in die ursprüngliche Adoption. Nach Sinn und Zweck kann die Vorschrift aber nur so zu verstehen werden, dass die Einwilligung des Kindes entsprechend § 1746 BGB in die Umwandlung notwendig und ausreichend ist.[53] Davon geht auch die Gesetzesbegründung aus.[54]

Die Schwierigkeiten, die sich aus den unterschiedlichen Regeln hinsichtlich der Zustimmungen ergaben, **37** wenn eine Adoption im Inland wiederholt wurde, sollten durch die Umwandlung vermieden werden. In ausländischen Rechtsordnungen wird eine gesonderte Einwilligung des Kindes teilweise nicht oder erst ab einem bestimmten Alter verlangt und ansonsten die Meinung des Kindes verfahrensrechtlich durch Anhörung des Kindes und materiellrechtlich bei der Prüfung des Kindeswohls berücksichtigt. Das Fehlen einer formalen Einwilligung des minderjährigen Kindes stellt kein Anerkennungshindernis dar. § 3 Abs. 1 S. 3 AdWirkG ist daher so zu verstehen, dass das Kind entsprechend § 1746 BGB in die Umwandlung einwilligen muss. Maßgebend für die Fragen, ob das Kind oder der gesetzliche Vertreter die Einwilligung erklären muss und wer gesetzlicher Vertreter des Kindes ist, ist der Zeitpunkt des Umwandlungsverfahrens, nicht derjenige des ursprünglichen Adoptionsverfahrens.[55]

d) Ersetzung von Einwilligungen. Wurde bei der Adoptionsbegründung auf die Einholung einer Einwilligung verzichtet (vgl. § 1747 Abs. 4 BGB) oder eine Einwilligung ersetzt (vgl. § 1748 BGB), so genügt **38** dies grundsätzlich auch für die Umwandlung. Etwas anderes gilt nur, wenn der Verzicht oder die Ersetzung nach dem Adoptionsbegründungsstatut damit begründet wurde, dass nur eine schwache Adoption erfolgte.

Wenn die Zustimmungen zur Adoption erteilt wurden, inhaltlich aber nicht für die Umwandlung in eine **39** Volladoption ausreichen, so kann bei der Umwandlung auf die Vorschriften des Adoptionsbegründungsstatuts über die Verzichtbarkeit oder die Ersetzung von Zustimmungen zurückgegriffen werden. Das mit der Umwandlung befasste deutsche Familiengericht kann über den Verzicht oder die Ersetzung entscheiden.[56] Dies gilt auch dann, wenn nach dem Adoptionsbegründungsstatut nur eine schwache und keine starke Adoption erfolgen kann. Eine Umwandlung soll gerade in diesen Fällen möglich sein. Allerdings hat das Familiengericht bei der Entscheidung über die Verzichtbarkeit oder die Ersetzung der Zustimmungen die Wirkung der Umwandlung auf die Rechtsbeziehungen insbesondere zu den leiblichen Eltern zu berücksichtigen.

Weiter gehend muss es auch ausreichen, dass die Voraussetzungen nach deutschem materiellem Recht für **40** die Entbehrlichkeit oder die Ersetzung der Einwilligung vorliegen. § 3 Abs. 1 Nr. 2 AdWirkG stellt für die Einwilligungen auf das ausländische Recht ab, weil dessen Voraussetzungen im Regelfall erfüllt oder zumindest leichter zu erfüllen sind als diejenigen des deutschen Rechts. Wenn hinsichtlich der Einwilligungen nur die Voraussetzungen des deutschen Rechts vorliegen, so muss im Sinne eines Erst-recht-Schlusses die Umwandlung der ausländischen Adoption in eine deutsche Adoption möglich sein. Stattdessen in diesen Fällen nur die Wiederholung der Adoption im Inland zuzulassen,[57] greift stärker in das ausländische Recht ein und stellt die Anerkennungspflicht nach Art. 23, 27 Haager AdÜ infrage (→ Rn. 47).

3. Interessen von Ehegatten und Kindern. Nur in seltenen Ausnahmefällen ist es denkbar, dass berechtigte Interessen des Ehegatten oder der Kinder des Annehmenden einer Umwandlung entgegenstehen können. Aufgrund der schwachen ausländischen Adoption ist bereits ein Abstammungsverhältnis zu dem Annehmenden entstanden; das angenommene Kind steht im Verhältnis zum Annehmenden daher grundsätzlich den anderen Kindern gleich. Erst durch die Umwandlung wird allerdings ein Verwandtschaftsverhältnis **41**

---

50 S. dazu *Benicke*, S. 75 ff.
51 MüKoBGB/*Helms* AdWirkG § 3 Rn. 5; Nomos-BR/
    Weitzel AdWirkG § 3 Rn. 5.
52 So die Gesetzesbegründung in BT-Drs. 14/6011,
    S. 48 li. Sp.
53 So auch MüKoBGB/*Helms* AdWirkG § 3 Rn. 5.
54 BT-Drs. 14/6011, S. 48 li. Sp.

55 So auch implizit BT-Drs. 14/6011, S. 48 li. Sp.: Das
    bei Umwandlung volljährige Adoptivkind muss nach
    § 3 Abs. 1 S. 3 AdWirkG iVm § 1746 BGB selbst
    einwilligen; ebenso BeckOGK/*Markwardt* AdWirkG
    § 3 Rn. 15.
56 So wohl auch Staudinger/*Henrich* EGBGB Art. 22
    Rn. 104.
57 So aber *Heiderhoff* FamRZ 2002, 1682 (1686).

zwischen den anderen Kindern und dem Adoptivkind begründet. Ist das Kind nur von dem Annehmenden und nicht auch von dessen Ehegatten angenommen worden, so begründet auch die Umwandlung kein Kindschaftsverhältnis zum Ehegatten.

III. Wirkungen

42 Die Umwandlung bewirkt, dass die ausländische zu einer inländischen Adoption wird.[58] Wirkungen, Bestandskraft oder Aufhebbarkeit richten sich nun ausschließlich nach deutschem internem Adoptionsrecht. Im Unterschied dazu bleibt die Adoption bei der Wirkungsfeststellung nach § 2 Abs. 2 Nr. 1 AdWirkG eine solche des ausländischen Rechts. Nur für die Frage der Substitution wird bindend festgestellt, dass sie in ihren Wirkungen einer deutschen Minderjährigenadoption entspricht.

43 Die Umwandlungsentscheidung wirkt für und gegen alle und daher, anders als die Feststellungsentscheidung nach § 2 AdWirkG, auch im Verhältnis zu den – gegebenenfalls nicht beteiligten – leiblichen Eltern.[59]

44 Das hat zur Folge, dass die **verfahrensrechtliche Beteiligung der bisherigen Eltern** bei der Umwandlung grds. notwendig ist (vgl. auch § 5 Abs. 3 S. 2 AdWirkG iVm § 160 Abs. 1 FamFG). Allerdings werden die leiblichen Eltern ihre Zustimmung zur Umwandlung bzw. zu einer Volladoption in der Regel bereits erteilt haben (§ 3 Abs. 1 S. 2 Nr. 2 AdWirkG), was zur Wahrung ihrer Interessen auch im Umwandlungsverfahren genügt.[60] Haben sie einer Volladoption hingegen bislang noch nicht zugestimmt, sind sie auch im Umwandlungsverfahren persönlich anzuhören. Nach § 160 Abs. 3 FamFG darf in einem solchen Fall von der Anhörung nur aus schwerwiegenden Gründen ganz abgesehen werden. Ein solcher schwerwiegender Grund kann bei einer Umwandlung etwa dann angenommen werden, wenn die Adresse der leiblichen Eltern mit angemessenem Aufwand nicht auffindbar ist oder die Eltern kein Interesse an einer Beteiligung zeigen.

D. Wiederholung einer ausländischen Adoption im Inland

45 Vor Erlass des AdWirkG behalf sich die Praxis mit der Wiederholung der ausländischen Adoption. Zweck der Wiederholung war es, Zweifel an der Wirksamkeit und den Wirkungen einer ausländischen Adoption zu beseitigen, ihr insbesondere die starken Wirkungen einer Minderjährigenadoption nach deutschem Recht zu verschaffen.[61]

46 Die Möglichkeit, ein Anerkennungs- oder Umwandlungsverfahren durchzuführen, lässt nun in der Regel das Rechtsschutzinteresse für die Wiederholung einer im Ausland ausgesprochenen Adoption entfallen.[62] Die Wiederholung bereitet hinsichtlich ihrer Voraussetzungen besondere Schwierigkeiten und führt zudem oft zu einem ungeklärten Verhältnis zwischen der ausländischen und der nachfolgenden internen Adoptionsentscheidung.[63]

47 Nur eine Umwandlung und keine Wiederholung der Adoption sollte daher auch dann erfolgen, wenn die Einwilligungsvoraussetzungen nach dem ausländischen Adoptionsbegründungsstatut für eine Umwandlung nicht vorliegen, nach deutschem Recht eine starke Adoption aber ausgesprochen werden könnte, etwa weil danach eine Ersetzung der Einwilligung unter leichteren Voraussetzungen möglich ist (→ Rn. 40).[64]

58 BT-Drs. 14/6011, S. 47 re. Sp.
59 MüKoBGB/*Helms* AdWirkG § 4 Rn. 9.
60 MüKoBGB/*Helms* AdWirkG § 4 Rn. 8; BeckOGK/*Markwardt* AdWirkG § 5 Rn. 33 f.
61 *Schurig* IPRax 1984, 25 (26); Staudinger/*Henrich* EGBGB Art. 22 Rn. 99; *Benicke*, S. 200.
62 MüKoBGB/*Helms* AdWirkG Vor § 1 Rn. 5; BeckOGK/*Markwardt* AdWirkG § 1 Rn. 8; s. auch AG Worms IPRax 2004, 534 mAnm *Jayme*, das das Rechtsschutzbedürfnis für eine Wiederholung bejaht hat, um bei einer Ehegattenadoption unterschiedliche Adoptionswirkungsstatute zu vermeiden; bereits vor

Einführung des AdWirkG wurde bei einer anerkennungsfähigen starken Adoption das Rechtsschutzinteresse an einer Wiederholung teilweise verneint, s. etwa AG Schwandorf IPRax 1995, 252.
63 S. dazu AG Schwandorf IPRax 1995, 252 (253); *Klinkhardt* IPRax 1995, 238 (239); Beitzke/Hoffmann/Sturm, Einbindung fremder Normen in das deutsche Personenstandsrecht, 1985, S. 1, 8 f.; *Busch* IPRax 2003, 13 f.
64 AA *Heiderhoff* FamRZ 2002, 1682 (1686); MüKoBGB/*Helms* EGBGB Art. 22 Rn. 108.

Anhang II zu Art. 22 EGBGB: Haager AdÜ

Haager Übereinkommen über den Schutz von Kindern und die Zusammenarbeit auf dem Gebiet der internationalen Adoption (Haager AdÜ)[1]

Vom 29. Mai 1993 (BGBl. II 2001 S. 1034)

Die Unterzeichnerstaaten dieses Übereinkommens –

in der Erkenntnis, dass das Kind zur vollen und harmonischen Entfaltung seiner Persönlichkeit in einer Familie und umgeben von Glück, Liebe und Verständnis aufwachsen sollte,

unter Hinweis darauf, dass jeder Staat vorrangig angemessene Maßnahmen treffen sollte, um es dem Kind zu ermöglichen, in seiner Herkunftsfamilie zu bleiben,

in der Erkenntnis, dass die internationale Adoption den Vorteil bieten kann, einem Kind, für das in seinem Heimatstaat keine geeignete Familie gefunden werden kann, eine dauerhafte Familie zu geben,

überzeugt von der Notwendigkeit, Maßnahmen zu treffen, um sicherzustellen, dass internationale Adoptionen zum Wohl des Kindes und unter Wahrung seiner Grundrechte stattfinden, und die Entführung und den Verkauf von Kindern sowie den Handel mit Kindern zu verhindern,

in dem Wunsch, zu diesem Zweck gemeinsame Bestimmungen festzulegen, die von den Grundsätzen ausgehen, die in internationalen Übereinkünften anerkannt sind, insbesondere dem Übereinkommen der Vereinten Nationen vom 20. November 1989 über die Rechte des Kindes und der Erklärung der Vereinten Nationen über die sozialen und rechtlichen Grundsätze für den Schutz und das Wohl von Kindern unter besonderer Berücksichtigung der Aufnahme in eine Pflegefamilie und der Adoption auf nationaler und internationaler Ebene (Resolution 41/85 der Generalversammlung vom 3. Dezember 1986)

– haben die folgenden Bestimmungen vereinbart:

Kapitel I
Anwendungsbereich des Übereinkommens

Art. 1 Haager AdÜ

Ziel des Übereinkommens ist es,

a) Schutzvorschriften einzuführen, damit internationale Adoptionen zum Wohl des Kindes und unter Wahrung seiner völkerrechtlich anerkannten Grundrechte stattfinden;
b) ein System der Zusammenarbeit unter den Vertragsstaaten einzurichten, um die Einhaltung dieser Schutzvorschriften sicherzustellen und dadurch die Entführung und den Verkauf von Kindern sowie den Handel mit Kindern zu verhindern;
c) in den Vertragsstaaten die Anerkennung der gemäß dem Übereinkommen zustande gekommenen Adoptionen zu sichern.

Art. 2 Haager AdÜ

(1) Das Übereinkommen ist anzuwenden, wenn ein Kind mit gewöhnlichem Aufenthalt in einem Vertragsstaat („Heimatstaat") in einen anderen Vertragsstaat („Aufnahmestaat") gebracht worden ist, wird oder werden soll, entweder nach seiner Adoption im Heimatstaat durch Ehegatten oder eine Person mit gewöhnlichem Aufenthalt im Aufnahmestaat oder im Hinblick auf eine solche Adoption im Aufnahme- oder Heimatstaat.

(2) Das Übereinkommen betrifft nur Adoptionen, die ein dauerhaftes Eltern-Kind-Verhältnis begründen.

---

1   Übersetzung; authentisch sind gleichberechtigt der
     englische und französische Text (zu finden auf http://
     www.hcch.net/).

Art. 3 Haager AdÜ

Das Übereinkommen ist nicht mehr anzuwenden, wenn die in Artikel 17 Buchstabe c vorgesehenen Zustimmungen nicht erteilt wurden, bevor das Kind das achtzehnte Lebensjahr vollendet hat.

Kapitel II

Voraussetzungen internationaler Adoptionen

Art. 4 Haager AdÜ

Eine Adoption nach dem Übereinkommen kann nur durchgeführt werden, wenn die zuständigen Behörden des Heimatstaats

a) festgestellt haben, dass das Kind adoptiert werden kann;

b) nach gebührender Prüfung der Unterbringungsmöglichkeiten für das Kind im Heimatstaat entschieden haben, dass eine internationale Adoption dem Wohl des Kindes dient;

c) sich vergewissert haben,

1. dass die Personen, Institutionen und Behörden, deren Zustimmung zur Adoption notwendig ist, soweit erforderlich beraten und gebührend über die Wirkungen ihrer Zustimmung unterrichtet worden sind, insbesondere darüber, ob die Adoption dazu führen wird, dass das Rechtsverhältnis zwischen dem Kind und seiner Herkunftsfamilie erlischt oder weiter besteht;

2. dass diese Personen, Institutionen und Behörden ihre Zustimmung unbeeinflusst in der gesetzlich vorgeschriebenen Form erteilt haben und diese Zustimmung schriftlich gegeben oder bestätigt worden ist;

3. dass die Zustimmungen nicht durch irgendeine Zahlung oder andere Gegenleistung herbeigeführt worden sind und nicht widerrufen wurden und

4. dass die Zustimmung der Mutter, sofern erforderlich, erst nach der Geburt des Kindes erteilt worden ist, und

d) sich unter Berücksichtigung des Alters und der Reife des Kindes vergewissert haben,

1. dass das Kind beraten und gebührend über die Wirkungen der Adoption und seiner Zustimmung zur Adoption, soweit diese Zustimmung notwendig ist, unterrichtet worden ist;

2. dass die Wünsche und Meinungen des Kindes berücksichtigt worden sind;

3. dass das Kind seine Zustimmung zur Adoption, soweit diese Zustimmung notwendig ist, unbeeinflusst in der gesetzlich vorgeschriebenen Form erteilt hat und diese Zustimmung schriftlich gegeben oder bestätigt worden ist und

4. dass diese Zustimmung nicht durch irgendeine Zahlung oder andere Gegenleistung herbeigeführt worden ist.

Art. 5 Haager AdÜ

Eine Adoption nach dem Übereinkommen kann nur durchgeführt werden, wenn die zuständigen Behörden des Aufnahmestaats

a) entschieden haben, dass die künftigen Adoptiveltern für eine Adoption in Betracht kommen und dazu geeignet sind,

b) sich vergewissert haben, dass die künftigen Adoptiveltern soweit erforderlich beraten worden sind, und

c) entschieden haben, dass dem Kind die Einreise in diesen Staat und der ständige Aufenthalt dort bewilligt worden sind oder werden.

Kapitel III

Zentrale Behörden und zugelassene Organisationen

Art. 6 Haager AdÜ

(1) Jeder Vertragsstaat bestimmt eine Zentrale Behörde, welche die ihr durch dieses Übereinkommen übertragenen Aufgaben wahrnimmt.

(2) ¹Einem Bundesstaat, einem Staat mit mehreren Rechtssystemen oder einem Staat, der aus autonomen Gebietseinheiten besteht, steht es frei, mehrere Zentrale Behörden zu bestimmen und deren

räumliche und persönliche Zuständigkeit festzulegen. ²Macht ein Staat von dieser Möglichkeit Gebrauch, so bestimmt er die Zentrale Behörde, an welche Mitteilungen und übermittlungen an die zuständige Zentrale Behörde in diesem Staat gerichtet werden können.

Art. 7 Haager AdÜ

(1) Die Zentralen Behörden arbeiten zusammen und fördern die Zusammenarbeit der zuständigen Behörden ihrer Staaten, um Kinder zu schützen und die anderen Ziele des Übereinkommens zu verwirklichen.

(2) Sie treffen unmittelbar alle geeigneten Maßnahmen, um

a) Auskünfte über das Recht ihrer Staaten auf dem Gebiet der Adoption zu erteilen und andere allgemeine Informationen, wie beispielsweise statistische Daten und Musterformblätter, zu übermitteln;

b) einander über die Wirkungsweise des Übereinkommens zu unterrichten und Hindernisse, die seiner Anwendung entgegenstehen, so weit wie möglich auszuräumen.

Art. 8 Haager AdÜ

Die Zentralen Behörden treffen unmittelbar oder mit Hilfe staatlicher Stellen alle geeigneten Maßnahmen, um unstatthafte Vermögens- oder sonstige Vorteile im Zusammenhang mit einer Adoption auszuschließen und alle den Zielen des Übereinkommens zuwiderlaufenden Praktiken zu verhindern.

Art. 9 Haager AdÜ

Die Zentralen Behörden treffen unmittelbar oder mit Hilfe staatlicher Stellen oder anderer in ihrem Staat ordnungsgemäß zugelassener Organisationen alle geeigneten Maßnahmen, um insbesondere

a) Auskünfte über die Lage des Kindes und der künftigen Adoptiveltern einzuholen, aufzuwahren und auszutauschen, soweit dies für das Zustandekommen der Adoption erforderlich ist;

b) das Adoptionsverfahren zu erleichtern, zu überwachen und zu beschleunigen;

c) den Aufbau von Diensten zur Beratung während und nach der Adoption in ihrem Staat zu fördern;

d) Berichte über allgemeine Erfahrungen auf dem Gebiet der internationalen Adoption auszutauschen;

e) begründete Auskunftsersuchen anderer Zentraler Behörden oder staatlicher Stellen zu einem bestimmten Adoptionsfall zu beantworten, soweit das Recht ihres Staates dies zulässt.

Art. 10 Haager AdÜ

Die Zulassung erhalten und behalten nur Organisationen, die darlegen, dass sie fähig sind, die ihnen übertragenen Aufgaben ordnungsgemäß auszuführen.

Art. 11 Haager AdÜ

Eine zugelassene Organisation muss

a) unter Einhaltung der von den zuständigen Behörden des Zulassungsstaats festgelegten Voraussetzungen und Beschränkungen ausschließlich gemeinnützige Zwecke verfolgen;

b) von Personen geleitet und verwaltet werden, die nach ihren ethischen Grundsätzen und durch Ausbildung oder Erfahrung für die Arbeit auf dem Gebiet der internationalen Adoption qualifiziert sind, und

c) in Bezug auf ihre Zusammensetzung, Arbeitsweise und Finanzlage der Aufsicht durch die zuständigen Behörden des Zulassungsstaats unterliegen.

Art. 12 Haager AdÜ

Eine in einem Vertragsstaat zugelassene Organisation kann in einem anderen Vertragsstaat nur tätig werden, wenn die zuständigen Behörden beider Staaten dies genehmigt haben.

Art. 13 Haager AdÜ

Jeder Vertragsstaat teilt die Bestimmung der Zentralen Behörden und gegebenenfalls den Umfang ihrer Aufgaben sowie die Namen und Anschriften der zugelassenen Organisationen dem Ständigen Büro der Haager Konferenz für Internationales Privatrecht mit.

Kapitel IV
Verfahrensrechtliche Voraussetzungen der internationalen Adoption

Art. 14 Haager AdÜ

Personen mit gewöhnlichem Aufenthalt in einem Vertragsstaat, die ein Kind mit gewöhnlichem Aufenthalt in einem anderen Vertragsstaat adoptieren möchten, haben sich an die Zentrale Behörde im Staat ihres gewöhnlichen Aufenthalts zu wenden.

Art. 15 Haager AdÜ

(1) Hat sich die Zentrale Behörde des Aufnahmestaats davon überzeugt, dass die Antragsteller für eine Adoption in Betracht kommen und dazu geeignet sind, so verfasst sie einen Bericht, der Angaben zur Person der Antragsteller und über ihre rechtliche Fähigkeit und ihre Eignung zur Adoption, ihre persönlichen und familiären Umstände, ihre Krankheitsgeschichte, ihr soziales Umfeld, die Beweggründe für die Adoption, ihre Fähigkeit zur Übernahme der mit einer internationalen Adoption verbundenen Aufgaben sowie die Eigenschaften der Kinder enthält, für die zu sorgen sie geeignet wären.

(2) Sie übermittelt den Bericht der Zentralen Behörde des Heimatstaats.

Art. 16 Haager AdÜ

(1) Hat sich die Zentrale Behörde des Heimatstaats davon überzeugt, dass das Kind adoptiert werden kann, so

a) verfasst sie einen Bericht, der Angaben zur Person des Kindes und darüber, dass es adoptiert werden kann, über sein soziales Umfeld, seine persönliche und familiäre Entwicklung, seine Krankheitsgeschichte einschließlich derjenigen seiner Familie sowie besondere Bedürfnisse des Kindes enthält;

b) trägt sie der Erziehung des Kindes sowie seiner ethnischen, religiösen und kulturellen Herkunft gebührend Rechnung;

c) vergewissert sie sich, dass die Zustimmungen nach Artikel 4 vorliegen, und

d) entscheidet sie, insbesondere aufgrund der Berichte über das Kind und die künftigen Adoptiveltern, ob die in Aussicht genommene Unterbringung dem Wohl des Kindes dient.

(2) Sie übermittelt der Zentralen Behörde des Aufnahmestaats ihren Bericht über das Kind, den Nachweis über das Vorliegen der notwendigen Zustimmungen sowie die Gründe für ihre Entscheidung über die Unterbringung, wobei sie dafür sorgt, dass die Identität der Mutter und des Vaters nicht preisgegeben wird, wenn diese im Heimatstaat nicht offen gelegt werden darf.

Art. 17 Haager AdÜ

Eine Entscheidung, ein Kind künftigen Adoptiveltern anzuvertrauen, kann im Heimatstaat nur getroffen werden, wenn

a) die Zentrale Behörde dieses Staates sich vergewissert hat, dass die künftigen Adoptiveltern einverstanden sind;

b) die Zentrale Behörde des Aufnahmestaats diese Entscheidung gebilligt hat, sofern das Recht dieses Staates oder die Zentrale Behörde des Heimatstaats dies verlangt;

c) die Zentralen Behörden beider Staaten der Fortsetzung des Adoptionsverfahrens zugestimmt haben und

d) nach Artikel 5 entschieden wurde, dass die künftigen Adoptiveltern für eine Adoption in Betracht kommen und dazu geeignet sind und dem Kind die Einreise in den Aufnahmestaat und der ständige Aufenthalt dort bewilligt worden sind oder werden.

Art. 18 Haager AdÜ

Die Zentralen Behörden beider Staaten treffen alle erforderlichen Maßnahmen, um die Bewilligung der Ausreise des Kindes aus dem Heimatstaat sowie der Einreise in den Aufnahmestaat und des ständigen Aufenthalts dort zu erwirken.

Art. 19 Haager AdÜ

(1) Das Kind kann nur in den Aufnahmestaat gebracht werden, wenn die Voraussetzungen des Artikels 17 erfüllt sind.

(2) Die Zentralen Behörden beider Staaten sorgen dafür, dass das Kind sicher und unter angemessenen Umständen in den Aufnahmestaat gebracht wird und dass die Adoptiveltern oder die künftigen Adoptiveltern das Kind wenn möglich begleiten.

(3) Wird das Kind nicht in den Aufnahmestaat gebracht, so werden die in den Artikeln 15 und 16 vorgesehenen Berichte an die absendenden Behörden zurückgesandt.

Art. 20 Haager AdÜ

Die Zentralen Behörden halten einander über das Adoptionsverfahren und die zu seiner Beendigung getroffenen Maßnahmen sowie über den Verlauf der Probezeit, falls eine solche verlangt wird, auf dem Laufenden.

Art. 21 Haager AdÜ

(1) Soll die Adoption erst durchgeführt werden, nachdem das Kind in den Aufnahmestaat gebracht worden ist, und dient es nach Auffassung der Zentralen Behörde dieses Staates nicht mehr dem Wohl des Kindes, wenn es in der Aufnahmefamilie bleibt, so trifft diese Zentrale Behörde die zum Schutz des Kindes erforderlichen Maßnahmen, indem sie insbesondere

a) veranlasst, dass das Kind aus der Aufnahmefamilie entfernt und vorläufig betreut wird;

b) in Absprache mit der Zentralen Behörde des Heimatstaats unverzüglich die Unterbringung des Kindes in einer neuen Familie mit dem Ziel der Adoption veranlasst oder, falls dies nicht angebracht ist, für eine andere dauerhafte Betreuung sorgt; eine Adoption kann erst durchgeführt werden, wenn die Zentrale Behörde des Heimatstaats gebührend über die neuen Adoptiveltern unterrichtet worden ist;

c) als letzte Möglichkeit die Rückkehr des Kindes veranlasst, wenn sein Wohl dies erfordert.

(2) Unter Berücksichtigung insbesondere des Alters und der Reife des Kindes ist es zu den nach diesem Artikel zu treffenden Maßnahmen zu befragen und gegebenenfalls seine Zustimmung dazu einzuholen.

Art. 22 Haager AdÜ

(1) Die Aufgaben einer Zentralen Behörde nach diesem Kapitel können von staatlichen Stellen oder nach Kapitel III zugelassenen Organisationen wahrgenommen werden, soweit das Recht des Staates der Zentralen Behörde dies zulässt.

(2) Ein Vertragsstaat kann gegenüber dem Verwahrer des Übereinkommens erklären, dass die Aufgaben der Zentralen Behörde nach den Artikeln 15 bis 21 in diesem Staat in dem nach seinem Recht

zulässigen Umfang und unter Aufsicht seiner zuständigen Behörden auch von Organisationen oder Personen wahrgenommen werden können, welche

a) die von diesem Staat verlangten Voraussetzungen der Integrität, fachlichen Kompetenz, Erfahrung und Verantwortlichkeit erfüllen und

b) nach ihren ethischen Grundsätzen und durch Ausbildung oder Erfahrung für die Arbeit auf dem Gebiet der internationalen Adoption qualifiziert sind.

(3) Ein Vertragsstaat, der die in Absatz 2 vorgesehene Erklärung abgibt, teilt dem Ständigen Büro der Haager Konferenz für Internationales Privatrecht regelmäßig die Namen und Anschriften dieser Organisationen und Personen mit.

(4) Ein Vertragsstaat kann gegenüber dem Verwahrer des Übereinkommens erklären, dass Adoptionen von Kindern, die ihren gewöhnlichen Aufenthalt in seinem Hoheitsgebiet haben, nur durchgeführt werden können, wenn die Aufgaben der Zentralen Behörden in Übereinstimmung mit Absatz 1 wahrgenommen werden.

(5) Ungeachtet jeder nach Absatz 2 abgegebenen Erklärung werden die in den Artikeln 15 und 16 vorgesehenen Berichte in jedem Fall unter der Verantwortung der Zentralen Behörde oder anderer Behörden oder Organisationen in Übereinstimmung mit Absatz 1 verfasst.

Kapitel V
Anerkennung und Wirkungen der Adoption

Art. 23 Haager AdÜ

(1) [1]Eine Adoption wird in den anderen Vertragsstaaten kraft Gesetzes anerkannt, wenn die zuständige Behörde des Staates, in dem sie durchgeführt worden ist, bescheinigt, dass sie gemäß dem Übereinkommen zustande gekommen ist. [2]Die Bescheinigung gibt an, wann und von wem die Zustimmungen nach Artikel 17 Buchstabe c erteilt worden sind.

(2) [1]Jeder Vertragsstaat notifiziert dem Verwahrer des Übereinkommens bei der Unterzeichnung, der Ratifikation, der Annahme, der Genehmigung oder dem Beitritt Identität und Aufgaben der Behörde oder Behörden, die in diesem Staat für die Ausstellung der Bescheinigung zuständig sind. [2]Er notifiziert ihm ferner jede Änderung in der Bezeichnung dieser Behörden.

Art. 24 Haager AdÜ

Die Anerkennung einer Adoption kann in einem Vertragsstaat nur versagt werden, wenn die Adoption seiner öffentlichen Ordnung offensichtlich widerspricht, wobei das Wohl des Kindes zu berücksichtigen ist.

Art. 25 Haager AdÜ

Jeder Vertragsstaat kann gegenüber dem Verwahrer des Übereinkommens erklären, dass er nicht verpflichtet ist, aufgrund des Übereinkommens Adoptionen anzuerkennen, die in Übereinstimmung mit einer nach Artikel 39 Absatz 2 geschlossenen Vereinbarung zustande gekommen sind.

Art. 26 Haager AdÜ

(1) Die Anerkennung einer Adoption umfasst die Anerkennung

a) des Eltern-Kind-Verhältnisses zwischen dem Kind und seinen Adoptiveltern;

b) der elterlichen Verantwortlichkeit der Adoptiveltern für das Kind;

c) der Beendigung des früheren Rechtsverhältnisses zwischen dem Kind und seiner Mutter und seinem Vater, wenn die Adoption dies in dem Vertragsstaat bewirkt, in dem sie durchgeführt worden ist.

(2) Bewirkt die Adoption die Beendigung des früheren Eltern-Kind-Verhältnisses, so genießt das Kind im Aufnahmestaat und in jedem anderen Vertragsstaat, in dem die Adoption anerkannt wird, Rechte entsprechend denen, die sich aus Adoptionen mit dieser Wirkung in jedem dieser Staaten ergeben.

(3) Die Absätze 1 und 2 lassen die Anwendung für das Kind günstigerer Bestimmungen unberührt, die in einem Vertragsstaat gelten, der die Adoption anerkennt.

Art. 27 Haager AdÜ

(1) Bewirkt eine im Heimatstaat durchgeführte Adoption nicht die Beendigung des früheren Eltern-Kind-Verhältnisses, so kann sie im Aufnahmestaat, der die Adoption nach dem Übereinkommen anerkennt, in eine Adoption mit einer derartigen Wirkung umgewandelt werden, wenn

a) das Recht des Aufnahmestaats dies gestattet und

b) die in Artikel 4 Buchstaben c und d vorgesehenen Zustimmungen zum Zweck einer solchen Adoption erteilt worden sind oder werden.

(2) Artikel 23 ist auf die Umwandlungsentscheidung anzuwenden.

Kapitel VI

Allgemeine Bestimmungen

Art. 28 Haager AdÜ

Das Übereinkommen steht Rechtsvorschriften des Heimatstaats nicht entgegen, nach denen die Adoption eines Kindes mit gewöhnlichem Aufenthalt in diesem Staat auch dort durchgeführt werden muss oder nach denen es untersagt ist, vor einer Adoption das Kind in einer Familie im Aufnahmestaat unterzubringen oder es in diesen Staat zu bringen.

Art. 29 Haager AdÜ

Zwischen den künftigen Adoptiveltern und den Eltern des Kindes oder jeder anderen Person, welche die Sorge für das Kind hat, darf kein Kontakt stattfinden, solange die Erfordernisse des Artikels 4 Buchstaben a bis c und des Artikels 5 Buchstabe a nicht erfüllt sind, es sei denn, die Adoption finde innerhalb einer Familie statt oder der Kontakt entspreche den von der zuständigen Behörde des Heimatstaats aufgestellten Bedingungen.

Art. 30 Haager AdÜ

(1) Die zuständigen Behörden eines Vertragsstaats sorgen dafür, dass die ihnen vorliegenden Angaben über die Herkunft des Kindes, insbesondere über die Identität seiner Eltern, sowie über die Krankheitsgeschichte des Kindes und seiner Familie aufbewahrt werden.

(2) Sie gewährleisten, dass das Kind oder sein Vertreter unter angemessener Anleitung Zugang zu diesen Angaben hat, soweit das Recht des betreffenden Staates dies zulässt.

Art. 31 Haager AdÜ

Unbeschadet des Artikels 30 werden die aufgrund des Übereinkommens gesammelten oder übermittelten personenbezogenen Daten, insbesondere die in den Artikeln 15 und 16 bezeichneten, nur für die Zwecke verwendet, für die sie gesammelt oder übermittelt worden sind.

Art. 32 Haager AdÜ

(1) Niemand darf aus einer Tätigkeit im Zusammenhang mit einer internationalen Adoption unstatthafte Vermögens- oder sonstige Vorteile erlangen.

(2) Nur Kosten und Auslagen, einschließlich angemessener Honorare an der Adoption beteiligter Personen, dürfen in Rechnung gestellt und gezahlt werden.

(3) Die Leiter, Verwaltungsmitglieder und Angestellten von Organisationen, die an einer Adoption beteiligt sind, dürfen keine im Verhältnis zu den geleisteten Diensten unangemessen hohe Vergütung erhalten.

Art. 33 Haager AdÜ

¹Eine zuständige Behörde, die feststellt, dass eine der Bestimmungen des Übereinkommens nicht beachtet worden ist oder missachtet zu werden droht, unterrichtet sofort die Zentrale Behörde ihres Staates. ²Diese Zentrale Behörde ist dafür verantwortlich, dass geeignete Maßnahmen getroffen werden.

Art. 34 Haager AdÜ

¹Wenn die zuständige Behörde des Bestimmungsstaats eines Schriftstücks darum ersucht, ist eine beglaubigte Übersetzung beizubringen. ²Sofern nichts anderes bestimmt ist, werden die Kosten der Übersetzung von den künftigen Adoptiveltern getragen.

Art. 35 Haager AdÜ

Die zuständigen Behörden der Vertragsstaaten handeln in Adoptionsverfahren mit der gebotenen Eile.

Art. 36 Haager AdÜ

Bestehen in einem Staat auf dem Gebiet der Adoption zwei oder mehr Rechtssysteme, die in verschiedenen Gebietseinheiten gelten, so ist

a) eine Verweisung auf den gewöhnlichen Aufenthalt in diesem Staat als Verweisung auf den gewöhnlichen Aufenthalt in einer Gebietseinheit dieses Staates zu verstehen;

b) eine Verweisung auf das Recht dieses Staates als Verweisung auf das in der betreffenden Gebietseinheit geltende Recht zu verstehen;

c) eine Verweisung auf die zuständigen Behörden oder die staatlichen Stellen dieses Staates als Verweisung auf solche zu verstehen, die befugt sind, in der betreffenden Gebietseinheit zu handeln;

d) eine Verweisung auf die zugelassenen Organisationen dieses Staates als Verweisung auf die in der betreffenden Gebietseinheit zugelassenen Organisationen zu verstehen.

Art. 37 Haager AdÜ

Bestehen in einem Staat auf dem Gebiet der Adoption zwei oder mehr Rechtssysteme, die für verschiedene Personengruppen gelten, so ist eine Verweisung auf das Recht dieses Staates als Verweisung auf das Rechtssystem zu verstehen, das sich aus dem Recht dieses Staates ergibt.

Art. 38 Haager AdÜ

Ein Staat, in dem verschiedene Gebietseinheiten ihre eigenen Rechtsvorschriften auf dem Gebiet der Adoption haben, ist nicht verpflichtet, das Übereinkommen anzuwenden, wenn ein Staat mit einheitlichem Rechtssystem dazu nicht verpflichtet wäre.

Art. 39 Haager AdÜ

(1) Das Übereinkommen lässt internationale Übereinkünfte unberührt, denen Vertragsstaaten als Vertragsparteien angehören und die Bestimmungen über die in dem Übereinkommen geregelten Angelegenheiten enthalten, sofern die durch eine solche Übereinkunft gebundenen Staaten keine gegenteilige Erklärung abgeben.

(2) ¹Jeder Vertragsstaat kann mit einem oder mehreren anderen Vertragsstaaten Vereinbarungen zur erleichterten Anwendung des Übereinkommens in ihren gegenseitigen Beziehungen schließen. ²Diese Vereinbarungen können nur von den Bestimmungen der Artikel 14 bis 16 und 18 bis 21 abweichen. ³Die Staaten, die eine solche Vereinbarung geschlossen haben, übermitteln dem Verwahrer des Übereinkommens eine Abschrift.

Art. 40 Haager AdÜ

Vorbehalte zu dem Übereinkommen sind nicht zulässig.

Art. 41 Haager AdÜ

Das Übereinkommen ist in jedem Fall anzuwenden, in dem ein Antrag nach Artikel 14 eingegangen ist, nachdem das Übereinkommen im Aufnahmestaat und im Heimatstaat in Kraft getreten ist.

Art. 42 Haager AdÜ

Der Generalsekretär der Haager Konferenz für Internationales Privatrecht beruft in regelmäßigen Abständen eine Spezialkommission zur Prüfung der praktischen Durchführung des Übereinkommens ein.

Kapitel VII
Schlussbestimmungen

Art. 43 Haager AdÜ

(1) Das Übereinkommen liegt für die Staaten, die zurzeit der Siebzehnten Tagung der Haager Konferenz für Internationales Privatrecht Mitglied der Konferenz waren, sowie für die anderen Staaten, die an dieser Tagung teilgenommen haben, zur Unterzeichnung auf.

(2) Es bedarf der Ratifikation, Annahme oder Genehmigung; die Ratifikations-, Annahme- oder Genehmigungsurkunden werden beim Ministerium für Auswärtige Angelegenheiten des Königreichs der Niederlande, dem Verwahrer des Übereinkommens, hinterlegt.

Art. 44 Haager AdÜ

(1) Jeder andere Staat kann dem Übereinkommen beitreten, nachdem es gemäß Artikel 46 Absatz 1 in Kraft getreten ist.

(2) Die Beitrittsurkunde wird beim Verwahrer hinterlegt.

(3) ¹Der Beitritt wirkt nur in den Beziehungen zwischen dem beitretenden Staat und den Vertragsstaaten, die innerhalb von sechs Monaten nach Eingang der in Artikel 48 Buchstabe b vorgesehenen Notifikation keinen Einspruch gegen den Beitritt erhoben haben. ²Nach dem Beitritt kann ein solcher Einspruch auch von jedem Staat in dem Zeitpunkt erhoben werden, in dem er das Übereinkommen ratifiziert, annimmt oder genehmigt. ³Die Einsprüche werden dem Verwahrer notifiziert.

Art. 45 Haager AdÜ

(1) Ein Staat, der aus zwei oder mehr Gebietseinheiten besteht, in denen für die in dem Übereinkommen behandelten Angelegenheiten unterschiedliche Rechtssysteme gelten, kann bei der Unterzeichnung, der Ratifikation, der Annahme, der Genehmigung oder dem Beitritt erklären, dass das Übereinkommen auf alle seine Gebietseinheiten oder nur auf eine oder mehrere davon erstreckt wird; er kann diese Erklärung durch Abgabe einer neuen Erklärung jederzeit ändern.

(2) Jede derartige Erklärung wird dem Verwahrer unter ausdrücklicher Bezeichnung der Gebietseinheiten notifiziert, auf die das Übereinkommen angewendet wird.

(3) Gibt ein Staat keine Erklärung nach diesem Artikel ab, so ist das Übereinkommen auf sein gesamtes Hoheitsgebiet anzuwenden.

Art. 46 Haager AdÜ

(1) Das Übereinkommen tritt am ersten Tag des Monats in Kraft, der auf einen Zeitabschnitt von drei Monaten nach der in Artikel 43 vorgesehenen Hinterlegung der dritten Ratifikations-, Annahme- oder Genehmigungsurkunde folgt.

(2) Danach tritt das Übereinkommen in Kraft

a) für jeden Staat, der es später ratifiziert, annimmt oder genehmigt oder der ihm beitritt, am ersten Tag des Monats, der auf einen Zeitabschnitt von drei Monaten nach Hinterlegung seiner Ratifikations-, Annahme-, Genehmigungs- oder Beitrittsurkunde folgt;

b) für jede Gebietseinheit, auf die es nach Artikel 45 erstreckt worden ist, am ersten Tag des Monats, der auf einen Zeitabschnitt von drei Monaten nach der in jenem Artikel vorgesehenen Notifikation folgt.

Art. 47 Haager AdÜ

(1) Jeder Vertragsstaat kann das Übereinkommen durch eine an den Verwahrer gerichtete schriftliche Notifikation kündigen.

(2) [1]Die Kündigung wird am ersten Tag des Monats wirksam, der auf einen Zeitabschnitt von zwölf Monaten nach Eingang der Notifikation beim Verwahrer folgt. [2]Ist in der Notifikation für das Wirksamwerden der Kündigung ein längerer Zeitabschnitt angegeben, so wird die Kündigung nach Ablauf des entsprechenden Zeitabschnitts nach Eingang der Notifikation wirksam.

Art. 48 Haager AdÜ

Der Verwahrer notifiziert den Mitgliedstaaten der Haager Konferenz für Internationales Privatrecht, den anderen Staaten, die an der Siebzehnten Tagung teilgenommen haben, sowie den Staaten, die nach Artikel 44 beigetreten sind,

a) jede Unterzeichnung, Ratifikation, Annahme und Genehmigung nach Artikel 43;

b) jeden Beitritt und jeden Einspruch gegen einen Beitritt nach Artikel 44;

c) den Tag, an dem das Übereinkommen nach Artikel 46 in Kraft tritt;

d) jede Erklärung und jede Bezeichnung nach den Artikeln 22, 23, 25 und 45;

e) jede Vereinbarung nach Artikel 39;

f) jede Kündigung nach Artikel 47.

Zu Urkund dessen haben die hierzu gehörig befugten Unterzeichneten dieses Übereinkommen unterschrieben.

Geschehen in Den Haag am 29. Mai 1993 in englischer und französischer Sprache, wobei jeder Wortlaut gleichermaßen verbindlich ist, in einer Urschrift, die im Archiv der Regierung des Königreichs der Niederlande hinterlegt und von der jedem Staat, der zurzeit der Siebzehnten Tagung der Haager Konferenz für Internationales Privatrecht Mitglied der Konferenz war, sowie jedem anderen Staat, der an dieser Tagung teilgenommen hat, auf diplomatischem Weg eine beglaubigte Abschrift übermittelt wird.

Art. 23 EGBGB Zustimmung

[1]Die Erforderlichkeit und die Erteilung der Zustimmung des Kindes und einer Person, zu der das Kind in einem familienrechtlichen Verhältnis steht, zu einer Abstammungserklärung oder einer Namenserteilung unterliegen zusätzlich dem Recht des Staates, dem das Kind angehört. [2]Soweit es zum Wohl des Kindes erforderlich ist, ist statt dessen das deutsche Recht anzuwenden.

Literatur: *Deinert*, Zustimmung der Mutter zur Vaterschaftsanerkennung in ausländischen Familienrechten, DAVorm 1991, 365; *Frie*, Hinkende Vaterschaften zu deutschen Kindern aufgrund von Art. 23 EGBGB – Problem und Lösungsansätze, StAZ 2016, 161; *dies.*, Konkludente Zustimmung zur Vaterschaftsanerkennung durch Abgabe einer Sorgeerklärung nach schweizerischem Recht?, StAZ 2018, 233; *Helms*, Sind die am Staatsangehörigkeitsprinzip orientierten Anknüpfungsregeln der Art. 22, 23 EGBGB noch zeitgemäß?, FS Hahne, 2012, 69; *ders.*, Vorschlag zur Reform des Internationalen Adoptionsrechts, StAZ 2015, 97; *Grünenwald*, Adoption und Flüchtlinge – schaffen wir das?, NZFam 2016, 344; *Jayme*, Abstammungsvorfragen und Auslegung des Art. 23 S. 1 EGBGB bei der Legitimation in Auslandsfällen, IPRax 1990, 309; *Sturm*, Das Günstigkeitsprinzip und die Zustimmung nach Art. 23 EGBGB, StAZ 1997, 261.

A. Allgemeines	1	1. Abstammungserklärung	21
B. Regelungsgehalt	6	2. Namenserteilung	23
I. Verweisungsgegenstand (S. 1)	6	IV. Rechtsfolgen einer fehlenden oder fehlerhaften Zustimmung	25
1. Zustimmungserklärungen	6		
2. Familienrechtliches Verhältnis	13	V. Hilfsweise Anwendung deutschen Rechts (S. 2)	26
II. Anknüpfung	17	1. Regelungszweck	26
1. Staatsangehörigkeit des Kindes	17	2. Abstammungserklärung	27
2. Rück- und Weiterverweisungen	18	3. Namenserteilung	28
III. Reichweite der Verweisung	21		

A. Allgemeines

Art. 23 wurde mit Wirkung zum 31.3.2020[1] neu gefasst (zur alten Rechtslage s. Vorauflage).[2] Hintergrund war die Änderung des entscheidenden Anknüpfungsmerkmals in Art. 22 EGBGB durch das Gesetz zur Umsetzung der Entscheidung des Bundesverfassungsgerichts vom 26.3.2019 zum Ausschluss der Stiefkindadoption in nichtehelichen Familien. Der Gesetzgeber hat die durch eine Entscheidung des Bundesverfassungsgerichts notwendig gewordenen Anpassungen im materiellen Adoptionsrecht zum Anlass genommen, auch die dazugehörigen Regelungen im Internationalen Privatrecht umfassend umzugestalten und zu modernisieren. Im Ergebnis ist er dabei den Vorschlägen des Deutschen Rats für IPR gefolgt, die wiederum ihrerseits maßgeblich auf ein Referat von *Tobias Helms* zurückgehen.[3] Art. 22 Abs. 1 EGBGB knüpft in seiner neuen Fassung nun nicht länger an die Staatsangehörigkeit des Annehmenden an, sondern beruft für Adoptionen, die im Inland stattfinden, deutsches Recht. Für Auslandsadoptionen ist daneben nunmehr der gewöhnliche Aufenthaltsort des Anzunehmenden entscheidend.[4] Für Inlandsadoptionen stellt das jetzt stets anwendbare deutsche materielle Recht eine ausreichende Beteiligung aller betroffenen Personen somit sicher und für die seltenen Vertragsadoptionen im Ausland wurde eine zusätzliche Berücksichtigung auch des Heimatrechts des Kindes für entbehrlich gehalten.[5] Notfalls könne der Ordre public (Art. 6 EGBGB) helfen.[6] **1**

Aus diesen Gründen wurde die Adoption mit Wirkung zum 31.3.2020 aus dem Anwendungsbereich des Art. 23 herausgenommen. Art. 23 erfasst seither nur noch die Abstammungserklärung und die Namenserteilung. Diese Neuerung ist in den Stellungnahmen der Interessenvertretungen vielfach auf Zustimmung gestoßen,[7] teilweise aber auch scharf kritisiert worden.[8] Sie führt jedoch zu einer sinnvollen Vereinfachung der Rechtsanwendung und die bemängelte Schutzlücke wird, wenn überhaupt, nur in einer äußerst geringen Zahl von Fällen auftreten und sich dort auch über eine Anwendung der Ordre-public-Klausel schließen lassen.[9] **2**

Für die beiden verbleibenden Fälle, Abstammungserklärung und Namenserteilung, beruft Art. 23 als allseitige Kollisionsnorm kumulativ das Heimatrecht des Kindes als sogenanntes Zustimmungsstatut. Hilfsweise wird in S. 2 auf deutsches Recht abgestellt.[10] **3**

Durch die kumulative Anknüpfung auch an das Heimatrecht des Kindes soll insbesondere die Entstehung **hinkender Rechtsverhältnisse** vermieden werden, wenn bei einem Kind mit ausländischer Staatsangehörigkeit deutsches Recht als Abstammungs- oder Namensstatut zur Anwendung gelangt.[11] Zudem verhindert

---

1 Siehe BT-Drs. 19/15618.
2 Art. 229 § 51 EGBGB lautet: „Auf vor dem 31.3.2020 abgeschlossene Vorgänge bleibt das bisherige Internationale Privatrecht anwendbar".
3 *Mansel* IPRax 2020, 188; *ders.* IPRax 2015, 185; *Helms* StAZ 2015, 97.
4 Siehe hierzu ausführlich die Kommentierung bei Art. 22 EGBGB.
5 BT-Drs. 19/15618, S. 16.
6 BT-Drs. 19/15618, S. 16.
7 Vgl. ua Stellungnahme des Paritätischen Gesamtverbandes v. 30.9.2019; Stellungnahme des Deutschen Notarvereins v. 27.9.2019; Stellungnahme des Wissenschaftlichen Vereinigung für Familienrecht v. 27. und 20.9.2019 (jeweils abrufbar auf der Seite des BMJV).

8 Vgl. Stellungnahme des Deutschen Vereins für öffentliche und private Fürsorge NDV 2020, 1; Stellungnahme des Deutschen Juristinnenbundes v. 1.10.2019; Stellungnahme des Verbands binationaler Familien und Partnerschaften v. 27.9.2019; Stellungnahme der Bundesarbeitsgemeinschaft Landesjugendämter v. 27.9.2019 (jeweils abrufbar auf der Seite des BMJV).
9 Ähnlich bereits *Helms* StAZ 2018, 97 (102); s.a. BT-Drs. 19/15618, S. 16.
10 Zur Entstehungsgeschichte dieser Regelung *Sturm* StAZ 1997, 261.
11 BeckOK BGB/*Heiderhoff* EGBGB Art. 23 Rn. 1; BeckOGK/*Markwardt* EGBGB Art. 23 Rn. 3.

sie bei wichtigen Statusfragen eine Umgehung von Zustimmungserfordernissen, die das Heimatrecht des Kindes aufstellt. Allerdings erfolgt keine vollständige kumulative Anwendung des Heimatrechts. Die Verweisung ist vielmehr beschränkt auf die Zustimmungserklärungen des Kindes und seiner Familie. Unbeachtlich ist, ob das Heimatrecht weitere Voraussetzungen aufstellt oder entsprechende Erklärungen überhaupt nicht kennt.

4   Gerechtfertigt ist der Verzicht auf eine vollständige kumulative Anwendung des Heimatrechts dadurch, dass ansonsten die Begründung der Abstammung und die Namenserteilung erheblich erschwert würde. Fehlende oder fehlerhafte Zustimmungen des Kindes oder von Familienangehörigen stellen für den Heimatstaat oft einen Grund dar, die Anerkennung zu versagen. Solchen Zustimmungserfordernissen nach dem Heimatrecht kann aber im inländischen Verfahren durch Anwendung des Heimatrechts oft entsprochen werden, um so eine Nichtanerkennung zu vermeiden.

5   Da das Heimatrecht kumulativ berufen wird, müssen die Zustimmungserfordernisse nach dem Abstammungsstatut (Art. 19) und dem Namensstatut (Art. 10)[12] ebenfalls erfüllt sein.[13]

Art. 23 gilt nur für Vorgänge, die am 1.9.1986 noch nicht abgeschlossen waren.[14] Für die Anwendung des Art. 23 spielt es keine Rolle, ob das Kind volljährig oder minderjährig ist.[15] Entscheidend ist allein, dass ein Eltern-Kind-Verhältnis betroffen ist.[16]

B. Regelungsgehalt

I. Verweisungsgegenstand (S. 1)

6   **1. Zustimmungserklärungen.** Abstammungserklärung und Namenserteilung unterliegen primär dem Abstammungsstatut (Art. 19) bzw. dem Namensstatut (Art. 10). Diese Statute entscheiden, ob eine Abstammungserklärung oder eine Namenserteilung möglich bzw. erforderlich ist. Das Heimatrecht des Kindes wird nur insoweit berufen, als es zusätzliche Zustimmungserfordernisse von Familienangehörigen des Kindes aufstellt, nicht hingegen soweit es weitere Voraussetzungen für die Namenserteilung oder die Abstammungserklärung enthält.

7   Die Verweisung auf das Heimatrecht läuft leer, wenn dieses die Abstammungserklärung oder die Namenserteilung überhaupt nicht kennt und daher auch keine Zustimmungserklärungen vorsieht. Einer ersatzweisen Anwendung deutschen Rechts nach S. 2 bedarf es nach dem Regelungszweck von Art. 23 nicht.[17]

8   Das Heimatrecht entscheidet sowohl darüber, welche Zustimmungen erforderlich sind, als auch über die **Art und Weise** und die sonstigen Voraussetzungen, unter denen sie erteilt werden müssen.[18] Im deutschen Recht wären dies für die Zustimmung der Mutter zum Vaterschaftsanerkenntnis die Vorschriften der §§ 1595 Abs. 3, 1596–1598 BGB.[19]

9   Das Heimatrecht bestimmt auch darüber, ob eine gerichtliche oder behördliche Genehmigung der Zustimmung notwendig ist,[20] oder ob das **Zustimmungserfordernis ersetzt** werden kann oder ob eine Zustimmung entbehrlich ist, weil den Eltern die Elternrechte entzogen worden sind.[21]

10   Solche nach einem ausländischen Heimatrecht möglichen oder vorausgesetzten Entscheidungen können grundsätzlich auch durch ein deutsches Gericht erfolgen.[22] Die internationale Zuständigkeit bestimmt sich nicht nach der EuEheVO oder dem KSÜ, sondern nach autonomem Recht, weil es sich um Angelegenheiten in Bezug auf die Abstammung oder den Namen des Kindes handelt, die vom Anwendungsbereich der EuEheVO (Art. 1 Abs. 3) und des KSÜ (Art. 4) ausgenommen sind (→ KSÜ Art. 4 Rn. 20).

11   Ausländische Entscheidungen können die nach dem in- oder ausländischen Recht erforderlichen Voraussetzungen erfüllen, sofern sie gemäß §§ 108 f. FamFG anerkannt werden. Dabei ist kein identischer Entscheidungsinhalt, sondern nur eine funktionale Entsprechung zu verlangen.

---

12   Siehe aber auch Art. 47 f. EGBGB.
13   OLG Köln StAZ 2013, 319.
14   Staudinger/*Henrich* EGBGB Art. 23 Rn. 3.
15   BayObLG NJW-RR 1995, 1287 (1286); *Jayme* NJW 1989, 3069 (3070); *St. Lorenz* IPRax 1994, 193 (194); MüKoBGB/*Helms* EGBGB Art. 23 Rn. 6.
16   BeckOK BGB/*Heiderhoff* EGBGB Art. 23 Rn. 8.
17   Beispiele überwiegend zur Adoption: LG Kassel StAZ 1992, 308 (309); *St. Lorenz* IPRax 1994, 193 (195); BeckOK BGB/*Heiderhoff* Art. 23 Rn. 14; Staudinger/*Henrich* EGBGB Art. 23 Rn. 19; BeckOGK/*Markwardt* EGBGB Art. 23 Rn. 20; aA OVG Bln-Bbg 21.4.2009 – OVG 3 B 8.07; AG Lahnstein FamRZ 1994, 1350 (1351); *Kegel/Schurig*

§ 20 XIII 2 a; Soergel/*Lüderitz* EGBGB Art. 23 Rn. 14.
18   MüKoBGB/*Helms* EGBGB Art. 23 Rn. 9; Palandt/ *Thorn* EGBGB Art. 23 Rn. 3.
19   S.a. Staudinger/*Henrich* EGBGB Art. 23 Rn. 9.
20   OLG Köln StAZ 2013, 319; BayObLGZ 1994, 332 (335) (richterliche Genehmigung der Zustimmung der minderjährigen Mutter nach peruanischem Recht); MüKoBGB/*Helms* EGBGB Art. 23 Rn. 9; *St. Lorenz* IPRax 1994, 193 (195) Fn. 18.
21   OLG Köln FamRZ 1999, 889 f.
22   OLG Köln FamRZ 1999, 889 f.; Staudinger/*Henrich* EGBGB Art. 23 Rn. 18.

Für die **Form** kann nach Art. 11 Abs. 1 alternativ auf das Ortsrecht abgestellt werden.[23] Das bedeutet, dass **12**
die Zustimmung zu einer Abstammungserklärung im Inland immer auch nach § 44 PStG vor dem Standesbeamten[24] oder nach § 59 Abs. 1 Nr. 1 u. 2 SGB VIII vor der Urkundsperson beim Jugendamt[25] erklärt werden kann. Bei Zustimmungen zu Einbenennungen im Inland kann die nach § 1618 S. 5 BGB vorgesehene
öffentliche Beglaubigung der Erklärung nach § 45 Abs. 1 S. 1 Nr. 6 PStG auch durch den Standesbeamten
vorgenommen werden.

2. Familienrechtliches Verhältnis. Berufen wird das ausländische Heimatrecht des Kindes, soweit es **13**
Zustimmungserfordernisse des Kindes selbst, seines gesetzlichen Vertreters und von Personen aufstellt, die
zu dem Kind in einem familienrechtlichen Verhältnis stehen. Die **Vorfragen**, wer gesetzlicher Vertreter des
Kindes ist und wer zu ihm in einem „familienrechtlichen Verhältnis" iSd Art. 23 steht, sind nach richtiger,
wenn auch umstrittener Auffassung **unselbständig anzuknüpfen** und daher anhand der über Art. 23 ermittelten lex causae zu beantworten.[26] Das Interesse am internationalen Entscheidungseinklang setzt sich hier
ausnahmsweise gegenüber dem Interesse am internen Entscheidungseinklang durch. Art. 23 trägt dem
Rechtsanwendungsinteresse des Kindes Rechnung und soll hinkende Rechtsverhältnisse vermeiden. Daher
sind in einem ersten Schritt die Zustimmungserfordernisse so zu erfüllen, wie sie nach dem Heimatrecht des
Kindes bestehen. Nur wenn die Zustimmungen mit einem vertretbaren Aufwand in angemessener Zeit nicht
zu erreichen sind, kann über S. 2 auf deutsches Recht abgestellt werden.[27]

In einem familienrechtlichen Verhältnis zum Kind können die Eltern, Großeltern, Abkömmlinge oder wei- **14**
tere Verwandte wie Onkel oder Tanten[28] stehen, nach dem Zweck des Art. 23 jedoch nicht der Ehegatte des
Kindes oder die Abkömmlinge eines Annehmenden.[29]

Die Verweisung erfasst nicht Genehmigungen, die nach dem Heimatrecht von staatlichen Stellen oder ande- **15**
ren Institutionen zur Adoption erteilt werden müssen (s. zur Genehmigung von Zustimmungserklärungen
aber → Rn. 10).[30]

Hat eine Person, etwa die Mutter, die Zustimmung nach dem einen Recht (allgemeines Statut oder Zustim- **16**
mungsstatut) aufgrund ihres familienrechtlichen Verhältnisses erteilt, so wird damit auch ein Zustimmungserfordernis nach dem anderen Recht erfüllt, wenn die Mutter danach als gesetzliche Vertreterin des Kindes
zustimmen muss.[31]

II. Anknüpfung

1. Staatsangehörigkeit des Kindes. Entscheidend ist die Staatsangehörigkeit (Art. 5), die das Kind vor **17**
Wirksamwerden der Abstammungserklärung besitzt.[32] Bei Mehrstaatern gilt Art. 5 Abs. 1.

Hat das Kind vor Anerkenntnis der Elternschaft mangels rechtlich festgestellter Abstammung noch keine
Staatsangehörigkeit, so ist auf die Staatsangehörigkeit abzustellen, die das Kind durch die (erste) wirksame
Abstammungserklärung erhält. Der Staatsangehörigkeitserwerb tritt in diesen Fällen regelmäßig rückwir-
kend ab Geburt ein.[33]

23 OLG Hamm FamRZ 2005, 291 (292); *Jayme* IPRax
1990, 309 (310); Staudinger/*Henrich* EGBGB
Art. 23 Rn. 15; MüKoBGB/*Helms* EGBGB Art. 23
Rn. 10; Palandt/*Thorn* EGBGB Art. 23 Rn. 3; aA
BayOblG StAZ 1978, 294 (296).
24 OLG Stuttgart FamRZ 1990, 559; *Jayme* IPRax
1990, 309 (310).
25 *Deinert* DAVorm 1991, 365.
26 Wie hier für eine unselbständige Anknüpfung:
BeckOK BGB/*Heiderhoff* EGBGB Art. 23 Rn. 10 f.;
Benicke, S. 142; MüKoBGB/*Helms* EGBGB Art. 23
Rn. 7 (für familienrechtliches Verhältnis), Rn. 9 (für
gesetzlichen Vertreter); implizit auch OLG Stuttgart
StAZ 1997, 105 (das allerdings die Frage nach der
Anknüpfung der Vorfrage nicht stellt, sondern allein
aufgrund der Verweisung in Art. 23 S. 1 marokkanisches Recht anwendet); für eine selbstständige
Anknüpfung dagegen OLG Nürnberg DAVorm 2000,
810 (gesetzlicher Vertreter); *Kropholler*, IPR,
§ 49 IV 1; *Baumann*, Verfahren und anwendbares
Recht bei Adoption mit Auslandsberührung, 1992,
S. 87 f.; Palandt/*Thorn* EGBGB Art. 23 Rn. 3 (jeweils
nur für gesetzlichen Vertreter); für eine alternative

Anknüpfung im Einzelfall Staudinger/*Henrich*
EGBGB Art. 23 Rn. 7: tatsächliche Beziehung des
Kindes ist zu respektieren, wenn sie nach dem Sachrecht besteht, das bei selbstständiger oder bei unselb-
ständiger Anknüpfung berufen wird; ebenfalls für
eine Einzelfalllösung *Andrae* IntFamR § 8 Rn. 38.
27 S. BayObLGZ 1994, 332.
28 Soergel/*Lüderitz* EGBGB Art. 23 Rn. 15.
29 *Benicke*, S. 139 f.; MüKoBGB/*Helms* EGBGB
Art. 23 Rn. 6; Erman/*Hohloch* EGBGB Art. 23 Rn. 9;
BeckOK BGB/*Heiderhoff* EGBGB Art. 23 Rn. 12;
Staudinger/*Henrich* EGBGB Art. 23 Rn. 24; aA KG
FamRZ 1973, 472 (475).
30 BayObLGZ 1993, 332 (336); *St. Lorenz* IPRax 1994,
193 (195).
31 OLG Frankfurt StAZ 1989, 115; Palandt/*Thorn*
EGBGB Art. 23 Rn. 3.
32 OLG Frankfurt NJW 1988, 1472 (1473) (zur Legitimation); FamRZ 1997, 241; MüKoBGB/*Helms*
EGBGB Art. 23 Rn. 3; Staudinger/*Henrich* EGBGB
Art. 23 Rn. 5.
33 S. § 4 Abs. 1 StAG; s.a. *Sturm* StAZ 1997, 261 (263)
Fn. 27 zum rumänischen Recht.

18 **2. Rück- und Weiterverweisungen.** Umstritten ist, ob eine Rück- oder Weiterverweisung zu beachten ist.[34] Da die Beachtung dem Sinn der Verweisung nicht widerspricht, gilt die Grundregel der Gesamtverweisung nach Art. 4 Abs. 1 S. 1. Das Ziel der Verweisung, hinkende Rechtsverhältnisse zu vermeiden, steht einer solchen Auslegung nicht entgegen. Diesem Ziel dient etwa auch die distributive Anknüpfung in Art. 13 Abs. 1 an die Heimatrechte jedes Ehegatten, deren Eigenschaft als Gesamtverweisung außer Frage steht.[35]

19 Der Sinn der Vorschrift spricht vielmehr dafür, eine Weiterverweisung zu beachten. Wenn das Heimatrecht des Kindes für die erforderlichen Zustimmungen auf eine dritte Rechtsordnung verweist, so erhöht deren Beachtung die Wahrscheinlichkeit der Anerkennung im Heimatstaat.[36] Sind mit der Weiterverweisung Erschwerungen verbunden, die dem Kindeswohl widersprechen, kann auf S. 2 ausgewichen werden.

20 Aus dem gleichen Grund ist auch die Ansicht abzulehnen, die eine Rück- oder Weiterverweisung nur beachten will, wenn das ausländische Recht eine dem Art. 23 vergleichbare spezielle Kollisionsnorm für die Zustimmungserklärungen kennt.[37] Auch die Beachtung einer Rück- oder Weiterverweisung, die durch die allgemeine Kollisionsnorm für die Abstammung oder die Namensführung und den Namenserwerb ausgesprochen wird, erhöht die Chancen für die Anerkennung im Heimatland des Kindes und verhindert damit hinkende Rechtsverhältnisse.

III. Reichweite der Verweisung

21 **1. Abstammungserklärung.** Das Abstammungsstatut gemäß Art. 19 bestimmt, wer eine Abstammungserklärung abgeben kann bzw. muss, dh ob etwa auch die Mutter das Kind anerkennen muss. Das vom Abstammungsstatut verschiedene Heimatrecht des Kindes wird insoweit berufen, als es für eine solche Abstammungserklärung weitere Zustimmungserfordernisse aufstellt. Praktisch bedeutsam ist das Erfordernis, dass die Mutter einem Vaterschaftsanerkenntnis vor oder in einer bestimmten Frist nach dessen Abgabe zustimmen muss.[38]

22 Kennt das Heimatrecht etwa eine Mutterschaftsanerkennung nicht, stellt es insoweit auch keine Zustimmungserfordernisse auf und ist daher nicht zu beachten (→ Rn. 7). Führt das Abstammungsstatut nach Art. 19 bereits zum Heimatrecht des Kindes, ist die zusätzliche Anknüpfung in Art. 23 wirkungslos.[39]

23 **2. Namenserteilung.** Die Namensführung und damit auch die Namenserteilung richtet sich gemäß Art. 10 Abs. 1 grundsätzlich nach dem Heimatrecht der betroffenen Person. Art. 23 hat damit nur Bedeutung, wenn die Namenserteilung aufgrund von Art. 10 Abs. 3 einem anderen Recht, insbesondere dem deutschen Recht, unterliegt.[40]

24 Erfasst wird nicht nur die Einbenennung iSv § 1618 BGB, sondern jede rechtsgeschäftliche Namensänderung.[41] Kennt das Heimatrecht die nach dem Namensstatut vorgesehene rechtsgeschäftliche Namensänderung nicht, läuft die kumulative Anwendung des Heimatrechts des Kindes leer (→ Rn. 7). Aufgrund der nur partiellen Verweisung entfaltet das Heimatrecht keine Sperrwirkung für die nach dem Namensstatut mögliche Namenserteilung.[42]

34 Dafür OLG München StAZ 2008, 13; BayObLG FamRZ 2005, 1694 (jeweils für die Frage der Zuständigkeitskonzentration nach § 43 b FGG Abs. 2 S. 2 FGG (jetzt § 187 Abs. 4 FamFG) iVm § 5 Abs. 1 S. 1 AdWirkG); AG Frankfurt aM FamRZ 2018, 365 (366); AG Lübbecke IPRax 1987, 327; AG Bielefeld IPRax 1989, 172; AG Siegen IPRax 1992, 259; *v. Bar/Mankowski*, IPR II, § 4 Rn. 1059; *Hohnerlein* IPRax 1994, 197; *Jayme* IPRax 1989, 157; *St. Lorenz* IPRax 1994, 193 (194); MüKoBGB/*Helms* EGBGB Art. 23 Rn. 4; Soergel/*Lüderitz* EGBGB Art. 23 Rn. 24; grundsätzlich auch Staudinger/*Henrich* EGBGB Art. 23 Rn. 6; offengelassen von BayObLGZ 02, 99, 104; dagegen: BayObLG FamRZ 2005, 1694 (1695); FamRZ 1988, 868; LG Bielefeld FamRZ 1989, 1338; AG Stuttgart FamRZ 2015, 1986 (1987); AG Plettenberg IPRax 1994, 219; Palandt/*Thorn* EGBGB Art. 23 Rn. 2; *Kropholler*, IPR, § 24 II 2 u. § 49 IV 2; *Grünenwald* NZFam

2016, 344 (346); differenzierend BeckOK BGB/*Heiderhoff* EGBGB Art. 23 Rn. 19; *Andrae* IntFamR § 8 Rn. 46.
35 *Benicke*, S. 151 f.
36 AA BeckOK BGB/*Heiderhoff* Art. 23 Rn. 19: unnötige Verkomplizierung.
37 Ebenso MüKoBGB/*Helms* EGBGB Art. 23 Rn. 4; aA aber MüKoBGB/*Klinkhardt*, 5. Aufl. 2010, EGBGB Art. 23 Rn. 4; *Andrae* IntFamR § 8 Rn. 46; BeckOK BGB/*Heiderhoff* EGBGB Art. 23 Rn. 19.
38 S. den Überblick über die Zustimmungserfordernisse bei *Deinert* DAVorm 1991, 365 (367 f.).
39 Palandt/*Thorn* EGBGB Art. 23 Rn. 1.
40 Staudinger/*Henrich* EGBGB Art. 23 Rn. 13.
41 BeckOGK/*Markwardt* EGBGB Art. 23 Rn. 16; MüKoBGB/*Helms* EGBGB Art. 23 Rn. 19 ff.
42 Vgl. auch Staudinger/*Henrich* EGBGB Art. 23 Rn. 14.

IV. Rechtsfolgen einer fehlenden oder fehlerhaften Zustimmung

Nach hM soll das Zustimmungsstatut auch über die Rechtsfolgen für die Abstammungserklärung oder die **25**
Namenserteilung entscheiden, wenn eine danach erforderliche Zustimmung nicht oder nicht ordnungsgemäß erteilt wurde. Ist auch das Hauptstatut verletzt, richtet sich die Rechtsfolge nach dem **ärgeren Recht**.[43]
Teilweise wird in der Literatur dagegen umgekehrt für den Grundsatz des **günstigeren Rechts** plädiert.[44]
Die, wenn auch fehlerhaft begründete, Abstammung oder Namenserteilung sei in ihrem Bestand grundsätzlich schutzwürdig. Das Zustimmungsstatut bestimme daher lediglich, ob ein Begründungsfehler vorliege,
während sich die Rechtsfolgen, insbesondere auch die Heilungsmöglichkeiten (etwa § 1598 Abs. 2 BGB),
alternativ je nach Günstigkeit nach dem Hauptstatut oder dem Zustimmungsstatut richten würden.[45] Eine
solche Auslegung findet im Wortlaut des Art. 23 allerdings keine Stütze und entspricht auch nicht seinem
Regelungszweck, hinkende Rechtsverhältnisse möglichst zu vermeiden. Bei einer Beeinträchtigung des
Kindeswohls durch zu restriktive Rechtsfolgen im Heimatrecht hilft vielmehr Art. 23 S. 2.

V. Hilfsweise Anwendung deutschen Rechts (S. 2)

1. Regelungszweck. Die ausnahmsweise Anwendung deutschen Rechts nach S. 2 soll die Erschwerung **26**
der Namensänderung und Abstammungserklärung abschwächen, die durch die kumulative Berufung des
Heimatrechts des Kindes eintritt.[46] Materiellrechtlich wird insoweit der Schutzstandard des deutschen
Rechts als ausreichend angesehen. S. 2 ist damit eine **besondere** Ordre-public-**Klausel**[47] und verlangt einen
Widerspruch zum deutschen Recht sowie einen ausreichenden Inlandsbezug. **Streitig** ist, ob S. 2 als Ordre-
public-Klausel eng auszulegen ist[48] oder vielmehr gegenüber Art. 6 die Eingriffsschwelle herabsetzt.[49] Im
Ergebnis wendet auch die scheinbar restriktive Ansicht S. 2 praktisch immer dann an, wenn die Zustimmungserfordernisse des deutschen Rechts vorliegen.[50] Da das materielle deutsche Recht am Kindeswohl
ausgerichtet ist, widerspricht die Versagung der Abstammungserklärung oder der Einbenennung unter Berufung auf das Heimatrecht des Kindes regelmäßig dem Kindeswohl und damit dem deutschen Ordre public.
Dies gilt auch dann, wenn die Namenserteilung oder Abstammungserklärung für das betroffene Kind wichtig ist und die nach dem Heimatrecht erforderliche Zustimmung nur schwer oder mit sehr großem Zeitaufwand beschafft werden kann.[51]

2. Abstammungserklärung. Bei Abstammungserklärungen wird nach S. 2 auf deutsches Recht abgestellt, **27**
wenn die Zustimmungsvoraussetzungen nach deutschem Recht, nicht aber diejenigen nach dem Heimatrecht des Kindes, vorliegen, eine Wiederholung der Abstammungserklärung oder die Erteilung der notwendigen Zustimmung nicht oder nur erschwert möglich ist und dem Kind zudem ernsthafte Nachteile drohen.
Für Letzteres genügt bspw., dass ohne die Anerkennung die tatsächliche Abstammung des Kindes nicht
feststeht und so die Durchsetzung von Unterhaltsansprüchen und erbrechtlichen Ansprüchen nicht gewährleistet ist.[52]

3. Namenserteilung. Bei der Namenserteilung entsprechen die Voraussetzungen, unter denen statt des **28**
Heimatrechts deutsches Recht zur Anwendung gelangt, den materiellen Voraussetzungen, die das deutsche
materielle Recht nach § 1618 S. 4 BGB für die Ersetzung einer Einwilligung des anderen Elternteils aufstellt.[53]

---

43 MüKoBGB/*Helms* EGBGB Art. 23 Rn. 12; Palandt/
    Thorn EGBGB Art. 23 Rn. 3; Staudinger/*Henrich*
    EGBGB Art. 23 Rn. 25 f.; BeckOK BGB/*Heiderhoff*
    EGBGB Art. 23 Rn. 17; BeckGOK/*Markwardt*
    EGBGB Art. 23 Rn. 32.
44 Insbesondere NK-BGB/*Benicke* EGBGB Art. 23
    Rn. 35 in Vorauflage; vgl. auch MüKoBGB/*Klink-
    hardt*, 5. Aufl. 2010, EGBGB Art. 23 Rn. 13 f., der
    noch zwischen Begründungsmängeln und nach der
    Statusänderung auftretenden Mängeln unterscheidet.
45 Soergel/*Lüderitz* EGBGB Art. 23 Rn. 13; für die
    Adoption *Benicke*, S. 309 ff.
46 BayOblG FamRZ 2002, 1282.
47 MüKoBGB/*Helms* EGBGB Art. 23 Rn. 28 mwN.
48 OLG Frankfurt FamRZ 1997, 241 (243); NJWE-FER
    2000, 205; BayOblG FamRZ 1995, 634 (636);

Palandt/*Thorn* EGBGB Art. 23 Rn. 6; Staudinger/
    Henrich EGBGB Art. 23 Rn. 32.
49 AG Lahnstein FamRZ 1994, 1350 (1351); Soergel/
    Lüderitz EGBGB Art. 23 Rn. 21; MüKoBGB/*Helms*
    EGBGB Art. 23 Rn. 29.
50 Vgl. etwa BayOblG FamRZ 2002, 1282 (1284); s.a.
    Helms FS Hahne, 2012, S. 77.
51 S. OLG Köln StAZ 2013, 319 (320 f.); OLG Frank-
    furt FamRZ 1997, 241 (243); AG Tübingen StAZ
    1998, 182; MüKoBGB/*Helms* EGBGB Art. 23
    Rn. 29.
52 OLG Frankfurt DAVorm 1998, 472; AG Tübingen
    StAZ 1998, 182; s.a. die Fallgruppenbildung bei
    Sturm StAZ 1997, 261 (268 f.).
53 OLG Frankfurt NJWE-FER 2000, 205.

Art. 24 EGBGB Vormundschaft, Betreuung und Pflegschaft

(1) ¹Die Entstehung, die Änderung und das Ende der Vormundschaft, Betreuung und Pflegschaft sowie der Inhalt der gesetzlichen Vormundschaft und Pflegschaft unterliegen dem Recht des Staates, dem der Mündel, Betreute oder Pflegling angehört. ²Für einen Angehörigen eines fremden Staates, der seinen gewöhnlichen Aufenthalt oder, mangels eines solchen, seinen Aufenthalt im Inland hat, kann ein Betreuer nach deutschem Recht bestellt werden.

(2) Ist eine Pflegschaft erforderlich, weil nicht feststeht, wer an einer Angelegenheit beteiligt ist, oder weil ein Beteiligter sich in einem anderen Staat befindet, so ist das Recht anzuwenden, das für die Angelegenheit maßgebend ist.

(3) Vorläufige Maßregeln sowie der Inhalt der Betreuung und der angeordneten Vormundschaft und Pflegschaft unterliegen dem Recht des anordnenden Staates.

Literatur: *Dürbeck*, Unbegleitete minderjährige Flüchtlinge im Familienrecht, FamRZ 2018, 553; *Erb-Klünemann/Kössler*, Unbegleitete minderjährige Flüchtlinge – eine verstärkte familiengerichtliche Herausforderung, FamRB 2016, 160; *Heiderhoff*, Das autonome IPR in familienrechtlichen Fragen, IPRax 2017, 160; *v. Hein*, Zur Anordnung von Maßnahmen zum Schutz deutscher Erwachsener durch österreichische Gerichte, IPRax 2009, 173; *ders.*, Betreuungsrechtliche Genehmigungserfordernisse zur Veräußerung von Immobilien – Internationale Zuständigkeit und anwendbares Recht, IPRax 2015, 198; *Helms*, Reform des internationalen Betreuungsrechts durch das Haager Erwachsenenschutzabkommen, FamRZ 2008, 1995; *Hoyer*, Nachlassverwaltung durch Betreuer im deutsch-österreichischen Rechtsverkehr, IPRax 2010, 232; *Jayme*, Die Patientenverfügung: Erwachsenenschutz und internationales Privatrecht, FS Spellenberg, 2010, 203; *Kemter/Mahlmann*, Kontoführung im Spannungsfeld des internationalen Betreuungsrechts, BKR 2008, 410; *Kirchhoff*, Das Rechtsfolgenstatut der beschränkten Geschäftsfähigkeit und der Geschäftsunfähigkeit. Ein Beitrag zur Auslegung der Art 7 und 24 EGBGB, 2005; *Ludwig*, Der Erwachsenenschutz im Internationalen Privatrecht nach Inkrafttreten des Haager Erwachsenenschutzübereinkommens, DNotZ 2009, 241; *Nitzinger*, Das Betreuungsrecht im internationalen Privatrecht, 1998; *Oberhammer/Graf/Slonina*, Sachwalterschaft für Deutsche und Schweizer in Österreich, ZfRvgl 2007, 133; *Oelkers*, Internationales Betreuungsrecht, 1996; *Rausch*, Betreuung bei Auslandsbezug, BtPrax 2004, 137; *Röthel*, Das Betreuungsrecht im IPR, BtPrax 2006, 90; *Röthel/Woitge*, Das Kollisionsrecht der Vorsorgevollmacht, IPRax 2010, 494; *Rupp*, Volljährigkeit, Vormundschaft und Flüchtlingseigenschaft, ZfPW 2018, 57; *Schaub*, Kollisionsrechtliche Probleme bei Vorsorgevollmachten, IPRax 2016, 207; *Siehr*, Das Haager Übereinkommen über den internationalen Schutz Erwachsener, RabelsZ 64 (2000), 715; *Spickhoff*, Vorsorgeverfügungen im Internationalen Privatrecht, FS Coester-Waltjen, 2015, 825; *Veit*, Lücken in der gesetzlichen Vertretung von unbegleiteten minderjährigen Flüchtlingen, in: FS Lindacher, 2017, 431; *Winterstein*, in Jürgens, Betreuungsrecht (6. Aufl. 2019) Art. 24 EGBGB.

A. Allgemeines 1
  I. Entstehung und Regelungsgegenstand 1
  II. Begriffe 3
  III. Vorrang von Staatsverträgen 5
  IV. Ausgenommene Bereiche 8
B. Regelungsgehalt 10
  I. Anknüpfung (Abs. 1) 10
   1. Vormundschaft und Pflegschaft 10
    a) Entstehung, Änderung und Ende 10
    b) Inhalt der Vormundschaft oder Pflegschaft 15
   2. Betreuung 16

    a) Allgemeines 16
    b) Betreuung nach deutschem Recht für einen Ausländer 18
   3. Pflegschaft für unbekannte oder verhinderte Beteiligte (Abs. 2) 21
   4. Vorläufige Maßnahmen 23
  II. Allgemeine Lehren 24
  III. Verfahren 25
   1. Internationale Zuständigkeit 25
   2. Anerkennung ausländischer Entscheidungen 27

A. Allgemeines

I. Entstehung und Regelungsgegenstand

1 Bei der IPR-Reform 1986 wurde mit Art. 24 erstmals eine kollisionsrechtliche Vorschrift für Vormundschaft und Pflegschaft in das EGBGB aufgenommen.[1] Infolge der Abschaffung der Entmündigung im deutschen materiellen Recht wurde 1990 die Bezugnahme auf die Entmündigung durch die Einfügung der Betreuung ersetzt.[2]

2 Art. 24 regelt das anwendbare Recht für Vormundschaft, Betreuung und Pflegschaft, wobei danach unterschieden wird, ob diese kraft Gesetzes entstehen oder aufgrund einer behördlichen oder gerichtlichen Anordnung eintreten. Für eine Vormundschaft, Betreuung oder Pflegschaft, die infolge einer Anordnung entstanden ist, verweist Abs. 1 S. 1 für die Rechtsfragen im Zusammenhang mit ihrer Entstehung, Änderung oder Beendigung auf das Recht des Staates, dem die betroffene Person angehört. Für alle Rechtsfragen, die den Inhalt dieser Institute betreffen, beruft Abs. 3 hingegen das Recht des anordnenden Staates, also die lex fori. Für die **kraft Gesetzes** eintretende Vormundschaft und Pflegschaft bestimmt Abs. 1 S. 1 dagegen, dass

1 BT-Drs. 10/504, S. 73.
2 Art. 7 § 29 BetG v. 12.9.1990 (BGBl. I S. 2002).

sowohl hinsichtlich ihrer Entstehung, Änderung und Beendigung als auch für ihren Inhalt das Recht des Staates anwendbar ist, dem die betroffene Person angehört. Abs. 1 S. 2 bestimmt ferner als Ausnahme zur allgemeinen Regelung in Abs. 1 S. 1, dass für einen ausländischen Staatsangehörigen, der seinen gewöhnlichen oder schlichten Aufenthalt in Deutschland hat, ein Betreuer nach deutschem Recht bestellt werden kann. **Abs. 2** enthält schließlich eine Sonderregel für die Pflegschaft, wenn die betroffene Person unbekannt ist oder sich im Ausland befindet. Für **vorläufige Maßregeln** ordnet Abs. 3 an, dass diese umfassend, dh sowohl hinsichtlich ihrer Entstehung, Änderung und Beendigung als auch hinsichtlich ihres Inhalts der lex fori, dh bei Anordnung in Deutschland, dem deutschen Recht, unterliegen.

II. Begriffe

Die **Vormundschaft** ist das umfassende Fürsorge- und Vertretungsrecht für schutzbedürftige minderjährige Personen.[3] Fragen der elterlichen Sorge werden hingegen selbstständig nach Art. 21 EGBGB angeknüpft. Die Vormundschaft für Volljährige wurde im deutschen materiellen Recht zum 1.1.1992 zugunsten der Betreuung abgeschafft.[4] Soweit im ausländischen Recht eine Vormundschaft auch noch für Volljährige vorgesehen ist, ist sie im Rahmen des Art. 24 EGBGB nunmehr funktional als Betreuung zu qualifizieren.[5] Die praktischen Auswirkungen dieser Neuzuordnung sind allerdings gering, → Rn 4.[6]   **3**

Die **Pflegschaft** ist eine vormundschaftsähnliche Fürsorge und Vertretung mit begrenztem Aufgabenkreis.[7]   **4**
Die **Betreuung** ist wie die Pflegschaft die Fürsorge und Vertretung schutzbedürftiger Personen für einen begrenzten Aufgabenkreis, tritt aber nur aufgrund einer Anordnung ein (s. § 1896 BGB). Sie lässt die eigene rechtliche Handlungsfähigkeit des Betreuten grundsätzlich unberührt (§ 1903 BGB). Der Aufgabenkreis kann flexibel dem Betreuungsbedarf angepasst werden (§ 1896 Abs. 2 BGB). Als Betreuung können solche Maßnahmen nach ausländischem Recht qualifiziert werden, die eine an den Bedürfnissen des Einzelfalls orientierte Fürsorge vorsehen.[8] Eine genaue Abgrenzung der Begriffe ist nicht notwendig. So kommt es für die Bestimmung des anwendbaren Rechts nach Art. 24 nicht darauf an, ob ein ausländisches Rechtsinstitut als Vormundschaft oder Betreuung einzuordnen ist. Art. 24 unterscheidet primär danach, ob ein Fürsorgeverhältnis kraft Gesetzes eintritt oder auf einer gerichtlichen oder behördlichen Anordnung beruht. Entsprechend der Regelung der Betreuung im deutschen materiellen Recht geht Art. 24 davon aus, dass eine Betreuung nie von Gesetzes wegen eintritt, sondern stets einer eigenständigen Anordnung bedarf. Eine Einordnung ausländischer Rechtsinstitute ist auch für Abs. 1 S. 2 nicht erforderlich. Als einseitige Kollisionsnorm bestimmt diese Regelung nur, unter welchen Voraussetzungen für einen Ausländer eine Betreuung nach deutschem Sachrecht angeordnet werden kann.

III. Vorrang von Staatsverträgen

Art. 24 wird in weiten Teilen von vorrangigen Staatsverträgen verdrängt. Besondere Bedeutung haben dabei vor allem die **multilateralen Staatsverträge**. Bei **Minderjährigen** hat insbesondere das KSÜ[9] Vorrang vor dem Art. 24. Es ist seit dem 1.1.2011 auch in Deutschland in Kraft und findet aktuell im Verhältnis zu insgesamt 51 Vertragsstaaten Anwendung.[10] Das Haager Minderjährigenschutzabkommen (MSA)[11] gilt hingegen inzwischen nur noch im Verhältnis zur chinesischen Sonderverwaltungszone Macao und hat deshalb kaum noch praktische Relevanz.[12] Soweit das KSÜ eine Zuständigkeit deutscher Gerichte für die Anordnung einer Vormundschaft oder Pflegschaft vorsieht, finden auch die kollisionsrechtlichen Regelungen die-   **5**

3   Vgl. BeckOGK/*Boente* EGBGB Art. 24 Rn. 21 ff.
4   Gesetz zur Reform des Rechts der Vormundschaft und Pflegschaft für Volljährige – Betreuungsgesetz – v. 12.9.1990 (BGBl. I S. 2002).
5   BeckOGK/*Boente* EGBGB Art. 24 Rn. 22.1; *Henrich* IntFamR § 9 I; anders noch NK-BGB/*Benicke* EGBGB Art. 24 Rn. 3 in Vorauflage; rechtsvergleichender Überblick zum Vormundschaftsrecht bei *Röthel* FamRZ 2004, 99.
6   AA BeckOGK/*Boente* EGBGB Art. 24 Rn. 22.1.
7   *Henrich* IntFamR § 9 I; teilweise abweichend BeckOGK/*Boente* EGBGB Art. 24 Rn. 29.
8   Staudinger/*von Hein* EGBGB Art. 24 Rn. 12.
9   Haager Übereinkommen über die Zuständigkeit, das anzuwendende Recht, die Anerkennung, Vollstreckung und Zusammenarbeit auf dem Gebiet der elter-

lichen Verantwortung und der Maßnahmen zum Schutz von Kindern v. 19.10.1996 (BGBl. 2009 II, S. 603).
10   Siehe die Statustabelle auf der Homepage der Haager Konferenz (abrufbar unter: https://www.hcch.net/de/instruments/conventions/status-table/?cid=70).
11   Haager Übereinkommen über die Zuständigkeit der Behörden und das anzuwendende Recht auf dem Gebiet des Schutzes von Minderjährigen v. 5.10.1961 (BGBl. 1971 II, S. 217).
12   Das Haager Abkommen zur Regelung der Vormundschaft über Minderjährige v. 12.6.1902 galt zuletzt noch im Verhältnis zu Belgien. Infolge der Kündigung ist es für Deutschland am 1.6.2009 außer Kraft getreten; s. *Jayme/Hausmann*, Internationales Privat- und Verfahrensrecht, 52 Fn. 2.

ses Übereinkommens Anwendung (sog. Gleichlaufprinzip).[13] Nach ganz herrschender Ansicht[14] kommen die Kollisionsregeln des KSÜ aber richtigerweise auch dann zur Anwendung, wenn sich die Zuständigkeit nach der vorrangigen EuEheVO richtet (s. im Einzelnen → Art. 21 Rn. 109 ff.).

6 In Bezug auf **Erwachsene** wird Art. 24 durch das Haager Erwachsenenschutzübereinkommen (ESÜ)[15] verdrängt, das in Deutschland seit dem 1.1.2009 in Kraft ist.[16] Das ESÜ bestimmt das anwendbare Recht für den Fall, dass die Behörde eines Vertragsstaats eine Schutzmaßnahme erlässt und hierfür aufgrund der Regelungen des ESÜ international zuständig ist (zum Anwendungsbereich des ESÜ → ESÜ Art. 1 Rn. 8–11). **Zusammenfassend** bedeutet dies, dass Art. 24 nur noch in wenigen Fällen zur Anwendung gelangt: Soll eine Vormundschaft, Betreuung oder Pflegschaft angeordnet werden, darf die betroffene Person ihren gewöhnlichen Aufenthalt weder im Inland noch in einem anderen Vertragsstaat des ESÜ (Erwachsener) oder des KSÜ bzw. MSA (Minderjährige) haben und außerdem darf sich auch aus den Vorschriften dieser Übereinkommen keine Zuständigkeit deutscher Gerichte ergeben. Daneben bleibt Art. 24 noch ein schmaler Anwendungsbereich für kraft Gesetzes eintretende Vormundschaften oder Pflegschaften bei Minderjährigen, die außerhalb des Anwendungsbereichs von Art. 16 KSÜ liegen, und für Personen, die zwar älter als 18 Jahre sind, nach ihrem Heimatrecht aber noch als minderjährig gelten.[17]

7 Ein vorrangiges **bilaterales Abkommen** besteht mit dem Iran.[18] Das deutsch-österreichische Vormundschaftsabkommen v. 5.2.1927 ist zum 31.12.2002 gekündigt worden und zum Ablauf des 30.6.2003 außer Kraft getreten.[19] Das deutsch-polnische Abkommen über die Vormundschaft über Minderjährige v. 5.3.1924[20] ist aufgrund gewohnheitsmäßiger Nichtbeachtung seit Kriegsausbruch nicht mehr anwendbar.[21]

IV. Ausgenommene Bereiche

8 Die in manchen Rechtsordnungen vorgesehene gesetzliche Vormundschaft der Eltern ist der Sache nach elterliche Sorge und unterliegt daher Art. 21 oder Art. 16, 17 KSÜ bzw. Art. 3 MSA.[22]

9 Art. 24 erfasst nicht die Beistandschaft nach §§ 1712 ff. BGB (→ EGBGB Art. 21 Rn. 14 f.) und im Unterschied zum MSA bzw. KSÜ auch nicht öffentlich-rechtliche Fürsorgemaßnahmen.[23] Nach überwiegender Meinung fällt die Ergänzungspflegschaft nach § 1909 BGB zwar grundsätzlich unter Art. 24.[24] Da es sich um eine Schutzmaßnahme iSd MSA bzw. KSÜ handelt, wird Art. 24 jedoch insoweit verdrängt.[25] Dies gilt auch dann, wenn sich die Zuständigkeit aus der EuEheVO ergibt (→ EGBGB Art. 21 Rn. 11 f.).

B. Regelungsgehalt

I. Anknüpfung (Abs. 1)

10 **1. Vormundschaft und Pflegschaft. a) Entstehung, Änderung und Ende.** Abs. 1 S. 1 beruft (vorbehaltlich Art. 4 Abs. 1) das **Heimatrecht** der betroffenen Person für „die Entstehung, die Änderung und das Ende" der Vormundschaft oder Pflegschaft zur Anwendung. Dies gilt sowohl für die kraft Gesetzes entstehende als auch für eine Vormundschaft oder Pflegschaft, die durch ein Gericht oder eine Behörde angeordnet wurde. Mit „Entstehung" sind die Voraussetzungen und Bedingungen gemeint, unter denen eine Vormundschaft oder Pflegschaft angeordnet werden kann, die „Änderung" betrifft wesentliche Umgestaltungen (bspw. nach §§ 1796, 1801 BGB) und das „Ende" die Voraussetzungen und den Zeitpunkt der Beendigung der Vormundschaft oder Pflegschaft.[26]

---

13 *Junker,* IPR, S. 444.
14 OLG Saarbrücken FamRZ 2019, 985; OLG Karlsruhe FamRZ 2018, 920 (922); BeckOGK/*Markwardt* KSÜ Art. 15 Rn. 5 mwN.
15 Haager Übereinkommen über den internationalen Schutz von Erwachsenen v. 13.1.2000 (BGBl. 2007 II, S. 323).
16 Das ESÜ hat aktuell 12 Vertragsstaaten, siehe die Statustabelle auf der Homepage der Haager Konferenz (abrufbar unter: https://www.hcch.net/de/instruments/conventions/status-table/?cid=70).
17 Staudinger/*v. Hein* EGBGB Art. 24 Rn. 1; BeckOK BGB/*Heiderhoff* EGBGB Art. 24 Rn. 2, 20; Palandt/*Thorn* EGBGB Art. 24 Rn. 2; überzeugend *Rupp* ZfPW 2018, 57 (64).
18 Niederlassungsabkommen zwischen dem Deutschen Reich und dem Kaiserreich Persien vom 17.2.1929

(RGBl II 1930 S. 1006; BGBl. II 1955 S. 829); s. *Winterstein* in Jürgens Art. 24 Rn. 5.
19 BGBl. II 2003 S. 824; IPRax 2003, 562.
20 RGBl I 1925 S. 139, 145.
21 HM Staudinger/*von Hein* EGBGB Vor Art. 24 Rn. 13; BeckOGK/*Boente* EGBGB Art. 24 Rn. 16 f. mwN.
22 Staudinger/*von Hein* EGBGB Art. 24 Rn. 11; MüKoBGB/*Lipp* EGBGB Art. 24 Rn. 22.
23 Palandt/*Thorn* EGBGB Art. 24 Rn. 3; Staudinger/*von Hein* EGBGB Art. 24 Rn. 23.
24 *Looschelders* EGBGB Art. 24 Rn. 4; Staudinger/*von Hein* EGBGB Art. 24 Rn. 13; differenzierend BeckOK BGB/*Heiderhoff* Art. 24 Rn. 34; BeckOGK/*Boente* EGBGB Art. 24 Rn. 33; MüKoBGB/*Lipp* EGBGB Art. 24 Rn. 56.
25 Staudinger/*von Hein* EGBGB Art. 24 Rn. 13.
26 MüKoBGB/*Lipp* EGBGB Art. 24 Rn. 30 ff.

Für einen deutschen Staatsangehörigen kann daher auch bei gewöhnlichem Aufenthalt im Ausland nach deutschem Recht eine Vormundschaft oder Pflegschaft angeordnet werden. Für Fälle mehrfacher Staatsangehörigkeit gilt Art. 5 Abs. 1.[27]   **11**

Eine nach dem ausländischen Heimatrecht einer Person **kraft Gesetzes** eingetretene Vormundschaft oder Pflegschaft wird in Deutschland anerkannt. Das ausländische Recht bestimmt dann zum einen, wer Vormund oder Pfleger geworden ist, aber auch welche Aufgaben und Befugnisse der Vormund bzw. Pfleger hat (vgl. Art. 24 Abs. 1 S. 1 aE). Das Heimatrecht entscheidet schließlich auch darüber, unter welchen Voraussetzungen eine Änderung oder die Beendigung der Vormundschaft bzw. Pflegschaft eintritt oder angeordnet werden kann. Trifft das Heimatrecht keine Bestimmung, wer Vormund eines Kindes ist, so wird bei einem gewöhnlichen Aufenthalt des Kindes im Inland unter den Voraussetzungen des § 1791 c BGB das Jugendamt zum Vormund bestellt.[28] § 1791 c Abs. 1 S. 1 BGB ist dabei eine vorrangige Sondervorschrift, die auch ihren eigenen internationalen Anwendungsbereich regelt und Art. 24 Abs. 1 S. 1 verdrängt.[29] Bei einem gewöhnlichen Aufenthalt des Kindes in Deutschland werden aber in aller Regel ohnehin Art. 15, 16 KSÜ die Regelung in Art. 24 Abs. 1 S. 1 verdrängen und ihrerseits zur Anwendung des § 1791 c BGB führen.   **12**

Nach Abs. 1 S. 1 ist auch bei der **Anordnung** einer Vormundschaft oder Pflegschaft für einen ausländischen Staatsangehörigen durch ein deutsches Gericht dessen Heimatrecht anzuwenden. Bei Minderjährigen wird Abs. 1 S. 1 aber weitgehend durch das KSÜ verdrängt.[30] Bei Volljährigen wird bei Fürsorgebedarf regelmäßig nach **Abs. 1 S. 2** ein Betreuer nach deutschem Recht bestellt, soweit nicht bei einem gewöhnlichen Aufenthalt des Volljährigen im Inland der vorrangige Art. 13 ESÜ ebenfalls zu einer Anwendung deutschen Rechts führt(→ Rn. 15).[31]   **13**

Wird ein Minderjähriger volljährig bzw. 18 Jahre alt, so entfällt die Anwendbarkeit des KSÜ. Die Frage, ob eine Vormundschaft, die im Inland für einen ausländischen Minderjährigen nach dem KSÜ angeordnet worden ist, mit Eintritt der Volljährigkeit endet, richtet sich daher nicht nach dem vom KSÜ bestimmten Recht, sondern nach dem ESÜ. Dieses enthält auch in Art. 2 Abs. 2 ESÜ eine entsprechende Überleitungsvorschrift, die allerdings nicht für Maßnahmen anwendbar ist, die ihren Grund allein in der Minderjährigkeit des Betroffenen haben.[32] Hier besteht daher nach wie vor eine Lücke in den völkervertraglichen Regelungen, die durch Art. 24 geschlossen wird.[33] Die sich im ausländischen Recht stellende Vorfrage nach der Volljährigkeit richtet sich gemäß Art. 7 ebenfalls nach dem Heimatrecht des Betroffenen.[34] Insbesondere für unbegleitete Flüchtlinge, die nach dem Recht ihrer Heimatstaaten noch als minderjährig gelten, führt der mit Erreichen des 18. Lebensjahres durch Art. 24 herbeigeführte Wechsel des Anknüpfungspunktes (Staatsangehörigkeit statt gewöhnlicher Aufenthalt) zu erheblichen praktischen Schwierigkeiten.[35] De lege ferenda sollte daher auch bei Art. 24 die Anknüpfung an die Staatsangehörigkeit aufgegeben und im Einklang mit den völkervertraglichen Regelungen im KSÜ und ESÜ stattdessen auf den gewöhnlichen Aufenthaltsort der betroffenen Person abgestellt werden.   **14**

b) Inhalt der Vormundschaft oder Pflegschaft. Für den Inhalt der Vormundschaft oder Pflegschaft ist zu unterscheiden. Er richtet sich bei einer kraft Gesetzes entstehenden Vormundschaft oder Pflegschaft nach dem Heimatrecht; bei einer gerichtlich angeordneten Vormundschaft oder Pflegschaft hingegen nach der lex fori (Abs. 3 Var. 2). Die Führung und Auswahl des bestellten Vormunds oder Pflegers erfolgt also nach der lex fori. Hintergrund für diese Unterscheidung sind Zweckmäßigkeitserwägungen: Die Durchführungsvorschriften haben verfahrensrechtlichen Charakter und die Beteiligten sollen sich in den ihnen bekannten Bahnen des eigenen „Verfahrensrechts" bewegen können.[36]   **15**

2. Betreuung. a) Allgemeines. Das Heimatrecht der betroffenen Person gilt auch für die Anordnung einer Betreuung. Es regelt die Voraussetzungen für ihre Entstehung, Änderung und Beendigung. Der Inhalt der Betreuung richtet sich wie bei der gerichtlich oder durch eine Behörde angeordneten Vormundschaft oder Pflegschaft hingegen nach der lex fori (**Abs. 3**). Ein deutsches Gericht kann daher auch für einen deut-   **16**

27 Staudinger/*von Hein* EGBGB Art. 24 Rn. 91.

28 *Henrich* IntFamR § 9 II 1; MüKoBGB/*Lipp* EGBGB Art. 24 Rn. 24 mwN.

29 Staudinger/*von Hein* EGBGB Art. 24 Rn. 10; MüKoBGB/*Lipp* EGBGB Art. 24 Rn. 24.

30 Ausnahme ist die Vormundschaft für ein deutsches Kind, das seinen gewöhnlichen Aufenthalt in einem Staat hat, der nicht Mitglied des KSÜ ist.

31 Staudinger/*von Hein* EGBGB Art. 24 Rn. 31; weiter gehend Erman/*Hohloch* EGBGB Art. 24 Rn. 10: anzuordnen sei stets eine Betreuung nach deutschem Recht; enger *Nitzinger*, S. 106: nur wenn Heimatrecht nicht ermittelbar oder nicht effektiv ist.

32 BGH NJW 2018, 613 (615); OLG Brandenburg StAZ 2017, 111; Staudinger/*von Hein* ESÜ Art. 2 Rn. 4; Palandt/*Thorn* Anh. EGBGB Art. 24 Rn. 3; ausführlich *Rupp* ZfPW 2018, 57 (64 ff.).

33 Vgl. BGH NJW 2018, 613; OLG Bremen FamRZ 2017, 1227; FamRZ 2016, 990.

34 BGH NJW 2018, 613 (614).

35 Staudinger/*von Hein* ESÜ Art. 2 Rn. 4; *Rupp* ZfPW 2018, 57 (64 ff.).

36 *Kegel/Schurig* § 20 XV 1; MüKoBGB/*Lipp* EGBGB Art. 24 Rn. 37.

schen Staatsangehörigen mit gewöhnlichem Aufenthalt im Ausland eine Betreuung nach deutschem Recht anordnen.

17   Das ESÜ enthält in Art. 15–17 eine eigenständige kollisionsrechtliche Regelung der **Vorsorgevollmacht**, die das deutsche autonome Kollisionsrecht umfassend verdrängt.[37] Von dieser Regelung nicht erfasst ist jedoch die **Patientenverfügung** (§ 1901 a BGB) soweit diese nicht ausnahmsweise auch eine Bevollmächtigung enthält.[38] Die Frage nach der Verbindlichkeit der Patientenverfügung für den Betreuer ist daher richtigerweise zum Inhalt des Betreuungsstatuts zu zählen und unterliegt nach Art. 24 Abs. 3 der lex fori,[39] soweit nicht das gleiche Ergebnis bereits aus dem vorrangigen Art. 13 ESÜ folgt.

18   **b) Betreuung nach deutschem Recht für einen Ausländer.** **Abs. 1 S. 2** ordnet als eine einseitige Kollisionsnorm eine Ausnahme von der Anwendbarkeit des Heimatrechts an. Für einen Ausländer mit gewöhnlichem oder schlichtem Aufenthalt im Inland kann ein Betreuer nach deutschem Recht (§§ 1896–1908 k BGB) bestellt werden.[40] Besondere Voraussetzungen für die alternative Anwendung deutschen Rechts sind nicht zu verlangen.[41] Die Betreuung kann, muss aber richtigerweise nicht nach inländischem Recht angeordnet werden.[42] Seit Inkrafttreten des ESÜ wird Art. 24 Abs. 1 S. 2 aber praktisch vollständig von Art. 13 ff. ESÜ verdrängt(→ ESÜ Art. 1 Rn. 9).[43] Nach Art. 5 ESÜ und Art. 6 ESÜ sind deutsche Betreuungsgerichte sowohl bei einem gewöhnlichen als auch bei einem schlichten Aufenthalt der betreuten Person in Deutschland zuständig und wenden dann nach Art. 13 ESÜ deutsches Recht an.[44]

19   Umstritten ist, ob ein Anwendungsbereich für Art. 24 Abs. 1 S. 2 dann verbleibt, wenn die betreute Person im Inland lediglich einen schlichten, im Ausland aber ihren gewöhnlichen Aufenthaltsort hat. Teilweise wird dies mit dem Argument bejaht, dass in einer solchen Konstellation im Inland ein Fürsorgebedürfnis und die Notwendigkeit, schnell zu handeln, bestehe.[45] Zudem könne die oft schwer zu beantwortende Frage, ob der Betroffene im Inland bereits einen gewöhnlichen Aufenthalt begründet hat, offen bleiben. Richtigerweise verdrängt in einer solchen Konstellation allerdings der kollisionsrechtlich entscheidende gewöhnliche Aufenthalt im Ausland den bloß schlichten Aufenthalt in Deutschland. Wann ein schlichter Aufenthalt gleichwohl eine inländische Zuständigkeit begründen kann (Art. 6 ESÜ) und wann eine solche Zuständigkeit für dringliche und vorläufige Schutzmaßnahmen besteht (Art. 10, 11 ESÜ), regelt das ESÜ genauso abschließend, wie die Frage des dann anwendbaren Rechts (Art. 13 ESÜ). Eine darüber hinausgehende zusätzliche Kompetenz deutscher Behörden und Gerichte, die sich auf Art. 24 Abs. 1 S. 2 stützt, besteht nicht.[46]

20   Ist über Art. 24 Abs. 1 S. 2 nach deutschem Recht eine Betreuung angeordnet worden, so bestimmt deutsches Recht auch über die Änderung und die Beendigung der Betreuung.[47]

21   **3. Pflegschaft für unbekannte oder verhinderte Beteiligte (Abs. 2).** Abs. 2 regelt den Fall, dass in einer bestimmten Angelegenheit ein Beteiligter unbekannt ist oder sich im Ausland aufhält, und daher die Bestellung eines Abwesenheitspflegers für diese Angelegenheit erforderlich ist. Im deutschen Recht wird dieser Fall in § 1911 Abs. 1 und 2 BGB geregelt.[48] Fragen im Zusammenhang mit der Entstehung, Änderung oder Beendigung der Pflegschaft werden insoweit akzessorisch an das Statut der Hauptsache angeknüpft. Der Inhalt der Pflegschaft richtet sich jedoch auch hier gemäß Abs. 3 nach dem Recht des anordnen-

---

37   BeckOK BGB/*Heiderhoff* EGBGB Art. 24 Rn. 46 ff.; MüKoBGB/*Lipp* EGBGB Art. 24 Rn. 70 ff.; Staudinger/*v. Hein* ErwSÜ Art. 15 Rn. 8; aA BeckOGK/*Boente* EGBGB Art. 24 Rn. 75 ff.

38   BeckOK BGB/*Heiderhoff* EGBGB Art. 24 Rn. 47; MüKoBGB/*Lipp* EGBGB Art. 24 Rn. 73; BeckOGK/*Boente* EGBGB Art. 24 Rn. 60 f.

39   MüKoBGB/*Lipp* EGBGB Art. 24 Rn. 74; BeckOGK/*Boente* EGBGB Art. 24 Rn. 60.

40   Erman/*Hohloch* EGBGB Art. 24 Rn. 4: ergänzende Sachnorm.

41   AA *Nitzinger*, S. 106; BeckOGK/*Boente* EGBGB Art. 24 Rn. 48 ff.

42   HM Staudinger/*von Hein* EGBGB Art. 24 Rn. 31; BeckOK BGB/*Heiderhoff* EGBGB Art. 24 Rn. 31; MüKoBGB/*Lipp* EGBGB Art. 24 Rn. 34; juris-PK

BGB/*Wiedemann* EGBGB Art. 24 Rn. 52; aA Erman/*Hohloch* EGBGB Art. 24 Rn. 15 (Exklusivnorm).

43   Staudinger/*von Hein* EGBGB Art. 24 Rn. 31 f.; MüKoBGB/*Lipp* EGBGB Art. 24 Rn. 36.

44   MüKoBGB/*Lipp* EGBGB Art. 24 Rn. 36.

45   NK-BGB/*Benicke* EGBGB Art. 24 Rn. 18 in Vorauflage; ebenso Soergel/*Kegel* EGBGB Art. 24 Rn. 5; BeckOGK/*Boente* EGBGB Art. 24 Rn. 46 ff.; *Looschelders* EGBGB Art. 24 Rn. 11.

46   Ebenso BeckOK BGB/*Heiderhoff* EGBGB Art. 24 Rn. 31; Staudinger/*von Hein* EGBGB Art. 24 Rn. 32; MüKoBGB/*Lipp* EGBGB Art. 24 Rn. 36; PWW/*Martiny* EGBGB Art. 24 Rn. 25; juris-PK BGB/*Wiedemann* EGBGB Art. 24 Rn. 54.

47   Staudinger/*von Hein* EGBGB Art. 24 Rn. 34; *Oelkers*, S. 244.

48   S. BT-Drs. 10/504, S. 73.

den Staates.[49] Zu beachten ist, dass Pflegschaften in Nachlassangelegenheiten (§§ 1913 S. 2, 1960, 1961 BGB) nunmehr[50] vorrangig dem Kollisionsrecht der EuErbVO unterliegen.[51]

Auf die Pflegschaft für **Sammelvermögen** (§ 1914 BGB) findet das Recht am Ort der bisherigen Verwal- **22** tung Anwendung. Dies folgt mittelbar aus der Regelung über die örtliche Zuständigkeit nach §§ 272 Abs. 1 Nr. 3, 340 Nr. 1, 341 FamFG und ist durch das an diesem Ort auftretende Fürsorgebedürfnis auch sachlich begründet.[52]

4. Vorläufige Maßnahmen. Vorläufige Maßnahmen können nach Abs. 3 immer unter den Voraussetzun- **23** gen des Sachrechts der *lex fori*, dh bei deutschen Gerichten nach deutschem Recht, angeordnet werden. Der Gleichlauf ist für das schnelle Vorgehen notwendig, das bei vorläufigen Maßnahmen typischerweise erforderlich ist. Erfasst werden zum einen vorläufige Sicherungsmaßnahmen für die Person und das Vermögen, wie etwa die Hinterlegung von Geld und Wertpapieren oder die Inventarerrichtung, die Bestellung eines Verwahrers, die Kündigung einer Forderung oder die Bestellung eines Prozessvertreters.[53] Ob auch eine Vormundschaft, Betreuung oder Pflegschaft als vorläufige Maßnahme angeordnet werden kann, ist streitig.[54] Sofern es sich um eine zeitlich beschränkte Regelung handelt, sprechen Wortlaut und Sinn der Vorschrift dafür, auch solche Maßnahmen zu erfassen.[55] Damit kann auch die nach dem anwendbaren (deutschen) Sachrecht mögliche vorläufige Pflegschaft nach § 1909 Abs. 3 BGB oder die vorläufige Betreuung nach §§ 300–302 FamFG auf Abs. 3 gestützt werden.[56] Zu beachten ist allerdings auch hier der weitreichende Vorrang des KSÜ und des ESÜ.[57]

II. Allgemeine Lehren

Rück- und Weiterverweisungen (Art. 4 Abs. 1)[58] sind außer bei Abs. 1 S. 2 und Abs. 3[59] zu beachten. **Vor-** **24** **fragen**, etwa ob elterliche Sorge für das Kind besteht oder ab welchem Alter das Kind geschäftsfähig wird, sind selbstständig anzuknüpfen.[60] Eine gesetzliche Vormundschaft nach dem Heimatrecht des Kindes tritt daher nicht ein, wenn das Kind nur nach dem Heimatrecht, nicht aber nach dem über Art. 21 berufenen Recht des gewöhnlichen Aufenthalts keinen Sorgeberechtigten hat.[61] Die Verweisungen sind wandelbar, wenn die betroffene Person die Staatsangehörigkeit bzw. den (gewöhnlichen) Aufenthalt wechselt. Entscheidend ist die Staatsangehörigkeit im Zeitpunkt der Entstehung, Änderung oder Beendigung der Vormundschaft, Betreuung oder Pflegschaft.[62]

III. Verfahren

1. Internationale Zuständigkeit. Der Vorrang von Staatsverträgen und europäischen Verordnungen, ins- **25** besondere des ESÜ und der EuEheVO, ist auch im Internationalen Verfahrensrecht zu beachten (→ Rn. 5 f.).[63] Soweit diese nicht einschlägig sind, sind nach deutschem autonomem Recht deutsche Gerichte für Vormundschaft und Pflegschaft in Bezug auf Kinder nach § 99 FamFG international zuständig, wenn das Kind Deutscher ist, im Inland seinen gewöhnlichen Aufenthalt hat oder der Fürsorge durch ein deutsches Gericht bedarf. § 104 FamFG regelt entsprechend die internationale Zuständigkeit deutscher Gerichte für die Betreuung und Pflegschaft in Bezug auf Erwachsene. Die Zuständigkeiten sind gemäß § 106 FamFG nicht ausschließlich.[64]

49 Staudinger/*von Hein* EGBGB Art. 24 Rn. 57 f.
50 Voraussetzung ist, dass der Erblasser, für dessen Rechtsnachfolge von Todes wegen die Pflegschaft angeordnet werden soll, nach dem 16.8.2015 verstorben ist (vgl. Art. 83 EuErbVO).
51 MüKoBGB/*Lipp* EGBGB Art. 24 Rn. 10; MüKoBGB/*Dutta* EuErbVO Art. 19 Rn. 3; aA zur Nacherbenpflegschaft nach § 1913 S. 2 BGB Staudinger/*v. Hein* EGBGB Art. 24 Rn. 57.
52 Staudinger/*von Hein* EGBGB Art. 24 Rn. 16; BeckOK BGB/*Heiderhoff* EGBGB Art. 24 Rn. 37; Erman/*Hohloch* EGBGB Art. 24 Rn. 10.
53 BeckOK BGB/*Heiderhoff* EGBGB Art. 24 Rn. 44; Erman/*Hohloch* EGBGB Art. 24 Rn. 17; Staudinger/*von Hein* EGBGB Art. 24 Rn. 60.
54 Dagegen Erman/*Hohloch* EGBGB Art. 24 Rn. 17; Palandt/*Thorn* EGBGB Art. 24 Rn. 7.

55 BeckOK BGB/*Heiderhoff* EGBGB Art. 24 Rn. 45; *Looschelders* EGBGB Art. 24 Rn. 14; Staudinger/*von Hein* EGBGB Art. 24 Rn. 62, 63; BeckOGK/*Boente* EGBGB Art. 24 Rn. 72.
56 MüKoBGB/*Lipp* EGBGB Art. 24 Rn. 66; Staudinger/*von Hein* EGBGB Art. 24 Rn. 63.
57 BeckOK BGB/*Heiderhoff* EGBGB Art. 24 Rn. 43.
58 Palandt/*Thorn* EGBGB Art. 24 Rn. 1; Staudinger/*von Hein* EGBGB Art. 24 Rn. 64.
59 Erman/*Hohloch* EGBGB Art. 24 Rn. 4; Staudinger/*von Hein* EGBGB Art. 24 Rn. 64.
60 Erman/*Hohloch* EGBGB Art. 24 Rn. 6; BeckOGK/*Boente* EGBGB Art. 24 Rn. 77.
61 *Henrich* IntFamR § 9 II 1.
62 BeckOK BGB/*Heiderhoff* EGBGB Art. 24 Rn. 20; MüKoBGB/*Lipp* EGBGB Art. 24 Rn. 27.
63 Staudinger/*von Hein* EGBGB Art. 24 Rn. 98.
64 OLG Hamm FamRZ 2003, 253 zu §§ 35 b, 69 e FGG; MüKoBGB/*Lipp* EGBGB Art. 24 Rn. 83.

26 Ein Vorrang der Zuständigkeit im Heimatstaat der betroffenen Person besteht nicht.[65] Nach § 99 Abs. 2 bzw. §§ 104 Abs. 2, 99 Abs. 2 FamFG kann die Anordnung durch ein deutsches Gericht aber im Interesse des Betroffenen unterbleiben, wenn im Ausland bei einer auch aus deutscher Sicht international zuständigen Stelle ein solches Verfahren anhängig ist bzw. wird oder kraft Gesetzes eine Vormundschaft oder eine Pflegschaft besteht. Das Vormundschaftsgericht hat insoweit einen Ermessensspielraum, ob es das Verfahren weiter betreibt.[66]

27 **2. Anerkennung ausländischer Entscheidungen.** Die Anerkennung einer im Ausland angeordneten Vormundschaft, Pflegschaft oder Betreuung richtet sich im autonomen Recht nach **§§ 108, 109 FamFG**. Auch hier sind jedoch die vorrangigen Regelungen über die Anerkennung und Vollstreckung in Art. 21, 23 EuEheVO, Art. 23 ff. KSÜ und Art. 22 ff. ESÜ zu beachten, wenn die Entscheidung aus einem Mitgliedstaat der Verordnung bzw. aus einem Vertragsstaat der Übereinkommen stammt.[67]

28 Kennt das ausländische Recht noch eine **Entmündigung**, so kann auch eine solche Entscheidung grundsätzlich nach §§ 108, 109 FamFG in Deutschland anerkannt werden.[68] Bei starkem Inlandsbezug aufgrund deutscher Staatsangehörigkeit oder gewöhnlichen Aufenthalts in Deutschland verstößt die Entmündigung wegen des zu weitreichenden Eingriffs in die Menschenwürde und die allgemeine Handlungsfreiheit allerdings gegen den deutschen ordre public.[69]

29 Eine ausländische Entscheidung kann von deutschen Gerichten abgeändert oder aufgehoben werden, wenn hierfür die internationale Zuständigkeit besteht.[70]

Anhang I zu Art. 24 EGBGB: KSÜ

Übereinkommen über die Zuständigkeit, das anzuwendende Recht, die Anerkennung, Vollstreckung und Zusammenarbeit auf dem Gebiet der elterlichen Verantwortung und der Maßnahmen zum Schutz von Kindern [KSÜ]

(Abgeschlossen am 19. Oktober 1996)

(Übersetzung)

(ABl. EU L 151 vom 11.6.2008, S. 39)

Die Unterzeichnerstaaten dieses Übereinkommens –
in der Erwägung, dass der Schutz von Kindern im internationalen Bereich verbessert werden muss;
in dem Wunsch, Konflikte zwischen ihren Rechtssystemen in Bezug auf die Zuständigkeit, das anzuwendende Recht, die Anerkennung und Vollstreckung von Maßnahmen zum Schutz von Kindern zu vermeiden;
eingedenk der Bedeutung der internationalen Zusammenarbeit für den Schutz von Kindern;
bekräftigend, dass das Wohl des Kindes vorrangig zu berücksichtigen ist;
angesichts der Notwendigkeit, das Übereinkommen vom 5. Oktober 1961 über die Zuständigkeit der Behörden und das anzuwendende Recht auf dem Gebiet des Schutzes von Minderjährigen zu überarbeiten;
in dem Wunsch, zu diesem Zweck unter Berücksichtigung des Übereinkommens der Vereinten Nationen vom 20. November 1989 über die Rechte des Kindes gemeinsame Bestimmungen festzulegen –
haben die folgenden Bestimmungen vereinbart:

---

65 Staudinger/*von Hein* EGBGB Art. 24 Rn. 107.
66 BT-Drs. 10/504, S. 95; Staudinger/*von Hein* EGBGB Art. 24 Rn. 125 ff.
67 Staudinger/*von Hein* EGBGB Art. 24 Rn. 129.
68 Staudinger/*von Hein* EGBGB Art. 24 Rn. 133; MüKoBGB/*Lipp* EGBGB Art. 24 Rn. 90, 21.
69 Erman/*Hohloch* EGBGB Art. 8 Rn. 2 f.; s.a. Staudinger/*von Hein* EGBGB Art. 24 Rn. 133; juris-PK BGB/*Wiedemann* EGBGB Art. 24 Rn. 89.
70 Staudinger/*von Hein* EGBGB Art. 24 Rn. 136.

Kapitel I

Anwendungsbereich des Übereinkommens

Art. 1 KSÜ [Gegenstand]

(1) Ziel dieses Übereinkommens ist es,

a) den Staat zu bestimmen, dessen Behörden zuständig sind, Maßnahmen zum Schutz der Person oder des Vermögens des Kindes zu treffen;

b) das von diesen Behörden bei der Ausübung ihrer Zuständigkeit anzuwendende Recht zu bestimmen;

c) das auf die elterliche Verantwortung anzuwendende Recht zu bestimmen;

d) die Anerkennung und Vollstreckung der Schutzmaßnahmen in allen Vertragsstaaten sicherzustellen;

e) die zur Verwirklichung der Ziele dieses Übereinkommens notwendige Zusammenarbeit zwischen den Behörden der Vertragsstaaten einzurichten.

(2) Im Sinn dieses Übereinkommens umfasst der Begriff „elterliche Verantwortung" die elterliche Sorge[1] und jedes andere entsprechende Sorgeverhältnis, das die Rechte, Befugnisse und Pflichten der Eltern, des Vormunds oder eines anderen gesetzlichen Vertreters in Bezug auf die Person oder das Vermögen des Kindes bestimmt.

Literatur: *Andrae*, Zur Abgrenzung des räumlichen Anwendungsbereichs von EheVO, MSA, KSÜ und autonomem IZPR/IPR, IPRax 2006, 82; *Baetge*, Zum gewöhnlichen Aufenthalt bei Kindesentführungen, IPRax 2001, 573; *Bucher*, La Dix-huitieme session de la Conference de La Haye de droit international prive, SZIER 1997, 67; *Coester-Waltjen*, Die Berücksichtigung der Kindesinteressen in der neuen EU-Verordnung „Brüssel IIa", FamRZ 2005, 241; *Helms*, Internationales Verfahrensrecht für Familiensachen in der Europäischen Union, FamRZ 2002, 1593; *Holl*, Funktion und Bestimmung des gewöhnlichen Aufenthalts bei Kindesentführungen, 2001; *Krah*, Das Haager Kinderschutzübereinkommen, 2004; *Roth/Döring*, Das Haager Abkommen über den Schutz von Kindern, öst. JBl 1999, 758; *Schulz*, Haager Kinderschutzübereinkommen von 1996: Im Westen nichts Neues, FamRZ 2006, 1309; *dies.*, Internationale Regelungen zum Sorge- und Umgangsrecht, FamRZ 2003, 336; *Siehr*, Das neue Haager Übereinkommen von 1996 über den Schutz von Kindern, RabelsZ 62 (1998), 464; *Sturm*, Stellungnahme zum Vorentwurf eines Übereinkommens über den Schutz von Kindern, IPRax 1997, 10.

A. Inkrafttreten	1		II. Verhältnis zur EheVO 2003	16
B. Anwendungsbereich	3		1. Internationale Zuständigkeit	17
I. Ziele und sachlicher Anwendungsbereich	3		2. Kollisionsrecht	21
II. Räumlicher Anwendungsbereich	6		3. Anerkennung ausländischer Entschei-	
III. Zeitlicher Anwendungsbereich	8		dungen	23
C. Verhältnis zu anderen Übereinkommen	9			
I. Verhältnis zum MSA	9			

A. Inkrafttreten

Das KSÜ ist am 1.1.2002 in Kraft getreten und gilt zurzeit für Albanien (1.4.2007), Armenien (1.5.2008), Australien (1.8.2003), Belgien (1.9.2014), Bulgarien (1.2.2007), Dänemark (1.10.2011), **Deutschland (1.1.2011)**, die Dominikanische Republik (1.10.2010), Ecuador (1.9.2003), Estland (1.6.2003), Fidschi (1.4.2019), Finnland (1.3.2011), Frankreich (1.2.2011), Georgien (1.3.2015), Griechenland (1.6.2012), das Vereinigte Königreich von Großbritannien und Nordirland (1.11.2012), Honduras (1.8.2018), Irland (1.1.2011), Italien (1.1.2016), Kroatien (1.1.2010), Kuba (1.12.2017), Lesotho (1.6.2013), Lettland (1.4.2003), Litauen (1.9.2004), Luxemburg (1.12.2010), Malta (1.1.2012), Marokko (1.12.2002), Monaco (1.1.2002), Montenegro (1.1.2013), Niederlande (1.5.2011), Österreich (1.4.2011), Polen (1.11.2010), Portugal (1.8.2011), Rumänien (1.1.2011), Russland (1.6.2013), Serbien (1.11.2016), die Slowakei (1.1.2002), Slowenien (1.2.2005), Schweden (1.1.2013), die Schweiz (1.7.2009), Spanien (1.1.2011), die Tschechische Republik (1.1.2002), Türkei (1.2.2017), die Ukraine (1.2.2008), Ungarn (1.5.2006), Uruguay (1.3.2010) und Zypern (1.11.2010).[2] Für Guyana und Nicaragua soll das KSÜ am 1.12.2019, für Paraguay am 1.7.2019 in Kraft treten.   **1**

---

1   Für Österreich: die Obsorge.

2   Stand März 2019; aktuelle Liste auf der Internet-Seite der Haager Konferenz für internationales Pri-

vatrecht: http://www.hcch.net/index_en.php?act=conventions.status&cid=70 (Stand: Dezember 2019).

2   Da durch den Erlass der EheVO 2000 eine Außenkompetenz der EU in diesem Bereich entstanden ist, bedurfte es für die Ratifikation durch die damaligen Mitgliedstaaten der EU einer Ermächtigung durch die EU. Für die neuen Mitgliedstaaten, die das KSÜ bereits vor dem Beitritt ratifiziert hatten, gilt das KSÜ auch nach dem Beitritt weiter. Deutschland und die anderen damaligen Mitgliedstaaten zeichneten aufgrund eines Ratsbeschlusses das KSÜ am 1.4.2003.[3] Die Ratifikation verzögerte sich aber noch wegen der Gibraltarproblematik. Nachdem diese beigelegt wurde,[4] konnte die Ratifikation Ende 2010 erfolgen.

B. Anwendungsbereich

I. Ziele und sachlicher Anwendungsbereich

3   Das KSÜ ist eine Weiterentwicklung und Modernisierung des MSA (s. dazu auch Abs. 5 der Präambel des KSÜ). Durch eine Reform der Unzulänglichkeiten des MSA, insbesondere des wenig gelungenen Kompromisses bei der Aufteilung der Zuständigkeiten zwischen Heimatstaat und Aufenthaltsstaat, soll eine größere internationale Akzeptanz erreicht werden.[5]

4   Das KSÜ regelt wie das MSA die internationale Zuständigkeit für Schutzmaßnahmen und das hierbei anwendbare Recht. Es umfasst dabei ebenfalls den privatrechtlichen wie den öffentlich-rechtlichen Kinderschutz.[6] Im Unterschied zum MSA[7] bestimmt das KSÜ in Art. 16 aber auch das anwendbare Recht, das unabhängig vom Erlass einer Schutzmaßnahme für die elterliche Verantwortung gilt. Außerdem regelt es nicht nur die generelle Pflicht zur Anerkennung von Entscheidungen aus einem anderen Vertragsstaat, sondern bestimmt zudem abschließend die möglichen Versagungsgründe (Art. 23). Es verpflichtet die Vertragsstaaten auch zur Vollstreckung von Entscheidungen aus anderen Vertragsstaaten (Art. 26). Schließlich wird die internationale Zusammenarbeit insbesondere durch zentrale Behörden erweitert und vertieft (Art. 29 ff.).

5   Der Begriff der **elterlichen Verantwortung** ist autonom nach dem KSÜ auszulegen[8] und wurde bewusst in Anlehnung an Art. 18 der UN-Kinderschutzkonvention anstelle des Begriffs der elterlichen Gewalt gewählt. Dadurch wird betont, dass die elterliche Verpflichtung gegenüber den Kindern im Vordergrund steht und die Rechte der Eltern im Verhältnis zu ihren Kindern nachrangig Beachtung finden sollen.[9] Elterliche Verantwortung wird in Abs. 2 definiert und ist weit zu verstehen. Es umfasst die elterliche Personensorge und die Vermögenssorge sowie die gesetzliche Vertretung des Kindes.[10] Umfasst wird auch die Berechtigung Dritter – insbesondere öffentlicher Stellen –, für das Kind und dessen Belange zu sorgen und es zu vertreten.[11] Wie sich aus dem Katalog möglicher Schutzmaßnahmen in Art. 3 ergibt, ist insbesondere der Begriff „jedes andere entsprechende Sorgeverhältnis" weit zu verstehen. Es muss wie das Besuchs- und Umgangsrecht *nicht notwendigerweise* auch zur gesetzlichen Vertretung des Kindes berechtigen. Erfasst werden auch Regelungen über das Umgangsrecht von Großeltern oder sonstigen Personen, die mit dem Kind in einem familiären Verhältnis stehen.[12] Zu eng erscheint daher die Formulierung in Abs. 2, die nur Eltern, Vormund oder einen anderen gesetzlichen Vertreter aufführt.

II. Räumlicher Anwendungsbereich

6   Der räumliche Anwendungsbereich des KSÜ ist je nach Regelungsbereich verschieden. Die allgemeine Regel zur **internationalen Zuständigkeit** in Art. 5 stellt auf den gewöhnlichen Aufenthalt des Kindes in einem Vertragsstaat ab. Der gewöhnliche Aufenthalt in einem Vertragsstaat ist damit Voraussetzung für die Anwendbarkeit der Vorschriften über die internationale Zuständigkeit nach dem KSÜ.[13] Bei Flüchtlingskindern ist nach Art. 6 der schlichte Aufenthalt eines Kindes in einem Vertragsstaat ausreichend. Die internationale Zuständigkeit deutscher Stellen für Schutzmaßnahmen richtet sich daher nach dem KSÜ, wenn das Kind seinen gewöhnlichen Aufenthalt in Deutschland hat. Auf die Staatsangehörigkeit des Kindes kommt

3   ABl. EG L 160 v. 30.6.2000, S. 19; die Niederlande haben das KSÜ bereits 1997 gezeichnet.

4   S. *Schulz* FamRZ 2006, 1309 (1310 f.).

5   *Roth/Döring* öst. JBl 1999, 758 f.

6   *Kegel/Schurig* § 20 XI 5 b.

7   Nach der hM in Deutschland regelt das MSA nicht das anwendbare Recht unabhängig von einem Verfahren zum Erlass einer Schutzmaßnahme, s. Art. 3 MSA Rn. 4.

8   BeckOGK/*Markwardt* KSÜ Art. 1 Rn. 19.

9   Staudinger/*Pirrung* KSÜ Art. 1 Rn. D 21; BeckOGK/*Markwardt* KSÜ Art. 1 Rn. 19.

10   BeckOGK/*Markwardt* KSÜ Art. 1 Rn. 20.

11   *Lagarde* Bericht Anm. 14; Staudinger/*Pirrung* KSÜ Art. 1 Rn. D 21; *Roth/Döring* öst. JBl 1999, 758 (760); *Siehr* RabelsZ 62 (1998), 464, 476.

12   S. im deutschen Recht das Umgangsrecht enger Bezugspersonen bei sozial-familiärer Beziehung nach § 1685 Abs. 2 BGB; s. auch EuGH 31.5.2018 – C-335/17 (Valcheva), NJW 2018, 2034 zu dem weiten Verständnis des Begriffs Umgangsrecht nach Art. 1 Abs. 2 lit. a, Art. 2 Nr. 7 u. 10 EheVO 2003, der auch das Umgangsrecht von Großeltern mit ihren Enkeln umfasst.

13   Vgl. OLG Karlsruhe 5.6.2015 – NJW-RR 2015, 1415 (1416) Rn. 19.

es insoweit nicht an; sie kann auch die eines Nichtvertragsstaates sein. Allerdings bleibt das MSA anwendbar, wenn das Kind die Staatsangehörigkeit eines Vertragsstaates des MSA hat, für den noch nicht das KSÜ gilt (→ Rn. 9). Die in Art. 8 und 9 vorgesehene Zusammenarbeit zwischen den Gerichten verschiedener Vertragsstaaten und die eventuelle Übernahme des Verfahrens setzen voraus, dass das Kind in einem Vertragsstaat seinen gewöhnlichen Aufenthalt bzw. schlichten Aufenthalt hat. Außerdem muss auch der andere Staat, zu dem das Verfahren aufgrund der Staatsangehörigkeit des Kindes, der Belegenheit des Vermögens, einem anhängigen Eheverfahren der Eltern oder ansonsten eine enge Verbindung hat, ebenfalls ein Vertragsstaat sein. Die Regelung zum Fortbestehen der internationalen Zuständigkeit nach Art. 7 greift auch ein, wenn das Kind widerrechtlich in einen Nichtvertragsstaat des KSÜ verbracht wird oder dort zurückgehalten wird. Nur Art. 7 Abs. 3 setzt voraus, dass auch der Zufluchtsstaat ein Vertragsstaat ist.

Die **Kollisionsnorm** in Art. 15 setzt voraus, dass das Gericht seine Zuständigkeit auf die Regeln des KSÜ   **7** stützt. Sie wird auch dann angewandt, wenn das Gericht seine Zuständigkeit auf die Regelungen der EheVO 2003 stützt (Genaueres → Rn. 21 f.). Die Kollisionsnorm in Art. 16 zum anwendbaren Recht unabhängig vom Erlass einer Schutzmaßnahme, ist als loi uniforme ausgestaltet, dh sie kommt auch dann zum Zug, wenn sie auf das Recht eines Nichtvertragsstaates verweist, Art. 20. Die Regeln über die **Anerkennung und Vollstreckung** ausländischer Entscheidungen in Art. 23 ff. setzen voraus, dass eine in den sachlichen Anwendungsbereich des KSÜ fallende Entscheidung in einem Vertragsstaat ergangen ist und es nun um die Frage der Anerkennung und Vollstreckung in einem anderen Vertragsstaat geht. Wo das betroffene Kind seinen Aufenthalt hat, ist nur insoweit erheblich, als die internationale Zuständigkeit der entscheidenden Behörde gem. Art. 23 Abs. 2 lit. a aufgrund des KSÜ gegeben sein muss. Für die Zuständigkeitsregeln in Art. 5, 7 bis 10 ist Voraussetzung, dass das Kind seinen gewöhnlichen Aufenthalt in einem Vertragsstaat gehabt haben muss, nicht notwendigerweise in dem Entscheidungsstaat. Nach Art. 6 sowie nach Art. 11 und 12 können die Behörden eines Vertragsstaats auch zuständig sein, wenn das Kind seinen gewöhnlichen Aufenthalt in einem Nichtvertragsstaat hat.

III. Zeitlicher Anwendungsbereich

Der zeitliche Anwendungsbereich wird in Art. 53 bestimmt. Danach regelt das KSÜ die internationale   **8** Zuständigkeit nur für Verfahren, die nach Inkrafttreten begonnen werden. Für die Anerkennung einer ausländischen Entscheidung ist maßgeblich, dass das KSÜ im Verhältnis der betroffenen Staaten vor Erlass der Entscheidung in Kraft getreten ist.

C. Verhältnis zu anderen Übereinkommen

I. Verhältnis zum MSA

Das KSÜ tritt nach Art. 51 zwischen den Vertragsparteien an die Stelle des MSA. Im Verhältnis zu Ver-   **9** tragsstaaten des MSA, für welche das KSÜ nicht in Kraft getreten ist, bleibt hingegen das MSA anwendbar.

Aus deutscher Sicht kann das MSA daher noch anwendbar sein, wenn sich ein Kind im Inland aufhält und   **10** die Staatsangehörigkeit eines Vertragsstaates des MSA besitzt, für das KSÜ nicht in Kraft getreten ist. Außerdem kann das MSA heranzuziehen sein, wenn es darum geht, eine Schutzmaßnahme für ein deutsches Kind zu treffen, das in einem Staat seinen gewöhnlichen Aufenthalt hat, für den nur das MSA und nicht das KSÜ gilt. Zu beachten ist insoweit aber zum einen der beschränkte Anwendungsbereich der kollisionsrechtlichen Regelungen des MSA und zum anderen der Vorrang der EheVO 2003.

Bis zum Inkrafttreten des KSÜ für die Türkei am 1.2.2017 hatte das MSA noch in deutsch-türkischen Fäl-   **11** len praktische Bedeutung.[14] Gegenwärtig ist das MSA nur noch im Verhältnis zu der chinesischen Sonderverwaltungszone Macau[15] und zu den niederländischen Antilleninseln St. Martin und Aruba anwendbar, die weder dem KSÜ unterliegen noch der EU angehören.[16]

Maßgeblich ist das MSA etwa dann, wenn es um eine Schutzmaßnahme für ein niederländisches Kind geht, das einen Bezug zu Aruba aufweist[17] und im Inland lebt. Die internationale Zuständigkeit deutscher

---

14   Vgl. *Schulz* FamRZ 2018, 797 (800).

15   S. Erklärung zur Fortgeltung des MSA durch die Volksrepublik China (http://www.hcch.net/index_en. php?act=status.comment&csid=922&disp=resdn).

16   Im Verhältnis zu St. Martin und Aruba gilt das MSA; für Bonaire, Saba, St. Eustatius und Curaçao gilt

inzwischen das KSÜ; s. dazu *Schulz* FamRZ 2018, 797 (801 f.).

17   Entsprechendes gilt für das Verhältnis zu dem chinesischen Verwaltungsbezirk Macau; vgl. MüKoBGB/ *Helms* EGBGB Art. 21 Rn. 4, 6.

Gerichte bestimmt sich in einem solchen Fall nach Art. 1 MSA.[18] Das deutsche Gericht wendet dabei nach Art. 2 MSA deutsches Recht an. Allerdings sind dabei gemäß Art. 3 MSA bestehende Gewaltverhältnisse nach dem Heimatecht des Kindes, dh hier dem in Aruba insoweit geltenden Recht, zu beachten. Außerdem kann die Behörde in Aruba als Heimatbehörde nach Art. 4 MSA die Zuständigkeit für den Erlass einer Schutzmaßnahme in Anspruch nehmen. Die Anerkennung einer solchen Entscheidung aus Aruba im Inland richtet sich nach dem MSA (Art. 7, 16).[19] Anwendbar ist das MSA außerdem in den Fällen, in denen ein deutsches Kind seinen gewöhnlichen Aufenthalt auf Aruba hat. Ein deutsches Gericht hat in einem solchen Fall seine Zuständigkeit für den Erlass einer Schutzmaßnahme auf Art. 4 MSA zu stützen.[20]

12 Das MSA regelt das anwendbare Recht aber nur für den Fall, dass eine Schutzmaßnahme getroffen werden soll, Art. 2 MSA. Auch Art. 3 MSA, nach dem ein Gewaltverhältnis anzuerkennen ist, das nach dem innerstaatlichen Recht des Staates, dem der Minderjährige angehört, kraft Gesetzes besteht, stellt keine allgemeine Kollisionsnorm dar (→ MSA Art. 3 Rn. 4, abgedruckt in der 3. Auflage). Wenn es daher etwa um die Frage der elterlichen Sorge kraft Gesetzes geht, ist das MSA nicht einschlägig. Auch für ein Kind, das die chinesische Staatsangehörigkeit besitzt und gleichzeitig einen Bezug zu Macau aufweist,[21] ist das anwendbare Recht für die kraft Gesetzes bestehende elterliche Sorge nicht im MSA geregelt. Die einschlägige Kollisionsnorm ist vielmehr Art. 16 KSÜ. Da es sich dabei um eine loi uniforme handelt, ist Art. 16 KSÜ auch dann einschlägig, wenn das Kind seinen gewöhnlichen Aufenthalt nicht im Inland und auch nicht in einem anderen Vertragsstaat des KSÜ hat. So ist für die Frage, ob die Eltern des Kindes durch rechtsgeschäftliche Erklärungen die gemeinsame elterliche Sorge begründen können, nach Art. 16 Abs. 2 KSÜ deutsches Recht und damit § 1626a Abs. 1 Nr. 1 BGB anwendbar.

13 Im **Verhältnis zu Italien** gilt seit 1.1.2016 das KSÜ. Für die Zeit davor ist zu beachten, dass das MSA zwar nicht durch das KSÜ, aber seit 1.3.2005 durch die EheVO 2003 verdrängt wurde (Art. 60 lit. a EheVO 2003; → EGBGB Art. 21 Rn. 7). Die Zuständigkeit zum Erlass und die Anerkennung von Entscheidungen über die elterliche Verantwortung bestimmten sich daher bereits vor 2016 nicht nach dem MSA, sondern nach der EheVO 2003. Das gilt sowohl für den Fall eines italienischen Kindes mit gewöhnlichem Aufenthalt in Deutschland als auch für ein deutsches Kind mit gewöhnlichem Aufenthalt in Italien. Das in dem Verfahren anzuwendende Recht bestimmte sich ebenfalls nicht nach dem MSA. Richtigerweise waren aus deutscher Sicht insoweit bereits die kollisionsrechtlichen Vorschriften des KSÜ und nicht die autonome Kollisionsnorm des Art. 21 EGBGB heranzuziehen (→ Rn. 21 f.). Für die kraft Gesetzes eintretende Rechtslage, also unabhängig von einer Maßnahme, wie dies bei der elterlichen Sorge kraft Sorgerechtserklärung der Fall ist, kam es ebenfalls bereits bisher nicht auf das MSA an, weil dieses kein eigenständiges Kollisionsrecht enthält (→ MSA Art. 3 Rn. 4, abgedruckt in der 3. Auflage). Anzuwenden war daher aus deutscher Sicht auch im Verhältnis zu Italien bereits Art. 16 KSÜ als loi uniforme.

14 Im **Verhältnis zur Türkei** gilt das KSÜ seit dem 1.2.2017. Für vor diesem Datum eingeleitete Verfahren konnte noch das MSA anwendbar sein. Mit dem Inkrafttreten des KSÜ im Verhältnis zur Türkei unterfallen die an diesem Datum noch nicht abgeschlossenen Verfahren aber ex nunc dem KSÜ. Dies ergibt sich daraus, dass sowohl das MSA als auch das KSÜ keine perpetuatio fori vorsehen (→ Art. 5 Rn. 3). Daher kann auch im Hinblick auf die Abgrenzung der intertemporalen Anwendungsbereiche nach Art. 51 und Art. 53 Abs. 1 KSÜ davon ausgegangen werden, dass das neue KSÜ das MSA auch für laufende, noch nicht abgeschlossene Verfahren ersetzt.[22] Anwendbar ist das MSA noch für die Anerkennung und Vollstreckung von Entscheidungen, die in der Türkei vor dem 1.2.2017 erlassen worden sind.[23]

15 Das **Haager Kindesentführungsübereinkommen** (HKÜ) geht dem KSÜ vor (Art. 50). Zudem wird durch Art. 7 ein möglicher Konflikt mit dem HKÜ vermieden.[24]

II. Verhältnis zur EheVO 2003

16 Nach Art. 52 Abs. 1 bleiben andere bestehende Staatsverträge zwischen den Vertragsstaaten unberührt. Nach Art. 52 Abs. 2 besteht auch die Möglichkeit, nachträglich neue Staatsverträge zu schließen.[25] Gem. Art. 52 Abs. 4 gilt dies auch für Einheitsrecht. Diese Vorschrift ist speziell für die EU-Mitgliedstaaten aufgenommen worden[26] und ermöglicht die **vorrangige Geltung der EheVO 2003**. Dementsprechend

---

18 Nach Art. 60 lit. a EheVO 2003 nimmt die EheVO 2003 Vorrang nur im Verhältnis zwischen den Mitgliedstaaten in Anspruch; s. *Andrae* IPRax 2006, 82 (84); *Gruber* IPRax 2013, 409 (411) (beide auch für den Fall der deutsch-türkischen Doppelstaater).

19 OGH IPRax 2015, 574; s. dazu auch *Odendahl* IPRax 2015, 575.

20 OLG Zweibrücken NJW-RR 2014, 1223 = FamRZ 2014, 1455 (mangels Erforderlichkeit im Ergebnis abgelehnt).

21 *Schulz* FamRZ 2018, 797 (801 f.).

22 *Schulz* FamRZ 2018, 797 (801 f.).

23 *Schulz* FamRZ 2018, 797 (806).

24 *Siehr* RabelsZ 62 (1998), 464, 472.

25 *Helms* FamRZ 2002, 1600.

26 *Siehr* RabelsZ 62 (1998), 464, 473 f.

bestimmt Art. 61 lit. a EheVO 2003, dass die EheVO 2003 dem KSÜ vorgeht, wenn das Kind seinen **gewöhnlichen Aufenthalt in einem Mitgliedstaat** hat. Allerdings ist für das Verhältnis zwischen den verschiedenen Regelungsbereichen zu unterscheiden: Internationale Zuständigkeit, Bestimmung des anwendbaren Rechts, Anerkennung und Vollstreckung von Entscheidungen und behördliche Zusammenarbeit.

1. Internationale Zuständigkeit. Der Vorrang der EheVO 2003 gilt uneingeschränkt, wenn das betreffende Kind seinen gewöhnlichen Aufenthalt in einem Mitgliedstaat der EU hat, für den die EheVO 2003 gilt. Das sind alle EU-Mitgliedstaaten mit Ausnahme Dänemarks. Dieser Grundsatz gilt zumindest für die Fälle, in denen sich die internationale Zuständigkeit sowohl aus der EheVO 2003 als auch aus dem KSÜ ergibt. Fraglich ist aber, ob sich der Vorrang der EheVO 2003 auch dann durchsetzt, wenn sich aus der EheVO 2003 keine Zuständigkeit ergibt, aus dem KSÜ hingegen schon,[27] so dass die Zuständigkeit nach dem KSÜ keine Beachtung finden dürfte und eine internationale Zuständigkeit höchstens aus innerstaatlichem Recht gegeben sein könnte. Richtigerweise sollte das KSÜ angewendet werden, da es nicht dem Telos der Normen entsprechen kann, dass sich der Vorrang der EheVO 2003 in einem solchen Fall durchsetzt, so dass der Richter den Antrag uU ablehnen müsste.[28]

Die EheVO 2003 geht dem KSÜ daher jedenfalls dann nicht vor, wenn das Kind seinen gewöhnlichen Aufenthalt nicht in einem Mitgliedstaat, sondern in einem Drittstaat hat, der **Vertragsstaat des KSÜ** ist.[29] Das gilt auch, wenn eine Zuständigkeit nach der EheVO 2003 unabhängig von dem gewöhnlichen Aufenthalt des Kindes (insbes. Art. 12 EheVO 2003) in einem Mitgliedstaat begründet wäre.[30] Dafür spricht, dass Art. 61 lit. a EheVO 2003 für den Vorrang ausdrücklich den gewöhnlichen Aufenthalt des Kindes in einem Mitgliedstaat verlangt.

Da der Vorrang der EheVO 2003 nur im Verhältnis zwischen den Mitgliedstaaten gilt, wird zum Teil vertreten, darüber hinaus das KSÜ und nicht die EheVO 2003 anzuwenden, wenn das Kind, für das eine Schutzmaßnahme erlassen werden soll, seinen gewöhnlichen Aufenthalt zwar in einem Mitgliedstaat der EheVO 2003 hat, aber die Staatsangehörigkeit eines Vertragsstaates des KSÜ besitzt, der nicht Mitgliedstaat der EheVO 2003 ist.[31]

Damit wäre jedoch die Möglichkeit der Vertragsstaaten, gemäß Art. 52 Abs. 2 KSÜ eigenständige Regelungen in ihrem Verhältnis zu schaffen, erheblich eingeschränkt. Zudem würde die Staatsangehörigkeit im System des KSÜ eine nicht vorgesehene Überbewertung erfahren, da diese im Vergleich etwa zum MSA oder dem autonomen Recht gerade keine eigene originäre Zuständigkeit der Behörden des Heimatstaats nach dem KSÜ begründen kann. Bei einem Schweizer Kind mit gewöhnlichem Aufenthalt in Deutschland bestimmt sich daher die Zuständigkeit der deutschen Gerichte grundsätzlich nach der EheVO 2003.[32]

Der Vorrang der EheVO 2003 gilt aber nur im Verhältnis der Mitgliedstaaten untereinander, nicht im Verhältnis zu einem Vertragsstaat des KSÜ, der nicht auch Mitgliedstaat der EheVO 2003 ist, Art. 52 Abs. 3. So richtet sich die Zuständigkeitsabgabe im Verhältnis eines Mitgliedstaats der EheVO 2003 zu einem Staat, der nur Vertragsstaat des KSÜ ist, nicht nach Art. 15 EheVO 2003. So ist auf die Frage, ob in Bezug auf das schweizerische Kind mit gewöhnlichem Aufenthalt in Deutschland statt des deutschen Gerichts besser ein Schweizer Gericht entscheiden sollte, auf Art. 8 und 9 KSÜ abzustellen. Dies ergibt sich aus dem räumlichen Anwendungsbereich des Art. 15 EheVO 2003, der voraussetzt, dass beide beteiligten Behörden – dh sowohl das forum conveniens als auch das forum non conveniens – solche eines EU-Mitgliedstaates sind. Ist dies nicht gegeben (hier: Schweizer Behörde), ist auf Art. 8, 9 KSÜ abzustellen.[33]

Wenn das Kind seinen gewöhnlichen Aufenthalt in einem dritten Staat hat, der weder Mitgliedstaat der EheVO 2003 noch Vertragsstaat des KSÜ ist, kommen nach Art. 14 EheVO 2003 im Regelfall die **Zuständigkeitsregeln des autonomen Rechts** zum Zuge.[34]

Zu beachten sind aber die **Ausnahmen**, bei denen auch bei einem gewöhnlichen Aufenthalt des Kindes in einem Drittstaat eine Zuständigkeit nach dem KSÜ oder der EheVO 2003 begründet sein kann. Bei **Flüchtlingskindern** kommt es gem. Art. 13 EheVO 2003 bzw. Art. 6 KSÜ nicht auf den gewöhnlichen, sondern

17

18

19

27 Dies ist insbesondere in Fällen des Art. 11 KSÜ denkbar.
28 Rauscher EuZPR/EulP/*Hilbig-Lugani* Einl. KSÜ Rn. 19.
29 S. OLG Karlsruhe NJW-RR 2015, 1415 (1418) Rn. 41 = MDR 2015, 1425 f. (Anwendbarkeit des KSÜ, weil Kind seinen gewöhnlichen Aufenthalt in Dänemark hat).
30 Staudinger/*Henrich* EGBGB Art. 21 Rn. 141; Prütting/Helms/*Hau* FamFG § 99 Rn. 22 (allerdings anders für das Verhältnis zum MSA in Rn. 20).

31 *Andrae* IPRax 2006, 82 (84); so auch noch die Voraufl.: NK-BGB/*Benicke*, 2. Aufl. 2012, EGBGB Art. 22 Rn. 10, KSÜ Art. 1 Rn. 11; aA Prütting/Helms/*Hau* FamFG § 99 Rn. 22; Staudinger/*Henrich* EGBGB Art. 21 Rn. 141.
32 *Benicke* IPRax 2013, 44 (52 f.); Die gegenteilige Ansicht in einer früheren Auflage (NK-BGB/*Benicke*, 2. Aufl. 2012, EGBGB Art. 22 Rn. 10, KSÜ Art. 1 Rn. 11) wurde aufgegeben.
33 Vgl. Rauscher EuZPR/EulP/*Hilbig-Lugani* KSÜ Art. 8, 9 Rn. 3 f.
34 Staudinger/*Henrich* EGBGB Art. 21 Rn. 141.

auf den schlichten Aufenthalt an.[35] Nach Art. 12 EheVO 2003 kann auch bei gewöhnlichem Aufenthalt des Kindes in einem Drittstaat die **Verbundzuständigkeit** bei dem Gericht bestehen, das für eine Ehesache der Eltern zuständig ist.

20   Von nur geringer praktischer Bedeutung ist, dass das KSÜ für den persönlichen Anwendungsbereich auf die Vollendung des 18. Lebensjahres abstellt (Art. 2), während die EheVO 2003 insoweit den Begriff des Minderjährigen verwendet, weil in Europa ein Volljährigkeitsalter von 18 Jahren üblich ist (s. zum Streitstand für die Bestimmung der Minderjährigkeit → EheVO 2003 Art. 2 Rn. 3). Kein Restanwendungsbereich zwischen Mitgliedstaaten ergibt sich daraus, dass Schutzmaßnahmen auch öffentlich-rechtlicher Natur sein können (→ Rn. 4) und die EheVO 2003 nach ihrem Art. 1 Abs. 2 nur für Zivilsachen gilt. Der Begriff der Zivilsache ist insoweit autonom und umfassend auszulegen und erfasst alle Entscheidungen über die elterliche Verantwortung, auch wenn sie in der Rechtsordnung eines Mitgliedstaats dem öffentlichen Recht unterliegen.[36]

21   **2. Kollisionsrecht.** Die EheVO 2003 verdrängt das KSÜ nicht in Rechtsgebieten, die durch die EheVO 2003 nicht geregelt werden, Art. 62 Abs. 1 EheVO 2003.

Die EheVO 2003 enthält keine **Kollisionsregeln** für das anwendbare Recht. Bestimmt die EheVO 2003 die Zuständigkeit für den Erlass einer Schutzmaßnahme, so stellt sich wie beim Verhältnis zum MSA auch im Verhältnis zum KSÜ die Frage, ob für die Bestimmung des anwendbaren Rechts die nationale Kollisionsnorm, also für Deutschland Art. 21 EGBGB, oder die kollisionsrechtliche Regelung des KSÜ maßgebend ist.[37] Im Unterschied zum MSA ist diese Frage zugunsten einer Anwendbarkeit der kollisionsrechtlichen Regel des Art. 15 KSÜ zu entscheiden. Dies ist zumindest für die Fälle, in denen auch eine **hypothetische Zuständigkeit nach dem KSÜ** bestehen würde, fast allgemeine Meinung.[38] Die EheVO 2003 wurde in bewusster Anlehnung an das KSÜ geschaffen und soll die im KSÜ erzielte Vereinheitlichung des Kollisionsrechts nicht rückgängig machen. Das KSÜ regelt, anders als das MSA, das Gleichlaufprinzip nicht nur punktuell, sondern allgemein.[39] Indem die EheVO 2003 auf kollisionsrechtliche Regelungen verzichtet, geht sie davon aus, dass insoweit die Regelungen des KSÜ eingreifen.[40]

22   Streitig ist die Bestimmung des maßgeblichen Kollisionsrechts aber in den Fällen, in denen zwar eine Zuständigkeit nach der EheVO 2003 gegeben ist, aber **keine hypothetische Zuständigkeit nach dem KSÜ**. Der Meinungsstreit hat dabei durchaus praktische Auswirkungen, da es einen Unterschied macht, ob sich die Schutzmaßnahmen nach der lex fori des Art. 15 KSÜ oder (aus deutscher Sicht) nach dem Recht des gewöhnlichen Aufenthalts des Kindes (Art. 21 EGBGB) richten.[41] Die EheVO 2003 kennt in einem weiteren Maße Zuständigkeiten außerhalb des Staates des gewöhnlichen Aufenthalts des Kindes.[42]

Gegen die Geltung der in Art. 15 KSÜ enthaltenen lex-fori Regel spricht, dass hierfür die Legitimationsbasis durch die Vertragsparteien bzw. den europäischen Gesetzgeber fraglich ist. Die Anwendung der lex fori in Art. 15 KSÜ unabhängig vom gewöhnlichen Aufenthalt des Kindes wurde durch die Vertragsstaaten im Hinblick auf die Zuständigkeitsregeln im Sinne eines rechtspolitischen Kompromisses beschlossen. Der europäische Gesetzgeber mit den Zuständigkeitsregeln in der EheVO 2003 hingegen gerade keine eigene Entscheidung über das anwendbare Recht getroffen.[43]

Die überwiegenden Gründe sprechen aber für eine generelle Anwendung der kollisionsrechtlichen Vorschriften in Art. 15 KSÜ, auch wenn sich die Zuständigkeit allein aus der EheVO 2003 ergibt.[44] Auch das

35   *Andrae* IPRax 2006, 81 (84).

36   EuGH 27.11.2007 – Rs. C-435/06, IPRax 2008, 509 (512), Nr. 46, 48, 51; Rauscher EuZPR/EulP/*Rauscher* Brüssel IIa-VO Art. 1 Rn. 20; *Gruber* IPRax 2008, 490 (493) (Verwendung des Begriffs der Zivilsache in EheVO 2003 sei eine redaktionelle Ungenauigkeit).

37   Vgl. auch Staudinger/*Henrich* EGBGB Art. 21 Rn. 81 zum Fall der fehlenden internationalen Zuständigkeit nach dem KSÜ.

38   BGH 20.12.2017, NJW 2018, 613 (614) Rn. 20 = FamRZ 2018, 457 (459) Rn. 20; OLG Karlsruhe 17.1.2018 – NJOZ 2018, 1203 (1205) Rn. 18; OLG Köln 8.12.2016 – FamRZ 2017, 1514 (1515); AG Hameln 27.2.2017 – FamRZ 2017, 1223 (1224); OLG Bamberg 12.5.2016 – FamRZ 2016, 1270 (1272); *Andrae* IntFamR § 6 Rn. 104; Staudinger/*Henrich* EGBGB Art. 21 Rn. 81 f. jew. mwN; Rauscher EuZPR/EulP/*Rauscher* Brüssel IIa-VO Art. 8 Rn. 25.

39   *Andrae* IPRax 2006, 82 (88).

40   Leitfaden der Kommission zur Anwendung der neuen Verordnung Brüssel II (Aktualisierte Fassung v. 1.7.2005), S. 57 (http://ec.europa.eu/civiljustice/parental_resp/parental_resp_ec_vdm_de.pdf).

41   BeckOGK/*Markwardt* KSÜ Art. 15 Rn. 5.

42   S. dazu näher *Andrae* IPRax 2006, 82 (83); Oberloskamp/*Gruber* Vormundschaft § 5 Rn. 202 f.

43   *Solomon* FamRZ 2004, 1409 (1416); *Looschelders* JR 2006, 45 (48); sa *Breuer* FPR 2005, 74 (78); *Schulz* FPR 2004, 299 (301); Rauscher EuZPR/EulP/*Rauscher* Brüssel IIa-VO Art. 8 Rn. 21, 24.

44   Rauscher EuZPR/EulP/*Hilbig-Lugani* KSÜ Art. 15 Rn. 4; *Andrae* IPRax 2006, 82 (87), 88; *ders.* Internationales Familienrecht § 6 Rn. 127; Geimer/Schütze/*Dilger* Internationaler Rechtsverkehr (Nr. 545) EuEheVO Vor Art. 8 ff. Rn. 17; Geimer/Schütze/*Geimer* Art. 8 VO (EG) Nr. 2201/2003 Rn. 31; Oberloskamp/*Gruber* Vormundschaft § 5 Rn. 204–208; *Kropholler* IPR § 48 I.3.

KSÜ kennt Zuständigkeiten außerhalb des Staates des gewöhnlichen Aufenthalts des Kindes. Die EheVO 2003 sieht nur eine sehr moderate Ausweitung vor. Die Anwendung der lex fori soll das Verfahren vereinfachen. Außerdem würde sonst die Rechtsanwendung zusätzlich verkomplizieren, denn für die Bestimmung der anwendbaren Kollisionsregel müsste eine hypothetische Prüfung der Zuständigkeit nach den Regeln des KSÜ durchgeführt werden.

Es handelt sich dabei nicht nur um reine Praktikabilitätsgründe. Ein einfaches und schnelles Verfahren ist gerade auch aus Gründen des Kindeswohls erforderlich, auf das hin KSÜ und insoweit auch die EheVO 2003 verpflichtet sind. Das Recht des Staates des gewöhnlichen Aufenthalts kann, wenn es denn im Kindesinteresse erforderlich ist, aufgrund von Art. 15 Abs. 2 KSÜ berücksichtigt werden.

3. Anerkennung ausländischer Entscheidungen. Für die **Anerkennung und Vollstreckung** von Entscheidungen aus einem Mitgliedstaat in einem anderen Mitgliedstaat ist nach Art. 61 lit. b EheVO 2003 immer die EheVO 2003 anzuwenden.[45] Die Anerkennung und Vollstreckung richtet sich daher auch bei solchen Entscheidungen nach der EheVO 2003, bei denen das Gericht eines Mitgliedstaats seine Zuständigkeit nicht auf die EheVO 2003, sondern auf eine Regelung des KSÜ gestützt hat. Hat das Kind seinen gewöhnlichen Aufenthalt in einem Vertragsstaat des KSÜ, der nicht auch Mitgliedstaat der EheVO 2003 ist, so kann ein deutsches Gericht für eine Schutzmaßnahme aufgrund eines Ersuchens nach Art. 8 KSÜ zuständig sein. Die aufgrund dieser Zuständigkeit nach Art. 8 KSÜ erlassene Maßnahme ist gemäß der EheVO 2003 in allen anderen Mitgliedstaaten anzuerkennen oder zu vollstrecken.

Die Anerkennung einer Entscheidung aus einem Staat, der nur Vertragsstaat des KSÜ und nicht Mitgliedstaat der EheVO 2003 ist, unterfällt demgegenüber nur dem KSÜ. Insoweit bestimmt sich die internationale Zuständigkeit der entscheidenden Behörde als Anerkennungsvoraussetzung (Art. 23 Abs. 2 lit. a) nach den Zuständigkeitsregeln des KSÜ.[46] Da für die Anerkennung und die Vollstreckung ausländischer Entscheidungen das Günstigkeitsprinzip gilt,[47] ist insoweit das KSÜ potenziell auch neben der EheVO 2003 anwendbar. Auf der anderen Seite kann auch das Europäische Sorgerechtsübereinkommen neben dem KSÜ angewandt werden, da Deutschland keine Erklärung iSv Art. 53 KSÜ abgegeben hat, dass das KSÜ das Europäische Sorgerechtsübereinkommen ersetzt.[48] Ferner ist es auch möglich, dass eine Entscheidung aus einem Vertragsstaat des KSÜ nach den autonomen Regeln anerkannt und gegebenenfalls vollstreckt wird, wenn ausnahmsweise nur die Voraussetzungen nach dem autonomen Recht und nicht die des KSÜ vorliegen.

23

Art. 2 KSÜ [Kinder]

Dieses Übereinkommen ist auf Kinder von ihrer Geburt bis zur Vollendung des 18. Lebensjahrs anzuwenden.

Im Unterschied zum MSA (→ MSA Art. 12 Rn. 1, abgedruckt in der 3. Auflage) bestimmt das KSÜ den persönlichen Anwendungsbereich durch die feste Altersgrenze von 18 Jahren unmittelbar. Das KSÜ wie das MSA sind auf alle Kinder anwendbar, unabhängig davon, ob diese ehelich oder unehelich, leiblich oder adoptiert sind oder unter Kafala stehen.[49] Das KSÜ bleibt vor Vollendung des 18. Lebensjahres auch dann anwendbar, wenn das Kind nach der Rechtsordnung des Staates, in dem es seinen gewöhnlichen Aufenthalt hat, bereits volljährig oder geschäftsfähig (beispielsweise durch Eheschließung) geworden ist.[50] Nicht anwendbar ist es auf Pflegschaften für noch ungeborene Kinder oder geschäftsunfähige Erwachsene.[51] Mit Vollendung des 18. Lebensjahres entfällt die Anwendbarkeit des KSÜ für zukünftige und auch bereits eingeleitete, aber noch nicht abgeschlossene Verfahren[52] und es wird das ESÜ[53] anwendbar (Art. 2 Abs. 2 ESÜ). Eine vorher ergangene Maßnahme kann in Kraft bleiben. Für ihre Anerkennung gilt nun aber das ESÜ. Voraussetzung für die Weitergeltung ist aber immer, dass die Maßnahme nach dem materiellen Recht, aufgrund dessen sie ergangen ist, in Kraft bleibt (→ ESÜ Art. 2 Rn. 7).

1

---

45   *Schulz* FamRZ 2018, 797 (806).

46   Rauscher EuZPR/EulP/*Hilbig-Lugani* KSÜ Vor Art. 23 ff. Rn. 4; *Solomon* FamRZ 2004, 1409 (1415) Fn. 63.

47   Hausmann/*Hausmann* Internationales und Europäisches Familienrecht FamFG § 108 Rn. 610; NK-BGB/*Benicke* EGBGB Art. 21 Rn. 75; MüKo-FamFG/*Rauscher* § 108 Rn. 9.

48   *Schulze* FamRZ 2019, 797 (806).

49   Staudinger/*Pirrung* KSÜ Art. 2 Rn. D 22.

50   BeckOGK/*Markwardt* KSÜ Art. 2 Rn. 5; Staudinger/ *Pirrung* KSÜ Art. 2 Rn. D 23.

51   *Siehr* RabelsZ 62 (1998), 464; *Roth/Döring* öst. JBl 1999, 758 (759).

52   Staudinger/*Pirrung* KSÜ Art. 2 Rn. D 23.

53   Haager Übereinkommen zum Schutz von Erwachsenen v. 13.1.2000.

Art. 3 KSÜ [Anwendungsbereich]

Die Maßnahmen, auf die in Artikel 1 Bezug genommen wird, können insbesondere Folgendes umfassen:

a) **die Zuweisung, die Ausübung und die vollständige oder teilweise Entziehung der elterlichen Verantwortung sowie deren Übertragung;**

b) **das Sorgerecht einschließlich der Sorge für die Person des Kindes und insbesondere des Rechts, den Aufenthalt des Kindes zu bestimmen, sowie das Recht auf persönlichen Verkehr[54] einschließlich des Rechts, das Kind für eine begrenzte Zeit an einen anderen Ort als den seines gewöhnlichen Aufenthalts zu bringen;**

c) **die Vormundschaft, die Beistandschaft[55] und entsprechende Einrichtungen;**

d) **die Bestimmung und den Aufgabenbereich jeder Person oder Stelle, die für die Person oder das Vermögen des Kindes verantwortlich ist, das Kind vertritt oder ihm beisteht;**

e) **die Unterbringung des Kindes in einer Pflegefamilie oder einem Heim oder seine Betreuung durch Kafala oder eine entsprechende Einrichtung;**

f) **die behördliche Aufsicht über die Betreuung eines Kindes durch jede Person, die für das Kind verantwortlich ist;**

g) **die Verwaltung und Erhaltung des Vermögens des Kindes oder die Verfügung darüber.**

1 Der Begriff der Schutzmaßnahme entspricht dem im MSA,[56] der dort allerdings nicht näher beschrieben wird. Auch das KSÜ verzichtet auf eine Definition, enthält zur Veranschaulichung aber in Art. 3 eine beispielhafte Aufzählung der erfassten Maßnahmen.[57] Der Begriff ist weit zu verstehen und der Katalog in Art. 3 ist nicht abschließend.[58] Schutzmaßnahmen können nicht nur Fürsorgemaßnahmen, sondern auch hoheitliche Maßnahmen mit Eingriffscharakter sein.[59] Zum sachlichen Anwendungsbereich und zum Begriff der elterlichen Verantwortung → Art. 1 Rn. 4 f.

Art. 4 KSÜ [Nichtanwendung]

Dieses Übereinkommen ist nicht anzuwenden

a) **auf die Feststellung und Anfechtung des Eltern-Kind-Verhältnisses;**

b) **auf Adoptionsentscheidungen und Maßnahmen zur Vorbereitung einer Adoption sowie auf die Ungültigerklärung und den Widerruf der Adoption;**

c) **auf Namen und Vornamen des Kindes;**

d) **auf die Volljährigerklärung;**

e) **auf Unterhaltspflichten;**

f) **auf Trusts und Erbschaften;**

g) **auf die soziale Sicherheit;**

h) **auf öffentliche Maßnahmen allgemeiner Art in Angelegenheiten der Erziehung und Gesundheit;**

i) **auf Maßnahmen infolge von Straftaten, die von Kindern begangen wurden;**

j) **auf Entscheidungen über Asylrecht und Einwanderung.**

1 Art. 4 enthält einen Katalog der Bereiche, die nicht in den Regelungsbereich des KSÜ fallen. Die Anfechtung des Eltern-Kind-Verhältnisses (lit. a) ist aus dem Anwendungsbereich des KSÜ ausgenommen, da diese Wirkungen dem Schutz des Kindes entgegenwirken.[60] Darüber hinaus sind zum einen Materien wie die Adoption und der Unterhalt, für den spezielle Übereinkommen existieren, ausgeklammert. In anderen Bereichen, wie der Feststellung eines Eltern-Kind-Verhältnisses, dem Namensrecht, den Volljährigkeitsvoraussetzungen sowie dem Erbrecht, bestehen zu große nationale Unterschiede.[61] Abgrenzungsfragen kann aber etwa die Ausnahme h) für öffentliche Maßnahmen allgemeiner Art in Angelegenheiten der Erziehung und Gesundheit aufwerfen.[62] Nach dem Bericht von *Lagarde* werden dadurch öffentliche Maßnahmen all-

---

54 Für Deutschland: das Recht zum persönlichen Umgang.

55 Für Deutschland: die Pflegschaft; für Österreich: die besondere Sachwalterschaft.

56 *Roth/Döring* öst. JBl 1999, 758 (760).

57 Allerdings ist die deutsche Übersetzung in Bezug auf lit. b sprachlich ungenau, da das Sorgerecht keine Schutzmaßnahme ist, sondern nur Gegenstand einer Schutzmaßnahme sein kann, s. dazu Staudinger/*Pirrung* KSÜ Art. 3 Rn. D 25.

58 *Lagarde* Bericht Anm. 18; *Siehr* RabelsZ 62 (1998), 464, 476; Rauscher EuZPR/EulP/*Hilbig-Lugani* KSÜ Art. 3 Rn. 2.

59 Staudinger/*Pirrung* KSÜ Art. 3 Rn. D 25.

60 BeckOGK/*Markwardt* KSÜ Art. 4 Rn. 3.

61 S. *Roth/Döring* öst. JBl 1999, 758 (760).

62 Staudinger/*Pirrung* KSÜ Art. 4 Rn. D 33; Rauscher EuZPR/EulP/*Hilbig-Lugani* KSÜ Art. 4 Rn. 12.

gemeiner Art, etwa zur Schulpflicht oder zu Pflichtimpfungen ausgenommen. Die Unterbringung eines bestimmten Kindes in einer bestimmten Schule oder die Entscheidung, es einem chirurgischen Eingriff zu unterziehen, sind demgegenüber Maßnahmen, die unter das KSÜ fallen,[63] da diese Entscheidungen zum Sorgerecht gehören.[64] Entscheidendes Kriterium ist stets das Vorliegen eines besonderen Schutzbedürfnisses im Hinblick auf ein bestimmtes Kind.[65] Unklar, aber wohl anzunehmen ist, dass die Durchsetzung der allgemeinen Schulpflicht gegenüber einem bestimmten Kind als Teil der allgemeinen Maßnahme nicht unter das KSÜ fällt. Weitere Abgrenzungsfragen wirft lit. i auf, da die Unterscheidung zwischen Strafmaßnahmen, die dem KSÜ nicht unterfallen, und Erziehungsmaßnahmen, die den Schutz des Kindes bezwecken und auf welche das KSÜ mithin anwendbar ist, schwierig sein kann.[66] Entscheidendes Kriterium ist an dieser Stelle die *Strafbarkeit* des Verhaltens, dh schädliches, aber nicht strafbares Verhalten (wie beispielsweise das Schule-Schwänzen) unterfällt deshalb dem KSÜ.[67]

Das KSÜ bleibt aber anwendbar, soweit es in diesen Bereichen als **Vorfrage** darauf ankommt, wer gesetzlicher Vertreter des Kindes ist. Für die Frage, ob für das Kind gehandelt werden muss, bleibt es bei der Maßgeblichkeit des jeweils einschlägigen Statuts.[68] Das nach dem KSÜ zu bestimmende Statut der elterlichen Verantwortung entscheidet darüber, ob für die wirksame Vertretung des Kindes eine gerichtliche oder behördliche Genehmigung erforderlich oder ob eine gesetzliche Vertretung durch die Eltern bei bestimmten Geschäften ganz ausgeschlossen ist (→ Art. 17 Rn. 2).   **2**

Kapitel II
Zuständigkeit

Art. 5 KSÜ [Behörden des Aufenthaltsstaats]

(1) Die Behörden, seien es Gerichte oder Verwaltungsbehörden, des Vertragsstaats, in dem das Kind seinen gewöhnlichen Aufenthalt hat, sind zuständig, Maßnahmen zum Schutz der Person oder des Vermögens des Kindes zu treffen.

(2) Vorbehaltlich des Artikels 7 sind bei einem Wechsel des gewöhnlichen Aufenthalts des Kindes in einen anderen Vertragsstaat die Behörden des Staates des neuen gewöhnlichen Aufenthalts zuständig.

A. Allgemeines 1   C. Gewöhnlicher Aufenthalt 7
B. Perpetuatio fori 3   D. Verhältnis zu anderen Zuständigkeiten 13

A. Allgemeines

International zuständig für den Erlass von Schutzmaßnahmen sind die Behörden des Staates, in dem das   **1** Kind seinen **gewöhnlichen Aufenthalt** hat. Dem gewöhnlichen Aufenthalt kommt insoweit wie beim MSA eine doppelte Funktion zu. Er bestimmt den räumlich-persönlichen Anwendungsbereich der Vorschriften über die internationale Zuständigkeit[69] und begründet gleichzeitig die internationale Zuständigkeit der Gerichte des Aufenthaltsstaates. Für deutsche Gerichte ergibt sich die internationale Zuständigkeit für Schutzmaßnahmen eines Kindes, das in Deutschland seinen gewöhnlichen Aufenthalt hat, wegen des Vorrangs der EheVO 2003 nur nach Art. 8 EheVO 2003, s. dazu → Art. 1 Rn. 17 f. Für Mehrrechtsstaaten enthält Art. 47 KSÜ eine ergänzende Regelung.

Wie für das MSA ist auch für das KSÜ unbeachtlich, ob ein Staat Verwaltungsstellen oder Gerichte für die   **2** Vornahme von Schutzmaßnahmen einsetzt. Unter den Begriff der Behörde können daher sowohl Vormundschaftsgerichte als auch Jugendämter oder sonstige Träger der Jugendhilfe fallen.[70]

B. Perpetuatio fori

Abs. 2 bestimmt ausdrücklich, dass ein Wechsel des gewöhnlichen Aufenthalts zu einem Wechsel der   **3** Zuständigkeit führt. Dies gilt auch für ein noch laufendes, noch nicht mit einer Entscheidung abgeschlosse-

---

63   *Lagarde* Bericht Anm. 34.
64   Staudinger/*Pirrung* KSÜ Art. 4 Rn. D 41.
65   BeckOGK/*Markwardt* KSÜ Art. 4 Rn. 11; Rauscher EuZPR/EulP/*Hilbig-Lugani* KSÜ Art. 4 Rn. 12.
66   BeckOGK/*Markwardt* KSÜ Art. 4 Rn. 12.
67   Rauscher EuZPR/EulP/*Hilbig-Lugani* KSÜ Art. 4 Rn. 13.

68   *Siehr* RabelsZ 62 (1998), 464, 477; Staudinger/*Pirrung* KSÜ Art. 4 Rn. D 33.
69   Unabhängig von dem gewöhnlichen Aufenthalt des Kindes in einem Vertragsstaat sind die Zuständigkeiten nach Art. 6, 11 und 12.
70   Staudinger/*Pirrung* KSÜ Art. 5 D 45; *Hausmann* Internationales und Europäisches Familienrecht, Rn. 416.

nes Verfahren. Es gibt daher grundsätzlich keine perpetuatio fori.[71] Im Rahmen des MSA war dies früher ungeklärt.[72] Der BGH hat aber schließlich auch für Art. 3 MSA ein Fortbestehen der internationalen Zuständigkeit bei Wechsel des gewöhnlichen Aufenthalts unter Hinweis auf Art. 5 MSA verneint.[73]

4 Maßgebend ist die Situation im Zeitpunkt der letzten tatrichterlichen Entscheidung.[74] Hat eine **Tatsacheninstanz** noch keine Entscheidung erlassen, ist das Verfahren mangels internationaler Zuständigkeit einzustellen. Erfolgt der Aufenthaltswechsel erst, nachdem die Tatsacheninstanz eine Entscheidung erlassen hat, so bleibt diese Entscheidung grundsätzlich bestehen, bis die Behörden am neuen gewöhnlichen Aufenthalt eine abändernde Entscheidung treffen (→ KSÜ Art. 14 Rn. 1 f.). Dies gilt auch dann, wenn das Verfahren noch in der **Rechtsmittelinstanz** anhängig ist. Da die internationale Zuständigkeit auch in der Rechtsmittelinstanz von Amts wegen zu prüfen ist, hat die Rechtsmittelinstanz das Rechtsmittel allein aufgrund der nun fehlenden internationalen Zuständigkeit zurückzuweisen.[75]

5 Wenn bereits bei der Entscheidung der ersten Instanz kein gewöhnlicher Aufenthalt bestand und die erste Instanz fälschlicherweise von ihrer internationalen Zuständigkeit ausging, so hat das Rechtsmittelgericht die Entscheidung der ersten Instanz ersatzlos aufzuheben.[76] Bestand in der ersten Instanz noch kein gewöhnlicher, sondern etwa nur schlichter Aufenthalt, wird der gewöhnliche Aufenthalt aber noch während des Verfahrens in der zweiten Tatsacheninstanz begründet, so ist die internationale Zuständigkeit für eine Sachentscheidung über das Rechtsmittel nun gegeben.[77]

6 Wird der gewöhnliche Aufenthalt eines Minderjährigen während eines anhängigen Verfahrens vom Inland in einen anderen Staat verlegt, so kommt es für das Entfallen oder den Fortbestand der Zuständigkeit darauf an, ob der Staat des neuen gewöhnlichen Aufenthalts ein Mitgliedstaat der EheVO 2003, nur des KSÜ oder ein Nichtvertragsstaat ist. Handelt es sich um einen Mitgliedstaat der EheVO 2003, so greift die Regelung der perpetuatio fori nach Art. 8 EheVO 2003, wonach es für die Zuständigkeit auf den gewöhnlichen Aufenthalt zum Zeitpunkt der Antragstellung ankommt. Wird der gewöhnliche Aufenthalt in einen Staat verlegt, der nicht Mitgliedstaat der EheVO 2003, aber Vertragsstaat des KSÜ ist, so werden dessen Behörden nach Art. 5 Abs. 2 KSÜ zuständig und es entfällt die Zuständigkeit der deutschen Gerichte. Die vorrangige Anwendung der EheVO nach Art. 61 EheVO 2003 i.V.m. Art. 52 KSÜ entfällt, wenn der gewöhnliche Aufenthalt nicht mehr in einem Mitgliedstaat der EheVO 2003, sondern nun in einem nur durch das KSÜ gebundenen Staat liegt (zur gegenteiligen Ansicht → EheVO Art. 61 Rn. 3 f.).[78] Wird der gewöhnliche Aufenthalt in einen Drittstaat verlegt, zu dem keine völkerrechtlichen Regelungen über die Zuständigkeit bestehen, bleibt es hingegen bei der Regelung von Art. 8 EheVO 2003. Die deutschen Gerichte bleiben zuständig, wenn das Kind seinen gewöhnlichen Aufenthalt bei Antragstellung im Inland hatte. Auf die Zuständigkeitsregeln nach autonomem Recht bei deutscher Staatsangehörigkeit kommt es nicht an.

Eine Ausnahme vom Grundsatz, dass bei Wechsel des gewöhnlichen Aufenthalts keine perpetuatio fori besteht, stellt der Vorbehalt des Abs. 2 zugunsten des Art. 7 dar. Dieser führt im Fall einer Kindesentführung dazu, dass bei widerrechtlichem Verbringen die bisherige Zuständigkeit für die Dauer einer Mindestzeit nicht verlorengeht.[79]

C. Gewöhnlicher Aufenthalt

7 Der **Begriff** des gewöhnlichen Aufenthalts (→ EGBGB Art. 5 Rn. 19, 44.) ist in Übereinstimmung mit den anderen Haager Übereinkommen bewusst nicht gesetzlich definiert worden.[80] Er ist grundsätzlich wie in den anderen Haager Übereinkommen, dem europäischen Verfahrens- und Kollisionsrecht sowie im autono-

71 Geimer/Schütze/*Gruber*, Internationaler Rechtsverkehr E 6 KSÜ Art. 5 Rn. 5; BeckOGK/*Markwardt* KSÜ Art. 5 Rn. 13; *Hausmann* Internationales und Europäisches Familienrecht Rn. 428.

72 S. Nachw. zum Streitstand bei Erman/*Hohloch* Anh. zu Art. 24 EGBGB Rn. 22.

73 BGH NJW 2002, 2955 = IPRax 2003, 145 = FamRZ 20002, 1182 mAnm *Henrich*, S. 1184; OLG Nürnberg IPRax 2003, 147 (148) = NJW-RR 2002, 1515; sa schon OLG Hamm NJW-RR 1997, 5.

74 Zum MSA BGH NJW 1981, 520; OLG Rostock FamRZ 2001, 642 = IPRax 2001, 588 mAnm *Baetge*, S. 573; Erman/*Hohloch* Anh. zu Art. 24 EGBGB Rn. 18; BeckOGK/*Markwardt* KSÜ Art. 5 Rn. 12; aA *Hausmann* Internationales und Europäisches Familienrecht Rn. 429 der auf den Zeitpunkt der Verkündung der Entscheidung durch die letzte Tatsacheninstanz abstellt.

75 So zum MSA OLG Hamburg IPRax 1986, 386; *Henrich* FamRZ 2002, 1185; aA BayObLGZ 1976, 25; Geimer/Schütze/*Gruber* Internationaler Rechtsverkehr E 6 KSÜ Art. 5 Rn. 6 (wenn die Rechtsmittelinstanz wie bei der Revision oder der Rechtsbeschwerde auf die rechtliche Nachprüfung beschränkt ist).

76 So zum MSA *Bauer* IPRax 2003, 135 (140).

77 So zum MSA OLG Hamm FamRZ 1991, 1466; 1992, 208; Erman/*Hohloch* Anh. zu Art. 24 EGBGB Rn. 22.

78 KG IPRax 2016, 372 (mit zust. Besprechung *Heiderhoff*, 372); OLG Saarbrücken NZFam 2016, 528; *Benicke* IPRax 2013, 44 (52).

79 Staudinger/*Pirrung* KSÜ Art. 5 Rn. D 49.

80 Staudinger/*Pirrung* KSÜ Art. 5 Rn. D 47; MüKoBGB/*von Hein* EGBGB Art. 5 Rn. 134.

Benicke

men Recht zu verstehen.[81] Dies schließt nicht aus, dass je nach Sachgebiet und Regelungskontext ein differenzierendes Begriffsverständnis gilt. So betont der EuGH regelmäßig, dass die gebotene autonome und einheitliche Auslegung des Begriffs unter Berücksichtigung des Kontextes der Vorschrift und des mit der fraglichen Regelung verfolgten Ziels gefunden werden muss.[82] Für die Vorschriften der EheVO 2003 sieht der EuGH aufgrund des 12. Erwägungsgrundes das Regelungsziel darin, dass die Zuständigkeitsvorschriften dem Wohl des Kindes entsprechend und insbesondere nach dem Kriterium der räumlichen Nähe ausgestaltet wurden.[83] Eine zumindest vergleichbare Zielsetzung ist auch für die Haager Konventionen und auch das autonome Recht anzunehmen.[84] Ein einheitliches Begriffsverständnis ist ferner deshalb anzustreben, um eine kohärente Abgrenzung der Anwendungsbereiche der verschiedenen Instrumente zu ermöglichen.[85]

Nach einer Formulierung des **BGH** zum MSA ist „(u)nter dem gewöhnlichen Aufenthalt … der Ort oder das Land zu verstehen, in dem der Schwerpunkt der Bindungen der betreffenden Person, ihr **Daseinsmittelpunkt** liegt. Zu fordern ist nicht nur ein Aufenthalt von einer Dauer, die zum Unterschied von dem einfachen oder schlichten Aufenthalt nicht nur gering sein darf, sondern auch das Vorhandensein weiterer Beziehungen, insbesondere in familiärer oder beruflicher Hinsicht, in denen – im Vergleich zu einem sonst in Betracht kommenden Aufenthaltsort – der Schwerpunkt der Bindungen der betreffenden Person zu sehen ist. Vom Wohnsitz unterscheidet sich der gewöhnliche Aufenthalt dadurch, daß der Wille, den Aufenthaltsort zum Mittelpunkt oder Schwerpunkt der Lebensverhältnisse zu machen, nicht erforderlich ist."[86]

Der **EuGH** hat zwar bisher die Bezeichnung Daseinsmittelpunkt oder Lebensmittelpunkt nicht verwendet. In der Sache zielen die von ihm verwendeten Gesichtspunkte für die Bestimmung des gewöhnlichen Aufenthalts aber auch darauf ab.[87] So verlangt der EuGH, „dass es sich nicht nur um eine vorübergehende oder gelegentliche Anwesenheit handelt und dass der Aufenthalt Ausdruck einer gewissen Integration in ein soziales und familiäres Umfeld ist."[88] Der gewöhnliche Aufenthalt ist anhand aller tatsächlichen Umstände des Einzelfalls zu ermitteln.[89] Als wesentliche Faktoren nennt der EuGH insoweit: die Dauer, die Regelmäßigkeit und die Umstände des Aufenthalts, die Gründe für diesen Aufenthalt und den Umzug, die familiären und sozialen Beziehungen des Kindes in dem Staat, ferner die Staatsangehörigkeit und Sprachkenntnisse, bei Kindern auch Ort und Umstände der Einschulung.[90]

Allgemein anerkannt ist, dass der gewöhnliche Aufenthalt des Kindes nicht von dem gewöhnlichen Aufenthalt der sorgeberechtigten Personen abzuleiten ist, sondern für das Kind eigenständig zu ermitteln ist.[91]   **8**

Der EuGH hat in jüngeren Entscheidungen eine Gewichtung der relevanten Faktoren vorgenommen.[92] Zum einen geht der EuGH davon aus, dass der gewöhnliche Aufenthalt des Kindes nicht in einem Land liegen kann, in dem sich das Kind noch nie tatsächlich aufgehalten hat.[93] Der ursprünglichen Intention der Eltern, dass sich das Kind an einem bestimmten Ort aufhalten soll, könne kein größeres Gewicht zukommen als dem Umstand, dass sich das Kind seit seiner Geburt ununterbrochen in einem anderen Staat aufhält.[94] Zum anderen soll beim Wechsel des tatsächlichen Aufenthalts dem Ort der Vorrang zukommen, in dem sich das Kind regelmäßig aufhält und in dem die sozialen Beziehungen zu den sorgeberechtigten Personen tatsäch-   **9**

81   *Roth/Döring* öst. JBl 1999, 758 (761); *Siehr* RabelsZ 62 (1998), 464, 478; s. allgemein zu einem einheitlichen Begriffsverständnis im europäischen Verfahrens- und Kollisionsrecht, im staatsvertraglichen Kollisionsrecht und im autonomen Recht MüKo-BGB/*von Hein* EGBGB Art. 5 Rn. 136–138, 140.

82   EuGH 2.4.2009 – Rs. C-523/07 (A), IPRax 2011, 76 (79) Rn. 34.

83   EuGH 9.10.2014 – Rs. C-376/14 PPU (C/M), IPRax 2015, 239 (243) Rn. 50; EuGH 2.4.2009 – Rs. C-523/07 (A), IPRax 2011, 76 (79) Rn. 35.

84   S. MüKoBGB/*von Hein* Art. 5 EGBGB Rn. 143: Der als Sinn der Anknüpfung an den gewöhnlichen Aufenthalt die Berufung des Rechts derjenigen sozialen Umwelt ansieht, zu dem das betreffende Rechtsverhältnis die engste Verbindung aufweist.

85   So ausdrücklich Generalanwältin Kokott in den Schlussanträgen zum Verfahren EuGH 2.4.2009 – Rs. C-523/07 (A), IPRax 2011, 76 (78) Rn. 23 ff.; s. auch *Pirrung* IPRax 2011, 50 (53).

86   BGH 29.10.1980 – NJW 1981, 520; BGH 5.6.2002 – NJW 2002, 2955 (jeweils zu Art. 1 MSA, Hervorhebung nicht im Original).

87   S. Palandt/*Thorn* EGBGB Art. 5 Rn. 10; *Pirrung* IPRax 2011, 50 (53).

88   EuGH 2.4.2009 – Rs. C-523/07 (A), IPRax 2011, 76 (79) Rn. 38.

89   EuGH 2.4.2009 – Rs. C-523/07 (A), IPRax 2011, 76 (79) Rn. 37.

90   EuGH 28.6.2018 – Rs. C-512/17 (HR/KO), IPRax 2019, 248 (251) Rn. 43; EuGH 9.10.2014 – Rs. C-376/14 PPU (C/M), IPRax 2015, 239 (243) Rn. 52; EuGH 2.4.2009 – Rs. C-523/07 (A), IPRax 2011, 76 (79) Rn. 39.

91   EuGH 8.6.2017 Rs. C-111/17, FamRZ 2017, 1506 (1509) Rn. 50; BGH 29.10.1980 – BGHZ 78, 293, 295 f. = NJW 1981, 520 = IPRax 1981, 139; OLG Karlsruhe 5.6.2015 – NJW-RR 2015, 1415 (1417) Rn. 30 f.; MüKoBGB/*von Hein* EGBGB Art. 5 Rn. 167; Palandt/*Thorn* EGBGB Art. 5 Rn. 10.

92   *Gruber* IPRax 2019, 217 (218) zur Entscheidung EuGH 28.6.2018 – Rs. C-512/17 (HR/KO), IPRax 2019, 248.

93   S. EuGH 17.10.2018 – Rs. C-393/18 PPU (DU/XB), FamRZ 2019, 132 (135), Rn. 52; EuGH 8.6.2017 – Rs. C-111/17, FamRZ 2017, 1506; s. näher zu der Frage, ob auch ein rein zufälliger Geburtsort als gewöhnlicher Aufenthalt anzusehen ist, MüKoBGB/*von Hein* EGBGB Art. 5 Rn. 168.

94   EuGH 8.6.2017 – Rs. C-111/17, FamRZ 2017, 1506 (1509) Rn. 51.

lich gelebt werden. Vorübergehenden Aufenthalten in einem anderen Land zum Zweck des Urlaubs oder von Verwandtenbesuchen (im konkreten Fall von bis zu drei Monaten), sowie den sprachlichen und kulturellen Verbindungen des Elternteils und des Kindes zu einem anderen Land misst der EuGH demgegenüber keine entscheidende Bedeutung zu.[95]

10 Streitig ist, ob die Begründung eines (neuen) gewöhnlichen Aufenthalts den **Willen der betroffenen Person** voraussetzt, an dem (neuen) Aufenthaltsort ihren Lebensmittelpunkt zu begründen.[96] Dies ist im Ergebnis abzulehnen, weil der gewöhnliche Aufenthalt als sog. „faktischer" Wohnsitz von einem solchen Willenselement unabhängig sein sollte.[97] Auch nach dem EuGH ist „die Intention der Eltern (sich mit dem Kind an einem Ort niederzulassen,) ... bei der Bestimmung des gewöhnlichen Aufenthalts eines Kindes ... nicht entscheidend, sondern nur ein ‚Indiz', das ein Bündel anderer übereinstimmender Gesichtspunkte vervollständigen kann."[98] Dies ergibt sich auch zwingend daraus, dass Art. 7 KSÜ und Art. 10 EheVO 2003 davon ausgehen, dass das Kind einen neuen gewöhnlichen Aufenthalt begründet hat, auch wenn nicht alle sorgeberechtigten Personen diesem Aufenthaltswechsel zugestimmt haben.[99]

11 Ein entsprechender Wille ist allerdings dann von Bedeutung, wenn es darum geht, ab wann beim **Wechsel des Aufenthalts** der neue Aufenthaltsort bereits als gewöhnlicher Aufenthalt anzusehen ist. Erfolgt ein Umzug mit dem Willen, den neuen Aufenthaltsort zum neuen Lebensmittelpunkt zu machen, so kann damit sofort ein neuer gewöhnlicher Aufenthalt begründet werden.[100] Bei Kindern kommt es auf den entsprechenden Willen der Personen an, die das Aufenthaltsbestimmungsrecht haben.[101] Der Wille des Kindes selbst ist grundsätzlich unbeachtlich.[102] So hat der EuGH entschieden, dass das zwei Monate alte Kind, das mit seiner allein sorgeberechtigten Mutter aus dem Vereinigten Königreich auf deren französische Heimatinsel La Réunion gezogen war, dort unmittelbar nach der Ankunft einen neuen gewöhnlichen Aufenthalt begründen konnte. Entscheidend war für den EuGH, dass der Umzug mit dem Willen der Mutter auf Dauer angelegt war. Die Sprachkenntnisse der Mutter und ihre geographische und familiäre Herkunft waren hierfür Indizien.[103] Nicht ausreichend ist allerdings der nur innere Wille, vielmehr muss sich dieser Wille in äußerlich erkennbaren Umständen niedergeschlagen haben, etwa in der Anmietung einer Wohnung oder dem Antrag auf Zuweisung einer Sozialwohnung.[104]

Steht das Aufenthaltsbestimmungsrecht beiden Eltern gemeinsam zu, so kann beim Umzug ohne Zustimmung beider Elternteile (sog. Entführungsfall) nicht sofort ein neuer gewöhnlicher Aufenthalt begründet werden. Der neue Aufenthalt wird aber dann zum gewöhnlichen Aufenthalt, wenn eine tatsächliche Integration des Kindes am Ort des neuen Aufenthalts erfolgt und damit dieser Ort zum neuen Daseinsmittelpunkt des Kindes geworden ist.[105] Auf der anderen Seite reicht der bloße Wille, einen Ort in Zukunft zum Lebensmittelpunkt zu machen, nicht dafür aus, dass an diesem Ort bereits vor der tatsächlichen Aufenthaltsnahme der gewöhnliche Aufenthalt liegt.[106]

Unabhängig von dem Willen bzw. der Zustimmung aller sorgeberechtigten Personen wird verbreitet angenommen, dass als grobe Faustregel ein Kind in der Regel nach einem Aufenthalt von sechs Monaten so am neuen Aufenthaltsort integriert ist, dass dort ein gewöhnlicher Aufenthalt begründet wird.[107] Dabei handelt

---

95 EuGH 28.6.2018 – Rs. C-512/17 (HR/KO), IPRax 2019, 248 (252) Rn. 51 f., 56–60; der EuGH relativiert in Rn. 53–55 dabei ausdrücklich die Bedeutung, die er der geographischen und familiären Bedeutung in der Entscheidung Mercredi (22.12.2010 – Rs. C-497/10) gegeben hatte.

96 S. etwa *Weller* in Leible/Unberath, Brauchen wir eine Rom 0-Verordnung?, S. 293, 317 ff.

97 MüKoBGB/*von Hein* EGBGB Art. 5 Rn. 153; so auch bereits nachdrücklich *Raape/Sturm*, Internationales Privatrecht I, § 8 IV.5., § 9 III.4.

98 EuGH 8.6.2017 – Rs. C-111/17, FamRZ 2017, 1506 (1509) Rn. 47; s. auch OLG Karlsruhe 5.6.2015 – NJW-RR 2015, 1415 (1416) Rn. 28.

99 Vgl. MüKoBGB/*von Hein* EGBGB Art. 5 Rn. 153 in Bezug auf Art. 5 Abs. 3 EGBGB.

100 EuGH 22.12.2010 – Rs. C-497/10 PPU, Mercredi IPRax 2012, 340 (343) Rn. 50; EuGH 2.4.2009 – Rs. C-523/07 (A), IPRax 2011, 76 (79) Rn. 40; BGH 9.2.2011 – FamRZ 2011, 542 (545) Rn. 35; BGHZ 78, 293, 295 = NJW 1981, 520 = IPRax 1981, 139; MüKoBGB/*von Hein* EGBGB Art. 5 Rn. 145; Staudinger/*Bausback* (2013) Art. 5 Rn. 46.

101 S. BGH 29.10.1980 – BGHZ 78, 293, 295 f. = NJW 1981, 520 = IPRax 1981, 139; Palandt/*Thorn* EGBGB Art. 5 Rn. 12.

102 *Hausmann* Internationales und Europäisches Familienrecht F. Kindschaftssachen Rn. 95; s. dazu näher MüKoBGB/*von Hein* EGBGB Art. 5 Rn. 170.

103 S. dazu die Erläuterung zur Entscheidung Mercredi (22.12.2010 – Rs. C-497/10) in EuGH 28.6.2018 – Rs. C-512/17 (HR/KO), IPRax 2019, 248 (251) Rn. 53–55.

104 EuGH 2.4.2009 – Rs. C-523/07 (A), IPRax 2011, 76 (78) Rn. 40.

105 BGH 29.10.1980 – BGHZ 78, 293, 297 ff. = NJW 1981, 520 = IPRax 1981, 139.

106 EuGH 17.10.2018 – Rs. C-393/18 PPU (DU/XB), FamRZ 2019, 132 (135) Rn. 61 f.

107 BGH 29.10.1980 – BGHZ 78, 293, 295, 300 f. = NJW 1981, 520 = IPRax 1981, 139; BGH 5.6.2002 – NJW 2002, 2955 (2956); OLG Karlsruhe 5.6.2015 – NJW-RR 2015, 1415 (1416) Rn. 25; OLG Stuttgart 30.3.2012 – NJW 2012, 2043; s. auch Staudinger/*Bausback* (2013) Art. 5 Rn. 44; MüKoBGB/*von Hein* EGBGB Art. 5 Rn. 144; *Erman/Hohloch* Anh. zu Art. 24 EGBGB Rn. 18; Palandt/*Thorn* EGBGB Art. 5 Rn. 10.

es sich aber nur um einen ungefähren Richtwert, der je nach den Umständen des Einzelfalls auch variieren kann.[108] Dieser **Richtwert** gilt aber auch in **Entführungsfällen**; die in Art. 12 Abs. 1 HKÜ enthaltene Jahresfrist bestimmt nur die Voraussetzungen für eine Rückführung des Kindes, ändert aber nicht die Voraussetzungen, unter denen der gewöhnliche Aufenthalt begründet wird.[109] Dies wird auch durch die Sonderregelung zur perpetuatio fori in Art. 7 KSÜ bei einem Wechsel des gewöhnlichen Aufenthalts aufgrund eines widerrechtlichen Verbringens oder Zurückhaltens des Kindes bestätigt.

Bei **wiederholten Wechseln des Aufenthaltsorts** ist es auch möglich, dass in keinem der betreffenden Staaten ein gewöhnlicher Aufenthalt des Kindes angenommen werden kann.[110] Bei dieser Annahme ist aber Zurückhaltung geboten. Regelmäßig bleibt der bisherige gewöhnliche Aufenthalt bestehen, wenn noch kein neuer gewöhnlicher Aufenthalt begründet worden ist.[111] Fraglich ist, ob in einem solchen Fall mehrere gewöhnliche Aufenthalte gleichzeitig bestehen können.[112] Zumindest sollte dies nicht vorschnell angenommen werden.[113] Lebt das Kind abwechselnd in unterschiedlichen Ländern (etwa jeweils bei einem Elternteil), so ist primär zu prüfen, ob einem Ort im Sinne der für die Bestimmung des Lebensmittelpunktes maßgebenden Kriterien ein Übergewicht zukommt, so dass dort der gewöhnliche Aufenthalt während des ganzen Jahres anzunehmen ist.[114] Kommt keinem der Orte ein entsprechendes Übergewicht zu, so wird bei Kindern statt der Annahme zweier gewöhnlicher Aufenthalte eher von jeweils wechselnden gewöhnlichen Aufenthalten auszugehen sein.[115] Auch bei der Annahme zweier gewöhnlicher Aufenthalte müsste für die kollisionsrechtliche Anknüpfung eine eindeutige Auswahl getroffen werden;[116] im Bereich der Zuständigkeit bedürfte es der Verfahrenskoordination. Es erscheint sachgerechter, die Zuständigkeit dort anzunehmen, wo sich das Kind bei Verfahrenseröffnung befindet und erforderlichenfalls die bei Art. 5 KSÜ fehlende perpetuatio fori über Art. 8 und 9 KSÜ zu überwinden.

Die Begründung eines gewöhnlichen Aufenthalts ist im Wesentlichen eine Tatsachenfrage und nicht davon abhängig, dass alle Inhaber der elterlichen Sorge ihre Zustimmung zur Begründung des Aufenthalts des Kindes an einem bestimmten Ort gegeben haben.[117]

D. Verhältnis zu anderen Zuständigkeiten

Die Aufenthaltszuständigkeit steht anders als nach dem MSA (→ MSA Art. 1 Rn. 7 ff., abgedruckt in der 3. Auflage) nicht mehr unter dem Vorbehalt eines gesetzlichen Gewaltverhältnisses nach dem Heimatrecht des Kindes oder einer Wahrnehmung der Zuständigkeit durch die Behörden des Heimatstaates.

Das Verhältnis zu Zuständigkeiten in anderen Staaten ist in Art. 8, 9 und 10 im Sinne eines **grundsätzlichen Vorrangs der Aufenthaltszuständigkeit** neu geregelt worden. Die besonderen Zuständigkeiten sind nach dem Zweck der Regelung restriktiv anzuwenden.[118]

Die Aufenthaltsbehörde kann einer Behörde in einem anderen Vertragsstaat die Zuständigkeit antragen (Art. 8). Die Behörde in einem Vertragsstaat, in dem das Kind keinen gewöhnlichen Aufenthalt hat, also etwa im Heimatstaat, kann sich die Zuständigkeit von der Aufenthaltsbehörde erbitten (Art. 9). Die Verbundzuständigkeit mit einer Ehesache kann am gewöhnlichen Aufenthalt eines Elternteils aufgrund der

---

108 S. etwa OLG Hamm FamRZ 1991, 1346: gewöhnlicher Aufenthalt bereits nach 4 1/2-monatigem Aufenthalt in der Türkei; OLG Hamm NJW-RR 1997, 5 (6): nach 6 Monaten noch kein gewöhnlicher Aufenthalt in der Türkei; *Baetge* IPRax 2001, 573 (575); MüKoBGB/*von Hein* EGBGB Art. 5 Rn. 144, 148 f.

109 OLG Düsseldorf NJW-RR 1994, 5 (6) = FamRZ 1994, 107 = IPRspr. 1993 Nr. 97; *Baetge* IPRax 2001, 573 (575); aA *Holl*, Funktion und Bestimmung des gewöhnlichen Aufenthalts bei Kindesentführungen, S. 129; s. auch Staudinger/*Pirrung* KSÜ Art. 5 Rn. D. 53: neuer gewöhnlicher Aufenthalt ab einem Jahr tatsächlichen Aufenthalts.

110 S. EuGH 2.4.2009 – Rs. C-523/07 (A), IPRax 2011, 76 (79) Rn. 43.

111 MüKoBGB/*von Hein* EGBGB Art. 5 Rn. 166.

112 Sehr streitig, dafür etwa OLG Frankfurt 2.12.1998 – FPR 2001, 233 (234); Staudinger/*Bausback* (2013) Art. 5 Rn. 48; *Schulze* IPRax 2012, 526 (528); *Baetge* IPRax 2005, 335 (337); dagegen OLG Stuttgart 27.2.2003 – IPRax 2005, 362 (363); Palandt/*Thorn* EGBGB Art. 5 Rn. 10; MüKoBGB/*von Hein*

EGBGB Art. 5 Rn. 160 f.; offen gelassen von OLG Oldenburg 11.5.2010 – IPRax 2012, 550 (551).

113 S. auch *Pirrung* IPRax 2011, 50 (54): Die Annahme mehrfacher gewöhnlicher Aufenthalte in verschiedenen Staaten sollte tunlichst vermieden werden.

114 MüKoBGB/*von Hein* EGBGB Art. 5 Rn. 163 f.; s. auch *Baetge* IPRax 2005, 335 (336), der aber zu Recht ein Fortbestehen des früheren gewöhnlichen Aufenthalts vor Beginn des wechselnden aus Kontinuitätsgründen ablehnt.

115 So auch OLG Stuttgart 27.2.2003 – IPRax 2005, 362 (363); s. auch *Baetge* IPRax 2005, 335 (337), der mehrfache gewöhnliche Aufenthalte zwar für möglich hält, bei Kindern wegen der schnellen sozialen Integrationsfähigkeit aber regelmäßig alternierende gewöhnliche Aufenthalte gegeben sieht.

116 S. OLG Oldenburg 11.5.2010 – IPRax 2012, 550 (551).

117 EuGH 8.6.2017 – Rs. C-111/17, FamRZ 2017, 1506 (1509) Rn. 54.

118 *Roth/Döring* öst. JBl 1999, 758 (761); Rauscher EuZPR/EulP/*Hilbig-Lugani* KSÜ Art. 5 Rn. 1.

Zustimmung der Sorgeberechtigten begründet werden (Art. 10). Schließlich sieht Art. 11 eine Eilzuständigkeit und Art. 12 eine Zuständigkeit für einstweilige Anordnungen vor.

15 Im Verhältnis der Mitgliedstaaten der EheVO 2003 ist die Sonderregelung über die perpetuatio fori für Umgangssachen in Art. 9 EheVO 2003 zu beachten. Diese Regelung gilt allerdings nur bei dem (rechtmäßigen) Umzug des Kindes von einem Mitgliedstaat in einen anderen Mitgliedstaat. Zieht ein Kind aus Deutschland in einen Staat, der nicht Mitgliedstaat der EheVO 2003, aber Vertragsstaat des KSÜ ist, so richtet sich die Zuständigkeit für das Umgangsrecht nicht nach Art. 9 EheVO 2003, sondern nach der allgemeinen Regel in Art. 5 Abs. 2. Die Zuständigkeit in Deutschland entfällt und die Gerichte im Staat des neuen gewöhnlichen Aufenthalts sind auch für die Regelung des Umgangsrechts zuständig.[119]

Zur Koordinierung der Zuständigkeit nach Art. 5 KSÜ mit dem Regelungsregime des Haager Kindesentführungsabkommen → KSÜ Art 7 Rn. 1, 3 f.

Art. 6 KSÜ [Flüchtlingskinder]

(1) Über Flüchtlingskinder und Kinder, die infolge von Unruhen in ihrem Land in ein anderes Land gelangt sind, üben die Behörden des Vertragsstaats, in dessen Hoheitsgebiet sich die Kinder demzufolge befinden, die in Artikel 5 Absatz 1 vorgesehene Zuständigkeit aus.

(2) Absatz 1 ist auch auf Kinder anzuwenden, deren gewöhnlicher Aufenthalt nicht festgestellt werden kann.

1 Bei **Flüchtlingskindern** kommt es, statt auf den eventuell noch bestehenden gewöhnlichen Aufenthalt im Herkunftsstaat, auf den schlichten Aufenthalt im Zufluchtsstaat an, da bei Flüchtlingskindern regelmäßig ein dringender Bedarf für Schutzmaßnahmen besteht.[120] Auch aus diesem Grund fordert Art. 6 KSÜ keine Mindestaufenthaltsdauer im Zufluchtsstaat.[121] Abs. 1 begründet aber keine bloße Notzuständigkeit, wie etwa nach Art. 11 KSÜ, sondern verdrängt die Zuständigkeit der Behörden im Staat des gewöhnlichen Aufenthalts dauerhaft.[122]

2 Der Verfahrensvereinfachung dient die Maßgeblichkeit des schlichten Aufenthalts nach Abs. 2, wenn nicht festgestellt werden kann, ob das Kind einen gewöhnlichen Aufenthalt hat. Abs. 2 gilt nur, wenn zweifelhaft ist, ob das Kind überhaupt einen gewöhnlichen Aufenthalt hat, nicht hingegen, wenn – wie bei Entführungsfällen – nur fraglich ist, in welchem Staat der gewöhnliche Aufenthalt ist.[123] Durch Abs. 2 wird jedoch, anders als durch Abs. 1, nur eine „vorübergehende Notzuständigkeit" begründet[124]

Das KSÜ selbst definiert den Begriff „Flüchtlingskinder" nicht. Dieser entspricht jedoch dem Flüchtlingsbegriff der Genfer Flüchtlingskonvention vom 28.7.1951 und des Genfer Flüchtlingsprotokolls vom 31.1.1967.[125] Der Begriff umfasst sowohl Kinder von Flüchtlingen, die ihren Flüchtlingsstatus von den Eltern ableiten, als auch Kinder, die einen eigenen Flüchtlingsstatus besitzen.[126]

Art. 7 KSÜ [Verbringen oder Zurückhalten des Kindes]

(1) Bei widerrechtlichem Verbringen oder Zurückhalten des Kindes bleiben die Behörden des Vertragsstaats, in dem das Kind unmittelbar vor dem Verbringen oder Zurückhalten seinen gewöhnlichen Aufenthalt hatte, so lange zuständig, bis das Kind einen gewöhnlichen Aufenthalt in einem anderen Staat erlangt hat und

a) jede sorgeberechtigte Person, Behörde oder sonstige Stelle das Verbringen oder Zurückhalten genehmigt hat, oder

b) das Kind sich in diesem anderen Staat mindestens ein Jahr aufgehalten hat, nachdem die sorgeberechtigte Person, Behörde oder sonstige Stelle seinen Aufenthaltsort kannte oder hätte kennen müssen, kein während dieses Zeitraums gestellter Antrag auf Rückgabe mehr anhängig ist und das Kind sich in seinem neuen Umfeld eingelebt hat.

119 *Coester-Waltjen* FamRZ 2005, 241 (244).
120 *Lagarde* Bericht Anm. 44.
121 BeckOGK/*Markwardt* KSÜ Art. 6 Rn. 6.
122 Staudinger/*Pirrung* KSÜ Art. 6 Rn. D 51.
123 *Siehr* RabelsZ 62 (1998), 464, 479; wohl auch *Lagarde* Bericht Anm. 45 (l'enfant sans résidence habituelle).

124 BeckOGK/*Markwardt* KSÜ Art. 6 Rn. 10; Staudinger/*Pirrung* KSÜ Art. 6 Rn. D 51.
125 *Hausmann* Internationales und Europäisches Familienrecht Rn. 438; Rauscher EuZPR/EuIPR/*Hilbig-Lugani* KSÜ Art. 6 Rn. 8.
126 BeckOGK/*Markwardt* KSÜ Art. 6 Rn. 4; Erman/*Hohloch* Anh. zu Art. 24 EGBGB Rn. 25.

(2) Das Verbringen oder Zurückhalten eines Kindes gilt als widerrechtlich, wenn

a) dadurch das Sorgerecht verletzt wird, das einer Person, Behörde oder sonstigen Stelle allein oder gemeinsam nach dem Recht des Staates zusteht, in dem das Kind unmittelbar vor dem Verbringen oder Zurückhalten seinen gewöhnlichen Aufenthalt hatte, und

b) dieses Recht zum Zeitpunkt des Verbringens oder Zurückhaltens allein oder gemeinsam tatsächlich ausgeübt wurde oder ausgeübt worden wäre, falls das Verbringen oder Zurückhalten nicht stattgefunden hätte.

Das unter Buchstabe a genannte Sorgerecht kann insbesondere kraft Gesetzes, aufgrund einer gerichtlichen oder behördlichen Entscheidung oder aufgrund einer nach dem Recht des betreffenden Staates wirksamen Vereinbarung bestehen.

(3) Solange die in Absatz 1 genannten Behörden zuständig bleiben, können die Behörden des Vertragsstaats, in den das Kind verbracht oder in dem es zurückgehalten wurde, nur die nach Artikel 11 zum Schutz der Person oder des Vermögens des Kindes erforderlichen dringenden Maßnahmen treffen.

A. Grundgedanke der Regelung

Art. 7 enthält eine Sonderregelung für die **Fortdauer der internationalen Zuständigkeit** bei Entführungsfällen und soll die Zuständigkeitsregelung des KSÜ mit den Regeln des HKÜ in Übereinstimmung bringen. Art. 7 KSÜ verhindert, dass der Entführer aufgrund Zeitablaufs eine internationale Zuständigkeit für den Erlass einer (neuen) Sorgerechtsentscheidung im Zufluchtsstaat erlangen kann, während ein Rückführungsverlangen nach HKÜ läuft oder noch innerhalb der Jahresfrist nach Art. 12 Abs. 1 HKÜ beantragt werden kann. Damit wird gewährleistet, dass das Verbot einer Sachentscheidung über das Sorgerecht nach Art. 16 HKÜ beachtet wird. Art. 7 sperrt auch vorläufige und gebietsbeschränkte Maßnahmen nach Art. 12 KSÜ (→ KSÜ Art. 12 Rn. 6). Zulässig sind gemäß Art. 7 Abs. 3 nur Schutzmaßnahmen in Eilfällen nach Art. 11 KSÜ. **1**

Im Verhältnis von Vertragsstaaten sowohl des KSÜ als auch des HKÜ hat die Regelung vor allem klarstellenden Charakter, weil das HKÜ aufgrund von Art. 50 KSÜ dem KSÜ ohnehin vorgeht. Im Verhältnis zu Vertragsstaaten, die nicht auch dem HKÜ angehören, hat Art. 7 eine eigenständige Bedeutung zur Regelung der Zuständigkeit bei Entführungsfällen. In den Mitgliedsstaaten der Brüssel IIa-VO hat Art. 10 Abs. 2 EheVO 2003 Vorrang, der mit Art. 7 KSÜ jedoch im Wesentlichen übereinstimmt. Allerdings ist Art. 7 Abs. 1 lit. b in Bezug auf den Zuständigkeitswechsel weniger streng als Art. 10 Abs. 2 lit. b EheVO 2003.[127]

Außerhalb von Entführungsfällen gibt es beim Wechsel des gewöhnlichen Aufenthalts keine perpetuatio fori, → Art. 5 Rn. 3. **2**

Bei einer Entführung kann das Kind zwar aufgrund tatsächlicher sozialer Integration im Zufluchtsstaat einen neuen gewöhnlichen Aufenthalt begründen (→ KSÜ Art. 5 Rn. 11 a.E.). Nach Abs. 1 bleibt aber die internationale Zuständigkeit der Gerichte im Staat des bisherigen gewöhnlichen Aufenthalts grundsätzlich bestehen. **3**

Die Voraussetzungen, unter denen nach Abs. 1 lit. a oder lit. b die internationale Zuständigkeit am bisherigen gewöhnlichen Aufenthalt bestehen bleibt, verhindern weitgehend, dass ein Konflikt mit einer Rückgabeanordnung nach Art. 12 HKÜ und der Regelung in Art. 16 HKÜ entsteht.[128] Abs. 1 lit. a knüpft an Art. 13 Abs. 1 lit. a Alt. 3 HKÜ an. Danach entfällt die Pflicht zur Anordnung der Rückgabe, wenn die sorgeberechtigte Person, Behörde oder sonstige Stelle, deren Sorgerecht verletzt wurde, die Verbringung oder das Zurückhalten nachträglich genehmigt. Fehlt es an einer solchen Genehmigung, so kann nach Abs. 1 lit. b aufgrund Zeitablaufs ein Zuständigkeitswechsel eintreten, wenn die Person, deren Sorgerecht verletzt wurde, in dieser Zeit keinen Antrag auf Rückführung gestellt hat oder dieser Antrag nicht mehr anhängig ist und sich das Kind in seinem neuen Umfeld eingelebt hat. Diese Regelung schließt an Art. 12 Abs. 2 HKÜ an. Danach wird die Rückgabe nicht mehr angeordnet, wenn der Antrag erst nach Ablauf von einem Jahr nach der Entführung eingegangen ist und sich das Kind in seiner neuen Umgebung eingelebt hat. **Unterschiede** bestehen aber im Detail. Während die Jahresfrist nach Art. 12 HKÜ mit dem Zeitpunkt der Entführung beginnt, kommt es für den Fristbeginn nach Art. 7 darauf an, wann die sorgeberechtigte Person/Behörde/Stelle den Aufenthaltsort des Kindes kannte oder hätte kennen müssen. Die Regelung im KSÜ schützt die Person, deren Sorgerecht verletzt wurde, in den Fällen, in denen der Entführer den Aufenthaltsort des Kindes verbirgt. Denkbar ist, dass nach Art. 12 Abs. 2 HKÜ die Anordnung der Rückgabe versagt **4**

---

127 *Hausmann* Internationales und Europäisches Familienrecht Rn. 454; Rauscher EuZPR/EuIP/*Hilbig-Lugani* KSÜ Art. 7 Rn. 3.

128 Das war das Anliegen bei der Erarbeitung von Art. 7, s. *Lagarde* Bericht Anm. 46; *Schulz* FamRZ 2003, 336 (345).

wird, die Behörden des Herkunftsstaates aber dennoch nach Art. 7 KSÜ für den Erlass einer Schutzmaßnahme zuständig bleiben. Ergeht nun eine Entscheidung im Herkunftsstaat auf Rückgabe, so muss diese im Zufluchtsstaat anerkannt und vollstreckt werden, auch wenn dort eine Rückgabe aufgrund von Art. 12 Abs. 2 HKÜ nicht mehr anzuordnen war.[129] Einen generellen Vorrang der Behörden des Herkunftsstaats, wie er in Art. 11 Abs. 8 EheVO 2003 vorgesehen ist, kennt das KSÜ aber nicht.[130]

B. Definition der Widerrechtlichkeit, Abs. 2

5   Die Widerrechtlichkeit des Verbringens oder Zurückhaltens des Kindes wird in Abs. 2 in Form einer wörtlichen Übernahme von Art. 3 HKÜ geregelt.

C. Zuständigkeit des Zufluchtsstaats, Abs. 3

6   Abs. 3 schließt nicht nur den Wechsel der Zuständigkeit nach Art. 5 aufgrund des neuen gewöhnlichen Aufenthalts aus, sondern unterbindet auch, dass sich die Behörden des Zufluchtsstaates auf andere Zuständigkeiten berufen können. Insbesondere wird damit ausgeschlossen, dass die Behörden des Zufluchtsstaats eine vorläufige, auf das Gebiet des Zufluchtsstaats beschränkte, Maßnahme nach Art. 12 KSÜ treffen. Nur die Eilzuständigkeit nach Art. 11 bleibt im Interesse des betroffenen Kindes möglich.

Art. 8 KSÜ [Übertragung der Zuständigkeit]

(1) Ausnahmsweise kann die nach Artikel 5 oder 6 zuständige Behörde eines Vertragsstaats, wenn sie der Auffassung ist, dass die Behörde eines anderen Vertragsstaats besser in der Lage wäre, das Wohl des Kindes im Einzelfall zu beurteilen,

– **entweder diese Behörde unmittelbar oder mit Unterstützung der Zentralen Behörde dieses Staates ersuchen, die Zuständigkeit zu übernehmen, um die Schutzmaßnahmen zu treffen, die sie für erforderlich hält,**

– **oder das Verfahren aussetzen und die Parteien einladen, bei der Behörde dieses anderen Staates einen solchen Antrag zu stellen.**

(2) Die Vertragsstaaten, deren Behörden nach Absatz 1 ersucht werden können, sind

a) **ein Staat, dem das Kind angehört,**

b) **ein Staat, in dem sich Vermögen des Kindes befindet,**

c) **ein Staat, bei dessen Behörden ein Antrag der Eltern des Kindes auf Scheidung, Trennung, Aufhebung oder Nichtigerklärung der Ehe anhängig ist,**

d) **ein Staat, zu dem das Kind eine enge Verbindung hat.**

(3) Die betreffenden Behörden können einen Meinungsaustausch aufnehmen.

(4) Die nach Absatz 1 ersuchte Behörde kann die Zuständigkeit anstelle der nach Artikel 5 oder 6 zuständigen Behörde übernehmen, wenn sie der Auffassung ist, dass dies dem Wohl des Kindes dient.

Art. 9 KSÜ [Übernahme der Zuständigkeit]

(1) Sind die in Artikel 8 Absatz 2 genannten Behörden eines Vertragsstaats der Auffassung, dass sie besser in der Lage sind, das Wohl des Kindes im Einzelfall zu beurteilen, so können sie

– **entweder die zuständige Behörde des Vertragsstaats des gewöhnlichen Aufenthalts des Kindes unmittelbar oder mit Unterstützung der Zentralen Behörde dieses Staates ersuchen, ihnen zu gestatten, die Zuständigkeit auszuüben, um die von ihnen für erforderlich gehaltenen Schutzmaßnahmen zu treffen,**

– **oder die Parteien einladen, bei der Behörde des Vertragsstaats des gewöhnlichen Aufenthalts des Kindes einen solchen Antrag zu stellen.**

(2) Die betreffenden Behörden können einen Meinungsaustausch aufnehmen.

(3) Die Behörde, von welcher der Antrag ausgeht, darf die Zuständigkeit anstelle der Behörde des Vertragsstaats des gewöhnlichen Aufenthalts des Kindes nur ausüben, wenn diese den Antrag angenommen hat.

---

129   *Lagarde* Bericht Anm. 49.
130   *Rauscher* NZFam 2016, 143.

Das KSÜ sieht – anders als das MSA – keine eigene Zuständigkeit der Heimatbehörden des Kindes vor.[131]   **1**
Aufgrund eines Antrags der Aufenthaltsbehörden (Art. 8) oder aufgrund eigenen Ersuchens (Art. 9) kann aber eine **besondere Zuständigkeit** der Behörden eines Vertragsstaats begründet werden, in dem das Kind **nicht** seinen gewöhnlichen Aufenthalt hat. Diese Regelungen bewirken eine Auflockerung der zwingenden Zuständigkeitsvorschriften. Es bleibt aber sichergestellt, dass die Zuständigkeit außerhalb des Staates des gewöhnlichen Aufenthalts nur aufgrund der Zustimmung der Behörden des Aufenthaltsstaats eintritt.[132] Gefördert werden hierdurch auch der Meinungsaustausch und die Zusammenarbeit zwischen den befassten Behörden. Art. 8 und 9 gelten nur im Verhältnis zu Vertragsstaaten des KSÜ untereinander. Eine Abgabe an die Behörde eines Staates, der nicht Vertragsstaat ist, kann nicht erfolgen. Art. 15 EheVO 2003 ist anzuwenden, wenn es um die Zuständigkeitsabgabe zwischen Vertragsstaaten des KSÜ geht, die beide auch Mitgliedstaaten der EheVO 2003 sind. Ist nur ein Staat Mitgliedstaat der EheVO 2003 bleibt es hingegen bei der Anwendbarkeit von Art. 8 und 9.

Die Behörden im Staat des gewöhnlichen Aufenthalts können sich unter den Voraussetzungen von Art. 8   **2**
und 9 für unzuständig erklären, müssen es aber nicht; insoweit wird der Gedanke des forum non conveniens eingeführt.[133] Es handelt sich nach dem ausdrücklichen Wortlaut um eine Ausnahmevorschrift von der allgemeinen Zuständigkeit im Staat des gewöhnlichen Aufenthalts. Sachliche Gründe müssen ganz überwiegend für ein Verfahren in dem anderen Staat sprechen.[134] Der Bericht *Lagarde* nennt als Beispiel den Fall eines Kindes, das nach dem Unfalltod seiner Eltern mit größter Wahrscheinlichkeit in den Staat seiner Staatsangehörigkeit zurückkehren wird, in dem sich die übrigen Familienangehörigen befinden.[135]

Eine Übergabe der Zuständigkeit nach Art. 8 und 9 kommt nach Art. 8 Abs. 2 auf die dort genannten Ver-   **3**
tragsstaaten in Betracht. Nach lit. a ist dies der Heimatstaat des Kindes. Als Heimatstaat ist jeder Staat anzusehen, dessen Staatsangehörigkeit das Kind besitzt. Es kommt nicht auf die effektive Staatsangehörigkeit an (s. zum entsprechenden Streit beim MSA Art. 4 MSA Rn. 2 ff., abgedruckt in der 3. Auflage).[136] Findet während des Verfahrens ein Wechsel der Staatsangehörigkeit statt, so ist das neue Personalstatut maßgebend.[137] Lit. b ermöglicht das Verfahren im Vertragsstaat, in dem sich Vermögen des Kindes befindet. Damit wird über Art. 11 und 12 hinausgegangen, die insoweit bereits eine Zuständigkeit in dringenden Fällen oder für vorläufige Maßnahmen vorsehen. Für den Fall, dass ein Antrag der Eltern des Kindes auf Scheidung, Trennung, Aufhebung oder Nichterklärung der Ehe anhängig ist (lit. c), greifen Art. 8 und 9 nur ein, wenn die Voraussetzungen für die Annexzuständigkeit nach Art. 10 nicht vorliegen. Im Einzelfall wird es aber besonders zu begründen sein, warum trotz Nichtvorliegens einer der Voraussetzungen von Art. 10 die dort genannte Behörde zuständig sein soll.[138] Obwohl die Aufzählung in Abs. 2 formell abschließend ausgestaltet ist, enthält lit. d eine **Generalklausel**. Die dort vorausgesetzte enge Verbindung zu einem anderen Vertragsstaat erlaubt eine flexible Berücksichtigung der besonderen Umstände des Einzelfalls. Eine solche Beziehung kann sich etwa aus einem früheren gewöhnlichen Aufenthalt des Kindes, der Anwesenheit enger Verwandter oder der Staatsangehörigkeit der Eltern ergeben.[139]

Die besonderen Zuständigkeiten aufgrund eines Antrags sind nach dem ausdrücklichen Wortlaut von Art. 8   **4**
auch im Verhältnis zu der nach Art. 6 zuständigen Behörde am schlichten Aufenthalt möglich. Aufgrund der Symmetrie zwischen Art. 8 und Art. 9 muss ein Antrag nach Art. 9 auch an die nach Art. 6 zuständige Behörde möglich sein.[140]

Im Rahmen des Art. 8 kann die Behörde jeweils entweder selbst ein direktes Ersuchen an die Behörde des   **5**
anderen Vertragsstaates richten oder aber das Verfahren aussetzen und die Parteien einladen, einen entsprechenden Antrag bei der Behörde des anderen Vertragsstaat zu stellen. Regelmäßig wird die eigene Initiative der Behörden nach Anhörung der Beteiligten der schnellere und effektivere Weg sein. Im Rahmen des Art. 9 muss die Behörde den Übernahmeantrag nach dem Wortlaut des Abs. 3 ausdrücklich annehmen, ansonsten wird er als abgelehnt angesehen.[141] Art. 8 und 9 erlauben ausdrücklich den direkten Kontakt zwischen den Behörden der Vertragsstaaten. Die Zentralen Behörden oder andere Einrichtungen wie NGOs können, müssen aber nicht eingeschaltet werden.

131 Dazu *S. Schulz* FamRZ 2003, 336 (345).
132 *S. Schulz* FamRZ 2003, 336 (345).
133 *Siehr* RabelsZ 62 (1998), 464, 481 f.; *Hausmann* Internationales und Europäisches Familienrecht Rn. 457.
134 Tendenziell noch enger Staudinger/*Pirrung* KSÜ Art. 8 Rn. D 60 (Zuständigkeit müsse sich geradezu aufdrängen).
135 *Lagarde* Bericht Anm. 53.
136 *Lagarde* Bericht Anm. 55; *Siehr* RabelsZ 62 (1998), 464, 481; *Krah*, S. 169 f.; BeckOGK/*Markwardt* KSÜ Art. 8 Rn. 11.
137 BGH NJW 1981, 520 (522); Erman/*Hohloch* Anh. zu Art. 24 EGBGB Rn. 28.
138 Staudinger/*Pirrung* KSÜ Art. 8 Rn. D 66.
139 Staudinger/*Pirrung* KSÜ Art. 8 Rn. D 67; Erman/*Hohloch* Anh. zu Art. 24 EGBGB Rn. 28.
140 *Roth/Döring* öst. JBl 1999, 758 (762).
141 BeckOGK/*Markwardt* KSÜ Art. 9 Rn. 6.

Art. 10 KSÜ [Scheidung, Trennung, Aufhebung, Nichtigerklärung der Ehe]

(1) Unbeschadet der Artikel 5 bis 9 können die Behörden eines Vertragsstaats in Ausübung ihrer Zuständigkeit für die Entscheidung über einen Antrag auf Scheidung, Trennung, Aufhebung oder Nichtigerklärung der Ehe der Eltern eines Kindes, das seinen gewöhnlichen Aufenthalt in einem anderen Vertragsstaat hat, sofern das Recht ihres Staates dies zulässt, Maßnahmen zum Schutz der Person oder des Vermögens des Kindes treffen, wenn

a) einer der Eltern zu Beginn des Verfahrens seinen gewöhnlichen Aufenthalt in diesem Staat und ein Elternteil die elterliche Verantwortung für das Kind hat oder

b) die Eltern und jede andere Person, welche die elterliche Verantwortung für das Kind hat, die Zuständigkeit dieser Behörden für das Ergreifen solcher Maßnahmen anerkannt haben und diese Zuständigkeit dem Wohl des Kindes entspricht.

(2) Die in Absatz 1 vorgesehene Zuständigkeit für das Ergreifen von Maßnahmen zum Schutz des Kindes endet, sobald die stattgebende oder abweisende Entscheidung über den Antrag auf Scheidung, Trennung, Aufhebung oder Nichtigerklärung der Ehe endgültig geworden ist oder das Verfahren aus einem anderen Grund beendet wurde.

1   Art. 10 begründet eine **konkurrierende Zuständigkeit**[142] der Behörden des Vertragsstaates, die mit einer Ehesache der Eltern des Kindes befasst sind. Die Zuständigkeit nach Art. 10 ist unabhängig von der nach Art. 8 oder 9, hängt folglich nicht von dem Einverständnis der Behörden des Aufenthaltsstaates ab. Streitig ist, ob nach Art. 10 nur die Zuständigkeit der konkret **mit der Ehesache befassten Behörde** begründet wird[143] oder ob damit allgemein die internationale Zuständigkeit der Behörden des Vertragsstaates eröffnet wird, in dem eine Ehesache der Eltern anhängig ist.[144] Nach dem nationalen Recht würde es sich danach richten, ob die Behörde der Ehesache oder eine andere Behörde für die Kinderschutzmaßnahme örtlich und funktional zuständig ist. Der Wortlaut ist insoweit nicht ganz eindeutig. Für die zweite Meinung spricht, dass Art. 10 von „Behörden eines Vertragsstaates" in der Mehrzahl spricht. Für die erste Meinung kann zunächst angeführt werden, dass die Zuständigkeit den Behörden nur „in Ausübung ihrer Zuständigkeit für die Entscheidung über eine (Ehesache)" zugewiesen wird. Entscheidend für die erste Meinung spricht aber, dass der Grund für die eigenständige, mit Art. 5 gleichwertige Zuständigkeit darin liegt, dass wegen des Zusammenhangs mit der Ehesache dieselbe Behörde auch über die Kinderschutzsache entscheiden können soll. Besteht im Ausnahmefall ein Bedürfnis für die Durchführung des Verfahren bei einer anderen Behörde in dem Vertragsstaat, in dem eine Ehesache anhängig ist, kann deren Zuständigkeit nur über Art. 8, 9 begründet werden.

2   Folgende **sechs Voraussetzungen** müssen kumulativ erfüllt sein:[145]

1. Das Kind hat seinen Aufenthalt in einem Vertragsstaat.
2. Die lex fori des mit der Ehesache befassten Gerichts sieht eine Verbundzuständigkeit für Maßnahmen zum Schutz eines Kindes der Ehegatten vor, das im Gerichtsstaat keinen gewöhnlichen Aufenthalt hat.
3. Einer der Ehegatten hat zu Beginn des Verfahrens seinen gewöhnlichen Aufenthalt im Gerichtsstaat.
4. Zumindest einer der Ehegatten hat die elterliche Verantwortung für das Kind.
5. Beide Eltern und jede andere Person, der die elterliche Verantwortung für das Kind zusteht, haben die Zuständigkeit anerkannt.[146]
6. Die Verbundzuständigkeit entspricht dem Kindeswohl.

3   Die Zuständigkeit nach Art. 10 ist demnach nicht gegeben, wenn keinem Elternteil die elterliche Verantwortung zusteht oder wenn auch nur ein Elternteil die Verbundzuständigkeit ablehnt.[147] Möglich bleibt aber, dass die Zuständigkeit des mit der Ehesache befassten Gerichts über Art. 8 oder 9 begründet wird. Die Zuständigkeit kann nicht mehr auf Art. 10 gestützt werden, wenn der gewöhnliche Aufenthalt des Kindes während des Verfahrens in einen Staat verlegt wird, der nicht Vertragsstaat des KSÜ ist. Art. 10 findet auch dann keine Anwendung mehr, wenn der gewöhnliche Aufenthalt des Kindes während des Verfahrens in den Staat des Gerichts verlegt wird; die Zuständigkeit ergibt sich dann aus Art. 5.[148]

142   *Lagarde* Bericht Anm. 63; *Roth/Döring* öst. JBl 1999, 758 (762); Rauscher EuZPR/EulP/*Hilbig-Lugani* KSÜ Art. 10 Rn. 2.

143   BeckOGK/*Markwardt* KSÜ Art. 10 Rn. 1; *Bucher* SZIER 1997, 67, 86; wohl auch *Lagarde* Bericht Anm. 62; *Krah*, 181.

144   Staudinger/*Pirrung* KSÜ Art. 10 Rn. D 72; Rauscher EuZPR/EulP/*Hilbig-Lugani* KSÜ Art. 10 Rn. 15;

Geimer/Schütze/*Gruber* Internationaler Rechtsverkehr E 6 KSÜ Art. 13 Rn. 7.

145   *Siehr* RabelsZ 62 (1998), 464, 483; Rauscher EuZPR/EulP/*Hilbig-Lugani* KSÜ Art. 10 Rn. 6.

146   Denkbar ist, dass sich ein Elternteil und eine dritte Person die elterliche Verantwortung teilen, s. *Lagarde* Bericht Anm. 65.

147   *Lagarde* Bericht Anm. 64 f.

148   Staudinger/*Pirrung* KSÜ Art. 10 Rn. D 74.

Liegen die Voraussetzung von Art. 10 vor, ist das Gericht der Ehesache nicht nur für die Verteilung der **4** elterlichen Verantwortung, sondern auch für den Erlass jeglicher Schutzmaßnahmen zuständig.[149]

Die Zuständigkeit nach Art. 10 ist nicht ausschließlich, sondern konkurriert mit denen nach Art. 5, 7, 8 **5** und 9. Die Frage des Vorrangs aufgrund früherer Anhängigkeit ist in Art. 13 geregelt.[150] Da die Eltern und jede andere Person, welche die elterliche Verantwortung für das Kind inne hat, mit der Zuständigkeit nach Art. 10 einverstanden sein müssen, wird in der Praxis kaum ein Beteiligter eine andere Zuständigkeit in Anspruch nehmen.[151]

Die Zuständigkeit hängt davon ab, dass eine Ehesache anhängig ist. Endet die Anhängigkeit, etwa durch **6** Rücknahme, so entfällt auch die Zuständigkeit für die Kinderschutzsache. Etwas anderes gilt nur bei Beendigung der Ehesache durch rechtskräftige Entscheidung. War die Kinderschutzsache bereits vor Rechtskraft der Ehesache anhängig gemacht worden und lagen die Voraussetzungen von Art. 10 vor, so bleibt die Behörde für die Entscheidung über diese Kinderschutzsache zuständig. Die gegenteilige Meinung ist mit einer effizienten Verfahrensgestaltung unvereinbar. Ausdrücklich vorgesehen ist die weiter bestehende Zuständigkeit in diesem Fall in Art. 12 Abs. 2 lit. b EheVO 2003.

Art. 11 KSÜ [Schutzmaßnahmen in dringenden Fällen]

(1) In allen dringenden Fällen sind die Behörden jedes Vertragsstaats, in dessen Hoheitsgebiet sich das Kind oder ihm gehörendes Vermögen befindet, zuständig, die erforderlichen Schutzmaßnahmen zu treffen.

(2) Maßnahmen nach Absatz 1, die in Bezug auf ein Kind mit gewöhnlichem Aufenthalt in einem Vertragsstaat getroffen wurden, treten außer Kraft, sobald die nach den Artikeln 5 bis 10 zuständigen Behörden die durch die Umstände gebotenen Maßnahmen getroffen haben.

(3) Maßnahmen nach Absatz 1, die in Bezug auf ein Kind mit gewöhnlichem Aufenthalt in einem Nichtvertragsstaat getroffen wurden, treten in jedem Vertragsstaat außer Kraft, sobald dort die durch die Umstände gebotenen und von den Behörden eines anderen Staates getroffenen Maßnahmen anerkannt werden.

Die **Eilzuständigkeit** nach Art. 11 setzt lediglich voraus, dass sich das Kind oder ihm gehörendes Vermö- **1** gen in dem Vertragsstaat befindet. Sie ist unabhängig davon, ob das Kind seinen gewöhnlichen Aufenthalt in einem Vertragsstaat oder einem Nichtvertragsstaat hat.[152]

Darin unterscheidet sich Art. 11 KSÜ von **Art. 20 EheVO 2003**, der voraussetzt, dass für die Entscheidung **2** in der Hauptsache das Gericht eines anderen Mitgliedstaates nach der EheVO 2003 zuständig ist. Regelmäßig ist insoweit also der gewöhnliche Aufenthalt des Kindes in einem anderen Mitgliedstaat erforderlich.[153] Liegt diese Voraussetzung vor, ergibt sich die internationale Zuständigkeit deutscher Gerichte für Eilmaßnahmen aus Art. 20 EheVO 2003.[154] Ansonsten, dh im Regelfall bei gewöhnlichem Aufenthalt des Kindes in einem Nichtmitgliedstaat der EheVO 2003, folgt die internationale Zuständigkeit der deutschen Gerichte für Eilmaßnahmen aus Art. 11.

Der Begriff des **dringenden Falls** ist wie bei Art. 9 MSA zu verstehen.[155] Ein dringender Fall liegt vor, **3** wenn zum Schutz der Person oder des Vermögens des Kindes ein Einschreiten notwendig und nicht zu erwarten ist, dass die Behörden am gewöhnlichen Aufenthalt des Kindes oder eine sonst nach Art. 6–10 zuständige Behörde die erforderlichen Maßnahmen rechtzeitig treffen können.[156] Entscheidend ist, dass aufgrund der zeitlichen Dringlichkeit unverzüglich eingeschritten werden muss. Eine ernstliche Gefährdung, wie sie nach Art. 8 MSA für Maßnahmen des Aufenthaltsstaates vorausgesetzt wurde,[157] ist nicht erforderlich.

---

149 *Lagarde* Bericht Anm. 62; *Hausmann* Internationales und Europäisches Familienrecht Rn. 484.
150 *Lagarde* Bericht Anm. 63; *Roth/Döring* öst. JBl 1999, 758 (762 f.); *Siehr* RabelsZ 62 (1998), 464, 484; *Rauscher* EuZPR/EuIP/*Hilbig-Lugani* KSÜ Art. 10 Rn. 2.
151 Staudinger/*Pirrung* KSÜ Art. 10 Rn. D 72.
152 *Lagarde* Bericht Anm. 67; *Siehr* RabelsZ 62 (1998), 464, 484; *Hausmann* Internationales und Europäisches Familienrecht Rn. 488.
153 Daneben kommt vor allem noch die Annex-Zuständigkeit nach Art. 12 Abs. 1 u. 3 EheVO 2003 in Betracht, die aber erst eingreift, wenn eine positive

Kindeswohlprüfung durch das Gericht erfolgt ist, s. dazu *Coester-Waltjen* FamRZ 2005, 241 (243) u. 245.
154 *Coester-Waltjen* FamRZ 2005, 241 (245); Erman/ *Hohloch* Anh. zu Art. 24 EGBGB Rn. 33.
155 *Siehr* RabelsZ 62 (1998), 464, 484; *Hausmann* Internationales und Europäisches Familienrecht Rn. 491; vgl. auch Staudinger/*Pirrung* KSÜ Art. 11 Rn. D 81.
156 So zu Art. 9 MSA LG München FamRZ 1998, 1322; Soergel/*Kegel* Vor Art. 19 EGBGB Rn. 66; Staudinger/*Pirrung* Art. 11 KSÜ D 82.
157 S. dazu *Coester* IPRax 1991, 236.

4   Die Zuständigkeit ist gegenständlich nicht beschränkt auf Maßnahmen zum Schutz der Person bzw. des Vermögens des Kindes, wenn sich nur das Kind oder nur das Vermögen des Kindes in dem Vertragsstaat befindet.[158] Erlassen werden können Maßnahmen jeglicher Art, sofern sie durch die Eilbedürftigkeit geboten sind.[159]

5   Die Eilzuständigkeit ist unabhängig von den Zuständigkeiten nach Art. 5–10. Die aufgrund Art. 11 getroffenen Maßnahmen treten aber nach Abs. 2 außer Kraft, wenn eine nach Art. 5–10 zuständige Behörde eine entsprechende Maßnahme erlässt. Art. 11 wird durch Art. 7 nicht beschränkt (Art. 7 Abs. 3). In Entführungsfällen können Eilmaßnahmen daher auch von den Behörden des Zufluchtsstaates erlassen werden.

6   Abs. 3 regelt das Verhältnis zu den ordentlichen Zuständigkeiten, wenn das Kind seinen gewöhnlichen Aufenthalt in einem Nichtvertragsstaat hat und daher die Zuständigkeiten nach Art. 5–10 nicht eingreifen.

Art. 12 KSÜ [Vorläufige und gebietsbeschränkte Schutzmaßnahmen]

(1) Vorbehaltlich des Artikels 7 sind die Behörden eines Vertragsstaats, in dessen Hoheitsgebiet sich das Kind oder ihm gehörendes Vermögen befindet, zuständig, vorläufige und auf das Hoheitsgebiet dieses Staates beschränkte Maßnahmen zum Schutz der Person oder des Vermögens des Kindes zu treffen, soweit solche Maßnahmen nicht mit den Maßnahmen unvereinbar sind, welche die nach den Artikeln 5 bis 10 zuständigen Behörden bereits getroffen haben.

(2) Maßnahmen nach Absatz 1, die in Bezug auf ein Kind mit gewöhnlichem Aufenthalt in einem Vertragsstaat getroffen wurden, treten außer Kraft, sobald die nach den Artikeln 5 bis 10 zuständigen Behörden eine Entscheidung über die Schutzmaßnahmen getroffen haben, die durch die Umstände geboten sein könnten.

(3) Maßnahmen nach Absatz 1, die in Bezug auf ein Kind mit gewöhnlichem Aufenthalt in einem Nichtvertragsstaat getroffen wurden, treten in dem Vertragsstaat außer Kraft, in dem sie getroffen worden sind, sobald dort die durch die Umstände gebotenen und von den Behörden eines anderen Staates getroffenen Maßnahmen anerkannt werden.

1   Art. 12 begründet eine internationale Zuständigkeit für einstweilige Anordnungen. **Voraussetzung** hierfür ist nur, dass sich das Kind oder ihm gehörendes Vermögen im Gerichtsstaat befindet. Ein gewöhnlicher Aufenthalt in einem Vertragsstaat ist nicht erforderlich. Die Zuständigkeit soll vor allem Maßnahmen ermöglichen, für die ein Bedarf entsteht, wenn sich ein Kind in einem Staat nur vorübergehend aufhält, ein Eilfall iSv Art. 11 aber nicht vorliegt.[160] Bei einer **vorläufigen Maßnahme** muss inhaltlich eine endgültige Regelung vermieden werden. Beispiele für vorläufige Maßnahmen sind die Bestellung eines Beistands oder Ergänzungspflegers, die einstweilige Unterbringung des Kindes in einem Heim oder ein zeitlich befristetes Verbot über Vermögensgegenstände des Kindes, die sich im Entscheidungsstaat befinden, zu verfügen.[161]

2   Die aufgrund von Art. 12 erlassene Maßnahme wirkt **territorial beschränkt** nur für das Gebiet des Entscheidungsstaats.

3   Besonders geregelt ist das **Verhältnis mit den Zuständigkeiten nach Art. 5–10**. Die Maßnahme darf inhaltlich nicht unvereinbar mit Maßnahmen sein, die von den nach Art. 5–10 zuständigen Behörden erlassen worden sind. Darunter fallen sowohl endgültige als auch dringliche Maßnahmen, sofern die Zuständigkeit nicht nur auf Art. 11 gestützt wird.[162] Die Zuständigkeiten nach Art. 5–10 bleiben aber auch für spätere Entscheidung unberührt. Die nach Art. 5–10 zuständigen Behörden können also nachträglich in derselben Angelegenheit Schutzmaßnahmen treffen – sowohl vorläufige als auch endgültige. **Abs. 2** ordnet für diesen Fall an, dass die auf Art. 12 gestützte vorläufige Maßnahme außer Kraft tritt. Ausreichend hierfür ist, dass die nach Art. 5–10 zuständige Behörde das Regelungsanliegen aufgreift und eine Maßnahme erlässt oder bewusst davon absieht, eine entsprechende Maßnahme anzuordnen.[163] Abs. 2 setzt voraus, dass das Kind seinen gewöhnlichen Aufenthalt in einem Vertragsstaat hat und bezieht sich damit darauf, dass dies Voraussetzung für die Zuständigkeiten nach Art. 5, 7–10 ist. Für die Zuständigkeit nach Art. 6 kann aber nichts anderes gelten, weil insoweit der schlichte Aufenthalt des Kindes in einem Vertragsstaat ausreicht. Eine

---

158   *Lagarde* Bericht Anm. 69; zust. auch Rauscher EuZPR/EuIP/*Hilbig-Lugani* KSÜ Art. 11 Rn. 12; BeckOGK/*Markwardt* KSÜ Art. 11 Rn. 9; *Hausmann* Internationales und Europäisches Familienrecht Rn. 493.

159   *Lagarde* Bericht Anm. 70.

160   *Lagarde* Bericht Anm. 74; Rauscher EuZPR/EuIP/ *Hilbig-Lugani* KSÜ Art. 12 Rn. 2.

161   Staudinger/*Pirrung* KSÜ Art. 12 Rn. D 88.

162   Staudinger/*Pirrung* Art. 12 KSÜ Rn. D 90; *Hausmann* Internationales und Europäisches Familienrecht Rn. 506; so wohl auch Rauscher EuZPR/EuIP/ *Hilbig-Lugani* KSÜ Art. 12 Rn. 12.

163   *Lagarde* Bericht Anm. 76; Staudinger/*Pirrung* KSÜ Art. 12 Rn. D 91.

dem Art. 12 Abs. 2 entsprechende Regelung enthält **Art. 11 Abs. 2** für Eilmaßnahmen. Allerdings stellt der Wortlaut hier darauf ab, dass eine nach Art. 5–10 zuständige Behörde eine Maßnahme getroffen hat. Der Zweck der Vorschrift – den Vorrang der Zuständigkeiten nach Art. 5–10 abzusichern – verlangt, dass auch dort das bewusste Absehen vom Erlass einer Maßnahme ausreichen muss.

Hat das Kind seinen gewöhnlichen Aufenthalt in einem Nichtvertragsstaat (Abs. 3) und (so muss man   **4** ergänzen) greift auch Art. 6 nicht ein, tritt die vorläufige Maßnahme außer Kraft, wenn eine Maßnahme, die von den Behörden eines anderen Staates erlassen worden ist, in dem Staat anerkannt wird, dessen Behörde aufgrund Art. 12 tätig geworden ist. Bei dem anderen Staat, durch dessen Behörde die Maßnahme erlassen worden ist, kann es sich um einen Nichtvertragsstaat, aber auch um einen Vertragsstaat des KSÜ handeln. Letzteres ist dann möglich, wenn das KSÜ für die Maßnahme nicht anwendbar war, etwa weil das Kind seinen gewöhnlichen Aufenthalt nicht in einem Vertragsstaat hatte und der andere Vertragsstaat seine Zuständigkeit auf autonomes Recht oder auf einen anderen Staatsvertrag gestützt hat. Die Frage der Anerkennung solcher Maßnahmen richtet sich nicht nach dem KSÜ, sondern nach dem autonomen Recht des Anerkennungsstaates oder eines von diesem abgeschlossenen sonstigen Staatsvertrags. Das gilt auch bei Maßnahmen aus einem anderen Vertragsstaat, weil Art. 23 Abs. 2 lit. a eine Anerkennungspflicht nur vorsieht, wenn die Behörde nach Kapitel II zuständig war.

Das Erfordernis der **Konformität mit einer früheren Maßnahme** durch eine nach Art. 5–10 zuständige   **5** Behörde greift bereits, wenn die Schutzziele der Art. 5–10 lediglich mittelbar beeinträchtigt werden.[164] Es ist allerdings dahin gehend einschränkend auszulegen, dass eine neue Sachlage auch abweichende Anordnungen zulassen kann. Ansonsten könnte in die elterliche Verantwortung, die aufgrund einer gerichtlichen Entscheidung einem Elternteil übertragen worden ist, durch eine Anordnung nach Art. 12 nie eingegriffen werden.[165]

Durch den **Vorbehalt zugunsten von Art. 7** wird die Zuständigkeit nach Art. 12 für Entführungsfälle aus-   **6** geschlossen. Der Zufluchtsstaat kann also auch keine zeitlich und räumlich auf sein Hoheitsgebiet beschränkte Maßnahme treffen. Möglich sind nur Eilmaßnahmen unter den Voraussetzungen des Art. 11.[166]

Art. 13 KSÜ [Ausschluss der Zuständigkeit]

(1) Die Behörden eines Vertragsstaats, die nach den Artikeln 5 bis 10 zuständig sind, Maßnahmen zum Schutz der Person oder des Vermögens des Kindes zu treffen, dürfen diese Zuständigkeit nicht ausüben, wenn bei Einleitung des Verfahrens entsprechende Maßnahmen bei den Behörden eines anderen Vertragsstaats beantragt worden sind, die in jenem Zeitpunkt nach den Artikeln 5 bis 10 zuständig waren, und diese Maßnahmen noch geprüft werden.

(2) Absatz 1 ist nicht anzuwenden, wenn die Behörden, bei denen Maßnahmen zuerst beantragt wurden, auf ihre Zuständigkeit verzichtet haben.

Gem. Art. 13 richtet sich das Verhältnis der verschiedenen konkurrierenden Zuständigkeiten nach dem **Prio-**   **1** **ritätsprinzip.** Ein durch das Prioritätsprinzip zu regelndes Konkurrenzverhältnis besteht aber ausschließlich im Verhältnis der Zuständigkeit nach Art. 10 zu den Zuständigkeiten nach Art. 5–9. Ein Konkurrenzverhältnis liegt nur vor, wenn sich die verschiedenen Verfahren auf ein und dieselbe Schutzmaßnahme beziehen.[167]

Das Verhältnis der Zuständigkeit der Behörden des aktuellen oder bisherigen Aufenthaltsstaates mit der   **2** ersuchten oder der erbetenen Zuständigkeit nach Art. 8 oder 9 wird durch den Grundsatz der Sachnähe bestimmt. Ein Zuständigkeitskonflikt wird dadurch ausgeschlossen, dass ein Einverständnis der Aufenthaltsbehörde erforderlich ist.

Für das Verhältnis der Zuständigkeiten nach Art. 5–10 zu denen für Eilmaßnahmen und vorläufige Anord-   **3** nungen nach Art. 11 und 12 gilt Art. 13 nicht. Dieses Verhältnis wird dadurch bestimmt, dass die aufgrund von Art. 11 oder Art. 12 getroffenen Maßnahmen außer Kraft treten, wenn die nach Art. 5–10 eigentlich zuständigen Behörden tätig geworden sind.[168] Dies bedeutet zum einen, dass die nach Art. 5–10 zuständigen Behörden tätig werden können, auch wenn bereits ein Verfahren vor einer nach Art. 11 oder 12 zuständigen Behörde läuft oder sogar abgeschlossen ist. Auf der anderen Seite kann eine Behörde ihre Zuständigkeit aber auch auf Art. 11 oder 12 stützen, um eine Eilmaßnahme oder vorläufige Anordnung zu treffen, während bereits ein Verfahren bei einer nach Art. 5–10 zuständigen Behörde anhängig ist. Sobald die nach

---

164 BeckOGK/*Markwardt* KSÜ Art. 12 Rn. 7; Staudinger/*Pirrung* KSÜ Art. 12 Rn. D 90.
165 *Siehr* RabelsZ 62 (1998), 464, 485.
166 *Lagarde* Bericht Anm. 75.

167 Geimer/Schütze/*Gruber* Internationaler Rechtsverkehr E 6 KSÜ Art. 13 Rn. 5.
168 *Roth/Döring* öst. JBl 1999, 758 (764); *Hausmann* Internationales und Europäisches Familienrecht Rn. 515.

Art. 5–10 zuständige Behörde selbst eine Maßnahme in der Angelegenheit erlassen hat, sei es eine endgültige, eine vorläufige oder eine Eilmaßnahme, tritt eine auf Art. 11 oder Art. 12 gestützte vorher erlassene Maßnahme außer Kraft und darf ein Verfahren zum Erlass einer solchen Maßnahme nicht fortgeführt oder begonnen werden.

4 Das Prioritätsprinzip gilt ebenfalls nicht für das Verhältnis der Zuständigkeiten nach **Art. 5, 6 und 7** untereinander,[169] weil diese sich hinsichtlich der Voraussetzungen gegenseitig ausschließen.[170] Da es an einer Art. 27 EuGVO entsprechenden Regelung fehlt, kann auch die erst später befasste Behörde selbst prüfen, ob die Zuständigkeitsvoraussetzungen nach dem KSÜ in Bezug auf die zuerst befasste Behörde gegeben sind.

5 Zu einem **Konflikt** kommt es, wenn beide Behörden die Tatsachen unterschiedlich beurteilen und sich jeweils selbst für zuständig und die andere für unzuständig halten. Dies kann etwa der Fall sein, wenn die Behörde eines Vertragsstaats annimmt, dass das Kind in dessen Territorium einen gewöhnlichen Aufenthalt hat, während die Behörde eines anderen Vertragsstaats eine eigene Zuständigkeit ebenfalls nach Art. 5 annimmt, weil es vom gewöhnlichen Aufenthalt des Kindes im eigenen Territorium ausgeht. Möglich ist auch, dass die Behörde des anderen Vertragsstaats ihre Zuständigkeit nach Art. 6 aufgrund schlichten Aufenthalts des Kindes im eigenen Territorium annimmt, weil sie davon ausgeht, dass es sich um ein Flüchtlingskind handelt oder dass der gewöhnliche Aufenthalt nicht festgestellt werden kann. Eine **Lösung** sollte in diesen Fällen am besten über eine Verständigung der befassten Behörden erfolgen, bei der als Kriterium für die Ausübung der Zuständigkeit in Anlehnung an Art. 8 und 9 darauf abgestellt werden sollte, welche Behörde besser in der Lage ist, das Wohl des Kindes im Einzelfall zu beurteilen.

6 Erfolgt eine solche Verständigung nicht und kommt es zum **Erlass sich widersprechender Maßnahmen**, liegt ein nach den Regeln des KSÜ kaum lösbarer Konflikt vor. Nach den Anerkennungsvorschriften des KSÜ käme es darauf an, ob die Diskrepanz in der Bewertung der Zuständigkeit aufgrund unterschiedlicher Tatsachenfeststellungen oder einer unterschiedlichen rechtlichen Bewertung der Tatsachen erfolgt. Nach Art. 23 Abs. 2 lit. a kann der Anerkennungsstaat zwar überprüfen, ob die Behörde nach den Regeln des Kapitels II für den Erlass der Maßnahme zuständig war. Allerdings ist der Anerkennungsstaat nach Art. 25 an die Tatsachenfeststellung gebunden, auf welche die Behörde, die die Maßnahme erlassen hat, ihre Zuständigkeit gestützt hat.

7 Beruht die Diskrepanz auf **unterschiedlichen Tatsachenfeststellungen**, so ist der jeweilige Anerkennungsstaat verpflichtet, die Tatsachenfeststellung der Behörde des anderen Staates als richtig anzuerkennen. Danach wäre diese ausländische Behörde und nicht die Behörde des Anerkennungsstaates zuständig gewesen. Ob die Pflicht nach Art. 25 soweit reicht, erscheint aber fraglich, weil sich die ausländische Entscheidung damit im Widerspruch zu einer inländischen befindet. Schwierig erscheint es außerdem, Tatsachenfeststellungen von **rechtlicher Bewertung** bei der Rechtsanwendung im konkreten Fall zu unterscheiden (→ Art. 25 Rn. 3 ff.).

8 In welchem Verhältnis die Begriffe **Einleitung**[171] und **Beantragung**[172] stehen ist nicht klar. Nach dem Wortlaut von Abs. 2 hat die Zuständigkeit der Behörde Vorrang, bei der eine entsprechende Maßnahme bereits beantragt worden war, wenn das Verfahren bei der Behörde in dem anderen Vertragsstaat eingeleitet wird. Ist für das Verfahren ein Antrag notwendig oder ist das Verfahren durch einen Antrag angestoßen worden, so sollte daher auf den Eingang des Antrags bei der Behörde abgestellt werden.[173] Da Verfahren von einer Behörde aber auch von Amts wegen eingeleitet werden können, ist in einem solchen Fall ein anderes Kriterium heranzuziehen. In Betracht kommt der Zeitpunkt, in dem sich die Behörde erstmals mit der konkreten Angelegenheit befasst hat. Besser, da nach außen erkennbar, ist es aber, in diesem Fall auf den Zeitpunkt abzustellen, in dem die Behörde im Hinblick auf die konkrete Schutzmaßnahme einen an einen Verfahrensbeteiligten gerichteten Akt vorgenommen hat, etwa die Einladung zur Anhörung oder die Bitte um Stellungnahme.[174]

9 Der zu regelnde Konflikt besteht nur, wenn Gegenstand der beiden Verfahren **entsprechende Maßnahmen** sind. Entscheidend ist die konkrete Schutzmaßnahme, für die sich der Zuständigkeitskonflikt stellt. Im Verhältnis zur Verbundzuständigkeit nach Art. 10 kommt es daher nicht auf den Antrag in der Ehesache, sondern auf den Antrag zum Erlass der Schutzmaßnahme, etwa auf Übertragung der elterlichen Sorge, an.[175] Unschädlich ist, wenn in dem einen Verfahren der Vater, in dem anderen die Mutter den Antrag stellt. Kein Konflikt soll vorliegen, wenn im Rahmen des Scheidungsverfahrens allgemein die Zuweisung der elterlichen Sorge Gegenstand des Verfahrens ist und in einem anderen Vertragsstaat eine konkrete Vermögens-

---

169 So aber *Roth/Döring* öst. JBl 1999, 758 (764).
170 *Krah*, S. 196 f.; vgl. auch Rauscher EuZPR/EulP/*Hilbig-Lugani* KSÜ Art. 13 Rn. 2.
171 Engl. „commencement"; franz. „l'introduction".
172 Engl. „requested"; franz. „demandée".

173 BeckOGK/Marquardt KSÜ Art. 13 Rn. 6; Rauscher EuZPR/EulP/*Hilbig-Lugani* KSÜ Art. 13 Rn. 9.
174 AA Rauscher EuZPR/EulP/*Hilbig-Lugani* KSÜ Art. 13 Rn. 9 aE.
175 S. das Beispiel von *Lagarde* Bericht Anm. 79.

schutzmaßnahme beantragt wird.[176] Besteht ein enger Zusammenhang mit dem Verfahren vor dem Gericht der Ehesache, kann die Aufenthaltsbehörde allerdings in Bezug auf die Vermögensschutzmaßnahme nach Art. 8 vorgehen.

Unklar ist, welche rechtliche Bedeutung der **Verzicht auf die Zuständigkeit** nach Abs. 2 hat. Wenn das **10** Verfahren **von Amts wegen** eingeleitet worden ist, so kann, wenn dies nach dem nationalen Recht möglich ist, die Behörde später wieder darauf verzichten, das Verfahren fortzuführen, wenn in einem anderen Vertragsstaat ein Verfahren zum Erlass einer entsprechenden Maßnahme eingeleitet wird. Hat hingegen ein Beteiligter einen **Antrag** auf Erlass einer Schutzmaßnahme gestellt, so kann die Behörde nicht schlicht auf die Zuständigkeit verzichten und den Antrag wegen Unzuständigkeit damit abweisen.[177] Es ist nicht anzunehmen, dass mit Art. 13 Abs. 2 indirekt der Grundsatz des forum non conveniens im KSÜ verankert werden sollte.[178] In diesen Fällen hat das zuerst angerufene Gericht daher nach Art. 8 vorzugehen.[179]

Der Vorrang der zuerst mit der Sache befassten Behörde gilt nur solange **die Maßnahme noch geprüft**, dh **11** das Verfahren noch fortgeführt wird. Ist das Verfahren rechtlich oder faktisch für längere Zeit unterbrochen worden, entfällt der Vorrang. Dadurch soll vermieden werden, dass die Zuständigkeit anderer Vertragsstaaten durch Untätigbleiben der zuerst angerufenen Behörde blockiert wird.[180]

Art. 13 regelt im Unterschied zu Art. 19 Abs. 2 EheVO 2003 nicht, welche **verfahrensrechtlichen Folgen** **12** sich für die später befasste Behörde ergeben. Es bestimmt sich daher nach dem nationalen Recht, ob die Behörde das Verfahren nur aussetzen oder aber den Antrag zurückweisen muss.[181]

Für das **Verhältnis zur EheVO 2003** gilt: Für Deutschland und Österreich als Mitgliedstaaten der EU wird **13** die Regelung in Art. 13 weitgehend durch Art. 16 und 19 EheVO 2003 verdrängt. Art. 13 findet nur Anwendung, wenn ein konkurrierendes Verfahren in einem Vertragsstaat anhängig ist, für den nicht die EheVO 2003 gilt.[182] Aus der Sicht eines Vertragsstaates wie der Schweiz, für den die EheVO 2003 nicht gilt, kommt Art. 13 auch im Verhältnis zu einem Staat der EheVO 2003 zur Anwendung, sofern dieser Staat seine Zuständigkeit auf eine Vorschrift der EheVO 2003 stützt, die den Zuständigkeitsvorschriften der Art. 5–10 entspricht.[183] Nimmt die Behörde eines EheVO-Staates eine Zuständigkeit in Anspruch, die sich nur aus der EheVO 2003 ergibt und die keine Entsprechung im KSÜ hat, richtet sie die Frage der Berücksichtigung früherer Anhängigkeit nicht nach Art. 13, sondern nach dem autonomen Recht. Beispiele sind die Zuständigkeit aufgrund Vereinbarung (Art. 12 EheVO 2003) sowie die Zuständigkeit aufgrund gewöhnlichen Aufenthalts des Kindes im Zeitpunkt der Antragstellung bei Wechsel des gewöhnlichen Aufenthalt während des Verfahrens.[184]

Art. 14 KSÜ [Weitergeltung der Zuständigkeit]

Selbst wenn durch eine Änderung der Umstände die Grundlage der Zuständigkeit wegfällt, bleiben die nach den Artikeln 5 bis 10 getroffenen Maßnahmen innerhalb ihrer Reichweite so lange in Kraft, bis die nach diesem Übereinkommen zuständigen Behörden sie ändern, ersetzen oder aufheben.

Art. 14 übernimmt im Wesentlichen Art. 5 Abs. 1 MSA,[185] erfasst aber nicht nur den Fall der Zuständig- **1** keitsänderung aufgrund eines Wechsels des gewöhnlichen Aufenthalts, sondern alle Fälle einer späteren Zuständigkeitsänderung nach den Vorschriften der Art. 5–10, etwa auch den Wechsel der Staatsangehörigkeit oder die Verlagerung des Vermögens in einen anderen Staat. In der Praxis wird weiterhin der Fall des Zuständigkeitswechsels nach Art. 5 Abs. 2 aufgrund der Begründung eines neuen gewöhnlichen Aufenthalts im Vordergrund stehen. Der **Zweck** des Art. 14 besteht darin, sicherzustellen, dass die von der bisher

---

176 *Lagarde* Bericht Anm. 79; *Roth/Döring* öst. JBl 1999, 758 (764); Staudinger/*Pirrung* KSÜ Art. 13 Rn. D 95.

177 In diesem Sinn auch Staudinger/*Pirrung* KSÜ Art. 13 Rn. D 96; BeckOGK/*Markwardt* KSÜ Art. 13 Rn. 14 (Im strikten Sinn darf es einen solchen Verzicht bei bestehender Zuständigkeit an sich nicht geben); aA Rauscher EuZPR/EulP/*Hilbig-Lugani* KSÜ Art. 13 Rn. 14; *Hausmann* Internationales und Europäisches Familienrecht Rn. 522.

178 In diesem Sinne auch *Krah*, 198; insoweit nicht eindeutig *Lagarde* Bericht Anm. 80.

179 So auch Staudinger/*Pirrung* KSÜ Art. 13 Rn. D 96; BeckOGK/*Markwardt* KSÜ Art. 13 Rn. 13.

180 *Siehr* RabelsZ 62 (1998), 464, 486; *Krah*, S. 198.

181 Geimer/Schütze/*Gruber* Internationaler Rechtsverkehr E 6 KSÜ Art. 13 Rn. 7; Rauscher EuZPR/EulP/ *Hilbig-Lugani* KSÜ Art. 13 Rn. 16; aA Staudinger/ *Pirrung* KSÜ Art. 13 Rn. D 92, wonach Gerichte das Verfahren aussetzen müssen und Behörden es nicht (fort-)führen dürfen.

182 Geimer/Schütze/*Gruber* Internationaler Rechtsverkehr E 6 KSÜ Art. 13 Rn. 2; BeckOGK/*Markwardt* KSÜ Art. 13 Rn. 3.

183 Geimer/Schütze/*Gruber* Internationaler Rechtsverkehr E 6 KSÜ Art. 13 Rn. 3; *Hausmann* Internationales und Europäisches Familienrecht Rn. 513.

184 Geimer/Schütze/*Gruber* Internationaler Rechtsverkehr E 6 KSÜ Art. 13 Rn. 3 Fn. 111.

185 *Lagarde* Bericht Anm. 81.

zuständigen Behörde erlassenen Maßnahmen wirksam bleiben, auch wenn durch Veränderung der Umstände, etwa aufgrund des Aufenthaltswechsels, nun die Behörden eines anderen Vertragsstaats zuständig geworden sind. Dadurch wird vermieden, dass eine Schutzlücke entsteht.[186] Ob die getroffene Schutzmaßnahme bereits unanfechtbar bzw. rechtskräftig ist, ist für die Anwendbarkeit des Art. 14 unerheblich, es genügt, dass sie wirksam ist.[187]

2 Die Maßnahmen bleiben wirksam bis sie durch eine neue Maßnahme der nun zuständigen Behörden geändert, ersetzt oder aufgehoben worden sind. Das gilt auch für die Bestellung eines Vormunds oder die Verteilung der elterlichen Sorge.[188] Auch wenn nach dem Recht des neuen gewöhnlichen Aufenthalts eine andere Verteilung der elterlichen Sorge kraft Gesetzes vorgesehen ist, tritt eine Änderung nur ein, wenn die nun zuständige Behörde eine abändernde Maßnahme erlässt. Eine bestehende Maßnahme soll grundsätzlich nicht allein aufgrund der Veränderung der tatsächlichen Umstände unwirksam werden.[189] Eine Sonderregelung für die Geltung von dringenden und vorläufigen Schutzmaßnahmen enthalten Art. 11 Abs. 2 u. 3 sowie Art. 12 Abs. 2 u. 3. Eine Fortgeltung ist nicht möglich, wenn die Maßnahme aufgrund der Veränderung gegenstandslos wird. Als Beispiel nennt *Lagarde* die Anordnung zur regelmäßigen Mitteilung des Aufenthalts, wenn das Kind seinen Aufenthalt nicht mehr in dem Erlassstaat hat.[190]

3 Anders als teilweise angenommen,[191] hindern weder Art. 14 noch Art. 23, dass die nun international zuständige Behörde eine ändernde Maßnahme erlässt, auch wenn sich die sonstigen Umstände nicht verändert haben.[192] Ein entsprechender Vorschlag der deutschen und der niederländischen Delegation wurde abgelehnt, weil die Entscheidungsbefugnis der neu zuständigen Behörde nicht beschränkt werden sollte.[193]

Kapitel III

Anzuwendendes Recht

Art. 15 KSÜ [Recht des Aufenthaltsstaates]

(1) Bei der Ausübung ihrer Zuständigkeit nach Kapitel II wenden die Behörden der Vertragsstaaten ihr eigenes Recht an.

(2) Soweit es der Schutz der Person oder des Vermögens des Kindes erfordert, können sie jedoch ausnahmsweise das Recht eines anderen Staates anwenden oder berücksichtigen, zu dem der Sachverhalt eine enge Verbindung hat.

(3) Wechselt der gewöhnliche Aufenthalt des Kindes in einen anderen Vertragsstaat, so bestimmt das Recht dieses anderen Staates vom Zeitpunkt des Wechsels an die Bedingungen, unter denen die im Staat des früheren gewöhnlichen Aufenthalts getroffenen Maßnahmen angewendet werden.

1 Das KSÜ folgt wie das MSA dem **Grundsatz des Gleichlaufs von internationaler Zuständigkeit und anwendbarem Recht**.[194] Dadurch wird der Erlass von Schutzmaßnahmen erleichtert, weil die oft schwierige Bestimmung des anwendbaren Rechts und dessen Inhaltes entfällt.[195] Die Kollisionsnormen der Art. 15–22 wurden folglich im Hinblick auf Übersichtlichkeit und Einfachheit gestaltet,[196] um einen raschen und effektiven Schutz des Kindes im Aufenthaltsstaat zu gewährleisten.[197] Im Regelfall der Zuständigkeit der Behörden im Staat des gewöhnlichen Aufenthalts des Kindes kommt damit auch das materielle Recht dieses Staates zur Anwendung. Der in Art. 3 MSA enthaltene Vorbehalt zugunsten von gesetzlichen Gewaltverhältnissen nach dem Heimatrecht des Kindes wurde zu Recht nicht übernommen. Dass grundsätzlich die lex fori der zuständigen Behörde maßgeblich ist, kann zu forum shopping dergestalt führen, dass der gewöhnliche Aufenthalt eines Kindes speziell in ein anderes Land verlegt wird, damit das dortige Recht Anwendung findet.[198]

---

186 *Lagarde* Bericht Anm. 81; Staudinger/*Pirrung* KSÜ Art. 14 Rn. D 97.

187 OGH Wien IPrax 2014, 183 (186), vgl. auch Staudinger/*Henrich* EGBGB Art. 21 Rn. 162 mwN.

188 *Lagarde* Bericht Anm. 81; Staudinger/*Pirrung* KSÜ Art. 14 Rn. D 98.

189 *Lagarde* Bericht Anm. 81; *Hausmann* Internationales und Europäisches Familienrecht Rn. 527.

190 *Lagarde* Bericht Anm. 83.

191 *Siehr* RabelsZ 62 (1998), 464, 486.

192 *Lagarde* Bericht Anm. 43; *Roth/Döring* öst. JBl 1999, 758 (765); in Bezug auf Art. 14 zust.

BeckOGK/*Markwardt* KSÜ Art. 14 Rn. 7; Rauscher EuZPR/EulP/*Hilbig-Lugani* KSÜ Art. 14 Rn. 7.

193 *Lagarde* Bericht Anm. 43.

194 *Lagarde* Bericht Anm. 86; OLG Karlsruhe 17.1.2018 – FamRZ 2018, 920 (922) = NJOZ 2018, 1203 (1205) Rn. 17.

195 Staudinger/*Pirrung* KSÜ Art. 15 Rn. D 100.

196 Staudinger/*Pirrung* KSÜ Art. 15 Rn. D 99.

197 MüKoBGB/*Staudinger* KSÜ Art. 15 Rn. 2; Rauscher EuZPR/EulP/*Hilbig-Lugani* KSÜ Art. 15 Rn. 6.

198 MüKoBGB/*Staudinger* KSÜ Art. 15 Rn. 2.

Art. 15 Abs. 1 spricht eine Sachnormverweisung auf das eigene Recht der zuständigen Behörden aus, so **2**
dass das autonome IPR der lex fori keine Berücksichtigung findet. Dies folgt aus Art. 21 Abs. 1.[199] Die
Anknüpfung der Vorfrage erfolgt aus Gründen des Entscheidungseinklangs idR unselbstständig. Eine
selbstständige Vorfragenanknüpfung ist nur dann erforderlich, wenn die Vorfrage keinen unmittelbaren
sachlichen Zusammenhang zum KSÜ aufweist.[200]

Das Gleichlaufprinzip führt insbesondere bei den Zuständigkeiten nach Art. 8, 10, 11 und 12 dazu, dass **3**
nicht das Recht am gewöhnlichen Aufenthalt des Kindes, sondern die lex fori Anwendung findet. Dies
wurde hingenommen, um die Rechtsanwendung zu erleichtern.[201]

Art. 15 ist auch dann anzuwenden, wenn sich die Zuständigkeit nach der **EheVO 2003** bestimmt und zwar **4**
selbst dann, wenn eine Zuständigkeit im konkreten Fall nach dem KSÜ nicht gegeben wäre (s. dazu ausführlich → KSÜ Art. 1 Rn. 22).

Abs. 2 enthält eine allgemeine **Ausweichklausel**,[202] nach der die Behörde ein anderes Recht berücksichti- **5**
gen oder sogar anwenden kann, wenn es der Schutz der Person oder des Vermögens des Kindes erfordert
und der Sachverhalt zu dem Staat eine enge Verbindung hat. Bei im Inland lebenden Ausländern aus einem
anderen kulturellen Kreis können Konflikte auftreten, wenn die Eltern immer noch stark von der heimatlichen Kultur und Tradition beeinflusst werden, während die Kinder aufgrund der Verwurzelung in der
Schule und im sozialen Umfeld den inländischen Vorstellungen unterliegen. Hier kann eine Berücksichtigung der ausländischen Vorstellungen der Eltern erfolgen, welche jedoch mit zunehmendem Alter des Kindes kontinuierlich weniger Beachtung finden sollte.[203] Es handelt sich um eine Ausnahmeregelung, die
bereits aufgrund des generellen Strebens zum eigenen Recht auch in der Praxis nur sehr begrenzt zum Zuge
kommen wird.[204] Sie ermöglicht es den zuständigen Behörden, außerhalb des Staates des gewöhnlichen
Aufenthalts des Kindes das Recht am gewöhnlichen Aufenthalt anzuwenden oder zu berücksichtigen.

Die *Anwendung* des Rechtes eines anderen Staates bedeutet eine neue kollisionsrechtliche Anknüpfung. Die **6**
Berücksichtigung hingegen bewirkt keine Ersetzung der lex fori, sondern eine bloße Hinzuziehung fremden
Rechts zur Ausfüllung von unbestimmten Rechtsbegriffen oder Generalklauseln.[205] Ob die Behörde oder
das Gericht das Recht eines anderen Staates berücksichtigen oder anwenden muss, schreibt das KSÜ nicht
vor – insoweit besteht Unklarheit.[206] Zumindest unterliegt diese Entscheidung aber nicht ihrem freien
Ermessen, sondern wird durch das Kindeswohl determiniert.[207] Durch Abs. 2 ist außerdem eine Berücksichtigung oder sogar Anwendung des Heimatrechts des Kindes durch die Behörde am gewöhnlichen Aufenthalt des Kindes möglich. Dies ist insbesondere dann geboten, wenn das Kind wahrscheinlich in den Heimatstaat zurückkehren wird.[208] Diese Regelung ist flexibler als der in Art. 3 MSA enthaltene starre Vorbehalt
zugunsten von gesetzlichen Gewaltverhältnissen nach dem Heimatrecht des Kindes. Das zu berücksichtigende oder anzuwendende Recht eines anderen Staates kann dabei auch dasjenige eines Nichtvertragsstaates sein (Wortlautargument: „Staat" in Abs. 2 statt „Vertragsstaat" wie bspw. in Abs. 1 und 3).[209]

Über Art. 15 Abs. 2 können auch sonstige besondere Regelungen eines ausländischen Rechts berücksichtigt **7**
werden, wenn dies zum Schutz der Interessen des Kindes tatsächlich erforderlich ist. So hat das OLG
Koblenz der Mutter als gesetzlicher Vertreterin ihres Kindes die Genehmigung erteilt, eine Erbschaft, die
dem Kind nach polnischem Recht angefallen war, auszuschlagen, weil dies zwar nicht nach dem hierfür
eigentlich nach Art. 16, 17 anwendbaren deutschen Recht, aber aus polnischer Sicht nach polnischem Recht
erforderlich war.[210] Um eine enge Verbindung iSd Art. 15 Abs. 2 zu begründen, können unterschiedliche
Faktoren herangezogen werden, wie beispielsweise die Staatsangehörigkeit naher Angehöriger, die Vermögensbelegenheit oder der schlichte Aufenthalt des Kindes.[211]

Abs. 3 unterscheidet zwischen Bestand und Inhalt einer Maßnahme einerseits und der **Ausübung der Maß-** **8**
nahme andererseits.[212] Durch einen Wechsel des gewöhnlichen Aufenthalts von einem Vertragsstaat in
einen anderen bleiben die im bisherigen Aufenthaltsstaat getroffenen Maßnahmen inhaltlich bestehen,
Art. 14. Um die Notwendigkeit einer Änderung oder gar Aufhebung zu vermeiden, richten sich die Modali-

---

199 MüKoBGB/*Staudinger* KSÜ Art. 15 Rn. 4;
    BeckOGK/*Markwardt* KSÜ Art. 15 Rn. 11.
200 BeckOGK/*Markwardt* KSÜ Art. 15 Rn. 9.
201 *Lagarde* Bericht Anm. 87.
202 Krit. dazu *Kegel/Schurig* § 20 XI 5 b.
203 MüKoBGB/*Staudinger* KSÜ Art. 15 Rn. 19.
204 Staudinger/*Pirrung* KSÜ Art. 15 Rn. D 102.
205 BeckOGK/*Markwardt* KSÜ Art. 15 Rn. 8.
206 Rauscher EuZPR/EulP/*Hilbig-Lugani* KSÜ Art. 15
    Rn. 12, möglicherweise soll danach entschieden wer-
    den, wie stark das Bedürfnis nach einer Abweichung
    von der lex fori ist.

207 BeckOGK/*Markwardt* KSÜ Art. 15 Rn. 15; Rauscher
    EuZPR/EulP/*Hilbig-Lugani* KSÜ Art. 15 Rn. 13, dies
    spreche wohl eher für eine Ergebniskontrolle.
208 *Lagarde* Bericht Anm. 89.
209 BeckOGK/*Markwardt* KSÜ Art. 15 Rn. 16.
210 OLG Koblenz FamRZ 2019, 367 (368).
211 Rauscher EuZPR/EulP/*Hilbig-Lugani* KSÜ Art. 15
    Rn. 14.
212 Vgl. Zur durchaus problematischen und unklaren
    Abgrenzung zwischen einer Maßnahme als solcher
    und ihren „Anwendungsbedingungen" Rauscher
    EuZPR/EulP/*Hilbig-Lugani* KSÜ Art. 15 Rn. 17.

täten der Ausübung nach dem Recht des Vertragsstaates des neuen gewöhnlichen Aufenthalts.[213] So richten sich die Erfordernisse einer vormundschaftsgerichtlichen Genehmigung für Geschäfte durch einen Vormund nun nach dem Recht am neuen gewöhnlichen Aufenthalt des Kindes.[214] Gleiches gilt für die Modalitäten, wie die gemeinsame elterliche Sorge ausgeübt wird, und für die Voraussetzungen, unter denen ein Sorgeberechtigter allein handeln kann.[215] Die Regelung ist nach eindeutigem Wortlaut nur bei einem Wechsel in einen Vertragsstaat anzuwenden, da einem Nichtvertragsstaat eine nicht durchsetzbare Verpflichtung nicht aufgezwungen werden kann.[216] Teilweise wird gefordert, Art. 15 Abs. 3 KSÜ analog auf Fälle anzuwenden, in denen nicht der gewöhnliche Aufenthalt gewechselt hat, aber ein anderer zuständigkeitsbegründender Faktor.[217]

Art. 16 KSÜ [Zuweisung oder Erlöschen der elterlichen Verantwortung]

(1) Die Zuweisung oder das Erlöschen der elterlichen Verantwortung kraft Gesetzes ohne Einschreiten eines Gerichts oder einer Verwaltungsbehörde bestimmt sich nach dem Recht des Staates des gewöhnlichen Aufenthalts des Kindes.

(2) Die Zuweisung oder das Erlöschen der elterlichen Verantwortung durch eine Vereinbarung oder ein einseitiges Rechtsgeschäft ohne Einschreiten eines Gerichts oder einer Verwaltungsbehörde bestimmt sich nach dem Recht des Staates des gewöhnlichen Aufenthalts des Kindes in dem Zeitpunkt, in dem die Vereinbarung oder das einseitige Rechtsgeschäft wirksam wird.

(3) Die elterliche Verantwortung nach dem Recht des Staates des gewöhnlichen Aufenthalts des Kindes besteht nach dem Wechsel dieses gewöhnlichen Aufenthalts in einen anderen Staat fort.

(4) Wechselt der gewöhnliche Aufenthalt des Kindes, so bestimmt sich die Zuweisung der elterlichen Verantwortung kraft Gesetzes an eine Person, die diese Verantwortung nicht bereits hat, nach dem Recht des Staates des neuen gewöhnlichen Aufenthalts.

1   Art. 16 enthält eine **allseitige Kollisionsnorm**, die für die elterliche Verantwortung kraft Gesetzes das Recht am gewöhnlichen Aufenthalt des Kindes beruft.[218] Dies muss nicht das Recht eines Vertragsstaates sein (s. Art. 20). Es handelt sich grundsätzlich um eine Sachnormverweisung (s. Art. 21). Die autonome Regelung in Art. 21 EGBGB wird durch diese vorrangige Regelung in einer völkerrechtlichen Vereinbarung (→ EGBGB Art. 21 Rn. 13 ff.) verdrängt. Die Verweisung betrifft zum einen die Zuweisung und das Erlöschen der elterlichen Vereinbarung kraft Gesetzes unabhängig von einer gerichtlichen oder behördlichen Maßnahme. Als „Zuweisung kraft Gesetzes" ist dabei jeder Entstehungstatbestand, der als gesetzliche Folge eintritt, zu verstehen, wie beispielsweise das nach deutschem Recht entstehende gemeinsame Sorgerecht beider Elternteile bei der Geburt des Kindes in einer Elternehe (§ 1626 BGB).[219] Entgegen des insoweit missverständlichen Wortlauts umfasst die Verweisung darüber hinaus auch alle Rechtsfragen in Bezug auf die Rechte, Befugnisse und Pflichten der Träger der elterlichen Verantwortung. Dies ergibt sich aus der umfassenden Definition der elterlichen Verantwortung in Art. 1 Abs. 2.[220] Das anwendbare Aufenthaltsrecht entscheidet folglich darüber, wem die elterliche Verantwortung kraft Gesetzes zusteht, welchen Inhalt sie hat und unter welchen Voraussetzungen sie kraft Gesetzes erlischt. Im deutschen Recht wären das etwa die Regelungen in § 1626 sowie in § 1677, § 1680 Abs. 1 und § 1681 Abs. 1 BGB (Tod oder Todeserklärung eines Elternteils).

2   Abs. 2 bestimmt, dass das Aufenthaltsrecht auch darüber entscheidet, ob aufgrund einer gemeinschaftlichen oder einseitigen Erklärung einem Elternteil die elterliche Sorge zusteht oder nicht zusteht. Unschädlich ist dabei, dass eine solche Vereinbarung oder Erklärung durch eine öffentliche Stelle beurkundet werden oder einer solchen Stelle gegenüber abgegeben werden muss. Eine Schutzmaßnahme, für die Art. 15 gilt, stellt es aber dar, wenn die Vereinbarung oder Erklärung einer gerichtlichen oder behördlichen Zustimmung bedarf.[221] Im deutschen Recht ist dies für die Erklärungen nach § 1626a Abs. 1 Nr. 1 BGB nicht der Fall, so dass insoweit Abs. 2 einschlägig ist. Bloße Umgangsvereinbarungen können nach deutschem Recht allein durch Parteivereinbarung getroffen werden, da der Umgang primär nach dem Elternwillen ausgestaltet wer-

---

213   *Siehr* RabelsZ 62 (1998), 464, 488.
214   *Lagarde* Bericht Anm. 91.
215   Staudinger/*Pirrung* KSÜ Art. 15 Rn. D 105.
216   BeckOGK/*Markwardt* KSÜ Art. 15 Rn. 17.
217   Rauscher EuZPR/EuIP/*Hilbig-Lugani* KSÜ Art. 15 Rn. 119, Art. 15 Abs. 3, insofern als unglückliche Regelung bezeichnet, deren Verfasser sich zu stark am Grundfall des Art. 5 orientierten; ebenso Geimer/

Schütze/*Gruber* Internationaler Rechtsverkehr EL 31 Rn. 25; *Krah*, S. 218.
218   BGH 20.12.2017 – NJW 2018, 613 (614) Rn. 20 = FamRZ 2018, 457 (459) Rn. 20.
219   BeckOGK/*Markwardt* KSÜ Art. 16 Rn. 12.
220   Geimer/Schütze/*Gruber* Internationaler Rechtsverkehr E 6 Art. 16 Rn. 2.
221   Staudinger/*Pirrung* KSÜ Art. 16 Rn. D 109.

den soll.[222] Rechtsverbindliche Sorgerechtserklärungen hingegen bedürfen nach deutschem Recht einer Entscheidung des Familiengerichts (§ 1671 BGB) und können somit nicht durch parteiliche Vereinbarung getroffen werden.[223] Zuweisung iSd Art. 16 bedeutet die Begründung der elterlichen Sorge[224] und kann, ebenso wie das Erlöschen, durch einseitige oder zweiseitige Erklärung geschehen. Die einseitige Zuordnung des Sorgerechts kann beispielsweise dadurch geschehen, dass eine verbindliche Regelung der elterlichen Sorge in einem Testament getroffen wird. Im deutschen Recht existiert eine solche Möglichkeit jedoch nicht.[225] Ein Erlöschen der elterlichen Verantwortung kann nach deutschem Recht ebenfalls nicht rechtsverbindlich durch Parteivereinbarung getroffen werden.[226]

Die Anknüpfungen nach Abs. 1 und 2 sind **wandelbar**.[227] Selbstverständlich knüpft Art. 16 Abs. 2 an einen **3** festen Zeitpunkt an, der sich später in Bezug auf *diese* Vereinbarung oder *dieses* einseitige Rechtsgeschäft nicht mehr ändern kann.[228] Dennoch liegt rein begrifflich Wandelbarkeit vor, insofern das Statut durch Zeitablauf der Wandelbarkeit unterliegt, da es durchaus spätere Rechtsgeschäfte geben wird, deren Wirksamkeit sich nach dem Recht des gewöhnlichen Aufenthalts zu dieser Zeit richtet.[229] Wem die elterliche Verantwortung **bei Geburt** des Kindes zusteht, richtet sich nach dem Recht des Staates, in dem das Neugeborene seinen ersten Lebensmittelpunkt haben wird. Dies muss nicht immer der Geburtsort sein. Ob **spätere Ereignisse**, etwa Anerkennung der Vaterschaft oder Heirat der Eltern, zu einer Änderung führen, bestimmt sich nach dem Recht des Staates, in dem das Kind seinen gewöhnlichen Aufenthalt hat, wenn dieses Ereignis stattfindet.[230] Anders als Abs. 2 enthält Abs. 1 bewusst keine ausdrückliche Bestimmung zum maßgeblichen Zeitpunkt. Möglich ist daher, dass eine Rechtsordnung, die durch einen später erfolgten Aufenthaltswechsel anwendbar wird, auch ein Ereignis (etwa Anerkennung des Kindes; Tod des anderen Elternteils), das unter der Geltung des früheren Statuts stattgefunden hat, als rechtsändernd berücksichtigt.[231] Diese Rechtsänderung kann frühestens ab dem Zeitpunkt eintreten, zu dem diese Rechtsordnung anwendbar wird. Für die Zuweisung oder das Erlöschen der elterlichen Verantwortung durch Vereinbarung oder einseitige Erklärung wird in Abs. 2 ausdrücklich bestimmt, dass insoweit das Recht des Staates maßgeblich ist, in dem das Kind seinen gewöhnlichen Aufenthalt hat, wenn die Maßnahme wirksam wird,[232] frühestens aber der Zeitpunkt der Geburt des Kindes.[233] Dieser Zeitpunkt muss nicht mit der Abgabe der Erklärung übereinstimmen, sondern kann später liegen. Ein Testament wird etwa regelmäßig erst mit dem Tod des Erblassers wirksam. Eine Vereinbarung im Zusammenhang mit einer Scheidung kann erst bei Wirksamwerden der Scheidung auch selbst wirksam werden.[234] Für die Sorgerechtserklärung nach § 1626a Abs. 1 Nr. 1 BGB kommt es damit auf den Zeitpunkt an, an dem die zuletzt erfolgte Erklärung in öffentlich beurkundeter Form wirksam abgegeben worden ist (§ 1626d BGB).

Abs. 3 bestimmt im Kontinuitätsinteresse ausdrücklich den **Fortbestand** einer einmal entstandenen elterlichen Verantwortung.[235] Danach bleibt eine einmal nach dem anwendbaren Recht entstandene elterliche Verantwortung bestehen, auch wenn das Kind den gewöhnlichen Aufenthalt wechselt und das neue Aufenthaltsrecht die elterliche Verantwortung von Gesetzes wegen anders zuteilt. Praktisch ist dies vor allem für die elterliche Verantwortung des Vaters bedeutsam, der mit der Mutter des Kindes nicht verheiratet ist.[236] Nach einigen Rechtsordnungen steht ihm kraft Gesetzes die elterliche Verantwortung zu, nach anderen bedarf es hierfür der Zustimmung der Mutter oder einer gerichtlichen Übertragung (s. zu diesem Problem nach dem deutschen nationalen Kollisionsrecht → EGBGB Art. 21 Rn. 37). Hat der Vater nach dem Recht am bisherigen gewöhnlichen Aufenthalt kraft Gesetzes die elterliche Verantwortung innegehabt, so bleibt diese auch bei einem Wechsel des gewöhnlichen Aufenthalts in einen Staat, der die elterliche Verantwor-

---

222 BeckOGK/*Markwardt* KSÜ Art. 16 Rn. 18.

223 BeckOGK/*Markwardt* KSÜ Art. 16 Rn. 16.

224 BeckOGK/*Markwardt* KSÜ Art. 16 Rn. 20.

225 BeckOGK/*Markwardt* KSÜ Art. 16 Rn. 19.

226 BeckOGK/*Markwardt* KSÜ Art. 16 Rn. 21.

227 VG Aachen 10.1.2019 – BeckRS 2019, 368, Rn. 20; OLG Karlsruhe 17.1.2018 – NJOZ 2018, 1203 (1205) Rn. 22 = FamRZ 2018, 920 (922); *Kegel/Schurig* § 20 XI 5 b; krit. zur Regelung des Weiterwirkens der elterlichen Verantwortung kraft Gesetzes bei Aufenthaltswechsel *Sturm* IPRax 1997, 10 (12); *Looschelders* IPRax 1999, 420 (426).

228 Rauscher EuZPR/EulP/*Hilbig-Lugani* KSÜ Art. 16 Rn. 20.

229 Insofern ist die hier vertretene Ansicht keine andere, es handelt sich vielmehr um terminologische Diffe-

renzen, vgl. dazu Rauscher EuZPR/EulP/*Hilbig-Lugani* KSÜ Art. 16 Rn. 20 mit Fn. 50.

230 Staudinger/*Pirrung* KSÜ Art. 16 Rn. D 107; Rauscher EuZPR/EulP/*Hilbig-Lugani* KSÜ Art. 16 Rn. 11.

231 *Lagarde* Bericht Anm. 100; *Krah*, S. 229.

232 *Lagarde* Bericht Anm. 104.

233 BeckOGK/*Markwardt* KSÜ Art. 16 Rn. 20, 22.

234 Beispiele nach *Lagarde* Bericht Anm. 104; sa *Krah*, S. 229.

235 OLG Celle 4.6.2018 – FamRZ 2018, 1436 = NJW-RR 2018, 1093 Rn. 6; OLG Karlsruhe 17.1.2018 – FamRZ 2018, 920 (922) = NJOZ 2018, 1203 (1205) Rn. 24.

236 *Lagarde* Bericht Anm. 107; sa *Siehr* RabelsZ 62 (1998), 464, 490.

tung des Vaters kraft Gesetzes nicht kennt, erhalten.[237] Zugleich bewirkt die Regelung des Abs. 3 implizit, dass, sofern das Recht des Staates des alten gewöhnlichen Aufenthalts keinen Sorgeberechtigten bestimmt hat, dasjenige des neuen gewöhnlichen Aufenthalts dies aber tut, Letzteres Anwendung findet.[238]

5 Im umgekehrten Fall erhält der Vater bei Begründung des neuen gewöhnlichen Aufenthalts die nach dem Recht dieses Staates vorgesehene elterliche Verantwortung kraft Gesetzes automatisch. Dies ergibt sich aus **Abs. 4**, nach dem sich allein aufgrund des Wechsels des anwendbaren Rechts eine Person die elterliche Verantwortung erhalten kann, wenn die Voraussetzungen hierfür nach dem nun anwendbaren Recht vorliegen.[239] Abs. 4 behandelt mithin die Problematik, dass unterschiedliche Zuweisungen der elterlichen Sorge kraft Gesetzes an unterschiedliche Träger (nebeneinander) erfolgen und löst sie dahin gehend auf, dass die elterliche Verantwortung einerseits bei dem ursprünglich zugewiesenen Träger verbleibt und die Sorge des neuen Elternteils „automatisch" hinzutritt.[240] Dieses Nebeneinander der Sorgeberechtigungen kann zu praktischen Schwierigkeiten führen,[241] die durch Schutzmaßnahmen des Staates des neuen gewöhnlichen Aufenthalts gelöst werden können und sollen.[242] Abs. 3 und 4 finden nur Anwendung, sofern es um die Zuteilung der gesetzlichen Verantwortung *kraft Gesetzes* geht. Ist diese dagegen im Staat des alten gewöhnlichen Aufenthalts durch Einschreiten der Behörden zugewiesen oder entzogen worden, sind diese Maßnahmen nach Art. 23 ff. zu beurteilen.[243]

6 Das nach Art. 16 berufene Recht ist unabhängig davon anwendbar, ob eine Schutzmaßnahme erlassen werden soll oder nicht. Art. 16 verdrängt daher im Anwendungsbereich des KSÜ die autonome Kollisionsnorm nach Art. 21 EGBGB (→ Art. 21 EGBGB Rn. 13; zu den Unterschieden zwischen Art. 21 EGBGB und Art. 16 KSÜ → Art. 20 Rn. 3). Darin liegt ein wesentlicher Unterschied zum MSA, dessen kollisionsrechtliche Regelung in Art. 3 nur maßgeblich ist, wenn eine Schutzmaßnahme erlassen werden soll (→ MSA Art. 3 Rn. 4 ff., abgedruckt in der 3. Auflage).[244] Der weitere wesentliche Unterschied zum MSA besteht darin, dass nicht mehr das Heimatrecht iSd der Staatsangehörigkeit berufen wird, sondern das Recht des Staates des gewöhnlichen Aufenthalts des Kindes. Dadurch wird in dem häufigsten Fall, dass eine Schutzmaßnahme durch die nach Art. 5 zuständige Behörde im Aufenthaltsstaat erlassen werden soll, eine einheitliche Berufung des Rechts dieses Staates sowohl für die Frage der elterlichen Verantwortung kraft Gesetzes als auch für die Voraussetzungen und Arten möglicher Schutzmaßnahmen erreicht.[245]

Art. 17 KSÜ [Ausübung der elterlichen Verantwortung]

[1]Die Ausübung der elterlichen Verantwortung bestimmt sich nach dem Recht des Staates des gewöhnlichen Aufenthalts des Kindes. [2]Wechselt der gewöhnliche Aufenthalt des Kindes, so bestimmt sie sich nach dem Recht des Staates des neuen gewöhnlichen Aufenthalts.

1 Art. 17 bestimmt, dass sich die Ausübung der elterlichen Verantwortung nach dem Recht des Staates bestimmt, in dem das Kind seinen gewöhnlichen Aufenthalt hat. Ohne Wechsel des gewöhnlichen Aufenthalts des Kindes bestimmen sich Zuweisung und Erlöschen sowie die Ausübung der elterlichen Verantwortung nach demselben Recht. Wechselt das Kind den gewöhnlichen Aufenthalt, so besteht nach Art. 16 Abs. 3 eine nach dem bisherigen Statut entstandene elterliche Verantwortung fort. Art. 17 enthält für die Ausübung einer solchen fortbestehenden elterlichen Verantwortung eine dem Art. 15 Abs. 3 vergleichbare Regelung. Die Modalitäten der Ausübung bestimmen sich ab dem Zeitpunkt des Wechsels des gewöhnlichen Aufenthalts des Kindes nach dem neuen Aufenthaltsrecht. Die Kontinuität der bestehenden elterlichen Verantwortung wird daher im Hinblick auf die Ausübungsmodalitäten begrenzt.[246]

2 Der Begriff der Ausübung wird im KSÜ nicht definiert. Zu den Ausübungsmodalitäten gehören sicher die Vorschriften, welche die Ausübung der elterlichen Verantwortung ieS regeln, etwa das Erfordernis einer

237 S. für einen Fall der Verlegung des gewöhnlichen Aufenthalts des Kindes von Frankreich nach Deutschland, bei dem der Vater nach dem französischen Aufenthaltsrecht aufgrund Anerkennung der Vaterschaft kraft Gesetzes mitsorgeberechtigt geworden ist BGH NJW 2011, 2360 (2362) Rn. 38 (im Fall aber nicht entscheidungsrelevant, da das KSÜ zeitlich insoweit noch nicht anwendbar war).

238 Diese Wirkung empfanden die Verfasser als derart selbstverständlich, dass sie nicht explizit erwähnt wurde, vgl. Rauscher EuZPR/EulP/*Hilbig-Lugani* KSÜ Art. 16 Rn. 23; *Lagarde* Bericht Anm. 106.

239 *Lagarde* Bericht Anm. 107.

240 BeckOGK/*Markwardt* KSÜ Art. 16 Rn. 27; Rauscher EuZPR/EulP/*Hilbig-Lugani* KSÜ Art. 16 Rn. 24.

241 Insbes. wenn sich die Träger der elterlichen Verantwortung nicht hinreichend gut verstehen, vgl. Rauscher EuZPR/EulP/*Hilbig-Lugani* KSÜ Art. 16 Rn. 24.

242 Staudinger/*Pirrung* KSÜ Art. 16 Rn. D 111; Rauscher EuZPR/EulP/*Hilbig-Lugani* KSÜ Art. 16 Rn. 24.

243 Rauscher EuZPR/EulP/*Hilbig-Lugani* KSÜ Art. 16 Rn. 25 mit anschaulichem Beispiel.

244 *Siehr* RabelsZ 62 (1998), 464, 489.

245 Staudinger/*Pirrung* KSÜ Art. 16 Rn. D 106.

246 *Krah*, S. 234.

gerichtlichen oder behördlichen Genehmigung bei Vertretung des Kindes (§ 1643 iVm §§ 1821, 1822 BGB) [247] oder die Möglichkeiten von Entscheidungen eines Elternteils, wenn beiden Eltern die elterliche Verantwortung zusteht (§ 1628 BGB).[248] Ist danach die Erteilung einer Genehmigung bzw. einer gerichtlichen oder behördlichen Entscheidung erforderlich, so handelt es sich insoweit um eine Schutzmaßnahme, für die Art. 15 gilt.[249] Von dem Begriff der Ausübung erfasst werden auch solche Regeln, welche den Inhalt und den Umfang der elterlichen Verantwortung ausgestalten, wie im deutschen Recht § 1629a BGB (Beschränkung der Minderjährigenhaftung), § 1631 BGB (Verbot der Gewaltanwendung), oder solche, die die elterliche Vertretung bei gewissen Geschäften ausschließen, § 1629 Abs. 2 iVm § 1795 BGB.[250]

Teilweise wird darüber hinaus auch der „materiell-rechtliche" Inhalt der elterlichen Verantwortung als Teil   **3** der „Ausübung" angesehen. Als Beispiel wird die Regel angeführt, dass die elterliche Verantwortung nach dem Recht des früheren gewöhnlichen Aufenthalts bis zur Vollendung des 18. Lebensjahrs andauert, nach dem Recht des neuen gewöhnlichen Aufenthalts aber bereits mit Vollendung des 16. Lebensjahres endet.[251] Dafür spricht, dass ein weites Begriffsverständnis der Wandelbarkeit der Anknüpfung und damit der Anpassung an die neue Lebensumwelt besser gerecht wird, ohne dass eine gerichtliche oder behördliche Maßnahme erlassen werden muss.[252] Dagegen spricht mE aber entscheidend, dass Art. 16 Abs. 1 ausdrücklich auch das Erlöschen erfasst und dieses daher nicht in die Ausübung nach Art. 17 fallen kann.

Art. 18 KSÜ [Entziehung oder geänderte Bedingungen der elterlichen Verantwortung]

Durch Maßnahmen nach diesem Übereinkommen kann die in Artikel 16 genannte elterliche Verantwortung entzogen oder können die Bedingungen ihrer Ausübung geändert werden.

Art. 18 stellt klar,[253] dass durch Schutzmaßnahmen die kraft Gesetzes bestehende Verteilung der elterlichen   **1** Sorge immer verändert werden kann.[254] Dabei kann die elterliche Verantwortung gänzlich oder (beispielsweise durch Pflegerbestellung) nur teilweise entzogen werden.[255] Ferner kann mithilfe der Schutzmaßnahme eine Änderung der gesetzlichen Regelung bezüglich der Elternsorge vorgenommen und damit eine nach Art. 16 Abs. 3 entstandene Situation aufgelöst werden, insbesondere wenn sich durch die Kumulation widersprechende oder nicht zu vereinbarende Zuweisungen der Trägerschaften ergeben haben.[256]

Die Schutzmaßnahme ergeht nicht notwendigerweise unter Anwendung des Aufenthaltsrechts, weil die   **2** nach Art. 5–12 zuständigen Behörden aufgrund des in Art. 15 niedergelegten Gleichlaufgrundsatzes grundsätzlich die lex fori für den Erlass von Schutzmaßnahmen anwenden.

Will eine zuständige Behörde außerhalb des Aufenthaltsstaates tätig werden, so hat sie in Bezug auf die   **3** elterliche Sorge von dem Rechtszustand auszugehen, der sich nach dem Recht am gewöhnlichen Aufenthalt des Kindes richtet. Diese Rechtslage ist Ausgangspunkt dafür, ob Bedarf für eine behördliche Regelung besteht.[257]

Die danach erforderliche Schutzmaßnahme wird dann aber gemäß Art. 15 Abs. 1 unter Anwendung der lex   **4** fori ergehen. Nach Art. 15 Abs. 2 kann allerdings die Behörde auch das Recht des gewöhnlichen Aufenthalts des Kindes berücksichtigen oder sogar anwenden.

247 OLG Koblenz 19.3.2018 – FamRZ 2019, 367 (368); OLG München 10.2.2017, IPRax 2019, 162 (164); *Lagarde* Bericht Anm. 109; *Krah,* S. 235; MüKoBGB/*Staudinger* KSÜ Art. 17 Rn. 1; Rauscher EuZPR/EuIP/*Hilbig-Lugani* KSÜ Art. 17 Rn. 6; *Benicke* IPRax 2019, 132 (135).

248 MüKoBGB/*Staudinger* KSÜ Art. 17 Rn. 1.

249 OLG Koblenz 19.3.2018 – FamRZ 2019, 367 (368).

250 BeckOGK/*Markwardt* KSÜ Art. 17 Rn. 6; Rauscher EuZPR/EuIP/*Hilbig-Lugani* KSÜ Art. 17 Rn. 4, 7; MüKoBGB/*Staudinger* KSÜ Art. 17 Rn. 1.

251 Rauscher EuZPR/EuIP/*Hilbig-Lugani* KSÜ Art. 17 Rn. 4 ff.; für eine extensive Auslegung des Begriffs der „Ausübung" auch MüKoBGB/*Staudinger* KSÜ Art. 17 Rn. 1; aA materiellrechtlicher Inhalt nicht umfasst BeckOGK/*Markwardt* KSÜ Art. 17 Rn. 5.

252 So auch Rauscher EuZPR/EuIP/*Hilbig-Lugani* KSÜ Art. 17 Rn. 5.

253 Denn insofern ergibt sich diese Wirkung bereits aus Art. 3 Abs. 1 lit. a iVm Art. 5 ff., 15, so dass Art. 18 lediglich deklaratorisch das Verhältnis zwischen Schutzmaßnahmen und dem nach Art. 16 f. bestimmten Recht erklärt, vgl. Rauscher EuZPR/EuIP/*Hilbig-Lugani* KSÜ Art. 18 Rn. 1.

254 *Lagarde* Bericht Anm. 110; *Krah,* S. 236 f.

255 BeckOGK/*Markwardt* KSÜ Art. 18 Rn. 3.

256 BeckOGK/*Markwardt* KSÜ Art. 18 Rn. 4.

257 S. zur entsprechenden Rechtslage im MSA nach der dort zu Art. 1 und 3 vertretenen Ankerkennungstheorie Voraufl. Anhang II zu Art. 24 EGBGB, Art. 1 MSA Rn. 8.

Art. 19 KSÜ [Gültigkeit eines Rechtsgeschäfts]

(1) Die Gültigkeit eines Rechtsgeschäfts zwischen einem Dritten und einer anderen Person, die nach dem Recht des Staates, in dem das Rechtsgeschäft abgeschlossen wurde, als gesetzlicher Vertreter zu handeln befugt wäre, kann nicht allein deswegen bestritten und der Dritte nicht nur deswegen verantwortlich gemacht werden, weil die andere Person nach dem in diesem Kapitel bestimmten Recht nicht als gesetzlicher Vertreter zu handeln befugt war, es sei denn, der Dritte wusste oder hätte wissen müssen, dass sich die elterliche Verantwortung nach diesem Recht bestimmte.

(2) Absatz 1 ist nur anzuwenden, wenn das Rechtsgeschäft unter Anwesenden im Hoheitsgebiet desselben Staates geschlossen wurde.

A.	Regelungsgegenstand	1	E. Kenntnis oder fahrlässige Unkenntnis	7
B.	Erfasste Rechtsgeschäfte	3	I. Guter Glaube des Dritten	7
C.	Abschlussrecht	4	II. Rechtsfolge	14
D.	Das nach dem KSÜ anwendbare Recht	5		

A. Regelungsgegenstand

1   Art. 19 enthält eine Regelung, die dem telos des KSÜ, der den Schutz des Kindes bezweckt, zunächst zu widersprechen scheint.[258] Denn durch Art. 19 soll das Vertrauen auf die Geltung des Rechts des Abschlussortes eines Rechtsgeschäfts für die wirksame gesetzliche Vertretung eines Kindes geschützt werden.[259] Der Anwendungsbereich ist jedoch durch die eng gefassten Voraussetzungen stark eingeschränkt,[260] so dass dem Verkehrsschutz nur ausnahmsweise der Vorrang eingeräumt wird.[261] Die Regelung hat ihr Vorbild in Art. 11 EVÜ (Art. 12 EGBGB), jetzt Art. 13 Rom I-VO. Art. 19 bezieht sich anders als diese Vorschriften aber ausdrücklich und nur auf die Vertretungsmacht.[262] Wie bei diesen Vorschriften sind auch Regelungsziel und Berechtigung von Art. 19 zweifelhaft.[263]

2   Parteien des Rechtsgeschäfts sind auf der einen Seite der Vertreter des Kindes und auf der anderen Seite der Vertragspartner (Dritter), wobei dem (vermeintlichen) Vertreter die Vertretungsmacht nur scheinbar nach dem Recht des Staates, in dem das Rechtsgeschäft geschlossen wird, zusteht.[264] Den Verfassern schwebte als Hauptanwendungsfall vor,[265] dass ein Wechsel des gewöhnlichen Aufenthalts des Kindes stattgefunden hat, sich aber die Verteilung der elterlichen Verantwortung und damit der Vertretungsmacht für das Kind aufgrund der Regelung in Art. 16 Abs. 3 noch nach dem früheren Aufenthaltsrecht bestimmt. So kann nach dem früheren Aufenthaltsrecht dem Vater neben der Mutter kraft Gesetzes die elterliche Verantwortung für ein nichteheliches Kind zugestanden haben. Verlegt das Kind den gewöhnlichen Aufenthalt in einen Staat, in dem nur der Mutter die elterliche Verantwortung für das nichteheliche Kind kraft Gesetzes zusteht, so entfällt nach Art. 16 Abs. 3 die elterliche Verantwortung des Vaters nicht. Schließt die Mutter im neuen Aufenthaltsland mit einem Dritten ein Rechtsgeschäft in Vertretung des Kindes, so soll der gutgläubige Dritte geschützt werden, weil nach dem Recht am Abschlussort des Geschäfts die Mutter alleinige Inhaberin der elterlichen Verantwortung wäre und daher auch allein vertretungsberechtigt gewesen wäre.

B. Erfasste Rechtsgeschäfte

3   Art. 19 gilt anders als Art. 11 EVÜ/Art. 13 Rom I-VO und Art. 12 EGBGB für alle Arten von Rechtsgeschäften einschließlich familienrechtlicher und erbrechtlicher.[266] Auch ein Vorschlag, Geschäfte über Immobiliarsachenrechte herauszunehmen, wurde abgelehnt.[267]

---

258 Staudinger/*Pirrung* KSÜ Art. 19 Rn. D 114.

259 *Lagarde* Bericht Anm. 111; krit. aus Gründen des Kindeswohls *Roth/Döring* öst. JBl 1999, 758 (771).

260 AA wohl Rauscher EuZPR/EulP/*Hilbig-Lugani* KSÜ Art. 19 Rn. 2, Art. 19 habe einen wesentlich weiteren Anwendungsbereich als auf den ersten Blick erkennbar, da zum einen auch der gute Glaube daran, dass eine behördliche Maßnahme nach Art. 15 nicht vorliegt, geschützt wird, und zum anderen nicht verlangt wird, dass das betreffende Rechtsgeschäft im Staat des (gewöhnlichen/schlichten) Aufenthalts des Kindes vorgenommen wird.

261 Staudinger/*Pirrung* KSÜ Art. 19 Rn. D. 114.

262 Zur (analogen) Anwendung von Art. 13 Rom I-VO auf die gesetzliche Vertretungsmacht MüKoBGB/*Spellenberg* Rom I-VO Art. 13 Rn. 48 f.

263 S. dazu zusammenfassend MüKoBGB/*Spellenberg* Rom I-VO Art. 13 Rn. 7–16.

264 BeckOGK/*Markwardt* KSÜ Art. 19 Rn. 6.

265 S. dazu *Lagarde* Bericht Anm. 111.

266 Staudinger/*Pirrung* KSÜ Art. 19 Rn. D 115; Rauscher EuZPR/EulP/*Hilbig-Lugani* KSÜ Art. 19 Rn. 4.

267 *Lagarde* Bericht Anm. 114.

C. Abschlussrecht

Der Anwendungsbereich von Art. 19 beschränkt sich aber nicht auf diese Gestaltung. Der Dritte kann sich **4** auf das Recht des Staates berufen, in dem der Vertrag abgeschlossen worden ist. Ob das vertretene Kind dort seinen gewöhnlichen oder auch nur schlichten Aufenthalt hat, kommt es nicht an. Anders als die deutsche Übersetzung von Abs. 2 nahezulegen scheint, muss es sich nicht um ein Geschäft **unter Anwesenden** gehandelt haben. Dritter und Vertreter des Kindes müssen nur zum Zeitpunkt des Geschäftsabschlusses im selben Staat anwesend gewesen sein.[268] Dies ergibt sich eindeutig aus der englischen und der französischen Originalfassung.[269] Insoweit wird der Dritte auch bei einem (inländischen) Distanzgeschäft geschützt.[270]

D. Das nach dem KSÜ anwendbare Recht

Die Regelung zum für die elterliche Verantwortung maßgebenden Recht ist nach dem KSÜ recht kompli- **5** ziert ausgestaltet. Die Regelanknüpfung an den gewöhnlichen Aufenthalt des Kindes ist beweglich ausgestaltet und wird durch die Regel zum Bestandsschutz nach Art. 16 Abs. 3 ergänzt. Außerdem können neben oder statt der Behörden im Aufenthaltsstaat des Kindes auch Behörden in anderen Vertragsstaaten zuständig sein, eine Entscheidung zur elterlichen Verantwortung zu treffen. Diese Entscheidungen haben auch bei einem Aufenthaltswechsel grundsätzlich weiter Bestand. Auch die Fälle, in denen in einem anderen Staat eine Entscheidung zur elterlichen Verantwortung ergangen ist, werden grundsätzlich von Art. 19 erfasst.[271]

Gegen eine Anwendung von Art. 19 auf diesen Fall kann eingewandt werden, dass die ausländische Ent- **6** scheidung bei Anerkennung im Staat des Vertragsschlusses dort geltendes Recht ist.[272] Vorgeschlagen wird, eine solche ausländische Entscheidung zumindest immer dann zu berücksichtigen und Art. 19 insoweit nicht anzuwenden, wenn eine entsprechende Entscheidung auch durch eine Behörde des Vertragsabschlussstaates hätte erlassen werden können.[273]

E. Kenntnis oder fahrlässige Unkenntnis

I. Guter Glaube des Dritten

Geschützt wird der Dritte nur, wenn er nicht wusste und auch nicht wissen musste, dass sich die elterliche **7** Verantwortung nach dem vom KSÜ bestimmten Recht richtet. Ausreichend muss schon sein, dass er wusste oder wissen musste, dass nicht das Recht des Abschlussortes, sondern das eines anderen Staates für die elterliche Verantwortung anwendbar ist.[274] Geschützt wird nur der gute Glaube an die Anwendbarkeit des Rechts im Abschlussstaat, nicht hingegen der gute Glaube, dass das ausländische Recht den gleichen Inhalt habe.[275]

Wissenmüssen ist bereits bei leichter Fahrlässigkeit anzunehmen.[276] Damit ist schon jeder Verstoß gegen **8** sorgfältiges Handeln erfasst. Die praktische Bedeutung der Vorschrift wird daher sehr gering sein, weil leicht fahrlässige Unkenntnis von der Anwendbarkeit eines anderen Rechts als des Abschlussrechts meist anzunehmen sein wird. Allerdings liegt nach der Formulierung („es sei denn") die Beweislast hierfür bei dem, der sich auf die fehlende Vertretungsmacht beruft.[277]

Für die dafür maßgebende **Erkundigungspflicht** ist die **Bedeutung des Geschäfts** zu berücksichtigen. Je **9** bedeutender die Auswirkungen des Geschäfts für das Kind, desto größer sind die Anforderungen, die an den Dritten zu stellen sind, zu prüfen, ob der Vertreter wirksame Vertretungsmacht besitzt.[278] Bei wirtschaftlich

---

268 Staudinger/*Pirrung* KSÜ Art. 19 Rn. D 114; Rauscher EuZPR/EulP/*Hilbig-Lugani* KSÜ Art. 19 Rn. 5.

269 Engl.: „... if the transaction was entered into between persons present on the territory of the same State.", Franz.: „... dans le cas où l'acte a été passé entre personnes présentes sur le territoire d'un même Etat."

270 Anders *Krah*, S. 238; Geimer/Schütze/*Gruber* Internationaler Rechtsverkehr E 6 Art. 19 Rn. 11; unklar *Lagarde* Bericht Anm. 113; der Bericht zitiert den Wortlaut von Art. 19 Abs. 2, so dass die deutsche Übersetzung auch im Bericht den Eindruck vermittelt, Lagarde gehe zwingend von einem Geschäft unter Anwesenden aus; in der französischen und englischen Fassung des Berichts kann mit Distanzgeschäft auch nur das internationale Distanzgeschäft gemeint sein.

271 *Lagarde* Bericht Anm. 111.

272 Geimer/Schütze/*Gruber* Internationaler Rechtsverkehr E 6 Art. 19 Rn. 6.

273 Geimer/Schütze/*Gruber* Internationaler Rechtsverkehr E 6 Art. 19 Rn. 7.

274 Geimer/Schütze/*Gruber* Internationaler Rechtsverkehr E 6 Art. 19 Rn. 14.

275 Geimer/Schütze/*Gruber* Internationaler Rechtsverkehr E 6 Art. 19 Rn. 14; Rauscher EuZPR/EulP/*Hilbig-Lugani* KSÜ Art. 19 Rn. 10.

276 *Krah*, S. 239; Geimer/Schütze/*Gruber* Internationaler Rechtsverkehr E 6 Art. 19 Rn. 15; *Lagarde* Bericht Anm. 111; Rauscher EuZPR/EulP/*Hilbig-Lugani* KSÜ Art. 19 Rn. 12.

277 Geimer/Schütze/*Gruber* Internationaler Rechtsverkehr E 6 Art. 19 Rn. 15.

278 *Lagarde* Bericht Anm. 114; Rauscher EuZPR/EulP/*Hilbig-Lugani* KSÜ Art. 19 Rn. 13.

wenig bedeutenden Geschäften wird demgegenüber regelmäßig keine Erkundigungspflicht anzunehmen sein.

10 Bei nicht ganz unbedeutenden Geschäften muss sich der Dritte immer dann nach der Vertretungsmacht näher erkundigen, wenn Anhaltspunkte dafür bestehen, dass nicht nur das Recht am Abschlussort maßgebend sein könnte. Eine Erkundigungspflicht ist bereits dann anzunehmen, wenn der Dritte wusste oder es sich ihm aufdrängen musste, dass der Sachverhalt einen Bezugspunkt zum Ausland hat, entweder weil eine ausländische Staatsangehörigkeit bestand oder sich das Kind oder ein Elternteil im Ausland aufhält oder aufhielt. In diesen Fällen wird man als Sorgfaltsmaßstab verlangen können, dass der Dritte bei Geschäften von nicht ganz unerheblicher Bedeutung darauf besteht, dass der Vertreter eine Bescheinigung über seine Vertretungsmacht vorlegt, wie sie in Art. 40 vorgesehen ist.

11 Weitergehend wird man den Dritten auch dann nicht für schutzwürdig halten, wenn nach dem Recht des Abschlussortes eine andere Regelung der elterlichen Verantwortung möglich ist. Ein blindes Vertrauen darauf, dass nur die gesetzliche Regelung eingreift, wird auch bei rein internen Sachverhalten nicht geschützt. So muss sich der Dritte um die Nachweise der Vertretungsmacht bemüht haben, die nach dem Recht im Abschlussstaat nachweisen, dass die dort nach der gesetzlichen Lage vorgesehene Vertretungsmacht, auf die er sich berufen will, tatsächlich besteht.

12 Ist eine Regelung der gesetzlichen Vertretung, wie sie nach den Vorschriften des KSÜ aufgrund der Anwendung ausländischen Rechts oder der Anerkennung einer ausländischen Entscheidung besteht, auch nach dem inländischen Recht des Abschlussstaates möglich, so ist der Dritte nicht schutzwürdig, weil er auch nach dem Recht des Abschlussstaates mit einer solchen Regelung der Vertretungsmacht rechnen musste.

13 Etwas anderes gilt nur dann, wenn er sich ausreichend erkundigt hat, dass eine solche Rechtslage nach dem Recht des Abschlussortes nicht vorlag. Dies wäre etwa der Fall, wenn der das Kind vertretende Elternteil eine Bescheinigung des Abschlussstaates vorgelegt hat, aus der sich die alleinige Vertretungsmacht dieses Elternteils ergibt. In Deutschland wäre dies etwa die Sorgebescheinigung bei alleiniger Sorge der Mutter des nichtehelichen Kindes (sog. Negativbescheinigung).

II. Rechtsfolge

14 Liegen die Voraussetzungen vor, so ist das Recht am Abschlussort alternativ anzuwenden.[279] Ist danach eine Vertretungsmacht gegeben, konnte das Kind wirksam vertreten werden. *Lagarde* führt in seinem Bericht das Beispiel an, dass die Bank, die an den Vertreter des Kindes eine Auszahlung tätigt, diese nicht noch einmal erbringen muss, dh an den scheinbaren Vertreter mit befreiender Wirkung leisten konnte.[280] Art. 19 sagt aber nichts darüber aus, welche Rechtsfolgen eintreten, wenn die Voraussetzungen nicht vorliegen und somit die Vertretungsmacht des scheinbaren Vertreters fehlt; dies ist vielmehr nach der lex causae zu bestimmen.[281]

Art. 20 KSÜ [Recht eines Nichtvertragsstaats]

Dieses Kapitel ist anzuwenden, selbst wenn das darin bestimmte Recht das eines Nichtvertragsstaats ist.

1 Nach Art. 20 handelt es sich bei den kollisionsrechtlichen Bestimmungen in Art. 15–19 grundsätzlich um eine sogenannte loi uniforme, durch die auch das Recht eines Nichtvertragsstaates berufen werden kann.[282]

2 Etwas anderes gilt nur für Art. 15 Abs. 1 und 3. Da das KSÜ die Entscheidungszuständigkeit nur für die Behörden von Vertragsstaaten bestimmen kann, kann durch die Anordnung des Gleichlaufgrundsatzes von anwendbarem Recht und internationaler Zuständigkeit in Art. 15 Abs. 1 grundsätzlich nur das Recht eines Vertragsstaates zur Anwendung berufen werden. Art. 15 Abs. 3 wurde auf den Fall beschränkt, dass der gewöhnliche Aufenthalt in einen anderen Vertragsstaat verlegt wird, weil Nichtvertragsstaaten durch das KSÜ keine Verpflichtungen auferlegt werden können.[283]

3 Für das **Verhältnis von Art. 16 zu Art. 21 EGBGB** gilt, dass Art. 21 EGBGB für die Frage der elterlichen Verantwortung kraft Gesetzes auch im Verhältnis zu Nichtvertragsstaaten verdrängt wird. Eine praktische Rechtsänderung dürfte daraus aber nicht folgen. Beide Kollisionsnormen knüpfen wandelbar an den

---

279 So zu Art. 17 ESÜ Staudinger/*von Hein* EGBGB Vor Art. 24 Rn. 11.
280 *Lagarde* Bericht Anm. 112.
281 BeckOGK/*Markwardt* KSÜ Art. 19 Rn. 14.

282 *Kegel/Schurig* § 20 XI 5 b; Geimer/Schütze/*Gruber* Internationaler Rechtsverkehr E 6 Art. 20 Rn. 1; OLG Bamberg 12.5.2016 – FamRZ 2016, 1270 (1272).
283 *Lagarde* Bericht Anm. 92.

gewöhnlichen Aufenthalt des Kindes an. Auch der Umstand, dass Art. 21 EGBGB generell eine Gesamtnormverweisung ausspricht, dürfte nur in seltenen Fällen zu anderen Ergebnissen als bei der Verweisung nach Art. 16 führen. Art. 16 spricht nur im Verhältnis zu anderen Vertragsstaaten eine Sachnormverweisung, im Verhältnis zu Nichtvertragsstaaten hingegen ebenfalls eine (allerdings eingeschränkte) Gesamtverweisung aus (s. dazu → KSÜ Art. 21 Rn. 2 ff.). Im Verhältnis zu Vertragsstaaten besteht zwischen Gesamtverweisung und Sachnormverweisung im Ergebnis kein Unterschied, da die kollisionsrechtlichen Regelungen in den Vertragsstaaten einheitlich sind, eine Verweisung also immer angenommen wird.

Art. 21 KSÜ [Ausnahme des Kollisionsrechts]

(1) Der Begriff „Recht" im Sinn dieses Kapitels bedeutet das in einem Staat geltende Recht mit Ausnahme des Kollisionsrechts.

(2) ¹Ist jedoch das nach Artikel 16 anzuwendende Recht das eines Nichtvertragsstaats und verweist das Kollisionsrecht dieses Staates auf das Recht eines anderen Nichtvertragsstaats, der sein eigenes Recht anwenden würde, so ist das Recht dieses anderen Staates anzuwenden. ²Betrachtet sich das Recht dieses anderen Nichtvertragsstaats als nicht anwendbar, so ist das nach Artikel 16 bestimmte Recht anzuwenden.

A. Sachnormverweisung, Abs. 1

Abs. 1 bestimmt wie bei Haager Staatsverträgen üblich, dass die kollisionsrechtlichen Verweisungen Sachnormverweisungen sind. Das heißt, das ausländische Recht kommt auch dann zur Anwendung, wenn es nach seinem eigenen Kollisionsrecht nicht anwendbar wäre, sondern weiter oder zurück verweisen würde. Im Verhältnis zu Vertragsstaaten ist die Unterscheidung von Sach- oder Gesamtverweisung ohne Bedeutung, weil in dem Vertragsstaat, auf dessen Recht verwiesen wird, dieselbe kollisionsrechtliche Regelung in Form des KSÜ gilt.   **1**

B. Ausnahme Gesamtnormverweisung, Abs. 2

Bedeutend ist die Anordnung der Sachnormverweisung daher nur soweit die Kollisionsnorm des KSÜ auf das Recht eines Nichtvertragsstaats verweist. Für diesen Fall enthält Abs. 2 eine Ausnahme. Verweist das Kollisionsrecht des Nichtvertragsstaats seinerseits auf das Recht eines anderen Nichtvertragsstaats und nimmt dieser zweite Nichtvertragsstaat die Verweisung an, so wird diese Weiterverweisung durch den ersten Nichtvertragsstaat berücksichtigt. Dies soll gewährleisten, dass eine einheitliche Rechtsanwendung, die zwischen Nichtvertragsstaaten besteht, nicht gestört wird.[284] Als Beispiel wird der Fall angeführt, dass ein griechisches Kind seinen gewöhnlichen Aufenthalt von Deutschland nach Italien verlegt, wobei nur Deutschland Vertragsstaat sei. Die Verweisung von Art. 16 Abs. 1 auf italienisches Recht wäre dann eine Gesamtverweisung, weil italienisches Recht auf griechisches Recht weiterverweise und dieses die Verweisung annehme. Daher würde auch aus deutscher Sicht griechisches Recht angewandt, und damit Übereinstimmung mit der Rechtslage in Italien und Griechenland erzielt.[285]   **2**

Nimmt der andere (dh der zweite) Nichtvertragsstaat die Verweisung jedoch nicht an, sondern verweist wiederum auf das Recht eines weiteren Staates, gilt die Ausnahme der Gesamtverweisung nicht; anwendbar ist damit das Sachrecht des Staates auf das die Kollisionsnorm des KSÜ verweist.[286] Dies ist unbestritten, wenn der andere Nichtvertragsstaat auf das Recht eines weiteren Nichtvertragsstaates verweist. Denkbar wäre aufgrund eines Erst-recht-Schlusses entgegen dem Wortlaut die Weiterverweisung durch diesen anderen Nichtvertragsstaat auch dann zu beachten, wenn sie zum Recht eines Vertragsstaats führt. Dies ist aber abzulehnen. Als Ausnahmeregelung und aufgrund seiner Kompliziertheit sollte Abs. 2 nicht analog angewandt werden.[287] Verweist das Kollisionsrecht des anderen Nichtvertragsstaats auf das Recht des Nichtvertragsstaats, auf den die Kollisionsnorm des KSÜ verwiesen hat, zurück, kommen Gesamtnormverweisung und Sachnormverweisung aus der Sicht des KSÜ zum gleichen Ergebnis, weil anzunehmen ist, dass der erste Nichtvertragsstaat diese Rückverweisung annehmen wird.   **3**

---

284 *Lagarde* Bericht Anm. 116; krit. *Kegel/Schurig* § 20 XI 5 b; eine ähnliche Regelung enthält Art. 4 Haager Übereinkommen über das auf die Rechtsnachfolge von Todes wegen anzuwendende Recht v. 1.8.1989, IPRax 2000, 53.

285 *Siehr* RabelsZ 62 (1998), 464, 491; sa *Lagarde* Bericht Anm. 116.

286 Geimer/Schütze/*Gruber* Internationaler Rechtsverkehr E 6 Art. 21 Rn. 3.

287 *Lagarde* Bericht Anm. 116; *Siehr* DEuFamR 2000, 125, 130; Geimer/Schütze/*Gruber* Internationaler Rechtsverkehr E 6 Art. 21 Rn. 2 Fn. 204; Rauscher EuZPR/EulP/*Hilbig-Lugani* KSÜ Art. 21 Rn. 6.

4 Vorgeschlagen wird außerdem eine **teleologische Reduzierung von Art. 21 Abs. 2.** Die Regelung in Art. 16 Abs. 2 solle vom Anwendungsbereich ausgenommen werden, so dass Art. 21 Abs. 2 nur auf Art. 16 Abs. 1 anzuwenden sei. Die Verweisung in Art. 16 Abs. 2 solle danach keine Gesamtnormverweisung sein können, wenn das Sachrecht des zuerst berufenen Nichtvertragsstaates die Vereinbarung oder das einseitige Rechtsgeschäft als wirksam betrachtet.[288] Im Ergebnis ist diese Ansicht abzulehnen.[289] Für sie spricht zwar, dass sie eine Begünstigung der Regelung der elterlichen Verantwortung durch Vereinbarungen bzw. rechtsgeschäftliche Erklärungen der Eltern bewirkt. Sie hat aber keinen Anhaltspunkt im Gesetzestext und führt zu einer weiteren Komplizierung der Rechtsanwendung, was zur Gefahr einer uneinheitlichen Rechtsanwendung in den verschiedenen Vertragsstaaten führt.

Art. 22 KSÜ [Ordre public]

Die Anwendung des in diesem Kapitel bestimmten Rechts darf nur versagt werden, wenn sie der öffentlichen Ordnung (ordre public) offensichtlich widerspricht, wobei das Wohl des Kindes zu berücksichtigen ist.

1 Art. 22 enthält für das anwendbare Recht den ordre-public-Vorbehalt in der für die Haager Übereinkommen üblichen Formulierung mit einer zusätzlichen Betonung der Maßgeblichkeit des Kindeswohls.[290] Der verfahrensrechtliche ordre public für die Anerkennung von Entscheidungen aus anderen Mitgliedstaaten ist in Art. 23 Abs. 2 enthalten.

Kapitel IV
Anerkennung und Vollstreckung

Art. 23 KSÜ [Anerkennung]

(1) Die von den Behörden eines Vertragsstaats getroffenen Maßnahmen werden kraft Gesetzes in den anderen Vertragsstaaten anerkannt.

(2) Die Anerkennung kann jedoch versagt werden,

a) wenn die Maßnahme von einer Behörde getroffen wurde, die nicht nach Kapitel II zuständig war;

b) wenn die Maßnahme, außer in dringenden Fällen, im Rahmen eines Gerichts- oder Verwaltungsverfahrens getroffen wurde, ohne dass dem Kind die Möglichkeit eingeräumt worden war, gehört zu werden, und dadurch gegen wesentliche Verfahrensgrundsätze des ersuchten Staates verstoßen wurde;

c) auf Antrag jeder Person, die geltend macht, dass die Maßnahme ihre elterliche Verantwortung beeinträchtigt, wenn diese Maßnahme, außer in dringenden Fällen, getroffen wurde, ohne dass dieser Person die Möglichkeit eingeräumt worden war, gehört zu werden;

d) wenn die Anerkennung der öffentlichen Ordnung (ordre public) des ersuchten Staates offensichtlich widerspricht, wobei das Wohl des Kindes zu berücksichtigen ist;

e) wenn die Maßnahme mit einer später im Nichtvertragsstaat des gewöhnlichen Aufenthalts des Kindes getroffenen Maßnahme unvereinbar ist, sofern die spätere Maßnahme die für ihre Anerkennung im ersuchten Staat erforderlichen Voraussetzungen erfüllt;

f) wenn das Verfahren nach Artikel 33 nicht eingehalten wurde.

A. Vorbemerkung	1	IV. Ordre public, lit. d	12
B. Anerkennung kraft Gesetzes	7	V. Unvereinbarkeit mit Maßnahme aus anderen	
C. Gründe die Anerkennung zu versagen, Abs. 2	8	Staaten, lit. e	14
I. Unzuständigkeit, lit. a	9	1. Maßnahmen aus einem Nichtvertragsstaat	14
II. Verletzung des rechtlichen Gehörs des Kindes, lit. b	10	2. Maßnahmen aus einem anderen Vertragsstaat	15
III. Verletzung des rechtlichen Gehörs eines Sorgeberechtigten, lit. c	11		

---

288 *Siehr* DEuFamR 2000, 125, 131; *Krah*, S. 230; Geimer/Schütze/*Gruber* Internationaler Rechtsverkehr E 6 Art. 21 Rn. 2 Fn. 202.

289 Ebenso Rauscher EuZPR/EulP/*Hilbig-Lugani* KSÜ Art. 21 Rn. 3, eine solche Beschränkung sei weder zwingend angezeigt noch logisch notwendig.

290 *Lagarde* Bericht Anm. 117.

Benicke

A. Vorbemerkung

Das KSÜ enthält ein vollständiges Regelungsprogramm für die Anerkennung und Vollstreckung von Maß-   **1**
nahmen eines Vertragsstaates in einem anderen Vertragsstaat. Es behebt damit eine der schwerwiegendsten
Unzulänglichkeiten des MSA. Das MSA sieht zwar in Art. 7 S. 1 eine Pflicht zur Anerkennung von Entscheidungen aus anderen Vertragsstaaten vor. Diese Vorschrift blieb aber weitgehend ohne Bedeutung, weil
sie zum einen selbst keine Anerkennungsversagungsgründe normiert und zum anderen für Entscheidungen,
die eine Vollstreckungshandlung erfordern, überhaupt nicht gilt.

Das KSÜ schafft ein modernes Anerkennungsregime.[291] Anders als die EheVO 2003 verbietet es zwar nicht   **2**
die Überprüfung der Anerkennungszuständigkeit, bindet den anerkennenden Staat aber an die Tatsachenfeststellungen der Ursprungsbehörde. Anzuerkennende ausländische Entscheidungen sind wie inländische
zu vollstrecken.

Die Entscheidung aus einem Vertragsstaat ist nach Art. 23 ff. in einem anderen Vertragsstaat des KSÜ anzu-   **3**
erkennen und zu vollstrecken, wenn sie in den persönlichen und **sachlichen Anwendungsbereich** des KSÜ
fällt (s. dazu → KSÜ Art. 3 Rn. 1) und auch die **zeitliche Anwendbarkeit** (Art. 53 Abs. 2) gegeben ist.

Streitig ist, ob das KSÜ auch auf die Anerkennung von bloßen Feststellungsentscheidungen über das Beste-   **4**
hen eines Sorgerechts kraft Gesetzes anzuwenden ist.[292] Dafür spricht entscheidend, dass das KSÜ für die
elterliche Verantwortung insgesamt anwendbar ist.

Zu beachten ist außerdem der **Vorrang der EheVO 2003**, soweit sich der sachliche Anwendungsbereich   **5**
von KSÜ und EheVO 2003 decken (s. dazu → Art. 1 Rn. 20). Anerkennung und Vollstreckung von Entscheidungen, die aus einem Mitgliedstaat der EU (außer Dänemark) stammen, richten sich daher in
Deutschland oder Österreich nur nach den Art. 21 ff. bzw. 28 ff. EheVO 2003. Dieser Vorrang folgt aus
Art. 61 lit. b. Die Anerkennungs- und Vollstreckungsregeln des KSÜ sind aus deutscher bzw. österreichischer Sicht nur für Entscheidungen aus den Vertragsstaaten anzuwenden, für die nicht die EheVO 2003 gilt.

Auf der anderen Seite bestimmt sich die Anerkennung deutscher oder österreichischer Entscheidungen in   **6**
Vertragsstaaten des KSÜ, für welche die EheVO 2003 nicht gilt, nach Art. 23 ff. KSÜ,[293] während sich
Anerkennung und Vollstreckung in einem der anderen Mitgliedstaaten der EheVO 2003 nur nach dieser
richten.

B. Anerkennung kraft Gesetzes

Maßnahmen aus einem anderen Vertragsstaat sind kraft Gesetzes anzuerkennen, das bedeutet, dass es keines   **7**
besonderen Anerkennungsverfahrens bedarf, sondern die Anerkennung inzident in jedem Verfahren des
Anerkennungsstaates zu beachten ist.[294] Ein Verfahren ist erst notwendig, wenn die Maßnahme vollstreckt
werden soll (s. dazu → Art. 26 Rn. 1). Ein deklaratorisches Anerkennungsverfahren ist allerdings zusätzlich
in Art. 24 ausdrücklich vorgesehen. Eine Form, in der der Erlass der Maßnahme nachgewiesen werden
muss, schreibt das KSÜ ausdrücklich nicht vor. Damit ist jede Art des Nachweises, dass eine bestimmte
Maßnahme ergangen ist, möglich. Der Bericht von *Lagarde* nennt als Beispiel ein Telefax.[295]

C. Gründe die Anerkennung zu versagen, Abs. 2

Die Versagungsgründe werden in Abs. 2 abschließend aufgezählt. Ein Vertragsstaat darf daher die Anerken-   **8**
nung nicht wegen eines anderen Grundes ablehnen.[296] Insbesondere kann die Anerkennung nicht deswegen
versagt werden, weil die entscheidende Behörde **Statusvorfragen** (Bestehen von Familien- oder Verwandt-
schaftsverhältnissen) nach seinem (Kollisions-)Recht anders beurteilt hat, als dies aus Sicht des Anerkennungsstaates zu beurteilen wäre.[297]

Die Versagungsgründe sind nicht zwingend, dh, es steht dem Vertragsstaat frei, die Entscheidung dennoch
anzuerkennen.[298] Ist in einem Vertragsstaat eine Entscheidung im sachlichen Anwendungsbereich des KSÜ

291 Staudinger/*Pirrung* KSÜ Vor Art. 23 Rn. D122.
292 Geimer/Schütze/*Gruber* Internationaler Rechtsver-
    kehr E 6 vor Rn. 6 Fn. 16; Staudinger/*Pirrung* KSÜ
    Art. 1 Rn. D 18.
293 Geimer/Schütze/*Gruber* Internationaler Rechtsver-
    kehr E 6 Vor Art. 23 Rn. 3; BeckOGK/*Markwardt*
    KSÜ Art. 23 Rn. 4; Rauscher EuZPR/EulP/*Hilbig-
    Lugani* KSÜ Art. 23 Rn. 4.
294 *Lagarde* Bericht Anm. 119; Staudinger/*Pirrung* KSÜ
    Art. 23 Rn. D 123.

295 *Lagarde* Bericht Anm. 120.
296 *Lagarde* Bericht Anm. 121; Rauscher EuZPR/EulP/
    Hilbig-Lugani KSÜ Art. 23 Rn. 9.
297 *Lagarde* Bericht Anm. 128; Staudinger/*Pirrung* KSÜ
    Art. 23 Rn. D 123.
298 BeckOGK/*Markwardt* KSÜ Art. 23 Rn. 8; Rauscher
    EuZPR/EulP/*Hilbig-Lugani* KSÜ Art. 23 Rn. 7; ein-
    schränkend für Deutschland Staudinger/*Pirrung*
    KSÜ Art. 23 Rn. D 124.

ergangen, das KSÜ aber aus anderen Gründen (räumlich-persönlicher oder zeitlicher Anwendungsbereich) nicht anwendbar, so richtet sich die Anerkennung nach dem autonomen Recht des Anerkennungsstaates.[299]

I. Unzuständigkeit, lit. a

9   Die Anerkennung kann versagt werden, wenn die Maßnahme von einer Behörde getroffen wurde, die nicht nach den Vorschriften des Kapitels II zuständig war. Anders als die EheVO 2003 in Art. 23 verzichtet das KSÜ damit nicht auf eine Überprüfung der Anerkennungszuständigkeit durch den Anerkennungsstaat. In Anbetracht dessen, dass hinsichtlich der Tatsachenfeststellungen eine Bindung nach Art. 25 besteht, entspricht dies aber dem für ein internationales Übereinkommen erreichbaren Standard.[300]

II. Verletzung des rechtlichen Gehörs des Kindes, lit. b

10   Lit. b findet seine Entsprechung in Art. 23 lit. b EheVO 2003. Die Anhörung des Kindes ist für die sachgerechte Wahrung der Kindesinteressen von großer Bedeutung. Ein entsprechendes Recht ist in Art. 12 der UN-Kinderrechtskonvention niedergelegt[301] und ergibt sich auch aus Art. 3–6, 9 f. des Europaratsübereinkommens über die Ausübung von Kinderrechten.[302] Einen Versagungsgrund stellt die fehlende Anhörung oder die fehlende Bestellung eines Vormunds oder Beistands, die der fehlenden Anhörung gleichgestellt ist,[303] aber nur dar, wenn dadurch gegen die wesentlichen Verfahrensgrundsätze des ersuchten Staates verstoßen wurde. Als Ausnahme wird daher im KSÜ ausdrücklich der dringende Fall genannt, bei dem im Kindesinteresse ein Eilverfahren geboten ist. Weitergehend wird man zumindest dann, wenn in einem entsprechenden inländischen Verfahren eine Anhörung des Kindes nicht zwingend erforderlich gewesen wäre, auch bei einer ausländischen Maßnahme, die ohne Anhörung des Kindes ergangen ist, kein Anerkennungshindernis annehmen können. Ferner kommt eine Verletzung iSd lit. b nicht in Betracht, wenn das Kind zu klein ist, um angehört zu werden.[304]

III. Verletzung des rechtlichen Gehörs eines Sorgeberechtigten, lit. c

11   Auch lit. c ist ein besonderer Fall des verfahrensrechtlichen ordre public. Sie entspricht im Wesentlichen Art. 23 lit. d EheVO 2003. Ein Anerkennungshindernis ergibt sich aus der fehlenden Anhörung der personensorgeberechtigten Person nur, wenn dies auch gerade von dieser Person in einem Antrag geltend gemacht wird.[305] Kein Anerkennungshindernis liegt vor, wenn es sich, wie in lit. c normiert, um einen dringenden Fall handelt, oder eine etwaige Verletzung iSd lit. c durch Einlegung eines Rechtsmittels geheilt wurde.[306]

IV. Ordre public, lit. d

12   Lit. d enthält die allgemeine ordre public Klausel in Bezug auf die Anerkennung einer ausländischen Maßnahme. In Anlehnung an Art. 24 des Haager Adoptionsübereinkommens wird ausdrücklich auf die Notwendigkeit hingewiesen, dabei das Kindeswohl zu berücksichtigen.

13   Bei den Regelungen zum ordre public in lit. b bis d fällt auf, dass eine allgemeine Regelung zum verfahrensrechtlichen ordre public, anders als etwa in Art. 23 lit. c EheVO 2003, fehlt. Lit. b und c regeln nur das rechtliche Gehör des Kindes und von Personen, deren elterliche Verantwortung beeinträchtigt sein könnte. Da der Begriff der elterlichen Verantwortung weit zu verstehen ist, werden auch dritte Personen erfasst, denen wie etwa nach § 1685 BGB ein Besuchs- und Umgangsrecht mit dem Kind zusteht (→ Art. 1 Rn. 5). Im Ergebnis erfassen lit. b und c alle denkbaren Fälle der Verletzung des rechtlichen Gehörs.[307]

299 *Lagarde* Bericht Anm. 122.
300 Staudinger/*Pirrung* KSÜ Art. 23 Rn. D 125.
301 Darauf nimmt *Lagarde* Bericht Anm. 123 ausdrücklich Bezug.
302 V. 25.1.1996; BGBl. 2001 II 1074, 2003 II, 2167.
303 Staudinger/*Pirrung* KSÜ Art. 23 Rn. D 126; BeckOGK/*Markwardt* KSÜ Art. 23 Rn. 14.
304 OLG München FamRZ 2015, 777 (780): zwei Jahre altes Kind (aus anderen Gründen aufgehoben durch BGH BeckRS 2016,5225); OLG Brandenburg BeckRS2015, 125195: drei Jahre altes Kind; Anhörung

bei einem siebenjährigen Kind wohl geboten, vgl. OLG Naumburg BeckRS 2018, 36702.
305 Staudinger/*Pirrung* KSÜ Art. 23 Rn. D 127; Rauscher EuZPR/EulP/*Hilbig-Lugani* KSÜ Art. 23 Rn. 18.
306 OLG München FamRZ 2015, 777 (780) (aus anderen Gründen aufgehoben durch BGH BeckRS 2016, 5225).
307 S. *Siehr* RabelsZ 62 (1998) 464, 493; Geimer/Schütze/*Gruber* Internationaler Rechtsverkehr E 6 KSÜ Art. 23 Rn. 5.

V. Unvereinbarkeit mit Maßnahme aus anderen Staaten, lit. e

1. Maßnahmen aus einem Nichtvertragsstaat. Lit. e regelt den Konflikt zwischen der anzuerkennenden Maßnahme aus einem Vertragsstaat mit einer Maßnahme, die später in einem Nichtvertragsstaat erlassen wurde, in dem das Kind seinen gewöhnlichen Aufenthalt hat. Der Grund für den Vorrang besteht darin, dass das betroffene Kind dort seinen gewöhnlichen Aufenthalt hat. Die Behörde im Aufenthaltsstaat steht dem Kind daher näher und erscheint geeigneter, das Wohl des Kindes zu beurteilen.[308] Dieser Vorrang gilt nur für zeitlich später ergangene Maßnahmen, wenn das Kind im Zeitpunkt des Erlasses der Maßnahme im Entscheidungsstaat seinen gewöhnlichen Aufenthalt hatte. Weitere Voraussetzung ist, dass die Maßnahme aus dem Nichtvertragsstaat in dem ersuchten Staat anzuerkennen ist. Dies richtet sich nach autonomem Recht des ersuchten Staates bzw. nach etwaigen vorrangigen völkerrechtlichen Vereinbarungen mit dem Nichtvertragsstaat.   **14**

2. Maßnahmen aus einem anderen Vertragsstaat. Nicht ausdrücklich geregelt wird in lit. e der Fall, dass die anzuerkennende Maßnahme mit einer Maßnahme aus einem anderen Vertragsstaat oder dem Anerkennungsstaat selbst unvereinbar ist. Für diesen Konflikt ist aber auf den allgemeinen Grundsatz des KSÜ abzustellen, nach dem Maßnahmen grundsätzlich jederzeit abänderbar sind und daher immer die jüngste ergangene Maßnahme maßgeblich ist.[309]   **15**

Art. 24 KSÜ [Entscheidung über Anerkennung/Nichtanerkennung von Maßnahmen]

[1]**Unbeschadet des Artikels 23 Absatz 1 kann jede betroffene Person bei den zuständigen Behörden eines Vertragsstaats beantragen, dass über die Anerkennung oder Nichtanerkennung einer in einem anderen Vertragsstaat getroffenen Maßnahme entschieden wird.** [2]**Das Verfahren bestimmt sich nach dem Recht des ersuchten Staates.**

Feststellungen zur Anerkennung ausländischer Maßnahmen, die inzident erfolgen, haben keine Bindungswirkung für andere Verfahren, in denen sich die Wirksamkeit der im Ausland angeordneten Maßnahme ebenfalls stellt. Die Voraussetzungen der Anerkennung müssten daher in jedem Verfahren erneut dargelegt und geprüft werden. Außerdem kann für die Betroffenen im Vorfeld eines konkreten Verfahrens das Bedürfnis bestehen, klären zu lassen, ob eine ausländische Maßnahme im Inland wirksam ist.[310] Art. 24 verpflichtet daher die Vertragsstaaten, die Möglichkeit zu schaffen, dass eine bindende Entscheidung über die Anerkennung oder Nichtanerkennung getroffen werden kann.   **1**

Der Vorbehalt zugunsten von Art. 23 Abs. 1 stellt klar, dass die Feststellung nur klarstellender Natur ist. Liegen die Voraussetzungen von Art. 23 vor, entfaltet die ausländische Entscheidung unmittelbar und sofort Wirkung im Anerkennungsstaat und nicht etwa erst nach Erlass einer positiven Feststellungsentscheidung.   **2**

Art. 24 verpflichtet nur dazu, ein Verfahren zur Feststellung der Anerkennung einer ausländischen Maßnahme vorzusehen. Es schreibt ein solches Verfahren nicht vor für die Feststellung der ex lege eintretenden Rechtslage, etwa zur elterlichen Verantwortung, nach dem aufgrund von Art. 16 anwendbaren Recht im Land des gewöhnlichen Aufenthalts des Kindes.[311]   **3**

Antragsberechtigt ist nach Art. 24 jede betroffene Person. Dies kann das Kind selbst, jeder Träger der elterlichen Verantwortung, der durch die Maßnahme betroffen ist, aber auch eine dritte Person sein. Dritter kann eine Person sein, die in einem familienrechtlichen Verhältnis zu dem Kind steht und durch die Maßnahme in seiner Beziehung zu dem Kind, etwa Umgangs- und Besuchsrechten, betroffen ist. Möglich ist aber auch, dass ein Dritter in Bezug auf mit dem Kind abgeschlossene oder abzuschließende Rechtsgeschäfte die gesetzliche Vertretung des Kindes klären lassen möchte.[312] An das Rechtsschutzbedürfnis sind keine hohen Anforderungen zu stellen. Es besteht sicher dann, wenn sich die Frage der Anerkennung in einem konkret bevorstehenden Verfahren stellt oder wenn weitere Verfahren zu erwarten sind, in denen es auf die Anerkennung ankommt.[313]   **4**

---

308 *Lagarde* Bericht Anm. 126; Rauscher EuZPR/EuIP/ *Hilbig-Lugani* KSÜ Art. 23 Rn. 25.

309 BeckOGK/Markwardt KSÜ Art. 23 Rn. 21; s. dazu auch Rauscher EuZPR/EuIP/*Rauscher* Brüssel IIa-VO Art. 23 Rn. 22 f.

310 *Lagarde* Bericht Anm. 129; Rauscher EuZPR/EuIP/ *Hilbig-Lugani* KSÜ Art. 24 Rn. 1.

311 *Lagarde* Bericht Anm. 130 aE.

312 Staudinger/*Pirrung* KSÜ Art. 24 Rn. D 132; BeckOGK/*Markwardt* KSÜ Art. 24 Rn. 8.

313 BeckOGK/*Markwardt* KSÜ Art. 24 Rn. 5–7.

5   Nach S. 2 bestimmt das Recht des anerkennenden Staates die Zuständigkeit und das Verfahren für diese Feststellung. Das Verfahren kann kontradiktorisch ausgestaltet sein und muss anders als das Verfahren zur Vollstreckbarerklärung nach Art. 26 Abs. 2 nicht möglichst einfach und schnell ausgestaltet sein.[314]

Der deutsche Gesetzgeber hat das Anerkennungsverfahren in § 32 IntFamRVG geregelt.[315]

Art. 25 KSÜ [Tatsachenfeststellung]

Die Behörde des ersuchten Staates ist an die Tatsachenfeststellungen gebunden, auf welche die Behörde des Staates, in dem die Maßnahme getroffen wurde, ihre Zuständigkeit gestützt hat.

1   Das Gericht oder die Behörde des Anerkennungsstaates ist bei der Überprüfung der internationalen Zuständigkeit nach Art. 23 Abs. 2 lit. a an die Tatsachenfeststellungen gebunden, auf welche die entscheidende Behörde ihre Zuständigkeit nach dem KSÜ gestützt hat. Ähnliche Regelungen sind auch in anderen Instrumenten zur Anerkennung ausländischer Entscheidungen enthalten (s. etwa Art. 27 Haager Unterhaltsübereinkommen 2007).

2   **Zweck** der Regelung ist es, bei der Anerkennung eine erneute Tatsachenfeststellung für die Zuständigkeitsfragen zu vermeiden. So wird auch verhindert, dass das Verfahren, in dem über die Anerkennung entschieden wird, durch neue Tatsachenbehauptungen verschleppt wird.[316]

3   Die Bindung besteht nur für die **Feststellung der Tatsachen**, auf deren Grundlage sich die Zuständigkeit nach dem KSÜ ergibt. Keine Bindung besteht für die in der Subsumtion liegende rechtliche Bewertung. Die Abgrenzung kann im Einzelfall schwierig sein. Sicher eine Tatsachenfeststellung ist es etwa, wie lange sich das Kind in einem Staat bereits aufhält und seit wann es dort die Schule besucht. Fraglich könnte dies aber für die Feststellung sein, dass das Kind sich in dem neuen Land sozial integriert hat und dort seinen Lebensmittelpunkt hat.

4   Teilweise wird davon ausgegangen, dass im Anerkennungsstaat überprüft werden kann, ob die entscheidende Behörde unzutreffenderweise aus diesen Tatsachen auf einen gewöhnlichen Aufenthalt geschlossen hat, weil ihre Bewertung etwa von falschen Voraussetzungen in Bezug auf die nötige Dauer des Aufenthalts ausgegangen ist.[317]

5   Besser erscheint es aber, auch die soziale Integration des Kindes als solche und die Frage, wo das Kind seinen Lebensmittelpunkt hat, als Tatsachenfeststellung anzusehen.[318] Eine Bindung besteht danach nicht nur für die zugrunde liegenden Indiztatsachen, wie Aufenthaltsdauer, Anzahl und Art von sozialen Kontakten, sondern auch für die aufgrund einer wertenden Betrachtung erfolgte Feststellung der sozialen Integration des Kindes. Überprüfbar ist danach nur, ob die entscheidende Behörde von einem fehlerhaften Verständnis des Begriffs des gewöhnlichen Aufenthalts ausgegangen ist.

6   Keine Bindungswirkung kann auf der anderen Seite die bloße Feststellung entfalten, dass das Kind seinen gewöhnlichen Aufenthalt in einem Land habe, wenn dies ohne Nennung der Tatsachengrundlagen und ohne Subsumtion unter den Begriff des gewöhnlichen Aufenthalts erfolgt.[319]

7   Überprüfbar wäre auch, ob die entscheidende Behörde zu Recht davon ausgegangen ist, dass alle personensorgeberechtigten Personen dem Aufenthaltswechsel zugestimmt hatten, sofern es darauf mangels bereits erfolgter sozialer Integration für die Begründung des gewöhnlichen Aufenthalts des Kindes ankommt.

8   Für ein weites Verständnis der Tatsachenfeststellung spricht, dass bei der Erarbeitung des KSÜ Einigkeit darüber bestand, dass die **Feststellung des Kindeswohls** in Art. 8 Abs. 4, Art. 9 Abs. 1 und Art. 10 Abs. 1 lit. b nicht nachprüfbar sein soll.[320]

Art. 26 KSÜ [Vollstreckbarerklärung]

(1) Erfordern die in einem Vertragsstaat getroffenen und dort vollstreckbaren Maßnahmen in einem anderen Vertragsstaat Vollstreckungshandlungen, so werden sie in diesem anderen Staat auf Antrag

---

314   *Lagarde* Bericht Anm. 130.
315   S. dazu näher BeckOGK/*Markwardt* KSÜ Art. 24 Rn. 11.
316   So zu Art. 45 Abs. 2 EuGVO Rauscher EuZPR/EuIP/ *Leible* Brüssel Ia-VO Art. 45 Rn. 84.
317   Staudinger/*Pirrung* KSÜ Art. 25 Rn. D 134.

318   Dafür anscheinend auch Geimer/Schütze/*Gruber* Internationaler Rechtsverkehr E 6 Art. 25 Rn. 1; nicht eindeutig *Lagarde* Bericht Anm. 131.
319   In diesem Sinn auch Geimer/Schütze/*Gruber* Internationaler Rechtsverkehr E 6 Art. 25 Rn. 1.
320   *Lagarde* Bericht Anm. 131; dafür auch Staudinger/ *Pirrung* KSÜ Art. 25 Rn. D 134.

jeder betroffenen Partei nach dem im Recht dieses Staates vorgesehenen Verfahren für vollstreckbar erklärt oder zur Vollstreckung registriert.

(2) Jeder Vertragsstaat wendet auf die Vollstreckbarerklärung oder die Registrierung ein einfaches und schnelles Verfahren an.

(3) Die Vollstreckbarerklärung oder die Registrierung darf nur aus einem der in Artikel 23 Absatz 2 vorgesehenen Gründe versagt werden.

Für die Vollstreckung einer ausländischen Maßnahme kann jeder Vertragsstaat weiterhin vorsehen, dass die **1** Maßnahme in einem inländischen Verfahren für vollstreckbar erklärt oder zur Vollstreckung registriert wird. Der Verzicht auf ein Verfahren zur Vollstreckbarerklärung, wie er in der EheVO 2003 enthalten ist, konnte in einem internationalen Übereinkommen mit potenziell weltweiter Verbreitung nicht aufgenommen werden.

Voraussetzung für die Vollstreckbarerklärung ist, dass die Maßnahme inhaltlich vollstreckungsfähig ist. **2** Dies wird sich meist aus dem Wortlaut der Entscheidung selbst ergeben.[321] Dies ist etwa bei Anordnungen über die Herausgabe des Kindes der Fall. Außerdem muss die ausländische Entscheidung nach dem Recht des Entscheidungsstaates vollstreckbar sein.

Anerkennung der Maßnahme nach Art. 23 ist selbstverständliche Voraussetzung für eine Vollstreckung. **3** **Abs. 3** stellt klar, dass auch für die Vollstreckung die Anerkennung nur aufgrund der in Art. 23 Abs. 2 abschließend genannten **Versagungsgründe** verweigert werden darf.[322]

Allerdings kann sich aus einer Veränderung der Verhältnisse seit dem Erlass der Maßnahme ergeben, dass sie nicht mehr vollstreckt werden kann. Ausgangspunkt der Überlegungen ist allerdings, dass eine Veränderung der Verhältnisse die Wirksamkeit und die Anerkennungsfähigkeit einer Maßnahme grundsätzlich unberührt lässt (s. Art. 14). Möglich ist aber, dass aufgrund der veränderten Verhältnisse der Bedarf entsteht, eine neue geänderte Maßnahme zu treffen. Eine solche Änderung ist möglich und lässt, wenn sie erfolgt, die frühere Maßnahme entfallen (→ Art. 14 Rn. 2).

Hingegen entfällt die Vollstreckbarkeit nicht bereits, wenn nur ein Antrag auf Abänderung gestellt und ein **4** solches Verfahren nur anhängig, aber noch nicht zum Abschluss gekommen ist. Ansonsten könnte die Vollstreckung durch Abänderungsanträge verhindert oder verzögert werden. Möglich ist, dass die mit dem Abänderungsantrag befasste Behörde eine Eilentscheidung trifft, die als neuere Maßnahme vorgeht und damit die weitere Anerkennung und die Vollstreckung der früheren ausländischen Maßnahme entfallen lässt.

Die Vollstreckbarkeit kann auch ohne eine solche neue Maßnahme entfallen, wenn die Anordnung gegen- **5** standslos geworden ist, etwa das Kind mittlerweile 18 Jahre alt ist oder der Elternteil, an den das Kind herausgegeben werden soll, nicht mehr lebt.[323]

Das **Verfahren** für die Vollstreckbarkeitserklärung oder Registrierung der Vollstreckbarkeit bestimmt sich **6** nach dem Recht des Vertragsstaates. **Abs. 2** verlangt insoweit nur, dass ein einfaches und schnelles Verfahren angewandt wird. Konkrete zeitliche Vorgaben wie in Art. 11 Abs. 2 HKÜ ergeben sich daraus nicht.[324] Auch muss das Verfahren nicht zwingend einseitig, sondern kann auch kontradiktorisch angelegt sein.[325]

Art. 27 KSÜ [Überprüfung]

Vorbehaltlich der für die Anwendung der vorstehenden Artikel erforderlichen Überprüfung darf die getroffene Maßnahme in der Sache selbst nicht nachgeprüft werden.

Bei Art. 27 handelt es sich um eine Standardklausel in Übereinkommen über die Anerkennung und Vollstre- **1** ckung von Entscheidungen.[326] Er hat vor allem klarstellende Funktion. Bei Anerkennung und Vollstreckung darf keine Überprüfung der anzuerkennenden Entscheidung in der Sache selbst (révision au fond) erfolgen. Dies ergibt sich bereits aus der abschließenden Aufzählung der Versagungsgründe in Art. 23 Abs. 2 und der Bestimmung in Art. 26 Abs. 3.

Art. 27 enthält kein Verbot abändernder Maßnahmen durch eine zuständige Behörde des Anerkennungsstaa- **2** tes. Die zuständige Behörde trifft eine solche Entscheidung unter Anwendung des eigenen Rechts. Insoweit

321 Staudinger/*Pirrung* KSÜ Art. 26 Rn. D 136;   324 Staudinger/*Pirrung* KSÜ Art. 26 Rn. D 141.
     BeckOGK/*Markwardt* KSÜ Art. 26 Rn. 4.   325 Staudinger/*Pirrung* KSÜ Art. 26 Rn. D 141; Rau-
322 *Roth/Döring* öst. JBl 1999, 758 (770); Staudinger/   scher EuZPR/EulP/*Hilbig-Lugani* Art. 26 KSÜ Rn. 8.
     Pirrung Art. 26 KSÜ Rn. D 135.   326 *Lagarde* Bericht Anm. 132.
323 Staudinger/*Pirrung* KSÜ Art. 26 Rn. D 142;
     BeckOGK/*Markwardt* KSÜ Art. 26 Rn. 13.

stellt sich die Frage, ob eine Abänderung auch dann möglich ist, wenn sich die Verhältnisse nicht verändert haben.

3 Bei unveränderten tatsächlichen Verhältnissen kann das Gericht nur dann zu einem anderen Ergebnis kommen, wenn das nun anwendbare eigene Recht einen anderen Inhalt hat oder wenn das Gericht eine andere Bewertung der Tatsachenlage vornimmt. Gegen die Möglichkeit, in einem solchen Fall eine abändernde neue Maßnahme zu erlassen, kann angeführt werden, dass dies einer an sich unzulässigen sachlichen Überprüfung der ausländischen Maßnahme im Anerkennungsstaat gleichkommt.[327] Sie erfolgt nur nicht unmittelbar in dem Verfahren, in dem über die Anerkennung oder Vollstreckung entschieden wird, sondern in einem gesondert zu beantragenden Verfahren.

4 Für die Zulassung abändernder Maßnahmen spricht aber entscheidend, dass die Behörden im Anerkennungsstaat nicht gehindert sein sollten, eine zum Schutz des Kindes für notwendig erachtete Maßnahme erlassen zu können. In der Praxis würden die Behörden ansonsten versuchen, sich den Spielraum für den Erlass einer als notwendig erachteten neuen eigenen Maßnahme dadurch zu verschaffen, dass eine Tatsachenänderung angenommen wird.[328]

Art. 28 KSÜ [Vollstreckung]

[1]Die in einem Vertragsstaat getroffenen und in einem anderen Vertragsstaat für vollstreckbar erklärten oder zur Vollstreckung registrierten Maßnahmen werden dort vollstreckt, als seien sie von den Behörden dieses anderen Staates getroffen worden. [2]Die Vollstreckung richtet sich nach dem Recht des ersuchten Staates unter Beachtung der darin vorgesehenen Grenzen, wobei das Wohl des Kindes zu berücksichtigen ist.

1 Angeordnet wird die Gleichstellung einer ausländischen Maßnahme mit einer vergleichbaren inländischen Maßnahme im Hinblick auf die Durchführung der Vollstreckung. Die Vollstreckung einer ausländischen Maßnahme darf im Vergleich zur Vollstreckung einer entsprechenden inländischen Maßnahme nicht von weitergehenden Voraussetzungen abhängig gemacht oder zusätzlichen Beschränkungen unterworfen werden. Auf der anderen Seite kann die Vollstreckung aber aus den gleichen Gründen versagt werden, aus denen dies bei einer inländischen Maßnahme möglich wäre. Ein Beispiel ist eine Regelung des Anerkennungsstaates, nach dem von der Vollstreckung einer Herausgabeanordnung abzusehen ist, wenn sich das Kind, das bereits über eine gewisse Reife verfügt, dem widersetzt.[329]

2 In Deutschland wird daher auch eine ausländische Anordnung zur Herausgabe des Kindes zur Ausübung des Umgangsrechts aufgrund der Regelung in § 90 Abs. 2 S. 1 FamFG nicht durch Gewaltanordnung gegen das Kind vollstreckt werden können.[330]

Kapitel V

Zusammenarbeit

Art. 29 KSÜ [Zentrale Behörde]

(1) Jeder Vertragsstaat bestimmt eine Zentrale Behörde, welche die ihr durch dieses Übereinkommen übertragenen Aufgaben wahrnimmt.

(2) [1]Einem Bundesstaat, einem Staat mit mehreren Rechtssystemen oder einem Staat, der aus autonomen Gebietseinheiten besteht, steht es frei, mehrere Zentrale Behörden zu bestimmen und deren räumliche und persönliche Zuständigkeit festzulegen. [2]Macht ein Staat von dieser Möglichkeit Gebrauch, so bestimmt er die Zentrale Behörde, an welche Mitteilungen zur Übermittlung an die zuständige Zentrale Behörde in diesem Staat gerichtet werden können.

1 Durch Art. 29 ff. wird ein System der Zusammenarbeit eingeführt, das vor allem auf der Einrichtung von zentralen Behörden beruht, wie dies bereits in anderen Haager Konventionen, vor allem dem Adoptionsübereinkommen und dem HKÜ, erprobt wurde.

---

327 *Mansel* IPRax 1987, 298 (301); Geimer/Schütze/ *Gruber* Internationaler Rechtsverkehr E 6 Art. 27 Rn. 2 Fn. 219.

328 Für die entsprechende Regelung in der EheVO 2003 Rauscher EuZPR/EulP/*Rauscher* Brüssel IIa-VO

Art. 26 Rn. 5 f. (Begründungsakrobatik); zum ESÜ Staudinger/von *Hein* KSÜ Art. 26 Rn. 2.

329 *Lagarde* Bericht Anm. 134.

330 Staudinger/*Pirrung* KSÜ Art. 28 Rn. D 145; Rauscher EuZPR/EulP/*Hilbig-Lugani* KSÜ Art. 28 Rn. 3.

Art. 30 KSÜ [Zusammenarbeit der Zentralen Behörden]

(1) Die Zentralen Behörden arbeiten zusammen und fördern die Zusammenarbeit der zuständigen Behörden ihrer Staaten, um die Ziele dieses Übereinkommens zu verwirklichen.

(2) Im Zusammenhang mit der Anwendung dieses Übereinkommens treffen sie die geeigneten Maßnahmen, um Auskünfte über das Recht ihrer Staaten sowie die in ihren Staaten für den Schutz von Kindern verfügbaren Dienste zu erteilen.

Art. 31 KSÜ [Aufgaben der Zentralen Behörden]

Die Zentrale Behörde eines Vertragsstaats trifft unmittelbar oder mit Hilfe staatlicher Behörden oder sonstiger Stellen alle geeigneten Vorkehrungen, um

a) die Mitteilungen zu erleichtern und die Unterstützung anzubieten, die in den Artikeln 8 und 9 und in diesem Kapitel vorgesehen sind;

b) durch Vermittlung, Schlichtung oder ähnliche Mittel gütliche Einigungen zum Schutz der Person oder des Vermögens des Kindes bei Sachverhalten zu erleichtern, auf die dieses Übereinkommen anzuwenden ist;

c) auf Ersuchen der zuständigen Behörde eines anderen Vertragsstaats bei der Ermittlung des Aufenthaltsorts des Kindes Unterstützung zu leisten, wenn der Anschein besteht, dass das Kind sich im Hoheitsgebiet des ersuchten Staates befindet und Schutz benötigt.

Art. 32 KSÜ [Lagebericht; Prüfung auf Notwendigkeit von Schutzmaßnahmen]

Auf begründetes Ersuchen der Zentralen Behörde oder einer anderen zuständigen Behörde eines Vertragsstaats, zu dem das Kind eine enge Verbindung hat, kann die Zentrale Behörde des Vertragsstaats, in dem das Kind seinen gewöhnlichen Aufenthalt hat und in dem es sich befindet, unmittelbar oder mit Hilfe staatlicher Behörden oder sonstiger Stellen

a) einen Bericht über die Lage des Kindes erstatten;

b) die zuständige Behörde ihres Staates ersuchen zu prüfen, ob Maßnahmen zum Schutz der Person oder des Vermögens des Kindes erforderlich sind.

Art. 33 KSÜ [Unterbringung oder Betreuung]

(1) [1]Erwägt die nach den Artikeln 5 bis 10 zuständige Behörde die Unterbringung des Kindes in einer Pflegefamilie oder einem Heim oder seine Betreuung durch Kafala oder eine entsprechende Einrichtung und soll es in einem anderen Vertragsstaat untergebracht oder betreut werden, so zieht sie vorher die Zentrale Behörde oder eine andere zuständige Behörde dieses Staates zu Rate. [2]Zu diesem Zweck übermittelt sie ihr einen Bericht über das Kind und die Gründe ihres Vorschlags zur Unterbringung oder Betreuung.

(2) Die Entscheidung über die Unterbringung oder Betreuung kann im ersuchenden Staat nur getroffen werden, wenn die Zentrale Behörde oder eine andere zuständige Behörde des ersuchten Staates dieser Unterbringung oder Betreuung zugestimmt hat, wobei das Wohl des Kindes zu berücksichtigen ist.

Art. 34 KSÜ [Informationsersuchen]

(1) Wird eine Schutzmaßnahme erwogen, so können die nach diesem Übereinkommen zuständigen Behörden, sofern die Lage des Kindes dies erfordert, jede Behörde eines anderen Vertragsstaats, die über sachdienliche Informationen für den Schutz des Kindes verfügt, ersuchen, sie ihnen mitzuteilen.

(2) Jeder Vertragsstaat kann erklären, dass Ersuchen nach Absatz 1 seinen Behörden nur über seine Zentrale Behörde zu übermitteln sind.

Art. 35 KSÜ [Hilfeersuchen; Eignung zum persönlichen Umgang]

(1) Die zuständigen Behörden eines Vertragsstaats können die Behörden eines anderen Vertragsstaats ersuchen, ihnen bei der Durchführung der nach diesem Übereinkommen getroffenen Schutzmaßnahmen Hilfe zu leisten, insbesondere um die wirksame Ausübung des Rechts auf persönlichen Verkehr[331] sowie des Rechts sicherzustellen, regelmäßige unmittelbare Kontakte aufrechtzuerhalten.

(2) [1]Die Behörden eines Vertragsstaats, in dem das Kind keinen gewöhnlichen Aufenthalt hat, können auf Antrag eines Elternteils, der sich in diesem Staat aufhält und der ein Recht auf persönlichen Verkehr[332] zu erhalten oder beizubehalten wünscht, Auskünfte oder Beweise einholen und Feststellungen über die Eignung dieses Elternteils zur Ausübung des Rechts auf persönlichen Verkehr[333] und die Bedingungen seiner Ausübung treffen. [2]Eine Behörde, die nach den Artikeln 5 bis 10 für die Entscheidung über das Recht auf persönlichen Verkehr[334] zuständig ist, hat vor ihrer Entscheidung diese Auskünfte, Beweise und Feststellungen zuzulassen und zu berücksichtigen.

(3) Eine Behörde, die nach den Artikeln 5 bis 10 für die Entscheidung über das Recht auf persönlichen Verkehr[335] zuständig ist, kann das Verfahren bis zum Vorliegen des Ergebnisses des in Absatz 2 vorgesehenen Verfahrens aussetzen, insbesondere wenn bei ihr ein Antrag auf Änderung oder Aufhebung des Rechts auf persönlichen Verkehr[336] anhängig ist, das die Behörden des Staates des früheren gewöhnlichen Aufenthalts des Kindes eingeräumt haben.

(4) Dieser Artikel hindert eine nach den Artikeln 5 bis 10 zuständige Behörde nicht, bis zum Vorliegen des Ergebnisses des in Absatz 2 vorgesehenen Verfahrens vorläufige Maßnahmen zu treffen.

Art. 36 KSÜ [Schwere Gefahr]

Ist das Kind einer schweren Gefahr ausgesetzt, so benachrichtigen die zuständigen Behörden des Vertragsstaats, in dem Maßnahmen zum Schutz dieses Kindes getroffen wurden oder in Betracht gezogen werden, sofern sie über den Wechsel des Aufenthaltsorts in einen anderen Staat oder die dortige Anwesenheit des Kindes unterrichtet sind, die Behörden dieses Staates von der Gefahr und den getroffenen oder in Betracht gezogenen Maßnahmen.

Art. 37 KSÜ [Informationen zum Nachteil des Kindes]

Eine Behörde darf nach diesem Kapitel weder um Informationen ersuchen noch solche erteilen, wenn dadurch nach ihrer Auffassung die Person oder das Vermögen des Kindes in Gefahr geraten könnte oder die Freiheit oder das Leben eines Familienangehörigen des Kindes ernsthaft bedroht würde.

Art. 38 KSÜ [Kostentragung]

(1) Unbeschadet der Möglichkeit, für die erbrachten Dienstleistungen angemessene Kosten zu verlangen, tragen die Zentralen Behörden und die anderen staatlichen Behörden der Vertragsstaaten die Kosten, die ihnen durch die Anwendung dieses Kapitels entstehen.

(2) Jeder Vertragsstaat kann mit einem oder mehreren anderen Vertragsstaaten Vereinbarungen über die Kostenaufteilung treffen.

Art. 39 [Erleichterung]

[1]Jeder Vertragsstaat kann mit einem oder mehreren anderen Vertragsstaaten Vereinbarungen treffen, um die Anwendung dieses Kapitels in ihren gegenseitigen Beziehungen zu erleichtern. [2]Die Staa-

---

331 Für Deutschland: des Rechts zum persönlichen Umgang.

332 Für Deutschland: ein Recht zum persönlichen Umgang.

333 Für Deutschland: des Rechts zum persönlichen Umgang.

334 Für Deutschland: das Recht zum persönlichen Umgang.

335 Für Deutschland: des Rechts zum persönlichen Umgang.

336 Für Deutschland: des Rechts zum persönlichen Umgang.

ten, die solche Vereinbarungen getroffen haben, übermitteln dem Depositar[337] dieses Übereinkommens eine Abschrift.

Kapitel VI
Allgemeine Bestimmungen

Art. 40 KSÜ [Berechtigungsbescheinigung]

(1) Die Behörden des Vertragsstaats, in dem das Kind seinen gewöhnlichen Aufenthalt hat oder in dem eine Schutzmaßnahme getroffen wurde, können dem Träger der elterlichen Verantwortung oder jedem, dem der Schutz der Person oder des Vermögens des Kindes anvertraut wurde, auf dessen Antrag eine Bescheinigung über seine Berechtigung zum Handeln und die ihm übertragenen Befugnisse ausstellen.

(2) Die Richtigkeit der Berechtigung zum Handeln und der Befugnisse, die bescheinigt sind, wird bis zum Beweis des Gegenteils vermutet.

(3) Jeder Vertragsstaat bestimmt die für die Ausstellung der Bescheinigung zuständigen Behörden.

Art. 41 KSÜ [Datenschutz]

Die nach diesem Übereinkommen gesammelten oder übermittelten personenbezogenen Daten dürfen nur für die Zwecke verwendet werden, zu denen sie gesammelt oder übermittelt wurden.

Art. 42 KSÜ [Vertrauliche Behandlung]

Behörden, denen Informationen übermittelt werden, stellen nach dem Recht ihres Staates deren vertrauliche Behandlung sicher.

Art. 43 KSÜ [Beglaubigungsbefreiung]

Die nach diesem Übereinkommen übermittelten oder ausgestellten Schriftstücke sind von jeder Beglaubigung[338] oder entsprechenden Förmlichkeit befreit.

Art. 44 KSÜ [Ersuchende Behörden]

Jeder Vertragsstaat kann die Behörden bestimmen, an die Ersuchen nach den Artikeln 8, 9 und 33 zu richten sind.

Art. 45 KSÜ [Mitteilung der Behörden]

(1) Die nach den Artikeln 29 und 44 bestimmten Behörden werden dem Ständigen Büro der Haager Konferenz für Internationales Privatrecht mitgeteilt.

(2) Die Erklärung nach Artikel 34 Absatz 2 wird gegenüber dem Depositar[339] dieses Übereinkommens abgegeben.

Art. 46 KSÜ [Kollisionen]

Ein Vertragsstaat, in dem verschiedene Rechtssysteme oder Gesamtheiten von Regeln für den Schutz der Person und des Vermögens des Kindes gelten, muss die Regeln dieses Übereinkommens nicht auf Kollisionen anwenden, die allein zwischen diesen verschiedenen Rechtssystemen oder Gesamtheiten von Regeln bestehen.

---

337 Für Deutschland: Verwahrer.
338 Für Deutschland: Legalisation.
339 Für Deutschland: Verwahrer.

Art. 47 KSÜ [Vorrangige Gebietseinheit]

Gelten in einem Staat in Bezug auf die in diesem Übereinkommen geregelten Angelegenheiten zwei oder mehr Rechtssysteme oder Gesamtheiten von Regeln in verschiedenen Gebietseinheiten, so ist jede Verweisung

1. auf den gewöhnlichen Aufenthalt in diesem Staat als Verweisung auf den gewöhnlichen Aufenthalt in einer Gebietseinheit zu verstehen;
2. auf die Anwesenheit des Kindes in diesem Staat als Verweisung auf die Anwesenheit des Kindes in einer Gebietseinheit zu verstehen;
3. auf die Belegenheit des Vermögens des Kindes in diesem Staat als Verweisung auf die Belegenheit des Vermögens des Kindes in einer Gebietseinheit zu verstehen;
4. auf den Staat, dem das Kind angehört, als Verweisung auf die von dem Recht dieses Staates bestimmte Gebietseinheit oder, wenn solche Regeln fehlen, als Verweisung auf die Gebietseinheit zu verstehen, mit der das Kind die engste Verbindung hat;
5. auf den Staat, bei dessen Behörden ein Antrag auf Scheidung, Trennung, Aufhebung oder Nichtigerklärung der Ehe der Eltern des Kindes anhängig ist, als Verweisung auf die Gebietseinheit zu verstehen, bei deren Behörden ein solcher Antrag anhängig ist;
6. auf den Staat, mit dem das Kind eine enge Verbindung hat, als Verweisung auf die Gebietseinheit zu verstehen, mit der das Kind eine solche Verbindung hat;
7. auf den Staat, in den das Kind verbracht oder in dem es zurückgehalten wurde, als Verweisung auf die Gebietseinheit zu verstehen, in die das Kind verbracht oder in der es zurückgehalten wurde;
8. auf Stellen oder Behörden dieses Staates, die nicht Zentrale Behörden sind, als Verweisung auf die Stellen oder Behörden zu verstehen, die in der betreffenden Gebietseinheit handlungsbefugt sind;
9. auf das Recht, das Verfahren oder die Behörde des Staates, in dem eine Maßnahme getroffen wurde, als Verweisung auf das Recht, das Verfahren oder die Behörde der Gebietseinheit zu verstehen, in der diese Maßnahme getroffen wurde;
10. auf das Recht, das Verfahren oder die Behörde des ersuchten Staates als Verweisung auf das Recht, das Verfahren oder die Behörde der Gebietseinheit zu verstehen, in der die Anerkennung oder Vollstreckung geltend gemacht wird.

Art. 48 KSÜ [Recht der Gebietseinheit]

Hat ein Staat zwei oder mehr Gebietseinheiten mit eigenen Rechtssystemen oder Gesamtheiten von Regeln für die in diesem Übereinkommen geregelten Angelegenheiten, so gilt zur Bestimmung des nach Kapitel III anzuwendenden Rechts Folgendes:

a) Sind in diesem Staat Regeln in Kraft, die das Recht einer bestimmten Gebietseinheit für anwendbar erklären, so ist das Recht dieser Einheit anzuwenden;
b) fehlen solche Regeln, so ist das Recht der in Artikel 47 bestimmten Gebietseinheit anzuwenden.

Art. 49 KSÜ [Bestimmung der Rechte]

Hat ein Staat zwei oder mehr Rechtssysteme oder Gesamtheiten von Regeln, die auf verschiedene Personengruppen hinsichtlich der in diesem Übereinkommen geregelten Angelegenheiten anzuwenden sind, so gilt zur Bestimmung des nach Kapitel III anzuwendenden Rechts Folgendes:

a) Sind in diesem Staat Regeln in Kraft, die bestimmen, welches dieser Rechte anzuwenden ist, so ist dieses anzuwenden;
b) fehlen solche Regeln, so ist das Rechtssystem oder die Gesamtheit von Regeln anzuwenden, mit denen das Kind die engste Verbindung hat.

Art. 50 KSÜ [Weitergeltende Übereinkommen]

[1]Dieses Übereinkommen lässt das Übereinkommen vom 25. Oktober 1980 über die zivilrechtlichen Aspekte internationaler Kindesentführung im Verhältnis zwischen den Vertragsparteien beider Übereinkommen unberührt. [2]Einer Berufung auf Bestimmungen dieses Übereinkommens zu dem Zweck,

die Rückkehr eines widerrechtlich verbrachten oder zurückgehaltenen Kindes zu erwirken oder das Recht auf persönlichen Verkehr[340] durchzuführen, steht jedoch nichts entgegen.

Art. 51 KSÜ [Ersetzte Übereinkommen]

Im Verhältnis zwischen den Vertragsstaaten ersetzt dieses Übereinkommen das Übereinkommen vom 5. Oktober 1961 über die Zuständigkeit der Behörden und das anzuwendende Recht auf dem Gebiet des Schutzes von Minderjährigen und das am 12. Juni 1902 in Den Haag unterzeichnete Abkommen zur Regelung der Vormundschaft über Minderjährige, unbeschadet der Anerkennung von Maßnahmen, die nach dem genannten Übereinkommen vom 5. Oktober 1961 getroffen wurden.

Art. 52 KSÜ [Unberührtheit internationaler Übereinkünfte und Vereinbarungen]

(1) Dieses Übereinkommen lässt internationale Übereinkünfte unberührt, denen Vertragsstaaten als Vertragsparteien angehören und die Bestimmungen über die im vorliegenden Übereinkommen geregelten Angelegenheiten enthalten, sofern die durch eine solche Übereinkunft gebundenen Staaten keine gegenteilige Erklärung abgeben.

(2) Dieses Übereinkommen lässt die Möglichkeit unberührt, dass ein oder mehrere Vertragsstaaten Vereinbarungen treffen, die in Bezug auf Kinder mit gewöhnlichem Aufenthalt in einem der Staaten, die Vertragsparteien solcher Vereinbarungen sind, Bestimmungen über die in diesem Übereinkommen geregelten Angelegenheiten enthalten.

(3) Künftige Vereinbarungen eines oder mehrerer Vertragsstaaten über Angelegenheiten im Anwendungsbereich dieses Übereinkommens lassen im Verhältnis zwischen solchen Staaten und anderen Vertragsstaaten die Anwendung der Bestimmungen des Übereinkommens unberührt.

(4) Die Absätze 1 bis 3 gelten auch für Einheitsrecht, das auf besonderen Verbindungen insbesondere regionaler Art zwischen den betroffenen Staaten beruht.

Art. 53 KSÜ [Anwendung]

(1) Dieses Übereinkommen ist nur auf Maßnahmen anzuwenden, die in einem Staat getroffen werden, nachdem das Übereinkommen für diesen Staat in Kraft getreten ist.

(2) Dieses Übereinkommen ist auf die Anerkennung und Vollstreckung von Maßnahmen anzuwenden, die getroffen wurden, nachdem es im Verhältnis zwischen dem Staat, in dem die Maßnahmen getroffen wurden, und dem ersuchten Staat in Kraft getreten ist.

Art. 54 KSÜ [Sprachenregelung]

(1) Mitteilungen an die Zentrale Behörde oder eine andere Behörde eines Vertragsstaats werden in der Originalsprache zugesandt; sie müssen von einer Übersetzung in die Amtssprache oder eine der Amtssprachen des anderen Staates oder, wenn eine solche Übersetzung nur schwer erhältlich ist, von einer Übersetzung ins Französische oder Englische begleitet sein.

(2) Ein Vertragsstaat kann jedoch einen Vorbehalt nach Artikel 60 anbringen und darin gegen die Verwendung des Französischen oder Englischen, jedoch nicht beider Sprachen, Einspruch erheben.

Art. 55 KSÜ [Vorbehalt]

(1) Ein Vertragsstaat kann sich nach Artikel 60

a) die Zuständigkeit seiner Behörden vorbehalten, Maßnahmen zum Schutz des in seinem Hoheitsgebiet befindlichen Vermögens eines Kindes zu treffen;

---

340 Für Deutschland: das Recht zum persönlichen
      Umgang.

b) vorbehalten, die elterliche Verantwortung oder eine Maßnahme nicht anzuerkennen, soweit sie mit einer von seinen Behörden in Bezug auf dieses Vermögen getroffenen Maßnahme unvereinbar ist.

(2) Der Vorbehalt kann auf bestimmte Vermögensarten beschränkt werden.

Art. 56 KSÜ [Spezialkommission zur Prüfung]

Der Generalsekretär der Haager Konferenz für Internationales Privatrecht beruft in regelmäßigen Abständen eine Spezialkommission zur Prüfung der praktischen Durchführung dieses Übereinkommens ein.

Kapitel VII
Schlussbestimmungen

Art. 57 KSÜ [Unterzeichnung]

(1) Dieses Übereinkommen liegt für die Staaten, die zur Zeit der Achtzehnten Tagung der Haager Konferenz für Internationales Privatrecht Mitglied der Konferenz waren, zur Unterzeichnung auf.

(2) Es bedarf der Ratifikation, Annahme oder Genehmigung; die Ratifikations-, Annahme- oder Genehmigungsurkunden werden beim Ministerium für Auswärtige Angelegenheiten des Königreichs der Niederlande, dem Depositar[341] dieses Übereinkommens, hinterlegt.

Art. 58 KSÜ [Beitritt]

(1) Jeder andere Staat kann diesem Übereinkommen beitreten, sobald es nach Artikel 61 Absatz 1 in Kraft getreten ist.

(2) Die Beitrittsurkunde wird beim Depositar[342] hinterlegt.

(3) [1]Der Beitritt wirkt nur im Verhältnis zwischen dem beitretenden Staat und den Vertragsstaaten, die innerhalb von sechs Monaten nach Eingang der in Artikel 63 Buchstabe b vorgesehenen Notifikation keinen Einspruch gegen den Beitritt erhoben haben. [2]Nach dem Beitritt kann ein solcher Einspruch auch von jedem Staat in dem Zeitpunkt erhoben werden, in dem er dieses Übereinkommen ratifiziert, annimmt oder genehmigt. [3]Die Einsprüche werden dem Depositar[343] notifiziert.

Art. 59 KSÜ [Staaten mit mehreren Gebietseinheiten]

(1) Ein Staat, der aus zwei oder mehr Gebietseinheiten besteht, in denen für die in diesem Übereinkommen behandelten Angelegenheiten unterschiedliche Rechtssysteme gelten, kann bei der Unterzeichnung, der Ratifikation, der Annahme, der Genehmigung oder dem Beitritt erklären, dass das Übereinkommen auf alle seine Gebietseinheiten oder nur auf eine oder mehrere davon erstreckt wird; er kann diese Erklärung durch Abgabe einer neuen Erklärung jederzeit ändern.

(2) Jede derartige Erklärung wird dem Depositar[344] unter ausdrücklicher Bezeichnung der Gebietseinheiten notifiziert, auf die dieses Übereinkommen angewendet wird.

(3) Gibt ein Staat keine Erklärung nach diesem Artikel ab, so ist dieses Übereinkommen auf sein gesamtes Hoheitsgebiet anzuwenden.

Art. 60 KSÜ [Vorbehaltsrecht]

(1) [1]Jeder Staat kann spätestens bei der Ratifikation, der Annahme, der Genehmigung oder dem Beitritt oder bei Abgabe einer Erklärung nach Artikel 59 einen der in Artikel 54 Absatz 2 und Artikel 55 vorgesehenen Vorbehalte oder beide anbringen. [2]Weitere Vorbehalte sind nicht zulässig.

---

341 Für Deutschland: Verwahrer.   343 Für Österreich: die Obsorge.
342 Für Deutschland: Verwahrer.   344 Für Österreich: die Obsorge.

(2) ¹Jeder Staat kann einen von ihm angebrachten Vorbehalt jederzeit zurücknehmen. ²Die Rücknahme wird dem Depositar[345] notifiziert.

(3) Die Wirkung des Vorbehalts endet am ersten Tag des dritten Kalendermonats nach der in Absatz 2 genannten Notifikation.

Art. 61 KSÜ [Inkrafttreten]

(1) Dieses Übereinkommen tritt am ersten Tag des Monats in Kraft, der auf einen Zeitabschnitt von drei Monaten nach der in Artikel 57 vorgesehenen Hinterlegung der dritten Ratifikations-, Annahme- oder Genehmigungsurkunde folgt.

(2) Danach tritt dieses Übereinkommen in Kraft

a) für jeden Staat, der es später ratifiziert, annimmt oder genehmigt, am ersten Tag des Monats, der auf einen Zeitabschnitt von drei Monaten nach Hinterlegung seiner Ratifikations-, Annahme-, Genehmigungs- oder Beitrittsurkunde folgt;

b) für jeden Staat, der ihm beitritt, am ersten Tag des Monats, der auf einen Zeitabschnitt von drei Monaten nach Ablauf der in Artikel 58 Absatz 3 vorgesehenen Frist von sechs Monaten folgt;

c) für die Gebietseinheiten, auf die es nach Artikel 59 erstreckt worden ist, am ersten Tag des Monats, der auf einen Zeitabschnitt von drei Monaten nach der in jenem Artikel vorgesehenen Notifikation folgt.

Art. 62 KSÜ [Kündigung]

(1) ¹Jeder Vertragsstaat kann dieses Übereinkommen durch eine an den Depositar[346] gerichtete schriftliche Notifikation kündigen. ²Die Kündigung kann sich auf bestimmte Gebietseinheiten beschränken, auf die das Übereinkommen angewendet wird.

(2) ¹Die Kündigung wird am ersten Tag des Monats wirksam, der auf einen Zeitabschnitt von zwölf Monaten nach Eingang der Notifikation beim Depositar[347] folgt. ²Ist in der Notifikation für das Wirksamwerden der Kündigung ein längerer Zeitabschnitt angegeben, so wird die Kündigung nach Ablauf des entsprechenden Zeitabschnitts wirksam.

Art. 63 KSÜ [Notifikation]

Der Depositar[348] notifiziert den Mitgliedstaaten der Haager Konferenz für Internationales Privatrecht sowie den Staaten, die nach Artikel 58 beigetreten sind,

a) jede Unterzeichnung, Ratifikation, Annahme und Genehmigung nach Artikel 57;

b) jeden Beitritt und jeden Einspruch gegen einen Beitritt nach Artikel 58;

c) den Tag, an dem dieses Übereinkommen nach Artikel 61 in Kraft tritt;

d) jede Erklärung nach Artikel 34 Absatz 2 und Artikel 59;

e) jede Vereinbarung nach Artikel 39;

f) jeden Vorbehalt nach Artikel 54 Absatz 2 und Artikel 55 sowie jede Rücknahme eines Vorbehalts nach Artikel 60 Absatz 2;

g) jede Kündigung nach Artikel 62.

Zu Urkund dessen haben die hierzu gehörig befugten Unterzeichneten dieses Übereinkommen unterschrieben.

Geschehen in Den Haag am 19. Oktober 1996 in französischer und englischer Sprache, wobei jeder Wortlaut gleichermaßen verbindlich ist, in einer Urschrift, die im Archiv der Regierung des Königreichs der Niederlande hinterlegt und von der jedem Staat, der zur Zeit der Achtzehnten Tagung der Haager Konferenz für Internationales Privatrecht Mitglied der Konferenz war, auf diplomatischem Weg eine beglaubigte Abschrift übermittelt wird.

---

345   Für Österreich: die Obsorge.
346   Für Deutschland: Verwahrer.

347   Für Deutschland: Verwahrer.
348   Für Österreich: die Obsorge.

Anhang II zu Art. 24 EGBGB: MSA

Übereinkommen über die Zuständigkeit der Behörden und das anzuwendende Recht auf dem Gebiet des Schutzes von Minderjährigen [MSA]

vom 5. Oktober 1961 (BGBl. 1971 II S. 217)

1   Von der Kommentierung des Haager Minderjährigenschutzabkommens 1961 (MSA) wird ab dieser Auflage abgesehen und auf die Erläuterungen in der Vorauflage verwiesen.[1] Auf eine Neubearbeitung der Kommentierung verzichten die Band-Herausgeber, weil das MSA nach Inkrafttreten des Haager Kinderschutzübereinkommens 1996 (KSÜ) für Deutschland zum 1.1.2011 von diesem (vgl. Art. 51 KSÜ) bzw. der EheVO 2003 (vgl. Art. 60 lit. a EheVO 2003) fast vollständig verdrängt wird.

2   Nachdem auch die Türkei dem KSÜ zum 1.2.2017 beigetreten ist,[2] ist das MSA nur noch im Verhältnis zur Sonderverwaltungsregion Macao und den zwei niederländischen Überseegebieten Aruba und St. Martin, für die das KSÜ nicht gilt,[3] anwendbar.[4] Lediglich soweit es um die bloße Anerkennung (ohne Vollstreckung) von Entscheidungen aus anderen Vertragsstaaten geht, die vor deren Beitritt zum KSÜ bzw vor Inkrafttreten der EheVO 2003 ergangen sind, ist gem. Art. 51 KSÜ bzw. Art. 64 EheVO 2003[5] Art 7 S. 1, 8 Abs. 2 MSA weiterhin zu beachten.

3   Das MSA regelt in Art. 1, 4–6 die internationale Zuständigkeit für Schutzmaßnahmen, die zugunsten minderjähriger Kinder erlassen werden können. Art. 8 und 9 MSA eröffnen eine Zuständigkeit für Eilmaßnahmen.

4   Das für die Anordnung von Schutzmaßnahmen anwendbare Recht wird durch Art. 2 MSA unter Beachtung der Einschränkungen, die sie aus den Art. 3, 4, 5 Absatz 3 und 16 MSA ergeben, bestimmt. Art. 21 EGBGB wird insoweit verdrängt.

5   Die (bloße) Anerkennung von getroffenen Maßnahmen, die ein Vertragsstaatengericht erlassen hat, bestimmt sich nach Art. 7 S. 1 MSA, soweit nicht Art. 8 Abs. 2 MSA entgegensteht. Erfordert die Entscheidung eine Vollstreckung, so beurteilt sich die Anerkennung nach dem innerstaatlichen Recht des Vollstreckungsstaates, in Deutschland nach Art. 111 Abs. 1 FGG-RG,[6] §§ 110 Abs. 1, 109 Abs. 1, 108 Abs. 1 FamFG, dh die ausländische Entscheidung ist ohne Erlass eines Vollstreckungsbeschlusses nach §§ 86 ff FamFG vollstreckbar, wobei das Vollstreckungsorgan die Anerkennungsfähigkeit der ausländischen Entscheidung inzidenter nach § 109 Abs. 1 FamFG prüft.

6   Ausführungsbestimmungen zum MSA enthält das Gesetz zu dem Haager Übereinkommen vom 5. Oktober 1961 über die Zuständigkeit der Behörden und das anzuwendende Recht auf dem Gebiet des Schutzes von Minderjährigen vom 30. April 1971.[7]

(Übersetzung)

Die Unterzeichnerstaaten dieses Übereinkommens,

in dem Wunsch, gemeinsame Bestimmungen über die Zuständigkeit der Behörden und über das anzuwendende Recht auf dem Gebiet des Schutzes von Minderjährigen festzulegen,

haben beschlossen, zu diesem Zweck ein Übereinkommen zu schließen und haben die folgenden Bestimmungen vereinbart:

Art. 1 MSA [Internationale Zuständigkeit]

Die Behörden, seien es Gerichte oder Verwaltungsbehörden, des Staates, in dem ein Minderjähriger seinen gewöhnlichen Aufenthalt hat, sind, vorbehaltlich der Bestimmungen der Artikel 3, 4 und 5

---

1   Vgl. ferner Geimer/Schütze/*Gruber*, Internationaler Rechtsverkehr in Zivil- und Handelssachen, Loseblattsammlung, Bd. 5, S. 796 a.1 ff.

2   BGBl. 2016 II S. 1263.

3   *Schulz* FamRZ 2018, 797/803.

4   Die Liste der Vertragsstaaten des MSA ist veröffentlicht auf: https://www.hcch.net/de/instruments/conventions/status-table/?cid=39.

5   Vgl. hierzu Thomas/Putzo/*Hüßtege* EuEheVO Art. 64 Rn. 3 ff.

6   Zum Übergangsrecht in Vollstreckungsverfahren vgl. BGH NJW 2011, 3163

7   BGBl. II S. 217, zuletzt geändert durch Art. 103 Erstes Gesetz über die Bereinigung von Bundesrecht im Zuständigkeitsbereich des BMJ vom 19.4.2006 (BGBl. I S. 866)

Absatz 3, dafür zuständig, Maßnahmen zum Schutz der Person und des Vermögens des Minderjährigen zu treffen.

Art. 2 MSA [Aufenthaltsrecht]

Die nach Artikel 1 zuständigen Behörden haben die nach ihrem innerstaatlichen Recht vorgesehenen Maßnahmen zu treffen.

[1]Dieses Recht bestimmt die Voraussetzungen für die Anordnung, die Änderung und die Beendigung dieser Maßnahmen. [2]Es regelt auch deren Wirkungen sowohl im Verhältnis zwischen dem Minderjährigen und den Personen oder den Einrichtungen, denen er anvertraut ist, als auch im Verhältnis zu Dritten.

Art. 3 MSA [Gewaltverhältnisse nach Heimatrecht]

Ein Gewaltverhältnis, das nach dem innerstaatlichen Recht des Staates, dem der Minderjährige angehört, kraft Gesetzes besteht, ist in allen Vertragsstaaten anzuerkennen.

Art. 4 MSA [Maßnahmen der Heimatbehörden]

Sind die Behörden des Staates, dem der Minderjährige angehört, der Auffassung, daß das Wohl des Minderjährigen es erfordert, so können sie nach ihrem innerstaatlichen Recht zum Schutz der Person oder des Vermögens des Minderjährigen Maßnahmen treffen, nachdem sie die Behörden des Staates verständigt haben, in dem der Minderjährige seinen gewöhnlichen Aufenthalt hat.

[1]Dieses Recht bestimmt die Voraussetzungen für die Anordnung, die Änderung und die Beendigung dieser Maßnahmen. [2]Es regelt auch deren Wirkungen sowohl im Verhältnis zwischen dem Minderjährigen und den Personen oder den Einrichtungen, denen er anvertraut ist, als auch im Verhältnis zu Dritten.

Für die Durchführung der getroffenen Maßnahmen haben die Behörden des Staates zu sorgen, dem der Minderjährige angehört.

Die nach den Absätzen 1 bis 3 getroffenen Maßnahmen treten an die Stelle von Maßnahmen, welche die Behörden des Staates getroffen haben, in dem der Minderjährige seinen gewöhnlichen Aufenthalt hat.

Art. 5 MSA [Verlegung des Aufenthalts in einen anderen Vertragsstaat]

Wird der gewöhnliche Aufenthalt eines Minderjährigen aus einem Vertragsstaat in einen anderen verlegt, so bleiben die von den Behörden des Staates des früheren gewöhnlichen Aufenthalts getroffenen Maßnahmen so lange in Kraft, bis die Behörden des neuen gewöhnlichen Aufenthalts sie aufheben oder ersetzen.

Die von den Behörden des Staates des früheren gewöhnlichen Aufenthalts getroffenen Maßnahmen dürfen erst nach vorheriger Verständigung dieser Behörden aufgehoben oder ersetzt werden.

Wird der gewöhnliche Aufenthalt eines Minderjährigen, der unter dem Schutz der Behörden des Staates gestanden hat, dem er angehört, verlegt, so bleiben die von diesen nach ihrem innerstaatlichen Recht getroffenen Maßnahmen im Staate des neuen gewöhnlichen Aufenthaltes in Kraft.

Art. 6 MSA [Übertragung der Durchführung von Maßnahmen]

Die Behörden des Staates, dem der Minderjährige angehört, können im Einvernehmen mit den Behörden des Staates, in dem er seinen gewöhnlichen Aufenthalt hat oder Vermögen besitzt, diesen die Durchführung der getroffenen Maßnahmen übertragen.

Die gleiche Befugnis haben die Behörden des Staates, in dem der Minderjährige seinen gewöhnlichen Aufenthalt hat, gegenüber den Behörden des Staates, in dem der Minderjährige Vermögen besitzt.

Art. 7 MSA [Anerkennung von Maßnahmen; Vollstreckung]

[1]Die Maßnahmen, welche die nach den vorstehenden Artikeln zuständigen Behörden getroffen haben, sind in allen Vertragsstaaten anzuerkennen. [2]Erfordern diese Maßnahmen jedoch Vollstreckungshandlungen in einem anderen Staat als in dem, in welchem sie getroffen worden sind, so bestimmen sich ihre Anerkennung und ihre Vollstreckung entweder nach dem innerstaatlichen Recht des Staates, in dem die Vollstreckung beantragt wird, oder nach zwischenstaatlichen Übereinkünften.

Art. 8 MSA [Maßnahmen bei ernstlicher Gefährdung des Minderjährigen]

Die Artikel 3, 4 und 5 Absatz 3 schließen nicht aus, daß die Behörden des Staates, in dem der Minderjährige seinen gewöhnlichen Aufenthalt hat, Maßnahmen zum Schutz des Minderjährigen treffen, soweit er in seiner Person oder in seinem Vermögen ernstlich gefährdet ist.

Die Behörden der anderen Vertragsstaaten sind nicht verpflichtet, diese Maßnahmen anzuerkennen.

Art. 9 MSA [Eilzuständigkeit]

In allen dringenden Fällen haben die Behörden jedes Vertragsstaates, in dessen Hoheitsgebiet sich der Minderjährige oder ihm gehörendes Vermögen befindet, die notwendigen Schutzmaßnahmen zu treffen.

Die nach Absatz 1 getroffenen Maßnahmen treten, soweit sie keine endgültigen Wirkungen hervorgebracht haben, außer Kraft, sobald die nach diesem Übereinkommen zuständigen Behörden die durch die Umstände gebotenen Maßnahmen getroffen haben.

Art. 10 MSA [Meinungsaustausch zwischen Behörden mehrerer Vertragsstaaten]

Um die Fortdauer der dem Minderjährigen zuteil gewordenen Betreuung zu sichern, haben die Behörden eines Vertragsstaates nach Möglichkeit Maßnahmen erst dann zu treffen, nachdem sie einen Meinungsaustausch mit den Behörden der anderen Vertragsstaaten gepflogen haben, deren Entscheidungen noch wirksam sind.

Art. 11 MSA [Mitteilung an Behörden des Heimatstaates]

Die Behörden, die auf Grund dieses Übereinkommens Maßnahmen getroffen haben, haben dies unverzüglich den Behörden des Staates, dem der Minderjährige angehört, und gegebenenfalls den Behörden des Staates seines gewöhnlichen Aufenthalts mitzuteilen.

[1]Jeder Vertragsstaat bezeichnet die Behörden, welche die in Absatz 1 erwähnten Mitteilungen unmittelbar geben und empfangen können. [2]Er notifiziert diese Bezeichnung dem Ministerium für Auswärtige Angelegenheiten der Niederlande.

Art. 12 MSA [Definition „Minderjähriger"]

Als „Minderjähriger" im Sinne dieses Übereinkommens ist anzusehen, wer sowohl nach dem innerstaatlichen Recht des Staates, dem er angehört, als auch nach dem innerstaatlichen Recht des Staates seines gewöhnlichen Aufenthalts minderjährig ist.

Art. 13 MSA [Anwendungsgebiet]

Dieses Übereinkommen ist auf alle Minderjährigen anzuwenden, die ihren gewöhnlichen Aufenthalt *in einem der Vertragsstaaten haben.*

Die Zuständigkeiten, die nach diesem Übereinkommen den Behörden des Staates zukommen, dem der Minderjährige angehört, bleiben jedoch den Vertragsstaaten vorbehalten.

Jeder Vertragsstaat kann sich vorbehalten, die Anwendung dieses Übereinkommens auf Minderjährige zu beschränken, die einem der Vertragsstaaten angehören.

Art. 14 MSA [Keine einheitliche Rechtsordnung des Heimatstaates]

Stellt das innerstaatliche Recht des Staates, dem der Minderjährige angehört, keine einheitliche Rechtsordnung dar, so sind im Sinne dieses Übereinkommens als „innerstaatliches Recht des Staates, dem der Minderjährige angehört" und als „Behörden des Staates, dem der Minderjährige angehört" das Recht und die Behörden zu verstehen, die durch die im betreffenden Staat geltenden Vorschriften und, mangels solcher Vorschriften, durch die engste Bindung bestimmt werden, die der Minderjährige mit einer der Rechtsordnungen dieses Staates hat.

Art. 15 MSA [Vorbehalt zugunsten der Behörden für Ehesachen]

Jeder Vertragsstaat, dessen Behörden dazu berufen sind, über ein Begehren auf Nichtigerklärung, Auflösung oder Lockerung des zwischen den Eltern eines Minderjährigen bestehenden Ehebandes zu entscheiden, kann sich die Zuständigkeit dieser Behörden für Maßnahmen zum Schutz der Person oder des Vermögens des Minderjährigen vorbehalten.

Die Behörden der anderen Vertragsstaaten sind nicht verpflichtet, diese Maßnahmen anzuerkennen.

Art. 16 MSA [Ordre public]

Die Bestimmungen dieses Übereinkommens dürfen in den Vertragsstaaten nur dann unbeachtet bleiben, wenn ihre Anwendung mit der öffentlichen Ordnung offensichtlich unvereinbar ist.

Art. 17 MSA [Anwendungszeitpunkt]

Dieses Übereinkommen ist nur auf Maßnahmen anzuwenden, die nach seinem Inkrafttreten getroffen worden sind.

Gewaltverhältnisse, die nach dem innerstaatlichen Recht des Staates, dem der Minderjährige angehört, kraft Gesetzes bestehen, sind vom Inkrafttreten des Übereinkommens an anzuerkennen.

Art. 18 MSA [Ablösung anderer Vorschriften]

Dieses Übereinkommen tritt im Verhältnis der Vertragsstaaten zueinander an die Stelle des am 12. Juni 1902 im Haag unterzeichneten Abkommens zur Regelung der Vormundschaft über Minderjährige.

Es läßt die Bestimmungen anderer zwischenstaatlicher Übereinkünfte unberührt, die im Zeitpunkt seines Inkrafttretens zwischen den Vertragsstaaten gelten.

Art. 19–25 MSA (nicht abgedruckt)

Anhang III zu Art. 24 EGBGB: HKÜ

Übereinkommen über die zivilrechtlichen Aspekte internationaler Kindesentführung vom 25.10.1980 [HKÜ]

(BGBl. II 1990 S. 206)

Literatur: *Andrae,* Internationales Familienrecht, 4. Aufl. 2014; *Antomo,* Internationale Kindesentführung oder Rückkehr in die Heimat: das HKÜ zwischen Kindeswohl und Generalprävention, IPRax 2019, 405; *Bach/Gildenast,* Das Haager Kindesentführungsübereinkommen in der Praxis, FamRZ 1997, 1051; *dies.,* Internationale Kindesentführung, 1999; *Bruch,* Temporary or Contingent Changes in Location, in: GS Lüderitz 2000, S. 43; *dies.,* The Unmet Needs of Domestic Violence Victims and their Children in Hague Child Abduction Convention Cases, Family Law Quarterly 2004, 529; *Carl,* Möglichkeiten der Verringerung von Konflikten im HKÜ-Verfahren, FPR 2001, 211; *ders.,* Aufgaben des Verfahrenspflegers in Fällen von internationaler Kindesentführung und anderen grenzüberschreitenden Kindschaftskonflikten, FPR 2006, 39; *Coester-Waltjen,* Die Bedeutung des „gewöhnlichen Aufenthalts" im Haager Entführungsabkommen, in: FS Max-Planck-Institut für Privatrecht 2001, S. 543; *Dutta/Scherpe,* Die Durchsetzung von Rückführungsansprüchen nach dem Haager Kindesentführungsübereinkommen durch deutsche Gerichte, FamRZ 2006, 901; *Erb-Klünemann,* Das müssen Sie im Fall einer internationalen Kindesentführung zivilrechtlich beachten, FK 2011, 140; *dies.,* Die Ausnahmetatbestände im Haager Kinderentführungsübereinkommen in der Praxis, FamRB 2018, 327; *Eschelbach/Rölke,* Internationale Relocation, JA 2012, 289; *Fleige,* Die Zuständigkeit für Sorgerechtsentscheidungen und die Rückführung von Kindern nach Entführungen nach Europäischem IZVR, 2006; *Finger,* Haager Übereinkommen über die zivilrechtlichen Aspekte internationalen Kindesentführung, ZfJ 1999,15; *ders.,* HKÜ: Kindesentführung durch die Mutter – die praktische Regel, FamRBint 2009, 34; *ders.,* Zuständigkeiten und Verfahrensabläufe in internationalen Kindschaftssachen, FamRB 2018, 489; *ders.,* Internationale Kindesentführung – gegenwärtiger Stand, JR 2019, 605; *Freeman,* Primary Carers and the Hague Child Abduction Convention, IFL 2001, 140; *dies.,* Parental Child Abduction: The Long-Term-Effects, 2014; *Gruber,* Das HKÜ, die Brüssel IIa-Verordnung und das Internationale Familienrechtsverfahrensgesetz, FPR 2008, 214; *Gitschthaler,* Internationales Familienrecht, 2019; *Hausmann,* Internationales und Europäisches Familienrecht, 2. Aufl. 2018; *Heiderhoff,* Kindesrückgabe bei entgegenstehendem Kindeswillen, IPRax 2014, 525; *Holzmann,* Brüssel IIa VO: Elterliche Verantwortung und internationale Kindesentführungen, 2008; *Hüßtege,* Kindesentführung ohne Ende?, IPRax 1992, 369; *Keese,* Die Kindesentführung durch einen Elternteil im europäischen und internationalen Zivilprozess, 2011; *Limbrock,* Das Umgangsrecht im Rahmen des Haager Kindesentführungsübereinkommens und des Europäischen Sorgerechtsübereinkommens, FamRZ 1999, 1631; *Lowe,* Strasbourg in Harmony with The Hague and Luxembourg over Child Abduction? in FS Coester-Waltjen 2015, 543; *Martiny,* Internationale Kindesentführung und europäischer Menschenrechtsschutz – Kollision unterschiedlicher Ansätze, in FS Coester-Waltjen, 2015, 597; *Mäsch,* „Grenzüberschreitende" Undertakings und das Haager Kindesentführungsabkommen aus deutscher Sicht, FamRZ 2002, 1069; *Motzer/Kugler/Grabow,* Kinder aus Migrationsfamilien in der Rechtspraxis, 2. Aufl. 2012; *Niethammer-Jürgens,* Das Haager Kindesentführungsübereinkommen in der anwaltlichen Praxis, DAVorm 2000, 1071; *dies.,* Vollstreckungsprobleme im HKÜ-Verfahren, FPR 2004, 306; *Niethammer-Jürgens/Erb-Klünemann,* Internationales Familienrecht in der Praxis, 2. Aufl. 2019; *Paul/Kiesewetter,* Mediation bei internationalen Kindschaftskonflikten, 2009; *dies.,* Cross-border Family Mediation, 2. Aufl. 2014; *Péréz-Vera,* Erläuternder Bericht zum Haager Übereinkommen über die zivilrechtlicher Aspekte internationaler Kindesentführung, deutsche Übersetzung in BT-Drucksache 11/5314; *Pirrung,* Das Haager Kindesentführungsübereinkommen vor dem Bundesgerichtshof, IPRax 2002, 197; *Schlauß,* Die Aufgaben des Bundesamts für Justiz im Internationalen Kindschaftsrecht, ZKJ 2016, 162; *ders.,* Internationales Kindschaftsrecht, ZKJ 2017, 214, 2018, 214 und 2019, 255; *Schulz,* Die Stärkung des Haager Kindesentführungsübereinkommens durch den Europäischen Gerichtshof für Menschenrechte, FamRZ 2001, 1420; *dies.,* Zum Aufenthaltswechsel des Antragstellers im Rahmen des Haager Kindesentführungsübereinkommens, IPRax 2002, 201; *dies.,* Internationale Regelungen zum Sorge- und Umgangsrecht, FamRZ 2003, 336; *dies.,* Das deutsche internationale Kindschaftsrecht, FamRZ 2018, 797; *Schweppe,* Die Beteiligung des Kindes am Rückführungsverfahren nach dem HKÜ, FPR 2001, 203; *dies.,* Das Haager Übereinkommen über die zivilrechtlichen Aspekte internationaler Kindesentführungen und die Interessen der betroffenen Kinder, ZfJ 2001, 169; *dies.,* Kindesentführungen und Kindesinteressen: Die Praxis des Haager Übereinkommens in England und Deutschland, 2001; *Völker,* Die wesentlichen Aussagen des Bundesverfassungsgerichts zum Haager Kindesentführungsübereinkommen, FamRZ 2010, 157; *Vomberg,* Sorgerecht, Umgangsrecht, Kindesentzug bei Trennung und Scheidung der Eltern, FPR 2011, 444; *Vomberg/Nehls,* Rechtsfolgen internationaler Kindesentführung, 2002; *Winkler von Mohrenfels,* Internationale Kindesentführung: Die Problematik des gewöhnlichen Aufenthalts, FPR 2001, 189; *ders.,* Der Kindeswille im Rahmen des Haager Kindesentführungsübereinkommens, IPRax 2005, 330; *Zürcher,* Kindesentführung und Kindesrechte, 2005.

Die Unterzeichnerstaaten dieses Übereinkommens –

in der festen Überzeugung, daß das Wohl des Kindes in allen Angelegenheiten des Sorgerechts von vorrangiger Bedeutung ist;

in dem Wunsch, das Kind vor den Nachteilen eines widerrechtlichen Verbringens oder Zurückhaltens international zu schützen und Verfahren einzuführen, um seine sofortige Rückgabe in den Staat seines gewöhnlichen Aufenthalts sicherzustellen und den Schutz des Rechts zum persönlichen Umgang mit dem Kind zu gewährleisten –

haben beschlossen, zu diesem Zweck ein Übereinkommen zu schließen, und haben die folgenden Bestimmungen vereinbart:

Kapitel I
Anwendungsbereich des Übereinkommens

Art. 1 HKÜ [Ziel des Übereinkommens]

Ziel dieses Übereinkommens ist es,

a) die sofortige Rückgabe widerrechtlich in einen Vertragsstaat verbrachter oder dort zurückgehaltener Kinder sicherzustellen und

b) zu gewährleisten, daß das in einem Vertragsstaat bestehende Sorgerecht und Recht zum persönlichen Umgang in den anderen Vertragsstaaten tatsächlich beachtet wird.

A. Ziele des HKÜ

Das HKÜ gibt für den Fall des widerrechtlichen Verbringens oder Zurückhaltens eines Kindes (im Titel des **1** Übereinkommen „Entführung" genannt) einen zivilrechtlichen Anspruch auf **Rückführung** des Kindes in einen anderen Staat, regelmäßig in den Staat seines bisherigen gewöhnlichen Aufenthalts, Art. 12. Zu den Begriffen Rückgabe und Rückführung → HKÜ Art. 12 Rn. 17; zur Titulierungspraxis in Deutschland → HKÜ Art. 2 Rn. 8. Daneben schützt das HKÜ das grenzüberschreitende Recht zum **Umgang**, Art. 21. Es handelt sich beim Rückführungsverfahren nicht um ein Sorgerechtsverfahren, Art. 19. Das HKÜ ist ein Übereinkommen der behördlichen Zusammenarbeit.[1] Es verschafft ein materiell-rechtliches Recht auf Rückführung, wobei der Rückführungsantrag in dem Staat zu stellen ist, in dem sich das Kind nun aufhält. Die Ziele des HKÜ bestehen zum einen darin, dass das Kind im Fall einer Entführung möglichst schnell in das Staat seines bisherigen gewöhnlichen Aufenthalts zurückkehrt, damit die dortigen Gerichte besser über Fragen des Sorge- und Umgangsrechts entscheiden können. Zum anderen will das HKÜ sicherstellen, dass die in einem Vertragsstaat bestehenden Sorgerechte in den anderen Vertragsstaaten tatsächlich beachtet werden, Art. 1. Die **Wiederherstellung des status quo ante** liegt regelmäßig im Interesse des entführten Kindes, das aus seiner gewohnten Umgebung herausgerissen worden ist. Es wird anerkannt, dass das Kind als das eigentliche Opfer der Entführung nicht Eigentum seiner Eltern ist.[2] Das HKÜ soll damit das **Kindeswohl** sicherstellen, Präambel Abs. 1. Über die Tatbestände der Art. 12 Abs. 2, 13, 20 HKÜ wird die individuelle Situation des einzelnen Kindes in eng auszulegenden Ausnahmefällen berücksichtigt und kann zu einer Antragszurückweisung führen. Das HKÜ versagt der Entführung jede rechtliche Konsequenz.[3] Es dient insbes. mit seinem **Gebot der schnellen Rückführung**, Art. 11, und seinem Verbot einer Sorgerechtsentscheidung im Aufenthaltsstaat, Art. 16, dazu, präventiv die Entführung von Kindern zu verhindern. Ohne das HKÜ könnte ein Entführer durch künstliche internationale Zuständigkeiten, Verfälschung des anzuwendenden Rechts und Zeitablauf Fakten schaffen, die ihn bei einer späteren Sorgerechtsentscheidung begünstigen.[4] Typisch ist der Fall, dass ein Elternteil dem anderen Elternteil, der (allein- oder zumindest mit-)sorgeberechtigt ist, das Kind entzieht und in einen anderen Staat, meist den Heimatstaat des Entführers, verbringt. Hinzu kommen Fälle des widerrechtlichen Zurückhaltens, wenn beispielsweise das Kind nach einem abgesprochenen Ferienaufenthalt im anderen Staat bei dem Elternteil, mit dem es nicht zusammen lebt, nicht zurückgeführt wird. Auch wenn nicht nur Elternteile Entführer sind,[5] so ist es beachtlich, dass entgegen vorherigen Erwartungen weltweit fast dreiviertel der Entführer Mütter sind.[6]

Das HKÜ sichert die schnelle Rückführung des Kindes durch **besondere Verfahrensvorschriften** (Art. 8– **2** 12) und die **Einrichtung zentraler Behörden** (Art. 6 und 7). Zum anderen legt es die **sachlichen Voraussetzungen** fest, unter denen einem Antrag auf Rückführung grundsätzlich entsprochen werden muss, Art. 12 Abs. 1, Art. 4 S. 2, Art. 3, sowie die Ausnahmetatbestände, Art. 12 Abs. 2, Art. 13, Art. 20. Flankierend enthält es ein Verbot, im Zufluchtstaat eine Sorgerechtsentscheidung zu erlassen, Art. 16.

Alleine der englisch- und französischsprachige Text des HKÜ sind verbindlich, nicht die amtliche deutsche **3** Übersetzung. Das HKÜ ist **autonom auszulegen,** also aus sich selbst heraus, nach seinem Ziel und Zweck international vereinheitlicht und nicht aus der Sicht einer bestimmten Rechtsordnung.[7]

---

1   *Pérez-Vera*, Bericht, Rn. 37, 41.
2   *Pérez-Vera*, Bericht, Rn. 24.
3   *Pérez-Vera*, Bericht, Rn. 34.
4   *Pérez-Vera*, Bericht, Rn. 11, 14, 15; BVerfG FamRZ 1999, 85 = NJW 1999, 631.
5   *Pérez*-Vera, Bericht, Rn. 81 f; → Rn. 6.

6   Weltweite statistische Analyse für 2015; Nachw. auf der Internetseite der Haager Konferenz für Internationales Privatrecht unter https://assets.hcch.net/docs/d0b285f1-5f59-41a6-ad83-8b5cf7a784ce.pdf (Stand 30.3.2020).
7   Staudinger/*Pirrung*, Vorbem. zum HKÜ, Rn. E 12.

B. Anwendbarkeit

4 Das HKÜ, das 101 Vertragsstaaten hat (Stand 30.3.2020), ist für die Bundesrepublik Deutschland am 1.12.1990 in Kraft getreten. Es gilt für Deutschland seit dem 1.12.1990 im Verhältnis zu folgenden Staaten: Australien, Belize, Frankreich (mit allen Hoheitsgebieten), Kanada, Luxemburg, den Niederlanden (für den europäischen Teil, den karibischen Teil Bonaire St. Eustatius, Saba und Curaçao), Norwegen, Österreich, Portugal, Schweden, Schweiz, Spanien, Ungarn, Vereinigte Staaten von Amerika und Vereinigtes Königreich – nur Großbritannien und Nordirland, sogen. **Mitgliedstaaten** iSd Art. 37.

5 Es gilt für Deutschland außerdem im Verhältnis zu folgenden **Beitrittsstaaten** iSd Art. 38 (Stand 30.3.2020): Albanien (1.10.2007), Andorra (1.9.2011), Argentinien (1.6.1991), Armenien (1.10.2009), Bahamas (1.5.1994), Belgien (1.5.1999), Belize (1.12.1990), Bosnien-Herzegowina (1.12.1991), Brasilien (1.5.2002), Bulgarien (1.12.2004), Burkina Faso (1.1.1993), Chile (1.6.1995), China – nur Hongkong (1.9.1997) und Macao (1.3.1999); Costa Rica (1.12.2007), Dänemark ohne Färöer (1.7.1991), Dominikanische Republik (1.4.2008), Ecuador (1.9.1992), El Salvador (1.11.2002), Estland (1.12.2001), Fidschi (1.4.2008), Finnland (1.8.1994), Georgien (1.3.1998), Griechenland (1.6.1993), Guatemala (1.1.2003), Honduras (1.8.1994), Irland (1.10.1991), Island (1.4.1997), Israel (1.12.1991), Italien (1.5.1995), Japan (1.4.2014), Kasachstan (1.5.2017), Kolumbien (1.11.1996), Kroatien (1.12.1991), Lettland (1.11.2002), Litauen (1.12.2004), Malta (1.11.2002), Marokko (1.10.2010), Mauritius (1.12.1993), Mexiko (1.2.1992), Moldau (1.5.2000), Monaco (1.7.1993), Montenegro (1.12.1991), Neuseeland (1.2.1992), Nicaragua (1.9.2007), Nordmazedonien (1.12.91), Panama (1.6.1995), Paraguay (1.12.2001), Peru (1.9.2007), Polen (1.2.1993), Rumänien (1.7.1993), Russland (1.4.2016), San Marino (1.9.2007), Serbien (1.12.1991), Seychellen (1.4.2009), Simbabwe (1.2.1997), Singapur (1.6.2011), Slowakei (1.2.2001), Slowenien (1.6.1995), Sri Lanka (1.1.2003), St. Kitts and Nevis (1.5.1995), Südafrika (1.2.1998), Südkorea (1.5.2017), Thailand (1.6.2007), Trinidad und Tobago (1.9.2007), Tschechische Republik (1.3.1998), Türkei (1.8.2000), Turkmenistan (1.8.1998), Ukraine (1.1.2008), Uruguay (1.10.2001), Usbekistan (1.10.2009), Venezuela (1.1.1997), Vereinigtes Königreich (1.9.2007), – Anguilla (1.9.2007), – Bermudas (1.3.1999), – Falklandinseln (1.6.1998), – Insel Man (1.9.1991), – Kaimaninseln (1.8.1998), – Montserrat (1.3.1999),- Vogtei Jersey (1.3.2006), Weißrussland (1.2.1999), Zypern (1.5.1995).[8] Soweit das HKÜ als erfolgreichstes Übereinkommen der Haager Konferenz weitere Vertragsstaaten hat, ist deren Beitritt mit Wirkung für Deutschland (bislang) nicht angenommen worden[9] mit der Folge, dass das HKÜ im Verhältnis zu Deutschland nicht anwendbar ist, Art. 38 Abs. 2.

6 **Persönlich anwendbar** ist das HKÜ, wenn ein noch nicht 16 Jahre altes Kind seinen gewöhnlichen Aufenthalt vor dem widerrechtlichen Verbringen oder Zurückhalten in einem Vertragsstaat hatte und sich nun in einem anderen Vertragsstaat befindet, Art. 4. Bei der Verletzung des Rechts zum persönlichen Umgang genügt es, dass das Kind seinen gewöhnlichen Aufenthalt in einem Vertragsstaat hat. **Antragsberechtigt** ist derjenige, der die Verletzung seines (Allein- oder Mit-)Sorgerechts geltend macht. Antragsteller kann eine natürliche Person (insbes. Elternteil), eine Behörde oder eine sonstige Stelle sein, aber nicht das Kind selbst.[10]

7 **Sachlich** erfasst das Übereinkommen primär die Rückführung des entführten Kindes in den Staat seines bisherigen gewöhnlichen Aufenthalts (Art. 1 lit. a). Das Ziel, die tatsächliche Beachtung eines bestehenden Sorgerechts oder Umgangsrechts in den anderen Vertragsstaaten zu gewährleisten (Art. 1 lit. b), soll daneben dadurch erreicht werden, dass nach Art. 21 die zentralen Behörden auch zur Durchführung oder wirksamen Ausübung des Rechts zum persönlichen Umgang eingeschaltet werden können.

C. Verhältnis zu anderen Regelungen

8 Nach Art. 34 geht das HKÜ in seinem Anwendungsbereich, dh insbesondere beim Erlass der Rückgabenordnung, dem Haager Minderjährigenschutzabkommen (**MSA**) vor. Das HKÜ bleibt von dem Kinderschutzübereinkommen (**KSÜ**) nach dessen Art. 50 unberührt. Andere Rückgabemöglichkeiten, so nach dem Europäischen Sorgerechtsübereinkommen (**ESÜ**), bleiben bestehen, Art. 34 S. 2, Art. 36, wobei § 37

---

8   Nachw. auf der Internetseite der Haager Konferenz für Internationales Privatrecht http://www.hcch.net/in dex_en.php?act=conventions.status&cid=24 (Stand: 30.3.2020); Liste der Geltungsbereichs im Verhältnis zu Deutschland auch bei https://www.bundesjustizam t.de/DE/Themen/Buergerdienste/HKUE/Staatenliste/ Staatenliste.html (Stand: 30.3.2020).

9   Zu der Änderung, dass mittlerweile nicht mehr Deutschland selbst annimmt, sondern eine gemeinsame Entscheidung aller EU-Staaten erforderlich ist, s. Staudinger/*Pirrung* HKÜ Art. 34–45 Rn. E 114.

10 Staudinger/*Pirrung* Vorbem. zum HKÜ Rn. E 17.

IntFamRVG zu beachten ist. Das Internationale Familienrechtsverfahrensgesetz (**IntFamRVG**)[11] ist das deutsche Ausführungsgesetz zum HKÜ.

Die **EheVO 2003** geht im Verhältnis ihrer Mitgliedstaaten dem HKÜ zwar vor, Art. 60 lit. e EheVO 2003, **9** enthält aber alleine Regelungen, die das HKÜ im Verhältnis der Mitgliedstaaten (alle EU-Staaten mit Ausnahme Dänemarks) in einigen Punkten modifizieren und ergänzen, → HKÜ Art. 2 Rn. 1,5; → HKÜ Art. 11 Rn. 3; → HKÜ Art. 13 Rn. 7, 20, 51. Dies gilt auch für die am 22.7.2019 in Kraft getretene **EheVO 2019**, die ab dem 1.8.2022 im Verhältnis ihrer Mitgliedstaaten anzuwenden sein wird. Sie enthält in einem eigenen Kapitel III erweiterte Sonderregelungen zum HKÜ.[12] Eine Umsetzung der durch die Revision bedingten Änderungen im IntFamRVG als nationalem Ausführungsgesetz steht noch aus.

D. Informationsquellen

Der erläuternde Bericht von *Péréz-Vera*[13] stellt, auch wenn er nicht verbindlich ist, eine wichtige Informations- **10** onsquelle dar, die die Materialien und den Entstehungsprozess darstellt sowie die einzelnen Bestimmungen kommentiert. Es gibt keine internationale Gerichtsinstanz zur Auslegung des HKÜ. Zur Bedeutung der Entscheidungen des EGMR zum HKÜ → HKÜ Art. 13 Rn. 2. Das Sekretariat der Haager Konferenz stellt vielfältige Informationen zum HKÜ zur Verfügung, so insbes. verschiedene Praxisleitfäden, detaillierte Informationen im Zusammenhang mit den Spezialkommissionen, zur praktischen Handhabung des HKÜ und zur grenzüberschreitenden Mediation sowie mit INCADAT eine weltweite Rechtsprechungsdatensammlung zum HKÜ.[14] Weitere Informationen bieten das Bundesamt für Justiz als deutsche zentrale Behörde,[15] die Zentrale Anlaufstelle für grenzüberschreitende Kindschaftskonflikte und Mediation beim Internationalen Sozialdienst (ZAnK)[16] und betreffend grenzüberschreitende Mediation das Internationale Mediationszentrum für Familienkonflikte und Kindesentführung (MiKK).[17] Mit den Verbindungsrichtern im Internationalen Haager Richternetzwerk (IHNJ) und im Europäischen Justiziellen Netz für Zivil- und Handelssachen (EJN) stehen den Gerichten der Vertragsstaaten unterstützende Möglichkeiten zur Verfügung, um schnell Informationen aus dem Ausland zu erlangen. Anwälte können die Nutzung bei Gericht anregen. Es handelt sich hierbei um offiziell bestellte Familienrichter, die Gerichten Unterstützung im konkreten Einzelfall anbieten. Deutschland hat Verbindungsrichter bestellt, die über das EJN Zugang zu einem Netzwerk der EU-Staaten und über das IHNJ Zugang zu einem internationalen Netzwerk mit 138 Richtern aus 86 Staaten (Stand 30.3.2020) weltweit haben.[18]

Nutzt das Gericht diese prozessrechtlichen Möglichkeiten zur Sachverhaltsaufklärung nicht, kann der **11** Rechtsanspruch nach Art. 2 Abs. 1. 20 Abs. 3 GG verletzt sein.[19]

---

11 dazu *Schulz*, Das Internationale Familienrechtsverfahrensgesetz, FamRZ 2011, 1273; *Wagner*, Kommentierung zum IntFamRVG in Das deutsche Bundesrecht. Systematische Sammlung der Gesetze und Verordnungen mit Erläuterungen, 2011.

12 *Erb-Klünemann/Niethammer-Jürgens* FamRB 2019, 454; *Schlauß* ZKJ 2019, 255.

13 Deutsche Übersetzung unter https://www.bundesjustizamt.de/DE/Themen/Buergerdienste/HKUE/Recht/Gesetze/Gesetze_node.html (Stand 30.3.2020).

14 Auf der Webseite der Haager Konferenz auf deutsch unter https://www.hcch.net/de/instruments/conventions/specialised-sections/child-abduction/ (Stand 30.3.2020).

15 https://www.bundesjustizamt.de/DE/Themen/Buergerdienste/HKUE/HKUE_node.html (Stand 30.3.2020).

16 https://www.zank.de/website/index.php (Stand 30.3.2020); sa *Alfter/Rölke* FPR 2001, 219.

17 https://www.mikk-ev.de (Stand 30.3.2020). Art. 25 EheVO 2019, → HKÜ Art. 1 Rn. 9, stärkt die Nutzung von Mediation und anderen alternativen Streitbeilegungsverfahren.

18 Näheres zu den beiden Netzwerken, in denen Deutschland vertreten ist, unter https://www.bundesjustizamt.de/DE/Themen/Gerichte_Behoerden/EJNZH/EJNZH_node.html (Stand 30.3.2020) und https://www.hcch.net/en/instruments/conventions/specialised-sections/child-abduction (The International Hague Network of Judges) (Stand 30.3.2020); zu den deutschen Verbindungsrichtern https://www.bundesjustizamt.de/DE/Themen/Gerichte_Behoerden/EJNZH/Verbindungsrichter/Verbindungsrichter_node.html (Stand 30.3.2020); *Brieger*, Praktische Hilfe: Verbindungsrichter im internationalen Familienrecht DRiZ 2017, 98; *Menne*, Verbindungsrichter im internationalen Familienrecht in Deutschland FamRZ 2018, 1644, *Schlauß*, Aktuelle Entwicklungen bei den Aufgaben des Bundesamts für Justiz ZKJ 2018, 214; typisches Anwendungsbeispiel: OLG Hamburg 23.3.2019 – 2 UF 12/19, Einholung einer Auskunft, ob eine ausländische Entscheidung das Recht umfasst, über den Auslandsumzug alleine zu entscheiden.

19 BVerfG NJW 2016, 626 = FamRZ 2016, 26 mit Anm. *Hüßtege* IPRax 2016, 327.

Art. 2 HKÜ [Umsetzung des Übereinkommens]

¹**Die Vertragsstaaten treffen alle geeigneten Maßnahmen, um in ihrem Hoheitsgebiet die Ziele des Übereinkommens zu verwirklichen. ²Zu diesem Zweck wenden sie ihre schnellstmöglichen Verfahren an.**

A. Regelungsgegenstand

1 **S. 1** fordert die Vertragsstaaten auf, sich an den Bestimmungen des HKÜ zu orientieren, wenn es um die Regelung von Situationen geht, die denen des HKÜ ähnlich sind, von diesem aber nicht umfasst sind.[20] **S. 2** verpflichtet die Vertragsstaaten zur Anwendung ihrer nach internem Recht bestehenden schnellstmöglichen Verfahrensart. Die Vertragsstaaten können ein spezielles Verfahren für die Rückgabeanordnung einführen, müssen dies aber nicht.[21]

Art. 11 Abs. 3 EheVO 2003, der gilt, wenn die Entführung zwischen zwei EU-Staaten außer Dänemark (sog. Mitgliedstaaten) stattgefunden hat, wiederholt das Gebot nach Art. 2 S. 2 und ergänzt es in seinem Abs. 2 durch eine Pflicht zum Erlass einer Anordnung innerhalb von sechs Wochen (sa Art. 11 HKÜ). Die zwischen Mitgliedstaaten geltende EheVO 2019, → HKÜ Art. 1 Rn. 9, enthält für die Bearbeitung von Rückführungsanträgen durch die zentrale Behörde der Beschleunigung dienende Vorgaben in Art. 23, außerdem eine grundsätzliche Frist von 6 Wochen für die erste und zweite Instanz, Art. 24 Abs. 2 und 3, sowie für die Vollstreckung, Art. 28.

B. Verfahren in Deutschland

2 In **Deutschland** enthält das **IntFamRVG** Ausführungsvorschriften zum HKÜ. Es ist mit Änderungen des IntFamRVG zu rechnen, die aufgrund der erforderlichen Umsetzung der durch die EheVO 2019 bedingten Änderungen zu erfolgen haben. Im Übrigen sind die Vorschriften für Verfahren in Kindschaftssachen in §§ 151 ff. **FamFG** anzuwenden, § 14 Ziff. 1 IntFamRVG. Das Verfahren ist zügig zu bearbeiten.[22]

3 Die **internationale Zuständigkeit** für das Rückgabeverfahren liegt, ohne dass dies ausdrücklich im HKÜ oder im IntFamRVG geregelt ist, bei den Gerichten des Staates, in dem sich das Kind jetzt aufhält. Dies folgt aus Sinn und Zweck des HKÜ.[23] Die **örtliche Zuständigkeit** bestimmt sich in Deutschland danach, wo sich das Kind zum Zeitpunkt des Eingangs des Antrags bei der Zentralen Behörde aufgehalten hat, sonst danach, wo das Bedürfnis der Fürsorge besteht, § 11 IntFamRVG. Für den gesamten Bezirk eines OLG liegt die Zuständigkeit grundsätzlich beim Familiengericht am Sitz des OLG. Im Bezirk des Kammergerichts, also für Berlin, entscheidet das Familiengericht Pankow/Weißensee, Art. 12 Abs. 2 IntFamRVG. Nach § 12 Abs. 3 IntFamRVG können die Länder ein anderes Familiengericht im Oberlandesgerichtsbezirk bestimmen – bundesweit ist dies bislang nicht der Fall – und bei Ländern mit mehreren Oberlandesgerichten die örtliche Zuständigkeit bei einem Familiengericht für mehrere Oberlandesgerichtsbezirke konzentrieren. Von letzterer Möglichkeit hat alleine Niedersachsen Gebrauch gemacht und sämtliche Rückführungsverfahren für Kinder, die sich in Niedersachsen aufhalten, beim AG Celle spezialisiert.[24]

4 Eine antragstellende Partei kann den Rückführungsantrag[25] in Deutschland selbst bei Gericht stellen, ohne dass Anwaltszwang gilt, Art. 29, 30. Daneben besteht die Möglichkeit, sich des Systems der zentralen Behörden zu bedienen, Art. 6 ff. Das Bundesamt für Justiz als deutsche zentrale Behörde kann den Antrag in Deutschland als Parteivertreter oder im eigenen Namen stellen, Art. 7 f. iVm § 6 Abs. 2 IntFamRVG.

5 Das Familiengericht entscheidet nach § 14 IntFamRVG im Verfahren der freiwilligen Gerichtsbarkeit. Die Rückgabeanordnung kann nicht als einstweilige Anordnung getroffen werden.[26] In Umsetzung von Art. 2 regelt § 38 Abs. 1 IntFamRVG, dass das Verfahren auf Rückgabe eines Kindes vorrangig, dh als Eilsache zu behandeln sind und eine Aussetzung des Verfahrens nicht stattfindet.[27]

6 Es handelt sich um ein **Hauptsacheverfahren mit einer summarischen Tatsachenprüfung**. Rückführungsverfahren unterliegen in Deutschland dem Amtsermittlungsgrundsatz. Etwas anderes gilt nur für die Ausnahmetatbestände der Art. 12 Abs. 2, Art. 13 Abs. 1, 20, für die die antragsgegnerische Partei die Darlegungs- und Beweislast trifft → Art. 13 Rn. 4.

---

20 *Pérez-Vera*, Bericht, Rn. 62.
21 *Pérez-Vera*, Bericht, Rn. 63.
22 BVerfG FamRZ 1996, 405.
23 OLG Hamm FamRZ 2017, 1679.
24 Liste der deutschen spezialisierten Gerichte unter https://www.bundesjustizamt.de/DE/Themen/Buerge rdienste/HKUE/Gerichte/Gerichte_node.html;jsessio

nid=CB7168DECCBF545CB2079744E9C69E79.2_cid361 (Stand 30.3.2020).
25 Muster eines Rückführungsantrags bei MPFormB FamR/*Erb-Klünemann*, S. 412 f.
26 OLG Zweibrücken FamRZ 1999, 106.
27 Eine Ausnahme enthält das HKÜ selbst in Art. 12 Abs. 3.

Zur verfahrensrechtlichen Beteiligung und Anhörung des Kindes sowie die Bestellung eines Verfahrensbeistandes → Art. 13 Rn. 50 f. Das örtliche Jugendamt kann nach § 9 IntFamRVG um Unterstützung gebeten werden, insbes. um Auskunft über die aktuelle soziale Lage des Kindes zu geben. Diese ist von einem Bericht in einem Sorgerechtsverfahren sorgfältig zu unterscheiden.   **7**

Deutsche Gerichte beschließen, auch wenn die deutsche Fassung des HKÜ von „Rückgabe des Kindes" spricht, regelmäßig eine **gestufte Rückführungsentscheidung**.[28] Der Tenor lautet üblicherweise: **8**

1. Der/Die Antragsgegner/in ist verpflichtet, das Kind … innerhalb von … (regelmäßig 2 Wochen) ab Wirksamkeit dieses Beschlusse nach … (Land) zurückzuführen.
2. Kommt der/die Antragsgegner/in der Verpflichtung zu 1. nicht nach, so ist er/sie und jede andere Person, bei der sich das Kind aufhält, verpflichtet, das Kind … (ggfs. auch: … und die in seinem/ihrem Besitz befindlichen Ausweispapiere und dem Kind gehörenden persönlichen Gegenstände, → HKÜ Art. 12 Rn. 2) an den/die Antragsteller/in oder eine von diesem/dieser bestimmte Person zum Zwecke der Rückführung nach … (Herkunftsstaat) herauszugeben.

Vollstreckbar ist nach § 44 Abs. 1 und Abs. 3 IntFamRVG alleine die Herausgabeanordnung in Ziff. 2 → Rn. 16. Es folgen in der Rückführungsentscheidung regelmäßig direkt Ordnungsmittelandrohungen und Vollzugsanordnungen → Rn. 19.

Wegen der Kosten gelten § 20 Abs. 2 IntFamRVG iVm §§ 81 FamFG entspr. Art. 26 Abs. 4 S. 4 HKÜ. Wird der Antrag aufgrund Vorliegens eines Ausnahmetatbestandes zurückgewiesen, kann eine hälftige Teilung der Kosten angemessen sein. Eine Verfahrenswertfestsetzung kommt nicht in Frage, da Nr. 1710 und 1720 KV-FamGKG einen Festwert vorsehen. Ein Verfahrenswertbeschluss ist daher unzulässig.[29] Nur soweit ein RA einen Antrag nach § 33 RVG stellt, kann im Verfahren nach § 25 Abs. 1–3 RVG der Gegenstandswert für die anwaltliche Tätigkeit festgesetzt werden.   **9**

Neben der Rückführungsentscheidung kann das Gericht auf Antrag oder von Amts wegen **einstweilige Anordnungen** treffen, um Gefahren vom Kind abzuwenden oder eine Beeinträchtigung der Interessen der Beteiligten zu vermeiden, **§ 15 IntFamRVG**. Hierzu zählen insbes. eine den Aufenthalt des Kindes im Gerichtsstaat für die Verfahrensdauer sichernde Anordnung, sog. **Grenzsperrebeschluss**,[30] eine Entscheidung, die den Umgang des zurückgelassenen Elternteils mit dem Kind während des laufenden Verfahrens regelt (zwischen Mitgliedstaaten ausdrücklich geregelt in Art. 27 Abs. 3 EheVO 2019 → HKÜ Art. 1 Rn. 9) und eine die Rückführung sichernde Anordnung. (im Geltungsbereich der EheVO 2019 → HKÜ Art. 13 Rn. 7).   **10**

Gegen eine Entscheidung des Familiengerichts findet nur die **Beschwerde zum OLG** statt, § 40 Abs. 2 S. 1 IntFamRVG iVm §§ 58 ff. FamFG. Die Beschwerde ist nach § 40 Abs. 2 S. 2 IntFamRVG innerhalb von zwei Wochen beim Amtsgericht einzulegen und zu begründen. Die Beschwerdefrist ist nicht verlängerbar. Ob eine nach Fristablauf erfolgte Begründung verspätet ist und zur Unzulässigkeit der Beschwerde führt, ist streitig.[31] Eine Beschwerde gegen eine Entscheidung, die zur Rückgabe des Kindes verpflichtet, steht nur dem Antragsgegner, dem Kind, soweit es das 14. Lebensjahr vollendet hat, und dem beteiligten Jugendamt zu, § 40 Abs. 2 S. 3 IntFamRVG. Ein Verfahrensbeistand ist damit nicht beschwerdeberechtigt, ist aber befugt, Verfassungsbeschwerde einzulegen.[32] Eine Rechtsbeschwerde zum BGH findet nicht statt, § 40 Abs. 2 S. 4 IntFamRVG.[33]   **11**

Im Rahmen der Erhebung einer **Verfassungsbeschwerde** oder isoliert auch unter Ankündigung der Erhebung einer Verfassungsbeschwerde kann ein Antrag auf Erlass einer einstweiligen Anordnung nach § 32 Abs. 1 BVerfGG gestellt werden.[34] Das Bundesverfassungsgericht sieht mittlerweile in der Regel von dem Erlass einer einstweiligen Anordnung auf Aussetzung des Vollzugs ab, um den Zweck des HKÜ nicht zu beeinträchtigen. Anders ist dies alleine in Fall ungewöhnlich schwerer Nachteile für das Kind.[35]   **12**

---

28 S. dazu im Einzelnen *Dutta/Scherpe* FamRZ 2006, 901 (906 f.) mwN auf die Rspr.

29 OLG Nürnberg NJW-RR 2018, 1277 mAnm *Schneider* NJW 2019, 24.

30 Muster eines Antrags auf Grenzsperre bei MPFormB FamR/*Erb-Klünemann*, S. 431 ff.

31 Bejahend OLG Bamberg FamRZ 2016, 835; OLG Koblenz FamRZ 2017, 135; aA OLG Stuttgart IPRspr. 2015, Nr. 108, 279. Eine fehlerhafte Rechtsmittelbelehrung ist kein Grund für die Bewilligung einer Wiedereinsetzung in den vorigen Stand, OLG Stuttgart NJW 2020, 77 = MDR 2020, 58.

32 BVerfG NJW 2018, 3301 = FamRZ 2018, 1092.

33 BGH 3.3.2010 – XII ZB 109/09 = FamFR 2010, 206.

34 Zu den Anforderungen an die Begründung eines isolierten Antrages auf Erlass einer einstweiligen Anordnung BVerfG FamRZ 2016, 1571.

35 BVerfG 16.7.1998 – 2 BvR 1206/98 und FamRZ 2016, 1571; bei der Folgenabwägung noch stärker auf das Kindeswohl abstellend BVerfG FamRZ 1997, 1470 und FamFR 2012, 262; ablehnend BVerfG 18.3.2019 – 1 BvR 2331/18; 20.11.2019 – 1 BvQ 85/19= FF 2020, 66 und 31.12.2019 – 1 BvR 2852/19 = FF 2020, 112 m. Anm. *Wille* NZFam 2020, 137.

13 Ist ein Rückführungsantrag rechtskräftig zurückgewiesen worden, so ist ein neuer Rückführungsantrag jedenfalls dann, wenn neue Umstände geltend gemacht werden, zulässig.[36] Zu den Möglichkeiten, neue Umstände im Fall der Rückführungsanordnung zu berücksichtigen → Rn. 14 und 23.

C. Abänderung von Rückführungsanordnungen

14 Das OLG Karlsruhe erachtet bei nachträglich eingetretenen, konkretisierbaren, als besonders erheblich erscheinenden und aktuell vorliegenden Umständen die Abänderung einer Rückführungsentscheidung nach § 1696 BGB analog für möglich. So sollen ausnahmsweise neue, nach Rechtskraft der Rückführungsentscheidung, aber vor deren Vollstreckung eingetretene, konkret fassbare Umstände dann eine erneute Überprüfung der Rückführungsentscheidung rechtfertigen, wenn die Umstände so schwerwiegend sind, dass die Rückgabe mit dem Kindeswohl nicht mehr zu vereinbaren ist, da die greifbare Gefahr einer schweren seelischen oder körperlichen Schädigung für das Kind besteht bzw. das Kind in eine unzumutbare Lage gebracht werden kann.[37] Auch wenn dem OLG Karlsruhe beizupflichten ist, dass neue, erhebliche Umstände nach Entscheidungserlass zu berücksichtigen sind, so ist der gewählte Weg über ein Abänderungsverfahren abzulehnen. Das Rückführungsverfahren unterliegt dem besonderen Beschleunigungsgrundsatz, die Rechtsmittel sind eingeschränkt → Rn. 11. Es besteht weder eine gesetzliche Grundlage für ein derartiges zusätzliches Verfahren, noch besteht, solange die Vollstreckung noch nicht abgeschlossen ist, eine Regelungslücke. Im Fall der vom OLG Karlsruhe angeführten Voraussetzungen für eine Abänderung kann nämlich die Vollstreckung ausgesetzt werden → Rn. 23.

D. Vollstreckung von Rückgabeanordnungen

15 Eine Entscheidung, die zur Rückgabe des Kindes in einen anderen Vertragsstaat verpflichtet, wird erst mit Rechtskraft wirksam und kann daher auch grundsätzlich erst dann vollzogen werden, § 40 Abs. 1 IntFamRVG. Das erstinstanzliche Gericht ist nicht befugt, die sofortige Vollziehung anzuordnen. Das Beschwerdegericht hat nach Beschwerdeeingang unverzüglich zu prüfen, ob die **sofortige Wirksamkeit** der Entscheidung über die Rückgabe des Kindes anzuordnen ist. Dies soll erfolgen, wenn die Beschwerde offensichtlich unbegründet ist oder die Kindesrückgabe vor der Beschwerdeentscheidung unter Berücksichtigung der berechtigten Interessen der Beteiligten mit dem Kindeswohl vereinbaren ist, § 40 Abs. 3 IntFamRVG.[38] Hiermit soll die Möglichkeit unterbunden werden, durch Einreichung einer offensichtlich unbegründeten Beschwerde eine Verzögerung der Rückgabe zu erreichen.

Art. 27 Abs. 6 EheVO 2019, → HKÜ Art. 1 Rn. 9, enthält eine autonome Regelung zur vorläufigen Vollstreckbarkeit von Rückführungsentscheidungen zwischen Mitgliedstaaten. Hiernach kann eine Rückgabeentscheidung für vorläufig vollstreckbar erklärt werden, wenn die Kindesrückgabe vor der Entscheidung über den Rechtsbehelf aus Gründen des Kindeswohls erforderlich ist. Dem genügt die derzeitige deutsche Regelung in weitem Umfang. Es bleibt abzuwarten, ob es insoweit zu Änderungen kommen wird.

16 **Vollstreckbar** ist nach § 44 Abs. 1, Abs. 3 IntFamRVG die gerichtliche Verpflichtung zur Herausgabe des Kindes an die antragstellende Partei zum Zwecke der Rückführung in den anderen Staat bzw. der entsprechende gerichtlich gebilligte Vergleich sämtlicher Beteiligter, § 86 Abs. 1 Nr. 2 FamFG. Nicht möglich ist es, die Begleitung des Kindes durch den entführenden Elternteil zu erzwingen. Weigert sich der entführende Elternteil mit dem Kind zurückzukehren, ist die Herausgabe des Kindes durchzusetzen. Zur Erfüllung der Rückführungsverpflichtung → HKÜ Art. 12 Rn. 5.

17 Auch wenn nicht ausdrücklich im HKÜ geregelt, so gilt auch im Vollstreckungsverfahren der **Beschleunigungsgrundsatz**.[39] Es sind alle Maßnahmen zu ergreifen, die vernünftigerweise erwartet werden können, um die Entscheidungsumsetzung zu erleichtern.[40] Sonst kann das Recht auf Achtung des Familienlebens verletzt sein.[41]

---

36 OLG Koblenz FamRZ 1994, 183.
37 OLG Karlsruhe NJW 2000, 3361 = FamRZ 2000, 1428 (für möglich erachtet im Fall der Verhaftung der antragstellenden Partei und gegen diese laufendes Strafverfahren wegen Diamantenraubes) und 23.4.2002 – 2 UF 61/02 (im Ergebnis abgelehnt im Fall der Verhaftung des antragstellenden Elternteils, nachdem dieser unmittelbar nach Vollstreckung der Kindesherausgabe an ihn noch in Deutschland zur Vollstreckung einer fünfmonatigen Freiheitsstrafe inhaftiert worden ist); sa *Ewers* FamRZ 1999, 477;

später dann OLG Karlsruhe FamRZ 2018, 39 (gelöst über Vollstreckungsbeendigung).
38 *Gruber* FamRZ 2005, 1603 (1606); sa OLG Koblenz FamRZ 2004, 1512.
39 Schweizerisches Bundesgericht 18.5.2004 – 5 P.150/2004- BGE 130 III 530, 532; Staudinger/*Pirrung* HKÜ Art. 2 Rn. E 26.
40 EGMR Re Raw v. Frankreich 7.3.2013 – 10131/11 = NJOZ 2014, 1830.
41 So zB bejaht in EGMR Re M.A. gegen Österreich v. 15.1.2015 – 4097/13, FamRZ 2015, 469 (Ls.).

Art. 28 EheVO 2019, → HKÜ Art. 1 Rn. 9, enthält für Verfahren zwischen Mitgliedstaaten Regelungen zur Beschleunigung des Vollstreckungsverfahrens.

Die Vollstreckung richtet sich in Deutschland nach **§ 44 IntFamRVG iVm §§ 89 ff. FamFG**. Das Gericht **18** hat nach § 44 Abs. 3 IntFamRVG die Vollstreckung **von Amts wegen** durchzuführen. Hierfür ist grundsätzlich das die Entscheidung erlassende Amtsgericht zuständig. Allerdings besteht nach § 44 Abs. 2 IntFamRVG die Zuständigkeit des Oberlandesgerichts zur Vollstreckung, wenn dieses die Anordnung für vollstreckbar erklärt, erlassen oder bestätigt hat. Dadurch sollen im Sinne der internationalen Verpflichtungen zur effektiven Rückführung des Kindes die spezifischen Nachteile ausgeglichen werden, die sich für die antragstellende Partei aus der Auslandsberührung ergeben.[42] Die örtliche Zuständigkeit liegt bei dem zuletzt mit der Hauptsache befassten Gericht. Dies gilt auch, wenn etwaige Ortswechsel innerhalb Deutschlands nach Entscheidungserlass vorgenommen werden. Denn §§ 11, 12, 44 IntFamRVG gehen § 88 FamFG vor.

Die **Zustellung** ist Vollstreckungsvoraussetzung, § 87 Abs. 2 FamFG. Eine **Vollstreckungsklausel** ist **19** grundsätzlich nicht erforderlich, wenn das Gericht, das die Rückführungsentscheidung erlassen hat, auch vollstreckt, § 14 Nr. 2 IntFamRVG iVm § 86 Abs. 3 FamFG. Dies gilt auch dann, wenn das OLG nach § 44 Abs. 2 IntFamRVG eine amtsgerichtliche Rückführungsentscheidung bestätigt, aber Änderungen vornimmt. Denn dies ist als Neuerlass anzusehen. Vollstreckt das OLG dagegen eine vollständig bestätigte amtsgerichtliche Entscheidung, bedarf es der Vollstreckungsklausel, die das OLG selbst erteilt, § 724 Abs. 2 ZPO.

Regelmäßig erfolgt bereits in der Rückführungsentscheidung ein Hinweis auf die Folgen der Zuwiderhand- **20** lung, § 89 Abs. 2 FamFG sowie ein richterlicher Durchsuchungsbeschluss, § 91 FamFG. Nach grds. vorheriger Anhörung nach § 92 Abs. 1 S. 1 FamFG sollen dann Ordnungsmittel verhängt werden, wenn eine schuldhafte Zuwiderhandlung gegen den Herausgabetitel vorliegt.[43] Als Ordnungsmittel soll nach § 44 Abs. 1 IntFamRVG iVm § 89 Abs. 3 S. 1 FamFG, § 913 ZPO gegen den entführenden Elternteil **Ordnungsgeld** angeordnet werden. Kann das Ordnungsgeld nicht beigetrieben werden oder verspricht die Anordnung von Ordnungsgeld keinen Erfolg,[44] so soll **Ordnungshaft** angeordnet werden. Nach § 90 FamFG ist auch die **Anordnung unmittelbaren Zwangs** möglich, wenn die Festsetzung von Ordnungsmitteln erfolglos geblieben ist, keinen Erfolg verspricht oder eine alsbaldige Vollstreckung der Entscheidung unbedingt geboten ist. Letzteres ist aufgrund des besonderen Eilcharakters dieses Verfahrens regelmäßig der Fall. Von der grundsätzlich erforderlichen vorherigen Anhörung der verpflichteten Person kann nach § 92 Abs. 1 S. 2 FamFG abgesehen werden, wenn die Anhörung die Vollstreckung vereiteln oder wesentlich erschweren würde. Dies ist bei Rückführungstiteln oft der Fall. Die Anordnung unmittelbaren Zwang richtet sich primär gegen die die Kindesherausgabe verweigernde Person, also der antragsgegnerische Partei oder eine andere Person, bei der sich das Kind aufhält. Gewaltanordnungen gegen das Kind haben nach § 90 Abs. 2 S. 2 FamFG unter Beachtung des Kindeswohls und nur dann stattzufinden, wenn eine Durchsetzung der Verpflichtung mit milderen Mitteln nicht möglich ist. Gegenstand der insoweit gesondert vorzunehmenden Kindeswohlprüfung ist nicht die Angemessenheit der zu vollstreckenden Grundentscheidung, sondern die konkrete Auswirkung der Zwangsanwendung auf das Kind im Verhältnis zu dem mit der Vollstreckung verfolgten Ziel.[45]

Die Parteien sind verpflichtet, an allen der Rückkehr förderlichen Maßnahmen nach besten Kräften mitzu- **21** wirken.[46] Neben der berechtigten Person können die zentralen Behörden beigezogen werden, um behördliche Vorkehrungen, insbes. im Ausland für die sichere Rückgabe des Kindes, zu gewährleisten, Art. 7 Abs. 2 lit. h.

Die **Rückführungskosten** sind Kosten der Zwangsvollstreckung nach § 87 Abs. 5 FamFG iVm Nr. 2007 **22** KV-FamGKG.

§ 44 Abs. 3 S. 2 IntFamRVG sieht alleine die Möglichkeit vor, auf Antrag der berechtigten Person von der **23** Vollstreckung abzusehen. Der EGMR hat aber anerkannt, dass auch **widrige Umstände im Vollstreckungsverfahren** berücksichtigungsfähig sind.[47] Solche liegen nach deutscher Rechtsprechung vor, wenn die Verhältnisse sich dergestalt nach der Rückgabeentscheidung geändert haben, dass nun in unvorherseba-

---

42　BT-Drs. 16/9733, S. 302 f.

43　BT-Drs. 16/9733, S. 302; BT-Drs. 15/3981, S. 29; *Gruber* FamRZ 2005, 1603 (1610); demgegenüber enthält § 89 Abs. 1 S. 1 FamFG nur eine Kannvorschrift.

44　So bei Vermögenslosigkeit; OLG Stuttgart FamRZ 2002, 1138 (1140).

45　Prütting/Helms/*Hammer*, FamFG § 90 Rn. 10; abgelehnt von OLG Zweibrücken FamRZ 2001, 1536 auf der Grundlage eines kinderpsychiatrischen Sachverständigengutachtens, weil die Gewaltanordnung

gegen das Kind mit einer dadurch bedingten schwerwiegenden Gefahr eines körperlichen oder seelischen Schadens für das Kind verbunden erschien.

46　OLG Saarbrücken FamRZ 2018, 40 (hier: die aktive Teilnahme an Mediation).

47　EGMR Re Raw v. Frankreich 7.3.2013 – 10131/11, NJOZ 2014, 1830 (im entschiedenen Fall, in dem Kinder die Rückkehr verweigerten, allerdings abgelehnt, da die kindliche Haltung nicht endgültig gewesen sei, was sich darin gezeigt habe, dass die Kinder später freiwillig zurückkehre seien).

rer Weise die Voraussetzungen des Art. 13 vorliegen, insbes. weil die Anordnung von Vollstreckungsmaßnahmen nicht mit dem Kindeswohl zu vereinbaren ist.[48] Allerdings ist zu versuchen, die konkrete Art der Vollstreckung so zu wählen, dass eine Gefährdung ausgeschlossen ist, etwa die Mitnahme des Kindes, wenn der entführende Elternteil nicht anwesend ist.[49] Wenn noch zukünftige Maßnahmen erwartet werden können, um die Rückführungsentscheidung umzusetzen, kommt alleine eine zeitlich befristete Aussetzung der Vollstreckung nach § 93 Abs. 1 FamFG in Frage.[50]

24   Wird ein Kind nach einer die Rückführung anordnenden Entscheidung vor deren Vollzug in einen anderen Staat entführt, ist dort, wenn das HKÜ Anwendung findet, ein neues Rückführungsverfahren zu führen. Die EheVO 2019, → HKÜ Art. 1 Rn. 9, sieht im Fall einer Weiterentführung in einen anderen Mitgliedstaat allerdings vor, dass die Entscheidung auch dort vollstreckbar ist. Eine Rückführungsentscheidung aus einem Mitgliedstaat unterliegt den Anerkennungs- und Vollstreckungsregelungen der EheVO 2019, Art. 2 Abs. 1 lit. a, ErwG 16 EheVO 2019.

Art. 3 HKÜ [Widerrechtliches Verbringen oder Zurückhalten]

[1]Das Verbringen oder Zurückhalten eines Kindes gilt als widerrechtlich, wenn

a) dadurch das Sorgerecht verletzt wird, das einer Person, Behörde oder sonstigen Stelle allein oder gemeinsam nach dem Recht des Staates zusteht, in dem das Kind unmittelbar vor dem Verbringen oder Zurückhalten seinen gewöhnlichen Aufenthalt hatte, und

b) dieses Recht im Zeitpunkt des Verbringens oder Zurückhaltens allein oder gemeinsam tatsächlich ausgeübt wurde oder ausgeübt worden wäre, falls das Verbringen oder Zurückhalten nicht stattgefunden hätte.

[2]Das unter Buchstabe a genannte Sorgerecht kann insbesondere kraft Gesetzes, aufgrund einer gerichtlichen oder behördlichen Entscheidung oder aufgrund einer nach dem Recht des betreffenden Staates wirksamen Vereinbarung bestehen.

A. Regelungsgegenstand

1   Art. 3 bestimmt, unter welchen Voraussetzungen das Verbringen oder Zurückhalten widerrechtlich ist: Es muss ein nach dem Recht des Staates des gewöhnlichen Aufenthalts des Kindes bestehendes und aktuell ausgeübtes Sorgerecht verletzt worden sein. Der Begriff des Sorgerechts wird in Art. 5 näher bestimmt. Art. 14 und 15 enthalten verfahrensrechtliche Erleichterungen. Im Anwendungsbereich der EheVO 2003 ist deren Art. 2 Nr. 11 lit. b S. 2 zu beachten. Diese Vorschrift ist in Art. 2 Nr. 11 lit. b EheVO 2019, → HKÜ Art. 1 Rn. 9, weggefallen.

B. Verletzung des Sorgerechts

I. Arten des Sorgerechts

2   Steht zwei Personen, wie meist den Eltern, das Sorgerecht bzw. das Mitspracherecht in wichtigen Fragen der Personensorge und der Aufenthaltsbestimmung gemeinsam zu, so genügt die Verletzung einer solchen **Mitsorgeberechtigung über den Auslandsumzug** zu entscheiden.[51] Die Beeinträchtigung eines bloßen **Umgangsrechts**[52] oder einer tatsächlichen Betreuung reicht nicht aus.[53]

---

48   OLG Hamburg FamRZ 2015, 64 mit krit. Anm. *Fahl* NZFam2014, 843 (zwischenzeitliches Vorliegen eines Ausnahmetatbestands nach Art. 13 HKÜ); OLG Karlsruhe FamRZ 2018, 39 (mittlerweile schwere politische Unruhen im anderen Vertragsstaat); OLG Saarbrücken FamRZ 2018, 40 (dramatische Verstärkung des gegen die Rückführung gerichteten Kindeswillens und zwischenzeitlicher Eintritt ausreichender Verstandesreife, um die Rückführungskonsequenzen zu überblicken); OLG Karlsruhe FamRZ 2000, 1428 und 23.4.2002 – 2 UF 61/02 lösten nicht überzeugend über ein Recht auf Abänderung → Rn. 14.

49   AG Koblenz FamRZ 2006, 1141.

50   *Erb-Klünemann* FamRB 2018, 327 (336); von Gerichten nicht immer dergestalt abgewogen: OLG Hamburg FamRZ 2015, 64; OLG Saarbrücken FamRZ 2018, 40 (endgültige Aussetzung 3 Jahre nach der Entscheidung, nachdem zuvor kinderpsychologische Gutachten veranlasst worden waren, die Mutter aber nicht zu der sachverständigerseits für erforderlich angesehenen Behandlung der Kinder wegen Traumatisierung angehalten worden ist).

51   BVerfG FamRZ 1997, 1269; OLG Karlsruhe FamRZ 2003, 956.

52   *Pérez-Vera*, Bericht, Rn. 65; OLG Stuttgart FamRZ 2001, 645.

53   OLG Frankfurt IPRspr. 1996 Nr. 190.

Hat die antragstellende Partei das gesetzliche oder private Recht, einem Aufenthaltswechsel in das Ausland   **3**
zu widersprechen (sog. **non removal clause**) oder besteht eine entsprechende behördliche oder gerichtliche
Entscheidung – typisch ist hier die Anordnung, dass das Kind Mündel des Gerichts wird (sog. **ward of the
court**)[54] bzw. eine Verpflichtung, den Aufenthalt des Kindes nicht ohne Zustimmung des Gerichts oder der
Behörde zu verlegen (sog. **ne exeat Klausel**) –, so genügt dies als Sorgerecht iSd Art. 3, wobei der Elternteil antragsberechtigt ist.[55] In derartigen Fällen ist die Entscheidung des Herkunftsstaates anzuerkennen, die
Rechtsstellung über ein Umgangsrecht hinaus aufzuwerten. Dogmatisch ist das Zustimmungserfordernis des
Elternteils bzw. des sonstigen Rechtsinhabers für eine Verlegung des Aufenthalts als Mitsorgerecht zu quali-
fizieren.

Einen Grenzfall stellt es dar, wenn alleinige Sorge besteht verbunden mit der gerichtlichen Auflage, das   **4**
Kind im Staat des Gerichts aufzuziehen.[56] Auch hier kommt es auf die Sichtweise des Herkunftsstaates an.
So stellt die Übertragung des Aufenthaltsrechts auf einen Elternteil nach ausländischem Recht zumeist
keine Übertragung des Aufenthaltsbestimmungsrechts im deutschen Sinne dar, da wesentliche Entscheidungen und damit auch der Auslandsumzug aus der Sicht des Herkunftsstaates zumeist weiterhin gemeinsam
zu entscheiden sind.

II. Einverständnis des anderen Elternteils

Voraussetzungen und Wirkungen eines wirksamen **Einverständnisses** richten sich nach dem gem. Art. 3   **5**
maßgeblichen Recht. Auch wenn Art. 3 von einer Verletzung des Sorgerechts spricht und eine solche im
Fall der Zustimmung nicht vorliegt, lässt eine Zustimmung nicht die Widerrechtlichkeit entfallen, sondern
ist vielmehr als ein von der antragsgegnerischen Partei nachzuweisender Ausnahmetatbestand zu prüfen,
→ HKÜ Art. 13 Rn. 10.[57] Denn das HKÜ erwähnt das Einverständnis erst und alleine in Art. 13. Diese dog-
matische Einordnung der Einwilligung hat entscheidende Bedeutung, nämlich sowohl für die Frage der
Beweislast als auch zwischen Mitgliedstaaten für die Informationspflicht und den Rückklappmechanismus
nach Art. 11 Abs. 6–8 EheVO 2003, → Art. 13 Rn. 7. Dies wird mit Geltung der EheVO 2019, → HKÜ
Art. 1 Rn. 9, anders sein. Denn diese nimmt Art. 13 Abs. 1 lit. a aus dem Rückklappmechanismus heraus,
Art. 29 Abs. 1 EheVO 2019.

III. Sorgerecht nach dem Staat des gewöhnlichen Aufenthalts

1. Maßgebliches Recht. Ob ein Sorgerecht besteht und wem es zusteht, richtet sich nach dem Recht des   **6**
Staates, in dem das Kind unmittelbar vor der Verletzung des Sorgerechts seinen gewöhnlichen Aufenthalt
hatte, → HKÜ Art. 4 Rn. 3 ff. Mit dem „Recht" aus Sicht des Herkunftsstaats wird nicht unmittelbar das
Sachrecht des Herkunftsstaates berufen, sondern auch dessen Kollisionsrecht, sog. Gesamtrechtsverwei-
sung.[58] Dies mag sich insbesondere, wenn im Herkunftsstaat zu diesem Zeitpunkt anwendbar, nach Art. 16

---

54 OLG München FamRZ 2005, 1002 sa *Siehr* IPRax
    2005, 526.
55 BVerfG FamRZ 1997, 1269; OLG Naumburg
    FamRZ 2007, 1586; OLG Hamm FamRZ 2002, 44;
    OLG Karlsruhe NJWE-FER 1999, 179; Staudinger/
    Pirrung HKÜ Art. 3 Rn. E 30; grds. auch MüKo-
    BGB/*Siehr* HKÜ Art. 3 KindEntfÜbk Rn. 3; so auch
    der US-Amerikanische Supreme Court in der Sache
    Abbott v. Abbott v. 27.5.2010 betr. eine ne exeat
    Klausel (INCADAT 1179); Re D. (A Child) (Abduc-
    tion: Rights of Custody) [2006] UKHL 51 (INCA-
    DAT HC/E/UKe 880) (obiter dictum); Sonderup v.
    Tondelli 2001 (1) SA 1171 (CC) (INCADAT
    HC/E/ZA 309); Re J (A Minor) (Abduction), [1990]
    2 Fam. L. Rep. 439 (Fam. D.); Cour de cassation
    RCDIP 82 (1993), 656; *Ancel*, RCDIP 82 (1993),
    658, 661; zur deutschen Rechtslage überzeugend
    OLG Köln 14.2.2020 – 21 UF 7/20, n.v.: die Anord-
    nung einer Grenzsperre sei ebensowenig wie ein
    bereits gestellter Antrag auf Übertragung des Sorge-
    rechts mit der Inhaberschaft des Sorgerechts gleich-
    zusetzen, anders sei dies erst mit Bekanntgabe einer
    Sorgerechtsentscheidung.

56 Staudinger/*Pirrung* HKÜ Art. 3 Rn. E 30.
57 Die Auffassung in der Vorauflage, dass ein Einver-
    ständnis die Widerrechtlichkeit entfallen lassen kann
    und damit bereits im Rahmen des Art. 12 und nicht
    erst im Rahmen des Art. 13 geprüft werden kann,
    wird nicht länger aufrechterhalten. Das angeführte
    OLG Nürnberg FamRZ 2009, 240 (241) hat diese
    Meinung (alleine) im Rahmen der Erörterung der
    Aufgaben des Herkunftsstaatsgerichts bei der Ertei-
    lung einer Widerrechtlichkeitsbescheinigung geteilt.
    Soweit ferner Bezug auf Thomas/Putzo/*Hüßtege*
    EuEheVO Art. 11 Rn. 6 genommen worden ist, geht
    dies fehl, da dort alleine davon die Rede ist, dass im
    Fall der Verneinung der Widerrechtlichkeit keine
    Benachrichtigung nach Art. 11 Abs. 6 EheVO 2003
    erfolgt; aA MüKoBGB/*Siehr* HKÜ Art. 13 KindEntf-
    Übk Rn. 3 (Abgrenzung danach, ob das Sorgerecht
    nach dessen Statut mit der Zustimmung nicht verletzt
    ist).
58 *Pérez-Vera*, Bericht, Rn. 66; OLG München NJW-
    RR 2005, 158 = FamRZ 2005, 1002 = IPRax 2005,
    550; *Hüßtege* IPRax 1992, 369 (371); Staudinger/
    Pirrung HKÜ Art. 3 Rn. E 27.

Abs. 3 KSÜ richten,[59] sonst nach dem nationalem Kollisionsrecht. Im Unterschied zu einer herkömmlichen Gesamtverweisung ist nach Art. 3 Abs. 1 lit. a im Sinne des sogenannten double renvoi bzw. der foreign court theory[60] allerdings nur die Sicht des Herkunftsstaates maßgeblich, was zu Unterschieden bei den Fragen führen kann, ob eine Rückverweisung anzunehmen und wann die Verweisungskette abzubrechen ist.[61]

7　Wechselte ein Kind im Laufe seines Lebens vor der Entführung seinen gewöhnlichen Aufenthalt, so ist historisch vorzugehen und die Frage, ob jeweils sorgerechtliche Änderungen stattgefunden haben, unter Einbezug des zum Zeitpunkt des Wechsels jeweils im neuen Staat anzuwendenden Kollisionsrechts zu entscheiden. Denn das **Kindschaftsstatut,** das an den gewöhnlichen Aufenthalt des Kindes anknüpft, ist **wandelbar.**[62] Hierbei ist, soweit anwendbar, insbesondere Art. 16 KSÜ zu beachten.

8　Besteht eine Sorgerechtsentscheidung, so kommt es auf der Wirksamkeit bzw. Anerkennung im Herkunftsstaat an. In dem Staat, in dem über die Frage der Rückführung entschieden wird, ist grundsätzlich keine Ordre-public-Prüfung durchzuführen, es sei denn die Grenzen der Art. 13, 20 HKÜ sind überschritten.[63] Es kommt nicht auf ein förmliches Anerkennungsverfahren an → HKÜ Art. 14.

9　**Abs. 2** stellt klar, dass sich das Sorgerecht insbes. aus Gesetz, aufgrund einer Entscheidung oder einer nach dem anwendbaren Recht möglichen und wirksamen Vereinbarung ergeben kann.

10　**2. Ermittlungsmöglichkeiten über Sorgerechtslage.** Zu ausländischen Rechtslagen (Kollisions- und Sachrecht) informiert *Bergmann/Ferid/Henrich*, Internationales Ehe- und Kindschaftsrecht mit Staatsangehörigkeitsrecht. Die Haager Konferenz stellt auf ihrer Webseite im Rahmen der „Country Profiles" erste Informationen zur jeweiligen Rechtslage in den Vertragsstaaten zur Verfügung.[64] Für EU-Staaten finden sich Informationen auf der Webseite des Europäischen Justizportals.[65] Auskünfte können beim Bundesamt für Justiz als deutscher zentraler Behörde erbeten werden.[66] Die Einholung eines Rechtsgutachtens kommt aufgrund des besonderen Beschleunigungsgrundsatzes regelmäßig nicht in Frage. Für Fragen zur ausländischen Rechtslage und zum Verständnis einer ausländischen Entscheidung können Gerichte sich auch an die Verbindungsrichter werden, → HKÜ Art. 1 Rn. 10.

11　Das HKÜ sieht die Möglichkeit vor, dass die mit dem Rückgabeantrag befassten Stellen nach Art. 15 die Vorlage einer Bescheinigung der Behörden des Herkunftsstaates verlangen können. Zur Frage der Bindungswirkung einer solchen Bescheinigung → HKÜ Art. 15 Rn. 5.

IV. Widerrechtlichkeit eines Aufenthaltswechsels nach deutschem Recht

12　Im deutschen materiellen Recht beinhaltet die Personensorge nach § 1631 Abs. 1 BGB auch das Recht und die Pflicht, den Aufenthalt des Kindes zu bestimmen. Dieses steht Eltern kraft Gesetzes gemeinschaftlich zu, wenn sie zum Zeitpunkt der Geburt verheiratet sind, sie einander später heiraten oder wirksame Sorgeerklärungen abgeben, §§ 1626, 1626 a Abs. 1 BGB. Trennung oder Scheidung lässt dies unberührt. Sind die Eltern nicht verheiratet und haben sie keine Sorgeerklärungen abgegeben, so steht kraft Gesetzes der Mutter die alleinige elterliche Sorge und damit auch das Aufenthaltsbestimmungsrecht zu. Aus dem Umgangsrecht des anderen Elternteils nach § 1684 ergibt sich keine Beschränkung des Rechts des alleinsorgeberechtigten Elternteils den Aufenthalt des Kindes zu bestimmen.[67]

13　Die **gemeinschaftliche Sorge** beinhaltet auch bei Getrenntleben der Eltern das Recht über den Aufenthalt des Kindes mitzubestimmen. Bei der Entscheidung über einen Umzug in das Ausland handelt es sich um eine Angelegenheit von erheblicher Bedeutung, bei der nach § 1687 Abs. 1 S. 1 BGB immer das gegenseitige Einvernehmen der Eltern erforderlich ist.

14　Fraglich ist die Rechtslage, wenn eine **Übertragung des Aufenthaltsbestimmungsrechts** auf einen Elternteil nach § 1671 BGB erfolgt ist.[68] Unzweifelhaft rechtmäßig ist ein Umzug in das Ausland, wenn dem Ehe-

---

59　So hat das KG FamRZ 2011, 1516 für ein Kind, dessen Eltern ihren gewöhnlichen Aufenthalt noch vor Kindesgeburt in die Schweiz als KSÜ-Vertragsstaat verlegt haben, über Art. 16 Abs. 2 KSÜ auf das schweizerische Sorgerecht abgestellt.

60　*Dicey, Morris, Collins,* The Conflict of Laws, 15. Aufl. 2012, Rn. 4–010; *Siehr,* Das internationale Privatrecht der Schweiz, 2002, 565.

61　Im deutschen Recht die Regelung in Art. 4 Abs. 1 S. 2 EGBGB.

62　OLG Hamm NJW-RR 2013, 69 = FamRZ 2013, 52.

63　Staudinger/*Pirrung* HKÜ Art. 3 Rn. E 28.

64　https://www.hcch.net/en/instruments/conventions/publications1/?dtid=42&cid=24 (Stand 30.3.2020).

65　https://beta.e-justice.europa.eu/289/EN/movingsettling_abroad_with_children (Stand 30.3.2020).

66　https://www.bundesjustizamt.de/DE/Themen/Buergerdienste/HKUE/HKUE_node.html (Stand 30.3.2020).

67　BGH FamRZ 1990, 392; BGH NJW 1987, 893 = FamRZ 1987, 356; BGH FamRZ 2010, 1060; OLG Karlsruhe FamRZ 1996, 1094; Johannsen/Henrich/*Jaeger,* Familienrecht, § 1684 Rn. 17; aA Staudinger/*Rauscher,* BGB § 1684 Rn. 67 ff.

68　S. zur dabei durchzuführenden Abwägung der berührten Kindeswohlgesichtspunkte bei einer beabsichtigten Auswanderung der Hauptbetreuungsperson BGH ZKJ 2010, 327 (330 f.); OLG Hamm FamRZ 1999, 394.

gatten das Aufenthaltsbestimmungsrecht ausdrücklich auch für den Fall des Wegzugs in das Ausland über-tragen worden ist.[69] Der Auslandsumzug kann aber auch ausdrücklich ausgenommen werden.[70] Fraglich ist, ob die unspezifische Übertragung des Aufenthaltsbestimmungsrechts auch das Recht beinhaltet, ohne Zustimmung des ansonsten weiterhin sorgeberechtigten anderen Elternteils mit dem Kind in das Ausland zu ziehen. Dies hat der BGH grundsätzlich bejaht, indem er ausgeführt hat, dass die Zuweisung des Aufent-haltsbestimmungsrechts genügt, um die geplante Übersiedlung in das Ausland (hier: Mexiko) mit dem Kind zu ermöglichen.[71] Das OLG Koblenz hat angenommen, dass die Mutter, der das Aufenthaltsbestimmungs-recht zustand, mit dem Kind in ein anderes Land der Europäischen Union umziehen könne, ohne dass dadurch das Mitsorgerecht des Vaters verletzt werde.[72] Da der Vater kein Recht zur Aufenthaltsbestimmung hatte, könne ein solches Recht durch den Wegzug auch nicht verletzt worden sein. Was das Sorgerecht im Übrigen betrifft werde dem Vater dessen Ausübung durch die Übersiedlung nicht unzumutbar erschwert. Die Übersiedlung sei in ein anderes Land der Europäischen Union erfolgt, in dem der Vater Freizügigkeit genieße. Die Rechtssysteme der Staaten und die dortigen Lebensverhältnisse seien nicht gravierend unter-schiedlich, soweit Kindeswohlaspekte betroffen sind. Das OLG Köln nahm in einem ähnlichen Fall, in dem die Mutter mit dem Kind nach Thailand gezogen war, eine Verletzung des Mitsorgerechts des Vaters an. Aufgrund des bis auf das Aufenthaltsbestimmungsrecht fortbestehenden gemeinsamen elterlichen Sorge könne die Mutter nicht schrankenlos über den Aufenthalt des Kindes entscheiden. Anders als bei der Über-siedlung in ein anderes Land der Europäischen Union führe die Übersiedlung nach Thailand dazu, dass auf-grund der Entfernung und der damit zusammenhängenden Probleme einer hinreichenden Kommunikation mit dem Kind und dessen sozialen Umfeld die Mit-Ausübung der elterlichen Sorge praktisch unmöglich gemacht werde.[73] Diesen beiden Entscheidungen kann nicht gefolgt werden. Nach dem HKÜ kommt es für die Widerrechtlichkeit darauf an, ob die antragstellende Person ein Mitentscheidungsrecht hatte. Bei dem Inhalt des dem Elternteil formal unbeschränkt zugewiesenen Aufenthaltsbestimmungsrechts danach zu dif-ferenzieren, in welchem Maße durch einen Umzug die Ausübung der elterlichen Sorge durch den anderen Elternteil erschwert wird, führt zu großer Rechtsunsicherheit. Die Unterscheidung, ob es sich um ein ande-res Land der EU handelt, erscheint willkürlich und in Anbetracht moderner Kommunikationsmittel nicht zeitgemäß. Es berücksichtigt auch nicht, dass die Auswirkungen aufgrund individueller Umstände im Ein-zelfall sehr unterschiedlich sein können. Zur Verbesserung der Rechtssicherheit sollten Gerichte nicht pau-schal die Übertragung des Aufenthaltsbestimmungsrechts anordnen, sondern ausdrücklich dessen Umfang angegeben. So kann das Aufenthaltsbestimmungsrecht eingeschränkt werden oder auch einen (ggfs. weiter eingeschränkten) Auslandsumzug umfassen.

C. Verletzungsalternativen

I. Widerrechtliches Verbringen

Diese Alternative erfasst den Fall, dass eine insoweit nicht alleine sorgeberechtigte Person das Kind aus dem Vertragsstaat, in dem das Kind seinen gewöhnlichen Aufenthalt hat, in einen anderen Vertragsstaat ver-bringt. Unerheblich ist dabei die Haltung des Kindes.   **15**

II. Widerrechtliches Zurückhalten

Das Kind wird widerrechtlich zurückgehalten, wenn es sich in dem Staat, in dem es sich jetzt befindet, zunächst rechtmäßig aufgehalten hat und sein Aufenthalt später infolge einer Veränderung der Situation rechtswidrig wird.[74] Typisch ist der Fall, dass der (Mit-) Sorgeberechtigte dem Aufenthalt für eine bestimmte Zeit (Urlaub, Besuch zur Ausübung des Umgangsrechts) zugestimmt hatte.   **16**

Ein widerrechtliches Zurückhalten findet in dem Zeitpunkt statt, in dem der weitere Aufenthalt nicht mehr von der Zustimmung der (mit-)sorgeberechtigten Person gedeckt wird.[75] Das Zurückhalten ist ein einmali-ges Handeln, kein Dauerzustand. Hält sich das Kind nach der Entführung zeitweilig bei der antragstellenden   **17**

---

69 OLG München FamRZ 2008, 1774.
70 So hatte das erstinstanzliche Gericht im Fall OLG München FamRZ 2008, 1774 bei einer beabsichtig-ten Umsiedlung nach Peru das Aufenthaltsbestim-mungsrecht für den Großraum München übertragen.
71 BGHZ 185, 272 = FamRZ 2010, 1060 (Rn. 16): „Nach einer Übertragung des Aufenthaltsbestim-mungsrechts ist dem Elternteil die Ausreise mit dem Kind erlaubt ... und kann die Verbringung des Kin-

des in das Ausland durch den (insoweit) sorgeberech-tigten Elternteil nur unter besonderen Umständen rechtswidrig sein (vgl. BGHSt 44, 355 = NJW 1999, 1344 = FamRZ 1999, 651)".
72 OLG Koblenz NJW 2008, 238 = FamRZ 2008, 813.
73 OLG Köln FamRZ 2010, 913.
74 OLG Karlsruhe FamRZ 1992, 1212.
75 OLG Karlsruhe FamRZ 1992, 1212.

Person zu Umgangszwecken auf, lässt dies die Kausalität nicht entfallen.[76] Der Zeitpunkt des widerrechtlichen Zurückhaltens verändert sich nicht und entscheidet auch über den Beginn der Jahresfrist nach Art. 12, → HKÜ Art. 12 Rn. 6 f. Ist das Kind aufgrund gemeinsamer Entscheidung der Mitsorgeberechtigten für einen bestimmten Zeitraum in einen anderen Vertragsstaat gelangt, so tritt Widerrechtlichkeit auch erst dann mit Ablauf der verabredeten Zeit ein, wenn bereits zuvor von der antragsgegnerischen Partei die Absicht bekundet worden ist, mit dem Kind dauerhaft dort zu bleiben.[77]

III. Zeitpunkt

18 Maßgeblich ist die Sorgerechtslage im **Zeitpunkt der Entführung**. Eine erst Jahre später erfolgende abweichende Beurteilung einer Rechtsfrage kann keine Rückwirkung entfalten.[78] Bezüglich einer späteren Veränderung der Rechtslage durch Gerichtsentscheidung gilt: Fand diese im Staat statt, in dem sich das Kind jetzt aufhält, ist sie unbeachtlich, Art. 17. Im Übrigen gilt, dass eine spätere Übertragung auf die antragstellende Partei grundsätzlich kein widerrechtliches Zurückhalten begründen kann.[79] Eine spätere Sorgerechtsübertragung auf eine entführende Person kann die Widerrechtlichkeit grundsätzlich nicht beseitigen, ist aber analog einer Genehmigung zu behandeln.[80] Es wäre sinnlos, das Kind in das Herkunftsland zurückzuführen, wenn die entführende Partei mit diesem sogleich legal wieder ausreisen könnte.

D. Tatsächliches Ausüben des Sorgerechts

19 Weitere Voraussetzung der Widerrechtlichkeit ist, dass das (Mit-)Sorgerecht im Zeitpunkt des Verbringens oder Zurückhaltens tatsächlich ausgeübt wurde oder ohne die Entführung ausgeübt worden wäre. An das tatsächliche Ausüben des Sorgerechts sind dabei keine zu hohen Anforderungen zu stellen.[81] Das Sorgerecht wird auch dann tatsächlich ausgeübt, wenn der Elternteil zwar nicht an der täglichen Sorge für das Kind beteiligt ist, mit dem Kind aber zumindest hin und wieder Kontakt hat und sich an den das Kind betreffenden Entscheidungen beteiligt, insbesondere einen dauerhaften Umzug in das Ausland ablehnt.[82] Unerheblich ist auch, ob der (Mit-)Sorgeberechtigte den Umgang mit dem Kind aus eigenem Antrieb oder nur auf Aufforderung durch den anderen Elternteil hin ausgeübt hat.[83]

20 Ausgeschlossen werden nur Sorgeverhältnisse, bei denen die Rechte und Pflichten überhaupt nicht, auch nicht hin und wieder oder in Ansätzen auch im Umfang eines Umgangsrechts wahrgenommen werden (leere Hülse).[84] Das Sorgerecht wird nicht ausgeübt, wenn der (Mit-) Sorgeberechtigte sich objektiv nicht

---

76   OLG Stuttgart FamRZ 2013, 51 entgegen dem AG Stuttgart, das auf die erste rechtswidrige Handlung nach der letzten Wiederherstellung abgestellt hatte.

77   Staudinger/*Pirrung* HKÜ Art. 1 Rn. E 23; OLG Hamm 7.8.2008 – 11 UF 135/08 – nv; anders High Court England v. 14.7.1993, Re S, (1994) 1 AllER 237, 248.

78   OLG Frankfurt ZKJ 2009, 373; OLG Stuttgart FamRZ 2008, 1777; OLG Karlsruhe FamRZ 2003, 956; In Re J (A Minor) (Abduction: Custody Rights) [House of Lords] [1990] 2 AC 562; *Bach/Gildenast*, Internationale Kindesentführung, 1999, Rn. 23.

79   OLG Stuttgart FamRZ 2001, 645; OLG Karlsruhe FamRZ 1992, 1212 und DAVorm 1998, 253; OLG Düsseldorf FamRZ 1994, 181. Zu beachten ist, dass der EuGH in seiner Entscheidung C. v.M. v. 9.10.2014 – C-376/14 c PPU – IPRax 2015, 239, in einen Fall, in dem die Verbringung des Kindes im Einklang mit einer vorläufig vollstreckbaren gerichtlichen Entscheidung erfolgt ist, die später durch eine gerichtliche Entscheidung aufgehoben wurde, mit der der Aufenthalt des Kindes bei dem im Ursprungsmitgliedstaat wohnenden Elternteil bestimmt wurde, die unterlassene Rückführung des Kindes in diesen Mitgliedstaat im Anschluss an diese zweite Entscheidung für widerrechtlich angesehen hat.

80   OLG Frankfurt ZKJ 2009, 373 Nr. 14 (mit Hinweis auf fehlendes Rechtsschutzbedürfnisses); *Baetge* IPRax 2000, 146 (147); soweit OLG Stuttgart

FamRZ 2003, 959 und OGH IPRax 2000, 141 f. eine unzumutbare Lage iSd Art. 13 Abs. 1 lit. b angenommen haben, ist dem nicht zu folgen. Der Ansatz, dass die Situation einer Genehmigung gleich ist, erscheint überzeugender, zumal es im Verhältnis zu Mitgliedstaaten nicht angemessen erscheint, mit der Lösung über Art. 13 den Rückklappmechanismus des Art. 11 Abs. 6–8 EheVO 2003/Art. 29 EheVO 2019 auszulösen.

81   BVerfG FamRZ 1997, 1269; OLG Hamm FamRZ 2004, 723; 2002, 44 und 2012, 727 (Ls.); OLG Dresden FamRZ 2002, 1136; OLG Bremen FamRZ 2013, 1238 (Ls.); OLG Rostock FamRZ 2002, 46 = IPRax 2002, 218; OLG Nürnberg FamRZ 2010, 1575; MüKoBGB/*Siehr* KindEntfÜbk Art. 13 Rn. 2.

82   BVerfG FamRZ 1997, 1269; OLG Nürnberg 26.2.2010 – 7 UF 20/10 (juris); OLG Dresden FamRZ 2002, 1136; OLG Hamm FamRZ 2002, 44; OLG Stuttgart FamRZ 1996, 688; unrichtig daher OLG Düsseldorf FamRZ 1994, 181, das aus dem Auszug des Vaters aus der ehelichen Wohnung in ein Hotel schloss, er übe die elterliche Sorge nicht mehr aus, obgleich die Kinder kurz darauf ein Wochenende mit dem Vater verbrachten.

83   OLG Rostock FamRZ 2002, 46 = IPRax 2002, 218.

84   OLG Bremen FamRZ 2013, 1238; OLG Hamm FamRZ 2017, 1679; Staudinger/*Pirrung* HKÜ Art. 3 Rn. E 32.

um das Kind kümmert,[85] allerdings ist ein Nichtausüben etwa durch die Unterbrechung von Besuchen wegen vorübergehender Abwesenheit aus Berufsgründen unschädlich, wenn der (Mit-)Sorgeberechtigte so weit wie möglich den Kontakt aufrechterhält. Die Ausübung kann auch darin bestehen, dass ein Dritter mit der Ausübung einzelner Rechte betraut wird.[86]

Die Sorgeausübung ist sowohl als objektiv nachzuweisende Voraussetzung der Widerrechtlichkeit in Art. 3   **21** Abs. 1 lit. b aufgeführt als auch als Ausnahmetatbestand in Art. 13 Abs. 1 lit. a, der von der antragsgegnerischen Partei zu beweisen ist. Das HKÜ geht damit von der **Vermutung der Sorgeausübung** aus.[87] Im Anwendungsbereich der EheVO 2003 ergibt sich die Vermutung der Ausübung ausdrücklich aus Art. 2 Ziff. 11 lit. b S. 2 EheVO 2003. Diese Regelung findet sich nicht mehr in der EheVO 2019, → HKÜ Art. 1 Rn. 9. Inhaltlich bedeutet dies aber keine Änderung, denn die Systematik des HKÜ selbst spricht für diese stillschweigende Vermutung.[88] Bestehen Zweifel, ob die antragstellende Person das Sorgerecht tatsächlich ausgeübt hat, so geht das nicht zu deren Lasten. Art. 13 Abs. 1 lit. a regelt die Nichtausübung als Versagungsgrund.[89] Die Beweislast liegt daher bei der antragsgegnerischen Partei, → HKÜ Art. 13 Rn. 8.

Art. 4 HKÜ [Personeller Anwendungsbereich]

[1]Das Übereinkommen wird auf jedes Kind angewendet, das unmittelbar vor einer Verletzung des Sorgerechts oder des Rechts zum persönlichen Umgang seinen gewöhnlichen Aufenthalt in einem Vertragsstaat hatte. [2]Das Übereinkommen wird nicht mehr angewendet, sobald das Kind das 16. Lebensjahr vollendet hat.

A. Regelungsgegenstand

Art. 4 bestimmt den persönlichen Anwendungsbereich. Es beschränkt die Anwendung des HKÜ auf Situa-   **1** tionen, in denen das Kind seinen gewöhnlichen Aufenthalt in einem Vertragsstaat des HKÜ hat sowie auf Kinder bis zur Vollendung ihres 16. Lebensjahres. Art. 35 verlangt zusätzlich, dass das HKÜ zwischen dem Vertragsstaat, in dem sich das Kind jetzt befindet, und dem Vertragsstaat seines gewöhnlichen Aufenthalts gilt. Zur Vertragsstaatenliste → HKÜ Art. 1 Rn. 4–5. Der Umfang des Gebietes eines Vertragsstaats bestimmt sich – auch – nach Völkerrecht.[90] So hat das OLG München die Geltung für Ostjerusalem abgelehnt.[91]

Schließt sich an das widerrechtliche Zurückhalten in einem Staat, der nicht Vertragsstaat des HKÜ ist, ein   **2** Umzug mit der entführenden Person in einen anderen Staat an, der Vertragsstaat ist und wird das Kind dort auch zurückgehalten, so steht dies der Annahme der Voraussetzungen des Art. 3 nicht entgegen, wenn das Kind seinen gewöhnlichen Aufenthalt unmittelbar vor der Sorgerechtsverletzung in einem Vertragsstaat hatte.[92]

B. Gewöhnlicher Aufenthalt

I. Definition

Der zentrale Begriff des gewöhnlichen Aufenthalts ist im HKÜ nicht definiert. Dieser autonom auszule-   **3** gende Begriff wird auch in anderen Haager Übereinkommen[93] und Europäischen Verordnungen[94] verwendet, wobei er auch dort – mit Ausnahme der Ausführungen in Erwägungsgrund 23 der EU-Erbrechtsverord-

---

85 OLG Hamm FamRZ 2004, 1513 (angenommen bei völlig unzureichender Wahrnehmung eines gerichtlichen Umgangsrechts für ca. 1 ¼ Jahr, so dass dies einer Sorgerechtsaufgabe gleichkommt); KG FamRZ 1996, 691, 692 (Nichtausübung seit zwei Jahren).
86 Staudinger/*Pirrung* HKÜ Art. 3 Rn. E 32.
87 *Pérez-Vera*, Bericht, Rn. 73; Staudinger/*Pirrung* HKÜ Art. 13 HKÜ Rn. E 69.
88 *Erb-Klünemann/Niethammer-Jürgens*, S. 162.
89 KG FamRZ 1996, 691 (692); OLG Rostock FamRZ 2002, 46; OLG Hamm FamRZ 2017, 1670; *Henrich*, Int. Familienrecht, § 7 II 6; *Mansel* NJW 1990, 2176 (2177); Staudinger/*Pirrung* HKÜ Art. 13 Rn. E 69.
90 Staudinger/*Pirrung*, Einleitung zum HKÜ Rn. E 19.
91 OLG München FamRZ 2016, 835 (Ls.) = IPRax 2017, 395; vgl. auch AG Saarbrücken FamRZ 2008, 433 für die palästinensischen Gebiete.

92 KG FamRZ 2018, 39 mit Anm. *Siehr* IPRax 2018, 498, wobei es problematisch erscheint, dass das Zurückhalten als eine Dauertat angesehen wird, anstatt dies als zwei einzeln zu betrachtende Zurückhalten zu bewerten. Die sich dann für das KG anschließende Frage, ab wann die Jahresfrist des Art. 12 zu laufen begann, hätte sich dann gar nicht gestellt.
93 So im Haager Unterhaltsprotokoll und Haager Erwachsenenschutzübereinkommen.
94 So in EheVO 2003 und EheVO 2019, EU-Unterhaltsverordnung, EU-Ehegattengüterrechtsverordnung, EU-Partnerschaftsgüterrechtsverordnung und EU-Erbrechtsverordnung.

nung – nicht definiert wird. Da die Auslegung im Kontext des jeweiligen Instruments und unter Berücksichtigung der durch die jeweilige Regelung getroffenen Zielsetzung zu erfolgen hat, lässt sich keine einheitliche Auslegung für alle Instrumente begründen. Wenn sich aus der Zielsetzung eines Instruments keine Besonderheiten ergeben, kann auf die Überlegungen zu anderen Instrumenten zurückgegriffen werden.[95] Es sollte vermieden werden, dass für eine Person unterschiedliche Ergebnisse betreffend den gewöhnlichen Aufenthalt nach den verschiedenen Instrumenten angenommen werden.[96]

4 Entscheidend ist der **gewöhnliche Lebensmittelpunkt des Kindes**, nicht der eines Elternteils. Anders ist dies bei einem Säugling, bei dem auf den gewöhnlichen Aufenthalt der Person abzustellen ist, von der das Kind abhängig ist.[97] Begründet wird der gewöhnliche Aufenthalt des Kindes durch die Dauer seines Lebensmittelpunktes unter Berücksichtigung seiner sozialen und familiären Beziehungen in einem Staat. Neben diesen objektiven Kriterien sind auch subjektive Kriterien mit einzubeziehen wie zB die Wohnsitznahme und Lebensplanung der Eltern.[98] Es kommt immer auf die individuellen Umstände an. Eine Faustregel, dass nach sechs Monaten ein gewöhnlicher Aufenthalt begründet ist, gilt nicht.[99]

5 Auch wenn das HKÜ autonom auszulegen ist, ist die **bindende Rechtsprechung des EuGH** zum gewöhnlichen Aufenthalt iSd Art. 8 EuEheVO 2003 in allen an die EuEheVO 2003 gebundenen Vertragsstaaten zu beachten. So hat der EuGH ausgeführt, dass es Aufgabe der Gerichte ist, den gewöhnlichen Aufenthalts eines Kindes zu bestimmen, wobei er einen beispielhaften Kriterienkatalog benannt hat. Zu berücksichtigen sind neben der körperlichen Anwesenheit des Kindes[100] die soziale und familiäre Integration des Kindes in einem Staat wie Ort und Umstände des Schul- bzw. Kindergartenbesuchs, Sprachkenntnisse, sonstige familiäre Bindungen in dem betreffenden Staat und die Dauer des Aufenthalts im Staat. Je länger das Kind sich im Staat aufhält, desto mehr stellt sich der Aufenthalt als gewöhnlich dar. Erforderlich ist eine gewisse Aufenthaltsdauer, wobei es keine Mindestdauer gibt.[101] Die Staatsangehörigkeit des Kindes ist auch ein Kriterium, aber kein wesentliches.[102] Nicht entscheidend sind die Herkunft des das Kind versorgenden Elternteils und die sich daraus ableitenden kulturellen kindlichen Bindungen, seine Urlaubsaufenthalte in diesem Staat und die etwaige Absicht dieses Elternteils, künftig mit dem Kind in diesen Staat umzuziehen.[103]

II. Sonderfälle

6 **1. Entführung kurz nach dem Umzug in einen anderen Staat.** Schwierigkeiten ergeben sich bei der Bestimmung des gewöhnlichen Aufenthalts, wenn die Entführungshandlung kurz nach einem Umzug des Kindes in einen neuen Staat stattfindet. Hierunter fällt zB der Fall, dass die Eltern noch gemeinsam mit dem Kind von dem bisherigen gewöhnlichen Aufenthalt in einen anderen Staat gezogen sind und ein Elternteil diesen Aufenthalt kurze Zeit später abbricht und mit dem Kind in den Staat des bisherigen gewöhnlichen Aufenthalts zurückkehrt. Hier ist zu unterscheiden:

Ist der Aufenthalt in dem neuen Staat von vornherein, etwa aufgrund von Studienzwecken, nur auf eine begrenzte Zeit angelegt (jedenfalls bis zu einem Jahr), bleibt der gewöhnliche Aufenthalt im ursprünglichen Staat weiter bestehen. Ein widerrechtliches Verbringen ist nicht gegeben, wenn ein Elternteil mit dem Kind in den ursprünglichen Staat zurückkehrt.[104] Auf der anderen Seite stellt es ein widerrechtliches Zurückhalten des Kindes dar, wenn das Kind in dem neuen Staat über die gemeinsam vereinbarte Zeit hinaus bleibt. Gleiches gilt, wenn der Aufenthalt in neuen Staat nicht von beiden Elternteilen auf Dauer angelegt worden ist, weil ein Elternteil erkennbar nur einen bedingten Bleibewillen hatte.[105] Ein geheimer Vorbehalt ist dagegen unbeachtlich.[106]

---

95 *ööNiethammer-Jürgens/Erb-Klünemann*, S. 30.
96 *Martiny* IPRax 2018, 29 (30).
97 So zum gewöhnlichen Aufenthalt iSd Art. 8 EheVO 2003 EuGH FamRZ 2011, 617.
98 *Niethammer-Jürgens/Erb-Klünemann*, S. 159.
99 MüKoBGB/*Siehr* KindEntfÜbk Art. 3 Rn. 9; OLG Frankfurt ZKJ 2006, 368.
100 EuGH FamRZ 2019, 132 mit Anm. *Siehr*.
101 EuGH FamRZ 2011, 617.
102 EuGH FamRZ 2009, 843.
103 EuGH FamRZ 2018, 1426 = IPRax 2019, 248 = FamRB 2018, 476 mit Anm. *Dimmler*.
104 Morris v. Morris, 55 F. Supp.2 d 1156 (D.Col.1999); *Winkler v. Mohrenfels* FPR 2001, 189 (192).
105 OLG Frankfurt NJW-RR 2006, 938 = FamRZ 2006, 883 (Mutter kehrt nach 2 1/2 Monaten mit Kindern aus Australien nach Deutschland zurück, wobei in Deutschland die Wohnung und Vorschule nicht gekündigt worden sind); AG Nürnberg FamRZ 2004, 725; Silverman v. Silverman, 2002 U.S. Dist. LEXIS 8313 (INCADAT HC/E/USf 481); *Bruch* GS Lüderitz 2000, S. 43, 58 f.; aA BG v. 15.11.2005, 5P 367/2005 (INCADAT HC/E/CH 841); OGH v. 24.4.2003 – 2 Ob 80/03 h, http://www.ris.bka.gv.at (Stand: 30.3.2020), wo die Problematik, ob die ursprüngliche Zustimmung des Vaters zum Aufenthaltswechsel unter dem Vorbehalt erfolgreicher Integration stand, nicht erörtert wird; im Ergebnis hatten die Kinder aber nach acht Monaten in Österreich aufgrund tatsächlicher Integration einen neuen gewöhnlichen Aufenthalt begründet.
106 OLG Düsseldorf FamRZ 1994, 185.

Ist der Aufenthalt in dem neuen Staat hingegen auf unbestimmte oder zumindest längere Zeit und auch rechtmäßig angelegt, so begründet das Kind dort regelmäßig sofort einen neuen gewöhnlichen Aufenthalt.[107] Dies steht nicht im Widerspruch zur Rechtsprechung des EuGH, nach der eine gewisse Dauer des Aufenthalts erforderlich ist, um eine ausreichende Beständigkeit aufzuweisen.[108] Denn neben einer kürzeren Dauer liegt Beständigkeit durch die Planung vor, dort (länger bzw. unbefristet) zu bleiben. Das Verbleiben in diesem neuen Staat stellt kein widerrechtliches Zurückhalten dar. Entsprechend liegt aber ein widerrechtliches Verbringen des Kindes vor, wenn das Kind gegen den Willen des (mit)sorgeberechtigten Elternteils in den Ursprungsstaat gebracht wird.

2. Gewöhnlicher Aufenthalt bei wechselnden Aufenthalten. In Ausnahmefällen kann ein Kind **mehrere**[109] oder auch **keinen gewöhnlichen Aufenthalt** haben. Im letzten Fall kann nicht auf den letzten gewöhnlichen Aufenthalt oder den einfachen Aufenthalt zurückgegriffen werden.[110] Das Kind unterfällt in einem solchen Fall nicht dem Schutzbereich des HKÜ.[111]   **7**

Abhängig vom Einzelfall ist die Behandlung der Fälle, in denen der Aufenthalt des Kindes zwischen zwei Staaten wechselt. Liegt ein **alternierender Aufenthalt** des Kindes zwischen zwei Staaten vor,[112] so ist zu unterscheiden: ist dieser von vornherein auf eine bestimmte Zeit begrenzt, so bleibt der gewöhnliche Aufenthalt in dem bisherigen Staat erhalten, wenn dieser Staat einer der alternierenden Aufenthaltsorte bleibt und nach der Planung der Eltern später wieder der alleinige Aufenthaltsstaat werden soll.[113] Liegt eine solche Begrenzung nicht vor, ist streitig, ob der gewöhnliche Aufenthalt des Kindes mit dem Aufenthaltswechsel jeweils wechselt[114] oder ob ein Aufenthaltsort aufgrund der stärkeren sozialen und kulturellen Verbundenheit des Kindes als alleiniger gewöhnlicher Aufenthalt bestimmt werden muss[115] oder ob das Kind zwei gewöhnliche Aufenthalte hat.[116] Es wird hier auf den jeweiligen Einzelfall ankommen. Ist nur ein **zeitlich befristeter Verbleib des Kindes in einem anderen Staat** beabsichtigt, so begründet das Kind, jedenfalls wenn der Aufenthalt unter einem Jahr dauern soll, in diesem neuen Staat keinen gewöhnlichen Aufenthalt. Ist der neue Daseinsmittelpunkt dagegen auf eine längere Dauer angelegt, kann trotz der geeinigten Befristung ein neuer gewöhnlicher Aufenthalt begründet werden.[117]   **8**

3. Gegenläufige Entführungen. Ungeklärt ist die Behandlung gegenläufiger Entführungen, wenn der eine Elternteil nach der Entführung durch den anderen Elternteil selbst wieder das Kind diesem Elternteil eigenmächtig wegnimmt. Teilweise wird insoweit für entscheidend gehalten, ob das Kind in dem ersten Staat, in den es entführt worden ist, bereits einen neuen gewöhnlichen Aufenthalt begründet hat und nur in diesem Fall die Rückentführung als widerrechtlich angesehen.[118] Mangelt es an einem neuen gewöhnlichen Aufenthalt in diesem Staat, in den das Kind zunächst entführt worden ist, weil die Rückentführung alsbald nach der Entführung stattgefunden hat, soll die Rückentführung selbst dann nicht widerrechtlich sein, wenn der Staat, in dem das Kind sich nach der ersten Entführung aufgehalten hat, eine Sorgerechtsentscheidung zugunsten des Erstentführers getroffen hat.[119]   **9**

Das BVerfG verlangt in Fällen gegenläufiger Entführungen eine **besondere Prüfung des Kindeswohls** im Rahmen von Art. 13 Abs. 1 lit. b, um eine Verstetigung des Kindesaufenthalts zu erreichen. Es soll vermieden werden, dass aufgrund gegenläufiger Rückführungsanträge das Kind zwischen den Staaten hin- und zurückgeführt wird.[120] Das bedeutet, dass im Rückgabeverfahren ausnahmsweise wie bei einem Sorgerechtsverfahren zu prüfen ist, ob einem Elternteil im Interesse des Kindes das Sorgerecht allein zu übertragen ist.[121] Im Anwendungsbereich der EheVO 2003/EheVO 2019 und des KSÜ folgt dieses Ergebnis auch aus Art. 10 EheVO 2003/Art. 9 EheVO 2019 bzw. Art. 7 KSÜ, weil insoweit die Behörden bzw. Gerichte   **10**

---

107 OLG Saarbrücken FamRZ 2011, 1235; Staudinger/*Pirrung* HKÜ Art. 4 Rn. E 35 c.

108 EuGH FamRZ 2011, 617.

109 OLG Frankfurt FuR 2001, 233; Staudinger/*Pirrung* HKÜ Art. 4 Rn. E 35.

110 Staudinger/*Pirrung* HKÜ Art. 4 Rn. E 35; aA *Hüsstege* IPRax 1992, 371.

111 So angenommen vom AG Hamm 28.3.2014 – 3 F 37/14 – nv, für Kinder, die ihren gewöhnlichen Aufenthaltsort zwischen verschiedenen Ländern so häufig gewechselt hatten, dass sie entwurzelt waren; vom OLG Hamm – 11 UF 74/14 – IPRspr. Nr. 102 ebenso beurteilt mit der Folge der Beschwerderücknahme.

112 Dies ist lt. Staudinger/*Pirrung* HKÜ Art. 4 Rn. E 35 d nur ausnahmsweise denkbar.

113 OLG Rostock NJW-FER 2001, 93 (94); *Winkler v. Mohrenfels* FPR 2001, 189 (192).

114 So Re V (Abduction: Habitual Residence) [1995] 2 Fam. L. Rep. 992; OLG Stuttgart FamRZ 2003, 959 (960); MüKoBGB/*Siehr* KindEntfÜbk Art. 3 Rn. 10.

115 *Winkler v. Mohrenfels* FPR 2001, 189 (193) unter Berufung darauf, dass das Kind sonst der Willkür ausgesetzt sei, was dem Ziel des HKÜ und dem Kontinuitätsprinzip widerspreche.

116 *Bruch* GS Lüderitz 2000, S. 43, 56 f. mwN auf Rspr. in den USA und England.

117 *Niethammer-Jürgens/Erb-Klünemann*, S. 160.

118 MüKoBGB/*Siehr* KindEntfÜbk Art. 3 Rn. 9; sa *Coester-Waltjen* FS Max-Planck-Institut 2001, S. 543, 552; dies soll lt. Staudinger/*Pirrung* HKÜ Art. 4 Rn. E 35 g grundsätzlich frühestens nach einem Jahr angenommen werden können.

119 MüKoBGB/*Siehr* KindEntfÜbk Art. 3 Rn. 9.

120 BVerfG IPRax 2000, 216 (220); NJW 1999, 3621.

121 BVerfG NJW 1999, 3621 (3622); *Winkler v. Mohrenfels* IPRax 2002, 372 (373).

des Staates, aus dem das Kind erstmals entführt und in das es zurückentführt worden ist, für die Sorgerechtsentscheidung zuständig geblieben sind.[122]

11   **4. Gewöhnlicher Aufenthalt und ausländerrechtlicher Status.** Für die Frage des gewöhnlichen Aufenthalts kann es bei einem Kind ausländischer Staatsangehörigkeit uU auf den Einwanderungsstatus ankommen, so insbes. wenn die unmittelbare Gefahr der Ausweisung droht. Ein Einleben des Kindes ist auch bei ungesichertem und sogar rechtswidrigem ausländerrechtlichem Status möglich, wobei es insbes. auf das Alter des Kindes, die Stabilität und Dauer des Aufenthalts, die Beständigkeit des Kindergarten-/Schulbesuches, Freundschaften sowie Einbindung in Freizeitaktivitäten ankommt.[123] Es ist immer eine Abwägung im Einzelfall vorzunehmen.

C. Altersgrenze

12   Die **Altersgrenze von 16 Jahren** wird durch die Zielsetzung des HKÜ begründet. Ein Kind, das die Altersgrenze überschritten hat, hat im Allgemeinen einen eigenen Willen, der nur schwer von Eltern oder einem Gericht/einer Behörde außer Acht gelassen werden kann.[124] Die Altersgrenze ist streng formal anzuwenden und kann nicht erweitert werden, so weder bei behinderten Kindern, Geschwisterkindern noch bei sehr langer Verfahrensdauer.[125] Die Starrheit der Altersgrenze wird dadurch gemildert, dass bei älteren, aber noch nicht 16 Jahre alten Kindern nach Art. 13 Abs. 2 dem Willen des Kindes entscheidende Bedeutung für die Rückgabeentscheidung zukommt, → Art. 13 Rn. 40 ff.

13   Vollendet das Kind während des laufenden Rückführungsverfahrens das 16. Lebensjahr, ist der Rückführungsantrag zurückzuweisen.[126] Eine automatische Verfahrensbeendigung, so noch in der Vorauflage vertreten,[127] ist prozessual nicht vorgesehen. Die Vollstreckung einer bereits erlassenen Rückgabeanordnung ist nicht mehr möglich.[128]

Art. 5 HKÜ [Umfang von Sorge- und Umgangsrecht]

Im Sinn dieses Übereinkommens umfaßt

a) das „Sorgerecht" die Sorge für die Person des Kindes und insbesondere das Recht, den Aufenthalt des Kindes zu bestimmen;

b) das „Recht zum persönlichen Umgang" das Recht, das Kind für eine begrenzte Zeit an einen anderen Ort als seinen gewöhnlichen Aufenthaltsort zu bringen.

1   Art. 5 enthält eine **autonome Definition** der für das Übereinkommen zentralen Begriffe des Sorgerechts und des Umgangsrechts.

A. Sorgerecht

2   Der Begriff des Sorgerechts ist unabhängig von den rechtstechnischen Bestimmungen in den einzelnen Rechtsordnungen zu bestimmen.[129] Sorgerecht im Sinne des Übereinkommens entspricht der Personensorge im Unterschied zur Vermögenssorge.[130] Auf ein Recht zur rechtsgeschäftlichen Vertretung des Kindes kommt es nicht an.

---

122   MüKoBGB/*Siehr* KindEntfÜbk Art. 13 Rn. 14.

123   Staudinger/*Pirrung* Vor Art. 19 EGBGB Rn. E 35. Das OLG Hamm NJW 1990, 651 erachtet überzeugend die Übertragung der Rechtsprechung zu § 30 SGBl (MDR 1988, 700) auf das Familienrecht für zweifelhaft und stellt bei Asylbewerbern ohne GFK-Status auf die Bewertung der Stabilität im Einzelfall ab. Auch ein nur vorübergehender Aufenthaltstitel (Duldung) stehe der Begründung eines gewöhnlichen Aufenthalts nicht dauerhaft entgegen, wenn ein tatsächlicher Lebensmittelpunkt begründet wird und eine Verlängerung des nicht gesicherten Aufenthaltstitels nicht ausgeschlossen werden kann; vgl. auch OLG Bremen FamRZ 1992, 962; OLG Köln FamRZ 1996, 946; das OLG Schleswig FamRZ 2016, 321 entschied zu § 170 Abs. 1 FamFG, dass ein Asylbewerber seinen gewöhnlichen Aufenthalt in Deutschland habe, sofern nicht eine Abschiebung unmittelbar

droht. Es sei keine besonders strenge Bewertung angezeigt, da die Annahme eines gewöhnlichen Aufenthalts nicht zur Festigung des Aufenthaltsrechts beitrage, sondern lediglich ermögliche, bestimmte Angelegenheiten vor deutschen Gerichten zu klären. Diese Rechtsprechung lässt sich nicht auf das HKÜ übertragen, da es hier um einen anderen Schutzzweck und erhebliche Konsequenzen geht.

124   *Pérez-Vera*, Bericht, Rn. 77.

125   Staudinger/*Pirrung* HKÜ Art. 4 Rn. E 36.

126   AA *Hüsstege* IPRax 1992, 369 (371) (Abstellen auf den Zeitpunkt der Entführung).

127   So auch Staudinger/*Pirrung* HKÜ Art. 4 Rn. 36.

128   Staudinger/*Pirrung* HKÜ Art. 7 Rn. E 52.

129   Staudinger/*Pirrung* HKÜ Art. 3 Rn. E 30.

130   *Pérez-Vera*, Bericht, Rn. 84; BVerfG FamRZ 1997, 1269; Staudinger/*Pirrung* HKÜ Art. 3 Rn. E 37.

Ein Sorgerecht erfordert nicht das Recht, für das Kind täglich zu sorgen und mit dem Kind zu leben. Ausreichend und entscheidend ist nach Wortlaut und Zweck des HKÜ ein **(Mit-) Bestimmungsrecht über den Aufenthalt** des Kindes.[131] Da die rechtswidrige Verlegung des Aufenthalts des Kindes im Zentrum der Regelungen des HKÜ steht, setzt ein Sorgerecht immer, aber auch nur voraus, dass ein Mitbestimmungsrecht im Hinblick darauf besteht, in welchem Staat das Kind leben soll, → HKÜ Art. 3 Rn. 4.[132]   **3**

Kann der eine Elternteil nach dem maßgebenden Recht den Aufenthalt des Kindes auch ohne Zustimmung des anderen Elternteils bestimmen, so steht dem anderen Elternteil kein Sorgerecht iSd HKÜ zu. Das Umgangsrecht des anderen Elternteils wird durch das HKÜ nicht davor geschützt, in seiner Ausübung durch den Umzug ins Ausland erschwert zu werden.[133] Zur Situation im deutschen Recht, wenn einem Elternteil das alleinige Aufenthaltsbestimmungsrecht übertragen worden ist, → HKÜ Art. 3 Rn. 14.   **4**

Ist das Recht des einen Ehegatten, den Aufenthalt des Kindes zu bestimmen, nur durch ein behördliches oder gerichtliches Zustimmungserfordernis, nicht hingegen durch ein Mitbestimmungsrecht des anderen Ehegatten beschränkt, so hat dieser Ehegatte kein Sorgerecht inne. Die Zustimmungsbefugnis der Behörde oder des Gerichts zu einem Aufenthaltswechsel ist aber als eigenes Sorgerecht des Gerichts oder der Behörde zu qualifizieren, das bei einem nicht konsentierten Verbringen oder Zurückhalten iSv Art. 3 verletzt wird[134] (s. zum „ward of court" → HKÜ Art. 3 Rn. 3).   **5**

Hat das unter 16 Jahren alte Kind nach dem Recht des Staates seines gewöhnlichen Aufenthalts das Recht, über seinen Aufenthalt selbst zu entscheiden, so kann der Antrag aus verschiedenen Gründen zurückgewiesen werden. Es besteht insoweit kein Sorgerecht, es kann bei Einverständnis des Kindes kein Sorgerecht verletzt sein[135] oder es wird darauf abgestellt, dass die Meinung des Kindes in dieser Situation immer entscheidet, Art. 13 Abs. 2.[136]   **6**

B. Recht zum persönlichen Umgang

Das Recht zum persönlichen Umgang wird vom HKÜ als ein qualifiziertes Besuchsrecht definiert, das das Recht einschließt, das Kind von seinem gewöhnlichen Aufenthaltsort für begrenzte Zeit an einen anderen Ort, gegebenenfalls in einen anderen Staat, zu verbringen. Vom Sorgerecht unterscheidet es sich vor allem dadurch, dass es nicht das Recht beinhaltet, den gewöhnlichen Aufenthalt des Kindes (mit) zu bestimmen. Der Umgangsberechtigte kann daher einer Verlegung des gewöhnlichen Aufenthalts des Kindes in ein anderes Land nicht widersprechen und wird auch nicht vor einer dadurch eintretenden tatsächlichen Erschwerung bei der Ausübung des Besuchsrechts geschützt.[137] Das HKÜ hat vielmehr nur zum Ziel, die Möglichkeit der Ausübung eines Umgangsrechts auch grenzüberschreitend zu gewährleisten, Art. 1 lit. b 2. Alt. → HKÜ Art. 21.   **7**

Kapitel II
Zentrale Behörden

Art. 6 HKÜ [Zentrale Behörde]

(1) Jeder Vertragsstaat bestimmt eine zentrale Behörde, welche die ihr durch dieses Übereinkommen übertragenen Aufgaben wahrnimmt.

(2) ¹Einem Bundesstaat, einem Staat mit mehreren Rechtssystemen oder einem Staat, der aus autonomen Gebietskörperschaften besteht, steht es frei, mehrere zentrale Behörden zu bestimmen und deren räumliche Zuständigkeit festzulegen. ²Macht ein Staat von dieser Möglichkeit Gebrauch, so bestimmt er die zentrale Behörde, an welche die Anträge zur Übermittlung an die zuständige zentrale Behörde in diesem Staat gerichtet werden können.

131   BVerfG FamRZ 1997, 1269; OLG Stuttgart FamRZ 1996, 688; KG FamRZ 1996, 691.

132   OGH IPRax 1999, 177 (178); aA *Holl* IPRax 1999, 185.

133   *Henrich*, Int. Familienrecht, § 7 II 6; Staudinger/*Pirrung* Vor Art. 19 EGBGB Rn. E 30; aA MüKoBGB/*Siehr* KindEntfÜbk Art. 5 Rn. 2.

134   OLG München NJW-RR 2005, 158 = FamRZ 2005, 1002 = IPRax 2005, 550; weitergehend OLG Dres-

den FamRZ 2002, 1136, das auch wegen der Pflicht der Mutter zur Information des Vaters bei einem geplanten Aufenthaltswechsel ein Mitsorgerecht annahm, weil der Vater durch gerichtlichen Antrag Einfluss auf den dauernden Aufenthalt des Kindes nehmen könnte.

135   Staudinger-*Pirrung* HKÜ Art. 2 Rn. 30.

136   *Pérez-Vera*, Bericht, Rn. 78.

137   AA MüKoBGB/*Siehr* KindEntfÜbk Art. 5 Rn. 2.

Art. 7 HKÜ [Zusammenarbeit]

(1) Die zentralen Behörden arbeiten zusammen und fördern die Zusammenarbeit der zuständigen Behörden ihrer Staaten, um die sofortige Rückgabe von Kindern sicherzustellen und auch die anderen Ziele dieses Übereinkommens zu verwirklichen.

(2) Insbesondere treffen sie unmittelbar oder mit Hilfe anderer alle geeigneten Maßnahmen, um

a) den Aufenthaltsort eines widerrechtlich verbrachten oder zurückgehaltenen Kindes ausfindig zu machen;

b) weitere Gefahren von dem Kind oder Nachteile von den betroffenen Parteien abzuwenden, indem sie vorläufige Maßnahmen treffen oder veranlassen;

c) die freiwillige Rückgabe des Kindes sicherzustellen oder eine gütliche Regelung der Angelegenheit herbeizuführen;

d) soweit zweckdienlich Auskünfte über die soziale Lage des Kindes auszutauschen;

e) im Zusammenhang mit der Anwendung des Übereinkommens allgemeine Auskünfte über das Recht ihrer Staaten zu erteilen;

f) ein gerichtliches oder behördliches Verfahren einzuleiten oder die Einleitung eines solchen Verfahrens zu erleichtern, um die Rückgabe des Kindes zu erwirken sowie gegebenenfalls die Durchführung oder die wirksame Ausübung des Rechts zum persönlichen Umgang zu gewährleisten;

g) soweit erforderlich die Bewilligung von Prozeßkosten- und Beratungshilfe, einschließlich der Beiordnung eines Rechtsanwalts, zu veranlassen oder zu erleichtern;

h) durch etwa notwendige und geeignete behördliche Vorkehrungen die sichere Rückgabe des Kindes zu gewährleisten;

i) einander über die Wirkungsweise des Übereinkommens zu unterrichten und Hindernisse, die seiner Anwendung entgegenstehen, soweit wie möglich auszuräumen.

1   Die Einrichtung von zentralen Behörden in den Vertragsstaaten dient dazu, die effektive Anwendung des HKÜ zu gewährleisten. Ihnen kommt dabei eine Schlüsselstellung zu.[138] Ihre Aufgaben werden in Art. 7 näher beschrieben. Sie arbeiten kostenfrei, Art. 26 Abs. 1. Eine Liste mit den Anschriften der zentralen Behörden in den Vertragsstaaten findet sich auf der Internetseite der Haager Konferenz für Internationales Privatrecht.[139]

2   **Deutschland** hat nicht von der Möglichkeit des Art. 6 Abs. 2 Gebrauch gemacht, mehrere zentrale Behörden zu bestellen. In Deutschland ist die zentrale Behörde für das gesamte Bundesgebiet das Bundesamt für Justiz, Referat II 3, Zentrale Behörde für internationale Sorgerechtskonflikte.[140] Dieses ist auch zentrale Behörde iSd EheVO 2003, des KSÜ und des ESÜ, § 3 Abs. 1 IntFamRVG.

3   Die unmittelbare Zusammenarbeit mit anderen zentralen Behörden sowie den zuständigen Behörden des eigenen Staates, um die Ziele des Übereinkommens zu fördern, sind nach Art. 7 wichtigste Aufgaben der zentralen Behörden. In Deutschland sind diese Aufgaben für ein- und ausgehende Ersuchen weiter ausgeführt in §§ 4 ff. IntFamRVG.

Zu den Aufgaben der zentralen Behörde gehören:

– die Ermittlung des Aufenthalts des Kindes, Art. 7 Abs. 2 lit. a iVm näheren Ausführungsvorschriften für die deutsche zentrale Behörde in § 7 IntFamRVG;

– die Gefahrenabwehr durch vorläufige Maßnahmen, Art. 7 Abs. 2 lit. b, sei es durch eigene Maßnahmen oder Beantragung gerichtlicher einstweiliger Anordnungen;

– die Sicherstellung freiwilliger Rückführungen und Herbeiführung gütlicher Regelungen, Art. 7 Abs. 2 lit. c. Die deutsche zentrale Behörde versendet regelmäßig entsprechende Hinweisschreiben an die Parteien und arbeitet mit dem bundesweit tätigen Internationalen Mediationszentrum für Familienkonflikte und Kindesentführung (MiKK)[141] zusammen, das Mediatoren speziell schult und im Einzelfall eine Mediation organisiert;

– der Austausch über die soziale Lage des Kindes, Art. 7 Abs. 2 lit. d, was Berichte aus dem In- und Ausland umfasst;

– die Erteilung von Rechtsauskünften, Art. 7 Abs. 2 lit. e, sei es zum eigenen materiellen oder Verfahrensrecht;

– die Einleitung/Erleichterung eines gerichtlichen Rückführungsverfahrens und Umgangsgewährleistung, Art. 7 Abs. 2 lit. f. Die deutsche zentrale Behörde kann insoweit im Namen der antragstellenden Person

---

138   *Pérez-Vera*, Bericht, Rn. 87.

139   https://www.hcch.net/de/instruments/conventions/aut horities1/?cid=24 (Stand: 30.3.2020).

140   Adenauerallee 99–103, 53113 Bonn; Postanschrift: Bundesamt für Justiz, 53094 Bonn; Tel.: +49 228 99 410–5212; Fax: +49 228 99 410–5401; E-Mail: int.sorgerecht@bfj.bund.de.

141   http://www.mikk-ev.de (Stand 30.3.2020).

oder im eigenen Namen handeln, § 6 Abs. 2 IntFamRVG. Regelmäßig handelt sie als Parteivertreter und bedient sich unterbevollmächtigter Anwälte in der Nähe des Gerichtsorts;

– soweit erforderlich die Förderung der Bewilligung von Prozesskostenhilfe, Art. 7 Abs. 2 lit. g. Denn auch wenn die Rückführungsverfahren grundsätzlich kostenfrei sind, Art. 26 Abs. 2, können die Vertragsstaaten den Vorbehalt nach Art. 26 Abs. 3, 42 einlegen. Dies gilt für Deutschland mit der Folge, dass für gerichtliche Rückführungsverfahren Kosten erhoben werden;

– die Gewährleistung der sicheren Kindesrückgabe, Art. 7 Abs. 2 lit. h, sei es freiwillig oder gerichtlich entschieden;

– die Kontrolle über die Anwendung des HKÜ durch gegenseitige Unterrichtung der zentralen Behörden und das Bemühen, Hindernisse möglichst auszuräumen, Art. 7 Abs. 2 lit. i.

– Die EheVO 2019, → Art. 1 Rn. 9, regelt, dass die zentralen Behörden Rückführungsanträge zwischen Mitgliedstaaten mit der gebotenen Eile bearbeiten, Art. 23 Abs. 1 EheVO 2019. Binnen 5 Tagen nach Antragsempfang bestätigt sie den Eingang und unterrichtet ohne ungebührliche Verzögerung die zentrale Behörde des ersuchenden Mitgliedstaates oder den Antragsteller über die ersten getroffenen bzw. beabsichtigten Maßnahmen, Art. 23 Abs. 2 EheVO 2019.

Kapitel III
Rückgabe von Kindern

Art. 8 HKÜ [Antrag auf Rückgabe]

(1) **Macht eine Person, Behörde oder sonstige Stelle geltend, ein Kind sei unter Verletzung des Sorgerechts verbracht oder zurückgehalten worden, so kann sie sich entweder an die für den gewöhnlichen Aufenthalt des Kindes zuständige zentrale Behörde oder an die zentrale Behörde eines anderen Vertragsstaats wenden, um mit deren Unterstützung die Rückgabe des Kindes sicherzustellen.**

(2) ¹**Der Antrag muß enthalten**

a) **Angaben über die Identität des Antragstellers, des Kindes und der Person, die das Kind angeblich verbracht oder zurückgehalten hat;**

b) **das Geburtsdatum des Kindes, soweit es festgestellt werden kann;**

c) **die Gründe, die der Antragsteller für seinen Anspruch auf Rückgabe des Kindes geltend macht;**

d) **alle verfügbaren Angaben über den Aufenthaltsort des Kindes und die Identität der Person, bei der sich das Kind vermutlich befindet.**

²**Der Antrag kann wie folgt ergänzt oder es können ihm folgende Anlagen beigefügt werden:**

e) **eine beglaubigte Ausfertigung einer für die Sache erheblichen Entscheidung oder Vereinbarung;**

f) **eine Bescheinigung oder eidesstattliche Erklärung (Affidavit) über die einschlägigen Rechtsvorschriften des betreffenden Staates; sie muß von der zentralen Behörde oder einer sonstigen zuständigen Behörde des Staates, in dem sich das Kind gewöhnlich aufhält, oder von einer dazu befugten Person ausgehen;**

g) **jedes sonstige für die Sache erhebliche Schriftstück.**

Art. 9 HKÜ [Weiterleitung eines Antrags]

Hat die zentrale Behörde, bei der ein Antrag nach Artikel 8 eingeht, Grund zu der Annahme, daß sich das Kind in einem anderen Vertragsstaat befindet, so übermittelt sie den Antrag unmittelbar und unverzüglich der zentralen Behörde dieses Staates; sie unterrichtet davon die ersuchende zentrale Behörde oder gegebenenfalls den Antragsteller.

Art. 10 HKÜ [Realisierung der Rückgabe]

Die zentrale Behörde des Staates, in dem sich das Kind befindet, trifft oder veranlaßt alle geeigneten Maßnahmen, um die freiwillige Rückgabe des Kindes zu bewirken.

Die sorgeberechtigte Person, Behörde oder sonstige Stelle kann sich nach **Art. 8 Abs. 1** wegen einer Entführung iSv Art. 3 an die zentrale Behörde eines jeden Vertragsstaates wenden. Möglich ist die Antragstellung bei der zentralen Behörde im Herkunftsstaat und im Staat, in dem sich das Kind jetzt befindet. Die **1** antragstellende Partei hat insoweit ein Wahlrecht.[142] Eine Eilbedürftigkeit wegen drohenden Ablaufs der Jahresfrist nach Art. 12 kann für einen Antrag direkt bei der zentralen Behörde des Staates sprechen, in dem sich das Kind jetzt befindet, da so ggfs. schneller der Antrag bei Gericht oder der Behörde gestellt werden kann. Ansonsten ist es meist einfacher und deswegen ratsam, primär die zentrale Behörde des Herkunftsstaates einzuschalten. Dies gilt besonders bei Unsicherheiten hinsichtlich des Aufenthalts des Kindes oder bei Sprachschwierigkeiten.

2   **Art. 8 Abs. 2** regelt den notwendigen Inhalt eines **Antrags**. Das Bundesamt für Justiz hält unverbindliche Formulare für den Antrag und die nach Art. 28 vorgesehene Vollmacht in mehreren Sprachen vorrätig.[143]

3   Die Tätigkeit der zentralen Behörden ist **kostenfrei**, Art. 26 Abs. 1 HKÜ. Bei Ersuchen, die nach Deutschland eingehen, kann die deutsche zentrale Behörde nach § 4 IntFamRVG Übersetzungen verlangen, die die antragstellende Partei auf ihre Kosten anfertigen zu lassen hat. Bei Ersuchen, die in das Ausland gehen, besteht unter den Voraussetzungen des § 5 Abs. 2 IntFamRVG die Möglichkeit der Befreiung von der Erstattungspflicht für erforderliche Übersetzungen durch das deutsche Wohnsitzgericht.

Nach Art. 26 Abs. 1 besteht grundsätzliche Kostenfreiheit für Anwalts- und Gerichtskosten. Insoweit ist aber zu beachten, dass viele Staaten einschließlich Deutschland nach Art. 26 Abs. 3 iVm Art. 42 einen Vorbehalt eingelegt haben. Für ein Rückführungsverfahren in Deutschland kann Verfahrenskostenhilfe beantragt werden.[144]

4   Hat die zentrale Behörde, bei der ein Antrag eingeht, Grund zur Annahme, dass das Kind sich nun in einem anderen Staat befindet, ist zu unterscheiden: Handelt es sich um einen Vertragsstaat, leitet sie den Antrag nach **Art. 9** sofort an die zentrale Behörde des Staates, in dem sich das Kind aktuell befindet, weiter. Ist das Kind nun in einem **Nichtvertragsstaat**, können die zentralen Behörden nicht tätig werden und weisen den Antrag zurück, → HKÜ Art. 27. Der beeinträchtigte Sorgerechtsinhaber kann sich selbst an die Behörden des betreffenden Staates wenden. Der weitere Verlauf hängt dann von dem nationalen Recht dieses Staates ab. Unter Umständen kann die in Deutschland zurückbleibende Partei durch Einschaltung des Auswärtigen Amtes bzw. der deutschen Auslandsvertretung in dem Staat, in dem sich das Kind aktuell befindet, auf den Fall Einfluss nehmen.[145] Ansonsten bleibt die Möglichkeit, eine einvernehmliche Lösung zu versuchen, insbesondere über Mediation.[146]

5   Im Interesse aller Beteiligten und insbesondere des Kindes ordnet **Art. 10** an, dass von der zentralen Behörde primär eine **freiwillige Rückgabe** zu versuchen ist. Bei Aufenthalt des Kindes in Deutschland kann hierfür nach § 9 Abs. 1 S. 2 Nr. 2 IntFamRVG das örtliche Jugendamt eingeschaltet werden. Es hat sich in Deutschland ein besonderes Mediationsmodell für grenzüberschreitende Kindschaftskonflikte etabliert, das von MiKK, → HKÜ Art. 1 Rn. 10, organisiert wird.[147] Neben der zentralen Behörde sollte auch das Gericht die Möglichkeiten einer einvernehmlichen Lösung sorgfältig ausloten. Dazu gehört auch der Hinweis an die Beteiligten auf die Mediation,[148] wobei zwei Modelle der Einbindung von Mediation in das gerichtliche Verfahren entwickelt worden sind, die beide zu keinen zeitlichen Verzögerungen des Gerichtsverfahrens führen.[149]

Die EheVO 2019, → HKÜ Art. 1 Rn. 9, verpflichtet die mit Rückführungsverfahren zwischen Mitgliedstaaten befassten Gerichte ausdrücklich, die Parteien aufzufordern zu prüfen, inwieweit die Möglichkeit der Herbeiführung einer Lösung durch Mediation oder andere alternative Streitbeilegungsverfahren besteht, ohne allerdings das Verfahren ohne Gebühr zu verzögern, Art. 25 und ErwG 43 EheVO 2019. Die in Deutschland durch das MiKK bereits angewandten Verfahren erfüllen diese Voraussetzungen.

---

142 *Pérez-Vera*, Bericht, Rn. 99.

143 https://www.bundesjustizamt.de/DE/Themen/Buergerdienste/HKUE/Formulare/Formulare_node.html (Stand: 30.3.2020); auch MPFormB FamR/*Erb-Klünemann*, S. 423 ff.

144 Antragsformular unter https://www.bundesjustizamt.de/DE/Themen/Buergerdienste/HKUE/Formulare/Formulare_node.html (Stand: 30.3.2020).

145 Anschriften der deutschen Auslandsvertretungen auf der Internet-Seite des Auswärtigen Amtes: http://www.auswaertiges-amt.de/DE/Laenderinformationen/DtAuslandsvertretungenA-Z-Laenderauswahlseite_node.html (Stand: 30.3.2020).

146 So ist der Internationale Sozialdienst bundesweit zentrale Anlaufstelle für Mediation nach den Malta-Prinzipien; Näheres unter https://www.hcch.net/en/p

ublications-and-studies/details4/?pid=5360 (Stand 30.3.2020) und https://www.zank.de/website/index.php (Stand 30.3.2020); zum sogen. Malta Prozess der Haager Konferenz: https://assets.hcch.net/docs/c96c1e3d-5335-4133-ad66-6f821917326 d.pdf (Stand 30.3.2020).

147 Einzelheiten bei *Paul*/Kiesewetter, Mediation bei internationalen Kindschaftskonflikten, 2009.

148 Standardisierte gerichtliche Hinweisschreiben an Parteien und Rechtsanwälte finden sich in verschiedenen Sprachen unter https://www.mikk-ev.de/informationen/richteranschreiben-an-die-parteien/ (Stand 15.3.2019).

149 Paul/Kiesewetter/*Carl/Erb-Klünemann*, S. 53 ff.; *Brieger* ZKJ 2014, 450.

Art. 11 HKÜ [Begründung einer Verfahrensverzögerung]

(1) In Verfahren auf Rückgabe von Kindern haben die Gerichte oder Verwaltungsbehörden eines jeden Vertragsstaats mit der gebotenen Eile zu handeln.

(2) ¹Hat das Gericht oder die Verwaltungsbehörde, die mit der Sache befaßt sind, nicht innerhalb von sechs Wochen nach Eingang des Antrags eine Entscheidung getroffen, so kann der Antragsteller oder die zentrale Behörde des ersuchten Staates von sich aus oder auf Begehren der zentralen Behörde des ersuchenden Staates eine Darstellung der Gründe für die Verzögerung verlangen. ²Hat die zentrale Behörde des ersuchten Staates die Antwort erhalten, so übermittelt sie diese der zentralen Behörde des ersuchenden Staates oder gegebenenfalls dem Antragsteller.

Art. 11 dient dem Ziel des HKÜ, eine möglichst schnelle Rückgabe des Kindes zu erreichen, um den Einfluss der durch die Entführung geschaffenen Fakten auf eine spätere Sorgerechtsentscheidung gering zu halten. Es ist aufgrund der entscheidenden Bedeutung des Zeitfaktors das schnellstmögliche Verfahren des Rechtssystems anzuwenden und die Anträge sind möglichst vorrangig zu bearbeiten.[150] Feststellungen sind auf die entscheidungsrelevanten Fakten zu beschränken, wie sie sich aus dem Ziel des HKÜ ergeben und daraus, dass es sich nicht um eine Sorgerechtsentscheidung handelt.[151] Der EGMR überprüft überlange Verfahrensdauern im Hinblick auf einen Verstoß gegen Art. 6 Abs. 1 EMRK.[152]   **1**

In Deutschland wurde kein besonderes Verfahren für die Rückgabeanordnung eingeführt. Das IntFamRVG modifiziert aber das anwendbare Verfahren der freiwilligen Gerichtsbarkeit punktuell. Nach § 38 Abs. 1 IntFamRVG ist das Verfahren auf Rückgabe des Kindes in allen Rechtszügen vorrangig zu behandeln. Eine Aussetzung des Verfahrens findet außer im Falle von Art. 12 Abs. 3 nicht statt, sa → HKÜ Art. 2 Rn. 5. Insbes. auch die Gerichtsspezialisierung, § 12 IntFamRVG, und die Beschränkung der Rechtsmittel auf eine Beschwerde, § 24 IntFamRVG, dienen der Beschleunigung. Die Dauer von Rückführungsverfahren in Deutschland hat sich über die Jahre deutlich verkürzt.[153]   **2**

Art. 11 Abs. 3 Abs. 2 EheVO 2003 modifiziert im Verhältnis ihrer Mitgliedstaaten Art. 11 Abs. 1 HKÜ dahin gehend, dass eine gerichtliche Entscheidung nach sechs Wochen ergeht, wenn keine außergewöhnlichen Umstände vorliegen. Art. 24 EheVO 2019, → HKÜ Art. 1 Rn. 9, enthält detaillierte, der Verfahrensbeschleunigung dienende Vorschriften einschließlich einer grundsätzlichen Frist von sechs Wochen für beide Instanzen   **3**

Art. 11 Abs. 2 gibt der zentralen Behörde für den Fall, dass nach sechs Wochen noch nicht gerichtlich entschieden ist, das Recht, vom Gericht eine Erklärung zur Verzögerung zu verlangen.   **4**

Art. 12 HKÜ [Anordnung der Rückgabe]

(1) Ist ein Kind im Sinn des Artikels 3 widerrechtlich verbracht oder zurückgehalten worden und ist bei Eingang des Antrags bei dem Gericht oder der Verwaltungsbehörde des Vertragsstaats, in dem sich das Kind befindet, eine Frist von weniger als einem Jahr seit dem Verbringen oder Zurückhalten verstrichen, so ordnet das zuständige Gericht oder die zuständige Verwaltungsbehörde die sofortige Rückgabe des Kindes an.

(2) Ist der Antrag erst nach Ablauf der in Absatz 1 bezeichneten Jahresfrist eingegangen, so ordnet das Gericht oder die Verwaltungsbehörde die Rückgabe des Kindes ebenfalls an, sofern nicht erwiesen ist, daß das Kind sich in seine neue Umgebung eingelebt hat.

(3) Hat das Gericht oder die Verwaltungsbehörde des ersuchten Staates Grund zu der Annahme, daß das Kind in einen anderen Staat verbracht worden ist, so kann das Verfahren ausgesetzt oder der Antrag auf Rückgabe des Kindes abgelehnt werden.

A. Regelungsgegenstand	1	F. Einleben in neue Umgebung	11
B. Widerrechtliches Verbringen oder Zurückhalten	3	G. Inhalt der Rückgabeanordnung	17
		H. Sofortige Rückgabe	19
C. Rückführungsort	4	I. Aufenthaltswechsel des Kindes im laufenden Verfahren, Abs. 3	20
D. Erfüllung der Rückführungsverpflichtung	5		
E. Ausnahmetatbestand Jahresfrist	6	J. Zuständigkeit für das Sorgerechtsverfahren	21

---

150 *Pérez-Vera*, Bericht, Rn. 104, 105.
151 Staudinger/*Pirrung*, Art. 11 Rn. 62 unter Bezugnahme auf EGMR in der Sache X gegen Lettland v. 26.11.2013, 27853/09 = NJOZ 2014, 1825.

152 EuGH Re Hoholm gegen Slowakei 13.1.2015, 35632/13 = FamRZ 2015, 469 (Ls.).
153 Statistik von *Lowe* unter https://assets.hcch.net/uploa d/wop/abduct2011pd08 c.pdf (Stand 30.3.2020).

A. Regelungsgegenstand

1   Art. 12 Abs. 1 stellt die **Anspruchsgrundlage** für die Rückführung dar. Die Rückführungsvoraussetzungen sind die Gültigkeit des Übereinkommens, → HKÜ Art. 1 Rn. 4–5, Art. 35, das nicht vollendete 16. Lebensjahr des Kindes, Art. 4, sowie die Widerrechtlichkeit des Verbringens oder Zurückhaltens des Kindes, Art. 3. Diese Voraussetzungen sind nach deutschem Verständnis von Amts wegen zu prüfen.[154] Sind sie erfüllt, ist grundsätzlich die Rückführung anzuordnen. Nur dann, wenn die antragsgegnerische Partei einen der eng auszulegenden **Ausnahmetatbestände** beweist, zu denen neben Art. 12 Abs. 2 die Art. 13 und 20 zählen, kann der Rückführungsantrag zurückgewiesen werden, → HKÜ Art. 13 Rn. 4. Die Regelung in Abs. 3 schließt eine perpetuatio fori bei Aufenthaltswechsel des Kindes aus.

2   Als Annexanspruch zum Rückführungsanspruch, der sich aus der autonomen Auslegung des HKÜ ergibt, kann ein Anspruch auf Herausgabe persönlicher Gegenstände des Kindes bestehen[155]; zur Tenorierung → HKÜ Art. 2 Rn. 8.

B. Widerrechtliches Verbringen oder Zurückhalten

3   Zentrale Voraussetzung für den Erlass einer Rückgabeanordnung ist, dass das Kind widerrechtlich verbracht oder zurückgehalten worden ist iSd Art. 3, s. dazu im Einzelnen → HKÜ Art. 3 Rn. 1 ff. Art. 14, 15 enthalten verfahrensrechtliche Vorschriften für die Feststellung der Widerrechtlichkeit. Insbesondere kann das ersuchte Gericht vom Antragsteller nach Art. 15 die Vorlage einer Bescheinigung der Widerrechtlichkeit verlangen.

C. Rückführungsort

4   Die Rückführung wird weder zu einer bestimmten Person noch an einen bestimmten Ort angeordnet, sondern in einen anderen Vertragsstaat. Für Kanada ist die Besonderheit zu beachten, dass die Rückführung nicht in den Staat, sondern in die jeweilige Provinz anzuordnen ist. Dies ist der einzige Vertragsstaat, in dem die Provinzen als Gliedstaaten des kanadischen Bundesstaates iSd Art. 40 den Beitritt einzeln erklärt haben.

Bei dem Staat, in den zurückzuführen ist, handelt es sich regelmäßig um den Staat des gewöhnlichen Aufenthalts des Kindes. Es kommt aber auch ein anderer Vertragsstaat in Frage, wenn der Sorgeberechtigte sich für einen neuen gewöhnlichen Aufenthalt des Kindes entschieden hat und das Sorgeverhältnis nur dort „wiederhergestellt" werden kann.[156]

D. Erfüllung der Rückführungsverpflichtung

5   Die Rückführungsverpflichtung ist erfüllt, wenn das Kind in den Staat seines gewöhnlichen Aufenthalts zurückkehrt. Wird es sodann nach kürzerer Zeit wieder aus diesem Staat verbracht, ändert dies nichts an der Erfüllung, wenn das Kind sich so lange in diesem Staat wieder befunden hat, dass die antragstellende Partei

---

154 *Erb-Klünemann* FK 2011, 140 (143); *Niethammer-Jürgens/Erb-Klünemann*, S. 162.

155 Für das deutsche Kindschaftsrecht hat der BGH NJW-RR 2019, 897 = MDR 2019, 676 = FamRZ 2019, 1056 mit Anm. *Rake* und *Faber* jM 2019, 412 entschieden, dass personensorgeberechtigter wie umgangsberechtigter Elternteil grundsätzlich einen Anspruch auf Herausgabe von Kinderreisepass und Krankenversicherungskarte eines Kindes für eine Urlaubsreise haben. Der Anspruch auf Herausgabe all derjenigen persönlichen Gegenstände, Kleidungsstücke und Urkunden, die das Kind während seines Aufenthalts die Herausgabe begehrenden Elternteil voraussichtlich benötige, folge aus §§ 1632 Abs. 1, 1684 Abs. 2 BGB entsprechend. BGH FamRZ 2019, 1615 bestätigt, dass es im (deutschen) Kindschaftsrecht auch einen Herausgabeanspruch für

die persönlichen Sachen des Kindes gibt; sa *Götz* FamRZ 2016, 519. Auch wenn diese Rechtsprechung nicht direkt auf das HKÜ übertragen werden darf, so gilt wegen identischer Interessenlage im Fall einer Rückführungsanordnung nichts anderes für das HKÜ.

156 *Pérez-Vera*, Bericht, Rn. 110 zu dem Fall, dass die schützenswerte kindliche Umgebung familiärer Art ist und der zurückgelassene Elternteil mittlerweile in einen anderen Staat gezogen ist; angenommen in G.v. B., 25 April 2007, Court for Family Matters, Beersheva (INCADAT HC/E/IL 910): Die Mutter war zuerst rechtmäßig mit dem Kind von Belgien nach Frankreich gezogen, hatte es dann widerrechtlich nach Israel entführt. Nach einer späteren französischen Gerichtsentscheidung sollte das Kind bei seinem Vater in Belgien wohnen.

eine den Verbleib sichernde Anordnung hätte erwirken können.[157] Zu beachten ist, dass dieses Handeln regelmäßig eine neue Kindesentführung darstellt.[158]

E. Ausnahmetatbestand Jahresfrist

Die Frist **beginnt** mit der widerrechtlichen Verletzung des Sorgerechts durch **Verbringen** des Kindes vom Staat seines gewöhnlichen Aufenthalts in das Ausland. Es ist auf die erste nach außen hervortretende Verletzung des Sorgerechts durch Überschreiten einer Staatsgrenze abzustellen.[159] Eine vorherige Verletzung des (Mit-)Sorgerechts, ohne dass dabei ein grenzüberschreitender Bezug bestand, etwa durch eigenmächtigen Wechsel des Aufenthalts im Staat des bisherigen gewöhnlichen Aufenthalts, der dann nahtlos in ein grenzüberschreitendes Verbringen übergeht, setzt die Frist noch nicht in Gang.[160] Denn solange ein grenzüberschreitender Bezug zwischen zwei Vertragsstaaten nicht besteht, ist das HKÜ nicht anwendbar und der (Mit-)Sorgeberechtigte kann in dieser Zeit noch nicht die zentralen Behörden einschalten oder einen Rückgabeantrag nach dem HKÜ stellen. Aus diesem Grund beginnt die Frist auch noch nicht zu laufen, wenn das Kind zunächst in einen Nichtvertragsstaat verbracht wurde.   **6**

Bei der Alternative des **Zurückhaltens** des Kindes beginnt die Frist mit dem Zeitpunkt zu laufen, zu dem die Widerrechtlichkeit eintritt, → HKÜ Art. 3 Rn. 18. Hat der (Mit-)Sorgeberechtigte nur einem vorübergehenden Aufenthalt im Ausland zugestimmt, beginnt die Frist, wenn die vereinbarte Aufenthaltsdauer abgelaufen ist[161] oder mangels bestimmter Dauer ab dem Zeitpunkt, in dem der Wille des Entführers, den Aufenthalt dauernd zu verlegen, für den (Mit-)Sorgeberechtigten nach außen erkennbar in Erscheinung tritt.[162] Dies gilt auch dann, wenn die Absicht, das Kind nicht zurückzugeben, schon vorher für die antragstellende Partei erkennbar wird, beispielsweise indem schon vor Ablauf der eingeräumten Umgangsfrist angekündigt wird, dass das Kind nicht zurückgegeben wird.[163] Hält das Kind sich nach dem Zurückhalten zeitweilig bei der antragstellenden Person auf, typischerweise zu Umgangszwecken, ändert dies nichts daran, dass die Frist mit dem Zeitpunkt des Eintritts der Widerrechtlichkeit bereits läuft, → HKÜ Art. 3 Rn. 17.   **7**

Maßgebend für das **Fristende** ist die Einreichung des Antrags auf Rückgabe bei der über die Rückgabe entscheidenden Stelle,[164] in Deutschland also der Antragseingang beim Gericht. Nicht ausreichend ist daher der Antrag an eine zentrale Behörde oder eine Ankündigung der zentralen Behörde an das Gericht oder die Behörde, ein Rückgabeantrag werde demnächst gestellt.[165] Auch ein Antrag auf Beratungshilfe und Verfahrenskostenhilfe, § 43 IntFamRVG, genügt nicht.[166] Ein wirksam zurückgenommener Rückführungsantrag hat bei späterer erneuter Stellung eines Rückführungsantrags keine Auswirkungen auf den Lauf der Jahresfrist.[167]   **8**

Es kommt dabei auf den Antragseingang im derzeitigen Aufenthaltsstaat an, nicht am konkreten Aufenthaltsort, an.[168] Wurde der Antrag bei einem örtlich oder sachlich nicht zuständigen Gericht eingereicht, kommt es dennoch auf diesen Zeitpunkt an, jedenfalls wenn der Antrag unverzüglich an das zuständige Gericht weitergereicht worden ist.[169]   **9**

Abs. 2 erweitert den Anwendungsbereich des HKÜ erheblich, indem die Rückgabeverpflichtung für eine unbestimmte Zeit aufrechterhalten wird.[170] Da es sich um einen Ausnahmetatbestand handelt, ist die Nichteinhaltung der Frist durch die antragsgegnerische Partei darzutun und ggfs. zu beweisen[171], → Rn. 1. Die Frist ist streng formell zu berechnen. Ob die antragstellende Partei die Verzögerung zu vertreten hat, ist ohne   **10**

---

157 OLG Schleswig FamRZ 2014, 494 (angenommen bei mehr als dreiwöchigem Aufenthalt); aA OLG Karlsruhe FamRZ 2008, 2223, wonach die Rückführungsverpflichtung nur dann erfüllt ist, wenn das Kind sich auf Dauer wieder in dem Vertragsstaat aufhält, aus dem es entführt worden ist.
158 Staudinger/*Pirrung* HKÜ Art. 12 Rn. 65.
159 Staudinger/*Pirrung* HKÜ Art. 12 Rn., 64, dem sich OLG Frankfurt 15.1.2013 – 1 UF 345/12 angeschlossen hat.
160 *Bach* FamRZ 1997, 1051 (1055); Staudinger/*Pirrung* HKÜ Art. 3 Rn. E 33; offen gelassen vom KG FamRZ 1996, 692.
161 *Pérez-Vera,* Bericht, Rn. 106.
162 OLG Koblenz FamRZ 1994, 183.
163 OLG Nürnberg 4.1.2019 – 7 UF 1464/18 (abgestellt wurde nicht auf den Zeitpunkt eines Chats, in dem Äußerungen der antragsgegnerischen Partei als endgültige Verweigerung einer Rückkehr verstanden werden mussten, sondern auf den späteren Zeitpunkt

des Nichtantritts des Rückflugs; Staudinger/*Pirrung* HKÜ Art. 12 Rn. 64.
164 OLG Bamberg FamRZ 1995, 305; OLG Hamm FamRZ 1998, 385; AG Würzburg FamRZ 1998, 1319; MüKoBGB/*Siehr* KindEntfÜbk Art. 12 Rn. 4; Staudinger/*Pirrung* HKÜ Art. 12 Rn. E 64; unklar insoweit KG FamRZ 197, 1098.
165 OLG Bamberg FamRZ 1995, 305; OLG Nürnberg MDR 2019, 37 und 4.1.2019 – 7 UF 1464/18 (juris); Wojcik v. Wojcik, 959 F. Supp. 413 (E.D. Mich. 1997) (INCADAT HC/E/USf 105); MüKoBGB/*Siehr* KindEntfÜbk Art. 12 Rn. 2.
166 *Bach* FamRZ 1997, 1051 (1055).
167 OLG Nürnberg MDR 2019, 37.
168 *Schulz* IPRax 2002, 201 (203).
169 Staudinger/*Pirrung* Vor Art. 12 HKÜ Rn. E 64; anders wohl OLG Bamberg FamRZ 1995, 305.
170 *Pérez-Vera,* Bericht, Rn. 109.
171 *Pérez-Vera,* Bericht, Rn. 109; OLG Hamm FamRZ 2017, 1679; Staudinger/*Pirrung* HKÜ Art. 12 Rn. E 66.

Bedeutung. Auch das Verschleiern des Aufenthalts oder ein auf Verzögerung angelegtes Verhandeln durch die entführende Partei kann keine Fristverlängerung begründen.[172] Im Unterschied zu den Zuständigkeitsregelungen in Art. 7 KSÜ und Art. 10 EheVO 2003/Art. 9 EheVO 2019 kommt es für den Fristbeginn nicht darauf an, ob der (Mit-)Sorgeberechtigte den Aufenthalt des Kindes kannte oder kennen musste, → Rn. 15.

F. Einleben in neue Umgebung

11 Ist die Jahresfrist verstrichen, schließt dies die Anordnung der Rückgabe nicht aus. Sie ist immer dann anzuordnen, wenn sich das Kind noch nicht in seine neue Umgebung eingelebt hat. Ein solches Einleben ist anzunehmen, wenn das Kind in das familiäre, soziale und kulturelle Umfeld integriert ist.[173] Hierbei ist bei kleineren Kindern auf das unmittelbare, bei älteren Kindern auf das weitere soziale Umfeld abzustellen.[174] Die Auffassung in der Vorauflage, dass die plötzliche Herausnahme aus dem jetzigen Umfeld einen schweren Eingriff in die Entwicklung des Kindes darstellen müsse, wobei aber keine sehr hohen Anforderungen an die Schwere der Beeinträchtigung zu stellen seien, wird nicht mehr vertreten. Diese zusätzliche Voraussetzung findet sich nicht in Art. 12 und erscheint auch trotz des Gebots der engen Auslegung zu weitgehend. Es ist, da es sich um eine Ermessensentscheidung handelt, → Rn. 16, allerdings eine Unzumutbarkeit der Rückgabe aufgrund Einlebens zu verlangen.[175]

12 Für die Feststellung des Einlebens kommt es daher darauf an, ob das Kind fest mit seiner neuen Umgebung verbunden ist, indem es soziale Kontakte zu Verwandten und Freunden hat, auch die Frage, ob es in einen Kindergarten oder zur Schule geht und die Sprache des Aufenthaltsstaates beherrscht. Die Voraussetzungen des Einlebens sind, wenn auch im weiten Umfang gleiche Kriterien überprüft werden, nicht mit denen für die Begründung des gewöhnlichen Aufenthalts, → HKÜ Art. 4 Rn. 3 ff., identisch. Im Regelfall ist ab einem dauernden Aufenthalt von zwölf Monaten im neuen Staat ein Einleben anzunehmen.[176] Der Einhaltung der Jahresfrist kommt damit eine entscheidende Bedeutung für die Erfolgsaussichten des Rückgabeverlangens zu.[177] Kein Einleben trotz zwölfmonatigen Aufenthalts in dem ersuchten Staat ist nur in Ausnahmefällen gegeben, etwa wenn im konkreten Fall soziale Kontakte nur zur unmittelbaren Betreuungsperson und nicht zu sonstigen Personen im ersuchten Staat entstanden sind. Dies ist etwa bei sehr kleinen Kindern möglich, wenn sich der Kontakt weitgehend auf den entführenden Elternteil beschränkte.[178] Ein Einleben kann auch abzulehnen sein, wenn die Aufenthaltsorte mit Staat gewechselt haben oder weil das Kind verborgen worden ist.[179]

172 Staudinger/*Pirrung* HKÜ Art. 12 Rn. E 64.
173 OLG Karlsruhe NJWE-FER 1999, 179 (Verbindung und Verwachsung mit dem neuen Wohnort und den Bezugspersonen); OLG Koblenz FamRZ 1994, 183; OLG Bamberg FamRZ 1995, 305; Staudinger/*Pirrung* HKÜ Art. 12 Rn. E 66 (Fuß gefasst haben in einem Umfeld mit stabilen, seinen Bedürfnissen und seinem Wohl entsprechenden Verhältnissen).
174 Staudinger/*Pirrung* HKÜ Art. 12 E 66; abgelehnt von OLG Hamm FamRZ 2017, 1679 für 6 und 4jährige Kinder bei viermonatigem Aufenthalt und der Feststellung dass sich die kleine Welt ähnlich im Herkunftsstaat erreichen ließe. Auch die bisher in Schule, Kindergarten und Nachbarschaft geknüpften Bande erschienen nicht so stark, dass die Kinder beim Verlassen erneut entwurzelt würden.
175 MüKoBGB/*Siehr* KindEntfÜbk Art. 12 Rn. 9; OLG Stuttgart FamRZ 2009, 2017.
176 In diesem Sinn auch BGH NJW 2005, 3424 (3428) in Bezug auf Art. 7 Abs. 1 lit. n KSÜ.
177 OLG Bamberg FamRZ 2000, 371 (Antrag gerade noch innerhalb der Jahresfrist; Rückgabe angeordnet); Rückgabe abgelehnt wegen Einlebens: OLG Bamberg FamRZ 1995, 305 (Antrag nach 14 Monaten); Wojcik v. Wojcik, 959 F. Supp. 413 (E.D. Mich. 1997) (INCADAT HC/E/USf 105): Antrag nach 18 Monaten.
178 So angenommen vom KG 23.9.2019 – 16 UF 125/19: Das Kind hatte vor der Entführung mindestens ein Jahr bei der antragstellenden Partei gelebt,

erinnerte diese Zeit noch. Es wurde nach Nichtrückgabe nach Umgang versteckt gehalten. Allein das Erlernen der deutschen Sprache und der Besuch des Kindergartens bewiesen dem KG angesichts der sonstigen ungeklärten Aufenthaltsverhältnisse sowie des Wohnens in einer Notunterkunft keine Verwurzelung in Deutschland; Soucie v. Soucie 1995 SC 134 (INCADAT HC/E/UKs 107): Kind, das bei Beginn des widerrechtlichen Zurückhaltens noch nicht ganz ein Jahr alt war, dessen Rückgabe angeordnet wurde als es etwa 3 Jahre alt war; bezüglich eines vierjährigen Kindes, das lediglich neun Monate in den USA und zum Zeitpunkt der Entscheidung nahezu zwei Jahre ununterbrochen an einem Aufenthaltsort in Deutschland verbracht hatte, das mit der Mutter im Großfamilienverbund lebte und dort wie im Kindergarten soziale Bindungen gefunden hatte, stellte das OLG Nürnberg 4.1.2019 – 7 UF 1464/18eine vollständige Integration und ein Einleben fest. In Anbetracht des Alters des Kindes komme den kindlichen Bindungen an Bezugspersonen aus entwicklungspsychologischen Gründen für die Bewertung seiner Eingliederung und Verwurzelung am aktuellen Aufenthaltsort entscheidende Bedeutung zu.
179 Lops v. Lops, 140 F.3 d 927 (11th Cir. 1998) (INCADAT HC/E/USf 125): Die Maßnahmen, die der entführende Vater unternommen hatte, um den Aufenthalt zu verschleiern, bewirkten, dass sich die Kinder auch nach über 2 Jahren Aufenthalt in den USA noch nicht eingelebt hatten.

Für die Beurteilung des Einlebens ist der Zeitpunkt der Entscheidung, nicht der der Antragstellung maßgeblich.[180] Da die Jahresfrist versäumt worden ist, tritt die Dringlichkeit der Rückgabe hinter der Berücksichtigung des Kindeswohls im konkreten Fall zurück. Es kommt also darauf an, in welchem Maße die Rückführung das Kind nach seiner Lebenssituation im Zeitpunkt der Entscheidung betreffen würde. **13**

Es hat eine **Prüfung von Amts wegen** durch das Gericht stattzufinden,[181] ob sich das Kind bereits eingelebt hat. Dem Ergebnis der Kindesanhörung und der Einschätzung durch Jugendamt und Verfahrensbeistand kommt besondere Bedeutung zu. Ein kinderpsychologisches Gutachten sollte grundsätzlich nicht eingeholt werden, weil durch jede zusätzliche Verzögerung die Wahrscheinlichkeit einer Eingewöhnung zunimmt.[182] Bleibt es zweifelhaft, ob sich das Kind eingelebt hat, so ist die Rückgabe anzuordnen. Dafür spricht neben dem Wortlaut auch die Zielsetzung des HKÜ.[183] **14**

Die Umstände für das Verstreichen der Jahresfrist sind grundsätzlich unerheblich.[184] Hat der Entführer aber maßgeblich dazu beigetragen, dass die Jahresfrist nicht eingehalten werden konnte, etwa durch **Verschleiern des Aufenthalts,** sind besonders strenge Anforderungen an den Nachweis des Einlebens zu stellen.[185] Hierbei sind allerdings auch die durch diese Vorschrift geschützten Kindesinteressen zu berücksichtigen. Auch bei einem nur **geringfügigen Überschreiten** der Jahresfrist müssen keine besonders hohen Anforderungen an die Bejahung der Eingewöhnung gestellt werden.[186] Diese Gesichtspunkte können aber im Rahmen der möglichen Ermessensentscheidung berücksichtigt werden, die Rückgabe trotz Einlebens anzuordnen, → Rn. 16. **15**

Das Gericht hat ein **Ermessen**, die Rückgabe auch dann anzuordnen, wenn sich das Kind bereits in die neue Umgebung eingelebt hat.[187] Der Wortlaut ist insoweit zwar weniger eindeutig als die Formulierung in Art. 13. Wenn das Gericht aber bei Vorliegen der Versagungsgründe nach Art. 13 Abs. 1 u. 2 ein Ermessen hat, dennoch die Rückgabe anzuordnen, → HKÜ Art. 13 Rn. 5, so muss dies erst recht bei Art. 12 Abs. 2 der Fall sein, bei dem die Kindesinteressen durch die Rückgabe deutlich weniger stark beeinträchtigt werden. Bei der Ermessensausübung kann das Gericht die Besonderheiten des Einzelfalls berücksichtigen, etwa auch die Gründe, warum der Antrag erst nach Ablauf der Jahresfrist gestellt wurde.[188] **16**

G. Inhalt der Rückgabeanordnung

Nach Art. 12 hat das Gericht die Rückgabe des Kindes anzuordnen. Der deutsche Begriff ist missverständlich. Gemeint ist, was sich aus der englischen Sprachfassung klarer ergibt, die **Rückführung** des Kindes in den Staat seines gewöhnlichen Aufenthalts.[189] Durch die Rückführung soll der status quo vor der Entführung hergestellt werden, das Kind also auf Dauer bzw. bis zu einer neuen Entscheidung wieder in dem Staat leben, aus dem es entführt worden ist.[190] Zur ausnahmsweisen Rückführung in einen dritten Staat, → Rn. 4. Art. 12 bestimmt nicht näher, welchen Inhalt die Rückführungsanordnung haben kann. Sa zu der in Deutschland üblichen Tenorierung → HKÜ Art. 2 Rn. 8. **17**

Über eine Zwischenverfügung oder in einem Vergleich kann mit **undertakings** gearbeitet werden, also Verpflichtungen, die eine verfahrensbeteiligte Person eingeht, um ein Zugeständnis vom Gericht oder der anderen Partei zu erlangen.[191] Soweit diese, wie häufig, Verpflichtungen beinhalten, die erst nach der Rückführung zu erfüllen sind, zB die Zahlung von Unterhalt, wird es dem Rückführungsgericht aber regelmäßig an der internationalen Zuständigkeit mangeln, einen Titel zu schaffen. Zu bedenken ist auch, dass sich die Möglichkeiten der Vollstreckung des Titels im anderen Staat, in dem sich das Kind nach Rückführung aufhält, nach dem dort jeweils anwendbaren Recht richten und zumeist eingeschränkt sind. Spiegelt dagegen der Herkunftsstaat den Titel, sog. **mirror order,** kann der Titel wie ein inländischer Titel vollstreckt wer- **18**

180 BGH NJW 2005, 3424; OLG Koblenz FamRZ 1994, 183 (implizit); Staudinger/*Pirrung* HKÜ Art. 12 Rn. E 66; aA High Court v. 12.4.1990, Re N, 1 FamLR 413, 417, INCADAT 106 (bei geringer, unverschuldeter Fristüberschreitung); MüKoBGB/*Siehr* KindEntfÜbk Art. 12 Rn. 9 unter nicht überzeugender Berufung auf den englischen Wortlaut „now".

181 *Bach* FamRZ 1997, 1055.

182 Anders OLG Karlsruhe NJWE-FER 1999, 179.

183 Staudinger/*Pirrung* HKÜ Art. 12 Rn. E 66.

184 OLG Düsseldorf FamRZ 1999, 113 (Ls.)(Kriegswirren); Staudinger/*Pirrung* HKÜ Art. 12 Rn. E 66.

185 Staudinger/*Pirrung* HKÜ Art. 12 Rn. E 66; offen gelassen von OLG Frankfurt 15.1.2015 – 1 UF 345/12 ; aA die Kommentierung in der Vorauflage unter Verweis darauf, dass die Kindesinteressen zu schützen sind.

186 OLG Bamberg FamRZ 1995, 305.

187 Re M. (Children) (Abduction: Rights of Custody) [2007] UKHL 55, [2008] 1 AC 1288 (INCADAT HC/E/UKe 937).

188 Sa Re M. (Children) (Abduction: Rights of Custody) [2007] UKHL 55, [2008] 1 AC 1288 (INCADAT HC/E/UKe 937): Das Gericht stellte bei der Ermessensentscheidung auf den entgegenstehenden Willen des Kindes, die unsichere Lage in Simbabwe ab und maß demgegenüber dem Zweck des HKÜ, durch schnelle Rückgabe Entführungen präventiv zu vermeiden, für den konkreten Fall eine geringere Bedeutung zu.

189 OLG München FamRZ 2005, 1002.

190 OLG Karlsruhe FamRZ 2008, 2223; *Dutta/Scherpe* FamRZ 2006, 901 (906).

191 *Dutta/Scherpe* FamRZ 2006, 901 (907); *Mäsch* FamRZ 2002, 1069 (1070).

den. **Safe harbour orders** sind Anordnungen des Gerichts des Herkunftsstaates, die die Rückführung sichern, so insbes. im Rahmen von Art. 11 Abs. 4 EheVO 2003/Art. 27 Abs. 3 EheVO 2019.[192] Deren Einforderung in der Rückführungsanordnung, zB um eine schwerwiegende Gefahr zu beseitigen, erscheint mangels Anspruchsgrundlage nicht möglich. Die Rückführung würde dann, was unzulässig erscheint, unter einer Bedingung stehen.[193]

H. Sofortige Rückgabe

19　Die Rückgabe hat nach Abs. 1 **sofort** zu erfolgen. Die Schnelligkeit der Durchführung der Rückführung ist Bestandteil des Regelungsprogramms des HKÜ, den Zustand vor der Entführung möglichst rasch wiederherzustellen. Die Anordnung soll regelmäßig darauf gerichtet sein, dass das Kind innerhalb kurzer Zeit zurückgegeben wird.[194] Auch bei einem kooperativen Elternteil erscheint es aufgrund des Beschleunigungsgrundsatzes nicht möglich, dass im Kindesinteresse die tatsächliche Rückkehr erst zu einem späteren Zeitpunkt stattfindet, etwa erst nach Ende des Schuljahrs.[195] Derartiges kann alleine in einem Vergleich geregelt werden, wobei auch dabei aufgrund der Ausrichtung des HKÜ Zurückhaltung geboten ist.

I. Aufenthaltswechsel des Kindes im laufenden Verfahren, Abs. 3

20　Wechselt der Aufenthaltsort des Kindes in einen weiteren Staat, nachdem das Rückführungsverfahren eingeleitet ist, schließt Abs. 3 eine perpetuatio fori aus. Eine Rückgabe kann nicht angeordnet werden, wenn sich das Kind nicht (mehr) in dem Gerichtsstaat aufhält. Abs. 3 sieht zwei Verfahrensmöglichkeiten vor: Die Aussetzung des Verfahrens ist angebracht, wenn der Aufenthalt des Kindes unbekannt ist und ein Verbringen des Kindes in das Ausland möglich ist oder wenn das Kind zwar sicher in das Ausland verbracht wurde, eine Rückkehr in den Gerichtsstaat aber möglich erscheint. Ansonsten ist der Antrag zurückzuweisen.[196] Befindet sich das Kind mittlerweile in einem Vertragsstaat, so kann die zentrale Behörde nach Art. 9 vorgehen. Ist das Kind nun in einem Nichtvertragsstaat, ist das HKÜ nicht mehr anwendbar → HKÜ Art. 8–10 Rn. 4. Für den Fall des Aufenthaltswechsels im Vollstreckungsverfahren → HKÜ Art. 2 Rn. 24.

J. Zuständigkeit für das Sorgerechtsverfahren

21　Die Versagung der Rückgabe nach Abs. 2 wegen Eingewöhnung des Kindes hat keine zwingenden Auswirkungen auf die Frage der internationalen Zuständigkeit für sorgerechtliche Entscheidungen, zu denen auch ein Herausgabeantrag zählt. Im Verhältnis zwischen Mitgliedstaaten gelten Art. 10 EheVO 2003/Art. 9 EheVO 2019, im Anwendungsbereich des KSÜ dessen Art. 7. Zwar stellen diese Vorschriften ebenfalls darauf ab, dass ein Antrag auf Rückgabe innerhalb einer 12-Monatsfrist gestellt worden sein muss. Die Frist beginnt aber im Unterschied zu Art. 12 Abs. 2 HKÜ erst zu laufen, wenn die sorgeberechtigte Person, Behörde oder sonstige Stelle den Aufenthaltsort des Kindes kannte oder kennen musste. Weist das Gericht den Rückgabeantrag nach Art. 12 Abs. 2 zurück, weil sich das Kind eingelebt hat, kann daher in Ausnahmefällen noch ein Verfahren auf Rückführung im Staat des früheren gewöhnlichen Aufenthalts des Kindes durchgeführt werden. In diesem Fall ist zwischen Mitgliedstaaten der Rückklappmechanismus des Art. 11 Abs. 6–8 EheVO 2003/Art. 29 EheVO 2019 nicht anwendbar. Diese Regelungen kommen nach dem eindeutigen Wortlaut bei Geltung der EheVO 2003 nur im Falle der Versagung der Rückgabe aufgrund von Art. 13 und bei Geltung der EheVO 2019 im Fall der Versagung aufgrund Art. 13 Abs. 1 lit. b und Art. 13 Abs. 2 zur Anwendung, → HKÜ Art. 13 Rn. 7.

192 *Dutta/Scherpe* FamRZ 2006, 901 (908 f.).
193 *Mäsch* FamRZ 2002, 1076; aA *Dutta/Scherpe* FamRZ 2006, 901 (908 f.), die zumindest in Art. 11 Abs. 6 EheVO 2003 eine Rechtsgrundlage hierfür sehen.
194 D.I. Petitioner [1999] Green's Family Law Reports 126 (INCADAT HC/E/UKs 352): 7 Tage; in Deutschland meist 2 Wochen → Art. 2 Rn. 8.
195 Anders noch die Vorauflage unter Berufung auf Sampson v. Sampson, 267 Kan. 175, 975 P.2 d 1211 (Kan. App. Apr. 16, 1999) (INCADAT HC/E/USs 226), wonach der Mutter eine Frist von 90 Tagen gegeben worden ist, um das Kind nach Israel zurückzuführen.
196 KG 11.6.2019 – 16 UF 232/18: Antragszurückweisung, wobei die Kosten beider Instanzen nach billigem Ermessen der antragsgegnerischen Partei auferlegt wurden, weil die an sich aussichtslose Beschwerde nur deshalb formell Erfolg hatte, weil die antragsgegnerische Partei sich durch das weitere Verbringen des Kindes dem Beschwerdeverfahren und der deutschen Gerichtsbarkeit entzogen hat; *Staudinger/Pirrung* Vor Art. 12 HKÜ Rn. E 67.

Art. 13 HKÜ [Ablehnung der Rückgabe]

(1) Ungeachtet des Artikels 12 ist das Gericht oder die Verwaltungsbehörde des ersuchten Staates nicht verpflichtet, die Rückgabe des Kindes anzuordnen, wenn die Person, Behörde oder sonstige Stelle, die sich der Rückgabe des Kindes widersetzt, nachweist,

a) daß die Person, Behörde oder sonstige Stelle, der die Sorge für die Person des Kindes zustand, das Sorgerecht zur Zeit des Verbringens oder Zurückhaltens tatsächlich nicht ausgeübt, dem Verbringen oder Zurückhalten zugestimmt oder dieses nachträglich genehmigt hat oder

b) daß die Rückgabe mit der schwerwiegenden Gefahr eines körperlichen oder seelischen Schadens für das Kind verbunden ist oder das Kind auf andere Weise in eine unzumutbare Lage bringt.

(2) Das Gericht oder die Verwaltungsbehörde kann es ferner ablehnen, die Rückgabe des Kindes anzuordnen, wenn festgestellt wird, daß sich das Kind der Rückgabe widersetzt und daß es ein Alter und eine Reife erreicht hat, angesichts deren es angebracht erscheint, seine Meinung zu berücksichtigen.

(3) Bei Würdigung der in diesem Artikel genannten Umstände hat das Gericht oder die Verwaltungsbehörde die Auskünfte über die soziale Lage des Kindes zu berücksichtigen, die von der zentralen Behörde oder einer anderen zuständigen Behörde des Staates des gewöhnlichen Aufenthalts des Kindes erteilt worden sind.

A. Regelungsgegenstand 1
B. Tatsächliche Nichtausübung des Sorgerechts
   (Abs. 1 lit. a, 1. Alt.) 8
C. Zustimmung oder Genehmigung
   (Abs. 1 lit. a, 2. Alt.) 9
D. Schwerwiegende Gefahr eine körperlichen
   oder seelischen Schadens für das Kind
   (Abs. 1 lit. b, 1. Alt.) 18

E. Unzumutbare Lage (Abs. 1 lit. b, 2. Alt.) 37
F. Entgegenstehender Wille des Kindes (Abs. 2) . 40
G. Verfahrensrechtliche Beteiligung und Anhö-
   rung des Kindes 50
H. Verhältnis zur Sorgerechtsentscheidung 52

A. Regelungsgegenstand

Art. 13 enthält fünf Gründe, bei deren Vorliegen ausnahmsweise die Rückgabe trotz Vorliegens der Voraus- **1** setzungen nach Art. 12 nicht angeordnet werden muss. Dies ist zum einen der Fall, wenn die sorgeberechtigte Person oder Stelle das Sorgerecht zur Zeit des Verbringens tatsächlich nicht ausgeübt hat oder dem Verbringen bzw. Zurückhalten zugestimmt oder es nachträglich genehmigt hat, Abs. 1 lit. a. Außerdem muss die Rückgabe nicht angeordnet werden, wenn sie mit der schwerwiegenden Gefahr eines körperlichen oder seelischen Schadens für das Kind verbunden ist oder das Kind auf andere Weise in eine unzumutbare Lage bringt, Abs. 1 lit. b. Ferner kann die Rückgabe abgelehnt werden, wenn das Kind sich der Rückgabe widersetzt, sofern es ein Alter und eine Reife erreicht hat, angesichts deren es angebracht erscheint, seine Meinung zu berücksichtigen, Abs. 2. Neben den in Art. 13 genannten Gründen kann eine Rückgabe noch nach Art. 12 Abs. 2 wegen Einlebens nach Ablauf der Jahresfrist, → HKÜ Art. 12 Rn. 6 ff., und nach Art. 20 wegen Unvereinbarkeit mit den Grundwerten über den Schutz der Menschenrechte und Grundfreiheiten abgelehnt werden. Art. 13 ist in der Praxis von größter Bedeutung, weil die dort genannten Gründe in fast jedem Verfahren von dem entführenden Elternteil vorgebracht werden.

Beim Umgang mit den Ausnahmetatbeständen ist die bindende Rechtsprechung des **Europäischen** **2** **Gerichtshofs für Menschenrechte** zu beachten. In der Entscheidung Neulinger & Shuruk v. Schweiz hat die große Kammer des EGMR ausgeführt, dass das nationale Gericht das Kindeswohl in jedem Einzelfall festzustellen hat. Um im Einklang mit Art. 8 EMRK zu stehen, habe das nationale Gericht eine in die Tiefe gehende Überprüfung der gesamten Familiensituation und einer ganzen Anzahl von Faktoren vorzunehmen.[197] In der späteren Entscheidung X v. Lettland führt die große Kammer des Gerichtshofs dann aus, dass die Neulinger-Entscheidung keines der Prinzipien für die Anwendung des HKÜ durch die nationalen Gerichte aussetze. Es könne eine harmonische Interpretation der EMRK und des HKÜ erreicht werden, wenn Ausnahmetatbestände nach dem HKÜ, insbesondere wenn sie von einem Beteiligten erhoben werden, von dem angerufenen Gericht ernsthaft berücksichtigt werden. Die gerichtliche Entscheidung sei ausreichend zu begründen, damit der Gerichtshof in der Lage sei zu prüfen, dass diese Fragen effektiv überprüft worden sind. Außerdem bedürfe es einer Bewertung der Faktoren im Lichte von Art. 8 EMRK. Insoweit habe das Gericht nicht nur diskutable Behauptungen der schwerwiegenden Gefahr zu berücksichtigen, sondern habe auch im Einzelnen ausreichend detailliert Gründe im Lichte der Umstände des Einzelfalles anzu-

---

197   EGMR 6.7.2010 -41615/07 Nr. 138 f.

geben.[198] Hiermit hat der EGMR die extreme Position in der Sache Neulinger aufgegeben.[199] Die Akzente erscheinen deutlich günstiger für den Gedanken der Wiederherstellung des status quo ante gesetzt und damit die Entscheidung in Sachen Neulinger (in Maßen) entschärft.[200] Die Rechtsprechung des EGMR ist berücksichtigt, wenn ein im Einzelnen begründeter fairer Ausgleich zwischen den in Rede stehenden Interessen herbeigeführt wird unter Berücksichtigung der obersten Priorität des Kindeswohls.[201] Bei der Gesamtabwägung der Umstände sind keine umfangreichen, das Verfahren verzögernden Ermittlungen zu akzeptieren.[202] Diese Gesamtabwägung ordnet ein Teil der deutschen Gerichte als Ermessensausübung ein,[203] andere verstehen die EGMR-Rechtsprechung als prozessuale Verpflichtung, die Einwendung nach Art. 13 HKÜ unbeschadet der Darlegungs-und Beweislast effektiv zu prüfen.[204]

3   Die Ausnahmetatbestände sind **restriktiv auszulegen**.[205] Das Bundesverfassungsgericht sieht dies für verfassungsrechtlich unbedenklich an. Es hat ausgeführt, dass dann, wenn die Befugnisse des Sorgeberechtigten durch eigenmächtiges Handeln praktisch außer Kraft gesetzt werden und somit der persönliche Kontakt des Kindes nachhaltig erschwert oder ausgeschlossen wird, dies im Zweifel nicht dem Kindeswohl entspricht. Ob und unter welchen Voraussetzungen ein Aufenthaltswechsel im konkreten Einzelfall doch mit dem Kindeswohl vereinbar ist, ist letztlich der Entscheidung des nach dem früheren gewöhnlichen Aufenthalt des Kindes für Sorgerecht zuständigen Gerichts vorbehalten.[206]

4   Die **Darlegungs- und Beweislast** für das Vorliegen eines Ausnahmegrundes liegt bei der antragsgegnerischen Partei. Insoweit besteht eine Ausnahme von dem sonst geltenden Grundsatz der Amtsermittlung.[207] Dies ist verfassungsrechtlich unbedenklich.[208] In eine Sachprüfung hat das Gericht nur einzutreten, wenn die Gründe substantiiert dargelegt werden. Die Anforderungen an die Darlegungslast sind hoch, so dass ein allgemeiner, pauschaler Vortrag nicht ausreicht.[209] Anders ist dies alleine betreffend den Ausnahmetatbestand des Abs. 2, der nach deutschem Verständnis von Amts wegen zu prüfen ist.[210]

Beweis bedeutet in diesem Eilverfahren, in dem eine summarische Prüfung durchzuführen ist, → HKÜ Art. 2 Rn. 6, dass eine bloße Glaubhaftmachung nicht ausreicht.[211] Es bedarf des vollen Beweises, wobei aufgrund des Beschleunigungsgrundsatzes nur solche Beweise zulässig sind, die präsent oder unschwer zu erheben sind.[212] Sachverständigengutachten werden regelmäßig nicht eingeholt.[213] Anders kann dies ausnahmsweise sein, wenn es um die Auswirkungen der Rückführung auf das Kind geht.[214] Auch hier ist das Beschleunigungsgebot zu beachten. Beschränkt auf besondere Ausnahmefälle ist die Einholung eines Sachverständigengutachtens möglich, wobei Verfahrensverzögerungen möglichst zu vermeiden sind. So kann ein kinderpsychologischer Sachverständiger zur Kindesanhörung und mündlichen Verhandlung beigezogen werden und auf dieser Basis direkt eine mündliche Einschätzung in der Verhandlung geben. Bei Zweifeln ist die Rückgabe anzuordnen.[215] Die darin möglicherweise liegende Beeinträchtigung der Interessen des einzelnen Kindes zugunsten der präventiven Zielsetzung des HKÜ ist verfassungsrechtlich nicht zu beanstanden.[216]

198   EGMR 26.11.2013 – 27853/09 Nr. 106 f.
199   AG Hamm 13.6.2016 – 3 F 89/16 – nv; *Lowe* FS Coester-Waltjen 2015, 542, 547.
200   Staudinger/*Pirrung*, Vorbem zum HKÜ, Rn. 13 a.
201   OLG Karlsruhe FamRZ 2015, 1627 und 8.8.2016 – 2 UF 106/16 – nv.
202   *Erb-Klünemann* FamRB 2018, 327 (333).
203   OLG Nürnberg 25.2.2014 – 7 UF 154/14 – nv.
204   OLG Jena 8.5.2014 – 3 UF 187/14 (Im Fall der Prüfung des Art. 13 HKÜ erfolge stets eine Würdigung des Kindeswohls unter Berücksichtigung der Umstände des Einzelfalles, was den Anforderungen des EGMR genüge); OLG Stuttgart 31.7.2015 – 17 UF 127/15; OLG München 6.7.2016 – 12 UF 532/16.
205   *Pérez-Vera*, Bericht, Rn. 27 ff. und Rn. 113 ff.
206   BVerfG FamRZ 1996,405, FamRZ 1996, 1267, FamRZ 1997, 1269, FamRZ 1999, 85 und FamRZ 1999, 641.
207   *Pérez-Vera*, Bericht, Rn. 114; OLG Hamburg OLGR 2009, 208 Nr. 35; OLG Stuttgart FamRZ 2009, 2017; OLG Nürnberg FamRZ 2007, 1588; KG FamRZ 1996, 691 (692); OLG Frankfurt FamRZ 1994, 1339; OLG Bremen 16.3.2017 – 4 UF 26/17 – nv.
208   BVerfG FamRZ 1996, 1267.
209   OLG Rostock 11.7.2016 – 10 UF 78/16 – nv.

210   OLG Dresden FamRZ 2002, 1136; *Erb-Klünemann* FamRB 2018, 327 (328).
211   OLG Saarbrücken FamRZ 2011, 1235.
212   AG Saarbrücken FamRZ 2003, 398; *Erb-Klünemann* FamRB 2018, 327 (328).
213   OLG Karlsruhe FamRZ 2002, 1141; OLG München 12.4.1996 – 16 UF 686/96 – nv; OLG Hamm FamRZ 1999, 948 und FamRZ 2017, 1679; OLG Stuttgart FamRZ 2008, 1777 und 4.5.2016 – 17 UF 56/16 – nv; OLG Schleswig 8.1.2014 – 12 UF 169/13 – nv; OLG Rostock 11.7.2016 – 10 UF 78/16 – nv; aA und zu streng OLG Jena 28.10.2019 – 1 UF 404/19: nicht vereinbar mit dem Beschleunigungsgrundsatz.
214   Zur rechtspsychologischen und -psychiatrischen Sicht *Ballof* FPR 2004, 309; *Klosinski* FuR 2000, 408, *ders.* FPR 2001, 206. Die dortige Forderung, regelmäßig Gutachten einzuholen, ist abzulehnen, da sie nicht die Besonderheiten des Rückführungsverfahrens berücksichtigt.
215   OLG Bamberg FamRZ 2000, 371; OLG Hamburg OLGR 2009, 208 Nr. 36; OLG Naumburg FamRZ 2007, 1586; *Henrich*, Int. Familienrecht, § 7 II 6.
216   BVerfG IPRax 1997, 123; BVerfG IPRax 2000, 216 = FamRZ 1999, 85 = NJW 1999, 631; krit. hierzu *Schweppe* ZfJ 2001, 169 (176).

Bewiesene Ausnahmetatbestände führen nicht automatisch zur Antragszurückweisung, sondern geben dem **5** Gericht einen **Ermessensspielraum**. Die Meinung, dass dies alleine ein Ermessenspielraum in Grenzfällen ist,[217] erscheint aufgrund des eindeutigen Wortlautes nicht richtig. Deutsche Gerichte üben ihr Ermessen regelmäßig im Rahmen ihrer strengen Prüfung der Ausnahmevoraussetzungen aus und nicht dergestalt, dass sie die Rückführung trotz Feststellung des Ausnahmetatbestands anordnen.[218] Besonders bei Abs. 1 lit. b ist kaum denkbar, dass ein Gericht die schwerwiegende Gefahr eines körperlichen oder seelischen Schadens für das Kind annimmt und dennoch die Rückgabe anordnet.[219] Eher möglich ist, dass die Rückgabe trotz entgegenstehenden Willens des Kindes, Abs. 2, → Rn. 40 ff.) oder trotz früherer Zustimmung zum Aufenthaltswechsel angeordnet wird.[220]

Abs. 3 stellt mit der dort vorgesehenen Berücksichtigung von Auskünften der zentralen Behörden über die **6** soziale Lage des Kindes als verfahrensrechtliche Bestimmung ein Gegengewicht zur Beweislast dar.[221]

Im Fall der Zurückweisung einer Rückführung in einen Mitgliedstaat (EU-Staat mit Ausnahme von Däne- **7** mark) sieht **Art. 11 Abs. 6 EheVO 2003** für den Fall der Zurückweisung nach Art. 13/**Art. 29 Abs. 1 EheVO 2019,** für den Fall der Zurückweisung nach Art. 13 Abs. 1 lit. b und Art. 13 Abs. 2 den sog. **Rückklappmechanismus** vor.

Die EheVO 2003 regelt, dass das Rückführungsgericht das Gericht im Herkunftsstaat über seine Entscheidung informiert, indem es diesem binnen eines Monats ab der Entscheidung eine Abschrift seiner Entscheidung und weitere Unterlagen, insbes. das Verhandlungsprotokoll übermittelt. Diese Verpflichtung tritt unabhängig davon ein, ob die Entscheidung bereits rechtskräftig ist. Der Informationsaustausch kann zwischen den Gerichten direkt erfolgen oder über die zentralen Behörden. Wird bei dem Gericht des Mitgliedsstaats des gewöhnlichen Aufenthalt nicht bereits ein Sorgerechtsverfahren geführt, muss dieses bzw. die zentrale Behörde, die die Mitteilung nach Art. 11 Abs. 6 EheVO 2003 erhalten hat, die Parteien hiervon unterrichten und sie einladen, binnen 3 Monaten Sorgerechtsanträge beim Gericht zu stellen, **Art. 11 Abs. 7 EheVO 2003**. Ordnet dieses Gericht dann später auf sorgerechtlicher Grundlage die Rückgabe des Kindes an – nach deutschem Verständnis die Kindesherausgabe, wobei § 33 IntFamRVG zu beachten ist -, erfolgt eine privilegierte Vollstreckung dieser Entscheidung, wenn unter den Voraussetzungen des **Art. 42** Abs. 2 EheVO 2003 eine **Bescheinigung nach Anhang IV** erteilt worden ist, **Art. 11 Abs. 8** iVm Art. 40 Abs. 1 lit. b, 42 EheVO 2003. Diese Entscheidung kann direkt vollstreckt werden, ohne dass es Anerkennung und Vollstreckbarerklärung bedarf, Art. 42 Abs. 1 EheVO 2003. Hat ein deutsches Gericht die Rückführung nach Art. 13 abgelehnt, hat dieses selbst[222] eine spätere sorgerechtliche Rückführungsentscheidung des Gerichts des Staates des gewöhnlichen Aufenthalts nach § 44 Abs. 3 IntFamRVG von Amts wegen zu vollstrecken, § 44 Abs. 3 IntFamRVG. Aufgrund dieses Rückklappmechanismus ist mit der Ablehnung der Rückführung in einen Mitgliedstaat der EheVO 2003 nach Art. 13 noch nicht das letzte Wort betreffend die Kindesrückführung gesprochen.

Art. 29 EheVO 2019, → HKÜ Art. 1 Rn. 9, führt zwischen Mitgliedstaaten modifizierende Neuregelungen ein. Nach **Art. 29 Abs. 1 EheVO 2019** gilt der Rückklappmechanismus nur noch für Zurückweisungen nach Art. 13 Abs. 1 lit. b und Art. 13 Abs. 2. Fälle, in denen nach Art. 13 Abs. 1 lit. a, 1. und 2. Alt. zurückgewiesen worden ist, fallen nicht mehr hierunter. Das Gericht, das eine Zurückweisung nach Art. 13 Art. 13 Abs. 1 lit. b und Art. 13 Abs. 2 entschieden hat – hier wird weiter gelten, dass diese nicht rechtskräftig sein muss – stellt nach **Art. 29 Abs. 2 EheVO 2019**, eine **Bescheinigung nach Anhang I** von Amts wegen aus. Die weitere Vorgehensweise hängt davon ab, ob diesem Gericht bekannt ist, ob in dem anderen Mitgliedstaat bereits ein Gericht mit einem Sorgerechtsverfahren befasst ist. Ist dies der Fall, so hat das Gericht, das über den Rückführungsantrag entschieden hat, dieses Gericht im anderen Mitgliedstaat binnen eines Monats zu informierten, indem es eine Abschrift der Entscheidung, die Bescheinigung und ggf. weitere Unterlagen direkt oder über die zentralen Behörden übermittelt, **Art. 29 Abs. 3 EheVO 2019**. Andernfalls genügt das Gericht seinen Verpflichtungen durch Erstellen und Zustellung der Bescheinigung. Wird ein Gericht in einem anderen Mitgliedstaat nun anschließend mit einem Sorgerechtsverfahren befasst, hat die antragstellende Partei im Fall der Antragstellung binnen drei Monaten dort die Unterlagen vorzulegen, die im Fall

---

217 Staudinger/*Pirrung*, Art. 13 D 75.
218 *Erb-Klünemann* FamRB 2018, 327 (330).
219 Re M. (Children) (Abduction: Rights of Custody) [2007] UKHL 55, [2008] 1 AC 1288 (INCADAT HC/E/Uke 937); anders aber McL v. McL (Unreported), FC Christchurch, FP 009/1315/99, 12/04/2001 (INCADAT HC/E/NZ 538), wo trotz einer allerdings als nicht überaus schwerwiegend eingeordneten Gefahr eines seelischen Schadens die Rückgabe angeordnet wurde; Verdacht des sexuellen Miss-

brauchs durch den antragstellenden Vater war zwischenzeitlich entfallen.
220 Re D. (Abduction: Discretionary Return) [2000] 1 FLR 24 (INCADAT HC/E/UKe 267) mit der Begründung, dass bereits ein Sorgerechtsverfahren in Frankreich lief, dass die Beteiligten besser Französisch als Englisch sprachen und die Kinder einverstanden waren, nach Frankreich zurückzukehren.
221 *Pérez-Vera*, Bericht, Rn. 117.
222 Auch hierfür sind die Spezialgerichte in Deutschland zuständig, §§ 10 1. Spiegelstrich, 12 IntFamRVG.

der Kenntnis über ein Sorgerechtsverfahren vom Gericht, das über den Rückführungsantrag entschieden hat, vorgelegt werden, **Art. 29 Abs. 5 EheVO 2019**. Sollte das mit dem Sorgerechtsverfahren befasste Gericht nun auf sorgerechtlicher Grundlage die Rückführung des Kindes entscheiden, verbleibt es bei der privilegierten Vollstreckbarkeit, die die EheVO 2003 bereits vorsieht. Nach **Art. 29 Abs. 6** iVm Art. 34 ff. EheVO 2019 ist diese Entscheidung vollstreckbar, ohne dass es einer Vollstreckbarerklärung bedarf. Das mit dem Sorgerechtsverfahren befasste Gericht hat auf Antrag nach Art. 29 Abs. 6, 42 Abs. 1 lit. b, 47 Abs. 1 lit. b EheVO 2019 eine **Bescheinigung nach Anhang VI** zu erteilen.

B. Tatsächliche Nichtausübung des Sorgerechts (Abs. 1 lit. a, 1. Alt.)

8 Die Rückgabe muss nicht angeordnet werden, wenn die Person, Behörde oder sonstige Stelle das ihr zustehende Sorgerecht im Zeitpunkt des Verbringens oder Zurückhaltens tatsächlich nicht ausgeübt hat. Das HKÜ bezweckt nicht, eine allein formale Rechtspositionen zu schützen, sondern soll dazu dienen, das Recht des Kindes auf Beachtung seines Lebensgleichgewichts zu wahren, insbesondere dadurch, dass seine emotionalen, sozialen und anderen Bindungen, unter denen sich sein Leben bisher abgespielt hat, nicht tatsächlich beeinträchtigt werden.[223] Schon mehr als ein bloßes Nichts reicht dagegen aus, um eine Ausübung festzustellen, etwa Umgang bzw. entsprechende Bemühungen, ebenso Kindesunterhaltszahlungen.[224] Zu den Anforderungen, die an das Ausüben zu stellen sind, sa → HKÜ Art. 3 Rn. 19 ff. Das Nichtausüben kann nach Art. 3 auch bereits die Widerrechtlichkeit des Verbringens oder Zurückhaltens entfallen lassen, → HKÜ Art. 3 Rn. 19. Durch die Wiederholung dieser Regelung in Art. 13 wird die Beweislast der antragsgegnerischen Partei auferlegt, die die Nichtausübung nachzuweisen hat.[225]

C. Zustimmung oder Genehmigung (Abs. 1 lit. a, 2. Alt.)

9 Abs. 1 lit. a schließt eine Rückgabeanordnung aus, wenn der (Mit-)Sorgeberechtigte dem Aufenthaltswechsel zuvor zugestimmt hat oder ihn später genehmigt. Es sind insoweit strenge Anforderungen zu stellen.[226] Soweit vertreten wird, dass an die Genehmigung eher noch strengere Anforderungen zu stellen sein sollen,[227] erscheint dies nicht überzeugend. Dies ergibt sich weder aus dem Wortlaut der Vorschrift noch aus Sinn und Zweck. Der antragsgegnerischen Partei obliegt die volle **Beweisführungslast**.[228]

10 Eine **Zustimmung** lässt nicht bereits die **Widerrechtlichkeit** des Verbringens oder Zurückhaltens nach dem gem. Art. 3 maßgeblichen Recht entfallen, sondern ist ein erst im Rahmen des Art. 13 zu prüfender Ausnahmetatbestand. Der Beweis der Zustimmung obliegt damit der antragsgegnerischen Partei, → HKÜ Art. 3 Rn. 5.

11 Der Sorgeberechtigte muss sein Einverständnis nicht nur zu einem vorübergehenden, sondern zu einem **auf Dauer angelegten Aufenthaltswechsel** erklärt haben.[229] Gespräche und Diskussionen über die Übersiedlung ohne Einigung reichen nicht.[230] Die Angabe, dass das Kind zunächst bei der antragsgegnerischen Partei bleiben könne, betont die Vorläufigkeit und stellt keine Genehmigung dar.[231] Zurückhaltung ist geboten, in Zugeständnissen im Rahmen von gütlichen Einigungsversuchen ein Einvernehmen zu sehen.[232] Sonst würde es dem konzilianten Elternteil zum Nachteil gereichen, sich auf einen gütlichen Einigungsversuch einzulassen.

12 Zustimmung und Genehmigung können ausdrücklich oder **konkludent** erklärt werden.[233] Für die Beurteilung, ob ein konkludentes Einverständnis vorliegt, ist der objektive Empfängerhorizont unter umfassender

223 KG FamRZ 1999, 691; OLG Bremen NJW-RR 2013, 1351 (Nichtausübung bejaht im Fall eines einjährigen, vom Antragsteller nicht gewollten Kindes, mit dem er alleine im 1. Lebensmonat zusammengelebt hat und zu dem er nach Trennung 5 Monate keinen Umgang eingefordert hatte).

224 *Erb-Klünemann*, Familienrecht kompakt 2011, 142.

225 OLG Rostock FamRZ 2002, 46 (47) = IPRax 2002, 218; KG FamRZ 1996, 691; BVerfG NJW 1996, 3145 = FamRZ 1996, 1267 (zur verfassungsrechtlichen Unbedenklichkeit einer solchen Beweislastverteilung).

226 OLG Düsseldorf FamRZ 2011, 1237 (Ls.); Staudinger/*Pirrung*, Art. 13 Rn. E 70.

227 Staudinger/*Pirrung*, Art. 13 Rn. E 70 a.

228 OLG Stuttgart FamRZ 2009, 217; OGH ZaK 2008, 193 (INCADAT HC/E/AT 981); OLG Karlsruhe

19.2.2019 – 2 UF 6/19; OLG Rostock FamRZ 2002, 46 (47), das hierfür aber zu weitgehend den Nachweis in Schriftform oder die Vorlage „dokumentarischen Materials" verlangt.

229 OGH ZaK 2008, 193 (INCADAT HC/E/AT 981); OLG Stuttgart 20.5.2017 – 17 UF 80/16 – nv; OLG Karlsruhe 19.2.2019 – 2 UF 6/19 (Zustimmung wurde verneint aufgrund durchgreifender Zweifel daran, dass eine klare und eindeutige sowie endgültige und rechtlich verbindliche Zustimmung zum Umzug erteilt worden ist); Staudinger/*Pirrung* HKÜ Art. 13 Rn. E 70.

230 OLG Schleswig 8.1.2014 – 12 UF 169/13 – nv.

231 OLG Düsseldorf 31.1.2013 – II- 1 UF 231/12 – nv.

232 OLG Karlsruhe FamRZ 2002, 1142.

233 OLG Nürnberg FamRZ 2009, 240; OLG Hamm FamFR 2013, 380.

Erb-Klünemann

Berücksichtigung des Gesamtverhaltens der antragstellenden Partei im Zusammenhang mit dem Aufenthaltswechsel des Kindes maßgeblich.[234] Zu fragen ist, ob das Verhalten des zurückgelassenen Elternteils bei objektiver Betrachtung aus der Sicht einer vernünftigen Person in der Situation des entführenden Elternteils als Zustimmung bzw. Genehmigung aufzufassen war.[235] Die Annahme eines konkludenten Einverständnisses stellt hohe Anforderungen an die gerichtliche Würdigung des Sachverhalts.[236] Nicht ausreichend sind in der Hitze der Situation getätigte Angaben.[237] Die Zustimmung zur Beantragung des Reisepasses des Kindes sowie die aus Anlass der Ausreise erstellte Vollmacht zur Regelung der kindlichen Angelegenheiten, wenn zu diesem Zeitpunkt der dauerhafte Aufenthalt im neuen Staat noch nicht geplant war, reichen nicht,[238] auch nicht die Angabe, „er wolle ihr das Kind nicht wegnehmen, dessen Platz neben ihr sei".[239] Ein Rückflugticket kann Indiz für die Planung der Rückkehr sein, auch wenn der Entführer sich darauf beruft, dass die Buchung nur aus Kostenersparnisgründen erfolgt sei.[240] Die Mail der zurückgelassenen Mutter, sie habe in Bezug auf den Aufenthalt der Kinder beschlossen, dass dieser im neuen Staat sein solle, wo die Kinder gut integriert seien, wurde überzeugend als Genehmigung angesehen.[241]

Ein **rein passives Verhalten** reicht nicht aus.[242] Eine einmalige Erklärung bzw. die Umstände als konkludente Erklärung reichen nur dann, wenn sich klar ergibt, dass der Aufenthalt dauerhaft akzeptiert und nicht nur zeitweilig hingenommen wird.[243] So kann das Überbringen diverser Kinderzimmermöbelstücke verbunden mit der nicht erfolgten gerichtlichen Klärung des Sorgerechts im Herkunftsstaat als Genehmigung gewertet werden.[244] Vorsicht ist geboten, wenn der zurückgelassene Elternteil nach der Entführung zunächst alleine Umgang mit dem Kind einfordert, ohne die Rückführung zu verlangen. Zwar wird die bloße Untätigkeit oder zeitweilige Hinnahme des Kindesaufenthalts beim entführenden Elternteil noch nicht als Genehmigung angesehen.[245] Anders zu bewerten kann dies aber sein, wenn weitere Umstände hinzutreten, die den entführenden Elternteil in nachvollziehbarer Weise annehmen lassen konnten, dass der zurückgelassene Elternteil nunmehr dauerhaft mit dem Verbleib im neuen Staat einverstanden gewesen sei.[246] Wenn der Antragsteller die Rechtmäßigkeit des Verbringens und den neuen Aufenthalt des Kindes auch im Zuge der Wahrnehmung von Umgangskontakten nicht in Frage gestellt hat, alleine die Modalitäten zukünftigen Umgangs angesprochen hat, kann dies als Genehmigung gewertet werden.[247] Allerdings ist Zurückhaltung geboten bei bloßer zeitweiliger Hinnahme des Aufenthalts in Unkenntnis der Möglichkeiten des HKÜ.[248]

Die Zustimmung kann auch einen **Wechsel des gewöhnlichen Aufenthalts** des Kindes bewirken. Ein neuer gewöhnlicher Aufenthalt kann nicht nur aufgrund tatsächlicher Integration in das neue Umfeld nach Ablauf einer gewissen Zeit, sondern auch sofort mit dem Umzug erworben werden, wenn der Wille besteht, sich   **13**

---

234 OLG Stuttgart NZFam 2017, 673; OLG Karlsruhe FamRZ 2006, 1699 und 19.2.2019 – 2 UF 6/19.

235 OLG Stuttgart FamRZ 2009, 2017 und NZFam 2017, 673; OLG Nürnberg FamRZ 2009, 240; OLG Karlsruhe FamRZ 2006, 1699.

236 OLG Stuttgart FamRZ 2009, 2017; OLG Karlsruhe FamRZ 2015, 1627 und 19.2.2019 – 2 UF 6/19.

237 OLG Karlsruhe 16.12.2014 – 2 UF 266/14 (Zustimmung verneint als bloßer Ausdruck der Verärgerung durch die Äußerung, er sei ihm egal, sie solle gehen, wohin sie wolle).

238 OLG Koblenz 23.3.2016 – 13 UF 15/16.

239 OLG Karlsruhe 16.12.2014 – 2 UF 266/14 (Dem lasse sich nicht ohne Weiteres entnehmen, dass der Aufenthalt mit der Mutter in Deutschland gebilligt werde. Dies lasse sich auch als Zusicherung verstehen, dass der kindliche Aufenthalt bei der Mutter für den Fall der Rückkehr in den Heimatstaat nicht in Frage gestellt werde).

240 OLG Koblenz 23.3.2016 – 13 UF 15/16.

241 OLG Düsseldorf 21.11.2017 – 1 UF 148/17 – nv und FamRZ 2018, 760.

242 OLG Karlsruhe FamRZ 2006, 1699; OLG Düsseldorf 23.12.2016 – 1 UF 169/16 (Zuwarten fast eines ganzen Jahres mit der Einreichung der Antragsschrift bei Gericht).

243 OLG Nürnberg NJW-RR 2010, 1093; OLG Stuttgart FamRZ 2012, 238; OLG Schleswig 8.1.2014 – 12 UF 169/13 – nv (abgelehnt bei Achselzucken auf eine Mitteilung, mit dem Kind wegzuziehen verbunden mit dem kommentarlosen Wahrnehmen von Umzugsvorbereitungen); OLG Düsseldorf 26.9.2016

– 1 UF 139/16 (abgelehnt bei SMS des Entführers auf die Ankündigung, zur Beruhigung der Situation vorübergehend nach Deutschland zu fahren, „alles was du zu tun hast, ist nicht zu vergessen, die Kindersitze zu montieren" sowie Schweigen auf die Ankündigung der Mutter, die restlichen von ihr angeschafften Möbel abholen zu wollen); OLG Karlsruhe 19.2.2019 – 2 UF 6/19.

244 OLG Frankfurt aM 17.4.12 – 1 UF 107/12 – nv; strenger dagegen das OLG Düsseldorf 18.9.2017 – 1 UF 105/17 (abgelehnt bei Mithilfe bei der Fertigstellung des Kinderzimmers im neuen Staat verbunden mit dem Zuwarten fast eines Jahres bis zur Antragstellung).

245 OLG Karlsruhe FamRZ 2006, 1699 und 16.12.2014- 2 UF 266/14; OLG Stuttgart 3.2.2017 – 17 UF 274/16 unter Berufung auch darauf, dass im Heimatstaat das Sorgerechtsverfahren eingeleitet und eine Anzeige wegen Kindesentführung gestellt worden ist.

246 OLG Karlsruhe 16.12.2014 – 2 UF 266/14.

247 OLG Karlsruhe FamRZ 2006, 1699, auch OLG Düsseldorf 21.11.2017 – II-1 UF 148/17 – nv bei nachfolgender billigender Äußerungen der antragstellenden Partei zum neuen Aufenthalt des Kindes (hier: sie habe in Bezug auf den Aufenthalt der Kinder beschlossen, dass dieser in Deutschland bleiben solle und hierzu auf die gute Integration der Kinder verwiesen).

248 OLG Hamm 7.12.2005 – 11 UF 219/05 – nv und FamFR 2013.

---

dort auf längere oder unbestimmte Zeit niederzulassen. Bei Kindern kommt es auf den Willen der sorgeberechtigten Person(en) an. Ist bzw. sind diese einverstanden, dass das Kind in dem neuen Staat für längere Zeit leben soll, so erwirbt es dort sofort bei Ankunft einen neuen gewöhnlichen Aufenthalt → HKÜ Art. 4 Rn. 6.[249]

14 Eine Zustimmung kann grundsätzlich auch **längere Zeit im Voraus** für einen erst in der Zukunft möglichen Wegzug gegeben werden,[250] zB um den anderen Elternteil dazu zu bewegen, für eine Art „Probezeit" das Leben im Land des anderen Elternteils zu versuchen.[251] Eine solche Zustimmung kann allerdings keine Wirkung mehr entfalten, wenn sich die Umstände wesentlich verändert haben, wenn die Eltern etwa über die „Probezeit" hinaus zusammengelebt haben. Trennen sich die Eltern erst viel später, kann sich der eine Elternteil nicht auf die für die Probezeit gegebene Zustimmung berufen.[252]

15 Möglich ist in solchen Fällen allerdings auch, dass das Kind in dem Staat, in dem es „zur Probe" lebt, noch keinen **gewöhnlichen Aufenthalt** begründet hat. Der Bleibewille steht unter dem Vorbehalt, dass die Integration in dem neuen Staat bzw. das Zusammenleben mit dem anderen Elternteil funktioniert. Ein gewöhnlicher Aufenthalt wird in diesen Fällen erst begründet, wenn der Bleibewille der sorgeberechtigten Person(en) ein dauernder wird oder wenn aufgrund Zeitablaufs eine tatsächliche soziale Integration des Kindes stattgefunden hat, sa → HKÜ Art. 4 Rn. 6.[253]

16 Welche Auswirkungen es hat, wenn der andere Elternteil bei Erklärung seines Einverständnisses einem **Irrtum** unterliegt, ist nicht geklärt. Ein bloßer Motivirrtum, der nach dem Empfängerhorizont nicht erkennbar war, wurde zu Recht für unbeachtlich erklärt.[254] Eine Täuschung, die für die Abgabe des Einverständnisses kausal war, dürfte demgegenüber die Wirksamkeit des Einverständnisses entfallen lassen. Grundsätzlich nicht entscheidend für die Wirksamkeit ist es, ob der Sorgeberechtigte Kenntnis von der Möglichkeit eines Rückführungsverfahrens nach dem HKÜ hatte.[255]

17 Fraglich ist, ob eine Zustimmung/Genehmigung widerrufen werden kann.[256] Für eine **Bindungswirkung** spricht, dass dadurch rechtsverbindliche Vereinbarungen möglich werden, die gerade auch im Interesse des Kindes ein Zusammenleben fördern. Gegen eine Bindungswirkung im Rahmen des HKÜ spricht, dass im Rückführungsverfahren keine umfassende Überprüfung des Kindeswohls erfolgt. Diese soll vielmehr in einem Verfahren betreffend die elterliche Verantwortung vor den Gerichten des Staates des gewöhnlichen Aufenthalts des Kindes durchgeführt werden. In diesem Verfahren kann eine solche Zustimmung im Rahmen des anwendbaren Rechts Wirkungen entfalten. Darüber zu entscheiden ist aber Sache des zuständigen Gerichts im Staat des gewöhnlichen Aufenthalts des Kindes. Das bedeutet, dass auch eine Zustimmung zum jederzeitigen Wegzug während einer Probezeit mit Wirkung für Art. 13 Abs. 1 lit. a jederzeit widerrufen werden kann. Es ist dann Sache des zuständigen Gerichts im Staat des gewöhnlichen Aufenthalts des Kindes darüber zu entscheiden, welche Wirkung die Zustimmung im anwendbaren Sachrecht hat.

D. Schwerwiegende Gefahr eine körperlichen oder seelischen Schadens für das Kind (Abs. 1 lit. b, 1. Alt.)

18 Die Rückführung des Kindes kann unterbleiben, wenn sie mit der schwerwiegenden Gefahr eines körperlichen oder seelischen Schadens für das Kind verbunden ist. Dies ist der in der Praxis von den Entführern am häufigsten vorgebrachte Grund.[257] Das Bundesverfassungsgericht hat mehrfach ausgeführt, dass dies eine

---

249 Sa Kilah v. Director-General, Department of Community Services [2008] FamCAFC 81 (INCADAT HC/E/AU 995), wo allerdings im Ergebnis ein Wechsel des gewöhnlichen Aufenthalts verneint wurde.

250 Zenel v. Haddow 1993 SC 612 (INCADAT HC/E/UKs 76); grundsätzlich auch Re L. (Abduction: Future Consent) [2007] EWHC 2181 (Fam), [2008] 1 FLR 915 (INCADAT HC/E/UKe 993).

251 S. Sachverhalt von Zenel v. Haddow 1993 SC 612 (INCADAT HC/E/UKs 76).

252 Re L. (Abduction: Future Consent) [2007] EWHC 2181 (Fam), [2008] 1 FLR 915 (INCADAT HC/E/UKe 993); sa schon Zenel v. Haddow 1993 SC 612 (INCADAT HC/E/UKs 76).

253 Silverman v. Silverman, 2002 U.S. Dist. LEXIS 8313 (INCADAT HC/E/USf 481).

254 OLG Nürnberg FamRZ 2009, 240.

255 Dahingestellt in OGH 29.1.2010 – 1 Ob 256/09, http://www.ris.bka.gv.at (Stand: 30.3.2020), weil der Antragsteller nicht einmal „außergerichtlich" den Wunsch erkennen ließ, das Kind solle zurückkehren.

256 Für die Widerrufsmöglichkeit einer Zustimmung OLG Hamm 7.12.2005 – 11 UF 219/05 – nv und FamFR 2013, 380; C.v. C. 2003 S.L.T. 793 (INCADAT HC/E/UKs 998); OLG Nürnberg FamRZ 2009, 240 (implizit die Möglichkeit einer Aufkündigung annehmend); abgelehnt für eine Genehmigung OLG Düsseldorf FamRZ 2018, 760; OLG Stuttgart NZFam 2017, 673; OLG Nürnberg 25.2.2014 – 7 UF 154/14 – nv (ein nachträgliches Bereuen ändert nichts an der Wirksamkeit der Genehmigung); Zenel v. Haddow 1993 SC 612 (INCADAT HC/E/UKs 76) im Grundsatz für eine Bindung.

257 Praxisleitfaden der Haager Konferenz zu Art. 13 Abs. 1 lit. b unter https://www.hcch.net/en/publications-and-studies/details4/?pid=6740 (Stand 30.3.2020).

Gefahr bedeutet, die besonders erheblich, konkret und aktuell ist.[258] Die mit jeder Rückführung des Kindes verbundenen Belastungen, die etwa durch den Wechsel der Wohnung, der Schule und der sonstigen Bezugspersonen eintreten, sind als typische Folge der Entführung nicht ausreichend.[259] Es bedarf einer ungewöhnlich schwerwiegenden Beeinträchtigung des Kindeswohls.[260] Die Unversehrtheit des Kindes muss in gegenwärtiger, nicht nur zukünftiger oder vorstellbarer Gefahr sein, wobei denknotwendig nicht jede Gefährdung oder gar nur Günstigerstellung des Kindeswohls ausreichen kann.[261] Alleine in der Person des Kindes liegende Gründe können den Ausnahmetatbestand auslösen. Es ist eine **ausschließlich kindbezogene Betrachtung** vorzunehmen.[262] Härten für den entführenden Elternteil spielen keine Rolle, da diesem grundsätzlich zuzumuten ist, mit der Trennung vom Kind zusammenhängende Beeinträchtigungen dadurch zu vermeiden, dass dieser Elternteil mit dem Kind zusammen in den Heimatstaat zurückkehrt und dort das Sorgerechtsverfahren führt.[263] Nach der Zielsetzung des HKÜ ist es im Interesse der Kontinuität der Lebensverhältnisse des Kindes, zur Ermöglichung einer sachnahen Entscheidung im Herkunftsstaat und zur Erzielung einer präventiven Wirkung gegen Entführungen die Rückführung anzuordnen, um am früheren Aufenthaltsort eine Sorgerechtsentscheidung zu ermöglichen.[264]

Sorgerechtskriterien dürfen nicht geprüft werden,[265] das Ergebnis eines Sorgerechtsverfahrens im Herkunftsstaat nicht vorweggenommen werden.[266] Der Einwand, die entführende Person habe im Heimatstaat keine Chance im Sorgerechtsverfahren, wurde zu Recht als nicht relevant gewertet[267] ebenso wenig der, die entführende Person könne ein Sorgerechtsverfahren im Herkunftsstaat aus materiellen Gründen nicht führen.[268]   **19**

Im Fall eines Rückführungsantrags in einen Mitgliedstaat der EheVO 2003 ist **Art. 11 Abs. 4 EheVO 2003**   **20** zu beachten, wonach die Rückgabe aufgrund Abs. 1 lit. b nicht verweigert werden kann, wenn nachgewiesen ist, dass angemessene Vorkehrungen getroffen wurden, um den Schutz des Kindes nach seiner Rückkehr zu gewährleisten. Die ohnehin bereits beträchtliche Hürde dieses Ausnahmetatbestandes ist damit zwischen Mitgliedstaaten noch höher. So ist im Fall eines konkret suizidalen Kindes trotz Vorliegens der Voraussetzungen des Abs. 1 lit. b die Rückführung nach Schweden angeordnet worden, da es als ausreichender Schutz des Kindes angesehen worden ist, dass dieses dort direkt in einer Jugendpsychiatrie behandelt wird und dort ein enges Netzwerk zwischen Elternhaus und Schule besteht.[269] Art. 11 Abs. 4 Brüssel IIa-VO wird entweder als Beweislastvorschrift zulasten der antragstellenden Person angesehen[270] oder das Gericht ermittelt insoweit von Amts wegen.[271]

Art. 27 Abs. 3 EheVO 2019, → HKÜ Art. 1 Rn. 9, regelt, dass das Gericht eines Mitgliedstaates, das in Erwägung zieht, die Rückgabe des Kindes in einen anderen Mitgliedstaat nur aufgrund von Art. 13 Abs. 1 lit. b abzulehnen, die Rückgabe nicht ablehnt, wenn die antragstellende Partei das Gericht durch Vorlage hinreichender Nachweise davon überzeugt hat oder das Gericht auf andere Art und Weise zu der Überzeugung gelangt ist, dass angemessene Vorkehrungen getroffen wurden, um den Schutz des Kindes nach seiner Rückgabe zu gewährleisten. Der Verweis in **Art. 27 Abs. 4 EheVO 2019** auf Art. 86 und ErwG 44 ff. EheVO 2019 stellen klar, dass das Gericht grenzüberschreitend direkt oder mit Hilfe der zentralen Behörden oder der Verbindungsrichter mit den zuständigen Behörden des anderen Mitgliedstaates kommuniziert. ErwG 44–45 führen als Beispiele angemessener Vorkehrungen an: gerichtliche Anordnungen aus dem Mitgliedstaat, in den zurückgeführt werden soll, die ein Verbot beinhalten, sich dem Kind zu nähern; eine Anordnung, dass das Kind bis zur endgültigen Sorgerechtsentscheidung bei dem die tatsächliche Sorge wahrnehmenden Elternteil bleiben kann; Nachweise, dass für ein behandlungsbedürftiges Kind medizini-

---

258 BVerfG FamRZ 1996, 405, FamRZ 1997, 1269, FamRZ 1999, 85 und FamRZ 1999, 641.
259 BVerfG IPRax 2000, 216; OLG Stuttgart FamRZ 2008, 1777; OLG Dresden FamRZ 2002, 1136; OLG Hamm FamRZ 2000, 370 und FamRZ 2004, 723; FamRZ 2002, 44; OLG Bamberg FamRZ 2000, 371 (372); OLG Frankfurt FamRZ 1994, 1339; OLG München DAVorm 200, 1157; OLG Nürnberg FamRZ 2004, 726.
260 OLG Nürnberg FamRZ 2004, 726; OLG Hamm FamRZ 2013, 1238.
261 OLG Bamberg FamRZ 1994, 182; OLG Hamm FamRZ 2017, 1679.
262 OLG Hamburg 10.12.2008 – 2 UF 50/08.
263 BVerfG FamRZ 1999, 85 und FamRZ 1999, 641.
264 BVerfG IPRax 2000, 216; OLG Hamm FamRZ 2000, 370; KG FamRZ 1997, 1099.
265 OLG Bamberg FamRZ 2000, 371; OLG München DAVorm 2000, 1157; OLG Nürnberg FamRZ 2004, 726.

266 OLG Düsseldorf FamRZ 1994, 185; OLG München FamRZ 1994, 1338; AG Saarbrücken FamRZ 2003, 398; OLG Stuttgart 4.5.2016 – 17 UF 56/16 – nv; anders krit. *Siehr* IPRax 2002, 199.
267 AG Rostock 2.3.2001 – 14 F 440/00 – nv; OLG Koblenz 23.3.2016 – 13 UF 15/16 – nv; OLG Düsseldorf 27.8.2019 – 1 UF 107/19 (Ablehnung des Arguments der antragsgegnerischen Partei, sie habe in der Schweiz keine Möglichkeit, die elterliche Sorge in einem rechtsstaatlichen Verfahren gerichtlich klären zu lassen).
268 AG Rostock 2.3.2001 – 14 F 440/00 – nv.
269 OLG Hamm 29.11.2006 – 11 UF 246/06 – nv.
270 OLG Hamm NJW-RR 2013, 69 und FamRZ 2017, 1679.
271 OLG Zweibrücken 26.10.2016 – 6 UF 41/16 (Auskunftseinholung über die Zentralen Behörden, ob im Heimatstaat Belgien staatliche Hilfe, insbesondere Unterkunft und finanzielle Unterstützung gewährt wird).

sche Einrichtungen zur Verfügung stehen. Es soll dabei von der konkreten schwerwiegenden Gefahr abhängen, welche Art von Vorkehrungen im Einzelfall angemessen ist. Klargestellt wird, dass das Gericht sich in erster Linie an die Parteien halten soll (wohl insbesondere an die antragstellende Partei, die eine Antragszurückweisung vermeiden will) und ggf. die zentralen Behörden oder die Verbindungsrichter ersuchen soll. Es bleibt abzuwarten, welche Schutzmaßnahmen im Einzelfall in Frage kommen werden und was die Gerichte für ausreichend ansehen werden. Das genannte Näherungsverbot kann dabei nur dann angemessen Schutz darstellen, wenn die antragsgegnerische Partei gewillt ist, das Kind zurückzubegleiten. Hier kann aber auch häufig bereits ausreichend darauf abgestellt werden, dass die Rückführung in den Staat und nicht an den Ort stattzufinden hat. Sämtliche Beispielsfälle sind auch unter Geltung der EheVO 2003 bereits berücksichtigt worden. Durch die klare Regelung und die Appellfunktion ist zukünftig damit zu rechnen, dass hierauf noch mehr Prüfungssorgfalt gelegt wird. Die bislang fehlende Klarstellung, dass dies primär Aufgabe der Parteien und nachrangig des Gerichts ist, ist hilfreich. Wegen des Beschleunigungsgrundsatzes ist aber damit zu rechnen, dass Gerichte immer wieder die Möglichkeit nutzen werden, selber zu ermitteln.

Art. 27 Abs. 5 iVm Art. 15, ErwG 46 EheVO 2019 regelt detailliert den Erlass erforderlicher einstweiliger Anordnungen durch das Rückführungsgericht selbst. Es sind solche, die das Rückführungsgericht für erforderlich erachtet, um das Kind vor einer schwerwiegenden Gefahr iSd Art. 13 Abs. 1 lit b zu schützen, die ansonsten zu einer Ablehnung der Rückführung führen würde. ErwG 46 stellt klar, dass diese weder zu einer Verzögerung noch zu einem Unterlaufen der internationalen Zuständigkeit des für Sorgerechtsfragen zuständigen Gerichts im anderen Mitgliedstaat führen darf. Auch soll dessen Entscheidung nicht vorgegriffen werden. Das Rückführungsgericht soll das zuständige Gericht im anderen Mitgliedstaat ggf. mithilfe der zentralen Behörden oder der Verbindungsrichter konsultieren. Neu ist, dass die Schutzmaßnahmen nicht nur in dem Mitgliedstaat gelten, in dem sie erlassen worden sind (so die derzeitige Rechtslage unter Geltung der EheVO 2003), sondern in allen anderen Mitgliedstaaten anzuerkennen und zu vollstrecken sind, Art. 2 Abs. 1 lit b EheVO 2019. Dies ermöglicht es, effektive Schutzmaßnahmen nach Rückkehr zu treffen. Zu beachten ist der enge Anwendungsbereich, dass eine Gefahr iSd Art. 13 Abs. 1 lit b vorliegen muss und die Maßnahme geeignet und erforderlich sein muss, die Gefahr abzuwenden, wobei ihr Erlass die internationale Zuständigkeit im anderen Mitgliedstaat für Sorgerechtsverfahren nicht untergräbt und einer Entscheidung im anderen Mitgliedstaat nicht vorgegriffen wird. Die Verordnung 2019 benennt als Anwendungsbeispiele die Regelung, dass das Kind sich weiter bei der Person aufhält, die die tatsächliche Sorge wahrnimmt und die Regelung erster Umgangskontakte. Denkbar könnte auch beispielsweise die Regelung von Sorgerechtsanteilen sein, die über eine Obhutsanordnung hinausgeht, wie zB die Übertragung der Gesundheitssorge, damit die nahtlose medizinische Versorgung des Kindes gewährleistet ist. Gedacht werden kann auch an die Wohnungszuweisung oder Unterhaltszahlung für die erste Zeit nach Rückkehr. Allerdings ist zu beachten, dass wirtschaftliche Folgen nur selten eine Gefahr iSd Art. 13 Abs. 1 lit b darstellen. Bei sämtlichen Schutzmaßnahmen werden die Gerichte zu beachten haben, dass je nach Anknüpfungsgegenstand die hierfür geltenden IPR-Regeln zu beachten sind, die das anzuwendende materielle Recht bestimmen.

Die deutschen Rückführungsgerichte werden hiermit vor Aufgaben gestellt, die sie in diesem Umfang bislang nicht genutzt haben, wobei die Möglichkeit in Bezug auf Vertragsstaaten des KSÜ, die nicht Mitgliedstaaten sind, nach Art. 11 KSÜ bereits jetzt besteht. Der Spagat zwischen beschleunigter Wahrnehmung der originären Aufgaben nach dem HKÜ, der Gefahrenabwehr und der Achtung der sorgerechtlichen internationalen Zuständigkeit der Gerichte des anderen Mitgliedstaates wird oft eine kurzfristige Absprache mit dem Gericht im anderen Mitgliedstaat erfordern. Hier wird die Unterstützung durch die zentralen Behörden und Verbindungsrichter besonders gefragt sein. Wegen des engen Anwendungsbereichs der Schutzmaßnahmen und der Ziele des HKÜ ist betreffend Schutzmaßnahmen durch das Rückführungsgericht Zurückhaltung geboten.

21 Es lassen sich verschiedene, im Folgenden dargestellte **Fallgruppen** unterscheiden, in denen die antragsgegnerische Partei sich auf diesen Ausnahmetatbestand beruft.[272]

22 Die **begründete Gefahr der körperlichen oder sexuellen Misshandlung** des Kindes im Fall der Rückkehr kann eine Ausnahme begründen. Die internationale Rechtsprechung ist uneinheitlich, ob diese Vorwürfe im Rückgabeverfahren ausführlich behandelt werden, etwa ein kinderpsychologisches Gutachten eingeholt werden muss.[273] Die Rechtsmeinung, dass im Rückführungsverfahren im Grundsatz nicht darüber zu befinden sei, ob die behaupteten sexuellen Handlungen seitens der antragstellenden Partei tatsächlich erfolgt seien, weil dieses grundsätzlich erst im Sorgerechtsverfahren im Herkunftsstaat geprüft werde,[274] ist als ein zu enges

272 Sa Praxisleitfaden der Haager Konferenz zu Art. 13 Abs. 1 lit. b, Fußnote 257; *Erb-Klünemann* FamRB 2018, 327 (329).

273 Für eingehende Untersuchung im Entführungsstaat Danaipour v. McLarey, 286 F.3 d 1 (1st Cir. 2002) (INCADAT HC/E/USf 459); D.v. G. [2001] 1179

HKCU 1 (High Court Honkong), (INCADAT HC/E/CNh 595); für Untersuchung im Staat des gewöhnlichen Aufentalts nach Rückgabe Supreme Court of Finland 1996:151, S96/2489 (INCADAT HC/E/Fin 360).

274 OLG Karlsruhe FamRZ 2006, 1403.

Verständnis, das dem Interesse des individuellen Kindes nicht genügend nachkommt, abzulehnen. Gemäß Rechtsprechung des EGMR hat sich das über die Rückführung entscheidende Gericht im Fall nachgewiesener häuslicher Gewalt zu vergewissern, dass die Behörden des Ursprungsstaats bei einer Rückführung Schutzmaßnahmen durchsetzen und die entsprechenden gesetzlichen Rahmenbedingungen dafür geben. Das gegenseitige Vertrauen der Mitgliedstaaten der EMRK, dass die nationalen Behörden in der Lage sind, angemessen zu reagieren, reicht hierfür nicht aus. Das Gericht muss vielmehr sicherstellen, dass entsprechende Maßnahmen zum Schutz des Kindes getroffen werden.[275] Eine pädagogisch nicht vertretbar körperliche Züchtigung erfüllt die Voraussetzungen des Abs. 1 lit. b, wenn das Züchtigungsmittel unverhältnismäßig ist, sich nicht mehr im Rahmen des durch den Erziehungszweck gebotenen Maßstabs hält.[276]

Es bedarf möglichst objektiver Beweise für die behauptete Gewalt durch die antragsgegnerische Partei,[277] so zB Arztberichte, Auszüge auf strafrechtliche Ermittlungsverfahren. Dem OLG Karlsruhe erschien der Verdacht des sexuellen Missbrauchs überzeugend nicht voll bewiesen, nachdem eine kindliche Vernehmung in einem aufgrund mütterlicher Anzeige eingeleiteten Ermittlungsverfahren durchgeführt worden war. Das Gericht berief sich auf Kriterien, die im Rahmen von Sorgerechtsverfahren wegen Kindeswohlgefährdung entwickelt worden sind, dass nämlich eine am Kindeswohl orientierte Wahrscheinlichkeits- und Risikoabwägung stattzufinden habe, wobei dem Gebot der schonendsten Gefahrenabwehr zentrale Bedeutung zukomme. Bei der Bewertung des Gefährdungspotentials sei zudem zu berücksichtigen, dass die zuständigen Behörden im Heimatstaat gegen eine etwaige Gefährdung einschreiten würden.[278]

275 EGMR FamRZ 2019, 1239 m. Anm. *Pasche*; deutsche Gerichte erkennen diesen Ausnahmetatbestand an und verlangen einen detaillierten Vortrag, wobei aufgrund der genannten Rechtsprechung des EGMR zukünftig verstärkt auf die individuellen Schutzmaßnahmen abzustellen sein wird. Als nicht ausreichend angesehen wurden: OLG Stuttgart 4.5.2016 – 17 UF 56/16 (dem Antragsteller war das Sorgerecht für ein anderes Kind im Herkunftsstaat USA entzogen worden. Er war in US-amerikanisches Zentralregister als Sexualstraftäter eingetragen, wobei die dahinter stehenden Vorwürfe streitig waren. Das Gericht verwies darauf, dass diese Vorwürfe sich nur auswirken würden, wenn das entführte Kind persönlichen Kontakt mit dem Vater habe, was die Gerichte im Herkunftsstaat zu entscheiden hätten. Das behördliche Vorgehen in den USA zeige, dass die dortigen Stellen in der Lage seien, ein Kind, soweit erforderlich, umfassend und wirksam zu schützen. Die entführende Mutter habe dem Antragsgegner das Kind bis zuletzt regelmäßig und über mehrere Stunden täglich zur Beaufsichtigung überlassen. Ein Fehlverhalten gegenüber dem entführten Kind sei weder vorgetragen noch ersichtlich) und 15.3.2017 – 17 UF 37/17 (Vorwürfe eines aggressiven Auftretens gegenüber dem Kind und eines „Unter-Druck-Setzens" des Kindes sind zu pauschal; OLG Zweibrücken 10.11.1999 – 6 UF 100/00 („gefahrdrohendes Verhalten des Antragsgegners und seiner Familie") und 26.10.2016 – 6 UF 41 – nv; OLG Zweibrücken 26.10.2016 – 6 UF 41/16 v – nv (die Tatsache, dass der Antragsteller teils erheblich wegen Verkehrs-, Eigentums- und Körperverletzungsdelikten strafrechtlich in Erscheinung getreten war, ohne dass vorgetragen war, dass sich dies gegen die entführten Kinder gerichtet hatte); Supreme Court of Finland 1996:151, S96/2489 (INCADAT HC/E/Fin 360); Obergericht Zürich, INCADAT HC/E/CH 426 (die entführende Mutter warf dem Vater sexuellen Missbrauch der Tochter vor, hatte sie aber selbst kurz vor der Entführung sechs Monate allein mit dem Vater gelassen; Gericht holte allerdings ein kinderpsychologisches Gutachten ein); OLG Rostock 15.4.2019 – 10 UF 212/18 (kein schlüssiger Vortrag körperlicher oder psychischer Gewalt, kein Sachverständigengutach-

ten, da dies erst dazu führen würde, dass Ermittlungen angestellt würden, ob Rückführungshindernisse bestehen); OLG Jena 28.10.2019 – 1 UF 404/19 (kein substantiierter Vortrag eines Antragsgegner, der behauptete seiner Meinung nach bestünden starke Indizien, dass das Kind in der Schweiz sexuellem Missbrauch durch den Großvater mütterlicherseits ausgesetzt sei. Das schweizerische Gericht hatte seinen Sorgerechtsantrag zurückgewiesen und ihn angewiesen, das Kind umgehend in die mütterliche Obhut zurückzugeben. Die Mutter wurde angewiesen, bis zum Abschluss eines evtl. Strafverfahrens keine durch sie selbst begleiteten Kontakte zum Großvater zuzulassen. Das Ermittlungsverfahren gegen den Großvater war sodann eingestellt worden; das BVerfG FamRZ 2020, 251 lehnte den Erlass einer einstweiligen Anordnung wegen nicht hinreichender Darlegung einer Grundrechtsverletzung durch Kindesrückführung ab); OLG Koblenz 19.2.2019 – 13 UF 676/18.

276 OLG München DAVorm 2000, 1157 (abgelehnt bei Schlägen auf das Gesäß, die zu roten Stellen geführt haben).

277 OLG Rostock 11.7.16 – 10 UF 78/16 – nv; KG 23.9.2019 – 16 UF 125/19 (die Diagnose einer Fachärztin für Psychiatrie, die ausschließlich auf Informationen durch die Mutter und einem Scenotest beruhte, weder auf einer eingehenden Exploration fußte noch die kindlichen Bindungen an die väterliche Familie berücksichtigte, überzeugte nicht).

278 OLG Karlsruhe 8.1.2010 – 2 UF 172/09 – nv (der Verdacht des sexuellen Missbrauchs erschien nicht überzeugend voll bewiesen, nachdem eine kindliche Vernehmung in einem aufgrund mütterlicher Anzeige eingeleiteten Ermittlungsverfahren durchgeführt worden war. Der zwischenzeitig in Haft genommene Vater war mittlerweile in Freiheit und das Strafverfahren eingestellt, nachdem das psychologische Gutachten ergeben hatte, dass die kindlichen Schilderungen das Ergebnis wiederholter Befragungen, Erwartungshaltungen des Befragenden und suggestive Einflüsse und Erinnerungsverluste sein könnten und medizinische Gutachten, die keine Rückschlüsse auf sexuelle Übergriffe zuließen, den kindlichen Angaben widersprachen).

Es ist regelmäßig die Überlegung mit abzuwägen, ob es der antragsgegnerischen Partei zumutbar ist, mit dem Kind zusammen in den Heimatstaat zurückzukehren.[279] So sahen es Gerichte für nicht bewiesen an, dass es für die Antragsgegnerin unmöglich sei, vorübergehend im Heimatstaat Schutz in einem Frauenhaus zu finden. Hier hatten die Gerichte selbst Ermittlungen über Frauenhäuser im Herkunftsstaat durchgeführt. Das Vorliegen erheblicher körperlicher und psychischer Gewalt gegen Kinder und Antragsgegnerin und einer Drohung, die Kinder zu töten, wenn sie bei der Antragsgegnerin bleiben würden, ließen sie deswegen dahin stehen.[280] Die Vorwürfe können in diesem Fall dann in einem Verfahren im Staat des gewöhnlichen Aufenthalts überprüft werden, ohne dass eine Gefahr für das Kind bestehe.[281]

Bedeutet die Rückgabe **Übergabe an den anderen Elternteil**, etwa weil dieser nach dem Recht am bisherigen gewöhnlichen Aufenthalt die alleinige Sorge für das Kind hat, ist einem substantiierten Misshandlungsvorwurf im Rückgabeverfahren besonders sorgfältig nachzugehen.[282] Eine Rückgabeanordnung ist aber auch in einem solchen Fall möglich, wenn der antragstellende Elternteil damit einverstanden ist, dass das Kind im Herkunftsstaat nicht in seine Obhut gelangt, sondern von dem entführenden Elternteil oder einer dritten Person oder Institution aufgenommen wird, bis eine Entscheidung im Herkunftsstaat herbeigeführt werden kann. Kann dies auch nach dem Recht des Aufenthaltsstaates gewährleistet werden, lässt dies den Hinderungsgrund für die Rückgabe entfallen.[283]

23 Die Gefahr, dass das Kind für den Fall seiner Rückkehr **häuslicher Gewalt zwischen den Eltern ausgesetzt** wird, kann ebenfalls den Ausnahmetatbestand begründen. Auch insoweit sind detaillierter Vortrag und ggf Beweis erforderlich. Es ist genau zu prüfen, ob das behauptete Ereignis die Gefahr der Wiederholung indiziert oder ob im individuellen Fall ausreichende Schutzmöglichkeiten im Heimatstaat bestehen, etwa weil die Parteien nicht mehr zusammen wohnen und ein rechtskräftiges Kontaktverbot besteht.[284]

24 Eine **erhebliche seelische Belastung des Kindes** für den Fall der Rückkehr, die nicht alleine auf die Entführung zurückzuführen ist, kann eine Ausnahme begründen. Nicht ausreichend sind die in jedem Rückführungsverfahren regelmäßig festzustellende Ängstlichkeit und Befangenheit des Kindes,[285] ebenso wenig der kindliche Wunsch, in Deutschland zu bleiben.[286] Der Ausnahmetatbestand ist überzeugend bejaht worden im Falle einer hohen psychischen Belastung des Kindes, die sich in psychosomatischen Symptomen und gravierenden Ängsten äußerte, wobei es für die Wahrscheinlichkeit einer psychischen Dekompensation des Kindes bei Rückkehr keine Rolle spielte, ob die Mutter den Jungen begleitete und dieser dann die noch gesteigerten mütterlichen Ängste vor dem Ehemann erleben müsse oder ob er gegen seinen Willen in die Hände des Vaters gegeben würde, dem er feindselig gegenüber stand.[287] Bejaht wurde der Ausnahmetatbe-

279 AG Pankow/Weißensee 6.6.2014 – 15 F 10641/13 – nv (Ablehnung des Ausnahmetatbestandes, da die Antragsgegnerin, die sich auf eine Gefährdung in Form des sexuellen Kindesmissbrauchs berief, es in der Hand habe, durch eine Rückführung des Kindes an einen anderen Ort in Spanien dafür zu sorgen, dass sich die von ihr behauptete Gefährdung nicht konkret auswirke. Die spanische Justiz könne den Sachverhalt dann hinreichend klären und dem Kindeswohl entsprechend handhaben.).

280 OLG Düsseldorf 2.2.2011 – 1 UF 110/10 – nv; AG Karlsruhe 20.12.2012 – 4 F 367/12 – nv.

281 Supreme Court of Finland 1996:151, S96/2489 (INCADAT HC/E/Fin 360).

282 Q., Petitioner, 2001 SLT 243 (INCADAT HC/E/UKs 341).

283 A.S. v.P.S. (Child Abduction) [1998] 2 IR 244 (INCADAT HC/E/IE 389): Sexueller Missbrauch war möglich; Anordnung, dass der Vater das Familienheim räumt, so dass die Kinder dort allein mit der Mutter wohnen können; sa Q., Petitioner, 2001 SLT 243 (INCADAT HC/E/UKs 341). (Im konkreten Fall wurde ein Schutz der Kinder durch die französischen Behörden als nicht gewährleistet angesehen); aA Danaipour v. McLarey, 286 F.3 d 1 (1st Cir.2002) (INCADAT HC/E/USf 459), wo die Gefahr der nicht ausreichenden Durchsetzbarkeit von undertakings betont wird.

284 OLG München 6.7.2016 – 12 UF 532/16 (aus diesen Gründen abgelehnt, weil Arztberichte und Bilder über die Verletzungen als nicht ausreichend angese-

hen wurden, da hierdurch nicht der Nachweis der Verletzungen durch den Antragsteller erbracht sei, da nicht ausgeschlossen werden könne, dass ein anderes Ereignis Ursache für die Verletzungen gewesen sei. Die Antragsgegnerin könne im Heimatstaat Schutz suchen.).

285 OLG München 12.4.1996 – 16 UF 686/96 – nv; OLG Rostock 15.4.2019 – 10 UF 212/18 (ein Einleben mit Zurückgriff auf familiäre und sonstige Kontakte spielt vor Ablauf der Jahresfrist des Art. 12 Abs. 2 keine Rolle); OLG Hamburg 22.3.2019 – 2 UF 12/19 (kein das Kindeswohl gefährdender Beziehungsabbruch bei alleinigem Zusammenleben mit der antragsgegnerischen Person und mehrfachen Wohnungswechseln seit der Ankunft in Deutschland); OLG Karlsruhe 28.10.2019 – 2 UF 118/19 (wegen schematischer Lösung, mit der Art. 12 gewählt worden ist, keine Berücksichtigung, dass die Jahresfrist nur wenige Tage nicht abgelaufen ist bei einem Kind, das mit der Rückführung aus stabilem und gesichertem Umfeld herausgerissen wird und in den USA nach Rückkehr in eine nicht vorhersehbare Situation (Wohnraum, Sorge-, Umgangsentscheidung) kommen wird. Vorliegen der Bestätigung eines US-amerikanischen Psychotherapeuten, dass das therapiebedürftige Kind, das starke Ängste nach sexuellem Missbrauch entwickelt hatte, dort nach Rückkehr behandelt werden kann).

286 OLG Karlsruhe 8.8.2016 – 2 UF 106/16.

287 OLG Hamm 7.12.2005 – 11 UF 219/05.

stand auch im Fall eines labilen psychischen Zustands des Kindes, der nicht alleine unvermeidbare Folge der mütterlichen Entführung, sondern in hohem Maße durch den Vater zu verantworten war, der dem Kind telefonisch mitgeteilt hatte, die Mutter müsse sterben und er werde ihn von hier wegholen.[288] Auch bei dieser Fallgruppe ist abzuwägen, ob es der antragsgegnerischen Partei zumutbar ist, der Gefahr zu begegnen, indem diese das Kind zurückbegleitet, bis die dortigen Gerichte sorgerechtlich entschieden haben.[289]

Der Ausnahmetatbestand kann im Fall einer **konkreten Suizidgefahr** beim Kind erfüllt sein.[290] Hierzu hat   25
die antragsgegnerische Partei aussagekräftige ärztliche Bescheinigungen vorzulegen. Die Gerichte gleichen diese regelmäßig mit ihrem persönlichen Eindruck vom Kind und den Berichten von Verfahrensbeistand und Jugendamt ab.[291]

Eine **schwere elterliche Suchtmittelabhängigkeit** kann den Ausnahmetatbestand bei Hinzutreten weiterer   26
erheblicher Umstände begründen.[292] Eine Alkoholerkrankung reicht gewöhnlich nicht aus, da es sich regelmäßig um einen im Rückführungsverfahren nicht zu berücksichtigenden sorgerechtsrelevanten Aspekt handelt.[293] Im Fall des Bestreitens eines erheblichen Vortrags ist die Vorlage eines aussagekräftigen Gutachtens durch die antragsgegnerische Partei erforderlich.[294]

Die Rückkehr kann ausgeschlossen sein aufgrund **Risiken, die mit der Situation im Herkunftsstaat**   27
zusammenhängen. Dies kann ein Kriegsgebiet oder ein Staat sein, in dem aufgrund einer Naturkatastrophe Mindeststandards eines sicheren Lebens nicht gewährleistet sind.[295] Warnen inländische Behörden vor Reisen in das betreffende Land, bedeutet dies nicht automatisch, dass das Kind dort nicht ohne Gefahr leben könnte. Da die Rückführung nicht an einen bestimmten Ort, sondern in den Staat stattfindet, müssen die durch Krieg oder Naturkatastrophe ausgelösten Beeinträchtigungen den gesamten Staat betreffen.[296] Bestehen derartig außergewöhnliche Verhältnisse als generelle Fakten ist zusätzlich die Feststellung erforderlich, dass eine konkrete Gefahr für das betroffene Kind besteht.[297] Betreffend die aktuelle Corona-Pandemie wird im jeweiligen Einzelfall abzuschätzen sein, ob mehr darauf abgestellt wird, dass diese weltweit besteht oder

288 OLG Karlsruhe 16.12.2014 – 2 UF 266/14.
289 OLG Karlsruhe 8.1.2010 – 2 UF 172/09.
290 OLG Hamm IPRspr. Nr. 120, 232; OLG Frankfurt 16.7.2019 – 1 UF 106/19 (auch bei einer nach informatorischer Anhörung eines Facharztes festgestellten latenten Suizidalität, bei der nicht auszuschließen ist, dass diese jederzeit akut wird und damit von den begleitenden Angehörigen oder Personen nicht abgewendet werden kann. Das Kind hatte zuvor bereits versucht, sich zu erhängen. Ein vom Vater vorgelegtes Schreiben, dass eine therapeutische Anbindung in Kroatien möglich ist, wurde als nicht ausreichend iSd Art. 11 Abs. 6 EheVO 2003 angesehen. Es fehle die Angabe, wann die Maßnahmen konkret greifen können. Auch lasse die Haltung des Kindes, dass eine frühere Therapie in Kroatien nicht habe durchgeführt werden können, weil der Vater die Finanzierung nicht habe ermöglichen können oder wollen, einen positiven Beginn und Verlauf einer neuen Therapie zumindest zweifelhaft erscheinen).
291 BVerfG FamRZ 2005, 1657; OLG Hamm FamRZ 2013, 52; OLG Bremen 1.9.2011 – 4 UF 117/11 – nv.
292 Die Rechtsprechung ist insoweit uneinheitlich: OLG Hamburg 10.12.2008 -2 UF 50/08 – nv; OLG Stuttgart 10.7.2013 – 17 UF 137/13 – nv (abgelehnt, da Aussage gegen Aussage stand); OLG Nürnberg 5.7.2017 – 7 UF 660/17.
293 OLG Düsseldorf 31.1.2013 – 1 UF 231/12 – nv (auch in Verbindung mit schlechten Wohnverhältnissen); anders dagegen OLG München 22.3.2016 – 12 UF 1175/15 (Rückführung abgelehnt bei Alkoholproblem der antragstellenden Mutter, von der das Kind beim vorherigen Zusammenleben nicht die notwendige Versorgung erhalten hatte, was sich in dessen schlechtem Gesundheitszustand äußerte. Die Mutter hatte nicht im Verfahren mitgewirkt, ihre Wohnsituation im Herkunftsstaat war unbekannt. Es

stand eine Heimunterbringung des kleineren Kindes im Herkunftsstaat an).
294 OLG Zweibrücken 21.9.2016 – 6 UF 67/16.
295 KG 23.3.2019 – 16 UF 125/19: abgelehnt bei behaupteter Bedrohung wegen politischer Tätigkeit bei Rückkehr in die Türkei. Unter Berufung auf undemokratische Verhältnisse habe kein Recht bestanden, mit dem Kind die Flucht anzutreten. Sie hätte ggf. ohne das Kind fliehen können; Re M. (Children) (Abduction: Rights of Custody) [2007] UKHL 55, [2008] 1 AC 1288 (INCADAT HC/E/UKe 937) betr. Rückführung aus England nach Zimbabwe, die im Ergebnis abgelehnt wurde, da sich die Kinder bereits nach Art. 12 Abs. 2 eingelebt hatten; bei der Ausübung des Ermessens, ob dennoch eine Rückgabe anzuordnen ist, berücksichtigt das Gericht allerdings den Umstand der unsicheren Lage in Simbabwe.
296 OLG Rostock FamRZ 2002, 46 und 11.7.16 – 10 UF 78/16 – nv (Ukraine); OLG Zweibrücken 2.10.2003 – 6 UF 107/13 – nv (Israel); anders gelöst vom OLG München FamRZ 2016, 835 betr. Ostjerusalem, indem die Zugehörigkeit zum Staatsgebiet Israels abgelehnt worden ist, Art. 4; OLG Hamburg 31.8.2010 – 2 UF 60/10 – nv.
297 OLG Hamburg 31.8.2010 – 2 UF 60/10 – nv (abgelehnt für eine Rückkehr nach Mexiko aufgrund gehobenen sozialen Status und Mittragens gebotener Schutzmaßnahmen durch beide Elternteile); zur Rückkehr nach Israel Kilah v. Director-General, Department of Community Services [2008] FamCAFC 81 (INCADAT HC/E/AU 995); OLG Zweibrücken vom 25.1.2001 (INCADAT HC/E/DE 392); aA noch Janine Claire Genish-Grant and Director-General Department of Community Services [2002] FamCA 346 (INCADAT HC/E/AU 458); Silverman v. Silverman, 2002 U.S. Dist. LEXIS 8313 (INCADAT HC/E/USf 481).

ob im Staat, in den zurückgeführt werden soll, die gesundheitlichen Gefahren im Vergleich zur hiesigen Situation erheblich größer sind.

28 Zu einer **Geschwistertrennung** kann es kommen, wenn nicht für alle Geschwisterkinder ein Rückführungsantrag gestellt wird (zB wegen Vollendung des 16. Lebensjahres) oder weil ein solcher verschieden gewertet wird. Nicht jede Geschwistertrennung bedeutet das Vorliegen des Ausnahmetatbestandes.[298] Dieser ist nur dann erfüllt, wenn eine nicht zu verkraftende Geschwistertrennung vorliegt,[299] wenn die Trennung aufgrund einer besonders engen Beziehung zum Geschwisterkind zu einer schweren psychischen Belastung führen würde.[300] Denn es ist zu berücksichtigen, dass die Trennung wesentlich durch die Entführung herbeigeführt ist, die die antragsgegnerische Partei zu verantworten hat.[301]

29 **Ökonomische, gesundheitliche oder die Bildung betreffende Nachteile** im Fall der Rückführung können grundsätzlich zur Antragszurückweisung führen.[302] Diese müssen aber erheblich sein, denn es ist zu berücksichtigen, dass das Kind nicht in eine neue Umgebung, sondern in diejenigen Verhältnisse zurückkehrt, in denen es jahrelang gelebt hat.[303] Eine wirtschaftliche Günstigerstellung genügt nicht,[304] auch nicht der Wechsel in ein anderes Sprach- oder Kulturgebiet,[305] ebenso wenig ein Einleben in Schule/Kindergarten[306] oder Abmeldung, Beendigung von Krankenversicherungsschutz und Kindergeldzahlung im Heimatstaat.[307] Erheblich kann eine gefährdende, völlig unzureichende Versorgung durch die antragstellende Partei sein, wenn diese auch zukünftig zu erwarten ist.[308] Gesundheitliche Aspekte sind nur dann relevant, wenn es sich um eine erhebliche Krankheit handelt, die im Herkunftsstaat nicht ausreichend behandelt werden kann.[309]

298 OLG Karlsruhe 8.8.2016 – 2 UF 106/17- nv (abgelehnt bei Trennung von Halbbruder und Stiefvater); OLG Schleswig 8.1.2014 – 12 UF 169/13 – nv (abgelehnt bei Trennung einer 3-jährigen von ihrem fast volljährigen Bruder mit Betonung darauf, dass die Trennung vorübergehend sei).

299 OLG Karlsruhe 5.8.1997 – 18 UF 78/97; OLG Schleswig 8.1.2014 – 12 UF 169/13 – nv; anders noch das OLG Frankfurt FamRZ 1996, 689 mit der nicht überzeugenden pauschalen Begründung, dass die fortbestehende Geschwisterbeziehung in dieser krisenhaften Situation als Stütze und Halt ein herausragendes Gewicht gewinne; ähnlich auch OLG Frankfurt 16.7.2019 – 1 UF 106/19, nachdem die Rückführung des Geschwisterkindes wegen Art. 13 Abs. 1 lit b abgelehnt worden war: für das andere Kind angenommen bei enger Geschwisterbindung, die das Jugendamt schildert und ärztlichen Ausführungen, dass auch Geschwister psychisch belasteter Kinder psychisch beeinträchtigt seien und ihre Belastung häufig erst zum Tragen komme, wenn das andere Kind austherapiert sei.

300 OLG Karlsruhe 5.8.1997 – 18 UF 78/97 (bejaht auf Grundlage der Kindesanhörung und der kinderpsychologischen Erfahrung, dass Geschwister sich gerade bei elterlicher Trennung Halt geben, festgestellte nicht zu verkraftende Geschwistertrennung bei enger Beziehung, der für die Stabilität der Restfamilie entscheidendes Gewicht zukommt); OLG Schleswig 11.11.1998 – 15 UF 126/98 (nach Begründung von Art. 13 Abs. 2 HKÜ für ein Kind für das anderen Kind ohne nähere Begründung bejaht); OLG Karlsruhe 23.2.2006 – 2 UF 2/06 (abgelehnt, da nicht von einer verfestigten Beziehung eines entführten 9jährigen Kindes zu einem erst viereinhalb Monate alten Halbgeschwisterkind ausgegangen werden könne); OLG Frankfurt FamRZ 1996, 689 (erhebliche emotionale Belastung bejaht aufgrund sicht- und spürbarer starker Orientierung und intensiver gefühlsmäßiger Bindung an die große Schwester).

301 OLG Zweibrücken 26.10.2016 – 6 UF 41/16 – nv.

302 OLG Rostock FamRZ 2002, 46; OLG Köln 25.1.2010 - 21 UF 152/09 – nv; OLG Hamburg 31.8.2010 – 2 UF 60/10 – nv; OLG Nürnberg FamRZ 2007, 849.

303 OLG Karlsruhe 23.2.2006 – 2 UF 2/06.

304 OLG Bamberg FamRZ 2000, 371; OLG München DAVorm 2000, 1157; OLG Nürnberg FamRZ 2004, 726; OLG Hamm FamRZ 2017, 1679 (abgelehnt bei Rückkehr in eine andere gesellschaftliche Schicht); OLG Bamberg FamRZ 1994, 182 (abgelehnt bei schlechterer Wohnsituation); OLG Stuttgart 10.7.2013 – 25 F 838/13 – nv und 4.5.2016 – 17 UF 56/16 (ungünstigere wirtschaftliche Situation, im 1. Fall unter Berufung auf ggfs in Anspruch nehmbare staatliche Hilfen im Herkunftsstaat); anders und kritisch zu sehen dagegen C.v. C. 2003 S.L.T. 793 (INCADAT HC/E/UKs 998): Das Gericht nahm an, dass die Mutter in den USA nicht arbeiten könnte und auch keine staatliche Unterstützung erhielt; der Vater sei im konkreten Fall auch nicht dazu in der Lage, einen Minimalbetrag von wöchentlich 200 USD aufzubringen, damit Mutter und Kind in einem Wohnwagenpark leben könnten.

305 OLG Schleswig FamRZ 2005, 1703; OLG Düsseldorf FuR 2018, 148 (auch wenn 2jähriges Kind und Mutter nicht die Sprache des Staates sprechen, in den zurückgeführt wird).

306 OLG Stuttgart 3.7.2017 – 17 UF 274/16.

307 OLG Düsseldorf 26.9.2016 – 1 UF 139/16.

308 OLG Karlsruhe 26.10.2001- 2 UF 287/01.

309 OLG Stuttgart 22.6.2011 – 17 UF 150/11 (abgelehnt bei einer Hautkrankheit, da man sich im Heimatstaat Australien gegen Sonneneinstrahlungen schützen könne); OLG Düsseldorf 26.9.2016 – 1 UF 139/16 (abgelehnt bei Allergie); OLG Rostock FamRZ 2002, 46 (abgelehnt bei Asthma mit Berufung auf hohe Luftverschmutzung im Herkunftsstaat, denn generelle Lebensbedingungen gehören zum allgemeinen Lebensrisiko); OLG Stuttgart 3.7.2017- 17 UF 274/16 (abgelehnt bei einer in Deutschland begonnenen Logopädie oder Physiotherapie); OLG Hamburg 22.3.2019 – 2 UF 12/19 (abgelehnt bei gebessertem Zustand nach stationärer Behandlung von Migräne, Bauchschmerzen, Erbrechen, Ernährungsstörung); OLG Karlsruhe 19.9.2019 – 2 UF 6/19 (abgelehnt bei Behauptung schwerer Asthmaerkrankung und Vorlage eines ärztlichen Attest, das einen lang andauernden Husten bestätigt).

Dies kann bei Kindern mit Behinderungen auch der Fall sein, wenn im Herkunftsland spezialisierte Einrichtungen, wie etwa eine Taubstummenschule, fehlen und dadurch eine massive Beeinträchtigung der Entwicklung des Kindes droht.

Die ungesicherte **ausländerrechtliche Situation** des Kindes im Herkunftsstaat kann in Ausnahmefällen die **30** Antragzurückweisung begründen. Dies wird gerade in aktuell vermehrt festzustellenden Entführungsverfahren in Flüchtlingsfamilien eingewandt.[310] So ist ein Ausnahmetatbestand zu überlegen, wenn beispielsweise eine rechtskräftige Abschiebeentscheidung bezogen auf den Herkunftsstaat vorliegt. Dogmatisch kann das ein Fall von Abs. 1 lit. b sein oder als unzumutbare Lage, → Rn. 37 ff., eingeordnet werden.[311]

Bei Unmöglichkeit oder mangelnder Bereitschaft des entführenden Elternteils, das Kind bei der Rückkehr **31** zu begleiten, beruft die antragsgegnerische Partei sich häufig darauf, dass eine **Trennung des Kindes von der antragsgegnerischen Partei als Hauptbezugsperson** des Kindes den Ausnahmetatbestand des Abs. 1 lit. b begründe. Dieser Einwand, der insbes. von Müttern kleinerer Kinder vorgebracht wird, reicht alleine nicht aus. Rückgabe des Kindes bedeutet nicht notwendigerweise Herausgabe des Kindes an die antragstellende Partei, → HKÜ Art. 2 Rn. 8.[312] Eine Rückgabeanordnung ist daher immer dann möglich, wenn durch eine Rückkehr zusammen mit dem Entführer die Gefährdung des Kindeswohls vermieden werden kann.[313] Einem entführenden Elternteil ist die **Begleitung des Kindes bei der Rückkehr** grundsätzlich zuzumuten.[314] Immerhin hat dieser die Konfliktlage selbst geschaffen[315] und soll durch seine Weigerung nicht die Regelungen und Ziele des HKÜ aushebeln können.[316] Die Begleitung des Kindes zurück bedeutet kein Leben dort auf Dauer bzw. für einen längeren Zeitraum.[317]

Anders ist dies nur im Fall der **Unzumutbarkeit der Rückkehr des entführenden Elternteils**,[318] die nur **32** in Ausnahmefällen anzunehmen ist. Mit der Rückkehr verbundene finanzielle Probleme sind als Folge ausschließlich für den entführenden Elternteil ebenso wenig relevant[319] wie eine neue familiäre Beziehung in Deutschland.[320] Unzumutbarkeit ist gegeben, wenn die vorhersehbare Trennung einem Umstand geschuldet ist, für den der entführende Elternteil nicht selbst verantwortlich ist oder wenn die mit der Kindesrückgabe ohnehin verbundenen Belastungen über die üblichen Umgewöhnungsschwierigkeiten bei der Rückkehr in

---

310 Zu einem Kind als Flüchtling auch Re Amri v. Ker, 2011 ONCA 417 (INCADAT 1067).

311 *Erb-Klünemann* FamRB 2018, 327 (332).

312 OLG Zweibrücken FamRZ 1999, 106.

313 BVerfG IPRax 2000, 216; OLG Karlsruhe FamRZ 2002, 1141; OLG Hamm FamRZ 1999, 948; OLG Düsseldorf FamRZ 1999, 949; KG FamRZ 1997, 1098; OLG Frankfurt FamRZ 1997, 1100; MüKo-BGB/*Siehr* KindEntfÜbk Art. 13 Rn. 9; weniger eindeutig OLG Bamberg FamRZ 2000, 371; anders noch OLG Frankfurt FamRZ 1996, 689; offen gelassen von OLG Frankfurt FamRZ 1994, 1339.

314 BVerfG FamRZ 1999, 85; OLG Hamm FamRZ 1999, 948 und FamRZ 2000, 370; OLG Bamberg 9.6.1999 – 7 UF 39/99; KG 11.6.1999 – 3 UF 4674/99; OLGR Zweibrücken 2001, 274; OLG Nürnberg FamRZ 2004, 726; OLG Hamburg 10.12.2008 – 2 UF 50/08; OLG Jena 8.5.2014 – 3 UF 187/14; OLG Karlsruhe FamRZ 2010, 1577, 16.10.2001 – 2 UF 282/01 und 8.8.2016 – 2 UF 106/16; OLG München 6.7.2014 – 12 UF 532/16; OLG Düsseldorf 23.12.2016 – 1 UF 169/16; OLG Celle 23.1.2017 – 15 UF 254/16; OLG Rostock 11.7.2016 – 10 UF 78/16, (im Fall einer im 6. Monat schwangeren Antragsgegnerin wurde noch ausreichend Zeit gesehen, die Kinder in einer ruhigen und entspannten Situation zurückzubringen); anders noch – und abzulehnen aufgrund eines zu weiten Verständnisses-: AG Saarbrücken IPRax 1992, 387; AG Weilburg FamRZ 1995, 242; OLG München FamRZ 1998, 386 (es bedürfe keiner großen Erklärungen, dass die Rückführung des 16 Monate alten Kindes ausschließlich unter Begleitung der Mutter als einziger Hauptbezugsperson in Erwägung gezogen wer-

den könne. Es bestehe eine schwerwiegende Gefahr, dass der Vater, von dem das Kind zwischenzeitlich entwöhnt sei, das Kind, sobald sie in den USA seien, von der Mutter trenne. Dies sei ihm zuzutrauen, zumal er auch rechtlich hierzu in der Lage sei, denn zwischenzeitlich hatte das Heimatstaatgericht ihm das Aufenthaltsbestimmungsrecht übertragen).

315 OLG Dresden FamRZ 2002, 1136; OLG Hamm FamRZ 2005, 1702.

316 OLG Bremen 16.3.2017 – 4 UF 26/17 – nv.

317 OLG Nürnberg 5.7.2017 – 7 UF 660/17.

318 OLG München FamRZ 1998, 386 und 6.7.2016 – 12 UF 532/16; OLG Nürnberg 5.7.2017 – 7 UF 660/17.

319 OLG Karlsruhe 26.10.2001 – 2 UF 287/01; gemäß OLG Rostock 15.4.2019 – 10 UF 212/18 ist der antragsgegnerischen Partei zur Finanzierung ihrer und des Kindes Rückkehr weit mehr zuzumuten als bei der Beschaffung der Mittel zwecks Übersiedlung nach Deutschland.

320 OLG Karlsruhe 23.2.2006 – 2 UF 2/06 (selbst für den Fall eines Ehepartners und eines weiteren, von der Antragsgegnerin gestillten Kindes); anders noch zu weitgehend die Vorauflage, die unter Berufung auf OLG Karlsruhe NJWE-FER 1999, 179 eine Rückkehr der Mutter für unzumutbar ansah, wenn sie aus einer neuen im Inland gelebten Beziehung ein Kleinkind zu versorgen hat, das seinerseits durch eine Trennung von der Mutter zu Schaden käme. Hier ist nicht ausreichend berücksichtigt, dass ihr die Mitnahme des weiteren Kindes für den eingegrenzten Zeitraum, bis die weiteren Fragen dort geklärt sind, grundsätzlich zumutbar ist.

den Herkunftsstaat hinausgehen.[321] Unzumutbarkeit wurde zu Recht bejaht im Fall einer realen Bedrohungssituation für eine in Deutschland umfassend bewachte Antragsgegnerin, die mit lebensbedrohlichen Sanktionen der Familie im Fall der Rückkehr nach Italien rechnen musste.[322]

33 Auch im Fall der **Gefahr strafrechtlicher Konsequenzen** für den entführenden Elternteil[323] ist diesem die Begleitung des Kindes in den Herkunftsstaat grundsätzlich zumutbar, da es sich regelmäßig um eine hinzunehmende typische Folge des rechtswidrigen Handelns des entführenden Elternteils handelt.[324] Trotzdem sollte ein zurückgelassener Elternteil sich, bevor er die Strafbehörden im Herkunftsstaat informiert, der sich anschließend möglicherweise ergebenden Komplikationen für das Rückführungsverfahren durch die Strafverfolgung und ggf. eines Haftbefehls bewusst sein. Eine spätere gütliche Einigung, dass der entführende Elternteil mit dem Kind freiwillig zurückkehrt, wird hierdurch in einigen Staaten erschwert, weil das Strafverfahren nicht selbst beendet werden kann. Ein Strafverfahren bedeutet noch keine sofort drohende Gefahr der **Inhaftierung**.[325] Einige Gerichte nehmen die Zumutbarkeit auch bei der Gefahr einer Verhaftung an.[326] Die Möglichkeit einer Haftverschonung ist zu überlegen. Meistens kann in diesen Fällen eine Trennung vom Kind auch anders vermieden werden. So kann die antragstellende Partei ggfs. von sich aus Verhältnisse schaffen, welche die Rückkehr der antragsgegnerischen Partei mit dem Kind ermöglichen (sog. undertakings, beispielsweise die Erklärung gegenüber den Strafbehörden, kein Interesse mehr an einer strafrechtlichen Verfolgung zu haben) → Rn. 36.[327] Nicht zulässig ist es dagegen, dass das Gericht die Rückgabe unter der Bedingung anordnet, dass der Haftbefehl aufgehoben wird.[328]

34 Schwierig zu entscheiden ist die Frage der Zumutbarkeit, wenn die antragsgegnerische Partei in dem Staat, in den sie mit dem Kind zurückkehren soll, keine **Aufenthaltserlaubnis** hat und sie eine solche auch bei erheblichen Bemühungen nicht alsbald erlangen kann. Hieran wird auch die antragstellende Partei nichts ändern können. Hier bleibt der Weg, dass das Gericht dieses mögliche Rückführungshindernis dem ausländischen Staat über die zentralen Behörden zur Kenntnis gibt und kurzfristig abwartet, ob von dort eine Lösung angeboten werden kann.

35 Die eingeholten Stellungnahmen von Jugendamt und Verfahrensbeistand sind in die Einschätzung mit einzubeziehen,[329] außer diese zeigen, dass die Besonderheiten des HKÜ nicht berücksichtigt worden sind.[330] Ein **kinderpsychologisches Gutachten** ist aufgrund des summarischen Charakters und des Eilbedarfs des Verfahrens grundsätzlich nicht einzuholen. Sonst könnte sich der durch die entführende Partei geschaffene rechtswidrige Zustand so verfestigen, dass eine spätere Rückführung zu einer schwerwiegenden Beeinträchtigung führen würde.[331] Erscheint ein Gutachten ausnahmsweise erforderlich, beispielsweise zur Einschätzung, ob eine erhebliche seelische Belastung des Kindes oder eine konkrete Suizidgefahr vorliegt bzw. wel-

321 OLG Bremen 16.3.2017- 4 UF 26/17 – nv; OLG Nürnberg 5.7.2017 – 7 UF 660/17 (auch wenn der Antragsteller im aktuellen Bewusstsein und in der Vorstellungswelt des Kindes nicht mehr als Vater präsent sei, seien aufgrund der Kindesanhörung und der zu beobachtenden Interaktion zwischen Vater und Kind im Rahmen der Anhörung früher angelegte Bindungen als nur verschüttet, nicht verloren anzusehen).

322 AG Stuttgart 6.7.2010 – 24 F 1154/10 – nv; ähnlich OLG Hamm 7.12.2005 -11 UF 219/05 (erheblich belastete Kinder, bei denen die Rückkehr mit der Mutter, die für sich eine reale Lebensgefahr im Fall der Rückkehr sah, keine Garantie gegen eine drohende psychische Dekompensation war, weil die Mutter ihre Ängste nicht beherrschen konnte).

323 In Deutschland nach § 235 StGB; *Caspari* FPR 2001, 215.

324 BVerfG FamRZ 1999, 85; OLG Hamm FamRZ 2000, 370; OLG Stuttgart 4.5.2016 -17 UF 56/16, 15.3.2017 – 17 UF 37/17 und NZFam 2019, 121 mit Anm. *Mankowski*; OLG Nürnberg 5.7.2017 – 7 UF 660/17; OLG Hamburg OLGR 2009, 208 Nr. 58; OLG Rostock FamRZ 2003, 959 (allerdings war die Rückgabeanordnung davon abhängig gemacht worden, dass der Antragsteller einen Strafantrag im Herkunftsland zurückzog); OLG Karlsruhe 28.10.2019 – 2 UF 118/19; anders noch die Vorauflage unter Bezugnahme auf ältere Rechtsprechung.

325 OLG Hamburg 10.12.2008 – 2 UF 50/08; OLG Schleswig v. 8.1.2014 – 12 UF 169/13 – nv.

326 BVerfG FamRZ 1997, 1269; OLGR Karlsruhe 2003, 115; OLG Koblenz FamRZ 1993,97; OLG Hamm 15.5.2003 – 11 UF 4783/03 – nv (Zumutbarkeit der Verbüßung einer 30tägigen Ordnungshaft); anders OLG Rostock FamRZ 2002, 46 mit krit. Anm. *Siehr* IPRax 2002,199 und OLG Hamm FamRZ 2017, 1679.

327 S. etwa BVerfG IPRax 2000, 221 (Vater erklärt sich bereit, der rückkehrenden Mutter mit den Kindern das bisherige Familienheim zur Verfügung zu stellen); zur Frage der rechtlichen Zulässigkeit, Verbindlichkeit und effektiven Durchsetzbarkeit solcher undertakings → HKÜ Art. 12 Rn. 18 und hier Rn. 36.

328 Anders noch die Vorauflage unter Berufung auf *Siehr* IPRax 2002, 199 (200).

329 OLG Karlsruhe FamRZ 2015, 1627; OLG Koblenz 23.3.2016 – 13 UF 15/16.

330 OLG Stuttgart 4.5.2016 – 17 UF 56/16; OLG Frankfurt 21.12.2016 – 1 UF 301/16.

331 OLG Stuttgart FamRZ 2008, 1777 Nr. 9; OLG Karlsruhe FamRZ 2002, 1141 (1142); OLG Hamm FamRZ 1999, 948; OLG Rostock 11.7.2016 – 10 UF 78/16; OLG Karlsruhe 8.8.2016 -2 UF 106/16 (Beurteilung aus eigener Sachkunde, dass ein Kind die Rückkehr mithilfe der sie in die Ukraine begleitenden Antragsgegnerin genauso verkraften werde, wie sie zuvor die Übersiedlung nach Deutschland in ein für sie völlig fremdes Land mit einer fremden Sprache zu einem fremden Stiefvater bewältigt habe).

che Folgen im Fall einer Geschwistertrennung zu erwarten sind,[332] ist ein solches nur dann zulässig, wenn dieses schnell, zB durch einen im Termin gehörten sachverständigen Zeugen, erstattet wird.[333]

Undertakings, also Verpflichtungen der antragstellenden Partei im Rahmen der Rückführung, können hilf-   **36** reich sein, um eine Unzumutbarkeit zu beseitigen.[334] Infrage kommen beispielsweise die Rücknahme eines Strafantrags bzw. die Mitwirkung bei der Aufhebung eines Haftbefehls[335] bzw. bei der Einstellung des Strafverfahrens im Herkunftsstaat,[336] die Zurverfügungstellung von Wohnraum, Unterhalt.[337] Es erscheint empfehlenswert, wenn das Rückführungsgericht sich mit den Strafbehörden im anderen Staat in Verbindung setzt, sei es direkt oder über die Verbindungsrichter, → HKÜ Art. 1 Rn. 10. Werden Verpflichtungen eingegangen, die erst nach Rückkehr im Ausland zu erbringen sind, ist die Frage der Durchsetzbarkeit der Verpflichtung genau zu prüfen. Ggfs. sind hierfür weitere Schritte einzuleiten, → HKÜ Art. 12 Rn. 18, Art. 13 Rn. 20.

E. Unzumutbare Lage (Abs. 1 lit. b, 2. Alt.)

Wenn die Rückgabe das Kind auf andere Weise in eine unzumutbare Lage bringt, kann die Rückführung   **37** abgelehnt werden. Es handelt sich hierbei um ein schwerwiegendes Risiko aufgrund anderer Umstände, die mindestens ebenso gravierend sind wie die in der Abs. 1 lit. b 1. Alt. Es ist von dieser Generalklausel nur mit äußerster Vorsicht Gebrauch zu machen.[338] Es lassen sich zwei Fallgruppen unterscheiden, in denen eine unzumutbare Lage vorliegen kann.

Eine unzumutbare Lage kann im Fall eines Zusammentreffens verschiedener dem Kindeswohl nachteiliger   **38** Umstände im Ursprungsstaat im Fall der Rückgabe vorliegen, die einzeln betrachtet keinen Ausnahmetatbestand begründen, die aber insgesamt ein Verbleiben im Aufenthaltsstaat als ungleich günstiger für das Kind und eine Rückkehr als so schweren Nachteil erscheinen lassen, dass ein vernünftiger Sorgerechtsinhaber nicht auf ihr bestehen würde.[339]

Unzumutbarkeit kann sich auch daraus ergeben, dass der Zweck des HKÜ, entführte Kinder möglichst   **39** schnell wieder in den Herkunftsstaat zurückzuführen und damit eine Sorgerechtsentscheidung der dortigen Gerichte sicherzustellen, aufgrund der Haltung des mit dem Sorgerechtsverfahren befassten Gerichts im Herkunftsstaat keine Rückführung erfordert. Hat das Gericht im Ursprungsstaat, sei es auch nur einstweilig, inzwischen dem entführenden Elternteil die alleinige Sorge übertragen, beseitigt dies nicht die Widerrechtlichkeit, führt aber dazu, dass dieser Elternteil, wenn das Kind gerade in den Herkunftsstaat zurückgeführt würde, über seinen weiteren Aufenthalt entscheiden dürfte. Da dieser Elternteil die Rechtsbefugnis hat, dann eine Rückkehr in den Staat, in dem das Kind entführt worden ist, zu entscheiden, würde dies ein Hin und Her bedeuten, das eine unzumutbare Lage begründet.[340] Gleiches gilt, wenn das Gericht im Ursprungsstaat inzwischen entschieden hat, international nicht für ein Sorgerechtsverfahren zuständig zu sein. Unabhängig davon, ob die Entscheidung juristisch korrekt oder angefochten ist, ist eine Rückführung hier unzumutbar, da die Führung eines Sorgerechtsverfahrens im Herkunftsstaat abgelehnt worden ist.[341] Die Rechtsmeinung, dass auch die sichere Erwartung, der ersuchende Staat werde das Kind zurückführen, ausreicht,[342] erscheint bedenklich, da eine derartige Sicherheit vor einer Entscheidung nicht vorstellbar ist.

F. Entgegenstehender Wille des Kindes (Abs. 2)

Nach Abs. 2 kann die Anordnung der Rückgabe abgelehnt werden, wenn sich das Kind der Rückgabe   **40** widersetzt und es ein Alter und eine Reife erreicht hat, angesichts deren es angebracht erscheint, seine Meinung zu berücksichtigen, Dies ist Ausfluss des Vorrangs der Kindesinteressen gegenüber den Elterninteressen.[343]

---

332 OLG Nürnberg FamRZ 2004, 726; OLG Hamburg 10.12.2008 – 2 UF 50/08 mit kritischer Anmerkung *Stößer* FamRBInt 2009, 28; OLG Hamm 7.12.2005 – 11 UF 219/05.

333 OLG Hamm NJW-RR 2013, 69; AG Hamm 12.12.2014 – 3 F 191/14 – nv.

334 Sie werden mehr in common law Staaten verlangt, so Re C v. 1988, 2 AIIER 465, 470, INCADAT 34; OLG Stuttgart FamRZ 2002, 1138 = IPRax 2003, 249 mit Anm. *Roth*.

335 OLG Rostock FamRZ 2003, 959.

336 OLG München 12.4.1996 – 16 UF 686/96 – nv; OLG Stuttgart 26.5.1997 – 17 UF 98/97.

337 OLG Stuttgart 22.6.2011 – 17 UF 150/11; OLG Düsseldorf 26.9.2016 – 1 UF 139/16; OLG Nürnberg 5.7.2017 – 7 UF 660/17.

338 Staudinger/*Pirrung* HKÜ Art. 13 Rn. E 72.

339 Staudinger/*Pirrung* HKÜ Art. 13 Rn. E 72.

340 OLG Stuttgart FamRZ 2003, 959 und FamRZ 2015, 1631; OLG Karlsruhe FamRZ 2015, 1627.

341 AG Hamm 14.1.2019 – 3 F 100/18 – nv.

342 Staudinger/*Pirrung* HKÜ Art. 13 Rn. E 72 a.

343 BVerfG IPRax 2000, 224 = FamRZ 1999, 1053.

41 Erforderlich ist, dass das Kind sich mit Nachdruck,[344] mit respektablen Gründen[345] und aus freien Stücken, also nicht erkennbar maßgeblich durch den Entführer bzw. Dritte beeinflusst,[346] **widersetzt**. Der entgegenstehende Wille muss sich auf die – gegebenenfalls nur vorläufige – Rückkehr in das Herkunftsland beziehen, nicht alleine auf eine Trennung vom Entführer.[347] Dies können zB nachvollziehbare kindliche Erwägungen in Bezug auf nachteiligere Lebensumstände wie schlechtere Schulbedingungen in ungünstigeren Sprachverhältnissen sein.[348] Das Kind muss verstehen, dass die Entscheidung über die Rückgabe noch nicht darüber entscheidet, mit welchem Elternteil es leben wird.[349] In dem im Herkunftsstaat zu führenden Sorgerechtsverfahren kann der Wille des Kindes berücksichtigt werden, mit welchem Elternteil und in welchem Staat es leben möchte.[350] Etwas anderes kann auch dann nicht gelten, wenn der antragstellenden Partei die elterliche Sorge alleine zusteht und die Rückkehr daher Trennung von der entführenden Partei und Rückgabe an die antragstellende Partei bedeutet. Auch hier besteht die Möglichkeit, dass in einem folgenden Sorgerechtsverfahren die elterliche Sorge dem Willen des Kindes entsprechend anders verteilt wird. Das Rückführungsgericht hat auch in diesem Fall keine Befugnis, den Kindeswillen aus sorgerechtlicher Sicht zu betrachten.[351]

Der kindliche Wunsch des Verbleibens im inzwischen vertrauten Umfeld reicht ebenso wenig aus[352] wie bloße Befürchtungen und Unmutsäußerungen.[353] Nicht erforderlich ist allerdings, dass das Kind bereits konkret bezeichnet, dass und wie es sich einer Rückführungsanordnung widersetzten würde, da sonst eine nicht sachgerechte Differenzierung nach der kindlichen Persönlichkeitsstruktur erfolgen würde.[354]

42 Außerdem muss das Kind ein **Alter** und eine **Reife** erreicht haben, die die Annahme erlauben, dass die Weigerung auf einer verantwortungsbewussten Entscheidung beruht. Wegen der unterschiedlichen Entwicklungsgeschwindigkeiten von Kindern gibt es keine starre Mindestaltersgrenze.[355]

43 Die folgenden **Altersangaben** stellen daher nur einen ersten Ausgangspunkt für die Beurteilung dar: Je mehr das Kind sich der Altersgrenze von 16 Jahren für die Anwendung des Übereinkommens nähert, desto eher wird seiner Meinung zu folgen sein.[356] Bei über 14 Jahre alten Kindern ist das hinreichende Alter und die Reife nur in Ausnahmefällen zu verneinen.[357] Ab einem Alter von zehn Jahren ist regelmäßig ein ausreichendes Alter anzunehmen.[358] Regelmäßig fehlte Gerichten dieses bei Kindern unter acht Jahren.[359]

44 Notwendige **Reife** ist gegeben, wenn das Kind, Vor- und Nachteile einer Rückkehr erkennen und gewichten kann, es die Tragweite der Entscheidung für und wider eine Rückkehr in den Herkunftsstaat und die damit

---

344 OLG Brandenburg FamRZ 1997, 1098; AG Hamm FamFR 2011, 94; fehlte bei OLG Stuttgart FamRZ 1996, 688; OLG Hamm FamRZ 2013, 1238.

345 *Hohloch* IPRax 2016, 248.

346 OLG Nürnberg FamRZ 2004, 726; OLG Hamm NJW-RR 2013, 580; OLG Stuttgart 15.3.2017 – 17 UF 37/17 und NZFam 2019, 127 mit Anm. *Mankowski* (Gründe, Motive, Stärke, Nachvollziehbarkeit und Validität des geäußerten Kindeswillens seien zu bewerten, Wünsche, Präferenzen und Gefühle seien nicht automatisch ein Widersetzen).

347 OLG Stuttgart FamRZ 1996, 688 und 15.3.2017 – 17 UF 37/17; OLG Hamm FamRZ 2004, 723; OLG Hamburg 22.3.2019 – 2 UF 12/19; Staudinger-*Pirrung*, Art. 13 Rn. E 73.

348 Re S v. 7.7.1992, 2 AllER 683, 691, INCADAT 87; Staudinger/*Pirrung*, Art. 13 Rn. E 75 a.

349 BG 22.3.2005, 5P.1/2005, BGE 131 III 334 S. 339 f.; *Zürcher*, Kindesentführung, S. 197; *Winkler v. Mohrenfels* FS Geimer 2002, S. 1527, 1534 f.

350 S. OLG Dresden FamRZ 2002, 1136 (1138); OLG Hamm FamRZ 2002, 44 (45); nicht ausreichend beachtet in OLG Brandenburg NJW-RR 1997, 902 (903) = FamRZ 1997, 1098.

351 Anders noch die Vorauflage.

352 OLG Karlsruhe 8.8.2016 – 2 UF 106/16; OLG Stuttgart 12.7.2017 – 17 UF 76/17.

353 OLG Stuttgart 31.7.2015 – 17 UF 127/15 – nv (Ängste und Befürchtungen eines 10jährigen vor einer Veränderungen aufgrund Rückführung bei positiver Schilderung von Situationen im Heimatstaat erschienen vollkommen üblich und nicht über die üblichen Belastungen für ein zwischen den Elternteilen und verschiedenen Ländern hin- und hergerissenes Kind hinausgehend).

354 OLG Stuttgart 12.7.2017 – 17 UF 76/17.

355 BVerfG IPRax 2000, 224 = FamRZ 1999, 1053.

356 Staudinger/*Pirrung* Art. 13 Rn. E 73 a.

357 OLG Stuttgart 12.7.2017 – 17 UF 76/17 (Reife ist bei Kindern über 14 Jahren ohne konkrete Anhaltspunkte, die gegen hinreichende Reife sprechen, anzunehmen); *Mansel* NJW 1990, 2176 (2177).

358 S. OLG Celle FamRZ 2002, 569 (570) (13 Jahre); OLG Brandenburg FamRZ 1997, 1098 (11 u. 12 Jahre); OLG Karlsruhe FamRZ 2002, 1141 (1142) (12-jährige, aber Widerstand nicht überzeugend); OLG Nürnberg FamRZ 2004, 726 (abgelehnt bei 9-Jähriger); *Winkler v. Mohrenfels* FS Geimer 2002, S. 1527, 1531 f.; *Staudinger* IPRax 2000, 194 (200).

359 OLG Celle FamRZ 2002, 569; OLG Hamm IPRspr. Nr. 120 b (abgelehnt bei 6 Jahren); aber OLG Hamm FamRZ 1999, 948 (bei 6 Jahren für möglich angesehen, aber im konkreten Fall abgelehnt); OLG Brandenburg NJW-RR 1997, 902; OLG Celle FamRZ 1995, 955 und FamRZ 2002, 569; OLG Schleswig FamRZ 2005, 1705; OLG Stuttgart 26.5.1997 – 17 UF 98/97; OLG Hamburg FamRZ 2015, 64; OLG Karlsruhe FamRZ 2003, 956; OLG Nürnberg FamRZ 2004, 726, FamRZ 2007, 1588 und 1.8.2013 – 7 UF 983/13 – nv; OLG Düsseldorf 26.9.2016 – 1 UF 139/16 und 23.12.2016 – 1 UF 169/16; OLG Dresden 11.4.2017 – 21 UF 230/17; *Winkler v. Mohrenfels* FS Geimer 2002, S. 1527, 1531.

verbundenen langfristigen Folgen bereits näher in den Blick genommen hat.[360] Die Ansicht muss klar und fest vom Kind zum Ausdruck gebracht werden und mit verständlichen, unbeeinflussten Gründen untermauert sein.[361] So ist der Ausnahmetatbestand erfüllt, wenn das Kind nicht durch entführenden Elternteil und Loyalitätskonflikt maßgeblich beeinflusst erscheint und die Ablehnung auf selbst Erlebtem und einem deswegen erheblich gestörtem Verhältnis zur antragstellenden Partei beruht.[362] Bei erheblichen Befürchtungen, die vom Kind als real angesehen werden, kommt es nicht darauf an, ob diese sich bei Rückkehr bewahrheiten würden.[363] Entscheidend ist, ob das Kind in der Lage erscheint, den Loyalitätskonflikt, in dem es sich regelmäßig befindet, zu verarbeiten und trotz möglicher Einflussnahmen besonders von Seiten des Entführers einen eigenen Willen zu bilden.[364] Dies ist zB der Fall, wenn die Aussage nicht durch entführenden Elternteil und Loyalitätskonflikt maßgeblich beeinflusst erscheint und die Ablehnung auf selbst Erlebtem und einem deswegen erheblich gestörtem Verhältnis zur antragstellenden Partei beruht.[365] Die Begründung des Ausnahmetatbestands damit, dass ein Kind einen so noch nie erlebten Widerstand gegen den Aufenthaltswechsel zeigt,[366] greift dagegen zu kurz.

Dieser Ausnahmetatbestand wird regelmäßig zusammen mit dem des Abs. 1 lit. b HKÜ erörtert. Ist die Rückführung älterer Kinder abgelehnt worden, sehen die Gerichte häufig die Voraussetzungen beider Ausnahmetatbestände Abs. 1 lit. b und Abs. 2 als erfüllt an.[367] Teilweise wird die oft strittige Frage des gleichzeitigen Vorliegens des Abs. 1 b HKÜ dagegen auch offen gelassen.[368]   **45**

Die Feststellung der Ernsthaftigkeit und Eigenständigkeit der Weigerung sowie der Reife des Kindes ist Sache des Einzelfalls. Neben der Einschätzung durch Jugendamt und Verfahrensbeistand, die die Gerichte regelmäßig einholen, ist der persönliche Eindruck des Gerichts bei der richterlichen Kindesanhörung entscheidend. Einschätzungen aus zeitnahen Sorgerechtsverfahren können herangezogen werden. Die Einholung eines kinderpsychologischen Gutachtens hat wegen der Eilbedürftigkeit des Verfahrens regelmäßig zu unterbleiben,[369] hat ansonsten zeitnah zu erfolgen, möglichst nach Teilnahme des Sachverständigen bei der Kindesanhörung in einem mündlichen Gutachten in der Verhandlung.   **46**

Bei **Geschwistern** sind die Voraussetzungen des Abs. 2 bei jedem Kind eigenständig zu prüfen. Möglich ist, dass der entgegenstehende Wille eines jüngeren Geschwisters mangels Reife nicht beachtlich ist, aber eine Trennung von dem älteren Geschwisterkind gegen das Kindeswohl verstoßen würde, → Rn. 28.[370]   **47**

360 OLG Celle 23.1.2017 – 15 UF 254/16 (abgelehnt bei einer fast 10jährigen, die einen für ihr Alter noch typischen kindlichen Eindruck machte, wobei die notwendige Reife nicht festgestellt werden konnte).

361 OLG Schleswig 1.11.1998 – 15 UF 126/98 (angenommen bei einem 10-Jährigen); ähnlich OLG Frankfurt FamRZ 1996, 689 (Differenziertheit der Argumentation, Ausdrucksweise, Festigkeit und Geradlinigkeit bei Willensbildung und -bekundung einer 10-Jährigen erschienen beeindruckend, wobei Angst und Panik aus Verhalten, Körpersprache und Äußerungen deutlich herauszuhören waren); AG Hamm 8.11.2010 – 3 UF 512/10 mit Anm. *Rauscher* FamFR 2011, 94 (eine fast 12-Jährige, die einen in der sehr weit entwickelten Eindruck machte, hielt kontinuierlich an ihrem Willen fest, für den sie in kindgerechter Sprache mehrere nachvollziehbare Gründe angab, wobei ihr schmerzhafte Konsequenzen in Form der Trennung von der geliebten Schwester bewusst waren).

362 OLG Hamm NJW-RR 2013, 69 (11-jährige, die einen ernsthaften, authentischen, für ihr Alter ungewöhnlich reifen Eindruck machte); ähnlich OLG Frankfurt 2.2.2016 – 1 UF 345/16 (Ein 9 ½-Jähriger weigerte sich in der Beschwerdeinstanz nach erstinstanzlich noch ambivalenter Willensbekundung, wobei die Positionierung und Verängstigung durch miterlebte Gewalt gegen die Mutter und damit psychische Realität erklärlich erschien

363 OLG Stuttgart 12.7.2017 – 17 UF 76/17; ähnlich OLG Stuttgart 29.1.2016 – 17 UF 238/15 (zwei massiv psychisch belastete 13-Jährige hatten mittlerweile eine, von dem Willen der entführenden Mutter unab-

hängige, feste innere Überzeugung gebildet, von der sie selbst dann nicht mehr innerhalb eines überschaubaren Zeitraums abweichen würden, wenn ihnen aufgedeckt würde, dass sich dieser Wille unter objektiv nicht vollumfänglich zutreffenden Voraussetzungen gebildet hatte); auch OLG Stuttgart 12.7.2017 – 17 UF 76/17 (ein 14-Jähriger weigerte sich konstant über einen längeren Zeitraum, begründete mit ihn erheblich belastenden Ereignissen und von ihm als real angesehenen Befürchtungen).

364 AG Saarbrücken FamRZ 2003, 398 (401); Staudinger/*Pirrung* Vor Art. 19 EGBGB Rn. D 73; im Ergebnis abgelehnt von OLG Bremen 16.3.2017 – 4 UF 26/17 – nv; ähnlich OLG Koblenz 11.4.2005 – 13 UF 962/04 – nv und OLG Rostock 11.7.2016 – 10 UF 78/16 (Kind musste bei seiner Anhörung mit floskelhaften Wendungen emotional unbeteiligt eine Art Programm abarbeiten, das vorher mit der antragsgegnerischen Partei abgesprochen worden ist).

365 OLG Hamm NJW-RR 2013, 69.

366 OLG Bremen 1.9.2011– 4 UF 117/11 – nv (12-Jähriger).

367 OLG Hamburg IPRax 2016, 284.

368 OLG Stuttgart 29.1.2016 – 17 UF 238/15 (bezogen auf die Behauptung des sexuellen Missbrauchs der Kinder durch den zurückgelassenen Elternteil).

369 OLG Stuttgart 29.1.2016 – 17 UF 238/15 und 12.7.2017 – 17 UF 76/17 (soll sich sogar verbieten); MüKoBGB/*Siehr* KindEntfÜbk Art. 13 Rn. 15.

370 *Winkler v. Mohrenfels* FS Geimer 2002, S. 1527, 1536.

48   Aus Kindesschutzgründen werden die Voraussetzungen des Abs. 2 von Amts wegen geprüft.[371] Der **Ausnahmecharakter** von Abs. 2 bewirkt, dass bei Zweifeln über das Vorliegen der Voraussetzungen die Rückgabe anzuordnen ist.

49   Durch die Wendung „kann" eröffnet Abs. 2 dem Gericht einen **Ermessensspielraum**. Das Kindeswohl kann im Einzelfall eine Entscheidung auch gegen den Widerstand des Kindes rechtfertigen.[372]

G. Verfahrensrechtliche Beteiligung und Anhörung des Kindes

50   **§ 158 Abs. 2 Nr. 3 u. 4 FamFG** bestimmen, dass die Bestellung eines **Verfahrensbeistandes** in der Regel erforderlich ist, wenn eine Trennung des Kindes von der Person erfolgen soll, in deren Obhut es sich befindet (Nr. 3) oder wenn das Verfahren die Herausgabe des Kindes zum Gegenstand hat (Nr. 4). Beides ist bei Rückführungsverfahren nicht immer der Fall. Aus Verfassungsgründen (Art. 6 Abs. 2, Art. 2 Abs. 1 iVm Art. 103 Abs. 1 GG) kann es geboten sein, dem Kind einen Verfahrensbeistand zu bestellen, damit die Verfahrensgestaltung eine eigenständige Wahrnehmung der Kindesbelange sicherstellt. Dies hat das BVerfG zuerst für die Fälle gegenläufiger Rückführungsanträge angenommen, bei denen im Rahmen von Art. 13 ausnahmsweise eine nähere Prüfung des Kindeswohls vorzunehmen ist.[373] Es hat dies 2006 auf alle Fälle erweitert, bei denen „daran zu zweifeln ist, dass die Eltern das Verfahren auch wirklich im Interesse des Kindes führen."[374] Trotzdem sollte in Rückführungsverfahren regelmäßig und zeitnah ein Verfahrensbeistand bestellt werden. Denn die Parteien haben in diesen zumeist hochstrittigen Verfahren das Kindesinteresse regelmäßig aus den Augen verloren. Auch werden so Verfahrensverzögerungen durch spätere Bestellung vermieden. Wichtig ist, dass dem Verfahrensbeistand die Besonderheiten des Rückführungsverfahrens bekannt sind.[375] Dann kommt es zu keinen Verfahrensverzögerungen. Dieser Verfahrensbeistand kann die Parteien auch dabei unterstützen, sich zum Wohl des Kindes um eine einvernehmliche Lösung zu bemühen.[376]

51   Art. 11 Abs. 2 EheVO 2003 schreibt eine **Anhörung des Kindes** in Verfahren zwischen Mitgliedstaaten ausdrücklich vor. Das Kind muss im Rückgabeverfahren die Möglichkeit haben, gehört zu werden, sofern dies nicht aufgrund seines Alters und Reifegrades unangebracht erscheint. Durch diese Pflicht soll das nationale Verfahrensrecht nicht verändert werden, ErwG 19. Nach Art. 26, 21 EheVO 2019, → HKÜ Art. 1 Rn. 9, sind Gerichte in Mitgliedstaaten, die über Rückführungsanträge zu entscheiden haben, verpflichtet, dem Kind, das fähig ist, eine eigene Meinung zu bilden, eine tatsächliche und wirksame Gelegenheit zur Meinungsäußerung zu geben und dieser kindlichen Meinungsäußerung ein Alter und Reife des Kindes angemessenes Gewicht beizumessen. Es handelt sich hierbei um keine absolute Verpflichtung, sondern eine Ermessensentscheidung innerhalb der Schranken der EheVO 2019, die unter Berücksichtigung des Kindeswohls beurteilt wird, ErwG 39. Verfahrensrechtlich gilt weiterhin nationales Recht. Es besteht eine Verpflichtung, angemessene Vorkehrungen zu treffen, damit eine echte und wirksame Möglichkeit zur Meinungsäußerung besteht, ErwG 39.

Für Deutschland statuiert § 159 FamFG zusammen mit der diesbezüglichen Rechtsprechung des Bundesverfassungsgerichts die gerichtliche Anhörung von Kindern und gilt auch in Rückführungsverfahren, § 14 Ziff. 2 IntFamRVG. Eine Anhörung ist in Rückführungsverfahren vor deutschen Gerichten demnach, auch außerhalb des Anwendungsbereichs der Art. 11 Abs. 2 EheVO 2003/Art. 26, 21 EheVO 2019 regelmäßig ab einem **Alter des Kindes** von drei Jahren geboten.

---

371   AA KG FamRZ 1997, 1098 (1099) und OLG Bamberg FamRZ 1994, 182, die die Beweislast bei der antragsgegnerischen Partei sehen.

372   OLG Dresden FamRZ 2002, 1136 (1138); *Winkler v. Mohrenfels* FS Geimer 2002, S. 1527, 1529; sa Re M. (Children) (Abduction: Rights of Custody) [2007] UKHL 55, [2008] 1 AC 1288 (INCADAT HC/E/UKe 537).

373   BVerfG IPRax 2000, 216 = NJW 1999, 631; *Schweppe* FPR 2001, 203.

374   BVerfG FamRZ 2006, 1261.

375   *Carl* FPR 2006, 39; *Salgo* FPR 1999, 313 (315 f.); *Schweppe*, Kindesentführungen und Kindesinteressen, S. 243 f. und ZfJ 2001, 169 (174 f.); Salgo/Lack/ *Schweppe*, Verfahrensbeistandschaft, Rn. 1770 ff; aA OLG Düsseldorf FamRZ 2008, 1775; OLG Karlsruhe FamRZ 2006, 1403.

376   *Carl* FPR 2006, 39; Paul/Kiesewetter/*Carl/Erb-Klünemann*, Mediation bei internationalen Kindschaftskonflikten, S. 60; anders noch die Vorauflage unter Berufung auf die Einschätzung in BVerfG FamRZ 2006, 1261 Nr. 30, 32, wonach der zurückgelassene Elternteil trotz seiner typischerweise hohen emotionalen Belastung regelmäßig mit seinem Rückführungsantrag das wohlverstandene Kindesinteresse wahrnimmt und dass im Einzelfall konkrete Umstände für die Annahme vorliegen müssen, dass der zurückgelassene Elternteil die Interessen aus dem Blick verlieren könnte. Dies sei etwa anzunehmen, wenn zwischen den Eltern eine ausgeprägte Konfliktsituation vorliegt etwa wenn bereits in der Vergangenheit zwischen den Eltern über das Sorge- und Umgangsrecht unter Erhebung schwerer gegenseitiger Vorwürfe gestritten worden ist.

H. Verhältnis zur Sorgerechtsentscheidung

Da die Rückführung nur die Voraussetzungen für eine Sorgerechtsentscheidung im Herkunftsstaat schaffen **52** soll, selbst aber über die Verteilung der elterlichen Sorge nicht entscheidet, ist es im Rückführungsverfahren grundsätzlich unbeachtlich, welcher Elternteil für die Erziehung und Betreuung des Kindes besser geeignet ist.[377] Wegen der präventiven Bedeutung kann die Rückführung nicht deshalb abgelehnt werden, weil im Herkunftsland wahrscheinlich eine Sorgerechtsentscheidung zugunsten des Entführers ergehen wird, infolge derer der Entführer mit dem Kind wieder in das Zufluchtsland zurückkehren kann.[378]

Etwas anderes gilt aber bei **Rückentführungen**. Um hier ein Hin- und Herschieben des Kindes zu vermei- **53** den, ist es aus Kindeswohlgründen geboten, das Kind nur zurückzugeben, wenn dies mit einer zu treffenden Sorgerechtsentscheidung übereinstimmen würde, → HKÜ Art. 4 Rn. 9 f.

Wenn im **Herkunftsstaat** eine Entscheidung bereits ergangen oder dort anzuerkennen ist, durch die der ent- **54** führenden Partei nachträglich die alleinige Sorge übertragen wurde, ist dies einer Genehmigung ähnlich. Eine Rückgabeanordnung hat zu unterbleiben.[379]

Wird der Antrag auf Rückgabe des Kindes abgelehnt, hindert das im Anwendungsbereich der **EheVO 2003/** **55** **EheVO 2019 und des KSÜ** nicht, dass später im Herkunftsstaat dennoch im Sorgerechtsverfahren die **Rückgabe** des Kindes angeordnet wird. Auch nach Ablehnung eines Antrags auf Rückführung kann die internationale Zuständigkeit des Herkunftsstaat für Maßnahmen betr. die elterliche Verantwortung nach Maßgabe von Art. 10 EheVO 2003/Art. 9 EheVO 2013 bzw. Art. 7 KSÜ fortbestehen. Zum **Rückklappme-** **chanismus** im Anwendungsbereich der EheVO 2003 → Rn. 7.

Art. 14 HKÜ [Anwendbares Recht]

Haben die Gerichte oder Verwaltungsbehörden des ersuchten Staates festzustellen, ob ein widerrecht- **liches Verbringen oder Zurückhalten im Sinn des Artikels 3 vorliegt, so können sie das im Staat des** **gewöhnlichen Aufenthalts des Kindes geltende Recht und die gerichtlichen oder behördlichen Ent-** **scheidungen, gleichviel ob sie dort förmlich anerkannt sind oder nicht, unmittelbar berücksichtigen;** **dabei brauchen sie die besonderen Verfahren zum Nachweis dieses Rechts oder zur Anerkennung** **ausländischer Entscheidungen, die sonst einzuhalten wären, nicht zu beachten.**

Die ausländische, auf Gesetz oder Entscheidung beruhende Rechtslage ist bei der Beurteilung der Wider- **1** rechtlichkeit nach Art. 3 unmittelbar zu berücksichtigen. Diese der Verfahrenserleichterung und -beschleu- nigung dienende Vorschrift[380] regelt, dass kein förmliches Verfahren, etwa ein solcher der Anerkennung einer ausländischen Entscheidung, einzuhalten ist. Auch wenn von „können" und „brauchen nicht" die Rede ist, gilt dies zwingend und geht dem nationalen Prozessrecht vor.[381] So können Auskünfte zB schnell und formlos über die Zentralen Behörden, → HKÜ Art. 6 und 7, oder die Verbindungsrichter, → HKÜ Art. 1 Rn. 10, eingeholt werden. Verstöße gegen den ordre public sind alleine im Rahmen der Art. 20, 34 S. 2 berücksichtigungsfähig.[382]

Die direkte Beachtung des ausländischen Rechts durch den inländischen Richter bringt für Deutschland **2** keine Neuerung, weil dies dem deutschen autonomen Recht entspricht, § 293 ZPO.[383] Auch die Beachtung einer ausländischen Entscheidung zum Sorgerecht bedarf aus deutscher Sicht keiner förmlichen Anerken- nung.

377 OLG Frankfurt FamRZ 1997, 1100; OLG Bamberg
     FamRZ 1994, 182; OLG Frankfurt FamRZ 1994,
     1339.
378 OLG Bamberg FamRZ 2000, 371; *Siehr* IPRax 2002,
     199 (200); krit. *Schweppe* ZfJ 2001, 169 (175); aA
     OLG Rostock FamRZ 2002, 46 = IPRax 2002, 218;
     Bucher FS Kropholler, 263, 269.
379 OLG Stuttgart FamRZ 2003, 959; sa OLG Zweibrü-
     cken FamRZ 2003, 961.

380 *Pérez-Vera*, Bericht, Rn. 119.
381 Staudinger/*Pirrung* HKÜ Art. 14–20 Rn. 76, 78.
382 Staudinger/*Pirrung* HKÜ Art. 14–20 Rn. 78.
383 BGH FamRZ 2017, 1209 (ausländisches Recht ist im
     Wege des Freibeweises zu ermitteln. In welcher
     Weise der Tatrichter sich die notwendigen Kennt-
     nisse verschafft, liegt in seinem pflichtgemäßen
     Ermessen); MüKoBGB/*Siehr* KindEntfÜbk Art. 14
     Rn. 1.

Art. 15 HKÜ [Widerrechtlichkeitsbescheinigung]

[1]Bevor die Gerichte oder Verwaltungsbehörden eines Vertragsstaats die Rückgabe des Kindes anordnen, können sie vom Antragsteller die Vorlage einer Entscheidung oder sonstigen Bescheinigung der Behörden des Staates des gewöhnlichen Aufenthalts des Kindes verlangen, aus der hervorgeht, daß das Verbringen oder Zurückhalten widerrechtlich im Sinn des Artikels 3 war, sofern in dem betreffenden Staat eine derartige Entscheidung oder Bescheinigung erwirkt werden kann. [2]Die zentralen Behörden der Vertragsstaaten haben den Antragsteller beim Erwirken einer derartigen Entscheidung oder Bescheinigung soweit wie möglich zu unterstützen.

1   Der **Zweck** der Widerrechtlichkeitsbescheinigung nach Art. 15 besteht darin, es dem angerufenen Gericht zu erleichtern, die Widerrechtlichkeit des Verbringens oder Zurückhaltens nach der Rechtsordnung des Herkunftsstaates festzustellen.[384] Das mit dem Rückgabeantrag befasste Gericht kann den Antragsteller auffordern, eine solche Bescheinigung beizubringen, muss dies aber nicht.[385] Nach S. 2 können die Zentralen Behörden um Unterstützung gebeten werden. Die Kindesrückgabe kann nicht von der Erfüllung einer derartigen Auflage abhängig gemacht werden, zumal eine solche nicht in allen Vertragsstaaten erlangt werden kann.[386] Hierüber entscheidet das innerstaatliche Recht.[387]

2   In Deutschland kann eine Widerrechtlichkeitsbescheinigung für ein Rückführungsverfahren im Ausland nach § 41 IntFamRVG beim Gericht beantragt werden. Hier besteht keine spezielle Sonderzuständigkeit.[388] Es handelt sich um ein Zwischenentscheidung,[389] die der Beschwerde unterliegt.[390] Die Möglichkeit der weiteren Beschwerde besteht nicht.[391] Das Verfahren auf Erteilung der Widerrechtlichkeitsbescheinigung unterliegt, da die Bescheinigung dem beschleunigt zu betreibenden Rückführungsverfahren dient, ebenfalls der besonderen Beschleunigung. Die Bescheinigung wird regelmäßig ohne Beteiligung der antragsgegnerischen Partei des Rückgabeverfahrens ausgestellt.[392]

3   Ein **Rechtsschutzbedürfnis** für einen Antrag auf Erstellung einer Widerrechtlichkeitsbescheinigung besteht nur, wenn ein Verfahren auf Rückgabe anhängig ist.[393] Eine Aufforderung des Gerichts iSv Art. 15 ist hingegen nicht erforderlich. Auch wenn das Gericht, das über die Rückgabe entscheidet, nicht an die Widerrechtlichkeitsbescheinigung gebunden ist, → Rn. 5, besteht ein berechtigtes Interesse des Antragstellers, eine solche Bescheinigung vorzulegen.

4   Inhaltlich hat sich die Bescheinigung auf den im Sinn des HKÜ widerrechtlichen Charakter des Verbringens oder Zurückhaltens zu beziehen.[394] Sie hat sich grundsätzlich zu den beiden in Art. 3 festgelegten Elementen zu äußern, als dazu, ob die Handlung nach dem Recht des Staates des gewöhnlichen Aufenthalts eine Verletzung des bestehenden und tatsächlich ausgeübten Sorgerechts darstellt.[395] Dabei ist es regelmäßig unproblematisch, durch Darstellung der gesetzlichen Rechtslage bzw. der Auswirkungen einer Gerichtsentscheidung anzugeben, wer über den Auslandsumzug zu entscheiden hatte. Vorsicht ist geboten, wenn es um die Bescheinigung zu Fragen der tatsächlichen Sorgeausübung und des gewöhnlichen Aufenthalts geht. Besteht insoweit Unklarheit, so dass eine Bescheinigung nicht ohne Verzögerungen möglich ist, sollte diese Klärung dem Rückführungsgericht vorbehalten werden.[396]

5   Das Rückführungsgericht darf sich auf eine Widerrechtlichkeitsbescheinigung stützen,[397] darf diese ohne weitere Sachprüfung übernehmen.[398] Mit der überwiegenden Meinung ist eine **Bindungswirkung** der

---

384   OLG Karlsruhe IPRspr. 2006, 156.

385   *Pérez*-Vera, Bericht, Rn. 120; OLG Karlsruhe NJOZ 2006, 1374.

386   *Pérez*-Vera, Bericht, Rn. 120.

387   Ob der andere Staat eine Widerrechtlichkeitsbescheinigung ermöglichst, kann bei der deutschen Zentralen Behörde erfragt werden.

388   AA AG Schleswig 7.2.2020 – 900 F 1/20 – nv unter Berufung auf § 12 IntFamRVG; zu den Voraussetzungen für die Erteilung einer Widerrechtlichkeitsbescheinigung OLG Hamburg 4.12.2000 – 2 WF 133/00; Beispiel einer deutschen Widerrechtlichkeitsbescheinigung: AG Duisburg-Hamborn FamRZ 2015, 592.

389   BGH FamRZ 2001, 1706.

390   OLG Bremen FamRZ 2013, 1238 (Ls.); OLG Nürnberg FamRZ 2009, 240.

391   OLG Karlsruhe FamRZ 2005, 1004; *Hohloch* IPrax 2016, 248 (250).

392   So OLG Stuttgart FamRZ 2001, 645.

393   OLG Nürnberg FamRZ 2009, 240; OLG Zweibrücken FamRZ 1999, 950 (abgelehnt, wenn über den Rückführungsantrag bereits rechtskräftig entschieden ist); aA AG Mannheim FamRZ 1997, 1101 (Ausstellung der Widerrechtlichkeitsbescheinigung zur Vorbereitung einer Kindesrückführung auch ohne genaue Kenntnis des Staates, in welchen das Kind entführt worden ist) Hier wird die Frage nach dem Rechtschutzbedürfnis nicht erörtert, denn das Kind kann sich auch in einem Staat befinden, in Bezug auf den das HKÜ nicht gilt, so dass kein Rückführungsantrag nach dem HKÜ möglich ist.

394   *Pérez*-Vera, Bericht, Rn. 120.

395   *Pérez*-Vera, Bericht, Rn. 120.

396   Staudinger/*Pirrung* HKÜ Art. 14–20 Rn. 79.

397   EGMR FamRZ 2007, 1527.

398   OLG Hamm FamRZ 2000, 370; *Henrich*, Int. Familienrecht, § 7 II 6.

Widerrechtlichkeitsbescheinigung abzulehnen.[399] Eine Bindung des über die Rückgabe entscheidenden Gerichts würde zwar der Verfahrensvereinfachung dienen. Dagegen spricht aber entscheidend, dass die Rechtswidrigkeitsbescheinigung regelmäßig ohne Beteiligung der antragsgegnerischen Partei des Rückgabeverfahrens ausgestellt wird und eine solche auch nicht zwingend vorgesehen ist.

Art. 16 HKÜ [Sorgerechtsentscheidung nach widerrechtlichem Verbringen oder Zurückhalten]

Ist den Gerichten oder Verwaltungsbehörden des Vertragsstaats, in den das Kind verbracht oder in dem es zurückgehalten wurde, das widerrechtliche Verbringen oder Zurückhalten des Kindes im Sinn des Artikels 3 mitgeteilt worden, so dürfen sie eine Sachentscheidung über das Sorgerecht erst treffen, wenn entschieden ist, daß das Kind aufgrund dieses Übereinkommens nicht zurückzugeben ist, oder wenn innerhalb angemessener Frist nach der Mitteilung kein Antrag nach dem Übereinkommen gestellt wird.

Der **Zweck** der Vorschrift ist es, den Vorrang einer Rückgabe nach dem HKÜ sicherzustellen. Daher soll **1** Art. 16 verhindern, dass, wenn eine Mitteilung erfolgt, in dem Staat, in dem sich das Kind nun aufhält, eine Sachentscheidung über die elterliche Sorge ergeht. Hierzu zählt nicht ein Verfahren auf Nichtanerkennung einer ausländischen Sorgerechtsentscheidung.[400] Ein Sorgerechtsverfahren im Herkunftsstaat wird von Art. 16 nicht berührt.[401]

Ungeklärt ist, welche Voraussetzungen die **Mitteilung** über das widerrechtliche Verbringen oder Zurückhalten erfüllen muss. Ausreichend ist sicherlich, dass ein Rückführungsantrag gestellt wird oder die zentrale **2** Behörde, bei der ein Antrag nach Art. 8 gestellt wurde, das mit dem Sorgerechtsverfahren befasste Gericht davon unterrichtet.[402] Ob auch die bloße Geltendmachung einer Entführung iSv Art. 3 durch den (Mit-)Sorgeberechtigten ausreicht, erscheint zweifelhaft.[403] Das mit der Sorgerechtssache befasste Gericht müsste sonst selbst prüfen, ob eine Widerrechtlichkeit iSv Art. 3 vorliegt. Bei einer Mitteilung durch die zentrale Behörde ist gewährleistet, dass eine erste Prüfung der Plausibilität der vorgebrachten Entführung stattgefunden hat, Art. 27. Das entbindet das angerufene Gericht aber nicht davon, die Frage einer Entführung im Rahmen seiner internationalen Zuständigkeit nach EheVO 2003/EheVO 2019 bzw. KSÜ, MSA bzw. autonomen Recht genau zu prüfen.

Bei Vorliegen einer entsprechenden Mitteilung ist ein neues Sorgerechtsverfahren unzulässig; ein bereits **3** laufendes Sorgerechtsverfahren ist auszusetzen.[404] Dieses **Verfahrenshindernis** entfällt, wenn der Antrag auf Rückgabe rechtskräftig abgewiesen oder nicht innerhalb angemessener Frist gestellt wird. Teilweise wird insoweit bereits eine Frist von wesentlich mehr als sechs Monaten für unangemessen lang gehalten.[405] Dies erscheint zu knapp bemessen. Nach dem Ziel der Vorschrift sollte die Frist flexibel in Anlehnung an die Jahresfrist nach Art. 12 Abs. 1 und 2 bestimmt werden, weil bei Antragstellung innerhalb der Jahresfrist eine hohe Wahrscheinlichkeit für eine Rückgabeanordnung besteht.[406] Die angemessene Frist nach Art. 16 kann daher nicht vor der Jahresfrist nach Art. 12 Abs. 1 ablaufen. Ist die Jahresfrist nach Art. 12 Abs. 1 abgelaufen, ist nur noch eine kurze Frist von wohl nicht mehr als drei Monaten angemessen.

Das Verfahrenshindernis besteht auch nach Erlass einer Rückgabeanordnung fort, solange der Antragsteller **4** die Vollstreckung der Rückgabeanordnung betreibt.[407]

---

399 Re J. (A Minor) (Abduction: Custody Rights) [House of Lords] [1990] 2 AC 562; AG Saarbrücken FamRZ 2003, 398; OLG Celle FamRZ 2007, 1587 (Bescheinigung ohne Begründung); OLG Stuttgart FamRZ 2001, 645 (Bescheinigung stützt sich auf nachträgliche Sorgeentscheidung); Staudinger/*Pirrung*, Art. 15 Rn. E 79a; aA Re D. (A Child) (Abduction: Rights of Custody) [2006] UKHL 51 (INCADAT HC/E/Uke 880); KG FamRZ 1997, 1098; differenzierend aA MüKoBGB/*Siehr* KindEntfÜbk Art. 15 Rn. 2; *Hohloch* IPRax 2016, 248: Bindung hinsichtlich der Feststellung zum Sorgerecht, nicht hinsichtlich der tatsächlichen Ausübung; offen gelassen von OLG Hamm FamRZ 2000, 370; OLG Karlsruhe FamRZ 2006, 1699.

400 BGH FamRZ 2011, 959 mit Anm. *Schulz*.
401 MüKoBGB/*Siehr* KindEntfÜbk Art. 16 Rn. 1.
402 *Pérez*-Vera, Bericht, Rn. 120; AG Würzburg FamRZ 1998, 1319.
403 Für eine formelle Mitteilung an das Gericht anscheinend *Bach* FamRZ 1997, 1051 (1053).
404 BGHZ 163, 248 = FamRZ 2005, 1540; Staudinger/*Pirrung* HKÜ Art. 14–20 Rn. E 80; anscheinend aA OLG Nürnberg FamRZ 2000, 369.
405 OLG Karlsruhe IPRspr. 2006 Nr. 80, S. 147; Staudinger/*Pirrung* HKÜ Art. 14–20 Rn. E 81.
406 S. AG Würzburg FamRZ 1998, 1319.
407 BGHZ 145, 197 = FamRZ 2000, 1502; KG FamRZ 2000, 373; OLG Stuttgart FamRZ 2000, 374; *Pirrung* IPRax 2002, 197 (198).

5   Art. 16 greift nicht mehr, wenn der Rückführungsantrag rechtskräftig zurückgewiesen worden ist oder wenn das Kind wieder in den Herkunftsstaat zurückgekehrt ist.[408] oder wenn das Kind wieder in den Herkunftsstaat zurückgekehrt ist. Dies entbindet das Gericht nicht von der Prüfung seiner internationalen Zuständigkeit nach den einschlägigen Rechtsgrundlagen (EheVO 2003/EheVO 2919, KSÜ, MSA oder autonomes Recht).[409]

6   Ist ein dringender Schutzbedarf für das Kind gegeben, muss trotz Art. 16 eine vorläufige Regelung erlassen werden können,[410] so zB über Art. 20 EheVO 2003/Art. 27, 15 EheVO 2019. Die Möglichkeit einer Rückgabeanordnung wird, auch wegen Art. 17, hierdurch nicht beeinträchtigt.

7   Ist eine Entscheidung in Unkenntnis der Entführung oder unter Verstoß des Art. 16 ergangen, führt dies nicht zu ihrer Unwirksamkeit. Auf das Rückführungsverfahren hat eine derartige Entscheidung keinen Einfluss, → HKÜ Art. 17). Sie sollte aber aufgrund ihres Rechtsscheins baldmöglichst aufgehoben werden. Ob dies in Deutschland auch durch das nach § 13 Abs. 3 IntFamRVG mit einem Rückführungsverfahren zuständige Spezialgericht geschehen kann,[411] erscheint zweifelhaft. Denn die Sogwirkung erstreckt sich nur auf anhängige, also noch nicht entschiedene Verfahren.

Art. 17 HKÜ [Sorgerechtsentscheidung und Rückgabe]

Der Umstand, daß eine Entscheidung über das Sorgerecht im ersuchten Staat ergangen oder dort anerkennbar ist, stellt für sich genommen keinen Grund dar, die Rückgabe eines Kindes nach Maßgabe dieses Übereinkommens abzulehnen; die Gerichte oder Verwaltungsbehörden des ersuchten Staates können jedoch bei der Anwendung des Übereinkommens die Entscheidungsgründe berücksichtigen.

1   Die Widerrechtlichkeit des Verbringens oder Zurückhaltens als Voraussetzung für die Rückgabeanordnung ist allein nach der Rechtslage aus Sicht des Herkunftsstaates zu beurteilen, → HKÜ Art. 3 Rn. 6. Auf die Rechtslage im ersuchten Staat kommt es nicht an. Art. 17 stellt klar, dass dies auch gilt, wenn im ersuchten Staat aufgrund einer dort ergangenen oder anzuerkennenden Entscheidung eine andere Rechtslage gilt.[412]

2   Unerheblich ist, ob die aus Sicht des ersuchten Staates maßgebliche Entscheidung vor der Entführung[413] oder nach der Entführung ergangen ist. Auch eine Entscheidung, die mangels Mitteilung iSv Art. 16 zulässigerweise im ersuchten Staat getroffen worden ist, kann einer Rückgabe nicht entgegenstehen.

3   Hs. 2 erlaubt es aber, die Entscheidungsgründe, dh vor allem auch die tatsächlichen Feststellungen des Gerichts etwa aufgrund eines hinzugezogenen Gutachtens für die Beurteilung des Kindeswohls nach Art. 13 Abs. 1 lit. b bei der Rückgabeentscheidung zu berücksichtigen.[414]

Art. 18 HKÜ [Sonstige Rückgabeanordnungen]

Die Gerichte oder Verwaltungsbehörden werden durch die Bestimmungen dieses Kapitels nicht daran gehindert, jederzeit die Rückgabe des Kindes anzuordnen.

1   Das HKÜ hindert die Vertragsstaaten nicht, eine Rückführung des Kindes auf anderer Rechtsgrundlage auch dann anzuordnen, wenn die Voraussetzungen nach dem HKÜ für eine Rückgabeanordnung nicht vorliegen. Das HKÜ will die Rückgabe des Kindes erleichtern und keinesfalls erschweren. In Art. 34 S. 2 wird diese Regelung wiederholt. Im deutschen Recht ist eine solche Möglichkeit nicht gegeben.[415]

408   OLG Bremen NJW 2017, 1155 mit Anm. *Riegner* NZFam 2017, 765 und *Gruber/Möller* IPRax 2019, 221; Staudinger/*Pirrung* HKÜ Art. 14–20 Rn. 82.

409   *Pirrung* IPRax 2002, 197 (198); aA OLG Hamm FamRZ 2000, 373: Verfahrenshindernis, solange im Herkunftsstaat ein Sorgerechtsverfahren anhängig ist.

410   Offen gelassen von OLG Nürnberg NJWE-FER 2000, 109.

411   Staudinger/*Pirrung* HKÜ Art. 14–20 Rn. 80 b.

412   OLG Zweibrücken FamRZ 2019, 913; AG Hamm FamRZ 2010, 2086; MüKoBGB/*Siehr* KindEntfÜbk Art. 17 Rn. 1 f.

413   OLG Celle IPRspr. 1999 Nr. 82 b.

414   Staudinger/*Pirrung* HKÜ Art. 14–20, Rn. E 83.

415   MüKoBGB/*Siehr* KindEntfÜbk Art. 18 Rn. 1; Staudinger/*Pirrung* HKÜ Art. 14–20 Rn. E 84.

Art. 19 HKÜ [Verhältnis zu Sorgerechtsentscheidungen]

Eine aufgrund dieses Übereinkommens getroffene Entscheidung über die Rückgabe des Kindes ist nicht als Entscheidung über das Sorgerecht anzusehen.

Art. 19 stellt klar, dass durch die Rückgabe nur der Zustand vor der Entführung wiederhergestellt werden soll. Im Herkunftsstaat kann eine Neuregelung des Sorgerechts beantragt werden. Die im Herkunftsstaat zu treffende Sorgerechtsentscheidung wird durch die Rückgabeentscheidung nicht präjudiziert.[416] Allerdings kann die Tatsache der Entführung bei einer späteren Sorgerechtsentscheidung zulasten des Entführers berücksichtigt werden.   **1**

Rückführungsentscheidungen können deswegen, wenn das Kind mittlerweile in einen dritten Staat verbracht worden ist, nicht wie eine Sorgerechtsentscheidung nach EheVO 2003/EheVO 2019, KSÜ, ESÜ oder autonomen Recht in diesem dritten Staat anerkannt und vollstreckt werden.[417] Es ist dann dort, wenn es sich um einen Vertragsstaat handelt, ein weiteres Rückführungsverfahren zu führen. Im Geltungsbereich der EheVO 2003, → Art. 1 Rn. 9, kann die Rückführungsentscheidung im Fall der Weiterentführung in einen anderen Mitgliedstaat auch dort vollstreckt werden. Denn Rückführungsentscheidungen aus einem Mitgliedstaat unterliegen im Bereich der EheVO 2019 den Anerkennungs- und Vollstreckungsregelungen der EheVO 2019, Art. 2 Abs. 1 lit. a, ErwG 16 EheVO 2019.   **2**

Art. 20 HKÜ [Menschenrechte]

Die Rückgabe des Kindes nach Artikel 12 kann abgelehnt werden, wenn sie nach den im ersuchten Staat geltenden Grundwerten über den Schutz der Menschenrechte und Grundfreiheiten unzulässig ist.

Art. 20 enthält einen auf die Menschenrechte und Grundfreiheiten beschränkten speziellen Ordre-public-Vorbehalt, der den Rückgriff auf Art. 6 EGBGB ausschließt.[418] Er ist erfüllt, wenn die vom ersuchten Staat anerkannten einschlägigen Grundwerte die Rückgabe nicht zulassen.[419] Es geht um Rechte des Kindes und auch der Eltern.[420] Die Beachtung der Menschenrechte und Grundfreiheiten des Kindes können für die Rückgabeentscheidung bereits durch Art. 13 Abs. 1 lit. b und Abs. 2 berücksichtigt werden.   **1**

Der Vorbehalt greift nur in sehr extremen Ausnahmefällen.[421] Das BVerfG hat zwar in einem Fall in einer einstweiligen Anordnung die Rückgabe eines Kleinkindes an den Vater in die USA unter Rückgriff auf Art. 20 untersagt,[422] die Verfassungsbeschwerde aber anschließend nicht zur Entscheidung angenommen.[423] Es hat festgestellt, dass die Beachtung des Kindeswohls, wie sie nach den Regelungen des HKÜ erfolgt, nach denen die Rückführung der Regelfall ist und die Ausnahmen nach Art. 13 und Art. 20 eng auszulegen sind, verfassungsrechtlich nicht zu beanstanden ist.[424]   **2**

Eine Rückgabe kann nach Art. 20 etwa unterbleiben, wenn die Entscheidung über das Sorgerecht im Herkunftsstaat nicht am Kindeswohl ausgerichtet ist, sondern nach anderen Kriterien verteilt wird, wie etwa der Bevorzugung des Mannes oder der Maßgeblichkeit des Verschuldens für die Scheidung, und im konkreten Fall die Gefahr besteht, dass eine dem Kindeswohl nicht entsprechende Sorgerechtsentscheidung getroffen wird.[425] Ein zu beachtender Ordre-public-Verstoß kann auch darin liegen, dass die Freiheit der Religionsausübung und der religiösen Erziehung des Kindes im Herkunftsland nicht gewährleistet ist.[426]   **3**

---

416 MüKoBGB/*Siehr* KindEntfÜbk Art. 19 Rn. 1.
417 Staudinger/*Pirrung* HKÜ Art. 14–20 Rn. E 85.
418 *Mansel* NJW 1990, 2176 (2177); Staudinger/*Pirrung* HKÜ Art. 14–20 Rn. E 86.
419 *Pérez-Vera*, Bericht, Rn. 118.
420 Staudinger/*Pirrung* HKÜ Art. 14–20 Rn. E 86 a.
421 *Pérez-Vera*, Bericht, Rn. 118; Staudinger/*Pirrung* HKÜ Art. 14–20 Rn. E 86.
422 BVerfG FamRZ 1995, 663.
423 BVerfG FamRZ 1996, 277.

424 BVerfG IPRax 2000, 216 = NJW 1999, 631; sa EGMR NJWE-FER 2001, 202; zur EMRK auch *Schulz* FamRZ 2001, 1420.
425 Staudinger/*Pirrung* HKÜ Art. 14–20 Rn. E 86; OLG Stuttgart OLGReport München 2009, 402 (Verneinung rechtsstaatlicher Bedenken bei einer Rückführung nach Thailand).
426 *Mansel* NJW 1990, 2176 (2177); Staudinger/*Pirrung* HKÜ Art. 14–20 Rn. E 86.

Kapitel IV
Recht zum persönlichen Umgang

Art. 21 HKÜ [Recht zum persönlichen Umgang]

(1) Der Antrag auf Durchführung oder wirksame Ausübung des Rechts zum persönlichen Umgang kann in derselben Weise an die zentrale Behörde eines Vertragsstaats gerichtet werden wie ein Antrag auf Rückgabe des Kindes.

(2) ¹Die zentralen Behörden haben aufgrund der in Artikel 7 genannten Verpflichtung zur Zusammenarbeit die ungestörte Ausübung des Rechts zum persönlichen Umgang sowie die Erfüllung aller Bedingungen zu fördern, denen die Ausübung dieses Rechts unterliegt. ²Die zentralen Behörden unternehmen Schritte, um soweit wie möglich alle Hindernisse auszuräumen, die der Ausübung dieses Rechts entgegenstehen.

(3) Die zentralen Behörden können unmittelbar oder mit Hilfe anderer die Einleitung eines Verfahrens vorbereiten oder unterstützen mit dem Ziel, das Recht zum persönlichen Umgang durchzuführen oder zu schützen und zu gewährleisten, daß die Bedingungen, von denen die Ausübung dieses Rechts abhängen kann, beachtet werden.

1   Die Regelung zum Umgangsrecht dient der Verwirklichung des in Art. 1 genannten zweiten Ziels des HKÜ.[427] Die Ausarbeitung ist aus Zeitmangel bei der internationalen Konferenz nur rudimentär erfolgt.[428]

2   Das HKÜ gewährleistet die Zusammenarbeit der zentralen Behörden in Bezug auf den Umgang. Ein Elternteil kann nach Art. 8 ff. für die Begründung oder die Durchsetzung eines bestehenden Besuchsrechts die zentralen Behörden einschalten.

3   Voraussetzung für einen Umgangsantrag nach Art. 20 ist eine grenzüberschreitende Lage zwischen zwei Vertragsstaaten, zwischen denen das HKÜ gilt.[429] Soll in Bezug auf ein Kind **erstmals ein Besuchsrecht angeordnet** werden, so ist das HKÜ nur einschlägig, wenn ein Bezug zu mehreren Vertragsstaaten besteht, dh das Kind muss seinen gewöhnlichen Aufenthalt in einem Vertragsstaat haben, der Elternteil, der ein Umgangsrecht mit dem Kind erhalten will, muss sich in einem anderen Vertragsstaat aufhalten, wobei das HKÜ zwischen den beiden Staaten gilt, und dieser muss das Kind besuchsweise mit in diesen Staat nehmen wollen. Auch wenn die Tatsache, dass dies im HKÜ geregelt ist, etwas anderes vermuten lassen könnte, bedarf es keines einer Entführung vergleichbaren widerrechtlichen Handelns.[430]

Die deutsche zentrale Behörde kann das Jugendamt nach § 9 Abs. 1 Nr. 4 IntFamRVG einschalten, ansonsten ein gerichtliches Verfahren einleiten. Das HKÜ regelt nicht, welche Gerichte für Anordnungen zum Besuchsrecht zuständig sind und nach welchem materiellen Recht sich ein Besuchsrecht richtet.[431] Dies regelt das in dem jeweiligen Vertragsstaat anwendbare Recht unter Einschluss des dort anzuwendenden Internationalen Privatrechts, Art. 34. In Deutschland wird die Frage der internationalen Zuständigkeit durch Art. 8 ff. EheVO 2003/Art. 7 ff. EheVO 2019, Art. 5 ff. KSÜ, MSA, ESÜ, sonst § 99 FamFG, geregelt. Örtlich gilt in Deutschland für Umgangsverfahren nach Art. 21 die Sonderzuständigkeit nach §§ 11, 12 IntFamRVG. Die Frage des anwendbaren Rechts wird regelmäßig durch Art. 15 KSÜ bestimmt.[432]

Kapitel V
Allgemeine Bestimmungen

Art. 22 HKÜ [Keine Sicherheitsleistung oder Hinterlegung]

In gerichtlichen oder behördlichen Verfahren, die unter dieses Übereinkommen fallen, darf für die Zahlung von Kosten und Auslagen eine Sicherheitsleistung oder Hinterlegung gleich welcher Bezeichnung nicht auferlegt werden.

---

427   *Pérez-Vera*, Bericht, Rn. 56, 125.
428   Staudinger/*Pirrung* HKÜ Art. 14–20 Rn. E 88.
429   Staudinger/*Pirrung* HKÜ Art. 14–20 Rn. E 87 und 88, der ohne nähere Begründung und nicht überzeugend auch noch einen dritten (Nachbar-)Staat einbezieht.

430   Staudinger/*Pirrung* HKÜ Art. 14–20 Rn. E 88.
431   AnwHdB FamR Kapitel 16, Rn. 306.
432   Zu den Einzelheiten *Erb-Klünemann/Niethammer-Jürgens* Rn. 128 ff.

Art. 23 HKÜ [Formfreiheit]

Im Rahmen dieses Übereinkommens darf keine Legalisation oder ähnliche Förmlichkeit verlangt werden.

Art. 24 HKÜ [Übersetzung]

(1) Anträge, Mitteilungen oder sonstige Schriftstücke werden der zentralen Behörde des ersuchten Staates in der Originalsprache zugesandt; sie müssen von einer Übersetzung in die Amtssprache oder eine der Amtssprachen des ersuchten Staates oder, wenn eine solche Übersetzung nur schwer erhältlich ist, von einer Übersetzung ins Französische oder Englische begleitet sein.

(2) Ein Vertragsstaat kann jedoch einen Vorbehalt nach Artikel 42 anbringen und darin gegen die Verwendung des Französischen oder Englischen, jedoch nicht beider Sprachen, in den seiner zentralen Behörde übersandten Anträgen, Mitteilungen oder sonstigen Schriftstücken Einspruch erheben.

Wenn überhaupt Kosten und Auslagen verlangt werden können, → HKÜ Art. 26, darf nach **Art. 22**, der 1 einer Verfahrensverzögerung vorbeugt, keine Sicherheitsleistung oder Hinterlegung verlangt werden. Davon ausgenommen sind bei ausgehenden Ersuchen Vorschüsse für Übersetzungskosten und bei eingehenden Ersuchen solche aufgrund Anwaltskosten.[433]

Die Anträge, Mitteilungen und sonstigen Schriftstücke müssen im Original vorgelegt werden. Förmlichkei- 2 ten zur Sicherstellung der Echtheit übermittelter Unterlagen dürfen nach **Art. 23** nicht verlangt werden.

Anträge und Mitteilungen werden nach **Art. 24** grundsätzlich in der Amtssprache der zentralen Behörde des 3 ersuchenden Staates, begleitet mit einer Übersetzung in die Amtssprache des ersuchten Staates eingereicht. Unter den Voraussetzungen in Art. 24 S. 1 aE kann bei nur schwer erhältlicher Übersetzung ins Französische oder Englische übersetzt werden, wenn nicht ein Vorbehalt iSv Art. 24 Abs. 2, 42 eingelegt ist. Einen solchen hat Deutschland nicht eingelegt; s. zu den Vorbehalten anderer Staaten die Liste auf der Internetseite der Haager Konferenz für Internationales Privatrecht.[434] Die Mitteilungen können auch bereits in der Amtssprache des ersuchten Staates verfasst werden.[435] Das Bundesamt für Justiz hält Antragsformulare in gängigen Fremdsprachen vor.[436]

Für in Deutschland eingehende Ersuchen ist § 4 IntFamRVG zu beachten, für aus Deutschland ausgehende 4 Ersuchen § 5 IntFamRVG. Nach § 5 Abs. 2 IntFamRVG kann beim Wohnsitzgericht die Befreiung von der nach § 5 Abs. 1 IntFamRVG bestehenden Erstattungspflicht gegenüber der deutschen zentralen Behörde für Übersetzungen für den im Ausland zu stellenden Antrag auf Rückführung, Umgang, Anerkennung oder Vollstreckbarerklärung beantragt werden. Für dieses Geschäft der Rechtspflegeverwaltung ist nach § 29 RPflG der Rechtspfleger zuständig. Rechtsmittel ist der Antrag auf gerichtliche Entscheidung, über den das OLG entscheidet, §§ 23, 25 EGGVG.

Art. 25 HKÜ [Prozesskosten- und Beratungshilfe]

Angehörigen eines Vertragsstaats und Personen, die ihren gewöhnlichen Aufenthalt in einem solchen Staat haben, wird in allen mit der Anwendung dieses Übereinkommens zusammenhängenden Angelegenheiten Prozeßkosten- und Beratungshilfe in jedem anderen Vertragsstaat zu denselben Bedingungen bewilligt wie Angehörigen des betreffenden Staates, die dort ihren gewöhnlichen Aufenthalt haben.

Art. 26 HKÜ [Verfahrenskosten]

(1) Jede zentrale Behörde trägt ihre eigenen Kosten, die bei der Anwendung dieses Übereinkommens entstehen.

(2) ¹Für die nach diesem Übereinkommen gestellten Anträge erheben die zentralen Behörden und andere Behörden der Vertragsstaaten keine Gebühren. ²Insbesondere dürfen sie vom Antragsteller

---

433 Staudinger/*Pirrung* HKÜ Art. 21–25 Rn. E 92.

434 http://www.hcch.net/index_en.php?act=conventions.
status&cid=24 (Stand: 30.3.2020).

435 Staudinger/*Pirrung* Vor Art. 21–25, Rn. E 94.

436 https://www.bundesjustizamt.de/DE/Themen/Buerge
rdienste/HKUE/Formulare/Formulare_node.html;jses
sionid=47912A324D1A71FA924FAE35DBD5DEC
B.1_cid394 (Stand 30.3.2020).

weder die Bezahlung von Verfahrenskosten noch der Kosten verlangen, die gegebenenfalls durch die Beiordnung eines Rechtsanwalts entstehen. [3]Sie können jedoch die Erstattung der Auslagen verlangen, die durch die Rückgabe des Kindes entstanden sind oder entstehen.

(3) Ein Vertragsstaat kann jedoch einen Vorbehalt nach Artikel 42 anbringen und darin erklären, daß er nur insoweit gebunden ist, die sich aus der Beiordnung eines Rechtsanwalts oder aus einem Gerichtsverfahren ergebenden Kosten im Sinn des Absatzes 2 zu übernehmen, als diese Kosten durch sein System der Prozeßkosten- und Beratungshilfe gedeckt sind.

(4) Wenn die Gerichte oder Verwaltungsbehörden aufgrund dieses Übereinkommens die Rückgabe des Kindes anordnen oder Anordnungen über das Recht zum persönlichen Umgang treffen, können sie, soweit angezeigt, der Person, die das Kind verbracht oder zurückgehalten oder die die Ausübung des Rechts zum persönlichen Umgang vereitelt hat, die Erstattung der dem Antragsteller selbst oder für seine Rechnung entstandenen notwendigen Kosten auferlegen; dazu gehören insbesondere die Reisekosten, alle Kosten oder Auslagen für das Auffinden des Kindes, Kosten der Rechtsvertretung des Antragstellers und Kosten für die Rückgabe des Kindes.

1   Personen mit Staatsangehörigkeit bzw. gewöhnlichem Aufenthalt in einem anderen Vertragsstaat wird Verfahrenskostenhilfe nach den hiesigen Bedingungen bewilligt, **Art. 25**. Damit sind auch unabhängig von den Verhältnissen im Ausland die Tabellen zu § 115 ZPO zugrunde zu legen.[437]

Die zentralen Behörden arbeiten kostenfrei, **Art. 26**. Auch das Rückführungsverfahren ist mit Ausnahme der durch die Rückgabe entstandenen Kosten grundsätzlich kostenfrei. Deutschland hat aber den Vorbehalt eingelegt nach Art. 16 Abs. 2, 42. § 43 IntFamRVG regelt, dass Kostenbefreiung nur nach Maßgabe der Vorschriften über Beratungs- und Verfahrenskostenhilfe erfolgt. Nach dem Gegenseitigkeitsprinzip können Antragsteller aus Staaten, die den Vorbehalt eingelegt haben, in anderen Vertragsstaaten keine Kostenbefreiung beanspruchen.[438]

Wird die Rückführung angeordnet, kann der antragsgegnerischen Partei die Erstattung der in Art. 26 Abs. 3 aufgeführten Kosten der antragstellenden Partei auferlegt werden.[439] Wird der Antrag aufgrund eines Ausnahmetatbestandes zurückgewiesen, ist aufgrund der Widerrechtlichkeit des Handelns regelmäßig eine hälftige Kostenübernahme angemessen.

Art. 27 HKÜ [Offenkundig unbegründeter Antrag]

[1]Ist offenkundig, daß die Voraussetzungen dieses Übereinkommens nicht erfüllt sind oder daß der Antrag sonstwie unbegründet ist, so ist eine zentrale Behörde nicht verpflichtet, den Antrag anzunehmen. [2]In diesem Fall teilt die zentrale Behörde dem Antragsteller oder gegebenenfalls der zentralen Behörde, die ihr den Antrag übermittelt hat, umgehend ihre Gründe mit.

Art. 28 HKÜ [Bevollmächtigung]

Eine zentrale Behörde kann verlangen, daß dem Antrag eine schriftliche Vollmacht beigefügt wird, durch die sie ermächtigt wird, für den Antragsteller tätig zu werden oder einen Vertreter zu bestellen, der für ihn tätig wird.

1   Die zentrale Behörde kann die Entgegennahme des Antrags im Fall offenkundiger Unbegründetheit nach **Art. 27** ablehnen, also ohne Erfordernis weiterer Rechts- und Tatsachenprüfung.[440] Dies wird die Ausnahmetatbestände betreffend regelmäßig nicht der Fall sein. § 8 IntFamRVG sieht für Deutschland als Rechtsmittel die Entscheidung des OLG Köln vor.[441]

In Ergänzung zu **Art. 28** regelt § 5 Abs. 2 S. 2 IntFamRVG eine Vollmachtsfiktion zugunsten der deutschen Zentralen Behörde.

---

437 Staudinger/*Pirrung* Vor Art. 21–25 Rn. E 97.

438 Staudinger/*Pirrung* HKÜ Art. 26 Rn. E 100.

439 Sa BGH FamRZ 1990, 966 zur Erstattungspflicht von Detektivkosten, um das Kind ausfindig zu machen und OLG Bremen FamRZ 2002, 1720 zur Erstattung von Kosten durch eigenständige Rückführung.

440 Staudinger/*Pirrung* HKÜ Art. 27–33 Rn. E 102.

441 Beispielsweise OLG Köln 24.4.2017 – 21 UF 37/13 (bejahte Offenkundigkeit, dass die nachträgliche Einräumung eines (Mit-)Sorgerechts weder ein widerrechtliches Verbringen noch ein widerrechtliches Zurückhalten begründen kann).

Art. 29 HKÜ [Rechtsweg]

Dieses Übereinkommen hindert Personen, Behörden oder sonstige Stellen, die eine Verletzung des Sorgerechts oder des Rechts zum persönlichen Umgang im Sinn des Artikels 3 oder 21 geltend machen, nicht daran, sich unmittelbar an die Gerichte oder Verwaltungsbehörden eines Vertragsstaats zu wenden, gleichviel ob dies in Anwendung des Übereinkommens oder unabhängig davon erfolgt.

Die Stellung eines Antrags ohne Einschaltung der zentralen Behörde(n), also unmittelbar bei der Stelle, die   **1** im ersuchten Staat für die Entscheidung über die Rückgabe zuständig ist, ist immer möglich. In Deutschland herrscht insoweit auch kein Anwaltszwang.

Art. 30 HKÜ [Annahmeverpflichtung]

Jeder Antrag, der nach diesem Übereinkommen an die zentralen Behörden oder unmittelbar an die Gerichte oder Verwaltungsbehörden eines Vertragsstaats gerichtet wird, sowie alle dem Antrag beigefügten oder von einer zentralen Behörde beschafften Schriftstücke und sonstigen Mitteilungen sind von den Gerichten oder Verwaltungsbehörden der Vertragsstaaten ohne weiteres entgegenzunehmen.

Art. 31 HKÜ [Territoriale Rechtssysteme]

Bestehen in einem Staat auf dem Gebiet des Sorgerechts für Kinder zwei oder mehr Rechtssysteme, die in verschiedenen Gebietseinheiten gelten, so ist
a) eine Verweisung auf den gewöhnlichen Aufenthalt in diesem Staat als Verweisung auf den gewöhnlichen Aufenthalt in einer Gebietseinheit dieses Staates zu verstehen;
b) eine Verweisung auf das Recht des Staates des gewöhnlichen Aufenthalts als Verweisung auf das Recht der Gebietseinheit dieses Staates zu verstehen, in der das Kind seinen gewöhnlichen Aufenthalt hat.

Art. 32 HKÜ [Personelle Rechtssysteme]

Bestehen in einem Staat auf dem Gebiet des Sorgerechts für Kinder zwei oder mehr Rechtssysteme, die für verschiedene Personenkreise gelten, so ist eine Verweisung auf das Recht dieses Staates als Verweisung auf das Rechtssystem zu verstehen, das sich aus der Rechtsordnung dieses Staates ergibt.

Art. 33 HKÜ [Anwendbarkeit bei verschiedenen Rechtssystemen]

Ein Staat, in dem verschiedene Gebietseinheiten ihre eigenen Rechtsvorschriften auf dem Gebiet des Sorgerechts für Kinder haben, ist nicht verpflichtet, dieses Übereinkommen anzuwenden, wenn ein Staat mit einheitlichem Rechtssystem dazu nicht verpflichtet wäre.

Art. 34 HKÜ [Vorrang dieses Übereinkommen]

[1]Dieses Übereinkommen geht im Rahmen seines sachlichen Anwendungsbereichs dem Übereinkommen vom 5. Oktober 1961 über die Zuständigkeit der Behörden und das anzuwendende Recht auf dem Gebiet des Schutzes von Minderjährigen vor, soweit die Staaten Vertragsparteien beider Übereinkommen sind. [2]Im übrigen beschränkt dieses Übereinkommen weder die Anwendung anderer internationaler Übereinkünfte, die zwischen dem Ursprungsstaat und dem ersuchten Staat in Kraft sind, noch die Anwendung des nichtvertraglichen Rechts des ersuchten Staates, wenn dadurch die Rückgabe eines widerrechtlich verbrachten oder zurückgehaltenen Kindes erwirkt oder die Durchführung des Rechts zum persönlichen Umgang bezweckt werden soll.

1   Das HKÜ geht in seinem Anwendungsbereich dem MSA vor.[442] Die Zuständigkeit für die Rückgabeanordnung folgt daher nur aus dem HKÜ. Auch für die Frage der Widerrechtlichkeit des Verbringens oder Zurückhaltens kommt es nicht auf das Heimatrecht des Kindes nach Art. 3 MSA an. Gleiches gilt auch im Verhältnis zum KSÜ, das nach seinem Art. 50 dem HKÜ nachgeht. Enthält das HKÜ keine abschließende Regelung, so zB betreffend Schutzmaßnahmen, gelten die EheVO 2003/EheVO 2019 und das KSÜ.

2   Andere Regelungen, die zusätzliche Möglichkeiten für die Rückgabe des entführten Kindes eröffnen, bleiben nach der Zielsetzung des HKÜ, die Rückführung zu erleichtern, unberührt. Das gilt etwa für das ESÜ, das in seinem Art. 8 zwischen Vertragsstaaten ein Rückführungsverfahren vorsieht. Nach § 37 IntFamRVG ist das ESÜ in Deutschland nur anzuwenden, wenn der Antragsteller dies ausdrücklich wünscht.

Art. 35 HKÜ [Zeitliche Anwendbarkeit]

(1) Dieses Übereinkommen findet zwischen den Vertragsstaaten nur auf ein widerrechtliches Verbringen oder Zurückhalten Anwendung, das sich nach seinem Inkrafttreten in diesen Staaten ereignet hat.

(2) Ist eine Erklärung nach Artikel 39 oder 40 abgegeben worden, so ist die in Absatz 1 des vorliegenden Artikels enthaltene Verweisung auf einen Vertragsstaat als Verweisung auf die Gebietseinheit oder die Gebietseinheiten zu verstehen, auf die das Übereinkommen angewendet wird.

1   Die Anwendbarkeit des HKÜ setzt voraus, dass das Übereinkommen zum Zeitpunkt der widerrechtlichen Handlung zwischen den zwei Vertragsstaaten in Kraft war. S. die Liste der Vertragsstaaten mit dem Zeitpunkt des Inkrafttretens bei → HKÜ Art. 1 Rn. 4–5.

Art. 36 HKÜ [Verzicht auf Einschränkungen]

Dieses Übereinkommen hindert zwei oder mehr Vertragsstaaten nicht daran, Einschränkungen, denen die Rückgabe eines Kindes unterliegen kann, dadurch zu begrenzen, daß sie untereinander vereinbaren, von solchen Bestimmungen des Übereinkommens abzuweichen, die eine derartige Einschränkung darstellen könnten.

1   Solche Regelung enthalten Art. 11 EheVO 2003/Art. 22ff. EheVO 2019, die das HKÜ im Verhältnis der Mitgliedstaaten der EU mit Ausnahme von Dänemark modifizieren, um die Rückführung zu erleichtern.

Kapitel VI

Schlußbestimmungen

Art. 37–45 HKÜ (hier nicht wiedergegeben)

---

442   Zu den Einzelheiten *Hüßtege* IPRax 1992, 369 (370).

Anhang IV zu Art. 24 EGBGB: ESÜ

Haager Erwachsenenschutzübereinkommen [ESÜ]

vom 13. Januar 2000 (BGBl. 2007 II S. 324)

Literatur: *Bucher*, La Convention de La Haye sur la protection internationale des adultes, SZIER 2000, 37; *Clive*, The new Hague Convention on the protection of adults, Yearbook of Private International Law 2000, 1; *Fagan*, An Analysis of the Convention on the International Protection of Adults, Elder Law Journal 2002, 329; *Guttenberger*, Das Haager Übereinkommen über den internationalen Schutz von Erwachsenen, 2004; *ders.*, Das Haager Übereinkommen über den internationalen Schutz von Erwachsenen, BtPrax 2006, 83; *Helms*, Reform des internationalen Betreuungsrechts durch das Haager Erwachsenenschutzabkommen, FamRZ 2008, 1995; *Lagarde*, Erläuternder Bericht zu dem Übereinkommen über den internationalen Schutz von Erwachsenen, deutsche Übersetzung der ursprünglichen Fassung von 2000 in BT-Drucksache 14/3250, 28, Neufassung 2017 abrufbar über https://assets.hcch.net/docs/1509ab33-c2fe-4532-981c-7aa4dad9ba45.pdf; *Muñoz Fernandez*, La Protección del Adulto en el Derecho Internacional Privado, 2009; *Nitzinger*, Das Betreuungsrecht im internationalen Privatrecht, 1998; *Rausch*, Betreuung bei Auslandsbezug, BtPrax 2004, 137; *Revillard*, La convention de La Haye sur la protection internationale des adultes et la pratique du mandat inaptitude, in Le droit international privé: esprit et méthodes (Festschrift Paul Lagarde), 2005, 725; *dies.*, Protection international des adultes et droit international privé des majeurs protégés, Repertorie du Notariat Defrenois 2009, 35; *Röthel*, Erwachsenenschutz in Europa: Von paternalistischer Bevormundung zu gestaltbarer Fürsorge, FamRZ 2004, 999; *dies.*, Patientenverfügung und Vorsorgevollmacht in europäischer Perspektive, FPR 2007, 79; *Schulz*, Das Haager Übereinkommen über den internationalen Schutz von Erwachsenen, Archiv für Wissenschaft und Praxis der sozialen Arbeit Nr. 4/2007, 48; *Siehr*, Das Haager Übereinkommen über den Schutz Erwachsener, RabelsZ 64 (2000) 715; *ders.*, Der internationale Schutz Erwachsener nach dem Haager Übereinkommen von 1999, in Festschrift Dieter Henrich, 2000, 567; *Spickhoff*, Autonomie und Heteronomie im Alter, AcP 208 (2008), 345; *Wagner*, Die Regierungsentwürfe zur Ratifikation des Haager Übereinkommens vom 13.1.2000 zum internationalen Schutz Erwachsener, IPRax 2007, 11; *Wedemann*, Vorsorgevollmachten im internationalen Rechtsverkehr, FamRZ 2010, 785.

Kapitel I
Anwendungsbereich des Übereinkommens

Art. 1 ESÜ

(1) Dieses Übereinkommen ist bei internationalen Sachverhalten auf den Schutz von Erwachsenen anzuwenden, die aufgrund einer Beeinträchtigung oder der Unzulänglichkeit ihrer persönlichen Fähigkeiten nicht in der Lage sind, ihre Interessen zu schützen.

(2) Sein Ziel ist es,

a) den Staat zu bestimmen, dessen Behörden zuständig sind, Maßnahmen zum Schutz der Person oder des Vermögens des Erwachsenen zu treffen;

b) das von diesen Behörden bei der Ausübung ihrer Zuständigkeit anzuwendende Recht zu bestimmen;

c) das auf die Vertretung des Erwachsenen anzuwendende Recht zu bestimmen;

d) die Anerkennung und Vollstreckung der Schutzmaßnahmen in allen Vertragsstaaten sicherzustellen;

e) die zur Verwirklichung der Ziele dieses Übereinkommens notwendige Zusammenarbeit zwischen den Behörden der Vertragsstaaten einzurichten.

A. Entstehungsgeschichte; Inkrafttreten   1   C. Anwendungsbereich   8
B. Zielsetzung   5   D. Schutzbedürftigkeit 12

A. Entstehungsgeschichte; Inkrafttreten

Im Zuge der Überarbeitung des MSA wurden Überlegungen angestellt, den Anwendungsbereich des **1** geplanten neuen Instruments zum Kinderschutz dem Beispiel des Schweizer Rechts folgend auch auf Erwachsene auszudehnen. Aus Zeitgründen, aber auch aufgrund sachlicher Unterschiede,[1] wurden zwei verschiedene Übereinkommen erarbeitet. Als erstes wurde das KSÜ auf einer diplomatischen Konferenz am

---

1   MüKoBGB/*Lipp* Vorbem. zum ESÜ Rn. 16; *Schulz*
    ArchWissPraxSozArb 38 (2007), 49 ff.

19.10.1996 in Den Haag angenommen. Anschließend wurde das Erwachsenenschutzübereinkommen erarbeitet und auf einer diplomatischen Konferenz ebenfalls in Den Haag am 2.10.1999 angenommen.[2]

2   Die Trennung des Erwachsenenschutzes vom Kinderschutz hat sich für das Verhältnis zur Kollisionsrechtsvereinheitlichung der EU als eine glückliche Entscheidung erwiesen. Da die EU ihre Kompetenz nach Art. 61, 65 EGV nur im Bereich der Kinderschutzsachen durch die EheVO 2000 und EheVO 2003 ausgeübt hat, nicht hingegen im Bereich des Erwachsenenschutzes, steht es den Mitgliedstaaten frei, das ESÜ zu ratifizieren.[3]

3   Das ESÜ ist mit der dritten Ratifizierung durch Frankreich (s. Art. 53) im Verhältnis zwischen Frankreich, dem Vereinigten Königreich (nur für das Gebiet von Schottland) und Deutschland am 1.1.2009 in Kraft getreten. Es gilt heute ferner im Verhältnis zu(r) Schweiz (1.7.2009), Finnland (1.3.2011), Estland (1.11.2011), Tschechien (1.8.2012), Österreich (1.2.2014), Lettland (1.3.2018), Portugal (1.7.2018), Monaco (1.7.2018) und Zypern (1.11.2018).[4]

4   Das ESÜ lehnt sich im Aufbau und in vielen Details der Regelungen eng an das KSÜ an,[5] so dass zu Recht von Parallelübereinkommen gesprochen werden kann.[6] Nachdem in Kapitel I der Anwendungsbereich bestimmt wird, regelt Kapitel II die internationale Zuständigkeit für den Erlass von Schutzmaßnahmen, Kapitel III enthält das eigentliche Kollisionsrecht und Kapitel IV die Regeln zu Anerkennung und Vollstreckung von Schutzmaßnahmen aus einem anderen Vertragsstaat. Kapitel V regelt die internationale Zusammenarbeit zwischen den Vertragsstaaten durch ein System Zentraler Behörden und Kapitel VI enthält Allgemeine Bestimmungen und Kapitel VII die Schlussbestimmungen.

B. Zielsetzung

5   Abs. 2 enthält wie ein Inhaltsverzeichnis[7] eine Aufzählung der Regelungsgegenstände des ESÜ. Diese werden eher missverständlich als Ziele des Übereinkommens bezeichnet.[8] Ein eigener normativer Gehalt kommt diesem Absatz nicht zu.[9]

6   Übergeordnetes Ziel des ESÜ ist es, den Schutz von bedürftigen Erwachsenen bei internationalen Sachverhalten zu verbessern. Hintergrund ist die wachsende Zahl von älteren Personen, die nicht (mehr) in der Lage sind, ihre Interessen ganz oder teilweise selbst wahrzunehmen.[10] Zusätzliche nimmt die Mobilität auch im Alter zu. Viele Menschen verbringen ihren Lebensabend etwa aus klimatischen Gründen in einem anderen Land.[11] Das ESÜ ist Ausdruck der Erkenntnis, dass der durch das innerstaatliche Recht gewährte Erwachsenenschutz bei grenzüberschreitenden Fällen durch koordinierende Regelungen ergänzt werden muss, damit der erforderliche Schutz des Erwachsenen erreicht werden kann. Das ESÜ will den Schutz durch das in den Buchstaben a bis e genannte rechtliche Instrumentarium verwirklichen. Dabei handelt es sich zum einen um ein System von Normen zur Bestimmung der internationalen Zuständigkeit für den Erlass von Schutzmaßnahmen (lit. a).[12] Kollisionsrechtlich enthält das ESÜ Normen für die Bestimmung des anwendbaren Rechts für den Erlass einer Schutzmaßnahme (lit. b) und für den Fall der Vorsorgevollmacht, dh der Vertretung des Erwachsenen durch einen von ihm selbst bestellten Vertreter (lit. c). Das Übereinkommen bestimmt ferner die Voraussetzungen, unter denen Schutzmaßnahmen, die in einem Vertragsstaat ergangen sind, in einem anderen Vertragsstaat anzuerkennen und gegebenenfalls zu vollstrecken sind. Schließlich übernimmt das ESÜ das System der Zusammenarbeit von Zentralen Behörden in den jeweiligen Vertragsstaaten, wie es sich in anderen Haager Übereinkommen bereits bewährt hat (lit. e).

7   Bei der Anwendung des ESÜ soll, neben dem Wohl des Erwachsenen, immer auch seine Würde und seine Selbstbestimmung berücksichtigt werden. Dies wird in der Präambel im vierten Unterabsatz ausdrücklich hervorgehoben. Dabei handelt es sich um wertungsmäßige Vorgaben, die bei der Auslegung des Übereinkommens zu beachten sind.[13] Das Wohl des Erwachsenen kann in einem Spannungsverhältnis zu seiner Selbstbestimmung stehen. Sie müssen dann im konkreten Fall zu einem Ausgleich gebracht werden.[14]

---

2   Ausführlich dazu *Lagarde* Bericht Rn. 1 ff.; *Guttenberger*, S. 3–6.

3   S. dazu *Wagner* IPRax 2007, 11.

4   Nachw. zu den Vertragsstaaten auf der Internetseite der Haager Konferenz für Internationales Privatrecht http://www.hcch.net/index_en.php?act=conventions.status&cid=71.

5   MüKoBGB/*Lipp* Vorbem. zum ESÜ Rn. 17, 21.

6   *Lagarde* Bericht Rn. 4.

7   *Lagarde* Bericht Rn. 11.

8   So etwa MüKoBGB/*Lipp* Vorbem. zum ESÜ Rn. 20 zur Präambel und zu Art. 1 Abs. 2 ESÜ.

9   Staudinger/*von Hein* ESÜ Art. 1 Rn. 11.

10   S. *Lagarde* Bericht Rn. 3; vgl. auch MüKoBGB/*Lipp* Vorbem. zum ESÜ Rn. 1.

11   *Fagan* Elder Law Journal 2002, 329, 332 f.; MüKoBGB/*Lipp* Vorbem. zum ESÜ Rn. 13.

12   Zum Begriff der Schutzmaßnahmen im Sinne des Art. 1 Abs. 2 ESÜ: MüKoBGB/*Lipp* ESÜ Art. 1–4 Rn. 15 ff.

13   MüKoBGB/*Lipp* Vorbem. zum ESÜ Rn. 22; Staudinger/*von Hein* ESÜ Präambel Rn. 1.

14   *Lagarde* Bericht Rn. 7; MüKoBGB/*Lipp* Vorbem. zum ESÜ Rn. 22; Staudinger/*von Hein* ESÜ Präambel Rn. 2.

C. Anwendungsbereich

Der **persönliche Anwendungsbereich** wird in Art. 2 Abs. 1 auf Personen, die das 18. Lebensjahr vollendet   **8** haben, festgelegt. Damit ist eine klare Abgrenzung zum Anwendungsbereich des KSÜ gezogen, das auf alle Personen anwendbar ist, die das 18. Lebensjahr noch nicht vollendet haben.[15] Auf die Volljährigkeit oder Minderjährigkeit nach dem anwendbaren nationalen Recht kommt es in Übereinstimmung mit dem KSÜ nicht an.[16] Erfasst werden dagegen nur Maßnahmen zugunsten eines lebenden Erwachsenen.[17]

Nach Art. 1 Abs. 1 ist das ESÜ bei **internationalen Sachverhalten** anzuwenden.[18] Dabei handelt es sich   **9** aber um eine allgemeine programmatische Aussage nicht hingegen um eine Bestimmung des **räumlich-persönlichen Anwendungsbereichs.** Dieser ist vielmehr wie beim KSÜ nicht abstrakt bestimmbar, sondern ergibt sich aus den Tatbestandsvoraussetzungen der jeweiligen Norm.[19] So richtet sich die **internationale Zuständigkeit** nach dem Übereinkommen, wenn sich aus den Vorschriften der Art. 5 bis 12 die Zuständigkeit der Behörden eines Vertragsstaates ergibt. Die **Kollisionsregel** in Art. 13 bestimmt das anwendbare Recht, wenn eine Behörde nach den Vorschriften des ESÜ für den Erlass einer Schutzmaßnahme international zuständig ist. Die Kollisionsnorm in Art. 16, die unabhängig von einem Verfahren auf Erlass einer Schutzmaßnahme das anwendbare Recht für die Vertretungsmacht bestimmt, ist nach Art. 18 eine loi uniform, setzt also nicht voraus, dass der jeweilige Anknüpfungspunkt auf das Recht eines Vertragsstaates verweist. Die Regel ist daher insbesondere auch dann anwendbar, wenn der betroffene Erwachsene seinen gewöhnlichen Aufenthalt in einem Nichtvertragsstaat hat. Als Auslandsbezug reicht aber aus, dass der Erwachsene eines der in Art. 16 Abs. 2 vorgesehenen Rechte gewählt hat. Die Regeln über die **Anerkennung und Vollstreckung** gelten demgegenüber nur für Maßnahmen, die in einem Vertragsstaat ergangen sind und in einem anderen Vertragsstaat anerkannt und gegebenenfalls vollstreckt werden sollen. Voraussetzung für die Anerkennung ist dabei, dass die erlassende Behörde nach den Regeln des ESÜ international zuständig war, Art. 22 Abs. 2 lit. a.

Der sachliche Anwendungsbereich des ESÜ umfasst zum einen den Erlass von Maßnahmen zum Schutz   **10** der Person und/oder des Vermögens eines Erwachsenen. Mögliche Schutzmaßnahmen werden in Art. 3 beispielhaft und nicht abschließend aufgezählt.[20] Art. 4 nennt abschließend Sachbereiche, die vom ESÜ ausdrücklich ausgenommen sind.[21]

Außerhalb des Erlasses von Schutzmaßnahmen ist das ESÜ nur anwendbar für die Bestimmung des   **11** anwendbaren Rechts für die Vertretung eines Erwachsenen aufgrund einer von ihm erteilten Vorsorgevollmacht, Art. 1 Abs. 2 lit. c (s. dazu Art. 15). Das ESÜ regelt hingegen nicht das anwendbare Recht für die Frage, ob der Erwachsene aufgrund einer Beschränkung seiner persönlichen Fähigkeiten nicht mehr in der Lage war, selbst Rechtsgeschäfte wirksam vorzunehmen.[22]

D. Schutzbedürftigkeit

Sachlich[23] anwendbar ist das ESÜ außerdem nur auf Fälle, wenn ein Erwachsener aufgrund einer **Beein-**   **12** **trächtigung** oder der **Unzulänglichkeit seiner persönlichen Fähigkeiten** nicht in der Lage ist, seine Interessen zu schützen.[24] Es wurden damit bewusst neutrale Begriffe gewählt, die nicht wie Rechts-, Geschäfts- oder Handlungsunfähigkeit in den jeweiligen nationalen Rechtsordnungen bereits einen bestimmten Bedeutungsgehalt haben.[25]

Unzulänglichkeit soll die Fälle körperlicher oder geistiger Behinderung erfassen, während die Beeinträchtigung der persönlichen Fähigkeiten auf die Fälle altersbedingter Einschränkungen zielt.[26] Eine genaue   **13** Abgrenzung erscheint nicht möglich und auch nicht erforderlich, weil das ESÜ in jedem Fall anwendbar ist, in dem ein Erwachsener aufgrund beschränkter persönlicher Fähigkeiten ganz oder auch nur teilweise nicht

---

15   Ähnlich MüKoBGB/*Lipp* ESÜ Art. 1–4 Rn. 4.
16   MüKoBGB/*Lipp* ESÜ Art. 1–4 Rn. 4.
17   Im Einzelnen unter Art. 2 Rn. 2; *Lagarde* Bericht Rn. 16; MüKoBGB/*Lipp* ESÜ Art. 1–4 Rn. 7.
18   Vgl. zum Verhältnis zu anderen internationalen Abkommen: MüKoBGB/*Lipp* Vorbem. zum ESÜ Rn. 24 ff.
19   *Lagarde* Bericht Rn. 17; MüKoBGB/*Lipp* ESÜ Art. 1–4 Rn. 2, 34, 36; *Revillard* Defrenois 2009, 35, 45; *Siehr* RabelsZ 64 (2000) 715, 722; Staudinger/*von Hein* ESÜ Art. 1 Rn. 8.
20   *Lagarde* Bericht Rn. 18; MüKoBGB/*Lipp* ESÜ Art. 1–4 Rn. 19.
21   *Lagarde* Bericht Rn. 29; MüKoBGB/*Lipp* ESÜ Art. 1–4 Rn. 31.

22   *Lagarde* Bericht Rn. 19; MüKoBGB/*Lipp* ESÜ Art. 1–4 Rn. 27; vgl. insgesamt zur Problematik des Erwachsenenschutzes kraft Gesetzes im Rahmen des ESÜ: MüKoBGB/*Lipp* ESÜ Art. 1–4 Rn. 26–30; Vor Art. 13 Rn. 3.
23   Besonders betont von MüKoBGB/*Lipp* ESÜ Art. 1–4 Rn. 9.
24   Hierzu BGH NJW 2018, 613; OLG Karlsruhe FamRZ 2018, 440.
25   *Lagarde* Bericht Rn. 9.
26   *Lagarde* Bericht Rn. 9; *Guttenberger*, S. 60; LG Cottbus FamRZ 2018, 1639 (Demenz vom Alzheimer-Typ).

in der Lage ist, seine Interessen selbst wahrzunehmen. Ausgeschlossen werden damit aber die Fälle, in denen Schutzmaßnahmen für einen Erwachsenen erforderlich sind, weil Dritte ihn in Gefahr bringen. So fallen etwa Gewaltschutzmaßnahmen zugunsten eines misshandelten Ehegatten vor dem gewalttätigen Ehegatten nicht in den sachlichen Anwendungsbereich des ESÜ.[27] Nicht anwendbar ist das ESÜ auch auf die Fälle, bei denen ein Schutzbedürfnis für eine über 18 Jahre alte Person allein deswegen besteht, weil sie nach ihrem maßgeblichen Personalstatut noch minderjährig ist (→ Art. 2 Rn. 8 ff.).

14   Die zu schützenden Interessen sind in einem weiten Sinn zu verstehen. Es gehören dazu alle die Person des Erwachsenen betreffenden Interessen, aber auch solche im Hinblick auf das Vermögen des Erwachsenen.[28]

15   Anwendbar ist das ESÜ außerdem nur in den Fällen, in denen der Erwachsene beeinträchtigt ist, gerade seine eigenen Interessen wahrzunehmen. Die bloße Unfähigkeit, die Interessen anderer Personen, etwa die seiner eigenen Kinder angemessen wahrzunehmen, eröffnet den Anwendungsbereich des ESÜ nicht.[29]

16   Die Beeinträchtigung oder Unzulänglichkeit der persönlichen Fähigkeiten kann dauerhafter oder nur **vorübergehender** Natur sein. Entscheidend ist, dass im Interesse des Erwachsenen eine Schutzmaßnahme erforderlich ist.[30]

17   Eine Beeinträchtigung der persönlichen Fähigkeit, aus der sich ein Bedarf nach einer Schutzmaßnahme ergibt, kann auch bei einer **rein körperlichen Beeinträchtigung** vorliegen.[31] Nur so kann eine Schutzlücke vermieden werden. Die Ansicht, die diese Fälle aus dem sachlichen Anwendungsbereich des ESÜ ausnehmen will,[32] hat sich bei der Erarbeitung des ESÜ nicht durchgesetzt.[33] Teil des (deutschen) ordre public ist es aber, dass im materiellen Recht[34] der Wille des betroffenen körperlich behinderten Menschen uneingeschränkt berücksichtigt wird.[35]

Art. 2 ESÜ

(1) Im Sinn dieses Übereinkommens ist ein Erwachsener eine Person, die das 18. Lebensjahr vollendet hat.

(2) Dieses Übereinkommen ist auch auf Maßnahmen anzuwenden, die hinsichtlich eines Erwachsenen zu einem Zeitpunkt getroffen worden sind, in dem er das 18. Lebensjahr noch nicht vollendet hatte.

A. Altersgrenze, Abs. 1

1   Abs. 1 stellt für den persönlichen Anwendungsbereich auf die objektive Altersgrenze von 18 Jahren ab. Dadurch werden eine einheitliche Anwendbarkeit in allen Vertragsstaaten und eine klare Abgrenzung zum KSÜ erreicht. Auf die Regeln zur Volljährigkeit nach dem Heimatrecht oder dem Recht des gewöhnlichen Aufenthalts des Betroffenen kommt es daher nicht an. Das ESÜ ist auch dann anwendbar, wenn dieses Recht die Volljährigkeit erst ab einem höheren Alter eintreten lässt. Auf der anderen Seite ist das ESÜ nicht anwendbar, wenn eine Person unter 18 Jahren betroffen ist, selbst wenn diese Person nach dem einschlägigen nationalen Sachrecht bereits als volljährig gilt oder wie ein Erwachsener zu behandeln ist. Insoweit kann nur das KSÜ anwendbar sein.[36]

2   Das ESÜ ist nur anwendbar für Maßnahmen zum Schutz eines Erwachsenen, solange dieser lebt. Damit fallen insbesondere postmortale Vollmachten nicht in seinen Anwendungsbereich. Hat ein Erwachsener einen Vertreter bestellt, der für die Vermögensangelegenheiten nicht nur während der Zeit seiner Schutzbedürftigkeit, sondern auch für die Zeit nach seinem Tod sorgen soll, so wird das ESÜ mit dem Tod des Erwachsenen unanwendbar. Für die Zeit nach dem Tod bestimmt sich das auf die Vertretungsmacht anwendbare Recht nach dem jeweiligen nationalen Kollisionsrecht des forums.[37]

---

27   *Lagarde* Bericht Rn. 9; *Bucher* SZIER 2000, 37 (41); MüKoBGB/*Lipp* ESÜ Art. 1–4 Rn. 12; Staudinger/*von Hein* ESÜ Art. 1 Rn. 2.

28   *Lagarde* Bericht Rn. 10; *Guttenberger*, S. 60; MüKo-BGB/*Lipp* ESÜ Art. 1–4 Rn. 10; Staudinger/*von Hein* ESÜ Art. 1 Rn. 6.

29   *Clive* YPIL 2 (2000), 1, 5; Staudinger/*von Hein* ESÜ Art. 1 Rn. 6.

30   *Lagarde* Bericht Rn. 9.

31   *Lagarde* Bericht Rn. 10; *Guttenberger*, S. 61; *Siehr* RabelsZ 64 (2000), 715, 721.

32   AA *Clive* YPIL 2 (2000), 1, 5.

33   S. *Lagarde* Bericht Rn. 10.

34   Im deutschen Recht s. § 1896 Abs. 1 a BGB.

35   Staudinger/*von Hein* ESÜ Art. 1 Rn. 5; ähnlich MüKoBGB/*Lipp* ESÜ Art. 1–4 Rn. 12: Berücksichtigung der Schutzbedürftigkeit.

36   S. dazu *Lagarde* Bericht Rn. 15; *Bucher* SZIER 2000, 37 (39); MüKoBGB/*Lipp* ESÜ Art. 1–4 Rn. 4–6; *Siehr* RabelsZ 64 (2000), 715, 721.

37   *Lagarde* Bericht Rn. 16; MüKoBGB/*Lipp* ESÜ Art. 1–4 Rn. 7; Staudinger/*von Hein* ESÜ Art. 2 Rn. 2.

B. Fortgeltung von Maßnahmen, Abs. 2

Wurde für eine schutzbedürftige Person vor Vollendung ihres 18. Lebensjahres eine Schutzmaßnahme erlassen, so war hierauf nicht das ESÜ, sondern gegebenenfalls das KSÜ anwendbar. Die Regelung in Abs. 2 soll gewährleisten, dass das Erreichen der Altersgrenze und die dadurch eintretende Anwendbarkeit des ESÜ die Kontinuität des Schutzes nicht beeinträchtigt.[38] Abs. 2 bestimmt deswegen, dass mit Vollendung des 18. Lebensjahres die Regelungen des ESÜ auf solche Maßnahmen anwendbar werden, sich also die Fragen der Anerkennung, Durchführung, Aufhebung oder Änderung der Maßnahme nach dem ESÜ richten.[39] Das ESÜ gilt auch für die feststellende Entscheidung, dass eine angeordnete Vormundschaft oder Pflegschaft kraft Gesetzes beendet ist, weil die betroffene Person das 18. Lebensjahr vollendet hat.[40] **3**

Die Anerkennung einer ausländischen Entscheidung kann in einem solchen Fall nicht bereits deswegen versagt werden, weil die erlassende Behörde ihre internationale Zuständigkeit nicht auf die Vorschriften des ESÜ gestützt hat. Ausreichend ist vielmehr, dass bei hypothetischer Anwendbarkeit des ESÜ eine Zuständigkeit nach dem ESÜ gegeben gewesen wäre. Wäre eine solche Zuständigkeit nach dem ESÜ im konkreten Fall nicht gegeben gewesen, etwa weil die Maßnahme auf die Annexzuständigkeit nach Art. 10 KSÜ gestützt wurde, ist die Maßnahme nicht nach dem ESÜ anzuerkennen.[41] Anerkannt werden können Entscheidungen einer ausländischen Behörde aber nur, wenn der ausländische Staat Vertragsstaat des ESÜ ist. Es ist nicht erforderlich, genügt aber auch nicht, dass der ausländische Staat Vertragsstaat des KSÜ ist. **4**

Auch sollten die Zuständigkeitsvorschriften des ESÜ dem Wechsel des anwendbaren Regelungsregimes angepasst angewandt werden. So erscheint es möglich, dass eine auf Art. 10 KSÜ gestützte Maßnahme auch nach dem ESÜ anzuerkennen ist, wenn die erlassende Stelle nach Art. 8 Abs. 1 und 2 lit. e ESÜ hätte zuständig sein können, weil die Fürsorgeperson, etwa ein Elternteil, in diesem Staat ihren gewöhnlichen Aufenthalt hatte. Dass im konkreten Fall das in Art. 8 ESÜ vorgesehene Ersuchen eingehalten worden ist, sollte im Interesse der Kontinuität der Fürsorgemaßnahmen nicht verlangt werden. **5**

Immer ist zu prüfen, ob die Maßnahme nach dem großzügigeren nationalen Recht anzuerkennen ist. Das ESÜ will die Anerkennung von Maßnahmen erleichtern, eine weitergehende Anerkennbarkeit nach dem nationalen Recht eines Vertragsstaats wird dadurch aber nicht ausgeschlossen.[42] **6**

Voraussetzung der Weitergeltung der Maßnahme ist aber in jedem Fall, dass sie nach dem Sachrecht des Staates, nach dem sie erlassen worden ist, auch für die Zeit nach Vollendung des 18. Lebensjahres des Betroffenen noch wirksam bleibt. **7**

C. Anwendung des ESÜ auf über 18-jährige Personen, die nach ihrem Personalstatut minderjährig sind

Streitig ist, ob das ESÜ auch auf Schutzmaßnahmen anwendbar ist, wenn die betroffene Person zwar bereits 18 Jahre alt ist,[43] aber nach ihrem maßgeblichen Personalstatut (Art. 7 EGBGB bzw. Art. 12 Genfer Flüchtlingskonvention)[44] noch minderjährig ist. Diese Frage stellt sich in der Praxis etwa bei unbegleitet eingereisten Minderjährigen.[45] Dabei ging es vor allem darum, nach welchem Recht sich die Frage richtet, ob eine Schutzmaßnahme – etwa die Bestellung eines Vormunds, die angeordnet wurde, als der Minderjährige unter 18 Jahre alt war – nach Vollendung des 18. Lebensjahr entfällt oder aufgehoben werden kann oder muss. **8**

Die Anwendbarkeit des KSÜ besteht, solange die betroffene Person das 18. Lebensjahr noch nicht vollendet hat, entfällt aber zwingend für die Zeit danach, auch wenn die betroffene Person nach ihrem maßgeblichen Personalstatut noch minderjährig ist. Ab Vollendung des 18. Lebensjahres wird grundsätzlich das ESÜ anwendbar. Insoweit sind die Anwendungsbereiche der beiden Übereinkommen auf einander abgestimmt. Das Problem ergibt sich daraus, dass das KSÜ und das ESÜ unterschiedliche sachliche Anwendungsbereiche haben. Während das KSÜ für alle Arten von Schutzmaßnahmen unabhängig von dem Grund für die Schutzbedürftigkeit gilt, ist das ESÜ nur für Schutzmaßnahmen anwendbar, die erforderlich sind, weil die betroffene Person aufgrund einer Beeinträchtigung oder der Unzulänglichkeit ihrer persönlichen Fähigkei- **9**

---

38 *Lagarde* Bericht Rn. 15.
39 *Lagarde* Bericht Rn. 15; MüKoBGB/*Lipp* ESÜ Art. 1–4 Rn. 6.
40 Staudinger/*von Hein* ESÜ Art. 2 Rn. 4.
41 *Lagarde* Bericht Rn. 15, 119; MüKoBGB/*Lipp* ESÜ Art. 1–4 Rn. 6, vgl. auch Vor Art. 5 Rn. 12.
42 *Lagarde* Bericht Rn. 118; *Siehr* RabelsZ 64 (2000), 715, 725 f., 743; Staudinger/*von Hein* ESÜ Art. 22 Rn. 4.

43 Zur Frage, wie das Alter zu bestimmen ist, wenn keine ausreichenden Dokumente vorliegen, s. *Hüßtege* FamRZ 2017, 1374 (1377).
44 S. zur Frage des anwendbaren Recht für die Bestimmung der Minderjährigkeit/Volljährigkeit *Dürbeck* FamRZ 2018, 553 (561 f.).
45 *Heiderhoff* IPRax 2017, 160 (166); wegen der unklaren Rechtslage in Bezug auf das Volljährigkeitsalter ging es bei den Fällen meist um Staatsangehörige aus Guinea.

ten nicht in der Lage ist, ihre Interessen zu schützen, Art. 1 Abs. 1. Wurde unter Geltung des KSÜ eine Schutzmaßnahme bereits nicht (nur) aufgrund der Minderjährigkeit, sondern (auch) aufgrund einer Beeinträchtigung oder Unzulänglichkeit erlassen, so fällt diese Schutzmaßnahme mit Vollendung des 18. Lebensjahres in den Anwendungsbereich des ESÜ, so dass Art. 2 Abs. 2 anzuwenden ist.[46]

10 Problematisch sind die Fälle, in denen für eine unter 18-jährige Person und damit unter Geltung des KSÜ eine Schutzmaßnahme, etwa die Bestellung eines Vormunds, nur aufgrund der Minderjährigkeit erlassen wurde. Diese Schutzmaßnahme wurde nach der kollisionsrechtlichen Regelung in Art. 15 KSÜ unter Anwendung deutschen Rechts erlassen. Dies gilt auch, wenn die internationale Zuständigkeit aus Art. 8 EheVO 2003 folgte (→ KSÜ Art. 1 Rn. 21).

Wenn die betroffene Person das 18. Lebensjahr vollendet, stellte sich die Frage, ob diese nach deutschem Recht angeordnete Vormundschaft gemäß §§ 1882, 1773 Abs. 1 BGB kraft Gesetzes endet. Dafür ist Voraussetzung, dass das deutsche Recht auch noch im Zeitpunkt des Eintritts der Volljährigkeit Vormundschaftsstatut ist. Wird die betroffene Person nach dem insoweit maßgeblichen Personalstatut (Art. 12 Genfer Flüchtlingskonvention bzw. Art. 7 EGBGB) mit Vollendung des 18. Lebensjahres volljährig, so bestimmt sich in diesem Zeitpunkt das Vormundschaftsstatut noch nach Art. 16 KSÜ, so dass deutsches Recht anwendbar ist. Die Vormundschaft endet daher nach §§ 1882, 1773 Abs. 1 BGB kraft Gesetzes. Wird die betroffene Person nach dem maßgeblichen Personalstatut erst nach Vollendung des 18. Lebensjahres volljährig, so richtet sich das Vormundschaftsstatut ab Vollendung des 18. Lebensjahres nicht mehr nach Art. 16 KSÜ. Das KSÜ ist nach Art. 2 KSÜ unabhängig von der Minderjährigkeit oder der Volljährigkeit nur auf Personen bis zur Vollendung des 18. Lebensjahres anwendbar. Damit entfällt auch die Verweisung auf deutsches Recht durch das KSÜ.

11 Streitig war, welche Kollisionsnorm für das auf die Vormundschaft anwendbare Recht nach Vollendung des 18. Lebensjahres einschlägig ist, dh, ob sich das Vormundschaftsstatut nach der autonomen Regelung in Art. 24 EGBGB oder aber nach den Regeln des Erwachsenenschutzübereinkommens richtet. Nach Art. 24 EGBGB wird vorbehaltlich einer Rück- oder Weiterverweisung das Heimatrecht der betroffenen Person berufen. Die Anknüpfung an die Staatsangehörigkeit nach Art. 24 EGBGB ist aber nur einschlägig, wenn die betroffene Person kein Flüchtling iSd Genfer Flüchtlingskonvention und keine asylberechtigte Person nach Art. 2 AsylG ist (→ Anhang II zu EGBGB Art. 5 Rn. 25).

Befürwortet wurde aber, auch auf diese Frage das Erwachsenenschutzübereinkommen anzuwenden, weil dieses in Art. 2 Abs. 2 seine Anwendbarkeit auf Maßnahmen anordnet, die hinsichtlich eines Erwachsenen zu einem Zeitpunkt getroffen wurden, in dem er das 18. Lebensjahr noch nicht vollendet hatte. Das Erwachsenenschutzübereinkommen ist anwendbar auf Personen ab Vollendung des 18. Lebensjahres, unabhängig von der Volljährigkeit nach dem einschlägigen Personalstatut, allerdings nur, soweit sie aufgrund einer Beeinträchtigung oder der Unzulänglichkeit ihrer persönlichen Fähigkeiten nicht in der Lage sind, ihre Interessen zu schützen. Für eine Anwendbarkeit des Erwachsenenschutzübereinkommens wird angeführt, dass eine genaue Bestimmung des Grundes für die Schutzbedürftigkeit gerade bei unbegleitet eingereisten jugendlichen Flüchtlingen nur schwer möglich ist. Auch sei die primäre Anknüpfung an das Recht des gewöhnlichen Aufenthalts nach dem ESÜ sachgerechter als die Verweisung auf das Heimatrecht nach Art. 24 EGBGB.[47]

12 Der **BGH** hat es in einer **Grundsatzentscheidung** im Jahr 2017 aber abgelehnt, den Anwendungsbereich des ESÜ auf diese Fälle auszudehnen.[48] Es ist daher danach zu unterscheiden: Wurde die Maßnahme für den unter 18-jährigen Minderjährigen angeordnet, um die Hilfsbedürftigkeit wegen einer psychischen oder körperlichen Behinderung oder Krankheit aufzufangen, so findet mit Vollendung des 18. Lebensjahr das ESÜ nach Art. 2 Abs. 2 Anwendung und die Maßnahme bleibt grundsätzlich bestehen. Wurde die Maßnahme für den unter 18-jährigen Minderjährigen hingegen nur aufgrund der Minderjährigkeit angeordnet, so greift Art. 2 Abs. 2 ESÜ nicht ein. Das Fortbestehen bzw. die Möglichkeit der (Neu-)Anordnung einer Maßnahme richtet sich vielmehr nach dem Recht, das durch die autonome Kollisionsnorm bestimmt wird. Für die Rechtspraxis führt das zu dem Problem, dass sich das anwendbare Recht für die Vormundschaft nun nach Art. 24 EGBGB bestimmt. Anknüpfungspunkt ist grundsätzlich die Staatsangehörigkeit. Bei Flüchtlingen kann über Art. 12 Genfer Flüchtlingskonvention auch das Wohnsitzrecht bzw. das Recht des (gewöhnli-

---

46　S. MüKoBGB/*Lipp* ESÜ Art. 1–4 Rn. 6 mit Hinweis auf die in § 1908 a BGB vorgesehene Möglichkeit für vorsorgliche Maßnahmen für einen Minderjährigen, der das 17. Lebensjahr vollendet hat.

47　*Von Hein* FamRZ 2015, 1522; Staudinger/*von Hein* ESÜ Art. 2 Rn. 4; kritisch auch Palandt/*Thorn* Anh. Art. 24 EGBGB Rn. 2; aus der Rspr. OLG Stuttgart JAmt 2018, 156.

48　BGH 20.12.2017 – NJW 2018, 613 = FamRZ 2018, 457 mit befürwortender Anmerkung *Hüßtege* 461 f.; *Dürbeck* FamRZ 2018, 553 (561); so auch bereits OLG Karlsruhe 7.9. 2017–18 WF 62/17, juris Rn. 13 = FamRZ 2017 (Ls.); *Heiderhoff* IPRax 2017, 160 (166); *Rupp* ZfPW 2018, 57 (64).

chen) Aufenthalts maßgebend sein. Dies bedeutet aber, dass gegebenenfalls im Vormundschaftsverfahren die Flüchtlingseigenschaft rechtlich inzident geprüft werden muss.[49]

Art. 3 ESÜ

Die Maßnahmen, auf die in Artikel 1 Bezug genommen wird, können insbesondere Folgendes umfassen:

a) **die Entscheidung über die Handlungsunfähigkeit und die Einrichtung einer Schutzordnung;**
b) **die Unterstellung des Erwachsenen unter den Schutz eines Gerichts oder einer Verwaltungsbehörde;**
c) **die Vormundschaft, die Pflegschaft[50] und entsprechende Einrichtungen;**
d) **die Bestimmung und den Aufgabenbereich jeder Person oder Stelle, die für die Person oder das Vermögen des Erwachsenen verantwortlich ist, den Erwachsenen vertritt oder ihm beisteht;**
e) **die Unterbringung des Erwachsenen in einer Einrichtung oder an einem anderen Ort, an dem Schutz gewährt werden kann;**
f) **die Verwaltung und Erhaltung des Vermögens des Erwachsenen oder die Verfügung darüber;**
g) **die Erlaubnis eines bestimmten Einschreitens zum Schutz der Person oder des Vermögens des Erwachsenen.**

Art. 3 zählt beispielhaft Maßnahmen auf, die als Schutzmaßnahmen iSv Art. 1 Abs. 2 lit. a anzusehen sind. **1** Die Vorschrift lehnt sich eng an die Parallelvorschrift in Art. 3 KSÜ an. Die Aufzählung ist bewusst weit und umfassend angelegt. Dies hat zur Folge, dass sich die verschiedenen aufgezählten Bereiche nicht trennscharf voneinander abgrenzen lassen, sich vielmehr überschneiden. Die eindeutige Zuordnung einer nach dem nationalen Recht möglichen Maßnahme zu einer der aufgezählten Beispiele ist aber auch nicht erforderlich, weil das Übereinkommen auf alle diese Bereiche anwendbar ist.[51]

Art. 4 ESÜ

(1) Dieses Übereinkommen ist nicht anzuwenden

a) **auf Unterhaltspflichten;**
b) **auf das Eingehen, die Ungültigerklärung und die Auflösung einer Ehe oder einer ähnlichen Beziehung sowie die Trennung;**
c) **auf den Güterstand einer Ehe oder vergleichbare Regelungen für ähnliche Beziehungen;**
d) **auf Trusts und Erbschaften;**
e) **auf die soziale Sicherheit;**
f) **auf öffentliche Maßnahmen allgemeiner Art in Angelegenheiten der Gesundheit;**
g) **auf Maßnahmen, die hinsichtlich einer Person infolge ihrer Straftaten ergriffen wurden;**
h) **auf Entscheidungen über Asylrecht und Einwanderung;**
i) **auf Maßnahmen, die allein auf die Wahrung der öffentlichen Sicherheit gerichtet sind.**

(2) Absatz 1 berührt in den dort erwähnten Bereichen nicht die Berechtigung einer Person, als Vertreter des Erwachsenen zu handeln.

A. Regelungsgegenstand

Art. 4 Abs. 1 enthält einen abschließenden Katalog[52] der Maßnahmen, die nicht in den Anwendungsbereich **1** des ESÜ fallen, selbst wenn sie ansonsten unter den weiten Begriff der Schutzmaßnahme gefasst werden könnten. Damit soll zum einen der Vorrang bestehender anderer Übereinkommen gewahrt werden, zum anderen sollte das ESÜ nicht solche Maßnahmen erfassen, die zum Sozial-, Einwanderungs- und Strafrecht gehören.[53]

---

49 *Dürbeck* FamRZ 2018, 553 (562); OLG Hamm FamRZ 2018, 1089 (1090); MüKoBGB/*von Hein* EGBGB Art. 5 Anh. II Rn. 75.
50 Für die Schweiz: Beistandschaft.
51 *Lagarde* Bericht Rn. 18; MüKoBGB/*Lipp* ESÜ Art. 1–4 Rn. 19; vgl. im Einzelnen zu den in Art. 3

genannten Schutzmaßnahmen: MüKoBGB/*Lipp* ESÜ Art. 1–4 Rn. 20–25.
52 *Lagarde* Bericht Rn. 29; MüKoBGB/*Lipp* ESÜ Art. 1–4 Rn. 31.
53 *Lagarde* Bericht Rn. 31; MüKoBGB/*Lipp* ESÜ Art. 1–4 Rn. 32; Staudinger/*von Hein* ESÜ Art. 4 Rn. 1.

B. Einzelne Ausschlüsse

2 Bei der Erarbeitung des ESÜ war besonders umstritten, in welchem Umfang der Bereich der **gesundheitlichen Fürsorge** vom Anwendungsbereich ausgenommen werden sollte.[54] Durch lit. f. werden nur öffentliche Gesundheitsmaßnahmen allgemeiner Art vom Anwendungsbereich des ESÜ ausgenommen. Dazu gehören etwa Pflichtimpfungen.[55] In den Anwendungsbereich des ESÜ fallen aber die Bestellung einer Fürsorgeperson, welche die Einwilligung in eine konkrete medizinische Behandlung des Erwachsenen erteilen kann, und die unmittelbare Anordnung einer zuständigen Behörde, dass eine bestimmte medizinische Behandlung vorgenommen werden soll.[56] Nicht vom ESÜ erfasst wird hingegen die Durchführung der einzelnen medizinischen Maßnahme selbst.[57] Gleiches gilt auch für die Arbeit und Beschlüsse von medizinischen Fachgremien, die etwa über ethische Fragen der medizinischen Behandlung entscheiden.[58]

3 Lit. i nimmt solche Maßnahmen vom Anwendungsbereich des ESÜ aus, die allein auf die **Wahrung der öffentlichen Sicherheit** gerichtet sind. Damit werden Anordnungen zur zwangsweisen Unterbringung eines geistig gestörten Erwachsene erfasst, allerdings nur, wenn sie ausschließlich aus Gründen der Selbstgefährdung erfolgen. Die zwangsweise Unterbringung in einer psychiatrischen Anstalt, die nicht nur wegen Fremdgefährdung, sondern zumindest auch wegen einer möglichen Eigengefährdung angeordnet wird, fällt hingegen in den Anwendungsbereich des ESÜ.

C. Vertretung des Erwachsenen, Abs. 2

4 Abs. 2 stellt klar, dass von dem Ausschluss nicht die Frage erfasst wird, wer Vertreter des betroffenen Erwachsenen ist. Sieht das anwendbare Recht vor, dass für den Erwachsenen ein Vertreter handeln kann, etwa einen Antrag auf Sozialhilfe für den Erwachsenen stellen kann, so ist das ESÜ anwendbar für die Bestellung eines Betreuers und die Anerkennung einer solchen Bestellung.[59] Ebenso richtet es sich nach Art. 15 ESÜ, welches Recht für die Bestellung einer Vorsorgevollmacht anwendbar ist.[60]

Kapitel II

Zuständigkeit

Art. 5 ESÜ

(1) Die Behörden, seien es Gerichte oder Verwaltungsbehörden, des Vertragsstaats, in dem der Erwachsene seinen gewöhnlichen Aufenthalt hat, sind zuständig, Maßnahmen zum Schutz der Person oder des Vermögens des Erwachsenen zu treffen.

(2) Bei einem Wechsel des gewöhnlichen Aufenthalts des Erwachsenen in einen anderen Vertragsstaat sind die Behörden des Staates des neuen gewöhnlichen Aufenthalts zuständig.

A. Aufenthaltszuständigkeit, Abs. 1

1 Art. 5 Abs. 1 enthält die Grundregel für die internationale Zuständigkeit für den Erlass von Schutzmaßnahmen. Abgestellt wird entsprechend wie in Art. 5 Abs. 1 KSÜ auf den gewöhnlichen Aufenthalt der betroffenen Person.[61] Die internationale Zuständigkeit deutscher Gerichte ergibt sich aus Art. 5 damit immer dann, wenn der schutzbedürftige Erwachsene seinen gewöhnlichen Aufenthalt im Inland hat. Nicht notwendig ist, dass der Sachverhalt einen Bezug zu einem anderen Vertragsstaat hat, etwa aufgrund der Staatsangehörigkeit des Erwachsenen. Unanwendbar ist das ESÜ nur bei reinen Inlandsfällen (→ Art. 1 Rn. 9).[62]

2 Der Begriff des gewöhnlichen Aufenthalts wird wie in allen Haager Konventionen nicht definiert.[63] Er ist grundsätzlich wie der vergleichbare Begriff in den anderen Haager Konventionen, den Europäischen Ver-

54   S. dazu im Einzelnen *Lagarde* Bericht Rn. 41; *Bucher* SZIER 2000, 37 (42 ff.).

55   Staudinger/*von Hein* ESÜ Art. 4 Rn. 11.

56   *Lagarde* Bericht Rn. 42.

57   *Lagarde* Bericht Rn. 42; *Bucher* SZIER 2000, 37 (42 ff.).

58   *Bucher* SZIER 2000, 37 (43 f.); Staudinger/*von Hein* ESÜ Art. 4 Rn. 11.

59   MüKoBGB/*Lipp* ESÜ Art. 1–4 Rn. 33 zur Bestellung eines Vertreters zur Geltendmachung von Unterhaltsansprüchen oder im Asylverfahren.

60   *Siehr* RabelsZ 64 (2000), 715, 728; Staudinger/*von Hein* ESÜ Art. 4 Rn. 5.

61   MüKoBGB/*Lipp* ESÜ Vor Art. 5 Rn. 2 f., Art. 5 Rn. 1.

62   *Lagarde* Bericht Rn. 10; MüKoBGB/*Lipp* ESÜ Art. 1–4 Rn. 35.

63   MüKoBGB/*Lipp* ESÜ Art. 5 Rn. 3; LG Cottbus FamRZ 2018, 1693.

ordnungen und im autonomen deutschen Recht zu verstehen und liegt dort, wo der Erwachsene seinen tatsächlichen Lebensmittelpunkt hat.[64] S. zu den Einzelheiten → EGBGB Art. 5 Rn. 19, 44.

Im Anwendungsbereich des ESÜ ist in neuerer Zeit die Frage relevant geworden, ob der **Umzug** von älteren Personen **in ein Alters-/Pflegeheim im Ausland** zu einem Verlust des gewöhnlichen Aufenthalts im Inland und der Begründung eines gewöhnlichen Aufenthalts im Staat des Alters-/Pflegeheims führt, auch wenn sie außerhalb des Heims in diesem Staat über keine sozialen Kontakte verfügen. In einem eher abwertenden Sinn wird insoweit von „Pflegetourismus" bzw. „Demenztourismus" gesprochen.[65]

Auch im Bereich des Erwachsenenschutzes handelt es sich bei dem gewöhnlichen Aufenthalt um den Ort des tatsächlichen Lebensmittelpunkts. Zur Begründung ist damit nicht konstitutiv erforderlich, dass der schutzbedürftige Erwachsene den Willen hat, seinen Lebensmittelpunkt an den Ort des Alters-/Pflegeheims zu verlegen,[66] s. dazu auch → KSÜ Art. 5 Rn. 10.

Dies schließt aber nicht aus, dass bei Erwachsenen, die noch in der Lage sind, einen Willen in Bezug auf ihren Aufenthaltsort zumindest im natürlichen,[67] wenn auch nicht rechtsgeschäftlichen Sinn zu bilden, dieser Wille bei der Bestimmung berücksichtigt wird.[68] Zieht der schutzbedürftige Erwachsene willentlich in ein Alters-/Pflegeheim im Ausland und will er dort nicht nur vorübergehend bleiben, so führt dies regelmäßig dazu, dass er dort unmittelbar einen neuen gewöhnlichen Aufenthalt begründet.

Schwieriger ist die Feststellung des gewöhnlichen Aufenthalts bei schutzbedürftigen Erwachsenen, die geistig nicht mehr in der Lage sind, einen zumindest natürlichen Willen im Hinblick auf ihren Aufenthaltsort zu bilden. Teilweise wird angenommen, dass diese Personen keinen neuen gewöhnlichen Aufenthalt begründen können, vielmehr der letzte gewöhnliche Aufenthalt vor Verlust dieser Willensbildungsfähigkeit fortbesteht.[69] Danach wäre ein entsprechender Bleibewille ein konstitutives Element für die Begründung eines gewöhnlichen Aufenthalts. Dies würde zu einem „fiktiven" gewöhnlichen Aufenthalt führen und ist mit dem Zweck des Abstellens auf den gewöhnlichen Aufenthalt als dem tatsächlichen Lebensmittelpunkt der betroffenen Person nicht vereinbar.[70]

Richtigerweise ist in diesen Fällen der gewöhnliche Aufenthalt objektiv unter Berücksichtigung aller Umstände des Einzelfalls zu bestimmen.[71] Faktoren, die dabei zu berücksichtigen sind, sind familiäre und soziale Beziehungen des Erwachsenen, insbesondere auch Herkunft und gewöhnlicher Aufenthalt der Hauptbezugspersonen, welche den schutzbedürftigen Erwachsenen besuchen, Sprachkenntnisse, Staatsangehörigkeit, Belegenheit des Vermögens, Rentenbezug.[72] Das Fortbestehen einer eigenen Wohnung kann insbesondere dann Bedeutung haben, wenn es nicht ausgeschlossen ist, dass der schutzbedürftige Erwachsene in sie zurückkehrt.

Das LG Cottbus nahm an, dass eine an Alzheimer erkrankte Frau, die von ihrer Tochter, die nicht die Betreuerin war, von Deutschland nach Österreich geholt und dort in einem Alters-/Pflegeheim in ihrer Nähe untergebracht wurde, dort einen neuen gewöhnlichen Aufenthalt begründet hat.[73]

In einem Fall, bei dem die schutzbedürftige Erwachsene, im Zeitpunkt der Entscheidung noch keine vier Monate in einem Heim in Tschechien lebte und bei dem alle oben genannten Umstände nach Deutschland, dem Land ihres bisherigen Wohnorts verwiesen, nahm das LG Augsburg überzeugend an, dass die schutzbedürftige Erwachsene noch keinen neuen gewöhnlichen Aufenthalt in Tschechien begründet hatte.[74]

Fortbestehende enge Beziehungen zu dem Ort des bisherigen gewöhnlichen Aufenthalts können regelmäßig aber nur für eine Übergangszeit das Fortbestehen dieses gewöhnlichen Aufenthalts begründen. Mit dem tatsächlichen Ablauf einer längeren Zeit, während derer der schutzbedürftige Erwachsene in dem Alters-/Pflegeheim lebt, wird dieser Ort notwendigerweise zum gewöhnlichen Aufenthalt. Auch wenn eine soziale Integration in das soziale Leben des Landes, in dem sich das Alters-/Pflegeheim befindet, nicht erfolgt, so stellt

---

64 LG Cottbus 9.5.2018 – FamRZ 2018, 1693; LG Augsburg 30.1.2018 – FamRZ 2018, 1433; MüKo-BGB/*Lipp* ESÜ Art. 5 Rn. 4; Staudinger/*von Hein* ESÜ Art. 5 Rn. 1.

65 S. *Zimmer/Oppenrode* ZEV 2016, 126; *Mankowski* IPRax 2015, 39 (43) und Fn. 82; kritisch dazu Staudinger/*von Hein* ESÜ Art. 5 Rn. 1 aE.

66 LG Augsburg 30.1.2018 – FamRZ 2018, 1433 (1435); LG Cottbus 9.5.2018 – FamRZ 2018, 1693 (1694); Staudinger/*von Hein* ESÜ Art. 5 Rn. 2.

67 S. MüKoZPO/*Rauscher* FamFG § 104 Rn. 11.

68 Vgl. MüKoBGB/*Lipp* ESÜ Art. 5 Rn. 5, nach dem der Wille des Erwachsenen in weiterem Umfang zu berücksichtigen ist als im Bereich des Kinderschutzes.

69 *Zimmer/Oppenrode* ZEV 2016, 126 (130 f.); diesen folgend OLG München 22.3.2017 – ZEV 2017, 333 (334) mit kritischer Anm. *Rentsch*, 334, 335; dagegen auch *Weber/Francastel* DNotZ 2016, 163 (170).

70 S. Staudinger/*von Hein* ESÜ Art. 5 Rn. 2.

71 In diesem Sinn auch LG Augsburg 30.1.2018 – FamRZ 2018, 1433 (1435); LG Cottbus 9.5.2018 – FamRZ 2018, 1693 (1694); Staudinger/*von Hein* ESÜ Art. 5 Rn. 3.

72 LG Augsburg 30.1.2018 – FamRZ 2018, 1433 (1435); s. dazu auch allgemein MüKoBGB/*von Hein* EGBGB Art. 5 Rn. 149–152.

73 LG Cottbus 9.5.2018 – FamRZ 2018, 1693 mit zust. Anmerkung *Heiderhoff*, 1695.

74 LG Augsburg 30.1.2018 – FamRZ 2018, 1433 (1435).

doch auch das Alters-/Pflegeheim ein soziales System dar, das den tatsächlichen Lebensmittelpunkt des schutzbedürftigen Erwachsenen bildet.[75]

Dies muss selbst dann gelten, wenn der schutzbedürftige Erwachsene noch einen (natürlichen) Willen bilden kann und danach mit dem Aufenthalt in dem Alters-/Pflegeheim nicht einverstanden ist. Dies gilt insbesondere dann, wenn eine spätere Rückkehr in das Herkunftsland mit großer Wahrscheinlichkeit ausgeschlossen ist.[76] Veranschaulicht werden kann dies mit dem historischen Fall von Napoleon Bonaparte: Napoleon Bonaparte hatte bei seinem Tod 1821 seinen gewöhnlichen Aufenthalt nicht in Frankreich, sondern auf der Insel St. Helena, auf der er seit 1815, wenn auch gegen seinen Willen, lebte.[77]

B. Verhältnis zu anderen Zuständigkeiten

3 Bei der Erarbeitung des ESÜ war unstreitig, dass die zentrale Zuständigkeit bei den Behörden im Staat des gewöhnlichen Aufenthalts liegen sollte. Streitig war aber die genaue Ausgestaltung des Verhältnisses zu anderen Zuständigkeiten, insbesondere derjenigen aufgrund der Staatsangehörigkeit oder der Belegenheit von Vermögen des Erwachsenen.[78]

4 Gegen den Vorschlag einer Regelung in Parallele zum KSÜ, nach dem die Behörden im Staat des gewöhnlichen Aufenthalts und der Belegenheit von Vermögen nur mit Zustimmung der Behörden im Staat des gewöhnlichen Aufenthalts zuständig werden, wurde vor allem eingewandt, dass im Bereich des Erwachsenenschutzes ein erleichterter Zugang zu den Behörden gegeben sein müsse, weil es nur wenige Personen gebe, die bereit seien, sich um den Erwachsenen zu kümmern.[79]

5 Als Kompromiss wurde ein hoch differenziertes und damit kompliziertes **System von Zuständigkeiten** geschaffen. Die Zuständigkeit der Behörden des Staates, dessen Staatsangehörigkeit der Erwachsene besitzt, ist eine echte konkurrierende Zuständigkeit, hängt also nicht von der vorherigen Zustimmung der Behörde im Staat des gewöhnlichen Aufenthalts ab. Sie ist aber insoweit subsidiär zu dieser Zuständigkeit, als dass sie entfällt, sobald die Behörde im Staat des gewöhnlichen Aufenthalts mit dem Verfahren befasst wird.[80] Die Zuständigkeit der Behörde im Staat, dessen Angehörigkeit der Erwachsene besitzt, entfällt damit, auch wenn sie zeitlich vorher mit der Angelegenheit befasst worden war. Gleiches gilt für das Verhältnis zur Zuständigkeit aufgrund der Belegenheit des Vermögens.

6 Ergänzend sieht das ESÜ, ähnlich wie das KSÜ, noch Zuständigkeiten am schlichten Aufenthalt des Erwachsenen bei Flüchtlingen (Art. 6) oder für vorläufige Maßnahmen (Art. 11) vor. Die Behörden eines anderen Vertragsstaates können von der Behörde des Staates des gewöhnlichen Aufenthalts um ein Tätigwerden ersucht werden (Art. 8) und es gibt eine Zuständigkeit in dringenden Fällen (Art. 10). In begrenztem Umfang ist auch eine Prorogation durch den betroffenen Erwachsenen möglich. Nach Art. 8 Abs. 2 lit. d können zudem die Behörden des Staates durch die nach Art. 5 oder 6 zuständigen Behörden um die Übernahme des Verfahrens ersucht werden, deren Zuständigkeit von dem Erwachsenen schriftlich gewählt worden sind, um Maßnahmen zu seinem Schutz zu treffen.

C. Aufenthaltswechsel, Abs. 2

7 Der Wechsel des gewöhnlichen Aufenthalts **in einen anderen Vertragsstaat** führt nach Art. 5 Abs. 2 zu einem Wechsel der internationalen Zuständigkeit. Es gibt keine perpetuatio fori.[81] Die Behörden im Staat des bisherigen gewöhnlichen Aufenthalts verlieren ihre Zuständigkeit, die Behörden im Staat des neuen gewöhnlichen Aufenthalts werden zuständig. Der Zuständigkeitsverlust tritt ipso facto ein.[82] Die Behörde am bisherigen gewöhnlichen Aufenthalt hat sich von Amts wegen für unzuständig zu erklären.[83] Es besteht allerdings nach Art. 8 Abs. 2 lit. b die Möglichkeit, dass die Behörden im bisherigen gewöhnlichen Aufenthalt ersucht werden, das Verfahren fortzusetzen.[84]

---

75 Staudinger/*von Hein* ESÜ Art. 5 Rn. 5; s. auch *Weber/Francastel* DNotZ 2016, 163 (167 f.) (in Bezug auf die EU-ErbVO).

76 Dies ist ein entscheidender Unterschied zum Fall des erzwungenen Aufenthalts aufgrund einer zeitigen Freiheitsstrafe in einer Haftanstalt; s. dazu MüKoBGB/*von Hein* ESÜ Art. 5 EGBGB Rn. 155; s. auch OLG München 4.7.2006 – FamRZ 2006, 1562 (1563), das einen gewöhnlichen Aufenthalt in einer Haftanstalt dann annahm, wenn die Person nach ihrer Entlassung nicht an einen Ort zurückkehren kann, an dem sie sich früher gewöhnlich aufhielt.

77 *Clive* Jur. Rev. 1997, 137, 146 (zitiert nach MüKoBGB/*von Hein* EGBGB Art. 5 Rn. 153).

78 *Lagarde* Bericht Rn. 47 f.; MüKoBGB/*Lipp* ESÜ Vor Art. 5 Rn. 2; Staudinger/*von Hein* ESÜ Vor Art. 5 ff. Rn. 1 ff.

79 *Lagarde* Bericht Rn. 47.

80 Vgl. auch MüKoBGB/*Lipp* ESÜ Art. 5 Rn. 2 ff.

81 MüKoBGB/*Lipp* ESÜ Art. 5 Rn. 8; LG Cottbus FamRZ 2018, 1693.

82 LG Cottbus FamRZ 2018, 1693.

83 *Lagarde* Bericht Rn. 51.

84 MüKoBGB/*Lipp* ESÜ Art. 5 Rn. 12.

Unter welchen Voraussetzungen der gewöhnliche Aufenthalt wechselt, richtet sich nach den allgemeinen **8**
Grundsätzen zum gewöhnlichen Aufenthalt.

Von nicht unerheblicher praktischer Relevanz dürften die Fälle eines wiederkehrenden **regelmäßigen Auf-** **9**
enthaltswechsels sein, bei denen der Erwachsene jeweils längere Zeiten an zwei oder mehr verschiedenen
Orten verbringt, etwa den Winter im Haus im Süden, den Sommer im Haus in Deutschland.[85] In diesen Fällen ist zuerst im Sinne einer **Schwerpunktbetrachtung** zu bestimmen, ob ein Aufenthalt so überwiegt, dass
er als der alleinige gewöhnliche Aufenthalt anzusehen ist. Gesichtspunkte hierfür sind neben der zeitlichen
Dauer der jeweiligen Aufenthalte, insbesondere auch die Intensität der sozialen und sonstigen Beziehungen.
Auch Elemente wie die Staatsangehörigkeit, die Sprachkenntnisse, Belegenheit des Vermögens, die
gewöhnliche Inanspruchnahme der medizinischen Versorgung können als Indizien herangezogen werden. In
vielen Fällen kann sich daraus ergeben, dass ein Aufenthaltsort das Übergewicht hat und daher als Ort des
gewöhnlichen Aufenthalts anzusehen ist.[86] In einem solchen Fall wechselt der gewöhnliche Aufenthalt
nicht, wenn der Erwachsene sich in den anderen Staat begibt.[87] Möglich ist aber auch, dass keiner der beiden Aufenthaltsorte ein Übergewicht hat. Dies ist etwa bei gemischt-nationalen Ehen denkbar, bei denen die
Eheleute abwechselnd in beiden Heimatländern leben, oder in Fällen, in denen ein Arbeitsmigrant nach dem
Renteneintritt teilweise in seinem Herkunftsland und teilweise in dem bisherigen Arbeitsland lebt.

Bei einer **Gleichwertigkeit beider Aufenthaltsorte** kann nicht angenommen werden, dass die Person über- **10**
haupt keinen gewöhnlichen Aufenthalt hat. Auch **Art. 6 Abs. 2** ist auf diesen Fall nicht anzuwenden.[88] Auf
den schlichten Aufenthalt ist danach abzustellen, wenn der gewöhnliche Aufenthalt nicht festgestellt werden kann. Diese Art einer Notzuständigkeit soll ein Tätigwerden ermöglichen, wenn es Nachweisprobleme
gibt. Die Vorschrift dient aber nicht dazu, bei eindeutiger Tatsachengrundlage Probleme bei der Bewertung
zu überspielen.[89]

Es ist auch nicht möglich, anzunehmen, dass der Erwachsene nebeneinander **zwei gewöhnliche Aufent-** **11**
halte hat. Dadurch würden zwischen den Behörden der zwei Staaten Zuständigkeitskonflikte entstehen, für
die das ESÜ keine Lösung vorsieht. Das ESÜ geht offensichtlich davon aus, dass aufgrund von Art. 5
Abs. 1 nur die Behörden eines Staates zuständig sein können.

Möglich und praktisch gangbar ist die Annahme, dass in diesen Fällen jeweils ein **Wechsel des gewöhnli-** **12**
chen Aufenthalts eintritt. Während sich der Erwachsene in dem einen Vertragsstaat aufhält, sind dessen
Behörden nach Art. 5 Abs. 1 zum Erlass von Maßnahmen zuständig. Die danach erlassenen Maßnahmen
verlieren nicht ihre Wirksamkeit, wenn der Erwachsene seinen (gewöhnlichen) Aufenthalt wechselt. Nach
Art. 12 bleiben die getroffenen Maßnahmen auch nach Wegfall der Zuständigkeit aufgrund veränderter
Umstände so lange in Kraft, bis sie von einer nun zuständigen Behörde geändert, ersetzt oder aufgehoben
werden. Art. 14 bestimmt, dass sich die Bedingungen, unter denen eine Maßnahme, die in einem Vertragsstaat getroffen wurde und die in einem anderen Vertragsstaat durchgeführt wird, nach dem Recht dieses
anderen Vertragsstaats richtet.

Wechselt der Erwachsene während eines laufenden Verfahrens den gewöhnlichen Aufenthalt, so wechselt **13**
damit zwar auch die Zuständigkeit nach Art. 5 Abs. 2. Möglich ist aber, dass die Behörden des Staates des
bisherigen gewöhnlichen Aufenthalts für die Zeit bis zur Zurückverlegung des gewöhnlichen Aufenthalts
dennoch zuständig bleiben. In vielen Fällen dürfte dies unproblematisch nach Art. 7 zulässig sein, wenn der
Erwachsene auch die Staatsangehörigkeit des Staates besitzt, in dem das Verfahren begonnen wurde. Möglich ist dies zudem nach Art. 8 Abs. 2.[90] Notwendig aber auch zulässig ist, dass sich die Behörden in den
wechselnden Aufenthaltsstaaten darüber verständigen, welche von ihnen die Zuständigkeit besser in
Anspruch nehmen soll.

Beim Wechsel des gewöhnlichen Aufenthalts **in einen Nichtvertragsstaat** entfällt, abgesehen von den **14**
Zuständigkeiten nach Art. 10 und Art. 11, die Anwendbarkeit des ESÜ.[91] Es richtet sich daher nach autonomem Recht des Staates des bisherigen gewöhnlichen Aufenthalts, ob eine perpetuatio fori besteht.[92] Dies ist
im deutschen Recht grundsätzlich ebenso wie im Bereich des Minderjährigenschutzes zu bejahen, s. dazu
→ EGBGB Art. 21 Rn. 64. Aus dem ESÜ ergibt sich in diesem Fall aber keine Pflicht zur Anerkennung.[93]

---

85 S. Staudinger/*von Hein* ESÜ Art. 5 Rn. 6; MüKo-
    BGB/*Lipp* ESÜ Art. 5 Rn. 6.
86 Staudinger/*von Hein* ESÜ Art. 5 Rn. 6.
87 Ebenso MüKoBGB/*Lipp* ESÜ Art. 5 Rn. 6.
88 *Siehr* RabelsZ 64 (2000) 715, 730; Staudinger/*von
    Hein* ESÜ Art. 5 Rn. 6 ESÜ Art. 6 Rn. 3; aA MüKo-
    BGB/*Lipp* ESÜ Art. 5 Rn. 6 (Rechtsgedanken des
    Art. 6 Abs. 2).

89 In diesem Sinn bei Wechsel des Aufenthalts *Lagarde*
    Bericht Rn. 55.
90 MüKoBGB/*Lipp* ESÜ Art. 5 Rn. 12.
91 AA MüKoBGB/*Lipp* ESÜ Vor Art. 5 Rn. 9 ff.,
    Art. 5 Rn. 14, der alle Zuständigkeitsnormen aus
    Art. 7, 9 bis 11 ESÜ auch in Drittstaatenfällen vor-
    rangig anwenden will.
92 *Lagarde* Bericht Rn. 52.
93 Staudinger/*von Hein* ESÜ Art. 5 Rn. 10.

Art. 6 ESÜ

(1) Über Erwachsene, die Flüchtlinge sind oder die infolge von Unruhen in ihrem Land in ein anderes Land gelangt sind, üben die Behörden des Vertragsstaats, in dessen Hoheitsgebiet sich die Erwachsenen demzufolge befinden, die in Artikel 5 Absatz 1 vorgesehene Zuständigkeit aus.

(2) Absatz 1 ist auch auf Erwachsene anzuwenden, deren gewöhnlicher Aufenthalt nicht festgestellt werden kann.

A. Regelungszweck

1   Art. 6 entspricht sowohl in Abs. 1 als auch Abs. 2 der Regelung in Art. 6 KSÜ.[94] Bei Flüchtlingen ist die Zuständigkeit der Behörden am (bisherigen) gewöhnlichen Aufenthalt nicht sachgerecht. Regelmäßig haben die flüchtigen oder vertriebenen Personen zumindest unter den gegenwärtigen Gegebenheiten keine oder nur noch geringe Verbindungen zu dem Land, in dem sie bisher ihren gewöhnlichen Aufenthalt hatten. Auf der anderen Seite ist der Status in dem Zufluchtsstaat meist noch wenig gefestigt, so dass es zweifelhaft sein kann, ob in dem Zufluchtsstaat bereits ein neuer gewöhnlicher Aufenthalt begründet worden ist.[95] Durch Abs. 1 können sich die Behörden im Zufluchtsstaat sofort auf die allgemeine Zuständigkeit nach Art. 5 Abs. 1 stützen, um die erforderlichen Maßnahmen zum Schutz der erwachsenen Personen zu treffen. Abs. 2 soll verhindern, dass die allgemeine Zuständigkeit nach Art. 5 Abs. 1 leerläuft, wenn ein gewöhnlicher Aufenthalt einer schutzbedürftigen Person nicht feststellbar ist.

B. Flüchtlinge, Abs. 1

2   Der Begriff Flüchtling ist im Sinne der Genfer Flüchtlingskonvention vom 28.7.1951 und dem Genfer Protokoll vom 31.1.1967 auszulegen (s. dazu → EGBGB Anhang II zu Art. 5 Rn. 16 ff.).[96]

3   Die Vorschrift erweitert ihren Anwendungsbereich auf alle flüchtigen oder vertriebenen Personen, die infolge von Unruhen in ihrem Land in ein anderes Land gelangt sind. Mit der Wendung „ihr Land" ist das Land gemeint, in dem die Person ihren gewöhnlichen Aufenthalt vor der Flucht oder Vertreibung hatte.[97] Damit ist nicht der Staat gemeint, dem die Person angehört. Das ergibt sich im Gegenschluss aus dem Vergleich mit der Formulierung in Art. 7 Abs. 1 Hs. 2.[98] Dort wird ausdrücklich von „dem Staat, dem sie angehören" gesprochen.

C. Nichtfeststellbarkeit des gewöhnlichen Aufenthalts, Abs. 2

4   Auf den gewöhnlichen Aufenthalt kann die Zuständigkeit nach Art. 5 Abs. 1 nicht gestützt werden, wenn ein solcher nicht feststellbar ist. Für diesen Fall ordnet Art. 6 Abs. 2 an, dass die Behörden im Land des schlichten Aufenthalts die Zuständigkeit nach Art. 5 Abs. 1 ausüben.

5   Eine mangelnde Feststellbarkeit des gewöhnlichen Aufenthalts liegt dem Konzept des ESÜ nach nur vor, wenn der Sachverhalt nicht ausreichend aufgeklärt werden kann. Schulbeispiel ist das Auffinden einer verwirrten Person im Inland, bei der nicht geklärt ist, aus welchem anderen Land sie stammt. Bestehen hingegen bei der Sachverhaltsaufklärung keine Hindernisse und ist nur die Bewertung unklar, kann nicht auf Abs. 2 zurückgegriffen werden.[99] Hat eine Person ihren Aufenthaltsort gewechselt, darf daher nicht vorschnell die Zuständigkeit nach Art. 5 Abs. 1 iVm Art. 6 Abs. 2 mit dem neuen schlichten Aufenthalt im Inland begründet werden, wenn unsicher ist, ob der neue Aufenthalt bereits als gewöhnlicher eingeordnet werden kann. In der Regel ist davon auszugehen, dass eine Person ihren bisherigen gewöhnlichen Aufenthalt erst verliert, wenn sie in einem anderen Land einen neuen gewöhnlichen Aufenthalt begründet hat. Bis zur Begründung eines neuen gewöhnlichen Aufenthalts, bleiben die Behörden des bisherigen gewöhnlichen Aufenthalts noch nach Art. 5 Abs. 1 zuständig.[100]

94   *Lagarde* Bericht Rn. 53; MüKoBGB/*Lipp* ESÜ Art. 6 Rn. 1.
95   *Lagarde* Bericht Rn. 54.
96   MüKoBGB/*Lipp* ESÜ Art. 6 Rn. 3.
97   MüKoBGB/*Lipp* ESÜ Art. 6 Rn. 4; implizit auch *Lagarde* Bericht Rn. 54.

98   AA Staudinger/*von Hein* ESÜ Art. 6 Rn. 1, der nur bei Staatenlosen auf den gewöhnlichen Aufenthalt abstellen will.
99   *Siehr* RabelsZ 64 (2000), 715, 730; LG Augsburg FamRZ 2018, 1433.
100   *Lagarde* Bericht Rn. 55; MüKoBGB/*Lipp* ESÜ Art. 6 Rn. 7; Staudinger/*von Hein* ESÜ Art. 6 Rn. 3; OLG Koblenz FamRZ 2017, 1229.

Art. 7 ESÜ

(1) Die Behörden eines Vertragsstaats, dem der Erwachsene angehört, sind zuständig, Maßnahmen zum Schutz der Person oder des Vermögens des Erwachsenen zu treffen, wenn sie der Auffassung sind, dass sie besser in der Lage sind, das Wohl des Erwachsenen zu beurteilen, und nachdem sie die nach Artikel 5 oder Artikel 6 Absatz 2 zuständigen Behörden verständigt haben; dies gilt nicht für Erwachsene, die Flüchtlinge sind oder die infolge von Unruhen in dem Staat, dem sie angehören, in einen anderen Staat gelangt sind.

(2) Diese Zuständigkeit darf nicht ausgeübt werden, wenn die nach Artikel 5, Artikel 6 Absatz 2 oder Artikel 8 zuständigen Behörden die Behörden des Staates, dem der Erwachsene angehört, unterrichtet haben, dass sie die durch die Umstände gebotenen Maßnahmen getroffen oder entschieden haben, dass keine Maßnahmen zu treffen sind, oder ein Verfahren bei ihnen anhängig ist.

(3) Die Maßnahmen nach Absatz 1 treten außer Kraft, sobald die nach Artikel 5, Artikel 6 Absatz 2 oder Artikel 8 zuständigen Behörden die durch die Umstände gebotenen Maßnahmen getroffen oder entschieden haben, dass keine Maßnahmen zu treffen sind. Diese Behörden haben die Behörden, die in Übereinstimmung mit Absatz 1 Maßnahmen getroffen haben, entsprechend zu unterrichten.

A. Regelungsgegenstand 1
B. Heimatstaatszuständigkeit, Abs. 1 4
C. Subsidiarität der Heimatstaatszuständigkeit .. 11
   I. Verfahren im Heimatstaat, Abs. 2 11

II. Vorherige Schutzmaßnahme im Heimatstaat,
   Abs. 3 16

A. Regelungsgegenstand

Abs. 1 enthält den Grundsatz der konkurrierenden Zuständigkeit im Heimatstaat. In Abs. 2 und 3 wird die Subsidiarität dieser Zuständigkeit gegenüber der Aufenthaltszuständigkeit nach Art. 5 Abs. 1 geregelt. Art. 7 hat keine Entsprechung im KSÜ.[101] Für den Erwachsenenschutz wurde eine Stärkung der Zuständigkeit der Heimatbehörden für notwendig erachtet. Im Heimatstaat befinden sich oft noch Angehörige, denen es erleichtert werden soll, für den schutzbedürftigen Erwachsenen die Fürsorge zu übernehmen (s. dazu auch oben Art. 1). **1**

Art. 7 setzt voraus, dass der Heimatstaat ein Vertragsstaat ist und dass der Erwachsene außerdem in einem anderen Vertragsstaat seinen gewöhnlichen oder im Fall des Art. 6 Abs. 2 seinen schlichten Aufenthalt hat. Dies ergibt sich aus der Benachrichtigungspflicht in Abs. 1 und den Subsidiaritätsregeln in Abs. 2 und 3.[102] **2**

Liegt der danach maßgebliche Aufenthalt in einem Nichtvertragsstaat, richtet es sich nach dem autonomen Recht des Heimatstaates, ob dessen Behörden für Schutzmaßnahmen zuständig sind. In Deutschland ergibt sich in diesen Fällen die Zuständigkeit aus § 104 Abs. 1 Nr. 1 FamFG. Es besteht in diesem Fall aber keine Pflicht der anderen Vertragsstaaten, die Maßnahme nach Art. 22 anzuerkennen.[103] **3**

B. Heimatstaatzuständigkeit, Abs. 1

Zuständigkeitsbegründend ist allein die Staatsangehörigkeit des schutzbedürftigen Erwachsenen. Bei **mehrfacher Staatsangehörigkeit** kann jede Staatsangehörigkeit eine Zuständigkeit nach Art. 7 Abs. 1 begründen. Dies ergibt sich aus der Verwendung des unbestimmten Artikels „eines Vertragsstaats".[104] Dadurch werden schwierige Fragen bei der Bestimmung der effektiven Staatsangehörigkeit vermieden.[105] Außerdem dient es dem Schutzziel, Maßnahmen zum Schutz des Erwachsenen leichter zu ermöglichen (→ Art. 1 Rn. 6). **4**

Zusätzlich verlangt die Vorschrift noch, dass die Behörde der Auffassung sein muss, dass sie besser in der Lage ist, das Wohl des Erwachsenen zu beurteilen. Dies kann etwa der Fall sein, weil der Erwachsene bis vor kurzem noch im Heimatstaat gelebt hat oder weil Angehörige, die fürsorgebereit sind, im Heimatstaat leben.[106] Formale Voraussetzung ist das Vorhandensein einer fürsorgebereiten Person im Heimatstaat aber nicht. **5**

101 MüKoBGB/*Lipp* ESÜ Art. 7 Rn. 1.
102 *Lagarde* Bericht Rn. 59; aA MüKoBGB/*Lipp* ESÜ Vor Art. 5 Rn. 12, Art. 5 Rn. 17.
103 *Lagarde* Bericht Rn. 59.
104 *Lagarde* Bericht Rn. 57; MüKoBGB/*Lipp* ESÜ Art. 7 Rn. 4; *Revillard* Defrenois 2009, 35, 47; *Siehr*

RabelsZ 64 (2000) 715, 732; Staudinger/*von Hein* ESÜ Art. 7 Rn. 4.
105 *Guttenberger*, S. 104.
106 *Bucher* SZIER 2000, 37 (46); MüKoBGB/*Lipp* ESÜ Art. 7 Rn. 5.

6   Der Zweck dieses Erfordernisses besteht nicht primär darin, die Möglichkeit der Heimatstaatbehörden zu beschränken, ihre Zuständigkeit anzunehmen, als ihnen vielmehr im Sinne der Forum-non-conveniens-Doktrin[107] ein flexibles Mittel in die Hand zu geben, ein beantragtes Tätigwerden abzulehnen, wenn die Behörden im Aufenthaltsstaat oder die Behörden eines anderen Staates, die nach Art. 8 potenziell zuständig sind, besser geeignet erscheinen, Schutzmaßnahmen anzuordnen.[108]

7   Im Unterschied zum KSÜ und zur Regelung in Art. 8 hängt die Zuständigkeit der Heimatstaatbehörde nicht davon ab, dass die Aufenthaltsbehörde ihre Zustimmung zum Tätigwerden erteilt hat.[109] Die Heimatbehörde ist nur verpflichtet, die Aufenthaltsbehörde (Art. 5, 6 Abs. 2) davon zu verständigen, dass sie eine Schutzmaßnahme erlassen wird.

8   Diese Informationspflicht soll seinerseits die Behörden im Aufenthaltsstaat in die Lage versetzen, die nach Abs. 2 und 3 vorgesehenen Mitteilungen zu machen. Die Pflicht zur Information besteht nur gegenüber den Aufenthaltsbehörden nach Art. 5 (gegebenenfalls iVm Art. 6 Abs. 2);[110] damit die nach Art. 8 zuständigen Behörden, die in Abs. 2 und 3 vorgesehenen Mitteilungen an die Heimatstaatbehörde machen können, müssen sie ihrerseits von den Aufenthaltsbehörden entsprechend informiert werden.

9   Keine Zuständigkeit aufgrund der Staatsangehörigkeit ist bei Flüchtlingen oder solchen Personen gegeben, die infolge von Unruhen in dem Staat, dem sie angehören, in einen anderen Staat gelangt sind. Die Behörden des Staates, aus dem der Erwachsene fliehen musste, sind regelmäßig nicht geeignet, Schutzmaßnahmen zu erlassen. Hat eine Person mehrere Staatsangehörigkeiten, so ist die Heimatstaatszuständigkeit nur für den Staat ausgeschlossen, aus dem der Erwachsene fliehen musste.[111]

10   Die Zuständigkeit der Heimatbehörde ist allgemeiner Natur und erfasst alle Maßnahmen zum Schutz der Person und des Vermögens.[112]

C. Subsidiarität der Heimatstaatszuständigkeit

I. Verfahren im Heimatstaat, Abs. 2

11   Art. 7 Abs. 2 und 3 regeln die Subsidiarität der Zuständigkeit der Heimatstaatsbehörden. Abs. 2 betrifft den Fall, dass ein Verfahren im Heimatstaat anhängig ist, Abs. 3 den Fall, dass im Heimatstaat eine Schutzmaßnahme erlassen worden ist. Die Zuständigkeit der Heimatstaatbehörden ist subsidiär gegenüber der Zuständigkeit der Aufenthaltsbehörden nach Art. 5 (gegebenenfalls iVm Art. 6 Abs. 2) sowie gegenüber der Zuständigkeit der Behörden, die aufgrund eines Ersuchens der Aufenthaltsbehörde nach Art. 8 eingetreten ist. Nach Abs. 2 kann die Zuständigkeit der Heimatbehörden entfallen, wenn eine solche vorrangige Behörde selbst die durch die Umstände gebotenen Maßnahmen getroffen hat oder entschieden hat, dass keine Maßnahmen zu treffen sind oder ein Verfahren bei der vorrangigen Behörde anhängig ist.

12   Die Zuständigkeit der Heimatstaatbehörden entfällt allerdings nicht automatisch, sondern nur, wenn die Aufenthaltsbehörde oder die nach Art. 8 zuständige Behörde eine **Unterrichtung der Heimatstaatbehörde** hierüber vornimmt. Diese Unterrichtung soll unter Verwendung des entsprechenden Formblatts erfolgen.[113] Zu weit geht es aber, die Verwendung des Formblatts als Voraussetzung für eine wirksame Unterrichtung zu verlangen.[114] Notwendig ist aber eine Unterrichtung gerade durch die nach Art. 5, 6 Abs. 2 oder Art. 8 zuständige Behörde. Eine Kenntniserlangung auf andere Weise, etwa durch Verfahrensbeteiligte, reicht nicht aus, um die Zuständigkeit entfallen zu lassen.[115] Die Aufenthaltsbehörde bzw. die nach Art. 8 zuständige Behörde kann daher entscheiden, ob sie den Vorrang geltend machen will oder nicht. Macht sie den Vorrang geltend, indem sie die Heimatstaatsbehörde unterrichtet, so entfällt deren Zuständigkeit. Fragen können sich dabei über den **Umfang des Vorrangs** ergeben. So kann der Vorrang die Zuständigkeit generell oder nur für den Bereich entfallen lassen, in dem im konkreten Fall die nach Art. 5, 6 Abs. 2 oder Art. 8 zuständige Behörde tätig geworden ist oder tätig werden wird.

13   Für ein bei den Art. 5, 6 Abs. 2 oder Art. 8 zuständigen Behörden laufendes Verfahren wurde bei den Vorarbeiten diskutiert, ob der Vorrang ausdrücklich auf die Fälle beschränkt werden sollte, in denen das Verfahren den gleichen Gegenstand betrifft, wie das Verfahren vor der Heimatbehörde. Eine solche Beschränkung wurde nicht aufgenommen, weil eine klare Abgrenzung der Gegenstände nicht möglich sei. Ein Verfahren

---

107   So auch Staudinger/*von Hein* ESÜ Art. 7 Rn. 7.
108   *Lagarde* Bericht Rn. 60.
109   *Guttenberger*, S. 103 f.; *Siehr* FS Henrich, 567, 569.
110   Ungenau daher MüKoBGB/*Lipp* ESÜ Art. 7 Rn. 5 f.: primär zuständig nach Art. 5 oder 6.
111   *Lagarde* Bericht Rn. 58.
112   *Lagarde* Bericht Rn. 57.
113   Formblatt „Information in Bezug auf die Maßnahmen zum Schutz eines Erwachsenen", abgedruckt in

BT-Drucks 16/3250, S. 69; dieses und andere Formblätter wurden von einer Arbeitsgruppe erarbeitet; sie wurden nicht in das ESÜ eingefügt, ihre Verwendung wird aber vom Ständigen Büro der Haager Konferenz empfohlen, s. dazu *Lagarde* Bericht Rn. 66 Fn. 44.
114   So wohl auch Staudinger/*von Hein* ESÜ Art. 7 Rn. 9.
115   *Lagarde* Bericht Rn. 62; MüKoBGB/*Lipp* ESÜ Art. 7 Rn. 10; Staudinger/*von Hein* ESÜ Art. 7 Rn. 9.

zum Schutz der Person könne auch Aspekte erfassen, die sich bei dem Erlass einer Maßnahme zum Schutz des Vermögens ergeben.[116] Daraus ist zu folgern, dass die Heimatstaatbehörde nicht tätig werden darf, wenn und solange bei einer nach Art. 5, 6 Abs. 2 oder Art. 8 zuständigen Behörden ein Verfahren zum Schutz der Person oder des Vermögens bereits anhängig ist oder anhängig wird.[117] Die Heimatbehörde muss das Verfahren zumindest aussetzen.

Ist eine Entscheidung von einer nach Art. 5, 6 Abs. 2 oder Art. 8 zuständigen Behörde hingegen ergangen, **14** so kann die Heimatbehörde nur solche Maßnahmen nicht ergreifen, die mit dieser Entscheidung unvereinbar sind. Dabei kann sich die Unvereinbarkeit allerdings auch daraus ergeben, dass die Behörde bewusst davon abgesehen hat, eine Maßnahme zu treffen. Für den nicht geregelten Bereich bleibt aber die Zuständigkeit der Heimatbehörde bestehen. Macht sie ihn nicht geltend, kann die Heimatstaatbehörde die bereits getroffenen Entscheidungen abändern.

Ist ein Verfahren bei der Aufenthaltsbehörde oder einer nach Art. 8 zuständigen Behörde anhängig, erfolgt **15** aber **keine Unterrichtung** der Heimatstaatsbehörde, so ist nicht ausdrücklich geregelt, in welchem Verhältnis die Zuständigkeiten nach Art. 5, 6 Abs. 2 und Art. 8 auf der einen Seite und Art. 7 auf der anderen Seite stehen. Möglich erscheint, dass beide Behörden zuständig sind, wenn das Verfahren jeweils andere Aspekte betrifft, für die unterschiedliche, aber miteinander vereinbare Regelungen getroffen werden können. Beispiele wären etwa eine Anordnung zur Vermögensverwaltung im Staat in dem das Vermögen belegen ist und eine Anordnung zum Schutz der Person im Heimatstaat. In den meisten Fällen wird eine solche Trennung nicht möglich sein, so dass ein Absehen von der Unterrichtung durch vorrangig zuständige Behörden zur Folge haben muss, dass sie sich für unzuständig erklären müssen und dann allein die Zuständigkeit der Heimatstaatbehörde bestehen bleibt.[118]

II. Vorherige Schutzmaßnahme im Heimatstaat, Abs. 3

Abs. 3 regelt den Fall, dass die Heimatstaatbehörde eine Maßnahme erlassen hat und zeitlich später eine **16** nach Art. 5, 6 Abs. 2 oder Art. 8 zuständige Behörde ebenfalls eine durch die Umstände gebotene Maßnahme erlässt oder entscheidet, dass keine Maßnahme zu treffen ist. Nach Abs. 3 treten die Maßnahmen der Heimatstaatbehörde in einem solchen Fall außer Kraft. Den Entscheidungen der nach Art. 5, 6 Abs. 2 oder Art. 8 zuständigen Behörden kommt damit der Vorrang zu.

Die Wendung „die durch die Umstände gebotenen Maßnahmen" stellt keine Einschränkung der Zuständigkeit für die nach Art. 5, 6 Abs. 2 oder Art. 8 zuständigen Behörden auf. Sie können auch bei unveränderter **17** Sachlage aufgrund einer anderen Bewertung eine neue Entscheidung treffen.[119]

Abs. 2 stellt eine **Unterrichtungspflicht** auf. Die nach Art. 5, 6 Abs. 2 oder Art. 8 zuständige Behörde muss **18** die Heimatstaatbehörde unterrichten, wenn sie eine Maßnahme getroffen hat oder bewusst davon abgesehen hat. Diese Unterrichtung ist aber keine Voraussetzung für die Zuständigkeitsausübung. Sie kann vielmehr erst nach Erlass der entsprechenden Entscheidung erfolgen. Auch wenn eine Unterrichtung nicht erfolgt ist, geht die Entscheidung der nach Art. 5, 6 Abs. 2 oder Art. 8 zuständigen Behörde vor und es tritt die von der Heimatstaatbehörde erlassene Maßnahme außer Kraft.[120]

Die **Reichweite des Vorrangs** ist aber begrenzt. Der Vorrang kann nur soweit gehen, wie die Maßnahme **19** der Heimatstaatbehörde denselben Gegenstand betrifft, wie die Maßnahme der nach Art. 5, 6 Abs. 2 oder Art. 8 zuständigen Behörde. Regeln die beiden Entscheidungen jeweils verschiedene, voneinander unabhängige Gegenstände, können sie nebeneinander bestehen bleiben.[121]

Aus Gründen der Rechtssicherheit wird die Entscheidung der Heimatstaatbehörde nur mit der **Wirkung für** **20** **die Zukunft** gegenstandslos, behält also ihre Wirkung bis zum Erlass oder der Ablehnung des Erlasses einer Maßnahme durch die nach Art. 5, 6 Abs. 2 oder Art. 8 zuständige Behörde.[122]

Art. 8 ESÜ

(1) ¹Die nach Artikel 5 oder 6 zuständigen Behörden eines Vertragsstaats können, wenn sie der Auffassung sind, dass es dem Wohl des Erwachsenen dient, von Amts wegen oder auf Antrag der Behör-

---

116 *Lagarde* Bericht Rn. 61; MüKoBGB/*Lipp* ESÜ Art. 7 Rn. 12 f.
117 Kritisch dazu Staudinger/*von Hein* ESÜ Art. 7 Rn. 9.
118 AA MüKoBGB/*Lipp* ESÜ Art. 7 Rn. 10: beide Zuständigkeiten bestehen parallel nebeneinander.
119 Staudinger/*von Hein* ESÜ Art. 7 Rn. 11.

120 *Lagarde* Bericht Rn. 64; MüKoBGB/*Lipp* ESÜ Art. 7 Rn. 14; Staudinger/*von Hein* ESÜ Art. 7 Rn. 12.
121 Ähnlich MüKoBGB/*Lipp* ESÜ Art. 7 Rn. 15 für zusätzliche oder ergänzende Maßnahmen.
122 MüKoBGB/*Lipp* ESÜ Art. 7 Rn. 15; Staudinger/*von Hein* ESÜ Art. 7 Rn. 11.

den eines anderen Vertragsstaats die Behörden eines der in Absatz 2 genannten Staaten ersuchen, Maßnahmen zum Schutz der Person oder des Vermögens des Erwachsenen zu treffen. [2]Das Ersuchen kann sich auf den gesamten Schutz oder einen Teilbereich davon beziehen.

(2) Die Vertragsstaaten, deren Behörden nach Absatz 1 ersucht werden können, sind

a) ein Staat, dem der Erwachsene angehört;

b) der Staat, in dem der Erwachsene seinen vorherigen gewöhnlichen Aufenthalt hatte;

c) ein Staat, in dem sich Vermögen des Erwachsenen befindet;

d) der Staat, dessen Behörden schriftlich vom Erwachsenen gewählt worden sind, um Maßnahmen zu seinem Schutz zu treffen;

e) der Staat, in dem eine Person, die dem Erwachsenen nahe steht und bereit ist, seinen Schutz zu übernehmen, ihren gewöhnlichen Aufenthalt hat;

f) hinsichtlich des Schutzes der Person des Erwachsenen der Staat, in dessen Hoheitsgebiet sich der Erwachsene befindet.

(3) Nimmt die nach den Absätzen 1 und 2 bezeichnete Behörde die Zuständigkeit nicht an, so behalten die Behörden des nach Artikel 5 oder 6 zuständigen Vertragsstaats die Zuständigkeit.

A. Regelungsgegenstand 1   D. Annahme des Ersuchens, Abs. 3 23
B. Voraussetzungen des Ersuchens, Abs. 1 3
C. Behörden, an die ein Gesuch gestellt werden
    kann, Abs. 2 8

A. Regelungsgegenstand

1   Art. 8 ermöglicht es den Aufenthaltsbehörden, die Behörden der in Absatz 2 genannten anderen[123] Vertragsstaaten um die Übernahme der Zuständigkeit zu ersuchen, wenn dies dem Wohl des Erwachsenen dient. Sie entspricht vom Regelungsanliegen den Vorschriften der Art. 8 und 9 KSÜ.[124] Die Regelung steht in Übereinstimmung mit dem grundsätzlichen Vorrang der Aufenthaltsbehörden, ermöglicht aber ein flexibles Vorgehen im Interesse des Erwachsenenschutzes.[125] Notwendig ist eine Kooperation zwischen der abgebenden Aufenthaltsbehörde und der Behörde des anderen Vertragsstaats. Die Zuständigkeit geht nur über, wenn diese das Ersuchen annimmt (Abs. 3).[126] Das Ersuchen soll unter Verwendung eines Formblattes erfolgen.[127]

2   Was den **sachlichen Umfang** betrifft, kann sich das Ersuchen auf Übernahme der Zuständigkeit auf den gesamten Schutz oder einen Teilbereich davon beziehen, Abs. 1 S. 2. Im Fall von Abs. 2 lit. f. ist aber ausdrücklich angeordnet, dass die Zuständigkeit nur für Maßnahmen zum Schutz der Person übertragen werden kann. Bei Abs. 1 lit. c wird im Ergebnis nur eine Übertragung der Zuständigkeit von Maßnahmen zum Vermögensschutz erfolgen können.

B. Voraussetzungen des Ersuchens, Abs. 1

3   Die **Befugnis**, ein Ersuchen zur Übernahme der Zuständigkeit zu stellen, hat nur die nach Art. 5 Abs. 1 oder Art. 6 zuständige Aufenthaltsbehörde. Das schließt aus, dass die Heimatstaatbehörde, die nach Art. 7 zuständig ist, die Behörden in einem anderen Vertragsstaat ersucht, die Zuständigkeit zu übernehmen.[128]

4   Die Aufenthaltsbehörde kann von Amts wegen tätig werden. Vorgesehen ist auch, dass die Behörden der Staaten, auf die nach Abs. 2 die Zuständigkeit übergehen kann, einen Antrag bei der Aufenthaltsbehörde stellen, an sie oder an einen anderen Vertragsstaat[129] ein solches Ersuchen zu richten. Diese Regelung ist komplizierter ausgestaltet, als die in Art. 9 KSÜ, nach der die Behörde, die die Zuständigkeit erhalten will, unmittelbar ein eigenes Ersuchen an die Aufenthaltsbehörde stellen kann. Nach Art. 8 ESÜ stellt die Aufenthaltsbehörde, nachdem sie von einer Behörde aus einem anderen Vertragsstaat nach Abs. 2 einen entsprechenden Antrag erhalten hat, erst ihrerseits ein Ersuchen an die Behörde aus dem anderen Vertragsstaat, die dieses Ersuchen nun ihrerseits erst wieder annehmen muss, Abs. 3. In der Praxis dürfte dies aber nicht zu anderen Ergebnissen führen, weil bereits in der Antragstellung die vorweggenommene Erklärung über

123   Art. 8 regelt nicht die Abgabe an einen Nichtvertragsstaat, MüKoBGB/*Lipp* ESÜ Vor Art. 5 Rn. 14 f., Art. 8 Rn. 4.
124   MüKoBGB/*Lipp* ESÜ Art. 8 Rn. 1.
125   *Lagarde* Bericht Rn. 66; MüKoBGB/*Lipp* ESÜ Art. 8 Rn. 1.
126   MüKoBGB/*Lipp* ESÜ Art. 8 Rn. 3.

127   Formblatt „Schutzmaßnahmen betreffend einen Erwachsenen", abgedruckt BT-Drucksache 16/3250, S. 68; zur Verwendungsempfehlung *Lagarde* Bericht Rn. 66 Fn. 44.
128   *Lagarde* Bericht Rn. 66; MüKoBGB/*Lipp* ESÜ Vor Art. 5 Rn. 14; Staudinger/*von Hein* ESÜ Art. 8 Rn. 2.
129   MüKoBGB/*Lipp* ESÜ Art. 8 Rn. 6.

die Annahme des daraufhin gestellten Ersuchens gesehen werden kann. Eine Ausnahme ist nur dann möglich, wenn sich Antrag und Ersuchen nicht decken.

Eine formelle **Antragsbefugnis** anderer Personen, etwa einer Person, die bereit ist, die Fürsorge zu übernehmen, ist nicht vorgesehen.[130] Damit wird aber nicht ausgeschlossen, dass eine solche Person einen informellen Antrag an die Aufenthaltsbehörde oder an eine Behörde nach Abs. 2 richtet, ein Ersuchen bzw. einen Antrag auf ein Ersuchen zu stellen.[131]   **5**

Die nach Art. 5 Abs. 1, 6 zuständige Aufenthaltsbehörde muss der Auffassung sein, dass die Übernahme der Zuständigkeit dem Wohl des Erwachsenen dient. Eine Pflicht, ein solches Ersuchen zu stellen, besteht aber nicht. Der Aufenthaltsbehörde muss vielmehr ein Ermessen zustehen.[132]   **6**

Das Stellen eines Ersuchens und dessen Ablehnung nachdem eine Behörde aus einem Staat nach Abs. 2 einen Antrag gestellt hat, ist im deutschen Recht eine Maßnahme iSv § 23 EGGVG. § 5 ESÜAG ist nicht direkt anwendbar, weil das Ersuchen nicht von der Zentralen Behörde gestellt wird.[133]   **7**

C. Behörden, an die ein Gesuch gestellt werden kann, Abs. 2

Abs. 2 enthält eine abschließende Liste der Staaten, deren Behörden zum Erlass einer Schutzmaßnahme ersucht werden können.[134] Nach Abs. 2 lit. a können die Behörden des Staates ersucht werden, dessen **Staatsangehörigkeit** der schutzbedürftige Erwachsene besitzt. Bei mehreren Staatsangehörigkeiten muss dies nicht die Effektive sein.[135] Die Behörden eines Heimatstaates können zwar bereits aufgrund der originären Zuständigkeit nach Art. 7 tätig werden. Art. 8 hat insoweit aber eine eigene Bedeutung, als die danach angetragene und akzeptierte Zuständigkeit nun nicht mehr subsidiär gegenüber der Zuständigkeit der Aufenthaltsbehörde ist (→ Art. 7 Rn. 11 ff.).[136] Außerdem ermöglicht diese Regelung der Aufenthaltsbehörde, aktiv ein Ersuchen auf Übernahme der Zuständigkeit zu stellen, wenn die Heimatstaatbehörde nicht von sich aus nach Art. 7 tätig wurde.   **8**

Anders als bei Art. 7 wird bei **Flüchtlingen** ein Ersuchen an die Heimatstaatbehörde nicht ausdrücklich ausgeschlossen. Ein solches Ersuchen scheidet aber praktisch wohl immer aus, weil ein Tätigwerden der Heimatstaatbehörde nicht im Interesse des Flüchtlings liegen wird.[137]   **9**

Nach lit. b können die Behörden des Staates ersucht werden, in denen der Erwachsene seinen **vorherigen gewöhnlichen Aufenthalt** hat. Es muss sich anders als bei Art. 15 Abs. 2 lit. b um den letzten gewöhnlichen Aufenthalt vor der Begründung des aktuellen gewöhnlichen Aufenthalts handeln.[138] Ein solches Ersuchen kommt vor allem in solchen Fällen in Betracht, in denen der Aufenthaltswechsel erst kurze Zeit zurückliegt und im früheren Aufenthaltsstaat Maßnahmen erlassen worden waren oder ein Verfahren anhängig war. Lit. b hat damit auch die Funktion im Einzelfall eine Fortdauer der Zuständigkeit trotz eines Wechsels des gewöhnlichen Aufenthalts zu ermöglichen.[139] Damit werden mögliche Härten aufgrund des in Art. 5 Abs. 2 angeordneten Ausschlusses der perpetuatio fori ausgeglichen.[140]   **10**

Fraglich ist, ob in den Fällen des Art. 6 Abs. 1 und 2 auch eine Zuständigkeitsübertragung auf die Behörden des Staates möglich ist, in denen der Erwachsene vor dem Aufenthaltswechsel nur einen **schlichten Aufenthalt** hatte. Dagegen kann angeführt werden, dass lit. b keinen Bezug auf Art. 6 enthält.[141] Allerdings enthält Art. 6 die Anordnung, dass in diesen Fällen der schlichte Aufenthalt dem gewöhnlichen Aufenthalt für die allgemeine Zuständigkeitsregel nach Art. 5 Abs. 1 gleichsteht. Mit dem früheren gewöhnlichen Aufenthalt nimmt lit. b auf diese bisher gegebene allgemeine Zuständigkeit nach Art. 5 Abs. 1 Bezug. Außerdem entspricht eine solche Zuständigkeitsübertragung dem Sinn und Zweck der Vorschrift, wenn etwa ein Verfahren im schlichten Aufenthalt des Flüchtlings anhängig war und es sinnvoll ist, dort abgeschlossen zu werden. Dadurch wird zudem vermieden, dass es in solchen Fällen auf die oft schwierig zu entscheidende Frage ankommt, ob der frühere Aufenthalt bereits als gewöhnlicher Aufenthalt zu qualifizieren war.[142]   **11**

Nach lit. c kann eine Zuständigkeitsübertragung in den Staat erfolgen, in dem sich **Vermögen** des Erwachsenen befindet. Diese Übertragung ist nach dem Wortlaut sachlich unbeschränkt möglich, theoretisch sogar   **12**

---

130 MüKoBGB/*Lipp* ESÜ Art. 8 Rn. 7; Staudinger/*von Hein* ESÜ Art. 8 Rn. 3.
131 Ebenso MüKoBGB/*Lipp* ESÜ Art. 8 Rn. 7.
132 MüKoBGB/*Lipp* ESÜ Art. 8 Rn. 5.
133 Vgl. auch Staudinger/*von Hein* ESÜ Art. 8 Rn. 3.
134 *Lagarde* Bericht Rn. 67; MüKoBGB/*Lipp* ESÜ Art. 8 Rn. 12.
135 MüKoBGB/*Lipp* ESÜ Art. 8 Rn. 14; Staudinger/*von Hein* ESÜ Art. 8 Rn. 4.
136 *Lagarde* Bericht Rn. 68; Staudinger/*von Hein* ESÜ Art. 8 Rn. 5; *Clive* YbPIL 2000, 1, 10.

137 *Lagarde* Bericht Rn. 68; Staudinger/*von Hein* ESÜ Art. 8 Rn. 4.
138 *Lagarde* Bericht Rn. 69; *Guttenberger*, S. 100; MüKoBGB/*Lipp* ESÜ Art. 8 Rn. 14.
139 *Bucher* SZIER 2000, 37 (47).
140 Staudinger/*von Hein* ESÜ Art. 8 Rn. 7.
141 So Staudinger/*von Hein* Art. 8 Rn. 6.
142 AA im Ergebnis Staudinger/*von Hein* ESÜ Art. 8 Rn. 6; wohl auch MüKoBGB/*Lipp* ESÜ Art. 8 Rn. 14.

für Schutzmaßnahmen, welche die Person betreffen. In der Praxis erscheint es allerdings kaum möglich, dass eine Übertragung hinsichtlich persönlicher Schutzmaßnahmen auf die Behörden des Staates, zu dem der Erwachsene nur den Bezugspunkt der Vermögensbelegenheit hat, dessen Wohl dienen könnte.[143]

13 Möglich erscheint aber, dass eine Übertragung nicht nur für das in dem Staat belegene Vermögen, sondern auch für andere oder sämtliche Vermögensgegenstände vorgenommen wird.[144] Dies kann dann sachdienlich sein, wenn sich der Hauptteil des Vermögens in diesem Staat befindet und dadurch gesonderte Verfahren in anderen Staaten vermieden werden können. Insoweit geht die übertragene Zuständigkeit nach lit. c über die originäre Zuständigkeit aufgrund der Belegenheit des Vermögens nach Art. 9 hinaus.[145] Außerdem ist die übertragene Zuständigkeit nicht subsidiär, wie die nach Art. 9. Es besteht insoweit das gleiche Verhältnis wie zwischen lit. a und Art. 7.[146]

14 In lit. d ist die Möglichkeit einer **Prorogation** durch den Erwachsenen angeordnet. Dies ist Ausdruck des Prinzips, dass dem betroffenen Erwachsenen ein möglichst großes Maß an Autonomie eingeräumt bleiben soll. Allerdings ist diese Prorogationsmöglichkeit unter den Vorbehalt der Zustimmung der Aufenthaltsbehörde und der prorogierten Behörde gestellt.[147] Dadurch soll der Schutz des Erwachsenen vor unzulässiger Beeinflussung sichergestellt werden.[148] Dem dient auch das Formerfordernis der Schriftlichkeit.[149]

15 Diese beschränkte Prorogation ermöglicht gleichzeitig, dass auch bei einer Rechtswahl für die Vorsorgevollmacht ein Gleichlauf zwischen Zuständigkeit und anwendbarem Recht gewahrt werden kann.[150] Dem Grundsatz der Autonomie entsprechend sollte einer Bestimmung des Betroffenen im Regelfall entsprochen werden.[151]

16 Die **örtliche Zuständigkeit** richtet sich nach dem nationalen Recht. Das ESÜ enthält auch keine Verpflichtung der Vertragsstaaten, eine entsprechende Wahlmöglichkeit für die örtliche Zuständigkeit vorzusehen.[152]

17 Lit. e ermöglicht die Übertragung der Zuständigkeit auf die Behörden des Staates, in dem sich der **gewöhnliche Aufenthalt einer betreuungswilligen Person** befindet. Zweck der Vorschrift ist es, einer solchen Person zu erleichtern, die Betreuung zu übernehmen, weil das Verfahren in ihrem Aufenthaltsstaat geführt werden kann. Außerdem ist in solchen Fällen meist damit zu rechnen, dass der zu betreuende Erwachsene den Aufenthalt in diesem Staat nehmen wird. Möglich aber nicht notwendig ist, dass der Staat des gewöhnlichen Aufenthalts der zur Betreuung bereiten Person gleichzeitig der Staat ist, dessen Staatsangehörigkeit der zu betreuende Erwachsene hat (lit. a) oder in dem er seinen vorherigen gewöhnlichen Aufenthalt hatte (lit. b).

18 Der sachliche Umfang der Zuständigkeitsübertragung kann umfassend für Person und Vermögen, aber auch nur für einen Teilbereich erfolgen.

19 Lit. e setzt voraus, dass die Person dem Erwachsenen nahesteht. Dies setzt weder Verwandtschaft noch Schwägerschaft voraus. Es muss sich auch nicht um ein eheähnliches Verhältnis handeln.[153] Ein solches **Näheverhältnis** kann auch aufgrund Freundschaft[154] oder Nachbarschaft entstanden sein.

20 Voraussetzung ist weiter die **Bereitschaft**, den Schutz des Erwachsenen zu übernehmen. Fraglich ist, ob die Aufenthaltsbehörde diese Bereitschaft und auch die Fähigkeit zur Übernahme des Schutzes überprüfen kann bzw. muss.[155] Der Aufenthaltsbehörde sollte insoweit ein weites Ermessen eingeräumt werden. Insbesondere wenn keine alternativen Schutzmöglichkeiten bestehen, muss es der Aufenthaltsbehörde möglich sein, die Zuständigkeit abzugeben, wenn die Person schlicht ihre Bereitschaft zur Übernahme des Schutzes erklärt hat. Es ist dann Sache der Behörde, auf welche die Zuständigkeit übertragen wurde, zu prüfen, ob die Person wirklich willens und fähig ist, den Schutz zu übernehmen. Nur dadurch wird die verfahrensrechtliche Vereinfachung für die übernahmebereite Person erreicht. Die Aufenthaltsbehörde ist auf der anderen Seite nicht verpflichtet, die Zuständigkeit zu übertragen, nur weil eine Person ihre Bereitschaft zur Schutzübernahme erklärt hat. Kommen andere Schutzalternativen in Betracht, kann und muss die Aufenthaltsbehörde bereits vor der Zuständigkeitsübertragung prüfen, welche Alternative dem Wohl des Erwachsenen am besten zu dienen scheint. Insoweit kann und muss sie auch die Bereitschaft und Fähigkeit der Person zur Schutzübernahme einer ersten Prüfung unterziehen.

---

143 Staudinger/*von Hein* ESÜ Art. 8 Rn. 9.
144 Ebenso wohl auch MüKoBGB/*Lipp* ESÜ Art. 8 Rn. 14.
145 Staudinger/*von Hein* ESÜ Art. 8 Rn. 9.
146 *Lagarde* Bericht Rn. 70.
147 MüKoBGB/*Lipp* ESÜ Art. 8 Rn. 16 mit zutreffendem Hinweis (Fn. 20), dass *Lagarde* Bericht Rn. 71 nur die Zustimmung der Aufenthaltsbehörden erwähnt.
148 *Lagarde* Bericht Rn. 71; MüKoBGB/*Lipp* ESÜ Art. 8 Rn. 16.
149 Staudinger/*von Hein* ESÜ Art. 8 Rn. 11.
150 Dahin gehend auch MüKoBGB/*Lipp* ESÜ Art. 8 Rn. 16.

151 *Guttenberger*, S. 101; MüKoBGB/*Lipp* ESÜ Art. 8 Rn. 16; Staudinger/*von Hein* ESÜ Art. 8 Rn. 11.
152 Staudinger/*von Hein* ESÜ Art. 8 Rn. 12.
153 Staudinger/*von Hein* ESÜ Art. 8 Rn. 14.
154 *Lagarde* Bericht Rn. 72.
155 S. *Lagarde* Bericht Rn. 72, der einen „glaubhaften Nachweis" verlangt; ähnlich auch *Bucher* SZIER 2000, 37 (47); *Guttenberger*, S. 102 f.; anders Staudinger/*von Hein* ESÜ Art. 8 Rn. 15, der die Prüfungskompetenz der Behörde betont, auf die die Zuständigkeit übertragen werden soll.

Lit. f. erweitert die Möglichkeit, dass die Behörden im Staat des **schlichten Aufenthalts** Schutzmaßnahmen 21
hinsichtlich der Person des Erwachsenen treffen. Zuständigkeiten dieser Behörden sind auch in Art. 6, 10
und 11 vorgesehen. Lit. f. unterscheidet sich von Art. 6 dahingehend, dass er nicht voraussetzt, dass der
Erwachsene ein Flüchtling oder Vertriebener ist oder sein Aufenthalt nicht feststellbar ist. Anders als
Art. 10 setzt lit. f. keinen dringenden Fall voraus. Auch sind anders als nach Art. 11 nicht nur vorläufige und
räumlich auf das Hoheitsgebiet des erlassenden Staates beschränkte Maßnahmen möglich. Da die Zuständigkeit von der Aufenthaltsbehörde übertragen worden ist, sind die Maßnahmen anders als Art. 10
und 11 auch nicht subsidiär.

Diese Zuständigkeitsübertragung war ursprünglich konzipiert worden, um Maßnahmen in Bezug auf medi- 22
zinische Behandlungen am schlichten Aufenthalt des Erwachsenen zu ermöglichen. Sie ist aber in ihrem
sachlichen Anwendungsbereich nicht auf solche Maßnahmen beschränkt.[156]

D. Annahme des Ersuchens, Abs. 3

Die Zuständigkeitsübertragung setzt voraus, dass die ersuchte Behörde das Ersuchen annimmt. Dies erfolgt 23
idealerweise durch ausdrückliche Erklärung gegenüber der ersuchenden Behörde in dem dafür vorgesehenen Formblatt.[157] Die Annahme kann aber auch konkludent durch Aufnahme des Verfahrens erklärt werden.
Dies ist in der Praxis dann zu erwarten, wenn die ersuchte Behörde vorher selbst bei der Aufenthaltsbehörde
beantragt hatte, dass an sie ein solches Ersuchen gerichtet wird.

Die ersuchte Behörde ist nicht verpflichtet das Ersuchen anzunehmen.[158] Dies muss sogar dann gelten, 24
wenn sie vorher selbst einen entsprechenden Antrag bei der Aufenthaltsbehörde gestellt hat. Idealerweise
teilt sie der Aufenthaltsbehörde die Nichtannahme ausdrücklich mit. Eine konkludente Ablehnung[159] ist
anzunehmen, wenn die ersuchte Behörde nicht innerhalb eines angemessen Zeitraums antwortet und untätig
bleibt. In diesem Fall bestimmt Abs. 3 ausdrücklich, dass die Aufenthaltsbehörden nach Art. 5, 6 zuständig
bleiben.[160]

Nicht ausdrücklich geregelt ist, unter welchen Voraussetzungen ein **nachträgliches Entfallen der Zustän-** 25
digkeit eintritt. Aufgrund des Primats der Zuständigkeit der Aufenthaltsbehörde nach Art. 5, 6 muss es dieser zumindest bei einer veränderten Sachlage möglich sein, das Ersuchen zurückzuziehen und damit selbst
wieder die uneingeschränkte Zuständigkeit erlangen zu können.

Die Zuständigkeit der ersuchten Behörde entfällt außerdem dann, wenn die in Abs. 2 genannten Vorausset- 26
zungen nicht mehr vorliegen, also etwa der Erwachsene die Staatsangehörigkeit wechselt oder aufgibt, die
zur Übernahme des Schutzes bereite Person ihren gewöhnlichen Aufenthalt ändert oder der schlichte Aufenthalt des Erwachsenen verlegt wird. Dies wird zwar in Art. 8 nicht ausdrücklich angeordnet, folgt aber
aus der in Art. 5 Abs. 2 enthaltenen grundsätzlichen Ablehnung der perpetuatio fori.

Art. 9 ESÜ

Die Behörden eines Vertragsstaats, in dem sich Vermögen des Erwachsenen befindet, sind zuständig,
Maßnahmen zum Schutz dieses Vermögens zu treffen, soweit sie mit den Maßnahmen vereinbar sind,
die von den nach den Artikeln 5 bis 8 zuständigen Behörden getroffen wurden.

A. Regelungsgegenstand

Art. 9 schafft eine eigene originäre Zuständigkeit der Behörden des Vertragsstaates, in dem sich Vermögen 1
des Erwachsenen befindet, für Maßnahmen zum Schutz dieses Vermögens. Er hat keine Parallele im KSÜ.
Im Unterschied zu Kindern haben schutzbedürftige Erwachsene oft eigenes nicht unerhebliches Vermögen,
für das Schutzmaßnahmen getroffen werden müssen.

Die Zuständigkeit der Behörden im Belegenheitsstaat des Vermögens erleichtert es, dass die Maßnahmen 2
getroffen werden, die den Erfordernissen dessen Rechts entsprechen und daher auch leichter umgesetzt werden können.[161]

156 *Lagarde* Bericht Rn. 73.
157 Formblatt „Schutzmaßnahmen betreffend einen
     Erwachsenen", abgedruckt BT-Drs. 16/3250, S. 68;
     zur Verwendungsempfehlung *Lagarde* Bericht Rn. 66
     Fn. 44.
158 *Lagarde* Bericht Rn. 74; MüKoBGB/*Lipp* ESÜ Art. 8
     Rn. 9.

159 Vgl. auch *Lagarde* Bericht Rn. 74; MüKoBGB/*Lipp*
     ESÜ Art. 8 Rn. 11.
160 *Lagarde* Bericht Rn. 74; MüKoBGB/*Lipp* ESÜ Art. 8
     Rn. 9.
161 *Lagarde* Bericht Rn. 75.

3   Räumlich-persönlich ist Art. 9 nur anwendbar, wenn sich das Vermögen in einem Vertragsstaat und der gewöhnliche – oder bei Art. 6 der schlichte – Aufenthalt des Erwachsenen in einem anderen Vertragsstaat befindet.[162] Die internationale Zuständigkeit für Maßnahmen zum Schutz von Vermögen, das sich im Inland befindet, dessen Inhaber seinen gewöhnlichen Aufenthalt in einem Nichtvertragsstaat des ESÜ hat, bestimmt sich daher nach autonomem Recht.

B. Umfang der Zuständigkeit; Subsidiarität

4   Die Zuständigkeit ist sachlich-räumlich auf Maßnahmen zum Schutz des Vermögens beschränkt, das in dem Staat belegen ist.[163]

5   Die Zuständigkeit ist subsidiär gegenüber Maßnahmen der nach Art. 5 bis 8 zuständigen Aufenthaltsbehörden.[164] Die Subsidiarität besteht daher nicht nur gegenüber Maßnahmen der nach Art. 5 und 6 zuständigen Aufenthaltsbehörden, sondern auch gegenüber Maßnahmen der nach Art. 7 zuständigen Heimatbehörde oder einer nach Art. 8 ersuchten Behörde. Anders als dies der deutsche Wortlaut nahelegt, besteht diese Subsidiarität nicht nur gegenüber bereits vorher, sondern auch gegenüber erst nachträglich erlassenen Maßnahmen.[165] Dies ergibt sich aus der Entstehungsgeschichte[166] und einem Vergleich mit Art. 11 Abs. 1, der ausdrücklich von bereits getroffenen Maßnahmen spricht.[167]

6   Im Unterschied zu Art. 7 ordnet Art. 9 keine Pflicht zur Verständigung der Aufenthaltsbehörden an.[168] Als Folge der Subsidiarität entfällt die Zuständigkeit aber ähnlich wie nach Art. 7 Abs. 2, wenn eine der vorrangig zuständigen Behörden die Behörde im Belegenheitsstaat des Vermögens davon unterrichtet, dass sie eine Maßnahme erlassen hat, entschieden hat, keine Maßnahme zu erlassen,[169] oder dass bei ihr ein Verfahren anhängig ist.

Art. 10 ESÜ

(1) In allen dringenden Fällen sind die Behörden jedes Vertragsstaats, in dessen Hoheitsgebiet sich der Erwachsene oder ihm gehörendes Vermögen befindet, zuständig, die erforderlichen Schutzmaßnahmen zu treffen.

(2) Maßnahmen nach Absatz 1, die in Bezug auf einen Erwachsenen mit gewöhnlichem Aufenthalt in einem Vertragsstaat getroffen wurden, treten außer Kraft, sobald die nach den Artikeln 5 bis 9 zuständigen Behörden die durch die Umstände gebotenen Maßnahmen getroffen haben.

(3) Maßnahmen nach Absatz 1, die in Bezug auf einen Erwachsenen mit gewöhnlichem Aufenthalt in einem Nichtvertragsstaat getroffen wurden, treten in jedem Vertragsstaat außer Kraft, sobald dort die durch die Umstände gebotenen und von den Behörden eines anderen Staates getroffenen Maßnahmen anerkannt werden.

(4) Die Behörden, die nach Absatz 1 Maßnahmen getroffen haben, haben nach Möglichkeit die Behörden des Vertragsstaats des gewöhnlichen Aufenthalts des Erwachsenen von den getroffenen Maßnahmen zu unterrichten.

A. Regelungsgegenstand 1
B. Voraussetzungen nach Abs. 1 3
C. Subsidiarität bei gewöhnlichem Aufenthalt in einem Vertragsstaat, Abs. 2 7
D. Subsidiarität bei gewöhnlichem Aufenthalt in einem Nichtvertragsstaat, Abs. 3 9
E. Unterrichtungspflicht, Abs. 4 10

A. Regelungsgegenstand

1   Art. 10 enthält eine konkurrierende Zuständigkeit der Behörden des Vertragsstaats, in dem sich der Erwachsene oder ihm gehörendes Vermögen befindet. Voraussetzung ist, dass es sich um einen dringenden Fall handelt. Art. 10 entspricht bis auf Abs. 4 fast vollständig der Regelung in Art. 11 KSÜ.[170]

2   Der **räumlich-persönliche Anwendungsbereich** ist gegeben, wenn sich der Erwachsene oder ihm gehörendes Vermögen in einem Vertragsstaat befindet. Wie sich aus Abs. 3 ergibt, ist nicht erforderlich, dass der

162   *Guttenberger*, S. 110; *Siehr* RabelsZ 64 (2000), 715, 734; Staudinger/*von Hein* ESÜ Art. 9 Rn. 1; aA MüKoBGB/*Lipp* ESÜ Vor Art. 5 Rn. 12, Art. 9 Rn. 6.
163   MüKoBGB/*Lipp* ESÜ Art. 9 Rn. 4.
164   MüKoBGB/*Lipp* ESÜ Art. 9 Rn. 5.
165   Ebenso MüKoBGB/*Lipp* ESÜ Art. 9 Rn. 5.

166   *Lagarde* Bericht Rn. 76 Fn. 50.
167   Staudinger/*von Hein* ESÜ Art. 9 Rn. 3.
168   MüKoBGB/*Lipp* ESÜ Art. 9 Rn. 3.
169   Vgl. auch MüKoBGB/*Lipp* ESÜ Art. 9 Rn. 5.
170   *Lagarde* Bericht Rn. 77; MüKoBGB/*Lipp* ESÜ Art. 10 Rn. 1.

Erwachsene seinen gewöhnlichen Aufenthalt in einem anderen Vertragsstaat hat.[171] In Eilfällen soll ein Tätigwerden nicht davon abhängen, dass erst der gewöhnliche Aufenthalt des Erwachsenen ermittelt werden muss.[172] Bei gewöhnlichem Aufenthalt in einem Nichtvertragsstaat verdrängt das ESÜ nicht eine weitergehende Eilzuständigkeit nach autonomem Recht (etwa § 104 FamFG).[173] Die Subsidiaritätsregel in Abs. 2 und die Unterrichtungspflicht nach Abs. 4 setzen allerdings voraus, dass der Erwachsene seinen gewöhnlichen Aufenthalt in einem anderen Vertragsstaat hat.[174]

B. Voraussetzungen nach Abs. 1

Vorliegen muss ein **dringender Fall**. Da die Dringlichkeit eine Ausnahme zu den Grundregeln der Zuständigkeit begründet, ist sie eng auszulegen. Sie ist gegeben, wenn dem Erwachsenen oder dem ihm gehörenden Vermögen ein nicht ausgleichbarer Schaden entstünde, falls abgewartet werden müsste, dass eine nach Art. 5 bis 9 zuständige Behörde tätig wird.[175] Es kommt dafür darauf an, ob aus der Sicht der befassten Behörde ein rechtzeitiges Eingreifen einer nach Art. 5 bis 9 zuständigen Behörde möglich und zu erwarten ist.[176] Eine Pflicht zur vorherigen Unterrichtung der Aufenthaltsbehörde sieht Art. 10 nicht vor und folgt auch nicht aus der allgemeinen Pflicht zur Zusammenarbeit nach Art. 29.[177] Sie würde das gebotene unverzügliche Tätigwerden behindern.   **3**

Im Bericht werden als Beispiele die Erlaubnis zu einem lebensrettenden chirurgischen Eingriff und die Veräußerung von Vermögensgegenständen, die vom Verfall bedroht sind, genannt. Kein dringender Fall sei bei der Schwangerschaft einer behinderten Frau im Hinblick auf die Genehmigung eines Schwangerschaftsabbruchs gegeben, wenn keine unmittelbare Gefahr droht.[178]   **4**

Voraussetzung für die Eilzuständigkeit ist außerdem entweder der **schlichte Aufenthalt** des Erwachsenen oder die **Belegenheit von Vermögen** in dem Staat, dessen Behörden tätig werden wollen. Wenn eine der beiden Alternativen gegeben ist, besteht bei Dringlichkeit eine **sachlich umfassende Zuständigkeit** für Schutzmaßnahmen. Die Zuständigkeit ist in keiner der beiden Alternativen nur auf Maßnahmen zum Schutz der Person oder nur solchen zum Schutz des belegenen Vermögens beschränkt.[179] In der Praxis wird die erforderliche Dringlichkeit aber bei Maßnahmen zum Schutz der Person nur gegeben sein, wenn sich die Person im Staat der Behörde befindet, die nach Art. 10 tätig werden will. Denkbar ist aber, dass Dringlichkeit für eine vermögensschützende Maßnahme nicht nur zum Schutz des inländischen, sondern auch für das in einem anderen Staat belegene Vermögen gegeben ist.[180]   **5**

Die Zuständigkeit ist nicht auf vorläufige Maßnahmen beschränkt, sondern trägt auch den Erlass von **endgültigen Maßnahmen**, wenn insoweit die Dringlichkeit gegeben ist.[181]   **6**

C. Subsidiarität bei gewöhnlichem Aufenthalt in einem Vertragsstaat, Abs. 2

Abs. 2 regelt die Subsidiarität der nach Abs. 1 getroffenen Eilmaßnahmen, wenn der Erwachsene seinen gewöhnlichen Aufenthalt in einem anderen Vertragsstaat hat und daher die Zuständigkeitsregeln nach Art. 5 bis 9 anwendbar sind. Die nach Abs. 1 getroffenen Eilmaßnahmen treten außer Kraft, sobald eine nach Art. 5 bis 9 zuständige Behörde eine **zeitlich später**, durch die Umstände gebotene Maßnahme getroffen hat oder eine solche für nicht erforderlich erklärt.[182]   **7**

Eine Regelung für das Verhältnis zu bereits **früher erlassenen Schutzmaßnahmen** der nach Art. 5 bis 9 zuständigen Behörden enthält Abs. 2 nicht. Sie ist auch nicht notwendig. Ist eine Maßnahme bereits erlassen, die dem Schutzbedürfnis Rechnung trägt, fehlt es an der Dringlichkeit für den Erlass einer Eilmaßnahme nach Abs. 1. Wird dem dringenden Schutzbedürfnis durch eine frühere Maßnahme nicht Rechnung   **8**

---

171 Staudinger/*von Hein* ESÜ Art. 10 Rn. 1; ebenso MüKoBGB/*Lipp* ESÜ Vor Art. 5 Rn. 11 f., Art. 10 Rn. 10, der aber Art. 10 Abs. 3 weitergehend einen allgemeinen Grundsatz für alle Drittstaatenfälle entnehmen will.

172 *Guttenberger*, S. 116, 715, 734; Staudinger/*von Hein* ESÜ Art. 10 Rn. 1.

173 *Lagarde* Bericht Rn. 89; Staudinger/*von Hein* ESÜ Art. 10 Rn. 1.

174 MüKoBGB/*Lipp* ESÜ Art. 10 Rn. 10; Staudinger/*von Hein* ESÜ Art. 10 Rn. 1.

175 *Lagarde* Bericht Rn. 78; MüKoBGB/*Lipp* ESÜ Art. 10 Rn. 5; *Guttenberger*, S. 114.

176 Staudinger/*von Hein* ESÜ Art. 10 Rn. 2.

177 *Lagarde* Bericht Rn. 82; Staudinger/*von Hein* ESÜ Art. 10 Rn. 2; ebenso MüKoBGB/*Lipp* ESÜ Art. 10 Rn. 6.

178 *Lagarde* Bericht Rn. 78; s. auch *Guttenberger*, S. 114 f.; Staudinger/*von Hein* ESÜ Art. 10 Rn. 2.

179 Staudinger/*von Hein* ESÜ Art. 10 Rn. 3.

180 *Lagarde* Bericht Rn. 79.

181 Staudinger/*von Hein* ESÜ Art. 10 Rn. 7.

182 Vgl. auch MüKoBGB/*Lipp* ESÜ Art. 10 Rn. 3 f., 9.

getragen, so bleibt Raum für den Erlass einer Eilmaßnahme. Als Beispiel wird genannt, dass der bestellte Betreuer nicht erreichbar ist, aber der dringende Bedarf für die Zustimmung zu einer Operation besteht.[183]

D. Subsidiarität bei gewöhnlichem Aufenthalt in einem Nichtvertragsstaat, Abs. 3

9   Abs. 3 regelt die Frage der Weitergeltung einer in einem dringenden Fall getroffenen Eilmaßnahme, wenn der Erwachsene seinen gewöhnlichen Aufenthalt in einem Nichtvertragsstaat hat. Das ESÜ regelt nicht, unter welchen Voraussetzungen die Behörden von Nichtvertragsstaaten zuständig sind. Auch kann es nicht regeln, ob die aufgrund von Art. 10 Abs. 1 erlassene Eilmaßnahme dort anerkannt wird. Abs. 3 bestimmt nur, dass der Erlass einer Eilmaßnahme nach Abs. 1 die anderen Vertragsstaaten nicht daran hindert, Schutzmaßnahmen, die zu demselben Fall in einem Nichtvertragsstaat ergehen, anzuerkennen. Können diese Maßnahmen nach dem autonomen Recht eines Vertragsstaates anerkannt werden, so gehen sie der aufgrund von Art. 10 Abs. 1 erlassenen Eilmaßnahme vor.[184]

E. Unterrichtungspflicht, Abs. 4

10   Hat der Erwachsene seinen gewöhnlichen Aufenthalt in einem Vertragsstaat, ist die Behörde, die in einem dringenden Fall eine Eilmaßnahme erlassen hat, verpflichtet, die Behörde im Staat des gewöhnlichen Aufenthalts hiervon nachträglich zu unterrichten. Die Unterrichtungspflicht ist Ausdruck des Vorrangs des Staates des gewöhnlichen Aufenthalts; sie soll diesem ermögliche, abschließende Regelungen zu treffen.[185] Sie ist gegenüber der vergleichbaren Unterrichtungspflicht nach Art. 7 Abs. 1 aber deutlich abgeschwächt.[186]

11   Knüpft die Eilzuständigkeit nach Art. 10 Abs. 1 hingegen an das Vermögen des Betroffenen an, hat der Belegenheitsstaat nicht nur den Staat des gewöhnlichen Aufenthalts von getroffenen Eilmaßnahmen zu unterrichten, sondern unter Beachtung von Art. 29 (Kooperation der Behörden) gegebenenfalls auch den Staat des schlichten Aufenthalts nach Art. 6.[187] Denn anders als Maßnahmen nach Art. 9, müssen sich solche nach Art. 10 nicht nur auf das Vermögen im Belegenheitsstaat beschränken.[188]

12   Da es sich um Eilmaßnahmen in dringenden Fällen handelt, besteht keine Pflicht zur vorherigen Unterrichtung.[189] Außerdem besteht die Unterrichtungspflicht unter dem Vorbehalt der Möglichkeit.[190] Dies bezieht sich wohl vor allem darauf, wie schnell nach Erlass die Behörde am gewöhnlichen Aufenthalt unterrichtet werden muss.

Art. 11 ESÜ

(1) Ausnahmsweise sind die Behörden des Vertragsstaats, in dessen Hoheitsgebiet sich der Erwachsene befindet, nach Verständigung der nach Artikel 5 zuständigen Behörden zuständig, zum Schutz der Person des Erwachsenen auf das Hoheitsgebiet dieses Staates beschränkte Maßnahmen vorübergehender Art zu treffen, soweit sie mit den Maßnahmen vereinbar sind, die von den nach den Artikeln 5 bis 8 zuständigen Behörden bereits getroffen wurden.

(2) Maßnahmen nach Absatz 1, die in Bezug auf einen Erwachsenen mit gewöhnlichem Aufenthalt in einem Vertragsstaat getroffen wurden, treten außer Kraft, sobald die nach den Artikeln 5 bis 8 zuständigen Behörden eine Entscheidung über die Schutzmaßnahmen getroffen haben, die durch die Umstände geboten sein könnten.

A. Regelungsgegenstand 1   C. Vorübergehende Maßnahme 8
B. Voraussetzungen 6   D. Subsidiarität 12

183 Staudinger/*von Hein* ESÜ Art. 10 Rn. 4; s. auch MüKoBGB/*Lipp* ESÜ Art. 10 Rn. 5; *Guttenberger*, S. 117.

184 *Lagarde* Bericht Rn. 81; MüKoBGB/*Lipp* ESÜ Art. 10 Rn. 9; Staudinger/*von Hein* ESÜ Art. 10 Rn. 5.

185 Staudinger/*von Hein* ESÜ Art. 10 Rn. 8.

186 *Lagarde* Bericht Rn. 82.

187 MüKoBGB/*Lipp* ESÜ Art. 10 Rn. 8; Staudinger/*von Hein* ESÜ Art. 10 Rn. 8; ebenso wohl auch *Gutten-*

berger, S. 113, 115; aA *Lagarde* Bericht Rn. 82, da Unterrichtungspflicht nicht über die in Art. 9 vorgesehene hinausgehen könne.

188 Staudinger/*von Hein* ESÜ Art. 10 Rn. 8.

189 *Lagarde* Bericht Rn. 82; Staudinger/*von Hein* ESÜ Art. 10 Rn. 2; MüKoBGB/*Lipp* ESÜ Art. 10 Rn. 6.

190 Vgl. hierzu Staudinger/*von Hein* ESÜ Art. 10 Rn. 8 aE.

A. Regelungsgegenstand

Art. 11 begründet eine konkurrierende Zuständigkeit der Behörden des Vertragsstaates, in dem sich der 1
Erwachsene vorübergehend aufhält, zum Erlass vorübergehender Maßnahmen, die auf das Hoheitsgebiet
dieses Staates beschränkt sind. Art. 11 ist Art. 12 KSÜ nachgebildet, anders als dieser aber auf Maßnahmen
zum Schutz der Person begrenzt. Die Belegenheit des Vermögens in einem Vertragsstaat eröffnet nach
Art. 9 eine eigenständige originäre Zuständigkeit für Maßnahmen zum Schutz dieses Vermögens, die im
KSÜ so nicht vorgesehen ist.

Anders als nach Art. 10 ist eine Dringlichkeit der Maßnahme nicht erforderlich. Gedacht ist diese Zustän- 2
digkeit vor allem für medizinische Maßnahmen, zeitweilige Unterbringungen oder Umgangsregelungen,[191]
deren Erlass zwar nicht im Sinne von Art. 10 dringlich ist, deren zeitnaher Erlass aber im Interesse des
Erwachsenen liegt. Die Behörden des Staates, in dem sich der Erwachsene zwar nicht gewöhnlich, aber
doch auch nicht nur ganz kurz aufhält, können für solche Maßnahmen im Einzelfall am besten geeignet
sein.

Streitig ist, ob der **räumlich-persönliche Anwendungsbereich** voraussetzt, dass der Erwachsene seinen 3
gewöhnlichen Aufenthalt in einem anderen Vertragsstaat hat. Dafür spricht, dass die Unterrichtungspflicht
ansonsten leerlaufen würde und dass Art. 11 anders als Art. 10 Abs. 3 und Art. 12 Abs. 3 KSÜ keine Regelung der Subsidiarität für den Fall enthält, dass der gewöhnliche Aufenthalt in einem Nichtvertragsstaat
liegt.[192]

Dagegen spricht, dass Art. 11 Abs. 2 ähnlich wie Art. 10 Abs. 2 das Subsidiaritätsverhältnis speziell für den 4
Fall regelt, dass der Erwachsene seinen gewöhnlichen Aufenthalt in einem anderen Vertragsstaat hat. Die
ausdrückliche Begrenzung der Subsidiarität auf den Fall, dass der Erwachsene seinen gewöhnlichen Aufenthalt in einem Vertragsstaat hat, wäre nicht notwendig, wenn Art. 11 Abs. 1 überhaupt nur auf diesen Fall
anwendbar wäre.[193]

Außerdem ist eine Regelung des Subsidiaritätsverhältnisses für den Fall, dass der Erwachsene seinen 5
gewöhnlichen Aufenthalt in einem Nichtvertragsstaat hat, anders als bei Art. 10 entbehrlich.[194] Die Maßnahme ist auf das Hoheitsgebiet des Staates beschränkt, dessen Behörde die Maßnahme erlassen hat.[195] Es
kommt daher nur darauf an, ob dieser Staat die Maßnahme, die in einem Nichtvertragsstaat ergangen ist,
anerkennt. Art. 11 muss daher auch anwendbar sein, wenn der Erwachsene seinen gewöhnlichen Aufenthalt
in einem Nichtvertragsstaat hat.[196]

B. Voraussetzungen

Der Erwachsene muss sich im Hoheitsgebiet des Vertragsstaats befinden, ohne dort seinen gewöhnlichen 6
Aufenthalt zu haben.

Die Behörde, die eine Maßnahme aufgrund von Art. 11 erlassen will, muss die Behörden im Staat des 7
gewöhnlichen Aufenthalts vor Erlass einer Maßnahme unterrichten. Nach dem Zweck dieser Unterrichtungspflicht muss die konstitutive[197] Unterrichtung so rechtzeitig erfolgen, dass die Behörde im Staat des
gewöhnlichen Aufenthalts noch reagieren kann, bevor die Maßnahme im Staat des schlichten Aufenthalts
erlassen wird. Die bloße vorherige Unterrichtung reicht aus. Es ist anders als bei Art. 8 nicht erforderlich,
dass die nach Art. 5 zuständige Behörde ihre Zustimmung erklärt.

C. Vorübergehende Maßnahme

Zulässig sind nur Maßnahmen zum Schutz der Person des Erwachsenen. Diese Maßnahmen müssen vor- 8
übergehender Art sein. Dazu gehören Maßnahmen, die keine endgültigen Auswirkungen haben, sondern
nach Zeitablauf schlicht entfallen, wie etwa die vorübergehende Unterbringung in einer Klinik oder die Verabreichung schmerzlindernder Mittel. Sicherlich nicht unter Art. 11 fallen schwerwiegende endgültige
medizinische Eingriffe, wie etwa der Schwangerschaftsabbruch, die Amputation von Gliedmaßen oder die
Sterilisation.[198]

---

191 *Lagarde* Bericht Rn. 84; vgl. auch MüKoBGB/*Lipp*
ESÜ Art. 11 Rn. 2, 6.
192 Staudinger/*von Hein* ESÜ Art. 11 Rn. 2.
193 *Lagarde* Bericht Rn. 85, 89; *Guttenberger*, S. 122;
Bucher SZIER 2000, 37 (49) Fn. 16.
194 Ähnlich *Lagarde* Bericht Rn. 85.
195 *Guttenberger*, S. 122.

196 Im Ergebnis ebenso MüKoBGB/*Lipp* ESÜ Vor
Art. 5 Rn. 11, Art. 11 Rn. 11 f.
197 *Lagarde* Bericht Rn. 84 aE; *Guttenberger*, S. 119;
MüKoBGB/*Lipp* ESÜ Art. 11 Rn. 5; Staudinger/*von
Hein* ESÜ Art. 11 Rn. 3.
198 MüKoBGB/*Lipp* ESÜ Art. 11 Rn. 5; Staudinger/*von
Hein* ESÜ Art. 11 Rn. 4.

9   Streitig ist, ob die Zulassung weniger schwerwiegender medizinischer Eingriffe, die für sich aber endgültig sind, wie etwa die Extraktion eines Zahnes oder die Entfernung eines Abszesses, noch als Maßnahme vorübergehender Art einzuordnen sind.[199] Dagegen spricht, dass sie für sich betrachtet nicht reversibel sind; der Abszess ist entfernt, der Zahn gezogen.[200] Diese Betrachtung ist aber zu eng. Entscheidend ist, ob der medizinische Eingriff keine bleibenden negativen Auswirkungen auf den betroffenen Erwachsenen haben wird.[201] Der Erwachsene hat ein Interesse daran, dass die Behandlung von Leiden, welche die Lebensqualität beeinträchtigen, zeitnah vorgenommen wird. Wenn solche Fälle aus dem Anwendungsbereich von Art. 11 herausgenommen würden, hätte dies in der Praxis zur Folge, dass diese Fälle vermehrt über Art. 10 durch ein extensiveres Verständnis der Dringlichkeit gelöst würden.

10   Es erscheint nun aber sinnvoll, Art. 10 restriktiv anzuwenden und nicht auf Fälle zu erweitern, für die Art. 11 die angemessene Regelung enthält. Hier ist insbesondere von Bedeutung, dass nach Art. 11 eine Pflicht zur Unterrichtung der nach Art. 5 zuständigen Behörde besteht. Damit ist in diesen Fällen ein angemessener Ausgleich der Interessen an einer zügigen Entscheidung im Staat des schlichten Aufenthalts und einer Beachtung des Vorrangs der nach Art. 5 zuständigen Behörde erreichbar. Nur bei Art. 11, nicht aber bei Art. 10, sind die Maßnahmen zu beachten, die von den nach Art. 5 bis 8 zuständigen Behörden bereits getroffen worden sind. Die Behörden am schlichten Aufenthalt werden von solchen Maßnahmen oft erst Kenntnis erlangen, wenn sie die nach Art. 5 zuständige Behörde von der beabsichtigten Maßnahme unterrichten.

11   Die Maßnahme muss sich territorial auf das Hoheitsgebiet des Staates, in dem sich der Erwachsene befindet und dessen Behörde tätig wird, beschränken. Angeordnet werden kann daher nur die vorübergehende Unterbringung des Erwachsenen in einer Einrichtung dieses Staates oder die Vornahme eines medizinischen Eingriffs, der in diesem Staat durchgeführt wird.[202]

D. Subsidiarität

12   Die Vorschrift zur Subsidiarität in Abs. 2 entspricht weitgehend der vergleichbaren Regelung in Art. 10 Abs. 2 und greift ein, wenn der Erwachsene seinen **gewöhnlichen Aufenthalt in einem anderen Vertragsstaat** hat. Anders als bei dringenden Fällen[203] ist aber bei Maßnahmen nach Art. 11 denkbar, dass die nach Art. 5 bis 8 zuständige Behörde entscheidet, dass eine solche Maßnahme überhaupt nicht erforderlich ist. Auch eine solche Entscheidung geht der Maßnahme nach Abs. 1 vor.[204]

13   Wenn der Erwachsene seinen **gewöhnlichen Aufenthalt in einem Nichtvertragsstaat** hat, kann ein Vertragsstaat dennoch seine Zuständigkeit auf Art. 11 Abs. 1 stützen (zu dieser Streitfrage → Rn. 3–5). Da die Maßnahme territorial auf den Vertragsstaat, dessen Behörde sie erlassen hat, beschränkt ist, kommt es darauf an, ob dieser Vertragsstaat die Maßnahme, die in einem Nichtvertragsstaat ergangen ist, anerkennt. Dies richtet sich nach dem autonomen Recht dieses Vertragsstaates.

Art. 12 ESÜ

Selbst wenn durch eine Änderung der Umstände die Grundlage der Zuständigkeit wegfällt, bleiben vorbehaltlich des Artikels 7 Absatz 3 die nach den Artikeln 5 bis 9 getroffenen Maßnahmen innerhalb ihrer Reichweite so lange in Kraft, bis die nach diesem Übereinkommen zuständigen Behörden sie ändern, ersetzen oder aufheben.

A. Regelungsgegenstand

1   Art. 12 ordnet an, dass eine einmal getroffene Maßnahme grundsätzlich in Kraft bleibt, auch wenn sich die Umstände verändern und nach der neuen Sachlage eine Zuständigkeit der Behörde nach Art. 5–9 nicht mehr gegeben ist. Für den Erlass von Schutzmaßnahmen sind nun zwar die Behörden eines anderen Staates zuständig. Solange diese keine eigenen Maßnahmen erlassen, bleiben die Maßnahmen in Kraft, welche die

---

199 Dafür *Bucher* SZIER 2000, 37 (49); *Guttenberger*, S. 121 f.; im Ergebnis ebenso MüKoBGB/*Lipp* ESÜ Art. 11 Rn. 8, zweifelhaft erscheint jedoch die Differenzierung zwischen der vorübergehenden Schutzmaßnahme und der dann auch zulässigen dauerhaften medizinischen Maßnahme.

200 So Staudinger/*von Hein* ESÜ Art. 11 Rn. 4.

201 *Guttenberger*, S. 121 f.

202 S. Staudinger/*von Hein* ESÜ Art. 11 Rn. 5; vgl. auch MüKoBGB/*Lipp* ESÜ Art. 11 Rn. 7.

203 Dies betrifft selbstredend nicht eine einer Maßnahme nach Art. 10 Abs. 1 nachfolgende dahin gehende Entscheidung, vgl. Art. 10 Rn. 7, ebenso MüKoBGB/*Lipp* ESÜ Art. 10 Rn. 9.

204 *Lagarde* Bericht Rn. 85; MüKoBGB/*Lipp* ESÜ Art. 11 Rn. 10.

Benicke

bisher zuständige Behörde erlassen hat.[205] **Zweck** der Vorschrift ist es, sicherzustellen, dass im Interesse des Erwachsenen ein Bruch im Fortbestand des Schutzes vermieden und die Kontinuität der Schutzmaßnahmen gewährleistet wird.[206] Art. 12 entspricht Art. 14 KSÜ und ergänzt die Anerkennungspflicht der Schutzmaßnahmen in anderen Vertragsstaaten nach Art. 22.[207]

Nicht erfasst werden Maßnahmen, die aufgrund einer Zuständigkeit nach Art. 10 oder 11 erlassen wurden.[208] Für die nach Art. 10 erlassenen dringlichen Maßnahmen gelten die Sonderregeln in Art. 10 Abs. 2 und 3, die eine grundsätzliche Fortgeltung voraussetzen.[209] Bei Art. 11 ist eine Regelung zur Fortgeltung entbehrlich, da insoweit nur Maßnahmen erlassen werden können, deren Wirkung territorial auf den Staat beschränkt ist, in dem sich der Erwachsene aufhält. Mit einem Wechsel des Aufenthalts werden die Maßnahmen gegenstandslos.[210] **2**

Die Fortgeltung ist unabhängig davon, ob nach der Veränderung der Umstände noch die **Zuständigkeit** **3** **eines (anderen) Vertragsstaats** aufgrund des ESÜ gegeben ist oder nicht. Hat die Behörde des Vertragsstaats, in dem der Erwachsene seinen gewöhnlichen Aufenthalt hatte, eine Schutzmaßnahme erlassen, so bleibt diese in Kraft und ist weiterhin in allen anderen Vertragsstaaten anzuerkennen, auch wenn der Erwachsene seinen gewöhnlichen Aufenthalt in einen Nichtvertragsstaat verlegt. Ob eine Maßnahme, die von den Behörden des Nichtvertragsstaates des neuen gewöhnlichen Aufenthalts erlassen wurde, eine Abänderung der bisher fortgeltenden Maßnahme aus einem Vertragsstaat bewirkt, richtet sich nun aber nicht nach dem ESÜ, sondern nach dem Ankerkennungsrecht des jeweiligen Vertragsstaates, für den sich die Frage der Anerkennung stellt.[211] Parallel hierzu entscheidet sich nach dem autonomen Recht des Nichtvertragsstaates die dortige Fortwirkung der aufgrund des ESÜ getroffenen Maßnahme.[212]

B. Änderung der Umstände

Je nach Zuständigkeitsvorschrift führt eine Änderung anderer Umstände zu einem Wegfall der Zuständig- **4** keit für die Zukunft. Bei Art. 5 lässt der Wechsel des gewöhnlichen Aufenthalts, bei Art. 6 der Wechsel des schlichten Aufenthalts die Zuständigkeit entfallen. Die Zuständigkeit nach Art. 7 endet, wenn der Erwachsene nicht mehr die Staatsangehörigkeit dieses Staates hat. Sie wird nicht berührt, wenn bei Mehrstaatlern die effektive Staatsangehörigkeit wechselt oder wenn der Erwachsene eine Staatsangehörigkeit hinzuerwirbt, ohne die bisherige Staatsangehörigkeit zu verlieren. Bei Art. 9 entfällt die Zuständigkeit, wenn die Vermögenswerte, auf die sich die Maßnahme bezieht, in einen anderen Staat verbracht werden.

Auch die Zuständigkeit nach **Art. 8**, die aufgrund eines Ersuchens der nach Art. 5 oder 6 zuständigen Auf- **5** enthaltsbehörde begründet wird, entfällt, wenn die in Art. 8 Abs. 2 lit. a bis f. genannten Voraussetzungen nicht mehr vorliegen.[213] Sie geht auch nicht automatisch auf den Staat über, für den das jeweilige Anknüpfungskriterium nun zutrifft.[214] So entfällt die Zuständigkeit der Behörden des Staates, in dem die dem Erwachsene nahestehende Person nach Art. 8 lit. e ihren gewöhnlichen Aufenthalt hat, wenn die nahestehende Person ihren gewöhnlichen Aufenthalt in einen anderen Staat verlegt. Die Behörden im Staat des neuen gewöhnlichen Aufenthalts rücken aber nicht in diese Zuständigkeit ein. Voraussetzung ist vielmehr, dass die Behörden im Staat des gewöhnlichen Aufenthalts des Erwachsenen ein entsprechendes Ersuchen an die Behörden dieses Staates stellen.

C. Grenzen der Fortgeltung

Art. 12 stellt klar, dass die grundsätzliche Fortgeltung die Subsidiarität der Maßnahmen der Staatsangehö- **6** rigkeitsbehörden nach Art. 7 Abs. 3 unberührt lässt. Die Maßnahmen gelten zwar auch bei Wechsel der Staatsangehörigkeit fort, können aber nicht nur durch die nun nach Art. 7 zuständigen Staatsangehörigkeitsbehörden, sondern zudem durch die nach Art. 5, 6 oder 8 zuständigen Behörden abgeändert werden.[215] Gleiches gilt ferner für die nicht ausdrücklich erwähnte Subsidiarität nach Art. 9.[216]

---

205 Die bisher zuständige Behörde verliert aber die Zuständigkeit, die getroffene Maßnahme zu ändern, ersetzen oder aufzuheben, vgl. LG Cottbus FamRZ 2018, 1693.

206 *Lagarde* Bericht Rn. 86; *Guttenberger*, S. 127; LG Cottbus FamRZ 2018, 1693.

207 *Lagarde*, Bericht Rn. 86; MüKoBGB/*Lipp* ESÜ Art. 12 Rn. 1.

208 *Lagarde* Bericht Rn. 87; MüKoBGB/*Lipp* ESÜ Art. 12 Rn. 4.

209 Staudinger/*von Hein* ESÜ Art. 10 Rn. 3.

210 *Guttenberger*, S. 127; Staudinger/*von Hein* ESÜ Art. 10 Rn. 3; aA MüKoBGB/*Lipp* ESÜ Art. 12 Rn. 4.

211 MüKoBGB/*Lipp* ESÜ Art. 12 Rn. 8.

212 MüKoBGB/*Lipp* ESÜ Art. 12 Rn. 6.

213 *Lagarde* Bericht Rn. 88.

214 *Guttenberger*, S. 126; Staudinger/*von Hein* ESÜ Art. 10 Rn. 2.

215 *Guttenberger*, S. 127; Staudinger/*von Hein* ESÜ Art. 10 Rn. 2.

216 Staudinger/*von Hein* ESÜ Art. 10 Rn. 2; vgl. auch MüKoBGB/*Lipp* ESÜ Art. 12 Rn. 5.

7   Die Maßnahmen bleiben nur **innerhalb ihrer Reichweite** in Kraft. Dies bedeutet, dass Maßnahmen, die ihrem Inhalt nach nur bei unveränderten Umständen gelten, durch die Änderung der Umstände gegenstandslos werden. Dies ist etwa bei der Einsetzung einer Behörde als Betreuer der Fall, die aufgrund der territorialen Beschränkung ihrer Tätigkeit diese Funktion nur ausüben kann, wenn sich der Erwachsene in dem Staat der Behörde aufhält.[217]

Kapitel III

Anzuwendendes Recht

Art. 13 ESÜ

(1) Bei der Ausübung ihrer Zuständigkeit nach Kapitel II wenden die Behörden der Vertragsstaaten ihr eigenes Recht an.

(2) Soweit es der Schutz der Person oder des Vermögens des Erwachsenen erfordert, können sie jedoch ausnahmsweise das Recht eines anderen Staates anwenden oder berücksichtigen, zu dem der Sachverhalt eine enge Verbindung hat.

A. Anwendbares Recht; Gleichlaufprinzip

1   In Übereinstimmung mit Art. 15 Abs. 1 KSÜ ordnet Art. 13 Abs. 1 den Gleichlauf von internationaler Zuständigkeit und anwendbarem Recht an.[218] Die Behörde wendet also nicht nur das eigene Verfahrensrecht, sondern zudem das eigene materielle Recht an.

2   Sinn dieses Gleichlaufprinzips ist die Vereinfachung und Beschleunigung des Verfahrens, da die Behörde das ihr bekannte eigene Recht anwenden kann und die Ermittlung des Inhalts eines ausländischen Rechts entfällt.[219] Da die Maßnahme oft auch in dem Staat zu vollstrecken sein wird, in dem sie erlassen wurde, erleichtert der Gleichlauf des Weiteren die Vollstreckung, da die Maßnahme inhaltlich dem Vollstreckungsrecht entspricht.[220]

3   Wird die Behörde am gewöhnlichen Aufenthalt des Erwachsenen tätig, wird damit ferner verwirklicht, dass ein sachnahes Recht Anwendung findet.[221] Der Gleichlauf gilt aber nicht nur für die Aufenthaltszuständigkeit, sondern auch für alle anderen Zuständigkeiten,[222] dh auch dann, wenn der Erwachsene zumindest bisher keine engere Beziehung zu dieser Rechtsordnung hat, etwa wenn nach Art. 8 Abs. 2 lit. e die Behörde des Staates tätig wird, in dem eine dem Erwachsenen nahestehende Person ihren gewöhnlichen Aufenthalt hat.

B. Ausweichklausel

4   Abs. 2 ermöglicht es den Behörden, ausnahmsweise das Recht eines anderen Staates anzuwenden oder zu berücksichtigen, zu dem der Sachverhalt eine enge Verbindung hat. Nach Art. 18 gilt dies nicht nur für das Recht eines anderen Vertragsstaates, sondern auch für das eines Nichtvertragsstaates.[223] Eine entsprechende Ausweichklausel enthält auch Art. 15 Abs. 2 KSÜ.

5   Anders als Ausweichklauseln in anderen Kollisionsnormen, etwa in den Artikeln 4 Abs. 3 der Rom I-VO und der Rom II-VO, dient die Ausweichklausel nicht dazu ein sachnäheres Recht zur Anwendung zu berufen. Der Zweck besteht vielmehr darin, den Schutz des Erwachsenen materiell zu verbessern.[224] Dementsprechend nennt Art. 13 Abs. 2 als Voraussetzung, dass die Anwendung oder Berücksichtigung des anderen Rechts zum Schutz des Erwachsenen erforderlich sein muss. Die Ausweichklausel soll daher nicht herangezogen werden, um das Recht am gewöhnlichen Aufenthalt des Erwachsenen als räumlich nächstes Recht anzuwenden, wenn die Behörde eines anderen Staates eine Maßnahme erlässt.[225]

---

217   *Lagarde* Bericht Rn. 88; Staudinger/*von Hein* ESÜ Art. 10 Rn. 4, der zu Recht darauf hinweist, dass der schlichte Aufenthalt für ein Tätigwerden ausreichen kann.

218   MüKoBGB/*Lipp* ESÜ Art. 13 Rn. 1 f.; vgl. auch MüKoBGB/*Lipp* ESÜ Vor Art. 13 Rn. 9–12 zum anwendbaren Recht in Drittstaatenfällen, in denen sich die Zuständigkeit des Vertragsstaates sowohl aus dem autonomen Recht wie auch aus dem ESÜ ergibt.

219   *Lagarde* Bericht Rn. 91.

220   *Lagarde* Bericht Rn. 91.

221   Staudinger/*von Hein* ESÜ Vor Art. 13 Rn. 1.

222   *Guttenberger*, S. 141 f.; MüKoBGB/*Lipp* ESÜ Art. 13 Rn. 4.

223   MüKoBGB/*Lipp* ESÜ Art. 13 Rn. 9; *Siehr* RabelsZ 64 (2000), 715, 737.

224   *Lagarde* Bericht Rn. 92; MüKoBGB/*Lipp* ESÜ Art. 13 Rn. 7; Staudinger/*von Hein* ESÜ Art. 13 Rn. 2, 7.

225   Staudinger/*von Hein* ESÜ Art. 13 Rn. 3.

Die Anwendung oder Berücksichtigung des fremden Rechts kommt vor allem dann in Betracht, wenn die   **6**
Maßnahme dadurch (besser) verwirklicht werden kann. Beispiele sind die Erteilung der Genehmigung an
einen Vormund, einen Gegenstand zu veräußern, wenn diese Genehmigung nur nach dem Recht des Staates
erforderlich ist, in dem der Gegenstand belegen ist und in dem die Veräußerung vorgenommen werden
soll.[226] Auch kann es bei einem geplanten Aufenthaltswechsel des Erwachsenen ratsam sein, die Schutzmaßnahme dem neuen Aufenthaltsrecht entsprechend anzuordnen.[227]

Das ausländische Recht kann angewandt oder aber auch nur berücksichtigt werden. Dies ermöglicht der   **7**
Behörde ein flexibles Vorgehen.[228] Die bloße Berücksichtigung vermindert den Aufwand, der für die
Ermittlung des Inhalts der ausländischen Rechtsordnung notwendig ist. Die Maßnahme kann grundsätzlich
unter Anwendung der lex fori erlassen werden und es erfolgt nur eine Ergänzung, die den Erfordernissen
des ausländischen Rechts Rechnung trägt.[229]

Aus der Wendung „Soweit" ergibt sich, dass das ausländische Recht nicht nur auf die gesamte Schutzmaß-   **8**
nahme, sondern auch nur auf eine abtrennbare Teilfrage angewandt werden kann.[230]

Die Ausweichklausel ist als Ausnahmevorschrift konzipiert. In der Praxis dürfte aber keine Gefahr beste-   **9**
hen, dass sie von den Behörden extensiv angewandt wird. Die Beteiligten können bei der Behörde anregen,
ausländisches Recht anzuwenden oder zu berücksichtigen. Die Möglichkeit einer Rechtswahl wird dadurch
nicht eröffnet.[231] Der Behörde steht insoweit vielmehr ein Ermessen zu.[232] Nur in seltenen Situationen ist es
denkbar, dass eine Entscheidung erfolgreich angefochten werden kann, weil die Behörde von der Möglichkeit, ausländisches Recht anzuwenden oder zu berücksichtigen, nicht Gebrauch gemacht hat, obwohl dies
zum Schutz der Person oder des Vermögens des Erwachsenen erforderlich war.

Art. 14 ESÜ

**Wird eine in einem Vertragsstaat getroffene Maßnahme in einem anderen Vertragsstaat durchge-
führt, so bestimmt das Recht dieses anderen Staates die Bedingungen, unter denen sie durchgeführt
wird.**

A. Regelungsgegenstand

Aufgrund der vielfältigen Zuständigkeiten nach Art. 5 bis 10 kann es in vielen Fällen dazu kommen, dass   **1**
die Behörden eines Vertragsstaates eine Maßnahme erlassen, die Durchführung der Maßnahme aber in
einem anderen Vertragsstaat erfolgen muss. Art. 14 ordnet an, dass sich die Bedingungen, unter denen sie
durchgeführt werden, nicht nach dem Recht, das ihrem Erlass zugrunde gelegt wurde, sondern nach dem
Recht des Staates richtet, in dem die Durchführung erfolgt.[233]

Zweck der Vorschrift sind zum einen Praktikabilitätserwägungen. Müssen Behörden für die Durchführung   **2**
eingeschaltet werden, so können sie bei der Durchführung ihr eigenes Recht anwenden.[234] Zum anderen
schützt die Vorschrift die Staaten mit strengen Durchführungsvorschriften. Diese bleiben auch bei einer in
einem anderen Vertragsstaat erlassenen Maßnahme anwendbar, wenn die Maßnahme in diesem Staat durchgeführt wird.[235] Gleichzeitig wird dadurch ausgeschlossen, dass der Durchführungsstaat die Maßnahme im
Hinblick auf die Durchführungsbestimmungen wegen Unvereinbarkeit mit dem ordre public nicht anerkennt oder aber abändert.[236]

Räumlich-persönlich ist die Vorschrift auf alle Fälle anwendbar, in dem die in einem Vertragsstaat ergange-   **3**
nen Maßnahmen in einem anderen Vertragsstaat durchzuführen sind.[237] Anders als bei Art. 15 Abs. 3 KSÜ
kommt es für Art. 14 also nicht auf den Wechsel des gewöhnlichen Aufenthalts an. Erfasst werden damit
von Art. 14 sowohl Fälle des Statutenwechsels und damit der Fortgeltung von Schutzmaßnahmen nach

---

226 *Lagarde* Bericht Rn. 92; MüKoBGB/*Lipp* ESÜ
    Art. 13 Rn. 7; *Guttenberger*, S. 145.
227 *Guttenberger*, S. 144; MüKoBGB/*Lipp* ESÜ Art. 13
    Rn. 7, der alternativ eine Übertragung nach Art. 8
    empfiehlt.
228 Ebenso *Guttenberger*, S. 145; MüKoBGB/*Lipp* ESÜ
    Art. 13 Rn. 8.
229 *Guttenberger*, S. 145; MüKoBGB/*Lipp* ESÜ Art. 13
    Rn. 8 aE.
230 MüKoBGB/*Lipp* ESÜ Art. 13 Rn. 8; Staudinger/*von
    Hein* ESÜ Art. 13 Rn. 2.
231 Staudinger/*von Hein* ESÜ Art. 13 Rn. 6; zust. MüKo-
    BGB/*Lipp* ESÜ Art. 13 Rn. 6.

232 Ebenso MüKoBGB/*Lipp* ESÜ Art. 13 Rn. 6.
233 Vgl. auch MüKoBGB/*Lipp* ESÜ Vor Art. 13 Rn. 13;
    OLG Zweibrücken Rpfleger 2016, 342.
234 MüKoBGB/*Lipp* ESÜ Art. 14 Rn. 2; Staudinger/*von
    Hein* ESÜ Art. 14 Rn. 1.
235 *Guttenberger*, S. 149.
236 MüKoBGB/*Lipp* ESÜ Art. 14 Rn. 2; Staudinger/*von
    Hein* ESÜ Art. 14 Rn. 1.
237 *Lagarde* Bericht Rn. 93 f.; MüKoBGB/*Lipp* ESÜ
    Art. 14 Rn. 1 aE; Staudinger/*von Hein* ESÜ Art. 14
    Rn. 2.

Art. 12 als auch die Ausübung der Vertretungsmacht soweit diese aus einer behördlichen Schutzmaßnahme hervorgeht.[238]

B. Bedingungen der Durchführung

4   Mangels Rechtsprechung ist noch wenig geklärt, was im Einzelnen unter die Bedingungen der Durchführung fällt und was als Inhalt der Maßnahme dem Recht unterstellt bleibt, das bei Erlass angewandt wurde.[239] Der Begriff der Bedingungen der Durchführung sollte weit ausgelegt werden.[240] Zu den Bedingungen der Durchführung wird insbesondere die Notwendigkeit behördlicher Genehmigungen für Maßnahmen eines Betreuers oder Vormunds gezählt.[241] Diese sind etwa häufig für Grundstücksgeschäfte vorgesehen. Ähnliche Genehmigungsvorbehalte können aber auch bei anderen weitreichenden Entscheidungen des Betreuers, etwa bei medizinischen Eingriffen bestehen. Im deutschen Recht sind dies etwa die nach §§ 1904–1908 BGB erforderlichen Genehmigungen des Betreuungsgerichts.[242]

5   Auch die Regelungen zur Vergütung, zu den Rechten und Pflichten und zur Haftung des Betreuers, Vormunds oder Pflegers werden zu den Bedingungen der Durchführung gezählt.[243] Im Einzelnen wird man hier aber differenzieren müssen. Die Vergütung richtet sich nur dann nach dem Durchführungsstaat, wenn der Betreuer dort allgemein tätig wird, etwa weil der Erwachsene und der Betreuer dort ihren gewöhnlichen Aufenthalt haben, die Bestellung des Betreuers aber von den Behörden eines anderen Vertragsstaats, etwa denen des früheren gewöhnlichen Aufenthalts, ausgesprochen wurde.[244] Nimmt der Betreuer in einem anderen Staat ein einzelnes Grundstücksgeschäft für den Betreuten vor, so richtet sich die Notwendigkeit einer behördlichen Genehmigung nach dem Recht des Staates, in dem das Geschäft durchgeführt wird, also meist dem Belegenheitsort des Vermögens. Die Vergütung des Betreuers richtet sich aber in diesen Fällen weiterhin nur nach dem Recht des Vertragsstaates, in dem der Erwachsene und der Betreuer ihren gewöhnlichen Aufenthalt haben.

6   Strittig ist, ob sich die Notwendigkeit einer behördlichen Genehmigung für das Tätigwerden des Vormunds, Pflegers oder Betreuers auch aus dem Recht, nach dem die Bestellung erfolgte, ergeben kann oder ob sich Genehmigungserfordernisse nur nach dem Recht des Durchführungsstaates richten. Die Berücksichtigung der Genehmigungserfordernisse des Erlassrechts führt zu einer Kumulation der Genehmigungserfordernisse. Die dadurch eintretende Erschwernis[245] ist aber notwendig, um im Interesse des Erwachsenen Schutzlücken zu vermeiden. Das Erfordernis einer Genehmigung kann als wesentlicher Bestandteil für das Bestehen der Vertretungsmacht des Betreuers, Vormunds oder Pflegers nach dem Recht des Erlassstaats angesehen werden.[246] Die Kontrolle und Beaufsichtigung des Betreuers kann in verschiedenen Rechtsordnungen unterschiedlich ausgestaltet sein, ihren Schwerpunkt bei der Kontrolle einzelner Maßnahmen haben oder aber laufend durch eine allgemeine Kontrolle erfolgen.

7   Eine Bestätigung findet diese Ansicht auch in der Regelung nach Art. 38.[247] Die danach mögliche Bescheinigung kann nur die Befugnisse enthalten, die nach dem Bestellungsrecht vorgesehen sind. Genehmigungserfordernisse für bestimmte Geschäfte sind in der Bescheinigung aufzunehmen und können daher auch in anderen Vertragsstaaten beachtet werden.

Art. 15 ESÜ

(1) Das Bestehen, der Umfang, die Änderung und die Beendigung der von einem Erwachsenen entweder durch eine Vereinbarung oder ein einseitiges Rechtsgeschäft eingeräumten Vertretungsmacht, die ausgeübt werden soll, wenn dieser Erwachsene nicht in der Lage ist, seine Interessen zu schützen,

---

238 *Lagarde* Bericht Rn. 93 f.; MüKoBGB/*Lipp* ESÜ Art. 14 Rn. 4 f.

239 S. *Bucher* SZIER 2000, 37 (50); *Guttenberger*, S. 146 ff.; MüKoBGB/*Lipp* ESÜ Art. 14 Rn. 4 f.; *Siehr* RabelsZ 64 (2000), 715, 737 f.; Staudinger/*von Hein* ESÜ Art. 14 Rn. 5 ff.

240 *Lagarde* Bericht Rn. 94.

241 OLG Zweibrücken Rpfleger 2016, 342.

242 MüKoBGB/*Lipp* ESÜ Art. 14 Rn. 6 f.; Staudinger/*von Hein* ESÜ Art. 14 Rn. 6; vgl. auch MüKoBGB/*Lipp* ESÜ Art. 14 Rn. 10 zu verbotenen Handlungen des Vertreters.

243 Staudinger/*von Hein* ESÜ Art. 14 Rn. 9; aA MüKoBGB/*Lipp* ESÜ Art. 14 Rn. 11, der diese Regelungen

unter die Einrichtung einer Schutzordnung (Art. 3 lit. a) subsumieren will.

244 So auch *Guttenberger*, S. 148 zu „Routineverpflichtungen [des Fürsorgers] gegenüber den lokalen Behörden".

245 Mit dieser Argumentation lehnen MüKoBGB/*Lipp* ESÜ Art. 14 Rn. 9; Staudinger/*von Hein* ESÜ Art. 14 Rn. 8 eine Kumulation der Genehmigungserfordernisse des Durchführungs- und Anordnungsstaates ab.

246 *Lagarde* Bericht Rn. 94; dafür auch *Bucher* SZIER 2000, 37 (50); *Guttenberger*, S. 150 f.; aA MüKoBGB/*Lipp* ESÜ Art. 14 Rn. 9; Staudinger/*von Hein* ESÜ Art. 14 Rn. 8.

247 S. dazu auch *Lagarde* Bericht Rn. 94 aE.

werden vom Recht des Staates bestimmt, in dem der Erwachsene im Zeitpunkt der Vereinbarung oder des Rechtsgeschäfts seinen gewöhnlichen Aufenthalt hatte, es sei denn, eines der in Absatz 2 genannten Rechte wurde ausdrücklich schriftlich gewählt.

(2) Die Staaten, deren Recht gewählt werden kann, sind

a) ein Staat, dem der Erwachsene angehört;

b) der Staat eines früheren gewöhnlichen Aufenthalts des Erwachsenen;

c) ein Staat, in dem sich Vermögen des Erwachsenen befindet, hinsichtlich dieses Vermögens.

(3) Die Art und Weise der Ausübung einer solchen Vertretungsmacht wird vom Recht des Staates bestimmt, in dem sie ausgeübt wird.

A. Regelungsgegenstand 1
B. Erfasste Vollmachten 6
C. Sachlicher Regelungsgehalt 11
D. Objektive Anknüpfung 19
E. Rechtswahl 20
F. Wählbare Rechte 24
G. Besondere Formen der Rechtswahl 29
H. Art und Weise der Ausübung, Abs. 3 31

A. Regelungsgegenstand

Art. 15 ist eine Sonderregel zur Bestimmung des anwendbaren Rechts, wenn der Erwachsene selbst eine **1** Vorsorgevollmacht für den Fall seines Fürsorgebedarfs angeordnet hat. Rechtsvergleichend ist im materiellen Recht eine Tendenz festzustellen, die Selbstbestimmung hilfsbedürftiger Erwachsener zu stärken. Die Möglichkeit für den Fall späteren Fürsorgebedarfs einen Vertreter zu bestimmen, ist ein zentrales Mittel, um dies zu erreichen.[248] Art. 15 trägt diesem Anliegen Rechnung, indem es für eine solche Vorsorgevollmacht in Abs. 2 eine Rechtswahlmöglichkeit eröffnet. Mangels Rechtswahl kommt das Recht des Staates zur Anwendung, in dem der Erwachsene bei der Bestellung der Vollmacht seinen gewöhnlichen Aufenthalt hatte, Abs. 1. Dadurch wird erreicht, dass die anwendbare Rechtsordnung bei Begründung feststeht. Unsicherheiten aufgrund eines Statutenwechsels werden vermieden.

Die Vorschrift unterscheidet zwischen zwei Regelungsbereichen. Die Rechtswahl nach Abs. 2 bzw. die **2** objektive Anknüpfung nach Abs. 1 gelten für alle Rechtsfragen, die das Bestehen, den Umfang und die Beendigung der Vorsorgevollmacht betreffen.[249] Die Rechtsfragen, welche die Art und Weise der Ausübung der Vorsorgevollmacht betreffen, unterliegen demgegenüber nach Abs. 3 dem Recht des Staates, in dem die Vollmacht ausgeübt wird.[250]

Ergänzt wird Art. 15 durch die Regelung in Art. 16, nach der die zuständige Behörde die Vorsorgevollmacht **3** zum Schutz des Erwachsenen abändern oder aufheben kann. Eine Regelung zum Verkehrsschutz enthält Art. 17.[251]

Da die kollisionsrechtlichen Vorschriften des ESÜ als loi uniforme ausgestaltet sind (Art. 18), setzt der **4** **räumlich-persönliche Anwendungsbereich** von Art. 15 nicht voraus, dass der Erwachsene seinen gewöhnlichen Aufenthalt in einem Vertragsstaat hat oder das Recht eines Vertragsstaats gewählt hat. Art. 15 ist immer anwendbar, wenn sich in einem Vertragsstaat eine Rechtsfrage in Bezug auf eine solche Vollmacht stellt.[252]

Zeitlich gilt Art. 15 mit dem Inkrafttreten des ESÜ nach Art. 50 Abs. 3 auch für zuvor erteilte Vollmachten, **5** wenn diese unter Bedingungen erteilt wurden, die denen des Art. 15 entsprechen. Eine danach wirksame Rechtswahl muss schriftlich erfolgt sein und eine der in Abs. 2 genannten Rechtsordnungen bestimmen. Aus deutscher Sicht ist damit seit 1.1.2009 für solche Vollmachten Art. 15 anwendbar.[253]

---

248 S. dazu *Röthel* FamRZ 2004, 999 (1002 ff.); *dies.* FPR 2007, 79; *Spickhoff* AcP 208 (2008), 345, 399 ff.; *Affolter*, Die Aufwertung der Selbstbestimmung im neuen Erwachsenenschutzrecht AJP/PJA 2006, 1057 (1060) (zum Schweizer Recht).

249 Vgl. auch MüKoBGB/*Lipp* ESÜ Art. 15 Rn. 2.

250 *Lagarde* Bericht Rn. 106; MüKoBGB/*Lipp* ESÜ Art. 15 Rn. 2.

251 MüKoBGB/*Lipp* ESÜ Art. 15 Rn. 3.

252 *Guttenberger*, S. 154; MüKoBGB/*Lipp* ESÜ Vor Art. 13 Rn. 8 ESÜ Art. 15 Rn. 25; Staudinger/*von Hein* ESÜ Art. 15 Rn. 7; *Wedemann* FamRZ 2010, 785 (787).

253 MüKoBGB/*Lipp* ESÜ Art. 15 Rn. 26 f.; Staudinger/*von Hein* ESÜ Art. 15 Rn. 8; dort auch Rn. 9 f. zu den möglichen Folgen des Statutenwechsels und zur Behandlung von Vollmachten, die nicht entsprechend den Bedingungen des Art. 15 erteilt wurden; s. hierzu auch *Wedemann* FamRZ 2010, 785 (787); vgl. auch MüKoBGB/*Lipp* ESÜ Art. 1–4 Rn. 40.

B. Erfasste Vollmachten

6 Erfasst werden nur solche Vollmachten, die ausgeübt werden sollen, wenn der Erwachsene nicht in der Lage ist, seine Interessen zu schützen.[254] Die Unfähigkeit, die eigenen Interessen zu schützen, muss iSv Art. 1 Abs. 1 auf einer Beeinträchtigung oder Unzulänglichkeit der persönlichen Fähigkeiten des betroffenen Erwachsenen beruhen.[255] Art. 15 gilt daher nicht bei Vollmachten, die für Fälle einer längeren Abwesenheit oder eines Gefängnisaufenthalts erteilt werden.[256] Möglich ist auch, dass der Erwachsene selbst formale Anforderungen festlegt, die für das Wirksamwerden der Vollmacht vorliegen müssen. So kann er bestimmen, dass die Unfähigkeit, die eigenen Interessen wahrzunehmen, von einem (bestimmten) Arzt bestätigt worden sein muss.[257]

7 Fraglich ist, ob die Regelung für Vollmachten gilt, die den Bevollmächtigten zur Vertretung des Erwachsenen bereits sofort und nicht erst für den Fall der Urteilsunfähigkeit berechtigen. Für die Zeit bis Eintritt der Urteilsunfähigkeit ist Art. 15 sicherlich nicht anwendbar. Art. 15 kann aber ab Eintritt der Urteilsunfähigkeit anwendbar werden, wenn die Vollmacht gerade auch für diesen Fall gelten soll. Ob die Vollmacht einen solchen Inhalt hat, ist durch Auslegung zu ermitteln. Das auf die Vollmacht anwendbare Recht bestimmt sich bis zum Eintritt der Urteilsunfähigkeit nach autonomem IPR bzw. nach dem Haager Vertretungsübereinkommen von 1978.[258] Für die Zeit nach Eintritt der Urteilsunfähigkeit gilt hingegen Art. 15.[259] Nach dem gemäß Art. 15 anwendbaren Recht müssen sich zudem die Maßstäbe für die Auslegung und die Zulässigkeit einer solchen weitergeltenden Vollmacht richten.

8 Für Art. 15 ist es unerheblich, ob die Vollmacht durch einseitiges Rechtsgeschäft oder aufgrund einer Vereinbarung begründet worden ist. Ob das eine oder das andere notwendig ist, richtet sich nach dem durch Art. 15 zur Anwendung berufenen Recht.

9 Art. 15 gilt nur für die Fälle, in denen der Erwachsene einer anderen Person **Vertretungsmacht** einräumt. Diese kann sich auf vermögensrechtliche und/oder die persönlichen Belange des betroffenen Erwachsenen beziehen.[260] Möglich ist, dass die Vertretungsmacht nur für einen Teilbereich erteilt wird. Erfasst werden etwa Anordnungen, in denen der Erwachsene bestimmt, wer ihn bei Entscheidungen zu ärztlichen Behandlungen vertreten soll. Eine solche Anordnung kann konkrete Anweisungen enthalten, wie die Vertretungsmacht ausgeübt werden muss.[261] Kein Fall von Art. 15 liegt aber bei einer **reinen Patientenverfügung** vor, in denen der Betroffene nur Anweisungen im Hinblick auf gewünschte und nicht gewünschte medizinische Behandlungen gibt, aber keine konkrete Person benennt, die ihn insoweit vertreten soll.[262]

10 Nicht erfasst werden ferner die Fälle, bei denen der Erwachsene nur einen Vorschlag macht, welche Person als Betreuer für ihn ernannt werden soll. Inwieweit die Behörde eine solche Bestimmung beachten muss, richtet sich nach dem gemäß Art. 13 berufenen Recht.[263]

C. Sachlicher Regelungsgehalt

11 Das nach Abs. 1 und 2 berufene Recht gilt für alle Rechtsfragen, die das Bestehen, den Umfang, die Änderung und die Beendigung der Vorsorgevollmacht betreffen. Die Art und Weise der Ausübung richtet sich demgegenüber nach Abs. 3 nach dem Recht des Staates, in dem die Vollmacht ausgeübt wird.

12 Zum **Bestehen der Vorsorgevollmacht** sind alle Voraussetzungen für ein wirksames Zustandekommen zu rechnen.[264] Dazu gehört die Frage, ob die Vollmacht durch einseitiges Rechtsgeschäft des Erwachsenen

---

254 MüKoBGB/*Lipp* ESÜ Art. 15 Rn. 4, 8–10.

255 MüKoBGB/*Lipp* ESÜ Art. 15 Rn. 8; vgl. auch MüKoBGB/*Lipp* ESÜ Art. 1–4 Rn. 14, Vor Art. 13 Rn. 2.

256 *Guttenberger*, S. 151 f.; MüKoBGB/*Lipp* ESÜ Art. 15 Rn. 8; Staudinger/*von Hein* ESÜ Art. 15 Rn. 11.

257 S. das Beispiel von *Revillard* FS Lagarde, S. 730 f.

258 Von Deutschland nicht ratifiziert; gilt in Argentinien, Frankreich, den Niederlanden und Portugal.

259 *Bucher* SZIER 2000, 37 (51); *Lagarde* Bericht Rn. 97; *Revillard* FS Lagarde, S. 729; Staudinger/*von Hein* ESÜ Art. 15 Rn. 12; *Wedemann* FamRZ 2010, 785 (786 f.).

260 *Lagarde* Bericht Rn. 96; MüKoBGB/*Lipp* ESÜ Art. 15 Rn. 11; Staudinger/*von Hein* ESÜ Art. 15 Rn. 14.

261 MüKoBGB/*Lipp* ESÜ Art. 15 Rn. 22: Vollmachtstatut bzgl. Anweisungen, die Vertretungsmacht beschränken.

262 *Guttenberger*, S. 152 f.; MüKoBGB/*Lipp* ESÜ Art. 15 Rn. 17, 21, 46; *Röthel* FPR 2007, 79 (81); Staudinger/*von Hein* ESÜ Art. 15 Rn. 15 f.; ebenso *Wedemann* FamRZ 2010, 785 (786), missverständlich allerdings auf S. 789: Patientenverfügungen seien „dem Anwendungsbereich des Art. 15 Abs. 3 ESÜ zuzuordnen".

263 *Guttenberger*, S. 152 f.; *Muñoz Fernandez*, S. 185; Staudinger/*von Hein* ESÜ Art. 15 Rn. 14; *Wedemann* FamRZ 2010, 785 f.; anders für § 1897 Abs. 4 S. 3 BGB *Siehr* RabelsZ 64 (2000), 715, 738, 740.

264 *Guttenberger*, S. 155; MüKoBGB/*Lipp* ESÜ Art. 15 Rn. 29.

oder nur durch eine Vereinbarung begründet werden kann. Erfasst wird des Weiteren das Erfordernis einer behördlichen oder gerichtlichen Bestätigung.[265]

Das nach Abs. 1 oder 2 anwendbare Recht bestimmt zudem die Zulässigkeit einer Vorsorgevollmacht.[266] Ist sie nach dieser Rechtsordnung nicht vorgesehen, so kann sie nicht begründet werden. Auf der anderen Seite ist eine nach dem anwendbaren Recht wirksam begründete Vorsorgevollmacht in allen anderen Vertragsstaaten anzuerkennen, auch wenn sie in der dortigen Rechtsordnung nicht vorgesehen ist oder die danach erforderlichen Voraussetzungen nicht eingehalten worden sind.[267] **13**

Dabei ist zu beachten, dass die Anknüpfung nicht wandelbar ist, also **kein Statutenwechsel** eintreten kann. Eine nach dem Recht des aktuellen gewöhnlichen Aufenthalts wirksam erteilte Vorsorgevollmacht bleibt bestehen, selbst wenn der Erwachsene später den gewöhnlichen Aufenthalt in einen Staat verlegt, nach dessen Recht eine Vorsorgevollmacht unzulässig ist. Unerheblich ist, ob die Aufenthaltsverlegung vor oder nach Eintritt des Fürsorgebedarfs erfolgt. Im umgekehrten Fall, bei dem die Vorsorgevollmacht nach dem Recht des aktuellen gewöhnlichen Aufenthalts nicht zulässig oder aus einem anderen Grund nicht wirksam bestellt wurde, tritt auch keine Heilung durch Statutenwechsel ein.[268] **14**

Da das ESÜ keine dem Art. 11 Abs. 1, Alt. 2 EGBGB entsprechende Vorschrift enthält, richten sich auch die **Formerfordernisse** für die Begründung der Vertretungsmacht ausschließlich nach dem gemäß Abs. 1 oder 2 anwendbaren Recht.[269] Rechtspolitisch wäre es sinnvoll gewesen, zur Erleichterung der Bestellung einer Vorsorgevollmacht, auch die Form des Vornahmeorts ausreichen zu lassen.[270] **15**

Welche Anforderungen an das Vorliegen des Fürsorgebedürfnis zu stellen sind, damit die Vorsorgevollmacht ausgeübt werden kann, richtet sich ebenfalls nach dem durch Abs. 1 oder 2 berufenen Recht.[271] Handelt es sich dabei nicht um eine Voraussetzung, die der unmittelbaren Subsumtion zugänglich ist, sondern wird Geschäftsunfähigkeit im Rechtssinne vorausgesetzt, so ist dies eine Vorfrage. Damit ist hierfür nicht notwendigerweise das Sachrecht des Vollmachtstatuts anwendbar.[272] Das anwendbare Recht ist vielmehr aus der Sicht des Vollmachtstatuts, dh im Wege der unselbstständigen Anknüpfung zu bestimmen,[273] damit eine einheitliche Rechtsanwendung in allen Vertragsstaaten gewährleistet wird. In den Fällen, in denen die Geschäftsunfähigkeit bei einer selbstständigen Anknüpfung vorliegt, bei der unselbstständigen Anknüpfung nach dem Recht des Vollmachtstatuts hingegen nicht, ist die dadurch entstehende Schutzlücke durch Erlass einer behördlichen Maßnahme zu schließen. Nach dem Vollmachtstatut bestimmt sich auch die Frage, ob eine Geschäftsunfähigkeit des Erwachsenen gerichtlich oder behördlich festgestellt werden muss.[274] **16**

Im Unterschied zur entsprechenden Regelung in Art. 16 und 17 KSÜ bestimmt sich auch der **Umfang der Vorsorgevollmacht** nach dem Begründungsstatut. Zum Umfang gehört auch die Frage, ob der Vertreter bestimmte Rechtshandlungen, wie etwa eine Schenkung oder eine Unterbevollmächtigung nicht oder nur bei ausdrücklicher Gestattung durch den Vollmachtgeber vornehmen kann.[275] Vom Umfang sind die Art und Weise der Ausübung abzugrenzen, die sich gemäß Abs. 3 nach dem Recht des Staates richten, in dem die Vorsorgevollmacht ausgeübt wird.[276] **17**

Das Vollmachtstatut nach Abs. 1 und 2 erfasst auch die Änderung und die Beendigung der Vorsorgevollmacht. Für den Fall, dass die Vollmacht bei einem Missbrauch durch eine behördliche Maßnahme geändert oder beendet werden soll, enthält Art. 16 aber eine Sonderregel.[277] **18**

---

265 MüKoBGB/*Lipp* ESÜ Art. 15 Rn. 29, 45; *Bucher* SZIER 2000, 37 (52 f.); Staudinger/*von Hein* ESÜ Art. 15 Rn. 18.

266 *Lagarde* Bericht Rn. 98; MüKoBGB/*Lipp* ESÜ Art. 15 Rn. 29; Staudinger/*von Hein* ESÜ Art. 15 Rn. 17.

267 MüKoBGB/*Lipp* ESÜ Art. 15 Rn. 23; dahin gehend auch *Lagarde* Bericht Rn. 108 im Rahmen von Art. 16.

268 *Lagarde* Bericht Rn. 98; *Revillard* FS Lagarde, S. 731.

269 MüKoBGB/*Lipp* ESÜ Art. 15 Rn. 29, 45; Staudinger/*von Hein* ESÜ Art. 15 Rn. 18; s. auch *Guttenberger*, S. 156; auf die Frage, ob das Erfordernis der Registrierung eine Formfrage darstellt, kommt es daher nicht an, s. *Wedemann* FamRZ 2010, 785 (787).

270 AA Staudinger/*von Hein* ESÜ Art. 15 Rn. 18.

271 MüKoBGB/*Lipp* ESÜ Art. 15 Rn. 29; *Guttenberger*, S. 155; Staudinger/*von Hein* ESÜ Art. 15 Rn. 17.

272 *Wedemann* FamRZ 2010, 785 (787); nicht eindeutig *Bucher* SZIER 2000, 37 (53) Fn. 25; aA MüKoBGB/

Lipp ESÜ Art. 15 Rn. 29; Staudinger/*von Hein* ESÜ Art. 15 Rn. 17.

273 AA *Wedemann* FamRZ 2010, 785 (787 f.), der implizit von einer selbstständigen Anknüpfung (in Deutschland: Art. 7 Abs. 1 S. 1 EGBGB) ausgeht; MüKoBGB/*Lipp* ESÜ Art. 15 Rn. 29, 48 und Staudinger/*von Hein* ESÜ Art. 15 Rn. 17, wollen diese Frage nach dem von Art. 15 Abs. 1, 2 berufenen Vollmachtstatut beurteilen.

274 *Bucher* SZIER 2000, 37 (53); Staudinger/*von Hein* ESÜ Art. 15 Rn. 17; s. auch MüKoBGB/*Lipp* ESÜ Art. 15 Rn. 48.

275 Staudinger/*von Hein* ESÜ Art. 15 Rn. 44; *Wedemann* FamRZ 2010, 785 (788); s. auch MüKoBGB/*Lipp* ESÜ Art. 15 Rn. 29, 31, der zu Recht auf eine Überschneidung zum Bestehen der Vertretungsmacht hinweist.

276 *Lagarde* Bericht Rn. 99; Staudinger/*von Hein* ESÜ Art. 15 Rn. 19.

277 Vgl. auch MüKoBGB/*Lipp* ESÜ Art. 15 Rn. 24, 31, 50.

D. Objektive Anknüpfung

19   Mangels Rechtswahl durch den Erwachsenen ist das Recht des Staates anzuwenden, in dem der Erwachsene bei der Begründung der Vorsorgevollmacht seinen gewöhnlichen Aufenthalt hat. Diese Anknüpfung ist unwandelbar. Wird die Vorsorgevollmacht später in einem anderen Staat ausgeübt, etwa weil der Erwachsene mittlerweile dort seinen gewöhnlichen Aufenthalt genommen hat, so beurteilen sich Bestehen und Umfang sowie Änderung und Beendigung weiterhin nach dem Begründungsstatut. Dadurch wird die für die Rechtssicherheit erforderliche Vorhersehbarkeit des anwendbaren Rechts gewährleistet.[278]

E. Rechtswahl

20   Die Rechtswahl ist beschränkt auf die in Abs. 2 abschließend genannten Rechtsordnungen. Durch die Beschränkung soll sichergestellt werden, dass nur eine Rechtsordnung gewählt werden kann, zu welcher der Erwachsene eine enge Verbindung hat. Ob das Schutzinteresse des Erwachsenen eine solche Beschränkung rechtfertigt, erscheint fraglich. Bei der Begründung der Vorsorgevollmacht ist der Erwachsene voll geschäftsfähig. Der Grund für die Beschränkung ist eher darin zu sehen, dass damit den Bedenken der Staaten Rechnung getragen wurde, in deren Rechtsordnungen das Institut der Vorsorgevollmacht nicht vorgesehen war.[279] Die Rechtswahl ist auch dann möglich, wenn das materielle Recht des Staates, in dem der Erwachsene seinen gewöhnlichen Aufenthalt hat, eine Vorsorgevollmacht nicht kennt.[280] Die Rechtswahl ermöglicht dem Erwachsenen, diese Beschränkung des Aufenthaltsrechts zu vermeiden, indem er eine Rechtsordnung wählt, nach der eine Vorsorgevollmacht begründet werden kann.[281]

21   Auf der anderen Seite kann eine Rechtswahl in Ausnahmefällen dazu führen, dass eine Vorsorgevollmacht nicht wirksam begründet werden kann. Wenn der Erwachsene eine Rechtsordnung wählt, nach der die Vorsorgevollmacht nicht begründet werden kann oder nach der die Voraussetzungen für die Begründung nicht erfüllt sind, so kann nicht gleichsam hilfsweise auf großzügigere Regelungen im Aufenthaltsrecht zurückgegriffen werden.[282] Allerdings ist bei der Auslegung der Rechtswahlerklärung genau zu prüfen, ob die Rechtswahl gewollt war. In Betracht zu ziehen ist auch die Möglichkeit der Anfechtung.

22   Art. 15 Abs. 1 verlangt, dass die Rechtswahl ausdrücklich und schriftlich erfolgt sein muss. Damit soll im Interesse der Rechtssicherheit jegliche Unsicherheit in Bezug auf das anwendbare Recht vermieden werden.[283] Das ESÜ enthält keine Definition der **Schriftform**. Eine autonome Begriffsbestimmung erscheint nur schwer möglich.[284] Dem Rechtsgedanken des Art. 11 Abs. 1 EGBGB, Art. 11 Abs. 1 Rom I-VO entsprechend, sollte für die Schriftlichkeit alternativ auf das gewählte Recht oder das Recht am Vornahmeort abgestellt werden. Die Unsicherheit, ob die Benutzung elektronischer Medien für das Schriftformerfordernis ausreicht,[285] kann dadurch am einfachsten vermieden werden.

23   Die übrigen Voraussetzungen einer wirksamen Rechtswahl richten sich nicht nach dem Recht des Aufenthaltsstaats. Wie im vertraglichen Kollisionsrecht (s. Art. 10 Abs. 1 Rom I-VO) sollte insoweit vielmehr das potenziell gewählte Recht maßgebend sein.[286]

F. Wählbare Rechte

24   Der Erwachsene kann das Recht eines Staates wählen, dem er angehört, lit. a. Die Staatsangehörigkeit muss bei Mehrstaatlern nicht die effektive sein.[287]

25   Gewählt werden kann außerdem das Recht des Staates eines früheren gewöhnlichen Aufenthalts, lit. b. Dieser kann nicht nur der zeitlich letzte frühere gewöhnliche Aufenthalt, sondern auch ein zeitlich davor liegender gewöhnlicher Aufenthalt sein. Dies ergibt sich eindeutig aus der Entstehungsgeschichte und aus dem Wortlaut, der sich insoweit von Art. 8 Abs. 2 lit. b unterscheidet.[288]

---

278   Staudinger/*von Hein* ESÜ Art. 15 Rn. 21; zust. MüKoBGB/*Lipp* ESÜ Art. 15 Rn. 33.

279   *Clive* YPIL 2 (2002), 1, 11; MüKoBGB/*Lipp* ESÜ Art. 15 Rn. 34; Staudinger/*von Hein* ESÜ Art. 15 Rn. 25.

280   *Lagarde* Bericht Rn. 104.

281   Dahin gehend auch MüKoBGB/*Lipp* ESÜ Art. 15 Rn. 34.

282   *Lagarde* Bericht Rn. 105; Staudinger/*von Hein* ESÜ Art. 15 Rn. 35.

283   *Lagarde* Bericht Rn. 101.

284   Dafür aber MüKoBGB/*Lipp* ESÜ Art. 15 Rn. 39; Staudinger/*von Hein* ESÜ Art. 15 Rn. 23; *Wedemann* FamRZ 2010, 785 (788).

285   Dies verneinen MüKoBGB/*Lipp* ESÜ Art. 15 Rn. 39; Staudinger/*von Hein* ESÜ Art. 15 Rn. 23.

286   MüKoBGB/*Lipp* ESÜ Art. 15 Rn. 40; Staudinger/*von Hein* ESÜ Art. 15 Rn. 24.

287   *Lagarde* Bericht Rn. 102 Fn. 66; *Bucher* SZIER 2000, 37 (52); MüKoBGB/*Lipp* ESÜ Art. 15 Rn. 35.

288   *Lagarde* Bericht Rn. 102 Fn. 67; Staudinger/*von Hein* ESÜ Art. 15 Rn. 27; im Ergebnis ebenso MüKoBGB/*Lipp* ESÜ Art. 15 Rn. 35.

Schließlich kann das Recht des Staates gewählt werden, in dem sich Vermögen des Erwachsenen befindet, **26** lit. c. Die Rechtswahl ist aber beschränkt auf das in diesem Staat befindliche Vermögen. Befindet sich im Zeitpunkt, in dem der Fürsorgebedarf entsteht und die Vorsorgevollmacht ausgeübt werden soll, kein Vermögen in diesem Staat, so läuft die Rechtswahl grundsätzlich ins Leere. Möglich sollte aber sein, dass der Erwachsene für den Fall, dass in einem Staat ein Teil seines Vermögens belegen sein wird, eine Vorsorgevollmacht verbunden mit einer entsprechenden Rechtswahl begründet.[289] Hierfür kann ein Bedarf vor allem bei nicht körperlichen Vermögensgegenständen wie Bankguthaben oder Wertpapieren bestehen, bei denen ein Wechsel oft und schnell möglich ist. Denkbar ist etwa, dass das Konto bei einer Bank in einem anderen Staat im Zeitpunkt der Rechtswahl keinen Guthabenstand aufweist, bei Eintritt des Fürsorgebedarfs aber ein Guthaben vorhanden ist.

Nicht wählbar ist das Recht des Staates, in dem der Erwachsene einen gewöhnlichen Aufenthalt in der **27** Zukunft begründen will oder in dem eine Person ihren gewöhnlichen Aufenthalt hat, die bereit ist, die Fürsorge zu übernehmen.[290] Diese Beschränkung wird verbreitet kritisiert,[291] ist aber als Folge der grundsätzlichen Entscheidung anzusehen, nur eine beschränkte Rechtswahl zuzulassen. In den meisten Fällen kann durch die Wahl eines Heimatrechts oder des Rechts eines Staates, dem der Erwachsene angehört, dem Rechtswahlanliegen in diesen Fällen entsprochen werden.[292]

Wird ein Recht gewählt, das in lit. a bis c nicht genannt ist, so geht die Rechtswahl ins Leere. Es bleibt dann **28** bei der objektiven Anknüpfung nach Abs. 1.[293] Dies kann, muss aber nicht dazu führen, dass eine mit der (unwirksamen) Rechtswahl verbundene materiellrechtliche Vollmachtsbestellung ebenfalls unwirksam ist. Wirksam kann die Vollmachtsbestellung in jedem Fall nur sein, wenn sie formal und inhaltlich dem Aufenthaltsrecht entspricht. Ob sie auch bei Unwirksamkeit der Rechtswahl gelten soll, ist durch Auslegung zu bestimmen. Auslegungsregeln des materiellen Rechts, wie etwa § 139 BGB, sind der Rechtsordnung des gewöhnlichen Aufenthalts zu entnehmen.

G. Besondere Formen der Rechtswahl

Möglich ist eine **Teilrechtswahl**. Dies ist nach lit. c für Vermögensgegenstände, die in unterschiedlichen **29** Ländern belegen sind, implizit geregelt.[294] Es spricht aber nichts dagegen, auch für trennbare Teilbereiche der Personensorge jeweils ein anderes Recht zu wählen.[295] Auch auf materiellrechtlicher Ebene kann verschiedenen Personen eine Vorsorgevollmacht jeweils für einen Teilbereich übertragen werden. So erscheint es möglich, dass der Erwachsene für seine persönlichen einschließlich seiner medizinischen Angelegenheiten sein Heimatrecht wählt und einen Verwandten bevollmächtigt, während die Vermögensangelegenheiten von seinem Rechtsanwalt in einem früheren gewöhnlichen Aufenthaltsort betreut werden sollen. Hierfür liegt es nahe, das Recht dieses früheren Aufenthaltsorts zu wählen.

Auch eine **alternative oder kumulative Rechtswahl** ist nicht ausgeschlossen.[296] Durch die alternative **30** Wahl verschiedener Rechtsordnungen kann die Wirksamkeit der Bevollmächtigung sichergestellt werden. Denkbar ist auch, dass durch eine kumulative Rechtswahl gewährleistet werden soll, dass der Bevollmächtigte nicht zu große Handlungsfreiheiten erlangt. Genannt wird insoweit als Beispiel die Furcht vor zu weitreichenden Liberalisierungstendenzen etwa im Bereich der Sterbehilfe.[297]

H. Art und Weise der Ausübung, Abs. 3

Abs. 3 bestimmt, dass sich die Art und Weise der Ausübung der Vorsorgevollmacht nach dem Recht des **31** Staates richtet, in dem sie wahrgenommen wird. Zweck ist es, die Rechtsanwendung zu vereinfachen.[298] Es handelt sich dabei eher um technische Fragen, für die ein Rückgriff auf das ausländische Begründungsstatut nicht erforderlich erscheint.[299] Das Regelungsanliegen von Abs. 3 entspricht dem von Art. 14 für die

---

289 AA MüKoBGB/*Lipp* ESÜ Art. 15 Rn. 36, der ein Vorliegen der objektiven Anknüpfung bei der Rechtswahl bzw. Vorsorgevollmachtserteilung verlangt.

290 *Lagarde* Bericht Rn. 102.

291 *Bucher* SZIER 2000, 37 (52); *Siehr* RabelsZ 64 (2000), 715, 739 f.; Staudinger/*von Hein* ESÜ Art. 15 Rn. 30.

292 So auch Staudinger/*von Hein* ESÜ Art. 15 Rn. 30.

293 *Clive* YPIL 2 (2000), 1, 11; *Guttenberger*, S. 159; Staudinger/*von Hein* ESÜ Art. 15 Rn. 29.

294 Wohl ebenso MüKoBGB/*Lipp* ESÜ Art. 15 Rn. 37 unter Hinweis auf die fehlende ausdrückliche Eröffnung.

295 *Lagarde* Bericht Rn. 103; *Guttenberger*, S. 159 f.; MüKoBGB/*Lipp* ESÜ Art. 15 Rn. 37.

296 *Lagarde* Bericht Rn. 103; MüKoBGB/*Lipp* ESÜ Art. 15 Rn. 37.

297 Staudinger/*von Hein* ESÜ Art. 15 Rn. 33.

298 Vgl. auch MüKoBGB/*Lipp* ESÜ Art. 15 Rn. 42.

299 MüKoBGB/*Lipp* ESÜ Art. 15 Rn. 44; Staudinger/*von Hein* ESÜ Art. 15 Rn. 37; *Wedemann* FamRZ 2010, 785 (789), die aber auch solche Bestimmungen erfassen will, die zwingend die Anwendung des Rechts des Ausübungsortes gebieten.

behördlich angeordnete Schutzmaßnahme, ist aber enger gefasst, indem es nur die Art und Weise der Ausübung betrifft.[300]

32 Die **Abgrenzung** der „Art und Weise der Ausübung" vom Umfang der Vorsorgevollmacht ist noch wenig geklärt. Zur Art und Weise der Ausübung zu rechnen sind Vorschriften, welche Rechnungslegungspflichten gegenüber einer Behörde aufstellen,[301] die Hinterlegung der Vollmachtsurkunde verlangen oder für Einwilligungserklärungen des Bevollmächtigten eine besondere Form vorsehen.[302]

33 Streitig ist vor allem, wie **Genehmigungserfordernisse** einzuordnen sind. Aufgrund der bewusst engeren Fassung von Abs. 3 gegenüber Art. 14 sind Genehmigungserfordernisse zum Umfang der Vollmacht zu rechnen und richten sich daher nach dem Begründungsstatut.[303] Ist danach eine Genehmigung erforderlich, kann diese Genehmigung im Ausübungsstaat erteilt werden. Das Verfahren für die Erteilung der Genehmigung richtet sich dann nach der lex fori, dh dem Recht des Ausübungsstaats. Die Voraussetzungen, unter denen die Genehmigung erteilt werden kann, sind aber dem Begründungsstatut zu entnehmen. Insoweit wird der im ESÜ geltende Gleichlaufgrundsatz durchbrochen.[304]

Art. 16 ESÜ

¹Wird eine Vertretungsmacht nach Artikel 15 nicht in einer Weise ausgeübt, die den Schutz der Person oder des Vermögens des Erwachsenen ausreichend sicherstellt, so kann sie durch Maßnahmen einer nach diesem Übereinkommen zuständigen Behörde aufgehoben oder geändert werden. ²Bei der Aufhebung oder Änderung dieser Vertretungsmacht ist das nach Artikel 15 maßgebliche Recht soweit wie möglich zu berücksichtigen.

A. Regelungsgegenstand

1 Art. 16 regelt die Möglichkeit der zuständigen Behörde, die von dem Erwachsenen bestellte Vorsorgevollmacht aufzuheben oder zu ändern. Die Vorschrift hat vor allem einen klarstellenden Charakter.[305] Ein eigener Regelungsgehalt besteht zum einen darin, dass die Möglichkeit einer Änderung bzw. Aufhebung beschränkt wird. Sie sind nur möglich, wenn die Vorsorgevollmacht nicht in einer Weise ausgeübt wird, die den Schutz der Person oder des Vermögens des Erwachsenen ausreichend sicherstellt. Zum anderen ordnet die Vorschrift in S. 2 an, dass die zuständige Behörde, die zwar grundsätzlich ihr eigenes Recht anwendet, das Vollmachtstatut nach Art. 15 so weit wie möglich zu berücksichtigen hat.[306]

2 Sinn der Vorschrift ist es, die Autonomie des Erwachsenen so weit wie möglich zu wahren und seine Entscheidung im Hinblick auf die Vorsorgevollmacht und eine evtl. dabei getroffene Rechtswahl zu respektieren. Gleichzeitig sollen aber die für den Schutz des Erwachsenen notwendigen Maßnahmen möglich bleiben.[307]

B. Eingriffsvoraussetzungen

3 Eine Änderung oder Aufhebung der Vorsorgevollmacht ist nur dann möglich, wenn diese nicht in einer Weise ausgeübt wird, die den Schutz der Person oder des Vermögens des Erwachsenen ausreichend sicherstellt. Hierfür muss von der zuständigen Behörde festgestellt werden, dass eine objektive **Gefährdung** der Person oder des Vermögens des Erwachsenen vorliegt und dass der Vorsorgebevollmächtigte nicht in der Lage oder nicht willens ist, diese Gefährdung abzuwehren.[308] Es ist daher nicht zulässig, ohne Vorliegen einer solchen Gefährdungslage, die Vorsorgevollmacht nach dem Vollmachtstatut durch Schutzmaßnahmen nach der lex fori zu ersetzen. Eine nach dem Vollmachtstatut wirksam bestellte rechtsgeschäftliche Vorsor-

---

300 *Bucher* SZIER 2000, 37 (52); MüKoBGB/*Lipp* ESÜ Art. 15 Rn. 43; *Muñoz Fernandez*, S. 203; Staudinger/*von Hein* ESÜ Art. 15 Rn. 38.

301 *Guttenberger*, S. 162; *Helms* FamRZ 2008, 1995 (2000); *Wedemann* FamRZ 2010, 785 (788); aA MüKoBGB/*Lipp* ESÜ Art. 15 Rn. 51: Vollmachtstatut.

302 *Bucher* SZIER 2000, 37 (52); MüKoBGB/*Lipp* ESÜ Art. 15 Rn. 44; Staudinger/*von Hein* ESÜ Art. 15 Rn. 42; *Wedemann* FamRZ 2010, 785 (787).

303 *Lagarde* Bericht Rn. 107; *Bucher* SZIER 2000, 37 (52); *Muñoz Fernandez*, S. 204; MüKoBGB/*Lipp* ESÜ Art. 15 Rn. 47; Staudinger/*von Hein* ESÜ

Art. 15 Rn. 42; aA *Clive* YPIL 2 (2001), 1, 11 f.; *Guttenberger*, S. 161 f.; *ders.* BtPrax 2006, 83 (86); *Wedemann* FamRZ 2010, 785 (789).

304 Staudinger/*von Hein* ESÜ Art. 15 Rn. 43; dahin gehend auch MüKoBGB/*Lipp* ESÜ Art. 15 Rn. 47.

305 S. dazu *Clive* YPIL 2 (2000), 1, 12.

306 Vgl. auch MüKoBGB/*Lipp* ESÜ Art. 16 Rn. 2 f.

307 *Lagarde* Bericht Rn. 108; MüKoBGB/*Lipp* ESÜ Art. 16 Rn. 1, 11; Staudinger/*von Hein* ESÜ Art. 16 Rn. 1.

308 *Lagarde* Bericht Rn. 108; MüKoBGB/*Lipp* ESÜ Art. 16 Rn. 6; Staudinger/*von Hein* ESÜ Art. 16 Rn. 3.

gevollmacht kann daher nicht allein deswegen aufgehoben werden, weil dieses Rechtsinstitut im materiellen Recht der lex fori nicht vorgesehen ist.[309] Jeder Vertragsstaat muss eine gemäß dem Vollmachtstatut nach Art. 15 wirksam erteilte Vorsorgevollmacht auch dann anerkennen, wenn sie nach dem eigenen materiellen Recht nicht vorgesehen ist.

Eine solche Gefährdungslage kann sich zum einen daraus ergeben, dass der Bevollmächtigte die Vollmacht **4** in einer Weise ausübt, die mit den Interessen des Erwachsenen unvereinbar ist. Erfasst werden Fälle des direkten Missbrauchs oder der Untätigkeit trotz Handlungsbedarfs. Auch das Vorliegen eines nicht ganz unerheblichen Konflikts zwischen den Interessen des Erwachsenen und den Eigeninteressen des Bevollmächtigten gehört dazu.[310]

Auf der anderen Seite kann sich eine Gefährdung daraus ergeben, dass die Vollmacht unklar oder lückenhaft **5** ist oder Weisungen enthält, die nicht im Interesse des Erwachsenen liegen und von denen anzunehmen ist, dass sie der Erwachsene bei Kenntnis der Sachlage nicht gegeben hätte.[311]

C. Anwendbares Recht

Das Vollmachtstatut nach Art. 15 und die lex fori, die das Gericht beim Erlass einer Schutzmaßnahme **6** anwendet, müssen nicht übereinstimmen. S. 2 sieht in Form eines Kompromisses vor,[312] dass die Behörde zwar grundsätzlich die lex fori anwendet, wenn sie eine Maßnahme erlässt, durch die die Vorsorgevollmacht geändert oder aufgehoben wird. Dies dient der einfachen und schnellen Rechtsanwendung. Um den Willen des Erwachsenen zu wahren, hat das Gericht das Vollmachtstatut nach Art. 15 aber so weit wie möglich zu berücksichtigen.[313] Dies gilt nach dem Wortlaut auch dann, wenn das Vollmachtstatut mangels Rechtswahl aufgrund der objektiven Anknüpfung bestimmt wird.

Was dieses Berücksichtigen im konkreten Fall bedeutet, ist noch weitgehend ungeklärt. Hat der Erwachsene **7** in Übereinstimmung mit dem Vollmachtstatut nach Art. 15 für den Fall des Wegfalls oder der Absetzung eines primär Bevollmächtigten eine Ersatzperson bevollmächtigt,[314] so ist diese wirksame Vorsorgevollmacht bereits nach Art. 15 Abs. 1 und 2 in allen Vertragsstaaten anzuerkennen. Für eine Schutzmaßnahme nach Art. 16 ist daher bereits kein Raum, weil und wenn es insoweit an einem Bedürfnis für eine weitere Schutzmaßahme fehlt.[315] Anders ist der Fall nur bei einer unwirksamen Bevollmächtigung einer Ersatzperson zu beurteilen, wo dann im Rahmen der Neubestellung eines Vertreters nach der lex fori (Art. 16 S. 1) die unwirksame Bevollmächtigung als funktionales Äquivalent zu einer Betreuungsverfügung im Sinne des § 1901 c S. 1 BGB nach dem Vollmachtstatut (Art. 16 S. 2) zu berücksichtigen ist.[316]

Auf der anderen Seite findet im Falle der behördlichen Aufhebung der Vorsorgevollmacht die lex fori auf **8** die behördliche Ernennung eines neuen Vertreters Anwendung.[317] Das Vollmachtstatut gemäß Art. 15 ist nur auf eine durch den Erwachsenen rechtsgeschäftlich begründete Vertretungsmacht anwendbar. Möglich ist aber auch, dass die zuständige Behörde nach der lex fori zusätzlich einen Betreuer bestellt, dessen Aufgabe nur darin besteht, die Tätigkeit des Bevollmächtigten zu überwachen, wie dies in § 1896 Abs. 3 BGB vorgesehen ist.[318] Wenn die zuständige Behörde anordnen will, dass der Bevollmächtigte für bestimme Rechtsgeschäfte eine Genehmigung einholen muss, kann nach der lex fori das Erfordernis einer behördlichen Genehmigung angeordnet werden oder aber ein Betreuer bestellt werden, der für die Genehmigung zuständig ist. Das nach Art. 15 maßgebliche Recht kann berücksichtigt werden, indem die Form gewählt wird, die diesem Recht am ehesten entspricht.[319]

Art. 17 ESÜ

(1) Die Gültigkeit eines Rechtsgeschäfts zwischen einem Dritten und einer anderen Person, die nach dem Recht des Staates, in dem das Rechtsgeschäft abgeschlossen wurde, als Vertreter des Erwachse-

---

309 *Lagarde* Bericht Rn. 108.
310 MüKoBGB/*Lipp* ESÜ Art. 16 Rn. 7; Staudinger/*von Hein* ESÜ Art. 16 Rn. 3.
311 MüKoBGB/*Lipp* ESÜ Art. 16 Rn. 7; Staudinger/*von Hein* ESÜ Art. 16 Rn. 4.
312 *Clive* YPIL 2 (2000), 1, 12.
313 *Lagarde* Bericht Rn. 108; Staudinger/*von Hein* ESÜ Art. 16 Rn. 1.
314 S. dazu *Clive* YPIL 2 (2000), 1, 12; Staudinger/*von Hein* ESÜ Art. 16 Rn. 6.
315 Ebenso MüKoBGB/*Lipp* ESÜ Art. 16 Rn. 13.

316 MüKoBGB/*Lipp* ESÜ Art. 16 Rn. 14; ebenso nunmehr wohl auch Staudinger/*von Hein* ESÜ Art. 16 Rn. 6.
317 Staudinger/*von Hein* ESÜ Art. 16 Rn. 6; anders aber *Siehr* RabelsZ 64 (2000) 715, 741, der davon ausgeht, dass die Ernennung eines Betreuers oder Vertreters nach dem Vollmachtstatut gemäß Art. 15 Abs. 2 möglich ist.
318 MüKoBGB/*Lipp* ESÜ Art. 16 Rn. 5, 15; *Wedemann* FamRZ 2010, 785 (790).
319 Ähnlich auch MüKoBGB/*Lipp* ESÜ Art. 16 Rn. 15 f.

nen zu handeln befugt wäre, kann nicht allein deswegen bestritten und der Dritte nicht nur deswegen verantwortlich gemacht werden, weil die andere Person nach dem in diesem Kapitel bestimmten Recht nicht als Vertreter des Erwachsenen zu handeln befugt war, es sei denn, der Dritte wusste oder hätte wissen müssen, dass sich diese Vertretungsmacht nach diesem Recht bestimmte.

(2) Absatz 1 ist nur anzuwenden, wenn das Rechtsgeschäft unter Anwesenden im Hoheitsgebiet desselben Staates geschlossen wurde.

A. Regelungsgegenstand 1   D. Anwesenheit im selben Staat, Abs. 2 10
B. Anwendungsbereich 2   E. Rechtsfolgen 12
C. Kenntnis bzw. Kennenmüssen 6

A. Regelungsgegenstand

1   Art. 17 entspricht Art. 19 KSÜ, der seinerseits auf dem Vorbild von Art. 11 EVÜ (Art. 12 EGBGB), jetzt Art. 13 Rom I-VO, beruht.[320] Zweck ist der Schutz gutgläubiger Dritter, die mit dem Vertreter des Erwachsenen ein Rechtsgeschäft abschließen. Hintergrund ist, dass die Vertretungsmacht, die nach einem Recht begründet worden ist, in einem anderen Staat ausgeübt werden kann. Art. 17 schützt nun den Dritten, der auf die Maßgeblichkeit des Rechts des Ausübungsortes vertraut hat und vertrauen darf. Die Beschränkung der Vertretungsmacht nach dem Recht, das auf die Begründung der Vertretungsmacht anwendbar ist, kann einem gutgläubigen Dritten nicht entgegengehalten werden, wenn sie nach dem Recht des Staates, in dem das Rechtsgeschäft vorgenommen wird, nicht besteht.[321]

B. Anwendungsbereich

2   Die Vertretungsmacht kann aufgrund einer behördlichen Maßnahme nach der lex fori oder aber aufgrund einer Vollmachtserteilung durch den Erwachsenen selbst nach dem Vorsorgevollmachtstatut gemäß Art. 15 erteilt worden sein.[322] Art. 17 erfasst darüber hinausgehend aber auch die kraft Gesetzes bestehende Vertretungsmacht, sofern sie dem Erwachsenenschutz dient.[323] Lediglich auf deren eigenständige kollisionsrechtliche Regelung wurde im ESÜ bewusst verzichtet.[324]

3   Nach dem klaren Wortlaut, setzt Art. 17 nicht voraus, dass der Abschlussort des Rechtsgeschäfts in einem Vertragsstaat liegt. Art. 18 bestimmt ausdrücklich, dass in diesem Kapitel auch das Recht eines Nichtvertragsstaats verwiesen wird. Eine Beschränkung auf das Recht eines Vertragsstaats wird, anders als etwa in Art. 14, in der Vorschrift auch nicht selbst vorgenommen.[325] Art. 17 ist daher auch dann anzuwenden, wenn sich die Vertretungsmacht gem. Art. 15 nach einem Recht eines Nichtvertragsstaates richtet und der Vertreter in einem anderen Nichtvertragsstaat ein Rechtsgeschäft vorgenommen hat.

4   Art. 17 regelt nur den Fall, dass ein Dritter mit einem Vertreter ein Rechtsgeschäft abschließt. Handelt der Dritte direkt mit dem Erwachsenen, für den nach einem ausländischen Recht ein Vertreter bestellt worden ist und dessen Geschäftsfähigkeit dadurch beschränkt wurde, so richtet sich ein möglicher Schutz des Dritten nicht nach Art. 17. Im Anwendungsbereich der Rom I-VO gilt deren Art. 13.[326]

5   Wie Art. 19 KSÜ gilt Art. 17 für alle Arten von Rechtsgeschäften, sowohl vermögensrechtliche, einschließlich Grundstücksgeschäften, als auch familienrechtliche oder erbrechtliche. Wie sich aus der französischen und englischen Originalfassung ergibt, muss es sich nicht um ein Rechtsgeschäft im Sinne des deutschen Rechts handeln.[327] Erfasst werden vielmehr alle rechtserheblichen Erklärungen und Handlungen, die der Vertreter mit Wirkung für und gegen den Erwachsenen vornimmt.[328] Dazu gehören etwa auch die Einwilligung in eine Operation[329] oder die Aufgabe des Besitzes für den Erwachsenen.

320   *Lagarde* Bericht Rn. 109; MüKoBGB/*Lipp* ESÜ Art. 17 Rn. 1.

321   Vgl. auch MüKoBGB/*Lipp* ESÜ Art. 17 Rn. 1.

322   *Lagarde* Bericht Rn. 109; MüKoBGB/*Lipp* ESÜ Art. 17 Rn. 6; Staudinger/*von Hein* ESÜ Art. 17 Rn. 4.

323   MüKoBGB/*Lipp* ESÜ Vor Art. 13 Rn. 4; Art. 17 Rn. 7; ebenso nunmehr Staudinger/*von Hein* ESÜ Art. 17 Rn. 4; enger wohl *Lagarde* Bericht Rn. 109 aufgrund des Wortlautes von Art. 17.

324   *Lagarde* Bericht Rn. 90; MüKoBGB/*Lipp* ESÜ Art. 17 Rn. 7.

325   *Guttenberger*, S. 181; MüKoBGB/*Lipp* ESÜ Vor Art. 13 Rn. 8 ESÜ Art. 17 Rn. 4; Staudinger/*von Hein* ESÜ Art. 17 Rn. 3; *Wedemann* FamRZ 2010, 785 (790); aA *Siehr* RabelsZ 64 (2000), 715, 741 f.

326   *Lagarde* Bericht Rn. 110; *Guttenberger*, S. 179; MüKoBGB/*Lipp* ESÜ Art. 17 Rn. 5.

327   MüKoBGB/*Lipp* ESÜ Art. 17 Rn. 8 f.

328   Staudinger/*von Hein* ESÜ Art. 17 Rn. 8; ähnlich MüKoBGB/*Lipp* ESÜ Art. 17 Rn. 8.

329   *Lagarde* Bericht Rn. 109; ebenso MüKoBGB/*Lipp* ESÜ Art. 17 Rn. 8.

C. Kenntnis bzw. Kennenmüssen

Der Dritte kann sich auf das Recht des Abschlussortes nicht berufen, wenn er wusste oder hätte wissen **6** müssen, dass sich die Vertretungsmacht nach dem ausländischen Recht richtet. Einfache Fahrlässigkeit ist ausreichend.[330] Die Beweislast liegt insoweit bei dem Erwachsenen bzw. dem Vertreter, der sich auf die Unwirksamkeit nach dem ausländischen Recht beruft.[331]

Nicht erforderlich ist, dass der Dritte wusste oder wissen musste, welche Rechtsordnung im konkreten Fall **7** auf die Vertretungsmacht anwendbar war. Ausreichend ist, dass er wusste oder wissen musste, dass dies nicht die Rechtsordnung des Abschlussortes war. Der Dritte ist auch nicht schutzwürdig, wenn er mit der Anwendbarkeit einer ausländischen Rechtsordnung zwar rechnete, aber irrig einen falschen Inhalt annahm.[332]

Entscheidend für die praktische Bedeutung der Vorschrift ist, welche **Sorgfaltsanforderungen** an den Drit- **8** ten gestellt werden. Das Maß der Sorgfaltsanforderungen hängt zum einen von der Bedeutung des Geschäfts ab. Bei wichtigen Geschäften ist ein höheres Maß an Nachforschungspflichten zu verlangen.[333]

Auch bei weniger wichtigen Geschäften ist eine Nachforschungspflicht anzunehmen, wenn im konkreten **9** Fall für den Dritten Anhaltspunkte für einen Auslandsbezug ersichtlich sind.[334] Dazu gehört etwa der nicht nur ganz vorübergehende Aufenthalt des Erwachsenen im Ausland. Grundsätzlich nicht ausreichend ist allein die ausländische Staatsangehörigkeit des Erwachsenen oder ein früherer Aufenthalt im Ausland.[335] Etwas anderes kommt aber in Betracht, wenn der Dritte weiß, dass der Erwachsene bis vor Kurzem im Ausland seinen gewöhnlichen Aufenthalt hatte oder wenn ein ausländischer Erwachsener erst vor Kurzem ins Inland gezogen ist.

D. Anwesenheit im selben Staat, Abs. 2

Art. 17 greift nur ein, wenn sich sowohl der Vertreter als auch der Dritte bei Vornahme des Rechtsgeschäfts **10** im selben Staat aufhalten. Ein Rechtsgeschäft unter Anwesenden im strengen Sinne ist, anders als dies der Wortlaut nahelegt, nicht erforderlich. Das folgt aus dem Wortlaut der englischen und dem französischen Originalfassung.[336] Möglich ist daher auch eine Vornahme des Rechtsgeschäfts per Telefon, E-Mail oder Post.[337] Grund für das Erfordernis, dass beide Seiten in demselben Staat anwesend sein müssen, ist die geringere Schutzbedürftigkeit des Dritten bei einem grenzüberschreitenden Handeln. Auch die irrige Annahme des Dritten, der Vertreter befinde sich in demselben Staat, reicht nicht aus.[338]

Nach dem klaren Wortlaut wird zudem der Fall nicht erfasst, dass der Vertreter sich im Staat des gewöhnli- **11** chen Aufenthalts des Dritten befindet, der Dritte sich bei Vornahme des Rechtsgeschäfts aber kurzfristig im Ausland, etwa auf einer Urlaubs- oder Geschäftsreise, befindet.[339] Auf der anderen Seite genügt hingegen der Abschluss eines Rechtsgeschäftes während eines nur kurzfristigen Aufenthalts des Vertreters und des Dritten in demselben Staat.[340]

E. Rechtsfolgen

Liegen die Voraussetzungen vor, kommt das Recht am Abschlussort alternativ zur Anwendung.[341] War die **12** Vertretungsmacht nach dem Vertretungsstatut für das konkrete Rechtsgeschäft nicht gegeben oder stand sie unter einem Genehmigungsvorbehalt und kennt das Recht am Abschlussort eine solche Beschränkung nicht, so ist das Rechtsgeschäft wirksam. Gleiches gilt auch im umgekehrten Fall, wenn nach dem Recht des Abschlussortes eine Beschränkung bestanden hätte, die Vertretungsmacht nach dem Begründungsstatut hin- gegen unbeschränkt war.[342] Nicht möglich ist es aber, das Recht des Vertragsstaates mit dem Recht am

330 Staudinger/*von Hein* ESÜ Art. 17 Rn. 10; MüKo-BGB/*Lipp* ESÜ Art. 17 Rn. 14, vgl. dort auch zur regelmäßig fehlenden positiven Kenntnis.

331 MüKoBGB/*Lipp* ESÜ Art. 17 Rn. 17; Staudinger/*von Hein* ESÜ Art. 17 Rn. 10.

332 *Guttenberger*, S. 182; MüKoBGB/*Lipp* ESÜ Art. 17 Rn. 14; Staudinger/*von Hein* ESÜ Art. 17 Rn. 10.

333 Dahin gehend auch MüKoBGB/*Lipp* ESÜ Art. 17 Rn. 15.

334 Ebenso MüKoBGB/*Lipp* ESÜ Art. 17 Rn. 15.

335 Staudinger/*von Hein* ESÜ Art. 17 Rn. 10.

336 „between persons present on the territory of the same State"; „entre personnes présentes sur le territoire d'un même Etat"; *Guttenberger*, S. 181; MüKoBGB/

Lipp ESÜ Art. 17 Rn. 10; aA anscheinend *Siehr* RabelsZ 64 (2000), 715, 742.

337 MüKoBGB/*Lipp* ESÜ Art. 17 Rn. 10.

338 Staudinger/*von Hein* ESÜ Art. 17 Rn. 9; ebenso MüKoBGB/*Lipp* ESÜ Art. 17 Rn. 13.

339 Ebenso MüKoBGB/*Lipp* ESÜ Art. 17 Rn. 13.

340 MüKoBGB/*Lipp* ESÜ Art. 17 Rn. 11 f., mit gegebe-nenfalls vorzunehmender teleologischer Reduktion bei Nichtteilnahme am Rechtsverkehr des Staates.

341 MüKoBGB/*Lipp* ESÜ Art. 17 Rn. 16; Staudinger/*von Hein* ESÜ Art. 17 Rn. 11.

342 Staudinger/*von Hein* ESÜ Art. 17 Rn. 11; ebenso MüKoBGB/*Lipp* ESÜ Art. 17 Rn. 16.

Abschlussort im Sinne eines Günstigkeitsprinzips zu kombinieren, so dass für einen Bereich das eine Recht und für einen anderen Bereich das andere Recht gilt. Geschützt wird der Vertragspartner aber nur vor rechtlichen Unterschieden zwischen den Rechtsordnungen. Ist die Vertretungsmacht bei der Erteilung durch die Behörde oder den Erwachsenen auf einen bestimmten Aufgabenbereich beschränkt worden, so greift der Schutz des Art. 17 nicht ein, wenn der Vertreter außerhalb seiner Befugnis handelt. Die fehlende Befugnis folgt in diesem Fall nicht aus dem rechtlichen Unterschied zwischen dem Ortsrecht und dem Vertretungsstatut nach Art. 13 oder 15.[343]

Art. 18 ESÜ

Dieses Kapitel ist anzuwenden, selbst wenn das darin bestimmte Recht das eines Nichtvertragsstaats ist.

1 Art. 18 bestimmt, dass die kollisionsrechtlichen Verweisungen des ESÜ als loi uniform ausgestaltet sind, dh auch zur Anwendung des Rechts eines Nichtvertragsstaates führen können. Die kollisionsrechtlichen Regelungen werden durch das ESÜ, wie dies bei allen neueren Haager Konventionen der Fall ist, insgesamt vereinheitlicht.[344] Damit wird vermieden, dass in einem Land für dieselbe Materie unterschiedliches Kollisionsrecht besteht, das eine im Verhältnis zu Vertragsstaaten, das andere im Verhältnis zu Nichtvertragsstaaten.

2 Etwas anderes gilt nur dann, wenn die Kollisionsnorm, wie in Art. 14, die Verweisung ausdrücklich auf das Recht eines Vertragsstaates beschränkt.[345] Darüber hinaus verweisen die Vorschriften, die den Gleichlauf zwischen internationaler Zuständigkeit und anwendbarem Recht anordnen, zwingend nur auf das Recht eines Vertragsstaats.[346] Das folgt daraus, dass die Vorschriften für die Entscheidungszuständigkeit sich nur an Vertragsstaaten richten können.

Art. 19 ESÜ

Der Begriff „Recht" im Sinn dieses Kapitels bedeutet das in einem Staat geltende Recht mit Ausnahme des Kollisionsrechts.

1 Art. 19 bestimmt, dass die kollisionsrechtlichen Verweisungen Sachnormverweisungen darstellen, ein renvoi daher ausgeschlossen ist. Eine solche Regelung ist in den Haager Übereinkommen üblich, weil vermieden werden soll, dass die Einheitlichkeit der Rechtsanwendung aufgebrochen wird, wenn bei der Verweisung auf das Recht eines Nichtvertragsstaates dessen Kollisionsrecht beachtet würde.[347]

2 Art. 21 Abs. 2 KSÜ stellt insoweit eine Ausnahme dar, weil dort für den Bereich der elterlichen Verantwortung für die Verweisung in Art. 16 auf das Recht eines Nichtvertragsstaates in begrenzter Form eine Weiterverweisung zugelassen wird. Eine entsprechende Vorschrift wurde nicht in das ESÜ aufgenommen, weil dieses anders als das KSÜ in Art. 16 Abs. 1 keine Regelung über ein möglicherweise kraft Gesetz eintretendes Fürsorgeverhältnis enthält.[348] Allerdings enthält das ESÜ in Art. 15 eine dem Art. 16 Abs. 2 KSÜ vergleichbare Regelung. Die Verweisung in Art. 16 Abs. 2 gilt für die Zuweisung der elterlichen Verantwortung durch Vereinbarung oder einseitiges Rechtsgeschäft. Art. 15 enthält eine besondere Kollisionsnorm für die von dem Erwachsenen durch Vereinbarung oder einseitiges Rechtsgeschäft begründete Vorsorgevollmacht. Aufgrund der eindeutigen Regelung in Art. 19 kann die Verweisung in Art. 15 aber anders als die in Art. 16 Abs. 2 KSÜ nie eine Gesamtnormverweisung sein; zu dem Streit, der insoweit besteht, → KSÜ Art. 21 Rn. 4.

Art. 20 ESÜ

Dieses Kapitel steht den Bestimmungen des Rechts des Staates, in dem der Erwachsene zu schützen ist, nicht entgegen, deren Anwendung unabhängig vom sonst maßgebenden Recht zwingend ist.

---

343 *Guttenberger*, S. 182.
344 Vgl. auch MüKoBGB/*Lipp* ESÜ Art. 18 Rn. 1.
345 *Lagarde* Bericht Rn. 111.

346 MüKoBGB/*Lipp* ESÜ Art. 18 Rn. 2; Staudinger/*von Hein* ESÜ Art. 18 Rn. 1.
347 Ebenso MüKoBGB/*Lipp* ESÜ Art. 19 Rn. 1.
348 *Lagarde* Bericht Rn. 112.

A. Regelungszweck

Art. 20 enthält einen Vorbehalt zugunsten der international zwingenden Normen eines Vertragsstaats. Die **1** Regelung, die im KSÜ keine Entsprechung hat, wurde eingefügt, um ein Gegengewicht zur Möglichkeit der Rechtswahl zu schaffen. Die Vertragsstaaten sollten insbesondere im Bereich von medizinischen Maßnahmen die Möglichkeit haben, bestimmte für unabdingbar angesehene innerstaatliche Vorschriften anzuwenden, auch wenn etwa aufgrund der Rechtswahl nach Art. 15 ein anderes Recht für den Erwachsenenschutz anwendbar ist.[349] In die endgültige Fassung wurde weder der Bezug auf Vorschriften im medizinischen Bereich, noch der auf die Rechtswahl nach Art. 15 Abs. 2 aufgenommen, so dass eine dahin gehende Anwendungsbeschränkung nicht besteht.[350]

B. Zwingende Vorschriften

Bestimmungen, deren Anwendung unabhängig vom sonst maßgebenden Recht zwingend ist, werden auch **2** als international zwingende Normen bezeichnet. Sie entsprechen grundsätzlich den Eingriffsnormen, wie sie in Art. 9 Abs. 1 Rom I-VO definiert sind.[351] In Bezug auf das ESÜ kann daher formuliert werden, dass es sich um eine Vorschrift handeln muss, deren Einhaltung von dem Vertragsstaat als so entscheidend für die Wahrung seines öffentlichen Interesses, insbesondere seiner politischen, sozialen oder wirtschaftlichen Organisation, angesehen wird, dass sie ungeachtet des nach Maßgabe des ESÜ anwendbaren Rechts im Bereich des Erwachsenenschutzes angewendet werden muss.

Auch wenn bei der Erarbeitung des ESÜ Normen aus dem Bereich der medizinischen Maßnahmen im Vor- **3** dergrund standen, erfasst Art. 20 aufgrund seiner neutralen Formulierung international zwingende Normen jeden Inhalts. Im Bericht von *Lagarde* wird als Beispiel eine niederländische Regelung genannt, die vorschreibt, dass der Vertreter vor jeder Unterbringungsmaßnahme eine Genehmigung einholen muss.[352] Im deutschen Recht werden unter anderem die Genehmigungserfordernisse nach §§ 1904, 1905 BGB zu den international zwingenden Normen gezählt.[353]

Obgleich Art. 20 als Ausgleich zu der Möglichkeit einer Rechtswahl nach Art. 15 Abs. 2 gedacht war, kön- **4** nen die international zwingenden Normen auch dann angewendet werden, wenn das auf den Erwachsenenschutz anwendbare Recht aufgrund einer objektiven Anknüpfung nach Art. 14 oder Art. 15 Abs. 1 bestimmt wird.[354]

C. Staat, in dem der Erwachsene zu schützen ist

Angewandt werden können die zwingenden Bestimmungen des Staates, in dem der Erwachsene zu schützen **5** ist. Das ist der Staat, in dem eine behördlich angeordnete Maßnahme, etwa die Unterbringung des Erwachsenen, durchgeführt werden soll oder in dem ein behördlich oder rechtsgeschäftlich bestellter Vertreter für den Erwachsenen handelt, insbesondere selbst eine Maßnahme im Hinblick auf den Erwachsenen, etwa eine Operation, vornehmen lassen will.

Der Staat, in dem der Erwachsene zu schützen ist, ist also gleichzeitig der Staat, in dem nach Art. 14 eine in **6** einem anderen Vertragsstaat getroffene Maßnahme durchgeführt wird oder in dem nach Art. 15 Abs. 3 im Falle einer Vorsorgevollmacht diese ausgeübt wird. Sofern es sich bei der international zwingenden Norm um eine Durchführungsbedingung iSv Art. 14 oder um eine Vorschrift über die Art und Weise der Ausübung des Vertretungsmacht iSv Art. 15 Abs. 3 handelt, ist sie bereits unabhängig von Art. 20 nach Art. 14 bzw. Art. 15 Abs. 3 zur Anwendung berufen.[355]

Art. 20 erlaubt es jedem Staat selbst unter den genannten Bedingungen, die Beachtung der eigenen interna- **7** tional zwingenden Normen durchzusetzen. Möglich ist aber auch, dass die Behörden eines Staates bereits bei dem Erlass einer Maßnahme die international zwingenden Regelungen des Staates, in dem die Maßnahme durchgeführt werden soll und in dem der Erwachsene demnach iSv Art. 20 zu schützen ist, anwenden. Die Möglichkeit hierzu ergibt sich aber auch bereits aus Art. 13 Abs. 2.[356] So wird die Behörde des

---

349 *Lagarde* Bericht Rn. 113; vgl. auch MüKoBGB/*Lipp* ESÜ Art. 20 Rn. 5.

350 MüKoBGB/*Lipp* ESÜ Art. 20 Rn. 1, 6; Staudinger/ *von Hein* ESÜ Art. 20 Rn. 1, 5.

351 Staudinger/*von Hein* ESÜ Art. 20 Rn. 3; zust. MüKo-BGB/*Lipp* ESÜ Art. 20 Rn. 4.

352 *Lagarde* Bericht Rn. 113.

353 MüKoBGB/*Lipp* ESÜ Art. 20 Rn. 5; *Siehr* RabelsZ 64 (2000), 715, 742; Staudinger/*von Hein* ESÜ Art. 20 Rn. 4.

354 MüKoBGB/*Lipp* ESÜ Art. 20 Rn. 2 f.; Staudinger/ *von Hein* ESÜ Art. 20 Rn. 2.

355 *Guttenberger*, S. 177 f.; ebenso MüKoBGB/*Lipp* ESÜ Art. 20 Rn. 2.

356 Dahin gehend auch MüKoBGB/*Lipp* ESÜ Art. 20 Rn. 2.

einen Staates ein besonderes Genehmigungserfordernis nach dem Recht des Staates beachten, in dem die Maßnahme, etwa die Sterilisation durchgeführt werden soll.

Art. 21 ESÜ

Die Anwendung des in diesem Kapitel bestimmten Rechts darf nur versagt werden, wenn sie der öffentlichen Ordnung (ordre public) offensichtlich widerspricht.

1 Art. 21 enthält den allgemeinen ordre-public-Vorbehalt in der restriktiven Formulierung wie er in den neueren Haager Übereinkommen üblich ist[357] und auch in Art. 6 EGBGB enthalten ist.[358]

Vorbemerkung zu Art. 22 ESÜ

1 Dieses Kapitel regelt in Anlehnung an das KSÜ die Anerkennung und Vollstreckung der in einem Vertragsstaat ergangenen Maßnahmen in einem anderen Vertragsstaat.[359] Art. 22 enthält den Grundsatz der automatischen Anerkennung und nennt in Form von Versagungsgründen die Anerkennungsvoraussetzungen. Art. 23 bestimmt, dass daneben fakultativ auch eine Entscheidung über die Anerkennung oder Nichtanerkennung herbeigeführt werden kann. Art. 24 begrenzt die Überprüfungsmöglichkeiten der Behörden des Anerkennungsstaates im Hinblick auf die Zuständigkeit der erkennenden Behörde. Deren Tatsachenfeststellungen sind insoweit bindend.

2 Art. 25 regelt die Vollstreckbarerklärung bzw. die Registrierung zur Vollstreckung. Art. 26 verbietet eine Überprüfung der ausländischen Maßnahme in der Sache und Art. 27 ordnet an, dass die ausländische Maßnahme, nachdem sie für vollstreckbar erklärt wurde oder zur Vollstreckung registriert wurde, wie eine inländische zu vollstrecken ist.

Kapitel IV
Anerkennung und Vollstreckung

Art. 22 ESÜ

(1) Die von den Behörden eines Vertragsstaats getroffenen Maßnahmen werden kraft Gesetzes in den anderen Vertragsstaaten anerkannt.

(2) Die Anerkennung kann jedoch versagt werden,

a) wenn die Maßnahme von einer Behörde getroffen wurde, die nicht aufgrund oder in Übereinstimmung mit Kapitel II zuständig war;

b) wenn die Maßnahme, außer in dringenden Fällen, im Rahmen eines Gerichts- oder Verwaltungsverfahrens getroffen wurde, ohne dass dem Erwachsenen die Möglichkeit eingeräumt worden war, gehört zu werden, und dadurch gegen wesentliche Verfahrensgrundsätze des ersuchten Staates verstoßen wurde;

c) wenn die Anerkennung der öffentlichen Ordnung (ordre public) des ersuchten Staates offensichtlich widerspricht, oder ihr eine Bestimmung des Rechts dieses Staates entgegensteht, die unabhängig vom sonst maßgebenden Recht zwingend ist;

d) wenn die Maßnahme mit einer später in einem Nichtvertragsstaat, der nach den Artikeln 5 bis 9 zuständig gewesen wäre, getroffenen Maßnahme unvereinbar ist, sofern die spätere Maßnahme die für ihre Anerkennung im ersuchten Staat erforderlichen Voraussetzungen erfüllt;

e) wenn das Verfahren nach Artikel 33 nicht eingehalten wurde.

A. Regelungsgegenstand	1	
B. Anerkennungsvoraussetzungen	4	
I. Anerkennungszuständigkeit	6	
II. Rechtliches Gehör	8	
III. Ordre-public-Vorbehalt	11	

IV. Unvereinbarkeit mit Maßnahmen aus anderen Staaten, lit. d 12
V. Einhaltung des Verfahrens nach Art. 33 bei einer Unterbringungsanordnung, lit. e 19

---

357 *Lagarde* Bericht Rn. 114.
358 Vgl. auch MüKoBGB/*Lipp* ESÜ Art. 21 Rn. 1.

359 *Lagarde* Bericht Rn. 115; MüKoBGB/*Lipp* ESÜ Vor Art. 22 Rn. 1.

A. Regelungsgegenstand

Art. 22 ordnet an, dass die Maßnahmen, die in einem Vertragsstaat ergangen sind, in jedem anderen Vertragsstaat kraft Gesetzes anzuerkennen sind, dh nicht erst nach einer positiven Anerkennungsentscheidung. Die Anerkennung kann und muss daher inzident in jedem Verfahren geprüft werden, in dem es auf die Anerkennung der Maßnahme ankommt.[360] Soll die ausländische Maßnahme vollstreckt werden, erfolgt eine Prüfung der Anerkennungsvoraussetzungen im Verfahren der Vollstreckbarerklärung bzw. der Registrierung zur Vollstreckung, Art. 25.   **1**

Anerkennung ist im Sinne der Wirkungserstreckung zu verstehen.[361] Bei der Anerkennung einer Maßnahme, durch die ein Vormund oder Betreuer bestellt wurde, bedeutet dies, dass sich der Umfang der Vertretungsmacht nach dem ausländischen Begründungsrecht richtet.[362] Nach Art. 14 richten sich allerdings die Bedingungen der Durchführung einer Maßnahme nach dem Recht des Staates, in dem die Maßnahme durchgeführt wird.[363]   **2**

Anerkennung setzt voraus, dass den Behörden im Anerkennungsstaat nachgewiesen wird, dass eine ausländische Maßnahme ergangen ist. Dies erfolgt im Regelfall durch ein Dokument der Herkunftsbehörde, das die Entscheidung enthält.[364] Das ESÜ stellt aber bewusst keine formalen Voraussetzungen an einen solchen Nachweis auf, um die Anerkennung besonders von Eilentscheidungen nicht zu erschweren. Es ist also möglich, den Nachweis über den Erlass einer ausländischen Maßnahme auch durch Fax oder E-Mail zu führen.[365]   **3**

B. Anerkennungsvoraussetzungen

Abs. 2 enthält die Anerkennungsvoraussetzungen. Sie sind negativ als Versagungsgründe formuliert. Das bedeutet, dass die Beweislast bei der Partei liegt, die die Nichtanerkennung wegen Vorliegens eines solchen Versagungsgrundes geltend macht.[366]   **4**

Die Gründe, aus denen die Anerkennung versagt werden kann, sind abschließend.[367] Liegt ein Versagungsgrund vor, so kann die Anerkennung versagt werden, es muss dies aber nicht.[368] Ein anerkennungsfreundlicheres autonomes Recht wird also nicht verdrängt.[369]   **5**

I. Anerkennungszuständigkeit

Versagt werden kann die Anerkennung, wenn die ausländische Behörde nicht aufgrund der Vorschriften in Kapitel II (Art. 5–12) zuständig war. Die korrekte Anwendung dieser Zuständigkeitsregelungen ist daher bei der Anerkennung eigenständig zu überprüfen.[370] Eine wichtige Beschränkung der Überprüfungskompetenz enthält allerdings Art. 24, nach dem eine Bindung an die Tatsachenfeststellungen besteht, auf welche die erkennende Behörde ihre Zuständigkeit begründet hat.[371]   **6**

Die zweite Alternative, dass die Behörde nicht „in Übereinstimmung mit Kapitel II zuständig war", bezieht sich auf Fälle, in denen eine Schutzmaßnahme erlassen wurde, als die betroffene Person noch nicht 18 Jahre alt war.[372] Auf diese Schutzmaßnahme war für die internationale Zuständigkeit nicht das ESÜ, sondern das KSÜ oder aber autonomes Recht anwendbar. Bei Anwendbarkeit des KSÜ für die internationale Zuständigkeit richtete sich auch die Anerkennung der Maßnahme in einem anderen Vertragsstaat nach dem KSÜ. Wird die betroffene Person volljährig, so entfällt die Anwendbarkeit des KSÜ auch im Hinblick auf die Anerkennung. Nach Art. 2 Abs. 2 ist nun das ESÜ anwendbar. Eine solche Maßnahme kann nun nach dem ESÜ anerkannt werden, wenn die Voraussetzungen für die Zuständigkeit hypothetisch auch nach dem ESÜ bestanden hätten. Wenn dies nicht der Fall ist, etwa wenn die Zuständigkeit auf Art. 10 KSÜ gestützt wurde,   **7**

---

360 MüKoBGB/*Lipp* ESÜ Art. 22 Rn. 1.
361 *Lagarde* Bericht Rn. 116; *Guttenberger*, S. 199; MüKoBGB/*Lipp* ESÜ Art. 22 Rn. 3.
362 *Lagarde* Bericht Rn. 116; *Clive* YPIL 2 (2000), 1, 14; Staudinger/*von Hein* ESÜ Art. 20 Rn. 2; ebenso, aber allgemein formuliert MüKoBGB/*Lipp* ESÜ Art. 22 Rn. 3.
363 MüKoBGB/*Lipp* ESÜ Art. 22 Rn. 3.
364 *Lagarde* Bericht Rn. 117.
365 *Lagarde* Bericht Rn. 117; Staudinger/*von Hein* ESÜ Art. 20 Rn. 3; zust. MüKoBGB/*Lipp* ESÜ Art. 22 Rn. 6 f., aber mit zutreffendem Hinweis auf die erforderliche Übersetzung (Art. 51 Abs. 1).
366 Staudinger/*von Hein* ESÜ Art. 20 Rn. 1; zust. MüKoBGB/*Lipp* ESÜ Art. 22 Rn. 10.

367 *Lagarde* Bericht Rn. 118; ebenso MüKoBGB/*Lipp* ESÜ Art. 22 Rn. 2, 8; Staudinger/*von Hein* ESÜ Art. 20 Rn. 4.
368 *Lagarde* Bericht Rn. 118.
369 *Clive* YPIL 2 (2000), 1, 14 Fn. 48; *Guttenberger*, S. 201; MüKoBGB/*Lipp* ESÜ Vor Art. 22 Rn. 7; Staudinger/*von Hein* ESÜ Art. 20 Rn. 4; s. auch *Siehr* RabelsZ 64 (2000), 715, 743.
370 *Lagarde* Bericht Rn. 119; Staudinger/*von Hein* ESÜ Art. 20 Rn. 6.
371 MüKoBGB/*Lipp* ESÜ Art. 22 Rn. 11.
372 *Lagarde* Bericht Rn. 119; MüKoBGB/*Lipp* ESÜ Art. 22 Rn. 12; Staudinger/*von Hein* ESÜ Art. 20 Rn. 5.

ist die Maßnahme nicht nach dem ESÜ anerkennbar.[373] Möglich bleibt aber, dass eine Anerkennung nach dem flexibleren autonomen Recht erfolgt.

II. Rechtliches Gehör

8 Als Ausprägung des verfahrensrechtlichen ordre public verlangt lit. b, dass dem betroffenen Erwachsenen grundsätzlich die Möglichkeit eingeräumt worden sein muss, gehört zu werden. Nicht notwendig ist anders als nach § 109 Abs. 1 Nr. 2 FamFG, dass dem Erwachsenen auch das verfahrenseinleitende Schriftstück zugestellt worden ist.[374]

9 Kein Anerkennungshindernis stellt es dar, wenn eine Anhörung des Erwachsenen in dringenden Fällen unterblieb. Außerdem kann die Anerkennung nur dann versagt werden, wenn die unterbliebene Anhörung einen Verstoß gegen die wesentlichen Verfahrensgrundsätze des ersuchten Staates darstellt. Es muss also zusätzlich geprüft werden, ob insoweit ein Verstoß gegen den verfahrensrechtlichen ordre public des Anerkennungsstaates vorliegt.[375] Daher begründet die fehlende Anhörung zumindest immer dann keinen Grund, die Anerkennung zu versagen, wie auf sie auch nach dem Recht des Anerkennungsstaates in einem solchen Fall verzichtet werden konnte.[376]

10 Die Anerkennung der Maßnahme kann wegen der unterbliebenen Anhörung des Erwachsenen versagt werden, auch wenn sich der Erwachsene selbst nicht darauf beruft. Art. 22 Abs. 2 lit. b geht insoweit also über § 109 Abs. 1 Nr. 2 FamFG hinaus.[377]

III. Ordre-public-Vorbehalt

11 Lit. c enthält den allgemeinen ordre-public-Vorbehalt. Eine Besonderheit ist, dass der Widerspruch zu den international zwingenden Bestimmungen des Anerkennungsstaates iSv Art. 20 ausdrücklich genannt wird. Im Ergebnis führt dies aber zu keinem anderen Inhalt des ordre-public-Vorbehalts als nach autonomem Recht.[378] Praktische Bedeutung hat der ordre-public-Vorbehalt vor allem bei der Entmündigung eines Erwachsenen, die bei einem starken Inlandsbezug grundsätzlich gegen den deutschen ordre public verstößt (→ EGBGB Art. 24 Rn. 28). Im Einzelfall kann ein Verstoß gegen den ordre public vorliegen, wenn bei Erlass der ausländischen Maßnahme das Wohl oder den Willen des betroffenen Erwachsenen grob missachtet worden ist.[379]

IV. Unvereinbarkeit mit Maßnahmen aus anderen Staaten, lit. d

12 Lit. d regelt ausdrücklich nur den Fall der Unvereinbarkeit der anzuerkennenden Maßnahme mit einer später ergangenen Maßnahme aus einem Nichtvertragsstaat. Das Verhältnis zu einer früher ergangenen Maßnahme wird nicht für regelungsbedürftig erachtet, weil die Schutzmaßnahmen nicht in Rechtskraft erwachsen, eine spätere Maßnahme daher grundsätzlich einer früher erlassenen vorgeht.[380]

13 Daher enthält das ESÜ auch keine allgemeine Regelung für das Verhältnis zwischen zeitlich nacheinander erlassenen Maßnahmen aus verschiedenen Vertragsstaaten. Die zeitlich später erlassene Maßnahme geht der früher erlassenen Maßnahmen grundsätzlich vor. Dies ist nur dann nicht der Fall, wenn die Zuständigkeit der Behörde, die die spätere Maßnahme erlassen hat, gegenüber der Zuständigkeit der anderen Behörde subsidiär ist, wie etwa nach Art. 8 Abs. 2, Art. 9 oder Art. 11 Abs. 1. Wird im Widerspruch zu diesen Subsidiaritätsregelungen eine Maßnahme erlassen, so fehlt es insoweit an der Zuständigkeit als Anerkennungsvoraussetzung.[381]

14 Lit. d ordnet nun an, dass auch später erlassene Maßnahmen aus einem Nichtvertragsstaat einer früheren Maßnahme aus einem Vertragsstaat grundsätzlich vorgehen sollen. Dies beruht auf der Überlegung, dass die

---

373 *Lagarde* Bericht Rn. 119; ebenso MüKoBGB/*Lipp* ESÜ Art. 22 Rn. 12, 14; vgl. zudem MüKoBGB/*Lipp* ESÜ Art. 22 Rn. 15 f. zur negativ zu beantwortenden Frage der Einhaltung der Subsidiaritätsregeln.

374 *Siehr* RabelsZ 64 (2000), 715, 743; Staudinger/*von Hein* ESÜ Art. 20 Rn. 7; zust. MüKoBGB/*Lipp* ESÜ Art. 22 Rn. 17.

375 MüKoBGB/*Lipp* ESÜ Art. 22 Rn. 18; Staudinger/*von Hein* ESÜ Art. 20 Rn. 8.

376 *Clive* YPIL 2 (2000), 1, 14; MüKoBGB/*Lipp* ESÜ Art. 22 Rn. 18.

377 Staudinger/*von Hein* ESÜ Art. 20 Rn. 7.

378 Staudinger/*von Hein* ESÜ Art. 20 Rn. 10; ebenso MüKoBGB/*Lipp* ESÜ Art. 22 Rn. 19: lediglich klarstellende Bedeutung.

379 *Rausch* BtPrax 2004, 137 (139) (zum autonomen Recht); zust. MüKoBGB/*Lipp* ESÜ Art. 22 Rn. 20.

380 *Siehr* RabelsZ 64 (2000), 715, 743; Staudinger/*von Hein* ESÜ Art. 20 Rn. 13; zust. MüKoBGB/*Lipp* ESÜ Art. 22 Rn. 21.

381 Ebenso MüKoBGB/*Lipp* ESÜ Art. 22 Rn. 22.

spätere Entscheidung auf einer aktuelleren Tatsachengrundlage erlassen worden ist und daher dem aktuellen Schutzbedürfnis besser entspricht.[382]

Der Vorrang der später erlassenen Maßnahme aus einem Nichtvertragsstaat steht nach lit. d unter zwei **15** Bedingungen. Zum einen muss die Behörde des Nichtvertragsstaats hypothetisch nach den Art. 5–9 zuständig gewesen sein. Insoweit unterscheidet sich das ESÜ von der entsprechenden Regelung in Art. 23 Abs. 2 lit. e KSÜ, wonach nur Entscheidungen aus dem Staat des gewöhnlichen Aufenthalts des Kindes der Vorrang eingeräumt wird.[383]

Problematisch ist die Regelung des ESÜ, weil die Voraussetzungen der Zuständigkeiten nach Art. 7 und 8 **16** bei Maßnahmen aus einem Nichtvertragsstaat in der Praxis kaum jemals gegeben sind. Art. 7 setzt voraus, dass die Behörde des Heimatstaats vorher die Behörden im Aufenthaltsstaat informiert hat. Art. 8 verlangt, dass die Behörden vorher von der Aufenthaltsbehörde ein Ersuchen erhalten haben, tätig zu werden. Diese Kooperationsformen zwischen den Behörden verschiedener Staaten werden im Verhältnis zu Nichtvertragsstaaten oft nicht erfüllt sein. Die Behörde aus einem Nichtvertragsstaat beurteilt ihre internationale Zuständigkeit nach dem eigenen Recht und wendet gerade nicht das ESÜ an. Es kommt auf der anderen Seite aber auch nicht in Betracht im Verhältnis zu Nichtvertragsstaaten auf diese Erfordernisse zu verzichten,[384] weil ansonsten Maßnahmen aus einem Nichtvertragsstaat leichter anerkennbar wären als solche aus einem Vertragsstaat. Zudem ist es nicht gänzlich ausgeschlossen, dass die Behörden aus dem Nichtvertragsstaat im Hinblick auf eine erstrebte Anerkennung die Voraussetzungen des ESÜ von sich aus bei ihrer Entscheidung berücksichtigen.

Als weitere Voraussetzungen nennt lit. d, dass die Maßnahme aus dem Nichtvertragsstaat die für die Anerkennung im ersuchten Vertragsstaat erforderlichen Voraussetzungen erfüllt. Das bedeutet, dass zusätzlich **17** auch die Anerkennungsvoraussetzungen nach autonomem Recht vorliegen müssen.[385] Insoweit führt die Regelung in § 109 Abs. 1 Nr. 3 FamFG zu einem Problem bei der Rechtsanwendung. Nach dieser Vorschrift hat die frühere Entscheidung Vorrang vor der späteren Entscheidung. Die später erlassene Maßnahme kann daher nach autonomem Recht gerade deswegen nicht anerkannt werden, weil und wenn die früher erlassene Maßnahme aus dem Vertragsstaat anerkennbar ist. Lit. d würde daher leer laufen, wenn § 109 Abs. 1 Nr. 3 FamFG kumulativ angewandt würde.

Hierbei ist aber zu berücksichtigen, dass lit. d bewusst der später erlassenen Maßnahme aus einem Nichtvertragsstaat den Vorrang einräumt. Nach dem Zweck der Vorschrift darf die zusätzliche Anwendung des auto- **18** nomen Anerkennungsrechts nicht dazu führen, dass diese Grundentscheidung im Ergebnis leer läuft. Die zusätzliche Berufung der Anerkennungsvoraussetzungen nach dem autonomen Recht in lit. d ist daher teleologisch dahingehend zu beschränken, dass eine nationale Regelung, welche die frühere gegenüber der späteren Entscheidung bevorzugt, nicht anzuwenden ist.[386]

V. Einhaltung des Verfahrens nach Art. 33 bei einer Unterbringungsanordnung, lit. e

Für Maßnahmen, die die Unterbringung des Erwachsenen in einem anderen Vertragsstaat anordnen, stellt **19** lit. e als zusätzliches Anerkennungshindernis die Nichtbeachtung des Kooperationsverfahrens nach Art. 33 auf. Eine ähnliche Regelung enthalten Art. 23 Abs. 2 lit. f KSÜ und Art. 23 lit. g EheVO.

Will die Behörde eines Vertragsstaats anordnen, dass der Erwachsene in einem anderen Vertragsstaat in **20** einer Einrichtung oder in einem anderen Ort, an dem Schutz gewährt werden kann, untergebracht werden soll, so verlangt Art. 33, dass vor Erlass einer solchen Unterbringungsmaßnahme die Behörden des Staates, in dem die Unterbringung erfolgen soll, informiert werden. Die Unterbringung darf nicht angeordnet werden, wenn sich die Behörden des anderen Staates innerhalb einer angemessen Frist dagegen ausgesprochen haben. Zweck dieser Vorschrift ist, dass die Behörden des Staats, in dem die Unterbringung erfolgen soll, von dieser Maßnahme nicht überrascht werden und sie nur erfolgt, wenn diese Behörden nicht widersprechen. Lit. e verwirklicht dieses Regelungsanliegen auf der Ebene der Anerkennung. Der Vertragsstaat, in dem die Unterbringung erfolgen soll, muss diese Entscheidung nicht anerkennen, wenn er darüber nicht vorher informiert worden ist oder ihr widersprochen hat.[387]

---

382 *Lagarde* Bericht Rn. 122; Staudinger/*von Hein* ESÜ Art. 20 Rn. 13.

383 Vgl. auch MüKoBGB/*Lipp* ESÜ Art. 22 Rn. 24.

384 In diesem Sinn auch *Guttenberger*, S. 207; aA MüKoBGB/*Lipp* ESÜ Art. 22 Rn. 25; Staudinger/*von Hein* ESÜ Art. 20 Rn. 16.

385 *Guttenberger*, S. 207; MüKoBGB/*Lipp* ESÜ Art. 22 Rn. 26; Staudinger/*von Hein* ESÜ Art. 20 Rn. 17.

386 Im Ergebnis ebenso *Guttenberger*, S. 207; MüKoBGB/*Lipp* ESÜ Art. 22 Rn. 27; Staudinger/*von Hein* ESÜ Art. 20 Rn. 18.

387 *Lagarde* Bericht Rn. 123.

Art. 23 ESÜ

[1]Unbeschadet des Artikels 22 Absatz 1 kann jede betroffene Person bei den zuständigen Behörden eines Vertragsstaats beantragen, dass über die Anerkennung oder Nichtanerkennung einer in einem anderen Vertragsstaat getroffenen Maßnahme entschieden wird. [2]Das Verfahren bestimmt sich nach dem Recht des ersuchten Staates.

A. Regelungsgegenstand

1   Die Regelung entspricht derjenigen in Art. 24 KSÜ. Feststellungen zur Anerkennung ausländischer Maßnahmen, die inzident erfolgen, haben keine Bindungswirkung für andere Verfahren, in denen sich die Frage der Wirksamkeit der im Ausland angeordneten Maßnahme ebenfalls stellt. Die Voraussetzungen der Anerkennung müssten daher in jedem Verfahren erneut dargelegt und geprüft werden. Außerdem kann für die Betroffenen im Vorfeld eines konkreten Verfahrens das Bedürfnis bestehen, klären zu lassen, ob eine ausländische Maßnahme im Inland wirksam ist.[388] Art. 24 verpflichtet daher die Vertragsstaaten, die Möglichkeit zu schaffen, dass eine bindende Entscheidung über die Anerkennung oder Nichtanerkennung getroffen werden kann.[389]

2   Der Vorbehalt zugunsten von Art. 22 Abs. 1 stellt klar, dass die Möglichkeit des Feststellungsverfahrens die ex lege Anerkennung nicht beschränkt. Liegen die Voraussetzungen von Art. 22 vor, entfaltet die ausländische Entscheidung unmittelbar und sofort Wirkung im Anerkennungsstaat und nicht etwa erst nach Erlass einer positiven Feststellungsentscheidung.

B. Voraussetzungen und Verfahren

3   Art. 23 verpflichtet nur dazu, ein Verfahren zur Feststellung der Anerkennung einer ausländischen Maßnahme vorzusehen. Es schreibt ein solches Verfahren nicht für die Feststellung des Bestehens oder Nichtbestehens einer Vorsorgevollmacht vor, die der Erwachsene iSv Art. 15 eingeräumt hat.

4   Antragsberechtigt muss nach Art. 23 jede betroffene Person sein. Wie sich aus der englischen und französischen Originalfassung ergibt,[390] ist damit nicht nur der betroffene Erwachsene, sondern jede Person gemeint, die ein rechtlich relevantes Interesse an der Feststellung hat.[391]

5   Nach S. 2 bestimmt das Recht des anerkennenden Staates, die Zuständigkeit und das Verfahren für diese Feststellung. Das Verfahren kann kontradiktorisch ausgestaltet sein und muss anders als das Verfahren zur Vollstreckbarerklärung nach Art. 25 Abs. 2 nicht möglichst einfach und schnell ausgestaltet sein.[392]

C. Ausgestaltung im deutschen Recht

6   Im deutschen Recht wurde das Anerkennungsverfahren im ESÜAG weitgehend parallel zum Verfahren der Vollstreckbarkeitserklärung geregelt.[393] Die **Zuständigkeit** für eine Anerkennung nach Art. 23 ist nach § 6 ESÜAG für den gesamten Bezirk eines OLG grundsätzlich[394] bei dem Betreuungsgericht konzentriert, in dessen Bezirk das OLG seinen Sitz hat. Wie im Bereich des internationalen Kindschaftsrechts und Adoptionsrechts (§ 12 IntFamRVG, § 5 AdWirkG) ermöglicht dies Gerichten eine Spezialisierung in Auslandssachen und damit eine effizientere Rechtsanwendung.[395]

7   Die örtliche Zuständigkeit richtet sich gemäß § 6 Abs. 3 ESÜAG nach dem gewöhnlichen Aufenthalt des betroffenen Erwachsenen im Zeitpunkt der Antragstellung. Hat er keinen gewöhnlichen Aufenthalt im Inland oder ist dieser nicht feststellbar, ist das Betreuungsgericht örtlich zuständig, in dessen Bereich das Fürsorgebedürfnis besteht. Besteht im Inland kein Fürsorgebedürfnis, so ist das Amtsgericht Berlin-Schöneberg zuständig.

8   Ist ein Feststellungsverfahren nach Art. 23 bei einem deutschen Betreuungsgericht anhängig, so tritt nach § 7 Abs. 1 S. 1 ESÜAG eine **Zuständigkeitskonzentration** für alle Betreuungssachen ein, die denselben Erwachsenen betreffen. Ein anderes Betreuungsgericht, bei dem eine Betreuungssache anhängig ist oder

---

388 *Lagarde* Bericht Rn. 124.
389 Vgl. auch MüKoBGB/*Lipp* ESÜ Art. 23 Rn. 1.
390 „any interested person"; „toute personne intéressée".
391 *Guttenberger*, S. 198; MüKoBGB/*Lipp* ESÜ Art. 23 Rn. 3; Staudinger/*von Hein* ESÜ Art. 23 Rn. 1.
392 *Lagarde* Bericht Rn. 124; vgl. MüKoBGB/*Lipp* ESÜ Art. 25 Rn. 2, 8 zu Art. 25 Abs. 2.
393 Vgl. auch MüKoBGB/*Lipp* ESÜ Art. 23 Rn. 4.

394 Nach Art. 6 Abs. 2 ESÜAG ist die Landesregierung ermächtigt, die Zuständigkeit einem anderen Betreuungsgericht und wenn in einem Lande mehrere Oberlandesgerichte bestehen, ein Betreuungsgericht für mehrere Oberlandesgerichtsbezirke zu bestimmen.
395 *Wagner* IPRax 2007, 11 (14); Staudinger/*von Hein* ESÜ Art. 23 Rn. 5.

anhängig gemacht wird, muss die Sache von Amts wegen an das mit dem Anerkennungsverfahren nach Art. 23 befasste Gericht abgeben, § 7 ESÜAG.

Der **Zweck** der Zuständigkeitskonzentration ist es, zu ermöglichen, dass das Betreuungsgericht unmittelbar **9** selbst entscheiden kann, ob eine eigene Maßnahme nicht notwendig ist, weil eine ausländische Maßnahme im Inland anerkannt werden kann und das Schutzbedürfnis angemessen regelt, oder aber ob trotz Bestehens und Anerkennbarkeit einer ausländischen Maßnahme eine inländische (abändernde) Maßnahme erlassen werden muss.[396]

Für das Verfahren verweist § 8 ESÜAG in Abs. 1 und 2 grundsätzlich auf das FamFG, so dass weitgehend **10** das Recht für innerstaatliche Betreuungsverfahren gilt.[397] Die Feststellung nach Art. 23 über die Anerkennung oder Nichtanerkennung hat nach § 9 ESÜAG Bindungswirkung für alle weiteren inländischen Verfahren, bei denen es auf die Frage der Anerkennung der ausländischen Maßnahme ankommt. Dies sichert den internen Entscheidungseinklang und führt zu einer Verfahrensvereinfachung.[398]

§ 11 ESÜAG regelt den Fall, dass die ausländische Maßnahme später im Ursprungsstaat aufgehoben oder **11** abgeändert wird. Da damit die Grundlage für die Anerkennung entfallen ist, kann die Anerkennungsfeststellung in einem erneuten Verfahren aufgehoben bzw. abgeändert werden.[399]

Art. 24 ESÜ

Die Behörde des ersuchten Staates ist an die Tatsachenfeststellungen gebunden, auf welche die Behörde des Staates, in dem die Maßnahme getroffen wurde, ihre Zuständigkeit gestützt hat.

Das Gericht oder die Behörde des Anerkennungsstaates ist bei der Überprüfung der internationalen Zustän- **1** digkeit nach Art. 22 Abs. 2 lit. a an die Tatsachenfeststellungen gebunden, auf welche die entscheidende Behörde ihre Zuständigkeit nach dem ESÜ gestützt hat. Die Regelung entspricht Art. 25 KSÜ. **Zweck** der Regelung ist es, bei der Anerkennung eine erneute Tatsachenfeststellung für die Zuständigkeitsfragen zu vermeiden. So wird auch verhindert, dass das Verfahren, in dem über die Anerkennung entschieden wird, durch neue Tatsachenbehauptungen verschleppt wird.[400]

Die Bindung besteht nur für die **Feststellung der Tatsachen**, auf deren Grundlage sich die Zuständigkeit **2** nach dem ESÜ ergibt. Keine Bindung besteht für die in der Subsumtion liegende rechtliche Bewertung.[401] Die Abgrenzung kann im Einzelfall schwierig sein. Sicher eine Tatsachenfeststellung ist es etwa, wie lange sich der Erwachsene bereits in einem Land aufhält und welche konkreten sozialen Beziehungen er dort aufgebaut hat.

Weitergehend ist die Bindungswirkung auch auf die Feststellungen auszudehnen, dass der Erwachsene **3** einen Bleibewillen hatte bzw. dass er sozial entsprechend integriert war, so dass ein gewöhnlicher Aufenthalt anzunehmen ist.[402] Überprüfbar ist danach nur, ob die entscheidende Behörde von einem fehlerhaften Verständnis des Begriffs des gewöhnlichen Aufenthalts ausgegangen ist.[403] Nach dem Bericht von *Lagarde* gilt die Bindungswirkung zudem für die Bewertungen im Hinblick auf das Wohl des Erwachsenen nach Art. 7 Abs. 1 und Art. 8 Abs. 1.[404]

Art. 25 ESÜ

(1) Erfordern die in einem Vertragsstaat getroffenen und dort vollstreckbaren Maßnahmen in einem anderen Vertragsstaat Vollstreckungshandlungen, so werden sie in diesem anderen Staat auf Antrag jeder betroffenen Partei nach dem im Recht dieses Staates vorgesehenen Verfahren für vollstreckbar erklärt oder zur Vollstreckung registriert.

(2) Jeder Vertragsstaat wendet auf die Vollstreckbarerklärung oder die Registrierung ein einfaches und schnelles Verfahren an.

396   BT-Drs. 16/3251, 13; Staudinger/*von Hein* ESÜ Art. 23 Rn. 6; ähnlich MüKoBGB/*Lipp* ESÜ Vor Art. 5 Rn. 19, Art. 23 Rn. 6, mit Betonung der andernfalls bestehenden Gefahr sich widersprechender Maßnahmen.

397   BT-Drs. 16/3251, 14.

398   BT-Drs. 16/3251, 11, 16; so auch bereits der Vorschlag von *Siehr* RabelsZ 64 (2000), 715, 744.

399   S. dazu Staudinger/*von Hein* ESÜ Art. 23 Rn. 7.

400   So zur entsprechenden Regelung in der EuGVO *Leible* in Rauscher, Europäisches Zivilprozessrecht Art. 35 Brüssel I-VO Rn. 15 zur EuGVO.

401   Ebenso MüKoBGB/*Lipp* EGBGB Art. 24 Rn. 1.

402   So wohl auch *Lagarde* Bericht Rn. 125; Staudinger/*von Hein* ESÜ Art. 24 Rn. 1; ausdrücklich aA *Guttenberger*, S. 203.

403   *Siehr* RabelsZ 64 (2000), 715, 744.

404   *Lagarde* Bericht Rn. 125; s. auch Staudinger/*von Hein* ESÜ Art. 24 Rn. 1.

(3) Die Vollstreckbarerklärung oder die Registrierung darf nur aus einem der in Artikel 22 Absatz 2 vorgesehenen Gründe versagt werden.

1   Art. 25 entspricht Art. 26 KSÜ. Für die Vollstreckung einer ausländischen Maßnahme kann jeder Vertragsstaat weiterhin vorsehen, dass die Maßnahme in einem inländischen Verfahren für vollstreckbar erklärt oder zur Vollstreckung registriert wird.[405] Der Verzicht auf ein Verfahren zur Vollstreckbarerklärung, wie er in den europäischen Rechtsinstrumenten (etwa Art. 40–45 EheVO 2003) enthalten ist, konnte in einem internationalen Übereinkommen mit weltweiter Verbreitung nicht aufgenommen werden.

2   **Voraussetzung** für die Vollstreckbarerklärung ist, dass die Maßnahme einen vollstreckungsfähigen Inhalt hat und im Ursprungsstaat vollstreckbar ist.[406] Vollstreckungsfähigen Inhalt haben etwa Maßnahmen, welche die Unterbringung des Erwachsenen oder die Herausgabe des Erwachsenen an einen Betreuer anordnen.[407] Viele Maßnahmen im Bereich des Erwachsenenschutzes bedürfen keiner Vollstreckung. Dies gilt etwa für die Bestellung eines Betreuers. Damit der Betreuer den Erwachsenen im Inland wirksam vertreten kann, muss eine solche Ernennung nur anerkannt werden. Eine Vollstreckung ist nicht notwendig und auch nicht möglich.[408]

3   Weiterhin ist selbstverständliche Voraussetzung für die Vollstreckung, dass die **Anerkennung der Maßnahme** nach Art. 22 gegeben ist. **Abs. 3** stellt insoweit klar, dass auch für die Vollstreckung die Anerkennung nur aufgrund von Versagungsgründen, welche in Art. 22 Abs. 2 abschließend genannt sind, verweigert werden darf.[409] Falls keine Feststellung über die Anerkennung nach Art. 23 ergangen ist, erfolgt die Prüfung der Anerkennungsvoraussetzungen inzident im Verfahren der Vollstreckbarkeitserklärung.[410]

4   Nach Art. 25 Abs. 1 ist der **Antrag** einer betroffenen Partei erforderlich. Dies kann neben dem betroffenen Erwachsenen auch eine Fürsorgeperson oder eine staatliche Stelle sein.[411] Das **Verfahren** für die Vollstreckbarkeitserklärung oder Registrierung der Vollstreckbarkeit bestimmt sich nach dem Recht des Vertragsstaates.[412] **Abs. 2** verlangt insoweit nur, dass ein einfaches und schnelles Verfahren angewandt wird. Konkrete zeitliche Vorgaben ergeben sich daraus nicht.[413] Auch muss das Verfahren nicht zwingend einseitig, sondern kann auch kontradiktorisch angelegt sein.

5   Für Deutschland sind die Zuständigkeit und das Verfahren der Vollstreckbarkeitserklärung in §§ 6 bis 8, 10 und § 11 ESÜAG geregelt. Die Verfahren zu Anerkennungsfeststellung nach Art. 23 und zur Vollstreckbarkeitserklärung nach Art. 25 sind damit einheitlich geregelt (s. dazu → Art. 23 Rn. 6 ff.).[414] § 10 Abs. 1 ESÜAG bestimmt, dass ein Titel aus einem anderen Vertragsstaat, der dort vollstreckbar ist und im Inland Vollstreckungshandlungen erfordert, dadurch für vollstreckbar erklärt wird, dass er auf Antrag mit einer Vollstreckungsklausel versehen wird. Für die weiteren Einzelheiten, wie die Wiedergabe des Beschlusses in deutscher Sprache verweist § 10 Abs. 2 ESÜAG auf § 20 Abs. 1 S. 1 u. 2 und § 23 IntFamRVG.[415]

Art. 26 ESÜ

Vorbehaltlich der für die Anwendung der vorstehenden Artikel erforderlichen Überprüfung darf die getroffene Maßnahme in der Sache selbst nicht nachgeprüft werden.

1   Bei Art. 26 handelt es sich um eine Standardklausel in Übereinkommen über die Anerkennung und Vollstreckung von Entscheidungen.[416] Er ist die Parallelvorschrift zu Art. 27 KSÜ; er hat vor allem klarstellende Funktion. Bei Anerkennung und Vollstreckung darf keine Überprüfung der anzuerkennenden Maßnahme in der Sache selbst (révision au fond) erfolgen. Dies ergibt sich bereits aus der abschließenden Aufzählung der Versagungsgründe in Art. 22 Abs. 2 und der Bestimmung in Art. 25 Abs. 3.

2   Art. 26 hindert die zuständige Behörde des Anerkennungsstaates aber nicht, eine eigene Maßnahme zu erlassen, in der die ausländische Maßnahme abgeändert oder aufgehoben wird. Dies ist nicht nur bei einer klaren Änderung der tatsächlichen Verhältnisse zulässig, sondern auch, wenn die zuständige Behörde aufgrund der Anwendbarkeit des eigenen Rechts oder aufgrund einer anderen Bewertung zur Überzeugung

---

405   Vgl. auch MüKoBGB/*Lipp* ESÜ Art. 25 Rn. 1.
406   Staudinger/*von Hein* ESÜ Art. 25 Rn. 3 f.; ebenso MüKoBGB/*Lipp* ESÜ Art. 25 Rn. 3.
407   Staudinger/*von Hein* ESÜ Art. 25 Rn. 1.
408   *Lagarde* Bericht Rn. 126.
409   Vgl. auch MüKoBGB/*Lipp* ESÜ Art. 25 Rn. 3 f.
410   Staudinger/*von Hein* ESÜ Art. 25 Rn. 1.
411   MüKoBGB/*Lipp* ESÜ Art. 25 Rn. 4; Staudinger/*von Hein* ESÜ Art. 25 Rn. 2.

412   *Lagarde* Bericht Rn. 126; MüKoBGB/*Lipp* ESÜ Art. 25 Rn. 5.
413   *Lagarde* Bericht Rn. 126.
414   Ebenso auch MüKoBGB/*Lipp* ESÜ Art. 25 Rn. 10.
415   BT-Drs. 16/3251, 16; MüKoBGB/*Lipp* ESÜ Art. 25 Rn. 9; Staudinger/*von Hein* ESÜ Art. 25 Rn. 7–9.
416   *Lagarde* Bericht Rn. 127.

gelangt, dass zum Wohl des Erwachsenen eine solche Maßnahme erforderlich ist (s. dazu auch → KSÜ Art. 27 Rn. 2-4).[417]

Art. 27 ESÜ

[1]Die in einem Vertragsstaat getroffenen und in einem anderen Vertragsstaat für vollstreckbar erklärten oder zur Vollstreckung registrierten Maßnahmen werden dort vollstreckt, als seien sie von den Behörden dieses anderen Staates getroffen worden. [2]Die Vollstreckung richtet sich nach dem Recht des ersuchten Staates unter Beachtung der darin vorgesehenen Grenzen.

Art. 27 entspricht Art. 28 KSÜ ohne aber die dort enthaltene Bezugnahme auf das Wohl des Kindes zu übernehmen. Sinn der Vorschrift ist es, dass die Vollstreckungsbehörden nur ihr eigenes Recht anwenden sollen.[418]   **1**

S. 1 ordnet die Gleichstellung einer ausländischen Maßnahme mit einer vergleichbaren inländischen Maßnahme im Hinblick auf die Durchführung der Vollstreckung an, nachdem diese nach Art. 25 nostrifiziert bzw. naturalisiert wurde.[419] S. 2 ergänzt dies, indem bestimmt wird, dass das Recht des Vollstreckungsstaats auch auf das Verfahren der Vollstreckung und die Grenzen der Vollstreckung anwendbar ist. Die Vollstreckung einer ausländischen Maßnahme darf im Vergleich zur Vollstreckung einer entsprechenden inländischen Maßnahme nicht von weitergehenden Voraussetzungen abhängig gemacht oder zusätzlichen Beschränkungen unterworfen werden. Auf der anderen Seite kann die Vollstreckung aber aus den gleichen Gründen versagt werden, aus denen dies bei einer inländischen Maßnahme möglich wäre. Als Beispiel nennt der Bericht von *Lagarde* eine ausländische Unterbringungsmaßnahme. Die Voraussetzungen, unter denen von der Vollstreckung abgesehen werden kann, etwa weil sich der Erwachsene weigert, richten sich nach dem Recht des Vollstreckungsstaats.[420]   **2**

Probleme kann diese Gleichstellung der ausländischen mit einer inländischen Maßnahme deshalb verursachen, weil im Bereich des Erwachsenenschutzes die Rechtsordnungen in ihrem materiellen Inhalt erheblich divergieren.[421] Wenn in der ausländischen Entscheidung eine Maßnahme angeordnet worden ist, die im Recht des Vollstreckungsstaats nicht vorgesehen ist, so muss in diesem Recht ein funktionales Äquivalent gesucht werden.[422]   **3**

Kapitel V
Zusammenarbeit

Art. 28 ESÜ

(1) Jeder Vertragsstaat bestimmt eine Zentrale Behörde, welche die ihr durch dieses Übereinkommen übertragenen Aufgaben wahrnimmt.

(2) [1]Einem Bundesstaat, einem Staat mit mehreren Rechtssystemen oder einem Staat, der aus autonomen Gebietseinheiten besteht, steht es frei, mehrere Zentrale Behörden zu bestimmen und deren räumliche und persönliche Zuständigkeit festzulegen. [2]Macht ein Staat von dieser Möglichkeit Gebrauch, so bestimmt er die Zentrale Behörde, an welche Mitteilungen zur Übermittlung an die zuständige Zentrale Behörde in diesem Staat gerichtet werden können.

Durch Art. 28 ff. wird ein System der Zusammenarbeit eingeführt, das vor allem auf der Einrichtung von Zentralen Behörden beruht, wie dies bereits in den Haager Konventionen im Kindschaftsrecht (Haager Adoptionsübereinkommen, Haager Kindesentführungsübereinkommen) erfolgreich verwirklicht wurde.   **1**

In Deutschland ist nach § 1 ESÜAG das Bundesamt für Justiz in Bonn die Zentrale Behörde für das gesamte Bundesgebiet.   **2**

417 *Siehr* RabelsZ 64 (2000), 715, 744; Staudinger/*von Hein* ESÜ Art. 26 Rn. 2; zust. MüKoBGB/*Lipp* ESÜ Art. 26 Rn. 2.
418 Vgl. Staudinger/*von Hein* ESÜ Art. 27 Rn. 1.
419 MüKoBGB/*Lipp* ESÜ Art. 25 Rn. 1 ESÜ Art. 27 Rn. 1; aA Nostrifikation/Naturalisierung nach Art. 27: *Lagarde* Bericht Rn. 128; Staudinger/*von*

Hein ESÜ Art. 27 Rn. 1, anders aber wohl in Art. 25 Rn. 1.
420 *Lagarde* Bericht Rn. 128.
421 Kritisch daher *Siehr* RabelsZ 64 (2000), 715, 745.
422 In diesem Sinn auch *Siehr* RabelsZ 64 (2000), 715, 745; Staudinger/*von Hein* ESÜ Art. 27 Rn. 1.

Art. 29–37 ESÜ (hier nicht wiedergegeben)

Kapitel VI
Allgemeine Bestimmungen

Art. 38 ESÜ

(1) Die Behörden des Vertragsstaats, in dem eine Schutzmaßnahme getroffen oder eine Vertretungsmacht bestätigt wurde, können jedem, dem der Schutz der Person oder des Vermögens des Erwachsenen anvertraut wurde, auf dessen Antrag eine Bescheinigung über seine Berechtigung zum Handeln und die ihm übertragenen Befugnisse ausstellen.

(2) Bis zum Beweis des Gegenteils wird vermutet, dass die bescheinigte Berechtigung zum Handeln und die bescheinigten Befugnisse vom Ausstellungsdatum der Bescheinigung an bestehen.

(3) Jeder Vertragsstaat bestimmt die für die Ausstellung der Bescheinigung zuständigen Behörden.

A. Regelungsgegenstand 1   C. Rechtswirkungen 7
B. Inhalt und Ausstellung der Bescheinigungen .. 3   D. Umsetzung in Deutschland 9

A. Regelungsgegenstand

1   Die Regelung hat ihr Vorbild in Art. 40 KSÜ. Die Person, der die Sorge für die Person oder das Vermögen des Erwachsenen übertragen worden ist, soll eine Bescheinigung erhalten können, durch die sie ihre Berechtigung leicht und sicher nachweisen kann. Eine solche Bescheinigung fördert eine effektive Wahrnehmung des Schutzes des Erwachsenen.[423]

2   Art. 38 ist fakultativ.[424] Vertragsstaaten sind nicht verpflichtet, die Ausstellung einer solchen Bescheinigung vorzusehen. Ist eine Bescheinigung iSv Art. 38 aber nach dem Recht eines Vertragsstaats ausgestellt worden, so entfaltet diese in allen Vertragsstaaten ihre Wirkung.

B. Inhalt und Ausstellung der Bescheinigungen

3   Die Bescheinigung stellt klar, welche Befugnisse der Fürsorgeperson übertragen worden sind und welche Berechtigungen zum Handeln für den Erwachsenen daraus folgen. Möglich ist auch, dass in der Bescheinigung negativ bestimmte Befugnisse, etwa die Verwaltung von Vermögen außerhalb des ausstellenden Staates, ausgenommen werden.[425]

4   Eine Bescheinigung kann zum einen für Berechtigungen ausgestellt werden, die sich aufgrund einer behördlich angeordneten Schutzmaßnahme ergeben, wie etwa nach deutschem Recht die Bestellung zum Betreuer.[426] Vorgesehen ist zum anderen, dass auch für die durch Rechtsgeschäft des Erwachsenen begründete Vertretungsmacht eine Bescheinigung ausgestellt werden kann. Allerdings ist dafür Voraussetzung, dass die rechtsgeschäftlich begründete Vertretungsmacht ihrerseits vorher behördlich bestätigt worden ist.[427] Die Regelung bezieht sich damit auf die Rechtsordnungen, nach denen die durch Rechtsgeschäft des Erwachsenen begründete Vertretungsmacht zu ihrer Wirksamkeit der behördlichen Bestätigung bedarf.[428]

5   International zuständig für die Ausstellung der Bescheinigung sind bei der behördlich angeordneten Schutzberechtigung die Behörden des Staates, in dem die Anordnung ergangen ist. Anders als nach Art. 40 KSÜ ist eine allgemeine Zuständigkeit der Behörden des gewöhnlichen Aufenthalts des Erwachsenen nicht vorgesehen.[429] Im Fall der bestätigten rechtsgeschäftlich begründeten Vertretungsmacht sollte nach dem ursprünglichen erläuternden Bericht von *Lagarde* die Bestätigung keine Schutzmaßnahme sein, so dass die Behörden des Staates für die Erteilung zuständig sind, dessen Recht nach Art. 15 Abs. 1 oder 2 auf die Vertretungsmacht anwendbar ist.[430]

423 *Lagarde* Bericht Rn. 144.
424 *Lagarde* Bericht Rn. 144.
425 *Lagarde* Bericht Rn. 144.
426 Staudinger/*von Hein* ESÜ Art. 38 Rn. 2.
427 BT-Drs. 16/3251, 17; MüKoBGB/*Lipp* ESÜ Art. 38 Rn. 3; Staudinger/*von Hein* ESÜ Art. 38 Rn. 3.

428 *Lagarde* Bericht Rn. 146; Staudinger/*von Hein* ESÜ Art. 38 Rn. 3.
429 *Lagarde* Bericht Rn. 145.
430 *Lagarde* Bericht (ursprüngliche Fassung) Rn. 146; ebenso MüKoBGB/*Lipp* ESÜ Art. 38 Rn. 6, der aber zutreffend betont, dass ein Nichtvertragsstaat keine Bescheinigung iSv Art. 38 erteilen kann.

Nach der Neufassung des Berichts von 2017 soll es sich bei der Bestätigung um eine Schutzmaßnahme handeln können.[431] Folge wäre, dass dafür die allgemeinen Zuständigkeitsregeln gelten. Damit stellt sich das Problem, dass der Erwachsene für die rechtsgeschäftliche Vertretung ein anwendbares Recht bestimmt haben kann, nach dem eine behördliche Bestätigung erforderlich ist, dass für eine solche Bestätigung aber die Behörden eines Staates zuständig sind, nach dessen Recht eine Bestätigung nicht vorgesehen ist.[432]

Welche innerstaatliche Behörde die Bescheinigung ausstellt, wird gemäß Abs. 3 vom Recht des jeweiligen Vertragsstaats bestimmt. Es wurde ein Muster für die Bescheinigung erarbeitet. Das Muster wurde nicht in das ESÜ eingefügt, um spätere Überarbeitungen zu ermöglichen. Sein Gebrauch wird von dem Ständigen Büro der Haager Konferenz ausdrücklich empfohlen.[433]   **6**

C. Rechtswirkungen

Die Bescheinigung hat keine konstitutive Wirkung, begründet aber die Vermutung, dass die bescheinigte Berechtigung und die bescheinigten Befugnisse bestehen. Die Vermutung kann widerlegt werden. Wer ihre Richtigkeit bestreitet, trägt insoweit aber die Beweislast.[434] Eine Legalisation ist nach Art. 41 nicht erforderlich.[435]   **7**

Anders als die deutsche Übersetzung nahelegt bezieht sich die Vermutung nur darauf, dass die Berechtigung und die Befugnisse im Zeitpunkt des Ausstellungsdatums der Bescheinigung bestanden haben.[436] Die ausstellende Behörde ist daher nicht gehindert, die Schutzmaßnahme später zu ändern oder aufzuheben. Eine Einziehung oder Änderung der Bescheinigung ist nicht vorgesehen.[437]   **8**

D. Umsetzung in Deutschland

Das deutsche Recht kennt mit der Bestellungsurkunde nach § 290 FamFG eine funktionsähnliche Bescheinigung für eine behördlich angeordnete Sorgeberechtigung, bei der aber eine Anerkennung im Ausland nicht gewährleistet ist.[438] Der deutsche Gesetzgeber hat daher von der Möglichkeit der Erteilung einer Bescheinigung iSv Art. 38 für Schutzmaßnahmen durch die Regelung in § 13 ESÜAG Gebrauch gemacht. Zuständige Behörde iSv Abs. 3 ist nach § 13 Abs. 1 ESÜAG der Urkundsbeamte der Geschäftsstelle des Gerichts des ersten Rechtszugs wenn das Verfahren bei einem höheren Gericht anhängig ist, der Urkundsbeamte der Geschäftsstelle dieses Gerichts.   **9**

Die Bestätigung einer rechtsgeschäftlich durch den Erwachsenen begründeten Vertretungsmacht ist im deutschen Recht nicht vorgesehen. Aus Art. 38 kann auch keine Pflicht abgeleitet werden, eine solche Bestätigung im nationalen Recht einzuführen.[439] Die Vorschrift sieht nur vor, dass, wenn nach nationalem Recht eine solche Bestätigung notwendig oder möglich ist, hierüber eine Bescheinigung erteilt werden kann. Aber auch insoweit ist die Vorschrift nur fakultativ und verpflichtet die Vertragsstaaten damit weder dazu, die Bestätigung einer rechtsgeschäftlich erteilten Vertretungsmacht einzuführen, noch dazu, eine Bescheinigung für eine solche Bestätigung vorzusehen.   **10**

Art. 39–59 ESÜ (hier nicht wiedergegeben)

431 Lagarde Bericht (Neufassung 2017) Rn. 146.
432 Lagarde Bericht (Neufassung 2017) Rn. 146; Staudinger/*von Hein* ESÜ Art. 38 Rn. 5.
433 *Lagarde* Bericht Rn. 147; Muster abgedruckt in BT-Drs. 16/3250, 65.
434 *Lagarde* Bericht Rn. 147; MüKoBGB/*Lipp* ESÜ Art. 38 Rn. 9; Staudinger/*von Hein* ESÜ Art. 38 Rn. 8.
435 Staudinger/*von Hein* ESÜ Art. 38 Rn. 8.

436 *Lagarde* Bericht Rn. 147; ebenso MüKoBGB/*Lipp* ESÜ Art. 38 Rn. 10.
437 Staudinger/*von Hein* ESÜ Art. 38 Rn. 9; zust. MüKoBGB/*Lipp* ESÜ Art. 38 Rn. 12.
438 Regierungsbegründung zum ESÜ-Ausführungsgesetz, BT-Drucks16/3251, S. 10.
439 BT-Drs. 16/3251, 17; MüKoBGB/*Lipp* ESÜ Art. 38 Rn. 7; Staudinger/*von Hein* ESÜ Art. 38 Rn. 3.

Anhang V zu Art. 24 EGBGB: EuSorgeRÜ

Europäisches Übereinkommen über die Anerkennung und Vollstreckung von Entscheidungen über das Sorgerecht für Kinder und die Wiederherstellung des Sorgeverhältnisses [EuSorgeRÜ]

vom 20. Mai 1980 (BGBl. II 1990 S. 206, 220)

Literatur: Erläuternder Bericht zum Europäischen Übereinkommen über die Anerkennung und Vollstreckung von Entscheidungen über das Sorgerecht für Kinder und die Wiederherstellung des Sorgeverhältnisses, BT-Drucksache 11/5314, S. 62 ff; *Mansel*, Neues Internationales Sorgerecht, NJW 1990, 2176; *Pirrung*, Wiederherstellung des Sorgeverhältnisses, IPRax 1997, 182; *Schulz*, Internationale Regelungen zum Sorge- und Umgangsrecht, FamRZ 2003, 336; *dies.*, FamRZ 2018, 797; Staudinger/Pirrung (2009) Vorbem E zu Art. 19 EGBGB.

1 Von einer Kommentierung des EuSorgeRÜ wird weiterhin abgesehen. Die Bedeutung des EuSorgeRÜ ist gering. Im Verhältnis der Mitgliedstaaten der EU (mit Ausnahme von Dänemark) ist gem. Art 60 lit. d EheVO 2003[1] diese VO vorrangig anzuwenden. Soweit es um die Rückführung eines iSv Art 3 HKÜ[2] aus einem Vertragsstaat des HKÜ und des EuSorgeRÜ entführten Kindes geht, ist das EuSorgeRÜ auch gegenüber dem HKÜ nachrangig, da nach § 37 IntFamRVG das EuSorgeRÜ nur anwendbar ist, wenn es der Antragsteller ausdrücklich beantragt. Im Folgenden werden daher nur die Grundzüge des Übereinkommens dargestellt.

Da für die Anerkennung und ggf. Vollstreckbarerklärung neben der vorrangigen EheVO 2003 und dem KSÜ[3] das EuSorgeRÜ in Frage kommt und Deutschland keine Erklärung nach Art. 52 Abs. 1 KSÜ abgegeben hat, wonach das KSÜ das EuSorgeRÜ im Verhältnis zu anderen Vertragsstaaten ersetzt, sind das EuSorgeRÜ und das KSÜ für die Anerkennung und Vollstreckbarerklärung von Entscheidungen aus anderen Vertragsstaaten in Deutschland gleichermaßen anwendbar.[4] Es gilt dann das Günstigkeitsprinzip.[5]

2 Das EuSorgeRÜ ist für Deutschland am 1.2.1991 im Verhältnis zu Belgien, Frankreich, Luxemburg, den Niederlanden, Norwegen, Österreich, Portugal, Schweden, der Schweiz, Spanien, dem Vereinigten Königreich (mit späterer Erstreckung auf Jersey und Anguilla) und Zypern in Kraft getreten. Vertragsstaaten sind weiter: Andorra (1.7.2011), Bulgarien (1.10.2003), Dänemark (1.8.1991), Estland (1.9.2001), Finnland (1.8.1994), Griechenland (1.7.1993), Irland (1.10.1991), Island (1.11.1996), Italien (1.6.1995), Kroatien (2.8.2002), Lettland (1.8.2002), Liechtenstein (1.8.1997), Litauen (1.5.2003), Malta (1.2.2000), Mazedonien (1.3.2003), Republik Moldau (1.5.2004), Montenegro (6.6.2006), Polen (1.3.1996), Rumänien (1.9.2004), Serbien (1.5.2002), Slowakei (1.9.2001), Tschechische Republik (1.7.2000), Türkei (1.6.2000), Ukraine (1.11.2008), Ungarn (1.6.2004).[6]

Mit dem Abschluss des Austrittsverfahrens nach Art. 50 EUV – derzeit 31.12.2020 – ist Großbritannien im Verhältnis zur EU ein Drittstaat. Für einen Drittstaat findet weder europäisches Primär- noch Sekundärrecht Anwendung. Die EheVO 2003 wird als Sekundärrecht nach dem Vollzug des Brexit auf Großbritannien –

---

1   Verordnung (EG) Nr. 2201/2003 des Rates über die Zuständigkeit und die Anerkennung und Vollstreckung von Entscheidungen in Ehesachen und in Verfahren betreffend die elterliche Verantwortung und zur Aufhebung der Verordnung (EG) Nr. 1347/2000 vom 27. 11.2003 (ABl. L 338 S. 1), geändert durch VO (EG) Nr. 2116/2004 des Rates vom 2.12.2004 (ABl L 367 S 1), berichtigt am 15.4.2016 (ABL L 99 S. 34).

2   Haager Übereinkommen vom 25. Oktober 1980 über die zivilrechtlichen Aspekte internationaler Kindesentführung (BGBl. II 1990 207).

3   Haager Übereinkommen vom 19. Oktober 1996 über die Zuständigkeit, das anzuwendende Recht, die

Anerkennung, Vollstreckung und Zusammenarbeit auf dem Gebiet der elterlichen Verantwortung und der Maßnahmen zum Schutz von Kindern (BGBl. II 2009, S- 603).

4   *Schulz* FamRZ 2018, 797 (806).

5   Vgl. hierzu BGH FamRZ 2015, 2043 m. Anm. *Gottwald* und *Kern* IPRax 2017, 475; *Mankowski* NZFam 2015, 1031; *Streicher* FamRB 2015, 450

6   Stand 22.2.2020; Nachweise zu den Vertragsstaaten auf der Internetseite des Europarates: https://www.co e.int/de/web/conventions/full-list/-/conventions/treat y/105/signatures?p_auth=wVEKczMN.

vorbehaltlich einer gesonderten Vereinbarung - nicht mehr anwendbar sein.[7] Die Anerkennung und Vollstreckung britischer Urteile richtet sich dann entweder nach völkerrechtlichen Verträgen zwischen Großbritannien und dem anderen Staat oder nach dem Recht des Staates, in dem das britische Urteil zu vollstrecken wäre. Insoweit könnte das EuSorgeRÜ im Verhältnis zu Großbritannien an Bedeutung gewinnen.

Ergänzt wird das Übereinkommen durch das IntFamRVG vom 26.1.2005[8], das Durchführungsbestimmun- **3**
gen zu dem Übereinkommen enthält. Das Verfahrensrecht richtet sich gem § 14 Nr. 2 IntFamRVG nach dem FamFG, soweit sich aus dem IntFamRVG nicht Besonderheiten ergeben. Die örtliche Zuständigkeit für Anerkennungs- und Vollstreckungsverfahren nach dem Übereinkommen richtet sich nach §§ 10, 12 IntFamRVG. Die erstinstanzlichen Entscheidungen können mit der Beschwerde nach §§ 24 ff IntFamRVG angefochten werden. Zuständig ist das Oberlandesgericht. Gegen den Beschluss des Oberlandesgerichts findet gem § 28 IntFamRVG die Rechtsbeschwerde zum BGH nach Maßgabe des § 574 Abs. 1 Nr. 1, Abs. 2 ZPO statt.

Zweck des EuSorgeRÜ ist die grenzüberschreitende Anerkennung und Vollstreckung von Sorgerechts- und **4**
Umgangsentscheidungen bezüglich Kinder, die das 16. Lebensjahr noch nicht vollendet haben (Art. 1 lit. a, 7, 11), auch um dadurch deren Entführung zu verhindern bzw in angemessener Zeit rückgängig zu machen.[9] Um dieses Ziel zu erreichen, sieht das Übereinkommen die Errichtung von zentralen Behörden (in Deutschland das Bundesamt für Justiz in 53094 Bonn[10] gem. § 3 Abs. 1 Nr. 4 IntFamRVG) vor, die für den Antragsteller die Anerkennung und Vollstreckung der ausländischen Entscheidung betreiben und die Rückgabe des Kindes sicherstellen sollen (Art. 4 und 5).

Nach Art. 7–12 EuSorgeRÜ werden Entscheidungen eines Vertragsstaats in jedem anderen Vertragsstaat anerkannt und, wenn sie im Ursprungsstaat vollstreckbar sind, für vollstreckbar erklärt. Dabei wird unterschieden zwischen Fällen ohne Vorliegen einer Kindesentführung (Art. 10 EuSorgeRÜ) und nach einer solchen (Art. 8, 9 EuSorgeRÜ).

Im Falle einer Kindesentführung ist das EuSorgeRÜ nur anwendbar, wenn die Entführung unter Verletzung **5**
einer bestehenden behördlichen oder gerichtlichen Sorgerechtsregelung geschehen ist (Art. 1 lit. d). Lag eine Entscheidung im Zeitpunkt des Verbringens noch nicht vor, so ist das Übereinkommen auf eine spätere Entscheidung aus einem Vertragsstaat anwendbar, die das Verbringen für widerrechtlich erklärt hat (Art. 12).

Der Antrag auf Anerkennung und Vollstreckung kann bei jeder zentralen Behörde gestellt werden, die ihn **6**
gegebenenfalls an die zentrale Behörde im Anerkennungsstaat weiterleitet; diese stellt dort einen Antrag bei dem zuständigen Gericht. Eine direkte Antragstellung durch einen aus dem Titel Berechtigten ist ebenfalls zulässig (Art. 9 Abs. 2). Sofern die ausländische Entscheidung einen vollstreckbaren Inhalt hat, ist gem § 16 IntFamRVG ein Antrag auf Erteilung der Vollstreckungsklausel zu stellen, die im Falle der Herausgabe des Kindes gem. § 33 Abs. 1 IntFamRVG um diese Anordnung zu ergänzen ist. Regelt die ausländische Sorgerechtsentscheidung oder enthält eine ausländische Sorgerechtsvereinbarung nur die Verteilung der elterlichen Sorge, so ist gem §§ 32, 33 Abs. 2 IntFamRVG ein Antrag dahingehend zu stellen, dass die ausländische Entscheidung anerkannt wird, zugleich ordnet das Gericht zur Wiederherstellung des Sorgerechtsverhältnisses auf Antrag die Herausgabe des Kindes an.

Die Voraussetzungen für die Anerkennung und Vollstreckung enthalten Art. 8–10. **7**

Art. 8 regelt den Fall, dass das Kind aus einem Vertragsstaat entführt wird, in dem es seinen gewöhnlichen Aufenthalt hatte und dem sowohl das Kind als auch seine beiden Eltern ausschließlich angehören.

Art. 9 regelt die Versagungsgründe für die Anerkennung und Vollstreckung im Falle eines unzulässigen Verbringens, wenn die Voraussetzungen hinsichtlich des gewöhnlichen Aufenthalts und der Staatsangehörigkeit nach Art. 8 nicht vorliegen.

Nach beiden Vorschriften ist Voraussetzung für einen erfolgreichen Antrag, dass dieser innerhalb von sechs Monaten seit dem unzulässigen Verbringen des Kindes bei einer zentralen Behörde gestellt worden ist.

Art. 10 regelt die Versagungsgründe für eine Anerkennung und Vollstreckung von Sorgerechtsentscheidungen, wenn ein unzulässiges Verbringen nicht vorliegt. Umgangsentscheidungen werden gem Art 11 nach denselben Regeln anerkannt und vollstreckt wie eine Sorgerechtsentscheidung. Die Gerichte des Vollstre-

---

7 Art. 67 Abs. 1 und 2 des Austrittsabkommens vom 24.1.2020 (ABl EU 2020 L 29 S. 7) sieht lediglich vor, dass für alle Fälle, die Bezug zum Vereinigten Königreich haben, sowohl die Regeln über die Zuständigkeit als auch über die Anerkennung und Vollstreckung von Urteilen weitergelten, sofern die zugrunde liegenden Verfahren vor dem Ablauf der Übergangszeit (derzeit 31.12.2020) eingeleitet wurden.

8 BGBl. I S. 162, zuletzt geändert durch Art. 5 Gesetz zur Förderung der Freizügigkeit von EU-Bürgerinnen und Bürgern sowie zur Neuregelung verschiedener Aspekte des Internationalen Adoptionsrechts vom 31.1.2019 (BGBl I S. 54) mWv 6.2.2019.
9 *Schulz* FamRZ 2003, 336, 339
10 https://www.bundesjustizamt.de/DE/Themen/Buergerdienste/HKUE/HKUE_node.html.

ckungsstaates können jedoch Bedingungen für die Durchführung und Ausübung des Umgangsrecht aufstellen.

8   Art. 8, 9 und 10 sehen unterschiedliche Gründe vor, aus denen die Anerkennung und Vollstreckung versagt werden kann. Die in Art. 8 und 9 vorgesehene Beschränkung der Gründe für die Versagung der Anerkennung und Vollstreckung wird durch die in die Art. 17 eingeräumte Möglichkeit eines Vorbehalts, der von der Mehrzahl der Vertragsstaaten einschließlich Deutschland erklärt wurde[11], verwässert. Gegen eine Wiederherstellung des Sorgerechts gem Art. 8 und 9 kann in Deutschland gem § 19 IntFamRVG auch der Versagungsgrund nach Art. 10 Abs. 1 lit. a (Verletzung der Grundrechte des Kindes oder eines Sorgeberechtigten) und lit.b (Änderung der Verhältnisse) eingewandt werden.

Art. 1 EuSorgeRÜ [Begriffsbestimmungen]

Im Sinn dieses Übereinkommens bedeutet:

a) **Kind eine Person gleich welcher Staatsangehörigkeit, die das 16. Lebensjahr noch nicht vollendet hat und noch nicht berechtigt ist, nach dem Recht ihres gewöhnlichen Aufenthalts, dem Recht des Staates, dem sie angehört, oder dem innerstaatlichen Recht des ersuchten Staates ihren eigenen Aufenthalt zu bestimmen;**

b) **Behörde ein Gericht oder eine Verwaltungsbehörde;**

c) **Sorgerechtsentscheidung die Entscheidung einer Behörde, soweit sie die Sorge für die Person des Kindes, einschließlich des Rechts auf Bestimmung seines Aufenthalts oder des Rechts zum persönlichen Umgang mit ihm, betrifft;**

d) **unzulässiges Verbringen das Verbringen eines Kindes über eine internationale Grenze, wenn dadurch eine Sorgerechtsentscheidung verletzt wird, die in einem Vertragsstaat ergangen und in einem solchen Staat vollstreckbar ist; als unzulässiges Verbringen gilt auch der Fall, in dem**

i)   **das Kind am Ende einer Besuchszeit oder eines sonstigen vorübergehenden Aufenthalts in einem anderen Hoheitsgebiet als dem, in dem das Sorgerecht ausgeübt wird, nicht über eine internationale Grenze zurückgebracht wird;**

ii) **das Verbringen nachträglich nach Artikel 12 für widerrechtlich erklärt wird.**

Teil I

Zentrale Behörden

Art. 2 EuSorgeRÜ [Zentrale Behörden]

(1) Jeder Vertragsstaat bestimmt eine zentrale Behörde, welche die in diesem Übereinkommen vorgesehenen Aufgaben wahrnimmt.

(2) Bundesstaaten und Staaten mit mehreren Rechtssystemen steht es frei, mehrere zentrale Behörden zu bestimmen; sie legen deren Zuständigkeit fest.

(3) Jede Bezeichnung nach diesem Artikel wird dem Generalsekretär des Europarats notifiziert.

Art. 3 EuSorgeRÜ [Zusammenarbeit]

(1) ¹Die zentralen Behörden der Vertragsstaaten arbeiten zusammen und fördern die Zusammenarbeit der zuständigen Behörden ihrer Staaten. ²Sie haben mit aller gebotenen Eile zu handeln.

(2) Um die Durchführung dieses Übereinkommens zu erleichtern, werden die zentralen Behörden der Vertragsstaaten

a) **die Übermittlung von Auskunftsersuchen sicherstellen, die von zuständigen Behörden ausgehen und sich auf Rechts- oder Tatsachenfragen in anhängigen Verfahren beziehen;**

b) **einander auf Ersuchen Auskünfte über ihr Recht auf dem Gebiet des Sorgerechts für Kinder und über dessen Änderungen erteilen;**

---

11   Die Vorbehalte sind unter folgender Anschrift veröffentlicht: https://www.coe.int/de/web/conventions/ful   l-list/-/conventions/treaty/105/declarations?p_auth=w VEKczMN.

c) einander über alle Schwierigkeiten unterrichten, die bei der Anwendung des Übereinkommens auftreten können, und Hindernisse, die seiner Anwendung entgegenstehen, soweit wie möglich ausräumen.

Art. 4 EuSorgeRÜ [Vollstreckungsantrag]

(1) Wer in einem Vertragsstaat eine Sorgerechtsentscheidung erwirkt hat und sie in einem anderen Vertragsstaat anerkennen oder vollstrecken lassen will, kann zu diesem Zweck einen Antrag an die zentrale Behörde jedes beliebigen Vertragsstaats richten.

(2) Dem Antrag sind die in Artikel 13 genannten Schriftstücke beizufügen.

(3) Ist die zentrale Behörde, bei der der Antrag eingeht, nicht die zentrale Behörde des ersuchten Staates, so übermittelt sie die Schriftstücke unmittelbar und unverzüglich der letztgenannten Behörde.

(4) Die zentrale Behörde, bei der der Antrag eingeht, kann es ablehnen, tätig zu werden, wenn die Voraussetzungen nach diesem Übereinkommen offensichtlich nicht erfüllt sind.

(5) Die zentrale Behörde, bei der der Antrag eingeht, unterrichtet den Antragsteller unverzüglich über den Fortgang seines Antrags.

Art. 5 EuSorgeRÜ [Verfahren, Kosten]

(1) Die zentrale Behörde des ersuchten Staates trifft oder veranlaßt unverzüglich alle Vorkehrungen, die sie für geeignet hält, und leitet erforderlichenfalls ein Verfahren vor dessen zuständigen Behörden ein, um

a) den Aufenthaltsort des Kindes ausfindig zu machen;
b) zu vermeiden, insbesondere durch alle erforderlichen vorläufigen Maßnahmen, daß die Interessen des Kindes oder des Antragstellers beeinträchtigt werden;
c) die Anerkennung oder Vollstreckung der Entscheidung sicherzustellen;
d) die Rückgabe des Kindes an den Antragsteller sicherzustellen, wenn die Vollstreckung der Entscheidung bewilligt wird;
e) die ersuchende Behörde über die getroffenen Maßnahmen und deren Ergebnisse zu unterrichten.

(2) Hat die zentrale Behörde des ersuchten Staates Grund zu der Annahme, daß sich das Kind im Hoheitsgebiet eines anderen Vertragsstaats befindet, so übermittelt sie die Schriftstücke unmittelbar und unverzüglich der zentralen Behörde dieses Staates.

(3) Jeder Vertragsstaat verpflichtet sich, vom Antragsteller keine Zahlungen für Maßnahmen zu verlangen, die für den Antragsteller aufgrund des Absatzes 1 von der zentralen Behörde des betreffenden Staates getroffen werden; darunter fallen auch die Verfahrenskosten und gegebenenfalls die Kosten für einen Rechtsanwalt, nicht aber die Kosten für die Rückführung des Kindes.

(4) Wird die Anerkennung oder Vollstreckung versagt und ist die zentrale Behörde des ersuchten Staates der Auffassung, daß sie dem Ersuchen des Antragstellers stattgeben sollte, in diesem Staat eine Entscheidung in der Sache selbst herbeizuführen, so bemüht sich diese Behörde nach besten Kräften, die Vertretung des Antragstellers in dem Verfahren unter Bedingungen sicherzustellen, die nicht weniger günstig sind als für eine Person, die in diesem Staat ansässig ist und dessen Staatsangehörigkeit besitzt; zu diesem Zweck kann sie insbesondere ein Verfahren vor dessen zuständigen Behörden einleiten.

Art. 6 EuSorgeRÜ [Spracherfordernisse]

(1) Vorbehaltlich besonderer Vereinbarungen zwischen den beteiligten zentralen Behörden und der Bestimmungen des Absatzes 3

a) müssen Mitteilungen an die zentrale Behörde des ersuchten Staates in der Amtssprache oder einer der Amtssprachen dieses Staates abgefaßt oder von einer Übersetzung in diese Sprache begleitet sein;
b) muß die zentrale Behörde des ersuchten Staates aber auch Mitteilungen annehmen, die in englischer oder französischer Sprache abgefaßt oder von einer Übersetzung in eine dieser Sprachen begleitet sind.

(2) Mitteilungen, die von der zentralen Behörde des ersuchten Staates ausgehen, einschließlich der Ergebnisse von Ermittlungen, können in der Amtssprache oder einer der Amtssprachen dieses Staates oder in englischer oder französischer Sprache abgefaßt sein.

(3) ¹Ein Vertragsstaat kann die Anwendung des Absatzes 1 Buchstabe b ganz oder teilweise ausschließen. ²Hat ein Vertragsstaat diesen Vorbehalt angebracht, so kann jeder andere Vertragsstaat ihm gegenüber den Vorbehalt auch anwenden.

Teil II
Anerkennung und Vollstreckung von Entscheidungen und Wiederherstellung
des Sorgeverhältnisses

Art. 7 EuSorgeRÜ [Anerkennung]

Sorgerechtsentscheidungen, die in einem Vertragsstaat ergangen sind, werden in jedem anderen Vertragsstaat anerkannt und, wenn sie im Ursprungsstaat vollstreckbar sind, für vollstreckbar erklärt.

Art. 8 EuSorgeRÜ [Wiederherstellung des Sorgeverhältnisses]

(1) Im Fall eines unzulässigen Verbringens hat die zentrale Behörde des ersuchten Staates umgehend die Wiederherstellung des Sorgeverhältnisses zu veranlassen, wenn

a) zur Zeit der Einleitung des Verfahrens in dem Staat, in dem die Entscheidung ergangen ist, oder zur Zeit des unzulässigen Verbringens, falls dieses früher erfolgte, das Kind und seine Eltern nur Angehörige dieses Staates waren und das Kind seinen gewöhnlichen Aufenthalt im Hoheitsgebiet dieses Staates hatte, und

b) der Antrag auf Wiederherstellung innerhalb von sechs Monaten nach dem unzulässigen Verbringen bei einer zentralen Behörde gestellt worden ist.

(2) Können nach dem Recht des ersuchten Staates die Voraussetzungen des Absatzes 1 nicht ohne ein gerichtliches Verfahren erfüllt werden, so finden in diesem Verfahren die in dem Übereinkommen genannten Versagungsgründe keine Anwendung.

(3) ¹Ist in einer von einer zuständigen Behörde genehmigten Vereinbarung zwischen dem Sorgeberechtigten und einem Dritten diesem das Recht zum persönlichen Umgang eingeräumt worden und ist das ins Ausland gebrachte Kind am Ende der vereinbarten Zeit dem Sorgeberechtigten nicht zurückgegeben worden, so wird das Sorgeverhältnis nach Absatz 1 Buchstabe b und Absatz 2 wiederhergestellt. ²Dasselbe gilt, wenn durch Entscheidung der zuständigen Behörde ein solches Recht einer Person zuerkannt wird, die nicht sorgeberechtigt ist.

Art. 9 EuSorgeRÜ [Versagung bei formellen Hindernissen]

(1) Ist in anderen als den in Artikel 8 genannten Fällen eines unzulässigen Verbringens ein Antrag innerhalb von sechs Monaten nach dem Verbringen bei einer zentralen Behörde gestellt worden, so können die Anerkennung und Vollstreckung nur in folgenden Fällen versagt werden:

a) wenn bei einer Entscheidung, die in Abwesenheit des Beklagten oder seines gesetzlichen Vertreters ergangen ist, dem Beklagten das das Verfahren einleitende Schriftstück oder ein gleichwertiges Schriftstück weder ordnungsgemäß noch so rechtzeitig zugestellt worden ist, daß er sich verteidigen konnte; die Nichtzustellung kann jedoch dann kein Grund für die Versagung der Anerkennung oder Vollstreckung sein, wenn die Zustellung deswegen nicht bewirkt worden ist, weil der Beklagte seinen Aufenthaltsort der Person verheimlicht hat, die das Verfahren im Ursprungsstaat eingeleitet hatte;

b) wenn bei einer Entscheidung, die in Abwesenheit des Beklagten oder seines gesetzlichen Vertreters ergangen ist, die Zuständigkeit der die Entscheidung treffenden Behörde nicht gegründet war auf
   i)   den gewöhnlichen Aufenthalt des Beklagten,
   ii)   den letzten gemeinsamen gewöhnlichen Aufenthalt der Eltern des Kindes, sofern wenigstens ein Elternteil seinen gewöhnlichen Aufenthalt noch dort hat, oder
   iii) den gewöhnlichen Aufenthalt des Kindes;

c) wenn die Entscheidung mit einer Sorgerechtsentscheidung unvereinbar ist, die im ersuchten Staat vor dem Verbringen des Kindes vollstreckbar wurde, es sei denn, das Kind habe während des Jahres vor seinem Verbringen den gewöhnlichen Aufenthalt im Hoheitsgebiet des ersuchenden Staates gehabt.

(2) Ist kein Antrag bei einer zentralen Behörde gestellt worden, so findet Absatz 1 auch dann Anwendung, wenn innerhalb von sechs Monaten nach dem unzulässigen Verbringen die Anerkennung und Vollstreckung beantragt wird.

(3) Auf keinen Fall darf die ausländische Entscheidung inhaltlich nachgeprüft werden.

Art. 10 EuSorgeRÜ [Versagung bei materiellen Hindernissen]

(1) In anderen als den in den Artikeln 8 und 9 genannten Fällen können die Anerkennung und Vollstreckung nicht nur aus den in Artikel 9 vorgesehenen, sondern auch aus einem der folgenden Gründe versagt werden:

a) wenn die Wirkungen der Entscheidung mit den Grundwerten des Familien- und Kindschaftsrechts im ersuchten Staat offensichtlich unvereinbar sind;

b) wenn aufgrund einer Änderung der Verhältnisse – dazu zählt auch der Zeitablauf, nicht aber der bloße Wechsel des Aufenthaltsorts des Kindes infolge eines unzulässigen Verbringens – die Wirkungen der ursprünglichen Entscheidung offensichtlich nicht mehr dem Wohl des Kindes entsprechen;

c) wenn zur Zeit der Einleitung des Verfahrens im Ursprungsstaat

   i)   das Kind Angehöriger des ersuchten Staates war oder dort seinen gewöhnlichen Aufenthalt hatte und keine solche Beziehung zum Ursprungsstaat bestand;

   ii) das Kind sowohl Angehöriger des Ursprungsstaats als auch des ersuchten Staates war und seinen gewöhnlichen Aufenthalt im ersuchten Staat hatte;

d) wenn die Entscheidung mit einer im ersuchten Staat ergangenen oder mit einer dort vollstreckbaren Entscheidung eines Drittstaats unvereinbar ist; die Entscheidung muß in einem Verfahren ergangen sein, das eingeleitet wurde, bevor der Antrag auf Anerkennung oder Vollstreckung gestellt wurde, und die Versagung muß dem Wohl des Kindes entsprechen.

(2) In diesen Fällen können Verfahren auf Anerkennung oder Vollstreckung aus einem der folgenden Gründe ausgesetzt werden:

a) wenn gegen die ursprüngliche Entscheidung ein ordentliches Rechtsmittel eingelegt worden ist;

b) wenn im ersuchten Staat ein Verfahren über das Sorgerecht für das Kind anhängig ist und dieses Verfahren vor Einleitung des Verfahrens im Ursprungsstaat eingeleitet wurde;

c) wenn eine andere Entscheidung über das Sorgerecht für das Kind Gegenstand eines Verfahrens auf Vollstreckung oder eines anderen Verfahrens auf Anerkennung der Entscheidung ist.

Art. 11 EuSorgeRÜ [Persönlicher Umgang mit dem Kind]

(1) Die Entscheidungen über das Recht zum persönlichen Umgang mit dem Kind und die in Sorgerechtsentscheidungen enthaltenen Regelungen über das Recht zum persönlichen Umgang werden unter den gleichen Bedingungen wie andere Sorgerechtsentscheidungen anerkannt und vollstreckt.

(2) Die zuständige Behörde des ersuchten Staates kann jedoch die Bedingungen für die Durchführung und Ausübung des Rechts zum persönlichen Umgang festlegen; dabei werden insbesondere die von den Parteien eingegangenen diesbezüglichen Verpflichtungen berücksichtigt.

(3) Ist keine Entscheidung über das Recht zum persönlichen Umgang ergangen oder ist die Anerkennung oder Vollstreckung der Sorgerechtsentscheidung versagt worden, so kann sich die zentrale Behörde des ersuchten Staates auf Antrag der Person, die das Recht zum persönlichen Umgang beansprucht, an die zuständige Behörde ihres Staates wenden, um eine solche Entscheidung zu erwirken.

Art. 12 EuSorgeRÜ [Nachträgliche Entscheidung]

Liegt zu dem Zeitpunkt, in dem das Kind über eine internationale Grenze verbracht wird, keine in einem Vertragsstaat ergangene vollstreckbare Sorgerechtsentscheidung vor, so ist dieses Übereinkommen auf jede spätere in einem Vertragsstaat ergangene Entscheidung anzuwenden, mit der das Verbringen auf Antrag eines Beteiligten für widerrechtlich erklärt wird.

Teil III

Verfahren

Art. 13 EuSorgeRÜ [Notwendige Anlagen]

(1) Dem Antrag auf Anerkennung oder Vollstreckung einer Sorgerechtsentscheidung in einem anderen Vertragsstaat sind beizufügen

a) ein Schriftstück, in dem die zentrale Behörde des ersuchten Staates ermächtigt wird, für den Antragsteller tätig zu werden oder einen anderen Vertreter für diesen Zweck zu bestimmen;

b) eine Ausfertigung der Entscheidung, welche die für ihre Beweiskraft erforderlichen Voraussetzungen erfüllt;

c) im Fall einer in Abwesenheit des Beklagten oder seines gesetzlichen Vertreters ergangenen Entscheidung ein Schriftstück, aus dem sich ergibt, daß das Schriftstück, mit dem das Verfahren eingeleitet wurde, oder ein gleichwertiges Schriftstück dem Beklagten ordnungsgemäß zugestellt worden ist;

d) gegebenenfalls ein Schriftstück, aus dem sich ergibt, daß die Entscheidung nach dem Recht des Ursprungsstaats vollstreckbar ist;

e) wenn möglich eine Angabe über den Aufenthaltsort oder den wahrscheinlichen Aufenthaltsort des Kindes im ersuchten Staat;

f) Vorschläge dafür, wie das Sorgeverhältnis zu dem Kind wiederhergestellt werden soll.

(2) Den obengenannten Schriftstücken ist erforderlichenfalls eine Übersetzung nach Maßgabe des Artikels 6 beizufügen.

Art. 14 EuSorgeRÜ [Verfahrensart]

¹Jeder Vertragsstaat wendet für die Anerkennung und Vollstreckung von Sorgerechtsentscheidungen ein einfaches und beschleunigtes Verfahren an. ²Zu diesem Zweck stellt er sicher, daß die Vollstreckbarerklärung in Form eines einfachen Antrags begehrt werden kann.

Art. 15 EuSorgeRÜ [Amtsermittlungsgrundsatz]

(1) Bevor die Behörde des ersuchten Staates eine Entscheidung nach Artikel 10 Absatz 1 Buchstabe b trifft,

a) muß sie die Meinung des Kindes feststellen, sofern dies nicht insbesondere wegen seines Alters und Auffassungsvermögens undurchführbar ist;

b) kann sie verlangen, daß geeignete Ermittlungen durchgeführt werden.

(2) Die Kosten für die in einem Vertragsstaat durchgeführten Ermittlungen werden von den Behörden des Staates getragen, in dem sie durchgeführt wurden.

(3) Ermittlungsersuchen und die Ergebnisse der Ermittlungen können der ersuchenden Behörde über die zentralen Behörden mitgeteilt werden.

Art. 16 EuSorgeRÜ [Formfreiheit]

Für die Zwecke dieses Übereinkommens darf keine Legalisation oder ähnliche Förmlichkeit verlangt werden.

Teil IV

Vorbehalte

Art. 17 EuSorgeRÜ [Vorbehalte zu Art. 8 bis 10]

(1) Jeder Vertragsstaat kann sich vorbehalten, daß in den von den Artikeln 8 und 9 oder von einem dieser Artikel erfaßten Fällen die Anerkennung und Vollstreckung von Sorgerechtsentscheidungen aus denjenigen der in Artikel 10 vorgesehenen Gründe versagt werden kann, die in dem Vorbehalt bezeichnet sind.

(2) Die Anerkennung und Vollstreckung von Entscheidungen, die in einem Vertragsstaat ergangen sind, der den in Absatz 1 vorgesehenen Vorbehalt angebracht hat, können in jedem anderen Vertragsstaat aus einem der in diesem Vorbehalt bezeichneten zusätzlichen Gründe versagt werden.

Art. 18 EuSorgeRÜ [Vorbehalte zu Art. 12]

¹Jeder Vertragsstaat kann sich vorbehalten, durch Artikel 12 nicht gebunden zu sein. ²Auf die in Artikel 12 genannten Entscheidungen, die in einem Vertragsstaat ergangen sind, der einen solchen Vorbehalt angebracht hat, ist dieses Übereinkommen nicht anwendbar.

Teil V
Andere Übereinkünfte

Art. 19 EuSorgeRÜ [Kein Ausschluss anderer Rechtsmittel]

Dieses Übereinkommen schließt nicht aus, daß eine andere internationale Übereinkunft zwischen dem Ursprungsstaat und dem ersuchten Staat oder das nichtvertragliche Recht des ersuchten Staates angewendet wird, um die Anerkennung oder Vollstreckung einer Entscheidung zu erwirken.

Art. 20 EuSorgeRÜ [Kein Ausschluss weitergehender Verpflichtungen]

(1) Dieses Übereinkommen läßt Verpflichtungen unberührt, die ein Vertragsstaat gegenüber einem Nichtvertragsstaat auf Grund einer internationalen Übereinkunft hat, die sich auf in diesem Übereinkommen geregelte Angelegenheiten erstreckt.

(2) ¹Haben zwei oder mehr Vertragsstaaten auf dem Gebiet des Sorgerechts für Kinder einheitliche Rechtsvorschriften erlassen oder ein besonderes System zur Anerkennung oder Vollstreckung von Entscheidungen auf diesem Gebiet geschaffen oder werden sie dies in Zukunft tun, so steht es ihnen frei, anstelle des Übereinkommens oder eines Teiles davon diese Rechtsvorschriften oder dieses System untereinander anzuwenden. ²Um von dieser Bestimmung Gebrauch machen zu können, müssen diese Staaten ihre Entscheidung dem Generalsekretär des Europarats notifizieren. ³Jede Änderung oder Aufhebung dieser Entscheidung ist ebenfalls zu notifizieren.

Teil VI
Schlußbestimmungen

Art. 21 EuSorgeRÜ [Ratifikation]

¹Dieses Übereinkommen liegt für die Mitgliedstaaten des Europarats zur Unterzeichnung auf. ²Es bedarf der Ratifikation, Annahme oder Genehmigung. ³Die Ratifikations-, Annahme- oder Genehmigungsurkunden werden beim Generalsekretär des Europarats hinterlegt.

Art. 22 EuSorgeRÜ [Inkrafttreten]

(1) Dieses Übereinkommen tritt am ersten Tag des Monats in Kraft, der auf einen Zeitabschnitt von drei Monaten nach dem Tag folgt, an dem drei Mitgliedstaaten des Europarats nach Artikel 21 ihre Zustimmung ausgedrückt haben, durch das Übereinkommen gebunden zu sein.

(2) Für jeden Mitgliedstaat, der später seine Zustimmung ausdrückt, durch das Übereinkommen gebunden zu sein, tritt es am ersten Tag des Monats in Kraft, der auf einen Zeitabschnitt von drei Monaten nach Hinterlegung der Ratifikations-, Annahme- oder Genehmigungsurkunde folgt.

Art. 23 EuSorgeRÜ [Beitritt]

(1) Nach Inkrafttreten dieses Übereinkommens kann das Ministerkomitee des Europarats durch einen mit der in Artikel 20 Buchstabe d der Satzung vorgesehenen Mehrheit und mit einhelliger

Zustimmung der Vertreter der Vertragsstaaten, die Anspruch auf einen Sitz im Komitee haben, gefaßten Beschluß jeden Nichtmitgliedstaat des Rates einladen, dem Übereinkommen beizutreten.

(2) Für jeden beitretenden Staat tritt das Übereinkommen am ersten Tag des Monats in Kraft, der auf einen Zeitabschnitt von drei Monaten nach Hinterlegung der Beitrittsurkunde beim Generalsekretär des Europarats folgt.

Art. 24 EuSorgeRÜ [Beschränkung auf bestimmte Hoheitsgebiete]

(1) Jeder Staat kann bei der Unterzeichnung oder bei der Hinterlegung seiner Ratifikations-, Annahme-, Genehmigungs- oder Beitrittsurkunde einzelne oder mehrere Hoheitsgebiete bezeichnen, auf die dieses Übereinkommen Anwendung findet.

(2) [1]Jeder Staat kann jederzeit danach durch eine an den Generalsekretär des Europarats gerichtete Erklärung die Anwendung dieses Übereinkommens auf jedes weitere in der Erklärung bezeichnete Hoheitsgebiet erstrecken. [2]Das Übereinkommen tritt für dieses Hoheitsgebiet am ersten Tag des Monats in Kraft, der auf einen Zeitabschnitt von drei Monaten nach Eingang der Erklärung beim Generalsekretär folgt.

(3) [1]Jede nach den Absätzen 1 und 2 abgegebene Erklärung kann in bezug auf jedes darin bezeichnete Hoheitsgebiet durch eine an den Generalsekretär gerichtete Notifikation zurückgenommen werden. [2]Die Rücknahme wird am ersten Tag des Monats wirksam, der auf einen Zeitabschnitt von sechs Monaten nach Eingang der Notifikation beim Generalsekretär folgt.

Art. 25 EuSorgeRÜ [Beschränkung auf bestimmte Rechtssysteme]

(1) Ein Staat, der aus zwei oder mehr Gebietseinheiten besteht, in denen für Angelegenheiten des Sorgerechts für Kinder und für die Anerkennung und Vollstreckung von Sorgerechtsentscheidungen unterschiedliche Rechtssysteme gelten, kann bei der Unterzeichnung oder bei der Hinterlegung seiner Ratifikations-, Annahme-, Genehmigungs- oder Beitrittsurkunde erklären, daß dieses Übereinkommen auf alle seine Gebietseinheiten oder auf eine oder mehrere davon Anwendung findet.

(2) [1]Ein solcher Staat kann jederzeit danach durch eine an den Generalsekretär des Europarats gerichtete Erklärung die Anwendung dieses Übereinkommens auf jede weitere in der Erklärung bezeichnete Gebietseinheit erstrecken. [2]Das Übereinkommen tritt für diese Gebietseinheit am ersten Tag des Monats in Kraft, der auf einen Zeitabschnitt von drei Monaten nach Eingang der Erklärung beim Generalsekretär folgt.

(3) [1]Jede nach den Absätzen 1 und 2 abgegebene Erklärung kann in bezug auf jede darin bezeichnete Gebietseinheit durch eine an den Generalsekretär gerichtete Notifikation zurückgenommen werden. [2]Die Rücknahme wird am ersten Tag des Monats wirksam, der auf einen Zeitabschnitt von sechs Monaten nach Eingang der Notifikation beim Generalsekretär folgt.

Art. 26 EuSorgeRÜ [Verweisung auf ein Rechtssystem]

(1) Bestehen in einem Staat auf dem Gebiet des Sorgerechts für Kinder zwei oder mehr Rechtssysteme, die einen räumlich verschiedenen Anwendungsbereich haben, so ist

a) eine Verweisung auf das Recht des gewöhnlichen Aufenthalts oder der Staatsangehörigkeit einer Person als Verweisung auf das Rechtssystem zu verstehen, das von den in diesem Staat geltenden Rechtsvorschriften bestimmt wird, oder, wenn es solche Vorschriften nicht gibt, auf das Rechtssystem, zu dem die betreffende Person die engste Beziehung hat;

b) eine Verweisung auf den Ursprungsstaat oder auf den ersuchten Staat als Verweisung auf die Gebietseinheit zu verstehen, in der die Entscheidung ergangen ist oder in der die Anerkennung oder Vollstreckung der Entscheidung oder die Wiederherstellung des Sorgeverhältnisses beantragt wird.

(2) Absatz 1 Buchstabe a wird entsprechend auf Staaten angewendet, die auf dem Gebiet des Sorgerechts zwei oder mehr Rechtssysteme mit persönlich verschiedenem Anwendungsbereich haben.

Art. 27 EuSorgeRÜ [Vorbehaltsbeschränkung]

(1) [1]Jeder Staat kann bei der Unterzeichnung oder bei der Hinterlegung seiner Ratifikations-, Annahme-, Genehmigungs- oder Beitrittsurkunde erklären, daß er von einem oder mehreren der in Artikel 6 Absatz 3 und in den Artikeln 17 und 18 vorgesehenen Vorbehalte Gebrauch macht. [2]Weitere Vorbehalte sind nicht zulässig.

(2) [1]Jeder Vertragsstaat, der einen Vorbehalt nach Absatz 1 angebracht hat, kann ihn durch eine an den Generalsekretär des Europarats gerichtete Notifikation ganz oder teilweise zurücknehmen. [2]Die Rücknahme wird mit dem Eingang der Notifikation beim Generalsekretär wirksam.

Art. 28 EuSorgeRÜ [Evaluierung]

[1]Der Generalsekretär des Europarats läd am Ende des dritten Jahres, das auf den Tag des Inkrafttretens dieses Übereinkommens folgt, und von sich aus jederzeit danach die Vertreter der von den Vertragsstaaten bestimmten zentralen Behörden zu einer Tagung ein, um die Wirkungsweise des Übereinkommens zu erörtern und zu erleichtern. [2]Jeder Mitgliedsstaat des Europarats, der nicht Vertragspartei des Übereinkommens ist, kann sich durch einen Beobachter vertreten lassen. [3]Über die Arbeiten jeder Tagung wird ein Bericht angefertigt und dem Ministerkomitee des Europarats zur Kenntnisnahme vorgelegt.

Art. 29 EuSorgeRÜ [Kündigung]

(1) Jede Vertragspartei kann dieses Übereinkommen jederzeit durch eine an den Generalsekretär des Europarats gerichtete Notifikation kündigen.

(2) Die Kündigung wird am ersten Tag des Monats wirksam, der auf einen Zeitabschnitt von sechs Monaten nach Eingang der Notifikation beim Generalsekretär folgt.

Art. 30 EuSorgeRÜ [Notifizierung]

Der Generalsekretär des Europarats notifiziert den Mitgliedsstaaten des Rates und jedem Staat, der diesem Übereinkommen beigetreten ist,

a) jede Unterzeichnung;
b) jede Hinterlegung einer Ratifikations-, Annahme-, Genehmigungs- oder Beitrittsurkunde;
c) jeden Zeitpunkt des Inkrafttretens dieses Übereinkommens nach den Artikeln 22, 23, 24 und 25;
d) jede andere Handlung, Notifikation oder Mitteilung im Zusammenhang mit diesem Übereinkommen.

Anhang I zum III. Abschnitt EGBGB: EheVO 2003

Europäische Ehe- und Sorgerechts-Verordnung

**Verordnung (EG) Nr. 2201/2003 des Rates
vom 27. November 2003
über die Zuständigkeit und die Anerkennung und Vollstreckung von
Entscheidungen in Ehesachen und in Verfahren betreffend die elterliche
Verantwortung und zur Aufhebung der
Verordnung (EG) Nr. 1347/2000 [EheVO 2003]**

(ABl. L 338 vom 23.12.2003, S. 1; ber. in ABl. L 99 vom 15.4.2016, S. 34)
geändert durch VO (EG) Nr. 2116/2004 vom 2.12.2004 (ABl. L 367 S. 1)

Der Rat der Europäischen Union –

gestützt auf den Vertrag zur Gründung der Europäischen Gemeinschaft, insbesondere auf Artikel 61 Buchstabe c) und Artikel 67 Absatz 1,

auf Vorschlag der Kommission,[1]

nach Stellungnahme des Europäischen Parlaments,[2]

nach Stellungnahme des Europäischen Wirtschafts- und Sozialausschusses,[3]

in Erwägung nachstehender Gründe:

(1) Die Europäische Gemeinschaft hat sich die Schaffung eines Raums der Freiheit, der Sicherheit und des Rechts zum Ziel gesetzt, in dem der freie Personenverkehr gewährleistet ist. Hierzu erlässt die Gemeinschaft unter anderem die Maßnahmen, die im Bereich der justiziellen Zusammenarbeit in Zivilsachen für das reibungslose Funktionieren des Binnenmarkts erforderlich sind.

(2) Auf seiner Tagung in Tampere hat der Europäische Rat den Grundsatz der gegenseitigen Anerkennung gerichtlicher Entscheidungen, der für die Schaffung eines echten europäischen Rechtsraums unabdingbar ist, anerkannt und die Besuchsrechte als Priorität eingestuft.

(3) Die Verordnung (EG) Nr. 1347/2000 des Rates vom 29. Mai 2000[4] enthält Vorschriften für die Zuständigkeit und die Anerkennung und Vollstreckung von Entscheidungen in Ehesachen sowie von aus Anlass von Ehesachen ergangenen Entscheidungen über die elterliche Verantwortung für die gemeinsamen Kinder der Ehegatten. Der Inhalt dieser Verordnung wurde weit gehend aus dem diesbezüglichen Übereinkommen vom 28. Mai 1998 übernommen.[5]

(4) Am 3. Juli 2000 hat Frankreich eine Initiative im Hinblick auf den Erlass einer Verordnung des Rates über die gegenseitige Vollstreckung von Entscheidungen über das Umgangsrecht vorgelegt.[6]

(5) Um die Gleichbehandlung aller Kinder sicherzustellen, gilt diese Verordnung für alle Entscheidungen über die elterliche Verantwortung, einschließlich der Maßnahmen zum Schutz des Kindes, ohne Rücksicht darauf, ob eine Verbindung zu einem Verfahren in Ehesachen besteht.

(6) Da die Vorschriften über die elterliche Verantwortung häufig in Ehesachen herangezogen werden, empfiehlt es sich, Ehesachen und die elterliche Verantwortung in einem einzigen Rechtsakt zu regeln.

(7) Diese Verordnung gilt für Zivilsachen, unabhängig von der Art der Gerichtsbarkeit.

(8) Bezüglich Entscheidungen über die Ehescheidung, die Trennung ohne Auflösung des Ehebandes oder die Ungültigerklärung einer Ehe sollte diese Verordnung nur für die Auflösung einer Ehe und nicht für Fragen wie die Scheidungsgründe, das Ehegüterrecht oder sonstige mögliche Nebenaspekte gelten.

(9) Bezüglich des Vermögens des Kindes sollte diese Verordnung nur für Maßnahmen zum Schutz des Kindes gelten, das heißt i) für die Bestimmung und den Aufgabenbereich einer Person oder Stelle, die

---

1 ABl. C 203 E v. 27.8.2002, S. 155.
2 Stellungnahme v. 20.11.2002, ABl. C 25 E v.
   29.1.2004, s. 171 (PS_TA (2002) 0543).
3 ABl. C 61 v. 14.3.2003, S. 76.
4 ABl. L 160 v. 30.6.2000, S. 19.

5 Bei der Annahme der Verordnung (EG)
   Nr. 1347/2000 hatte der Rat den von Frau Professorin
   Alegría Borrás erstellten erläuternden Bericht zu
   dem Übereinkommen zur Kenntnis genommen
   (ABl. C 221 v. 16.7.1998, S. 27).
6 ABl. C 234 v. 15.8.2000, S. 7.

damit betraut ist, das Vermögen des Kindes zu verwalten, das Kind zu vertreten und ihm beizustehen, und ii) für Maßnahmen bezüglich der Verwaltung und Erhaltung des Vermögens des Kindes
oder der Verfügung darüber. In diesem Zusammenhang sollte diese Verordnung beispielsweise für die
Fälle gelten, in denen die Eltern über die Verwaltung des Vermögens des Kindes im Streit liegen. Das
Vermögen des Kindes betreffende Maßnahmen, die nicht den Schutz des Kindes betreffen, sollten
weiterhin unter die Verordnung (EG) Nr. 44/2001 des Rates vom 22. Dezember 2000 über die gerichtliche Zuständigkeit und die Anerkennung und Vollstreckung von Entscheidungen in Zivil- und Handelssachen[7] fallen.

(10) Diese Verordnung soll weder für Bereiche wie die soziale Sicherheit oder Maßnahmen allgemeiner Art des öffentlichen Rechts in Angelegenheiten der Erziehung und Gesundheit noch für Entscheidungen über Asylrecht und Einwanderung gelten. Außerdem gilt sie weder für die Feststellung des
Eltern-Kind-Verhältnisses, bei der es sich um eine von der Übertragung der elterlichen Verantwortung gesonderte Frage handelt, noch für sonstige Fragen im Zusammenhang mit dem Personenstand.
Sie gilt ferner nicht für Maßnahmen, die im Anschluss an von Kindern begangenen Straftaten ergriffen werden.

(11) Unterhaltspflichten sind vom Anwendungsbereich dieser Verordnung ausgenommen, da sie
bereits durch die Verordnung (EG) Nr. 44/2001 geregelt werden. Die nach dieser Verordnung zuständigen Gerichte werden in Anwendung des Artikels 5 Absatz 2 der Verordnung (EG) Nr. 44/2001 in
der Regel für Entscheidungen in Unterhaltssachen zuständig sein.

(12) Die in dieser Verordnung für die elterliche Verantwortung festgelegten Zuständigkeitsvorschriften wurden dem Wohle des Kindes entsprechend und insbesondere nach dem Kriterium der räumlichen Nähe ausgestaltet. Die Zuständigkeit sollte vorzugsweise dem Mitgliedstaat des gewöhnlichen
Aufenthalts des Kindes vorbehalten sein außer in bestimmten Fällen, in denen sich der Aufenthaltsort des Kindes geändert hat oder in denen die Träger der elterlichen Verantwortung etwas anderes
vereinbart haben.

(13) Nach dieser Verordnung kann das zuständige Gericht den Fall im Interesse des Kindes ausnahmsweise und unter bestimmten Umständen an das Gericht eines anderen Mitgliedstaates verweisen, wenn dieses den Fall besser beurteilen kann. Allerdings sollte das später angerufene Gericht
nicht befugt sein, die Sache an ein drittes Gericht weiterzuverweisen.

(14) Die Anwendung des Völkerrechts im Bereich diplomatischer Immunitäten sollte durch die Wirkungen dieser Verordnung nicht berührt werden. Kann das nach dieser Verordnung zuständige
Gericht seine Zuständigkeit aufgrund einer diplomatischen Immunität nach dem Völkerrecht nicht
wahrnehmen, so sollte die Zuständigkeit in dem Mitgliedstaat, in dem die betreffende Person keine
Immunität genießt, nach den Rechtsvorschriften dieses Staates bestimmt werden.

(15) Für die Zustellung von Schriftstücken in Verfahren, die auf der Grundlage der vorliegenden Verordnung eingeleitet wurden, gilt die Verordnung (EG) Nr. 1348/2000 des Rates vom 29. Mai 2000
über die Zustellung gerichtlicher und außergerichtlicher Schriftstücke in Zivil- oder Handelssachen
in den Mitgliedstaaten.[8]

(16) Die vorliegende Verordnung hindert die Gerichte eines Mitgliedstaates nicht daran, in dringenden Fällen einstweilige Maßnahmen einschließlich Schutzmaßnahmen in Bezug auf Personen oder
Vermögensgegenstände, die sich in diesem Staat befinden, anzuordnen.

(17) Bei widerrechtlichem Verbringen oder Zurückhalten eines Kindes sollte dessen Rückgabe unverzüglich erwirkt werden; zu diesem Zweck sollte das Haager Übereinkommen vom 24. Oktober 1980,
das durch die Bestimmungen dieser Verordnung und insbesondere des Artikels 11 ergänzt wird, weiterhin Anwendung finden. Die Gerichte des Mitgliedstaates, in den das Kind widerrechtlich verbracht wurde oder in dem es widerrechtlich zurückgehalten wird, sollten dessen Rückgabe in besonderen, ordnungsgemäß begründeten Fällen ablehnen können. Jedoch sollte eine solche Entscheidung
durch eine spätere Entscheidung des Gerichts des Mitgliedstaates ersetzt werden können, in dem das
Kind vor dem widerrechtlichen Verbringen oder Zurückhalten seinen gewöhnlichen Aufenthalt
hatte. Sollte in dieser Entscheidung die Rückgabe des Kindes angeordnet werden, so sollte die Rückgabe erfolgen, ohne dass es in dem Mitgliedstaat, in den das Kind widerrechtlich verbracht wurde,
eines besonderen Verfahrens zur Anerkennung und Vollstreckung dieser Entscheidung bedarf.

(18) Entscheidet das Gericht gemäß Artikel 13 des Haager Übereinkommens von 1980, die Rückgabe
abzulehnen, so sollte es das zuständige Gericht oder die Zentrale Behörde des Mitgliedstaates, in dem
das Kind vor dem widerrechtlichen Verbringen oder Zurückhalten seinen gewöhnlichen Aufenthalt

---

7   ABl. L 12 v. 16.1.2001, S. 1. Zuletzt geändert durch   8   ABl. L 160 v. 30.6.2000, S. 37.
    die Verordnung (EG) Nr. 1496/2002 der Kommission
    (ABl. L 225 v. 22.8.2002, S. 13).

hatte, hiervon unterrichten. Wurde dieses Gericht noch nicht angerufen, so sollte dieses oder die Zentrale Behörde die Parteien entsprechend unterrichten. Diese Verpflichtung sollte die Zentrale Behörde nicht daran hindern, auch die betroffenen Behörden nach nationalem Recht zu unterrichten.

(19) Die Anhörung des Kindes spielt bei der Anwendung dieser Verordnung eine wichtige Rolle, wobei diese jedoch nicht zum Ziel hat, die diesbezüglich geltenden nationalen Verfahren zu ändern.

(20) Die Anhörung eines Kindes in einem anderen Mitgliedstaat kann nach den Modalitäten der Verordnung (EG) Nr. 1206/2001 des Rates vom 28. Mai 2001 über die Zusammenarbeit zwischen den Gerichten der Mitgliedstaaten auf dem Gebiet der Beweisaufnahme in Zivil- oder Handelssachen[9] erfolgen.

(21) Die Anerkennung und Vollstreckung der in einem Mitgliedstaat ergangenen Entscheidungen sollten auf dem Grundsatz des gegenseitigen Vertrauens beruhen und die Gründe für die Nichtanerkennung auf das notwendige Minimum beschränkt sein.

(22) Zum Zwecke der Anwendung der Anerkennungs- und Vollstreckungsregeln sollten die in einem Mitgliedstaat vollstreckbaren öffentlichen Urkunden und Vereinbarungen zwischen den Parteien „Entscheidungen" gleichgestellt werden.

(23) Der Europäische Rat von Tampere hat in seinen Schlussfolgerungen (Nummer 34) die Ansicht vertreten, dass Entscheidungen in familienrechtlichen Verfahren „automatisch unionsweit anerkannt" werden sollten, „ohne dass es irgendwelche Zwischenverfahren oder Gründe für die Verweigerung der Vollstreckung geben" sollte. Deshalb sollten Entscheidungen über das Umgangsrecht und über die Rückgabe des Kindes, für die im Ursprungsmitgliedstaat nach Maßgabe dieser Verordnung eine Bescheinigung ausgestellt wurde, in allen anderen Mitgliedstaaten anerkannt und vollstreckt werden, ohne dass es eines weiteren Verfahrens bedarf. Die Modalitäten der Vollstreckung dieser Entscheidungen unterliegen weiterhin dem nationalen Recht.

(24) Gegen die Bescheinigung, die ausgestellt wird, um die Vollstreckung der Entscheidung zu erleichtern, sollte kein Rechtsbehelf möglich sein. Sie sollte nur Gegenstand einer Klage auf Berichtigung sein, wenn ein materieller Fehler vorliegt, d.h., wenn in der Bescheinigung der Inhalt der Entscheidung nicht korrekt wiedergegeben ist.

(25) Die Zentralen Behörden sollten sowohl allgemein als auch in besonderen Fällen, einschließlich zur Förderung der gütlichen Beilegung von die elterliche Verantwortung betreffenden Familienstreitigkeiten, zusammenarbeiten. Zu diesem Zweck beteiligen sich die Zentralen Behörden an dem Europäischen Justiziellen Netz für Zivil- und Handelssachen, das mit der Entscheidung des Rates vom 28. Mai 2001 zur Einrichtung eines Europäischen Justiziellen Netzes für Zivil- und Handelssachen[10] eingerichtet wurde.

(26) Die Kommission sollte die von den Mitgliedstaaten übermittelten Listen mit den zuständigen Gerichten und den Rechtsbehelfen veröffentlichen und aktualisieren.

(27) Die zur Durchführung dieser Verordnung erforderlichen Maßnahmen sollten gemäß dem Beschluss 1999/468/EG des Rates vom 28. Juni 1999 zur Festlegung der Modalitäten für die Ausübung der der Kommission übertragenen Durchführungsbefugnisse[11] erlassen werden.

(28) Diese Verordnung tritt an die Stelle der Verordnung (EG) Nr. 1347/2000, die somit aufgehoben wird.

(29) Um eine ordnungsgemäße Anwendung dieser Verordnung sicherzustellen, sollte die Kommission deren Durchführung prüfen und gegebenenfalls die notwendigen Änderungen vorschlagen.

(30) Gemäß Artikel 3 des dem Vertrag über die Europäische Union und dem Vertrag zur Gründung der Europäischen Gemeinschaft beigefügten Protokolls über die Position des Vereinigten Königreichs und Irlands haben diese Mitgliedstaaten mitgeteilt, dass sie sich an der Annahme und Anwendung dieser Verordnung beteiligen möchten.

(31) Gemäß den Artikeln 1 und 2 des dem Vertrag über die Europäische Union und dem Vertrag zur Gründung der Europäischen Gemeinschaft beigefügten Protokolls über die Position Dänemarks beteiligt sich Dänemark nicht an der Annahme dieser Verordnung, die für Dänemark nicht bindend oder anwendbar ist.

(32) Da die Ziele dieser Verordnung auf Ebene der Mitgliedstaaten nicht ausreichend erreicht werden können und daher besser auf Gemeinschaftsebene zu erreichen sind, kann die Gemeinschaft im Einklang mit dem in Artikel 5 des Vertrags niedergelegten Subsidiaritätsprinzip tätig werden. Entspre-

---

9   ABl. L 174 v. 27.6.2001, S. 1.
10 ABl. L 174 v. 27.6.2001, S. 25.
11 ABl. L 184 v. 17.7.1999, S. 23.

Gruber

chend dem in demselben Artikel genannten Verhältnismäßigkeitsprinzip geht diese Verordnung nicht über das für die Erreichung dieser Ziele erforderliche Maß hinaus.

(33) Diese Verordnung steht im Einklang mit den Grundrechten und Grundsätzen, die mit der Charta der Grundrechte der Europäischen Union anerkannt wurden. Sie zielt insbesondere darauf ab, die Wahrung der Grundrechte des Kindes im Sinne des Artikels 24 der Grundrechtscharta der Europäischen Union zu gewährleisten –

hat folgende Verordnung erlassen:

Vorbemerkungen

Literatur: *Andrae,* Erste Entscheidungen des EuGH zu Art. 12 Abs. 3 EuEheVO, IPRax 2015, 212; *Becker-Eberhardt,* Die Sinnhaftigkeit der Zuständigkeitsverordnung der EG-VO Nr. 1347/2000, in: FS Beys 2003, S. 93; *Benicke,* Haager Kinderschutzübereinkommen, IPRax 2013, 44;*Carl/Menne,* Verbindungsrichter und direkte richterliche Kommunikation im Familienrecht, NJW 2009, 3537; *Coester-Waltjen,* Die Berücksichtigung der Kindesinteressen in der neuen EU-Verordnung „Brüssel IIa", FamRZ 2005, 241; *Corneloup* (Hrsg.), Droit européen du divorce/European divorce law, 2013; *Dilger,* Erläuterungen zu der Verordnung (EG) 2201/2203, in Geimer/Schütze, Internationaler Rechtsverkehr in Zivil- und Handelssachen, 29. Erg.Lief. 2005; *ders.,* Die Regelungen zur internationalen Zuständigkeit in Ehesachen in der Verordnung (EG) Nr. 2201/2003, 2004; *Dornblüth,* Die europäische Regelung der Anerkennung und Vollstreckbarerklärung von Ehe- und Kindschaftsentscheidungen, 2003; *Dutta,* Staatliches Wächteramt und europäisches Kindschaftsverfahrensrecht, FamRZ 2008, 835; *ders.,* Europäische Zuständigkeiten mit Kindeswohlvorbehalt, FS Kropholler 2008, S. 281; *Europäische Kommission,* Praxisleitfaden für die Anwendung der Brüssel IIa-Verordnung, 2014; *Finger,* Haager Übereinkommen über die zivilrechtlichen Aspekte internationaler Kindesentführung, FamFR 2012, 316; *Fuchs/Tölg,* Die einstweiligen Maßnahmen nach der EheVO (EuGVVO II), ZfRV 2002, 95; *Garber,* Zum Begriff der Ehe iSd Art. 1 Abs. 1 lit. a EuEhe-KindVO, in FS Simotta 2012, S. 145; *Geimer,* Europäisches Zivilverfahrensrecht, 3. Aufl. 2010, Abschnitt A. 2; *Geimer/Schütze,* Internationaler Rechtsverkehr in Zivil- und Handelssachen, 45. Ergänzungslief.; *Gröschl,* Internationale Zuständigkeit im europäischen Eheverfahrensrecht, 2007; *Gruber,* Die neue „europäische Rechtshängigkeit" bei Scheidungsverfahren, FamRZ 2000, 1129; *ders.,* Die neue EheVO und die deutschen Ausführungsgesetze, IPRax 2005, 293; *ders.,* Das neue Internationale Familienrechtsverfahrensgesetz, FamRZ 2005, 1603; *ders.,* Die perpetuatio fori im Spannungsfeld von EuEheVO und den Haager Kinderschutzabkommen, IPRax 2013, 409; *ders.,* Das HKÜ, die Brüssel IIa-Verordnung und das Internationale Familienrechtsverfahrensgesetz, FPR 2008, 214; *ders.,* Effektive Antworten des EuGH auf Fragen der Kindesentführung, IPRax 2009, 413; *ders.,* Internationale Zuständigkeit und Vollstreckung bei Kindesentführungen, GPR 2011, 153; *ders.,* Die Anerkennung einstweiliger Maßnahmen in der EuEheVO, IPRax 2017, 467; *ders.,* Der gewöhnliche Aufenthalt von Säuglingen und Kleinkindern, IPRax 2019, 217; *Hajnczyk,* Die Zuständigkeit für Entscheidungen in Ehesachen und in anderen Familiensachen aus Anlass von Ehesachen sowie deren Anerkennung und Vollstreckung in der EG und in der Schweiz, 2003; *Haidmayer,* Parallel rechtshängige Scheidungsverfahren in Deutschland und der Schweiz, IPRax 2018, 35; *Hau,* Das System der internationalen Entscheidungszuständigkeit im europäischen Eheverfahrensrecht, FamRZ 2000, 1333; *Heiderhoff,* Die Zuständigkeit nach Art. 12 Abs. 3 EuEheVO und ihre Folgen, IPRax 2019, 213; *dies.,* Perpetuatio fori im Sorgerechtsstreit, IPRax 2016, 335; *Heindler,* Vorrang des Haager KSÜ vor der EuEheVO bei Wegzug, IPRax 2014, 201; *Helms,* Internationales Verfahrensrecht für Familiensachen in der Europäischen Union, FamRZ 2002, 1593; *Hilbig-Lugani,* EuEheVO und posthume Eheungültigerklärungsverfahren Dritter, IPRax 2017, 556; *Holzmann,* Brüssel IIa-VO: Elterliche Verantwortung und internationale Kindesentführungen, 2008; *Janzen/Gärtner,* Kindschaftsrechtliche Spannungsverhältnisse im Rahmen der EuEheVO – die Entscheidung des EuGH in Sachen Detiček, IPRax 2011, 158; *Huter,* Die kollisionsrechtliche Behandlung der einvernehmlichen Scheidung, ZfRV 2014, 167; *Looschelders,* Fortbestand oder Verlust des elterlichen Sorgerechts bei Wechsel des gewöhnlichen Aufenthalts, IPRax 2014, 15; *ders.,* Scheidungsfreiheit und Schutz des Antragsgegners im internationalen Privat- und Prozessrecht, FS Kropholler 2008, S. 329; *Magnus/Mankowski* (Hrsg.), Brussels IIbis Regulation, 2017; *Martiny,* Kindesentführung, vorläufige Sorgerechtsregelung und einstweilige Maßnahmen nach der Brüssel IIa-VO, FPR 2010, 493; *Ní Shúilleabháin,* Cross-Border Divorce Law: Brussels II bis, 2010; *Niklas,* Die europäische Zuständigkeitsordnung in Ehe- und Kindschaftssachen, 2003; *Nordmeier,* Eintritt und Fortbestand der Rechtshängigkeit nach Art. 16 EuEheVO und Art. 32 EuGVVO – insbesondere bei Verfahrensaussetzung, IPRax 2016, 329; *Pirrung,* Auslegung der Brüssel IIa-Verordnung in Sorgerechtssachen – zum Urteil des EuGH in der Rechtssache C vom 27.11.2007, FS Kropholler 2008, S. 399; *ders.,* Erste Erfahrungen mit dem Eilverfahren des EuGH in Sorgerechtssachen, in: FS Spellenberg 2010, S. 467; *ders.,* Gewöhnlicher Aufenthalt des Kindes bei internationalem Wanderleben und Voraussetzungen für die Zulässigkeit einstweiliger Maßnahmen in Sorgerechtssachen nach der EuEheVO, IPRax 2011, 50; *ders.,* EuEheVO und HKÜ: Steine statt Brot? – Eilverfahren zur Frage des gewöhnlichen Aufenthalts eines vier- bis sechsjährigen Kindes, IPRax 2015, 207; *Roth,* Zur Anfechtbarkeit von Zwischenentscheidungen nach Art. 15 Abs. 1 lit. b EuEheVO, IPRax 2009, 56; *Schack,* Das neue internationale Eheverfahrensrecht in Europa, RabelsZ 65 (2001), 615; *Schulz,* Das Haager Kindesentführungsübereinkommen und die Brüssel IIa-Verordnung, FS Kropholler 2008, S. 435; *dies.,* Das Internationale Familienrechtsverfahrensgesetz, FamRZ 2011, 1273; *dies.,* Die Zeichnung des Haager Kinderschutz-Übereinkommens von 1996 und der Kompromiss zur Brüssel IIa-Verordnung, FamRZ 2003, 1351; *dies.;* Inkrafttreten des Haager Kinderschutzübereinkommens v. 19.10.1996 für Deutschland am 1.1.2011, FamRZ 2011, 156; *Schulz/Hauß* (Hrsg.), Familienrecht, Handkommentar, 2. Aufl., 2012 (zit.: HK-FamR/ *Bearbeiter*); *Sonnentag,* Zielsetzung und Beurteilung der Effektivität der Brüssel IIa-Verordnung, in: Pfeiffer/Wittmann/Escher (Hrsg.), Europäisches Familienrecht im Spiegel deutscher Wissenschaft und Praxis, 2018, S. 9; *Spellenberg,* Der Anwendungsbereich der EheGVO („Brüssel II") in Statussachen, in: FS Schumann 2001, S. 423; *ders.,* Die Zuständigkeit für Eheklagen nach der EheGVO, in: FS Geimer 2002, S. 1257; *ders.,* Einstweilige Maßnahmen nach Art. 12 EuEheVO, in: FS Beys 2003, S. 1583; *ders.,* Die zwei Arten einstweiliger Maßnahmen in der EheGVO, Festschrift für Coester-Waltjen (2015), 813; *Staudinger/Pirrung,* Vorbem. A-H zu Art. 19 EGBGB (Internationale Abkommen und EU-Verordnungen zum Kindschaftsrecht), Neubearbeitung 2018; *Staudinger/Spellenberg,* Internationales Verfahrensrecht in Ehesachen 1 (Europäisches Recht: Brüssel IIa-VO), Neubearbeitung 2015; *Weller*, Die Reform der EuEheVO, IPRax 2017, 222.

A. Vorgängerregelungen 1   E. Anwendung der EheVO 2003 in der Praxis ... 19
B. Anwendungsbereich 7   I. Auslegungsgrundsätze, Arbeitshilfen 19
C. Verhältnis zum staatsvertraglichen Recht 15   II. Auslegungskompetenz des EuGH 24
D. Verhältnis zum nationalen Recht 17   F. Neufassung der EheVO 2003 26

A. Vorgängerregelungen

1   **Die Verordnung des Rates Nr. 2201/2003** vom 27.11.2003 (im Folgenden: **EheVO 2003**)[12] stellt aktuell das bedeutsamste verfahrensrechtliche Regelungswerk im internationalen Familienrecht dar. Im Einzelnen befasst sich die EheVO 2003 mit **Ehesachen** (insbesondere also **Scheidungsverfahren**) und mit Verfahren über die **elterliche Verantwortung** (ua Sorgerechts- und Umgangssachen und Verfahren auf Kindesherausgabe). Staatsvertragliche Regelungen und das nationale Verfahrensrecht spielen daneben nur noch eine ergänzende Rolle (→ Rn. 17). Die EheVO 2003 gilt noch bis zum 1.8.2022; ab diesem Datum wird sie durch eine **Neufassung (EheVO 2019)** abgelöst (→ Rn. 26).

2   Für einzelne Auslegungsfragen, die sich im Zusammenhang mit der EheVO 2003 stellen, können die vorangegangenen Regelungen bzw. die diesen zugrunde liegenden Materialien von Bedeutung sein. Ursprünglich strebten die Mitgliedstaaten den Abschluss eines staatsvertraglichen Abkommens an. Tatsächlich unterzeichneten die Vertreter der Mitgliedstaaten der Europäischen Union am 28.5.1998 das „EU-Übereinkommen über die Zuständigkeit und die Anerkennung und Vollstreckung von Entscheidungen in Ehesachen" (hier sog. **Brüssel II-Abkommen**).[13] Das Brüssel II-Abkommen wurde jedoch nicht ratifiziert. Vielmehr entschied man sich dazu, anstelle dessen von der zwischenzeitlich neu entstandenen Kompetenz zum Erlass einer EU-Verordnung Gebrauch zu machen.[14] Dementsprechend trat am 1.3.2001 die **Verordnung des Rates Nr. 1347/2000** vom 29.5.2000 in Kraft (im Folgenden **EheVO 2000**).[15] Inhaltlich bestanden zwischen der EheVO 2000 und dem Brüssel II-Abkommen keine relevanten Unterschiede.[16] Durch das Inkrafttreten der EheVO 2000 war eine Ratifikation des Brüssel II-Abkommens überflüssig geworden.

3   Der EheVO 2000 war allerdings nur eine kurze Geltungsdauer beschieden. Man hielt aufseiten der EG eine Reform – und in diesem Zusammenhang eine Erweiterung des Anwendungsbereichs der Verordnung – für notwendig.[17] Dementsprechend ist die EheVO 2000 nach relativ kurzer Zeit, nämlich zum 1.3.2005, durch die nunmehr maßgebliche **Verordnung des Rates Nr. 2201/2003** vom 27.11.2003 (**EheVO 2003**) abgelöst worden.

4   Im sachlichen Anwendungsbereich ist die EheVO 2003 insoweit mit der EheVO 2000 identisch, als sie die Zuständigkeit und Anerkennung von Entscheidungen in Ehesachen (Verfahren betreffend die Scheidung, die Trennung, die Ungültigerklärung einer Ehe, Art. 1 Abs. 1 lit. a) regelt. Anders als die EheVO 2000 erfasst die EheVO 2003 allerdings sämtliche Verfahren betreffend die „elterliche Verantwortung" über eheliche oder nichteheliche Kinder (Art. 1 Abs. 1 lit. b). Die EheVO 2000 hatte sich noch auf solche Verfahren beschränkt, die hinsichtlich der gemeinsamen Kinder von Ehegatten und „aus Anlass" einer Ehesache durchgeführt wurden. Die EheVO 2003 weist insoweit einen deutlich **größeren sachlichen Anwendungsbereich** auf als die EheVO 2000.[18]

---

12   Im Folgenden sind Art. ohne Gesetzesangabe solche der EheVO 2003.

13   ABl. EG C 221 v. 16.7.1998, S. 1. Zur Entstehung vgl. *Pirrung* ZEuP 1999, 834 ff.; *McEleavy*, IntCompLQ 51 (2002), 888 ff.

14   Eine Ratifizierung durch die Mitgliedstaaten war nach Auffassung des Rates wegen des Amsterdamer Vertrages auch nicht mehr zulässig (vgl. auch Erwägungsgrund 3 zur EheVO 2000).

15   Verordnung über die Zuständigkeit und die Anerkennung und Vollstreckung von Entscheidungen in Ehesachen und in Verfahren betreffend die elterliche Verantwortung für die gemeinsamen Kinder der Ehegatten; ABl. EG L 160 v. 30.6.2000, S. 19; der *Vorschlag der Kommission* zum Erlass der Verordnung befindet sich in ABl. EG C 247 v. 31.8.1999, S. 1.

16   Vgl. den 6. Erwägungsgrund zur Verordnung („Die bei der Aushandlung dieses Abkommens erzielten

Ergebnisse sollten gewahrt werden; diese Verordnung übernimmt den wesentlichen Inhalt des Übereinkommens") sowie des Weiteren die Fn. 4 auf S. 19, wonach der Rat von dem erläuternden Bericht zum Brüssel II-Abkommen durch *Alegría Borrás* „Kenntnis genommen" hat (ABl. EG L 160 v. 30.6.2000, S. 19). Der erläuternde Bericht zum Brüssel II-Abkommen, verfasst von der spanischen Professorin *Alegría Borrás*, findet sich in ABl. EG 1998 C 221 S. 27.

17   Zur Entstehungsgeschichte näher Staudinger/*Spellenberg*, Einl. zur Brüssel IIa-VO Rn. 7 ff.

18   Krit. dazu, weil das KSÜ ausreichende Regeln zur Verfügung gestellt hätte und sich nunmehr Abgrenzungsprobleme zwischen der EheVO 2003 und dem KSÜ ergeben, Rauscher/*Rauscher* Brüssel IIa-VO Art. 8 Rn. 1 ff.; Staudinger/*Spellenberg* Einl. zur Brüssel IIa-VO Art. 1 Rn. 17 f.

Inhaltlich steht die EheVO 2003 – in den Bereichen, die bereits Gegenstand der Vorgängerregelungen   **5**
waren – in der Kontinuität der EheVO 2000 und damit auch des (niemals in Kraft getretenen) Brüssel II-
Abkommens. Deshalb können die Materialien zur EheVO 2000 sowie vor allem der erläuternde Bericht
zum Brüssel II-Abkommen[19] auch für die neue EheVO 2003 Verwendung finden. Es besteht m.a.W. die
Besonderheit, dass bei der Auslegung einer EU-Verordnung auf einen – verglichen mit den Materialien, die
bei einer Verordnung sonst zur Verfügung stehen – doch recht aussagekräftigen Bericht zurückgegriffen
werden kann (dazu noch → Rn. 20 ff.).

Die EheVO 2003 enthält keine Kollisionsnormen. Seit dem 21.6.2012 ist allerdings für die Scheidung die   **6**
sog. **Rom III-VO** (Verordnung (EU) Nr. 1259/2010 des Rates vom 20.12.2010 zur Durchführung einer Verstärkten Zusammenarbeit im Bereich des auf die Ehescheidung und Trennung ohne Auflösung des Ehebandes anzuwendenden Rechts) heranzuziehen.[20] In Verfahren über die elterliche Verantwortung ist, was die
kollisionsrechtliche Bestimmung des anwendbaren Rechts anbelangt, vornehmlich das KSÜ anzuwenden (s.
dazu näher → EheVO Art. 8 Rn. 9 ff. und → EheVO Art. 61 Rn. 10 ff.).

B. Anwendungsbereich

Die Kompetenz zum Erlass der EheVO 2003 richtete sich nach dem IV. Titel EGV. Damit bestimmt sich die   **7**
Geltung der EheVO 2003 für das **Vereinigte Königreich, Irland und Dänemark** auf der Grundlage des
Protokolls über die Position der genannten Staaten gemäß Art. 69 EGV. Das Vereinigte Königreich und
Irland haben mitgeteilt, dass sie sich an der Anwendung der EheVO 2003 beteiligen wollen.[21] Die EheVO
2003 gilt somit für alle gegenwärtigen Mitgliedstaaten der EU **mit Ausnahme von Dänemark** (Art. 2 Nr. 3
sowie Erwägungsgrund 31). Da es gegenwärtig auch an einem opt-in Dänemarks nach Maßgabe des Protokolls (Nr. 22) zum Amsterdamer Vertrag über die Position Dänemarks sowie an einem staatsvertraglichen
Übereinkommen zwischen Dänemark und der EU fehlt, ist Dänemark wie ein sonstiger Nichtmitgliedstaat
zu behandeln.[22]

Sachlich bezieht sich die EheVO 2003 auf **Ehesachen** – die Scheidung, die Trennung, die Ungültigerklä-   **8**
rung einer Ehe (Art. 1 Abs. 1 lit. a) – sowie auf selbstständige oder unselbstständige **Verfahren über die
elterliche Verantwortung** (Art. 1 Abs. 1 lit. b), also vor allem auf Fragen des Sorge- und Umgangsrechts,
der Vormundschaft und Pflegschaft sowie der Unterbringung des Kindes (Art. 1 Abs. 2). Vom Anwendungsbereich der EheVO 2003 nicht erfasst werden sonstige Folgesachen, namentlich **Unterhaltsstreitigkeiten**
(Art. 1 Abs. 3 lit. e) sowie **namensrechtliche** (Art. 1 Abs. 3 lit. c) oder **güterrechtliche** Fragen. In Fragen
des Unterhalts ist vor allem die UnterhaltsVO zu beachten.

Die EheVO 2003 regelt im Einzelnen die internationale Zuständigkeit, das damit zusammenhängende Prob-   **9**
lem der „ausländischen" Rechtshängigkeit sowie die Anerkennung und Vollstreckung von Entscheidungen
anderer Mitgliedstaaten. Bei den Vorschriften über die internationale Zuständigkeit besteht iÜ kein Erfordernis eines **persönlich-räumlichen Anwendungsbereichs** in dem Sinne, dass der Antragsgegner seinen
gewöhnlichen Aufenthalt in einem Mitgliedstaat haben muss. Es besteht auch kein Erfordernis dahin
gehend, dass der zu entscheidende Streitgegenstand einen Bezug zu mehreren Mitgliedstaaten haben
muss.[23] Ferner enthält die EheVO 2003 keine Einschränkung dahin gehend, dass an dem Rechtsstreit solche
Personen beteiligt sein müssen, die Staatsangehörige eines Mitgliedstaates der Europäischen Union sind.[24]

Die Regelung der **örtlichen** sowie der **sachlichen Zuständigkeit** bleibt grundsätzlich dem unvereinheitlich-   **10**
ten nationalen Recht überlassen.[25] Eine Ausnahme besteht insoweit bei Art. 4 (Gegenantrag) sowie bei
Art. 5 (Folgezuständigkeit bei einer Umwandlungsentscheidung), wo auch die örtliche Zuständigkeit geregelt wird. Eine Einwirkung der Regeln über die internationale Zuständigkeit auf die nationalen Regeln zur
örtlichen Zuständigkeit besteht auch insoweit, als ein Mitgliedstaat dann, wenn er international zuständig
ist, zumindest ein Gericht als örtlich zuständig bestimmen muss.

19 *Borrás*, ABl. EG 1998 Nr. C 221 S. 27 ff.
20 ABl. EU L 343 v. 29.12.2010, S. 10.
21 Vgl. Erwägungsgrund Nr. 30 zur EheVO 2003
    (ABl. EU L 338 S. 3).
22 Vgl. ausf. zur Situation Dänemarks Geimer/Schütze/
    Dilger Einl. Rn. 40 ff.; zu entspr. Überlegungen zum
    Abschluss eines Übereinkommens ferner *Jayme/
    Kohler* IPRax 1999, 401 f.; *Heß* NJW 2000, 23 (28).
23 Ausdr. BGHZ 176, 365, 368 (Rn. 14) = IPRax 2009,
    347; aus der Lit. *Rauscher/Rauscher* Einl. Brüssel
    IIa-VO Rn. 28; *Hau* ERA-Forum 2003, 9, 12 = FPR
    2002, 616; auch *Spellenberg* FS Schumann 2001,
    S. 423, 441. Dies entspricht der Lösung des EuGH

    im Hinblick auf die EuGVVO (s. EuGH,
    Rs. C-281/02 (Andrew Owusu ./. Nugent B. Jackson)
    Slg 2005, I-1383 = IPRax 2005, 244 (Rn. 23 ff.).
24 Zutr. OLG Koblenz FamRZ 2009, 611 (612); AG
    Leverkusen IPRspr. 2007, Nr. 68, 212 (jeweils zur
    Scheidung iranischer Staatsangehöriger); aus der Lit.
    etwa *Gruber* FamRZ 2000, 1129 (1131); ferner *Dil-
    ger*, Rn. 160.
25 Thomas/Putzo/*Hüßtege* EuEheVO Art. 3 Rn. 1; *Spel-
    lenberg* FS Geimer 2002, S. 1257; *Hausmann*, EuLF
    200/01, 271 (276). Für die örtliche Zuständigkeit
    deutscher Gerichte sind also die § 122 und §§ 152 f.
    FamFG heranzuziehen.

11   Neben der internationalen Zuständigkeit bezieht sich die EheVO 2003 auch auf die Problematik mehrerer konkurrierender Verfahren bzw. das Verfahrenshindernis der **Rechtshängigkeit.** Die Art. 16, 19 folgen insoweit dem **Prioritätsprinzip.**

12   Schließlich regelt die EheVO 2003 die **Anerkennung und Vollstreckung** von Entscheidungen anderer EU-Mitgliedstaaten in Ehesachen bzw. in Fragen der elterlichen Verantwortung (Art. 21 ff.) im Inland. Auf welche Zuständigkeitsvorschriften sich das ausländische Gericht gestützt hat, ist für die Anerkennung und Vollstreckung nach der EheVO 2003 unerheblich.[26] Die Anerkennung erfolgt insbesondere auch dann nach Maßgabe der EheVO 2003, wenn sich die internationale Zuständigkeit des erkennenden Gerichts aus Art. 6, 7 bzw. Art. 14 iVm den autonomen nationalen Zuständigkeitsvorschriften ergeben hat[27] bzw. das Gericht sogar international unzuständig war.[28] Nicht anzuwenden sind die Art. 21 ff. im Hinblick auf die Entscheidungen von Nichtmitgliedstaaten bzw. von Dänemark. In Ehesachen anzuerkennen sind allerdings nur dem Antrag auf Scheidung, Trennung ohne Auflösung des Ehebandes oder Ungültigerklärung der Ehe **stattgebende Entscheidungen**, keine den entsprechenden Antrag abweisenden Entscheidungen. Hier kommt ggf. eine ergänzende Anwendung nationaler Anerkennungsregeln in Betracht (vgl. näher → EheVO Art. 21 Rn. 6 ff.).

13   Die EheVO 2003 enthält keine Kollisionsnormen. Seit dem 21.6.2012 ist allerdings für die Scheidung die sog. **Rom III-VO** (Verordnung (EU) Nr. 1259/2010 des Rates vom 20.12.2010 zur Durchführung einer Verstärkten Zusammenarbeit im Bereich des auf die Ehescheidung und Trennung ohne Auflösung des Ehebandes anzuwendenden Rechts) anzuwenden (hierzu näher die Kommentierung im Band Rom-Verordnungen).[29] In Verfahren über die elterliche Verantwortung ist, was die kollisionsrechtliche Bestimmung des anwendbaren Rechts anbelangt, vornehmlich das KSÜ anzuwenden (s. dazu näher → EheVO Art. 8 Rn. 9 ff. und → EheVO Art. 61 Rn. 10 ff.).

14   **Zeitlich** ist die EheVO 2003 grundsätzlich auf Verfahren sowie öffentliche Urkunden und Vereinbarungen anwendbar, die nach dem **1.3.2005** eingeleitet, aufgenommen oder getroffen werden (Art. 72 S. 2 iVm Art. 64). Nach Art. 64 Abs. 2–4 ist die EheVO 2003 unter bestimmten Voraussetzungen auf die Vollstreckung von Entscheidungen anwendbar, die in einem vor diesem Zeitpunkt eingeleiteten oder abgeschlossenen Verfahren ergangen sind. Zu berücksichtigen ist ferner, dass die EheVO 2003 mittelfristig durch eine **Neufassung** abgelöst wird (→ Rn. 26). Für am oder nach dem **1.8.2022** eingeleitete gerichtliche Verfahren, förmlich errichtete oder eingetragene öffentliche Urkunden und eingetragene Vereinbarungen gilt nicht mehr die EheVO 2003, sondern die **EheVO 2019** (s. Art. 100 Abs. 1 EheVO 2019).[30] Die EheVO 2003 gilt weiter für Entscheidungen in vor dem 1.8.2022 eingeleiteten gerichtlichen Verfahren, für vor dem 1.8.2022 förmlich errichtete oder eingetragene öffentliche Urkunden und für Vereinbarungen, die in dem Mitgliedstaat, in dem sie geschlossen wurden, vor dem 1.8.2022 vollstreckbar geworden sind (Art. 100 Abs. 2 EheVO 2019).

C. Verhältnis zum staatsvertraglichen Recht

15   Die EheVO 2003 verdrängt, soweit ihr sachlicher Anwendungsbereich reicht, die in Art. 60 genannten Abkommen. Weitgehend verdrängt wird gemäß Art. 61 auch das Haager Übereinkommen über die Zuständigkeit, das anzuwendende Recht, die Anerkennung, Vollstreckung und Zusammenarbeit auf dem Gebiet der elterlichen Verantwortung und der Maßnahmen zum Schutz von Kindern vom 19.10.1996 (**KSÜ**). In Fragen der internationalen Zuständigkeit kommt das KSÜ nur zur Anwendung, wenn das Kind seinen gewöhnlichen Aufenthalt außerhalb der EU in einem Vertragsstaat des KSÜ hat (Art. 61 lit. a). Im Rahmen der Anerkennung ist das KSÜ nur von Bedeutung, wenn es sich um die Entscheidung eines Nichtmitgliedstaats handelt (Art. 61 lit. b, vgl. näher → EheVO Art. 61 Rn. 8).

16   Der Vorrang betrifft allerdings nur die in der EheVO 2003 geregelten Fragen der internationalen Zuständigkeit sowie der Anerkennung und Vollstreckung, nicht Fragen der **kollisionsrechtlichen Anknüpfung**. Insoweit ist bei Verfahren über die elterliche Verantwortung auf das KSÜ zurückzugreifen (→ EheVO Art. 61 Rn. 10 ff.).

---

26   *Wagner* IPRax 2001, 73 (77); *Hau* FamRZ 2000, 1333 (1340); *Spellenberg* FS Schumann 2001, S. 423 (438) (jeweils zur EheVO 2000).

27   *Hau* FamRZ 1999, 484 (487) (zu Art. 8 EheVO 2000); *Spellenberg* FS Schumann 2001, S. 423 (441 f.).

28   *Spellenberg* FS Schumann 2001, S. 423 (438 f.).

29   ABl. EU L 343 v. 29.12.2010, S. 10.

30   Verordnung (EU) 2019/1111 des Rates vom 25. Juni 2019 über die Zuständigkeit, die Anerkennung und Vollstreckung von Entscheidungen in Ehesachen und in Verfahren betreffend die elterliche Verantwortung und über internationale Kindesentführungen (Neufassung), ABl. L 178 S. 1.

D. Verhältnis zum nationalen Recht

Auch das nationale Recht wird von der EheVO 2003 grundsätzlich verdrängt. Nationales Zuständigkeits-   **17**
recht bleibt ergänzend anwendbar in den Fällen der Art. 6, 7 (für Ehesachen), Art. 14 (für Verfahren über
die elterliche Verantwortung) und Art. 20 (für einstweilige Maßnahmen). Ferner ist es vor allem im Bereich
der Anerkennung und Vollstreckung insoweit heranzuziehen, als die EheVO 2003 Einzelheiten der Ausführung dem nationalen Gesetzgeber überlässt. Ausführungsbestimmungen zur EheVO 2003 befinden sich in
Deutschland im Gesetz zur Aus- und Durchführung bestimmter Rechtsinstrumente auf dem Gebiet des
internationalen Familienrechts (Internationales Familienrechtsverfahrensgesetz – **IntFamRVG**).[31] Dessen
Bestimmungen werden in der nachfolgenden Kommentierung berücksichtigt.

Die EheVO 2003 begründet **keine internationale Verbundzuständigkeit** für Folgesachen.[32] Insoweit kann   **18**
daher nationales Zuständigkeitsrecht zur Anwendung gelangen. In Deutschland ist – soweit nicht vorrangige gemeinschaftsrechtliche oder staatsvertragliche Regelungen greifen – § 98 Abs. 2 iVm 137 Abs. 2
und 3 FamFG anzuwenden.

E. Anwendung der EheVO 2003 in der Praxis

I. Auslegungsgrundsätze, Arbeitshilfen

Bei der Auslegung der EheVO 2003 ist zu beachten, dass es sich nicht um unvereinheitlichtes nationales   **19**
Recht, sondern um europäisches Verordnungsrecht handelt. Damit kommt der vom EuGH verwendeten
Auslegungsmethode entscheidende Bedeutung zu. In der EheVO verwendete Begriffe sind – nicht anders
als in der EuGVVO[33] – **autonom auszulegen**.[34] Einem bestimmten Begriff kann m.a.W. dann, wenn er in
der EheVO 2003 verwendet wird, eine andere Bedeutung zukommen als auf der Ebene des nationalen
Rechts.

Bei der EheVO 2003 besteht gegenüber anderen europäischen Verordnungen die Besonderheit, dass der   **20**
historischen Auslegung eine etwas größere Aussagekraft zukommt als sonst.[35] Es kann nämlich auch zur
Auslegung der EheVO 2003 auf den erläuternden Bericht der spanischen Professorin *Borrás* zurückgegriffen werden, der noch zum Brüssel II-Abkommen ergangen ist.[36] Dies gilt selbstverständlich nur dort, wo
Regeln des Brüssel II-Abkommens unverändert in die EheVO 2003 überführt bzw. nur punktuelle Änderungen vorgenommen worden sind.

Daneben ist zu beachten, dass die EheVO 2003 in Fragen der elterlichen Verantwortung Regelungen bzw.   **21**
Definitionen des **KSÜ** bzw. des Haager Übereinkommens vom 25.10.1980 über die zivilrechtlichen
Aspekte der Kindesentführung (**HKÜ**) übernimmt bzw. sich zumindest in Einzelfragen eng an die genannten Abkommen anlehnt. Zu nennen sind hier etwa die in Art. 2 enthaltenen Definitionen sowie die Zuständigkeitsregeln in den Art. 8–14, die zT ganz, zumeist allerdings nur teilweise mit den entsprechenden Vorschriften des KSÜ bzw. des HKÜ übereinstimmen. Insoweit kann bei der Auslegung der entsprechenden
Bestimmungen der EheVO 2003 auf die bereits vorhandene Rechtsprechung und Literatur zum HKÜ bzw.
zum KSÜ sowie auf die zu den Abkommen ergangenen Berichte zurückgegriffen werden.[37] Im Zweifel

---

31 BGBl. I v. 13.1.2005, S. 162. Daneben dient das
    IntFamRVG auch der Durchführung des HKÜ sowie
    des ESÜ (§ 1 Nr. 2 und Nr. 3 IntFamRVG). Das
    IntFamRVG ist mit Wirkung zum 1.3.2005 in Kraft
    getreten; zum Übergangsrecht vgl. § 55 IntFamRVG.
    Ausf. Darstellung des IntFamRVG bei *Gruber*
    FamRZ 2005, 1603 ff.
32 *Spellenberg* FS Geimer 2002, S. 1257, 1273.
33 Verordnung (EU) Nr. 1215/2012 des Europäischen
    Parlaments und des Rates vom 12.12.2012 über die
    gerichtliche Zuständigkeit und die Anerkennung und
    Vollstreckung von Entscheidungen in Zivil- und
    Handelssachen (Neufassung), ABl. EU 2012 L 351
    S. 1. Diese EuGVVO ist an die Stelle der EuGVVO
    aF getreten (Verordnung (EG) Nr. Nr. 44/2001/EG
    des Rates v. 22.12.2000 über die gerichtliche Zustän-
    digkeit und die Anerkennung und Vollstreckung von

    Entscheidungen in Zivil- und Handelssachen,
    ABl. EG 2000 L 12 S. /1).
34 Vgl. insbes. EuGH, Rs. C-435/06 (C), Slg 2007,
    I-10141 = IPRax 2008, 509 mit zust. Bespr. *Gruber*
    490 = FamRZ 2008, 125 mit zust. Bespr. *Dutta*, 835
    sowie EuGH, Rs. C-523/07 (A), FamRZ 2009, 843
    (844) (Rn. 27), zum Begriff der „Zivilsache" in Art. 1
    Abs. 1; EuGH, C-168/08, Hadadi ./. Mesko FamRZ
    2009, 1571 (1572) (Rn. 38), zum Begriff der „Staats-
    angehörigkeit" in Art. 3 Abs. 1 lit. b; EuGH,
    Rs. C-523/07 (A), FamRZ 2009, 843 (845)
    (Rn. 34 ff.), zum Begriff des „gewöhnlichen Aufent-
    halts" in Art. 8 Abs. 1.
35 *Dilger*, Rn. 43.
36 Der erläuternde Bericht zum Brüssel II-Abkommen
    findet sich in ABl. EG 1998 C 221 S. 27 ff.
37 *Pirrung* FS Kropholler 2008, S. 399 (406 f.); MüKo-
    BGB/*Heiderhoff*, Vorbem. Brüssel IIa-VO Rn. 24.

sollte eine Auslegung gewählt werden, die zu einer Übereinstimmung zwischen EheVO 2003 und KSÜ führt.[38]

22 Schließlich übernimmt die EheVO 2003 vielfach Regelungen des **EuGVÜ** bzw. (jetzt) der **EuGVVO**. Zu nennen sind hier zB die in Art. 16–20 enthaltenen „allgemeinen Vorschriften", die den Art. 27 bis 31 EuGVVO nF (= Art. 25–31 EuGVVO aF) mit zT nur kleineren inhaltlichen Abweichungen entsprechen. Auch insoweit kann man sich bei der Auslegung der EheVO 2003 an der zum EuGVÜ bzw. zur EuGVVO ergangenen Rechtsprechung und Literatur orientieren. Hierauf wird im Bericht von *Borrás* ausdrücklich hingewiesen.[39]

23 Als ein zusätzliches **Hilfsmittel** steht der Praxis ein von der Europäischen Kommission erstellter und im Jahr 2014 aktualisierter **Praxisleitfaden** zur Verfügung.[40]

II. Auslegungskompetenz des EuGH

24 Im Rahmen der EheVO 2003 auftretende Auslegungsfragen können nach Art. 267 Abs. 1 lit. b AEUV dem EuGH zur **Vorabentscheidung** vorgelegt werden. Gerichte, deren Entscheidungen nicht mehr mit einem ordentlichen Rechtsmittel angefochten werden können, haben bei Auslegungszweifeln eine Pflicht zur Vorlage (Art. 267 Abs. 3 AEUV). Da die Auslegung der EheVO 2003 richtigerweise stets grundlegende Bedeutung hat und damit die Oberlandesgerichte die Rechtsbeschwerde zum BGH zulassen müssen (s. § 70 Abs. 2 Nr. 1 FamFG),[41] ist der BGH letzte Instanz, der sodann eine Pflicht zur Vorlage an den EuGH hat.[42] Vorlagebefugt (wenn auch nicht dazu verpflichtet) sind – anders als noch unter Geltung des EGV[43] – allerdings auch solche Gerichte, deren Entscheidungen noch mit einem ordentlichen Rechtsmittel angefochten werden können.[44]

25 Die Vorabentscheidungen des EuGH haben mittlerweile bereits **erhebliche Bedeutung** erlangt. Der EuGH versucht hierbei offenkundig auch, die mit dem Vorabentscheidungsverfahren verbundene Verfahrensverzögerung in Grenzen zu halten. So hat er in Verfahren über die elterliche Verantwortung bereits mehrfach im Eilverfahren nach der Verfahrensordnung des Gerichtshofes[45] entschieden.[46]

---

38 Vgl. die Schlussanträge der Generalanwältin *Kokott* v. 20.9.2007 zum Urt. v. 27.11.2007, Rs. C-435/06 (C), Rn. 50: Bestimmungen in der EheVO 2003 und dem KSÜ und MSA sollten „möglichst in derselben Weise ausgelegt werden, damit es nicht zu abweichenden Ergebnissen kommt, je nachdem ob ein Fall mit Bezug zu einem anderen Mitgliedstaat oder zu einem Drittstaat vorliegt". Der EuGH hat allerdings in der angeführten Entscheidung keinen Vergleich zwischen EheVO 2003 und KSÜ angestellt (krit. dazu *Pirrung* FS Kropholler 2008, S. 399, 410).

39 *Borrás*, ABl. EG 1998 C 221 S. 30 (Rn. 6): „Sofern nicht ausdrücklich etwas anderes gesagt wird, haben gleichlautende Begriffe des Brüsseler Übereinkommens von 1968 und des neuen Übereinkommens prinzipiell dieselbe Bedeutung, und es gilt die diesbezügliche Rechtsprechung des Gerichtshofs der Europäischen Gemeinschaften."

40 Praxisleitfaden für die Anwendung der Brüssel IIa-Verordnung; abrufbar unter https://e-justice.europa.e u/content_ejn_s_publications-287-de.do (zuletzt aufgerufen 27.5.2019). Der Leitfaden behandelt hauptsächlich die Verfahren zur elterlichen Verantwortung und bringt nur kurze Ausführungen zu Ehesachen.

41 Dazu Staudinger/*Spellenberg* Einl. zur Brüssel IIa-VO Rn. 68; MüKoZPO/*Krüger* ZPO § 543 Rn. 6; *Rimmelspacher* JZ 2004, 894 (900); *Petzold* NJW 1998, 123 (124).

42 Staudinger/*Spellenberg* Einl. zur Brüssel IIa-VO Rn. 65 ff.

43 Früher Art. 68 Abs. 1 iVm Art. 234 EGV.

44 S. etwa Schlussanträge der Generalanwältin *Eleanor Sharpston* v. 20.5.2010 in der Rs. C-256/09 (Bianca Purrucker ./. Guillermo Vallés Pérez), Rn. 27.

45 S. zur Einführung des Eilverfahrens Änderung der Verfahrensordnung des Gerichtshofs v. 15.1.2008 (ABl. EU 2008 L 24/39) und die Hinweise zur Vorlage von Vorabentscheidungsersuchen (ABl. EU 2008/ C 64/1).

46 S. etwa EuGH, Rs. C-195/08 PPU (Inga Rinau), NJW 2008, 2973 mit Bespr. *Rieck*, 2958 = IPRax 2009, 420 mit Bespr. *Gruber*, 413 und Bespr. *Schulz* FamRZ 2008, 1732 und *Huter*, ELR 2008, 286; EuGH, Rs. C-403/09 PPU (Jasna Detiček ./. Maurizio Sgueglia), FamRZ 2010, 525; zusammenfassend hierzu *Pirrung* FS Spellenberg 2010, S. 467 ff.; EuGH, Rs. C-211/10 PPU (Doris Povse ./. Mauro Alpago), FamRZ 2010, 1229; EuGH, Rs. C-400/10 PPU (J. McB. ./. L.E.), JZ 2011, 145; EuGH, Rs. C-497/10 PPU (Barbara Mercredi ./. Richard Chaffe), FamRZ 2011, 617; EuGH, Rs. C-491/10 PPU (Joseba Andoni Aguirre Zarraga ./.Simone Pelz), FamRZ 2011, 355; EuGH, Rs. C-92/12 PPU (Health Service Executive ./. S.C., A.C.), FamRZ 2012, 1466; EuGH, Rs. C-376/14 PPU (C ./. M), FamRZ 2015, 107 (Rn. 51) = IPRax 2015, 239 (Rn. 51) m. Bespr. *Pirrung*, 207; EuGH, Rs. C-325/18 PPU und C-375/18 PPU (Hampshire County Council ./. C.E., N.E.), FamRZ 2019, 56 (Rn. 39 ff.); näher zu dem Eilverfahren Rauscher/*Rauscher* Einl. Brüssel IIa-VO Rn. 39; *Dutta/Schulz* ZEuP 2012, 526 (528 f.); *Hakenberg/Schilhan* ZfRV 2008, 104 ff.; *Kohler/Pintens* FamRZ 2008, 1669 (1670); krit. aus der Sicht des internationalen Familienrechts *Janzen/Gärtner* IPRax 2011, 158 (165).

F. Neufassung der EheVO 2003

Mittelfristig wird die EheVO 2003 durch eine **Neufassung** abgelöst. Für am oder nach dem **1.8.2022** einge- **26** leitete gerichtliche Verfahren, förmlich errichtete oder eingetragene öffentliche Urkunden und eingetragene Vereinbarungen gilt nicht mehr die EheVO 2003, sondern die **EheVO 2019** (s. Art. 100 Abs. 1 EheVO 2019).[47] Die EheVO 2003 gilt weiter für Entscheidungen in vor dem 1.8.2022 eingeleiteten gerichtlichen Verfahren, für vor dem 1.8.2022 förmlich errichtete oder eingetragene öffentliche Urkunden und für Vereinbarungen, die in dem Mitgliedstaat, in dem sie geschlossen wurden, vor dem 1.8.2022 vollstreckbar geworden sind (Art. 100 Abs. 2 EheVO 2019).

Die Reform betrifft vor allem die Verfahren zur **elterlichen Verantwortung**. Ein zentrales Element der **27** Reform ist in diesem Zusammenhang die Abschaffung des Vollstreckbarerklärungsverfahrens. Im Gegenzug werden dem Vollstreckungsmitgliedstaat neue Möglichkeiten an die Hand gegeben, die Vollstreckung im Einzelfall auszusetzen bzw. ganz abzulehnen. Auch bei den Vorschriften zur internationalen Zuständigkeit wurden, auch wenn die Grundstruktur beibehalten worden ist, verschiedene Änderungen vorgenommen.

Verfahren in **Ehesachen** waren zunächst nicht Gegenstand der Reformüberlegungen. Allerdings hat man im **28** Laufe des Gesetzgebungsverfahrens Vorschriften über die Anerkennung der in verschiedenen Mitgliedstaaten (etwa Italien, Frankreich, Spanien) mittlerweile eingeführten **Privatscheidung** in die Verordnung eingefügt. Für die Zwecke der Anerkennung werden einvernehmliche Privatscheidungen solchen Scheidungen weitgehend gleichgestellt bzw. angenähert, die (konstitutiv-gestaltend) durch eine gerichtliche Entscheidung zustandekommen (vgl. dazu näher → EheVO Art. 1 Rn. 14).

Kapitel 1
Anwendungsbereich und Begriffsbestimmungen

Art. 1 EheVO 2003 Anwendungsbereich

(1) Diese Verordnung gilt, ungeachtet der Art der Gerichtsbarkeit, für Zivilsachen mit folgendem Gegenstand:

a) **die Ehescheidung, die Trennung ohne Auflösung des Ehebandes und die Ungültigerklärung einer Ehe,**

b) **die Zuweisung, die Ausübung, die Übertragung sowie die vollständige oder teilweise Entziehung der elterlichen Verantwortung.**

(2) Die in Absatz 1 Buchstabe b) genannten Zivilsachen betreffen insbesondere:

a) **das Sorgerecht und das Umgangsrecht,**

b) **die Vormundschaft, die Pflegschaft und entsprechende Rechtsinstitute,**

c) **die Bestimmung und den Aufgabenbereich jeder Person oder Stelle, die für die Person oder das Vermögen des Kindes verantwortlich ist, es vertritt oder ihm beisteht,**

d) **die Unterbringung des Kindes in einer Pflegefamilie oder einem Heim,**

e) **die Maßnahmen zum Schutz des Kindes im Zusammenhang mit der Verwaltung und Erhaltung seines Vermögens oder der Verfügung darüber.**

(3) Diese Verordnung gilt nicht für

a) **die Feststellung und die Anfechtung des Eltern-Kind-Verhältnisses,**

b) **Adoptionsentscheidungen und Maßnahmen zur Vorbereitung einer Adoption sowie die Ungültigerklärung und den Widerruf der Adoption,**

c) **Namen und Vornamen des Kindes,**

d) **die Volljährigkeitserklärung,**

e) **Unterhaltspflichten,**

f) **Trusts und Erbschaften,**

g) **Maßnahmen infolge von Straftaten, die von Kindern begangen wurden.**

A. Überblick	1	II. Feststellung des Bestehens oder Nichtbestehens der Ehe	8
B. Ehesachen	3	III. Antrag auf Herstellung des ehelichen Lebens	13
I. Scheidung, Trennung und Ungültigerklärung der Ehe	3	IV. Gerichtliche oder behördliche Verfahren	14

---

47   Verordnung (EU) 2019/1111 des Rates vom 25. Juni 2019 über die Zuständigkeit, die Anerkennung und Vollstreckung von Entscheidungen in Ehesachen und in Verfahren betreffend die elterliche Verantwortung und über internationale Kindesentführungen (Neufassung), ABl. L 178 S. 1.

V. Schuldfeststellung 17
VI. Zuweisung von Haushaltsgegenständen und
    Ehewohnung 18

C. Verfahren betreffend die elterliche Verantwortung 19

A. Überblick

1   **Sachlich anwendbar** ist die EheVO 2003 zunächst auf zivilgerichtliche Verfahren, die die Ehescheidung, die Trennung ohne Auflösung des Ehebandes oder die Ungültigerklärung einer Ehe betreffen (Art. 1 Abs. 1 lit. a). Die Bezeichnung **„Gericht"** schließt alle in Ehesachen zuständigen Behörden der Mitgliedstaaten ein (Art. 2 Nr. 1).[48] Hier stellt sich insbesondere die Frage, wie behördliche Verfahren von (mittlerweile in verschiedenen EU-Mitgliedstaaten eingeführten) Privatscheidungsverfahren abzugrenzen sind (vgl. dazu näher → Rn. 14 sowie ausf. → Rom III-VO Art. 1 Rn. 87 ff.).

2   Nach Art. 1 Abs. 1 lit. b betrifft die Verordnung ferner die Zuweisung, die Ausübung, die Übertragung sowie die (vollständige oder teilweise) Entziehung der elterlichen Verantwortung. Insoweit geht der sachliche Anwendungsbereich der EheVO 2003 über den sachlichen Anwendungsbereich der EheVO 2000 hinaus, da sich Letztere auf Verfahren beschränkte, die hinsichtlich der gemeinsamen Kinder von Ehegatten und „aus Anlass" einer Ehesache betrieben wurden.[49] Praktisch wird hier eine Übereinstimmung mit dem sachlichen Anwendungsbereich des KSÜ erzielt.

B. Ehesachen

I. Scheidung, Trennung und Ungültigerklärung der Ehe

3   Im Kern bereitet die Bestimmung der von der EheVO 2003 in Art. 1 Abs. 1 lit. a erfassten Ehesachen keine Probleme. Die **Scheidung** erfasst in erster Linie die nachträgliche Auflösung des Ehebandes bei einer verschiedengeschlechtlichen Ehe.[50] Auch die Scheidung einer polygamen Ehe wird erfasst.[51] Die Auflösung von **gleichgeschlechtlichen Ehen** fällt nach ursprünglich herrschender Auffassung demgegenüber nicht in den Anwendungsbereich der EheVO 2003.[52] Allerdings ist die Rom III-VO nach zutreffender Auffassung, was sich unter anderem aus Art. 13 Var. 2 Rom III-VO ableiten lässt, im Ausgangspunkt auch auf die Scheidung der gleichgeschlechtlichen Ehe anwendbar (vgl. dazu näher → Rom III-VO Art. 1 Rn. 21 ff.). Im Lichte dieser Regelung in der Rom III-VO ist nach einer im Vordringen befindlichen und auch hier vertretenen Auffassung die Anwendung der EheVO 2003 auf gleichgeschlechtliche Ehen neu zu überdenken. Dies gilt insbesondere vor dem Hintergrund, dass die EU ein möglichst kohärentes und vollständiges Verordnungssystem anstrebt.[53] Dieser Zielsetzung entspräche es nicht, die gleichgeschlechtliche Ehe (nur) auf der kollisionsrechtlichen Ebene zu berücksichtigen, sie aber im Rahmen der verfahrensrechtlichen Regelungen außen vor zu lassen. Für die Einbeziehung der gleichgeschlechtlichen Ehe in den Anwendungsbereich der EheVO 2003 spricht schließlich entscheidend, dass sich die Auslegung (auch) einer europäischen Verordnung mit der Zeit und dem Wandel von gesellschaftlichen Anschauungen und rechtlichen Rahmenbedingungen ändern kann.[54] Zu der Zeit, in der die EheVO 2003 geschaffen wurde, spielte die gleichgeschlechtli-

48   *Borrás*, ABl. EG 1998 C 221 S. 35 (Rn. 20).

49   Art. 1 Abs. 1 lit. b VO (EG) Nr. 1347/2000.

50   Rauscher/*Rauscher* Brüssel IIa-VO Art. 1 Rn. 1. Erfasst wird hierbei wohl auch die „Umsetzung" einer Ehe in eine registrierte Partnerschaft nach dem (ehemaligen) niederländischen Recht; denn auch sie führte zu einer Auflösung des Ehebandes (siehe näher – eine Anerkennung einer entsprechenden ausländischen Entscheidung nach der EheVO 2003 in Betracht ziehend, aber die Anwendung der EheVO 2003 letztlich offen lassend – OLGR Celle 2006, 13; wie hier *Hausmann*, IntEuFamR, A 30; zur Rom-VO Rauscher/*Helms* Rom III-VO Art. 1 Rn. 10; aA BeckOGK/*Gössl* Rom III-VO Art. 1 Rn. 35; eingehend zum damaligen niederländischen Recht *Gärtner*, Die Privatscheidung im deutschen und gemeinschaftsrechtlichen Internationalen Privat- und Verfahrensrecht, S. 329 ff.).

51   Staudinger/*Spellenberg* EheVO Art. 1 Rn. 11; Geimer/Schütze/*Dilger* EheVO Art. 1 Rn. 9; MüKoZPO/*Gottwald* EheVO Art. 1 Rn. 5; *Geimer* EheVO Art. 1 Rn. 23; *Hausmann*, IntEuFamR, A 31;

Nourissat/Devers, Recueil Dalloz 2001, jur., 3381 (3386) Rn. 13.

52   Rauscher/*Rauscher* Brüssel IIa-VO Art. 1 Rn. 6; Magnus/Mankowski/*Pintens* EheVO Art. 1 Rn. 20 ff.; HK-ZPO/*Dörner* EheVO Art. 1 Rn. 7; MüKoZPO/*Gottwald* EheVO Art. 1 Rn. 5; Althammer/*Arnold* EheVO Art. 1 Rn. 6; Althammer/*Althammer* Vorbem zur EheVO Rn. 7; *Helms* FamRZ 2002, 1593 (1594); *Gröschl*, S. 76 ff.; aA aber *Mankowski* IPRax 2017, 541 (546) mwN; *Hausmann*, IntEuFamR, Rn. A 33; Thomas/Putzo/*Hüßtege*, Vor Art. 1 EuEheVO Rn. 5; *Viarengo*, Nederlands international privaatrecht (NiPR) 2012, 555 (559) und bereits *Gebauer/Staudinger* IPRax 2002, 275 (277) Fn. 48.

53   S. hierzu auch den 10. Erwägungsgrund zur Rom III-VO: „Der sachliche Anwendungsbereich und die Bestimmungen dieser Verordnung sollten mit der Verordnung (EG) Nr. 2201/2003 im Einklang stehen."

54   *Mankowski* IPRax 2017, 541 (546) („Dynamik der Begriffsbildung auf vergleichender Grundlage").

che Ehe in den Mitgliedstaaten sowie außerhalb der EU eine nur untergeordnete Rolle.[55] Dies erklärt, warum in der EheVO 2003 – auch in ihren Erwägungsgründen – die gleichgeschlechtliche Ehe keine Erwähnung findet. Mittlerweile ist die gleichgeschlechtliche Ehe aber weit verbreitet. Dies alles spricht für eine dieser Entwicklung angepasste Auslegung des Begriffs „Ehe" auch in der EheVO 2003[56] und deren Erstreckung auf gleichgeschlechtliche Ehen (s. bereits → Rom III-VO Art. 1 Rn. 21 ff.).[57] Die Einbeziehung der gleichgeschlechtlichen Ehe in die EheVO 2003 gilt hierbei nicht nur für die Mitgliedstaaten, die an der Rom III-VO teilnehmen, sondern auch für die Mitgliedstaaten, die der Rom III-VO ferngeblieben sind. Anderenfalls gelangte man, dem Vereinheitlichungszweck der europäischen Gesetzgebung widersprechend, zu einer „gespaltenen" Auslegung der EheVO 2003. Hiergegen lässt sich auch nicht einwenden, dass den Mitgliedstaaten, die nicht an der Rom III-VO teilnehmen, nachträglich eine von ihnen nicht gewollte Erweiterung des Anwendungsbereich der EheVO aufgezwungen wird: Denn richtigerweise trifft die EheVO 2003, wie dargelegt, zu der Frage, ob gleichgeschlechtliche Ehen einbezogen sein sollen oder nicht, gerade keine bzw. jedenfalls keine *abschließende* kategorische Aussage in dem Sinn, dass gleichgeschlechtliche Ehen dauerhaft aus dem Anwendungsbereich der Verordnung ausgeschlossen sein sollen. Ein Eingriff in materielle Regelungsvorstellungen der betreffenden Mitgliedstaaten folgt hieraus auch deshalb nicht, weil die Mitgliedstaaten weiterhin die Möglichkeit haben, nach Maßgabe ihres eigenen Kollisionsrechts eine gleichgeschlechtliche Ehe als unwirksam anzusehen und damit einen Scheidungsantrag abzuweisen.[58] Nicht von der EheVO 2003 erfasst wird die Auflösung von **nichtehelichen Lebensgemeinschaften** bzw. von sonstigen Gemeinschaften – etwa **registrierten Partnerschaften** –, die keine Ehe darstellen; derartige Entscheidungen fallen auch nicht in den Anwendungsbereich der Rom III-VO (vgl. auch dazu → Rom III-VO Art. 1 Rn. 36 ff.).[59]

Die **Trennung ohne Auflösung des Ehebandes** bezieht sich auf formalisierte Trennungsverfahren unter   **4** Mitwirkung eines Gerichts oder einer Behörde, die zu einer Lockerung, nicht zur vollständigen Beseitigung des ehelichen Status führen. Erfasst werden hierbei vor allem solche Verfahren, die eine Vorstufe zur nachfolgend möglichen Scheidung darstellen.[60] Derartige Trennungsverfahren sind ua häufig in den romanischen Rechten vorgesehen.[61] Es kann sich hierbei auch um Verfahren handeln, die auf eine gerichtliche Bestätigung einer zwischen den Parteien getroffenen Trennungsvereinbarung gerichtet sind.[62] Schließlich werden auch scheidungsersetzende Trennungsverfahren vom sachlichen Anwendungsbereich der Verordnung erfasst.[63]

Die **Ungültigerklärung** einer Ehe betrifft solche Verfahren, welche die Ehe als Folge von Mängeln ihrer   **5** Eingehung aufheben.[64] Hierbei kommt es nicht darauf an, ob die Ungültigerklärung ex tunc oder – wie bei § 1313 S. 2 BGB – nur ex nunc wirkt.[65] Die EheVO 2003 ist nicht nur dann anwendbar, wenn die Ungültigerklärung durch einen der Ehegatten beantragt wird; sie gilt nach dem EuGH auch dann, wenn die Ungültigerklärung durch einen Dritten beantragt wird.[66] Im Anwendungsbereich der EheVO 2003 werden Scheidung und Ungültigerklärung der Ehe damit den gleichen verfahrensrechtlichen Regelungen unterworfen. Die Unterscheidung zwischen Scheidung und Ungültigerklärung der Ehe bleibt aber kollisionsrechtlich

---

55 Hierzu Magnus/Mankowski/*Pintens* EheVO Art. 1 Rn. 21.

56 Zu beachten ist auch, dass man bereits bei den Beratungen des Entwurfs zur Rom III-VO offenkundig von einer Anwendbarkeit der Zuständigkeitsvorschriften der EheVO 2003 auch auf die gleichgeschlechtliche Ehe ausgegangen ist. S. insbes. Bericht über den Vorschlag für eine Verordnung des Rates zur Begründung einer verstärkten Zusammenarbeit im Bereich des auf die Ehescheidung und Trennung ohne Auflösung des Ehebandes anzuwendenden Rechts (KOM(2010)0105 – C7–0315/2010– 2010/0067(CNS)), Berichterstatter *Tadeusz Zwiefka*, 2010/0067(CNS), S. 34 ff. (mit näherer Begründung); zuvor bereits die legislative Entschließung des Europäischen Parlaments vom 21.10.2008, ABl. EU C 15E v. 21.1.2010, S. 128, 132 sowie Stellungnahme des Europäischen Wirtschafts- und Finanzausschusses (ABl. EU C 325 vom 30.12.2006, S. 71 Anm. 3.3).

57 Wie hier *Mankowski* IPRax 2017, 541 (546) mwN; *Hausmann*, IntEuFamR, Rn. A 33; Thomas/Putzo/ *Hüßtege* EuEheVO Vor Art. 1 Rn. 5; vorsichtig auch bereits Corneloup/*Hammje* EheVO Art. 2 Rn. 35 ff.

58 Diejenigen Mitgliedstaaten, die an der Rom III-VO teilnehmen und in ihrem internen Recht eine gleichgeschlechtliche Ehe nicht vorsehen, können die Scheidung einer nach einem ausländischen Recht wirksam zustande gekommenen gleichgeschlechtlichen Ehe in Anwendung von Art. 13 Var. 2 Rom III-VO verweigern (siehe dazu näher → Rom III-VO Art. 13 Rn. 7 ff.).

59 Ausf. Magnus/Mankowski/*Pintens* EheVO Art. 1 Rn. 26 ff.

60 Rauscher/*Rauscher* Brüssel IIa-VO Art. 1 Rn. 2.

61 *Hausmann*, EuLF 2000/01, 271, 274; vgl. auch AG Leverkusen FamRZ 2002, 1636.

62 *Hausmann*, EuLF 2000/01, 271, 274 (zur „*separazione consensuale*" nach Art. 158 Codice civile).

63 Rauscher/*Rauscher* Brüssel IIa-VO Art. 1 Rn. 2.

64 Rauscher/*Rauscher* Brüssel IIa-VO Art. 1 Rn. 3.

65 Etwa *Hausmann*, IntEuFamR, A 28.

66 EuGH, Rs. C-294/15 (Mikolajczyk ./. Czarnecka und Czarnecki), NJW 2017, 375 (Rn. 22 ff.) (zur Ungültigerklärung der Ehe nach Tod eines der Ehegatten auf Antrag eines Dritten). Allerdings kann sich der Dritte nicht auf die Zuständigkeitsregeln des Art. 3 Abs. 1 lit. a fünfter und sechster Spiegelstrich stützen (EuGH aaO Rn. 38 ff.).

bedeutsam. Während die Scheidung nach der Rom III-VO behandelt wird, verbleibt es für die Ungültiger-klärung der Ehe bei dem durch Art. 13, 11 EGBGB bzw. ggf. (im Falle der gleichgeschlechtlichen Ehe) dem durch Art. 17 b EGBGB bestimmten Recht (→ Rom III-VO Art. 1 Rn. 9 ff.).

6   Nach dem EuGH gilt die EheVO 2003 sogar für die **Ungültigerklärung der Ehe nach dem Tod** eines Ehe-gatten.[67] Die Zuständigkeitsregeln nach Art. 3 Abs. 1 lit. a fünfter und sechster Spiegelstrich können nach dem EuGH aber nur von dem überlebenden Ehegatten, nicht von einem Dritten, der die Ungültigerklärung der Ehe beantragt, in Anspruch genommen werden.[68]

7   Von der EheVO 2003 nicht erfasst sind die Auswirkungen der Scheidung auf das Familienvermögen, die **Unterhaltspflicht** (Art. 1 Abs. 3 lit. e) oder sonstige Nebenaspekte wie die **Namensführung** oÄ Zur **Schuldfeststellung** → Rn. 16 f.

II. Feststellung des Bestehens oder Nichtbestehens der Ehe

8   Noch ungeklärt ist, ob auch der Antrag auf Feststellung des Bestehens oder Nichtbestehens einer Ehe (§ 121 Nr. 3 FamFG) bzw. entsprechende Anträge nach dem ausländischen Recht in den Anwendungsbereich der EheVO 2003 fallen. Der Frage kommt gerade in Fällen mit Auslandsbezug eine gewisse praktische Bedeu-tung zu, da hier Nichtehen häufiger anzutreffen sind als bei reinen Inlandsfällen.[69] Denkbar ist etwa, dass eine Ehe durch ausländische Staatsangehörige in Deutschland lediglich in kirchlicher Form geschlossen wurde, was nach Art. 13 Abs. 4 EGBGB dazu führt, dass keine Ehe geschlossen worden ist (→ EGBGB Art. 13 Rn. 99 ff.).[70]

9   Nach verbreiteter, aber sehr **umstrittener** Ansicht fallen sowohl positive als auch negative Feststellungs-verfahren in den Anwendungsbereich der EheVO 2003.[71] Andere Autoren lehnen demgegenüber eine Anwendung der EheVO 2003 auf Feststellungsverfahren gänzlich ab.[72] Vereinzelt wird auch in Erwägung gezogen, nur negative, nicht aber positive Feststellungsbegehren in den Anwendungsbereich der Verord-nung einzubeziehen.[73]

10   Für die generelle Einbeziehung der Feststellungsverfahren spricht die sachliche Nähe zwischen der (aus-drücklich von der EheVO 2003 erfassten) Ungültigerklärung[74] einerseits und der Feststellung der Nichtig-keit andererseits.[75] Es erscheint vielfach nur als dogmatische Zufälligkeit, ob das anwendbare Sachrecht bei gravierenden Eheschließungsmängeln (etwa einem Verstoß gegen das Bigamieverbot) eine konstitutive, ggf. *ex tunc* wirksame Ungültigerklärung oder aber eine Nichtigkeit mit der Möglichkeit einer nur deklara-torischen Feststellungsentscheidung vorsieht.[76] Die Ungültigerklärung schließt – da auch sie zunächst eine Feststellung des Mangels der Eheschließung enthält – bei einer von den nationalen Begrifflichkeiten losge-lösten Betrachtungsweise den auf die (deklaratorische) Feststellung der Nichtigkeit gerichteten Antrag mit ein.[77] Eine weite Auslegung des Art. 1 Abs. 1 lit. a steht zu guter Letzt auch im Einklang mit dem Verein-

67   EuGH, Rs. C-294/15 (Mikolajczyk ./. Czarnecka und Czarnecki), NJW 2017, 375 (Rn. 22 ff.) = NZFam 2017, 128 mit zust. Anm. *Kemper* und abl. Bespr. *Hilbig-Lugani* IPRax 2017, 556; anders noch der Bericht von *Borrás*, ABl. EG 1998 C 221 S. 37 (Rn. 27) und die bis zur Entscheidung des EuGH ganz hL (etwa Geimer/Schütze/*Dilger* EheVO Art. 1 Rn. 19; *Spellenberg* FS Geimer 2002, S. 1257; *Koh-ler* NJW 2001, 10; *Hau* FamRZ 1999, 484 (485)).

68   EuGH, Rs. C-294/15 (Mikolajczyk ./. Czarnecka und Czarnecki), NJW 2017, 375 (Rn. 38 f.).

69   Zu § 632 ZPO aF vgl. umfassend *Habscheid/Habscheid* FamRZ 1999, 480 f.

70   Vgl. auch BGH FamRZ 2003, 838 (842).

71   Thomas/Putzo/*Hüßtege* EuEheVO Art. 1 Rn. 2; Rau-scher/*Rauscher* Brüssel IIa-VO Art. 1 Rn. 13 ff.; Magnus/Mankowski/*Pintens EheVO Art.* 1 Rn. 54; *Gruber* FamRZ 2000, 1129 (1130); *v. Hoffmann/Thorn*, IPR, § 8 Rn. 61; *Vogel* MDR 2000, 1045 (1046); *Hau* FamRZ 1999, 484 (485); *Niklas*, S. 30 f.; *Fuchs/Tölg* ZfRV 2002, 95; auch *Pirrung* ZEuP 1999, 834 (843 f.).

72   Geimer/Schütze/*Dilger* EheVO Art. 1 Rn. 15; *ders.*, Rn. 133 ff.; Staudinger/*Spellenberg* EheVO Art. 1

Rn. 25; *Geimer* EheVO Art. 1 Rn. 29 f.; *Hausmann*, IntEuFamR, A 35; HK-ZPO/*Dörner* EheVO Art. 1 Rn. 8; Zöller/*Geimer* EuEheVO Art. 1 Rn. 1; Alt-hammer/*Arnold* EheVO Art. 1 Rn. 13; *Gröschl*, S. 83 ff.; *Simotta* FS Geimer 2002, S. 1115 (1146 f.); *Helms* FamRZ 2001, 257 (259); *Spellenberg* FS Schumann 2001, S. 423 (433); *ders.* FS Geimer 2002, S. 1257; *Hausmann*, EuLF 2000/2001, 271 (273); *Hajnczyk*, S. 53 f.; *Andrae* ERA-Forum 2003, 28 (32).

73   *Dornblüth*, S. 60 ff.; ferner *Rausch* FuR 2001, 151 (153); Rahm/Künkel/*Breuer*, VIII Rn. 139.7.

74   Vgl. die englische bzw. französische Textfassung: „marriage annulment" bzw. „l'annulation du mariage des époux".

75   S. Magnus/Mankowski/*Pintens* EheVO Art. 1 Rn. 54 (mit der Überlegung, dass dem EU-Gesetzgeber diese Differenzierung möglicherweise gar nicht bewusst war).

76   Rauscher/*Rauscher* Brüssel IIa-VO Art. 1 Rn. 16; abweichend *Hajnczyk*, S. 54; Geimer/Schütze/*Dilger* EheVO Art. 1 Rn. 16 (dort auch mit Hinweis auf das Haager Übereinkommen von 1970).

77   *Vogel* MDR 2000, 1045 (1046).

heitlichungszweck der EheVO 2003.[78] Dieser wäre wesentlich beeinträchtigt, wenn Scheidungs- und Feststellungsanträge gleichzeitig vor den Gerichten verschiedener Mitgliedstaaten verhandelt werden könnten, ohne dass hierbei die auf derartige Konfliktsfälle zugeschnittenen Art. 16, 19 herangezogen werden könnten.[79] Schwer hinnehmbar wäre es überdies, wenn ein Feststellungsbeschluss auf eine exorbitante Zuständigkeitsnorm des nationalen Rechts gestützt werden könnte, um sich sodann gegenüber einem nach der EheVO 2003 ergangenen Scheidungsbeschluss als Anerkennungshindernis (Art. 22 lit. c) auszuwirken. Effet utile-Erwägungen sprechen also dafür, den Anwendungsbereich eher weit zu fassen.

Keine zustimmenswerte Lösung liegt darin, nur negative Feststellungsanträge in den Anwendungsbereich der EheVO 2003 aufzunehmen. Hiergegen spricht bereits, dass es sonst der Antragsteller in der Hand hätte, durch die in sein Belieben gestellte (positive oder negative) Formulierung des Feststellungsantrags den Anwendungsbereich der EheVO 2003 zu eröffnen oder auszuschließen.[80] **11**

Im Übrigen ist zu konzedieren, dass nach Art. 21 ff. iVm Art. 2 Nr. 4 nur „eheauflösende" Entscheidungen anzuerkennen sind (→ EheVO Art. 21 Rn. 6 f.).[81] Dies hat zur Folge, dass nur eine den positiven Feststellungsantrag abweisende bzw. dem negativen Feststellungsantrag stattgebende Entscheidung, nicht aber umgekehrt eine dem positiven Feststellungsantrag stattgebende bzw. den negativen Feststellungsantrag abweisende Entscheidung nach den Vorschriften der EheVO 2003 anerkannt werden kann. Insoweit gilt für die Feststellungsentscheidung aber nichts anderes als für den Scheidungsbeschluss, der ebenfalls nur dann nach Maßgabe der Art. 21 ff. anzuerkennen ist, wenn er den (Fort-)Bestand der Ehe negiert. In beiden Fällen bleibt die EheVO 2003 im Übrigen, was die Frage der internationalen Zuständigkeit anbelangt, sachlich anwendbar. **12**

III. Antrag auf Herstellung des ehelichen Lebens

Nicht in den Anwendungsbereich der EheVO 2003 fallen, weil es dort nicht um eine Statusänderung bzw. -feststellung geht, Anträge auf Herstellung des ehelichen Lebens[82] sowie umgekehrt der Antrag auf Feststellung des Rechts zum Getrenntleben.[83] **13**

IV. Gerichtliche oder behördliche Verfahren

Die Verordnung bezieht sich ihrem Wortlaut nach nur auf gerichtliche oder behördliche Verfahren (Art. 1 iVm Art. 2 Nr. 1, 2, 4). Mittlerweile sehen verschiedene Mitgliedstaaten Verfahren vor, in denen die Scheidung nicht durch ein Gericht, sondern durch sonstige **Behörden** (etwa Rechtspfleger oder Standesbeamte) konstitutiv ausgesprochen wird. Damit sind diese Behörden in den genannten Verfahren ebenfalls an die Zuständigkeitsregeln der EheVO 2003 gebunden; ferner sind ihre Entscheidungen nach Maßgabe der EheVO 2003 in den anderen Mitgliedstaaten anzuerkennen. Derartige behördliche Scheidungsverfahren sind allerdings zu unterscheiden von **Privatscheidungsverfahren**, bei denen die Behörde die Scheidung nicht selbst konstitutiv herbeiführt, sondern die Scheidung unmittelbar durch einen Privatakt der Ehegatten (etwa einem Vertrag) zustande kommt. Der EuGH hat in der Rs. *Sahyouni II* entschieden, dass weder die Rom III-VO noch die EheVO 2003 auf Privatscheidungen anwendbar sind.[84] Dies gilt nach dem EuGH auch für Privatscheidungen, die in dem Recht von EU-Mitgliedstaaten eingeführt worden sind.[85] Allerdings ist aktuell noch nicht eindeutig geklärt, wie der EuGH in diesem Zusammenhang die (von der EheVO 2003 erfasste) behördliche Scheidung von der (von der EheVO 2003 nicht erfassten) Privatscheidung im Einzelnen abgrenzen möchte. In der Rs. *Sahyouni II* hat der EuGH angedeutet, dass er möglicherweise nicht maßgeblich darauf abstellen möchte, ob die Scheidung konstitutiv durch einen Hoheitsakt oder einen Privatakt (Vertrag) herbeigeführt wird. Vielmehr könnte nach dem EuGH eine (von der EheVO 2003 erfasste) **14**

78 Geht man davon aus, dass derartige Anträge nicht in den Anwendungsbereich der EheVO 2003 fallen, so richtet sich die internationale Zuständigkeit deutscher Gerichte nach § 98 FamFG.

79 Konsequent *Dilger*, Rn. 336.

80 Zutr. *Simotta* FS Geimer 2002, S. 1115 (1146 f.) (allerdings im Erg. eine Anwendung der EheVO auf Feststellungsanträge insgesamt abl.).

81 Geimer/Schütze/*Dilger* EheVO Art. 1 Rn. 15; *Geimer* EheVO Art. 1 Rn. 31; Staudinger/*Spellenberg* EheVO Art. 1 Rn. 18 ff.; *Andrae* ERA-Forum 2003, 28 (32); *Gröschl*, S. 84 f.; abweichend allerdings Corneloup/*Hammje* EheVO Art. 2 Rn. 22 ff. mit ausf. Begr.

82 MüKoZPO/*Gottwald* EheVO Art. 1 Rn. 9; *Dilger*, Rn. 156; *Dornblüth*, S. 40; *Rausch* FuR 2001, 151; *Borth/Grandel,* in Musielak/Borth, Familiengerichtliches Verfahren, Art. 1 Rn. 1.

83 Im Erg. wie hier Geimer/Schütze/*Dilger* EheVO Art. 1 Rn. 18; MüKoZPO/*Gottwald* EheVO Art. 1 Rn. 9; *Finger* FamRB 2004, 234.

84 EuGH, Rs. C- 372/16 (Sahyouni II) NJW 2018, 447 = FamRZ 2018, 169 m. krit. Bespr. *Coester-Waltjen* IPRax 2018, 238 ff.

85 EuGH, Rs. C- 372/16 (Sahyouni II), NJW 2018, 447 (Rn. 47) = FamRZ 2018, 169 unter Bezugnahme auf Nr. 66 der Schlussanträge des Generalanwalts; wie hier *Coester-Waltjen* IPRax 2018, 238 (239).

behördliche Entscheidung bereits dann anzunehmen sein, wenn der für die Scheidung konstitutive Privatakt „unter der Kontrolle" einer Behörde zustande kommt.[86] Dies könnte dazu führen, dass die mittlerweile ua im italienischen,[87] spanischen[88] und französischen[89] Recht vorgesehenen (Privat-)Scheidungsverfahren letztlich doch ganz oder teilweise in den Anwendungsbereich der EheVO 2003 fallen. Die Frage nach der Anwendbarkeit der EheVO 2003 auf europäische Privatscheidungsverfahren ist daher aktuell noch nicht geklärt (siehe zu alledem die ausf. Darstellung im Band Rom-Verordnungen → Rom III-VO Art. 1 Rn. 70 ff., 87 ff.). Zur ebenfalls sehr umstrittenen (nach der hier vertretenen Auffassung abzulehnenden) Anwendung des Art. 46 EheVO 2003 auf die Privatscheidung siehe noch → EheVO Art. 46 Rn. 2 sowie näher → Rom III-VO Art. 1 Rn. 90 ff.

15   In Reaktion auf die Entscheidung des EuGH in der Rs. *Sahyouni II* hat man allerdings in der **Neufassung der EheVO 2003** – der hier sog. **EheVO 2019**[90] – neue Regelungen zur Anerkennung von Privatscheidungen eingefügt. Die EheVO 2019 gilt für Privatscheidungen, die in einem Mitgliedstaat am oder nach dem 1.8.2022 zustande kommen (Art. 100 Abs. 1 EheVO 2019).[91] In der EheVO 2019 werden ausweislich des 14. Erwägungsgrundes[92] offenkundig Privatscheidungen, die im Anschluss an einer vorherige behördliche bzw. gerichtliche materielle (Inhalts-)Kontrolle vorgenommen werden, *a priori* anzuerkennenden „Entscheidungen" gleichgestellt.[93] Insoweit könnte die vom EuGH in der Rs. *Sahyouni II* angedeutete Abgrenzungsformel, bei der es auf die „Kontrolle" des Privatakts durch ein Gericht oder eine Behörde ankommen soll (→ Rn. 14), weiter Verwendung finden. Eine Anerkennung erfolgt dann unmittelbar nach Maßgabe der auch auf „klassische" gerichtliche Scheidungsurteile anwendbaren Art. 30 ff. EheVO 2019. Für die verbleibenden Privatscheidungen, die in öffentlichen Urkunden oder sonstigen Vereinbarungen enthalten sein können, sehen Art. 64 ff. EheVO 2019 aber letztlich ebenfalls einen (quasi-)verfahrensrechtlichen Anerkennungsmechanismus vor. Voraussetzung für die Anerkennung nach Art. 64 ff. EheVO 2019 ist nur, dass eine in Art. 66 EheVO 2019 näher umschriebene Bescheinigung vorgelegt wird. Aus dieser Bescheinigung muss sich ergeben, dass der Mitgliedstaat, in dem die Privatscheidung zustande gekommen ist, gemäß Art. 3 ff. EheVO 2019 international zuständig war, und dass die öffentliche Urkunde oder die Vereinbarung in diesem Mitgliedstaat „rechtsverbindliche Wirkung" hat, also die Ehe aufgelöst oder (im Falle der Trennung ohne Auflösung des Ehebandes) eine „Lockerung" des Ehebandes bewirkt hat. Wird eine solche Bescheinigung nicht vorgelegt, wird die Scheidung nach Art. 66 Abs. 5 EheVO 2019 allerdings nicht anerkannt, was wohl auch eine weitergehende Anerkennung dieser Scheidung nach dem nationalen Verfahrens- oder Kollisionsrecht ausschließt.

16   **Kirchliche Entscheidungen** fallen nicht unter die EheVO 2003. Dies ergibt sich bereits aus der Definition des Gerichts in Art. 2 Nr. 1. Nicht einbezogen sind auch solche kirchlichen Entscheidungen, die in dem betreffenden Mitgliedstaat unmittelbar Wirksamkeit entfalten.[94] In den sachlichen Anwendungsbereich der EheVO 2003 fallen demgegenüber staatliche Entscheidungen, durch der kirchlichen Entscheidung staatliche Wirkungen beigelegt werden.[95] Für Portugal, Spanien, Italien und Malta ist ferner die Sonderregelung in Art. 63 zu beachten.[96]

---

[86] EuGH, Rs. C-372/16 (Sahyouni II), NJW 2018, 447 (Rn. 45) = FamRZ 2018, 169.

[87] Nähere Darstellung des italienischen Privatscheidungsverfahrens bei *Patti* in Scheidung ohne Gericht?, S. 105 ff.; *Scalzini* StAZ 2016, 129 ff.; *Cubeddu Wiedemann/Henrich* FamRZ 2015, 1253 ff.; *Beller/Wahl* BWNotZ 2015, 158 (160); *Mayer* StAZ 2018, 106 (108); Bergmann/Ferid/Henrich/*Henrich*, Internationales Ehe- und Kindschaftsrecht, Italien, 223. Erg.Lief., S. 41 f.

[88] *Riba* in Scheidung ohne Gericht?, S. 119, 131 ff.; *ders.*, FamRZ 2016, 1557 (1558); *Mayer* StAZ 2018, 106 (109).

[89] *Ferrand* in Scheidung ohne Gericht?, S. 146 (167 ff.); *Ferrand/Francoz-Terminal* FamRZ 2017, 1456 ff.; *Mayer* StAZ 2018, 106 (109 f.).

[90] Verordnung (EU) 2019/1111 des Rates vom 25. Juni 2019 über die Zuständigkeit, die Anerkennung und Vollstreckung von Entscheidungen in Ehesachen und in Verfahren betreffend die elterliche Verantwortung und über internationale Kindesentführungen (Neufassung), ABl. L 178 S. 1.

[91] Siehe Art. 100 Abs. 1 EheVO 2019: „Diese Verordnung gilt nur für am oder nach dem 1. August 2022 eingeleitete gerichtliche Verfahren, förmlich errichtete oder eingetragene öffentliche Urkunden und eingetragene Vereinbarungen."

[92] S. insbesondere Satz 2 des Erwägungsgrundes: „Jede vom Gericht nach einer Prüfung in der Sache nach dem nationalen Recht und nach dem nationalen Verfahren gebilligte Vereinbarung sollte als „Entscheidung" anerkannt oder vollstreckt werden."

[93] So auch *Antomo* StAZ 2020, 33 (43).

[94] Rauscher/*Rauscher* Brüssel IIa-VO Art. 1 Rn. 11; *Spellenberg* FS Schumann 2001, S. 423, 435; aA *Helms* FamRZ 2001, 257 (259).

[95] Geimer/Schütze/*Dilger* EheVO Art. 2 Rn. 4; Rauscher/*Rauscher* Brüssel IIa-VO Art. 2 Rn. 7; Althammer/*Arnold* EheVO Art. 1 Rn. 9; *Hausmann,* IntEuFamR, A 25; *Spellenberg* FS Schumann 2001, S. 423, 435 f.; *Helms* FamRZ 2001, 257 (259).

[96] Hierzu auch *Spellenberg* FS Schumann 2001, S. 423, 435 f.

V. Schuldfeststellung

Anders als das deutsche Scheidungsrecht machen viele ausländische Scheidungsrechte die Scheidung davon   **17**
abhängig, dass den Antragsgegner ein **Verschulden** an dem Scheitern der Ehe trifft. Soweit die Feststellung
des Verschuldens über den Scheidungsausspruch hinaus Wirkungen entfaltet – etwa im Hinblick auf Unterhaltsansprüche der Ehegatten –, ist die Verschuldensfeststellung nicht nur in die Gründe, sondern in den
Tenor der Entscheidung aufzunehmen.[97] Auch die internationale Zuständigkeit für die Feststellung des Verschuldens richtet sich nach der EheVO 2003.[98] Dies ergibt sich daraus, dass das Verschulden eine materiellrechtliche Voraussetzung des Scheidungsausspruchs darstellt und deshalb wie alle anderen Scheidungsgründe auch vom für die Scheidung zuständigen Gericht geprüft werden muss. Sodann richtet sich auch die
Anerkennung der entsprechenden Feststellung nach der EheVO 2003.[99] Die Anmerkung im Bericht von
Borrás zum Brüssel II-Abkommen, wonach Aspekte des Verschuldens der Ehegatten nicht einbezogen wer-
den sollen,[100] steht dem nur scheinbar entgegen. Dasselbe gilt für die im 8. Erwägungsgrund zur EheVO
2003 enthaltene Aussage, dass „Fragen wie die Scheidungsgründe" nicht in den Anwendungsbereich der
Verordnung fallen. Nicht erfasst werden lediglich nicht-scheidungsrechtliche Regelungsfragen, also etwa
Unterhaltsfragen, die mittelbar von der Verschuldensfeststellung beeinflusst werden.[101] Auch der Antrag auf
Verurteilung eines Ehegattens zur Zahlung von Schadensersatz wegen eines Scheidungsverschuldens fällt,
da er nicht zu den unter Art. 1 lit. a genannten Anträgen zählt, nicht in den Anwendungsbereich der EheVO
2003.[102]

VI. Zuweisung von Haushaltsgegenständen und Ehewohnung

Grundsätzlich ist die EheVO 2003 auf Verfahren nach §§ 1, 2 Gewaltschutzgesetz und §§ 1361a, 1361b   **18**
BGB sowie der §§ 200 ff. FamFG bzw. vergleichbare ausländische Verfahren nicht anwendbar. Nach bis-
lang vertretener Auffassung konnte sich allerdings – über den eigentlichen sachlichen Anwendungsbereich
der EheVO 2003 hinaus – eine Zuständigkeit Art. 20 ergeben. Was die Verfahren nach §§ 1361a, 1361b
BGB sowie wohl auch nach § 2 Gewaltschutzgesetz anbelangt, ist allerdings seit dem 29.1.2019 die
EuGüVO anzuwenden; ein Rückgriff auf Art. 20 scheidet insoweit aus (vgl. näher → EheVO Art. 20
Rn. 10 ff.).

C. Verfahren betreffend die elterliche Verantwortung

Nach Art. 1 Abs. 1 lit. b betrifft die Verordnung ferner die Zuweisung, die Ausübung, die Übertragung   **19**
sowie die (vollständige oder teilweise) Entziehung der **elterlichen Verantwortung**. Art. 2 Nr. 1 enthält eine
Definition des Begriffs der elterlichen Verantwortung. Unter der elterlichen Verantwortung sind die Rechte
und Pflichten zu verstehen, die einer Person im Hinblick auf ein Kind bzw. dessen Vermögen zustehen. Träger der elterlichen Verantwortung kann eine natürliche, aber auch eine juristische Person sein. Die elterliche
Verantwortung kann auf dem Gesetz, einer gerichtlichen oder behördlichen Entscheidung oder einer verbindlichen Vereinbarung beruhen (vgl. Art. 2 EheVO Nr. 7, 8). Bis zu welchem Alter Personen noch als
„**Kind**" angesehen werden können, richtet sich unter der EheVO 2003 noch nach dem durch Art. 7 EGBGB
zu bestimmenden nationalen Recht (näher → EheVO Art. 2 Rn. 3).

Es kommt mithin nicht darauf an, ob das Verfahren über die elterliche Verantwortung im Zusammenhang   **20**
mit einer Ehesache iSd Art. 1 Abs. 1 lit. a steht. Es werden m.a.W. nicht nur „unselbstständige", aus Anlass
einer Ehesache betriebene, sondern auch „selbstständige" bzw. „isolierte" **Verfahren** über die elterliche
Verantwortung für **eheliche oder nichteheliche Kinder** in den Anwendungsbereich der EheVO 2003 einbezogen. Partei eines Verfahrens können nicht nur die leiblichen Eltern sein, sondern auch sonstige juristi-

---

97 S. *BGH* NJW 1988, 636 = IPRax 1988, 173 =
    FamRZ 1987, 797; OLG Hamm IPRax 2000, 308
    mAnm *Roth*, S. 292; OLG Zweibrücken FamRZ
    1997, 430 (431); OLG Karlsruhe FamRZ 1995, 738;
    1990, 168 (169) = NJW-RR 1990, 777 (778); OLG
    Hamm FamRZ 1989, 625; OLG Celle FamRZ 1989,
    623 (624); OLG Bamberg FamRZ 1979, 514; OLG
    Hamm NJW 1978, 2452.

98 *Spellenberg* FS Schumann 2001, S. 423, 434 (wenn
    auch zweifelnd); *ders.* FS Geimer 2002, S. 1257,
    1258.

99 Rauscher/*Rauscher* Brüssel IIa-VO Art. 1 Rn. 18 f.
    mit überzeugender Begr.

100 *Borrás*, ABl. EG 1998 C 221 S. 35 (Rn. 22).

101 Rauscher/*Rauscher* Brüssel IIa-VO Art. 1 Rn. 19;
    Spellenberg FS Schumann 2001, S. 423 (434); *ders.*
    FS Geimer 2002, 1257 f.; Geimer/Schütze/*Dilger*
    EheVO Art. 1 Rn. 21.

102 Staudinger/*Spellenberg* EheVO Art. 1 Rn. 10; *ders.*,
    ZZPInt (6) (2001), 109 (117); *Gaudemet-Tallon*, JDI
    2001, 381 (388) Nr. 13.

sche oder natürliche Personen, denen die elterliche Verantwortung ganz oder teilweise zusteht (vgl. Art. 2 Nr. 7, 8).[103]

21   Art. 1 Abs. 2 enthält eine nicht abschließende („insbesondere")[104] Aufzählung der wichtigsten Verfahren über die elterliche Verantwortung. Erfasst werden nach Art. 1 Abs. 2 lit. a Verfahren über das (in Art. 2 Nr. 9 näher definierte) **Sorgerecht** sowie Verfahren über das (in Art. 2 EheVO Nr. 10 näher definierte) **Umgangsrecht**.[105] Das Umgangsrecht beschränkt sich hierbei nicht auf das Umgangsrecht der Eltern, sondern umfasst auch das Umgangsrecht sonstiger Personen (etwa der Großeltern, s. noch → EheVO Art. 2 Rn. 4, Art. 9 Rn. 2).[106] Daneben umfasst der Begriff der elterlichen Verantwortung Zivilsachen betreffend die **Vormundschaft** und **Pflegschaft** (Art. 1 Abs. 2 lit. b),[107] die Bestimmung des Aufgabenbereichs von **Betreuern**, Beiständen ua (Art. 1 Abs. 2 lit. c) und die **Unterbringung** des Kindes in einem Heim oder in einer Pflegefamilie (Art. 1 Abs. 2 lit. d). Die EheVO 2003 erfasst über den in Art. 1 Abs. 2 lit. d genannten Fall hinaus auch die die Unterbringung zu therapeutischen und erzieherischen Zwecken[108] sowie die Unterbringung mit freiheitsentziehenden Maßnahmen, soweit diese zum Schutz des Kindes und nicht seiner Bestrafung angeordnet worden ist.[109] Ferner erstreckt sich die EheVO 2003 auf Maßnahmen zum Schutz des Kindes im Zusammenhang mit der **Verwaltung und Erhaltung seines Vermögens** oder der Verfügung darüber (Art. 1 Abs. 2 lit. e). Erfasst sind ua die Fälle, in denen die Eltern über die Verwaltung des Vermögens im Streit liegen;[110] vom Anwendungsbereich der EheVO 2003 erfasst ist auch die gerichtliche Genehmigung einer Vereinbarung zur Erbauseinandersetzung, die ein Verfahrenspfleger für das Kind abgeschlossen hat (→ Rn. 24).[111] Das Vermögen des Kindes betreffende Maßnahmen, die nicht dessen Schutz betreffen, fallen unter die EuGVVO.[112] Der Begriff der **„Ausübung" der elterlichen Verantwortung** bezeichnet Verfahren, die bestimmte Einzelfragen der elterlichen Verantwortung betreffen. In den Anwendungsbereich der EheVO 2003 fällt damit etwa ein Verfahren auf Ersetzung der Zustimmung des anderen Elternteils zu einer Reise eines Kindes außerhalb des Aufenthaltsmitgliedstaats des Kindes und zur Ausstellung eines Reisepasses auf dessen Namen.[113] Auch Anträge auf **Herausgabe des Kindes** werden erfasst;[114] allerdings bleibt hiervon die Zuständigkeit von Gerichten und Behörden zur Anordnung einer Kindesrückgabe nach dem HKÜ unberührt (zur fortbestehenden Anwendbarkeit des HKÜ → EheVO Art. 10 Rn. 1).

22   Nach Art. 1 Abs. 2 werden nur „Zivilsachen" erfasst. Hierzu zählen – wie aus Art. 2 Nr. 1, 2, 4 deutlich wird – sowohl **gerichtliche** als auch **behördliche Verfahren**. Nach dem EuGH ist die EheVO 2003 bei der gebotenen autonomen Auslegung des Begriffs der „Zivilsache" auch auf solche Verfahren anzuwenden, die nach der Rechtsordnung eines Mitgliedstaates dem **öffentlichen Recht** unterliegen. Dies gilt ua für die **behördliche Inobhutnahme** und die **Unterbringung** eines Kindes. Die Zuständigkeit für diese Maßnahmen und die Anerkennung und Vollstreckung solcher Maßnahmen richtet sich daher einheitlich nach der

---

103   Insgesamt wurde der Anwendungsbereich der EheVO 2003 durch die Einbeziehung sämtlicher Verfahren über die elterliche Verantwortung gegenüber dem Anwendungsbereich der EheVO 2000 erheblich erweitert; vgl. Erwägungsgrund Nr. 5 zur EheVO 2003 (ABl EG 2003 L 338 S. 1); zum Anwendungsbereich der EheVO 2000 vgl. ausf. *Spellenberg* FS Sonnenberger 2004, S. 677 f.

104   EuGH, Rs. C-435/06 (C), Slg 2007, I-10141 (Rn. 30) = IPRax 2008, 509 = FamRZ 2008, 125; Stellungnahme des Generalanwalts *Jääskinen* v. 4.10.2010 in der Rs. C-296/10 (Purrucker II), Rn. 93.

105   Auch ein zur Durchsetzung des Umgangsrechts verhängtes Zwangsgeld fällt dementsprechend in den Anwendungsbereich der EheVO 2003 und ist damit nach den Bestimmungen der EheVO 2003 für vollstreckbar zu erklären (EuGH, Rs. C-4/14 (Bohez ./. Wiertz), NJW 2016, 226; näher *Dutta* ZEuP 2016, 427 (453)).

106   EuGH, Rs. C-335/17 (Neli Valcheva ./. Babanarakis), NJW 2018, 2034; zustimmend *Mansel/Thorn/ Wagner* IPRax 2019, 85 (106).

107   Etwa OLG Bremen FamRZ 2017, 1227 (Entscheidung über Beendigung der Vormundschaft).

108   EuGH, Rs. C-92/12 PPU (Health Service Executive ./. S.C., A.C.), FamRZ 2012, 1466 (Rn. 63).

109   EuGH, Rs. C-92/12 PPU (Health Service Executive ./. S.C., A.C.), FamRZ 2012, 1466 (Rn. 64) zur Unterbringung eines suizidgefährdeten Kindes; zustimmend *Kroll-Ludwigs* GPR 2013, 46 (47); *Pirrung* IPRax 2013, 405 (406).

110   Vgl. Erwägungsgrund Nr. 9 zur EheVO 2003 (ABl. EU 2003 L 338 S. 1).

111   EuGH, Rs. C-404/14 (Matoušková), NJW 2016, 387 (Rn. 25 ff.) mit zust. Anm. *Hilbig-Lugani* NZFam 2015, 1030. Hierbei handelt es sich auch nicht um eine vom Anwendungsbereich der EheVO 2003 ausgeschlossene Maßnahme, weil sie nicht das „Erbrecht" iSv Art. 1 Abs. 3 lit. f betrifft (EuGH aaO).

112   Erwägungsgrund Nr. 9 zur EheVO 2003 (ABl. EU 2003 L 338 S. 1).

113   EuGH, Rs. C-215/15 (Gogova/Iliev), NJW 2016, 1007 (Rn. 25 ff.). Die Erstellung des Reisepasses selbst fällt demgegenüber nicht in den Anwendungsbereich der EheVO 2003 (*Dutta* ZEuP 2016, 427 (445); *Hilbig-Lugani* GPR 2016, 199 (200 f.)).

114   Etwa OLG München IPRax 2016, 379 (Rn. 21) mAnm *Siehr*.

EheVO 2003.[115] Dem EuGH ist schon deshalb zuzustimmen, weil die verfahrensrechtliche Ausgestaltung derartiger Maßnahmen in den Mitgliedstaaten nicht darüber entscheiden darf, wer eine Zuständigkeit nach der EheVO 2003 in Anspruch nehmen kann bzw. ob derartige Maßnahmen in den anderen Mitgliedstaaten nach der EheVO 2003 anerkannt werden oder nicht.[116] Es kommt daher auch nicht darauf an, ob diese Maßnahmen nach dem internen Recht eines Mitgliedstaates auf dem Zivilrechtsweg oder dem Verwaltungsrechtsweg angegriffen werden können.[117] Aus deutscher Sicht ist also zB die auch Inobhutnahme durch das Jugendamt nach § 42 Abs. 1 SGB VIII erfasst.[118]

Dem (insoweit missverständlichen) Begriff der „Zivilsache" kommt somit Abgrenzungsfunktion nicht zum öffentlichen Recht, sondern (nur) zu **strafrechtlichen Verfahren** und dort getroffenen (Folge-)Entscheidungen zu.[119] Nicht in den Anwendungsbereich der EheVO 2003 fallen dementsprechend, wie Art. 1 Abs. 3 lit. g nochmals hervorhebt, Maßnahmen infolge von Straftaten, die von Kindern begangen worden sind.[120] Hierunter fällt insbesondere die sich an die strafrechtlichen Maßnahmen anschließende und mit diesen inhaltlich zusammenhängende **Unterbringung des Kindes in einem Heim**.[121]   **23**

Art. 1 Abs. 3 enthält eine Aufzählung von nicht erfassten Materien. In diesem Zusammenhang gelten zT europäische Verordnungen (EuUntVO; EuErbVO); zT gilt nationales Verfahrensrecht. Der Umstand, dass eine dem Schutz des Kindes dienende familiengerichtliche Genehmigung im Zusammenhang mit einem Nachlassverfahren beantragt wird, führt allerdings nicht dazu, dass eine das Erbrecht betreffende Maßnahme iSv Art. 1 Abs. 3 lit. f anzunehmen ist. Vielmehr bleibt die EheVO 2003 im Hinblick auf die Genehmigung anwendbar; die EuErbVO ist insoweit nicht heranzuziehen. Nach dem EuGH ist etwa die gerichtliche **Genehmigung einer Vereinbarung zur Erbauseinandersetzung**, die ein Verfahrenspfleger für das Kind abgeschlossen hat, nicht vom Ausnahmetatbestand des Art. 1 Abs. 3 lit. f erfasst.[122] Dasselbe gilt für einen Antrag der Eltern auf **Genehmigung der Erbausschlagung** für das Kind.[123] Nicht von der EheVO 2003 erfasst sind ua die Adoption sowie „Maßnahmen zur Vorbereitung einer Adoption" (Art. 1 Abs. 3 lit. b). Eine solche Vorbereitungsmaßnahme stellt insbesondere die Pflege des Kindes als Probezeit für eine spätere Adoption dar.[124]   **24**

Insgesamt lässt sich nicht erkennen, dass der materielle Anwendungsbereich der EheVO 2003 vom **Anwendungsbereich des KSÜ** abweicht.[125] Insbesondere ist zwischen der in Art. 2 Nr. 7 enthaltenen Definition des Begriffs der „elterlichen Verantwortung" und der in Art. 1 Abs. 2 KSÜ enthaltenen Definition dieses Begriffs kein inhaltlicher Unterschied festzustellen.[126] Auch die in Art. 1 Abs. 2, 3 enthaltene beispielhafte Aufzählung von erfassten und ausgeschlossenen Materien stimmt zT im Wortlaut, iÜ inhaltlich mit den in Art. 3, 4 KSÜ enthaltenen Aufzählungen überein. Zur Konkretisierung des Anwendungsbereichs der EheVO 2003 hat der EuGH dementsprechend auch auf den von *Lagarde* erstellten Bericht zum KSÜ Bezug genommen.[127] Ergänzend kann daher, was den genauen Anwendungsbereich der EheVO 2003 anbelangt,   **25**

115 EuGH, Rs. C-435/06 (C), Slg 2007, I-10141 = IPRax 2008, 509 mit zust. Bespr. *Gruber*, 490 = FamRZ 2008, 125 mit zust. Bespr. *Dutta*, 835 und zust. Bespr. *Gallant*, Rev. crit. dr. int. priv. 2009, 353; nochmals bestätigt durch EuGH, Rs. C-523/07 (A), FamRZ 2009, 843 (844) (Rn. 28 f.) und EuGH, Rs. C-92/12 PPU (Health Service Executive ./. S.C., A.C.), FamRZ 2012, 1466 (Rn. 60); EuGH Rs. C-428/15 (Child and Family Agency), FamRZ 2016, 2071 (Rn. 32) mAnm *Gössl*. Aus der Lit. etwa *Hilbig-Lugani* GPR 2016, 199 (200); *Dutta/Schulz* ZEuP 2012, 526 (532); *Pirrung* FS Kropholler 2008, S. 399 (407 ff.); *Quiñones Escámez*, Rev. de Derecho Comunitario Europeo 2008, 457 (461 ff.).

116 EuGH, Rs. C-435/06 (C), Slg 2007, I-10141 (Rn. 45); zur Argumentation im Einzelnen vgl. *Dutta* FamRZ 2008, 835 (838 ff.); *Gruber* IPRax 2008, 490 ff.

117 Vgl. die Schlussanträge der Generalanwältin *Kokott* v. 20.9.2007, Rs. C 435/06 (C), Rn. 52 („Zivilsachen im Sinne von Art. 61 Buchst. C EG und Art. 65 EG können daher ebenfalls staatliche Maßnahmen einschließen, die Zivilrechtsverhältnisse wie etwa die Ausübung der elterlichen Verantwortung betreffen, auch wenn entsprechende Maßnahmen in einigen Mitgliedstaaten als öffentlich-rechtlich eingeordnet werden."); *Pirrung* FS Kropholler 2008, S. 399, 409.

118 *Hausmann*, IntEuFamR, F 29; auch *Pirrung* IPRax 2013, 404 (406).

119 *Pirrung* FS Kropholler 2008, S. 399 (409); *Hausmann*, IntEuFamR, F 31 und F 46; *Wittwer*, ELR 2008, 67 (68).

120 Hierbei kommt es nicht darauf an, ob tatsächlich strafrechtliche Sanktionen ieS verhängt worden oder ob dies ua deshalb unterblieben ist, weil das Kind noch nicht strafmündig war (Staudinger/*Pirrung*, C 33).

121 Vgl. Kommissionsvorschlag KOM (2002) 222 endgültig/2, S. 6 (zu Art. 1).

122 EuGH, Rs. C-404/14 (Matoušková), NJW 2016, 387 (Rn. 25 ff.) mit zust. Anm. *Hilbig-Lugani* NZFam 2015, 1030.

123 EuGH, Rs. C-565/16 (Saponaro ./. Xylina), NJW 2018, 1741 (Rn. 16 ff.) = RNotZ 2018, 552 mAnm *Tschernoster*.

124 MüKoBGB/*Heiderhoff* EheVO Art. 1 Rn. 9 unter Hinweis auf den zum KSÜ erstellten Bericht von Lagarde (*Paul Lagarde*, Rapport explicatif, Rn. 28).

125 *Gruber* IPRax 2005, 293 (296); *Andrae* ERA-Forum 2003, 28 (36) (zum Verordnungsentwurf v. 17.5.2002); *Francq* ERA-Forum 2003, 54 (55 f.).

126 Vgl. hierzu auch *Andrae* ERA-Forum 2003, 28, 35; *Sumampouw*, Liber amicorum Siehr 2000, S. 729 (731); *Helms* FamRZ 2001, 257 (258); *Borrás*, ABl. EG 1998 C 221 S. 31 (Rn. 9).

127 EuGH, Rs. C-404/14 (Matoušková), NJW 2016, 387 (Rn. 32); hierzu auch *Dutta* ZEuP 2016, 427 (443 f.).

auch auf die Kommentierung des KSÜ verwiesen werden. Für die Anerkennung und Vollstreckung von **öffentlichen Urkunden** s. Art. 46.

Art. 2 EheVO 2003 Begriffsbestimmungen

Für die Zwecke dieser Verordnung bezeichnet der Ausdruck

1. „Gericht" alle Behörden der Mitgliedstaaten, die für Rechtssachen zuständig sind, die gemäß Artikel 1 in den Anwendungsbereich dieser Verordnung fallen;
2. „Richter" einen Richter oder Amtsträger, dessen Zuständigkeiten denen eines Richters in Rechtssachen entsprechen, die in den Anwendungsbereich dieser Verordnung fallen;
3. „Mitgliedstaat" jeden Mitgliedstaat mit Ausnahme Dänemarks;
4. „Entscheidung" jede von einem Gericht eines Mitgliedstaates erlassene Entscheidung über die Ehescheidung, die Trennung ohne Auflösung des Ehebandes oder die Ungültigerklärung einer Ehe sowie jede Entscheidung über die elterliche Verantwortung, ohne Rücksicht auf die Bezeichnung der jeweiligen Entscheidung, wie Urteil oder Beschluss;
5. „Ursprungsmitgliedstaat" den Mitgliedstaat, in dem die zu vollstreckende Entscheidung ergangen ist;
6. „Vollstreckungsmitgliedstaat" den Mitgliedstaat, in dem die Entscheidung vollstreckt werden soll;
7. „elterliche Verantwortung" die gesamten Rechte und Pflichten, die einer natürlichen oder juristischen Person durch Entscheidung oder kraft Gesetzes oder durch eine rechtlich verbindliche Vereinbarung betreffend die Person oder das Vermögen eines Kindes übertragen wurden. Elterliche Verantwortung umfasst insbesondere das Sorge- und das Umgangsrecht;
8. „Träger der elterlichen Verantwortung" jede Person, die die elterliche Verantwortung für ein Kind ausübt;
9. „Sorgerecht" die Rechte und Pflichten, die mit der Sorge für die Person eines Kindes verbunden sind, insbesondere das Recht auf die Bestimmung des Aufenthaltsortes des Kindes;
10. „Umgangsrecht" insbesondere auch das Recht, das Kind für eine begrenzte Zeit an einen anderen Ort als seinen gewöhnlichen Aufenthaltsort zu bringen;
11. „widerrechtliches Verbringen oder Zurückhalten eines Kindes" das Verbringen oder Zurückhalten eines Kindes, wenn

    a) dadurch das Sorgerecht verletzt wird, das aufgrund einer Entscheidung oder kraft Gesetzes oder aufgrund einer rechtlich verbindlichen Vereinbarung nach dem Recht des Mitgliedstaates besteht, in dem das Kind unmittelbar vor dem Verbringen oder Zurückhalten seinen gewöhnlichen Aufenthalt hatte,

    und

    b) das Sorgerecht zum Zeitpunkt des Verbringens oder Zurückhaltens allein oder gemeinsam tatsächlich ausgeübt wurde oder ausgeübt worden wäre, wenn das Verbringen oder Zurückhalten nicht stattgefunden hätte. Von einer gemeinsamen Ausübung des Sorgerechts ist auszugehen, wenn einer der Träger der elterlichen Verantwortung aufgrund einer Entscheidung oder kraft Gesetzes nicht ohne die Zustimmung des anderen Trägers der elterlichen Verantwortung über den Aufenthaltsort des Kindes bestimmen kann.

1   Anders als die EheVO 2000 enthält die EheVO 2003 eine ausführliche **Definition** einzelner, in der EheVO 2003 verwendeter Begriffe. Aus der in **Art. 2 Nr. 1 und Nr. 2** enthaltenen Definition ergibt sich, dass sowohl **gerichtliche** als auch **behördliche Verfahren** vom sachlichen Anwendungsbereich der EheVO 2003 erfasst werden, und zwar unabhängig davon, ob es sich um eine Ehesache oder um ein Verfahren betreffend die elterliche Verantwortung handelt. Erfasst wird insbes. auch die Tätigkeit von Jugendämtern.[128] Behördliche Verfahren werden auch erfasst, wenn sie nach dem nationalen Verfahrensrecht zum öffentlichen Recht gehören (→ EheVO Art. 1 Rn. 22). **Nr. 3** hebt hervor, dass **Dänemark** nicht als Mitgliedstaat iSd EheVO 2003 anzusehen ist, so dass sich die Zuständigkeit dänischer Gerichte nach dem unvereinheitlichten dänischen Recht bestimmt und die Urteile dänischer Gerichte ebenfalls nicht nach Maßgabe der EheVO 2003 anzuerkennen sind (vgl. vor → EheVO Art. 1 Rn. 7).

---

128   Etwa Staudinger/*Pirrung*, C 35.

Aus dem in **Nr. 4** definierten Begriff der **Entscheidung** lässt sich – gerade auch unter Berücksichtigung der   **2**
anderen Textfassungen[129] – entnehmen, dass Privatscheidungen nach der ursprünglichen Konzeption der
EheVO 2003 nicht von ihrem Anwendungsbereich erfasst sein sollten; ob dies auch im Lichte der mittlerweile ua in Italien, Frankreich und Spanien eingeführten Privatscheidung weiterhin gilt, erscheint aber nicht
unzweifelhaft (näher → EheVO Art. 1 Rn. 14). Ferner sprechen die in Nr. 4 vorhandene Formulierung
sowie der Bericht von *Borrás*[130] dafür, dass nach Art. 21 ff. nur „eheauflösende" Entscheidungen anzuerkennen sind. Nicht nach Maßgabe der EheVO 2003 anzuerkennen sind Entscheidungen, die einen Antrag
auf Scheidung usw ablehnen.[131] Hier kommt aber eine Anerkennung nach dem unvereinheitlichten nationalen Recht in Betracht (vgl. dazu näher → EheVO Art. 21 Rn. 6 f.).[132] Demgegenüber sind bei Verfahren
über die elterliche Verantwortung auch antragsabweisende Entscheidungen anzuerkennen.[133] **Nr. 5** und
Nr. 6 haben Bedeutung für die Anerkennung und Vollstreckung von Entscheidungen. Zur Frage nach der
Anerkennung von **einstweiligen Maßnahmen** → Art. 20 Rn. 15 ff.

Der in **Nr. 7** definierte Begriff der „**elterlichen Verantwortung**" bezeichnet ein zentrales Anwendungsfeld   **3**
der EheVO 2003, wobei in Art. 1 Abs. 2 eine beispielhafte Aufzählung der wichtigsten mit diesem Begriff
erfassten Zivilsachen erfolgt. Der Begriff der „elterlichen Verantwortung" stimmt inhaltlich mit dem gleich
lautenden Begriff aus dem KSÜ überein (vgl. näher → EheVO Art. 1 Rn. 19 ff.).[134] Die EheVO 2019 (dort
Art. 2 Nr. 6) und das KSÜ (Art. 2 KSÜ) legen fest, dass als **Kind** jede Person unter 18 Jahren anzusehen
ist.[135] Die EheVO 2003 enthält allerdings keine entsprechende Bestimmung. Manche Autoren plädieren
bereits für die EheVO 2003 für ein **verordnungsautonomes Volljährigkeitsalter** von 18 Jahren.[136] Nach
der Instanzrechtsprechung und der hL legt die EheVO 2003 demgegenüber das Alter selbst nicht fest; dementsprechend sei von einer – grundsätzlich[137] nach Art. 7 EGBGB bzw. bei Flüchtlingen nach Art. 12 Genfer Flüchtlingskonvention anzuknüpfenden[138] – Vorfrage auszugehen.[139] Auch der (nicht bindende) Leitfaden der EU zur Verordnung geht hiervon aus.[140] Der BGH hat die Frage bislang offen lassen können.[141]
Tatsächlich kommt ihr, da die meisten Staaten von einer Volljährigkeit ab 18 Jahren ausgehen,[142] eine recht
geringe praktische Bedeutung zu. Zu berücksichtigen ist außerdem, dass es sich bei der Frage nach der Minderjährigkeit des Kindes häufig – etwa in einem vormundschaftlichen Kontext – um eine sogenannte dop-
pelrelevante Tatsache handelt: Ist hiernach die Frage der Minderjährigkeit nicht nur für die internationale

129 Vgl. etwa die englische Fassung („The term ,judg-
     ment' shall mean a divorce, legal separation or mar-
     riage annulment") oder die französische Fassung
     („toute décision de divorce, de séparation de corps ou
     d'annulation d'un mariage").
130 *Borrás*, ABl. EG 1998 C 221 S. 27 Rn. 60.
131 Althammer/*Arnold* EheVO Art. 2 Rn. 8; Geimer/
     Schütze/*Dilger* EheVO Art. 2 Rn. 6; HK-ZPO/*Dör-
     ner* EheVO Art. 2 Rn. 5; Zöller/*Geimer* EuEheVO
     Art. 2 Rn. 5; tendenziell für Anerkennung von den
     Scheidungsantrag ablehnende Entscheidungen nach
     Art. 21 ff. allerdings Corneloup/*Hammje* EheVO Art.
     2 Rn. 22 ff. mit ausf. Begr.
132 *Helms* FamRZ 2002, 1593 (1598); Prütting/Gehrlein/
     Völker/Dimmler EheVO Art. 2 Rn. 1; MüKoZPO/
     Gottwald EheVO Art. 2 Rn. 5.
133 Staudinger/*Pirrung*, C 38; *Borrás*, ABl. EG
     1998 C 221 S. 27 Rn. 60.
134 Vgl. *Andrae* ERA-Forum 2003, 28 (36).
135 Vgl. *Siehr* RabelsZ 62 (1998), 464 (469).
136 Etwa Geimer/Schütze/*Dilger* EheVO Art. 2 Rn. 11 ff.
     mwN; *Hausmann*, IntEuFamR, F 75; HK-ZPO/*Dör-
     ner* EheVO Art. 1 Rn. 11; MüKoZPO/*Gottwald*
     EheVO Art. 1 Rn. 14; *Holzmann*, S. 87 f.
137 Siehe allerdings etwa zur Emanzipation Minderjähri-
     ger nach dem französischen Recht Art. 413–1 ff.
     Code Civil.
138 Bei Flüchtlingen wird die von Art. 7 Abs. 1 EGBGB
     vorgesehene Anknüpfung an die Staatsangehörigkeit
     des Flüchtlingsstaates durch die Anknüpfung nach
     Art. 12 der Genfer Flüchtlingskonvention ersetzt
     (BGH NJW 2018, 613 (Rn. 23) mwN = FamRZ
     2018, 457 mAnm *Hüßtege*; ausf. *Arnold* in Budziki-
     ewicz ua, Migration und IPR (2018), S. 25 ff.; abw.

     noch OLG Karlsruhe FamRZ 2015, 1820 mit abl.
     Anm. *v. Hein*).
139 Aus der Rspr. siehe (Art. 7 EGBGB anwendend)
     OLG Koblenz FamRZ 2017, 1229; OLG Karlsruhe
     FamRZ 2015, 1820 (1822); ferner (allerdings in
     einem vormundschaftlichen Kontext Art. 24 EGBGB
     heranziehend) OLG Bremen FamRZ 2017, 1227
     (1228); FamRZ 2016, 990; FamRZ 2013, 312; aus
     der Literatur MüKoBGB/*Heiderhoff* EheVO Art. 2
     Rn. 15 ff.; Thomas/Putzo/*Hüßtege* EuEheVO Art. 1
     Rn. 7; *Gruber* IPRax 2005, 293 (296); *Spellenberg*
     FS Sonnenberger 2004, S. 677, 691; *Solomon*
     FamRZ 2004, 1409 (1410 f.). Dies dürfte dann auch
     für die Frage gelten, ob eine Person durch Heirat
     ganz oder vollständig wie eine Volljährige zu behan-
     deln ist (Art. 7 Abs. 1 S. 2 EGBGB). Ähnlich
     Magnus/Mankowski/*Pintens* EheVO Art. 1 Rn. 65
     (die Frage richte sich nach dem Recht des Staates,
     dem das Kind angehöre). Zu den Einzelheiten s. ausf.
     Helms in Budzikiewicz ua, Migration und IPR
     (2018), S. 149 ff.
140 Vgl. Leitfaden (s. Vor Rn. 23), S. 19: „Im Gegensatz
     zum Haager Übereinkommen von 1996 zum Schutz
     von Kindern ... legt die Verordnung für die von der
     Verordnung erfassten Kinder kein Höchstalter fest.
     Diese Frage ist einzelstaatlich zu regeln."
141 BGH NJW 2018, 613 (Rn. 19) = FamRZ 2018, 457
     mAnm *Hüßtege* unter Verweis auf BGHZ 212, 318 =
     NJW 2017, 827.
142 Überblick bei *Helms* in Budzikiewicz ua, Migration
     und IPR (2018), S. 149 (153 f.). Zu den Schwierig-
     keiten bei der Feststellung des Volljährigkeitsalters
     von Guinea s. BGH NJW 2018, 613 (Rn. 28) =
     FamRZ 2018, 457; *Dutta/Lüttringhaus* FamRZ 2018,
     1564 ff.

Zuständigkeit, sondern zugleich auch für die verfahrensgegenständliche materiellrechtliche Frage maßgeblich, so ist im Rahmen der Zuständigkeitsprüfung die Minderjährigkeit als gegeben zu unterstellen.[143] Nicht von der EheVO 2003 erfasst sind Verfahren, in denen Eltern wegen einer geistigen Behinderung ihres volljährigen Kindes weiterhin die elterliche Sorge für dieses ausüben.[144]

4 Der Begriff des **„Trägers der elterlichen Verantwortung" (Nr. 8)** wird im Interesse der sprachlichen Kürze in die EheVO 2003 eingeführt. Das **Sorgerecht (Nr. 9)** und das **Umgangsrecht (Nr. 10)** stellen wichtige Ausprägungen der elterlichen Verantwortung dar. Unter das **Sorgerecht (Nr. 9)** fällt auch das Mitsorgerecht.[145] Der Begriff des **Umgangsrechts (Nr. 10)** beschränkt sich hierbei nicht auf das Umgangsrecht der Eltern, sondern umfasst auch das Umgangsrecht sonstiger Personen wie insbesondere der Großeltern (vgl. näher → EheVO Art. 9 Rn. 2).[146] Die in Nr. 9 und Nr. 10 enthaltenen Definitionen stimmen mit Art. 5 HKÜ überein. Der Begriff des Sorgerechts wird nochmals in der Definition des „widerrechtlichen Verbringens oder Zurückhaltens eines Kindes" (Nr. 11) verwendet, die ihrerseits von einer Verletzung des Sorgerechts ausgeht. Für das Umgangsrecht bestehen in der EheVO 2003 einige Sonderregelungen (vgl. Art. 9 für die internationale Zuständigkeit, Art. 40 ff. für die Anerkennung und Vollstreckung).

5 Die in Nr. 11 enthaltene Definition des **„widerrechtlichen Verbringens oder Zurückhaltens eines Kindes"** stimmt zunächst mit Art. 3 HKÜ sowie Art. 7 Abs. 2 KSÜ überein. Die Widerrechtlichkeit richtet sich nach dem EuGH danach, ob durch das Verbringen oder Zurückhalten das Sorgerecht eines Trägers der elterlichen Verantwortung verletzt wurde.[147] Der Begriff des Sorgerechts ist nach dem EuGH autonom auszulegen; es umfasst jedenfalls das Recht, den Aufenthaltsort des Kindes zu bestimmen.[148] Wem das Sorgerecht zusteht, richtet sich nach dem Recht des Mitgliedstaats, in dem das Kind unmittelbar vor dem Verbringen oder Zurückhalten seinen gewöhnlichen Aufenthalt hatte.[149] Hierbei sind aber auch dessen Vorschriften über das internationale Privatrecht anzuwenden.[150] Die Verletzung eines Mitsorgerechts reicht – nicht anders als im Falle des HKÜ[151] – für eine widerrechtliche Entführung aus. Dies ergibt sich für die EheVO 2003 mittelbar aus Art. 2 Nr. 11 lit. b, der auf das gemeinsame Sorgerecht Bezug nimmt.[152] Keine widerrechtliche Entführung liegt vor, wenn die Verbringung des Kindes einem Elternteil durch eine **Entscheidung eines Gerichts** am bisherigen gewöhnlichen Aufenthalt des Kindes gestattet worden ist. Dies gilt auch dann, wenn diese Entscheidung im Zeitpunkt der Verbringung des Kindes nur vorläufig vollstreckbar war und nach der Verbringung aufgehoben worden ist.[153] Allerdings kann sodann – je nach Lage des Einzelfalls – in dem Unterlassen der Rückführung des Kindes nach Aufhebung der Entscheidung ein widerrechtliches Zurückhalten des Kindes liegen. Voraussetzung hierfür ist sodann, dass das Kind im Zeitpunkt der Aufhebung der Entscheidung seinen gewöhnlichen Aufenthalt noch in dem Staat des bisherigen gewöhnlichen Aufenthalts hatte[154] und es nicht infolge der (rechtmäßigen) Verbringung des Kindes zu einem Wechsel des gewöhnlichen Aufenthalts gekommen ist.[155] Wo sich der gewöhnliche Aufenthalt des Kindes im Zeitpunkt des Verbringens oder Zurückhaltens befindet, ist nach den Umständen des Einzelfalls zu entscheiden. Es gelten hier die gleichen Maßstäbe wie bei Art. 8 (→ EheVO Art. 8 Rn. 6).[156]

6 Eine Abweichung der Nr. 11 von Art. 3 HKÜ sowie Art. 7 Abs. 2 KSÜ besteht lediglich darin, dass unter lit. b ein Satz angefügt wurde, wonach von einer gemeinsamen Ausübung des Sorgerechts dann auszugehen ist, wenn einer der Träger der elterlichen Verantwortung (Nr. 8) – entweder aufgrund einer Entscheidung (Nr. 4) oder kraft Gesetzes – nicht ohne die Zustimmung des anderen Trägers der elterlichen Verantwortung über den Aufenthaltsort des Kindes bestimmen kann. Ein widerrechtliches Verbringen oder Zurückhalten kann daher auch zulasten eines „passiven", das Sorgerecht tatsächlich nicht mehr ausübenden Elternteils angenommen werden, soweit dieser nur weiterhin über den Aufenthaltsort des Kindes (mit-)bestimmen

143 BGH NJW 2018, 613 (Rn. 15) = FamRZ 2018, 457 mAnm *Hüßtege*.

144 Anders noch *Schlosser*, 2. Aufl., EuEheVO Art. 1 Rn. 3.

145 OLG Düsseldorf FamRZ 2008, 1775.

146 EuGH, Rs. C-335/17 (Neli Valcheva ./. Babanarakis), NJW 2018, 2034.

147 Die Verletzung eines bloßen Umgangsrechts ist demgegenüber nicht ausreichend EuGH, Rs. C-400/10 PPU (J. McB. ./. L.E.), JZ 2011, 145 (Rn. 61).

148 EuGH, Rs. C-400/10 PPU (J. McB. ./. L.E.), JZ 2011, 145 (Rn. 43); ablehnend – der Begriff des Sorgerechts solle dem nationalen Recht überlassen bleiben – *Siehr* IPRax 2012, 316 (3178).

149 EuGH, Rs. C-400/10 PPU (J. McB. ./. L.E.), JZ 2011, 145 (Rn. 43).

150 *Hausmann*, IntEuFamR, F 68; *Holzmann*, S. 169 f.

151 BVerfG FamRZ 1997, 1269.

152 Zutr. *Holzmann*, S. 174 f.

153 EuGH, Rs. C-376/14 PPU (C ./. M), FamRZ 2015, 107 (Rn. 44).

154 Zutreffend stellt der EuGH, Rs. C-376/14 PPU (C ./. M), FamRZ 2015, 107 (Rn. 56) auf diesen Zeitpunkt ab; ein gewöhnlicher Aufenthalt, der erst durch das widerrechtliche Zurückhalten begründet wird, hat außer Betracht zu bleiben.

155 EuGH, Rs. C-376/14 PPU (C ./. M), FamRZ 2015, 107 (Rn. 44 ff.).

156 EuGH, Rs. C-376/14 PPU (C ./. M), FamRZ 2015, 107 (Rn. 54); EuGH, Rs. C-111/17 PPU (OL ./. PQ), FamRZ 2017, 1506 (Rn. 37 ff., 41).

kann.[157] Im Verhältnis der Mitgliedstaaten dürfte dies entsprechend auch eine Erweiterung des Anwendungsbereichs des HKÜ zur Folge haben; dies lässt sich mittelbar daraus ableiten, dass Art. 11 im Verhältnis der Mitgliedstaaten Modifikationen des HKÜ vorsieht und hierbei offenbar die Definition der Nr. 11 zugrunde legt.[158] An der im HKÜ für die Zwecke der Anwendung dieses Abkommens festgesetzten Altersgrenze (16 Jahre) ändert sich durch Nr. 11 demgegenüber nichts.[159]

Kapitel II
Zuständigkeit

Abschnitt 1
Ehescheidung, Trennung ohne Auflösung des Ehebandes und Ungültigerklärung einer Ehe

Art. 3 EheVO 2003 Allgemeine Zuständigkeit

(1) Für Entscheidungen über die Ehescheidung, die Trennung ohne Auflösung des Ehebandes oder die Ungültigerklärung einer Ehe, sind die Gerichte des Mitgliedstaates zuständig,

a) in dessen Hoheitsgebiet
  - beide Ehegatten ihren gewöhnlichen Aufenthalt haben oder
  - die Ehegatten zuletzt beide ihren gewöhnlichen Aufenthalt hatten, sofern einer von ihnen dort noch seinen gewöhnlichen Aufenthalt hat, oder
  - der Antragsgegner seinen gewöhnlichen Aufenthalt hat oder
  - im Fall eines gemeinsamen Antrags einer der Ehegatten seinen gewöhnlichen Aufenthalt hat oder
  - der Antragsteller seinen gewöhnlichen Aufenthalt hat, wenn er sich dort seit mindestens einem Jahr unmittelbar vor der Antragstellung aufgehalten hat, oder
  - der Antragsteller seinen gewöhnlichen Aufenthalt hat, wenn er sich dort seit mindestens sechs Monaten unmittelbar vor der Antragstellung aufgehalten hat und entweder Staatsangehöriger des betreffenden Mitgliedstaates ist oder, im Fall des Vereinigten Königreichs und Irlands, dort sein „domicile" hat;

b) dessen Staatsangehörigkeit beide Ehegatten besitzen, oder, im Fall des Vereinigten Königreichs und Irlands, in dem sie ihr gemeinsames „domicile" haben.

(2) Der Begriff „domicile" im Sinne dieser Verordnung bestimmt sich nach dem Recht des Vereinigten Königreichs und Irlands.

A. Überblick 1
  I. Dominanz des gewöhnlichen Aufenthalts 1
  II. Vielzahl an konkurrierenden Gerichtsständen . 4
  III. Grundsatz der perpetuatio fori 7
  IV. Parteiautonomie, rügelose Einlassung 8
B. Die Zuständigkeiten im Einzelnen 9
  I. Aufenthaltszuständigkeit (Abs. 1 lit. a) 9
    1. Gemeinsamer gewöhnlicher Aufenthalt
       (Spiegelstrich 1) 9
    2. Letzter gemeinsamer gewöhnlicher Aufenthalt (Spiegelstrich 2) 16
    3. Gewöhnlicher Aufenthalt des Antragsgegners (Spiegelstrich 3) 20
    4. Gemeinsamer Scheidungsantrag
       (Spiegelstrich 4) 23

5. Klägergerichtsstand bei einjährigem gewöhnlichem Aufenthalt im Gerichtsstaat (Spiegelstrich 5) 28
    a) Voraussetzungen im Allgemeinen 28
    b) Maßgeblicher Zeitpunkt für die Bemessung der Aufenthaltsdauer 35
6. Klägergerichtsstand bei einem sechsmonatigen gewöhnlichen Aufenthalt im Heimatstaat (Spiegelstrich 6) 40
    a) Einfachgesetzliche Anwendung 40
    b) Verstoß gegen Art. 18 AEUV (Diskriminierungsverbot) 48
  II. Staatsangehörigkeitszuständigkeit (Abs. 1 lit. b) 51

---

157 Wie hier Geimer/Schütze/*Dilger* EheVO Art. 2
     Rn. 14; auch Prütting/Gehrlein/*Völker/Dimmler*
     EheVO Art. 2 Rn. 1; aA MüKoBGB/*Heiderhoff*
     EheVO Art. 2 Rn. 11 ff.

158 AA MüKoBGB/*Heiderhoff* EheVO Art. 2 Rn. 11 ff.
159 OGH IPRax 2010, 551 (511); *Rieck* NJW 2008,
     182 ff.; abw. *Hausmann*, IntEuFamR, F 76.

A. Überblick

I. Dominanz des gewöhnlichen Aufenthalts

1   Art. 3 enthält eine grundsätzlich abschließende Regelung der internationalen Zuständigkeit in Ehesachen (zum Begriff der Ehesache → EheVO Art. 1 Rn. 3 ff.). Ein Rückgriff auf das nationale Zuständigkeitsrecht ist nur unter den engen Voraussetzungen der Art. 6, 7 möglich.[160] Art. 3 ist dadurch charakterisiert, dass der **gewöhnliche Aufenthalt** als zuständigkeitsbegründendes Merkmal von deutlich größerer Bedeutung ist als die Staatsangehörigkeit der Ehegatten.[161] Abgestellt wird auf den aktuellen oder den letzten gemeinsamen Aufenthalt der Ehegatten (Art. 3 Abs. 1 lit. a Spiegelstrich 1 und 2), den gewöhnlichen Aufenthalt des Antragsgegners (Art. 3 Abs. 1 lit. a Spiegelstrich 3), den gewöhnlichen Aufenthalt des Antragstellers (Art. 3 Abs. 1 lit. a Spiegelstrich 5 und 6) sowie den gewöhnlichen Aufenthalt eines der Ehegatten bei gemeinsamer Antragstellung (Art. 3 Abs. 1 lit. a Spiegelstrich 4).

2   Die **Staatsangehörigkeit** wird demgegenüber deutlich zurückgedrängt. Allein Art. 3 Abs. 1 lit. b stellt zentral auf die Staatsangehörigkeit ab. Die Vorschrift wirkt aber nur dann zuständigkeitsbegründend, wenn es sich um den Mitgliedstaat handelt, dem beide Ehegatten angehören. Im Übrigen kommt der Staatsangehörigkeit nur noch innerhalb des Art. 3 Abs. 1 lit. a Spiegelstrich 6 ergänzende Bedeutung zu (zur möglichen Primärrechtswidrigkeit der Vorschrift → Rn. 48 ff.). Hierdurch unterscheidet sich die Zuständigkeitsregelung der EheVO 2003 deutlich von der (durch die EheVO 2003 grundsätzlich verdrängten) autonomen deutschen Zuständigkeitsregelung des § 98 FamFG. Insbesondere reicht es nach der EheVO 2003 – anders als nach § 98 Abs. 1 Nr. 1 FamFG – für eine internationale Zuständigkeit deutscher Gerichte nicht aus, dass nur der antragstellende Ehegatte, nicht aber der Antragsgegner die deutsche Staatsangehörigkeit hat.

3   Für scheidungswillige **deutsche Staatsangehörige mit gewöhnlichem Aufenthalt im Ausland** besteht daher – soweit der Antragsgegner seinen gewöhnlichen Aufenthalt ebenfalls nicht in Deutschland hat bzw. nicht ebenfalls deutscher Staatsangehöriger ist – nach Art. 3 keine internationale Zuständigkeit deutscher Gerichte. Deutsche Staatsangehörige mit gewöhnlichem Aufenthalt im Ausland müssen sich daher darauf einstellen, dass ihre Ehe uU nur im Ausland und iÜ dort nur schwierger scheidbar ist als vor deutschen Gerichten.[162] Zu beachten ist allerdings, dass eine internationale Zuständigkeit deutscher Gerichte nach Maßgabe von Art. 3 Abs. 1 lit. a Spiegelstrich 6 EheVO 2003 binnen sechs Monaten nach einer Rückkehr des Ehegatten nach Deutschland entsteht.

II. Vielzahl an konkurrierenden Gerichtsständen

4   Art. 3 führt ferner dazu, dass innerhalb der EU häufig die internationale Zuständigkeit nicht nur eines, sondern mehrerer Mitgliedstaaten besteht. Die in Art. 3 Abs. 1 vorgesehenen Zuständigkeiten stehen in **keinem Rangverhältnis**, so dass der jeweilige Antragsteller die **freie Wahl** hat, bei welchem der nach Art. 3 Abs. 1 zuständigen Gerichte er den Scheidungsantrag stellt.[163] Haben zB zwei italienische Ehegatten einige Zeit zusammen in Deutschland gelebt und lebt einer der Ehegatten nach dem Scheitern der Ehe seit einem Jahr in Österreich, so besteht eine internationale Zuständigkeit sowohl der deutschen (Art. 3 Abs. 1 lit. a Spiegelstrich 2, 3 und 5), der österreichischen (Art. 3 Abs. 1 lit. a Spiegelstrich 3 und 5) als auch der italienischen Gerichte (Art. 3 Abs. 1 lit. b).[164] Auch der Gerichtsstand nach Art. 3 Abs. 1 lit. b steht zur freien Wahl des Antragstellers und kommt nicht etwa nur dann zur Anwendung, wenn kein Gerichtsstand nach Art. 3 Abs. 1 lit. a gegeben ist.[165]

5   Im Rahmen der **Rechtsberatung** folgt hieraus zweierlei: Zum einen ist der Mandant darauf hinzuweisen, dass er nach seiner freien Wahl das Scheidungsverfahren auch bei einem international zuständigen Gericht eines anderen EU-Mitgliedstaates einleiten kann. Hierbei ist jedoch auf die Geltung eines ausländischen Verfahrensrechts sowie – je nachdem, wie in den betreffenden Mitgliedstaaten kollisionsrechtlich angeknüpft wird – uU auch auf die Anwendbarkeit eines abweichenden materiellen Scheidungsrechts hinzuwei-

---

160   Verkannt von AG Leverkusen FamRZ 2002, 1635 mit krit. Anm. *Gottwald*.

161   Etwa Thomas/Putzo/*Hüßtege* EuEheVO Art. 3 Rn. 3.

162   Rauscher/*Rauscher* Brüssel IIa-VO Art. 3 Rn. 3 ff.; *ders.* FS Geimer 2002, S. 883 f. (mit scharfer rechtspolitischer Kritik); ebenfalls kritisch *Sonnentag* in Pfeiffer/Wittmann/Escher, S. 9, 13 ff.

163   EuGH, C-168/08 (Hadadi ./. Mesko), FamRZ 2009, 1571 (1573) (Rn. 48); EuGH, Rs. C-294/15 (Mikolajczyk ./. Czarnecka und Czarnecki), NJW 2017, 375 (Rn. 40, 46); aus der nationalen Rspr. etwa (frz.) Cour de cassation, 24.9.2008, Bull. Civ. 2008 I n.

208; OLG Zweibrücken FamRZ 2015, 2063 (Rn. 28); aus der Lit. Althammer/*Großerichter* EheVO Art. 3 Rn. 2; Rauscher/*Rauscher* Brüssel IIa-VO Art. 3 Rn. 14; Staudinger/*Spellenberg* EheVO Art. 3 Rn. 6; *ders.* FS Geimer 2002, S. 1257, 1265; *Ancel/Muir Watt*, Rev. crit. dr. int. priv. 2001, S. 403, 415 f.

164   Vgl. *Simotta* FS Geimer 2002, S. 1115, 1152, nach deren Ansicht dem „forum shopping" durch die EheVO „Tür und Tor geöffnet" werde; ähnlich *Wagner* FamRZ 2003, 803 (804).

165   EuGH, C-759/18, OF ./.PG, FamRZ 2019, 1989.

sen. Dies gilt auch nach Beginn der Anwendbarkeit der Rom III-VO, da sich nicht alle Mitgliedstaaten an dieser Verordnung beteiligen (→ Vor Rom III-VO Rn. 24). Vor allem ist zu berücksichtigen, dass ggf. auch die Folgesachen vor dem ausländischem Gericht – dessen internationale Zuständigkeit vorausgesetzt – nach einem anderen Recht entscheiden werden könnten als vor dem inländischen.[166] Für ein Anhängigmachen des Scheidungsverfahrens im Ausland kann ua sprechen, dass nach dem deutschen Kollisionsrecht ein ausländisches Sachrecht heranzuziehen wäre und daher von deutschen Gerichten uU kostspielige bzw. zeitaufwendige Sachverständigengutachten einzuholen wären.

Zumeist wird der Mandant ein Interesse daran haben, das Scheidungsverfahren in Deutschland zu führen. **6**
Zu berücksichtigen ist in diesem Fall, dass der andere Ehegatte – insbesondere dann, wenn dieser in Deutschland keinen gewöhnlichen Aufenthalt (mehr) hat – möglicherweise das Scheidungsverfahren lieber vor einem ausländischen Gericht durchführen will. Wird das in einem anderen Mitgliedstaat betriebene Scheidungsverfahren früher rechtshängig als das deutsche, so besteht für das deutsche Verfahren der **Einwand der Rechtshängigkeit** nach Art. 16, 19 (→ EheVO Art. 19 Rn. 1 ff.). Um eine Unzulässigkeit des deutschen Scheidungsverfahrens abzuwenden, ist demnach im Zweifel eine **möglichst rasche Antragstellung** anzuraten. Die EheVO 2003 fördert damit, was auch der EuGH einräumt, einen Wettlauf zu den Scheidungsgerichten.[167]

III. Grundsatz der perpetuatio fori

Es gilt der Grundsatz der perpetuatio fori: Ist ein Gericht international zuständig, so führen Tatsachenände- **7**
rungen nach Rechtshängigkeit nicht zu einem Wegfall der internationalen Zuständigkeit.[168] Insbesondere führt ein Wechsel des gewöhnlichen Aufenthalts nicht dazu, dass eine einmal nach Art. 3 Abs. 1 lit. a begründete internationale Zuständigkeit wegfällt. Auch eine nach Art. 3 Abs. 1 lit. b bzw. Art. 3 Abs. 1 lit. a Spiegelstrich 6 begründete internationale Zuständigkeit wird von einem späteren Wechsel der Staatsangehörigkeit nicht beeinträchtigt. Der Zeitpunkt der Rechtshängigkeit bestimmt sich hierbei nach Art. 16.[169] Umgekehrt reicht es nach der hier vertretenen Auffassung aus, dass die die Zuständigkeit begründenden Tatsachen erst im Laufe des Verfahrens eintreten. Dies gilt nach der hier vertretenen Auffassung auch für den Fristablauf nach Art. 3 Abs. 1 lit. a Spiegelstrich 5 und 6 (→ Rn. 35 ff.).

IV. Parteiautonomie, rügelose Einlassung

Die Möglichkeit einer **Vereinbarung** über die Zuständigkeit ist ebenso wie die Möglichkeit einer **rügelosen** **8**
Einlassung im System der Art. 3 ff. grundsätzlich nicht vorgesehen.[170] Allerdings lässt sich Art. 3 Abs. 1 Spiegelstrich 4 eine Regelung entnehmen, die einer Zuständigkeitsvereinbarung im praktischen Ergebnis weitgehend gleichkommt (→ Rn. 23).

B. Die Zuständigkeiten im Einzelnen

I. Aufenthaltszuständigkeit (Abs. 1 lit. a)

1. Gemeinsamer gewöhnlicher Aufenthalt (Spiegelstrich 1). Art. 3 Abs. 1 lit. a Spiegelstrich 1 **9**
begründet eine internationale Zuständigkeit am **gemeinsamen gewöhnlichen Aufenthalt** der Ehegatten. Maßgeblich ist, ob im Zeitpunkt der Rechtshängigkeit des Verfahrens (Art. 16) oder im Laufe des Verfahrens ein gewöhnlicher Aufenthalt in demselben Mitgliedstaat besteht. Ein nachträglicher Wegfall dieses die Zuständigkeit begründenden gemeinsamen gewöhnlichen Aufenthalts ist nach dem Grundsatz der perpetuatio fori unschädlich (→ Rn. 7).

Art. 3 Abs. 1 lit. a Spiegelstrich 1 ist, näher betrachtet, ohne eigenständige Bedeutung. Nach Art. 3 Abs. 1 **10**
lit. a Spiegelstrich 3 reicht es nämlich für eine internationale Zuständigkeit auch aus, dass nur der Antrags-

166 Staudinger/*Spellenberg* Vor Art. 1 Rn. 31.
167 EuGH, C-168/08, Hadadi ./. Mesko FamRZ 2009, 1571 (1574) Rn. 57 (die EheVO 2003 könne die Parteien dazu „verleiten …, schnell eines der zuständigen Gerichte anzurufen, um sich die Vorteile des materiellen Scheidungsrechts zu sichern, das nach dem internationalen Privatrecht des Gerichtsstands anwendbar ist"); krit. dazu *Kohler* FamRZ 2009, 1574 (1575); auch Prütting/Gehrlein/*Völker/Dimmler* EheVO Art. 3 Rn. 3.

168 BGHZ 169, 240 (Rn. 7) = FamRZ 2007, 109; s. auch BGH FamRZ 2013, 687 (Rn. 25 ff.); Rauscher/*Rauscher* Brüssel IIa-VO Art. 3 Rn. 17; *Schack* RabelsZ 65 (2001), 615, 624; *Hau* FamRZ 2000, 1333 (1340).
169 *Hausmann*, IntEuFamR, A 53.
170 Althammer/*Großerichter* Vor Art. 3–7 Rn. 1; Geimer/Schütze/*Dilger* Vor Art. 3 Rn. 48; Rauscher/*Rauscher* Brüssel IIa-VO Art. 3 Rn. 2.

gegner (nicht aber notwendigerweise auch der Antragsteller) seinen gewöhnlichen Aufenthalt in dem betreffenden Staat hat.[171]

11 Der Begriff des **gewöhnlichen Aufenthalts** bereitet für den Regelfall keine besonderen Probleme.[172] Er ist grundsätzlich in demselben Sinne zu verstehen wie auf staatsvertraglicher Ebene, etwa im Haager Protokoll.[173] Ziehen die Ehegatten von einem Mitgliedstaat in den anderen, um dort dauerhaft zu bleiben und ohne dass eine Rückkehrabsicht besteht, so ist bereits in diesem Augenblick von einem Wechsel des gewöhnlichen Aufenthalts auszugehen.[174] Anders verhält es sich, wenn ursprünglich nur ein befristeter Wegzug geplant war, aber am neuen Ort sodann entgegen der ursprünglichen Absicht eine allmähliche berufliche und soziale Integration erfolgt.[175] In derartigen Fällen geht die deutsche Praxis – in der Form einer Faustregel – davon aus, dass der Wechsel des gewöhnlichen Aufenthalts nach einem Zeitraum von sechs Monaten erfolgt.[176] Bedeutung hat diese Konstellation etwa in den Fällen, in denen **Migranten** von Deutschland in ihr Heimatland (zurück)reisen und sich dann dort – entgegen ihrer ursprünglichen Absicht – so (re-)integrieren, dass eine Rückkehr nach Deutschland als unwahrscheinlich anzusehen ist.

12 Fraglich ist, ob der gewöhnliche Aufenthalt stets davon abhängt, dass ein **entsprechender natürlicher Wille zur Begründung bzw. Aufrechterhaltung eines gewöhnlichen Aufenthalts** gegeben ist, oder ob ein Aufenthalt auch ohne oder sogar gegen den Willen des Betroffenen begründet bzw. zumindest aufrechterhalten werden kann. Von Bedeutung ist diese Frage etwa bei **Strafgefangenen** bzw. in einer **Heil- oder Krankenanstalt** oder einem Pflegeheim befindlichen Personen.[177] Man wird zunächst sagen müssen, dass eine Person, die im Inland einen gewöhnlichen Aufenthalt begründet hat, diesen gewöhnlichen Aufenthalt im Inland auch dann beibehält, wenn sie anschließend gegen ihren Willen im Inland – etwa im Rahmen einer Strafhaft – festgehalten wird. Hat also eine Person in Deutschland einen gewöhnlichen Aufenthalt begründet und verbüßt sie daran anschließend in Deutschland eine mehrjährige Haftstrafe, so ist von einem gewöhnlichen Aufenthalt in Deutschland auszugehen, selbst wenn die Person mittlerweile den Entschluss gefasst haben sollte, Deutschland nach Verbüßung der Haft zu verlassen. Es fehlt in diesem Fall bereits an der für die Begründung eines neuen gewöhnlichen Aufenthalts erforderlichen Ortsveränderung.

13 Unklar ist, ob ein neuer gewöhnlicher Aufenthalt auch ohne oder sogar gegen den Willen einer Person neu begründet werden kann. Der EuGH hält im Rahmen des Art. 8 Abs. 1 – bei dem gewöhnlichen Aufenthalt eines Kindes – den Ort für maßgeblich, der „Ausdruck einer gewissen sozialen und familiären Integration des Kindes ist" (→ Art. 8 Rn. 6).[178] Tatsächlich erscheint es jedenfalls im Falle von Kleinkindern vorzugswürdig, primär auf den Umstand der Integration abzustellen; die Feststellung eines Willens zur Begründung eines (neuen) gewöhnlichen Aufenthalts ist hier kaum möglich bzw. geriete zu einer Fiktion. Es erscheint naheliegend, diesen Befund auf erwachsene Personen zu übertragen, die – etwa aufgrund einer schweren Demenzerkrankung – einen Willen zur Veränderung des gewöhnlichen Aufenthalts ebenfalls nicht (mehr) bilden können, aber sich im Einzelfall in einer neuen Umgebung familiär und/oder sozial integrieren.[179]

14 Die **Illegalität eines Aufenthalts** steht der Begründung eines gewöhnlichen Aufenthalts als solche ebenfalls nicht entgegen.[180] Dasselbe gilt, wenn lediglich ein vorübergehender Aufenthaltstitel (etwa eine Dul-

171 Krit. daher *Hau* FamRZ 2000, 1333 (1334); *Schack* RabelsZ 65 (2001), 615, 622; vgl. demgegenüber aber auch Rauscher/*Rauscher* Brüssel IIa-VO Art. 3 Rn. 20. Die Stellung der Norm ist aus dem redaktionellen Werdegang der EheVO zu erklären (*Becker-Eberhard* FS Beys 2003, S. 93, 103).

172 Zur – mE eher zu verneinenden – Frage, ob im seltenen Ausnahmefall ein mehrfacher gewöhnlicher Aufenthalt denkbar ist, ausf. Staudinger/*Spellenberg* EheVO Art. 3 Rn. 59 f.

173 Ausf. Geimer/Schütze/*Dilger* Vor Art. 3 Rn. 12 ff.; Staudinger/*Spellenberg* EheVO Art. 3 Rn. 53 ff.; Erman/*Hohloch* EGBGB Art. 5 Rn. 44 ff.; *Hausmann*, EuLF 200/01, 271, 276 (es sei nicht zu erwarten, dass sich hier in „nennenswerter Weise" Unterschiede ergeben).

174 Vgl. OLG Düsseldorf FamRZ 1995, 37 = NJW-RR 1995, 903; Althammer/*Großerichter* EheVO Art. 3 Rn. 9; *Hausmann*, IntEuFamR, A 60. S. hierzu auch den Bericht von *Borrás*, die auf den Ort abstellt, „den der Betroffene als ständigen gewöhnlichen Mittelpunkt seiner Lebensinteressen in der Absicht gewählt hat, ihm Dauerhaftigkeit zu verleihen" (*Borrás*, ABl. EG 1998 C 221 S. 38 Rn. 32).

175 OLG Düsseldorf FamRZ 1995, 37 = NJW-RR 1995, 903.

176 S. (zu Art. 8 EheVO 2003) OLG Stuttgart NJW 2012, 2043; ferner OLG Düsseldorf FamRZ 1995, 37 (38) = NJW-RR 1995, 903; FamRZ 1984, 194; OLG Hamm FamRZ 1991, 1346 (1347); FamRZ 1989, 1084 (1085); OLG Köln FamRZ 1991, 363; OLG München FamRZ 1981, 389; OLG Stuttgart NJW 1978, 1746; *Dilger*, Rn. 195 f.

177 Vgl. dazu Staudinger/*Spellenberg* EheVO Art. 3 Rn. 105 f.; *Simotta* FS Geimer 2002, S. 1115, 1160 (die letztlich den „faktischen Aufenthalt" ausreichen lässt).

178 EuGH, Rs. C-523/07 (A), FamRZ 2009, 843 (845) (Rn. 38) = EuGRZ 2009, 217; EuGH, Rs. C-497/10 (Barbara Mercredi ./. Richard Chaffe), FamRZ 2011, 617 (Rn. 47).

179 S. dazu Staudinger/*Spellenberg* EheVO Art. 3 Rn. 105 f.; *Simotta* FS Geimer 2002, S. 1115, 1160; Geimer/Schütze/*Dilger* EheVO Art. 3 Rn. 19; *ders.*, Rn. 23; Rauscher/*Rauscher* Brüssel IIa-VO Art. 3 Rn. 22.

180 Zutr. Staudinger/*Spellenberg* EheVO Art. 3 Rn. 109 mwN.

dung) gegeben ist.[181] Es ist aber genau zu prüfen, ob den Umständen nach eine hinreichende Verfestigung des Aufenthalts gegeben ist.

Bei **Mehrrechtsstaaten** ist die Unteranknüpfung des Art. 66 lit. a zu beachten. Eine internationale Zuständigkeit nach dem Spiegelstrich 1 besteht also dann nicht, wenn die Ehegatten ihren jeweiligen gewöhnlichen Aufenthalt in verschiedenen Teilrechtsordnungen haben, also zB der Ehemann in Schottland und die Ehefrau in England.[182]   **15**

2. Letzter gemeinsamer gewöhnlicher Aufenthalt (Spiegelstrich 2). Nach Art. 3 Abs. 1 lit. a Spiegel-   **16** strich 2 besteht auch eine internationale Zuständigkeit der Gerichte des Staates, in dem die **Ehegatten zuletzt beide ihren gewöhnlichen Aufenthalt** hatten, soweit einer der Ehegatten in diesem Staat noch seinen gewöhnlichen Aufenthalt hat.

Ein gemeinsamer gewöhnlicher Aufenthalt ist bereits dann anzunehmen, wenn beide Ehegatten ihren   **17** gewöhnlichen Aufenthalt zur gleichen Zeit in dem betreffenden Staat hatten. Nicht erforderlich ist, dass die Ehegatten einen gemeinsamen Haushalt führten bzw. innerhalb ein und derselben Gemeinde lebten.[183]

Erforderlich ist des Weiteren, dass einer der Ehegatten seinen gewöhnlichen Aufenthalt „**noch**" in dem   **18** betreffenden Mitgliedstaat hat. Die Zuständigkeit entfällt also, wenn beide Ehegatten den gewöhnlichen Aufenthalt in diesem Mitgliedstaat aufgeben. Eine Zuständigkeit nach dem Spiegelstrich 2 entsteht auch dann nicht neu, wenn einer der Ehegatten, der zwischenzeitlich in einem anderen Staat seinen gewöhnlichen Aufenthalt begründet hat, nach einiger Zeit wieder zurückkehrt.[184] Demgegenüber steht es der Zuständigkeit nach dem Spiegelstrich 2 selbstverständlich nicht entgegen, dass einer der Ehegatten innerhalb des betreffenden Mitgliedstaates zwischenzeitlich seinen Wohnsitz gewechselt hat.

Praktische Bedeutung hat die Zuständigkeitsregelung des Spiegelstrichs 2 ua in den Fällen, in denen in   **19** Deutschland eine Ehe geführt wird und einer der Ehegatten nach dem Scheitern der Ehe in seinen ausländischen Heimatstaat zurückkehrt. In diesem Fall besteht eine internationale Zuständigkeit deutscher Gerichte nach Maßgabe des Spiegelstrichs 2. In dem Heimatstaat des ausländischen Ehegatten entsteht, soweit es sich um einen Mitgliedstaat iSd EheVO 2003 handelt, eine internationale Zuständigkeit demgegenüber erst nach Ablauf von sechs Monaten nach Begründung des gewöhnlichen Aufenthalts (Art. 3 Abs. 1 lit. a Spiegelstrich 6). Einem Scheidungsantrag im Heimatstaat des anderen Ehegatten kann der in Deutschland verbliebene Ehegatte demnach durch eine rechtzeitige Antragstellung im Inland zuvorkommen.

3. Gewöhnlicher Aufenthalt des Antragsgegners (Spiegelstrich 3). Eine internationale Zuständigkeit   **20** haben daneben auch die Gerichte des Staates, in dem (nur) der **Antragsgegner** seinen gewöhnlichen Aufenthalt hat (Art. 3 Abs. 1 lit. a Spiegelstrich 3).[185] Die internationale Zuständigkeit entsteht bereits in dem Augenblick, in dem der Antragsgegner in dem Staat seinen gewöhnlichen Aufenthalt begründet.[186] Eine einmal vorhandene internationale Zuständigkeit geht nach dem Grundsatz der perpetuatio fori nicht verloren, wenn der gewöhnliche Aufenthalt in dem betreffenden Staat nach Rechtshängigkeit des Scheidungsverfahrens aufgegeben wird (vgl. bereits → Rn. 7). Antragsgegner ist im Fall der Scheidung und der durch einen Ehegatten beantragten Ungültigerklärung der Ehe der andere Ehegatte. Wird die Ungültigerklärung der Ehe durch einen Dritten oder eine Behörde beantragt (zur Anwendbarkeit der Verordnung → EheVO Art. 1 Rn. 5), sind beide Ehegatten Antragsgegner.[187] Haben sie ihren gewöhnlichen Aufenthalt in verschiedenen Staaten, kann nach der hier vertretenen Auffassung der Antrag in jedem Mitgliedstaat gestellt werden, in dem einer der Ehegatten seinen gewöhnlichen Aufenthalt hat.[188]

Umgekehrt reicht es für die internationale Zuständigkeit nach Art. 3 Abs. 1 lit. a Spiegelstrich 3 nach der   **21** hier vertretenen Ansicht auch aus, dass der gewöhnliche Aufenthalt des Antragsgegners erst **während des laufenden Verfahrens** begründet wird. Dies ergibt sich daraus, dass es der Prozessökonomie widerspräche, den Antrag als unzulässig zu behandeln und den Antragsteller zu zwingen, sofort nach Abweisung des

---

181   Zu abgelehnten Asylbewerbern OLG Koblenz
      FamRZ 2016, 995.
182   Geimer/Schütze/*Dilger* EheVO Art. 3 Rn. 6.
183   *Spellenberg* FS Geimer 2002, S. 1257, 1266; *Haus-
      mann*, IntEuFamR, A 65; *ders.*, EuLF 2000/01, 271,
      276; Geimer/Schütze/*Dilger* EheVO Art. 3 Rn. 10;
      ders., Rn. 225, 226.
184   Etwa Althammer/*Großerichter* EheVO Art. 3 Rn. 18;
      Geimer/Schütze/*Dilger* EheVO Art. 3 Rn. 14; *ders.*,
      Rn. 228; MüKoZPO/*Gottwald* EheVO Art. 3 Rn. 9;
      Niklas, S. 74 Fn. 376; HK-FamR/*Rieck* EheVO Art. 3
      2003 Rn. 5.

185   Rechtspolitische Kritik an der Vorschrift bei Rau-
      scher/*Rauscher* Brüssel IIa-VO Art. 3 Rn. 31 ff.
186   Althammer/*Großerichter* EheVO Art. 3 Rn. 19.
187   Die Person des Antragsgegners dürfte hier autonom
      nach der EheVO 2003 zu bestimmen sein. Im Falle
      eines Rückgriffs auf nationales Verfahrensrecht
      würde sich aus deutscher Sicht aber an diesem
      Ergebnis nichts ändern (vgl. § 129 Abs. 1 FamFG).
188   Offen *Hilbig-Lugani* IPRax 2017, 556 (560) (denk-
      bar sei, auf den gewöhnlichen Aufenthalt des Biga-
      misten, des nicht bigamischen Ehegatten der zweiten
      Ehe oder sogar auf beide abzustellen).

Gruber   **2511**

Antrags einen gleich lautenden (nunmehr zulässigen) Antrag zu stellen.[189] Allerdings darf der Antragsteller nicht die Möglichkeit haben, mit einem Antrag bei einem (noch) unzuständigen Gericht einen Antrag bei einem anderen international zuständigen Gericht unzulässig zu machen. Im Rahmen der nach Art. 19 Abs. 1, 3 durchzuführenden Zuständigkeitsprüfung hat das Erstgericht daher auf die Verhältnisse und damit auch den gewöhnlichen Aufenthalt des Antragsgegners im Zeitpunkt der Rechtshängigkeit des Zweitverfahrens abzustellen (vgl. hierzu ausführlich → Rn. 38 f.).[190]

22 Die internationale Zuständigkeit am gewöhnlichen Aufenthaltsort nur des Antragsgegners ist für den Antragsteller zumeist nicht sehr attraktiv, weil er in diesem Fall die Kosten und Mühen eines Rechtsstreits im Ausland auf sich nehmen muss. Im Einzelfall kann aber zB auch ein Antragsteller mit gewöhnlichem Aufenthalt im Ausland ein Interesse daran haben, in Deutschland gegen den in Deutschland lebenden Antragsgegner vorzugehen. Denkbar ist etwa, dass das deutsche Scheidungsverfahren schneller und ggf. kostengünstiger ist als das ausländische oder dass der Antragsteller eine Scheidung nach dem durch die Rom III-VO bestimmten Recht erreichen will.

23 **4. Gemeinsamer Scheidungsantrag (Spiegelstrich 4).** Art. 3 Abs. 1 lit. a Spiegelstrich 4 schafft eine weitere internationale Zuständigkeit für den Fall, dass ein gemeinsamer Antrag der Ehegatten vorliegt. In diesem Fall ist jeder Mitgliedstaat international zuständig, in dem auch nur einer der Ehegatten seinen gewöhnlichen Aufenthalt hat.

24 Ein gemeinsamer Antrag liegt zunächst dann vor, wenn die Ehegatten die Scheidung (die Trennung ohne Auflösung des Ehebandes oder die Ungültigerklärung der Ehe) – soweit dies nach der anwendbaren lex fori (wie etwa der französischen)[191] möglich ist – in einer gemeinsamen Antragsschrift begehren. Daneben reicht es aber nach hL auch aus, wenn die Scheidung (wie in § 1566 Abs. 1 Alt. 1 BGB) in zwei getrennten Antragsschriften begehrt wird.[192] Darüber hinaus ist ein gemeinsamer Antrag iSd Art. 3 Abs. 1 lit. a Spiegelstrich 4 nach hL auch dann gegeben, wenn nur ein Ehegatte die Scheidung beantragt und der andere (wie etwa in § 1566 Abs. 1 Alt. 2 BGB) vorher oder nachher **zustimmt**.[193] Eine einmal erklärte Zustimmung ist nicht widerrufbar.

25 Die wohl **herrschende Lehre** geht davon aus, dass eine derartige Zustimmung nach dem Scheidungsstatut überhaupt **materiell möglich** sein muss. Art und Form der erforderlichen Zustimmung richteten sich nach dem materiellen Scheidungsstatut.[194] Bei der Anwendung deutschen Scheidungsrechts wäre also eine Zustimmung nach Maßgabe von § 1566 Abs. 1 BGB iVm § 134 FamFG erforderlich. In der Konsequenz stellt sich sodann die Frage, ob – soweit das anwendbare Recht verschiedene Scheidungsgründe kennt – zB auch die Berufung auf einen abweichenden Scheidungsgrund (Verschuldens-, statt Zerrüttungsscheidung)[195] oder sogar das bloße Zugeständnis nur des Tatsachenvortrags[196] bereits eine ausreichende Zustimmung iSd Spiegelstrichs 4 darstellt. Für eine internationale Zuständigkeit nach Art. 3 Abs. 1 lit. a Spiegelstrich 4 reiche es jedenfalls nicht aus, dass dem Ziel nach **verschiedene Anträge** gestellt werden, also zB ein Antrag auf Scheidung und ein Antrag auf Trennung von Tisch und Bett bzw. ein Antrag auf Ungültigerklärung der Ehe.[197]

26 Nach der **Gegenansicht** ist die Frage nach der Zulässigkeit und den Voraussetzungen einer Zustimmung **autonom** nach der EheVO 2003 zu bestimmen.[198] Demnach sei eine Zustimmung unabhängig vom Inhalt

---

189 Zu Art. 8 EheVO 2003 (Begründung des gewöhnlichen Aufenthalts erst im laufenden Verfahren) BGH NJW 2010, 1351; wie hier Staudinger/*Spellenberg* EheVO Art. 3 Rn. 153 ff.; *Hausmann*, IntEuFamR, A 72; MüKoZPO/*Gottwald* EheVO Art. 3 Rn. 12; aA HK-FamR/*Rieck* EheVO Art. 3 2003 Rn. 6.

190 Wie hier Geimer/Schütze/*Dilger* Vor Art. 3 Rn. 59 ff.; HK-ZPO/*Dörner* EheVO Art. 3 Rn. 14.

191 *Divorce sur demande conjointe des époux,* Art. 230 Abs. 1 c.c., Art. 1089 frz. NCPC.

192 Geimer/Schütze/*Dilger* EheVO Art. 3 Rn. 18 ff.; Staudinger/*Spellenberg* EheVO Art. 3 Rn. 33; *Hausmann*, IntEuFamR, A 74; *Becker-Eberhard* FS Beys 2003, S. 93, 105; *Hajnczyk*, S. 78 f.; iE abw. *Gröschl*, S. 126.

193 Althammer/*Großerichter* EheVO Art. 3 Rn. 21; Geimer/Schütze/*Dilger* EheVO Art. 3 Rn. 18 ff.; Rauscher/*Rauscher* Brüssel IIa-VO Art. 3 Rn. 36; *Hausmann*, IntEuFamR, A 74; MüKoZPO/*Gottwald* EheVO Art. 3 Rn. 15; *Spellenberg* FS Geimer 2002, S. 1257, 1267; *Becker-Eberhard* FS Beys 2003, S. 93, 105 f.; *Hau* FamRZ 2000, 1333 (1335); *Haus-*

mann, EuLF 2000/01, 274, 276 f.; *Hajnczyk*, S. 78 f.; *Niklas*, S. 71; abl. *Gröschl*, S. 124 und *Mostermans*, Nederlands international privaatrecht (NiPR) 2001, 293, 297.

194 Staudinger/*Spellenberg* EheVO Art. 3 Rn. 235; *ders.* FS Geimer 2002, S. 1257, 1267 mit Fn. 57; *Rausch* FuR 2001, 151 (153).

195 Grds. abl. (mit Hinweis darauf, dass sonst für Art. 4 kein Anwendungsbereich bliebe) Staudinger/*Spellenberg* EheVO Art. 3 Rn. 34; *Geimer*, Europ. Zivilverfahrensrecht EheVO Art. 3 Rn. 25; MüKoZPO/*Gottwald* EheVO Art. 3 Rn. 16; Zöller/*Geimer* EuEheVO Art. 3 Rn. 5.

196 Nach Auffassung von *Spellenberg* reicht dies für einen gemeinsamen Antrag nicht aus (*Spellenberg* FS Geimer 2002, S. 1257, 1267).

197 Geimer/Schütze/*Dilger* EheVO Art. 3 Rn. 23; Althammer/*Großerichter* EheVO Art. 3 Rn. 21.

198 Rauscher/*Rauscher* Brüssel IIa-VO Art. 3 Rn. 36 f.; Althammer/*Großerichter* EheVO Art. 3 Rn. 22; *Hausmann*, IntEuFamR, IntEuFamR, A 75.

des Scheidungsstatuts jederzeit im laufenden Verfahren möglich und auch an keine Form gebunden.[199] Ausreichend sei eine – von den konkreten materiellen Scheidungsvoraussetzungen unabhängige – den Scheidungsantrag allgemein bejahende Einlassung des Antragsgegners. Die zuletzt genannte Ansicht löst sich stark von den Konzepten, die in den nationalen Rechtsordnungen zum gemeinsamen Antrag zu finden sind. Für sie spricht aber, dass Fragen der internationalen Zuständigkeit nicht davon abhängig gemacht werden sollten, ob und unter welchen Voraussetzungen die (für verfahrensrechtliche Fragen einschlägige) lex fori und das jeweils anwendbare materielle Recht – das noch durch eine kollisionsrechtliche Anknüpfung und, soweit es sich hiernach um ein ausländisches Recht handeln sollte, ggf. noch durch Sachverständigengutachten zu ermitteln ist – eine einvernehmliche Scheidung vorsehen oder nicht.[200] Es käme sonst zu einer unpraktikablen Vermischung von Zuständigkeitsrecht einerseits und nationalem Verfahrensrecht bzw. materiellem Scheidungsrecht andererseits. Ein europäisch-autonomes Konzept des gemeinsamen Antrags entspricht daher den Zwecken der Verordnung eher als ein Rückgriff auf nationales Recht.

Was die Voraussetzungen der Zustimmung im Einzelnen anbelangt, so wird zT eine ausdrückliche Zustimmungserklärung verlangt.[201] In Betracht kommt aber auch, folgt man der unter → Rn. 26 dargestellten Ansicht, eine entsprechende Heranziehung von Art. 12 Abs. 1 lit. b, Abs. 3 lit. b ("ausdrücklich oder auf andere eindeutige Weise"). In der Praxis sollte der Antragsgegner, um alle Abgrenzungsschwierigkeiten auszuräumen, zu einer eindeutigen Erklärung aufgefordert werden. Jedenfalls nicht ausreichend ist eine bloße **rügelose Einlassung**.[202]   **27**

5. Klägergerichtsstand bei einjährigem gewöhnlichem Aufenthalt im Gerichtsstaat (Spiegelstrich   **28** **5). a) Voraussetzungen im Allgemeinen.** Nach Art. 3 Abs. 1 lit. a Spiegelstrich 5 besteht eine internationale Zuständigkeit der Gerichte des Staates, in dem sich der Antragsteller seit mindestens einem Jahr unmittelbar vor der Antragstellung gewöhnlich aufgehalten hat. Der Wortlaut der Vorschrift erfasst jeden **Antragsteller**, also nicht (zwangsläufig) nur die Ehegatten. Bei der Ungültigerklärung ist aber denkbar, dass diese durch dritte Personen oder auch Behörden beantragt wird (zur Anwendbarkeit der Verordnung in diesem Fall → EheVO Art. 1 Rn. 5). Der EuGH hat hier eine teleologische Reduktion der Vorschrift vorgenommen: Auf die Zuständigkeitsregeln des Art. 3 Abs. 1 lit. a fünfter und sechster Spiegelstrich kann sich entgegen dem Wortlaut der Vorschrift nur ein Ehegatte, nicht aber ein Dritter stützen.[203] Noch nicht abschließend geklärt ist, ob der EuGH unter den Begriff des Dritten auch den Ehegatten einer ersten – wirksamen – Ehe fassen würde, welcher die Ungültigerklärung der von seinem Partner geschlossenen zweiten (bigamischen) Ehe begehrt. Hierfür spricht, dass jeweils nur eine Verbindung zwischen dem Ehepartner aus der Erstehe und dem Bigamisten einerseits und dem Bigamisten und dem Partner aus der Zweitehe andererseits besteht. Aus der Perspektive des Partners aus der Zweitehe handelt es sich daher bei dem Antragsteller um einen "Dritten".[204]

Die Zuständigkeit nach dem Spiegelstrich 5 setzt einen mindestens **einjährigen** und ununterbrochenen   **29** **gewöhnlichen Aufenthalt** voraus. Auf die Staatsangehörigkeit des Antragstellers kommt es nicht an. Allerdings wird nach der Regel des Spiegelstrichs 6 die erforderliche Aufenthaltsdauer auf **sechs Monate** reduziert, wenn der **Antragsteller die Staatsangehörigkeit des Aufenthaltsstaates** bzw. (im Falle des Vereinigten Königreichs und Irlands) dort sein domicile hat (vgl. hierzu → Rn. 40 ff.).

Ein neuer gewöhnlicher Aufenthalt entsteht durch die Begründung eines neuen faktischen Lebensmittel-   **30** punktes (vgl. noch → EGBGB Art. 5 Rn. 18). Die Einjahresfrist beginnt erst mit der Begründung eines gewöhnlichen Aufenthalts zu laufen. Die Begründung eines **schlichten Aufenthalts** ist im Rahmen des Spiegelstrichs 5 nach herrschender Auffassung ohne jede Bedeutung.[205] Hierfür spricht der Umstand, dass ein bloßer schlichter Aufenthalt noch keine hinreichend enge Beziehung zu einem Staat begründet und iÜ

---

199 Rauscher/*Rauscher* Brüssel IIa-VO Art. 3 Rn. 36 f.
200 Rauscher/*Rauscher* Brüssel IIa-VO Art. 3 Rn. 37; ablehnend HK-FamR/*Rieck* EheVO Art. 3 EheVO 2003 Rn. 7.
201 Geimer/Schütze/*Dilger* EheVO Art. 3 Rn. 21; *ders.*, Rn. 239.
202 *Dilger*, Rn. 238; Althammer/*Großerichter* EheVO Art. 3 Rn. 21; *Hausmann*, IntEuFamR, A 74; aA Rahm/Künkel/*Breuer*, VIII Rn. 139.9.
203 EuGH, Rs. C-294/15 (Mikolajczyk ./. Czarnecka und Czarnecki), NJW 2017, 375 (Rn. 38 ff.) mit Bespr. *Hilbig-Lugani* IPRax 2017, 556 ff.
204 So auch die Interpretation des EuGH durch *Hilbig-Lugani* IPRax 2017, 556 (558 f.) (wenngleich die

Entscheidung weithin abl.); aA *Hausmann*, IntEuFamR, A 78.
205 Staudinger/*Spellenberg* EheVO Art. 3 Rn. 41; *ders.* FS Geimer 2002, S. 1257, 1268 f.; ferner Althammer/*Großerichter* EheVO Art. 3 Rn. 23; *Geimer* EheVO Art. 3 Rn. 27; *Hau* FamRZ 2000, 1333 (1334); *Hausmann*, IntEuFamR, A 80; *ders.*, EuLF 2000/01, 271, 276; *Pirrung* ZEuP 1999, 841 (844); *Becker-Eberhard* FS Beys 2003, S. 93, 106; Prütting/Gehrlein/*Völker/Dimmler*, Art. 3 Rn. 11; MüKoZPO/*Gottwald* EheVO Art. 3 Rn. 20; *Sturlése*, JCP 1999, 1147 Nr. 38; letztlich auch Rauscher/*Rauscher* Brüssel IIa-VO Art. 3 Rn. 27 f.; *ders.*, Rn. 243 ff.; *Niklas*, S. 81 f.; *Gröschl*, S. 127 f.

das Erfordernis eines einjährigen gewöhnlichen (nicht nur schlichten) Aufenthalts Manipulationsgefahren effektiv entgegenwirkt.[206]

31 In der Literatur ist allerdings darauf aufmerksam gemacht worden, dass nach dem Wortlaut der Vorschrift in der deutschen Fassung auch ein einjähriger schlichter Aufenthalt ausreiche, soweit er sich nur am Ende zu einem gewöhnlichen Aufenthalt verstärke.[207] Letztlich dürfte der deutschen Textfassung – bei gleichzeitiger Betrachtung der anderen Textfassungen – keine entscheidende Bedeutung zukommen. Beispielsweise wird in der englischen bzw. französischen Textfassung im Spiegelstrich 5 zB jeweils das Verb „to reside" bzw. **„résider"** verwendet. Ähnlich wie in der deutschen Textfassung erfolgt hier zunächst kein näherer Hinweis darauf, dass es sich um einen einjährigen „gewöhnlichen" Aufenthalt handeln muss.[208] Genauso wird in der englischen bzw. französischen Fassung im Rahmen des Spiegelstrichs 2 verfahren, wo ebenfalls keine nähere Qualifikation des fortbestehenden Aufenthalts eines der Ehegatten als „gewöhnlich" erfolgt, sondern wiederum nur die Verben „résider" und „to reside" verwendet werden.[209] Dass es allerdings im Rahmen des Spiegelstrichs 2 auf einen fortbestehenden gewöhnlichen (nicht nur schlichten) Aufenthalt eines der Ehegatten ankommt, ist nicht zu bestreiten, selbst wenn dies dort nur in der deutschen (nicht in der englischen bzw. französischen) Textfassung ausdrücklich hervorgehoben wird. In der Konsequenz muss es aber dann – angesichts der übereinstimmenden Formulierungen in der englischen bzw. französischen Fassung[210] – auch im Falle des Spiegelstrichs 5 durchgängig auf den gewöhnlichen Aufenthalt ankommen.[211]

32 Die Lösung der hL führt dazu, dass **streng zwischen dem gewöhnlichen und dem schlichten Aufenthalt unterschieden werden muss**. Die Jahresfrist beginnt erst zu laufen, wenn sich der schlichte zu einem gewöhnlichen Aufenthalt verfestigt. Dies ist – nach einer in der Praxis gebräuchlichen Faustregel – im Zweifel nach einem sechs-, ggf jedenfalls zwölfmonatigen Aufenthalt anzunehmen (→ EGBGB Art. 5 Rn. 18), so dass sich die Aufenthaltsdauer, gerechnet ab dem Zuzug, auf eineinhalb oder zwei Jahre verlängern kann. Möglich ist aber auch, dass bereits mit dem Zuzug in einen anderen Mitgliedstaat ein neuer gewöhnlicher Aufenthalt begründet wird, insbesondere dann, wenn zu diesem Zeitpunkt bereits der feste Wille besteht, dauerhaft in dem neuen Aufenthaltsstaat zu bleiben.[212]

33 Die **Jahresfrist** ist aus der Sicht eines deutschen Anwalts auch dann zu beachten, wenn es sich nicht um die Zuständigkeit deutscher, sondern ausländischer Gerichte handelt. Praktisch bedeutsam ist insbesondere der Fall, dass die Ehe in Deutschland geführt worden ist, aber einer der Ehegatten mittlerweile seinen gewöhnlichen Aufenthalt in einen anderen Mitgliedstaat verlegt hat. Da dort innerhalb eines Jahres nach Begründung des neuen gewöhnlichen Aufenthalts eine internationale Zuständigkeit (neu) entsteht, sollte ein **Scheidungsantrag in Deutschland möglichst vor Ablauf dieser Jahresfrist** gestellt werden. Andernfalls besteht die Gefahr, dass zuvor ein Verfahren bei einem nach dem Spiegelstrich 5 international zuständigen ausländischen Gericht rechtshängig wird und das später rechtshängig gewordene deutsche Verfahren gemäß Art. 16, 19 ausgesetzt bzw. der Antrag letztlich abgewiesen werden muss.

34 Der gewöhnliche Aufenthalt muss mindestens ein Jahr lang **ununterbrochen** bestanden haben. Ein gewöhnlicher Aufenthalt wird nur dann unterbrochen bzw. aufgehoben, wenn in einem anderen Staat ein neuer gewöhnlicher Aufenthalt begründet wird. Urlaubs- und Geschäftsreisen und auch kürzere Studienaufenthalte unterbrechen nach allgemeinen Grundsätzen den gewöhnlichen Aufenthalt nicht.[213]

35 **b) Maßgeblicher Zeitpunkt für die Bemessung der Aufenthaltsdauer.** Maßgeblicher Zeitpunkt für die Feststellung der Aufenthaltsdauer ist nach dem Wortlaut der Vorschrift der **Zeitpunkt der Antragstellung**. Maßgeblich ist also, wann der Antrag bei Gericht eingereicht worden ist. Demgegenüber reicht es nach dem Wortlaut der Vorschrift nicht aus, dass die Jahresfrist erst während der Anhängigkeit des Verfahrens abläuft. Dies erscheint bei einer an der **Prozessökonomie** orientierten Betrachtung wenig sinnvoll. Der als unzulässig abzuweisende Antrag könnte nämlich sofort als (mittlerweile) zulässig neu gestellt werden.

---

206 *Spellenberg* FS Geimer 2002, S. 1257, 1269.
207 Geimer/Schütze/*Dilger* EheVO Art. 3 Rn. 27 ff.; *ders.*, Rn. 245; *Niklas*, S. 81 f.
208 Die englische Fassung lautet: „... the applicant is habitually resident if he or she resided there for at least a year immediately before the application was made". Die französische Fassung lautet: „... la résidence habituelle du demandeur s'il y a résidé depuis au moins une année immédiatement avant l'introduction de la demande".
209 Die englische Fassung lautet: „... the spouses were last habitually resident, insofar as one of them still resides there". Die französische Fassung lautet: „... la dernière résidence habituelle des époux dans la mesure où l'un d'eux y réside encore".

210 Dasselbe gilt auch für die anderen Textfassungen, in denen sich vergleichbare Formulierungen wie in der englischen bzw. französischen Fassung finden.
211 Abw. Geimer/Schütze/*Dilger* EheVO Art. 3 Rn. 27 ff. mit ausf. Begründung.
212 Nach Rauscher/*Rauscher* Brüssel IIa-VO Art. 3 Rn. 43 ist die praktische Bedeutung der Frage eher gering, da der Antragsteller jeweils vortragen wird, dass bereits mit dem Umzug ein gewöhnlicher Aufenthalt begründet worden ist. Das Gericht muss aber dem keinen Glauben schenken, und gerade bei konkurrierenden Scheidungsanträgen wird der Antragsgegner diesem Vortrag entgegentreten.
213 Vgl. etwa BGH NJW 1982, 1216 = IPRax 1983, 71; näher Staudinger/*Spellenberg* EheVO Art. 3 Rn. 86.

Es müsste bei erneuter Antragstellung eine erneute Zustellung vorgenommen werden, die gerade in den Fällen, in denen sich der Antragsgegner im Ausland befindet, mit erheblichen Kosten und einem erhöhten Zeitaufwand verbunden ist.

Abweichend vom Wortlaut der Vorschrift reicht es nach Ansicht *Rauschers* dementsprechend für eine internationale Zuständigkeit grundsätzlich aus, dass sich die Jahresfrist erst im laufenden Verfahren vollendet.[214] Voraussetzung sei allerdings, dass das (ursprüngliche) Fehlen der internationalen Zuständigkeit erst nach Ablauf der Jahresfrist festgestellt werde. Erfolge die Feststellung vor Ablauf der Jahresfrist, müsse demgegenüber zwingend abgewiesen werden.[215]   **36**

Rauscher ist dahin gehend zuzustimmen, dass die Abweisung eines Antrags, der mittlerweile in identischer Form zulässig gestellt werden könnte, gegen die **Prozessökonomie** verstößt. Nach der hier vertretenen Ansicht ist – über den Vorschlag *Rauschers* hinaus – ein (noch) unzulässiger Antrag selbst dann nicht abzuweisen, wenn das Gericht die Unzulässigkeit noch vor Ablauf der Jahresfrist feststellt. Die Abweisung eines Antrags sollte nach der hier vertretenen Ansicht nicht von dem subjektiven Kenntnisstand des Gerichts und auch nicht – falls eine Entscheidung trotz vorheriger Feststellung erst nach Ablauf der Jahresfrist ergehen könnte – von den Äußerlichkeiten des Verfahrensfortgangs (etwa der Schnelligkeit der Zustellung ins Ausland bzw. der Terminierungspraxis des Gerichts) abhängig gemacht werden.[216] Generell gilt es, eine erneute Antragstellung in ein und derselben Sache zu vermeiden. Als zutreffend und im Sinne der Prozessökonomie konsequent erscheint es, bei verfrühter Antragstellung das Verfahren zunächst einmal (nur) auszusetzen.[217] Konstruktiv kann man sich mit der Annahme behelfen, dass der ursprüngliche Antrag während eines laufenden Verfahrens kontinuierlich aufrechterhalten wird und damit nach Ablauf der Jahresfrist ohne Weiteres „gestellt" bleibt. Das Anhängigbleiben des Verfahrens ist daher einer (erneuten) Antragstellung gleichzusetzen. Die hier vorgeschlagene Lösung lässt sich zudem auch auf eine **Analogie zu Art. 19 Abs. 1 S. 1** stützen: Diese (auf konkurrierende Verfahren bezogene) Vorschrift enthält den durchaus verallgemeinerungsfähigen Rechtsgedanken, dass eine Abweisung des Antrags nur erfolgen soll, wenn die Unzuständigkeit des angerufenen Gerichts endgültig feststeht. Kommt demgegenüber der Ausspruch eines Urteils in der Sache weiterhin in Betracht, so ist zu dem milderen Mittel der (bloßen) Aussetzung zu greifen (→ EheVO Art. 19 Rn. 16 f.).[218] Uneingeschränkt kann daher eine „Heilung" des Zuständigkeitsmangels angenommen werden, wenn die die Zuständigkeit begründenden Umstände noch im Laufe der **ersten Instanz** eintreten. Treten sie erst in der **Rechtsmittelinstanz** ein, so hängt es von der jeweiligen lex fori ab, ob dort Tatsachenänderungen, die für die Zuständigkeit relevant sind, noch berücksichtigt werden können. Ist dies der Fall, so ist wiederum nach den Maßstäben der lex fori dafür Sorge zu tragen, dass den Parteien für die Sachentscheidung keine Instanz verloren geht. Im deutschen Recht kann eine Zurückverweisung an die erste Instanz erfolgen.[219]   **37**

Die hier vorgeschlagene Auslegung des Art. 3 Abs. 1 lit. a Spiegelstrich 5 ist allerdings durch eine gewichtige **Ausnahmeregel** zu ergänzen. In der Literatur wird zutreffend auf das Interesse des anderen Ehegatten (Antragsgegners) hingewiesen, seinerseits das zuständige Gericht zu bestimmen. Dem Antragsgegner muss es maW möglich bleiben, vor Ablauf der Jahresfrist einen Scheidungsantrag bei einem anderen, international zuständigen Gericht – etwa dem Gericht des vormaligen gemeinsamen Aufenthaltsortes (Spiegelstrich 2) – zu stellen, ohne hieran durch die vorherige Antragstellung des anderen Ehegatten bei einem (noch) unzuständigen Gericht gehindert zu sein.[220] Zu Art. 8 Abs. 1 (Begründung des gewöhnlichen Aufenthalts erst während des Verfahrens) hat der BGH mittlerweile eine entsprechende Auffassung vertreten.[221]   **38**

---

214 Rauscher/*Rauscher* Brüssel IIa-VO Art. 3 Rn. 42; zust. *Andrae/Schreiber* IPRax 2010, 79 (82); *Gruber* IPRax 2005, 293 (294); Geimer/Schütze/*Dilger* Vor Art. 3 Rn. 67; MüKoZPO/*Gottwald* EheVO Art. 3 Rn. 20; *Geimer*, Art. 3 Rn. 27; Zöller/*Geimer* EuEheVO Art. 3 Rn. 8; *Gröschl*, S. 109 ff.; aA Althammer/*Großerichter EheVO Art.* 3 Rn. 24 f.; Prütting/Gehrlein/*Völker/Dimmler* EheVO Art. 3 Rn. 11; Thomas/Putzo/*Hüßtege* EuEheVO Art. 3 Rn. 8; HK-ZPO/*Dörner* EheVO Art. 3 Rn. 8.

215 Rauscher/*Rauscher* Brüssel IIa-VO Art. 3 Rn. 42.

216 Anderenfalls würden Antragsteller in Mitgliedstaaten, deren Gerichte (vergleichsweise) schnell arbeiten, gegenüber Antragstellern mit langsam arbeitender Justiz benachteiligt.

217 Wie hier *Hausmann*, IntEuFamR, A 81; Corneloup/*Hausmann* EheVO Art. 3 Rn. 23; im Ergebnis ebenso *Dilger*, Rn. 219; *Hau* FamRZ 2000, 1333 (1340).

Niklas, S. 92; abw. Rauscher/*Rauscher* Brüssel IIa-VO Art. 3 Rn. 42 (eine „Rettung" des Antrags durch geschickte Terminierung sei unzulässig).

218 *Gruber* IPRax 2005, 293 (295).

219 Näher dazu *Andrae/Schreiber* IPRax 2010, 79 (82).

220 Staudinger/*Spellenberg* EheVO Art. 3 Rn. 153 ff.; Rauscher/*Rauscher* Brüssel IIa-VO Art. 3 Rn. 42; *Geimer*, Art. 3 Rn. 28; *Hausmann*, IntEuFamR, A 82; Althammer/*Großerichter* EheVO Art. 3 Rn. 24; s. ferner *Hausmann*, EuLF 2000/01, 345, 347; *Hau* FamRZ 2000, 1333 (1339 f.).

221 BGH NJW 2010, 1351: „Auch ein erst während des Verfahrens begründeter gewöhnlicher Aufenthalt führt indes zur Zuständigkeit des angerufenen Gerichts nach Art. 8 Abs. 1 EuEheVO, wenn nicht zuvor ein ausländisches Gericht in derselben Rechtssache angerufen wurde."

39   Fraglich ist allein, ob für die Zuständigkeitsprüfung des Erstgerichts auf den Zeitpunkt der Antragstellung beim Erstgericht oder den späteren Zeitpunkt der Antragstellung beim Zweitgericht abzustellen ist. Nach der hier vertretenen Ansicht spricht mehr dafür, auf den späteren **Zeitpunkt der Antragstellung beim Zweitgericht** abzustellen, so dass ein zwischenzeitliches Zulässigwerden des zuerst gestellten Antrags bis zu diesem Zeitpunkt berücksichtigt werden kann.[222] Macht ein nach Deutschland gezogener Ehegatte zwei Wochen vor Ablauf der Jahresfrist des Art. 3 Abs. 1 lit. a Spiegelstrich 5 in Deutschland einen Scheidungsantrag durch Einreichen der Antragsschrift rechtshängig (Art. 16, 19) und reicht der im Ausland verbliebene Ehegatte ein halbes Jahr später im Mitgliedstaat des vormaligen gemeinsamen gewöhnlichen Aufenthalts einen Scheidungsantrag ein, so ist nach der hier vertretenen Ansicht das deutsche Gericht als iSd Art. 17 zuständig anzusehen. Das deutsche Verfahren ist m.a.W. vorrangig. Unbillige Nachteile entstehen hierdurch für den im Ausland verbliebenen Antragsgegner nicht, da das ausländische Verfahren hätte auch dann zurücktreten müssen, wenn der Antrag in Deutschland zwei Wochen später (unmittelbar nach Ablauf der Jahresfrist) gestellt worden wäre. Umgekehrt wäre es unbillig und prozessunökonomisch, wenn ein im Inland anhängiges, mittlerweile zulässig gewordenes und durch die Parteien ggf. bereits betriebenes Verfahren nur deshalb gegenüber einem weitaus später rechtshängig gewordenen Verfahren zurückzutreten hätte, weil es ursprünglich einmal geringfügig „zu früh" gestellt worden ist. Dies gilt insbesondere angesichts dessen, dass der genaue Zeitpunkt, in dem ein gewöhnlicher Aufenthalt begründet wird, nicht immer leicht festzustellen ist (→ Rn. 11).[223] Eher nur theoretischer Natur – aber ebenfalls lösbar – ist der Fall, in dem beide Scheidungswilligen ihre Anträge bei Gerichten stellen, die zum Zeitpunkt der Antragstellung noch unzuständig waren, aber im Verlauf des Verfahrens zuständig geworden sind. In diesem Fall setzt sich das Verfahren vor dem Gericht durch, das als erstes international zuständig wird.[224]

40   **6. Klägergerichtsstand bei einem sechsmonatigen gewöhnlichen Aufenthalt im Heimatstaat (Spiegelstrich 6). a) Einfachgesetzliche Anwendung.** Art. 3 Abs. 1 lit. a Spiegelstrich 6 beruht auf demselben Gedanken wie Art. 3 Abs. 1 lit. a Spiegelstrich 5. Nach Ablauf einer gewissen Frist soll demjenigen, der einen gewöhnlichen Aufenthalt in einem EU-Mitgliedstaat begründet hat, ein Zugang zu den inländischen Gerichten gewährt werden. Während Art. 3 Abs. 1 lit. a Spiegelstrich 5 einen ununterbrochenen gewöhnlichen Aufenthalt von einem Jahr verlangt, entsteht nach Art. 3 Abs. 1 lit. a Spiegelstrich 6 eine internationale Zuständigkeit bereits nach einem gewöhnlichen Aufenthalt von sechs Monaten. Voraussetzung ist allerdings, dass der Antragsteller die **Staatsangehörigkeit des Gerichtsstaats** besitzt. Im Falle des Vereinigten Königreichs bzw. Irlands wird das Merkmal der Staatsangehörigkeit durch das „domicile" ersetzt (vgl. näher → Rn. 47). Wird ein Scheidungsantrag bereits **vor Ablauf der Sechs-Monats-Frist** gestellt, gelten die unter → Rn. 28 ff. genannten Grundsätze: Der Antrag ist nach Ablauf der Sechs-Monats-Frist als zulässig zu behandeln; zuvor ist das Verfahren nach der hier vertretenen Ansicht auszusetzen. Im Rahmen der nach Art. 17 vom Erstgericht anzustellenden Zuständigkeitsprüfung ist auf die Verhältnisse im Zeitpunkt der Einreichung des Zweitantrags abzustellen.

41   Die Staatsangehörigkeit des Gerichtsstaats muss im **Zeitpunkt der Antragstellung** vorliegen bzw. zumindest im Laufe des Verfahrens erworben werden. Anderenfalls müsste ein (nunmehr) zulässiger Antrag als unzulässig abgewiesen werden, was der Prozessökonomie widerspräche.[225] Eine zuvor – etwa vor der Eheschließung – bestehende, aber noch vor Rechtshängigkeit aufgegebene Staatsangehörigkeit reicht nicht aus.[226] Nach der hier vertretenen Ansicht ist es nicht erforderlich, dass die Staatsangehörigkeit bereits mindestens sechs Monate vor der Antragstellung bestanden hat. Dies ergibt sich aus dem Wortlaut von Art. 3 Abs. 1 lit. a Spiegelstrich 6, der nur (punktuell) darauf abstellt, dass der Antragsteller Staatsangehöriger des betreffenden Mitgliedstaates „ist". Ein Verlust dieser Staatsangehörigkeit erst nach Rechtshängigkeit ist – ebenso wie ein späterer Wechsel des gewöhnlichen Aufenthalts – nach dem Grundsatz der perpetuatio fori unschädlich (→ Rn. 7).

---

222   Wie hier Geimer/Schütze/*Dilger*, Vor Art. 3 Rn. 64; Staudinger/*Spellenberg* EheVO Art. 3 Rn. 157; *Hausmann*, IntEuFamR, A 82; Rauscher/*Rauscher* Brüssel IIa-VO Art. 3 Rn. 42; *Geimer*, Art. 3 Rn. 29; Zöller/*Geimer* EuEheVO Art. 3 Rn. 12; *Andrae/ Schreiber* IPRax 2010, 79 (82).

223   *Andrae/Schreiber* IPRax 2010, 79 (82).

224   *Gruber* IPRax 2005, 293 (295). Beispiel: Deutsche Ehegatten mit gewöhnlichem Aufenthalt in Deutschland trennen sich. Der Ehemann begründet sodann einen gewöhnlichen Aufenthalt in Österreich; die Ehefrau – allerdings einige Wochen später – einen neuen gewöhnlichen Aufenthalt in Frankreich. Beide

stellen Scheidungsanträge, bevor die Jahresfrist des Art. 3 Abs. 1 lit. a 5. Spiegelstrich abgelaufen ist. Das in Österreich beantragte Verfahren setzt sich durch, da dort die Zuständigkeit nach Art. 3 Abs. 1 lit. a 5. Spiegelstrich früher entstanden ist als in Frankreich.

225   Wie hier (aber mit Einschränkungen) Rauscher/*Rauscher* Brüssel IIa-VO Art. 3 Rn. 48; aA Althammer/ *Großerichter* EheVO Art. 3 Rn. 28.

226   Rauscher/*Rauscher* Brüssel IIa-VO Art. 3 Rn. 48; Althammer/*Großerichter* EheVO Art. 3 Rn. 28; *Hausmann*, IntEuFamR, A 85; *Hau* FamRZ 2000, 1333 (1337).

Nicht eindeutig geregelt ist, ob und inwieweit Art. 3 Abs. 1 lit. a Spiegelstrich 6 auch bei **Mehrstaatern**   **42** anzuwenden ist. Der Bericht von *Borrás* zum Brüssel II-Übereinkommen spricht sich dafür aus, „im Rahmen der diesbezüglichen allgemeinen Gemeinschaftsbestimmungen die jeweiligen innerstaatlichen Vorschriften anzuwenden". Für die Zuständigkeit deutscher Gerichte wären also die Normen des deutschen Zuständigkeitsrechts bzw. ggf. – soweit man die Norm im deutschen Verfahrensrecht für analog anwendbar hält – Art. 5 Abs. 1 EGBGB anzuwenden.[227]

Zu Art. 3 Abs. 1 lit. b hat allerdings zwischenzeitlich der EuGH entschieden, dass auch eine gemeinsame   **43** nicht-effektive Staatsangehörigkeit der Ehegatten genügt, um eine internationale Zuständigkeit nach dieser Vorschrift zu begründen (→ Rn. 52).[228] Diese Entscheidung ist auf Art. 3 Abs. 1 lit. a Spiegelstrich 6 zu übertragen. Dies gilt ua deshalb, weil der Begriff der Staatsangehörigkeit innerhalb ein und derselben Vorschrift gleichlautend ausgelegt werden sollte. Ferner sind die vom EuGH bei Art. 3 Abs. 1 lit. b angeführten Argumente auch für Art. 3 Abs. 1 lit. a Spiegelstrich 6 verwendbar.[229] Wie lit. b stellt auch lit. a Spiegelstrich 6 dem Wortlaut nach nur auf das Bestehen einer Staatsangehörigkeit als solcher ab; eine „effektive" Staatsangehörigkeit wird dem Wortlaut nach nicht verlangt. Schließlich würde eine Effektivitätsprüfung bei lit. a Spiegelstrich 6 – nicht anders als bei lit. b – die Rechtssicherheit beeinträchtigen.[230] Damit reicht es aus, dass der Antragsteller die Staatsangehörigkeit des Gerichtsstaats hat, unabhängig davon, ob er noch weiteren Staaten angehört und ob die betreffende Staatsangehörigkeit die effektive ist.

Größere Relevanz kommt der Frage nach der doppelten Staatsbürgerschaft im Rahmen des Art. 3 Abs. 1   **44** lit. a Spiegelstrich 6 aber ohnehin nicht zu. Der gewöhnliche Aufenthalt hat nämlich bei der Beurteilung der Frage, welche Staatsangehörigkeit die „effektive" ist, idR die entscheidende Bedeutung.[231] Hat der Antragsteller seinen gewöhnlichen Aufenthalt in dem betreffenden Mitgliedstaat begründet und seit mindestens sechs Monaten ununterbrochen beibehalten, so ist die Zugehörigkeit zu diesem Mitgliedstaat damit fast immer als die „effektive" anzusehen.[232]

Nicht anzuwenden ist Art. 3 Abs. 1 lit. a Spiegelstrich 6 auf **Staatenlose**.[233] Für sie verbleibt es bei der   **45** Regel des Spiegelstrichs 5. Dies ergibt sich ua daraus, dass das Merkmal der Staatsangehörigkeit als Indiz für eine stärkere Bindung an den Staat des gewöhnlichen Aufenthalts dient. Eine derartige Indizwirkung ist im Falle von Staatenlosen nicht gegeben.[234]

Geht es um die internationale Zuständigkeit von Gerichten des **Vereinigten Königreichs** bzw. **Irlands**, ist   **46** nicht auf die Staatsangehörigkeit, sondern das domicile abzustellen. Dies erklärt sich daraus, dass das domicile im Verfahrens- und Kollisionsrecht der beiden Staaten an die Stelle der anderenorts vielfach verwendeten Staatsangehörigkeit tritt. Insgesamt spielt die Staatsangehörigkeit zu den beiden Mitgliedstaaten im Anwendungsbereich der EheVO 2003 keine Rolle. Umgekehrt kann ein domicile nur vor Gerichten des Vereinigten Königreichs bzw. Irlands, nicht aber vor Gerichten anderer EU-Mitgliedstaaten zuständigkeitsbegründend wirken. Hat zB ein irischer Antragsteller sein domicile in Deutschland, so besteht keine Zuständigkeit nach Art. 3 Abs. 1 lit. a Spiegelstrich 6: in Deutschland nicht, weil dem Antragsteller die deutsche Staatsangehörigkeit fehlt, in Irland nicht, weil er sein domicile nicht in Irland hat.[235]

---

227 *Borrás*, ABl. EG 1998 C 221 S. 39 Rn. 33.

228 EuGH, Rs. C-168/08, Hadadi ./. Mesko FamRZ 2009, 1571 mit abl. Anm. *Kohler* und zust. *Anm. Dilger* IPRax 2010, 54 und Anm. *Huter*, ELR 2009, 351.

229 *Hausmann*, IntEuFamR, A 86; *Hau* IPRax 2010, 50 (52 ff.); aus der Lit. vor der genannten EuGH-Entscheidung s. etwa Geimer/Schütze/*Dilger* Vor Art. 3 Rn. 26 ff.; *Hau* FamRZ 2000, 1333 (1337); *ders.*, FamRZ 1999, 484 (486); *Simotta* FS Geimer 2002, S. 1115, 1161 f.; *Hausmann*, EuLF 2000/01, 271, 277; *Rausch* FuR 2001, 151 (152).

230 EuGH, Rs. C-168/08, Hadadi ./. Mesko FamRZ 2009, 1571 (Rn. 44 ff.); vgl. ferner *Hausmann*, EuLF 2000/01, 271, 277; *Simotta* FS Geimer 2002, S. 1115, 1162.

231 So inzident EuGH, Rs. C-168/08, Hadadi ./. Mesko FamRZ 2009, 1571 (1573) (Rn. 54); *Hau* IPRax 2010, 50 (53) Fn. 23; zum allg. Kollisionsrecht s. etwa Art. 5 Abs. 1 S. 1 EGBGB sowie hierzu zB MüKoBGB/*Sonnenberger* EheVO Art. 5 EGBGB Rn. 5.

232 *Hau* FamRZ 2000, 1333 (1337).

233 Geimer/Schütze/*Dilger*, Vor Art. 3 Rn. 39 ff.; Rauscher/*Rauscher* Brüssel IIa-VO Art. 3 Rn. 50; Althammer/*Großerichter EheVO Art.* 3 Rn. 27; abw. Staudinger/*Spellenberg* EheVO Art. 3 Rn. 135; *Hausmann*, IntEuFamR, A 87 (Gleichstellung mit Inländern).

234 Zutr. Rauscher/*Rauscher* Brüssel IIa-VO Art. 3 Rn. 50.

235 Rauscher/*Rauscher* Brüssel IIa-VO Art. 3 Rn. 61; *Hausmann*, A 88; abw. Geimer/Schütze/*Dilger* EheVO Art. 3 Rn. 54, 58; Staudinger/*Spellenberg* EheVO Art. 3 Rn. 51; *ders.* FS Geimer 2002, 1257, 1272 (um eine Diskriminierung der irischen Staatsangehörigen zu vermeiden, sei ausnahmsweise das domicile der Iren in Deutschland als dort zuständigkeitsbegründend anzusehen. Hiergegen spricht aber, dass sodann wiederum eine im Lichte des Art. 18 AEUV problematische Besserstellung der Iren gegenüber anderen Staatsangehörigen anzunehmen wäre: Es vermag nicht zu überzeugen, warum zB das domicile eines Iren in Deutschland zu einer Zuständigkeit deutscher Gerichte führen soll, nicht aber entsprechend das domicile eines Franzosen oder Italieners in Deutschland).

47 Nach **Abs. 2** bestimmt sich der Begriff des domicile nach dem Recht des Vereinigten Königreichs bzw. Irlands. Es liegt m.a.W. eine Qualifikationsverweisung auf das britische bzw. irische Recht vor.[236] Unter dem domicile wird im Kern der Lebensmittelpunkt einer Person verstanden, wobei ua zwischen dem domicile of origin (bei Kindern) und dem domicile of choice (bei Erwachsenen) unterschieden wird.[237] Das domicile liegt zumeist, aber nicht notwendigerweise, in dem Staat, in dem die betreffende Person ihren gewöhnlichen Aufenthalt hat. Ob bei Vorliegen eines domicile in dem Vereinigten Königreich bzw. in Irland dort auch ein zumindest sechsmonatiger gewöhnlicher Aufenthalt gegeben ist, ist gesondert zu prüfen.[238] Im Falle des Vereinigten Königreichs müssen das domicile und der mindestens sechsmonatige gewöhnliche Aufenthalt in derselben Teilrechtsordnung liegen (vgl. Art. 66 lit. b und d).

48 **b) Verstoß gegen Art. 18 AEUV (Diskriminierungsverbot).** Näher betrachtet erscheint es allerdings fraglich, ob Art. 3 Abs. 1 lit. a Spiegelstrich 6 überhaupt praktische Bedeutung erlangen wird. Die hL sieht in der Vorschrift einen Verstoß gegen das Diskriminierungsverbot des Art. 18 AEUV (= ex Art. 12 EGV).[239] Nach Art. 18 AEUV sind an die Staatsangehörigkeit einzelner EU-Bürger anknüpfende Diskriminierungen unzulässig. Das OLG München hat unter Bezugnahme auf die hL diese Frage dem EuGH vorgelegt,[240] aber diesen Beschluss nachträglich aufgehoben.[241]

49 Eine Diskriminierung wird von der hL damit begründet, dass dem Angehörigen des Gerichtsstaats ohne rechtfertigenden Grund doppelt so schnell wie anderen Unionsbürgern ein „forum actoris" eröffnet werde.[242] Eine Französin, die nach dem Scheitern ihre Ehe in Deutschland einen neuen Anfang in einem anderen Staat wagen wolle, wäre schlechter gestellt, wenn ihre Wahl nicht auf Frankreich, sondern auf einen anderen Staat fiele.[243] Dass die Staatsangehörigkeit typischerweise eine (besonders) enge Beziehung zu einem Staat herstellt, wird als Rechtfertigung im Rahmen des Art. 18 AEUV nicht zugelassen.[244] Nicht akzeptiert wird auch das Argument, dass die Ehegatten nicht diskriminiert, sondern insoweit gleichbehandelt werden, als sie sich jeweils auf die Zugehörigkeit zu „ihrem" Mitgliedstaat berufen können.[245]

50 Ob die Vorschrift tatsächlich gegen das europäische Diskriminierungsverbot verstößt, ist gegenwärtig weitgehend offen.[246] Bei passender Gelegenheit sollte die Frage dem EuGH zur Entscheidung vorgelegt werden. Ein Verstoß gegen Art. 18 AEUV hätte zur Folge, dass Art. 3 Abs. 1 lit. a Spiegelstrich 6 nicht mehr anzuwenden wäre. Eine primärrechtskonforme Auslegung der Vorschrift kommt nicht in Betracht.[247] Denkbar wäre allenfalls, alle Mitgliedstaatenangehörige als Inländer iSd Art. 3 Abs. 1 lit. a Spiegelstrich 6 zu behandeln, was praktisch einer weitgehenden Absenkung der Aufenthaltsdauer von einem Jahr auf sechs Monate gleichkäme. Dies dürfte aber nicht dem (mutmaßlichen) Willen des Verordnungsgebers entsprechen, der im Grundsatz eine einjährige Aufenthaltsdauer vorausgesetzt und nur unter besonderen Voraussetzungen – im Falle der Übereinstimmung von Staatsangehörigkeit und gewöhnlichem Aufenthaltsort – eine Verkürzung der Frist vorgesehen hat.[248]

---

236 Vgl. *Borrás*, ABl. EG 1998 C 221 S. 39 Rn. 34; ferner Geimer/Schütze/*Dilger* EheVO Art. 3 Rn. 55.

237 Vgl. näher Staudinger/*Spellenberg* EheVO Art. 3 Rn. 137 ff. (m. ausf. Nachw.); ebenso Geimer/Schütze/*Dilger* EheVO Art. 3 Rn. 56.

238 Vgl. *Borrás*, ABl. EG 1998 C 221 S. 39 Rn. 34; Rauscher/*Rauscher* Brüssel IIa-VO Art. 3 Rn. 51.

239 Zunächst mit eingehender Argumentation *Hau* FamRZ 2000, 1333 (1335 f.); zust. Geimer/Schütze/*Dilger* EheVO Art. 3 Rn. 42 ff.; *Hausmann*, IntEuFamR, A 89; Thomas/Putzo/*Hüßtege* EuEheVO Art. 3 Rn. 9; Staudinger/*Spellenberg* EheVO Art. 3 Rn. 43; *Geimer*, Art. 3 Rn. 38; Zöller/*Geimer* EuEheVO Art. 3 Rn. 6; HK-ZPO/*Dörner* EheVO Art. 3 Rn. 8; MüKoZPO/*Gottwald* EheVO Art. 3 Rn. 24; *Becker-Eberhard* FS Beys 2003, S. 93, 107; *Spellenberg* FS Geimer 2002, S. 1257, 1269 f.; ders. FS Sonnenberger 2004, S. 677, 681; *Simotta* FS Geimer 2002, S. 1115, 1154; *Dilger*, Rn. 458; *Gröschl*, S. 134 ff.; *Helms* FamRZ 2002, 1593 (1596); *Hess* JZ 2001, 573 (575); *Hausmann*, EuLF 2000/01, 345, 352; *Schack* RabelsZ 65 (2001), 615, 623; für eine Vereinbarkeit mit Art. 18 AEUV Rauscher/*Rauscher* Brüssel IIa-VO Art. 3 Rn. 47 f.; Althammer/*Großerichter* EheVO Art. 3 Rn. 30 f.; *Looschelders* FS Kropholler (2008), S. 329, 337 f.; Prütting/Gehrlein/*Völker/Dimmler* EheVO Art. 3 Rn. 11; vorsichtig

auch *Kohler* NJW 2001, 10 (11) („gemeinschaftsrechtlich vielleicht gerade noch verträglich").

240 OLG München FamRZ 2003, 546.

241 Der Aufhebungsbeschluss ist nicht veröffentlicht. Die Aufhebung des Beschlusses ist erfolgt, weil die Vorlagefrage nicht streiterheblich war.

242 Staudinger/*Spellenberg* EheVO Art. 3 Rn. 43; *Hau* FamRZ 2000, 1333 (1336); *Hausmann*, EuLF 2000/01, 345, 352.

243 *Hau* FamRZ 2000, 1333 (1336).

244 Vgl. aber insoweit *Looschelders* FS Kropholler (2008), S. 329, 338; Rauscher/*Rauscher* Brüssel IIa-VO Art. 3 Rn. 47; Althammer/*Großerichter* EheVO Art. 3 Rn. 30 f.

245 Näher zu dieser Argumentation Rauscher/*Rauscher* Brüssel IIa-VO Art. 3 Rn. 47.

246 Abweichend *Becker-Eberhard* FS Beys 2003, S. 93, 107: Es sei zu erwarten, dass der EuGH „diese Regelung bei passender Gelegenheit kassieren wird".

247 *Hau* FamRZ 2000, 1333 (1337); *Dilger*, Rn. 459; auch Corneloup/*Hausmann* EheVO Art. 3 Rn. 27; abweichend *Spellenberg* FS Sonnenberger 2004, S. 677, 681 (mit einem – allerdings hier nicht weiterführenden – Hinw. auf EuGH (Pastoors ./. Belgien), Slg 1997 I-285 Rn. 19).

248 IE wie hier *Gröschl*, S. 138; aA Staudinger/*Spellenberg* EheVO Art. 3 Rn. 43.

II. Staatsangehörigkeitszuständigkeit (Abs. 1 lit. b)

Nach Art. 3 Abs. 1 lit. b besteht auch eine internationale Zuständigkeit der Gerichte des Mitgliedstaates, **51** dem **beide Ehegatten angehören**. Maßgebend ist der Zeitpunkt der Rechtshängigkeit bzw. – bei einem späteren Erwerb – der letzten mündlichen Verhandlung (→ Rn. 40, 41). Eine gemeinsame Staatsangehörigkeit bei Eheschließung reicht nicht aus.[249]

Bei **Mehrstaatern** reicht nach einer klärenden Entscheidung des EuGH auch eine gemeinsame nicht-effek- **52** tive Staatsangehörigkeit aus.[250] Dies gilt sowohl dann, wenn die Parteien – wie im vom EuGH entschiedenen Fall – denselben Mitgliedstaaten angehören (in casu: Frankreich und Ungarn), als auch dann, wenn sie einem Mitgliedstaat und einem Drittstaat angehören oder über weitere unterschiedliche Staatsangehörigkeiten verfügen.[251] Zur Argumentation hat sich der EuGH ua auf den Wortlaut der Bestimmung sowie auf die Erwägung gestützt, dass anderenfalls die Prüfung der internationalen Zuständigkeit mit einer schwierigen und fehleranfälligen Bewertung einzelner möglicher Berührungspunkte mit einem Mitgliedstaat führen würde.[252] Der Umstand, dass der antragstellende Ehegatte über die Staatsangehörigkeit hinaus keine Verbindung zu dem betreffenden Mitgliedstaat hat, steht einer Zuständigkeit nach Art. 3 Abs. 1 lit. b damit nicht entgegen.[253] Haben beide Ehegatten sowohl die deutsche als auch die italienische Staatsangehörigkeit, so besteht somit eine internationale Zuständigkeit sowohl der deutschen als auch der italienischen Gerichte. Hat nur ein Ehegatte sowohl die deutsche als auch die italienische und der andere nur die italienische Staatsangehörigkeit, so folgt aus Art. 3 Abs. 1 lit. b stets eine Zuständigkeit der italienischen Gerichte, selbst wenn die Ehe in Deutschland geführt wurde und die deutsche Staatsangehörigkeit des anderen Ehegatten als die „effektive" anzusehen wäre. Bei Staatenlosen ist Art. 3 Abs. 1 lit. b nicht anwendbar (→ Rn. 45).[254]

Auch in Art. 3 Abs. 1 lit. b ist in der Literatur zT ein Verstoß gegen das **Diskriminierungsverbot des** **53** **Art. 18 AEUV** (= ex Art. 12 EGV) gesehen worden.[255] Die Diskriminierung liege darin, dass nur solchen Ehegatten ein zusätzliches forum eröffnet wird, die dieselbe Staatsangehörigkeit haben, nicht aber gemischt-nationalen Ehegatten.[256] Allerdings besteht eine Rechtfertigung für eine Ungleichbehandlung dieser Ehegatten darin, dass nur die gemeinsame Staatsangehörigkeit eine hinreichend enge Beziehung zu einem bestimmten Staat begründet.[257] Letztlich dürfte ein Verstoß gegen **Art. 18 AEUV** nur dann angenommen werden können, wenn man die Verwendung der Staatsangehörigkeit als Tatbestandsmerkmal generell für gemeinschaftsrechtswidrig hält. Dies ginge aber zu weit.[258] Dementsprechend geht auch der EuGH in seiner Entscheidung zu Art. 3 Abs. 1 lit. b nicht auf die Frage ein, ob die Vorschrift als solche überhaupt primärrechtskonform ist;[259] der BGH deutet das Schweigen des EuGH dahin gehend, dass damit die Vereinbarkeit von Art. 3 Abs. 1 lit. b mit höherrangigem Unionsrecht geklärt ist.[260]

Für die Gerichte des Vereinigten Königreichs und Irlands tritt an die Stelle der Staatsangehörigkeit wiede- **54** rum der Begriff des domicile (→ Rn. 47). Haben zwei Iren ihr domicile in Deutschland, so entsteht keine Zuständigkeit nach Art. 3 Abs. 1 lit. b: in Deutschland nicht, weil es an der gemeinsamen deutschen Staats-

---

249 *Hausmann*, EuLF 2000/01, 271, 277.
250 EuGH, Rs. C-168/08, Hadadi ./. Mesko FamRZ 2009, 1571 mit abl. Anm. *Kohler* und zust. Bespr. *Dilger* IPRax 2010, 54 und *Hau* IPRax 2010, 50; sowie Anm. *Huter*, ELR 2009, 351.
251 *Hau* IPRax 2010, 50 (52).
252 EuGH, Rs. C-168/08, Hadadi ./. Mesko FamRZ 2009, 1571 (Rn. 44 ff.).
253 EuGH, Rs. C-168/08, Hadadi ./. Mesko FamRZ 2009, 1571 (Rn. 44 ff.).
254 Rauscher/*Rauscher* Brüssel IIa-VO Art. 3 Rn. 60.
255 *Hau* FamRZ 2000, 1333 (1335 f.); *Hausmann*, IntEu-FamR, A 96; *Simotta* FS Geimer 2002, S. 1115, 1154 f.; *Boele-Woelki* ZfRV 2001, 121 (123); *Gröschl*, S. 140 f.; abl. (kein Verstoß gegen Art. 18 AEUV) Althammer/*Großerichter* EheVO Art. 3 Rn. 34; *Dilger* IPRax 2006, 617 (620) (mit ausf. Begr.); *Looschelders* FS Kropholler (2008), S. 329, 340 f.; Rauscher/*Rauscher* Brüssel IIa-VO Art. 3 Rn. 54; Thomas/Putzo/*Hüßtege* EuEheVO Art. 3 Rn. 11; MüKoZPO/*Gottwald* EheVO Art. 3 Rn. 26; *Becker-Eberhard* FS Beys 2003, S. 93, 108; *Spellen-*

berg FS Geimer 2002, S. 1257, 1271; *Helms* FamRZ 2002, 1593 (1596).
256 *Hau* FamRZ 2000, 1333 (1335 f.); *Simotta* FS Geimer 2002, S. 1115, 1154 f.; *Boele-Woelki* ZfRV 2001, 121 (123).
257 Althammer/*Großerichter* EheVO Art. 3 Rn. 34; Geimer/Schütze/*Dilger* EheVO Art. 3 Rn. 59; *ders.*, IPRax 2006, 617 (619 f.); *Looschelders* FS Kropholler (2008), S. 329, 341; *Helms* FamRZ 2002, 1593 (1596); auch *Spellenberg* FS Geimer 2002, S. 1257, 1271.
258 Althammer/*Großerichter* EheVO Art. 3 Rn. 34; zweifelnd *Hau* FamRZ 2000, 1333 (1336), nach dessen Ansicht die gemeinschaftsrechtliche Zulässigkeit des Staatsangehörigkeitsprinzips „wohl neu zu überdenken ist".
259 EuGH, Rs. C-168/08, Hadadi ./. Mesko FamRZ 2009, 1571.
260 BGH FamRZ 2013, 687 (688) mit insoweit abl. Anm. *Hau* (der EuGH neige nicht dazu, spezielle Vorabentscheidungsersuchen zum Anlass für die Beantwortung nicht vorgelegter Grundsatzfragen zu nehmen).

angehörigkeit fehlt, in Irland nicht, weil es an dem dort erforderlichen gemeinsamen domicile fehlt.[261] Haben demgegenüber zwei Deutsche ihr domicile in Irland, besteht sowohl eine Zuständigkeit der irischen Gerichte (wegen des gemeinsamen irischen domicile) als auch eine Zuständigkeit der deutschen Gerichte (wegen der gemeinsamen deutschen Staatsangehörigkeit).[262]

55 Lit. b ist auch anwendbar, wenn die Ungültigerklärung einer Ehe beantragt wird. Dies dürfte auch dann gelten, wenn der Antrag nicht durch einen Ehegatten, sondern einen Dritten oder eine Behörde gestellt wird (zur Anwendbarkeit der Verordnung → EheVO Art. 1 Rn. 5). Es kommt in diesem Fall entsprechend dem Wortlaut nicht auf die Staatsangehörigkeit des Antragstellers, sondern weiterhin auf die Staatsangehörigkeit der Ehegatten der für ungültig zu erklärenden Ehe an. Dies dürfte im Falle der Ungültigerklärung einer unter Verstoß gegen das Bigamieverbot geschlossenen Ehe sogar dann gelten, wenn der Antrag von dem Ehegatten der ersten (wirksamen) Ehe gestellt wird; anderenfalls blieben die Interessen des Partners der für ungültig zu erklärenden Zweitehe unberücksichtigt (s. dazu noch → Rn. 28).[263]

Art. 4 EheVO 2003 Gegenantrag

Das Gericht, bei dem ein Antrag gemäß Artikel 3 anhängig ist, ist auch für einen Gegenantrag zuständig, sofern dieser in den Anwendungsbereich dieser Verordnung fällt.

1 Art. 4 weist eine weitgehende Ähnlichkeit mit dem Widerklagegerichtsstand in Art. 8 Nr. 3 EuGVVO nF (= Art. 6 Nr. 3 EuGVVO aF) auf.[264] Die Vorschrift hat zunächst deshalb Bedeutung, weil das für den zunächst gestellten (Erst-)Antrag nach Art. 3 international zuständige Gericht nicht notwendig auch eine aus Art. 3 folgende internationale Zuständigkeit für den Gegenantrag haben muss. Wird etwa ein Ehemann, der seit drei Monaten in Deutschland seinen gewöhnlichen Aufenthalt hat, von seiner nach wie vor in einem Drittstaat befindlichen Ehefrau mit nicht-deutscher Staatsangehörigkeit in Deutschland verklagt, so ergibt sich für den Antrag der Ehefrau eine internationale Zuständigkeit aus Art. 3 lit. a Spiegelstrich 3. Art. 3 eröffnet aber selbst keinen deutschen Gerichtsstand für den Gegenantrag. Dem Ehemann hilft in diesem Fall Art. 4.[265] Dasselbe gilt, wenn für den Gegenantrag nach Art. 3 deshalb keine internationale Zuständigkeit mehr besteht, weil die Ehefrau mittlerweile ihren bei Rechtshängigkeit noch in Deutschland bestehenden gewöhnlichen Aufenthalt (Art. 3 Abs. 1 lit. a Spiegelstrich 5 bzw. 6) in einen Drittstaat verlegt hat oÄ.[266]

2 Die größte praktische Bedeutung hat Art. 4 aber im Zusammenhang mit der in Art. 19 enthaltenen Rechtshängigkeitsregelung. Der Antragsgegner wäre nämlich dann, wenn er den Gegenantrag bei einem international zuständigen Gericht eines anderen Mitgliedstaates stellen würde, bei diesem Gericht wegen der aus Art. 19 Abs. 1 folgenden Aussetzungspflicht daran gehindert, eine zeitnahe sachliche Entscheidung zu erlangen. Art. 4 ermöglicht es ihm zuständigkeitsrechtlich, den notwendigen Rechtsschutz in dem schon **anhängigen Rechtsstreit** zu verwirklichen (vgl. näher → EheVO Art. 19 Rn. 23).[267]

3 Art. 4 erfasst Statusverfahren iSd Art. 1 Abs. 1 lit. a, nach der hier vertretenen Ansicht unter Einschluss von Feststellungsanträgen (→ EheVO Art. 1 Rn. 8 ff.). Hierbei kann es sich um Anträge handeln, die auf einen abweichenden Nichtigkeits-, Scheidungs-, Trennungs- oder Aufhebungsgrund gestützt werden. Ein Gegenantrag liegt aber auch dann vor, wenn das Scheidungsbegehren auf einen anderen Scheidungsgrund (Ver-

261 Abweichend Geimer/Schütze/*Dilger* EheVO Art. 3 Rn. 58; Staudinger/*Spellenberg* EheVO Art. 3 Rn. 51: Man dürfte die Iren nicht „zwischen die Stühle fallen lassen". Das *domicile* der Iren in Deutschland führe damit abweichend vom Verordnungstext zu einer Zuständigkeit deutscher Gerichte. Dasselbe gelte auch für ein englisch-irisches Ehepaar. Diese Lösung würde im Ergebnis zu einer vom Verordnungsgeber nicht gewollten generellen Zuständigkeit am jeweiligen *domicile* führen, die in der Konsequenz – um wiederum Diskriminierungen iSd Art. 18 AEUV zu vermeiden – wohl für sämtliche Scheidungswillige (unabhängig von ihrer Staatsangehörigkeit) anzunehmen wäre. Denn es wäre kaum einzusehen, warum sich zB nur irische Staatsangehörige zuständigkeitsbegründend auf ihr domicile in Deutschland berufen können sollen, nicht aber zB italienische. Insoweit spricht mE mehr dafür, es bei der Lösung zu belassen, die sich unmittelbar aus dem Verordnungstext ergibt.

262 Abweichend Staudinger/*Spellenberg* EheVO Art. 3 Rn. 49; *ders.* FS Geimer 2002, S. 1257, 1271 mit dem Argument, dass es nicht dem Sinn der EheVO entspräche, wenn in diesem Fall zwei gemeinsame Heimatgerichte entstünden. Es sei nur eine Zuständigkeit der irischen Gerichte gegeben. Hiergegen spricht mE, dass das *domicile* keinen generellen Vorrang gegenüber der Staatsangehörigkeit beansprucht und ein mehrfacher Heimatgerichtsstand – wie in Rn. 52 dargelegt – auch bei einer doppelten Staatsbürgerschaft begründet werden kann.

263 Abweichend – es komme auf die gemeinsame Staatsangehörigkeit des Ehegatten der Erstehe und des Bigamisten an – *Hilbig-Lugani* IPRax 2017, 556 (560).

264 Geimer/Schütze/*Dilger* EheVO Art. 4 Rn. 1.

265 *Simotta* FS Geimer 2002, S. 1115, 1167.

266 *Simotta* FS Geimer 2002, S. 1115, 1167 f.

267 Staudinger/*Spellenberg* EheVO Art. 4 Rn. 5; Althammer/*Großerichter* EheVO Art. 4 Rn. 1.

schuldens- statt Zerrüttungsscheidung) gestützt ist.[268] Von Art. 4 nicht erfasst werden außerhalb des Art. 1 Abs. 1 lit. a liegende Anträge, also zB Anträge auf Unterhalt, Güterausgleich und auch Sorgerechtsanträge.[269] Die internationale Zuständigkeit für diese Anträge richtet sich nach der EuGVVO, der UnterhaltsVO, den Art. 8 ff. EheVO 2003 bzw. nach dem nationalen Verfahrensrecht.[270]

Art. 4 führt nach allgemeiner Meinung zu einer **internationalen Zuständigkeit**. Daneben ist in Art. 4 zugleich eine Regelung der **örtlichen Zuständigkeit** zu sehen.[271] Hierfür sprechen der Wortlaut des Art. 4, der die Zuständigkeit des bereits mit der Ehesache befassten Gerichts zum Gegenstand hat, sowie der Umstand, dass die Parallelvorschrift des Art. 8 EuGVVO nF (= Art. 6 Nr. 3 EuGVVO aF) ebenfalls eine internationale und örtliche Zuständigkeit begründet.[272]   **4**

Art. 4 beschränkt sich aber auf die Regelung der Zuständigkeitsfrage. Ob ein Gegenantrag im Übrigen überhaupt zulässig ist, richtet sich nach der lex fori.[273] Zu beachten ist insoweit allerdings die Sondervorschrift des Art. 19 Abs. 3 Unterabs. 2, die einem Gegenantrag entgegenstehendes nationales Verfahrensrecht im gewissen Umfang verdrängt (→ EheVO Art. 19 Rn. 21 ff.).   **5**

Art. 5 EheVO 2003 Umwandlung einer Trennung ohne Auflösung des Ehebandes in eine Ehescheidung

Unbeschadet des Artikels 3 ist das Gericht eines Mitgliedstaats, das eine Entscheidung über eine Trennung ohne Auflösung des Ehebandes erlassen hat, auch für die Umwandlung dieser Entscheidung in eine Ehescheidung zuständig, sofern dies im Recht dieses Mitgliedstaats vorgesehen ist.

Art. 5 ordnet eine **Folgezuständigkeit** an. Die Vorschrift beruht auf dem Gedanken, dass ein die Scheidung vorbereitendes Trennungsverfahren und das sich anschließende Scheidungsverfahren in einem engen Zusammenhang stehen. Das Gericht, das eine Trennung ausgesprochen bzw. bestätigt hat, ist auch für ein nachfolgendes Scheidungsverfahren zuständig. Art. 5 begründet nicht nur eine internationale, sondern zugleich auch eine örtliche Zuständigkeit.[274] Die Zuständigkeiten nach Art. 3 bleiben nach dem ausdrücklichen Wortlaut der Vorschriften daneben anwendbar.   **1**

Da es nur um die Wahrung der Entscheidungskontinuität geht, kommt es für Art. 5 nicht darauf an, ob das Gericht, das die Trennungsentscheidung getroffen hat, seinerseits tatsächlich international zuständig war.[275] Wie schon aus dem Wortlaut der Vorschrift hervorgeht, reicht ein lediglich faktisches Getrenntleben für die Anwendung von Art. 5 nicht aus.[276]   **2**

Eine **Umwandlung** iSd Art. 5 setzt dem Wortsinn nach einen Zusammenhang zwischen dem vorangegangenen Trennungs- und dem Scheidungsurteil voraus. Ein derartiger Zusammenhang ist jedenfalls dann gegeben, wenn das vorangegangene Trennungsurteil eine *in concreto* einschlägige prozessuale oder materiellrechtliche Voraussetzung für ein nachfolgendes Scheidungsurteil ist. Derartige Zusammenhänge zwischen einem Trennungs- und einem nachfolgenden Scheidungsurteil sehen ua das französische, luxemburgische, niederländische, italienische und das belgische Recht vor.   **3**

Zu berücksichtigen ist allerdings, dass nach dem anwendbaren Recht der Scheidungsantrag auf verschiedene Weise begründet sein kann. Insbesondere ist denkbar, dass sich der Scheidungsantrag auf das vorangegangene Trennungsurteil und – ggf. kumulativ – auf sonstige (eigenständige) Scheidungsgründe stützen   **4**

268 Staudinger/*Spellenberg* EheVO Art. 3 Rn. 34 und Art. 4 Rn. 6; Rauscher/*Rauscher* Brüssel IIa-VO Art. 4 Rn. 5.

269 Geimer/Schütze/*Dilger* EheVO Art. 4 Rn. 3; *Hausmann*, IntEuFamR, A 99; *Simotta* FS Geimer 2002, S. 1115, 1168; Prütting/Gehrlein/*Völker/Dimmler* EheVO Art. 4 Rn. 2; Rauscher/*Rauscher* Brüssel IIa-VO Art. 4 Rn. 6 ff.; anders für Sorgerechtsanträge Staudinger/*Spellenberg* EheVO Art. 4 Rn. 7 (dort allerdings unter der Voraussetzung, dass die Merkmale von Art. 12 EheVO 2003 erfüllt sind).

270 Letzteres kann durchaus eine (besondere) internationale Zuständigkeit für Gegenanträge vorsehen (vgl. Staudinger/*Spellenberg* EheVO Art. 4 Rn. 8).

271 Geimer/Schütze/*Dilger* EheVO Art. 4 Rn. 2; Rauscher/*Rauscher* Brüssel IIa-VO Art. 4 Rn. 9; Staudinger/*Spellenberg* EheVO Art. 4 Rn. 12; *Hausmann*, IntEuFamR, A 102; Althammer/*Großerichter* EheVO Art. 4 Rn. 2; *Niklas*, S. 95.

272 Vgl. hierzu Rauscher/*Leible* Brüssel Ia-VO (EuGVVO) Art. 8 Rn. 6.

273 Thomas/Putzo/*Hüßtege* EuEheVO Art. 4 Rn. 2; Staudinger/*Spellenberg* EheVO Art. 4 Rn. 13 ff.; *ders.* FS Geimer 2002, S. 1257, 1272 f.; Rauscher/*Rauscher* Brüssel IIa-VO Art. 4 Rn. 10; *Hausmann*, IntEuFamR, A 101.

274 Rauscher/*Rauscher* Brüssel IIa-VO Art. 5 Rn. 6; Althammer/*Großerichter* EheVO Art. 5 Rn. 1; *Dilger*, Rn. 259; Staudinger/*Spellenberg* EheVO Art. 5 Rn. 15; *Gröschl*, S. 144.

275 *Geimer* EheVO Art. 5 Rn. 2.

276 Geimer/Schütze/*Dilger* EheVO Art. 5 Rn. 3; Rauscher/*Rauscher* Brüssel IIa-VO Art. 5 Rn. 4; Althammer/*Großerichter* EheVO Art. 5 Rn. 2; *Hausmann*, IntEuFamR, A 105.

kann.[277] Vor diesem Hintergrund sollte es für die internationale Zuständigkeit ausreichen, dass nach dem Recht, das auf das Trennungsurteil tatsächlich angewendet worden ist, eine Umwandlung der Trennung in eine Ehescheidung abstrakt möglich ist. Ob das Trennungsurteil im konkreten Einzelfall tatsächlich konstitutiv für das spätere Scheidungsurteil ist – was sich ggf. erst im weiteren Verfahren klären lässt und von dem weiteren Sachvortrag der Parteien abhängen kann –, dürfte demgegenüber eine Frage (nur) der Begründetheit des Scheidungsantrags und nicht zugleich auch der Scheidungszuständigkeit darstellen. Es sollte für die internationale Zuständigkeit nicht auf den Inhalt der im Scheidungsverfahren im Einzelfall einschlägigen Sachnormen und den Vortrag der Parteien zur Sache ankommen; anderenfalls käme es zu einer weitgehenden Vermischung von Zulässigkeit und Begründetheit.[278] Der Begriff der „Umwandlung" ist nach der hier vertretenen Auffassung daher weit auszulegen; abzustellen ist nicht auf den Inhalt der Entscheidung, sondern das Begehren des Antragstellers, nicht mehr (nur) getrennt, sondern geschieden zu werden.[279]

5 Nach Art. 5 muss eine Umwandlung in eine Scheidung in dem Recht des Staates, dessen Gericht über die Umwandlung in eine Scheidung zu befinden hat, vorgesehen sein. Dies ist jedenfalls dann der Fall, wenn sowohl auf den Trennungs- als auch auf den nachfolgenden Scheidungsantrag das eigene Sachrecht des Urteilsstaats anzuwenden war und dieses Recht eine Umwandlung eines Trennungs- in ein Scheidungsurteil vorsieht. Nach zutreffender hL ist allerdings weitergehend unter dem „**Recht**" iSd Art. 5 das gesamte innerstaatliche Recht unter Einschluss des heimischen Kollisionsrechts und seiner Verweisungen auf ein ausländisches Sachrecht zu verstehen.[280] Damit kann die Zuständigkeit nach Art. 5 – unabhängig davon, dass das deutsche Sachrecht keine Umwandlungsentscheidung kennt – auch für deutsche Gerichte relevant werden. Dies gilt etwa dann, wenn deutsche Gerichte eine „separazione giudiziale" nach dem kollisionsrechtlich anwendbaren italienischen Sachrecht ausgesprochen haben und nunmehr mit einem sich anschließenden – ebenfalls dem italienischen Sachrecht unterliegenden – Scheidungsantrag konfrontiert werden.[281]

6 Zweifelhaft ist schließlich, ob Art. 5 auch dann angewendet werden kann, wenn auf den Scheidungsantrag ein **anderes Recht** anzuwenden ist als auf den vorangegangenen **Trennungsantrag** und nur das auf den Trennungsantrag anwendbare Recht, nicht aber das (jetzt) auf die Scheidung anwendbare Recht dem Trennungsurteil Bedeutung für die Scheidung beimisst.[282] Denkbar ist etwa, dass aufgrund eines mittlerweile eingetretenen Statutenwechsels – zB eines Wechsels des gewöhnlichen Aufenthalts eines oder beider Ehegatten – auf den Scheidungsantrag nicht mehr das italienische, sondern das deutsche Recht anzuwenden ist. Es kann ferner auch vorkommen, dass dem Gericht im Trennungsverfahren ein Fehler bei der Anwendung des Kollisionsrechts unterlaufen ist und bereits in diesem Verfahren statt des italienischen das deutsche Sachrecht anzuwenden gewesen wäre. Nach dem deutschen Sachrecht ist aber das vorangegangene Trennungsurteil ohne Bedeutung.

7 Auch diese Frage ist nach der hier vertretenen Auffassung dahin gehend zu beantworten, dass es nur auf das Vorliegen eines Trennungsurteils als solchem, nicht auf die konkrete Ursächlichkeit dieses Urteils für die spätere Entscheidung ankommen sollte. Anderenfalls gelangte man zu einer Vermischung von Zuständigkeitsrecht und internationalem Privatrecht, die – ua auch wegen der Komplexität der kollisionsrechtlichen Anknüpfung – besser vermieden werden sollte.[283] In der Konsequenz sollten deutsche Gerichte, die ein Trennungsurteil erlassen haben, welches nach dem ursprünglich angewandten ausländischen Recht in eine Scheidung umgewandelt werden kann, gemäß Art. 5 stets für ein sich anschließendes Scheidungsverfahren zuständig sein, und zwar unabhängig davon, ob der Scheidungsausspruch nach dem nunmehr anwendbaren Recht letztlich von dem Trennungsurteil konkret beeinflusst wird oder nicht.

277 Staudinger/*Spellenberg* EheVO Art. 5 Rn. 5.
278 Abw. Staudinger/*Spellenberg* EheVO Art. 5 Rn. 4 (erfasst seien Anträge auf Scheidung, bei denen die gerichtliche Trennung, ggf. nach einer Mindestdauer, als Scheidungsgrund herangezogen werde); aA auch Rauscher/*Rauscher* Brüssel IIa-VO Art. 5 Rn. 4 (erforderlich sei ein prozessualer oder materieller Zusammenhang).
279 Es reicht daher mE jedenfalls aus, wenn der Antragsteller überhaupt auf das Trennungsurteil Bezug nimmt, es also als Tatsache in das Verfahren einbringt.
280 Geimer/Schütze/*Dilger* EheVO Art. 5 Rn. 7 mit ausf. Begründung; *ders.*, Rn. 263; Zöller/*Geimer*

EuEheVO Art. 5 Rn. 3; *Geimer*, Art. 5 Rn. 3; Staudinger/*Spellenberg* EheVO Art. 5 Rn. 8; Rauscher/*Rauscher* Brüssel IIa-VO Art. 5 Rn. 5; Althammer/*Großerichter* EheVO Art. 5 Rn. 2; *Gröschl*, S. 144.
281 *Dilger*, Rn. 262; *Hausmann*, IntEuFamR, A 106; Rauscher/*Rauscher* Brüssel IIa-VO Art. 5 Rn. 5.
282 Vgl. hierzu OLG Frankfurt FamRZ 1975, 632 mAnm *Wirth*; AG Rüsselsheim IPRspr. 1985 Nr. 74, S. 210 = IPRax 1985, 229 (Leitsatz) mAnm *Jayme*.
283 AA Geimer/Schütze/*Dilger* EheVO Art. 5 Rn. 9; Rauscher/*Rauscher* Brüssel IIa-VO Art. 5 Rn. 9; Althammer/Großerichter EheVO Art. 5 Rn. 3; *Hausmann*, IntEuFamR, A 107.

Art. 6 EheVO 2003 Ausschließliche Zuständigkeit nach den Artikeln 3, 4 und 5

Gegen einen Ehegatten, der

a) seinen gewöhnlichen Aufenthalt im Hoheitsgebiet eines Mitgliedstaats hat oder

b) Staatsangehöriger eines Mitgliedstaats ist oder im Fall des Vereinigten Königreichs und Irlands sein „domicile" im Hoheitsgebiet eines dieser Mitgliedstaaten hat,

darf ein Verfahren vor den Gerichten eines anderen Mitgliedstaats nur nach Maßgabe der Artikel 3, 4 und 5 geführt werden.

Art. 7 EheVO 2003 Restzuständigkeit

(1) Soweit sich aus den Artikeln 3, 4 und 5 keine Zuständigkeit eines Gerichts eines Mitgliedstaats ergibt, bestimmt sich die Zuständigkeit in jedem Mitgliedstaat nach dem Recht dieses Staates.

(2) Jeder Staatsangehörige eines Mitgliedstaats, der seinen gewöhnlichen Aufenthalt im Hoheitsgebiet eines anderen Mitgliedstaats hat, kann die in diesem Staat geltenden Zuständigkeitsvorschriften wie ein Inländer gegenüber einem Antragsgegner geltend machen, der seinen gewöhnlichen Aufenthalt nicht im Hoheitsgebiet eines Mitgliedstaats hat oder die Staatsangehörigkeit eines Mitgliedstaats besitzt oder im Fall des Vereinigten Königreichs und Irlands sein „domicile" nicht im Hoheitsgebiet eines dieser Mitgliedstaaten hat.

A. Anwendung nationalen Zuständigkeitsrechts
bei Drittstaatenangehörigen mit gewöhnli-
chem Aufenthalt außerhalb der EU 1
   I. Kombinierte Anwendung von Art. 6 und 7 1
   II. Inländergleichstellung von EU-Bürgern bei
   Anwendung nationalen Rechts (Art. 7 Abs. 2)   11

B. Anwendung nationalen Zuständigkeitsrechts
zulasten eigener Staatsangehöriger 15
C. „Notzuständigkeit" bei Zuständigkeit (nur)
eines scheidungsfeindlichen Staates? 20

A. Anwendung nationalen Zuständigkeitsrechts bei Drittstaatenangehörigen mit gewöhnlichem Aufenthalt außerhalb der EU

I. Kombinierte Anwendung von Art. 6 und 7

Aus Art. 6 und 7 ergibt sich, unter welchen Voraussetzungen ein (zusätzlicher) Rückgriff auf das nationale Zuständigkeitsrecht zulässig ist. Der Zweck von Art. 6 und 7 liegt darin, den **Rückgriff auf das nationale Zuständigkeitsrecht** möglichst auszuschließen bzw. einzuschränken.[284] Art. 6 steht seinem Wortlaut nach einem Rückgriff auf nationales Zuständigkeitsrecht nicht entgegen, wenn der Antragsgegner weder seinen gewöhnlichen Aufenthalt in einem Mitgliedstaat hat, noch die Staatsangehörigkeit eines Mitgliedstaates besitzt (wobei der Zugehörigkeit zum Vereinigten Königreich und zu Irland allerdings keine Bedeutung zukommt) noch sein domicile in dem Vereinigten Königreich oder Irland hat. Bei einem schweizerischen Staatsangehörigen mit gewöhnlichem Aufenthalt und „domicile" in der Schweiz wäre daher – zieht man einen Umkehrschluss aus Art. 6 – ein Rückgriff auf die **lex fori** der einzelnen Mitgliedstaaten möglich. Deutsche Gerichte könnten daher nicht nur auf Art. 3, 4, 5, sondern auch auf **§ 98 FamFG** zurückgreifen. [1]

Nach der zustimmenswerten Auffassung des EuGH ist aber Art. 6 nicht isoliert, sondern im **Zusammenhang mit Art. 7 Abs. 1** zu lesen.[285] Selbst wenn Art. 6 einem Rückgriff auf das nationale Recht nicht entgegensteht, müssen zusätzlich die Voraussetzungen von Art. 7 Abs. 1 vorliegen. Dementsprechend ist ein Rückgriff auf nationales Zuständigkeitsrecht nicht bereits dann möglich, wenn der Antragsgegner in einem Ehescheidungsverfahren weder seinen gewöhnlichen Aufenthalt im Hoheitsgebiet eines Mitgliedstaats hat noch die Staatsbürgerschaft eines Mitgliedstaats besitzt (wobei der Zugehörigkeit zum Vereinigten König- [2]

---

284 Die Vorschriften sind äußerst unklar und verwirrend; zu entspr. Reformüberlegungen in dem (gescheiterten) Vorschlag zur Änderung der EheVO 2003 s. *Spellenberg* ZZPInt 12 (2007), 233, 242; auch *Looschelders* FS Kropholler (2008), S. 329, 348.

285 EuGH, Rs. C-68/07 (Kerstin Sundelind Lopez ./. Miquel Enrique Lopez Lizazo Slg 2007, I-10403 = NJW 2008, 207 = IPRax 2008, 257 mit krit. Bespr. *Borrás* 233 = ZZPInt 12 (2007), 228 m. iE zust. Anm. *Spellenberg* und Bespr. *Quiñones Escámez*, Rev. de Derecho Comunitario Europeo 2008, 457,

465 ff.; zuvor bereits OGH, Urt. v. 11.9.2008, 7 Ob 155/08 g IPRax 2010, 74 mit zust. Bespr. *Andrae/ Schreiber* IPRax 2010, 79; aus der Lit. ferner *Hausmann*, IntEuFamR, A 117; *ders.,* EuLF 2000/01, 271, 279; *Spellenberg* FS Geimer 2002, S. 1257, 1275; *Simotta* FS Geimer 2002, S. 1115, 1119; *Vareilees-Sommières*, GazPal 1999, 2018, 2023; *Ancel/Muir Watt*, Rev. crit. dr. int. priv. 2001, S. 403, 421; *Boele-Woelki* ZfRV 2001, 121 (125); kritisch Rauscher/ *Rauscher* Brüssel IIa-VO Art. 6 Rn. 11.

reich und zu Irland allerdings keine Bedeutung zukommt) und auch nicht sein domicile in dem Vereinigten Königreich oder Irland hat (Art. 6). Vielmehr darf – zusätzlich – kein Gericht eines **anderen EU-Mitgliedstaats** nach Art. 3, 4 oder 5 international zuständig sein (Art. 7 Abs. 1). Der EuGH begründet dies überzeugend insbes. damit, dass die EheVO 2003 die Schaffung möglichst **einheitlicher Zuständigkeitsregeln** anstrebe, dieses Ziel aber durch die isolierte Anwendung von Art. 6 verfehlt würde.[286]

3 Dementsprechend verbleibt für das nationale Zuständigkeitsrecht nur ein geringer Anwendungsbereich. Ein Rückgriff auf nationales deutsches Zuständigkeitsrecht scheidet zB aus, wenn der schweizerische Antragsgegner mit gegenwärtigem gewöhnlichem Aufenthalt in der Schweiz zuvor einen gemeinsamen Aufenthalt mit der Antragstellerin in Frankreich hatte und die Antragstellerin dort noch ihren gewöhnlichen Aufenthalt hat. Zwar steht in diesem Fall Art. 6 einem Rückgriff auf nationales Zuständigkeitsrecht nicht entgegen. Es besteht aber eine internationale Zuständigkeit der französischen Gerichte aus Art. 3 Abs. 1 lit. a Spiegelstrich 2. Damit ist die zusätzlich zu prüfende Voraussetzung des Art. 7 – keine internationale Zuständigkeit eines anderen Mitgliedstaats aus Art. 3, 4 oder 5 – nicht erfüllt. Dasselbe gilt, wenn die Antragstellerin ihren gewöhnlichen Aufenthalt seit mindestens einem halben Jahr bzw. einem Jahr in Frankreich hat und sich damit eine internationale Zuständigkeit französischer Gerichte aus Art. 3 Abs. 1 lit. a Spiegelstrich 5 bzw. 6 ergibt. Auch hier scheidet ein Rückgriff auf unvereinheitlichtes deutsches Zuständigkeitsrecht aus.

4 Die kombinierte Anwendung von Art. 6 und 7 hat zur Folge, dass eine zunächst bestehende internationale Zuständigkeit nach dem unvereinheitlichten nationalen Recht auch im Hinblick auf „gemeinschaftsfremde" Antragsgegner immer dann wegfällt, wenn eine internationale Zuständigkeit nach Art. 3, 4, 5 neu entsteht. Hat zB eine deutsche Ehefrau zusammen mit ihrem schweizerischen Ehemann die Ehe in der Schweiz oder einem anderen Drittstaat geführt, und hat sie nun seit 11 Monaten ihren gewöhnlichen Aufenthalt in Frankreich, kann sie – da sich aus Art. 3, 4, 5 (noch) keine Zuständigkeit eines Mitgliedstaates ergibt – nach § 98 Abs. 1 Nr. 1 FamFG vor deutschen Gerichten klagen. Die internationale Zuständigkeit des deutschen Gerichts bleibt nach dem perpetuatio fori-Grundsatz auch erhalten, wenn nach Rechtshängigkeit (Art. 16, 19) des Verfahrens in Deutschland eine internationale Zuständigkeit in Frankreich (neu) entsteht. Entschließt sich die Ehefrau demgegenüber erst nach einem Jahr dazu, einen Scheidungsantrag zu stellen, so ist zwischenzeitlich eine Zuständigkeit französischer Gerichte entstanden (Art. 3 Abs. 1 lit. a Spiegelstrich 5). In diesem Fall ist spiegelbildlich dazu eine internationale Zuständigkeit deutscher Gerichte nicht (mehr) gegeben.[287] Dieses Ergebnis mag auf den ersten Blick überraschen. Es lässt sich aber dadurch rechtfertigen, dass Art. 6, 7 Abs. 1 eine zu große Zahl an Gerichtsständen verhindern wollen und iÜ die sachliche Rechtfertigung für eine auf nationales Verfahrensrecht gestützte internationale Zuständigkeit deutscher Gerichte in dem Maße schwindet, in dem – aufgrund der Dauer des gewöhnlichen Aufenthalts in Frankreich – der Bezug zu Frankreich eindeutig überwiegt.

5 Vereinzelt ist sogar vorgeschlagen worden, den Rückgriff auf das nationale Zuständigkeitsrecht noch weiter einzuschränken. Die Voraussetzungen des Art. 7 Abs. 1 seien nicht erfüllt, wenn sich der Antragsteller zwar gewöhnlich in einem Mitgliedstaat aufhalte, aber die Wartefrist nach Art. 3 Abs. 1 lit. a Spiegelstrich 5 und 6 noch nicht abgelaufen sei. Auf diese Weise werde verhindert, dass sich eine nach dem nationalen Recht bestehende Zuständigkeit gegenüber einer später entstehenden Zuständigkeit nach der EheVO 2003 durchsetze.[288] Weder der Wortlaut des Art. 7 Abs. 1 noch der Bericht von *Borrás* bieten allerdings Anhaltspunkte für eine einschränkende Auslegung bzw. teleologische Reduktion der Norm. Im Übrigen würde diese zusätzliche Einschränkung des Anwendungsbereichs von Art. 7 Abs. 1 dazu führen, dass Antragsteller mit gewöhnlichem Aufenthalt außerhalb der EU besser stünden als Antragsteller mit gewöhnlichem Aufenthalt innerhalb der EU. Derjenige, der seinen gewöhnlichen Aufenthalt aus der EU in einen Drittstaat verlegt, würde hierdurch die Anwendung des nationalen Zuständigkeitsrechts der Mitgliedstaaten erreichen; derjenige, der seinen gewöhnlichen Aufenthalt in der EU beibehält, müsste die Fristen nach Art. 3 Abs. 1 lit. a Spiegelstrich 5 und 6 abwarten. Dieses Ergebnis vermag kaum zu überzeugen.[289]

6 Unmittelbar bezieht sich die unter → Rn. 2 dargestellte Entscheidung des EuGH auf den Fall, dass die Gerichte eines Mitgliedstaats nach Art. 3 zuständig gewesen wären, die Antragstellerin den Scheidungsantrag aber bei einem anderen (nicht nach Art. 3, 4 oder 5 zuständigen) Mitgliedstaat eingereicht hatte und der Antragsgegner weder die Staatsangehörigkeit eines Mitgliedstaats noch seinen gewöhnlichen Aufenthalt in der EU hatte.[290] Die Anwendung nationalen Zuständigkeitsrechts ist nach der hier vertretenen Auffassung

286 EuGH, Rs. C-68/07 (Kerstin Sundelind Lopez ./. Miquel Enrique Lopez Lizazo Slg 2007, I-10403 (Rn. 26).

287 Vgl. *Hau* FamRZ 2000, 1333 (1341); *Hausmann*, EuLF 2000/01, 271, 279.

288 *Schack* RabelsZ 65 (2001), 615, 623; zust. *Rosenberg/Schwab/Gottwald* ZPO § 166 Rn. 6.

289 IE ebenfalls abl. zB *Becker-Eberhard* FS Beys 2003, S. 615, 93, 115; *Fuchs/Hau/Thorn*, Fälle zum IPR, S. 125.

290 Die Antragstellerin hatte ihren gewöhnlichen Aufenthalt in Frankreich, stellte den Scheidungsantrag aber in Schweden. Ihr Ehegatte war kubanischer Staatsangehöriger mit gewöhnlichem Aufenthalt in Kuba.

aber grundsätzlich auch versperrt, wenn zwar im konkreten Fall kein Mitgliedstaat der EU nach Art. 3, 4 oder 5 zuständig ist, der Antragsgegner aber einem Mitgliedstaat angehört bzw. sein domicile in dem Vereinigten Königreich oder Irland hat.[291] Damit ist nach der hier vertretenen Auffassung auch Art. 7 Abs. 1 nicht isoliert anzuwenden, sondern seinerseits durch die Voraussetzungen des Art. 6 einzuschränken.[292] Nur dies entspricht dem Wortlaut und dem Sinn des Art. 6 Abs. 1, der darin liegt, Antragsgegner, die einem Mitgliedstaat angehören, vor den exorbitanten Zuständigkeiten der anderen Mitgliedstaaten zu schützen.[293] Auch hätte sonst Art. 6 Abs. 1 keine eigenständige Bedeutung mehr, da sich die Möglichkeit eines generellen Rückgriffs auf nationale Zuständigkeitsvorschriften abschließend (allein) aus Art. 7 Abs. 1 ergäbe. Es dürfte aber nicht die Intention des Verordnungsgebers gewesen sein, eine überflüssige Norm zu schaffen.[294] Es sind daher nur die nationalen Zuständigkeitsvorschriften des Mitgliedstaates, dem der Antragsgegner angehört, zu seinen Lasten anwendbar (dazu näher → Rn. 15 ff.).

Auch im Rahmen von Art. 6, 7 stellt sich die Frage, wie eine **mehrfache Staatsangehörigkeit** des Antragsgegners zu bewerten ist. Im Anschluss an die Rechtsprechung des EuGH zu Art. 3 Abs. 1 lit. b wird man wiederum davon auszugehen haben, dass keine Effektivitätsprüfung vorzunehmen ist (vgl. hierzu → EheVO Art. 3 Rn. 42 f. und → Rn. 52). Ein Rückgriff auf das nationale Zuständigkeitsrecht ist damit durch Art. 6 bereits dann versperrt, wenn nur eine der Staatsangehörigkeiten die eines Mitgliedstaates ist, unabhängig davon, ob es sich hierbei um die „effektive" Staatsangehörigkeit handelt oder nicht.[295] Keinen Schutz gewährt die Zugehörigkeit zum Vereinigten Königreich bzw. zu Irland. Art. 6 schließt einen Rückgriff auf das nationale Recht allerdings dann aus, wenn der Antragsgegner – unabhängig von seiner Staatsangehörigkeit – sein domicile im Vereinigten Königreich oder Irland hat.[296]   **7**

Problematisch ist die Anwendung von Art. 6, wenn es sich um einen **gemeinsamen Antrag** der Ehegatten iSv Art. 3 Abs. 1 lit. a Spiegelstrich 4 handelt und damit ein „Antragsgegner" ieS nicht existiert. Art. 6 entfaltet nach zutreffender Auffassung eine Sperrwirkung bereits dann, wenn nur einer der Ehegatten seinen gewöhnlichen Aufenthalt in einem Mitgliedstaat bzw. die Staatsangehörigkeit eines Mitgliedstaates hat.[297]   **8**

Maßgebender Zeitpunkt für die Prüfung der Art. 6, 7 ist nach hL der **Zeitpunkt der Rechtshängigkeit**.[298] Nach der hier vertretenen Ansicht sollte demgegenüber ein Wegfall der Sperrwirkung der Art. 6, 7 im laufenden Verfahren noch Berücksichtigung finden. Dies kann praktisch etwa dann relevant sein, wenn der Antragsgegner im laufenden Verfahren den Bezug zur EU aufgibt, also insbes. seinen gewöhnlichen Aufenthalt in einen Drittstaat verlegt und/oder die Zugehörigkeit zu einem Mitgliedstaat aufgibt. Andernfalls müsste ein (mittlerweile) zulässiger Antrag abgewiesen werden, was – den Grundsätzen der Prozessökonomie widersprechend – nur die erneute Antragstellung zur Folge hätte.[299]   **9**

Art. 6, 7 beschränken – dem Geltungsbereich der EheVO 2003 entsprechend – iÜ selbstverständlich nur die internationale Zuständigkeit der Gerichte von EU-Mitgliedstaaten (mit Ausnahme Dänemarks). Die **internationale Zuständigkeit der Gerichte von Drittstaaten** (unter Einschluss von Dänemark) richtet sich ausschließlich nach deren (unvereinheitlichten) Zuständigkeitsregeln.[300]   **10**

II. Inländergleichstellung von EU-Bürgern bei Anwendung nationalen Rechts (Art. 7 Abs. 2)

Ist ein Rückgriff auf das nationale Zuständigkeitsrecht ausnahmsweise möglich, so führt Art. 7 Abs. 2 zu einer modifizierten Anwendung der entsprechenden Vorschriften des nationalen Zuständigkeitsrechts. Ein Staatsangehöriger eines EU-Mitgliedstaates, der im Hoheitsgebiet eines anderen Mitgliedstaates seinen gewöhnlichen Aufenthalt hat, ist zu seinen Gunsten zuständigkeitsrechtlich so zu behandeln wie ein inländischer Staatsangehöriger.   **11**

---

291 Beispiel: Die deutsche Antragstellerin ist mit einem französischen Antragsgegner verheiratet; beide haben ihren gewöhnlichen Aufenthalt außerhalb der EU. Deutsche Gerichte haben – da der Antragsgegner einem Mitgliedstaat angehört – nicht die Möglichkeit, auf nationales Zuständigkeitsrecht zurückzugreifen.

292 So die hL etwa Thomas/Putzo/*Hüßtege* EheVO Art. 6 Rn. 2; Staudinger/*Spellenberg* EheVO Art. 6 Rn. 4 ff.; *Hau* FamRZ 2000, 1333 (1340 f.); aA *Looschelders* FS Kropholler (2008), S. 329, 343 f.; Rauscher/*Rauscher* Brüssel IIa-VO Art. 6 Rn. 12 ff.

293 Dies erkennt auch *Looschelders* FS Kropholler (2008), S. 329, 343 f.; die Sperrwirkung des Art. 6 sei aber vom Verordnungsgeber versehentlich zu weit gezogen worden.

294 So aber letztlich *Looschelders* FS Kropholler (2008), S. 329, 343 unter Berufung auf den Vorschlag der Kommission (KOM (2006) 399 endg., S. 9), nach dem Art. 6 zu streichen sei; auch Rauscher/*Rauscher* Brüssel IIa-VO Art. 3 Rn. 15.

295 Wie hier Althammer/*Großerichter* EheVO Art. 6 Rn. 5; *Hausmann*, IntEuFamR, A 112; *Hau* IPRax 2010, 50 (53).

296 Rauscher/*Rauscher* Brüssel IIa-VO Art. 6 Rn. 17.

297 *Hausmann*, IntEuFamR, A 110; *Simotta* FS Geimer 2002, S. 1115, 1119 f., 1165.

298 *Hau* FamRZ 2000, 1333 (1340); *Hausmann*, EuLF 200/01, 271, 279; abw. *Hajnczyk*, S. 107 f.

299 Rauscher/*Rauscher* Brüssel IIa-VO Art. 6 Rn. 20.

300 Zöller/*Geimer* EuEheVO Art. 7 Rn. 1.

12 Nach Art. 7 Abs. 2 ist demnach unter den genannten Voraussetzungen ein französischer Staatsangehöriger, der in Deutschland seinen gewöhnlichen Aufenthalt hat, bei der Anwendung des unvereinheitlichten deutschen Zuständigkeitsrechts so zu behandeln, als habe er die deutsche Staatsangehörigkeit. Der französische Antragsteller mit gewöhnlichem Aufenthalt kann sich damit in Deutschland auf § 98 Abs. 1 Nr. 1 FamFG berufen.[301] Art. 7 Abs. 2 hat daher eine zusätzliche Ausweitung der uU ohnehin schon weit gefassten Vorschriften des nationalen Zuständigkeitsrechts zur Folge.[302]

13 Art. 7 Abs. 2 bezieht sich auf Bestimmungen des nationalen Rechts, die an die Staatsangehörigkeit des Antragstellers anknüpfen, nicht aber auf solche, die auf die Staatsangehörigkeit des Antragsgegners oder auf den gewöhnlichen Aufenthalt abstellen. Es reicht aber aus, dass die Staatsangehörigkeit des Antragstellers ein Kriterium bei einer Ermessensausübung bzw. sonstigen Einzelfallabwägung ist.[303]

14 Der Zweck der Vorschrift liegt darin, europarechtlich unzulässige Diskriminierungen iSd Art. 18 AEUV zu vermeiden.[304] Das Diskriminierungsverbot des Art. 18 AEUV gilt unabhängig davon, dass Dänemark nicht als Mitgliedstaat iSd EheVO 2003 anzusehen ist (vgl. vor → EheVO Art. 1 Rn. 5), auch für dänische Staatsangehörige. Dies spricht dafür, Art. 7 Abs. 2 auch zugunsten dänischer Staatsangehöriger analog anzuwenden.[305]

B. Anwendung nationalen Zuständigkeitsrechts zulasten eigener Staatsangehöriger

15 Nach dem Wortlaut der Vorschrift gilt die Sperrwirkung des Art. 6 nicht im Hinblick auf die Zuständigkeit der Gerichte der Staaten, in denen der Antragsgegner seinen gewöhnlichen Aufenthalt hat bzw. deren Staatsangehöriger er ist bzw. in denen er (im Falle des Vereinigten Königreichs und Irlands) sein domicile hat. Denn Art. 6 schließt einen Rückgriff auf nationales Zuständigkeitsrecht seinem Wortlaut nach nur aus, wenn das Verfahren vor dem Gericht eines **„anderen" Mitgliedstaates** geführt wird. Unter den „anderen" Mitgliedstaaten sind nach der innertatbestandlichen Systematik der Norm die Mitgliedstaaten zu verstehen, in denen der Antragsgegner keinen gewöhnlichen Aufenthalt hat und deren Staatsangehörigkeit er auch nicht besitzt bzw. in denen er (im Falle des Vereinigten Königreichs und Irlands) kein domicile hat.

16 In den Mitgliedstaaten, in denen der Antragsgegner seinen gewöhnlichen Aufenthalt hat, besteht aber ohnehin eine internationale Zuständigkeit (Art. 3 Abs. 1 lit. a Spiegelstrich 3). Ein Rückgriff auf nationales Recht ist also nicht erforderlich. Damit sind nur die unvereinheitlichten Zuständigkeitsregeln der Mitgliedstaaten von Interesse, denen der Antragsgegner angehört bzw. in denen er (im Falle des Vereinigten Königreichs oder Irlands) sein domicile hat, ohne in den genannten Mitgliedstaaten zugleich seinen gewöhnlichen Aufenthalt zu haben.[306] Ist der Antragsgegner Deutscher, können die Gerichte nach hL – zu seinen Lasten – auf § 98 Abs. 1 Nr. 1 FamFG zurückgreifen. Die fehlende „Sperrwirkung" des Art. 6 lässt sich in der Sache damit rechtfertigen, dass der Antragsgegner keinen Schutz vor den Zuständigkeitsvorschriften seines eigenen Heimatstaates bzw. domicile-Staates benötigt.[307]

17 In der Literatur werden allerdings zT Zweifel an dieser Auslegung geäußert. Diese ergeben sich ua daraus, dass der ersichtlich auf Art. 6 bezogene Art. 7 Abs. 2 seinem Wortlaut nach zulasten eines Staatsangehörigen eines EU-Mitgliedstaates nicht anwendbar ist.[308] Nach dem Wortlaut des Art. 7 Abs. 2 besteht eine Gleichstellung von Staatsangehörigen eines Mitgliedstaates, die ihren gewöhnlichen Aufenthalt im Inland haben, mit inländischen Staatsangehörigen nämlich nur dann, wenn der Antragsgegner seinen gewöhnlichen Aufenthalt nicht in einem Mitgliedstaat hat und auch nicht Staatsangehöriger eines Mitgliedstaates ist bzw.

---

301 Vgl. die Beispiele bei Thomas/Putzo/*Hüßtege* EuEheVO Art. 7 Rn. 3; *Hausmann*, IntEuFamR, A 129; ferner Staudinger/*Spellenberg* EheVO Art. 7 Rn. 16.

302 Zutr. rechtspolitische Kritik bei *Helms* FamRZ 2002, 1593 (1600); *Hau* FamRZ 2000, 1333 (1341).

303 Rauscher/*Rauscher* EheVO Art. Brüssel IIa-VO Art. 7 Rn. 20.

304 Althammer/*Großerichter* EheVO Art. 7 Rn. 3; Staudinger/*Spellenberg* EheVO Art. 7 Rn. 16; Rauscher/*Rauscher* Brüssel IIa-VO Art. 7 Rn. 7.

305 Vgl. Rauscher/*Rauscher* EheVO Art. Brüssel IIa-VO Art. 7 Rn. 16 (allerdings eine integrationsfreundliche Auslegung der jeweiligen nationalen Bestimmung bevorzugend); aA Althammer/*Großerichter* EheVO Art. 7 Rn. 3; *Hausmann*, IntEuFamR, A 131;

306 *Andrae/Schreiber* IPRax 2010, 79 (81); *Hau* FamRZ 2000, 1333 (1340); *ders.*, ERA-Forum 2003, 9, 14 = FPR 2002, 616; *Dilger*, Rn. 270 f., 273; *Hausmann*, EuLF 2000/01, 271, 279; *Simotta* FS Geimer 2002, S. 1115, 1118; aA (auch hier eine Sperrwirkung von Art. 6 annehmend) *Niklas*, S. 98 f.; aus der ausl. Literatur *McEleavy*, I.C.L.Q. 51 (2002), 883, 886; *Carlier/Francq/van Boxstael*, J. Trib. Dr. eur. 9 (2001), 73, 78 f.

307 Vgl. auch *Spellenberg* ZZPInt 12 (2007), 233, 238. Ein Verstoß gegen Art. 18 AEUV (= ex Art. 12 EGV) kann in der Schlechterstellung eigener Staatsangehöriger durch die Zuständigkeitsvorschriften des nationalen Rechts nicht gesehen werden.

308 *Niklas*, S. 99.

Staudinger/*Spellenberg* EheVO Art. 7 Rn. 18; *Dilger*, Rn. 463.

(im Falle des Vereinigten Königreichs und Irlands) sein domicile nicht in einem dieser Mitgliedstaaten hat. Man wird hier aber, um potenzielle Diskriminierungen nach Art. 18 AEUV zu vermeiden, Art. 7 Abs. 2 insoweit analog anwenden können.

Umstritten ist wiederum, ob ein Rückgriff auf das unvereinheitlichte nationale Recht nur dann zulässig ist, **18** wenn **keine internationale Zuständigkeit eines anderen Mitgliedstaates** besteht. Nach der zutreffenden hL ist dies zu bejahen, da Art. 6 nur im Zusammenhang mit Art. 7 anwendbar ist (vgl. zur Argumentation iE → Rn. 2 ff.). Ein deutscher Antragsgegner kann mithin nach hL dann, wenn die Antragstellerin seit mindestens einem Jahr einen gewöhnlichen Aufenthalt in einem anderen EU-Mitgliedstaat hat und dort eine internationale Zuständigkeit nach Art. 3 Abs. 1 lit. a Spiegelstrich 5 entstanden ist, nicht (mehr) nach Maßgabe des § 98 Abs. 1 Nr. 1 FamFG vor deutschen Gerichten verklagt werden.[309] Dasselbe gilt, wenn der deutsche Antragsgegner seinen gewöhnlichen Aufenthalt in einem anderen EU-Mitgliedstaat hat und daher nach Art. 3 Abs. 1 lit. a Spiegelstrich 3 dort verklagt werden kann.

Nicht ausdrücklich geregelt ist der Fall, in dem der Antragsgegner **mehrere Staatsangehörigkeiten verschiedener Mitgliedstaaten** hat. Nach zutreffender Ansicht muss sich hier der Antragsgegner – wiederum **19** unter der Voraussetzung von Art. 7 Abs. 1 – vor den Gerichten seiner einzelnen Heimatstaaten auf die unvereinheitlichten Zuständigkeitsvorschriften der jeweiligen *lex fori* einlassen.[310] Insoweit gelten die unter → Rn. 7 angeführten Überlegungen entsprechend.

C. „Notzuständigkeit" bei Zuständigkeit (nur) eines scheidungsfeindlichen Staates?

Vereinzelt kann es dazu kommen, dass gar kein Mitgliedstaat zuständig ist – insbesondere dann, wenn beide **20** Parteien ihren gewöhnlichen Aufenthalt außerhalb der EU haben und der Antragsgegner einem Mitgliedstaat angehört, dem der Antragsteller nicht angehört – oder dass zwar ein Mitgliedstaat zuständig ist, dieser aber im konkreten Fall keine Scheidung vorsieht.[311] Nach einer verbreiteten Auffassung ist dies hinzunehmen, zumal das Recht auf Scheidung nicht zu den allgemeinen Grundsätzen des Unionsrechts gehöre und als solches auch nicht durch die EMRK geschützt sei.[312] Dementsprechend erscheint es nicht möglich, einen weitergehenden Rückgriff auf nationales Zuständigkeitsrecht über eine teleologische Extension des Art. 7 Abs. 1[313] zu erreichen oder in derartigen Fällen eine „Notzuständigkeit" anzunehmen.[314] Im Gesetzgebungsverfahren zur Reform der EheVO 2003 bzw. zur Schaffung der Rom III-VO ist dieses Problem allerdings verschiedentlich gesehen worden; es wurde dort vorgeschlagen, die EheVO 2003 durch die Einfügung einer „Notzuständigkeit" zu ergänzen.[315]

Eine Notzuständigkeit ist ferner auch in den Konstellationen von Interesse, in denen eine – von der EheVO **21** 2003 grundsätzlich erfasste (→ EheVO Art. 1 Rn. 3) – gleichgeschlechtliche Ehe geschieden werden soll, aber die international zuständigen Mitgliedstaaten eine gleichgeschlechtliche Ehe in ihrem internen Recht nicht kennen und deshalb nach Art. 13 Var. 2 Rom III-VO nicht verpflichtet sind, diese Ehe zu scheiden; tatsächlich ist in diesem besonderen Fall, um eine verfassungsrechtlich unzulässige Justizverweigerung zu

---

309 So *Hau* FamRZ 2000, 1333 (1340); *ders.*, IPRax 2010, 50 (53); *Hausmann*, EuLF 2000/01, 271, 279.

310 Staudinger/*Spellenberg* EheVO Art. 6 Rn. 20; *Hau* IPRax 2010, 50 (53); *ders.*, FamRZ 2000, 1333 (1337); auch Rauscher/*Rauscher* Brüssel IIa-VO Art. 6 Rn. 24.

311 Da Malta mittlerweile die Scheidung eingeführt hat, besteht insoweit kein grundlegender Bedarf für die Annahme einer Notzuständigkeit (s. BGH FamRZ 2013, 687 mit insoweit zust. Anm. *Hau*). Näher zum maltesischen Scheidungsrecht *Pietsch* FamRZ 2012, 426 f.

312 S. dazu näher *Looschelders* FS Kropholler (2008), S. 329, 330 f.; zur EMRK s. insbes. EGMR EuGZ 1987, 537 (das nach irischem Recht bestehende Scheidungsverbot und die Unmöglichkeit der Wiederverheiratung seien mit Art. 8, 12 und 14 der EMRJ vereinbar); zum europäischen Gemeinschaftsrecht s. *Jayme/Kohler* IPRax 2006, 537 (539).

313 So aber *Looschelders* FS Kropholler (2008), S. 329, 346 ff. für den Fall, dass nach Art. 3 allein maltesische Gerichte zuständig sind.

314 So aber aus der niederländischen Rechtsprechung Hof's. Gravenhage, Nederlands international privaatrecht (NiPR) 2006, 145, 146; zustimmend Rauscher/*Rauscher* Brüssel IIa-VO Art. 3 Rn. 12.

315 S. den Entwurf eines Berichts über den Vorschlag für eine Verordnung des Rates zur Begründung einer verstärkten Zusammenarbeit im Bereich des auf die Ehescheidung und Trennung ohne Auflösung des Ehebandes anzuwendenden Rechts (KOM(2010)0105 – C7–0102/2010– 2010/0067(CNS)) v. 26.10.2010; Rechtsausschuss, Berichterstatter *Tadeusz Zwiefka*, 2010/0067(CNS), S. 32; zuvor bereits (zur geplanten Reform der EheVO 2003) Legislative Entschließung des Europäischen Parlaments vom 21.10.2008 zu dem Vorschlag für eine Verordnung des Rates zur Änderung der Verordnung (EG) Nr. 2201/2003 im Hinblick auf die Zuständigkeit in Ehesachen und zur Einführung von Vorschriften betreffend das anwendbare Recht in diesem Bereich (KOM(2006)0399 — C6–0305/2006 — 2006/0135(CNS); ABl. C 15 E 128 S. 132 und auch Stellungnahme des Europäischen Wirtschafts- und Sozialausschusses (KOM(2006) 399 endg), ABl. C 325 S. 71 Rn. 3.3.).

vermeiden, im Einzelfall von einer Notzuständigkeit auszugehen (vgl. dazu ausf. → Rom III-VO Art. 13 Rn. 27 ff.).

Abschnitt 2

Elterliche Verantwortung

Art. 8 EheVO 2003 Allgemeine Zuständigkeit

(1) Für Entscheidungen, die die elterliche Verantwortung betreffen, sind die Gerichte des Mitgliedstaats zuständig, in dem das Kind zum Zeitpunkt der Antragstellung seinen gewöhnlichen Aufenthalt hat.

(2) Absatz 1 findet vorbehaltlich der Artikel 9, 10 und 12 Anwendung.

A. Überblick

1   Während bei Ehesachen eine „elternzentrierte" Zuständigkeitsregelung vorgenommen wird, sieht die EheVO 2003 bei den Verfahren über die „elterliche Verantwortung" eine „kindzentrierte" Regelung vor. Maßgebend ist grundsätzlich der **gewöhnliche Aufenthalt des Kindes** (Art. 8 Abs. 1).[316] Die EheVO 2003 folgt insoweit grundsätzlich den Bestimmungen des KSÜ. Art. 9, 10, 12 enthalten Sonderregeln über die internationale Zuständigkeit. Die Art. 9 und 10 knüpfen hierbei an den vorangegangenen (rechtmäßigen oder rechtswidrigen) Wechsel des gewöhnlichen Aufenthalts des Kindes an. Soweit die Voraussetzungen von Art. 9 oder 10 gegeben sind, entfällt die Zuständigkeit nach Art. 8 Abs. 1. Art. 12 lässt in gewissen Grenzen eine **Gerichtsstandsvereinbarung** zu. Das Verhältnis der Zuständigkeit nach Art. 12 zu der Zuständigkeit nach Art. 8 Abs. 1 richtet sich nach Art. 19 Abs. 2.[317] Eine weitere Ausweichmöglichkeit zugunsten eines **besser geeigneten Gerichts** enthält Art. 15.

2   Art. 13 enthält eine Hilfszuständigkeit für den Fall, dass der gewöhnliche Aufenthalt des Kindes nicht feststellbar ist bzw. es sich um einen Flüchtling oder Vertriebenen handelt. Art. 14 verweist für den Fall, dass sich aus den Art. 8–13 keine Zuständigkeit eines Gerichts eines Mitgliedstaates ergibt, auf an sich verdrängte staatsvertragliche Vorschriften bzw. das nationale Zuständigkeitsrecht.

B. Aufenthaltszuständigkeit nach Abs. 1

3   Art. 8 Abs. 1 stellt, wie auch das KSÜ,[318] für die internationale Zuständigkeit zentral auf den **gewöhnlichen Aufenthalt** des Kindes ab. Die Vorschrift gilt für sämtliche Verfahren über die elterliche Verantwortung unter Einschluss von Abänderungsverfahren.[319] Abweichend vom KSÜ kommt es bei Art. 8 Abs. 1 allerdings auf den gewöhnlichen Aufenthalt im **Zeitpunkt der Antragstellung** an. Der Zeitpunkt der Antragstellung ist nach Maßgabe von Art. 16 zu bestimmen.[320] Ein nachfolgender Wechsel des gewöhnlichen Aufenthalts lässt die internationale Zuständigkeit des angerufenen Gerichts unberührt (Grundsatz der **perpetuatio fori**).[321] Beantragt also ein deutscher Vater mit gewöhnlichem Aufenthalt in Deutschland, dass die elterliche Sorge auf ihn übertragen werden solle, und zieht die italienische Mutter, der zuvor im Wege einer einstweiligen Anordnung das Aufenthaltsbestimmungsrecht übertragen wurde, während des Verfahrens mit dem Kind nach Italien, so bleibt die Zuständigkeit deutscher Gerichte auch nach dem Umzug des Kindes

---

316 Diese Anknüpfung ist ua deshalb vorzugswürdig, weil sie ein schnelles Eingreifen ermöglicht, die Beweisnähe sichert und Belastungen für das Kind reduziert (etwa *Coester-Waltjen* FamRZ 2005, 241 (242); Rauscher/*Rauscher* Brüssel IIa-VO Art. 8 Rn. 6).

317 Rauscher/*Rauscher* Brüssel IIa-VO Art. 8 Rn. 18.

318 Art. 5 KSÜ.

319 Staudinger/*Pirrung*, C 53.

320 EuGH, Rs. C-497/10 PPU (Barbara Mercredi ./. Richard Chaffe) FamRZ 2011, 617 (Rn. 42, 43); EuGH, Rs. C-436/13 (E ./. B), NJW 2014, 3555 (Rn. 38); EuGH, Rs. C-499/15, (W und V ./.X), FamRZ 2017, 734 (Rn. 53). Der in Art. 8 Abs. 1 verwendete Begriff der „Antragstellung" weicht der äußerlichen Formulierung nach allerdings von der in Art. 16 enthaltenen Definition der „Anrufung des

Gerichts" ab. Eine inhaltliche Divergenz ist hiermit allerdings nicht verbunden. Dies ergibt sich ua aus der englischen und französischen Fassungen, die in Art. 8 Abs. 1 und Art. 16 einheitlich von dem „moment où la juridiction est saisie" bzw. von „the time the court is seized" sprechen.

321 Staudinger/*Pirrung*, C 55; Geimer/Schütze/*Dilger* EheVO Art. 8 Rn. 7; Althammer/*Schäuble EheVO* Art. 8 Rn. 14; HK-ZPO/*Dörner* EheVO Art. 8 Rn. 6; ferner *Busch* IPRax 2003, 218 (221) und *Helms* FamRZ 2002, 1593 (1601) zum gleich lautenden Art. 10 des Verordnungsentwurfs. Von einer *perpetuatio fori* wurde im KSÜ bewusst Abstand genommen (vgl. *Siehr* RabelsZ 62 (1998), 464, 478; aus der Rspr. zum MSA s. BGH NJW 2002, 2955 = IPRax 2003, 145 = FamRZ 2002, 1182 mAnm *Henrich*).

erhalten.[322] Einem weiteren Verfahren in Italien steht, solange nicht der Antrag in Deutschland zurückgenommen wird, der Rechtshängigkeitseinwand entgegen (Art. 19 Abs. 2). Die internationale Zuständigkeit bleibt auch in einem späteren Rechtsbehelfsverfahren erhalten.[323] Der Grundsatz der perpetuatio fori gilt nach hM allerdings nicht, wenn das Kind während eines laufenden Verfahrens in einem Mitgliedstaat seinen gewöhnlichen Aufenthalt in einen **Drittstaat verlegt, der dem KSÜ angehört**; dem ist nicht zuzustimmen (s. hierzu näher → EheVO Art. 61 Rn. 2 ff.).

Aus anwaltlicher Sicht bedeutet dies, dass eine internationale Zuständigkeit der inländischen Gerichte   **4** zunächst durch eine **rasche Antragstellung** gesichert werden kann. Der Antrag muss im Inland gestellt werden, bevor ein neuer gewöhnlicher Aufenthalt des Kindes im Ausland entsteht.[324] Hierbei dürfte es im Einzelfall zu Streitigkeiten darüber kommen können, zu welchem genauen Zeitpunkt (noch vor oder erst nach Anrufung des Gerichts) ein Wechsel des gewöhnlichen Aufenthalts des Kindes eingetreten ist.[325] Wie bei Art. 3 Abs. 1 lit. a Spiegelstrich 3 reicht es iÜ aber aus, wenn der gewöhnliche Aufenthalt erst im laufenden Verfahren begründet wird (→ EheVO Art. 3 Rn. 21).[326] Es widerspräche der Prozessökonomie – und vor allem auch den Kindesinteressen –, wenn ein bereits eingeleitetes Verfahren, das nunmehr zulässig (neu) in Gang gesetzt werden könnte, als unzulässig behandelt werden müsste.[327] Anders verhält es sich nur dann, wenn zuvor ein Antrag bei einem international zuständigen Gericht gestellt worden ist (→ EheVO Art. 3 Rn. 38 ff.).[328]

Der in Art. 8 Abs. 1 enthaltene Grundsatz der perpetuatio fori wird allerdings durch Art. 15 abge-   **5** schwächt.[329] Hiernach kann ein an sich international zuständiges Gericht dann, wenn das Kind zu einem anderen Mitgliedstaat eine besondere Bindung hat, den **Fall an ein ausländisches Gericht verweisen** (→ EheVO Art. 15 Rn. 1 ff.). Die Sache wird aber nach Art. 8 Abs. 1 weiterhin von den inländischen Gerichten entschieden, wenn das Kind einen neuen gewöhnlichen Aufenthalt nicht in einem anderen Mitgliedstaat, sondern in einem Drittstaat erwirbt. Zum Sonderfall der Verlegung des gewöhnlichen Aufenthalts in einen Drittstaat, der dem KSÜ angehört → EheVO Art. 61 Rn. 2 ff.

Die perpetuatio fori gilt auch nur innerhalb ein und desselben Verfahrens. Sie gilt nicht für spätere **Abände-**   **6** **rungsentscheidungen**.[330] Hier ist neu nach Art. 8 zu prüfen, wo sich (nunmehr) der gewöhnliche Aufenthalt des Kindes befindet. Nach Art. 15 Abs. 3 lit. b kommt aber eine Verweisung an den vormaligen Aufenthaltsstaat in Betracht.

Unter dem **gewöhnlichen Aufenthalt** ist grundsätzlich der Lebensmittelpunkt des Kindes zu verstehen. Der   **7** gewöhnliche Aufenthalt des Kindes in Art. 8 Abs. 1 bestimmt sich nach der hier vertretenen Auffassung nach den gleichen Kriterien wie im KSÜ.[331] Der gewöhnliche Aufenthalt eines Kindes liegt nicht zwangsläufig am gewöhnlichen Aufenthalt der Eltern; vielmehr ist er selbstständig zu bestimmen.[332]

Grundvoraussetzung ist zunächst, dass das Kind in dem betreffenden Mitgliedstaat überhaupt **körperlich**   **8** **anwesend** ist. Ein gewöhnlicher Aufenthalt kann daher in einem Mitgliedstaat nicht begründet werden,

---

322 Zur rechtspolitischen Bewertung siehe *Heiderhoff* IPRax 2016, 335 (336 ff.); *Busch* IPRax 2003, 218 (221).

323 *Hausmann*, IntEuFamR, F 103.

324 Vgl. den Fall OLG Karlsruhe IPRax 2004, 524 mAnm *Gruber*, S. 507.

325 Eine Übergangsphase dergestalt, dass zeitweilig überhaupt kein gewöhnlicher, sondern nur ein schlichter Aufenthalt besteht, ist in aller Regel nicht anzunehmen.

326 BGH NJW 2010, 1351; Staudinger/*Pirrung*, C 55; *Solomon* FamRZ 2004, 1409 (1411); HK-ZPO/*Dörner* EheVO Art. 8 Rn. 7; aA HK-FamR/*Rieck* EheVO 2003 Art. 8 Rn. 2; *Andrae* IPRax 2015, 212 (216 f.) unter Berufung auf EuGH, Rs. C-436/13 (E ./. B), NJW 2014, 3355 (Rn. 38–40).

327 BGH NJW 2010, 1351 (1352).

328 BGH NJW 2010, 1351.

329 *Hausmann*, IntEuFamR, F 106; *Busch/Rölke* FamRZ 2004, 1338 (1341).

330 EuGH, Rs. C-499/15, (W und V ./.X), FamRZ 2017, 734 mAnm *Mankowski*. Bei bloßen Tatbestandsberichtigungsverfahren ist aber von einer perpetuatio fori auszugehen (*Mankowski* aaO).

331 Vgl. die Schlussanträge der Generalanwältin *Kokott* v. 29.1.2009, Rs. 523–07 Rn. 26 („... bedarf es einer einheitlichen Auslegung des Begriffs des gewöhnlichen Aufenthalts, um die Anwendungsbereiche des KSÜ und der Verordnung kohärent voneinander abzugrenzen und Kompetenzkonflikte zwischen den mitgliedstaatlichen Gerichten und den Gerichten anderer Vertragsstaaten des KSÜ zu vermeiden."); aus der Lit. etwa Staudinger/*Pirrung*, C 54 b; *ders.*, IPRax 2011, 50 (53); auch *Niklas*, S. 173 (zum Kommissionsentwurf).

332 Inzident etwa EuGH, Rs. C-111/17 PPU (OL ./. PQ), FamRZ 2017, 1506 (Rn. 50).

ohne dass eine körperliche Anwesenheit des Kindes in diesem Mitgliedstaat hergestellt wird.[333] Zweifelhaft ist allenfalls, ob hierfür unter besonderen Voraussetzungen im Fall von **Neugeborenen** eine Ausnahme gemacht werden kann. Zu denken ist vor allem an den Fall, in dem ein Neugeborenes – etwa auf der Durchreise oder im Urlaub der Eltern – „zufällig" in einem Staat geboren worden ist, zu dem die Eltern keine nähere Beziehung haben. In der nationalen Rechtsprechung und Literatur wurde hier verschiedentlich angenommen, dass das Neugeborene – auch ohne bereits dort physisch präsent zu sein – (ausnahmsweise) bereits mit der Geburt einen gewöhnlichen Aufenthalt in dem Staat erlangen kann, in dem sich der gewöhnliche Aufenthalt der Eltern oder zumindest der Mutter befindet.[334] Der EuGH scheint Derartiges aber nicht für möglich zu halten.[335] In der Folge dürfte dann nach dem EuGH das Kind in diesen (Sonder-)Fällen mit der Geburt noch gar keinen gewöhnlichen Aufenthalt, sondern nur einen einfachen Aufenthalt iSd Art. 13 in dem Staat der Durchreise etc erlangen.

9   Für die Bestimmung des gewöhnlichen Aufenthalts ist ferner maßgeblich, dass es sich nicht nur um einen auf kurze Dauer angelegten, sondern einen **regelmäßigen Aufenthalt** handelt. Ein vorübergehender Aufenthalt zum Zwecke des Urlaubs oder von Verwandtenbesuchen führt hiernach nicht dazu, dass der gewöhnliche Aufenthalt unterbrochen und (zeitweilig) durch einen gewöhnlichen Aufenthalt in dem Besuchsstaat ersetzt wird. Dies gilt nach dem EuGH selbst dann, wenn der zeitlich beschränkte Aufenthalt das im Rahmen von Urlaubsreisen oder Verwandtenbesuchen Übliche deutlich übersteigt und im Einzelfall sogar mehrere Monate beträgt.[336]

10   Im Übrigen setzt der gewöhnliche Aufenthalt weiter voraus, dass er „Ausdruck einer gewissen **sozialen und familiären Integration des Kindes** ist".[337] Nach dem EuGH sind in diesem Zusammenhang verschiedene Umstände zu berücksichtigen. Hierzu zählen (neben der Dauer und der Regelmäßigkeit des Aufenthalts) vor allem die Umstände des Aufenthalts in einem Mitgliedstaat sowie die Gründe für diesen Aufenthalt und den Umzug der Familie in diesen Staat, die Staatsangehörigkeit des Kindes,[338] Ort und Umstände einer evtl. Einschulung, die Sprachkenntnisse sowie die familiären und sozialen Bindungen des Kindes in dem betreffenden Staat.[339] Was die soziale Integration anbelangt, hat der EuGH mittlerweile eine Differenzierung nach dem Alter des Kindes vorgenommen: Bei Kleinkindern und Säuglingen stellt der EuGH auf das familiäre Umfeld ab.[340] Werde ein Säugling von seiner Mutter betreut, sei maßgeblich auf deren Integration in ihr soziales und familiäres Umfeld abzustellen.[341] Dasselbe gilt nach dem EuGH für ein Kleinkind, das – weil es zB noch nicht in einen Kindergarten geht – praktisch über keine Beziehungen verfügt, die über das familiäre Umfeld hinausgehen.[342] Soweit das Kleinkind auch über regelmäßige Kontakte zu dem von der Mutter

333   Siehe hierzu EuGH, Rs. C-393/18 PPU (DU ./. XB), NJW 2019, 415: Aus Art. 8 EheVO ergebe sich, „dass ein Kind körperlich in einem Mitgliedstaat anwesend gewesen sein muss, damit angenommen werden kann, dass es in diesem Mitgliedstaat seinen gewöhnlichen Aufenthalt im Sinne dieser Vorschrift hat". Zuvor EuGH, Rs. C-499/15, (W und V ./.X), FamRZ 2017, 734 (Rn. 61) („Demnach erfordert es die Bestimmung des gewöhnlichen Aufenthalts eines Kindes in einem bestimmten Mitgliedstaat zumindest, dass das Kind in diesem Mitgliedstaat körperlich anwesend war") mit Anm. *Mankowski* FamRZ 2017, 738 („Physische Präsenz in dem Staat, für den ein gewöhnlicher Aufenthalt geprüft ist, ist Mindestvoraussetzung.").

334   MüKoBGB/*v. Hein* EGBGB Art. 5 Rn. 168; *Fiorini*, The International and Comparative Law Quarterly (ICLQ) 61 (2012), 530 ff. mit Aufbereitung von Cour de Cassation, Urt. v. 26.10.2011 – n° 1015, Rev. crit. dr. int. pr. 2012, 599.

335   Siehe insbes. EuGH, Rs. C-111/17 PPU (OL ./. PQ), FamRZ 2017, 1506 (Rn. 50) mit dem Hinweis darauf, dass „damit de facto eine allgemeine und abstrakte Regel des Inhalts aufgestellt (würde), dass der gewöhnliche Aufenthalt eines Säuglings zwangsläufig der seiner Eltern ist"; ebenso die Interpretation des EuGH bei *Rentsch* FamRZ 2017, 1510; *Mansel/Thorn/Wagner* IPRax 2019, 85 (107). Etwas offener allerdings noch die Schlussanträge des Generalanwalts Wahl vom 16.5.2017 in der Rs. C-111/17 PPU NZFam 2017, 695 (Rn. 81) mit Anm. *Riegner* („Es

kann jedoch nicht ausgeschlossen werden, dass es ganz und gar ungewöhnliche Umstände geben kann, in denen es in Betracht gezogen werden könnte, das Kriterium der körperlichen Anwesenheit außer Acht zu lassen.").

336   EuGH, Rs. C-512/17 (HR ./. KO), IPRax 2019, 248 (Rn. 47 ff.); zust. *Gruber* IPRax 2019, 217 (218 f.).

337   EuGH, Rs. C-523/07 (A), FamRZ 2009, 843 (845) (Rn. 38) = EuGRZ 2009, 217; EuGH, Rs. C-497/10 (Barbara Mercredi ./. Richard Chaffe), FamRZ 2011, 617 (Rn. 47).

338   Zu Recht krit. zu der (auch nur ergänzenden) Berücksichtigung der Staatsangehörigkeit durch den EuGH *Pirrung* IPRax 2011, 50 (53).

339   EuGH Urt. v. 28.6.2018 – Rs. C-512/17 (HR ./. KO) IPRax 2019, 248 (Rn. 43); EuGH, Rs. C-376/14 PPU (C ./. M), FamRZ 2015, 107 (Rn. 52) = IPRax 2015, 239 m. Bespr. *Pirrung*, 207; EuGH, Rs. C-523/07 (A), FamRZ 2009, 843 (insbes. Rn. 39); EuGH Rs. C-497/10 (Barbara Mercredi ./. Richard Chaffe), FamRZ 2011, 617 (Rn. 48); hierzu auch Magnus/Mankowski/*Borrás* EheVO Art. 8 Rn. 6 ff.; MüKoBGB/*Siehr* EuEheVO Art. 8 Rn. 6.

340   EuGH, Rs. C-497/10 (Barbara Mercredi ./. Richard Chaffe), FamRZ 2011, 617 (Rn. 53).

341   EuGH, Rs. C-497/10 (Barbara Mercredi ./. Richard Chaffe), FamRZ 2011, 617 (Rn. 55); zustimmend *Mansel/Thorn/Wagner* IPRax 2012, 1 (21); *Dutta/Schulz* ZEuP 2012, 526 (538).

342   EuGH, Rs. C-512/17 (HR ./. KO) IPRax 2019, 248 (Rn. 47); hierzu *Gruber* IPRax 2019, 217 (219).

getrennt lebenden Vater verfügt, sind auch diese zu berücksichtigen.[343] Besteht hiernach eine täglich gelebte Beziehung zu Mutter und Vater, fallen Besuche bei den in einem anderen Staat lebenden weiteren Familienangehörigen nicht mehr entscheidend ins Gewicht.[344] Bei größeren Kindern können demgegenüber Schulbesuche und weitere über das familiäre Umfeld hinausreichende soziale Kontakte von Bedeutung sein.[345]

Liegen ein regelmäßiger Aufenthalt und zugleich eine soziale und familiäre Integration des Kindes in einem **11** Staat vor, so steht der Annahme eines gewöhnlichen Aufenthalts des Kindes in diesem Staat nach dem EuGH nicht entgegen, dass das Kind und/oder die Eltern über **kulturelle und sprachliche Bindungen** zu einem anderen Staat verfügen.[346] Nach dem EuGH besteht maW in einer solchen Situation ein Primat der in einem Staat gelebten Beziehungen zu den Sorgeberechtigten gegenüber evtl. sprachlichen und kulturellen Bindungen. Im Lichte der Migrationsbewegungen der letzten Jahre hat diese Aussage eine besondere Praxisrelevanz. Soweit etwa ein Kind von Einwanderern seinen regelmäßigen Aufenthalt in Deutschland hat und dort auch die Beziehungen zu den Sorgeberechtigten „gelebt" werden, kommt dem Aspekt einer (noch) nicht erfolgten sprachlichen oder kulturellen Integration der Eltern und/oder des Kindes keine wesentliche Bedeutung zu.

Ein **Wechsel des gewöhnlichen Aufenthalts** setzt nach dem oben Gesagten (→ Rn. 8) zwingend voraus, **12** dass eine körperliche Anwesenheit des Kindes in dem betreffenden Staat hergestellt wird. Der Umzugswille eines oder beider Sorgeberechtigten ist als solcher nicht ausreichend; er kann erst in dem Augenblick relevant werden, in dem es tatsächlich zu einem Umzug des Kindes in einen anderen Staat kommt.[347] Ob es bereits mit einem Umzug oder erst später zu einem Wechsel des gewöhnlichen Aufenthalts kommt, hängt von den Umständen des Einzelfalls ab. Maßgeblich zu berücksichtigen ist nach dem EuGH die Absicht der Eltern, sich dauerhaft mit dem Kind in einem Mitgliedstaat niederzulassen. Eine derartige Absicht könne aus dem Erwerb oder der Anmietung einer Wohnung oder dem Antrag auf Zuweisung einer Sozialwohnung abzuleiten sein.[348] Im Falle eines erst zwei Monate alten Babys ist der EuGH von einem sofortigen Wechsel des gewöhnlichen Aufenthalts bereits mit Grenzüberschritt ausgegangen.[349] Der EuGH hat hierbei ergänzend auf die geografische und familiäre Herkunft der Mutter sowie die familiären und sozialen Bindungen der Mutter und des Kindes zu dem neuen Aufenthaltsort abgestellt.[350]

Schwer zu beantworten ist schließlich die Frage nach dem Wechsel des gewöhnlichen Aufenthalts, wenn **13** eine Verbringung des Kindes (nur) aufgrund einer **vorläufig vollstreckbaren Entscheidung**, welche diese Verbringung gestattet, erfolgt ist, und diese vorläufige Entscheidung später aufgrund eines Rechtsbehelfs aufgehoben wird. Nach dem EuGH ist hier der vorläufige Charakter der Verbringung zu berücksichtigen; dieser spreche gegen die Begründung eines neuen gewöhnlichen Aufenthalts infolge der Verbringung. Andererseits sei nicht auszuschließen, dass es infolge der Verbringung doch zu einer hinreichenden sozialen Integration des Kindes und der Begründung eines gewöhnlichen Aufenthalts gekommen sei.[351]

Ähnlich schwierige Fragen stellen sich im Hinblick auf Kinder von Asylbewerbern und deren Kindern, die **14** lediglich über einen vorübergehenden Aufenthaltstitel (Duldung) verfügen. Ob es hier zu einem Wechsel des gewöhnlichen Aufenthalts kommt, ist wiederum nach dem Maß der familiären bzw. sozialen Integration zu beurteilen.[352] Zwar ist zu berücksichtigen, ob die Verlängerung des Aufenthaltstitels möglich erscheint; bei hinreichender familiärer und sozialer Integration kann es aber auch bei Kindern von abgelehnten Asylbewerbern zur Begründung eines gewöhnlichen Aufenthalts kommen.[353]

Selbst eine Kindesentführung steht, wie sich aus Art. 10 mittelbar ergibt, der Begründung eines neuen **15** gewöhnlichen Aufenthalts nicht per se entgegen.[354] Allerdings ist in einem solchen Fall besonders zu prüfen, ob es bereits zu einer hinreichenden sozialen bzw. familiären Integration des Kindes gekommen ist.[355]

---

343 EuGH, Rs. C-512/17 (HR ./. KO), IPRax 2019, 248 Rn. 48.

344 EuGH, Rs. C-512/17 (HR ./. KO), IPRax 2019, 248 Rn. 52.

345 EuGH, Rs. C-497/10 (Barbara Mercredi ./. Richard Chaffe), FamRZ 2011, 617 (Rn. 53).

346 EuGH, Rs. C-512/17 (HR ./. KO), IPRax 2019, 248 Rn. 47 ff., Rn. 52 ff. und Antwort auf die Vorlagefrage; zustimmend *Mansel/Thorn/Wagner* IPRax 2019, 85 (107); *Gruber* IPRax 2019, 217 (219 f.).

347 EuGH, Rs. C-512/17 (HR ./. KO), IPRax 2019, 248 (Rn. 65); EuGH, Rs. C-111/17 PPU, OL ./. PQ FamRZ 2017, 1506 (Rn. 51) (mit dem Begriff des gewöhnlichen Aufenthalts wäre es „schwer vereinbar, wenn der ursprünglichen Intention der Eltern, dass sich das Kind an einem bestimmten Ort aufhalten soll, größeres Gewicht zukäme als dem Umstand, dass es sich seit seiner Geburt ununterbrochen in

einem anderen Staat aufhält"); hierzu auch *Gruber* IPRax 2019, 217 (220).

348 EuGH, Rs. C-523/07 (A), FamRZ 2009, 843 (Rn. 40); EuGH Rs. C-497/10 (Barbara Mercredi ./. Richard Chaffe), FamRZ 2011, 617 (Rn. 50).

349 EuGH, Rs. C-497/10 (Barbara Mercredi ./. Richard Chaffe), FamRZ 2011, 617.

350 EuGH Rs. C-497/10 (Barbara Mercredi ./. Richard Chaffe), FamRZ 2011, 617 (Rn. 56).

351 EuGH, Rs. C-376/14 PPU (C ./. M), FamRZ 2015, 107 (Rn. 54 ff.). mit Bespr. *Pirrung* IPRax 2015, 207.

352 OLG Bamberg FamRZ 2016, 1270 (Rn. 15).

353 Siehe hierzu (in concreto abl.) OLG Koblenz FamRZ 2017, 1229 (Rn. 19 ff.).

354 EuGH, Rs. C-211/10 PPU (Doris Povse ./. Mauro Alpago), FamRZ 2010, 1229, Rn. 44.

355 MüKoBGB/*Heiderhoff* EheVO Art. 8 Rn. 28 ff.

16 Haben die Beteiligten **mehrere Kinder**, ist der gewöhnliche Aufenthalt für jedes Kind gesondert festzustellen. Dies ergibt sich ua aus dem Wortlaut der Norm („des Kindes").[356] Hier sollten die Gerichte aber nach Möglichkeit von einer Verweisung nach Art. 15 Gebrauch machen, damit die Sorgerechtsfragen betr. die Kinder von (nur) einem Gericht entschieden werden.[357]

C. Anwendbares Recht

17 Die Art. 8–14 bestimmen nur die internationale Zuständigkeit, legen aber nicht fest, nach welchem Recht über den Antrag zu entscheiden ist.[358] In der Literatur herrschte lange Zeit Unsicherheit über die Frage, ob das – im Hinblick auf die Regelung der internationalen Zuständigkeit von der EheVO 2003 verdrängte (vgl. 61) – KSÜ weiterhin das **anwendbare Recht** festlegt. Nach hL war eine kombinierte Anwendung der EheVO 2003 (im Hinblick auf die internationale Zuständigkeit) und des KSÜ (im Hinblick auf die Bestimmung des anwendbaren Rechts) vorzunehmen. Die Gegenauffassung sprach sich bislang gegen eine partielle Anwendung des KSÜ aus; es sei auf das autonome nationale Kollisionsrecht, in Deutschland also auf Art. 21 EGBGB, zu rekurrieren.[359]

18 Der BGH hat sich – wenngleich insoweit ohne Begründung – für eine kombinierte Anwendung von EheVO 2003 (im Hinblick auf die internationale Zuständigkeit) und KSÜ (im Hinblick auf die Bestimmung des anwendbaren Rechts) ausgesprochen.[360] Dem ist zuzustimmen. Nach Art. 62 Abs. 1 behalten die in Art. 59 Abs. 1, 60, 61 genannten Abkommen – darunter auch das KSÜ – ihre Wirksamkeit für die Rechtsgebiete, die durch die EheVO 2003 nicht geregelt werden. Als Rechtsgebiet idS kann auch die kollisionsrechtliche Bestimmung des anwendbaren Rechts angesehen werden. Für eine Anwendung des KSÜ spricht letztlich der der EheVO 2003 und dem KSÜ zugrunde liegende Vereinheitlichungszweck: Beide Regelungssysteme haben zum Ziel, international einheitliches Recht zu schaffen. Daher entspricht es nicht der Intention der EheVO 2003, das KSÜ vollständig zu verdrängen und damit wieder den unvereinheitlichten nationalen Kollisionsnormen Raum zu geben; das KSÜ hat auch ungeachtet dessen, dass es im Bereich der internationalen Zuständigkeit weitgehend von der EheVO 2003 verdrängt wird, einen Anwendungswillen im Hinblick auf die Bestimmung des anwendbaren materiellen Rechts.[361]

19 Nach dem Grundsatz des **Art. 15 Abs. 1 KSÜ** wenden die zuständigen Gerichte und Behörden stets ihr Recht an, und zwar auch dann, wenn (ausnahmsweise) die Gerichte und Behörden eines Staates zuständig sind, in dem das Kind keinen gewöhnlichen Aufenthalt hat. Es besteht also m.a.W. ein **Gleichlauf** zwischen der internationalen Zuständigkeit und dem anwendbaren Recht. Unklar ist allerdings, ob die Anwendung des KSÜ auch dann möglich ist, wenn das entscheidende Gericht zwar nach der EheVO 2003 zuständig ist, aber nach dem KSÜ (dessen Anwendbarkeit im Hinblick auf die Zuständigkeitsregeln insoweit hypothetisch unterstellt) nicht zuständig wäre (hierzu ausf. → EheVO Art. 61 Rn. 10 ff.).

20 Das Haager Minderjährigenschutzabkommen von 1961 (MSA) – der Vorgängerkonvention des KSÜ – hat für die internationale Zuständigkeit deutscher Gerichte nur noch Bedeutung, wenn das Kind seinen gewöhnlichen Aufenthalt in Macao hat oder von macao-chinesischen Eltern abstammt. In diesen Fällen ist das anwendbare Recht nach Art. 2 und Art. 3 MSA zu bestimmen (siehe dazu Vorauflage). Im Übrigen werden

356 Staudinger/*Pirrung*, C 52; Althammer/*Schäuble* EheVO Art. 8 Rn. 2; Prütting/Gehrlein/*Völker/Dimmler* EheVO Art. 8 Rn. 2; HK-ZPO/*Dörner* EheVO Art. 8 Rn. 2; *Hausmann*, IntEuFamR, F 84; HK-FamR/*Rieck* EheVO 2003 Art. 8 Rn. 7; auch Schlussanträge der Generalanwältin Eleanor Sharpston v. 20.5.2010 in der Rechtssache C-256/09 Bianca Purrucker ./. Guillermo Vallés Pérez, Rn. 95 ff. (betr. Zwillinge mit gewöhnlichem Aufenthalt in verschiedenen Mitgliedstaaten).

357 Schlussanträge der Generalanwältin Eleanor Sharpston v. 20.5.2010 in der Rechtssache C-256/09 (Bianca Purrucker ./. Guillermo Vallés Pérez), Rn. 96 Fn. 41 (betr. Zwillinge mit gewöhnlichem Aufenthalt in verschiedenen Mitgliedstaaten).

358 Krit. zur fehlenden Kollisionsrechtsvereinheitlichung in der Verordnung („Torso") *Kropholler* FS Schlosser (2005), 448, 457 f.

359 Siehe die Nachw. zum Meinungsstand bei *Hausmann*, IntEuFamR, F 615 ff.

360 BGH FamRZ 2018, 457 (Rn. 20) mAnm *Hüßtege* FamRZ 2011, 796 (Rn. 12, 30 ff.) mAnm *Völker*;

dem folgend OLG Saarbrücken NJW-RR 2019, 327. S. auch Denkschrift, BT-Drs. 16/12068: „Dieser Grundsatz des Gleichlaufs von internationaler Zuständigkeit und anwendbarem Recht muss nach dem Sinn und Zweck des Haager Kinderschutzübereinkommens und der Brüssel-IIa-Verordnung auch dann gelten, wenn sich die Behörde nicht auf eine Zuständigkeit nach Kapitel II des Übereinkommens stützt, sondern auf eine Zuständigkeitsvorschrift der Brüssel-IIa-Verordnung."

361 Hierzu ausf. Geimer/Schütze/*Gruber*, Art. 15 KSÜ Rn. 1 ff. (32. Erg.Lief.), ferner Rauscher/*Rauscher* Brüssel IIa-VO Art. 8 Rn. 22; Althammer/*Althammer* Vorbem. zur EheVO Rn. 10; *Benicke* IPRax 2013, 44 (53). Dies wird auch im (allerdings nicht verbindlichen) Leitfaden der Kommission so gesehen. Leitfaden der Kommission (s. Vor Rn. 23), S. 89 (bezogen auf das KSÜ): „Das Übereinkommen hingegen regelt die Beziehungen zwischen den Mitgliedstaaten bei Angelegenheiten des anzuwendenden Rechts, da dieser Themenbereich nicht von der Verordnung erfasst ist."

die Kollisionsnormen des MSA – bestimmte Altfälle ausgenommen – mittlerweile von den Kollisionsnormen des KSÜ verdrängt (s. noch → EheVO Art. 60 Rn. 3).

Art. 9 EheVO 2003 Aufrechterhaltung der Zuständigkeit des früheren gewöhnlichen Aufenthaltsortes des Kindes

(1) Beim rechtmäßigen Umzug eines Kindes von einem Mitgliedstaat in einen anderen, durch den es dort einen neuen gewöhnlichen Aufenthalt erlangt, verbleibt abweichend von Artikel 8 die Zuständigkeit für eine Änderung einer vor dem Umzug des Kindes in diesem Mitgliedstaat ergangenen Entscheidung über das Umgangsrecht während einer Dauer von drei Monaten nach dem Umzug bei den Gerichten des früheren gewöhnlichen Aufenthalts des Kindes, wenn sich der laut der Entscheidung über das Umgangsrecht umgangsberechtigte Elternteil weiterhin gewöhnlich in dem Mitgliedstaat des früheren gewöhnlichen Aufenthalts des Kindes aufhält.

(2) Absatz 1 findet keine Anwendung, wenn der umgangsberechtigte Elternteil im Sinne des Absatzes 1 die Zuständigkeit der Gerichte des Mitgliedstaats des neuen gewöhnlichen Aufenthalts des Kindes dadurch anerkannt hat, dass er sich an Verfahren vor diesen Gerichten beteiligt, ohne ihre Zuständigkeit anzufechten.

Art. 9 sieht eine **Sonderregel** für die internationale Zuständigkeit vor. Sie bezieht sich nur auf die Fälle, in denen eine Entscheidung (Art. 2 Nr. 4) über das **Umgangsrecht** (Art. 2 Nr. 10) ergangen ist und das Kind hieran anschließend durch einen rechtmäßigen Umzug in einem anderen Mitgliedstaat einen neuen gewöhnlichen Aufenthalt erlangt hat. Art. 9 trägt dem Umstand Rechnung, dass zu dem Staat, in dem das Kind zuvor seinen gewöhnlichen Aufenthalt hatte, noch immer ein enger Bezug besteht. Zugleich wird eine gewisse Kontinuität in den gerichtlichen Entscheidungen erreicht.[362] Das nach Art. 9 zuständige Gericht wendet gemäß Art. 15 Abs. 1 KSÜ weiterhin sein eigenes Recht an (→ EheVO Art. 8 Rn. 17 ff.; → EheVO Art. 61 Rn. 10 ff.). Der Wechsel des gewöhnlichen Aufenthalts des Kindes zieht m.a.W. weder eine Zuständigkeitsveränderung noch einen kollisionsrechtlichen Statutenwechsel nach sich. **1**

Der Begriff des **Umgangsrechts** wird in Art. 2 Nr. 10 näher konkretisiert (→ EheVO Art. 2 Rn. 4). Ein Umgangsrecht besteht demnach insbesondere auch in dem Recht, das Kind für eine begrenzte Zeit an einen anderen Ort als seinen gewöhnlichen Aufenthaltsort zu bringen. In der deutschen Fassung von Art. 9 bezieht sich die Vorschrift nur auf einen **„umgangsberechtigten Elternteil"**. Andere Sprachfassungen sprechen demgegenüber allgemein vom „Umgangsberechtigten".[363] Hieran wird deutlich, dass die deutsche Fassung auf einer zu engen Übersetzung beruht. Art. 9 wirkt daher nicht nur zugunsten des umgangsberechtigten Elternteils, sondern zugunsten sämtlicher Umgangsberechtigter.[364] **2**

Die Vorschrift setzt voraus, dass vor dem Umzug eine **Entscheidung** über das Umgangsrecht iSd Art. 2 Nr. 4 ergangen ist. **Umgangsvereinbarungen**, die nicht Gegenstand einer Entscheidung iSd Art. 2 Nr. 4 geworden sind, reichen für die Anwendung des Art. 9 nicht aus. Die Vorschrift gilt also nicht, wenn die Parteien eine außergerichtliche Vereinbarung über das Umgangsrecht getroffen haben und einer der Parteien diese Vereinbarung ändern will.[365] Vor dem Umzug **„ergangen"** ist eine Entscheidung bei teleologischer Auslegung der Norm nicht nur dann, wenn die Entscheidung vor dem Umzug bereits rechtskräftig geworden ist, sondern auch dann, wenn der Umzug aus prozessualen Gründen (etwa: reine Rechtsprüfung in einer Beschwerdeinstanz) in der Entscheidung nicht mehr berücksichtigt werden konnte.[366] Notwendig ist ferner, dass eine **Änderung** der ergangenen Entscheidung beantragt wird. Das Verfahren muss also das Ziel haben, eine von der bisher getroffenen Umgangsregelung abweichende Regelung zu erreichen.[367] **3**

---

362 Die Regelung weist eine Übereinstimmung mit § 202 des US-amerikanischen Uniform Child Custody Jurisdiction and Enforcement Act auf (*Tenreiro/ Ekström* ERA-Forum 2003, 126, 129).

363 Vgl. insbes. die englische Fassung („holder of access rights"), die französische Fassung („titulaire du droit de visite"), die spanische Fassung („titular del derecho de visita"), die italienische Fassung („titolare del diritto di visita") und die niederländische Fassung („persoon die ingevolge die beslissing het omgangsrecht heeft").

364 Althammer/*Schäuble* EheVO Art. 9 Rn. 11; *Hausmann,* IntEuFamR, F 113; Prütting/Gehrlein/*Völker/*

Dimmler EheVO Art. 9 Rn. 2; HK-ZPO/*Dörner* EheVO Art. 9 Rn. 8; Staudinger/*Pirrung*, C 57; aA (aber ohne Hinweis auf die unterschiedlichen Textfassungen); Zöller/*Geimer* EuEheVO Art. 9 Rn. 4; Rauscher/*Rauscher* Brüssel IIa-VO Art. 9 Rn. 10.

365 Magnus/Mankowski/*Borrás* EheVO Art. 9 Rn. 5; *Geimer*, Art. 9 Rn. 1; Prütting/Gehrlein/*Völker/ Dimmler* EheVO Art. 9 Rn. 3; *Hausmann,* IntEuFamR, F 121; aA HK-FamR/*Rieck* EheVO Art. 9 Rn. 5; wohl auch *Busch* IPRax 2003, 218 (221) zu Art. 11 des Verordnungsentwurfs.

366 Rauscher/*Rauscher* Brüssel IIa-VO Art. 9 Rn. 9.

367 OLG München FamRZ 2011, 1887.

4 Erforderlich ist des Weiteren, dass das Kind durch den Umzug innerhalb von drei Monaten einen neuen **gewöhnlichen Aufenthalt** in einem anderen Mitgliedstaat erlangt hat. Unter dem Umzug dürfte allein die physische Ortsveränderung zu verstehen sein, so dass – je nach Lage des Einzelfalls – der gewöhnliche Aufenthalt uU auch erst einige Zeit nach dem Umzug begründet werden kann.[368] In diesem Fall läuft die Drei-Monats-Frist für die Antragstellung nach dem Wortlaut der Vorschrift – auch in den anderen Textfassungen – bereits ab dem Umzug, nicht erst ab der Begründung des neuen gewöhnlichen Aufenthalts.[369] Hat das Kind trotz des Umzugs seinen bisherigen gewöhnlichen Aufenthalt (noch) nicht aufgegeben,[370] ergibt sich die fortbestehende Zuständigkeit der Gerichte, die über das Umgangsrecht entschieden haben, ohnehin aus Art. 8 Abs. 1.[371] Nicht anwendbar ist Art. 9 dann, wenn es sich um einen Umzug in einen Drittstaat handelt.[372]

5 Die internationale Zuständigkeit der Gerichte am vormaligen Aufenthaltsstaat bleibt nach Art. 9 für die Dauer von **drei Monaten** ab dem Umzug in den anderen Mitgliedstaat erhalten. Art. 9 Abs. 1 ist erfüllt, wenn innerhalb der Frist von drei Monaten das Gericht iSd Art. 16 angerufen wird; die Entscheidung des Gerichts kann nach dem Grundsatz der perpetuatio fori – und auch deshalb, weil Art. 9 anderenfalls weitgehend leerliefe – zu einem späteren Zeitpunkt ergehen.[373]

6 Voraussetzung für eine Anwendung des Art. 9 Abs. 1 ist, dass sich der umgangsberechtigte Träger elterlicher Verantwortung weiterhin – also ununterbrochen[374] – gewöhnlich in dem Mitgliedstaat des früheren gewöhnlichen Aufenthalts des Kindes aufhält. Abzustellen ist insoweit auf den Zeitpunkt der Rechtshängigkeit (Art. 16, 19).

7 Eine konkurrierende Zuständigkeit der Gerichte des neuen Aufenthaltsstaats für Fragen des Umgangsrechts ist daneben nicht gegeben, da Art. 9 Abs. 1 eine abschließende, den Art. 8 Abs. 1 verdrängende lex specialis darstellt.[375] Die Zuständigkeit nach Art. 9 Abs. 1 besteht allerdings dann nicht, wenn sich der umgangsberechtigte Träger elterlicher Verantwortung vor den Gerichten des neuen Aufenthaltsstaats des Kindes in einem Verfahren, welches das Umgangsrecht des Ehegatten zum Gegenstand hatte, rügelos eingelassen hat

368 Geimer/Schütze/*Dilger* EheVO Art. 9 Rn. 6; letztlich wohl auch Rauscher/*Rauscher* Brüssel IIa-VO Art. 9 Rn. 17 (anders aber wiederum *ders.* in Rn. 15, wonach Umzug als „Verlegung des gewöhnlichen Aufenthalts" zu verstehen ist, sowie in Rn. 3).

369 Vgl. Leitfaden der Kommission (s. Vor Rn. 23) S. 30: „Der Zeitraum von drei Monaten gilt ab dem Datum, an dem das Kind physisch vom Herkunftmitgliedstaat in den ‚neuen' Mitgliedstaat umgezogen ist. Der Zeitpunkt des Umzugs ist nicht mit dem Zeitpunkt zu verwechseln, an dem das Kind seinen neuen gewöhnlichen Aufenthalt in dem ‚neuen' Mitgliedstaat erwirbt." Ebenso MüKoBGB/*Heiderhoff* EheVO Art. 9 Rn. 7; Althammer/*Schäuble* EheVO Art. 9 Rn. 10; Rauscher/*Rauscher* Brüssel IIa-VO Art. 9 Rn. 17.

370 Es ist regelmäßig nicht davon auszugehen, dass das Kind durch den Umzug zwar den alten gewöhnlichen Aufenthalt verliert, aber (noch) keinen neuen gewöhnlichen Aufenthalt erwirbt. Vielmehr finden Aufgabe und Neubegründung des gewöhnlichen Aufenthalts idR gleichzeitig statt (vgl. die Schlussanträge der Generalanwältin *Kokott* v. 29.1.2009, Rs. 523–07 Rn. 45 „Denkbar ist es dabei in Ausnahmefällen auch, dass in einer Übergangsphase im Wegzugsstaat kein gewöhnlicher Aufenthalt mehr besteht, ohne dass sich der Status im Zuzugsstaat bereits zum gewöhnlichen Aufenthalt verfestigt hat."; HK-ZPO/*Dörner* EheVO Art. 9 Rn. 6; allg. *Baetge* FS Kropholler 2008, S. 77, 85; abw. *Coester-Waltjen* FamRZ 2005, 241 (244)). In den verbleibenden Fällen kommt sodann eine analoge Anwendung des Art. 9 in Betracht (vgl. *Coester-Waltjen* FamRZ 2005, 241 (244 f.); *Hausmann*, IntEuFamR, F 118; Zöller/*Geimer* EuEheVO Art. 9 Rn. 10; *Geimer*, Art. 9 Rn. 9; auch Rauscher/*Rauscher* Brüssel IIa-VO Art. 9 Rn. 12).

371 OGH 23.10.2007, 3 Ob 213/07 f., Zak 2008/30, 20. Steht fest, dass der Antrag innerhalb von drei Monaten nach dem Umzug gestellt worden ist, kann offenbleiben, ob das Kind bereits seinen vormaligen gewöhnlichen Aufenthalt aufgegeben hat. Ist ersteres der Fall, ergibt sich die Zuständigkeit aus Art. 9, falls nicht, folgt die Zuständigkeit aus Art. 8 Abs. 1 (*Gruber* IPRax 2005, 293 (297); Rauscher/*Rauscher* Brüssel IIa-VO Art. 9 Rn. 12).

372 Geimer/Schütze/*Dilger* EheVO Art. 9 Rn. 7; MüKoBGB/*Heiderhoff* EheVO Art. 9 Rn. 4; Rauscher/*Rauscher* Brüssel IIa-VO Art. 9 Rn. 14; MüKoBGB/*Siehr* EuEheVO Art. 9 Rn. 2; *Geimer*, Art. 9 Rn. 8; Althammer/*Schäuble* EheVO Art. 9 Rn. 7; *Hausmann*, IntEuFamR, F 117; *Coester-Waltjen* FamRZ 2005, 241 (244) (hierdurch wird vermieden, dass sich Konkurrenzprobleme mit den Zuständigkeitsregeln von KSÜ und MSA ergeben).

373 Vgl. Leitfaden der Kommission (s. Vor Rn. 23), S. 29 f., wo formuliert ist, dass der umgangsberechtigte Ehegatte innerhalb von drei Monaten eine Änderung der Umgangsentscheidung „beantragen" kann.; so auch OLG München FamRZ 2011, 1887; aus der Lit. ausf. *Solomon* FamRZ 2004, 1409 (1412); Althammer/*Schäuble* Art. 9 Rn. 10; Geimer/Schütze/*Dilger* EheVO Art. 9 Rn. 12; Zöller/*Geimer* EuEheVO Art. 9 Rn. 8; *Gruber* IPRax 2005, 293 (297); Rauscher/*Rauscher* Brüssel IIa-VO Art. 9 Rn. 17; *Geimer* EheVO Art. 9 Rn. 14; HK-FamR/*Rieck* EheVO 2003 Art. 9 Rn. 3; *Holzmann*, S. 125 f.; auch *Coester-Waltjen* FamRZ 2005, 241 (244); aA Staudinger/*Pirrung*, C 57.

374 Geimer/Schütze/*Dilger* EheVO Art. 9 Rn. 8; Zöller/*Geimer* EuEheVO Art. 9 Rn. 11; auch (wenngleich mit rechtspolitischer Kritik) Rauscher/*Rauscher* Brüssel IIa-VO Art. 9 Rn. 11.

375 Geimer/Schütze/*Dilger* EheVO Art. 9 Rn. 11; Althammer/*Schäuble* EheVO Art. 9 Rn. 12.

(Art. 9 Abs. 2). Einer rügelosen Einlassung steht es gleich, wenn er seinerseits einen Antrag bei dem Gericht am neuen gewöhnlichen Aufenthalt des Kindes stellt.[376] Für andere Sachen als das Umgangsrecht – insbes. das Sorgerecht – ist Art. 9 nicht einschlägig; hier bleibt es bei den im Übrigen anwendbaren Zuständigkeitsvorschriften, vor allem Art. 8.

Im Einzelfall kann es vorkommen, dass der Träger elterlicher Verantwortung, der mit dem Kind umgezogen **8** ist und zusammen mit dem Kind einen neuen gewöhnlichen Aufenthalt begründet hat, in dem neuen Aufenthaltsstaat eine **Änderung des Sorgerechts** beantragt, noch bevor der Umgangsberechtigte in dem vormaligen Aufenthaltsstaat einen Antrag betr. das Umgangsrecht gestellt hat. Der Sorgerechtsantrag ist zulässig, da eine abschließende Sonderzuständigkeit des vormaligen Aufenthaltsstaats nach Art. 9 nur für Fragen des Umgangsrechts besteht (→ Rn. 7). Bei Anwendung von Art. 19 Abs. 2 gelangt man sodann dazu, dass der Sorgerechtsantrag auch ein Verfahren über das Umgangsrecht in dem nach Art. 9 zuständigen Mitgliedstaat „sperrt" (vgl. näher → EheVO Art. 19 Rn. 13). Das Verfahren über das Umgangsrecht in dem vormaligen Aufenthaltsstaat ist infolgedessen nach Maßgabe von Art. 19 Abs. 2 zunächst auszusetzen. In der Literatur wird allerdings die Auffassung vertreten, dass Art. 19 Abs. 2 in diesem Fall teleologisch zu reduzieren sei; das Sorgerechtsverfahren (in dem neuen Aufenthaltsstaat) und das Verfahren über das Umgangsrecht (in dem vormaligen Aufenthaltsstaat) seien abweichend von Art. 19 Abs. 2 nebeneinander zu führen.[377] Hiergegen spricht aber, dass die Entscheidung über das Umgangsrecht häufig von der Entscheidung über das Sorgerecht materiell beeinflusst wird. Es entspricht daher durchaus dem Regelungszweck des Art. 19 Abs. 2 – der Verhinderung einander widersprechender Entscheidungen –, das später rechtshängig gewordene Umgangsrechtsverfahren (zunächst) auszusetzen. Die Gerichte im vormaligen Aufenthaltsstaat können allerdings einen Zuständigkeitstransfer nach Art. 15 veranlassen; in diesem Fall werden sämtliche Fragen einheitlich von den Gerichten im neuen Aufenthaltsstaat entschieden (→ Rn. 11).

Auch in dem umgekehrten Fall, in dem das Verfahren über das Umgangsrecht in dem vormaligen Aufent- **9** haltsstaat früher rechtshängig wird als das Sorgerechtsverfahren in dem neuen Aufenthaltsstaat, ist regelmäßig Art. 19 Abs. 2 einschlägig (→ EheVO Art. 19 Rn. 13). Das Verfahren über das Umgangsrecht „blockiert" das Sorgerechtsverfahren. Die Gerichte im vormaligen Aufenthaltsstaat können allerdings eine Verweisung nach Art. 15 in Betracht ziehen; ferner kommen in dringenden Fällen einstweilige Anordnungen nach Art. 20 im neuen Aufenthaltsstaat in Betracht. Für eine teleologische Reduktion von Art. 19 Abs. 2 besteht iÜ in diesem Fall schon deshalb kein Anlass, weil sich eine vergleichbare Situation auch dann ergibt, wenn noch *vor* dem Umzug ein Umgangsrecht betreffender Antrag gestellt worden ist und das Gericht des vormaligen Aufenthaltsstaats nach Art. 8 iVm perpetuatio fori-Grundsatz zuständig bleibt; auch hier setzt sich das Verfahren im vormaligen Aufenthaltsstaat gegenüber dem Sorgerechtsverfahren im neuen Aufenthaltsstaat nach Maßgabe von Art. 19 Abs. 2 durch.

Liegt entgegen Art. 9 Abs. 1 ein „unrechtmäßiger Umzug" vor, so richtet sich die internationale Zuständig- **10** keit der Gerichte des vormaligen Aufenthaltsstaats grundsätzlich nach Art. 10.[378] Die internationale Zuständigkeit dürfte sich aber im Wege eines a-fortiori-Arguments (auch) auf Art. 9 stützen lassen. Für eine (entsprechende) Anwendung von Art. 9 besteht im Einzelfall auch ein praktisches Bedürfnis. Stimmt zB der Träger elterlicher Verantwortung im Falle der widerrechtlichen Entführung dem Verbringen des Kindes nach Art. 10 lit. a (nachträglich) zu, so ist die Sonderzuständigkeit nach Art. 10 nicht mehr gegeben und findet grundsätzlich Art. 8 Anwendung.[379] Dies hat grundsätzlich eine (umfassende) internationale Zuständigkeit am neuen gewöhnlichen Aufenthalt im Entführerstaat zur Folge. Es vermag indes nicht zu überzeugen, dass sich der Umgangsberechtigte in diesem Fall nicht, was sein Umgangsrecht anbelangt, auf Art. 9 stützen und weiterhin die Gerichte am vormaligen gewöhnlichen Aufenthalt des Kindes anrufen können soll. Im Falle einer rechtswidrigen Entführung des Kindes ist er mindestens ebenso schützenswert wie im Falle eines rechtmäßigen Umzugs; die **ratio** des Art. 9 spricht auch hier für eine entsprechende Anwendung der Vorschrift.[380]

Art. 9 Abs. 1 steht einer **Verweisung nach Art. 15** nicht entgegen.[381] Dies ergibt sich daraus, dass Art. 15 **11** Abs. 4 Unterabs. 2 u. Abs. 5 S. 3 ausdrücklich auf die Zuständigkeiten nach den Art. 8–14 Bezug nehmen und damit davon ausgehen, dass Art. 15 nicht nur im Falle einer Zuständigkeit nach Art. 8 Abs. 1, sondern auch bei einer Zuständigkeit nach Art. 9 zur Anwendung kommen kann. Nach Art. 15 Abs. 3 lit. a wird ver-

---

376   Vgl. Leitfaden der Kommission (s. Vor Rn. 23), S. 30 (der umgangsberechtigte Elternteil sei nicht daran gehindert, die Gerichte des neuen Mitgliedstaats zwecks Prüfung der Umgangsrechtsregelung anzurufen); ebenso *Solomon* FamRZ 2004, 1409 (1412); Rauscher/*Rauscher* Brüssel IIa-VO Art. 9 Rn. 22; *ders.*, EuLF 2005-I, 37, 39.

377   Rauscher/*Rauscher* Brüssel IIa-VO Art. 9 Rn. 21; s. auch Zöller/*Geimer* EuEheVO Art. 9 Rn. 7.

378   Für alle Rauscher/*Rauscher* Brüssel IIa-VO Art. 9 Rn. 8; *Geimer* EheVO Art. 9 Rn. 5 f.

379   Eine Zustimmung nach Art. 10 lit. a kann auch nachträglich erteilt werden (vgl. etwa Geimer/Schütze/ *Dilger* EheVO Art. 10 Rn. 13).

380   Wie hier *Hausmann*, IntEuFamR, F 119.

381   Althammer/*Schäuble* EheVO Art. 9 Rn. 14; *Hausmann*, IntEuFamR, F 128.

mutet, dass eine besondere Bindung zu dem Staat besteht, in dem das Kind seinen gewöhnlichen Aufenthalt neu erworben hat. Eine Verweisung iSd Art. 15 kommt sodann in Betracht, wenn das nach Art. 9 zuständige Gericht zu der Auffassung gelangt, dass das Gericht im Staat des neuen gewöhnlichen Aufenthalts den Fall besser beurteilen kann (Art. 15 Abs. 1). Ein Zuständigkeitstransfer sollte insbes. dann in Betracht gezogen werden, wenn in dem neuen Aufenthaltsstaat ein Sorgerechtsstreit geführt wird, der mit dem Umgangsrecht in einem materiellen Zusammenhang steht (oben → Rn. 8).

Art. 10 EheVO 2003 Zuständigkeit in Fällen von Kindesentführung

Bei widerrechtlichem Verbringen oder Zurückhalten eines Kindes bleiben die Gerichte des Mitgliedstaats, in dem das Kind unmittelbar vor dem widerrechtlichen Verbringen oder Zurückhalten seinen gewöhnlichen Aufenthalt hatte, so lange zuständig, bis das Kind einen gewöhnlichen Aufenthalt in einem anderen Mitgliedstaat erlangt hat und

a) jede sorgeberechtigte Person, Behörde oder sonstige Stelle dem Verbringen oder Zurückhalten zugestimmt hat

oder

b) das Kind sich in diesem anderen Mitgliedstaat mindestens ein Jahr aufgehalten hat, nachdem die sorgeberechtigte Person, Behörde oder sonstige Stelle seinen Aufenthaltsort kannte oder hätte kennen müssen und sich das Kind in seiner neuen Umgebung eingelebt hat, sofern eine der folgenden Bedingungen erfüllt ist:

    i)   Innerhalb eines Jahres, nachdem der Sorgeberechtigte den Aufenthaltsort des Kindes kannte oder hätte kennen müssen, wurde kein Antrag auf Rückgabe des Kindes bei den zuständigen Behörden des Mitgliedstaats gestellt, in den das Kind verbracht wurde oder in dem es zurückgehalten wird;

    ii)   ein von dem Sorgeberechtigten gestellter Antrag auf Rückgabe wurde zurückgezogen, und innerhalb der in Ziffer i) genannten Frist wurde kein neuer Antrag gestellt;

    iii) ein Verfahren vor dem Gericht des Mitgliedstaats, in dem das Kind unmittelbar vor dem widerrechtlichen Verbringen oder Zurückhalten seinen gewöhnlichen Aufenthalt hatte, wurde gemäß Artikel 11 Absatz 7 abgeschlossen;

    iv) von den Gerichten des Mitgliedstaats, in dem das Kind unmittelbar vor dem widerrechtlichen Verbringen oder Zurückhalten seinen gewöhnlichen Aufenthalt hatte, wurde eine Sorgerechtsentscheidung erlassen, in der die Rückgabe des Kindes nicht angeordnet wird.

1   Art. 10 enthält eine Sonderregel für die Zuständigkeit in den Fällen eines **widerrechtlichen Verbringens oder Zurückhaltens eines Kindes**.[382] Eine Definition des „widerrechtlichen Verbringens oder Zurückhaltens" ergibt sich näher aus Art. 2 Nr. 11 (vgl. näher → EheVO Art. 2 Rn. 5). Die Zuständigkeit nach Art. 10 lässt die Zuständigkeit der Gerichte des Zufluchtsstaats zur Entscheidung über die Anordnung der Kindesrückgabe nach dem HKÜ unberührt (vgl. Art. 11 Abs. 8). Der Träger elterlicher Verantwortung kann also sowohl einen **Rückgabeantrag nach HKÜ im neuen Aufenthaltsstaat** stellen als auch einen Sorgerechts- und/oder Rückgabeantrag bei den dem gem. Art. 10 zuständigen **Gerichten des vormaligen Aufenthaltsstaats**.[383] Im praktischen Ergebnis entsteht dadurch ein zweispuriges Rechtsschutzsystem.[384] Regelmäßig dürfte es sich empfehlen, zunächst den Antrag auf Herausgabe nach HKÜ im neuen Aufenthaltsstaat zu stellen (zu den Gründen unten → Rn. 8).

2   Art. 10 stellt eine **Parallelvorschrift zu Art. 7 Abs. 1 KSÜ** dar, enthält aber einige erhebliche inhaltliche Abweichungen. Sowohl Art. 10 als auch Art. 7 Abs. 1 KSÜ treffen die grundsätzliche Aussage, dass der durch eine Entführung herbeigeführte Wechsel des gewöhnlichen Aufenthalts des Kindes idR nicht zur Folge hat, dass die internationale Zuständigkeit der Gerichte des vormaligen Aufenthaltsstaates wegfällt. Zugleich wird verhindert, dass eine internationale Zuständigkeit – ausgenommen nur Rückgabeanträge nach HKÜ – am neuen Aufenthaltsort des Kindes entsteht.[385] Dem Entführer soll es grundsätzlich verwehrt sein,

---

382 Die Regelungen zur Kindesentführung waren zwischen den Mitgliedstaaten der EG besonders umstritten, vgl. zur Entstehungsgeschichte *Tenreiro/Ekström* ERA-Forum 2003, 126, 130 f.; Rauscher/*Rauscher* Brüssel IIa-VO Art. 10 Rn. 2 ff.

383 Das HKÜ gilt in allen Mitgliedstaaten (etwa Staudinger/*Pirrung*, C 59).

384 Etwa *Gruber* IPRax 2009, 413.

385 Etwa Rauscher/*Rauscher* Brüssel IIa-VO Art. 10 Rn. 9 ff. Art. 10 schließt aber eine internationale Zuständigkeit nach Art. 12 nicht aus (*Rauscher*, aaO Rn. 11), wobei allerdings der von der Entführung betroffene Träger der elterlichen Verantwortung die Möglichkeit hat, eine Gerichtsstandsvereinbarung abzulehnen.

durch seine rechtswidrige Handlung eine Änderung der Zuständigkeit herbeizuführen.[386] Ein Wechsel der internationalen Zuständigkeit tritt nur unter engen Voraussetzungen ein. Die Zuständigkeit der Gerichte des Mitgliedstaates, in dem das Kind vor der Entführung seinen gewöhnlichen Aufenthalt hatte, wird durch Art. 10 allerdings in einem noch größeren Umfang gewahrt als in der Parallelvorschrift des Art. 7 Abs. 1 KSÜ.

Voraussetzung für einen Wegfall der internationalen Zuständigkeit ist zunächst, dass das Kind aufgrund des **3** widerrechtlichen Verbringens oder Zurückhaltens **einen neuen gewöhnlichen Aufenthalt** erworben hat. Hierbei kommt es darauf an, ob das Kind einen neuen faktischen Daseinsmittelpunkt erworben hat. Dies kann auch dann der Fall sein, wenn die Entführung gegen den Willen des Kindes erfolgte.[387] Wo der gewöhnliche Aufenthalt im Zeitpunkt des widerrechtlichen Verbringens oder Zurückhaltens lag, richtet sich nach den Maßstäben, die auch bei Art. 8 gelten (s. näher → EheVO Art. 8 Rn. 7).[388] Sodann muss jede sorgeberechtigte Person, Behörde oder sonstige Stelle dem Verbringen oder Zurückhalten **zugestimmt** haben (lit. a).[389] Die Zustimmung kann auch nachträglich erteilt werden.[390] Anstelle der in lit. a genannten Voraussetzungen reicht es aus, wenn die Voraussetzungen der lit. b erfüllt sind. Hiernach muss sich das Kind in dem neuen Mitgliedstaat zumindest **ein Jahr aufgehalten** haben, nachdem die sorgeberechtigte Person, Behörde oder sonstige Stelle seinen Aufenthalt kannte oder hätte kennen müssen. Ferner muss sich das Kind in seiner **neuen Umgebung eingelebt** haben. Schließlich muss einer der in **sublit. i, ii, iii oder iv** genannten Bedingungen erfüllt sein.

Art. 10 Abs. 1 lit. b ist – mit Ausnahme der in lit. b sublit. i, ii, iii oder iv genannten Bedingungen – inhalts- **4** gleich mit Art. 7 Abs. 1 lit. b KSÜ. Insoweit kann auf die Kommentierung von Art. 7 KSÜ verwiesen werden (vgl. Anhang I zu Art. 24 EGBGB, Art. 7 KSÜ).

Art. 7 Abs. 1 lit. b KSÜ setzt für eine Zuständigkeit der Gerichte am neuen gewöhnlichen Aufenthaltsort des **5** Kindes voraus, dass dort kein während der Einjahresfrist gestellter Antrag auf Rückgabe des Kindes nach HKÜ mehr anhängig ist. Demgegenüber entsteht nach Art. 10 Abs. 1 lit. b eine Zuständigkeit am neuen gewöhnlichen Aufenthaltsort des Kindes nur dann, wenn (alternativ) eine der in sublit. i, ii, iii oder iv genannten – eng gefassten – Voraussetzungen erfüllt sind. Sublit. i, ii, iii knüpfen jeweils daran an, dass der Sorgeberechtigte einen Rückgabe- oder Sorgerechtsantrag nicht oder nicht rechtzeitig stellt bzw. diesen Antrag wieder zurücknimmt.[391] Die Passivität des Sorgeberechtigten führt also zu einem Wegfall der Zuständigkeit im vormaligen Aufenthaltsstaat. Sublit. iv lässt eine Zuständigkeit am neuen Aufenthaltsort des Kindes ferner dann entstehen, wenn in dem **vormaligen Aufenthaltsstaat** eine Sorgerechtsentscheidung erlassen wird, in der die Rückgabe des Kindes nicht angeordnet wird.

Nach Art. 7 Abs. 1 KSÜ entsteht mithin eine neue internationale Zuständigkeit auch dann, wenn von einem **6** Gericht bzw. einer Behörde des Staates, in den das Kind entführt worden ist, rechtskräftig entschieden wurde, dass die Rückgabe des Kindes aus einem der im HKÜ (dort insbes. Art. 12, 13) genannten Gründe verweigert werden kann. Demgegenüber führen nach Art. 10 EheVO Entscheidungen von Gerichten oder Behörden des Mitgliedstaates, in den das Kind entführt wurde und die die Rückgabe ablehnen, als solche nicht zu einem Wegfall der Zuständigkeit der Gerichte des vormaligen Aufenthaltsstaates. Nach sublit. iv ist ein Übergang der Zuständigkeit auf das Gericht des neuen Aufenthaltsstaats nur auf der Grundlage einer **Sorgerechtsentscheidung eines Gerichts des vormaligen Aufenthaltsstaats** möglich. Die Position der Gerichte des vormaligen Aufenthaltsstaats wird somit durch Art. 10 gegenüber Art. 7 Abs. 1 KSÜ deutlich gestärkt.[392] Ihnen kann die Zuständigkeit nicht infolge von Entscheidungen von Gerichten aus dem neuen Aufenthaltsstaat (dem „Entführerstaat") entzogen werden; das „letzte" Wort haben – soweit sich nicht der Betroffene iSd sublit. i, ii oder iii passiv verhält – in jedem Fall die Gerichte im vormaligen Aufenthalts- staat. Wollen die Gerichte des vormaligen Aufenthaltsstaates im Rahmen der Sorgerechtsentscheidung eine

386 Magnus/Mankowski/*Patau/Gallant* EheVO Art. 10 Rn. 11; *Tenreiro/Ekström* ERA-Forum 2003, 126, 132.

387 Vgl. hierzu näher *Baetge* IPRax 2001, 573 ff. mwN.

388 EuGH, Rs. C-376/14 PPU (C ./. M), FamRZ 2015, 107 (Rn. 54).

389 Auch eine konkludente Zustimmung ist möglich, vgl. etwa Rauscher/*Rauscher* Brüssel IIa-VO Art. 10 Rn. 20; Althammer/*Schäuble* Art. 10 Rn. 11.

390 Geimer/Schütze/*Dilger* EheVO Art. 10 Rn. 13; Zöller/*Geimer* EuEheVO Art. 10 Rn. 12.

391 Problematisch ist die Handhabung von lit. i und lit. ii dann, wenn das Kind das 16. Lebensjahr vollendet hat und daher das HKÜ nicht anwendbar ist (dazu

ausf. Rauscher/*Rauscher* Brüssel IIa-VO Art. 10 Rn. 6 f.). Man wird lit. i und lit. ii ggf. dann so verste- hen können, dass der Sorgeberechtigte sich in diesem Fall an die Behörden des neuen Aufenthaltsstaats wenden muss, soweit diese gem. Art. 20 zuständig sind und dort entspr. nationale Verfahren auf Kindes- rückgabe zur Verfügung stehen (ähnlich Rauscher/ *Rauscher* Brüssel IIa-VO Art. 10 Rn. 7: Rückgabean- trag vor den Gerichten eines sonst zuständigen Mit- gliedstaats genügt, wenn die Gerichte des neuen Auf- enthaltsstaats nicht zuständig sind).

392 Vgl. hierzu auch *Karsten*, Fam.Law 2001, 885, 889; *Lowe*, IntFam. 2001, 171, 179 (zum insoweit ver- gleichbaren Verordnungsvorschlag).

Anhörung des – im Ausland befindlichen – Kindes durchführen, können sie sich auf die Verordnung Nr. 1206/2000 (EuBVO) stützen.[393]

7 Der EuGH hat die internationale Zuständigkeit der Gerichte am vormaligen Aufenthaltsstaat des Kindes noch dadurch gestärkt, dass er sublit. iv eng auslegt. Hiernach reicht eine nur **vorläufige Entscheidung** der Gerichte am vormaligen Aufenthaltsstaat nicht aus, um die internationale Zuständigkeit auf die Gerichte im neuen Aufenthaltsstaat übergehen zu lassen; erforderlich sei vielmehr eine endgültige, auf der Grundlage einer umfassenden Prüfung aller relevanten Gesichtspunkte getroffene Entscheidung.[394] Zur Begründung stützt sich der EuGH zunächst auf die Zielsetzung der EheVO 2003 – die effektive Bekämpfung internationaler Kindesentführungen[395] – sowie auf den Ausnahmecharakter des Art. 10 lit. b sublit. iv EheVO 2003.[396] Im Zentrum der Begründung steht sodann eine folgenorientierte Argumentation. Führten auch vorläufige Entscheidungen wie eine nur vorläufige Sorgerechtsübertragung dazu, dass eine Zuständigkeit nach Art. 10 EheVO 2003 aufgrund dieser Entscheidung wegfiele, würden sich die Gerichte, die derartige vorläufige Entscheidungen träfen, das zuständigkeitsrechtliche Wasser selbst abgraben. Sie würden, wie der EuGH zutreffend ausführt, deshalb von derartigen vorläufigen Entscheidungen zukünftig Abstand nehmen. Dem Kindeswohl wäre dies nicht dienlich.[397] Eine vorläufige Entscheidung idS liegt nach Auffassung des EuGH dann vor, wenn noch – etwa durch ein Gutachten – eine nähere Beurteilung der Eltern-Kind-Beziehungen ermöglicht und dadurch eine spätere Sorgerechtsentscheidung vorbereitet werden soll.[398] Demgegenüber steht es der „Endgültigkeit" einer Sorgerechtsentscheidung als solcher nicht entgegen, wenn diese „in regelmäßigen Abständen, binnen einer bestimmten Frist" oder auch „in Abhängigkeit von bestimmten Umständen" neu zu beurteilen oder zu überprüfen ist.[399]

8 **Art. 11 Abs. 8** führt – an Art. 10 anschließend – dazu, dass diese fortbestehende Zuständigkeit der Gerichte des vormaligen Aufenthaltsstaats auch effektiv ausgeübt werden kann. Wird ein Antrag auf Rückgabe des Kindes in dem neuen Aufenthaltsstaat gestellt und gem. Art. 13 HKÜ – also aufgrund einer angenommenen schweren Kindeswohlgefährdung – abgelehnt, aber in der **nachfolgenden Entscheidung** des vormaligen Aufenthaltsstaats ebendiese Rückgabe angeordnet, so wird diese Rückgabeentscheidung des vormaligen Aufenthaltsstaates im neuen Aufenthaltsstaat anerkannt und vollstreckt, ohne dass die Anerkennung angefochten werden kann und ohne dass es einer Vollstreckbarerklärung bedarf (Art. 11 Abs. 8, 42 Abs. 1 EheVO 2003). Die letztverbindliche Entscheidung über das „Ob" der Rückführung – und die damit verbundene Prüfung des Kindeswohls – liegt damit allein bei den Gerichten des vormaligen Aufenthaltsstaats (vgl. noch → EheVO Art. 11 Rn. 15).[400]

9 Die uneingeschränkte Anerkennung und Vollstreckung im neuen Aufenthaltsstaat nach Maßgabe von Art. 11 Abs. 8 setzt aber die beschriebene Chronologie voraus. Zunächst muss die Rückgabe im neuen Aufenthaltsstaat abgelehnt werden, nachfolgend muss die die Rückgabe anordnende Entscheidung im vormaligen Aufenthaltsstaat ergehen.[401] Dem von der Entführung betroffenen Träger der elterlichen Verantwortung ist es daher regelmäßig zu empfehlen, zunächst den Antrag nach dem HKÜ im neuen Aufenthaltsstaat des Kindes zu stellen (vgl. zu den Einzelheiten → EheVO Art. 11 Rn. 1 ff.). Ruft der Träger der elterlichen Verantwortung demgegenüber zunächst die Gerichte im vormaligen Aufenthaltsstaat an – und ergeht dementsprechend deren Entscheidung noch vor einer die Rückgabe gem. Art. 13 HKÜ ablehnenden Entscheidung im neuen Aufenthaltsstaat –, wird die Entscheidung im vormaligen Aufenthaltsstaat nur noch nach den allgemeinen Regeln anerkannt und vollstreckt (Art. 21 ff.).[402] Ua ist in diesem Fall denkbar, dass die Anerkennung der die Herausgabe anordnenden Entscheidung im neuen Aufenthaltsstaat unter Hinweis auf Art. 23 lit. a (ordre public) verweigert wird.[403]

---

393 Verordnung (EG) Nr. 1206/2001 des Rates v. 28.5.2001 über die Zusammenarbeit zwischen den Gerichten der Mitgliedstaaten auf dem Gebiet der Beweisaufnahme in Zivil- und Handelssachen, ABl. EG L 174 v. 27.6.2001. Vgl. den 20. Erwägungsgrund zur EheVO 2003 sowie den Kommissionsvorschlag KOM (2002) 222 endg./2, S. 14 (zu Art. 24).

394 EuGH, Rs. C-211/10 PPU (Doris Povse ./. Mauro Alpago), FamRZ 2010, 1229, Rn. 39 ff. mit zust. Bespr. *Gruber* GPR 2011, 153; krit. *Schulz* FamRZ 2010, 1307 (1308).

395 Rn. 43 des Urteils.

396 Rn. 41 des Urteils.

397 Rn. 47 des Urteils.

398 Rn. 48 des Urteils.

399 Rn. 46 des Urteils.

400 EuGH, Rs. C-491/10 PPU (Joseba Andoni Aguirre Zarraga ./. Simone Pelz), FamRZ 2011, 355 (Rn. 48 ff.); *Gruber* IPRax 2009, 413 (414).

401 EuGH, Rs. C-195/08 PPU (Inga Rinau), NJW 2008, 2973 (2975) (Rn. 69 ff., 84) mit Bespr. *Rieck*, 2958 = IPRax 2009, 420 mit Bespr. *Gruber*, 413 und Bespr. *Schulz* FamRZ 2008, 1732 und *Huter*, ELR 2008, 286.

402 Näher dazu *Gruber* IPRax 2009, 413 (414).

403 De lege ferenda wäre es konsequent und wünschenswert, eine vorbehaltlose Anerkennung der Entscheidung des vormaligen Aufenthaltsstaats und einen Wegfall des Vollstreckbarerklärungserfordernisses in sämtlichen Fällen einer „innereuropäischen" Kindesentführung vorzusehen (*Gruber* IPRax 2009, 413 (419)).

Auf Art. 10 muss überhaupt nur dann zurückgegriffen werden, wenn das Kind infolge der Entführung einen **10** neuen Aufenthalt erwirbt, bevor ein Antrag betreffend die elterliche Verantwortung im alten Aufenthaltsstaat gestellt wird. Erwirbt das Kind den neuen gewöhnlichen Aufenthalt erst nach der Antragstellung, verbleibt es bereits gemäß Art. 8 Abs. 1 bei der Zuständigkeit der Gerichte des vormaligen Aufenthaltsstaates (Grundsatz der perpetuatio fori, → EheVO Art. 8 Rn. 3).

Die Vorschrift bezieht sich ferner nur auf den Fall, dass durch die Entführung ein gewöhnlicher Aufenthalt **11** in einem anderen Mitgliedstaat begründet wird. Befindet sich der gewöhnliche Aufenthalt des entführten Kindes in einem **Drittstaat**, so ist auf das KSÜ (s. insbesondere Art. 7 Abs. 1 KSÜ), das MSA oder gem. Art. 14 das unvereinheitlichte nationale Zuständigkeitsrecht zurückzugreifen. Zum Anwendungsbereich von KSÜ und MSA s. Art. 60, 61.

Soweit eine Zuständigkeit nach Art. 10 gegeben ist, ist Art. 8 nicht anwendbar (vgl. Art. 8 Abs. 2). Insbe **12** sondere sind die Gerichte des Mitgliedstaates, in den das Kind entführt worden ist, nicht nach Maßgabe von Art. 8 zuständig; dies kommt in Art. 8 Abs. 2 zum Ausdruck und würde dem Sinn von Art. 10 widersprechen.[404] Art. 10 lässt die Möglichkeit einer **Verweisung nach Art. 15** unberührt (vgl. Art. 15 Abs. 4 Unterabs. 2, Abs. 5 S. 3). Nach dem Sinn und Zweck des Art. 10, der auch eine Präventivwirkung gegenüber Entführungen entfalten soll, dürfte eine solche Verweisung aber nur in seltenen Ausnahmefällen vorzunehmen sein.[405] Eine Verweisung in den „Entführerstaat" scheidet jedenfalls dann aus, wenn noch ein Interesse des Sorgeberechtigten daran besteht, dass das Verfahren in dem vormaligen Aufenthaltsstaat stattfindet.[406] UU kommt aber eine Verweisung in einen anderen Mitgliedstaat in Betracht, etwa in den Mitgliedstaat, in den der Sorgeberechtigte selbst zwischenzeitlich verzogen ist.

Die Voraussetzungen des Art. 10 sind von den Gerichten im vormaligen Aufenthaltsstaat eigenständig zu **13** prüfen. Es besteht keine Bindung an die Entscheidung über den Rückgabeantrag nach HKÜ im neuen Aufenthaltsstaat.[407] Wird also im neuen Aufenthaltsstaat eine Anordnung der Rückgabe des Kindes mit dem Argument verweigert, dass keine rechtswidrige Entführung vorliege, ist das Gericht im vormaligen Aufenthaltsstaat allein dadurch nicht gehindert, seine Zuständigkeit auf Art. 10 zu stützen. Erst recht ohne Einfluss auf die Zuständigkeit nach Art. 10 ist die Beurteilung der Sorgeberechtigung im Rahmen des HKÜ-Rückgabeverfahrens. Nach Art. 19 HKÜ ist eine im Rahmen des HKÜ-Verfahrens getroffene Entscheidung über die Rückgabe des Kindes nicht als Entscheidung über das Sorgerecht anzusehen.[408]

Art. 11 EheVO 2003 Rückgabe des Kindes

(1) Beantragt eine sorgeberechtigte Person, Behörde oder sonstige Stelle bei den zuständigen Behörden eines Mitgliedstaats eine Entscheidung auf der Grundlage des Haager Übereinkommens vom 25. Oktober 1980 über die zivilrechtlichen Aspekte internationaler Kindesentführung (nachstehend „Haager Übereinkommen von 1980" genannt), um die Rückgabe eines Kindes zu erwirken, das widerrechtlich in einen anderen als den Mitgliedstaat verbracht wurde oder dort zurückgehalten wird, in dem das Kind unmittelbar vor dem widerrechtlichen Verbringen oder Zurückhalten seinen gewöhnlichen Aufenthalt hatte, so gelten die Absätze 2 bis 8.

(2) Bei Anwendung der Artikel 12 und 13 des Haager Übereinkommens von 1980 ist sicherzustellen, dass das Kind die Möglichkeit hat, während des Verfahrens gehört zu werden, sofern dies nicht aufgrund seines Alters oder seines Reifegrads unangebracht erscheint.

(3) Das Gericht, bei dem die Rückgabe eines Kindes nach Absatz 1 beantragt wird, befasst sich mit gebotener Eile mit dem Antrag und bedient sich dabei der zügigsten Verfahren des nationalen Rechts.

Unbeschadet des Unterabsatzes 1 erlässt das Gericht seine Anordnung spätestens sechs Wochen nach seiner Befassung mit dem Antrag, es sei denn, dass dies aufgrund außergewöhnlicher Umstände nicht möglich ist.

(4) Ein Gericht kann die Rückgabe eines Kindes aufgrund des Artikels 13 Buchstabe b) des Haager Übereinkommens von 1980 nicht verweigern, wenn nachgewiesen ist, dass angemessene Vorkehrungen getroffen wurden, um den Schutz des Kindes nach seiner Rückkehr zu gewährleisten.

(5) Ein Gericht kann die Rückgabe eines Kindes nicht verweigern, wenn der Person, die die Rückgabe des Kindes beantragt hat, nicht die Gelegenheit gegeben wurde, gehört zu werden.

404 *Holzmann*, S. 185.
405 Wie hier *Hausmann*, IntEuFamR, F 151.
406 Ähnlich *Schulz* FS Kropholler 2008, S. 435, 444.

407 EuGH, Rs. C-497/10 PPU (Barbara Mercredi ./. Richard Chaffe), FamRZ 2011, 617 (Rn. 62 ff.).
408 EuGH, Rs. C-497/10 PPU (Barbara Mercredi ./. Richard Chaffe), FamRZ 2011, 617 (Rn. 65).

(6) ¹Hat ein Gericht entschieden, die Rückgabe des Kindes gemäß Artikel 13 des Haager Überein-kommens von 1980 abzulehnen, so muss es nach dem nationalen Recht dem zuständigen Gericht oder der Zentralen Behörde des Mitgliedstaats, in dem das Kind unmittelbar vor dem widerrechtlichen Verbringen oder Zurückhalten seinen gewöhnlichen Aufenthalt hatte, unverzüglich entweder direkt oder über seine Zentrale Behörde eine Abschrift der gerichtlichen Entscheidung, die Rückgabe abzu-lehnen, und die entsprechenden Unterlagen, insbesondere eine Niederschrift der Anhörung, übermit-teln. ²Alle genannten Unterlagen müssen dem Gericht binnen einem Monat ab dem Datum der Ent-scheidung, die Rückgabe abzulehnen, vorgelegt werden.

(7) Sofern die Gerichte des Mitgliedstaats, in dem das Kind unmittelbar vor dem widerrechtlichen Verbringen oder Zurückhalten seinen gewöhnlichen Aufenthalt hatte, nicht bereits von einer der Par-teien befasst wurden, muss das Gericht oder die Zentrale Behörde, das/die die Mitteilung gemäß Absatz 6 erhält, die Parteien hiervon unterrichten und sie einladen, binnen drei Monaten ab Zustel-lung der Mitteilung Anträge gemäß dem nationalen Recht beim Gericht einzureichen, damit das Gericht die Frage des Sorgerechts prüfen kann.

Unbeschadet der in dieser Verordnung festgelegten Zuständigkeitsregeln schließt das Gericht den Fall ab, wenn innerhalb dieser Frist keine Anträge bei dem Gericht eingegangen sind.

(8) Ungeachtet einer nach Artikel 13 des Haager Übereinkommens von 1980 ergangenen Entschei-dung, mit der die Rückgabe des Kindes verweigert wird, ist eine spätere Entscheidung, mit der die Rückgabe des Kindes angeordnet wird und die von einem nach dieser Verordnung zuständigen Gericht erlassen wird, im Einklang mit Kapitel III Abschnitt 4 vollstreckbar, um die Rückgabe des Kindes sicherzustellen.

1 Nach Art. 12, 13 HKÜ[409] haben die Gerichte des (neuen) Aufenthaltsstaates, in den das Kind entführt wor-den ist, das Recht, die Rückgabe des Kindes unter bestimmten Voraussetzungen zu verweigern. Art. 11 ver-drängt die Art. 12, 13 HKÜ nicht vollständig, sieht aber einige zT wesentliche Änderungen vor.[410] Diese Änderungen haben überwiegend das Ziel, noch stärker auf die **baldige Rückgabe des Kindes** hinzuwirken und damit die Wirkung der Art. 12, 13 HKÜ noch weiter abzuschwächen.[411]

2 **Art. 11 Abs. 2** schreibt vor, dass das Gericht des neuen Aufenthaltsstaates bei der Anwendung von Art. 12 und Art. 13 des HKÜ grundsätzlich eine **Anhörung des Kindes** zu ermöglichen hat. Die Anhörung muss nur ausnahmsweise dann nicht ermöglicht werden, wenn dies aufgrund des Alters bzw. des Reifegrads des Kindes unangebracht erscheint.[412] Die Anhörung des Kindes muss nicht zwingend unmittelbar durch den Richter selbst erfolgen. Maßgebend ist allein, dass der Kindeswille ermittelt wird und im Verfahren maß-geblich Berücksichtigung findet.[413] Die verfahrensrechtliche Ausgestaltung der Anhörung bleibt im Übri-gen – wie der 19. Erwägungsgrund zur EheVO 2003 hervorhebt – den Regeln des jeweiligen nationalen Verfahrensrechts überlassen.[414] Da Abs. 2 die Pflicht zur Anhörung nunmehr eindeutig festlegt, kommt es nicht mehr auf die umstrittene Frage an, ob sich eine Anhörungspflicht ohnehin bereits aus Art. 13 Abs. 2 HKÜ, dem deutschen Verfahrens- oder Verfassungsrecht bzw. den Regeln der EMRK ergibt.[415]

3 **Art. 11 Abs. 3 Unterabs. 1** legt fest, dass sich das Gericht des neuen Aufenthaltsstaates bei der Entschei-dung über die Rückgabe des Kindes nach dem HKÜ dem **zügigsten Verfahren des nationalen Rechts** zu bedienen hat. Die Regelung entspricht Art. 2 S. 2 HKÜ. Als zeitliche Obergrenze für den Erlass der Ent-scheidung setzt Abs. 3 Unterabs. 2 eine **Frist von sechs Wochen** nach der Befassung mit dem Antrag fest. Die Europäische Kommission weist in ihrem Leitfaden zur EheVO 2003[416] allerdings deutlich darauf hin, dass bei der Umsetzung von Art. 11 Abs. 3 EheVO 2003 auch die **Vollstreckung** in den Blick zu nehmen ist. Die durch Art. 11 Abs. 3 EheVO 2003 bezweckte Beschleunigung dürfte nicht durch eine langsame Voll-

409 Haager Übereinkommen v. 25.10.1980 über die zivil-rechtlichen Aspekte internationaler Kindesentfüh-rung (BGBl. II 1990 S. 206).

410 Erwägungsgrund Nr. 17 zur EheVO 2003 (ABl. EU 2003 L 338 S. 2); *Tenreiro/Ekström* ERA-Forum 2003, 126, 132; *Gruber* IPrax 2005, 293 (300); *ders.*, FamRZ 2005, 1603 (1604).

411 Aus der Existenz des Art. 11 ist aber nicht zu folgern, dass die im HKÜ vorgesehene Altersgrenze von 16 Jahren erweitert wird (*Geimer* EheVO Art. 11 Rn. 3). Auf 17jährige ist damit das HKÜ auch dann nicht anwendbar, wenn es sich um eine Entführung von einem Mitgliedstaat in einen anderen handelt.

412 Vgl. hierzu auch die Stellungnahme des Wirtschafts-und Sozialausschusses, ABl. EG 2003 C 16 S. 78

(Rn. 5.2.5.1), wo darauf hingewiesen wird, dass die Ansicht der Elternteile bei der Feststellung des bes-ten Interesses eines Kindes nicht immer nützlich sei, da die Eltern ihre eigenen emotionalen Bedürfnisse mit denen des Kindes verwechselten.

413 *Schulz* FamRZ 2003, 1351 (1352).

414 *Schulz* FamRZ 2003, 1351 (1352).

415 Vgl. OLG Stuttgart FamRZ 2000, 374 (die Anhö-rungspflicht nach § 50 b FGG gelte im Verfahren nach dem HKÜ nicht); zur insgesamt bislang sehr uneinheitlichen Praxis in den Mitgliedstaaten des HKÜ vgl. *Schulz* FamRZ 2003, 336 (342); 2003 mwN; *dies.*, FamRZ 2003, 1351 (1352).

416 Leitfaden der Kommission (s. Vor Rn. 23), S. 56.

streckung „unterminiert" werden, und zwar insbesondere auch nicht dadurch, dass die Vollstreckung im Falle der Einlegung von Rechtsbehelfen gegen die Rückgabeanordnung generell ausgesetzt werde.[417] Insgesamt sollten die Mitgliedstaaten sicherstellen, dass eine Rückgabeanordnung innerhalb der Frist von sechs Wochen auch vollstreckbar sei.[418]

In § 38 des deutschen IntFamRVG findet sich eine Vorschrift, die ua auch der Umsetzung von Art. 11 Abs. 3 dient. Die Vorschrift lautet: **4**

§ 38 IntFamRVG Beschleunigtes Verfahren

(1) ¹Das Gericht hat das Verfahren auf Rückgabe des Kindes in allen Rechtszügen vorrangig zu behandeln. ²Mit Ausnahme von Artikel 12 Abs. 3 des Haager Kindesentführungsübereinkommens findet eine Aussetzung des Verfahrens nicht statt. ³Das Gericht hat alle erforderlichen Maßnahmen zur Beschleunigung des Verfahrens zu treffen, insbesondere auch damit die Entscheidung in der Hauptsache binnen der in Art. 11 Abs. 3 der Verordnung (EG) Nr. 2201/2003 genannten Frist ergehen kann.

(2) Das Gericht prüft in jeder Lage des Verfahrens, ob das Recht zum persönlichen Umgang mit dem Kind gewährleistet werden kann.

(3) Die Beteiligten haben an der Aufklärung des Sachverhalts mitzuwirken, wie es einem auf Förderung und Beschleunigung des Verfahrens bedachten Vorgehen entspricht.

Aus § 38 Abs. 1 ergibt sich, dass das Verfahren als Eilsache zu behandeln ist.[419] Der Vorrang des Verfahrens **5** ist allerdings nicht absolut zu verstehen; er bezieht sich auf die „sonstigen, durchschnittlichen Fälle innerhalb der jeweiligen Geschäftsverteilung".[420] Um den Sachverhalt möglichst rasch zu ermitteln, soll das Gericht unverzüglich den Beteiligten die Ergänzung oder Erläuterung ihrer Schriftsätze und die Vorlegung von Urkunden zur Aufklärung des Sachverhalts aufgeben. Daneben kommen einstweilige Anordnungen in Betracht, um den Aufenthaltsort des Kindes während des Verfahrens zu sichern. Denkbar ist etwa das Verbot, den Aufenthaltsort des Kindes zu verändern, aber auch die Anordnung einer Grenzsperre, der Hinterlegung von Ausweispapieren sowie polizeilicher Meldepflichten.[421]

Das Verbot der Aussetzung des Verfahrens (§ 38 Abs. 1 S. 2 IntFamRVG) soll ebenfalls dazu beitragen, dass **6** die in Art. 11 Abs. 3 Unterabs. 2 EheVO 2003 vorgeschriebene Frist von sechs Wochen eingehalten werden kann.[422] Möglich bleibt weiterhin die Aussetzung nach Art. 12 Abs. 3 HKÜ, die sich auf den Fall bezieht, in dem Grund zu der Annahme besteht, dass das Kind in einen anderen Staat verbracht worden ist.

Abweichend von der im Leitfaden vertretenen Auffassung sieht das IntFamRVG allerdings nicht vor, dass **7** die Entscheidung auch innerhalb einer Frist von sechs Wochen vollstreckbar sein muss. Eine Entscheidung über die Rückgabe ist grundsätzlich erst mit Rechtskraft wirksam und vollstreckbar (§ 40 Abs. 1 IntFamRVG). Gegen eine Entscheidung nach dem HKÜ kann sofortige Beschwerde zum Oberlandesgericht eingelegt werden (§ 40 Abs. 2 S. 1 Halbs. 1 IntFamRVG).[423]

Allerdings hat das Oberlandesgericht die Möglichkeit, die sofortige Vollziehung der angefochtenen Entscheidung über die Rückgabe des Kindes anzuordnen (§ 40 Abs. 3 S. 1 IntFamRVG).[424] Die Anordnung der **8** sofortigen Vollziehung kann indes nur durch das Oberlandesgericht selbst, nicht bereits durch das Familien-

---

417 Leitfaden der Kommission (s. Vor Rn. 23), S. 56.
418 Leitfaden der Kommission (s. ÖÖÖVor Rn. 23), S. 56;
     dazu auch Magnus/Mankowski/*Patau/Gallant*
     EheVO Art. 11 Rn. 38; Geimer/Schütze/*Dilger*
     EheVO Art. 11 Rn. 7; Zöller/*Geimer* EuEheVO
     Art. 11 Rn. 5. AA MüKoZPO/*Gottwald* EheVO
     Art. 11 Rn. 6.
419 Der Bundesrat hat in einer Stellungnahme zum
     Gesetzentwurf (BT-Drs. 15/3981, S. 34) angeregt,
     § 38 Abs. 1 S. 1 wie folgt zu fassen: „Die Gerichte
     haben Verfahren auf Rückgabe eines Kindes in allen
     Rechtszügen als eilbedürftig zu behandeln." Die
     Bundesregierung hat dieser vorgeschlagenen Änderung nicht zugestimmt, vor allem deshalb, weil sie
     die aus Art. 11 Abs. 3 EheVO 2003 folgende Pflicht
     zur Anwendung der zügigsten Verfahren des nationalen Rechts weniger deutlich hervortreten lasse

(Gegenäußerung der Bundesregierung, BT-Drs.
     15/3981, S. 36). Zur Auslegung der Norm im Einzelnen s. *Gruber* FamRZ 2005, 1603 (1605).
420 S. Gegenäußerung der Bundesregierung, BT-Drs.
     15/3981, S. 36.
421 Vgl. BT-Drs. 15/3981, S. 27 f.
422 *Gruber* FamRZ 2005, 1603 (1605); Althammer/
     Schäuble EheVO Art. 11 Rn. 9.
423 Eine Rechtsbeschwerde findet allerdings nicht mehr
     statt (insoweit wurde Art. 40 IntFamRVG geändert
     durch das FGG-Reformgesetz; zur Begr. vgl. BT-Drs.
     16/3083, S. 332 r. Sp.).
424 Zu der Frage, nach welchen Maßstäben über die
     sofortige Vollziehung zu entscheiden ist, ausf. *Gruber* FamRZ 2005, 1603 (1606); *ders.*, FPR 2008, 214
     (216 f.).

gericht erfolgen.[425] Vor Rechtskraft der Rückgabeanordnung bzw. vor Anordnung der sofortigen Vollziehung durch das Oberlandesgericht kann m.a.W. die Rückgabeentscheidung nicht vollstreckt werden.

9 § 40 IntFamRVG birgt somit die Gefahr, dass sofortige Beschwerden (nur) mit dem Ziel eingelegt werden, die drohende Vollstreckung hinauszuzögern.[426] Mittelbar ergibt sich aus § 40 IntFamRVG für die Familiengerichte ein noch größerer Beschleunigungsdruck. Da die sofortige Beschwerde innerhalb von zwei Wochen nach Zustellung der Entscheidung eingelegt und begründet werden muss (§ 40 Abs. 2 S. 2), muss die Entscheidung das Familiengerichts, wenn die Sechs-Wochen-Frist des Art. 11 Abs. 3 EheVO eingehalten werden soll, jedenfalls innerhalb von vier Wochen nach erstmaliger Befassung mit dem Antrag ergehen.

10 **Art. 11 Abs. 4** sieht eine **inhaltliche Einschränkung von Art. 13 lit. b HKÜ** vor. Eine Verweigerung der Rückgabe des Kindes nach Art. 13 lit. b HKÜ ist ausgeschlossen, wenn nachgewiesen ist, dass angemessene Vorkehrungen getroffen wurden, um den Schutz des Kindes nach seiner Rückkehr zu gewährleisten. Die in Abs. 4 enthaltene Regelung führt den Grundgedanken des Art. 13 lit. b HKÜ, dass eine Verweigerung der Rückgabe nur ultima ratio sein soll, konsequent weiter.[427] Abs. 4 lässt sich entnehmen, dass der Richter die Anordnung der Rückgabe an zuvor zu erfüllende Bedingungen knüpfen kann. Der Richter ist also nicht auf das einfache Entweder-Oder einer Anordnung oder umgekehrt einer Ablehnung der Rückgabe beschränkt, sondern kann darauf hinwirken, dass das Rückgabehindernis nach Art. 13 lit. b HKÜ entfällt.[428]

11 Aus Abs. 4 ergibt sich auch die Zulässigkeit sog. „undertakings", also der im anglo-amerikanischen Verfahren praktizierten Übernahme bestimmter Verpflichtungen des Antragstellers gegenüber dem Gericht.[429] Vor deutschen Gerichten kann eine den anglo-amerikanischen „undertakings" vergleichbare Wirkung dadurch erzielt werden, dass der Antragsteller mit dem Verfahrensgegner eine Verfahrensvereinbarung trifft.[430] Ferner kann der Richter darüber hinaus selbst den Versuch unternehmen, durch Kontaktaufnahme mit ausländischen Behörden und Gerichten die Rahmenbedingungen im vormaligen Aufenthaltsstaat günstig zu beeinflussen.[431] Liegt eine Kindesentführung durch die Mutter vor, und droht dem Kind eine Gewaltanwendung durch den im vormaligen Aufenthaltsstaat verbliebenen Vater, so kann der Richter des neuen Aufenthaltsstaates darauf hinwirken, dass im Staat des vormaligen Aufenthalts für die Zeit des dort anhängigen Sorgerechtsverfahrens ein Kontaktverbot zwischen dem Vater und dem Kind verhängt wird.[432] Ferner kann er darauf hinwirken, dass ein im vormaligen Aufenthaltsstaat bestehender Haftbefehl gegen den Entführer aufgehoben wird – oder ggf. ein Strafantrag zurückgenommen wird – und Entführer und Kind infolge dessen im vormaligen Aufenthaltsstaat ohne Gefahr einer strafrechtlichen Verfolgung zusammenbleiben können.[433]

12 **Art. 11 Abs. 5** statuiert eine weitere **verfahrensrechtliche Einschränkung** von Art. 12, 13 HKÜ. Ein Antrag auf Rückgabe des Kindes kann nur abgelehnt werden, wenn dem Antragsteller zuvor Gelegenheit gegeben wurde, gehört zu werden.[434]

13 Die Regelung des **Art. 11 Abs. 6** dient der raschen **Information der Zentralen Behörde** (vgl. Art. 6 ff. HKÜ) bzw. dem zuständigen Gericht des vormaligen Aufenthaltsstaates. Abs. 6 ist vor dem Hintergrund zu verstehen, dass nach Art. 10 die internationale Zuständigkeit der Gerichte des vormaligen Aufenthaltsstaates im Falle einer Entführung grundsätzlich erhalten bleibt und nach Art. 11 Abs. 8 Sorgerechts- bzw. Rückgabeentscheidungen der Gerichte des vormaligen Aufenthaltsstaates im neuen Aufenthaltsstaat selbst dann anzuerkennen und zu vollstrecken sind, wenn Gerichte des neuen Aufenthaltsstaates die Rückgabe des Kindes nach Art. 13 HKÜ zuvor abgelehnt haben. Abs. 6 soll sicherstellen, dass ein Sorgerechtsverfahren im vormaligen Aufenthaltsstaat möglichst rasch im Anschluss an die Ablehnung der Rückgabe des Kindes

---

425 Krit. dazu *Dutta/Scherpe* FamRZ 2006, 901 (912); *Gruber* FPR 2008, 214 (216).

426 So die Bedenken des Bundesrates, s. BT-Drs. 15/3981 S. 34 sowie die Gegenäußerung der Bundesregierung, S. 36; krit. auch *Gruber* FPR 2008, 214 (218); *Dutta/Scherpe* FamRZ 2006, 901 (912); anders demgegenüber Rauscher/*Rauscher* Brüssel IIa-VO Art. 11 Rn. 21.

427 Vgl. allg. zur (engen) Auslegung von Art. 13 lit. b HKÜ BVerfG NJW 1999, 2173 (2174); BVerfGE 99, 145, 159 = NJW 1999, 631 (632); BVerfG FamRZ 1996, 1267; NJW 1996, 1402 (1403); MüKoBGB/ *Siehr* EGBGB Art. 19 Anh. II Rn. 61 ff.

428 *Schulz* FamRZ 2003, 1351 (1353); Althammer/ *Schäuble* EheVO Art. 11 Rn. 12.

429 *Schulz* FamRZ 2003, 1351 (1352 f.); eingehend zu den *undertakings* im Anwendungsbereich des HKÜ *Mäsch* FamRZ 2003, 1069 f.; s. ferner *Schlosser* RIW 2001, 81 f.

430 *Mäsch* FamRZ 2003, 1069 (1071) (die Möglichkeit einer derartigen Vereinbarung schon im Anwendungsbereich nur des HKÜ befürwortend); Althammer/*Schäuble* EheVO Art. 11 Rn. 12.

431 In der Tendenz – eine Kooperation zwischen den Gerichten bzw. Behörden der Mitgliedstaaten voraussetzend – *Pereira* ERA-Forum 2003, 134, 140. Aus der Praxis zum HKÜ vgl. OLG Rostock IPRax 2002, 218 mit sehr krit. Anm. *Siehr* IPRax 2002, 199; die Entscheidung verteidigend demgegenüber (der als Richter beteiligte) *Winkler v. Mohrenfels* IPRax 2002, 372.

432 *Schulz* FamRZ 2003, 1351 (1352).

433 Hierzu *Siehr* IPRax 2002, 199; *Winkler v. Mohrenfels* IPRax 2002, 372 (373).

434 Dieses Recht ergibt sich allerdings ohnehin bereits aus Art. 6 EMRK (s. etwa Magnus/Mankowski/ *Patau/Gallant* EheVO Art. 11 Rn. 49 ff.).

durchgeführt werden kann. Von der fortbestehenden Zuständigkeit der Gerichte des vormaligen Aufenthaltsstaates soll m.a.W. effektiv Gebrauch gemacht werden können.[435]

Die in **Art. 11 Abs. 7** enthaltene Informationspflicht dient dem Ziel, die Parteien zur **Einreichung von Sorgerechtsanträgen** zu veranlassen. Die Vorschrift betrifft nicht die Bestimmung des zuständigen Gerichts; welche Gerichte in dem nach Art. 10 international zuständigen Mitgliedstaat über derartige Sorgerechtsanträge zu entscheiden haben, richtet sich nach den nationalen Verfahrensregeln.[436] Die hiernach ergehende Entscheidung ist – allerdings nur insoweit, als die Rückgabe des Kindes angeordnet wird[437] – nach **Art. 11 Abs. 8** selbst dann **anzuerkennen und zu vollstrecken**, wenn Gerichte des neuen Aufenthaltsstaates eine Rückgabe des Kindes zuvor nach Art. 13 HKÜ abgelehnt haben. Die Anerkennung und Vollstreckung der Entscheidung bedarf nach Art. 42 Abs. 1 keiner Vollstreckbarerklärung; die Anerkennung kann auch nicht angefochten werden. Hat ein Gericht des neuen Aufenthaltsstaates m.a.W. eine Rückgabe des Kindes abgelehnt, so kann der hiervon betroffene Träger der elterlichen Verantwortung im vormaligen Aufenthaltsstaat ungeachtet dessen den Antrag stellen, die Rückgabe des Kindes anzuordnen. Abs. 8 setzt nicht notwendig voraus, dass der Rückgabeentscheidung eine Entscheidung über das Sorgerecht vorangegangen ist; die Vorschrift ist auch anwendbar, wenn sich die Entscheidung der Gerichte im vormaligen Aufenthaltsstaat auf die Anordnung der Rückgabe beschränkt.[438] Der Wortlaut des Art. 11 Abs. 7 EheVO 2003 mag auf den ersten Blick auf die gegenteilige Lösung hindeuten;[439] zutreffend führt der EuGH aber aus, dass die Rückgabeentscheidung nach Art. 11 Abs. 8 EheVO 2003 rechtliche Selbstständigkeit genießt.[440] Praktisch könnte dies Gerichte im vormaligen Aufenthaltsstaat dazu ermuntern, derartige isolierte Rückgabeanordnungen ohne (endgültige) Sorgerechtsanordnung zu treffen, um dadurch die Anwesenheit des Kindes im Sorgerechtsverfahren sicherzustellen.[441]

Abs. 8 führt dazu, dass eine auf Art. 13 HKÜ gestützte, die Rückgabe ablehnende Entscheidung nur begrenzte Wirkung hat. Die die Rückgabe ablehnende Entscheidung des Gerichts des neuen Aufenthaltsstaates kann im praktischen Ergebnis durch eine die Rückgabe anordnende Entscheidung eines Gerichts des vormaligen Aufenthaltsstaates ersetzt werden.[442] Nach der zustimmenswerten Auffassung des EuGH ist es für die Ausstellung der Bescheinigung nach Art. 42 Abs. 1 und damit für die automatische Anerkennung und Vollstreckung der die Rückgabe anordnenden Entscheidung ohne Bedeutung, dass die die Rückgabe ablehnende Entscheidung zu einem späteren Zeitpunkt ausgesetzt, abgeändert, aufgehoben oder jedenfalls nicht rechtskräftig geworden oder durch eine Entscheidung, mit der die Rückgabe des Kindes angeordnet wird, ersetzt worden ist, sofern das Kind nicht tatsächlich zurückgegeben worden ist.[443] Damit wird dem Interesse an einer beschleunigten Rückgabe des Kindes Rechnung getragen. Im praktischen Ergebnis bedeutet dies: Soweit einmal eine die Rückgabe ablehnende Entscheidung ergangen ist, kann der von der Entführung betroffene Träger der elterlichen Verantwortung sicher sein, dass eine dieser Ablehnung nachfolgende, die Rückgabe anordnende Entscheidung des vormaligen Aufenthaltsstaats im neuen Aufenthaltsstaat in jedem Fall anerkannt und vollstreckt wird.[444]

435 *Schulz* FamRZ 2003, 1351 (1353).

436 S. EuGH, Rs. C-498/14 PPU (David Bradbrooke ./. Anna Aleksandrowicz), FamRZ 2015, 562, Rn. 46 (einem Mitgliedstaat ist es grundsätzlich nicht untersagt, einem spezialisierten Gericht die Zuständigkeit für die Prüfung von Fragen der Rückgabe des Kindes oder des Sorgerechts zu übertragen, und dies auch dann, wenn im Übrigen bereits ein Gerichtshof oder ein Gericht mit einem Hauptsacheverfahren über die elterliche Verantwortung in Bezug auf das Kind befasst wurde).

437 Der sonstige Entscheidungsinhalt ist nicht Gegenstand des erleichterten Vollstreckungsregimes nach Art. 40, 42.

438 EuGH, Rs. C-211/10 PPU (Doris Povse ./. Mauro Alpago), FamRZ 2010, 1229 (Rn. 51 ff.); EuGH, Rs. C-498/14 PPU (David Bradbrooke ./. Anna Aleksandrowicz), FamRZ 2015, 562 (Rn. 47).

439 So auch EuGH, Rs. C-211/10 PPU (Doris Povse ./. Mauro Alpago), FamRZ 2010, 1229 (Rn. 53).

440 Vom EuGH nicht näher behandelt wird die Frage, ob die Art. 11 Abs. 8, 40 ff. Brüssel IIa-VO voraussetzen, dass im vormaligen Aufenthaltsstaat immerhin ein Sorgerechtsverfahren anhängig ist, oder ob sogar gänzlich isolierte Rückgabeentscheidungen für die Anwendung der Art. 11 Abs. 8, 40 ff. Brüssel IIa-VO ausreichen. Die Formulierung des Art. 11 Abs. 7 Brüssel IIa-VO legt nahe, dass im vormaligen Aufenthaltsstaat immerhin ein Sorgerechtsverfahren anhängig sein muss (wie hier *Schulz* FamRZ 2010, 1307 (1308)). Auch spricht der EuGH im Hinblick auf die Rückgabeanordnung von einer „Zwischenentscheidung" (EuGH, Rs. C-211/10 PPU (Doris Povse ./. Mauro Alpago), FamRZ 2010, 1229 (Rn. 53); EuGH, Rs. C-498/14 PPU (David Bradbrooke ./. Anna Aleksandrowicz), FamRZ 2015, 562 (Rn. 47)). Dies impliziert, dass ein Sorgerechtsverfahren bereits anhängig sein muss.

441 Näher dazu *Schulz* FamRZ 2010, 1307 (1309).

442 Erwägungsgrund Nr. 17 zur EheVO 2003 (ABl. EG 2003 L 338 S. 2); ferner *Dutta/Schulz* ZEuP 2012, 526 (547 f.) sowie (zum Verordnungsentwurf) *Helms* FamRZ 2002, 1593 (1602).

443 EuGH, Rs. C-195/08 PPU (Inga Rinau), NJW 2008, 2973 mit Bespr. *Rieck*, 2958 = IPRax 2009, 420 mit Bespr. *Gruber*, 413 und Bespr. *Schulz* FamRZ 2008, 1732 und *Huter*, ELR 2008, 286.

444 *Gruber* IPRax 2009, 413 (414).

16   In dem neuen Aufenthaltsstaat kann gegen die Vollstreckung der Entscheidung auch nicht eingewendet werden, dass das Kind in dem vormaligen Aufenthaltsstaat vor dem Erlass der Entscheidung nicht hinreichend **angehört** worden ist; ob das Kind hinreichend angehört worden ist, ist im Rahmen der Erstellung einer Bescheinigung nach Art. 42 von den Gerichten im vormaligen Aufenthaltsstaat zu überprüfen.[445] Insgesamt besteht, soweit Art. 11 Abs. 8 einschlägig ist und die Voraussetzungen des Art. 42 Abs. 1 vorliegen, eine klare Aufgabenverteilung zwischen dem vormaligen und dem neuen Aufenthaltsstaat. Die Entscheidung aus dem vormaligen Aufenthaltsstaat kann im neuen Aufenthaltsstaat nicht mehr hinterfragt werden; die Verweigerung der Anerkennung ist nach Art. 42 Abs. 1 ausgeschlossen. Soweit ein Gericht im neuen Aufenthaltsstaat mit der Frage befasst wird, ob die Entscheidung aus dem vormaligen Aufenthaltsstaat zu vollstrecken ist, kann es nur die Vollstreckbarkeit feststellen.[446] Nicht abschließend entschieden hat der EuGH allerdings, ob dies auch in den Fällen gilt, in denen „in **gravierender Weise gegen Grundrechte**" – insbesondere den Anspruch auf rechtliches Gehör – verstoßen wurde.[447] Solche Fälle dürften aber kaum einmal anzunehmen sein. Der EuGH zeigt nämlich auf, dass die Einhaltung des rechtlichen Gehörs ganz erheblich von einer Würdigung des Einzelfalls abhängt; diese Würdigung ist nach dem EuGH allein durch die Gerichte im vormaligen Aufenthaltsstaat vorzunehmen.[448] Nach dem Europäischen Gerichtshof für Menschenrechte – der im Nachgang zur Entscheidung des EuGH mit der Frage befasst worden ist – ist die fehlende Nachprüfbarkeit der Rückgabeentscheidung im Vollstreckungsstaat mit der EMRK vereinbar. Werde eine Kindesrückgabeentscheidung nach Art. 11 Abs. 8 EheVO 2003 nach Ausstellung einer Bescheinigung nach Art. 42 EheVO 2003 ohne weitere Prüfung vollstreckt, so liege hierin zwar ein Eingriff in das durch Art. 8 EMRK geschützte Recht auf Familienleben. Der Eingriff sei aber gerechtfertigt, wenn der Vollstreckungsstaat einer Verpflichtung nachkomme, die sich aus der Zuständigkeit zur Europäischen Union ergebe. Dem Betroffenen stehe es frei, den Europäischen Gerichtshof für Menschenrechte mit einer Beschwerde gegen den Ursprungsmitgliedstaat anzurufen, wenn dahin gehende Rechtsbehelfe ohne Erfolg blieben.[449]

17   In der deutschen Literatur ist die Vermutung geäußert worden, dass in dem neuen Aufenthaltsstaat häufig auf einen „vollstreckungsrechtlichen ordre public" zurückgegriffen werden könnte und dies sodann zu einer Unterlassung der Vollstreckung führen werde.[450] Ein derartiges Ausweichen in das nationale Vollstreckungsrecht ist allerdings, da es Art. 47 Abs. 2 S. 1 widerspricht und die Art. 11 Abs. 8, 42 Abs. 1 ihrer praktischen Wirksamkeit berauben würde, unzulässig.[451]

18   Art. 11 Abs. 8 bezieht sich seinem Wortlaut nach nur auf den Fall, dass die Ablehnung der Rückgabe auf Art. 13 HKÜ gestützt worden ist. Wird die Verweigerung hingegen auf **Art. 12 Abs. 2 HKÜ** oder **Art. 20 HKÜ** gestützt, ist die Vorschrift ihrem Wortlaut nach nicht anwendbar. Allerdings spricht viel dafür, Art. 11 Abs. 6–8 EheVO 2003 in diesem Fall analog anzuwenden.[452] Es bestehen keine Anhaltspunkte dafür, dass die Beschränkung auf Art. 13 HKÜ auf einer bewussten gesetzgeberischen Entscheidung beruht. Insbes. spricht der Erwägungsgrund 17 allgemein von einer die Rückgabe verweigernden Entscheidung; er hat also

---

445   EuGH, Rs. C-491/10 PPU (Joseba Andoni Aguirre Zarraga ./.Simone Pelz), FamRZ 2011, 355 (Rn. 48 ff.).

446   EuGH, Rs. C-491/10 PPU (Joseba Andoni Aguirre Zarraga ./.Simone Pelz), FamRZ 2011, 355 (Rn. 48 f.).

447   EuGH, Rs. C-491/10 PPU (Joseba Andoni Aguirre Zarraga ./.Simone Pelz), FamRZ 2011, 355 (Rn. 58). Nach Auffassung von *Mansel/Thorn/Wagner* IPRax 2012, 1 (20) sind Verstöße gegen Justizgrundrechte im Ursprungsmitgliedstaat, soweit sie positiv feststehen, auch im Vollstreckungsstaat zu beachten. Es müsse die Möglichkeit bestehen, diese Verstöße im Rahmen des Vollstreckungsverfahrens zu rügen. Nach Auffassung von *Britz* JZ 2013, 105 (109 f.) ist – da der EuGH die Frage letztlich unbeantwortet lassen konnte – nicht auszuschließen, dass er in besonders gravierenden Fällen ein Prüfungsrecht im Vollstreckungsstaat bejahen würde.

448   EuGH, Rs. C-491/10 PPU (Joseba Andoni Aguirre Zarraga ./.Simone Pelz), FamRZ 2011, 355 (Rn. 69,

73); s. hierzu auch *Dutta/Schulz* ZEuP 2012, 526 (553). Zu der Frage, ob die Kindesanhörung im Verfahren nach dem HKÜ auch für die Sorgerechtsentscheidung ausreicht, nimmt der EuGH nicht abschließend Stellung (näher *Schulz* FamRZ 2011, 359 (360)). Sehr kritisch zur Auslegung von Art. 24 EU-Grundrechtecharta (Rechte des Kindes) durch den EuGH *Mansel/Thorn/Wagner* IPRax 2012, 1 (19).

449   EGMR FamRZ 2013, 1793.

450   Rauscher/*Rauscher* Brüssel IIa-VO Art. 42 Rn. 4; auch *Solomon* FamRZ 2004, 1409 (1419).

451   *Gruber* IPRax 2009, 413 (414); *Hausmann*, IntEuFamR, F189.

452   *Solomon* FamRZ 2004, 1409 (1417); ebenso Geimer/Schütze/*Dilger* EheVO Art. 11 Rn. 22; *Hausmann*, IntEuFamR, F 191 und F 192; Zöller/*Geimer* EuEheVO Art. 11 Rn. 11; *Gruber* IPRax 2005, 293 (300); im Erg. auch *Holzmann*, S. 215 f.; aA Rauscher/*Rauscher* Brüssel IIa-VO Art. 11 Rn. 32; Prütting/Gehrlein/*Völker/Dimmler* EheVO Art. 11 Rn. 9.

offenbar nicht nur die auf Art. 13 HKÜ gestützte Ablehnung im Auge.[453] Kämen die Vorschriften über die erleichterte Anerkennung und Vollstreckung von Entscheidungen des vormaligen Aufenthaltsstaats bei einer auf Art. 12 Abs. 2 HKÜ gestützten Ablehnung der Rückgabe nicht zur Anwendung, würde zudem die fortbestehende Zuständigkeit nach Art. 10 EheVO 2003 (partiell) entwertet.[454] Schließlich müssten ablehnende Entscheidungen des neuen Aufenthaltsstaats aufwendig daraufhin untersucht werden, ob die Ablehnung (nur) auf Art. 13 HKÜ oder auf Art. 12 Abs. 2 HKÜ oder – bei ordre public-Verstößen, die ihre Ursache (auch) außerhalb von Kindeswohlerwägungen haben könnten – auf Art. 20 HKÜ gestützt worden ist; es müsste hierbei ggf. zwischen tragenden Erwägungen und obiter dicta unterschieden werden.[455] Gerichte im neuen Aufenthaltsstaat hätten vor diesem Hintergrund die Möglichkeit, eine (primär) auf Art. 13 HKÜ gestützte Ablehnung mit allgemeinen ordre public-Erwägungen anzureichern und damit die erleichterte Vollstreckung auszuschließen oder jedenfalls zu gefährden.[456] In all diesen Fällen stünde eine Nichtanwendung von Art. 11 Abs. 8 nicht im Einklang mit der angestrebten effektiven Durchsetzung von Rückgabeansprüchen und damit dem auch bei der Auslegung von Sekundärrecht anwendbaren Auslegungskriterium des effet utile. Nicht entsprechend anwendbar sein dürfte Art. 11 Abs. 8 allerdings in dem Fall, in dem der Rückführungsantrag nach dem HKÜ mit dem Argument abgelehnt worden ist, dass keine rechtswidrige Entführung vorliege.

Art. 12 EheVO 2003 Vereinbarung über die Zuständigkeit

(1) Die Gerichte des Mitgliedstaates, in dem nach Artikel 3 über einen Antrag auf Ehescheidung, Trennung ohne Auflösung des Ehebandes oder Ungültigerklärung einer Ehe zu entscheiden ist, sind für alle Entscheidungen zuständig, die die mit diesem Antrag verbundene elterliche Verantwortung betreffen, wenn

a) zumindest einer der Ehegatten die elterliche Verantwortung für das Kind hat und

b) die Zuständigkeit der betreffenden Gerichte von den Ehegatten oder von den Trägern der elterlichen Verantwortung zum Zeitpunkt der Anrufung des Gerichts ausdrücklich oder auf andere eindeutige Weise anerkannt wurde und im Einklang mit dem Wohl des Kindes steht.

(2) Die Zuständigkeit gemäß Absatz 1 endet,

a) sobald die stattgebende oder abweisende Entscheidung über den Antrag auf Ehescheidung, Trennung ohne Auflösung des Ehebandes oder Ungültigerklärung einer Ehe rechtskräftig geworden ist,

b) oder in den Fällen, in denen zu dem unter Buchstabe a) genannten Zeitpunkt noch ein Verfahren betreffend die elterliche Verantwortung anhängig ist, sobald die Entscheidung in diesem Verfahren rechtskräftig geworden ist,

c) oder sobald die unter den Buchstaben a) und b) genannten Verfahren aus einem anderen Grund beendet worden sind.

(3) Die Gerichte eines Mitgliedstaats sind ebenfalls zuständig in Bezug auf die elterliche Verantwortung in anderen als den in Absatz 1 genannten Verfahren, wenn

a) eine wesentliche Bindung des Kindes zu diesem Mitgliedstaat besteht, insbesondere weil einer der Träger der elterlichen Verantwortung in diesem Mitgliedstaat seinen gewöhnlichen Aufenthalt hat oder das Kind die Staatsangehörigkeit dieses Mitgliedstaats besitzt, und

---

453 Der Erwägungsgrund Nr. 17 zur EheVO 2003 stellt allgemein darauf ab, dass die Gerichte des Mitgliedstaates, in den das Kind widerrechtlich verbracht wurde oder in dem es widerrechtlich zurückgehalten wird, „dessen Rückgabe in besonderen, ordnungsgemäß begründeten Fällen ablehnen können". Eine „solche Entscheidung" solle durch eine spätere Entscheidung der Gerichte im vormaligen Aufenthaltsstaat „ersetzt" werden können.

454 Während Art. 12 Abs. 2 HKÜ eine Verweigerung der Rückgabe bereits dann zulässt, wenn (objektiv) eine Frist von einem Jahr seit dem Verbringen oder Zurückhalten des Kindes abgelaufen ist, lässt Art. 10 Abs. 1 lit. b EheVO die Zuständigkeit der Gerichte

im vormaligen Aufenthaltsstaat des Kindes (erst) entfallen, wenn innerhalb eines Jahres, nachdem der Sorgeberechtigte den Aufenthaltsort des Kindes kannte oder hätte kennen müssen, dieser im neuen Aufenthaltsstaat keinen Rückgabeantrag gestellt hat. Die aufgrund des subjektiv ausgestalteten Fristbeginns ua länger andauernde Zuständigkeit im vormaligen Aufenthaltsstaat verlöre ihren Sinn, wenn die Vollstreckung der Entscheidung im neuen Aufenthaltsstaat verweigert werden könnte.

455 *Gruber* IPRax 2005, 293 (300); auch *Hausmann*, IntEuFamR, F 192; *Holzmann*, S. 215 f.

456 Wie hier *Hausmann*, IntEuFamR, F 192.

b) alle Parteien des Verfahrens zum Zeitpunkt der Anrufung des Gerichts die Zuständigkeit ausdrücklich oder auf andere eindeutige Weise anerkannt haben und die Zuständigkeit in Einklang mit dem Wohl des Kindes steht.

(4) Hat das Kind seinen gewöhnlichen Aufenthalt in einem Drittstaat, der nicht Vertragspartei des Haager Übereinkommens vom 19. Oktober 1996 über die Zuständigkeit, das anzuwendende Recht, die Anerkennung, Vollstreckung und Zusammenarbeit auf dem Gebiet der elterlichen Verantwortung und der Maßnahmen zum Schutz von Kindern ist, so ist davon auszugehen, dass die auf diesen Artikel gestützte Zuständigkeit insbesondere dann in Einklang mit dem Wohl des Kindes steht, wenn sich ein Verfahren in dem betreffenden Drittstaat als unmöglich erweist.

A. Überblick 1
B. Vereinbarung bei mit einer Ehesache verbundenen Verfahren 2
   I. Voraussetzungen 2
II. Dauer der Zuständigkeit 11
C. Vereinbarung in sonstigen Fällen 13

A. Überblick

1 Art. 12 sieht Möglichkeiten einer **Gerichtsstandsvereinbarung** vor. Die Vorschrift dient dem Ziel, das Einvernehmen der Parteien zu fördern, wenngleich zunächst nur im Hinblick auf die Regelung der Zuständigkeit des Gerichts.[457]

B. Vereinbarung bei mit einer Ehesache verbundenen Verfahren

I. Voraussetzungen

2 Art. 12 Abs. 1 entspricht – mit nur geringfügigen inhaltlichen Änderungen – Art. 3 Abs. 2 EheVO 2000. Die Vorschrift eröffnet den **Ehegatten** die Möglichkeit, die Zuständigkeit der Gerichte eines Mitgliedstaates **zu vereinbaren**. Eine Zuständigkeit wird aber stets davon abhängig gemacht, dass sie im Einklang mit dem Kindeswohl steht.

3 Die Vorschrift setzt zunächst voraus, dass ein Antrag auf Entscheidung in einer **Ehesache** (Art. 1 Abs. 1 lit. a) bei einem nach Art. 3 zuständigen Gericht anhängig ist.[458] Nicht ausreichend ist eine Zuständigkeit nach Art. 6, 7 EheVO iVm dem nationalen Zuständigkeitsrecht.[459] Sodann muss die begehrte Entscheidung über die elterliche Verantwortung mit dem Antrag auf Entscheidung in der **Ehesache verbunden** sein. Dieses Merkmal tritt, ohne dass hiermit inhaltliche Änderungen beabsichtigt gewesen wären, an die Stelle der in Art. 1 Abs. 1 lit. b EheVO 2000 enthaltenen Anwendungsvoraussetzung, dass das Verfahren über die elterliche Verantwortung „aus Anlass" einer Ehesache betrieben werden muss. Mit der Ehesache „verbunden" sind demnach solche Verfahren über die elterliche Verantwortung, die gleichzeitig mit der Ehesache bzw. nach Rechtshängigkeit der Ehesache eingeleitet werden und in einem gewissen sachlichen Zusammenhang mit dieser stehen.[460] Nicht vorausgesetzt wird hierbei, dass in einem förmlichen Verfahrensverbund entschieden wird.[461] Ferner wird nicht vorausgesetzt, dass die Sorgerechtsregelung im konkreten Einzelfall materiell von der Scheidung selbst beeinflusst wird und nicht nur (wie im deutschen Recht) vom tatsächlichen Getrenntleben der Ehegatten.[462] Nicht verbunden mit der Ehesache ist das Verfahren über die elterliche Verantwortung nur dann, wenn eine wechselseitige Beeinflussung der Verfahren *a priori* ausgeschlossen ist. Dies ist regelmäßig bei einem Scheidungsverfahren und einem amtswegig betriebenen Sorgerechtsentziehungsverfahren anzunehmen.[463] Anders noch als in der EheVO 2000 muss es sich nicht notwendigerweise um ein gemeinsames Kind der Ehegatten handeln. Denkbar ist insbes., dass einer der

---

457 Vgl. Kommissionsvorschlag KOM (2002) 222 endgültig/2, S. 10 (zu Art. 12).

458 EuGH, Rs. C-656/13 (L ./. M), FamRZ 2015, 205 (Rn. 42). Auch eine Zuständigkeit nach Art. 5 sollte ausreichen, da sie zur einer perpetuatio jurisdictionis des ehemals nach Art. 3 zuständigen Gerichts führt (Rauscher/*Rauscher* Brüssel IIa-VO Art. 12 Rn. 8; *Hausmann*, IntEuFamR, F 197; aA Staudinger/*Spellenberg* (2005) EheVO Art. 12 Rn. 57).

459 Etwa MüKoBGB/*Heiderhoff* EheVO Art. 12 Rn. 6; Althammer/*Schäuble* EheVO Art. 12 Rn. 5; HK-ZPO/*Dörner* EheVO Art. 12 Rn. 5; Zöller/*Geimer* EuEheVO Art. 12 Rn. 3; Rauscher/*Rauscher* Brüssel IIa-VO Art. 12 Rn. 9; Staudinger/*Spellenberg* (2005) EheVO Art. 12 Rn. 10, 11.

460 Staudinger/*Spellenberg* (2005) EheVO Art. 12 Rn. 45 ff.; *ders.* FS Sonnenberger 2004, S. 677, 692 f.; *Puszkajler* IPRax 2001, 81 (83); *Gruber* Rpfleger 2002, 545 (550) Fn. 56.

461 Geimer/Schütze/*Dilger* EheVO Art. 12 Rn. 5; Rauscher/*Rauscher* Brüssel IIa-VO Art. 12 Rn. 6; Althammer/*Schäuble* EheVO Art. 12 Rn. 6; *Hausmann*, IntEuFamR, R 198; HK-ZPO/*Dörner* EheVO Art. 12 Rn. 4; *Hajnczyk*, S. 87.

462 *Spellenberg* FS Sonnenberger 2004, S. 677, 692 f.; Rauscher/*Rauscher* Brüssel IIa-VO Art. 12 Rn. 6.

463 Staudinger/*Spellenberg* (2005) EheVO Art. 12 Rn. 45.

Ehegatten Stiefvater ist und ein Umgangsrecht mit dem Kind erreichen will.[464] Erfasst werden auch Adoptivkinder und Pflegekinder.[465]

Wird das Verfahren über die elterliche Verantwortung „isoliert" anhängig gemacht, ist Art. 12 Abs. 1 nicht **4** anwendbar. Hier ist allein Art. 12 Abs. 3 zu prüfen. Das Verfahren über die elterliche Verantwortung wird auch nicht nachträglich zu einem mit einer Ehesache „verbundenen" Verfahren, wenn nachfolgend doch noch eine Ehesache anhängig gemacht wird.[466]

Art. 12 Abs. 1 setzt ferner voraus, dass zumindest einer der Ehegatten die elterliche Verantwortung für das **5** Kind hat (lit. a), die Zuständigkeit der betreffenden Gerichte von den Ehegatten und von evtl. vorhandenen weiteren Trägern der elterlichen Verantwortung ausdrücklich oder auf andere eindeutige Weise anerkannt worden ist und im Einklang mit dem Wohl des Kindes steht (lit. b). Art. 12 Abs. 1 entspricht insoweit grundsätzlich Art. 10 Abs. 1 KSÜ (vgl. Anhang I zu Art. 24 EGBGB, → KSÜ Art. 10 Rn. 1 ff.). Nach dem Wortlaut der deutschen Fassung reicht es aus, wenn die Zuständigkeit des Gerichts entweder von den Ehegatten *oder* alternativ – für den Fall, dass die elterliche Verantwortung teilweise einem Dritten zusteht – von den Trägern der elterlichen Verantwortung anerkannt wird. Hierbei dürfte es sich um ein Redaktionsversehen handeln. Ua die englische und französische Fassung verwenden nämlich an dieser Stelle ein *„und"*, gehen also offenbar davon aus, dass die Ehegatten und (kumulativ hierzu) evtl. vorhandene weitere Träger elterlicher Verantwortung die Zuständigkeit anerkannt haben müssen.[467]

Ob zumindest einer der Ehegatten die nach Abs. 1 lit. a erforderliche **elterliche Verantwortung** für das **6** Kind hat, stellt eine kollisionsrechtliche Vorfrage dar. Unter der elterlichen Verantwortung ist hierbei die elterliche Sorge ieS zu verstehen.[468] Diese ist von den mit der Sache befassten deutschen Gerichten nach Art. 16 KSÜ[469] anzuknüpfen. Ist die elterliche Sorge durch eine ausländische Entscheidung übertragen worden, kommt es auf eine Anerkennung dieser Entscheidung nach den einschlägigen verfahrensrechtlichen Regelungen an. Es sind insbesondere Art. 21 ff. EheVO 2003, Art. 23 KSÜ sowie – in Ermangelung vorrangiger unions- oder staatsvertraglicher Regelungen – §§ 108, 109 FamFG heranzuziehen.[470]

Eine **Anerkennung der Zuständigkeit** kann **ausdrücklich**, aber auch durch **konkludentes Verhalten** **7** erfolgen. Eine (nur) konkludente Anerkennung muss nach dem Wortlaut der Vorschrift auf „eindeutige" Weise erfolgen.[471] Bei Unklarheiten dürfte vor deutschen Gerichten eine Aufklärungs- bzw. Hinweispflicht des Gerichts bestehen (§ 28 FamFG). Eine hinreichend eindeutige Anerkennung der Zuständigkeit durch beide Ehegatten liegt nach dem EuGH jedenfalls dann vor, wenn beide Ehegatten einen gemeinsamen Antrag bei demselben Gericht stellen.[472] Ein für den Antragsgegner bestellter **Abwesenheitsvertreter** kann nach dem EuGH die Zuständigkeit nicht für diesen anerkennen; abzustellen ist allein auf die Person des Vertretenen.[473] Fraglich ist, ob auch allgemein eine **rügelose Einlassung** ausreicht. Dies wurde im Hinblick auf Art. 3 Abs. 2 EheVO 2000 verbreitet angenommen.[474] Im Wortlaut des Art. 3 Abs. 2 EheVO 2000 fehlte hingegen der Hinweis darauf, dass die Anerkennung auf „eindeutige Weise" erfolgen muss. Aus dem veränderten Wortlaut des Art. 12 Abs. 1 ist daher zu schließen, dass eine rügelose Einlassung ieS nach dem Wil-

---

464 Staudinger/*Spellenberg* (2005) EheVO Art. 12 Rn. 37 ff., 54; HK-ZPO/*Dörner* EheVO Art. 12 Rn. 8; *Coester-Waltjen* FamRZ 2005, 241 (253) Fn. 15; Rauscher/*Rauscher* Brüssel IIa-VO Art. 12 Rn. 6.

465 Staudinger/*Spellenberg* (2005) EheVO Art. 12 Rn. 55.

466 Geimer/Schütze/*Dilger* EheVO Art. 12 Rn. 12; Prütting/Gehrlein/*Völker/Dimmler* EheVO Art. 12 Rn. 2; Staudinger/*Spellenberg* (2005) EheVO Art. 12 Rn. 45; anders aber – zu Art. 1 Abs. 1 lit. b EheVO 2000 – OLG Karlsruhe IPRax 2004, 524 mit abl. Anm. *Gruber*, S. 507.

467 Staudinger/*Pirrung*, C 75; Geimer/Schütze/*Dilger* EheVO Art. 12 Rn. 18; *Coester-Waltjen* FamRZ 2005, 241 (243) Fn. 13. Ein „oder" findet sich aber zB in der spanischen und in der portugiesischen Fassung.

468 Rauscher/*Rauscher* Brüssel IIa-VO Art. 12 Rn. 15.

469 Vgl. etwa *Hausmann*, IntEuFamR, F 200; Althammer/*Schäuble* EheVO Art. 12 Rn. 9; *Siehr* RabelsZ 62 (1998), 464, 489; vgl. ferner zur Frage, ob Art. 16 Abs. 3 KSÜ angewendet werden kann, wenn sich die

Sorgerechtsstellung vor Inkrafttreten des KSÜ für den jetzt befassten Staat vollzogen hat, OLG Karlsruhe FamRZ 2011, 1963 (1964); s. zum Problem des Statutenwechsels bei Art. 16 KSÜ auch *Looschelders* IPRax 2014, 153.

470 Rauscher/*Rauscher* Brüssel IIa-VO Art. 12 Rn. 17; Thomas/Putzo/*Hüßtege* EuEheVO Art. 12 Rn. 4; *Hausmann*, IntEuFamR, F 200.

471 Vgl. auch die englische Textfassung: „in an unequivocal manner".

472 EuGH, Rs. C-565/16 (Saponaro ./. Xylina), NJW 2018, 1741 (Rn. 25).

473 EuGH, Rs. C-215/15 (Gogova/Iliev), NJW 2016, 1007 (Rn. 42 ff.) mit Verweis auf die entsprechende Behandlung dieser Frage bei der rügelosen Einlassung nach Art. 24 EuGVVO aF in EuGH, Rs. C-12/13 (A ./. B ua), EuZW 2014, 950 (Rn. 54); *Dutta* ZEuP 2016, 427 (451); im Erg. zustimmend, allerdings die Argumentation des EuGH kritisierend *Koechel* FamRZ 2016, 438.

474 Etwa *Vogel* MDR 2000, 1045 (1048); weitere Nachw. bei Geimer/Schütze/*Dilger* EheVO Art. 12 Rn. 21 Fn. 36.

len des Verordnungsgebers nicht mehr ausreichen soll.[475] Hierfür spricht auch ein Umkehrschluss aus Art. 9 Abs. 2[476] sowie der Umstand, dass im (allerdings nicht Gesetz gewordenen) Kommissionsvorschlag für eine Verordnung noch ausdrücklich festgehalten worden war, dass das Erscheinen eines Trägers der elterlichen Verantwortung vor Gericht allein noch keine Anerkennung der Zuständigkeit des Gerichts bedeute.[477] Zu einer anderen Auffassung tendiert allerdings der EuGH in einer zu Art. 12 Abs. 3 ergangenen Entscheidung: Hiernach könne dann, wenn eine Partei – in diesem Fall ein Staatsanwalt – auch in einem späteren Zeitpunkt des Verfahrens keinen „Einspruch" gegen die Zuständigkeit erhebe, „das Einverständnis dieser Partei als stillschweigend gegeben angenommen werden".[478] De facto läuft dies auf eine Zuständigkeitsbegründung durch rügelose Einlassung hinaus.[479] Es bleibt allerdings abzuwarten, ob der EuGH die zu einem Staatsanwalt als Partei ergangene Formulierung auch auf Träger der elterlichen Verantwortung iSd Art. 12 Abs. 1 übertragen wird. Dies kann noch nicht als gesichert angesehen werden. Der Generalanwalt hatte in seiner Argumentation ua darauf hingewiesen, dass dem Staatsanwalt im konkreten Verfahren zunächst nur die Rolle „eines stillen Wächters" bzw. eines „passiven Beobachters mit Informationsrechten" zukomme.[480] Es bleibt daher die Möglichkeit, dass die Formulierung des EuGH den besonderen verfahrensrechtlichen Gegebenheiten des Einzelfalls geschuldet war.

8   Nach dem Wortlaut der Vorschrift kommt es für die Anerkennung der Zuständigkeit maßgeblich auf den **Zeitpunkt der Anrufung des Gerichts** an. Grundsätzlich bestimmt sich der Zeitpunkt der Anrufung des Gerichts nach Art. 16.[481] Der EuGH hat zu dem entsprechenden Merkmal in Art. 12 Abs. 3 formuliert, dass „spätestens zu dem Zeitpunkt, zu dem das verfahrenseinleitende Schriftstück oder ein gleichwertiges Schriftstück bei dem gewählten Gericht eingereicht wird, das Bestehen einer ausdrücklichen oder zumindest eindeutigen Vereinbarung zwischen allen Parteien des Verfahrens über die Zuständigkeit dieses Gerichts nachgewiesen werden muss."[482] Betracht man diese Aussage des EuGH isoliert, könnte eine nachfolgende – etwa erst nach Zustellung des verfahrenseinleitenden Schriftstücks geschlossene – Vereinbarung die Zuständigkeit des Gerichts nicht mehr begründen. Dies hätte jedoch zur Konsequenz, dass ein Antrag abgewiesen werden müsste, der sogleich neu gestellt werden könnte (vgl. hierzu → EheVO Art. 3 Rn. 35 f.);[483] zudem würde sodann – worauf Generalanwalt *Tanchev* hingewiesen hat – die Regelung des Art. 12 Abs. 3 weitgehend ihren praktischen Nutzen verlieren.[484] Solange der Antrag noch nicht abgewiesen ist, dürfte es daher auch ausreichen, dass die Anerkennung der Zuständigkeit zu einem **späteren Zeitpunkt** vorliegt.[485] Dies gilt nach Auffassung von Generalanwalt *Tanchev* für Erklärungen von Parteien, die unmittelbar nach Zustellung des verfahrenseinleitenden Schriftstücks abgegeben werden.[486] Richtigerweise sollte aber auch eine Zustimmungserklärung, die zu einem noch späteren Zeitpunkt abgegeben wird, grundsätzlich als ausreichend erachtet werden. Die bisherigen, in die gegenteilige Richtung weisenden Äußerungen des EuGH

475 Althammer/*Schäuble* EheVO Art. 12 Rn. 12; *Hausmann*, IntEuFamR, F 203; Prütting/Gehrlein/*Völker/Dimmler* EheVO Art. 12 Rn. 2; *Coester-Waltjen* FamRZ 2005, 241 (242); *Holzmann*, S. 135 f.; auch Geimer/Schütze/*Dilger* EheVO Art. 12 Rn. 21; HK-ZPO/*Dörner* EheVO Art. 12 Rn. 11.

476 Wie hier Geimer/Schütze/*Dilger* EheVO Art. 12 Rn. 21; Zöller/*Geimer* EuEheVO Art. 12 Rn. 9; *Koechel* FamRZ 2016, 438 (439).

477 Art. 12 Abs. 4 im Vorschlag der Kommission (ABl. EG C 203 E S. 155, 159). Zu beachten ist schließlich auch, dass die Einführung einer Gerichtsstandsvereinbarung in Verfahren über die elterliche Verantwortung bis zuletzt unter den Mitgliedstaaten sehr umstritten war, so dass in der Tendenz eine eher vorsichtige Handhabung der Vorschrift geboten ist (*Pereira* ERA-Forum 2003, 134, 137).

478 EuGH, Rs. C-565/16 (Saponaro ./. Xylina), NJW 2018, 1741 (Rn. 32).

479 Siehe hierzu auch *Dimmler* FamRB 2018, 262 (263) (der EuGH habe die „Tür für die Bejahung einer internationalen Zuständigkeit infolge rügeloser Einlassung – bedenklich weit – geöffnet").

480 Schlussanträge des Generalanwalts *Evgeni Tanchev* in der Rs. C-565/16 (Saponaro ./. Xylina) (Rn. 49 und Rn. 50).

481 EuGH, Rs. C-656/13 (L ./. M), FamRZ 2015, 205 (Rn. 55 f.); aus der Literatur etwa *Solomon* FamRZ 2004, 1409 (1413).

482 EuGH, Rs. C-656/13 (L ./. M), FamRZ 2015, 205 (Rn. 56); nachfolgend EuGH, Rs. C-215/15 (Gogova/Iliev), NJW 2016, 1007 (Rn. 40).

483 Zu diesem Aspekt s. (wie hier) Althammer/*Schäuble EheVO Art.* 12 Rn. 13; Rauscher/*Rauscher* Brüssel IIa-VO Art. 12 Rn. 24. Auch würde sich, ohne dass dies durch einen entsprechenden Willen des Verordnungsgebers gedeckt zu sein scheint, eine erhebliche Einschränkung gegenüber Art. 3 Abs. 2 EheVO 2000 ergeben (zutr. HK-ZPO/*Dörner* EheVO Art. 12 Rn. 12).

484 So zutreffend Schlussanträge des Generalanwalts *Evgeni Tanchev* in der Rs. C-565/16 (Saponaro ./. Xylina) (Rn. 57).

485 Wie hier OLG Düsseldorf FamRZ 2010, 915 (Rn. 10); Geimer/Schütze/*Dilger* EheVO Art. 12 Rn. 22 mit ausf. Begr.; MüKoBGB/*Heiderhoff* EheVO Art. 12 Rn. 10; Althammer/*Schäuble* EheVO Art. 12 Rn. 13; *Hausmann*, IntEuFamR, F 204; HK-ZPO/*Dörner* EheVO Art. 12 Rn. 12; Rauscher/*Rauscher* Brüssel IIa-VO Art. 12 Rn. 24; *ders.*, EuLF 2005, 37, 40; Zöller/*Geimer* EuEheVO Art. 12 Rn. 12; aA Staudinger/*Pirrung*, C 75 (allerdings mit dem Zusatz, dass dies nicht besonders sinnvoll erscheine); Prütting/Gehrlein/*Völker/Dimmler* EheVO Art. 12 Rn. 2; *Andrae* IPRax 2015, 212 (215).

486 Schlussanträge des Generalanwalts *Evgeni Tanchev* in der Rs. C-565/16 (Saponaro ./. Xylina) (Rn. 58 ff.).

stehen einer solchen Lösung wohl nicht entgegen, da sie sich jeweils auf Fälle bezogen, in denen es auch im laufenden Verfahren zu keiner Vereinbarung über die Zuständigkeit gekommen war;[487] die Problematik einer erst im laufenden Verfahren getroffenen Vereinbarung war daher unmittelbar noch nicht Gegenstand der Vorlageentscheidung des EuGH. Im Lichte seiner bisherigen Rechtsprechung könnte der EuGH konstruktiv zu diesem Ergebnis möglicherweise auch dadurch gelangen, dass er eine *spätere* Erklärung des Einverständnisses mit der Zuständigkeit als maßgebliches Indiz dafür wertet, dass ein solches (stillschweigendes) Einverständnis bereits im Zeitpunkt der Anrufung des Gerichts vorgelegen hat.[488] Demgegenüber reicht es, für sich betrachtet, nicht aus, dass zu einem Zeitpunkt *vor* Anrufung des Gerichts einmal eine Vereinbarung über die Zuständigkeit getroffen worden ist. Diese Vereinbarung muss noch im Zeitpunkt der Anrufung des Gerichts Bestand haben und kann damit bis zu diesem Zeitpunkt einseitig widerrufen werden.[489] Allerdings kommt bei einem Widerruf der Anerkennung der Zuständigkeit des (nunmehr wieder unzuständigen) Gerichts noch eine Verweisung nach Art. 15 an ebendieses Gericht in Betracht.[490]

Der Begriff des **Kindeswohls** bestimmt sich in Anlehnung an Art. 10 Abs. 1 KSÜ.[491] Es ist nach dem   **9** EuGH in jedem Einzelfall zu prüfen.[492] Ihm kommt daher nach dem EuGH offenkundig eigenständige Bedeutung zu.[493] Die von Generalanwalt *Tanchev* vertretene Auffassung, dass das Merkmal des Kindeswohls in Art. 12 Abs. 3 (anders als bei Art. 15) „kein eigenständiger Faktor ist, sondern eher eine Erinnerung an die Ratio, die allen Zuständigkeitsvorschriften der Brüssel-IIa-Verordnung zugrunde liegt",[494] scheint sich der EuGH daher nicht zu eigen gemacht zu haben. In der Literatur besteht im Grundsatz Einigkeit darin, dass das Kindeswohl nach **zuständigkeitsrechtlichen Maßstäben** zu beurteilen ist.[495] Das Kindeswohl kann daher einer Zuständigkeit ua dann entgegenstehen, wenn das Kind besonders weit anreisen muss oder die Anhörung nur mithilfe eines Dolmetschers möglich ist.[496] Bei der Beurteilung des Kindeswohls können nach der hier vertretenen Auffassung zudem die vom EuGH zum entsprechenden Merkmal bei Art. 15 als relevant erachteten Gesichtspunkte berücksichtigt werden (→ EheVO Art. 15 Rn. 7).[497] Zu beachten ist daher insbesondere auch, ob die Inanspruchnahme der Zuständigkeit negative Auswirkungen

---

487   In EuGH, Rs. C-656/13 (L ./. M), FamRZ 2015, 205 hatte die in diesem ersten Verfahren beklagte Partei vor demselben Gericht später ein anderes Verfahren anhängig macht und im Rahmen der ersten von ihr in dem ersten Verfahren vorzunehmenden Handlung die Unzuständigkeit dieses Gerichts geltend macht. In EuGH, Rs. C-215/15 (Gogova/Iliev), NJW 2016, 1007 hatte der Beklagte keine Kenntnis von dem Verfahren erlangt; es war ein Abwesenheitsvertreter bestellt worden.

488   Der EuGH hat dem Einspruch einer Partei gegen die Zuständigkeit, der erst *nach* dem Zeitpunkt der Anrufung des Gerichts erklärt worden ist, Bedeutung beigemessen (EuGH, Rs. C-565/16 (Saponaro ./. Xylina), NJW 2018, 1741 (Rn. 31 f.); er hat diesen Einspruch als maßgebliches Indiz dafür gewertet, dass es bereits im (an sich maßgeblichen) Zeitpunkt der Anrufung des Gerichts an einem Einverständnis mit der Zuständigkeit des Gerichts gefehlt habe (EuGH aaO, Rn. 32). Diese Argumentation könnte ggf. auf die spiegelbildliche Situation (Erklärung eines Einverständnisses erst nach dem Zeitpunkt der Anrufung des Gerichts) übertragen werden; sie könnte als Indiz für das Vorliegen des Einverständnisses bereits im Zeitpunkt der Anrufung des Gerichts gewertet werden. Auch in der Rs. C-656/13 (L ./. M), FamRZ 2015, 205 hat der EuGH seine Betrachtung nicht streng auf den von Art. 16 bestimmten Zeitpunkt beschränkt, sondern berücksichtigt, wie sich die andere Partei drei bzw. fünf Tage nach diesem Zeitpunkt verhalten hatte (siehe hierzu auch Schlussanträge des Generalanwalts *Evgeni Tanchev* in der Rs. C-565/16 (Saponaro ./. Xylina) (Rn. 60).

489   *Andrae* IPRax 2015, 212 (214); *Solomon* FamRZ 2004, 1409 (1413); *Schulz* FS Kropholler 2008,

S. 435, 438. Ein nachfolgender Widerruf ist demgegenüber nicht möglich (Geimer/Schütze/*Dilger* EheVO Art. 12 Rn. 23).

490   Zutr. *Schulz* FS Kropholler 2008, S. 435, 438.

491   *Borrás*, ABl. EG 1998 C 221 S. 27, 40 (Rn. 38).

492   Im Hinblick auf Art. 12 Abs. 3 EuGH, Rs. C-565/16 (Saponaro ./. Xylina), NJW 2018, 1741 (Rn. 33); zuvor EuGH, Rs. C-656/13 (L ./. M), FamRZ 2015, 205 (Rn. 49 und 58).

493   Entsprechendes gilt auch für das Merkmal des Kindeswohls in der Parallelvorschrift des Art. 10 KSÜ (siehe hierzu *Paul Lagarde,* Rapport explicatif, Rn. 65: „Die Vereinbarung dieser Zuständigkeit mit dem Wohl des Kindes wird von dem mit dem Scheidungsantrag befaßten Gericht nach freiem Ermessen gewürdigt.").

494   Generalanwalt *Evgeni Tanchev* in der Rs. C-565/16 (Saponaro ./. Xylina) (Rn. 64).

495   Rauscher/*Rauscher* Brüssel IIa-VO Art. 12 Rn. 25; MüKoBGB/*Heiderhoff* EheVO Art. 12 Rn. 13; Staudinger/*Spellenberg* (2005) EheVO Art. 12 Rn. 22; Althammer/*Schäuble* EheVO Art. 12 Rn. 14; *Hausmann*, IntEuFamR, F 205; *Dutta* FS Kropholler 2008, S. 281, 287 ff.

496   Näher *Dutta* FS Kropholler 2008, 281, 299 f.; Rauscher/*Rauscher* Brüssel IIa-VO Art. 3 Rn. 26. Nach dem OLG Düsseldorf steht es einer auf Art. 12 gestützten Zuständigkeit allerdings nicht entgegen, dass das Kind der deutschen Sprache nicht mächtig ist (OLG Düsseldorf FamRZ 2010, 915 (Rn. 12)).

497   In EuGH, Rs. C-565/16 (Saponaro ./. Xylina), NJW 2018, 1741 (Rn. 34) hat der EuGH bei der Diskussion des Merkmals „Wohl des Kindes" auf die zu Art. 15 ergangene Entscheidung EuGH Rs. C-428/15 (Child and Family Agency), FamRZ 2016, 2071 Bezug genommen.

auf die emotionalen, familiären und sozialen Beziehungen des Kindes oder auf seine materielle Lage haben könnte.[498]

10 Nach einer in der Literatur vielfach vertretenen Auffassung kann – ungeachtet der im Ausgangspunkt befürworteten zuständigkeitsrechtlichen Betrachtung – ein Verstoß gegen das Kindeswohl allerdings nur in **besonders gelagerten Ausnahmefällen** angenommen werden.[499] Für diese Auffassung könnte sprechen, dass in Art. 12 – anders als in Art. 15 – der Hinweis darauf fehlt, dass das Gericht den Fall „besser beurteilen" können muss als das Gericht des Mitgliedstaates, in dem das Kind seinen gewöhnlichen Aufenthalt hat.[500] Letztlich dürfte dies aber nicht der ausschlaggebende Gesichtspunkt sein. Zu berücksichtigen ist, dass eine internationale Zuständigkeit nach Art. 3 in einem Mitgliedstaat liegen kann, zu dem das Kind keinerlei Beziehung hat.[501] Der 12. Erwägungsgrund zur EheVO 2003 stellt aber darauf ab, dass die Zuständigkeitsvorschriften nach der EheVO 2003 „dem Wohle des Kindes entsprechend" und daher „nach dem Kriterium der räumlichen Nähe entsprechend" ausgestaltet worden sind. Hielte man eine Kindeswohlprüfung daher nur in besonderen Ausnahmefällen für relevant, wäre dem 12. Erwägungsgrund nur unzureichend Rechnung getragen: Entgegen der grundsätzlichen Wertentscheidung der EheVO 2003 würde die Zuständigkeit am gewöhnlichen Aufenthalt des Kindes (Art. 8 EheVO 2003) ohne Weiteres zur Disposition der Ehegatten (Art. 12 Abs. 1) bzw. der Parteien (Art. 12 Abs. 3) gestellt.[502] Nach der hier vertretenen Auffassung ist daher zu verlangen, dass das Gericht, das eine Zuständigkeit nach Art. 12 Abs. 1 oder Art. 12 Abs. 3 in Anspruch nimmt, auch aus Sicht des Kindes eine hinreichende – und *in concreto* durch das Gericht festzustellende – Nähe zum entscheidungserheblichen Sachverhalt haben muss.[503] Nach Abs. 4 ist davon auszugehen, dass die Zuständigkeit mit dem Wohl des Kindes in Einklang steht, wenn das Kind seinen gewöhnlichen Aufenthalt in einem Drittstaat hat, der nicht Vertragspartei des KSÜ ist, und sich ein Verfahren in diesem Drittstaat als unmöglich erweist.[504] Der Unmöglichkeit sind die Fälle einer Unzumutbarkeit gleichzustellen.[505] Aus Abs. 4 ergibt sich im Umkehrschluss, dass die Vorschrift auch anwendbar ist, wenn das Kind seinen gewöhnlichen Aufenthalt außerhalb der EU hat;[506] allerdings sind bei einem gewöhnlichen Aufenthalt in einem KSÜ-Vertragsstaat die Vorschriften dieses Abkommens anzuwenden (→EheVO Art. 61 Rn. 2 ff.).

II. Dauer der Zuständigkeit

11 Die Dauer der Zuständigkeit richtet sich nach Art. 12 Abs. 2. Lit. a ist Art. 10 Abs. 2 KSÜ nachgebildet. Die Beendigung der Zuständigkeit nach Art. 12 Abs. 1 tritt hiernach mit **Rechtskraft der Entscheidung über die Ehesache** ein. Verfahren über die elterliche Verantwortung, die erst nach diesem Zeitpunkt anhängig gemacht werden, fallen nicht unter Art. 12.[507]

12 Lit. b sieht eine perpetuatio fori für ein Verfahren über die elterliche Verantwortung vor, das während der Anhängigkeit einer Ehesache anhängig gemacht wurde. Die Zuständigkeit endet erst mit der rechtskräftigen

---

498   Zu Art. 15 EuGH Rs. C-428/15 (Child and Family Agency), FamRZ 2016, 2071 (Rn. 59).

499   OLG Düsseldorf FamRZ 2010, 915 (Rn. 11) (insbesondere in Umgangsverfahren stehe das Kindeswohl der Begründung der Zuständigkeit nicht entgegen); *Geimer* EheVO Art. 12 Rn. 23 (Fälle, in denen das Kindeswohl einer internationalen Zuständigkeit entgegenstehen soll, seien schwer vorstellbar); *Hausmann*, IntEuFamR, F 206 (nur in Ausnahmefällen); auch MüKoBGB/*Heiderhoff* EheVO Art. 12 Rn. 13 (das Kindeswohl sei nur bei „deutlichen Nachteilen" für das Kind betroffen).

500   S. zu diesem Argument – eine eigenständige Funktion des Merkmals des „Kindeswohls" in Art. 12 insgesamt negierend – Schlussanträge des Generalanwalts *Evgeni Tanchev* in der Rs. C-565/16 (Saponaro ./. Xylina) (Rn. 68).

501   Nach Art. 3 Abs. 1 lit. a 5. Spiegelstrich kann sich insbesondere eine Zuständigkeit in dem Mitgliedstaat ergeben, in dem (nur) der Antragsteller seinen aktuellen gewöhnlichen Aufenthalt hat.

502   Satz 2 des 12. Erwägungsgrundes kann nicht entnommen werden, dass der Kindeswohlprüfung im Falle einer Vereinbarung keine oder nur untergeordnete Bedeutung zukommen soll (anders der Generalanwalt *Evgeni Tanchev* in der Rs. C-565/16 (Saponaro ./. Xylina) (Rn. 66)).

503   Siehe hierzu im Hinblick auf Art. 12 Abs. 3 (auf die Verbindungen des Kindes mit dem betreffenden Mitgliedstaat abstellend) EuGH, Rs. C-565/16 (Saponaro ./. Xylina), NJW 2018, 1741 (Rn. 37); auch bereits ausf. *Dutta* FS Kropholler 2008, 281, 297 ff.

504   Allein der Umstand, dass der Aufenthaltsstaat des Kindes nicht Vertragsstaat des KSÜ ist, reicht entgegen dem missverständlichen Wortlaut der Art. 12 Abs. 4 in der englischen und französischen Fassung für eine entsprechende Vermutung nicht aus (*Gruber* IPRax 2005, 293 (298); auch *Coester-Waltjen* FamRZ 2005, 241 (243); wie hier offenbar auch der Leitfaden der Kommission (s. Vor Rn. 23), S. 34).

505   Vgl. hierzu auch die englische Textfassung („… if it is found impossible to hold proceedings in the third State in question") sowie die französische Textfassung („lorsqu´une procédure s.´avère impossible"). Wie hier Prütting/Gehrlein/*Völker/Dimmler* EheVO Art. 12 Rn. 5; für weite Auslegung auch Staudinger/*Pirrung*, C 83.

506   (Engl.) Supreme Court (RE I (a child), 2010) 1 EL. R., 361 (Rn. 17 f., 20, 75); Geimer/Schütze/*Dilger* EheVO Art. 12 Rn. 4.

507   Althammer/*Schäuble* EheVO Art. 12 Rn. 16; *Hausmann*, IntEuFamR, F 209.

Entscheidung über die elterliche Verantwortung selbst. Der maßgebliche Zeitpunkt der Anhängigkeit der Ehesache richtet sich nach Art. 16 (analog).[508] Lit. c bezieht sich auf andere Beendigungsgründe wie insbesondere die Antragsrücknahme oder den Tod eines der Ehegatten.[509]

C. Vereinbarung in sonstigen Fällen

Art. 12 Abs. 3 enthält eine weitere, durch die EheVO 2003 neu eingeführte Möglichkeit der Gerichtsstands- **13** vereinbarung. Die Vorschrift kommt bei isolierten Verfahren über die elterliche Verantwortung zur Anwendung; sie setzt also anders als Art. 12 Abs. 1 nicht voraus, dass ein weiteres, damit im Zusammenhang stehendes Verfahren an einem Gericht eines Mitgliedstaates, der nicht zugleich Staat des gewöhnlichen Aufenthalts des Kindes, anhängig ist.[510] Vorausgesetzt wird, dass eine **wesentliche Bindung des Kindes** zu dem Mitgliedstaat besteht. Dies kann insbesondere dann der Fall sein, wenn einer der Träger der ehelichen Verantwortung dort seinen gewöhnlichen Aufenthalt hat oder das Kind diesem Mitgliedstaat angehört (lit. a).[511] Aus der Formulierung der lit. a („insbesondere") ist zu entnehmen, dass die wesentliche Verbindung des Kindes zu dem Mitgliedstaat auch auf anderen Umständen beruhen kann.[512] Unklar ist, ob die in lit. a genannten Vermutungen ihrerseits, falls sie vorliegen, widerlegbar sind. Größere praktische Bedeutung kommt dieser Frage allerdings nicht zu. Denn selbst wenn lit. a erfüllt ist, hat das Gericht nach lit. b eine **Kindeswohlprüfung** durchzuführen; und im Rahmen von lit. b ist das tatsächliche Verbundensein des Kindes mit dem Mitgliedstaat in jedem Fall (nochmals) zu berücksichtigen.[513]

Daneben müssen alle **Parteien des Verfahrens** die Zuständigkeit des Gerichts dieses Mitgliedstaates **aner-** **14** **kannt** haben, und die Zuständigkeit muss in Einklang mit dem **Wohl des Kindes** stehen (lit. b; vgl. hierzu → Rn. 7, 8). Wer Partei ist, richtet sich nach dem nationalen Verfahrensrecht,[514] also in Deutschland nach Art. 7 FamFG (vgl. zur Parallelproblematik bei Art. 15 → EheVO Art. 15 Rn. 5). Allerdings dürfte nach der innertatbestandlichen Systematik das Kind selbst nicht zugleich „Partei" sein (s. auch hierzu → EheVO Art. 15 Rn. 5).

Nach dem EuGH ist auch der Staatsanwalt, der nach nationalem Recht die Eigenschaft einer Partei des Ver- **15** fahrens hat und für das Kindeswohl eintritt, als Partei im Sinne des Abs. 3 anzusehen. Allein sein Widerspruch führt mithin dazu, dass keine Zuständigkeit nach Abs. 3 entsteht.[515] Der Begriff der „Partei" iSv Abs. 3 ist damit zu unterscheiden von den Begriffen des „Ehegatten" sowie des „Trägers der elterlichen Verantwortung" iSv Abs. 1.[516] Träger der elterlichen Verantwortung, die nicht Partei des Verfahrens sind, müssen – anders als noch im Kommissionsvorschlag vorgesehen – nicht die Zuständigkeit anerkannt haben.[517]

Maßgeblicher Zeitpunkt für die Anerkennung ist nach Ansicht des EuGH grundsätzlich die Anrufung des **16** Gerichts;[518] allerdings dürfte es auch hier ausreichen, dass eine Vereinbarung zu einem späteren Zeitpunkt – allerdings noch vor Antragsabweisung – zustande kommt (s. dazu → Rn. 8).

Die nach Art. 12 Abs. 3 vereinbarte Zuständigkeit erlischt nach der zutreffenden Auffassung des EuGH mit **17** dem Erlass einer rechtskräftigen Entscheidung in dem entsprechenden Verfahren.[519] Sie wirkt also nicht über den Abschluss des jeweiligen Verfahrens hinaus. In dem neuen Verfahren ist erneut zu prüfen, ob die Parteien des Verfahrens die Zuständigkeit anerkannt haben und ob die Zuständigkeit im Einklang mit dem

---

508 Rauscher/*Rauscher* Brüssel IIa-VO Art. 12 Rn. 31; *Hausmann*, IntEuFamR, F 210; Althammer/*Schäuble* *EheVO Art.* 12 Rn. 17; *Hau* FamRZ 2000, 1333 (1340).

509 *Borrás*, ABl. EG 1998 C 221 S. 27, 41 (Rn. 39).

510 EuGH, Rs. C-656/13 (L ./. M), FamRZ 2015, 205 (Rn. 40 ff., 52); EuGH, Rs. C-215/15 (Gogova/Iliev), NJW 2016, 1007 (Rn. 38).

511 Nach der vom Generalanwalt *Evgeni Tanchev* in der Rs C-565/16 (Saponaro ./. Xylina) vertretenen Auffassung reicht eine „ineffektive" Staatsangehörigkeit aus (siehe Schlussanträge Rn. 25 ff. mwN); aus der Lit. etwa Zöller/*Geimer* EuEheVO Art. 12 Rn. 19.

512 Prütting/Gehrlein/*Völker/Dimmler* EheVO Art. 12 Rn. 4; Staudinger/*Pirrung*, C 81; Rauscher/*Rauscher* Brüssel IIa-VO Art. 12 Rn. 44; Staudinger/*Spellenberg* (2005) EheVO Art. 12 Rn. 62; *Niklas*, S. 175; *Gruber* IPRax 2005, 293 (298).

513 *Gruber* IPRax 2005, 293 (298 f.). Nach Auffassung von *Coester-Waltjen* FamRZ 2005, 241 (243) bleibt für die Frage der Kindeswohlgemäßheit dann, wenn

die Gerichte eine wesentliche Bindung zum Gerichtsstaat feststellen, nur noch ein geringer Raum.

514 EuGH, Rs. C-565/16 (Saponaro ./. Xylina), NJW 2018, 1741 (Rn. 28) mit Hinweis auf die Schlussanträge des Generalanwalts *Evgeni Tanchev* (siehe dort Rn. 45: „Die Frage, wer Partei des Verfahrens ist", müsse „dem nationalen Recht des Forummitgliedstaats überlassen bleiben").

515 EuGH, Rs. C-565/16 (Saponaro ./. Xylina), NJW 2018, 1741 (Rn. 28 ff.); kritisch *Tschernoster* RNotZ 2018, 556.

516 EuGH, Rs. C-565/16 (Saponaro ./. Xylina), NJW 2018, 1741 (Rn. 28) mit Bezugnahme auf Rn. 46 der Schlussanträge des Generalanwalts *Evgeni Tanchev*.

517 Vgl. noch Art. 12 Abs. 2 in der Fassung des Kommissionsvorschlags v. 3.5.2002, KOM (2002) 222 eng., ABl. EG C 203 E S. 155.

518 EuGH, Rs. C-656/13 (L ./. M), FamRZ 2015, 205 (Rn. 53 ff.); zuvor BGH FamRZ 2014, 927 (Rn. 24) mAnm *Hüßtege*.

519 EuGH, Rs. C-436/13 (E ./. B), NJW 2014, 3355 (Rn. 37 ff.) mit Bespr. *Andrae* IPRax 2015, 212.

Wohl des Kindes steht. Nach dem EuGH kann auch nicht vermutet werden, dass ein Anerkenntnis der Zuständigkeit in allen Fällen über den Abschluss des Verfahrens hinaus und für andere, später auftretende Fragen fortbesteht.[520]

Art. 13 EheVO 2003 Zuständigkeit aufgrund der Anwesenheit des Kindes

(1) Kann der gewöhnliche Aufenthalt des Kindes nicht festgestellt werden und kann die Zuständigkeit nicht gemäß Artikel 12 bestimmt werden, so sind die Gerichte des Mitgliedstaats zuständig, in dem sich das Kind befindet.

(2) Absatz 1 gilt auch für Kinder, die Flüchtlinge oder, aufgrund von Unruhen in ihrem Land, ihres Landes Vertriebene sind.

1   Art. 13 entspricht inhaltlich weitgehend Art. 6 KSÜ. Abs. 1 setzt voraus, dass der gewöhnliche Aufenthalt des Kindes nicht feststellbar ist. Zieht zB das Kind von einem Mitgliedstaat in einen anderen um, so finden Aufgabe und Neubegründung des gewöhnlichen Aufenthalts idR gleichzeitig statt. Es verhält sich also im Regelfall nicht so, dass das Kind durch den Umzug zwar den alten gewöhnlichen Aufenthalt verliert, aber (noch) keinen neuen gewöhnlichen Aufenthalt erwirbt.[521] Insoweit verbleibt es sodann bei der Anwendung von Art. 8 Abs. 1 bzw. – für gewisse Umgangsrechtsentscheidungen – von Art. 9. Eine Nichtfeststellbarkeit des gewöhnlichen Aufenthalts kommt daher nur in Ausnahmefällen in Betracht. Eine Nichtfeststellbarkeit kann nach einer Formulierung des EuGH ua – wenn auch nicht notwendigerweise – bei einem **„Wanderleben" des Kindes** in verschiedenen Mitgliedstaaten anzunehmen sein.[522] Der Anwendung von Abs. 1 steht auch ein feststellbarer gewöhnlicher Aufenthalt des Kindes in einem Drittstaat entgegen.[523]

2   Art. 13 enthält nach der Begründung der Kommission eine gegenüber den Art. 8–12 subsidiäre Zuständigkeitsregelung.[524] Daraus ist zu schließen, dass auf Art. 13 allgemein nur dann zurückgegriffen werden darf, wenn sich nicht aus den Art. 8–12 eine Zuständigkeit des Gerichts eines Mitgliedstaates ergibt.[525] Für Art. 12 wird dies in der Vorschrift nochmals ausdrücklich klargestellt.

3   Das Verhältnis zu der in Art. 13 ausdrücklich angesprochenen Zuständigkeit nach Art. 12 bereitet allerdings gewisse Schwierigkeiten. Zunächst stellt sich die Frage, ob Art. 13 bereits dann nicht mehr anwendbar ist, wenn die Parteien eine für Art. 12 erforderliche Zuständigkeitsvereinbarung getroffen haben,[526] oder erst dann, wenn das betreffende Gericht auch angerufen worden ist bzw. von Amts wegen ein entsprechendes Verfahren eingeleitet hat.[527] Zur Vermeidung von negativen Kompetenzkonflikten – und auch deshalb, weil eine Vereinbarung nach Art. 12 bis zur Anrufung des Gerichts widerrufen werden kann (→ EheVO Art. 12 Rn. 14) – ist der zuletzt genannten Lösung der Vorzug zu geben.[528]

4   Hiervon zu trennen ist die Frage, ob die Zuständigkeit des nach Art. 13 zuständigen und angerufenen Gerichts automatisch wegfällt, wenn nachträglich ein nach Art. 12 zuständiges Gericht angerufen wird.[529] Vor dem Hintergrund des in der EheVO 2003 geltenden perpetuatio fori-Grundsatzes dürfte dies zu verneinen sein.[530] Im Rahmen des Art. 19 Abs. 2 setzt sich damit das Verfahren vor dem nach Art. 13 zuständigen Gericht (zunächst) durch. Die interessengerechte Lösung liegt aber dann regelmäßig in einer Verweisung

---

520   EuGH, Rs. C-436/13 (E ./. B), NJW 2014, 3355 (Rn. 48).

521   Vgl. die Schlussanträge der Generalanwältin *Kokott* v. 29.1.2009, Rs. 523–07 Rn. 45 („Ausnahmefälle"); HK-ZPO/*Dörner* EheVO Art. 9 Rn. 6.

522   EuGH, Rs. C-523/07 (A), FamRZ 2009, 843 (845) (Rn. 41 ff.) = EuGRZ 2009, 217.

523   OLG Koblenz Farm 2017, 1229.

524   Begründung der Kommission KOM (2002) 222 endg./2, S. 10 (zu Art. 13).

525   So auch im Erg. Rauscher/*Rauscher* Brüssel IIa-VO Art. 13 Rn. 3 ff.; *Niklas*, S. 175 f.

526   So wohl Staudinger/*Pirrung*, C 84.

527   So Althammer/*Schäuble* EheVO Art. 13 Rn. 7; Rauscher/*Rauscher* Brüssel IIa-VO Art. 13 Rn. 6 ff.; *Hausmann*, IntEuFamR, F 225; vgl. auch *Coester-Waltjen* FamRZ 2005, 241 (243); zuvor *dies.*, Jura 2004, 839 (842).

528   Noch etwas restriktiver Rauscher/*Rauscher* Brüssel IIa-VO Art. 13 Rn. 6 ff. (in den Fällen des Art. 12

Abs. 1 seien die Ehegatten unter Fristsetzung zur Stellungnahme darüber aufzufordern, ob im dortigen Verfahren eine Sorgerechtsregelung angestrebt werde).

529   Diese Konstellation kann sich aber idR nur ergeben, wenn das Verfahren in dem nach Art. 13 zuständigen Gericht von Amts wegen betrieben wird. Denn solange ein Beteiligter seinen Antrag in dem nach Art. 13 zuständigen Gericht aufrechterhält, erkennt er sinngemäß die Zuständigkeit in einem anderen Mitgliedstaat nicht an (*Coester-Waltjen* FamRZ 2005, 241 (244); MüKoZPO/*Gottwald* EheVO Art. 13 Rn. 7.).

530   Rauscher/*Rauscher* Brüssel IIa-VO Art. 13 Rn. 8; Althammer/*Schäuble EheVO Art.* 13 Rn. 9; MüKoZPO/*Gottwald* EheVO Art. 13 Rn. 4; HK-ZPO/*Dörner* EheVO Art. 13 Rn. 3; auch *Hausmann*, IntEuFamR, F 226; *Coester-Waltjen* FamRZ 2005, 241 (243 f.); aA MüKoBGB/*Heiderhoff* EheVO Art. 13 Rn. 8; Staudinger/*Pirrung*, C 84.

nach Art. 15 durch das (nur) nach Art. 13 zuständige Gericht an das (nunmehr) nach Art. 12 zuständige Gericht.[531]

Ähnliches gilt dann, wenn der einfache Aufenthalt des Kindes nach Verfahrenseinleitung in dem nach Art. 13 zuständigen Mitgliedstaat wegfällt. In diesem Fall bleibt das ursprünglich nach Art. 13 zuständige Gericht nach dem perpetuatio fori-Grundsatz weiterhin zuständig. Da der perpetuatio fori-Grundsatz für die gesamte Verordnung gilt (siehe zur Zuständigkeit bei Ehesachen (→ EheVO Art. 3 Rn. 7), steht dem nicht entgegen, dass Abs. 1 (anders als Art. 8 Abs. 1) nicht ausdrücklich auf den Zeitpunkt der Antragstellung abstellt.[532] Für die Annahme einer perpetuatio fori sprechen auch Kindesschutzerwägungen: Für eine Entscheidung in der Sache besteht insbesondere dann ein praktisches Bedürfnis, wenn das Kind zwar seinen einfachen Aufenthalt im Inland verliert, aber in dem anderen Mitgliedstaat keinen neuen gewöhnlichen Aufenthalt erwirbt und – etwa bei einem Kind, das ein „Wanderleben" führt[533] – mit einer späteren Rückkehr des Kindes ins Inland zu rechnen ist.[534] Die perpetuatio fori gilt aber auch, wenn das Kind mit dem Wegzug einen neuen gewöhnlichen Aufenthalt in einem anderen Mitgliedstaat erworben hat. In diesen Fällen dürfte aber idR ein Zuständigkeitstransfer nach Art. 15 vorzunehmen sein.[535]

5

Nach Abs. 2 gilt Abs. 1 auch entsprechend für Flüchtlinge und Vertriebene. Der Begriff des Flüchtlings richtet sich hierbei nach der Genfer Flüchtlingskonvention v. 28.7.1951 und des Genfer Flüchtlingsprotokolls v. 31.1.1967.[536] Auch hier gilt aber, dass eine Zuständigkeit nach Art. 13 nicht besteht, wenn das Gericht eines anderen Mitgliedstaats nach Maßgabe der Art. 8–12 zuständig ist.[537]

6

Art. 14 EheVO 2003 Restzuständigkeit

Soweit sich aus den Artikeln 8 bis 13 keine Zuständigkeit eines Gerichts eines Mitgliedstaats ergibt, bestimmt sich die Zuständigkeit in jedem Mitgliedstaat nach dem Recht dieses Staates.

Art. 14 enthält eine ergänzende Verweisung auf staatsvertragliche Vorschriften bzw. das nationale Zuständigkeitsrecht. In ihrer Struktur entspricht die Vorschrift dem bei Ehesachen anwendbaren Art. 7 Abs. 1. Zu prüfen ist zunächst, ob sich bei Anwendung der Art. 8–13 die internationale Zuständigkeit irgendeines Mitgliedstaates ergibt. Ist dies nicht der Fall, kann – ergänzend – auf staatsvertragliche bzw. nationale Zuständigkeitsvorschriften zurückgegriffen werden.[538] Eine Entscheidung, die auf der Grundlage von Art. 14 iVm dem staatsvertraglichen oder dem nationalen Zuständigkeitsrecht ergeht, wird nach Maßgabe der Art. 21 ff. in den anderen Mitgliedstaaten anerkannt und vollstreckt.

1

Die Verweisung auf Art. 14 wird nur **geringe Bedeutung** erlangen. Insbesondere ist zu berücksichtigen, dass ein Rückgriff auf staatsvertragliches oder nationales Zuständigkeitsrecht nach Art. 14 jedenfalls dann ausscheidet, wenn das Kind seinen gewöhnlichen Aufenthalt innerhalb der EU hat. Denn in diesem Fall folgt die internationale Zuständigkeit eines Mitgliedstaats, soweit nicht eine Sonderzuständigkeit eines anderen Mitgliedstaats nach Art. 9, 10 oder 12 besteht, aus Art. 8 Abs. 1. Die ergänzende Anwendung staatsvertraglichen oder nationalen Zuständigkeitsrechts kommt damit nur dann in Betracht, wenn das Kind seinen gewöhnlichen Aufenthalt außerhalb der EU hat.[539]

2

531 Vgl. Geimer/Schütze/*Dilger* EheVO Art. 13 Rn. 6.

532 Wie hier Geimer/Schütze/*Dilger* EheVO Art. 13 Rn. 4; abw. Althammer/*Schäuble EheVO Art.* 13 Rn. 8; MüKoZPO/*Gottwald* EheVO Art. 13 Rn. 6; *Hausmann,* IntEuFamR, F 226; HK-ZPO/*Dörner* EheVO Art. 13 Rn. 4 mit Hinweis auf Art. 6 Abs. 2 KSÜ (allerdings geht das KSÜ im Unterschied zur EheVO 2003 gerade nicht vom perpetuatio fori-Grundsatz aus, so dass sich aus der Parallelvorschrift des KSÜ nichts Entscheidendes ableiten lässt); grundsätzlich auch MüKoBGB/*Heiderhoff* EheVO Art. 13 Rn. 6 ff.

533 Zu einer solchen Konstellation EuGH, Rs. C-523/07 (A), FamRZ 2009, 843 = EuGRZ 2009, 217.

534 Für diesen Fall (ausnahmsweise) eine perpetuatio fori annehmend MüKoBGB/*Heiderhoff* EheVO Art. 12 Rn. 9.

535 Art. 15 sieht vor, dass eine Verweisung durch das (nur) nach Art. 13 zuständige Gericht (s. Art. 15

Abs. 4 Unterabs. 2) an ein Gericht eines anderen Mitgliedstaats erfolgen kann, in dem nach Anrufung des Gerichts ein gewöhnlicher Aufenthalt (neu) entsteht (s. Art. 15 Abs. 3 lit. a). Damit geht die Vorschrift offenbar davon aus, dass in einem solchen Fall die Zuständigkeit des nach Art. 13 zuständigen Gerichts nicht automatisch wegfällt, sondern dass – vorbehaltlich nur einer Verweisung nach Art. 15 – der Grundsatz der perpetuatio fori gilt.

536 *Hausmann,* IntEuFamR, F 228; MüKoZPO/*Gottwald* EheVO Art. 13 Rn. 8; s. auch OLG Koblenz FamRZ 2017, 1229 (Rn. 26).

537 Zum Erwerb eines gewöhnlichen Aufenthalts durch Flüchtlinge s. *Budzikiewicz* in Budzikiewicz ua, Migration und IPR (2018), S. 95 ff.

538 *Pereira* ERA-Forum 2003, 134, 137.

539 Dazu etwa BGH FamRZ 2015, 2147 (Rn. 16); OLG Bremen NJW-RR 2017, 1155 (Rn. 15); Cour de cassation, 12.1.2011, Bull. Civ. 2011 I n. 5.

3 Selbst wenn das Kind seinen gewöhnlichen Aufenthalt außerhalb der EU hat, kommt noch eine Zuständigkeit eines Mitgliedstaats nach Art. 12 in Betracht.[540] Hier stellen sich die gleichen Probleme wie bei Art. 13.[541] Wie auch dort sollte eine Zuständigkeit nach Art. 12 erst dann angenommen werden können, wenn das entsprechende Gericht bereits angerufen worden ist, nicht bereits dann, wenn die Parteien eine – widerrufbare – Gerichtsstandsvereinbarung getroffen haben (→ EheVO Art. 13 Rn. 3). Allerdings gilt dies wiederum nicht, wenn sich der gewöhnliche Aufenthalt des Kindes in einem Vertragsstaat des KSÜ befindet. In diesem Fall ergibt sich aus Art. 61, dass allein das KSÜ anzuwenden ist (→ EheVO Art. 61 Rn. 2 ff.).

4 Generell ist, was das Verhältnis des EheVO zu **staatsvertraglichen Zuständigkeitsvorschriften** anbelangt, vorrangig auf die Art. 59 ff. (Verhältnis zu anderen Rechtsinstrumenten) abzustellen. Für das **KSÜ** ergibt sich bereits aus Art. 61, dass nicht die EheVO 2003, sondern das KSÜ anzuwenden ist, wenn das Kind seinen gewöhnlichen Aufenthalt außerhalb der EU in einem KSÜ-Vertragsstaat hat (vgl. näher → EheVO Art. 61 Rn. 2 ff.). Bei näherer Betrachtung ermöglicht Art. 14 damit keine weitergehende Anwendung des KSÜ, die sich nicht ohnehin bereits aus Art. 61 ergibt.[542]

5 Aus deutscher Sicht befindet sich die einschlägige **nationale Zuständigkeitsnorm** in § 99 FamFG. Hiernach sind die deutschen Gerichte zuständig, wenn das Kind Deutscher ist (Abs. 1 Nr. 1), seinen gewöhnlichen Aufenthalt im Inland hat (Abs. 1 Nr. 2) oder es der Fürsorge durch ein deutsches Gericht bedarf (Abs. 1 Nr. 3). Relevanz können hierbei lediglich Abs. 1 Nr. 1 (Staatsangehörigkeit des Kindes) und Abs. 1 Nr. 3 (Fürsorgezuständigkeit) erlangen. In den Fällen des Abs. 1 Nr. 2 (gewöhnlicher Aufenthalt des Kindes im Inland) ist die EheVO 2003 anzuwenden; in diesem Fall folgt die internationale Zuständigkeit deutscher Gerichte – soweit sich nicht aus Art. 9, 10 oder 12 die Zuständigkeit eines anderen Mitgliedstaats ergibt – aus Art. 8 Abs. 1 EheVO 2003.

Art. 15 EheVO 2003 Verweisung an ein Gericht, das den Fall besser beurteilen kann

(1) In Ausnahmefällen und sofern dies dem Wohl des Kindes entspricht, kann das Gericht eines Mitgliedstaats, das für die Entscheidung in der Hauptsache zuständig ist, in dem Fall, dass seines Erachtens ein Gericht eines anderen Mitgliedstaats, zu dem das Kind eine besondere Bindung hat, den Fall oder einen bestimmten Teil des Falls besser beurteilen kann,

a) **die Prüfung des Falls oder des betreffenden Teils des Falls aussetzen und die Parteien einladen, beim Gericht dieses anderen Mitgliedstaats einen Antrag gemäß Absatz 4 zu stellen, oder**

b) **ein Gericht eines anderen Mitgliedstaats ersuchen, sich gemäß Absatz 5 für zuständig zu erklären.**

(2) Absatz 1 findet Anwendung

a) **auf Antrag einer der Parteien oder**

b) **von Amts wegen oder**

c) **auf Antrag des Gerichts eines anderen Mitgliedstaats, zu dem das Kind eine besondere Bindung gemäß Absatz 3 hat.**

Die Verweisung von Amts wegen oder auf Antrag des Gerichts eines anderen Mitgliedstaats erfolgt jedoch nur, wenn mindestens eine der Parteien ihr zustimmt.

(3) Es wird davon ausgegangen, dass das Kind eine besondere Bindung im Sinne des Absatzes 1 zu dem Mitgliedstaat hat, wenn

a) **nach Anrufung des Gerichts im Sinne des Absatzes 1 das Kind seinen gewöhnlichen Aufenthalt in diesem Mitgliedstaat erworben hat oder**

b) **das Kind seinen gewöhnlichen Aufenthalt in diesem Mitgliedstaat hatte oder**

c) **das Kind die Staatsangehörigkeit dieses Mitgliedstaats besitzt oder**

d) **ein Träger der elterlichen Verantwortung seinen gewöhnlichen Aufenthalt in diesem Mitgliedstaat hat oder**

e) **die Streitsache Maßnahmen zum Schutz des Kindes im Zusammenhang mit der Verwaltung oder der Erhaltung des Vermögens des Kindes oder der Verfügung über dieses Vermögen betrifft und sich dieses Vermögen im Hoheitsgebiet dieses Mitgliedstaats befindet.**

---

540 Aus Art. 12 Abs. 4 ergibt sich im Umkehrschluss, dass die Vorschrift auch anwendbar ist, wenn das Kind seinen gewöhnlichen Aufenthalt außerhalb der EU hat (s. dazu (engl.) Supreme Court (RE I (a child)), 2010) 1 EL. R., 361 (Rn. 17 f., 20, 75); Geimer/Schütze/*Dilger* EheVO Art. 12 Rn. 4).

541 Rauscher/*Rauscher* Brüssel IIa-VO Art. 14 Rn. 5.

542 Rauscher/*Rauscher* Brüssel IIa-VO Art. 14 Rn. 3 f.

(4) Das Gericht des Mitgliedstaats, das für die Entscheidung in der Hauptsache zuständig ist, setzt eine Frist, innerhalb deren die Gerichte des anderen Mitgliedstaats gemäß Absatz 1 angerufen werden müssen.

Werden die Gerichte innerhalb dieser Frist nicht angerufen, so ist das befasste Gericht weiterhin nach den Artikeln 8 bis 14 zuständig.

(5) Diese Gerichte dieses anderen Mitgliedstaats können sich, wenn dies aufgrund der besonderen Umstände des Falls dem Wohl des Kindes entspricht, innerhalb von sechs Wochen nach ihrer Anrufung gemäß Absatz 1 Buchstabe a) oder b) für zuständig erklären. In diesem Fall erklärt sich das zuerst angerufene Gericht für unzuständig. Anderenfalls ist das zuerst angerufene Gericht weiterhin nach den Artikeln 8 bis 14 zuständig.

(6) Die Gerichte arbeiten für die Zwecke dieses Artikels entweder direkt oder über die nach Artikel 53 bestimmten Zentralen Behörden zusammen.

Art. 15 entspricht in seiner Grundstruktur Art. 8 und Art. 9 KSÜ. Art. 15 Abs. 1 sieht zwei Möglichkeiten **1** vor, wie ein anderes – an sich unzuständiges – Gericht mit dem Fall oder einem Teil des Falles befasst werden kann. Die Vorschrift ist auch dann anwendbar, wenn es sich um Verfahren handelt, die nach dem Recht der Mitgliedstaaten öffentlich-rechtlich ausgestaltet sind.[543] Sie beruht in ihrem Grundgedanken auf der angloamerikanischen Lehre vom forum non conveniens,[544] hat aber anders als die Lehre vom forum non conveniens nicht nur eine Ablehnung der (eigenen) Zuständigkeit, sondern einen „Zuständigkeitstransfer" an ein anderes Gericht zum Gegenstand.[545] Gemessen an der Zahl der veröffentlichten Entscheidungen haben englische Gerichte verstärkt eine Anwendung von Art. 15 in Betracht gezogen.[546] Generell kommt eine Befassung eines anderen Gerichts nach dem Wortlaut der Vorschrift aber nur in „Ausnahmefällen" in Betracht; die Vorschrift ist nach dem EuGH daher eng auszulegen.[547] In den Fällen, in denen sich die Zuständigkeit nach Art. 10 ergibt, scheidet nach dem Sinn und Zweck der Vorschrift eine Verweisung an den „Entführerstaat" regelmäßig aus (→ EheVO Art. 10 Rn. 12).

Nach lit. a kann das an sich zuständige Gericht **das Verfahren aussetzen** und die Parteien einladen, bei **2** dem anderen Gericht einen Antrag zu stellen. In diesem Fall hat es den Parteien eine Frist zu setzen, in der der Antrag bei dem anderen Gericht zu stellen ist (Abs. 4 Unterabs. 1). Die Frist sollte, um das Verfahren nicht zu verzögern, nicht zu lang bemessen sein. Einen Monat sollte sie jedenfalls idR nicht überschreiten. Hierfür spricht insbesondere der (wenn auch nicht Gesetz gewordene) Vorschlag des Europäischen Parlaments im Gesetzgebungsverfahren, eine Höchstfrist von einem Monat vorzusehen.[548] Wird innerhalb der Frist kein Antrag bei dem anderen Gericht gestellt, bleibt es bei der Zuständigkeitsverteilung nach den Art. 8–14, und das angerufene Gericht setzt das Verfahren fort (Abs. 4 Unterabs. 2).

Nach lit. b kann das angerufene Gericht alternativ auch direkt das **Gericht eines anderen Mitgliedstaates 3 ersuchen**, sich zuständig zu erklären. Die Form des Übernahmeersuchens richtet sich nach dem nationalen Recht.[549] Im Rahmen der Kontaktaufnahme kann es sich auch der hierfür zuständigen **Verbindungsrichter** bedienen.[550]

Eine Aussetzung nach Abs. 1 lit. a bzw. ein Ersuchen nach Abs. 1 lit. b kann auf **Antrag einer der Par- 4 teien**, **von Amts wegen** durch das zuerst angerufene Gericht oder auch auf **Antrag des Gerichts eines**

543 EuGH Rs. C-428/15 (Child and Family Agency), FamRZ 2016, 2071 (Rn. 28 ff., 33).

544 Etwa *Coester-Waltjen* FamRZ 2005, 241 (245); Staudinger/*Pirrung*, C 87; HK-ZPO/*Dörner* EheVO Art. 15 Rn. 2. Zustimmung aus dem Vereinigten Königreich bei *Karsten*, Fam.Law 2001, 885, 890 zur entspr. Bestimmung im Vorentwurf der Kommission v. 6.9.2001, ABl. EG 2001 C 332 E S. 269 („A forum non conveniens provision in a Community instrument is a sight to gladden the heart.").

545 MüKoBGB/*Heiderhoff* EheVO Art. 15 Rn. 1; Althammer/*Schäuble* EheVO Art. 15 Rn. 2; Rauscher/*Rauscher* Brüssel IIa-VO Art. 15 Rn. 1; *Gössl* FamRZ 2016, 2075.

546 Siehe die Nachweise bei *Mankowski* FamRZ 2016, 545 (Fn. 4).

547 EuGH Rs. C-428/15 (Child and Family Agency), FamRZ 2016, 2071 (Rn. 48).

548 Legislative Entschließung des Europäischen Parlaments zu dem Vorschlag für eine Verordnung (dort

Art. 15 Abs. 1 Unterabs. 2), ABl. EG 2004 C 25 E S. 173; ferner Stellungnahme des Wirtschafts- und Sozialausschusses, ABl. EG 2003 C 16 S. 78 (Rn. 5.2.5.3.), wonach ein zügiges Verfahrens „Hauptziel" der zu schaffenden EG-Verordnung sei, um den Interessen der Kinder Rechnung zu tragen.

549 OGH FamRZ 2016, 543 (544) mAnm *Mankowski*.

550 S. dazu Entscheidung 2001/470/EG des Rates v. 28.5.2001 über die Einrichtung eines Europäischen Justiziellen Netzes für Zivil- und Handelssachen, ABl. EG L 174 S. 25. Mit Wirkung ab dem 1.1.2001 wurde die Entscheidung v. 28.5.2001 abgeändert und ergänzt durch die Entscheidung Nr. 568/2009/EG des Europäischen Parlamentes und des Rates v. 18.6.2009 zur Änderung der Entscheidung 2001/470/EG des Rates über die Einrichtung eines Europäischen Justiziellen Netzes für Zivil- und Handelssachen, ABl. EG L 168 v. 30.6.2009, S. 35. Zur Tätigkeit der Verbindungsrichter näher *Carl/Menne* NJW 2009, 3537.

anderen Mitgliedstaates erfolgen (Abs. 2 S. 1). In den beiden zuletzt genannten Fällen muss jedoch mindestens eine der **Parteien zugestimmt** haben (Abs. 2 S. 2). Gegen den gemeinsamen Willen sämtlicher Parteien kann daher keine Zuständigkeit eines anderen Gerichtes begründet werden.[551]

5　Das in Abs. 1 und 2 verwendete Merkmal der „**Partei**" wird in der EheVO 2003 nicht näher definiert. Der deutsche Gesetzgeber sah daher Raum für eine eigenständige Regelung im deutschen Verfahrensrecht.[552] Parteien iSd Art. 15 sind gem. dem mit Wirkung zum 1.1.2011 anwendbaren § 13 a Abs. 6 S. 1 IntFamRVG die Beteiligten nach § 7 Abs. 1 und Abs. 2 Nr. 1 FamFG. Nach der Rechtsprechung ist grundsätzlich auch das Kind möglicher Beteiligter nach § 7 Abs. 2 Nr. 1 FamFG.[553] Ob Art. 15 dem nationalen Verfahrensrecht allerdings tatsächlich die Möglichkeit gibt, auch das vom Verfahren betroffene **Kind** als „Partei" einzustufen, erscheint zweifelhaft. Nach der hier vertretenen Auffassung spricht mehr dafür, dass das Kind nach den Vorgaben der EheVO 2003 nicht zugleich „Partei" sein kann, sondern seinen Interessen durch die Möglichkeit einer amtswegigen Zuständigkeitsübertragung und die stets vorgesehene Kindeswohlprüfung abschließend Rechnung getragen werden soll.[554] Hierfür spricht insbesondere auch die Regelung in Art. 42 Abs. 2, die zwischen der Anhörung „des Kindes" (lit. a) einerseits und der Anhörung der „Parteien" (lit. b) differenziert, also offenbar davon ausgeht, dass das Kind selbst gerade nicht Partei ist.[555] Es ist aber nicht davon auszugehen, dass den einzelnen Vorschriften der EheVO 2003 ein jeweils unterschiedlicher Begriff der „Partei" zugrunde liegt.

6　Voraussetzung für eine Aussetzung bzw. ein Ersuchen nach Abs. 1 ist nach Art. 15 Abs. 1, dass das Kind eine **besondere Bindung zu einem anderen Mitgliedstaat** hat. Abs. 3 zählt bestimmte Anknüpfungsmomente auf, bei denen eine Beziehung zu einem anderen Mitgliedstaat vermutet wird. Es handelt sich um den Mitgliedstaat, in dem das Kind vor oder nach Anrufung des Gerichts seinen gewöhnlichen Aufenthalt hat (lit. a, b), dem das Kind angehört (lit. c),[556] in dem ein Träger der elterlichen Verantwortung seinen gewöhnlichen Aufenthalt hat (lit. d) oder in dem sich Vermögen des Kindes befindet, wenn sich die Streitsache auf die Erhaltung dieses Vermögens oder die Verfügung über dieses Vermögen bezieht (lit. e).[557] Nach der nicht näher begründeten Auffassung des EuGH handelt es sich hierbei um eine **abschließende Aufzählung**.[558] Dadurch ergibt sich ein Unterschied zu der Parallelvorschrift des Art. 8 KSÜ; diese formuliert allgemein, dass eine Verweisung an den Staat möglich ist, zu dem das Kind eine enge Verbindung hat. Die Auslegung durch den EuGH führt dazu, dass eine Verweisung in bestimmten Fällen, in denen sie an sich sachgerecht wäre, nicht möglich ist. So kann eine Verweisung nach Art. 15 nicht darauf gestützt werden, dass andere Bezugspersonen oder Geschwister ihren gewöhnlichen Aufenthalt in einem anderen Mitgliedstaat haben; eine einheitliche und abgestimmte Verteilung des Sorgerechts ist daher im Falle von Geschwistern unter Umständen nicht möglich.[559] Lit. a bzw. lit. b sollen nach dem EuGH nicht einmal dann analog anwendbar sein, wenn das Kind nicht nur im Zeitraum vor Anrufung des Gerichts, sondern (weitergehend) noch im Zeitpunkt der Anrufung des Gerichts und danach seinen gewöhnlichen Aufenthalt in dem Mitgliedstaat hatte, auf den das Verfahren übertragen werden soll.[560] Dies steht in direktem Gegensatz zu dem Zweck der Norm und kann daher nicht überzeugen.[561]

7　Eine weitere Voraussetzung besteht – im Einklang mit Art. 8 KSÜ – darin, dass das ersuchte Gericht den Fall nach der Auffassung des an sich zuständigen Gerichts **besser beurteilen** kann Nach dem EuGH ist im Hinblick auf die bessere Beurteilungsmöglichkeit zu prüfen, ob eine Entscheidung durch das ersuchte

---

551　Hierin liegt ein Unterschied zu Art. 8, 9 KSÜ, wo der Elternwille als Tatbestandsmerkmal unmittelbar nicht vorkommt.

552　Siehe BT-Drs. 16/12063 S. 12 (r. Sp.).: „Sowohl die Brüssel-IIa-Verordnung als auch das Haager Kinderschutzübereinkommen verwenden … den Begriff „Partei", überlassen es aber dem nationalen Verfahrensrecht zu bestimmen, wer „Partei" im Sinne dieser Vorschrift ist."

553　BGH NJW 2011, 3454 (Rn. 8); OLG Koblenz NJW 2011, 236 (237); OLG Oldenburg FPR 2011, 342; FamRZ 2010, 660 (661); OLG Stuttgart FamRZ 2010, 1166.

554　Abw. *Hausmann*, IntEuFamR, F 239; *Heiderhoff* IPRax 2019, 213 (214 f.).

555　*Busch/Rölke* FamRZ 2004, 1338 (1341).

556　Bei der mehrfachen Staatsangehörigkeit reicht grundsätzlich wohl auch eine nicht-effektive aus; allerdings dürfte hier eine Verweisung regelmäßig deshalb ausscheiden, weil das andere Gericht den Fall nicht besser beurteilen kann als das an sich

zuständige Gericht bzw. die Verweisung nicht dem Kindeswohl entspräche (vgl. auch – in der Begr. abweichend, aber im Erg. ähnlich – *Hau* IPRax 2010, 50 (53)).

557　Bedenken diesbezüglich finden sich in der Stellungnahme des Wirtschafts- und Sozialausschusses, ABl. EG 2003 C 58 S. 79 (Rn. 5.2.7 und Rn. 5.2.7.1).

558　EuGH Rs. C-478/17 (IQ ./. JP), NJW 2018, 3435 (Rn. 35) („abschließend aufgeführten Umstände"); zuvor EuGH Rs. C-428/15 (Child and Family Agency), FamRZ 2016, 2071 (Rn. 51) mAnm *Gössl*.

559　Vgl. dazu Schlussanträge der Generalanwältin Eleanor Sharpston v. 20.5.2010 in der Rechtssache C-256/09 (Bianca Purrucker ./. Guillermo Vallés Pérez), Rn. 95 ff. (betr. Zwillinge mit gewöhnlichem Aufenthalt in verschiedenen Mitgliedstaaten).

560　EuGH Rs. C-478/17 (IQ ./. JP), NJW 2018, 3435 (Rn. 35 ff.), betreffend eine Verweisung durch ein nach Art. 12 zuständiges Gericht.

561　Wie hier *Mansel/Thorn/Wagner* IPRax 2019, 85 (109 f.) („wirkt absurd").

Gericht einen „realen und konkreten Mehrwert" für das Kind erbringen würde.[562] Hierbei sind nach dem EuGH auch Verfahrensvorschriften des anderen Mitgliedstaats – wie etwa Beweisregelungen – zu berücksichtigen. Demgegenüber ist nach dem EuGH nicht zu berücksichtigen, welches materielle Recht von dem ersuchten Gericht angewendet würde.[563] Ferner muss der Zuständigkeitstransfer dem **Wohl des Kindes** entsprechen. Hierbei ist nach dem EuGH zu berücksichtigen, ob die Verweisung die Gefahr nachteiliger Auswirkungen für das Kind in sich birgt; hierbei sind vor allem die emotionalen, familiären und sozialen Beziehungen des Kindes sowie seine materielle Lage in den Blick zu nehmen.[564] Negative Einwirkungen auf dritte Personen – etwa die Freizügigkeit der Mutter – sind als solche ohne Belang, soweit sie sich nicht mittelbar auch auf das Kind auswirken.[565] Nach Art. 15 kann sich das Ersuchen auch auf einen **Teil des Falles** beschränken. Denkbar ist dies etwa dann, wenn sowohl über das Sorgerecht und ein Umgangsrecht zu entscheiden ist und sich (nur) der Umgangsberechtigte in dem anderen Staat befindet; hier kann sich das Ersuchen auf die Entscheidung über das Umgangsrecht beschränken.[566]

Das ersuchte Gericht hat stets selbst noch einmal zu prüfen, ob seine Zuständigkeit dem **Wohl des Kindes**   **8** entspricht (Abs. 5 S. 1). Das Kindeswohl muss also sowohl von dem ersuchenden als auch dem ersuchten Gericht geprüft werden.[567] Zur Klärung dieser Frage ist eine enge Zusammenarbeit der Gerichte erforderlich.[568] Die Form der Zuständigkeitserklärung richtet sich nach dem nationalen Recht.[569] Erklärt sich das ersuchte Gericht nicht innerhalb einer Frist von sechs Wochen für zuständig, bleibt es bei der ursprünglichen Zuständigkeitsverteilung (Abs. 5 S. 3). Nicht möglich ist eine **Weiterverweisung** an ein drittes Gericht.[570]

Art. 15 regelt nicht, inwieweit die zur Verweisung notwendigen (Zwischen-)Entscheidungen der beteiligten   **9** Gerichte mit **Rechtsbehelfen** angreifbar sind. Die Frage bleibt dem nationalen Recht überlassen.[571] In Deutschland befindet sich die maßgebliche Regel in dem mit Wirkung zum 1.1.2011 geschaffenen § 13 a Abs. 4 S. 1 IntFamRVG. Mit der sofortigen Beschwerde angreifbar ist hiernach die Entscheidung, das Gericht des anderen Mitgliedstaats nach Art. 15 Abs. 1 lit. b um Übernahme der Zuständigkeit zu ersuchen (Nr. 1).[572] Ebenfalls mit der sofortigen Beschwerde angreifbar ist die Entscheidung, das Verfahren nach Art. 15 Abs. 1 lit. a auszusetzen (Nr. 2), sowie die Entscheidung, das Gericht eines anderen Mitgliedstaats nach Art. 15 Abs. 2 lit. c um Abgabe der Zuständigkeit zu ersuchen (Nr. 3). Im Übrigen sind Beschlüsse nach Art. 15 unanfechtbar (§ 13 a Abs. 5 IntFamRVG); dies wird insbesondere mit dem Beschleunigungsgrundsatz begründet.[573] Nicht mit der sofortigen Beschwerde angreifbar ist die Entscheidung, nicht nach Art. 15 Abs. 1 lit. a auszusetzen.[574] Nicht angreifbar ist ferner der Beschluss, in dem sich das deutsche Familiengericht nach der Übernahme der Zuständigkeit durch das Gericht eines anderen Mitgliedstaats für unzuständig erklärt.[575] Nicht mit der sofortigen Beschwerde anfechtbar ist aber auch der Beschluss, die internationale Zuständigkeit auf Ersuchen eines Gerichts eines anderen Mitgliedstaats zu übernehmen.[576] Die Rechtsbeschwerde ist in allen Fällen ausgeschlossen (§ 13 a Abs. 4 S. 2 IntFamRVG). Die Parteien haben die Möglichkeit, nach Maßgabe von § 13 a Abs. 4 S. 1 IntFamRVG bzw. nach Maßgabe des ausländischen Rechts gegen die dortigen Zwischenentscheidungen vorzugehen.

§ 13 Abs. 4 S. 3 IntFamRVG bestimmt, dass die in § 13 a Abs. 4 S. 1 IntFamRVG genannten – mit der sofortigen Beschwerde angreifbaren – Beschlüsse erst mit ihrer **Rechtskraft** wirksam werden. Vorher darf ein   **10** ausländisches Gericht nicht um eine Übernahme des Verfahrens ersucht werden. Nach § 13 Abs. 4 S. 4

562 EuGH Rs. C-428/15 (Child and Family Agency), FamRZ 2016, 2071 (Rn. 57).
563 EuGH Rs. C-428/15 (Child and Family Agency), FamRZ 2016, 2071 (Rn. 57).
564 EuGH Rs. C-428/15 (Child and Family Agency), FamRZ 2016, 2071 (Rn. 58 ff.).
565 EuGH Rs. C-428/15 (Child and Family Agency), FamRZ 2016, 2071 (Rn. 62 ff., 66).
566 EuGH Rs. C-428/15 (Child and Family Agency), FamRZ 2016, 2071 (Rn. 60). Nach dem EuGH kann eine solche Teilverweisung insbesondere dann in Betracht gezogen werden, wenn die Nähebeziehung zu einem anderen Mitgliedstaat nicht unmittelbar das Kind als solches, sondern aus dem in Art. 15 Abs. 3 lit. d genannten Grund einen Träger der elterlichen Verantwortung betrifft.
567 Kommissionsvorschlag KOM (2002) 222 endg./2, S. 11 (zu Art. 15).
568 Der Leitfaden der Kommission zur Verordnung (s. Vor Rn. 23), S. 37, schlägt ua eine direkte Kommunikation der Gerichte per Telefon oder E-Mail vor. Bei

Sprachprobleme könne die Hilfe von Dolmetschern sowie der zentralen Behörden in Anspruch genommen werden.
569 OGH FamRZ 2016, 543 (544) mAnm *Mankowski*.
570 S. Erwägungsgrund Nr. 13 zur EheVO 2003 (ABl. EG 2003 L 338 S. 2).
571 OGH FamRZ 2016, 543 (544) mAnm *Mankowski*.
572 Vor dem Inkrafttreten des § 13 a IntFamRVG hatte sich der BGH noch gegen die Anfechtbarkeit dieser (Zwischen-)Entscheidung ausgesprochen (BGH IPRax 2009, 77 m. zust. Anm. *Roth* 56 und krit. Bespr. *Gebauer* LMK 2008, 265950 (noch zum alten Recht); zu der mögl. Folge, dass zwei Gerichte mit derselben Sache befasst sind, krit. *Schulz* FS Kropholler 2008, S. 435, 447.
573 RegE, BT-Drs. 16/12063, S 12 l. Sp.
574 OLG Stuttgart IPRax 2015, 251.
575 S. den RegE, BT-Drs. 16/12063, S. 11 r. Sp. Anders war dies vor Inkrafttreten des § 13 a IntFamRVG (BGH IPRax 2009, 77; *Roth* IPRax 2009, 56 (57)).
576 RegE, BT-Drs. 16/12063, S. 12 l. Sp.

IntFamRVG ist besonders darauf hinzuweisen, dass der Beschluss erst mit Rechtskraft wirksam wird. Dieser Hinweis ist insbesondere dann relevant, wenn sich die Parteien – etwa in den Fällen des Art. 15 Abs. 1 lit. a – an das Gericht eines anderen Mitgliedstaates wenden, noch bevor der Beschluss rechtskräftig geworden ist.

11 Mangels Erheblichkeit konnte der EuGH die Vorlagefrage, ob eine Verweisung Art. 15 auch außerhalb eines anhängigen Verfahrens möglich ist, offenlassen.[577] Art. 15 setzt dem Wortlaut nach voraus, dass die Verweisung durch ein in der Sache „angerufenes" Gericht erfolgt (s. etwa Abs. 5 S. 2: „zuerst angerufene Gericht"). Ist kein Verfahren anhängig, ist daher nach der hier vertretenen Auffassung eine Verweisung nicht möglich.

Abschnitt 3

Gemeinsame Bestimmungen

Art. 16 EheVO 2003 Anrufung eines Gerichts

(1) Ein Gericht gilt als angerufen

a) zu dem Zeitpunkt, zu dem das verfahrenseinleitende Schriftstück oder ein gleichwertiges Schriftstück bei Gericht eingereicht wurde, vorausgesetzt, dass der Antragsteller es in der Folge nicht versäumt hat, die ihm obliegenden Maßnahmen zu treffen, um die Zustellung des Schriftstücks an den Antragsgegner zu bewirken,

oder

b) falls die Zustellung an den Antragsgegner vor Einreichung des Schriftstücks bei Gericht zu bewirken ist, zu dem Zeitpunkt, zu dem die für die Zustellung verantwortliche Stelle das Schriftstück erhalten hat, vorausgesetzt, dass der Antragsteller es in der Folge nicht versäumt hat, die ihm obliegenden Maßnahmen zu treffen, um das Schriftstück bei Gericht einzureichen.

1 Art. 16 enthält eine **Definition des Rechtshängigkeitszeitpunkts.** Die Vorschrift gilt – wie alle in Abschnitt 3 enthaltenen Bestimmungen – gleichermaßen für Ehesachen und für Verfahren über die elterliche Verantwortung.

2 Die in Art. 16 enthaltene Definition ist vor allem im Rahmen des **Rechtshängigkeitseinwands** (Art. 19) von Bedeutung. Daneben kommt es auch im Rahmen der internationalen Zuständigkeit zT auf den Zeitpunkt der Rechtshängigkeit an. Insbesondere steht ein Wechsel des gewöhnlichen Aufenthalts oder der Staatsangehörigkeit nach dem **perpetuatio-fori-Grundsatz** einer einmal begründeten internationalen Zuständigkeit nicht entgegen, soweit er nach dem in Art. 16 definierten Zeitpunkt der Rechtshängigkeit eintritt (→ EheVO Art. 3 Rn. 7). Art. 16 ist nur für die in der EheVO 2003 geregelten Fragen relevant; die Definition des Rechtshängigkeitszeitpunkts gilt nicht für Fragen, die außerhalb des Anwendungsbereichs der EheVO 2003 liegen. Die Vorschrift gilt damit von vornherein nicht für den Fall, dass konkurrierende Verfahren vor dem Gericht eines Mitgliedstaats und eines **Drittstaats** anhängig sind; hier bleibt es – auch was die Bestimmung des Zeitpunkts der Rechtshängigkeit anbelangt – allein bei der Maßgeblichkeit des nationalen Rechts.[578] Es ist auch *de lege lata* nicht von einer (stillschweigenden) Bezugnahme des deutschen Verfahrensrechts auf Art. 16 EheVO 2003 auszugehen.[579]

3 Art. 16 sieht eine autonome, von den im nationalen Recht enthaltenen Definitionen unabhängige Bestimmung des Rechtshängigkeitszeitpunkts vor.[580] Art. 16 ist inhaltsgleich mit Art. 32 Abs. 1 EuGVVO nF (= Art. 30 EuGVVO aF), so dass die zu Art. 32 Abs. 1 EuGVVO nF ergehende Rechtsprechung und Literatur auch für Art. 16 Bedeutung hat.[581] Je nachdem, ob nach der jeweiligen lex fori zuerst die Antrags- bzw. Klageeinreichung bei Gericht oder die Zustellung zu erfolgen hat, kommt es alternativ auf die **Einreichung**

577　EuGH, Rs. C-436/13 (E ./. B), NJW 2014, 3355 (Rn. 51).

578　Nach dem BGH richtet sich der Zeitpunkt der Rechtshängigkeit in einem Drittstaat nach der dortigen *lex fori*; für den Zeitpunkt der Rechtshängigkeit des deutschen Verfahrens gilt die deutsche *lex fori* (BGH FamRZ 1992, 1058 (1059)); diese Lösung weiterhin zugrunde legend KG IPRax 2018, 74 (Rn. 23) = FamRZ 2016, 836 mit abl. Anm. *Geimer.*

579　S. etwa KG IPRax 2018, 74 (Rn. 24) = FamRZ 2016, 836; aA aber neuerdings *Haidmayer* IPRax 2018, 35

(38 f.); *Hausmann*, IntEuFamR, A 135; *Geimer*; FamRZ 2016, 840 (841).

580　Vorschriften des nationalen Rechts, die darüber bestimmen, „wann und unter welchen Umständen das Verfahren eröffnet ist oder als anhängig gilt", sind ohne Belang (EuGH, Rs. C-173/16 (M.H. ./. M.H.), FamRZ 2017, 767 (Leitsatz) (Rn. 28)).

581　Siehe EuGH, Rs. C-507/14, FamRZ 2015, 1865 (Leitsatz) (Rn. 30 ff.) mAnm *Mankowski*; Rauscher/ *Rauscher* Brüssel IIa-VO Art. 16 Rn. 3; Thomas/ Putzo/*Hüßtege* EuEheVO Art. 16 Rn. 1; Althammer/ *Schäuble* EheVO Art. 16 Rn. 1.

des Schriftstücks bei Gericht (lit. a) oder die **Übergabe des Schriftstücks an die für die Zustellung zuständige Behörde** an (lit. b). Die Rechtshängigkeit tritt maW in dem Zeitpunkt ein, in dem das **verfahrenseinleitende Schriftstück** oder ein gleichwertiges Schriftstück bei Gericht eingereicht wird oder das Schriftstück an die für die Zustellung zuständige Behörde übergeben wird.[582] Der **Antrag auf Gewährung von Verfahrenskostenhilfe** ist als solcher kein verfahrenseinleitendes Schriftstück; er ist aber als ein gleichwertiges Schriftstück iSd Vorschrift anzusehen.[583] Hierfür spricht, dass ansonsten der Antragsgegner immer dann, wenn er von dem Antrag auf Gewährung von Verfahrenskostenhilfe erfährt, rasch einen eigenen Antrag bei einem anderen Gericht stellen und damit das durch den Verfahrenskostenhilfeantrag vorbereitete Verfahren gem. Art. 19 „sperren" könnte.[584]

Art. 16 setzt weiter voraus, dass es der Antragsteller in der Folge nicht versäumt, die ihm **obliegenden**   **4** **Maßnahmen** zu treffen, um die noch fehlende Zustellung des Schriftstücks an den Antragsgegner zu bewirken (lit. a) bzw. das Schriftstück bei Gericht einzureichen (lit. b).[585] Welche Maßnahmen dem Antragsteller iE obliegen, richtet sich grundsätzlich nach der jeweiligen lex fori.[586] Werden **deutsche Gerichte** mit einem unter die EheVO 2003 fallenden Rechtsstreit befasst, so richtet sich der Rechtshängigkeitszeitpunkt nach lit. a (Zeitpunkt der Einreichung des verfahrenseinleitenden Schriftstücks), da nach dem deutschen Verfahrensrecht die Einreichung des Schriftstücks bei Gericht vor der Zustellung zu erfolgen hat. Voraussetzung ist dementsprechend, dass es der Antragsteller nicht versäumt, die nach dem deutschen Verfahrensrecht für die Zustellung erforderlichen Maßnahmen zu treffen.

Anhaltspunkte für die Obliegenheiten des Antragstellers können im deutschen Recht aus der Rechtsprechung   **5** zu § 167 ZPO nF gewonnen werden.[587] Nach dem deutschen Verfahrensrecht hat der Antragsteller in der Antragsschrift zB die richtige Zustelladresse zu nennen.[588] Daneben hat er, wenn er den Antrag nicht elektronisch einreicht, die für die Zustellung erforderliche Abschrift der Antragsschrift vorzulegen (§ 124 S. 2 FamFG iVm § 253 Abs. 5 ZPO);[589] eine entsprechende Obliegenheit hat der BGH allerdings für den (Sonder-)Fall einer Auslandszustellung verneint.[590] Ferner fehlt es an den für die Zustellung erforderlichen Maßnahmen ua auch dann, wenn bei einem Antrag auf Verfahrenskostenhilfe die erforderlichen Angaben nicht gemacht werden oder es der Antragsteller versäumt, den nach § 14 FamGKG erforderlichen Kostenvorschuss einzuzahlen,[591] wobei nach der vom BGH zu § 167 ZPO vertretenen Auffassung der Antragsteller zunächst eine entsprechende Aufforderung durch das Gericht abwarten kann.[592]

---

582 Bei konkurrierenden Verfahren ist uU nicht nur der Tag, sondern auch die Uhrzeit der Einreichung bzw. Übergabe des Schriftstücks maßgebend (s. dazu Cass. civ. 11–6.2008, J.D.I. 136 (2009) 587 mAnm *Fohrer-Dedeuwaerder*, 588 ff.; weitere Lit.Nachw. zu der Entscheidung bei *Dilger* IPRax 2010, 54 (58) (Fn. 55).

583 So Staudinger/*Spellenberg* EheVO Art. 16 Rn. 11; *Hausmann*, IntEuFamR, A 185 und F 267; aA *Dimmler* FamRB 2017, 55 (56); s. auch OLG Stuttgart NJW 2013, 398 (Antrag auf Verfahrenskostenhilfe keine Verfahrenseinleitung im Sinne von Art. 18 Rom III-VO). Nach dem BGH stellt die Einreichung einer Antragsschrift zur Bewilligung von Verfahrenskostenhilfe keine Verfahrenseinleitung nach Art. 11 Abs. 1 FGG-RG dar (BGH FamRZ 2012, 783 (Rn. 21)). Diese zum nationalen Recht ergangene Rechtsprechung ist aber nicht auf die Auslegung der EheVO 2003 übertragbar.

584 Staudinger/*Spellenberg* EheVO Art. 16 Rn. 11.

585 Der Sinn der Regelung besteht darin zu verhindern, dass der Antragsteller nach „Setzung des ersten Elements trotz Untätigkeit das Forum gleichsam blockieren kann"; vgl. *Kohler* in Revision des EuGVÜ, Neues Schiedsverfahrensrecht, S. 1, 25.

586 *Gruber* FamRZ 2000, 1129 (1133).

587 Althammer/*Schäuble* EheVO Art. 16 Rn. 7; Thomas/Putzo/*Hüßtege* EuEheVO Art. 16 Rn. 3; *Gruber* FamRZ 2000, 1129 (1133).

588 Althammer/*Schäuble* EheVO Art. 16 Rn. 7; Thomas/Putzo/*Hüßtege* EuEheVO Art. 16 Rn. 3; *Gruber*

FamRZ 2000, 1129 (1133). Nach Auffassung des KG hat der Antragsteller seinen Obliegenheiten Genüge getan, wenn er zwar nicht die (ihm unbekannte) ladungsfähige Anschrift der Antragsgegnerin, aber dafür die Anschrift des früheren Verfahrensbevollmächtigten benannt hat (FamRZ 2005, 1685 = NJW-RR 2005, 881). Die in England befindliche Antragsgegnerin hatte sich geweigert, ihre Anschrift bekanntzugeben. Zur (ausnahmsweise) ausreichenden Angabe einer bloßen Postfachadresse OLG Stuttgart IPRax 2015, 430 mit Bespr. *Thole* 406 (zur EuGVVO).

589 *Gruber* FamRZ 2000, 1129 (1133); Althammer/*Schäuble* EheVO Art. 16 Rn. 7; HK-FamR/*Rieck* EheVO Art. 16 EheVO 2003 Rn. 6; *Gröschl*, S. 184; abweichend MüKoZPO/*Gottwald* EheVO Art. 16 Rn. 4 und *Hausmann*, IntEuFamR, A 143 und F 270 mit dem Hinweis, dass Abschriften auf Kosten des Antragstellers von der Geschäftsstelle angefertigt werden können (vgl. FamGKG-Kostenverzeichnis Teil 2 Nr. 2000). Allerdings tritt dann Rechtshängigkeit nach der hier vertretenen Auffassung erst mit der Anfertigung der Abschriften durch die Geschäftsstelle bzw. dem Nachreichen der Abschriften durch den Antragsteller ein.

590 BGH NJW 2003, 2830.

591 *Hausmann*, IntEuFamR, A 143 und F 270; MüKoZPO/*Gottwald* EheVO Art. 16 Rn. 2.

592 BGH NJW 2016, 568 (569) (Rn. 13).

6 Verzögerungen, die nicht auf eine Verletzung der prozessualen Obliegenheiten des Antragstellers, sondern das betreffende Gerichtssystem zurückzuführen sind, sind demgegenüber ohne Belang.[593] Allerdings kann sich im Einzelfall wiederum die Obliegenheit des Antragstellers ergeben, gerichtliche Versäumnisse auszugleichen. Fordert das Gericht den Gerichtskostenvorschuss nicht an, so hat der Antragsteller die Obliegenheit, nach einer gewissen Frist beim Gericht nachzufragen.[594] Sieht das nationale Verfahrensrecht vor, dass die Zustellung auf Initiative des Antragstellers hin für eine gewisse Zeitlang unterbleiben kann, um Raum für Güteverhandlungen zu geben, liegt in der Wahrnehmung dieser Möglichkeit durch den Antragsteller keine Verletzung prozessualer Obliegenheiten.[595]

7 Der **Zeitpunkt**, in dem die dem Antragsteller obliegenden Maßnahmen zu treffen sind, hängt von der äußeren Ausgestaltung des jeweiligen Verfahrens ab und richtet sich insoweit ebenfalls nach der lex fori. Fehlt es an Vorgaben der lex fori, ist die Frage nach dem Vorliegen eines "Versäumnisses" autonom zu beantworten; abzustellen ist darauf, ob entstandene Verzögerungen auf die objektive Nichtbeachtung von prozessualen Obliegenheiten des Antragstellers zurückzuführen sind.[596] Auch wenn die Wortwahl des EuGH in eine andere Richtung deutet,[597] kommt es hierbei nicht darauf an, ob die Nichtbeachtung bestimmter Obliegenheiten auf Vorsatz oder Fahrlässigkeit des Antragstellers beruhen.[598]

8 Soweit nach der lex fori bestimmte Maßnahmen bereits mit der Einreichung des Schriftstücks bei Gericht vorzunehmen sind, sollte es nach der hier vertretenen Auffassung bei dem von der lex fori bestimmten Zeitpunkt sein Bewenden haben. So ist – um ein Beispiel zu nennen – nach dem deutschen Recht die für die Zustellung des Antrags erforderliche Adresse des Antragsgegners bereits in der Antragsschrift selbst zu nennen. Reicht der Antragsteller eine Antragsschrift ein, in der es an einer Zustelladresse des Antragsgegners fehlt, hat er richtigerweise bereits hierdurch die für die Zustellung erforderlichen Maßnahmen im Sinne des Art. 16 nicht getroffen, auch wenn das Versäumnis bei einer streng am Wortlaut des Art. 16 orientierten Auslegung nicht in „der Folge" der Antragstellung, sondern bereits bei Antragstellung aufgetreten ist. Es besteht kein hinreichender Grund dafür, die im nationalen Recht definierten Verhaltensanforderungen bei Anwendung von Art. 16 zu lockern.[599]

9 Art. 16 enthält keine Bestimmung des Rechtshängigkeitszeitpunkts für den Fall, dass es der Antragsteller zunächst versäumt, die nach der lex fori verlangten Maßnahmen rechtzeitig zu treffen – also zB in der Antragsschrift nicht die erforderliche Zustelladresse nennt –, diese **Maßnahmen aber zu einem späteren Zeitpunkt nachholt**. Man könnte hier den späteren Zeitpunkt der Zustellung für maßgeblich halten. Aus Wertungsgründen erscheint es jedoch zutreffend, auf den Zeitpunkt abzustellen, in dem die erforderliche Maßnahme nachgeholt wird. In der Tat ließe es sich kaum rechtfertigen, etwa den Antragsteller, der zB die Antragsschrift zu einem früheren Zeitpunkt einreicht und die Zustelladresse zu einem späteren Zeitpunkt nennt, schlechter zu stellen als einen Antragsteller, der die gesamte Antragsschrift mitsamt der Zustelladresse erst zu diesem späteren Zeitpunkt bei Gericht einreicht.[600] Nicht maßgeblich ist, ob infolge der verspäteten Vornahme einer dem Antragsteller obliegenden Maßnahme die Zustellung in concreto verzögert wurde, sie also später erfolgt ist als bei unterstellter rechtzeitiger Vornahme dieser Maßnahme.

10 Nicht eindeutig geregelt ist, ob bereits ein der Ehescheidung vorgeschaltetes ausländisches **„Versöhnungsverfahren"** zu einer Rechtshängigkeit des Scheidungsverfahrens führt und damit gegenüber anderen Ehesachen den Rechtshängigkeitseinwand nach Art. 19 Abs. 1 begründet. Nach einer verbreiteten Ansicht kommt es darauf an, ob das Versöhnungsverfahren bei einer wertenden Gesamtschau aller Umstände ein eigenständiges Verfahren oder einen Bestandteil eines einheitlichen Scheidungsverfahrens darstellt.[601] Ein Versöhnungsverfahren stellt regelmäßig dann einen Bestandteil des Scheidungsverfahrens dar, wenn es der Scheidung zwingend vorangeschaltet ist oder wenn es, nachdem es gescheitert ist, nach der lex fori ohne gesonderten Antrag in das eigentliche Scheidungsverfahren übergeht.[602] Als Bestandteil eines einheitlichen

593 EuGH, Rs. C-507/14, FamRZ 2015, 1865 (Leitsatz) (Rn. 34) mAnm *Mankowski* und *Nordmeier* IPRax 2016, 329; EuGH, Rs. C-173/16 (M.H. ./. M.H.), FamRZ 2017, 767 (Leitsatz) (Rn. 27).
594 BGH NJW 2016, 568 (569) (Rn. 13).
595 EuGH, Rs. C-507/14, FamRZ 2015, 1865 (Leitsatz) (Rn. 39) mAnm *Mankowski*.
596 Magnus/Mankowski/*Mankowski* EheVO Art. 16 Rn. 50 ff.
597 Siehe EuGH, Rs. C-507/14, FamRZ 2015, 1865 (Leitsatz) (Rn. 39 und 40).
598 *Nordmeier* IPRax 2016, 329 (332).
599 Zustimmend *Nordmeier* IPRax 2016, 329 (333).
600 Thomas/Putzo/*Hüßtege* EuEheVO Art. 16 Rn. 3; *Hausmann*, IntEuFamR, A 144; Prütting/Gehrlein/

Völker/Dimmler EheVO Art. 16 Rn. 2; *Gruber* FamRZ 2000, 1129 (1133).
601 *Gruber* FamRZ 2000, 1129 (1132); Rauscher/*Rauscher* Brüssel IIa-VO Art. 16 Rn. 11; Thomas/Putzo/*Hüßtege* EuEheVO Art. 19 Rn. 3; *Gröschl*, S. 180 f.; abweichend (ein Versöhnungsverfahren sei immer als Teil des Scheidungsverfahrens anzusehen) *Boele-Woelki* ZfRV 2001, 121 (126). Zum autonomen deutschen Recht vgl. OLG Stuttgart IPRax 1990, 113, nach dessen Ansicht ein japanisches Güteverfahren über Unterhaltsansprüche gegenüber einem inländischen Rechtsstreit über Unterhaltsansprüche keine Blockadewirkung entfalte, da es nicht „prozessähnlich ausgestaltet" sei, sondern eine „selbständiges reines Güteverfahren" darstelle.
602 Staudinger/*Spellenberg* EheVO Art. 16 Rn. 14.

Scheidungsverfahrens wird insbesondere das Versöhnungsverfahren nach dem französischen, italienischen oder portugiesischen Recht bewertet.[603] Im letztgenannten Fall begründet damit bereits die Einleitung eines „Versöhnungsverfahrens" einen Rechtshängigkeitseinwand im Hinblick auf die in Art. 19 Abs. 1 genannten Scheidungs- und Eheaufhebungsverfahren.[604]

Die in Art. 16 enthaltene Definition ist nicht auf Verfahren zugeschnitten, die – wie insbes. zahlreiche Verfahren über die elterliche Verantwortung – **von Amts wegen** durchzuführen sind. Sind bestimmte Sorgerechtsentscheidungen von Amts wegen im Rahmen eines Scheidungsverfahrens zu treffen, kommt es nach der hier vertretenen Ansicht für die Rechtshängigkeit des Sorgerechtsverfahrens auf die Einleitung des Scheidungsverfahrens an. In den übrigen Fällen, etwa beim **Entzug des Sorgerechts** oder der **Anordnung einer Vormundschaft**, wird das Gericht bzw. die Behörde regelmäßig aufgrund einer Anregung oder einer Information durch Dritte tätig. Denkbar wäre es daher, in Analogie zu der förmlichen Einreichung des Schriftstücks iSd Art. 16 EheVO 2003 auf den Eingang der entsprechenden Anregung oder Information beim Gericht bzw. der Behörde abzustellen. Der genaue Zeitpunkt, in dem diese Anregung oder Information eingegangen ist, dürfte sich aber nicht immer ohne Weiteres sicher feststellen lassen; zudem erscheint es nicht sachgerecht, bloße Anregungen oder Informationen einem förmlichen Antrag gleichzustellen. Die ab dem 1.8.2022 anwendbare EheVO 2019 stellt auf den Zeitpunkt ab, zu dem der **Beschluss über die Einleitung des Verfahrens** vom Gericht gefasst wird oder, wenn ein solcher Beschluss nicht erforderlich ist, auf den Zeitpunkt, zu dem die Sache beim Gericht eingetragen wird (Art. 17 lit. c EheVO 2019). Diese Definition erscheint der Sache nach auch schon unter Geltung der EheVO 2003 sachgerecht.[605] **11**

Art. 17 EheVO 2003 Prüfung der Zuständigkeit

Das Gericht eines Mitgliedstaates hat sich von Amts wegen für unzuständig zu erklären, wenn es in einer Sache angerufen wird, für die es nach dieser Verordnung keine Zuständigkeit hat und für die das Gericht eines anderen Mitgliedstaats aufgrund dieser Verordnung zuständig ist.

Art. 17 enthält für deutsche Juristen keine wesentlichen Neuerungen. Im Kern besagt die Vorschrift, dass die internationale Unzuständigkeit des angerufenen Gerichts auch dann zu berücksichtigen ist, wenn sich der Antragsgegner bzw. der Beklagte nicht auf die Unzuständigkeit beruft. Sie ist an Art. 27 EuGVVO nF (= Art. 25 EuGVVO aF) angelehnt.[606] **1**

Dem Wortlaut nach besagt Art. 17, dass sich das unzuständige Gericht „von Amts wegen" für unzuständig zu erklären hat. Nach zutreffender Ansicht wird hierdurch lediglich eine **Prüfung von Amts** wegen, nicht aber eine Feststellung der Tatsachen im Wege der Amtsermittlung vorgeschrieben.[607] Ob die von der EheVO 2003 vorgeschriebene Amtsprüfung zu einer Amtsermittlung verstärkt wird, richtet sich iÜ nach dem nationalen Verfahrensrecht.[608] Die Prüfung hat in jedem Verfahrensabschnitt – auch noch im Rechtsbeschwerdeverfahren – zu erfolgen.[609] **2**

Eine Unzuständigkeit nach der EheVO 2003 besteht dann, wenn sich aus den Art. 3–5, 8–13 keine internationale Zuständigkeit ergibt.[610] Seinem Wortlaut nach setzt Art. 17 weiter voraus, dass aufgrund der EheVO 2003 eine internationale Zuständigkeit eines anderen Gerichts eines Mitgliedstaates besteht. Dies hätte zur Folge, dass das angerufene Gericht die internationale Zuständigkeit der Gerichte anderer Mitgliedstaaten zu **3**

603 Zum Versöhnungsverfahren nach dem französischen Recht ausdrücklich OLG Stuttgart FamRZ 2018, 1596; inzident auch EuGH Rs C-489/14 (A ./. B), NJW 2015, 3776 (Rn. 40); siehe ferner aus der französischen Rechtsprechung Cour de cassation, 11.7.2006 (n 05–19.231) J.C.P. 2006 IV 1671 (n. 2788); Cour de cassation 11.7.2006 (n 04–20.405) J.C.P. 2006 IV 1671 f. (n. 2791); (engl.) Court of Appeal (Chorly vs. Chorley) (2005) 1 W.L.R. 1469, 1477; dazu Geimer/Schütze/*Dilger* EheVO Art. 19 Rn. 17; zur französischen Rechtsprechung ferner *Gallant* in Boele/Woelki/Gonzáles Bleifuss, Brussels II-bis, 2007, 107, 100 (Fn. 33); des Weiteren *Finger* FuR 1999, 310 (313) mwN; *Lübbert* ERA-Forum 2003, 18, 24 f.; ausf. *Burckhardt*, Internationale Rechtshängigkeit und Verfahrensstruktur bei Eheauflösungen, 1997, S. 100 f., S. 105 f.

604 Vgl. BGH IPRax 1994, 40 = FamRZ 1992, 1058; Überblick über weitere ausländische Versöhnungs-

verfahren bei *Burckhardt*, Internationale Rechtshängigkeit und Verfahrensstruktur bei Eheauflösungen, 1997, S. 114 f.

605 *Hausmann*, IntEuFamR, F 272; ähnlich Rauscher/*Rauscher* Brüssel IIa-VO Art. 16 Rn. 2; Staudinger/*Spellenberg* EheVO Art. 16 Rn. 5; Staudinger/*Pirrung*, C 108.

606 *Hausmann*, IntEuFamR, A 147 und F 274.

607 Näher Rauscher/*Rauscher* Brüssel IIa-VO Art. 17 Rn. 15; Staudinger/*Spellenberg* EheVO Art. 17 Rn. 6 ff.; *ders.* FS Geimer 2002, S. 1257, 1277 f.; auch Althammer/*Schäuble* EheVO Art. 17 Rn. 2; *Hausmann*, IntEuFamR, A 148 und F 275; Thomas/Putzo/*Hüßtege* EuEheVO Art. 17 Rn. 1; MüKoZPO/*Gottwald* EheVO Art. 17 Rn. 1; *Dilger*, Rn. 318.

608 *Spellenberg* FS Geimer 2002, S. 1257, 1277.

609 *Dilger*, Rn. 318.

610 *Dilger*, Rn. 320.

prüfen hat. Gegen eine solche Pflicht zur Prüfung ausländischer Zuständigkeiten spricht aber, dass sie – da sie keinerlei Bindungswirkung gegenüber den ausländischen Gerichten entfaltet – von vornherein nutzlos bleiben würde.[611]

4 Die Prüfung der Zuständigkeit eines Mitgliedstaates anhand der Art. 3–5 bzw. der Art. 8–13 macht nur in dem Fall Sinn, in dem das erkennende Gericht Restzuständigkeiten des unvereinheitlichten nationalen Rechts in Anspruch nehmen will. Denn eine Anwendung nationalen Zuständigkeitsrechts nach Art. 6, 7 Abs. 1 bzw. nach Art. 14 kommt nur in Betracht, wenn nicht die Gerichte eines anderen Mitgliedstaats zuständig sind (→ EheVO Art. 6, 7 Rn. 1 ff.).[612] Ob eine Restzuständigkeit vorliegt, ist nach den Maßstäben der *lex fori* festzustellen.

5 Das Gericht hat sich dementsprechend auch nur für unzuständig zu erklären; es hat nicht den Rechtsstreit an das zuständige Gericht eines anderen Mitgliedstaats zu verweisen.[613] In Verfahren über die elterliche Verantwortung hat es allerdings – wenn dies das Kindeswohl erfordert – die Verpflichtung, das andere Gericht von seiner **Unzuständigerklärung in Kenntnis zu setzen**. Dies kann auf direktem Wege oder über die Zentralen Behörden (Art. 53 ff.) erfolgen.[614]

Art. 18 EheVO 2003 Prüfung der Zulässigkeit

(1) Lässt sich ein Antragsgegner, der seinen gewöhnlichen Aufenthalt nicht in dem Mitgliedstaat hat, in dem das Verfahren eingeleitet wurde, auf das Verfahren nicht ein, so hat das zuständige Gericht das Verfahren so lange auszusetzen, bis festgestellt ist, dass es dem Antragsgegner möglich war, das verfahrenseinleitende Schriftstück oder ein gleichwertiges Schriftstück so rechtzeitig zu empfangen, dass er sich verteidigen konnte, oder dass alle hierzu erforderlichen Maßnahmen getroffen wurden.

(2) Artikel 19 der Verordnung (EG) Nr. 1348/2000 findet statt Absatz 1 Anwendung, wenn das verfahrenseinleitende Schriftstück oder ein gleichwertiges Schriftstück nach Maßgabe jener Verordnung von einem Mitgliedstaat in einen anderen zu übermitteln war.

(3) Sind die Bestimmungen der Verordnung (EG) Nr. 1348/2000 nicht anwendbar, so gilt Artikel 15 des Haager Übereinkommens vom 15. November 1965 über die Zustellung gerichtlicher und außergerichtlicher Schriftstücke im Ausland in Zivil- und Handelssachen, wenn das verfahrenseinleitende Schriftstück oder ein gleichwertiges Schriftstück nach Maßgabe des genannten Übereinkommens ins Ausland zu übermitteln war.

1 Art. 18 entspricht weitgehend Art. 28 Abs. 2–4 EuGVVO nF (= Art. 26 Abs. 2–4 EuGVVO aF). Die Vorschrift dient dem Schutz des **rechtlichen Gehörs**.[615] Mittelbar soll durch Art. 18 auch verhindert werden, dass die spätere Anerkennung der Entscheidung an Art. 22 lit. b bzw. Art. 23 lit. c scheitert.[616]

2 Eine **Nichteinlassung** iSd Art. 18 Abs. 1 ist – wie bei Art. 28 Abs. 2 EuGVVO nF (= Art. 26 Abs. 2 EuGVVO aF) – anzunehmen, wenn sich der Antragsgegner weder selbst noch durch einen von ihm beauftragten Bevollmächtigten[617] am Verfahren beteiligt. Der Antragsgegner lässt sich demgegenüber bereits dann auf das Verfahren ein, wenn er nur die Zuständigkeit des Gerichts rügt.[618] Demgegenüber liegt eine Einlassung nach Sinn und Zweck der Vorschrift nicht vor, wenn der Antragsgegner dem Gericht lediglich mitteilt, dass er zu spät von dem Verfahren Kenntnis erlangt habe und sich deshalb nicht hinreichend verteidigen könne.[619]

3 Dem Wortlaut des Art. 18 Abs. 1 in der deutschen Fassung lässt sich nicht eindeutig entnehmen, ob die Vorschrift nur unter der Voraussetzung anwendbar sein soll, dass der Antragsgegner seinen gewöhnlichen Aufenthalt in einem anderen Mitgliedstaat hat, oder ob es generell ausreicht, dass der Antragsgegner seinen gewöhnlichen Aufenthalt in einem irgendeiner anderen Staat (sei es in einem Mitgliedstaat oder in einem Drittstaat) hat. Der Wortlaut der anderen Textfassungen lässt aber doch erkennen, dass nur ein gewöhnlicher

611 *Dilger*, Rn. 320.
612 Staudinger/*Spellenberg* EheVO Art. 17 Rn. 3.
613 EuGH, Rs. C-523/07 (A), FamRZ 2009, 843 (846 f.) (Rn. 66 ff.) = EuGRZ 2009, 217.
614 EuGH, Rs. C-523/07 (A), FamRZ 2009, 843 (846 f.) (Rn. 66 ff.) = EuGRZ 2009, 217.
615 Rauscher/*Rauscher* Brüssel IIa-VO Art. 18 Rn. 1; Staudinger/*Spellenberg* EheVO Art. 18 Rn. 3; Althammer/*Schäuble* EheVO Art. 18 Rn. 1; *Dilger*, Rn. 322.
616 Rauscher/*Rauscher* Brüssel IIa-VO Art. 18 Rn. 1; Staudinger/*Spellenberg* EheVO Art. 18 Rn. 4.

617 EuGH, C-78/95 (Hendrikman ./. Magenta), Slg 1996 I, 4943 = NJW 1997, 1061 = IPRax 1997, 333 mAnm *Rauscher*, S. 314; Althammer/*Schäuble* EheVO Art. 18 Rn. 8.
618 Staudinger/*Spellenberg* EheVO Art. 18 Rn. 109; Corneloup/*Simons* EheVO Art. 18 Rn. 8.
619 Staudinger/*Spellenberg* EheVO Art. 18 Rn. 110; Rauscher/*Rauscher* Brüssel IIa-VO Art. 18 Rn. 8; Corneloup/*Simons* EheVO Art. 18 Rn. 8; Althammer/*Schäuble* EheVO Art. 18 Rn. 8.

Aufenthalt des Antragsgegners in irgendeinem anderen Staat (Mitgliedstaat oder Drittstaat) vorausgesetzt wird.[620] Zweifel an dieser Auslegung ergeben sich freilich daraus, dass in Art. 28 Abs. 1 EuGVVO nF (= Art. 26 Abs. 1 EuGVVO aF) ausdrücklich verlangt wird, dass der Beklagte seinen Wohnsitz in einem Mitgliedstaat hat[621] und es aufgrund der gesetzlichen Systematik als naheliegend bzw. jedenfalls möglich erscheint, dass dieses Erfordernis auch für Art. 28 Abs. 2 EuGVVO nF (Art. 26 Abs. 2 EuGVVO) – der Parallelvorschrift zu Art. 18 Abs. 1 EheVO 2003 – besteht.[622] Im Sinne einer kohärenten Auslegung von EuGVVO einerseits und EheVO 2003 könnte dies dann auch für Art. 18 Abs. 1 EheVO 2003 gelten. Allerdings ist wiederum zu berücksichtigen, dass die EheVO 2003 anders als die EuGVVO (s. Art. 6 EuGVVO nF) unabhängig davon anwendbar ist, wo sich der gewöhnliche Aufenthalt des Antragsgegners befindet (→ EheVO Vor Art. 1 Rn. 9) und dass der Antragsgegner, was den Aspekt des rechtlichen Gehörs anbelangt, natürlich ebenfalls schutzwürdig ist, wenn er seinen gewöhnlichen Aufenthalt in einem Drittstaat hat. Dies lässt es als vorzugswürdig erscheinen, Art. 18 Abs. 1 weit auszulegen und den gewöhnlichen Aufenthalt in einem Drittstaat ausreichen zu lassen.[623] Nach einem weitergehenden Vorschlag aus der Literatur soll die Vorschrift über ihren Wortlaut hinaus auch bei einem gewöhnlichen Aufenthalt des Antragsgegners im Inland anzuwenden sein, solange nur die Zustellung im konkreten Fall (ausnahmsweise) im Ausland erfolgt.[624] Noch weitergehend ist in der Literatur vorgeschlagen, den Hinweis auf den gewöhnlichen Aufenthalt des Antragsgegners als ein Versehen des EU-Gesetzgebers aufzufassen und Art. 18 ganz unabhängig vom gewöhnlichen Aufenthalt des Antragsgegners und sogar in den Fällen der Inlandszustellung anzuwenden.[625]

Liegen die Voraussetzungen von Abs. 1 vor, so hat das Gericht das Verfahren von Amts wegen **auszusetzen**. Ziel der Aussetzung ist es festzustellen, ob der Antragsgegner von dem verfahrenseinleitenden bzw. einem gleichwertigen Schriftstück rechtzeitig Kenntnis erlangen konnte. Gleichwertige Schriftstücke sind solche, die eine wesentliche Änderung oder Erweiterung des Streitgegenstandes zur Folge haben.[626] Überprüft wird seitens des Gerichts nur, ob der Antragsgegner die Möglichkeit der Kenntnisnahme hatte. Dies kann auch zu bejahen sein, wenn bei der Zustellung ein Verfahrensfehler begangen wurde. Es wird also nicht die Rechtmäßigkeit der Zustellung als solche überprüft. Insoweit stimmt Abs. 2 mit Art. 22 lit. b bzw. Art. 23 lit. c überein (→ EheVO Art. 22 Rn. 7 ff. und → EheVO Art. 23 Rn. 5). **4**

Abs. 1 wird durch die in Abs. 2 und Abs. 3 genannten Verfahrensregeln verdrängt. Abs. 2 setzt voraus, dass das Schriftstück nach Maßgabe der dort genannten Verordnung von einem Mitgliedstaat in einen anderen zu übermitteln war. Auch Art. 19 Abs. 1 der Verordnung (EG) Nr. 1348/2000, der inzwischen durch den inhaltsgleichen Art. 19 der Verordnung (EG) Nr. 1393/2007 abgelöst worden ist, sieht eine Aussetzung bei Nichteinlassung vor, der Text lautet: **5**

Art. 19 VO (EG) Nr. 1348/2000 bzw 1393/2007 Nichteinlassung des Beklagten

(1) War ein verfahrenseinleitendes Schriftstück oder ein gleichwertiges Schriftstück nach dieser Verordnung zum Zweck der Zustellung in einen anderen Mitgliedstaat zu übermitteln und hat sich der Beklagte nicht auf das Verfahren eingelassen, so hat das Gericht das Verfahren auszusetzen, bis festgestellt ist,

---

620   S. die englische Textfassung („Where a respondent habitually resident in a State other than the Member State where the action was brought does not enter an appearance …") sowie die französische Textfassung („Lorsque le défendeur qui a sa résidence habituelle dans un État autre que l'État membre où l'action a été intentée ne comparaît pas …").

621   S. den Wortlaut der Vorschrift: „Lässt sich der Beklagte, der seinen Wohnsitz im Hoheitsgebiet eines Mitgliedstaats hat und der vor dem Gericht eines anderen Mitgliedstaats verklagt wird, auf das Verfahren nicht ein, so hat sich das Gericht von Amts wegen für unzuständig zu erklären, wenn seine Zuständigkeit nicht nach dieser Verordnung begründet ist."

622   Ablehnend Magnus/Mankowski/*Mankowski* EheVO Art. 18 Rn. 15 (Art. 26 Abs. 2 der EuGVVO aF sei nicht im Lichte von Art. 26 Abs. 1 EuGVVO aF, son-

dern nur entsprechend seinem Wortlaut zu verstehen. In Art. 26 Abs. 2 EuGVVO aF werde aber der Wohnsitz des Beklagten nicht erwähnt).

623   Im Ergebnis auch Magnus/Mankowski/*Mankowski* EheVO Art. 18 Rn. 14 f.; ebenso Geimer/Schütze/*Dilger* EheVO Art. 18 Rn. 3; *Hausmann*, IntEuFamR, A 156 und F 282; Corneloup/*Simons* EheVO Art. 18 Rn. 4.

624   Rauscher/*Rauscher* Brüssel IIa-VO Art. 18 Rn. 6.

625   Staudinger/*Spellenberg* EheVO Art. 18 Rn. 96; Magnus/Mankowski/*Mankowski* EheVO Art. 18 Rn. 17 (mit dem Argument, der EU-Gesetzgeber habe Art. 26 Abs. 2 EuGVVO aF in die EheVO 2003 übertragen wollen, aber hierbei die Vorschrift in dem Sinne missverstanden, dass sie einen Wohnsitz des Beklagten in einem anderen Mitgliedstaat voraussetze).

626   Rauscher/*Rauscher* Brüssel IIa-VO Art. 18 Rn. 16.

a) dass das Schriftstück in einer Form zugestellt worden ist, die das Recht des Empfangsmitgliedstaats für die Zustellung der in seinem Hoheitsgebiet ausgestellten Schriftstücke an dort befindliche Personen vorschreibt, oder

b) dass das Schriftstück tatsächlich entweder dem Beklagten persönlich ausgehändigt oder nach einem anderen in dieser Verordnung vorgesehenen Verfahren in seiner Wohnung abgegeben worden ist,

und dass in jedem dieser Fälle das Schriftstück so rechtzeitig ausgehändigt bzw. abgegeben worden ist, dass der Beklagte sich hätte verteidigen können.

(2) Jeder Mitgliedstaat kann nach Artikel 23 Absatz 1 mitteilen, dass seine Gerichte ungeachtet des Absatzes 1 den Rechtsstreit entscheiden können, auch wenn keine Bescheinigung über die Zustellung oder die Aushändigung bzw. Abgabe eingegangen ist, sofern folgende Voraussetzungen gegeben sind:

a) Das Schriftstück ist nach einem in dieser Verordnung vorgesehenen Verfahren übermittelt worden.

b) Seit der Absendung des Schriftstücks ist eine Frist von mindestens sechs Monaten verstrichen, die das Gericht nach den Umständen des Falles als angemessen erachtet.

c) Trotz aller zumutbaren Schritte bei den zuständigen Behörden oder Stellen des Empfangsmitgliedstaats war eine Bescheinigung nicht zu erlangen.

(3) Unbeschadet der Absätze 1 und 2 kann das Gericht in dringenden Fällen einstweilige Maßnahmen oder Sicherungsmaßnahmen anordnen.

(4) War ein verfahrenseinleitendes Schriftstück oder ein gleichwertiges Schriftstück nach dieser Verordnung zum Zweck der Zustellung in einen anderen Mitgliedstaat zu übermitteln und ist eine Entscheidung gegen einen Beklagten ergangen, der sich nicht auf das Verfahren eingelassen hat, so kann ihm das Gericht in Bezug auf Rechtsmittelfristen die Wiedereinsetzung in den vorigen Stand bewilligen, sofern

a) der Beklagte ohne sein Verschulden nicht so rechtzeitig Kenntnis von dem Schriftstück erlangt hat, dass er sich hätte verteidigen können, und nicht so rechtzeitig Kenntnis von der Entscheidung erlangt hat, dass er sie hätte anfechten können, und

b) die Verteidigung des Beklagten nicht von vornherein aussichtslos scheint.

Ein Antrag auf Wiedereinsetzung in den vorigen Stand kann nur innerhalb einer angemessenen Frist, nachdem der Beklagte von der Entscheidung Kenntnis erhalten hat, gestellt werden.

Jeder Mitgliedstaat kann nach Artikel 23 Absatz 1 erklären, dass dieser Antrag nach Ablauf einer in seiner Mitteilung anzugebenden Frist unzulässig ist; diese Frist muss jedoch mindestens ein Jahr ab Erlass der Entscheidung betragen.

(5) Absatz 4 gilt nicht für Entscheidungen, die den Personenstand betreffen.

6 Deutsche Gerichte können den Rechtsstreit bei Vorliegen der Voraussetzungen von Art. 19 Abs. 2 der Verordnung (EG) Nr. 1393/2007 entscheiden, wenn das verfahrenseinleitende oder gleichwertige Schriftstück in Deutschland öffentlich zugestellt worden ist.[627] Ist die Verordnung (EG) Nr. 1393/2007 nicht anwendbar, so ist auf **Art. 15 des in Abs. 3 genannten Abkommens (HZÜ)** zurückzugreifen, wenn das Schriftstück ins Ausland zu übermitteln war, er lautet:

Art. 15 HZÜ [Aussetzung zur Feststellung ordnungsgemäßer Zustellung]

(1) War zur Einleitung eines gerichtlichen Verfahrens eine Ladung oder ein entsprechendes Schriftstück nach diesem Übereinkommen zum Zweck der Zustellung in das Ausland zu übermitteln und hat sich der Beklagte nicht auf das Verfahren eingelassen, so hat der Richter das Verfahren auszusetzen, bis festgestellt ist,

a) dass das Schriftstück in einer der Formen zugestellt worden ist, die das Recht des ersuchten Staates für die Zustellung der in seinem Hoheitsgebiet ausgestellten Schriftstücke an dort befindliche Personen vorschreibt, oder

b) dass das Schriftstück entweder dem Beklagten selbst oder aber in seiner Wohnung nach einem anderen in diesem Übereinkommen vorgesehenen Verfahren übergeben worden ist

und dass in jedem dieser Fälle das Schriftstück so rechtzeitig zugestellt oder übergeben worden ist, dass der Beklagte sich hätte verteidigen können.

---

627   Rauscher/*Heiderhoff* EG-Zustell-VO Art. 19 Rn. 21.

(2) Jedem Vertragsstaat steht es frei zu erklären, dass seine Richter ungeachtet des Absatzes 1 den Rechtsstreit entscheiden können, auch wenn ein Zeugnis über die Zustellung oder die Übergabe nicht eingegangen ist, vorausgesetzt,

a) dass das Schriftstück nach einem in diesem Übereinkommen vorgesehenen Verfahren übermittelt worden ist,

b) dass seit der Absendung des Schriftstücks eine Frist verstrichen ist, die der Richter nach den Umständen des Falles als angemessen erachtet und mindestens sechs Monate betragen muß, und

c) dass trotz aller zumutbaren Schritte bei den zuständigen Behörden des ersuchten Staates ein Zeugnis nicht zu erlangen war.

(3) Dieser Artikel hindert nicht, dass der Richter in dringenden Fällen vorläufige Maßnahmen einschließlich solcher, die auf eine Sicherung gerichtet sind, anordnet.

Art. 19 EheVO 2003 Rechtshängigkeit und abhängige Verfahren

(1) Werden bei Gerichten verschiedener Mitgliedstaaten Anträge auf Ehescheidung, Trennung ohne Auflösung des Ehebandes oder Ungültigerklärung einer Ehe zwischen denselben Parteien gestellt, so setzt das später angerufene Gericht das Verfahren von Amts wegen aus, bis die Zuständigkeit des zuerst angerufenen Gerichts geklärt ist.

(2) Werden bei Gerichten verschiedener Mitgliedstaaten Verfahren bezüglich der elterlichen Verantwortung für ein Kind wegen desselben Anspruchs anhängig gemacht, so setzt das später angerufene Gericht das Verfahren von Amts wegen aus, bis die Zuständigkeit des zuerst angerufenen Gerichts geklärt ist.

(3) Sobald die Zuständigkeit des zuerst angerufenen Gerichts feststeht, erklärt sich das später angerufene Gericht zugunsten dieses Gerichts für unzuständig.

In diesem Fall kann der Antragsteller, der den Antrag bei dem später angerufenen Gericht gestellt hat, diesen Antrag dem zuerst angerufenen Gericht vorlegen.

A. Überblick	1	D. Irrelevanz einer Anerkennungsprognose	15
B. Anwendungsbereich	5	E. Wirkungen der Rechtshängigkeit	16
C. Voraussetzungen der Rechtshängigkeit		I. Aussetzung	16
(Abs. 1, 2)	7	II. Prüfung der Zuständigkeit durch das Erstge-	
I. Streitgegenstandsidentität bei Ehesachen	7	richt	18
II. Streitgegenstandsidentität bei Verfahren über		III. Vorlagemöglichkeit nach Abs. 3 Unterabs. 2	21
die elterliche Verantwortung	11	F. Verhältnis zur Rechtskraft	27

A. Überblick

Die EheVO 2003 weist eine von dem deutschen Verfahrensrecht in vielen Punkten abweichende Regelung der Rechtshängigkeit auf. Die EheVO 2003 und das deutsche Verfahrensrecht stimmen zunächst insoweit überein, als es in Fragen der Rechtshängigkeit auf den **Prioritätsgrundsatz** ankommt. Das früher rechtshängig gewordene Verfahren geht dem später rechtshängig gewordenen Verfahren vor (Art. 19 Abs. 1, 2). Der **Zeitpunkt der Rechtshängigkeit** wird in Art. 16 definiert.[628] Maßgeblich ist die „chronologische Priorität", so dass Zeitverschiebungen zwischen den Mitgliedstaaten außer Betracht zu bleiben haben.[629] Lässt sich die Chronologie im Einzelfall nicht aufklären,[630] sollte dem weiter fortgeschrittenen Verfahren der Vor- **1**

---

628 EuGH Rs C-489/14 (A ./. B), NJW 2015, 3776 (Rn. 31 ff.; 40) mAnm *Rieck* = FamRZ 2015, 2036 mAnm *Althammer*.

629 EuGH Rs C-489/14 (A ./. B), NJW 2015, 3776 (Rn. 34) mAnm *Rieck* = FamRZ 2015, 2036 mAnm *Althammer*.

630 S. dazu auch den Vorschlag zur EuGVVO nF (KOM(2010) 748 endg.), in dessen Art. 33 Abs. 2 es noch hieß, dass die Gerichte und die für die Zustellung verantwortliche Stelle „Datum und Uhrzeit" der Einreichung des Schriftstücks vermerken sollen. Der Hinweis auf die „Uhrzeit" ist aber nicht in den Verordnungstext übernommen worden.

zug gegeben werden.[631] Bereits infolge der abweichenden Festlegung der Rechtshängigkeit in Art. 16 ergeben sich wesentliche Unterschiede zum deutschen Recht.

2   Noch größer werden die Unterschiede in der Frage nach der **Identität des Streitgegenstands**. Die EheVO 2003 sieht in Art. 19 Abs. 1 vor, dass eine anhängige Ehesache iSd Art. 1 Abs. 1 lit. a gegenüber sämtlichen anderen Ehesachen den Rechtshängigkeitseinwand begründet. Insoweit entfaltet die Rechtshängigkeit im Anwendungsbereich der EheVO 2003 eine weitaus größere Sperrwirkung gegenüber anderen Verfahren als im autonomen deutschen Verfahrensrecht. Auch der Streitgegenstand in Verfahren betreffend die elterliche Verantwortung (Art. 19 Abs. 2) geht über den deutschen Streitgegenstandsbegriff hinaus.

3   Letztlich ist auch die **Rechtsfolge der anderweitigen Rechtshängigkeit** eine andere als im unvereinheitlichten deutschen Recht. Im unvereinheitlichten deutschen Recht führt der Einwand der anderweitigen Rechtshängigkeit zur Unzulässigkeit des erst später rechtshängigen Antrags und damit zu dessen Abweisung. Im Gegensatz hierzu hat das später angerufene Gericht im Anwendungsbereich der EheVO 2003 das Verfahren zunächst nur auszusetzen (Art. 19 Abs. 1, 2). Das Verfahren ist so lange auszusetzen, bis das zuerst angerufene Gericht eine Feststellung darüber getroffen hat, ob es international zuständig ist. Erst wenn das zuerst angerufene Gericht seine internationale Zuständigkeit rechtskräftig festgestellt hat, erklärt sich das später angerufene Gericht für unzuständig (Art. 19 Abs. 3).

4   Der Streitgegenstandsbegriff, der der Regelung der **Rechtshängigkeit** in Art. 19 Abs. 1, 2 zugrunde liegt, ist mit dem für die **Rechtskraftwirkung** einer Entscheidung maßgeblichen Streitgegenstandsbegriff nicht identisch. Dies folgt daraus, dass sich Umfang und Reichweite der Rechtskraft nach wie vor nach dem unvereinheitlichten nationalen Recht richten, das uU – wie das deutsche – von einem engeren Streitgegenstandsbegriff ausgeht. Demgemäß kann zB ein Scheidungsantrag, der während der Rechtshängigkeit eines Trennungsverfahrens „blockiert" war, mit der Rechtskraft des Trennungsurteils wieder zulässig werden (vgl. dazu → Rn. 27 ff.).

B. Anwendungsbereich

5   Art. 19 befasst sich mit der Frage, unter welchen Voraussetzungen ein von Art. 1 erfasstes Verfahren vor einem Gericht bzw. einer Behörde eines **Mitgliedstaates** (ausgenommen Dänemark) einen Rechtshängigkeitseinwand in einem anderen Mitgliedstaat begründet. Art. 19 ist auch dann anzuwenden, wenn das zuerst angerufene Gericht bzw. die Behörde eines Mitgliedstaates seine internationale Zuständigkeit nicht aus den Art. 3–5, 8–13 ableitet, sondern aus den Art. 6, 7 oder Art. 14 iVm den staatsvertraglichen oder nationalen Zuständigkeitsvorschriften,[632] oder wenn es gar gänzlich unzuständig ist. Ob die mittlerweile ua in Italien, Spanien und Frankreich vorgesehenen Privatscheidungsverfahren einen Rechtshängigkeitseinwand nach Art. 19 auslösen können, hängt von der Beantwortung der Frage ab, ob diese Verfahren in den sachlichen Anwendungsbereich der EheVO 2003 fallen oder nicht (dazu → EheVO Art. 1 Rn. 14; → Rom III-VO Art. 1 Rn. 70 ff., 87 ff.).

6   Sind indes Gerichte bzw. Behörden eines **Nichtmitgliedstaates** (unter Einschluss von Dänemark) mit einer Ehesache oder einem Verfahren betreffend die elterliche Verantwortung befasst, ist Art. 19 nicht einschlägig.[633] Es verbleibt in diesem Fall bei den staatsvertraglichen Vorschriften bzw. den Vorschriften des unvereinheitlichten nationalen Rechts über die Rechtshängigkeit.[634] In Deutschland gilt bei Ehesachen § 113 Abs. 1 S. 2 FamFG iVm § 261 Abs. 3 Nr. 1 ZPO (analog).[635] Auch bei Verfahren über die elterliche Verant-

---

631   Abw. Cour de cassation 11.6.2008 (06–20.042), J.D.I. 136 (2009), 587: Soweit eine Partei, die sich auf die Rechtshängigkeit berufe, den genauen Zeitpunkt der Rechtshängigkeit benennen müsse, müsse die andere Partei beweisen, dass das von ihr favorisierte Verfahren früher rechtshängig geworden sei. Dies läuft darauf hinaus, dass diejenigen benachteiligt werden, die ihren Antrag in einem Mitgliedstaat stellen, der keine über die Bestimmung des Tages hinausgehende zeitliche Erfassung des Antragseingangs vorsieht; zu Recht kritisch dazu Geimer/Schütze/*Dilger* EheVO Art. 19 Rn. 33; in der Lösung abw. Staudinger/*Spellenberg* EheVO Art. 19 Rn. 27; Geimer/Schütze/*Dilger* EheVO Art. 19 Rn. 32 (beide Verfahren seien fortzuführen).

632   Althammer/*Althammer* EheVO Art. 19 Rn. 8; *Gruber* FamRZ 2000, 1129 (1131). Hier gilt nichts anderes

als im Rahmen des EuGVÜ (jetzt EuGVVO); vgl. EuGH, Rs. C-351/89 (Overseas Union ./. New Hampshire Insurance), Slg 1991 I, 3317 (Rn. 13) = NJW 1992, 3221 = IPRax 1993, 34 mAnm *Rauscher/Gutknecht* = EuZW 1992, 734.

633   Etwa Magnus/Mankowski/*Mankowski* EheVO Art. 19 Rn. 13; *Andrae* IPRax 2018, 243 ff. In der EuGVVO findet nunmehr auch die Rechtshängigkeit in Drittstaaten Berücksichtigung (s. Art. 33 EuGVVO nF).

634   Etwa Cour de cassation, 17.6.2009, J.D.I. 137 (2010), 825 mit Anm. *Sinopoli* = Rev. crit. dr. int. privé 99 (2010), 170 mit Anm. *Pataut*.

635   Vgl. hierzu *Andrae* IPRax 2018, 243 (245); *Gruber* FamRZ 1999, 1563 f.

wortung gilt § 261 Abs. 3 Nr. 1 ZPO analog.[636] Art. 19 ist auch nicht anwendbar, wenn zwei konkurrierende Verfahren in ein und demselben Mitgliedstaat rechtshängig sind; in diesem Fall ist die Konkurrenz allein nach dem nationalen Verfahrensrecht dieses Mitgliedstaats zu beurteilen.[637]

C. Voraussetzungen der Rechtshängigkeit (Abs. 1, 2)

I. Streitgegenstandsidentität bei Ehesachen

Gemäß Art. 19 Abs. 1 führt eine anhängige Ehesache (also ein Antrag auf Scheidung der Ehe, Ungültiger- **7**
klärung der Ehe oder der Trennung ohne Auflösung des Ehebandes) gegenüber sämtlichen anderen Ehesachen den Rechtshängigkeitseinwand herbei. Nach Art. 19 Abs. 1 „sperrt" also zB auch ein früher rechtshängig gewordenes Verfahren über die (bloße) Trennung der Ehegatten ohne Auflösung des Ehebandes ein später rechtshängig gewordenes Verfahren, welches die Ehescheidung oder die Ungültigerklärung der Ehe zum
Gegenstand hat.[638] Die EheVO 2003 entfernt sich damit sehr weit vom deutschen Verfahrensrecht, welches
in dem Beispielsfall keine Identität der Streitgegenstände annehmen würde.[639] Der während der Dauer der
Rechtshängigkeit „blockierte" weiter gehende Scheidungsantrag kann allerdings nach dem rechtskräftigen
Abschluss des Trennungsverfahrens weiterverhandelt bzw. neu gestellt werden (→ Rn. 27 ff.).

Die durch Art. 19 Abs. 1 angeordnete weit reichende „Sperrwirkung" kann im Einzelfall dazu führen, dass **8**
eine Scheidung stark verzögert wird. Denkbar ist etwa, dass ein Antragsteller, dem aus ideellen oder finanziellen Gründen an der möglichst langen Aufrechterhaltung der Ehe gelegen ist, im Ausland ein Verfahren
zur Trennung von Tisch und Bett anhängig macht, um damit während der Rechtshängigkeit dieses Verfahrens die Durchführung eines Scheidungsverfahrens in Deutschland zu blockieren. Auf diese Weise lässt sich
ua die für den Versorgungs- oder Zugewinnausgleich maßgebliche Ehedauer verlängern. Die Möglichkeit,
einen Scheidungsantrag als Gegenantrag zu stellen (Art. 19 Abs. 3 Unterabs. 2), schließt eine derartige Vorgehensweise nicht in jedem Fall aus (→ Rn. 26).[640]

Hinsichtlich der tatsächlichen Feststellung der zeitlich früheren Rechtshängigkeit in einem anderen Ver- **9**
tragsstaat gilt der **Grundsatz der Amtsprüfung**;[641] die Partei, die sich auf Art. 19 Abs. 1 beruft, muss die
ausländische Rechtshängigkeit substantiiert vortragen.

Nach der hier vertretenen Auffassung ist die EheVO 2003 auch auf **Feststellungsanträge** anwendbar **10**
(→ EheVO Art. 1 Rn. 8 ff.). Folgt man dem, so ist es konsequent, Art. 19 Abs. 1 (analog) auch auf Feststellungsanträge anzuwenden.[642] Denn Art. 19 Abs. 1 verfolgt das Ziel, sämtliche Verfahren über den Status der
Eheleute bei dem zuerst angerufenen Gericht zu konzentrieren. Auch ein Antrag auf Feststellung des Bestehens oder Nichtbestehens einer Ehe „sperrt" daher einen später rechtshängig gewordenen Scheidungsantrag
oÄ.[643]

636 § 113 Abs. 1 S. 2 FamFG verweist nur im Hinblick
auf Ehesachen und Familienstreitsachen auf § 261
ZPO. Für Familiensachen, die keine Familienstreitsachen sind, sieht das FamFG gerade keine Verweisung
auf § 261 ZPO vor. Ungeachtet dessen ist § 261 ZPO
nach hM auch bei diesen Familiensachen im Hinblick auf ausländische Verfahren analog anzuwenden
(OLG Bremen FamRZ 2016, 1189 (1191); OLG
Saarbrücken OLGReport 2004, 467, 469; auch
bereits OLG München FamRZ 1993, 349; aus der
Lit. Prütting/Helms/*Hau*, FamFG, 4. Aufl. 2018, Vor
§§ 98–106, Rn. 54; *ders.*, FamRZ 2009, 821 (824)).
Dabei ist im Rahmen der analogen Anwendung des
§ 261 ZPO davon auszugehen, dass derselbe Streitgegenstand betroffen ist, wenn es in beiden Verfahren
um die Frage geht, wer von den Beteiligten in welchem Umfang das Sorgerecht für das Kind haben
soll. Analog § 261 ZPO ist das Verfahren als unzulässig anzusehen und nicht nur auszusetzen (OLG Bremen FamRZ 2016, 1189 (1191) mit insoweit krit.
Anm. *Eicher*).
637 OLG München NJW 2014, 1893 = FamRZ 2014,
862 mit Anm. *Heiderhoff*.
638 EuGH Rs C-489/14 (A ./. B), NJW 2015, 3776
(Rn. 33); OLG Zweibrücken FamRZ 2006, 1043;
Althammer/*Althammer* EheVO Art. 19 Rn. 10;
Staudinger/*Spellenberg* EheVO Art. 19 Rn. 16;

Thomas/Putzo/*Hüßtege* EuEheVO Art. 19 Rn. 3;
Corneloup/*Malatesta* EheVO Art. 19 Rn. 14 ff.; *Gruber* FamRZ 2000, 1129 (1131). Dies gilt nach dem
Bericht von *Borrás* selbst dann, wenn das innerstaatliche Recht des erstbefassten Gerichts die Ungültigerklärung der Ehe gar nicht kennt (*Borrás*, ABl. EG
1998 C 221 S. 47 [Rn. 57]). Dies betreffe etwa die
innerstaatlichen Rechtsordnungen Finnlands und
Schwedens (*Borrás*, ABl. EG 1998 C 221 S. 29
[Rn. 4] und 46 [Rn. 52]). Richtigerweise dürfte diese
Ausführung *Borrás* (präziser) in dem Sinne zu verstehen sein, dass Art. 19 (entspricht Art. 11 EheVO
2000) selbst dann einschlägig ist, wenn das durch die
Kollisionsnormen des erstbefassten Gerichts berufene Sachrecht die Ungültigerklärung der Ehe nicht
kennt.
639 Scharfe rechtspolitische Kritik bei Rauscher/*Rauscher* Brüssel IIa-VO Art. 19 Rn. 11 ff.
640 Rechtspolitische Kritik bei Rauscher/*Rauscher* Brüssel IIa-VO Art. 19 Rn. 12; ferner *Hausmann*, IntEu-
FamR, F 181.
641 Staudinger/*Spellenberg* EheVO Art. 19 Rn. 36.
642 So auch (auf der Grundlage der Gegenauffassung)
Staudinger/*Spellenberg* EheVO Art. 19 Rn. 12.
643 Thomas/Putzo/*Hüßtege* EuEheVO Art. 19 Rn. 3;
Rauscher/*Rauscher* Brüssel IIa-VO Art. 19 Rn. 20;
Gruber FamRZ 2000, 1129 (1132).

II. Streitgegenstandsidentität bei Verfahren über die elterliche Verantwortung

11   Anders als Art. 19 Abs. 1 für Ehesachen bestimmt Abs. 2 für Verfahren über die elterliche Verantwortung nicht, dass ein anhängiges Verfahren über die elterliche Verantwortung sämtliche anderen Verfahren über die elterliche Verantwortung blockiert. Vielmehr setzt Abs. 2 zusätzlich voraus, dass es sich um ein Verfahren über die elterliche Verantwortung über ein Kind wegen **„desselben Anspruchs"** handelt. Der anderweitigen Rechtshängigkeit kommt bei Verfahren über die elterliche Verantwortung nur eine eingeschränkte Bedeutung zu, da nach der Konzeption der EheVO 2003 stets nur die Gerichte eines Mitgliedstaates zuständig sind.[644]

12   Der Begriff „desselben Anspruchs" ist autonom auszulegen. Abzustellen ist m.a.W. auf die eigenen Maßstäbe der Verordnung, nicht auf den Streitgegenstandsbegriff des deutschen oder eines anderen nationalen Rechts. Anhaltspunkte für eine nähere Bestimmung des Anspruchsbegriffs ergeben sich wiederum aus der Rechtsprechung des EuGH zu Art. 21 EuGVÜ (jetzt Art. 29 EuGVVO nF).[645] Diese Rechtsprechung zu Art. 21 EuGVÜ ist auch bei Art. 19 Abs. 2 EheVO 2003 zu berücksichtigen (vgl. vor → EheVO Art. 1 Rn. 21).[646] Nach dem EuGH kann die Geltendmachung desselben „Anspruchs" im Einzelfall auch dann gegeben sein, wenn keine formale Identität zwischen Klageantrag und Klagegrund vorliegt. Es reicht aus, dass der durch eine wertende Betrachtung zu ermittelnde „Kernpunkt der Streitigkeit" identisch ist.[647]

13   Ein identischer „Anspruch" iSd Art. 19 Abs. 2 ist demnach regelmäßig bei **Sorgerechtsstreitigkeiten** bezüglich ein und desselben Kindes anzunehmen.[648] Eine Identität liegt auch dann vor, wenn die Parteien der Verfahren nicht identisch sind bzw. in den Verfahren über ein und dasselbe Kind unterschiedliche Personen das Sorgerecht für sich beanspruchen.[649] Es kommt auch nicht entscheidend darauf an, ob die Sorgerechtsverteilung von Amts wegen oder auf Antrag erfolgt.[650] Ein Antrag auf Sorgerechtsverteilung und ein Antrag auf Herausgabe des Kindes betreffen denselben Anspruch, da auch die Entscheidung über die Herausgabe vom Sorgerecht der Beteiligten abhängt.[651] Daneben ist auch ein Antrag, der sich (nur) auf die Regelung des Umgangsrechts beschränkt, in der Lage, einen weiter gehenden Sorgerechtsantrag zu blockieren.[652] Dasselbe gilt im umgekehrten Verhältnis. Art. 19 ist auch dann unmodifiziert anzuwenden, wenn sich die (fortbestehende) Zuständigkeit für das Umgangsrechtsverfahren aus Art. 9 ergibt (vgl. ausf. → EheVO Art. 9 Rn. 8, 9). Werden Anträge im Hinblick auf verschiedene Kinder gestellt, liegt keine Streitgegenstandsidentität vor.[653]

14   Soweit ein Gericht keine Zuständigkeit für die Hauptsache, sondern nur eine **Zuständigkeit nach Art. 20** iVm dem staatsvertraglichen oder nationalen Recht in Anspruch nimmt, kann ein Verfahren vor diesem Gericht nicht ein Verfahren vor einem für die Hauptsache zuständigen Gericht sperren. Das Verhältnis zwischen den (nur) nach Art. 20 iVm dem staatsvertraglichen oder nationalen Recht zuständigen Gerichten und dem für die Hauptsache zuständigen Gericht wird abschließend durch Art. 20 Abs. 2 geregelt. Ein in der

---

644 Kommissionsvorschlag KOM (2002) 222 endg./2, S. 11 (zu Art. 19); einschr. Stellungnahme des Generalanwalts *Jääskinen* v. 4.10.2010 in der Rs. C-296/10 (Purrucker II) Rn. 85 (mit dem Hinweis darauf, dass der gewöhnliche Aufenthalt eines Kindes uU schwer feststellbar sei).

645 EuGH, Rs. C-144/86 (Gubisch Maschinenfabrik ./. Palumbo), Slg 1987 I, 4861 = NJW 1989, 665 = RIW 1988, 818; EuGH, Rs. C-406/92 (Tatry ./. Macieji Rataj), Slg 1994 I, 5439 = EuZW 1995, 309 mAnm *Wolf*, 365 = EWiR 1995, 463 mAnm *Otte*, 463 = JZ 1995, 616 mit Aufsatz *Huber* JZ 1995, 603.

646 Vgl. Rauscher/*Rauscher* Brüssel IIa-VO Art. 19 Rn. 39; *Gruber* FamRZ 2000, 1129 (1132) sowie allg. *Borrás*, ABl. EG 1998 C 221 S. 30 (Rn. 6): „Sofern nicht ausdrücklich etwas anderes gesagt wird, haben gleich lautende Begriffe des Brüsseler Übereinkommens von 1968 und des neuen Übereinkommens prinzipiell dieselbe Bedeutung, und es gilt die diesbezügliche Rechtsprechung des Gerichtshofs der Europäischen Gemeinschaften."

647 Vgl. BGH NJW 1995, 1758 = EuZW 1995, 378 mAnm *Geimer* = IPRax 1996, 192 mAnm *Hau*, S. 177; ferner LG Düsseldorf IPRax 1999, 461 (463) mAnm *Otte* IPRax 1999, 440 (441 f.).

648 OLG Hamm FamRZ 2006, 1043; Althammer/*Althammer* EheVO Art. 19 Rn. 16.

649 S. Stellungnahme des Generalanwalts *Jääskinen* v. 4.10.2010 in der Rs. C-296/10 (Purrucker II) Rn. 75.

650 Althammer/*Althammer* EheVO Art. 19 Rn. 17; *Hausmann*, IntEuFamR, F 299; Thomas/Putzo/*Hüßtege* EuEheVO Art. 19 Rn. 4; Rauscher/*Rauscher* Brüssel IIa-VO Art. 19 Rn. 40; *Gruber* FamRZ 2000, 1129 (1132); *Dilger*, Rn. 334.

651 *Hausmann*, IntEuFamR, IntEuFamR, F 300; *Andrae* ERA-Forum 2003, 28, 52; abw. Hof Amsterdam Nederlands international privaatrecht (NiPR) 2011, Nr. 142, S. 317 ff.; Magnus/Mankowski/*Mankowski* EheVO Art. 19 Rn. 47; Corneloup/*Malatesta* EheVO Art. 19 Rn. 20.

652 *Hausmann*, IntEuFamR, F 301; aA *Andrae* ERA-Forum 2003, 28, 52; sa Stellungnahme des Generalanwalts *Jääskinen* v. 4.10.2010 in der Rs. C-296/10 (Purrucker II) Rn. 92 mit Fn. 31. Keine Streitgegenstandsidentität besteht nach Auffassung des OLG München zwischen der Unterbringung der Kinder in einer Pflegefamilie und einem Umgangsverfahren (IPRspr. 2005, Nr. 198, 543).

653 Stellungnahme des Generalanwalts *Jääskinen* v. 4.10.2010 in der Rs. C-296/10 (Purrucker II) Rn. 86; Staudinger/*Pirrung*, C 111; Rauscher/*Rauscher* Brüssel IIa-VO Art. 19 Rn. 38; Magnus/Mankowski/*Mankowski* EheVO Art. 19 Rn. 45.

Hauptsache zuständiges Gericht wird daher durch ein (nur) nach Art. 20 zuständiges Gericht nicht daran gehindert, in derselben Sache zu entscheiden, sei es in Form einer endgültigen oder in Form einer nur einstweiligen Regelung.[654] Das später angerufene Gericht hat dementsprechend zu prüfen, ob vor dem zuvor angerufenen Gericht nur ein Verfahren nach Maßgabe von Art. 20 anhängig ist. Hierbei hat es sich bei den Parteien, dem zuerst angerufenen Gericht und der zentralen Behörde zu erkundigen. Der EuGH hat zugleich eine Regelung für den Fall aufgestellt, dass das später angerufene Gericht trotz seiner Bemühungen keine hinreichenden Informationen über den Gegenstand des bei dem anderen Gericht anhängigen Verfahrens und insbesondere die von diesem anderen Gericht in Anspruch genommene Zuständigkeit erlangen kann. In diesem Fall hat es – wenn dies das Kindeswohl gebietet – die inhaltliche Prüfung des bei ihm eingereichten Antrags fortzusetzen. Eine derartige Fortsetzung des Verfahrens soll jedoch nur nach Ablauf einer angemessenen Frist zu erfolgen. Diese Frist beginnt mit den Informationsbemühungen des später angerufenen Gerichts bei den Parteien, dem zuvor angerufenen Gericht und der zentralen Behörde zu laufen.[655] Wird demgegenüber (nur) eine einstweilige Maßnahme bei einem in der **Hauptsache zuständigen Gericht** beantragt, kann das dortige Verfahren im Einzelfall durchaus eine Sperrwirkung nach Art. 19 Abs. 2 entfalten. Dies gilt jedenfalls dann, wenn die einstweilige Maßnahme nur Vorbedingung für eine endgültige Entscheidung in der Hauptsache ist und die zunächst beantragte Maßnahme und die Entscheidung in der Hauptsache eine verfahrensrechtliche Einheit bilden.[656]

D. Irrelevanz einer Anerkennungsprognose

Im Rahmen der EheVO 2003 kommt es – anders als bei der im autonomen deutschen Verfahrensrecht für **15** die ausländische Rechtshängigkeit entwickelten Lösung – nicht auf eine **Prognose** an, ob die ausländische Entscheidung voraussichtlich im Inland **anerkannt** wird oder nicht. Insbesondere ist im Rahmen des Rechtshängigkeitseinwands nicht zu prüfen, ob die ausländische Entscheidung voraussichtlich dem deutschen ordre public widersprechen wird oder nicht (Art. 22 lit. a, Art. 23 lit. a).[657]

E. Wirkungen der Rechtshängigkeit

I. Aussetzung

Auch in den Wirkungen der Rechtshängigkeit unterscheidet sich die EheVO 2003 vom unvereinheitlichten **16** deutschen Verfahrensrecht. Anders als im autonomen deutschen Verfahrensrecht, aber in Übereinstimmung mit dem gleich lautenden Art. 29 Abs. 1 EuGVVO nF (= Art. 27 Abs. 1 EuGVVO aF) weist das später angerufene Gericht den Antrag nicht sofort ab. Vielmehr setzt es das Verfahren zunächst einmal (nur) aus. Dies gilt sowohl bei Ehesachen als auch bei Verfahren über die elterliche Verantwortung. Der Zweck des Art. 19 besteht darin, negative Kompetenzkonflikte zu vermeiden. Es soll verhindert werden, dass der Antrag, wenn das erstbefasste Gericht seine Unzuständigkeit feststellt, vor dem später angerufenen Gericht erneut gestellt werden muss.[658] Das Verfahren der Aussetzung richtet sich nach staatlichem Verfahrensrecht, in Deutschland also nach § 113 Abs. 1 S. 2 FamFG iVm § 148 ZPO (analog) bzw. nach § 21 FamFG (analog). Die Aussetzung des Verfahrens dauert so lange, bis die internationale Zuständigkeit des zuerst angerufenen Gerichts positiv festgestellt ist (Art. 19 Abs. 1).[659] Selbst eine „unvertretbar lange" Verfahrensdauer im Ausland ist nach Ansicht des EuGH kein Anlass, die ausländische Rechtshängigkeit nicht zu respektie-

---

654 EuGH, Rs. C-296/10 (Purrucker II), NJW 2011, 363 (Rn. 69 ff.); zustimmend *Dutta/Schulz* ZEuP 2012, 526 (542 f.).

655 EuGH, Rs. C-296/10 (Purrucker II), NJW 2011, 363 (Rn. 75 ff.). Generalanwalt *Jääskinen* hat in seiner Stellungnahme v. 4.10.2010 in der Rs. C-296/10 (Purrucker II) eine Frist von drei Monaten (in entsprechender Anwendung von Art. 9) vorgeschlagen; der EuGH ist auf diesen Vorschlag in seinem Urteil nicht eingegangen.

656 EuGH, Rs. C-296/10 (Purrucker II), NJW 2011, 363 (Rn. 80); auch Stellungnahme des Generalanwalts *Jääskinen* v. 4.10.2010 in der Rs. C-296/10 (Purrucker II) Rn. 114 ff.

657 *Gruber* FamRZ 2000, 1129 (1132); *Hau* FamRZ 2000, 1333 (1339); *Dilger*, Rn. 345; Staudinger/*Spel-*

lenberg EheVO Art. 19 Rn. 38; anders verhält es sich auf der Basis des autonomen deutschen Verfahrensrechts; vgl. hierzu *Gruber* FamRZ 1999, 1563 (1566).

658 *Gruber* FamRZ 2000, 1129 (1133). Vor diesem Hintergrund wäre es konsequent gewesen, wenn die Aussetzung nicht nur bis zur Feststellung der internationalen Zuständigkeit des erstbefassten Gerichts, sondern – darüber hinaus – bis zur Feststellung der (gesamten) Zulässigkeit des Antrags vor dem erstbefassten Gericht vorgesehen worden wäre; vgl. hierzu *Zeuner* FS Lüke 1997, S. 1003, 1005 (de lege lata aber ablehnend).

659 Der Begriff Zuständigkeit meint – genau wie im Falle des Art. 21 EuGVÜ – nur die internationale Zuständigkeit.

ren.[660] Von diesem Grundsatz kann allerdings nach verbreiteter Auffassung in krassen Ausnahmefällen abgewichen werden, insbes. dann, wenn zur überlangen Verfahrensdauer weitere erschwerende Umstände hinzutreten und damit in der Gesamtwürdigung aller Umstände ein Verstoß gegen Art. 6 EMRK vorliegt.[661] Erledigt sich das Verfahren vor dem erstbefassten Gericht, so verliert es seine Sperrwirkung; damit kommt dann automatisch dem Verfahren vor dem zweitbefassten Gericht Priorität zu.[662]

17   Art. 19 Abs. 1 schreibt nur vor, dass ein Verfahren über eine Ehesache iSv Art. 1 Abs. 1 lit. a EheVO 2003 auszusetzen ist, wenn in einem Gericht eines anderen Mitgliedstaates zuvor eine Ehesache früher rechtshängig geworden ist. Die Vorschrift statuiert keine Aussetzungspflicht für Folgesachen. Dasselbe gilt im Rahmen von Art. 19 Abs. 2. Die Vorschrift schreibt nur vor, dass das entsprechende Verfahren über die elterliche Verantwortung auszusetzen ist. Ihr ist nicht zu entnehmen, dass auch andere Verfahrensteile, die Teil eines umfassenden Verbundverfahrens sind, auszusetzen sind. Allerdings ist es dem nationalen Gesetzgeber unbenommen, eine darüber hinausgehende Aussetzungspflicht vorzusehen. Für das deutsche Recht hat das OLG Brandenburg entschieden, dass ein Beschluss über die Aussetzung des Scheidungsverfahrens wegen des in § 137 Abs. 1 FamFG geregelten Zusammenhangs auch die anhängigen Folgesachen erfasst.[663] In einem obiter dictum hat es ferner ausgeführt, dass auch ferner die Aussetzung einer Folgesache das gesamte Verbundverfahren erfasst.[664]

II. Prüfung der Zuständigkeit durch das Erstgericht

18   Ob das erstbefasste Gericht **international zuständig** ist, hat allein das **erstbefasste Gericht** (bzw. ein ihm übergeordnetes Gericht) zu prüfen.[665] Maßgeblich ist allein die Prüfung der internationalen, nicht der örtlichen Zuständigkeit.

19   Die internationale Zuständigkeit steht jedenfalls mit der **Rechtskraft** der diesbezüglichen Entscheidung des erstbefassten Gerichts fest. Die rechtskräftige Feststellung der internationalen Zuständigkeit kann hierbei durch eine – nach der *lex fori* vorgesehene – **Zwischenentscheidung** des erstbefassten Gerichts erfolgen. Soweit die Zuständigkeit des erstbefassten Gerichts feststeht, hat sich das später befasste Gericht nach dem Wortlaut des Art. 19 Abs. 3 Unterabs. 1 für unzuständig zu erklären. Ungeachtet dieser Formulierung haben deutsche Gerichte im Tenor keine „Unzuständigkeitserklärung" auszusprechen, sondern schlicht den (jetzt) unzulässigen Antrag abzuweisen.[666]

20   Zu berücksichtigen ist allerdings, dass der EuGH bei der Parallelvorschrift des Art. 27 Abs. 2 EuGVVO aF[667] den Maßstab für das „Feststehen" der Zuständigkeit des zuerst angerufenen Gerichts mittlerweile erheblich gelockert hat. Eine Zuständigkeit des zuerst angerufenen Gerichts stehe, wenn nicht eine ausschließliche Zuständigkeit des später angerufenen Gerichts nach der EuGVVO gegeben sei, bereits dann fest, wenn sich dieses Gericht nicht von Amts wegen für unzuständig erklärt habe und keine der Parteien seine Zuständigkeit vor oder mit der Stellungnahme, die nach dem innerstaatlichen Verfahrensrecht als das erste Verteidigungsvorbringen zur Sache vor diesem Gericht anzusehen ist, gerügt habe.[668] Nach dem EuGH ist diese Rechtsprechung auf Art. 19 EheVO 2003 übertragbar.[669] Dies überzeugt in der Sache nicht, da die EheVO 2003 (anders als die EuGVVO) keine rügelose Einlassung kennt. Die Übertragung der zur EuGVVO ergangenen Rechtsprechung auf die EheVO 2003 kann zur Folge haben, dass sich das später

---

660 EuGH, Rs. C-116/02 (Erich Gasser GmbH ./. Firma MISAT s.r.l.), EuLF 2004, 50, 54 = EWS 2004, 88 = RIW 2004, 289 mAnm *Thiele*, 285 und Anm. *Mankowski* EWiR 2004, 439 (zu Art. 21 EuGVÜ); krit. *Althammer/Althammer* EheVO Art. 19 Rn. 22.

661 Vgl. näher Staudinger/*Spellenberg* EheVO Art. 19 Rn. 47; *Dilger*, Rn. 356; gegen eine Abweichung von der Aussetzungspflicht *Thiele* RIW 2004, 285 f.

662 EuGH Rs C-489/14 (A ./. B), NJW 2015, 3776 (Rn. 38) mAnm *Rieck* = FamRZ 2015, 2036 mAnm *Althammer*.

663 OLG Brandenburg FamRZ 2014, 860 mit insoweit zust. Anm. *Heiter*.

664 OLG Brandenburg FamRZ 2014, 860 unter Berufung auf die allgemeine familienverfahrensrechtliche Rechtsprechung und Literatur (OLG München FamRZ 1996, 950; OLG Oldenburg FamRZ 1980, 71; *Prütting/Helms* FamFG § 137 Rn. 13); insoweit abl. *Heiter* FamRZ 2014, 860 (861).

665 Staudinger/*Spellenberg* EheVO Art. 19 Rn. 36; Thomas/Putzo/*Hüßtege* EuEheVO Art. 19 Rn. 6; zum

EuGVÜ vgl. EuGH, Rs. C-351/89 (Overseas Union ./. New Hampshire Insurance), Slg 1991 I, 3317, 3349 (Rn. 13) = NJW 1992, 3221 = IPRax 1993, 34 mAnm *Rauscher/Gutknecht* = EuZW 1992, 734.

666 Rauscher/*Rauscher* Brüssel IIa-VO Art. 19 Rn. 47.

667 Verordnung (EG) Nr. 44/2001 des Rates vom 22.12.2000 über die gerichtliche Zuständigkeit und die Anerkennung und Vollstreckung von Entscheidungen in Zivil- und Handelssachen; nunmehr abgelöst durch Verordnung (EU) Nr. 1215/2012 des Europäischen Parlaments und des Rates vom 12.12.2012 (EuGVVO nF). Art. 27 Abs. 2 EuGVVO aF entspricht Art. 29 Abs. 3 EuGVVO nF.

668 EuGH, Rs. C-1/13 (Cartier parfums – lunettes SAS ua ./. Ziegler France SA ua), IPRax 2014, 428 mAnm *Koechel* IPRax 2014, 394 = EuZW 2014, 340 m. abl. Anm. *Thormeyer*.

669 EuGH, Rs C-489/14 (A ./. B), NJW 2015, 3776 (Rn. 34) mAnm *Rieck* = FamRZ 2015, 2036 mAnm *Althammer*.

befasste Gericht für unzuständig erklärt, obwohl die Möglichkeit, dass sich auch das erstbefasste Gericht noch für international unzuständig erklärt, noch gar nicht hinreichend sicher ausgeräumt ist. Damit kann der negative Kompetenzkonflikt eintreten, der durch die Regelung an sich gerade verhindert werden soll.

III. Vorlagemöglichkeit nach Abs. 3 Unterabs. 2

Art. 19 Abs. 3 Unterabs. 2 kommt dem durch die anderweitige Rechtshängigkeit betroffenen Antragsteller **21** entgegen. Die Vorschrift besagt, dass er seinen (beim zweitbefassten Gericht „blockierten") Antrag dem erstbefassten Gericht **vorlegen** kann. Die Möglichkeit einer Vorlage des später gestellten Antrags beim erstbefassten Gericht besteht allerdings erst, nachdem sich das zweitbefasste Gericht rechtskräftig für unzuständig erklärt hat. Dies folgt aus den Einleitungsworten von Abs. 3 Unterabs. 2 („in diesem Fall"), die auf die Situation von Abs. 3 Unterabs. 1 verweisen, sowie aus dem Bericht von *Borrás*.[670] Nicht (mehr) anwendbar ist Abs. 3 Unterabs. 2 ferner dann, wenn das erstbefasste Gericht bereits eine formell rechtskräftige Entscheidung in der Sache gefällt hat. In diesem Fall ist die Grundsituation des Art. 19 Abs. 1 Unterabs. 1 – die anderweitige Rechtshängigkeit – nicht mehr gegeben.

Welche genaue Anordnung Art. 19 Abs. 3 Unterabs. 2 trifft, ist unklar. Dass der Antragsteller des Zweitver- **22** fahrens seinen Antrag ggf. auch dem erstbefassten Gericht vorlegen kann, stellt – für sich betrachtet – eine Selbstverständlichkeit dar. Fraglich ist allein, ob und inwieweit ihm Art. 19 Abs. 3 Unterabs. 2 diese Vorlage erleichtert.

Weitgehend Einigkeit besteht darin, dass Art. 19 Abs. 3 Unterabs. 2 **keinen weiteren Gerichtsstand** **23** schafft.[671] Dies ergibt sich zunächst aus der systematischen Stellung der Vorschrift, aber auch aus dem Bericht von *Borrás* zum Brüssel II-Abkommen.[672] Demnach macht Art. 19 Abs. 3 Unterabs. 2 eine Prüfung der Zuständigkeitsvorschriften für den Antrag nicht entbehrlich. In Ehesachen ergibt sich eine internationale Zuständigkeit aber ohnehin aus Art. 4 (Gegenantrag).[673]

Eine eigenständige Relevanz der Vorschrift kann nach einer verbreiteten Ansicht darin gesehen werden, **24** dass der Vorlage des Antrags beim erstbefassten Gericht keine **prozessualen Einwände** entgegengehalten werden können, die in der lex fori des erstbefassten Gerichts im Hinblick auf nachträglich eingereichte Anträge enthalten sind.[674] *Borrás* weist in ihrem – in diesem Punkt allerdings unklaren – Bericht zum Brüssel II-Abkommen beispielhaft auf den Fall hin, dass nach der lex fori des erstbefassten Gerichts kein Gegenantrag mehr zulässig ist, weil bestimmte **Fristen** verstrichen sind.[675] Hierunter können insbesondere auch **Verspätungsvorschriften** verstanden werden.[676] Diese Vorschriften der lex fori werden durch die vorrangige Regelung des Art. 19 Abs. 3 Unterabs. 2 verdrängt. Die Vorlage des später gestellten Antrags beim erstbefassten Gericht ist ungeachtet eventuell entgegenstehender Regelungen der lex fori des erstbefassten Gerichts zulässig.

Abs. 3 Unterabs. 2 bezieht sich dabei sowohl auf Abs. 1 als auch auf Abs. 2.[677] Bedeutung hat die Vorschrift **25** für diejenigen Fälle, in denen der Antrag beim zweitbefassten Gericht eine **weiter gehende Wirkung** hat als der Antrag beim erstbefassten Gericht. Zu nennen ist etwa der Fall, dass bei dem erstbefassten Gericht lediglich die Trennung ohne Auflösung des Ehebandes, aber beim zweitbefassten Gericht die Ehescheidung oder die Ungültigerklärung der Ehe beantragt ist. Hier kann der Antragsteller, der mit seinem Antrag nicht nur die (bloße) Trennung ohne Auflösung des Ehebandes, sondern auch die Zerschneidung des Ehebandes begehrt, gemäß Abs. 3 Unterabs. 2 iVm Art. 3–5 seinen Antrag dem erstbefassten Gericht vorlegen. Art. 19 Abs. 3 Unterabs. 2 führt im konkreten Ergebnis dazu, dass der Antragsteller sein Scheidungsbegehren sofort zur Entscheidung stellen kann und damit nicht bis zur rechtskräftigen Entscheidung des erstbefassten Gerichts warten muss.

Die Nachteile, die sich für den Antragsteller aus der umfassenden Blockadewirkung des Art. 19 Abs. 1, 2 **26** ergeben, werden durch die **Vorlagemöglichkeit** nach Art. 19 Abs. 3 Unterabs. 2 etwas abgemildert. Allerdings muss dies nicht in jedem Fall so sein. Zu beachten ist, dass das erstbefasste Gericht – aufgrund des

---

670 *Borrás*, ABl. EG 1998 C 221 S. 46 aE (Rn. 55); Alt-
     hammer/*Althammer* EheVO Art. 19 Rn. 23; Rau-
     scher/*Rauscher* Brüssel IIa-VO Art. 19 Rn. 50; *Gru-
     ber* FamRZ 2000, 1129 (1134); *Hajnczyk*, S. 133.
671 Rauscher/*Rauscher* Brüssel IIa-VO Art. 19 Rn. 53;
     HK-ZPO/*Dörner* EheVO Art. 19 Rn. 8; *Hausmann*,
     EuLF 2000/01, 345, 347; *Ancel/Muir Watt*, Rev. crit.
     dr. int. priv. 2001, S. 403, 429; abweichend *Andrae*
     ERA-Forum 2003, 28, 53 (es reiche aus, wenn ent-
     weder das zuerst oder das später angerufene Gericht
     international zuständig seien).
672 *Borrás*, ABl. EG 1998 C 221 S. 47 (Rn. 55).

673 *Borrás*, ABl. EG 1998 C 221 S. 42 (Rn. 42) und 47
     (Rn. 55).
674 *Gruber* FamRZ 2000, 1129 (1134); *Hausmann*,
     IntEuFamR, F 197; *ders.,* EuLF 2000/01, 345, 347;
     Andrae ERA-Forum 2003, 28, 53; aA *Vogel* MDR
     2000, 1045 (1049).
675 *Borrás*, ABl. EG 1998 C 221 S. 47 (Rn. 55).
676 Rauscher/*Rauscher* Brüssel IIa-VO Art. 19 Rn. 54;
     Staudinger/*Spellenberg* EheVO Art. 19 Rn. 52.
677 *Borrás*, ABl. EG 1998 C 221 S. 46 f. (Rn. 55); dort
     auch mit Hinw. zur Entstehungsgeschichte.

Umstandes, dass die Rom III-VO nicht in allen Mitgliedstaaten gilt – möglicherweise inhaltlich abweichendes Kollisionsrecht zur Anwendung bringt; es ist selbstverständlich nicht an die möglicherweise abweichende kollisionsrechtliche Beurteilung des zweitbefassten Gerichts gebunden.[678] Insoweit kann, wenn nach dem für das erstbefasste Gericht maßgeblichen Kollisionsrecht ein anderes Sachrecht anzuwenden ist, der weiter gehende Antrag (noch) unbegründet sein. Selbst bei Geltung der Rom III-VO in beiden Mitgliedstaaten können sich derartige Situationen ergeben. Denkbar ist etwa, dass in Italien ein Trennungsverfahren und erst nachfolgend in Deutschland ein – durch das italienische Trennungsverfahren blockiertes – Scheidungsverfahren anhängig gemacht worden ist und dass für das italienische Gericht aufgrund von Art. 8 lit. d Rom III-VO (lex fori) italienisches Sachrecht maßgebend ist, wohingegen für das deutsche Gericht gemäß Art. 8 lit. d Rom III-VO deutsches Recht heranzuziehen gewesen wäre. Ist in diesem Fall nach dem italienischen Sachrecht gegenwärtig (nur) ein Trennungsantrag, nicht aber ein Scheidungsantrag begründet, empfiehlt es sich für den deutschen Antragsteller nicht, den in Deutschland gestellten Scheidungsantrag nach Abs. 3 Unterabs. 2 dem italienischen Gericht vorzulegen. Er würde hier nur eine kostenpflichtige Abweisung des Antrags erreichen. Ihm bleibt daher nichts anderes übrig, als den rechtskräftigen Ausgang des Trennungsverfahrens abzuwarten und dann das Scheidungsverfahren beim deutschen Gericht fortzusetzen (s. dazu → Rn. 27 ff.).[679]

F. Verhältnis zur Rechtskraft

27   Die Regelung des Art. 19 Abs. 1, 2 hat zur Folge, dass sich zwischen dem **Umfang des Rechtshängigkeitseinwands** und dem **Umfang der Rechtskraft** erhebliche Unterschiede ergeben. Der sachliche Umfang der Rechtshängigkeitswirkung beurteilt sich nach Art. 19. Der sachliche Umfang der Rechtskraftwirkung richtet sich gemäß der zum EuGVÜ/EuGVVO entwickelten, auf die EheVO 2003 übertragbaren herrschenden „Wirkungserstreckungslehre" nach der lex fori des erstbefassten Gerichts.[680] Daraus folgt, dass die (nach Art. 19 zu beurteilende) Rechtshängigkeitswirkung regelmäßig einen größeren sachlichen Umfang hat als die (nach der lex fori des erstbefassten Gerichts zu beurteilende) Rechtskraftwirkung der anzuerkennenden Entscheidung.

28   Hat die Rechtshängigkeitswirkung einen größeren sachlichen Umfang als die nachfolgende Rechtskraftwirkung, so werden im Einzelfall mit der Beendigung der Rechtshängigkeit und dem Eintritt der Rechtskraft wieder Entscheidungen von ausländischen Gerichten möglich, die zum Zeitpunkt der Rechtshängigkeit noch gemäß Art. 19 Abs. 1, 2 „blockiert" waren. Dies kann insbesondere dann praktisch relevant werden, wenn das erstbefasste Gericht nur über einen **Antrag auf Trennung ohne Auflösung des Ehebandes** zu entscheiden hatte. Das Trennungsverfahren war gemäß Art. 19 Abs. 1 während der Rechtshängigkeit in der Lage, ein ausländisches Scheidungsverfahren oder ein ausländisches Verfahren über die Ungültigerklärung der Ehe zu „blockieren". Die nachfolgende, nach der lex fori des erstbefassten Gerichts zu beurteilende Rechtskraftwirkung der Entscheidung über die Trennung geht jedoch weniger weit als die „Blockadewirkung" nach Art. 19. Sie steht insbesondere einem nachfolgend beantragten Scheidungsverfahren nicht entgegen. Demgemäß wird ein Scheidungsverfahren, das während des Trennungsverfahrens noch gemäß Art. 19 Abs. 1 „blockiert" war, mit Rechtskraft der Entscheidung über die Trennung ohne die Auflösung des Ehebandes wieder möglich.[681] Dasselbe gilt grundsätzlich im Verhältnis von einem Scheidungsverfahren zu einem nachfolgend anhängig gemachten Verfahren über die (weiter gehende) Ungültigerklärung der Ehe.

29   Ein ausländisches Zweitverfahren ist schließlich immer dann (wieder) zulässig, wenn der Antrag auf Scheidung, Ungültigerklärung oder Trennung ohne Auflösung des Ehebandes im Erstverfahren rechtskräftig abgewiesen worden ist. Denn unter dem Begriff der anzuerkennenden „Entscheidung" in Art. 21 sind nur „positive Entscheidungen" zu verstehen, die tatsächlich zu einer Ehescheidung, Ungültigerklärung oder Trennung ohne Auflösung des Ehebandes geführt haben. Hier kommt allenfalls eine Anerkennung nach Maßgabe des nationalen Rechts in Betracht (vgl. auch → EheVO Art. 21 Rn. 7).[682]

30   Daraus ergibt sich auch, dass ein zunächst gemäß Art. 19 Abs. 1, 2 ausgesetztes Verfahren vor dem zweitbefassten Gericht nicht nur dann wieder aufgenommen werden kann, wenn das erstbefasste Gericht seine internationale Unzuständigkeit rechtskräftig festgestellt hat. Vielmehr kann das ausgesetzte Verfahren vor dem zweitbefassten Gericht auch dann fortgeführt werden, wenn das erstbefasste Gericht mit dem rechts-

---

678   Rauscher/*Rauscher* Brüssel IIa-VO Art. 19 Rn. 55; *Gruber* FamRZ 2000, 1129 (1134) Fn. 55; *Ancel/Muir Watt*, Rev. crit. dr. int. priv. 2001, S. 403, 430.

679   Vgl. hierzu auch Rauscher/*Rauscher* Brüssel IIa-VO Art. 19 Rn. 55; *Hausmann*, EuLF 2000/01, 345, 347.

680   Nach Althammer/*Althammer* EheVO Art. 19 Rn. 12 könnte allerdings ggf. auch „autonomes europäisches Rechtskraftverständnis" entwickelt werden.

681   *Gruber* FamRZ 2000, 1129 (1134 f.); Thomas/Putzo/*Hüßtege* EuEheVO Art. 19 Rn. 8; *Hausmann*, EuLF 2000/01, 345, 347; *Borrás*, ABl. EG 1998 C 221 S. 47 (Rn. 57).

682   *Gruber* FamRZ 2000, 1129 (1135); Thomas/Putzo/*Hüßtege* EuEheVO Art. 19 Rn. 9; *Hausmann*, IntEuFamR, F 200.

kräftigen Endurteil zwar seine internationale Zuständigkeit positiv feststellt, zugleich aber eine Entscheidung trifft, die nicht die sachliche Reichweite der beim zweitbefassten Gericht beantragten Entscheidung erreicht oder die den Scheidungsantrag usw abweist. Denn in diesem Fall besteht für das zweitbefasste Gericht weder das (nunmehr weggefallene) Verfahrenshindernis der anderweitigen Rechtshängigkeit noch – vorbehaltlich einer abweichenden Regelung durch das unvereinheitlichte nationale Verfahrensrecht – das Verfahrenshindernis der (anzuerkennenden) rechtskräftigen Entscheidung in derselben Sache. Das bei dem erstbefassten Gericht abgewiesene bzw. sachlich weiter gehende Begehren kann bei dem zweitbefassten Gericht unmittelbar weiterverfolgt werden, ohne dass eine erneute Antragstellung erforderlich wäre.[683]

Art. 20 EheVO 2003 Einstweilige Maßnahmen einschließlich Schutzmaßnahmen

(1) Die Gerichte eines Mitgliedstaats können in dringenden Fällen ungeachtet der Bestimmungen dieser Verordnung die nach dem Recht dieses Mitgliedstaats vorgesehenen einstweiligen Maßnahmen einschließlich Schutzmaßnahmen in Bezug auf in diesem Staat befindliche Personen oder Vermögensgegenstände auch dann anordnen, wenn für die Entscheidung in der Hauptsache gemäß dieser Verordnung ein Gericht eines anderen Mitgliedstaats zuständig ist.

(2) Die zur Durchführung des Absatzes 1 ergriffenen Maßnahmen treten außer Kraft, wenn das Gericht des Mitgliedstaats, das gemäß dieser Verordnung für die Entscheidung in der Hauptsache zuständig ist, die Maßnahmen getroffen hat, die es für angemessen hält.

A. Überblick 1
B. Einstweilige Maßnahmen in Verfahren über
   die elterliche Verantwortung 4
C. Einstweilige Maßnahmen in Ehesachen 10
D. Anerkennung und Vollstreckung 15
   I. Anerkennung nach Maßgabe der Art. 21 ff. ... 15

II. Anerkennung nach Maßgabe des KSÜ 20
III. Verhältnis zur Verordnung über die gegenseitige Anerkennung von Schutzmaßnahmen 22

A. Überblick

Art. 20 entspricht weitgehend Art. 35 EuGVVO nF (= Art. 31 EuGVVO aF; vormals Art. 24 EuGVÜ).[684] **1** Die Vorschrift ist sowohl auf Ehesachen als auch auf Verfahren über die elterliche Verantwortung anwendbar. Abs. 1 ist zunächst zu entnehmen, dass die nach der EheVO 2003 für die Hauptsache zuständigen Gerichte auch für den Erlass **einstweiliger Maßnahmen** zuständig sind. Die internationale Zuständigkeit der für die **Hauptsache zuständigen Gerichte** gilt hierbei auch im Hinblick auf Personen oder Vermögensgegenstände, die sich in einem anderen Mitgliedstaat oder einem Drittstaat befinden.[685] Die Voraussetzungen und Wirkungen der einstweiligen Maßnahmen richten sich ausschließlich nach der lex fori. Die lex fori bestimmt auch darüber, ob die Maßnahme mit dem Erlass einer Hauptsacheentscheidung außer Kraft tritt.

Daneben eröffnet Art. 20 noch eine weitergehende Zuständigkeit dann, wenn ein **dringender Fall** gegeben **2** ist. Die Vorschrift ermöglicht in diesem Fall nach Auffassung des BGH eine (ergänzende) Anwendung des staatsvertraglichen oder nationalen Zuständigkeitsrechts.[686] Nach der Gegenauffassung ist ein derartiger Rückgriff auf sonstige Vorschriften nicht notwendig; die internationale Zuständigkeit ergebe sich, soweit die Voraussetzungen des Art. 20 – insbes. die Dringlichkeit – erfüllt seien, bereits aus der Vorschrift selbst.[687]

Nach Art. 20 wird verlangt, dass sich in dem Staat, dessen Gericht sich auf staatsvertragliche bzw. nationale **3** Zuständigkeitsvorschriften stützen will, die von der Maßnahme betroffene Person bzw. ihr Vermögen **befindet**. Ferner muss es sich um einen „**dringenden Fall**" handeln. Selbst wenn das staatsvertragliche bzw.

683 *Gruber* FamRZ 2000, 1129 (1135); Thomas/Putzo/*Hüßtege* EuEheVO Art. 19 Rn. 9; Rauscher/*Rauscher* Brüssel IIa-VO Art. 19 Rn. 57; *Hausmann*, IntEuFamR, F 201.

684 *Borrás*, ABl. EG 1998 C 221 S. 38 Rn. 58; *Spellenberg* FS Beys 2003, S. 1583, 1585.

685 Rauscher/*Rauscher* Brüssel IIa-VO Art. 20 Rn. 25; *Spellenberg* FS Beys 2003, S. 1583, 1585; *Spellenberg/Leible* ZZP Int. 4 (1999), 222, 229.

686 BGHZ 188, 270 (Rn. 18) = NJW 2011, 855 = FamRZ 2011, 542; BGH NJW 2016, 1445 (Rn. 18); aus der Lit. Geimer/Schütze/*Dilger* EheVO Art. 20 Rn. 1;

Rauscher/*Rauscher* Brüssel IIa-VO Art. 20 Rn. 18; Staudinger/*Spellenberg* EheVO Art. 20 Rn. 50; die Frage bleibt ausdrücklich offen bei den Schlussanträgen der Generalanwältin *Kokott* v. 29.1.2009, Rs. 523–07 Rn. 57 („Die in der Literatur umstrittene Frage, ob Art. 20 dann selbst die Zuständigkeit für die Eilmaßnahmen verleiht oder lediglich auf die Zuständigkeit nach der lex fori verweist, bedarf im vorliegenden Kontext keiner Entscheidung.").

687 Staudinger/*Pirrung*, C 113; *Andrae* IPRax 2006, 82 (85 f.).

nationale Recht die Möglichkeit einer einstweiligen Maßnahme auch im Falle fehlender Dringlichkeit vorsieht, kann sich das Gericht im Anwendungsbereich der EheVO 2003 nur auf die jeweilige Zuständigkeitsvorschrift stützen, wenn eine Dringlichkeit gegeben ist.[688] Nach Abs. 2 treten die einstweiligen Maßnahmen **außer Kraft**, wenn das Gericht des Mitgliedstaats, das für die Entscheidung in der Hauptsache zuständig ist, die erforderlichen Maßnahmen getroffen hat. Daraus folgt, dass bei einstweiligen Maßnahmen grundsätzlich im Anschluss eine weitere Entscheidung ergeht, die ihrerseits nicht dazu bestimmt ist, ersetzt oder geändert zu werden, es sei denn, dass sich die Verhältnisse nachträglich ändern.[689]

B. Einstweilige Maßnahmen in Verfahren über die elterliche Verantwortung

4 Im Bereich der **elterlichen Verantwortung** spielen einstweilige Maßnahmen eine große praktische Rolle. Nach dem weiten Anwendungsbereich der EheVO 2003 (→ EheVO Art. 1 Rn. 22) sind insbesondere auch die vorläufigen Schutzmaßnahmen der Jugendämter erfasst (etwa nach §§ 8 a Abs. 3 S. 2, 42 SGB VIII).

5 Besondere Zuständigkeitsprobleme stellen sich hier aber im Regelfall nicht, da einstweilige Maßnahmen – etwa die einstweilige Unterbringung oder die vorläufige Einschränkung/Entziehung des Sorgerechts – im Normalfall von den Gerichten und Behörden des Mitgliedstaates vorgenommen werden, in dem das Kind seinen **gewöhnlichen Aufenthalt** hat. Diese Gerichte und Behörden sind idR nach Art. 8 Abs. 1 für die Entscheidung in der Hauptsache und damit zugleich für die einstweilige Anordnung international zuständig.

6 Der Rückgriff auf staatsvertragliche oder nationale Zuständigkeitsnormen ist aber im Einzelfall dann erforderlich, wenn sich das Kind nur vorübergehend oder gelegentlich in einem anderen Mitgliedstaat aufhält. Hier kann eine Notwendigkeit entstehen, dass die Gerichte am **einfachen Aufenthalt des Kindes** tätig werden.[690] Abzustellen ist hierbei auf den Zeitpunkt, in dem die Maßnahme ergehen soll.[691] Der Leitfaden der Kommission nennt als Beispiel für Art. 20 den Verkehrsunfall einer Familie in einem bloßen (Durch)Reiseland, bei dem das Kind nur leicht, die Eltern aber so schwer verletzt werden, dass sie im komatösen Zustand in ein Krankenhaus eingeliefert werden müssen.[692] Ist der einfache Aufenthalt des Kindes in einem bestimmten Mitgliedstaat gegeben, setzt Art. 20 nach der nicht näher begründeten Auffassung des EuGH allerdings noch kumulativ voraus, dass sich auch der (einfache) Aufenthalt des von der Entscheidung (nachteilig) betroffenen Sorge- oder Umgangsberechtigten in dem betreffenden Mitgliedstaat befindet.[693] Dem ist zu widersprechen, da auf diese Weise ein effektiver Kindesschutz nicht mehr gewährleistet werden kann. Es kann – um bei dem im Leitfaden der Kommission genannten Beispiel zu bleiben – für die Zuständigkeit nach Art. 20 keinen Unterschied machen, ob die im komatösen Zustand befindlichen Eltern in einem Krankenhaus des (Durch)Reiselands oder in einem Krankenhaus eines anderen Mitgliedstaates liegen. Soweit es um einstweilige Maßnahmen geht, die den Schutz des Kindesvermögens betreffen – etwa dann, wenn es aktuelle Meinungsverschiedenheiten zwischen den Eltern über eine bevorstehende Veräußerung gibt –, können anstelle der für die Hauptsache zuständigen Gerichte auch die Gerichte des Mitgliedstaates tätig werden, in dem sich das betreffende Vermögen befindet. Nach zutreffender Auffassung reicht es im Falle eines **Umgangsverbots** schließlich auch aus, dass sich nicht das Kind, sondern (alternativ) nur der Adressat des Verbots in dem betreffenden Mitgliedstaat aufhält.[694]

7 Ein **dringender Fall** liegt nach einer Formulierung des EuGH dann vor, wenn sich die Kinder in einer Situation befinden, die geeignet ist, ihrem Wohlergehen, einschließlich ihrer Gesundheit und ihrer Entwicklung, schweren Schaden zuzufügen.[695] Allerdings hat der EuGH in einer Folgeentscheidung klargestellt, dass sich die Dringlichkeit auch danach beurteilt, ob (rechtzeitig) vor dem Hauptsachegericht entsprechende Anträge gestellt bzw. Maßnahmen ergriffen werden können.[696] Hat das für die Hauptsache zuständige Gericht das Sorgerecht bereits vorläufig auf einen Elternteil übertragen, so kann grundsätzlich von einem anderen Gericht nicht mit Hinweis auf die Dringlichkeit eine einstweilige Maßnahme treffen, in der das Sorgerecht vorläufig auf den anderen Elternteil übertragen wird.[697] Anderenfalls würde im Deckmantel des Art. 20 eine

---

688 Althammer/*Schäuble* EheVO Art. 20 Rn. 4; *Spellenberg* FS Beys 2003, S. 1583, 1585; *Ancel/Muir Watt*, Rev. crit. dr. int. priv. 2001, S. 403, 426 f.; *Fuchs/Tölg* ZfRV 2002, 95 (99).

689 Schlussanträge der Generalanwältin *Sharpston* v. 20.5.2010 in der Rs. C-256/09 (Bianca Purrucker ./. Guillermo Vallés Pérez), Rn. 121.

690 EuGH, Rs. C-523/07 (A), FamRZ 2009, 843 (845 f.) (Rn. 48) = EuGRZ 2009, 217.

691 Rauscher/*Rauscher* Brüssel IIa-VO Art. 20 Rn. 22.

692 Leitfaden der Kommission (s. Vor Rn. 23), S. 24.

693 EuGH, Rs. C-403/09 PPU (Jasna Detiček ./. Maurizio Sgueglia), FamRZ 2010, 525, Rn. 51 ff.) mit zu

Recht krit. Bespr. *Janzen/Gärtner* IPRax 2011, 158 (164 f.) und *Henrich* FamRZ 2010, 526 (527) sowie *Dutta/Schulz* ZEuP 2012, 526 (540 f.).

694 Rauscher/*Rauscher* Brüssel IIa-VO Art. 20 Rn. 22.

695 EuGH, Rs. C-523/07 (A), FamRZ 2009, 843 (845 f.) (Rn. 48) = EuGRZ 2009, 217.

696 EuGH, Rs. C-403/09 PPU (Jasna Detiček ./. Maurizio Sgueglia), FamRZ 2010, 525 (insbes. Rn. 41 ff.); dazu auch Geimer/Schütze/*Dilger* EheVO Art. 20 Rn. 20; BGH NJW 2016, 1445 (Rn. 25) mAnm *Gruber* IPRax 2017, 467.

697 EuGH, Rs. C-403/09 PPU (Jasna Detiček ./. Maurizio Sgueglia), FamRZ 2010, 525.

inhaltliche Korrektur der getroffenen Entscheidung erfolgen; dies ist nicht Zweck des Art. 20. Anders verhält es sich ausnahmsweise aber dann, wenn nachträglich neue Tatsachen eintreten oder bekannt werden, die ein neuerliches Tätigwerden der Gerichte notwendig machen, und nicht davon ausgegangen werden kann, dass die notwendigen Maßnahmen rechtzeitig von dem für die Hauptsache zuständigen Gericht getroffen werden können.[698] In diesem Fall dient die auf Art. 20 gestützte Entscheidung nicht der „Korrektur" der Entscheidung des in der Hauptsache zuständigen Gerichts; vielmehr wird einer neuen Situation Rechnung getragen. Anders verhält es sich schließlich auch dann, wenn die Entscheidung des Hauptsachegerichts – etwa wegen eines ordre public-Verstoßes – in dem Mitgliedstaat, in dem sich der einfache Aufenthalt des Kindes befindet, nicht anzuerkennen ist.[699]

Abs. 1 eröffnet keine eigenständige internationale Zuständigkeit, sondern gestattet nur den Rückgriff auf **8** das im jeweiligen Mitgliedstaat bestehende staatsvertragliche oder unvereinheitlichte nationale Zuständigkeitsrecht (→ Rn. 2). In Fragen der elterlichen Verantwortung kommt daher insbes. eine Anwendung des KSÜ bzw. des § 99 FamFG in Betracht. Nach § 99 Abs. 1 S. 2 FamFG sind die deutschen Gerichte insbes. dann zuständig, soweit das Kind der Fürsorge durch deutsche Gerichte bedarf. Die Durchführung der betreffenden Maßnahme und deren Bindungswirkung bestimmen sich nach nationalem Recht.[700]

Das nationale Gericht ist nach der Durchführung der Schutzmaßnahme nicht verpflichtet, die Rechtssache **9** an das zuständige Gericht eines anderen Mitgliedstaats zu verweisen. Dies ergibt sich für den EuGH aus einem Umkehrschluss zu Art. 15.[701] Soweit es der Schutz des Kindeswohls erfordert, muss jedoch das nationale Gericht, das einstweilige Maßnahmen einschließlich Schutzmaßnahmen durchgeführt hat, direkt oder durch Einschaltung der Zentralen Behörde das zuständige Gericht eines anderen Mitgliedstaats hiervon in Kenntnis setzen (vgl. Art. 55).[702]

C. Einstweilige Maßnahmen in Ehesachen

Umstritten ist, ob Art. 20 auch für Ehesachen praktische Bedeutung zukommen kann. Dies kann nur dann **10** angenommen werden, wenn sich die Zuständigkeit nach Art. 20 auch auf **Maßnahmen außerhalb des von Art. 1 definierten Bereichs** bezieht.[703] In den von Art. 1 erfassten Ehesachen handelt es sich in der Hauptsache um eine Rechtsgestaltung, so dass Art. 20 insoweit – würde man es bei dem engen Anwendungsbereich von Art. 1 belassen – ins Leere ginge.[704] In dem erläuternden Bericht von *Borrás* zum Brüssel II-Abkommen wird in der Tat vertreten, dass die internationale Zuständigkeit auch für einstweilige Maßnahmen besteht, die außerhalb des eigentlichen Anwendungsbereichs des Abkommens liegen.[705] Hierfür spricht, dass anderenfalls Art. 20 bei Ehesachen von vornherein keine praktische Bedeutung hätte; ferner bezieht sich die Vorschrift sowohl auf Personen als auch auf Güter in dem betreffenden Mitgliedstaat. Allerdings werden von Art. 20 auch nach hL nur Maßnahmen erfasst, die die zukünftige Eheauflösung vorbereiten oder sichern. Die Sicherung zukünftiger Scheidungs*folgen* bleibt außerhalb des Anwendungsbereichs von Art. 20.[706]

Nähere praktische Bedeutung kommt der Frage nach der (potenziellen) Anwendbarkeit des Art. 20 auf an **11** sich außerhalb des Anwendungsbereichs der EheVO 2003 liegende Maßnahmen aber ohnehin nicht zu. Denn nach allgemeiner Auffassung erstreckt sich Art. 20 nicht auf Maßnahmen, für die bereits andere unmittelbar einschlägige Verordnungen eine Zuständigkeitsregelung bereithalten. Insbesondere stellt Art. 20, da insoweit die UnterhaltsVO eingreift, keine Zuständigkeitsvorschrift für die Gewährung **vorläufigen Unterhalts** dar.[707]

---

698   Näher dazu *Janzen/Gärtner* IPRax 2011, 158 (162 ff.).

699   Geimer/Schütze/*Dilger* EheVO Art. 20 Rn. 33; *Henrich* FamRZ 2010, 526 (527).

700   EuGH, Rs. C-523/07 (A), FamRZ 2009, 843 (846) (Rn. 51, 52) = EuGRZ 2009, 217; auch *Pirrung* IPRax 2011, 50 (54); Althammer/*Schäuble* EheVO Art. 20 Rn. 13.

701   EuGH, Rs. C-523/07 (A), FamRZ 2009, 843 (846) (Rn. 53 ff.) = EuGRZ 2009, 217.

702   EuGH, Rs. C-523/07 (A), FamRZ 2009, 843 (846) (Rn. 57 ff.) = EuGRZ 2009, 217.

703   S. (obiter dictum zu einem Fall betr. die elterliche Verantwortung) EuGH, Rs. C-256/09 (Bianca Purrucker ./. Guillermo Vallés Pérez), FamRZ 2010, 1521= NJW 2010, 2861 Rn. 86; aus der Lit. Althammer/*Schäuble* EheVO Art. 20 Rn. 9; *Hausmann*,

IntEuFamR, A 206 ff.; Staudinger/*Spellenberg* EheVO Art. 20 Rn. 33 ff.; Thomas/Putzo/*Hüßtege* EuEheVO Art. 20 Rn. 4 a; Prütting/Gehrlein/*Völker/ Dimmler* EheVO Art. 20 Rn. 3; *Spellenberg* FS Beys 2003, S. 1583, 1586 f.; *Fuchs/Tölg* ZfRV 2002, 95 (98 f.); *Ancel/Muir Watt*, Rev. crit. dr. int. priv. 2001, S. 403, 427; abweichend *Dilger*, Rn. 301 ff.; BeckOGK/*Repasi* EGBGB Art. 17 a Rn. 43; *Sumampouw* Liber Amicorum Siehr 2000, S. 729, 739 f.

704   *Fuchs/Tölg* ZfRV 2002, 95 (99).

705   *Borrás*, ABl. EG 1998 C 221 S. 38 Rn. 59.

706   Althammer/*Schäuble* EheVO Art. 20 Rn. 12; Staudinger/*Spellenberg* EheVO Art. 20 Rn. 32; *ders.* FS Beys 2003, S. 1583, 1588 und 1591.

707   Staudinger/*Spellenberg* EheVO Art. 20 Rn. 31; *ders.* FS Beys 2003, S. 1583, 1588 und 1590; *Fuchs/Tölg* ZfRV 2002, 95 (98) und 102.

12   Bislang wurde eine praktische Bedeutung von Art. 20 vor allem im Hinblick auf Regelungen nach §§ 1, 2 Gewaltschutzgesetz und die Hausratsverteilung bzw. Wohnungszuweisung nach §§ 1361a, 1361b BGB angenommen.[708] Was die Verfahren nach §§ 1361a, 1361b BGB anbelangt, ist allerdings seit dem 29.1.2019 die EuGüVO anzuwenden. Einstweilige Maßnahmen richten sich deshalb abschließend nach Art. 19 EuGüVO; ein Rückgriff auf Art. 20 scheidet insoweit ebenfalls aus.[709] Auch bei der nach § 2 GewSchG möglichen Anordnung der Überlassung einer Ehewohnung dürfte es sich um eine von der EuGüVO erfasste „vermögensrechtliche Regelung" handeln (s. dazu → EGBGB Art. 17a Rn. 2).[710] Lediglich bei den Maßnahmen nach § 1 GewSchG (Betretungs-, Näherungs- und Kontaktverbote) ist die EuGüVO nicht einschlägig; insoweit verbleibt ein möglicher Anwendungsfall für Art. 20. Anzuwenden ist Art. 20 ferner noch auf die (praktisch kaum bedeutsame) **Gestattung des Getrenntlebens** durch einstweilige Anordnung.[711]

13   Voraussetzung für eine Anwendung von Art. 20 ist ferner ein verfahrensrechtlicher oder zumindest zeitlicher Zusammenhang mit einem anhängigen Eheverfahren.[712]

14   Die internationale Zuständigkeit aller nach Art. 3–5 im Einzelfall international zuständigen Gerichte gilt nach hL auch dann, wenn bereits vor einem Gericht ein Hauptsacheverfahren anhängig ist. Die Zuständigkeit für einstweilige Maßnahmen beschränkt sich daher auch in diesem Fall nicht von vornherein auf das mit der Hauptsache befasste Gericht.[713]

D. Anerkennung und Vollstreckung

I. Anerkennung nach Maßgabe der Art. 21 ff.

15   In der deutschen Literatur wurde bislang unterschiedlich beurteilt, ob einstweilige Maßnahmen, die in dem einen Mitgliedstaat ergangen sind, auch in den anderen Mitgliedstaaten **anzuerkennen und zu vollstrecken** sind. Der BGH hat diese Frage dem EuGH zur **Vorabentscheidung** vorgelegt.[714]

16   Der EuGH hat eine differenzierende Lösung gefunden.[715] Einstweilige Maßnahmen, die ein nach den Art. 8 ff. auch für die Hauptsache zuständiges Gericht anordne, seien nach den Art. 21 in den anderen Mitgliedstaaten anzuerkennen und zu vollstrecken. Demgegenüber müssen einstweilige Maßnahmen nicht nach

---

708   *Spellenberg* FS Beys 2003, S. 1583, 1588; *Zöller/ Geimer* EuEheVO Art. 20 Rn. 3; auch *Fuchs/Tölg* ZfRV 2002, 95 (102) (ua zur einstweiligen Regelung der Benutzung oder einstweiligen Sicherung des ehelichen Gebrauchsvermögens und der ehelichen Ersparnisse nach § 382 Abs. 1 Ziff. 8 lit. c des österr. EO sowie zur EV zum Schutz vor Gewalt in der Familie gem. § 382 b EO); auch Rauscher/*Rauscher* Brüssel IIa-VO Art. 20 Rn. 13 Fn. 44 (allerdings unter Ausschluss des § 1361 a BGB, weil dort der vermögensrechtliche Aspekt überwiege); Althammer/*Schäuble* EheVO Art. 20 Rn. 12; Staudinger/ *Mankowski* EGBGB Art. 17a Rn. 30 f.

709   *Hausmann*, IntEuFamR, F 210.

710   S. Art. 1 Abs. 1 iVm Art. 3 Abs. 1 lit. a EuGüVO. Dies entspricht offenbar auch der Vorstellung des deutschen Gesetzgebers, der für diese Frage – davon ausgehend, dass insoweit die EuGüVO einschlägig ist – keine eigenständige Kollisionsnorm mehr vorsieht. Lediglich die „Betretungs-, Näherungs- und Kontaktverbote, die mit einer im Inland belegenen Ehewohnung zusammenhängen" – also Maßnahmen nach § 1 GewSchG – werden nach dem mit Wirkung zum 29.1.2019 neu gefassten Art. 17a EGBGB (zwingend) den deutschen Sachvorschriften unterworfen (zur Begründung s. Entwurf eines Gesetzes zum Internationalen Güterrecht und zur Änderung von Vorschriften des Internationalen Privatrechts, BT-Drs. 19/4852, S. 39: „Die Kollisionsnormen der EuEheGüVO erfassen auch die Frage der Nutzungsbefugnis für die Ehewohnung und die ehelichen Haushaltsgegenstände. Insoweit wird Artikel 17a von der EuEheGüVO verdrängt, so dass diese Rege-

lungsgegenstände aus dem Wortlaut des Artikels 17a EGBGB zu streichen sind. Artikel 17a EGBGB beschränkt sich nunmehr auf mit der Ehewohnung zusammenhängende Betretungs-, Näherungs- und Kontaktverbote.").

711   Staudinger/*Spellenberg* EheVO Art. 20 Rn. 36; *ders.* FS Beys 2003, S. 1583, 1588, 1593.

712   Staudinger/*Spellenberg* EheVO Art. 20 Rn. 37; *ders.* FS Beys 2003, S. 1583, 1589.

713   Staudinger/*Spellenberg* EheVO Art. 20 Rn. 47; *ders.* FS Beys 2003, S. 1583, 1598 f.; *Spellenberg/Leible* ZZP Int. 4 (1999), 221, 228; *Stadler* JZ 1999, 1098 (1094 f.); *Heß* IPRax 2000, 370 (374); *Heß/Vollkommer* IPRax 1999, 220 (223 f.); *Dilger*, Rn. 291. Nach Rauscher/*Rauscher* Brüssel IIa-VO Art. 20 Rn. 26 kommt nur noch eine analoge Anwendung von Art. 20 in Betracht.

714   BGH FamRZ 2009, 1297 (unter ausf. Darstellung des überaus kontroversen und vielschichtigen Meinungsstandes in der deutschen Literatur) mit Anm. *Helms* FamRZ 2009, 1400 und Anm. *Gruber* LMK 2009, 287772; dazu auch *Pirrung* FS Spellenberg 2010, S. 467, 476 f.; Darstellung des Meinungsstandes auch in den Schlussanträgen der Generalanwältin *Sharpston* v. 20.5.2010 in der Rs. C-256/09 (Bianca Purrucker ./. Guillermo Vallés Pérez), Rn. 27.

715   EuGH, Rs. C-256/09 (Bianca Purrucker ./. Guillermo Vallés Pérez), FamRZ 2010, 1521= NJW 2010, 2861 mit Bespr. *Huter*, ELR 2010, 332 und *Heiderhoff* LMK 2010, 308380; nachfolgend BGHZ 188, 270 = NJW 2011, 855 = FamRZ 2011, 542 Anm. *Gruber* LMK 2011, 317719; BGH NJW 2016, 1445 (Rn. 14) mAnm *Gruber* IPRax 2017, 467.

Maßgabe der Art. 21 ff. anerkannt und vollstreckt werden, wenn das entscheidende Gericht die Zuständigkeit aus Art. 20 iVm den nationalen Zuständigkeitsvorschriften abgeleitet habe,.[716] Diese Maßnahmen können aber nach anderen Staatsverträgen oder dem nationalen Recht anerkannt werden (vgl. dazu unten → Rn. 20 f.).[717]

Diese (differenzierende) Lösung führt in der Konsequenz dazu, dass in den anderen Mitgliedstaaten nachgeprüft werden muss, ob die Zuständigkeit zum Erlass der einstweiligen Maßnahme aus den Art. 8 ff. oder aus Art. 20 iVm dem staatsvertraglichen bzw. nationalen Zuständigkeitsrecht hergeleitet wurde.[718] Nach dem EuGH ergibt sich aus dem Grundsatz gegenseitigen Vertrauens, dass ein Gericht seine Zuständigkeit anhand der Art. 8 ff. prüft und in der Begründung seiner Entscheidung deutlich macht, ob es seine Zuständigkeit auf die Art. 8 ff. gestützt hat oder nicht.[719] Bleibt die Entscheidung insoweit unklar – ergibt sich also aus der Entscheidung nicht, dass das Gericht offensichtlich nach Maßgabe der Art. 8 ff. zuständig war, und enthält die Entscheidung ferner auch keine unzweideutige Begründung für eine Zuständigkeit nach den Art. 8 ff. –, ist nicht von einer Inanspruchnahme einer Zuständigkeit nach den Art. 8 ff. auszugehen.[720] In diesen Fällen scheidet eine Anerkennung der Entscheidung nach den Art. 21 ff. aus.[721] Das Vollstreckungsgericht ist nach Auffassung des BGH in diesen Fällen auch nicht verpflichtet, sich zunächst bei dem Gericht des Ursprungsmitgliedstaates zu erkundigen, auf welcher Grundlage dieses sich für zuständig erachtet habe.[722] Ob ein Gericht tatsächlich nach Art. 8 ff. zuständig war, ist allerdings – soweit es nur eine Zuständigkeit nach Art. 8 ff. hinreichend deutlich in Anspruch genommen hat – für die Anerkennung nach Art. 21 ff. unbeachtlich.[723]

17

Wenn es um die Anerkennung ausländischer Entscheidungen geht, kommt es in den schwierigeren Fällen – immer dann, wenn das entscheidende Gericht nicht offensichtlich nach Maßgabe der Art. 8 ff. zuständig war – auf eine nähere Würdigung des ausländischen Entscheidungsinhalts an. Der BGH hat in einem Fall, in dem ein spanisches Gericht in eher hilfloser Weise verschiedene Überlegungen zur Zuständigkeit angestellt hat, eine Anerkennung nach den Art. 21 ff. abgelehnt. Zwar waren der spanischen Entscheidung immerhin „einige Anhaltspunkte" dafür zu entnehmen, dass das Gericht eine Zuständigkeit nach den Art. 8 ff. in Anspruch genommen hatte; dies reichte dem BGH aber für eine Anerkennung nach den Art. 21 ff. nicht aus.[724] In einem nachfolgenden Beschluss ist der BGH demgegenüber davon ausgegangen, dass die Entscheidung eines ungarischen Gerichts nach den Art. 21 ff. zu vollstrecken sei, obwohl dieses ebenfalls nicht auf die Normen der EheVO 2003 Bezug genommen hatte.[725] Wiederum anders hat der BGH im Falle eines polnischen Gerichts entschieden. In diesem Fall war den Umständen nach von einer fortbestehenden internationalen Zuständigkeit deutscher Gerichte nach Art. 10 auszugehen. Das polnische Gericht hatte zwar seinerseits auf einen gewöhnlichen Aufenthalt des Kindes in Polen hingewiesen, aber nach Auffassung des BGH insoweit nur den Vortrag der Antragstellerin wiedergegeben, ohne hieraus zuständigkeitsrechtliche Konsequenzen zu ziehen.[726] Die Entscheidungen des BGH zeigen, dass durch die vom EuGH vorgenommene Differenzierung erhebliche Unsicherheiten bei der Anerkennung entstehen können.[727] Problematisch sind dabei insbesondere die Fälle, in denen sich das entscheidende Gericht gar nicht zur internationalen Zuständigkeit nach den Art. 8 ff. äußert oder schlicht die Anwendbarkeit der EheVO 2003 übersieht.

18

Deutsche Gerichte sollten in der praktischen Folge immer dann, wenn sie sich auf die Art. 8 ff. stützen und nicht nur auf Art. 20 iVm dem staatsvertraglichen oder nationalen Zuständigkeitsrecht, dies in der Begründung der Entscheidung deutlich zum Ausdruck bringen. Insbesondere sollte die Frage, ob sich die internationale Zuständigkeit im konkreten Fall aus Art. 8 oder aus Art. 20 iVm dem staatsvertraglichen oder natio-

19

---

716 EuGH, Rs. C-256/09 (Bianca Purrucker ./. Guillermo Vallés Pérez), FamRZ 2010, 1521= NJW 2010, 2861 (Rn. 57 ff.); BGHZ 188, 270 = NJW 2011, 855 = FamRZ 2011, 542 mit Anm. *Helms.*

717 EuGH, Rs. C-256/09 (Bianca Purrucker ./. Guillermo Vallés Pérez), FamRZ 2010, 1521= NJW 2010, 2861 (Rn. 92).

718 BGHZ 188, 270 (Rn. 21 ff.) = NJW 2011, 855; BGH NJW 2016, 1445 (Rn. 14) mAnm *Gruber* IPRax 2017, 467; BGH NJW-RR 2011, 865 (866); OLG Stuttgart FamRZ 2014, 1567 (1568).

719 EuGH, Rs. C-256/09 (Bianca Purrucker ./. Guillermo Vallés Pérez), FamRZ 2010, 1521= NJW 2010, 2861 (Rn. 73).

720 Es gilt also maW „keine Vermutung zugunsten der Inanspruchnahme einer Hauptsachezuständigkeit" (BGHZ 188, 270 (Rn. 26) = NJW 2011, 855).

721 EuGH, Rs. C-256/09 (Bianca Purrucker ./. Guillermo Vallés Pérez), FamRZ 2010, 1521= NJW 2010, 2861 (Rn. 76).

722 BGHZ 188, 270 (Rn. 27) = NJW 2011, 855; anders allerdings Schlussanträge der Generalanwältin v. 20.5.2010 im Vorlageverfahren (dort 144 f., 155).

723 Dies deutlich herausstellend BGHZ 188, 270 (Rn. 22) = NJW 2011, 855; ebenso *Dutta/Schulz* ZEuP 2012, 526 (546).

724 BGHZ 188, 270 (Rn. 29 ff.) = NJW 2011, 855.

725 BGH FamRZ 2011, 959. Der BGH ging davon aus, dass das ungarische Gericht (konkludent) eine Zuständigkeit nach Art. 10 für sich in Anspruch genommen hatte (hierzu auch *Gruber* IPRax 2017, 467 (469)).

726 Das polnische Gericht hatte nach dem BGH seine Zuständigkeit „im Wesentlichen aus dem laufenden Verfahren in der Hauptsache hergeleitet" (BGH NJW 2016, 1445 (Rn. 16) mAnm *Gruber* IPRax 2017, 467).

727 *Gruber* LMK 2011, 317719.

nalen Zuständigkeitsrecht ergibt, nicht offengelassen werden. Denn sonst dürfte die Anerkennung dieser Entscheidung in den anderen Mitgliedstaaten nach Maßgabe der Art. 21 ff. ausscheiden.

II. Anerkennung nach Maßgabe des KSÜ

20 Der EuGH hat klargestellt, dass immer dann, wenn eine Zuständigkeit (nur) aus Art. 20 iVm dem staatsvertraglichen oder nationalen Zuständigkeitsrecht abgeleitet wird, zwar eine Anerkennung nach Maßgabe der Art. 21 ff. ausscheidet, aber „andere internationale Rechtsinstrumente oder andere nationale Rechtsvorschriften zur Anwendung gelangen" können.[728] Der BGH hat sich dies zu eigen gemacht.[729] Sind die Voraussetzungen des Art. 20 allerdings nicht gegeben, so kommt eine Anerkennung der Entscheidung nach Auffassung des BGH nicht in Betracht.[730] Damit ist in jedem Fall, soweit eine Anerkennung auf staatsvertragliches oder nationales Recht gestützt werden soll, zunächst zu überprüfen, ob die Voraussetzungen des Art. 20 für den Erlass der Entscheidung erfüllt waren.

21 Soweit die Voraussetzungen des Art. 20 erfüllt sind, kommt eine Anerkennung nach Maßgabe der Art. 23 ff. KSÜ in Betracht. In dem erläuternden Bericht zum KSÜ ist nämlich ausdrücklich festgehalten, dass auch einstweilige Maßnahmen in anderen Vertragsstaaten anzuerkennen und zu vollstrecken sind.[731]

III. Verhältnis zur Verordnung über die gegenseitige Anerkennung von Schutzmaßnahmen

22 Seit dem 11.1.2015 ist die Verordnung (EU) Nr. 606/2013 über die gegenseitige Anerkennung von Schutzmaßnahmen in Zivilsachen vom 12.6.2013 anzuwenden.[732] Nach ihrem Art. 2 Abs. 3 gilt sie allerdings nicht für Schutzmaßnahmen, die unter die EheVO 2003 fallen.[733]

Kapitel III
Anerkennung und Vollstreckung

Abschnitt 1
Anerkennung

Art. 21 EheVO 2003 Anerkennung einer Entscheidung

(1) Die in einem Mitgliedstaat ergangenen Entscheidungen werden in den anderen Mitgliedstaaten anerkannt, ohne dass es hierfür eines besonderen Verfahrens bedarf.

(2) Unbeschadet des Absatzes 3 bedarf es insbesondere keines besonderen Verfahrens für die Beischreibung in den Personenstandsbüchern eines Mitgliedstaates auf der Grundlage einer in einem anderen Mitgliedstaat ergangenen Entscheidung über Ehescheidung, Trennung ohne Auflösung des Ehebandes oder Ungültigerklärung einer Ehe, gegen die nach dem Recht dieses Mitgliedstaates keine weiteren Rechtsbehelfe eingelegt werden können.

(3) Unbeschadet des Abschnitts 4 kann jede Partei, die ein Interesse hat, gemäß den Verfahren des Abschnitts 2 eine Entscheidung über die Anerkennung oder Nichtanerkennung der Entscheidung beantragen.

Das örtlich zuständige Gericht, das in der Liste aufgeführt ist, die jeder Mitgliedstaat der Kommission gemäß Artikel 68 mitteilt, wird durch das nationale Recht des Mitgliedstaates bestimmt, in dem der Antrag auf Anerkennung oder Nichtanerkennung gestellt wird.

(4) Ist in einem Rechtsstreit vor einem Gericht eines Mitgliedstaates die Frage der Anerkennung einer Entscheidung als Vorfrage zu klären, so kann dieses Gericht hierüber befinden.

---

728 EuGH, Rs. C-256/09 (Bianca Purrucker ./. Guillermo Vallés Pérez), FamRZ 2010, 1521 (Rn. 92).
729 BGHZ 188, 270 (Rn. 18) = NJW 2011, 855.
730 BGHZ 188, 270 (Rn. 19, 39) = NJW 2011, 855; BGH NJW 2016, 1445 (Rn. 28); zustimmend *Gruber* IPRax 2017, 467 (469).
731 *Paul Lagarde,* Rapport explicatif, Rn. 72.
732 Hierzu im Überblick *Pietsch* NZFam 2014, 726 ff.
733 S. dazu auch den 11. Erwägungsgrund zur Verordnung: „Diese Verordnung sollte das Funktionieren

der Verordnung (EG) Nr. 2201/2003 des Rates vom 27.11.2003 über die Zuständigkeit und die Anerkennung und Vollstreckung von Entscheidungen in Ehesachen und in Verfahren betreffend die elterliche Verantwortung (im Folgenden „Brüssel-IIa-Verordnung") nicht beeinträchtigen. Entscheidungen, die gemäß der Brüssel-IIa-Verordnung ergehen, sollten weiterhin gemäß jener Verordnung anerkannt und vollstreckt werden."

Literatur: *Andrae,* in: Garbe/Ulrich, NomosProzessHandbuch, Verfahren in Familiensachen, 3. Aufl. 2012; *dies.,* Internationales Familienrecht, 4. Aufl. 2019; *dies.,* Anerkennung und Vollstreckung von Entscheidungen sowie die Beachtung der ausländischen Rechtshängigkeit nach der Ehe-VO, ERA-Forum 2003, 28; *dies.,* Anerkennung einer ausländischen Entscheidung zur elterlichen Sorge, NZFam 2016, 1011; *Antomo,* Reformbedarf bei der Anerkennung von Privatscheidungen, NZFam 18, 243; *dies.,* Anerkennung ausländischer Privatscheidungen – Rom III-Verordnung analog?, NJW 2018, 435; *Arnold/Gärtner/Schäuble/Weller,* in: Althammer (Hrsg.), Brüssel IIa, Rom III, Kommentar 2014, Kapitel III; *Borrás,* Erläuternder Bericht zu dem Übereinkommen aufgrund von Artikel K.3 des Vertrags über die Europäische Union über die Zuständigkeit und die Anerkennung und Vollstreckung von Entscheidungen in Ehesachen, (ABl. EG 1998 C 221 S. 27); *Buschbaum,* Ausländische einvernehmliche Notarscheidung vor deutschen Gerichten: Art. 46 Brüssel IIa-Verordnung im Gefüge der unionsrechtlichen Vorschriften über die Zirkulation öffentlicher Urkunden, in Dutta/Schwab/Henrich/Gottwald (Hrsg.) Scheidung ohne Gericht?, 2017, 353; *Cubeddu/Wiedemann/Henrich,* Neue Trennungs- und Scheidungsverfahren in Italien, FamRZ 2015, 1253; *Dornblüth,* Die europäische Regelung der Anerkennung und Vollstreckbarerklärung von Ehe- und Kindschaftsentscheidungen, Diss. Tübingen 2003; *Dörner,* in: Saenger, Zivilprozessordnung 8. Aufl. 2019, EuEheVO; *Dutta,* Die Entscheidungsbescheinigungen nach der Brüssel-IIa-Verordnung – ein Erfolgsmodell?, StAZ 2011, 33; *Dutta,* in: Hepting/Dutta, Familie und Personenstand, 3. Aufl. 2019, Teil II B.V., Teil III 6. Abschn. B.III; *Eschelbach/Rölke,* Vollzeitpflege im Ausland – Aufgaben der deutschen Jugendämter, JAmt 2014, 494; *Finger,* Anerkennung und Vollstreckung ausländischer Sorge- und Umgangsregelungen; Kindesherausgabe – HkindEntÜ, FuR 2007, 67; *Ferrand,* Stand des Scheidungsrechts in Frankreich, in: Dutta/Schwab/Henrich/Gottwald (Hrsg.) Scheidung ohne Gericht?, 2017, 145; *Geimer,* in: Zöller, ZPO 32. Aufl. 2018, EuEheVO Art. 21 ff.; *Gottwald,* in: MüKoFamFG, 3. Aufl. 2019, Brüssel IIa-VO; *Gössl,* „Anerkennung" ausländischer Ehescheidungen und der EuGH – Lost in Translation?! StAZ 2016, 232; *Gruber;* Die neue EheVO und die deutschen Ausführungsgesetze, IPRax 2005, 293; *ders.,* Das neue Internationale Familienrechtsverfahrensgesetz; FamRZ 2005, 1605; *ders.,* Die Anerkennung einstweiliger Maßnahmen in der EuEheVO, IPRax 2017, 467; *Hausmann,* Neues internationales Eheverfahrensrecht in der Europäischen Union – II. Teil, EuLF 2000/01, 271 und 345; *ders.,* Internationales und Europäisches Familienrecht, 2. Aufl. 2018, Abschn. K und N; *Heiderhoff,* Die Anerkennung ausländischer Entscheidungen in Ehesachen, StAZ 2009, 328; *Helms,* Zur Frage der Anerkennungsfähigkeit einstweiliger Maßnahmen nach der Brüssel IIa-VO, FamRZ 2009, 1400; *ders.,* Anerkennung ausländischer Entscheidungen im europäischen Eheverfahrensrecht, FamRZ 2001, 257; *ders.,* Neue Entwicklungen im Scheidungsrecht als Herausforderung für das Internationale Privatrecht, in: Dutta/Schwab/Henrich/Gottwald (Hrsg.) Scheidung ohne Gericht?, 2017 S. 337; *Hüßtege* in: Thomas/Putzo ZPO, 40. Aufl. 2019, EuEheVO; *Huzel,* Portugal in: Süß/Ring, Eherecht in Europa, 3. Aufl. 2017; *Kohler/Pintens,* Entwicklungen im europäischen Personen- und Familienrecht 2015–2016, FamRZ 2016, 1509, 2017–2018, FamRZ 2018, 1369; *Kontogeorgou,* Die neue einvernehmliche Scheidung in Griechenland im Spiegel der EuEheVO NZFam 2018, 385; *Koutsouradis,* Entwicklungen im griechischen Familienrecht 2016–2017, FamRZ 2017, 1460; *Krömer,* Privatscheidung in Italien – Anerkennung für den deutschen Rechtsbereich, StAZ 2017, 59; *Mayer,* Scheidung ohne Gericht – Europäische Entwicklungen, StAZ 2018, 106; *Nicolas-Vullierme/Heiderhoff,* Die neue Privatscheidung in Frankreich und ihre Wirkungen in Deutschland: Vorbild oder Ärgernis?, StAZ 2018, 361; *Paraschas* in: Geimer/Schütze, Internationaler Rechtsverkehr in Zivil- und Handelssachen Bd 2, 45. Erg., VO (EG) 2201/2003 (EheVO) Art. 21 ff; *Patti,* Stand des Scheidungsrechts in Italien, in: Dutta/Schwab/Henrich/Gottwald (Hrsg.) Scheidung ohne Gericht?, 2017, 105; *Pika/Weller,* Privatscheidungen zwischen Europäischem Kollisions- und Zivilprozessrecht, IPRax 2017, 65; *Pirrung,* Grundsatzurteil des EuGH zur Durchsetzung einstweiliger Maßnahmen in Sorgerechtssachen in anderen Mitgliedstaaten nach der EuEheVO, IPRax 2011, 351; *ders.,* Verfahrensrechtliche Anforderungen bei Zwangsunterbringung eines (suizid-)gefährdeten Jugendlichen in einem anderen EU-Staat, IPRax 2013, 404; *ders.,* in: Staudinger, EU-Verordnung und Übereinkommen zum Schutz von Kindern, Brüssel IIa-VO, 2018; *Rauscher,* EuZPR-EuIPR Bd. IV, 4. Aufl. 2015, Brüssel IIa-VO; *Riba,* Stand des Scheidungsrechts in Spanien, in: Dutta/Schwab/Henrich/Gottwald (Hrsg.) Scheidung ohne Gericht?, 2017, 119; *Rieck,* EG-EhesachenVO, 1. Aufl. 2012; *Schlauß,* Fehlende persönliche Anhörung des Kindes durch den ausländischen Richter – ein Anerkennungshindernis?, FPR 2006, 228; *Schulte-Bunert,* Die Vollstreckung von Entscheidungen über die elterliche Verantwortung nach der VO (EG) 2201/2003 in Verbindung mit dem IntFamRVG, FamRZ 2007, 1608; *Schulz,* Zur Frage der Auslegung von Gemeinschaftsrecht: Antrag auf Nichtanerkennung einer gerichtlichen Entscheidung über die Verweigerung der Rückgabe eines Kindes, FamRZ 2008, 1732; *Schulze,* You'll never walk alone? Verstoß gegen Unionsrecht und Rechtsbehelfsobliegenheit in der Urteilsanerkennung, IPRax 2016, 234; *Siehr,* Im Labyrinth des Europäischen IPR – Anerkennung und Vollstreckung einer ausländischen Sorgerechtsentscheidung ohne Bestellung eines Beistands für das Kind im Ausland, IPRax 2017, 77; *Spellenberg,* in: Staudinger, Internationales Verfahrensrecht in Ehesachen 1 Europäisches Recht: Brüssel IIa-VO, 2015; *Vogel,* Internationales Familienrecht – Änderungen und Auswirkungen durch die neue EU-Verordnung, MDR 2000, 1045; *Wagner,* Die Anerkennung und Vollstreckung von Entscheidungen nach der Brüssel II-Verordnung, IPRax 2001, 73; *Winkel,* Grenzüberschreitendes Sorge- und Umgangsrecht und dessen Vollstreckung, Diss. Bielefeld 2003.

A. Allgemeines	1
I. Entscheidung	1
II. Entscheidungen in Ehesachen	6
III. Entscheidungen zur elterlichen Verantwortung	17
IV. Formelle Rechtskraft	19
B. Prinzip der ipso-iure-Anerkennung (Abs. 1)	20
C. Beischreibung in Personenstandsbüchern (Abs. 2)	23
D. Selbstständiges Anerkennungsfeststellungsverfahren (Abs. 3)	25
I. Allgemeines	25
II. Verfahren	27
1. Anerkennungsfeststellungsverfahren	27
2. Deutsche Regelung: Internationales Familienrechtsverfahrensgesetz	28
III. Zeitpunkt	30
IV. Spezialisierte sachliche Zuständigkeit	31
V. Örtliche Zuständigkeit	32
VI. Antragsberechtigung	35
VII. Inhalt und Form des Antrags	37
VIII. Verfahrensdurchführung	38
IX. Rechtsbehelf	41
X. Bestands- und Rechtskraft sowie Bindungswirkung	43
XI. Kosten	45
E. Inzidente Entscheidung (Abs. 4)	46
F. Aufhebung oder Änderung der Entscheidung im Erststaat	47
G. Änderung der Entscheidung durch Gerichte des Zweitstaates	49

Da dem Regelungssystem der EuGVVO 2001[734] im Wesentlichen gefolgt wird, können die Berichte, Entscheidungen und Kommentierungen zu EuGVÜ bzw. EuGVVO aF bei der Auslegung der Vorschriften verwendet werden, soweit Übereinstimmung besteht.[735] Selbstverständlich ist die Verwendung der einschlägigen Materialien zur EheVO 2000.[736][737] Zur Neufassung der EheVO, die ab dem 1.8.2022 anwendbar ist → Vorbemerkung zu EheVO Art. 28-36 2003 Rn. 11.

A. Allgemeines

I. Entscheidung

1 Der Begriff Entscheidungen ist im Zusammenhang mit der Begriffsbestimmung in Art. 2 Nr. 4 zu sehen (→ Art. 2 Rn. 2). Er bezieht sich auf die Entscheidungen in Ehesachen und über die elterliche Verantwortung. Zu **Kostenentscheidungen und Kostenfestsetzungsbeschlüssen** s. Art. 49, zu **vollstreckbaren öffentlichen Urkunden und vollstreckbaren Vereinbarungen der Parteien** Art. 46.

2 Die Entscheidung muss von einem Gericht eines Mitgliedstaates erlassen worden sein, wobei unter Gericht alle Gerichte und Behörden der Mitgliedstaaten verstanden werden, die für die Rechtssache zuständig sind., Art. 2 Nr. 1. Unerheblich ist, ob die entschiedene Sache einen Bezug zu einem Mitgliedstaat hat. Erfasst werden neben reinen Binnensachen auch solche, die einen Bezug zu Nichtmitgliedstaaten aufweisen.

3 **Nicht erfasst werden Entscheidungen** der Gerichte der Mitgliedstaaten, welche die Anerkennung einer drittstaatlichen Entscheidung feststellen oder ihre Vollstreckung zulassen.[738] Weiter sind nicht erfasst ein über die Eheentscheidung hinausgehend getroffener Schuldausspruch (Erwägungsgrund 10 S. 3 zur EheVO 2000; Erwägungsgrund 8 zur EheVO 2003)[739] sowie im Verbund getroffene Entscheidungen zu Nebenfolgen der Scheidung, soweit sie nicht die elterliche Sorge betreffen. Die Vorschriften zu Anerkennung, Vollstreckbarerklärung und Vollstreckung schließen im übereinstimmenden sachlichen Anwendungsbereich im Verhältnis der Mitgliedstaaten die Heranziehung von Staatsverträgen aus, denen diese Mitgliedstaaten oder die EU angehören. Das Gleiche trifft für die im autonomen IZVR vorgesehenen allgemeinen Bestimmungen zur Anerkennung und Vollstreckung von Entscheidungen auf diesem Gebiet zu. In Deutschland bezieht sich das auf §§ 107–110 FamFG. Im Verhältnis zum HKÜ hat dagegen die EheVO ergänzenden Charakter.[740] Es besteht ein **enger Zusammenhang zwischen diesen beiden Instrumenten**, die im Wesentlichen den gemeinsamen Zweck haben, darauf hinzuwirken, dass von Kindesentführungen über die Grenze Abstand genommen wird und dass, wenn es zu einer Kindesentführung kommt. die sofortige Rückgabe des Kindes in den Staat seines gewöhnlichen Aufenthalts erwirkt wird.[741] Jedoch ist das Verhältnis nicht so zu verstehen, dass bei einer (vermeintlichen) Kindesentführung der Sorgerechtsberechtigte nach dem HKÜ vorgehen muss. Er kann auch eine vollstreckbare Rückführungsentscheidung des Gerichts des Mitgliedstaates, in dem das Kind seinen gewöhnlichen Aufenthalt hat, erwirken. Es kann sich dabei auch um eine einstweilige Maßnahme handeln. Für diese kann er dann die Vollstreckbarerklärung im Verbringungsmitgliedstaat nach den allgemeinen Vorschriften der EheVO beantragen, ohne dass ein Rückgabeantrag zuvor nach dem HKÜ gestellt worden ist.[742]

4 Bei **einstweiligen Maßnahmen über die elterliche Verantwortung** ist für die Anerkennung und Vollstreckung nach Art. 21 ff. EheVO eine Unterscheidung erforderlich. Maßnahmen, die durch ein in der Hauptsache nach der EheVO zuständiges Gericht erlassen wurden, sind nach Art. 21 ff. EheVO unter den dort genannten Voraussetzungen anzuerkennen und zu vollstrecken.[743] Es kommt hierbei nicht darauf an, ob die Hauptsache bereits anhängig ist. Dagegen sind einstweilige Maßnahmen über die elterliche Verantwortung, die nicht durch ein für die Hauptsache zuständiges Gericht erlassen wurden, sondern allein auf der Grund-

---

734 Verordnung (EG) Nr. 44/2001 des Rates über die gerichtliche Zuständigkeit und die Anerkennung und Vollstreckung von Entscheidungen in Zivil- und Handelssachen v. 22.12.2000 (ABl. EG 2001 L 12 S. 1).

735 Sa Rauscher/*Rauscher* Brüssel IIa-VO Einl. Rn. 34 f.

736 Verordnung (EG) Nr. 1347/2000 des Rates über die Zuständigkeit und die Anerkennung und Vollstreckung von Entscheidungen in Ehesachen und in Verfahren betreffend die elterliche Verantwortung für die gemeinsamen Kinder der Ehegatten v. 29.5.2000 (ABl. EG 2000 L 160 S. 19).

737 Gleiches gilt auch für das nicht in Kraft getretene entsprechende Übereinkommen, insbes. dessen begleitenden Bericht von *Borrás* (ABl. EG 1998 C

221 S. 27 ff.); vgl. Erwägungsgrund (3) der EheVO; sa *Wagner* IPRax 2001, 73, u. 75.

738 *Hausmann*, IntEuFamR, Rn. K-33; Staudinger/*Spellenberg* Brüssel IIa-VO Art. 21 Rn. 4; Rauscher/*Rauscher* Brüssel IIa-VO Art. 21 Rn. 4.

739 Thomas/Putzo/*Hüßtege*, EuEheVO Vorbem Art. 21 Rn. 1 b; Geimer/Schütze/*Paraschas*, EheVO Art. 21 Rn. 8; Rauscher/*Rauscher* Brüssel IIa-VO Art. 21 Rn. 2.

740 ErwGr. 17; EuGH Rs. C-325/18 PPU FamRZ 2019, 56 Rn. 48.

741 EuGH Rs. C-325/18 PPU FamRZ 2019, 56 Rn. 47.

742 EuGH Rs. C-325/18 PPU FamRZ 2019, 56.

743 EuGH Rs. C-403/09 PPU FamRZ 2010, 525 Rn. 45 ff.; BGH FamRZ 2011, 542 Rn. 16 ff.; BGH FamRZ 2011, 959 (1046).

lage des Art. 20 ergangen sind, vom Anwendungsbereich der Art. 21 EheVO ausgeschlossen.[744] Möglich bleibt für diese jedoch die Anerkennung und Vollstreckung nach anderen internationalen oder nationalen Vorschriften.[745] Sind auch die Voraussetzungen des Art. 20 nicht gegeben, so bleibt es bei dem insoweit abschließenden Charakter der EheVO. Eine solche einstweilige Maßnahme ist in einem anderen Mitgliedstaat nicht anzuerkennen und nicht für vollstreckbar zu erklären.[746] Im Anerkennungs- und Vollstreckungsmitgliedstaat ist folglich festzustellen, worauf das Ursprungsgericht die internationale Zuständigkeit gestützt hat. Ist das nicht ausdrücklich erfolgt, ist anhand der in der Entscheidung enthaltenen Ausführungen zu prüfen, ob es seine Zuständigkeit auf eine Zuständigkeitsvorschrift der EheVO stützen wollte.[747] Weist die Entscheidung keine eindeutige Begründung für die Zuständigkeit in der Hauptsache unter Bezugnahme auf eine der in den Art. 8 bis 14 EheVO genannten Zuständigkeiten auf und ergibt sich die Hauptsachezuständigkeit auch nicht offensichtlich aus der Entscheidung selbst, so ist davon auszugehen, dass diese nicht nach den Zuständigkeitsvorschriften der EheVO ergangen ist.[748] Der Grundsatz des gegenseitigen Vertrauens erfordere – so der BGH – keine Vermutung zugunsten der Inanspruchnahme einer Hauptsachezuständigkeit.[749] Das Vollstreckungsgericht sei in Zweifelsfällen auch nicht verpflichtet, sich zunächst bei dem Gericht des Ursprungsmitgliedstaates zu erkundigen, auf welcher Grundlage dieses sich für zuständig erachtet habe.[750]

Offen ist die Frage, welche Anforderungen an die Gewährung des rechtlichen Gehörs für den Antragsgegner bezogen auf **einstweilige Maßnahmen über die elterliche Verantwortung** zu stellen sind. Der EuGH weist hierzu darauf hin, dass die konkreten Ausprägungen des Anspruchs des Antragsgegners auf rechtliches Gehör auch in Relation zu der möglicherweise gegebenen Eilbedürftigkeit einer Entscheidung variieren können. Jede Beschränkung der Ausübung dieses Anspruchs muss dabei ordnungsgemäß gerechtfertigt werden und mit Verfahrensgarantien einhergehen, die für die von einem solchen Verfahren betroffenen Personen eine effektive Möglichkeit sicherstellen, getroffene Eilmaßnahmen anzufechten.[751] Hierbei kann die Rechtsprechung des EuGH zum EuGVÜ/zur EuGVVO 2001 auf die EheVO übertragen werden. Danach ist eine einstweilige Maßnahme dann als anerkennungsfähige Entscheidung anzusehen, wenn sie in einem kontradiktorischen Verfahren ergangen ist.[752] Dies ist immer dann zu bejahen, wenn die einstweilige Maßnahme nach einer vorhergehenden Anhörung des Antragsgegners getroffen wurde.[753] Darüber hinaus ist es auch ausreichend, wenn die Möglichkeit der nachträglichen kontradiktorischen Erörterung in einem Rechtsbehelfsverfahren gegeben war.[754] Hierfür können im Rahmen der EheVO insbesondere dringende Gründe des Kindeswohls sprechen.[755] Unabhängig davon, ob der Betroffene von dem anordnenden Gericht gehört wurde, erachtet der EuGH die Gewährung hinreichenden rechtlichen Gehörs nur bei der Möglichkeit der Einlegung eines Rechtsbehelfs mit Devolutiveffekt als gegeben.[756] Bis zur endgültigen Klärung dieser Frage empfiehlt es sich, einstweilige Maßnahmen, die ohne vorhergehende Anhörung der Gegenpartei erlassen werden sollen, dort zu beantragen, wo sie auch zu vollstrecken wären.

5

744   EuGH Rs. C-256/09 – Purrucker NJW 2010, 2861. Zur Vorlage durch den BGH FamRZ 2009, 1297 vgl. die Anm. von *Helms* FamRZ 2009, 1400; *Gruber* LMK 2009, 287772; *Völker* FF 2009, 371; BGH FamRZ 2011, 542 Rn. 16 ff.; mAnm v. *Pirrung* IPRax 2011, 351; OLG Stuttgart FamRZ 2014, 1567 Rn. 37 ff.

745   EuGH Rs. C-256/09 – Purrucker NJW 2010, 2861 Rn. 92; BGH FamRZ 2011, 542 Rn. 19; OLG München FamRZ 2015, 777; Anm. Dutta, 780 (vorrangige Anwendung des KSÜ); kritisch zu dieser Auslegung *Andrae* IntFamR § 9 Rn. 189 f.; auch *Dutta* FamRZ 2015, 780 (782).

746   BGH FamRZ 2011, 542 Rn. 19.

747   BGH FamRZ 2011, 542 Rn. 23 gestützt auf EuGH Rs. C-256/09 *(Purrucker)*, NJW 2010, 2861 Rn. 75.

748   BGH FamRZ 2011, 542 Rn. 24; kritisch hierzu Rauscher/*Rauscher* Brüssel IIa-VO Art. 20 Rn. 24 a.

749   BGH FamRZ 2011, 542 Rn. 26.

750   BGH FamRZ 2011, 542 Rn. 27; **aA** Schlussanträge der Generalanwältin *Sharpston*, Rs. C-256/09 Slg 2010, I-07353 Rn. 147.

751   EuGH Rs. C-256/09 – *Purrucker* NJW 2010, 2861 Rn. 95 mit Verweis auf die vergleichbare Rechtslage im Insolvenzrecht EuGH Rs. C-341/04 – Eurofood IFSC Slg 2006, I-3813 Rn. 66.

752   EuGH Rs. 125/79 – Denilauler Slg 1980, 1553; Thomas/Putzo/*Hüßtege* EuEheVO Art. 2 Rn. 2; *Hausmann*, IntEuFamR, Rn. N-40.

753   Für das EuGVÜ: OLG Karlsruhe FamRZ 2001, 1623; OLG Hamm NJW-RR 1993, 189,190; für die EuGVVO aF *Kropholler/von Hein*, EuZPR, 9. Aufl. 2011, Art. 32 Rn. 20 ff.

754   EuGH Rs. C-39/02 – Mærsk Slg 2004, I 9657, Rn. 43 ff.; *Helms* FamRZ 2001, 257 (260).

755   *Helms* FamRZ 2001, 257 (260); aA Rauscher/*Rauscher* Brüssel IIa-VO Art. 2Rn. 18.

756   EuGH Rs. C-256/09 – *Purrucker* NJW 2010, 2861 Rn. 97.

II. Entscheidungen in Ehesachen

6 Unter die Bestimmungen über die Anerkennung fallen **nur sog. positive Entscheidungen** in der Ehesache, dh solche, die die Auflösung der Ehe ex nunc oder ex tunc bzw. die förmliche Trennung ohne Auflösung des Ehebandes herbeiführen.[757]

Es ist kein Grund ersichtlich, warum eine Sachentscheidung, durch die ein Antrag auf Nichtigkeitserklärung der Ehe, zB wegen Doppelehe, abgewiesen wird, nicht nach der EheVO anerkennungsfähig ist. Die Argumente überzeugen jedoch auch nicht in Bezug auf eine die Scheidung ablehnende Sachentscheidung. Eine solche Entscheidung besagt lediglich, dass z.Zt. des Ausspruchs die Voraussetzungen für die Ehescheidung nicht gegeben sind, sie schließt eine spätere Scheidung sowohl im Erlass- als auch in einem Zweitstaat nicht aus, wenn zu einem späteren Zeitpunkt die Scheidungsvoraussetzungen vorliegen. Die Lösung der Nichteinbeziehung fördert einen Scheidungstourismus.

7 Aus der Nichteinbeziehung der „negativen" Entscheidungen in die EheVO folgt nicht, dass sie außerhalb des Erlassstaats nicht anerkennungsfähig sind.[758] Vielmehr bestimmt sich dies nach innerstaatlichen Vorschriften des Anerkennungsstaats und den bilateralen Abkommen zwischen Entscheidungs- und Anerkennungsstaat gemäß dem Günstigkeitsprinzip.[759] In Deutschland sind die „negativen" Entscheidungen der Gerichte anderer Mitgliedstaaten ipso iure anerkannt, wenn kein Anerkennungshindernis nach § 109 FamFG vorliegt, denn solche Entscheidungen können nicht anders als Entscheidungen dritter Staaten behandelt werden. Sie unterliegen nicht dem Verfahren nach § 107 FamFG (hierzu Anhang II zum III. Abschnitt, §§ 107, 108, 109 FamFG → Rn. 11).

8 Aktuell ist die Frage, inwieweit einvernehmliche Scheidungen, die nicht von einem mitgliedstaatlichen Gericht ausgesprochen, sondern im Kern durch Scheidungsvereinbarungen der Ehegatten bewerkstelligt werden, von der Verordnung erfasst werden. In einer Reihe von Mitgliedstaaten sind derartige Scheidungen möglich. Eindeutig ist, dass sie nicht von Art. 46 erfasst werden, auch wenn sie in einer öffentlichen Urkunde dokumentiert sind. Art. 46 betrifft nur solche öffentlichen Urkunden, die im Ursprungsmitgliedstaat vollstreckbar sind.[760] Das trifft auf eine Vereinbarung, durch die die Scheidung bewirkt wird, nicht zu. Enthält die öffentliche Urkunde neben der eigentlichen Scheidung Regelungen zu Scheidungsfolgen, die im Ursprungsmitgliedstaat vollstreckbar sind, so ist für jede einzelne zu prüfen, ob sie nach einschlägigem Unionsrecht in Deutschland anzuerkennen und zu vollstrecken ist.[761] Der Teil, der die Scheidung als solche betrifft, bleibt dabei außen vor.[762]

9 Damit Art. 21 ff. Anwendung finden, muss die Scheidung das Kriterium der in einem Mitgliedstaat ergangenen Entscheidung erfüllen. Die Abgrenzung zwischen den erfassten und nicht erfassten Scheidungen hängt letztlich von der Auslegung des Begriffs Entscheidung ab. Nicht erforderlich ist, dass ein Gericht im engeren Sinne tätig geworden ist. Es kann sich auch um eine sonstige Behörde handeln, die nach der Rechtsordnung des Ursprungsmitgliedstaats für diese Angelegenheit zuständig ist. Folglich ist die Anwendung der Verordnung nicht schon deshalb ausgeschlossen, weil Urkundsbeamte des Gerichts, Zivilstandesbeamte oder die Staatsanwaltschaft involviert sind. Bei dem Notar hängt die Antwort davon ab, ob er in dem betreffenden Mitgliedstaat bei seiner Mitwirkung an der Scheidung als Justiz- oder Verwaltungsbehörde begriffen wird. Dann kommt es darauf an, ob die Tätigkeit der Institution, die diese Kriterien erfüllt, als Entscheidung iSd Verordnung zu qualifizieren ist.[763] Erforderlich ist, dass die Scheidung von ihr selbst oder unter ihrer

---

757   MüKoZPO/*Gottwald* Brüssel IIa-VO Art. 21 Rn. 3; *Wagner* IPRax 2001, 73 (76); *Schack* RabelsZ 65 (2001), 615, 627; Rauscher/*Rauscher* Brüssel IIa-VO Art. 2 Rn. 10; *Hausmann*, EuLF 2000/01, 345, 348; Zöller/*Geimer* EheVO Art. 21 Rn. 4; krit. *Kohler/ Mansel*, Vergemeinschaftung des Europäischen Kollisionsrechts, 2001, S. 46 ff.; Geimer/Schütze/*Paraschas* EheVO Art. 21 Rn. 5, zu den Gründen näher NK-BGB/*Andrae* 3. Voraufl. Art. 21 Rn. 6 f.

758   *Spellenberg* FS Schumann 2001, S. 433; *Helms* FamRZ 2001, 257 (258); Rauscher/*Rauscher* Brüssel IIa-VO Art. 2 Rn. 10; Geimer/Schütze/*Paraschas* EheVO Art. 21 Rn. 6; aA *Kohler* NJW 2001, 10 (13); *Hausmann*, EuLF 2000/01, 345, 348.

759   *Spellenberg* FS Schumann 2001, S. 433; *Helms* FamRZ 2001, 257 (258); aA *Kohler* NJW 2001, 10 (13); *Hausmann*, EuLF 2000/01, 345, 348.

760   Ausführlich *Buschbaum* in: Dutta/Schwab ua, Scheidung ohne Gericht?, 353 ff.; für Lösung über Art. 46:

Geimer/Schütze/*Paraschas* EheVO Art. 21 Rn. 12 ff.; *Mayer* StAZ 2018, 106 (112).

761   Nach autonomem IZVR sind sie nicht anzuerkennen und zu vollstrecken. §§ 108–110 FamFG beziehen sich nur auf ausländische gerichtliche Entscheidungen.

762   AA wohl *Kontogeorgou* NZFam 2018, 385 (387).

763   Für ein eher weites Verständnis *Kohler/Pintens* FamRZ 2016, 1509 (1516); NK-BGB/*Gruber*, 3. Aufl. 2016, Anh. I zum III. Abschnitt EGBGB, Art. 1 EheVO 2003 Rn. 14 (auf die Einbettung in ein staatliches Verfahren abstellend); *Hepting/Dutta*, Familie und Personenstand, III-502; Helms, in Dutta/ Schwab ua, Scheidung ohne Gericht?, 337 ff.; *Pika/ Weller* IPRax 2017, 65 (6); engere Sicht ua bei *Cubeddu/Wiedemann/Henrich* FamRZ 2015, 1253 (1258); *Nicolas-Vullierme/Heiderhoff* StAZ 2018, 361 (365 ff.); *Krömer* StAZ 2017, 59; *Hausmann*, IntEuFamR, Rn. K-17.

Kontrolle ausgesprochen wird.[764] Die Auslegung hat autonom zu erfolgen. Während Ausspruch der Scheidung durch Gericht oder öffentliche Behörde ein eindeutiges Kriterium ist, bedarf der Passus Kontrolle durch eine derartige Institution einer weiteren Konkretisierung. Jedenfalls ist erforderlich, dass ein Gericht oder eine andere staatliche Behörde konstitutiver Art mitgewirkt hat.[765] Jede von der gemäß nationalem Recht zuständigen und im vorgeschriebenen Verfahren gebilligte Vereinbarung durch die Behörde nach einer Prüfung in der Sache ist als Entscheidung anzuerkennen.[766] Nicht ausreichend ist die bloße Entgegennahme der Erklärungen. Es reicht auch nicht aus, dass die Behörde eine schon erklärte rechtsgeschäftliche Scheidung registriert.[767] Nicht der Verordnung unterliegen zusammengefasst Scheidungen, bei denen sich die Mitwirkung der Behörde auf Tätigkeiten beschränkt, die mit Warn-, Klarstellungs-, Beweis- oder Beratungsfunktion umschrieben werden können. Diese können dann als qualifizierte Formanforderungen für eine Privatscheidung eingeordnet werden.

Bei Heranziehung dieser Abgrenzungskriterien erscheint folgende Einteilung möglich: In Frankreich können die Ehegatten nach Art. 229 Cc gegenseitig der Scheidung durch eine auch von den Rechtsanwälten gegengezeichnete Privaturkunde, die bei einem Notar registriert wird, zustimmen.[768] Diese Art der Scheidung, die durch Feststellung der Einigung in einer von den Rechtsanwälten gegengezeichneten Privaturkunde bewirkt wird, erfüllt nicht die Kriterien für eine Entscheidung **10**

In Griechenland kann die Scheidung durch schriftliche Vereinbarungen, vom Notar beurkundet, erfolgen. Die Ehe gilt dann als aufgelöst, sobald der Standesbeamte die ihm vorgelegte notarielle Urkunde ins Personenregister einträgt.[769] Auch sie wird nicht von der EheVO 2003 erfasst.

In Italien lässt das Gesetzesdekret Nr. 132 v. 12.9.2014[770] die außergerichtliche einverständliche Scheidung in verschiedenen Variationen zu. Ehegatten, die keine minderjährigen oder betreuungsbedürftige bzw. von ihnen wirtschaftlich abhängigen Kinder haben, können gemeinsam persönlich gegenüber dem Zivilstandsbeamten die persönliche Trennung, die Aufhebung der zivilrechtlichen Wirkungen der Ehe oder die Scheidung erklären. Diese Trennungs- bzw. Scheidungsvereinbarungen stehen entsprechenden gerichtlichen Entscheidungen gleich. Von den Ehegatten ist die Vereinbarung nicht früher als 30 Tage wiederum vor dem Zivilstandesbeamten zu bestätigen, damit sie endgültige Wirkung erlangt. Auch dies ist eine klassische Privatscheidung außerhalb des Anwendungsbereichs der Verordnung. Ehegatten können auch eine Scheidungsvereinbarung unter Beteiligung von Anwälten treffen. Diese wird an den Staatsanwalt des zuständigen Gerichts weitergeleitet, der die Scheidungsvereinbarung für bedenkenfrei erklärt, wenn er keine Regelwidrigkeit feststellt. Weiterhin nennt das Dekret Scheidungsvereinbarungen von Ehegatten mit minderjährigen, betreuungsbedürftigen oder nicht wirtschaftlich abhängigen Kindern. Diese sind unter Mitwirkung von Anwälten zu schließen. Sie bedürfen der Genehmigung des Staatsanwalts des zuständigen Gerichtes. Versagt dieser die Genehmigung, erfolgt die Weiterleitung an den Gerichtspräsidenten zum Zwecke der gerichtlichen Entscheidung. Scheidungen, die erst dadurch wirksam werden, dass der Staatsanwalt sie für bedenkenfrei erklärt oder sie genehmigt, sind als Entscheidungen einzuordnen.[771] Die Genehmigung ist konstitutiv für die Scheidung und die Staatsanwaltschaft fungiert als zuständige Behörde nach Art. 2 Nr. 1 EheVO.

In Portugal können die Eheleute ohne Angabe eines Scheidungsgrundes und ohne Einhaltung einer Trennungszeit eine einvernehmliche Scheidung beantragen (Art. 1773 CC). Die Vereinbarung muss Regelungen über die Vermögensauseinandersetzung, die Ausübung der elterlichen Verantwortung, den nachehelichen

---

764 Das folgt aus EuGH 20.12. 2017 Rs. C-372/16, FamRZ 2018, 169 Rn. 43ff. Wegen dieser unpräzisen begrifflichen Umschreibung wird zB von Dutta angenommen, dass es möglich sei, die in der EU exstierenden außergerichtlichen Scheidungsformen den Anerkennungsregeln der EheVO 2003 zu unterwerfen, *Hepting/Dutta,* Familie und Personenstand, III-502.

765 Schlussanträge Generalanwalt *Saugmandsgaard* v. 14.9.2017 Rs. C-372/16, Rn. 52 ff. insbes. 64 ff., Celex-Nr. 62016CC0372.

766 Diese Auslegung kann sich stützen auf Anm. 5 Brüssel IIa-VO-E 2018 ((2016/0190(CNS): „Nach der ständigen Rechtsprechung des Gerichtshofs sollte der Begriff ‚Gericht‘ so weit aufgefasst werden, dass er nicht nur Gerichte mit justiziellen Aufgaben, sondern auch Verwaltungsbehörden oder andere Behörden wie Notare einschließt, die in bestimmten Ehesachen oder Verfahren betreffend die elterliche Verantwortung die Zuständigkeit ausüben. Alle Gerichte im Sinne dieser Verordnung sollten durch die in dieser

Verordnung festgelegten Zuständigkeitsregeln gebunden sein. Jede vom Gericht nach einer Prüfung in der Sache nach dem nationalen Recht und nach dem nationalen Verfahren gebilligte Vereinbarung sollte als ‚Entscheidung‘ anerkannt oder vollstreckt werden ...“

767 Staudinger/*Spellenberg* (2015) Brüssel IIa-VO Art. 21 Rn. 15.

768 Einzelheiten bei *Ferrand* in Dutta/Schwab ua, Frankreich, 169 ff.; *Nicolas-Vullierme, Heiderhoff* StAZ 2018, 361 ff. (jeweils auch zur Anhörung minderjähriger Kinder).

769 *Koutsouradis* FamRZ 2017, 1460 (1461); *Kontogeorgou* NZFam 2018, 385.

770 Abgedr. bei Bergmann/Ferid/Henrich, Italien, III B. 9; sowie Ausführungen zum Eherecht S. 40; näher *Cubeddu Wiedemann/Henrich* FamRZ 2015, 1253 ff.; *Patti* in Dutta/Schwab ua, Italien, 105 ff.

771 AA *Cubeddu Wiedemann/Henrich* FamRZ 2015, 1253 (1258).

Unterhalt und den Verbleib der Ehewohnung enthalten (Art. 1775 CC).[772] Der Beamte des Zivilregisters führt eine mündliche Verhandlung durch und überprüft, ob die Vereinbarung den Interessen beider Seiten und denen der Kinder gerecht wird. Hält er die Vereinbarung nicht für ausgewogen, schlägt er den Parteien Änderungen vor. Sind diese mit den Änderungen einverstanden, spricht der Registerbeamte die Scheidung aus (Art. 1776 CC). Die Staatsanwaltschaft (Ministério Publico) ist zu beteiligen, wenn die Eheleute gemeinsame Kinder haben. Entspricht die vorgelegte Vereinbarung nicht der Billigkeit und sind die Eheleute auch nicht zu Änderungen bereit, verweist die Registerbehörde das Verfahren an das Gericht (Art. 1778 CC).[773] Da die einvernehmliche Scheidung durch den Spruch des Registerbeamten herbeigeführt wird, erfüllt sie die Kriterien einer Entscheidung.[774]

In Rumänien ist eine einvernehmliche Scheidung vor dem Notar möglich, Einschränkungen gibt es für Ehen mit minderjährigen Kindern.[775] Weiterhin gibt es die Möglichkeit einer einvernehmlichen Scheidung beim Standesamt, wenn die Ehegatten keine gemeinsamen minderjährigen Kinder haben. Der Antrag wird gemeinsam von den Ehegatten gestellt. Er muss nicht begründet werden. Die Ehegatten müssen sich außer über die Scheidung selbst nur über den Namen nach der Scheidung geeinigt haben. Nach Ablauf einer 30-tägigen Frist, in der der Antrag zurückgenommen werden kann, müssen die Ehegatten erneut für die Willensbekundung erscheinen. Nach Zulassung des Scheidungsantrags wird eine Scheidungsbescheinigung ausgestellt.[776] Diese Art Scheidung erfüllt nicht die Kriterien einer Entscheidung.

In Spanien ist eine außergerichtliche förmliche Ehetrennung und Ehescheidung möglich, soweit die Ehegatten keine minderjährigen Kinder haben. Die Ehegatten können ihren gemeinsamen Trennungs- oder Scheidungswillen sowie ihre Einigung über die in Art. 90 CC aufgezählten Trennungsfolgen vor dem Urkundsbeamten des Gerichts oder in Form einer öffentlichen Urkunde gegenüber dem Notar erklären (Art. 82 CC. Wenn der Justizsekretär oder der Notar der Auffassung ist, dass einzelne Klauseln der Vereinbarung über die Trennungs- oder Scheidungsfolgen einen Ehegatten oder volljährige Kinder der Ehegatten gravierend benachteiligen, kann er sie beanstanden. In diesem Fall müssen sich die Ehegatten, wollen sie an den missbilligten Klauseln festhalten, an das Gericht wenden (Art. 90 Ziff. 2 Abs. 3 CC).[777] Die Zuordnung ist nicht zweifelsfrei. Das Verfahren vor einem Rechtspfleger unterliegt wohl der EheVO, denn die Scheidung wird durch Beschluss des Rechtspflegers bewirkt, der Rechtskraft erlangt.[778] Bei einem notariellen Verfahren in Spanien tritt die Scheidungswirkung dagegen mit Ausstellung der Urkunde ein, was dafür spricht, dass hier eine Entscheidung iSd EheVO nicht getroffen wird.[779]

Hilfreich wäre es, wenn die Mitgliedstaaten, die außergerichtliche/-behördliche Scheidungen ermöglichen, selbst nach den autonomen Kriterien bestimmen, ob sie die Kriterien für Entscheidungen der Verordnung erfüllen und dies der Kommission mitteilen. Wenn sie das bejahen, muss dies die Konsequenz haben, dass die involvierten Behörden ihre im nationalen Recht vorgesehene Mitwirkung, damit die Scheidung wirksam wird, nur ausüben, wenn hierfür die Zuständigkeit nach Art. 3 ff. gegeben ist.

11 Inwieweit eine Scheidung, die in einem Mitgliedstaat nach dem Recht dieses Mitgliedstaats erfolgt ist und nicht das autonom bestimmte Kriterium der Entscheidung erfüllt, in einem anderen Mitgliedstaat anerkannt wird, bestimmt sich gegenwärtig nach dem Recht des Zweitstaats. Nach deutschem IZVR/IPR sind sie als ausländische Privatscheidungen einzuordnen. Werden auf sie die dafür vorgesehenen Regeln erstreckt, so hat dies zur Folge, dass sie dem Anerkennungsfeststellungsverfahren nach § 107 FamFG unterliegen. Außerdem wird ihre Wirksamkeit materiellrechtlich anhand des nach Art. 17 Abs. 2 EGBGB anwendbaren Rechts geprüft.[780] Eine Anerkennung scheidet bei dieser Lösung aus, wenn vom Standpunkt des deutschen IPR Scheidungsstatut nicht das Recht des betreffenden Mitgliedstaats ist, hierzu näher → Art. 17 Rn. 33. Diese Lösung nach deutschem autonomen Recht stellt ein Hindernis für die Personenfreizügigkeit innerhalb der Union dar. Das betrifft sowohl das zwingende Anerkennungsfeststellungsverfahren als auch die Gefahr hinkender Scheidungen. Stellt man sich auf den Standpunkt, es sei Sache des Unionsgesetzgebers, die bestehende Lücke im sekundären Unionsrecht zu schließen, dann ist die Situation für Privatscheidungen

---

772 Näher Rieck/*Schäfer*, Ausländisches Familienrecht, Rn. 20; Süß/Ring/*Huzel*, Eherecht in Europa, Portugal, Rn. 57 ff.

773 Rieck/*Schäfer*, Ausländisches Familienrecht, Portugal, Rn. 20; Süß/Ring/*Huzel*, Eherecht in Europa, Portugal, Rn. 57 ff.

774 *Cubeddu Wiedemann/Henrich* FamRZ 2015, 1253 (1258).

775 Einzelheiten bei Süß/Ring/*Oancea*, Eherecht in Europa, Rumänien, Rn. 60 ff.

776 Süß/Ring/*Oancea*, Eherecht in Europa, Rumänien, Rn. 63 f.

777 Entnommen *Henrich* FamRZ 2015, 1572 f.; auch Süß/Ring/*Huzel*, Eherecht in Europa, Spanien, Rn. 58, 67.

778 *Ferrer Riba* in Dutta/Schwab ua, Scheidung ohne Gericht, Spanien, 140.

779 Näher zu den Unterschieden der beiden möglichen Verfahren *Ferrer Riba* in Dutta/Schwab ua, Scheidung ohne Gericht, Spanien, 131 ff.

780 *Andrae* IntFamR § 3 Rn. 121, 147; *Nicolas-Vullierme/Heiderhoff* StAZ 2018, 361; *Hausmann*, IntEuFamR, Rn. K-16. Staudinger/*Spellenberg*, Art. 21 Rn. 16; *Cubeddu Wiedemann/Henrich* FamRZ 2015, 1253 (1258); Thomas/Putzo/*Hüßtege* EuEheVO Art. 21 Rn. 1 b.

---

bis zum Zeitpunkt der Anwendbarkeit einer EheVO 2019 hinzunehmen. Will Deutschland als Mitgliedstaat für die Zwischenzeit dazu beitragen, das bestehende Hindernis abzuschwächen, so wäre folgende Lösung möglich. Solche Scheidungen könnten von § 107 FamFG freigestellt werden. Sie wären anzuerkennen, wenn sie nach dem Recht des Mitgliedstaates, in dem sie vorgenommen wurden, wirksam sind, und zwar unter der Voraussetzung, dass nach Art. 3 ff. EheVO die Zuständigkeit für die Scheidung auch bei diesem Mitgliedstaat liegen würde.

In Art. 65 Abs. 1 EheVO 2019 ist eine Regelung für Scheidungen in öffentlichen Urkunden und (eingetragenen) Vereinbarungen vorgesehen.[781] Danach sollen die in einem Mitgliedstaat errichteten öffentlichen Urkunden und (eingetragenen) Vereinbarungen zwischen den Parteien über die Trennung ohne Auflösung des Ehebandes und die Ehescheidung, die in einem Mitgliedstaat rechtsverbindliche Wirkung haben, hinsichtlich der Anerkennung den Entscheidungen gleichgestellt werden, ohne dass es eines besonderen Verfahrens bedarf. Die Anerkennung ist daran gebunden, dass eine Bescheinigung des zuständigen Gerichts oder der Behörde des Ursprungsmitgliedstaates vorgelegt wird →Art. 66 Abs. 5 EheVO 2019. Diese darf nur erteilt werden, wenn eine Zuständigkeit für die Scheidung des Ursprungsmitgliedstaates nach der Verordnung besteht und die öffentliche Urkunde bzw. die Vereinbarung in diesem Mitgliedstaat rechtsverbindliche Wirkung hat → Art. 66 Abs. 2 EHEVO 2019. Damit wird eine Überprüfung der materiellrechtlichen Wirksamkeit der Scheidung im Anerkennungsmitgliedstaat ausgeschlossen. Wird die Bescheinigung nicht vorgelegt, so wird eine öffentliche Urkunde oder eine Vereinbarung mit diesem Gegenstand in einem anderen Mitgliedstaat nicht anerkannt. Diese adäquate Neuregelung wird sich nur auf ab dem Geltungsbeginn der neuen Verordnung förmlich errichtete oder eingetragene öffentliche Urkunden und eingetragene Vereinbarungen erstrecken → Vorbemerkung zu Art. 28 ff. Rn. 11.

Allgemein und speziell für Kapitel III **stellt sich die Frage, ob mitgliedstaatliche Entscheidungen bezogen auf gleichgeschlechtliche Ehen** erfasst sind. Auszugehen ist davon, dass jedenfalls zum Zeitpunkt der Verabschiedung der EheVO 2003 nur die Ehe von Mann und Frau gemeint war. Teilweise wird die Auffassung vertreten, dass **automatisch eine Erweiterung dadurch eingetreten sei, dass in immer mehr Mitgliedstaaten gleichgeschlechtlichen Paaren die Ehe als Institution offensteht.**[782] Für die EheVO ist die einheitliche autonome Auslegung charakteristisch, was **an sich auch für d**en zentralen Begriff der Ehe gelten müsste. Nun ist es aber so, dass in einigen Mitgliedstaaten **die Beschränkung der Ehe auf die Ehe von Mann und Frau Verfassungsrang hat.**[783] **Die unterschiedliche Sicht in den Mitgliedstaaten** in dieser Frage muss bei der Auslegung Beachtung finden. In der gegenwärtigen Konstellation wäre **die erforderliche Einstimmigkeit im Rat für eine geregelte** diesbezüglich zwingende Erweiterung des sachlichen Anwendungsbereiches der EheVO nicht zu erreichen. Wegen dieses Einstimmigkeitsprinzips ist auch eine automatische einheitliche Erweiterung des sachlichen Anwendungsbereichs in dieser brisanten Frage gegenwärtig ausgeschlossen. Als **Kompromiss** bietet sich an, die Lösung für die EuEheGüVO auf die EheVO zu übertragen. Danach wird der Begriff Ehe insoweit in der Verordnung nicht definiert. Er bestimmt sich nach dem nationalen Recht der Mitgliedstaaten.[784] Vom Standpunkt des deutschen Rechts erstreckt sich folglich das Kapitel III auch auf Ehen, die von gleichgeschlechtlichen Paaren geschlossen werden.[785] Dies geht konform mit der Entscheidung des EuGH in der Rechtssache Coman, wonach es den Mitgliedstaaten freistehe, „für Personen **gleichen Geschlechts die Ehe** vorzusehen oder nicht vorzusehen ...“[786] Das **Institut der Ehe wird** – so der EuGH – **durch das nationale Recht definiert** und fällt in die **Zuständigkeit der Mitgliedstaaten.**[787] Bei der Ausübung dieser Zuständigkeit sind **jedoch das Unionsrecht und insbesondere die Vertragsbestimmungen über die jedem Unionsbürger zuerkannte Freiheit, sich im Hoheitsgebiet der Mitgliedstaaten zu bewegen und aufzuhalten,** zu beachten.[788] Nicht ersichtlich ist, dass der Ausschluss

12

13

---

781 Charakterisiert werden sie als die anderen Vereinbarungen, also solche, die nicht die Kriterien einer Entscheidung erfüllen, und „die im Ursprungsmitgliedstaat nach einem formellen Tätigwerden einer öffentlichen Behörde oder einer anderen von einem Mitgliedstaat für diesen Zweck der Kommission mitgeteilten Behörde verbindliche Rechtswirkung erlangen", ErwGr. 14 EheVO 2019.

782 Für Einbeziehung ua Thomas/Putzo/*Hüßtege* EuEheVO Vor Art. 21 Rn. 5; Staudinger/*Spellenberg* Brüssel IIa-VO Art. 1 Rn. 3 ff.; *Mankowski* IPRax 2017, 541 (546); NK-BGB/*Gruber* Anh. I zum III. Abschnitt EGBGB, Art. 1 EheVO 2003 Rn. 3 mwN; ablehnend Rauscher/*Rauscher*, EuZPR/EuIPR, 4. Aufl. 2015, Art. 1 Brüssel II-VO Rn. 6 ff.; HK-ZPO/*Dörner* EuEheVO Art. 1 Rn. 7.

783 Im EuGH Verfahren Rs. C-673/16 (Coman) haben mehrere Regierungen erklärt, „dass das Institut der Ehe von grundlegender Bedeutung sei" und sie gewillt seien, „eine Vorstellung von diesem Institut als Bund zwischen Mann und Frau zu bewahren, die in manchen Mitgliedstaaten durch Normen von Verfassungsrang geschützt sei", FamRZ 2018, 1063 Rn. 42.

784 ErwGe.17 EuEheGüVO.

785 Im Ergebnis *Hausmann*, IntEuFamR, En. A-33.

786 EuGH Rs. C-673/16 (Coman), FamRZ 2018, 1063 Rn. 37.

787 EuGH Rs. C-673/16 (Coman), FamRZ 2018, 1063 Rn. 45.

788 EuGH Rs. C-673/16 (Coman), FamRZ 2018, 1063 Rn. 38 zur Entscheidung *Michl* FamRZ 2018, 1147; andere Sicht wohl bei *Dutta* FamRZ 2018, 1066.

gleichgeschlechtlicher Ehen vom Anwendungsbereich des Kapitels III der EheVO die Freizügigkeit betroffener Unionsbürger unmittelbar behindert, so dass der Grundsatz der Definition des Instituts der Ehe durch das nationale Recht diesbezüglich nicht eingeschränkt wird.

14 Eine Einbeziehung erfolgt gem. Art. 63 für Entscheidungen **kirchlicher Ehegerichte** auf der Grundlage der Konkordate Italiens, Portugals und Spaniens mit dem Heiligen Stuhl; Entscheidungen anderer kirchlicher Gerichte werden grundsätzlich nicht erfasst. Etwas anderes gilt nur, wenn diese Entscheidungen durch ein staatliches Gericht, in dessen Gerichtsbezirk sich der Sitz des kirchlichen Gerichts befindet, anerkannt und für vollstreckbar erklärt wurde (sog. Delibation), wodurch der Scheidung zivilrechtliche Wirkung verliehen wird. Es handelt sich daher nicht um eine Anerkennungsfeststellung im klassischen Sinne, welche die Wirkungen einer Entscheidung auf das Inland erstreckt, sondern die zivilrechtlichen Wirkungen werden erst durch die Anerkennungsfeststellung erreicht. Diese Möglichkeit besteht zB in Griechenland bzgl. der Ehescheidung durch den Mufti nach islamischem Recht im griechischen Teil Thraziens.[789]

15 Die Bestimmungen zur Anerkennung erfassen Entscheidungen zu statusändernden Anträgen, und zwar auf Ehescheidung, Trennung ohne Auflösung des Ehebandes und Ungültigkeitserklärung einer Ehe (Art. 1 Abs. 1 lit. a, 2 Nr. 4). Obwohl die Aufhebung der Ehe nach deutschem Recht nicht ausdrücklich genannt ist, wird sie von der Regelung miterfasst.

16 In der Aufzählung fehlen Entscheidungen über Anträge auf Feststellung des Bestehens oder Nichtbestehens der Ehe (vgl. § 121 Nr. 3 FamFG).[790] Für die Einbeziehung dieser Entscheidungen spricht die Sachnähe;[791] dagegen aber der Umstand, dass in der Aufzählung nur statusändernde Entscheidungen genannt sind[792] und, obwohl die Streitfrage z.Zt. des Erlasses der EheVO bekannt war, keine Ergänzung vorgenommen wurde.

III. Entscheidungen zur elterlichen Verantwortung

17 Die Bestimmungen zur Anerkennung und Vollstreckung in Abschnitt 1 und 2 beziehen sich auf alle Entscheidungen zur Zuweisung, Ausübung, Übertragung sowie zur vollständigen oder teilweisen Entziehung der elterlichen Verantwortung.[793] Besonderheiten treffen auf eine Entscheidung über das Umgangsrecht und über die Rückgabe des Kindes gem. Art. 11 Abs. 8 zu. Eine solche im Ursprungsstaat ergangene und dort vollstreckbare Entscheidung, für die eine Bescheinigung gem. Art. 41 Abs. 2 und 42 Abs. 2 ausgestellt ist, wird anerkannt, ohne dass die Anerkennung wegen Vorliegens von Ausschlussgründen des Art. 23 abgelehnt werden kann.[794] Für die Vollstreckung im Zweitstaat bedarf es dort keiner Vollstreckbarerklärung, weil die Anerkennung sich auch auf die Vollstreckbarkeit bezieht. Art. 40 Abs. 2 stellt es dem Träger der elterlichen Gewalt jedoch frei, die Anerkennung und Vollstreckung außerhalb des Ursprungsmitgliedstaats nach Abschnitt 1 und 2 zu beantragen.

18 Um die Durchsetzung von Entscheidungen zur elterlichen Verantwortung, insbesondere zum Umgangsrecht, zu sichern, wird vielfach Ordnungs- oder/Zwangsgeld verhängt.[795] Die Anordnung und Durchsetzung wird von der EheVO erfasst, wenn sie sich auf Handlungen oder Unterlassungen bezieht, die von ihrem sachlichen Anwendungsbereich erfasst werden.[796] Das folgert der EuGH daraus, dass dem Zwangsgeld akzessorischer Charakter im Verhältnis zu der Hauptverpflichtung zukommt.[797] Anerkennung und Vollstreckung der Anordnung in einem anderen als in dem Ursprungsmitgliedstaat unterliegen, daraus abgeleitet, denselben Bestimmungen wie die Entscheidung in der Hauptsache. Sie sind unmittelbar daran geknüpft, dass die Hauptpflicht besteht und zudem gegen sie verstoßen wurde.

789 Hierzu *Jayme/Nordmeier* IPRax 2008, 369 f.; ebenso Gutachten Freiburg, IPG 2003/2004, Nr. 22, S. 293, 298; Staudinger/*Spellenberg* Brüssel IIa-VO Art. 21. Rn. 30; Rauscher/*Rauscher* Brüssel IIa-VO Art. 2 Rn. 7. AA OLG Frankfurt IPRax 2008, 325 (m. krit. Anm. *Jayme*); *Spellenberg* FS Schumann 2001, S. 436; auch ableitbar aus *Borrás*, ABl. EG 1998 C 221 S. 27, 35 Nr. 20.

790 Umstr.: Nicht einbezogen: *Hausmann*, EuLF 2000/01, 271, 273; Staudinger/*Spellenberg* Brüssel IIa-VO Art. 2 Rn. 23 ff.; *Andrae* ERA-Forum 2003, 28, 32; MüKoFamFG/*Gottwald* Brüssel IIa-VO Art. 1 Rn. 8; Garbe/Ullrich/*Andrae* § 13 Rn. 109; Geimer/Schütze/*Paraschas* EheVO Art. 21 Rn. 7; Einbezogen: *Hau* FamRZ 2000, 1333; Rauscher/ *Rauscher* Brüssel IIa-VO Art. 2 Rn. 14 (negative Feststellungsentscheidungen); Thomas/Putzo/*Hüßtege*, Art. 1 EuEheVO Rn. 2.

791 *Gruber* FamRZ 2000, 1130; MüKoFamFG/*Gottwald* Brüssel IIa-VO Art. 1 Rn. 8, 8 a.

792 *Helms* FamRZ 2001, 257 (259); Staudinger/*Spellenberg* Brüssel IIa-VO Art. 1 Rn. 8.

793 Hierzu Art. 1 lit. a und Art. 2 Nr. 7 EheVO.

794 Hierzu EuGH Rs. C-491/10 PPU Slg 2010, I-14247 = FamRZ 2011, 355.

795 Beim Ordnungsgeld fließt der durchgesetzte Betrag der öffentlichen Hand, beim Zwangsgeld dem Gläubiger zu. Für die Brüssel Ia-VO sind sie gleich zu behandeln. Hierzu mit weitergehenden Hinweisen auf einzelne Mitgliedsländer, Rauscher/*Mankowski*, EuZPR/EuIPR, Brüssel Ia-VO Art. 55 Rn. 4 ff.

796 EuGH 9.11.2015 – Rs. C-4/14, IPRax 2017, 493, Rn. 31 ff.; zur Entscheidung *Hau* IPRax 2017, 470 hierzu auch Art. 28 Rn. 2.

797 EuGH 9.11.2015 – Rs. C-4/14, IPRax 2017, 493 Rn. 35.

IV. Formelle Rechtskraft

Die formelle Rechtskraft einer Entscheidung ist für die Anerkennung keine Voraussetzung,[798] zu der Bei- **19** schreibung in den Personenstandsbüchern s. jedoch Abs. 2.

B. Prinzip der ipso-iure-Anerkennung (Abs. 1)

Die Anerkennung von Entscheidungen der Gerichte der anderen Mitgliedstaaten beruht auf dem Prinzip des **20** gegenseitigen Vertrauens. Sie erfolgt ipso iure. Die Entscheidungen unterliegen nicht einem nach autono- mem Recht vorgeschriebenen Delibationsverfahren. § 107 FamFG ist nicht anwendbar.[799] Die interessierte Partei hat die Möglichkeit, die Anerkennungs-/Nichtanerkennungsfähigkeit im Verfahren nach Abs. 3 fest- stellen zu lassen (vgl. hierzu → Art. 21 Rn. 25 ff.). Die die Anerkennung ausschließenden Gründe sind abschließend in Art. 22 und 23 geregelt.

Zur **Wirkung der Anerkennung** fehlt eine ausdrückliche Regelung. Wie für die EuGVVO ist auch hier **21** vom Prinzip der Wirkungserstreckung auszugehen.[800] Anerkannt werden alle prozessualen Entscheidungs- wirkungen, dh objektive und subjektive materielle Rechtskraft, Präklusions- und Gestaltungswirkung.[801] Das Prinzip der Wirkungserstreckung gilt auch für den Zeitpunkt und die Voraussetzungen (zB Registrie- rung) des Eintritts der statusrechtlichen Wirkungen der Entscheidung in Ehesachen.[802] Die Anerkennung erstreckt sich nicht auf die Vollstreckbarkeit (vgl. hierzu → Vor Art. 28 Rn. 1 ff.). Zu den Entscheidungen über das Umgangsrecht und über die Rückgabe des Kindes nach Art. 11 Nr. 8 s. Art. 40 ff.

Die Frage der **Erlangung der Eheschließungsfreiheit** ist in der EheVO nicht gesondert geregelt. Nicht **22** aufgenommen wurde eine Art. 9 CIEC-Übereinkommen über die Anerkennung von Entscheidungen in Ehe- sachen vom 8.9.1967[803] (Deutschland ist nicht Vertragsstaat) entsprechende Regelung. Dort heißt es, dass, soweit eine Entscheidung eines Gerichts eines Vertragsstaates über die Auflösung oder die Nichtigkeitser- klärung einer Ehe anerkannt ist, eine neue Eheschließung im Anerkennungsstaat nicht deshalb verweigert werden darf, weil das Recht eines Drittstaats diese Auflösung bzw. Nichtigkeitserklärung nicht zulässt oder nicht anerkennt. Das Fehlen einer solchen Vorschrift kann zur Folge haben, dass, obwohl ein Eheurteil aus einem Mitgliedstaat der EheVO in Deutschland anerkannt ist, die vormaligen Eheleute hier (noch) keine neue Ehe eingehen dürfen oder die geschlossene Zweitehe als fehlerhaft angesehen wird, so zB wenn ein israelischer Staatsangehöriger jüdischen Glaubens in Frankreich gerichtlich geschieden worden ist und nun- mehr in Deutschland eine neue Ehe eingehen will. Die materiellrechtlichen Voraussetzungen für die Ehe- schließung werden nach dem Heimatrecht jedes Partners bestimmt, Art. 13 Abs. 1 EGBGB. Wenn das Hei- matrecht die Verweisung annimmt und ein Verbot der Doppelehe vorsieht, dann stellt sich die materiell- rechtliche Vorfrage der Existenz der Vorehe. Diese Vorfrage ist nach hM – zumindest auch – vom Standpunkt der Rechtsordnung zu entscheiden, die die Hauptfrage stellt (hierzu → EGBGB Art. 13 Rn. 38 ff.). Zu prüfen ist deshalb, ob die Eheentscheidung durch das Gericht eines Mitgliedstaates im Hei- matstaat des Verlobten anerkannt wird. Trifft das nicht zu, dann ist die Eheschließung nur unter den Voraus- setzungen des Art. 13 Abs. 2 EGBGB zulässig (hierzu → EGBGB Art. 13 Rn. 83 ff.).[804] Dem Sinn und Zweck der EheVO würde es entsprechen, wenn in ihrem Anwendungsbereich die Rechtsprechung die Vor- fragenproblematik entsprechend Art. 9 CIEC-Übereinkommen über die Anerkennung von Entscheidungen in Ehesachen lösen würde.

C. Beischreibung in Personenstandsbüchern (Abs. 2)

Ein obligatorisches Anerkennungsverfahren ist auch für die Beischreibung ausgeschlossen. Wenn keine **23** Anerkennungshindernisse vorliegen, hat die Behörde die Beischreibung vorzunehmen. Als zusätzliche Vor- aussetzung ist die formelle Rechtskraft der Entscheidung des Erststaats bestimmt, dh im Erlassstaat kann

798 Ua OLG Stuttgart FamRZ 2014, 1567 (1569); AG Pankow-Weißensee ZKJ 2009, 378; *Helms* FamRZ 2001, 257 (260); Zöller/*Geimer* EheVO Art. 21 Rn. 12; Rauscher/*Rauscher* Brüssel IIa-VO Art. 2 Rn. 15.

799 Ua MüKoFamFG/*Gottwald*, Art. 21 Brüssel IIa-VO Rn. 6; *Helms* FamRZ 2001, 257 (261); Thomas/ Putzo/*Hüßtege* EuEheVO Art. 21 Rn. 2 mwN; aus- führlich Rauscher/*Rauscher* Brüssel IIa-VO Art. 21 Rn. 15 ff.

800 MüKoFamFG/*Gottwald* Brüssel IIa-VO Art. 21 Rn. 1; Rauscher/*Rauscher* Brüssel IIa-VO Art. 21

Rn. 13; *Hausmann* IntEuFamR Rn. N -54; Rauscher/ *Rauscher* Brüssel IIa-VO Art. 21 Rn. 13 f.

801 MüKoFamFG/*Gottwald*, Art. 21 Brüssel IIa-VO Rn. 5; Rauscher/*Rauscher* Brüssel IIa-VO Art. 21 Rn. 13; ausführlich Staudinger/*Spellenberg* Brüssel IIa-VO Art. 21 Rn. 57 ff.

802 MüKoFamFG/*Gottwald* Brüssel IIa-VO Art. 21 Rn. 5.

803 Abgedruckt in StAZ 1967, 320 bzw. auf der Home- page der CIEC: http://www.ciecl.org.

804 BGH FamRZ 1997, 542 (544); Staudinger/*Spellen- berg* Brüssel IIa-VO Art. 21 Rn. 64.

kein ordentlicher Rechtsbehelf mehr eingelegt werden (Nachweis gem. Art. 37, 39 iVm Anh. I). Aus der Formulierung „unbeschadet des Absatzes 3" folgt, dass, wenn die Behörde die Beischreibung ablehnt, der Betroffene die Feststellung nach Abs. 3 beantragen kann.

24 Offen ist noch, ob in Deutschland der Standesbeamte oder die übergeordnete Behörde selbst für das Feststellungsverfahren antragsberechtigt ist.[805] Jedenfalls können beide wegen der ausschließlichen Zuständigkeit des FamG über die Anerkennungs-/Nichtanerkennungsfähigkeit nicht förmlich befinden.[806] Möglich ist jedoch ein Verfahren nach §§ 48 ff. PStG auf Antrag eines Beteiligten, der Aufsichtsbehörde oder in Zweifelsfällen des Standesbeamten selbst vor dem AG, das sich auf die Beischreibung bezieht.[807] In diesem Verfahren kann das Gericht inzident über die Vorfrage der Anerkennung gem. Abs. 4 entscheiden, wobei dieser Teil nicht in Rechtskraft erwächst (hierzu → Rn. 46).

D. Selbstständiges Anerkennungsfeststellungsverfahren (Abs. 3)

I. Allgemeines

25 Das vereinfachte Anerkennungsfeststellungsverfahren nach Abs. 3 ist in allen Mitgliedstaaten anwendbar und verdrängt in seinem Anwendungsbereich das autonome Recht.[808] Möglich ist das Verfahren für Entscheidungen aus anderen Mitgliedstaaten sowohl bezogen auf Ehesachen als auch auf die elterliche Verantwortung. Für Eheverfahren wird in Deutschland ein Verfahren nach § 107 FamFG,[809] aber auch ein Verfahren nach § 121 Nr. 3 FamFG ausgeschlossen. Eine Partei kann nach Art. 21 Abs. 3 EheVO die Nichtanerkennung einer Entscheidung beantragen, selbst wenn zuvor kein Antrag auf Anerkennung dieser Entscheidung gestellt wurde.[810] Ein negatives Anerkennungsfeststellungsverfahren ist gegenüber einer Rückführungsentscheidung nach Art. 11 Abs. 8, die nach Art. 42 zu vollstrecken ist, unzulässig.[811] Art. 16 HKÜ steht einem Anerkennungsverfahren nicht entgegen, weil keine Sachentscheidung über das Sorgerecht getroffen wird. Gegenstand des Verfahrens nach Art. 21 Abs. 3 ist vielmehr die Anerkennung bzw. die Nichtanerkennung einer in einem anderen Mitgliedstaat bereits erlassenen Sorgerechtsentscheidung.[812] Diese Lösung ist deshalb möglich, weil es für das Rückführungsverfahren gemäß Art. 3 Abs. 1 lit. a HKÜ nicht auf die Rechtslage hinsichtlich des Sorgerechts im Verbringungsstaat, sondern in dem Vertragsstaat ankommt, in dem das Kind unmittelbar vor dem Verbringen oder Zurückhalten seinen gewöhnlichen Aufenthalt hatte.[813]

26 Mit dem fakultativen Anerkennungsfeststellungsverfahren wird einem Bedürfnis nach rechtskräftiger Klärung der Anerkennung/Nichtanerkennung der ausländischen Entscheidung Rechnung getragen, das vor allem für solche Entscheidungen bestehen kann, die einer Vollstreckbarerklärung nicht zugänglich sind,[814] wie Entscheidungen in Ehesachen und über die Übertragung der elterlichen Sorge. Ein solches Bedürfnis wird jedoch vielfach nicht bestehen, weil die Anerkennung der ausländischen Entscheidung ipso iure erfolgt, inzident festgestellt werden kann und die Feststellung der Anerkennungsfähigkeit keine Schwierigkeiten bereitet, wenn die in Art. 37 und 39 genannten Urkunden und Bescheinigungen vorhanden sind. Ein Anerkennungsfeststellungsverfahren ist, um Rechtsklarheit zu gewinnen, ua dann in Erwägung zu ziehen, wenn die Anerkennung angestrebt wird, das Gegenseite die Anerkennungsfähigkeit bestreitet oder wenn nicht alle in Art. 37 und 39 genannten Urkunden beigebracht werden können. Das Interesse an einer frühzeitigen Entscheidung kann auch verfahrensrechtlicher Natur sein, etwa mit der Absicht, Beweismittel vorzulegen, die später möglicherweise nicht mehr zur Verfügung stehen.[815]

II. Verfahren

27 **1. Anerkennungsfeststellungsverfahren.** Das Anerkennungsfeststellungsverfahren ist nicht gesondert geregelt, die Vorschriften des Abschnitts 2 über die Vollstreckbarerklärung sind entsprechend bzw. sinnge-

---

805 Für eine Antragsberechtigung des Standesbeamten iE *Hub* NJW 2001, 3145 (3149); *Helms* FamRZ 2001, 257 (261).

806 *Sturm* StAZ 2002, 193 (198).

807 Thomas/Putzo/*Hüßtege* EuEheVO Art. 21 Rn. 6; Rauscher/*Rauscher* Brüssel IIa-VO Art. 21 Rn. 26; wohl anders *Hub* NJW 2001, 3145 (3149).

808 *Finger* FuR 2010, 3 (8); zur EuGVVO.

809 *Hub* NJW 2001, 3147; *Helms* FamRZ 2001, 257 (261 f.); iE *Hausmann*, EuLF 2000/01, 345, 351.

810 EuGH Rs. C-195/08 PPU Slg 2008, I-5271 = NJW 2008, 2973 = IPRax 2009, 420.

811 EuGH Rs. C-195/08 PPU Slg 2008, I-5271 Ls. 2 = NJW 2008, 2973; *Schulz* FamRZ 2008, 1732 (1734); Rauscher/*Rauscher* Brüssel IIa-VO Art. 21 Rn. 32 (Vorrang der Art. 40 ff.).

812 BGH NJW-RR 2011, 865, Anm. Schulz FamRZ 2011, 1046.

813 BGH NJW-RR 2011, 865 Rn. 14.

814 MüKoFamFG/*Gottwald* Brüssel IIa-VO Art. 21 Rn. 7.

815 EuGH Rs. C-195/08 –, Slg 2008, I-5271 = NJW 2008, 2973 = IPRax 2009, 420.

mäß heranzuziehen.[816] Aus diesem Grund wird hier das Verfahren nur in den Grundzügen dargestellt und im Übrigen auf die Kommentierung zu Abschnitt 2 (Art. 28 ff.) verwiesen.

2. Deutsche Regelung: Internationales Familienrechtsverfahrensgesetz[817]

§ 32 IntFamRVG Anerkennungsfeststellung

[1]Auf das Verfahren über einen gesonderten Feststellungsantrag nach Artikel 21 Absatz 3 der Verordnung (EG) Nr. 2201/2003, nach Artikel 24 des Haager Kinderschutzübereinkommens oder nach dem Europäischen Sorgerechtsübereinkommen, einen Titel aus einem anderen Staat anzuerkennen oder nicht anzuerkennen, sind die Unterabschnitte 1 bis 3 entsprechend anzuwenden. [2]§ 18 Absatz 1 Satz 1 ist nicht anzuwenden, wenn die antragstellende Person die Feststellung begehrt, dass ein Titel aus einem anderen Staat nicht anzuerkennen ist. [3]§ 18 Absatz 1 Satz 3 ist in diesem Falle mit der Maßgabe anzuwenden, dass die mündliche Erörterung auch mit weiteren Beteiligten stattfinden kann.

Die deutschen Durchführungsbestimmungen zur EheVO sind im IntFamRVG aufgenommen.   **28**

Für das Anerkennungsfeststellungsverfahren verweist § 32 IntFamRVG auf die deutschen Vorschriften über   **29**
die Erteilung der Vollstreckungsklausel im ersten Rechtszug. Zu Beschwerde und Rechtsbeschwerde vgl.
§§ 24–31 IntFamRVG. Die relevanten Bestimmungen sind unter Abschnitt 2 abgedruckt. Nur die örtliche
Zuständigkeit ist gesondert geregelt (hierzu → Rn. 32 ff.).

III. Zeitpunkt

Das Feststellungsverfahren kann bereits eingeleitet werden, bevor die ausländische Entscheidung rechts-   **30**
kräftig ist, das Gericht hat jedoch die Möglichkeit der Aussetzung des Verfahrens nach Art. 27.

IV. Spezialisierte sachliche Zuständigkeit

Für die Durchführung eines solchen Verfahrens sind nur die von den jeweiligen Mitgliedstaaten hierfür   **31**
bestimmten Gerichte zuständig; die Liste ist nicht in der EheVO selbst enthalten, sie wird von den Ländern
der Kommission mitgeteilt und von dieser veröffentlicht (Art. 68; für Deutschland s. §§ 12, 13 IntFamRVG,
abgedruckt unter → Art. 29 Rn. 2, 4).

V. Örtliche Zuständigkeit

Diese bestimmt sich nach nationalen Rechtsvorschriften, in Deutschland § 10 IntFamRVG.   **32**

§ 10 IntFamRVG Örtliche Zuständigkeit für die Anerkennung und Vollstreckung

Örtlich ausschließlich zuständig für Verfahren nach
– **Artikel 21 Abs. 3 und Artikel 48 Abs. 1 der Verordnung (EG) Nr. 2201/2003 sowie für die Zwangsvollstreckung nach den Artikeln 41 und 42 der Verordnung (EG) Nr. 2201/2003,**
– **den Artikeln 24 und 26 des Haager Kinderschutzübereinkommens,**
– **dem Europäischen Sorgerechtsübereinkommen**
ist das Familiengericht, in dessen Zuständigkeitsbereich zum Zeitpunkt der Antragstellung
1. **die Person, gegen die sich der Antrag richtet, oder das Kind, auf das sich die Entscheidung
   bezieht, sich gewöhnlich aufhält oder**
2. **bei Fehlen einer Zuständigkeit nach Nummer 1 das Interesse an der Feststellung hervortritt oder
   das Bedürfnis der Fürsorge besteht,**
3. **sonst das im Bezirk des Kammergerichts zur Entscheidung berufene Gericht.**

Die Zuständigkeiten nach Nr. 2 und 3 sind subsidiär. Bei einem Anerkennungsfeststellungsverfahren, das   **33**
die Entscheidung in einer Ehesache betrifft und von einem der Ehegatten eingeleitet wird, kommt es auf den
gewöhnlichen Aufenthalt des anderen Ehegatten an. Fehlt dieser im Inland, kann von einer Konzentration

---

816 BGH NJW-RR 2011, 865.   817 Internationales Familienrechtsverfahrensgesetz v.
                                                       26.1.2005 (BGBl. I 2005 S. 162 ff.), zuletzt geändert
                                                       durch Artikel 5 G.v. 31.1.2019 (BGBl. I S. 54).

des Interesses nach Nr. 2 am gewöhnlichen Aufenthaltsort des antragstellenden Ehegatten ausgegangen werden. Wird der Antrag von einer Behörde oder dritten Personen gestellt, kommt es darauf an, gegen wen sich der Antrag richtet. Fehlt es an einem Antragsgegner, dann kommt lediglich eine Zuständigkeit nach Nr. 2 oder 3 infrage. Wird zB das Verfahren angestrebt, um die Erbrechtsfolge im Erbscheinverfahren zu klären, dann ist von der Zuständigkeit des FamG auszugehen, in dessen Zuständigkeitsbereich sich das zuständige Nachlassgericht befindet.

34 Bei Verfahren in Bezug auf die elterliche Verantwortung ist primär das FamG zuständig, in dessen Zuständigkeitsbereich der Antragsgegner oder das Kind seinen gewöhnlichen Aufenthalt hat (alternative Zuständigkeit). Fehlt es daran, greift die Fürsorgezuständigkeit nach Nr. 2; infrage kommt insbesondere die Zuständigkeit aufgrund des schlichten Aufenthalts des Kindes oder der Belegenheit des Kindesvermögens, soweit es die Vermögenssorge betrifft. Gibt es auch keine Fürsorgezuständigkeit, so ist zu fragen, ob das Interesse an der Feststellung im Inland lokalisierbar ist; wenn auch das nicht zutrifft, greift letztlich Nr. 3.

Nach § 12 Abs. 1 IntFamRVG besteht eine **Zuständigkeitskonzentration** bei dem Familiengericht, in dessen Bezirk ein Oberlandesgericht seinen Sitz hat, für den Bezirk des betreffenden Oberlandesgerichts. Für den Bezirk des Kammergerichts erfolgt die Konzentration bei dem Familiengericht Pankow/Weißensee.

VI. Antragsberechtigung

35 Antragsberechtigt sind jedenfalls die Parteien des Ausgangsprozesses und Personen, die nicht Parteien des Ausgangsverfahrens waren, aber durch die Anerkennung oder Nichtanerkennung in eigenen Rechtspositionen betroffen sind.[818] Bei Anerkennungsfeststellungsverfahren in Bezug auf Entscheidungen in Ehesachen sind es zB Erben (nach dem Erbfall) oder ein Ehegatte aus nachfolgender Ehe. Im Übrigen ist die Voraussetzung „jede Partei, die ein Interesse hat" weit auszulegen. Hierfür können die geltenden innerstaatlichen Rechtsvorschriften des Anerkennungsstaats herangezogen werden.[819] Folglich sind, bezogen auf das Eheverfahren, zumindest solche Personen antragsberechtigt, die nach § 107 Abs. 4 FamFG die Antragsberechtigung besäßen (hierzu Anhang II zum III. Abschnitt, §§ 107, 108, 109 FamFG → Rn. 26 f.).[820]

36 Bei Anerkennungsfeststellungsverfahren, die Entscheidungen über die elterliche Verantwortung betreffen, kommen insbesondere in Betracht: die Eltern, das Kind und andere Personen, die in Bezug auf das Kind die elterliche Verantwortung ganz oder teilweise innehaben (Vormund, Pflegepersonen), auch die staatliche Gewalt (Staatsanwaltschaft, Jugendamt), wenn dies vorgesehen ist.[821] An die Stelle der staatlichen Gewalt im Entscheidungsstaat tritt die für solche Fragen zuständige Behörde des Vollstreckungsstaats, weil ohne spezielle europa- oder völkerrechtliche Regelungen die hoheitliche Tätigkeit der staatlichen Gewalt territorial beschränkt ist.

VII. Inhalt und Form des Antrags

37 Der Antrag kann auf Feststellung der Anerkennung oder Nichtanerkennung einer gerichtlichen Entscheidung lauten. Die Feststellung der Nichtanerkennung kann beantragt werden, selbst wenn zuvor kein Antrag auf Anerkennung dieser Entscheidung gestellt wurde.[822] Die Ausschöpfung des Rechtsweges im Ursprungsstaat ist nicht Voraussetzung für einen solchen Antrag.[823] Unzulässig ist er jedoch für Entscheidungen, die nach Art. 40 ff. direkt vollstreckbar sind.[824]

Die Form des Antrags bestimmt sich nach den Rechtsvorschriften des Zweitstaates. In Deutschland ist der Antrag schriftlich einzureichen oder mündlich zu Protokoll der Geschäftsstelle des Gerichts zu erklären. Der Antrag sollte in deutscher Sprache abgefasst sein. Anderenfalls kann das Gericht die Übersetzung des Antrags aufgeben, deren Richtigkeit durch eine hierzu befugte Person zu bestätigen ist (§ 16 IntFamRVG, hierzu → Art. 38 Rn. 3). Dem Antrag sind die in Art. 37 und 39 bezeichneten Urkunden beizulegen.

818 *Helms* FamRZ 2001, 257 (261); Rauscher/*Rauscher* Brüssel IIa-VO Art. 21 Rn. 34.

819 *Borrás*, ABl. EG 1998 C 221, S. 27, 50 Nr. 65; *Helms* FamRZ 2001, 257 (261).

820 Der Streit, inwieweit Behörden antragsberechtigt sind, setzt sich in Bezug auf Abs. 3 fort, hierzu *Helms* FamRZ 2001, 257 (261); *Hub* NJW 2001, 3145 (3149); Rauscher/*Rauscher* Brüssel IIa-VO Art. 21 Rn. 36; für Antragsberechtigung der Aufsichtsbehörde (bezogen auf bigamistische Ehe) *Sturm* StAZ 2002, 193 (200); Staudinger/*Spellenberg* Brüssel IIa-VO Art. 21 Rn. 97; MüKoFamFG/*Gottwald*

Brüssel IIa-VO Art. 21 Rn. 9; für den Standesbeamten → Rn. 19.

821 MüKoFamFG/*Gottwald* Brüssel IIa-VO Art. 21 Rn. 9; *Wagner* IPRax 2001, 73 (79); Jugendamt bezogen auf Entscheidungen zur elterlichen Verantwortung: *Hub* NJW 2001, 3145 (3149); *Helms* FamRZ 2001, 257 (261); Hausmann, IntEuFamR Rn. N-64.

822 EuGH 14.7.2008 Rs. C-195/08 PPU FamRZ 2008, 1729 Rn. 92, 95, 97, Anm. Schulz, 1732.

823 AG Pankow-Weißensee 20.3.2009 – 28 F 935/09.

824 EuGH 14.7.2008 Rs. C-195/08 PPU FamRZ 2008, 1729 Rn. 109.

VIII. Verfahrensdurchführung

Das Familiengericht befindet über den Antrag auf Anerkennung/Nichtanerkennung ohne Anhörung des **38** Antragsgegners oder materiell Betroffener.[825] Es prüft lediglich die Anerkennungshindernisse nach Art. 22 ff. aufgrund vorgelegter Urkunden.[826] Nur der Antragsteller erhält Gelegenheit, sich zu seinem Antrag zu äußern (§ 18 IntFamRVG, Art. 31 Abs. 1 entsprechend, hierzu auch → Art. 31 Rn. 1 f.). Anders ist es jedoch, wenn der Antrag auf Nichtanerkennung lautet. Art 31 Abs. 1 findet keine Anwendung, so dass der Antragsgegner bereits im Eingangsverfahren gehört werden muss.[827] Ist im Erststaat gegen die Entscheidung, deren Anerkennung/Nichtanerkennung begehrt wird, ein ordentlicher Rechtsbehelf eingelegt worden, so kann das FamG das Anerkennungsverfahren nach Art. 27 aussetzen.

Das Verfahren in Deutschland richtet sich, soweit es eine Entscheidung in einer Ehesache betrifft, nach den **39** Vorschriften für Eheverfahren, speziell für Feststellungsverfahren (§ 121 Nr. 3 FamFG). § 113 FamFG verweist für die nicht im FamFG geregelten Fragen auf die Vorschriften der ZPO (§ 14 IntFamRVG, abgedruckt → Vor Art. 28–36 Rn. 7). Für Entscheidungen, die die elterliche Verantwortung betreffen, werden die Verfahrensvorschriften des FamFG zugrunde gelegt.

Es besteht kein Anwaltszwang für das Verfahren in der Ehesache im ersten Rechtszug (§ 18 Abs. 2 **40** IntFamRVG, abgedruckt → Vor Art. 28–36 Rn. 10).

IX. Rechtsbehelf

Hierauf finden die für den Rechtsbehelf gegen die Vollstreckbarerklärung geltenden Bestimmungen entspre- **41** chend Anwendung (hierzu Art. 33). Die Antragsberechtigung ist in Art. 33 mit „Partei" umschrieben und unter Berücksichtigung des weiten Parteibegriffs in Art. 21 Abs. 3 auszulegen.

Für das Verfahren in Deutschland ist – in Anlehnung an Art. 33 – § 24 IntFamRVG entsprechend anzuwen- **42** den.

X. Bestands- und Rechtskraft sowie Bindungswirkung

Die gerichtliche Entscheidung über die Anerkennungs- oder Nichtanerkennungsfähigkeit der Entscheidung **43** aus einem anderen Mitgliedstaat erlangt nach Ablauf der Rechtsmittelfristen formelle und materielle Rechtskraft, die allerdings nur relativ, dh zwischen den Beteiligten des gerichtlichen Verfahrens wirkt.[828] Diese sind an den Beschluss gebunden und können das Gericht nicht nochmals anrufen, andere Antragsberechtigte dagegen schon.

Für statusändernde Entscheidungen in Ehesachen fehlt es an einer §§ 107 Abs. 9, 108 Abs. 2 S. 2 FamFG **44** entsprechenden Regelung im IntFamRVG, wonach die Feststellung, dass die Voraussetzungen für die Anerkennung vorliegen oder nicht vorliegen, für die Gerichte und Verwaltungsbehörden bindend sind (hierzu Anhang II zum III. Abschnitt, §§ 107, 108, 109 FamFG → Rn. 36). Jedoch sollte auch für die Entscheidungen im fakultativen Anerkennungsverfahren nach der EheVO von einer Bindung der inländischen Behörden an die Sachentscheidung ausgegangen werden. Hierfür spricht, dass antragsberechtigt nicht nur die Parteien des Ausgangsverfahrens, sondern ua auch inländische Behörden sind. Das Anerkennungsfeststellungsverfahren verlöre jeden Sinn, wenn nach der Entscheidung inländische Behörden (zB der Standesbeamte bei Antrag auf Eheschließung) wegen Drittbeteiligung die Anerkennungsfähigkeit nach der EheVO inzident erneut prüfen müssten.[829]

XI. Kosten

Vgl. Anlage 1 zu § 3 Abs. 2 FamGKG (Kostenverzeichnis) Nr. 1710 KV FamGKG (hierzu → Art. 28–36 **45** Rn. 11) sowie für die Regelungen über den Kostenschuldner § 20 Abs. 2, 3 IntFamRVG und § 81 Abs. 3 FamFG.

---

825 *Helms* FamRZ 2001, 257 (261); Thomas/Putzo/*Hüß-*
     tege EuEheVO Art. 21 Rn. 6.
826 Thomas/Putzo/*Hüßtege* EuEheVO Art. 21 Rn. 2.
827 EuGH 14.7.2008 Rs. C-195/08 PPU FamRZ 2008,
     1729 Rn. 100.

828 *Hausmann*, EuLF 2000/01, 345, 351; *Schack*
     RabelsZ 65 (2001), 615, 629; *Helms* FamRZ 2001,
     254 (261); *Schlosser*, 2. Aufl. 2003, EuEheVO
     Art. 14 Rn. 2.
829 Mit weitergehender Begründung ebenso Rauscher/
     Rauscher Brüssel IIa-VO Art. 21 Rn. 33 f.

E. Inzidente Entscheidung (Abs. 4)

46 Die Regelung bezieht sich auf den Fall, dass die Frage der Anerkennung/Nichtanerkennung sich als Vorfrage in einem Prozess stellt, in dem über eine andere Frage als Hauptfrage zu entscheiden ist. Welcher Art die Hauptfrage (zB familien-, personenstands-, erb-, sozial- oder steuerrechtlich) ist, spielt keine Rolle. Das Gericht hat die Anerkennung von Amts wegen zu prüfen, auch wenn keine der Prozessparteien die Anerkennung bestreitet, wenn die Entscheidung in der Hauptsache davon abhängig ist. Es kann – ohne Rücksicht auf die Zuständigkeit nach Abs. 3 – über die Anerkennung entschieden werden. Die Inzidententscheidung entfaltet keine Rechtskraft.[830] Das Familiengericht kann hierüber auch durch Zwischenentscheid rechtskräftig mit inter partes-Wirkung befinden (§§ 113 Abs. 1 FamFG, 303 ZPO). Ein solcher Zwischenfeststellungsantrag bezogen auf die Anerkennung/Nichtanerkennung ist jedoch nur dann zulässig, wenn der Antrag in der Hauptsache vor einem für die Feststellung der Anerkennung zuständigen Familiengericht anhängig gemacht wird.[831] Das folgt daraus, dass die Zuständigkeit des Gerichts am Sitz des jeweiligen OLG ausschließlich gewollt ist. Die Zwischenfeststellungsentscheidung hat dann die Wirkung einer Anerkennungsentscheidung gem. Abs. 3. Im Übrigen kann der Zwischenantrag auf Feststellung des Bestehens oder Nichtbestehens der Ehe (§ 121 Nr. 3 FamFG) lauten, ohne an diese Zuständigkeitsschranke gebunden zu sein. Dann ist die Anerkennungsfähigkeit der ausländischen Entscheidung in der Ehesache wiederum inzident zu prüfen.

F. Aufhebung oder Änderung der Entscheidung im Erststaat

47 Aus dem Prinzip der ipso iure-Anerkennung folgt, dass bei Aufhebung der Entscheidung im Erststaat die Anerkennung im Zweitstaat entfällt, bei Änderung bezieht sich die Anerkennung nunmehr auf die geänderte Entscheidung. Solange die förmliche Anerkennungsentscheidung nach Art. 21 Abs. 3 noch nicht rechtskräftig ist, kann die Aufhebung oder Änderung in diesem Verfahren geltend gemacht werden.[832] Ist sie jedoch bereits rechtskräftig, bedarf es eines Verfahrens, um den Widerspruch zur Entscheidungssituation im Erststaat aufzuheben.[833]

48 In Deutschland ist dieses in § 34 IntFamRVG geregelt (hierzu Annex zu → Art. 28–36 Rn. 3). Es handelt sich um ein Antragsverfahren, zuständig ist das Familiengericht, das im ersten Rechtszug über die Anerkennung entschieden hat. Auf jeden Fall sind die Parteien des Ausgangsverfahrens antragsberechtigt, im Übrigen sollte die Berechtigung wie bei Abs. 3 ausgelegt werden.

G. Änderung der Entscheidung durch Gerichte des Zweitstaates

49 Aufgrund ihres langfristigen Charakters bedürfen Entscheidungen zur elterlichen Verantwortung im Interesse des Kindeswohls möglicherweise einer Abänderung. Die Abänderbarkeit durch Gerichte des Zweitstaates ist in der EheVO nicht explizit geregelt. Aus dem Vorrang einer späteren Entscheidung gegenüber der früheren Entscheidung in Bezug auf die Anerkennung folgt jedoch, dass der Verordnungsgeber von der Abänderbarkeit ausgeht.[834] Wird für eine Frage der elterlichen Verantwortung in Bezug auf das Kind, zu der bereits eine Entscheidung des Gerichts eines anderen Mitgliedstaates ergangen ist, eine anders lautende Entscheidung im Zweitstaat angestrebt (§ 166 FamFG), sind folgende Prüfungsschritte erforderlich:

1. Zunächst ist zu prüfen, ob für die angestrebte Änderungsentscheidung nach Art. 8 ff. die internationale Zuständigkeit der Gerichte des Zweitstaats besteht.
2. Weiterhin muss festgestellt werden, ob die Entscheidung des Gerichts des Erststaates im Zweitstaat anerkannt ist. Diese Prüfung hat nach der EheVO zu erfolgen. Dabei darf keine Nachprüfung in der Sache vorgenommen werden, also zB die Anerkennung deshalb abgelehnt werden, weil aus heutiger Sicht eine andere Regelung der elterlichen Verantwortung dem Kindeswohl besser entspricht.[835]

---

830 Rauscher/*Rauscher* Brüssel IIa-VO Art. 21 Rn. 21; Thomas/Putzo/*Hüßtege* EuEheVO Art. 21 Rn. 13; MüKoFamFG/*Gottwald* Brüssel IIa-VO Art. 21 Rn. 14; Geimer/Schütze/*Paraschas* EheVO Art. 21 Rn. 65.

831 Wie hier *Hausmann*, IntEuFamR, Rn. N–75; wohl auch Geimer/Schütze/*Paraschas* EheVO Art. 21 Rn. 65; **aA**, dh unabhängig von der Zuständigkeit für ein Verfahren nach Art. 21 Abs. 3 Rauscher/*Rauscher* Brüssel IIa-VO Art. 21 Rn. 22; Thomas/Putzo/*Hüßtege* EuEheVO Art. 21 Rn. 14; *Helms* FamRZ 2001, 257 (262).

832 Wie hier Geimer/Schütze/*Paraschas* EheVO Art. 21 Rn. 34.

833 Wie hier Geimer/Schütze/*Paraschas* EheVO Art. 21 Rn. 34.

834 *Borrás*, ABl. EG 1998 C 221, S. 27, 53 Nr. 78; *Hausmann*, EuLF 2000/2001, 345, 350; iE *Wagner* IPRax 2001, 73 (78); Rauscher/*Rauscher* Brüssel IIa-VO Art. 21 Rn. 14; Geimer/Schütze/*Paraschas* EheVO Art. 21 Rn. 35.

835 Krit. hierzu *Jänterä-Jareborg*, Yearbook of private international law 1999, 1 (26).

3. Ist die Entscheidung im Zweitstaat anzuerkennen, so ist zu prüfen, ob sie nach dem nunmehr maßgeblichen Sachrecht wegen späterer Änderung der tatsächlichen Umstände ganz oder teilweise abzuändern ist.[836] Eine Abänderung kommt auch dann in Betracht, wenn die anzuerkennende Entscheidung nicht mehr dem Kindeswohl gerecht wird, unabhängig davon, ob sich die zugrundeliegenden Tatsachen geändert haben. Ist deutsches Recht anzuwenden, erfolgt dies gem. § 1696 BGB.

Keine Abänderung kann die Entscheidung des Ursprungsgerichts nach Art. 11 Abs. 8 erfahren. Das gilt schon deshalb, weil dessen Zuständigkeit nach Art. 11 auch dann erhalten bleibt, wenn das Kind inzwischen seinen gewöhnlichen Aufenthalt in einem anderen Mitgliedstaat hat.

Im Verfahren über die förmliche Anerkennung oder über die Vollstreckbarerklärung nach der EheVO kann der Antragsgegner die Abänderung der Entscheidung nicht begehren, weil für dieses Verfahren ein grundsätzliches Verbot der sachlichen Nachprüfung der ausländischen Entscheidung gilt.[837] **50**

Ist in Deutschland ein Anerkennungsverfahren anhängig, das die elterliche Verantwortung in Bezug auf dasselbe Kind betrifft, so ist § 13 IntFamRVG zur Zuständigkeitskonzentration zu beachten (hierzu → Art. 29 Rn. 4). **51**

Art. 22 EheVO 2003 Gründe für die Nichtanerkennung einer Entscheidung über eine Ehescheidung, Trennung ohne Auflösung des Ehebandes oder Ungültigerklärung einer Ehe

Eine Entscheidung, die die Ehescheidung, die Trennung ohne Auflösung des Ehebandes oder die Ungültigerklärung einer Ehe betrifft, wird nicht anerkannt,

a) wenn die Anerkennung der öffentlichen Ordnung des Mitgliedstaates, in dem sie beantragt wird, offensichtlich widerspricht;

b) wenn dem Antragsgegner, der sich auf das Verfahren nicht eingelassen hat, das verfahrenseinleitende Schriftstück oder ein gleichwertiges Schriftstück nicht so rechtzeitig und in einer Weise zugestellt wurde, dass er sich verteidigen konnte, es sei denn, es wird festgestellt, dass er mit der Entscheidung eindeutig einverstanden ist;

c) wenn die Entscheidung mit einer Entscheidung unvereinbar ist, die in einem Verfahren zwischen denselben Parteien in dem Mitgliedstaat, in dem die Anerkennung beantragt wird, ergangen ist; oder

d) wenn die Entscheidung mit einer früheren Entscheidung unvereinbar ist, die in einem anderen Mitgliedstaat oder in einem Drittstaat zwischen denselben Parteien ergangen ist, sofern die frühere Entscheidung die notwendigen Voraussetzungen für ihre Anerkennung in dem Mitgliedstaat erfüllt, in dem die Anerkennung beantragt wird.

A. Allgemeines 1
B. Ordre public (lit. a) 3
C. Verletzung des rechtlichen Gehörs in Säumnisfällen (lit. b) 7
   I. Allgemeines 7
   II. Nichteinlassung auf das Verfahren 8
   III. Verfahrenseinleitendes Schriftstück 9
   IV. Nichtrechtzeitigkeit 10

V. Art und Weise der Zustellung 11
VI. Fehlendes Einverständnis mit der Entscheidung 12
D. Unvereinbarkeit mit einer Entscheidung aus dem Anerkennungsstaat (lit. c) 13
E. Unvereinbarkeit mit einer früheren anerkennungsfähigen Entscheidung eines anderen Staates (lit. d) 17

A. Allgemeines

In Art. 22, 23 sind die Gründe, auf denen die Nichtanerkennung einer Entscheidung beruhen kann, abschließend geregelt.[838] Die Versagungsgründe sind grundsätzlich von Amts wegen zu prüfen, also unabhängig von der Rüge einer Partei.[839] Das bedeutet jedoch nicht, dass eine Pflicht zur Amtsermittlung der entscheidungserheblichen Tatsachen besteht.[840] Die Feststellungslast für alle Tatsachen, die der Anerkennung entgegenstehen, trägt – mit Ausnahme der nach Art. 37, 39 beizubringenden Nachweise – diejenige Partei, wel- **1**

---

836 So auch *Borrás*, ABl. EG 1998 C 221 S. 27, 53 Nr. 78.
837 *Hausmann*, EuLF 2000/2001, 345, 350.
838 Thomas/Putzo/*Hüßtege*, Vor Art. 22–27 EuEheVO Rn. 1; *Schack* RabelsZ 65 (2001), 615, 617; Zöller/*Geimer* EuEheVO Art. 22 Rn. 1; Rauscher/*Rauscher* Brüssel IIa-VO Art. 22 Rn. 3.

839 *Borrás*, ABl. EG 1998 C 221 S. 27, 50 Nr. 67; Rauscher/*Rauscher* Brüssel IIa-VO Art. 22 Rn. 3; MüKo-FamFG/*Gottwald* Brüssel IIa-VO Art. 22 Rn. 3.
840 Geimer/Schütze/*Paraschas* EheVO Art. 22 Rn. 3; Staudinger/*Spellenberg* Brüssel IIa-VO Art. 22 Rn. 10, 113 ff.

che die Anerkennung bestreitet.[841] Dafür spricht schon die anerkennungsfreundliche Grundtendenz der EheVO, wonach eine Rechtsvermutung zugunsten der Anerkennung besteht.[842] Die Regelung geht von dem Grundsatz der Anerkennung aus, die Nichtanerkennung ist die Ausnahme. Die Versagungsgründe sind unter dem Gesichtspunkt auszulegen, dass die Vorschriften insgesamt darauf zielen, die Anerkennung von Entscheidungen im Geltungsbereich der EheVO zu erleichtern, um damit die Freizügigkeit der Menschen im Interesse des reibungslosen Funktionierens des Binnenmarkts zu fördern (Art. 81 AEUV).

2   Soweit Identität in der Regelung besteht, ist ein Rückgriff auf die Auslegung des EuGVÜ/der EuGVVO 2001 durch die Rechtsprechung des EuGH denkbar.[843]

B. Ordre public (lit. a)

3   Der ordre public kann als Ablehnungsgrund in Ausnahmefällen herangezogen werden.[844] Der Ausnahmecharakter wird im Verordnungstext durch das Wort „offensichtlich" verdeutlicht. Gemeint ist die öffentliche Ordnung des Zweitstaats, bei der Prüfung von Entscheidungen anderer Mitgliedstaaten in Deutschland, also der deutsche ordre public.[845] Wegen der Parallelität kann auf die Auslegung zu § 109 Abs. 1 Nr. 4 ZPO verwiesen werden (Anhang II zum III. Abschnitt, § 107, 108, 109 FamFG → Rn. 68 ff.); zu unionsrechtlichen Aspekten und der Kontrollfunktion des EuGH → Art. 23 Rn. 3. Die Unvereinbarkeit mit wesentlichen Grundsätzen des deutschen Rechts, insbesondere den Grundrechten, hindert die Anerkennung. Als Bestandteil des europäischen Zivilprozessrechts haben bei der Auslegung des ordre public die gemeinsamen Grundwerte, wie sie in der EMRK gewährleistet sind, besondere Bedeutung.[846] Geprüft wird, ob die Anerkennung, dh die durch sie hervorgerufenen Wirkungen im Zweitstaat und nicht die Entscheidung selbst, dem ordre public widerspricht.[847]

4   Der ordre public wird bei Eheentscheidungen unter **materiellrechtlichen** Gesichtspunkten kaum eine Rolle spielen.[848] So ist in Deutschland in den letzten 20 Jahren keine veröffentlichte Entscheidung der zuständigen Behörden zu finden, in der die Anerkennung eines positiven Eheurteils von Gerichten eines anderen Mitgliedstaates aus Gründen des materiellrechtlichen ordre public abgelehnt wird. Art. 25, 26 sehen Schranken dagegen vor, den ordre public gegenüber Entscheidungen aus Mitgliedstaaten mit liberalerem Scheidungsrecht anzuwenden.[849] Weder kürzere Trennungsfristen für die Scheidung, der Verzicht auf das Zerrüttungsprinzip, die Scheidung aus Verschulden noch das Zulassen einer einverständlichen Scheidung rechtfertigen die Anwendung des ordre public.[850]

5   Die Anwendung des **prozessrechtlichen ordre public**[851] setzt voraus, dass die Entscheidung des ausländischen Gerichts aufgrund eines Verfahrens ergangen ist, welches von den Grundprinzipien des Verfahrensrechts des Anerkennungsstaats in einem solchen Maße abweicht, dass die Entscheidung nicht als in einem geordneten rechtsstaatlichen Verfahren ergangene angesehen werden kann.[852] Hat ein möglicher ordre-public-Verstoß seinen Grund nicht in den ausländischen Rechtsnormen, sondern in ihrer Missachtung im Einzelfall durch das entscheidende Gericht, so ist zu berücksichtigen, welche Rechtsmittel der vom Verfah-

841 Geimer/Schütze/*Paraschas* EheVO Art. 22 Rn. 3. Für jede einzelne Anerkennungsvoraussetzung differenzierend Staudinger/*Spellenberg* Brüssel IIa-VO Art. 22 Rn. 113 ff.

842 Geimer/Schütze/*Paraschas* EheVO Art. 22 Rn. 3; MüKoFamFG/*Gottwald* Brüssel IIa-VO Art. 22 Rn. 3; *Hausmann*, IntEuFamR, Rn. N-81; aA Staudinger/*Spellenberg* Brüssel IIa-VO Art. 22 Rn. 116 ff.

843 Zur Anlehnung der Bestimmungen an die Brüssel I-VO Rauscher/*Rauscher* Brüssel IIa-VO Art. 22 Rn. 3 ff.

844 So EuGH 2.4.2009 Rs C-394/07, NJW 2009, 1938 (1938); *Helms* FamRZ 2001, 257 (263).

845 MüKoFamFG/*Gottwald* Brüssel IIa-VO Art. 22 Rn. 4; Geimer/Schütze/*Paraschas* EheVO Art. 22 Rn. 9; Garbe/Ullrich/*Andrae* § 13 Rn. 464; Rauscher/*Rauscher* Brüssel IIa-VO Art. 22 Rn. 8 ff.

846 Zur Einbeziehung der EMRK in die Auslegung des ordre public *Grundel* EWS 2000, 442 ff.; zur EuGVVO *Kropholler/von Hein*, 9. Aufl. 2011, EuGVVO Art. 34 Rn. 8,9.

847 Staudinger/*Spellenberg* Brüssel IIa-VO Art. 22 Rn. 22; Geimer/Schütze/*Paraschas* EheVO Art. 22 Rn. 12; für die EuGVVO *Kropholler/von Hein* EuGVVO Art. 34 Rn. 8,9.

848 So auch die Einschätzungen von *Helms* FamRZ 2001, 257 (263); iE *Hausmann*, EuLF 2000/01, 345, 349; Rauscher/*Rauscher* Brüssel IIa-VO Art. 22 Rn. 9; Geimer/Schütze/*Paraschas* EheVO Art. 22 Rn. 16; MüKoFamFG/*Gottwald* Brüssel IIa-VO Art. 22 Rn. 4.

849 *Helms* FamRZ 2001, 257 (263).

850 *Helms* FamRZ 2001, 257 (263); Garbe/Ullrich/*Andrae*, Verfahren in Familiensachen, § 13 Rn. 464; etwas einschr. Rauscher/*Rauscher* Brüssel IIa-VO Art. 22 Rn. 8.

851 Dazu näher *Helms* FamRZ 2001, 257 (263); Geimer/Schütze/*Paraschas* EheVO Art. 22 Rn. 17 f.; zur EuGVVO *Kropholler/von Hein* EuGVVO Art. 34 Rn. 13 ff.

852 S. hierzu BGHZ 182, 188; Anm. *Henrich* FamRZ 2009, 1821; *Rauscher* LMK 2009, 293153.

rensverstoß betroffenen Partei zur Verfügung standen.[853] Soweit keine besonderen Umstände vorliegen, die das Einlegen der Rechtsbehelfe im Ursprungsmitgliedstaat zu sehr erschweren oder unmöglich machen, hat die betroffene Partei in diesem Mitgliedstaat von allen gegebenen Rechtsbehelfen Gebrauch zu machen, um im Vorhinein zu verhindern, dass es zu einem Verstoß gegen die öffentliche Ordnung kommt.[854]

Zu den wichtigsten verfahrensrechtlichen Grundsätzen, deren Verletzung die Anwendung des ordre public **6** rechtfertigen könnte, gehört der Grundsatz des rechtlichen Gehörs, soweit nicht lit. b greift.[855] Bei der Bewertung des Einzelfalls müssen System und Struktur des ausländischen Verfahrens angemessen berücksichtigt werden.

C. Verletzung des rechtlichen Gehörs in Säumnisfällen (lit. b)

I. Allgemeines

Der Versagungsgrund zielt darauf, solchen Entscheidungen im Zweitstaat keine Wirkungen zu verleihen, in **7** denen der Gegenpartei zu Verfahrensbeginn kein effektives rechtliches Gehör gewährt wurde.[856] Geschützt wird das Interesse des Antragsgegners an einem fairen Verfahren.[857] Art. 22 lit. b ist nicht als Einrede ausgestaltet, so dass von der Beachtung des Versagungsgrundes von Amts wegen auszugehen ist.[858]

II. Nichteinlassung auf das Verfahren

Der Begriff ist autonom im Hinblick auf den Zweck des Ausschlussgrundes auszulegen.[859] Es darf kein **8** Verhandeln des Antragsgegners vorliegen, aus dem sich ergibt, dass dieser von dem Verfahren in der Ehesache Kenntnis erlangt und die Möglichkeit der Verteidigung erhalten hat.[860] Einlassen liegt nicht vor, wenn der Antragsgegner lediglich die Nichtrechtzeitigkeit oder die Art und Weise der Zustellung rügt.[861]

III. Verfahrenseinleitendes Schriftstück

Verfahrenseinleitendes Schriftstück meint die vom Verfahrensrecht des Erststaats vorgesehene Urkunde, **9** durch die der Antragsgegner erstmals von dem Verfahren, welches der Entscheidung zugrunde liegt, Kenntnis erlangen soll.[862] Im Schriftstück müssen die wesentlichen Gründe für den Antrag in der Ehesache bezeichnet sein.[863]

---

853 *Andrae* IntFamR § 3 Rn. 97; *Hausmann,* IntEuFamR, Rn. K-78; MüKoFamFG/*Gottwald* Brüssel IIa-VO Art. 22 Rn. 4 a; ausführlich Staudinger/*Spellenberg* Brüssel IIa-VO Art. 22 Rn. 27 ff.; Geimer/Schütze/*Paraschas* EheVO Art. 22 Rn. 14 (zurückhaltend); Zu Art. 34 Nr. 1 EuGVVO 2001: EuGH 16.7.2015 Rs. C-681/13, IPRax 2016, 270 Ls. 1.; *Kropholler/von Hein*, 9. Aufl. 2011, EuGVVO Art. 34 Rn. 14.

854 Zur EuGVVO 2001EuGH 16.7.2015 Rs. C-681/13, IPRax 2016, 270 Ls. 1.

855 Beispiel: EuGH 2.4 2009 Rs. C-394/07 NJW 2009, 1938 (EuGVVO 2001 – offensichtliche und unverhältnismäßige Beeinträchtigung des Anspruchs des Beklagten auf rechtliches Gehör). Dazu *Wagner* IPRax 2001, 73 (78); *Helms* FamRZ 2001, 257 (263); MüKoFamFG/*Gottwald* Brüssel IIa-VO Art. 22 Rn. 5.

856 MüKoFamFG/*Gottwald* Brüssel IIa-VO Art. 22 Rn. 5; Rauscher/*Rauscher* Brüssel IIa-VO Art. 22 Rn. 13; *Hausmann.* IntEuFamFR Rn. K-80; für EuGVÜ/ EuGVVO 2001 EuGH **13.7.1995 Rs. C-474/93** Slg 1995, 2113 = IPRax 1996, 262; EuGH 6.9.2012 Rs. C-619/10, IPRax 2013, 427.

857 *Helms* FamRZ 2001, 257 (264).

858 *Helms* FamRZ 2001, 275 (264); Rauscher/*Rauscher* Brüssel IIa-VO Art. 22 Rn. 12; MüKoFamFG/*Gottwald* Brüssel IIa-VO Art. 22 Rn. 5; *Hausmann* IntEuFamFR Rn. K-80.

859 Geimer/Schütze/*Paraschas*, Art. 22 EheVO Rn. 28; Staudinger/*Spellenberg* Brüssel IIa-VO Art. 22 Rn. 71; Zur EuGVVO *Kropholler/von Hein*, 9. Aufl. 2011, EuGVVO Art. 34 Rn. 27.

860 Staudinger/*Spellenberg* Brüssel IIa-VO Art. 22 Rn. 71 ff.; Geimer/Schütze/*Paraschas* EheVO Art. 22 Rn. 28; Rauscher/*Rauscher* Brüssel IIa-VO Art. 2 Rn. 12; MüKoFamFG/*Gottwald* Brüssel IIa-VO Art. 22 Rn. 8; *Andrae* IntFamR § 3 Rn. 101; zur EuGVVO *Kropholler/von Hein*, 9. Aufl. 2011, EuGVVO Art. 34 Rn. 27.

861 Für das EuGVÜ ua OLG Stuttgart IPRspr. 1983 Nr. 173; OLG Köln IPRax 1991, 114 mAnm *Linke*, S. 92; ausführlich Staudinger/*Spellenberg* Art. 22 EheVO Rn. 71 ff.

862 Geimer/Schütze/*Paraschas* EheVO Art. 22 Rn. 21; *Hausmann,* IntEuFamR, Rn. K-82; für die EuGVVO 2001 *Kropholler/von Hein*, 9. Aufl. 2011, EuGVVO Art. 34 Rn. 29 mwN.

863 MüKoFamFG/*Gottwald*, Art. 22 Brüssel IIa-VO Rn. 6; *Hausmann,* IntEuFamR, Rn. K-82. Für das EuGVÜ EuGH 21.4.1993 Rs. C-172/91, Slg I 1993, 1936 = NJW 1993, 2091.

IV. Nichtrechtzeitigkeit

10 Die Zustellung ist dann nicht rechtzeitig, wenn dem Antragsgegner nicht genügend Zeit zur Vorbereitung einer sachgerechten Verteidigung bleibt.[864] Hierzu sind die Umstände des Einzelfalls – wie Erforderlichkeit einer Übersetzung[865] und Zeit für die Kontaktaufnahme zu einem spezialisierten Anwalt – abzuwägen.[866] Der Zeitraum beginnt grundsätzlich erst zu laufen, wenn der Adressat von dem zugestellten Schriftstück Kenntnis nehmen konnte.[867] Außergewöhnliche Umstände und Tatsachen – wie ein Krankenhausaufenthalt – sind berücksichtigungsfähig.[868]

V. Art und Weise der Zustellung

11 Ein formaler Zustellungsfehler reicht zur Ablehnung der Anerkennung nicht aus, wenn die Gegenpartei dadurch an ihrer Verteidigung nicht gehindert wurde.[869] Ob überhaupt Zustellungsmängel vorliegen, bestimmt sich, wenn die Zustellung zwischen den Mitgliedstaaten erfolgt ist, nach der EuZustVO,[870] ansonsten nach dem Recht des Ursprungsstaates[871] unter Einschluss der für diesen Staat geltenden völkerrechtlichen Übereinkommen.[872] Wenn danach die Zustellung ordnungsgemäß erfolgte, ist davon auszugehen, dass die Art und Weise der Zustellung die Verteidigung ermöglichte.[873] Liegen Zustellungsmängel vor, so ist zu prüfen, ob sie so schwerwiegend sind, dass durch sie die Verteidigungsmöglichkeit der Gegenseite eingeschränkt wurde.[874] Dies kann zutreffen, wenn das Schriftstück oder dessen Übersetzung nicht in der Sprache des Empfangsstaates zugegangen ist und der Empfänger ihrer nicht mächtig ist.[875] Dagegen führen bloße formale Zustellungsmängel, die die Verteidigung seitens des Antragsgegners nicht hindern, nicht zur Ablehnung der Anerkennung.[876] Beide Kriterien – Nichtrechtzeitigkeit und Art und Weise der Zustellung – sind in ihrem Zusammenwirken in Bezug auf die Verteidigungsmöglichkeit zu werten. So kann eine fehlerhafte Zustellung bzgl. der Sprache, in der das Schriftstück verfasst ist, wenn der Empfänger das Recht auf Annahmeverweigerung nach Art. 8 EuZustVO nicht wahrgenommen hat, durch Einlassungsfristen kompensiert werden, die die Einholung einer Übersetzung ohne Weiteres ermöglichen.[877]

VI. Fehlendes Einverständnis mit der Entscheidung

12 Der Versagungsgrund entfällt, wenn der Antragsgegner mit der Entscheidung eindeutig einverstanden ist. Hierzu bedarf es der Bekanntgabe eines diesbezüglichen Willens,[878] die auch konkludent erfolgen kann, so zB durch Anmeldung einer Eheschließung, Geltendmachung des nachehelichen Unterhalts oder des Versorgungsausgleichs sowie Durchführung der güterrechtlichen Auseinandersetzung.[879] Anders als in Art. 34 Nr. 2 EuGVVO 2001 führt die Nichteinlegung eines Rechtsbehelfs gegen die Entscheidung im Ursprungs-

864 Rspr. zum EuGVÜ/zur EuGVVO 2001: BGH NJW 2006, 701; OLG Hamm IPRax 1988, 289; OLG Köln IPRax 1995, 446; OLG Köln NJW-RR 2002, 360.

865 Beachte aber bei Zustellungen innerhalb des EU-Rechtsraums die Sprachenregelungen in Art. 8 EuZVO; hierzu Rauscher/*Heiderhoff*, Art. 8 EG-ZustVO 2007; Garbe/Ulrich/*Andrae* § 14 Rn. 41 ff.

866 BayObLG FamRZ 2002, 1423 (1424); BayObLG FamRZ 2000, 1170 (1171); *Schack* Rn. 940 ff.

867 BayObLG FamRZ 2002, 1423 (1424); Thomas/Putzo/*Hüßtege*, ZPO § 328 Rn. 12 a.

868 Für das EuGVÜ EuGH Slg 1981, 1593; 1985, 1779; *Hausmann*, InrEuFamR, Rn. K-84.

869 Geimer/Schütze/*Paraschas*, Art. 25 EheVO Rn. 23; Garbe/Ullrich/*Andrae*, Verfahren in Familiensachen, § 13 Rn. 473; Rauscher/*Rauscher* Brüssel IIa-VO Art. 22 Rn. 15; zur EuGVVO Begründung des Kommissionsentwurfs, KOM (1999) 348 endg. 25 = BR-Drs. 534/99, 24 (zu Art. 41 des Entwurfs); *Kropholler/von Hein*, 9. Aufl. 2011, EuGVVO Art. 34 Rn. 38.

870 Verordnung (EG) Nr. 1393/2007 des Europäischen Parlamentes und des Rates vom 13.11.2007 über die Zustellung gerichtlicher und außergerichtlicher Schriftstücke in Zivil- oder Handelssachen in den Mitgliedstaaten („Zustellung von Schriftstücken") und zur Aufhebung der Verordnung (EG)

Nr. 1348/2000 des Rates (ABl. EU 2007 L 324 S. 79).

871 So zur EuGVVO iE *Kropholler/von Hein*, 9. Aufl. 2011, EuGVVO Art. 34 Rn. 39.

872 *Schack*, Int. Zivilverfahrensrecht, 7. Aufl. 2017, Rn. 936 mwN.

873 Rauscher/*Rauscher* Brüssel IIa-VO Art. 22 Rn. 18; zur EuGVVO *Kropholler/von Hein*, 9. Aufl. 2011, EuGVVO Art. 34 Rn. 39.

874 Rauscher/*Rauscher* Brüssel IIa-VO Art. 22 Rn. 18; zur EuGGVO *Kropholler/von Hein*, 9. Aufl. 2011, EuGVVO Art. 34 Rn. 40.

875 Thomas/Putzo/*Hüßtege* EuEheVO Art. 22 Rn. 2; Rauscher/*Rauscher* Brüssel IIa-VO Art. 22 Rn. 2.

876 Staudinger/*Spellenberg* Brüssel IIa-VO Art. 22 Brüssel IIa-VO Rn. 52 ff.; *Schack* Rn. 35 ff.

877 Problematisiert, ob überhaupt Übersetzung seitens des Empfängers vorgenommen werden muss: *Schack*, Int. Zivilverfahrensrecht, 7. Aufl. 2014, Rn. 936.

878 Thomas/Putzo/*Hüßtege* EuEheVO Art. 22 Rn. 2; Rauscher/*Rauscher* Brüssel IIa-VO Art. 22 Rn. 20; Geimer/Schütze/*Paraschas* EheVO Art. 22 Rn. 29.

879 Thomas/Putzo/*Hüßtege* EuEheVO Art. 22 Rn. 2; *Helms* FamRZ 2001, 257,264; Garbe/Ullrich/*Andrae*, Verfahren in Familiensachen, § 13 Rn. 473; Rauscher/*Rauscher* Brüssel IIa-VO Art. 22 Rn. 19 f.; Zöller/*Geimer* EuEheVO Art. 22 Rn. 5.

mitgliedstaat, obwohl hierzu die Möglichkeit bestand, nicht zwingend zum Ausschluss des Versagungsgrundes.[880] Dieser Umstand ist jedoch bei der Beantwortung der Frage, ob ein eindeutiges Einverständnis des Antragsgegners vorliegt, einzubeziehen.[881]

D. Unvereinbarkeit mit einer Entscheidung aus dem Anerkennungsstaat (lit. c)

Entscheidung aus dem Anerkennungsstaat meint auch hier gerichtliche und behördliche Entscheidungen, **13** jedoch ist der Begriff weiter als in Art. 2 Nr. 4, denn durch diese wird der sachliche Anwendungsbereich der EheVO im Kapitel Anerkennung und Vollstreckung abgegrenzt, also die Entscheidung aus dem Ursprungsmitgliedstaat benannt, deren Anerkennung geregelt ist.[882] Gemeint sind mit lit. c Entscheidungen aus dem Anerkennungsstaat, die zwischen denselben Personen getroffen wurden und die unvereinbar mit der infrage stehenden ausländischen Entscheidung in der Ehesache sind. Hätte der Verordnungsgeber den Gegenstand der Entscheidung anders präzisieren wollen, hätte er wie in Art. 23 lit. e die entgegenstehenden Entscheidungen näher bezeichnen müssen. Da dies nicht erfolgt ist, ist wie für Art. 34 Nr. 3 EuGVVO 2001 davon auszugehen, dass eine Unvereinbarkeit auch zu einer Entscheidung bestehen kann, die aus dem sachlichen Anwendungsbereich der EheVO fällt.[883] Eine Unvereinbarkeit kann sich deshalb sowohl aus Entscheidungen iSd Art. 2 Nr. 4 als auch aus einer Feststellungsentscheidung über das Bestehen der Ehe sowie aus einer negativen Sachentscheidung in der Ehesache ergeben.[884]

Das Prioritätsprinzip gilt hier nicht. Es kommt deshalb nicht darauf an, ob die Entscheidung aus dem anderen **14** Mitgliedstaat vor oder nach der Entscheidung eines Gerichts des Anerkennungsstaats erlassen oder rechtskräftig wurde bzw. ob die anderweitige Anhängigkeit nicht beachtet wurde.[885]

Ob **Unvereinbarkeit** vorliegt, ist aufgrund eines Vergleichs von Tenor und ggf. Entscheidungsgründen der **15** konkurrierenden Entscheidungen zu prüfen. Vom Grundsatz her sind Entscheidungen unvereinbar, die einen unterschiedlichen Personenstand derselben Parteien für denselben Zeitraum herbeiführen.

Keine Unvereinbarkeit liegt vor, wenn der durch die vorhergehende Entscheidung geschaffene, festgestellte **16** oder beibehaltene Personenstand für dieselben Parteien durch die nachgehende Entscheidung noch für die Zukunft geändert werden kann. So schließt die vorhergehende Entscheidung eines Gerichts des Anerkennungsstaats, durch die die Existenz der Ehe festgestellt ist, die Ehe ohne Auflösung des Ehebandes getrennt oder die Scheidung abgelehnt wurde, eine Anerkennung einer späteren Scheidung durch Gerichte eines anderen Mitgliedstaates im Anerkennungsstaat nicht aus.[886]

E. Unvereinbarkeit mit einer früheren anerkennungsfähigen Entscheidung eines anderen Staates (lit. d)

Geregelt wird hier eine Dreierbeziehung. Der Anerkennung der Entscheidung aus einem Mitgliedstaat (i.F. **17** Ursprungsmitgliedstaat) in einem anderen Mitgliedstaat (i.F. Anerkennungsmitgliedstaat) steht die Entscheidung eines weiteren Staates (i.F. Drittstaats) entgegen.

Der Ausschlussgrund erfordert: **18**

1. Eine Entscheidung des Gerichts eines Drittstaats. Der Begriff Entscheidung ist hierbei wie für Entscheidungen aus dem Anerkennungsstaat auszulegen (lit. c, → Rn. 13). Drittstaatliche Entscheidung meint

880 *Borrás*, ABl. EG 1998 C 221 S. 27, 51 Nr. 70; Thomas/Putzo/*Hüßtege* EuEheVO Art. 22 Rn. 2; Rauscher/*Rauscher* Brüssel IIa-VO Art. 22 Rn. 20; MüKoFamFG/*Gottwald*, Art. 22 Brüssel IIa-VO Rn. 11; Garbe/Ullrich/*Andrae*, Verfahren in Familiensachen, § 13 Rn. 473. AA Zöller/*Geimer* EuEheVO Art. 22 Rn. 5; *Spellenberg* ZZPInt 6 (2001), 109, 138 f.

881 Hierzu KOM (2001) 151 endg. S. 4; iE *Helms* FamRZ 2001, 257 (264).

882 *Andrae* ERA-Forum 2003, 28, 43; Rauscher/*Rauscher* Brüssel IIa-VO Art. 22 Rn. 26 f.; *Helms* FamRZ 2001, 257 (265); aA Thomas/Putzo/*Hüßtege* EuEheVO Art. 22 Rn. 3.

883 ZB *Schlosser*, Art. 15 EheVO Rn. 5; Rauscher/*Rauscher* Brüssel IIa-VO Art. 22 Rn. 21; zum EuGVÜ EuGH Slg 1988, 645 = IPRax 1989, 159 = NJW 1989, 663.

884 Zu den negativen Sachentscheidungen wie hier *Helms* FamRZ 2001, 257 (265); Rauscher/*Rauscher* Brüssel IIa-VO Art. 22 Rn. 27; MüKoFamFG/*Gottwald*, Art. 22 Brüssel IIa-VO Rn. 11; Gebauer/Wiedmann/*Frank*, Kap. 29 EuEheVO Art. 22 Rn. 69; aA Thomas/Putzo/*Hüßtege* EuEheVO Art. 22 Rn. 3.

885 MüKoFamFG/*Gottwald* Brüssel IIa-VO Art. 22 Rn. 12; Thomas/Putzo/*Hüßtege* EuEheVO Art. 22 Rn. 3.

886 *Borrás*, ABl. EG 1998 C 221, S. 27, 51 Nr. 71; MüKoFamFG/*Gottwald* Brüssel IIa-VO Art. 22 Rn. 12; Rauscher/*Rauscher* Brüssel IIa-VO Art. 22 Rn. 22; Weiter gehend *Helms* FamRZ 2001, 257 (265), wonach die spätere Entscheidung dann nicht unvereinbar ist, wenn sie eine weiter gehende Statuswirkung besitzt.

sowohl eine Entscheidung aus einem dritten Mitgliedstaat als auch eine Entscheidung aus einem Nicht-mitgliedstaat.

2. Die Entscheidung muss zwischen denselben Parteien ergangen sein.

3. Bei der Entscheidung aus dem Drittstaat muss es sich um eine frühere Entscheidung handeln. Es findet also das zeitliche Prioritätsprinzip Anwendung. Es kommt auf den Zeitpunkt des Erlasses der Entscheidung an.[887]

4. Die Entscheidung aus dem Ursprungsmitgliedstaat muss mit der früheren Entscheidung aus dem Dritt-staat unvereinbar sein. Die statusrechtlichen Wirkungen beider Entscheidungen müssen sich ausschlie-ßen (wie unter lit. c, → Rn. 15).

5. Die drittstaatliche Entscheidung muss die Voraussetzungen für die Anerkennung nach der Rechtsord-nung des Anerkennungsmitgliedstaates erfüllen. Soweit es sich um eine Entscheidung aus einem dritten Mitgliedstaat handelt, die vom Geltungsbereich der EheVO erfasst wird, richtet sich die Anerkennungs-fähigkeit nach der EheVO über die inzident entschieden werden kann. In Deutschland ist für die ande-ren drittstaatlichen Entscheidungen § 107 FamFG zu beachten; die Anerkennungsfähigkeit selbst richtet sich nach bilateralen Anerkennungs- und Vollstreckungsabkommen oder nach § 109 FamFG (hierzu Anhang II zum III. Abschnitt, §§ 107, 108, 109 FamFG → Rn. 46 ff.).

19 Zur Anerkennung der Ungültigkeitserklärung einer Ehe auf der Grundlage der zwischen den Mitgliedstaa-ten und dem Vatikan bestehenden Konkordats-Verträgen s. Art. 63.

Art. 23 EheVO 2003 Gründe für die Nichtanerkennung einer Entscheidung über die elterliche Verantwortung

Eine Entscheidung über die elterliche Verantwortung wird nicht anerkannt,

a) wenn die Anerkennung der öffentlichen Ordnung des Mitgliedstaates, in dem sie beantragt wird, offensichtlich widerspricht, wobei das Wohl des Kindes zu berücksichtigen ist;

b) wenn die Entscheidung – ausgenommen in dringenden Fällen – ergangen ist, ohne dass das Kind die Möglichkeit hatte, gehört zu werden, und damit wesentliche verfahrensrechtliche Grundsätze des Mitgliedstaates, in dem die Anerkennung beantragt wird, verletzt werden;

c) wenn der betreffenden Person, die sich auf das Verfahren nicht eingelassen hat, das verfahrensein-leitende Schriftstück oder ein gleichwertiges Schriftstück nicht so rechtzeitig und in einer Weise zugestellt wurde, dass sie sich verteidigen konnte, es sei denn, es wird festgestellt, dass sie mit der Entscheidung eindeutig einverstanden ist;

d) wenn eine Person dies mit der Begründung beantragt, dass die Entscheidung in ihre elterliche Verantwortung eingreift, falls die Entscheidung ergangen ist, ohne dass diese Person die Möglich-keit hatte, gehört zu werden;

e) wenn die Entscheidung mit einer späteren Entscheidung über die elterliche Verantwortung unver-einbar ist, die in dem Mitgliedstaat, in dem die Anerkennung beantragt wird, ergangen ist;

f) wenn die Entscheidung mit einer späteren Entscheidung über die elterliche Verantwortung unver-einbar ist, die in einem anderen Mitgliedstaat oder in dem Drittstaat, in dem das Kind seinen gewöhnlichen Aufenthalt hat, ergangen ist, sofern die spätere Entscheidung die notwendigen Vor-aussetzungen für ihre Anerkennung in dem Mitgliedstaat erfüllt, in dem die Anerkennung bean-tragt wird;

oder

g) wenn das Verfahren des Artikels 56 nicht eingehalten wurde.

A. Allgemeines	1	F. Unvereinbarkeit mit einer späteren Entschei-	
B. Ordre public (lit. a)	2	dung aus dem Anerkennungsstaat (lit. e)	7
C. Rechtliches Gehör des Kindes (lit. b)	4	G. Unvereinbarkeit mit der späteren Entschei-	
D. Verletzung des rechtlichen Gehörs in Säum-		dung eines Drittstaats (lit. f)	9
nissachverhalten (lit. c)	5		
E. Elterliche Verantwortung einer dritten Person			
(lit. d)	6		

---

887 Geimer/Schütze/*Paraschas* EheVO Art. 22 Rn. 41; Rauscher/*Rauscher* Brüssel IIa-VO Art. 22 Rn. 30.

Zur EuGVVO *Kropholler/von Hein*, 9. Aufl. 2011, EuGVVO Art. 34 Rn. 57.

A. Allgemeines

Die Ablehnungsgründe für die Anerkennung einer Entscheidung, die die elterliche Verantwortung betrifft, sind gesondert aufgelistet, um spezifischen Gesichtspunkten Rechnung zu tragen. Im Folgenden wird nur auf diese besonderen Gesichtspunkte eingegangen. Wie in Art. 22 sind die Ablehnungsgründe für die Anerkennung abschließend aufgezählt.[888] Die Versagungsgründe sind von Amts wegen zu prüfen, eine Amtsermittlungspflicht besteht nicht. Die Feststellungslast liegt bei dem Beteiligten, der die Nichtanerkennung geltend macht.[889]

1

B. Ordre public (lit. a)

Dieser hat eine besondere Diktion erfahren, die dem Art. 23 lit. d KSÜ[890] entnommen wurde. Das Kindeswohl ist keine zweite zusätzliche Einschränkung neben dem ordre public.[891] Eine Prüfung hat sich auf die Frage zu konzentrieren, ob die Entscheidung offensichtlich dem Kindeswohl widerspricht, denn die Elternverantwortung ist auf das Wohl des Kindes auszurichten und muss das Kind in seiner Persönlichkeit als Grundrechtsträger berücksichtigen.[892] Hierbei ist der eingeschränkten Bedeutung des ordre public in Bezug auf die Anerkennung fremder Entscheidungen dadurch Rechnung zu tragen, dass er nur bei massiver Beeinträchtigung des Kindeswohls heranzuziehen ist.[893]

2

Dem **EuGH** kommt **Kontrollfunktion** hinsichtlich der Grenzen zu, innerhalb derer die Ablehnung der Anerkennung auf den ordre public gestützt werden kann.[894] Zwar können die Mitgliedstaaten aufgrund des in der Verordnung vorgesehenen Vorbehalts grundsätzlich selbst bestimmen, welche Anforderungen sich nach ihren innerstaatlichen Anschauungen für ihre öffentliche Ordnung ergeben, doch gehört die Abgrenzung dieses Begriffs zur Auslegung der EheVO.[895] Zu diesen Grenzen zählt das in Art. 26 geregelte Verbot der *révision au fond.*[896] Dieses bezieht sich auf die Tatsachenfeststellungen und die Rechtsanwendung, einschließlich der kollisionsrechtlichen Verweisung.[897] Die Anerkennung kann gestützt auf den ordre public nicht allein deshalb versagt werden, weil das Gericht im Anerkennungsstaat der Auffassung ist, dass in dieser Entscheidung das nationale Recht oder das Unionsrecht nicht richtig angewandt worden sei.[898] Ein ordre public-Verstoß erfordert eine **offensichtliche Verletzung** einer in der Rechtsordnung des Vollstreckungsstaats als wesentlich geltenden Rechtsnorm oder eines dort als grundlegend anerkannten Rechts. Die Wertung hat **unter Berücksichtigung des Wohls des Kindes** zu erfolgen.[899] Die Heranziehung des ordre public-Vorbehalts ist folglich auf **besonders schwere Verstöße beschränkt**, deren Bejahung einen gesteigerten Begründungsaufwand erfordert.[900] Der im Entscheidungsstaat Unterlegene muss alle dort gegebenen Rechtsbehelfe ausschöpfen, um mit dem ordre public-Einwand nicht präkludiert zu werden.[901]

3

888   EuGH Rs. C-92/12 PPU IPRax 2013, 431 Rn. 104, Anm. *Pirrung* S. 408.

889   *Borrás*, ABl. EG 1998 C 221, S. 27, 53 Nr. 67; *Hausmann* IntEuFamR Rn. N-81; Staudinger/*Pirrung* Brüssel IIa-VO Art. 22 Rn. C-122.

890   Haager Übereinkommen über die Zuständigkeit, das anzuwendende Recht, Vollstreckung und Zusammenarbeit auf dem Gebiet der elterlichen Verantwortung und der Maßnahmen zum Schutz von Kindern v. 19.10.1996. Zustimmungsgesetz v. 25.6.2009, BGBl. II S. 602.

891   Wie hier Rauscher/*Rauscher* Brüssel IIa-VO Art. 23 Rn. 4; *Hausmann*, IntEuFamR, Rn. N-86; Thomas/Putzo/*Hüßtege* EuEheVO Art. 23 Rn. 1; Geimer/Schütze/*Paraschas* EheVO Art. 23 Rn. 18 f.

892   Für das deutsche Recht ua BVerfGE 55, 171, 179, 181; 99, 145, 157; FamRZ 2004, 1166.

893   Thomas/Putzo/*Hüßtege* EuEheVO Art. 23 Rn. 1; *Hausmann*, IntEuFamR, Rn. N-86. Ohne diese Einschränkung Geimer/Schütze/*Paraschas* EheVO Art. 23 Rn. 19; Rauscher/*Rauscher* Brüssel IIa-VO Art. 23 Rn. 5.

894   EuGH 19.11.2015 – Rs. C-455/15 PPU NJW 2016, 307; auch EuGH 16.7.2015 – Rs. C-681/13, IPRax 2016, 270 Rn. 44 (zur EuGVVO 2001 mwN); hierzu, *Schulze* IPRax 2016, 234.

895   EuGH 19.11.2015 – Rs. C-455/15 PPU NJW 2016, 307 Rn. 37; EuGH 16.7.2015 – Rs. C-681/13, IPRax 2016, 270 Rn. 42 (EuGVVO 2001 mwN).

896   EuGH 16.7.2015 – Rs. C-681/13, IPRax 2016, 270 Rn. 43 ff. (EuGVVO 2001 mwN).

897   *Schulze* IPRax 2016, 234.

898   EuGH 19.11.2015 – Rs. C-455/15 PPU NJW 2016, 307 Rn. 46; EuGH 16.7.2015 – Rs. C-681/13, IPRax 2016, 270 Rn. 44 (EuGVVO 2001 mwN).

899   EuGH 19.11.2015 – Rs. C-455/15 PPU NJW 2016, 307 Rn. 39; auch EuGH 16.7.2015 – Rs. C-681/13, IPRax 2016, 270 Ls. 1 (Begriff offensichtlich, EuGVVO 2001).

900   *Schulze* IPRax 2016, 234.

901   EuGH 16.7.2015 – Rs. C-681/13, IPRax 2016, 270 (EuGVVO 2001 mwN); *Schulze* IPRax 2016, 234; *Hausmann*, IntEuFamR, N Rn. 94.

C. Rechtliches Gehör des Kindes (lit. b)

4 Ein eigenständiger Anerkennungsversagungsgrund ist die Verletzung des Rechts des Kindes auf rechtliches Gehör,[902] soweit die Nichtanhörung des Kindes gegen wesentliche Verfahrensgrundsätze des Anerkennungsstaates verstößt. Hierbei handelt es sich um eine spezielle **verfahrensrechtliche ordre public-Klausel.**[903] Wurde in einem dringenden Fall entschieden, ist dieser Ausschlussgrund flexibler zu verstehen und nach den Umständen zu bewerten. So liegt kein Ablehnungsgrund vor, wenn die Anhörung wegen Gefahr im Verzug unterblieben ist oder dem Gericht und dem Antragssteller der Aufenthalt des Kindes nicht bekannt war.[904] In Anlehnung an Art. 42 Abs. 2 lit. a [905] besteht kein Anerkennungshindernis, wenn eine Anhörung aufgrund des Alters oder des Reifegrades des Kindes unangemessen erscheint. Dabei ist diese Ausnahme restriktiv auszulegen.[906] In der Rechtspraxis ist § 159 FamFG aufgrund der Formulierung in der Brüssel IIa-VO Prüfungsmaßstab.[907] Er bildet die Richtschnur in Bezug auf das Alter des Kindes und die Art der Anhörung. Nach deutschem Recht muss der Richter das Kind persönlich anhören. Dieser Grundsatz kann nicht automatisch übertragen werden, vielmehr ist auf die Ausgestaltung des Verfahrens im Entscheidungsstaat Rücksicht zu nehmen.[908] Dafür spricht ErwGr 19, wonach es nicht Ziel der Verordnung ist, die hierfür geltenden nationalen Verfahren zu ändern.[909] Nach dem Leitfaden der Kommission zur EheVO ist es nicht erforderlich, die Anhörung des Kindes während der Gerichtsverhandlung durchzuführen.[910] Sie kann auch im Vorfeld der Verhandlung von einer nach nationalem Recht zuständigen Stelle durchgeführt werden. Möglich ist danach auch die Anhörung des Kindes in Anwesenheit eines Sozialarbeiters, der dem Gericht einen Bericht vorlegt, in dem die Wünsche und Gefühle des Kindes aufgeführt sind. Entscheidend ist, dass diese Person entsprechend ausgebildet ist.[911] Kein Grund für die Nichtanhörung des Kindes ist der Umstand, dass es nicht im Entscheidungsmitgliedstaat seinen gewöhnlichen Aufenthalt hat. Hier sind zB die Möglichkeiten der EuBVO[912] zu nutzen.[913] Ergibt die Prüfung, dass im ausländischen Verfahren das Recht des Kindes auf rechtliches Gehör verletzt wurde, so kann die daraufhin ergangene Entscheidung nur dann ausnahmsweise anerkannt werden, wenn die Nichtanerkennung ihrerseits das Kindeswohl gefährdet. Diese Ausnahme ist geboten, „weil im Rahmen der Prüfung eines Verstoßes gegen elementare Wertvorstellungen der deutschen Rechtsordnung mögliches kollidierendes Verfassungsrecht (hier Art. 6 Abs. 2 GG) zu berücksichtigen ist".[914]

Als **Erkenntnisgrundlage** dafür, ob und in welcher Weise das ausländische Gericht einem Kind im dortigen Verfahren die Gelegenheit zur Äußerung eingeräumt hat, dient zunächst die Entscheidung. Geht diese darauf nicht ein, so liegt die Beibringungslast bei derjenigen Person, die die Anerkennung geltend macht. Hierzu sind entsprechende Unterlagen vorzulegen.[915]

Die Formulierung in Art. 23 stellt eine erhebliche Hürde für die Anerkennung von Entscheidungen aus anderen Mitgliedstaaten dar, weil sie eine rigide Auslegung veranlasst. Die Neuregelung in Art. 21 EheVO 2019 zielt darauf, dem entgegenzuwirken. Vorgesehen ist eine Pflicht zur Anhörung des Kindes in allen Verfahren der elterlichen Verantwortung, soweit das Kind in der Lage ist, sich bezogen auf den Gegenstand eine eigene Meinung zu bilden. Die Formulierung ist so, dass insoweit eine autonome Auslegung erfolgen wird. Die Regelung findet sich nicht im Abschnitt Anerkennung und Vollstreckung, sondern räumlich davor. In dem ErwGr 39 hierzu heißt es, dass dem Kind eine echte und konkrete Gelegenheit zur Meinungsäußerung zu geben ist. Dabei sollten, soweit möglich und stets unter Berücksichtigung des Kindeswohls, alle Mittel, die nach nationalem Recht zur Verfügung stehen, sowie die speziellen Instrumente der interna-

---

902   Vgl. Art. 23 lit. b Brüssel IIa-VO, Art. 23 Abs. 2 lit. b KSÜ; zum Versagungsgrund OLG Schleswig FamRZ 2008, 1761.

903   Thomas/Putzo/*Hüßtege* EuEheVO Art. 23 Rn. 2; *Lagarde*, Bericht Nr. 124; Althammer/*Weller* Brüssel IIa-VO Art. 23 Rn. 3.

904   Hierzu auch BGHZ 205, 10 Rn. 48 = NZFam 2015, 666.

905   *Schlauß* FPR 2006, 228 (230); Geimer/Schütze/ *Paraschas* EheVO Art. 22 Rn. 27.

906   Leitfaden der Europäischen Kommission zur Anwendung der neuen Verordnung Brüssel II, 2005, S. 54.

907   OLG München FamRZ 2015, 602; OLG Scheswig FamRZ 2008, 1761; Althammer/*Weller* Brüssel IIa-VO Art. 23 Rn. 3; Thomas/Putzo/*Hüßtege* EuEheVO Art. 23 Rn. 2; *Hausmann*, IntEuFamR, N Rn. 97; Geimer/Schütze/*Paraschas* EheVO Art. 22 Rn. 25.

908   So OLG Hamm 26.8.2014 – 11 UF 85/14 (regelmäßig); *Schlauß* FPR 2006, 228 (230).

909   Darstellung der nationalen Praktiken bei *Menne* FamRB 2015, 398 ff.

910   Leitfaden der Europäischen Kommission zur Anwendung der neuen Verordnung Brüssel II, 2005, S. 54; so auch *Coester-Waltjen* FamRZ 2005, 241 (248); *Schlauß* FPR 2006, 228 (230).

911   So auch OVG Bln-Bbg IPRspr. 2012, Nr. 280 a, 636; OLG Oldenburg FamRZ 2012, 1887; näher *Menne* FamRB 2015, 398 (401 f.).

912   Verordnung (EG) Nr. 1206/2001 des Rates vom 28.5.2001 über die Zusammenarbeit zwischen den Gerichten der Mitgliedstaaten auf dem Gebiet der Beweisaufnahme in Zivil- oder Handelssachen v. 28.5.2001 (ABl. L 174, S. 1).

913   Geimer/Schütze/*Paraschas* EheVO Art. 22 Rn. 26.

914   BVerwG 145, 172 Rn. 23 = FamRZ 2013, 547; Reihenfolge der Prüfung nicht beachtet: VG Berlin IPRspr. 2011, Nr. 280, S. 750.

915   VG Berlin-Brandenburg IPRspr. 2012, Nr. 280 a, S. 636.

tionalen justiziellen Zusammenarbeit genutzt werden.[916] Als Versagungsgrund für die Anerkennung ist die Nichtgewährung des rechtlichen Gehörs fakultativ ausgestaltet.[917] Die Anerkennung einer Entscheidung kann nicht allein aus dem Grund verweigert werden, dass das Ursprungsgericht die Anhörung des Kindes auf andere Weise vorgenommen hat, als dies beim Gericht im Anerkennungsstaat der Fall wäre, denn es ist Sache des Ursprungsgerichts, über die angemessene Art und Weise zu entscheiden.[918] Von Letzterem sollte bereits für Art. 23 lit. b in der geltenden Fassung ausgegangen werden.

D. Verletzung des rechtlichen Gehörs in Säumnissachverhalten (lit. c)

Die Regelung bezieht sich auf die formell verfahrensbeteiligten Personen.[919] Im Übrigen s. zum Versagungsgrund → Art. 22 Rn. 7 ff.   **5**

E. Elterliche Verantwortung einer dritten Person (lit. d)

Der Ablehnungsgrund betrifft die Verletzung des rechtlichen Gehörs einer dritten Person, die weder Partei **6** noch Kind im Verfahren im Entscheidungsstaat war. Die Bestimmung bezieht sich auf das Verfahren insgesamt und ist nicht auf die Phase der Verfahrenseinleitung beschränkt.[920] Dieser Dritte muss die Nichtanerkennung beantragen.[921] Er muss also entweder ein Nichtanerkennungsverfahren betreiben oder in einem schwebenden Anerkennungsverfahren bzw. in einem Hauptverfahren, in dem inzident über die Anerkennung zu entscheiden ist, einen solchen Antrag stellen. Der Antrag muss sich darauf stützen, dass in die elterliche Verantwortung der beantragenden Person durch die Entscheidung eingegriffen worden ist, ohne dass sie die Möglichkeit hatte, gehört zu werden. Die EheVO selbst bestimmt nicht, welches Recht auf die Frage, ob der betreffenden Person die elterliche Verantwortung zukommt, Anwendung findet. Diese Frage richtet sich nach dem Recht des Anerkennungsstaates unter Einschluss des IPR und IZVR. Stützt die betreffende Person ihre Inhaberschaft der elterlichen Verantwortung auf das Gesetz oder eine Vereinbarung, dann ist das darauf anwendbare Recht gemäß Art. 16 KSÜ zu bestimmen.[922] Sie kann sich auch aus einer inländischen oder einer ausländischen Entscheidung ergeben. Im letzteren Fall muss sie im Anerkennungsmitgliedstaat nach den dafür anwendbaren Bestimmungen anerkennungsfähig sein.

F. Unvereinbarkeit mit einer späteren Entscheidung aus dem Anerkennungsstaat (lit. e)

Das Besondere besteht darin, dass die Entscheidung des Gerichts eines Mitgliedstaates dann nicht anerkannt **7** wird, wenn sie mit einer späteren Entscheidung eines Gerichts des Anerkennungsstaats unvereinbar ist. Maßgeblicher Zeitpunkt ist der Erlass der beiden Entscheidungen.[923] Diese Lösung folgt daraus, dass Entscheidungen über die elterliche Verantwortung abänderbar sind und im Regelfall die jüngere Entscheidung die frühere Entscheidung berücksichtigt sowie auf veränderte Umstände reagiert.

Nach dem Wortlaut muss die Unvereinbarkeit zu einer Entscheidung über die elterliche Verantwortung **8** bestehen (auszulegen gem. Art. 2 Nr. 7). Einzubeziehen sind jedoch auch Entscheidungen, die den Status des Kindes betreffen, wie Feststellung oder Anfechtung der Vaterschaft und Adoption.[924] Das Posterioritätsprinzip nach lit. e gilt jedoch nur für Entscheidungen, die die elterliche Sorge sichern und nicht den Status des Kindes betreffen.[925]

Die Unvereinbarkeit kann sich auch in Bezug auf eine spätere einstweilige Maßnahme ergeben, die durch ein Gericht im Anerkennungsmitgliedstaat angeordnet wird. Das trifft jedoch wohl nur dann zu, wenn das

916 ErwGr zu Art. 27 Brüssel IIa-VO-E 2018, Dokument JUSTCIV 292, 14784/18.
917 Art. 39 Abs. 2 EheVO 2019 „Die Anerkennung ... kann abgelehnt werden" im Gegensatz zu den Ablehnungsgründen in Abs. 1 „Die Anerkennung ... wird abgelehnt ..."
918 ErwGr 39 EheVO 2019.
919 *Wagner* IPRax 2001, 73 (78). AA Rauscher/*Rauscher* Art. 23 Brüssel IIa-VO Rn. 12, 13.
920 *Hausmann*, IntEuFamR, Rn. N-102. HK-ZPO/*Dörner* Art. 23, Rn. 5.

921 Rauscher/*Rauscher* Brüssel IIa-VO Art. 23 Rn. 16; Geimer/Schütze/*Paraschas*, Art. 23 EheVO Rn. 36; *Vogel* MDR 2000, 1045 (1050).
922 *Hausmann*, IntEuFamR, Rn. N-101.
923 Geimer/Schütze/*Paraschas* EheVO Art. 23 Rn. 40; *Borrás*, ABl. EG 1998 C 221 S. 27, Nr. 73.
924 *Borrás*, ABl. EG 1998 C 221, S. 27, Nr. 53; Rauscher/*Rauscher* Brüssel IIa-VO Art. 23 Rn. 24; Geimer/Schütze/*Paraschas* Art. 23 EheVO Rn. 41.
925 Ebenso Rauscher/*Rauscher* Brüssel IIa-VO Art. 23 Rn. 23 (Lösung über den ordre public).

Gericht des Anerkennungsmitgliedstaats sich auf seine Hauptsachezuständigkeit nach Art. 8 ff. EheVO stützen wollte und seine Zuständigkeit nicht aus Art. 20 abgeleitet hat.[926]

G. Unvereinbarkeit mit der späteren Entscheidung eines Drittstaats (lit. f)

9 Auch hier haben spätere Entscheidungen Vorrang vor früheren Entscheidungen. Bei der späteren Entscheidung kann es sich um eine Entscheidung aus einem anderen Mitgliedstaat oder einem der EheVO nicht angehörenden Drittstaat handeln. Das Kind muss im Zeitpunkt der späteren Entscheidung seinen gewöhnlichen Aufenthalt im Drittstaat haben. Ob das Erfordernis des gewöhnlichen Aufenthalts zum Zeitpunkt der Entscheidung sich auf Entscheidungen der Gerichte anderer Mitgliedstaaten bezieht, ist umstritten.[927] Die Entscheidung aus dem Drittstaat muss im Anerkennungsstaat die Voraussetzungen für die Anerkennung erfüllen. Soweit es sich bei dem Drittstaat um einen Mitgliedstaat handelt, bestimmt sich die Anerkennung nach der EheVO, ansonsten nach den einschlägigen Staatsverträgen, KSÜ (Art. 23 ff.), MSA,[928] und ESÜ[929] oder nach nationalem Recht (in Deutschland §§ 108 Abs. 1, 109 FamFG).

Art. 24 EheVO 2003 Verbot der Nachprüfung der Zuständigkeit des Gerichts des Ursprungsmitgliedstaats

[1]Die Zuständigkeit des Gerichts des Ursprungsmitgliedstaats darf nicht überprüft werden. [2]Die Überprüfung der Vereinbarkeit mit der öffentlichen Ordnung gemäß Artikel 22 Buchstabe a) und Artikel 23 Buchstabe a) darf sich nicht auf die Zuständigkeitsvorschriften der Artikel 3 bis 14 erstrecken.

1 Das **Verbot der Überprüfung der internationalen Zuständigkeit** ergibt sich bereits aus dem abschließenden Charakter der Aufzählung in Art. 22, 23. Art. 24 ist insoweit klarstellend. Bestimmte Zuständigkeiten sind, anders als bei der EuGVVO, nicht vorbehalten. Ob überhaupt die Zuständigkeitsregeln der EheVO anwendbar waren und angewandt wurden, spielt keine Rolle. Ihre Nichtbeachtung ist nicht im Rahmen der Anerkennung zu prüfen,[930] sondern es sind durch den Antragsgegner die hierfür bestehenden Rechtsmittel im Ursprungsstaat zu nutzen. Besonderheiten resultieren aus der Rechtsprechung des EuGH zu einstweiligen Maßnahmen. Nur diejenigen, die von einem in der Hauptsache nach der EheVO zuständigen Gericht getroffen wurden, sind nach der EheVO anerkennungspflichtig, soweit keine Anerkennungsversagungsgründe nach Art. 23 vorliegen.[931] Es kommt hierbei nicht darauf an, ob die Hauptsache bereits anhängig ist. Daraus folgt, dass in Zweifelsfällen Art. 24 EheVO es nicht ausschließt, anhand der in der Entscheidung des Ursprungsgerichts enthaltenen Ausführungen zu prüfen, ob dieses seine Zuständigkeit für die einstweilige Maßnahme auf eine Vorschrift der EheVO stützen wollte.[932] Weist die Entscheidung keine eindeutige Begründung für die Zuständigkeit in der Hauptsache unter Bezugnahme auf eine der in den Art. 8 bis 14 EheVO genannten Zuständigkeiten auf und ergibt sich die Hauptsachezuständigkeit auch nicht offensicht-

926 Rauscher/*Rauscher* Brüssel IIa-VO Art. 23 Rn. 24 (für fallweise Beurteilung, ohne auf die Zuständigkeit abstellend); Nicht problematisiert durch *Hausmann* IntEuFamR Rn. N-106;gestützt auf OLG München FamRZ 2015, 602 (Das Gericht erließ eine mit einer belgischen Entscheidung unvereinbarte Eilmaßnahme, ohne dass erkennbar war, worauf es seine Zuständigkeit stützte. Es verneinte die Anerkennungsfähigkeit jedoch außerdem schon deshalb, weil es auch Art. 23 lit. b verletzt sah.).

927 Bejahend Thomas/Putzo/*Hüßtege* EuEheVO Art. 15 Rn. 13; abl. Rauscher/*Rauscher* Brüssel IIa-VO Art. 23 Rn. 26.

928 Haager Übereinkommen über die Zuständigkeit der Behörden und das anzuwendende Recht auf dem Gebiet des Schutzes von Minderjährigen (BGBl. II 1971 S. 217). Zu beachten ist jedoch, dass im Verhältnis zu den Teilnehmerstaaten von KSÜ und MSA letzteres durch das KSÜ ersetzt wird und alle Teilnehmerstaaten des MSA inzwischen dem KSÜ beigetreten sind → Art. 51 KSÜ.

929 Luxemburger Europäisches Übereinkommen v. 20.5.1980 über die Anerkennung und Vollstreckung von Entscheidungen über das Sorgerecht für Kinder und die Wiederherstellung des Sorgeverhältnisses (BGBl. II 1990 S. 206 und 220). Zum Verhältnis der verschiedenen Rechtsquellen aus denen sich die Anerkennung einer drittstaatlichen Entscheidung ergeben kann, *Andrae* IntFamR § 9 Rn. 141 ff.; dieselbe NZFam 2016, 1011 ff.

930 Ua *Helms* FamRZ 2001, 257 (262); *Hausmann* EuLF 2000/01, 345, 348; *Wagner* IPRax 2001, 73 (77); Rauscher/*Rauscher* Brüssel IIa-VO Art. 24 Rn. 2; Staudinger/*Spellenberg* Brüssel IIa-VO Art. 24 Rn. 2 f.

931 EuGH Rs. C-403/09 PPU FamRZ 2010, 525 Rn. 45 ff.; BGH FamRZ 2011, 542 Rn. 16 ff.; BGH FamRZ 2011, 959 Rn. 9, 1046; BGH FamRZ 2015, 1011 Rn. 19; hierzu auch → Art. 21 Rn. 4.

932 EuGH Rs. C-256/09 (*Purrucker*), NJW 2010, 2861 Rn. 75; BGH FamRZ 2011, 542 Rn. 22 f.; BGH FamRZ 2015, 1011 Rn. 19; OLG Stuttgart 5.3.2014 – 17 UF 262/13, juris Rn. 36 ff.

lich aus der Entscheidung selbst, so ist davon auszugehen, dass diese nicht nach den Zuständigkeitsvorschriften der EheVO ergangen ist.[933]

Die Überprüfung der Vereinbarkeit mit dem ordre public darf sich nicht auf die in der EheVO vorgesehenen **2** Zuständigkeitsvorschriften beziehen, Art. 24 S. 2.[934] Das betrifft auch die Restzuständigkeiten, die nach Art. 7 und 14 eröffnet sind.[935] So kann zB die Anerkennung der Scheidung einer ehemals deutschen Staatsangehörigen durch ein deutsches Gericht in anderen Mitgliedstaaten nicht versagt werden, weil sie auf der exorbitanten Zuständigkeit nach § 98 Abs. 1 Nr. 1 FamFG beruht. Die Anwendung dieser Vorschrift im Erlassstaat rechtfertigt sich aufgrund von Art. 7, der nicht aus Gründen des ordre public abgelehnt werden kann. Ist jedoch Art. 7 fehlerhaft angewandt worden, weil die ausschließlichen Zuständigkeiten nach Art. 6 übersehen wurden, kann die Anerkennung gleichfalls nicht abgelehnt werden, da die Zuständigkeit nicht überprüft werden darf.

Sofern unter Berücksichtigung des Wohls des Kindes keine offensichtliche Verletzung einer in der Rechts- **3** ordnung der Zweitstaates als wesentlich geltenden Rechtsnorm oder eines dort als grundlegend anerkannten Rechts vorliegt. kann die Anerkennung einer Entscheidung zur elterlichen Verantwortung nicht wegen Nichtbeachtung der Bestimmungen über die Zuständigkeit versagt werden.[936] Das Überprüfungsverbot bezieht sich gleichfalls auf die Inanspruchnahme der Zuständigkeit nach Art. 15, auch wenn diese in Art. 24 S. 2 nicht aufgelistet ist.[937] Ebenso folgt aus Art. 24, dass die Nichtbeachtung der Zuständigkeitssperre nach Art. 19 bei früherer Anhängigkeit der Streitsache in einem anderen Mitgliedstaat keinen Anerkennungsversagungsgrund darstellt. Die Berufung auf den ordre public ist in einem solchen Fall gleichfalls ausgeschlossen. Das folgt schon daraus, dass die Rechtshängigkeitsregeln zu Kapitel II und damit zu den Zuständigkeitsvorschriften gehören.[938]

Von dem Grundsatz, dass im Rahmen der Anerkennung die Zuständigkeit des entscheidenden Gerichts **4** nicht zu überprüfen ist, wird für Entscheidungen der Gerichte der nordischen Mitgliedstaaten (Finnland und Schweden) im Anwendungsbereich des Nordischen Übereinkommens vom 6.2.1931 abgewichen. Hier setzt die Anerkennung die Einhaltung der Zuständigkeitskriterien des Kapitels II der EheVO voraus (Art. 59 Abs. 2 lit. a und d).

Art. 25 EheVO 2003 Unterschiede beim anzuwendenden Recht

Die Anerkennung einer Entscheidung darf nicht deshalb abgelehnt werden, weil eine Ehescheidung, Trennung ohne Auflösung des Ehebandes oder Ungültigerklärung einer Ehe nach dem Recht des Mitgliedstaates, in dem die Anerkennung beantragt wird, unter Zugrundelegung desselben Sachverhalts nicht zulässig wäre.

Die Vorschrift bezieht sich auf die Anerkennung von Entscheidungen in Ehesachen. Sie zielt darauf, den **1** ordre-public-Vorbehalt in Art. 22 lit. a einzugrenzen. Damit wird dem Umstand Rechnung getragen, dass das Kollisionsrecht nur für die Scheidung und die Trennung ohne Auflösung des Ehebandes vereinheitlicht ist, wobei sich nicht alle Mitgliedstaaten an der Rom III-VO beteiligen, und dass das materielle Eherecht die Auflösung der Ehe unterschiedlich ermöglicht. Die Regelung betrifft den Fall, dass die Gerichte des Zweitstaats – anders als die Gerichte des Entscheidungsstaates –, wenn sie angerufen worden wären, nach dem für sie maßgeblichen Recht dem Antrag in der Ehesache nicht stattgegeben hätten. Dies stellt nach Art. 25 keinen Ablehnungsgrund für die Anerkennung dar und er darf auch nicht über den ordre public eingeführt werden. Daraus folgt, dass das Gericht, das über die Anerkennung befindet, einen Vergleich zur Lösung nach eigenem Recht unter Einschluss des IPR nicht vorzunehmen hat.[939] Dabei spielt es auch keine Rolle, ob das Ursprungsgericht das eigene materielle Recht, das Recht eines anderen Mitgliedstaates oder drittstaatliches Recht angewandt hat.[940] Natürlich ist bei hinreichendem Inlandsbezug und Verletzung von Grund- und Menschenrechten die Anwendung des ordre-public-Vorbehaltes nach Art. 22 lit. a nicht ausgeschlossen.

---

933 BGH FamRZ 2011, 542 Rn. 24; BGH FamRZ 2015, 1011 Rn. 19; OLG Stuttgart, 5. 3 2014–17 UF 262/13, juris Rn. 40.
934 *Helms* FamRZ 2001, 257 (263).
935 *Helms* FamRZ 2001, 257 (262); *Hausmann*, EuLF 2000/01, 345, 348; *Wagner* IPRax 2001, 73 (78).
936 EuGH Rs. C-455/15 PPU FamRZ 2016, 111 Rn. 53.
937 EuGH Rs. C-455/15 PPU FamRZ 2016, 111 Rn. 42.

938 EuGH Rs. C-386/17, NJW 2019, 1129 Rn. 42 ff.
939 Thomas/Putzo/*Hüßtege* EuEheVO Art. 25 Rn. 1; Geimer/Schütze/*Paraschas* EheVO Art. 25 Rn. 5 f.AA wohl Helms FamRZ 2001, 257 (263); Rauscher/*Rauscher* Brüssel IIa-VO Art. 25 Rn. 5; Staudinger/*Spellenberg* Brüssel IIa-VO Art. 25 Rn. 7 ff.
940 Rauscher/*Rauscher* Brüssel IIa-VO Art. 25 Rn. 6.

Andrae   2603

Art. 26 EheVO 2003 Ausschluss einer Nachprüfung in der Sache

Die Entscheidung darf keinesfalls in der Sache selbst nachgeprüft werden.

1   Art. 26 verbietet die révision au fond, also eine inhaltliche Überprüfung der anzuerkennenden Entscheidung in Rechts- und Tatfragen. Gerichte des Zweitstaats dürfen nicht prüfen, ob den Gerichten des Entscheidungsstaates Fehler im Verfahren unterlaufen sind, ob Tatsachen richtig festgestellt und gewürdigt sowie Kollisions- und materielles Recht richtig angewandt wurden.[941] Art. 26 stellt klar, dass der ordre-public-Vorbehalt der Art. 22, 23 nicht zu einer verschleierten révision au fond genutzt werden darf. Die Vorschrift bildet keine Hinderung für die Änderung von Entscheidungen zur elterlichen Verantwortung der Gerichte des Erststaats durch die des Zweitstaats, soweit dies veränderte Umstände erfordern und die internationale Zuständigkeit hierfür nach der Verordnung vorliegt.[942] Eine Abänderungsbefugnis auch dann anzunehmen, wenn die äußeren Tatsachen sich zwar nicht geändert haben aber die Reaktion des Kindes auf diese mit der Folge anders zu beurteilen ist, dass die anzuerkennende Entscheidung nicht mehr dem Kindeswohl gerecht wird.[943]

Art. 27 EheVO 2003 Aussetzung des Verfahrens

(1) Das Gericht eines Mitgliedstaates, vor dem die Anerkennung einer in einem anderen Mitgliedstaat ergangenen Entscheidung beantragt wird, kann das Verfahren aussetzen, wenn gegen die Entscheidung ein ordentlicher Rechtsbehelf eingelegt wurde.

(2) Das Gericht eines Mitgliedstaates, bei dem die Anerkennung einer in Irland oder im Vereinigten Königreich ergangenen Entscheidung beantragt wird, kann das Verfahren aussetzen, wenn die Vollstreckung der Entscheidung im Ursprungsmitgliedstaat wegen der Einlegung eines Rechtsbehelfs einstweilen eingestellt ist.

A. Anwendungsbereich

1   Dem Wortlaut nach bezieht sich die Vorschrift auf das förmliche Anerkennungsfeststellungsverfahren nach Art. 21 Abs. 3. Aber auch ein Verfahren, in dem die Anerkennung eine Vorfrage bildet (Art. 21 Abs. 4), kann bei Vorliegen der Voraussetzungen ausgesetzt werden.[944]

B. Ordentlicher Rechtsbehelf

2   Der Begriff ist wie für die EuGVVO 2001 autonom und weit auszulegen. Gemeint ist jeder Rechtsbehelf, der zur Aufhebung oder Abänderung der Entscheidung führen kann und für dessen Einlegung im Entscheidungsstaat eine gesetzliche Frist bestimmt ist, die durch die Entscheidung selbst in Lauf gesetzt wird.[945] In Entscheidungen, die die elterliche Verantwortung betreffen, sollten darüber hinaus auch Rechtsbehelfe erfasst sein, die nicht befristet sind, wenn sie nach dem Recht des Erlassstaates zum normalen Verfahrensablauf gehören.[946] Die Aussetzung kann nur erfolgen, wenn der ordentliche Rechtsbehelf eingelegt ist.

Abschnitt 2

Antrag auf Vollstreckbarerklärung

Vorbemerkungen zu Art. 28–36 EheVO 2003

Literatur: Siehe Art 21 Vor Rn 1.

---

941   Geimer/Schütze/*Paraschas* EheVO Art. 26 Rn. 4; Staudinger/*Spellenberg* Brüssel IIa-VO Art. 26 Rn. 1; Rauscher/*Rauscher* Brüssel IIa-VO Art. 26 Rn. 1.

942   *Borrás*, ABl. EG 1998 C 221, S. 27, 53 Nr. 78; Rauscher/*Rauscher* Brüssel IIa-VO Art. 26 Rn. 2 ff.; MüKoFamFG/*Gottwald* Brüssel IIa-VO Art. 26 Rn. 2; Staudinger/*Spellenberg* Brüssel IIa-VO Art. 26 Rn. 4.

943   Rauscher/*Rauscher* Brüssel IIa-VO Art. 26 Rn. 5 f.; Geimer/Schütze/*Paraschas* EheVO Art. 26 Rn. 7; zu Art. 27 KSÜ *Siehr* RabelsZ 62 (1998), 494.

944   Thomas/Putzo/*Hüßtege* EuEheVO Art. 27 Rn. 1; Staudinger/*Spellenberg* Brüssel IIa-VO Art. 27 Rn. 2; Rauscher/*Rauscher* Brüssel IIa-VO Art. 27 Rn. 2.

945   Zum EuGVÜ EuGH Slg 1977, 2175. Zur EuGVVO *Kropholler/von Hein*, 9. Aufl. 2011, EuGVVO Art. 37 Rn. 4.

946   Rauscher/*Rauscher* Brüssel IIa-VO Art. 27 Rn. 4 sowie Staudinger/*Spellenberg* Brüssel IIa-VO Art. 27 Brüssel IIa-VO Rn. 9 ff.

A. **Erleichterung der Zwangsvollstreckung**   1
B. **Ergänzung durch innerstaatliche Vorschrif-**
   ten   4
C. **Weitere praktische Hinweise**   9
   I. Beteiligung von Anwälten am Verfahren,
      § 18 Abs. 2 IntFamRVG   9

II. Kosten, §§ 50, 51 IntFamRVG 10
D. **Reform der EheVO 2003** 11

A. Erleichterung der Zwangsvollstreckung

Abschnitt 2 regelt ein **eigenständiges einheitliches Vollstreckbarerklärungsverfahren** (Exequaturverfah-   **1**
ren). Die Vorschriften der Art. 28 ff. erleichtern die Zwangsvollstreckung aus Titeln anderer Mitgliedstaaten
durch ein vereinfachtes und beschleunigtes Klauselerteilungsverfahren sowie durch die Einschränkung der
Versagungsgründe gegenüber dem autonomen Recht.[947] Im Gegensatz dazu ist im Abschnitt 4 (Art. 40 ff.)
für Entscheidungen über das Umgangsrecht und Entscheidungen, die nach Art. 11 Abs. 8 die Rückgabe des
Kindes anordnen, eine unmittelbare Vollstreckung aus der ausländischen, nach dortigem Recht vollstreckbaren Entscheidung eingeführt, so dass eine Vollstreckbarerklärung entfällt. Der Antragsteller kann jedoch
auch das Verfahren nach Abschnitt 2 nutzen (Art. 40 Abs. 2).

Mit der Erteilung der Vollstreckungsklausel erhält die ausländische Entscheidung alle Wirkungen eines   **2**
inländischen Vollstreckungstitels.[948] Die Vollstreckung selbst richtet sich nach dem Recht des Vollstreckungsstaates (Art. 47 Abs. 1).

Die Normen folgen dem Regelungssystem der EuGVVO 2001,[949] wobei Änderungen vorgenommen wur-   **3**
den, die sich aus dem unterschiedlichen Gegenstand beider Rechtsakte ergeben. Im Gegensatz zur
EuGVVO 2001 erfolgt die Anerkennungsprüfung jedoch vor der Vollstreckbarerklärung und nicht erst im
Rechtsbehelfsverfahren.[950] Soweit Übereinstimmung besteht, kann für die Auslegung der Vorschriften auf
die Berichte, Entscheidungen und Kommentierungen zu EuGVÜ/EuGVVO 2001 zurückgegriffen werden.[951] Selbstverständlich ist die Verwendung der einschlägigen Materialien zur EheVO 2000.[952]

B. Ergänzung durch innerstaatliche Vorschriften

Die Vorschriften der EheVO zur Vollstreckbarerklärung einer in einem anderen Mitgliedstaat ergangenen   **4**
Entscheidung gelten in allen Mitgliedstaaten, außer Dänemark, unmittelbar. Einzelne Punkte bedürfen der
Ergänzung durch das innerstaatliche Verfahrensrecht. Damit soll die nahtlose Einfügung des in der Verord-
nung geregelten Verfahrens in das System des innerstaatlichen Verfahrensrechts ermöglicht werden.

Die die Art. 29 ff. ergänzenden deutschen Durchführungsbestimmungen zur EheVO werden durch das   **5**
IntFamRVG[953] geregelt, dessen bedeutendste Bestimmungen im Folgenden abgedruckt und in die Kommentierung mit einbezogen werden. Das Gesetz enthält die entsprechenden Bestimmungen zum Anerken-
nungs- und Vollstreckungsverfahren nach der EheVO und dem KSÜ sowie zum HKÜ[954] und zum ESÜ.[955]

Folgende **Regelungshierarchie** ist zu beachten: Vorrang hat die EheVO als Rechtsakt des sekundären   **6**
Gemeinschaftsrechts. Für die Auslegung gilt, dass die verwendeten Begriffe möglichst autonom zu bestimmen sind.[956] Dann folgen Vorschriften des IntFamRVG. Sehen weder die EheVO noch das ergänzende

---

947 Vgl. Thomas/Putzo/*Hüßtege* EuEheVO Vor Art. 28–
   35 Rn. 1; *Boele-Woelki* ZfRV 2001, 121 (127); *Wag-*
   ner IPRax 2001, 73 (79).
948 Für die EuGVVO 2001 EuGH 13.10.2011
   Rs. C-139/10 NJW 2011, 3506 Rn. 40;
   Kropholler/von Hein, 9. Aufl. 2011, EuGVVO
   Art. 38 Rn. 14.
949 Verordnung (EG) Nr. 44/2001 des Rates über die
   gerichtliche Zuständigkeit und die Anerkennung und
   Vollstreckung von Entscheidungen in Zivil- und
   Handelssachen v. 22.12.2000 (ABl. EG 2001 L 12
   S. 1).
950 Rauscher/*Rauscher* Brüssel IIa-VO Art. 28 Rn. 5.
951 Geimer/Schütze/*Paraschas* EheVO Art. 28 Rn. 3.
952 Verordnung (EG) Nr. 1347/2000 des Rates über die
   Zuständigkeit und die Anerkennung und Vollstreckung von Entscheidungen in Ehesachen und in Verfahren betreffend die elterliche Verantwortung für die
   gemeinsamen Kinder der Ehegatten v. 29.5.2000
   (ABl. EG 2000 L 160 S. 19).Gleiches gilt auch für

das nicht in Kraft getretene entsprechende Übereinkommen, insbes. dessen begleitenden Bericht von
Borrás, ABl. EG 1998 C 221 S. 27 ff.; vgl. Erwägungsgrund (3) der EheVO 2003; sa *Wagner* IPRax
2001, 73, u. 75.
953 Gesetz zur Aus- und Durchführung bestimmter
   Rechtsinstrumente auf dem Gebiet des internationalen Familienrechts (Internationales Familienrechtsverfahrensgesetz) v. 26.1.2005 (BGBl. I S. 162)
   zuletzt geändert durch Artikel 5 G v. 31.1.2019 I 54
   (BGBl. I S. 54).
954 Haager Übereinkommen über die zivilrechtlichen
   Aspekte internationaler Kindesentführung v.
   25.10.1980 (BGBl. II 1990 S. 201).
955 Luxemburger Europäisches Übereinkommen über
   die Anerkennung und Vollstreckung von Entscheidungen über das Sorgerecht für Kinder und die Wiederherstellung des Sorgeverhältnisses v. 20.5.1980
   (BGBl. II 1990 S. 220).
956 *Hausmann* EuLF 2000/01, 271, 273.

IntFamRVG eine Regelung vor, richtet sich das Verfahren subsidiär nach den innerstaatlichen allgemeinen verfahrensrechtlichen Bestimmungen. Dabei hat die Auslegung der speziellen oder allgemeinen einzelstaatlichen Vorschriften in Übereinstimmung mit Regelungsinhalt und -zweck der EheVO zu erfolgen.

§ 14 IntFamRVG Familiengerichtliches Verfahren

Soweit nicht anders bestimmt, entscheidet das Familiengericht

1. **über eine in den §§ 10 und 12 bezeichnete Ehesache nach den hierfür geltenden Vorschriften des Gesetzes über das Verfahren in Familiensachen und in den Angelegenheiten der freiwilligen Gerichtsbarkeit,**
2. **über die übrigen in den §§ 10, 11, 12 und 47 bezeichneten Angelegenheiten als Familiensachen im Verfahren der freiwilligen Gerichtsbarkeit.**

7   **Nr. 1** bezieht sich zum einen auf das Anerkennungsfeststellungsverfahren nach Art. 21 Abs. 3 in Ehesachen (hierzu → Art. 21 Rn. 25 ff.) sowie zum anderen auf die Vollstreckbarerklärung von Kostenentscheidungen in Ehesachen nach Art. 49 (hierzu → Art. 49 Rn. 1 f.).

8   **Nr. 2** bezieht sich auf alle Verfahren nach Kapitel III EheVO, soweit es die elterliche Verantwortung betrifft, sowie auf Verfahren nach dem KSÜ, dem HKÜ und dem ESÜ. § 14 IntFamRVG betrifft sowohl das erstinstanzliche Verfahren als auch das Rechtsmittelverfahren.

C. Weitere praktische Hinweise

I. Beteiligung von Anwälten am Verfahren, § 18 Abs. 2 IntFamRVG

§ 18 IntFamRVG Einseitiges Verfahren

(1) (nicht abgedruckt)

(2) Abweichend von § 114 Absatz 1 des Gesetzes über das Verfahren in Familiensachen und in den Angelegenheiten der freiwilligen Gerichtsbarkeit ist in Ehesachen im ersten Rechtszug eine anwaltliche Vertretung nicht erforderlich.

9   Für das Vollstreckbarerklärungsverfahren von Kostenentscheidungen in Ehesachen – denn die eigentliche Entscheidung bedarf keiner Vollstreckbarerklärung –, gelten nach § 14 Abs. 1 IntFamRVG (Abdruck bei → Rn. 7) die Vorschriften des FamFG für Ehesachen. Daraus folgt, dass für diese Verfahren eigentlich Anwaltszwang besteht (§ 114 Abs. 1 FamFG). Hiervon nimmt § 18 Abs. 2 IntFamRVG Verfahren im ersten Rechtszug aus. In Verfahren, die die elterliche Verantwortung betreffen, entfällt hingegen der Anwaltszwang sowohl im ersten als auch im zweiten Rechtszug, da in selbstständigen Verfahren, die die elterliche Verantwortung betreffen, die Regelungen über den Anwaltszwang nicht gelten (§§ 10 Abs. 1 iVm 114 Abs. 1, 111 Nr. 2, 151 FamFG).[957]

II. Kosten, §§ 50, 51 IntFamRVG

10 Die Kostenhaftung richtet sich nach dem Gesetz über Gerichtskosten in Familiensachen (**FamGKG**), insbes. dessen **Anlage 1, Nr. 1710 ff. KV FamGKG**. Die Kostenerstattung zwischen den Parteien bestimmt sich gem. § 20 Abs. 2 IntFamRVG (Abdruck bei → Art. 31 Rn. 5) bei Verfahren, die die elterliche Verantwortung betreffen, analog § 81 FamFG und bei Verfahren in Ehesachen analog § 788 ZPO, der jedoch nur für die Vollstreckbarerklärung der Kostenentscheidung im Hauptverfahren passend ist. Im Rahmen des § 81 FamFG wird die Kostenpflicht abweichend von den allgemeinen Vorschriften nach richterlichem billigem Ermessen bestimmt.[958] Für das Anerkennungsfeststellungsverfahren ist eine entsprechende Heranziehung von § 81 FamFG adäquater. Wird der Antrag auf Feststellung der Anerkennung oder auf Vollstreckbarerklärung der Kostenentscheidung in der Ehesache abgelehnt, hat der Antragsteller die Kosten zu tragen (§ 20 Abs. 3 S. 2 IntFamRVG, Abdruck bei → Art. 31 Rn. 5).

---

957 MüKoFamFG/*Heilmann* FamFG § 151 Rn. 50.
958 *Hartmann* NJW 2009, 321 (323).

D. Reform der EheVO 2003

Inzwischen gibt es eine Neifassung der EheVO vom 25.6.2019 (ABl. v. 2.7.2019 L178/1). In der Neuregelung ist die Abschaffung des Exequaturverfahrens für alle in den Anwendungsbereich der Verordnung fallenden Entscheidungen über die elterliche Verantwortung vorgesehen.[959] Im ErwGr 58 hierzu heißt es, dass vorbehaltlich der Bestimmungen der Verordnung eine von dem Gericht eines anderen Mitgliedstaates getroffene Entscheidung so zu behandeln ist, als ob sie im Vollstreckungsmitgliedstaat ergangen wäre. Wie bisher sind Ablehnungsgründe für die Anerkennung vorgesehen, die auch bezogen auf die Vollstreckung Anwendung finden. Ein einheitliches Verfahren für die Geltendmachung der Hinderungsgründe fehlt. Vielmehr ist im innerstaatlichen Recht festzulegen, ob die in der Verordnung vorgesehenen Gründe für eine Ablehnung der Anerkennung von Amts wegen oder auf Antrag geprüft werden sollten. Die vom EuGH vorgenommene Differenzierung hinsichtlich einstweiliger Maßnahmen wird fortgeschrieben. In der Bescheinigung zur Entscheidung aus dem Ursprungsmitgliedstaat ist anzugeben, ob das Ursprungsgericht in der Hauptsache zuständig ist oder aufgrund der speziellen Zuständigkeit für einstweilige Maßnahmen. Eine günstigere Behandlung für bestimmte Entscheidungen über das Umgangsrecht und die Rückgabe eines Kindes bei Kindesentführung und -vorenthaltung wird beibehalten. Die Neuregelung gilt ab dem 1.8.2022. Die EheVO 2003 findet weiter Anwendung bezogen auf die Anerkennung und Vollstreckung von Entscheidungen, die in vor dem 1.8.2022 eingeleiteten Verfahren ergehen, sowie von vorher errichteten oder eingetragenen öffentlichen Urkunden. Bei vollstreckbaren Vereinbarungen zur elterlichen Verantwortung kommt es auf den Zeitpunkt an, zu dem sie im Errichtungsstaat vollstreckbar geworden sind, Art. 100 EheVO 2019. Aus der intertemporalen Regelung folgt, dass für den Bereich der Anerkennung und Vollstreckung von Titeln die EheVO 2003 noch eine Zeit lang zur Anwendung kommen wird.

11

Art. 28 EheVO 2003 Vollstreckbare Entscheidungen

(1) Die in einem Mitgliedstaat ergangenen Entscheidungen über die elterliche Verantwortung für ein Kind, die in diesem Mitgliedstaat vollstreckbar sind und die zugestellt worden sind, werden in einem anderen Mitgliedstaat vollstreckt, wenn sie dort auf Antrag einer berechtigten Partei für vollstreckbar erklärt wurden.

(2) Im Vereinigten Königreich wird eine derartige Entscheidung jedoch in England und Wales, in Schottland oder in Nordirland erst vollstreckt, wenn sie auf Antrag einer berechtigten Partei zur Vollstreckung in dem betreffenden Teil des Vereinigten Königreichs registriert worden ist.

A. Entscheidungen

Das Klauselerteilungsverfahren ist gem. Art. 28 Abs. 1 offen für Entscheidungen über die elterliche Verantwortung für ein Kind (vgl. Art. 2 Nr. 4 und 7), die der Vollstreckung zugänglich sind (zB Umgangsregelungen oder Herausgabeanordnungen).[960] Nicht erfasst werden Entscheidungen über die Zuteilung der elterlichen Sorge. Es handelt sich um Gestaltungsentscheidungen, die keinen vollstreckungsfähigen Inhalt haben.[961] Wird das Kind von der Person, in deren Obhut es sich befindet, nicht freiwillig herausgegeben, so bedarf es eines vollstreckbaren Titels. infrage kommt in erster Linie eine ergänzende Herausgabeanordnung des nach Art. 8 ff. für die Hauptsache zuständigen Gerichts, die dann nach Art. 28 ff. zu vollstrecken ist. In dringenden Fällen ist die Anordnung der Herausgabe des Kindes als Schutzmaßnahme durch ein Gericht des Aufenthaltsstaates auf der Grundlage des Art. 20 möglich. Über Art. 49 gilt die Bestimmung auch für die Kosten in Bezug auf Verfahren, die in den sachlichen Anwendungsbereich der EheVO fallen.[962] Für einstweilige Maßnahmen gelten die Ausführungen zu Art. 21 (hierzu → Art. 21 Rn. 4 f.) entsprechend.

1

Erfasst ist auch die Anordnung von Ordnungs- oder Zwangsgeld für den Fall der Zuwiderhandlung in Bezug auf die Hauptverpflichtung, die die elterliche Verantwortung zum Gegenstand hat. Das festgesetzte Ordnungs- oder Zwangsgeld ist dabei nicht isoliert als eigenständige Verpflichtung zu betrachten, sondern untrennbar mit der Anordnung verbunden, derenSchutz es sicherstellen soll.[963] Deshalb unterliegt seine

2

---

959 Art. 32 EheVO 2019.
960 Zöller/*Geimer* EuEheVO Art. 28 Rn. 1; MüKo-FamFG/*Gottwald*, Art. 28 Brüssel IIa-VO Rn. 2; Geimer/Schütze/*Paraschas* EheVO Art. 28 Rn. 10 f.; *Schulte/Bunert* FamRZ 2007, 1606 (1609).
961 BGH NJW 2005, 3424; Rauscher/*Rauscher* Brüssel IIa-VO Art. 28 Rn. 8; Thomas/Putzo/*Hüßtege*

EuEheVO Art. 28 Rn. 4; *Hausmann* IntEuFamR Rn. N-134.
962 Thomas/Putzo/*Hüßtege* EuEheVO Art. 28 Rn. 1; Zöller/*Geimer* EuEheVO Art. 28 Rn. 1; *Wagner* IPRax 2001, 73 (79).
963 EuGH Rs. C-4/14, IPRax 2017, 493 Rn. 47, zur Entscheidung, *Hau* IPRax 2017, 470; hierzu bereits Art. 21 Rn. 18.

Beitreibung im Zweitstaat derselben Vollstreckungsregelung wie die Entscheidung über die eigentliche Verpflichtung.[964] Eine Entscheidung, die auf Zahlung eines Ordnungs- oder Zwangsgeldes lautet, ist jedoch nur im Vollstreckungsmitgliedstaat vollstreckbar und kann deshalb auch nur für vollstreckbar erklärt werden, wenn seine Höhe durch das Gericht des Ursprungsmitgliedstaats endgültig festgesetzt ist.[965] Die Festsetzung durch ein Gericht des Vollstreckungsmitgliedstaates ist ausgeschlossen, weil es sich nicht um eine Konkretisierung nach formellen Kriterien handelt, sondern eine Beurteilung in der Sache unter Berücksichtigung der Interessen des Kindes erfordert.[966]

3   Die Entscheidung muss nach dem Recht des Entscheidungsstaats in formeller Hinsicht vollstreckbar sein.[967] Der Nachweis erfolgt durch die Bescheinigung gem. Art. 39 (hierzu → Art. 39 Rn. 1). Es genügt eine vorläufige Vollstreckbarkeit. Rechtskraft der ausländischen Entscheidung ist nicht erforderlich.[968] Soweit der ausländische Titel nachträglich seine Vollstreckbarkeit wieder verloren hat, kann dies im Rechtsbehelfsverfahren zur Klauselerteilung[969] oder im Verfahren nach § 34 IntFamRVG (hierzu Annex zu → Art. 28–36 Rn. 2 f.) geltend gemacht werden. Nicht für vollstreckbar erklärt werden können Klauselerteilungsentscheidungen aus anderen Mitgliedstaaten (Verbot der Doppelexequatur).[970]

B. Zustellung der ausländischen Entscheidung

4   Mit diesem Erfordernis soll erreicht werden, dass der Antragsgegner von der Entscheidung Kenntnis und Gelegenheit erhält, um ihr freiwillig nachzukommen.[971] Einzelheiten der Zustellung bestimmt das Recht des Entscheidungsstaats,[972] innerhalb der Europäischen Union ist die EuZustVO[973] zu beachten. Der Nachweis erfolgt durch die Bescheinigung gem. Art. 39; soweit dadurch nicht erbracht, durch andere Urkunden, die die Zustellung dokumentieren.

5   Der Nachweis der Zustellung der Entscheidung kann noch nach Einreichung des Antrags, insbesondere auch während eines anhängig gemachten Rechtsbehelfsverfahrens, erbracht werden, sofern dem die nationalen Vorschriften nicht entgegenstehen und der Schuldner über eine angemessene Frist verfügt, um der Entscheidung freiwillig nachzukommen.[974] § 87 Abs. 2 FamFG, wonach die Zustellung bis zum Beginn der Zwangsvollstreckung nachgeholt werden kann, ist wohl nicht analog heranzuziehen.[975] Die Partei, die die Vollstreckung beantragt, hat dabei die Kosten eines folglich unnötigen Verfahrens zu tragen.[976]

C. Antrag der berechtigten Partei

6   Antragsberechtigt sind die Personen, die nach dem Recht des Entscheidungsstaats die Vollstreckung aus der Entscheidung betreiben können. Das folgt aus dem Wirkungserstreckungsprinzip, wonach die ausländische Entscheidung im Vollstreckungsstaat dieselben Rechtswirkungen hat wie im Entscheidungsstaat (hierzu → Art. 21 Rn. 21.). Infrage kommen die Parteien des Ausgangsverfahrens und sonstige Personen, die in eigenen Rechtspositionen betroffen sind, insbesondere die Eltern, das Kind und andere Personen, die in Bezug auf das Kind das Sorgerecht innehaben (Vormund, Pflegepersonen); auch die staatliche Gewalt (Staatsanwaltschaft, Jugendamt), wenn dies vorgesehen ist.[977]

---

964   EuGH Rs. C-4/14, IPRax 2017, 493 Rn. 53.
965   EuGH Rs. C-4/14, IPRax 2017, 493 Rn. 61.
966   EuGH Rs. C-4/14, IPRax 2017, 493 Rn. 59.
967   EuGH Slg I 1999, 2543, 2571 = IPRax 2000, 18 mAnm *Linke*, 8 (EuGVÜ); OLG Düsseldorf NJW-RR 2001, 1575 (1576) (EuGVÜ); *Dornblüth*, S. 162; Rauscher/*Rauscher* Brüssel IIa-VO Art. 28 Rn. 16.
968   OLG Stuttgart NJW-RR 1998, 280 (281) (EuGVÜ); Thomas/Putzo/*Hüßtege* EuEheVO Art. 28 Rn. 4; Geimer/Schütze/*Paraschas*, Art. 28 EheVO Rn. 16.
969   *Dornblüth*, S. 162; *Kropholler/von Hein*, 9. Aufl. 2011, EuGVVO Art. 38 Rn. 11.
970   Näher *Schack* Rn. 1029 mwN.
971   OLG Koblenz RIW 1991, 667 (669) = IPRspr. 1991 Nr. 207, S. 438 (EuGVÜ); *Dornblüth*, S. 164.
972   Geimer/Schütze/*Paraschas* EheVO Art. 28 Rn. 20.
973   Verordnung (EG) 1393/2007 des Europäischen Parlaments und des Rates über die Zustellung gerichtlicher und außergerichtlicher Schriftstücke in Zivil- und Handelssachen in den Mitgliedstaaten und zur

Aufhebung der Verordnung (EG) Nr. 1348/2000 des Rates, ABl. EU 2007 L 324 S. 79.
974   EuGH Slg I 1996, 1393, 1413 = IPRax 1997, 186 mAnm *Stadler*, S. 171 (EuGVÜ) = EuZW 1996, 240; OLGR Köln 2000, 433, 434 (EuGVÜ); OLG Köln EWS 1994, 107 (EuGVÜ); Rauscher/*Rauscher* Brüssel IIa-VO Art. 28 Rn. 20; *Dornblüth*, S. 165.
975   Geimer/Schütze/*Paraschas* EheVO Art. 28 Rn. 23; Rauscher/*Rauscher* Brüssel IIa-VO Art. 28 Rn. 20. AA Thomas/Putzo/*Hüßtege* EuEheVO Art. 28 Rn. 5; wohl auch *Dornblüth*, S. 165.
976   EuGH Slg I 1996, 1393, 1414 = IPRax 1997, 186 mAnm *Stadler*, S. 171 (EuGVÜ); OLGR Köln 2000, 433, 434 (EuGVÜ).
977   Thomas/Putzo/*Hüßtege* EuEheVO Art. 28 Rn. 3; MüKoFamFG/*Gottwald*, Art. 28 Brüssel IIa-VO Rn. 3; *Borrás*, ABl. EG 1998 C 221, S. 27, 54 Nr. 80; *Dornblüth*, S. 174; *Wagner* IPRax 2001, 73 (79); *Hausmann*, IntEuFamR, Rn. N-142.

Gegen wen sich der Antrag zu richten hat, ist dem ausländischen Titel zu entnehmen, dessen Auslegung   **7**
auch insofern dem Recht des Entscheidungsstaates unterliegt.[978]

Art. 29 EheVO 2003 Örtlich zuständiges Gericht

(1) Ein Antrag auf Vollstreckbarerklärung ist bei dem Gericht zu stellen, das in der Liste aufgeführt ist, die jeder Mitgliedstaat der Kommission gemäß Artikel 68 mitteilt.

(2) Das örtlich zuständige Gericht wird durch den gewöhnlichen Aufenthalt der Person, gegen die die Vollstreckung erwirkt werden soll, oder durch den gewöhnlichen Aufenthalt eines Kindes, auf das sich der Antrag bezieht, bestimmt.

Befindet sich keiner der in Unterabsatz 1 angegebenen Orte im Vollstreckungsmitgliedstaat, so wird das örtlich zuständige Gericht durch den Ort der Vollstreckung bestimmt.

A. Regelungsgehalt 1   B. Deutsche Ausführungsvorschriften 3
    I. Sachliche Zuständigkeit (Abs. 1) 1   I. § 12 IntFamRVG 3
   II. Örtliche Zuständigkeit (Abs. 2) 2   II. § 13 IntFamRVG 5

A. Regelungsgehalt

I. Sachliche Zuständigkeit (Abs. 1)

Diese ist in der EheVO nicht geregelt. Sie wird durch den nationalen Gesetzgeber bestimmt und gem.   **1**
Art. 68 veröffentlicht.

II. Örtliche Zuständigkeit (Abs. 2)

Sie ist anders als für das Anerkennungsfeststellungsverfahren direkt geregelt, um eine Vereinheitlichung zu   **2**
erzielen.[979] Der Antragsteller kann zwischen der Zuständigkeit aufgrund des gewöhnlichen Aufenthalts des
Vollstreckungsgegners und des betroffenen Kindes **wählen (S. 1)**. Der Vollstreckungsgegner ist die im Voll-
streckbarerklärungsantrag bezeichnete Gegenpartei.[980] **Subsidiär** bestimmt sich gem. **S. 2** die örtliche
Zuständigkeit nach dem Ort, an dem die beabsichtigte Zwangsvollstreckung stattfinden soll, zB sich der
schlichte Aufenthalt des Kindes oder Kindesvermögen befinden bzw., bezogen auf Kostenentscheidungen,
sich Vermögen des Schuldners befinden soll.

B. Deutsche Ausführungsvorschriften

I. § 12 IntFamRVG

§ 12 IntFamRVG Zuständigkeitskonzentration

**(1) In Verfahren über eine in den §§ 10 und 11 bezeichnete Sache sowie in Verfahren über die Voll-
streckbarerklärung nach Artikel 28 der Verordnung (EG) Nr. 2201/2003 entscheidet das Familiengericht, in dessen Bezirk ein Oberlandesgericht seinen Sitz hat, für den Bezirk dieses Oberlandesgerichts.**

(2) Im Bezirk des Kammergerichts entscheidet das Familiengericht Pankow/Weißensee.

**(3) [1]Die Landesregierungen werden ermächtigt, diese Zuständigkeit durch Rechtsverordnung einem
anderen Familiengericht des Oberlandesgerichtsbezirks oder, wenn in einem Land mehrere Oberlandesgerichte errichtet sind, einem Familiengericht für die Bezirke aller oder mehrerer Oberlandesgerichte zuzuweisen. [2]Sie können die Ermächtigung auf die Landesjustizverwaltungen übertragen.**

Die Vorschrift dient der Ausfüllung von Art. 29 Abs. 1.[981] Sie bestimmt das für das Vollstreckbarerklärungs-   **3**
verfahren und, durch den Verweis auf § 10 IntFamRVG, das für das Anerkennungsfeststellungsverfahren

---

978 *Geimer*, IZPR, Rn. 3154; *Kropholler/von Hein*,   980 Rauscher/*Rauscher* Brüssel IIa-VO Art. 29 Rn. 3;
      9. Aufl. 2011, EuGVVO Art. 38 Rn. 15; vgl. auch   Geimer/Schütze/*Paraschas* EheVO Art. 29 Rn. 4.
      OLG Köln NJW-RR 2001, 66 (67) (EuGVÜ).   981 Hierzu *Schulte/Bunert* FamRZ 2007, 1608 (1610).
979 Näher *Borrás*, ABl. EG 1998 C 221 S. 27, 54 Nr. 84.

sachlich zuständige Gericht. Die weiteren Verweise beziehen sich auf das KSÜ, das HKÜ und das ESÜ. Zuständig sind die **Familiengerichte**. Die Zuständigkeit des Familiengerichts am Sitz des OLG bzw. des FamG Pankow/Weißensee für den Bezirk des KG ist **ausschließlich**.

4 Durch die **Zuständigkeitskonzentration** innerhalb eines OLG-Bezirks bzw. im Bezirk des KG soll eine besondere Sachkunde und praktische Erfahrung bei den zentralisierten Familiengerichten und bei den Rechtsanwälten gefördert werden.[982]

II. § 13 IntFamRVG

§ 13 IntFamRVG Zuständigkeitskonzentration für andere Familiensachen

(1) ¹Das Familiengericht, bei dem eine in den §§ 10 bis 12 bezeichnete Sache anhängig wird, ist von diesem Zeitpunkt an ungeachtet des § 137 Abs. 1 und 3 des Gesetzes über das Verfahren in Familiensachen und in den Angelegenheiten der freiwilligen Gerichtsbarkeit für alle dasselbe Kind betreffenden Familiensachen nach § 151 Nr. 1 bis 3 des Gesetzes über das Verfahren in Familiensachen und in den Angelegenheiten der freiwilligen Gerichtsbarkeit einschließlich der Verfügungen nach § 44 und den §§ 35 und 89 bis 94 des Gesetzes über das Verfahren in Familiensachen und in den Angelegenheiten der freiwilligen Gerichtsbarkeit zuständig. ²Die Zuständigkeit nach Satz 1 tritt nicht ein, wenn der Antrag offensichtlich unzulässig ist. ³Sie entfällt, sobald das angegangene Gericht auf Grund unanfechtbarer Entscheidung unzuständig ist; Verfahren, für die dieses Gericht hiernach seine Zuständigkeit verliert, sind nach näherer Maßgabe des § 281 Abs. 2 und 3 Satz 1 der Zivilprozessordnung von Amts wegen an das zuständige Gericht abzugeben.

(2) Bei dem Familiengericht, das in dem Oberlandesgerichtsbezirk, in dem sich das Kind gewöhnlich aufhält, für Anträge der in Absatz 1 Satz 1 genannten Art zuständig ist, kann auch eine andere Familiensache nach § 151 Nr. 1 bis 3 des Gesetzes über das Verfahren in Familiensachen und in den Angelegenheiten der freiwilligen Gerichtsbarkeit anhängig gemacht werden, wenn ein Elternteil seinen gewöhnlichen Aufenthalt in einem anderen Mitgliedstaat der Europäischen Union oder in einem anderen Vertragsstaat des Haager Kinderschutzübereinkommens, des Haager Kindesentführungsübereinkommens oder des Europäischen Sorgerechtsübereinkommens hat.

(3) ¹Im Falle des Absatzes 1 Satz 1 hat ein anderes Familiengericht, bei dem eine dasselbe Kind betreffende Familiensache nach § 151 Nr. 1 bis 3 des Gesetzes über das Verfahren in Familiensachen und in den Angelegenheiten der freiwilligen Gerichtsbarkeit im ersten Rechtszug anhängig ist oder anhängig wird, dieses Verfahren von Amts wegen an das nach Absatz 1 Satz 1 zuständige Gericht abzugeben. ²Auf übereinstimmenden Antrag beider Elternteile sind andere Familiensachen, an denen diese beteiligt sind, an das nach Absatz 1 oder Absatz 2 zuständige Gericht abzugeben. ³§ 281 Abs. 2 Satz 1 bis 3 und Abs. 3 Satz 1 der Zivilprozessordnung gilt entsprechend.

(4) ¹Das Familiengericht, das gemäß Absatz 1 oder Absatz 2 zuständig oder an das die Sache gemäß Absatz 3 abgegeben worden ist, kann diese aus wichtigen Gründen an das nach den allgemeinen Vorschriften zuständige Familiengericht abgeben oder zurückgeben, soweit dies nicht zu einer erheblichen Verzögerung des Verfahrens führt. ²Als wichtiger Grund ist es in der Regel anzusehen, wenn die besondere Sachkunde des erstgenannten Gerichts für das Verfahren nicht oder nicht mehr benötigt wird. ³§ 281 Abs. 2 und 3 Satz 1 der Zivilprozessordnung gilt entsprechend. Die Ablehnung einer Abgabe nach Satz 1 ist unanfechtbar.

(5) §§ 4 und 5 Abs. 1 Nr. 5, Abs. 2 und 3 des Gesetzes über das Verfahren in Familiensachen und in den Angelegenheiten der freiwilligen Gerichtsbarkeit bleibt unberührt.

5 Mit dieser Norm soll dem Sachzusammenhang zu den europäischen und internationalen Rechtsinstrumenten, deren innerstaatliche Aus- und Durchführung das Gesetz zum Gegenstand hat, Rechnung getragen werden. Sie erweitert die Zuständigkeitskonzentration bei dem in § 12 IntFamRVG genannten Familiengericht. Sachlich bezieht sich die Erweiterung auf Familiensachen gem. § 151 Nr. 1–3 FamFG (elterliche Sorge, Umgangsrecht und Herausgabe des Kindes). Sie erstreckt sich nicht auf sonstige Kindschaftssachen.

6 Die **obligatorische** Zuständigkeitskonzentration nach **Abs. 1 S. 1** beginnt mit der Anhängigkeit eines in der Vorschrift bezeichneten Verfahrens und endet nach Abs. 1 S. 3, sobald das spezialisierte Gericht aufgrund einer unanfechtbaren Entscheidung in diesem Verfahren unzuständig wird. Sie umfasst auch alle Anträge auf Vollstreckungsmaßnahmen nach §§ 35 und 89 bis 94 FamFG in Bezug auf dasselbe Kind in diesem

---

[982]   BT-Drs. 15/3981, 22; *Hub* NJW 2001, 3145 (3148).

Zeitraum. Durch die Verfahrenskonzentration wird das Familiengericht zB in die Lage versetzt, eine ausländische Sorgerechtsentscheidung durch eine Herausgabeanordnung zu ergänzen oder eine ausländische Umgangsregelung aktuellen Gegebenheiten anzupassen. Das Verfahren in diesen anderen Sorge- und umgangsrechtlichen Sachen bestimmt sich nach den allgemeinen Vorschriften, einschließlich Rechtsmittel und Vollstreckung, selbst soweit ein unmittelbarer Zusammenhang zur ausländischen Entscheidung besteht. Endet die Annexzuständigkeit, so wird ein noch anhängiges Verfahren von Amts wegen an das nach allgemeiner Vorschrift zuständige Familiengericht verwiesen.

Abs. 2 eröffnet eine weitere fakultative Zuständigkeit.   **7**

Abs. 3 sichert die Zuständigkeitskonzentration nach Abs. 1, wenn ein Verfahren nach § 151 Nr. 1–3 FamFG   **8**
dasselbe Kind betreffend bei einem anderen Familiengericht anhängig ist oder wird, während die Annexzuständigkeit nach § 13 Abs. 1 S. 1 IntFamRVG besteht.

Art. 30 EheVO 2003 Verfahren

(1) Für die Stellung des Antrags ist das Recht des Vollstreckungsmitgliedstaats maßgebend.

(2) ¹Der Antragsteller hat für die Zustellung im Bezirk des angerufenen Gerichts ein Wahldomizil zu begründen. ²Ist das Wahldomizil im Recht des Vollstreckungsmitgliedstaats nicht vorgesehen, so hat der Antragsteller einen Zustellungsbevollmächtigten zu benennen.

(3) Dem Antrag sind die in den Artikeln 37 und 39 aufgeführten Urkunden beizufügen.

A. Regelungsgehalt 1
  I. Antragstellung (Abs. 1) 1
  II. Wahldomizil oder Benennung einer Zustel-
    lungsadresse (Abs. 2) 2
III. Beifügung von Urkunden (Abs. 3) 3
B. Deutsche Ausführungsvorschriften 4
  I. § 16 IntFamRVG 4
  II. § 17 IntFamRVG 4

A. Regelungsgehalt

I. Antragstellung (Abs. 1)

Der Verweis auf die Rechtsordnung des Vollstreckungsmitgliedstaats bezieht sich insbesondere auf Form   **1**
und Inhalt des Antrags, Zahl der einzureichenden Ausfertigungen, Bestimmung der zuständigen Gerichtsstelle, Notwendigkeit der Mitwirkung eines Anwalts oder Sachvertreters und ggf. die Sprache.[983]

II. Wahldomizil oder Benennung einer Zustellungsadresse (Abs. 2)

Der Antragsteller wird verpflichtet, für eine Zustellungsadresse **im Vollstreckungsstaat** zu sorgen. Die   **2**
Regelung dient einer zügigen Durchführung des Vollstreckbarerklärungsverfahrens.[984] Die beiden Möglichkeiten in Abs. 2 S. 1 und S. 2 tragen der unterschiedlichen Ausgestaltung des Prozessrechts der einzelnen Mitgliedstaaten Rechnung. Einzelheiten sind dem Recht des Vollstreckungsstaats zu entnehmen, einschließlich der Folgen einer Verletzung der Pflichten.[985] Die Sanktion darf weder die Gültigkeit der Exequaturentscheidung infrage stellen noch eine Beeinträchtigung der Rechte des Antragstellers mit sich bringen,[986] insbesondere keine daraus resultierende Antragsablehnung.[987]

III. Beifügung von Urkunden (Abs. 3)

Die bezeichneten Urkunden sind Bestandteil des Antrags.[988] Fehlen Urkunden, kann das Gericht gem.   **3**
Art. 38 Abs. 1 eine Frist zur Nachholung setzen (hierzu → Art. 38 Rn. 2). Es kann den Antrag für unzulässig erklären, wenn die vorgelegten Urkunden auch unter Beachtung der in Art. 38 in Bezug auf die Vollständigkeit der Unterlagen vorgesehenen Erleichterungen nicht ausreichen und das Gericht nicht in den Besitz

---

983 Vgl. Thomas/Putzo/*Hüßtege*, Art. 30 EuEheVO
     Rn. 1; *Borrás*, ABl. EG 1998 C 221 S. 27, 55 Nr. 85;
     Dornblüth, S. 175.
984 Geimer/Schütze/*Paraschas* EheVO Art. 30 Rn. 5;
     Meyer-Götz FF 2001, 17 (18); vgl. auch *Borrás*,
     ABl. EG 1998 C 221 S. 27, 55 Nr. 86; *Dornblüth*,
     S. 175.
985 EuGH Slg 1986, 2437, 2445 = IPRax 1987, 229
     mAnm *Jayme/Abend*, S. 209 (EuGVÜ).
986 *Kropholler/von Hein*, 9. Aufl. 2011, EuGVVO
     Art. 40 Rn. 7.
987 So auch *Kropholler/von Hein*, 9. Aufl. 2011,
     EuGVVO Art. 40 Rn. 8.
988 MüKoZPO/*Gottwald* Brüssel IIa-VO Art. 30 Rn. 3;
     Geimer/Schütze/*Paraschas* EheVO Art. 30 Rn. 11.

der gewünschten Informationen gelangt.[989] Die Wiederholung eines lediglich wegen fehlender Urkunden zurückgewiesenen Antrags ist zulässig.[990] Zur Erforderlichkeit einer Übersetzung → Art. 38 Rn. 3.

B. Deutsche Ausführungsvorschriften

I. § 16 IntFamRVG

§ 16 IntFamRVG Antragstellung

(1) Mit Ausnahme der in den Artikeln 41 und 42 der Verordnung (EG) Nr. 2201/2003 aufgeführten Titel wird der in einem anderen Staat vollstreckbare Titel dadurch zur Zwangsvollstreckung zugelassen, dass er auf Antrag mit der Vollstreckungsklausel versehen wird.

(2) Der Antrag auf Erteilung der Vollstreckungsklausel kann bei dem zuständigen Familiengericht schriftlich eingereicht oder mündlich zu Protokoll der Geschäftsstelle erklärt werden.

(3) Ist der Antrag entgegen § 184 des Gerichtsverfassungsgesetzes nicht in deutscher Sprache abgefasst, so kann das Gericht der antragstellenden Person aufgeben, eine Übersetzung des Antrags beizubringen, deren Richtigkeit von einer

1. in einem Mitgliedstaat der Europäischen Union oder
2. in einem anderen Vertragsstaat eines auszuführenden Übereinkommens

hierzu befugten Person bestätigt ist.

II. § 17 IntFamRVG

§ 17 IntFamRVG Zustellungsbevollmächtigter

(1) Hat die antragstellende Person in dem Antrag keinen Zustellungsbevollmächtigten im Sinne des § 184 Abs. 1 Satz 1 der Zivilprozessordnung benannt, so können bis zur nachträglichen Benennung alle Zustellungen an sie durch Aufgabe zur Post (§ 184 Abs. 1 Satz 2, Abs. 2 der Zivilprozessordnung) bewirkt werden.

(2) Absatz 1 gilt nicht, wenn die antragstellende Person einen Verfahrensbevollmächtigten für das Verfahren bestellt hat, an den im Inland zugestellt werden kann.

4　Es ist ausreichend, wenn der Zustellungsbevollmächtigte im Inland wohnt oder hier einen Geschäftsraum hat. Auch eine juristische Person kann Zustellungsbevollmächtigter sein. Die Benennung ist nach Sinn und Zweck der Vorschrift nicht erforderlich, wenn der Antragsteller in Deutschland selbst einen Wohnsitz hat. Das trifft nach § 17 Abs. 2 IntFamRVG auch zu, wenn er einen inländischen Verfahrensbevollmächtigten mit der Wahrnehmung seiner Interessen im Verfahren betraut hat. Unterlässt der Antragsteller die Benennung des Zustellungsbevollmächtigten, so kann die Zustellung an ihn ins Ausland durch Aufgabe zur Post gem. § 184 Abs. 1 S. 2 und Abs. 2 ZPO bewirkt werden (fiktive Inlandszustellung). Aufgrund des eindeutigen Wortlauts gilt der Ausschluss von § 184 ZPO im Anwendungsbereich der EuZVO im Allgemeinen[991] nicht . Sie unterbleibt, sobald eine nachträgliche Benennung erfolgt ist. Die Regelung des § 17 Abs. 1 IntFamRVG ist nicht zwingend, so dass die Möglichkeit einer Zustellung ins Ausland nach der EuZVO verbleibt.

Art. 31 EheVO 2003 Entscheidung des Gerichts

(1) Das mit dem Antrag befasste Gericht erlässt seine Entscheidung ohne Verzug und ohne dass die Person, gegen die die Vollstreckung erwirkt werden soll, noch das Kind in diesem Abschnitt des Verfahrens Gelegenheit erhalten, eine Erklärung abzugeben.

---

989 *Borrás*, ABl. EG 1998 C 221 S. 27, 58 Nr. 107.
990 OLG Stuttgart IPRspr. 1980 Nr. 163, S. 527 (EuGVÜ); *Kropholler/von Hein*, 9. Aufl. 2011, EuGVVO Art. 40 Rn. 9.

991 BGH NJW 20011, 1885; NJW 2011, 2218.

(2) Der Antrag darf nur aus einem der in den Artikeln 22, 23 und 24 aufgeführten Gründe abgelehnt werden.

(3) Die Entscheidung darf keinesfalls in der Sache selbst nachgeprüft werden.

A. Regelungsgehalt 1
   I. Einseitigkeit des Verfahrens (Abs. 1) 1
   II. Ablehnungsgründe (Abs. 2) 3
   III. Verbot der Révision au fond (Abs. 3) 5
B. **Deutsche Ausführungsvorschriften,**
   §§ 18 Abs. 1, 20 IntFamRVG 5

A. Regelungsgehalt

I. Einseitigkeit des Verfahrens (Abs. 1)

Wegen des Beschleunigungsgebots[992] handelt es sich in der Regel um ein schriftliches Verfahren. Eine **1** mündliche Erörterung mit dem Antragsteller ist zulässig, wenn dies der Verfahrensschnelligkeit dient und dieser damit einverstanden ist. Das kann zB zweckmäßig sein, wenn über eine Befreiung von der Beibringung von Urkunden zu entscheiden ist (hierzu → Art. 38 Rn. 1).[993] Eine Frist sowie eine Sanktion für die Nichteinhaltung des Beschleunigungsgrundsatzes sind nicht vorgesehen.[994]

Im ersten Rechtszug erhält der Antragsgegner keine Gelegenheit, eine Erklärung abzugeben.[995] Der Antrag **2** wird ihm seitens des Gerichts nicht mitgeteilt. Das Gericht ist auch in Ausnahmefällen nicht befugt, ihn zur Stellungnahme aufzufordern.[996] Auch eine vom Antragsgegner vorsorglich eingereichte Schutzschrift ist sachlich nicht zur Kenntnis zu nehmen.[997] Damit soll der Umwandlung des gewollt einseitigen Verfahrens in ein kontradiktorisches Verfahren vorgebeugt werden.[998] Die Regelung ist mit der Garantie des rechtlichen Gehörs vereinbar, weil der Antragsgegner die Möglichkeit hat, mittels Einlegung des Rechtsbehelfs ein Verfahren mit beiderseitigem rechtlichem Gehör (Art. 33 Abs. 3) herbeizuführen.[999] Auch das Kind oder andere materiell Beteiligte werden in diesem Verfahrensabschnitt nicht angehört.[1000]

II. Ablehnungsgründe (Abs. 2)

Anders als bei Art. 41 EuGVVO 2001 wird bestimmt, dass die Gründe, die die Anerkennung ipso iure hin- **3** dern, im ersten Rechtszug für die Erteilung der Vollstreckungsklausel zu prüfen sind.[1001] Die Ablehnungsgründe sind von Amts wegen zu prüfen, jedoch findet keine Amtsermittlung statt.[1002] Sie sind entgegen des Wortlauts nicht vollständig aufgelistet und können sich darauf beziehen, dass

1. der sachliche Anwendungsbereich der EheVO nicht eröffnet ist, dh es sich um keine Entscheidung iSv Art. 28 Abs. 1 handelt (wird zB ein Antrag auf Vollstreckbarerklärung eines Unterhaltstitels gestellt, so ist der Antrag abzulehnen, weil Unterhaltstitel von der EheVO nicht erfasst werden);
2. die Gerichtsbarkeit des Entscheidungs- oder des Vollstreckungsstaats fehlt;[1003]
3. die sachliche und örtliche Zuständigkeit des angerufenen Gerichts fehlt (§ 281 ZPO findet entsprechend Anwendung);
4. der Antragsteller nicht zu dem Kreis der berechtigten Personen gehört oder der Antragsgegner nicht die aus der Entscheidung verpflichtete Person ist (arg. e Art. 28 Abs. 1);
5. die in Art. 37 und 39 genannten Urkunden und Bescheinigungen nicht vorgelegt sind und auch eine Befreiung von der Beibringung nicht möglich ist (hierzu → Art. 38 Rn. 1);

---

992 Hierzu *Hausmann*, IntEuFamR, Rn. N-160.
993 *Kropholler/von Hein*, 9. Aufl. 2011, EuGVVO Art. 41 Rn. 8.
994 *Borrás*, ABl. EG 1998 C 221 S. 27, 55 Nr. 88; *Wagner* IPRax 2001, 73 (79).
995 EuGH Slg I 1999, 2543, 2571 = IPRax 2000, 18 (20); Thomas/Putzo/*Hüßtege* EuEheVO Art. 31 Rn. 1; Geimer/Schütze/*Paraschas* EheVO Art. 31 Rn. 2.
996 *Borrás*, ABl. EG 1998 C 221 S. 27, 55 Nr. 88; kritisch Rauscher/*Rauscher* Brüssel IIa-VO Art. 31 Rn. 1.
997 *Kropholler/von Hein*, 9. Aufl. 2011, EuGVVO Art. 41 Rn. 10; *Schack*, Int. Zivilverfahrensrecht, 7. Aufl. 2017, Rn. 1042; ausf. *Mennicke* IPRax 2000, 294 (295 ff.); aA LG Darmstadt IPRax 2000, 309 m. abl. Anm. *Mennicke* (EuGVÜ).
998 Geimer/Schütze/*Paraschas* EheVO Art. 31 Rn. 2; *Borrás*, ABl. EG 1998 C 221, S. 27, 55 Nr. 88; *Dornblüth*, S. 176.

999 *Borrás*, Bericht ABl. EG 1998 C 221 S. 27, 55 Nr. 88; Rauscher/*Rauscher* Brüssel IIa-VO Art. 31 Rn. 2; Geimer/Schütze/*Paraschas* EheVO Art. 31 Rn. 2; zur EuGVVO: *Kropholler/von Hein*, 9. Aufl. 2011, EuGVVO Art. 41 Rn. 7; vgl. auch EuGH Slg I 1999, 2543, 2571 = IPRax 2000, 18 (20) mAnm *Linke*, S. 8 (EuGVÜ).
1000 *Hub* NJW 2001, 3145 (3148); krit. *Schlosser*, 2. Aufl. 2003, EuEheVO Art. 24 Rn. 1.
1001 Krit. zur Regelung Zöller/*Geimer*, Art. 31 EuEheVO Rn. 1.
1002 OLG Koblenz RIW 1991, 667 (668) = IPRspr. 1991 Nr. 207, S. 438 (EuGVÜ); Thomas/Putzo/*Hüßtege* EuEheVO Art. 31 Rn. 3; *Dornblüth*, S. 159; *Wagner* IPRax 2001, 73 (80); *Looschelders* JR 2006, 45 (48).
1003 MüKoFamFG/*Gottwald* Brüssel IIa-VO Art. 31 Rn. 4.

6. die Entscheidung im Ursprungsstaat nicht wirksam oder vollstreckbar ist (arg. e Art. 28 Abs. 1). Die Bescheinigung der Rechtmäßigkeit und der Vollstreckbarkeit unter Verwendung der Formblätter in Anhang I und II stellt lediglich eine widerlegbare Vermutung dar.[1004] Eine materiellrechtliche Prüfung dessen erfolgt jedoch nicht im Vollstreckungsmitgliedstaat, ein diesbezügliches Begehren ist an das Gericht zu richten, welches die zu vollstreckende Entscheidung erlassen hat.[1005] Nur dessen Entscheidung kann Grundlage einer Überprüfung im Vollstreckbarerklärungsverfahren sein;

7. der ausländische Titel nicht die hinreichende Bestimmtheit aufweist. Eine zusätzliche Konkretisierung des ausländischen Titels durch Auslegung kann durch das Familiengericht vorgenommen werden, damit die Vollstreckungsklausel einen vollstreckungsfähigen Inhalt erhält.[1006] Eine über die Konkretisierung, die nach Art. 48 zulässig ist, hinausgehende Ergänzung, zB einer Sorgerechtsentscheidung durch eine Herausgabeordnung oder Anpassung einer ausländischen Umgangsregelung an aktuelle Gegebenheiten, ist nicht im Vollstreckbarerklärungsverfahren möglich. Das Verfahren hierfür richtet sich nach den allgemeinen Vorschriften. In Deutschland ist die Zuständigkeitskonzentration nach § 13 IntFamRVG (hierzu → Art. 29 Rn. 4 ff.) zu beachten. Sieht die ausländische Entscheidung die Anordnung von Ordnungs- oder Zwangsgeld vor, so kann dieser Teil nur für vollstreckbar erklärt werden, wenn seine Höhe durch das Gericht des Ursprungsmitgliedstaats endgültig festgesetzt ist (hierzu → Art. 28 Rn. 2; oder

8. einer der in Art. 22 und 23 aufgelisteten Ablehnungsgründe, die die Anerkennung hindern, vorliegt. (Der Verweis auf Art. 24 ist ein redaktionelles Versehen.[1007] Ansonsten sind materielle Ablehnungsgründe ausgeschlossen).[1008]

4 Eine fehlende Zustellung der Entscheidung führt wegen der Möglichkeit der Nachholung (hierzu → Art. 28 Rn. 5) wohl nicht zur Antragsablehnung.[1009]

III. Verbot der Révision au fond (Abs. 3)

5 Das Verbot der sachlichen Überprüfung gilt auch für dieses Verfahren (hierzu → Art. 26 Rn. 1).

B. Deutsche Ausführungsvorschriften, §§ 18 Abs. 1, 20 IntFamRVG

§ 18 IntFamRVG Einseitiges Verfahren

(1) [1]Im Anwendungsbereich der Verordnung (EG) Nr. 2201/2003 und des Haager Kinderschutzübereinkommen erhält im erstinstanzlichen Verfahren auf Zulassung der Zwangsvollstreckung nur die antragstellende Person Gelegenheit, sich zu äußern. [2]Die Entscheidung ergeht ohne mündliche Verhandlung. [3]Jedoch kann eine mündliche Erörterung mit der antragstellenden oder einer von ihr bevollmächtigten Person stattfinden, wenn diese hiermit einverstanden ist und die Erörterung der Beschleunigung dient.

(...)

§ 20 IntFamRVG Entscheidung

(1) [1]Ist die Zwangsvollstreckung aus dem Titel zuzulassen, so beschließt das Gericht, dass der Titel mit der Vollstreckungsklausel zu versehen ist. [2]In dem Beschluss ist die zu vollstreckende Verpflichtung in deutscher Sprache wiederzugeben. [3]Zur Begründung des Beschlusses genügt in der Regel die Bezugnahme auf die Verordnung (EG) Nr. 2201/2003 oder den auszuführenden Anerkennungs- und Vollstreckungsvertrag sowie auf die von der antragstellenden Person vorgelegten Urkunden.

1004 Für die Bescheinigung nach Art. 54 EuGVVO 2001 hat der EuGH entschieden, dass es dem Vollstreckungsmitgliedstaat nicht untersagt ist, die Richtigkeit der in ihr enthaltenen tatsächlichen Angaben zu überprüfen, denn das Verbot einer Nachprüfung in der Sache bezieht sich lediglich auf die gerichtliche Entscheidung des Ursprungsmitgliedstaates EuGH 6.9.2012 – C-619/10, Trade Agency Ltd ./.Seramico Investments Ltd IPRax 2013, 427 Rn. 35.
1005 OLGR Stuttgart 2009, 739.
1006 Vgl. BGHZ 122, 16, 18 = IPRax 1994, 367 mAnm *Roth*, 350 = NJW 1993, 1801 (EuGVÜ).
1007 Rauscher/*Rauscher* Brüssel IIa-VO Art. 31 Rn. 4.
1008 MüKoFamFG/*Gottwald* Brüssel IIa-VO Art. 31 Rn. 4; Geimer/Schütze/*Paraschas* EheVO Art. 31 Rn. 8.
1009 Ebenso Geimer/Schütze/*Paraschas* EheVO Art. 31 Rn. 6, Art. 28 Ehe VO Rn. 23; Nicht deutlich bei *Wagner* IPRax 2001, 73 (80). AA Rauscher/*Rauscher* Brüssel IIa-VO Art. 31 Rn. 6.

(2) Auf die Kosten des Verfahrens ist § 81 des Gesetzes über das Verfahren in Familiensachen und in den Angelegenheiten der freiwilligen Gerichtsbarkeit entsprechend anzuwenden; in Ehesachen gilt § 788 der Zivilprozessordnung entsprechend.

(3) ¹Ist der Antrag nicht zulässig oder nicht begründet, so lehnt ihn das Gericht durch mit Gründen versehenen Beschluss ab. ²Für die Kosten gilt Absatz 2; in Ehesachen sind die Kosten dem Antragsteller aufzuerlegen.

Art. 32 EheVO 2003 Mitteilung der Entscheidung

Die über den Antrag ergangene Entscheidung wird dem Antragsteller vom Urkundsbeamten der Geschäftsstelle unverzüglich in der Form mitgeteilt, die das Recht des Vollstreckungsmitgliedstaats vorsieht.

A. Regelungsgehalt 1
B. Deutsche Ausführungsvorschriften 2
  I. § 21 IntFamRVG 2
II. §§ 22, 23 IntFamRVG 5

A. Regelungsgehalt

Die Regelung bezieht sich nur auf den Antragsteller. Eine Form der Mitteilung ist nicht vorgeschrieben.   **1**

B. Deutsche Ausführungsvorschriften

I. § 21 IntFamRVG

§ 21 IntFamRVG Bekanntmachung der Entscheidung

(1) ¹Im Falle des § 20 Abs. 1 sind der verpflichteten Person eine beglaubigte Abschrift des Beschlusses, eine beglaubigte Abschrift des noch nicht mit der Vollstreckungsklausel versehenen Titels und gegebenenfalls seiner Übersetzung sowie der gemäß § 20 Abs. 1 Satz 3 in Bezug genommenen Urkunden von Amts wegen zuzustellen. ²Ein Beschluss nach § 20 Abs. 3 ist der verpflichteten Person formlos mitzuteilen.

(2) ¹Der antragstellenden Person sind eine beglaubigte Abschrift des Beschlusses nach § 20, im Falle des § 20 Abs. 1 ferner eine Bescheinigung über die bewirkte Zustellung zu übersenden. ²Die mit der Vollstreckungsklausel versehene Ausfertigung des Titels ist der antragstellenden Person erst dann zu übersenden, wenn der Beschluss nach § 20 Abs. 1 wirksam geworden und die Vollstreckungsklausel erteilt ist.

(3) In einem Verfahren, das die Vollstreckbarerklärung einer die elterliche Verantwortung betreffenden Entscheidung zum Gegenstand hat, sind Zustellungen auch an den gesetzlichen Vertreter des Kindes, an den Vertreter des Kindes im Verfahren, an das Kind selbst, soweit es das vierzehnte Lebensjahr vollendet hat, an seinen Elternteil, der nicht am Verfahren beteiligt war, sowie an das Jugendamt zu bewirken.

(4) Handelt es sich bei der für vollstreckbar erklärten Maßnahme um eine Unterbringung, so ist der Beschluss auch dem Leiter der Einrichtung oder der Pflegefamilie bekannt zu machen, in der das Kind untergebracht werden soll.

Eine förmliche Zustellung an den Antragsgegner gem. § 21 Abs. 1 IntFamRVG erfolgt von Amts wegen,   **2**
wenn das FamG die Erteilung der Vollstreckungsklausel beschlossen hat. Zuzustellen sind beglaubigte Abschriften des Beschlusses, des ausländischen Titels ohne Vollstreckungsklausel sowie der anderen Bescheinigungen nach Art. 37 und 39, die Grundlage für den Beschluss waren.

§ 21 Abs. 2 IntFamRVG dient der Ausfüllung von Art. 32. Der Beschluss (§ 20 Abs. 1 oder 3 IntFamRVG)   **3**
wird dem Antragsteller nach seinem Erlass formlos mitgeteilt, da keine Rechtsbehelfsfrist für ihn besteht (vgl. Art. 33). Die Mitteilung hat unverzüglich durch den Urkundsbeamten der Geschäftsstelle zu erfolgen.

Durch § 21 Abs. 3 und 4 IntFamRVG wird sichergestellt, dass die anderen materiell Beteiligten, deren   **4**
Rechtsstellung von dem Verfahren betroffen wird, von dessen Ausgang Kenntnis erhalten und gegebenenfalls Rechtsmittel einlegen können.

Andrae   2615

II. §§ 22, 23 IntFamRVG

§ 22 IntFamRVG Wirksamwerden der Entscheidung

(1) [1]Ein Beschluss nach § 20 wird erst mit der Rechtskraft wirksam. [2]Hierauf ist in dem Beschluss hinzuweisen.

(2) [1]Absatz 1 gilt nicht für den Beschluss, mit dem eine Entscheidung über die freiheitsentziehende Unterbringung eines Kindes nach Artikel 56 der Verordnung (EG) Nr. 2201/2003 für vollstreckbar erklärt wird. [2]In diesem Fall hat das Gericht die sofortige Wirksamkeit des Beschlusses anzuordnen. [3]§ 324 Absatz 2 Satz 2 Nummer 3 und Satz 3 des Gesetzes über das Verfahren in Familiensachen und in Angelegenheiten der freiwilligen Gerichtsbarkeit gilt entsprechend.

§ 23 IntFamRVG Vollstreckungsklausel

(1) Auf Grund eines wirksamen Beschlusses nach § 20 Abs. 1 erteilt der Urkundsbeamte der Geschäftsstelle die Vollstreckungsklausel in folgender Form:

„Vollstreckungsklausel nach § 23 des Internationalen Familienrechtsverfahrensgesetzes vom vom 26. Januar 2005 (BGBl. I S. 162). Gemäß dem Beschluss des ... (Bezeichnung des Gerichts und des Beschlusses) ist die Zwangsvollstreckung aus ... (Bezeichnung des Titels) zugunsten ... (Bezeichnung der berechtigten Person) gegen ... (Bezeichnung der verpflichteten Person) zulässig.

Die zu vollstreckende Verpflichtung lautet:

... (Angabe der aus dem ausländischen Titel der verpflichteten Person obliegenden Verpflichtung in deutscher Sprache; aus dem Beschluss nach § 20 Abs. 1 zu übernehmen)."

(2) Wird die Zwangsvollstreckung nur für einen oder mehrere der durch den ausländischen Titel niedergelegten Ansprüche oder nur für einen Teil des Gegenstands der Verpflichtung zugelassen, so ist die Vollstreckungsklausel als „Teil-Vollstreckungsklausel nach § 23 des Internationalen Familienrechtsverfahrensgesetzes vom vom 26. Januar 2005 (BGBl. I S. 162) zu bezeichnen.

(3) [1]Die Vollstreckungsklausel ist von dem Urkundsbeamten der Geschäftsstelle zu unterschreiben und mit dem Gerichtssiegel zu versehen. [2]Sie ist entweder auf die Ausfertigung des Titels oder auf ein damit zu verbindendes Blatt zu setzen. [3]Falls eine Übersetzung des Titels vorliegt, ist sie mit der Ausfertigung zu verbinden.

5　　Aufgrund der Regelungen in §§ 22, 23 IntFamRVG wird die **Rechtskraft des Beschlusses** über die Zulassung der Zwangsvollstreckung **zur Voraussetzung** für die Erteilung der Vollstreckungsklausel. Damit soll die Schaffung endgültiger Zustände verhindert werden, bevor dem Verpflichteten im sensiblen Bereich der elterlichen Verantwortung rechtliches Gehör gewährt wurde.[1010] Das Gericht kann nicht die sofortige Wirksamkeit der Entscheidung anordnen. Die Zwangsvollstreckung kann erst eingeleitet werden, wenn die Rechtsbehelfsfrist abgelaufen ist.[1011] Dies dient dem Schutz des Kindes, das vor Vollstreckungsmaßnahmen bewahrt werden soll, bevor ihre Zulässigkeit endgültig feststeht. Die Regelung befindet sich in Übereinstimmung mit der Rechtsprechung des EUGH.[1012] Danach darf die Vollstreckung einer für vollstreckbar erklärten Entscheidung nicht erfolgen, bevor die Zustellung der Vollstreckbarerklärung an die betroffenen Eltern vorgenommen wurde und diese die Gelegenheit hatten, den Rechtsbehelf gegen die Vollstreckbarkeitserklärung und gegen die Vollstreckung wahrzunehmen, Nur wenn für die Durchsetzung der Entscheidung besondere, außerordentliche Dringlichkeit besteht, kann hiervon abgesehen werden.

6　　§ 22 Abs. 2 IntFamRVG dient der Umsetzung der EuGH-Entscheidung Rs. C-92/12 PPU. Danach bedarf auch die Entscheidung eines mitgliedstaatlichen Gerichts nach Art. 56, mit der die zwangsweise Unterbringung eines Kindes in einem geschlossenen Heim in einem anderen Mitgliedstaat angeordnet wird, vor ihrer Vollstreckung im ersuchten Mitgliedstaat dort der Vollstreckbarerklärung. Zu ihrer praktischen Wirksamkeit muss die Entscheidung des Gerichts des ersuchten Mitgliedstaats über den Antrag auf Vollstreckbarerklärung besonders schnell erfolgen. Deshalb dürfen dagegen eingelegte Rechtsbehelfe keine aufschiebende Wirkung haben.[1013]

1010 BT-Drs. 15/3981, 25; *Wagner* IPRax 2001, 73 (80);
　　　Hub NJW 2001, 3145 (3148).
1011 *Hub* NJW 2001, 3145 (3148).
1012 EUGH, Rs. C-325/18 PPU FamRZ 2019, 56 Rn. 75
　　　Die Entscheidung betrifft die Vormundschaft für Kin-

der sowie ihre Rückgabe, sie lässt sich verallgemeinern.
1013 EuGH Rs. C-92/12 PP IPRax 2013, 431 Ls. 3, Anm.
　　　Pirrung, 408.

Art. 33 EheVO 2003 Rechtsbehelf

(1) **Gegen die Entscheidung über den Antrag auf Vollstreckbarerklärung kann jede Partei einen Rechtsbehelf einlegen.**

(2) **Der Rechtsbehelf wird bei dem Gericht eingelegt, das in der Liste aufgeführt ist, die jeder Mitgliedstaat der Kommission gemäß Artikel 68 mitteilt.**

(3) **Über den Rechtsbehelf wird nach den Vorschriften entschieden, die für Verfahren mit beiderseitigem rechtlichen Gehör maßgebend sind.**

(4) **¹Wird der Rechtsbehelf von der Person eingelegt, die den Antrag auf Vollstreckbarerklärung gestellt hat, so wird die Partei, gegen die die Vollstreckung erwirkt werden soll, aufgefordert, sich auf das Verfahren einzulassen, das bei dem mit dem Rechtsbehelf befassten Gericht anhängig ist. ²Lässt sich die betreffende Person auf das Verfahren nicht ein, so gelten die Bestimmungen des Artikels 18.**

(5) **¹Der Rechtsbehelf gegen die Vollstreckbarerklärung ist innerhalb eines Monats nach ihrer Zustellung einzulegen. ²Hat die Partei, gegen die die Vollstreckung erwirkt werden soll, ihren gewöhnlichen Aufenthalt in einem anderen Mitgliedstaat als dem, in dem die Vollstreckbarerklärung erteilt worden ist, so beträgt die Frist für den Rechtsbehelf zwei Monate und beginnt mit dem Tag, an dem die Vollstreckbarerklärung ihr entweder persönlich oder in ihrer Wohnung zugestellt worden ist. ³Eine Verlängerung dieser Frist wegen weiter Entfernung ist ausgeschlossen.**

A. Regelungsgehalt	1	II. Verfahren (Abs. 3, 4)	6
I. Zulässigkeit des Rechtsbehelfs (Abs. 1)	2	III. Begründetheit	7
1. Beschwerdegegenstand	2	B. Deutsche Ausführungsvorschriften	10
2. Antragsberechtigung	3	I. § 24 IntFamRVG	10
3. Zuständigkeit (Abs. 2)	4	II. § 25 IntFamRVG	11
4. Frist	5	III. §§ 26, 27 IntFamRVG	12

A. Regelungsgehalt

Die Rechtsschutzmöglichkeiten der Art. 33 ff. stellen ein eigenständiges und geschlossenes System dar[1014] **1** und schließen die im nationalen Recht vorgesehenen Rechtsmittel gegen die Zulassung oder Ablehnung der Vollstreckbarerklärung aus. Hiervon zu unterscheiden ist deren Ausfüllung durch nationale Verfahrensvorschriften, in Deutschland vor allem durch das IntFamRVG.

I. Zulässigkeit des Rechtsbehelfs (Abs. 1)

1. Beschwerdegegenstand. Beschwerdegegenstand ist die Entscheidung des Gerichts im ersten Rechts- **2** zug nach Art. 31. Zwischenentscheidungen gehören nicht dazu, können aber mit den Rechtsbehelfen des innerstaatlichen Verfahrensrechts im Vollstreckungsstaat angegriffen werden.[1015]

2. Antragsberechtigung. In Abs. 1 wird klargestellt, dass beide Parteien gegen die Entscheidung über **3** den Antrag auf Vollstreckbarerklärung einen Rechtsbehelf einlegen können, also Antragsteller oder Antragsgegner, soweit sie durch die Entscheidung beschwert sind. Ob weitere Personen antragsberechtigt sind, ist in Verfahren betreffend die elterliche Verantwortung fraglich. Jedenfalls trifft dies für das betroffene Kind zumindest bezogen auf die Vollstreckbarerklärung einer Herausgabeanordnung im Zusammenhang mit einer Sorgerechtsentscheidung zu.[1016] Gleiches gilt im Interesse des Kindeswohls auch für die zuständigen staatlichen Stellen des Vollstreckungsstaats.[1017] Teilweise wird darüber hinaus die Befugnis jedem materiell Betroffenen zugebilligt.[1018]

3. Zuständigkeit (Abs. 2). Sie richtet sich nach nationalem Recht. Welche Gerichte in den Mitgliedstaaten **4** zuständig sind, wird der Kommission mitgeteilt und in der in Art. 68 festgelegten Weise veröffentlicht.

1014 EuGH Slg I 1995, 2269, 2300 = IPRax 1996, 336 mAnm *Hau*, S. 322 (EuGVÜ); EuGH Slg I 1993, 1963, 1999 = IPRax 1994, 37 mAnm *Heß*, S. 10 = NJW 1993, 2091 (EuGVÜ); Thomas/Putzo/*Hüßtege* EuEheVO Art. 33 Rn. 1.

1015 Geimer/Schütze/*Paraschas* EheVO Art. 33 Rn. 3.

1016 So auch Thomas/Putzo/*Hüßtege* EuEheVO Art. 33 Rn. 1; Rauscher/*Rauscher* Brüssel IIa-VO Art. Rn. 3;

Zöller/*Geimer*, Art. 33 EuEheVO Rn. 2; *Wagner* IPRax 2001, 73 (80); *Hausmann*, IntEuFamR, Rn.N-175.

1017 AA Rauscher/*Rauscher* Brüssel IIa-VO Art. 33 Rn. 4; Geimer/Schütze/*Paraschas* EheVO Art. 33 Rn. 4; offengelassen *Hausmann*, IntEuFamR, Rn. N-175.

1018 *Hub* NJW 2001, 3145 (3148).

5   **4. Frist.** Für den Rechtsbehelf des Antragstellers gegen die Ablehnung der Vollstreckbarerklärung sieht die Regelung keine Frist vor.[1019] Demgegenüber legt **Abs. 5** für den Rechtsbehelf des Antragsgegners gegen die Vollstreckbarerklärung in **S. 1** eine allgemeine Frist von **einem Monat** und in **S. 2** eine spezielle von **zwei** Monaten nach Zustellung fest, wenn die Partei, gegen die die Zwangsvollstreckung erfolgen soll, in einem anderen Mitgliedstaat als dem Vollstreckungsstaat ihren gewöhnlichen Aufenthalt hat. Hat die verpflichtete Person ihren gewöhnlichen Aufenthalt im Vollstreckungsstaat, so richtet sich der für die Frist maßgebliche Zustellungszeitpunkt nach den Vorschriften des Vollstreckungsstaats. Gegenüber Personen mit gewöhnlichem Aufenthalt in einem anderen Mitgliedstaat beginnt die Frist einheitlich, wenn die Entscheidung persönlich oder in der Wohnung zugestellt worden ist.[1020] Die in Abs. 5 vorgesehenen Fristen sind nicht verlängerbar.[1021] Eine spezielle Regelung für einen Antragsgegner mit gewöhnlichem Aufenthalt in einem Drittstaat ist nicht vorgesehen, so dass an sich die allgemeine Frist greifen müsste. § 24 Abs. 3 IntFamRVG erstreckt die Fristenregelung für Personen mit gewöhnlichem Aufenthalt aus einem Mitgliedstaat auf jene aus Drittstaaten.[1022]

II. Verfahren (Abs. 3, 4)

6   Unionsrechtlich wird sichergestellt, dass die Rechtsbehelfe in einem Verfahren mit beiderseitigem rechtlichen Gehör geprüft werden. In welcher Verfahrensart das Rechtsbehelfsverfahren, ob streitig oder nichtstreitig, durchgeführt wird und weitere Einzelheiten bestimmen sich nach dem Recht des Vollstreckungsstaats.[1023] Ein kontradiktorisches Verfahren ist jedenfalls ohne Rücksicht auf die Tragweite und Gründe für die Entscheidung im ersten Rechtszug durchzuführen.[1024] Im Verfahren braucht dem Kind kein Verfahrensbeistand bestellt werden.[1025] Art. 33 Abs. 4 S. 2 regelt den Fall, dass sich der Antragsgegner auf ein vom Antragsteller initiiertes Rechtsbehelfsverfahren nicht eingelassen hat. Das Rechtsbehelfsverfahren ist dann so lange auszusetzen, bis feststeht, dass für den Antragsgegner das Recht auf rechtliches Gehör gewahrt ist. Für die Einzelheiten wird auf Art. 18 verwiesen.

III. Begründetheit

7   Das Rechtsbehelfsgericht prüft, ob die Voraussetzungen für eine Vollstreckbarerklärung vorliegen oder ob Einwendungen dagegen bestehen.[1026] Im Rechtsbehelfsverfahren ist Art. 31 Abs. 2 und 3 uneingeschränkt anwendbar, so dass die Beschwerde auf die bei Art. 31 dargestellten Ablehnungsgründe gestützt werden kann.

8   Der Antragsgegner (Verpflichteter) ist mit anderen Einwendungen, die sich auf Gründe stützen, die vor Erlass der ausländischen Entscheidung entstanden sind, im Rechtsbehelfsverfahren ausgeschlossen.[1027] Er muss die hierfür im Entscheidungsstaat vorgesehenen Rechtsmittel nutzen und kann dann einen Antrag auf Aussetzung des inländischen Rechtsbehelfsverfahrens nach Art. 35 stellen.

9   Auch mit Einwänden, die sich auf nach Erlass der Entscheidung entstandene Gründe stützen, zB veränderte Verhältnisse bezüglich der elterlichen Sorge, ist der Antragsgegner im Vollstreckbarerklärungsverfahren ausgeschlossen.[1028] Ein diesbezügliches inländisches Abänderungsverfahren kann erst dann eingeleitet werden, wenn die Rechtshängigkeit vor dem ausländischen Gericht beendet ist (Art. 19) und die internationale Zuständigkeit nach Art. 8 ff. vorliegt. Ist das Verfahren im Entscheidungsstaat noch rechtshängig, so sind die veränderten Verhältnisse in den dortigen Rechtsmittelinstanzen geltend zu machen. Das Rechtsbehelfsverfahren im Zweitstaat kann auf Antrag nach Art. 35 ausgesetzt werden. Unterlässt der Verpflichtete die Geltendmachung der Einwände im Rechtsmittelverfahren im Entscheidungsstaat, so ist er präkludiert. Zu Kostenentscheidungen → Rn. 11.

1019 *Borrás*, ABl. EG 1998 C 221, S. 27, 57 Nr. 96; Rauscher/*Rauscher* Brüssel IIa-VO Art. 33 Rn. 1.

1020 Thomas/Putzo/*Hüßtege* EuEheVO Art. 33 Rn. 9; *Schulte-Bunert* FamRZ 2007, 1608 (1612); näher Rauscher/*Rauscher* Brüssel IIa-VO Art. 33 Rn. 6 ff.

1021 EUGH, Rs. C-325/18 PPU, FamRZ 2019, 56 Rn. 80.

1022 Hierzu auch Rn. 10.

1023 *Borrás*, ABl EG 1998 C 221 S. 27, 56 Nr. 92; Rauscher/*Rauscher* Brüssel IIa-VO Art. 33 Rn. 13, 15; *Hausmann*, IntEuFamR, Rn. N-186 ff.

1024 EuGH Slg 1984, 3033, 3042 = IPRax 1985, 274 mAnm *Stürner*, 254 (EuGVÜ); Rauscher/*Rauscher*, Art. 33 Brüssel IIa-VO Rn. 15 ff.

1025 BGH IPRax 2017, 98 Rn. 17, Anm. Siehr, 77ff.

1026 Thomas/Putzo/*Hüßtege* EuEheVO Art. 33 Rn. 11.

1027 BGH IPrax 1985, 154, 155 mAnm *Prütting*, S. 137 = NJW 1983, 2773 (EuGVÜ); *Hub* NJW 2001, 3145 (3148); *Kropholler/von Hein*, 9. Aufl. 2011, EuGVVO Art. 43 Rn. 26.

1028 Rauscher/*Rauscher* Brüssel IIa-VO Art. 33 Rn. 21 ff.

B. Deutsche Ausführungsvorschriften

I. § 24 IntFamRVG

§ 24 IntFamRVG Einlegung der Beschwerde; Beschwerdefrist

(1) ¹Gegen die im ersten Rechtszug ergangene Entscheidung findet die Beschwerde zum Oberlandesgericht statt. ²Die Beschwerde wird bei dem Oberlandesgericht durch Einreichen einer Beschwerdeschrift oder durch Erklärung zu Protokoll der Geschäftsstelle eingelegt.

(2) Die Zulässigkeit der Beschwerde wird nicht dadurch berührt, dass sie statt bei dem Oberlandesgericht bei dem Gericht des ersten Rechtszugs eingelegt wird; die Beschwerde ist unverzüglich von Amts wegen an das Oberlandesgericht abzugeben.

(3) Die Beschwerde gegen die Zulassung der Zwangsvollstreckung ist einzulegen

1. innerhalb eines Monats nach Zustellung, wenn die beschwerdeberechtigte Person ihren gewöhnlichen Aufenthalt im Inland hat;

2. innerhalb von zwei Monaten nach Zustellung, wenn die beschwerdeberechtigte Person ihren gewöhnlichen Aufenthalt im Ausland hat. Die Frist beginnt mit dem Tag, an dem die Vollstreckbarerklärung der beschwerdeberechtigten Person entweder persönlich oder in ihrer Wohnung zugestellt worden ist. Eine Verlängerung dieser Frist wegen weiter Entfernung ist ausgeschlossen.

(4) Die Beschwerdefrist ist eine Notfrist.

(5) Die Beschwerde ist dem Beschwerdegegner von Amts wegen zuzustellen.

(6) Im Fall des § 22 Absatz 2 kann das Beschwerdegericht durch Beschluss die Vollstreckung des angefochtenen Beschlusses einstweilen einstellen.

Die deutsche Regelung in § 24 Abs. 3 IntFamRVG geht mit Art. 33 Abs. 5 nicht völlig konform. Sie **10** gewährt der aus der Vollstreckbarerklärung verpflichteten Person einheitlich bei gewöhnlichem Aufenthalt im Ausland, dh auch in Drittstaaten (einschließlich Dänemark), eine zweimonatige Rechtsbehelfsfrist. Dagegen beschränkt Art. 33 Abs. 5 die verlängerte Frist auf Vollstreckungsgegner mit gewöhnlichem Aufenthalt in einem anderen Mitgliedstaat. Zudem schließt er eine Fristverlängerung aus.[1029] Stände § 24 Abs. 3 Nr. 2 IntFamRVG insoweit in Widerspruch zu Art. 33 Abs. 5, so müsste es in Bezug auf Vollstreckungsgegner aus Drittstaaten bei der einmonatigen Frist bleiben. Das trifft jedoch nicht zu. Zwar handelt es sich um einen Bereich, der durch das EU-Recht erfasst wird, denn die Vorschrift betrifft das rechtliche Gehör in einem Zivilrechtsverfahren eines Mitgliedstaates, in dem eine Entscheidung eines Gerichtes aus einem anderen Mitgliedstaat für vollstreckbar erklärt wird. Die Regelungskompetenz hierfür beruht auf Art. 81 AEUV. Jedoch kann die Gemeinschaft nur im Einklang mit den in Art. 5 Abs. 1, 3, 4 EUV geregelten Prinzipien der Subsidiarität und Verhältnismäßigkeit tätig werden, vgl. Erwägungsgrund 32. Ziel der Verordnung ist es, eine schnelle und effektive grenzüberschreitende Vollstreckung innerhalb der Gemeinschaft zu ermöglichen. Sie erreicht in diesem Punkt eine Beschleunigung der grenzüberschreitenden Vollstreckung dadurch, dass sie nur Vollstreckungsgegner aus anderen Mitgliedstaaten wegen vermuteter sprachlicher Hürden und Unkenntnisse des ausländischen Rechtssystems besser behandelt als Zustellungsempfänger im Inland. Da in Bezug auf Zustellungsempfänger in Drittstaaten entsprechende Schutzinteressen objektiv bestehen und Gründe für die Ungleichbehandlung nicht ersichtlich sind, sollte die Erstreckung der Frist für Vollstreckungsgegner in anderen EU-Mitgliedstaaten auf Drittstaaten als nicht unvereinbar mit der Verordnung angesehen werden.[1030] Die Frist wird nach § 16 Abs. 2 FamFG, § 222 ZPO iVm §§ 187 ff. BGB berechnet.[1031] Bestimmt ist, dass die Beschwerdefrist eine Notfrist und damit eine Wiedereinsetzung nach § 17 FamFG möglich ist. Die Wiedereinsetzung kann nicht damit begründet werden, dass der gewöhnliche Aufenthalt des Schuldners weit entfernt liegt.[1032] Abs. 4 könnte die Entscheidung des EuGH entgegenstehen, wonach die Beschwerdefrist nicht verlängerbar ist.[1033]

1029 Ebenso für eine Zweimonatsfrist auch bei Aufenthalt des Vollstreckungsgegners in einem Drittstaat *Rauscher*/*Rauscher* Brüssel IIa-VO Art. 33 Rn. 9 („nicht angemessen einheitliche Regelung"). AA dh für eine Einmonatsfrist *Schulte-Bunert* FamRZ 2007, 1608 (1613); *Gruber* FamRZ 2005, 1603 (1609).

1030 Umstritten näher mwN *Hausmann*, IntEuFamR, Rn. 182 mwN.

1031 *Schulte-Bunert* FamRZ 2007, 1608 (1612); Thomas/Putzo/*Hüßtege* EuEheVO Art. 33 Rn. 10.

1032 *Hausmann*, IntEuFamR, Rn. N-179.

1033 EUGH, Rs. C-325/18 PPU, FamRZ 2019, 56 Rn. 80.

II. § 25 IntFamRVG

§ 25 IntFamRVG Einwendungen gegen den zu vollstreckenden Anspruch

Die verpflichtete Person kann mit der Beschwerde gegen die Zulassung der Zwangsvollstreckung aus einem Titel über die Erstattung von Verfahrenskosten auch Einwendungen gegen den Anspruch selbst insoweit geltend machen, als die Gründe, auf denen sie beruhen, erst nach Erlass des Titels entstanden sind.

11   Die Vorschrift lässt Einwände, die sich auf nach Erlass der Entscheidung entstandene Gründe stützen, in Bezug auf Titel zu, die die Erstattung von Verfahrenskosten betreffen (hierzu → Art. 33 Rn. 8 f.).[1034] Sie ist nicht unionsrechtskonform und deshalb nicht anwendbar.[1035] Die Versagung oder Aufhebung der Vollstreckbarerklärung einer Entscheidung durch ein dafür zuständiges Gericht ist aus einem anderen als in der Verordnung genannten Grund ausgeschlossen.[1036] Entscheidungen über die Verfahrenskosten sind davon nicht ausgenommen. Solche Einwände, wie etwa der, dass der Entscheidung nachgekommen wurde, können vom Vollstreckungsgericht des Vollstreckungsmitgliedstaates nach der Vollstreckbarerklärung, in Deutschland nach § 767 ZPO, geprüft werden.[1037]

III. §§ 26, 27 IntFamRVG

§ 26 IntFamRVG Verfahren und Entscheidung über die Beschwerde

(1) Der Senat des Oberlandesgerichts entscheidet durch Beschluss, der mit Gründen zu versehen ist und ohne mündliche Verhandlung ergehen kann.

(2) ¹Solange eine mündliche Verhandlung nicht angeordnet ist, können zu Protokoll der Geschäftsstelle Anträge gestellt und Erklärungen abgegeben werden. ²Wird in einer Ehesache die mündliche Verhandlung angeordnet, so gilt für die Ladung § 215 der Zivilprozessordnung.

(3) Eine vollständige Ausfertigung des Beschlusses ist den Beteiligten auch dann von Amts wegen zuzustellen, wenn der Beschluss verkündet worden ist.

(4) § 20 Abs. 1 Satz 2 und Abs. 2 und 3, § 21 Abs. 1, 2 und 4 sowie § 23 gelten entsprechend.

§ 27 IntFamRVG Anordnung der sofortigen Wirksamkeit

(1) ¹Der Beschluss des Oberlandesgerichts nach § 26 wird erst mit der Rechtskraft wirksam. ²Hierauf ist in dem Beschluss hinzuweisen.

(2) Das Oberlandesgericht kann in Verbindung mit der Entscheidung über die Beschwerde die sofortige Wirksamkeit eines Beschlusses anordnen.

12   In Deutschland wird der Beschluss erst mit Rechtskraft wirksam. Die Zustellung erfolgt von Amts wegen. Nach Wirksamwerden des Beschlusses erteilt das OLG (Urkundsbeamter der Geschäftsstelle) die Vollstreckungsklausel. Das Gericht kann jedoch die sofortige Wirksamkeit anordnen, allerdings nur in Verbindung mit der Entscheidung über die Beschwerde, dh nach Gewährung rechtlichen Gehörs und abgeschlossener Sachprüfung. Dies ermöglicht die Zulassung der Zwangsvollstreckung vor Rechtskraft der Entscheidung. Damit wird der Gefahr der Verschleppung des Verfahrens entgegengewirkt.

1034 Thomas/Putzo/*Hüßtege* EuEheVO Art. 33 Rn. 13.
1035 Wie hier *Hausmann*, IntEuFamR, Rn. N-193 f.
1036 EuGH Rs. C-139/10, Slg 2011, I-9511 = NJW 2011, 3506 (EuGVVO).
1037 EuGH Rs. C-139/10, Slg 2011, I-9511 = NJW 2011, 3506 (EuGVVO), hierzu auch § 36 IntFamRVG.

Art. 34 EheVO 2003 Für den Rechtsbehelf zuständiges Gericht und Anfechtung der Entscheidung über den Rechtsbehelf

Die Entscheidung, die über den Rechtsbehelf ergangen ist, kann nur im Wege der Verfahren angefochten werden, die in der Liste genannt sind, die jeder Mitgliedstaat der Kommission gemäß Artikel 68 mitteilt.

A. Regelungsgehalt

Europarechtlich ist eine dritte und **letzte** Instanz für die Entscheidung über die Erteilung der Vollstreckungsklausel vorgesehen, um weitere Verfahren zur bloßen Verzögerung zu vermeiden.[1038] Entscheidung über den Rechtsbehelf meint eine Endentscheidung im Rechtsbehelfsverfahren nach Art. 33.[1039] Nicht erfasst wird eine Entscheidung über die Aussetzung oder Nichtaussetzung des Verfahrens nach Art. 35[1040] oder sonstige Zwischen- bzw. vorbereitende Entscheidungen.[1041] Welches Verfahren in dem jeweiligen Mitgliedstaat Anwendung findet, wird gesondert nach Art. 68 veröffentlicht.   **1**

B. Deutsche Ausführungsvorschriften, §§ 28, 29, 30, 31 IntFamRVG

§ 28 IntFamRVG Statthaftigkeit der Beschwerde

Gegen den Beschluss des Oberlandesgerichts findet die Rechtsbeschwerde zum Bundesgerichtshof nach Maßgabe des § 574 Abs. 1 Nr. 1, Abs. 2 der Zivilprozessordnung statt.

§ 29 IntFamRVG Einlegung und Begründung der Rechtsbeschwerde

[1]§ 575 Abs. 1 bis 4 der Zivilprozessordnung ist entsprechend anzuwenden. [2]Soweit die Rechtsbeschwerde darauf gestützt wird, dass das Oberlandesgericht von einer Entscheidung des Gerichtshofs der Europäischen Gemeinschaften abgewichen sei, muss die Entscheidung, von der der angefochtene Beschluss abweicht, bezeichnet werden.

§ 30 IntFamRVG Verfahren und Entscheidung über die Rechtsbeschwerde

(1) [1]Der Bundesgerichtshof kann nur überprüfen, ob der Beschluss auf einer Verletzung des Rechts der Europäischen Gemeinschaft, eines Anerkennungs- und Vollstreckungsvertrags, sonstigen Bundesrechts oder einer anderen Vorschrift beruht, deren Geltungsbereich sich über den Bezirk eines Oberlandesgerichts hinaus erstreckt. [2]Er darf nicht prüfen, ob das Gericht seine örtliche Zuständigkeit zu Unrecht angenommen hat.

(2) Der Bundesgerichtshof kann über die Rechtsbeschwerde ohne mündliche Verhandlung entscheiden. § 574 Abs. 4, § 576 Abs. 3 und § 577 der Zivilprozessordnung sind entsprechend anzuwenden; in Angelegenheiten der freiwilligen Gerichtsbarkeit bleiben § 574 Abs. 4 und § 577 Abs. 2 Satz 1 bis 3 der Zivilprozessordnung sowie die Verweisung auf § 566 in § 576 Abs. 3 der Zivilprozessordnung außer Betracht.

(3) § 20 Abs. 1 Satz 2, Abs. 2 und 3, § 21 Abs. 1, 2 und 4 sowie § 23 gelten entsprechend.

§ 31 IntFamRVG Anordnung der sofortigen Wirksamkeit

Der Bundesgerichtshof kann auf Antrag der verpflichteten Person eine Anordnung nach § 27 Abs. 2 aufheben oder auf Antrag der berechtigten Person erstmals eine Anordnung nach § 27 Abs. 2 treffen.

1038 *Borrás*, ABl. EG 1998 C 221, S. 27, 56 Nr. 93.
1039 So auch Rauscher/*Rauscher* Brüssel IIa-VO Art. 34 Rn. 2.
1040 EuGH Slg I 1995, 2269, 2301 = IPRax 1996, 336 mAnm *Hau*, S. 322 (EuGVÜ); EuGH Slg I 1991, 4743, 4772 (EuGVÜ); BGH IPRax 1995, 243 mAnm

Stadler, S. 220 und *Grunsky*, S. 218 (EuGVÜ) = NJW 1994, 2156; Rauscher/*Rauscher* Brüssel IIa-VO Art. 34 Rn. 2.
1041 *Kropholler/von Hein*, 9. Aufl. 2011, EuGVVO Art. 44 Rn. 5 mwN.

2 In Deutschland ist die **Rechtsbeschwerde** zum BGH kraft Gesetzes statthaft. Es bedarf deshalb keiner speziellen Zulassung durch das OLG. **Antragsberechtigt** sind jedenfalls die Parteien des Beschwerdeverfahrens; bei Nichtidentität wohl auch eine Partei des Ausgangsverfahrens, wenn sie durch die Entscheidung in der Beschwerdeinstanz materiell betroffen ist. Zum EuGVÜ hat der EuGH[1042] entschieden, dass ein Rechtsbehelf interessierter Dritter auch für den Fall ausgeschlossen ist, dass ihm nach dem nationalen Recht des Vollstreckungsstaats ein Rechtsbehelf zusteht. Fraglich ist, ob dies auch für die EheVO zu übernehmen ist. Zumindest sind bei Entscheidungen zur elterlichen Verantwortung die Behörden zuzulassen, die im Vollstreckungsstaat zum Schutz des Kindeswohls antragsberechtigt sind.[1043]

3 Die **Überprüfung** der Rechtsbehelfsentscheidung ist allgemein auf Rechtsverletzungen beschränkt.[1044] In Deutschland wird dies durch § 30 Abs. 1 IntFamRVG konkretisiert. Der Prüfung unterliegen nur die von den Parteien gestellten Anträge. Stützt sich der Antrag darauf, dass eine EuGH-Entscheidung nicht beachtet wurde, ist diese im Antrag zu bezeichnen. Der Prüfungsumfang schließt die Verletzung von Unionsrecht, Staatsverträgen und Bundesrecht ein. Für das **Verfahren** und die **Entscheidung** gelten durch die Verweise in § 30 Abs. 2 und 3 IntFamRVG die Vorschriften der ZPO zur Rechtsbeschwerde und die Vorschriften des IntFamRVG zur Entscheidung im Vollstreckbarerklärungsverfahren. Ist die Zwangsvollstreckung nicht bereits durch das OLG zugelassen worden, so erteilt der Urkundsbeamte der Geschäftsstelle des BGH die Vollstreckungsklausel, soweit dessen Beschluss dies anordnet (§§ 30 Abs. 3, 23 Abs. 1 IntFamRVG).

4 Ist eine Rechtsbeschwerde eingelegt, kann der BGH auf Antrag jederzeit die sofortige Wirksamkeit des Beschlusses des OLG als Voraussetzung für die Erteilung der Vollstreckungsklausel anordnen oder einen Beschluss des OLG, der eine solche Anordnung nach § 27 Abs. 2 IntFamRVG trifft, aufheben.[1045]

Art. 35 EheVO 2003 Aussetzung des Verfahrens

(1) ¹Das nach Artikel 33 oder Artikel 34 mit dem Rechtsbehelf befasste Gericht kann auf Antrag der Partei, gegen die die Vollstreckung erwirkt werden soll, das Verfahren aussetzen, wenn im Ursprungsmitgliedstaat ein ordentlicher Rechtsbehelf gegen die Entscheidung eingelegt wurde oder die Frist für einen solchen Rechtsbehelf noch nicht verstrichen ist. ²In letzterem Fall kann das Gericht eine Frist bestimmen, innerhalb deren der Rechtsbehelf einzulegen ist.

(2) Ist die Entscheidung in Irland oder im Vereinigten Königreich ergangen, so gilt jeder im Ursprungsmitgliedstaat statthafte Rechtsbehelf als ordentlicher Rechtsbehelf im Sinne des Absatzes 1.

A. Regelungsgehalt

1 Eine Aussetzung ist lediglich in dem **Rechtsbehelfsverfahren** zur Vollstreckbarerklärung möglich. Für das Anerkennungsfeststellungsverfahren ist in Art. 27 eine gesonderte Regelung getroffen. Ziel ist es, den Verpflichteten vor möglichen Nachteilen einer Vollstreckung vorläufig vollstreckbarer Entscheidungen zu schützen.[1046]

2 Die Aussetzung erfolgt **nur auf Antrag** der Partei, gegen die der Beschluss über die Erteilung der Vollstreckbarerklärung erwirkt wurde. Ob hier für die Antragsberechtigung eine erweiterte Auslegung entsprechend Art. 33 und 28 erfolgen kann, ist zweifelhaft.[1047] Zum Begriff des ordentlichen Rechtsbehelfs → Art. 27 Rn. 2. Ist der ordentliche Rechtsbehelf im Ursprungsstaat nicht befristet, kommt eine Aussetzung im Vollstreckungsstaat nur in Betracht, wenn der Rechtsbehelf eingelegt ist. Ist der Rechtsbehelf befristet, kann die Aussetzung erfolgen, wenn innerhalb der Frist der Rechtsbehelf eingelegt worden ist oder die Frist zum Zeitpunkt der Aussetzung noch nicht abgelaufen ist. Für wen die Rechtsbehelfsfrist besteht, ist unerheblich.[1048] Eine Fristsetzung nach Abs. 1 S. 2 im Vollstreckungsstaat berührt nicht die Rechtsbehelfe im Ursprungsstaat.[1049] Sie dient lediglich dazu, eine Verschleppung des Exequaturverfahrens zu verhindern.

1042 EuGH Slg I 1993, 1963, 1999 = IPRax 1994, 37 = NJW 1993, 2091.

1043 Zweifelnd Rauscher/*Rauscher* Brüssel IIa-VO Art. 34 Rn. 2.

1044 *Kropholler/von Hein*, 9. Aufl. 2011, EuGVVO Art. 44 Rn. 2.

1045 *Hub* NJW 2001, 3145 (3149).

1046 Vgl. BGH IPRax 1995, 243 (244) = NJW 1994, 2156; *Borrás*, ABl. EG 1998 C 221 S. 27, 56 Nr. 94;

Dornblüth, S. 181; *Kropholler/von Hein*, 9. Aufl. 2011, EuGVVO Art. 46 Rn. 1.

1047 Rauscher/*Rauscher* Brüssel IIa-VO Art. 35 Rn. 2, vertritt die Auffassung, dass die Bestimmung entsprechend heranzuziehen ist, wenn das Kind Rechtsbehelfsführer ist und der Vollstreckbarerklärung entgegentritt; aA *Hausmann*, IntEuFamR, Rn. N-206.

1048 Rauscher/*Rauscher* Brüssel IIa-VO Art. 35 Rn. 4.

1049 AA *Vogel* MDR 2000, 1045 (1050).

Das Gericht kann entweder den Antrag ablehnen oder ihm mit oder ohne Fristsetzung stattgeben. Die Vollstreckung kann nicht von der Leistung einer Sicherheit abhängig gemacht werden.[1050] Die Aussetzung liegt im **Ermessen** des Rechtsbehelfsgerichts. Da die EheVO die Vollstreckung vorläufig vollstreckbarer Entscheidungen in den anderen Mitgliedstaaten ermöglichen will, kommt eine Aussetzung nur in Betracht, wenn mit einem Erfolg des ordentlichen Rechtsbehelfs im Ursprungsstaat gerechnet werden kann.[1051] Dabei sind nur Gründe zu berücksichtigen, die der Verpflichtete vor dem Gericht des Entscheidungsstaats im Ausgangsverfahren noch nicht geltend machen konnte.[1052] Die Entscheidung über den Antrag auf Aussetzung durch das Rechtsbehelfsgericht ist keine Entscheidung iSd Art. 34 und deshalb der Rechtsbeschwerde nach dieser Vorschrift nicht zugänglich (hierzu → Art. 34 Rn. 3). Dies folgt bereits aus der nachrangigen Regelungssystematik. Vielmehr bestimmen sich die Rechtsbehelfe nach nationalem Recht.[1053]   **3**

B. Weitere praktische Hinweise

Das Gericht kann seine Entscheidung mit einer **einstweiligen Anordnung nach § 15 IntFamRVG** (hierzu   **4** Annex zu → Art. 28–36 Rn. 1 f.) verbinden, um Gefahren vom Kind abzuwenden oder eine Beeinträchtigung der Interessen der Beteiligten zu vermeiden.

Art. 36 EheVO 2003 Teilvollstreckung

(1) Ist mit der Entscheidung über mehrere geltend gemachte Ansprüche entschieden worden und kann die Entscheidung nicht in vollem Umfang zur Vollstreckung zugelassen werden, so lässt das Gericht sie für einen oder mehrere Ansprüche zu.

(2) Der Antragsteller kann eine teilweise Vollstreckung beantragen.

Die Teilvollstreckungsklausel nach Abs. 1 ist **von Amts wegen** zu erteilen.[1054] Das Recht des Antragstellers   **1** nach **Abs. 2** besteht auch dann, wenn die gesamte Entscheidung vollstreckungsfähig ist. Mögliche Fälle sind, dass die EheVO nur teilweise anwendbar ist[1055] oder nicht für alle Teilentscheidungen die Voraussetzungen für die Vollstreckbarerklärung (zB Herausgabeanordnung bezüglich mehrerer Kinder)[1056] vorliegen. Der Teilvollstreckungsantrag kann durch Auslegung dem Antrag auf Vollstreckbarerklärung der gesamten Entscheidung entnommen werden.[1057]

Annex zu Art. 28–36 EheVO 2003 Weitere wichtige deutsche Ausführungsvorschriften

A. Einstweilige Anordnungen, § 15 IntFamRVG

§ 15 IntFamRVG Einstweilige Anordnungen

Das Gericht kann auf Antrag oder von Amts wegen einstweilige Anordnungen treffen, um Gefahren von dem Kind abzuwenden oder eine Beeinträchtigung der Interessen der Beteiligten zu vermeiden, insbesondere um den Aufenthaltsort des Kindes während des Verfahrens zu sichern oder eine Vereitelung oder Erschwerung der Rückgabe zu verhindern; Abschnitt 4 des Buches 1 des Gesetzes über das Verfahren in Familiensachen und in den Angelegenheiten der freiwilligen Gerichtsbarkeit gilt entsprechend.

1050 MüKoFamFG/*Gottwald,* Art. 35 Brüssel IIa-VO Rn. 3; *Hausmann*, IntEuSchR, Rn. J-195; aA Geimer/Schütze/*Paraschas* EheVO Art. 35 Rn. 10; Rauscher/*Rauscher* Brüssel IIa-VO Art. 35 Rn. 7, die eine Sicherheitsleistung für Kostenentscheidungen analog Art. 46 Abs. 3 EuGVVO fordern.

1051 OLG Düsseldorf NJW-RR 2001, 1575 (1576) (EuGVÜ); OLGR Köln 2000, 433, 434 (EuGVÜ); OLG Saarbrücken IPRspr. 1997 Nr. 186 = RIW 1998, 632 (EuGVÜ); Thomas/Putzo/*Hüßtege*, Art. 35 EuEheVO Rn. 4; *Hausmann*, IntEuFamR, Rn. N-207; *Kropholler/von Hein*, 9. Aufl. 2011, EuGVVO Art. 46 Rn. 5.

1052 Zum EuGVÜ: EuGH Slg I 1991, 4743, 4776; BGH IPRax 1995, 243 (244) = NJW 1994, 2156; *Kropholler/von Hein*, 9. Aufl. 2011, EuGVVO Art. 46 Rn. 5.

1053 Zum EuGVÜ: BGH IPRax 1995, 243 (244) = NJW 1994, 2156.

1054 Näher *Dornblüth*, S. 172 f.

1055 Vgl. zum EuGVÜ EuGH Slg I 1997, 1147 = EuZW 97, 242.

1056 Rauscher/*Rauscher* Brüssel IIa-VO Art. 36 Rn. 4.

1057 Rauscher/*Rauscher* Brüssel IIa-VO Art. 36 Rn. 1.

1   Die Vorschrift gibt dem Gericht die Möglichkeit, für den Zeitraum zwischen der Antragstellung und der Wirksamkeit der Entscheidung über die Vollstreckbarerklärung einstweilige Anordnungen zu erlassen, um einer späteren Vereitelung der Vollstreckung entgegenzuwirken, Gefahren vom Kind abzuwenden oder Beeinträchtigung der Interessen der Beteiligten zu vermeiden. Beispiele sind die Anordnung räumlicher Beschränkungen, die Hinterlegung von Ausweispapieren, die Auferlegung von Meldepflichten sowie die Anordnung begleitenden oder betreuten Umgangs während des Verfahrens.[1058] Rechtsgrundlage ist Art. 20, so dass Dringlichkeit im Sinne dieser Vorschrift vorliegen muss.

2   Das Verfahren richtet sich nach den §§ 49 ff. FamFG. Zuständig ist das Gericht, bei dem das Vollstreckbarerklärungsverfahren im ersten Rechtszug anhängig ist. Ist ein Rechtsbehelf gem. Art. 33 eingelegt, ist für die einstweilige Anordnung das Beschwerdegericht zuständig (§ 50 Abs. 1 S. 2 FamFG). Solange das Vollstreckbarerklärungsverfahren noch nicht eingeleitet ist, ist für eine einstweilige Anordnung das FamG zuständig, das für die Vollstreckbarerklärung nach Art. 29 EheVO iVm § 12 IntFamRVG zuständig wäre (§ 50 Abs. 1 S. 1 FamFG). In besonders dringenden Fällen kann auch die Eilzuständigkeit nach § 50 Abs. 2 FamFG in Anspruch genommen werden. Die einstweilige Anordnung kann auf Antrag oder von Amts wegen ergehen, § 15 stellt insoweit eine Spezialregelung gegenüber § 51 Abs. 1 FamFG dar. Die Entscheidung ist unanfechtbar (§ 57 S. 1 FamFG). Für die Änderung und Aufhebung findet § 54 FamFG Anwendung, das Außerkrafttreten richtet sich nach § 56 FamFG.

B. Aufhebung oder Änderung des Titels im Entscheidungsstaat, § 34 IntFamRVG

§ 34 IntFamRVG Verfahren auf Aufhebung oder Änderung

(1) ¹Wird der Titel in dem Staat, in dem er errichtet worden ist, aufgehoben oder abgeändert und kann die verpflichtete Person diese Tatsache in dem Verfahren der Zulassung der Zwangsvollstreckung nicht mehr geltend machen, so kann sie die Aufhebung oder Änderung der Zulassung in einem besonderen Verfahren beantragen. ²Das Gleiche gilt für den Fall der Aufhebung oder Änderung von Entscheidungen, Vereinbarungen oder öffentlichen Urkunden, deren Anerkennung festgestellt ist.

(2) Für die Entscheidung über den Antrag ist das Familiengericht ausschließlich zuständig, das im ersten Rechtszug über den Antrag auf Erteilung der Vollstreckungsklausel oder auf Feststellung der Anerkennung entschieden hat.

(3) ¹Der Antrag kann bei dem Gericht schriftlich oder durch Erklärung zu Protokoll der Geschäftsstelle gestellt werden. ²Die Entscheidung ergeht durch Beschluss.

(4) Auf die Beschwerde finden die Unterabschnitte 2 und 3 entsprechende Anwendung.

(5) ¹Im Falle eines Titels über die Erstattung von Verfahrenskosten sind für die Einstellung der Zwangsvollstreckung und die Aufhebung bereits getroffener Vollstreckungsmaßregeln die §§ 769 und 770 der Zivilprozessordnung entsprechend anzuwenden. ²Die Aufhebung einer Vollstreckungsmaßregel ist auch ohne Sicherheitsleistung zulässig.

3   Die EheVO trifft keine Regelung für den Fall, dass die Entscheidung im Erststaat aufgehoben oder geändert wurde, nachdem im Zweitstaat diese Entscheidung rechtsmittelfest für vollstreckbar erklärt oder ihre Anerkennung festgestellt worden ist. Hierfür bedarf es im deutschen Recht einer Lösung, um den Widerspruch zwischen der nicht mehr wirksamen ausländischen Entscheidung und der inländischen Zulassung zur Zwangsvollstreckung bzw. Anerkennungsfeststellung aufzuheben. Dem dient das in § 34 IntFamRVG geregelte Verfahren. Auch wenn im inländischen Verfahren im Rechtsmittelzug endgültig entschieden wurde, ist für die Aufhebung das Gericht zuständig, das im ersten Rechtszug entschieden hat. Das Verfahren ist ein Antragsverfahren. Wird die Entscheidung im Erststaat aufgehoben, bevor das Vollstreckbarerklärungsverfahren im Inland abgeschlossen ist, so erweist sich der Antrag rückwirkend als unberechtigt.[1059]

1058 BT-Drs. 15/3981, 23 f.
1059 OLG Düsseldorf IPRax 1998, 279 (EuGVÜ).

C. Vollstreckungsabwehrklage, § 36 IntFamRVG

§ 36 IntFamRVG Vollstreckungsabwehrklage bei Titeln über Verfahrenskosten

(1) Ist die Zwangsvollstreckung aus einem Titel über die Erstattung von Verfahrenskosten zuzulassen, so kann die verpflichtete Person Einwendungen gegen den Anspruch selbst in einem Verfahren nach § 767 der Zivilprozessordnung nur geltend machen, wenn die Gründe, auf denen ihre Einwendungen beruhen, erst

1. nach Ablauf der Frist, innerhalb deren sie die Beschwerde hätte einlegen können, oder
2. falls die Beschwerde eingelegt worden ist, nach Beendigung dieses Verfahrens entstanden sind.

(2) Die Klage nach § 767 der Zivilprozessordnung ist bei dem Gericht zu erheben, das über den Antrag auf Erteilung der Vollstreckungsklausel entschieden hat.

Die Regelungen zum Vollstreckungsgegenantrag betreffen nur Kostentitel. Sie stehen im Zusammenhang   **4**
mit § 25 IntFamRVG. Auf nicht präkludierte Einwendungen kann die verpflichtete Person einen Vollstreckungsgegenantrag nach § 767 ZPO stützen, um die Vollstreckung aus dem für vollstreckbar erklärten ausländischen Titel zu verhindern. Zuständig ist das Gericht, das über den Antrag auf Erteilung der Vollstreckungsklausel entschieden hat. Der Kläger ist mit Einwendungen ausgeschlossen, die im Beschwerdeverfahren hätten Berücksichtigung finden können. Soweit § 25 IntFamRVG nicht in Übereinstimmung mit dem Unionsrecht steht,[1060] muss für Einwendungen, die Gründe betreffen, die nach Beendigung des Verfahrens im Ursprungsmitgliedstaat entstanden sind, der Vollstreckungsgegenantrag nach § 767 ZPO möglich sein.

Abschnitt 3

Gemeinsame Bestimmungen für die Abschnitte 1 und 2

Art. 37 EheVO 2003 Urkunden

(1) Die Partei, die die Anerkennung oder Nichtanerkennung einer Entscheidung oder deren Vollstreckbarerklärung erwirken will, hat Folgendes vorzulegen:

a) eine Ausfertigung der Entscheidung, die die für ihre Beweiskraft erforderlichen Voraussetzungen erfüllt,
   und
b) die Bescheinigung nach Artikel 39.

(2) Bei einer im Versäumnisverfahren ergangenen Entscheidung hat die Partei, die die Anerkennung einer Entscheidung oder deren Vollstreckbarerklärung erwirken will, ferner Folgendes vorzulegen:

a) die Urschrift oder eine beglaubigte Abschrift der Urkunde, aus der sich ergibt, dass das verfahrenseinleitende Schriftstück oder ein gleichwertiges Schriftstück der Partei, die sich nicht auf das Verfahren eingelassen hat, zugestellt wurde,
   oder
b) eine Urkunde, aus der hervorgeht, dass der Antragsgegner mit der Entscheidung eindeutig einverstanden ist.

Die Vorschrift bestimmt die für die (Nicht-)Anerkennung oder Vollstreckbarerklärung im Zweitstaat vorzulegenden Urkunden und Nachweise.   **1**

Nach **Abs. 1** ist eine Ausfertigung (also keine bloße Kopie oder Abschrift)[1061] der anzuerkennenden oder   **2**
für vollstreckbar zu erklärenden Entscheidung vorzulegen. Welche Anforderungen die Ausfertigung erfüllen muss, damit die für ihre Beweiskraft erforderlichen Voraussetzungen gegeben sind, regelt sich nach dem Recht des Erlassstaats.[1062] Für deutsche Entscheidungen ist hier § 317 ZPO maßgebend. Eine Legalisation kann nicht gefordert werden (Art. 52), jedoch gem. Art. 38 Abs. 2 eine Übersetzung.

Abs. 2 betrifft Säumnisentscheidungen. Nach Sinn und Zweck wird jede Entscheidung erfasst, auf die sich   **3**
der Gegner nicht eingelassen hat.[1063] Die **zusätzlich** zu erbringenden Nachweise beugen einer Ablehnung

1060 Hierzu Art. 33 Rn. 11.
1061 So auch MüKoFamFG/*Gottwald* Brüssel IIa-VO
     Art. 37 Rn. 2, Rauscher/*Rauscher* Brüssel IIa-VO
     Art. 37 Rn. 6.

1062 *Borrás*, ABl. EG 1998 C 221, S. 27, 57 Nr. 103;
     Kropholler/von Hein, 9. Aufl. 2011 EuGVVO,
     Art. 53 Rn. 2.
1063 Näher Thomas/Putzo/*Hüßtege*, Art. 37 EuEheVO
     Rn. 4 f.

der Anerkennung (vgl. Art. 22 lit. b, 23 lit. c) bzw. der Vollstreckbarerklärung (vgl. Art. 31 Abs. 2) vor. Vorzulegen sind entweder der Nachweis der Zustellung an die säumige Partei oder eine (auch private)[1064] Urkunde, aus der sich ihr eindeutiges Einverständnis mit der Entscheidung ergibt.

Art. 38 EheVO 2003 Fehlen von Urkunden

(1) Werden die in Artikel 37 Absatz 1 Buchstabe b) oder Absatz 2 aufgeführten Urkunden nicht vorgelegt, so kann das Gericht eine Frist setzen, innerhalb deren die Urkunden vorzulegen sind, oder sich mit gleichwertigen Urkunden begnügen oder von der Vorlage der Urkunden befreien, wenn es eine weitere Klärung nicht für erforderlich hält.

(2) Auf Verlangen des Gerichts ist eine Übersetzung der Urkunden vorzulegen. Die Übersetzung ist von einer hierzu in einem der Mitgliedstaaten befugten Person zu beglaubigen.

A. Regelungsgehalt	1	II. Übersetzung (Abs. 2)	3
I. Vorlage von Urkunden (Abs. 1)	1	B. Weitere praktische Hinweise	4

A. Regelungsgehalt

I. Vorlage von Urkunden (Abs. 1)

1   Abs. 1 bezieht sich **nur** auf die Bescheinigung nach Art. 39 sowie den Nachweis der Zustellung oder des Einverständnisses bei Säumnisentscheidungen. Fehlt bereits die Ausfertigung der Entscheidung, ist der Antrag abzulehnen. Die Vorschrift will verhindern, dass ein begründeter Antrag lediglich aus formellen Gründen abgelehnt werden muss.[1065] Das Gericht hat drei Möglichkeiten (**Ermessen**). Zunächst kann es eine **Nachfrist** für die Vorlage der fehlenden Urkunden setzen. Daneben kann das Gericht **gleichwertige Urkunden** akzeptieren. Hierbei kann es sich auch um Privaturkunden handeln (zB Schreiben des Vollstreckungsschuldners, das die Tatsachen bestätigt). Dem Antragsteller kann auch eine **Befreiung** von der Beibringung erteilt werden, wenn das Gericht eine Urkundenvorlage für die Entscheidung nicht für erforderlich hält, weil die vorliegenden Beweismittel für ausreichend erachtet werden (zB bei Vernichtung der Urkunden).[1066]

2   Wird die Nachfrist nicht genutzt und nicht wieder verlängert,[1067] sind die Ersatzurkunden nicht ausreichend, oder lehnt das Gericht eine Befreiung ab, ist der Antrag auf Vollstreckbarerklärung als **unzulässig** abzulehnen.[1068] Er kann jedoch wiederholt werden.[1069]

II. Übersetzung (Abs. 2)

3   Der Absatz bezieht sich auf alle in Art. 37 und 39 genannten Urkunden. Grundsätzlich können die Urkunden in der Ursprache vorgelegt werden, da die Übersetzung nur auf Verlangen (**Ermessensentscheidung**) beizubringen ist. Die Anordnung der Vorlage einer Übersetzung kann in jedem Verfahrensstadium erfolgen. Es reicht aus, dass die Übersetzung von einer in **einem** der Mitgliedstaaten, nicht notwendig Erst- oder Zweitstaat, hierzu befugten Person beglaubigt wird.[1070] Die Befugnis richtet sich nach dem Recht des Niederlassungsstaats.[1071] Da die Vorlage einer Übersetzung nicht zwingend ist, kann das Gericht auch eine unbeglaubigte Übersetzung als ausreichend ansehen.[1072]

1064 So auch Thomas/Putzo/*Hüßtege*, Art. 37 EuEheVO Rn. 7.

1065 MüKoFamFG/*Gottwald* Brüssel IIa-VO Art. 38 Rn. 2.

1066 *Borrás*, ABl. EG 1998 C 221 S. 27, 58 Nr. 107; vgl. auch Rauscher/*Rauscher* Brüssel IIa-VO Art. 38 Rn. 3.

1067 Eine Verlängerung kommt entspr. § 16 Abs. 2 FamFG iVm § 224 Abs. 2 ZPO in Betracht.

1068 *Borrás*, ABl. EG 1998 C 221, S. 27, 58 Nr. 107; *Kropholler/von Hein*, 9. Aufl. 2011, EuGVVO Art. 55 Rn. 2.

1069 OLG Frankfurt IPRspr. 1988 Nr. 198, S. 434 (EuGVÜ); Thomas/Putzo/*Hüßtege* EuEheVO Art. 38 Rn. 3.

1070 *Borrás*, ABl. EG 1998 C 221 S. 27, 58 Nr. 108; *Kropholler/von Hein*, 9. Aufl. 2011, EuGVVO Art. 55 Rn. 3; Rauscher/*Rauscher* Brüssel IIa-VO Art. 38 Rn. 10.

1071 Rauscher/*Rauscher* Brüssel IIa-VO Art. 38 Rn. 10.

1072 BGHZ 75, 167, 170 = NJW 1980, 527 (EuGVÜ).

B. Weitere praktische Hinweise

Eine mit Art. 38 Abs. 2 vergleichbare Regelung ist für die Antragstellung in Deutschland, soweit sie in ausländischer Sprache erfolgt, in § 16 Abs. 3 IntFamRVG getroffen (Abdruck bei → Art. 30 Rn. 3).   **4**

Art. 39 EheVO 2003 Bescheinigung bei Entscheidungen in Ehesachen und bei Entscheidungen über die elterliche Verantwortung

Das zuständige Gericht oder die zuständige Behörde des Ursprungsmitgliedstaats stellt auf Antrag einer berechtigten Partei eine Bescheinigung unter Verwendung des Formblatts in Anhang I (Entscheidungen in Ehesachen) oder Anhang II (Entscheidungen über die elterliche Verantwortung) aus.

A. Regelungsgehalt

Die Ausstellung der Bescheinigung dient dazu, in anderen Mitgliedstaaten die Nachprüfung der Voraussetzungen zu erleichtern, da sich aus ihr die für eine Entscheidung erforderlichen Angaben ergeben.[1073] Mit den Anhängen I und II zur EheVO werden einheitliche unionsweite Formblätter geschaffen. Durch die gewählte Technik der standardisierten Bescheinigungen werden Sprachbarrieren für das Verständnis weitgehend überwunden. Die Zuständigkeit für die Ausstellung der Bescheinigung über inländische Titel ist dem innerstaatlichen Recht zu entnehmen; eine Antragsfrist gibt es nicht.   **1**

B. Deutsche Ausführungsvorschrift, § 48 Abs. 1 IntFamRVG

§ 48 IntFamRVG Ausstellung von Bescheinigungen

(1) Die Bescheinigung nach Artikel 39 der Verordnung (EG) Nr. 2201/2003 wird von dem Urkundsbeamten der Geschäftsstelle des Gerichts des ersten Rechtszugs und, wenn das Verfahren bei einem höheren Gericht anhängig ist, von dem Urkundsbeamten der Geschäftsstelle dieses Gerichts ausgestellt.

(2) Die Bescheinigung nach den Artikeln 41 und 42 der Verordnung (EG) Nr. 2201/2003 wird beim Gericht des ersten Rechtszugs von dem Familienrichter, in Verfahren vor dem Oberlandesgericht oder dem Bundesgerichtshof von dem Vorsitzenden des Senats für Familiensachen ausgestellt.

Abschnitt 4

Vollstreckbarkeit bestimmter Entscheidungen über das Umgangsrecht und bestimmter
Entscheidungen, mit denen die Rückgabe des Kindes angeordnet wird

Art. 40 EheVO 2003 Anwendungsbereich

(1) Dieser Abschnitt gilt für

a) das Umgangsrecht

   und

b) die Rückgabe eines Kindes infolge einer die Rückgabe des Kindes anordnenden Entscheidung gemäß Artikel 11 Absatz 8.

(2) Der Träger der elterlichen Verantwortung kann ungeachtet der Bestimmungen dieses Abschnitts die Anerkennung und Vollstreckung nach Maßgabe der Abschnitte 1 und 2 dieses Kapitels beantragen.

Literatur: *Hau*, Umgangsrechtsverwirklichung durch Zwangsgeld im europäischen Rechtsraum, IPrax 2017, 470; im Übrigen s. Art. 21 EheVO.

1073 *Kropholler/von Hein*, 9. Aufl. 2011, EuGVVO
   Art. 54 Rn. 1; Rauscher/*Rauscher* Brüssel IIa-VO
   Art. 39 Rn. 1.

A. Regelungsgegenstand und charakteristische
   Merkmale 1
B. Rechtspolitische Fragen 4

C. Art der Entscheidungen 7
D. Verhältnis zur Anerkennung und Vollstreckung nach Art. 21 ff., Art. 28 ff. 14

A. Regelungsgegenstand und charakteristische Merkmale

1   Regelungsgegenstand der Art. 40–45 sind die Voraussetzungen für die unmittelbare Vollstreckung von Entscheidungen der Gerichte eines Mitgliedstaates zum Umgangsrecht und zu der Rückführung eines Kindes bei Kindesentführung oder Vorenthaltung gemäß Art. 11 Abs. 8 in einem anderen Mitgliedstaat. Charakteristisch ist, dass diese Entscheidungen direkt vollstreckbar sind, also nicht dem Erfordernis der Vollstreckbarerklärung unterliegen, und es keine Anerkennungsversagungsgründe gibt, mit denen die Vollstreckbarkeit dort abgewendet werden kann. Damit ist auch der ordre public-Einwand ausgeschlossen.

2   Die Entscheidungen müssen nach dem Recht des Ursprungsmitgliedstaates vollstreckbar sein, und das Gericht dieses Staates muss eine Bescheinigung nach Art. 42 Abs. 2 bzw. 43 Abs. 2 ausgestellt haben.

3   In Art. 42 Abs. 2 und 43 Abs. 2 sind einige Mindestanforderungen festgelegt, die der Selbstkontrolle des Gerichts des Ursprungsmitgliedstaates unterliegen. Die Bescheinigung darf nur ausgestellt werden, wenn diese eingehalten sind, was in ihr anzugeben ist. Ob sie tatsächlich eingehalten sind, ist der Kontrolle der Gerichte des Vollstreckungsmitgliedstaates entzogen. Dort ist nur der Einwand zulässig, dass der Vollstreckung einer mit einer solchen Bescheinigung versehenen Entscheidung eine spätere Entscheidung entgegensteht, die gleichfalls in diesem Staat vollstreckbar ist, hierzu → Art. 43 Rn. 13 ff.; → Art. 47 Rn. 1.

B. Rechtspolitische Fragen

4   Die speziellen Bestimmungen in Kapitel III Abschn. 4 sind Teil der Umsetzung der Schlussfolgerungen des Europäischen Rates von Tampere zur Anerkennung und Vollstreckung von Entscheidungen auf dem Gebiet des Familienrechts.[1074] Dort wurde das Ziel postuliert, dass Entscheidungen in familienrechtlichen Verfahren „automatisch unionsweit anerkannt" werden sollten, „ohne dass es irgendwelche Zwischenverfahren oder Gründe für die Verweigerung der Vollstreckung geben" sollte.[1075] DieRealisierung dieses Ziels erfolgt schrittweise . So wird mit der neuen EheVO 2019 zwar das Vollstreckbarerklärungsverfahren insgesamt abgeschafft. Differenziert wird jedoch weiterhin zwischen Entscheidungen zur elterlichen Verantwortung im Allgemeinen und jenen, die hinsichtlich der grenzüberschreitenden Vollstreckbarkeit privilegiert sind. Für Erstere gibt es wie in der EheVO 2003 Anerkennungsversagungsgründe, die nunmehr gegen die direkte Vollstreckung eingewandt werden können. Für Letztere trifft weiterhin zu, dass im Vollstreckungsmitgliedstaat solche gegen die Vollstreckbarkeit nicht erhoben werden können.

5   Die Gründe für die Privilegierung der beiden Entscheidungsgruppen sind unterschiedlich zu sehen. Der Europäische Rat hat hinsichtlich des Grundsatzes der gegenseitigen Anerkennung gerichtlicher familienrechtlicher Entscheidungen den Besuchsrechten Priorität eingeräumt.[1076] Die Bedeutung, die das Umgangsrecht für das Kindeswohl hat, ist allgemein anerkannt und auch vom EGMR im Rahmen von Art. 8 EMRK hervorgehoben worden. Beschränkungen des Umgangsrechts dürfen danach nur in eindeutigen Fällen der Kindeswohlgefährdung vorgenommen werden.[1077] Der Umgangstitel führt anders als eine Sorgerechtsentscheidung nicht zu einer grundlegenden Änderung der Lebensverhältnisse des Kindes. Er soll nur den zeitweisen Besuch des Kindes beim Umgangsberechtigten ermöglichen.[1078] Beim Umgangsrecht spielt der Zeitfaktor eine wichtige Rolle, weil die Gefahr einer Entfremdung zwischen dem Kind und der umgangsberechtigten Person besteht. Die direkte Vollstreckbarkeit im Vollstreckungsmitgliedstaat, verbunden damit, dass dort keine Anerkennungsversagungsgründe geltend gemacht werden können, beschleunigt die Durchsetzung der Entscheidung. Sie verhindert, dass bei Umgangsstreitigkeiten der andere Elternteil die Realisierung des Umgangs durch Einlegen von Rechtsbehelfen hinauszögert.[1079] Diese Lösung wird durch die Regelung in Art. 48 über die praktischen Modalitäten der Ausübung des Umgangsrechts im Vollstreckungsmitgliedstaat abgefedert. Außerdem berührt die Regelung zur Vollstreckbarkeit nicht die Möglichkeit, die Abänderung der Entscheidung zum Umgangsrecht bei veränderten tatsächlichen Gegebenheiten durch das nunmehr nach der Verordnung zuständige Gericht zu erreichen.

1074 ABl. EG C 234 v. 15.1.2001, S. 1.
1075 So ErwGr. 23.
1076 Vgl. ErwGr. 2; auch Maßnahmenprogramm zur Umsetzung des Grundsatzes der gegenseitigen Anerkennung gerichtlicher Entscheidungen in Zivil- und Handelssachen, ABl. EG C 234 v. 15.1.2001, S. 1 B.1.

1077 EGMR 26. 2. 2004–74969/01 (Görgülü/Deutschland), FamRZ 2004, 1456 = NJW 2004, 3397; *Brückner* FuR 2005, 200 (201 f.); *Motzer* FPR 2007, 275; *Groh* FPR 2009, 153; Rauscher/*Rauscher* Brüssel IIa-VO Art. 40 Rn. 5.
1078 Rauscher/*Rauscher* Brüssel IIa-VO Art. 40 Rn. 5.
1079 Rauscher/*Rauscher* Brüssel IIa-VO Art. 40 Rn. 5.

Was die Entscheidung über die Rückführung eines Kindes nach Art. 11 Abs. 8 betrifft, so ist die direkte   **6** Vollstreckbarkeit und das Fehlen von Anerkennungsversagungsgründen die logische Konsequenz der Ermöglichung einer solchen Entscheidung. Nur diese Lösung sichert, dass sie auch in dem Staat dessen Gericht die Rückführung des Kindes auf der Grundlage von Art. 13 HKÜ abgelehnt hat, durchgesetzt wird. Ansonsten bestünde die Gefahr, dass in diesem Staat auch die Vollstreckung einer solchen Entscheidung, die gerade diese Rückführung anordnet, aus Gründen des ordre public abgelehnt werden würde.[1080]

C. Art der Entscheidungen

Umgangsrechtliche Entscheidungen sind solche, die das Besuchsrecht des Umgangsberechtigten beim   **7** Kind und auch das Besuchsrechts des Kindes beim Umgangsberechtigten oder ihr Zusammentreffen an einem anderen Ort als am gewöhnlichen Aufenthaltsort des Kindes für bestimmte Zeit regeln. Der Zeitumfang ist dabei nicht festgelegt, weil er von den Umständen des Einzelfalls, wie Entfernung der Lebensmittelpunkte von Kind und Umgangsberechtigten, unterschiedlich gestaltet ist. Umgangsrechtlich sind auch Festlegungen einzuordnen, die andere Formen des Zugangs des Umgangsberechtigten zum Kind, auch mit Telekommunikationsmitteln, vorsehen.[1081]

Die Entscheidung kann auch auf begleitenden Umgang lauten, dessen Durchsetzung über die Zusammenar-   **8** beit der Zentralen Behörden oder die Kooperation von Verbindungsrichtern erfolgt.[1082] Der Begriff des Umgangsrechts ist weit zu verstehen. Die Regelung in Art. 2 Nr. 10 sieht keine personenbezogene Beschränkung vor.[1083] Nicht nur das Umgangsrecht der Eltern mit ihren Kindern wird erfasst, sondern auch das anderer Personen, hinsichtlich derer es für das Kind wichtig ist, persönliche Beziehungen zu unterhalten. Zu nennen ist insbesondere das Umgangsrecht der Großeltern, unabhängig davon, ob sie Träger der elterlichen Verantwortung sind oder nicht.[1084]

Eine analoge Anwendung auf andere Teilbereiche des elterlichen Sorgerechts ist wegen des speziellen Cha-   **9** rakters der Regelung nicht möglich.[1085] Bei einer Entscheidung, die neben einer Regelung des Umgangsrechts noch andere vollstreckbare Regelungen trifft, werden Letztere in einem anderen Mitgliedstaat nur vollstreckt, wenn sie nach den Art. 28 ff. für dort vollstreckbar erklärt wurden.[1086]

Die Entscheidung über die **Rückführung eines Kindes im Fall der Kindesentführung oder Vorenthal-**   **10** **tung** muss von einem Gericht des Mitgliedstaates getroffen worden sein, in dem das Kind zum Zeitpunkt der Entführung/Vorenthaltung seinen gewöhnlichen Aufenthalt hatte. Folgende in Art. 11 Abs. 8 vorausgesetzte Abfolge des Geschehens muss eingehalten worden sein:[1087] Die Person, Behörde oder sonstige Stelle, deren Sorgerecht durch die Kindesentführung oder -vorenthaltung verletzt worden ist, muss direkt oder über die Zentrale Behörde einen Antrag auf Rückführung des Kindes nach dem HKÜ bei dem zuständigen Gericht/der zuständigen Behörde des Mitgliedstaates, in den das Kind verbracht oder zurückgehalten wird, gestellt haben. Dieser Antrag wurde unter Anwendung des Art. 13 HKÜ im Entführungsmitgliedstaat abgelehnt. Die Beteiligten des Rückgabeverfahrens im Entführungsmitgliedstaat haben dann innerhalb der in Art. 11 Abs. 7 geregelten Fristen die Möglichkeit wahrgenommen, Anträge zum Sorgerecht unter Einschluss der Rückführung des Kindes in dem Mitgliedstaat zu stellen, in dem das Kind vor der Entführung seinen gewöhnlichen Aufenthalt hatte. Nur für die daraufhin ergehende spätere, diesmal die Rückgabe des Kindes anordnende Entscheidung regeln sich die Voraussetzungen für die Vollstreckung in anderen Mitgliedstaaten, also insbesondere in dem Mitgliedstaat, in dem sich das Kind nach der Entführung befindet, nach Art. 40 ff. Die Rückgabeentscheidung fällt auch dann darunter, wenn ihr keine von diesem Gericht getroffene endgültige Entscheidung über das Sorgerecht für das Kind vorausgegangen ist.[1088]

Eine Entscheidung der Gerichts eines Mitgliedstaates, in dem die Herausgabe des Kindes angeordnet wird,   **11** die nicht auf Art. 11 Abs. 8 beruht, unterliegt nicht Abschn. 4, sondern den Abschn. 2 und 3 des Kapitels

---

1080 Rauscher/*Rauscher* Brüssel IIa-VO Art. 40 Rn. 8; sa
    Helms FamRZ 2002, 1593 (1602).
1081 Staudiger/*Pirrung*, EU-Verordnungen und Übereinkommen zum Schutz von Kindern, Rn. C-44.
1082 Beispiel OLG Köln FamRZ 2017, 1514 mAnm
    Menne.
1083 EuGH 31. 5. 2018 Rs. C-335/17, FamRZ 2018, 1083
    Rn. 20 f.
1084 EuGH 31. 5. 2018 Rs. C-335/17, FamRZ 2018, 1083
    Rn. 33.

1085 MüKoFamFG/*Gottwald* Brüssel IIa-VO Art. 40
    Rn. 2; Thomas/Putzo/*Hüßtege* EuEheVO Art. 40
    Rn. 1.
1086 *Solomon* FamRZ 2004, 1409 (1419); MüKoFamFG/
    Gottwald Brüssel IIa-VO Art. 41 Rn. 1.
1087 Vgl. EuGH 11.7.2008 Rs. C-195/08 PPU (*Rinau*),
    NJW 2008, 2973 Rn. 71 ff.; OGH, 7.7.2017 –
    6Ob110/17 w (unter dem Az. im Internet zu finden);
    Hausmann IntEuFamR Rn. N-251.
1088 EuGH 1.7.2010 Rs. C-211/10 PPU (*Povse*),
    Slg I-6673 Rn. 67= FamRZ 2010, 1229, Anm. Schulz
    1307.

III.[1089] Damit sie in einem anderen Mitgliedstaat vollstreckt werden kann, bedarf sie dort der Vollstreckbarerklärung nach den allgemeinen Vorschriften. Das trifft auch im Fall einer Kindesentführung/-vorenthaltung für die Entscheidung über die Rückführung des Kindes seitens eines Gerichts des Mitgliedstaats zu, in dem das Kind seinen gewöhnlichen Aufenthalt hatte, ohne dass zuvor ein Antrag im Entführungsmitgliedstaat nach dem HKÜ gestellt und/oder abgelehnt wurde.[1090]

12 Ausreichend ist, dass im Zufluchtsstaat eine die Rückgabe ablehnende Entscheidung ergangen ist. Sie muss nicht rechtskräftig und kann zwischenzeitlich aufgehoben sein. Ein Bedarf für die Ausstellung der Bescheinigung nach Art. 42 Abs. 1 besteht, solange das Kind noch nicht tatsächlich zurückgegeben worden ist.[1091]

13 **Zwangs- oder Ordnungsgeld**, das von dem Gericht des Ursprungsmitgliedstaats, das über das Umgangsrecht in der Sache entschieden hat, verhängt wurde, um dessen Wirksamkeit sicherzustellen, unterliegt derselben Vollstreckungsregelung wie die Entscheidung über das mit diesem Zwangsgeld sichergestellte Recht.[1092] Das leitet der EuGH aus dem akzessorischen Charakter des Zwangs- oder Ordnungsgeldes gegenüber der Hauptverpflichtung ab. Wird also die Vollstreckung der Entscheidung zum Umgangsrecht im Zweitstaat nach Kap. III Abschn. 4 betrieben, so sind diese Bestimmungen auch auf die Anordnung des Zwangs- und Ordnungsgeld anwendbar: Jedoch ist eine Entscheidung, die auf Zahlung eines Zwangsgeldes lautet, im Vollstreckungsmitgliedstaat nur vollstreckbar, wenn seine Höhe durch ein Gericht des Ursprungsmitgliedstaates endgültig festgesetzt ist.[1093] Entsprechendes gilt für die Anordnung von Zwangs- oder Ordnungsgeld bezogen auf eine Rückführungsentscheidung nach Art. 11 Abs. 8.

D. Verhältnis zur Anerkennung und Vollstreckung nach Art. 21 ff., Art. 28 ff.

14 Abs. 2 stellt klar, dass den Sondervorschriften nach Art. 40 ff. keine Ausschließlichkeit zukommt.[1094] Der aus dem Titel Begünstigte[1095] hat ein **Wahlrecht**.[1096] Er kann auch für einen Umgangstitel oder eine Rückgabeanordnung nach Art. 11 Abs. 8 den Antrag auf Anerkennung und Vollstreckung nach den allgemeinen Regeln über die Anerkennung und Vollstreckung (Art. 28 ff.) stellen. Daran kann ein Interesse bestehen, wenn die Voraussetzungen nach Art. 41, 42 zweifelhaft sind,[1097] insbesondere, wenn das Gericht nicht sofort von Amts wegen die für die unmittelbare Anerkennung und Vollstreckbarkeit erforderliche Bescheinigung ausstellt.

15 Aus der Systematik von Art. 41 und 42 folgt, dass bezogen auf die erfassten Entscheidungen zwar ein Verfahren zu ihrer Anerkennung nach Art. 21 Abs. 3 betrieben werden kann, nicht jedoch um die Nichtanerkennung der Entscheidung feststellen zu lassen.[1098] Dies stünde im Widerspruch zum Ausschluss der Anfechtbarkeit ihrer Anerkennung.

Art. 41 EheVO 2003 Umgangsrecht

(1) Eine in einem Mitgliedstaat ergangene vollstreckbare Entscheidung über das Umgangsrecht im Sinne des Artikels 40 Absatz 1 Buchstabe a), für die eine Bescheinigung nach Absatz 2 im Ursprungsmitgliedstaat ausgestellt wurde, wird in einem anderen Mitgliedstaat anerkannt und kann dort vollstreckt werden, ohne dass es einer Vollstreckbarerklärung bedarf und ohne dass die Anerkennung angefochten werden kann.

1089 OGH, 20.3.2013 – 6Ob39/13 y IPRax 2014, 343; OLG Celle FamRZ 2007, 1587 = BeckRS 2008, 2605 unter II.2; Rauscher/*Rauscher* Brüssel IIa-VO Art. 40 Rn. 16 f.; Thomas/Putzo/*Hüßtege* EuEheVO Art. 40 Rn. 2; *Fleige*, Die Zuständigkeit für Sorgerechtsentscheidungen und die Rückführung von Kindern nach Entführungen nach Europäischem IZVR 2006, 316 ff.

1090 EuGH 19.9.2018 – C-325/18, FamRZ 2019, 56, Rn. 53; OGH, 20.3.2013 – 6Ob39/13 y IPRax 2014, 343.

1091 EuGH 11.7.2008 Rs. C-195/08 PPU (*Rinau*), NJW 2008, 2973 Ls. 1; Rn. 59 ff., 80–85, 89.

1092 EuGH 9.9.2015 Rs. C-4/14, FamRZ 2015, 1866, Anm. *Hau* IPRax 2017, 72.

1093 EuGH 9.9.2015 Rs. C-4/14, FamRZ 2015, 1866 Rn. 57, Anm. *Hau* IPRax 2017, 72.

1094 Thomas/Putzo/*Hüßtege* EuEheVO Art. 40 Rn. 3.

1095 Der Begriff Träger der elterlichen Verantwortung wird in der EheVO 2003 in einem weiten Sinn verstanden und erfasst auch dritte Personen, denen ein Umgangsrecht zusteht; s. Rauscher/*Rauscher* Brüssel IIa-VO Art. 40 Rn. 18.

1096 Rauscher/*Rauscher* Brüssel IIa-VO Art. 40 Rn. 18; *Gruber* FamRZ 2005, 1603 (1607); *Schulz* FamRZ 2008, 1734.

1097 Thomas/Putzo/*Hüßtege* EuEheVO Art. 40 Rn. 3.

1098 EuGH 11.7.2008 Rs. C-195/08 PPU (*Rinau*), NJW 2008, 2973 Rn. 91, 97; EuGH 22.12.2010 Rs. C-491/10 PPU FamRZ 2011, 355–360 Rn.: 49 (Nur Möglichkeit der Feststellung der Vollstreckbarkeit); Geimer/Schütze/*Paraschas*, Internationaler Rechtsverkehr, B vor I Art. 42 Rn. 1.

Auch wenn das nationale Recht nicht vorsieht, dass eine Entscheidung über das Umgangsrecht ungeachtet der Einlegung eines Rechtsbehelfs von Rechts wegen vollstreckbar ist, kann das Gericht des Ursprungsmitgliedstaats die Entscheidung für vollstreckbar erklären.

(2) Der Richter des Ursprungsmitgliedstaats stellt die Bescheinigung nach Absatz 1 unter Verwendung des Formblatts in Anhang III (Bescheinigung über das Umgangsrecht) nur aus, wenn

a) im Fall eines Versäumnisverfahrens das verfahrenseinleitende Schriftstück oder ein gleichwertiges Schriftstück der Partei, die sich nicht auf das Verfahren eingelassen hat, so rechtzeitig und in einer Weise zugestellt wurde, dass sie sich verteidigen konnte, oder wenn in Fällen, in denen bei der Zustellung des betreffenden Schriftstücks diese Bedingungen nicht eingehalten wurden, dennoch festgestellt wird, dass sie mit der Entscheidung eindeutig einverstanden ist;

b) alle betroffenen Parteien Gelegenheit hatten, gehört zu werden, und

c) das Kind die Möglichkeit hatte, gehört zu werden, sofern eine Anhörung nicht aufgrund seines Alters oder seines Reifegrads unangebracht erschien.

Das Formblatt wird in der Sprache ausgefüllt, in der die Entscheidung abgefasst ist.

(3) ¹Betrifft das Umgangsrecht einen Fall, der bei der Verkündung der Entscheidung einen grenzüberschreitenden Bezug aufweist, so wird die Bescheinigung von Amts wegen ausgestellt, sobald die Entscheidung vollstreckbar oder vorläufig vollstreckbar wird. ²Wird der Fall erst später zu einem Fall mit grenzüberschreitendem Bezug, so wird die Bescheinigung auf Antrag einer der Parteien ausgestellt.

Art. 42 EheVO 2003 Rückgabe des Kindes

(1) Eine in einem Mitgliedstaat ergangene vollstreckbare Entscheidung über die Rückgabe des Kindes im Sinne des Artikels 40 Absatz 1 Buchstabe b), für die eine Bescheinigung nach Absatz 2 im Ursprungsmitgliedstaat ausgestellt wurde, wird in einem anderen Mitgliedstaat anerkannt und kann dort vollstreckt werden, ohne dass es einer Vollstreckbarerklärung bedarf und ohne dass die Anerkennung angefochten werden kann.

Auch wenn das nationale Recht nicht vorsieht, dass eine in Artikel 11 Absatz 8 genannte Entscheidung über die Rückgabe des Kindes ungeachtet der Einlegung eines Rechtsbehelfs von Rechts wegen vollstreckbar ist, kann das Gericht des Ursprungsmitgliedstaats die Entscheidung für vollstreckbar erklären.

(2) Der Richter des Ursprungsmitgliedstaats, der die Entscheidung nach Artikel 40 Absatz 1 Buchstabe b) erlassen hat, stellt die Bescheinigung nach Absatz 1 nur aus, wenn

a) das Kind die Möglichkeit hatte, gehört zu werden, sofern eine Anhörung nicht aufgrund seines Alters oder seines Reifegrads unangebracht erschien,

b) die Parteien die Gelegenheit hatten, gehört zu werden, und

c) das Gericht beim Erlass seiner Entscheidung die Gründe und Beweismittel berücksichtigt hat, die der nach Artikel 13 des Haager Übereinkommens von 1980 ergangenen Entscheidung zugrunde liegen.

Ergreift das Gericht oder eine andere Behörde Maßnahmen, um den Schutz des Kindes nach seiner Rückkehr in den Staat des gewöhnlichen Aufenthalts sicherzustellen, so sind diese Maßnahmen in der Bescheinigung anzugeben.

Der Richter des Ursprungsmitgliedstaats stellt die Bescheinigung von Amts wegen unter Verwendung des Formblatts in Anhang IV (Bescheinigung über die Rückgabe des Kindes) aus.

Das Formblatt wird in der Sprache ausgefüllt, in der die Entscheidung abgefasst ist.

A. Allgemeines	1	V. Berücksichtigung der Gründe nach	
B. Vollstreckbarkeit der Entscheidung	2	Art. 13 HKÜ	12
C. Bescheinigung	5	VI. Grenzüberschreitender Bezug	15
I. Allgemein	5	D. Ausstellung der Bescheinigung	19
II. Anhörung der Parteien	6	I. Formblatt	19
III. Anhörung des Kindes	8	II. Ausstellender Richter	20
IV. Versäumnisverfahren	10	E. Rechtsfolgen	22

A. Allgemeines

1   Die Voraussetzungen, unter denen eine Entscheidung aufgrund einer Bescheinigung des Richters des Ursprungsmitgliedstaats unmittelbar vollstreckbar ist, werden in Art. 41 für Unterhaltstitel und in Art. 42 für Titel auf Rückgabe des Kindes weitgehend parallel geregelt.

B. Vollstreckbarkeit der Entscheidung

2   Die Entscheidung zum Umgangsrecht oder zur Rückgabe muss nach dem Recht des Ursprungsstaats **vollstreckbar** sein. Sieht das Recht des Ursprungsstaats keine vorläufige Vollstreckbarkeit vor, wenn gegen die Entscheidung ein Rechtsmittel eingelegt ist oder noch eingelegt werden kann, so bestimmen Art. 41 und Art. 42 jeweils in Abs. 1 S. 2, dass das Gericht nach seinem Ermessen die Entscheidung dennoch für sofort vollstreckbar erklären kann.[1099] Die Ausübung hat sich an den berechtigten Interessen des Kindes zu orientieren.[1100]

3   Dies führt zu dem Ergebnis, dass eine solche Rückgabeentscheidung aufgrund der Bescheinigung in jedem Mitgliedstaat vollstreckbar ist, obgleich eine entsprechende Rückgabeanordnung nach der lex fori durch das erstinstanzliche Gericht nicht für vorläufig vollstreckbar erklärt werden könnte. Die Regelung stellt damit einen nicht unerheblichen Eingriff in die Rechtsbehelfsstruktur des jeweiligen Mitgliedstaates dar. Durch die Vollstreckung werden insbesondere bei einer Rückgabeanordnung Tatsachen verändert, welche die Entscheidung des Rechtsmittelgerichts etwa im Hinblick auf das Kindeswohl erheblich beeinflussen können.[1101] (S. zu den Möglichkeiten des Rechtsmittelgerichts → Art. 43 Rn. 8)

4   Im **deutschen Recht** ist eine Rückgabeanordnung, gegen die eine Beschwerde nach § 40 Abs. 1 IntFamRVG möglich ist, nicht vorläufig vollstreckbar. Nur das Beschwerdegericht und nicht das Familiengericht kann die vorläufige Vollstreckbarkeit anordnen, § 40 Abs. 3 IntFamRVG. Diese Regelung wird nun durch Art. 42 Abs. 1 S. 2 überlagert. Danach steht es in einem Verfahren nach Art. 11 Abs. 8 im Ermessen des Familiengerichts, die Bescheinigung auch dann auszustellen, wenn das Beschwerdegericht die vorläufige Vollstreckbarkeit (noch) nicht angeordnet hat.[1102] Die Rückgabeanordnung wird dadurch in dem Mitgliedstaat, in dem sich das Kind befindet, unmittelbar vollstreckbar. Entsprechendes trifft für die Bescheinigung über eine Entscheidung zum Umgangsrecht nach Art. 41 zu.

C. Bescheinigung

I. Allgemein

5   Voraussetzung für die unmittelbare Vollstreckbarkeit, ohne dass die Anerkennung der Entscheidung im Vollstreckungsstaat angefochten werden kann, ist die Ausstellung der Bescheinigung nach Art. 41 Abs. 2 und Art. 42 Abs. 2 unter Verwendung des vorgeschriebenen Formblatts seitens des Richters des Ursprungsmitgliedstaates. Diese ist an die Einhaltung der hierfür in der Regelung vorgesehenen Anforderungen gebunden. Dem Charakter nach handelt es sich um einheitliche Mindestanforderungen an das Verfahren, das zu der Sachentscheidung geführt hat.[1103] Für eine umgangsrechtliche Entscheidung entsprechen die Anforderungen – diesmal positiv formuliert – den Anerkennungsversagungsgründen gemäß Art. 23 lit. b, c, und d. Die Anforderungen an das Verfahren, das zur Entscheidung über die Rückführung des Kindes nach Art. 11 Abs. 8 führt, sind der Spezifik des Gegenstandes angepasst.

II. Anhörung der Parteien

6   Nach Art. 41 Abs. 2 lit. b müssen die **betroffenen Parteien** Gelegenheit gehabt haben, gehört zu werden. Das müssen nicht nur die unmittelbaren Parteien des Verfahrens sein, es kann sich auch um dritte Personen handeln, wenn anzunehmen ist, dass die Entscheidung zum Umgangsrecht in ihre elterliche Verantwortung eingreift. Art. 42 Abs. 2 lit. b. bezieht sich nur auf die Parteien des Rückführungsverfahrens im Entführungsmitgliedstaat.[1104] Die Eingrenzung dient dazu, den Kreis der Personen, die anzuhören sind, im Interesse des zügigen Verfahrens einzugrenzen.

1099 MüKoFamFG/*Gottwald* Brüssel IIa-VO Art. 41 Rn. 2; Rauscher/*Rauscher* Brüssel IIa-VO Art. 41 Rn. 11.

1100 *Hausmann* IntEuFamR Rn. N-235.

1101 Rauscher/*Rauscher* Brüssel IIa-VO Art. 43 Rn. 2.

1102 MüKoFamFG/*Gottwald* Brüssel IIa-VO Art. 42 Rn. 3.

1103 EuGH 22.12.2010 Rs. C-491/10 PPU FamRZ 2011, 355 Rn. 53 (Mindestinhalt).

1104 Rauscher/*Rauscher* Brüssel IIa-VO Art. 42 Rn. 14.

Erforderlich ist, dass die unter Rn. 6 genannten Parteien Gelegenheit hatten gehört zu werden. Die verfahrensrechtliche Umsetzung der Anforderung erfolgt nach dem nationalen Recht des Ursprungsmitgliedstaates.[1105] Die Partei muss nicht tatsächlich angehört worden sein. Wenn sie sich an dem Verfahren nicht beteiligt hat, reicht es aus, dass sie die Möglichkeit hatte, angehört zu werden.[1106]   **7**

III. Anhörung des Kindes

Art. 41 Abs. 2 lit. c bzw. Art. 42 Abs. 2 Unterabs. 1 lit. a beziehen sich nicht auf die Anhörung des Kindes   **8**
als solche, sondern auf die **Möglichkeit des Kindes, gehört zu werden,** „sofern eine Anhörung nicht aufgrund seines Alters oder seines Reifegrads unangebracht erschien".[1107]

In Bezug auf das Recht auf Anhörung nach **Art. 42 Abs. 2 Unterabs. 1 lit. a** hat sich der EuGH dezidiert geäußert und dabei den Zusammenhang zu Art. 24 Charta der Grundrechte hergestellt. Danach hat das Gericht, das über die Rückgabe eines Kindes zu entscheiden hat, die **Zweckmäßigkeit** einer solchen Anhörung zu beurteilen. Diese kann sich im konkreten Fall, insbesondere soweit sie gegebenenfalls seine physische Anwesenheit vor dem Richter erforderlich macht, als unangebracht oder sogar als dem seelischen Wohlergehen des Kindes abträglich erweisen. Die Anhörung stellt somit keine absolute Verpflichtung dar, sondern muss im Einklang mit Art. 24 Abs. 2 der Charta der Grundrechte Gegenstand einer Beurteilung jedes Einzelfalls anhand der mit dem Wohl des Kindes zusammenhängenden Erfordernisse sein. Folglich ist die Durchführung einer Anhörung vor dem Gericht des Ursprungsmitgliedstaats nicht zwingend.[1108] In der Frage inwieweit das Kind angehört wird, besteht folglich ein gewisser Ermessensspielraum. Wird das Kind angehört, so hat das Gericht nach Maßgabe des Kindeswohls und unter Berücksichtigung der Umstände jedes Einzelfalls alle geeigneten Maßnahmen zu treffen, damit dem Kind eine tatsächliche und wirksame Möglichkeit geboten wird, sich frei zu äußern.[1109] Hierzu hat es auf alle ihm nach seinem nationalen Recht zur Verfügung stehenden verfahrensrechtlichen Mittel sowie auf die der grenzüberschreitenden gerichtlichen Zusammenarbeit eigenen Instrumente, wie die EuBVO, zurückzugreifen.[1110]

Letzteres gilt auch für die umgangsrechtlichen Entscheidungen. Die Ermessensentscheidung, ob das Kind   **9**
überhaupt angehört wird, beschränkt sich bei solchen Entscheidungen auf die Frage, ob die Anhörung nicht aufgrund des Alters oder des Reifegrads der Kindes unangebracht ist.[1111]

IV. Versäumnisverfahren

Damit für eine **Umgangsregelung**, die in einem **Versäumnisverfahren** ergangen ist, die Bescheinigung   **10**
erteilt werden kann, müssen die Anforderungen an die in Art. 41 Abs. 2 Buchst. a festgelegten Anforderungen für die Zustellung, die mit Art. 22 Buchst. b und Art. 23 Buchst. c übereinstimmen, eingehalten worden sein, vgl. deshalb → Art. 22 Rn. 7 ff. Sind die Anforderungen nicht erfüllt, reicht es aus, wenn der Antragsgegner mit der Säumnisentscheidung eindeutig einverstanden ist. Das kann zB angenommen werden, wenn zunächst der Umgang nach der Regelung in der Entscheidung praktiziert wurde und erst später davon abgesehen wurde.

Bei einer **Rückgabeanordnung** ist eine Versäumnisentscheidung ebenfalls möglich. Eine fehlende Zustel-   **11**
lung eines verfahrenseinleitenden Schriftstücks ist kein Hindernisgrund für die Ausstellung der Bescheinigung. Entscheidend ist allein, ob der Antragsgegner im Verfahren nach Art. 11 Abs. 8 Gelegenheit gehabt hat, unter Einhaltung der Anforderungen nach Art. 42 Abs. 2 **Unterabs. 1**lit. b. b gehört zu werden.[1112]

V. Berücksichtigung der Gründe nach Art. 13 HKÜ

Für die Rückgabeentscheidung verlangt Art. 42 Abs. 2 lit. c, dass das Gericht die Gründe und die Beweis-   **12**
mittel berücksichtigt hat, die das Gericht im Zufluchtsstaat seiner die Rückgabe ablehnenden Entscheidung nach Art. 13 HKÜ zugrunde gelegt hat.

1105 Rauscher/*Rauscher* Brüssel IIa-VO Art. 41 Rn. 27; *Hausmann* IntEuFamR Rn. N-239.
1106 MüKoFamFG/*Gottwald* Brüssel IIa-VO Art. 41 Rn. 6.
1107 EuGH 22.12.2010 Rs. C-491/10 PPU FamRZ 2011, 355 Rn. 62 (für Art. 42 Abs. 2 Unterabs. 1 lit. a.
1108 EuGH 22.12.2010 Rs. C-491/10 PPU FamRZ 2011, 355 Rn. 65.
1109 EuGH 22.12.2010 Rs. C-491/10 PPU FamRZ 2011, 355 Rn. 66.
1110 EuGH 22.12.2010 Rs. C-491/10 PPU FamRZ 2011, 355 Rn. 67, 68.
1111 Rauscher/*Rauscher* Brüssel IIa-VO Art. 41 Rn. 28.
1112 MüKoFamFG/*Gottwald* Brüssel IIa-VO Art. 42 Rn. 5; Rauscher/*Rauscher* Brüssel IIa-VO Art. 42 Rn. 15.

13 Dabei muss sich die Berücksichtigung der Gründe und Beweismittel unmittelbar aus dem Wortlaut der Entscheidung ergeben.[1113] Dafür ist erforderlich, dass die Entscheidung die Gründe und die Beweismittel ausdrücklich nennt und sich zumindest ansatzweise damit auch inhaltlich auseinandersetzt. Die bloße Floskel, die Gründe und Beweismittel seien berücksichtigt worden, genügt nicht.[1114] Eine Bindung an die der Entscheidung zugrunde gelegten Tatsachen folgt aus der Pflicht zur Berücksichtigung aber nicht.

14 Zu weitgehend ist es aber, zu fordern, dass eine Auseinandersetzung mit den Gründen und Beweismitteln auch auf dem Formblatt nach Anhang IV der EheVO 2003 dokumentiert werden muss.[1115] Das Formblatt ist ersichtlich nur darauf ausgerichtet, durch schlichtes Ankreuzen ausgefüllt zu werden. Nur in Punkt 12 des Formblatts „Umgangstitel nach Anhang III und Punkt 14 des Formblatts Rückgabe des Kindes nach Anhang IV sind weitergehende Anordnungen vorgesehen, für die Art. 45 Abs. 2 dementsprechend auch ein Übersetzungserfordernis anordnet.

VI. Grenzüberschreitender Bezug

15 Nach **Art. 41 Abs. 3** stellt das Gericht bei einem **Umgangstitel** die Bescheinigung von Amts wegen aus, wenn das Umgangsrecht einen Fall betrifft, der bereits bei Verkündung der Entscheidung einen grenzüberschreitenden Bezug aufweist. Dies ist nur der Fall, wenn aktuell eine Vollstreckung in einem anderen Staat in Betracht kommt, weil sich das Kind oder die umgangsberechtigte Person dauernd oder zeitweise im Ausland aufhalten oder ein solcher Aufenthalt konkret bevorsteht.[1116] Ein nur potenzieller grenzüberschreitender Bezug, etwa aufgrund der ausländischen Staatsangehörigkeit des sorgeberechtigten Elternteils, reicht nicht dafür aus, dass das Gericht von Amts wegen die Bescheinigung ausstellen muss.[1117] Erlangt der Fall erst nach Verkündung einen grenzüberschreitenden Bezug, stellt das Gericht die Bescheinigung auf Antrag aus.[1118] Für einen solchen Antrag ist nur zu fordern, dass ein aktueller oder zukünftiger grenzüberschreitender Bezug plausibel gemacht wird.[1119]

16 Ein solcher Antrag ist auch erforderlich, wenn der grenzüberschreitende Bezug zwar von Anfang an bestand, die Entscheidung ursprünglich aber nicht (vorläufig) vollstreckbar war und das Gericht von der Möglichkeit nach Art. 41 Abs. 1 S. 2 abgesehen hatte (→ Rn. 2).

17 Fraglich ist, ob der grenzüberschreitende Bezug zu einem **anderen Mitgliedstaat** der EheVO 2003 bestehen muss. Dafür spricht, dass die Bescheinigung die unmittelbare Vollstreckbarkeit nur in anderen Mitgliedstaaten bewirkt, im Verhältnis zu Drittstaaten hingegen keine Bedeutung hat.[1120]

18 Bei einer **Rückgabeanordnung** nach Art. 11 Abs. 8 besteht immer ein grenzüberschreitender Bezug zu einem anderen Mitgliedstaat, so dass Art. 42 eine solche Voraussetzung nicht gesondert aufstellt. Das Gericht stellt die Bescheinigung nach Art. 42 Abs. 2 S. 3 immer von Amts wegen aus, wenn die Voraussetzungen nach Art. 42 vorliegen.

D. Ausstellung der Bescheinigung

I. Formblatt

19 Die Bescheinigung für einen Umgangstitel wird auf dem Formblatt in Anhang III, für eine Rückgabeanordnung auf dem Formblatt in Anhang IV erteilt, Art. 41 Abs. 2 S. 1, Art. 42 Abs. 2 S. 3. Das Formblatt wird dabei jeweils in der Sprache ausgefüllt, in der die Entscheidung abgefasst ist, Art. 41 Abs. 2 S. 3, Art. 42 Abs. 2 S. 4. Die Verwendung des Formblatts gewährleistet die Verständlichkeit der Bescheinigung auch ohne Übersetzung. Eine Übersetzung ist nur für die Modalitäten der Ausübung des Umgangsrechts und für die Einzelheiten der Maßnahmen erforderlich, die ergriffen wurden, um die Rückgabe des Kindes sicherzustellen, Art. 45 Abs. 2 S. 1.

1113 HK-ZPO/*Dörner* EheGVVO Art. 42 Rn. 7; MüKo-FamFG/*Gottwald* Brüssel IIa-VO Art. 42 Rn. 6; Rauscher/*Rauscher* Brüssel IIa-VO Art. 42 Rn. 16; Geimer/Schütze/*Paraschas*, Internationaler Rechtsverkehr, B vor I Art. 42 Rn. 6.

1114 S. Rauscher/*Rauscher* Brüssel IIa-VO Art. 42 Rn. 16, der sich sogar für eine inhaltliche Auseinandersetzung im Formblatt ausspricht; dazu → Rn. 14.

1115 So aber Rauscher/*Rauscher* Brüssel IIa-VO Art. 42 Rn. 16.

1116 Rauscher/*Rauscher* Brüssel IIa-VO Art. 41 Rn. 32.

1117 MüKoFamFG/*Gottwald* Brüssel IIa-VO Art. 41 Rn. 10.

1118 MüKoFamFG/*Gottwald* Brüssel IIa-VO Art. 41 Rn. 11.

1119 Geimer/Schütze/*Geimer*, Europäisches Zivilverfahrensrecht, Art. 41 VO (EG) 2201/2003 Rn. 23.

1120 Wenn dann der Umgang in einem Drittstaat stattfindet, ist dies unschädlich, s. Rauscher/*Rauscher* Brüssel IIa-VO Art. 41 Rn. 31; wohl missverständlich formuliert MüKoFamFG/*Gottwald* Brüssel IIa-VO Art. 41 Rn. 10, der allgemein einen Bezug zu einem Drittstaat ausreichen lassen will.

II. Ausstellender Richter

Die Bescheinigung für den Umgangstitel wird nach Art. 41 Abs. 2 von dem Richter des Ursprungsmitgliedstaats ausgestellt. Nach dem Wortlaut kann dies der Richter sein, der die Entscheidung erlassen hat. Möglich wäre aber auch, einen anderen Richter für zuständig zu erklären. Art. 42 Abs. 2 bestimmt demgegenüber ausdrücklich, dass der Richter, der die Rückgabeanordnung erlassen hat, auch die Bescheinigung ausstellt.   **20**

Für Deutschland bestimmt § 48 Abs. 2 IntFamRVG für beide Titel einheitlich, dass beim Gericht des ersten Rechtszugs der Familienrichter, in Verfahren vor dem OLG oder dem BGH der Vorsitzende des Senats für Familiensachen die Bescheinigung ausstellt.   **21**

E. Rechtsfolgen

Eine Entscheidung, die mit der Bestätigung nach Art. 41 Abs. 2 bzw. Art. 42 Abs. 2 versehen worden ist, wird in jedem Mitgliedstaat wie eine inländische vollstreckt. Das Erfordernis der Vollstreckbarerklärung besteht nicht.   **22**

Mit der Formulierung, dass die Anerkennung nicht „angefochten" werden darf, ist gemeint, dass keine Einwendungen gegen die Anerkennung erhoben werden können,[1121] wie sie in Art. 23 Buchst. a bis d vorgesehen sind. Das schließt auch den Einwand des Verstoßes gegen den ordre public oder die Charta der Grundrechte ein (s. auch → Art. 43 Rn. 11). Ausgeschlossen ist auch, dass der Verpflichtete ein Verfahren nach Art. 21 Abs. 3 betreibt, um die Nichtanerkennung feststellen zu lassen.[1122]   **23**

Art. 43 EheVO 2003 Klage auf Berichtigung

(1) Für Berichtigungen der Bescheinigung ist das Recht des Ursprungsmitgliedstaats maßgebend.

(2) Gegen die Ausstellung einer Bescheinigung gemäß Artikel 41 Absatz 1 oder Artikel 42 Absatz 1 sind keine Rechtsbehelfe möglich.

A. Berichtigung 1
B. Unzulässigkeit von Rechtsbehelfen gegen die
    Ausstellung der Bescheinigung 5
C. Rechtsbehelfe gegen die Entscheidung 7
D. Rechtsmittel im Vollstreckungsmitgliedstaat .. 10
E. Abänderung der Entscheidung 13

A. Berichtigung

Eine Aufhebung (einen Widerruf) der Bescheinigung im Ursprungsstaat hätte zur Folge, dass die Entscheidung nunmehr den allgemeinen Vorschriften über die Anerkennung und Vollstreckung von Entscheidungen, also den Art. 21 ff., unterliegt. Die Verordnung lässt im Unterschied zu Art. 48 EheVO 2019 eine solche nicht zu, sondern nur die Berichtigung. Nach Art. 43 Abs. 1 erfolgt eine Berichtigung der Bescheinigung nach dem Recht des Ursprungsmitgliedstaats. Das impliziert, dass diese nur durch die zuständige Stelle im Ursprungsmitgliedstaat vorgenommen werden kann.[1123]   **1**

Eine **Abgrenzung** hat zu erfolgen zwischen der Berichtigung nach Abs. 1 und der nach Abs. 2 unzulässigen Rechtsbehelfen. Nach ErwGr. 24 S. 2 erfasst die Berichtigung „materielle Fehler". Ein solcher soll vorliegen, wenn in der Bescheinigung der Inhalt der Entscheidung nicht korrekt wiedergegeben ist. Durch die Berichtigung kann daher nur eine Korrektur von Fehlern erreicht werden, die bei der Umsetzung des Entscheidungsinhalts in die Bescheinigung aufgetreten sind. Möglich sind neben reinen Tippfehlern auch inhaltlich unrichtige Übernahmen aus der Entscheidung.[1124] Beispiele sind etwa die Verwechslung der Parteien, fehlerhafte Übertragung von Zeiten, an denen der Umgang stattfinden soll.[1125]   **2**

Im deutschen Recht bestimmt § 49 IntFamRVG die entsprechende Anwendbarkeit von § 319 ZPO für eine Berichtigung der Bescheinigung.   **3**

Kein Fall der Berichtigung sind hingegen Einwendungen, dass die Voraussetzungen für die Erteilung der Bescheinigung nach Art. 41 Abs. 2 und Art. 42 Abs. 2 nicht vorgelegen hätten.   **4**

1121 *Solomon* FamRZ 2004, 1409 (1418).
1122 Geimer/Schütze/*Paraschas*, Internationaler Rechtsverkehr, B vor I Art. 42 Rn. 1.
1123 EuGH 22.12.2010 Rs. C-491/10 PPU FamRZ 2011, 355 Rn. 50; Rauscher/*Rauscher* Brüssel IIa-VO Art. 43 Rn. 9; *Hausmann* IntEuFamR Rn. N-267.

1124 Geimer/Schütze/*Paraschas*, Internationaler Rechtsverkehr, B vor I Art. 43 Rn. 5; Rauscher/*Rauscher* Brüssel IIa-VO Art. 43 Rn. 11.
1125 S. auch Geimer/Schütze/*Paraschas*, Internationaler Rechtsverkehr, B vor I Art. 43 Rn. 5.

B. Unzulässigkeit von Rechtsbehelfen gegen die Ausstellung der Bescheinigung

5 Nach Art. 43 Abs. 2 sind Rechtsbehelfe gegen die Ausstellung einer Bescheinigung nicht möglich.[1126] Der **Zweck der Regelung** besteht darin, dass die Beschleunigung und Vereinfachung, die durch die Abschaffung des Exequaturverfahrens im Vollstreckungsstaat erreicht werden sollen, nicht durch ein zusätzliches Rechtsmittelverfahren im Entscheidungsstaat zumindest teilweise zunichte gemacht werden.[1127] Unzulässig ist damit die Einleitung eines Rechtsbehelfsverfahrens, in dem geltend gemacht wird, dass die Voraussetzungen für die Erteilung der Bescheinigung nach Art. 41 Abs. 2 oder Art. 42 Abs. 2 nicht vorgelegen haben.[1128] Die Rechte des Antragsgegners hinsichtlich der Gewährleistung der unionsrechtlich einheitlichen Mindestanforderungen an das Verfahren im Entscheidungsmitgliedstaat werden folglich wesentlich beschnitten, um die rasche Durchsetzung der Entscheidung zu sichern.

An sich müsste der Einwand zulässig sein, die Bescheinigung hätte bereits deshalb nicht ausgestellt werden dürfen, weil die Entscheidung außerhalb des in Art. 40 festgelegten Anwendungsbereichs liegt. Aufgrund der Formulierung in Art. 43 Abs. 2 ist dies nicht zweifelsfrei.

6 **Art. 48 EheVO 2019** wird hier eine wesentliche Verbesserung bringen. Es bleibt dabei, dass gegen die Ausstellung der Bescheinigung nur im Ursprungsmitgliedstaat vorgegangen werden kann. Es gibt weiterhin die Berichtigung der Bescheinigung, wenn zwischen der zu vollstreckenden Entscheidung und der Bescheinigung aufgrund eines „materiellen Fehlers oder einer Auslassung" eine Unstimmigkeit besteht. Neu ist der Widerruf auf Antrag oder von Amts wegen, wenn die in der Verordnung vorgesehenen Voraussetzungen – wie die Anhörung des Kindes – nicht erfüllt worden sind. Die Neuregelung gilt nur für Bescheinigungen, die Entscheidungen betreffen, deren Verfahren seit dem 1.8.2022 eingeleitet werden.

C. Rechtsbehelfe gegen die Entscheidung

7 Gegenwärtig kommen nur **Rechtsbehelfe gegen die zugrunde liegende Entscheidung** im Ursprungsmitgliedstaat selbst infrage.[1129] Sie können auch auf die Nichteinhaltung der Voraussetzungen nach Art. 41 Abs. 2 oder Art. 42 Abs. 2 gestützt werden.[1130] Dies bedeutet, dass eine Entscheidung durch das Rechtsmittelgericht aufgehoben werden muss, die im Verfahren nach Art. 11 Abs. 8 ergangen ist, sich aber nicht entsprechend den Vorgaben in Art. 42 Abs. 2 Buchst. c mit den Gründen und Beweismitteln auseinandergesetzt hat, die der nach Art. 13 HKÜ ergangenen Entscheidung zugrunde lagen. Mit der Aufhebung der Entscheidung entfällt auch die Grundlage für die Bescheinigung.[1131] Eine Vollstreckung ist nicht mehr möglich.

8 Ausgeschlossen ist ein Rechtsmittel gegen die **Ermessensentscheidung** des Gerichts, die Bescheinigung auszustellen, obgleich die zugrunde liegende Entscheidung nach dem Recht des Ursprungsmitgliedstaats noch nicht (vorläufig) vollstreckbar ist (→ Art. 41, 42 Rn. 2 ff.). Diese Ermessenentscheidung ist Bestandteil der Entscheidung über die Ausstellung der Bescheinigung und kann daher wie diese nicht durch ein Rechtsmittel angefochten werden.[1132]

9 Möglich muss es aber sein, dass das **Rechtsmittelgericht**, das mit einer Beschwerde gegen die zugrunde liegende Entscheidung befasst ist, eine Entscheidung treffen kann, durch die die vorläufige Vollstreckbarkeit der erstinstanzlichen Entscheidung beseitigt wird, um den status quo für die Dauer des Rechtsmittelverfahrens zu sichern.[1133] Uneingeschränkt zulässig sind Rechtsbehelfe gegen die **Nichtausstellung der Bescheinigung**.[1134]

D. Rechtsmittel im Vollstreckungsmitgliedstaat

10 Zu unterscheiden ist zwischen der Vollstreckbarkeit und der Vollstreckung im Vollstreckungsmitgliedstaat. Die Vollstreckbarkeit kann im Vollstreckungsmitgliedstaat nicht mit Rechtsmitteln angegriffen werden, wenn es sich um eine Entscheidung handelt, die in den Anwendungsbereich des Art. 40 fällt und für die im

---

1126 EuGH 22.12. 2010 Rs. C-491/10 PPU FamRZ 2011, 355 Rn. 50.

1127 Geimer/Schütze/*Paraschas*, Internationaler Rechtsverkehr, B vor I Art. 43 Rn. 2; Rauscher/*Rauscher* Brüssel IIa-VO Art. 43 Rn. 1; *Hausmann* IntEuFamR Rn. N-269.

1128 EuGH 22.12.2010 Rs. C-491/10 PPU FamRZ 2011, 355 Rn. 50.

1129 EuGH 22.12.2010 Rs. C-491/10 PPU FamRZ 2011, 355 Rn. 51; Geimer/Schütze/*Paraschas*, Internationaler Rechtsverkehr, B vor I Art. 43 Rn. 3; *Hausmann* IntEuFamR Rn. N-271.

1130 EuGH 22.12.2010 Rs. C-491/10 PPU FamRZ 2011, 355 Rn. 73 (Anhörungsrecht des Kindes); *Hausmann* IntEuFamR Rn. N-272.

1131 Staudinger/*Pirrung* EGBGB Vor Art. 19 Rn. C 170.

1132 S. Rauscher/*Rauscher* Brüssel IIa-VO Art. 43 Rn. 2.

1133 MüKoFamFG/*Gottwald* Brüssel IIa-VO Art. 43 Rn. 4; Rauscher/*Rauscher* Brüssel IIa-VO Art. 43 Rn. 3.

1134 Geimer/Schütze/*Paraschas*, Internationaler Rechtsverkehr, B vor I Art. 43 Rn. 9; MüKoFamFG/*Gottwald* Brüssel IIa-VO Art. 43 Rn. 5.

Ursprungsmitgliedstaat eine Bescheinigung nach Art. 41 Abs. 1 oder 42 Abs. 1 ausgestellt worden ist. Dass die Bescheinigung nicht den Anforderungen der Art. 41 Abs. 2 bzw. 42 Abs. 2 gerecht wird, kann im Vollstreckungsmitgliedstaat nicht eingewandt werden.

Die Vollstreckung selbst erfolgt nach dem Recht des Vollstreckungsmitgliedstaates, vgl. Art. 47 Abs. 1. **11** Folglich sind Rechtsbehelfe im Vollstreckungsmitgliedstaat möglich, die gegen die Vollstreckung einer inländischen Entscheidung gleichen Inhalts zulässig sind. Dies ist in der deutschen Literatur zum Teil dahin gehend verstanden worden, dass soweit die Vollstreckung mit dem Rechtsstaatsprinzip und den Grundrechten insbesondere des betroffenen Kindes unvereinbar ist, sie insoweit verweigert werden kann, als dies für inländische Entscheidungen gleichermaßen zutrifft. Damit wäre eine – wenn auch eingeschränkt – ordre public Kontrolle gewährleistet.[1135] Dagegen spricht, dass sich aus der Verordnung eine klare Zuständigkeitsverteilung zwischen dem Ursprungs- und dem Vollstreckungsmitgliedstaat ergibt.[1136] Gegen eine gemäß Art. 41 oder 42 ausgestellte Bescheinigung, die der Entscheidung die Vollstreckbarkeit in den anderen Mitgliedstaaten verleiht, sind im Vollstreckungsmitgliedstaat keine Rechtsbehelfe möglich.[1137] Die Gerichte des Vollstreckungsstaates sind auf die Prüfung von Fragen der Vollstreckung im engeren Sinn, dh der Modalitäten der Vollstreckung der Entscheidung beschränkt.[1138] Dazu gehört neben Zuständigkeitsfragen die Verfahrensordnung, aber auch welche Mittel zur Durchsetzung der Entscheidung heranzuziehen sind, hierzu näher → Art. 47 Rn. 4 ff. Die Prüfungskompetenz – auch für die Wahrung der Rechte aus der Grundrechtecharta – wird in der Verordnung folglich ausschließlich dem Ursprungsmitgliedstaat der Entscheidung zugewiesen.[1139] Die Vollstreckung kann auch nicht deshalb verweigert werden, weil auf Grund der eingetretenen Änderung der Umstände das Wohl des Kindes schwerwiegend gefährdet sein könnte. Ein etwaiger Antrag auf Aufhebung/Aussetzung der Vollstreckbarkeit der Entscheidung ist beim Ursprungsgericht zu stellen.[1140] Eine Änderung der Sachentscheidung selbst muss vor den Gerichten beantragt werden, die hierfür nach der Verordnung international zuständig sind. Bei Entscheidungen nach Art. 11 Abs. 8 sind dies stets die Gerichte des Mitgliedstaates, in dem das Kind vor Entführung/Zurückhaltung seinen gewöhnlichen Aufenthalt hatte.[1141] Bleiben dahin gehende Anträge ohne Erfolg, steht es dem Betroffenen frei, Individualbeschwerde beim EGMR gegen den Ursprungsmitgliedstaat wegen möglicher Verletzung von Art. 8, 14 EMRK zu erheben.[1142] Insgesamt kann dies dazu führen, dass im Ergebnis das Wohl des Kindes hintansteht. Voraussetzung, damit das Regelungssystem funktioniert, ist die richterliche Neutralität und die Orientierung der Entscheidung allein am Wohl des Kindes. Das gilt sowohl für die Gerichte des Mitgliedstaates, in den das Kind entführt wurde, als auch für die Gerichte des Mitgliedstaates, aus dem die Entführung stattfand.[1143]

Der Ausschluss von Rechtsmitteln gilt nur für wirksame, wenn eventuell auch fehlerhafte Bescheinigungen. **12** Bei **Nichtigkeit** kann die Bescheinigung keine Rechtswirkungen entfalten. Dies kann auch im Vollstreckungsmitgliedstaat geltend gemacht werden.[1144] Nichtigkeit wird bei „schwersten Mängeln"[1145] angenommen, etwa wenn die Bescheinigung nicht von einem Richter, sondern einem unzuständigen Gerichtsmitarbeiter stammt.[1146] Im Vollstreckungsmitgliedstaat sollte auch geltend gemacht werden können, dass die Entscheidung für die die direkte Vollstreckung betrieben wird, nicht in den Anwendungsbereich der Art. 40 ff. fällt.[1147] Typisches Beispiel wäre, wenn das Gericht eines Mitgliedstaats eine Bescheinigung nach Art. 42 für eine **Rückgabeanordnung** ausstellt, obgleich die Rückgabeanordnung nicht im Verfahren nach Art. 11 Abs. 8 ergangen ist.[1148]

1135 S. dazu *Helms* FamRZ 2002, 1593 (1602); *Solomon* FamRZ 2004, 1409 (1419); HK-ZPO/*Dörner* EheGVVO Art. 41 Rn. 11; Rauscher/*Rauscher* Brüssel IIa-VO Art. 40 Rn. 9; Art. 42 Brüssel IIa-VO Rn. 4 ff.; aA *Hausmann* IntEuFamR Rn. N-301.

1136 EuGH 1.7.2010 Rs. C-211/10, FamRZ 2010, 1229 Rn. 73.

1137 EuGH 22.12.2010 Rs. C-491/10 PPU FamRZ 2011, 355 Rn. 54; EuGH 1.7.2010 Rs. C-211/10, FamRZ 2010, 1229 Rn. 73; *Schulz*, Anm. zu EuGH Rs. C-491/10 PPU FamRZ 2011, 359.

1138 EuGH 1.7.2010 Rs. C-211/10, FamRZ 2010, 1229 Rn. 75.

1139 EuGH 22.12.2010 Rs. C-491/10 PPU FamRZ 2011, 355 Rn. 69; *Schulz*, Anm. zu EuGH Rs. C-491/10PPU FamRZ 2011, 359 (360); *Hausmann* IntEuFamR Rn. N-254.

1140 OGH, 20.3.2013 – 6Ob39/13 y IPRax 2014, 543 (betrifft Entscheidung nach Art. 11 Abs. 8).

1141 Ausführlich kritisch hierzu Rauscher/*Rauscher* Brüssel IIa-VO Art. 42 Rn. 4 ff.

1142 EGMR 18.6.2013 Beschwerde Nr. 3890/11, FamRZ 2013, 1793; Rauscher/*Rauscher* Brüssel IIa-VO Art. 42 Rn. 5 c.

1143 *Henrich*, Anm. zu EGMR, 12.7.2011 Beschwerde Nr. 14737/09, FamRZ 2011, 1482 (1484).

1144 Geimer/Schütze/*Geimer*, Europäisches Zivilverfahrensrecht, Art. 43 VO (EG) 2201/2003 Rn. 12 f.; *Hausmann* IntEuFamR Rn. N-273.

1145 Rauscher/*Rauscher* Brüssel IIa-VO Art. 43 Rn. 8: Nichtigkeit bei schwersten Mängeln.

1146 Geimer/Schütze/*Geimer*, Europäisches Zivilverfahrensrecht, Art. 43 VO (EG) 2201/2003 Rn. 12; Rauscher/*Rauscher* Brüssel IIa-VO Art. 43 Rn. 8.

1147 *Hausmann* IntEuFamR Rn. N-273.

1148 So wohl im Ergebnis OGH 20.3.2013 – 6 Ob 39/13 y IPRax 2014, 543, Rn. 5.6. ff.; OGH 30.7.2014 – 6Ob113/14 g (unter dem Az. im Internet zu finden).

E. Abänderung der Entscheidung

13 Die Abänderung der Entscheidung, für die eine Bescheinigung nach Art. 41 oder 42 ausgestellt wurde, ist durch Art. 43 nicht ausgeschlossen.[1149] Ist die zweite Entscheidung dann im Vollstreckungsstaat vollstreckbar und mit der ersten Entscheidung unvereinbar, für die eine Bescheinigung nach Art. 41 1 oder 42 ausgestellt wurde, so ist die Vollstreckung Letzterer ausgeschlossen, vgl. Art. 47 Abs. 2 Unterabs. 2. Die Hürde besteht darin, dass eine solche Abänderung überhaupt zulässig sein muss. Was eine spätere Sachentscheidung durch ein Gericht des Vollstreckungsmitgliedsstaates betrifft, so ist die Möglichkeit bereits dadurch begrenzt, dass hierfür die internationale Zuständigkeit nach der Verordnung bestehen muss. Auch eine Abänderung der Entscheidung im Ursprungsmitgliedstaat setzt voraus, dass für eine solche Sachentscheidung noch im Zeitpunkt der Anrufung des Gerichts die internationale Zuständigkeit nach der Verordnung gegeben ist. Hieraus ergibt sich eine Differenzierung zwischen den nach Art. 41 und 42 ergangenen Entscheidungen.

14 Keine Abänderung iSd Art. 47 Abs. 2 Unterabs. 2 ist die Regelung der praktischen Modalitäten der Ausübung des Umgangsrechts im Vollstreckungsmitgliedstaat, die sich im Rahmen der Entscheidung des Ursprungsmitgliedstaates hält. Die Zuständigkeit hierfür ergibt sich unmittelbar aus Art. 48. Für darüber hinausgehende Sachentscheidungen des Vollstreckungsmitgliedstaates zum **Umgangsrecht** muss die internationale Zuständigkeit nach Art. 8 ff. bestehen, während sie für die Gerichte der Mitgliedsstaates, in dem die Erstentscheidung getroffen wurde, nicht mehr vorliegt.[1150] Wird daraufhin im Vollstreckungsmitgliedstaat eine Sachentscheidung zum Umgang erlassen und ist sie unvereinbar mit der Erstentscheidung, für die eine Bescheinigung nach Art. 41 ausgestellt wurde, so entfällt damit die Vollstreckbarkeit der Erstentscheidung.[1151]

15 Art. 10 sichert, dass bei widerrechtlichem Verbringen/Zurückhalten eines Kindes grundsätzlich **kein Übergang der Zuständigkeit** von den Gerichten des Mitgliedstaates, in dem das Kind unmittelbar vor dem widerrechtlichen Verbringen seinen gewöhnlichen Aufenthalt hatte, auf die Gerichte des Mitgliedstaates, in den das Kind verbracht wurde, erfolgt, selbst wenn das Kind im Verbringungsstaat einen gewöhnlichen Aufenthalt erlangt haben sollte.[1152] Daraus folgt, dass sich die Frage nach der Unvereinbarkeit iSv Art. 47 Abs. 2 Unterabs. 2 nur in Bezug auf eine etwaige **spätere Entscheidung** des Gerichts des Ursprungsmitgliedstaates stellen kann.[1153] Eine solche Unvereinbarkeit liegt vor, wenn die Entscheidung von einem Gericht des Ursprungsmitgliedstaats aufgehoben oder geändert wird. Die Aufhebung oder Änderung muss dabei nicht ausdrücklich erfolgen, sie kann auch aus dem Inhalt der späteren Entscheidung abgeleitet sein.[1154] Würde die später ergangene Entscheidung eines Gerichts des Vollstreckungsmitgliedstaats der Vollstreckung einer früheren, mit einer Bescheinigung versehenen Entscheidung im Ursprungsmitgliedstaat, mit der die Rückgabe des Kindes nach Art. 11 Abs. 8 angeordnet wird, entgegenstehen, so könnte dies eine Umgehung des durch Abschnitt 4 von Kapitel III der Verordnung geschaffenen Systems darstellen. Damit würde Art. 11 Abs. 8, der den Gerichten des Mitgliedstaates, in dem das Kind vor der Entführung seinen gewöhnlichen Aufenthalt hatte, die Letztentscheidungsbefugnis einräumt und der nach Art. 60 der Verordnung Vorrang vor dem HKÜ hat, die praktische Wirksamkeit genommen.[1155] Folglich muss eine Änderung der Entscheidung nach Art. 11 Abs. 8 wegen der seit Erlass der Entscheidung eingetretenen Änderung der Umstände, die das Wohl des Kindes schwerwiegend gefährden könnte, im Ursprungsmitgliedstaat beantragt werden.[1156]

Art. 44 EheVO 2003 Wirksamkeit der Bescheinigung

Die Bescheinigung ist nur im Rahmen der Vollstreckbarkeit des Urteils wirksam.

1149 *Solomon* FamRZ 2004, 1409 (1419); *Hausmann* IntEuFamR Rn. N-275.

1150 Die Zuständigkeit, die aus der Anhängigkeit der Erstentscheidung resultiert, endet, wenn diese rechtskräftig geworden ist (s. EuGH 15.2.2017 Rs. C-499/15, FamRZ 2017, 734; OLG Stuttgart 8.6.2017 – 17 UF 45/16). Ob die Gerichte dieses Mitgliedstaates weiterhin zuständig sind, ist neu zum Zeitpunkt der Anhängigkeit des Abänderungsantrags zu entscheiden, wobei die spezielle Regelung für das Umgangsrecht (Art. 9) bei Wechsel des gewöhnlichen Aufenthalts nicht außer Acht bleiben darf.

1151 *Hausmann* IntEuFamR Rn. N-276.

1152 EuGH 1.7.2010 Rs. C-211/10; FamRZ 2010, 1229 Rn. 44.

1153 EuGH 1.7.2010 Rs. C-211/10; FamRZ 2010, 1229 Rn. 76.

1154 EuGH 1.7.2010 Rs. C-211/10; FamRZ 2010, 1229 Rn. 77.

1155 EuGH 1.7.2010 Rs. C-211/10; FamRZ 2010, 1229 Rn. 78.

1156 OGH 20.3.2013 – 6Ob39/13 y IPRax 2014, 543.

Die Vorschrift ist klarstellender Natur.[1157] Sie entspricht Art. 11 der VO 805/2004. Wie bei dieser liegt die   **1**
Bedeutung der Bestimmung in dem Wörtchen „nur". Die Bescheinigung hat nur Bedeutung für die unmittelbare Vollstreckbarkeit der Entscheidung in allen Mitgliedstaaten.

Art. 45 EheVO 2003 Urkunden

(1) Die Partei, die die Vollstreckung einer Entscheidung erwirken will, hat Folgendes vorzulegen:

**a) eine Ausfertigung der Entscheidung, die die für ihre Beweiskraft erforderlichen Voraussetzungen
erfüllt,**

und

b) die Bescheinigung nach Artikel 41 Absatz 1 oder Artikel 42 Absatz 1.

(2) Für die Zwecke dieses Artikels

**– wird der Bescheinigung gemäß Artikel 41 Absatz 1 eine Übersetzung der Nummer 12 betreffend
die Modalitäten der Ausübung des Umgangsrechts beigefügt;**

**– wird der Bescheinigung gemäß Artikel 42 Absatz 1 eine Übersetzung der Nummer 14 betreffend
die Einzelheiten der Maßnahmen, die ergriffen wurden, um die Rückgabe des Kindes sicherzustellen, beigefügt.**

**¹Die Übersetzung erfolgt in die oder in eine der Amtssprachen des Vollstreckungsmitgliedstaats oder
in eine andere von ihm ausdrücklich zugelassene Sprache. ²Die Übersetzung ist von einer hierzu in
einem der Mitgliedstaaten befugten Person zu beglaubigen.**

A. Regelungsgegenstand 1   D. Sprachen 11
B. Entscheidung 3   E. Anforderungen an Übersetzer 12
C. Bescheinigung 4

A. Regelungsgegenstand

Die Vorschrift bestimmt **autonom und abschließend**,[1158] welche Anforderungen an die Vorlage der Ent-   **1**
scheidung selbst und an die Bescheinigung nach Art. 41 Abs. 2 oder Art. 42 Abs. 2 zu stellen sind, damit auf
ihrer Grundlage in einem anderen Mitgliedstaat die Vollstreckung durchgeführt wird.

Im Vollstreckungsverfahren darf nur geprüft werden, ob die vorgelegten Unterlagen den Anforderungen   **2**
nach Art. 45 genügen, nicht hingegen, ob sie auch sachlich nach Art. 41 oder Art. 42 zu Recht erteilt worden
sind.[1159]

B. Entscheidung

Von der zu vollstreckenden Entscheidung ist eine Ausfertigung vorzulegen, die die für ihre Beweiskraft   **3**
erforderlichen Voraussetzungen erfüllt. Die Regelung entspricht der in Art. 37 Abs. 1 Buchst. a. Vorzulegen
ist eine Ausfertigung, welche im Ursprungsmitgliedstaat die Qualität einer öffentlichen Urkunde hat und
daher den vollen Beweis für den Inhalt der Entscheidung bringt.[1160] Nach dem klaren Wortlaut ist eine
Abschrift nicht ausreichend.[1161] Eine **Übersetzung** der Entscheidung ist hingegen nicht vorzulegen. Nach
Art. 52 ist auch eine Legalisation oder eine ähnliche Förmlichkeit nicht erforderlich. In Deutschland gilt
damit für die ausländische öffentliche Urkunde die Vermutung der Echtheit nach § 437 Abs. 1 ZPO
(→ Art. 52 Rn. 1).

C. Bescheinigung

Die Bescheinigung nach Art. 41 Abs. 1 oder Art. 42 Abs. 1 ist im Original vorzulegen.[1162]   **4**

Grundsätzlich ist keine **Übersetzung** erforderlich, da die Bescheinigung auf dem Formblatt nach Anhang   **5**
III (Umgangsrecht) oder Anhang IV (Rückgabeanordnung) der EheVO 2003 ausgestellt wird. Übersetzt
werden müssen aber nach Abs. 2 Spiegelstrich 1 bei einem Umgangstitel die Bestimmungen in Nummer 12

1157 Rauscher/*Rauscher* Brüssel IIa-VO Art. 44 Rn. 1.
1158 *Hausmann* IntEuFamR Rn. N-278.
1159 HK-ZPO/*Dörner* EheGVVO Art. 45 Rn. 4; MüKo-
FamFG/*Gottwald* Brüssel IIa-VO Art. 45 Rn. 5.
1160 Geimer/Schütze/*Paraschas*, Internationaler Rechtsverkehr, B vor I Art. 45 Rn. 3; Rauscher/*Rauscher*
Art. 45 Brüssel IIa-VO Rn. 7.

1161 MüKoFamFG/*Gottwald* Brüssel IIa-VO Art. 45 Rn. 1
mwN.
1162 Geimer/Schütze/*Paraschas*, Internationaler Rechtsverkehr, B vor I Art. 45 Rn. 4.

des Formblatts, die sich auf die **Modalitäten der Ausübung des Umgangsrecht** beziehen. Dort ist vorgesehen, dass das Umgangsrecht nicht nur nach Datum und Uhrzeit und Ort näher bestimmt wird, sondern auch besondere Pflichten des Trägers der elterlichen Verantwortung und des Umgangsberechtigten sowie etwaige Beschränkungen des Umgangsrechts angeordnet werden können. Sind die Angaben auf dem Formblatt zu kurz und damit nicht ausreichend konkret, ist eine Ergänzung durch die Übersetzung des einschlägigen Teils der Entscheidung möglich.[1163] Zudem können praktischen Modalitäten der Ausübung des Umgangsrechts ergänzend nach Art. 48 durch die Gerichte des Vollstreckungsmitgliedstaats geregelt werden.

6   Für die **Rückgabeanordnung** schreibt Abs. 2 Spiegelstrich 2 vor, dass die im Formblatt unter Nr. 14 aufgeführten Einzelheiten der Maßnahmen übersetzt werden müssen, die ergriffen wurden, um die Rückgabe des Kindes sicherzustellen. Diese Formulierung ist zumindest missverständlich. Gemeint sein können nur die Maßnahmen, die in Art. 42 Abs. 2 S. 2 genannt sind. Dort wird bestimmt, dass die Maßnahmen, die das Gericht oder eine andere Behörde ergreift, um den Schutz des Kindes **nach seiner Rückkehr** in den Staat des gewöhnlichen Aufenthalts sicherzustellen, in die Bescheinigung aufzunehmen sind.[1164] Dem entspricht auch die Formulierung unter Nr. 14 auf dem Formblatt in Anhang IV.

7   Diese Schutzmaßnahmen sind insoweit unproblematisch als sie im Zufluchtsstaat nicht vollstreckt, sondern erst im Entscheidungsstaat vorgenommen werden sollen. Die Angabe dieser Maßnahmen hat gleichsam vorbeugenden Charakter. Hintergrund ist, dass die Rückgabeanordnung in dem Mitgliedstaat vollstreckt werden muss, in dem zuvor ein Gericht die Rückgabe des Kindes nach Art. 13 HKÜ abgelehnt hat. Die Angabe der Maßnahmen, die zum Schutz des Kindes nach seiner Rückkehr ergriffen werden, soll Bedenken im Vollstreckungsmitgliedstaat ausräumen, die Rückführung des Kindes bewirke eine nicht hinnehmbare Verletzung des Kindeswohls.[1165]

8   Aus vollstreckungsrechtlicher Hinsicht erscheint es problematisch, dass sich aus der Bescheinigung nach dem Formblatt nur die schlichte **Anordnung der Rückgabe** des Kindes ergibt. Rückgabe bedeutet nun aber nicht zwingend Herausgabe des Kindes an den Rückgabeberechtigten. Möglich ist auch, dass der Entführer verpflichtet werden soll, mit dem Kind in den Mitgliedstaat des bisherigen gewöhnlichen Aufenthalts zurückzukehren oder dass das Kind an eine dritte Person zum Zwecke der Rückführung herausgegeben werden soll. Eine Vollstreckung scheint daher nur möglich, wenn auf dem Formblatt eine nähere Konkretisierung der angeordneten Rückgabe erfolgt, die selbstverständlich auch übersetzt sein muss.

9   Eine Übersetzung ist über die in Art. 45 Abs. 2 genannten Angaben hinaus immer dann erforderlich, wenn die Bescheinigung Angaben enthält, die für eine Person, die die verwendete Sprache nicht beherrscht, sonst nicht verständlich ist.[1166] Dies folgt aus dem Regelungszweck der Vorschrift, die ersichtlich darauf gerichtet ist, den Umfang der erforderlichen Übersetzungen durch die Verwendung von Formblättern möglichst gering zu halten, auf der anderen Seite aber eine Übersetzung für die Angaben anordnet, die ansonsten nicht verständlich sind. Eine Übersetzung ist daher für all die Ausführungen zu verlangen, die das Gericht gegebenenfalls zusätzlich in das Formblatt aufnimmt.[1167] Gleiches muss auch gelten, wenn im Formblatt vorgesehene Angaben in einer Art gemacht werden, die nur bei Kenntnis der Sprache verstanden werden, etwa wenn Monatsangaben in einem Datum mit dem Namen des Monats angegeben werden.

10   Weitergehend muss man verlangen, dass die Angaben etwa zum Namen und zur Adresse des ausstellenden Gerichts oder des Gerichts, das die Entscheidung erlassen hat, in einer Schrift angegeben werden müssen, die im Vollstreckungsstaat gelesen werden kann. So muss ein in Griechisch ausgefülltes Formular durch entsprechende **Transliteration** in lateinischer Schrift ergänzt sein, wenn eine Vollstreckung in Deutschland erfolgen soll.[1168] Eine solche Transliteration kann bereits durch das das Formular ausfüllende Gericht auf dem Formular selbst vorgenommen werden. Ansonsten ist eine gesonderte Transliteration nach denselben Regeln, die für die Übersetzung gelten, zu fordern.

D. Sprachen

11   Die Übersetzung muss in eine der Amtssprachen des Vollstreckungsmitgliedstaates oder in eine andere von ihm ausdrücklich zugelassene Sprache erfolgen. Nach Art. 67 S. 1 lit. c[1169] teilen die Mitgliedstaaten der Kommission die danach zugelassenen Sprachen mit, die diese veröffentlicht.[1170] Zu beachten ist dabei, dass

---

1163 S. Rauscher/*Rauscher* Brüssel IIa-VO Art. 45 Rn. 10; *Hausmann* IntEuFamR Rn. N-281.
1164 Rauscher/*Rauscher* Brüssel IIa-VO Art. 45 Rn. 14.
1165 So auch *Hausmann* IntEuFamR Rn. N-282.
1166 Rauscher/*Rauscher* Brüssel IIa-VO Art. 45 Rn. 11.
1167 Rauscher/*Rauscher* Brüssel IIa-VO Art. 45 Rn. 11.
1168 Rauscher/*Rauscher* Brüssel IIa-VO Art. 45 Rn. 12.

1169 Der Wortlaut von Art. 67 S. 1 Buchst. c ist insoweit zu eng, als er nur auf das Umgangsrecht Bezug nimmt.
1170 S. http://ec.europa.eu/justice_home/judicialatlascivil/html/pdf/vers_consolide_cr2201_de.pdf (Stand 25.7.2019).

eine Amtssprache nicht notwendigerweise für das gesamte Gebiet eines Mitgliedstaates gilt. So ist bei Belgien je nach dem Ort, an dem die Vollstreckung erfolgen soll, die Amtssprache Französisch, Niederländisch oder Deutsch.

E. Anforderungen an Übersetzer

Die Übersetzung muss von einer Person beglaubigt sein, die hierzu in einem Mitgliedstaat befugt ist. Der **12** Antragsteller kann daher aussuchen, ob er einen Übersetzer im Entscheidungsstaat, im Vollstreckungsstaat oder einem anderen Mitgliedstaat beauftragt. In der Praxis kann es ratsam sein, dennoch einen Übersetzer aus dem Vollstreckungsstaat zu beauftragen, wenn sich so Zweifel der für die Vollstreckung zuständigen Stelle daran vermeiden lassen, ob der Übersetzer die Befugnis zur Beglaubigung nach dem Recht eines Mitgliedstaates hatte.

Abschnitt 5
Öffentliche Urkunden und Vereinbarungen

Art. 46 EheVO 2003

Öffentliche Urkunden, die in einem Mitgliedstaat aufgenommen und vollstreckbar sind, sowie Vereinbarungen zwischen den Parteien, die in dem Ursprungsmitgliedstaat vollstreckbar sind, werden unter denselben Bedingungen wie Entscheidungen anerkannt und für vollstreckbar erklärt.

Literatur: *Rieck*, Scheidungsfolgenvereinbarungen gem. § 630 ZPO und ihre Anerkennung und Vollstreckung nach der EheEuGVVO 2003, FPR 2007, 425; siehe auch Art. 21, vor Rn. 1.

A. Anwendungsbereich	1	C. Errichtung in einem Mitgliedstaat	9
B. Erfasste Urkunden	4	D. Vollstreckbarkeit	11
I. Öffentliche Urkunde	4	E. Anerkennung	12
II. Gerichtliche Vergleiche	7	F. Vollstreckbarkeitserklärung	13
III. Vereinbarungen zwischen den Parteien	8	G. Formelle Voraussetzungen	14

A. Anwendungsbereich

Art. 46 bezieht sich nur auf solche öffentlichen Urkunden und Parteivereinbarungen, die in den Geltungsbe- **1** reich der EheVO (Art. 1) fallen.

Da sie zudem vollstreckbar sein müssen, gehören solche öffentlichen Urkunden und Parteivereinbarungen **2** nicht dazu, die keinen vollstreckungsfähigen Inhalt besitzen.[1171] In Bezug auf Ehesachen beschränkt sich deshalb Art. 46 auf Urkunden und Vereinbarungen, die die Kostentragung zwischen den Parteien im Eheverfahren regeln.

In Angelegenheiten der elterlichen Verantwortung bezieht sich Art. 46 außerdem auf vollstreckungsfähige **3** Regelungen in öffentlichen Urkunden und Parteivereinbarungen, zB die Herausgabe des Kindes und das Umgangsrecht betreffend.

B. Erfasste Urkunden

I. Öffentliche Urkunde

Die Urkunde muss von einer dazu ermächtigten Behörde oder Amtsperson des Ursprungsstaates aufgenom- **4** men worden sein.[1172] Die Beurkundung muss sich auf den Inhalt der Urkunde beziehen.[1173]

Entscheidend ist hier die Beteiligung einer Behörde oder anderer vom Ursprungsstaat ermächtigter Stel- **5** len.[1174] Privaturkunden sind keine öffentlichen Urkunden iSd Art. 46.[1175] Der Begriff der öffentlichen

---

1171 Rauscher/*Rauscher* Brüssel IIa-VO Art. 46 Rn. 10; Thomas/Putzo/*Hüßtege* EuEheVO Art. 46 Rn. 4; *Hausmann*, IntEuFamR Rn. N-284; aA Geimer/ Schütze/*Paraschas* EheVO Art. 46 Rn. 10; *Rieck* FPR 2007, 425 (426); MüKoFamFG/*Gottwald* Brüssel IIa-VO Art. 46 Rn. 8.

1172 Einzelheiten hierzu bei *Trittmann/Merz* IPRax 2001, 178 ff. mwN.

1173 OLG Saarbrücken IPRax 2001, 238 (EuGVÜ); *Hausmann*, IntEuFamR Rn. N-286.

1174 Zum EuGVÜ EuGH Slg I 1999, 3715 = IPRax 2000, 409 mAnm *Geimer*, S. 366; *Fleischhauer* DNotZ 1999, 925.

1175 Für das EuGVÜ *Geimer* IPRax 2000, 366.

Urkunden ist eher weit auszulegen, insbesondere ist es Sache der nationalen Rechtsordnungen, den Kreis der berechtigten Urkundspersonen zu bestimmen.[1176]

6 Als öffentliche Urkunden im Geltungsbereich der EheVO sind vor allem von den Verwaltungsbehörden beurkundete Vereinbarungen oder Verpflichtungen zur elterlichen Verantwortung anzusehen.[1177]

II. Gerichtliche Vergleiche

7 Die EheVO 2003 sieht keine Regelung zu gerichtlichen Vergleichen vor. Soweit vorkommend, können sie unter den Begriff öffentliche Urkunde subsumiert werden.

III. Vereinbarungen zwischen den Parteien

8 Dagegen sind Vereinbarungen zwischen den Parteien erfasst, auch wenn sie in keiner öffentlichen Urkunde Aufnahme gefunden haben. Voraussetzung ist, dass sie vollstreckbar sind. Auf ihre Form und auf die Mitwirkung öffentlicher Behörden kommt es nicht an. Die Aufnahme von privaten Vereinbarungen trägt dem Umstand Rechnung, dass Irland, das Vereinigte Königreich und die skandinavischen Staaten verschiedene Arten vollstreckbarer Privaturkunden kennen.[1178]

C. Errichtung in einem Mitgliedstaat

9 Die öffentliche Urkunde muss in einem Mitgliedstaat aufgenommen worden sein. Auf den gewöhnlichen Aufenthalt der Parteien und ihre Staatsangehörigkeit kommt es nicht an. Im Ausland errichtete konsularische Urkunden sind dem Entsendestaat zuzurechnen.[1179] Voraussetzung ist, dass der Konsul in Übereinstimmung mit den bestehenden staatsvertraglichen Vereinbarungen berechtigt ist, im Empfangsstaat vollstreckbare Urkunden aufzunehmen.[1180] Eine Urkunde, die in einem Drittstaat aufgenommen und in einem Mitgliedstaat für vollstreckbar erklärt wurde, fällt nicht in den Anwendungsbereich des Art. 46.[1181]

10 Für die **Vereinbarung zwischen den Parteien** fehlt es an einem solchen Kriterium für die Zuordnung zu einem Mitgliedstaat. Hier sollte wegen seiner Austauschbarkeit und der Möglichkeit des Abschlusses des Vertrags unter Abwesenden nicht auf den Abschlussort abgestellt werden.[1182] Als Ursprungsmitgliedstaat iSd EheVO ist der Mitgliedstaat anzusehen, nach dessen Recht die private Vereinbarung in formeller Hinsicht errichtet wurde und vollstreckbar ist.[1183]

D. Vollstreckbarkeit

11 Die Öffentliche Urkunde bzw. Parteivereinbarung muss im Ursprungsstaat vollstreckbar sein. Die Vollstreckbarkeit ist gegeben, wenn aus der Urkunde im Erststaat ohne Weiteres vollstreckt werden könnte.[1184] Es reicht nicht aus, dass die Urkunde in einem Verfahren im Ursprungsstaat tituliert werden kann.[1185] Kommt der Urkunde im Ursprungsstaat keine Vollstreckbarkeitswirkung zu, zB der privaten Parteivereinbarung in Deutschland, so wird sie von Art. 46 ausgeschlossen. Das gilt auch für solche Urkunden, die im Ursprungsstaat im Hinblick darauf errichtet werden, dass sie im Vollstreckungsstaat den Charakter einer vollstreckbaren Urkunde besitzen.[1186]

1176 Für das EuGVÜ *Fleischhauer* DNotZ 1999, 925.

1177 *Hausmann*, IntEuFamR Rn. N-287.

1178 Hierzu *Kropholler/von Hein*, Europäisches Zivilprozessrecht, 9. Aufl. 2011, EuGVVO Art. 57 Rn. 3; *Leutner* ZZP 1998, 93 (96).

1179 *Geimer* DNotZ 1975, 461 (474) Fn. 29; *Kropholler/von Hein*, Europäisches Zivilprozessrecht, 9. Aufl. 2011, EuGVVO Art. 57 Rn. 5 mwN; MüKoFamFG/*Gottwald* Brüssel IIa-VO Art. 46 Rn. 6.

1180 Insbes. Wiener Übereinkommen über konsularische Beziehungen v. 24.4.1963 (BGBl. II 1969 S. 1585); hierzu *Leutner*, Die vollstreckbare Urkunde im europäischen Rechtsverkehr, S. 45.

1181 *Leutner*, Die vollstreckbare Urkunde im europäischen Rechtsverkehr, 1997, S. 45; *Trittmann/Merz* IPRax 2001, 178 (182).

1182 Zustimmend Geimer/Schütze/*Paraschas* EheVO Art. 46 Rn. 18; Rauscher/*Rauscher* Brüssel IIa-VO Art. 46 Rn. 8.

1183 *Rauscher* bevorzugt eine kollisionsrechtliche Lösung, Rauscher/*Rauscher* Brüssel IIa-VO Art. 46 Rn. 9; unentschieden MüKoFamFG/*Gottwald* Brüssel IIa-VO Art. 46 Rn. 7; Hausmann, IntEuFamR Rn. N-192.

1184 Für die EuGVVO *Kropholler/von Hein*, Europäisches Zivilprozessrecht, 9. Aufl. 2011, EuGVVO Art. 57 Rn. 6; *Geimer* IPRax 2000, 366 (367).

1185 *Leutner*, Die vollstreckbare Urkunde im europäischen Rechtsverkehr, 1997, S. 47 ff.; *Geimer* IPRax 2000, 366 (367).

1186 Für EuGVÜ/EuGVVO *Kropholler/von Hein*, Europäisches Zivilprozessrecht, 9. Aufl. 2011, EuGVVO Art. 57 Rn. 7; aA *Geimer* DNotZ 1999, 461 (471).

Die Möglichkeit einer isolierten Anerkennung von Urkunden und Vereinbarungen mit nicht vollstreckungsfähigem Inhalt nach Art. 21 ff. ist nicht gegeben.[1187]

E. Anerkennung

Die von Art. 46 erfassten Urkunden haben im Zweitstaat dieselben Rechtswirkungen wie im Ursprungsstaat, es sei denn, es liegt ein Ausschlussgrund nach Art. 22 oder Art. 23 vor. Vom Wirkungserstreckungsprinzip ausgeschlossen ist die Vollstreckungswirkung. Damit erfolgt die Anerkennung nach prozessrechtlichen Kriterien, eine materiellrechtliche Prüfung der Wirksamkeit findet nicht statt.[1188]   **12**

F. Vollstreckbarkeitserklärung

Die Urkunde wird im Verfahren nach Art. 28 ff. für vollstreckbar erklärt. Anwendung finden das einseitige Antragsverfahren nach Art. 28 ff. und die Rechtsbehelfsverfahren nach Art. 33 und 34 sowie die ergänzenden Vorschriften des IntFamRVG. Im Exequaturverfahren sind die Ausschlussgründe für die Anerkennung nach Art. 23 zu prüfen.   **13**

G. Formelle Voraussetzungen

„Unter denselben Bedingungen wie Entscheidungen" bedeutet auch, dass Abschnitt 3 sinngemäß heranzuziehen ist. Demnach ist entsprechend Art. 37 Abs. 1 eine Ausfertigung der vollstreckbaren Urkunde erforderlich, welche die für ihre Beweiskraft nach dem Recht des Errichtungsortes erforderlichen Voraussetzungen erfüllt. Weiterhin hat der Antragsteller eine Bescheinigung nach Art. 39 vorzulegen. Anders als nach Art. 57 Abs. 4 EuGVVO 2001 ist im Anhang zur EheVO kein speziell auf öffentliche Urkunden und hinzukommend private Vereinbarungen zugeschnittenes Formular für die Bescheinigung vorgesehen. Anhang I und II zur EheVO 2003 werden den Besonderheiten der von Art. 46 erfassten Urkunden nicht gerecht. Im Ursprungsstaat muss folglich eine individuelle, an Anhang I und II EheVO 2003 orientierte Bescheinigung ausgestellt werden. Nach Art. 38 ist im Anerkennungs- und Vollstreckungsstaat zu bewerten, ob die Bescheinigung eine gleichwertige Urkunde iSd Art. 39 ist. Die Ausstellungsbefugnis für die Bescheinigung bezogen auf einen gerichtlichen Vergleich, der in Deutschland geschlossen wurde, sollte analog § 48 IntFamRVG bei dem Urkundsbeamten der Geschäftsstelle liegen. In Bezug auf öffentliche Urkunden ist – ebenfalls in Analogie zum Rechtsgedanken des § 48 IntFamRVG – von der Zuständigkeit des Organs auszugehen, das die inländische vollstreckbare Ausfertigung erteilt.[1189]   **14**

Abschnitt 6
Sonstige Bestimmungen

Art. 47 EheVO 2003 Vollstreckungsverfahren

(1) Für das Vollstreckungsverfahren ist das Recht des Vollstreckungsmitgliedstaats maßgebend.

(2) Die Vollstreckung einer von einem Gericht eines anderen Mitgliedstaates erlassenen Entscheidung, die gemäß Abschnitt 2 für vollstreckbar erklärt wurde oder für die eine Bescheinigung nach Artikel 41 Absatz 1 oder Artikel 42 Absatz 1 ausgestellt wurde, erfolgt im Vollstreckungsmitgliedstaat unter denselben Bedingungen, die für in diesem Mitgliedstaat ergangene Entscheidungen gelten.

Insbesondere darf eine Entscheidung, für die eine Bescheinigung nach Artikel 41 Absatz 1 oder Artikel 42 Absatz 1 ausgestellt wurde, nicht vollstreckt werden, wenn sie mit einer später ergangenen vollstreckbaren Entscheidung unvereinbar ist.

Die Vollstreckung erfolgt nach dem Recht des Vollstreckungsstaates. Hierfür erfolgt eine Gleichstellung mit inländischen Entscheidungen. Die Anwendung der nationalen Vollstreckungsvorschriften darf die praktische Wirksamkeit der Verordnung dabei nicht beeinträchtigen.[1190] Damit die Ziele der Verordnung nicht unterlaufen werden, haben die Gerichte/Behörden des Vollstreckungsmitgliedstaats Regeln zur Gewährleis-   **1**

1187 Rauscher/*Rauscher* Brüssel IIa-VO Art. 46 Rn. 10 mwN; aA Geimer/Schütze/*Paraschas* EheVO Art. 46 Rn. 10; *Rieck* FPR 2007, 425 (427).

1188 Näher Rauscher/*Rauscher* Brüssel IIa-VO Art. 46 Rn. 2; Althammer/*Gärtner* Brüssel IIa-VO Art. 46 Rn. 2.

1189 Rauscher/*Rauscher* Brüssel IIa-VO Art. 46 Rn. 13.

1190 EuGH Rs. C-195–08 PPU FamRZ 2008, 1729 Rn. 82.

tung einer wirksamen und zügigen Vollstreckung heranzuziehen.[1191] Einwendungen gegen das ausländische Erkenntnisverfahren sind im inländischen Vollstreckungsverfahren unbeachtlich.[1192] Einer Vollstreckung kann nicht mit dem Einwand veränderter Umstände entgegengetreten werden. Das trifft auch für den Einwand zu, dass die Vollstreckung aufgrund einer seit Erlass der Entscheidung eingetretenen Änderung der Umstände das Wohl des Kindes schwerwiegend gefährden könnte. Eine Änderung, die die Vollstreckung hindert, muss vor dem zuständigen Gericht des Ursprungsmitgliedstaats geltend gemacht werden. Bei diesem ist auch ein etwaiger Antrag auf Aussetzung der Vollstreckbarkeit zu stellen. Soweit es Einwände gegen die Vollstreckbarkeit betrifft, muss also im Ursprungsmitgliedstaat vorgegangen werden.[1193]

2   Ein anderes Problem sind die Auswirkungen des Erlasses einer späteren Entscheidung, die mit der Entscheidung, um deren Vollstreckung es geht, unvereinbar ist. **Abs. 2 Unterabs. 2** regelt diese Frage für Entscheidungen, die nach Art. 40 ff. unmittelbar vollstreckbar sind. Die Vollstreckung ist im Vollstreckungsmitgliedstaat dann ausgeschlossen, wenn im Ursprungsmitgliedstaat eine mit dieser Entscheidung unvereinbare gleichfalls vollstreckbare Entscheidung ergangen ist. Geht es um eine Rückführungsentscheidung des Gerichts des Ursprungsmitgliedstaates bei **Kindesentführung nach Art. 11 Abs. 8,** so ist eine spätere Entscheidung im Vollstreckungsmitgliedstaat dagegen irrelevant. Sie kann die Vollstreckung dort nicht hindern.[1194] Die Lösung entspricht der Systematik der Regelung zur Zuständigkeit für Sachentscheidungen. Diese liegt, solange keine Rückführung des Kindes erfolgt ist, weiterhin nach Art. 10 bei den Gerichten des Ursprungsmitgliedstaates, auch wenn sich inzwischen der gewöhnliche Aufenthalt des Kindes im Entführungsmitgliedstaat befindet.[1195] Anders sieht es bei **Entscheidungen zum Umgangsrecht** aus. Ist das Verfahren im Ursprungsmitgliedstaat endgültig abgeschlossen, sind also ordentliche Rechtsmittel nicht mehr möglich und hat das Kind inzwischen seinen gewöhnlichen Aufenthalt im Vollstreckungsmitgliedstaat, so besteht jedenfalls die Grundzuständigkeit nach Art. 8 für eine Sachentscheidung bei den Gerichten dieses Staates. Eine daraufhin dort ergangene vollstreckbare Entscheidung schließt die Vollstreckung der Erstentscheidung aus, soweit diese mit der späteren Entscheidung unvereinbar ist. Abs. 2 Unterabs. 2 steht dem nicht entgegen, denn das Gericht, das die Zweitentscheidung trifft, ist dort nicht bezeichnet.[1196]

3   Für ausländische Entscheidungen nach Art. 40 ff. genügen die Bescheinigungen nach Art. 41 Abs. 1 oder 42 Abs. 1, um die Vollstreckungsmaßnahme anzuordnen. Die nicht von Art. 40 ff. erfassten ausländischen Entscheidungen müssen nach § 16 IntFamRVG zuerst auf Antrag mit der Vollstreckungsklausel nach § 23 IntFamRVG auf der Grundlage der Vollstreckbarerklärung versehen werden. Zur Vollstreckung der Anordnung selbst bedarf es dann nicht zusätzlich der Erteilung einer gesonderten Vollstreckungsklausel. Ergänzend kann das Familiengericht die Herausgabeanordnung aus der ausländischen Entscheidung in die Vollstreckungsklausel oder in einer nach § 44 IntFamRVG getroffenen Anordnung klarstellend aufnehmen, vgl. § 33 Abs. 1 IntFamRVG.

4   **§ 44 IntFamRVG** regelt für Deutschland die Vollstreckung von ausländischen Entscheidungen, die im Anwendungsbereich der EheVO, des KSÜ, des HKÜ oder des ESÜ ergangen sind und die die Herausgabe des Kindes bzw. Maßnahmen zur Realisierung eines Umgangsrechts anordnen.

5   § 44 Abs. 1 IntFamRVG bestimmt **die Anordnung von Ordnungsgeld und Ordnungshaft und ihr Verhältnis zueinander.** Durch die Einführung von Ordnungsmitteln soll die Durchsetzung der Anordnungen verbessert werden. Sie dienen nicht nur der Einwirkung auf die pflichtige Person, sondern haben auch Sanktionscharakter, können also auch noch festgesetzt und vollstreckt werden, wenn die durchzusetzende Handlung, Duldung oder Unterlassung wegen Zeitablaufs nicht mehr vorgenommen werden kann.[1197] Vor einer etwaigen Anordnung von Ordnungsmitteln bedarf es gemäß **§ 92 Abs. 1 S. 1 FamFG** lediglich einer ggf. schriftlichen Anhörung der pflichtigen Person. Das Kindeswohl ist im Anordnungsverfahren nicht zu prüfen. **Weder ist ein Verfahrensbeistand zu bestellen noch das Jugendamt anzuhören.**[1198]

6   Unmittelbarer Zwang darf nur angeordnet werden, wenn Ordnungsmittel erfolglos geblieben sind oder keinen Erfolg versprechen oder eine alsbaldige Vollstreckung unbedingt geboten ist. § 90 FamFG ist hierfür

---

1191 Praxisleitfaden für die Anwendung der Brüssel IIa-VO, Europäisches Justizielles Netz für Zivil- und Handelssachen, zu finden unter: https://e-justice.euro pa.eu/content_ejn_s_publications-287--maximize-de. do (abg. 23.3.2020).

1192 OLG Hamm FamRZ 2018, 1938 Ls. 4.

1193 EuGH Rs C- 211/10 PPU FamRZ 2010, 1229; OGH,13.7.2010 4Ob58/10 y; Althammer/*Gärtner* Brüssel IIa-VO Art. 47 Rn. 1; Thomas/Putzo/*Hüßtege* EuEheVO Art. 47 Rn. 2.

1194 EuGH Rs C- 211/10 PPU FamRZ 2010, 1229 Rn. 83; OGH 13.7.2010 4Ob58/10 y; OLG Hamm FamRZ 2018, 1938, *Hausmann*, IntEuFamR Rn. N-308.

1195 Für Entscheidungen nach Art. 11 Abs. 8 EuGH Rs. C- 211/10 PPU FamRZ 2010, 1229 Rn. 75; siehe auch OLG Hamm FamRZ 2018, 1938; Thomas/Putzo/*Hüßtege* EuEheVO Art. 47 Rn. 2; MüKo-FamFG/*Gottwald* Brüssel IIa-VO Art. 47, Rn. 5; Rauscher/*Rauscher* Brüssel IIa-VO Art. 47 Rn. 8.

1196 Im Ergebnis Rauscher/*Rauscher* Brüssel IIa-VO Art. 40 Rn. 11, 47 Rn. 7.

1197 BT-Drs. 15/3982, 29; *Hausmann*, IntEuFamR, Rn. N-594; Gruber FamRZ 2005, 1603 (1609).

1198 OLG Hamm FamRZ 2018, 1938 (1942).

über § 14 Nr. 2 IntFamRVG heranzuziehen.[1199] Das OLG Hamm vertritt die Auffassung, dass vor einer **Anordnung unmittelbaren Zwangs gegen das Kind** gemäß § 90 Abs. 2 S. 2 FamFG außerdem die Verträglichkeit des Vollstreckungsmittels als solches mit dem Kindeswohl ausdrücklich geprüft werden muss,[1200] dh dass das Interesse an der Vollstreckung ist gegen das Kindeswohl abzuwägen und der Grundsatz der Verhältnismäßigkeit zu beachten. Dagegen wird eingewandt, dass diese Auslegung dem Regelungsmechanismus nach Art. 11 Abs. 8 iVm Art. 40 ff. widerspricht.[1201] ME sind zwei Fragen zu unterscheiden: erstens die Frage, ob aus Kindeswohlgesichtspunkten der Entscheidung die Vollstreckbarkeit zu nehmen ist. Das ist eine Sachfrage, die in die Kompetenz des Ursprungsgerichts gehört. Die zweite betrifft die Art der Vollstreckung. Welche Vollstreckungsmaßnahmen zu ergreifen sind, regelt sich nach dem Recht des Vollstreckungsmitgliedstaates, wobei zum einen der Grundsatz der Gleichstellung mit inländischen Entscheidungen greift und andererseits die praktische Wirksamkeit der Verordnung dabei nicht beeinträchtigt werden darf. Insoweit ist ein besonders strenger Maßstab bezogen auf die Berücksichtigung des Kindeswohls nach § 90 Abs. 2 S. 2 FamFG anzulegen. Wenn die schwerwiegende Gefahr eines dauerhaften körperlichen oder seelischen Schadens für das Kind besteht, kann unmittelbarer Zwang gegen das Kind, auch wenn es um die Vollstreckung einer Entscheidung aus einem anderen Mitgliedstaat geht, nicht angeordnet bzw. durchgesetzt werden.[1202]

Ordnungsgeld und Ordnungshaft sollen grundsätzlich für den Fall der Zuwiderhandlung angedroht werden, **7** § 44 Abs. 1 IntFamRVG. Die Anwendung von Gewalt bedarf ebenfalls einer vorherigen gerichtlichen Verfügung, § 90 FamFG findet Anwendung.[1203] Die Androhung kann zugleich mit der inländischen Entscheidung etwa über die Rückgabe des Kindes nach Art. 12 HKÜ oder über die Vollstreckbarkeit einer ausländischen Entscheidung erfolgen. Bei den nach Art. 40 ff. unmittelbar vollstreckbaren Entscheidungen müssen die Zwangsmittel isoliert angedroht werden.[1204] Lautet der Titel auf Heraus- oder Rückgabe des Kindes, so ist die Vollstreckung von Amts wegen vorzunehmen. Ausgenommen ist die Herausgabe zum Zweck des Umgangs mit dem Kind. Die Vollstreckung von Amts wegen soll unterbleiben, wenn der Berechtigte dies beantragt, § 44 Abs. 3 IntFamRVG.

Ist die Anordnung eines Ordnungs- oder Zwangsgeldes in der Entscheidung des Gerichts des Ursprungsmit- **8** gliedstaates nicht vollstreckungsfähig (hierzu → Art. 21 Rn. 16, 28 Rn. 2; 40 Rn. 13), bietet es sich an, dass das deutsche Gericht bei Zuwiderhandlung selbst Ordnungsgeld unter Anwendung von Art. 47 Brüssel IIa-VO und § 44 IntFamRVG anordnet und dann durchsetzt. Nicht zweifelsfrei ist, ob – wenn der Begründung des EuGH gefolgt wird[1205] – eine solche funktionsäquivalente eigenständige Vollstreckungsmaßnahme im Zweitstaat statthaft ist, denn auch sie setzt eine Prüfung voraus, die der EuGH hinsichtlich des Umgangsrechts in die Kompetenz des Ursprungsgerichts verwiesen hat. Die Statthaftigkeit sollte im Interesse der zügigen Durchsetzung der Entscheidung in der Hauptsache jedenfalls dann bejaht werden, wenn das Ursprungsgericht selbst kein Ordnungs-/Zwangsgeld verhängt hat.[1206]

Die örtliche Zuständigkeit richtet sich nach § 10 IntFamRVG. Es gilt auch insoweit die Zuständigkeitskon- **9** zentration nach § 12 IntFamRVG. Die Androhung der Ordnungsmittel und die Anordnung unmittelbaren Zwangs stehen im pflichtgemäßen Ermessen des Gerichts. Das Oberlandesgericht ist für die Vollstreckung zuständig, sofern es die Anordnung für vollstreckbar erklärt hat, § 44 Abs. 2 IntFamRVG.

Art. 48 EheVO 2003 Praktische Modalitäten der Ausübung des Umgangsrechts

(1) Die Gerichte des Vollstreckungsmitgliedstaats können die praktischen Modalitäten der Ausübung des Umgangsrechts regeln, wenn die notwendigen Vorkehrungen nicht oder nicht in ausreichendem Maße bereits in der Entscheidung der für die Entscheidung der in der Hauptsache zuständigen

---

1199 OLG Hamm FamRZ 2018, 1938 (1940); Thomas/Putzo/*Hüßtege* EuEheVO Art. 47 Rn. 1.
1200 OLG Hamm FamRZ 2018, 1938 (1942).
1201 *Schweppe*, Anm. zu OLG Hamm FamRZ 2018, 1942 (1943); ebenso Thomas/Putzo/*Hüßtege* EuEheVO Art. 47 Rn. 2.
1202 Art. 56 Abs. 4 EheVO 2019 sieht autonom die Aussetzung und letztlich die Ablehnung der Vollstreckung vor, wenn nach der Entscheidung Umstände eingetreten sind, die für das Kind die schwerwiegende Gefahr eines körperlichen oder seelischen Schadens bringen, und zwar unabhängig von der Art der Vollstreckung.

1203 Hierzu *Hausmann,* IntEuFamR, Rn. N-596 f.
1204 Regierungsbegründung, BR-Drs. 607/04, S. 66.
1205 EuGH Rs. C-4/14, IPRax 2017, 493, hierzu Art. 28 Rn. 2.
1206 Für die Statthaftigkeit, selbst wenn das Ursprungsgericht bereits eine Zwangs- bzw. Ordnungsgeldanordnung getroffen hat, *Hau* IPRax 2017, 470 (472); für die Brüssel Ia-VO: Rauscher/*Mankowski* Brüssel Ia-VO Art. 55 Rn. 12 ff.; **aA** *Remien*, Unsicherheiten bei astreinte, dwangsom und Zwangsgeld im Europäischen Rechtsraum FS Coester-Waltjen, 2015, S. 661 ff.

Gerichte des Mitgliedstaates getroffen wurden und sofern der Wesensgehalt der Entscheidung unberührt bleibt.

(2) Die nach Absatz 1 festgelegten praktischen Modalitäten treten außer Kraft, nachdem die für die Entscheidung in der Hauptsache zuständigen Gerichte des Mitgliedstaates eine Entscheidung erlassen haben.

1 Aufgrund des Wegfalls der Klauselerteilung bei ausländischen Entscheidungen zum Umgangsrecht können sich Probleme aus der **Formulierung des ausländischen Titels** ergeben, wenn sie den Tenorierungen vergleichbarer inländischer Titel nicht entsprechen.[1207] Die Gerichte des Vollstreckungsstaates können die praktischen Modalitäten der Ausübung des Umgangsrechts regeln, soweit dies in der Entscheidung des Ursprungsmitgliedstaates nicht oder nicht ausreichend erfolgt ist oder sich die Bedingungen geändert haben. Dabei muss der Wesensgehalt der Entscheidung gewahrt werden. Die Regelung schafft keine Änderungsbefugnis.[1208] Von praktischer Bedeutung ist die Bestimmung, soweit für Umgangstitel die direkte Vollstreckung nach Art. 40 ff. genutzt wird. Die praktischen Maßnahmen des Gerichts des Vollstreckungsstaates treten außer Kraft, sobald das in der Hauptsache zuständige Gericht eines Mitgliedstaates eine entsprechende Regelung trifft. Die örtliche Zuständigkeit für das ergänzende Verfahren ergibt sich in Deutschland aus §§ 10, 12 IntFamRVG.

Art. 49 EheVO 2003 Kosten

Die Bestimmungen dieses Kapitels mit Ausnahme der Bestimmungen des Abschnitts 4 gelten auch für die Festsetzung der Kosten für die nach dieser Verordnung eingeleiteten Verfahren und die Vollstreckung eines Kostenfestsetzungsbeschlusses.

1 Die Vorschrift stellt sicher, dass für die Kostengrund- und Kostenhöheentscheidung in den Verfahren, die in der Hauptsache vom sachlichen und zeitlichen Anwendungsbereich der EheVO erfasst sind, die Bestimmungen über die Anerkennung, Vollstreckbarerklärung und Vollstreckung gelten. Fällt die Hauptsachenentscheidung nur teilweise in den Anwendungsbereich der EheVO, wie bei Scheidungen und Nebenfolgeentscheidungen, so ist davon auszugehen, dass das Gericht, im Interesse der Erleichterung des Rechtsverkehrs, Art. 49 auf die Gesamtentscheidung anwendet.[1209] Der **Ausschluss von Abschnitt 4** bedeutet, dass Kostenentscheidungen, auch soweit sie die von Abschnitt 4 erfassten Verfahren betreffen, einer Vollstreckbarerklärung bedürfen und einer Anerkennungsfähigkeitsprüfung unterliegen.

2 **Festsetzung der Kosten** meint das im Erkenntnisverfahren getroffene Entscheidung über die Aufteilung der Kosten auf die Parteien. Unter „**Kostenfestsetzungsbeschluss**" ist die von einem Rechtsprechungsorgan in einem justizförmigen Verfahren unter Wahrung des rechtlichen Gehörs ergangene Entscheidung[1210] zu verstehen, durch die der Betrag der Kosten festgesetzt wird, den die eine Partei der anderen zu ersetzen hat. Gerichtskostenrechnungen werden nicht erfasst.[1211] Beschlüsse, die die **Vergütung des eigenen Anwalts** festsetzen, oder **gerichtliche** Vollstreckbarerklärungen eines durch die Standesvereinigung festgesetzten Anwaltshonorars (so in den Niederlanden) unterliegen nicht der EheVO. Vielmehr richten sich ihre Anerkennung und Vollstreckung nach der EuGVVO.[1212] Obwohl eine die **Statusänderung ablehnende Entscheidung** einer Ehesache nicht unter die Art. 21 ff. fällt, sind die Kosten des Verfahrens von Art. 49 erfasst.[1213]

1207 Hierzu *Heß* IPRax 2000, 361 (362).
1208 Rauscher/*Rauscher* Art. 48 Brüssel IIa-VO Rn. 3; MüKoFamFG/*Gottwald* Brüssel IIa-VO Art. 48 Rn. 2.
1209 Thomas/Putzo/*Hüßtege* EuEheVO Art. 49 Rn. 1; *Hausmann*, IntEuFamR, Rn. N-312; Differenzierend: BGH FamRZ 2005, 1540 (1545); MüKoFamFG/ *Gottwald* Brüssel IIa-VO Art. 49 Rn. 3; Rauscher/ *Rauscher* Brüssel IIa-VO Art. 49 Rn. 6, hiernach soll nur die Gesamtkostenentscheidung unter Art. 49 fallen, wenn die Kosten nicht abtrennbar sind.

1210 *Kropholler/von Hein*, Europäisches Zivilprozessrecht, 9. Aufl. 2011, EuGVVO Art. 32 Rn. 9.
1211 Für EuGVÜ/EuGVVO OLGR Schleswig 1996, 206; Thomas/Putzo/*Hüßtege* EheVO Art. 49 Rn. 1.
1212 Hierzu *Schmidt*, RiW 1991, 626, 629; *ders.*, Die internationale Durchsetzung von Rechtsanwaltshonoraren, 1991, insbes. S. 89 ff. und 210 ff.; *Tepper* IPRax 1996, 398 (401); *Kropholler/von Hein*, Europäisches Zivilprozessrecht, 9. Aufl. 2011, EuGVVO Art. 32 Rn. 9; *Hausmann*, IntEuFamR, Rn. N-313.
1213 Rauscher/*Rauscher* Brüssel IIa-VO Art. 49 Rn. 4.

Art. 50 EheVO 2003 Prozesskostenhilfe

Wurde dem Antragsteller im Ursprungsmitgliedstaat ganz oder teilweise Prozesskostenhilfe oder Kostenbefreiung gewährt, so genießt er in dem Verfahren nach den Artikeln 21, 28, 41, 42 und 48 hinsichtlich der Prozesskostenhilfe oder der Kostenbefreiung die günstigste Behandlung, die das Recht des Vollstreckungsmitgliedstaats vorsieht.

Die Vorschrift erstreckt die Prozesskostenhilfe (PKH) oder Kostenbefreiung, die dem **Antragsteller** im Ursprungsmitgliedstaat gewährt wurde, auf den Zweitstaat. Erfasst sind nur das erstinstanzliche Anerkennungsfeststellungsverfahren nach Art. 21 Abs. 3, das erstinstanzliche Vollstreckbarerklärungsverfahren nach Art. 28,[1214] das Verfahren zur Ergänzung der Entscheidung über das Umgangsrecht nach Art. 48, die Vollstreckung von Entscheidungen über das Umgangsrecht und die Rückgabe des Kindes nach Art. 41, 42 iVm Art. 47. Ein neues PKH-Verfahren ist nicht durchzuführen. Der Nachweis der gewährten Hilfe wird durch Vorlage der Bescheinigung nach Art. 39 erbracht. Eine Nachprüfung, ob die Gewährung im Ursprungsstaat berechtigt war, hat zu unterbleiben.[1215] **1**

Umfang und Ausgestaltung der PKH oder der Kostenbefreiung richten sich nach dem Recht des Zweitstaats, dabei ist dem Antragsteller die günstigste Behandlung zu gewähren. Wurde dem Antragsteller im Ursprungsstaat PKH nur teilweise zugesprochen, so ist ihm diese im Zweitstaat voll zu gewähren.[1216] Die Vorschrift erstreckt sich nicht auf die Rechtsbehelfsinstanzen (Art. 33, 34) und auf die Vollstreckung der nach Abschnitt 2 für vollstreckbar erklärten Entscheidungen gemäß Art. 47.[1217] **2**

Art. 50 hat keinen ausschließlichen Charakter, so dass daneben die Gewährung von PKH nach den innerstaatlichen Rechtsvorschriften des Zweitstaats unter Einschluss der umgesetzten Vorschriften der Prozesskostenrichtlinie[1218] infrage kommt. Dies hat insbesondere für die von Art. 50 nicht erfassten Verfahrensabschnitte sowie für die Fälle, in denen im Erststaat keine PKH in Anspruch genommen wurde, Bedeutung.[1219] **3**

Art. 51 EheVO 2003 Sicherheitsleistung, Hinterlegung

Der Partei, die in einem Mitgliedstaat die Vollstreckung einer in einem anderen Mitgliedstaat ergangenen Entscheidung beantragt, darf eine Sicherheitsleistung oder Hinterlegung, unter welcher Bezeichnung es auch sei, nicht aus einem der folgenden Gründe auferlegt werden:

a) weil sie in dem Mitgliedstaat, in dem die Vollstreckung erwirkt werden soll, nicht ihren gewöhnlichen Aufenthalt hat, oder

b) weil sie nicht die Staatsangehörigkeit dieses Staates besitzt oder, wenn die Vollstreckung im Vereinigten Königreich oder in Irland erwirkt werden soll, ihr „domicile" nicht in einem dieser Mitgliedstaaten hat.

Die Vorschrift befreit nur von der Sicherheitsleistung für die Kosten des Anerkennungsfeststellungs- und Vollstreckungsverfahrens.[1220] Die Befreiung bezieht sich auf Sicherheitsleistungen nach nationalem Recht, die wegen fehlenden inländischen gewöhnlichen Aufenthalts, Wohnsitzes oder Staatsangehörigkeit vorgesehen sind. Dabei spielt es keine Rolle, ob die Partei die entsprechende Verbindung zu einem Mitgliedstaat hat.[1221] **1**

1214 MüKoFamFG/*Gottwald* Brüssel IIa-VO Art. 50 Rn. 4.

1215 HK-ZPO/*Dörner* EuEheVO Art. 55 Rn. 2; *Hausmann*, IntEuFamR, Rn. N-316.

1216 Thomas/Putzo/*Hüßtege* EuEheVO Art. 50 Rn. 1; MüKoFamFG/*Gottwald* Brüssel IIa-VO Art. 50 Rn. 3.

1217 MüKoFamFG/*Gottwald* Brüssel IIa-VO Art. 50 Rn. 4.

1218 Richtlinie 2003/8/EG v. 27.1.2003 zur Verbesserung des Zugangs zum Recht bei Streitsachen mit grenz-

überschreitendem Bezug durch Festlegung gemeinsamer Mindestvorschriften für die Prozesskostenhilfe in derartigen Streitsachen, ABl. EG 2003 L 26 S. 41 ff., ber. ABl. EU 2003 L 32 S. 15 ff.

1219 MüKoFamFG/*Gottwald* Brüssel IIa-VO Art. 50 Rn. 4.

1220 AA Geimer/Schütze/*Paraschas* EheVO Art. 51 Rn. 2; Rauscher/*Rauscher* Brüssel IIa-VO Art. 51 Rn. 1 (nur für das Exequaturverfahren).

1221 *Kropholler/von Hein*, Europäisches Zivilprozessrecht, 9. Aufl. 2011, EuGVVO Art. 51 Rn. 2.

Art. 52 EheVO 2003 Legalisation oder ähnliche Förmlichkeit

Die in den Artikeln 37, 38 und 45 aufgeführten Urkunden sowie die Urkunde über die Prozessvollmacht, falls eine solche erteilt wird, bedürfen weder der Legalisation noch einer ähnlichen Förmlichkeit.

1   Ausländische öffentliche Urkunden haben nach autonomem Recht nicht die Vermutung der Echtheit für sich (§ 438 Abs. 1 ZPO). Der traditionelle Echtheitsnachweis wird durch die Legalisation erbracht (§ 438 Abs. 2 ZPO). Diese erfolgt durch den deutschen Konsularbeamten für die in seinem Amtsbezirk im Ausland ausgestellten Urkunden. Die Legalisation im engeren Sinne bestätigt durch Vermerk die Echtheit der Unterschrift, die Eigenschaft, in welcher der Unterzeichner gehandelt hat, und ggf. die Echtheit des Siegels, mit dem die Urkunde versehen ist.[1222] Die Legalisation im weiteren Sinne umfasst darüber hinaus die Bestätigung der Zuständigkeit des Ausstellers und die Einhaltung der Ortsform.[1223] Multilaterale und bilaterale Übereinkommen sehen Erleichterungen vor. Von besonderer Bedeutung ist das Haager Übereinkommen zur Befreiung ausländischer öffentlicher Urkunden von der Legalisation vom 5.10.1961.[1224] Anstelle der Legalisation ist dort die Apostille vorgesehen, eine nach einem festgelegten Muster erfolgende Beglaubigung durch die zuständige Behörde des Errichtungsstaates.[1225] Art. 52 befreit nun alle in Art. 37, 38, 39[1226] und 45 aufgeführten Urkunden vom Erfordernis der Legalisation oder ähnlicher Förmlichkeiten, also auch von der Apostille. Die ausländischen öffentlichen Urkunden sind den inländischen gleichgestellt, für sie gilt die Vermutung der Echtheit nach § 437 Abs. 1 ZPO.[1227]

Kapitel IV

Zusammenarbeit zwischen den zentralen Behörden bei Verfahren betreffend die elterliche Verantwortung

Art. 53 EheVO 2003 Bestimmung der Zentralen Behörden

[1]Jeder Mitgliedstaat bestimmt eine oder mehrere Zentrale Behörden, die ihn bei der Anwendung dieser Verordnung unterstützen, und legt ihre räumliche oder sachliche Zuständigkeit fest. [2]Hat ein Mitgliedstaat mehrere Zentrale Behörden bestimmt, so sind die Mitteilungen grundsätzlich direkt an die zuständige Zentrale Behörde zu richten. [3]Wurde eine Mitteilung an eine nicht zuständige Zentrale Behörde gerichtet, so hat diese die Mitteilung an die zuständige Zentrale Behörde weiterzuleiten und den Absender davon in Kenntnis zu setzen.

Art. 54 EheVO 2003 Allgemeine Aufgaben

[1]Die Zentralen Behörden stellen Informationen über nationale Rechtsvorschriften und Verfahren zur Verfügung und ergreifen Maßnahmen, um die Durchführung dieser Verordnung zu verbessern und die Zusammenarbeit untereinander zu stärken. [2]Hierzu wird das mit der Entscheidung 2001/470/EG eingerichtete Europäische Justizielle Netz für Zivil- und Handelssachen genutzt.

Art. 55 EheVO 2003 Zusammenarbeit in Fällen, die speziell die elterliche Verantwortung betreffen

[1]Die Zentralen Behörden arbeiten in bestimmten Fällen auf Antrag der Zentralen Behörde eines anderen Mitgliedstaates oder des Trägers der elterlichen Verantwortung zusammen, um die Ziele dieser Verordnung zu verwirklichen. [2]Hierzu treffen sie folgende Maßnahmen im Einklang mit den Rechtsvorschriften dieses Mitgliedstaates, die den Schutz personenbezogener Daten regeln, direkt oder durch Einschaltung anderer Behörden oder Einrichtungen:

1222 § 13 Abs. 2, 3 KonsulG.
1223 § 13 Abs. 4 KonsulG.
1224 BGBl. II 1965 S. 876.
1225 Hierzu näher *Bindseil* DNotZ 1992, 275 ff.; *Luther* MDR 1986, 10 ff.; *Reithmann* DNotZ 1995, 360 ff.

1226 Die Nichtaufnahme von Art. 39 stellt ein Redaktionsversehen dar, Rauscher/*Rauscher* Brüssel IIa-VO Art. 52 Rn. 2.
1227 *Kropholler/von Hein*, Europäisches Zivilprozessrecht, 9. Aufl. 2011, EuGVVO Art. 56 Rn. 1; MüKoFamFG/*Gottwald* Brüssel IIa-VO Art. 52 Rn. 4.

a) Sie holen Informationen ein und tauschen sie aus über

   i)   die Situation des Kindes,

   ii)   laufende Verfahren oder

   iii) das Kind betreffende Entscheidungen.

b) Sie informieren und unterstützen die Träger der elterlichen Verantwortung, die die Anerkennung und Vollstreckung einer Entscheidung, insbesondere über das Umgangsrecht und die Rückgabe des Kindes, in ihrem Gebiet erwirken wollen.

c) Sie erleichtern die Verständigung zwischen den Gerichten, insbesondere zur Anwendung des Artikels 11 Absätze 6 und 7 und des Artikels 15.

d) Sie stellen alle Informationen und Hilfen zur Verfügung, die für die Gerichte für die Anwendung des Artikels 56 von Nutzen sind.

e) Sie erleichtern eine gütliche Einigung zwischen den Trägern der elterlichen Verantwortung durch Mediation oder auf ähnlichem Wege und fördern hierzu die grenzüberschreitende Zusammenarbeit.

Art. 56 EheVO 2003 Unterbringung des Kindes in einem anderen Mitgliedstaat

(1) Erwägt das nach den Artikeln 8 bis 15 zuständige Gericht die Unterbringung des Kindes in einem Heim oder in einer Pflegefamilie und soll das Kind in einem anderen Mitgliedstaat untergebracht werden, so zieht das Gericht vorher die Zentrale Behörde oder eine andere zuständige Behörde dieses Mitgliedstaates zurate, sofern in diesem Mitgliedstaat für die innerstaatlichen Fälle der Unterbringung von Kindern die Einschaltung einer Behörde vorgesehen ist.

(2) Die Entscheidung über die Unterbringung nach Absatz 1 kann im ersuchenden Mitgliedstaat nur getroffen werden, wenn die zuständige Behörde des ersuchten Staates dieser Unterbringung zugestimmt hat.

(3) Für die Einzelheiten der Konsultation bzw. der Zustimmung nach den Absätzen 1 und 2 gelten das nationale Recht des ersuchten Staates.

(4) Beschließt das nach den Artikeln 8 bis 15 zuständige Gericht die Unterbringung des Kindes in einer Pflegefamilie und soll das Kind in einem anderen Mitgliedstaat untergebracht werden und ist in diesem Mitgliedstaat für die innerstaatlichen Fälle der Unterbringung von Kindern die Einschaltung einer Behörde nicht vorgesehen, so setzt das Gericht die Zentrale Behörde oder eine zuständige Behörde dieses Mitgliedstaates davon in Kenntnis.

Art. 57 EheVO 2003 Arbeitsweise

(1) [1]Jeder Träger der elterlichen Verantwortung kann bei der Zentralen Behörde des Mitgliedstaates, in dem er seinen gewöhnlichen Aufenthalt hat, oder bei der Zentralen Behörde des Mitgliedstaates, in dem das Kind seinen gewöhnlichen Aufenthalt hat oder in dem es sich befindet, einen Antrag auf Unterstützung gemäß Artikel 55 stellen. [2]Dem Antrag werden grundsätzlich alle verfügbaren Informationen beigefügt, die die Ausführung des Antrags erleichtern können. [3]Betrifft dieser Antrag die Anerkennung oder Vollstreckung einer Entscheidung über die elterliche Verantwortung, die in den Anwendungsbereich dieser Verordnung fällt, so muss der Träger der elterlichen Verantwortung dem Antrag die betreffenden Bescheinigungen nach Artikel 39, Artikel 41 Absatz 1 oder Artikel 42 Absatz 1 beifügen.

(2) Jeder Mitgliedstaat teilt der Kommission die Amtssprache(n) der Organe der Gemeinschaft mit, die er außer seiner/seinen eigenen Sprache(n) für Mitteilungen an die Zentralen Behörden zulässt.

(3) Die Unterstützung der Zentralen Behörden gemäß Artikel 55 erfolgt unentgeltlich.

(4) Jede Zentrale Behörde trägt ihre eigenen Kosten.

Art. 58 EheVO 2003 Zusammenkünfte

(1) Zur leichteren Anwendung dieser Verordnung werden regelmäßig Zusammenkünfte der Zentralen Behörden einberufen.

(2) Die Einberufung dieser Zusammenkünfte erfolgt im Einklang mit der Entscheidung 2001/470/EG über die Einrichtung eines Europäischen Justiziellen Netzes für Zivil- und Handelssachen.

1 Die EheVO 2003 übernimmt das bereits im Rahmen der Haager Konventionen erprobte System der Zusammenarbeit zentraler Behörden. Im Bereich der elterlichen Verantwortung besteht ein erhöhter Kommunikationsbedarf zwischen den Gerichten und Behörden der Mitgliedstaaten.[1] Das System der zentralen Behörden ermöglicht erst, dass die Gerichte effektiv grenzüberschreitend zusammenarbeiten. Diese ist seinerseits eine zentrale Voraussetzung für das Funktionieren der EheVO 2003, die darauf baut, dass die Gerichte und zuständigen Stellen in einem Mitgliedstaat die Verfahren in den anderen Mitgliedstaaten als gleichwertig anerkennen.

2 Deutschland hat wie bereits bei den Haager Übereinkommen zu Recht nicht von der Möglichkeit Gebrauch gemacht, in den Bundesländern jeweils eigene Zentrale Behörden errichten zu lassen. Zentrale Behörde ist wie bei den Haager Übereinkommen das Bundesamt für Justiz in Bonn, § 3 Abs. 1 Nr. 1 IntFamRVG. § 6 Abs. 1 S. 2 IntFamRVG ordnet an, dass das Bundesamt für Justiz unmittelbar, dh nicht durch diplomatischen Kontakt, mit allen zuständigen Stellen im Ausland verkehren kann.

Kapitel V

Verhältnis zu anderen Rechtsinstrumenten

Art. 59 EheVO 2003 Verhältnis zu anderen Rechtsinstrumenten

(1) Unbeschadet der Artikel 60, 63, 64 und des Absatzes 2 des vorliegenden Artikels ersetzt diese Verordnung die zum Zeitpunkt des Inkrafttretens dieser Verordnung bestehenden, zwischen zwei oder mehr Mitgliedstaaten geschlossenen Übereinkünfte, die in dieser Verordnung geregelte Bereiche betreffen.

(2)

a) Finnland und Schweden können erklären, dass das Übereinkommen vom 6. Februar 1931 zwischen Dänemark, Finnland, Island, Norwegen und Schweden mit Bestimmungen des internationalen Verfahrensrechts über Ehe, Adoption und Vormundschaft einschließlich des Schlussprotokolls anstelle dieser Verordnung ganz oder teilweise auf ihre gegenseitigen Beziehungen anwendbar ist. Diese Erklärungen werden dieser Verordnung als Anhang beigefügt und im _Amtsblatt der Europäischen Union_ veröffentlicht. Die betreffenden Mitgliedstaaten können ihre Erklärung jederzeit ganz oder teilweise widerrufen.

b) Der Grundsatz der Nichtdiskriminierung von Bürgern der Union aus Gründen der Staatsangehörigkeit wird eingehalten.

c) Die Zuständigkeitskriterien in künftigen Übereinkünften zwischen den in Buchstabe a) genannten Mitgliedstaaten, die in dieser Verordnung geregelte Bereiche betreffen, müssen mit den Kriterien dieser Verordnung im Einklang stehen.

d) Entscheidungen, die in einem der nordischen Staaten, der eine Erklärung nach Buchstabe a) abgegeben hat, aufgrund eines Zuständigkeitskriteriums erlassen werden, das einem der in Kapitel II vorgesehenen Zuständigkeitskriterien entspricht, werden in den anderen Mitgliedstaaten gemäß den Bestimmungen des Kapitels III anerkannt und vollstreckt.

(3) Die Mitgliedstaaten übermitteln der Kommission

a) eine Abschrift der Übereinkünfte sowie der einheitlichen Gesetze zur Durchführung dieser Übereinkünfte gemäß Absatz 2 Buchstaben a) und c),

b) jede Kündigung oder Änderung dieser Übereinkünfte oder dieser einheitlichen Gesetze.

Art. 60 EheVO 2003 Verhältnis zu bestimmten multilateralen Übereinkommen

Im Verhältnis zwischen den Mitgliedstaaten hat diese Verordnung vor den nachstehenden Übereinkommen insoweit Vorrang, als diese Bereiche betreffen, die in dieser Verordnung geregelt sind:

a) Haager Übereinkommen vom 5. Oktober 1961 über die Zuständigkeit der Behörden und das anzuwendende Recht auf dem Gebiet des Schutzes von Minderjährigen,

---

1 Geimer/Schütze/_Geimer_, Europäisches Zivilverfahrensrecht, Art. 53 VO (EG) 2201/2003 Rn. 1.

b) **Luxemburger Übereinkommen vom 8. September 1967 über die Anerkennung von Entscheidungen in Ehesachen,**

c) **Haager Übereinkommen vom 1. Juni 1970 über die Anerkennung von Ehescheidungen und der Trennung von Tisch und Bett,**

d) **Europäisches Übereinkommen vom 20. Mai 1980 über die Anerkennung und Vollstreckung von Entscheidungen über das Sorgerecht für Kinder und die Wiederherstellung des Sorgeverhältnisses**

   und

e) **Haager Übereinkommen vom 25. Oktober 1980 über die zivilrechtlichen Aspekte internationaler Kindesentführung.**

A. Überblick

Die genannten Abkommen werden, soweit der Anwendungsbereich der EheVO 2003 reicht, im Verhältnis der Mitgliedstaaten verdrängt. Dieser im Ausgangspunkt einfache Grundsatz wirft aber bei näherer Betrachtung erhebliche Probleme auf. Dies betrifft vor allem das Verhältnis zum MSA und ferner das Verhältnis zum HKÜ.   **1**

B. Verhältnis zum MSA

Nach Art. 60 lit. a wird das MSA im Verhältnis der Mitgliedstaaten von der EheVO 2003 verdrängt. Dies gilt auch für den Bereich der internationalen Zuständigkeit. Ein (auch nur ergänzender) Rückgriff auf das MSA ist grundsätzlich ausgeschlossen.   **2**

Fraglich ist allerdings, ob dieser Vorrang der EheVO 2003 auch dann gilt, wenn die Interessen von MSA-Vertragsstaaten betroffen sind, die nicht der EU angehören.[2] Die Frage wurde lange Zeit kontrovers diskutiert; sie hat aber aktuell keine praktische Bedeutung mehr, da mittlerweile alle (ehemaligen) Vertragsstaaten des MSA, die nicht der EU angehören – insbesondere auch die Türkei und die Schweiz – dem KSÜ beigetreten sind. Das Verhältnis zwischen der EheVO 2003 und dem MSA ist damit nur noch mit Blick auf Altfälle und im Verhältnis zum chinesischen Verwaltungsbezirk Macao von Bedeutung.[3] Für diese Fälle kann daher auf die ausf. Darstellung in der Vorauflage verwiesen werden.   **3**

C. Verhältnis zum HKÜ

Das Haager Übereinkommen vom 25.10.1980 über die zivilrechtlichen Aspekte internationaler Kindesentführung (HKÜ) wird nicht vollständig verdrängt, sondern durch die Regeln des Art. 11 EheVO 2003 lediglich modifiziert. Damit bleibt das HKÜ grundsätzlich anwendbar; die in Art. 11 EheVO 2003 enthaltenen Regeln sind lediglich zusätzlich zu beachten (vgl. näher → EheVO Art. 11 Rn. 1 ff.).   **4**

Art. 61 EheVO 2003 Verhältnis zum Haager Übereinkommen vom 19. Oktober 1996 über die Zuständigkeit, das anzuwendende Recht, die Anerkennung, Vollstreckung und Zusammenarbeit auf dem Gebiet der elterlichen Verantwortung und der Maßnahmen zum Schutz von Kindern

Im Verhältnis zum Haager Übereinkommen vom 19. Oktober 1996 über die Zuständigkeit, das anzuwendende Recht, die Anerkennung, Vollstreckung und Zusammenarbeit auf dem Gebiet der elterlichen Verantwortung und der Maßnahmen zum Schutz von Kindern ist diese Verordnung anwendbar,

a) **wenn das betreffende Kind seinen gewöhnlichen Aufenthalt im Hoheitsgebiet eines Mitgliedstaates hat;**

---

2   Ausf. dazu Geimer/Schütze/*Gruber,* Int. Rechtsverkehr, 32. Erg.Lief., Vor MSA Rn. 8 ff.

3   Für Macao, das seit dem 20.12.1999 chinesischer Verwaltungsbezirk ist, gilt nicht das KSÜ, aber (weiterhin) das MSA. China hat im Zusammenhang mit der (Rück-)Erlangung der Souveränität über Macao erklärt, dass das MSA dort weiterhin in Kraft bleibe (zur englischen Übersetzung der Erklärung s. auf der Seite der Haager Konferenz für Internationales Privatrecht, (http://www.hcch.net/index_en.php?act=conventions.status&cid=70).

b) in Fragen der Anerkennung und der Vollstreckung einer von dem zuständigen Gericht eines Mitgliedstaates ergangenen Entscheidung im Hoheitsgebiet eines anderen Mitgliedstaates, auch wenn das betreffende Kind seinen gewöhnlichen Aufenthalt im Hoheitsgebiet eines Drittstaats hat, der Vertragspartei des genannten Übereinkommens ist.

A. Anwendbarkeit des KSÜ 1   D. Anerkennung und Vollstreckung 8
B. Internationale Zuständigkeit 2   E. Behördliche Zusammenarbeit 9
C. Rechtshängigkeitseinwand 7   F. Anwendbares Recht 10

A. Anwendbarkeit des KSÜ

1 Lange war das Haager Minderjährigenschutzabkommen (MSA)[4] der bedeutendste Staatsvertrag auf dem Gebiet des internationalen Kindesschutzrechts. Seit dem 1.1.2011 ist allerdings aus deutscher Sicht nicht primär mehr das MSA, sondern vorrangig das **Haager Kinderschutzübereinkommen (KSÜ)** anwendbar.[5] Im Verhältnis der Vertragsstaaten des KSÜ, die zugleich Vertragsstaaten des MSA sind, ist nur noch das KSÜ anzuwenden (Art. 51 KSÜ). Das MSA hat aus deutscher Sicht nur noch Bedeutung im Verhältnis Macao (→ EheVO Art. 60 Rn. 3).

B. Internationale Zuständigkeit

2 Art. 61 lit. a enthält – in Ausfüllung der in Art. 52 Abs. 2 KSÜ enthaltenen Öffnungsklausel – eine zunächst recht eindeutige **Abgrenzungsregel** für den Bereich der internationalen Zuständigkeit. Die EheVO 2003 ist für die Fragen der internationalen Zuständigkeit immer dann heranzuziehen, wenn das Kind seinen gewöhnlichen Aufenthalt im Hoheitsgebiet eines Mitgliedstaats hat.[6] Das KSÜ ist dementsprechend nur dann anwendbar, wenn das Kind seinen gewöhnlichen Aufenthalt außerhalb der EU in einem KSÜ-Vertragsstaat hat. Die EheVO 2003 ist nach dem Wortlaut des Art. 61 lit. a und der Öffnungsklausel des Art. 52 Abs. 2 KSÜ vonseiten deutscher Gerichte auch dann für die internationale Zuständigkeit anzuwenden, wenn das Kind, das seinen gewöhnlichen Aufenthalt in der EU hat, die Staatsangehörigkeit eines KSÜ-Vertragsstaats hat, der nicht der EU angehört. Es gibt hier keinen Anhaltspunkt dafür, dass die genannten Vorschriften abweichend von ihrem Wortlaut zu verstehen sind. Deutsche Gerichte beurteilen also ihre internationale Zuständigkeit für ein Kind mit gewöhnlichem Aufenthalt in der EU auch dann nach der EheVO 2003, wenn dieses Kind zB die schweizerische oder australische Staatsangehörigkeit hat.[7]

3 Art. 61 lit. a EheVO 2003 legt allerdings nicht fest, auf welchen **Zeitpunkt** es für den gewöhnlichen Aufenthalt des Kindes ankommen soll.[8] Diese Frage stellt sich immer dann, wenn es während des laufenden Verfahrens zu einem **Wechsel des gewöhnlichen Aufenthalts** des Kindes kommt. Nach der hier vertretenen Auffassung ist zu berücksichtigen, dass die Art. 8–13 EheVO 2003 grundsätzlich eine perpetuatio fori vorsehen (→ EheVO Art. 8 Rn. 3). Zur Vermeidung von Wertungswidersprüchen liegt es nahe, den perpetuatio fori-Grundsatz jedenfalls in Wegzugsfällen (also beim Wechsel des gewöhnlichen Aufenthalts von der EU in einen nicht der EU angehörenden KSÜ-Vertragsstaat) auch bei der räumlichen Abgrenzung zum KSÜ heranzuziehen.[9] Hat ein Kind im Zeitpunkt des Verfahrensbeginns vor deutschen Gerichten seinen gewöhnlichen Aufenthalt (noch) in der EU, so entspricht es der Konzeption der EheVO 2003, dass es auch nach dem Wegzug in einen nicht der EU angehörenden KSÜ-Vertragsstaat bei der Anwendung der EheVO 2003 und damit insbes. des Art. 8 Abs. 1 EheVO 2003 verbleibt. Befürwortete man demgegenüber einen Wegfall der Anwendbarkeit EheVO 2003 und eine Anwendung der Zuständigkeitsregeln des KSÜ, wäre eine perpetuatio fori nicht mehr gegeben. Denn anders als die EheVO 2003 geht das KSÜ gerade nicht von einer perpetuatio fori aus (vgl. Art. 5 Abs. 2 KSÜ). Es wäre aus Sicht der dem EheVO 2003 zugrunde liegenden perpetuatio fori-Gedankens sachlich nicht zu rechtfertigen, warum deutsche Gerichte zwar weiter-

---

4   Haager Übereinkommen über die Zuständigkeit der
     Behörden und das anzuwendende Recht auf dem
     Gebiet des Schutzes von Minderjährigen v. 5.10.1961
     (BGBl. II 1971 S. 217). Für eine aktuelle Übersicht
     sämtlicher Beitrittsstaaten s.: http://hcch.e-vision.nl/i
     ndex_en.php?act=conventions.status&cid=39 (Stand
     9.11.2009).

5   Haager Übereinkommen über die Zuständigkeit, das
     anzuwendende Recht, Vollstreckung und Zusammen-
     arbeit auf dem Gebiet der elterlichen Verantwortung
     und der Maßnahmen zum Schutz von Kindern v.
     19.10.1996. Für eine aktuelle Übersicht sämtlicher

     Beitrittsstaaten s.: http://hcch.e-vision.nl/index_en.ph
     p?act=conventions.status&cid=70.

6   Dänemark gilt insoweit nicht als Mitgliedstaat, s.
     Art. 2 Nr. 3 EheVO 2003 sowie Erwägungsgrund 31
     zur EheVO 2003.

7   Geimer/Schütze/*Bischoff* EheVO Art. 61 Rn. 4; *Beni-
     cke* IPRax 2013, 44 (52); abw. MüKoBGB/*Siehr*
     EuEheVO Vor Art. 1 Rn. 18; *Andrae* IPRax 2006, 82
     (84).

8   *Heindler* IPRax 2014, 201 (203 f.).

9   Geimer/Schütze/*Gruber,* Int. Rechtsverkehr, 31.
     Erg.Lief., Vor KSÜ Rn. 11 ff.; wie hier wohl auch
     Teixeira de Sousa FamRZ 2005, 1612 (1614).

hin nach Art. 8 Abs. 1 EheVO 2003 zuständig bleiben sollen, wenn das Kind nach Rechtshängigkeit seinen gewöhnlichen Aufenthalt in einem anderen EU-Mitgliedstaat oder einen sonstigen Drittstaat begründet, nicht aber mehr dann, wenn es den neuen gewöhnlichen Aufenthalt außerhalb der EU in einem Vertragsstaat des KSÜ begründet.

Fraglich ist aber, ob diese Interpretation von Art. 61 lit. a im Einklang mit der Öffnungsklausel des Art. 52 **4** Abs. 2 KSÜ steht. Nach der in Deutschland hM lässt Art. 52 Abs. 2 KSÜ dem perpetuatio fori-Gedanken keinen Raum. Die Vorschrift sehe maW (zwingend) eine Anwendung des KSÜ auch für den Fall vor, dass der gewöhnliche Aufenthalt des Kindes erst während eines in Deutschland laufenden Verfahrens von Deutschland in einen KSÜ-Vertragsstaat außerhalb der EU verlegt werde. Da Art. 61 lit. a in Ausfüllung der Öffnungsklausel des Art. 52 Abs. 2 KSÜ geschaffen worden sei, sei davon auszugehen, dass Art. 61 lit. a nicht über das nach Art. 52 Abs. 2 KSÜ Zulässige habe hinausgehen wollen.[10] Nach der hier vertretenen Auffassung ist zunächst einmal zu beachten, dass sich Art. 52 KSÜ nicht zu dem maßgeblichen Zeitpunkt äußert, also insoweit unklar ist. Entscheidend ist sodann meines Erachtens der Gesichtspunkt, dass Art. 52 Abs. 2 KSÜ dem EU-Gesetzgeber die Möglichkeit zur Schaffung eigener – in der Konsequenz vom KSÜ inhaltlich abweichender – Zuständigkeitsregeln geben wollte. Die Einführung einer perpetuatio fori in der EheVO 2003 stellt sich vor diesem Hintergrund kaum als Usurpation eines vom KSÜ nicht tolerierten räumlich-persönlichen Anwendungsbereichs, sondern nur als zulässige inhaltliche Ausgestaltung der einzelnen (als solche von Art. 52 Abs. 2 KSÜ gedeckten) Zuständigkeitsregeln dar. Anders gesagt: Die inhaltliche Gestaltungsfreiheit, die Art. 52 Abs. 2 KSÜ dem europäischen Gesetzgeber geben will, wird ihm letztlich – was die Einführung einer perpetuatio fori anbelangt – von der hM doch nicht umfassend gewährt.[11] Dies wird meines Erachtens dem Zweck des Art. 52 Abs. 2 KSÜ nicht vollends gerecht.

Zu beachten ist noch, dass die KSÜ-Vertragsstaaten, die nicht der EU angehören, eine Entscheidung von **5** einem Gericht, das sich nicht auf die die Zuständigkeitsvorschrift des KSÜ bzw. eine den Zuständigkeitsregeln des KSÜ inhaltlich entsprechende Vorschrift der EheVO 2003 gestützt hat, nicht anerkennen müssen. Dies ist, wie sich aus dem Bericht von *Lagarde* ergibt, aus Art. 52 Abs. 3 KSÜ abzuleiten.[12] Eine Pflicht zur Anerkennung dürfte auch dementsprechend auch dann nicht bestehen, wenn die Zuständigkeit auf einer (nur) in der EheVO 2003 angeordneten perpetuatio fori beruht.[13] Vor allem aus diesem Grund sollte das (nach der hier vertretenen Auffassung weiterhin zuständige) deutsche Gericht die Abstimmung mit dem KSÜ-Vertragsstaat suchen und nach Möglichkeit eine einvernehmliche Festlegung der Zuständigkeit nach Maßgabe von Artt. 8, 9 KSÜ anstreben. Soweit es dann aus Sicht des KSÜ-Vertragsstaats außerhalb der EU zu einem Zuständigkeitstransfer auf deutsche Gerichte kommt, steht Art. 23 Abs. 2 lit. a KSÜ der Anerkennung der deutschen Entscheidung im KSÜ-Vertragsstaat nicht mehr entgegen. In anderen Fällen sollte das deutsche Gericht einen Zuständigkeitstransfer an den KSÜ-Vertragsstaat außerhalb der EU in Betracht ziehen.

Verlegt ein Kind während der Rechtshängigkeit eines Verfahrens in einem außereuropäischen KSÜ-Ver- **6** tragsstaat seinen gewöhnlichen Aufenthalt von diesem KSÜ-Vertragsstaat in die EU, so sieht das KSÜ grundsätzlich einen Wegfall der internationalen Zuständigkeit des vormaligen Aufenthaltsstaats vor (Art. 5 Abs. 2 KSÜ). Aufgrund des Wegfalls der internationalen Zuständigkeit des Wegzugsstaates ist das im KSÜ-

---

10 Dezidiert KG FamRZ 2015, 1214 = IPRax 2016, 372 mit Bespr. *Heiderhoff* 335; ferner OLG Saarbrücken NZFam 2016, 528; OLG Karlsruhe FamRZ 2014, 1565; aus der Lit. etwa Geimer/Schütze/*Bischoff* EheVO Art. 61 Rn. 3; *Hausmann*, IntEuFamR, F 356; *Heindler* IPRax 2014, 201 ff.; *Benicke* IPRax 2013, 44 (52); auch MüKoBGB/*Heiderhoff* EheVO Art. 61 Rn. 2; *Andrae* IPRax 2006, 82 (85); ferner *Henrich* FamRZ 2002, 1184 (1185). Der öst. OGH (IPRax 2014, 183) hat in einem derartigen Fall die internationale Zuständigkeit österreichischer Gerichte von vornherein nur nach dem KSÜ beurteilt und die Anwendung der EheVO 2003 offenkundig nicht in Erwägung gezogen; eine belastbare Aussage zu dem Konkurrenzverhältnis von EheVO 2003 und KSÜ lässt sich dieser Entscheidung daher nicht entnehmen.

11 S. bereits Geimer/Schütze/*Gruber,* Int. Rechtsverkehr, 31. Erg.Lief., Vor KSÜ Rn. 13; *Gruber* IPRax 2013, 409 (411 f.).

12 *Lagarde,* Rapport explicatif, Anm. 175 („Umgekehrt sind die Vertragsstaaten, die nicht Parteien der

getrennten Vereinbarung sind, nicht verpflichtet, die Maßnahmen anzuerkennen, die in anderen Vertragsstaaten, die Parteien getrennter Vereinbarungen sind, auf der Grundlage einer in der getrennten Vereinbarung, jedoch nicht im Haager Übereinkommen vorgesehenen Zuständigkeit getroffen wurden."). S. auch noch Art. 23 Abs. 2 lit. a KSÜ.

13 S. dazu auch noch – zur perpetuatio fori nach nationalem Recht bei Wechsel des gewöhnlichen Aufenthalts in einen Drittstaat – *Lagarde,* Rapport explicatif, Anm. 24 („Bei einem Wechsel des gewöhnlichen Aufenthalts von einem Vertragsstaat in einen Nichtvertragsstaat hingegen ist Artikel 5 ab dem Aufenthaltswechsel nicht mehr anwendbar, und es steht dem nichts entgegen, daß die befaßte Behörde des Vertragsstaats des ersten gewöhnlichen Aufenthalts ihre Zuständigkeit aufgrund ihres innerstaatlichen Verfahrensrechts beibehält, ohne daß allerdings die übrigen Vertragsstaaten durch das Übereinkommen gebunden sind, die von dieser Behörde getroffenen Maßnahmen anzuerkennen.").

Vertragsstaat geführte Verfahren unzulässig geworden. In diesem Fall dürfte aus der Sicht der Gerichte und Behörden in EU-Mitgliedstaaten – da Zuständigkeitsinteressen des KSÜ-Vertragsstaats nicht mehr betroffen sind – kein Grund mehr dafür bestehen, weiterhin das KSÜ und nicht die EheVO 2003 zur Anwendung zu bringen. Die EheVO 2003 ist somit im Ergebnis bereits mit Begründung des gewöhnlichen Aufenthalts in der EU anwendbar.[14]

C. Rechtshängigkeitseinwand

7   Bei konkurrierenden Verfahren ist die Regelung des Art. 13 KSÜ zu beachten. Auf Art. 13 KSÜ ist aus deutscher Sicht allerdings nur dann zurückzugreifen, wenn es sich um ein konkurrierendes Verfahren in einem KSÜ-Vertragsstaat handelt, der nicht EU-Mitgliedstaat ist. Soweit das konkurrierende Verfahren in einem EU-Mitgliedstaat stattfindet, sind aus deutscher Sicht allein die Art. 16, 19 EheVO 2003 heranzuziehen.[15] Aus der Sicht von KSÜ-Vertragsstaaten, die nicht Mitglied der EU sind, findet demgegenüber Art. 13 KSÜ uneingeschränkt Anwendung, und zwar auch dann, wenn das konkurrierende Verfahren in einem EU-Mitgliedstaat stattfindet. Man wird allerdings hierfür verlangen müssen, dass die Gerichte und Behörden des EU-Mitgliedstaats eine den Art. 5 bis 10 KSÜ entsprechende Zuständigkeit in Anspruch nehmen.[16]

D. Anerkennung und Vollstreckung

8   Das KSÜ enthält in den Art. 23 ff. Vorschriften zur Anerkennung von Entscheidungen anderer KSÜ-Staaten. Die Vorschriften über die Anerkennung ausländischer Entscheidungen sind aus deutscher Sicht nur dann einschlägig, wenn es sich um Entscheidungen eines KSÜ-Vertragsstaats handelt, der nicht zugleich Mitgliedstaat der EU ist. Bei Entscheidungen anderer EU-Mitgliedstaaten sind gem. Art. 61 lit. b EheVO 2003 allein die Vorschriften der EheVO 2003 anzuwenden.

E. Behördliche Zusammenarbeit

9   Soweit es um die **Zusammenarbeit von Behörden** geht, ergibt sich im Verhältnis der EU-Mitgliedstaaten die Abgrenzung zwischen der EheVO 2003 und dem KSÜ erneut aus Art. 61 lit. a EheVO 2003. Soweit das Kind seinen gewöhnlichen Aufenthalt in der EU hat, ist die EheVO 2003 anzuwenden. Soweit das Kind seinen gewöhnlichen Aufenthalt außerhalb der EU hat, finden die Vorschriften des KSÜ Anwendung. Diese Abgrenzung gilt jedoch nur im Verhältnis von Gerichten und Behörden in EU-Mitgliedstaaten. Geht es um die Zusammenarbeit zwischen Behörden eines EU-Mitgliedstaats und Behörden eines KSÜ-Vertragsstaates, der nicht Mitglied der EU ist, findet allein das KSÜ Anwendung.[17]

F. Anwendbares Recht

10   Die EheVO 2003 enthält keine Regeln über das **anzuwendende Recht**. Nach dem BGH und der mittlerweile hL bleibt das KSÜ für die Bestimmung des maßgeblichen Rechts auch dann anwendbar, wenn sich die internationale Zuständigkeit deutscher Gerichte aus der EheVO 2003 und nicht aus dem KSÜ gibt (s. bereits → EheVO Art. 8 Rn. 17 ff.).[18]

11   Nach Art. 15 Abs. 1 KSÜ wenden die nach Art. 5 bis 14 KSÜ zuständigen Behörden ihr eigenes Recht an. Die Vorschrift verwirklicht also – letztlich nicht anders als Art. 2 MSA – einen **Gleichlauf** zwischen der internationalen **Zuständigkeit** nach dem KSÜ und dem **anwendbaren Recht**.[19] Es stellt sich allerdings die Frage, welche Aussage der Norm im Einzelnen entnommen werden kann, wenn sich die internationale Zuständigkeit nicht aus dem KSÜ selbst, sondern aus der EheVO 2003 ergibt.

12   Nach verbreiteter Auffassung lässt sich Art. 15 Abs. 1 KSÜ aufgrund der Verwobenheit von internationaler Zuständigkeit und kollisionsrechtlicher Bestimmung des anwendbaren Rechts nur dann heranziehen, wenn

14   Geimer/Schütze/*Bischoff* EheVO Art. 61 Rn. 3; *Benicke* IPRax 2013, 44 (52); *Andrae* IPRax 2006, 82 (85). Soweit das KSÜ ausnahmsweise doch – wie etwa bei der Kindesentführung, Art. 7 KSÜ – eine perpetuatio fori etwa des vormaligen Aufenthaltsstaats vorsieht, löst sich die Konkurrenzproblematik über Art. 13 KSÜ mit der Folge, dass das Verfahren in dem vormaligen Aufenthaltsstaat den Vorrang beansprucht.

15   Geimer/Schütze/*Gruber*, Int. Rechtsverkehr, 31. Erg.Lief., KSÜ Art. 13 Rn. 1 f.

16   Näher Geimer/Schütze/*Gruber*, Int. Rechtsverkehr, 31. Erg.Lief., KSÜ Art. 13 Rn. 3.

17   Geimer/Schütze/*Gruber*, Int. Rechtsverkehr, 31. Erg.Lief., Vor KSÜ Rn. 21 f.

18   BGH NJW 2018, 613 (Rn. 20) = FamRZ 2018, 457; FamRZ 2011, 796 (Rn. 12, 30 ff.) mAnm *Völker*; dem folgend OLG Saarbrücken NJW-RR 2019, 327; zum (bisherigen) Meinungsstand in der Literatur siehe näher *Hausmann*, IntEuFamR, F 615 ff.

19   Althammer/*Schäuble* Anhang KSÜ Art. 15 Rn. 1.

sich eine internationale Zuständigkeit des EU-Mitgliedstaates – die Anwendbarkeit des KSÜ (hypothetisch) unterstellt – auch aus dem KSÜ ergeben hätte.[20] Dieser Auffassung scheint auch, wenngleich ohne nähere Begründung, der BGH zuzuneigen.[21] Es ist nach dieser Auffassung also doch eine Prüfung der internationalen Zuständigkeit nach den Vorschriften des (insoweit an sich durch die Verordnung verdrängten, Art. 61 lit. a) KSÜ vorzunehmen – dies allerdings nur zu dem Zweck, die Anwendbarkeit des Art. 15 Abs. 1 KSÜ zu begründen. Soweit sich hiernach keine Zuständigkeit nach den Vorschriften des KSÜ ergebe, sei auch Art. 15 Abs. 1 KSÜ nicht anzuwenden, und es sei auf die Vorschriften des nationalen (unvereinheitlichten) Kollisionsrechts zurückzugreifen. Deutsche Gerichte und Behörden hätten daher in diesem Fall Art. 21 EGBGB heranzuziehen.

Nach der hier vertretenen Auffassung ist eine derartige „gespaltene" Lösung im Falle des KSÜ abzulehnen. **13** Art. 15 KSÜ sollte für die Bestimmung des anwendbaren Rechts in jedem Fall angewendet werden, also auch dann, wenn sich die Gerichte und Behörden auf eine Zuständigkeit nach der EheVO 2003 stützen, die sich im Einzelfall nicht aus dem (verdrängten) KSÜ ergeben hätte. Art. 15 Abs. 1 KSÜ ist in dem Sinne zu verstehen, dass die zuständigen Behörden stets ihr eigenes Recht anzuwenden haben. Im Ergebnis führt dies zu einem Gleichlauf zwischen internationaler Zuständigkeit und anwendbarem Recht.[22]

Hierfür spricht die ratio des in Art. 15 Abs. 1 KSÜ angeordneten Gleichlaufprinzips. Art. 15 Abs. 1 KSÜ **14** geht es nicht um eine strikte Anwendung des Rechts am gewöhnlichen Aufenthalts des Kindes, sondern – ausweislich des Berichts von *Lagarde* – um eine erleichterte Rechtsanwendung für die mit der Angelegenheit befassten Gerichte.[23] Dementsprechend ergibt es sich auch bei Anwendung der Art. 7 ff. KSÜ sehr häufig, dass die Gerichte gem. Art. 15 Abs. 1 KSÜ das Recht eines Staates anzuwenden haben, in dem das Kind keinen gewöhnlichen Aufenthalt hat.

Die skizzierte Streitfrage spielt allerdings nur eine beschränkte praktische Rolle. In den meisten Fällen **15** ergibt sich, wenn deutsche Gerichte nach der EheVO 2003 international zuständig sind, auch eine internationale Zuständigkeit nach den Vorschriften des KSÜ.[24] Dies gilt insbesondere dann, wenn sich die internationale Zuständigkeit auf den gewöhnlichen Aufenthalt des Kindes im Inland stützt (Art. 8 Abs. 1 EheVO 2003/Art. 5 Abs. 1 KSÜ). Relevant ist die Streitfrage aber ua dann, wenn das Kind während eines dort laufenden Verfahrens seinen **gewöhnlichen Aufenthalt** von einem Mitgliedstaat der EU in einen anderen Mitgliedstaat der EU **verlegt.** In diesem Fall bleibt die internationale Zuständigkeit des angerufenen Gerichts nach Art. 8 Abs. 1 EheVO 2003 erhalten (Grundsatz der perpetuatio fori, → EheVO Art. 8 Rn. 3); bei Anwendung des KSÜ ergäbe sich demgegenüber ein Wegfall der internationalen Zuständigkeit des vormaligen Aufenthaltsstaats und nach Art. 15 Abs. 1 KSÜ zugleich ein Wechsel im anwendbaren Recht. Auch im Rahmen der Art. 9–15 weicht die EheVO 2003 in verschiedenen Fällen nicht unbeträchtlich vom KSÜ ab.

Geht man von einem Gleichlaufprinzip aus, werden die Zwecke, die durch die EheVO 2003 auf der zuständigkeitsrechtlichen Ebene verfolgt werden, auch bei der Bestimmung des anwendbaren Rechts berücksichtigt. Ua führt ein Wechsel des gewöhnlichen Aufenthalts dann, wenn er erst nach Einleitung eines Verfahrens erfolgt, weder zu einem Wechsel der Zuständigkeit noch zu einer Änderung beim anwendbaren Recht. Die Kontinuitätsinteressen, die mit der perpetuatio fori auf der Ebene der Zuständigkeit geschützt werden, werden entsprechend auch beim anwendbaren Recht gewahrt. Ähnliches gilt in den Fällen des Art. 9 EheVO und des Art. 10 EheVO 2003, die in bestimmten Fällen eine Zuständigkeit am **vormaligen gewöhnlichen Aufenthaltsort** des Kindes vorsehen. Die Zuständigkeitsregel wird bei Zugrundelegung eines Gleichlaufprinzips durch die fortdauernde Anwendung des Rechts am vormaligen gewöhnlichen Aufenthaltsort des Kindes sachgerecht ergänzt.[25]

---

20 Rauscher/*Rauscher* EheVO Art. 8 Rn. 2 ff.; *Looschelders* JR 2006, 45 (48); *Solomon* FamRZ 2004, 1409 (1416); *Busch* IPRax 2003, 218 (222) Fn. 40.

21 BGH NJW 2018, 613 (Rn. 20) = FamRZ 2018, 457 („… die sog. hypothetische Zuständigkeit nach Art. 5 und 6 KSÜ war ausreichend dafür, dass gemäß Art. 15 Abs. 1 KSÜ deutsches Recht zur Anwendung kam"). Zu berücksichtigen ist allerdings, dass es letztlich nicht auf die Entscheidung der Streitfrage ankam; es bleibt also die Möglichkeit, dass sich der BGH insoweit noch keine abschließende Meinung gebildet hat.

22 *Hausmann*, IntEuFamR, F 616; *Benicke* IPRax 2013, 44 (53 f.); ferner Althammer/*Schäuble* Anhang KSÜ Rn. 4; MüKoBGB/*Siehr* KSÜ Art. 15 Rn. 1; Zöller/ *Geimer* EuEheVO Art. 1 Rn. 48, Art. 8 Rn. 11 ff.;

Geimer EuEheVO Art. 8 Rn. 31; *Kropholler* FS Schlosser (2005), 449 (456); *Andrae* IPRax 2006, 82 (87) (unter der Voraussetzung, dass das Kind seinen gewöhnlichen Aufenthalt in der EU hat bzw. als Flüchtlingskind oder Kind ohne gewöhnlichen Aufenthalt seinen schlichten Aufenthalt in einem Mitgliedstaat der EU hat).

23 *Lagarde,* Rapport explicatif, Anm. 86; *Kropholler* FS Schlosser (2005), 449 (456); ebenso *Roth/Döring,* öst. JBl. 1999, 758 (765, 767) („Dieses Prinzip der lex fori … trägt der Tatsache Rechnung, daß Behörden in der Anwendung des eigenen Rechts besonders firm sind.").

24 So etwa in OLG Bamberg FamRZ 2016, 1270 (Rn. 18).

25 Geimer/Schütze/*Gruber,* Int. Rechtsverkehr, 31. Erg.Lief., KSÜ Art. 15 Rn. 16.

17 Als Resultat ergibt sich daher nach der hier vertretenen Auffassung der folgende (einfache) **kollisionsrecht-liche Satz**: Die nach der EheVO 2003 zuständigen Behörden wenden ihr eigenes Recht an (**Gleichlaufprin-zip**). Das Gleichlaufprinzip wird allerdings noch durch die Ausweichklausel des Art. 15 Abs. 2 KSÜ durch-brochen.

Art. 62 EheVO 2003 Fortbestand der Wirksamkeit

(1) Die in Artikel 59 Absatz 1 und den Artikeln 60 und 61 genannten Übereinkünfte behalten ihre Wirksamkeit für die Rechtsgebiete, die durch diese Verordnung nicht geregelt werden.

(2) Die in Artikel 60 genannten Übereinkommen, insbesondere das Haager Übereinkommen von 1980, behalten vorbehaltlich des Artikels 60 ihre Wirksamkeit zwischen den ihnen angehörenden Mitgliedstaaten.

Art. 63 EheVO 2003 Verträge mit dem Heiligen Stuhl

(1) Diese Verordnung gilt unbeschadet des am 7. Mai 1940 in der Vatikanstadt zwischen dem Heiligen Stuhl und Portugal unterzeichneten Internationalen Vertrags (Konkordat).

(2) Eine Entscheidung über die Ungültigkeit der Ehe gemäß dem in Absatz 1 genannten Vertrag wird in den Mitgliedstaaten unter den in Kapitel III Abschnitt 1 vorgesehenen Bedingungen anerkannt.

(3) Die Absätze 1 und 2 gelten auch für folgende internationalen Verträge (Konkordate) mit dem Hei-ligen Stuhl:

a) Lateranvertrag vom 11. Februar 1929 zwischen Italien und dem Heiligen Stuhl, geändert durch die am 18. Februar 1984 in Rom unterzeichnete Vereinbarung mit Zusatzprotokoll,

b) Vereinbarung vom 3. Januar 1979 über Rechtsangelegenheiten zwischen dem Heiligen Stuhl und Spanien.

c) Vereinbarung zwischen dem Heiligen Stuhl und Malta über die Anerkennung der zivilrechtlichen Wirkungen von Ehen, die nach kanonischem Recht geschlossen wurden, sowie von diese Ehen betreffenden Entscheidungen der Kirchenbehörden und -gerichte, einschließlich des Anwendungs-protokolls vom selben Tag, zusammen mit dem zweiten Zusatzprotokoll vom 6. Januar 1995.

(4) Für die Anerkennung der Entscheidungen im Sinne des Absatzes 2 können in Spanien, Italien oder Malta dieselben Verfahren und Nachprüfungen vorgegeben werden, die auch für Entscheidun-gen der Kirchengerichte gemäß den in Absatz 3 genannten internationalen Verträgen mit dem Heili-gen Stuhl gelten.

(5) Die Mitgliedstaaten übermitteln der Kommission

a) eine Abschrift der in den Absätzen 1 und 3 genannten Verträge,

b) jede Kündigung oder Änderung dieser Verträge.

1 Abs. 2 verpflichtet andere Mitgliedstaaten dazu, die Ungültigerklärungen durch **kirchliche Gerichte** anzu-erkennen. Voraussetzung ist, dass die Ungültigerklärungen im Rahmen der in Abs. 1 und Abs. 3 genannten Konkordate ergehen.

2 Unmittelbar anzuerkennen sind allerdings nur die Entscheidungen von portugiesischen Kirchengerichten. Demgegenüber bedürfen italienische, spanische und maltesische Entscheidungen von kirchlichen Gerichten innerstaatlich der sog. **Delibation**. Aus deutscher Sicht anzuerkennen sind daher nur die staatlichen Deliba-tionsentscheidungen.

Kapitel VI

Übergangsvorschriften

Art. 64 EheVO 2003

(1) Diese Verordnung gilt nur für gerichtliche Verfahren, öffentliche Urkunden und Vereinbarungen zwischen den Parteien, die nach Beginn der Anwendung dieser Verordnung gemäß Artikel 72 einge-leitet, aufgenommen oder getroffen wurden.

(2) Entscheidungen, die nach Beginn der Anwendung dieser Verordnung in Verfahren ergangen sind, die vor Beginn der Anwendung dieser Verordnung, aber nach Inkrafttreten der Verordnung (EG) Nr. 1347/2000 eingeleitet wurden, werden nach Maßgabe des Kapitels III der vorliegenden Verord-

nung anerkannt und vollstreckt, sofern das Gericht aufgrund von Vorschriften zuständig war, die mit den Zuständigkeitsvorschriften des Kapitels II der vorliegenden Verordnung oder der Verordnung (EG) Nr. 1347/2000 oder eines Abkommens übereinstimmen, das zum Zeitpunkt der Einleitung des Verfahrens zwischen dem Ursprungsmitgliedstaat und dem ersuchten Mitgliedstaat in Kraft war.

(3) Entscheidungen, die vor Beginn der Anwendung dieser Verordnung in Verfahren ergangen sind, die nach Inkrafttreten der Verordnung (EG) Nr. 1347/2000 eingeleitet wurden, werden nach Maßgabe des Kapitels III der vorliegenden Verordnung anerkannt und vollstreckt, sofern sie eine Ehescheidung, Trennung ohne Auflösung des Ehebandes oder Ungültigerklärung einer Ehe oder eine aus Anlass eines solchen Verfahrens in Ehesachen ergangene Entscheidung über die elterliche Verantwortung für die gemeinsamen Kinder zum Gegenstand haben.

(4) Entscheidungen, die vor Beginn der Anwendung dieser Verordnung, aber nach Inkrafttreten der Verordnung (EG) Nr. 1347/2000 in Verfahren ergangen sind, die vor Inkrafttreten der Verordnung (EG) Nr. 1347/2000 eingeleitet wurden, werden nach Maßgabe des Kapitels III der vorliegenden Verordnung anerkannt und vollstreckt, sofern sie eine Ehescheidung, Trennung ohne Auflösung des Ehebandes oder Ungültigerklärung einer Ehe oder eine aus Anlass eines solchen Verfahrens in Ehesachen ergangene Entscheidung über die elterliche Verantwortung für die gemeinsamen Kinder zum Gegenstand haben und Zuständigkeitsvorschriften angewandt wurden, die mit denen des Kapitels II der vorliegenden Verordnung oder der Verordnung (EG) Nr. 1347/2000 oder eines Abkommens übereinstimmen, das zum Zeitpunkt der Einleitung des Verfahrens zwischen dem Ursprungsmitgliedstaat und dem ersuchten Mitgliedstaat in Kraft war.

Die Vorschrift befasst sich mit dem **zeitlichen Anwendungsbereich** der EheVO 2003. Die **Zuständigkeits-** **1** **regeln** der EheVO 2003 gelten für Verfahren, die ab dem 1.3.2005 eingeleitet werden. Einig ist man sich darin, dass die „Einleitung" des Verfahrens keine Zustellung des verfahrenseinleitenden Schriftstücks an den Antragsgegner voraussetzt, selbst wenn nach dem nationalen Verfahrensrecht erst mit der Zustellung Rechtshängigkeit eintritt.[26] Nach einer Auffassung richtet sich der Zeitpunkt der „Einleitung" des Verfahrens iÜ nach dem nationalen Verfahrensrecht.[27] Nach der zustimmenswerten Gegenansicht ist auf den durch Art. 16 EheVO 2003 definierten Zeitpunkt abzustellen.[28] Hierdurch wird die gebotene einheitliche Anwendung der EheVO 2003 auch in zeitlicher Hinsicht erreicht.

Die Abs. 2–4 enthalten für die **Anerkennung und Vollstreckung** eine Vorverlagerung des zeitlichen **2** Anwendungsbereichs. Im Rahmen des Abs. 4 ist zu prüfen, ob sich die Zuständigkeit aus einem einschlägigen Abkommen ergab bzw. sich eine Zuständigkeit auch nach den Vorschriften der EheVO 2003 ergeben hätte.

Kapitel VII

Schlussbestimmungen

Art. 65 EheVO 2003 Überprüfung

Die Kommission unterbreitet dem Europäischen Parlament, dem Rat und dem Europäischen Wirtschafts- und Sozialausschuss spätestens am 1. Januar 2012 und anschließend alle fünf Jahre auf der Grundlage der von den Mitgliedstaaten vorgelegten Informationen einen Bericht über die Anwendung dieser Verordnung, dem sie gegebenenfalls Vorschläge zu deren Anpassung beifügt.

Art. 66 EheVO 2003 Mitgliedstaaten mit zwei oder mehr Rechtssystemen

Für einen Mitgliedstaat, in dem die in dieser Verordnung behandelten Fragen in verschiedenen Gebietseinheiten durch zwei oder mehr Rechtssysteme oder Regelwerke geregelt werden, gilt Folgendes:

a) Jede Bezugnahme auf den gewöhnlichen Aufenthalt in diesem Mitgliedstaat betrifft den gewöhnlichen Aufenthalt in einer Gebietseinheit.

---

26 *Dilger*, Rn. 168.
27 Vgl. *Wagner* IPRax 2001, 73 (80); *Hausmann* EuLF 2000/01, 271 (275); zum EuGVÜ BGHZ 132, 105 (107) = IPRax 1997, 187 (188).

28 Althammer/*Großerichter* EheVO Art. 64 Rn. 2; Thomas/Putzo/*Hüßtege* EheVO Art. 64 Rn. 2; Rauscher/*Rauscher* EheVO 2003 Art. 42 Rn. 3; *Dilger*, Rn. 170 ff.; *Hau* IPRax 2003, 461.

b) Jede Bezugnahme auf die Staatsangehörigkeit oder, im Fall des Vereinigten Königreichs, auf das „domicile" betrifft die durch die Rechtsvorschriften dieses Staates bezeichnete Gebietseinheit.

c) Jede Bezugnahme auf die Behörde eines Mitgliedstaates betrifft die zuständige Behörde der Gebietseinheit innerhalb dieses Staates.

d) Jede Bezugnahme auf die Vorschriften des ersuchten Mitgliedstaates betrifft die Vorschriften der Gebietseinheit, in der die Zuständigkeit geltend gemacht oder die Anerkennung oder Vollstreckung beantragt wird.

1   Die Vorschrift trägt dem Umstand Rechnung, dass das Vereinigte Königreich in die Gebietseinheiten England und Wales, Schottland sowie Nordirland gegliedert ist.

Art. 67 EheVO 2003 Angaben zu den Zentralen Behörden und zugelassenen Sprachen

Die Mitgliedstaaten teilen der Kommission binnen drei Monaten nach Inkrafttreten dieser Verordnung Folgendes mit:

a) die Namen und Anschriften der Zentralen Behörden gemäß Artikel 53 sowie die technischen Kommunikationsmittel,

b) die Sprachen, die gemäß Artikel 57 Absatz 2 für Mitteilungen an die Zentralen Behörden zugelassen sind,

und

c) die Sprachen, die gemäß Artikel 45 Absatz 2 für die Bescheinigung über das Umgangsrecht zugelassen sind.

Die Mitgliedstaaten teilen der Kommission jede Änderung dieser Angaben mit.

Die Angaben werden von der Kommission veröffentlicht.

Art. 68 EheVO 2003 Angaben zu den Gerichten und den Rechtsbehelfen

Die Mitgliedstaaten teilen der Kommission die in den Artikeln 21, 29, 33 und 34 genannten Listen mit den zuständigen Gerichten und den Rechtsbehelfen sowie die Änderungen dieser Listen mit.

Die Kommission aktualisiert diese Angaben und gibt sie durch Veröffentlichung im *Amtsblatt der Europäischen Union* und auf andere geeignete Weise bekannt.

Art. 69 EheVO 2003 Änderungen der Anhänge

Änderungen der in den Anhängen I bis IV wiedergegebenen Formblätter werden nach dem in Artikel 70 Absatz 2 genannten Verfahren beschlossen.

Art. 70 EheVO 2003 Ausschuss

(1) Die Kommission wird von einem Ausschuss (nachstehend „Ausschuss" genannt) unterstützt.

(2) Wird auf diesen Absatz Bezug genommen, so gelten die Artikel 3 und 7 des Beschlusses 1999/468/EG.

(3) Der Ausschuss gibt sich eine Geschäftsordnung.

Art. 71 EheVO 2003 Aufhebung der Verordnung (EG) Nr. 1347/2000

(1) Die Verordnung (EG) Nr. 1347/2000 wird mit Beginn der Geltung dieser Verordnung aufgehoben.

(2) Jede Bezugnahme auf die Verordnung (EG) Nr. 1347/2000 gilt als Bezugnahme auf diese Verordnung nach Maßgabe der Entsprechungstabelle in Anhang VI.

Art. 72 EheVO 2003 Inkrafttreten

Diese Verordnung tritt am 1. August 2004 in Kraft.

Sie gilt ab 1. März 2005 mit Ausnahme der Artikel 67, 68, 69 und 70, die ab dem 1. August 2004 gelten.

Diese Verordnung ist in allen ihren Teilen verbindlich und gilt gemäß dem Vertrag zur Gründung der Europäischen Gemeinschaft unmittelbar in den Mitgliedstaaten.

Geschehen zu Brüssel am 27. November 2003.

Anhang I Bescheinigung gemäß Artikel 39 über Entscheidungen in Ehesachen[29]

1. Ursprungsmitgliedstaat
2. Ausstellendes Gericht oder ausstellende Behörde
   2.1. Bezeichnung
   2.2. Anschrift
   2.3. Telefon/Fax/E-Mail
3. Angaben zur Ehe
   3.1. Ehefrau
      3.1.1. Name, Vornamen
      3.1.2. Anschrift
      3.1.3. Staat und Ort der Geburt
      3.1.4. Geburtsdatum
   3.2. Ehemann
      3.2.1. Name, Vornamen
      3.2.2. Anschrift
      3.2.3. Staat und Ort der Geburt
      3.2.4. Geburtsdatum
   3.3. Staat, Ort (soweit bekannt) und Datum der Eheschließung
      3.3.1. Staat der Eheschließung
      3.3.2. Ort der Eheschließung (soweit bekannt)
      3.3.3. Datum der Eheschließung
4. Gericht, das die Entscheidung erlassen hat
   4.1. Bezeichnung des Gerichts
   4.2. Gerichtsort
5. Entscheidung
   5.1. Datum
   5.2. Aktenzeichen
   5.3. Art der Entscheidung
      5.3.1. Scheidung
      5.3.2. Ungültigerklärung der Ehe
      5.3.3. Trennung ohne Auflösung des Ehebandes
   5.4. Erging die Entscheidung im Versäumnisverfahren?
      5.4.1. Nein
      5.4.2. Ja[30]
6. Namen der Parteien, denen Prozesskostenhilfe gewährt wurde
7. Können gegen die Entscheidung nach dem Recht des Ursprungsmitgliedstaats weitere Rechtsbehelfe eingelegt werden?
   7.1. Nein
   7.2. Ja

---

29 Verordnung (EG) Nr. 2201/2003 des Rates v. 27.11.2003 über die Zuständigkeit und Anerkennung und Vollstreckung von Entscheidungen in Ehesachen und in Verfahren betreffend die elterliche Verantwortung und zur Aufhebung der Verordnung (EG) Nr. 1347/2000.

30 Die in Art. 37 Abs. 2 genannten Urkunden sind vorzulegen.

8. **Datum der Rechtswirksamkeit in dem Mitgliedstaat, in dem die Entscheidung erging**

   8.1. **Scheidung**

   8.2. **Trennung ohne Auflösung des Ehebandes**

Geschehen zu ... am ...

Unterschrift und/oder Dienstsiegel

Anhang II Bescheinigung gemäß Artikel 39 über Entscheidungen über die elterliche Verantwortung[31]

1. **Ursprungsmitgliedstaat**
2. **Ausstellendes Gericht oder ausstellende Behörde**

   2.1. **Bezeichnung**

   2.2. **Anschrift**

   2.3. **Telefon/Fax/E-Mail**

3. **Träger eines Umgangsrechts**

   3.1. **Name, Vornamen**

   3.2. **Anschrift**

   3.3. **Geburtsdatum und -ort (soweit bekannt)**

4. **Träger der elterlichen Verantwortung, die nicht in Nummer 3 genannt sind[32]**

   4.1. 4.1.1. **Name, Vornamen**

       4.1.2. **Anschrift**

       4.1.3. **Geburtsdatum und -ort (soweit bekannt)**

   4.2. 4.2.1. **Name, Vornamen**

       4.2.2. **Anschrift**

       4.2.3. **Geburtsdatum und -ort (soweit bekannt)**

   4.3. 4.3.1. **Name, Vornamen**

       4.3.2. **Anschrift**

       4.3.3. **Geburtsdatum und -ort (soweit bekannt)**

5. **Gericht, das die Entscheidung erlassen hat**

   5.1. **Bezeichnung des Gerichts**

   5.2. **Gerichtsort**

6. **Entscheidung**

   6.1. **Datum**

   6.2. **Aktenzeichen**

   6.3. **Erging die Entscheidung im Versäumnisverfahren?**

       6.3.1. **Nein**

       6.3.2. **Ja[33]**

7. **Kinder, für die die Entscheidung gilt[34]**

   7.1. **Name, Vornamen und Geburtsdatum**

   7.2. **Name, Vornamen und Geburtsdatum**

   7.3. **Name, Vornamen und Geburtsdatum**

   7.4. **Name, Vornamen und Geburtsdatum**

8. **Namen der Parteien, denen Prozesskostenhilfe gewährt wurde**
9. **Bescheinigung über die Vollstreckbarkeit und Zustellung**

   9.1. **Ist die Entscheidung nach dem Recht des Ursprungsmitgliedstaats vollstreckbar?**

       9.1.1. **Ja**

       9.1.2. **Nein**

---

31 Verordnung (EG) Nr. 2201/2003 des Rates v. 27.11.2003 über die Zuständigkeit und Anerkennung und Vollstreckung von Entscheidungen in Ehesachen und in Verfahren betreffend die elterliche Verantwortung und zur Aufhebung der Verordnung (EG) Nr. 1347/2000.

32 Im Fall des gemeinsamen Sorgerechts kann die in Nr. 3 genannte Person auch in Nr. 4 genannt werden.

33 Die in Art. 37 Abs. 2 genannten Urkunden sind vorzulegen.

34 Gilt die Entscheidung für mehr als vier Kinder, ist ein weiteres Formblatt zu verwenden.

9.2. **Ist die Entscheidung der Partei, gegen die vollstreckt werden soll, zugestellt worden?**

   9.2.1. **Ja**

   9.2.1.1. Name, Vornamen der Partei

   9.2.1.2. Anschrift

   9.2.1.3. Datum der Zustellung

   9.2.2. **Nein**

10. **Besondere Angaben zu Entscheidungen über das Umgangsrecht, wenn die Vollstreckbarkeitserklärung gemäß Artikel 28 beantragt wird. Diese Möglichkeit ist in Artikel 40 Absatz 2 vorgesehen:**

   10.1. **Modalitäten der Ausübung des Umgangsrechts (soweit in der Entscheidung angegeben)**

   10.1.1. **Datum, Uhrzeit**

   10.1.1.1. Beginn

   10.1.1.2. Ende

   10.1.2. **Ort**

   10.1.3. **Besondere Pflichten des Trägers der elterlichen Verantwortung**

   10.1.4. **Besondere Pflichten des Umgangsberechtigten**

   10.1.5. **Etwaige Beschränkungen des Umgangsrechts**

11. **Besondere Angaben zu Entscheidungen über die Rückgabe von Kindern, wenn die Vollstreckbarkeitserklärung gemäß Artikel 28 beantragt wird. Diese Möglichkeit ist in Artikel 40 Absatz 2 vorgesehen:**

   11.1. **In der Entscheidung wird die Rückgabe der Kinder angeordnet.**

   11.2. **Rückgabeberechtigter (soweit in der Entscheidung angegeben)**

   11.2.1. Name, Vornamen

   11.2.2. Anschrift

Geschehen zu ... am ...

Unterschrift und/oder Dienstsiegel

Anhang III Bescheinigung gemäß Artikel 41 Absatz 1 über Entscheidungen über das Umgangsrecht[35]

1. **Ursprungsmitgliedstaat**

2. **Ausstellendes Gericht bzw. ausstellende Behörde**

   2.1. Bezeichnung

   2.2. Anschrift

   2.3. Telefon/Fax/E-Mail

3. **Träger eines Umgangsrechts**

   3.1. Name, Vornamen

   3.2. Anschrift

   3.3. Geburtsdatum und -ort (soweit vorhanden)

4. **Träger der elterlichen Verantwortung, die nicht in Nummer 3 genannt sind[36, 37]**

   – 4.1.

   4.1.1. Name, Vornamen

   4.1.2. Anschrift

   4.1.3. Geburtsdatum und -ort (soweit bekannt)

   – 4.2.

   4.2.1. Name, Vornamen

   4.2.2. Anschrift

   4.2.3. Geburtsdatum und -ort (soweit bekannt)

---

35 Verordnung (EG) Nr. 2201/2003 des Rates v. 27.11.2003 über die Zuständigkeit und Anerkennung und Vollstreckung von Entscheidungen in Ehesachen und in Verfahren betreffend die elterliche Verantwortung und zur Aufhebung der Verordnung (EG) Nr. 1347/2000.

36 Im Fall des gemeinsamen Sorgerechts kann die in Nr. 3 genannte Person auch in Nr. 4 genannt werden.

37 Das Feld ankreuzen, das der Person entspricht, gegenüber der die Entscheidung zu vollstrecken ist.

　　　4.3. **Andere**

　　　　　4.3.1. **Name, Vornamen**
　　　　　4.3.2. **Anschrift**
　　　　　4.3.3. **Geburtsdatum und -ort (soweit bekannt)**

5. **Gericht, das die Entscheidung erlassen hat**

　　　5.1. **Bezeichnung des Gerichts**
　　　5.2. **Gerichtsort**

6. **Entscheidung**

　　　6.1. **Datum**
　　　6.2. **Aktenzeichen**

7. **Kinder, für die die Entscheidung gilt ()**[38]

　　　7.1. **Name, Vornamen und Geburtsdatum**
　　　7.2. **Name, Vornamen und Geburtsdatum**
　　　7.3. **Name, Vornamen und Geburtsdatum**
　　　7.4. **Name, Vornamen und Geburtsdatum**

8. **Ist die Entscheidung im Ursprungsmitgliedstaat vollstreckbar?**

　　　8.1. **Ja**
　　　8.2. **Nein**

9. **Im Fall des Versäumnisverfahrens wurde das verfahrenseinleitende Schriftstück oder ein gleichwertiges Schriftstück der säumigen Person so rechtzeitig und in einer Weise zugestellt, dass sie sich verteidigen konnte, oder, falls es nicht unter Einhaltung dieser Bedingungen zugestellt wurde, wurde festgestellt, dass sie mit der Entscheidung eindeutig einverstanden ist.**

10. **Alle betroffenen Parteien hatten Gelegenheit, gehört zu werden.**

11. **Die Kinder hatten die Möglichkeit, gehört zu werden, sofern eine Anhörung nicht aufgrund ihres Alters oder ihres Reifegrads unangebracht erschien.**

12. **Modalitäten der Ausübung des Umgangsrechts (soweit in der Entscheidung angegeben)**

　　　12.1. **Datum, Uhrzeit**

　　　　　12.1.1. **Beginn**
　　　　　12.1.2. **Ende**

　　　12.2. **Ort**
　　　12.3. **Besondere Pflichten des Trägers der elterlichen Verantwortung**
　　　12.4. **Besondere Pflichten des Umgangsberechtigten**
　　　12.5. **Etwaige Beschränkungen des Umgangsrechts**

13. **Namen der Parteien, denen Prozesskostenhilfe gewährt wurde**

Geschehen zu ... am ...

Unterschrift und/oder Dienstsiegel

Anhang IV Bescheinigung gemäß Artikel 42 Absatz 1 über Entscheidungen über die Rückgabe des Kindes[39]

1. **Ursprungsmitgliedstaat**

2. **Ausstellendes Gericht oder ausstellende Behörde**

　　　2.1. **Bezeichnung**
　　　2.2. **Anschrift**
　　　2.3. **Telefon/Fax/E-Mail**

3. **Rückgabeberechtigter (soweit in der Entscheidung angegeben)**

　　　3.1. **Name, Vornamen**
　　　3.2. **Anschrift**
　　　3.3. **Geburtsdatum und -ort (soweit bekannt)**

38　Gilt die Entscheidung für mehr als vier Kinder, ist ein weiteres Formblatt zu verwenden.

39　Verordnung (EG) Nr. 2201/2003 des Rates v. 27.11.2003 über die Zuständigkeit und Anerkennung und Vollstreckung von Entscheidungen in Ehesachen und in Verfahren betreffend die elterliche Verantwortung und zur Aufhebung der Verordnung (EG) Nr. 1347/2000.

4. **Träger der elterlichen Verantwortung**[40]

   4.1. Mutter

      4.1.1. Name, Vornamen

      4.1.2. Anschrift

      4.1.3. Geburtsdatum und -ort (soweit bekannt)

   4.2. Vater

      4.2.1. Name, Vornamen

      4.2.2. Anschrift

      4.2.3. Geburtsdatum und -ort (soweit bekannt)

   4.3. Andere

      4.3.1. Name, Vornamen

      4.3.2. Anschrift (soweit bekannt)

      4.3.3. Geburtsdatum und -ort (soweit bekannt)

5. **Beklagte Partei (soweit bekannt)**

   5.1. Name, Vornamen

   5.2. Anschrift (soweit bekannt)

6. **Gericht, das die Entscheidung erlassen hat**

   6.1. Bezeichnung des Gerichts

   6.2. Gerichtsort

7. **Entscheidung**

   7.1. Datum

   7.2. Aktenzeichen

8. **Kinder, für die die Entscheidung gilt ()**[41]

   8.1. Name, Vornamen und Geburtsdatum

   8.2. Name, Vornamen und Geburtsdatum

   8.3. Name, Vornamen und Geburtsdatum

   8.4. Name, Vornamen und Geburtsdatum

9. **In der Entscheidung wird die Rückgabe des Kindes angeordnet.**

10. **Ist die Entscheidung im Ursprungsmitgliedstaat vollstreckbar?**

   10.1. Ja

   10.2. Nein

11. **Die Kinder hatten die Möglichkeit, gehört zu werden, sofern eine Anhörung nicht aufgrund ihres Alters oder ihres Reifegrads unangebracht erschien.**

12. **Die Parteien hatten die Möglichkeit, gehört zu werden.**

13. **In der Entscheidung wird die Rückgabe der Kinder angeordnet, und das Gericht hat in seinem Urteil die Gründe und Beweismittel berücksichtigt, auf die sich die nach Artikel 13 des Haager Übereinkommens vom 25. Oktober 1980 über die zivilrechtlichen Aspekte internationaler Kindesentführung ergangene Entscheidung stützt.**

14. **Gegebenenfalls die Einzelheiten der Maßnahmen, die von Gerichten oder Behörden ergriffen wurden, um den Schutz des Kindes nach seiner Rückkehr in den Mitgliedstaat seines gewöhnlichen Aufenthalts sicherzustellen.**

15. **Namen der Parteien, denen Prozesskostenhilfe gewährt wurde**

Geschehen zu ... am ...

Unterschrift und/oder Dienstsiegel

---

40   Dieser Punkt ist fakultativ.

41   Gilt die Entscheidung für mehr als vier Kinder, ist ein weiteres Formblatt zu verwenden.

Anhang V Erklärungen Schwedens und Finnlands nach Artikel 59 Absatz 2 Buchstabe a) der Verordnung des Rates über die Zuständigkeit und Anerkennung und Vollstreckung von Entscheidungen in Ehesachen und in Verfahren betreffend die elterliche Verantwortung und zur Aufhebung der Verordnung (EG) Nr. 1347/2000

Erklärung Schwedens

Gemäß Artikel 59 Absatz 2 Buchstabe a) der Verordnung des Rates über die Zuständigkeit und Anerkennung und Vollstreckung von Entscheidungen in Ehesachen und in Verfahren betreffend die elterliche Verantwortung und zur Änderung der Verordnung (EG) Nr. 1347/2000 erklärt Schweden, dass das Übereinkommen vom 6.2.1931 zwischen Dänemark, Finnland, Island, Norwegen und Schweden mit Bestimmungen des internationalen Verfahrensrechts über Ehe, Adoption und Vormundschaft einschließlich des Schlussprotokolls anstelle dieser Verordnung ganz auf die Beziehungen zwischen Schweden und Finnland anwendbar ist.

Erklärung Finnlands

Gemäß Artikel 59 Absatz 2 Buchstabe a) der Verordnung des Rates über die Zuständigkeit und Anerkennung und Vollstreckung von Entscheidungen in Ehesachen und in Verfahren betreffend die elterliche Verantwortung und zur Änderung der Verordnung (EG) Nr. 1347/2000 erklärt Finnland, dass das Übereinkommen vom 6.2.1931 zwischen Finnland, Dänemark, Island, Norwegen und Schweden mit Bestimmungen des internationalen Verfahrensrechts über Ehe, Adoption und Vormundschaft einschließlich des Schlussprotokolls anstelle dieser Verordnung in den gegenseitigen Beziehungen zwischen Finnland und Schweden in vollem Umfang zur Anwendung kommt.

Anhang Ia zum III. Abschnitt EGBGB: EheVO 2019

Verordnung (EU) 2019/1111 des Rates vom 25. Juni 2019 über die Zuständigkeit, die Anerkennung und Vollstreckung von Entscheidungen in Ehesachen und in Verfahren betreffend die elterliche Verantwortung und über internationale Kindesentführungen (Neufassung), EheVO 2019

(ABl. L 178 vom 2.7.2019, S. 1)

Literatur: *Antomo,* Die Neufassung der Brüssel IIa-Verordnung – erfolgte Änderungen und verbleibender Reformbedarf, in: Pfeiffer/Lobach/Rapp, Europäisches Familien- und Erbrecht, 2020, 13; *Gruber/Möller,* Die Neufassung der Brüssel IIa-VO, IPRax 2020 (im Erscheinen).

A. Zeitliche Anwendbarkeit; Umfang der Änderungen

1   Die vorstehend im Einzelnen kommentierte EheVO 2003 wird zum 1.8.2022 durch eine **Neufassung der Verordnung** – die hier sog. **EheVO 2019** – ersetzt. Die EheVO 2019 gilt für am oder nach dem **1.8.2022** eingeleitete gerichtliche Verfahren, förmlich errichtete oder eingetragene öffentliche Urkunden und eingetragene Vereinbarungen (Art. 100 Abs. 1 EheVO 2019). Demgegenüber gilt die EheVO 2003 noch für vor dem 1.8.2022 eingeleitete gerichtliche Verfahren, für vor dem 1.8.2022 förmlich errichtete oder eingetragene öffentliche Urkunden und für Vereinbarungen, die in dem Mitgliedstaat, in dem sie geschlossen wurden, vor dem 1.8.2022 vollstreckbar geworden sind (Art. 100 Abs. 2 EheVO 2019). Wird also ein Verfahren noch vor dem 1.8.2022 **eingeleitet**, richtet sich nicht nur die internationale Zuständigkeit des angerufenen Gerichts, sondern auch die Anerkennung und Vollstreckung der Entscheidung nach der EheVO 2003. Dies gilt auch dann, wenn die Entscheidung erst nach dem 1.8.2022 ergeht. Der Begriff der **„Einleitung"** des **Verfahrens** bestimmt sich nach der hier vertretenen Auffassung nach Art. 17 EheVO 2019 (→ EheVO Art. 64 Rn. 1).

2   Was die Tragweite der Änderungen anbelangt, ist zwischen den **Ehesachen** und den Verfahren über die **elterliche Verantwortung** zu unterscheiden. Die Vorschriften zu den Ehesachen sollten nach dem Kommissionsentwurf zunächst praktisch nicht verändert werden. Im Laufe des Gesetzgebungsverfahrens hat man

allerdings einen Abschnitt eingefügt, nach dem auch öffentliche Urkunden und Vereinbarungen, die als solche das Eheband auflösen oder lockern, Gegenstand einer „Anerkennung" in den anderen Mitgliedstaaten sind. Die EheVO 2019 sieht somit im Hinblick auf die **Privatscheidung** einen Systemwechsel weg von der kollisionsrechtlichen Anknüpfung hin zu einer (quasi-)verfahrensrechtlichen Anerkennung vor (→ Rn. 12 ff.).

Hauptgegenstand der Reform waren die Regeln zur **elterlichen Verantwortung**. Der EU-Gesetzgeber hat, ohne die vorhandene Grundstruktur anzutasten, einige Details bei den Zuständigkeitsregelungen geändert. Noch größere Änderungen sind im Bereich der Anerkennung und Vollstreckung zu verzeichnen.   **3**

Nachfolgend wird im Überblick aufgezeigt, in welchen Bereichen sich zwischen der EheVO 2019 und der EheVO 2003 inhaltliche Unterschiede ergeben. Hinzuweisen ist auch auf die **Entsprechungstabelle**, die im Anschluss an den Verordnungstext[1] abgedruckt ist. Auf diese Weise kann der Kommentar auch für Auslegungsfragen verwendet werden, die sich ab dem 1.8.2022 unter Geltung der EheVO 2019 ergeben.   **4**

B. Ehesachen

I. Sachlicher Anwendungsbereich

Beim **sachlichen Anwendungsbereich** sind im Bereich der Ehesachen dem Wortlaut nach keine Änderungen zu verzeichnen. Wie die EheVO 2003[2] bezieht sich die EheVO 2019 auf Verfahren, die auf die Ehescheidung, die Trennung ohne Auflösung des Ehebandes oder die Ungültigerklärung einer Ehe gerichtet sind (Art. 1 Abs. 1 lit. a EheVO 2019). Die unter Geltung der EheVO 2003 sehr umstrittene Frage, ob auch **gleichgeschlechtliche Ehen** sowie Ehen unter Beteiligung von Personen des „dritten Geschlechts" in den Anwendungsbereich der Verordnung fallen (→ EheVO Art. 1 Rn. 3), wird weiterhin keiner ausdrücklichen Regelung zugeführt.[3] Im Lichte der seit einigen Jahren bestehenden Rom III-VO spricht mehr dafür, jedenfalls die EheVO 2019 auch auf die gleichgeschlechtliche Ehe zu erstrecken (zur Argumentation im Einzelnen s. noch → EheVO Art. 1 Rn. 3). Mittlerweile wurde die gleichgeschlechtliche Ehe in das Recht zahlreicher Mitgliedstaaten eingeführt,[4] so dass man nicht mehr sagen kann, dass sich der Begriff „Ehe" dem Wortsinn nach nur auf verschiedengeschlechtliche Verbindungen bezieht.   **5**

II. Internationale Zuständigkeit

Im Bereich der **internationalen Zuständigkeit** sind so gut wie keine Veränderungen festzustellen. Wie die EheVO 2003 lässt auch die EheVO 2019 in Ausnahmefällen einen Rückgriff auf nationales Zuständigkeitsrecht zu. Die bisherigen Art. 6, 7 EheVO 2003 wurden allerdings in einer Vorschrift (Art. 6 EheVO 2019) zusammengezogen. Ein inhaltliche Änderung ist aber auch damit nicht verbunden, da auch die Art. 6, 7 EheVO im Zusammenhang gelesen werden müssen (→ EheVO Art. 6, 7 Rn. 2 ff.).   **6**

Seinem Wortlaut nach ist Art. 20 EheVO 2003 (**Einstweilige Maßnahmen**) auch in Ehesachen anwendbar. Allerdings ist eine praktische Bedeutung der Vorschrift kaum feststellbar (→ EheVO Art. 20 Rn. 10 ff.). Ausweislich ihres Wortlauts und ihrer systematischen Stellung[5] beschränkt sich die Nachfolgevorschrift zu Art. 20 EheVO 2003 (Art. 15 EheVO 2019) von vornherein nur auf Verfahren über die elterliche Verantwortung, nicht mehr auf Ehesachen.   **7**

---

1   In der deutschen Textfassung haben sich ungewöhnlich viele Fehler und redaktionelle Versehen eingeschlichen; diese sollten möglichst bald berichtigt werden. Diese Fehler betreffen unter anderem die Groß- und Kleinschreibung (s. etwa die Überschrift zu Kapitel II Abschnitt 1 („Ehescheidung, trennung ohne auflösung des ehebandes und ungültigerklärung einer ehe") oder zu Kapitel II Abschnitt 2 („Elterliche verantwortung") oder zu Kapitel II Abschnitt 3 („Gemeinsame bestimmungen"). Auffällig ist der Fehler in Art. 12 Abs. 3 EheVO 2019 („Das zuerst angerufene Gericht seine Zuständigkeit weiter wahrnimmt, wenn es ..."). Eine Unstimmigkeit findet sich in Art. 20 Abs. 4 EheVO 2019, der auf einen (nicht existenten) Art. „10a" verweist. Aus der englischen und französischen Fassung ergibt sich, dass auf Art. 10 verwiesen werden soll. Nicht gelungen ist auch die Formulierung von Satz 3 des 69. ErwGr

(„wie beispielsweise das offensichtliche Widersetzen des Kindes, der erst nach der Entscheidung geäußert wurde"). Bemerkenswert ist schließlich, dass sich in den Anhang III unter 8.1. (Bescheinigung über Entscheidungen betreffend die elterliche Verantwortung) in der deutschsprachigen Fassung eine Angabe in slowakischer Sprache verirrt hat („Recht(e)Právo (práva) priznané rozhodnutím").

2   Art. 1 Abs. 1 lit. a EheVO 2003.

3   Kritisch dazu *Antomo* in Pfeiffer/Lobach/Rapp, 13 (18 f.).

4   Eine gleichgeschlechtliche Ehe sehen in der EU mittlerweile Belgien, Dänemark, Deutschland, Frankreich, Irland, Luxemburg, Malta, die Niederlande, Österreich, Portugal, Schweden und Spanien vor, s. etwa *Coester-Waltjen* ZEuP 2018, 320 (323).

5   Kapitel II, Abschnitt 2: Elterliche Verantwortung.

III. Anerkennung und Vollstreckung von Entscheidungen ieS

8 Auch im Rahmen der Anerkennung und Vollstreckung sind zunächst, wenn überhaupt, nur sehr geringfügige Änderungen festzustellen. Insbesondere werden die schon in der EheVO 2003 enthaltenen **Anerkennungsversagungsgründe** unverändert beibehalten (Art. 22 EheVO 2003/Art. 38 EheVO 2019).

9 Die Anerkennungsregeln der EheVO 2003 beziehen sich nur auf sog. „positive" Entscheidungen, die maW eine Scheidung, Trennung ohne Auflösung des Ehebandes oder Ungültigerklärung der Ehe aussprechen, also zu einer **Statusänderung** führen. Demgegenüber werden Entscheidungen, die entsprechende Anträge ablehnen, nicht nach Maßgabe der EheVO 2003 anerkannt (→ EheVO Art. 21 Rn. 6). Diese – nur politisch zu erklärende, aber sachlich nicht überzeugende – Einschränkung findet sich auch in der EheVO 2019. Sie ergibt sich aus der Definition der Entscheidung in Art. 2 Abs. 1 EheVO 2019 und aus dem 9. Erwägungsgrund.[6]

10 Sowohl nach der EheVO 2003 als auch nach der EheVO 2019 kann ein Ehegatte eine **feststellende Entscheidung** über die Anerkennung oder Nichtanerkennung einer in einem anderen Mitgliedstaat ergangenen (positiven) Entscheidung über die Scheidung, Trennung ohne Auflösung des Ehebandes oder Ungültigerklärung der Ehe beantragen (Art. 21 Abs. 3 iVm Art. 28 ff. EheVO 2003/Art. 30 Abs. 3 und Art. 40 EheVO 2019). Die EheVO 2003 regelt nicht, ob Verfahren, in denen es inzident auf das Bestehen bzw. Nichtbestehen der Ehe ankommt, während der Dauer eines solchen Feststellungsverfahrens **ausgesetzt** werden können. Art. 33 lit. b EheVO 2019 sieht eine solche Möglichkeit nunmehr ausdrücklich vor.

11 Die Vollstreckung von Entscheidungen spielt in den von der EheVO 2003 und der EheVO 2019 erfassten Ehesachen in der Hauptsache keine Rolle, da es sich regelmäßig um Gestaltungs- bzw. ggf um Feststellungsentscheidungen (→ EheVO Art. 1 Rn. 8 ff.) handelt. Allein mit Blick auf die **Kostenentscheidung** ist die Frage der Vollstreckung von Interesse. Anders als noch in der EheVO 2003[7] ist unter Geltung der EheVO 2019 insoweit kein Vollstreckbarerklärungsverfahren mehr erforderlich. Voraussetzung für die Vollstreckung ist nur noch, dass dem Vollstreckungsorgan eine gem. Art. 36 Abs. 1 lit. a EheVO 2019 im Ursprungsmitgliedstaat ausgestellte Bescheinigung über die Entscheidung unter Einschluss der festgesetzten Kosten vorgelegt wird.[8]

IV. Privatscheidung

12 In der Rs. *Sahyouni II* hat der EuGH entschieden, dass die Rom III-VO nicht auf eine Privatscheidung nach syrischem Recht anzuwenden ist. Inzident hat er ausgeführt, dass sich die EheVO 2003 – deren sachlicher Anwendungsbereich insoweit mit dem der Rom III-VO übereinstimme – nur auf solche Scheidungen beziehe, die „von einem staatlichen Gericht oder von einer öffentlichen Behörde bzw. unter deren Kontrolle ausgesprochen werden".[9] Im Anschluss an diese Entscheidung ist sehr unsicher, ob sich die EheVO 2003 auf die unter anderem in Italien,[10] Frankreich[11] und Spanien[12] eingeführten Formen der Privatscheidung erstreckt oder nicht (→ EheVO Art. 1 Rn. 14 und Art. 21 Rn. 9 sowie die ausf. Darstellung im Band Rom-Verordnungen → Rom III-VO Art. 1 Rn. 70 ff., 87 ff.).

13 Die EheVO 2019 nimmt sich dieser Problematik nunmehr an, soweit es sich um Privatscheidungen handelt, die in einem anderen EU-Mitgliedstaat vorgenommen werden. Nach den Art. 64 ff. EheVO 2019 werden **öffentliche Urkunden** und **Vereinbarungen** über eine Ehescheidung, die im Ursprungsmitgliedstaat

---

6   S. Satz 3 des ErwGr: „Entscheidungen über die Verweigerung der Auflösung des Ehebandes sollten nicht unter die die Anerkennung betreffenden Bestimmungen dieser Verordnung fallen." Siehe auch die englische Fassung („Decisions refusing the dissolution of matrimonial ties should not be covered by its provisions on recognition") sowie die französische Fassung („Les décisions refusant la dissolution du lien matrimonial ne devraient pas être couvertes par les dispositions du présent règlement relatives à la reconnaissance").

7   S. dort Art. 49 i.V.m. Art. 28 ff.

8   Eine Anerkennung und Vollstreckung der Kostenentscheidung ist gem. Art. 73 EheVO 2019 (wie unter der Geltung von Art. 49 der EheVO 2003) auch möglich, wenn der Antrag auf Scheidung, die Trennung ohne Auflösung des Ehebandes oder die Ungültigerklärung der Ehe abgewiesen worden ist.

9   EuGH Rs. C-372/16, *Sahyouni*, IPRax 2018, 261 (Rn. 48) m. Bespr. *Coester-Waltjen* IPRax 2018, 238.

10 Nähere Darstellung des italienischen Privatscheidungsverfahrens bei *Patti* in: Dutta/Schwab/Henrich/Gottwald/Löhnig, Scheidung ohne Gericht?, 2017, S. 105 ff.; *Scalzini* StAZ 2016, 129 ff.; *Cubeddu Wiedemann/Henrich* FamRZ 2015, 1253 ff.; *Beller/Wahl* BWNotZ 2015, 158 (160); *Mayer* StAZ 2018, 106 (108); Bergmann/Ferid/Henrich/*Henrich*, Internationales Ehe- und Kindschaftsrecht, Italien, 223. Erg.Lief., S. 41 f.

11 *Ferrand* in Dutta/Schwab/Henrich/Gottwald/Löhnig, S. 146 (167 ff.); *Ferrand/Francoz-Terminal* FamRZ 2017, 1456 ff.; *Mayer* StAZ 2018, 106 (109 f.).

12 Näher zum spanischen Privatscheidungsrecht *Riba* in Dutta/Schwab/Henrich/Gottwald/Löhnig, S. 119, 131 ff.; *ders.* FamRZ 2016, 1557 (1558); *Mayer* StAZ 2018, 106 (109).

rechtsverbindliche Wirkung haben, ohne ein besonderes Verfahren in den anderen Mitgliedstaaten anerkannt.

Bei näherer Betrachtung beziehen sich die Art. 64 ff. EheVO 2003 aber wohl nicht auf sämtliche Privat- **14**
scheidungen, die in dem Recht der Mitgliedstaaten vorgesehen sind. Vielmehr dürften einige Privatscheidungen für die Zwecke der EheVO 2019 unmittelbar bereits unter den Begriff der „Entscheidung" zu subsumieren sein. Es stellt sich im Falle der Privatscheidung also künftig die Frage nach der genauen Abgrenzung der Art. 30 ff. EheVO 2019 von den Art. 64 ff. EheVO 2019.

In Art. 2 Abs. 1 EheVO 2019 wird der Begriff der **Entscheidung** dahingehend konkretisiert, dass es sich **15**
um „eine Entscheidung eines Gerichts eines Mitgliedstaats einschließlich einer Verfügung, eines Beschlusses oder eines Urteils" handeln muss, „mit der die Ehescheidung (…) ausgesprochen wird".[13] Diese Formulierung legt die Lösung nahe, dass unter die nach den Art. 30 ff. EheVO 2019 anzuerkennenden „Entscheidungen" nur solche Scheidungen fallen, die **konstitutiv durch einen Hoheitsakt**, also einen Richterspruch
oder eine behördliche (Gestaltungs-)Entscheidung, herbeigeführt werden. Diese Abgrenzung wäre inhaltsgleich mit der vom BGH auf der Ebene des nationalen Rechts vorgenommenen und auch für Art. 17 Abs. 2
EGBGB nF maßgeblichen Angrenzung (→ EGBGB Art. 17 Rn. 39 ff.).[14] In der Folge würden sich die
Art. 64 ff. EheVO auf sämtliche in den Rechtsordnungen der Mitgliedstaaten vorgesehenen Privatscheidungen beziehen. Unter Berücksichtigung des 14. Erwägungsgrunds zur EheVO 2019 ergibt sich aber wiederum ein anderes Bild. Satz 2 des 14. Erwägungsgrunds postuliert, dass „(j)ede vom Gericht nach einer Prüfung in der Sache nach dem nationalen Recht und nach dem nationalen Verfahren gebilligte Vereinbarung
(…) als „Entscheidung" anerkannt oder vollstreckt werden (sollte)." Dem 14. Erwägungsgrund liegt also
ein weiter gefasster Begriff der „Entscheidung" zugrunde als der Definition in Art. 2 Abs. 1 EheVO 2019.
Nach dem 14. Erwägungsgrund ist danach zu differenzieren, ob eine Scheidung, die konstitutiv durch eine
Willensübereinstimmung der Ehegatten zustande kommt, einer vorherigen behördlichen bzw. gerichtlichen
materiellen (Inhalts-)Kontrolle – einer „Prüfung in der Sache" – unterzogen worden ist oder nicht. Im Gro-
ßen und Ganzen ähnelt dieses Abgrenzungskriterium – auch in den anderen Sprachfassungen[15] – der vom
EuGH in der Rs. *Sahyouni II* verwendeten Formel, nach der „unter der Kontrolle" eines Gerichts oder einer
Behörde „ausgesprochen(e)" Ehescheidungen der EheVO 2003 unterfallen.[16]

Nach der hier vertretenen Auffassung spricht mehr dafür, dass sich der EuGH – auch um die Kontinuität mit **16**
seinen Aussagen in der Rs. *Sahyouni II* zu wahren – nicht auf den (engen) Wortlaut des Art. 2 Abs. 1
EheVO 2019, sondern auf die im 14. Erwägungsgrund angedeutete Abgrenzung stützen wird. Damit wäre
insbesondere die von dem italienischen Staatsanwalt nach einer materiellen Prüfung genehmigte **Privatscheidung nach italienischem Recht** wohl nicht (erst) nach den Art. 64 ff. EheVO 2019, sondern unmittelbar als „Entscheidung" nach den Art. 30 ff. EheVO 2019 anzuerkennen. Ein bloßes „förmliches Tätigwerden" (ohne „Prüfung in der Sache") ließe sich demgegenüber ggf. bei einer Scheidung vor dem Notar im
französischen Recht[17] sowie ggf. auch vor dem Bürgermeister als Zivilstandsbeamten im **italienischen
Recht**[18] annehmen. (Nur) in diesen letztgenannten Fällen müsste man auf die Art. 64 ff. EheVO 2019
zurückgreifen (zu den einzelnen Privatscheidungsverfahren in der EU näher → Rom III-VO Art. 1
Rn. 93 ff.).

Soweit der Anwendungsbereich der Art. 64 ff. EheVO 2019 eröffnet ist, hängt die Anerkennung der Privat- **17**
scheidung gem. Art. 66 Abs. 5 EheVO 2019 zunächst davon ab, dass eine im Ursprungsmitgliedstaat unter

---

13 Auch die englische und französische Fassung spre-
    chen von einer Entscheidung, die eine Ehescheidung
    „ausspricht" („granting" bzw. „accordant").

14 BGHZ 176, 365 (Rn. 36) = FamRZ 2008, 1409 (zur
    Scheidung nach dem jüdischen Recht); BGHZ 110,
    267 (272) (zur Privatscheidung nach dem thailändi-
    schen Recht).

15 Vgl. etwa die englische Fassung des 14. ErwGr:
    „Any agreement approved by the court following an
    examination of the substance in accordance with
    national law and procedure (…). Other agreements
    which acquire binding legal effect in the Member
    State of origin following the formal intervention of a
    public authority or other authority (…)". S. ferner die
    französische Fassung: „Tout accord approuvé par la
    juridiction à l'issue d'un examen sur le fond mené
    conformément aux législations et procédures nationa-
    les (…). D'autres accords qui acquièrent un effet
    juridique contraignant dans l'État membre d'origine

    à la suite de l'intervention formelle d'une autorité
    publique ou d'une autre autorité (…)".

16 EuGH, Rs. C-372/16, *Sahyouni* IPRax 2018, 261
    (Rn. 48).

17 Die französische Privatscheidung findet sich in
    Art. 229-1 ff. Code civil; die formale Kontrolle in
    Art. 229-1 Abs. 2 Code civil („contrôle le respect des
    exigences formelles"); näher zur Rolle des Notars
    Ferrand in Dutta/Schwab/Henrich/Gottwald/Löhnig,
    S. 145 (175 f.); auch *Ferrand/Francoz-Terminal*
    FamRZ 2018, 1385 (1388).

18 Eingeführt durch Art. 12 des Gesetzesdekrets
    Nr. 132/2014 v. 12.9.2019, welches durch Umwand-
    lungsgesetz Nr. 162/2014 v. 10.11.2019 mit Modifi-
    kationen bestätigt wurde. Vgl. zur Rolle des Standes-
    beamten *Cubeddu Wiedemann/Wiedemann* in Süß/
    Ring, Eherecht in Europa, 3. Auflage 2017, Italien
    Rn. 194; *Henrich* in Dutta/Schwab/ Henrich/ Gott-
    wald/Löhnig, S. 361 (362); *Mayer* StAZ 2018, 106
    (108 f.).

Verwendung des Formblatts in Anhang VIII erstellte **Bescheinigung** vorgelegt wird. Aus der Bescheinigung muss hervorgehen, dass der Mitgliedstaat, der die Behörde oder andere Stelle zur förmlichen Errichtung oder Eintragung der öffentlichen Urkunde oder zur Eintragung der Vereinbarung ermächtigt hat, gem. Art. 3 ff. EheVO 2019 **international zuständig** war.[19] Zudem muss der Bescheinigung zu entnehmen sein, dass die öffentliche Urkunde oder die Vereinbarung in diesem Mitgliedstaat „**rechtsverbindliche Wirkung**" hat, also die Ehe auflöst oder (im Falle der Trennung ohne Auflösung des Ehebandes) eine „Lockerung" des Ehebandes bewirkt (vgl. Art. 66 Abs. 2 EheVO 2019).[20] Hierbei ist auch anzugeben, wann diese Wirkung eintritt bzw. eingetreten ist.[21] Die Prüfung dieser beiden Punkte (internationale Zuständigkeit; rechtsverbindliche Wirkung) ist nach dem Zweck der Regelung allein der Behörde vorbehalten, welche die Bescheinigung ausstellt. In dem Mitgliedstaat, in dem es um die Anerkennung der Privatscheidung geht, erfolgt insoweit keine Prüfung.[22] Wird keine Bescheinigung vorgelegt, scheidet umgekehrt eine Anerkennung generell aus; auch eine „Anerkennung" über den kollisionsrechtlichen Weg des Art. 17 Abs. 2 EGBGB ist dann nicht möglich (→ EGBGB Art. 17 Rn. 63).

18 In Art. 68 EheVO 2019 finden sich sodann **Anerkennungsversagungsgründe**; diese sind den bei gerichtlichen oder behördliche Entscheidungen geltenden Anerkennungsversagungsgründen (vgl. Art. 38 EheVO 2019) nachgebildet.

19 Nach Art. 67 Abs. 2 EheVO 2019 **widerruft** das Gericht bzw. die Behörde die Bescheinigung auf Antrag oder von Amts wegen, wenn die Bescheinigung, gemessen an den in Art. 66 EheVO 2019 festgelegten Voraussetzungen, zu Unrecht ausgestellt wurde. Ein Widerruf kann demnach darauf gestützt werden, dass es an einer internationalen Zuständigkeit nach Art. 3 ff. EheVO 2019 gefehlt hat bzw. die Urkunde oder Vereinbarung in dem betreffenden Mitgliedstaat in Wahrheit keine rechtsverbindliche Wirkung hat (Art. 66 Abs. 2 EheVO 2019). In diesem Fall entfällt (*ex tunc*) die Anerkennungswirkung.[23]

19 Siehe Anhang VIII (Bescheinigung über eine öffentliche Urkunde oder eine Vereinbarung über die Ehescheidung oder die Trennung ohne Auflösung des Ehebandes) Punkt II („Der Ursprungsmitgliedstaat war gemäß Kapitel II Abschnitt 1 der Verordnung zuständig").

20 Fraglich ist, welche Kollisionsregeln die die Bescheinigung ausstellende Behörde anzuwenden hat, um das auf die Privatscheidung anzuwendende Recht zu berufen. In der Rs. Sahyouni II hat der EuGH festgestellt, dass sich die Rom III-VO nicht auf Privatscheidungen bezieht. Zwar betrifft die Entscheidung des EuGH die nachträgliche Beurteilung einer in einem Drittstaat (Syrien) vorgenommenen Privatscheidung; nach der vom EuGH gegebenen Begründung gilt aber nichts anderes für die nachträgliche Überprüfung der Wirksamkeit von Privatscheidungen, die in einem Mitgliedstaat vorgenommen worden sind. Nach dem EuGH müsste daher, um eine Anwendbarkeit der Rom III-VO zu erreichen, der Anwendungsbereich dieser Verordnung auf Privatscheidungen erweitert werden. Dies ist aber bislang nicht erfolgt. Aus der punktuellen Änderung (nur) der EheVO 2003 im Bereich der Anerkennung kann wohl allein nicht geschlossen werden, dass damit korrespondierend auch der Anwendungsbereich der Rom III-VO (konkludent) erweitert worden ist. Folglich dürfte insoweit weiterhin das nationale Kollisionsrecht der Mitgliedstaaten anzuwenden sein (Wie hier *Kohler/Pintens* FamRZ 2019, 1477 (1480); *Antomo* in Pfeiffer/Lobach/Rapp 13 (31 f.) Den Mitgliedstaaten steht es freilich frei, die Vorschriften der

Rom III-VO ganz oder teilweise für (entsprechend) anwendbar zu erklären.

21 S. Anhang VIII (Bescheinigung über eine öffentliche Urkunde oder eine Vereinbarung über die Ehescheidung oder die Trennung ohne Auflösung des Ehebandes) Punkt 7.5. („Datum (TT/MM/JJJJ), ab dem die öffentliche Urkunde im Ursprungsmitgliedstaat rechtsverbindlich ist") und Punkt 8.3. („Datum (TT/MM/JJJJ), ab dem die Vereinbarung im Ursprungsmitgliedstaat rechtsverbindliche Wirkung hat").

22 Auch aus Art. 64 EheVO 2019 ergibt sich, was die internationale Zuständigkeit anbelangt, nichts anderes. Zwar besagt die Vorschrift dem Wortlaut nach, dass der Anwendungsbereich des Abschnitts über öffentliche Urkunden und Vereinbarungen grundsätzlich nur dann eröffnet ist, wenn die öffentliche Urkunde in einem nach Kapitel II für entsprechende gerichtliche Verfahren zuständigen Mitgliedstaat förmlich errichtet oder eingetragen wurde bzw. wenn die Vereinbarung dort eingetragen wurde. Die Frage, wer die internationale Zuständigkeit zu prüfen hat, wird von Art. 64 EheVO 2019 aber nicht geregelt.

23 Nicht geregelt wird die Frage, ob im Einzelfall Dritten, die sich angesichts der vorgelegten Bescheinigung auf die Wirksamkeit der Scheidung verlassen haben, Vertrauensschutz gewährt werden kann. Bei Verfügungen des (vermeintlich) geschiedenen Ehegatten, die – bei Bestehen einer wirksamen Ehe – aufgrund von güterrechtlichen Bestimmungen an sich unwirksam waren, erscheint nach der hier vertretenen Auffassung eine analoge Anwendung von Art. 28 EuGüVO sachgerecht.

C. Verfahren über die elterliche Verantwortung

I. Sachlicher Anwendungsbereich

Bei den Verfahren zur „elterlichen Verantwortung" behält Art. 2 Nr. 7 EheVO 2019 die bisherige Definition des sachlichen Anwendungsbereichs bei.[24] Anders als in der EheVO 2003 (→ EheVO Art. 2 Rn. 3) legt sie aber nunmehr verordnungsautonom und in Übereinstimmung mit Art. 2 KSÜ fest, dass unter dem „**Kind**" eine Person unter 18 Jahren zu verstehen ist.[25]

20

II. Internationale Zuständigkeit

Nach Art. 7 Abs. 1 EheVO 2019 sind wie bisher die Gerichte des Mitgliedstaats zuständig, in dem das Kind im Zeitpunkt der Antragstellung[26] seinen **gewöhnlichen Aufenthalt** hat.[27] Es gilt wie bisher auch der Grundsatz der *perpetuatio fori*.[28] Art. 8 EheVO 2019 führt die Regelung des Art. 9 EheVO 2003 fort: Die Zuständigkeit am vormaligen gewöhnlichen Aufenthalt des Kindes bleibt für die Dauer von drei Monaten erhalten, wenn das Verfahren auf eine Änderung einer **Umgangsrechtsentscheidung** gerichtet ist und sich die umgangsberechtigte Person weiterhin gewöhnlich in dem Mitgliedstaat des früheren gewöhnlichen Aufenthalts des Kindes aufhält.

21

Art. 9 EheVO 2019 betrifft die Zuständigkeit im Fall eines **widerrechtlichen Verbringens oder Zurückhaltens eines Kindes**[29] und entspricht größtenteils Art. 10 EheVO 2003.[30] Neu eingefügt wurde Art. 9 lit. b iii) EheVO 2019. Hiernach entfällt die internationale Zuständigkeit im vormaligen Aufenthaltsstaat des Kindes zukünftig auch dann, wenn ein vom Sorgeberechtigten gestellter Rückgabeantrag nach HKÜ von einem Gericht des Verbringungsmitgliedstaats aus anderen als den in Art. 13 Abs. 1 lit. b oder Art. 13 Abs. 2 HKÜ angegebenen Gründen abgelehnt worden ist und gegen diese Entscheidung kein ordentlicher Rechtsbehelf mehr eingelegt werden kann. Art. 9 EheVO 2019 stellt zudem klar, dass die Zuständigkeit nach Art. 9 EheVO 2019 nur vorbehaltlich einer **Gerichtsstandsvereinbarung** nach Art. 10 EheVO 2019 besteht. Damit haben die Parteien auch die Möglichkeit, eine Zuständigkeit der Gerichte im Verbringungsstaat im Wege einer Gerichtsstandsvereinbarung zu begründen.[31]

22

Art. 10 EheVO 2019 sieht die Möglichkeit einer **Gerichtsstandsvereinbarung** zugunsten eines Mitgliedstaats vor.[32] Die Vorschrift tritt an die Stelle von Art. 12 Abs. 3 EheVO 2003, enthält aber einige Änderungen. Eine Änderung besteht darin, dass nicht nur die „Parteien des Verfahrens", sondern in jedem Fall, unabhängig von ihrer Parteistellung, stets sämtliche „**Träger elterlicher Verantwortung**" die Zuständigkeit anerkannt haben müssen (→ EheVO Art. 12 Rn. 15).[33] Auch kann die Gerichtsstandsvereinbarung anders als in der EheVO 2003 nicht mehr formlos erfolgen, sondern muss nach Art. 10 Abs. 2 EheVO 2019 **schriftlich niedergelegt**, datiert und unterzeichnet oder von dem Gericht gemäß dem einzelstaatlichen Recht **protokolliert** werden.

23

---

24   Vgl. Art. 2 Nr. 7 EheVO 2003. Zur teilweise neu gefassten Definition von Sorge- und Umgangsrecht s. Art. 2 Nr. 9 und Art. 2 Nr. 10 EheVO 2019.

25   Damit soll nach dem 17. ErwGr eine passgenaue Abgrenzung zum Haager Erwachsenenschutzübereinkommen (ErwSÜ) erreicht werden (s. Art. 2 ErwSÜ). Kritisch zu der Neuregelung (mit Blick auf den gleichlautenden Vorschlag der EU-Kommission) MüKoBGB/*Heiderhoff* EheVO 2003 Art. 2 Rn. 15 ff.

26   Der Zeitpunkt der Antragstellung bestimmt sich nach Art. 17 EheVO 2019. Zwar verwendet die deutsche Textfassung in Art. 7 EheVO 2019 den Begriff der „Antragstellung" und spricht in Art. 17 EheVO 2019 von der „Anrufung des Gerichts". Die jeweils identischen Formulierungen in anderen Textfassungen sprechen aber dafür, dass für den Zeitpunkt der „Antragstellung" die Definition in Art. 17 EheVO 2019 maßgeblich sein soll (s.etwa die englische, französische oder niederländische Textfassung, die in Art. 7 und Art. 17 EheVO 2019 jeweils die Begriffe „seized", „saisie" bzw „aanhangig" verwenden).

27   Ist der gewöhnliche Aufenthalt des Kindes nicht feststellbar, kommt es nach Art. 11 Abs. 1 EheVO 2019 weiterhin auf den einfachen Aufenthalt des Kindes an.

28   Der 21. ErwGr rechtfertigt dies mit der Rechtssicherheit und Effizienz der Justiz und verweist zugleich auf die Möglichkeit der Übertragung der Zuständigkeit nach Art. 12 EheVO 2019.

29   Die Definition des widerrechtlichen Verbringens oder Zurückhaltens findet sich in Art. 2 Nr. 11 EheVO 2019. Gestrichen wurde hierbei der 2. Satz des bisherigen Art. 2 Nr. 11 lit. b EheVO 2003.

30   Ist das Sorgerechtsverfahren in dem Mitgliedstaat des vormaligen gewöhnlichen Aufenthalts des Kindes noch vor der Entführung eingeleitet worden (vgl. Art. 17 EheVO 2019), folgt die internationale Zuständigkeit bereits aus Art. 7 i.V.m. dem *perpetuatio fori*-Grundsatz.

31   S. noch den 22. ErwGr, der inzident von der Möglichkeit einer solchen Gerichtsstandsvereinbarung ausgeht.

32   Wird die Zuständigkeit eines KSÜ-Vertragsstaats vereinbart, der nicht zugleich EU-Mitgliedstaat ist, ist die EheVO 2019 nicht anwendbar. Die Gerichtsstandsvereinbarung richtet sich in diesem Fall gem. Art. 97 Abs. 2 lit. a EheVO 2019 nach Art. 10 KSÜ.

33   Dies war bereits im Kommissionsvorschlag zur EheVO 2003 (KOM (2002) 222 endg.) vorgesehen, fand letztendlich aber keinen Eingang in die EheVO 2003.

24 Art. 12 Abs. 3, Abs. 1 lit. b EheVO 2003 verlangt dem Wortlaut nach, dass die Zuständigkeit im „Zeitpunkt der Anrufung des Gerichts" anerkannt wird. Daraus lässt sich ableiten, dass eine Zuständigkeitsvereinbarung noch bis zur Anrufung des Gerichts einseitig **widerrufen** werden kann (→ EheVO Art. 12 Rn. 8, 16); der Rechtssicherheit ist dies nicht dienlich. Nach Art. 10 Abs. 1 lit. b i) EheVO 2019 kann die Gerichtsstandsvereinbarung auch vor Anrufung des Gerichts getroffen werden und ist für diesen Fall nicht einseitig widerruflich. Dies ergibt sich daraus, dass die Gerichtsstandsvereinbarung nach dem Wortlaut der Vorschrift „spätestens" zum Zeitpunkt der Anrufung des Gerichts vorliegen muss und an die Einhaltung einer unter anderem vor Übereilung schützenden Form gebunden wird.[34]

25 Eine erst *nach* Anrufung des Gerichts erfolgte Anerkennung der Zuständigkeit ist gem. Art. 12 Abs. 3 EheVO 2003 bei strikt wortlautgetreuer Auslegung dieser Vorschrift nicht zuständigkeitsbegründend (→ EheVO Art. 12 Rn. 8, 16). Nach Art. 10 Abs. 1 lit. b ii) EheVO 2019 reicht es demgegenüber aus, wenn die Parteien „die Zuständigkeit im Laufe des Verfahrens ausdrücklich anerkannt haben". Voraussetzung ist allerdings, dass das Gericht vorher alle Parteien von ihrem Recht, die Zuständigkeit des Gerichts „anzufechten", in Kenntnis gesetzt hat. Hierunter ist im Lichte der anderen Textfassungen sowie dem Zweck der Regelung die Möglichkeit zu verstehen, die Anerkennung der Zuständigkeit zu verweigern.[35]

26 Wie Art. 12 Abs. 3 EheVO 2003 verlangt Art. 10 EheVO 2019 zusätzlich, dass eine wesentliche Bindung des Kindes zu dem betreffenden Mitgliedstaat gegeben ist und die Wahrnehmung der Zuständigkeit im Einklang mit dem Kindeswohl steht. Eine wesentliche Bindung des Kindes zu dem betreffenden Mitgliedstaat wird nach Art. 10 EheVO 2019 (in Übereinstimmung mit Art. 12 Abs. 3 EheVO 2003) insbesondere durch den gewöhnlichen Aufenthalt mindestens eines der Träger der elterlichen Verantwortung in diesem Mitgliedstaat oder die Staatsangehörigkeit des Kindes hergestellt (→ EheVO Art. 12 Rn. 13). Nach Art. 10 Abs. 1 lit. a ii) EheVO 2019 wird aber nunmehr zusätzlich auch ein *früherer* gewöhnlicher Aufenthalt des Kindes in diesem Mitgliedstaat als hinreichende Verbindung genannt.[36]

27 Im Gegenzug enthält Art. 10 EheVO 2019 (in Abweichung von Art. 12 Abs. 1 EheVO 2003) keine Sonderregelung für Gerichtsstandsvereinbarungen im Falle der Anhängigkeit einer Ehesache i.S.d. Art. 1 Abs. 1 lit. a EheVO 2019 mehr. Tatsächlich besteht für eine solche Regelung auch kein besonderes Bedürfnis. Diejenigen Fälle, in denen ein Bindung des Kindes und/oder der Ehegatten zu dem betreffenden Mitgliedstaat bestehen, sind bereits hinreichend durch Art. 10 EheVO 2019 erfasst.

28 In weitgehender Fortführung von Art. 15 EheVO 2003 enthalten nunmehr Art. 12 und 13 EheVO 2019 die Möglichkeit einer **Zuständigkeitsübertragung** von einem an sich zuständigen Gericht auf ein Gericht eines anderen Mitgliedstaates, das „das Kindeswohl in dem konkreten Fall besser beurteilen kann".[37] Auch hier sind einige Änderungen feststellbar. Die Neufassung unterscheidet nunmehr – in Anlehnung an Art. 8 und 9 KSÜ – zwischen dem Fall, dass das Ersuchen um die Übertragung der Zuständigkeit von einem an sich zuständigen Gericht ausgeht (Art. 12 EheVO 2019), und dem Fall, dass ein an sich unzuständiges Gericht um die Übertragung an sich ersucht (Art. 13 EheVO 2019). Im Falle einer ausschließlichen Gerichtsstandsvereinbarung[38] kommt eine Übertragung der Zuständigkeit nicht in Betracht (Art. 12 Abs. 5 EheVO 2019).[39] Anders als nach Art. 15 EheVO 2003[40] setzt eine von Amts wegen vorgenommene Zuständigkeitsübertragung nicht voraus, dass ihr mindestens eine der Parteien zugestimmt hat. Insoweit wird eine Übereinstimmung mit Art. 8 KSÜ hergestellt. Aus der Formulierung in Art. 13 EheVO 2019 („vorbehaltlich des Art. 9")[41] sowie dem 27. Erwägungsgrund[42] folgt, dass im Falle einer widerrechtlichen Kindesentfüh-

---

34 *Antomo* in Pfeiffer/Lobach/Rapp, 13 (39).

35 S. etwa die englische Fassung („right not to accept the jurisdiction") und die französische Fassung („droit de ne pas accepter sa compétence"). Personen, die nach der Anrufung des Gerichts Verfahrensparteien werden, können ihre Zustimmung nach Anrufung des Gerichts bekunden. Widersprechen sie nicht, wird ihr Einverständnis als stillschweigend gegeben angenommen (Art. 10 Abs. 2 Unterabs. 2 EheVO 2019).

36 Dies begrüßend *Antomo* in Pfeiffer/Lobach/Rapp, 13 (37 f.).

37 Im Verhältnis zwischen einem EU-Mitgliedstaat und einem KSÜ-Vertragsstaat, der nicht der EU angehört, gelten Art. 8 und 9 KSÜ (Art. 97 Abs. 2 lit. b EheVO 2019).

38 Eine „ausschließliche" Gerichtsstandsvereinbarung i.S.v. Art. 12 Abs. 5 EheVO 2019 ist nicht nur in den Fällen des Art. 10 Abs. 4 i.V.m. Abs. 1 lit. b ii)

EheVO 2019 anzunehmen, sondern immer dann, wenn das Gericht nach dem Inhalt der Vereinbarung ausschließlich zuständig sein soll (vgl. auch die französische Textfassung: „Lorsque la compétence exclusive d'une juridiction a été établie en vertu de l'article 10 …"). Abw. allerdings *Antomo* in Pfeiffer/Lobach/Rapp, 13 (40) (Fn. 92).

39 Dies gilt nicht nur dann, wenn das Ersuchen um die Übertragung der Zuständigkeit von einem an sich zuständigen Gericht ausgeht, sondern auch in dem von Art. 13 EheVO 2019 erfassten Fall.

40 S. Art. 15 Abs. 2 S. 2 EheVO 2003.

41 Vgl. auch die englische Fassung („without prejudice to Article 9") sowie die französische Fassung („sans préjudice de l'article 9").

42 S. dort Satz 3: „Dies sollte jedoch in Fällen eines widerrechtlichen Verbringens oder Zurückhaltens des Kindes nicht zulässig sein."

rung das Gericht im Verbringungsstaat nicht befugt ist, das nach Art. 9 EheVO 2019 zuständige Gericht des vormaligen Aufenthaltsstaats des Kindes um eine Übertragung der Zuständigkeit zu ersuchen.[43]

III. Anerkennung und Vollstreckung von Entscheidungen

1. Allgemeine Regeln. a) Anerkennungsversagungsgründe. Grundsätzlich stimmen die Anerken- **29** nungsversagungsgründe in der alten und neuen Verordnung überein (Art. 23 EheVO 2003/Art. 39 EheVO 2019).[44] Einige Änderungen ergeben sich allerdings beim bisherigen Versagungsgrund der fehlenden Kindesanhörung. An dessen Stelle tritt die Anerkennungsversagung bei Verletzung des in Art. 21 EheVO 2019 postulierten **„Rechts des Kindes auf Meinungsäußerung".**[45]

Nach Art. 21 Abs. 1 EheVO 2019 muss das hierzu fähige Kind die Gelegenheit bekommen, seine Meinung **30** zu äußern.[46] Die Vorschrift legt hierbei nicht fest, wer das Kind hört und wie das Kind gehört wird. Dies bleibt nach dem 57. Erwägungsgrund dem nationalen Verfahrensrecht überlassen. Art. 39 Abs. 2 EheVO 2019 sieht hieran die **Möglichkeit einer Anerkennungsversagung** vor, wenn dem Kind keine Gelegenheit zur Meinungsäußerung gemäß Art. 21 EheVO 2019 gegeben wurde; ausgenommen sind bestimmte Fälle, in denen nur das Vermögen des Kindes betroffen war oder in denen sonstige „schwerwiegende Gründe" für eine Nichtanhörung vorlagen.

Im praktischen Ergebnis wird die Nichtanerkennung wegen fehlender Kindesanhörung von der Neurege- **31** lung gegenüber der EheVO 2003 zurückgedrängt. Dies ergibt sich unter anderem daraus, dass Art. 39 Abs. 2 EheVO 2019 unmittelbar nur auf die Vorgaben des Art. 21 EheVO 2019, aber nicht auf die (möglicherweise strengeren) **Standards des nationalen Rechts** des Anerkennungsstaates Bezug nimmt.[47] Zudem wird die Nichtanerkennung bei fehlender Kindesanhörung nicht zwingend vorgeschrieben, sondern in das **Ermessen des Anerkennungsstaates** gestellt. Dies folgt aus dem Wortlaut der Vorschrift („kann abgelehnt werden") und dem Vergleich mit der Formulierung in Art. 39 Abs. 1 EheVO 2019 („wird abgelehnt").[48]

b) Wegfall des Vollstreckbarerklärungsverfahrens. Eine praktisch wichtige Änderung ergibt sich **32** daraus, dass in der EheVO 2019 kein **Vollstreckbarerklärungsverfahren** mehr vorgesehen ist. Die Neuregelung EheVO 2019 lehnt sich an des Modell der Art. 39 ff. EuGVVO nF an. Zukünftig muss dem Vollstreckungsorgan nur eine gem. Art. 36 Abs. 1 lit. b EheVO 2019 im Ursprungsmitgliedstaat ausgestellte Bescheinigung vorgelegt werden. Der erforderliche Inhalt der Bescheinigung ergibt sich aus dem Formblatt in Anhang III zur EheVO 2019. Die Vollstreckung wird nach Art. 41 EheVO 2019 versagt, wenn im Vollstreckungsmitgliedstaat festgestellt worden ist, dass ein Anerkennungsversagungsgrund gegeben ist.

c) Neue Gründe für die Aussetzung oder Ablehnung der Vollstreckung. Aus dem Wegfall des Voll- **33** streckbarerklärungsverfahrens kann nicht darauf geschlossen werden, dass die Vollstreckung von Entscheidungen in allen Fällen einfacher geworden ist. Die EheVO 2019 sieht nämlich neuartige Möglichkeiten für den Vollstreckungsmitgliedstaat vor, die **Vollstreckung auszusetzen** oder gar ganz **abzulehnen.**

Besonders zu erwähnen ist in diesem Zusammenhang Art. 56 Abs. 4-6 EheVO 2019. Hiernach kann die **34** Vollstreckung zeitweilig ausgesetzt oder sogar gänzlich abgelehnt werden, wenn die Vollstreckung aufgrund von nach Ergehen der Entscheidung aufgetretenen Hindernissen oder anderen wesentlichen Änderungen der Umstände für das Kind die **„schwerwiegende Gefahr eines körperlichen oder seelischen Schadens** mit sich bringen würde". In der Formulierung ist die Vorschrift an Art. 13 Abs. 1 lit. b HKÜ angelehnt, der in

---

43 Der systematischen Stellung der Vorschrift nach wäre das nach Art. 9 EheVO 2019 zuständige Gericht im vormaligen Aufenthaltsstaat des Kindes seinerseits nicht daran gehindert, die Gerichte im Verbringungsstaat um die Übernahme des Verfahrens zu ersuchen. Damit würde allerdings der Vorbehalt zugunsten von Art. 9 EheVO 2019 seine praktische Wirksamkeit verlieren. Es spricht mehr dafür, dass eine Zuständigkeitsübertragung in den Fällen, in denen die Zuständigkeit auf Art. 9 EheVO 2019 beruht, nicht nur im Rahmen des Art. 13 EheVO 2019, sondern auch im Rahmen von Art. 12 EheVO 2019 ausgeschlossen ist.

44 Nach S. 3 des 54. ErwGr bleibt es dem nationalen Recht überlassen, darüber zu befinden, ob die Versagungsgründe von einer Partei geltend gemacht werden müssen oder nach dem nationalen Recht von Amts wegen geltend gemacht werden.

45 Vgl. die englische Textfassung: „Right of the child to express his or her views".

46 Art. 21 Abs. 2 EheVO 2019 formuliert hieran anschließend, dass diese Meinungsäußerung bei der Entscheidungsfindung gebührend zu berücksichtigen ist. Die Vorschrift legt hierbei nicht fest, *wer* das Kind hört und *wie* das Kind gehört wird. Dies bleibt nach dem 57. ErwGr dem nationalen Verfahrensrecht überlassen.

47 S. auch S. 2 des 57. ErwGr (keine Anerkennungsversagung allein deshalb, weil „das Ursprungsgericht die Anhörung des Kindes auf andere Weise vorgenommen hat als dies ein Gericht im Mitgliedstaat der Anerkennung tun würde").

48 Art. 23 lit. b EheVO 2003 sieht bisher zwingend die Anerkennungsversagung vor, wenn mit der fehlenden Anhörung „wesentliche verfahrensrechtliche Grundsätze des Mitgliedstaats, in dem die Anerkennung beantragt wird, verletzt werden". Kritisch zur neuen Kann-Regelung *Antomo* in Pfeiffer/Lobach/Rapp, 13 (46).

den Fällen einer Kindesentführung den Behörden im Verbringungsstaat die Möglichkeit gibt, von der Anordnung der Rückgabe des Kindes abzusehen. Die Vorschrift ist damit entsprechend eng auszulegen.

35 Art. 56 Abs. 4-6 EheVO 2019 setzt zudem voraus, dass die entsprechenden **Umstände *neu* aufgetreten** sind bzw. sich Umstände im Nachhinein **wesentlich geändert** haben. Anderenfalls ergäbe sich für den Vollstreckungsmitgliedstaat die Möglichkeit, die Entscheidung des vormaligen Aufenthaltsstaats auf die Vollständigkeit bzw. Richtigkeit der Tatsachenermittlung hin zu überprüfen. Dies wäre aber mit dem Verbot einer *révision au fond* (Art. 71 EheVO 2019) nicht zu vereinbaren. Nach der hier vertretenen Auffassung ist dementsprechend allein darauf abzustellen, ob bestimmte Umstände im Entscheidungszeitpunkt objektiv vorhanden waren. Lagen sie objektiv vor, können sie eine Verweigerung der Vollstreckung selbst dann nicht rechtfertigen, wenn sie im Ursprungsmitgliedstaat falsch bewertet worden oder bei der Entscheidung gänzlich unberücksichtigt geblieben sind.

36 Weitere Aussetzungs- oder Verweigerungsmöglichkeiten ergeben sich aus Art. 57 EheVO 2019. Dieser formuliert, dass auch die **im Recht des Vollstreckungsmitgliedstaats vorgesehenen Gründe** für die Aussetzung oder Versagung der Vollstreckung gelten. Allerdings setzt er weiter voraus, dass die Aussetzung oder Versagung der Vollstreckung unter anderem nicht im Widerspruch zu der – insoweit vorrangigen und abschließenden – Regelung in Art. 56 EheVO 2019 stehen darf. Der 63. Erwägungsgrund nennt Fälle, in denen eine Aussetzung oder Versagung der Vollstreckung nach nationalem Recht möglich sein soll. Denkbar sei etwa, dass die Entscheidung nach dem Recht des Vollstreckungsmitgliedstaats **keinerlei vollstreckbaren Inhalt** besitze und auch nicht entsprechend angepasst werden könne. Erfasst seien darüber hinaus auch die Fälle, in denen die Person, der das Kind übergeben werden soll, nachträglich versterbe, schwer erkranke oder aufgrund einer Inhaftierung nicht in der Lage sei, das Kind zu übernehmen.

37 **2. Anerkennung und Vollstreckung von Umgangsentscheidungen und Entscheidungen über die Rückgabe des Kindes im Anschluss an eine Kindesentführung.** Wie die EheVO 2003[49] sieht die EheVO 2019 in zwei Fällen Sonderregeln für die Anerkennung und Vollstreckung vor. Die Sonderregeln bestehen für Entscheidungen, die ein Umgangsrecht gewähren (Art. 42 Abs. 1 lit. a EheVO 2019), sowie für bestimmte Rückgabeentscheidungen im Anschluss an eine Kindesentführung (Art. 42 Abs. 1 lit. b iVm Art. 29 Abs. 6 und Art. 29 Abs. 1 EheVO 2019).

38 Die EheVO 2009 knüpft die **privilegierte Anerkennung** einer Rückgabeentscheidung des vormaligen Aufenthaltsstaats an etwas strengere Voraussetzungen als die EheVO 2003. Nach dem EuGH sind **isolierte Rückgabeanordnungen**, die im Mitgliedstaat des vormaligen gewöhnlichen Aufenthaltsstaates während eines Sorgerechtsverfahrens, aber vor Erlass einer endgültigen Sorgerechtsentscheidung ergehen, von den Vorschriften der EheVO 2003 über die erleichterte Anerkennung und Vollstreckung erfasst (→ EheVO Art. 11 Rn. 14). Dies ist unter Geltung der EheVO 2019 nicht mehr der Fall: Gemäß Art. 29 Abs. 6 EheVO 2019 ist Gegenstand einer privilegierten Anerkennung und Vollstreckung nur noch eine „Sorgerechtsentscheidung …, die die Rückgabe des Kindes zur Folge hat".[50]

39 Eine Neuerung bringt auch Art. 50 EheVO 2019 (**unvereinbare spätere Entscheidung**). Zwar besagt Art. 47 Abs. 2 EheVO 2003, dass eine beschleunigte Umgangsrechts- bzw. Rückgabeentscheidung nicht vollstreckt werden darf, „wenn sie mit einer später ergangenen vollstreckbaren Entscheidung unvereinbar ist". Nach dem EuGH bezieht sich Art. 47 Abs. 2 EheVO 2003 nur auf spätere vollstreckbare Entscheidungen *des Ursprungsmitgliedstaats* und nicht auf solche des Vollstreckungsmitgliedstaats; anderenfalls könne nämlich die Letztentscheidungskompetenz des Ursprungsmitgliedstaats unterlaufen werden (→ EheVO Art. 47 Rn. 2).[51] Hiervon abweichend bezeichnet Art. 50 lit. a EheVO 2019 eine Unvereinbarkeit mit einer „späteren Entscheidung über die elterliche Verantwortung" des Mitgliedstaates, „in dem die Anerkennung geltend gemacht werden soll".[52]

---

49   Art. 40 ff. EheVO 2003.

50   S. auch Art. 42 Abs. 1 lit. b EheVO 2019 („Entscheidungen gemäß Artikel 29 Absatz 6, soweit sie die Rückgabe des Kindes anordnen.") sowie Art. 47 Abs. 1 lit. b EheVO 2019 („nach Artikel 29 Absatz 6 ergangene Sorgerechtsentscheidung, die die Rückgabe des Kindes zur Folge hat"). Vgl. auch die englische Textfassung des Art. 29 Abs. 6 EheVO 2019 („any decision on the substance of rights of custody … which entails the return of the child") sowie die französische Fassung ("toute décision au fond en matière de droit de garde … qui implique le retour de l'enfant").

51   EuGH, Rs. C-211/10 PPU, *Povse ./. Alpago*, FamRZ 2010, 1229 (Rn. 69 ff., 76, 79) m. krit. Anm. *Schulz* FamRZ 2010, 1307 f. m.w.N. zur vorherigen Gegenauffassung.

52   Daneben genügt auch eine spätere Entscheidung in einem anderen Mitgliedstaat oder in dem Drittstaat des gewöhnlichen Aufenthalts des Kindes, sofern die spätere Entscheidung die notwendigen Voraussetzungen für ihre Anerkennung in dem Mitgliedstaat erfüllt, in dem die Anerkennung geltend gemacht werden soll (Art. 50 lit. b EheVO 2019).

Praktisch bedeutsam ist zudem, dass Art. 56 Abs. 4-6 EheVO 2019 (→ Rn. 35) ebenfalls anwendbar **40** bleibt.[53] Dies führt zu einer Änderung gegenüber der bisherigen Rechtslage, da nach dem EuGH Änderungen der das Wohl des Kindes betreffenden Umstände sowie darauf fußende Anträge auf Aussetzung der Vollstreckung allein im Ursprungsmitgliedstaat zu prüfen waren.[54]

IV. Behördliche Zusammenarbeit

Die EheVO 2019 enthält eingehende Regelung zur behördlichen Zusammenarbeit, die in Zukunft noch stär- **41** ker koordiniert erfolgen soll. Art. 82 EheVO 2019 enthält in Zukunft detailliertere Regeln zur Unterbringung eines Kindes in einem anderen Mitgliedstaat. Nach dessen Absatz 1 bedarf es grundsätzlich der Zustimmung der zuständigen Behörde jenes anderen Mitgliedstaats, über die nach Abs. 6 im Normalfall nach „spätestens drei Monaten zu entscheiden ist.

Verordnung (EU) 2019/1111 des Rates vom 25. Juni 2019 über die Zuständigkeit, die Anerkennung und Vollstreckung von Entscheidungen in Ehesachen und in Verfahren betreffend die elterliche Verantwortung und über internationale KindesentführungenVO (EU) 2019/1111 [Brüssel IIb-VO]

(Neufassung)

(ABl. L 178 S. 1)
(Celex-Nr. 3 2019 R 1111)

DER RAT DER EUROPÄISCHEN UNION –

gestützt auf den Vertrag über die Arbeitsweise der Europäischen Union, insbesondere auf Artikel 81 Absatz 3,

auf Vorschlag der Europäischen Kommission,

nach Zuleitung des Entwurfs des Gesetzgebungsakts an die nationalen Parlamente,

nach den Stellungnahmen des Europäischen Parlaments[55],

nach Stellungnahme des Europäischen Wirtschafts- und Sozialausschusses[56],

gemäß einem besonderen Gesetzgebungsverfahren,

in Erwägung nachstehender Gründe:

(1) Die Kommission hat am 15. April 2014 einen Bericht über die Anwendung der Verordnung (EG) Nr. 2201/2003 des Rates[57] angenommen. Darin wurde festgestellt, dass die Verordnung (EG) Nr. 2201/2003 zwar ein gut funktionierendes Instrument und mit einem deutlichen Nutzen für die Bürger verbunden ist, die geltenden Vorschriften aber verbessert werden könnten. Eine Reihe von Änderungen müssen an der Verordnung vorgenommen werden. Aus Gründen der Klarheit sollte eine Neufassung jener Verordnung erstellt werden.

(2) Mit dieser Verordnung werden einheitliche Zuständigkeitsregeln für die Ehescheidung, die Trennung ohne Auflösung des Ehebandes und die Ungültigerklärung einer Ehe sowie für grenzüberschreitende Streitigkeiten über die elterliche Verantwortung festgelegt. Sie erleichtert den Verkehr von Entscheidungen sowie von öffentlichen Urkunden und bestimmten Vereinbarungen in der Union, indem sie Bestimmungen über deren Anerkennung und Vollstreckung in anderen Mitgliedstaaten festlegt. Ferner präzisiert diese Verordnung das Recht des Kindes, in Verfahren, von denen es betroffen ist, die Gelegenheit zur Meinungsäußerung zu erhalten, und sie enthält einige Bestimmungen zur Ergänzung des Haager Übereinkommens vom 25. Oktober 1980 über

---

53 Die Vorschrift befindet sich im Abschnitt 3 („Gemeinsame Bestimmungen zur Vollstreckung"), ist also auf alle Vollstreckungstitel anwendbar.

54 EuGH, Rs. C-211/10 PPU, *Povse ./. Alpago*, FamRZ 2010, 1229 (Rn. 80 ff.) m. Anm. *Schulz* FamRZ 2010, 1307 (1308).

55 **Amtl. Anm.:** Stellungnahme vom 18. Januar 2018 (ABl. C 458 vom 19.12.2018, S. 499) und Stellungnahme vom 14. März 2019 (noch nicht im Amtsblatt veröffentlicht).

56 **Amtl. Anm.:** Stellungnahme vom 26. Januar 2017 (ABl. C 125 vom 21.4.2017, S. 46).

57 **Amtl. Anm.:** Verordnung (EG) Nr. 2201/2003 des Rates vom 27. November 2003 über die Zuständigkeit und die Anerkennung und Vollstreckung von Entscheidungen in Ehesachen und in Verfahren betreffend die elterliche Verantwortung und zur Aufhebung der Verordnung (EG) Nr. 1347/2000 (ABl. L 338 vom 23.12.2003, S. 1).

die zivilrechtlichen Aspekte internationaler Kindesentführung (im Folgenden „Haager Übereinkommen von 1980") in den Beziehungen zwischen den Mitgliedstaaten. Daher sollte diese Verordnung dazu beitragen, die Rechtssicherheit zu stärken und die Flexibilität zu erhöhen, den Zugang zu Gerichtsverfahren zu verbessern und effizientere Verfahren zu gewährleisten.

(3) Das reibungslose und ordnungsgemäße Funktionieren der Union als Raum des Rechts, in dem die unterschiedlichen Rechtssysteme und -traditionen geachtet werden, ist für die Union von entscheidender Bedeutung. In dieser Hinsicht sollte das gegenseitige Vertrauen in die jeweiligen Rechtssysteme weiter ausgebaut werden. Die Union hat sich die Schaffung, Aufrechterhaltung und Weiterentwicklung eines Raums der Freiheit, der Sicherheit und des Rechts zum Ziel gesetzt, in dem der freie Personenverkehr und der Zugang zur Justiz gewährleistet sind. Zur Verwirklichung dieses Ziels sollten die Rechte von Personen, insbesondere Kindern, in rechtlichen Verfahren gestärkt werden, um die Zusammenarbeit zwischen Justiz- und Verwaltungsbehörden sowie die Vollstreckung von Entscheidungen in Familiensachen mit grenzüberschreitendem Bezug zu erleichtern. Die gegenseitige Anerkennung von Entscheidungen in Zivilsachen sollte verstärkt, der Zugang zur Justiz vereinfacht und der Informationsaustausch zwischen den Behörden der Mitgliedstaaten verbessert werden.

(4) Hierzu erlässt die Union unter anderem Maßnahmen im Bereich der justiziellen Zusammenarbeit in Zivilsachen mit grenzüberschreitendem Bezug, insbesondere wenn diese für das reibungslose Funktionieren des Binnenmarkts erforderlich sind. Der Begriff „Zivilsachen" sollte im Einklang mit der ständigen Rechtsprechung des Gerichtshofs der Europäischen Union (im Folgenden „Gerichtshof") autonom ausgelegt werden. Er sollte als autonomer Begriff angesehen werden, bei dessen Auslegung erstens die Ziele und die Systematik dieser Verordnung und zweitens die allgemeinen Rechtsgrundsätze, die sich aus der Gesamtheit der nationalen Rechtsordnungen ergeben, berücksichtigt werden müssen. Der Begriff „Zivilsachen" sollte daher dahingehend ausgelegt werden, dass er auch Maßnahmen umfassen kann, die in der Rechtsordnung eines Mitgliedstaats möglicherweise dem öffentlichen Recht unterliegen. Er sollte insbesondere alle Anträge, Maßnahmen oder Entscheidungen in Verfahren betreffend die „elterliche Verantwortung" im Sinne dieser Verordnung gemäß ihrer Ziele abdecken.

(5) Diese Verordnung umfasst „Zivilsachen", wobei dieser Begriff zivilgerichtliche Verfahren und die sich daraus ergebenden Entscheidungen sowie öffentliche Urkunden und bestimmte außergerichtliche Vereinbarungen in Ehesachen und in Sachen der elterlichen Verantwortung einschließt. Darüber hinaus sollte der Begriff „Zivilsachen" Anträge, Maßnahmen oder Entscheidungen sowie öffentliche Urkunden und bestimmte außergerichtliche Vereinbarungen über die Rückgabe eines Kindes nach dem Haager Übereinkommen von 1980 umfassen, die entsprechend der Rechtsprechung des Gerichtshofs und im Einklang mit Artikel 19 des Haager Übereinkommens von 1980 keine Hauptsacheverfahren betreffend die elterliche Verantwortung darstellen, mit diesen aber eng verbunden sind und von bestimmten Vorschriften dieser Verordnung erfasst werden.

(6) Zur Erleichterung des Verkehrs von Entscheidungen in Ehesachen und in Verfahren betreffend die elterliche Verantwortung sowie von öffentlichen Urkunden und bestimmten Vereinbarungen in Ehesachen und in Sachen der elterlichen Verantwortung ist es notwendig und angemessen, dass die Vorschriften über die Zuständigkeit und die Anerkennung und Vollstreckung von Entscheidungen durch ein Rechtsinstrument auf Unionsebene geregelt werden, das verbindlich ist und unmittelbar gilt.

(7) Um die Gleichbehandlung aller Kinder sicherzustellen, sollte diese Verordnung für alle Entscheidungen über die elterliche Verantwortung gelten, einschließlich der Maßnahmen zum Schutz des Kindes, ohne Rücksicht darauf, ob eine Verbindung zu Verfahren in Ehesachen oder anderen Verfahren besteht.

(8) Da die Anwendung der Vorschriften über die elterliche Verantwortung in Ehesachen häufig zum Tragen kommt, empfiehlt es sich jedoch, Ehesachen und die elterliche Verantwortung in einem einzigen Rechtsakt zu regeln.

(9) Bezüglich Entscheidungen über die Ehescheidung, die Trennung ohne Auflösung des Ehebandes oder die Ungültigerklärung einer Ehe sollte diese Verordnung nur für die Auflösung einer Ehe gelten. Sie sollte nicht für Fragen wie die Scheidungsgründe, das Ehegüterrecht oder sonstige mögliche Nebenaspekte gelten. Entscheidungen über die Verweigerung der Auflösung des Ehebandes sollten nicht unter die die Anerkennung betreffenden Bestimmungen dieser Verordnung fallen.

(10) Bezüglich des Vermögens des Kindes sollte diese Verordnung nur für Maßnahmen zum Schutz des Kindes gelten, und zwar für die Bestimmung und den Aufgabenbereich einer Person oder Stelle, die damit betraut ist, das Vermögen des Kindes zu verwalten, das Kind zu vertreten und

ihm beizustehen, und für Maßnahmen bezüglich der Verwaltung und Erhaltung des Vermögens des Kindes oder der Verfügung darüber. In diesem Zusammenhang sollte diese Verordnung beispielsweise für die Fälle gelten, in denen Gegenstand des Verfahrens die Bestimmung einer Person oder Stelle ist, die das Vermögen des Kindes verwaltet. Das Vermögen des Kindes betreffende Maßnahmen, die nicht den Schutz des Kindes betreffen, sollten weiterhin unter die Verordnung (EU) Nr. 1215/2012 des Europäischen Parlaments und des Rates[58] fallen. Die Anwendung der Bestimmungen der vorliegenden Verordnung über die Zuständigkeit in Vorfragen sollte in diesen Fällen jedoch möglich sein.

(11) Jede Art von Unterbringung eines Kindes in Pflege, also bei einer oder mehreren Privatpersonen gemäß den nationalen Rechtsvorschriften und Verfahren, oder in einem Heim, beispielsweise in einem Waisenhaus oder in einem Kinderheim, in einem anderen Mitgliedstaat sollte in den Geltungsbereich dieser Verordnung fallen, wenn sie nicht ausdrücklich ausgeschlossen ist, wie dies zum Beispiel bei der Unterbringung im Hinblick auf eine Adoption, der Unterbringung bei einem Elternteil oder gegebenenfalls bei einem anderen nahen Verwandten gemäß der Erklärung des Aufnahmemitgliedstaats der Fall ist. Infolgedessen sollten „Unterbringungen aus erzieherischen Gründen", die von einem Gericht angeordnet oder von einer zuständigen Behörde mit Zustimmung oder auf Antrag der Eltern oder des Kindes infolge eines Problemverhaltens des Kindes veranlasst werden, einbezogen sein. Ausgeschlossen sein sollte nur eine Unterbringung aus erzieherischen Gründen oder als Strafmaßnahme, die aufgrund einer Handlung des Kindes angeordnet oder veranlasst wurde, die, wenn sie von einem Erwachsenen begangen worden wäre, nach nationalem Strafrecht als strafbare Handlung eingestuft werden könnte, unabhängig davon, ob dies im speziellen Fall zu einer Verurteilung führen könnte.

(12) Diese Verordnung sollte weder für die Feststellung des Eltern-Kind-Verhältnisses, da es sich dabei um eine von der Übertragung der elterlichen Verantwortung gesonderte Frage handelt, noch für sonstige Fragen im Zusammenhang mit dem Personenstand gelten.

(13) Unterhaltspflichten sind vom Anwendungsbereich der vorliegenden Verordnung ausgenommen, da diese Pflichten bereits durch die Verordnung (EG) Nr. 4/2009 des Rates[59] geregelt werden. Neben den Gerichten für den Ort, an dem der Antragsgegner oder die berechtigte Person seinen/ihren gewöhnlichen Aufenthalt hat, sollten die nach der vorliegenden Verordnung für Ehesachen zuständigen Gerichte in Anwendung des Artikels 3 Buchstabe c der genannten Verordnung in der Regel in Nebensachen für Entscheidungen in ehelichen oder nachehelichen Unterhaltssachen zuständig sein. Die nach der vorliegenden Verordnung für Verfahren betreffend die elterliche Verantwortung zuständigen Gerichte sind in Anwendung des Artikels 3 Buchstabe d der genannten Verordnung in der Regel in Nebensachen für Entscheidungen in Kindesunterhaltssachen zuständig.

(14) Nach der Rechtsprechung des Gerichtshofs sollte der Begriff „Gericht" so weit aufgefasst werden, dass er auch Verwaltungsbehörden oder andere Behörden wie Notare einschließt, die in bestimmten Ehesachen oder Verfahren betreffend die elterliche Verantwortung die Zuständigkeit wahrnehmen. Jede vom Gericht nach einer Prüfung in der Sache nach dem nationalen Recht und nach dem nationalen Verfahren gebilligte Vereinbarung sollte als „Entscheidung" anerkannt oder vollstreckt werden. Anderen Vereinbarungen, die im Ursprungsmitgliedstaat nach dem förmlichen Tätigwerden einer Behörde oder einer anderen von einem Mitgliedstaat für diesen Zweck der Kommission mitgeteilten Stelle verbindliche Rechtswirkung erlangen, sollte in anderen Mitgliedstaaten im Einklang mit den besonderen Bestimmungen dieser Verordnung über öffentliche Urkunden und Vereinbarungen Wirkung verliehen werden. Diese Verordnung sollte nicht den freien Verkehr rein privater Vereinbarungen erlauben. Vereinbarungen, bei denen es sich nicht um eine Entscheidung oder eine öffentliche Urkunde handelt, die aber von einer hierzu befugten Behörde registriert wurden, sollten verkehren dürfen. Zu diesen Behörden könnten auch Notare gehören, die Vereinbarungen registrieren, auch wenn sie freiberuflich tätig sind.

(15) In Bezug auf eine „öffentliche Urkunde" ist der Begriff „Ermächtigung" in dieser Verordnung autonom in Einklang mit der Definition des in anderen Rechtsinstrumenten der Union durch-

---

[58] **Amtl. Anm.:** Verordnung (EU) Nr. 1215/2012 des Europäischen Parlaments und des Rates vom 12. Dezember 2012 über die gerichtliche Zuständigkeit und die Anerkennung und Vollstreckung von Entscheidungen in Zivil- und Handelssachen (ABl. L 351 vom 20.12.2012, S. 1).

[59] **Amtl. Anm.:** Verordnung (EG) Nr. 4/2009 des Rates vom 18. Dezember 2008 über die Zuständigkeit, das anwendbare Recht, die Anerkennung und Vollstreckung von Entscheidungen und die Zusammenarbeit in Unterhaltssachen (ABl. L 7 vom 10.1.2009, S. 1).

gängig verwendeten Begriffs „öffentliche Urkunde" und in Anbetracht der Zwecke dieser Verordnung auszulegen.

(16) Auch wenn Rückgabeverfahren nach dem Haager Übereinkommen von 1980 keine Hauptsacheverfahren betreffend die elterliche Verantwortung sind, sollten Entscheidungen, in denen nach dem Haager Übereinkommen von 1980 die Rückgabe eines Kindes in einen anderen Mitgliedstaat angeordnet wird und die aufgrund einer späteren, nach der Anordnung der Rückgabe erfolgten Entführung in einem anderen Mitgliedstaat vollstreckt werden müssen, nach Kapitel IV dieser Verordnung anerkannt und vollstreckt werden. Die Möglichkeit, wegen der späteren Entführung ein neues Verfahren im Hinblick auf die Rückgabe des Kindes nach dem Haager Übereinkommen von 1980 einzuleiten, bleibt davon unberührt. Ferner sollte diese Verordnung weiterhin für andere Aspekte in Fällen des widerrechtlichen Verbringens oder Zurückhaltens eines Kindes gelten, so zum Beispiel die Bestimmungen über die gerichtliche Zuständigkeit des Gerichts des Mitgliedstaats des gewöhnlichen Aufenthalts und die Bestimmungen über die Anerkennung und Vollstreckung aller von diesem Gericht erlassenen Anordnungen.

(17) Diese Verordnung sollte wie das Haager Übereinkommen vom 19. Oktober 1996 über die Zuständigkeit, das anzuwendende Recht, die Anerkennung, Vollstreckung und Zusammenarbeit auf dem Gebiet der elterlichen Verantwortung und der Maßnahmen zum Schutz von Kindern (im Folgenden „Haager Übereinkommen von 1996") für alle Kinder bis zum Alter von 18 Jahren gelten, auch in den Fällen, in denen sie aufgrund des für sie maßgeblichen Personenstandsrechts vorher geschäfts- und handlungsfähig geworden sein sollten, weil sie beispielsweise infolge einer Eheschließung mündig geworden sind. Hierdurch sollten eine Überschneidung mit dem Anwendungsbereich des Haager Übereinkommens vom 13. Januar 2000 über den internationalen Schutz von Erwachsenen, das für Personen ab einem Alter von 18 Jahren gilt, und zugleich Lücken zwischen diesen beiden Rechtsinstrumenten vermieden werden. Das Haager Übereinkommen von 1980 und folglich auch Kapitel III dieser Verordnung, die die Anwendung des Haager Übereinkommens von 1980 im Verhältnis zwischen den Mitgliedstaaten ergänzt, sollten weiterhin für Kinder bis zum Alter von 16 Jahren gelten.

(18) Für die Zwecke dieser Verordnung sollte davon ausgegangen werden, dass eine Person ein „Sorgerecht" hat, wenn aufgrund einer Entscheidung oder kraft Gesetzes oder durch eine rechtlich verbindliche Vereinbarung nach dem Recht des Mitgliedstaats, in dem das Kind seinen gewöhnlichen Aufenthalt hat, ein Träger der elterlichen Verantwortung nicht ohne Zustimmung dieser Person über den Aufenthaltsort des Kindes – ungeachtet der im nationalen Recht verwendeten Begriffe – entscheiden kann. In einigen Rechtsordnungen, die die Begriffe „Sorgerecht" und „Umgang" verwenden, kann dem nicht sorgeberechtigten Elternteil möglicherweise ein bedeutendes Maß an Verantwortung für das Kind betreffende Entscheidungen zukommen, die über ein bloßes Umgangsrecht hinausgehen.

(19) Die Zuständigkeitsvorschriften in Verfahren betreffend die elterliche Verantwortung wurden dem Wohle des Kindes entsprechend ausgestaltet und sollten im Einklang damit angewandt werden. Jede Bezugnahme auf das Kindeswohl sollte vor dem Hintergrund des Artikels 24 der Charta der Grundrechte der Europäischen Union (im Folgenden „Charta") und des Übereinkommens der Vereinten Nationen vom 20. November 1989 über die Rechte des Kindes (im Folgenden „VN-Kinderrechtsübereinkommen") – wie sie im nationalen Recht und in nationalen Verfahren angewendet werden – ausgelegt werden.

(20) Zum Schutz des Kindeswohls sollte sich die Zuständigkeit in erster Linie nach dem Kriterium der räumlichen Nähe bestimmen. Die Zuständigkeit sollte folglich dem Mitgliedstaat des gewöhnlichen Aufenthalts des Kindes vorbehalten sein, außer in bestimmten, in dieser Verordnung dargelegten Fällen, in denen sich beispielsweise der Aufenthaltsort des Kindes geändert hat oder die Träger der elterlichen Verantwortung etwas anderes vereinbart haben.

(21) Ist noch kein Verfahren betreffend die elterliche Verantwortung anhängig und ändert sich der gewöhnliche Aufenthalt des Kindes nach einem rechtmäßigen Umzug, so sollte die Zuständigkeit das Kind begleiten, damit die räumliche Nähe aufrechterhalten bleibt. Für bereits anhängige Verfahren rechtfertigen es die Rechtssicherheit und die Effizienz der Justiz, diese Zuständigkeit so lange aufrechtzuerhalten, bis in den betreffenden Verfahren eine rechtskräftige Entscheidung ergangen ist oder die Verfahren anderweitig abgeschlossen worden sind. Das Gericht, bei dem ein Verfahren anhängig ist, sollte jedoch unter bestimmten Umständen berechtigt sein, die Zuständigkeit auf den Mitgliedstaat zu übertragen, in dem das Kind nach einem rechtmäßigen Umzug lebt.

(22) Bei einem widerrechtlichen Verbringen oder Zurückhalten eines Kindes sollten vorbehaltlich einer möglichen Gerichtsstandsvereinbarung gemäß dieser Verordnung die Gerichte des Mitgliedstaats des gewöhnlichen Aufenthalts des Kindes ihre Zuständigkeit behalten, bis in einem

anderen Mitgliedstaat ein neuer gewöhnlicher Aufenthalt begründet wird und einige besondere Bedingungen erfüllt sind. Die Mitgliedstaaten, die die Zuständigkeit konzentriert haben, sollten in Erwägung ziehen, dem mit dem Rückgabeantrag nach dem Haager Übereinkommen von 1980 befassten Gericht zu ermöglichen, auch die Zuständigkeit in Verfahren betreffend die elterliche Verantwortung wahrzunehmen, auf die sich die Parteien gemäß dieser Verordnung geeinigt oder die sie anerkannt haben, sofern im Laufe des Rückgabeverfahrens eine Vereinbarung zwischen den Parteien zustande gekommen ist. Derartige Vereinbarungen sollten Vereinbarungen sowohl über die Rückgabe als auch über die Nichtrückgabe des Kindes abdecken. Ist die Nichtrückgabe vereinbart, so sollte das Kind im Mitgliedstaat des neuen gewöhnlichen Aufenthalts bleiben, und die Zuständigkeit für künftige Sorgerechtsverfahren dort sollte aufgrund des neuen gewöhnlichen Aufenthalts des Kindes bestimmt werden.

(23) Unter bestimmten Bedingungen gemäß dieser Verordnung sollte es möglich sein, die Zuständigkeit in einem Verfahren betreffend die elterliche Verantwortung auch in einem Mitgliedstaat zu begründen, in dem ein Verfahren betreffend die Ehescheidung, die Trennung ohne Auflösung des Ehebandes oder die Ungültigerklärung einer Ehe zwischen den Eltern anhängig ist, oder in einem anderen Mitgliedstaat, zu dem das Kind eine wesentliche Bindung hat und auf den sich die Eltern zuvor, und zwar spätestens zum Zeitpunkt der Anrufung des Gerichts, geeinigt haben oder den sie im Laufe des Verfahrens ausdrücklich anerkannt haben, selbst wenn das Kind seinen gewöhnlichen Aufenthalt nicht in diesem Mitgliedstaat hat, sofern die Wahrnehmung dieser Zuständigkeit im Einklang mit dem Kindeswohl steht. Nach der Rechtsprechung des Gerichtshofs sollte jede andere Person als die Eltern, die nach innerstaatlichem Recht Partei des von den Eltern eingeleiteten Verfahrens ist, als Verfahrenspartei im Sinne dieser Verordnung gelten, und daher sollte der Einspruch dieser Partei gegen die Wahl des Gerichtsstands durch die Eltern des betroffenen Kindes nach dem Zeitpunkt der Anrufung des Gerichts verhindern, dass die Zuständigkeit durch alle Parteien des Verfahrens zu diesem Zeitpunkt anerkannt werden kann. Vor der Ausübung seiner Zuständigkeit aufgrund einer Gerichtsstandsvereinbarung oder der Anerkennung sollte das Gericht prüfen, ob diese Vereinbarung oder Anerkennung auf einer freien und in Kenntnis der Sachlage getroffenen Entscheidung der betreffenden Parteien beruht und nicht dadurch zustande gekommen ist, dass eine Partei die Zwangslage oder schwache Position der anderen Partei ausgenutzt hat. Die Anerkennung der gerichtlichen Zuständigkeit im Laufe des Verfahrens sollte vom Gericht im Einklang mit den nationalen Rechtsvorschriften und Verfahren verzeichnet werden.

(24) Jede vereinbarte oder anerkannte Zuständigkeit sollte – sofern nichts anderes zwischen den Parteien vereinbart wurde – erlöschen, sobald gegen eine Entscheidung in jenem genannten Verfahren betreffend die elterliche Verantwortung kein ordentlicher Rechtsbehelf mehr eingelegt werden kann oder das Verfahren aus einem anderen Grund eingestellt wurde, damit im Hinblick auf etwaige neue künftige Verfahren das Erfordernis der räumlichen Nähe beachtet wird.

(25) Wenn der gewöhnliche Aufenthalt eines Kindes nicht festgestellt werden und die Zuständigkeit aufgrund einer Gerichtsstandsvereinbarung nicht bestimmt werden kann, sollten die Gerichte des Mitgliedstaats zuständig sein, in dem sich das Kind befindet. Diese Regel aufgrund der Anwesenheit sollte auch für Kinder gelten, die Flüchtlinge oder aufgrund von Unruhen in dem Mitgliedstaat ihres gewöhnlichen Aufenthalts ihres Landes Vertriebene sind. Im Lichte dieser Verordnung in Verbindung mit Artikel 52 Absatz 2 des Haager Übereinkommens von 1996 sollte diese Zuständigkeitsregel jedoch nur für Kinder gelten, die vor der Vertreibung ihren gewöhnlichen Aufenthalt in einem Mitgliedstaat hatten. War der gewöhnliche Aufenthalt des Kindes vor der Vertreibung in einem Drittstaat, sollte die Zuständigkeitsregel des Haager Übereinkommens von 1996 für geflüchtete Kinder und ihres Landes vertriebene Kinder gelten.

(26) Unter außergewöhnlichen Umständen könnte es sein, dass ein Gericht des Mitgliedstaats des gewöhnlichen Aufenthalts des Kindes nicht das am besten geeignete Gericht zur Behandlung des Falls ist. Ohne dazu verpflichtet zu sein, sollte das zuständige Gericht seine Zuständigkeit in einem bestimmten Fall ausnahmsweise und unter bestimmten Bedingungen einem Gericht eines anderen Mitgliedstaats übertragen können, wenn dieses in diesem besonderen Fall das Kindeswohl besser beurteilen kann. Nach der Rechtsprechung des Gerichtshofs sollte die Zuständigkeit für Verfahren betreffend die elterliche Verantwortung von einem Gericht eines Mitgliedstaats nur einem Gericht eines anderen Mitgliedstaats übertragen werden, zu dem das betroffene Kind eine „besondere Bindung" hat. Diese Verordnung sollte eine erschöpfende Auflistung der maßgeblichen Elemente einer solchen „besonderen Bindung" darlegen. Das zuständige Gericht sollte das Ersuchen nur dann an das Gericht eines anderen Mitgliedstaats richten, wenn seine vorherige Entscheidung, das Verfahren auszusetzen und um Übertragung der Zuständigkeit zu ersu-

chen, rechtskräftig geworden ist, sofern diese Entscheidung nach nationalem Recht angefochten werden kann.

(27) Unter außergewöhnlichen Umständen und unter Berücksichtigung des Kindeswohls im jeweiligen Einzelfall sollte ein Gericht eines Mitgliedstaats, der nach dieser Verordnung nicht zuständig ist, aber eine besondere Bindung zu dem Kind im Sinne dieser Verordnung aufweist, um Übertragung der Zuständigkeit vom zuständigen Gericht des Mitgliedstaats des gewöhnlichen Aufenthalts des Kindes ersuchen können. Dies sollte jedoch in Fällen eines widerrechtlichen Verbringens oder Zurückhaltens des Kindes nicht zulässig sein. Das jeweils zuständige Gericht sollte nach dem nationalen Recht des ersuchten Mitgliedstaats ermittelt werden.

(28) Unabhängig davon, ob eine Übertragung der Zuständigkeit von einem Gericht, das seine Zuständigkeit übertragen möchte, oder von einem Gericht, das die Zuständigkeit erhalten möchte, angestrebt wird, sollte diese Übertragung nur für den betreffenden Einzelfall gelten, in dem sie erfolgt. Ist das Verfahren abgeschlossen, für das um Übertragung der Zuständigkeit ersucht und diese gewährt wurde, so sollte die Übertragung keine Wirkung für künftige Verfahren entfalten.

(29) Soweit sich aus dieser Verordnung keine Zuständigkeit eines Gerichts eines Mitgliedstaats ergibt, bestimmt sich die Zuständigkeit in jedem Mitgliedstaat nach dem Recht dieses Mitgliedstaats. Der Ausdruck „Recht dieses Mitgliedstaats" sollte in diesem Mitgliedstaat geltende internationale Übereinkommen einschließen.

(30) Die vorliegende Verordnung sollte die Gerichte eines Mitgliedstaats, die nicht für die Entscheidung in der Hauptsache zuständig sind, nicht daran hindern, in dringenden Fällen einstweilige Maßnahmen einschließlich Schutzmaßnahmen in Bezug auf die Person oder das Vermögen eines Kindes, das sich in diesem Mitgliedstaat aufhält, anzuordnen. Diese Maßnahmen sollten in keinem anderen Mitgliedstaat gemäß dieser Verordnung anerkannt und vollstreckt werden, mit Ausnahme von Maßnahmen zum Schutz des Kindes vor einer in Artikel 13 Absatz 1 Buchstabe b des Haager Übereinkommens von 1980 genannten schwerwiegenden Gefahr. Die Maßnahmen zum Schutz des Kindes vor einer solchen Gefahr sollten in Kraft bleiben, bis ein Gericht des Mitgliedstaats des gewöhnlichen Aufenthalts des Kindes die Maßnahmen angeordnet hat, die es für angebracht hält. Sofern der Schutz des Kindeswohls das gebietet, sollte das Gericht – direkt oder über die Zentralen Behörden – das Gericht des Mitgliedstaats, der nach dieser Verordnung für die Entscheidung in der Hauptsache zuständig ist, über die getroffenen Maßnahmen unterrichten. Ein Unterbleiben dieser Information sollte jedoch nicht an sich ein Grund für die Nichtanerkennung der Maßnahme sein.

(31) Ein Gericht, das lediglich für einstweilige Maßnahmen einschließlich Schutzmaßnahmen zuständig ist, sollte sich, wenn es mit einem Antrag betreffend die Hauptsache befasst wird, von Amts wegen für unzuständig erklären, falls ein Gericht eines anderen Mitgliedstaats aufgrund dieser Verordnung in der Hauptsache zuständig ist.

(32) Hängt der Ausgang eines Verfahrens vor einem Gericht eines Mitgliedstaats, der nach dieser Verordnung nicht zuständig ist, von der Beurteilung einer in den Anwendungsbereich dieser Verordnung fallenden Vorfrage ab, so sollten die Gerichte dieses Mitgliedstaats durch die vorliegende Verordnung nicht an der Beurteilung dieser Frage gehindert werden. Geht es in dem Verfahren beispielsweise um eine Erbsache, von der das Kind betroffen ist und in der ein Prozesspfleger zu bestellen ist, der das Kind im Verfahren vertritt, so sollte es daher dem für die Erbsache zuständigen Mitgliedstaat erlaubt sein, den Prozesspfleger für das anhängige Verfahren zu bestellen, ungeachtet dessen, ob er für Verfahren betreffend die elterliche Verantwortung nach dieser Verordnung zuständig ist. Eine derartige Beurteilung sollte ausschließlich in dem Verfahren Rechtswirkung entfalten, für das sie vorgenommen wurde.

(33) Ist für die Gültigkeit einer Rechtshandlung, die im Namen eines Kindes in Erbsachen bei einem Gericht eines Mitgliedstaats vorgenommen wurde oder vorzunehmen ist, die Einwilligung oder Genehmigung seitens eines Gerichts erforderlich, so sollte ein Gericht in diesem Mitgliedstaat entscheiden dürfen, ob es in diese Rechtshandlung einwilligt oder sie genehmigt, selbst wenn es nach dieser Verordnung nicht zuständig ist. Der Begriff „Rechtshandlung" sollte beispielsweise die Annahme oder Ablehnung eines Erbes oder eine Vereinbarung zwischen den Parteien über die Verteilung oder Aufteilung des Vermögens einschließen.

(34) Die Anwendung des Völkerrechts im Bereich der diplomatischen Immunität sollte durch diese Verordnung nicht berührt werden. Kann das nach dieser Verordnung zuständige Gericht seine Zuständigkeit aufgrund einer diplomatischen Immunität nach dem Völkerrecht nicht wahrnehmen, so sollte die Zuständigkeit in dem Mitgliedstaat, in dem die betreffende Person keine Immunität genießt, nach den Rechtsvorschriften dieses Staats wahrgenommen werden.

(35) In dieser Verordnung wird festgelegt, wann ein Gericht als im Sinne dieser Verordnung angerufen gilt. Da es in den Mitgliedstaaten die beiden unterschiedlichen Systeme gibt, denen zufolge

entweder das verfahrenseinleitende Schriftstück zunächst dem Antragsgegner zugestellt oder zunächst beim Gericht eingereicht werden muss, sollte es ausreichen, dass der im nationalen Recht vorgesehene erste Schritt unternommen wurde, sofern der Antragsteller es in der Folge nicht versäumt hat, die ihm nach nationalem Recht obliegenden Maßnahmen zu treffen, damit der zweite Schritt durchgeführt werden kann. In Anbetracht der zunehmenden Bedeutung der Mediation und anderer Arten der alternativen Streitbeilegung auch im Laufe des Verfahrens sollte ein Gericht gemäß der Rechtsprechung des Gerichtshofs auch zu dem Zeitpunkt als angerufen gelten, zu dem beim Gericht das verfahrenseinleitende Schriftstück oder ein gleichwertiges Schriftstück in Fällen eingereicht wird, in denen das Verfahren auf Antrag der Partei, die es eingeleitet hat, inzwischen ausgesetzt wurde, um eine einvernehmliche Lösung zu finden, ohne dass das verfahrenseinleitende Schriftstück dem Antragsgegner bereits zugestellt wurde und ohne dass der Antragsgegner von dem Verfahren Kenntnis hat oder an ihm in irgend einer Weise teilgenommen hat, sofern die Partei, die das Verfahren eingeleitet hat, es in der Folge nicht versäumt hat, die ihm obliegenden Maßnahmen zu treffen, um die Zustellung des Schriftstücks an den Antragsgegner zu bewirken. Nach der Rechtsprechung des Gerichtshofs sollte bei Rechtshängigkeit der Tag, an dem ein obligatorisches Schlichtungsverfahren bei einer nationalen Schlichtungsbehörde eingeleitet wurde, als der Tag gelten, an dem ein „Gericht" als angerufen gilt.

(36) Für die Zustellung von Schriftstücken in Verfahren, die auf der Grundlage der vorliegenden Verordnung eingeleitet wurden, sollte die Verordnung (EG) Nr. 1393/2007 des Europäischen Parlaments und des Rates[60] gelten.

(37) Ein Gericht eines Mitgliedstaats sollte sich von Amts wegen für unzuständig erklären, wenn es in einer Sache angerufen wird, für die es nach dieser Verordnung keine Zuständigkeit in der Hauptsache hat und für die ein Gericht eines anderen Mitgliedstaats aufgrund dieser Verordnung in der Hauptsache zuständig ist. Einem Gericht eines Mitgliedstaats, der eine besondere Bindung zu dem Kind im Sinne dieser Verordnung aufweist, sollte es jedoch freistehen, um Übertragung der Zuständigkeit gemäß dieser Verordnung zu ersuchen, ohne dass es dazu verpflichtet wäre.

(38) Im Interesse einer abgestimmten Rechtspflege müssen Parallelverfahren so weit wie möglich vermieden werden, damit nicht in verschiedenen Mitgliedstaaten miteinander unvereinbare Entscheidungen ergehen. Es sollte eine klare und wirksame Regelung zur Klärung von Fragen der Rechtshängigkeit und der im Zusammenhang stehenden Verfahren sowie zur Verhinderung von Problemen vorgesehen werden, die sich aus der einzelstaatlich unterschiedlichen Festlegung des Zeitpunkts ergeben, von dem an ein Verfahren als rechtshängig gilt. Für die Zwecke dieser Verordnung sollte dieser Zeitpunkt autonom festgelegt werden. Um jedoch die Wirksamkeit von ausschließlichen Gerichtsstandsvereinbarungen zu verbessern, sollten die Bestimmungen dieser Verordnung über die Rechtshängigkeit dem nicht entgegenstehen, dass Eltern den Gerichten eines Mitgliedstaats die ausschließliche Zuständigkeit zuerkennen.

(39) In Verfahren betreffend die elterliche Verantwortung nach dieser Verordnung sowie in Rückgabeverfahren nach dem Haager Übereinkommen von 1980 sollte dem Kind, das von diesen Verfahren betroffen und fähig ist, sich seine eigene Meinung zu bilden, im Einklang mit der Rechtsprechung des Gerichtshofs grundsätzlich eine echte und wirksame Gelegenheit zur Meinungsäußerung gegeben werden und sollte diese Meinung bei der Bewertung des Kindeswohls gebührend berücksichtigt werden. Die Gelegenheit für das Kind, im Einklang mit Artikel 24 Absatz 1 der Charta und Artikel 12 des VN-Kinderrechtsübereinkommens seine Meinung frei zu äußern, spielt bei der Anwendung dieser Verordnung eine wichtige Rolle. Nach der Verordnung sollte es allerdings weiterhin Sache der Mitgliedstaaten sein, in den nationalen Rechtsvorschriften und Verfahren festzulegen, wer das Kind anhört und wie das Kind angehört wird. Somit sollte es nicht das Ziel dieser Verordnung sein, festzulegen ob das Kind von dem Richter persönlich oder von einem speziell geschulten Sachverständigen angehört werden sollte, der dem Gericht anschließend Bericht erstattet, oder ob die Anhörung des Kindes im Gerichtssaal oder an einem anderen Ort oder auf anderem Wege erfolgen sollte. Außerdem hat das Kind zwar nach wie vor das Recht, angehört zu werden, doch stellt seine Anhörung keine absolute Verpflichtung dar, sondern muss unter Berücksichtigung des Kindeswohls beurteilt werden, beispielsweise in Fällen, die mit Vereinbarungen zwischen den Parteien verbunden sind.

---

60   **Amtl. Anm.:** Verordnung (EG) Nr. 1393/2007 des Europäischen Parlaments und des Rates vom 13. November 2007 über die Zustellung gerichtlicher und außergerichtlicher Schriftstücke in Zivil- oder Handelssachen in den Mitgliedstaaten (Zustellung von Schriftstücken) und zur Aufhebung der Verordnung (EG) Nr. 1348/2000 des Rates (ABl. L 324 vom 10.12.2007, S. 79).

Wenn es auch nach der Rechtsprechung des Gerichtshofs gemäß Artikel 24 der Charta und der Verordnung (EG) Nr. 2201/2003 nicht erforderlich ist, dass das Gericht des Ursprungsmitgliedstaats die Meinung des Kindes in jeder Rechtssache durch eine Anhörung einholt, und diesem Gericht somit ein Ermessensspielraum bleibt, so geht aus der Rechtsprechung jedoch auch hervor, dass das Gericht bei der Entscheidung, dem Kind eine Gelegenheit zur Anhörung zu geben, verpflichtet ist, alle für die Durchführung einer derartigen Anhörung angemessenen Vorkehrungen zu treffen, wobei dem Kindeswohl und den Umständen jedes Einzelfalls Rechnung zu tragen ist, damit die Wirksamkeit dieser Bestimmungen sichergestellt und dem Kind eine echte und wirksame Gelegenheit zur Meinungsäußerung gegeben wird. Das Gericht des Ursprungsmitgliedstaats sollte soweit möglich und stets unter Berücksichtigung des Kindeswohls alle Mittel, die ihm im nationalen Recht zur Verfügung stehen, sowie die speziellen Instrumente der internationalen justiziellen Zusammenarbeit einsetzen, gegebenenfalls einschließlich derjenigen der Verordnung (EG) Nr. 1206/2001 des Rates[61].

(40) Bei widerrechtlichem Verbringen oder Zurückhalten eines Kindes sollte dessen Rückgabe unverzüglich erwirkt werden, und zu diesem Zweck sollte das Haager Übereinkommen von 1980, das durch diese Verordnung und insbesondere des Kapitels III ergänzt wird, weiterhin Anwendung finden.

(41) Um die Rückgabeverfahren nach dem Haager Übereinkommen von 1980 so rasch wie möglich abzuschließen, sollen die Mitgliedstaaten entsprechend ihren innerstaatlichen Gerichtssystemen in Erwägung ziehen, die Zuständigkeit für diese Verfahren bei einer möglichst begrenzten Anzahl von Gerichten zu konzentrieren. Die Zuständigkeit für Kindesentführungsfälle könnte bei einem einzigen Gericht für das ganze Land oder bei einer begrenzten Zahl von Gerichten konzentriert werden; dabei ließe sich beispielsweise die Zuständigkeit für internationale Kindesentführungsfälle ausgehend von der Zahl der Rechtsbehelfsgerichte bei einem Gericht erster Instanz in jedem Rechtsbehelfsgerichtsbezirk konzentrieren.

(42) In Rückgabeverfahren nach dem Haager Übereinkommen von 1980 sollten die Gerichte jeder Instanz ihre Entscheidung binnen sechs Wochen treffen, es sei denn, dass dies aufgrund außergewöhnlicher Umstände nicht möglich ist. Der Rückgriff auf alternative Streitbeilegungsverfahren sollte nicht als außergewöhnlicher Umstand betrachtet werden, der eine Überschreitung der Frist rechtfertigt. Im Laufe dieser Verfahren oder als deren Folge können jedoch außergewöhnliche Umstände eintreten. Für ein Gericht erster Instanz sollte die Frist mit dem Zeitpunkt beginnen, zu dem das Gericht angerufen wurde. Für ein Gericht höherer Instanz sollte sie mit dem Zeitpunkt beginnen, zu dem alle erforderlichen Verfahrensschritte unternommen worden sind. Je nach dem betreffenden Rechtssystem könnten diese Schritte die Zustellung des Rechtsbehelfs an den Antragsgegner entweder in dem Mitgliedstaat, in dem das Gericht seinen Sitz hat, oder in einem anderen Mitgliedstaat, die Übermittlung der Akte und die Einlegung von Rechtsbehelfen beim Rechtsbehelfsgericht in Mitgliedstaaten, in denen Rechtsbehelfe bei dem Gericht eingelegt werden müssen, dessen Entscheidung angefochten wird, oder einen Antrag einer Partei auf Abhaltung einer Anhörung umfassen, wenn ein derartiger Antrag nach nationalem Recht erforderlich ist. Die Mitgliedstaaten sollten auch in Erwägung ziehen, die Zahl der möglichen Rechtsbehelfe gegen eine Entscheidung, mit der die Rückgabe eines Kindes nach dem Haager Übereinkommen von 1980 angeordnet oder abgelehnt wird, auf einen Rechtsbehelf zu begrenzen.

(43) In allen Fällen, die Kinder betreffen, insbesondere in Fällen internationaler Kindesentführung, sollten die Gerichte die Möglichkeit der Herbeiführung einer Lösung durch Mediation oder andere geeignete Mittel prüfen und dabei gegebenenfalls auf die Unterstützung durch bestehende Netzwerke und Unterstützungsstrukturen für Mediation in grenzüberschreitenden Streitigkeiten über die elterliche Verantwortung zurückgreifen. Solche Bemühungen dürfen jedoch die Rückgabeverfahren nach dem Haager Übereinkommen von 1980 nicht über Gebühr in die Länge ziehen. Außerdem dürfte Mediation nicht immer angezeigt sein, insbesondere in Fällen häuslicher Gewalt. Einigen sich die Eltern im Laufe eines Rückgabeverfahrens nach dem Haager Übereinkommen von 1980 über die Rückgabe oder Nichtrückgabe des Kindes, und auch über Verfahren betreffend die elterliche Verantwortung, so sollte diese Verordnung ihnen unter bestimmten Umständen ermöglichen, zu vereinbaren, dass das nach dem Haager Übereinkommen von 1980 befasste Gericht dafür zuständig sein sollte, ihrer Vereinbarung Rechtswirkung zu verleihen, indem es sie in eine Entscheidung aufnimmt, billigt oder auf eine andere in den nationalen Rechtsvorschriften und Verfahren vorgesehene Form zurückgreift. Die Mitgliedstaaten,

---

61   **Amtl. Anm.:** Verordnung (EG) Nr. 1206/2001 des
      Rates vom 28. Mai 2001 über die Zusammenarbeit
      zwischen den Gerichten der Mitgliedstaaten auf dem
      Gebiet der Beweisaufnahme in Zivil- oder Handels-
      sachen (ABl. L 174 vom 27.6.2001, S. 1).

die die Zuständigkeit konzentriert haben, sollten daher in Erwägung ziehen, das mit dem Rückgabeverfahren nach dem Haager Übereinkommen von 1980 befasste Gericht in die Lage zu versetzen, auch die Zuständigkeit in Verfahren betreffend die elterliche Verantwortung wahrzunehmen, auf die sich die Parteien gemäß dieser Verordnung geeinigt oder die sie anerkannt haben, sofern im Laufe dieses Rückgabeverfahrens eine Vereinbarung zwischen den Parteien zustande gekommen ist.

(44) Das Gericht des Mitgliedstaats, in den das Kind widerrechtlich verbracht wurde oder in dem es widerrechtlich zurückgehalten wird, sollte die Rückgabe in besonderen, ordnungsgemäß begründeten Fällen ablehnen können, wie dies im Haager Übereinkommen von 1980 vorgesehen ist. Zuvor sollte es prüfen, ob angemessene Schutzmaßnahmen getroffen wurden oder getroffen werden könnten, um das Kind vor der schwerwiegenden Gefahr im Sinne des Artikels 13 Absatz 1 Buchstabe b des Haager Übereinkommens von 1980 zu schützen.

(45) Zieht ein Gericht in Erwägung, die Rückgabe eines Kindes nur aufgrund von Artikel 13 Absatz 1 Buchstabe b des Haager Übereinkommens von 1980 abzulehnen, so sollte es die Rückgabe des Kindes nicht ablehnen, wenn entweder die Partei, die sich um die Rückgabe des Kindes bemüht, das Gericht davon überzeugt oder das Gericht auf andere Weise zu der Überzeugung gelangt, dass angemessene Vorkehrungen zum Schutz des Kindes nach seiner Rückgabe getroffen wurden. Bei diesen Vorkehrungen könnte es sich beispielsweise handeln um eine gerichtliche Anordnung aus diesem Mitgliedstaat, die dem Antragsteller verbietet, sich dem Kind zu nähern, eine einstweilige Maßnahme einschließlich einer Schutzmaßnahme seitens dieses Mitgliedstaats, der zufolge das Kind bei dem Elternteil, der es entzogen hat und der die tatsächliche Sorge wahrnimmt, bleiben kann, bis in diesem Mitgliedstaat nach der Rückgabe eine Sorgerechtsentscheidung gefällt wird, oder den Nachweis, dass für ein behandlungsbedürftiges Kind medizinische Einrichtungen zur Verfügung stehen. Welche Art von Vorkehrungen im Einzelfall angemessen ist, sollte von der konkreten schwerwiegenden Gefahr abhängen, der das Kind bei einer Rückgabe ohne derartige Vorkehrungen ausgesetzt sein könnte. Das Gericht, das feststellen will, ob angemessene Vorkehrungen getroffen wurden, sollte sich in erster Linie an die Parteien halten und erforderlichen- und gegebenenfalls die Zentralen Behörden oder die dem Netz angeschlossenen Richter, insbesondere innerhalb des gemäß Beschluss 2001/470/EG des Rates[62] errichteten Europäischen Justiziellen Netzes für Zivil- und Handelssachen und innerhalb des Internationalen Haager Richternetzwerks, um Unterstützung ersuchen.

(46) Bei der Anordnung der Rückgabe des Kindes sollte es für das Gericht möglich sein, gegebenenfalls alle einstweiligen Maßnahmen, einschließlich Schutzmaßnahmen gemäß dieser Verordnung anzuordnen, die es für erforderlich hält, um das Kind vor der mit der Rückgabe verbundenen schwerwiegenden Gefahr eines körperlichen oder seelischen Schadens zu schützen, die ansonsten zur Ablehnung der Rückgabe führen würde. Derartige einstweilige Maßnahmen und ihr Verkehr sollten weder die Rückgabeverfahren nach dem Haager Übereinkommen von 1980 verzögern noch die Abgrenzung der Zuständigkeit zwischen dem in Rückgabeverfahren nach dem Haager Übereinkommen von 1980 angerufenen Gericht und dem nach dieser Verordnung in der Hauptsache der elterlichen Verantwortung zuständigen Gericht unterlaufen. Erforderlichenfalls sollte das in Rückgabeverfahren nach dem Haager Übereinkommen von 1980 angerufene Gericht mit Hilfe der Zentralen Behörden oder der dem Netz angeschlossenen Richter, insbesondere innerhalb des Europäischen Justiziellen Netzes für Zivil- und Handelssachen und des Internationalen Haager Richternetzwerks, das Gericht oder die zuständigen Behörden des Mitgliedstaats des gewöhnlichen Aufenthalts des Kindes konsultieren. Diese Maßnahmen sollten in allen anderen Mitgliedstaaten, einschließlich des nach dieser Verordnung zuständigen Mitgliedstaats, so lange anerkannt und vollstreckt werden, bis ein Gericht des betreffenden Mitgliedstaats die Maßnahmen getroffen hat, die es als angemessen erachtet. Zu derartigen vorläufigen Maßnahmen – einschließlich Schutzmaßnahmen – könnte beispielsweise gehören, dass das Kind sich weiter bei der Person aufhält, die die tatsächliche Sorge wahrnimmt, oder dass geregelt wird, wie nach der Rückgabe Kontakte zu dem Kind stattfinden sollten, bis das Gericht des gewöhnlichen Aufenthalts des Kindes die seines Erachtens angezeigten Maßnahmen getroffen hat. Dadurch sollte einer Maßnahme oder Entscheidung des Gerichts des gewöhnlichen Aufenthalts des Kindes nach dessen Rückgabe nicht vorgegriffen werden.

(47) Es sollte möglich sein, eine Entscheidung, mit der die Rückgabe des Kindes angeordnet wird, ungeachtet der Einlegung eines Rechtsbehelfs für vorläufig vollstreckbar zu erklären, wenn die

---

62   **Amtl. Anm.:** Entscheidung 2001/470/EG des Rates vom 28. Mai 2001 über die Einrichtung eines Europäischen Justiziellen Netzes für Zivil- und Handelssachen (ABl. L 174 vom 27.6.2001, S. 25).

Rückgabe des Kindes vor der Entscheidung über den Rechtsbehelf aus Gründen des Kindeswohls erforderlich ist. Im nationalen Recht kann festgelegt werden, von welchem Gericht die Entscheidung für vorläufig vollstreckbar erklärt werden kann.

(48) Entscheidet das Gericht des Mitgliedstaats, in den das Kind widerrechtlich verbracht wurde oder in dem es widerrechtlich zurückgehalten wird, die Anordnung der Rückgabe des Kindes nach dem Haager Übereinkommen von 1980 abzulehnen, so sollte es in seiner Entscheidung ausdrücklich auf die einschlägigen Artikel dieses Übereinkommens verweisen, auf deren Grundlage die Ablehnung erfolgte. Ungeachtet dessen, ob diese ablehnende Entscheidung endgültig oder noch anfechtbar ist, könnte sie dennoch durch eine spätere Entscheidung ersetzt werden, die in einem Sorgerechtsverfahren von dem Gericht des Mitgliedstaats gefällt wird, in dem das Kind vor seinem widerrechtlichen Verbringen oder Zurückhalten seinen gewöhnlichen Aufenthalt hatte. Im Laufe dieser Verfahren sollten unter Berücksichtigung des Kindeswohls alle Umstände, einschließlich des Verhaltens der Eltern, eingehend geprüft werden, aber die Prüfung sollte sich nicht auf dieses Verhalten beschränken. Sollte in der daraus resultierenden Sorgerechtsentscheidung die Rückgabe des Kindes angeordnet werden, so sollte die Rückgabe erfolgen, ohne dass es in einem anderen Mitgliedstaat eines besonderen Verfahrens zur Anerkennung und Vollstreckung dieser Entscheidung bedarf.

(49) Das Gericht, das die Rückgabe des Kindes nur aufgrund des Artikels 13 Absatz 1 Buchstabe b oder des Artikels 13 Absatz 2 – oder der beiden Bestimmungen – des Haager Übereinkommens von 1980 ablehnt, sollte von Amts wegen eine Bescheinigung ausstellen, für die das in dieser Verordnung wiedergegebene Formblatt verwendet wird. Mit dieser Bescheinigung sollen die Parteien davon in Kenntnis gesetzt werden, dass sie innerhalb von drei Monaten nach der Mitteilung der Entscheidung, mit der die Rückgabe des Kindes abgelehnt wird, in der Hauptsache Anträge betreffend das Sorgerecht bei einem Gericht in dem Mitgliedstaat einreichen können, in dem das Kind unmittelbar vor dem widerrechtlichen Verbringen oder Zurückhalten seinen gewöhnlichen Aufenthalt hatte, oder dass sie, wenn das Gericht bereits befasst wurde, dem Gericht die einschlägigen Unterlagen hinsichtlich des Rückgabeverfahrens übermitteln können.

(50) Ist in dem Mitgliedstaat, in dem das Kind unmittelbar vor dem widerrechtlichen Verbringen oder Zurückhalten seinen gewöhnlichen Aufenthalt hatte, ein Verfahren in der Hauptsache betreffend das Sorgerecht bereits zu dem Zeitpunkt anhängig, zu dem ein mit dem Rückgabeantrag nach dem Haager Übereinkommen von 1980 befasstes Gericht die Rückgabe des Kindes nur aufgrund des Artikels 13 Absatz 1 Buchstabe b oder des Artikels 13 Absatz 2 – oder der beiden Bestimmungen – des Haager Übereinkommens von 1980 ablehnt, so sollte das Gericht, das die Rückgabe des Kindes abgelehnt hat, falls es von dem betreffenden Verfahren Kenntnis hat, innerhalb eines Monats ab dem Zeitpunkt seiner Entscheidung eine Abschrift seiner Entscheidung, die entsprechende Bescheinigung und gegebenenfalls ein Protokoll, eine Zusammenfassung oder eine Niederschrift der Anhörung sowie alle anderen Unterlagen übermitteln, die es als sachdienlich für das mit dem Verfahren in der Hauptsache betreffend das Sorgerecht befasste Gericht erachtet. Der Ausdruck „alle anderen Unterlagen, die es als sachdienlich erachtet", sollte sich auf alle Unterlagen beziehen, die sich auf das Ergebnis dieses Sorgerechtsverfahrens auswirken könnten, wenn die entsprechenden Informationen nicht bereits in der Entscheidung enthalten sind, mit der die Rückgabe abgelehnt wird.

(51) Ist in dem Mitgliedstaat, in dem das Kind unmittelbar vor dem widerrechtlichen Verbringen oder Zurückhalten seinen gewöhnlichen Aufenthalt hatte, noch kein Verfahren in der Hauptsache betreffend das Sorgerecht anhängig und ruft eine Partei innerhalb von drei Monaten nach dem Zeitpunkt der Mitteilung der Entscheidung, die Rückgabe des Kindes abzulehnen, ein Gericht in diesem Mitgliedstaat an, so sollte diese Partei dem mit dem Sorgerechtsantrag befassten Gericht eine Abschrift der Entscheidung über die Ablehnung der Rückgabe des Kindes gemäß dem Haager Übereinkommen von 1980, die entsprechende Bescheinigung und gegebenenfalls ein Protokoll, eine Zusammenfassung oder eine Niederschrift der Anhörung vorlegen. Dies hindert das angerufene Gericht nicht daran, alle weiteren Unterlagen zu verlangen, die es als sachdienlich erachtet und die Informationen enthalten, die sich auf das Ergebnis des Verfahren in der Hauptsache betreffend das Sorgerecht auswirken könnten, wenn diese Informationen nicht bereits in der Entscheidung selbst enthalten sind, mit der die Rückgabe abgelehnt wird.

(52) Wurde innerhalb von drei Monaten nach dem Zeitpunkt der Mitteilung der Entscheidung, die Rückgabe des Kindes nach dem Haager Übereinkommen von 1980 abzulehnen, das für die Sorgerechtsentscheidung zuständige Gericht von einer Partei befasst oder war vor diesem Gericht zum Zeitpunkt des Eingangs dieser Entscheidung des die Rückgabe des Kindes ablehnenden Gerichts bereits ein Sorgerechtsverfahren anhängig, so sollte jede sich aus diesem Verfahren ergebende Sorgerechtsentscheidung, die die Rückgabe des Kindes in diesem Mitgliedstaat zur

Folge hat, gemäß Kapitel IV Abschnitt 2 der vorliegenden Verordnung in jedem anderen Mitgliedstaat vollstreckbar sein, ohne dass es eines besonderen Verfahrens bedarf und ohne dass die Anerkennung der Entscheidung angefochten werden kann. Dies sollte gelten, außer wenn – und nur soweit – eine Unvereinbarkeit mit einer späteren Entscheidung über die elterliche Verantwortung betreffend das gleiche Kind festgestellt wird, sofern für die Sorgerechtsentscheidung, die die Rückgabe des Kindes zur Folge hat, eine Bescheinigung für „privilegierte Entscheidungen" ausgestellt wurde. Wird das Gericht, das für die Entscheidung in der Hauptsache zuständig ist, nach Ablauf der drei Monate befasst oder sind die Bedingungen für die Ausstellung einer Bescheinigung für solche privilegierten Entscheidungen nicht erfüllt, so sollte die ergangene Sorgerechtsentscheidung im Einklang mit Kapitel IV Abschnitt 1 der vorliegenden Verordnung in anderen Mitgliedstaaten anerkannt und vollstreckt werden.

(53) Wenn es nicht möglich ist, eine Partei oder ein Kind persönlich anzuhören, und die entsprechenden technischen Mittel verfügbar sind, könnte das Gericht unbeschadet anderer Rechtsakte der Union in Erwägung ziehen, eine Anhörung mittels Videokonferenz oder einer anderen Kommunikationstechnologie durchzuführen, außer wenn in Anbetracht der besonderen Umstände des Falles die Verwendung solcher Technologien dem fairen Ablauf des Verfahrens nicht dienlich wäre.

(54) Das gegenseitige Vertrauen in die Rechtspflege in der Union rechtfertigt den Grundsatz, dass in einem Mitgliedstaat in Ehesachen und in Verfahren betreffend die elterliche Verantwortung ergangene Entscheidungen in allen Mitgliedstaaten anerkannt werden sollten, ohne dass es eines Anerkennungsverfahrens bedarf. Insbesondere wenn ihnen eine in einem anderen Mitgliedstaat ergangene Entscheidung vorgelegt wird, mit der die Ehescheidung, die Trennung ohne Auflösung des Ehebandes oder die Ungültigerklärung der Ehe ausgesprochen wird und die im Ursprungsmitgliedstaat nicht mehr angefochten werden kann, sollten die zuständigen Behörden des ersuchten Mitgliedstaats die Entscheidung von Rechts wegen anerkennen, ohne dass es eines Verfahrens bedarf, und ihre Personenstandsregister entsprechend aktualisieren. Es bleibt dem nationalen Recht überlassen, darüber zu befinden, ob die Versagungsgründe von einer Partei geltend gemacht werden müssen oder nach dem nationalen Recht von Amts wegen geltend gemacht werden. Dies hindert eine interessierte Partei nicht daran, im Einklang mit dieser Verordnung eine Entscheidung zu beantragen, dass keine Gründe für die Versagung der Anerkennung im Sinne dieser Verordnung bestehen. Es sollte im nationalen Rechts des Mitgliedstaats, in dem ein derartiger Antrag gestellt wird, festgelegt werden, wer als zu einem derartigen Antrag berechtigte interessierte Partei gilt.

(55) Die Anerkennung und Vollstreckung von in einem Mitgliedstaat ergangenen Entscheidungen, dort errichteten öffentlichen Urkunden und dort geschlossenen Vereinbarungen sollten auf dem Grundsatz des gegenseitigen Vertrauens beruhen. Daher sollten die Gründe für eine Nichtanerkennung in Anbetracht des dieser Verordnung zugrundeliegenden Ziels, also der Erleichterung der Anerkennung und Vollstreckung und des wirksamen Schutzes des Kindeswohls, auf ein Mindestmaß beschränkt werden.

(56) Die Anerkennung einer Entscheidung sollte nur versagt werden, wenn einer oder mehrere der in dieser Verordnung vorgesehenen Gründe für die Nichtanerkennung vorliegen. Die Auflistung der Gründe für die Versagung der Anerkennung in dieser Verordnung sind erschöpfend. Es sollte nicht möglich sein, in dieser Verordnung nicht aufgeführte Gründe, wie z.B. ein Verstoß gegen die Regel zur Rechtshängigkeit, als Gründe für die Versagung geltend zu machen. In Verfahren betreffend die elterliche Verantwortung hat eine spätere Entscheidung stets Vorrang vor einer früheren Entscheidung mit Wirkung für die Zukunft, soweit sie unvereinbar sind.

(57) Was die einem Kind gebotene Gelegenheit zur Meinungsäußerung anbelangt, so sollte es Sache des Ursprungsgerichts sein, über die angemessene Art und Weise der Anhörung des Kindes zu entscheiden. Daher sollte es nicht möglich sein, die Anerkennung einer Entscheidung einzig und allein aus dem Grund zu versagen, dass das Ursprungsgericht die Anhörung des Kindes auf andere Weise vorgenommen hat als dies ein Gericht im Mitgliedstaat der Anerkennung tun würde. Der Mitgliedstaat, in dem die Anerkennung geltend gemacht wird, sollte diese nicht versagen, wenn eine der in dieser Verordnung zugelassenen Ausnahmen von diesem besonderen Ablehnungsgrund Anwendung findet. Diese Ausnahmen wirken sich dahingehend aus, dass es nicht möglich sein sollte, dass ein Gericht in dem Vollstreckungsmitgliedstaat die Vollstreckung einer Entscheidung einzig und allein aus dem Grund versagt, dass dem Kind keine Gelegenheit zur Meinungsäußerung gegeben worden ist, wobei das Kindeswohl berücksichtigt wurde, sofern das Verfahren nur das Vermögen des Kindes betroffen hat und sofern es in Anbetracht des Verfahrensgegenstandes nicht erforderlich war, ihm diese Gelegenheit zu geben, oder sofern es schwerwiegende Gründe gab, wobei insbesondere die Dringlichkeit des Falls zu berücksichtigen

ist. Derartige schwerwiegende Gründe könnten beispielsweise vorliegen, wenn eine unmittelbare Gefahr für die körperliche und seelische Unversehrtheit oder das Leben des Kindes besteht und jede weitere Verzögerung das Risiko bergen könnte, dass diese Gefahr wirklich eintritt.

(58) Darüber hinaus rechtfertigt das Ziel, den Zeit- und Kostenaufwand in grenzüberschreitenden Streitigkeiten mit Kindesbezug zu verringern, dass für alle Entscheidungen in Verfahren betreffend die elterliche Verantwortung die Vollstreckbarerklärung vor der Vollstreckung im Vollstreckungsmitgliedstaat oder, soweit anwendbar, die Registrierung zur Vollstreckung abgeschafft wird. Während mit der Verordnung (EG) Nr. 2201/2003 diese Anforderung nur für bestimmte Entscheidungen über das Umgangsrecht und bestimmte Entscheidungen, die die Rückgabe eines Kindes zur Folge haben, abgeschafft wurde, sollte sie mit der vorliegenden Verordnung für die grenzüberschreitende Vollstreckung sämtlicher Entscheidungen in Verfahren betreffend die elterliche Verantwortung abgeschafft werden, während für bestimmte Entscheidungen über das Umgangsrecht und bestimmte Entscheidungen, die die Rückgabe eines Kindes zur Folge haben, eine sogar noch günstigere Behandlung beibehalten wird. Vorbehaltlich dieser Verordnung ist eine von einem Gericht eines anderen Mitgliedstaats getroffene Entscheidung daher so zu behandeln, als ob sie im Vollstreckungsmitgliedstaat ergangen wäre.

(59) Werden von einem Gericht, das in der Hauptsache zuständig ist, einstweilige Maßnahmen einschließlich Schutzmaßnahmen angeordnet, so sollte der Verkehr dieser Maßnahmen nach Maßgabe dieser Verordnung gewährleistet sein. Allerdings sollten einstweilige Maßnahmen, einschließlich Schutzmaßnahmen, die von einem solchen Gericht angeordnet wurden, ohne dass der Antragsgegner vorgeladen wurde, nicht gemäß dieser Verordnung anerkannt und vollstreckt werden, es sei denn, die die Maßnahme enthaltende Entscheidung ist dem Antragsgegner vor der Vollstreckung zugestellt worden. Dies sollte die Anerkennung und Vollstreckung solcher Maßnahmen gemäß nationalem Recht nicht ausschließen. Werden einstweilige Maßnahmen – einschließlich Schutzmaßnahmen – von einem Gericht eines Mitgliedstaats angeordnet, das in der Hauptsache nicht zuständig ist, so sollte deren Verkehr im Rahmen dieser Verordnung auf Maßnahmen begrenzt werden, die in Fällen internationaler Kindesentführung getroffen werden und die darauf abzielen, das Kind vor einer schwerwiegenden Gefahr im Sinne des Artikels 13 Absatz 1 Buchstabe b des Haager Übereinkommens von 1980 zu schützen. Diese Maßnahmen sollten so lange gelten, bis ein Gericht eines für die Entscheidung in der Hauptsache nach dieser Verordnung zuständigen Mitgliedstaats die Maßnahmen getroffen hat, die es als angemessen erachtet.

(60) Da Vollstreckungsverfahren je nach den innerstaatlichen Rechtsvorschriften gerichtlich oder außergerichtlich erfolgen können, kann der Ausdruck „für die Vollstreckung zuständige Behörden" Gerichte, Gerichtsvollzieher und jede andere im nationalen Recht vorgesehene Behörde einschließen. Werden in dieser Verordnung zusätzlich zu den für die Vollstreckung zuständigen Behörden auch Gerichte erwähnt, so sollten damit Fälle abgedeckt werden, in denen im nationalen Recht eine andere Stelle als ein Gericht die für die Vollstreckung zuständige Behörde ist, bestimmte Entscheidungen jedoch Gerichten vorbehalten sind, und zwar entweder von Anfang an oder in Form einer Überprüfung der Handlungen der für die Vollstreckung zuständigen Behörde. Es sollte Sache der für die Vollstreckung zuständigen Behörde oder des Gerichts des Vollstreckungsmitgliedstaats sein, besondere, in der Vollstreckungsphase zu treffende Maßnahmen ebenso wie im nationalen Recht vorgesehene Maßnahmen ohne Zwangscharakter oder im nationalen Recht jenes Mitgliedstaats vorgesehene Zwangsmaßnahmen – einschließlich Geldstrafen, Haft oder Abholen des Kindes durch einen Gerichtsvollzieher – anzuordnen, zu ergreifen oder zu veranlassen.

(61) Um die Vollstreckung von in einem anderen Mitgliedstaat ergangenen Entscheidungen über die Ausübung des Umgangsrechts zu erleichtern, sollten die für die Vollstreckung zuständigen Behörden oder die Gerichte im Vollstreckungsmitgliedstaat berechtigt sein, Einzelheiten in Bezug auf die praktischen Umstände oder nach dem Recht des Vollstreckungsmitgliedstaats erforderliche rechtliche Voraussetzungen genau anzugeben. Durch die in dieser Verordnung vorgesehenen Regelungen sollte die Vollstreckung einer Entscheidung im Vollstreckungsmitgliedstaat erleichtert werden, die dort anderenfalls aufgrund ihrer mangelnden Klarheit nicht vollstreckt werden könnte, so dass die für die Vollstreckung zuständige Behörde oder das Vollstreckungsgericht die Entscheidung konkreter und genauer ausgestalten kann. Auch jegliche anderen Regelungen zur Erfüllung der rechtlichen Auflagen nach den nationalen Vollstreckungsvorschriften des Vollstreckungsmitgliedstaats wie beispielsweise die Beteiligung einer Jugendschutzbehörde oder eines Psychologen in der Vollstreckungsphase sollten auf dieselbe Weise festgelegt werden. Derartige Regelungen sollten jedoch nicht in den Wesensgehalt der Entscheidung über das Umgangsrecht eingreifen oder darüber hinausgehen. Außerdem sollte die

Befugnis zur Anpassung von Maßnahmen nach dieser Verordnung es nicht ermöglichen, dass das Vollstreckungsgericht im Recht des Vollstreckungsmitgliedstaats unbekannte Maßnahmen durch andere Maßnahmen ersetzt.

(62) Durch die Vollstreckung einer in einem anderen Mitgliedstaat ergangenen Entscheidung ohne eine Vollstreckbarerklärung sollten die Rechte der Verteidigung nicht gefährdet werden. Deshalb sollte die Person, gegen die die Vollstreckung erwirkt werden soll, in der Lage sein, die Versagung der Anerkennung oder Vollstreckung einer Entscheidung zu beantragen, wenn ihrer Ansicht nach einer der in dieser Verordnung enthaltenen Gründe für die Versagung der Anerkennung oder Vollstreckung vorliegt. Es ist im innerstaatlichen Recht festzulegen, ob die in dieser Verordnung vorgesehenen Gründe für eine Versagung der Anerkennung von Amts wegen oder auf Antrag geprüft werden müssen. Dieselbe Prüfung sollte daher auch im Zusammenhang mit der Versagung der Vollstreckung möglich sein. Die Anwendung eines innerstaatlichen Versagungsgrunds sollte nicht dazu führen, dass die Bedingungen und Modalitäten der in dieser Verordnung vorgesehenen Gründe ausgeweitet werden.

(63) Eine Partei, die die Vollstreckung einer in einem anderen Mitgliedstaat ergangenen Entscheidung anficht, sollte dies soweit möglich und im Einklang mit der Rechtsordnung des Vollstreckungsmitgliedstaats in dem Vollstreckungsverfahren tun können und in ein und demselben Verfahren neben den in dieser Verordnung vorgesehenen Versagungsgründen die Gründe geltend machen können, die im Recht des Mitgliedstaats, in dem die Vollstreckung betrieben wird, für deren Versagung vorgesehen sind und die weiterhin gelten, weil sie mit den in dieser Verordnung vorgesehenen Gründen nicht unvereinbar sind. Diese Gründe könnten z.B. Rechtsbehelfe wegen formeller Fehlerhaftigkeit von Vollstreckungsakten nach nationalem Recht oder Rechtsbehelfe einschließen, die sich auf das Vorbringen stützen, dass die von der Entscheidung angeordnete Handlung bereits vollzogen wurde oder unmöglich geworden ist, z.B. bei höherer Gewalt, schwerer Erkrankung der Person, der das Kind übergeben werden soll, Inhaftierung oder Tod dieser Person, in dem Fall, dass der Mitgliedstaat, in den das Kind zurückgebracht werden soll, nach Ergehen der Entscheidung Kriegsgebiet geworden ist, oder bei Versagung der Vollstreckung einer Entscheidung, die nach dem Recht des Mitgliedstaats, in dem die Vollstreckung erwirkt werden soll, keinerlei vollstreckbaren Inhalt besitzt und auch nicht entsprechend angepasst werden kann.

(64) Um die Person, gegen die die Vollstreckung bewirkt werden soll, über die Vollstreckung einer in einem anderen Mitgliedstaat ergangenen Entscheidung zu unterrichten, sollte die gemäß dieser Verordnung ausgestellte Bescheinigung – erforderlichenfalls zusammen mit der Entscheidung – dieser Person innerhalb einer angemessenen Frist vor der ersten Vollstreckungsmaßnahme zugestellt werden. In diesem Zusammenhang sollte als erste Vollstreckungsmaßnahme die erste Vollstreckungsmaßnahme nach einer solchen Zustellung gelten. Nach der Rechtsprechung des Gerichtshofs hat die Partei, gegen die um Vollstreckung ersucht wird, ein Recht auf einen wirksamen Rechtsbehelf, der die Möglichkeit der Einleitung eines Verfahrens einschließt, mit dem die Vollstreckbarkeit der Entscheidung vor dem tatsächlichen Beginn der Vollstreckung angefochten wird.

(65) In Verfahren betreffend die elterliche Verantwortung betrifft die Vollstreckung stets ein Kind und in vielen Fällen die Übergabe eines Kindes an eine andere Person als die, bei der sich das Kind zu diesem Zeitpunkt aufhält, und/oder die Verbringung des Kindes in einen anderen Mitgliedstaat. Das Hauptziel sollte somit darin bestehen, das Recht des Antragstellers darauf, dass grundsätzlich eine Entscheidung auch in grenzüberschreitenden Fällen innerhalb der Union – erforderlichenfalls auch durch Zwangsmaßnahmen – möglichst rasch ausgeführt wird, und die Notwendigkeit, ein Kind nur in unvermeidlichen Fällen derartigen möglicherweise traumatisierenden Zwangsvollstreckungsmaßnahmen auszusetzen, miteinander in Einklang zu bringen. Diese Abwägung sollte von den für die Vollstreckung zuständigen Behörden und den Gerichten in jedem Mitgliedstaat in Anbetracht jedes Einzelfalls vorgenommen werden.

(66) Mit dieser Verordnung sollen in allen Mitgliedstaaten gleiche Bedingungen für die grenzüberschreitende Vollstreckung von Entscheidungen in Verfahren betreffend die elterliche Verantwortung geschaffen werden. In einer Reihe von Mitgliedstaaten sind diese Entscheidungen bereits vollstreckbar, selbst wenn sie noch angefochten werden können oder bereits angefochten wurden. In anderen Mitgliedstaaten ist nur eine rechtskräftige Entscheidung, gegen die kein ordentlicher Rechtsbehelf mehr eingelegt werden kann, vollstreckbar. Um dringenden Fällen Rechnung zu tragen, ist daher in dieser Verordnung vorgesehen, dass bestimmte Entscheidungen in Verfahren betreffend die elterliche Verantwortung vom Gericht des Ursprungsmitgliedstaats für vorläufig vollstreckbar erklärt werden könnten, selbst wenn sie noch angefochten werden können,

nämlich Entscheidungen, in denen die Rückgabe des Kindes nach dem Haager Übereinkommen von 1980 angeordnet wird, und Entscheidungen, die das Umgangsrecht gewähren.

(67) In Vollstreckungsverfahren, die Kinder betreffen, müssen die für die Vollstreckung zuständigen Behörden oder die Gerichte jedoch schnell auf wesentliche Veränderungen der Umstände reagieren können, mit denen sie in der Vollstreckungsphase konfrontiert werden und die unter anderem in der Anfechtung der Entscheidung im Ursprungsmitgliedstaat, im Verlust der Vollstreckbarkeit der Entscheidung und in Hindernissen oder Notfällen bestehen können. Daher sollten die Vollstreckungsverfahren auf Antrag oder von Amts wegen seitens der Behörde oder des Gerichts ausgesetzt werden, wenn die Vollstreckbarkeit der Entscheidung im Ursprungsmitgliedstaat ausgesetzt wird. Die Behörde oder das Gericht, die/das für die Vollstreckung zuständig ist, sollte jedoch nicht verpflichtet sein, aktiv zu ermitteln, ob die Vollstreckbarkeit inzwischen infolge eines Rechtsbehelfs oder auf andere Weise im Ursprungsmitgliedstaat ausgesetzt wurde, wenn nichts auf diese Möglichkeit hindeutet. Außerdem sollte die Aussetzung oder Versagung der Vollstreckung im Vollstreckungsmitgliedstaat auf Antrag möglich sein und, auch wenn einer oder mehrere der in dieser Verordnung vorgesehenen und zugelassenen Gründe vorliegen, im Ermessen der für die Vollstreckung zuständigen Behörde oder des Gerichts liegen.

(68) Kann die Entscheidung im Ursprungsmitgliedstaat immer noch angefochten werden und ist die Frist für die Einlegung eines ordentlichen Rechtsbehelfs noch nicht abgelaufen, so sollte es im Ermessen der für die Vollstreckung zuständigen Behörde oder des Gerichts im Vollstreckungsmitgliedstaat liegen, das Vollstreckungsverfahren auf Antrag auszusetzen. In diesen Fällen kann die Frist genau angegeben werden, innerhalb deren im Ursprungsmitgliedstaat ein Rechtsbehelf einzulegen ist, um die Aussetzung des Vollstreckungsverfahrens zu erreichen oder aufrechtzuerhalten. Die genaue Angabe einer Frist sollte nur Wirkung für die Aussetzung des Vollstreckungsverfahrens entfalten und die Frist für die Einlegung eines Rechtsbehelfs gemäß den Verfahrensvorschriften des Ursprungsmitgliedstaats nicht berühren.

(69) In Ausnahmefällen sollte es für die für die Vollstreckung zuständige Behörde oder das Gericht möglich sein, das Vollstreckungsverfahren aussetzen, wenn die Vollstreckung aufgrund – nach Ergehen der Entscheidung aufgetretener – vorübergehender Hindernisse oder aufgrund anderer wesentlicher Änderungen der Umstände für das Kind die schwerwiegende Gefahr eines körperlichen oder seelischen Schadens mit sich bringen würde. Die Vollstreckung sollte wieder aufgenommen werden, sobald die schwerwiegende Gefahr eines körperlichen oder seelischen Schadens nicht mehr besteht. Bleibt diese jedoch bestehen, so sollten vor einer Versagung der Vollstreckung alle geeigneten Schritte im Einklang mit den nationalen Rechtsvorschriften und Verfahren, gegebenenfalls auch mit Unterstützung anderer einschlägiger Fachkräfte wie Sozialarbeiter oder Kinderpsychologen, unternommen werden, um zu versuchen, die Durchführung der Entscheidung sicherzustellen. Insbesondere sollte die für die Vollstreckung zuständigen Behörde oder das Gericht im Einklang mit den nationalen Rechtsvorschriften und Verfahren versuchen, jegliche Hindernisse infolge veränderter Umstände zu überwinden, wie beispielsweise das offensichtliche Widersetzen des Kindes, der erst nach der Entscheidung geäußert wurde, jedoch so stark ist, dass es der schwerwiegenden Gefahr eines körperlichen oder seelischen Schadens für das Kind gleichkäme, ihn außer Acht zu lassen.

(70) In einem Mitgliedstaat vollstreckbare öffentliche Urkunden und Vereinbarungen zwischen den Parteien über die Trennung ohne Auflösung des Ehebandes und Ehescheidung, die in einem Mitgliedstaat rechtsverbindliche Wirkung haben, sollten für die Zwecke der Anwendung der Vorschriften über die Anerkennung „Entscheidungen" gleichgestellt werden. In einem Mitgliedstaat vollstreckbare öffentliche Urkunden und Vereinbarungen zwischen den Parteien in Sachen der elterlichen Verantwortung sollten für die Zwecke der Anwendung der Vorschriften über die Anerkennung und Vollstreckung „Entscheidungen" gleichgestellt werden.

(71) Obwohl die in dieser Verordnung vorgesehene Verpflichtung, dem Kind Gelegenheit zur Meinungsäußerung zu geben, nicht für öffentliche Urkunden und Vereinbarungen gelten sollte, sollte das Recht des Kindes auf Meinungsäußerung nach Artikel 24 der Charta und nach Artikel 12 des in nationale Rechtsvorschriften und Verfahren umgesetzten VN-Kinderrechtsübereinkommens weiter Anwendung finden. Der Umstand, dass dem Kind keine Gelegenheit zur Meinungsäußerung gegeben wurde, sollte nicht automatisch einen Grund für die Versagung der Anerkennung und der Vollstreckung von öffentlichen Urkunden und Vereinbarungen in Verfahren betreffend die elterliche Verantwortung darstellen.

(72) Für Verfahren betreffend die elterliche Verantwortung sollten in allen Mitgliedstaaten Zentrale Behörden benannt werden. Die Mitgliedstaaten sollten in Erwägung ziehen, für diese Verordnung dieselbe Zentrale Behörde zu benennen, die für die Haager Übereinkommen von 1980 und 1996 benannt wurde. Die Mitgliedstaaten sollten dafür sorgen, dass die Zentralen Behörden

über ausreichende finanzielle und personelle Ressourcen verfügen, um die ihnen mit dieser Verordnung übertragenen Aufgaben erfüllen zu können.

(73) Die Bestimmungen dieser Verordnung über die Zusammenarbeit bei Verfahren betreffend die elterliche Verantwortung sollten nicht für die Bearbeitung von Rückgabeanträgen gemäß dem Haager Übereinkommen von 1980 gelten, die gemäß Artikel 19 des Übereinkommens und der ständigen Rechtsprechung des Gerichtshofs keine Hauptsacheverfahren betreffend die elterliche Verantwortung darstellen. Die Anwendung des Haager Übereinkommens von 1980 sollte jedoch durch die Bestimmungen dieser Verordnung über internationale Kindesentführung und durch das Kapitel dieser Verordnung über die Anerkennung und Vollstreckung und das Kapitel über die allgemeinen Bestimmungen ergänzt werden.

(74) Die zentralen Behörden sollten die Gerichte und die zuständigen Behörden und in bestimmten Fällen auch die Träger der elterlichen Verantwortung in grenzüberschreitenden Verfahren unterstützen und sowohl in allgemeinen Angelegenheiten als auch in besonderen Fällen, auch zur Förderung der gütlichen Beilegung von Familienstreitigkeiten, zusammenarbeiten.

(75) Außer in dringenden Fällen und unbeschadet der im Rahmen dieser Verordnung zulässigen direkten Zusammenarbeit und Kommunikation zwischen Gerichten können Ersuchen – gemäß dieser Verordnung – bezüglich Zusammenarbeit in Verfahren betreffend die elterliche Verantwortung von Gerichten und zuständigen Behörden ausgehen und sollten der Zentralen Behörde des Mitgliedstaats des ersuchenden Gerichts oder der zuständigen Behörde vorgelegt werden. Bestimmte Ersuchen könnten auch vom Träger der elterlichen Verantwortung ausgehen und der Zentralen Behörde des gewöhnlichen Aufenthalts des Antragstellers vorgelegt werden. In diesen Ersuchen sollte um Informationen und Unterstützung für die Träger der elterlichen Verantwortung gebeten werden, die die Anerkennung und Vollstreckung einer Entscheidung, insbesondere über das Umgangsrecht und die Rückgabe des Kindes, im Gebiet der ersuchten Zentralen Behörde erwirken wollen, erforderlichenfalls auch um Informationen darüber, wie Prozesskostenhilfe erlangt werden kann; darin sollte darum ersucht werden, durch Mediation oder andere Mittel der alternativen Streitbeilegung eine Vereinbarung zwischen den Trägern der elterlichen Verantwortung zu erleichtern, und das Gericht oder die zuständige Behörde sollten ersucht werden, zu prüfen, ob Maßnahmen zum Schutz der Person oder des Vermögens des Kindes getroffen werden müssen.

(76) Ein Beispiel für einen dringenden Fall, der eine direkte erste Kontaktaufnahme zum Gericht oder zur zuständigen Behörde des ersuchten Mitgliedstaats erlaubt, ist ein direktes Ersuchen an die zuständige Behörde eines anderen Mitgliedstaats, wonach geprüft werden soll, ob Maßnahmen zum Schutz des Kindes getroffen werden müssen, wenn vermutet wird, dass für das Kind eine unmittelbare Gefahr besteht. Die Verpflichtung, Ersuchen über die Zentrale Behörde zu übermitteln, sollte nur für erste Ersuchen gelten; jede anschließende Kommunikation mit dem Gericht, der zuständigen Behörde oder dem Antragsteller könnte auch direkt erfolgen.

(77) Die Zentralen Behörden oder zuständigen Behörden sollten nicht daran gehindert werden, Vereinbarungen oder Abmachungen mit den Zentralen Behörden oder zuständigen Behörden eines oder mehrerer anderer Mitgliedstaaten zu treffen oder beizubehalten, wonach eine direkte Kommunikation in ihren gegenseitigen Beziehungen zulässig ist. Die zuständigen Behörden sollten ihre Zentralen Behörden über derartige Vereinbarungen oder Abmachungen unterrichten.

(78) In bestimmten Verfahren betreffend die elterliche Verantwortung, die in den Anwendungsbereich dieser Verordnung fallen, sollten die Zentralen Behörden bei der Unterstützung der Gerichte und zuständigen Behörden sowie der Träger der elterlichen Verantwortung zusammenarbeiten. Zu der Unterstützung durch die ersuchte Zentrale Behörde sollte insbesondere gehören, das Kind direkt oder über Gerichte, zuständige Behörden oder andere Stellen ausfindig zu machen, wenn dies erforderlich ist, um einem Ersuchen nach dieser Verordnung nachzukommen, und alle anderen Informationen bereitzustellen, die für das Verfahren betreffend die elterliche Verantwortung sachdienlich sind.

(79) Die ersuchten Zentralen Behörden sollten außerdem alle geeigneten Schritte unternehmen, um erforderlichenfalls die Kommunikation zwischen den Gerichten zu erleichtern, und zwar insbesondere in Bezug auf die Anwendung der Vorschriften über die Übertragung der Zuständigkeit, über einstweilige Maßnahmen einschließlich Schutzmaßnahmen in dringenden Fällen, insbesondere wenn sie im Zusammenhang mit internationaler Kindesentführung darauf abzielen, das Kind vor einer schwerwiegenden Gefahr im Sinne des Artikels 13 Absatz 1 Buchstabe b des Haager Übereinkommens von 1980 zu schützen, sowie über die Rechtshängigkeit und abhängige Verfahren. Zu diesem Zweck ist es möglich, dass in bestimmten Fällen die Bereitstellung von Informationen für eine weitere direkte Kommunikation, beispielsweise die Bereitstellung von

Kontaktangaben von Kinderschutzbehörden, der dem Netz angeschlossenen Richter oder des zuständigen Gerichts, ausreicht.

(80) Um die Ziele dieser Verordnung zu erreichen, sollte ein ersuchendes Gericht oder eine zuständige Behörde unbeschadet der für sie geltenden nationalen verfahrensrechtlichen Erfordernisse frei zwischen den verschiedenen Kanälen wählen können, die ihnen zur Verfügung stehen, um die erforderlichen Informationen zu erhalten.

(81) Werden in einem begründeten Ersuchen ein Bericht oder eine andere in Verfahren betreffend die elterliche Verantwortung relevante Informationen im ersuchenden Mitgliedstaat angefordert, so sollten die Zentralen Behörden – direkt oder über die Gerichte –, zuständigen Behörden oder anderen Stellen des ersuchten Mitgliedstaats diesem Ersuchen nachkommen. Das Ersuchen sollte insbesondere eine Beschreibung der Verfahren, für das die Informationen benötigt werden, sowie den Sachverhalt enthalten, der diesen Verfahren zugrunde liegt.

(82) Hat ein Gericht eines Mitgliedstaats bereits eine Entscheidung in einem Verfahren betreffend die elterliche Verantwortung getroffen oder steht kurz davor, eine solche Entscheidung zu treffen, und soll diese Entscheidung in einem anderen Mitgliedstaat umgesetzt werden, so sollte das Gericht die Gerichte oder zuständigen Behörden des anderen Mitgliedstaats auffordern können, bei der Umsetzung der Entscheidung Unterstützung zu leisten. Dies sollte beispielsweise für Entscheidungen gelten, mit denen das Recht auf begleiteten Umgang gewährt wird, das in einem anderen Mitgliedstaat als dem Mitgliedstaat des Gerichts ausgeübt werden soll, das das Umgangsrecht gewährt hat, oder für Entscheidungen, die sonstige Begleitmaßnahmen des Gerichts oder der zuständigen Behörden des Mitgliedstaats, in dem die Entscheidung umzusetzen ist, nach sich ziehen.

(83) Zieht ein Gericht oder eine zuständige Behörde eines Mitgliedstaats die Unterbringung eines Kindes in einem anderen Mitgliedstaat in Erwägung, so sollte vor der Unterbringung ein Konsultationsverfahren zur Einholung der Zustimmung durchgeführt werden. Vor der Anordnung oder Veranlassung der Unterbringung sollte das Gericht oder die anordnende Behörde die Zustimmung der zuständigen Behörde des Mitgliedstaats erhalten, in dem das Kind untergebracht werden würde. Außerdem haben die Mitgliedstaaten im Einklang mit der Rechtsprechung des Gerichtshofs für die gemäß der Verordnung einzuholende Zustimmung klare Regeln und Verfahren vorzusehen, um Rechtssicherheit und Schnelligkeit zu gewährleisten. Die Verfahren sollten unter anderem der zuständigen Behörde ermöglichen, ihre Zustimmung rasch zu erteilen oder zu verweigern. Geht innerhalb von drei Monaten keine Antwort ein, so sollte dies nicht als Zustimmung aufgefasst werden, und ohne Zustimmung sollte die Unterbringung nicht erfolgen. Das Ersuchen um Zustimmung sollte zumindest einen Bericht über das Kind zusammen mit den Gründen für die geplante Unterbringung oder Betreuung, die voraussichtliche Dauer der Unterbringung, Informationen über jede in Betracht gezogene Finanzierung enthalten, dazu noch alle anderen Informationen, die der ersuchte Mitgliedstaat als relevant erachten könnte, wie die geplante Überwachung der Maßnahme, Regelungen für den Kontakt zu den Eltern, anderen Verwandten oder anderen Personen, zu denen das Kind eine enge Beziehung hat, oder die Gründe, aus denen ein derartiger Kontakt in Anbetracht des Artikels 8 der Europäischen Konvention zum Schutz der Menschenrechte und Grundfreiheiten nicht in Erwägung gezogen wird. Wurde die Zustimmung zur Unterbringung für eine bestimmte Dauer erteilt, so sollte diese Zustimmung in Anbetracht der Rechtsprechung des Gerichtshofs nicht für Entscheidungen oder Regelungen gelten, mit denen die Dauer der Unterbringung verlängert wird. Unter diesen Umständen sollte ein neues Ersuchen um Zustimmung ergehen.

(84) Wird im Mitgliedstaat des gewöhnlichen Aufenthalts eines Kindes eine Entscheidung in Erwägung gezogen, das Kind in einem Heim oder in Pflege unterzubringen, so sollte das Gericht in der frühesten Verfahrensphase geeignete Maßnahmen in Betracht ziehen, mit denen die Rechte des Kindes gewahrt werden, insbesondere das Recht, seine Identität und das Recht auf Kontakt zu den Eltern oder gegebenenfalls zu anderen Verwandten im Einklang mit den Artikeln 8, 9 und 20 des VN-Kinderrechtsübereinkommens zu behalten. Ist dem Gericht bekannt, dass das Kind eine enge Bindung zu einem anderen Mitgliedstaat hat, könnten die geeigneten Maßnahmen insbesondere eine Benachrichtigung der konsularischen Vertretung dieses Mitgliedstaats umfassen, wenn Artikel 37 Buchstabe b des Wiener Übereinkommens über konsularische Beziehungen gilt. Dieses Wissen könnte auch aufgrund von Informationen der Zentralen Behörde dieses anderen Mitgliedstaats vorhanden sein. Im Rahmen dieser geeigneten Maßnahmen könnte auch ein Ersuchen gemäß dieser Verordnung an diesen Mitgliedstaat gerichtet werden, in dem um Informationen über einen Elternteil, einen Verwandten oder andere Personen gebeten wird, die geeignet sein könnten, für das Kind zu sorgen. Je nach den Umständen kann das Gericht außerdem um Informationen über Verfahren und Entscheidungen betreffend einen Elternteil

oder Geschwister des Kindes ersuchen. Wichtigster Gesichtspunkt sollte nach wie vor das Kindeswohl sein. Insbesondere sollte keine dieser Bestimmungen die nationalen Rechtsvorschriften oder Verfahren für eine etwaige Unterbringungsentscheidung berühren, die ein Gericht oder eine zuständige Behörde in dem Mitgliedstaat erlassen hat, der diese Unterbringung in Betracht zieht. Insbesondere wären die Behörden des Mitgliedstaats, der die gerichtliche Zuständigkeit besitzt, durch diese Bestimmungen nicht verpflichtet, das Kind in einem anderen Mitgliedstaat unterzubringen oder diesen Mitgliedstaat weiter an Unterbringungsentscheidungen oder -verfahren zu beteiligen.

(85) Da in einem Verfahren betreffend die elterliche Verantwortung Zeit ein entscheidender Faktor ist, sollten die Informationen, die nach den Bestimmungen dieser Verordnung über Zusammenarbeit – einschließlich über die Erhebung und den Austausch von Informationen in Verfahren betreffend die elterliche Verantwortung – erforderlich sind, und die Entscheidung, in der die Zustimmung zur Unterbringung eines Kindes in einem anderen Mitgliedstaat gewährt oder verweigert wird, dem ersuchenden Mitgliedstaat von der Zentralen Behörde des ersuchten Mitgliedstaats spätestens drei Monate nach Eingang des Ersuchens übermittelt werden, es sei denn, dass dies aufgrund außergewöhnlicher Umstände nicht möglich ist. In diesem Zusammenhang ist die zuständige nationale Behörde auch verpflichtet, die Informationen zur Verfügung zu stellen oder der ersuchten Zentralen Behörde zu erklären, warum sie dazu nicht in der Lage ist, und zwar so rechtzeitig, dass diese imstande ist, diesen Zeitrahmen einzuhalten. Dennoch sollten alle beteiligten zuständigen Behörden sich darum bemühen, noch vor Ablauf dieser Höchstfrist zu antworten.

(86) Der Umstand, dass die Einberufung der Zusammenkünfte der Zentralen Behörden insbesondere durch die Kommission im Rahmen des Europäischen Justiziellen Netzes für Zivil- und Handelssachen im Einklang mit der Entscheidung 2001/470/EG erfolgt, steht dem nicht entgegen, dass andere Zusammenkünfte der Zentralen Behörden abgehalten werden.

(87) Wenn in dieser Verordnung nichts anderes vorgesehen ist, sollte die Verordnung (EU) 2016/679 des Europäischen Parlaments und des Rates[63] für die in Anwendung der vorliegenden Verordnung erfolgende Verarbeitung personenbezogener Daten durch die Mitgliedstaaten gelten. Um die Erledigung eines Ersuchens nach dieser Verordnung nicht aufs Spiel zu setzen, das beispielsweise die Rückgabe des Kindes gemäß dem Haager Übereinkommen von 1980 oder die gerichtliche Prüfung der Frage zum Gegenstand hat, ob Maßnahmen zum Schutz der Person und des Vermögens des Kindes zu treffen sind, darf insbesondere die Inkenntnissetzung der betroffenen Person gemäß Artikel 14 Absätze 1 bis 4 der Verordnung (EU) 2016/679 – etwa von für das Auffinden des Kindes erforderlichen Angaben – aufgeschoben werden, bis das Ersuchen, für das diese Informationen erforderlich sind, erledigt ist. Diese Ausnahme steht im Einklang mit Artikel 14 Absatz 5 sowie Artikel 23 Absatz 1 Buchstaben f, g, i und j der Verordnung (EU) 2016/679. Dies sollte einen Vermittler, ein Gericht oder eine zuständige Behörde, dem/der die Informationen übermittelt wurden, nicht daran hindern, Maßnahmen zum Schutz des Kindes zu ergreifen oder derartige Maßnahmen zu veranlassen, wenn die Gefahr besteht, dass das Kind Schaden nehmen könnte, oder es Anhaltspunkte für eine derartige Gefahr gibt.

(88) In Fällen, in denen die Offenlegung oder Bestätigung der einschlägigen Informationen die Gesundheit, Sicherheit oder Freiheit des Kindes oder einer anderen Person in Gefahr gebracht werden könnte, wie beispielsweise in Fällen häuslicher Gewalt, in denen ein Gericht angeordnet hat, dass die neue Anschrift des Kindes dem Antragsteller nicht bekanntgemacht werden darf, wird in dieser Verordnung ein sorgsam austariertes Gleichgewicht angestrebt. Diese Verordnung sollte zwar vorsehen, dass eine Zentrale Behörde, ein Gericht oder eine zuständige Behörde dem Antragsteller oder einer dritten Partei Informationen, die für die Zwecke dieser Verordnung zusammengestellt oder weitergegeben wurden, nicht offenlegen oder bestätigen sollte, wenn ihres/seines Erachtens durch eine solche Offenlegung oder Bestätigung die Gesundheit, Sicherheit oder Freiheit des Kindes oder einer anderen Person in Gefahr gebracht würde, jedoch sollte die Verordnung betonen, dass dies nicht der Erhebung und Weitergabe von Informationen durch die Zentralen Behörden, Gerichte und zuständigen Behörden und zwischen ihnen entgegenstehen sollte, insofern diese zur Erfüllung ihrer Verpflichtungen aufgrund dieser Verordnung erforderlich sind. Das bedeutet, dass es möglich sein sollte, einen Antrag nach dieser Verordnung zu bearbeiten, ohne dass dem Antragsteller alle zu seiner Bearbeitung erforderlichen Informatio-

---

63 **Amtl. Anm.:** Verordnung (EU) 2016/679 des
Europäischen Parlaments und des Rates vom
27. April 2016 zum Schutz natürlicher Personen bei
der Verarbeitung personenbezogener Daten, zum

freien Datenverkehr und zur Aufhebung der Richtlinie 95/46/EG (Datenschutz-Grundverordnung)
(ABl. L 119 vom 4.5.2016, S. 1).

nen zur Verfügung gestellt werden, wenn dies möglich und angezeigt ist. Wenn es im nationalen Recht vorgesehen ist, könnte beispielsweise eine Zentrale Behörde Verfahren im Namen eines Antragstellers einleiten, ohne dem Antragsteller die Informationen über den Aufenthaltsort des Kindes zur Verfügung zu stellen. In Fällen, in denen schon das Ersuchen selbst die Gesundheit, Sicherheit oder Freiheit des Kindes oder einer anderen Person in Gefahr bringen könnte, sollte nach dieser Verordnung keine Verpflichtung zu einem derartigen Ersuchen bestehen.

(89) Um sicherzustellen, dass die im Zusammenhang mit der Anwendung der Kapitel III und IV dieser Verordnung zu verwendenden Bescheinigungen stets auf dem neuesten Stand sind, sollte der Kommission die Befugnis übertragen werden, gemäß Artikel 290 des Vertrags über die Arbeitsweise der Europäischen Union (AEUV) Rechtsakte hinsichtlich Änderungen der Anhänge I bis IX dieser Verordnung zu erlassen. Es ist von besonderer Bedeutung, dass die Kommission im Zuge ihrer Vorbereitungsarbeit angemessene Konsultationen, auch auf der Ebene von Sachverständigen, durchführt, die mit den Grundsätzen im Einklang stehen, die in der Interinstitutionellen Vereinbarung vom 13. April 2016 über bessere Rechtsetzung[64] niedergelegt wurden. Um insbesondere für eine gleichberechtigte Beteiligung an der Ausarbeitung der delegierten Rechtsakte zu sorgen, erhält der Rat alle Dokumente zur gleichen Zeit wie die Sachverständigen der Mitgliedstaaten, und ihre Sachverständigen haben systematisch Zugang zu den Sitzungen der Sachverständigengruppen der Kommission, die mit der Ausarbeitung der delegierten Rechtsakte befasst sind.

(90) Die Kontinuität zwischen dem auf der Grundlage von Artikel K.3 des Vertrags über die Europäische Union ausgearbeitete Übereinkommen von 1998 über die gerichtliche Zuständigkeit und die Anerkennung und Vollstreckung von Entscheidungen in Ehesachen (im Folgenden „Brüssel-II-Übereinkommen")[65], der Verordnung (EG) Nr. 1347/2000, der Verordnung (EG) Nr. 2201/2003 und der vorliegenden Verordnung sollte gewährleistet werden, soweit die Bestimmungen unverändert geblieben sind, und zu diesem Zweck sollten Übergangsbestimmungen festgelegt werden. Die gleiche Kontinuitätsanforderung gilt auch für die Auslegung – auch durch den Gerichtshof – des Brüssel-II-Übereinkommens und der Verordnungen (EG) Nr. 1347/2000 und (EG) Nr. 2201/2003.

(91) Es sei darauf hingewiesen, dass für Abkommen mit einem oder mehreren Drittstaaten, die von einem Mitgliedstaat vor dem Zeitpunkt seines Beitritts zur Union geschlossen wurden, Artikel 351 AEUV Anwendung findet.

(92) Das für Verfahren betreffend die elterliche Verantwortung geltende Recht sollte im Einklang mit den Bestimmungen des Kapitels III des Haager Übereinkommens von 1996 festgelegt werden. Bei der Anwendung dieses Übereinkommens in Verfahren vor einem Gericht eines Mitgliedstaats, in dem diese Verordnung gilt, sollte die Bezugnahme in Artikel 15 Absatz 1 dieses Übereinkommens auf die „Bestimmungen des Kapitels II" dieses Übereinkommens als Bezugnahme auf die „Bestimmungen dieser Verordnung" verstanden werden.

(93) Um eine ordnungsgemäße Anwendung dieser Verordnung sicherzustellen, sollte die Kommission deren Durchführung prüfen und gegebenenfalls die notwendigen Änderungen vorschlagen.

(94) Die Kommission sollte die von den Mitgliedstaaten übermittelten Angaben veröffentlichen und aktualisieren.

(95) Nach Artikel 3 und Artikel 4 a Absatz 1 des dem Vertrag über die Europäische Union (EUV) und dem AEUV beigefügten Protokolls Nr. 21 über die Position des Vereinigten Königreichs und Irlands hinsichtlich des Raums der Freiheit, der Sicherheit und des Rechts haben jene Mitgliedstaaten mitgeteilt, dass sie sich an der Annahme und Anwendung dieser Verordnung beteiligen möchten.

(96) Nach den Artikeln 1 und 2 des dem EUV und dem AEUV beigefügten Protokolls Nr. 22 über die Position Dänemarks beteiligt sich Dänemark nicht an der Annahme dieser Verordnung, die für Dänemark weder bindend noch ihm gegenüber anwendbar ist.

(97) Der Europäische Datenschutzbeauftragte wurde gemäß Artikel 41 Absatz 2 Unterabsatz 2 und Artikel 46 Buchstabe d der Verordnung (EG) Nr. 45/2001 des Europäischen Parlaments und des Rates[66] angehört und hat am 15. Februar 2018 eine Stellungnahme abgegeben[67].

(98) Da die Ziele dieser Verordnung aufgrund der Unterschiede zwischen den nationalen Vorschriften über die Zuständigkeit und die Anerkennung und Vollstreckung von Entscheidungen auf

64 Amtl. Anm.: ABl. L 123 vom 12.5.2016, S. 1.
65 Amtl. Anm.: ABl. C 221 vom 16.7.1998, S. 1.
66 Amtl. Anm.: Verordnung (EG) Nr. 45/2001 des Europäischen Parlaments und des Rates vom 18. Dezember 2000 zum Schutz natürlicher Personen

bei der Verarbeitung personenbezogener Daten durch die Organe und Einrichtungen der Gemeinschaft und zum freien Datenverkehr (ABl. L 8 vom 12.1.2001, S. 1).
67 Amtl. Anm.: ABl. C 120 vom 6.4.2018, S. 18.

Ebene der Mitgliedstaaten nicht ausreichend erreicht werden können, sondern wegen der unmittelbaren Geltung und Verbindlichkeit dieser Verordnung besser auf Unionsebene zu erreichen sind, kann die Union im Einklang mit dem in Artikel 5 EUV niedergelegten Subsidiaritätsprinzip tätig werden. Entsprechend dem in demselben Artikel genannten Grundsatz der Verhältnismäßigkeit geht diese Verordnung nicht über das für die Verwirklichung dieser Ziele erforderliche Maß hinaus –

HAT FOLGENDE VERORDNUNG ERLASSEN:

Kapitel I
Anwendungsbereich und Begriffsbestimmungen

Art. 1 Anwendungsbereich

(1) Diese Verordnung gilt für Zivilsachen mit folgendem Gegenstand:

a) die Ehescheidung, die Trennung ohne Auflösung des Ehebandes und die Ungültigerklärung einer Ehe,

b) die Zuweisung, die Ausübung, die Übertragung sowie die vollständige oder teilweise Entziehung der elterlichen Verantwortung.

(2) Die in Absatz 1 Buchstabe b genannten Zivilsachen umfassen insbesondere:

a) das Sorgerecht und das Umgangsrecht,

b) die Vormundschaft, die Pflegschaft und entsprechende Rechtsinstitute,

c) die Bestimmung und den Aufgabenbereich jeder Person oder Stelle, die für die Person oder das Vermögen eines Kindes verantwortlich ist, oder ein Kind vertritt oder ihm beisteht,

d) die Heim- oder Pflegeunterbringung eines Kindes,

e) die Maßnahmen zum Schutz eines Kindes im Zusammenhang mit der Verwaltung und Erhaltung seines Vermögens oder der Verfügung darüber.

(3) [1]Die Kapitel III und VI dieser Verordnung gelten bei widerrechtlichem Verbringen oder Zurückhalten eines Kindes, von dem mehr als ein Mitgliedstaat betroffen ist, in Ergänzung des Haager Übereinkommens von 1980. [2]Kapitel IV dieser Verordnung gilt für Entscheidungen, in denen nach dem Haager Übereinkommen von 1980 die Rückgabe eines Kindes in einen anderen Mitgliedstaat angeordnet wird und die in einem anderen Mitgliedstaat vollstreckt werden müssen als in dem Mitgliedstaat, in dem sie ergangen sind.

(4) Diese Verordnung gilt nicht für

a) die Feststellung und die Anfechtung des Eltern-Kind-Verhältnisses,

b) Adoptionsentscheidungen und Maßnahmen zur Vorbereitung einer Adoption sowie die Ungültigerklärung und den Widerruf der Adoption,

c) Namen und Vornamen eines Kindes,

d) die Volljährigkeitserklärung,

e) Unterhaltspflichten,

f) Trusts oder Erbschaften,

g) Maßnahmen infolge von Straftaten, die von Kindern begangen wurden.

Art. 2 Begriffsbestimmungen

(1) Für die Zwecke dieser Verordnung bezeichnet der Ausdruck „Entscheidung" eine Entscheidung eines Gerichts eines Mitgliedstaats einschließlich einer Verfügung, eines Beschlusses oder eines Urteils, mit der die Ehescheidung, die Trennung ohne Auflösung des Ehebandes oder die Ungültigerklärung einer Ehe ausgesprochen wird, oder in Verfahren betreffend die elterliche Verantwortung;

Für die Zwecke des Kapitels IV schließt der Ausdruck „Entscheidung" Folgendes ein:

a) eine in einem Mitgliedstaat ergangene Entscheidung, in der nach dem Haager Übereinkommen von 1980 die Rückgabe eines Kindes in einen anderen Mitgliedstaat angeordnet wird und die in einem anderen Mitgliedstaat vollstreckt werden muss als in dem Mitgliedstaat, in dem sie ergangen ist;

b) einstweilige Maßnahmen einschließlich Schutzmaßnahmen, die von einem Gericht, das nach dieser Verordnung in der Hauptsache zuständig ist, angeordnet werden, oder Maßnahmen, die gemäß Artikel 27 Absatz 5 in Verbindung mit Artikel 15 angeordnet werden;

Für die Zwecke des Kapitels IV schließt der Ausdruck „Entscheidung" keine einstweiligen Maßnahmen einschließlich Schutzmaßnahmen ein, die ohne Ladung des Antragsgegners angeordnet wurden, es sei denn, die die Maßnahme enthaltende Entscheidung wird dem Antragsgegner vor der Vollstreckung zugestellt;

(2) Für die Zwecke dieser Verordnung bezeichnet ferner der Ausdruck

1. „Gericht" jede Behörde der Mitgliedstaaten, die für Rechtssachen zuständig ist, die in den Anwendungsbereich dieser Verordnung fallen;

2. „öffentliche Urkunde" ein Schriftstück, das in den in den Anwendungsbereich dieser Verordnung fallenden Angelegenheiten als öffentliche Urkunde in einem Mitgliedstaat förmlich errichtet oder eingetragen worden ist und dessen Beweiskraft

   a) sich auf die Unterschrift und den Inhalt der Urkunde bezieht und

   b) durch eine Behörde oder eine andere hierzu ermächtigte Stelle festgestellt worden ist. Die Mitgliedstaaten teilen der Kommission gemäß Artikel 103 die betreffenden Behörden und Stellen mit;

3. „Vereinbarung" für die Zwecke des Kapitels IV ein Schriftstück, das keine öffentliche Urkunde ist, in den in den Anwendungsbereich dieser Verordnung fallenden Angelegenheiten von den Parteien erstellt wurde und von einer von einem Mitgliedstaat der Kommission hierzu gemäß Artikel 103 mitgeteilten Behörde eingetragen wurde;

4. „Ursprungsmitgliedstaat" den Mitgliedstaat, in dem die Entscheidung ergangen ist, die öffentliche Urkunde förmlich errichtet oder eingetragen worden ist oder die Vereinbarung eingetragen worden ist;

5. „Vollstreckungsmitgliedstaat" den Mitgliedstaat, in dem die Entscheidung, öffentliche Urkunde oder Vereinbarung vollstreckt werden soll;

6. „Kind" jede Person unter 18 Jahren;

7. „elterliche Verantwortung" die gesamten Rechte und Pflichten, die einer natürlichen oder juristischen Person durch Entscheidung oder kraft Gesetzes oder durch eine rechtlich verbindliche Vereinbarung betreffend die Person oder das Vermögen eines Kindes übertragen wurden, einschließlich des Sorge- und des Umgangsrechts;

8. „Träger der elterlichen Verantwortung" jede Person, Einrichtung oder sonstige Stelle, die die elterliche Verantwortung für ein Kind ausübt;

9. „Sorgerecht" die Rechte und Pflichten, die mit der Sorge für die Person eines Kindes verbunden sind, und insbesondere das Recht auf die Bestimmung des Aufenthaltsortes eines Kindes;

10. „Umgangsrecht" das Recht auf Umgang mit dem Kind, einschließlich des Rechts, das Kind für eine begrenzte Zeit an einen anderen Ort als seinen gewöhnlichen Aufenthaltsort zu bringen;

11. „widerrechtliches Verbringen oder Zurückhalten eines Kindes" das Verbringen oder Zurückhalten eines Kindes, wenn

    a) durch ein solches Verbringen oder Zurückhalten das Sorgerecht verletzt wird, das aufgrund einer Entscheidung, kraft Gesetzes oder durch eine rechtlich verbindliche Vereinbarung nach dem Recht des Mitgliedstaats besteht, in dem das Kind unmittelbar vor dem Verbringen oder Zurückhalten seinen gewöhnlichen Aufenthalt hatte, und

    b) das Sorgerecht zum Zeitpunkt des Verbringens oder Zurückhaltens allein oder gemeinsam tatsächlich ausgeübt wurde oder ausgeübt worden wäre, wenn das Verbringen oder Zurückhalten nicht stattgefunden hätte.

(3) Für die Zwecke der Artikel 3, 6, 10, 12, 13, 51, 59, 75, 94 und 102 ersetzt für Irland und das Vereinigte Königreich das Konzept des „domicile" jenes der „Staatsangehörigkeit", und dieser Begriff hat dieselbe Bedeutung wie nach jeder der Rechtsordnungen jener Mitgliedstaaten.

Kapitel II
Zuständigkeit in Ehesachen und in Verfahren betreffend die elterliche Verantwortung

Abschnitt 1
Ehescheidung, Trennung ohne Auflösung des Ehebandes und Ungültigerklärung einer Ehe

Art. 3 Allgemeine Zuständigkeit

Für Entscheidungen über die Ehescheidung, die Trennung ohne Auflösung des Ehebandes oder die Ungültigerklärung einer Ehe sind die Gerichte des Mitgliedstaats zuständig,

a) in dessen Hoheitsgebiet
   i)   beide Ehegatten ihren gewöhnlichen Aufenthalt haben,
   ii)   die Ehegatten zuletzt beide ihren gewöhnlichen Aufenthalt hatten, sofern einer von ihnen dort noch seinen gewöhnlichen Aufenthalt hat,
   iii)   der Antragsgegner seinen gewöhnlichen Aufenthalt hat,
   iv)   im Fall eines gemeinsamen Antrags einer der Ehegatten seinen gewöhnlichen Aufenthalt hat,
   v)   der Antragsteller seinen gewöhnlichen Aufenthalt hat, wenn er sich dort seit mindestens einem Jahr unmittelbar vor der Antragstellung aufgehalten hat, oder
   vi)   der Antragsteller seinen gewöhnlichen Aufenthalt hat, wenn er sich dort seit mindestens sechs Monaten unmittelbar vor der Antragstellung aufgehalten hat und Staatsangehöriger des betreffenden Mitgliedstaats ist, oder
b) dessen Staatsangehörigkeit beide Ehegatten besitzen.

Art. 4 Gegenantrag

Das Gericht, bei dem ein Antrag gemäß Artikel 3 anhängig ist, ist auch für einen Gegenantrag zuständig, sofern dieser in den Anwendungsbereich dieser Verordnung fällt.

Art. 5 Umwandlung einer Trennung ohne Auflösung des Ehebandes in eine Ehescheidung

Unbeschadet des Artikels 3 ist das Gericht eines Mitgliedstaats, das eine Entscheidung erlassen hat, mit der die Trennung ohne Auflösung des Ehebandes ausgesprochen wird, auch für die Umwandlung dieser Trennung ohne Auflösung des Ehebandes in eine Ehescheidung zuständig, sofern dies im Recht dieses Mitgliedstaats vorgesehen ist.

Art. 6 Restzuständigkeit

(1) Soweit sich aus den Artikeln 3, 4 und 5 keine Zuständigkeit eines Gerichts eines Mitgliedstaats ergibt, bestimmt sich vorbehaltlich des Absatzes 2 die Zuständigkeit in jedem Mitgliedstaat nach dem Recht dieses Staats.

(2) Gegen einen Ehegatten, der seinen gewöhnlichen Aufenthalt im Hoheitsgebiet eines Mitgliedstaats hat oder Staatsangehöriger eines Mitgliedstaats ist, darf ein Verfahren vor den Gerichten eines anderen Mitgliedstaats nur nach Maßgabe der Artikel 3, 4 und 5 geführt werden.

(3) Jeder Staatsangehörige eines Mitgliedstaats, der seinen gewöhnlichen Aufenthalt im Hoheitsgebiet eines anderen Mitgliedstaats hat, kann die in diesem Mitgliedstaat geltenden Zuständigkeitsvorschriften wie ein Staatsangehöriger dieses Mitgliedstaats gegenüber einem Antragsgegner geltend machen, der weder seinen gewöhnlichen Aufenthalt im Hoheitsgebiet eines Mitgliedstaats hat noch die Staatsangehörigkeit eines Mitgliedstaats besitzt.

Abschnitt 2
Elterliche Verantwortung

Art. 7 Allgemeine Zuständigkeit

(1) Für Verfahren betreffend die elterliche Verantwortung sind die Gerichte des Mitgliedstaats zuständig, in dem das Kind zum Zeitpunkt der Antragstellung seinen gewöhnlichen Aufenthalt hat.

(2) Absatz 1 dieses Artikels findet vorbehaltlich der Artikel 8 bis 10 Anwendung.

Art. 8 Aufrechterhaltung der Zuständigkeit in Bezug auf das Umgangsrecht

(1) Beim rechtmäßigen Umzug eines Kindes von einem Mitgliedstaat in einen anderen, durch den es dort einen neuen gewöhnlichen Aufenthalt erlangt, verbleibt abweichend von Artikel 7 die Zuständigkeit für eine Änderung einer vor dem Umzug des Kindes in jenem Mitgliedstaat ergangenen Ent-

scheidung über das Umgangsrecht nach dem Umzug drei Monate lang bei den Gerichten des früheren gewöhnlichen Aufenthalts des Kindes, wenn sich die laut der Entscheidung umgangsberechtigte Person weiterhin gewöhnlich in dem Mitgliedstaat des früheren gewöhnlichen Aufenthalts des Kindes aufhält.

(2) Absatz 1 findet keine Anwendung, wenn die umgangsberechtigte Person im Sinne des Absatzes 1 die Zuständigkeit der Gerichte des Mitgliedstaats des neuen gewöhnlichen Aufenthalts des Kindes dadurch anerkannt hat, dass sie sich an Verfahren vor diesen Gerichten beteiligt, ohne ihre Zuständigkeit anzufechten.

Art. 9 Zuständigkeit im Fall eines widerrechtlichen Verbringens oder Zurückhaltens eines Kindes

Vorbehaltlich des Artikels 10 bleiben bei widerrechtlichem Verbringen oder Zurückhalten eines Kindes die Gerichte des Mitgliedstaats, in dem das Kind unmittelbar vor dem widerrechtlichen Verbringen oder Zurückhalten seinen gewöhnlichen Aufenthalt hatte, so lange zuständig, bis das Kind einen gewöhnlichen Aufenthalt in einem anderen Mitgliedstaat erlangt hat und

a) jede sorgeberechtigte Person, Behörde oder sonstige Stelle dem Verbringen oder Zurückhalten zugestimmt hat oder

b) das Kind sich in diesem anderen Mitgliedstaat mindestens ein Jahr aufgehalten hat, nachdem die sorgeberechtigte Person, Behörde oder sonstige Stelle seinen Aufenthaltsort kannte oder hätte kennen müssen und sich das Kind in seiner neuen Umgebung eingelebt hat, sofern eine der folgenden Bedingungen erfüllt ist:

    i)   Innerhalb eines Jahres, nachdem der Sorgeberechtigte den Aufenthaltsort des Kindes kannte oder hätte kennen müssen, wurde kein Antrag auf Rückgabe des Kindes bei den zuständigen Behörden des Mitgliedstaats gestellt, in den das Kind verbracht wurde oder in dem das Kind zurückgehalten wird;

    ii)   ein von dem Sorgeberechtigten gestellter Rückgabeantrag wurde zurückgezogen, und innerhalb der in Ziffer i genannten Frist wurde kein neuer Antrag gestellt;

    iii) ein vom Sorgeberechtigten gestellter Rückgabeantrag wurde von einem Gericht eines Mitgliedstaats aus anderen als den in Artikel 13 Absatz 1 Buchstabe b oder Artikel 13 Absatz 2 des Haager Übereinkommens von 1980 angegebenen Gründen abgelehnt und gegen diese Entscheidung kann kein ordentlicher Rechtsbehelf mehr eingelegt werden;

    iv) in dem Mitgliedstaat, in dem das Kind unmittelbar vor dem widerrechtlichen Verbringen oder Zurückhalten seinen gewöhnlichen Aufenthalt hatte, wurde kein Gericht angerufen, wie in Artikel 29 Absätze 3 und 5 vorgesehen;

    v)   von den Gerichten des Mitgliedstaats, in dem das Kind unmittelbar vor dem widerrechtlichen Verbringen oder Zurückhalten seinen gewöhnlichen Aufenthalt hatte, wurde eine Sorgerechtsentscheidung erlassen, in der die Rückgabe des Kindes nicht angeordnet wurde.

Art. 10 Gerichtsstandsvereinbarungen

(1) Die Gerichte eines Mitgliedstaats sind zuständig für Verfahren betreffend die elterliche Verantwortung, wenn

a) eine wesentliche Bindung des Kindes zu diesem Mitgliedstaat besteht, insbesondere weil

    i)   mindestens einer der Träger der elterlichen Verantwortung in diesem Mitgliedstaat seinen gewöhnlichen Aufenthalt hat;

    ii)   das Kind in diesem Mitgliedstaat früher seinen gewöhnlichen Aufenthalt hatte; oder

    iii) das Kind die Staatsangehörigkeit dieses Mitgliedstaats besitzt;

b) die Parteien sowie alle anderen Träger der elterlichen Verantwortung

    i)   spätestens zum Zeitpunkt der Anrufung des Gerichts die Zuständigkeit frei vereinbart haben; oder

    ii)   die Zuständigkeit im Laufe des Verfahrens ausdrücklich anerkannt haben und das Gericht dafür Sorge getragen hat, dass alle Parteien von ihrem Recht, die Zuständigkeit des Gerichts anzufechten, in Kenntnis gesetzt wurden; und

c) die Wahrnehmung der Zuständigkeit im Einklang mit dem Kindeswohl steht.

(2) ¹Eine Gerichtsstandsvereinbarung gemäß Absatz 1 Buchstabe b wird von den betreffenden Parteien schriftlich niedergelegt, datiert und unterzeichnet oder gemäß den nationalen Rechtsvorschriften und Verfahren in das Gerichtsprotokoll aufgenommen. ²Elektronische Übermittlungen, die eine dauerhafte Aufzeichnung der Vereinbarung ermöglichen, sind der Schriftform gleichgestellt.

¹Personen, die nach der Anrufung des Gerichts Verfahrensparteien werden, können ihre Zustimmung nach Anrufung des Gerichts bekunden. ²Widersprechen sie nicht, wird ihr Einverständnis als stillschweigend gegeben angenommen.

(3) Sofern die Parteien nichts anderes vereinbaren, endet die Zuständigkeit gemäß Absatz 1, sobald

a) gegen die in diesem Verfahren ergangene Entscheidung kein ordentlicher Rechtsbehelf mehr eingelegt werden kann oder

b) das Verfahren aus einem anderen Grund beendet wurde.

(4) Die Zuständigkeit gemäß Absatz 1 Buchstabe b Ziffer ii ist ausschließlich.

Art. 11 Zuständigkeit aufgrund der Anwesenheit des Kindes

(1) Kann weder der gewöhnliche Aufenthalt eines Kindes festgestellt noch die Zuständigkeit gemäß Artikel 10 bestimmt werden, sind die Gerichte des Mitgliedstaats zuständig, in dem sich das Kind befindet.

(2) Die Zuständigkeit nach Absatz 1 gilt auch für Kinder, die Flüchtlinge oder aufgrund von Unruhen in dem Mitgliedstaat ihres gewöhnlichen Aufenthalts ihres Landes Vertriebene sind.

Art. 12 Übertragung der Zuständigkeit an ein Gericht eines anderen Mitgliedstaats

(1) Ist ein für die Entscheidung in der Hauptsache zuständiges Gericht eines Mitgliedstaats der Auffassung, dass ein Gericht eines anderen Mitgliedstaats, zu dem das Kind eine besondere Bindung hat, das Kindeswohl in dem konkreten Fall besser beurteilen kann, so kann es unter außergewöhnlichen Umständen auf Antrag einer der Parteien oder von Amts wegen das Verfahren oder einen bestimmten Teil des Verfahrens aussetzen und entweder

a) einer oder mehreren Parteien eine Frist setzen, um das Gericht dieses anderen Mitgliedstaats vom anhängigen Verfahren und der Möglichkeit einer Übertragung der Zuständigkeit zu unterrichten und einen Antrag bei diesem Gericht einzureichen, oder

b) ein Gericht eines anderen Mitgliedstaats ersuchen, sich gemäß Absatz 2 für zuständig zu erklären.

(2) Das Gericht dieses anderen Mitgliedstaats kann sich, wenn dies aufgrund der besonderen Umstände des Falls dem Kindeswohl entspricht, innerhalb von sechs Wochen für zuständig erklären, nachdem es

a) gemäß Absatz 1 Buchstabe a angerufen wurde, oder

b) das Ersuchen gemäß Absatz 1 Buchstabe b erhalten hat.

¹Das Gericht, das als zweites angerufen oder ersucht wurde, sich für zuständig zu erklären, unterrichtet unverzüglich das zuerst angerufene Gericht. ²Übernimmt es die Zuständigkeit, erklärt sich das zuerst angerufene Gericht für unzuständig.

(3) Das zuerst angerufene Gericht seine Zuständigkeit weiter wahrnimmt, wenn es die Erklärung des Gerichts des anderen Mitgliedstaats betreffend die Übernahme der Zuständigkeit nicht binnen sieben Wochen erhalten hat, nachdem

a) die den Parteien gesetzte Frist für die Einreichung eines Antrags bei dem Gericht eines anderen Mitgliedstaats gemäß Absatz 1 Buchstabe a verstrichen ist; oder

b) dieses Gericht das Ersuchen gemäß Absatz 1 Buchstabe b erhalten hat.

(4) Für die Zwecke des Absatzes 1 wird davon ausgegangen, dass das Kind eine besondere Bindung zu dem Mitgliedstaat hat, wenn

a) das Kind seinen gewöhnlichen Aufenthalt in diesem Mitgliedstaat erworben hat, nachdem das Gericht gemäß Absatz 1 angerufen wurde;

b) das Kind seinen gewöhnlichen Aufenthalt in diesem Mitgliedstaat hatte;

c) das Kind die Staatsangehörigkeit dieses Mitgliedstaats besitzt;

d) ein Träger der elterlichen Verantwortung seinen gewöhnlichen Aufenthalt in diesem Mitgliedstaat hat; oder

e) die Streitsache Maßnahmen zum Schutz des Kindes im Zusammenhang mit der Verwaltung oder der Erhaltung des Vermögens des Kindes oder der Verfügung über dieses Vermögen betrifft und sich dieses Vermögen im Hoheitsgebiet dieses Mitgliedstaats befindet.

(5) Wenn nach Artikel 10 die ausschließliche Zuständigkeit des Gerichts bestimmt wurde, kann dieses Gericht die Zuständigkeit nicht einem Gericht eines anderen Mitgliedstaats übertragen.

Art. 13 Ersuchen um Übertragung der Zuständigkeit durch ein Gericht eines nicht zuständigen Mitgliedstaats

(1) Vertritt ein Gericht eines Mitgliedstaats, der nach dieser Verordnung nicht zuständig ist, zu dem das Kind jedoch eine besondere Bindung gemäß Artikel 12 Absatz 4 besitzt, die Auffassung, dass es das Kindeswohl in dem Einzelfall besser beurteilen kann, so kann es unter außergewöhnlichen Umständen vorbehaltlich des Artikels 9 um Übertragung der Zuständigkeit vom Gericht des Mitgliedstaats des gewöhnlichen Aufenthalts des Kindes ersuchen.

(2) ¹Binnen sechs Wochen nach Eingang des Ersuchens gemäß Absatz 1 kann das ersuchte Gericht zustimmen, seine Zuständigkeit zu übertragen, wenn eine solche Übertragung nach seiner Auffassung aufgrund der besonderen Umstände des Falls dem Kindeswohl entspricht. ²Wenn das ersuchte Gericht der Übertragung seiner Zuständigkeit zustimmt, setzt es das ersuchende Gericht unverzüglich davon in Kenntnis. ³Wurde dem Ersuchen innerhalb der Frist nicht stattgegeben, dann ist das ersuchende Gericht nicht zuständig.

Art. 14 Restzuständigkeit

Soweit sich aus den Artikeln 7 bis 11 keine Zuständigkeit eines Gerichts eines Mitgliedstaats ergibt, bestimmt sich die Zuständigkeit in jedem Mitgliedstaat nach dem Recht dieses Mitgliedstaats.

Art. 15 Einstweilige Maßnahmen, einschließlich Schutzmaßnahmen, in dringenden Fällen

(1) Selbst wenn das Gericht eines anderen Mitgliedstaats für die Entscheidung in der Hauptsache zuständig ist, sind in dringenden Fällen die Gerichte eines Mitgliedstaats für die einstweiligen Maßnahmen einschließlich Schutzmaßnahmen zuständig, die nach dem Recht dieses Mitgliedstaats vorgesehen sind für

a) ein Kind, das sich in diesem Mitgliedstaat aufhält; oder
b) Vermögen, das einem Kind gehört und sich in diesem Mitgliedstaat befindet.

(2) Sofern der Schutz des Kindeswohls es erfordert, informiert das Gericht, das diese Maßnahmen nach Absatz 1 dieses Artikels ergriffen hat, unverzüglich das Gericht oder die zuständige Behörde des Mitgliedstaats, der nach Artikel 7 zuständig ist, oder gegebenenfalls ein Gericht eines Mitgliedstaats, das die Zuständigkeit nach dieser Verordnung für die Entscheidung in der Hauptsache ausübt, entweder direkt gemäß Artikel 86 oder über die nach Artikel 76 benannten Zentralen Behörden.

(3) Die Maßnahmen nach Absatz 1 treten außer Kraft, sobald das Gericht des Mitgliedstaats, der gemäß dieser Verordnung für die Entscheidung in der Hauptsache zuständig ist, die Maßnahmen getroffen hat, die es für angemessen hält.

Gegebenenfalls kann dieses Gericht das Gericht, das einstweilige Maßnahmen einschließlich Schutzmaßnahmen getroffen hat, entweder direkt gemäß Artikel 86 oder über die nach Artikel 76 benannten Zentralen Behörden von seiner Entscheidung in Kenntnis setzen.

Art. 16 Vorfragen

(1) Hängt der Ausgang eines Verfahrens in einer nicht in den Anwendungsbereich dieser Verordnung fallenden Sache vor einem Gericht eines Mitgliedstaats von der Beurteilung einer Vorfrage zur elterlichen Verantwortung ab, so kann ein Gericht in dem betreffenden Mitgliedstaat diese Vorfrage für die Zwecke dieses Verfahrens beurteilen, selbst wenn dieser Mitgliedstaat nach dieser Verordnung nicht zuständig ist.

(2) Die Beurteilung einer Vorfrage gemäß Absatz 1 entfaltet nur in dem Verfahren, für das diese Beurteilung vorgenommen wurde, rechtliche Wirkung.

(3) Ist für die Gültigkeit einer Rechtshandlung, die im Namen eines Kindes in Erbsachen bei einem Gericht eines Mitgliedstaats vorgenommen wurde oder vorzunehmen ist, die Einwilligung oder Genehmigung seitens eines Gerichts erforderlich, so kann ein Gericht in diesem Mitgliedstaat entscheiden, ob es in diese Rechtshandlung einwilligt oder sie genehmigt, selbst wenn es nach dieser Verordnung nicht zuständig ist.

(4) Artikel 15 Absatz 2 gilt entsprechend.

Abschnitt 3
Gemeinsame Bestimmungen

Art. 17 Anrufung eines Gerichts

Ein Gericht gilt als angerufen

a) zu dem Zeitpunkt, zu dem das verfahrenseinleitende Schriftstück oder ein gleichwertiges Schriftstück bei Gericht eingereicht wurde, vorausgesetzt, dass der Antragsteller es in der Folge nicht versäumt hat, die ihm obliegenden Maßnahmen zu treffen, um die Zustellung des Schriftstücks an den Antragsgegner zu bewirken;

b) falls die Zustellung an den Antragsgegner vor Einreichung des Schriftstücks bei Gericht zu bewirken ist, zu dem Zeitpunkt, zu dem die für die Zustellung verantwortliche Stelle das Schriftstück erhalten hat, vorausgesetzt, dass der Antragsteller es in der Folge nicht versäumt hat, die ihm obliegenden Maßnahmen zu treffen, um das Schriftstück bei Gericht einzureichen; oder

c) falls das Gericht das Verfahren von Amts wegen einleitet, zu dem Zeitpunkt, zu dem der Beschluss über die Einleitung des Verfahrens vom Gericht gefasst oder, wenn ein solcher Beschluss nicht erforderlich ist, zu dem Zeitpunkt, zu dem die Sache beim Gericht eingetragen wird.

Art. 18 Prüfung der Zuständigkeit

Das Gericht eines Mitgliedstaats hat sich von Amts wegen für unzuständig zu erklären, wenn es in einer Sache angerufen wird, für die es nach dieser Verordnung keine Zuständigkeit in der Hauptsache hat und für die das Gericht eines anderen Mitgliedstaats aufgrund dieser Verordnung in der Hauptsache zuständig ist.

Art. 19 Prüfung der Zulässigkeit

(1) Lässt sich ein Antragsgegner, der seinen gewöhnlichen Aufenthalt nicht in dem Mitgliedstaat hat, in dem das Verfahren eingeleitet wurde, auf das Verfahren nicht ein, so hat das zuständige Gericht das Verfahren so lange auszusetzen, bis festgestellt ist, dass es dem Antragsgegner möglich war, das verfahrenseinleitende Schriftstück oder ein gleichwertiges Schriftstück so rechtzeitig zu empfangen, dass er sich verteidigen konnte, oder dass alle hierzu erforderlichen Maßnahmen getroffen wurden.

(2) Artikel 19 der Verordnung (EG) Nr. 1393/2007 findet statt Absatz 1 Anwendung, wenn das verfahrenseinleitende Schriftstück oder ein gleichwertiges Schriftstück nach Maßgabe jener Verordnung von einem Mitgliedstaat in einen anderen zu übermitteln war.

(3) Ist die Verordnung (EG) Nr. 1393/2007 nicht anwendbar, so gilt Artikel 15 des Haager Übereinkommens vom 15. November 1965 über die Zustellung gerichtlicher und außergerichtlicher Schriftstücke im Ausland in Zivil- und Handelssachen, wenn das verfahrenseinleitende Schriftstück oder ein gleichwertiges Schriftstück nach Maßgabe des genannten Übereinkommens ins Ausland zu übermitteln war.

Art. 20 Rechtshängigkeit und abhängige Verfahren

(1) Werden bei Gerichten verschiedener Mitgliedstaaten Anträge auf Ehescheidung, Trennung ohne Auflösung des Ehebandes oder Ungültigerklärung einer Ehe zwischen denselben Parteien gestellt, so

setzt das später angerufene Gericht das Verfahren von Amts wegen aus, bis die Zuständigkeit des zuerst angerufenen Gerichts geklärt ist.

(2) Sofern sich die Zuständigkeit eines der Gerichte nicht nur auf Artikel 15 stützt und bei Gerichten verschiedener Mitgliedstaaten Verfahren bezüglich der elterlichen Verantwortung für ein Kind wegen desselben Anspruchs anhängig gemacht werden, so setzt das später angerufene Gericht das Verfahren von Amts wegen aus, bis die Zuständigkeit des zuerst angerufenen Gerichts geklärt ist.

(3) Sobald die Zuständigkeit des zuerst angerufenen Gerichts feststeht, erklärt sich das später angerufene Gericht zugunsten des zuerst angerufenen Gerichts für unzuständig.

In diesem Fall kann die Partei, die das Verfahren bei dem später angerufenen Gericht anhängig gemacht hat, dieses Verfahren bei dem zuerst angerufenen Gericht vorlegen.

(4) Wird ein Gericht eines Mitgliedstaats angerufen, dem durch eine Anerkennung der Zuständigkeit nach Artikel 10 a die ausschließliche Zuständigkeit übertragen wurde, so setzen die Gerichte eines anderen Mitgliedstaats das Verfahren so lange aus, bis das auf der Grundlage der Vereinbarung oder Anerkennung angerufene Gericht erklärt hat, dass es gemäß der Vereinbarung oder Anerkennung nicht zuständig ist.

(5) Sobald und soweit das Gericht die ausschließliche Zuständigkeit durch eine Anerkennung der Zuständigkeit nach Artikel 10 festgestellt hat, erklären sich die Gerichte eines anderen Mitgliedstaats zugunsten dieses Gerichts für unzuständig.

Art. 21 Recht des Kindes auf Meinungsäußerung

(1) Bei der Ausübung ihrer Zuständigkeit nach Abschnitt 2 geben die Gerichte der Mitgliedstaaten im Einklang mit den nationalen Rechtsvorschriften und Verfahren dem Kind, das fähig ist, sich seine eigene Meinung zu bilden, eine echte und wirksame Gelegenheit, diese Meinung direkt oder durch einen Vertreter oder eine geeignete Stelle zu äußern.

(2) Gibt das Gericht im Einklang mit den nationalen Rechtsvorschriften und Verfahren einem Kind Gelegenheit zur Meinungsäußerung gemäß diesem Artikel, so misst es der Meinung des Kindes entsprechend seinem Alter und seiner Reife gebührendes Gewicht bei.

Kapitel III

Internationale Kindesentführung

Art. 22 Rückgabe des Kindes nach dem Haager Übereinkommen von 1980

Beantragt eine Person, Behörde oder sonstige Stelle direkt oder mit Hilfe einer Zentralen Behörde unter Berufung auf eine Verletzung des Sorgerechts bei dem Gericht eines Mitgliedstaats eine Entscheidung auf der Grundlage des Haager Übereinkommens von 1980, mit der die Rückgabe eines Kindes unter 16 Jahren angeordnet wird, das widerrechtlich in einen anderen Mitgliedstaat als den Mitgliedstaat, in dem das Kind unmittelbar vor dem widerrechtlichen Verbringen oder Zurückhalten seinen gewöhnlichen Aufenthalt hatte, verbracht wurde oder dort zurückgehalten wird, so gelten die Artikel 23 bis 29 und Kapitel VI der vorliegenden Verordnung ergänzend zum Haager Übereinkommen von 1980.

Art. 23 Entgegennahme und Bearbeitung von Anträgen durch die Zentralen Behörden

(1) Die ersuchte Zentrale Behörde bearbeitet einen auf das Haager Übereinkommen von 1980 gestützten Antrag im Sinne von Artikel 22 mit gebotener Eile.

(2) [1]Geht bei der Zentralen Behörde des ersuchten Mitgliedstaats ein Antrag gemäß Artikel 22 ein, bestätigt sie dessen Empfang binnen fünf Arbeitstagen nach Eingang des Antrags. [2]Sie unterrichtet ohne ungebührliche Verzögerung die Zentrale Behörde des ersuchenden Mitgliedstaats oder gegebenenfalls den Antragsteller über die ersten Maßnahmen, die im Hinblick auf den Antrag getroffen wurden oder noch getroffen werden, und kann weitere erforderliche Unterlagen und Informationen anfordern.

Art. 24 Zügige Gerichtsverfahren

(1) Das Gericht, bei dem die Rückgabe eines Kindes nach Artikel 22 beantragt wird, befasst sich mit gebotener Eile mit dem Antrag und bedient sich dabei der zügigsten im nationalen Recht vorgesehenen Verfahren.

(2) Unbeschadet des Absatzes 1 erlässt ein Gericht erster Instanz seine Entscheidung spätestens sechs Wochen nach seiner Anrufung, es sei denn, dass dies aufgrund außergewöhnlicher Umstände nicht möglich ist.

(3) Außer wenn dies aufgrund außergewöhnlicher Umstände nicht möglich ist, erlässt ein Gericht höherer Instanz seine Entscheidung spätestens sechs Wochen, nachdem alle erforderlichen Verfahrensschritte durchgeführt wurden und das Gericht in der Lage ist, den Rechtsbehelf entweder in einer Anhörung oder auf andere Weise zu prüfen.

Art. 25 Alternative Streitbeilegungsverfahren

Das Gericht fordert die Parteien zum frühestmöglichen Zeitpunkt und in jeder Lage des Verfahrens entweder direkt oder gegebenenfalls mit Hilfe der Zentralen Behörden auf, zu prüfen, ob sie gewillt sind, eine Mediation oder andere alternative Streitbeilegungsverfahren in Anspruch zu nehmen, es sei denn, dass dies dem Kindeswohl widerspricht, im Einzelfall nicht angebracht wäre oder das Verfahren hierdurch über Gebühr verzögert würde.

Art. 26 Recht des Kindes auf Meinungsäußerung im Rückgabeverfahren

Artikel 21 dieser Verordnung gilt auch für Rückgabeverfahren nach dem Haager Übereinkommen von 1980.

Art. 27 Verfahren für die Rückgabe des Kindes

(1) Ein Gericht kann die Rückgabe eines Kindes nicht verweigern, wenn der Person, die die Rückgabe des Kindes beantragt hat, nicht die Gelegenheit gegeben wurde, gehört zu werden.

(2) Das Gericht kann im Einklang mit Artikel 15 in jeder Lage des Verfahrens prüfen, ob der Kontakt zwischen dem Kind und der Person, die dessen Rückgabe beantragt, gewährleistet werden soll, wobei das Kindeswohl zu berücksichtigen ist.

(3) Zieht ein Gericht in Erwägung, die Rückgabe eines Kindes nur aufgrund von Artikel 13 Absatz 1 Buchstabe b des Haager Übereinkommens von 1980 abzulehnen, lehnt es die Rückgabe des Kindes nicht ab, wenn die Partei, die sich um die Rückgabe des Kindes bemüht, das Gericht durch Vorlage hinreichender Nachweise davon überzeugt oder das Gericht auf andere Weise zu der Überzeugung gelangt, dass angemessene Vorkehrungen getroffen wurden, um den Schutz des Kindes nach seiner Rückgabe zu gewährleisten.

(4) Für die Zwecke des Absatzes 3 dieses Artikels kann das Gericht entweder direkt nach Artikel 86 oder mit Hilfe der Zentralen Behörden mit den zuständigen Behörden des Mitgliedstaats kommunizieren, in dem das Kind unmittelbar vor dem widerrechtlichen Verbringen oder Zurückhalten seinen gewöhnlichen Aufenthalt hatte.

(5) Wenn das Gericht die Rückgabe des Kindes anordnet, kann das Gericht gegebenenfalls einstweilige Maßnahmen einschließlich Schutzmaßnahmen nach Artikel 15 dieser Verordnung anordnen, um das Kind vor der schwerwiegenden Gefahr im Sinne des Artikels 13 Absatz 1 Buchstabe b des Haager Übereinkommens von 1980 zu schützen, sofern die Prüfung und Anordnung dieser Maßnahmen das Rückgabeverfahren nicht über Gebühr verzögern würde.

(6) Eine Entscheidung, mit der die Rückgabe des Kindes angeordnet wird, kann ungeachtet der Einlegung eines Rechtsbehelfs für vorläufig vollstreckbar erklärt werden, wenn die Rückgabe des Kindes vor der Entscheidung über den Rechtsbehelf aus Gründen des Kindeswohls erforderlich ist.

Art. 28 Vollstreckung von Entscheidungen, mit denen die Rückgabe des Kindes angeordnet wird

(1) Eine für die Vollstreckung zuständige Behörde, bei der die Vollstreckung einer Entscheidung beantragt wird, mit der die Rückgabe eines Kindes in einen anderen Mitgliedstaat angeordnet wird, bearbeitet den Antrag mit gebotener Eile.

(2) Wurde eine Entscheidung gemäß Absatz 1 nicht binnen sechs Wochen nach dem Tag der Einleitung des Vollstreckungsverfahrens vollstreckt, hat die die Vollstreckung betreibende Partei oder die Zentrale Behörde des Vollstreckungsmitgliedstaats das Recht, von der für die Vollstreckung zuständige Behörde eine Angabe der Gründe für die Verzögerung zu verlangen.

Art. 29 Verfahren im Anschluss an die Ablehnung der Rückgabe des Kindes gemäß Artikel 13 Absatz 1 Buchstabe b und Artikel 13 Absatz 2 des Haager Übereinkommens von 1980

(1) Dieser Artikel kommt zur Anwendung, wenn eine Entscheidung, die Rückgabe eines Kindes in einen anderen Mitgliedstaat abzulehnen, sich nur auf Artikel 13 Absatz 1 Buchstabe b oder Artikel 13 Absatz 2 des Haager Übereinkommens von 1980 stützt.

(2) [1]Das Gericht, das eine Entscheidung gemäß Absatz 1 fällt, stellt unter Verwendung des in Anhang I wiedergegebenen Formblatts von Amts wegen eine Bescheinigung aus. [2]Die Bescheinigung wird in der Sprache ausgefüllt und ausgestellt, in der die Entscheidung abgefasst ist. [3]Die Bescheinigung kann auch in einer anderen Amtssprache der Organe der Europäischen Union, die von einer Partei gewünscht wird, ausgestellt werden. [4]Dies verpflichtet das die Bescheinigung ausstellende Gericht nicht dazu, eine Übersetzung oder Transliteration der übersetzbaren Inhalte der Freitextfelder bereitzustellen.

(3) Wenn zu dem Zeitpunkt, zu dem das Gericht eine Entscheidung gemäß Absatz 1 fällt, ein Gericht in dem Mitgliedstaat, in dem das Kind unmittelbar vor dem widerrechtlichen Verbringen oder Zurückhalten seinen gewöhnlichen Aufenthalt hatte, bereits mit einem Verfahren zur Prüfung des Sorgerechts befasst wurde, übermittelt das Gericht, wenn es Kenntnis von diesem Verfahren hat, binnen eines Monats ab der Entscheidung nach Absatz 1 dem Gericht dieses Mitgliedstaats direkt oder über die Zentralen Behörden folgende Unterlagen:

a) eine Abschrift seiner Entscheidung gemäß Absatz 1;

b) die nach Absatz 2 ausgestellte Bescheinigung; und

c) gegebenenfalls ein Protokoll, eine Zusammenfassung oder eine Niederschrift der Anhörung und alle anderen Unterlagen, die es als sachdienlich erachtet.

(4) Das Gericht in dem Mitgliedstaat, in dem das Kind unmittelbar vor dem widerrechtlichen Verbringen oder Zurückhalten seinen gewöhnlichen Aufenthalt hatte, kann erforderlichenfalls eine Partei auffordern, gemäß Artikel 91 eine Übersetzung oder Transliteration der Entscheidung gemäß Absatz 1 und aller anderen der Bescheinigung gemäß Absatz 3 Buchstabe c des vorliegenden Artikels beigefügten Unterlagen vorzulegen.

(5) Wenn in anderen als den in Absatz 3 genannten Fällen eine der Parteien binnen drei Monaten nach Mitteilung der Entscheidung nach Absatz 1 ein Gericht in dem Mitgliedstaat, in dem das Kind unmittelbar vor dem widerrechtlichen Verbringen oder Zurückhalten seinen gewöhnlichen Aufenthalt hatte, mit der Prüfung des Sorgerechts befasst, legt sie dem Gericht folgende Unterlagen vor:

a) eine Abschrift der Entscheidung gemäß Absatz 1;

b) die nach Absatz 2 ausgestellte Bescheinigung; und

c) gegebenenfalls ein Protokoll, eine Zusammenfassung oder eine Niederschrift der Anhörung vor dem Gericht, das die Rückgabe des Kindes abgelehnt hat.

(6) Unbeschadet einer Entscheidung gemäß Absatz 1, ein Kind nicht zurückzugeben, ist jede Sorgerechtsentscheidung, die in einem Verfahren gemäß den Absätzen 3 und 5 ergeht und die Rückgabe des Kindes zur Folge hat, gemäß Kapitel IV in einem anderen Mitgliedstaat vollstreckbar.

Kapitel IV
Anerkennung und Vollstreckung

Abschnitt 1
Allgemeine Bestimmungen über die Anerkennung und die Vollstreckung

Unterabschnitt 1
Anerkennung

Art. 30 Anerkennung einer Entscheidung

(1) Die in einem Mitgliedstaat ergangenen Entscheidungen werden in den anderen Mitgliedstaaten anerkannt, ohne dass es hierfür eines besonderen Verfahrens bedarf.

(2) Unbeschadet des Absatzes 3 bedarf es keines besonderen Verfahrens für die Aktualisierung der Personenstandsbücher eines Mitgliedstaats auf der Grundlage einer in einem anderen Mitgliedstaat ergangenen Entscheidung über Ehescheidung, Trennung ohne Auflösung des Ehebandes oder Ungültigerklärung einer Ehe, gegen die nach dem Recht dieses Mitgliedstaats keine weiteren Rechtsbehelfe eingelegt werden können.

(3) Jede interessierte Partei kann gemäß den Verfahren nach den Artikeln 59 bis 62 und gegebenenfalls nach Abschnitt 5 dieses Kapitels und nach Kapitel VI eine Entscheidung beantragen, in der festgestellt wird, dass keiner der in den Artikeln 38 und 39 genannten Gründe für eine Versagung der Anerkennung gegeben ist.

(4) Das örtlich zuständige Gericht, das jeder Mitgliedstaat gemäß Artikel 103 der Kommission mitteilt, wird durch das nationale Recht des Mitgliedstaats bestimmt, in dem das Verfahren nach Absatz 3 des vorliegenden Artikels eingeleitet wird.

(5) Ist in einem Rechtsstreit vor einem Gericht eines Mitgliedstaats die Frage der Anerkennung einer Entscheidung als Vorfrage zu beurteilen, so kann dieses Gericht hierüber befinden.

Art. 31 Zwecks Anerkennung vorzulegende Unterlagen

(1) Die Partei, die in einem Mitgliedstaat eine in einem anderen Mitgliedstaat ergangene Entscheidung geltend machen will, hat Folgendes vorzulegen:

a) eine Ausfertigung der Entscheidung, die die für ihre Beweiskraft erforderlichen Voraussetzungen erfüllt, und

b) die entsprechende Bescheinigung nach Artikel 36.

(2) Das Gericht oder die zuständige Behörde, vor dem/der eine in einem anderen Mitgliedstaat ergangene Entscheidung geltend gemacht wird, kann erforderlichenfalls die Partei, die die Entscheidung geltend macht, dazu auffordern, eine Übersetzung oder Transliteration gemäß Artikel 91 der übersetzbaren Inhalte der Freitextfelder der Bescheinigung nach Absatz 1 Buchstabe b des vorliegenden Artikels vorzulegen.

(3) Kann das Gericht oder die zuständige Behörde, vor dem/der eine in einem anderen Mitgliedstaat ergangene Entscheidung geltend gemacht wird, das Verfahren ohne eine Übersetzung oder Transliteration nicht fortsetzen, so kann es/sie die Partei auffordern, eine Übersetzung oder Transliteration gemäß Artikel 91 der Entscheidung zusätzlich zu einer Übersetzung oder Transliteration der übersetzbaren Inhalte der Freitextfelder der Bescheinigung vorzulegen.

Art. 32 Fehlen von Unterlagen

(1) Werden die in Artikel 31 Absatz 1 aufgeführten Unterlagen nicht vorgelegt, so kann das Gericht oder die zuständige Behörde eine Frist für deren Vorlage bestimmen oder sich mit gleichwertigen Unterlagen begnügen oder auf deren Vorlage verzichten, wenn die vorliegenden Informationen für ausreichend erachtet werden.

(2) Auf Verlangen des Gerichts oder der zuständigen Behörde, wird eine Übersetzung oder Transliteration gemäß Artikel 91 dieser gleichwertigen Unterlagen vorgelegt.

Art. 33 Aussetzung des Verfahrens

Das Gericht, bei dem eine in einem anderen Mitgliedstaat ergangene Entscheidung geltend gemacht wird, kann das Verfahren in den folgenden Fällen ganz oder teilweise aussetzen:

a) Im Ursprungsmitgliedstaat wurde ein ordentlicher Rechtsbehelf gegen die Entscheidung eingelegt; oder

b) Es wird eine Entscheidung beantragt, dass keine Gründe für eine Nichtanerkennung nach den Artikeln 38 und 39 vorliegen oder dass die Anerkennung aufgrund eines dieser Gründe abzulehnen ist.

Unterabschnitt 2

Vollstreckbarkeit und Vollstreckung

Art. 34 Vollstreckbare Entscheidungen

(1) Eine in einem Mitgliedstaat in Verfahren betreffend die elterliche Verantwortung ergangene Entscheidung, die in diesem Mitgliedstaat vollstreckbar ist, ist in den anderen Mitgliedstaaten vollstreckbar, ohne dass es einer Vollstreckbarerklärung bedarf.

(2) Für die Zwecke der Vollstreckung einer Entscheidung über das Umgangsrecht in einem anderen Mitgliedstaat kann das Gericht des Ursprungsmitgliedstaats die Entscheidung ungeachtet der Einlegung eines Rechtsbehelfs für vorläufig vollstreckbar erklären.

Art. 35 Zwecks Vollstreckung vorzulegende Unterlagen

(1) Soll in einem Mitgliedstaat eine in einem anderen Mitgliedstaat ergangene Entscheidung vollstreckt werden, so hat die die Vollstreckung betreibende Partei der für die Vollstreckung zuständigen Behörde Folgendes vorzulegen:

a) eine Ausfertigung der Entscheidung, die die für ihre Beweiskraft erforderlichen Voraussetzungen erfüllt, und

b) die entsprechende Bescheinigung nach Artikel 36.

(2) Soll in einem Mitgliedstaat eine in einem anderen Mitgliedstaat ergangene Entscheidung vollstreckt werden, in der eine einstweilige Maßnahme einschließlich einer Schutzmaßnahme angeordnet wird, so hat die die Vollstreckung betreibende Partei der für die Vollstreckung zuständigen Behörde Folgendes vorzulegen:

a) eine Ausfertigung der Entscheidung, die die für ihre Beweiskraft erforderlichen Voraussetzungen erfüllt,

b) die entsprechende Bescheinigung nach Artikel 36, in der bescheinigt wird, dass die Entscheidung im Ursprungsmitgliedstaat vollstreckbar ist und dass das Ursprungsgericht

   i) in der Hauptsache zuständig ist, oder

   ii) die Maßnahme gemäß Artikel 27 Absatz 5 in Verbindung mit Artikel 15 angeordnet hat, und

c) wenn die Maßnahme ohne Vorladung des Antraggegners angeordnet wurde, den Nachweis der Zustellung der Entscheidung.

(3) Die für die Vollstreckung zuständige Behörde kann erforderlichenfalls die die Vollstreckung betreibende Partei auffordern, eine Übersetzung oder Transliteration gemäß Artikel 91 der übersetzbaren Inhalte der Freitextfelder der Bescheinigung vorzulegen, in der die zu vollstreckende Verpflichtung angegeben ist.

(4) Kann die für die Vollstreckung zuständige Behörde das Verfahren ohne eine Übersetzung oder Transliteration der Entscheidung nicht fortsetzen, so kann sie die die Vollstreckung betreibende Partei auffordern, eine Übersetzung oder Transliteration gemäß Artikel 91 der Entscheidung vorzulegen.

Unterabschnitt 3
Bescheinigung

Art. 36 Ausstellung der Bescheinigung

(1) Das der Kommission gemäß Artikel 103 mitgeteilte Gericht eines Ursprungsmitgliedstaats stellt auf Antrag einer Partei eine Bescheinigung aus über

a) eine Entscheidung in Ehesachen unter Verwendung des Formblatts in Anhang II,
b) eine Entscheidung in Verfahren betreffend die elterliche Verantwortung unter Verwendung des Formblatts in Anhang III,
c) eine Entscheidung nach Artikel 2 Absatz 1 Buchstabe a, die die Rückgabe eines Kindes anordnet, und gegebenenfalls alle die Entscheidung begleitende und gemäß Artikel 27 Absatz 5 angeordnete einstweilige Maßnahmen einschließlich Schutzmaßnahmen unter Verwendung des Formblatts in Anhang IV.

(2) ¹Die Bescheinigung wird in der Sprache ausgefüllt und ausgestellt, in der die Entscheidung abgefasst ist. ²Die Bescheinigung kann auch in einer anderen Amtssprache der Organe der Europäischen Union, die von einer Partei gewünscht wird, ausgestellt werden. ³Dies verpflichtet das die Bescheinigung ausstellende Gericht nicht dazu, eine Übersetzung oder Transliteration der übersetzbaren Inhalte der Freitextfelder bereitzustellen.

(3) Gegen die Ausstellung einer Bescheinigung sind keine Rechtsbehelfe möglich.

Art. 37 Berichtigung der Bescheinigung

(1) Das der Kommission gemäß Artikel 103 mitgeteilte Gericht eines Ursprungsmitgliedstaats berichtigt die Bescheinigung auf Antrag oder kann sie von Amts wegen berichtigen, wenn zwischen der zu vollstreckenden Entscheidung und der Bescheinigung aufgrund eines materiellen Fehlers oder einer Auslassung eine Unstimmigkeit besteht.

(2) Für das Verfahren zur Berichtigung der Bescheinigung gilt das Recht des Ursprungsmitgliedstaats.

Unterabschnitt 4
Versagung der Anerkennung und Vollstreckung

Art. 38 Gründe für die Versagung der Anerkennung von Entscheidungen in Ehesachen

Die Anerkennung einer Entscheidung, die die Ehescheidung, die Trennung ohne Auflösung des Ehebandes oder die Ungültigerklärung einer Ehe betrifft, wird versagt,

a) wenn die Anerkennung der öffentlichen Ordnung des Mitgliedstaats, in dem sie geltend gemacht wird, offensichtlich widerspricht;
b) wenn dem Antragsgegner, der sich auf das Verfahren nicht eingelassen hat, das verfahrenseinleitende Schriftstück oder ein gleichwertiges Schriftstück nicht so rechtzeitig und in einer Weise zugestellt wurde, dass er sich verteidigen konnte, es sei denn, es wird festgestellt, dass er mit der Entscheidung eindeutig einverstanden ist;
c) wenn die Entscheidung mit einer Entscheidung unvereinbar ist, die in einem Verfahren zwischen denselben Parteien in dem Mitgliedstaat, in dem die Anerkennung geltend gemacht wird, ergangen ist; oder
d) wenn die Entscheidung mit einer früheren Entscheidung unvereinbar ist, die in einem anderen Mitgliedstaat oder in einem Drittstaat zwischen denselben Parteien ergangen ist, sofern die frühere Entscheidung die notwendigen Voraussetzungen für ihre Anerkennung in dem Mitgliedstaat erfüllt, in dem die Anerkennung geltend gemacht wird.

Art. 39 Gründe für die Versagung der Anerkennung von Entscheidungen in Verfahren betreffend die elterliche Verantwortung

(1) Die Anerkennung einer Entscheidung in Verfahren betreffend die elterliche Verantwortung wird abgelehnt,

a) wenn die Anerkennung der öffentlichen Ordnung des Mitgliedstaats, in dem sie geltend gemacht wird, offensichtlich widerspricht, wobei das Kindeswohl zu berücksichtigen ist;

b) wenn der betreffenden Person, die sich auf das Verfahren nicht eingelassen hat, das verfahrenseinleitende Schriftstück oder ein gleichwertiges Schriftstück nicht so rechtzeitig und in einer Weise zugestellt wurde, dass sie sich verteidigen konnte, es sei denn, es wird festgestellt, dass sie mit der Entscheidung eindeutig einverstanden ist;

c) wenn eine Person dies mit der Begründung beantragt, dass die Entscheidung in ihre elterliche Verantwortung eingreift, falls die Entscheidung ergangen ist, ohne dass diese Person die Möglichkeit hatte, gehört zu werden;

d) wenn und soweit die Entscheidung mit einer späteren Entscheidung über die elterliche Verantwortung unvereinbar ist, die in dem Mitgliedstaat, in dem die Anerkennung geltend gemacht wird, ergangen ist;

e) wenn und soweit die Entscheidung mit einer späteren Entscheidung über die elterliche Verantwortung unvereinbar ist, die in einem anderen Mitgliedstaat oder in dem Drittstaat des gewöhnlichen Aufenthalts des Kindes ergangen ist, sofern die spätere Entscheidung die notwendigen Voraussetzungen für ihre Anerkennung in dem Mitgliedstaat erfüllt, in dem die Anerkennung geltend gemacht wird, oder

f) wenn das Verfahren des Artikels 82 nicht eingehalten wurde.

(2) Die Anerkennung einer Entscheidung in Verfahren betreffend die elterliche Verantwortung kann abgelehnt werden, wenn sie ergangen ist, ohne dass dem Kind, das fähig ist, sich seine eigene Meinung zu bilden, Gelegenheit zur Meinungsäußerung gemäß Artikel 21 gegeben wurde, außer wenn

a) das Verfahren nur das Vermögen des Kindes betraf und sofern es in Anbetracht des Verfahrensgegenstandes nicht erforderlich war, ihm diese Gelegenheit zu geben; oder

b) es schwerwiegende Gründe gab, wobei insbesondere die Dringlichkeit des Falls zu berücksichtigen ist.

Art. 40 Verfahren für die Versagung der Anerkennung

(1) Die Verfahren nach den Artikeln 59 bis 62 und – sofern zutreffend – nach Abschnitt 5 dieses Kapitels und nach Kapitel VI gelten entsprechend für einen Antrag auf Versagung der Anerkennung.

(2) Das örtlich zuständige Gericht, das der Kommission gemäß Artikel 103 von jedem Mitgliedstaat mitgeteilt wird, wird durch das nationale Recht des Mitgliedstaats bestimmt, in dem das Verfahren zur Versagung der Anerkennung eingeleitet wird.

Art. 41 Gründe für die Versagung der Vollstreckung von Entscheidungen in Verfahren betreffend die elterliche Verantwortung

Unbeschadet des Artikels 56 Absatz 6 wird die Vollstreckung einer Entscheidung in Verfahren betreffend die elterliche Verantwortung versagt, wenn festgestellt wurde, dass einer der Gründe für die Versagung der Anerkennung nach Artikel 39 vorliegt.

Abschnitt 2

Anerkennung und Vollstreckung bestimmter privilegierter Entscheidungen

Art. 42 Anwendungsbereich

(1) Dieser Abschnitt gilt für folgende Arten von Entscheidungen, sofern sie im Ursprungsmitgliedstaat gemäß Artikel 47 bescheinigt wurden:

a) Entscheidungen, soweit sie Umgangsrechte gewähren; und

b) Entscheidungen gemäß Artikel 29 Absatz 6, soweit sie die Rückgabe des Kindes anordnen.

(2) Dieser Abschnitt steht dem nicht entgegen, dass sich eine Partei gemäß den Bestimmungen über die Anerkennung und Vollstreckung in Abschnitt 1 dieses Kapitels um Anerkennung und Vollstreckung einer Entscheidung gemäß Absatz 1 bemüht.

Unterabschnitt 1
Anerkennung

Art. 43 Anerkennung

(1) Eine in einem Mitgliedstaat ergangene Entscheidung im Sinne des Artikels 42 Absatz 1 wird in den übrigen Mitgliedstaaten anerkannt, ohne dass es eines besonderen Verfahrens bedarf und ohne dass die Anerkennung angefochten werden kann, es sei denn, es wird festgestellt, dass die Entscheidung mit einer späteren Entscheidung im Sinne des Artikel 50 unvereinbar ist.

(2) Die Partei, die in einem Mitgliedstaat eine in einem anderen Mitgliedstaat ergangene Entscheidung im Sinne des Artikels 42 Absatz 1 geltend machen will, hat Folgendes vorzulegen:

a) eine Ausfertigung der Entscheidung, die die für ihre Beweiskraft erforderlichen Voraussetzungen erfüllt, und

b) die entsprechende Bescheinigung nach Artikel 47.

(3) Artikel 31 Absätze 2 und 3 gelten entsprechend.

Art. 44 Aussetzung des Verfahrens

Das Gericht, bei dem eine in einem anderen Mitgliedstaat ergangene Entscheidung im Sinne des Artikels 42 Absatz 1 geltend gemacht wird, kann das Verfahren ganz oder teilweise aussetzen, wenn

a) ein Antrag vorgelegt wurde, in dem die Unvereinbarkeit der Entscheidung mit einer späteren Entscheidung im Sinne des Artikels 50 behauptet wird; oder

b) die Person, gegen die die Vollstreckung erwirkt werden soll, gemäß Artikel 48 beantragt hat, eine Bescheinigung nach Artikel 47 zu widerrufen.

Unterabschnitt 2
Vollstreckbarkeit und Vollstreckung

Art. 45 Vollstreckbare Entscheidungen

(1) Die in einem Mitgliedstaat ergangenen und in diesem Mitgliedstaat vollstreckbaren Entscheidungen im Sinne des Artikels 42 Absatz 1 sind gemäß diesem Abschnitt in den anderen Mitgliedstaaten vollstreckbar, ohne dass es einer Vollstreckbarerklärung bedarf.

(2) Für die Zwecke der Vollstreckung einer Entscheidung im Sinne des Artikels 42 Absatz 1 Buchstabe a in einem anderen Mitgliedstaat können die Gerichte des Ursprungsmitgliedstaats die Entscheidung ungeachtet der Einlegung eines Rechtsbehelfs für vorläufig vollstreckbar erklären.

Art. 46 Zwecks Vollstreckung vorzulegende Unterlagen

(1) Soll in einem Mitgliedstaat eine in einem anderen Mitgliedstaat ergangene Entscheidung im Sinne des Artikels 42 Absatz 1 vollstreckt werden, so hat die die Vollstreckung betreibende Partei der für die Vollstreckung zuständigen Behörde Folgendes vorzulegen:

a) eine Ausfertigung der Entscheidung, die die für ihre Beweiskraft erforderlichen Voraussetzungen erfüllt, und

b) die entsprechende Bescheinigung nach Artikel 47.

(2) Soll in einem Mitgliedstaat eine in einem anderen Mitgliedstaat ergangene Entscheidung im Sinne des Artikels 42 Absatz 1 Buchstabe a vollstreckt werden, kann die für die Vollstreckung zuständige Behörde den Antragsteller erforderlichenfalls auffordern, eine Übersetzung oder Transliteration gemäß Artikel 91 der übersetzbaren Inhalte der Freitextfelder der Bescheinigung vorzulegen, in der die zu vollstreckende Verpflichtung angegeben ist.

(3) Soll in einem Mitgliedstaat eine in einem anderen Mitgliedstaat ergangene Entscheidung im Sinne des Artikels 42 Absatz 1 vollstreckt werden, kann die für die Vollstreckung zuständige Behörde den Antragsteller erforderlichenfalls auffordern, eine Übersetzung oder Transliteration gemäß Artikel 91 der Entscheidung vorzulegen, wenn sie das Verfahren ohne eine derartige Übersetzung oder Transliteration nicht fortsetzen kann.

Unterabschnitt 3
Bescheinigung für privilegierte Entscheidungen

Art. 47 Ausstellung der Bescheinigung

(1) Das Gericht, das eine Entscheidung im Sinne des Artikel 42 Absatz 1 erlassen hat, stellt auf Antrag einer Partei eine Bescheinigung aus über

a) eine Entscheidung über das Umgangsrecht unter Verwendung des Formblatts in Anhang V,

b) eine nach Artikel 29 Absatz 6 ergangene Sorgerechtsentscheidung, die die Rückgabe des Kindes zur Folge hat, unter Verwendung des Formblatts in Anhang VI.

(2) [1]Die Bescheinigung wird in der Sprache ausgefüllt und ausgestellt, in der die Entscheidung abgefasst ist. [2]Die Bescheinigung kann auch in einer anderen Amtssprache der Organe der Europäischen Union, die von einer Partei gewünscht wird, ausgestellt werden. [3]Dies verpflichtet das die Bescheinigung ausstellende Gericht nicht dazu, eine Übersetzung oder Transliteration der übersetzbaren Inhalte der Freitextfelder bereitzustellen.

(3) Das Gericht stellt die Bescheinigung nur aus, wenn folgende Voraussetzungen erfüllt sind:

a) alle betroffenen Parteien hatten Gelegenheit, gehört zu werden,

b) dem Kind wurde gemäß Artikel 21 Gelegenheit zur Meinungsäußerung gegeben;

c) in dem Fall, dass die Entscheidung im Versäumnisverfahren ergangen ist, entweder

   i) der betreffenden Person, die sich auf das Verfahren nicht eingelassen hat, wurde das verfahrenseinleitende Schriftstück oder ein gleichwertiges Schriftstück so rechtzeitig und in einer Weise zugestellt, dass sie sich verteidigen konnte, oder

   ii) es wird festgestellt, dass die Person, die sich auf das Verfahren nicht eingelassen hat, mit der Entscheidung eindeutig einverstanden ist.

(4) Vorbehaltlich des Absatzes 3 des vorliegenden Artikels wird die Bescheinigung für eine Entscheidung im Sinne des Artikel 42 Absatz 1 Buchstabe b nur ausgestellt, wenn das Gericht bei seiner Entscheidung die Gründe und Tatsachen berücksichtigt hat, die der vorherigen Entscheidung zugrunde liegen, die in einem anderen Mitgliedstaat gemäß Artikel 13 Absatz 1 Buchstabe b oder Artikel 13 Absatz 2 des Haager Übereinkommens von 1980 ergangen ist.

(5) Die Bescheinigung ist nur im Rahmen der Vollstreckbarkeit der Entscheidung wirksam.

(6) Die Ausstellung der Bescheinigung kann nur aus den in Artikel 48 genannten Gründen angefochten werden.

Art. 48 Berichtigung und Widerruf der Bescheinigung

(1) Das der Kommission gemäß Artikel 103 mitgeteilte Gericht des Ursprungsmitgliedstaats berichtigt die Bescheinigung auf Antrag oder kann sie von Amts wegen berichtigen, wenn zwischen der zu vollstreckenden Entscheidung und der Bescheinigung aufgrund eines materiellen Fehlers oder einer Auslassung eine Unstimmigkeit besteht.

(2) [1]Das Gericht nach Absatz 1 des vorliegenden Artikels widerruft die Bescheinigung auf Antrag oder von Amts wegen, wenn sie gemessen an den in Artikel 47 festgelegten Voraussetzungen zu Unrecht ausgestellt wurde. [2]Artikel 49 gilt entsprechend.

(3) Das Verfahren für die Berichtigung oder der Widerruf der Bescheinigung, einschließlich eines etwaigen Rechtsbehelfs, unterliegt dem Recht des Ursprungsmitgliedstaats.

Art. 49 Bescheinigung über die Aussetzung oder Einschränkung der Vollstreckbarkeit

(1) Wenn und soweit eine gemäß Artikel 47 bescheinigte Entscheidung nicht mehr vollstreckbar ist oder ihre Vollstreckbarkeit ausgesetzt oder eingeschränkt wurde, wird auf jederzeit möglichen Antrag an das der Kommission gemäß Artikel 103 mitgeteilte Gericht des Ursprungsmitgliedstaats unter Verwendung des Formblatts in Anhang VII eine Bescheinigung über die Aussetzung oder Einschränkung der Vollstreckbarkeit ausgestellt.

(2) ¹Die Bescheinigung wird in der Sprache ausgefüllt und ausgestellt, in der die Entscheidung abgefasst ist. ²Die Bescheinigung kann auch in einer anderen Amtssprache der Organe der Europäischen Union, die von einer Partei gewünscht wird, ausgestellt werden. ³Dies verpflichtet das die Bescheinigung ausstellende Gericht nicht dazu, eine Übersetzung oder Transliteration der übersetzbaren Inhalte der Freitextfelder bereitzustellen.

Unterabschnitt 4

Versagung der Anerkennung und Vollstreckung

Art. 50 Unvereinbare Entscheidungen

Die Anerkennung und Vollstreckung einer Entscheidung nach Artikel 42 Absatz 1 wird versagt, wenn und soweit sie mit einer späteren Entscheidung über die elterliche Verantwortung für dasselbe Kind unvereinbar ist, die ergangen ist

a) in dem Mitgliedstaat, in dem die Anerkennung geltend gemacht werden soll; oder

b) in einem anderen Mitgliedstaat oder in dem Drittstaat des gewöhnlichen Aufenthalts des Kindes, sofern die spätere Entscheidung die notwendigen Voraussetzungen für ihre Anerkennung in dem Mitgliedstaat erfüllt, in dem die Anerkennung geltend gemacht werden soll.

Abschnitt 3

Gemeinsame Bestimmungen zur Vollstreckung

Unterabschnitt 1

Vollstreckung

Art. 51 Vollstreckungsverfahren

(1) ¹Vorbehaltlich der Bestimmungen dieses Abschnitts ist für das Verfahren der Vollstreckung von in einem anderen Mitgliedstaat ergangenen Entscheidungen das Recht des Vollstreckungsmitgliedstaats maßgebend. ²Unbeschadet der Artikel 41, 50, 56 und 57 wird eine in einem Mitgliedstaat ergangene Entscheidung, die im Ursprungsmitgliedstaat vollstreckbar ist, im Vollstreckungsmitgliedstaat unter den gleichen Bedingungen vollstreckt wie eine in diesem Mitgliedstaat ergangene Entscheidung.

(2) ¹Von der Partei, die die Vollstreckung einer in einem anderen Mitgliedstaat ergangenen Entscheidung begehrt, kann nicht verlangt werden, dass sie im Vollstreckungsmitgliedstaat über eine Postanschrift verfügt. ²Von dieser Partei kann nur dann verlangt werden, dass sie im Vollstreckungsmitgliedstaat über einen bevollmächtigten Vertreter verfügt, wenn ein solcher Vertreter nach dem Recht des Vollstreckungsmitgliedstaats ungeachtet der Staatsangehörigkeit der Parteien vorgeschrieben ist.

Art. 52 Für die Vollstreckung zuständige Behörden

Der Vollstreckungsantrag ist bei der Behörde zu stellen, die nach dem Recht des Vollstreckungsmitgliedstaats für die Vollstreckung zuständig ist und von diesem Mitgliedstaat der Kommission gemäß Artikel 103 mitgeteilt wurde.

Art. 53 Teilvollstreckung

(1) Eine Partei, die die Vollstreckung einer Entscheidung begehrt, kann eine teilweise Vollstreckung der Entscheidung beantragen.

(2) Ist mit der Entscheidung über mehrere geltend gemachte Ansprüche entschieden worden und wurde die Vollstreckung für einen oder mehrere von ihnen abgelehnt, so ist die Vollstreckung dennoch für die Teile der Entscheidung möglich, die nicht von der Ablehnung betroffen sind.

(3) Die Absätze 1 und 2 des vorliegenden Artikels werden nicht herangezogen, um eine Entscheidung zu vollstrecken, die die Rückgabe eines Kindes anordnet, ohne dass auch eventuelle einstweilige Maßnahmen einschließlich Schutzmaßnahmen vollstreckt werden, die angeordnet wurden, um das Kind vor der Gefahr im Sinne des Artikels 13 Absatz 1 Buchstabe b des Haager Übereinkommens von 1980 zu schützen.

Art. 54 Modalitäten der Ausübung des Umgangsrechts

(1) Die für die Vollstreckung zuständigen Behörden oder die Gerichte des Vollstreckungsmitgliedstaats können die Modalitäten der Ausübung des Umgangsrechts regeln, wenn die notwendigen Vorkehrungen überhaupt nicht oder nicht in ausreichendem Maße in der Entscheidung der Gerichte des für die Entscheidung in der Hauptsache zuständigen Mitgliedstaats getroffen wurden und sofern der Wesensgehalt der Entscheidung unberührt bleibt.

(2) Die nach Absatz 1 festgelegten Modalitäten treten außer Kraft, nachdem die Gerichte des für die Entscheidung in der Hauptsache zuständigen Mitgliedstaats eine Entscheidung erlassen haben.

Art. 55 Zustellung von Bescheinigungen und Entscheidungen

(1) ¹Soll eine in einem anderen Mitgliedstaat ergangene Entscheidung vollstreckt werden, so wird die entsprechende, gemäß Artikel 36 oder 47 ausgestellte Bescheinigung der Person, gegen die die Vollstreckung erwirkt werden soll, vor der ersten Vollstreckungsmaßnahme zugestellt. ²Wurde die Entscheidung dieser Person noch nicht zugestellt, so wird sie der Bescheinigung beigefügt, gegebenenfalls zusammen mit den Einzelheiten der Modalitäten nach Artikel 54 Absatz 1.

(2) Muss die Zustellung in einem anderen Mitgliedstaat als im Ursprungsmitgliedstaat erfolgen, so kann die Person, gegen die die Vollstreckung erwirkt werden soll, eine Übersetzung oder Transliteration folgender Schriftstücke verlangen:

a) der Entscheidung, um die Vollstreckung anzufechten;

b) gegebenenfalls der übersetzbaren Inhalte der Freitextfelder der gemäß Artikel 47 ausgestellten Bescheinigung;

wenn diese weder in einer Sprache, die sie versteht, noch in der Amtssprache des Mitgliedstaats, in dem sie ihren gewöhnlichen Aufenthalt hat, noch in der oder einer der Amtssprachen am Ort ihres gewöhnlichen Aufenthalts, wenn es in dem betreffenden Mitgliedstaat mehrere Amtssprachen gibt, abgefasst noch mit einer Übersetzung oder Transliteration in eine dieser Sprachen versehen sind.

(3) Wird nach Absatz 2 eine Übersetzung oder Transliteration verlangt, so können so lange keine Vollstreckungsmaßnahmen außer Schutzmaßnahmen ergriffen werden, bis der Person, gegen die die Vollstreckung erwirkt werden soll, die Übersetzung oder Transliteration zugänglich gemacht worden ist.

(4) Die Absätze 2 und 3 gelten nicht, soweit die Entscheidung und gegebenenfalls die Bescheinigung gemäß Absatz 1 der Person, gegen die die Vollstreckung erwirkt werden soll, in Erfüllung der Anforderungen des Absatzes 2 hinsichtlich einer Übersetzung oder Transliteration bereits zugestellt wurde.

Unterabschnitt 2
Aussetzung der Vollstreckungsverfahren und Versagung der Vollstreckung

Art. 56 Aussetzung und Versagung

(1) Die für die Vollstreckung zuständige Behörde oder das Gericht des Vollstreckungsmitgliedstaats setzt von Amts wegen oder auf Antrag der Person, gegen die die Vollstreckung erwirkt werden soll, oder, falls im nationalen Recht vorgesehen, auf Antrag des betroffenen Kindes das Vollstreckungsver-

fahren aus, wenn die Vollstreckbarkeit der Entscheidung im Ursprungsmitgliedstaat ausgesetzt worden ist.

(2) Die für die Vollstreckung zuständige Behörde oder das Gericht des Vollstreckungsmitgliedstaats kann auf Antrag der Person, gegen die die Vollstreckung erwirkt werden soll, oder, falls im nationalen Recht vorgesehen, auf Antrag des betroffenen Kindes das Vollstreckungsverfahren aus einem der folgenden Gründe ganz oder teilweise aussetzen:

a) Im Ursprungsmitgliedstaat wurde ein ordentlicher Rechtsbehelf gegen die Entscheidung eingelegt;

b) die Frist für einen ordentlichen Rechtsbehelf nach Buchstabe a ist noch nicht abgelaufen;

c) es wurde ein Antrag auf Versagung der Vollstreckung gemäß den Artikeln 41, 50 oder 57 gestellt;

d) die Person, gegen die die Vollstreckung erwirkt werden soll, hat gemäß Artikel 48 beantragt, eine Bescheinigung nach Artikel 47 zu widerrufen.

(3) Setzt die für die Vollstreckung zuständige Behörde oder das Gericht das Vollstreckungsverfahren aus dem in Absatz 2 Buchstabe b genannten Grund aus, so kann sie/es eine Frist bestimmen, innerhalb deren ein Rechtsbehelf einzulegen ist.

(4) In Ausnahmefällen kann die für die Vollstreckung zuständige Behörde oder das Gericht auf Antrag der Person, gegen die die Vollstreckung erwirkt werden soll, oder, falls im nationalen Recht vorgesehen, auf Antrag des betroffenen Kindes oder einer interessierten Partei, die im Interesse des Kindeswohls handelt, das Vollstreckungsverfahren aussetzen, wenn die Vollstreckung aufgrund – nach Ergehen der Entscheidung aufgetretener – vorübergehender Hindernisse oder anderer wesentlicher Änderungen der Umstände für das Kind die schwerwiegende Gefahr eines körperlichen oder seelischen Schadens mit sich bringen würde.

Die Vollstreckung wird wieder aufgenommen, sobald die schwerwiegende Gefahr eines körperlichen oder seelischen Schadens nicht mehr besteht.

(5) Bevor die für die Vollstreckung zuständige Behörde oder das Gericht in den Fällen nach Absatz 4 die Vollstreckung gemäß Absatz 6 ablehnt, unternimmt sie geeignete Schritte, um die Vollstreckung im Einklang mit den nationalen Rechtsvorschriften und Verfahren und dem Kindeswohl zu ermöglichen.

(6) Ist die in Absatz 4 genannte schwerwiegende Gefahr dauerhafter Art, so kann die für die Vollstreckung zuständige Behörde oder das Gericht auf Antrag die Vollstreckung der Entscheidung ablehnen.

Art. 57 Gründe für die Aussetzung oder Versagung der Vollstreckung nach nationalem Recht

Die im Recht des Vollstreckungsmitgliedstaats vorgesehenen Gründe für die Aussetzung oder Versagung der Vollstreckung gelten, sofern sie nicht mit der Anwendung der Artikel 41, 50 und 56 unvereinbar sind.

Art. 58 Für die Versagung der Vollstreckung zuständige Behörden oder Gerichte

(1) [1]Der Antrag auf Versagung der Vollstreckung aufgrund von Artikel 39 ist bei dem Gericht zu stellen, das von jedem Mitgliedstaat der Kommission gemäß Artikel 103 mitgeteilt wird. [2]Der Antrag auf Versagung der Vollstreckung aufgrund anderer in dieser Verordnung vorgesehener oder zugelassener Gründe ist bei der Behörde oder dem Gericht zu stellen, die beziehungsweise das von jedem Mitgliedstaat der Kommission gemäß Artikel 103 mitgeteilt wurde.

(2) Die örtlich zuständige Behörde oder das örtlich zuständige Gericht, die beziehungsweise das von jedem Mitgliedstaat der Kommission gemäß Artikel 103 mitgeteilt wird, wird durch das Recht des Mitgliedstaats bestimmt, in dem das Verfahren nach Absatz 1 des vorliegenden Artikels eingeleitet wird.

Art. 59 Antrag auf Versagung der Vollstreckung

(1) Für das Verfahren zur Beantragung der Versagung der Vollstreckung ist, soweit es nicht durch diese Verordnung geregelt ist, das Recht des Vollstreckungsmitgliedstaats maßgebend.

(2) Der Antragsteller legt der für die Vollstreckung zuständigen Behörde oder dem Gericht eine Aus-fertigung der Entscheidung und gegebenenfalls soweit möglich die entsprechende Bescheinigung vor, die nach Artikel 36 oder 47 ausgestellt wurde.

(3) Die für die Vollstreckung zuständige Behörde oder das Gericht kann erforderlichenfalls den Antragsteller auffordern, eine Übersetzung oder Transliteration gemäß Artikel 91 der übersetzbaren Inhalte der Freitextfelder der Bescheinigung vorzulegen, die nach Artikel 36 oder 47 ausgestellt wurde und in der die zu vollstreckende Verpflichtung angegeben ist.

(4) Wenn die für die Vollstreckung zuständige Behörde oder das Gericht ohne eine Übersetzung oder Transliteration der Entscheidung das Verfahren nicht fortsetzen kann, kann sie/es den Antragsteller auffordern, eine derartige Übersetzung oder Transliteration gemäß Artikel 91 vorzulegen.

(5) Die für die Vollstreckung zuständige Behörde oder das Gericht kann auf die Vorlage der in Absatz 2 genannten Schriftstücke verzichten, wenn

a) ihr/ihm die Schriftstücke bereits vorliegen oder

b) sie/es es für unzumutbar hält, vom Antragsteller die Vorlage der Schriftstücke zu verlangen.

Im in Unterabsatz 1 Buchstabe b genannten Fall kann die für die Vollstreckung zuständige Behörde oder das Gericht von der anderen Partei verlangen, diese Schriftstücke vorzulegen.

(6) ¹Von der Partei, die die Versagung der Vollstreckung einer in einem anderen Mitgliedstaat ergan-genen Entscheidung begehrt, kann nicht verlangt werden, dass sie im Vollstreckungsmitgliedstaat über eine Postanschrift verfügt. ²Von dieser Partei kann nur dann verlangt werden, dass sie im Voll-streckungsmitgliedstaat über einen bevollmächtigten Vertreter verfügt, wenn ein solcher Vertreter nach dem Recht des Vollstreckungsmitgliedstaats ungeachtet der Staatsangehörigkeit der Parteien vorgeschrieben ist.

Art. 60 Zügige Verfahren

Die für die Vollstreckung zuständige Behörde oder das Gericht geht bei Verfahren über Anträge auf Versagung der Vollstreckung ohne ungebührliche Verzögerung vor.

Art. 61 Anfechtung oder Rechtsbehelf

(1) Jede Partei kann eine Entscheidung über den Antrag auf Ablehnung der Vollstreckung anfechten beziehungsweise einen Rechtsbehelf dagegen einlegen.

(2) Die Anfechtung oder der Rechtsbehelf wird bei der Behörde oder dem Gericht geltend gemacht, die/das vom Vollstreckungsmitgliedstaat der Kommission gemäß Artikel 81 als die Behörde oder das Gericht mitgeteilt wird, bei der/dem eine derartige Anfechtung oder ein derartiger Rechtsbehelf ein-zulegen ist.

Art. 62 Weitere Anfechtungen oder Rechtsbehelfe

Gegen die Entscheidung, die über die Anfechtung oder den Rechtsbehelf ergangen ist, kann nur durch eine Anfechtung oder einen Rechtsbehelf Einspruch erhoben werden, wenn der betreffende Mitgliedstaat der Kommission gemäß Artikel 103 mitgeteilt hat, bei welchen Gerichten eine weitere Anfechtung oder ein weiterer Rechtsbehelf geltend zu machen ist.

Art. 63 Aussetzung des Verfahrens

(1) Die für die Vollstreckung zuständige Behörde oder das Gericht, die/das mit einem Antrag auf Ver-sagung der Vollstreckung oder mit einem Rechtsbehelf nach Artikel 61 oder 62 befasst ist, kann das Verfahren aus einem der folgenden Gründe aussetzen:

a) Im Ursprungsmitgliedstaat wurde ein ordentlicher Rechtsbehelf gegen die Entscheidung einge-legt;

b) die Frist für einen ordentlichen Rechtsbehelf nach Buchstabe a ist noch nicht verstrichen; oder

c) die Person, gegen die die Vollstreckung erwirkt werden soll, hat gemäß Artikel 48 beantragt, eine Bescheinigung nach Artikel 47 zu widerrufen.

(2) Setzt die für die Vollstreckung zuständige Behörde oder das Gericht das Verfahren aus dem in Absatz 1 Buchstabe b genannten Grund aus, so kann sie/es eine Frist bestimmen, innerhalb deren ein Rechtsbehelf einzulegen ist.

Abschnitt 4

Öffentliche Urkunden und Vereinbarungen

Art. 64 Anwendungsbereich

Dieser Abschnitt gilt in Sachen der Ehescheidung, Trennung ohne Auflösung des Ehebandes und der elterlichen Verantwortung für öffentliche Urkunden, die in einem Mitgliedstaat, dessen gerichtliche Zuständigkeit nach Kapitel II anzunehmen ist, förmlich errichtet oder eingetragen wurden, und auf Vereinbarungen, die in einem Mitgliedstaat, dessen gerichtliche Zuständigkeit nach Kapitel II anzunehmen ist, eingetragen wurden.

Art. 65 Anerkennung und Vollstreckung von öffentlichen Urkunden und Vereinbarungen

(1) ¹Öffentliche Urkunden und Vereinbarungen über eine Trennung ohne Auflösung des Ehebandes und eine Ehescheidung, die im Ursprungsmitgliedstaat rechtsverbindliche Wirkung haben, werden in anderen Mitgliedstaaten anerkannt, ohne dass es eines besonderen Verfahrens bedarf. ²Abschnitt 1 dieses Kapitels gilt entsprechend, sofern in diesem Abschnitt nichts anderes bestimmt ist.

(2) ¹Öffentliche Urkunden und Vereinbarungen in Sachen der elterlichen Verantwortung, die rechtsverbindliche Wirkung haben und in dem Ursprungsmitgliedstaat vollstreckbar sind, werden in anderen Mitgliedstaaten anerkannt und vollstreckt, ohne dass es einer Vollstreckbarerklärung bedarf. ²Die Abschnitte 1 und 3 dieses Kapitels gelten entsprechend, sofern in diesem Abschnitt nichts anderes bestimmt ist.

Art. 66 Bescheinigung

(1) Das Gericht oder die zuständige Behörde des Ursprungsmitgliedstaats, das/die der Kommission gemäß Artikel 103 mitgeteilt wurde, stellt auf Antrag einer Partei eine Bescheinigung für eine öffentliche Urkunde oder Vereinbarung aus:

a) in Ehesachen unter Verwendung des Formblatts in Anhang VIII,

b) in Sachen der elterlichen Verantwortung unter Verwendung des Formblatts in Anhang IX.

Die in Buchstabe b genannte Bescheinigung enthält eine Zusammenfassung der vollstreckbaren Verpflichtung, die in der öffentlichen Urkunde oder in der Vereinbarung niedergelegt ist.

(2) Die Bescheinigung darf nur ausgestellt werden, wenn die folgenden Bedingungen erfüllt sind:

a) der Mitgliedstaat, der die Behörde oder andere Stelle zur förmlichen Errichtung oder Eintragung der öffentlichen Urkunde oder zur Eintragung der Vereinbarung ermächtigt hat, war gemäß Kapitel II zuständig; und

b) die öffentliche Urkunde oder die Vereinbarung hat in diesem Mitgliedstaat rechtsverbindliche Wirkung.

(3) Unbeschadet des Absatzes 2 darf die Bescheinigung in Sachen der elterlichen Verantwortung nicht ausgestellt werden, wenn es Hinweise darauf gibt, dass der Inhalt der öffentlichen Urkunde oder der Vereinbarung dem Kindeswohl widerspricht.

(4) ¹Die Bescheinigung wird in der Sprache ausgefüllt, in der die öffentliche Urkunde oder die Vereinbarung abgefasst ist. ²Sie kann auch in einer anderen Amtssprache der Organe der Europäischen Union, die von einer Partei gewünscht wird, ausgestellt werden. ³Dies verpflichtet das Gericht oder die zuständige Behörde, das/die die Bescheinigung ausstellt, nicht dazu, eine Übersetzung oder Transliteration der übersetzbaren Inhalte der Freitextfelder bereitzustellen.

(5) Wird die Bescheinigung nicht vorgelegt, so wird die öffentliche Urkunde oder die Vereinbarung in einem anderen Mitgliedstaat nicht anerkannt oder vollstreckt.

Art. 67 Berichtigung und Widerruf der Bescheinigung

(1) Die zuständige Behörde oder das Gericht des Ursprungsmitgliedstaats, die/das der Kommission gemäß Artikel 103 mitgeteilt wurde, berichtigt die Bescheinigung auf Antrag oder kann sie von Amts wegen berichtigen, wenn zwischen der öffentlichen Urkunde oder der Vereinbarung und der Bescheinigung aufgrund eines materiellen Fehlers oder einer Auslassung eine Unstimmigkeit besteht.

(2) Das Gericht oder die zuständige Behörde nach Absatz 1 des vorliegenden Artikels widerruft die Bescheinigung auf Antrag oder von Amts wegen, wenn sie gemessen an den in Artikel 66 festgelegten Voraussetzungen zu Unrecht ausgestellt wurde.

(3) Das Verfahren für die Berichtigung oder der Widerruf der Bescheinigung, einschließlich eines etwaigen Rechtsbehelfs, unterliegt dem Recht des Ursprungsmitgliedstaats.

Art. 68 Gründe für die Ablehnung der Anerkennung oder der Vollstreckung

(1) Die Anerkennung einer öffentlichen Urkunde oder einer Vereinbarung über die Trennung ohne Auflösung des Ehebandes oder die Ehescheidung wird abgelehnt,

a) wenn die Anerkennung der öffentlichen Ordnung des Mitgliedstaats, in dem sie geltend gemacht wird, offensichtlich widerspricht;

b) wenn sie mit einer Entscheidung, öffentlichen Urkunde oder Vereinbarung zwischen denselben Parteien in dem Mitgliedstaat, in dem die Anerkennung geltend gemacht wird, unvereinbar ist; oder

c) wenn sie mit einer früheren Entscheidung, öffentlichen Urkunde oder Vereinbarung unvereinbar ist, die in einem anderen Mitgliedstaat oder in einem Drittstaat zwischen denselben Parteien ergangen ist, sofern die frühere Entscheidung, öffentliche Urkunde oder Vereinbarung die notwendigen Voraussetzungen für ihre Anerkennung in dem Mitgliedstaat erfüllt, in dem die Anerkennung geltend gemacht wird.

(2) Die Anerkennung oder Vollstreckung einer öffentlichen Urkunde oder einer Vereinbarung in Sachen der elterlichen Verantwortung wird versagt,

a) wenn die Anerkennung der öffentlichen Ordnung des Mitgliedstaats, in dem sie geltend gemacht wird, offensichtlich widerspricht, wobei das Kindeswohl zu berücksichtigen ist;

b) wenn eine Person dies mit der Begründung beantragt, dass die öffentliche Urkunde oder die Vereinbarung in ihre elterliche Verantwortung eingreift, falls die öffentliche Urkunde errichtet oder eingetragen wurde oder die Vereinbarung geschlossen und eingetragen wurde, ohne dass diese Person einbezogen wurde;

c) wenn und soweit die Entscheidung mit einer späteren Entscheidung, öffentlichen Urkunde oder Vereinbarung in Sachen der elterlichen Verantwortung unvereinbar ist, die in dem Mitgliedstaat, in dem die Anerkennung oder die Vollstreckung geltend gemacht werden soll, ergangen ist;

d) wenn und soweit die Entscheidung mit einer späteren Entscheidung, öffentlichen Urkunde oder Vereinbarung in Sachen der elterlichen Verantwortung unvereinbar ist, die in einem anderen Mitgliedstaat oder in dem Drittstaat des gewöhnlichen Aufenthalts des Kindes ergangen ist, sofern die spätere Entscheidung, öffentliche Urkunde oder Vereinbarung die notwendigen Voraussetzungen für ihre Anerkennung in dem Mitgliedstaat erfüllt, in dem die Anerkennung oder die Vollstreckung geltend gemacht werden soll.

(3) Die Anerkennung oder Vollstreckung einer öffentlichen Urkunde oder Vereinbarung in Sachen der elterlichen Verantwortung kann abgelehnt werden, wenn die öffentliche Urkunde förmlich errichtet oder eingetragen wurde oder die Vereinbarung eingetragen wurde, ohne dass dem Kind, das fähig ist, sich seine eigene Meinung zu bilden, Gelegenheit zur Meinungsäußerung gegeben wurde.

Abschnitt 5

Sonstige Bestimmungen

Art. 69 Verbot der Nachprüfung der Zuständigkeit des Gerichts des Ursprungs- mitgliedstaats

¹Die Zuständigkeit des Gerichts des Ursprungsmitgliedstaats darf nicht überprüft werden. ²Die Überprüfung der Vereinbarkeit mit der öffentlichen Ordnung gemäß Artikel 38 Buchstabe a und Artikel 39 Buchstabe a darf sich nicht auf die Zuständigkeitsvorschriften der Artikel 3 bis 14 erstrecken.

Art. 70 Unterschiede beim anzuwendenden Recht

Die Anerkennung einer Entscheidung in Ehesachen darf nicht deshalb versagt werden, weil eine Ehescheidung, Trennung ohne Auflösung des Ehebandes oder Ungültigerklärung einer Ehe nach dem Recht des Mitgliedstaats, in dem die Anerkennung geltend gemacht wird, unter Zugrundelegung desselben Sachverhalts nicht zulässig wäre.

Art. 71 Ausschluss einer Nachprüfung in der Sache

Eine in einem anderen Mitgliedstaat ergangene Entscheidung darf keinesfalls in der Sache selbst nachgeprüft werden.

Art. 72 Rechtsbehelfe in bestimmten Mitgliedstaaten

Ist die Entscheidung in Irland, Zypern oder im Vereinigten Königreich ergangen, so gilt jeder im Ursprungsmitgliedstaat statthafte Rechtsbehelf als ordentlicher Rechtsbehelf im Sinne dieses Kapitels.

Art. 73 Kosten

Dieses Kapitel gilt auch für die Festsetzung der Kosten für die nach dieser Verordnung eingeleiteten Verfahren und die Vollstreckung eines Kostenfestsetzungsbeschlusses.

Art. 74 Prozesskostenhilfe

(1) Wurde dem Antragsteller im Ursprungsmitgliedstaat ganz oder teilweise Prozesskostenhilfe oder Kostenbefreiung gewährt, so genießt er in dem Verfahren nach Artikel 30 Absatz 3, Artikel 40 und Artikel 59 hinsichtlich der Prozesskostenhilfe oder der Kostenbefreiung die günstigste Behandlung, die das Recht des Vollstreckungsmitgliedstaats vorsieht.

(2) ¹Hat ein Antragsteller im Ursprungsmitgliedstaat ein unentgeltliches Verfahren vor einer der Kommission gemäß Artikel 103 mitgeteilten Verwaltungsbehörde in Anspruch genommen, so hat er in allen in Artikel 30 Absatz 3, Artikel 40 und Artikel 59 vorgesehenen Verfahren Anspruch auf Prozesskostenhilfe nach Absatz 1 des vorliegenden Artikels. ²Zu diesem Zweck muss diese Partei ein von der zuständigen Behörde des Ursprungsmitgliedstaats erstelltes Schriftstück vorlegen, mit dem bescheinigt wird, dass sie die wirtschaftlichen Voraussetzungen erfüllt, um ganz oder teilweise Prozesskostenhilfe oder Kosten- und Gebührenbefreiung in Anspruch nehmen zu können.

Art. 75 Sicherheitsleistung, Hinterlegung

Einer Partei, die in einem Mitgliedstaat die Vollstreckung einer in einem anderen Mitgliedstaat ergangenen Entscheidung beantragt, darf wegen ihrer Eigenschaft als ausländischer Staatsangehöriger oder wegen Fehlens eines gewöhnlichen Aufenthalts im Vollstreckungsmitgliedstaat keine Sicherheitsleistung oder Hinterlegung, unter welcher Bezeichnung es auch sei, auferlegt werden.

Kapitel V
Zusammenarbeit bei Verfahren betreffend die elterliche Verantwortung

Art. 76 Bestimmung der Zentralen Behörden

[1]Jeder Mitgliedstaat bestimmt eine oder mehrere Zentrale Behörden, die ihn bei der Anwendung dieser Verordnung in Verfahren betreffend die elterliche Verantwortung unterstützen, und legt ihre räumliche oder sachliche Zuständigkeit fest. [2]Hat ein Mitgliedstaat mehrere Zentrale Behörden bestimmt, so sind die Mitteilungen grundsätzlich direkt an die zuständige Zentrale Behörde zu richten. [3]Wurde eine Mitteilung an eine nicht zuständige Zentrale Behörde gerichtet, so leitet diese die Mitteilung an die zuständige Zentrale Behörde weiter und setzt den Absender davon in Kenntnis.

Art. 77 Allgemeine Aufgaben der Zentralen Behörden

(1) Die Zentralen Behörden stellen Informationen über nationale Rechtsvorschriften, Verfahren und Dienste, die in Verfahren betreffend die elterliche Verantwortung verfügbar sind, bereit und ergreifen die Maßnahmen, die sie als geeignet erachten, um die Anwendung dieser Verordnung zu verbessern.

(2) Die Zentralen Behörden arbeiten zusammen und fördern die Zusammenarbeit der zuständigen Behörden ihrer Mitgliedstaaten, um die Ziele dieser Verordnung zu verwirklichen.

(3) Für die Zwecke der Absätze 1 und 2 kann das Europäische Justizielle Netz für Zivil- und Handelssachen genutzt werden.

Art. 78 Übermittlung von Ersuchen über die Zentralen Behörden

(1) Die Zentralen Behörden arbeiten auf Ersuchen der Zentralen Behörde eines anderen Mitgliedstaats in Einzelfällen zusammen, um die Ziele dieser Verordnung zu verwirklichen.

(2) [1]Ersuchen nach diesem Kapitel können von einem Gericht oder einer zuständigen Behörde gestellt werden. [2]Ersuchen nach Artikel 79 Buchstaben c und g sowie Artikel 80 Absatz 1 Buchstabe c können auch von Trägern der elterlichen Verantwortung gestellt werden.

(3) Außer in dringenden Fällen werden unbeschadet des Artikels 86 Ersuchen nach diesem Kapitel der Zentralen Behörde des Mitgliedstaats des ersuchenden Gerichts oder der ersuchenden zuständigen Behörde oder des Mitgliedstaats des gewöhnlichen Aufenthalts des Antragstellers vorgelegt.

(4) Durch diesen Artikel werden die Zentralen Behörden oder zuständigen Behörden nicht daran gehindert, Vereinbarungen oder Abmachungen mit den Zentralen Behörden oder zuständigen Behörden eines oder mehrerer anderer Mitgliedstaaten zu treffen oder beizubehalten, wonach eine direkte Kommunikation in ihren gegenseitigen Beziehungen zulässig ist.

(5) Durch dieses Kapitel wird kein Träger der elterlichen Verantwortung daran gehindert, Anträge direkt an die Gerichte eines anderen Mitgliedstaats zu richten.

(6) Die Artikel 79 und 80 verpflichten eine Zentrale Behörde nicht zur Ausübung von Befugnissen, die nach dem Recht des ersuchten Mitgliedstaats ausschließlich den Gerichten zustehen.

Art. 79 Besondere Aufgaben der ersuchten Zentralen Behörden

Die ersuchten Zentralen Behörden treffen direkt oder durch Einschaltung von Gerichten, zuständigen Behörden oder anderen Stellen alle geeigneten Maßnahmen, um

a) im Einklang mit ihren nationalen Rechtsvorschriften und Verfahren Unterstützung bei der Ermittlung des Aufenthaltsorts eines Kindes zu leisten, wenn der Anschein besteht, dass sich das Kind im Hoheitsgebiet des ersuchten Mitgliedstaats befinden könnte und die betreffende Information für die Erledigung eines Antrags oder eines Ersuchens nach dieser Verordnung erforderlich ist;

b) Informationen einzuholen und auszutauschen, die in Verfahren betreffend die elterliche Verantwortung nach Artikel 80 von Belang sind;

c) den Trägern der elterlichen Verantwortung, die die Anerkennung und Vollstreckung einer Entscheidung, insbesondere über das Umgangsrecht und die Rückgabe des Kindes, im Gebiet der ersuchten Zentralen Behörde begehren, Informationen und Unterstützung bereitzustellen, erforderlichenfalls auch Informationen darüber, wie Prozesskostenhilfe erlangt werden kann;

d) die Kommunikation zwischen den beteiligten Gerichten, zuständigen Behörden und sonstigen Stellen, insbesondere im Hinblick auf die Anwendung des Artikels 81, zu erleichtern;

e) erforderlichenfalls die Kommunikation zwischen Gerichten, insbesondere im Hinblick auf die Anwendung der Artikel 12, 13, 15 und 20, zu erleichtern;

f) alle Informationen und Hilfen, die von den Gerichten und zuständigen Behörden für die Anwendung des Artikels 82 benötigt werden, zur Verfügung zu stellen und

g) durch Mediation oder andere Mittel der alternativen Streitbeilegung eine gütliche Einigung zwischen den Trägern der elterlichen Verantwortung zu erleichtern und hierzu die grenzüberschreitende Zusammenarbeit zu fördern.

Art. 80 Zusammenarbeit bei der Erhebung und dem Austausch von Informationen die in Verfahren betreffend die elterliche Verantwortung von Belang sind

(1) Auf ein begründetes Ersuchen verfährt die Zentrale Behörde des Mitgliedstaats, in dem das Kind seinen gewöhnlichen Aufenthalt hat bzw. hatte, oder in dem es sich befindet bzw. befand, direkt oder durch Einschaltung von Gerichten, zuständigen Behörden oder sonstigen Stellen wie folgt:

a) Sie stellt gegebenenfalls einen Bericht bereit bzw. erstellt ihn und legt ihn vor über

   i)   die Situation des Kindes,

   ii) laufende Verfahren betreffend die elterliche Verantwortung für das Kind, oder

   iii) Entscheidungen in Verfahren betreffend die elterliche Verantwortung für das Kind;

b) sie legt alle anderen Informationen vor, die für Verfahren betreffend die elterliche Verantwortung im ersuchenden Mitgliedstaat von Belang sind, insbesondere über die Situation eines Elternteils, eines/einer Verwandten oder einer anderen Person, der/die für die Betreuung des Kindes geeignet wäre, wenn die Situation des Kindes es erfordert, oder

c) sie kann das Gericht oder die zuständige Behörde ihres Mitgliedstaats ersuchen, zu prüfen, ob Maßnahmen zum Schutz der Person oder des Vermögens des Kindes getroffen werden müssen.

(2) ¹Falls das Kind einer schwerwiegenden Gefahr ausgesetzt ist und das Gericht oder die zuständige Behörde, das/die Maßnahmen zum Schutz des Kindes erwägt oder ergriffen hat, feststellt, dass der Aufenthaltsort des Kindes in einen anderen Mitgliedstaat verlegt wurde oder das Kind sich dort befindet, unterrichtet es die Gerichte oder zuständigen Behörden jenes anderen Mitgliedstaats über die bestehende Gefahr und die ergriffenen oder in Betracht gezogenen Maßnahmen. ²Die betreffenden Informationen können direkt oder über die Zentralen Behörden übermittelt werden.

(3) ¹Den Ersuchen nach den Absätzen 1 und 2 und etwaigen zusätzlichen Unterlagen wird eine Übersetzung in die Amtssprache des ersuchten Mitgliedstaats oder, wenn es in diesem Mitgliedstaat mehrere Amtssprachen gibt, in die Amtssprache oder eine der Amtssprachen des Ortes, an dem das Ersuchen ausgeführt werden soll, oder in eine andere Sprache, die der ersuchte Mitgliedstaat ausdrücklich akzeptiert, beigefügt. ²Die Mitgliedstaaten teilen die zugelassenen Sprachen nach Artikel 103 der Kommission mit.

(4) Die Informationen gemäß Absatz 1 werden der ersuchenden Zentralen Behörde spätestens drei Monate nach Eingang des Ersuchens übermittelt, es sei denn, dass dies aufgrund außergewöhnlicher Umstände nicht möglich ist.

Art. 81 Umsetzung der Entscheidungen in Verfahren betreffend die elterliche Verantwortung in einem anderen Mitgliedstaat

(1) Ein Gericht eines Mitgliedstaats kann die Gerichte oder zuständigen Behörden eines anderen Mitgliedstaats ersuchen, es bei der Umsetzung von Entscheidungen in Verfahren betreffend die elterliche Verantwortung nach dieser Verordnung zu unterstützen, insbesondere bei der Sicherstellung der wirksamen Ausübung des Umgangsrechts.

(2) ¹Dem Ersuchen nach Absatz 1 und etwaigen zusätzlichen Unterlagen wird eine Übersetzung in die Amtssprache des ersuchten Mitgliedstaats oder, wenn es in diesem Mitgliedstaat mehrere Amtsspra-

chen gibt, in die Amtssprache oder eine der Amtssprachen des Ortes, an dem das Ersuchen ausgeführt werden soll, oder in eine andere Sprache, die der ersuchte Mitgliedstaat ausdrücklich akzeptiert, beigefügt. ²Die Mitgliedstaaten teilen die zugelassenen Sprachen nach Artikel 103 der Kommission mit.

Art. 82 Unterbringung eines Kindes in einem anderen Mitgliedstaat

(1) ¹Erwägt ein Gericht oder eine zuständige Behörde die Unterbringung eines Kindes in einem anderen Mitgliedstaat, so holt es/sie vorher die Zustimmung der zuständigen Behörde jenes anderen Mitgliedstaats ein. ²Zu diesem Zweck übermittelt die Zentrale Behörde des ersuchenden Mitgliedstaats der
Zentralen Behörde des ersuchten Mitgliedstaats, in dem das Kind untergebracht werden soll, ein Ersuchen um Zustimmung, das einen Bericht über das Kind und die Gründe für die geplante Unterbringung oder Betreuung, Informationen über jede in Betracht gezogene Finanzierung und alle anderen als
relevant erachteten Informationen wie z.B. die voraussichtliche Dauer der Unterbringung enthält.

(2) Absatz 1 gilt nicht, wenn das Kind bei einem Elternteil untergebracht werden soll.

¹Die Mitgliedstaaten können beschließen, dass ihre Zustimmung gemäß Absatz 1 für Unterbringungen in ihrem eigenen Hoheitsgebiet bei bestimmten Kategorien naher Verwandter über die Eltern
hinaus nicht erforderlich ist. ²Jeder Mitgliedstaat teilt der Kommission die entsprechenden Kategorien gemäß Artikel 103 mit.

(3) ¹Die Zentrale Behörde eines anderen Mitgliedstaats kann ein Gericht oder eine zuständige
Behörde, die die Unterbringung eines Kindes in Betracht ziehen, über die enge Bindung des Kindes
zu diesem Mitgliedstaat informieren. ²Dadurch werden die nationalen Rechtsvorschriften und Verfahren des Mitgliedstaats, der die Unterbringung in Betracht zieht, nicht berührt.

(4) ¹Dem Ersuchen und etwaigen zusätzlichen Unterlagen nach Absatz 1 wird eine Übersetzung in die
Amtssprache des ersuchten Mitgliedstaats oder, wenn es in diesem Mitgliedstaat mehrere Amtssprachen gibt, in die Amtssprache oder eine der Amtssprachen des Ortes, an dem das Ersuchen ausgeführt
werden soll, oder in eine andere Sprache, die der ersuchte Mitgliedstaat ausdrücklich akzeptiert, beigefügt. ²Die Mitgliedstaaten teilen die zugelassenen Sprachen nach Artikel 103 der Kommission mit.

(5) Die Unterbringung nach Absatz 1 wird vom ersuchenden Mitgliedstaat erst angeordnet oder veranlasst, nachdem die zuständige Behörde des ersuchten Mitgliedstaats der Unterbringung zugestimmt hat.

(6) Die Entscheidung über die Erteilung oder Verweigerung der Zustimmung wird der ersuchenden
Zentralen Behörde spätestens drei Monate nach Eingang des Ersuchens übermittelt, es sei denn, dass
dies aufgrund außergewöhnlicher Umstände nicht möglich ist.

(7) Für das Verfahren zur Einholung der Zustimmung gilt das nationale Recht des ersuchten Mitgliedstaats.

(8) Durch diesen Artikel werden die Zentralen Behörden oder die zuständigen Behörden nicht daran
gehindert, Vereinbarungen oder Abmachungen mit den Zentralen Behörden oder den zuständigen
Behörden eines oder mehrerer anderer Mitgliedstaaten zu treffen oder beizubehalten, mit denen das
Verfahren der Konsultation zur Einholung der Zustimmung in ihren gegenseitigen Beziehungen vereinfacht wird.

Art. 83 Kosten der Zentralen Behörden

(1) Die Unterstützung durch die Zentralen Behörden nach dieser Verordnung erfolgt unentgeltlich.

(2) Jede Zentrale Behörde trägt die Kosten, die ihr selbst durch die Anwendung dieser Verordnung
entstehen.

Art. 84 Zusammenkünfte der Zentralen Behörden

(1) Zur leichteren Anwendung dieser Verordnung werden regelmäßig Zusammenkünfte der Zentralen Behörden einberufen.

(2) Die Einberufung der Zusammenkünfte der Zentralen Behörden erfolgt insbesondere durch die
Kommission im Rahmen des Europäischen Justiziellen Netzes für Zivil- und Handelssachen im Einklang mit der Entscheidung 2001/470/EG.

Kapitel VI
Allgemeine Bestimmungen

Art. 85 Anwendungsbereich

Dieses Kapitel gilt für die Bearbeitung von Ersuchen und Anträgen nach den Kapiteln III bis V.

Art. 86 Zusammenarbeit und Kommunikation zwischen Gerichten

(1) Für die Zwecke dieser Verordnung können die Gerichte direkt miteinander zusammenarbeiten und kommunizieren oder einander direkt um Informationen und Unterstützung ersuchen, vorausgesetzt, die Verfahrensrechte der Parteien sowie die Vertraulichkeit der Informationen werden dabei gewahrt.

(2) ¹Die Zusammenarbeit im Sinne des Absatzes 1 kann auf jedem von dem Gericht als geeignet erachteten Weg erfolgen. ²Sie kann insbesondere Folgendes betreffen:

a) Kommunikation für die Zwecke der Artikel 12 und 13;
b) Informationen gemäß Artikel 15;
c) Informationen über anhängige Verfahren für die Zwecke des Artikels 20;
d) Kommunikation für die Zwecke der Kapitel III bis V.

Art. 87 Erhebung und Übermittlung von Informationen

(1) Die ersuchte Zentrale Behörde übermittelt etwaige Anträge oder Ersuchen oder die darin enthaltenen Informationen in Verfahren betreffend die elterliche Verantwortung oder gegebenenfalls internationale Kindesentführung gemäß dieser Verordnung dem Gericht, der zuständigen Behörde ihres Mitgliedstaats oder gegebenenfalls einem Vermittler nach den nationalen Rechtsvorschriften und Verfahren.

(2) Ein Vermittler, ein Gericht oder eine zuständige Behörde, dem/der die in Absatz 1 genannten Informationen nach dieser Verordnung übermittelt wurden, darf diese nur für die Zwecke dieser Verordnung verwenden.

(3) Vermittler, Gerichte oder zuständige Behörden, die im ersuchten Mitgliedstaat über die zur Erledigung eines Antrags oder Ersuchens nach dieser Verordnung erforderlichen Informationen verfügen oder für deren Erhebung zuständig sind, stellen diese Informationen der ersuchten Zentralen Behörde auf deren Ersuchen in den Fällen, in denen die ersuchte Zentrale Behörde keinen direkten Zugang zu den Informationen hat, zur Verfügung.

(4) Die ersuchte Zentrale Behörde leitet im Einklang mit den nationalen Rechtsvorschriften und Verfahren die gemäß diesem Artikel erlangten Informationen erforderlichenfalls an die ersuchende Zentrale Behörde weiter.

Art. 88 Benachrichtigung der betroffenen Person

Besteht die Gefahr, dass die Benachrichtigung der betroffenen Person die wirksame Erledigung des Ersuchens oder Antrags nach dieser Verordnung, für das die Informationen übermittelt wurden, beeinträchtigen könnte, so kann die Erfüllung der Verpflichtung, die betroffene Person gemäß Artikel 14 Absätze 1 bis 4 der Verordnung (EU) 2016/679 zu unterrichten, aufgeschoben werden, bis das Ersuchen oder der Antrag erledigt ist.

Art. 89 Nichtoffenlegung von Informationen

(1) Eine Zentrale Behörde, ein Gericht oder eine zuständige Behörde legt Informationen, die für die Zwecke der Kapitel III bis VI erhoben wurden, nicht offen oder bestätigt sie nicht, wenn sie/es feststellt, dass dies die Gesundheit, Sicherheit oder Freiheit des Kindes oder einer anderen Person beeinträchtigen könnte.

(2) Einer in einem Mitgliedstaat diesbezüglich getroffenen Feststellung wird von den Zentralen Behörden, Gerichten und zuständigen Behörden der anderen Mitgliedstaaten Rechnung getragen, insbesondere in Fällen häuslicher Gewalt.

(3) Dieser Artikel steht in keiner Weise der Erhebung und Übermittlung von Informationen durch die Zentralen Behörden, Gerichte und zuständigen Behörden und der Übermittlung der Informationen zwischen ihnen entgegen, soweit dies notwendig ist, um den Verpflichtungen nach den Kapiteln III bis VI nachzukommen.

Art. 90 Legalisation oder ähnliche Förmlichkeit

Im Rahmen dieser Verordnung bedarf es weder der Legalisation noch einer ähnlichen Förmlichkeit.

Art. 91 Sprachenregelung

(1) Ist nach dieser Verordnung eine Übersetzung oder Transliteration erforderlich, so erfolgt diese unbeschadet des Artikels 55 Absatz 2 Buchstabe a in die Amtssprache des betreffenden Mitgliedstaats oder, wenn es in diesem Mitgliedstaat mehrere Amtssprachen gibt, im Einklang mit dem Recht dieses Mitgliedstaats in die Verfahrenssprache oder eine der Verfahrenssprachen des Ortes, an dem eine in einem anderen Mitgliedstaat ergangene Entscheidung geltend gemacht oder ein Antrag gestellt wird.

(2) Die Übersetzung oder Transliteration der übersetzbaren Inhalte der Freitextfelder der Bescheinigungen nach den Artikeln 29, 36, 47, 49 und 66 kann in eine andere Amtssprache oder andere Amtssprachen der Organe der Europäischen Union erfolgen, deren Zulassung der betreffende Mitgliedstaat nach Artikel 103 mitgeteilt hat.

(3) Jeder Mitgliedstaat teilt der Kommission die Amtssprache(n) der Organe der Europäischen Union mit, die er außer seiner/seinen eigenen Sprache(n) für Mitteilungen an die Zentralen Behörden zulässt.

(4) Übersetzungen, die für die Zwecke der Kapitel III und IV erforderlich sind, werden von einer Person erstellt, die zur Anfertigung von Übersetzungen in einem der Mitgliedstaaten befugt ist.

Kapitel VII
Delegierte Rechtsakte

Art. 92 Änderungen der Anhänge

Die Kommission wird ermächtigt, gemäß Artikel 93 delegierte Rechtsakte zur Änderung der Anhänge I bis IX anzunehmen, um diese Anhänge zu aktualisieren oder technische Änderungen an ihnen vorzunehmen.

Art. 93 Ausübung der Befugnisübertragung

(1) Die Befugnis zum Erlass delegierter Rechtsakte wird der Kommission unter den in diesem Artikel festgelegten Bedingungen übertragen.

(2) Die Befugnis zum Erlass delegierter Rechtsakte nach Artikel 92 wird der Kommission auf unbestimmte Zeit ab dem 22. Juli 2019 übertragen.

(3) [1]Die Befugnisübertragung nach Artikel 92 kann vom Rat jederzeit widerrufen werden. [2]Der Beschluss über den Widerruf beendet die Übertragung der in diesem Beschluss angegebenen Befugnis. [3]Er wird am Tag nach seiner Veröffentlichung im *Amtsblatt der Europäischen Union* oder zu einem im Beschluss über den Widerruf angegebenen späteren Zeitpunkt wirksam. [4]Die Gültigkeit von delegierten Rechtsakten, die bereits in Kraft sind, wird von dem Beschluss über den Widerruf nicht berührt.

(4) Vor dem Erlass eines delegierten Rechtsakts konsultiert die Kommission die von den einzelnen Mitgliedstaaten benannten Sachverständigen im Einklang mit den in der Interinstitutionellen Vereinbarung vom 13. April 2016 über bessere Rechtsetzung enthaltenen Grundsätzen.

(5) Sobald die Kommission einen delegierten Rechtsakt erlässt, übermittelt sie ihn dem Rat.

(6) [1]Ein delegierter Rechtsakt, der nach Artikel 92 erlassen wurde, tritt nur in Kraft, wenn der Rat innerhalb einer Frist von zwei Monaten nach Übermittlung dieses Rechtsakts an den Rat keine Einwände erhoben hat oder wenn vor Ablauf dieser Frist der Rat der Kommission mitgeteilt hat, dass er keine Einwände erheben wird. [2]Auf Initiative des Rates wird diese Frist um zwei Monate verlängert.

(7) Das Europäische Parlament wird von der Annahme eines delegierten Rechtsakts durch die Kommission, von gegen ihn vorgebrachten Einwänden oder von dem Widerruf der Befugnisübertragung durch den Rat in Kenntnis gesetzt.

Kapitel VIII
Verhältnis zu anderen Rechtsinstrumenten

Art. 94 Verhältnis zu anderen Rechtsinstrumenten

(1) Vorbehaltlich des Absatzes 2 dieses Artikels und der Artikel 95 bis 100 ersetzt diese Verordnung die zum Zeitpunkt des Inkrafttretens der Verordnung (EG) Nr. 2201/2003 bestehenden, zwischen zwei oder mehr Mitgliedstaaten geschlossenen Übereinkünfte, die in dieser Verordnung geregelte Bereiche betreffen.

(2) [1]Finnland und Schweden konnten im Einklang mit Artikel 59 Absatz 2 der Verordnung (EG) Nr. 2201/2003 und unter den in dessen Buchstaben b und c aufgeführten Bedingungen erklären, dass das Übereinkommen vom 6. Februar 1931 zwischen Dänemark, Finnland, Island, Norwegen und Schweden mit Bestimmungen des internationalen Verfahrensrechts über Ehe, Adoption und Vormundschaft einschließlich des Schlussprotokolls anstelle dieser Verordnung ganz oder teilweise auf ihre gegenseitigen Beziehungen anwendbar ist. [2]Die jeweiligen Erklärungen wurden im *Amtsblatt der Europäischen Union* als Anhang zur Verordnung (EG) Nr. 2201/2003 veröffentlicht. [3]Die betreffenden Mitgliedstaaten können ihre Erklärung jederzeit ganz oder teilweise widerrufen.

(3) Die Zuständigkeitskriterien in künftigen Übereinkünften zwischen den in Absatz 2 genannten Mitgliedstaaten, die in dieser Verordnung geregelte Bereiche betreffen, müssen mit den Kriterien dieser Verordnung im Einklang stehen.

(4) Der Grundsatz der Nichtdiskriminierung von Bürgern der Union aus Gründen der Staatsangehörigkeit wird eingehalten.

(5) Entscheidungen, die in einem der nordischen Staaten, der eine Erklärung nach Absatz 2 abgegeben hat, aufgrund eines Zuständigkeitskriteriums erlassen werden, das einem der in Kapitel II vorgesehenen Zuständigkeitskriterien entspricht, werden in den anderen Mitgliedstaaten gemäß den Bestimmungen des Kapitels IV Abschnitt 1 anerkannt und vollstreckt.

(6) Die Mitgliedstaaten übermitteln der Kommission

a) eine Abschrift der Übereinkünfte sowie der einheitlichen Gesetze zur Durchführung dieser Übereinkünfte gemäß Absatz 3;

b) jede Kündigung oder Änderung der Übereinkünfte sowie der einheitlichen Gesetze im Sinne der Absätze 2 und 3.

Diese Informationen werden im *Amtsblatt der Europäischen Union* veröffentlicht.

Art. 95 Verhältnis zu bestimmten multilateralen Übereinkommen

Im Verhältnis zwischen den Mitgliedstaaten hat diese Verordnung vor den nachstehenden Übereinkommen insoweit Vorrang, als diese Bereiche betreffen, die in dieser Verordnung geregelt sind:

a) Haager Übereinkommen vom 5. Oktober 1961 über die Zuständigkeit der Behörden und das anzuwendende Recht auf dem Gebiet des Schutzes von Minderjährigen,

b) Luxemburger Übereinkommen vom 8. September 1967 über die Anerkennung von Entscheidungen in Ehesachen,

c) Haager Übereinkommen vom 1. Juni 1970 über die Anerkennung von Ehescheidungen und der Trennung von Tisch und Bett,

d) Europäisches Übereinkommen vom 20. Mai 1980 über die Anerkennung und Vollstreckung von Entscheidungen über das Sorgerecht für Kinder und die Wiederherstellung des Sorgeverhältnisses.

Art. 96 Verhältnis zum Haager Übereinkommen von 1980

[1]Im Falle eines Kindes, das widerrechtlich in einen anderen als den Mitgliedstaat verbracht wurde oder widerrechtlich dort zurückgehalten wird, in dem das Kind unmittelbar vor dem widerrechtlichen Verbringen oder Zurückhalten seinen gewöhnlichen Aufenthalt hatte, wird das Haager Übereinkommen von 1980, ergänzt durch die Bestimmungen der Kapitel III und VI dieser Verordnung, weiterhin angewandt. [2]Muss eine Entscheidung, mit der die Rückgabe des Kindes gemäß dem Haager Übereinkommen von 1980 angeordnet wurde und die in einem Mitgliedstaat ergangen ist, infolge eines weiteren widerrechtlichen Verbringens oder eines weiteren widerrechtlichen Zurückhaltens des Kindes in einem anderen Mitgliedstaat anerkannt und vollstreckt werden, so gilt Kapitel IV.

Art. 97 Verhältnis zum Haager Übereinkommen von 1996

(1) Im Verhältnis zum Haager Übereinkommen von 1996 ist diese Verordnung anwendbar

a) vorbehaltlich des Absatzes 2 des vorliegenden Artikels, wenn das betreffende Kind seinen gewöhnlichen Aufenthalt im Hoheitsgebiet eines Mitgliedstaats hat;

b) in Fragen der Anerkennung und der Vollstreckung einer von einem Gericht eines Mitgliedstaats erlassenen Entscheidung im Hoheitsgebiet eines anderen Mitgliedstaats, auch wenn das betreffende Kind seinen gewöhnlichen Aufenthalt im Hoheitsgebiet eines Staats hat, der Vertragspartei des genannten Übereinkommens ist, in dem diese Verordnung jedoch nicht gilt.

(2) Unbeschadet des Absatzes 1 gilt Folgendes:

a) Haben die Parteien die Zuständigkeit eines Gerichts eines Staats vereinbart, der Vertragspartei des Haager Übereinkommens von 1996 ist, in dem diese Verordnung jedoch nicht gilt, so findet Artikel 10 des genannten Übereinkommens Anwendung;

b) Auf die Übertragung der Zuständigkeit zwischen einem Gericht eines Mitgliedstaats und einem Gericht eines Staats, der Vertragspartei des Haager Übereinkommens von 1996 ist, in dem diese Verordnung jedoch nicht gilt, finden die Artikel 8 und 9 des genannten Übereinkommens Anwendung;

c) Ist ein Verfahren betreffend die elterliche Verantwortung bei einem Gericht eines Staats, der Vertragspartei des Haager Übereinkommens von 1996 ist, in dem diese Verordnung jedoch nicht gilt, zu dem Zeitpunkt anhängig, zu dem ein Gericht in einem Mitgliedstaat mit einem dasselbe Kind betreffenden Verfahren wegen desselben Anspruchs befasst wird, so findet Artikel 13 des genannten Übereinkommens Anwendung.

Art. 98 Fortbestand der Wirksamkeit

(1) Die in den Artikeln 94 bis 97 genannten Übereinkünfte behalten ihre Wirksamkeit für die Rechtsgebiete, die durch diese Verordnung nicht geregelt werden.

(2) Die in den Artikeln 95 bis 97 dieser Verordnung genannten Übereinkommen, insbesondere die Haager Übereinkommen von 1980 und 1996, behalten nach Maßgabe der Artikel 95 bis 97 dieser Verordnung ihre Wirksamkeit zwischen den ihnen angehörenden Mitgliedstaaten.

Art. 99 Verträge mit dem Heiligen Stuhl

(1) Diese Verordnung gilt unbeschadet des am 18. Mai 2004 in der Vatikanstadt zwischen dem Heiligen Stuhl und Portugal unterzeichneten Internationalen Vertrags (Konkordat).

(2) Eine Entscheidung über die Ungültigkeit der Ehe gemäß dem in Absatz 1 genannten Vertrag wird in den Mitgliedstaaten unter den in Kapitel IV Abschnitt 1 Unterabschnitt 1 vorgesehenen Bedingungen anerkannt.

(3) Die Absätze 1 und 2 gelten auch für folgende internationale Verträge mit dem Heiligen Stuhl:

a) Lateranvertrag vom 11. Februar 1929 zwischen Italien und dem Heiligen Stuhl, geändert durch die am 18. Februar 1984 in Rom unterzeichnete Vereinbarung mit Zusatzprotokoll;

b) Vereinbarung vom 3. Januar 1979 über Rechtsangelegenheiten zwischen dem Heiligen Stuhl und Spanien;

c) Vereinbarung zwischen dem Heiligen Stuhl und Malta über die Anerkennung der zivilrechtlichen Wirkungen von Ehen, die nach kanonischem Recht geschlossen wurden, sowie von diese Ehen betreffenden Entscheidungen der Kirchenbehörden und -gerichte vom 3. Februar 1993, einschließlich des Anwendungsprotokolls vom selben Tag, zusammen mit dem dritten Zusatzprotokoll vom 27. Januar 2014.

(4) Für die Anerkennung der Entscheidungen im Sinne des Absatzes 2 können in Spanien, Italien oder Malta dieselben Verfahren und Nachprüfungen vorgegeben werden, die auch für Entscheidungen der Kirchengerichte gemäß den in Absatz 3 genannten internationalen Verträgen mit dem Heiligen Stuhl gelten.

(5) Die Mitgliedstaaten übermitteln der Kommission

a) eine Abschrift der in den Absätzen 1 und 3 genannten Verträge,

b) jede Kündigung oder Änderung dieser Verträge.

Kapitel IX

Schlussbestimmungen

Art. 100 Übergangsbestimmungen

(1) Diese Verordnung gilt nur für am oder nach dem 1. August 2022 eingeleitete gerichtliche Verfahren, förmlich errichtete oder eingetragene öffentliche Urkunden und eingetragene Vereinbarungen.

(2) Die Verordnung (EG) Nr. 2201/2003 gilt weiter für Entscheidungen in vor dem 1. August 2022 eingeleiteten gerichtlichen Verfahren, für vor dem 1. August 2022 förmlich errichtete oder eingetragene öffentliche Urkunden und für Vereinbarungen, die in dem Mitgliedstaat, in dem sie geschlossen wurden, vor dem 1. August 2022 vollstreckbar geworden sind und in den Anwendungsbereich der genannten Verordnung fallen.

Art. 101 Monitoring und Evaluierung

(1) [1]Die Kommission unterbreitet dem Europäischen Parlament, dem Rat und dem Europäischen Wirtschafts- und Sozialausschuss bis zum 2. August 2032 gestützt auf die von den Mitgliedstaaten vorgelegten Informationen einen Bericht über die Ex-post-Evaluierung dieser Verordnung. [2]Dem Bericht wird, falls notwendig, ein Gesetzgebungsvorschlag beigefügt.

(2) Zum 2. August 2025 stellen die Mitgliedstaaten Informationen, die für die Evaluierung des Funktionierens und der Anwendung dieser Verordnung sachdienlich sind, soweit verfügbar auf Anfrage der Kommission zur Verfügung; dabei handelt es sich um

a) die Zahl der Entscheidungen in Ehesachen oder in Verfahren betreffend die elterliche Verantwortung, in denen die Zuständigkeit auf den in dieser Verordnung festgelegten Zuständigkeitsvorschriften beruhte;

b) in Bezug auf die Anträge auf Vollstreckung einer Entscheidung nach Artikel 28 Absatz 2 die Zahl der Fälle, in denen die Vollstreckung nicht innerhalb von sechs Wochen nach Einleitung des Vollstreckungsverfahrens erfolgte;

c) die Zahl der Anträge auf Versagung der Anerkennung einer Entscheidung nach Artikel 40 und die Zahl der Fälle, in denen die Anerkennung versagt wurde;

d) die Zahl der Anträge auf Versagung der Vollstreckung einer Entscheidung nach Artikel 58 und die Zahl der Fälle, in denen die Vollstreckung versagt wurde;

e) die Zahl der nach den Artikeln 61 beziehungsweise 62 eingelegten Rechtsbehelfe.

Art. 102 Mitgliedstaaten mit zwei oder mehr Rechtssystemen

Für einen Mitgliedstaat, in dem die in dieser Verordnung behandelten Fragen in verschiedenen Gebietseinheiten durch zwei oder mehr Rechtssysteme oder Regelwerke geregelt werden, gilt Folgendes:

a) Jede Bezugnahme auf den gewöhnlichen Aufenthalt in diesem Mitgliedstaat betrifft den gewöhnlichen Aufenthalt in einer Gebietseinheit.

b) Jede Bezugnahme auf die Staatsangehörigkeit betrifft die durch die Rechtsvorschriften dieses Mitgliedstaats bezeichnete Gebietseinheit.

c) Jede Bezugnahme auf die Behörde eines Mitgliedstaats betrifft die zuständige Behörde der Gebietseinheit innerhalb dieses Mitgliedstats.

d) Jede Bezugnahme auf die Vorschriften des ersuchten Mitgliedstaats betrifft die Vorschriften der Gebietseinheit, in der die Zuständigkeit oder Anerkennung geltend gemacht oder die Vollstreckung beantragt wird.

Art. 103 Der Kommission mitzuteilende Angaben

(1) Die Mitgliedstaaten teilen der Kommission Folgendes mit:

a) alle Behörden nach Artikel 2 Absatz 2 Nummer 2 Buchstabe b und Artikel 2 Absatz 2 Nummer 3 und Artikel 74 Absatz 2;

b) die Gerichte und Behörden, die für die Ausstellung der Bescheinigungen nach Artikel 36 Absatz 1 und Artikel 66 zuständig sind, und die Gerichte, die für die Berichtigung der Bescheinigungen nach Artikel 37 Absatz 1, Artikel 48 Absatz 1, Artikel 49 und Artikel 66 Absatz 3 in Verbindung mit Artikel 37 Absatz 1 zuständig sind;

c) die in Artikel 30 Absatz 3, Artikel 52, Artikel 40 Absatz 1, Artikel 58 Absatz 1, Artikel 61 Absatz 2 und Artikel 62 genannten Gerichte sowie die in Artikel 61 Absatz 2 genannten Gerichte;

d) die für die Vollstreckung zuständigen Behörden nach Artikel 52;

e) die in den Artikeln 61 und 62 genannten Rechtsbehelfe;

f) die Namen und Anschriften der Zentralen Behörden gemäß Artikel 76 sowie die technischen Kommunikationsmittel;

g) die in Artikel 82 Absatz 2 genannten Kategorien naher Verwandter, sofern anwendbar;

h) die Sprachen, die gemäß Artikel 91 Absatz 3 für Mitteilungen an die Zentralen Behörden zugelassen sind;

i) die Sprachen, die gemäß Artikel 80 Absatz 3, Artikel 81 Absatz 2, Artikel 82 Absatz 4 und Artikel 91 Absatz 2 für die Übersetzungen zugelassen sind.

(2) Die Mitgliedstaaten teilen der Kommission die in Absatz 1 genannten Angaben bis zum 23. April 2021 mit.

(3) Die Mitgliedstaaten teilen der Kommission alle Änderungen der Angaben nach Absatz 1 mit.

(4) Die in Absatz 1 genannten Angaben werden von der Kommission auf geeignete Weise, insbesondere über das Europäische Justizportal, veröffentlicht.

Art. 104 Aufhebung

(1) Vorbehaltlich des Artikels 100 Absatz 2 der vorliegenden Verordnung wird die Verordnung (EG) Nr. 2201/2003 mit Wirkung vom 1. August 2022 aufgehoben.

(2) Bezugnahmen auf die aufgehobene Verordnung gelten als Bezugnahmen auf die vorliegende Verordnung und sind nach Maßgabe der Entsprechungstabelle in Anhang X zu lesen.

Art. 105 Inkrafttreten

(1) Diese Verordnung tritt am zwanzigsten Tag nach ihrer Veröffentlichung im *Amtsblatt der Europäischen Union* in Kraft.

(2) Diese Verordnung gilt ab dem 1. August 2022, mit Ausnahme der Artikel 92, 93 und 103, die ab dem 22. Juli 2019 gelten.

Diese Verordnung ist in allen ihren Teilen verbindlich und gilt gemäß den Verträgen unmittelbar in den Mitgliedstaaten.

Geschehen zu Luxemburg am 25. Juni 2019.

Anhang I Bescheinigung, die vom Gericht im Anschluss an eine nur auf Artikel 13 Absatz 1 Buchstabe B oder Artikel 13 Absatz 2 – oder auf diese beiden Bestimmungen – des Haager Übereinkommens von 1980 gestützte Entscheidung, die Rückgabe eines Kindes in einen anderen Mitgliedstaat abzulehnen, auszustellen ist[68] (Artikel 29 Absatz 2 der Verordnung (EU) 2019/1111 des Rates[69])

Informationen für die Personen, die diese Bescheinigung für die Zwecke des Artikels 29 Absatz 5 der Verordnung erhalten

Ist zu dem in Nummer 3 angegebenen Zeitpunkt der Entscheidung über die Ablehnung der Rückgabe des Kindes in den Mitgliedstaat, in dem das Kind unmittelbar vor seinem widerrechtlichen Verbringen oder Zurückhalten seinen gewöhnlichen Aufenthalt hatte, noch kein Verfahren in der Hauptsache betreffend das Sorgerecht anhängig, so haben Sie die Möglichkeit, ein Gericht in diesem Staat mit einem Antrag in der Sache zu dem Sorgerecht gemäß Artikel 29 Absatz 5 der Verordnung zu befassen.

Wird das Gericht innerhalb von drei Monaten ab der Mitteilung des Beschlusses über die Ablehnung der Rückgabe des Kindes befasst, so wird jede sich aus diesem Verfahren ergebende Sorgerechtsentscheidung, die die Rückgabe des Kindes in diesen Mitgliedstaat zur Folge hat, gemäß Artikel 29 Absatz 6 der Verordnung in jedem anderen Mitgliedstaat vollstreckbar, ohne dass es eines besonderen Verfahrens bedarf und ohne dass die Anerkennung der Entscheidung angefochten werden kann, außer wenn – und nur soweit – eine Unvereinbarkeit mit einer Entscheidung im Sinne des Artikels 50 der Verordnung festgestellt wird, sofern für die Entscheidung eine Bescheinigung gemäß Artikel 47 I ausgestellt wurde. Wird das Gericht nach Ablauf der drei Monate befasst oder sind die Bedingungen für die Ausstellung einer Bescheinigung gemäß Artikel 47 der Verordnung nicht erfüllt, so wird die ergangene Sorgerechtsentscheidung im Einklang mit Kapitel IV Abschnitt 1 dieser Verordnung in anderen Mitgliedstaaten anerkannt und vollstreckt.

Die Partei, die das Gericht des Mitgliedstaats, in dem das Kind unmittelbar vor seinem widerrechtlichen Verbringen oder Zurückhalten seinen gewöhnlichen Aufenthalt hatte, anruft, legt diesem Gericht folgende Unterlagen vor:

a) eine Abschrift der Entscheidung, mit der die Rückgabe des Kindes abgelehnt wird,
b) diese Bescheinigung und
c) gegebenenfalls ein Protokoll, eine Zusammenfassung oder eine Niederschrift der Anhörung gemäß Nummer 4.1.

Informationen für das Gericht, das diese Bescheinigung für die Zwecke des Artikels 29 Absatz 3 der Verordnung erhält[70]

Diese Bescheinigung wurde ausgestellt, weil das/die in Nummer 5 genannte(n) Kind(er) widerrechtlich in den Mitgliedstaat des die Bescheinigung ausstellenden Gerichts verbracht oder dort zurückgehalten wurde(n). Es wurden Verfahren über die Rückgabe des Kindes/der Kinder gemäß dem Haager Übereinkommen von 1980 eingeleitet, weil die in Nummer 6.1 angegebene Person vorgebracht hat, dass im Sinne des Haager Übereinkommens von 1980 durch das Verbringen oder Zurückhalten das Sorgerecht verletzt wurde und das Sorgerecht zum Zeitpunkt des Verbringens oder Zurückhaltens allein oder gemeinsam tatsächlich ausgeübt wurde oder ausgeübt worden wäre, wenn das Verbringen oder Zurückhalten nicht stattgefunden hätte. Dieses Gericht hat die Rückgabe eines oder mehrerer Kinder in den Verfahren, die nur auf Artikel 13 Absatz 1 Buchstabe b oder Artikel 13 Absatz 2 –

---

68   **Amtl. Anm.:** Haager Übereinkommen vom 25. Oktober 1980 über die zivilrechtlichen Aspekte internationaler Kindesentführung (im Folgenden „Haager Übereinkommen von 1980").

69   **Amtl. Anm.:** Verordnung (EU) 2019/1111 des Rates vom 25. Juni 2019 über die Zuständigkeit, die Anerkennung und Vollstreckung von Entscheidungen in Ehesachen und in Verfahren betreffend die elterliche Verantwortung und über internationale Kindesentführungen (ABl. L 178 vom 2.7.2019, S. 1) (im Folgenden „Verordnung").

70   **Amtl. Anm.:** Wenn die Partei ein Verfahren in der Hauptsache betreffend das Sorgerecht gemäß Artikel 29 Absatz 5 der Verordnung in dem Mitgliedstaat, in dem das Kind/die Kinder unmittelbar vor dem widerrechtlichen Verbringen oder Zurückhalten seinen/ihren gewöhnlichen Aufenthalt hatte(n), anstrengt nachdem dieses Gericht seine in Nummer 3 angegebene Entscheidung erlassen hat: siehe den Abschnitt „Informationen für die Personen, die diese Bescheinigung für die Zwecke des Artikels 29 Absatz 5 der Verordnung erhalten".

oder auf diese beiden Bestimmungen – des Haager Übereinkommens von 1980 gestützt sind, abgelehnt.

Ist in dem Mitgliedstaat, in dem das Kind unmittelbar vor dem widerrechtlichen Verbringen oder Zurückhalten seinen gewöhnlichen Aufenthalt hatte, zu dem Zeitpunkt, zu dem dieses Gericht seine in Nummer 3 genannte Entscheidung über die Ablehnung der Rückgabe eines Kindes erlassen hat, die nur auf Artikel 13 Absatz 1 Buchstabe b oder Artikel 13 Absatz 2 – oder auf diese beiden Bestimmungen – des Haager Übereinkommens von 1980 gestützt ist, bereits ein Verfahren in der Hauptsache betreffend das Sorgerecht anhängig, so ist nach Artikel 29 Absatz 3 der Verordnung vorgesehen, dass dieses Gericht, wenn es Kenntnis von diesem Verfahren hat, binnen eines Monats ab seiner Entscheidung dem mit dem Verfahren in der Hauptsache betreffend das Sorgerecht befassten Gericht entweder direkt oder über die Zentralen Behörden folgende Unterlagen übermittelt:

a) eine Abschrift seiner Entscheidung, mit der die Rückgabe des Kindes abgelehnt wird,

b) diese Bescheinigung und

c) gegebenenfalls ein Protokoll, eine Zusammenfassung oder Niederschrift der Anhörung gemäß Nummer 4.1. und alle anderen Unterlagen, die dieses Gericht, wie in Nummer 4.2 angegeben, als sachdienlich erachtet.

Das mit einem Verfahren in der Hauptsache betreffend das Sorgerecht befasste Gericht kann erforderlichenfalls eine Partei auffordern, gemäß Artikel 91 der Verordnung eine Übersetzung oder Transliteration der Entscheidung und aller anderen der vorliegenden Bescheinigung beigefügten Unterlagen vorzulegen (Artikel 29 Absatz 4 der Verordnung).

1. URSPRUNGSMITGLIEDSTAAT DER ENTSCHEIDUNG, MIT DER DIE RÜCKGABE DES KINDES/DER KINDER* ABGELEHNT WIRD[71]

□ Belgien (BE)   □ Bulgarien (BG)   □ Tschechien(CZ)   □ Deutschland (DE)

□ Estland (EE)   □ Irland (IE)   □ Griechenland (EL)   □ Spanien (ES)

□ Frankreich (FR)   □ Kroatien (HR)   □ Italien (IT)   □ Zypern (CY)

□ Lettland (LV)   □ Litauen (LT)   □ Luxemburg (LU)   □ Ungarn (HU)

□ Malta (MT)   □ Niederlande (NL)   □ Österreich (AT)   □ Polen (PL)

□ Portugal (PT)   □ Rumänien (RO)   □ Slowenien (SI)   □ Slowakei (SK)

□ Finnland (FI)   □ Schweden (SE)   □ Vereinigtes Königreich (UK)

2. GERICHT, DAS DIE ENTSCHEIDUNG ERLASSEN UND DIE BESCHEINIGUNG AUSGESTELLT HAT*

2.1 Bezeichnung*

2.2 Anschrift*

2.3 Telefon/Fax/E-Mail*

3. ENTSCHEIDUNG*

3.1 Datum (TT/MM/JJJJ)*

3.2 Aktenzeichen*

4. WEITERE UNTERLAGEN (DIE AN DIE PARTEIEN ÜBERMITTELT WERDEN KÖNNEN)*

4.1 Ein Protokoll, eine Zusammenfassung oder eine Niederschrift der Anhörung*

4.1.1 □ Ja

4.1.2 □ Nein

4.2. Alle anderen Unterlagen, die das Gericht für sachdienlich erachtet*[72]

4.2.1 □ Ja (bitte angeben):

4.2.2 □ Nein

5. KIND(ER)[73], DAS (DIE) GEMÄß DER ENTSCHEIDUNG NICHT ZURÜCKZUGEBEN IST (SIND)*

5.1 Kind 1*

5.1.1 Name(n)*

5.1.2 Vorname(n)*

5.1.3 Geburtsdatum (TT/MM/JJJJ)*

---

71 **Amtl. Anm.:** Die mit (*) gekennzeichneten Felder müssen ausgefüllt werden.

72 **Amtl. Anm.:** Nur für die Zwecke des Artikels 29 Absatz 3 der Verordnung auszufüllen.

73 **Amtl. Anm.:** Wenn mehr als drei Kinder betroffen sind, bitte zusätzliches Blatt beifügen.

5.1.4 Geburtsort (soweit bekannt)*
5.1.5 Identitätsnummer oder Sozialversicherungsnummer (sofern vorhanden und bekannt)
5.2. **Kind 2**
    5.2.1 **Name(n)**
    5.2.2 **Vorname(n)**
    5.2.3 **Geburtsdatum (TT/MM/JJJJ)**
    5.2.4 **Geburtsort (soweit bekannt)**
    5.2.5 **Identitätsnummer oder Sozialversicherungsnummer (sofern vorhanden und bekannt)**
5.3 **Kind 3**
    5.3.1 **Name(n)**
    5.3.2 **Vorname(n)**
    5.3.3 **Geburtsdatum (TT/MM/JJJJ)**
    5.3.4 **Geburtsort (soweit bekannt)**
    5.3.5 **Identitätsnummer oder Sozialversicherungsnummer (sofern vorhanden und bekannt)**
6. **PERSONEN[74], VOM RÜCKGABEVERFAHREN BETROFFENE***
6.1 **Person, die die Rückgabe des Kindes/der Kinder beantragt hat***
    6.1.1 □ **Natürliche Person**
        6.1.1.1 **Name(n)**
        6.1.1.2 **Vorname(n)**
        6.1.1.3 **Geburtsdatum (TT/MM/JJJJ)**
        6.1.1.4 **Geburtsort (soweit bekannt)**
        6.1.1.5 **Identitätsnummer oder Sozialversicherungsnummer (sofern vorhanden und bekannt)**
        6.1.1.6 **Anschrift (soweit bekannt)**
            6.1.1.6.1 **wie in der Entscheidung angegeben**
            6.1.1.6.2 **alle zusätzlichen Angaben (beispielsweise eine abweichende aktuelle Anschrift)**
    6.1.2 □ **Juristische Person, Einrichtung oder andere Stelle**
        6.1.2.1 **Vollständige Bezeichnung**
        6.1.2.3 **Identifizierungsnummer (falls vorhanden und bekannt)**
        6.1.2.3 **Anschrift (falls bekannt)**
6.2 **Antragsgegner***
    6.2.1 □ **Natürliche Person**
        6.2.1.1 **Name(n)**
        6.2.1.2 **Vorname(n)**
        6.2.1.3 **Geburtsdatum (TT/MM/JJJJ)**
        6.2.1.4 **Geburtsort (soweit bekannt)**
        6.2.1.5 **Identifizierungsnummer oder Sozialversicherungsnummer (sofern vorhanden und bekannt)**
        6.2.1.6 **Anschrift (soweit bekannt)**
            6.2.1.6.1 **wie in der Entscheidung angegeben**
            6.2.1.6.2 **alle zusätzlichen Angaben (beispielsweise eine abweichende aktuelle Anschrift)**
    6.2.2 □ **Juristische Person, Einrichtung oder andere Stelle**
        6.2.2.1 **Vollständige Bezeichnung**
        6.2.2.2 **Identifizierungsnummer (falls vorhanden und bekannt)**
        6.2.2.3 **Anschrift (falls bekannt)**
7. **DIE ENTSCHEIDUNG ÜBER DIE ABLEHNUNG DER RÜCKGABE DES KINDES/DER KINDER[75] AN EINEN ANDEREN MITGLIEDSTAAT IST NUR AUF EINE ODER BEIDE DER FOLGENDEN BESTIMMUNGEN GESTÜTZT***
7.1 □ **Kind 1***
    7.1.1 □ **Artikel 13 Absatz 1 Buchstabe b des Haager Übereinkommens von 1980**
    7.1.2 □ **Artikel 13 Absatz 2 des Haager Übereinkommens von 1980**

---

74 **Amtl. Anm.:** Wenn mehr als zwei Personen betroffen sind, bitte zusätzliches Blatt beifügen.

75 **Amtl. Anm.:** Wenn mehr als drei Kinder betroffen sind, bitte zusätzliches Blatt beifügen.

7.2. □ Kind 2

    7.2.1 □ Artikel 13 Absatz 1 Buchstabe b des Haager Übereinkommens von 1980
    7.2.2 □ Artikel 13 Absatz 2 des Haager Übereinkommens von 1980

7.3. □ Kind 3

    7.3.1 □ Artikel 13 Absatz 1 Buchstabe b des Haager Übereinkommens von 1980
    7.3.2 □ Artikel 13 Absatz 2 des Haager Übereinkommens von 1980

8.   ZUM ZEITPUNKT DES ERLASSES DER UNTER NUMMER 3 ANGEGEBENEN ENT-
SCHEIDUNGEN IST BEREITS EIN VERFAHREN IN DER HAUPTSACHE BETREFFEND
DAS SORGERECHT IN DEM MITGLIEDSTAAT ANHÄNGIG, IN DEM DAS KIND/DIE
KINDER UNMITTELBAR VOR DEM WIDERRECHTLICHEN VERBRINGEN ODER
ZURÜCKHALTEN SEINEN/IHREN GEWÖHNLICHEN AUFENTHALT HATTE(N)*

8.1 □ Nein
8.2 □ Dem Gericht nicht bekannt
8.3 □ Ja

    8.3.1 Mit dem Verfahren in der Hauptsache betreffend das Sorgerecht befasstes Gericht

        8.3.1.1 Bezeichnung
        8.3.1.2 Anschrift (soweit bekannt)
        8.3.1.3 Telefon/Fax/E-Mail (falls bekannt)

    8.3.2 Aktenzeichen (falls bekannt)

    8.3.3 Partei 1[76]

        8.3.3.1 □ Natürliche Person

            8.3.3.1.1 Name(n)
            8.3.3.1.2 Vorname(n)

        8.3.3.2 □ Juristische Person, Einrichtung oder andere Stelle

            8.3.3.2.1 Vollständige Bezeichnung

    8.3.4 Partei 2

        8.3.4.1 □ Natürliche Person

            8.3.4.1.1 Name(n)
            8.3.4.1.2 Vorname(n)

        8.3.4.2 □ Juristische Person, Einrichtung oder andere Stelle

            8.3.4.2.1 Vollständige Bezeichnung

    8.3.5 Betroffenes(betroffene) Kind(er)[77] gemäß der Angabe unter Nummer 5:

        8.3.5.1 □ Kind 1
        8.3.5.2 □ Kind 2
        8.3.5.3 □ Kind 3

9.   DIE ENTSCHEIDUNG, MIT DER DIE RÜCKGABE DES KINDES/DER KINDER ABGE-
LEHNT WIRD, WURDE FOLGENDEN PERSONEN WIE FOLGT MITGETEILT:*

9.1 Person 1 gemäß der Angabe unter Nummer 6.1*

    9.1.1 □ Nein
    9.1.2 □ Dem Gericht nicht bekannt
    9.1.3 □ Ja

        9.1.3.1 Datum der Mitteilung (TT/MM/JJJJ)
        9.1.3.2 Die Mitteilung der Entscheidung erfolgte in der/den folgenden Sprache(n):

            □ BG   □ ES   □ CS   □ DE   □ ET   □ EL   □ EN   □ FR
            □ GA   □ HR   □ IT   □ LV   □ LT   □ HU   □ MT   □ NL
            □ PL   □ PT   □ RO   □ SK   □ SL   □ FI   □ SV

9.2 Person 2 gemäß der Angabe unter Nummer 6.2*

    9.2.1 □ Nein
    9.2.2 □ Dem Gericht nicht bekannt

---

76 **Amtl. Anm.:** Wenn mehr als zwei Parteien betroffen
sind, bitte zusätzliches Blatt beifügen.

77 **Amtl. Anm.:** Wenn mehr als drei Kinder betroffen
sind, bitte zusätzliches Blatt beifügen.

9.2.3 □ Ja

    9.2.3.1 Datum der Mitteilung (TT/MM/JJJJ)

    9.2.3.2 Die Mitteilung der Entscheidung erfolgte in der/den folgenden Sprache(n):

□ BG	□ ES	□ CS	□ DE	□ ET	□ EL	□ EN	□ FR
□ GA	□ HR	□ IT	□ LV	□ LT	□ HU	□ MT	□ NL
□ PL	□ PT	□ RO	□ SK	□ SL	□ FI	□ SV	

10. ZU INFORMATIONSZWECKEN: ES SIND MASSNAHMEN GETROFFEN WORDEN, UM DEN KONTAKT ZWISCHEN DEM KIND/DEN KINDERN UND DER PERSON, DIE DIE RÜCKGABE DES KINDES/DER KINDER GEMÄSS ARTIKEL 27 ABSATZ 2 DER VERORDNUNG BEANTRAGT HAT, SICHERZUSTELLEN*

10.1 □ Nein

10.2 □ Ja

    10.2.1 Falls ja, bitte eine Abschrift oder Zusammenfassung der Entscheidung beifügen.

Zahl der beigefügten Seiten (falls zutreffend): …

Geschehen zu … am … (TT/MM/JJJJ)

Unterschrift und/oder Dienstsiegel

Anhang II Bescheinigung über Entscheidungen in Ehesachen (Artikel 36 Absatz 1 Buchstabe a der Verordnung (EU) 2019/1111 des Rates[78])

WICHTIG

Auf Antrag einer Partei in Bezug auf eine Entscheidung, mit der die Ehescheidung, die Trennung ohne Auflösung des Ehebandes oder die Ungültigerklärung einer Ehe ausgesprochen wird, von dem der Kommission gemäß Artikel 103 der Verordnung mitgeteilten Gericht eines Ursprungsmitgliedstaats auszustellen.

1. URSPRUNGSMITGLIEDSTAAT*[79]

□ Belgien (BE)	□ Bulgarien (BG)	□ Tschechien(CZ)	□ Deutschland (DE)
□ Estland (EE)	□ Irland (IE)	□ Griechenland (EL)	□ Spanien (ES)
□ Frankreich (FR)	□ Kroatien (HR)	□ Italien (IT)	□ Zypern (CY)
□ Lettland (LV)	□ Litauen (LT)	□ Luxemburg (LU)	□ Ungarn (HU)
□ Malta (MT)	□ Niederlande (NL)	□ Österreich (AT)	□ Polen (PL)
□ Portugal (PT)	□ Rumänien (RO)	□ Slowenien (SI)	□ Slowakei (SK)
□ Finnland (FI)	□ Schweden (SE)	□ Vereinigtes Königreich (UK)	

2. AUSSTELLENDES GERICHT*

2.1 Bezeichnung*

2.2 Anschrift*

2.3 Telefon/Fax/E-Mail*

3. GERICHT, DAS DIE ENTSCHEIDUNG ERLASSEN HAT (wenn es sich nicht um das gleiche Gericht handelt)

3.1 Bezeichnung

3.2 Anschrift

4. ENTSCHEIDUNG*

4.1 Datum (TT/MM/JJJJ)*

4.2 Aktenzeichen*

---

78 **Amtl. Anm.:** Verordnung (EU) 2019/1111 des Rates vom 25. Juni 2019 über die Zuständigkeit, die Anerkennung und Vollstreckung von Entscheidungen in Ehesachen und in Verfahren betreffend die elterliche Verantwortung und über internationale Kindesentfüh-rungen (ABl. L 178 vom 2.7.2019, S. 1) (im Folgenden „Verordnung").

79 **Amtl. Anm.:** Die mit (*) gekennzeichneten Felder müssen ausgefüllt werden.

4.3   Art der Entscheidung*

    4.3.1 ☐ Scheidung

    4.3.2 ☐ Ungültigerklärung der Ehe

    4.3.3 ☐ Trennung ohne Auflösung des Ehebandes

5.   ANGABEN ZUR EHE*

5.1   Ehegatten*

    5.1.1

        5.1.1.1 Name(n)*

        5.1.1.2 Vorname(n)*

        5.1.1.3 Geburtsdatum (TT/MM/JJJJ)*

        5.1.1.4 Geburtsort

        5.1.1.5 Identitätsnummer oder Sozialversicherungsnummer (sofern vorhanden und bekannt)

        5.1.1.6 Anschrift (soweit bekannt)

            5.1.1.6.1 wie in der Entscheidung angegeben

            5.1.1.6.2 alle zusätzlichen Angaben (beispielsweise eine abweichende aktuelle Anschrift)

    5.1.2

        5.1.2.1 Name(n)*

        5.1.2.2 Vorname(n)*

        5.1.2.3 Geburtsdatum (TT/MM/JJJJ)*

        5.1.2.4 Geburtsort

        5.1.2.5 Identitätsnummer oder Sozialversicherungsnummer (sofern vorhanden und bekannt)

        5.1.2.6 Anschrift (soweit bekannt)

            5.1.2.6.1 wie in der Entscheidung angegeben

            5.1.2.6.2 alle zusätzlichen Angaben (beispielsweise eine abweichende aktuelle Anschrift)

5.2.   Datum, Land und Ort der Eheschließung*

    5.2.1 Datum (TT/MM/JJJJ)*

    5.2.2 Land*

    5.2.3 Ort (falls bekannt)

6.   DIE ENTSCHEIDUNG ERGING IM VERSÄUMNISVERFAHREN*

6.1   ☐ Nein

6.2   ☐ Ja

    6.2.1 Nicht erschienene Partei wie in Nummer … angegeben (bitte ausfüllen)

    6.2.2 Dieser Partei wurde das verfahrenseinleitende Dokument oder eine gleichwertige Unterlage zugestellt:

        6.2.2.1 ☐ Nein

        6.2.2.2 ☐ Dem Gericht nicht bekannt

        6.2.2.3 ☐ Ja

            6.2.2.3.1 Datum der Zustellung (TT/MM/JJJJ)*

7.   GEGEN DIE ENTSCHEIDUNG KÖNNEN NACH DEM RECHT DES URSPRUNGSMITGLIEDSTAATS WEITERE RECHTSBEHELFE EINGELEGT WERDEN*

7.1   ☐ Nein

7.2   ☐ Ja

8.   DATUM DER RECHTSWIRKSAMKEIT IN DEM MITGLIEDSTAAT, IN DEM DIE ENTSCHEIDUNG ERGING (TT/MM/JJJJ)*

9.   NAME(N) DER PARTEI(EN), DER (DENEN) PROZESSKOSTENHILFE GEMÄß ARTIKEL 74 ABSATZ 1 DER VERORDNUNG GEWÄHRT WURDE

9.1   Partei(en)

    9.1.1 ☐ wie in Nummer 5.1.1 angegeben

    9.1.2 ☐ wie in Nummer 5.1.2 angegeben

10. KOSTEN UND AUSLAGEN DES VERFAHRENS[80]

10.1 ☐ Die Entscheidung betrifft auch Verfahren betreffend die elterliche Verantwortung, und die Informationen über die Kosten im Zusammenhang mit den Verfahren nach dieser Verordnung werden nur in der Bescheinigung zu Entscheidungen in Verfahren betreffend die elterliche Verantwortung bereitgestellt.

10.2 ☐ Die Entscheidung sieht Folgendes vor:[81]

Name(n)*

Vorname(n)*

hat an

Name(n)*

Vorname(n)*

folgenden Betrag zu zahlen:

☐ Euro (EUR)	☐ Bulgarischer Lev (BGN)	☐ Kroatische Kuna (HRK)
☐ Tschechische Krone (CZK)	☐ Ungarischer Forint (HUF)	☐ Polnischer Zloty (PLN)
☐ Pfund Sterling (GBP)	☐ Rumänischer Leu (RON)	☐ Schwedische Krone (SEK)
☐ Sonstige (bitte angeben (ISO-Code)):		

10.3 Etwaige weitere sachdienliche Angaben (beispielsweise: Festbetrag oder Prozentsatz; festgesetzte Zinsen; geteilte Kosten; wurden mehr als einer Partei die Kosten aufgegeben, Angabe, ob eine von ihnen für den gesamten Betrag in Anspruch genommen werden kann): …

Geschehen zu … am … (TT/MM/JJJJ)

Unterschrift und/oder Dienstsiegel

Anhang III Bescheinigung über Entscheidungen in Verfahren betreffend die elterliche Verantwortung
(Artikel 36 a Absatz 1 Buchstabe b der Verordnung (EU) 2019/1111 des Rates[82])

WICHTIG

Auf Antrag einer Partei in Bezug auf eine Entscheidung in Verfahren betreffend die elterliche Verantwortung von dem der Kommission gemäß Artikel 103 der Verordnung mitgeteilten Gericht eines Ursprungsmitgliedstaats auszustellen.

1. URSPRUNGSMITGLIEDSTAAT[*83]

☐ Belgien (BE)	☐ Bulgarien (BG)	☐ Tschechien(CZ)	☐ Deutschland (DE)
☐ Estland (EE)	☐ Irland (IE)	☐ Griechenland (EL)	☐ Spanien (ES)
☐ Frankreich (FR)	☐ Kroatien (HR)	☐ Italien (IT)	☐ Zypern (CY)
☐ Lettland (LV)	☐ Litauen (LT)	☐ Luxemburg (LU)	☐ Ungarn (HU)
☐ Malta (MT)	☐ Niederlande (NL)	☐ Österreich (AT)	☐ Polen (PL)
☐ Portugal (PT)	☐ Rumänien (RO)	☐ Slowenien (SI)	☐ Slowakei (SK)
☐ Finnland (FI)	☐ Schweden (SE)	☐ Vereinigtes Königreich (UK)	

2. AUSSTELLENDES GERICHT*

2.1 Bezeichnung*

2.2 Anschrift*

---

80   **Amtl. Anm.:** Dieser Punkt betrifft auch Fälle, in denen die Kosten Gegenstand einer gesonderten Entscheidung sind. Der bloße Umstand, dass der Betrag der Kosten noch nicht festgelegt worden ist, hindert das Gericht nicht daran, die Bescheinigung auszustellen, wenn eine Partei die Anerkennung des inhaltlichen Teils der Entscheidung anstrebt.

81   **Amtl. Anm.:** Wenn mehr als einer Partei auferlegt wurde, die Kosten zu tragen, bitte zusätzliches Blatt beifügen.

82   **Amtl. Anm.:** Verordnung (EU) 2019/1111 des Rates vom 25. Juni 2019 über die Zuständigkeit, die Anerkennung und Vollstreckung von Entscheidungen in Ehesachen und in Verfahren betreffend die elterliche Verantwortung und über internationale Kindesentführungen (ABl. L 178 vom 2.7.2019, S. 1) (im Folgenden „Verordnung").

83   **Amtl. Anm.:** Die mit (*) gekennzeichneten Felder müssen ausgefüllt werden.

2.3   Telefon/Fax/E-Mail*

3.   GERICHT, DAS DIE ENTSCHEIDUNG ERLASSEN HAT (wenn es sich nicht um das gleiche Gericht handelt)

3.1   Bezeichnung

3.2   Anschrift

4.   ENTSCHEIDUNG*

4.1   Datum (TT/MM/JJJJ)*

4.2   Aktenzeichen*

5.   VON DER ENTSCHEIDUNG BETROFFENES KIND/BETROFFENE KINDER[84]*

5.1   Kind 1*

     5.1.1   Name(n)*

     5.1.2   Vorname(n)*

     5.1.3   Geburtsdatum (TT/MM/JJJJ)*

     5.1.4   Geburtsort (soweit bekannt)

     5.1.4.1 Identitätsnummer oder Sozialversicherungsnummer (sofern vorhanden und bekannt)

5.2   Kind 2

     5.2.1   Name(n)

     5.2.2   Vorname(n)

     5.2.1   Geburtsdatum (TT/MM/JJJJ)

     5.2.1   Geburtsort (soweit bekannt)

     5.2.1   Identitätsnummer oder Sozialversicherungsnummer (sofern vorhanden und bekannt)

5.3   Kind 3

     5.3.1   Name(n)

     5.3.2   Vorname(n)

     5.3.3   Geburtsdatum (TT/MM/JJJJ)

     5.3.4   Geburtsort (soweit bekannt)

     5.3.5   Identitätsnummer oder Sozialversicherungsnummer (sofern vorhanden und bekannt)

6.   □ SORGERECHT[85]

6.1   Nach der Entscheidung zugewiesenes Sorgerecht[86]

6.2   Der/den folgenden Partei(en) zugewiesen[87]

     6.2.1   Partei 1

         6.2.1.1 □   Natürliche Person

             6.2.1.1.1 Name(n)

             6.2.1.1.2 Vorname(n)

             6.2.1.1.3 Geburtsdatum (TT/MM/JJJJ)

             6.2.1.1.4 Geburtsort (soweit bekannt)

             6.2.1.1.5 Identitätsnummer oder Sozialversicherungsnummer (sofern vorhanden und bekannt)

             6.2.1.1.6 Anschrift (soweit bekannt)

                 6.2.1.1.6.1 wie in der Entscheidung angegeben

                 6.2.1.1.6.2 alle zusätzlichen Angaben (beispielsweise eine abweichende aktuelle Anschrift)

         6.2.1.2 □   Juristische Person, Einrichtung oder andere Stelle

             6.2.1.2.1 Vollständige Bezeichnung

             6.2.1.2.2 Identifizierungsnummer (falls vorhanden und bekannt)

             6.2.1.2.3 Anschrift (falls bekannt)

     6.2.2   Partei 2

         6.2.2.1 □   Natürliche Person

             6.2.2.1.1 Name(n)

             6.2.2.1.2 Vorname(n)

             6.2.2.1.3 Geburtsdatum (TT/MM/JJJJ)

             6.2.2.1.4 Geburtsort (soweit bekannt)

---

84   **Amtl. Anm.:** Wenn mehr als drei Kinder betroffen sind, bitte zusätzliches Blatt beifügen.

85   **Amtl. Anm.:** Bitte beachten, dass der Begriff „Sorgerecht" in Artikel 2 Absatz 2 Nummer 9 der Verordnung definiert ist.

86   **Amtl. Anm.:** Bitte eine Kopie des entsprechenden Abschnitts der Anordnung beilegen.

87   **Amtl. Anm.:** Wenn mehr als zwei Parteien betroffen sind, bitte zusätzliches Blatt beifügen.

6.2.2.1.5 Identitätsnummer oder Sozialversicherungsnummer (sofern vorhanden und bekannt)

6.2.2.1.6 Anschrift (soweit bekannt)

6.2.2.1.6.1 wie in der Entscheidung angegeben

6.2.2.1.6.2 alle zusätzlichen Angaben (beispielsweise eine abweichende aktuelle Anschrift)

6.2.2.2 □ Juristische Person, Einrichtung oder andere Stelle

6.2.2.2.1 Vollständige Bezeichnung

6.2.2.2.2 Identifizierungsnummer (falls vorhanden und bekannt)

6.2.2.2.3 Anschrift (falls bekannt)

6.3 Die Entscheidung führt zur Übergabe des Kindes/der Kinder

6.3.1 □ Nein

6.3.2 □ Ja

6.3.2.1 □ Für die Vollstreckung relevante Einzelheiten der Übergabe, soweit nicht bereits unter Nummer 6.1 angegeben (beispielsweise Übergabe an welche Person, Übergabe welchen Kindes/welcher Kinder, befristete oder einmalige Übergabe)

7.   □ UMGANGSRECHT

7.1 Mit der Entscheidung eingeräumtes Umgangsrecht[88]

7.2 Der(den) folgenden Partei(en) eingeräumt[89]

7.2.1 Partei 1

7.2.1.1 Name(n)

7.2.1.2 Vorname(n)

7.2.1.3 Geburtsdatum (TT/MM/JJJJ)

7.2.1.4 Geburtsort (soweit bekannt)

7.2.1.5 Identitätsnummer oder Sozialversicherungsnummer (sofern vorhanden und bekannt)

7.2.1.6 Anschrift (soweit bekannt)

7.2.1.6.1 wie in der Entscheidung angegeben

7.2.1.6.2 alle zusätzlichen Angaben (beispielsweise eine abweichende aktuelle Anschrift) …

7.2.2 Partei 2

7.2.2.1 Name(n)

7.2.2.2 Vorname(n)

7.2.2.3 Geburtsdatum (TT/MM/JJJJ)

7.2.2.4 Geburtsort (soweit bekannt)

7.2.2.5 Identitätsnummer oder Sozialversicherungsnummer (sofern vorhanden und bekannt)

7.2.2.6 Anschrift (soweit bekannt)

7.2.2.6.1 wie in der Entscheidung angegeben

7.2.2.6.2 alle zusätzlichen Angaben (beispielsweise eine abweichende aktuelle Anschrift)

7.3 Die Entscheidung führt zur Übergabe des Kindes/der Kinder

7.3.1 □ Nein

7.3.2 □ Ja

7.3.2.1 Für die Vollstreckung relevante Einzelheiten der Übergabe, soweit nicht bereits unter Nummer 7.1 angegeben (beispielsweise Übergabe an welche Person, Übergabe welchen Kindes/welcher Kinder, befristete oder einmalige Übergabe)

8.   □ SONSTIGE RECHTE BEI VERFAHREN BETREFFEND DIE ELTERLICHE VERANT-WORTUNG

8.1 Nach der Entscheidung zugewiesenes (zugewiesene) Recht(e)[90]

---

88   **Amtl. Anm.:** Bitte eine Kopie des entsprechenden Abschnitts der Anordnung beilegen.

89   **Amtl. Anm.:** Wenn mehr als zwei Parteien betroffen sind, bitte zusätzliches Blatt beifügen.

90   **Amtl. Anm.:** Bitte eine Kopie des entsprechenden Abschnitts der Anordnung beilegen.

8.2 Der/den folgenden Partei(en) zugewiesen[91]

    8.2.1 Partei 1

        8.2.1.1 □ Natürliche Person

            8.2.1.1.1 Name(n)

            8.2.1.1.2 Vorname(n)

            8.2.1.1.3 Geburtsdatum (TT/MM/JJJJ)

            8.2.1.1.4 Geburtsort (soweit bekannt)

            8.2.1.1.5 Identitätsnummer oder Sozialversicherungsnummer (sofern vorhanden und bekannt)

            8.2.1.1.6 Anschrift (soweit bekannt)

                8.2.1.1.6.1 wie in der Entscheidung angegeben

                8.2.1.1.6.2 alle zusätzlichen Angaben (beispielsweise eine abweichende aktuelle Anschrift)

        8.2.1.2 □ Juristische Person, Einrichtung oder andere Stelle

            8.2.1.2.1 Vollständige Bezeichnung

            8.2.1.2.2 Identifizierungsnummer (falls vorhanden und bekannt)

            8.2.1.2.3 Anschrift (falls bekannt)

    8.2.2 Partei 2

        8.2.2.1 □ Natürliche Person

            8.2.2.1.1 Name(n)

            8.2.2.1.2 Vorname(n)

            8.2.2.1.3 Geburtsdatum (TT/MM/JJJJ)

            8.2.2.1.4 Geburtsort (soweit bekannt)

            8.2.2.1.5 Identitätsnummer oder Sozialversicherungsnummer (sofern vorhanden und bekannt)

            8.2.2.1.6 Anschrift (soweit bekannt)

                8.2.2.1.6.1 wie in der Entscheidung angegeben

                8.2.2.1.6.2 alle zusätzlichen Angaben (beispielsweise eine abweichende aktuelle Anschrift)

        8.2.2.2 □ Juristische Person, Einrichtung oder andere Stelle

            8.2.2.2.1 Vollständige Bezeichnung

            8.2.2.2.2 Identifizierungsnummer (falls vorhanden und bekannt)

            8.2.2.2.3 Anschrift (falls bekannt)

8.3 Die Entscheidung führt zur Übergabe des Kindes/der Kinder

    8.3.1 □ Nein

    8.3.2 □ Ja

        8.3.2.1 □ Für die Vollstreckung relevante Einzelheiten der Übergabe, soweit nicht bereits unter Nummer 8.1 angegeben (beispielsweise Übergabe an welche Person, Übergabe welchen Kindes/welcher Kinder, befristete oder einmalige Übergabe)

9. IN DER ENTSCHEIDUNG WERDEN VORLÄUFIGE MAßNAHMEN – AUCH SCHUTZ-MAßNAHMEN – ANGEORDNET

9.1 □ Nein

9.2 □ Ja

    9.2.1 Beschreibung der angeordneten Maßnahme(n)[92]

10. GEGEN DIE ENTSCHEIDUNG KÖNNEN NACH DEM RECHT DES URSPRUNGSMITGLIEDSTAATS WEITERE RECHTSBEHELFE EINGELEGT WERDEN*

10.1 □ Nein

10.2 □ Ja

11. DIE ENTSCHEIDUNG IST IM URSPRUNGSMITGLIEDSTAAT VOLLSTRECKBAR*

11.1 □ In Bezug auf das Sorgerecht, wie in Nummer 6 angegeben

    11.1.1 □ Nein

        11.1.1.1 □ Diese Entscheidung umfasst keine vollstreckbare Verpflichtung (falls zutreffend)

---

91 **Amtl. Anm.:** Wenn mehr als zwei Parteien betroffen sind, bitte zusätzliches Blatt beifügen.

92 **Amtl. Anm.:** Bitte eine Kopie des entsprechenden Abschnitts der Anordnung beilegen.

11.1.2 □ Ja, ohne Einschränkungen (bitte das Datum (TT/MM/JJJJ) angeben, an dem die Entscheidung vollstreckbar wurde): .../.../......

11.1.3 □ Ja, aber nur gegenüber der Partei[93] gemäß Nummer (bitte ausfüllen)

    11.1.3.1 Bitte das Datum (TT/MM/JJJJ) angeben, an dem die Entscheidung gegenüber dieser Partei vollstreckbar wurde: .../.../......

11.1.4 □ Ja, aber nur für folgenden Teil/folgende Teile der Entscheidung (bitte genau angeben):

    11.1.4.1 Bitte das Datum (TT/MM/JJJJ) angeben, an dem dieser Teil/diese Teile der Entscheidung vollstreckbar wurde(n): .../.../......

11.2 □ In Bezug auf das Umgangsrecht, wie in Nummer 7 angegeben

    11.2.1 □ Nein

        11.2.1.1 □ Diese Entscheidung umfasst keine vollstreckbare Verpflichtung (falls zutreffend)

    11.2.2 □ Ja, ohne Einschränkungen (bitte das Datum (TT/MM/JJJJ) angeben, an dem die Entscheidung vollstreckbar wurde): .../.../......

    11.2.3 □ Ja, aber nur gegen die Partei[94] gemäß Nummer (bitte ausfüllen)

        11.2.3.1 Bitte das Datum (TT/MM/JJJJ) angeben, an dem die Entscheidung gegenüber dieser Partei vollstreckbar wurde: .../.../......

    11.2.4 □ Ja, aber nur für folgenden Teil/folgende Teile der Entscheidung (bitte genau angeben):

        11.2.4.1 Bitte das Datum (TT/MM/JJJJ) angeben, an dem dieser Teil/diese Teile der Entscheidung vollstreckbar wurde(n): .../.../......

11.3 □ In Bezug auf andere Rechte in Verfahren betreffend die elterliche Verantwortung, wie in Nummer 8 angegeben

    11.3.1 □ Nein

        11.3.1.1 □ Diese Entscheidung umfasst keine vollstreckbare Verpflichtung (falls zutreffend)

    11.3.2 □ Ja, ohne Einschränkungen (bitte das Datum (TT/MM/JJJJ) angeben, an dem die Entscheidung vollstreckbar wurde): .../.../......

    11.3.3 □ Ja, aber nur gegen die Partei[95] gemäß Nummer (bitte ausfüllen)

        11.3.2 Bitte das Datum (TT/MM/JJJJ) angeben, an dem die Entscheidung gegenüber dieser Partei vollstreckbar wurde: .../.../......

    11.3.4 □ Ja, aber nur für folgenden Teil/folgende Teile der Entscheidung (bitte genau angeben):

        11.3.4.1 Bitte das Datum (TT/MM/JJJJ) angeben, an dem dieser Teil/diese Teile der Entscheidung vollstreckbar wurde(n): .../.../......

12. AM TAG DER AUSSTELLUNG DIESER BESCHEINIGUNG WAR DIE ENTSCHEIDUNG DER/DEN PARTEI(EN)[96] ZUGESTELLT, GEGEN DIE DIE VOLLSTRECKUNG ERWIRKT WERDEN SOLL*

12.1 Der Partei nach Nummer (bitte ausfüllen)

    12.1.1 □ Nein

    12.1.2 □ Dem Gericht nicht bekannt

    12.1.3 □ Ja

        12.1.3.1 Datum der Zustellung (TT/MM/JJJJ)

        12.1.3.2 Die Entscheidung wurde in der/den folgenden Sprache(n) zugestellt:

□ BG	□ ES	□ CS	□ DE	□ ET
□ EL	□ EN	□ FR	□ GA	□ HR
□ IT	□ LV	□ LT	□ HU	□ MT
□ NL	□ PL	□ PT	□ RO	□ SK
□ SL	□ FI	□ SV		

12.2 Der Partei nach Nummer (bitte ausfüllen)

    12.2.1 □ Nein

    12.2.2 □ Dem Gericht nicht bekannt

---

93 **Amtl. Anm.:** Wenn mehr als eine Partei betroffen ist, bitte zusätzliches Blatt beifügen.

94 **Amtl. Anm.:** Wenn mehr als eine Partei betroffen ist, bitte zusätzliches Blatt beifügen.

95 **Amtl. Anm.:** Wenn mehr als eine Partei betroffen ist, bitte zusätzliches Blatt beifügen.

96 **Amtl. Anm.:** Wenn mehr als zwei Parteien betroffen sind, bitte zusätzliches Blatt beifügen.

12.2.3 □ Ja

    12.2.3.1 Datum der Zustellung (TT/MM/JJJJ)

    12.2.3.2 Die Entscheidung wurde in der/den folgenden Sprache(n) zugestellt:

□ BG	□ ES	□ CS	□ DE	□ ET
□ EL	□ EN	□ FR	□ GA	□ HR
□ IT	□ LV	□ LT	□ HU	□ MT
□ NL	□ PL	□ PT	□ RO	□ SK
□ SL	□ FI	□ SV		

13. DIE ENTSCHEIDUNG ERGING IM VERSÄUMNISVERFAHREN[*]

13.1 □ Nein

13.2 □ Ja

    13.2.1 Nicht erschienene Partei[97] wie in Nummer angegeben (bitte ausfüllen)

    13.2.2 Dieser Partei wurde das verfahrenseinleitende Schriftstück oder ein gleichwertiges Schriftstück zugestellt:

        13.2.2.1 □ Nein

        13.2.2.2 □ Dem Gericht nicht bekannt

        13.2.2.3 □ Ja

            13.2.2.3.1 Datum der Zustellung (TT/MM/JJJJ)

14. DAS KIND/DIE KINDER[98] GEMÄß NUMMER 5 WAR(EN) FÄHIG, SICH SEINE/IHRE EIGENE MEINUNG ZU BILDEN[*]

14.1 □ Kind gemäß Nummer 5.1

    14.1.1 □ Ja (dann bitte Nummer 15 ausfüllen)

    14.1.2 □ Nein

14.2 □ Kind gemäß Nummer 5.2

    14.2.1 □ Ja (dann bitte Nummer 15 ausfüllen)

    14.2.2 □ Nein

14.3 □ Kind gemäß Nummer 5.3

    14.3.1 □ Ja (dann bitte Nummer 15 ausfüllen)

    14.3.2 □ Nein

15. DEM KIND/DEN KINDERN, DAS/DIE GEMÄß NUMMER 14 FÄHIG WAR(EN), SICH SEINE/IHRE EIGENE MEINUNG ZU BILDEN, WURDE GEMÄß ARTIKEL 21 DER VERORDNUNG EINE ECHTE UND WIRKSAME GELEGENHEIT ZUR MEINUNGSÄUßERUNG GEGEBEN

15.1 □ Kind gemäß Nummer 5.1

    15.1.1 □ Ja

    15.1.2 □ Nein, aus folgenden Gründen:

15.2 □ Kind gemäß Nummer 5.2

    15.2.1 □ Ja

    15.2.2 □ Nein, aus folgenden Gründen:

15.3 □ Kind gemäß Nummer 5.3

    15.3.1 □ Ja

    15.3.2 □ Nein, aus folgenden Gründen:

16. NAME(N) DER PARTEI(EN)[99], DER/DENEN PROZESSKOSTENHILFE GEMÄß ARTIKEL 74 ABSATZ 1 DER VERORDNUNG GEWÄHRT WURDE

16.1 Partei(en)

    16.1.1 wie in Nummer angegeben (bitte ausfüllen)

    16.1.2 wie in Nummer angegeben (bitte ausfüllen)

---

97 **Amtl. Anm.:** Wenn mehr als eine Partei betroffen ist, bitte zusätzliches Blatt beifügen.

98 **Amtl. Anm.:** Wenn mehr als drei Kinder betroffen sind, bitte zusätzliches Blatt beifügen.

99 **Amtl. Anm.:** Wenn mehr als zwei Parteien betroffen sind, bitte zusätzliches Blatt beifügen.

17. KOSTEN UND AUSLAGEN DES VERFAHRENS[100]

17.1 □ Die Entscheidung betrifft auch Ehesachen, und die Informationen über die Kosten im Zusammenhang mit den Verfahren nach dieser Verordnung werden nur in dieser Bescheinigung bereitgestellt.

17.2 Die Entscheidung sieht Folgendes vor:[101]

Name(n)*

Vorname(n))

hat an

Name(n)*

(Vorname(n))

folgenden Betrag zu zahlen:

□ Euro (EUR)	□ Bulgarischer Lev (BGN)	□ Kroatische Kuna (HRK)
□ Tschechische Krone (CZK)	□ Ungarischer Forint (HUF)	□ Polnischer Zloty (PLN)
□ Pfund Sterling (GBP)	□ Rumänischer Leu (RON)	□ Schwedische Krone (SEK)
□ Sonstige (bitte angeben (ISO-Code)):		

17.3 Etwaige weitere sachdienliche Angaben (beispielsweise: Festbetrag oder Prozentsatz; festgesetzte Zinsen; geteilte Kosten; wurden mehr als einer Partei die Kosten aufgegeben, Angabe, ob eine von ihnen für den gesamten Betrag in Anspruch genommen werden kann): ...

Geschehen zu ... am ... (TT/MM/JJJJ)

Unterschrift und/oder Dienstsiegel

Anhang IV Bescheinigung über Entscheidungen, in denen die Rückgabe des Kindes in einen anderen Mitgliedstaat gemäß dem Haager Übereinkommen von 1980[102] und etwaige mit ihnen verbundene einstweilige Maßnahmen – einschließlich Schutzmaßnahmen – gemäß Artikel 27 Absatz 5 der Verordnung angeordnet werden (Artikel 36 Absatz 1 Buchstabe c der Verordnung (EU) 2019/1111 des Rates[103])

WICHTIG

Auf Antrag einer Partei von dem der Kommission gemäß Artikel 103 der Verordnung mitgeteilten Gericht eines Ursprungsmitgliedstaats einer Rückgabeentscheidung auszustellen, wenn die Rückgabeentscheidung aufgrund einer weiteren, nach der Anordnung der Rückgabe erfolgten Entführung des Kindes/der Kinder in einem anderen Mitgliedstaat vollstreckt werden muss oder die Rückgabeentscheidung eine einstweilige Maßnahme – einschließlich einer Schutzmaßnahme – auf Grundlage des Artikels 27 Absatz 5 der Verordnung zum Schutz des Kindes vor der schwerwiegenden Gefahr im Sinne des Artikels 13 Absatz 1 Buchstabe b des Haager Übereinkommens von 1980 enthält.

---

100 **Amtl. Anm.:** Dieser Punkt betrifft auch Fälle, in denen die Kosten Gegenstand einer gesonderten Entscheidung sind. Der bloße Umstand, dass der Betrag der Kosten noch nicht feststeht, sollte das Gericht nicht daran hindern, die Bescheinigung auszustellen, wenn eine Partei die Anerkennung oder Vollstreckung der Entscheidung über den Streitgegenstand erwirken möchte.

101 **Amtl. Anm.:** Wenn mehr als einer Partei auferlegt wurde, die Kosten zu tragen, bitte zusätzliches Blatt beifügen.

102 **Amtl. Anm.:** Haager Übereinkommen vom 25. Oktober 1980 über die zivilrechtlichen Aspekte internationaler Kindesentführung (im Folgenden „Haager Übereinkommen von 1980").

103 **Amtl. Anm.:** Verordnung (EU) 2019/1111 des Rates vom 25. Juni 2019 über die Zuständigkeit, die Anerkennung und Vollstreckung von Entscheidungen in Ehesachen und in Verfahren betreffend die elterliche Verantwortung und über internationale Kindesentführungen (ABl. L 178 vom 2.7.2019, S. 1) (im Folgenden „Verordnung").

1. **URSPRUNGSMITGLIEDSTAAT DER ENTSCHEIDUNG, MIT DER DIE RÜCKGABE DES KINDES/DER KINDER ANGEORDNET WIRD***[104]

- ☐ Belgien (BE)
- ☐ Bulgarien (BG)
- ☐ Tschechien(CZ)
- ☐ Deutschland (DE)
- ☐ Estland (EE)
- ☐ Irland (IE)
- ☐ Griechenland (EL)
- ☐ Spanien (ES)
- ☐ Frankreich (FR)
- ☐ Kroatien (HR)
- ☐ Italien (IT)
- ☐ Zypern (CY)
- ☐ Lettland (LV)
- ☐ Litauen (LT)
- ☐ Luxemburg (LU)
- ☐ Ungarn (HU)
- ☐ Malta (MT)
- ☐ Niederlande (NL)
- ☐ Österreich (AT)
- ☐ Polen (PL)
- ☐ Portugal (PT)
- ☐ Rumänien (RO)
- ☐ Slowenien (SI)
- ☐ Slowakei (SK)
- ☐ Finnland (FI)
- ☐ Schweden (SE)
- ☐ Vereinigtes Königreich (UK)

2. **GERICHT, DAS DIE BESCHEINIGUNG AUSSTELLT***
2.1 **Bezeichnung***
2.2 **Anschrift***
2.3 **Telefon/Fax/E-Mail***
3. **GERICHT, DAS DIE ENTSCHEIDUNG ERLASSEN HAT (wenn es sich nicht um das gleiche Gericht handelt)**
3.1 **Bezeichnung**
3.2 **Anschrift**
4. **ENTSCHEIDUNG***
4.1 **Datum (TT/MM/JJJJ)***
4.2 **Aktenzeichen***
5. **KIND(ER)**[105]**, DAS/DIE GEMÄß DER ENTSCHEIDUNG ZURÜCKZUGEBEN IST/SIND***
5.1 **Kind 1***

    5.1.1 **Name(n)***
    5.1.2 **Vorname(n)***
    5.1.3 **Geburtsdatum (TT/MM/JJJJ)***
    5.1.4 **Geburtsort (soweit bekannt)**
    5.1.5 **Identitätsnummer oder Sozialversicherungsnummer (sofern vorhanden und bekannt)**

5.2 **Kind 2**

    5.2.1 **Name(n)**
    5.2.2 **Vorname(n)**
    5.2.3 **Geburtsdatum (TT/MM/JJJJ)**
    5.2.4 **Geburtsort (soweit bekannt)**
    5.2.5 **Identitätsnummer oder Sozialversicherungsnummer (sofern vorhanden und bekannt)**

5.3 **Kind 3**

    5.3.1 **Name(n)**
    5.3.2 **Vorname(n)**
    5.3.3 **Geburtsdatum (TT/MM/JJJJ)**
    5.3.4 **Geburtsort (soweit bekannt)**
    5.3.5 **Identitätsnummer oder Sozialversicherungsnummer (sofern vorhanden und bekannt)**

6. **MITGLIEDSTAAT, IN DEN DAS KIND/DIE KINDER GEMÄß DER ENTSCHEIDUNG ZURÜCKGEGEBEN WERDEN SOLLTE(N)***

- ☐ Belgien (BE)
- ☐ Bulgarien (BG)
- ☐ Tschechien(CZ)
- ☐ Deutschland (DE)
- ☐ Estland (EE)
- ☐ Irland (IE)
- ☐ Griechenland (EL)
- ☐ Spanien (ES)
- ☐ Frankreich (FR)
- ☐ Kroatien (HR)
- ☐ Italien (IT)
- ☐ Zypern (CY)
- ☐ Lettland (LV)
- ☐ Litauen (LT)
- ☐ Luxemburg (LU)
- ☐ Ungarn (HU)
- ☐ Malta (MT)
- ☐ Niederlande (NL)
- ☐ Österreich (AT)
- ☐ Polen (PL)
- ☐ Portugal (PT)
- ☐ Rumänien (RO)
- ☐ Slowenien (SI)
- ☐ Slowakei (SK)
- ☐ Finnland (FI)
- ☐ Schweden (SE)
- ☐ Vereinigtes Königreich (UK)

7. **WENN UND SOWEIT IN DER ENTSCHEIDUNG ANGEGEBEN: DAS KIND/DIE KINDER MUSS/MÜSSEN ZURÜCKGEGEBEN WERDEN AN**[106]

---

104 **Amtl. Anm.:** Die mit (*) gekennzeichneten Felder müssen ausgefüllt werden.

105 **Amtl. Anm.:** Wenn mehr als drei Kinder betroffen sind, bitte zusätzliches Blatt beifügen.

106 **Amtl. Anm.:** Wenn mehr als zwei Parteien betroffen sind, bitte zusätzliches Blatt beifügen.

7.1   **Partei 1**

    7.1.1 □ **Natürliche Person**

        7.1.1.1 Name(n)

        7.1.1.2 Vorname(n)

        7.1.1.3 Geburtsdatum (TT/MM/JJJJ)

        7.1.1.4 Geburtsort (soweit bekannt)

        7.1.1.5 Identitätsnummer oder Sozialversicherungsnummer (sofern vorhanden und bekannt)

        7.1.1.6 Anschrift (soweit bekannt)

            7.1.1.6.1 wie in der Entscheidung angegeben

            7.1.1.6.2 alle zusätzlichen Angaben (beispielsweise eine abweichende aktuelle Anschrift)

    7.1.2 □ **Juristische Person, Einrichtung oder andere Stelle**

        7.1.2.1 Vollständige Bezeichnung

        7.1.2.2 Identifizierungsnummer (falls vorhanden und bekannt)

        7.1.2.3 Anschrift (falls bekannt)

7.2   **Partei 2**

    7.2.1 □ **Natürliche Person**

        7.2.1.1 Name(n)

        7.2.1.2 Vorname(n)

        7.2.1.3 Geburtsdatum (TT/MM/JJJJ)

        7.2.1.4 Geburtsort (soweit bekannt)

        7.2.1.5 Identitätsnummer oder Sozialversicherungsnummer (sofern vorhanden und bekannt)

        7.2.1.6 Anschrift (soweit bekannt)

            7.2.1.6.1 wie in der Entscheidung angegeben

            7.2.1.6.2 alle zusätzlichen Angaben (beispielsweise eine abweichende aktuelle Anschrift)

    7.2.2 □ **Juristische Person, Einrichtung oder andere Stelle**

        7.2.2.1 Vollständige Bezeichnung

        7.2.2.2 Identifizierungsnummer (falls vorhanden und bekannt)

        7.2.2.3 Anschrift (falls bekannt)

8.   **PRAKTISCHE VORKEHRUNGEN FÜR DIE RÜCKGABE (FALLS UND SOWEIT IN DER ENTSCHEIDUNG ANGEGEBEN)**[107]

9.   **DIE ENTSCHEIDUNG ENTHÄLT EINSTWEILIGE MAßNAHMEN – EINSCHLIEßLICH EINER SCHUTZMAßNAHME – AUF GRUNDLAGE DES ARTIKELS 27ABSATZ 5 DER VERORDNUNG ZUM SCHUTZ DES KINDES VOR DER SCHWERWIEGENDEN GEFAHR IM SINNE DES ARTIKELS 13 ABSATZ 1 BUCHSTABE B DES HAAGER ÜBEREINKOMMENS VON 1980**[*]

9.1   □ **Nein**

9.2   □ **Ja**

    9.2.1 Beschreibung der angeordneten Maßnahme(n)[108]

10.   **PARTEI**[109]**, GEGEN DIE DIE VOLLSTRECKUNG ERWIRKT WERDEN SOLL**[*]

10.1 **Name(n)**[*]

10.2 **Vorname(n)**[*]

10.3 **Geburtsdatum (TT/MM/JJJJ)**[*]

10.4 **Geburtsort (soweit bekannt)**

10.5 **Identitätsnummer oder Sozialversicherungsnummer (sofern vorhanden und bekannt)**

10.6 **Anschrift (soweit bekannt)**

    10.6.1 wie in der Entscheidung … angegeben

    10.6.2 alle zusätzlichen Angaben (beispielsweise eine abweichende aktuelle Anschrift)

11.   **GEGEN DIE ENTSCHEIDUNG KÖNNEN NACH DEM RECHT DES URSPRUNGSMIT-GLIEDSTAATS WEITERE RECHTSBEHELFE EINGELEGT WERDEN**[*]

---

107 **Amtl. Anm.:** Bitte eine Kopie des entsprechenden Abschnitts der Anordnung beilegen.

108 **Amtl. Anm.:** Bitte eine Kopie des entsprechenden Abschnitts der Anordnung beilegen.

109 **Amtl. Anm.:** Wenn mehr als eine Partei betroffen ist, bitte zusätzliches Blatt beifügen.

11.1 □ Nein

11.2 □ Ja

12. DIE ENTSCHEIDUNG IST IM URSPRUNGSMITGLIEDSTAAT VOLLSTRECKBAR*

12.1 □ Nein

12.2 □ Ja, ohne Einschränkungen (bitte das Datum (TT/MM/JJJJ) angeben, an dem die Entscheidung vollstreckbar wurde): …/…/……

12.3 □ Ja, aber nur gegen die Partei[110] gemäß Nummer … (bitte ausfüllen)

    12.3.1 Bitte das Datum (TT/MM/JJJJ) angeben, an dem die Entscheidung gegenüber dieser Partei vollstreckbar wurde: …/…/……

13. AM TAG DER AUSSTELLUNG DER BESCHEINIGUNG WAR DIE ENTSCHEIDUNG DER/DEN PARTEIEN[111], GEGEN DIE GEMÄß NUMMMER 10 DIE VOLLSTRECKUNG BEWIRKT WERDEN SOLL, ZUGESTELLT*

13.1 □ Nein

13.2 □ Dem Gericht nicht bekannt

13.3 □ Ja

    13.3.1 Datum der Zustellung (TT/MM/JJJJ)

    13.3.2 Die Entscheidung wurde in der/den folgenden Sprache(n) zugestellt:

□ BG	□ ES	□ CS	□ DE	□ ET
□ EL	□ EN	□ FR	□ GA	□ HR
□ IT	□ LV	□ LT	□ HU	□ MT
□ NL	□ PL	□ PT	□ RO	□ SK
□ SL	□ FI	□ SV		

14. DIE ENTSCHEIDUNG ERGING IM VERSÄUMNISVERFAHREN:*

14.1 □ Nein

14.2 □ Ja

    14.2.1 Nicht erschienene Partei wie in Nummer … angegeben (bitte ausfüllen)

    14.2.1 Dieser Partei wurde das verfahrenseinleitende Schriftstück oder ein gleichwertiges Schriftstück zugestellt:

        14.2.2.1 □ Nein

        14.2.2.2 □ Dem Gericht nicht bekannt

        14.2.2.3 □ Ja

            14.2.2.3.1 Datum der Zustellung (TT/MM/JJJJ)

15. DAS KIND/DIE KINDER[112] GEMÄß NUMMER 5 WAR(EN) FÄHIG, SICH SEINE/IHRE EIGENE MEINUNG ZU BILDEN*

15.1 □ Kind gemäß Nummer 5.1

    15.1.1 □ Ja (dann bitte Nummer 16 ausfüllen)

    15.1.2 □ Nein

15.2 □ Kind gemäß Nummer 5.2

    15.2.1 □ Ja (dann bitte Nummer 16 ausfüllen)

    15.2.2 □ Nein

15.3 □ Kind gemäß Nummer 5.3

    15.3.1 □ Ja (dann bitte Nummer 16 ausfüllen)

    15.3.2 □ Nein

16. DEM KIND/DEN KINDERN[113], DAS/DIE GEMÄß NUMMER 15 FÄHIG WAR(EN), SICH SEINE/IHRE EIGENE MEINUNG ZU BILDEN, WURDE GEMÄß ARTIKEL 21 DER VERORDNUNG DIE ECHTE UND WIRKSAME GELEGENHEIT ZUR MEINUNGSÄUßERUNG GEGEBEN

16.1 □ Kind gemäß Nummer 5.1

    16.1.1 □ Ja

    16.1.2 □ Nein, aus folgenden Gründen:

---

110 **Amtl. Anm.:** Wenn mehr als eine Partei betroffen ist, bitte zusätzliches Blatt beifügen.

111 **Amtl. Anm.:** Wenn mehr als eine Partei betroffen ist, bitte zusätzliches Blatt beifügen.

112 **Amtl. Anm.:** Wenn mehr als drei Kinder betroffen sind, bitte zusätzliches Blatt beifügen.

113 **Amtl. Anm.:** Wenn mehr als drei Kinder betroffen sind, bitte zusätzliches Blatt beifügen.

16.2 □ **Kind gemäß Nummer 5.2**

    16.2.1 □ **Ja**

    16.2.2 □ **Nein, aus folgenden Gründen:**

16.3 □ **Kind gemäß Nummer 5.3**

    16.3.1 □ **Ja**

    16.3.2 □ **Nein, aus folgenden Gründen: ...**

17. **NAME(N) DER PARTEI(EN)[114], DENEN PROZESSKOSTENHILFE GEMÄß ARTIKEL 74 ABSATZ 1 DER VERORDNUNG GEWÄHRT WURDE**

17.1 **Partei(en)**

    17.1.1 □ **wie in Nummer ... angegeben (bitte ausfüllen)**

    17.1.2 □ **wie in Nummer ... angegeben (bitte ausfüllen)**

18. **KOSTEN UND AUSLAGEN DES VERFAHRENS[115]**

18.1 **Die Entscheidung sieht Folgendes vor:[116]**

    (Name(n))

    Vorname(n))

    hat an

    Name(n)

    (Vorname(n))

    folgenden Betrag zu zahlen:

    □ **Euro (EUR)**   □ **Bulgarischer Lev (BGN)**   □ **Kroatische Kuna (HRK)**

    □ **Tschechische Krone (CZK)**   □ **Ungarischer Forint (HUF)**   □ **Polnischer Zloty (PLN)**

    □ **Pfund Sterling (GBP)**   □ **Rumänischer Leu (RON)**   □ **Schwedische Krone (SEK)**

    □ **Sonstige (bitte angeben (ISO-Code)):**

18.2 **Etwaige weitere sachdienliche Angaben zu den Kosten (beispielsweise: Festbetrag oder Prozentsatz; festgesetzte Zinsen; geteilte Kosten; wurden mehr als einer Partei die Kosten aufgegeben, Angabe, ob eine von ihnen für den gesamten Betrag in Anspruch genommen werden kann):**

Zahl der beigefügten Seiten (falls zutreffend): ...

Geschehen zu ... am ... (TT/MM/JJJJ)

Unterschrift und/oder Dienstsiegel

Anhang V   Bescheinigung über bestimmte Entscheidungen über das Umgangsrecht

                (Artikel 42 Absatz 1 Buchstabe a und Artikel 47 Absatz 1 Buchstabe a der Verordnung (EU) 2019/1111 des Rates[117])

WICHTIG

Auf Antrag einer Partei von dem Gericht, das die Entscheidung erlassen hat, nur dann auszustellen, wenn die in den nachstehenden Nummern 11 bis 14 angegebenen Bedingungen des Artikels 47 Absatz 3 der Verordnung erfüllt sind. Anderenfalls ist Anhang III der Verordnung zu verwenden.

---

114   **Amtl. Anm.:** Wenn mehr als zwei Parteien betroffen sind, bitte zusätzliches Blatt beifügen.

115   **Amtl. Anm.:** Dieser Punkt betrifft auch Fälle, in denen die Kosten Gegenstand einer gesonderten Entscheidung sind. Der bloße Umstand, dass der Betrag der Kosten noch nicht feststeht, sollte das Gericht nicht daran hindern, die Bescheinigung auszustellen, wenn eine Partei die Anerkennung oder Vollstreckung der Entscheidung über den Streitgegenstand erwirken möchte.

116   **Amtl. Anm.:** Wenn mehr als einer Partei auferlegt wurde, die Kosten zu tragen, bitte zusätzliches Blatt beifügen.

117   **Amtl. Anm.:** Verordnung (EU) 2019/1111 des Rates vom 25. Juni 2019 über die Zuständigkeit, die Anerkennung und Vollstreckung von Entscheidungen in Ehesachen und in Verfahren betreffend die elterliche Verantwortung und über internationale Kindesentführungen (ABl. L 178 vom 2.7.2019, S. 1) (im Folgenden „Verordnung").

1.   **URSPRUNGSMITGLIEDSTAAT**[*][118]

☐ **Belgien (BE)**	☐ **Bulgarien (BG)**	☐ **Tschechien(CZ)**	☐ **Deutschland (DE)**
☐ **Estland (EE)**	☐ **Irland (IE)**	☐ **Griechenland (EL)**	☐ **Spanien (ES)**
☐ **Frankreich (FR)**	☐ **Kroatien (HR)**	☐ **Italien (IT)**	☐ **Zypern (CY)**
☐ **Lettland (LV)**	☐ **Litauen (LT)**	☐ **Luxemburg (LU)**	☐ **Ungarn (HU)**
☐ **Malta (MT)**	☐ **Niederlande (NL)**	☐ **Österreich (AT)**	☐ **Polen (PL)**
☐ **Portugal (PT)**	☐ **Rumänien (RO)**	☐ **Slowenien (SI)**	☐ **Slowakei (SK)**
☐ **Finnland (FI)**	☐ **Schweden (SE)**	☐ **Vereinigtes Königreich (UK)**	

2.   **GERICHT, DAS DIE ENTSCHEIDUNG ERLASSEN HAT UND DIE BESCHEINIGUNG AUSSTELLT**[*]

2.1   **Bezeichnung**[*]

2.2   **Anschrift**[*]

2.3   **Telefon/Fax/E-Mail**[*]

3.   **ENTSCHEIDUNG**[*]

3.1   **Datum (TT/MM/JJJJ)**[*]

3.2   **Aktenzeichen**[*]

4.   **VON DER ENTSCHEIDUNG BETROFFENES KIND/BETROFFENE KINDER**[119][*]

4.1   **Kind 1**

     4.1.1 Name(n)[*]

     4.1.2 Vorname(n)[*]

     4.1.3 Geburtsdatum (TT/MM/JJJJ)[*]

     4.1.4 Geburtsort (soweit bekannt)

     4.1.5 Identitätsnummer oder Sozialversicherungsnummer (sofern vorhanden und bekannt)

4.2   **Kind 2**

     4.2.1 Name(n)

     4.2.2 Vorname(n)

     4.2.3 Geburtsdatum (TT/MM/JJJJ)

     4.2.4 Geburtsort (soweit bekannt)

     4.2.5 Identitätsnummer oder Sozialversicherungsnummer (sofern vorhanden und bekannt)

4.3   **Kind 3**

     4.3.1 Name(n)

     4.3.2 Vorname(n)

     4.3.3 Geburtsdatum (TT/MM/JJJJ)

     4.3.4 Geburtsort (soweit bekannt)

     4.3.5 Identitätsnummer oder Sozialversicherungsnummer (sofern vorhanden und bekannt)

5.   **PARTEI(EN)**[120]**, DER/DENEN DAS UMGANGSRECHT EINGERÄUMT WURDE**[*]

5.1   **Partei 1**

     5.1.1 Name(n)[*]

     5.1.2 Vorname(n)[*]

     5.1.3 Geburtsdatum (TT/MM/JJJJ)[*]

     5.1.4 Geburtsort (soweit bekannt)

     5.1.5 Identitätsnummer oder Sozialversicherungsnummer (sofern vorhanden und bekannt)

     5.1.6 Anschrift (soweit bekannt)

         5.1.6.1 wie in der Entscheidung angegeben

         5.1.6.2 alle zusätzlichen Angaben (beispielsweise eine abweichende aktuelle Anschrift)

5.2   **Partei 2**

     5.2.1 Name(n)

     5.2.2 Vorname(n)

     5.2.3 Geburtsdatum (TT/MM/JJJJ)

     5.2.4 Geburtsort (soweit bekannt)

     5.2.5 Identitätsnummer oder Sozialversicherungsnummer (sofern vorhanden und bekannt)

---

118   **Amtl. Anm.:** Die mit (*) gekennzeichneten Felder müssen ausgefüllt werden.

119   **Amtl. Anm.:** Wenn mehr als drei Kinder betroffen sind, bitte zusätzliches Blatt beifügen.

120   **Amtl. Anm.:** Wurde mehr als zwei Parteien das Umgangsrecht eingeräumt, bitte zusätzliches Blatt beifügen.

5.2.6 Anschrift (soweit bekannt)

    5.2.6.1 wie in der Entscheidung angegeben

    5.2.6.2 alle zusätzlichen Angaben (beispielsweise eine abweichende aktuelle Anschrift)

6.   GEMÄẞ DER ENTSCHEIDUNG EINGERÄUMTES UMGANGSRECHT UND PRAKTISCHE VORKEHRUNGEN FÜR DESSEN AUSÜBUNG (SOWEIT IN DER ENTSCHEIDUNG ANGEGEBEN)[121]

7.   PARTEI(EN)[122], GEGEN DIE DIE VOLLSTRECKUNG ERWIRKT WERDEN SOLL*

7.1   Partei 1*

    7.1.1 □ Natürliche Person

        7.1.1.1 Name(n)

        7.1.1.2 Vorname(n)

        7.1.1.3 Geburtsdatum (TT/MM/JJJJ)

        7.1.1.4 Geburtsort (soweit bekannt)

        7.1.1.5 Identitätsnummer oder Sozialversicherungsnummer (sofern vorhanden und bekannt)

        7.1.1.6 Anschrift (soweit bekannt)

            7.1.1.6.1 wie in der Entscheidung angegeben

            7.1.1.6.2 alle zusätzlichen Angaben (beispielsweise eine abweichende aktuelle Anschrift)

    7.1.2 □ Juristische Person, Einrichtung oder andere Stelle

        7.1.2.1 Vollständige Bezeichnung

        7.1.2.2 Identifizierungsnummer (falls vorhanden und bekannt)

        7.1.2.3 Anschrift (falls bekannt)

7.2.   Partei 2

    7.2.1 □ Natürliche Person

        7.2.1.1 Name(n)

        7.2.1.2 Vorname(n)

        7.2.1.3 Geburtsdatum (TT/MM/JJJJ)

        7.2.1.4 Geburtsort (soweit bekannt)

        7.2.1.5 Identitätsnummer oder Sozialversicherungsnummer (sofern vorhanden und bekannt)

        7.2.1.6 Anschrift (soweit bekannt)

            7.2.1.6.1 wie in der Entscheidung angegeben

            7.2.1.6.2 alle zusätzlichen Angaben (beispielsweise eine abweichende aktuelle Anschrift)

    7.2.2 □ Juristische Person, Einrichtung oder andere Stelle

        7.2.2.1 Vollständige Bezeichnung

        7.2.2.2 Identifizierungsnummer (falls vorhanden und bekannt)

        7.2.2.3 Anschrift (falls bekannt)

8.   GEGEN DIE ENTSCHEIDUNG KÖNNEN NACH DEM RECHT DES URSPRUNGSMITGLIEDSTAATS WEITERE RECHTSBEHELFE EINGELEGT WERDEN*

8.1   □ Nein

8.1   □ Ja

9.   DIE ENTSCHEIDUNG IST IM URSPRUNGSMITGLIEDSTAAT VOLLSTRECKBAR*

9.1   □ Nein

9.2   □ Ja, ohne Einschränkungen (bitte das Datum (TT/MM/JJJJ) angeben, an dem die Entscheidung vollstreckbar wurde): …/…/……

9.3   □ Ja, aber nur gegen die Partei[123] gemäß Nummer … (bitte ausfüllen)

    9.3.1 Bitte das Datum (TT/MM/JJJJ) angeben, an dem die Entscheidung gegenüber dieser Partei vollstreckbar wurde: …/…/……

---

121 **Amtl. Anm.:** Bitte eine Kopie des entsprechenden Abschnitts der Anordnung beilegen.

122 **Amtl. Anm.:** Wenn die Vollstreckung gegen mehr als zwei Parteien erwirkt werden soll, bitte zusätzliches Blatt beifügen.

123 **Amtl. Anm.:** Wenn mehr als eine Partei betroffen ist, bitte zusätzliches Blatt beifügen.

9.4 ☐ Ja, aber nur folgender Abschnitt/folgende Abschnitte der Entscheidung (bitte genau angeben):

    9.4.1 Bitte das Datum (TT/MM/JJJJ) angeben, an dem dieser Abschnitt/diese Abschnitte der Entscheidung vollstreckbar wurde(n): .../.../......

10. AM TAG DER AUSSTELLUNG DER BESCHEINIGUNG WAR DIE ENTSCHEIDUNG DER/DEN PARTEIEN[124] ZUGESTELLT, GEGEN DIE DIE VOLLSTRECKUNG ERWIRKT WERDEN SOLL*

10.1 Der Partei nach Nummer 7.1*

    10.1.1 ☐ Nein

    10.1.2 ☐ Dem Gericht nicht bekannt

    10.1.3 ☐ Ja

        10.1.3.1 Datum der Zustellung (TT/MM/JJJJ)

        10.1.3.2 Die Entscheidung wurde in der/den folgenden Sprache(n) zugestellt:

☐ BG	☐ ES	☐ CS	☐ DE	☐ ET
☐ EL	☐ EN	☐ FR	☐ GA	☐ HR
☐ IT	☐ LV	☐ LT	☐ HU	☐ MT
☐ NL	☐ PL	☐ PT	☐ RO	☐ SK
☐ SL	☐ FI	☐ SV		

10.2 Der Partei gemäß Nummer 7.2

    10.2.1 ☐ Nein

    10.2.2 ☐ Dem Gericht nicht bekannt

    10.2.3 ☐ Ja

        10.2.3.1 Datum der Zustellung (TT/MM/JJJJ)

        10.2.3.2 Die Entscheidung wurde in der/den folgenden Sprache(n) zugestellt:

☐ BG	☐ ES	☐ CS	☐ DE	☐ ET
☐ EL	☐ EN	☐ FR	☐ GA	☐ HR
☐ IT	☐ LV	☐ LT	☐ HU	☐ MT
☐ NL	☐ PL	☐ PT	☐ RO	☐ SK
☐ SL	☐ FI	☐ SV		

11. ALLE BETROFFENEN PARTEIEN HATTEN GELEGENHEIT, GEHÖRT ZU WERDEN*

11.1 ☐ Ja (anderenfalls ist Anhang III der Verordnung zu verwenden)

12. DAS KIND/DIE KINDER[125] GEMÄß NUMMER 4 WAR(EN) FÄHIG, SICH SEINE/IHRE EIGENE MEINUNG ZU BILDEN*

12.1 ☐ Kind gemäß Nummer 4.1

    12.1.1 ☐ Ja (dann bitte Nummer 13 ausfüllen)

    12.1.2 ☐ Nein

12.2 ☐ Kind gemäß Nummer 4.2

    12.2.1 ☐ Ja (dann bitte Nummer 13 ausfüllen)

    12.2.2 ☐ Nein

12.3 ☐ Kind gemäß Nummer 4.3

    12.3.1 ☐ Ja (dann bitte Nummer 13 ausfüllen)

    12.3.2 ☐ Nein

13. DEM KIND/DEN KINDERN, DAS/DIE GEMÄß NUMMER 12 FÄHIG WAR(EN) SICH SEINE/IHRE EIGENE MEINUNG ZU BILDEN, WURDE GEMÄß ARTIKEL 21 DER VERORDNUNG DIE ECHTE UND WIRKSAME GELEGENHEIT ZUR MEINUNGSÄUßERUNG GEGEBEN

13.1 ☐ Kind gemäß Nummer 4.1

    13.1.1. ☐ Ja (anderenfalls ist Anhang III der Verordnung zu verwenden)

13.2 ☐ Kind gemäß Nummer 4.2

    13.2.1 ☐ Ja (anderenfalls ist Anhang III der Verordnung zu verwenden)

---

124 **Amtl. Anm.:** Wenn mehr als zwei Parteien betroffen sind, bitte zusätzliches Blatt beifügen.

125 **Amtl. Anm.:** Wenn mehr als drei Kinder betroffen sind, bitte zusätzliches Blatt beifügen.

13.3 □ Kind gemäß Nummer 4.3

    13.3.1 □ Ja (anderenfalls ist Anhang III der Verordnung zu verwenden)

14. DIE ENTSCHEIDUNG ERGING IM VERSÄUMNISVERFAHREN[*]

14.1 □ Nein

14.2 □ Ja

    14.2.1 Nicht erschienene Partei[126] wie in Nummer … angegeben (bitte ausfüllen)

    14.2.2 Dieser Partei/diesen Parteien wurde das verfahrenseinleitende Schriftstück oder ein gleichwertiges Schriftstück so rechtzeitig und in einer Weise zugestellt, dass sie sich verteidigen konnte(n)

        14.2.2.1 □ Ja

            14.2.2.1.1 Datum der Zustellung (TT/MM/JJJJ)

        14.2.2.2 □ Nein, aber die nicht erschienene Partei hat sich dennoch eindeutig mit der Entscheidung einverstanden erklärt (anderenfalls ist Anhang III der Verordnung zu verwenden)

15. NAME(N) DER PARTEI(EN)[127], DER (DENEN) PROZESSKOSTENHILFE GEMÄSS ARTIKEL 74 ABSATZ 1 DER VERORDNUNG GEWÄHRT WURDE

15.1 Partei(en)

    15.1.1 □ wie in Nummer … angegeben (bitte ausfüllen)

    15.1.2 □ wie in Nummer … angegeben (bitte ausfüllen)

16. KOSTEN UND AUSLAGEN DES VERFAHRENS[128]

16.1 □ Die Entscheidung betrifft auch Ehesachen, und die Informationen über die Kosten im Zusammenhang mit den Verfahren nach dieser Verordnung werden nur in der Bescheinigung zu Entscheidungen in Ehesachen bereitgestellt.

16.2. □ Die Entscheidung betrifft auch andere Verfahren betreffend die elterliche Verantwortung, und die Informationen über die Kosten im Zusammenhang mit den Verfahren nach dieser Verordnung werden nur in der Bescheinigung zu Entscheidungen in Verfahren betreffend die elterliche Verantwortung bereitgestellt.

16.3 Die Entscheidung sieht Folgendes vor:[129]

Name(n)

(Vorname(n))

hat an

Name(n)

(Vorname(n))

folgenden Betrag zu zahlen:

□ Euro (EUR)	□ Bulgarischer Lev (BGN)	□ Kroatische Kuna (HRK)
□ Tschechische Krone (CZK)	□ Ungarischer Forint (HUF)	□ Polnischer Zloty (PLN)
□ Pfund Sterling (GBP)	□ Rumänischer Leu (RON)	□ Schwedische Krone (SEK)
□ Sonstige (bitte angeben (ISO-Code))		

16.4 Etwaige weitere sachdienliche Angaben zu den Kosten (beispielsweise: Festbetrag oder Prozentsatz; festgesetzte Zinsen; geteilte Kosten; wurden mehr als einer Partei die Kosten aufgegeben, Angabe, ob eine von ihnen für den gesamten Betrag in Anspruch genommen werden kann):

Zahl der beigefügten Seiten (falls zutreffend): …

Geschehen zu … am … (TT/MM/JJJJ)

Unterschrift und/oder Dienstsiegel

---

126 **Amtl. Anm.:** Wenn mehr als eine Partei betroffen ist, bitte zusätzliches Blatt beifügen.

127 **Amtl. Anm.:** Wenn mehr als zwei Parteien betroffen sind, bitte zusätzliches Blatt beifügen.

128 **Amtl. Anm.:** Dieser Punkt betrifft auch Fälle, in denen die Kosten Gegenstand einer gesonderten Entscheidung sind. Der bloße Umstand, dass der Betrag der Kosten noch nicht feststeht, sollte das Gericht nicht daran hindern, die Bescheinigung auszustellen, wenn eine Partei die Anerkennung oder Vollstreckung der Entscheidung über den Streitgegenstand erwirken möchte.

129 **Amtl. Anm.:** Wenn mehr als einer Partei auferlegt wurde, die Kosten zu tragen, bitte zusätzliches Blatt beifügen.

Anhang VI Bescheinigung über nach Artikel 29 Absatz 6 der Verordnung ergangene Sorgerechtsentscheidungen, die die Rückgabe des Kindes zur Folge haben

(Artikel 29 Absatz 6, Artikel 42 Absatz 1 Buchstabe b und Artikel 47 Absatz 1 Buchstabe b der Verordnung (EU) 2019/1111 des Rates[130])

WICHTIG

Auf Antrag einer Partei von dem Gericht, das die Entscheidung gemäß Artikel 29 Absatz 6 erlassen hat, auszustellen, soweit diese Entscheidung die Rückgabe des Kindes zur Folge hat und nur, wenn die in den nachstehenden Nummern 11 bis 15 angegebenen Bedingungen des Artikel 47 Absätze 3 und 4 der Verordnung erfüllt sind. Anderenfalls ist Anhang III der Verordnung zu verwenden.

1. URSPRUNGSMITGLIEDSTAAT*[131]

□ Belgien (BE)	□ Bulgarien (BG)	□ Tschechien(CZ)	□ Deutschland (DE)
□ Estland (EE)	□ Irland (IE)	□ Griechenland (EL)	□ Spanien (ES)
□ Frankreich (FR)	□ Kroatien (HR)	□ Italien (IT)	□ Zypern (CY)
□ Lettland (LV)	□ Litauen (LT)	□ Luxemburg (LU)	□ Ungarn (HU)
□ Malta (MT)	□ Niederlande (NL)	□ Österreich (AT)	□ Polen (PL)
□ Portugal (PT)	□ Rumänien (RO)	□ Slowenien (SI)	□ Slowakei (SK)
□ Finnland (FI)	□ Schweden (SE)	□ Vereinigtes Königreich (UK)	

2. GERICHT, DAS DIE ENTSCHEIDUNG ERLASSEN HAT UND DIE BESCHEINIGUNG AUSSTELLT*

2.1 Bezeichnung*

2.2 Anschrift*

2.3 Telefon/Fax/E-Mail*

3. ENTSCHEIDUNG*

3.1 Datum (TT/MM/JJJJ)*

3.2 Aktenzeichen*

4. KIND(ER)[132], DAS/DIE GEMÄß DER ENTSCHEIDUNG ZURÜCKZUGEBEN IST/SIND*:

4.1 Kind 1*

    4.1.1 Name(n)*

    4.1.2 Vorname(n)*

    4.1.3 Geburtsdatum (TT/MM/JJJJ)*

    4.1.4 Geburtsort (soweit bekannt)

    4.1.5 Identitätsnummer oder Sozialversicherungsnummer (sofern vorhanden und bekannt)

4.2 Kind 2

    4.2.1 Name(n)

    4.2.2 Vorname(n)

    4.2.3 Geburtsdatum (TT/MM/JJJJ)

    4.2.4 Geburtsort (soweit bekannt)

    4.2.5 Identitätsnummer oder Sozialversicherungsnummer (sofern vorhanden und bekannt)

4.3 Kind 3

    4.3.1 Name(n)

    4.3.2 Vorname(n)

    4.3.3 Geburtsdatum (TT/MM/JJJJ)

    4.3.4 Geburtsort (soweit bekannt)

    4.3.5 Identitätsnummer oder Sozialversicherungsnummer (sofern vorhanden und bekannt)

---

130 **Amtl. Anm.:** Verordnung (EU) 2019/1111 des Rates vom 25. Juni 2019 über die Zuständigkeit, die Anerkennung und Vollstreckung von Entscheidungen in Ehesachen und in Verfahren betreffend die elterliche Verantwortung und über internationale Kindesentführungen (ABl. L 178 vom 2.7.2019, S. 1) (im Folgenden „Verordnung").

131 **Amtl. Anm.:** Die mit (*) gekennzeichneten Felder müssen ausgefüllt werden.

132 **Amtl. Anm.:** Wenn mehr als drei Kinder betroffen sind, bitte zusätzliches Blatt beifügen.

5. **FALLS UND SOWEIT IN DER ENTSCHEIDUNG ANGEGEBEN: DAS KIND/DIE KINDER IST/SIND ZURÜCKZUGEBEN AN**[133]

5.1 **Partei 1**

    5.1.1 □ **Natürliche Person**

        5.1.1.1 **Name(n)**

        5.1.1.2 **Vorname(n)**

        5.1.1.3 **Geburtsdatum (TT/MM/JJJJ)**

        5.1.1.4 **Geburtsort (soweit bekannt)**

        5.1.1.5 **Identitätsnummer oder Sozialversicherungsnummer (sofern vorhanden und bekannt)**

        5.1.1.6 **Anschrift (soweit bekannt)**

            5.1.1.6.1 **wie in der Entscheidung ... angegeben**

            5.1.1.6.2 **alle zusätzlichen Angaben (beispielsweise eine abweichende aktuelle Anschrift)**

    5.1.2 □ **Juristische Person, Einrichtung oder andere Stelle**

        5.1.2.1 **Vollständige Bezeichnung**

        5.1.2.1 **Identifizierungsnummer (falls vorhanden und bekannt)**

        5.1.2.1 **Anschrift (falls bekannt)**

5.2 **Partei 2**

    5.2.1 □ **Natürliche Person**

        5.2.1.1 **Name(n)**

        5.2.1.2 **Vorname(n)**

        5.2.1.3 **Geburtsdatum (TT/MM/JJJJ)**

        5.2.1.4 **Geburtsort (soweit bekannt)**

        5.2.1.5 **Identitätsnummer oder Sozialversicherungsnummer (sofern vorhanden und bekannt)**

        5.2.1.6 **Anschrift (soweit bekannt)**

            5.2.1.6.1 **wie in der Entscheidung ... angegeben**

            5.2.1.6.2 **alle zusätzlichen Angaben (beispielsweise eine abweichende aktuelle Anschrift)**

    5.2.2 □ **Juristische Person, Einrichtung oder andere Stelle**

        5.2.2.1 **Vollständige Bezeichnung**

        5.2.2.1 **Identifizierungsnummer (falls vorhanden und bekannt)**

        5.2.2.1 **Anschrift (falls bekannt)**

6. **PRAKTISCHE VORKEHRUNGEN FÜR DIE RÜCKGABE (FALLS UND SOWEIT IN DER ENTSCHEIDUNG ANGEGEBEN)**[134]

7. **PARTEI**[135]**, GEGEN DIE DIE VOLLSTRECKUNG ERWIRKT WERDEN SOLL***

7.1 **Name(n)***

7.2 **Vorname(n)***

7.3 **Geburtsdatum (TT/MM/JJJJ)**

7.4 **Geburtsort (soweit bekannt)**

7.5 **Identitätsnummer oder Sozialversicherungsnummer (sofern vorhanden und bekannt)**

7.6 **Anschrift (soweit bekannt)**

    7.6.1 **wie in der Entscheidung ... angegeben**

    7.6.2 **alle zusätzlichen Angaben (beispielsweise eine abweichende aktuelle Anschrift)**

8. **GEGEN DIE ENTSCHEIDUNG KÖNNEN NACH DEM RECHT DES URSPRUNGSMIT-GLIEDSTAATS WEITERE RECHTSBEHELFE EINGELEGT WERDEN***:

8.1 □ **Nein**

8.2 □ **Ja**

9. **DER ABSCHNITT DER ENTSCHEIDUNG, DER DIE RÜCKGABE DES KINDES/DER KIN-DER ZUR FOLGE HAT, IST IM URSPRUNGSMITGLIEDSTAAT VOLLSTRECKBAR***

9.1 □ **Nein**

---

133 **Amtl. Anm.:** Wenn mehr als zwei Parteien betroffen sind, bitte zusätzliches Blatt beifügen.

134 **Amtl. Anm.:** Bitte eine Kopie des entsprechenden Abschnitts der Anordnung beilegen.

135 **Amtl. Anm.:** Wenn mehr als eine Partei betroffen ist, bitte zusätzliches Blatt beifügen.

9.2 ☐ Ja, ohne Einschränkungen (bitte das Datum (TT/MM/JJJJ) angeben, an dem die Entscheidung vollstreckbar wurde): …/…/…….

9.3 ☐ Ja, aber nur gegen die Partei[136] gemäß Nummer … (bitte ausfüllen):

9.3.1 Bitte das Datum (TT/MM/JJJJ) angeben, an dem die Entscheidung gegen diese Partei vollstreckbar wurde: …/…/…….

10. AM TAG DER AUSSTELLUNG DER BESCHEINIGUNG WAR DIE ENTSCHEIDUNG DER PARTEI[137] ZUGESTELLT, GEGEN DIE GEMÄß NUMMMER 7 DIE VOLLSTRECKUNG BEWIRKT WERDEN SOLL*

10.1 ☐ Nein

10.2 ☐ Dem Gericht nicht bekannt

10.3 ☐ Ja

10.3.1 Datum der Zustellung (TT/MM/JJJJ)

10.3.2 Die Entscheidung wurde in der/den folgenden Sprache(n) zugestellt:

☐ BG	☐ ES	☐ CS	☐ DE	☐ ET
☐ EL	☐ EN	☐ FR	☐ GA	☐ HR
☐ IT	☐ LV	☐ LT	☐ HU	☐ MT
☐ NL	☐ PL	☐ PT	☐ RO	☐ SK
☐ SL	☐ FI	☐ SV		

11. ALLE BETROFFENEN PARTEIEN HATTEN GELEGENHEIT, GEHÖRT ZU WERDEN*

11.1 ☐ Ja (anderenfalls ist Anhang III der Verordnung zu verwenden)

12. DAS KIND/DIE KINDER[138] GEMÄß NUMMER 4 WAR(EN) FÄHIG, SICH SEINE/IHRE EIGENE MEINUNG ZU BILDEN*

12.1 ☐ Kind gemäß Nummer 4.1

12.1.1 ☐ Ja (dann bitte Nummer 13 ausfüllen)
12.1.2 ☐ Nein

12.2 ☐ Kind gemäß Nummer 4.2

12.2.1 ☐ Ja (dann bitte Nummer 13 ausfüllen)
12.2.2 ☐ Nein

12.3 ☐ Kind gemäß Nummer 4.3

12.3.1 ☐ Ja (dann bitte Nummer 13 ausfüllen)
12.3.2 ☐ Nein

13. DEM KIND/DEN KINDERN, DAS/DIE GEMÄß NUMMER 12 FÄHIG WAR(EN), SICH SEINE/IHRE EIGENE MEINUNG ZU BILDEN, WURDE GEMÄß ARTIKEL 21 DER VERORDNUNG DIE ECHTE UND WIRKSAME GELEGENHEIT ZUR MEINUNGSÄUßERUNG GEGEBEN

13.1 ☐ Kind gemäß Nummer 4.1

13.1.1 ☐ Ja (anderenfalls ist Anhang III der Verordnung zu verwenden)

13.2 ☐ Kind gemäß Nummer 4.2

13.2.1 ☐ Ja (anderenfalls ist Anhang III der Verordnung zu verwenden)

13.3 ☐ Kind gemäß Nummer 4.3

13.3.1 ☐ Ja (anderenfalls ist Anhang III der Verordnung zu verwenden)

14. DIE ENTSCHEIDUNG ERGING IM VERSÄUMNISVERFAHREN*

14.1 ☐ Nein

14.2 ☐ Ja

14.2.1 Nicht erschienene Partei[139] wie in Nummer … angegeben (bitte ausfüllen)

14.2.2 Dieser Partei/diesen Parteien wurde das verfahrenseinleitende Schriftstück oder ein gleichwertiges Schriftstück so rechtzeitig und in einer Weise zugestellt wurde, dass sie sich verteidigen konnte(n).

---

136 **Amtl. Anm.:** Wenn mehr als eine Partei betroffen ist, bitte zusätzliches Blatt beifügen.

137 **Amtl. Anm.:** Wenn mehr als eine Partei betroffen ist, bitte zusätzliches Blatt beifügen.

138 **Amtl. Anm.:** Wenn mehr als drei Kinder betroffen sind, bitte zusätzliches Blatt beifügen.

139 **Amtl. Anm.:** Wenn mehr als eine Partei betroffen ist, bitte zusätzliches Blatt beifügen.

14.2.2.1 □ Ja

    14.2.2.1.1 Datum der Zustellung (TT/MM/JJJJ)

  14.2.2.2 □ Nein, aber die nicht erschienene Partei hat sich dennoch eindeutig mit der Entscheidung einverstanden erklärt (anderenfalls ist Anhang III der Verordnung zu verwenden)

15. DAS GERICHT HAT BEI SEINER ENTSCHEIDUNG DIE GRÜNDE UND TATBESTÄNDE BERÜCKSICHTIGT, DIE DER ENTSCHEIDUNG ZUGRUNDE LIEGEN, DIE ZUVOR IN EINEM ANDEREN MITGLIEDSTAAT GEMÄß ARTIKEL 13 ABSATZ 1 BUCHSTABE B ODER ARTIKEL 13 ABSATZ 2 DES HAAGER ÜBEREINKOMMENS VOM 25. OKTOBER 1980 ÜBER DIE ZIVILRECHTLICHEN ASPEKTE INTERNATIONALER KINDESENTFÜHRUNG ERGANGEN IST[*]

15.1 □ Ja (anderenfalls ist Anhang III der Verordnung zu verwenden)

16. IN DER ENTSCHEIDUNG WERDEN VORLÄUFIGE MAßNAHMEN – AUCH SCHUTZMAßNAHMEN – ANGEORDNET:

16.1 □ Nein

16.2 □ Ja

  16.2.1 Beschreibung der angeordneten Maßnahme(n)[140]

17. NAME(N) DER PARTEI(EN)[141], DER/DENEN PROZESSKOSTENHILFE GEMÄß ARTIKEL 74 ABSATZ 1 DER VERORDNUNG GEWÄHRT WURDE

17.1 Partei(en)

  17.1.1 □ wie in Nummer ... angegeben (bitte ausfüllen)

  17.1.2 □ wie in Nummer ... angegeben (bitte ausfüllen)

18. KOSTEN UND AUSLAGEN DES VERFAHRENS[142]

18.1 Die Entscheidung sieht Folgendes vor:[143]

Name(n)

(Vorname(n))

hat an

Name(n)

(Vorname(n))

folgenden Betrag zu zahlen

□ Euro (EUR)   □ Bulgarischer Lev (BGN)   □ Kroatische Kuna (HRK)

□ Tschechische Krone (CZK)   □ Ungarischer Forint (HUF)   □ Polnischer Zloty (PLN)

□ Pfund Sterling (GBP)   □ Rumänischer Leu (RON)   □ Schwedische Krone (SEK)

□ Sonstige (bitte angeben (ISO-Code)):

18.2 Etwaige weitere sachdienliche Angaben zu den Kosten (beispielsweise: Festbetrag oder Prozentsatz; festgesetzte Zinsen; geteilte Kosten; wurden mehr als einer Partei die Kosten aufgegeben, Angabe, ob eine von ihnen für den gesamten Betrag in Anspruch genommen werden kann):

Zahl der beigefügten Seiten (falls zutreffend): ...

Geschehen zu ... am ... (TT/MM/JJJJ)

Unterschrift und/oder Dienstsiegel

---

140 **Amtl. Anm.:** Bitte eine Kopie des entsprechenden Abschnitts der Anordnung beilegen.

141 **Amtl. Anm.:** Wenn mehr als zwei Parteien betroffen sind, bitte zusätzliches Blatt beifügen.

142 **Amtl. Anm.:** Dieser Punkt betrifft auch Fälle, in denen die Kosten Gegenstand einer gesonderten Entscheidung sind. Der bloße Umstand, dass der Betrag der Kosten noch nicht feststeht, sollte das Gericht

nicht daran hindern, die Bescheinigung auszustellen, wenn eine Partei die Anerkennung oder Vollstreckung der Entscheidung über den Streitgegenstand erwirken möchte.

143 **Amtl. Anm.:** Wenn mehr als einer Partei auferlegt wurde, die Kosten zu tragen, bitte zusätzliches Blatt beifügen.

Anhang VII Bescheinigung über die Aussetzung oder Einschränkung der Vollstreckbarkeit bestimmter gemäß Artikel 47 der Verordnung bescheinigter Entscheidungen, mit denen ein Umgangsrecht eingeräumt wird oder die die Rückgabe des Kindes zur Folge haben (Artikel 49 der Verordnung (EU) 2019/1111 des Rates[144])

WICHTIG

Auf Antrag auszustellen, wenn und insoweit eine gemäß Artikel 47 der Verordnung bescheinigte Entscheidung im Ursprungsmitgliedstaat nicht mehr vollstreckbar ist oder dort ihre Vollstreckbarkeit ausgesetzt oder eingeschränkt wurde.

1. URSPRUNGSMITGLIEDSTAAT*[145]

    □ Belgien (BE)   □ Bulgarien (BG)   □ Tschechien(CZ)   □ Deutschland (DE)
    □ Estland (EE)   □ Irland (IE)   □ Griechenland (EL)   □ Spanien (ES)
    □ Frankreich (FR)   □ Kroatien (HR)   □ Italien (IT)   □ Zypern (CY)
    □ Lettland (LV)   □ Litauen (LT)   □ Luxemburg (LU)   □ Ungarn (HU)
    □ Malta (MT)   □ Niederlande (NL)   □ Österreich (AT)   □ Polen (PL)
    □ Portugal (PT)   □ Rumänien (RO)   □ Slowenien (SI)   □ Slowakei (SK)
    □ Finnland (FI)   □ Schweden (SE)   □ Vereinigtes Königreich (UK)

2. GERICHT, DAS DIE BESCHEINIGUNG AUSSTELLT*
2.1 Bezeichnung*
2.2 Anschrift*
2.3 Telefon/Fax/E-Mail*
3. ENTSCHEIDUNG, DIE NICHT MEHR VOLLSTRECKBAR IST ODER DEREN VOLLSTRECKBARKEIT AUSGESETZT ODER EINGESCHRÄNKT WURDE*
3.1 Gericht, das die Entscheidung erlassen hat (falls abweichend von Nummer 2)

    3.1.1 Bezeichnung
    3.1.2 Anschrift
    3.1.3 Telefon/Fax/E-Mail
3.2 Angaben zur Entscheidung*

    3.2.1 Datum (TT/MM/JJJJ)*
    3.2.2 Aktenzeichen*
3.3 Angaben zur ursprünglichen Bescheinigung

    3.3.1 Datum (TT/MM/JJJJ) (falls bekannt)
    3.3.2 Bescheinigung gemäß

        3.3.2.1 □ Artikel 47 Absatz 1 Buchstabe a der Verordnung bei einer Entscheidung, mit der das Umgangsrecht eingeräumt wurde
        3.3.2.2 □ Artikel 47 Absatz 1 Buchstabe b der Verordnung bei einer Sorgerechtsentscheidung gemäß Artikel 29 Absatz 6 der Verordnung, die zur Rückgabe eines Kindes oder von Kindern führt

4. DIE VOLLSTRECKBARKEIT DER IN NUMMER 3* GENANNTEN ENTSCHEIDUNG
4.1 □ ist nicht mehr gegeben
4.2 □ wurde ausgesetzt

    4.2.1 Gegebenenfalls Angaben zur Dauer des Aussetzungszeitraums: ...
4.3 □ wurde eingeschränkt

    4.2.2. Gegebenenfalls Angaben zur Tragweite dieser Einschränkung: ...
5. IN NUMMER 4* ANGEGEBENE WIRKUNG(EN)
5.1 □ ist/sind kraft Gesetzes eingetreten

    5.1.1 Gegebenenfalls Angabe der betreffenden Bestimmung(en): ...

---

144 **Amtl. Anm.:** Verordnung (EU) 2019/1111 des Rates vom 25. Juni 2019 über die Zuständigkeit, die Anerkennung und Vollstreckung von Entscheidungen in Ehesachen und in Verfahren betreffend die elterliche Verantwortung und über internationale Kindesentführungen (ABl. L 178 vom 2.7.2019, S. 1) (im Folgenden „Verordnung").

145 **Amtl. Anm.:** Die mit (*) gekennzeichneten Felder müssen ausgefüllt werden.

5.2 □ wurde(n) durch eine Entscheidung angeordnet

    5.2.1 Gericht, das die Entscheidung erlassen hat (falls abweichend von Nummer 2)

        5.2.1.1 Bezeichnung

        5.2.1.2 Anschrift

        5.2.1.3 Telefon/Fax/E-Mail

    5.2.2 Angaben zur Entscheidung:

        5.2.2.1 Datum (TT/MM/JJJJ)

        5.2.2.2 Aktenzeichen

        5.2.2.3 Inhalt[146]

Geschehen zu ... am ... (TT/MM/JJJJ)

Unterschrift und/oder Dienstsiegel

Anhang VIII Bescheinigung über eine öffentliche Urkunde oder eine Vereinbarung über die Ehescheidung oder die Trennung ohne Auflösung des Ehebandes
(Artikel 66 Absatz 1 Buchstabe a der Verordnung (EU) 2019/1111 des Rates[147])

WICHTIG

Nur auf Antrag einer Partei auszustellen, wenn der Mitgliedstaat, der die Behörde oder andere Stelle zur förmlichen Errichtung oder Eintragung der öffentlichen Urkunde oder zur Eintragung der Vereinbarung ermächtigt hat, gemäß Kapitel II Abschnitt 1 der Verordnung wie in Nummer 2 angegeben zuständig war und die öffentliche Urkunde oder die Vereinbarung in diesem Mitgliedstaat rechtsverbindliche Wirkung wie in den Nummern 7.5 oder 8.4 angegeben hat.

1. **URSPRUNGSMITGLIEDSTAAT***[148]

□ Belgien (BE)	□ Bulgarien (BG)	□ Tschechien(CZ)	□ Deutschland (DE)
□ Estland (EE)	□ Irland (IE)	□ Griechenland (EL)	□ Spanien (ES)
□ Frankreich (FR)	□ Kroatien (HR)	□ Italien (IT)	□ Zypern (CY)
□ Lettland (LV)	□ Litauen (LT)	□ Luxemburg (LU)	□ Ungarn (HU)
□ Malta (MT)	□ Niederlande (NL)	□ Österreich (AT)	□ Polen (PL)
□ Portugal (PT)	□ Rumänien (RO)	□ Slowenien (SI)	□ Slowakei (SK)
□ Finnland (FI)	□ Schweden (SE)	□ Vereinigtes Königreich (UK)	

2. **DER URSPRUNGSMITGLIEDSTAAT WAR GEMÄSS KAPITEL II ABSCHNITT 1 DER VERORDNUNG ZUSTÄNDIG***

2.1 □ Ja

3. **GERICHT ODER ZUSTÄNDIGE BEHÖRDE, DAS/DIE DIE BESCHEINIGUNG AUSSTELLT***

3.1 **Bezeichnung***

3.2 **Anschrift***

3.3 **Telefon/Fax/E-Mail***

4. **ART DES SCHRIFTSTÜCKS***

4.1 □ Öffentliche Urkunde (dann bitte Nummer 7 ausfüllen)

4.2 □ Vereinbarung (dann bitte Nummer 8 ausfüllen)

5. **GEGENSTAND DER ÖFFENTLICHEN URKUNDE ODER DER VEREINBARUNG***

5.1 □ Ehescheidung

5.2 □ Trennung ohne Auflösung des Ehebandes

---

146 **Amtl. Anm.:** Bitte eine Kopie des entsprechenden Abschnitts der Anordnung beilegen.

147 **Amtl. Anm.:** Verordnung (EU) 2019/1111 des Rates vom 25. Juni 2019 über die Zuständigkeit, die Anerkennung und Vollstreckung von Entscheidungen in Ehesachen und in Verfahren betreffend die elterliche Verantwortung und über internationale Kindesentführungen (ABl. L 178 vom 2.7.2019, S. 1) (im Folgenden „Verordnung").

148 **Amtl. Anm.:** Die mit (*) gekennzeichneten Felder müssen ausgefüllt werden.

6. **ANGABEN ZUR EHE***
6.1 **Ehegatten***
   6.1.1
       6.1.1.1 **Name(n)***
       6.1.1.2 **Vorname(n)***
       6.1.1.3 **Geburtsdatum (TT/MM/JJJJ)***
       6.1.1.4 **Geburtsort**
       6.1.1.5 **Identitätsnummer oder Sozialversicherungsnummer (sofern vorhanden und bekannt)**
       6.1.1.6 **Anschrift (soweit bekannt)**
           6.1.1.6.1 **wie in der öffentlichen Urkunde oder der Vereinbarung angegeben**
           6.1.1.6.2 **alle zusätzlichen Angaben (beispielsweise eine abweichende aktuelle Anschrift)**
   6.1.2
       6.1.2.1 **Name(n)***
       6.1.2.2 **Vorname(n)***
       6.1.2.3 **Geburtsdatum (TT/MM/JJJJ)***
       6.1.2.4 **Geburtsort**
       6.1.2.5 **Identitätsnummer oder Sozialversicherungsnummer (sofern vorhanden und bekannt)**
       6.1.2.6 **Anschrift (soweit bekannt)**
           6.1.2.6.1 **wie in der öffentlichen Urkunde oder der Vereinbarung angegeben**
           6.1.2.6.2 **alle zusätzlichen Angaben (beispielsweise eine abweichende aktuelle Anschrift)**
6.2 **Datum, Land und Ort der Eheschließung***
   6.2.1 **Datum (TT/MM/JJJJ)***
   6.2.2 **Land***
   6.2.3 **Ort (falls bekannt)**
7. ☐ **ÖFFENTLICHE URKUNDE**
7.1 **Behörde oder andere zu diesem Zweck befugte Stelle, die die öffentliche Urkunde errichtet oder eingetragen hat (falls nicht identisch mit dem in Nummer 3 angegebenen Gericht oder der dort angegebenen zuständigen Behörde)**
   7.1.1 **Bezeichnung**
   7.1.2 **Anschrift**
7.2 **Datum (TT/MM/JJJJ), an dem die öffentliche Urkunde durch die in Nummer 3 oder in Nummer 7.1 genannte Behörde errichtet wurde**
7.3 **Nummer der öffentlichen Urkunde (falls zutreffend)**
7.4 **Datum (TT/MM/JJJJ), an dem die öffentliche Urkunde im Ursprungsmitgliedstaat eingetragen wurde (falls nicht identisch mit dem in Nummer 7.2 angegebenen Datum)**
   7.4.1 **Nummer der Eintragung (falls zutreffend)**
7.5 **Datum (TT/MM/JJJJ), ab dem die öffentliche Urkunde im Ursprungsmitgliedstaat rechtsverbindlich ist**
8. ☐ **VEREINBARUNG**
8.1 **Behörde, die die Vereinbarung eingetragen hat (falls nicht identisch mit dem in Nummer 3 angegebenen Gericht oder der dort angegebenen zuständigen Behörde)**
   8.1.1. **Bezeichnung**
   8.1.2. **Anschrift**
8.2 **Datum (TT/MM/JJJJ) der Vereinbarung**
8.3 **Nummer der Eintragung (falls zutreffend)**
8.3 **Datum (TT/MM/JJJJ), ab dem die Vereinbarung im Ursprungsmitgliedstaat rechtsverbindliche Wirkung hat**

Geschehen zu … am … (TT/MM/JJJJ)

Unterschrift und/oder Dienstsiegel

Anhang IX Bescheinigung über eine öffentliche Urkunde oder Vereinbarung in Verfahren betreffend die elterliche Verantwortung (Artikel 66 Absatz 1 Buchstabe b der Verordnung (EU) 2019/1111des Rates[149])

WICHTIG

Nur auf Antrag einer Partei auszustellen, wenn der Mitgliedstaat, der die Behörde oder andere Stelle zur förmlichen Errichtung oder Eintragung der öffentlichen Urkunde oder zur Eintragung der Vereinbarung ermächtigt hat, gemäß Kapitel II Abschnitt 2 der Verordnung wie in Nummer 2 angegeben zuständig war und die öffentliche Urkunde oder die Vereinbarung in diesem Mitgliedstaat rechtsverbindliche Wirkung wie in den Nummern 12.5 oder 13.4 angegeben hat.

Die Bescheinigung darf nicht ausgestellt werden, wenn es Hinweise darauf gibt, dass der Inhalt der öffentlichen Urkunde oder der Vereinbarung dem Kindeswohl zuwiderläuft.

1. URSPRUNGSMITGLIEDSTAAT*[150]

□ Belgien (BE)	□ Bulgarien (BG)	□ Tschechien(CZ)	□ Deutschland (DE)
□ Estland (EE)	□ Irland (IE)	□ Griechenland (EL)	□ Spanien (ES)
□ Frankreich (FR)	□ Kroatien (HR)	□ Italien (IT)	□ Zypern (CY)
□ Lettland (LV)	□ Litauen (LT)	□ Luxemburg (LU)	□ Ungarn (HU)
□ Malta (MT)	□ Niederlande (NL)	□ Österreich (AT)	□ Polen (PL)
□ Portugal (PT)	□ Rumänien (RO)	□ Slowenien (SI)	□ Slowakei (SK)
□ Finnland (FI)	□ Schweden (SE)	□ Vereinigtes Königreich (UK)	

2. DER URSPRUNGSMITGLIEDSTAAT WAR GEMÄß KAPITEL II ABSCHNITT 2 DER VERORDNUNG ZUSTÄNDIG*
2.1 □ Ja
3. GERICHT ODER ZUSTÄNDIGE BEHÖRDE, DAS/DIE DIE BESCHEINIGUNG AUSSTELLT*
3.1 Bezeichnung*
3.2 Anschrift*
3.3. Telefon/Fax/E-Mail*
4. ART DES SCHRIFTSTÜCKS*
4.1 □ Öffentliche Urkunde (dann bitte Nummer 12 ausfüllen)
4.2 □ Vereinbarung (dann bitte Nummer 13 ausfüllen)
5. PARTEIEN[151] DER ÖFFENTLICHEN URKUNDE ODER DER VEREINBARUNG
5.1 Partei 1*

    5.1.1 □ Natürliche Person

        5.1.1.1 Name(n)
        5.1.1.2 Vorname(n)
        5.1.1.3 Geburtsdatum (TT/MM/JJJJ)
        5.1.1.4 Geburtsort (soweit bekannt)
        5.1.1.5 Identitätsnummer oder Sozialversicherungsnummer (sofern vorhanden und bekannt)
        5.1.1.6 Anschrift (soweit bekannt)

            5.1.1.6.1 wie in der Entscheidung angegeben
            5.1.1.6.2 alle zusätzlichen Angaben (beispielsweise eine abweichende aktuelle Anschrift)

---

149 **Amtl. Anm.:** Verordnung (EU) 2019/1111 des Rates vom 25. Juni 2019 über die Zuständigkeit, die Anerkennung und Vollstreckung von Entscheidungen in Ehesachen und in Verfahren betreffend die elterliche Verantwortung und über internationale Kindesentführungen (ABl. L 178 vom 2.7.2019, S. 1) (im Folgenden „Verordnung").

150 **Amtl. Anm.:** Die mit (*) gekennzeichneten Felder müssen ausgefüllt werden.

151 **Amtl. Anm.:** Wenn mehr als zwei Parteien betroffen sind, bitte zusätzliches Blatt beifügen.

    5.1.2 ☐ Juristische Person, Einrichtung oder andere Stelle

        5.1.2.1 Vollständige Bezeichnung

        5.1.2.2 Identifizierungsnummer (falls vorhanden und bekannt)

        5.1.2.3 Anschrift (falls bekannt)

5.2   Partei 2

    5.2.1 ☐ Natürliche Person

        5.2.1.1 Name(n)

        5.2.1.2 Vorname(n)

        5.2.1.3 Geburtsdatum (TT/MM/JJJJ)

        5.2.1.4 Geburtsort (soweit bekannt)

        5.2.1.5 Identitätsnummer oder Sozialversicherungsnummer (sofern vorhanden und bekannt)

        5.2.1.6 Anschrift (soweit bekannt)

           5.2.1.6.1 wie in der Entscheidung angegeben

           5.2.1.6.2 alle zusätzlichen Angaben (beispielsweise eine abweichende aktuelle Anschrift)

    5.2.2 ☐ Juristische Person, Einrichtung oder andere Stelle

        5.2.2.1 Vollständige Bezeichnung

        5.2.2.2 Identifizierungsnummer (falls vorhanden und bekannt)

        5.2.2.3 Anschrift (falls bekannt)

6.   **KIND(ER)[152], DAS/DIE GEGENSTAND DER ÖFFENTLICHEN URKUNDE ODER DER VEREINBARUNG IST/SIND***

6.1   Kind 1*

    6.1.1 Name(n)*

    6.1.2 Vorname(n)*

    6.1.3 Geburtsdatum (TT/MM/JJJJ)*

    6.1.4 Geburtsort (soweit bekannt)

    6.1.5 Identitätsnummer oder Sozialversicherungsnummer (sofern vorhanden und bekannt)

6.2   Kind 2

    6.2.1 Name(n)

    6.2.2 Vorname(n)

    6.2.3 Geburtsdatum (TT/MM/JJJJ)

    6.2.4 Geburtsort (soweit bekannt)

    6.2.5 Identitätsnummer oder Sozialversicherungsnummer (sofern vorhanden und bekannt)

6.3   Kind 3

    6.3.1 Name(n)

    6.3.2 Vorname(n)

    6.3.3 Geburtsdatum (TT/MM/JJJJ)

    6.3.4 Geburtsort (soweit bekannt)

    6.3.5 Identitätsnummer oder Sozialversicherungsnummer (sofern vorhanden und bekannt)

7.   ☐ SORGERECHT[153]

7.1   In der öffentlichen Urkunde oder der Vereinbarung[154] zugewiesenes oder vereinbartes Sorgerecht

7.2   Der/den folgenden Partei(en)[155] zugewiesen

    7.2.1 Partei 1

        7.2.1.1 ☐ Natürliche Person

           7.2.1.1.1 Name(n)

           7.2.1.1.2 Vorname(n)

           7.2.1.1.3 Geburtsdatum (TT/MM/JJJJ)

           7.2.1.1.4 Geburtsort (soweit bekannt)

---

152 **Amtl. Anm.:** Wenn mehr als drei Kinder betroffen sind, bitte zusätzliches Blatt beifügen.

153 **Amtl. Anm.:** Bitte beachten, dass der Begriff „Sorgerecht" in Artikel 2 Absatz 2 Nummer 9 der Verordnung definiert ist.

154 **Amtl. Anm.:** Bitte eine Kopie des entsprechenden Abschnitts der öffentlichen Urkunde oder der Vereinbarung beilegen.

155 **Amtl. Anm.:** Wenn mehr als zwei Parteien betroffen sind, bitte zusätzliches Blatt beifügen.

7.2.1.1.5 Identitätsnummer oder Sozialversicherungsnummer (sofern vorhanden und bekannt)

7.2.1.1.6 Anschrift (soweit bekannt)

7.2.1.1.6.1 wie in der Entscheidung angegeben

7.2.1.1.6.2 alle zusätzlichen Angaben (beispielsweise eine abweichende aktuelle Anschrift)

7.2.1.2 □ Juristische Person, Einrichtung oder andere Stelle

7.2.1.2.1 Vollständige Bezeichnung

7.2.1.2.2 Identifizierungsnummer (falls vorhanden und bekannt)

7.2.1.2.3 Anschrift (falls bekannt)

7.2.2 Partei 2

7.2.2.1 □ Natürliche Person

7.2.2.1.1 Name(n)

7.2.2.1.2 Vorname(n)

7.2.2.1.3 Geburtsdatum (TT/MM/JJJJ)

7.2.2.1.4 Geburtsort (soweit bekannt)

7.2.2.1.5 Identitätsnummer oder Sozialversicherungsnummer (sofern vorhanden und bekannt)

7.2.2.1.6 Anschrift (soweit bekannt)

7.2.2.1.6.1 wie in der Entscheidung angegeben

7.2.2.1.6.2 alle zusätzlichen Angaben (beispielsweise eine abweichende aktuelle Anschrift)

7.2.2.2 □ Juristische Person, Einrichtung oder andere Stelle

7.2.2.2.1 Vollständige Bezeichnung

7.2.2.2.2 Identifizierungsnummer (falls vorhanden und bekannt)

7.2.2.2.3 Anschrift (falls bekannt)

7.3 Falls nicht ausdrücklich angeordnet: die öffentliche Urkunde oder die Vereinbarung führt zur Übergabe des Kindes/der Kinder

7.3.1 □ Nein

7.3.2 □ Ja

7.3.2.1 Für die Vollstreckung relevante Einzelheiten der Übergabe, soweit nicht bereits unter Nummer 7.1 angegeben (beispielsweise Übergabe an welche Person, Übergabe welchen Kindes/welcher Kinder, befristete oder einmalige Übergabe)

8. □ UMGANGSRECHT

8.1 In der öffentlichen Urkunde oder der Vereinbarung[156] zugewiesenes oder vereinbartes Umgangsrecht

8.2 Der(den) folgenden Partei(en) zugewiesen[157]

8.2.1 Partei 1

8.2.1.1 Name(n)

8.2.1.2 Vorname(n)

8.2.1.3 Geburtsdatum (TT/MM/JJJJ)

8.2.1.4 Geburtsort (soweit bekannt)

8.2.1.5 Identitätsnummer oder Sozialversicherungsnummer (sofern vorhanden und bekannt)

8.2.1.6 Anschrift (soweit bekannt)

8.2.1.6.1 wie in der öffentlichen Urkunde oder der Vereinbarung angegeben

8.2.1.6.2 alle zusätzlichen Angaben (beispielsweise eine abweichende aktuelle Anschrift)

8.2.2 Partei 2

8.2.2.1 Name(n)

8.2.2.2 Vorname(n)

8.2.2.3 Geburtsdatum (TT/MM/JJJJ)

8.2.2.4 Geburtsort (soweit bekannt)

---

156 **Amtl. Anm.:** Bitte eine Kopie des entsprechenden Abschnitts der öffentlichen Urkunde oder der Vereinbarung beilegen.

157 **Amtl. Anm.:** Wenn mehr als zwei Parteien betroffen sind, bitte zusätzliches Blatt beifügen.

8.2.2.5 Identitätsnummer oder Sozialversicherungsnummer (sofern vorhanden und bekannt)

8.2.2.6 Anschrift (soweit bekannt)

    8.2.2.6.1 wie in der öffentlichen Urkunde oder der Vereinbarung angegeben

    8.2.2.6.2 alle zusätzlichen Angaben (beispielsweise eine abweichende aktuelle Anschrift)

8.3 Die öffentliche Urkunde oder die Vereinbarung führt zur Übergabe des Kindes/der Kinder

8.3.1 □ Nein

8.3.2 □ Ja

    8.3.2.1 □ Für die Vollstreckung relevante Einzelheiten der Übergabe, soweit nicht bereits unter Nummer 8.1 angegeben (beispielsweise Übergabe an welche Person, Übergabe welchen Kindes/welcher Kinder, befristete oder einmalige Übergabe)

9.   □ SONSTIGE RECHTE IN SACHEN DER ELTERLICHEN VERANTWORTUNG

9.1 In der öffentlichen Urkunde oder der Vereinbarung[158] zugewiesene(s) oder vereinbarte(s) Recht(e)

9.2 Der/den folgenden Partei(en) zugewiesen[159]

9.2.1 Partei 1

    9.2.1.1 □ Natürliche Person

        9.2.1.1.1 Name(n)

        9.2.1.1.2 Vorname(n)

        9.2.1.1.3 Geburtsdatum (TT/MM/JJJJ)

        9.2.1.1.4 Geburtsort (soweit bekannt)

        9.2.1.1.5 Identitätsnummer oder Sozialversicherungsnummer (sofern vorhanden und bekannt)

        9.2.1.1.6 Anschrift (soweit bekannt)

            9.2.1.1.6.1 wie in der Entscheidung angegeben

            9.2.1.1.6.2 alle zusätzlichen Angaben (beispielsweise eine abweichende aktuelle Anschrift)

    9.2.1.2 □ Juristische Person, Einrichtung oder andere Stelle

        9.2.1.2.1 Vollständige Bezeichnung

        9.2.1.2.2 Identifizierungsnummer (falls vorhanden und bekannt)

        9.2.1.2.3 Anschrift (falls bekannt)

9.2.2 Partei 2

    9.2.2.1 □ Natürliche Person

        9.2.2.1.1 Name(n)

        9.2.2.1.2 Vorname(n)

        9.2.2.1.3 Geburtsdatum (TT/MM/JJJJ)

        9.2.2.1.4 Geburtsort (soweit bekannt)

        9.2.2.1.5 Identitätsnummer oder Sozialversicherungsnummer (sofern vorhanden und bekannt)

        9.2.2.1.6 Anschrift (soweit bekannt)

            9.2.2.1.6.1 wie in der Entscheidung angegeben …

            9.2.2.1.6.2 alle zusätzlichen Angaben (beispielsweise eine abweichende aktuelle Anschrift) …

    9.2.2.2 □ Juristische Person, Einrichtung oder andere Stelle

        9.2.2.2.1 Vollständige Bezeichnung

        9.2.2.2.2 Identifizierungsnummer (falls vorhanden und bekannt)

        9.2.2.2.3 Anschrift (falls bekannt)

---

158 **Amtl. Anm.:** Bitte eine Kopie des entsprechenden Abschnitts der öffentlichen Urkunde oder der Vereinbarung beilegen.

159 **Amtl. Anm.:** Wenn mehr als zwei Parteien betroffen sind, bitte zusätzliches Blatt beifügen.

9.3 Die öffentliche Urkunde oder die Vereinbarung führt zur Übergabe des Kindes/der Kinder

    9.3.1 □ Nein

    9.3.2 □ Ja

        9.3.2.1 □ Für die Vollstreckung relevante Einzelheiten der Übergabe, soweit nicht bereits unter Nummer 9.1 angegeben (beispielsweise Übergabe an welche Person, Übergabe welchen Kindes/welcher Kinder, befristete oder einmalige Übergabe)

10. DAS KIND/DIE KINDER[160] GEMÄß NUMMER 6 WAR(EN) FÄHIG, SICH SEINE/IHRE EIGENE MEINUNG ZU BILDEN*

10.1 □ Kind gemäß Nummer 6.1

    10.1.1 □ Ja (dann bitte Nummer 11 ausfüllen)

    10.1.2 □ Nein

10.2 □ Kind gemäß Nummer 6.2

    10.2.1 □ Ja (dann bitte Nummer 11 ausfüllen)

    10.2.2 □ Nein

10.3 □ Kind gemäß Nummer 6.3

    10.3.1 □ Ja (dann bitte Nummer 11 ausfüllen)

    10.3.2 □ Nein

11. DEM KIND/DEN KINDERN[161], DAS/DIE GEMÄß NUMMER 10 FÄHIG IST/SIND, SICH SEINE/IHRE EIGENE MEINUNG ZU BILDEN, WURDE EINE ECHTE UND WIRKSAME GELEGENHEIT ZUR MEINUNGSÄUßERUNG GEGEBEN

11.1 □ Kind gemäß Nummer 6.1

    11.1.1 □ Ja

    11.1.2 □ Nein, aus folgenden Gründen:

11.2 □ Kind gemäß Nummer 6.2

    11.2.1 □ Ja

    11.2.2 □ Nein, aus folgenden Gründen:

11.3 □ Kind gemäß Nummer 6.3

    11.3.1 □ Ja

    11.3.2 □ Nein, aus folgenden Gründen:

12. □ ÖFFENTLICHE URKUNDE

12.1 Behörde oder andere zu diesem Zweck ermächtigte Stelle, die die öffentliche Urkunde errichtet oder eingetragen hat (falls nicht identisch mit dem in Nummer 3 angegebenen Gericht oder der dort angegebenen zuständigen Behörde)

    12.1.1 Bezeichnung

    12.1.2 Anschrift

12.2 Datum (TT/MM/JJJJ), an dem die öffentliche Urkunde durch die in Nummer 3 oder in Nummer 12.1 genannte Behörde errichtet wurde

12.3 Nummer der öffentlichen Urkunde (falls zutreffend)

12.4 Datum (TT/MM/JJJJ), an dem die öffentliche Urkunde im Ursprungsmitgliedstaat eingetragen wurde (falls nicht identisch mit dem in Nummer 12.2 angegebenen Datum)

    12.4.1 Nummer der Eintragung (falls zutreffend)

12.5 Datum (TT/MM/JJJJ), ab dem die öffentliche Urkunde im Ursprungsmitgliedstaat rechtsverbindliche Wirkung hat

13. □ VEREINBARUNG

13.1 Behörde, die die Vereinbarung eingetragen hat (falls nicht identisch mit dem in Nummer 3 angegebenen Gericht oder der dort angegebenen zuständigen Behörde)

    13.1.1 Bezeichnung

    13.1.2 Anschrift

13.2 Datum (TT/MM/JJJJ) der Eintragung der Vereinbarung

13.3 Nummer der Eintragung (falls zutreffend)

13.4 Datum (TT/MM/JJJJ), ab dem die Vereinbarung im Ursprungsmitgliedstaat rechtsverbindliche Wirkung hat

---

160 **Amtl. Anm.:** Wenn mehr als drei Kinder betroffen sind, bitte zusätzliches Blatt beifügen.

161 **Amtl. Anm.:** Wenn mehr als drei Kinder betroffen sind, bitte zusätzliches Blatt beifügen.

14. DIE ÖFFENTLICHE URKUNDE ODER VEREINBARUNG IST IM URSPRUNGSMIT-GLIEDSTAAT VOLLSTRECKBAR*

14.1 □ In Bezug auf das Sorgerecht, wie in Nummer 7 angegeben

    14.1.1 □ Nein

        14.1.1.1 □ Die öffentliche Urkunde oder Vereinbarung enthält keine vollstreckbare Verpflichtung.

    14.1.2 □ Ja, ohne Einschränkungen (bitte das Datum (TT/MM/JJJJ) angeben, an dem die öffentliche Urkunde oder die Vereinbarung vollstreckbar wurde)
    …/…/……

    14.1.3 □ Ja, aber nur gegen die Partei[162] gemäß Nummer … (bitte ausfüllen):

    14.1.4 □ Ja, aber nur für folgenden Teil/folgende Teile der öffentlichen Urkunde oder der Vereinbarung (bitte genau angeben)

14.2 □ In Bezug auf das Umgangsrecht, wie in Nummer 8 angegeben

    14.2.1 □ Nein

        14.2.1.1 □ Die öffentliche Urkunde oder Vereinbarung enthält keine vollstreckbare Verpflichtung.

    14.2.2 □ Ja, ohne Einschränkungen (bitte das Datum (TT/MM/JJJJ) angeben, an dem die öffentliche Urkunde oder die Vereinbarung vollstreckbar wurde)
    …/…/……

    14.2.3 □ Ja, aber nur gegen die Partei[163] gemäß Nummer … (bitte ausfüllen):

    14.2.4 □ Ja, aber nur für folgenden Teil/folgende Teile der öffentlichen Urkunde oder der Vereinbarung (bitte genau angeben)

14.3 □ In Bezug auf andere Rechte, wie in Nummer 9 angegeben

    14.3.1 □ Nein

        14.3.1.1 □ Die öffentliche Urkunde oder Vereinbarung enthält keine vollstreckbare Verpflichtung.

    14.3.2 □ Ja, ohne Einschränkungen (bitte das Datum (TT/MM/JJJJ) angeben, an dem die öffentliche Urkunde oder die Vereinbarung vollstreckbar wurde)
    …/…/……

    14.3.3 Ja, aber nur gegen die Partei[164] gemäß Nummer … (bitte ausfüllen):

    14.3.4 □ Ja, aber nur für folgenden Teil/folgende Teile der öffentlichen Urkunde oder der Vereinbarung (bitte genau angeben)

Geschehen zu … am … (TT/MM/JJJJ)

Unterschrift und/oder Dienstsiegel

Anhang X Entsprechungstabelle

Verordnung (EG) Nr. 2201/2003	Vorliegende Verordnung
Artikel 1	Artikel 1
–	Artikel 1 Absatz 3
Artikel 2	Artikel 2
Artikel 3	Artikel 3
Artikel 4	Artikel 4
Artikel 5	Artikel 5
Artikel 6	Artikel 6 Absatz 2
Artikel 7	Artikel 6 Absätze 1 und 3
Artikel 8 Absatz 1	Artikel 7 Absatz 1
Artikel 8 Absatz 2	Artikel 7 Absatz 2
Artikel 9 Absatz 1	Artikel 8 Absatz 1

162 **Amtl. Anm.:** Wenn mehr als eine Partei betroffen ist, bitte zusätzliches Blatt beifügen.

163 **Amtl. Anm.:** Wenn mehr als eine Partei betroffen ist, bitte zusätzliches Blatt beifügen.

164 **Amtl. Anm.:** Wenn mehr als eine Partei betroffen ist, bitte zusätzliches Blatt beifügen.

Verordnung (EG) Nr. 2201/2003	Vorliegende Verordnung
Artikel 9 Absatz 2	Artikel 8 Absatz 2
Artikel 10	Artikel 9
–	Artikel 10
Artikel 11 Absatz 1	Artikel 22
	Artikel 23
Artikel 11 Absatz 2	Artikel 26
Artikel 11 Absatz 3	Artikel 24 Absatz 1
–	Artikel 24 Absatz 2
–	Artikel 24 Absatz 3
–	Artikel 25
Artikel 11 Absatz 4	Artikel 27 Absatz 3
Artikel 11 Absatz 5	Artikel 27 Absatz 1
–	Artikel 27 Absatz 2
–	Artikel 27 Absatz 4
–	Artikel 27 Absatz 5
–	Artikel 27 Absatz 6
–	Artikel 28
–	Artikel 29 Absätze 1 und 2
Artikel 11 Absatz 6	Artikel 29 Absatz 3
–	Artikel 29 Absatz 4
Artikel 11 Absatz 7	Artikel 29 Absatz 5
Artikel 11 Absatz 8	Artikel 29 Absatz 6
Artikel 12	–
Artikel 13	Artikel 11
Artikel 14	Artikel 14
Artikel 15 Absätze 1, 2 Buchstaben a und b und Absatz 4	Artikel 12 Absatz 1
Artikel 15 Absatz 3	Article 12 Absatz 4
–	Artikel 12 Absätze 2 und 3
–	Artikel 12 Absatz 5
Artikel 15 Absatz 2 Buchstabe c	Artikel 13 Absatz 1
–	Artikel 13 Absatz 2
Artikel 16	Artikel 17 Buchstaben a und b
–	Artikel 17 Buchstabe c
–	Artikel 16
Artikel 17	Artikel 18
Artikel 18	Artikel 19
Artikel 19	Artikel 20
–	Artikel 20 Absätze 4 und 5
–	Artikel 21
Artikel 20 Absatz 1	Artikel 15 Absatz 1
Artikel 20 Absatz 2	Artikel 15 Absatz 3
–	Artikel 15 Absatz 2
Artikel 21 Absätze 1 und 2	Artikel 30 Absätze 1 und 2
Artikel 21 Absatz 3	Artikel 30 Absätze 3 und 4
Artikel 21 Absatz 4	Artikel 30 Absatz 5
Artikel 22	Artikel 38
Artikel 23 Buchstaben a, c, d, e und f	Artikel 39 Buchstaben a, b, c, d und e
Artikel 23 Buchstabe b	Artikel 39 Absatz 2

Verordnung (EG) Nr. 2201/2003	Vorliegende Verordnung
Artikel 24	Artikel 69
Artikel 25	Artikel 70
Artikel 26	Artikel 71
–	Artikel 72
Artikel 27 Absatz 1	Artikel 33 Buchstabe a und Artikel 44 Buchstabe a
–	Artikel 33 Buchstabe b
–	Artikel 44 Buchstabe b
Artikel 27 Absatz 2	–
Artikel 28	–
Artikel 29	–
–	Artikel 34
–	Artikel 35
–	Artikel 40
–	Artikel 41
Artikel 30	–
Artikel 31	–
Artikel 32	–
Artikel 33	–
Artikel 34	–
Artikel 35	–
Artikel 36	Artikel 53
–	Artikel 53 Absatz 3
Artikel 37 Absatz 1	Artikel 31 Absatz 1
–	Artikel 31 Absätze 2 und 3
Artikel 37 Absatz 2	–
Artikel 38	Artikel 32
Artikel 39	Artikel 36
Artikel 40	Artikel 42 und 47 Absatz 1
–	Artikel 45
–	Artikel 46
–	Artikel 47 Absatz 2
Artikel 41 Absatz 1	Artikel 43 Absatz 1
Artikel 41 Absatz 2	Artikel 47 Absatz 3
–	Artikel 47 Absätze 4, 5 und 6
Artikel 42 Absatz 1	Artikel 43 Absatz 1
Artikel 42 Absatz 2	Artikel 47 Absatz 3
Artikel 43	Artikel 37 und 48
–	Artikel 49
–	Artikel 50
Artikel 44	–
Artikel 45 Absatz 1	Artikel 31 Absatz 1
Artikel 45 Absatz 2	Artikel 31 Absatz 2
–	Artikel 31 Absatz 3
Artikel 46	Artikel 65
Artikel 47 Absatz 1	Artikel 51 Absatz 1
–	Artikel 51 Absatz 2
–	Artikel 52
Artikel 48	Artikel 54

Verordnung (EG) Nr. 2201/2003	Vorliegende Verordnung
–	Artikel 55
–	Artikel 56
–	Artikel 57
–	Artikel 58
–	Artikel 59
–	Artikel 60
–	Artikel 61
–	Artikel 62
–	Artikel 63
–	Artikel 64
–	Artikel 66
–	Artikel 67
–	Artikel 68
Artikel 49	Artikel 73
Artikel 50	Artikel 74 Absatz 1
–	Artikel 74 Absatz 2
Artikel 51	Artikel 75
Artikel 52	Artikel 90
Artikel 53	Artikel 76
Artikel 54	Artikel 77 Absatz 1
–	Artikel 77 Absätze 2 und 3
–	Artikel 78
–	Artikel 79 Buchstabe a
Artikel 55 Absatz 1 Buchstabe a	Artikel 79 Buchstabe b
Artikel 55 Absatz 1 Buchstabe b	Artikel 79 Buchstabe c
–	Artikel 79 Buchstabe d
Artikel 55 Absatz 1 Buchstabe c	Artikel 79 Buchstabe e
Artikel 55 Absatz 1 Buchstabe d	Artikel 79 Buchstabe f
Artikel 55 Absatz 1 Buchstabe e	Artikel 79 Buchstabe g
–	Artikel 80
–	Artikel 81
Artikel 56 Absatz 1	Artikel 82 Absatz 1
–	Artikel 82 Absätze 2, 3 und 4
Artikel 56 Absatz 2	Artikel 82 Absatz 5
–	Artikel 82 Absatz 6
Artikel 56 Absatz 3	Artikel 82 Absatz 7
–	Artikel 82 Absatz 8
Artikel 57 Absätze 1 und 2	–
Artikel 57 Absatz 3	Artikel 83 Absatz 1
Artikel 57 Absatz 4	Artikel 83 Absatz 2
Artikel 58	Artikel 84
–	Artikel 85
–	Artikel 86
–	Artikel 87
–	Artikel 88
–	Artikel 89
–	Artikel 91
Artikel 59	Artikel 94

Verordnung (EG) Nr. 2201/2003	Vorliegende Verordnung
Artikel 60 Buchstaben a, b, c und d	Artikel 95
Artikel 60 Buchstabe e	Artikel 96
Artikel 61	Artikel 97 Absatz 1
–	Artikel 97 Absatz 2
Artikel 62	Artikel 98
Artikel 63	Artikel 99
Artikel 64 Absatz 1	Artikel 100 Absatz 1
Artikel 64 Absätze 2, 3 und 4	–
–	Artikel 100 Absatz 2
Artikel 65 Absatz 1	Artikel 101 Absatz 1
–	Artikel 101 Absatz 2
Artikel 66	Artikel 102
Artikel 67	Artikel 103
Artikel 68	Artikel 103
Artikel 69	Artikel 92
Artikel 70	–
–	Artikel 93
Artikel 71	Artikel 104
Artikel 72	Artikel 105
Anhang I	Anhang II
–	Anhang I
Anhang II	Anhang III
–	Anhang IV
Anhang III	Anhang V
Anhang IV	Anhang VI
–	Anhang VII
–	Anhang VIII
–	Anhang IX

Anhang II zum III. Abschnitt EGBGB: Internationale Zuständigkeit in Ehesachen

1. Teil

§ 98 FamFG

§ 98 FamFG Ehesachen; Verbund von Scheidungs- und Folgesachen

(1) Die deutschen Gerichte sind für Ehesachen zuständig, wenn

1. ein Ehegatte Deutscher ist oder bei der Eheschließung war,
2. beide Ehegatten ihren gewöhnlichen Aufenthalt im Inland haben,
3. ein Ehegatte Staatenloser mit gewöhnlichem Aufenthalt im Inland ist;
4. ein Ehegatte seinen gewöhnlichen Aufenthalt im Inland hat, es sei denn, dass die zu fällende Entscheidung offensichtlich nach dem Recht keines der Staaten anerkannt würde, denen einer der Ehegatten angehört.

(2) Für Verfahren auf Aufhebung der Ehe nach Artikel 13 Absatz 3 Nummer 2 des Einführungsgesetzes zum Bürgerlichen Gesetzbuche sind die deutschen Gerichte auch zuständig, wenn der Ehegatte, der im Zeitpunkt der Eheschließung das 16., aber nicht das 18. Lebensjahr vollendet hatte, seinen Aufenthalt im Inland hat.

(3) Die Zuständigkeit der deutschen Gerichte nach Absatz 1 erstreckt sich im Falle des Verbunds von Scheidungs- und Folgesachen auf die Folgesachen.

A. Allgemeines 1
B. Regelungsgehalt 3
   I. Anwendungsbereich 3
   II. Internationale Zuständigkeiten in Ehesachen .. 5
     1. Grundsätze 5
     2. Deutsche Staatsangehörigkeit
       (§ 98 Abs. 1 Nr. 1 FamFG) 9
     3. Gewöhnlicher Aufenthalt der Ehegatten
       im Inland (§ 98 Abs. 1 Nr. 2 FamFG) 12

     4. Gewöhnlicher Aufenthalt eines Staatenlo-
       sen im Inland (§ 98 Abs. 1 Nr. 3 FamFG) .   14
     5. Gewöhnlicher Aufenthalt eines Ehegatten
       im Inland (§ 98 Abs. 1 Nr. 4 FamFG)   15
     6. Zuständigkeit bei der Aufhebung von
       Kinderehen (Abs. 2)   19

A. Allgemeines

§ 98 Abs. 1 FamFG regelt die **internationale Zuständigkeit** in Ehesachen. Die Vorschrift ist aber nur noch **1** dann anzuwenden, wenn die Art. 6, 7 EheVO 2003 einen Rückgriff auf das nationale Zuständigkeitsrecht zulassen. Dies ist nur ausnahmsweise der Fall (vgl. näher → Anhang I zum III. Abschnitt, Art. 6, 7 EheVO Rn. 1 ff.). Mittelbar hat die Vorschrift allerdings weiterhin erhebliche Bedeutung für die **Anerkennung von Scheidungsbeschlüssen aus Drittstaaten.** Denn im Rahmen von § 109 Abs. 1 Nr. 1 FamFG ist zu prüfen, ob die Gerichte des Staates, die die Scheidung ausgesprochen haben, nach deutschem Recht zuständig waren. Es hat dann nach herrschender Meinung primär eine „spiegelbildliche" Anwendung von § 98 FamFG zu erfolgen; es reicht aber auch aus, dass eine Zuständigkeit nach der EheVO 2003 gegeben ist.[1]

Abs. 2 enthält eine Regelung der internationalen Zuständigkeit für Folgesachen iSd § 137 Abs. 2, 3 FamFG **2** (→ Rn. 8).

B. Regelungsgehalt

I. Anwendungsbereich

§ 98 Abs. 1 FamFG ist für die Bestimmung der internationalen Zuständigkeit deutscher Gerichte in Ehesa- **3** chen nur dann anwendbar, wenn festgestellt ist, dass Art. 6, 7 EheVO 2003 einen **Rückgriff auf das nationale Zuständigkeitsrecht** erlauben.

Zunächst darf Art. 6 EheVO 2003 einem Rückgriff auf das nationale Recht nicht entgegenstehen; zusätzlich **4** hierzu müssen aber die Voraussetzungen von Art. 7 Abs. 1 EheVO 2003 vorliegen. Dementsprechend ist ein Rückgriff auf nationales Zuständigkeitsrecht nur dann möglich, wenn der Antragsgegner in einem Ehescheidungsverfahren weder seinen gewöhnlichen Aufenthalt im Hoheitsgebiet eines Mitgliedstaats hat noch die Staatsbürgerschaft eines Mitgliedstaats besitzt (wobei der Zugehörigkeit zum Vereinigten Königreich und zu Irland allerdings keine Bedeutung zukommt) noch sein domicile in dem Vereinigten Königreich oder Irland hat (Art. 6) und – zusätzlich – kein Gericht eines **anderen EU-Mitgliedstaats** nach Art. 3, 4 oder 5 international zuständig ist (Art. 7 Abs. 1, vgl. näher → Anhang I zum III. Abschnitt, Art. 6, 7 EheVO Rn. 1 ff.).[2] Des Weiteren steht Art. 6 – unter den Voraussetzungen von Art. 7 Abs. 1 – einem Rückgriff auf das deutsche Zuständigkeitsrecht dann nicht entgegen, wenn der Antragsgegner die deutsche Staatsangehörigkeit hat und sich nicht aus Art. 3, 4 oder 5 die Zuständigkeit eines anderen Mitgliedstaats ergibt (vgl. näher → Anhang I zum III. Abschnitt, Art. 6, 7 EheVO Rn. 1 ff.).

II. Internationale Zuständigkeiten in Ehesachen

1. Grundsätze. § 98 Abs. 1 FamFG regelt nur die **internationale Zuständigkeit**. Diese ist nicht aus- **5** schließlich (§ 106 FamFG), sondern konkurrierend. Die örtliche Zuständigkeit richtet sich nach § 122 FamFG, die sachliche Zuständigkeit des Amtsgerichts folgt aus § 23 a Abs. 1 Nr. 1 GVG.

Die Prüfung der internationalen Zuständigkeit erfolgt **von Amts wegen**. Die Prüfung hat in jeder Lage des **6** Verfahrens erfolgen, also auch in der Beschwerde bzw. Rechtsbeschwerde.[3] Im Falle der Staatsangehörig-

1 OLG Düsseldorf IPRax 2014, 286 (alternative Anerkennungszuständigkeit nach §§ 98 ff. FamFG oder
  der EheVO 2003); ebenso MüKoZPO/*Rauscher*
  FamFG § 109 Rn. 12; aA (spiegelbildliche Anwendung nur der EheVO 2003) *Wall* FamRBint 2011,
  15 ff.; wiederum aA – spiegelbildliche Anwendung
  nur von § 98 FamFG – Prütting/Helms/*Hau* FamFG
  § 109 Rn. 20; BeckOK FamFG/*Sieghörtner* FamFG
  § 109 Rn. 19; *Riegner* FPR 2013, 4 (8).

2 EuGH Slg 2007, I-10403 = NJW 2008, 207 = IPRax
  2008, 257 mit Bespr. *Borras* 233 und ZZPInt 12
  (2007), 228 mit iE zust. Anm. *Spellenberg.*
3 BGHZ 169, 328 = FamRZ 2007, 113; BGHZ 153,
  82, 84 ff. = NJW 2003, 426 f. mit zust. Anm. *Leible*,
  S. 407, 408 f. = IPRax 2003, 346 f. mit zust.
  Anm. *Piekenbrock/Schulze*, S. 328 f.; BGH NJW-RR
  2003, 1582; NJW 2003, 2918 = IPRax 2004, 59 (60);
  BGH ZIP 2004, 428 (429 f.).

keit als einem zuständigkeitsbegründenden Tatbestandsmerkmal ist das Gericht an ein rechtskräftiges Verwaltungsgerichtsurteil gebunden.

7 Maßgebend für die Prüfung sind grundsätzlich die Umstände im Zeitpunkt der Rechtshängigkeit.[4] Es gilt der Grundsatz der perpetuatio fori, so dass die nachträgliche Änderung zuständigkeitsbegründender Umstände – insbesondere des gewöhnlichen Aufenthalts bzw. der Staatsangehörigkeit – die einmal vorhandene internationale Zuständigkeit nicht in Wegfall bringt. Auch ein nachträgliches Eintreten der Sperrwirkung des Art. 6 EheVO 2003 oder das Entstehen einer Zuständigkeit eines anderen Mitgliedstaats nach Art. 3, 4 oder 5 EheVO 2003 steht nach dem perpetuatio fori-Grundsatz einem Fortbestand der internationalen Zuständigkeit nicht entgegen (→ EheVO Art. 6, 7 Rn. 9).

8 Für **Folgesachen** iSd § 137 Abs. 2, 3 FamFG entsteht, soweit für die Ehesache eine internationale Zuständigkeit gegeben ist, ebenfalls eine internationale Zuständigkeit (§ 98 Abs. 2 FamFG).[5] Die Regelung greift unabhängig davon ein, ob die internationale Zuständigkeit für die Ehesache aus Abs. 1 folgt oder – wie im Regelfall – aus der EheVO 2003.[6] Allerdings gehen die Zuständigkeitsvorschriften in EU-Verordnungen und Staatsverträgen dem unvereinheitlichten deutschen Recht vor.[7] Für die internationale Zuständigkeit in **Unterhaltssachen** gelten daher die Vorschriften der UnterhaltsVO, für **güterrechtliche Verfahren** die Vorschriften der EuGüVO. Für die internationale Zuständigkeit in Verfahren über die **elterliche Verantwortung**, insbesondere also Sorgerechtsangelegenheiten, gelten die EheVO 2003 sowie (ergänzend) das KSÜ bzw. das MSA.

9 **2. Deutsche Staatsangehörigkeit (§ 98 Abs. 1 Nr. 1 FamFG).** Eine internationale Zuständigkeit deutscher Gerichte besteht dann, wenn einer der Ehegatten **Deutscher** iSd Art. 116 GG ist. Maßgebend ist grundsätzlich wiederum der Zeitpunkt der Rechtshängigkeit. Ein späterer Verlust der deutschen Staatsangehörigkeit bringt die einmal entstandene Zuständigkeit nicht in Wegfall.[8] Allerdings reicht es für die internationale Zuständigkeit auch aus, wenn die deutsche Staatsangehörigkeit bis zum Schluss der letzten mündlichen Verhandlung erworben wurde.[9] Bei Doppel- oder Mehrstaatern reicht es nach hM aus, wenn eine der Staatsangehörigkeiten die deutsche ist. Es kommt hierbei nicht darauf an, ob die deutsche Staatsangehörigkeit die effektive ist.[10] § 98 Abs. 1 Nr. 1 FamFG hat (unter den Voraussetzungen der Art. 6, 7 Abs. 1 EheVO 2003) weiterhin eigenständige Bedeutung, da nach Art. 3 Abs. 1 lit. b EheVO 2003 nur die gemeinsame deutsche Staatsangehörigkeit von Antragsteller und Antragsgegner zuständigkeitsbegründend wirkt.

10 **Art. 7 Abs. 2 EheVO 2003** führt dazu, dass Angehörige eines EU-Mitgliedstaates, die in Deutschland ihren gewöhnlichen Aufenthalt haben, zu ihren Gunsten so zu behandeln sind wie deutsche Staatsangehörige. Hierdurch soll ein Verstoß gegen das **Diskriminierungsverbot des Art. 18 AEUV** verhindert werden. Ein französischer Staatsangehöriger mit gewöhnlichem Aufenthalt in Deutschland kann sich daher ebenfalls – so, als sei er selbst deutscher Staatsangehöriger – auf § 98 Abs. 1 Nr. 1 FamFG berufen (vgl. näher → Anhang I zum III. Abschnitt, Art. 6, 7 EheVO Rn. 11 ff.).

11 Wie deutsche Staatsangehörige behandelt werden ferner, was ihren Zugang zu den deutschen Gerichten anbelangt, **Flüchtlinge** nach der Genfer Flüchtlingskonvention sowie ihnen nach § 2 Abs. 1 AsylVfG gleichgestellte **Asylberechtigte**.[11]

12 **3. Gewöhnlicher Aufenthalt der Ehegatten im Inland (§ 98 Abs. 1 Nr. 2 FamFG).** Eine internationale Zuständigkeit deutscher Gerichte besteht nach § 98 Abs. 1 Nr. 2 FamFG auch dann, wenn beide Ehegatten ihren **gewöhnlichen Aufenthalt** in Deutschland haben. Nicht ausreichend ist ein einfacher Aufenthalt, der sich noch nicht zu einem gewöhnlichen Aufenthalt verfestigt hat.

13 Näher betrachtet kommt § 98 Abs. 1 Nr. 2 FamFG keine Bedeutung mehr zu, da in diesen Fällen eine internationale Zuständigkeit deutscher Gerichte nach Art. 3 Abs. 1 lit. a EheVO 2003 besteht. Praktisch relevante Unterschiede in der Definition des gewöhnlichen Aufenthalts nach § 98 FamFG bzw. Art. 3 EheVO 2003 sind gegenwärtig nicht erkennbar (vgl. Anhang I zum III. Abschnitt, → EheVO Art. 3 Rn. 11).

14 **4. Gewöhnlicher Aufenthalt eines Staatenlosen im Inland (§ 98 Abs. 1 Nr. 3 FamFG).** Ist einer der Ehegatten **staatenlos**, so wird eine internationale Zuständigkeit deutscher Gerichte bereits mit dem gewöhn-

---

4   BGH NJW 1984, 1305 = IPRax 1985, 162 = FamRZ 1983, 1215.

5   BGH IPRax 2001, 454 = FamRZ 2001, 412.

6   *Hau* FamRZ 2009, 821 (823); *Althammer* IPRax 2009, 381 (383); Thomas/Putzo/*Hüßtege* FamFG § 98 Rn. 6; MüKoZPO/*Rauscher* FamFG § 98 Rn. 105; Musielak/Borth/*Borth/Grandel* FamFG § 98 Rn. 9.

7   *Althammer* IPRax 2009, 381 (383).

8   BeckOK FamFG/*Sieghörtner* § 98 Rn. 14.

9   BGH NJW 1982, 1940 = IPRax 1983, 180 = FamRZ 1982, 795; BGH NJW 1977, 498; 1970, 1007; BeckOK FamFG/*Sieghörtner* FamFG § 98 Rn. 14.

10 OLG Stuttgart FamRZ 1989, 760; OLG Celle FamRZ 1987, 159; MüKoZPO/*Rauscher* FamFG § 98 Rn. 47; BeckOK FamFG/*Sieghörtner*, § 98 Rn. 13; Haußleiter/*Gomille* FamFG § 98 Rn. 10; Schulte-Bunert/Weinreich/*Baetge* FamFG § 98 Rn. 20 mit Nachweisen auch zur Gegenansicht.

11 Etwa MüKoZPO/*Rauscher* FamFG § 98 Rn. 49; BeckOK FamFG/*Sieghörtner* FamFG § 98 Rn. 13; *Kilian* IPRax 1995, 9 (10 f.).

lichen Aufenthalt des Staatenlosen in Deutschland begründet. Der gewöhnliche Aufenthalt im Inland steht beim Staatenlosen daher praktisch der deutschen Staatsangehörigkeit gleich. Der Vorschrift kommt – wiederum nur unter den engen Voraussetzungen der Art. 6, 7 Abs. 1 EheVO 2003 – eigenständige Bedeutung zu, soweit sich die internationale Zuständigkeit auf den gewöhnlichen Aufenthalt des Antragstellers stützt. Nach Art. 3 Abs. 1 lit. a Spiegelstrich 5 EheVO 2003 ist nämlich ein gewöhnlicher Aufenthalt des Antragstellers im Inland nur dann zuständigkeitsbegründend, wenn er seit mindestens einem Jahr ununterbrochen beibehalten worden ist.

5. Gewöhnlicher Aufenthalt eines Ehegatten im Inland (§ 98 Abs. 1 Nr. 4 FamFG). Grundsätzlich   15
reicht es für die internationale Zuständigkeit deutscher Gerichte auch aus, dass nur ein Ehegatte seinen **gewöhnlichen Aufenthalt im Inland** hat. Ausgeschlossen ist die internationale Zuständigkeit der deutschen Gerichte ausnahmsweise dann, wenn die Scheidung offensichtlich von keinem der Staaten, dem einer der Ehegatten angehört, anerkannt würde. Hat ein Ehegatten mehrere Staatsangehörigkeiten, so ist nur auf die effektive Staatsangehörigkeit abzustellen.[12] Der Vorschrift kommt (unter den Voraussetzungen der Art. 6, 7 Abs. 1 EheVO 2003) dann eigenständige Bedeutung zu, wenn sich keine internationale Zuständigkeit aus Art. 3 Abs. 1 lit. a Spiegelstrich 5 EheVO 2003 ergibt, also der gewöhnliche Aufenthalt im Inland noch kein ganzes Jahr besteht (→ EheVO Art. 6, 7 Rn. 1 ff., 5).

Eine **Anerkennung durch die Heimatstaaten** scheidet niemals offensichtlich aus, wenn einer der Ehegat-   16
ten die Staatsangehörigkeit eines EU-Mitgliedstaates (außer Dänemark) hat. Denn in diesem Fall erfolgt eine Anerkennung nach Maßgabe der Art. 21 ff. EheVO 2003 (s. Anhang I zum III. Abschnitt, → EheVO Art. 21 Rn. 1 ff.).[13]

In den übrigen Fällen hat das Gericht die für den betreffenden Staat maßgeblichen Anerkennungsvorschrif-   17
ten zu berücksichtigen. Eine „offensichtliche Nichtanerkennung" liegt zB dann vor, wenn der Heimatstaat die Scheidung ausschließlich seinen eigenen Gerichten vorbehält oder nur die Zuständigkeit geistlicher oder religiöser Gerichte akzeptiert.

Umstritten ist, wie intensiv die Anerkennungsfähigkeit des deutschen Urteils durch den Richter geprüft   18
werden muss. Man wird vom Richter zunächst verlangen müssen, dass er die generell zugängliche deutschsprachige Literatur auswertet.[14] Ergeben sich hieraus Zweifel, muss er diesen weiter nachgehen, bei ersichtlich unklarer Rechtslage auch (ausnahmsweise) durch Einholung von Sachverständigengutachten.[15]

6. Zuständigkeit bei der Aufhebung von Kinderehen (Abs. 2). § 98 Abs. 2 wurde durch das Gesetz zur   19
Bekämpfung von Kinderehen v. 17.7.2017 eingefügt.[16] Die Vorschrift bezieht sich auf Eheaufhebungsverfahren nach Art. 13 Abs. 3 Nr. 2 EGBGB und sieht für diese Verfahren eine Zuständigkeitsregel vor, die zu den Zuständigkeiten nach Abs. 1 hinzutritt. Hiernach reicht es für die internationale Zuständigkeit aus, wenn nur der Ehegatte, der im Zeitpunkt der Eheschließung das 16., aber nicht das 18. Lebensjahr vollendet hatte, seinen schlichten Aufenthalt im Inland hat.

2. Teil:

Anerkennung ausländischer Entscheidungen in Ehe- und Lebenspartnerschaftssachen,

§§ 107, 108, 109 FamFG

§ 107 FamFG Anerkennung ausländischer Entscheidungen in Ehesachen

(1) [1]Entscheidungen, durch die im Ausland eine Ehe für nichtig erklärt, aufgehoben, dem Ehebande nach oder unter Aufrechterhaltung des Ehebandes geschieden oder durch die das Bestehen oder Nichtbestehen einer Ehe zwischen den Beteiligten festgestellt worden ist, werden nur anerkannt, wenn die Landesjustizverwaltung festgestellt hat, dass die Voraussetzungen für die Anerkennung vorliegen. [2]Hat ein Gericht oder eine Behörde des Staates entschieden, dem beide Ehegatten zur Zeit der Entscheidung angehört haben, hängt die Anerkennung nicht von einer Feststellung der Landesjustizverwaltung ab.

---

12   AG Kaiserslautern IPRax 1994, 223; MüKoZPO/ *Rauscher* FamFG § 98 Rn. 83; *Kilian* IPRax 1995, 9 (11 f.); *Spellenberg* IPRax 1988, 1 (5); *Henrich* FamRZ 1986, 841 (869); aA Prütting/Helms/*Hau* FamFG § 98 Rn. 36.

13   Hat der Antragsgegner die Staatsangehörigkeit eines Mitgliedstaates, scheidet die Anwendung von § 98 FamFG bereits wegen der Sperrwirkung von Art. 6, 7 EheVO 2003 aus.

14   Nicht abzustellen ist auf die jeweils vorhandene Gerichtsbibliothek, denn in diesem Fall wäre in Deutschland – insbes. mit Blick auf kleinere Gerichte – ein einheitlicher Maßstab nicht mehr gegeben (ähnlich MüKoZPO/*Rauscher* FamFG § 98 Rn. 89).

15   Näher MüKoZPO/*Rauscher* FamFG § 98 Rn. 89.

16   BGBl. I 2017, 2429.

(2) ¹Zuständig ist die Justizverwaltung des Landes, in dem ein Ehegatte seinen gewöhnlichen Aufenthalt hat. ²Hat keiner der Ehegatten seinen gewöhnlichen Aufenthalt im Inland, ist die Justizverwaltung des Landes zuständig, in dem eine neue Ehe geschlossen oder eine Lebenspartnerschaft begründet werden soll; die Landesjustizverwaltung kann den Nachweis verlangen, dass die Eheschließung oder die Begründung der Lebenspartnerschaft angemeldet ist. ³Wenn eine andere Zuständigkeit nicht gegeben ist, ist die Justizverwaltung des Landes Berlin zuständig.

(3) ¹Die Landesregierungen können die den Landesjustizverwaltungen nach dieser Vorschrift zustehenden Befugnisse durch Rechtsverordnung auf einen oder mehrere Präsidenten der Oberlandesgerichte übertragen. ²Die Landesregierungen können die Ermächtigung nach Satz 1 durch Rechtsverordnung auf die Landesjustizverwaltungen übertragen.

(4) ¹Die Entscheidung ergeht auf Antrag. ²Den Antrag kann stellen, wer ein rechtliches Interesse an der Anerkennung glaubhaft macht.

(5) Lehnt die Landesjustizverwaltung den Antrag ab, kann der Antragsteller beim Oberlandesgericht die Entscheidung beantragen.

(6) ¹Stellt die Landesjustizverwaltung fest, dass die Voraussetzungen für die Anerkennung vorliegen, kann ein Ehegatte, der den Antrag nicht gestellt hat, beim Oberlandesgericht die Entscheidung beantragen. ²Die Entscheidung der Landesjustizverwaltung wird mit der Bekanntgabe an den Antragsteller wirksam. ³Die Landesjustizverwaltung kann jedoch in ihrer Entscheidung bestimmen, dass die Entscheidung erst nach Ablauf einer von ihr bestimmten Frist wirksam wird.

(7) ¹Zuständig ist ein Zivilsenat des Oberlandesgerichts, in dessen Bezirk die Landesjustizverwaltung ihren Sitz hat. ²Der Antrag auf gerichtliche Entscheidung hat keine aufschiebende Wirkung. ³Für das Verfahren gelten die Abschnitte 4 und 5 sowie § 14 Abs. 1 und 2 und § 48 Abs. 2 entsprechend.

(8) Die vorstehenden Vorschriften sind entsprechend anzuwenden, wenn die Feststellung begehrt wird, dass die Voraussetzungen für die Anerkennung einer Entscheidung nicht vorliegen.

(9) Die Feststellung, dass die Voraussetzungen für die Anerkennung vorliegen oder nicht vorliegen, ist für Gerichte und Verwaltungsbehörden bindend.

(10) War am 1. November 1941 in einem deutschen Familienbuch (Heiratsregister) auf Grund einer ausländischen Entscheidung die Nichtigerklärung, Aufhebung, Scheidung oder Trennung oder das Bestehen oder Nichtbestehen einer Ehe vermerkt, steht der Vermerk einer Anerkennung nach dieser Vorschrift gleich.

§ 108 FamFG Anerkennung anderer ausländischer Entscheidungen

(1) Abgesehen von Entscheidungen in Ehesachen werden ausländische Entscheidungen anerkannt, ohne dass es hierfür eines besonderen Verfahrens bedarf.

(2) ¹Beteiligte, die ein rechtliches Interesse haben, können eine Entscheidung über die Anerkennung oder Nichtanerkennung einer ausländischen Entscheidung nicht vermögensrechtlichen Inhalts beantragen. ²§ 107 Abs. 9 gilt entsprechend. ³Für die Anerkennung oder Nichtanerkennung einer Annahme als Kind gelten jedoch die §§ 2, 4 und 5 des Adoptionswirkungsgesetzes, wenn der Angenommene zur Zeit der Annahme das 18. Lebensjahr nicht vollendet hatte.

(3) ¹Für die Entscheidung über den Antrag nach Absatz 2 Satz 1 ist das Gericht örtlich zuständig, in dessen Bezirk zum Zeitpunkt der Antragstellung

1. der Antragsgegner oder die Person, auf die sich die Entscheidung bezieht, sich gewöhnlich aufhält oder

2. bei Fehlen einer Zuständigkeit nach Nummer 1 das Interesse an der Feststellung bekannt wird oder das Bedürfnis der Fürsorge besteht.

²Diese Zuständigkeiten sind ausschließlich.

§ 109 FamFG Anerkennungshindernisse

(1) Die Anerkennung einer ausländischen Entscheidung ist ausgeschlossen,

1. wenn die Gerichte des anderen Staates nach deutschem Recht nicht zuständig sind;

2. *wenn einem Beteiligten, der sich zur Hauptsache nicht geäußert hat und sich hierauf beruft, das verfahrenseinleitende Dokument nicht ordnungsgemäß oder nicht so rechtzeitig mitgeteilt worden ist, dass er seine Rechte wahrnehmen konnte;*

3. wenn die Entscheidung mit einer hier erlassenen oder anzuerkennenden früheren ausländischen Entscheidung oder wenn das ihr zugrunde liegende Verfahren mit einem früher hier rechtshängig gewordenen Verfahren unvereinbar ist;

4. wenn die Anerkennung der Entscheidung zu einem Ergebnis führt, das mit wesentlichen Grundsätzen des deutschen Rechts offensichtlich unvereinbar ist, insbesondere wenn die Anerkennung mit den Grundrechten unvereinbar ist.

(2) [1]Der Anerkennung einer ausländischen Entscheidung in einer Ehesache steht § 98 Abs. 1 Nr. 4 nicht entgegen, wenn ein Ehegatte seinen gewöhnlichen Aufenthalt in dem Staat hatte, dessen Gerichte entschieden haben. [2]Wird eine ausländische Entscheidung in einer Ehesache von den Staaten anerkannt, denen die Ehegatten angehören, steht § 98 der Anerkennung der Entscheidung nicht entgegen.

(3) § 103 steht der Anerkennung einer ausländischen Entscheidung in einer Lebenspartnerschaftssache nicht entgegen, wenn der Register führende Staat die Entscheidung anerkennt.

(4) Die Anerkennung einer ausländischen Entscheidung, die

1. Familienstreitsachen,

2. die Verpflichtung zur Fürsorge und Unterstützung in der partnerschaftlichen Lebensgemeinschaft,

3. die Regelung der Rechtsverhältnisse an der gemeinsamen Wohnung und an den Haushaltsgegenständen der Lebenspartner,

4. Entscheidungen nach § 6 Satz 2 des Lebenspartnerschaftsgesetzes in Verbindung mit den §§ 1382 und 1383 des Bürgerlichen Gesetzbuchs oder

5. Entscheidungen nach § 7 Satz 2 des Lebenspartnerschaftsgesetzes in Verbindung mit den §§ 1426, 1430 und 1452 des Bürgerlichen Gesetzbuchs

betrifft, ist auch dann ausgeschlossen, wenn die Gegenseitigkeit nicht verbürgt ist.

(5) Eine Überprüfung der Gesetzmäßigkeit der ausländischen Entscheidung findet nicht statt.

Literatur: *Andrae*, Internationales Familienrecht, 4. Auflage 2019; *Andrae/Heidrich*, Anerkennung ausländischer Entscheidungen in Ehe- und Lebenspartnerschaftssachen, FPR 2004, 292; *dies.*, Aktuelle Fragen zum Anwendungsbereich des Verfahrens nach Art. 7 § 1 FamRÄndG, FamRZ 2004, 1622; *dies.*, Zur Zukunft des förmlichen Anerkennungsverfahrens gemäß Art. 7 FamRÄndG nach der großen Justizreform, FPR 2006, 222; *Elmaliah/Thomas*, Die Anerkennung von Ehescheidungen aus dem außereuropäischen Ausland – am Beispiel der israelischen Scheidung, FamRZ 2018, 739; *Fricke*, Anerkennungszuständigkeit zwischen Spiegelbildgrundsatz und Generalklausel, 1990; *Gärtner*, Die Privatscheidung im deutschen und gemeinschaftsrechtlichen Internationalen Privat- und Verfahrensrecht (2008); *Geimer*, Anerkennung ausländischer Entscheidungen in Deutschland, 1995; *ders.*, in: Zöller ZPO, 32. Aufl. 2018; *Grünewald/Behrentin*, Inzidente Anerkennung ausländischer Statusentscheidungen, NJW 2018, 2010; *Haecker*, Die Anerkennung ausländischer Entscheidungen in Ehesachen, 3. Auflage 2009; *Hartmann*, in: Baumbach/Lauterbach, ZPO, 77. Aufl. 2019; *Hau*, Das Internationale Zivilverfahrensrecht im FamFG, FamRZ 2009, 821; *ders.*, Zum Anwendungsbereich des obligatorischen Anerkennungsverfahrens für ausländische Ehestatusentscheidungen, in: FS Spellenberg, 2010, 435; *ders.*, in: Prütting/Helms, FamFG, 4. Auflage 2018; *Heiderhoff*, Die Anerkennung ausländischer Entscheidungen in Ehesachen, StAZ 2009, 328; *Henrich*, Internationales Familienrecht, 2. Auflage 2000; *ders.*, Zur Frage der Ehescheidung deutscher Ehegatten mosaischen Glaubens sowie zum Einwand der entgegenstehenden Rechtshängigkeit durch ein Ehescheidungsverfahren vor israelischem Rabbinatsgericht, FamRZ 2008, 1413; *Hüßtege*, in ThomasPutzo, ZPO, 40. Auflage 2019; *Klinck*, Das neue Verfahren zur Anerkennung ausländischer Entscheidungen nach § 108 II S. 1 FamFG, FamRZ 2009, 741; *Metje*, Die Anerkennung ausländischer Entscheidungen in Ehesachen, insbesondere bei Aussiedlern aus der ehemaligen UdSSR, StAZ 1996, 374; *Rauscher*, Keine rein verfahrensrechtliche Anerkennung einer in Thailand registrierten Privatscheidung, FamFR 2013, 238; *ders.*, in: MüKo-FamFG, 3. Aufl. 2018; *Schack*, Das Anerkennungsverfahren in Ehesachen nach § 107 FamFG – Vorbild für Europa?, in: FS Spellenberg 2010, 497; *Spellenberg*, in: Staudinger, Int. Verfahrensrecht in Ehesachen 2, Deutsches Recht 2016; *Zimmermann*, in Keidel/Zimmermann, FamFG, 19. Aufl., §§ 107–109.

A. **Überblick** 1
B. **Das förmliche Feststellungsverfahren nach**
   § 107 FamFG 6
   I. Allgemeines 6
      1. Sinn und Zweck 6
      2. Funktionsweise 8
      3. Struktur 9
   II. Anwendungsbereich
       (§ 107 Abs. 1 S. 1 und 2, Abs. 8 FamFG) 10
       1. Ausländische Entscheidungen in Ehesachen 10
       2. Privatscheidungen 13
       3. Ausnahme: Heimatstaatentscheidung
          (§ 107 Abs. 1 S. 2 FamFG) 15
       4. Freiwilliges Feststellungsverfahren 17
   III. Verhältnis zu anderen (Gerichts-)Verfahren ... 18

IV. Das verwaltungsbehördliche Verfahren 25
    1. Zuständigkeit 25
    2. Antragsbefugnis (§ 107 Abs. 4 FamFG) .. 26
    3. Antragsformalia 28
    4. Verwirkung des Antragsrechts 29
    5. Verfahren 30
    6. Zeitpunkt der Wirksamkeit der Entscheidung (§ 107 Abs. 6 S. 2 und 3,
       Abs. 7 S. 2 FamFG) 31
V. Das gerichtliche Verfahren 32
   1. Antragsbefugnis 32
   2. Antragsformalia 33
   3. Verfahren 34
   4. Rechtsbehelf 35
VI. Wirkungen der Feststellungsentscheidung 36
    1. Bindungswirkung 36

2. Bestands- und Rechtskraft 37
VII. Fakultatives Feststellungsverfahren
§ 108 Abs. 2 und 3 FamFG 39
C. Sachliche Voraussetzungen der Anerkennung 46
I. Vorrang der EheVO 46
II. Bilaterale Abkommen 47
III. § 109 FamFG 48
1. Erfasste Entscheidungen 48
2. Funktionsweise 50
3. Ausschlussgründe für die Anerkennung .. 51
a) Fehlende Zuständigkeit
(§ 109 Abs. 1 Nr. 1 FamFG) 51
b) Keine ordnungsgemäße oder rechtzeitige Mitteilung
(§ 109 Abs. 1 Nr. 2 FamFG) 54
aa) Keine Äußerung zur Hauptsache 55
bb) Geltendmachung der Nichteinlassung im Verfahren, in dem über die
Anerkennung entschieden wird. 56
cc) Fehlerhafte Mitteilung des verfahrenseinleitenden Dokuments 58
(1) Verfahrenseinleitendes Dokument ... 58
(2) Nichtordnungsgemäßheit und Nichtrechtzeitigkeit 59
(3) Nichtordnungsgemäßheit der Mitteilung 61
(4) Nicht rechtzeitige Mitteilung 63
(5) Fiktive/öffentliche Zustellung 64
c) Unvereinbarkeit
(§ 109 Abs. 1 Nr. 3 FamFG) 65

d) Ordre public
(§ 109 Abs. 1 Nr. 4 FamFG) 68
e) Fehlende Verbürgung der Gegenseitigkeit (§ 109 Abs. 4 FamFG) 72
4. Wirkung der Anerkennung 73
IV. Privatscheidungen im Ausland 76
1. Überblick 76
2. Privatscheidung ohne gerichtliche Bewilligung oder Bestätigung 78
a) Materiellrechtliche Prüfung nach dem
Scheidungsstatut 78
b) Ordre public 82
3. Privatscheidung mit gerichtlicher Bewilligung oder Bestätigung 84
D. Weitere praktische Hinweise 86
I. Zum förmlichen Anerkennungsverfahren nach
§ 107 FamFG 86
1. Zuständige Stellen 86
a) Verwaltungsbehördliches Verfahren
(§ 107 Abs. 1 S. 1, Abs. 3 FamFG) 86
b) Sonderzuständigkeiten im gerichtlichen Verfahren 87
2. Antragstellung 88
3. Urkunden 90
4. Kosten 94
a) Verwaltungsbehördliches Verfahren ... 94
b) Gerichtliche Verfahren (§ 107 Abs. 5,
§ 108 Abs. 2 FamFG) 95
II. Privatscheidungen 96

A. Überblick

1 Gerichtsurteile und vergleichbare Hoheitsakte haben unmittelbare Rechtswirkungen grundsätzlich nur im Gebiet des Staats, in dem sie erlassen worden sind (**Territorialitätsprinzip**). In anderen Staaten entfalten sie Rechtswirkungen, wenn sie nach den dort geltenden gesetzlichen Regelungen anerkannt werden. In Bezug auf ausländische Entscheidungen in Ehe- und Lebenspartnerschaftssachen sind folgende Fallgruppen zu unterscheiden:

2 (1.) **Anerkennung nach der EheVO**.[17] Erfasst werden Entscheidungen, die in einem der **EU-Staaten (außer Dänemark)** in ab dem 1.3.2001 eingeleiteten Verfahren ergangen sind. Die Anerkennung erfolgt ipso iure, ohne dass es eines besonderen Anerkennungsverfahrens bedarf (Anhang I zum III. Abschnitt). Entscheidungen aus EU-Staaten, die nach diesem Zeitpunkt beigetreten sind, unterliegen nur dann der Verordnung, wenn sie seit dem Beitrittszeitpunkt erlassen wurden.[18] Außergerichtliche Scheidungen in EU-Mitgliedstaaten, die nicht das Kriterium einer gerichtlichen/behördlichen Entscheidung nach Art. 2 EheVO erfüllen, unterliegen jedoch nicht den Bestimmungen der noch geltenden EheVO über die Anerkennung von Entscheidungen in Ehesachen (→ Anhang I zum III. Abschnitt Vorb. Rn. 14 Art. 2 Rn. 2, Art. 21 Rn. 8 ff.). Für sie gelten die Regeln im autonomen deutschen IPR/IZVR zu ausländischen Privatscheidungen.

3 (2.) **Förmliches Feststellungsverfahren nach § 107 FamFG**. Außerhalb des Anwendungsbereichs der EheVO wird in einem förmlichen Verfahren über die Anerkennung oder Nichtanerkennung für alle Behörden und Gerichte bindend und damit einheitlich entschieden (→ Rn. 8). **Bis zum 1.9.2009** war dieses Verfahren **in Art. 7 § 1 FamRÄndG** geregelt. Dessen Bestimmungen sind **weitgehend in § 107 FamFG übernommen worden**, so dass für die **Auslegung der Norm** weiterhin auf die **bisherige Rechtsprechung** und Literatur zum **Art. 7 § 1 FamRÄndG zurückgegriffen** werden kann.

---

17 VO (EG) Nr. 2201/2003 des Rates v. 27.11.2003 über die Zuständigkeit und die Anerkennung und Vollstreckung von Entscheidungen in Ehesachen und in Verfahren betreffend die elterliche Verantwortung und zur Aufhebung der Verordnung (EG) Nr. 1347/2000 (ABl. EG 2003 L 338, S. 1). Vorgängerregelung: VO (EG) Nr. 1347/2000 des Rates v. 29.5.2000 über die

Zuständigkeit und Anerkennung und Vollstreckung von Entscheidungen in Ehesachen und in Verfahren betreffend die elterliche Verantwortung für die gemeinsamen Kinder der Ehegatten (ABl. EG 2000 L 160, S. 19).

18 Beispiel: Kroatien BGH 3.4. 2019 – XII ZB 311/17.

(3.) **Lebenspartnerschaftssachen.** Ausländische Entscheidungen in Lebenspartnerschaftssachen unterlie-   **4**
gen weder der EheVO noch § 107 FamFG.[19] Über das Vorliegen der sachlichen Anerkennungsvoraussetzungen entscheidet die jeweils befasste Stelle (Gericht, Behörde) nach allgemeinen Bestimmungen
inzident, § 108 Abs. 1 FamFG (→ Rn. 48 ff.). Jedoch können die Beteiligten, die ein rechtliches Interesse haben, eine Entscheidung über die Anerkennung oder Nichtanerkennung einer ausländischen
Entscheidung (**fakultatives Anerkennungsverfahren**) nicht vermögensrechtlichen Inhalts beantragen, welcher auch erga-omnes-Wirkung zukommt, § 108 Abs. 2 FamFG (→ Rn. 39ff.).[20] Gleiches
trifft auf Statusentscheidungen bezogen auf in anderen Rechtsordnungen zulässige institutionelle
Lebensformen verschiedengeschlechtlicher Paare außerhalb der Ehe zu.[21]

(4.) **Ausländische Privatscheidungen von Ehen.** Bei ausländischen Privatscheidungen von Ehen geht es   **5**
um die Frage der Wirksamkeit eines solchen rechtsgeschäftlichen Aktes mit statusrechtlichen Folgen.
Strittig ist, ob und unter welchen Voraussetzungen die Feststellung der Wirksamkeit der Privatscheidung dem Verfahren nach § 107 FamFG unterliegt (→ Rn. 13 f., 40, 76 ff.).

(5.) **Ausländische Statusentscheidungen zu gleichgeschlechtlichen Ehen**. Sie unterliegen im gleichen
Maße dem förmlichen Anerkennungsfeststellungsverfahren nach § 107 FamFG wie ausländische Entscheidungen in Ehesachen im Allgemeinen.[22] Soweit auf sie Art. 21 ff. EuEheVO Anwendung findet,
ist das Verfahren nach § 107 FamFG ausgeschlossen (hierzu Anhang I zum III. Abschnitt EGBGB
Art. 1 Rn. 5; Anhang I zum III. Abschnitt EGBGB Art. 21 Rn. 13).

B. Das förmliche Feststellungsverfahren nach § 107 FamFG

I. Allgemeines

1. Sinn und Zweck. § 107 FamFG regelt die **zwingende** Durchführung eines Feststellungsverfahrens über   **6**
die Anerkennungsfähigkeit ausländischer Entscheidungen in Ehesachen durch **spezialisierte** Behörden.[23]
Einander widersprechenden Entscheidungen zur Frage der Anerkennung soll damit vorgebeugt und eine
rasche und verbindliche Entscheidung durch Konzentration der Feststellungskompetenz ermöglicht werden.
Die Frage, ob eine im Ausland erfolgte Eheauflösung im Inland anzuerkennen ist, stellt sich in unterschiedlichen rechtlichen Zusammenhängen, zB im Familien-, Erb-, Sozial-, Steuer- und Aufenthaltsrecht. Sie ist
derart wichtig und tritt in Bezug auf dieselbe Ehe häufig verschiedentlich auf, dass ein öffentliches Interesse
an einer einheitlichen, die Gerichte und Behörden bindenden Feststellung der Anerkennungs- oder Nichtanerkennungsfähigkeit besteht. Von besonderer Bedeutung ist das separate Anerkennungsfeststellungsverfahren für die Tätigkeit der Standesämter, sei es dass die ausländische Scheidung nachbeurkundet, eine erneute
Eheschließung im Inland vorgenommen oder die Vaterschaft bezogen auf ein Kind beurkundet werden soll,
das von der im Ausland geschiedenen Frau geboren wurde. Würde das Verfahren nach § 107 FamFG nicht
bestehen, müsste der Standesbeamte über die Anerkennung der ausländischen Scheidung entscheiden.
Gegebenenfalls wäre ein gerichtliches Verfahren nach § 49 PStG einzuleiten. In diesem würde jedoch nicht
allgemeinverbindlich die Frage der Anerkennung geklärt werden, sondern nur im Zusammenhang mit der
infrage stehenden Handlung des Standesbeamten. Die **Verfassungsgemäßheit** von § 107 FamFG ist nach
hM[24] gegeben. Das trifft vor allem deshalb zu, weil nach ablehnender Entscheidung der Landesjustizverwaltung (LJV) die Anrufung des Oberlandesgerichts möglich ist und damit die gerichtliche Überprüfung
ermöglicht wird.

Die Funktion des zwingenden Feststellungsverfahrens hat sich, bezogen auf die Zeit nach 1945, gewan-   **7**
delt.[25] Ihre damalige Beibehaltung hing wohl besonders mit der Regelung in § 328 Abs. 1 Nr. 3 ZPO aF
zusammen, wonach eine Anerkennung ausgeschlossen war, wenn die ausländische Entscheidung zum
Nachteil einer deutschen Partei von Art. 13 Abs. 1 EGBGB oder Art. 17 EGBGB aF abwich. Neben der
Prüfung der allgemeinen Voraussetzungen für die Anerkennung ausländischer Entscheidungen war folglich
eine révision au fond gesetzlich angeordnet, die einer darauf spezialisierten Behörde übertragen wurde.
Konsequenterweise wurden von diesem Anerkennungsfeststellungsverfahren Ehescheidungen ausgenommen, die von einem Gericht des Staates ausgesprochen wurde, dem beide Ehegatten angehörten. Die Strei-

---

19   Ua Prütting/Helms/*Hau* FamFG § 107 Rn. 21;
      MüKoFamFG/*Rauscher* § 107 Rn. 4.

20   Keine Anwendung von § 107 FamFG, *Hau* FS Spel-
      lenberg, 435, 437.

21   Prütting/Helms/*Hau* FamFG § 107 Rn. 21, 22;
      Andrae/Abbas StAZ 2011, 97 (102).

22   MüKoFamFG/*Rauscher* § 107 Rn. 4 a; Prütting/
      Helms/*Hau* FamFG § 107 Rn. 22.

23   BGHZ 82, 34 (44) = IPRax 1983, 37= FamRZ 1982,
      44 = NJW 1982, 517.

24   BGHZ 82, 34 (39 ff.) = IPRax 1983, 37 = FamRZ
      1982, 44 = NJW 1982, 517; Baumbach/Lauterbach/
      Hartmann FamFG § 107 Rn. 5; MüKoFamFG/*Rau-
      scher* § 107 Rn. 13; aA Zöller/*Geimer* FamFG § 107
      Rn. 3.

25   Zur Geschichte: Staudinger/*Spellenberg* FamFG
      § 107 Rn. 10 ff.

chung der Konformitäts-Prüfung aus § 328 ZPO hätte Veranlassung sein können, vom zwingenden behördlichen Anerkennungsfeststellungsverfahren insgesamt abzusehen. Das gilt umso mehr, seitdem mit § 108 Abs. 2 FamFG ein solches fakultatives gerichtliches Verfahren für ausländische Statusentscheidungen mit Wirkung erga omnes etabliert wurde. Die Zuständigkeit der LJV für die Entscheidung über die Anerkennungsfähigkeit einer ausländischen Entscheidung ist systemwidrig. Sie gehört an sich in die Kompetenz der Familiengerichte. Das Argument der besonderen Sachkunde der Landesjustizverwaltung überzeugt nicht, da das Familiengericht für das Anerkennungsverfahren nach der EheVO zuständig ist.[26] Im Übrigen unterscheiden sich die Probleme der Anerkennung von Entscheidungen in Ehesachen nicht gravierend von jenen anderer Statusentscheidungen, für die das Anerkennungsverfahren fakultativ ist und in den Händen der Familiengerichte liegt. Zusammengefasst ist an der gegenwärtigen Rechtslage kritisch zu sehen, dass statt eines fakultativen ein zwingendes Anerkennungsverfahren vorgeschrieben ist, daraufhin eine inzidente Prüfung der Anerkennungsfähigkeit in gerichtlichen Verfahren nicht erfolgen darf, in denen die Anerkennungsfähigkeit Vorfrage ist und letztlich nicht Familiengerichte die Feststellungsentscheidung treffen.

8   **2. Funktionsweise.** Die zuständige Behörde trifft eine einheitliche und bindende **Feststellung,** dass die Voraussetzungen für die Anerkennung der ausländischen Entscheidung vorliegen oder nicht vorliegen. Die erfassten Entscheidungen entfalten im Inland erst Wirkung, nachdem die Behörde die Anerkennungsfähigkeit festgestellt hat. Eine nach der bindenden Feststellung mit der Vorfrage nach der Anerkennung/Nichtanerkennung befasste Stelle muss entsprechend der Feststellung entscheiden. Die Begründetheitsprüfung unterscheidet sich beim Feststellungsverfahren nach § 107 FamFG nicht von der Prüfung der Anerkennung einer sonstigen ausländischen Entscheidung, da die Entscheidung anhand der üblichen Vorschriften (bilaterale Abkommen, § 109 FamFG) erfolgt (hierzu → Rn. 48 ff.).

9   **3. Struktur.** Der Anwendungsbereich ist in § 107 Abs. 1 und 8, das Verfahren in Abs. 2–8 und die Wirkungen der Entscheidungen sind in Abs. 9 geregelt.

II. Anwendungsbereich (§ 107 Abs. 1 S. 1 und 2, Abs. 8 FamFG)

10   **1. Ausländische Entscheidungen in Ehesachen.** Erfasst werden ausländische Entscheidungen in **Ehesachen,** dh über die Nichtigkeitserklärung, Aufhebung oder Auflösung einer Ehe, über die Feststellung des Bestehens oder Nichtbestehens einer Ehe[27] und über die Trennung von Tisch und Bett. Nicht einbezogen sind Entscheidungen zu Scheidungsfolgesachen, auch wenn sie im Scheidungsurteil enthalten sind, die Kostenentscheidung sowie ein Schuldspruch im Scheidungsurteil,[28] weil das Verfahren nach § 107 FamFG nur die Statusfrage einheitlich und bindend klären will.[29]

11   Der Begriff **Entscheidungen** iSd §§ 107, 108 FamFG ist weit auszulegen. Gemeint sind Entscheidungen (Urteile, Beschlüsse) staatlicher Stellen, also von Gerichten oder Behörden und auch von staatlich autorisierten Stellen, insbesondere Entscheidungen geistlicher Gerichte, wenn sie gemäß der Rechtsordnung, in der sie erlassen werden, zur Auflösung der Ehe führen.[30] Es muss sich um eine dem Antrag in der Statussache **stattgebende** Sachentscheidung handeln, die **rechtskräftig** ist.[31] Abweisende Sachentscheidungen fallen entsprechend dem Wortlaut nicht unter § 107 FamFG;[32] über ihre Anerkennung ist inzident zu entscheiden, § 108 Abs. 1 FamFG. Für klageabweisende Feststellungsentscheidungen kann das Verfahren nach § 108 Abs. 2 FamFG genutzt werden (→ Rn. 39 ff.), so dass § 107 FamFG nur die in Abs. 1 genannten Ehesachen erfasst. Nur, soweit die abweisende Entscheidung zugleich eine Feststellung zum Status mit Drittwirkung selbst vorsieht, wird diese von Abs. 1 erfasst.[33] Auch nicht erfasst ist eine ausländische Entscheidung, die eine beabsichtigte Eheschließung ermöglicht oder durch die eine bereits erfolgte Eheschließung genehmigt wird, wodurch diese erst Wirksamkeit erlangt.[34]

26   Prütting/Helms/*Hau* FamFG § 107 Rn. 32.
27   *Hau* FS Spellenberg, 435, 439.
28   BGH NJW-RR 2007, 722; MüKoFamFG/*Rauscher* § 107 Rn. 29; Prütting/Helms/*Hau* FamFG § 107 Rn. 20; Zöller/*Geimer* FamFG § 107 Rn. 14.
29   So auch *Martiny*, Handbuch Int. Zivilverfahrensrecht, Bd. III/1 Rn. 1692.
30   BGHZ 176, 365 = FamRZ 2008, 1409 = IPRax 2009, 347; BGHZ 110, 267 (270 f.) = FamRZ 1990, 607 = NJW 1990, 2194 = StAZ 1990, 221; BGHZ 82, 34 (43) = IPRax 1983, 37 = FamRZ 1982, 44 = NJW 1982, 517; OLG Schleswig FamRZ 2009, 609 = NJW-RR 2008, 1390.
31   LJV NRW IPRax 1986, 167 (169); OLG Koblenz FamRZ 2005, 1692 = IPRax 2005, 354; KG FamRZ

2007, 1828 = IPRspr. 2007, Nr. 210; Baumbach/Lauterbach/*Hartmann* FamFG § 107 Rn. 6; MüKoFamFG/*Rauscher* § 107 Rn. 21, 23; Prütting/Helms/*Hau* FamFG § 107 Rn. 24.
32   KG IPRspr. 1974 Nr. 183; Zöller/*Geimer* FamFG § 107 Rn. 43.
33   MüKoFamFG/*Rauscher* § 107 Rn. 24; Prütting/Helms/*Hau* FamFG § 107 Rn. 19; Zöller/*Geimer* FamFG § 107 Rn. 43; Staudinger/*Spellenberg* FamFG § 107 Rn. 78 ff. (jedoch ohne Bezug auf Drittwirkungen).
34   AA OLG München NZFam 2015, 920 mAnm *Andrae*, KG, FamRZ 2016, 1585; dazu *Mankowski* NZFam 2016, 806; Prütting/Helms/*Hau* FamFG § 107 Rn. 19.

Ob es sich um eine ausländische Entscheidung iSd § 107 FamFG handelt, bestimmt sich nicht nur danach, wo die Scheidung erfolgt ist, sondern auch danach, ob eine Behörde in Ausübung ausländischer Hoheitsgewalt tätig geworden ist.[35] Deshalb unterfällt auch eine Scheidung, die in Deutschland vor einem ausländischen Konsulat erfolgt ist oder von diesem registriert worden ist, § 107 FamFG.[36] Fraglich ist nur, ob in einem Fall, bei dem die Nichtanerkennung der Scheidung offensichtlich ist, weil sie im Inland erfolgte, vom zwingenden Erfordernis des Anerkennungsfeststellungsverfahrens abgesehen werden kann.[37]   **12**

2. Privatscheidungen. Bei Privatscheidungen nach ausländischem Recht geht es nicht um das internationalprozessuale Problem der Anerkennung einer ausländischen Entscheidung, sondern um die Wirksamkeit und die Wirkungen eines privatrechtlichen Gestaltungsakts.[38] Zu der Frage, ob sie dennoch dem Anwendungsbereich des § 107 FamFG unterfallen, werden unterschiedliche Auffassungen vertreten.   **13**

Nach hM werden sie dann erfasst, wenn eine Behörde zumindest deklaratorisch oder beurkundend mitgewirkt hat,[39] wobei wiederum unterschiedlich beurteilt wird, ob die behördliche Mitwirkung zwingend vorliegen muss.[40] Gefolgt werden sollte jedoch der Ansicht,[41] dass auch bei Privatscheidungen ohne behördliche Mitwirkung das Feststellungsverfahren zwingend ist, denn hier besteht gleichfalls das Bedürfnis, die bindende Wirkung der Feststellungsentscheidung nach § 107 Abs. 9 FamFG herbeizuführen. Auf das Verfahren nach § 108 Abs. 2 FamFG kann nicht ausgewichen werden, weil auch hier das Vorliegen einer ausländischen Entscheidung zum Tatbestand gehört. Das Feststellungsverfahren des Bestehens oder Nichtbestehens der Ehe nach § 121 FamFG weist den Nachteil auf, dass die Entscheidung nur inter partes wirkt, also inländische Behörden und Gerichte nicht bindet.[42] Der BGH hat diese Frage bisher mit dem Passus offen gelassen, dass Privatscheidungen „jedenfalls dann von dem Begriff der Entscheidungen erfasst werden, wenn daran eine ausländische Behörde entsprechend den von ihr zu beachtenden Normen in irgendeiner Form, und sei es auch nur registrierend, mitgewirkt hat."[43]   **14**

3. Ausnahme: Heimatstaatentscheidung (§ 107 Abs. 1 S. 2 FamFG). Das obligatorische Feststellungsverfahren ist nicht anzuwenden auf Entscheidungen eines Gerichts und einer Verwaltungsbehörde des Staats, dem beide Ehegatten im Zeitpunkt der Entscheidung angehört haben. Der maßgebende **Zeitpunkt** für das Vorliegen der übereinstimmenden Staatsangehörigkeit ist der Erlass der Entscheidung.[44] Bei Staaten mit mehreren **Teilrechtsordnungen** kommt es auf die gemeinsame Gesamtstaatsangehörigkeit an.[45] Nach hM ist S. 2 restriktiv anzuwenden. Danach ist das Feststellungsverfahren zwingend bei Mehrstaatern durchzuführen, unabhängig davon, welche Staatsangehörigkeit effektiv ist oder ob auch die deutsche Staatsangehörigkeit gegeben ist.[46] Eine Mindermeinung will Abs. 1 S. 2 dann heranziehen, wenn die effektive Staatsangehörigkeit übereinstimmt und keiner der Partner die deutsche Staatsangehörigkeit besitzt.[47] Für die letztere Auffassung spricht die historische Betrachtung, hierzu → Rn. 6. Bei Zweifeln, ob eine Heimatstaatentscheidung vorliegt (zB wegen des Zerfalls des Staatsgebildes des früheren Jugoslawien oder der früheren UdSSR), soll die Durchführung obligatorisch sein.[48]   **15**

Ob sich Abs. 1 S. 2 auf **Privatscheidungen** erstreckt, ist streitig.[49] Der BGH hat nunmehr zugunsten seiner Anwendbarkeit entschieden. Eine Privatscheidung, an dem eine Behörde des Heimatstaates beider Ehegat-   **16**

35   Prütting/Helms/*Helms* FamFG § 121 Rn. 30.
36   BGH FamRZ 1982, 44; Rn. 25; OLG Nürnberg NZFam 2016, 1200; BayObLG FamRZ 1985, 75 (76);Staudinger/*Spellenberg* FamFG § 107 Rn. 63 ff.
37   Verneinend OLG Nürnberg NZFam 2016, 1200; MüKoFamFG/*Rauscher* § 107 Rn. 22.
38   BayObLG FamRZ 2003, 381 (382).
39   BGH NJW 1982, 517 (518); KG FamRZ 2013, 1484; OLG München FamRZ 2012, 1142; BayObLG FamRZ 2003, 38; OLG Celle FamRZ 1998, 686; Prütting/Helms/*Hau* FamFG § 107 Rn. 26.
40   Kein Verfahren nach Art. 7 FamRÄndG/§ 107 FamFG bei fehlender Mitwirkung: BayObLG FamRZ 2003, 381 (382); OLG Celle FamRZ 1998, 686; MüKoBGB/*Coester* EGBGB Art. 13 Rn. 176; Staudinger/*Spellenberg* FamFG § 107 Rn. 67 ff.; toleranter: BGHZ 110, 267 (270 f.) = FamRZ 1990, 607; Prütting/Helms/*Hau* FamFG § 107 Rn. 26.
41   Präsidentin OLG Frankfurt/M. StAZ 2003, 137; *Andrae/Heidrich* FamRZ 2004, 1622 (1626); FPR 2004, 292 (293); MüKoFamFG/*Rauscher* § 107 Rn. 15, 28; NK-BGB/*Gruber* EGBGB Art. 17 Rn. 59.

42   OLG München FamRZ 2009, 1845; Prütting/Helms/ *Helms* FamFG § 121 Rn. 11 mwN.
43   BGH NJW 2019, 931, Rn. 15; BGH FamRZ 1982, 44 (45).
44   MüKoFamFG/*Rauscher* § 107 Rn. 35.
45   *Krzywon* StAZ 1989, 93 (95); MüKoFamFG/*Rauscher* § 107 Rn. 35; Staudinger/*Spellenberg* FamFG § 107 Rn. 88.
46   OLG Hamburg FamRZ 2014, 1563; BayObLG FamRZ 1998, 1594 (1595); FamRZ 1990, 897 (898); Zöller/*Geimer* FamFG § 107 Rn. 37.
47   *Henrich*, S. 151; Staudinger/*Spellenberg* FamFG § 107 Rn. 92 ff.; MüKoFamFG/*Rauscher* § 107 Rn. 37; *Heiderhoff* StAZ 2009, 328 (331).
48   OLG Frankfurt 10.6.2010 – 5 UF 103/10; Präs. OLG Frankfurt IPRax 2000, 124; Staudinger/*Spellenberg* FamFG § 107 Rn. 89.
49   Dafür *Rauscher* IPRax 2000, 391 (392); MüKo-FamFG/*Rauscher* § 107 Rn. 26 ff.; Prütting/Helms/ *Hau* FamFG § 107 Rn. 34; Soergel/*Schurig* EGBGB Art. 17 Rn. 114; *Martiny*, Handbuch Int. Zivilverfahrensrecht, Bd. III/1, Rn. 1758; *Henrich*, S. 152 f.; *Richter* JR 1987, 98 (99); dagegen OLG Nürnberg FamRZ 2017, 360.

ten mitgewirkt hat, ist danach vom obligatorischen Anerkennungsverfahren ausgenommen. Dies wird damit begründet, dass der Begriff Entscheidung in Abs. 1 S. 2 nicht anders ausgelegt werden könne als in Abs. 1 S. 1.[50] Eine Einbeziehung von Privatscheidungen in die Anerkennung von Entscheidungen nach Abs. 1 S. 1 ziehe notwendigerweise auch eine Einbeziehung in den Anwendungsbereich von Abs. 1 S. 2 nach sich. Allein die allgemeine Zielstellung des Anerkennungsverfahrens, welche in der Vermeidung der Gefahr sich widersprechender Entscheidungen zur Frage der Anerkennung besteht, rechtfertige keine von der ausdrücklichen gesetzlichen Regelung abweichende Auslegung.[51] Die Begründung des BGH überzeugt nicht. Anstatt von der Funktion des Delibationsverfahrens auszugehen, sieht sie eher formal. Da die Privatscheidung den Charakter eines Rechtsgeschäfts aufweist, wird ihr wirksames Zustandekommen nach dem gemäß IPR maßgeblichen Recht geprüft, wobei der ordre public nicht verletzt sein darf. Das gemeinsame Heimatrecht ist als Anknüpfungskriterium zugunsten der Parteiautonomie und eines gemeinsamen gewöhnlichen Aufenthalts oder eines letzten gemeinsamen gewöhnlichen Aufenthalts nunmehr zurückgedrängt. Intertemporale Fragen bezogen auf die Anwendung von Art. 17 EGBGB aF und nF sind nicht einfach zu beantworten. Hinzu kommt, dass das Verbot der Privatscheidung im Inland nicht missachtet sein darf. Die Gefahr, dass einer dieser Aspekte übersehen oder auf den Fall bezogen fehlerhaft beurteilt wird, ist nicht geringer, wenn die Privatscheidung von einer Heimatbehörde der Ehegatten registriert worden ist. Wenn überhaupt, besteht gerade bei Privatscheidungen das Bedürfnis nach einer einheitlichen Anerkennungsfeststellung mit erga-omnes-Wirkung, und zwar auch dann, wenn an ihr eine Heimatbehörde der Ehegatten mitgewirkt hat. Inhaltliche Gründe, derartige Scheidungen von dem Verfahren freizustellen, sind nicht ersichtlich.

17   **4. Freiwilliges Feststellungsverfahren.** Für Entscheidungen in Ehesachen, die weder der EheVO noch dem § 107 Abs. 1 zwingend unterliegen, bleibt ein fakultatives Anerkennungsfeststellungsverfahren möglich, wenn ein rechtliches Interesse besteht. Nach hM richtet sich dieses nach § 107(→ Rn. 40).[52]

III. Verhältnis zu anderen (Gerichts-)Verfahren

18   Im Anwendungsbereich des § 107 FamFG ist ein Antrag nach § 121 Nr. 3 FamFG nicht zulässig, da das Verfahren nach § 107 FamFG als Spezialregel vorrangig ist.

19   In der Praxis von großer Bedeutung sind Gerichtsverfahren, bei denen die Anerkennung der ausländischen Entscheidung in der Ehesache eine **Vorfrage** darstellt (zB Antrag auf Scheidung, Trennungsunterhalt oder nachehelicher Unterhalt und Erbscheinerteilung, nicht aber zB für die Anerkennung einer Entscheidung zum Kindesunterhalt oder zum Sorgerecht[53] auch wenn er Bestandteil des Scheidungsurteils ist).[54]

20   Beantragt eine Partei die **Aussetzung** eines solchen Verfahrens, um eine Entscheidung nach § 107 FamFG herbeizuführen, ist dem **Antrag** entsprechend dem Rechtsgedanken des § 154 Abs. 1 ZPO stattzugeben,[55] welcher nach § 113 Abs. 1 FamFG auch bei Ehesachen und Familienstreitsachen anwendbar ist. Das Gericht hat auf die Möglichkeit bzw. Notwendigkeit der Durchführung des Verfahrens nach § 107 FamFG hinzuweisen (§ 139 ZPO).[56] Bei Überschreitung einer vom Gericht gesetzten Frist[57] oder der Verzögerung der Einleitung des Verfahrens nach § 107 FamFG kann das Gericht nicht den Aussetzungsbeschluss aufheben. Dies folgt einerseits aus einer Analogie zu §§ 154 Abs. 1, 155 ZPO, andererseits daraus, dass alle Parteien die Möglichkeit haben, das förmliche Feststellungsverfahren selbst einzuleiten.

21   Stellt keine Partei einen Aussetzungsantrag, ist zu unterscheiden: Ist das Anerkennungsverfahren nach § 107 FamFG keine zwingende Voraussetzung für die Wirksamkeit der ausländischen Entscheidung im Inland (bei Heimatentscheidungen → Rn. 15), gilt § 108 Abs. 1 FamFG. Das Gericht oder die inländische Behörde muss inzident über die Anerkennung bzw. Nichtanerkennung entscheiden, um zur Hauptfrage eine Entscheidung treffen zu können.[58] Die **inzidente Entscheidung** hat keine Rechtskraftwirkung. Bei von § 107 Abs. 1 S. 1 FamFG nicht erfassten Privatscheidungen hat das Gericht inzident ihre Wirksamkeit materiellrechtlich unter Heranziehung des deutschen IPR zu prüfen.

50   BGH FamRZ 2019, 371, Rn. 19; so auch Prütting/ Helms/*Helms* FamFG § 121 Rn. 30; Staudinger/*Spellenberg* FamFG § 107 Rn. 98 f.(differenzierend).

51   BGH FamRZ 2019, 371 Rn. 20.

52   Nach altem Recht BGH FamRZ 1990, 1228; nach neuem Recht OLG Frankfurt 10.6.2010 – 5 UF 103/10; OLG Schleswig FamRZ 2015, 76; Prütting/ Helms/*Hau* FamFG § 107 Rn. 32; MüKoFamFG/ *Rauscher* § 107 Rn. 28; *Hau* FS Spellenberg, 435, 447; aA Zöller/*Geimer* FamFG § 107 Rn. 38.

53   AA für das Sorgerecht *Schack,* Internationales Zivilverfahrensrecht, Rn. 985.

54   BGH FamRZ 2007, 717 = IPRspr. 2007 Nr. 206.

55   So ausdr. OLG Karlsruhe FamRZ 2000, 1021, allerdings mit Verweis auf den Rechtsgedanken des früheren § 151 ZPO aF (Aussetzung bei vorgreiflicher Ehenichtigkeit).

56   OLG Köln FamRZ 1998, 1303.

57   Zur Möglichkeit der Fristsetzung BGH NJW 1983, 514 (515).

58   Beispiel: Anerkennung einer ausländischen Ehescheidung als Vorfrage bei der Beurkundung einer Geburt, KG MDR 2016, 707.

Unterliegt die Anerkennung bzw. Nichtanerkennung dem Entscheidungsmonopol der Landesjustizverwaltung, ist **umstritten**, ob daraus eine **Pflicht zur Aussetzung** folgt. Die Rechtsprechung verneint dies überwiegend.[59] Die Aussetzung liege im Ermessen des befassten Gerichts, wobei prozessökonomische Erwägungen und eine Prognose des wahrscheinlichen Ergebnisses des Anerkennungsverfahrens anzustellen seien. Eine Aussetzung von Amts wegen sei jedenfalls dann nicht geboten, wenn die Voraussetzungen für die Anerkennung des ausländischen Scheidungsausspruchs offensichtlich nicht vorliegen.[60]   **22**

Nach zutreffender Auffassung[61] besteht eine Pflicht zur Aussetzung, da das Entscheidungsmonopol der Landesjustizverwaltung ein **Verfahrenshindernis** darstellt.[62] Solange nicht festgestellt ist, dass die Voraussetzungen der Anerkennung vorliegen, entfaltet die ausländische Entscheidung im Inland keine Wirkung. Andererseits dürfen dritte Stellen ihrer Entscheidung nicht das Fortbestehen der Ehe zugrunde legen, solange die Frage der Anerkennungsfähigkeit ungeklärt ist.[63] Bei unterbliebener Aussetzung von Amts wegen und keiner Antragstellung durch eine Partei würde demgegenüber zwangsläufig ohne Rücksicht auf die im Ausland erlassene Entscheidung vorgegangen.[64] Das Feststellungsverfahren soll jedoch nicht zu einer größeren Ignoranz gegenüber ausländischen Entscheidungen, sondern zu einer einheitlichen, bindenden Klärung der Frage der Anerkennung führen. Das Hauptverfahren ist folglich regelmäßig bis zur Klärung dieser Frage auszusetzen. Ist im Inland ein Scheidungsverfahren rechtshängig und stellt kein Beteiligter nach Aussetzung des Verfahrens innerhalb der vom Gericht gesetzten Frist einen Antrag nach § 107 Abs. 4 FamFG, kann jedoch im inländischen Scheidungsverfahren von dem Bestehen der Ehe ausgegangen und daraufhin die Ehe geschieden werden.[65] Die inländische Scheidung sperrt dann eine spätere Anerkennung der ausländischen Scheidung, vgl. § 109 Abs. 1 Nr. 3 FamFG. In Ehesachen und Familienstreitsachen (zB einem weiteren inländischen Scheidungsverfahren) bestimmt sich die Aussetzung nach § 113 Abs. 1 FamFG, §§ 148, 152 ZPO. In Abstammungssachen und Personenstandssachen ist § 21 FamFG (ggf. iVm § 51 Abs. 1 PStG) anzuwenden.[66]   **23**

Der Standesbeamte darf die Eheschließung eines Partners im Inland nicht vornehmen, wenn die ausländische Entscheidung zur Voehe dem Anerkennungsmonopol der Landesjustizverwaltung unterliegt. In anderen Fällen kann er inzident über die Anerkennungsfähigkeit entscheiden und ggf. nach § 49 Abs. 2 PStG die Frage dem Amtsgericht zur Prüfung vorlegen. Das gleiche trifft zu, wenn die Eintragung in das Personenstandsregister inhaltlich von der Anerkennung oder Nichtanerkennung der ausländischen Entscheidung in der Ehesache abhängig ist.   **24**

IV. Das verwaltungsbehördliche Verfahren

1. Zuständigkeit. Die sachliche Zuständigkeit (Abs. 1 S. 1, Abs. 3) liegt bei einer Landesjustizverwaltung oder dem Präsidenten eines OLG (→ Rn. 86). Örtlich (Abs. 2) ist vorrangig die Justizverwaltung des Landes zuständig, in dem ein Ehegatte seinen gewöhnlichen Aufenthalt hat (konkurrierende Zuständigkeit, Abs. 2 S. 1). Hat keiner von ihnen einen gewöhnlichen Aufenthalt im Inland und soll hier eine neue Ehe geschlossen werden, ist die Landesjustizverwaltung zuständig, in deren Bereich dies erfolgen soll (Abs. 2 S. 2). In den übrigen Fällen ist die Zuständigkeit bei der Landesjustizverwaltung Berlin konzentriert (Abs. 2 S. 3). Ist der Präsident eines OLG sachlich zuständig, bestimmt sich die örtliche Zuständigkeit analog § 107 Abs. 2 FamFG. Das Tätigwerden der zuerst angerufenen örtlich zuständigen Landesjustizverwaltung schließt die Zuständigkeit der anderen aus (§ 2 FamFG analog).[67] Der Zeitpunkt der Antragstellung ist maßgebend für das Vorliegen der Zuständigkeitsvoraussetzungen. Die einmal begründete Zuständigkeit wirkt fort (perpetuatio fori).[68]   **25**

59   BGH FamRZ 2001, 991; NJW 1983, 514 (515 f.); BGH FamRZ 1983, 366 (367); OLG Hamburg FamRZ 2014, 1563; OLG Nürnberg FamRZ 2009, 637; OLG Frankfurt EzFamR aktuell 2003, 92; OLG Köln FamRZ 1998, 1303; ebenso Thomas/Putzo/*Hüßtege* FamFG § 107 Rn. 37; Soergel/*Schurig* EGBGB Art. 17 Rn. 95.

60   BGH FamRZ 1982, 1203.

61   OLG Koblenz FamRZ 2005, 1692 = IPRax 2005, 354; KG FamRZ 1969, 96 (98); Zöller/*Geimer* FamFG § 107 Rn. 8 ff.; *Nagel/Gottwald*, Int. Zivilprozessrecht, 7. Aufl. 2013, § 13 Rn. 24; *Henrich*, S. 152; MüKoFamFG/*Rauscher* FamFG § 107 Rn. 17 a; *Martiny*, Handbuch Int. Zivilverfahrensrecht, Bd. III/1, Rn. 1663.

62   Prütting/Helms/*Hau* FamFG § 107 Rn. 64; Zöller/*Geimer* 107 FamFG Rn. 8; Staudinger/*Spellenberg* FamFG § 107 Rn. 32 ff.; MüKoFamFG/*Rauscher* § 107 Rn. 17 a.

63   KG FamRZ 1969, 96 (98).

64   *Hohloch* JuS 1999, 822 (823).

65   OLG Köln NJW-RR 1999, 81 (Scheidung der Ehe, nachdem die Parteien keinen Antrag nach Art. 7 § 1 FamRÄndG gestellt haben); MüKoFamFG/*Rauscher* § 107 Rn. 17 b.

66   MüKoFamFG/*Rauscher* § 107 Rn. 17 a.

67   MüKoFamFG/*Rauscher* § 107 Rn. 38; Staudinger/*Spellenberg* FamFG § 107 Rn. 145.

68   BayObLG FamRZ 1979, 1015 (1016) = StAZ 1979, 265; NJW 1976, 1032; MüKoFamFG/*Rauscher* § 107 Rn. 39; *Krzywon* StAZ 1989, 93 (97).

26   **2. Antragsbefugnis (§ 107 Abs. 4 FamFG).** Antragsberechtigt ist, wer ein rechtliches Interesse an der Klärung des Statusverhältnisses glaubhaft macht. Ein solches wird den Personen zugebilligt, deren Status durch die Anerkennung berührt sein würde. Das Antragsrecht Dritter wird davon abhängig gemacht, ob deren subjektive Rechte durch die Anerkennung betroffen sein könnten.[69] Ein rechtliches Interesse wird für Parteien eines Folgeverfahrens angenommen, in dem die Wirksamkeit der Scheidung bzw. Aufhebung als Vorfrage eine Rolle spielt.[70] Außerdem kann ein Antragsrecht im öffentlichen Interesse geboten sein. Es kommt nicht darauf an, ob der Antragsteller durch die Entscheidung, deren Nichtanerkennung er beantragt, beschwert ist.[71] Ein **Rechtsschutzbedürfnis** besteht auch dann, wenn der Antrag dem früheren Prozess-(Scheidungs-)Antrag widerspricht.[72] Das Antragsrecht wird für den (früheren) Ehegatten, den Partner einer Zweitehe, Kinder und Erben bejaht. Für einen Verlobten des im Ausland Geschiedenen wird es überwiegend verneint.[73] Es ist jedenfalls zu bejahen, wenn die Verlobten die Eheschließung angemeldet haben.[74]

27   Für **Behörden** gelten die vorgenannten Grundsätze. Für eine nur restriktive Bejahung der behördlichen Antragsbefugnis besteht kein Grund,[75] da § 107 FamFG nur die Anerkennung einer ausländischen Entscheidung einheitlich und widerspruchsfrei gewährleisten will. Gäbe es die Norm nicht, könnte jede Behörde aus eigener Kompetenz die Vorfrage der Anerkennung der ausländischen Entscheidungen entscheiden; § 107 FamFG soll die Entscheidungskompetenz nur bündeln. Antragsberechtigt sind jedenfalls die zur Geltendmachung der Doppelehe jeweils zuständigen Verwaltungsbehörden (§ 1316 Abs. 1 Nr. 1 BGB), die Staatsanwaltschaft im Strafprozess (§ 172 StGB: Mehrehe),[76] Sozialversicherungsträger und private Versicherungsgesellschaften (jedenfalls nach dem Tod eines Ehegatten)[77] sowie Finanzämter.[78] Kein Antragsrecht besitzen nach der Rechtsprechung Standesämter und Gerichte.[79]

28   **3. Antragsformalia.** Der Antrag kann **formlos** gestellt werden (vgl. auch → Rn. 88). Eine **Antragsfrist** besteht nicht. **Inhaltlich** kann der Antrag auf Feststellung der Anerkennungsfähigkeit (Abs. 1) oder der Nichtanerkennungsfähigkeit (Abs. 8) lauten. Wenn zweifelhaft erscheint, dass dem gewollten Antrag stattgegeben wird, und ein vorrangiges Interesse an der Klärung des Statusverhältnisses besteht, sollte hilfsweise auch der Gegenantrag gestellt werden, um die Rechtsfolge des Abs. 9 auszulösen (→ Rn. 38). Die **Rücknahme** des Antrags ist jederzeit bis zur Entscheidung der Landesjustizverwaltung ohne Zustimmung anderer Verfahrensbeteiligter möglich (vgl. auch § 22 Abs. 1 FamFG).[80]

29   **4. Verwirkung des Antragsrechts.** Eine Verwirkung des Antragsrechts ist nach einer Auffassung[81] grundsätzlich denkbar, so dass der Antrag als unzulässig abzuweisen wäre. Nach zutreffender hM[82] ist eine **Verwirkung**, die zur Unzulässigkeit des Antrags führt, **abzulehnen**, da andernfalls die Anerkennungsfrage in der Schwebe bliebe und dies Sinn und Zweck des Feststellungsverfahrens zuwiderliefe. Die Statusfrage ist einheitlich und losgelöst von Verhaltensvorwürfen zu klären und kann nicht davon abhängen, welcher Beteiligte den Antrag stellt.

30   **5. Verfahren.** Zwar gelten die Vorschriften der (Landes-)**Verwaltungsverfahrensgesetze (VwVfG)** nicht unmittelbar, da die Tätigkeit der Landesjustizverwaltung nicht der Nachprüfung im Verfahren vor den Verwaltungsgerichten unterliegt; eine entsprechende Heranziehung ist jedoch geboten. Das Verfahren wird idR

69   JM NRW IPRspr. 1991 Nr. 216 = StAZ 1992, 46; ausführlich Staudinger/*Spellenberg* FamFG § 107 Rn. 153 ff.

70   BayObLG FamRZ 2002, 1637 (1638); FamRZ 2001, 1622 = StAZ 2001, 174; JM NRW IPRspr. 1991 Nr. 216 = StAZ 1992, 46.

71   LJV NRW IPRax 1986, 167 (168); BayObLG NJW 1968, 363.

72   Soergel/*Schurig* EGBGB Art. 17 Rn. 93; Staudinger/*Spellenberg* FamFG § 107 Rn. 163.

73   Ablehnend KG FamRZ 2017, 638; Thomas/Putzo/*Hüßtege* FamFG § 107 Rn. 19; Staudinger/*Spellenberg* FamFG § 107 Rn. 166; nunmehr auch MüKoFamFG/*Rauscher* § 107 Rn. 43.

74   Staudinger/*Spellenberg* FamFG § 107 Rn. 166; MüKoFamFG/*Rauscher* § 107 Rn. 43.

75   Prütting/Helms/*Hau* FamFG § 107 Rn. 39; MüKoFamFG/*Rauscher* § 107 Rn. 43; aA (für restriktive Handhabung) *Fachausschuss* StAZ 1993, 363 f.

76   In dieser Richtung OLG Karlsruhe FamRZ 1991, 92 (93).

77   Baumbach/Lauterbach/*Hartmann* FamFG § 107 Rn. 17; Staudinger/*Spellenberg* FamFG § 107 Rn. 173.

78   *Hohloch* JuS 2001, 400 (401); *Geimer* NJW 1967, 1402; aA (aus verfassungsrechtlichen Gründen, da das fiskalische Interesse an einer Klärung nicht genüge) Staudinger/*Spellenberg* FamFG § 107 Rn. 175; *Krzywon* StAZ 1989, 93 (96); *Martiny*, Handbuch Int. Zivilverfahrensrecht, Bd. III/1, Rn. 1719; MüKoFamFG/*Rauscher* § 107 Rn. 43.

79   BGH NJW 1983, 514 (515); OLG Köln FamRZ 1998, 1303; *Hohloch* JuS 1999, 822 (823); Staudinger/*Spellenberg* FamFG § 107 Rn. 170 ff.; MüKoFamFG/*Rauscher* § 107 Rn. 43; aA für Standesbeamte Thomas/Putzo/*Hüßtege* FamFG § 107 Rn. 19.

80   *Martiny*, Handbuch Int. Zivilverfahrensrecht, Bd. III/1, Rn. 1713.

81   BayObLG IPRax 1986, 180 mAnm *Henrich* = FamRZ 1985, 1258 (5); OLG Düsseldorf FamRZ 1988, 198; Soergel/*Schurig* EGBGB Art. 17 Rn. 93.

82   JM BW FamRZ 1995, 1411 (1412); Zöller/*Geimer* FamFG § 107 Rn. 55; MüKoFamFG/*Rauscher* § 107 Rn. 42; Staudinger/*Spellenberg* FamFG § 107 Rn. 176 f.; *Martiny*, Handbuch Int. Zivilverfahrensrecht, Bd. III/1, Rn. 1711 f.

schriftlich, dh ohne persönliche Anhörungen etc, durchgeführt. **Rechtliches Gehör** ist zu gewähren (Art. 20 Abs. 3 GG).[83] Der Kreis der Anzuhörenden ist weit zu fassen und betrifft all diejenigen, für die eine Entscheidung der Landesjustizverwaltung rechtliche Konsequenzen mit sich bringt.[84] Auf die Schwierigkeiten, die sich aus dem Verkehr mit dem Ausland ergeben, muss gebührend Rücksicht genommen werden. Die Landesjustizverwaltung ermittelt anhand der vorgelegten Unterlagen **von Amts wegen**.[85] Sie kann **Zeugen** vernehmen, jedoch keinen Zeugniszwang ausüben. Dem Antragsteller kann die Beibringung von Unterlagen aufgegeben werden, soweit er die Feststellungslast trägt.[86] Unterlagen und Urkunden unterliegen der **freien Beweiswürdigung**, so dass das Verlangen nach einer amtlichen Beglaubigung (Legalisation) oder einer Übersetzung im pflichtgemäßen Ermessen der Landesjustizverwaltung steht.[87] Eine **Begründung** des Bescheids ist nicht vorgeschrieben, aber zumindest bei Antragsablehnung oder widersprechendem Vortrag eines Verfahrensbeteiligten aus Gründen der Rechtsstaatlichkeit erforderlich.

6. Zeitpunkt der Wirksamkeit der Entscheidung (§ 107 Abs. 6 S. 2 und 3, Abs. 7 S. 2 FamFG). Die   **31** Entscheidung der Landesjustizverwaltung wird mit Bekanntmachung an den Antragsteller wirksam. Die Landesjustizverwaltung kann in der Entscheidung eine Frist für das Wirksamwerden setzen. Der Antrag zum OLG (→ Rn. 32 f.) hat keine aufschiebende Wirkung. Das OLG kann aber gem. § 64 Abs. 3 FamFG iVm § 107 Abs. 7 S. 3 FamFG eine einstweilige Anordnung erlassen und damit die Wirksamkeit – und insbesondere die Bindungswirkung – eines Anerkennungsbescheids der Landesjustizverwaltung vorläufig aussetzen (geboten, wenn eine Wiederverheiratungsabsicht eines Ehegatten zu vermuten ist).

V. Das gerichtliche Verfahren

1. Antragsbefugnis. Ist ein Beteiligter mit der Entscheidung der Landesjustizverwaltung nicht einverstanden, so kann er die Entscheidung durch das OLG beantragen.[88] Bei Ablehnung des Antrags besteht die Antragsbefugnis (Abs. 5, Abs. 6 S. 1) für den Antragsteller und auch für den Ehegatten, der keinen Antrag gestellt hat.[89] Bei Stattgabe des Antrags durch die Landesjustizverwaltung ist jedenfalls der Ehegatte, der den Antrag nicht gestellt hat, antragsberechtigt.[90] Nach weitergehender Ansicht ist auch jeder Dritte antragsberechtigt, wenn er einen Antrag bei der Landesjustizverwaltung im Zeitpunkt der Anrufung des Gerichts noch hätte wirksam stellen können, auch wenn er keinen Erstantrag gestellt hat.[91] Diese Auslegung ist sinnvoll, um den betreffenden Beteiligten nicht zu zwingen, sich zunächst an die Landesjustizverwaltung zu wenden.   **32**

2. Antragsformalia. Der Antrag nach ablehnender Entscheidung durch die Landesjustizverwaltung ist an die **Beschwerdefrist des § 63 FamFG** gebunden. Nach Ablauf der Frist ist eine Aufhebung der Entscheidung nur noch entsprechend § 48 Abs. 2 FamFG möglich.[92] Der Antrag ist **schriftlich** oder durch Erklärung zu Protokoll der Geschäftsstelle zu stellen (§ 64 Abs. 2 FamFG iVm § 107 Abs. 7 S. 3 FamFG). Die **Rücknahme** des Antrags bedarf nach bisheriger Rechtsprechung[93] entsprechend § 92 Abs. 1 S. 2 VwGO der Zustimmung des im entgegengesetzten Sinn agierenden Verfahrensbeteiligten, wenn dieser sich zur Sache eingelassen hat. Dies überzeugt jedoch nicht, weil es sich nicht um ein sog. echtes FGG-Streitverfahren handelt und ein anderer Beteiligter jederzeit bei rechtlichem Interesse einen Antrag stellen und so die Bindungswirkung herbeiführen kann. Zum Teil wird die Anwendung von § 22 FamFG befürwortet, was die Zustimmung in modifizierter Form erfordert.[94]   **33**

3. Verfahren. § 107 Abs. 7 S. 3 FamFG benennt ausdrücklich die sinngemäße Anwendung einiger **FamFG-Vorschriften**, darüber hinaus können weitere passende FamFG Vorschriften herangezogen werden. Als **Beteiligte** sind die Landesjustizverwaltung und diejenigen Personen beizuladen, die an der Anerkennung oder Nichtanerkennung ein rechtliches Interesse haben. Eine **mündliche Verhandlung** ist durch das FamFG nicht vorgeschrieben, steht aber im Ermessen des Gerichts.[95] Das OLG entscheidet als **Tatsa-**   **34**

83   BayObLG FamRZ 2000, 485; Prütting/Helms/*Hau* FamFG § 107 Rn. 42; Einzelheiten hierzu Staudinger/*Spellenberg* FamFG § 107 Rn. 184 ff.
84   Staudinger/*Spellenberg* FamFG § 107 Rn. 185.
85   BayObLG FamRZ 1990, 897 (899).
86   BayObLG FamRZ 1990, 897; MüKoFamFG/*Rauscher* § 107 Rn. 43.
87   Staudinger/*Spellenberg* FamFG § 107 Rn. 181. Anders *Martiny*, Handbuch Int. Zivilverfahrensrecht, Bd. III/1, Rn. 1720: in der Regel nicht erforderlich.
88   Näher Staudinger/*Spellenberg* FamFG § 107 Rn. 215 ff.
89   KG FamRZ 2004, 275 (276); Thomas/Putzo/*Hüßtege* FamFG § 107 Rn. 30.
90   Thomas/Putzo/*Hüßtege* FamFG § 107 Rn. 30; Staudinger/*Spellenberg* § 107 FamFG Rn. 215 ff.; Soergel/*Schurig* EGBGB Art. 17 Rn. 100.
91   OLG Koblenz IPRax 1988, 359; KG FamRZ 2004, 275 (276); Staudinger/*Spellenberg* FamFG § 107 Rn. 224; *Hau* FamRZ 2009, 821; MüKoFamFG/*Rauscher* § 107 Rn. 55; Prütting/Helms/*Hau* FamFG § 107 Rn. 58; Baumbach/Lauterbach/*Hartmann* FamFG § 107 Rn. 23.
92   MüKoFamFG/*Rauscher* § 107 Rn. 56.
93   BayObLG FamRZ 1999, 1588; OLG Düsseldorf NJW 1980, 1344.
94   Prütting/Helms/*Hau* FamFG § 107 Rn. 60; Staudinger/*Spellenberg* FamFG § 107 Rn. 233.
95   MüKoFamFG/*Rauscher* § 107 Rn. 58.

chengericht (§ 65 FamFG iVm § 107 Abs. 7 S. 3 FamFG). Ermittlungen erfolgen **von Amts wegen** (§ 68 Abs. 3 iVm § 26 FamFG). Die **Beweisaufnahme** wird nach §§ 26 ff. FamFG idR als Freibeweisverfahren durchgeführt. Das Gericht ist an das **Antragsbegehren** gebunden.[96] Die Entscheidung ergeht durch zu **begründenden Beschluss** (§ 69 Abs. 2 FamFG). **Anwaltszwang** besteht nicht. **VKH** richtet sich nach den allgemeinen Vorschriften (§ 76 FamFG, § 114 Abs. 1 S. 1 ZPO).

35   **4. Rechtsbehelf.** Die Entscheidung des OLG ist anfechtbar. Eröffnet ist die **Rechtsbeschwerde** nach §§ 70 ff. FamFG zum BGH.[97]

VI. Wirkungen der Feststellungsentscheidung

36   **1. Bindungswirkung.** Die Feststellung, dass die Voraussetzungen der Anerkennung bzw. Nichtanerkennung gegeben sind, führt gem. Abs. 9 zu einer Bindungswirkung für Gerichte und Behörden. Die **Ablehnung** eines Antrags aus sachlichen Gründen hat nach verbreiteter Ansicht dieselbe Bindungswirkung wie eine Entscheidung, die dem gegenteiligen Antrag stattgeben würde.[98] Das ist jedoch nicht zutreffend, da durch die Ablehnung nicht automatisch das Gegenteil festgestellt wird.[99] Eine Sachabweisung kann insbesondere deshalb erfolgen, weil bestimmte Feststellungen (derzeit) nicht getroffen werden konnten. Maßgeblich ist daher der eindeutige Wortlaut von § 107 Abs. 9 FamFG, der die Bindungswirkung nur für die positive Feststellung, dass die Voraussetzungen für die Anerkennung vorliegen oder nicht vorliegen, anordnet. Jedem Beteiligten ist es unbenommen, durch Stellung eines entgegengesetzten (Hilfs-)Antrags eine Entscheidung mit Bindungswirkung herbeizuführen.

37   **2. Bestands- und Rechtskraft.** Der Bescheid der Landesjustizverwaltung wird **bestandskräftig**, sobald er nicht mehr vor dem OLG angefochten werden kann (→ Rn. 33). Unter den engen Voraussetzungen des § 48 FamFG ist lediglich eine Abänderung (§ 48 Abs. 1 S. 2 FamFG) oder eine Wiederaufnahme (§ 48 Abs. 2 FamFG) zulässig.[100] Ein neuer Antrag bei der Landesjustizverwaltung seitens des Antragstellers oder Dritter ist wegen fehlenden Rechtsschutzinteresses jedenfalls dann unzulässig, soweit die Anrufung des OLG noch möglich ist.[101]

38   Der Beschluss des OLG erlangt formelle und materielle **Rechtskraft**, die allerdings nur relativ, dh zwischen den Beteiligten des gerichtlichen Verfahrens, wirkt. Diese Beteiligten sind an den Beschluss gebunden und können das OLG nicht nochmals anrufen, andere Antragsberechtigte hingegen schon,[102] sofern für diese nicht bereits die Beschwerdefrist des § 63 FamFG gegen den Bescheid der Landesjustizverwaltung (maximal 6 Monate nach Erlass, § 63 Abs. 1, Abs. 3 S. 2 FamFG) abgelaufen ist. Abänderungen sind dann nur nach den Vorschriften der ZPO zur Wiederaufnahme über § 107 Abs. 7, § 48 Abs. 2 FamFG möglich. Ein Beispiel hierfür ist, wenn die ausländische Entscheidung im Erlassstaat **aufgehoben** wurde[103] (vgl. auch Anhang I zum III. Abschnitt, → EheVO Art. 21 Rn. 47 f.).

VII. Fakultatives Feststellungsverfahren § 108 Abs. 2 und 3 FamFG

39   Das Verfahren ermöglicht es den Beteiligten, durch den Verweis in § 108 Abs. 2 FamFG auf § 107 Abs. 9 FamFG eine verbindliche Entscheidung mit **erga-omnes-Wirkung** zu erreichen. Erfasst werden alle ausländischen Entscheidungen über nichtvermögensrechtliche Angelegenheiten.[104] Typische Beispiele sind ausländische Entscheidungen zur Abstammung eines Kindes einschließlich derjenigen zur rechtlichen Elternschaft im Falle der Leihmutterschaft.[105] Vorrang hat nach Abs. 2 S. 3 ausdrücklich das Anerkennungsfeststellungsverfahren nach dem Adoptionswirkungsgesetz, soweit dessen Geltungsbereich eröffnet ist. Für Entscheidungen aus anderen Mitgliedstaaten (Ausnahme Dänemark) zur elterlichen Verantwortung ist der Vorrang eines Anerkennungsfeststellungsverfahrens nach der EheVO zu beachten (hierzu Anhang I zum III. Abschnitt EGBGB Art. 21 EheVO Rn. 26 ff.). Für Entscheidungen, deren Anerkennung sich nach dem KSÜ

---

96 Staudinger/*Spellenberg* FamFG § 107 Rn. 230.

97 BGH FamRZ 2011, 788; MüKoFamFG/*Rauscher* § 107 Rn. 59.

98 MüKoFamFG/*Rauscher* § 107 Rn. 52; Staudinger/*Spellenberg* FamFG § 107 Rn. 106 ff.

99 BayObLG NJW 1968, 363; KG FamRZ 1969, 96 (97); *Richter/Krzywon* IPRax 1988, 349 (351).

100 MüKoFamFG/*Rauscher* § 107 Rn. 48 f.; Thomas/Putzo/*Hüßtege* FamFG § 107 Rn. 34. Staudinger/*Spellenberg* FamFG § 107 Rn. 125 ff. Ein Beispiel hierfür wäre, wenn die ausländische Entscheidung im Erlassstaat aufgehoben wurde.

101 Zur Antragsberechtigung Dritter Staudinger/*Spellenberg* FamFG § 107 Rn. 215 ff.

102 Staudinger/*Spellenberg* FamFG § 107 Rn. 236 f.

103 Vgl. § 34 Abs. 1 S. 2 IntFamRVG in Bezug auf das Feststellungsverfahren nach Art. 21 Abs. 3 EheVO 2003, dazu § 107 FamFG Staudinger/*Spellenberg* FamFG § 107 Rn. 137 ff.

104 Hierzu näher *Grünenwald/Behrentin* NJW 2018, 2010 ff.

105 OLG Düsseldorf NJW 2015, 3382.

oder dem Europäischen Sorgerechtsübereinkommen richtet, ist das Anerkennungsverfahren im IntFamRVG geregelt.[106]

Der Anwendungsbereich der Vorschrift ist nach hM nicht für ausländische Entscheidungen in Ehesachen **40** eröffnet, die nicht unter das zwingende Anerkennungsfeststellungsverfahren nach § 107 Abs. 1 S. 1 FamFG fallen. Vielmehr ist danach ein fakultatives Verfahren entsprechend § 107 FamFG statthaft.[107] Das betrifft Entscheidungen von Gerichten und Behörden des Staates, dem beide Ehegatten angehören, → Rn. 15, 17. Diese Auslegung kann sich nicht auf den Wortlaut der §§ 107 und 108 Abs. 2 FamFG stützen. Dogmatische Aspekte die dies rechtfertigen, gibt es nicht. Praktisch wird mit dieser Lösung die Abgrenzung zu den Entscheidungen in Ehesachen, für die § 107 Abs. 1 S. 1 FamFG zwingend zutrifft, etwas weniger relevant. Außerdem werden damit Behörden für zuständig erachtet, die sowieso mit der Anerkennung drittstaatlicher Entscheidungen in Ehesachen befasst sind. Soweit – entgegen der in → Rn. 16 vertretenen Ansicht – reine Privatscheidungen nicht von § 107 FamFG erfasst werden, steht für sie auch nicht das Verfahren nach § 108 Abs. 2 FamFG zur Verfügung.[108] Der Begriff „Entscheidung" ist für § 108 FamFG ebenso auszulegen wie für § 107 FamFG. Möglich wäre dann nur ein Feststellungsverfahren nach § 121 Nr. 3 FamFG, in dem die Anerkennung der ausländischen Privatscheidung inzident als Vorfrage zu klären wäre.[109] Allerdings entfaltet eine solche Entscheidung keine erga-omnes-Wirkung.[110]

§ 108 Abs. 2 FamFG findet auf ausländische Entscheidungen in Lebenspartnerschaftssachen Anwendung. **41** Dies soll auch für alle anderen rechtlich verfestigten Lebenspartnerschaften gleich- oder verschiedengeschlechtlicher Paare nach ausländischem Recht gelten.[111]

Das Verfahren nach § 108 Abs. 2 FamFG ist **fakultativ**. Dasselbe trifft für ausländische Heimatgerichtsent- **42** scheidungen in Ehesachen zu, für die nach hM das Anerkennungsfeststellungsverfahren nach § 107 FamFG zur Verfügung steht. Im Hauptsacheverfahren, in dem die Anerkennung der ausländischen Entscheidung in einer solchen Ehe- bzw. Lebenspartnerschaftssache eine Vorfrage bildet, können die Parteien nicht auf das Anerkennungsfeststellungsverfahren verwiesen werden. Das in der Hauptsache entscheidende Gericht hat über die Vorfrage mit zu entscheiden.[112] Ist die Hauptsacheentscheidung eine Ehesache oder Familienstreitsache, so finden § 148 und § 154 ZPO entsprechend Anwendung. Das Hauptsacheverfahren kann ausgesetzt werden, wenn die Entscheidung ganz oder teilweise abhängig ist vom Ausgang eines rechtshängigen Anerkennungsverfahrens, und es ist auszusetzen, wenn das Bestehen einer Ehe/Lebenspartnerschaft zwischen den Parteien streitig ist und eine Partei die Aussetzung beantragt. Eine rechtskräftige Entscheidung über die Anerkennungs-/Nichtanerkennungsfähigkeit bindet die inländischen Gerichte und Verwaltungsbehörden (§§ 107 Abs. 9, 108 Abs. 2 S. 2).

Zuständig für die Durchführung des Verfahrens nach § 108 Abs. 2 ist das Familiengericht. Abs. 3 regelt die **43** örtliche Zuständigkeit für Anerkennungsverfahren in nichtvermögensrechtlichen Fragen allgemein. Für Lebenspartnerschaftssachen kann für die Auslegung § 107 Abs. 2 FamFG entsprechend herangezogen werden. Zuständig ist wahlweise das Familiengericht, in dessen Bezirk ein Lebenspartner seinen gewöhnlichen Aufenthalt hat. Fehlt es daran, also nur subsidiär, ist es das Familiengericht, in dessen Bezirk ein Interesse hervortritt, zB eine Ehe geschlossen werden soll oder ein Erbschein beantragt wird.

Antragsberechtigt ist eine Person, die ein rechtliches Interesse an der Feststellung der Anerkennung/Nicht- **44** anerkennung der Entscheidung hat. Hierfür kann die Auslegung für § 107 Abs. 4 S. 2 FamFG entsprechend herangezogen werden (→ Rn. 26 f.).[113]

Das **Verfahren** ist nicht gesondert geregelt. Maßgeblich sind die verfahrensrechtlichen Vorschriften, die für **45** die Durchführung eines Verfahrens, das Gegenstand im Ausland war, gelten würden, wenn es im Inland durchgeführt worden wäre.

C. Sachliche Voraussetzungen der Anerkennung

I. Vorrang der EheVO

Soweit es sich um eine Entscheidung der Gerichte eines EU Mitgliedstaates handelt und sachlicher und zeit- **46** licher Anwendungsbereich der EheVO eröffnet ist, richten sich die Voraussetzungen für die Anerkennung

---

106 Vgl. § 32 IntFamRVG.
107 MüKoFamFG/*Rauscher* § 107 Rn. 34, § 108 Rn. 23; Prütting/Helms/*Hau* FamFG § 107 Rn. 32.
108 Staudinger/*Spellenberg* FamFG § 107 Rn. 68 ff.; *Heiderhoff* StAZ 2009, 328 (332); aA *Althammer* IPRax 2009, 381 (388).
109 Baumbach/Lauterbach/*Hartmann* FamFG § 107 Rn. 7; Zöller/*Geimer* FamFG § 107 Rn. 23.

110 Gegen die erga-omnes-Wirkung im Rahmen von § 121 Nr. 3 FamFG MüKoFamFG/*Hilbig-Lugani* § 121 Rn. 13.
111 Prütting/Helms/*Hau* FamFG § 108 Rn. 55 mit Verweis auf FamFG § 107 Rn. 22.
112 MüKoFamFG/*Rauscher* § 108 Rn. 26.
113 MüKoZPO/*Rauscher* FamFG § 108 Rn. 24.

nach Art. 21 ff. EheVO (Anhang I zum III. Abschnitt, Art. 21 EheVO). EuGVVO und LugÜ erfassen Ehesachen nicht.

II. Bilaterale Abkommen

47 Von den bilaterale Abkommen mit Nicht-Mitgliedstaaten der EU beziehen die Abkommen mit der Schweiz[114] und Tunesien[115] Ehesachen mit ein: Im Verhältnis zu den einfachgesetzlichen Anerkennungsvorschriften gilt das Günstigkeitsprinzip.[116] Die Anerkennung erfolgt, wenn die Voraussetzungen nach dem bilateralen Abkommen oder der einfachgesetzlichen Vorschrift vorliegen.

III. § 109 FamFG

48 **1. Erfasste Entscheidungen.** § 109 FamFG übernimmt im Wesentlichen § 328 ZPO, weshalb auch weiterhin auf die entsprechende Rechtsprechung und Literatur Bezug genommen werden kann. Nach hM[117] sind die Anerkennungsvoraussetzungen auch dann § 109 FamFG zu entnehmen, wenn die ausländische Entscheidung nicht in einem ordentlichen streitigen Verfahren, sondern in einem Verwaltungsgerichtsverfahren oder in einem Verfahren, das der deutschen freiwilligen Gerichtsbarkeit entspricht, ergangen ist. Maßgeblich für die Zuordnung ist die Einordnung im deutschen Recht (lex-fori-Prinzip). Anzuwenden ist das jeweilige Zuständigkeits- und Anerkennungsrecht, das im Zeitpunkt des Eintritts der Rechtskraft der ausländischen Entscheidung wirksam war.[118] Für die Beurteilung des Ordre-public-Verstoßes kommt es auf den Anerkennungszeitpunkt an.[119] Dies gilt – mit Blick auf das im Anerkennungsrecht herrschende Günstigkeitsprinzip – auch für die übrigen Fragen, sofern die veränderten Bedingungen die Anerkennung erleichtern.

49 Erfasst ist jede Sachentscheidung, die über einen eine Ehesache betreffenden Antrag in einem geordneten Verfahren ergeht. Die Entscheidung muss rechtskräftig sein,[120] dh nach dem Recht des Erlassstaats darf innerhalb desselben Verfahrens kein Rechtsbehelf mehr möglich sein.

50 **2. Funktionsweise.** Die Anerkennungsvoraussetzungen sind nicht positiv bestimmt, sondern die Ausschlussgründe sind abschließend benannt. Trifft einer zu, ist die Anerkennung ausgeschlossen. Liegt kein Ausschlussgrund vor, wird anerkannt. Die Ausschlussgründe sind von Amts wegen zu prüfen; Ausnahme bildet der in Abs. 1 Nr. 2 geregelte Grund.[121] Die Rechtmäßigkeit der Entscheidung ist nicht nachzuprüfen, siehe Abs. 5.

51 **3. Ausschlussgründe für die Anerkennung. a) Fehlende Zuständigkeit (§ 109 Abs. 1 Nr. 1 FamFG).** Gemeint ist die **internationale Zuständigkeit** der Gerichte des Entscheidungsstaates. Maßgebend für die Beurteilung ist das **Spiegelbildprinzip**. Hiernach wird geprüft, ob das ausländische Gericht international zuständig wäre, wenn dort die deutschen Vorschriften über die internationale Zuständigkeit gelten würden. In Ehesachen bestehen allerdings Abweichungen vom Spiegelbildprinzip. Die Anerkennungszuständigkeit richtet sich ausschließlich nach § 98 FamFG und nicht nach der EheVO.[122] Die EheVO will allein die Entscheidungszuständigkeiten unter den Mitgliedstaaten abgrenzen. Das System ihrer Zuständigkeitsordnung ist durch die Bestimmungen zur ausschließlichen und zur Restzuständigkeit in Art. 6 und 7 EheVO nicht geeignet, auf die Anerkennungszuständigkeit für Entscheidungen aus Drittstaaten übertragen zu werden. § 109 Abs. 2 und Abs. 3 FamFG erweitern die Anerkennungs- gegenüber der Entscheidungszuständigkeit.

52 Die **internationale Anerkennungszuständigkeit** des ausländischen Gerichts nach § 98 Abs. 1 (Ehesachen) und § 103 Abs. 1 (Lebenspartnerschaftssachen) FamFG liegt zusammengefasst unter folgenden Alternativen vor:

---

114 Abk. v. 2.11.1929 (RGBl II 1930 S. 1066).

115 Abk. v. 19.7.1966 (BGBl. II 1969 S. 889); hierzu JM BW FamRZ 2001, 1015.

116 BGH IPRax 1989, 104 (106); BayObLG FamRZ 2000, 1170; FamRZ 1990, 897; JM BW FamRZ 2000, 1015 (1016).

117 Zöller/*Geimer* FamFG § 107 Rn. 21 f.; aA Soergel/*Schurig* EGBGB Art. 17 Rn. 109 f.

118 KG FamRZ 2004, 275 (276).

119 BGH FamRZ 1989, 378; BayObLGZ 2000, 180; KG FamRZ 2006, 1405 (1407); MüKoFamFG/*Rauscher* § 109 Rn. 38; Prütting/Helms/*Hau* FamFG § 109 Rn. 47.

120 BGH NJW 1992, 3098; KG FamRZ 2004, 275 (276); BayObLG FamRZ 1990, 897; Thomas/Putzo/*Hüßtege* FamFG § 109 Rn. 3; Zöller/*Geimer* FamFG § 107 Rn. 50 (Erfordernis der Wirksamkeit).

121 Prütting/Helms/*Hau* FamFG § 109 Rn. 16.

122 Inzident BGH FamRZ 2011, 788 Rn. 23; OLG München FamRZ 2012, 1512 Rn. 11; OLG Karlsruhe FamRZ 2014, 791 Rn. 19; OLG Düsseldorf IPRax 2014, 286, (offengelassen); Thomas/Putzo/*Hüßtege* FamFG § 107 Rn. 3; Zöller/*Geimer* 109 FamFG Rn. 4; aA Prütting/Helms/*Hau*, FamFG § 109 Rn. 20 (sowohl § 98 FamFG als auch Brüssel IIa-VO).

(1.) Wenigstens ein Partner besitzt die **Staatsangehörigkeit** des Urteilsstaats oder besaß sie bei der Schließung der Ehe bzw. Lebenspartnerschaft (§ 98 Abs. 1 Nr. 1 bzw. § 103 Abs. 1 Nr. 1 FamFG).[123] Bei Bundesstaaten kommt es auf die Zugehörigkeit zu dem Gesamtstaat an.[124] Es genügt bei Mehrstaatern, dass die Entscheidung in (irgend-)einem der Heimatstaaten eines der Ehegatten ergangen ist. Art. 5 Abs. 1 EGBGB ist nicht heranzuziehen.[125]

(2.) Wenigstens ein Partner hatte seinen **gewöhnlichen Aufenthalt** im Urteilsstaat (§ 98 Abs. 1 Nr. 2–4, § 109 Abs. 2 bzw. § 103 Abs. 1 Nr. 2 FamFG. Ein Aufenthalt nur zum Zweck der Scheidung genügt nicht (Abwehr von Scheidungsparadiesen).[126] Der gewöhnliche Aufenthalt bestimmt sich nach deutschem Recht (zum Begriff → EGBGB Art. 5 Rn. 16 ff.).[127]

(3.) Die Entscheidung wird von beiden **Heimatstaaten** der Ehegatten (§ 109 Abs. 2 S. 2 FamFG) bzw. dem Register führenden Staat (§ 109 Abs. 3 FamFG) **anerkannt** oder die Ehe/Lebenspartnerschaft wird dort als nicht (mehr) bestehend angesehen.[128] Diese Alternative ist nur einschlägig, wenn keiner der Ehegatten Deutscher ist.[129] Für Mehrstaater ist umstritten ob es auf die effektive Staatsangehörigkeit ankommt[130] oder auch die nicht effektive ausreichend ist[131] (zum Begriff → EGBGB Art. 5 Rn. 22).

(4.) Die Lebenspartnerschaft war in dem Entscheidungsstaat begründet worden (§ 103 Abs. 1 Nr. 3 FamFG).

(5.) Es lag eine **Notzuständigkeit** vor.[132] Ob diese gegeben war, ist gemäß dem Spiegelbildprinzip zu ermitteln. Es ist also zu fragen, ob die deutschen Gerichte in einem solchen Fall, wenn der Bezug nicht zum Entscheidungsstaat, sondern zu Deutschland gegeben wäre, die Zuständigkeit aus besonderen (Not-)Gründen, insbesondere aus dem Verbot der Justizverweigerung,[133] angenommen hätten.

Die internationale Zuständigkeit der Gerichte des Entscheidungsstaats muss wenigstens zeitweise zwischen der Klageerhebung und der letzten mündlichen Verhandlung vorgelegen haben; § 261 Abs. 3 Nr. 2 ZPO findet entsprechend Anwendung.[134] Die Prüfung erfolgt durch das deutsche Gericht **von Amts wegen**.[135]   **53**

b) Keine ordnungsgemäße oder rechtzeitige Mitteilung (§ 109 Abs. 1 Nr. 2 FamFG). Sinn und   **54** Zweck ist die Gewährleistung rechtlichen Gehörs zum Schutz des Beklagten im Stadium der Verfahrenseröffnung.[136] Soweit sich der Regelungstext nicht unterscheidet, kann die Auslegung zu § 328 Abs. 1 Nr. 2 ZPO übernommen werden. Drei Voraussetzungen sind erforderlich: Das verfahrenseinleitende Dokument ist nicht ordnungsgemäß oder nicht rechtzeitig mitgeteilt worden, der Antragsgegner hat sich in der Hauptsache im ausländischen Verfahren nicht eingelassen und er beruft sich auf diese Verletzung des rechtlichen Gehörs. Verletzungen des rechtlichen Gehörs in einem späteren Verfahrensstadium werden nicht erfasst, eventuell ist der ordre public betroffen.

aa) Keine Äußerung zur Hauptsache. Im ausländischen Verfahren darf sich der Antragsgegner nicht zur   **55** Hauptsache geäußert haben.[137] Keine Einlassung liegt vor, wenn er sich vor dem ausländischen Gericht lediglich auf die mangelhafte Zustellung beruft[138] oder im ausländischen Verfahren ohne seine Mitwirkung

---

123 ZB OLG Karlsruhe FamRZ 2014, 791 Rn. 20; OLG Düsseldorf IPRax 2014, 286.

124 BGHZ 141, 286 (289 ff.) = IPRax 2001, 230 = NJW 1999, 3198; LJV BW FamRZ 1990, 1015 (1017); Zöller/*Geimer* FamFG § 109 Rn. 5 ff.; *Martiny*, Handbuch Int. Zivilverfahrensrecht, Bd. III/1, Rn. 747.

125 Staudinger/*Spellenberg* FamFG § 109 Rn. 78 f.;Soergel/*Schurig* EGBGB Art. 17 Rn. 83; *Krzywon* StAZ 1989, 93 (99).

126 BayObLG NJW 1990, 3099 = FamRZ 1990, 650; OLG Frankfurt NJW 1989, 3101 (3102).

127 BayObLG FamRZ 1992, 584 (585); NJW 1990, 3099; *Martiny*, Handbuch Int. Zivilverfahrensrecht, Bd. III/1, Rn. 751.

128 Soergel/*Schurig* EGBGB Art. 17 Rn. 48 mwN.

129 BayObLG FamRZ 1992, 584 (585); zust. Anm. *Henrich* IPRax 1992, 178; Staudinger/*Spellenberg* FamFG § 109 Rn. 87 ff.; *Krzywon* StAZ 1989, 93 (98); aA Soergel/*Schurig* EGBGB Art. 17 Rn. 83: Zur Vermeidung „hinkender" Rechtslagen sei anerkennungsfreundlich zu entscheiden.

130 MüKoFamFG/*Rauscher* § 109 Rn. 19.

131 Prütting/Helms/*Hau* FamFG § 109 Rn. 28; *Basedow* StAZ 1983, 233 (238).

132 Hierzu BayObLG FamRZ 1992, 584 (586); Staudinger/*Spellenberg* FamFG § 109 Rn. 128 f.

133 *Geimer* IPRax 2004, 97 (98).

134 BGHZ 141, 286 (290) = NJW 1999, 3198 = IPRax 2001, 230; BayObLG FamRZ 1993, 1469; MüKo-FamFG/*Rauscher* § 109 Rn. 13; Zöller/*Geimer* FamFG § 109 Rn. 31; MüKoZPO/*Gottwald* § 328 Rn. 94; Staudinger/*Spellenberg* FamFG § 109 Rn. 101 ff.

135 BGHZ 141, 286 (290) = NJW 1999, 3198 = IPRax 2001, 230; BayObLG FamRZ 1993, 1469; MüKo-FamFG/*Rauscher* § 109 Rn. 13; Zöller/*Geimer* FamFG § 109 Rn. 31; MüKoZPO/*Gottwald* § 328 Rn. 94; Staudinger/*Spellenberg* FamFG § 109 Rn. 101 ff.

136 OLG Hamm FamRZ 1993, 339 (340); Staudinger/*Spellenberg* FamFG § 109 Rn. 129; *Basedow* StAZ 1983, 233 (239).

137 Zur Abgrenzung MüKoFamFG/*Rauscher* § 109 Rn. 31; Prütting/Helms/*Hau* FamFG § 109 Rn. 36.

138 LJV BW FamRZ 1990, 1015 (1018); MüKoZPO/*Gottwald* § 328 Rn. 84; Prütting/Helms/*Hau* FamFG § 109 Rn. 36; MüKoFamFG/*Rauscher* § 109 Rn. 31.

ein Vertreter bestellt wird, der sich zur Hauptsache äußert.[139] Auch Äußerungen zur Zulässigkeit des Verfahrens, so zur Zuständigkeit, schaden nicht.[140] Macht der Antragsgegner geltend, unter Nötigung am Scheidungsprozess teilgenommen zu haben, so ist dies im Anerkennungsverfahren zu prüfen.[141]

56 **bb) Geltendmachung der Nichteinlassung im Verfahren, in dem über die Anerkennung entschieden wird.[142]** Der Antragsgegner muss die Gehörsverletzung rügen. Bei verspäteter Rüge erfolgt **Präklusion** analog §§ 295, 532, 556 ZPO im gerichtlichen Verfahren nach § 107 FamFG, wenn die Rüge nicht bereits im Verwaltungsverfahren erhoben wurde.[143] Weiterhin kommt **Verwirkung** durch widersprüchliches Verhalten sowohl vor als auch nach Erlass der Entscheidung in Betracht.[144] Ein Rechtsmissbrauch wird verneint, wenn gestützt auf § 109 Abs. 1 Nr. 2 FamFG im Verfahren nach § 107 FamFG der Antrag auf Nichtanerkennung gestellt wird, um letztlich in Deutschland nach deutschem Recht geschieden zu werden.[145] Dies gilt jedenfalls dann, wenn über ein anderes Scheidungsstatut andere Rechtsfolgen herbeigeführt werden sollen.[146] Ein eindeutiger **Verzicht** (auch konkludent) auf die Rüge ist – insbesondere mit Blick auf Art. 22 lit. b EheVO (s. Anhang I zum III. Abschnitt, → EheVO Art. 22 Rn. 12) – denkbar.[147]

57 Der Antragsgegner kann sich auf den Ausschlussgrund auch dann berufen, wenn er die Gelegenheit, den Verfahrensmangel vor dem ausländischen Gericht zu rügen oder einen **Rechtsbehelf einzulegen**, nicht genutzt hat.[148] Das wird damit begründet, dass die Nutzung späterer Rechtsbehelfe und eine Verteidigung von Beginn des Verfahrens an nicht gleichwertig seien.[149]

58 **cc) Fehlerhafte Mitteilung des verfahrenseinleitenden Dokuments. (1) Verfahrenseinleitendes Dokument.** Das verfahrenseinleitende Dokument (Klage, Antrag) ist die vom Recht des Entscheidungsstaats[150] vorgesehene Urkunde, durch die der Antragsgegner erstmalig von dem der Entscheidung zugrunde liegenden Verfahren in Kenntnis gesetzt wird;[151] ein bestimmter Antrag ist nicht erforderlich.[152] Hierzu gehören auch Ladungen verbunden mit der Aufforderung zur Einlassung, wenn die wesentlichen Elemente des Rechtsstreits wiedergegeben sind. Der Antragsgegner muss daraus nicht nur entnehmen können, dass es um die Scheidung geht, sondern zudem das Risiko einschätzen, zweckentsprechend vortragen und sich verteidigen können.[153]

59 **(2) Nichtordnungsgemäßheit und Nichtrechtzeitigkeit.** Nichtordnungsgemäßheit und Nichtrechtzeitigkeit der Mitteilung sind alternative Versagungsgründe.[154] Hiernach reicht es also, dass einer der Mängel vorliegt, um die Anerkennung zu versagen. Der Antragsgegner kann sich auf die Nichtordnungsgemäßheit der Mitteilung berufen, selbst wenn diese die Verteidigungsmöglichkeit tatsächlich nicht eingeschränkt hat. Die zusätzliche Voraussetzung im letzten Halbsatz ("dass er sich nicht verteidigen konnte") bezieht sich nur auf die Rechtzeitigkeit und nicht auf die Ordnungsgemäßheit der Zustellung.

60 Anknüpfend an Art. 45 Abs. 1 lit. b Brüssel Ia-VO und Art. 22 lit. b EheVO (Anhang I zum III. Abschnitt, → EheVO Art. 22 Rn. 11), in denen nicht mehr auf das formale Kriterium der Ordnungsgemäßheit abgestellt wird, findet sich die Auffassung, die Auslegung von § 328 Abs. 1 Nr. 2 ZPO sei hieran anzupassen,

---

139 BayObLG FamRZ 2002, 1423; OLG Hamm FamRZ 1996, 178 (17); FamRZ 1996, 951 (952).

140 Prütting/Helms/*Hau* FamFG § 109 Rn. 36; Keidel/ *Zimmermann* FamFG § 109 Rn. 8.

141 OLG Karlsruhe FamRZ 2014, 791 Rn. 24.

142 BGH NJW 1990, 3090 (3091) = FamRZ 1990, 1100; *Nagel* IPRax 1991, 172.

143 Zöller/*Geimer* § 328 Rn. 153; Prütting/Helms/*Hau* FamFG § 109 Rn. 37.

144 OLG Bremen FamRZ 2004, 1975; BayObLG FamRZ 2002, 1637 (1638); Staudinger/*Spellenberg* FamFG § 109 Rn. 196 f.

145 BGH 3.4.2019 – XII ZB 311/17, juris Rn. 30; OLG Stuttgart FamRZ 2003, 1019; BayObLG FamRZ 2002, 1637 (1638).

146 JM BW FamRZ 2001, 1015 (1017); aA *Schack* JZ 1993, 621 (622).

147 KG FamRZ 1988, 641 (644); Prütting/Helms/*Hau* FamFG § 109 Rn. 37.

148 BGH 3.4.2019 – XII ZB 311/17, juris Rn. 27; BGHZ 120, 305 (313 f.) = FamRZ 1993, 311 = NJW 1993, 598; BayObLG FamRZ 2000, 1170 (1172); Staudinger/*Spellenberg* FamFG § 109 Rn. 191; MüKoFamFG/*Rauscher* § 109 Rn. 30; MüKoZPO/

Gottwald § 328 Rn. 104; *Schack* JZ 1993, 621 (622); *Schütze* ZZP 106 (1993), 396, 399.

149 BGH 3.4.2019 – XII ZB 311/17, juris Rn. 27; OLG München FamRZ 2012, 1512 Rn. 16; im Ergebnis Prütting/Helms/*Hau* FamFG § 109 Rn. 36; Keidel/ *Zimmermann* FamFG § 109 Rn. 6.

150 MüKoZPO/*Gottwald* § 328 Rn. 98; MüKoFamFG/ *Rauscher* § 109 Rn. 27; Prütting/Helms/*Hau* FamFG § 109 Rn. 33.

151 EuGH Slg I 1993, 1963, Rn. 39 = NJW 1993, 2091 = IPRax 1994, 37; BayObLG FamRZ 2000, 1170; OLG München FamRZ 2012, 1512 Rn. 15; *Kropholler/Hein* EuZPR EuGVVO Art. 34 Rn. 29.

152 BGHZ 141, 286 (295 f.) = NJW 1999, 3198 = IPRax 2001, 230.

153 OLG München FamRZ 2012, 1512 Rn. 15.

154 BGHZ 120, 305 (310) = NJW 1993, 598 = FamRZ 1993, 311; OLG Köln FamRZ 1995, 306 (307); MüKoZPO/*Gottwald* § 328 Rn. 98; *Rauscher* JR 1993, 413; *Schütze* ZZP 106 (1993), 396 f.; *Krzywon* StAZ 1989, 93 (100). Die Rspr. ist insoweit gelegentlich unsauber und spricht beiläufig von alternativen Voraussetzungen ("oder"), so zB BGH NJW 1997, 2051 (2052) = FamRZ 1997, 490 = StAZ 1997, 171; KG FamRZ 1988, 641 (642).

um die internationale Entscheidungsanerkennung zu fördern.[155] Angesichts der unterbliebenen Reform bei § 109 Abs. 1 Nr. 2 FamFG ist weiterhin der strengere Wortlaut für die Auslegung entscheidend.[156] Die Regelungen in den EU-Verordnungen sind insoweit als Ausdruck eines besonderen Vertrauens zwischen den EU-Mitgliedstaaten einzuordnen und nicht als Indiz für eine neue Rechtsentwicklung. Das ist zu bedauern, weil der Justizgewährungsanspruch des Antragstellers nicht mehr als notwendig eingeschränkt werden sollte. Entscheidend kann an sich nur sein, ob der Antragsgegner ausreichend Gelegenheit hatte, sich zu verteidigen.[157] Außerdem ist die Regelung im FamFG insoweit nicht überzeugend, weil einerseits auf das Erfordernis der Zustellung verzichtet wird und an ihre Stelle der schwammige Begriff der Mitteilung tritt. Andererseits wird aber an der Ordnungsgemäßheit festgehalten. Letzteres hängt wohl damit zusammen, dass Deutschland bezogen auf das Haager Übereinkommen über die Zustellung gerichtlicher und außergerichtlicher Schriftstücke im Ausland in Zivil- oder Handelssachen[158] an dem Erfordernis der Zustellung ins Inland über die Zentrale Behörde festhält (→ Rn. 62). Träte an die Stelle der Ordnungsgemäßheit die Art und Weise der Zustellung, die die Verteidigungsmöglichkeit sichert, so würde dem Widerspruch Deutschlands zur postalischen Zustellung nach Art. 10 HZÜ weitgehend die praktische Wirkung genommen.

(3) Nichtordnungsgemäßheit der Mitteilung. Der Begriff Mitteilung im FamFG meint nicht notwendig **61** die förmliche Zustellung.[159] In welcher Weise ein verfahrenseinleitendes Dokument dem Antragsgegner mitzuteilen ist, bestimmt sich nach dem Recht des Ursprungsstaates.[160] Eine informelle Mitteilung über die Einreichung des Antrags seitens des Antragstellers ist jedenfalls nicht ausreichend.[161] Für Familienstreitsachen wird außerdem die Auffassung vertreten, dass das Erfordernis förmlicher Zustellung des Antrags dem ordre public zuzurechnen sei.[162] Die Ordnungsgemäßheit einer Zustellung beurteilt sich nach der ausländischen lex fori[163] unter Beachtung der einschlägigen Rechtshilfeverträge, insbesondere des HZÜ und des Haager Übereinkommens über den Zivilprozess[164] Auch die öffentliche Zustellung oder eine sonstige Ersatzzustellung können ausreichen, solange sie entsprechend der ausländischen lex fori vorgenommen wurden.[165]

Die **Heilung** von Zustellungs-/Mitteilungsmängeln ist möglich. Ob sie vorliegt, richtet sich nach dem Recht **62** des Entscheidungsstaates einschließlich der dort geltenden internationalen Verträge.[166] Ob nach dem Günstigkeitsprinzip außerdem § 189 ZPO entsprechend heranzuziehen ist, ist umstritten.[167] § 189 ZPO findet jedenfalls dann keine entsprechende Anwendung, wenn die Zustellung einem völkerrechtlichen Vertrag (zB HZÜ) unterlag und dessen Vorschriften zur Zustellung nicht eingehalten wurden.[168] Die Übereinkommen wollen Mindeststandards schaffen; dieses Ziel soll nicht dadurch umgangen werden, dass die Heilung nach dem Günstigkeitsprinzip erleichtert wird.[169] Nach Art. 5 HZÜ ist die Zustellung grundsätzlich von der Zentralen Behörde des ersuchten Staates zu bewirken oder zu veranlassen. Deutschland hat einen möglichen Widerspruch gegen die nach Art. 10 HZÜ geregelte Möglichkeit erklärt, gerichtliche Schriftstücke an im Ausland befindliche Personen unmittelbar durch die Post zu übersenden. Die Zustellung ist folglich nicht

---

155　*Geimer* IPRax 2004, 97; Zöller/*Geimer* § 328 Rn. 158.

156　BGH 3.4.2019 – XII ZB 311/17, juris Rn. 15 ff.; OLG Bremen FamRZ 2013, 808; Staudinger/*Spellenberg* FamFG § 109 Rn. 145 f.; MüKoFamFG/*Rauscher* § 109 Rn. 28; Keidel/*Zimmermann* FamFG § 109 Rn. 12.

157　In dieser Richtung auch OLG Köln IPRax 2004, 115; ablehnend MüKoFamFG/*Rauscher* § 109 Rn. 28.

158　Abk. v. 15.11.1965 (BGBl. II 1977 S. 1453).

159　MüKoFamFG/*Rauscher* § 109 Rn. 29; BGH 3.4.2019 – XII ZB 311/17, juris Rn. 21: Soweit es Familienstreitsachen betrifft, erfolgt durch diesen Begriff keine inhaltliche Änderung gegenüber § 328 Abs. 1 Nr. 2 ZPO.

160　MüKoFamFG/*Rauscher* § 109 Rn. 29; Prütting/Helms/*Hau* FamFG § 109 Rn. 34.

161　OLG München FamRZ 2012, 1512; Keidel/*Zimmermann* FamFG § 109 Rn. 11.

162　MüKoFamFG/*Rauscher* § 109 Rn. 29.

163　BGH NJW 1997, 2051 (2052) = FamRZ 1997, 490; BGHZ 120, 305 (311) = FamRZ 1993, 311 = NJW 1993, 598; BayObLG FamRZ 2000, 1170 f.; OLG Düsseldorf FamRZ 1996, 176 (177); JM BW FamRZ 2001, 1015 (1017). Prütting/Helms/*Hau* FamFG § 109 Rn. 34.

164　Abk. v. 1.3.1954 (BGBl. II 1958 S. 577).

165　MüKoZPO/*Gottwald* § 328 Rn. 100; Soergel/*Schurig* EGBGB Art. 17 Rn. 85; aA Staudinger/*Spellenberg* FamFG § 109 Rn. 161. Eine öffentliche Zustellung ist zumindest dann ordnungsgemäß, wenn der Antragsgegner deutlich überwiegend die Unmöglichkeit einer anderen Zustellung verschuldet hat.

166　BGHZ 120, 305 (311 f.) = NJW 1993, 598 = FamRZ 1993, 311; LJV BW FamRZ 1990, 1015 (1018); MüKoZPO/*Gottwald* § 328 Rn. 102; Prütting/Helms/*Hau* FamFG § 109 Rn. 34; MüKoFamFG/*Rauscher* § 109 Rn. 29.

167　Für die Anwendung von § 189 ZPO direkt oder analog Zöller/*Geimer* ZPO § 328 Rn. 160; Staudinger/*Spellenberg* FamFG § 109 Rn. 149; aA (allein die ausländische lex fori sei maßgeblich) JM BW FamRZ 2001, 1015 (1017); KG FamRZ 1988, 641 (642 f.) (zu § 328 Abs. 1 Nr. 2 ZPO aF [bis 1986]); MüKoZPO/*Gottwald* § 328 Rn. 102; *Schütze* ZZP 106 (1993), 396, 398.

168　BGHZ 120, 305 (312 f.) = FamRZ 1993, 311 = NJW 1993, 598; *Rauscher* JR 1993, 413 (414); *Schack*, IZVR, Rn. 936 ff.

169　Hiervon zu trennen ist die Frage nach der dringenden Reformbedürftigkeit des internationalen Zustellungsrechts, vgl. iE *Schack* JZ 1993, 621.

ordnungsgemäß nach dem HZÜ, wenn sie aus einem HZÜ-Teilnehmerstaat nach Deutschland über den Postweg erfolgt.[170]

63 **(4) Nicht rechtzeitige Mitteilung.** Eine nicht rechtzeitige Mitteilung liegt vor, wenn durch die vom ausländischen Gericht gesetzte Frist die Möglichkeit der Verteidigung unzumutbar eingeschränkt wurde.[171] Dies bestimmt sich danach, ob dem Antragsgegner ausreichende Zeit zur Vorbereitung seiner Verteidigung oder für Schritte zur Verfügung stand, um eine Säumnisentscheidung zu verhindern.[172] Hierzu sind die Umstände des Einzelfalls (zB Erforderlichkeit der Übersetzung, Zeit für die Kontaktaufnahme zu einem spezialisierten Anwalt) – auch solche, die erst nach der Mitteilung bekannt geworden sind – ohne Bindung an die rechtlichen und tatsächlichen Feststellungen des Erstgerichts abzuwägen.[173] Nicht ausschlaggebend ist, ob das Erstgericht die im Entscheidungsstaat geltenden Fristen eingehalten hat. Die Frist beginnt im Regelfall mit der ordnungsgemäßen Mitteilung. Bei einer öffentlichen (fiktiven) Zustellung kommt es auf den Zeitpunkt der tatsächlichen Kenntnisnahmemöglichkeit an.[174] Ist der Beklagte unbekannt verzogen, genügt die Zustellung/Mitteilung an die letzte bekannte Anschrift.[175]

64 **(5) Fiktive/öffentliche Zustellung.** In Fällen einer fiktiven/öffentlichen Zustellung[176] fehlt es im Regelfall an der Rechtzeitigkeit der Mitteilung, weil dem Antragsgegner meistens keine effektive Möglichkeit eröffnet wurde, vom Inhalt des zuzustellenden Schriftstücks tatsächlich Kenntnis zu nehmen und sich auf das Verfahren im Ursprungsland einzulassen. Dennoch kann hier nicht generell vom Vorliegen eines Anerkennungshindernisses ausgegangen werden, da ein derartiges Vorgehen den Antragsgegner, der sich der Teilnahme am Verfahren durch einen unbekannten Aufenthalt entzieht, begünstigen würde.[177] Aus diesem Grund ist zur Beurteilung der Frage, ob sich der Antragsgegner auf die Einschränkung seiner Verteidigungsmöglichkeiten aus diesem Grund berufen kann, eine Einzelfallabwägung zwischen den schützenswerten Interessen der Beteiligten erforderlich.[178] Der Versagungsgrund ist bei fiktiver/öffentlicher Zustellung gegeben, wenn dem Antragsteller bei Einleitung des Scheidungsverfahrens bekannt ist, dass der Antragsgegner seinen Wohnsitz in Deutschland hat, den er durch Anfrage beim Einwohnermeldeamt hätte feststellen lassen können.[179]

65 **c) Unvereinbarkeit (§ 109 Abs. 1 Nr. 3 FamFG).** Die Anerkennung scheidet in folgenden Fällen aus:

(1.) **Unvereinbarkeit** mit einer **inländischen Entscheidung.** Auf den Zeitpunkt der Rechtshängigkeit des Streitgegenstandes sowie auf den Zeitpunkt des Erlasses und der Rechtskraft der in- und ausländischen Entscheidung kommt es nicht an.[180] Die Anerkennung ist also auch dann zu versagen, wenn im inländischen Verfahren die ausländische Rechtshängigkeit oder Entscheidung übersehen wurde.

(2.) **Unvereinbarkeit** mit einer **früheren** rechtskräftigen **ausländischen Entscheidung,** die hier anzuerkennen ist (Prioritätsprinzip). Die Priorität bestimmt sich nach dem Eintritt der Rechtskraft, die entsprechend dem Recht des Urteilsstaats bestimmt wird.[181] Es kommt nicht darauf an, ob die frühere ausländische Entscheidung der Feststellung gem. § 107 FamFG bedarf oder ob die Entscheidung über die Anerkennungsfähigkeit bereits ergangen ist.[182] Gegebenenfalls bedarf es der Aussetzung des Verfahrens, um Gelegenheit zu geben, einen Antrag nach § 107 FamFG zu stellen.

(3.) Frühere **deutsche Rechtshängigkeit,** die durch das ausländische Gericht nicht beachtet wurde.[183] Dabei richtet sich der Zeitpunkt der ausländischen Rechtshängigkeit nach dem *ausländischen* Verfahrensrecht.[184] Bedeutung hat diese Alternative nur, solange die Streitsache vor einem deutschen Gericht rechtshängig ist. Wird die Sache rechtskräftig entschieden, greift ohnehin der inländische

---

170   BGH 3.4.2019 – XII ZB 311/17, juris Rn. 24; BGH FamRZ 2011, 1860 Rn. 25; BGH FamRZ 1993, 311 (313); OLG München FamRZ 2017, 131 Rn. 18 f. (Übermittlung über private Personen an den Antragsgegner in Deutschland).

171   BGHZ 141, 286 (296) = IPRax 2001, 230 = NJW 1999, 3198; Thomas/Putzo/*Hüßtege* ZPO § 328 Rn. 12 a; MüKoFamFG/*Rauscher* § 109 Rn. 28.

172   Im Regelfall Zeitspanne von 15 bis 25 Tagen: BayObLG FamRZ 2000, 1170 (1171); LJV BW FamRZ 1990, 1015 (1018); Prütting/Helms/*Hau* FamFG § 109 Rn. 35; *Kropholler/Hein* EuZPR EuGVVO Art. 34 Rn. 34.

173   BayObLG FamRZ 2002, 1423 (1424); 2000, 1170, 1171; Prütting/Helms/*Hau* FamFG § 109 Rn. 35; *Schack,* IZVR, Rn. 940.

174   BayObLG FamRZ 2002, 1423 (1424); OLGR Saarbrücken 2001, 474 = NJOZ 2001, 1233 (1237) (für die französische remise au parquet).

175   BGH IPRax 1993, 324 = NJW 1992, 1239 mAnm Linke, 295.

176   Zur öffentlichen Zustellung; *Heiderhoff* IPRax 2010, 343.

177   BGH FamRZ 2008, 390 Rn. 31; *Schack,* IZVR, Rn. 940.

178   BGH FamRZ 2008, 390 Rn. 31.

179   OLG Bremen FamRZ 2013, 808.

180   LJV BW FamRZ 1990, 1015 (1019).

181   BGH FamRZ 1992, 1058; BGH IPRax 1989, 104; OLG Bamberg FamRZ 2000, 1289 (1290); MüKoZPO/*Gottwald* § 328 Rn. 114; Staudinger/*Spellenberg* § 109 FamFG Rn. 211. Die Lösung wird in der Literatur kritisiert, hierzu mit weiteren Nachweisen *Andrae* IntFamR § 2 Rn. 90 ff., 98.

182   Staudinger/*Spellenberg* FamFG § 109 Rn. 46, 205.

183   Beispiel: OLG München FamRZ 2017, 131 Rn. 12 ff.

184   Ua BGH FamRZ 1992, 1058; KG FamRZ 2016, 836; näher in Bezug auf § 109 Abs. 1 Nr. 3 Hs. 2 FamFG *Gruber* FamRZ 2017, 133 ff.

Urteilsvorrang; erledigt sich das deutsche Verfahren in anderer Weise, besteht kein Anerkennungshindernis.[185] Der Eintritt der Rechtshängigkeit im Ausland bestimmt sich nach dem ausländischen Recht.[186]

Zur Beantwortung der Frage, ob **Unvereinbarkeit** vorliegt, ist ein Vergleich von Tenor und ggf. Entscheidungsgründen der konkurrierenden Entscheidungen erforderlich. Unvereinbarkeit ist gegeben, wenn der Antrag, der der zu prüfenden Entscheidung zugrunde liegt, spiegelbildlich vor deutschen Gerichten wegen einer deutschen oder einer früheren anzuerkennenden Entscheidung unzulässig wäre. Ein scheidungsabweisendes Urteil hindert demnach nicht die Anerkennung eines (späteren) Scheidungsurteils. Das Gleiche gilt für das Verhältnis von Trennung ohne Auflösung des Ehebandes zur Scheidung, da die Trennung Vorstufe der Scheidung sein kann.[187] Bis zur Rechtskraft der Scheidung ist eine Trennungsentscheidung nicht unvereinbar. **66**

Unvereinbar sind hingegen Entscheidungen, die einen anderen Feststellungsinhalt haben oder eine andere Gestaltung des Personenstandes vornehmen (zB Feststellung der Nichtehe – Aufhebung der Ehe; Nichtigkeitserklärung – Aufhebung; Aufhebung bzw. Scheidung zu unterschiedlichen Zeitpunkten). So schließt ein Scheidungsurteil ein (späteres) Aufhebungsurteil aus, selbst wenn sich dieses auf andere Gründe stützt (entsprechend § 1317 Abs. 3 BGB). Jedoch kann der an einer Aufhebungsentscheidung Interessierte die Feststellung begehren, dass nach dem kollisionsrechtlich maßgeblichen Recht die Voraussetzungen für die Eheaufhebung vorlagen, um statt der Scheidungs- die Aufhebungsfolgen herbeizuführen.[188] Fraglich ist, ob nach einem Scheidungs- oder Aufhebungsbeschluss eine spätere ausländische Entscheidung, die die Ehe ex tunc vernichtet oder ihr Nichtbestehen feststellt, anerkennungsfähig ist. Die ausländische Entscheidung ist allenfalls dann anerkennungsfähig, wenn sie sich auf einen anderen selbstständigen, im inländischen Prozess nicht vorgetragenen Sachverhalt (zB Doppelehe, Willensmängel bei der Eheschließung) bezieht, nicht jedoch, wenn die abweichende statusrechtliche Entscheidung durch eine andere kollisionsrechtliche Anknüpfung bedingt ist. **67**

d) Ordre public (§ 109 Abs. 1 Nr. 4 FamFG). Eine ausländische Entscheidung verstößt gegen den ordre public, wenn sie angesichts ihres Inhalts oder der Umstände ihres Zustandekommens, ausgehend vom konkreten Sachverhalt, offensichtlich, dh eklatant, unzweifelhaft, auf der Hand liegend,[189] zu einem Ergebnis führt, das unvereinbar mit **tragenden Grundsätzen** des deutschen Rechts ist.[190] Die Verletzung von Grundrechten bildet einen Unterfall, wobei hiermit die Grundrechte des Grundgesetzes, der Länderverfassungen, der EMRK sowie die Charta der Grundrechte der Europäischen Union gemeint sind.[191] Es finden sich in den letzten Jahrzehnten wenige Entscheidungen, die einer ausländischen Entscheidung in Ehesachen die Anerkennung aus ordre-public-Gründen versagten, die nicht von der jetzigen Nr. 2 oder 3 des § 109 Abs. 1 FamFG erfasst sind. **68**

Erforderlich ist ein genügend enger **Inlandsbezug**, der sich insbesondere aus der deutschen Staatsangehörigkeit oder aufgrund eines inländischen gewöhnlichen Aufenthalts ergeben kann. Je geringer der Inlandsbezug ist, desto weniger Gewicht haben die Grundsätze des deutschen Rechts für die Frage der Anerkennungsfähigkeit.[192] Maßgebend für die Beurteilung ist der **Zeitpunkt**, in dem über die Anerkennungsfähigkeit im Inland entschieden wird.[193] Besondere Zurückhaltung ist in den Fällen geboten, in denen im Zeitpunkt des Erlasses der Entscheidung der ordre public nicht die Anerkennung gehindert hätte.[194] Die ausländische Entscheidung darf grundsätzlich nicht auf ihre Richtigkeit überprüft werden (**Verbot der révi-** **69**

---

185 OLG Frankfurt FamRZ 1997, 92 f.
186 BGH FamRZ 1987, 580 = NJW 1987, 3083.
187 Staudinger/*Spellenberg* FamFG § 109 Rn. 216.
188 Vgl. BGHZ 133, 227 (230) = NJW 1996, 2727 = FamRZ 1996, 1209 (zu § 1317 Abs. 3 BGB).
189 BayObLG FamRZ 1993, 1469; LG Hamburg FamRZ 1993, 980 (981); Einzelheiten: Staudinger/*Spellenberg* FamFG § 109 Rn. 225 ff. mit weiteren Nachweisen.
190 BGH NJW 1997, 2051 (2052) = FamRZ 1997, 490; BayObLG FamRZ 2002, 1637 (1639); OLG Düsseldorf FamRZ 1996, 176 (177); LG Hamburg FamRZ 1993, 980 (981); AG Würzburg FamRZ 1994, 1596.
191 EuGH Slg I 2000, 1935, Rn. 25 = IPRax 2000, 406 = NJW 2000, 1853; BGHZ 144, 390 = NJW 2000,

3289 = IPRax 2001, 50; BGH IPRax 1998, 205 (alle zu Art. 27 Nr. 1 EuGVÜ).
192 OLG Bamberg FamRZ 1997, 95 (96) = NJW-RR 1997, 4.
193 BGHZ 138, 331 = NJW 1998, 2358; BGHZ 52, 184 (192); BayObLG FamRZ 2002, 1637 (1639); 2001, 1622, 1623; OLG Köln FamRZ 1995, 306; LJV NRW IPRax 1986, 167 (172); Soergel/*Schurig* EGBGB Art. 17 Rn. 87; Prütting/Helms/*Hau* FamFG § 109 Rn. 47; MüKoFamFG/*Rauscher* § 109 Rn. 38.
194 Deshalb differenzierend mit Blick auf eine nachträgliche Verschärfung bzw. Abschwächung des ordre public unter Berücksichtigung von Erwartungen der Beteiligten Staudinger/*Spellenberg* FamFG § 109 Rn. 262 ff.; MüKoFamFG/*Rauscher* § 109 Rn. 38, 39.

sion au fond), § 109 Abs. 5 FamFG.[195] Die Prüfung der Voraussetzungen erfolgt **von Amts wegen**.[196] Bei Zweifeln über das Vorliegen eines Verstoßes ist die Entscheidung anzuerkennen.[197]

70   Die Anerkennung kann aus prozessrechtlichen oder materiellrechtlichen Unvereinbarkeitsgründen versagt sein. Der Schwerpunkt der Anwendung des **verfahrensrechtlichen ordre public** liegt bei Verletzungen des Grundsatzes der Gewährung rechtlichen Gehörs im Laufe des Verfahrens, zB bei Übergehen von Behauptungen und Beweisanträgen.[198] Die **Möglichkeit** zur Stellungnahme **genügt** aber.[199] Es kommt nicht darauf an, ob im Verfahren vom deutschen Recht abgewichen wurde, sondern ob der Verfahrensverlauf mit Grundprinzipien eines rechtsstaatlichen Verfahrens unvereinbar ist.[200] Denkbar sind weiterhin fehlende Neutralität des Gerichts, Prozessbetrug und Verhinderung bzw. Nichtbeachtung von Rechtsmitteln.[201] Die Anwendung des ordre public kommt nicht in Betracht, wenn **Rechtsmittel** nicht genutzt werden, soweit die Aussicht bestand, damit Verfahrensfehler zu beseitigen.[202]

71   **Materiellrechtliche Gründe** für die Anwendung des ordre public sind insbesondere denkbar, wenn die ausländische Entscheidung die Grundrechte auf Eheschließungsfreiheit, Religionsfreiheit oder Gleichstellung von Mann und Frau verletzt. So ist eine ausländische Entscheidung, die die Ehe wegen Mängeln bei der Eheschließung aufhebt oder ihre Nichtexistenz feststellt, nicht anerkennungsfähig, wenn die Ehehindernisse vom Standpunkt des deutschen IPR analog Art. 13 Abs. 2 EGBGB nicht beachtlich sind (zB Ehehindernis der Religionsverschiedenheit). Eine Scheidung ist nicht bereits dann ordre-public-widrig, wenn nach deutschem Recht die Scheidungsvoraussetzungen nicht vorlagen.[203] Nicht anerkennungsfähig ist eine ausländische Entscheidung, die die Wirksamkeit einer Ehe bestätigt, die in Deutschland unter Verletzung von Art. 13 Abs. 4 EGBGB geschlossen wurde.[204] Eventuell kommt auch eine Teilanerkennung der ausländischen Entscheidung in Frage, wenn nur ein abtrennbarer Teil ordre-public-widrig ist; hierzu auch das Beispiel Rn. 73.[205]

72   **e) Fehlende Verbürgung der Gegenseitigkeit (§ 109 Abs. 4 FamFG).** § 109 Abs. 4 FamFG führt abschließend auf, bei welchen Verfahren die Gegenseitigkeit verbürgt sein muss. Hiervon sind die hier interessierenden Statusentscheidungen ausgenommen, weshalb bei diesen die Gegenseitigkeit nicht verbürgt sein muss.

73   **4. Wirkung der Anerkennung.** Die Rechtsprechung geht von der **Wirkungserstreckungstheorie** aus.[206] Die anerkannte Entscheidung hat hiernach dieselbe Wirkung (Rechtskraft, Gestaltungswirkung) wie im Entscheidungsstaat. Die Anerkennungsentscheidung wirkt auf den Zeitpunkt der Rechtskraft der ausländischen Entscheidung zurück.[207] Bei ausländischen Eheanfechtungs-, Aufhebungs- und Nichtigkeitsurteilen ist dem der Entscheidung zugrunde liegenden Recht zu entnehmen, ob die Ehe ex nunc oder ex tunc aufgelöst ist. Ein Schuldausspruch in der ausländischen Entscheidung nimmt grundsätzlich an der Anerkennung teil, und zwar auch dann, wenn er nur in den Gründen des Urteils steht.[208] Allerdings tritt diesbezüglich keine Bindungswirkung nach § 107 Abs. 9 FamFG ein (→ Rn. 10).

---

195 BayObLG FamRZ 1993, 1469; s. a. Prütting/Helms/ *Hau* FamFG § 109 Rn. 44.

196 MüKoZPO/*Gottwald* § 328 Rn. 10; *Fricke*, Anerkennungszuständigkeit, S. 102; aA OLG Hamm FamRZ 1993, 339 (340): Prüfung nur auf Rüge des damaligen Beklagten.

197 MüKoZPO/*Gottwald* § 328 Rn. 94.

198 OLG Köln FamRZ 1995, 306 (307); LJV BW FamRZ 1990, 1015 (1019).

199 BVerfG NJW 1988, 1462 (1464); BGH IPRax 2002, 395 = NJW-RR 2002, 1151; NJW 1997, 2051 (2052) = FamRZ 1997, 490; NJW 1990, 2201 (2203); BayObLG FamRZ 2001, 1622 (1623) = StAZ 2001, 174.

200 BGH FamRZ 2011, 788 Rn. 25; BGH NJW 1997, 2051 (2052) = FamRZ 1997, 490; NJW 1990, 2201 (2202 f.)= FamRZ 1990, 868; OLG Düsseldorf FamRZ 1996, 176 (177); AG Würzburg FamRZ 1994, 1596; LG Hamburg FamRZ 1993, 980 (981).

201 BayObLG FamRZ 2002, 1637 (1639); 2000, 836, 837 (Vorlage gefälschter Unterlagen, Falschaussagen).

202 BGH NJW 1997, 2051 (2052) = FamRZ 1997, 490; BayObLG FamRZ 2002, 1637 (1639); OLG Düsseldorf FamRZ 1996, 176 (177) = StAZ 1996, 206; LG

Hamburg FamRZ 1993, 980 (982); AG Würzburg FamRZ 1994, 1596 (1597); differenzierend: Staudinger/*Spellenberg* FamFG § 109 Rn. 250 ff.

203 BayObLG FamRZ 1993, 1469 (1470) (falsche Bestimmung des Trennungszeitpunktes); Staudinger/ *Spellenberg* FamFG § 109 Rn. 281 ff.; idS auch MüKoFamFG/*Rauscher* § 109 Rn. 52.

204 KG FamRZ 2019, 685, zur Entscheidung EGBGB Art. 13 Rn. 111, 113.

205 Prütting/Helms/*Hau* FamFG § 108 Rn. 11 a.

206 EuGH Slg 1988, 645 = IPRax 1989, 159 mAnm *Schack*, 139, 141 = NJW 1989, 663 (für das EuGVÜ); BGHZ 118, 312 (318) = NJW 1992, 3096; OLG Hamm FamRZ 1993, 213 (215) = IPRspr. 1991 Nr. 213; Zöller/*Geimer*, ZPO, § 328 Rn. 20 und FamFG § 109 Rn. 61; *Schack*, IZVR, Rn. 881 ff.; *Kegel/Schurig*, S. 1061; aA (Gleichstellungs-, Nostrifizierungs- oder Wirkungsanpassungstheorie) *Musger* IPRax 1982, 108 (111); im Überblick *Bungert* IPRax 1982, 225 f.

207 BGH NJW 1983, 514 (515) = FamRZ 1982, 1203; KG FamRZ 1969, 96 (98).

208 BGH FamRZ 1976, 614 (615) = IPRspr. 1976 Nr. 50; Soergel/*Schurig* EGBGB Art. 17 Rn. 90; s. a. MüKoZPO/*Rauscher* FamFG § 109 Rn. 48.

Das OLG München[209] hat die Anerkennungsfähigkeit der Entscheidung eines Schariagerichts, das die Wirksamkeit einer bigamistischen Ehe unmittelbar nach der Eheschließung bestätigt, mit dem Hinweis auf das Wirkungserstreckungsprinzip verneint. Die Anerkennung hätte zur Folge, dass die nach dem islamischen Recht der Entscheidung zukommende Wirkung der Nichtaufhebbarkeit der Ehe wegen ihres bigamistischen Charakters auf das Inland übertragen würde.[210] Gegen diese Argumentation spricht zunächst, dass die Frage der Aufhebbarkeit einer bigamistischen Ehe den Ehebeseitigungsstatuten nach dem Prinzip des ärgeren Rechts (→ EGBGB Art. 13 Rn. 71 ff.) unterliegt. Es handelt sich nämlich nicht um eine direkte, sondern nur um eine mittelbare Wirkung der ausländischen Entscheidung, die nicht mehr vom Wirkungserstreckungsprinzip erfasst wird. Lassen beide (ausländische) Eheschließungsstatuten wegen der gerichtlichen Bestätigung der Ehe die Ehebeseitigung nicht zu und besteht ein enger Inlandsbezug, kommt die Heranziehung der Vorbehaltsklausel (Art. 6 EGBGB) in Betracht. Nur wenn in der ausländischen Entscheidung die Unaufhebbarkeit selbst ausgesprochen worden ist, stellt sich die Frage, ob die Anerkennung der Entscheidung nach § 109 Abs. 1 Nr. 4 ausgeschlossen ist. In einem solchen Fall ist es sinnvoll von einer Teilanerkennung auszugehen.[211] Nur die Entscheidung zur Unaufhebbarkeit ist nicht anerkennungsfähig, weil diese den ordre public (§ 109 Abs. 1 Nr. 4 FamFG) verletzt.[212]

Zum Teil wird vertreten, dass ein fehlender Schuldausspruch im Inland entsprechend § 321 ZPO nachgeholt werden kann, soweit er für die Nebenfolgen der Scheidung erheblich ist.[213] Zu folgen ist eher der Auffassung, dass die Feststellung inzident in dem inländischen Verfahren nachgeholt werden kann, in dem es um die Scheidungsfolge geht.[214] **74**

Die Anerkennung einer **Nebenentscheidung** ist gesondert nach der darauf anwendbaren Rechtsgrundlage (EuUntVO; EuGüterVO, multilaterale oder bilaterale Staatsverträge, § 109 FamFG) zu prüfen. Bei der Frage, ob ihre Anerkennung voraussetzt, dass die Entscheidung in der Ehesache förmlich nach § 107 FamFG anerkannt wurde, soweit diese dem Anerkennungsverfahren zwingend unterliegt, ist zu differenzieren.[215] Soweit die Nebenentscheidung den Kindesunterhalt betrifft, setzt ihre Anerkennung nicht die Anerkennung der Ehescheidung voraus.[216] Dasselbe muss für Entscheidungen zur elterlichen Sorge gelten.[217] Wenn im deutschen materiellen Recht die Übertragung des Sorgerechts an einen Elternteil von der Scheidung abgekoppelt ist, kann die Anerkennung bei Auslandsscheidung nicht mehr Voraussetzung für die Anerkennung der Entscheidung über die elterliche Sorge sein. Bei den Nebenfolgenentscheidungen, die nur die Eheleute betreffen, ist jedenfalls dann die Anerkennung in der Ehesache erforderlich, wenn die Anerkennung der Nebenfolgenentscheidung nicht auf europäischer oder staatsvertraglicher Rechtsgrundlage erfolgt. Trifft jedoch Letzteres zu, so kann die Nichtanerkennung in der Ehesache nicht als zusätzliches Anerkennungshindernis aufgestellt werden. Nicht ausgeschlossen ist jedoch die Berücksichtigung im Rahmen der geregelten Ausschlussgründe wie Widerspruch zu einer inländischen Statusentscheidung[218] oder des ordre public. **75**

IV. Privatscheidungen im Ausland

1. Überblick. Die Privatscheidung ist ihrem Wesen nach ein privatrechtlicher Gestaltungsakt zur Eheauflösung. Das **konstitutive Element** der Scheidung ist die **rechtsgeschäftliche Erklärung** zumindest eines Ehepartners und nicht wie bei einem Gerichtsurteil ein Hoheitsakt.[219] Eine Privatscheidung liegt auch dann **76**

209 OLG München NZFam 2015, 920 mit Anm. *Andrae;* der Fall den das KG FamRZ 2016, 1585 zu entscheiden hatte, lag anders. Denn hier erfolgte die Bestätigung der Zweitehe erst, nachdem die Erstehe aufgelöst war. Das KG verneinte die Heranziehung des ordre public.

210 So OLG München 3.7.2015 – 34 Wx 311/14, juris Rn. 19.

211 *Andrae* NZFam 2015, 922; im Ergbnis auch Prütting/ Helms/*Hau* FamFG § 109 Rn. 59.

212 So jedoch OLG München NZFam 2015, 920, Rn. 19.

213 Soergel/*Schurig* EGBGB Art. 17 Rn. 90; offengelassen von BGH FamRZ 1976, 614 (615).

214 BGH FamRZ 1976, 614 (615); MüKoBGB/*Winkler v. Mohrenfels* Rom III-VO Vor Art. 1 Rn. 27.

215 Grundsatz: Keine Anerkennung der Scheidungsfolgen ohne Anerkennung der Scheidung: BGH FamRZ 1975, 273 = NJW 1975, 1072; OLG Celle NJW 1991, 1428 (1429) = IPRax 1991, 62 m. abl. Anm. *Henrich;* OLG Hamm IPRax 1990, 59 m. abl. Anm. *Henrich* = FamRZ 1989, 785; *Geimer,* IZPR,

7. Aufl. 2015, Rn. 3018; Staudinger/*Spellenberg* FamFG § 109 Rn. 126.

216 OLG Hamm FamRZ 1993, 213 (214); AG Hamburg-Altona FamRZ 1992, 82; *Henrich* IPRax 1991, 62; *ders.* IPRax 1990, 59; *Geimer,* IZPR, 7. Aufl. 2015, Rn. 3018.

217 Die hM ging bisher vom Erfordernis der Feststellung der Anerkennungsfähigkeit der ausländischen Scheidung aus, ua BGH NJW 1975, 1072 = FamRZ 1975, 273; *Coester* IPRax 1996, 24 (25 f.); *Henrich* IPRax 1991, 62; *ders.* IPRax 1990, 59; Staudinger/*Spellenberg* FamFG § 109 Rn. 206.

218 EuGH Slg 1988, 645 = IPRax 1989, 159 mAnm *Schack,* S. 139 = NJW 1989, 663; andere Sicht Staudinger/*Spellenberg* FamFG § 107 Rn. 83, 84.

219 BayObLG FamRZ 1994, 1263 (1264); OLG Frankfurt/M., IPRspr. 2000 Nr. 167 b, S. 366; LJV Baden-Württemberg IPRax 1988, 170 (171); MüKoBGB/ *Winkler v. Mohrenfels* Rom III-VO Art. 1 Rn. 8 f.; hierzu *Andrae* IntFamR § 2, Rn. 19 f., § 3 Rn. 119 ff.

vor, wenn die rechtsgeschäftliche Gestaltungserklärung des oder der Ehepartner in einem gerichtlichen Verfahren abgegeben oder von einem staatlichen oder religiösen Gericht, einer Behörde oder einer Amtsperson beurkundet oder auch nur nachträglich registriert wird.[220] Zu den Privatscheidungen gehören insbesondere der Talaq nach islamischen Rechtsordnungen,[221] die Scheidung durch Ausstellung und Übergabe des Scheidebriefs nach jüdischem Recht[222] und der Auflösungsvertrag nach japanischem, koreanischem und thailändischem Recht.[223]

76a   In Bezug auf Privatscheidungen sind zwei Problemkreise zu unterscheiden. Der eine betrifft die Scheidung im Inland. Das anwendbare Recht bestimmt sich nach der Rom III-VO. Deren Kollisionsnormen können zu einer Rechtsordnung führen, die die Scheidung als Privatscheidung vorschreibt. Die Scheidungsvoraussetzungen sind dann diesem Recht zu entnehmen. Einschränkungen der Anwendung des ausländischen Rechts können sich aus Artt. 10 und 11 Rom III-VO ergeben. Die Scheidung selbst muss durch gerichtliche Entscheidung erfolgen, vgl. Art. 17 Abs. 3 EGBGB.

Der zweite Problemkreis betrifft die Anerkennung einer Privatscheidung, die im Ausland erfolgt ist. Zur Frage, inwieweit diese dem zwingenden Anerkennungsverfahren nach § 107 FamFG unterliegen, → Rn. 13, 16; zur Anerkennung außergerichtlicher einverständlicher Scheidungen in Mitgliedstaaten der EU Anhang I zum III. Abschnitt → Art. 21 Rn. 10 ff.

77   Erste Voraussetzung für die Anerkennungsfähigkeit einer Privatscheidung ist, dass sie im Ausland vollzogen wurde. Eine im Inland durchgeführte Privatscheidung hat keine rechtlichen Wirkungen. Sie verstößt gegen das Scheidungsmonopol inländischer Gerichte (Art. 17 Abs. 3 EGBGB).[224] Für die Abgrenzung kommt es darauf an, wo die für die Scheidung wesentliche private Rechtshandlung vorgenommen wird.[225]

78   **2. Privatscheidung ohne gerichtliche Bewilligung oder Bestätigung. a) Materiellrechtliche Prüfung nach dem Scheidungsstatut.** Eine im Ausland erfolgte Privatscheidung wird in ihrer statusrechtlichen Wirkung im Inland anerkannt, wenn nach deutschem Kollisionsrecht ausländisches Recht Scheidungsstatut ist. Nach diesem Recht muss die Scheidung materiell und formell wirksam sein, die statusrechtliche Folge der Auflösung der Ehe bewirken und der Anerkennung darf nicht der ordre public entgegenstehen (materiellrechtliche Prüfung für die Anerkennungsfähigkeit).[226] Ist nach dem IPR deutsches Recht Scheidungsstatut, so ist die Privatscheidung unwirksam, weil dies durch § 1564 S. 1 BGB, der auch materiellrechtlichen Charakter trägt, ausgeschlossen ist.[227] Diese Konstellation, die zu sog. **„hinkenden" Inlandsehen** führt, tritt nicht selten auf.[228]

79   Voraussetzung für die Anerkennung einer im Ausland **vor dem 21.6.2012** vorgenommenen Privatscheidung ist, dass **Art. 17 Abs. 1 S. 1 EGBGB aF** unter Beachtung der Gesamtverweisung zu einem ausländischen

220 BGHZ 110, 267 (270 ff.) = FamRZ 1990, 607; BGHZ 82, 34 (41 ff.) = FamRZ 1982, 44; BayObLG FamRZ 1994, 1263 (1264); *Henrich*, IFR, § 4 I 4 d, S. 152 f.

221 BGHZ 160, 322 = FamRZ 2004, 1952; OLG Zweibrücken NJW-RR 2002, 581; AG Kulmbach IPRax 2004, 529; AG Frankfurt/M., IPRax 1989, 237 m. krit. Anm. *Jayme*, S. 223; *Rauscher* IPRax 2005, 313; *Henrich* IPRax 1995, 86.

222 Zur Scheidung nach jüdischem Recht ua BGH IPRax 1995, 111; FamRZ 2008, 1409; *Herfarth*, Get-Statutes und ihr Anwendbarkeit in Deutschland IPRax 2002, 17 ff.; *Elmaliah/Thomas* FamRZ 2018, 739 ff.

223 Thailand: BGHZ 110, 267 = FamRZ 1990, 607; BGHZ 82, 34 = FamRZ 1982, 44; *Fuhrmann* IPRax 1983, 137; Japan: OLG Frankfurt/M. IPRspr. 2000 Nr. 167 b, S. 366; Präsidentin OLG Frankfurt/M. IPRspr. 2000 Nr. 167 a, S. 366; *Nishitani* IPRax 2002, 49.

224 BGHZ 82, 34 (45) = FamRZ 1982, 44; Palandt/ *Thorn* EGBGB Art. 17 Rn. 6; MüKoBGB/*Winkler v. Mohrenfels* EGBGB Art. 17 Rn. 14 ff.; NK-BGB/ *Gruber* EGBGB Art. 17, Rn. 34, 66 ff.; ausführlich *Andrae* IntFamR § 3 Rn. 123 ff.

225 BayObLG FamRZ 1985, 1258 = NJW-RR 1986, 5 = IPRspr. 1985 Nr. 186, S. 502 mAnm *Henrich* IPRax

1986, 180; OLG Düsseldorf IPRax 1986, 305; Palandt/*Thorn* EGBGB Art. 17 Rn. 6; ähnlich Erman/ *Hohloch* EGBGB Art. 17 Rn. 18 ff., Anh. Art. 17 EGBGB, Art. 2 Rom III-VO, Rn. 15: Eine unwirksame Privatscheidung liegt schon dann vor, wenn nur einzelne Bestandteile des Scheidungsverfahrens im Inland durchgeführt wurden.

226 BayObLG FamRZ 2003, 381 = StAZ 2002, 108.

227 BGHZ 176, 365 = FamRZ 2008, 1409 = IPRax 2009, 347; BGHZ 110, 267 (272 ff.) = FamRZ 1990, 607 = NJW 1990, 2194 = StAZ 1990, 221; OLG Braunschweig FamRZ 2001, 561; BayObLG FamRZ 1994, 1263 (1264) = IPRax 1995, 324 = NJW-RR 1994.

228 Vgl. zB BGH IPRax 1995, 111 = FamRZ 1994, 434 = NJW-RR 1994, 642 = IPRspr. 1994 Nr. 77, 160 (Israel); KG FamRZ 2002, 840 (Marokko); OLG Braunschweig FamRZ 2001, 561 (Syrien); OLG Celle FamRZ 1998, 686 (Japan); BayObLG FamRZ 2003, 381 = StAZ 2003, 108 (Jordanien); BayObLG FamRZ 1998, 1594 = NJW-RR 1998, 1538 = StAZ 1999, 108 (jedoch Annahme einer konkludenten Wahl des syrischen Rechts); BayObLG FamRZ 1994, 1263 = NJW-RR 1994, 771 = IPRax 1995, 324 = StAZ 1994, 255 (Syrien); JM BW FamRZ 2001, 1018 (1019) (Syrien; Ablehnung einer Rechtswahl); OLG München FamRZ 2018, 817, mAnm *Mankowski*, 821 (Syrien).

Recht führt, nach dem die Privatscheidung wirksam und die Auflösung der Ehe eingetreten ist.[229] Für die kollisionsrechtliche Anknüpfung kommt es dabei auf den Zeitpunkt an, der mit dem der Rechtshängigkeit des Scheidungsantrags vergleichbar ist.[230] Ist die Scheidung in ein Verfahren vor einem staatlichen oder religiösen Gericht (Behörde) eingebettet, kommt es auf die Einleitung des Verfahrens dort an, nunmehr → Art. 17 Abs. 2 Nr. 2 EGBGB. Ansonsten ist in erster Linie auf den Zugang der privatrechtlichen Erklärung bei dem anderen Partner[231] oder, soweit dieser nicht erfolgte oder bestritten wird, den Zeitpunkt der Registrierung abzustellen.[232]

Das anwendbare Recht für die Prüfung der Anerkennung ausländischer Privatscheidungen, die ab dem   **80**
21.6.2012 erfolgten und erfolgen, ist **Art. 17 Abs. 2 EGBGB zu entnehmen**.[233]

Die Anerkennung der ausländischen Privatscheidung wirkt auf den Zeitpunkt der endgültigen und recht-   **81**
wirksamen Auflösung der Ehe nach dem ausländischen Scheidungsstatut zurück.

b) Ordre public. Die Wirksamkeit einer Privatscheidung nach ausländischem Recht ist dann zu verneinen,   **82**
wenn damit der ordre public (Art. 6 EGBGB) verletzt wird, vgl. den direkten Verweis in Art. 17 Abs. 2 Nr. 5 EGBGB. Die Vorbehaltsklausel mit der Folge der Nichtanerkennung der Scheidung ist im Grundsatz sparsam heranzuziehen. Ein ausreichender **Inlandsbezug muss** vorliegen. Erforderlich ist regelmäßig sowohl ein Inlandsbezug im Zeitpunkt der Scheidung als auch der Anerkennung. Die deutsche Staatsangehörigkeit begründet selbst bei Doppelstaatlichkeit einen starken Inlandsbezug. Ein solcher ist auch bei gemeinsamem gewöhnlichen Aufenthalt in Deutschland gegeben.[234] Art. 10 Rom III-VO, der die Anwendung ausländischen Rechts a priori ohne Einzelfallprüfung ausschließt, wenn es keinen gleichberechtigten Zugang zur Scheidung einräumt, ist nicht anwendbar. Dieser Aspekt ist bei der allgemeinen ordre public-Prüfung einbezogen.

Beispiele: Grundsätzlich ist eine Privatscheidung nicht bereits deshalb ordre-public-widrig, weil die Schei-   **83**
dung einvernehmlich durch **Vertrag** nach ausländischem Recht zustande gekommen ist.[235] Das Gleiche gilt, wenn die Ehe bei Anwendung deutschen Rechts noch nicht hätte geschieden werden dürfen und die ausländische Privatscheidung ohne Nachweis des Scheiterns oder der Einhaltung bestimmter **Trennungszeiten** durchgeführt werden konnte.[236] Bei dem talaq nach islamischem Recht, der einseitigen Verstoßung durch den Ehemann, kommt bei genügend engem Inlandsbezug wegen der Verletzung von Art. 1 GG (Schutz der Menschenwürde), Art. 3 Abs. 2 GG (Grundsatz der Gleichberechtigung von Männern und Frauen) und Art. 6 GG (Schutz der Ehe) ein Verstoß gegen den ordre public infrage. Die Anerkennung ist dann nicht ausgeschlossen, wenn die Ehe auch nach deutschem Recht auf Verlangen des Mannes hätte geschieden werden können und die Frau mit der Scheidung einverstanden war oder wenigstens im Anerkennungsverfahren mit der Scheidung einverstanden ist.[237] Liegen beide Voraussetzungen nicht vor, ist die Scheidung nicht anerkennungsfähig. Problematisch ist die Konstellation, in der nur eine dieser Voraussetzungen vorliegt. Es kommt hier darauf an, ob das Schwergewicht der Betrachtung auf die Art und Weise des Zustandekommens

229 Ua BGHZ 110, 267 (272 f.) = FamRZ 1990, 607; BGH FamRZ 1994, 434; BGH FamRZ 2008, 1409; BayObLG FamRZ 1994, 1263 (1264); zur intertemporalen Abgrenzung *Andrae* IntFamR § 3 Rn. 156 f.

230 OLG München FamRZ 2015, 1611; FamRZ 2018, 817 (820); Palandt/*Thorn* EGBGB Art. 17 Rn. 7.

231 BGHZ 110, 267 (273) = FamRZ 1990, 607 = NJW 1990, 2194 = StAZ 1990, 221; BayObLG IPrax 1995, 324 = FamRZ 1994, 1263 = NJW-RR 1994, 771 = StAZ 1994, 255; FamRZ 1998, 1594 = NJW-RR 1998, 1538 = StAZ 1999, 108; OLG Celle FamRZ 1998, 686; MüKoBGB/*Winkler v. Mohrenfels* Rom III-VO Art. 1 Rn. 16.

232 BayObLG IPRax 1995, 324 = FamRZ 1994, 1263.

233 Ausführlich NK-BGB/*Gruber* EGBGB Art. 17 Rn. 43; *Andrae* IntFamR § 3 Rn. 157 ff.

234 OLG München IPRax 1989, 238 (241) = IPRspr. 1989 Nr. 88; Erman/*Hohloch* Anh. Art. 17 EGBGB, Art. 2 Rom III-VO, Rn. 16; *Bolz* NJW 1990, 620 (621); Staudinger/*Spellenberg* FamFG § 109 Rn. 350.

235 So zB OLG Celle FamRZ 1998, 686 (Japan); JM NRW IPRax 1982, 25 (Thailand).

236 *Henrich*, S. 155.

237 OLG Koblenz FamRZ 1993, 563 (564) = NJW-RR 1993, 70; OLG München IPRax 1989, 238 (241) = IPRspr. 1989 Nr. 88; *Henrich*, S. 156; Staudinger/*Spellenberg* FamFG § 109 Rn. 354 ff.; *Jayme* IPRax 1989, 223; *Henrich* IPRax 1995, 86 (87); aA für einseitige Verstoßung durch den Ehemann nach iranischem Recht AG Frankfurt NJW 1989, 1434 = IPRax 1989, 237: Verstoß gegen den ordre public (Art. 1 Abs. 1, Art. 3 Abs. 2, Art. 6 GG) liegt sogar dann vor, wenn die Ehefrau die Scheidung auch selbst will.

der Scheidung[238] oder auf das Ergebnis – Auflösung der Ehe – gelegt wird.[239] Da es sich bei der Verstoßung nicht um ein Verfahren, sondern um die rechtsgeschäftliche Kündigung eines Vertrages – Ehe – handelt, ist das Kriterium „Gewährung des rechtlichen Gehörs" fehl am Platz.[240] Wenn der talaq grundsätzlich trotz der einseitig männlichen Ausgestaltung anerkennungsfähig ist, so kann es letztlich nur darauf ankommen, ob das Ergebnis – Auflösung der Ehe – ordre-public-widrig ist. Das trifft jedenfalls dann nicht zu, wenn die Ehe vom Standpunkt des deutschen Rechts zum Scheidungszeitpunkt zerrüttet war.[241]

84 **3. Privatscheidung mit gerichtlicher Bewilligung oder Bestätigung.** In den Fällen, in denen der Vollzug zwar privatgeschäftlich erfolgt, die Ehescheidung aber durch ein **Gericht** (auch ein religiöses, soweit im Ursprungsstaat zur dortigen Gerichtsbarkeit gehörend) nach Prüfung der Begründetheit **bewilligt** oder **bestätigt** wird,[242] erscheint es sachgerecht, sie den Bestimmungen über die Anerkennung von Entscheidungen nach § 109 FamFG zu unterwerfen.[243] Das trifft deshalb zu, weil ein staatlicher oder staatlich anerkannter Spruchkörper die Scheidungsgründe geprüft und die Zulässigkeit der Scheidung ausgesprochen hat. Voraussetzung ist natürlich, dass nach der Rechtsordnung des Entscheidungsstaats überhaupt eine endgültig wirksame, die Ehe auflösende Scheidung vorliegt. Die Anerkennung ist dann nicht dadurch gesperrt, dass vom Standpunkt des deutschen IPR auf die Scheidung deutsches Recht anzuwenden war und dann dem § 1564 S. 1 BGB nicht Genüge getan wurde. Zu prüfen sind die Anerkennungsversagungsgründe nach § 109 Abs. 1 FamFG. Der ordre public (§ 109 Abs. 1 Nr. 4 FamFG) kann auch auf die Verletzung des prozessualen ordre public in Bezug auf die Durchführung des ausländischen gerichtlichen Verfahrens gestützt werden, zB auf die Nichtgewährung des rechtlichen Gehörs.

85 Wird trotz dieser Einwände an der materiellrechtlichen Prüfung festgehalten, so ist das dafür maßgebliche Recht entsprechend → Rn. 78 ff. zu bestimmen. Eine Anwendung des § 1564 S. 1 BGB ist auch bei dieser Lösung nicht sachgerecht.[244] Sie führt zu einer ausschließlichen Zuständigkeit deutscher Gerichte, wenn Scheidungsstatut deutsches Recht ist und das „Auch"-Heimatrecht eines oder beider Partner nur die religiöse (Privat-)Scheidung kennt. Wenn die Kontrolle der Scheidungsvoraussetzungen durch eine unabhängige Instanz garantiert und somit dem Sinn und Zweck von § 1564 BGB Rechnung getragen wird, ist es nicht gerechtfertigt, die Anerkennung einer solchen Scheidung an dieser Norm scheitern zu lassen, nur weil sie vom Standpunkt des deutschen IPR dem deutschen Recht unterliegt.[245] Hier bedarf es zumindest einer teleologischen Reduktion des § 1564 BGB. Soweit ein (geistliches) Gericht die Scheidung als berechtigt ausgesprochen hat,[246] kommt eine Nichtanerkennung aus Gründen des ordre public jedoch dann in Betracht, wenn Gründe analog § 109 Abs. 1 Nr. 2–4 FamFG die Anerkennung einer Entscheidung ausschließen würden.

D. Weitere praktische Hinweise

I. Zum förmlichen Anerkennungsverfahren nach § 107 FamFG

86 **1. Zuständige Stellen. a) Verwaltungsbehördliches Verfahren (§ 107 Abs. 1 S. 1, Abs. 3 FamFG).** **Baden-Württemberg**: OLG Karlsruhe, OLG Stuttgart; **Bayern**: OLG München; **Berlin**: Senatsverwaltung

---

238 Verletzung des Grundsatzes der Gewährung rechtlichen Gehörs: OLG Stuttgart FamRZ 2000, 171 = IPRax 2000, 427; OLG Frankfurt FamRZ 1995, 564 m. krit. Anm. *Henrich* = IPRax 1996, 38 = IPRspr. 1994 Nr. 175 (fälschlich § 328 Abs. 1 Nr. 4 ZPO statt richtig Art. 6 EGBGB angenommen); OLG München IPRax 1989, 238 (241) = IPRspr. 1989 Nr. 88; BayObLG IPRax 1982, 104 (105); Staudinger/*Spellenberg* FamFG § 109 Rn. 357 ff. f.; *Krzywon* StAZ 1989, 93 (104); differenzierend LJV NRW IPRspr. 1983 Nr. 2, S. 12 f. (Verstoßung durch die Ehefrau aufgrund Bevollmächtigung durch den Ehemann im Ehevertrag).

239 Kein Verstoß, wenn Ehe nach Anhörung im gerichtlichen Verfahren hätte geschieden werden dürfen: OLG Koblenz FamRZ 1993, 563 (564) = NJW-RR 1993, 70.

240 OLG Koblenz FamRZ 1993, 563 (564) = NJW-RR 1993, 70; *Henrich*, S. 156 Fn. 133.

241 *Bolz* NJW 1990, 620 (621 f.); *Jayme* IPRax 1989, 223.

242 So die Scheidung vor einem RabinatsG nach jüdischem Recht, hierzu BGH FamRZ 1994, 434 = NJW-RR 1994, 642 = IPRax 1995, 111 mAnm *Henrich* 86; *Elmaliah/Thomas* FamRZ 2018, 739 ff.

243 *Andrae* IntFamR § 3 Rn. 165; Prütting/Helms/*Hau* FamFG § 109 Rn. 55; *Elmaliah/Thomas* FamRZ 2018, 739 (744); Bereits kritisch zum bisherigen Recht: *Henrich* IPRax 1985, 86 (89); aA nach EGH in der Rs. Sahyouni II C-372/16, IPRax 2018, 261 ua NK-BGB/*Gruber* EGBGB Art. 17 Rn. 41.

244 Beispiele: BGHZ 176, 365 = FamRZ 2008, 1409 = IPRax 2009, 347 und BGH FamRZ 1994, 434 = NJW-RR 1994, 642 = IPRax 1995, 111 mAnm *Henrich*, S. 86 = IPRspr. 1994 Nr. 77 (Scheidung eines deutsch-israelischen Ehepaares vor einem RabinatsG in Israel); OLG Braunschweig FamRZ 2001, 561 m. krit. Anm. *Gottwald* (Scheidung eines deutsch-syrischen Ehepaares vor einem Sharia-Gericht); JM BW FamRZ 2001, 1018 m. krit. Anm. *Gottwald* (ebenso).

245 *Henrich* IPRax 1985, 86 (89).

246 So die Scheidung vor einem RabinatsG nach jüdischem Recht, hierzu BGH FamRZ 1994, 434 = NJW-RR 1994, 642 = IPRax 1995, 111 mAnm *Henrich* 86.

für Justiz; **Brandenburg**: OLG Brandenburg; **Bremen**: OLG Bremen; **Hamburg**: Justizbehörde Hamburg; **Hessen**: OLG Frankfurt aM; **Mecklenburg-Vorpommern**: Justizministerium; **Niedersachsen**: OLG Braunschweig, OLG Celle, OLG Oldenburg; **Nordrhein-Westfalen**: OLG Düsseldorf; **Rheinland-Pfalz**: OLG Koblenz; **Saarland**: OLG Saarbrücken; **Sachsen**: OLG Dresden; **Sachsen-Anhalt**: OLG Naumburg; **Schleswig-Holstein**: Ministerium für Justiz, Arbeit und Europa; **Thüringen**: OLG Jena.

b) Sonderzuständigkeiten im gerichtlichen Verfahren. Rheinland-Pfalz: gem. § 4 Abs. 3 Nr. 2 a   **87** Gerichtsorganisationsgesetz örtliche Zuständigkeit beim OLG Zweibrücken.

2. Antragstellung. Der Antrag ist direkt bei der für die Anerkennung zuständigen Stelle, über eine deut-   **88** sche Auslandsvertretung oder über ein deutsches Standesamt (zB im Zusammenhang mit dem Antrag auf Ausstellung eines Ehefähigkeitszeugnisses) einzureichen, wobei der Standesbeamte gehalten ist, den Antrag weiterzuleiten, wenn die ihm obliegende Prüfung ergibt, dass die ausländische Entscheidung der Anerkennung bedarf. Zur Antragstellung soll das vorgesehene **Formular** verwandt werden, das bei den zuständigen Stellen erhältlich ist.

Als Unterlagen sind beizufügen: (1.) Vollständige Ausfertigung oder beglaubigte Ablichtung der ausländi-   **89** schen Entscheidung mit Rechtskraftvermerk (soweit dieser erteilt wird) und möglichst mit Tatbestand und Entscheidungsgründen; sonst ist auch die Antragsschrift beizufügen. (2.) Nachweis über die Registereintragung bei Ländern, in denen diese zur Wirksamkeit der Entscheidung erforderlich ist. (3.) Grundsätzlich die Heiratsurkunde der aufgelösten Ehe. (4.) Nachweis der Staatsangehörigkeit (zB durch beglaubigte Passkopien). (5.) Von einem anerkannten Übersetzer angefertigte Übersetzungen sämtlicher fremdsprachiger Schriftstücke, einschließlich angebrachter Apostillen. Der Übersetzung englischsprachiger Unterlagen bedarf es teilweise nicht. Die Übersetzung sollte mit dem Original fest verbunden (gesiegelt) sein. (6.) Bescheinigung über das Einkommen des Antragstellers. (7.) Schriftliche Vollmacht, falls der Antrag durch einen Bevollmächtigten gestellt wird.

3. Urkunden. Urkunden sind grundsätzlich **im Original** vorzulegen. Treten bei der Urkundenbeschaffung   **90** Schwierigkeiten auf, die einen unmittelbaren Kontakt zu der ausstellenden Behörde im fremden Land unmöglich machen, so kann die örtlich zuständige deutsche Auslandsvertretung weiterhelfen. Diese wird jedoch nur für deutsche Staatsangehörige tätig. Der Antragsteller muss überdies ein berechtigtes Interesse an der Ausstellung der jeweiligen Urkunde darlegen und in der Lage sein, detaillierte Angaben (vollständige Namen der Beteiligten, Ort, Datum, wenn möglich Registernummer des Personenstandsfalls bzw. Geschäftszeichen des Gerichts) zu machen. Die Beschaffung von Urkunden und sonstigen Dokumenten ist eine gebührenpflichtige Amtshandlung. Die **Gebühren** sowie die evtl. entstandenen Auslagen (zB Gebühren der örtlichen Behörde) sind vom Antragsteller zu erstatten.

Können Lücken in der Urkundenvorlage nur durch eine **Versicherung an Eides statt** geschlossen werden,   **91** kann der Standesbeamte eine solche Versicherung selbst nur aufnehmen, wenn die Anerkennung im Rahmen der Anmeldung einer neuen Ehe begehrt wird. In allen anderen Fällen ist eine notarielle eidesstattliche Versicherung erforderlich.

Da ausländischen öffentlichen Urkunden die Echtheitsvermutung fehlt, müssen sie legalisiert (**Legalisa-**   **92** **tion: § 13 Abs. 1, 2 KonsularG**) werden, dh eine deutsche konsularische Vertretung im Errichtungsstaat muss die Echtheit der ausländischen öffentlichen Urkunde bestätigen. Von der Legalisierung wird durch VO (EU) 2016/1191 und zwischenstaatliche Verträge befreit, s. → EGBGB Art. 13 Rn. 159 ff.

§ 13 KonsularG Legalisation ausländischer öffentlicher Urkunden

(1) Die Konsularbeamten sind befugt, die in ihrem Amtsbezirk ausgestellten öffentlichen Urkunden zu legalisieren.

(2) Die Legalisation bestätigt die Echtheit der Unterschrift, die Eigenschaft, in welcher der Unterzeichner der Urkunde gehandelt hat, und gegebenenfalls die Echtheit des Siegels, mit dem die Urkunde versehen ist (Legalisation im engeren Sinn).

(3) [1]Die Legalisation wird durch einen auf die Urkunde zu setzenden Vermerk vollzogen. [2]Der Vermerk soll den Namen und die Amts- oder Dienstbezeichnung des Unterzeichners der Urkunde enthalten. [3]Er soll den Ort und den Tag seiner Ausstellung angeben und ist mit Unterschrift und Prägeoder Farbdrucksiegel zu versehen.

(4) Auf Antrag kann, sofern über die Rechtslage kein Zweifel besteht, in dem Vermerk auch bestätigt werden, dass der Aussteller zur Aufnahme der Urkunde zuständig war und dass die Urkunde in der den Gesetzen des Ausstellungsorts entsprechenden Form aufgenommen worden ist (Legalisation im weiteren Sinn).

(5) Urkunden, die gemäß zwei- oder mehrseitiger völkerrechtlicher Übereinkunft von der Legalisation befreit sind, sollen nicht legalisiert werden.

93   Im Verkehr zwischen Mitgliedstaaten des Haager Übereinkommens zur Befreiung ausländischer öffentlicher Urkunden von der Legalisation vom 5.10.1961[247] tritt an die Stelle der Legalisation gem. Art. 3 Abs. 1 des Übereinkommens die **Apostille**.[248] Sie wird von der zuständigen Behörde des Errichtungsstaats der Urkunde erteilt. Die Pflicht zur Beibringung der Legalisation bzw. der Apostille obliegt dem Antragsteller. Für Urkunden aus Ländern, deren Urkundswesen nach Einschätzung des Auswärtigen Amts so schwerwiegende Mängel aufweist, dass eine Legalisation nicht mehr zu vertreten ist, gelten besondere Richtlinien. Diese Urkunden werden in der Regel im Wege der Amtshilfe durch die deutsche Auslandsvertretung auf ihre Echtheit und inhaltliche Richtigkeit überprüft. Die dadurch entstehenden Kosten hat der Antragsteller zu tragen.

94   **4. Kosten. a) Verwaltungsbehördliches Verfahren.** Gem. **Nr. 204 der Anlage zu § 2 Abs. 1 JVKostO** beträgt die **Verwaltungsgebühr** für das Anerkennungsverfahren zwischen 10 und 300 EUR. Die übliche Mittelgebühr liegt bei 160 EUR. Die jeweilige Höhe hängt von den Umständen des Einzelfalls ab. Bei der Festsetzung der Gebühr sind insbesondere die Bedeutung der Angelegenheit für die Beteiligten, der Verwaltungsaufwand und die wirtschaftlichen Verhältnisse des Antragstellers zu berücksichtigen. Kostenschuldner ist gem. § 6 Abs. 1 Nr. 1 JVKostO grundsätzlich der Antragsteller. **VKH** wird für das Anerkennungsverfahren nicht gewährt, da es sich um ein Verwaltungsverfahren handelt. Gem. § 12 JVKostO kann jedoch ausnahmsweise von der Erhebung von Kosten (Gebühren und Auslagen) abgesehen werden.

95   **b) Gerichtliche Verfahren (§ 107 Abs. 5, § 108 Abs. 2 FamFG).** Gem. § 1 S. 1 FamGKG werden für Verfahren vor dem OLG im Rahmen von **§ 107 FamFG** wie auch für das freiwillige Feststellungsverfahren vor dem Familiengericht nach **§ 108 Abs. 2 FamFG** Kosten nach dem **FamGKG** erhoben. Hat der Antrag auf gerichtliche Entscheidung Erfolg, fallen keine Gebühren an.[249] Weist das Gericht den Antrag zurück, wird gem. Nr. 1714 des Kostenverzeichnisses zu § 3 FamGKG eine Gebühr von 240 EUR, bei Rücknahme des Antrags ermäßigt sich diese auf 90 EUR (Nr. 1715). Die Gebühren und sonstigen Auslagen des Gerichts sind grundsätzlich vom Antragsteller zu tragen, § 21 FamGKG. Eine **Kostenerstattung** zwischen verschiedenen Beteiligten findet grundsätzlich nicht statt. Das Gericht kann die Erstattung aber nach § 81 FamFG anordnen, wenn dies der Billigkeit entspricht.[250] Der Gegenstandswert für die **Anwaltsgebühren** berechnet sich nach §§ 23, 33 RVG. Die Bestimmung nach billigem Ermessen gem. § 23 Abs. 3 S. 2 RVG soll sich an dem Einkommen und Vermögen beider Ehegatten orientieren.

II. Privatscheidungen

96   Im Ausland vorgenommene Privatscheidungen bergen für die Beteiligten die **Gefahr der Nichtanerkennung**, weil entweder vom Standpunkt des deutschen IPR deutsches Recht die Scheidung beherrscht oder die Anwendung des ordre public möglich erscheint. Wenn gemischtnationale Ehepaare (doppelter oder unterschiedlicher Staatsangehörigkeit) die Auflösung der Ehe nach beiden Rechtsordnungen anstreben, um ua die Wiederverheiratungsfähigkeit zu erlangen, kommen sie um eine zweimalige Scheidung nicht herum, wenn gemäß deutschem/europäischem Kollisionsrecht deutsches Recht Scheidungsstatut ist und nach dem anderen Heimatrecht nur die Scheidung nach religiösem Recht zur Verfügung steht.[251] In solchen Fällen sollte abgewogen werden, ob die gerichtliche Entscheidung der religiösen Scheidung vorangehen oder nachfolgen soll. Die vorgehende Scheidung durch ein deutsches Gericht erübrigt ein Verfahren nach § 107 FamFG. Wenn ohnehin die zweifache Scheidung unumgänglich oder gewollt ist, kann die Privatscheidung nach ausländischem Recht auch im Inland vorgenommen werden.[252]

---

247   BGBl. II 1965 S. 876.

248   Informationen zum Übereinkommen und Teilnehmerstaaten https://www.hcch.net/de/instruments/conventions/full-text/?cid=41; zur Haager Apostille auch: https://www.hcch.net/de/instruments/conventions/specialised-sections/apostille; Merkblatt des Bundesverwaltungsamtes – Ausländische öffentliche Urkunden zur Verwendung in Deutschland – Haager Apostille, Stand Juli 2018 (unter diesem Titel im Internet zu finden).

249   BayObLG FamRZ 1994, 1263 (8. Ls.) = IPRax 1995, 324.

250   BayObLG FamRZ 1999, 604 (605).

251   So in deutsch-israelischen Scheidungsfällen.

252   Zu dieser Frage in Bezug auf das jüdische Scheidungsrecht *Henrich* IPRax 1995, 86 (87).

Vierter Abschnitt
Erbrecht

Vorbemerkung zu Art. 25, 26 EGBGB

Mit dem Ausführungsgesetz zur EuErbVO, dem Internationalen Erbrechtsverfahrensgesetz (IntErbRVG) **1**
wurden auch die Art. 25, 26 EGBGB neu gefasst.[1] Anders als noch im Referentenentwurf[2] vorgesehen,
wurde Art. 25 EGBGB nicht abgeschafft, sondern für die Fälle, für die die EuErbVO nicht unmittelbar
anwendbar ist, durch einen Verweis auf die Regeln der Art. 21 ff. EuErbVO ersetzt.[3] Für Sterbefälle vor
dem 17.8.2015 gelten die früheren Art. 25, 26 EGBGB fort. Insoweit darf auf die Kommentierung in der 2.
Auflage hingewiesen werden. Eine ausführliche Kommentierung der EuErbVO findet sich im NK-BGB
Band 6.[4]

Art. 26 EGBGB gibt jetzt nicht mehr den Wortlaut des Haager Testamentsübereinkommens wieder; viel- **2**
mehr enthält er nun einen Hinweis auf das Übereinkommen, die Ausdehnung auf gemeinschaftliche Verfügungen und einen Verweis auf den im Übrigen vorrangigen Art. 27 EuErbVO.[5]

Art. 25 EGBGB Rechtsnachfolge von Todes wegen

**Soweit die Rechtsnachfolge von Todes wegen nicht in den Anwendungsbereich der Verordnung (EU)
Nr. 650/2012 fällt, gelten die Vorschriften des Kapitels III dieser Verordnung entsprechend.**

Soweit das auf die Rechtsnachfolge von Todes wegen anzuwendende Recht nicht in den Anwendungsbe- **1**
reich der EuErbVO fällt, bleibt Raum für nationales Recht. Der Vorrang der Verordnung wurde vom deutschen Gesetzgeber zudem in Art. 3 Nr. 1 lit. e EGBGB deklaratorisch festgeschrieben.[1] Art. 25 EGBGB
bestimmt aus Gründen eines möglichst weitgehenden Gleichlaufs des erbrechtlichen Kollisionsrechts, dass
insoweit die Vorschriften des Kapitels III der EuErbVO entsprechend gelten.[2] Der praktische Anwendungsbereich dieser Norm ist sehr begrenzt.[3] In bilateralen Abkommen enthaltene Regelungen über das auf die
Rechtsnachfolge von Todes wegen anzuwendende Recht bleiben unberührt, Art. 75 Abs. 1 EuErbVO.
Art. 25 kommt für Erbfälle in Betracht, für die weder ein bilateraler Staatsvertrag noch die EuErbVO gilt. In
diesen Fällen gelten dann kraft der ausgesprochenen Verweisung die Art. 20 bis 38 EuErbVO entsprechend.[4] *Dutta* spricht insoweit von einer *„Staubsaugernorm"*, welche – bildlich gesprochen – die neben der
EuErbVO verbleibenden Krümel aufsaugt und der Verordnung zuordnet: Fragen, welche aus Sicht des deutschen Kollisionsrechts die Rechtsnachfolge von Todes wegen betreffen, unterliegen kraft innerstaatlichen
Anwendungsbefehls den Art. 20 ff. EuErbVO, auch wenn sie eigentlich nicht von der Verordnung erfasst
werden.[5] Zu beachten ist jedoch, dass diese Anwendungserstreckung nur für die Kollisionsnormen in Kapitel III der EuErbVO und nicht für deren sonstigen Inhalt, insbesondere nicht für die internationale Zuständigkeit und den Umfang des Europäischen Nachlasszeugnisses gilt.[6] Art. 25 EGBGB ordnet keine rückwirkende Geltung der Europäischen Erbrechtsverordnung auf Erbfälle vor dem 17.8.2015 an, sondern dient
dazu, deren Anwendungsbereich auf Gegenstände auszudehnen, die nur nach autonomem deutschen IPR
erbrechtlich qualifiziert werden.[7]

Staatsvertragliche Regelungen gehen auch nach dem EGBGB den Art. 25, 26 vor, **Art. 3 Nr. 2.** Bei der **2**
Prüfung des auf einen Sachverhalt anwendbaren Rechts müssen also vorrangig etwaige zweiseitige (bilate-
rale) oder mehrseitige (multilaterale) Staatsverträge berücksichtigt werden. Der wichtigste multilaterale
Staatsvertrag, das Haager Übereinkommen über das auf die Rechtsnachfolge von Todes wegen anwendbare
Recht vom 1.8.1989,[8] ist für Deutschland noch nicht in Kraft getreten. Bilaterale Regelungen auf dem
Gebiet des Erbrechts enthalten das deutsch-iranische Niederlassungsabkommen vom 17.2.1929 (→ Rn. 3),

---

1   Gesetz zum Internationalen Erbrecht und zurÄnde-
    rung der Vorschriften zum Erbschein sowie zur
    Änderung sonstiger Vorschriften v. 29.6.2015,
    BGBl. I 2015 S. 1042.
2   Vgl. dazu *Wagner/Scholz* FamRZ 2014, 714 ff.
3   *Lehmann* ZEV 2015, 138 (140).
4   NK-BGB/*Looschelders* bzw. *Makowsky*.
5   *Lehmann* ZEV 2015, 138 (140).
1   HK-BGB/*Staudinger* EGBGB Art. 25 Rn. 1.
2   Vgl. Regierungsentwurf BT-Drs. 18/4201 S. 70.

3   BeckOGK/*J. Schmidt* EGBGB Art. 25 Rn. 1.
4   Erman/*Hohloch* EGBGB Art. 25 Rn. 2.
5   MüKoBGB/*Dutta* EGBGB Art. 25 Rn. 1.
6   Hausmann/Odersky IPR § 15 Rn. 17.
7   OLG Schleswig FamRZ 2016, 1606 mAnm *J.
    Schmidt.*
8   Staudinger/*Dörner* EGBGB Vor Art. 25 f. Rn. 119 ff.;
    Palandt/*Thorn* EGBGB Anh. zu Art. 26; *van Loon*
    MittRhNotK 1989, 9.

der deutsch-türkische Konsularvertrag vom 28.5.1929 (→ Rn. 5) und der deutsch-sowjetische Konsularvertrag vom 25.4.1958 (→ Rn. 12).

I. Das deutsch-iranische Niederlassungsabkommen

3 Das deutsch-iranische Niederlassungsabkommen[9] stellt hinsichtlich des anwendbaren Rechts für die Rechtsnachfolge von Todes wegen auf die Staatsangehörigkeit als maßgebliches Anknüpfungskriterium ab, **Art. 8 Abs. 3 S. 1 des Abkommens.**[10] Dieser lautet:

„In Bezug auf das Personen-, Familien- und Erbrecht bleiben die Angehörigen jedes der vertragschließenden Staaten im Gebiet des anderen Staates jedoch den Vorschriften ihrer heimischen Gesetze unterworfen. Die Anwendung dieser Gesetze kann von dem anderen vertragschließenden Staat nur ausnahmsweise und nur insoweit ausgeschlossen werden, als ein solcher Ausschluss allgemein gegenüber jedem anderen fremden Staat erfolgt."

4 Das Abkommen entspricht insoweit der Regelung des Art. 25 Abs. 1 EGBGB aF Zu beachten ist aber, dass es auf Personen, die **sowohl die deutsche als auch die iranische Staatsangehörigkeit** besitzen, nicht anwendbar ist.[11] Sinn des Niederlassungsabkommens ist es, den Staatsangehörigen des jeweils anderen Vertragsstaates in dem von dem Abkommen geregelten Bereich grundsätzlich die gleichen Rechte und Pflichten wie den eigenen Staatsangehörigen zukommen zu lassen. Wer beide Staatsangehörigkeiten besitzt, bedarf dieser Privilegierung nicht, da ihm ohnehin die mit beiden Staatsangehörigkeiten jeweils verbundene Rechtsstellung zusteht.[12] Die Form letztwilliger Verfügungen richtet sich aus deutscher Sicht nach dem Haager Testamentsabkommen, Art. 26 Abs. 2.[13] Der Erteilung eines Erbscheins aufgrund gesetzlicher Erbfolge zugunsten der Ehefrau eines deutsch-iranischen Staatsangehörigen steht nicht entgegen, dass die der Form des Ortsrechts entsprechende Eheschließung in einem Drittstaat im Iran nicht anerkannt wird.[14]

II. Der deutsch-türkische Konsularvertrag

5 Im Verhältnis zur Türkei gilt nicht die EuErbVO, sondern das Deutsch-Türkische Nachlassabkommen, dem Art. 75 Abs. 1 S. 1 EuErbVO den Vortritt lässt.[15] Der deutsch-türkische Konsularvertrag[16] enthält folgende Regelungen:

Dt.-türk. KonsV § 1

(1) ¹Stirbt ein Angehöriger eines Vertragsstaates im Gebiete des anderen Vertragsstaates, so hat die zuständige Ortsbehörde dem zuständigen Konsul des Staates, dem der Verstorbene angehörte, unverzüglich von dem Tode Kenntnis zu geben und ihm mitzuteilen, was ihr über die Erben und deren Aufenthalt, den Wert und die Zusammensetzung des Nachlasses sowie für das etwaige Vorhandensein einer Verfügung von Todes wegen bekannt ist. ²Erhält zuerst der Konsul (des Staates, dem der Verstorbene angehörte) von dem Todesfalle Kenntnis, so hat er seinerseits die Ortsbehörde (in gleicher Weise) zu benachrichtigen.

(2) Gehört der Sterbeort zu einem Konsulatsbezirk, so ist die Mitteilung an den diplomatischen Vertreter des Staates, dem der Verstorbene angehörte, zu richten.

(3) Die der Ortsbehörde und dem Konsul alsdann obliegenden Verrichtungen bestimmen sich hinsichtlich des beweglichen Nachlasses nach §§ 2–11 und hinsichtlich des unbeweglichen Nachlasses nach § 12.

9   Niederlassungsabkommen zwischen dem Deutschen Reich und dem Kaiserreich Persien v. 17.2.1929 (RGBl II 1931 S. 9); Bestätigung der Weitergeltung v. 4.11.1954 (BGBl. II 1955 S. 829); IPG 1998 Nr. 35 (Köln).
10 *Schotten/Wittkowski* FamRZ 1995, 264.
11 OLG München 1.2.2010 – 31 Wx 37/09 = FamRZ 2010, 1280 = Rpfleger 2010, 428; Ferid/Firsching/ Dörner/*Hausmann*, Internationales Erbrecht – Iran –

Rn. 10; Staudinger/*Dörner* BGB Bearbeitungsstand 2007 Vorbem. zu Art. 25 f. EGBGB Rn. 157.
12 BVerfG FamRZ 2007, 615; *Schotten/Wittkowski* FamRZ 1995, 264/265 f.
13 BeckOK BGB/*Lorenz* EGBGB Art. 25 Rn. 11.
14 OLG München 1.2.2010 – 31 Wx 37/09.
15 *Mankowski* ZEV 2013, 529.
16 Konsularvertrag zwischen dem Deutschen Reich und der Türkischen Republik v. 28.5.1929 (RGBl II 1930 S. 748).

Dt.-türk. KonsV § 2

(1) [1]Für die Sicherung des Nachlasses hat in erster Linie die zuständige Ortsbehörde zu sorgen. [2]Sie hat sich auf Maßnahmen zu beschränken, die erforderlich sind, um die Substanz des Nachlasses unversehrt zu erhalten, wie Siegelung und Aufnahme eines Nachlaßverzeichnisses. [3]Auf Ersuchen des Konsuls hat sie in jedem Falle die von ihm gewünschten Sicherungsmaßregeln zu treffen.

(2) Der Konsul kann gemeinsam mit der Ortsbehörde, oder soweit sie noch nicht eingegriffen hat, allein gemäß den Vorschriften des von ihm vertretenen Staates entweder persönlich oder durch einen von ihm ernannten, mit seiner Vollmacht versehenen Vertreter den beweglichen Nachlaß siegeln und ein Nachlaßverzeichnis aufnehmen, wobei er die Hilfe der Ortsbehörden in Anspruch nehmen darf.

(3) [1]Ortsbehörden und Konsul haben einander, sofern nicht besondere Umstände entgegenstehen, Gelegenheit zur Mitwirkung bei den Sicherungsmaßnahmen zu geben. [2]Die Behörde, die hierbei nicht hat mitwirken können, ist befugt, im Falle einer Siegelung den angelegten Siegeln nachträglich ihr Siegel beizufügen. [3]Hat die andere Behörde nicht mitwirken können, so ist ihr sobald als möglich beglaubigte Abschrift des Nachlaßverzeichnisses und des Verhandlungsprotokolls zu übersenden.

(4) [1]Dieselben Bestimmungen gelten für die gemeinschaftlich vorzunehmende Aufhebung der Sicherungsmaßregeln und insbesondere die Abnahme der Siegel. [2]Jedoch kann sowohl die Ortsbehörde wie der Konsul allein zur Abnahme schreiten, falls die andere Behörde ihre Einwilligung dazu erteilt oder auf eine mindestens 48 Stunden vorher an sie ergangene Einladung sich nicht rechtzeitig eingefunden hat.

Dt.-türk. KonsV § 3

Die Ortsbehörde soll die in dem Lande gebräuchlichen oder durch dessen Gesetze vorgeschriebenen Bekanntmachungen über die Eröffnung des Nachlasses und den Aufruf der Erben oder Gläubiger erlassen und die Bekanntmachungen dem Konsul mitteilen; dieser kann auch seinerseits entsprechende Bekanntmachungen erlassen.

Dt.-türk. KonsV § 4

Der Konsul kann die Nachlaßregelung übernehmen. In diesem Falle gelten die Bestimmungen der §§ 5–10 des Abkommens.

Dt.-türk. KonsV § 5

(1) [1]Der Konsul ist berechtigt, sich alle Nachlaßsachen, mit Einschluß der Papiere des Verstorbenen, die sich im Gewahrsam von Privatpersonen, Notaren, Banken, Versicherungsgesellschaften, öffentlichen Kassen und dergleichen oder der Ortsbehörden befinden, unter denselben Voraussetzungen aushändigen zu lassen, und unter denselben Voraussetzungen zum Nachlaß gehörige Forderungen einzuziehen, unter denen der Verstorbene selbst dazu befugt gewesen wäre. [2]Wenn der Nachlaß ganz oder zum Teil beschlagnahmt ist oder sich unter Zwangsverwaltung befindet, kann der Konsul davon erst Besitz nehmen, nachdem die Beschlagnahme oder Zwangsverwaltung aufgehoben ist.

(2) [1]Der Konsul ist ebenfalls berechtigt, die Herausgabe der von dem Verstorbenen errichteten Verfügungen von Todes wegen zu verlangen, und zwar auch dann, wenn sie von den Landesbehörden in amtliche Verwahrung genommen worden sind, die das Recht haben, die Verfügungen vor der Herausgabe zu eröffnen. [2]Der Konsul hat eine beglaubigte Abschrift jeder in seinen Besitz gelangten und eröffneten Verfügungen der Ortsbehörde mitzuteilen.

Dt.-türk. KonsV § 6

[1]Der Konsul hat das Recht und die Pflicht, alle Maßnahmen zu treffen, die er zur Erhaltung des Nachlasses als im Interesse der Erben liegend erachtet, oder die zur Erfüllung öffentlich-rechtlicher Verpflichtungen des Erblassers oder der Erben erforderlich sind. [2]Insbesondere ist er gegenüber den zuständigen Behörden zur Erteilung von Auskunft über den Wert des Nachlasses verpflichtet. [3]Er kann den Nachlaß entweder persönlich verwalten oder durch einen von ihm gewählten und in seinem

Namen handelnden Vertreter, dessen Geschäftsführung er überwacht, verwalten lassen. ⁴Der Konsul ist berechtigt, die Hilfe der Ortsbehörden in Anspruch zu nehmen.

Dt.-türk. KonsV § 7

(1) Der Konsul hat den Nachlaß, sobald er ihn in Besitz genommen hat, innerhalb des Landes seines Amtssitzes aufzubewahren.

(2) Der Konsul ist befugt, selbständig im Wege der Versteigerung und gemäß den Gesetzen und Gebräuchen des Landes seines Amtssitzes die Bestandteile des Nachlasses, die dem Verderben ausgesetzt sind und deren Aufbewahrung schwierig und kostspielig sein würde, zu veräußern.

(3) Er ist ferner berechtigt, die Kosten der letzten Krankheit und die Beerdigung des Verstorbenen, den Lohn von Hausbediensteten, Angestellten und Arbeitern, Mietzins und andere Kosten, deren Aufwendung zur Verwaltung des Nachlasses erforderlich ist, sowie im Notfalle den für die Familie des Verstorbenen erforderlichen Unterhalt, ferner Gerichtskosten, Konsulatsgebühren und Gebühren der Ortsbehörden sofort aus dem Bestande des Nachlasses zu entnehmen.

Dt.-türk. KonsV § 8

Streitigkeiten infolge von Ansprüchen gegen den Nachlaß sind bei den zuständigen Behörden des Landes, in dem dieser sich befindet, anhängig zu machen und von diesen zu entscheiden.

Dt.-türk. KonsV § 9

(1) ¹Die Zwangsvollstreckung in die Nachlaßgegenstände ist zulässig, auch wenn diese sich in der Verwahrung des Konsuls befinden. ²Dieser hat sie der zuständigen Behörde auf Ersuchen herauszugeben.

(2) ¹Falls die zuständige Behörde ein Konkursverfahren über den im Lande befindlichen Nachlaß eröffnet, hat der Konsul auf Erfordern alle Nachlaßgegenstände, soweit sie zur Konkursmasse gehören, der Ortsbehörde oder dem Konkursverwalter auszuliefern. ²Der Konsul ist befugt, die Interessen seiner Staatsangehörigen in dem Verfahren wahrzunehmen.

Dt.-türk. KonsV § 10

¹Nach Ablauf von drei Monaten seit der letzten Bekanntmachung über die Eröffnung des Nachlasses oder, wenn eine solche Bekanntmachung nicht stattgefunden hat, nach Ablauf von vier Monaten seit dem Tode des Erblassers kann der Konsul die Nachlaßsachen an die Erben, die ihr Recht nachgewiesen haben, oder sofern der Nachweis nicht geführt werden konnte, an die zuständigen Behörden seines Landes herausgeben. ²Er darf aber die Herausgabe nicht vornehmen, bevor alle die geschuldeten öffentlich-rechtlichen Abgaben des Erblassers und die staatlichen Abgaben sowie die zugehörigen den Nachlaß von Angehörigen oder Bewohnern des Staates, in dessen Gebiet sich der Nachlaß befindet, befriedigt oder ordnungsgemäß sichergestellt sind. ³Diese Verpflichtung des Konsuls gegenüber den angemeldeten Forderungen erlischt, wenn er nicht binnen weiterer sechs Monaten davon in Kenntnis gesetzt wird, daß die Forderungen anerkannt oder bei dem zuständigen Gericht eingeklagt worden sind.

Dt.-türk. KonsV § 11

(1) Falls der Konsul die Herausgabe nicht verlangt hat, ist die Ortsbehörde verpflichtet, die in ihrem Gewahrsam befindlichen Nachlaßgegenstände den Erben unter denselben Bedingungen herauszugeben, unter denen der Konsul nach § 10 dazu verpflichtet ist.

(2) ¹Führen die Interessenten nicht binnen sechs Monaten seit dem Todestage des Erblassers den Nachweis ihres Erbrechts, so hat die Ortsbehörde den Nachlaß unter Mitteilung der darauf bezüglichen Akten an den Konsul abzuliefern, vorbehaltlich der in § 10 vorgesehenen Bedingungen. ²Der Konsul hat damit nach Maßgabe des § 10 zu verfahren.

Dt.-türk. KonsV § 12

(1) [1]In Ansehung des unbeweglichen Nachlasses sind ausschließlich die zuständigen Behörden des Staates, in dessen Gebiet sich dieser Nachlaß befindet, berechtigt und verpflichtet, alle Verrichtungen nach Maßgabe der Landesgesetze und in derselben Weise vorzunehmen wie bei Nachlässen von Angehörigen ihres eigenen Staates. [2]Beglaubigte Abschrift des über den unbeweglichen Nachlaß aufgenommenen Verzeichnisses ist sobald als möglich dem zuständigen Konsul zu übersenden.

(2) Hat der Konsul eine Verfügung von Todes wegen in Besitz genommen, worin Bestimmungen über den unbeweglichen Nachlaß enthalten sind, so hat er der Ortsbehörde auf ihr Ersuchen die Urschrift dieser Verfügung auszuhändigen.

(3) Das Recht des Staates, in dem sich der Nachlaß befindet, entscheidet darüber, was zum beweglichen und unbeweglichen Nachlaß gehört.

Dt.-türk. KonsV § 13

[1]In allen Angelegenheiten, zu denen die Eröffnung, Verwaltung und Regelung der beweglichen und unbeweglichen Nachlässe von Angehörigen des einen Staates im Gebiet des anderen Staates Anlaß geben, soll der Konsul ermächtigt sein, die Erben, die seinem Staate angehören und keinen Bevollmächtigten in dem anderen Staate bestellt haben, zu vertreten, ohne daß er gehalten ist, seine Vertretungsbefugnis durch eine besondere Urkunde nachzuweisen. [2]Die Vertretungsbefugnis des Konsuls fällt weg, wenn alle Berechtigten anwesend oder vertreten sind.

Dt.-türk. KonsV § 14

(1) Die erbrechtlichen Verhältnisse bestimmen sich in Ansehung des beweglichen Nachlasses nach den Gesetzen des Landes, dem der Erblasser zur Zeit seines Todes angehörte.

(2) Die erbrechtlichen Verhältnisse in Ansehung des unbeweglichen Nachlasses bestimmen sich nach den Gesetzen des Landes, in dem dieser Nachlaß liegt, und zwar in der gleichen Weise, wie wenn der Erblasser zur Zeit seines Todes Angehöriger dieses Landes gewesen wäre.

Dt.-türk. KonsV § 15

[1]Klagen, welche die Feststellung des Erbrechts, Erbschaftsansprüche, Ansprüche aus Vermächtnissen sowie Pflichtteilsansprüche zum Gegenstand haben, sind, soweit es sich um beweglichen Nachlaß handelt, bei den Gerichten des Staates anhängig zu machen, dem der Erblasser zur Zeit seines Todes angehörte, soweit es sich um unbeweglichen Nachlaß handelt, bei den Gerichten des Staates, in dessen Gebiet sich der unbewegliche Nachlaß befindet. [2]Ihre Entscheidungen sind von dem anderen Staate anzuerkennen.

Dt.-türk. KonsV § 16

(1) Verfügungen von Todes wegen sind, was ihre Form anbelangt, gültig, wenn die Gesetze des Landes beachtet sind, wo die Verfügungen errichtet sind, oder die Gesetze des Staates, dem der Erblasser zur Zeit der Errichtung angehörte.

(2) Das gleiche gilt für den Widerruf solcher Verfügungen von Todes wegen.

Dt.-türk. KonsV § 17

[1]Ein Zeugnis über ein erbrechtliches Verhältnis, insbesondere über das Recht des Erben oder eines Testamentsvollstreckers, das von der zuständigen Behörde des Staates, dem der Erblasser angehörte, nach dessen Gesetzen ausgestellt ist, genügt, soweit es sich um beweglichen Nachlaß handelt, zum Nachweis dieser Rechtsverhältnisse auch für das Gebiet des anderen Staates. [2]Zum Beweise der Echtheit genügt die Beglaubigung durch einen Konsul oder einen diplomatischen Vertreter des Staates, dem der Erblasser angehörte.

Dt.-türk. KonsV § 18

Die Bestimmungen der §§ 1 bis 17 finden entsprechende Anwendung auf bewegliches oder unbewegliches Vermögen, das sich im Gebiet des einen Teils befindet und zu dem Nachlaß eines außerhalb dieses Gebietes verstorbenen Angehörigen des anderen Teils gehört.

Dt.-türk. KonsV § 19

(1) Wenn eine Person, die zur Besatzung eines Schiffes eines der beiden Staaten gehört, im Gebiet des anderen Staates stirbt und nicht diesem angehört, so sollen ihre Heuerguthaben und ihre Habseligkeiten dem Konsul des zuständigen Staates übergeben werden.

(2) Wenn ein Angehöriger des einen der beiden Staaten auf der Reise im Gebiet des anderen stirbt, ohne dort seinen Wohnsitz oder gewöhnlichen Aufenthalt gehabt zu haben, so sollen die von ihm mitgeführten Gegenstände dem Konsul seines Landes übergeben werden.

(3) Der Konsul, dem die in Abs. 1 und 2 erwähnten Nachlaßsachen übergeben sind, wird damit nach den Vorschriften seines Landes verfahren, nach dem er die von dem Verstorbenen während des Aufenthaltes in dem Lande gemachten Schulden geregelt hat.

6   Nachdem dieser Staatsvertrag hinsichtlich des beweglichen Nachlasses auf die Staatsangehörigkeit und hinsichtlich des unbeweglichen Nachlasses auf die Belegenheit (*lex rei sitae*) abstellt, kann **Nachlassspaltung**[17] eintreten, wenn zB ein Türke mit Grundbesitz in Deutschland oder ein Deutscher mit Grundbesitz in der Türkei verstirbt.[18] Das Abkommen regelt nur Konstellationen, in denen der Nachlass in einem Vertragsstaat belegen ist, dem der Erblasser nicht angehört.[19] Das deutsch-türkische Nachlassabkommen erfasst nicht das Ehegüterrecht, so dass die Kollisionsnormen insofern nicht determiniert sind.[20] Die Erbquote des Ehegatten ist nicht gemäß § 1371 Abs. 1 BGB zu erhöhen, wenn der Anwendungsbereich der Vorschrift nicht eröffnet ist.[21]

7   Anwendbares Erbrecht hinsichtlich eines türkischen Erblassers: Bezüglich Grundvermögen in Deutschland findet deutsches Recht und bezüglich des übrigen Nachlasses (Vermögen in der Türkei und beweglicher Nachlass in Deutschland) türkisches Recht Anwendung.[22] War der Erblasser mit einer Deutschen verheiratet und hatte das Paar seit der Eheschließung in Deutschland gelebt, so kommt eine Erhöhung des gesetzlichen Erbteils gemäß § 1371 Abs. 1 BGB in Betracht, wenn die Ehe bis zum 29.1.2019 geschlossen worden war, intertemporal deshalb über die bis dahin geltenden Art. 15, 14 EGBGB deutsches Recht zur Anwendung gelangt und die Ehegatten im Güterstand der Zugewinngemeinschaft gelebt hatten.[23]

8   Anwendbares Erbrecht hinsichtlich eines deutschen Erblassers: Bezüglich Grundvermögen in der Türkei richtet sich die Vererbung nach türkischem Recht und hinsichtlich des übrigen Nachlasses (Vermögen in Deutschland und beweglicher Nachlass in der Türkei) nach deutschem Recht.

9   Da es sich um eine staatsvertragliche Regelung handelt, führt die Verweisung in das jeweilige materielle Recht, sogenannte **Sachnormverweisung**.[24] Eine Rückverweisung ist damit ausgeschlossen.

10   Art. 6 findet keine Anwendung. Der *ordre public*-Vorbehalt wird von der staatsvertraglichen Regelung verdrängt.[25]

11   Die Formwirksamkeit letztwilliger Verfügungen richtet sich nach dem Haager Testamentsabkommen, das insoweit dem § 16 des deutsch-türkischen Nachlassabkommens vorgeht.[26] Lediglich hinsichtlich des auf die Form von Erbverträgen anwendbaren Rechts kommt bei deutsch-türkischen Erbfällen Art. 16 des Nachlassabkommens zur Anwendung.[27]

17   *Steiner* ZEV 2003, 145.
18   *Kesen* ZEV 2003, 152.
19   *Gebauer* IPRax 2018, 587.
20   *Gebauer* IPRax 2018, 345.
21   OLG Hamm 21.3.2019 – 10 W 31/17 = ZEV 2019, 343.

22   *Gebauer* IPRax 2018, 587.
23   *Gebauer* IPRax 2018, 587.
24   BeckOK BGB/*Lorenz* EGBGB Art. 4 Rn. 7.
25   BeckOK BGB/*Lorenz* EGBGB Art. 6 Rn. 7.
26   *Dörner* ZEV 1996, 90.
27   *Süß*, A Rn. 16.

III. Der deutsch-sowjetische Konsularvertrag

Art. 28 Abs. 3 des deutsch-sowjetischen Konsularvertrags vom 25.4.1958[28] enthält für das Erbrecht folgende Regelung: **12**

„Hinsichtlich der unbeweglichen Nachlassgegenstände finden die Rechtsvorschriften des Staates Anwendung, in dessen Gebiet diese Gegenstände gelegen sind."

Dieses Abkommen gilt nunmehr zwischen Deutschland und Russland[29] sowie den meisten Nachfolgestaaten[30] der Sowjetunion aufgrund der Erklärung von Alma Ata vom 23.12.1991.[31] Die baltischen Staaten Estland, Lettland und Litauen[32] haben das Abkommen nicht übernommen. Der persönliche Anwendungsbereich des Abkommens ist eröffnet, wenn der Erblasser deutscher, russischer Staatsangehöriger oder Staatsangehöriger eines Nachfolgestaates der Sowjetunion ist, der das Abkommen übernommen hat. **13**

Eine **Nachlassspaltung** ist hier möglich, wenn ein Russe mit Grundvermögen in Deutschland oder ein Deutscher mit Immobilieneigentum in den GUS-Staaten verstirbt. **14**

Da es sich um eine staatsvertragliche Regelung handelt, ist eine Rück- und Weiterverweisung ausgeschlossen. **15**

Die Formwirksamkeit letztwilliger Verfügungen beurteilt sich nach dem Haager Testamentsübereinkommen bzw. Art. 27 EuErbVO. **16**

Art. 26 EGBGB Form von Verfügungen von Todes wegen

(1) [1]In Ausführung des Artikels 3 des Haager Übereinkommens vom 5. Oktober 1961 über das auf die Form letztwilliger Verfügungen anzuwendende Recht (BGBl. 1965 II S. 1144, 1145) ist eine letztwillige Verfügung, auch wenn sie von mehreren Personen in derselben Urkunde errichtet wird oder durch sie eine frühere letztwillige Verfügung widerrufen wird, hinsichtlich ihrer Form gültig, wenn sie den Formerfordernissen des Rechts entspricht, das auf die Rechtsnachfolge von Todes wegen anzuwenden ist oder im Zeitpunkt der Verfügung anzuwenden wäre. [2]Die weiteren Vorschriften des Haager Übereinkommens bleiben unberührt.

(2) Für die Form anderer Verfügungen von Todes wegen ist Artikel 27 der Verordnung (EU) Nr. 650/2012 maßgeblich.

In den Text des früheren Art. 26 Abs. 1 bis 3 EGBGB hatte der Gesetzgeber Vorschriften des Haager Übereinkommens vom 5.10.1961 über das auf die Form letztwilliger Verfügungen anzuwendende Recht (nachfolgend: Haager Testamentsformübereinkommen)[1] übernommen. Dies hat in der Praxis für Rechtsunsicherheit gesorgt, da das Haager Testamentsformübereinkommen ohnehin nach Art. 3 Nr. 2 EGBGB vorrangig anwendbar ist und unmittelbar gilt.[2] Die in den früheren Art. 26 Abs. 1 Satz 1 Nr. 1 bis 4, Satz 2 sowie Abs. 2 und 3 EGBGB enthaltenen Wiederholungen des Inhalts der Art. 1 Abs. 1 lit. a bis e, Abs. 3 sowie Art. 2, 4 und 5 des Haager Testamentsformübereinkommens wurden daher gestrichen. Der neue Abs. 1 des Art. 26 EGBGB enthält nunmehr lediglich noch die früher in Art. 26 Abs. 1 Nr. 5 EGBGB geregelte weitere alternative Anknüpfung zur Formwirksamkeit einer letztwilligen Verfügung. Damit machte der Gesetzgeber von der durch Art. 3 des Haager Testamentsformübereinkommens eingeräumten Möglichkeit einer ergänzenden nationalen Regelung Gebrauch. Art. 75 Abs. 1 Satz 2 EuErbVO stellt im Übrigen ausdrücklich klar, dass das Haager Testamentsformübereinkommen in dessen Vertragsstaaten weiterhin angewendet werden darf.[3] Es bleibt es dabei, dass die sich unmittelbar aus dem Haager Testamentsformübereinkommen ergebenden und nach dem Abs. 1 Satz 2 unberührt bleibenden Anknüpfungen zur Formwirksamkeit letztwilliger Verfügungen alternativ gelten. Daneben tritt die weitere alternative Anknüpfung nach Abs. 1 des Art. 26 EGBGB. Da das Haager Testamentsformübereinkommen nicht für Erbverträge gilt, bestimmt sich nach Abs. 2 das auf die Form anwendbare Recht nunmehr nach Art. 27 EuErbVO.[4] Ebenso wie Abs. 1 Satz 2 ist auch diese Vorschrift rein deklaratorischer Natur. Beide Vorschriften sollen die Rechtsanwendung erleichtern. Soweit die Rechtsnachfolge von Todes wegen nicht in den Anwendungsbereich der EuErbVO fällt, **1**

---

28 BGBl. II 1959 S. 233.

29 Bekanntmachung v. 14.8.1992 (BGBl. II S. 1016).

30 Kirgisistan (BGBl. II 1992 S. 1015); Kasachstan (BGBl. II 1992 S. 1120); Georgien (BGBl. II 1992 S. 1128); Armenien (BGBl. II 1993 S. 169); Ukraine (BGBl. II 1993 S. 1189); Usbekistan (BGBl. II 1993 S. 2038); Weißrussland (BGBl. II 1994 S. 2533); Tadschikistan (BGBl. II 1995 S. 255).

31 Vgl. *Schotten/Schmellenkamp* IPR Rn. 265.

32 *Ravlusevicius* IPRax 2003, 272; Text: IPRax 2003, 298.

1 Übk. vom 5.10.1961 über das auf die Form letztwilliger Verfügungen anzuwendende Recht BGBl. 1961 II 1144.

2 Regierungsentwurf BT-Drs. 18/4201 S. 70.

3 Regierungsentwurf BT-Drs. 18/4201 S. 70.

4 Regierungsentwurf BT-Drs. 18/4201 S. 71.

gelten nach Art. 25 EGBGB die Vorschriften des Kapitels III der EuErbVO entsprechend. Anwendbar ist Art. 26 EGBGB auf mündliche Erbverträge, da diese weder durch das HTestfÜbk noch durch die EuErbrVO erfasst werden, und auf sog. Testierverträge, soweit diese erbrechtlich und nicht schuldrechtlich zu qualifizieren sind.[5]

2 Abs. 2 entspricht strukturell Art. 25 EuErbVO, indem die Vorschrift den Anwendungsbereich der Erbrechtsverordnung auf Sachverhalte erstreckt, die sich nicht in ihrem sachlichen Anwendungsbereich befinden.[6] Damit sind diejenigen Verfügungen an den dort aufgezählten Formerfordernissen zu messen, die in sachlicher Hinsicht weder dem Übereinkommen (Art. 26 Abs. 1) noch der EuErbVO direkt unterfallen.[7]

Anhang zu Art. 25, 26 EGBGB: Haager Testamentsformabkommen

Haager Übereinkommen über das auf die Form letztwilliger Verfügungen anzuwendende Recht

vom 5.10.1961 (BGBl. 65 II, 1145; 66 II, 11)

Art. 1 [Anknüpfungspunkte]

(1) Eine letztwillige Verfügung ist hinsichtlich ihrer Form gültig, wenn diese dem innerstaatlichen Recht entspricht:

a) des Ortes, an dem der Erblasser letztwillig verfügt hat, oder

b) eines Staates, dessen Staatsangehörigkeit der Erblasser im Zeitpunkt, in dem er letztwillig verfügt hat, oder im Zeitpunkt seines Todes besessen hat, oder

c) eines Ortes, an dem der Erblasser im Zeitpunkt, in dem er letztwillig verfügt hat, oder im Zeitpunkt seines Todes seinen Wohnsitz gehabt hat, oder

d) des Ortes, an dem der Erblasser im Zeitpunkt, in dem er letztwillig verfügt hat, oder im Zeitpunkt seines Todes seinen gewöhnlichen Aufenthalt gehabt hat, oder

e) soweit es sich um unbewegliches Vermögen handelt, des Ortes, an dem sich dieses befindet.

(2) Ist die Rechtsordnung, die aufgrund der Staatsangehörigkeit anzuwenden ist, nicht vereinheitlicht, so wird für den Bereich dieses Übereinkommens das anzuwendende Recht durch die innerhalb dieser Rechtsordnung geltenden Vorschriften, mangels solcher Vorschriften durch die engste Bindung bestimmt, die der Erblasser zu einer der Teilrechtsordnungen gehabt hat, aus denen sich die Rechtsordnung zusammensetzt.

(3) Die Frage, ob der Erblasser an einem bestimmten Ort einen Wohnsitz gehabt hat, wird durch das an diesem Ort geltende Recht geregelt.

Art. 2 [Widerruf]

(1) Artikel 1 ist auch auf letztwillige Verfügungen anzuwenden, durch die eine frühere letztwillige Verfügung widerrufen wird.

(2) Der Widerruf ist hinsichtlich seiner Form auch dann gültig, wenn diese einer der Rechtsordnungen entspricht, nach denen die widerrufene letztwillige Verfügung gemäß Artikel 1 gültig gewesen ist.

Art. 3 [Formvorschriften der Vertragsstaaten]

Dieses Übereinkommen berührt bestehende oder künftige Vorschriften der Vertragsstaaten nicht, wodurch letztwillige Verfügungen anerkannt werden, die der Form nach entsprechend einer in den vorangehenden Artikeln nicht vorgesehenen Rechtsordnung errichtet worden sind.

---

5 Erman/*Hohloch*, 15. Aufl. 2017, EGBGB Art. 26 Rn. 2.

6 MüKoBGB/*Dutta*, 7. Aufl. 2018, EGBGB Art. 26 Rn. 4.

7 Palandt/*Thorn* EGBGB Art. 26 Rn. 1; HK-BGB/ *Staudinger* EGBGB Art. 26 Rn. 2.

Art. 4   [Gemeinschaftliche Testamente]

Dieses Übereinkommen ist auch auf die Form letztwilliger Verfügungen anzuwenden, die zwei oder mehrere Personen in derselben Urkunde errichtet haben.

Art. 5   [Zur Form gehörend]

Für den Bereich dieses Übereinkommens werden die Vorschriften, welche die für letztwillige Verfügungen zugelassenen Formen mit Beziehung auf das Alter, die Staatsangehörigkeit oder andere persönliche Eigenschaften des Erblassers beschränken, als zur Form gehörend angesehen. Das gleiche gilt für Eigenschaften, welche die für die Gültigkeit einer letztwilligen Verfügung erforderlichen Zeugen besitzen müssen.

Art. 6   [Allseitige Anwendung des Abkommens]

Die Anwendung der in diesem Übereinkommen aufgestellten Regeln über das anzuwendende Recht hängt nicht von der Gegenseitigkeit ab. Das Übereinkommen ist auch dann anzuwenden, wenn die Beteiligten nicht Staatsangehörige eines Vertragsstaates sind oder das aufgrund der vorangehenden Artikel anzuwendende Recht nicht das eines Vertragsstaates ist.

Art. 7   [ordre public]

Die Anwendung eines durch dieses Übereinkommen für maßgebend erklärten Rechts darf nur abgelehnt werden, wenn sie mit der öffentlichen Ordnung offensichtlich unvereinbar ist.

Art. 8   [Intertemporale Anwendung]

Dieses Übereinkommen ist in allen Fällen anzuwenden, in denen der Erblasser nach dem Inkrafttreten des Übereinkommens verstorben ist.

Art. 9   [Vorbehalt bezüglich der Wohnsitzbestimmung]

Jeder Vertragsstaat kann sich, abweichend von Artikel 1 Abs. 3, das Recht vorbehalten, den Ort, an dem der Erblasser seinen Wohnsitz gehabt hat, nach dem am Gerichtsort geltenden Recht zu bestimmen.

Art. 10   [Vorbehalt bezüglich mündlicher Testamente]

Jeder Vertragsstaat kann sich das Recht vorbehalten, letztwillige Verfügungen nicht anzuerkennen, die einer seiner Staatsangehörigen, der keine andere Staatsangehörigkeit besaß, ausgenommen den Fall außergewöhnlicher Umstände, in mündlicher Form errichtet hat.

Art. 11   [Vorbehalt bezüglich bestimmter Formen]

(1) Jeder Vertragsstaat kann sich das Recht vorbehalten, bestimmte Formen im Ausland errichteter letztwilliger Verfügungen aufgrund der einschlägigen Vorschriften seines Rechts nicht anzuerkennen, wenn sämtliche der folgenden Voraussetzungen erfüllt sind:

a) Die letztwillige Verfügung ist hinsichtlich ihrer Form nur nach einem Recht gültig, das ausschließlich aufgrund des Ortes anzuwenden ist, an dem der Erblasser sie errichtet hat,

b) der Erblasser war Staatsangehöriger des Staates, der den Vorbehalt erklärt hat,

c) der Erblasser hatte in diesem Staat einen Wohnsitz oder seinen gewöhnlichen Aufenthalt und

d) der Erblasser ist in einem anderen Staat gestorben als in dem, wo er letztwillig verfügt hatte.

(2) Dieser Vorbehalt ist nur für das Vermögen wirksam, das sich in dem Staat befindet, der den Vorbehalt erklärt hat.

Art. 12 [Vorbehalt für Anordnungen nicht erbrechtlicher Art]

Jeder Vertragsstaat kann sich das Recht vorbehalten, die Anwendung dieses Übereinkommens auf Anordnungen in einer letztwilligen Verfügung auszuschließen, die nach seinem Rechte nicht erbrechtlicher Art sind.

Art. 13 [Zeitlicher Vorbehalt]

Jeder Vertragsstaat kann sich, abweichend von Artikel 8, das Recht vorbehalten, dieses Übereinkommen nur auf letztwillige Verfügungen anzuwenden, die nach dessen Inkrafttreten errichtet worden sind.

Art. 14–20

(v. Abdruck wurde abgesehen)

Fünfter Abschnitt
Außervertragliche Schuldverhältnisse

Art. 27–37 EGBGB [aufgehoben]

Art. 38 EGBGB Ungerechtfertigte Bereicherung

(1) Bereicherungsansprüche wegen erbrachter Leistung unterliegen dem Recht, das auf das Rechtsverhältnis anzuwenden ist, das auf die Leistung bezogen ist.

(2) Ansprüche wegen Bereicherung durch Eingriff in ein geschütztes Interesse unterliegen dem Recht des Staates, in dem der Eingriff geschehen ist.

(3) In sonstigen Fällen unterliegen Ansprüche aus ungerechtfertigter Bereicherung dem Recht des Staates, in dem die Bereicherung eingetreten ist.

Literatur: *Benecke*, Auf dem Weg zu „Rom II" – Der Vorschlag für eine Verordnung zur Angleichung des IPR der außervertraglichen Schuldverhältnisse, RIW 2003, 830; *Busse*, Die geplante Kodifikation des Internationalen Bereicherungsrechts in Deutschland, RIW 1999, 16; *ders.*, Internationales Bereicherungsrecht, 1998; *Eilinghoff*, Das Kollisionsrecht der ungerechtfertigten Bereicherung nach dem IPR-Reformgesetz von 1999, 2004; *Einsele*, Das Kollisionsrecht der ungerechtfertigten Bereicherung, JZ 1993, 1025; *Fischer*, Die Neuregelung des Kollisionsrechts der ungerechtfertigten Bereicherung und der Geschäftsführung ohne Auftrag im IPR-Reformgesetz von 1999, IPRax 2002, 1; *Freitag/Leible*, Das Bestimmungsrecht des Art. 40 Abs. 1 EGBGB im Gefüge der Privatautonomie im Internationalen Deliktsrecht, ZVglRWiss 99 (2000), 101; *Fuchs*, Zum Kommissions-Vorschlag einer Rom II-Verordnung, GPR 2003–2004, 100; *P. Huber*, Das internationale Deliktsrecht nach der Reform, JA 2000, 67; *Jayme*, Anmerkung zu BGH NJW 1987, 185, IPRax 1987, 186; *Junker*, Die IPR-Reform von 1999: Auswirkungen auf die Unternehmenspraxis RIW, 2000, 241; *ders.*, Arbeitsstatut und öffentliche Aufgaben, IPRax 1990, 303; *Kreuzer*, Die Vollendung der Kodifikation des deutschen Internationalen Privatrechts durch das Gesetz zum Internationalen Privatrecht der außervertraglichen Schuldverhältnisse und Sachen vom 21.5.1999, RabelsZ 65 (2001), 383; *Kronke/Berger*, Wertpapierstatut, Schadensersatzpflichten der Inkassobank, Schuldnerschutz in der Zession – Schweizer Orderschecks auf Abwegen, IPRax 1991, 316; *Leible/Engel*, Der Vorschlag der EG-Kommission für eine Rom II-Verordnung, EuZW 2004, 7; *Lorenz*, Der Bereicherungsausgleich im deutschen internationalen Privatrecht, in: FS Konrad Zweigert 1981, S. 199; *ders.*, Die Anknüpfung von Bereicherungsansprüchen bei fehlendem Einverständnis über den Rechtsgrund der Vermögensbewegung, IPRax 1985, 328; *Plaßmeier*, Ungerechtfertigte Bereicherung im Internationalen Privatrecht und aus rechtsvergleichender Sicht, 1995; *Schlechtriem*, Bereicherungsansprüche im internationalen Privatrecht, in: Vorschläge und Gutachten zur Reform des deutschen internationalen Privatrechts der außervertraglichen Schuldverhältnisse, 1983, S. 29; *ders.*, Internationales Bereicherungsrecht, IPRax 1995, 65; *ders.*, Zur bereicherungsrechtlichen Rückabwicklung fehlerhafter Banküberweisungen im IPR, IPRax 1987, 356; *Spickhoff*, Die Restkodifikation des Internationalen Bereicherungsrechts: Außervertragliches Schuld- und Sachenrecht, NJW 1999, 2209; *Staudinger*, Das Gesetz zum Internationalen Privatrecht für außervertragliche Schuldverhältnisse vom 21.5.1999, DB 1999, 1589; *Wagner*, Ein neuer Anlauf zur Vereinheitlichung des IPR für außervertragliche

Schuldverhältnisse auf EU-Ebene, EuZW 1999, 709; *ders.*, Zum Inkrafttreten des Gesetzes zum Internationalen Privatrecht für außervertragliche Schuldverhältnisse und für Sachen, IPRax 1999, 210; *ders.*, Der Regierungsentwurf eines Gesetzes zum Internationalen Privatrecht für außervertragliche Schuldverhältnisse und für Sachen, IPRax 1998, 429.

A. Allgemeines	1	
I. Überblick	1	
II. Vorrangige Staatsverträge und europarechtliche Rechtsakte	4	
B. Regelungsgehalt	5	
I. Leistungskondition (Abs. 1)	5	
1. Anwendungsbereich	5	
a) Voraussetzungen	5	
aa) Auf ein Rechtsverhältnis bezogene Leistung	6	
bb) Bereicherungseintritt	10	
b) Verhältnis zu Art. 12 lit. e Rom I-VO (bzw. Art. 32 Abs. 1 Nr. 5 aF)	11	
2. Anknüpfung	12	
II. Eingriffskondition (Abs. 2)	14	
1. Anwendungsbereich	15	
2. Anknüpfung	17	
III. Sonstige Kondiktionen (Abs. 3)	21	
IV. Vorrangige Anknüpfungen innerhalb des EGBGB	23	
1. Art. 42 – Rechtswahl	24	
2. Art. 41 – Wesentlich engere Verbindung	25	
a) Gemeinsamer gewöhnlicher Aufenthalt, Art. 41 Abs. 2 Nr. 2	26	
b) Besondere rechtliche oder tatsächliche Beziehung im Zusammenhang mit dem Schuldverhältnis, Art. 41 Abs. 2 Nr. 1	27	
c) Rangverhältnis zwischen Art. 41 Abs. 2 Nr. 1 und Nr. 2	30	
V. Insbesondere: Mehrpersonenverhältnisse	31	
1. Echter Vertrag zugunsten Dritter	32	
2. Anweisungsfälle	34	
3. Fälle der abgeirrten Leistung	36	
4. Akkreditiv	37	
5. Weitergabe der Leistung an Dritte (Weitergabekondition bzw. Verfolgungsansprüche)	38	
6. Freiwillige Tilgung einer fremden Schuld	40	
a) Kondiktion des Dritten beim Gläubiger	40	
b) Kondiktion des Dritten beim Schuldner	41	
7. Bürgschaft und Garantie	43	
a) Rückgriff des Bürgen beim Hauptschuldner	43	
b) Rückgriff des Bürgen beim Gläubiger	46	
c) Garantien	47	
8. Zessionsfälle	48	
VI. Einzelfragen	50	
1. Regelungsbereich des Bereicherungsstatuts	50	
2. Rück- und Weiterverweisung (renvoi)	51	
3. Ordre public und Art. 40 Abs. 3	52	
4. Intertemporales Recht	53	

A. Allgemeines

I. Überblick

Art. 38 geht auf das IPR-Reformgesetz von 1999[1] zurück. Der Gesetzgeber hat in dieser Vorschrift die bis dahin gewohnheitsrechtlich entwickelten Anknüpfungsregeln des internationalen Bereicherungsrechts kodifiziert; zur Übergangsregelung → Rn. 53.   **1**

In Anlehnung an die herrschende Dogmatik des materiellen deutschen Rechts enthält Art. 38 drei separate Anknüpfungen für die verschiedenen Kondiktionsarten.[2] **Abs. 1** erfasst die Fälle der Leistungskondition und knüpft an diejenige Rechtsordnung an, der die zugrunde liegende Leistungsbeziehung unterliegt; dies entspricht der vor der Reform von 1999 herrschenden Meinung.[3] Die Eingriffskondition richtet sich gem. **Abs. 2** nach dem Recht des Eingriffsorts; dies war vor der Reform umstritten.[4] Die sonstigen Kondiktionsarten werden nach **Abs. 3** dem Recht des Staates unterstellt, in dem die Bereicherung eingetreten ist.   **2**

Dieses Anknüpfungssystem soll sicherstellen, dass die gesamte Rückabwicklung einer Vermögensverschiebung einer einzigen Rechtsordnung unterstellt wird.[5] Abweichende und vorrangige Anknüpfungen können sich innerhalb des EGBGB aus Art. 41, 42 ergeben (vgl. hierzu → Rn. 23 ff.).   **3**

II. Vorrangige Staatsverträge und europarechtliche Rechtsakte

Am 11.1.2009 ist die **Rom II-Verordnung**[6] in Kraft getreten, die in einem gesonderten Band kommentiert wird. Sie enthält Anknüpfungsregeln für außervertragliche Schuldverhältnisse[7] und verdrängt in ihrem Anwendungsbereich die nationalen IPR-Vorschriften. Für **Art. 38 EGBGB** verbleibt damit **nur ein sehr**   **4**

---

1   Gesetz zum IPR für außervertragliche Schuldverhältnisse und für Sachen v. 21.5.1999 (BGBl. I S. 1026), in Kraft getreten am 1.6.1999.

2   Vgl. *Kreuzer* RabelsZ 65 (2001), 383, 403; *Fischer* IPRax 2002, 1 (2).

3   Regierungsentwurf BT-Drs. 14/343, S. 8.

4   Vgl. *Fischer* IPRax 2002, 1 (4) mwN.

5   Regierungsentwurf BT-Drs. 14/343, S. 8.

6   Verordnung (EG) Nr. 864/2007 des Europäischen Parlaments und des Rates v. 11.7.2007 über das auf außervertragliche Schuldverhältnisse anzuwendende Recht, ABl. EG 2007 L 199/40. Zum Übergangsrecht vgl. näher MüKoBGB/*Junker* EGBGB Vor Art. 38 Rn. 18 ff.

7   Der Bereich der ungerechtfertigten Bereicherung ist in Art. 10 Rom II-VO geregelt.

begrenzter Anwendungsbereich: Die vom Anwendungsbereich der Rom II-Verordnung ausgeschlossenen Materien dürften nur selten zu Ansprüchen aus ungerechtfertigter Bereicherung führen, so dass Art. 38 EGBGB von wenigen Ausnahmen abgesehen vor allem intertemporal Bedeutung haben dürfte. Die folgende Kommentierung bezieht sich daher primär auf solche „Altfälle". Hinzu kommt, dass Art. 12 lit. e Rom I-VO[8] (als Nachfolgeregelung des auf das EVÜ[9] zurückgehenden Art. 32 Abs. 1 Nr. 5 aF EGBGB) die Rückabwicklung nichtiger Verträge als Materie des Vertragsrechts qualifiziert und damit dem Bereicherungsstatut entzieht (→ Rn. 11).

B. Regelungsgehalt

I. Leistungskondiktion (Abs. 1)

5   **1. Anwendungsbereich. a) Voraussetzungen.** Anwendungsvoraussetzung für Abs. 1 ist, dass eine auf ein Rechtsverhältnis bezogene Leistung vorliegt und dass eine Bereicherung eingetreten ist.

6   **aa) Auf ein Rechtsverhältnis bezogene Leistung.** Bei dem Merkmal der **Leistung** handelt es sich richtiger Ansicht nach nicht um eine Vor- bzw. Erstfrage, sondern um eine bloße Tatbestandsvoraussetzung, die nach der lex fori ausgelegt wird.[10] Dies bedeutet freilich nicht zwingend, dass der materiellrechtliche Leistungsbegriff (bewusste und zweckgerichtete Mehrung fremden Vermögens) in jeder Hinsicht für die Auslegung des Abs. 1 übernommen wird. Vielmehr sollte man mE iRd Leistungsbegriffs des Abs. 1 das Zwecksetzungserfordernis außen vor lassen.[11] Die Zweckrichtung der Leistung wird ohnehin bei dem Merkmal der „Bezogenheit" der Leistung auf das Rechtsverhältnis berücksichtigt und lässt sich dort wesentlich besser in den Griff bekommen als im Rahmen des Leistungsbegriffs (→ Rn. 8 f.).

7   „Leistung" iSd Abs. 1 ist also die bewusste Mehrung fremden Vermögens. Anders formuliert: Abs. 1 ist einschlägig, wenn der Anspruchsteller eine Bereicherung des Anspruchsgegners durch bewusste eigene Handlung geltend macht. Der Leistungsbegriff des Abs. 1 entspricht damit inhaltlich dem materiellrechtlichen Begriff der Zuwendung.[12]

8   Die Leistung muss auf ein **Rechtsverhältnis bezogen** sein. Es genügt, wenn ein solches Rechtsverhältnis nach dem Vorbringen des Anspruchstellers (auch nur vermeintlich) bestand und eine Leistung darauf angestrebt wurde.[13]

9   Bestehen zwischen den Parteien **mehrere Rechtsbeziehungen**, auf die sich die erbrachte Leistung beziehen kann, so kommt es auf die übereinstimmende Zweckbeziehung der Parteien an. Besteht zwischen den Parteien in diesem Punkt Streit bzw. Dissens, so ist nach einer Ansicht (Abs. 1 anzuwenden und) auf den Empfängerhorizont abzustellen.[14] ME sollte man hier jedoch Abs. 1 nicht zur Anwendung bringen, sondern auf die örtliche Anknüpfung des Abs. 3 übergehen, die dann idR zum Recht des Empfängers führt.[15] Denn die im materiellen Recht angestellten Wertungs- und Schutzwürdigkeitsüberlegungen des materiellrechtlichen Leistungsbegriffs müssen nicht zwingend ihren Widerhall im Kollisionsrecht finden. Wichtiger ist es mE, die Ermittlung des anwendbaren Bereicherungsrechts relativ schnell und sicher zu ermöglichen und die materiellrechtlichen Wertungsentscheidungen in die Hand der so ermittelten Rechtsordnung zu legen.

10   **bb) Bereicherungseintritt.** Auch das Merkmal des Bereicherungseintritts ist keine Vor- bzw. Erstfrage, sondern eine einfache Tatbestandsvoraussetzung, die nach der lex fori ausgelegt wird.[16] Es genügt, wenn nach dem Vortrag des Bereicherungsgläubigers eine Verbesserung der Vermögenslage des Bereicherungsschuldners vorliegt.

11   **b) Verhältnis zu Art. 12 lit. e Rom I-VO (bzw. Art. 32 Abs. 1 Nr. 5 aF).** Für die bereicherungsrechtliche Rückabwicklung nichtiger Verträge wird Abs. 1 durch die vorrangige Sonderregelung in Art. 32 Abs. 1 Nr. 5 aF bzw. deren Nachfolgeregelung in Art. 12 lit. e Rom I-VO verdrängt.[17] Damit wird der Anwendungsbe-

---

8   Verordnung (EG) Nr. 593/2008 des Europäischen Parlaments und des Rates v. 17.6.2008 über das auf vertragliche Schuldverhältnisse anzuwendende Recht, ABl. EG 2008 L 177/6.

9   Übereinkommen von Rom über das auf vertragliche Schuldverhältnisse anzuwendende Rechtvon 1980, ABl. EG 1998 C 27/34.

10   *Eilinghoff*, S. 137 ff.

11   So überzeugend *Eilinghoff*, S. 137 ff.; ähnlich iE *Busse* RIW 1999, 16 (17); BeckOK BGB/*Spickhoff* EGBGB Art. 38 Rn. 12.

12   Vgl. *Busse* RIW 1999, 16 (17).

13   Vgl. *Eilinghoff*, S. 149 ff.

14   *Eilinghoff*, S. 170 ff.; *Plaßmeier*, S. 337 ff.

15   Vgl. BeckOK BGB/*Spickhoff* EGBGB Art. 38 Rn. 12; zum früheren Recht *Lorenz* IPRax 1985, 328 (329).

16   Vgl. *Eilinghoff*, S. 147 f.

17   Brandenburgisches OLG 4.12.2018 – 6 U 133/14 –, juris Rn. 11; MüKoBGB/*Junker* EGBGB Art. 38 Rn. 6 ff.; BeckOK BGB/*Spickhoff* EGBGB Art. 38 Rn. 11; *Fischer* IPRax 2002, 1 (2); *Junker* RIW 2000, 241 (243 f.); *Kreuzer* RabelsZ 65 (2001), 383, 406; *Spickhoff* NJW 1999, 2209 (2211); *Wagner* IPRax 1998, 429 (431); s. aber teilweise abweichend *Eilinghoff*, S. 194 f. (bei Rückabwicklung nach Drohung nicht Art. 32 Abs. 1 Nr. 5); *Busse* RIW 1999, 16 (17 f.)

reich des Art. 38 zwar erheblich eingeschränkt, aber nicht etwa auf null reduziert. Unter Abs. 1 fallen insbesondere Klagen auf Rückgabe von Zuviel- und Falschlieferungen sowie die Fälle der condictio ob rem aufgrund der Verfehlung eines über den Vertrag hinausgehenden Zwecks. Außerdem ist Abs. 1 auf die Rückforderung von Leistungen anwendbar, die auf der Grundlage eines (vermeintlichen) gesetzlichen Schuldverhältnisses erfolgt sind.[18] Zur Kondiktion in den Dissensfällen vgl. sogleich → Rn. 21.

2. Anknüpfung. Nach Abs. 1 unterliegt die Leistungskondiktion dem Recht, das auf das Rechtsverhältnis **12** anzuwenden ist, auf das die Leistung bezogen ist. Es erfolgt also eine akzessorische Anknüpfung an das Statut der Leistungsbeziehung. Zahlt beispielsweise der Darlehensschuldner eine höhere Summe zurück als vertraglich geschuldet, so richtet sich die Rückforderung des zu viel Geleisteten nach dem auf den Darlehensvertrag anwendbaren Recht. Ob die in Bezug genommene Rechtsbeziehung wirksam ist bzw. ob der Rechtsgrund von Anfang fehlte oder nachträglich weggefallen ist, ist unerheblich. Die in Bezug genommene Rechtsbeziehung kann auch ein gesetzliches Schuldverhältnis sein.[19]

Probleme bereitet die akzessorische Anknüpfung, wenn die zugrunde liegende Leistungsbeziehung dem **13** **UN-Kaufrechtsübereinkommen (CISG)** unterliegt, das keine besonderen Bereicherungsregeln vorsieht, wohl aber Vorschriften über die Rückabwicklung nach erfolgter Vertragsaufhebung (Art. 81 ff. CISG). Nach einer Ansicht ist in diesen Fällen gem. Art. 7 Abs. 2 Fall 2 CISG dasjenige nationale Recht anzuwenden, das aus Sicht des Forumstaats bei Ausklammerung des CISG auf den Vertrag anwendbar wäre.[20] ME ist hingegen danach zu differenzieren, ob es um die Rückgewähr nach erfolgter Vertragsaufhebung geht oder nicht: (1.) Für die Rückgewähr nach erfolgter Vertragsaufhebung stellt Art. 81 Abs. 2 CISG grundsätzlich eine abschließende Regelung dar. Ein Rückgriff auf nationales Bereicherungsrecht ist insofern weder zulässig noch nötig.[21] Eine Ausnahme hiervon wird man für solche Leistungen machen müssen, die auch bei Fortbestand des Vertrages als rechtsgrundlos einzuordnen gewesen wären, zB Doppelzahlungen auf die Kaufpreispflicht. Insofern verweist Abs. 1 auf das nationale Recht, das aus Sicht des Forumstaats bei Ausklammerung des CISG auf den Vertrag anwendbar wäre.[22] (2.) In allen anderen Fällen ist das nationale Recht anzuwenden, das aus Sicht des Forumstaats bei Ausklammerung des CISG auf den Vertrag anwendbar wäre.

II. Eingriffskondiktion (Abs. 2)

Nach Abs. 2 unterstehen Ansprüche wegen Bereicherung durch Eingriff in ein geschütztes Interesse dem **14** Recht des Staates, in dem der Eingriff geschehen ist. Diese Anknüpfung soll eine einheitliche Anknüpfung von Ansprüchen aus ungerechtfertigter Bereicherung mit anderen außervertraglichen Herausgabe-, Ersatz- und Abwehransprüchen, insbesondere aus Delikt und Geschäftsführung ohne Auftrag, ermöglichen.[23]

1. Anwendungsbereich. Abs. 2 erfasst diejenigen Fälle, in denen – nach der Behauptung des Anspruch- **15** stellers – eine Bereicherung durch Eingriff in ein geschütztes Interesse eingetreten ist. „Bereicherung" in diesem Sinne ist wie bei Abs. 1 zu verstehen (→ Rn. 10). Die Verwendung des Begriffs „**geschütztes Interesse**" macht deutlich, dass nicht nur Eingriffe in Sachen erfasst werden, sondern auch Eingriffe in Forderungen, Persönlichkeitsrechte oder andere geschützte Interessen. Nach der eindeutigen Absicht des Gesetzgebers sollen jedoch Eingriffe in Immaterialgüterrechte nicht von Abs. 2 erfasst werden;[24] für diese gilt nach wie vor die lex loci protectionis, also das Recht des Schutzlandes.[25] Ein „**Eingriff**" liegt vor, wenn – nach der Behauptung des Anspruchstellers – die Bereicherung nicht auf eigenem Verhalten (zB Leistung, → Rn. 6 f.) beruht, sondern auf einem Verhalten, für das der Anspruchsgegner in irgendeiner Weise verantwortlich gemacht werden kann, ohne dass freilich ein konkreter Nachweis der Urheberschaft erforderlich wäre.[26] Man sollte das Merkmal des Eingriffs bei der Abgrenzung gegenüber Abs. 3 weit verstehen (vgl. dazu näher → Rn. 21 f.).

Im Einzelnen fallen unter Abs. 2 ua bereicherungsrechtliche Ansprüche aus Eingriffen in das allgemeine **16** Persönlichkeitsrecht,[27] aus Eingriffen in die Forderungszuständigkeit,[28] auf Ausgleich wegen der Verfügung

---

18 Vgl. MüKoBGB/*Junker* EGBGB Art. 38 Rn. 8.
19 Staudinger/*v. Hoffmann/Fuchs* EGBGB Art. 38 Rn. 8; teilweise aA *Busse*, S. 102, bei nur vermeintlich bestehendem gesetzlichen Schuldverhältnis; hiergegen überzeugend *Eilinghoff*, S. 189 ff.
20 *Eilinghoff*, S. 178 ff.
21 MüKoBGB/*Huber* CISG Art. 81 Rn. 10; Staudinger/*Magnus* CISG Art. 81 Rn. 11.
22 Vgl. OLG München RIW 1998, 559 = TranspR-IHR 2001, 23 = CISG-Online Nr. 339; Staudinger/*Magnus* CISG Art. 81 Rn. 10.
23 BT-Drs. 14/343, S. 9.

24 BT-Drs. 14/343, S. 9; vgl. auch Staudinger/*v. Hoffmann/Fuchs* EGBGB Art. 38 Rn. 16.
25 MüKoBGB/*Junker* EGBGB Art. 38 Rn. 20; Staudinger/*v. Hoffmann/Fuchs* EGBGB Art. 38 Rn. 16 mwN; vgl. BGHZ 136, 380, 390 f.
26 Vgl. *Eilinghoff*, S. 265 f., 271; *Busse*, S. 226.
27 Staudinger/*v. Hoffmann/Fuchs* EGBGB Art. 38 Rn. 15.
28 Staudinger/*v. Hoffmann/Fuchs* EGBGB Art. 38 Rn. 13 f., auch mit Nachw. zur früher vertretenen Gegenansicht.

eines Nichtberechtigten (aus deutscher Sicht: § 816 Abs. 1 BGB); vgl. dazu auch → Rn. 39. Erfasst werden auch bereicherungsrechtliche Ansprüche infolge von Nutzung, Verwendung und Verbrauch bzw. aus Vermischung, Verbindung und Verarbeitung.[29] Allerdings ist insoweit zu beachten, dass Ansprüche aus dem Eigentümer-Besitzer-Verhältnis (§§ 987 ff. BGB) sachenrechtlich zu qualifizieren sind und nicht bereicherungsrechtlich (str.).[30]

17   **2. Anknüpfung.** Abs. 2 knüpft an das Recht des Staates an, in dem der Eingriff geschehen ist. Dies ermöglicht in den meisten Fällen den gewünschten Gleichlauf mit dem Sachenrechts- und dem Deliktsstatut. Eingriffsort ist der Ort, an dem die Verletzung der Rechtsposition des Betroffenen erfolgt ist.[31] Oft wird bei Eingriffen in Sachen das Eingriffsrecht mit der lex rei sitae identisch sein.[32] Soweit der Eingriff im Rahmen eines Rechtsverhältnisses zwischen den Parteien erfolgte, wird häufig eine Anknüpfung an das Statut dieser Rechtsbeziehung über Art. 41 Abs. 1, Abs. 2 Nr. 1 nahe liegen.[33]

18   Liegen der Ort der **Eingriffshandlung** und der Ort des **Eingriffserfolges** in verschiedenen Staaten, so ist die Regelung des Art. 40 Abs. 1 analog anzuwenden (hM).[34] Grundsätzlich ist demnach die Eingriffshandlung maßgebend; der Bereicherungsgläubiger kann jedoch verlangen, dass stattdessen das Recht des Ortes des Eingriffserfolges angewendet wird.

19   In den Fällen des Eingriffs in die **Forderungszuständigkeit** bereitet die Bestimmung des Eingriffsorts Probleme. Zwar wäre es denkbar, auf den Ort der „Belegenheit" der Forderung abzustellen. Doch wird über die Frage, wo eine Forderung belegen ist, seit jeher gestritten (denkbar ua: gewöhnlicher Aufenthalt bzw. Wohnsitz des Schuldners; gewöhnlicher Aufenthalt bzw. Wohnsitz des Gläubigers; Belegenheit des Vermögens einer dieser Parteien; Erfüllungsort der Forderung).[35] Auch ist es aus konzeptioneller Sicht nicht zwingend, auf die Belegenheit der Forderung abzustellen. Vielmehr sollte man sich daran orientieren, dass das „geschützte Interesse" iSd Abs. 2 in diesen Fällen die Forderungszuständigkeit des wirklichen Gläubigers, also des Bereicherungsgläubigers, ist. Deshalb ist Eingriffsort mE grundsätzlich der Ort, an dem der Bereicherungsgläubiger seinen gewöhnlichen Aufenthalt hat; bei Gesellschaften und juristischen Personen ist auf den Sitz der Hauptverwaltung abzustellen. Allerdings wird diese Anknüpfung häufig durch eine engere Verbindung nach Art. 41 Abs. 1 verdrängt, insbesondere durch eine Anknüpfung an das Statut der Forderung[36] oder – bei Abtretung verbriefter Forderungen – an den Belegenheitsort der Urkunde.[37]

20   (Bereicherungs-)Ansprüche des Insolvenzverwalters aufgrund einer **Insolvenzanfechtung** richten sich nach den vorrangigen Vorschriften des Internationalen Insolvenzrechts, dh idR nach der lex concursus, also nach dem Recht des Staates, in dem das Insolvenzverfahren eröffnet wurde. Dies ergibt sich im Anwendungsbereich der Europäischen Insolvenzverordnung (EuInsVO)[38] bereits aus Art. 3 iVm Art. 7 lit. m), ggf. iVm Art. 16 EuInsVO, im Übrigen aus § 339 InsO.[39] Für die **Gläubigeranfechtung** außerhalb des Insolvenzverfahrens gilt gem. § 19 AnfG das Recht, dem die Wirkungen der Rechtshandlungen unterliegen.

III. Sonstige Kondiktionen (Abs. 3)

21   Abs. 3 bestimmt, dass in „sonstigen Fällen" Ansprüche aus ungerechtfertigter Bereicherung dem Recht des Staates unterliegen, in dem die Bereicherung eingetreten ist. Die praktische Bedeutung der Vorschrift dürfte gering sein. Erfasst werden diejenigen Fälle, in denen weder eine Leistung (→ Rn. 5 ff.) noch ein Eingriff in ein geschütztes Interesse (→ Rn. 14 ff.) vorliegt. Dies sind im Wesentlichen die rechtsgrundlose Verwendung auf fremdes Gut sowie die abgeirrte Leistung (dh die Erfüllung einer vermeintlichen Vertragspflicht

---

29   BeckOK BGB/*Spickhoff* EGBGB Art. 38 Rn. 18.
30   So zu Recht BGHZ 108, 353, 355 = NJW 1990, 242 = IPRax 1991, 338; *Einsele* JZ 1993, 1023 (1029); teilweise aA OLG Frankfurt WM 1995, 50 (52); Palandt/*Thorn* EGBGB Art. 43 Rn. 4; *Kronke/Berger* IPRax 1991, 316; *Busse*, S. 229, 233.
31   Vgl. OLG Hamm IPRax 2012, 351 (354) (Rn. 69).
32   MüKoBGB/*Junker* EGBGB Art. 38 Rn. 22; *Staudinger* DB 1999, 1589.
33   Vgl. MüKoBGB/*Junker* EGBGB Art. 38 Rn. 29.
34   Staudinger/*v. Hoffmann/Fuchs* EGBGB Art. 38 Rn. 10; MüKoBGB/*Junker* EGBGB Art. 38 Rn. 23; *Eilinghoff*, S. 274 ff.; *Fischer* IPRax 2002, 1 (4 f.); *Busse* RIW 1999, 16 (20); *Kreuzer* RabelsZ 65 (2001), 383, 407 f.; *Spickhoff* NJW 1999, 2209 (2211); offengelassen von Regierungsbegründung

35   BT-Drs. 14/343, S. 9; *Wagner* IPRax 1999, 210 (210).
    Vgl. nur die Nachw. bei Staudinger/*v. Hoffmann/Fuchs* EGBGB Art. 38 Rn. 13; *Fischer* IPRax 2002, 1 (5 f.); *Eilinghoff*, S. 282 ff.
36   Vgl. Staudinger/*v. Hoffman/Fuchs* EGBGB Art. 38 Rn. 13; Palandt/*Heldrich* (67. Aufl. 2008) EGBGB Art. 38 Rn. 3.
37   Vgl. Staudinger/*v. Hoffmann/Fuchs* EGBGB Art. 38 Rn. 14; *Busse*, S. 140 ff.
38   Verordnung (EU) Nr. 848/2015 des Europäischen Parlaments und des Rates v. 20.5.2015 über Insolvenzverfahren Abl. L 141 S. 19.
39   Vgl. dazu Staudinger/*v. Hoffmann/Fuchs* EGBGB Art. 38 Rn. 32 (Art. 41 Abs. 1); *Eilinghoff*, S. 291 f. (Art. 41 Abs. 2 Nr. 1), in Anlehnung an BGHZ 88, 147 = IPRax 1984, 264.

bei völligem Fehlen einer Rechtsbeziehung im Valutaverhältnis, zB Überweisung auf falsches Konto infolge Namensverwechslung).[40]

Der Ort des Eintritts der Bereicherung ist in der Regel der gewöhnliche Aufenthalt bzw. Sitz oder die Nie- **22** derlassung des Empfängers,[41] bei der rechtsgrundlosen Verwendung auf fremdes Gut jedoch der Ort der Belegenheit der Sache.[42]

IV. Vorrangige Anknüpfungen innerhalb des EGBGB

Die Regelanknüpfung des Art. 39 tritt zurück, wenn das EGBGB (zu vorrangigen Staatsverträgen und euro- **23** parechtlichen Sonderregelungen → Rn. 4) eine vorrangige Sonderanknüpfung vorsieht. Derartige Sonderre- geln enthalten die Art. 41, 42.[43]

1. Art. 42 – Rechtswahl. Art. 42 ermöglicht den Parteien grundsätzlich die nachträgliche Rechtswahl.[44] **24** Haben die Parteien eine solche wirksam geschlossen, so ist das gewählte Recht anwendbar. Auf Art. 38 und Art. 41 kommt es dann nicht mehr an. Ob bei der Leistungskondiktion des Abs. 1 das zugrunde liegende Statut der Leistungsbeziehung die Rechtswahl anerkennt, ist mE unbeachtlich.[45] Zum Schutz der markt- schwächeren Partei sollen nach teilweise vertretener Ansicht[46] die Einschränkungen der Rechtswahlfreiheit durch Art. 29 Abs. 1 aF und Art. 30 Abs. 1 aF auch für Art. 42 entsprechend gelten, wenn dem Bereiche- rungsverhältnis ein Vertrag zugrunde liegt, der in den Anwendungsbereich der Art. 29, 30 aF fällt und wenn ausnahmsweise die Art. 38 ff., und nicht Art. 32 Abs. 1 Nr. 5 aF, für die Leistungskondiktion heranzuziehen sind. Vereinzelt wird die Ansicht vertreten, die Rechtswahl sei bei Bereicherungsansprüchen, die auf Wett- bewerbsverstößen beruhen, ausgeschlossen.[47]

2. Art. 41 – Wesentlich engere Verbindung. Liegt keine Rechtswahl vor, kann die Regelanknüpfung des **25** Art. 38 auch nach Art. 41 verdrängt werden, wenn zu einer anderen Rechtsordnung eine wesentlich engere Verbindung besteht, Art. 41 Abs. 1. Art. 41 Abs. 2 nennt beispielhaft[48] zwei Fälle, in denen eine solche wesentlich engere Verbindung gegeben sein kann, nämlich das Bestehen einer Sonderbeziehung der Betei- ligten (Nr. 1) und – in den Fällen des Abs. 2 und des Abs. 3 – den gemeinsamen gewöhnlichen Aufenthalt der Beteiligten (Nr. 2).

a) Gemeinsamer gewöhnlicher Aufenthalt, Art. 41 Abs. 2 Nr. 2. Gem. Art. 41 Abs. 2 Nr. 2 kann sich in **26** den Fällen des Abs. 2 und Abs. 3 eine wesentlich engere Verbindung daraus ergeben, dass die Beteiligten ihren gewöhnlichen Aufenthalt im Zeitpunkt des rechtserheblichen Geschehens in demselben Staat haben.[49] Bei Gesellschaften, Vereinen oder Juristischen Personen ist der Ort der Hauptverwaltung bzw. der Ort der beteiligten Niederlassung maßgeblich (Art. 41 Abs. 2 Nr. 2 Hs. 2 iVm Art. 40 Abs. 2 S. 2). Die Vorschrift ist nach ihrem eindeutigen Wortlaut auf die Fälle der Eingriffskondiktion (Abs. 2) und der sonstigen Nichtleis- tungskondiktionen (Abs. 3) beschränkt. Eine Anwendung auf die Leistungskondiktion scheidet daher aus.[50] Zu Einzelheiten vgl. die Kommentierung zu Art. 41.

b) Besondere rechtliche oder tatsächliche Beziehung im Zusammenhang mit dem Schuldverhält- **27** **nis, Art. 41 Abs. 2 Nr. 1.** Die Ausweichklausel des Art. 41 Abs. 2 Nr. 1 wird praktisch nur für die Ein- griffskondiktion (Abs. 2) und für die sonstigen Nichtleistungskondiktionen (Abs. 3) Bedeutung erlangen. Denn für die Leistungskondiktion sieht Abs. 1 ohnehin die akzessorische Anknüpfung an das Statut der Leistungsbeziehung vor. Eine engere Beziehung zu einem anderen Beziehungsverhältnis zwischen den Par- teien ist hier kaum denkbar.[51]

Bei den Nichtleistungskondiktionen ermöglicht die Vorschrift insbesondere die Anknüpfung an das Statut **28** eines bereits bestehenden Rechtsverhältnisses zwischen den Parteien (Bsp.: Eingriff im Rahmen einer bereits bestehenden Vertragsbeziehung: akzessorische Anknüpfung an das Vertragsstatut).

---

40 Staudinger/*v. Hoffmann/Fuchs* EGBGB Art. 38 Rn. 17.

41 Vgl. Regierungsbegründung BT-Drs. 14/343, S. 9; Staudinger/*v. Hoffmann/Fuchs* EGBGB Art. 38 Rn. 17; MüKoBGB/*Junker*, 38 EGBGB Rn. 24; *Schlechtriem*, Bereicherungsansprüche, S. 29, 57; differenzierend bei ausländischen Konten BeckOK BGB/*Spickhoff* EGBGB Art. 38 Rn. 19; *Fischer* IPRax 2002, 1 (6 f.).

42 Staudinger/*v. Hoffmann/Fuchs* EGBGB Art. 38 Rn. 17; MüKoBGB/*Junker* EGBGB Art. 38 Rn. 24.

43 Vgl. dazu Staudinger/*v. Hoffmann/Thorn* EGBGB Art. 38 Rn. 29 ff.

44 Vgl. dazu ausf. *Eilinghoff*, S. 108 ff.

45 *Fischer* IPRax 2002, 11; *Eilinghoff*, S. 116 f. (m. Nachw. zur früher vertretenen aA).

46 Vgl. *Fischer* IPRax 2002, 1 (11); *Freitag/Leible* ZVglRWiss 2000, 101 (115); *Eilinghoff*, S. 114 ff.

47 Vgl. *Eilinghoff*, S. 115 f.

48 Vgl. BeckOK BGB/*Spickhoff* EGBGB Art. 41 Rn. 2: zwar kein Regelbeispiel, aber Indizwirkung.

49 Vgl. OLG Hamm IPRax 2012, 351 (355) (Rn. 70); zum früheren Recht bereits OLG Koblenz NJW 1992, 2367 = IPRax 1992, 383; OLG Nürnberg TranspR 1992, 36 (37).

50 Vgl. *Eilinghoff*, S. 306 ff.; BeckOK BGB/*Spickhoff* EGBGB Art. 41 Rn. 11.

51 Vgl. Staudinger/*v. Hoffmann/Fuchs* EGBGB Art. 38 Rn. 29; *Eilinghoff*, S. 306 ff.; *Wagner* IPRax 1998, 429 (434); aA *Schlechtriem* IPRax 1995, 65 (70).

29 Um den vom Gesetz gewünschten Gleichlauf zu erreichen, ist es jedoch auch denkbar, akzessorisch an ein gleichzeitig mit der Kondiktion entstehendes anderes gesetzliches Schuldverhältnis anzuknüpfen.[52] Liegt etwa in dem Eingriff gleichzeitig eine deliktische Handlung, so sollte man die bereicherungsrechtlichen Ansprüche mE akzessorisch an das Deliktsstatut anknüpfen, nicht etwa umgekehrt. Im Verhältnis zur Geschäftsführung ohne Auftrag verdient hingegen mE das Bereicherungsstatut den Vorrang (→ EGBGB Art. 39 Rn. 21).

30 **c) Rangverhältnis zwischen Art. 41 Abs. 2 Nr. 1 und Nr. 2.** Art. 41 Abs. 2 enthält keine Regelung des Rangverhältnisses zwischen Nr. 1 und Nr. 2. Liegen im konkreten Fall beide Fallgestaltungen vor (gemeinsamer gewöhnlicher Aufenthalt und Sonderbeziehung), so ist mE der akzessorischen Anknüpfung an das Statut der Sonderbeziehung der Vorrang zu gewähren.[53] Andernfalls würde der durch die akzessorische Anknüpfung angestrebte Gleichlauf der verschiedenen Anspruchsgrundlagen beeinträchtigt.

V. Insbesondere: Mehrpersonenverhältnisse

31 Die Behandlung des Bereicherungsausgleichs in Mehrpersonenverhältnissen wirft im Kollisionsrecht ähnlich schwierige Fragen auf wie im materiellen Recht. Die Behandlung ist dementsprechend umstritten.[54] ME ist von folgenden Grundsätzen auszugehen:

32 **1. Echter Vertrag zugunsten Dritter.** Eine Kondiktion des Versprechenden beim Versprechungsempfänger unterliegt dem Statut des zwischen ihnen bestehenden Deckungsverhältnisses; dies ergibt sich idR bereits aus Art. 32 Abs. 1 Nr. 5 aF, im Übrigen aus Abs. 1 (vgl. zur Abgrenzung und zur Rom I-VO → Rn. 11). Dementsprechend unterliegt die Kondiktion des Versprechensempfängers gegen den Dritten dem Statut des deren Beziehung beherrschenden Valutaverhältnisses; auch hier wird häufig Art. 32 Abs. 1 Nr. 5 aF bzw. Art. 12 lit. e Rom I-VO greifen, im Übrigen Abs. 1 (zB wenn das Valutaverhältnis ein gesetzliches Schuldverhältnis ist).[55] Das Vorliegen einer Leistungsbeziehung ist in beiden Fällen bei Zugrundelegung der oben (→ Rn. 6 f.) herausgearbeiteten Grundsätze unproblematisch.

33 Die Frage, welches Recht darüber entscheidet, ob der Versprechende direkt beim Dritten kondizieren kann, ist schwieriger zu beantworten, wird aber ganz überwiegend zugunsten einer Anknüpfung an das Statut des Deckungsverhältnisses (Versprechender – Versprechensempfänger) entschieden.[56] Dies ist zutreffend. Es ergibt sich mE aus einer Anwendung des Abs. 1:[57] Eine Leistung iS dieser Vorschrift liegt vor, weil der Versprechende bewusst das Vermögen des Versprechensempfängers mehrt. Es gilt demnach das Statut des Rechtsverhältnisses, auf das sich diese Zuwendung bezieht. Dies ist – aus der Perspektive beider Parteien (hier liegt der entscheidende Unterschied zu den Anweisungsfällen!, → Rn. 34) – das Deckungsverhältnis, weil sich daraus erst Verpflichtung des Versprechenden und Anspruch des Dritten ergeben.

34 **2. Anweisungsfälle.** Eine Kondiktion zwischen Anweisendem und Angewiesenem unterliegt gem. Art. 32 Abs. 1 Nr. 5 aF (Art. 12 lit. e Rom I-VO) bzw. Art. 38 Abs. 1 dem Statut des zwischen ihnen bestehenden Deckungsverhältnisses. In entsprechender Weise wird die Kondiktion des Anweisenden beim Anweisungsempfänger durch das Statut des Valutaverhältnisses beherrscht.[58]

35 Die Anknüpfung der Kondiktion des Angewiesenen beim Anweisungsempfänger wegen fehlender oder fehlerhafter Anweisung ist umstritten: Nach einer Ansicht[59] ist eine Anknüpfung nach Abs. 3 vorzunehmen, die in der Regel zum Recht am Sitz bzw. an der Niederlassung des Empfängers führt. Nach aA ist an das Statut des Deckungsverhältnisses[60] bzw. an das Statut des Valutaverhältnisses[61] anzuknüpfen. Vorzugswürdig ist die Anknüpfung an Abs. 3. Die Anwendung des Abs. 1 scheitert mE daran, dass sich nicht eindeutig feststellen lässt, auf welches Rechtsverhältnis die Leistung bezogen ist: Aus Sicht des Empfängers ist dies

---

52   Vgl. MüKoBGB/*Junker* EGBGB Art. 38 Rn. 29.

53   MüKoBGB/*Junker* EGBGB Art. 38 Rn. 30; vgl. auch die Nachw. zu Art. 39 bei Art. 39 EGBGB Rn. 22.

54   Vgl. nur Staudinger/*v. Hoffmann/Fuchs* EGBGB Art. 38 Rn. 18 ff.; *Eilinghoff*, S. 195 ff.

55   Vgl. zu beiden Fallgruppen Staudinger/*v. Hoffmann/ Fuchs* EGBGB Art. 38 Rn. 23; BeckOK BGB/*Spickhoff* EGBGB Art. 38 Rn. 16; *Eilinghoff*, S. 199 f.

56   Vgl. Staudinger/*v. Hoffmann/Fuchs* EGBGB Art. 38 Rn. 23; BeckOK BGB/*Spickhoff* EGBGB Art. 38 Rn. 16; *Eilinghoff*, S. 202 ff.; zum früheren Recht vgl. *Einsele* JZ 1993, 1025 (1027); *Lorenz* FS Zweigert 1981, S. 218 f.; *Plaßmeier*, S. 343.

57   AA *Eilinghoff*, S. 205; Art. 32 Abs. 1 Nr. 5.

58   Vgl. Staudinger/*v. Hoffmann/Fuchs* EGBGB Art. 38 Rn. 24; Palandt/*Heldrich* (67. Aufl. 2008) EGBGB

      Art. 38 Rn. 2; *Eilinghoff*, S. 207 ff.; zum früheren Recht *Einsele* JZ 1993, 1025 (1027); *Lorenz* FS Zweigert 1981, S. 199, 221 ff.

59   Vgl. Staudinger/*v. Hoffmann/Fuchs* EGBGB Art. 38 Rn. 25; so iE zum früheren Recht BGH NJW 1987, 185 ff. = IPRax 1987, 186 f. mAnm *Jayme*, S. 187; iE so auch das OLG Hamburg IPRspr. 1986, Nr. 35 a; sa *Fischer* IPRax 2002, 1 (7), der aber über Art. 41 Abs. 2 Nr. 1 das Rechtsverhältnis im Valutaverhältnis für maßgeblich erklärt.

60   So zum früheren Recht *Schlechtriem* IPRax 1987, 356 f.

61   Vgl. *Fischer* IPRax 2002, 1 (7); differenzierend *Eilinghoff*, S. 208 ff.; so zum früheren Recht *Jayme* IPRax 1987, 186 f.

das Valutaverhältnis, aus Sicht des Angewiesenen das Deckungsverhältnis. Nach der hier vertretenen Ansicht (→ Rn. 9) sollte man deshalb Abs. 1 nicht zur Anwendung bringen und auf die örtliche Anknüpfung des Abs. 3 übergehen, die dann idR zum Recht des Empfängers führt.

3. Fälle der abgeirrten Leistung. Die Fälle der abgeirrten Leistung, in denen es im Valutaverhältnis zwischen dem (jetzt kondizierenden) Anweisenden und dem Empfänger an einer Rechtsbeziehung fehlt (in denen der Dritte die Zuwendung zB irrtümlich erhält), fallen mE ebenfalls nicht unter Abs. 1, sondern unter Abs. 3. Dies entspricht dem ausdrücklichen Willen des Gesetzgebers[62] und ist richtig, weil es an einer eindeutig auf ein Rechtsverhältnis bezogenen Leistung iSd Abs. 1 fehlt (→ Rn. 6 f.). Über Abs. 3 wird idR das Recht des Empfängers maßgeblich sein.[63] Eine abweichende Anknüpfung an das Statut des Deckungsverhältnisses ist mE idR nicht angebracht.   **36**

4. Akkreditiv. Über Kondiktionsansprüche im Valutaverhältnis zwischen Akkreditivauftraggeber (Käufer) und Begünstigtem (Verkäufer) entscheidet über Art. 32 Abs. 1 Nr. 5 aF/Art. 12 lit. e Rom I-VO (bzw. Art. 38 Abs. 1, → Rn. 11) das auf dieses Verhältnis anwendbare Recht, idR also das Kaufvertragsstatut (zur Problematik des UN-Kaufrechts → Rn. 13). Bei einem Fehler im Deckungsverhältnis zwischen Auftraggeber (Käufer) und Akkreditivbank entscheidet das Statut des Deckungsverhältnisses. Die Direktkondiktion der Akkreditivbank beim Begünstigten (Verkäufer) unterliegt dem Akkreditivstatut, dessen Bestimmung allerdings umstritten ist.[64]   **37**

5. Weitergabe der Leistung an Dritte (Weitergabekondiktion bzw. Verfolgungsansprüche). Die sog. Weitergabekondiktion betrifft folgende Fallgestaltung: Eine Person (B, Erstempfänger) hat von einer anderen Person (A, ursprünglich Leistender) eine Sache erhalten und diese an einen Dritten (C, Zweitempfänger) geleistet. Der ursprünglich Leistende A verlangt die Sache vom Zweitempfänger C zurück, weil seine Leistung an B ohne Rechtsgrund erfolgt sei. Im Ergebnis unterliegt dieser Anspruch mE dem für das Rechtsverhältnis zwischen Erstempfänger B und Zweitempfänger C geltenden Recht. Dies ergibt sich aus folgenden Überlegungen: **38**

Eine Leistung von A an C iSd Abs. 1 (→ Rn. 6 f.) liegt nicht vor, weil A nicht bewusst das Vermögen des C gemehrt hat. Ob ein Eingriff iSd Abs. 2 durch den Zweitempfänger vorliegt, ist umstritten. Teilweise wird dies generell verneint,[65] teilweise für den Fall bejaht, dass der Zweitempfänger die Sache vom Nichtberechtigten erhalten hat (im deutschen Recht: § 816 Abs. 1 S. 2 BGB).[66] ME sollte man die Frage, ob ein Eingriff iSd Abs. 2 vorliegt, nicht mit Berechtigungserwägungen überfrachten, sondern einfach darauf abstellen, ob der (behauptete) Bereicherungseintritt auf einem Verhalten beruht, für das der Zweitempfänger in irgendeiner Weise verantwortlich gemacht werden kann. Dies ist sowohl beim Erwerb vom Berechtigten als auch beim Erwerb vom Nichtberechtigten der Fall; beides geht nicht ohne Mitwirkung des Zweitempfängers. Grundsätzlich fallen also alle Fälle unter Abs. 2. Allerdings wird diese Anknüpfung über Art. 41 Abs. 1 zugunsten des Statuts des zwischen Erstempfänger B und Zweitempfänger C bestehenden Rechtsverhältnisses verdrängt. Hierfür sprechen Erwägungen der Schutzwürdigkeit: Der Zweitempfänger soll auf dasjenige Recht vertrauen können, das die Rechtsbeziehung zu „seinem" Leistenden beherrscht (iE hM, str.).[67] Dogmatisch lässt sich dies zwar nicht auf Art. 41 Abs. 2 Nr. 1 stützen, weil zwischen ursprünglich Leistendem und Zweitempfänger keine besondere Beziehung besteht (→ EGBGB Art. 41 Rn. 11 ff.), wohl aber auf die allgemeine Ausweichklausel des Art. 41 Abs. 1.   **39**

6. Freiwillige Tilgung einer fremden Schuld. a) Kondiktion des Dritten beim Gläubiger. Hat ein Dritter auf die Schuld eines anderen an den Gläubiger gezahlt und stellt sich nun heraus, dass die Forderung nicht bestand oder nach dem Schuldstatut keine Tilgungswirkung eintrat, so richtet sich die Kondiktion des Dritten beim Gläubiger nach Abs. 1, weil der Dritte bewusst das Vermögen des Gläubigers gemehrt hat, so   **40**

---

62 BT-Drs. 14/343, S. 9.

63 Str., vgl. zum Streitstand Staudinger/*v. Hoffmann/ Fuchs* EGBGB Art. 38 Rn. 26; *Eilinghoff*, S. 218 ff.; zum früheren Recht für Anknüpfung an das Statut des Deckungsverhältnisses BGH IPRax 1987, 372 = NJW 1987, 1285; *Schlechtriem* IPRax 1987, 356 f.

64 Staudinger/*v. Hoffmann/Fuchs* EGBGB Art. 38 Rn. 27; *Eilinghoff*, S. 216 ff.

65 *Fischer* IPRax 2002, 1 (8); *Siehr*, IPR, S. 261.

66 *Eilinghoff*, S. 239 f.; sa *Schlechtriem* IPRax 1995, 65 (69 f.).

67 So iE (bei teilw. Abweichungen in der Konstruktion) Staudinger/*v. Hoffmann/Fuchs* EGBGB Art. 38 Rn. 28; *Eilinghoff*, S. 237 ff. (mit Nachw. zu den verschiedenen abweichenden Ansichten); *Schlechtriem* IPRax 1995, 65 (69 f.); *v. Bar*, IPR II, Rn. 737; *Busse*, S. 198 ff.; aA (in den Fällen des § 822 Kumulation des Statuts A-B und des Statuts B-C) Staudinger/*W.Lorenz*, § 812 Rn. 26, § 816 Rn. 34; *ders.* FS Zweigert 1981, S. 199, 225 f.; aA (kein Fall des Art. 41, sondern durchgängige Anknüpfung nach Art. 38 Abs. 3) *Fischer* IPRax 2002, 1 (8 f.).

dass eine Leistung iSd Abs. 1 vorliegt. Angeknüpft wird an das Statut, das die zu tilgende Forderung beherrscht (Forderungsstatut).[68]

41 **b) Kondiktion des Dritten beim Schuldner.** Will der Dritte beim Schuldner im Wege des Rückgriffs kondizieren (etwa weil seine Zahlung an den Gläubiger zur Tilgung geführt hat), so ist folgendermaßen zu unterscheiden: Wenn zwischen dem Dritten und dem Schuldner kein auf die Schuldtilgung bezogenes Kausalverhältnis bestand, unterliegt die Rückgriffskondiktion des Dritten über Abs. 1 dem Forderungsstatut (hM), weil eine Leistung iSd Abs. 1 gegeben ist, die sich auf die Forderung bezieht.[69] Auf diese Weise wird ein Gleichlauf mit der in Art. 39 Abs. 2 vorgesehenen Anknüpfung für Rückgriffsansprüche aus GoA erreicht.

42 War der Dritte hingegen dem Schuldner vermeintlich aufgrund eines Kausalverhältnisses (zB – unwirksamer – Versicherungsvertrag) zur Tilgung beim Gläubiger verpflichtet, so bezog sich seine Leistung in erster Linie auf dieses Kausalverhältnis, und nicht auf die Forderung. Über Abs. 1 gilt also das auf das betreffende Kausalverhältnis anwendbare Recht.[70] Der gewünschte Gleichlauf mit der Anknüpfung von Ansprüchen aus GoA lässt sich erreichen, indem man in diesen Fällen die GoA-Anknüpfung des Art. 39 Abs. 2 über Art. 41 Abs. 1, Abs. 2 Nr. 1 ausschaltet und ebenfalls an das Statut der Kausalbeziehung anknüpft.

43 **7. Bürgschaft und Garantie. a) Rückgriff des Bürgen beim Hauptschuldner.** Ein Rückgriff des Bürgen, dessen Zahlung zur Tilgung der bestehenden Hauptschuld geführt hat, beim Hauptschuldner wird in aller Regel nicht über das Bereicherungsrecht erfolgen. Vorrangig ist nämlich die in Art. 33 Abs. 3 aF bzw. Art. 15 Rom I-VO enthaltene Regel über die cessio legis: Kommt es nach dem Bürgschaftsstatut zu einem gesetzlichen Übergang der Forderung des Gläubigers auf den Bürgen, so bleibt kein Raum für die Anwendung des Bereicherungsrechts.[71] Wenn hingegen keine cessio legis eintritt, kommen bereicherungsrechtliche Ansprüche in Betracht. In diesen Fällen ist – ähnlich wie bei den Fällen der freiwilligen Tilgung fremder Schulden – danach zu unterscheiden, ob der Bürge dem Hauptschuldner gegenüber vertraglich zur Übernahme der Bürgschaft verpflichtet war (zB aufgrund eines Auftrags) oder nicht:

44 Wenn **keine vertragliche Verpflichtung des Bürgen** gegenüber dem Hauptschuldner bestand, gilt Abs. 1, weil der Bürge bewusst das Vermögen des Gläubigers gemehrt hat (Leistung, → Rn. 6 f.). Die Leistung konnte sich sowohl aus Sicht des Bürgen als auch aus Sicht des Hauptschuldners nur auf den Bürgschaftsvertrag beziehen. Maßgebend ist also über Abs. 1 das Bürgschaftsstatut.[72]

45 War der Bürge hingegen dem Hauptschuldner **vertraglich zur Übernahme der Bürgschaft verpflichtet**, so ist – aus der Sicht dieser beiden Parteien – nicht eindeutig feststellbar, auf welches Rechtsverhältnis sich seine Zahlung bezog (auf den Bürgschaftsvertrag oder auf den mit dem Hauptschuldner bestehenden Vertrag). In derartigen Fällen ist nach der hier vertretenen Ansicht (→ Rn. 9) Abs. 1 nicht anwendbar. Weil auch kein Eingriff vorliegt (Abs. 2), gilt grundsätzlich Abs. 3, also das Recht des Ortes des Bereicherungseintritts. Allerdings wird diese Anknüpfung gem. Art. 41 Abs. 1, Abs. 2 Nr. 1 durch eine Anknüpfung an dasjenige Recht verdrängt, welches das Vertragsverhältnis zwischen Bürgen und Hauptschuldner beherrscht.[73]

46 **b) Rückgriff des Bürgen beim Gläubiger.** Will der Bürge beim Gläubiger kondizieren (etwa weil die Hauptschuld nicht bestand oder der Bürgschaftsvertrag unwirksam war), so greift mE Abs. 1 ein. Die Zahlung des Bürgen ist – sowohl aus dessen Sicht als auch aus der Sicht des Gläubigers – eindeutig auf den Bürgschaftsvertrag bezogen, und nicht etwa auf die Hauptschuld. Es liegt also kein Fall des Dissenses über das Bezugsobjekt vor, der nach der hier vertretenen Auffassung eine Anwendung des Abs. 1 ausschließen

68   HM, vgl. Staudinger/*v. Hoffmann/Fuchs* EGBGB
      Art. 38 Rn. 19; BeckOK BGB/*Spickhoff* EGBGB
      Art. 38 Rn. 15; *Eilinghoff*, S. 229 ff.; sa zum früheren
      Recht *v. Bar*, IPR II, Rn. 737; *Busse*, S. 191 ff.; *Einsele* JZ 1993, 1025 (1026); *Lorenz* FS Zweigert 1981,
      S. 199, 214 f.; *Plaßmeier*, S. 353 f.; aA (zum früheren
      Recht) ArbG Düsseldorf IPRax 1990, 328, das noch
      auf den Ort der Belegenheit des Vermögens des
      Bereicherungsschuldners und damit auf dessen
      Wohnsitz abstellt; dazu krit. *Junker* IPRax 1990, 303
      (308).
69   Vgl. Staudinger/*v. Hoffmann/Fuchs* EGBGB Art. 38
      Rn. 19; BeckOK BGB/*Spickhoff* EGBGB Art. 38
      Rn. 15; *Eilinghoff*, S. 44 ff.; ähnlich mit anderer
      Begründung *Fischer* IPRax 2002, 1 (8); s. zum frü-

      heren Recht *Schlechtriem*, Bereicherungsansprüche,
      S. 29, 77 f.; *v. Bar*, IPR II, Rn. 737; *Busse*, S. 192;
      Plaßmeier, S. 362 ff.
70   *Eilinghoff*, S. 249 ff.; *Schlechtriem* IPRax 1995, 65
      (66) (Fn. 14); sa zum früheren Recht *Busse*,
      S. 190 ff.; *Einsele* JZ 1993, 1025 (1026); *Reithmann/
      Martiny* (6. Aufl. 2004) Rn. 365; *Schlechtriem*,
      Bereicherungsansprüche, S. 29, 77.
71   Staudinger/*v. Hoffmann/Fuchs* EGBGB Art. 38
      Rn. 21; *Eilinghoff*, S. 252.
72   So iE *Eilinghoff*, S. 252 f.; Staudinger/*v. Hoffmann/
      Fuchs* EGBGB Art. 38 Rn. 21; *Schlechtriem* IPRax
      1995, 65 (66) Fn. 14.
73   So iE *Eilinghoff*, S. 253 f.; sa zum früheren Recht
      Busse, S. 204.

würde (→ Rn. 9). Über Abs. 1 gilt deshalb das Bürgschaftsstatut (str.).[74] Normwidersprüche zwischen dem Statut der Hauptschuld und dem Forderungsstatut sind ggf. im Wege der Anpassung aufzulösen.

c) Garantien. Für Zahlungen aus Garantien gelten die für die Bürgschaft maßgeblichen Regeln entsprechend.　　**47**

8. Zessionsfälle. Die Kondiktion des Schuldners beim Zessionar oder beim Zedenten (etwa in den Fällen　　**48** einer fehlgeschlagenen Abtretung oder der Abtretung einer nicht bestehenden Forderung) richtet sich nach Abs. 1, weil der Schuldner, der auf die (angebliche bzw. angeblich abgetretene) Forderung geleistet hat, damit bewusst das Vermögen des Empfängers gemehrt hat. Die Tatsache, dass derartige Fälle im deutschen materiellen Recht aufgrund von Wertungsgesichtspunkten überwiegend als Nichtleistungskondiktionen eingeordnet werden,[75] spielt nach der hier vertretenen Auffassung eines **autonomen kollisionsrechtlichen Leistungsbegriffs** (→ Rn. 6 f.) keine Rolle.[76] Die Leistung des Schuldners bezieht sich aus Sicht aller Beteiligten auf die Forderung. Über Abs. 1 wird deshalb das Forderungsstatut (also das Recht, das die Rechtsbeziehung beherrscht, der die Forderung entstammt, zB das Vertragsstatut oder das Deliktsstatut) zur Anwendung berufen.[77] Im Verhältnis des Schuldners zum Zessionar ist mE Art. 33 Abs. 2 aF keine gegenüber Art. 38 Abs. 1 vorrangige Sonderregelung, weil (bzw. wenn) Art. 33 Abs. 2 aF nicht auch die Frage der bereicherungsrechtlichen Rückabwicklung erfasst; ist man in dieser Frage anderer Ansicht, so ändert sich im Ergebnis nichts, weil Art. 33 Abs. 2 aF auch an das Forderungsstatut anknüpft.

Im Ergebnis sollte das Forderungsstatut mE auch über eine **Kondiktion des Zedenten beim Zessionar im**　　**49** **Falle der Unwirksamkeit der Abtretung** entscheiden.[78] Mangels einer Leistung des Zedenten an den Zessionar (bzgl. der vom Schuldner erbrachten Zahlung) greift jedoch nicht Abs. 1, sondern grundsätzlich Abs. 2 (Einziehung der Forderung als Eingriff). Allerdings besteht auch hier mE eine wesentlich engere Verbindung zum Forderungsstatut. Dogmatisch lässt sich dies über eine Anwendung des Art. 41 Abs. 1 begründen. Art. 41 Abs. 2 Nr. 1 passt hingegen nicht, weil das zwischen Zedent und Zessionar bestehende Rechtsverhältnis das Zessionsgrundstatut wäre und nicht das Forderungsstatut.[79] Die Anwendung des Forderungsstatuts ist vorzugswürdig, weil sie eine einheitliche Rückabwicklung nach einer Rechtsordnung ermöglicht, die für alle Beteiligten vorhersehbar war. So entscheidet das Forderungsstatut beispielsweise auch über die Wirksamkeit der Übertragung (Art. 33 Abs. 2).[80]

VI. Einzelfragen

1. Regelungsbereich des Bereicherungsstatuts. Das Bereicherungsstatut regelt Voraussetzungen,　　**50** Inhalt und Folgen des Bereicherungsanspruchs.[81] Hierzu gehört auch die Frage des Vorrangs der Leistungskondiktion, ebenso die Frage der Verjährung. Die Vorfrage nach dem Bestehen eines Rechtsgrundes soll nach überwiegender Ansicht[82] unselbstständig angeknüpft werden. Ob bzw. inwieweit die bereicherungsrechtliche Haftung nicht voll Geschäftsfähiger vom Bereicherungsstatut oder von dem nach Art. 7, 12 berufenen Recht geregelt wird, ist umstritten.[83]

2. Rück- und Weiterverweisung (renvoi). Die Vorschriften über das auf außervertragliche Schuldver-　　**51** hältnisse anwendbare Recht enthalten keine spezielle Vorschrift über die Beachtung der Rückverweisung. Es gilt deshalb die allgemeine Regelung des Art. 4. Dies führt mE zu folgenden Ergebnissen: Die Rechtswahl nach Art. 42 ist gem. Art. 4 Abs. 2 eine Sachnormverweisung. Die in Abs. 2 und Abs. 3 vorgesehenen Anknüpfungen sind grundsätzlich Gesamtverweisungen;[84] allerdings sollte man sich bei der Eingriffskondiktion aufgrund des angestrebten Gleichlaufs von deliktischer und bereicherungsrechtlicher Anknüpfung an die für das Deliktsstatut gefundene Lösung anlehnen und ggf. eine Sinnwidrigkeit der Gesamtverwei-

74　So iE die überwiegende Meinung: Staudinger/
　　v. Hoffmann/Fuchs EGBGB Art. 38 Rn. 21; Eiling-
　　hoff, S. 232 ff.; Schlechtriem IPRax 1995, 65 (66)
　　Fn. 14; s. a. zum früheren Recht Lorenz FS Zweigert
　　1981, S. 199, 217; Plaßmeier, S. 354 ff.
75　Vgl. zB BGHZ 105, 365.
76　Vgl. Eilinghoff, S. 223 f.
77　Eilinghoff, S. 223 ff.; Staudinger/v. Hoffmann/Fuchs
　　EGBGB Art. 38 Rn. 22; sa zum früheren Recht
　　Busse, S. 206; Einsele JZ 1993, 1025 (1027);
　　Schlechtriem, Bereicherungsansprüche, S. 29, 76;
　　Lorenz FS Zweigert 1981, S. 199, 220 f.
78　AA Fischer IPRax 2002, 1 (6) (Zessionsgrundstatut).
79　AA Eilinghoff, S. 227 f. (Anwendung des Forde-
　　rungsstatuts über Art. 41 Abs. 2 Nr. 1).

80　So iE auch Eilinghoff, S. 227 ff.
81　Vgl. Staudinger/v. Hoffmann/Fuchs EGBGB Art. 38
　　Rn. 5; Erman/Hohloch EGBGB Art. 38 Rn. 12.
82　Vgl. v. Bar, IPR II, Rn. 745; Siehr, IPR, S. 261; so iE
　　auch BGH IPRax 1987, 372 (373); aA Eilinghoff,
　　S. 260 ff. mwN.
83　Vgl. v. Bar, IPR II, Rn. 735 einerseits und Lorenz FS
　　Zweigert 1981, S. 199, 206 andererseits; differenzie-
　　rend Staudinger/v. Hoffmann/Fuchs EGBGB Art. 38
　　Rn. 7; für Günstigkeitsvergleich BeckOK BGB/
　　Spickhoff EGBGB Art. 38 Rn. 9.
84　Vgl. Regierungsbegründung BT-Drs. 13/343, S. 8;
　　BeckOK BGB/Spickhoff EGBGB Art. 38 Rn. 20.

sung annehmen.[85] Die akzessorischen Anknüpfungen des Abs. 1 und des Art. 41 Abs. 1 iVm Abs. 2 Nr. 1 stellen Sachnormverweisungen dar. Verwiesen wird jeweils auf das Sachrecht, welches über die Hauptverweisung gefunden wurde, an die die akzessorische Anknüpfung gekoppelt ist. Dabei spielt es keine Rolle, ob es sich bei der Hauptverweisung selbst um eine Sachnormverweisung oder eine Gesamtverweisung gehandelt hat.[86] Soweit es sich um einen Fall der Leistungskondiktion handelt, der unter Art. 32 Abs. 1 Nr. 5 aF fällt (→ Rn. 11), handelt es sich wegen Art. 35 aF zwangsläufig um eine Sachnormverweisung. Die in Art. 41 Abs. 2 Nr. 2 vorgesehene Anknüpfung an das Recht des gemeinsamen gewöhnlichen Aufenthalts ist mE ebenfalls eine Sachnormverweisung; die Annahme einer Gesamtverweisung widerspräche dem Sinn der Verweisung (Art. 4 Abs. 1 S. 1 Hs. 2), weil Art. 41 insgesamt auf dem Gedanken der engsten Verbindung beruht (sehr str.).[87]

52 **3. Ordre public und Art. 40 Abs. 3.** Der allgemeine ordre-public-Vorbehalt des Art. 6 ist zu beachten, aber entsprechend den allgemeinen Grundsätzen eng zu handhaben.[88] So wird selbst das Eingreifen des § 817 S. 2 BGB nur bei besonders schwerwiegenden Fällen und starkem Inlandsbezug zu einem ordre-public-Verstoß führen können.[89] Nicht anwendbar ist auf die Anknüpfung gem. Art. 38 hingegen der besondere Vorbehalt des Art. 40 Abs. 3; dies ergibt sich aus der systematischen Stellung der Vorschrift.[90]

53 **4. Intertemporales Recht.** Art. 38 ist mit dem IPR-Reformgesetz am 1.6.1999 in Kraft getreten. Das IPR-Reformgesetz enthält keine gesonderte Übergangsvorschrift. Diese Lücke ist durch eine analoge Anwendung von Art. 220 Abs. 1 (und ggf. Art. 236 § 1) zu schließen.[91] Demnach bleiben auf vor dem 1.6.1999 abgeschlossene Vorgänge die alten Regeln[92] anwendbar. Maßgeblicher Zeitpunkt ist für Abs. 2 der Eingriff, für Abs. 3 der Bereicherungseintritt und für Abs. 1 der Zeitpunkt, in dem die betreffende Leistungsbeziehung entstanden ist.[93] Zum **Vorrang der Rom II-VO** → Rn. 4.

Art. 39 EGBGB Geschäftsführung ohne Auftrag

(1) Gesetzliche Ansprüche aus der Besorgung eines fremden Geschäfts unterliegen dem Recht des Staates, in dem das Geschäft vorgenommen worden ist.

(2) Ansprüche aus der Tilgung einer fremden Verbindlichkeit unterliegen dem Recht, das auf die Verbindlichkeit anzuwenden ist.

Literatur: *Benecke*, Auf dem Weg zu „Rom II" – Der Vorschlag für eine Verordnung zur Angleichung des IPR der außervertraglichen Schuldverhältnisse, RIW 2003, 830; *Fischer*, Die Neuregelung des Kollisionsrechts der ungerechtfertigten Bereicherung und der Geschäftsführung ohne Auftrag im IPR-Reformgesetz von 1999, IPRax 2002, 1; *Fuchs*, Zum Kommissions-Vorschlag einer Rom II-Verordnung, GPR 2003–2004, 100; *von Hoffmann*, Das auf die Geschäftsführung ohne Auftrag anzuwendende Recht, in: Vorschläge und Gutachten zur Reform des deutschen Internationalen Privatrechts der außervertraglichen Schuldverhältnisse, 1983, S. 80; *P. Huber*, Das internationale Deliktsrecht nach der Reform, JA 2000, 67; *Junker*, Die IPR-Reform von 1999: Auswirkungen auf die Unternehmenspraxis, RIW 2000, 241; *Kreuzer*, Die Vollendung der Kodifikation des deutschen Internationalen Privatrechts durch das Gesetz zum Internationalen Privatrecht der außervertraglichen Schuldverhältnisse und Sachen vom 21.5.1999, RabelsZ 65 (2001), 383; *Leible/Engel*, Der Vorschlag der EG-Kommission für eine Rom II-Verordnung, EuZW 2004, 7; *Spickhoff*, Die Restkodifikation des Internationalen Privatrechts: Außervertragliches Schuld- und Sachenrecht, NJW 1999, 2209; *Stoll*, Dinglicher Gerichtsstand, Vertragsstatut und Realstatut bei Vereinbarungen zum Miteigentümerverhältnis, IPRax 1999, 29; *Wandt*, Die Geschäftsführung ohne Auftrag im internationalen Privatrecht, 1988; *Wandt*, Zum Rückgriff im IPR, ZVglRWiss 86 (1987), 272.

| A. Allgemeines | 1 | II. Vorrangige Staatsverträge und europarechtli- | |
| I. Überblick | 1 | che Vorschriften | 3 |

85 Staudinger/*v. Hoffmann/Fuchs* EGBGB Art. 38 Rn. 36; MüKoBGB/*Junker* EGBGB Art. 38 Rn. 35; *Eilinghoff*, S. 324; *Fischer* IPRax 2002, 1 (9); aA Palandt/*Thorn* Art. 38 EGBGB Rn. 3.

86 Erman/*Hohloch* EGBGB Art. 38 Rn. 5; *Eilinghoff*, S. 323 ff.

87 So auch *Eilinghoff*, S. 325 ff.; *Siehr*, IPR, S. 242; *P. Huber* JA 2000, 67 (72 f.) (zum Deliktsrecht); aA BeckOK BGB/*Spickhoff* EGBGB Art. 41 Rn. 12; *Fischer* IPRax 2002, 1 (10); wohl auch Regierungsbegründung BT-Drs. 14/343, S. 8.

88 Erman/*Hohloch* EGBGB Art. 38 Rn. 4; BeckOK BGB/*Spickhoff* EGBGB Art. 38 Rn. 21.

89 Vgl. BeckOK BGB/*Spickhoff* EGBGB Art. 38 Rn. 21 mwN.

90 Vgl. BeckOK BGB/*Spickhoff* EGBGB Art. 38 Rn. 21; Erman/*Hohloch* EGBGB Art. 38 Rn. 4; Palandt/*Heldrich* (67. Aufl. 2008) EGBGB Art. 38 Rn. 5; *Kreuzer* RabelsZ 65 (2001), 383, 404; aA wohl *Busse* RIW 1999, 16 (20).

91 Vgl. Erman/*Hohloch* EGBGB Art. 38 Rn. 7; BeckOK BGB/*Spickhoff* EGBGB Art. 38 Rn. 22.

92 Vgl. dazu den Überblick bei Staudinger/*v. Hoffmann/Fuchs* EGBGB Art. 38 Rn. 2 und die Kommentierungen zum früheren Recht, zB Palandt/*Heldrich*, 58. Aufl. 1999.

93 Vgl. Erman/*Hohloch* (12. Aufl.) EGBGB Art. 38 Rn. 7.

B. Regelungsgehalt 6
  I. Bestimmung des anwendbaren Rechts 6
    1. Grundregel des Abs. 1 6
      a) Anwendungsbereich 6
      b) Vornahmeort 7
    2. Tilgung fremder Verbindlichkeiten
      (Abs. 2) 11
  II. Einzelfragen 14
    1. Regelungsbereich 14
    2. Vorrangige Anknüpfungen innerhalb des
      EGBGB 15
      a) Art. 42 – Rechtswahl 16

      b) Art. 41 – Wesentlich engere Verbin-
        dung 17
      aa) Gemeinsamer gewöhnlicher Aufent-
        halt, Art. 41 Abs. 2 Nr. 2 18
      bb) Sonderbeziehung,
        Art. 41 Abs. 2 Nr. 1 19
      cc) Abweichungen von
        Art. 41 Abs. 2 Nr. 2 22
    3. Allgemeine Regeln 24
      a) Renvoi 24
      b) Ordre public 26
    4. Intertemporaler Anwendungsbereich 27

A. Allgemeines

I. Überblick

Art. 39 wurde durch das am 1.6.1999 in Kraft getretene IPR-Reformgesetz von 1999[1] in das EGBGB einge- **1**
fügt. **Abs. 1** knüpft die Ansprüche aus Geschäftsführung ohne Auftrag an ein neutrales Merkmal an, nämlich an das Recht des Vornahmeorts der Geschäftsführung. Dies entspricht der bereits vor der Reform von
1999 ganz hM. Die neutrale Anknüpfung hat den Vorteil, dass das Kollisionsrecht nicht von dem umstrittenen materiellrechtlichen Verständnis der GoA abhängt (unerwünschte Einmischung in fremde Angelegenheiten und deshalb Abstellen auf den Geschäftsherrn oder willkommene Hilfeleistung und deshalb Abstellen auf den Geschäftsführer?).[2] Auch wird zum Vornahmeort regelmäßig die engste Verbindung bestehen.[3]
Schließlich ermöglicht die Anknüpfung an den Vornahmeort häufig einen erwünschten Gleichlauf mit dem
Deliktsstatut (Art. 40) und dem Statut der Eingriffskondiktion aus Art. 38 Abs. 2.[4]

Für Ansprüche aus der Tilgung fremder Verbindlichkeiten sieht **Abs. 2** eine akzessorische Sonderanknüp- **2**
fung vor: Es gilt das Recht, dem die Verbindlichkeit unterliegt (Schuldstatut). Der Gesetzgeber rechtfertigt
diese Sonderanknüpfung mit dem materiellrechtlichen Grundsatz, dass der Regress an der Befreiung von
der ursprünglichen Schuld ansetzt.[5]

II. Vorrangige Staatsverträge und europarechtliche Vorschriften

Am 11.1. 2009 ist die **Rom II-Verordnung**[6] in Kraft getreten. Sie enthält Anknüpfungsregeln für außerver- **3**
tragliche Schuldverhältnisse[7] und verdrängt in ihrem Anwendungsbereich die nationalen Vorschriften. Für
Art. 39 EGBGB verbleibt damit **nur ein sehr begrenzter Anwendungsbereich**: Die vom Anwendungsbereich der Rom II-Verordnung ausgeschlossenen Materien dürften nur selten zu Ansprüchen aus Geschäftsführung ohne Auftrag führen, so dass Art. 39 EGBGB von wenigen Ausnahmen abgesehen nur noch intertemporal Bedeutung haben dürfte. Die folgende Kommentierung bezieht sich daher primär auf solche „Altfälle". Die Rom II-Verordnung wird in einem gesonderten Band kommentiert.

Vorrangige Staatsverträge (Art. 3 Abs. 2 S. 1) gibt es insbesondere im Bereich der Hilfeleistung auf hoher **4**
See. Das **Internationale Übereinkommen von 1989 über Bergung (IÜB)** ist für Deutschland am
8.10.2002 in Kraft getreten.[8] Es findet jedoch innerstaatlich keine unmittelbare Anwendung, sondern wurde
durch die Aufnahme bzw. Änderung von HGB-Vorschriften (insbes. in den §§ 574 ff. HGB) und durch die
Einfügung von Art. 8 EGHGB inkorporiert;[9] Art. 8 EGHGB enthält eine einseitige, gegenüber Art. 39 vorrangige Kollisionsnorm, welche im Grundsatz vorsieht, dass die betreffenden Vorschriften des HGB durch
das deutsche Gericht unabhängig von den Regeln des Internationalen Privatrechts anzuwenden sind. Hinzuweisen ist in diesem Zusammenhang auf den einschlägigen Gerichtsstand des § 30 a ZPO sowie auf die –
einen eng begrenzten Kreis von Fällen regelnden – Vorschriften des Art. 7 des Internationalen Übereinkom-

---

1 Gesetz zum Internationalen Privatrecht für außerver-
    tragliche Schuldverhältnisse und für Sachen v.
    21.5.1999 (BGBl. I S. 1026).
2 Vgl. MüKoBGB/*Junker* EGBGB Art. 39 Rn. 5;
    Erman/*Hohloch* EGBGB Art. 39 Rn. 7.
3 MüKoBGB/*Junker* EGBGB Art. 39 Rn. 1, 5.
4 MüKoBGB/*Junker* EGBGB Art. 39 Rn. 5;
    Staudinger/*v. Hoffmann/Thorn* EGBGB Art. 39
    Rn. 9.
5 Regierungsbegründung BT-Drs. 13/343, S. 10.

6 Verordnung (EG) Nr. 864/2007 des Europäischen
    Parlaments und des Rates vom 11.7.2007 über das
    auf außervertragliche Schuldverhältnisse anzuwen-
    dende Recht, ABl. EG 2007 L 199/40.
7 Der Bereich der ungerechtfertigten Bereicherung ist
    in Art. 10 Rom II-VO geregelt.
8 S. Zustimmungsgesetz v. 18.5.2001 (BGBl. II 2001
    S. 510) und Bekanntmachung über das Inkrafttreten
    (BGBl. II 2002 S. 1202).
9 Art. 1, 2, 10 3. SeerechtsÄndG v. 16.5.2001 (BGBl. I
    S. 898) und Bekanntmachung über das Inkrafttreten
    (BGBl. II 2002 S. 1202).

P. Huber

mens v. 10.5.1952 zur Vereinheitlichung von Regeln über den Arrest in Seeschiffe[10] und des Art. 7 Nr. 7 Brüssel Ia-VO.

5 Bis zum 8.10.2002 war für Deutschland das **Brüsseler Übereinkommen v. 23.9.1910 zur Hilfeleistung auf hoher See** in Kraft.[11] Dieses wurde jedoch durch die Bundesrepublik Deutschland gekündigt und ist am 8.10.2002 außer Kraft getreten.[12]

B. Regelungsgehalt

I. Bestimmung des anwendbaren Rechts

6 **1. Grundregel des Abs. 1. a) Anwendungsbereich.** Für Ansprüche aus Geschäftsführung ohne Auftrag gilt nach Abs. 1 grundsätzlich das Recht des Staates, in dem das Geschäft vorgenommen worden ist. Eine Geschäftsführung ohne Auftrag in diesem Sinne setzt voraus, dass der Geschäftsführer mit Fremdgeschäftsführungswillen gehandelt hat.[13] Das Recht des Vornahmeorts ist sowohl für die Ansprüche des Geschäftsherrn als auch für diejenigen des Geschäftsführers maßgeblich.[14] Erfasst werden von Abs. 1 insbesondere die Fälle der Hilfe für andere und der Einwirkung auf fremde Güter.[15] Nicht erfasst werden nach hM Ausgleichsansprüche der öffentlichen Hand aus hoheitlichem Tätigwerden.[16] Für die Tilgung fremder Verbindlichkeiten gilt die Sonderregelung in Abs. 2 (→ Rn. 11 ff.).

7 **b) Vornahmeort.** Die Bestimmung des Vornahmeorts kann im Einzelfall Schwierigkeiten bereiten: Dies gilt zunächst dann, wenn im Rahmen der Geschäftsführung Handlungen in **verschiedenen Staaten** vorgenommen wurden. Einer Ansicht nach ist hier im Einzelfall zu ermitteln, in welchem Staat der Schwerpunkt der vorgenommenen Handlungen lag.[17] Die Gegenmeinung stellt auf den Staat ab, in dem die erste Handlung vorgenommen wurde.[18] Dies ist mE aus Gründen der Rechtssicherheit vorzugswürdig. Im Einzelfall kann immer noch über die Ausweichklausel des Art. 41 Abs. 1 korrigiert werden.

8 Probleme ergeben sich ferner, wenn **Handlungsort** und **Erfolgsort** auseinander fallen (Bsp.: Geschäftsführer gibt in Deutschland (Handlungsort) telefonisch den Auftrag zur Reparatur einer in Österreich (Erfolgsort) belegenen Sache des Geschäftsherrn).[19] Der Begriff „Vornahmeort" ist nicht eindeutig; er könnte sowohl den Handlungs- als auch den Erfolgsort meinen. Eine analoge Anwendung der in Art. 40 vorgesehenen Regelung (Maßgeblichkeit des Handlungsorts, aber Optionsrecht des Geschädigten für den Erfolgsort) ist im Bereich der GoA nicht möglich, weil sich hier – anders als im Deliktsrecht – nicht nur Ansprüche einer Partei ergeben können, sondern Ansprüche beider Parteien.[20] Die hM stellt in diesen Fällen zu Recht allein auf den Erfolgsort ab, weil der Handlungsort einseitig vom Geschäftsführer bestimmt werden kann, was zu Manipulationen im Hinblick auf das anwendbare Recht einladen könnte.[21]

9 Umstritten ist, wie zu verfahren ist, wenn es **mehrere Erfolgsorte** gibt, etwa bei einer Tätigkeit als vermeintlicher Testamentsvollstrecker oder Treuhänder.[22] Hier wird man mE iRd Art. 39 Abs. 1 um eine Schwerpunktbildung trotz der Bedenken hinsichtlich der Rechtssicherheit nicht herumkommen. Allerdings wird meistens über Art. 41 Abs. 1, Abs. 2 Nr. 1 eine akzessorische Anknüpfung an das Rechtsverhältnis in Betracht kommen, welches die Geschäftsführung veranlasst hat.

10 Erfolgt die Geschäftsführung auf **staatsfreiem Gebiet** (zB Hilfeleistung auf hoher See), so geht die Anknüpfung an das Recht des Staates des Vornahmeorts ins Leere.[23] Soweit nicht ohnehin vorrangige Staatsverträge eingreifen (→ Rn. 3 ff.), ist die Vorgehensweise umstritten. Einer Ansicht nach ist über die Ausweichklausel des Art. 41 das Recht der engsten Verbindung zu bestimmen.[24] Die Gegenansicht stellt auf das Heimatrecht des Geretteten (bei Schiffen also das Recht der Flagge bzw. – str.[25] – des Heimathafens)

---

10 BGBl. II 1972 S. 653, 658 und BGBl. II 1973 S. 172.
11 RGBl 1913 S. 66; vgl. dazu Staudinger/*v. Hoffmann/ Thorn* EGBGB Art. 39 Rn. 22 f.
12 BGBl. II 2002 S. 33.
13 Staudinger/*v. Hoffmann/Thorn* EGBGB Art. 39 Rn. 2; BeckOK BGB/*Spickhoff* EGBGB Art. 39 Rn. 5.
14 Regierungsbegründung BT-Drs. 13/343, S. 9; BeckOK BGB/*Spickhoff* EGBGB Art. 39 Rn. 5.
15 Regierungsbegründung BT-Drs. 13/343, S. 9.
16 Staudinger/*v. Hoffmann/Thorn* EGBGB Art. 39 Rn. 3 mit näheren Ausführungen.
17 Regierungsbegründung BT-Drs. 13/343, S. 9; BeckOK BGB/*Spickhoff* EGBGB Art. 39 Rn. 6.
18 MüKoBGB/*Junker* EGBGB Art. 39 Rn. 6; vgl. auch Staudinger/*v. Hoffmann/Thorn* EGBGB Art. 39 Rn. 14.

19 Vgl. Staudinger/*v. Hoffmann/Thorn* EGBGB Art. 39 Rn. 12.
20 BeckOK BGB/*Spickhoff* EGBGB Art. 39 Rn. 6.
21 BeckOK BGB/*Spickhoff* EGBGB Art. 39 Rn. 6; Staudinger/*v. Hoffmann/Thorn* EGBGB Art. 39 Rn. 12; MüKoBGB/*Junker* EGBGB Art. 39 Rn. 7; aA *Fischer* IPRax 2002, 1 (11) (Handlungsort).
22 Für Abstellen auf den Handlungsort in diesem Fall: BeckOK BGB/*Spickhoff* EGBGB Art. 39 Rn. 6; aA (Schwerpunktbildung) Staudinger/*v. Hoffmann/Thorn* EGBGB Art. 39 Rn. 13.
23 BeckOK BGB/*Spickhoff* EGBGB Art. 39 Rn. 6.
24 Regierungsbegründung BT-Drs. 14/343, S. 9.
25 Vgl. dazu näher Staudinger/*v. Hoffmann/Thorn* EGBGB Art. 39 Rn. 34.

ab;[26] Art. 41 sei von vornherein nicht einschlägig, weil es bereits an einer Grundanknüpfung nach Art. 39 fehle, von der abgewichen werden könne. ME ist von Folgendem auszugehen: Mangels ausdrücklicher Regelung gilt der allgemeine Grundsatz der Anknüpfung an das Recht der engsten Verbindung, der auch in Art. 41 seinen Ausdruck gefunden hat. Die engste Verbindung besteht freilich in der Regel mit dem Heimatrecht des Geretteten.[27]

2. Tilgung fremder Verbindlichkeiten (Abs. 2). Gem. Abs. 2 unterliegen Ansprüche aus der Tilgung **11** einer fremdem Verbindlichkeit dem Recht, das auf die Verbindlichkeit anzuwenden ist. Es erfolgt also eine akzessorische Anknüpfung an das Statut der getilgten Verbindlichkeit, häufig also an das Schuldvertragsstatut. Zahlt etwa ein auftragsloser Geschäftsführer die Werklohnschuld eines anderen, so richtet sich sein Ausgleichsanspruch nach dem Werkvertragsstatut.[28] Richtiger Ansicht nach gilt Art. 39 Abs. 2 nicht nur für die Tilgung fremder Verbindlichkeiten, sondern auch für das auftragslose Stellen einer Sicherheit für die Schuld eines anderen.[29]

Art. 39 ist nicht anwendbar, soweit die vorrangige Vorschrift des **Art. 33 Abs. 3 aF** greift. Dies ist der Fall, **12** wenn der Leistende (Tilgende) dem Gläubiger gegenüber zur Leistung verpflichtet war. Die Frage der Legalzession richtet sich dann nach dem Statut dieser Verpflichtung; Abs. 2 kommt deshalb insoweit nur dann zur Anwendung, wenn eine solche Verpflichtung nicht bestand.[30]

War der Tilgende zwar nicht dem Gläubiger zur Zahlung verpflichtet, nahm er aber irrtümlich an, dem **13** **Schuldner** gegenüber aufgrund eines vermeintlichen (in Wirklichkeit jedoch unwirksamen) Kausalverhältnisses (zB Versicherungsvertrag) zur Zahlung verpflichtet zu sein, so ist Art. 39 Abs. 2 grundsätzlich anwendbar. Allerdings wird man hier über Art. 41 Abs. 1, Abs. 2 Nr. 1 eine wesentlich engere Verbindung mit dem Statut des betreffenden Kausalverhältnisses annehmen müssen;[31] → EGBGB Art. 38 Rn. 42.

II. Einzelfragen

1. Regelungsbereich. Das nach Art. 39 maßgebliche Statut erfasst sowohl die Ansprüche des Geschäfts- **14** führers als auch die des Geschäftsherrn.[32] Es entscheidet über die Berechtigung der Geschäftsführung, über die Voraussetzungen der einzelnen Ansprüche und über deren Folgen.[33]

2. Vorrangige Anknüpfungen innerhalb des EGBGB. Die Regelanknüpfung des Art. 39 tritt zurück, **15** wenn das EGBGB (zu vorrangigen Staatsverträgen und europarechtlichen Sonderregelungen → Rn. 3 ff.) eine vorrangige Sonderanknüpfung vorsieht. Derartige Sonderregeln enthalten die Art. 41, 42.[34] Zu Art. 33 Abs. 3 aF → Rn. 12. Zu Art. 8 EGHGB → Rn. 4.

a) Art. 42 – Rechtswahl. Art. 42 ermöglicht den Parteien grundsätzlich die nachträgliche Rechtswahl. **16** Haben die Parteien eine solche wirksam geschlossen, so ist das gewählte Recht anwendbar. Auf Art. 39 und Art. 41 kommt es dann nicht mehr an.

b) Art. 41 – Wesentlich engere Verbindung. Liegt keine Rechtswahl vor, kann die Regelanknüpfung **17** des Art. 39 auch nach Art. 41 verdrängt werden, wenn zu einer anderen Rechtsordnung eine wesentlich engere Verbindung besteht, Art. 41 Abs. 1. Art. 41 Abs. 2 nennt beispielhaft[35] zwei Fälle, in denen eine solche wesentlich engere Verbindung gegeben sein kann, nämlich das Bestehen einer Sonderbeziehung der Beteiligten (Nr. 1) und den gemeinsamen gewöhnlichen Aufenthalt der Beteiligten (Nr. 2).

aa) Gemeinsamer gewöhnlicher Aufenthalt, Art. 41 Abs. 2 Nr. 2. Gem. Art. 41 Abs. 2 Nr. 2 kann eine **18** wesentlich engere Verbindung sich daraus ergeben, dass die Beteiligten ihren gewöhnlichen Aufenthalt im Zeitpunkt der Vornahme der Geschäftsführung in demselben Staat haben.[36] Bei Gesellschaften, Vereinen oder Juristischen Personen ist der Ort der Hauptverwaltung bzw. der Ort der beteiligten Niederlassung maßgeblich (Art. 41 Abs. 2 Nr. 2 Hs. 2 iVm Art. 40 Abs. 2 S. 2). Zur Einschränkung der Anknüpfung nach Art. 41 Abs. 2 Nr. 2 in bestimmten Fällen → Rn. 22.

bb) Sonderbeziehung, Art. 41 Abs. 2 Nr. 1. Gem. Art. 41 Abs. 2 Nr. 1 kann sich eine wesentlich engere **19** Verbindung insbesondere aus einer besonderen rechtlichen oder tatsächlichen Beziehung zwischen den

---

26 Vgl. Staudinger/*v. Hoffmann/Thorn* EGBGB Art. 39 Rn. 32 ff.; BeckOK BGB/*Spickhoff* EGBGB Art. 39 Rn. 6.

27 Vgl. *Fischer* IPRax 2002, 1 (14).

28 Vgl. BeckOK BGB/*Spickhoff* EGBGB Art. 39 Rn. 7.

29 BeckOK BGB/*Spickhoff* EGBGB Art. 39 Rn. 7; *Wandt*, S. 198 f.

30 Vgl. Staudinger/*v. Hoffmann/Thorn* EGBGB Art. 39 Rn. 45 ff.; BeckOK BGB/*Spickhoff* EGBGB Art. 39 Rn. 7.

31 AA *Fischer* IPRax 2002, 1 (15).

32 MüKoBGB/*Junker* EGBGB Art. 39 Rn. 23. Zur Bedeutung einer einheitlichen Anknüpfung vgl. auch OLG Koblenz NJW 1992, 2367.

33 Vgl. MüKoBGB/*Junker* EGBGB Art. 39 Rn. 23.

34 Vgl. dazu Staudinger/*v. Hoffmann/Thorn* EGBGB Art. 39 Rn. 47 ff.

35 Vgl. BeckOK BGB/*Spickhoff* EGBGB Art. 41 Rn. 2.

36 So zum früheren Recht bereits OLG Koblenz NJW 1992, 2367 = IPRax 1992, 383; OLG Nürnberg TranspR 1992, 36 (37).

Beteiligten im Zusammenhang mit der Geschäftsführung ergeben. Die Vorschrift ermöglicht die akzessorische Anknüpfung der Ansprüche aus GoA an das Statut der betreffenden Sonderverbindung. Die akzessorische Anknüpfung vermeidet Qualifikations- und Anpassungsprobleme, die sich daraus ergeben können, dass die Grenzziehung zwischen GoA und anderen Rechtsinstituten (zB Vertrag, Bereicherung, Eigentümer-Besitzer-Verhältnis) schwierig sein kann.

20   Eine Sonderverbindung kann sich ua aus folgenden Beziehungen ergeben: Vertrag;[37] Delikt;[38] sachenrechtlichen Beziehungen;[39] erb-[40] oder familienrechtlichen[41] Beziehungen. Art. 41 Abs. 2 Nr. 1 setzt voraus, dass zwischen der GoA und der betreffenden Sonderbeziehung ein Zusammenhang besteht. Der Regierungsentwurf spricht von einem „engen Zusammenhang".[42] Man wird von einem solchen Zusammenhang ausgehen können, wenn die GoA durch die Sonderbeziehung veranlasst oder ausgelöst wurde.[43]

21   Unterliegt die Sonderverbindung einer Anknüpfung, die ihrerseits eine akzessorische Anknüpfung an ein anderes Statut ermöglicht (wie zum Beispiel das Deliktsstatut, das ebenfalls der Vorschrift des Art. 41 Abs. 1, Abs. 2 Nr. 1 unterliegt), so ist zu entscheiden, welches der beiden Statute man akzessorisch an das andere anknüpft (Bsp.: Anknüpfung des GoA-Statuts an das Deliktsstatut oder des Deliktsstatuts an das GoA-Statut?). Angesichts des schillernden Begriffs der GoA ist hier mE im Zweifel dem anderen Statut der Vorrang zu geben, also das GoA-Statut über Art. 41 Abs. 2 Nr. 1 akzessorisch an das andere Statut (Beispiel: Deliktsstatut) anzuknüpfen (str.).[44]

22   **cc) Abweichungen von Art. 41 Abs. 2 Nr. 2.** Art. 41 Abs. 2 enthält keine Regelung des Rangverhältnisses zwischen Nr. 1 und Nr. 2. Liegen im konkreten Fall beide Fallgestaltungen vor (gemeinsamer gewöhnlicher Aufenthalt und Sonderbeziehung), so ist mE der akzessorischen Anknüpfung an das Statut der Sonderbeziehung der Vorrang zu gewähren.[45] Andernfalls würde der durch die akzessorische Anknüpfung angestrebte Gleichlauf der verschiedenen Anspruchsgrundlagen beeinträchtigt. Dies wäre bei der GoA besonders misslich, weil die GoA-Ansprüche häufig von der Frage des Bestehens einer Sonderverbindung abhängen oder mit Ansprüchen aus anderen Sonderverbindungen konkurrieren. Eine einheitliche Behandlung aller Ansprüche und Sonderbeziehungen nach einer Rechtsordnung ist deshalb unerlässlich. Diesem Ziel dient allein die akzessorische Anknüpfung über Art. 41 Abs. 2 Nr. 1.

23   Das Gleiche gilt im Ergebnis für die Fälle der **Tilgung fremder Schulden**, die gem. Art. 39 Abs. 2 ohnehin akzessorisch an das Schuldstatut angeknüpft werden. Der damit bezweckte Gleichlauf darf nicht durch die Anknüpfung an das davon abweichende gemeinsame Aufenthaltsrecht gefährdet werden. Deshalb ist im Grundsatz davon auszugehen, dass in den Fällen des Art. 39 Abs. 2 auch bei gemeinsamem gewöhnlichen Aufenthalt beider Parteien keine engere Verbindung zum Aufenthaltsrecht besteht. Dogmatisch ist es mE nicht nötig, hier auf eine teleologische Reduktion des Art. 41 Abs. 2 Nr. 2 zurückzugreifen.[46] Vielmehr kann man sich einfach darauf berufen, dass die in Art. 41 Abs. 2 genannten Fälle nicht zwingend zu einer engeren Verbindung iSd Art. 41 Abs. 1 führen müssen, wie der Wortlaut zeigt („kann"). Es bleibt also immer ein gewisser Spielraum für die Einzelfallentscheidung. Dieser kann dazu genutzt werden, die Anknüpfung an das gemeinsame Heimatrecht auszuschalten, wenn sie den wünschenswerten Gleichlauf der einschlägigen Anknüpfungen gefährden würde. Entsprechendes gilt mE für die Fälle der Einwirkung auf fremde Grundstücke. Hier sollte eine Anknüpfung an die lex rei sitae (über Art. 39 Abs. 1 oder ggf. über Art. 41 Abs. 1) nicht daran scheitern, dass beide Parteien ihren gewöhnlichen Aufenthalt im gleichen Staat haben.[47]

24   **3. Allgemeine Regeln. a) Renvoi.** Die Vorschriften über das auf außervertragliche Schuldverhältnisse anwendbare Recht enthalten keine spezielle Vorschrift über die Beachtung der Rückverweisung. Es gilt deshalb die allgemeine Regelung des Art. 4. Dies führt mE zu folgenden Ergebnissen:

---

37   Vgl. Regierungsbegründung BT-Drs. 13/343, S. 13 f.; Staudinger/v. *Hoffmann/Thorn* EGBGB Art. 39 Rn. 54; vgl. zum früheren Recht auch OLG Koblenz NJW 1992, 2367 = IPRax 1992, 383 (allerdings ohne nähere Ausführungen zur Problematik).

38   Vgl. Staudinger/v. *Hoffmann/Thorn* EGBGB Art. 39 Rn. 55.

39   Vgl. Staudinger/v. *Hoffmann/Thorn* EGBGB Art. 39 Rn. 55; dazu zum früheren Recht BGH NJW 1998, 1321 (1322) = IPRax 1999, 45 mAnm *Stoll*, S. 29.

40   Vgl. Staudinger/v. *Hoffmann/Thorn* EGBGB Art. 39 Rn. 55.

41   Vgl. Staudinger/v. *Hoffmann/Thorn* EGBGB Art. 39 Rn. 55.

42   Regierungsbegründung BT-Drs. 14/343, S. 9.

43   Staudinger/v. *Hoffmann/Thorn* EGBGB Art. 39 Rn. 56 mwN So auch zum früheren Recht BGH NJW 1998, 1321 = IPRax 1999, 45 mAnm *Stoll*.

44   So auch Erman/*Hohloch* (13. Aufl. 2011) EGBGB Art. 39 Rn. 10; aA jedoch Staudinger/v. *Hoffmann/ Thorn* EGBGB Art. 39 Rn. 55: grundsätzlich Vorrang der GoA-Anknüpfung.

45   So auch Staudinger/v. *Hoffmann/Thorn* EGBGB Art. 39 Rn. 52; zum früheren Recht wohl auch BGH NJW 1998, 1321 = IPRax 1999, 45 mAnm *Stoll*.

46   So aber Staudinger/v. *Hoffmann/Thorn* EGBGB Art. 39 Rn. 59.

47   So iE auch Staudinger/*von Hoffman/Thorn* EGBGB Art. 39 Rn. 59, auch zu weiteren Bsp.

Die Rechtswahl nach Art. 42 ist gem. Art. 4 Abs. 2 eine Sachnormverweisung. Die Anknüpfung an den Vor- **25**
nahmeort in Art. 39 Abs. 1 ist gem. Art. 4 Abs. 1 S. 1 eine Gesamtverweisung;[48] Gründe für eine Sinnwidrigkeit der Gesamtverweisung iSd Art. 4 Abs. 1 S. 1 Hs. 2 werden in der Regel nicht vorliegen. Die akzessorischen Anknüpfungen der Art. 39 Abs. 2 und Art. 41 Abs. 1 iVm Abs. 2 Nr. 1 stellen Sachnormverweisungen dar. Verwiesen wird jeweils auf das Sachrecht, welches über die Hauptverweisung gefunden wurde, an
die die akzessorische Anknüpfung gekoppelt ist. Dabei spielt es keine Rolle, ob es sich bei der Hauptverweisung selbst um eine Sachnormverweisung oder eine Gesamtverweisung gehandelt hat.[49] Die in Art. 41
Abs. 2 Nr. 2 vorgesehene Anknüpfung an das Recht des gemeinsamen gewöhnlichen Aufenthalts ist mE
ebenfalls eine Sachnormverweisung; die Annahme einer Gesamtverweisung widerspräche dem Sinn der
Verweisung (Art. 4 Abs. 1 S. 1 Hs. 2), weil Art. 41 insgesamt auf dem Gedanken der engsten Verbindung
beruht (sehr str.).[50]

b) Ordre public. Der allgemeine ordre-public-Vorbehalt des Art. 6 ist selbstverständlich zu beachten.[51] **26**
Nicht anwendbar ist auf die Anknüpfung der GoA hingegen der besondere Vorbehalt des Art. 40 Abs. 3,
was sich aus der systematischen Stellung dieser Vorschrift ergibt.[52]

4. Intertemporaler Anwendungsbereich. Art. 39 ist mit dem IPR-Reformgesetz am 1.6.1999 in Kraft **27**
getreten. Das IPR-Reformgesetz enthält keine gesonderte Übergangsvorschrift. Diese Lücke ist durch eine
analoge Anwendung von Art. 220 Abs. 1 zu schließen.[53] Demnach bleiben auf vor dem 1. Juni 1999 abgeschlossene Vorgänge die alten Regeln[54] anwendbar. Diese unterscheiden sich jedoch kaum von den in
Art. 39 enthaltenen Regeln, so dass die praktischen Ergebnisse meist die gleichen sein werden.[55] Zum **Vorrang der Rom II-VO** → Rn. 3.

Art. 40 EGBGB Unerlaubte Handlung

(1) ¹Ansprüche aus unerlaubter Handlung unterliegen dem Recht des Staates, in dem der Ersatzpflichtige gehandelt hat. ²Der Verletzte kann verlangen, daß anstelle dieses Rechts das Recht des
Staates angewandt wird, in dem der Erfolg eingetreten ist. ³Das Bestimmungsrecht kann nur im ersten Rechtszug bis zum Ende des frühen ersten Termins oder dem Ende des schriftlichen Vorverfahrens ausgeübt werden.

(2) ¹Hatten der Ersatzpflichtige und der Verletzte zur Zeit des Haftungsereignisses ihren gewöhnlichen Aufenthalt in demselben Staat, so ist das Recht dieses Staates anzuwenden. ²Handelt es sich um
Gesellschaften, Vereine oder juristische Personen, so steht dem gewöhnlichen Aufenthalt der Ort
gleich, an dem sich die Hauptverwaltung oder, wenn eine Niederlassung beteiligt ist, an dem sich
diese befindet.

(3) Ansprüche, die dem Recht eines anderen Staates unterliegen, können nicht geltend gemacht werden, soweit sie

1. wesentlich weiter gehen als zur angemessenen Entschädigung des Verletzten erforderlich,
2. offensichtlich anderen Zwecken als einer angemessenen Entschädigung des Verletzten dienen
   oder
3. haftungsrechtlichen Regelungen eines für die Bundesrepublik Deutschland verbindlichen Übereinkommens widersprechen.

(4) Der Verletzte kann seinen Anspruch unmittelbar gegen einen Versicherer des Ersatzpflichtigen
geltend machen, wenn das auf die unerlaubte Handlung anzuwendende Recht oder das Recht, dem
der Versicherungsvertrag unterliegt, dies vorsieht.

Literatur: Lehrbücher und Kommentierungen: *Bamberger/Roth/Hau/Poseck*, (Hrsg.), Kommentar zum Bürgerlichen
Gesetzbuch, 4. Auflage 2019; *Erman*, (Hrsg.), Band 2, 15. Auflage 2017; *Kegel/Schurig*, Internationales Privatrecht, 9.
Auflage 2004; *Kropholler*, Internationales Privatrecht, 6. Auflage 2006; *Münchener Kommentar* zum Bürgerlichen

---

48   Staudinger/*v. Hoffmann/Thorn* EGBGB Art. 39
     Rn. 64.
49   Vgl. MüKoBGB/*Junker* EGBGB Art. 39 Rn. 25;
     Regierungsbegründung BT-Drs. 14/343, S. 8.
50   So auch Staudinger/*v. Hoffmann/Thorn* EGBGB
     Art. 39 Rn. 64; *P. Huber* JA 2000, 67 (72 f.); aA
     BeckOK BGB/*Spickhoff* EGBGB Art. 41 Rn. 12;
     Fischer IPRax 2002, 1 (17); wohl auch Regierungs-
     begründung BT-Drs. 14/343, S. 8.
51   BeckOK BGB/*Spickhoff* EGBGB Art. 39 Rn. 8.

52   Staudinger/*v. Hoffmann/Thorn* EGBGB Art. 39
     Rn. 65.
53   Staudinger/*v. Hoffmann/Thorn* EGBGB Art. 39
     Rn. 66; *Spickhoff* NJW 1999, 2209 (2210).
54   Vgl. dazu den Überblick bei Staudinger/*v. Hoffmann/
     Thorn* EGBGB Art. 39 Rn. 5 ff. und die Kommentie-
     rungen zum früheren Recht.
55   Vgl. Staudinger/*v. Hoffmann/Thorn* EGBGB Art. 39
     Rn. 66.

Gesetzbuch, Band 12, 7. Auflage 2018; *Palandt*, Bürgerliches Gesetzbuch, 78. Auflage 2019; *Soergel*, (Hrsg.), Band 10, 12. Auflage 1996; *von Hoffmann*, in: Staudinger (Hrsg.), Art. 38–42, Neubearbeitung 2001.

Allgemein zu den Art. 40–42: *von Bar*, Grundfragen des Internationalen Deliktsrechts, JZ 1985, 961; *von Caemmerer* (Hrsg.), Vorschläge und Gutachten zur Reform des deutschen internationalen Privatrechts der außervertraglichen Schuldverhältnisse, 1983; *Deutsch*, Allgemeines Haftungsrecht, 2. Auflage 1996; *Freitag/Leible*, Das Bestimmungsrecht des Art. 40 I EGBGB im Gefüge der Parteiautonomie im Internationalen Deliktsrecht, ZVglRWiss 199 (2000), 101; *von Hein*, Das Günstigkeitsprinzip im Internationalen Deliktsrecht, 1999; *ders.*, Günstigkeitsprinzip oder Rosinentheorie?, NJW 1999, 3174; *ders.*, Rück- und Weiterverweisungen im neuen deutschen Internationalen Deliktsrecht, ZVglRWiss 99 (2000), 251; *von Hoffmann*, Internationales Haftungsrecht im Referentenentwurf des Bundesjustizministeriums vom 1.12.93, IPRax 1996, 1; *Koch*, Zur Neuregelung des Internationalen Deliktsrechts: Beschränkung des Günstigkeitsprinzips und Einführung der vertragsakzessorischen Bestimmung des Deliktsstatuts, VersR 1999, 1453; *Hohloch*, Auflockerung als „Lippenbekenntnis"? – Zur Konsolidierung der Tatortregel im deutschen internationalen Deliktsrecht, JuS 1980, 18; *Huber*, Das internationale Deliktsrecht nach der Reform, JA 2000, 67; *Junker*, Die IPR-Reform von 1999 – Auswirkungen auf die Unternehmenspraxis, RIW 2000, 241; *ders.*, Das Bestimmungsrecht des Verletzten nach Art. 40 I EGBGB, Festschrift für Werner Lorenz (2001), S. 321; *Kadner-Graziano*, Gemeineuropäisches Internationales Privatrecht, 2002; *Koziol*, Verhaltensunrecht und Deliktsstatut, Festschrift für Günther Beitzke (1979), S. 575; *Kreuzer*, Die Vollendung der Kodifikation des deutschen Internationalen Privatrechts durch das Gesetz zum Internationalen Privatrecht der außervertraglichen Schuldverhältnisse und Sachen vom 21.5.1999, RabelsZ 65 (2001), 383; *Kropholler*, Ein Anknüpfungssystem für das Deliktsstatut, RabelsZ 33 (1969), 601; *ders./von Hein*, Spezielle Vorbehaltsklauseln im internationalen Privat- und Verfahrensrecht der unerlaubten Handlungen, Festschrift für Hans Stoll (2001), 553; *St. Lorenz*, Zivilprozessuale Konsequenzen der Neuregelung des Internationalen Deliktsrechts: Erste Hinweise für die anwaltliche Praxis, NJW 1999, 2215; *Mansel*, Zustellung einer Klage in Sachen „Tschernobyl", IPRax 1987, 210; *W.-H. Roth*, Der Einfluss des europäischen Gemeinschaftsrechts auf das Internationale Privatrecht, RabelsZ 55 (1991), 623; *Spickhoff*, Die Restkodifikation des Internationalen Privatrechts: Außervertragliches Schuld- und Sachenrecht, NJW 1999, 2209; *ders.*, Die Tatortregel im neuen Deliktskollisionsrecht, IPRax 2000, 1; *Sonnenberger*, La loi allemande du 21 mai 1999 sur le droit international privé des obligations non contractuelles et des biens, Rev. cr. dr. int. priv. 88 (1999), 645; *A. Staudinger*, Das Gesetz zum Internationalen Privatrecht für außervertragliche Schuldverhältnisse und für Sachen vom 21.5.1999, DB 1999, 1589; *G. Wagner*, Fakultatives Kollisionsrecht und prozessuale Parteiautonomie, ZEuP 1999, 6; *R. Wagner*, Der Regierungsentwurf eines Gesetzes zum Internationalen Privatrecht für außervertragliche Schuldverhältnisse und Sachen, IPRax 1998, 429; *ders.*, Zum Inkrafttreten des Gesetzes zum Internationalen Privatrecht für außervertragliche Schuldverhältnisse und für Sachen, IPRax 1999, 210.

Überblick zur „Rom II – Verordnung": *G. Wagner*, Internationales Deliktsrecht, die Arbeiten an der Rom II-Verordnung und der europäische Deliktsgerichtsstand, IPRax 2006, 372; *ders.*, Die neue Rom II-Verordnung, IPRax 2008, 1; *R. Wagner*, Ein neuer Anlauf zur Vereinheitlichung des IPR für außervertragliche Schuldverhältnisse auf EU-Ebene, EuZW 1999, 709; *ders.*, Änderungsbedarf im autonomen deutschen internationalen Privatrecht auf Grund der Rom II-Verordnung, IPRax 2008, 314.

Kernenergieschäden: *Däubler*, Haftung für gefährliche Technologien, 1988; *Hager*, Zur Berücksichtigung öffentlich-rechtlicher Genehmigungen bei Streitigkeiten wegen grenzüberschreitender Immissionen, RabelsZ 53 (1989), 306; *Kloepfer/Kohler*, Kernkraftwerk und Staatsgrenze, 1981; *Pfeiffer*, Öffentlich-rechtliche Anlagengenehmigung und deutsches Internationales Privatrecht, Jahrbuch des Umwelt- und Technikrechts 2000, 263; *Siehr*, Grenzüberschreitender Umweltschutz, RabelsZ 45 (1981), 377; *Wandt*, Deliktsstatut und Internationales Umweltrecht, VersR 1998, 529.

Persönlichkeitsverletzungen: *Ahrens*, Vermögensrechtliche Elemente postmortaler Persönlichkeitsrechte im Internationalen Privatrecht, Festschrift für Willi Erdmann (2002), S. 3; *Ehmann/Thorn*, Erfolgsort bei grenzüberschreitenden Persönlichkeitsverletzungen, AfP 1996, 20; *Fricke*, Der Unterlassungsanspruch gegen Presseunternehmen zum Schutze des Persönlichkeitsrechts im IPR, 2003; *von Hinden*, Persönlichkeitsverletzung im Internet, 1999; *Hohloch*, Neue Medien und Individualrechtsschutz, ZUM 1986, 165; *Sonnenberger*, Der Persönlichkeitsrechtsschutz nach den Art. 40–42, Festschrift für Dieter Henrich (2000), S. 575; *Stadler*, Die internationale Durchsetzung von Gegendarstellungsansprüchen, JZ 1994, 642; *G. Wagner*, Ehrenschutz und Pressefreiheit im europäischen Zivilverfahrens- und Internationalen Privatrecht, RabelsZ 62 (1998), 243; *ders.*, Geldersatz für Persönlichkeitsverletzungen, ZEuP 2000, 200; *ders.*, Art. 6 of the Commission Proposal: Violation of Privacy – Defamation by Mass Media, ERPL 2005, 21; *ders.*, Internationales Deliktsrecht, die Arbeiten an der Rom II-Verordnung und der europäische Deliktsgerichtsstand, IPRax 2006, 372.

Internetdelikte: *Dethloff*, Europäisierung des Wettbewerbsrechts (2001); *Gounalakis/Rhode*, Persönlichkeitsschutz im Internet (2002); *Grandpierre*, Herkunftsprinzip contra Marktortanknüpfung (1999); *Halfmeier*, Vom Cassislikör zur E-Commerce-Richtlinie: Auf dem Weg zu einem europäischen Mediendeliktsrecht, ZEuP 2001, 837; *Lurger/Vallant*, Grenzüberschreitender Wettbewerb im Internet, RIW 2002, 188; *Mankowski*, Das Internet im Internationalen Vertrags- und Deliktsrecht, RabelsZ 63 (1999), 203; *ders.*, Herkunftslandprinzip und deutsches Umsetzungsgesetz zur E-Commerce-Richtlinie, IPRax 2002, 257; *Ohly*, Herkunftslandprinzip und Kollisionsrecht, GRUR-Int 2001, 899; *Pichler*, in: Hoeren/Sieber (Hrsg.), Handbuch Multimedia-Recht, 2006, Teil 25: Internationale Gerichtszuständigkeit im Online-Bereich; *Schack*, Internationale Urheber-, Marken- und Wettbewerbsrechtsverletzungen im Internet, MMR 2000, 59; *Spickhoff*, Das IPR der sog. Internetdelikte, in: Leible (Hrsg.), Die Bedeutung des IPR im Zeitalter der neuen Medien, S. 89; *Spindler*, Deliktsrechtliche Haftung im Internet – nationale und internationale Rechtsprobleme, ZUM 1996, 533; *ders.*, Internet, Kapitalmarkt und Kollisionsrecht unter besonderer Berücksichtigung der E-Commerce-Richtlinie, ZHR 165 (2001), 324; *ders.*, Das Gesetz zum elektronischen Geschäftsverkehr – Verantwortlichkeit der Diensteanbieter und Herkunftslandprinzip, NJW 2002, 921; *Thünken*, Die EG-Richtlinie über den elektronischen Geschäftsverkehr und das internationale Privatrecht des unlauteren Wettbewerbs, IPRax 2001, 15.

A. Allgemeines	1	2.	Anwendungsbereich des Europäischen Einheitsrechts	2
I. Europäische Rechtsvereinheitlichung und autonomes Recht	1	3.	Verbleibender Anwendungsbereich des autonomen Rechts	3
1. Ablösung durch die Rom II-VO	1			

II. Vorrangige Staatsverträge	5
III. Die Anknüpfungshierarchie der Art. 40 ff.	6
IV. Rück- und Weiterverweisung	7
1. Grundsatz Gesamtverweisung	7
2. Ausnahme Sachnormverweisung	8
B. Anwendungsbereich des Deliktsstatuts	9
I. Anspruchsvoraussetzungen	9
II. Haftungsfolgen	12
III. Verhaltensregeln (local data)	13
C. Anknüpfung an den Tatort, Art. 40 Abs. 1	15
I. Allgemeines	15
II. Handlungsort und Erfolgsort	16
1. Handlungsort	17
2. Erfolgsort	18
III. Mehrere Tatorte	19
1. Fallgruppen	19
2. Ubiquitätsprinzip; Günstigkeitsvergleich	20
3. Mehrere Erfolgsorte	21
4. Mehrere Handlungsorte	22
IV. Das Bestimmungsrecht, Art. 40 Abs. 1 S. 2, 3	23
1. Anwendungsbereich	23
2. Rechtsnatur	24
3. Zeitliche Grenzen	26
4. Ausübung des Bestimmungsrechts	27
5. Wirkung der Bestimmung	28
6. Richterliche Hinweispflicht	29
D. Gemeinsamer Sitz oder Aufenthaltsort, Art. 40 Abs. 2	30
I. Auflockerung der Tatortregel	30
II. Gewöhnlicher Aufenthalt	31
1. Begriff	31
2. Maßgebender Zeitpunkt	32
E. Vorbehaltsklausel, Art. 40 Abs. 3	33
I. Normzweck	33
II. Voraussetzungen	35
1. Recht eines anderen Staates	35
2. Inlandsbeziehung	36
3. Die Vorbehalte im Einzelnen	37
III. Rechtsfolge	41
F. Persönlichkeitsverletzungen außerhalb des Internet	42
I. Anwendungsbereich	42
1. Persönlichkeitsrechte	42
2. Datenschutzrecht	43
3. Beseitigung, Widerruf, Unterlassung und Gegendarstellung	44
II. Tatortregel	45
1. Handlungsort	45
2. Erfolgsort	47
3. Mehrere Erfolgsorte	48
G. Internet-Delikte	49
I. Problemstellung	49
II. Tatortregel	50
1. Allgemeine Grundsätze	50
2. Elektronischer Geschäftsverkehr im Binnenmarkt	54
H. Kernenergieschäden	58
I. Internationale Übereinkommen	58
II. Kollisionsrecht	60
III. Grenzüberschreitende Wirkung von Genehmigungen	62
I. Staatshaftung	64

A. Allgemeines

I. Europäische Rechtsvereinheitlichung und autonomes Recht

1. Ablösung durch die Rom II-VO. Das deutsche autonome internationale Deliktsrecht der Art. 40–42 **1**
EGBGB beruht auf dem Gesetz zum Internationalen Privatrecht für außervertragliche Schuldverhältnisse
und Sachen aus dem Jahre 1999.[1] Die Vorschriften orientieren sich trotz einiger wichtiger Abweichungen
am **vorher praktizierten Gewohnheitsrecht**. Im Zeitpunkt ihres Inkrafttretens zeichnete sich bereits ab,
dass die EU alsbald von ihrer mit Art. 65 lit. b) EG idF des Vertrags von Amsterdam begründeten, jetzt in
Art. 81 Abs. 2 lit. c) AEUV verankerten Gesetzgebungskompetenz im Bereich des Kollisionsrechts
Gebrauch machen würde. Tatsächlich ist die **Rom II-Verordnung** das auf außervertragliche
Schuldverhältnisse anzuwendende Recht (Rom II-VO) im Juli 2007 verkündet worden und am 11. Januar
2009 in Kraft getreten.[2] Damit ist der Regelungsgegenstand der Art. 40 ff. EGBGB – das Kollisionsrecht
der unerlaubten Handlungen – einem einheitlichen gemeinschaftsrechtlichen Regime unterstellt worden.[3]

2. Anwendungsbereich des Europäischen Einheitsrechts. Die Rom II-VO gilt ausweislich ihres **2**
Art. 3 „universell", dh unabhängig davon, ob die Rechtsordnungen zweier Mitgliedstaaten der EU um ihre
Anwendung konkurrieren oder der Konflikt zwischen einem Mitgliedstaat und einem Drittstaat besteht. Als
unmittelbar geltendes Recht verdrängt sie die Regelungen des autonomen Rechts in ihrem Anwendungsbereich gemäß Art. 288 Abs. 2 AEUV vollständig. Der **Anwendungsvorrang der Rom II-VO** wird in Art. 3
Nr. 1 lit. a) EGBGB nochmals bestätigt. Die für das internationale Deliktsrecht allgemein maßgebende
gesetzliche Grundlage ist demnach die europäische Verordnung, über deren Auslegung letztverbindlich der
EuGH entscheidet. Die Art. 40 ff. EGBGB haben damit ihre praktische Bedeutung eingebüßt. Sie sind nur
deshalb nicht aufgehoben worden, weil die Rom II-VO einige Regelungsmaterien aus ihrem Anwendungsbereich ausgenommen hat.[4] Die meisten der in Art. 1 Abs. 2 Rom II-VO enthaltenen Gegenstandsbereiche,
wie etwa das Familienrecht oder das Trust-Recht, sind von vornherein nicht deliktsrechtlich zu qualifizieren, so dass die Anwendung der Art. 40 ff. EGBGB nicht zur Debatte steht. Anders verhält es sich jedoch
mit den beiden Bereichsausnahmen für Kernenergieschäden und Persönlichkeitsverletzungen:

---

1   BGBl. 1999 I, S. 1026.
2   Eingehend dazu *G. Wagner* IPRax 2008, 1.
3   Verordnung (EG) Nr. 864/2007 des Europäischen
    Parlaments und des Rates v. 11.7.2007 über das auf

    außervertragliche Schuldverhältnisse anzuwendende
    Recht („Rom II"), ABl. EG Nr. L 199 v. 31.7.2007,
    S. 40 ff.
4   Vgl. dazu *G. Wagner* IPRax 2008, 1 (10).

– Gemäß Art. 1 Abs. 2 lit. f) Rom II-VO sind außervertragliche Schuldverhältnisse, die sich aus Schäden durch Kernenergie ergeben, vom Anwendungsbereich der Verordnung ausgenommen.

– Gleiches gilt gemäß Art. 1 Abs. 2 lit. g) Rom II-VO für außervertragliche Schuldverhältnisse aus der Verletzung der Privatsphäre oder der Persönlichkeitsrechte, einschließlich der Verleumdung.

Ferner bleibt gemäß Art. 1 Abs. 1 S. 2 Rom II-VO auch die Amtshaftung im engeren Sinne ausgeklammert, dh die Haftung des Staates „für Handlungen oder Unterlassungen im Rahmen der Ausübung hoheitlicher Rechte" („acta iure imperii").

3   **3. Verbleibender Anwendungsbereich des autonomen Rechts.** Nach der Verabschiedung der Rom II-VO stand der deutsche Gesetzgeber vor der Frage, wie die **geschilderten Regelungslücken geschlossen** werden sollten.[5] Abgesehen von der nicht ernsthaft in Betracht kommenden Lösung einer Neuregelung des autonomen Deliktsrechts allein für Kernenergieschäden und Persönlichkeitsverletzungen standen zwei Optionen zur Debatte: (1) Die Erstreckung der Kollisionsregeln der Rom II-VO auf die in Art. 1 Abs. 2 lit. f), g) ausgenommenen Materien kraft einer nationalen Verweisungsnorm; (2) die Beibehaltung der Art. 40 ff. EGBGB als das maßgebliche Kollisionsrecht für diejenigen Materien, die vom Anwendungsbereich der Rom II-VO ausgenommen sind. Der deutsche Gesetzgeber hat sich mit dem Gesetz zur Anpassung der Vorschriften des Internationalen Privatrechts an die Rom II-Verordnung (Verordnung (EG) Nr. 864/2007) für die zweite Lösung entschieden.[6]

4   Die folgende Kommentierung schildert die allgemeinen Maßgaben der Art. 40–42 EGBGB und konzentriert sich sodann allein auf diejenigen Gegenstände, die nicht auf europäischer Ebene geregelt worden sind, also auf **Persönlichkeitsverletzungen und Kernenergieschäden** (→ Rn. 42 ff., 58 ff.). Darüber hinaus wird auch das Kollisionsrecht der **Amtshaftung** dargestellt (→ Rn. 64).

II. Vorrangige Staatsverträge

5   Soweit die Bundesrepublik auf dem Gebiet des Kollisionsrechts **Staatsverträge** geschlossen hat, gehen diese gemäß Art. 3 Nr. 2 EGBGB den autonomen Kollisionsregeln vor. Von den für die Art. 40 ff. EGBGB verbliebenen Materien ist dies für die Übereinkommen betreffend die Haftung für Kernenergieschäden relevant (→ Rn. 58).

III. Die Anknüpfungshierarchie der Art. 40 ff.

6   Die in den Art. 40 ff. enthaltenen Anknüpfungsmomente stehen in einer Hierarchie, so dass sich dem Praktiker folgende **Prüfungsreihenfolge** empfiehlt:[7] **(1)** Anwendungsvorrang genießt die von den Parteien gewählte Rechtsordnung, wobei eine Rechtswahl gemäß Art. 42 nur ex post, nach Entstehung des Anspruchs möglich ist (→ Art. 42 Rn. 3). **(2)** Fehlt es an einer Rechtswahl, doch haben Schädiger und Geschädigter ihren gewöhnlichen Aufenthalt in demselben Staat, ist dessen Recht anzuwenden, Art. 40 Abs. 2 (→ Rn. 30 ff.). **(3)** Fehlt es auch am gemeinsamen Aufenthaltsort, kommt die Tatortregel des Art. 40 Abs. 1 zum Tragen. Nach dieser ist zur Anwendung berufen entweder **(a)** das Recht des Handlungsorts oder – soweit Handlungs- und Erfolgsort auseinanderfallen – **(b)** das Recht des Erfolgsorts, wenn der Geschädigte entsprechend optiert. **(4)** Abweichend von Art. 40 Abs. 2 und Art. 40 Abs. 1 ist auf der Grundlage von Art. 41 diejenige Rechtsordnung anzuwenden, mit der eine wesentlich engere Verbindung besteht.[8]

IV. Rück- und Weiterverweisung

7   **1. Grundsatz Gesamtverweisung.** Auch im internationalen Deliktsrecht ist im Regelfall von der **Gesamtverweisung** gemäß Art. 4 Abs. 1 auszugehen. Ursprünglich hatte der Gesetzgeber erwogen, eine Rück- und Weiterverweisung für den Bereich der außervertraglichen Schuldverhältnisse auszuschließen;[9] eine entsprechende Regelung wurde letztlich jedoch nicht aufgenommen, weil „kein zwingender Anlass" zur Abweichung von der Grundregel des Art. 4 Abs. 1 bestehe.[10] Art. 24 Rom II-VO folgt dem entgegengesetzten Prinzip.

8   **2. Ausnahme Sachnormverweisung.** Gemäß Art. 4 Abs. 1 ist eine Verweisung allerdings dann nicht als Gesamtverweisung zu behandeln, wenn es „dem Sinn der Verweisung" widerspricht. In den Fällen der akzessorischen Anknüpfung nach Art. 41 Abs. 2 Nr. 1 ist ein Renvoi nach dem Sinn der Verweisung ausge-

5   Dazu eingehend *R. Wagner* IPRax 2008, 314.

6   Gesetz v. 10.12.2008, BGBl. I 2008, 2401; zu den Gründen *R. Wagner* IPRax 2008, 314 (317).

7   Dazu auch *Junker* JZ 2000, 477; *Spickhoff* NJW 1999, 2209 (2213).

8   Graphische Darstellung des Prüfungsprozesses bei *Junker* RIW 2000, 241 (246).

9   So Art. 42 Abs. 2 RefE idF v. 15.5.1984, in dem auf Art. 35 verwiesen wurde.

10   Vgl. BT-Drs. 14/343, S. 8.

schlossen, da ansonsten die bezweckte einheitliche materiellrechtliche Beurteilung zusammenhängender Rechtsfragen vereitelt werden könnte.[11] Die nachträgliche Rechtswahl erfolgt gemäß Art. 4 Abs. 2 zudem immer zugunsten von Sachnormen. Gleiches gilt für die Ausübung des Bestimmungsrechts gemäß Art. 40 Abs. 1 S. 2.[12]

B. Anwendungsbereich des Deliktsstatuts

I. Anspruchsvoraussetzungen

Der Anwendungsbereich des Deliktsstatuts greift weiter als das Recht der **unerlaubten Handlung** iSd §§ 823 ff. BGB, von dem in Art. 40 Abs. 1 die Rede ist. Er umfasst die **gesamte außervertragliche Schadenshaftung**, einschließlich der **Billigkeitshaftung** (§ 829 BGB), der **Gefährdungshaftung** und der **Aufopferungshaftung**.[13] **9**

Dem Deliktsstatut sind grundsätzlich alle Voraussetzungen der Haftung zu entnehmen,[14] insbesondere **Rechtsgutsverletzung**,[15] **Kausalität**,[16] **Sorgfaltspflichtverletzung** und die **Rechtswidrigkeit** einschließlich der **Rechtfertigungsgründe**.[17] Gleiches gilt für das **Verschulden**,[18] also die **Deliktsfähigkeit**,[19] Schuldausschließungsgründe, das **Mitverschulden**[20] und die **Verjährung**.[21] Bei der Gefährdungshaftung ist die **Haltereigenschaft** auf der Grundlage des Deliktsstatuts festzustellen.[22] Schließlich regelt es auch, unter welchen Voraussetzungen für das Handeln von **Organen juristischer Personen** (§ 31 BGB) und solches von **Verrichtungsgehilfen** (§ 831 BGB) und **Aufsichtsbedürftigen** (§ 832 BGB) gehaftet wird.[23] **10**

Kommt die **Verantwortlichkeit mehrerer Täter** in Betracht, bestimmt das Deliktsstatut darüber, ob der Einzelne für einen Teilschaden haftet und unter welchen Voraussetzungen er gesamtschuldnerisch für den Gesamtschaden aufzukommen hat.[24] Wird es gegenüber jedem Beteiligten gesondert festgestellt, kann es zur **Spaltung des Deliktsstatuts** kommen, etwa weil einem Beteiligten gegenüber die Tatortregel durch gemeinsames Heimatrecht (Abs. 2) verdrängt wird, gegenüber einem anderen aber nicht.[25] Mitunter wird dem Geschädigten sogar das Recht eingeräumt, durch selektive Ausübung des Bestimmungsrechts (Abs. 1 S. 2) eine Spaltung des Deliktsstatuts zur differenzierten Ausnutzung des Günstigkeitsprinzips herbeizuführen.[26] Da die Bevorzugung des Geschädigten bei grenzüberschreitenden Delikten keine sachliche Grundlage hat (→ Rn. 20), besteht jedoch kein Anlass, eine solche Rosinenpickerei zuzulassen und damit sowohl den Ausgleich im Innenverhältnis als auch die Schadensabwicklung im Außenverhältnis (Vermeidung der Überkompensation) zu erschweren. Vielmehr ist das Deliktsstatut bei mehreren Tätern **einheitlich** zu bestimmen.[27] Damit richtet sich auch der **Regress im Innenverhältnis** nach dem (einheitlich) anwendbaren Deliktsrecht.[28] **11**

11 Staudinger/*von Hoffmann* EGBGB Art. 40 Rn. 70.
12 Staudinger/*von Hoffmann* EGBGB Art. 40 Rn. 70; Erman/*Hohloch* EGBGB Art. 40 Rn. 6; *Huber* JA 2000, 67 (73); *Timme* NJW 2000, 3258 (3259); aA *von Hein*, Das Günstigkeitsprinzip im Internationalen Deliktsrecht, 1999, S. 179; *Looschelders* VersR 1999, 1316 (1324); BeckOK BGB/*Spickhoff* EGBGB Art. 40 Rn. 45; *Vogelsang* NZV 1999, 497 (501).
13 BT-Drs. 14/343, S. 11; BGHZ 23, 65, 67; 80, 1, 3 = NJW 1981, 1516 = VersR 1981, 458; BeckOK BGB/*Spickhoff* EGBGB Art. 40 Rn. 8; MüKoBGB/*Junker* EGBGB Art. 40 Rn. 10.
14 OLG Celle VersR 1967, 164.
15 OLG Celle VersR 1967, 164.
16 ZB OLG München VersR 1974, 443 f.
17 BGH NJW 1964, 650 (651); OLG Celle VersR 1967, 164 f.; MüKoBGB/*Junker* EGBGB Art. 40 Rn. 100.
18 OLG Celle VersR 1967, 164 f.
19 MüKoBGB/*Junker* EGBGB Art. 40 Rn. 100; einschließlich der Deliktsfähigkeit juristischer Personen BGH WM 1957, 1047 (1049); zur Verantwortlichkeit von Staaten für exterritorial verursachte Schäden AG Bonn NJW 1988, 1393 (1395) – Tschernobyl.
20 OLG Celle VersR 1967, 164; MüKoBGB/*Junker* EGBGB Art. 40 Rn. 100; *Kegel/Schurig*, IPR, § 18 IV 2, S. 744.
21 RGZ 129, 385, 388; OLG Celle VersR 1967, 164.
22 LG München I IPRax 1984, 101 = VersR 1984, 95; *Mansel* VersR 1984, 97 (102 ff.); BeckOK BGB/*Spickhoff* EGBGB Art. 40 Rn. 10.
23 Vgl. BGHZ 80 1, 3 = NJW 1981, 1516 = VersR 1981, 458; BGH VersR 1990, 524 (525) = NJW-RR 1990, 604 = ZIP 1990, 365; OLG Köln NJW-RR 1998, 756 = NZG 1998, 350; *Kegel/Schurig*, IPR, § 18 IV 2, S. 743.
24 BGHZ 8, 288, 293 (implizit); BayObLG IPRax 1982, 249 mAnm *von Hoffmann*; Staudinger/*von Hoffmann* EGBGB Art. 40 Rn. 39; Soergel/*Lüderitz* EGBGB Art. 38 Rn. 98 mwN.
25 Praktisches Beispiel: AG Bonn VersR 1975, 528.
26 *Freitag/Leible* ZVglRWiss 99 (2000), 101, 127 ff.; Staudinger/*von Hoffmann* EGBGB Art. 40 Rn. 40.
27 BGH IPRax 1983, 118 mAnm *Schricker*; BGH VersR 1990, 524 (525) = NJW-RR 1990, 604; *Wandt* VersR 1990, 265 (267); aA RGZ 150, 265, 270 f.; Staudinger/*von Hoffmann* EGBGB Art. 40 Rn. 40; MüKoBGB/*Junker* EGBGB Art. 40 Rn. 48.
28 Vgl. BGH VersR 1989, 54 (55 f.) = NJW-RR 1989, 670 = NZV 1989, 105; deutlich *Wandt* VersR 1989, 265 (267).

II. Haftungsfolgen

12   Das Deliktsstatut beherrscht darüber hinaus alle **Rechtsfolgen der Haftung**,[29] also Art, Umfang und Höhe des Schadensersatzes,[30] Haftungshöchstbeträge,[31] das Verhältnis der Naturalrestitution und Geldersatz,[32] Vorteilsanrechnung[33] und den Umfang des Ersatzes immaterieller Schäden.[34] Gleiches gilt für die Bestimmung des Kreises der Ersatzberechtigten,[35] die Übertragbarkeit und die Vererbbarkeit und Verjährung deliktischer Ansprüche. Das Deliktsstatut gilt auch für **Unterlassungs- und Beseitigungsansprüche**, aber nicht für solche auf Gegendarstellung (→ Rn. 44). Eine entsprechende Regelung findet sich in Art. 15 Rom II-VO.

III. Verhaltensregeln (local data)

13   Würde das Deliktsstatut stets auf sämtliche Voraussetzungen und Folgen der Haftung bezogen, liefe der Schädiger Gefahr, an Verhaltensstandards gemessen zu werden, die dort, wo er gehandelt hat, gar nicht gelten. Damit bräche die Funktion des Deliktsrechts (→ Rn. 38), das Verhalten Einzelner im Interesse der Schadensvermeidung zu steuern und zu koordinieren, zusammen.

14   Dieses Ergebnis wird im Kontext des Europäischen Kollisionsrechts durch Art. 17 Rom II-VO vermieden, nach dem diejenigen Sicherheits- und Verhaltensregeln zu berücksichtigen sind, „die an dem Ort und zu dem Zeitpunkt des haftungsbegründenden Ereignisses gelten". Im autonomen Kollisionsrecht gilt dasselbe auf der Basis der Lehre von den „local data", nach der **örtliche Verhaltens- und Sicherheitsvorschriften stets** und selbst dann **zu berücksichtigen** sind, wenn sie nicht dem Deliktsstatut entstammen.[36] Sie konkretisieren als „Datum" die Tatbestandsmerkmale des fremden Deliktsstatuts, insbesondere die Voraussetzung der Sorgfaltspflichtverletzung, indem sie die „im Verkehr erforderliche Sorgfalt" mitbestimmen. Das Tatortrecht bleibt also maßgeblich für die Frage, ob der Schädiger sorgfaltswidrig gehandelt hat, und damit für den Kern der Haftungsbegründung und der Mitverschuldensprüfung.[37]

C. Anknüpfung an den Tatort, Art. 40 Abs. 1
I. Allgemeines

15   In Übereinstimmung mit dem vor der IPR-Reform von 1999 geltenden Gewohnheitsrecht unterwirft Art. 40 Abs. 1 die Haftung aus unerlaubter Handlung dem Recht des Tatorts (lex loci delicti commissi).[38] Zur Hierarchie der Anknüpfungen und zur Prüfungsreihenfolge oben → Rn. 6. Mit der Anknüpfung an das Tatortrecht werden die Regelungsziele des Deliktsrechts in das zugehörige Kollisionsrecht verlängert. Das Deliktsrecht kann seine Präventionswirkung nur entfalten und das Verhalten der Rechtssubjekte im Interesse der Schadensvermeidung koordinieren, wenn die von der Haftungsandrohung ausgehenden, inhaltlich differenzierten Anreize zu sorgfältigem Verhalten an alle Personen adressiert werden, die innerhalb eines bestimmten Territoriums agieren und sich deshalb wechselseitig gefährden.[39]

---

29   BGHZ 93, 214, 217 f. = NJW 1985, 1285 f. = JZ 1985, 441 (442).

30   BGH IPRspr. 1960/61 Nr. 52; BGH VersR 1989, 54 (55) = NJW-RR 1989, 670 = NZV 1989, 105; OLG Bremen IPRspr. 1983 Nr. 45.

31   Erman/*Hohloch* EGBGB Art. 40 Rn. 13.

32   BGHZ 14, 212, 217.

33   BGH VersR 1967, 1154 f.; VersR 1989, 54 (55) = NJW-RR 1989, 670 = NZV 1989, 105; OLG Celle IPRax 1982, 203.

34   *Kegel/Schurig*, IPR, § 18 IV 2, S. 744; vgl. auch unten Fn. 89.

35   Erman/*Hohloch* EGBGB Art. 40 Rn. 8; MüKoBGB/*Junker* EGBGB Art. 40 Rn. 102; vgl. auch BGH VersR 1989, 54 (55) = NJW-RR 1989, 670 = NZV 1989, 105 zur cessio legis.

36   BT-Drs. 14/343, S. 11, in Anknüpfung an die ständige Rspr. seit BGHZ 57, 265, 267 f. = NJW 1972, 387 = VersR 1972, 255; vgl. weiter BGHZ 87, 95,

97 f. = NJW 1983, 1972 f. = JZ 1983, 713; BGHZ 90, 294, 298 = NJW 1984, 2032 f. = JZ 1984, 669 ff.; BGHZ 119, 137, 140 = NJW 1992, 3091 = NZV 1992, 438; BeckOK BGB/*Spickhoff* EGBGB Art. 40 Rn. 15.

37   BGH NJW-RR 1996, 732 = VersR 1996, 515 = NZV 1996, 272 mwN; OLG Hamm IPRspr. 1996 Nr. 41.

38   Vgl. schon RGZ 23, 305; RGZ 96, 96, 98; BGH NJW 1964, 2012; Palandt/*Thorn* EGBGB Art. 40 Rn. 4; *Kropholler*, IPR, § 53 IV 1, S. 522 f.; Soergel/*Lüderitz* EGBGB Art. 38 Rn. 3.

39   Staudinger/*von Hoffmann* EGBGB Art. 40 Rn. 2; *Koziol* FS Beitzke, 1979, S. 575, 577 f.; *G. Wagner* RabelsZ 62 (1998), 243, 254 f.; ähnlich BGHZ 87, 95, 97 = NJW 1983, 1972 = VersR 1983, 556; 119, 137, 140 = NJW 1992, 3091 = NZV 1992, 438; *Kegel/Schurig*, IPR, § 18 IV 1, S. 721: Tatortregel liegt „im Interesse aller".

II. Handlungsort und Erfolgsort

Während **Art. 4 Abs. 1 Rom II-VO** das Deliktsstatut allein an den Erfolgsort knüpft,[40] sind nach Art. 40   **16** Abs. 1 sowohl der Handlungsort als auch der Erfolgsort relevant. Das **Ubiquitätsprinzip** gilt jedoch nicht ungebrochen, sondern in der besonderen Form einer Primäranknüpfung an den Handlungsort mit Optionsrecht des Geschädigten zugunsten des Erfolgsortrechts.

1. Handlungsort. Handlungsort ist der Ort, an dem die für den Schaden **ursächliche deliktische Hand-**   **17** **lung** ausgeführt worden ist.[41] Ist dem Täter nicht eine Handlung, sondern ein **Unterlassen** vorzuwerfen, ist auf den Ort abzustellen, an dem der Schädiger das Handlungsgebot verletzt hat, also hätte handeln müssen.[42] Ob eine Pflicht zum Handeln bestand, lässt sich nur nach dem jeweils geltenden Ortsrecht beurteilen.[43] Orte, an denen lediglich **Vorbereitungshandlungen** und nicht tatbestandsmäßige Ausführungshandlungen vorgenommen werden, sind keine Handlungsorte im Sinne des Art. 40 Abs. 1 S. 1.[44] Ob eine deliktisch relevante Handlung oder eine bloße Vorbereitungshandlung vorliegt, kann nicht das deutsche Kollisionsrecht entscheiden,[45] das keine Kriterien dafür bereit hält, sondern maßgeblich ist wiederum das Ortsrecht, also die Rechtsordnung, die dort gilt, wo die zu beurteilende Handlung stattgefunden hat.[46]

Ist eine unerlaubte Handlung von **mehreren Tätern und Teilnehmern** iSd § 830 Abs. 1 S. 1, Abs. 2 BGB begangen worden, ist der Ort maßgeblich, an dem der Haupttäter gehandelt hat.[47] Das dort geltende Deliktsrecht beherrscht auch die Haftung der Teilnehmer, die an diesem Ort selbst nicht gehandelt haben.

2. Erfolgsort. Der Erfolgsort ist dort zu lokalisieren, wo das geschützte **Rechtsgut** (zB das Persönlich-   **18** keitsrecht oder das Eigentum) **verletzt** wird.[48] Als für die Anknüpfung irrelevant erweist sich damit der sog. **Schadensort**,[49] also der Ort, an dem Folgeschäden eintreten. Andernfalls hätte es der Geschädigte in der Hand, das anwendbare Recht zu wählen, indem er sich nach Eintritt der Rechtsgutsverletzung in den Geltungsbereich der einen oder anderen Rechtsordnung begibt.[50] In einer Entscheidung zur Persönlichkeitsrechtsverletzung im Internet hat der VI. Zivilsenat des BGH treffend darauf abgestellt, wo der von einer Berichterstattung Betroffene in seinem Lebenskreis gestört bzw. gefährdet wird, wo sein Achtungsanspruch verletzt wird, bzw. wo „sein Interesse an der Unterlassung der sein Persönlichkeitsrecht berührenden Veröffentlichung mit dem Interesse des Beklagten an der Gestaltung ihres Internetauftritts und an einer Berichterstattung kollidiert".[51] Am Ort des gewöhnlichen Aufenthalts des Betroffenen sind diese Voraussetzungen stets erfüllt, wenn das jeweilige Presseerzeugnis, die Fernsehsendung oder die Internetseite dort bestimmungsgemäß verbreitet wurde. Dazu im Einzelnen → Rn. 47.

III. Mehrere Tatorte

1. Fallgruppen. Die Tatortregel funktioniert unproblematisch bei sog. **Platzdelikten**, bei denen Hand-   **19** lungs- und Erfolgsort zusammenfallen oder doch zumindest im Geltungsbereich ein und derselben Rechtsordnung liegen. Schwierigkeiten entstehen der Tatortregel im Fall des sog. **Distanzdelikts**, bei dem die unerlaubte Handlung im Geltungsbereich einer Rechtsordnung vorgenommen wird, während der schädliche Erfolg auf dem Territorium einer anderen Jurisdiktion eintritt. Noch komplexer ist die Situation im Fall des **Streudelikts**, bei dem nicht nur Handlung und Rechtsgutsverletzung territorial auseinander fallen, sondern ein und dieselbe deliktische Handlung zu einer Mehrzahl von Erfolgen im Geltungsbereich unterschiedlicher Rechtsordnungen führt. Repräsentative Beispiele sind grenzüberschreitende Umweltbeeinträchtigun-

---

40   Dazu *G. Wagner* IPRax 2008, 1 (4 f.).
41   BGHZ 29, 237, 239 f. = NJW 1959, 769; Soergel/ *Lüderitz* EGBGB Art. 38 Rn. 4; Staudinger/*von Hoffmann* EGBGB Art. 40 Rn. 17.
42   Palandt/*Thorn* EGBGB Art. 40 Rn. 4; BeckOK BGB/ *Spickhoff* EGBGB Art. 40 Rn. 21; *ders.*, IPRax 2000, 1 (4).
43   BeckOK BGB/*Spickhoff* EGBGB Art. 40 Rn. 21.
44   So BGH MDR 1957, 31 (33); BGHZ 35, 329, 333 f.; Staudinger/*von Hoffmann* EGBGB Art. 40 Rn. 17; MüKoBGB/*Junker* EGBGB Art. 40 Rn. 25; *Kropholler*, IPR, § 53 IV 1 a, S. 522; aA *Mankowski* RabelsZ 63 (1999) 203, 263 ff.
45   So aber (unter Rückgriff auf die Dogmatik des deutschen materiellen Deliktsrechts) *Deutsch*, Allgemeines Haftungsrecht, 2. Aufl. 1996, Rn. 96; Staudinger/ *von Hoffmann* EGBGB Art. 40 Rn. 17 f.; *Stoll* IPRax 1989, 89 (90): willensgetragene Handlung, die ein rechtlich geschütztes Interesse gefährdet.

46   BeckOK BGB/*Spickhoff* EGBGB Art. 40 Rn. 20; MüKoBGB/*Junker* EGBGB Art. 40 Rn. 25; Kegel/ *Schurig*, IPR, § 18 IV 1 a bb, S. 726.
47   BGHZ 184, 365 Rn. 31 = IPRax 2011, 497 = WM 2010, 749.
48   RGZ 140, 25, 29; BGHZ 70, 7 = NJW 1978, 495 = VersR 1978, 231.
49   RGZ 140, 25, 29; BGHZ 70, 7 = NJW 1978, 495 = VersR 1978, 231; BGHZ 98, 263, 275 = NJW 1987, 592 ff. = WM 1986, 1444 ff.; aA zB *Schwind*, HdB, S. 325 f., der den Ort des Schadenseintritts für maßgeblich erachtet, da der Schaden erst durch den schädigenden Erfolg entstehe.
50   Staudinger/*von Hoffmann* EGBGB Art. 40 Rn. 24 mit ausführlicher Begründung sowie Fallbeispielen.
51   BGH NJW 2012, 2197 Rn. 31; vgl. auch BGH NJW 1977, 1590; BGHZ 184, 313 Rn. 23 = NJW 2010, 1752; BGHZ 217, 350 Rn. 24 = NJW 2018, 2324.

gen (→ Rn. 23) sowie die Verletzung von Persönlichkeitsrechten durch internationale Massenmedien – Presse, Rundfunk, Fernsehen – oder über das Internet (→ Rn. 49 ff.).[52]

20   **2. Ubiquitätsprinzip; Günstigkeitsvergleich.** Wie das früher geltende Gewohnheitsrecht beruht auch Art. 40 Abs. 1 auf dem Ubiquitätsprinzip, nach dem sowohl das Recht am Handlungsort als auch dasjenige am Erfolgsort zur Anwendung berufen sind. Auf diese Weise ist der Zusammenhang mit dem internationalen Zivilprozessrecht (§ 32 ZPO, Art. 5 Nr. 3 EuGVVO) gewahrt und der **Gleichlauf** von internationaler Zuständigkeit und anwendbarem Recht gewährleistet. Um dem Gericht die Bürde der doppelten Rechtsanwendung und der obligatorischen Feststellung von Auslandsrecht abzunehmen, ist die **Wahl zwischen Handlungs- und Erfolgsortrecht** von dem Geschädigten bzw. dessen Anwalt zu treffen.[53] Gemäß Art. 40 Abs. 1 findet grundsätzlich das Recht des Handlungsorts Anwendung, bei der es bleibt, wenn nicht der Geschädigte bzw. sein Anwalt im ersten Rechtszug bis zum Ende des Vorverfahrens oder des frühen ersten Termins zugunsten des Erfolgsortrechts optiert. Diese Option wird der Anwalt des Geschädigten nur „ziehen", wenn das Erfolgsortrecht für seinen Mandanten günstiger ist als das Recht des Handlungsorts. Die damit ermöglichte Begünstigung des Geschädigten bei Auslandssachverhalten („international bonus") ist **sachlich nicht gerechtfertigt** und im Licht der Grundfreiheiten des AEUV fragwürdig.[54] Noch problematischer ist es, dass der deutsche Gesetzgeber nicht das Erfolgsortrecht für grundsätzlich maßgeblich erklärt hat, sondern ausgerechnet das Handlungsortrecht.[55] Richtigerweise verlangt die Steuerungsfunktion der außervertraglichen Haftung die Anknüpfung des Deliktsstatuts ausschließlich an den Erfolgsort, wie dies der europäische Gesetzgeber in Art. 4 Abs. 1 Rom II-VO auch getan hat.

21   **3. Mehrere Erfolgsorte.** Bei Streudelikten (→ Rn. 19) fallen nicht nur Handlungs- und Erfolgsort auseinander, sondern ein Handlungsort konkurriert mit einer Mehrzahl von Erfolgsorten. Ob auch im Verhältnis der mehreren Erfolgsortrechte zueinander das **Ubiquitätsprinzip** in dem Sinne gilt, dass der Geschädigte unter sämtlichen Erfolgsortrechten die Wahl hat und seinen gesamten Schaden auf der Grundlage der ihm günstigsten Rechtsordnung liquidieren kann, ist zweifelhaft und umstritten. Während ein Teil des Schrifttums das Wahlrecht des Geschädigten in entsprechender Anwendung des Art. 40 Abs. 1 S. 2 bejaht,[56] will die Gegenansicht den **Verletzungsschwerpunkt** ermitteln und allein das dort geltende Recht als Erfolgsortsstatut qualifizieren.[57] Bei Persönlichkeitsverletzungen kommt insbesondere der Sitz des Geschädigten als Haupterfolgsort in Betracht (→ Rn. 48). – Tatsächlich begünstigt ein Wahlrecht zwischen sämtlichen Erfolgsortrechten den Geschädigten grundlos und übermäßig. Die Ermittlung eines Verletzungsschwerpunkts vermag ebenfalls nicht zu überzeugen, weil sie dem Geschädigten de facto erlaubt, mit seinem Sitz auch das anwendbare Recht zu wählen und in den Fällen der Persönlichkeitsverletzungen die gegebenen Unterschiede zwischen den Rechtsordnungen negiert. Die Begünstigung des Geschädigten ist vielmehr auf prozessualem Weg zu vermeiden, indem die Zuständigkeit der Gerichte an den mehreren Erfolgsorten auf den dort eingetretenen Schaden begrenzt wird. Eingehend → Rn. 48.

22   **4. Mehrere Handlungsorte.** Die Konkurrenz mehrerer Handlungsorte war nach früherem Recht ebenfalls mithilfe der **Ubiquitätsregel** und des **Günstigkeitsprinzips** aufzulösen.[58] Diese Lösung wird nunmehr in das neue Recht transponiert, indem Art. 40 Abs. 1 S. 2 analog auf die Wahl zwischen mehreren Handlungsorten angewendet wird, mit der Folge, dass der Geschädigte auch insoweit über ein Bestimmungsrecht zugunsten der ihm (vermeintlich) günstigsten Rechtsordnung verfügt.[59] Diese Lösung führt zu einer sachlich ungerechtfertigten Begünstigung des Geschädigten und lässt sich in Reinkultur nicht realisieren, weil die Frage beantwortet werden muss, welches Recht anwendbar ist, wenn der Geschädigte keine Bestimmung trifft. Der Vorschlag, dann dem Gericht die Wahl zu überantworten, vermag nicht zu überzeugen, weil dann nicht ersichtlich ist, warum sich der Geschädigte bzw. sein Anwalt überhaupt der Qual der Wahl unterziehen sollte, wenn das Gericht ohnehin zu seinen Gunsten tätig werden muss. Vorzugswürdig ist deshalb die Ansicht, den Schwerpunkt der Sorgfaltspflichtverletzung zu lokalisieren und nur dort einen Handlungsort anzunehmen.[60] Beides ist aus der Perspektive des Erfolgsortrechts zu beurteilen; aus der Sicht des deutschen Rechts liegt der Handlungsort bei Pressedelikten allein am Verlagssitz als der Verhaltenszentrale

---

52   *G. Wagner* RabelsZ 62 (1998), 243, 247.
53   BT-Drs. 14/343, S. 11.
54   *W.-H. Roth* RabelsZ 55 (1991), 623, 645 f.; *ders.*, GS Lüderitz, 2000, S. 635, 654; *G. Wagner* RabelsZ 62 (1998), 243, 260; ohne Bezug zum Europarecht auch *von Bar* JZ 1985, 961 (966 ff.); aA und zugunsten des Herkunftslandprinzips *Basedow* RabelsZ 59 (1995), 1, 37 ff.
55   *G. Wagner* IPRax 2006, 372 (376 f.).
56   *Spickhoff* IPRax 2000, 1 (5).

57   So auch *Ehmann/Thorn* AfP 1996, 20 (23) mwN; *Staudinger/von Hoffmann* EGBGB Art. 40 Rn. 26.
58   BGH NJW 1964, 2012; OLG Karlsruhe MDR 1978, 61; BAGE 15, 79, 82 = NJW 1964, 990; Soergel/ *Lüderitz* EGBGB Art. 38 Rn. 16.
59   So BeckOK BGB/*Spickhoff* EGBGB Art. 40 Rn. 23; Erman/*Hohloch* EGBGB Art. 40 Rn. 12.
60   *Staudinger/von Hoffmann* EGBGB Art. 40 Rn. 20; *Looschelders* VersR 1999, 1316 (1319); Palandt/ *Thorn* EGBGB Art. 40 Rn. 4; MüKoBGB/*Junker* EGBGB Art. 40 Rn. 28.

(→ Rn. 46).[61] Zur Maßgeblichkeit des Rechts am **Handlungsort des Haupttäters** bei Begehung eines Delikts durch mehrere → Rn. 17.

IV. Das Bestimmungsrecht, Art. 40 Abs. 1 S. 2, 3

1. Anwendungsbereich. Das Recht des Geschädigten zur Wahl zwischen Handlungs- und Erfolgsortrecht   **23**
gilt nicht nur in den für das autonome Recht verbleibenden Materien der Kernenergieschäden und Persönlichkeitsverletzungen, sondern ist durch Art. 46a EGBGB auch auf die Fälle der Umweltschädigungen gemäß Art. 7 Rom II-VO übertragen worden.

2. Rechtsnatur. Die Rechtsnatur des Bestimmungsrechts ist in der Literatur umstritten, wobei der Streit-   **24**
stand demjenigen zu Art. 46a EGBGB entspricht.[62] Während einerseits eine **prozessuale Qualifizierung** befürwortet wird,[63] sprechen sich andere Stimmen für einen **kollisionsrechtlichen Charakter** des Optionsrechts aus.[64] Die Wahl zwischen diesen Alternativen hat **Konsequenzen für die anwaltliche Praxis**:[65] Auf der Grundlage der kollisionsrechtlichen Qualifikation ist der Kläger an die einmal getroffene Wahl schlechthin gebunden, beispielsweise auch dann, wenn er die Klage zurücknimmt, um sie später – uU bei einem anderen Gericht – erneut anhängig zu machen.[66] Zudem soll sich die einseitige Rechtswahl grundsätzlich auf sämtliche Ersatzansprüche aus einem Schadensfall erstrecken.[67] Die prozessuale Auffassung beschränkt die Wirkungen der Bestimmung hingegen auf den anhängigen Rechtsstreit.[68] Die Wahl des Erfolgsortrechts hat nach dieser Meinung keine Geltung für mögliche Folgeprozesse, so dass bei sukzessiver Geltendmachung eines Anspruchs durch mehrere Teilklagen das Bestimmungsrecht in jedem Rechtsstreit erneut ausgeübt werden kann.[69] Letzteres kann der Beklagte verhindern, indem er eine Widerklage erhebt, die auf Feststellung des Nichtbestehens weitergehender Ansprüche gerichtet ist.

Für die prozessuale Auffassung sprechen dieselben Gründe, die auch im Übrigen die Differenzierung zwi-   **25**
schen materiellrechtlichen Willenserklärungen und Prozesshandlungen tragen: Die Partei eines Rechtsstreits mit einem bestimmten Gegenstandswert hat gar keinen Anlass, ihr Prozessverhalten so einzurichten, dass auch ihre Interessen in möglichen Folgeprozessen über weitergehende Streitwerte gewahrt bleiben. Deshalb geht es nicht an, aus der Disposition im Rahmen eines Rechtsstreits rechtliche Konsequenzen für Streitigkeiten zu ziehen, die noch gar nicht anhängig sind. Hinzu kommt, dass eine Ausübung des Bestimmungsrechts im Anwaltsprozess Postulationsfähigkeit voraussetzt und aus prozessualen Gründen nicht den Wirksamkeitsvoraussetzungen unterliegen sollte, die für Willenserklärungen gelten.[70] Insbesondere eine Anfechtung der Erklärung zur Anwendung des Erfolgsortrechts gemäß §§ 119 ff. BGB kommt nicht in Betracht. Schließlich ist eine materiellrechtliche Qualifikation des Bestimmungsrechts auch nicht erforderlich, um seinem rechtspolitischen Zweck – der Prozessökonomie – genüge zu tun.[71] Die außergerichtliche Streitschlichtung wird nicht behindert,[72] weil Vergleichsverhandlungen im Schatten des Erfolgsortrechts auch dann möglich sind, wenn das Bestimmungsrecht nicht entsprechend ausgeübt worden ist, und die Frage nach dem anwendbaren Deliktsrecht offen bleiben kann, wenn der Vergleichsvertrag wirksam zustande gekommen ist. Die Ausübung des Bestimmungsrechts ist somit als Prozesshandlung zu qualifizieren.

3. Zeitliche Grenzen. Das Bestimmungsrecht kann nur innerhalb der zeitlichen Grenzen des Art. 40   **26**
Abs. 1 S. 3 ausgeübt werden. Ist ein **früher erster Termin** nach § 275 ZPO bestimmt worden, ist das Optionsrecht nach Abschluss der mündlichen Verhandlung verloren. Wählt das Gericht den Weg des **schriftlichen Vorverfahrens** gemäß § 276 ZPO, erlischt das Bestimmungsrecht mit dem Eintritt in die mündliche Verhandlung. Der Geschädigte ist **an die einmal getroffene Wahl gebunden**, kann sich also nicht etwa für

---

61 Staudinger/*von Hoffmann* EGBGB Art. 40 Rn. 20; *G. Wagner* RabelsZ 62 (1998), 243, 281.
62 Dazu eingehend NK-BGB/*von Plehwe* Rom II-VO Art. 7 Rn. 9 f.
63 *St. Lorenz* NJW 1999, 2215 (2217); BeckOK BGB/ *Spickhoff* EGBGB Art. 40 Rn. 28; *ders.*, IPRax 2000, 1 (5 f.); *Vogelsang*, NVZ 1999, 497, 502.
64 *von Hein* NJW 1999, 3174 (3175); Staudinger/*von Hoffmann* EGBGB Art. 40 Rn. 10 f.; *Junker* JZ 2000, 477 (482); *ders.*, FS W. Lorenz, 2001, S. 321, 331 ff.; *Kropholler*, IPR, § 53 IV 2 b, S. 526; *Looschelders* EGBGB Art. 40 Rn. 33; *Pfeiffer* NJW 1999, 3674 (3675 f.)
65 Dazu auch *St. Lorenz* NJW 1999, 2215.

66 Vgl. Fn. 61.
67 Besonders deutlich *Kropholler*, IPR, § 53 IV 2 b, S. 526 f.
68 *St. Lorenz* NJW 1999, 2215 (2217); *Vogelsang* NZV 1999, 497 (502); aA *von Hein* NJW 1999, 3174; *Looschelders* EGBGB Art. 40 Rn. 33; BeckOK BGB/*Spickhoff* EGBGB Art. 40 Rn. 29; *ders.*, IPRax 2000, 1 (6).
69 *St. Lorenz* NJW 1999, 2215 (2217).
70 Vgl. nur Thomas/Putzo/*Putzo*, ZPO, Einl. III Rn. 17 ff.
71 *St. Lorenz* NJW 1999, 2215 (2217).
72 Anders *Junker* FS W. Lorenz, 2001, S. 321, 334.

das Rechtsmittelverfahren auf ein anderes Deliktsstatut berufen.[73] Eine Bindung an **außerprozessuale Erklärungen** besteht hingegen nicht, denn das Bestimmungsrecht ist als Prozesshandlung dem Gericht gegenüber auszuüben (→ Rn. 25). Die Möglichkeit zur einverständlichen Rechtswahl gemäß Art. 42 bleibt unberührt. Vgl. → Art. 42 Rn. 4.

27   **4. Ausübung des Bestimmungsrechts.** Der prozessualen Qualifikation des Bestimmungsrechts entsprechend unterliegt seine Ausübung nicht den für Willenserklärungen geltenden Vorschriften. Die Maßgaben, von denen Art. 3 Abs. 1 S. 2 Rom I-VO und Art. 14 Abs. 1 S. 2 Rom II-VO eine wirksame Rechtswahl abhängig machen, sind ebenfalls nicht einschlägig.[74] Eine ausdrückliche Ausübung des Optionsrechts ist nicht zu fordern. In Fällen, in denen der Erfolgsort im Inland belegen ist, genügt es, wenn sich der Anwalt des Klägers in der Klageschrift auf deutsches Recht beruft.[75] Das Bestimmungsrecht kann für ein und denselben Streitgegenstand und darüber hinaus auch im Rahmen ein und desselben Haftungsgrundes nur einheitlich ausgeübt werden. Andernfalls könnte der Geschädigte die Vorteile kumulieren, die verschiedene Rechtsordnungen bei unterschiedlichen Schadensposten – Verdienstausfall, Unterhaltsschaden, Schmerzensgeld – gewähren.[76]

28   **5. Wirkung der Bestimmung.** Anders als die einverständliche Rechtswahl nach Art. 42 beschränkt sich das Bestimmungsrecht auf die objektive Anknüpfung nach Art. 40 Abs. 1. Dies hat zur Konsequenz, dass sie sich nicht gegen die akzessorische Anknüpfung gemäß Art. 41 durchzusetzen vermag.[77] Lässt sich allerdings die Beklagte auf die Bestimmung ein, sind die Voraussetzungen des Art. 42 erfüllt, und dem übereinstimmenden Parteiwillen ist Folge zu leisten.

29   **6. Richterliche Hinweispflicht.** Der Gesetzgeber der IPR-Reform hat bewusst darauf verzichtet, dem Gericht die Verpflichtung zum Hinweis auf das Bestimmungsrecht aufzuerlegen. Dafür war maßgebend, dass sich die richterliche Hinweispflicht grundsätzlich **nicht** auf die **rechtliche Beratung einer Partei** in deren Interesse erstreckt.[78] Anwendbar bleiben zwar die allgemeinen prozessualen Hinweispflichten der §§ 139, 273 Abs. 1, 278 Abs. 3 ZPO, doch daraus ergibt sich jedenfalls keine Verpflichtung des Gerichts zur Feststellung ausländischen Rechts, zur Durchführung eines Günstigkeitsvergleichs und zur entsprechenden Belehrung des Geschädigten.[79] Verbreitet wird jedoch angenommen, das Gericht sei gehalten, den Geschädigten zumindest auf die **Existenz des Bestimmungsrechts** hinzuweisen, wenn Anhaltspunkte dafür vorliegen, dass die Partei die ihr zustehende Wahlmöglichkeit übersehen hat.[80]

D. Gemeinsamer Sitz oder Aufenthaltsort, Art. 40 Abs. 2

I. Auflockerung der Tatortregel

30   Haben Schädiger und Geschädigter ihren gewöhnlichen Aufenthalt in demselben Staat, wird das Tatortrecht durch das **gemeinsame Aufenthaltsrecht** verdrängt.[81] Dies gilt auch dann, wenn die Beteiligten dieselbe – ausländische – Staatsangehörigkeit haben.[82] Art. 40 Abs. 2 ist allerdings insoweit zu vollmundig formuliert, als bei der Konturierung der deliktischen Sorgfaltspflichten, von denen der Erfolg einer Schadensersatzklage häufig abhängt, doch wieder auf das Tatortrecht zurückgegriffen werden muss (→ Rn. 14 f.). Die Auflockerung der Tatortregel durch Abs. 2 ist demnach „rechtsfolgenorientiert" und entsprechend zu begrenzen.[83] Entsprechendes gilt im Europäischen Kollisionsrecht gemäß Art. 4 Abs. 2, **17 Rom II-VO**.[84]

II. Gewöhnlicher Aufenthalt

31   **1. Begriff.** Der Begriff des gewöhnlichen Aufenthalts beurteilt sich nach den allgemeinen Regeln des deutschen Kollisionsrechts (vgl. Art. 5 Abs. 1 EGBGB), sollte indessen in den Einzelheiten möglichst in Über-

73   Staudinger/*von Hoffmann* EGBGB Art. 40 Rn. 15; Erman/*Hohloch* Art. 40 Rn. 14 f.; MüKoBGB/*Junker* EGBGB Art. 40 Rn. 42; nach aA entfaltet die außergerichtliche Ausübung keine Bindungswirkung, vielmehr stehe dem Geschädigten ein ius variandi zu, so *Freitag/Leible* ZVglRWiss 1999 (2000), 101, 123 ff.; *St. Lorenz* NJW 1999, 2215 (2217).

74   AA MüKoBGB/*Junker* EGBGB Art. 40 Rn. 38.

75   BGHZ 191, 219 Rn. 17 = NJW 2012, 148; BGH NJW 2012, 2197 Rn. 32; NJW 2013, 1302 Rn. 7; aA MüKoBGB/*Junker* EGBGB Art. 40 Rn. 38.

76   BeckOK BGB/*Spickhoff* EGBGB Art. 40 Rn. 29 („Rosinentheorie"); MüKoBGB/*Junker* EGBGB Art. 40 Rn. 39; *Dörner* FS Stoll, 2001, 491, 495.

77   MüKoBGB/*Junker* EGBGB Art. 40 Rn. 35; *Dörner* FS Stoll, 2001, 491, 495.

78   BT-Drs. 14/343, S. 11 f.

79   *St. Lorenz* NJW 1999, 2215 (2217); Staudinger/*von Hoffmann* EGBGB Art. 40 Rn. 16.

80   *Looschelders* EGBGB Art. 40 Rn. 38.

81   So bereits vor der IPR-Reform von großen Teilen des Schrifttums gefordert etwa *Deville* IPRax 1997, 409 (410 f.); *Dörner* JR 1994, 6 (9); MüKoBGB/*Kreuzer*, 3. Aufl. 1998 EGBGB Art. 38 Rn. 118; *Wandt* VersR 1993, 409 (414 ff.).

82   BeckOK BGB/*Spickhoff* EGBGB Art. 40 Rn. 33.

83   *Hohloch* JuS 1980, 18 (23); Staudinger/*von Hoffmann* EGBGB Art. 40 Rn. 393.

84   Eingehend *G. Wagner* IPRax 2008, 1 (5).

einstimmung mit der Auslegung des Art. 4 Abs. 2 Rom II-VO geführt werden. Art. 40 Abs. 2 S. 2 stellt den Hauptverwaltungssitz von **Gesellschaften, Vereinen und anderen juristischen Personen** dem gewöhnlichen Aufenthalt natürlicher Personen gleich (genauso Art. 23 Abs. 1 Unterabs. 1 Rom II-VO).[85] Ist der Schaden von einer **Niederlassung** verursacht worden oder ist eine solche geschädigt worden, kommt es ausschließlich auf den Ort der Niederlassung an (Art. 23 Abs. 1 Unterabs. 2 Rom II-VO). Bei **Privatpersonen** ist entscheidend, wo sie den Schwerpunkt ihrer familiären, sozialen und beruflichen Bindungen haben.[86] Anders als im bürgerlichen Recht kommt es auf einen entsprechenden Parteiwillen nicht an (vgl. im Einzelnen → Art. 5 Rn. 16 f.).

2. Maßgebender Zeitpunkt. Der gemeinsame gewöhnliche Aufenthalt muss **zum Zeitpunkt des Haf-** **32** **tungsereignisses** bestehen. Haftungsereignis im Sinne des Art. 40 Abs. 2 S. 1 ist der Tatbestand der unerlaubten Handlung, der den Anspruch zwischen Schädiger und Geschädigtem begründet.[87] Entscheidend ist nicht die Handlung des Schädigers, sondern der Eintritt der Rechtsgutverletzung.[88] Das Deliktsstatut des gewöhnlichen Aufenthalts ist zur Verhinderung von Manipulationen **unwandelbar**.[89] Fehlte es im Zeitpunkt des Eintritts der Rechtsgutverletzung an einem gemeinsamen gewöhnlichen Aufenthalt, dann begründet auch dessen spätere Begründung durch Umzug nicht die Anwendung des Art. 40 Abs. 2 S. 1. Genauso wenig lässt ein Wegzug das einmal fixierte Statut des gemeinsamen Aufenthalts wieder zugunsten der Tatortregel zurücktreten.[90]

E. Vorbehaltsklausel, Art. 40 Abs. 3

I. Normzweck

Da das Deliktsstatut auch die Haftungsfolgen beherrscht (→ Rn. 12), kann sich ein **deutsches Gericht** dazu **33** genötigt sehen, Schadensersatz in einem Umfang auszuwerfen, den der Kläger nach deutschem Recht niemals beanspruchen könnte. Davor werden inländische Beklagte unabhängig von ihrer Staatsangehörigkeit durch Art. 40 Abs. 3 geschützt,[91] der eine **Konkretisierung** des allgemein in Art. 6 enthaltenen **ordre-** **public-Vorbehalts** speziell für das internationale Deliktsrecht darstellt.[92] Die Rom II-VO enthält eine allgemeine Vorbehaltsklausel in ihrem Art. 26.[93] Art. 40 Abs. 3 ist Ausdruck der Sorge, das ausländische Recht könne zur Überkompensation des Geschädigten führen,[94] sei es, weil der Schadensumfang zu großzügig bemessen wird (Nr. 1), sei es, weil das ausländische Recht mit der Haftung noch andere als Kompensationszwecke verfolgt (Nr. 2), sei es, dass der ausländische Staat einem für Deutschland bindenden, haftungsbegrenzend wirkenden internationalen Abkommen nicht beigetreten ist (Nr. 3). Wie die in Nr. 1, 2 verwendeten Adjektive „wesentlich" und „offensichtlich" anzeigen, dürfen nach Auslandsrecht begründete Ansprüche über Abs. 3 nicht leichthin abgeschnitten werden, sondern nur „bei **gravierenden Widersprüchen** zu den Grundvorstellungen" des deutschen Rechts.[95]

Für die Rechtsanwendung durch **ausländische Gerichte** gilt Art. 40 Abs. 3 nicht. Jedoch macht § 328 **34** Abs. 1 Nr. 4 ZPO die **Anerkennung ausländischer Urteile** davon abhängig, dass der Entscheidungsinhalt nicht dem deutschen ordre public widerspricht. Auf dieser Grundlage hat der BGH einem US-amerikanischen Schadensersatzurteil insoweit die Anerkennung versagt, als der Beklagte zur Zahlung von punitive damages verurteilt wurde.[96] Die Schwelle, bei deren Überschreitung dem ausländischen Urteil die Anerkennung zu versagen ist, liegt höher als diejenige des Art. 40 Abs. 3, denn es ist nicht dasselbe, ob die Entscheidung beispielsweise eines amerikanischen Gerichts (auch) im Interesse des internationalen Rechtsfriedens anzuerkennen ist, oder ob sich ein deutsches Gericht selbst wie eine amerikanische Jury gerieren muss.[97]

---

85 Vgl. BGH VuR 2015, 268 Rn. 14.
86 BGHZ 78, 293, 295 = NJW 1981, 520 ff.; BGH NJW 1975, 1068; NJW 1993, 2047 (2048) = FamRZ 1993, 798 ff.
87 Staudinger/*von Hoffmann* EGBGB Art. 40 Rn. 403; Erman/*Hohloch* Art. 40 Rn. 15.
88 So schon die frühere Rspr., zB BGHZ 87, 95, 103 = NJW 1983, 1972 ff. = IPRax 1984, 30 ff.; Staudinger/*von Hoffmann* EGBGB Art. 40 Rn. 403.
89 BGHZ 87, 95, 103 = NJW 1983, 1972 ff. = IPRax 1984, 30 ff.; BGH NJW 1983, 2771 = VersR 1983, 858 f. = IPRax 1984, 328 f.; Staudinger/*von Hoffmann* EGBGB Art. 40 Rn. 403.
90 Vgl. *Kropholler*, IPR, § 53 IV 3 a, S. 528 f.
91 Eingehend zur Entstehungsgeschichte *Kropholler/von Hein* FS Stoll, 2001, S. 553, 555 ff.

92 BT-Drs. 14/343, S. 12; Staudinger/*von Hoffmann* EGBGB Art. 40 Rn. 411; BeckOK BGB/*Spickhoff* EGBGB Art. 40 Rn. 46; *R. Wagner* IPRax 1998, 429 (433); *Kropholler/von Hein* FS Stoll, 2001, S. 553, 561 ff.
93 Zu dessen wechselvoller Entstehungsgeschichte *G. Wagner* IPRax 2006, 372 (388 ff.); *ders.*, IPRax 2008, 1 (16 f.).
94 BT-Drs. 14/343, S. 12.
95 Vgl. BT-Drs. 14/343, S. 12.
96 Vgl. dazu auch BGHZ 118, 312, 326 ff. = NJW 1992, 3096 ff. = WM 1992, 1451 ff.
97 Vgl. auch OLG Koblenz NJW-RR 2002, 1030 (1031); KG NJW-RR 2002, 1031: kein Zuschlag bei Schmerzgeldbemessung für US-Bürger; aA *Dethloff* FS Stoll, 2001, 481, 484; vorsichtiger *Kropholler/von Hein* FS Stoll, 2001, S. 553, 572.

II. Voraussetzungen

35   **1. Recht eines anderen Staates.** Art. 40 Abs. 3 ist nur anwendbar, wenn der geltend gemachte Schadensersatzanspruch ausländischem Recht unterliegt, weil entweder der Tatort im Ausland belegen ist (Abs. 1) oder die Parteien ihren gewöhnlichen Aufenthalt in demselben ausländischen Staat haben (Abs. 2) oder aus sonstigen Gründen eine enge Verbindung zu einem ausländischen Recht besteht, wie der Wortlaut des Art. 41 Abs. 1 klarstellt. Ob sich Abs. 3 auch gegenüber einer Rechtswahl der Parteien zugunsten ausländischen Rechts durchsetzt, mag prima facie zweifelhaft sein, ist im Ergebnis aber zu bejahen.[98] Schließlich ist auch die Anwendung des Art. 6 sowie die Beachtlichkeit des ordre-public-Einwands der §§ 328 Abs. 1 Nr. 4, 723 Abs. 2 S. 2, 1059 Abs. 2 Nr. 2 b, 1060 Abs. 2 ZPO nicht disponibel (→ Art. 6 Rn. 19 f.).[99]

36   **2. Inlandsbeziehung.** Der Korrektur eines dem an sich anwendbaren ausländischen Recht entsprechenden Ergebnisses mit Rücksicht auf inländische Rechtsprinzipien bedarf es nicht, wenn der Sachverhalt **keinerlei Inlandsbeziehung** aufweist, weil keine der Parteien im Inland ihren gewöhnlichen Aufenthalt hat und auch das geschützte Rechtsgut nicht im Inland belegen ist.[100] Bei der Anwendung des Art. 40 Abs. 3 ist – genauso wie bei Art. 6 (→ Art. 6 Rn. 1)[101] – die **Intensität des Inlandsbezugs** zu berücksichtigen:[102] Je stärker die Inlandsbeziehung ausgeprägt ist, desto geringere Anforderungen sind an die Abweichung von inländischen Gerechtigkeitsvorstellungen zu stellen.

37   **3. Die Vorbehalte im Einzelnen.** Auf der Grundlage von **Nr. 1** können die deutschen Gerichte eine **Überkompensation des Geschädigten** abwenden, indem sie nach ausländischem Recht begründete Ersatzansprüche auf dasjenige Maß zurückführen, das zum Ausgleich des Schadens erforderlich, aber auch ausreichend ist. Vermögensschäden lassen sich in aller Regel anhand objektiver Umstände berechnen, so dass die Unterschiede im internationalen Vergleich hier relativ geringfügig sind.[103] Anders liegt es bei immateriellen Schäden, wie etwa dem Schmerzensgeld, weil die „Umrechnung" von Leiden in Geld nicht ohne Willkür zu bewerkstelligen ist, und die von den Gerichten verschiedener Länder und Kulturen gewährten Beträge deshalb erheblich voneinander abweichen. In diesen Fällen ermöglicht Nr. 1 die Rückführung des Ersatzbetrags in die Nähe des in Deutschland üblichen Niveaus, wenn der nach ausländischem Recht zuzuerkennende Betrag „wesentlich weiter" geht als dies in den Augen des deutschen Rechts zum Ausgleich der Beeinträchtigung erforderlich ist.

38   Auch dem Vorbehalt der **Nr. 2** geht es darum, eine Überkompensation des Geschädigten zu vermeiden. Während der Fehler bei Nr. 1 darauf beruht, dass der Schaden nach ausländischem Recht – aus deutscher Sicht – „falsch", weil zu großzügig berechnet wird, verdankt er sich bei Nr. 2 der Berücksichtigung „fremder" Zwecke. Der deutsche Gesetzgeber geht davon aus, dass die legitime Funktion des Deliktsrechts *ausschließlich* darin besteht, den eingetretenen Schaden wieder auszugleichen.[104] Die Regelung richtet sich damit vor allem gegen die US-amerikanischen **punitive damages** (Strafschadensersatz),[105] die auch der Bestrafung des Schädigers dienen.[106]

39   Art. 40 Abs. 3 **Nr. 3** regelt die Fälle, in denen der ausländische Staat einem haftungsbeschränkend wirkenden internationalen Abkommen nicht beigetreten ist, das für die Bundesrepublik Verbindlichkeit beansprucht.[107] Die deutschen Gerichte sollen hier nicht dazu gezwungen werden, durch Anwendung des ausländischen Rechts die völkerrechtliche Bindung Deutschlands zu negieren. Ob sich diese Rechtsfolge bereits aus Art. 3 Abs. 2 ergibt, mag dahinstehen.[108]

---

98   *Huber* JA 2000, 67 (71); Staudinger/*von Hoffmann* EGBGB Art. 40 Rn. 415; differenzierend *Kropholler/von Hein* FS Stoll, 2001, S. 553, 564 f.

99   Zu § 328 Abs. 1 Nr. 4 ZPO vgl. Zöller/*Geimer*, 28. Aufl. 2010, § 328 Rn. 274, § 722 Rn. 65; zu §§ 1059 Abs. 2 Nr. 2 b, 1060 Abs. 2 ZPO BGHZ 142, 204, 205; zu § 307 ZPO BGHZ 10, 333, 335; allgemein *G. Wagner*, Prozessverträge, 1998, S. 109 ff.

100   *von Hoffmann* IPRax 1996, 1 (8); *Kropholler*, IPR, § 53 IV 6, S. 532 f.; *Kropholler/von Hein* FS Stoll, 2001, S. 553, 563 f.; *Spickhoff* NJW 1999, 2209 (2213).

101   Vgl. auch *Kropholler*, IPR, § 36 II 2, S. 246.

102   Staudinger/*von Hoffmann* EGBGB Art. 40 Rn. 416.

103   Beispiel: BGH IPRax 2001, 230 (233): Berechnung des Vermögensschadens in einem US-amerikanischen Versäumnisurteil – kein Verstoß gegen den ordre public.

104   Dazu eingehend und kritisch *G. Wagner*, Gutachten zum 66. Deutschen Juristentag, 2006, S. A 14, A

20 ff.; *ders.*, Schadensersatz – Zwecke, Inhalte, Grenzen, in E. Lorenz, Karlsruher Forum 2006, S. 9, 18 ff.

105   BGHZ 118, 312, 334 ff. = NJW 1992, 3096 ff. = WM 1992, 1451 ff.; *Kropholler*, IPR, § 53 IV 6, S. 532; *Kropholler/von Hein* FS Stoll, 2001, S. 553, 566; Staudinger/*von Hoffmann* EGBGB Art. 40 Rn. 419; für Subsumtion unter Nr. 1 Erman/*Hohloch* EGBGB Art. 40 Rn. 28; unentschieden BeckOK BGB/*Spickhoff* EGBGB Art. 40 Rn. 47.

106   Eingehend *G. Wagner* AcP 206 (2006), 352, 473 ff.; vgl. auch *Mörsdorf-Schulte*, Funktion und Dogmatik US-amerikanischer punitive damages, 1999, S. 60 ff., 112; *Brockmeier*, Punitive damages, multiple damages und deutscher ordre public, 1999, S. 17 ff.; *Polinsky/Shavell*, 111 Harvard Law Review 869 (1998).

107   BT-Drs. 14/343, S. 12 f.

108   So *Spickhoff* NJW 1999, 2209 (2213); aA Staudinger/*von Hoffmann* EGBGB Art. 40 Rn. 426.

Der Gesetzgeber zielte mit Abs. 3 Nr. 3 insbesondere auch auf Art. 6 des Übereinkommens vom 29.7.1960 **40** über die Haftung gegenüber Dritten auf dem Gebiet der **Kernenergie**.[109] Selbst bei der Maßgeblichkeit eines ausländischen Deliktsstatuts ist die Haftung des Schädigers auf die in diesem Abkommen genannten Tatbestände und Höchstsummen beschränkt.[110]

III. Rechtsfolge

Liegen die Voraussetzungen des Art. 40 Abs. 3 vor, ist der nach ausländischem Recht begründete **Schadens-** **41** **ersatzanspruch** auf den mit den Grundvorstellungen des deutschen Rechts zu vereinbarenden Teil zu **redu-** **zieren**. Da es nur auf die Grundvorstellungen des deutschen Rechts ankommt und nicht jedwede Überschreitung des deutschen Entschädigungsniveaus über Abs. 3 zu korrigieren ist, kann mehr zugesprochen werden, als sich bei Anwendung deutschen Rechts ergeben würde.[111]

F. Persönlichkeitsverletzungen außerhalb des Internet

I. Anwendungsbereich

1. Persönlichkeitsrechte. Grenzüberschreitende Persönlichkeitsverletzungen sind nach Maßgabe des all- **42** gemeinen Deliktsstatuts anzuknüpfen.[112] Der seit der *Marlene-Dietrich*-Entscheidung anerkannte **vermö-** **gensrechtliche Teil** des Allgemeinen Persönlichkeitsrechts[113] dürfte hingegen auch kollisionsrechtlich wie ein Immaterialgüterrecht zu behandeln und nach Maßgabe des Schutzlandprinzips anzuknüpfen sein.[114] Einschlägig wäre dann Art. 8 Rom II-VO. Existenz und Umfang des Persönlichkeitsrechts sind keine selbständig nach Personalstatut anzuknüpfenden **Vorfragen**, so dass sich auch ein Ausländer in Deutschland auf das im Rahmen von § 823 Abs. 1 BGB anerkannte Allgemeine Persönlichkeitsrecht berufen kann.[115] Nur in Fällen der Verletzung des Namensrechts ist zu beachten, dass sich die Berechtigung zum Führen eines Namens als Vorfrage nur anhand der Heimatrechtsordnung des Namensträgers beurteilen lässt (Art. 10 Abs. 1).[116]

2. Datenschutzrecht. Die Vorschriften über die Verarbeitung persönlicher Daten sind öffentlich-rechtli- **43** cher Natur und generieren als solche keine deliktsrechtlich zu qualifizierenden Ansprüche, für die Art. 40 EGBGB maßgeblich sein könnte. Allerdings kann der Verstoß gegen eine datenschutzrechtliche Bestimmung zugleich eine Verletzung des allgemeinen Persönlichkeitsrechts darstellen, die anhand der sogleich darzustellenden Regeln anzuknüpfen ist.[117]

3. Beseitigung, Widerruf, Unterlassung und Gegendarstellung. Für Ansprüche auf Beseitigung **44** (Widerruf) und Unterlassung von Persönlichkeitsverletzungen ist ebenfalls das Deliktsstatut maßgeblich.[118] Anders liegt es beim presserechtlichen **Gegendarstellungsanspruch**, der kein Mittel des privatrechtlichen Interessenausgleichs ist, sondern dem Presserecht angehört.[119] Entscheidend ist daher der Sitz bzw. die Niederlassung des Presseunternehmens.[120] Im Bereich der Fernsehberichterstattung ist dieses Ergebnis europarechtlich durch Art. 23 Abs. 2 der Fernseh-Richtlinie 89/552/EWG vorgeprägt (→ Rn. 46).[121] Dies gilt auch für interlokale Fälle, also die Wahl unter den verschiedenen Landes-Pressegesetzen.[122]

109 Bekanntmachung der Neufassung BGBl. 1985 II, 963, 965 f.
110 *R. Wagner* IPRax 1998, 429 (434).
111 Staudinger/*von Hoffmann* Art. 40 Rn. 421.
112 BT-Drs. 14/343, S. 10; Staudinger/*von Hoffmann* EGBGB Art. 40 Rn. 53 mwN.
113 BGHZ 134, 214 = GRUR 2000, 715 mAnm *G. Wagner*.
114 Eingehend *Ahrens* FS Erdmann, 2002, S. 3, 15 f.
115 Staudinger/*von Hoffmann* EGBGB Art. 40 Rn. 54 mwN; *Sonnenberger* FS Henrich, 2000, S. 575, 582.
116 BT-Drs. 14/343, S. 10; BGHZ 8, 318, 319 f.; insoweit dürfte dieser Entscheidung auch heute noch zu folgen sein; vgl. *Ahrens* FS Erdmann, 2002, S. 3, 11 f.; *Sonnenberger* FS Henrich, 2000, S. 575.
117 MüKoBGB/*Junker* EGBGB Art. 40 Rn. 86.
118 BT-Drs. 14/343, S. 10; BGHZ 131, 332, 335; 138, 311, 317; LG Frankfurt/Main NJW-RR 1994, 1493; Staudinger/*von Hoffmann* EGBGB Art. 40 Rn. 56

mwN; BeckOK BGB/*Spickhoff* EGBGB Art. 40 Rn. 36; *Sonnenberger* FS Henrich, 2000, S. 575, 586; *Fricke*, Der Unterlassungsanspruch gegen Presseunternehmen, 2003, S. 171 ff.
119 Vgl. Staudinger/*von Hoffmann* EGBGB Art. 40 Rn. 70 ff.; aA *Hohloch* ZUM 1986, 165 (176), 179; BeckOK BGB/*Spickhoff* EGBGB Art. 40 Rn. 37; *Stadler* JZ 1994, 642 (646).
120 Staudinger/*von Hoffmann* EGBGB Art. 40 Rn. 75; aA (Deliktsstatut): MüKoBGB/*Junker* EGBGB Art. 40 Rn. 90 f.; BeckOK BGB/*Spickhoff* EGBGB Art. 40 Rn. 36.
121 Vgl. *Basedow* RabelsZ 59 (1995), 1, 40.
122 OLG Hamburg AfP 1976, 29 (30); OLG München AfP 1969, 76 (76); Staudinger/*von Hoffmann* EGBGB Art. 40 Rn. 75; aA (Internationales Deliktsrecht) BeckOK BGB/*Spickhoff* EGBGB Art. 40 Rn. 37.

II. Tatortregel

45 **1. Handlungsort.** Entscheidend ist der Ort der tatbestandsmäßigen deliktischen Handlung, nicht der Ort, an dem diese vorbereitet wird (→ Rn. 17). Das Anfertigen von Fotos ist noch keine Verbreitung gemäß § 22 S. 1 KUG[123] und unter diesem Gesichtspunkt noch kein Eingriff in das Persönlichkeitsrecht, doch kann diese **Vorbereitungshandlung ihrerseits als Eingriff** in die Privatsphäre zu würdigen sein und insoweit einen Handlungsort begründen, wie etwa bei Paparazzi-Aufnahmen im Ausland.[124] Passiv legitimiert ist dann allerdings der Fotograf, nicht der Verlag. Verletzungen des **Namensrechts** werden dort begangen, wo der Name zu Unrecht geführt wird.[125]

46 Das Verfassen eines Briefs oder das Drucken eines Artikels begründen keinen Handlungsort.[126] Bei **Briefdelikten** kommt es auf den Absendeort an,[127] bei **Pressedelikten** nach Ansicht des BGH auf den **Erscheinungsort**,[128] während der EuGH (im Rahmen des Art. 5 Nr. 3 EuGVVO) den Handlungsort mit Recht am **Sitz der Niederlassung** des Presseunternehmens lokalisiert.[129] Normalerweise werden beide Orte zusammenfallen, doch im Konfliktfall muss es darauf ankommen, wo sich die **Verhaltenszentrale** befindet, die über den konkreten Inhalt der Publikation entscheidet, also auf den Sitz des Presseunternehmens oder der für die Publikation verantwortlichen Niederlassung.[130] Darüber hinaus soll nach der deutschen Rechtsprechung auch jeder **Verbreitungsort** als Handlungsort in Betracht kommen,[131] was zu einer Vervielfältigung der anwendbaren Rechtsordnungen führt, die dann mithilfe des Günstigkeitsprinzips in einen Vorteil für den Geschädigten umgemünzt wird, der die für ihn vorteilhafteste Rechtsordnung aus dem gesamten Verbreitungsgebiet heraussuchen darf.[132] Tatsächlich kommt das Verbreitungsgebiet nur unter dem Gesichtspunkt des Erfolgsorts in Betracht, allerdings mit der Einschränkung, dass nur dort Erfolgsorte eröffnet werden, wo der Geschädigte bekannt ist und also einen Ruf zu verlieren hat. Werden diese Grundsätze auf **Rundfunk- und Fernsehsendungen** übertragen, ergibt sich: Handlungsort ist nicht der Ausstrahlungsort im technischen Sinne, sondern derjenige Ort, an dem die Entscheidungen über das „Inverkehrbringen" der Sendung getroffen werden, regelmäßig also der Sitz der jeweiligen Anstalt.[133]

47 **2. Erfolgsort.** Die mit einem Eingriff in Persönlichkeitsrechte verbundene Rechtsgutverletzung tritt dort ein, wo der Eingriff vollendet, bei Ehrverletzungen also der Achtungsanspruch des Geschädigten herabgesetzt wird. Bei Briefdelikten kommt es demnach auf den **Empfangsort** an, an dem von dem Inhalt des Schreibens Kenntnis genommen wird.[134] Der Geschädigte sollte nicht die Möglichkeit haben, den Erfolgsort zu verschieben, indem er den Brief an einen anderen Ort transportiert, um ihn erst dort zu lesen. Entsprechendes gilt für die elektronische Post (**E-Mail**).[135] Presseerzeugnisse verursachen Verletzungserfolge dort, wo sie verbreitet werden und der Achtungsanspruch des Betroffenen beeinträchtigt wird, weil er in diesem Gebiet bekannt ist.[136] Dabei kommt es auf die **bestimmungsgemäße Verbreitung** durch den Verlag an; die eigenmächtige Verbringung von Druckwerken in andere Jurisdiktionen durch Dritte begründet dort keine weiteren Erfolgsorte.[137]

48 **3. Mehrere Erfolgsorte.** Selbst bei Zugrundelegung dieser (restriktiven) Grundsätze haben Mediendelikte häufig eine Vielzahl von Erfolgsorten, sind also **Streudelikte** (→ Rn. 19). Es besteht wohl Einigkeit dahin,

123 Staudinger/*von Hoffmann* EGBGB Art. 40 Rn. 58.

124 In diese Richtung EGMR NJW 2004, 2647 (2649 f.) Nr. 59, 68 („Caroline von Monaco"); BGH NJW 2004, 762.

125 Staudinger/*von Hoffmann* EGBGB Art. 40 Rn. 58.

126 OLG Oldenburg NJW 1989, 400 (401) (Fotos); OLG Hamburg AfP 1998, 643 (643); Staudinger/*von Hoffmann* EGBGB Art. 40 Rn. 58 (Artikel, Brief); aA Soergel/*Lüderitz* EGBGB Art. 38 Rn. 5.

127 BGHZ 40, 391, 394; OLG Karlsruhe WRP 1976, 381; Staudinger/*von Hoffmann* EGBGB Art. 40 Rn. 58; BeckOK BGB/*Spickhoff* EGBGB Art. 40 Rn. 38.

128 BGHZ 131, 332, 335 = NJW 1996, 1128; OLG Hamburg AfP 1998, 643.

129 EuGH 7.3.1995 – Rs. C-68/93 (*Shevill u.a. ./. Presse Alliance S.A.*), Slg 1995, I-415 (461 f.) Nr. 24 f. = NJW 1995, 1881; eingehend dazu Stein/Jonas/*G. Wagner* EuGVVO Art. 5 Rn. 168.

130 *Ehmann/Thorn* AfP 1996, 20 (23); *von Hinden*, Persönlichkeitsverletzung im Internet, 1999, S. 60 f.; *Fricke*, Der Unterlassungsanspruch gegen Presseunternehmen, 2003, S. 217 ff., 226 f.

131 BGH NJW 1977, 1590; BGHZ 131, 332, 335 = NJW 1996, 1128; zustimmend *Sonnenberger* FS Henrich, 2000, S. 575, 583 f.; ähnlich *von Bar*, IPR II, 1991, Rn. 662 ff.; *Schack* UFITA 108 (1988), S. 64 ff.

132 Ablehnend *G. Wagner* RabelsZ 62 (1998), 243, 276 f.; *ders.*, ERPL 2005, 21; *Fricke*, Der Unterlassungsanspruch gegen Presseunternehmen, 2003, S. 243 ff.

133 Staudinger/*von Hoffmann* EGBGB Art. 40 Rn. 58; *Kropholler*, IPR, § 53 V 4, S. 541; BeckOK BGB/*Spickhoff* EGBGB Art. 40 Rn. 38.

134 RGZ 23, 305, 306; Staudinger/*von Hoffmann* EGBGB Art. 40 Rn. 63.

135 Vgl. *von Hinden*, Persönlichkeitsverletzungen im Internet, 1999, S. 112 ff.

136 BGHZ 131, 332, 335 = NJW 1996, 1128 ff.; nach *von Bar*, IPR II, Rn. 664 gibt es bei Persönlichkeitsverletzungen überhaupt keine Erfolgsorte; dagegen *G. Wagner* RabelsZ 62 (1998), 243, 276 f.; *Fricke*, Der Unterlassungsanspruch gegen Presseunternehmen, 2003, S. 190 ff.

137 OLG Düsseldorf NJW-RR 2009, 701.

dass der aus einem schrankenlosen Wahlrecht des Geschädigten folgende „international bonus" zu vermeiden ist; gestritten wird um den richtigen Weg. Wählt der Geschädigte das Erfolgsortstatut gemäß Abs. 1 S. 2, sollen nach dem sog. **Mosaikprinzip** sämtliche Rechtsordnungen gleichzeitig zur Anwendung kommen, jede allerdings beschränkt auf denjenigen Teilschaden, der in ihrem Geltungsbereich eingetreten ist.[138] Diese Ansicht hat die theoretische Exaktheit für sich, dürfte in der Praxis jedoch selbst die besten Anwälte und Richter überfordern.[139] Der Vorschlag, einen **Schwerpunkt-Erfolgsort** am gewöhnlichen Aufenthaltsort des Geschädigten zu bilden,[140] dem sich der EuGH für den Bereich der Internet-Delikte angenähert hat (→ Rn. 50),[141] gewährleistet die Beurteilung des Falles anhand einer einzigen Rechtsordnung, ermöglicht dem Geschädigten jedoch in gewissem Umfang die Beeinflussung des Deliktsstatuts, während sie uU das Presseunternehmen mit einem unvorhersehbaren Deliktsstatut konfrontiert, und wird vor allem den unterschiedlichen Schutzstandards und Bewertungsmaßstäben der verschiedenen (Rechts-) Kulturen nicht gerecht.[142] Es überzeugt nicht, einer in Spanien domizilierten Prinzessin zu erlauben, ihren gesamten, durch Äußerungen in einer schwedischen Fernsehsendung verursachten Schaden nach spanischem Recht zu liquidieren, und zwar selbst dann, wenn die inkriminierte Äußerung nur in Spanien, nicht aber in Schweden als ehrabschneidend angesehen wird. Vorzugswürdig ist es vielmehr, mit dem EuGH die **Kognitionsbefugnis** der Gerichte am Erfolgsortgerichtsstand (Art. 5 Nr. 3 EuGVVO, § 32 ZPO) auf den jeweiligen **lokalen Schaden** zu beschränken und dort ausschließlich die Berufung auf die lex fori zu gestatten. Entsprechend ist die unbeschränkte Zuständigkeit am Handlungsort kollisionsrechtlich zu ergänzen und auch insoweit der Gleichlauf von Zuständigkeit und anwendbarem Recht herzustellen.[143] Dieser Zusammenhang setzt sich auch gegenüber einem gemeinsamen gewöhnlichen Aufenthalt der Parteien trotz Abs. 2 durch.[144]

G. Internet-Delikte

I. Problemstellung

Bei der Kommunikation im Rahmen des Internet macht die Lokalisation von Handlungs- und Erfolgsort besondere Schwierigkeiten, weil die Informationen über die ganze Welt verbreitet werden. Wird die Tatortregel auf das Internet in naturalistisch-naiver Weise angewendet, ergibt sich die gleichzeitige Anwendung sämtlicher Deliktsrechte dieses Planeten und damit die **kumulative Geltung sämtlicher irgendwo auf der Welt normierten Verhaltensstandards**, soweit sie nicht dem ordre public widersprechen. Die Verbreitung von Informationen über das Internet würde damit wesentlich eingeschränkt. Auf die Gefahr, dass der elektronische Geschäftsverkehr über das Internationale Deliktsrecht abgewürgt wird, hat der europäische Gesetzgeber mit der E-Commerce-Richtlinie reagiert (→ Rn. 54 ff.). Im Übrigen ist ihr durch eine normativ angeleitete Konkretisierung der Tatortregel zu begegnen. **49**

II. Tatortregel

1. Allgemeine Grundsätze. In Fortentwicklung seiner Shevill-Rechtsprechung zum europäischen Zuständigkeitsrecht gemäß Art. 5 Nr. 3 aF (Art. 8 Nr. 3 nF) EuGVVO hat der EuGH dem Geschädigten die Befugnis an die Hand gegeben, den gesamten Schaden – alternativ zu den Gerichtsständen am Wohnsitz des Beklagten und am Handlungsort – an einem **Schwerpunkt-Erfolgsort** einzuklagen, und zwar an demjenigen Ort, an dem der Geschädigte den Mittelpunkt seiner Interessen hat. Dieser wird in aller Regel mit dem Ort des gewöhnlichen Aufenthalts identisch sein.[145] Die Übertragung dieser Lösung auf das Kollisionsrecht **50**

---

138 OLG Hamburg NJW-RR 1995, 790 (792); MüKo-BGB/*Junker* EGBGB Art. 40 Rn. 79; *Mankowski* RabelsZ 63 (1999), 203, 269 ff.; *Schack* MMR 2000, 59 (64); *Fricke*, Der Unterlassungsanspruch gegen Presseunternehmen, 2003, S. 253 ff., 264 f.

139 *Prosser*, Interstate Publication, Mich. L. Rev. 51 (1953) 959, 973: „preposterous and unworkable".

140 *Ehmann/Thorn* AfP 1996, 23; *Fuchs* JuS 2000, 879 (881); Staudinger/*von Hoffmann* EGBGB Art. 40 Rn. 61; wohl auch Erman/*Hohloch* EGBGB Art. 40 Rn. 18 a.

141 EuGH 25.10.2011 – C-509/09 (eDate Advertising GmbH) und C-161/10 (Oliver Martinez), NJW 2012, 137 Rn. 47 ff.

142 Ablehnend auch BeckOK BGB/*Spickhoff* EGBGB Art. 40 Rn. 39, *von Hinden*, Persönlichkeitsverletzungen im Internet, 1999, S. 86 ff.; *Fricke*, Der Unterlas-

sungsanspruch gegen Presseunternehmen, 2003, S. 239 f.

143 So, in Anknüpfung an die Entscheidung EuGH 7.3.1995 – Rs. C-68/93 (*Shevill u.a. ./. Presse Alliance S.A.*), Slg 1995, 415 (461 f.) Nr. 30, 33 = NJW 1995, 1881 (1882); *G. Wagner* RabelsZ 62 (1998), 243, 277 ff.; *ders.*, ERPL 2005, 21; *ders.*, IPRax 2006, 372 (385 f.); *R. Wagner* EuZW 1999, 709 (712); *Mankowski* RabelsZ 63 (1999), 203, 274 ff.; ablehnend Staudinger/*von Hoffmann* EGBGB Art. 40 Rn. 60; *Fricke*, Der Unterlassungsanspruch gegen Presseunternehmen, 2003, S. 312 ff., 324 f.

144 Von einem anderen Ansatz (Mosaikprinzip) ausgehend genauso *Fricke*, Der Unterlassungsanspruch gegen Presseunternehmen, 2003, S. 266 ff.

145 EuGH 25.10.2011 – C-509/09 (eDate Advertising GmbH) und C-161/10 (Oliver Martinez), NJW 2012, 137 Rn. 47 ff.

ließe sich wohl nur in der Weise gewährleisten, dass das Recht des Schwerpunkt-Erfolgsorts die konkurrierenden Erfolgsortrechte vollständig verdrängt. Das Recht des Schwerpunkt-Erfolgsorts wäre dann auch für die Rechtslage an den übrigen Erfolgsorten maßgeblich, das **Mosaikprinzip** also aufgegeben. Die Alternativlösung besteht darin, den Schwerpunkt-Erfolgsort nur auf die gerichtliche Zuständigkeit zu beziehen und kollisionsrechtlich die jeweiligen nationalen Deliktsrechte an den verschiedenen Erfolgsorten jeweils für den im eigenen Territorium entstandenen Schaden zu berufen. Letzteres entspräche der Rechtslage bei Verletzungen von Rechten des geistigen Eigentums, für die Art. 8 Rom II-VO dem Schutzlandprinzip folgt.

51 Geht es um die Haftung des **Netzbetreibers**, so gilt der Standort des Servers bzw. Providers als Handlungsort.[146] Anbieter fremder Inhalte („**host provider**") haften nach dem Recht des Ortes ihrer „Verhaltenszentrale", an dem über die Verbreitung in Ausübung einer redaktionellen Verantwortung entschieden worden ist.[147] Dabei gilt die widerlegliche Vermutung, dass die Einspeisung von natürlichen Personen an ihrem gewöhnlichen Aufenthaltsort, bei Medienunternehmen am Sitz der Hauptverwaltung oder der verantwortlichen Niederlassung bewirkt worden ist.[148] Das gilt auch für Verstöße gegen **Datenschutzvorschriften**, die eine Verletzung des allgemeinen Persönlichkeitsrechts zur Folge haben.[149]

52 **Erfolgsorte** eines Internet-Delikts sind nicht sämtliche Orte, an denen die Netzseite von einem Nutzer aufgerufen werden kann,[150] sondern das **Gebiet bestimmungsgemäßer Abrufbarkeit der Information**.[151] Die Annahme bestimmungsgemäßer Verbreitung der netzbasierten Information in einer bestimmten Jurisdiktion erfordert keinen entsprechenden Vorsatz des Verletzers, sondern es reicht aus, wenn nach dem Inhalt der Informationen mit der Kenntnisnahme durch entsprechende Nutzer zu rechnen ist.[152] Dafür ist mindestens erforderlich, dass sich das Angebot seiner sprachlichen Fassung nach an Nutzer aus diesem Staat wendet. Bei Persönlichkeitsverletzungen ist das so bestimmte Verbreitungsgebiet sodann auf diejenigen **Staaten zu reduzieren, in denen der Geschädigte bekannt ist** (vgl. auch → Rn. 48).[153] Denn nur dort kollidiert das Interesse des Klägers „an der Unterlassung der sein Persönlichkeitsrecht berührenden Veröffentlichung mit dem Interesse der Beklagten an der Gestaltung ihres Internetauftritts und an einer Berichterstattung".[154]

53 In einer Entscheidung zu § 32 ZPO hat der BGH die bloße Abrufbarkeit der inkriminierten Website im Inland für die Erfolgsortzuständigkeit dementsprechend nicht ausreichen lassen.[155] Eine bestimmungsgemäße Ausrichtung des Informationsangebots auf das Inland sei allerdings auch nicht zu verlangen.[156] Vielmehr sei entscheidend, ob „eine Kenntnisnahme von der beanstandeten Meldung nach den Umständen des konkreten Falls im Inland erheblich näherliegt, als dies aufgrund der bloßen Abrufbarkeit des Angebots der Fall wäre [...], und die vom Kl. behauptete Beeinträchtigung seines Persönlichkeitsrechts durch Kenntnisnahme von der Meldung (auch) im Inland eintreten würde".[157] Insofern ist nach Ansicht des BGH bereits die Kenntnisnahme durch „eine Person" im Umkreis des Geschädigten ausreichend.[158] Auf dieser Grundlage wurde die Veröffentlichung einer in kyrillischer Schrift und russischer Sprache abgefassten Meldung über eine aus Russland stammende und im Inland ansässige Person als nicht ausreichend für die Begründung der Zuständigkeit deutscher Gerichte angesehen,[159] wohl aber die Veröffentlichung einer Information

---

146 *Gounalakis/Rhode*, Persönlichkeitsschutz im Internet, 2002, Rn. 13; *Spickhoff*, Das IPR der sog. Internetdelikte, in Leible, Die Bedeutung des IPR im Zeitalter der neuen Medien, 2003, S. 89, 97; BeckOK BGB/*Spickhoff* EGBGB Art. 40 Rn. 42.

147 *Gounalakis/Rhode*, Persönlichkeitsschutz im Internet, 2002, Rn. 12; *von Hinden*, Persönlichkeitsverletzungen im Internet, 1999, S. 64 ff.; *Mankowski* RabelsZ 63 (1999), 202, 257 f.; MüKoBGB/*Junker* EGBGB Art. 40 Rn. 75; *Spickhoff*, Das IPR der sog. Internetdelikte, in Leible, Die Bedeutung des IPR im Zeitalter der neuen Medien, 2003, S. 89, 97.

148 *von Hinden*, Persönlichkeitsverletzungen im Internet, 1999, S. 71 f.

149 MüKoBGB/*Junker* EGBGB Art. 40 Rn. 88.

150 So aber *Mankowski* RabelsZ 63 (1999), 202, 269; BeckOK BGB/*Spickhoff* EGBGB Art. 40 Rn. 43; MüKoBGB/*Junker* EGBGB Art. 40 Rn. 78: „Wer potenziell weltweit tätig wird, muss auch das weltweite Rechtsanwendungsrisiko tragen."

151 *Pichler* in Hoeren/Sieber, Handbuch Multimedia-Recht, 2004, Teil 25 Rn. 198 ff., insbesondere 211 („objektiv bestimmungsgemäße Ausrichtung"); *Gounalakis/Rhode*, Persönlichkeitsschutz im Internet, 2002, Rn. 16, 20; aA (zum Zuständigkeitsrecht) BGH GRUR 2010, 261 (263) Nr. 18; *von Hinden*,

Persönlichkeitsverletzungen im Internet, 1999, S. 146 ff.; *Mankowski* RabelsZ 63 (1999), 202, 272 ff.: Interessenkollision.

152 Im Ergebnis nicht wesentlich anders BGH GRUR 2010, 261 (263) Nr. 21 ff., zum Recht der internationalen Zuständigkeit.

153 AA *von Hinden*, Persönlichkeitsverletzungen im Internet, 1999, S. 144 ff.

154 BGH NJW 2012, 2197 Rn. 31. Vgl. auch BGHZ 217, 350 Rn. 24 = NJW 2018, 2324.

155 So zum Recht der internationalen Zuständigkeit BGHZ 184, 313 Rn. 17 = NJW 2010, 1752; BGH GRUR 2010, 261 (264) Nr. 20 ff.; NJW 2010, 1752 (1753) Nr. 17 f.; BGH NJW 2011, 2059 (2060) Rn. 13.

156 AA OLG Düsseldorf NJW-RR 2009, 701 ff.

157 BGHZ 184, 313 Rn. 20 = NJW 2010, 1752; BGHZ 191, 219 Rn. 11 = NJW 2012, 148; BGH NJW 2010, 1752 (1754) Nr. 20; BGH NJW 2011, 2059 (2060) Rn. 8; ähnlich BGH GRUR 2010, 261 (264) Nr. 21; BGHZ 197, 213 Rn. 7 = NJW 2013, 2348: Interessenkollision im Einzelfall.

158 BGH NJW 2010, 1752 (1754) Nr. 24; kritisch *Staudinger* NJW 2010, 1754 f.

159 BGH NJW 2011, 2059 (2060 f.) Rn. 11 ff.

in der Online-Ausgabe der New York Times, die in Deutschland von knapp 15.000 Nutzern gelesen wird.[160] – Diese Kriterien sind grundsätzlich auch für das Kollisionsrecht der Persönlichkeitsrechtsverletzungen im Internet geeignet, zumal sich durch Kongruenz ein Gleichlauf von gerichtlicher Zuständigkeit und anwendbarem Recht erzielen lässt. Im Interesse der Steuerungsfunktion der Haftung wäre es jedoch vorzugswürdig, im Sinne der oben (→ Rn. 52) dargestellten Grundsätze stärker auf die Ausrichtung des Informationsangebots auf das Inland abzustellen, wie dies in der Rechtsprechung zur Verletzung von Immaterialgüterrechten anerkannt ist.[161]

2. Elektronischer Geschäftsverkehr im Binnenmarkt. Für Teledienste, die aus Mitgliedstaaten der EU   **54** heraus erbracht werden, wird das Internationale Deliktsrecht durch die **E-Commerce-Richtlinie** modifiziert.[162] In Art. 3 Abs. 1 der Richtlinie heißt es, jeder Mitgliedstaat müsse dafür Sorge tragen, dass die in seinem Staatsgebiet niedergelassenen Diensteanbieter das dort geltende Recht einhalten, und Abs. 2 fügt hinzu, ein Mitgliedstaat dürfe den freien Dienstleistungsverkehr aus einem anderen Mitgliedstaat nicht aus Gründen einschränken, die in den koordinierten Bereich fallen.[163] Wie sich im Umkehrschluss aus dem Anhang zur Richtlinie ablesen lässt, umfasst der koordinierte Bereich auch die **Haftung für Persönlichkeitsverletzungen.**[164] Unberührt durch die E-Commerce-Richtlinie bleiben ferner ua die Rechtswahlfreiheit (Anhang, Lemma 5) sowie der Schutz der Menschenwürde (Art. 3 Abs. 4 lit. a) i) Lemma 1), die in diesem Kontext aber nicht den gesamten Bereich deliktsrechtlichen Persönlichkeitsschutzes umfassen.[165]

Art. 3 erlaubt den Schluss, die Tatortregel werde bei Internet-Delikten im Binnenmarkt durch das **Her-**   **55** **kunftslandprinzip** abgelöst, nach dem der Anbieter einer Ware oder Dienstleistung, die in ihrem Herkunftsland rechtmäßig in den Verkehr gebracht worden ist, im Ausland selbst dann nicht mit Haftung belegt werden darf, wenn sie dort Schäden verursacht.[166] Allerdings enthält Art. 1 Abs. 4 der E-Commerce-Richtlinie die „Klarstellung", die Richtlinie schaffe keine zusätzlichen Regeln im Bereich des internationalen Privatrechts.[167] Der Widerspruch zu Art. 3 RL ist kein Redaktionsversehen, sondern Ausdruck der rechtspolitischen Kämpfe in Brüssel bzw. des am Ende des Gesetzgebungsverfahrens vereinbarten Waffenstillstands.[168] Nach einer Ansicht ist er zugunsten des Herkunftslandprinzips aufzulösen, so dass Art. 3 Abs. 1, 2 RL als **Kollisionsnorm** zu lesen ist, die auf das Sachrecht des Niederlassungsstaats verweist.[169] Die Gegenauffassung versteht Art. 3 Abs. 2 der Richtlinie als **europarechtliche Anwendungsschranke,**[170] nach der aufgrund des IPR berufene, in ihrer Substanz aber gemeinschaftswidrige Sachnormen nicht zur Anwendung kommen, die aufgrund des Tatort- oder Marktortprinzips anwendbar wären, soweit das Marktortrecht schärfere Anforderungen stellt als das Recht des Herkunftslands.[171] Der deutsche Gesetzgeber hat sich nicht in der Lage gesehen, diesen Streit zu lösen, sondern hat den innerhalb der Richtlinie bestehenden Widerspruch in das deutsche Recht übernommen: Während § 3 TMG das Herkunftslandprinzip normiert und davon in § 3 Abs. 3 Nr. 2, 4 zwar das Vertragsrecht und den Datenschutz, nicht aber die außervertragliche Haftung für Persönlichkeitsverletzungen ausnimmt, insistiert § 1 Abs. 5 TMG darauf, dass das Kollisionsrecht nicht angetastet werde.

In Übereinstimmung mit der **Rechtslage im primären Gemeinschaftsrecht und der Rechtsprechung des**   **56** **EuGH** ist der Interpretation des Herkunftslandprinzips als **Anwendungsschranke** der Vorzug zu geben.[172]

160 BGH NJW 2010, 1752 (1754) Nr. 21 ff.
161 BGHZ 184, 313 Rn. 18 = NJW 2010, 1752; zur gerichtlichen Zuständigkeit bei Immaterialgüterrechtsverletzungen über das Internet BGHZ 167, 91 Rn. 21.
162 Richtlinie 2000/31/EG v. 8.6.2000; umgesetzt durch das Gesetz über rechtliche Rahmenbedingungen für den elektronischen Geschäftsverkehr (EGG) v. 14.12.2001, BGBl. 3721. Die einschlägigen Regelungen finden sich jetzt im Gesetz über die Nutzung von Telediensten – TDG.
163 Zu dessen Umfang Lurger/Vallant RIW 2002, 188 (189).
164 So auch BGH GRUR 2010, 261 (264 f.) Nr. 25 ff.; Mankowski IPRax 2002, 257 (265).
165 Spickhoff, Das IPR der sog. Internetdelikte, in Leible, Die Bedeutung des IPR im Zeitalter der neuen Medien, 2003, S. 89, 115 f.
166 Zu den primärrechtlichen Grundlagen des Herkunftslandprinzips vgl. oben Rn. 20 mit Fn. 52.
167 Vgl. auch Erwägungsgrund Nr. 23 zur Richtlinie.
168 Scharf Mankowski IPRax 2002, 257: „bewusste Irreführung"; § 1 Abs. 4 RL als eine „Art gesetzgeberi-

scher falsa demonstratio"; Halfmeier ZEuP 2001, 837 (862): „gespielte Unschuld".
169 Kegel/Schurig, IPR, § 18 I, S. 682; Mankowski ZVglRWiss 100 (2001), 137, 138 ff.; ders., IPRax 2002, 257; Spickhoff, Das IPR der sog. Internetdelikte, in Leible, Die Bedeutung des IPR im Zeitalter der neuen Medien, 2003, S. 89, 119 f.; Thünken IPRax 2001, 15 (19 f.).
170 So, mit Abweichungen im Detail, Looschelders EGBGB Art. 40 Rn. 99 f.; Staudinger/Fezer, Internationales Wirtschaftsrecht, Rn. 449; Fezer/Koss IPRax 2000, 349; Halfmeier ZEuP 2001, 837 (864 f.); Staudinger/von Hoffmann EGBGB Art. 40 Rn. 299; Ohly GRUR-Int 2001, 899 (902 ff.); Sack WRP 2000, 269 (280 f.); wohl auch Spindler IPRax 2001, 400 (401); ders., ZHR 165 (2001), 324, 334 ff.; ders., NJW 2002, 921 (926).
171 Zu weiteren – sehr komplizierten – Vorschlägen in der Literatur vgl. den Überblick bei Mankowski IPRax 2002, 257 (261 ff.).
172 EuGH 25.10.2011 – C-509/09 (eDate Advertising GmbH) und C-161/10 (Oliver Martinez), NJW 2012, 137 Rn. 58 ff.; BGH NJW 2012, 2197 Rn. 23 ff.

Die ausschließliche Anwendung der Rechtsordnung des Herkunftslandes ist überflüssig, wenn die Rechtsordnung am Markt- oder Erfolgsort keine schärferen Anforderungen statuiert als diejenige am Herkunftsort. Sie mag sich für den Diensteanbieter sogar negativ auswirken, wenn die Anforderungen am Markt- oder Erfolgsort großzügiger sind als im Herkunftsland. Vor allem aber erlaubt Art. 3 Abs. 4 lit. a) RL den Marktort- bzw. Erfolgsortstaaten die Sanktionierung auch solcher Dienste, die im Herkunftsstaat rechtmäßig sind, wenn die Maßnahmen bestimmten Allgemeinwohlbelangen dienen. Letzteres setzt die Anwendbarkeit von Erfolgsortrecht voraus und entspricht dem aus dem Primärrecht gewohnten Schema, das zunächst einen Eingriff in Grundfreiheiten durch mitgliedstaatliches Recht feststellt (Art. 34, 56 AEUV), um sodann dessen Rechtfertigung durch zwingende Gründe des Allgemeinwohls (Art. 36, 62, 52 AEUV) zu prüfen.[173] Wie der **EuGH** klargestellt hat, verlangt Art. 3 Abs. 2 der E-Commerce-Richtlinie „keine Umsetzung in Form einer speziellen Kollisionsnorm"; allerdings müssen „die Mitgliedstaaten vorbehaltlich der bei Vorliegen der Voraussetzungen des Art. 3 Abs. 4 der Richtlinie gestatteten Ausnahmen im koordinierten Bereich sicherstellen, dass der Anbieter eines Dienstes des elektronischen Geschäftsverkehrs keinen strengeren Anforderungen unterliegt, als sie das im Sitzmitgliedstaat dieses Anbieters geltende Sachrecht vorsieht."[174] Folgerichtig enthält auch § 3 TMG keine Kollisionsnorm, sondern es bleibt auch im elektronischen Geschäftsverkehr bei den Anknüpfungsregeln der Art. 40 ff. EGBGB.[175]

57 Im Anwendungsbereich des Art. 3 RL, § 3 TMG sollten die deutschen **Anwälte und Gerichte also in 4 Schritten** vorgehen:[176] **(1)** Zunächst ist das anwendbare Recht mithilfe des deutschen IPR, also der Marktort- bzw. Tatortregel zu ermitteln. **(2)** Ergibt sich die Anwendbarkeit des deutschen Sachrechts und ist das Verhalten des Diensteanbieters danach rechtmäßig, ist die Klage abzuweisen. **(3)** Ist das Verhalten nach deutschem Sachrecht rechtswidrig, ist das Recht des Herkunftslandes zu ermitteln (§ 293 ZPO) und anzuwenden. Lässt sich danach ebenfalls eine Haftung begründen, ist der Klage stattzugeben. **(4)** Verpflichtet das Verhalten nach ausländischem Heimatrecht nicht zum Schadensersatz, ist zu prüfen, ob die Anwendung deutschen Rechts im Lichte der Art. 3 Abs. 4 RL, § 3 Abs. 5 TMG gerechtfertigt ist. Ist dies nicht der Fall, ist die Klage abzuweisen.

H. Kernenergieschäden

I. Internationale Übereinkommen

58 Die Haftung für Schäden durch Kernenergie ist in einer Reihe internationaler Übereinkommen geregelt. Zu nennen sind folgende Rechtsakte:

– Das **Pariser Übereinkommen** vom 29.7.1960 über die Haftung gegenüber Dritten auf dem Gebiet der Kernenergie in der Fassung des Zusatzprotokolls vom 28.1.1964.[177] Das Änderungsprotokoll vom 16.11.1982 (BGBl. 1985 II S. 691) ist am 25.9.1985 ratifiziert (BGBl. II S. 690) und seine innerstaatliche Geltung durch Art. 1 der Haftungsnovelle zum Atomgesetz vom 22.5.1985 (BGBl. II S. 781) angeordnet worden.

– Das **Brüsseler Zusatzabkommen** zum Pariser Übereinkommen vom 31.1.1963 in der Fassung des Zusatzprotokolls vom 28.1.1964 (BGBl. 1975 II S. 957 und BGBl. 1976 II S. 308), sowie des Änderungsprotokolls vom 16.11.1982 (BGBl. 1985 II S. 970).

– Das **Brüsseler Kernmaterial-Seetransport-Übereinkommen** vom 17.12.1971.[178]

– Das **Brüsseler Reaktorschiff-Übereinkommen** vom 25.5.1962 (BGBl. 1975 II S. 977) ist zwar durch die BRD noch nicht ratifiziert, durch § 25 a AtG aber inhaltlich übernommen worden.

59 Das Haftungssystem des Pariser Übereinkommens beruht auf dem Prinzip der **Haftungskanalisierung** auf den Inhaber der Kernanlage. Folgerichtig hat die Haftung gemäß Art. 3, 6 Abs. c (ii) PÜ exklusiven Charakter, schließt also die Deliktshaftung aus.[179] Kollisionsrechtlich genießt das PÜ gemäß Art. 3 Nr. 2 EGBGB den Vorrang vor den Art. 40 ff. EGBGB.

---

173 Vgl. nur *Herdegen*, Europarecht, 16. Aufl. 2014, § 15, Rn. 1 ff.; mit Blick auf Wettbewerbsbeschränkungen *Grandpierre*, Herkunftsprinzip contra Marktortanknüpfung, 1999, S. 19 ff.; *Dethloff*, Europäisierung des Wettbewerbsrechts, 2001, S. 143 ff., 177 ff., 220 ff., 245 ff.

174 EuGH 25.10.2011 – C-509/09 (eDate Advertising GmbH) und C-161/10 (Oliver Martinez), NJW 2012, 137 Rn. 63, 68.

175 EuGH, C-509/09 Rn. 60 ff. = NJW 2012, 137 – eDate Advertising; BGH NJW 2012, 2197 Rn. 23 ff., 30; BGHZ 217, 350 Rn. 23 = NJW 2018, 2324.

176 *Halfmeier* ZEuP 2001, 837 (864 f.).

177 RatifizG v. 8.7.1975, BGBl. II S. 957; Bek. v. 4.2.1976, BGBl. II S. 308.

178 RatifizG v. 8.7.1975, BGBl. II S. 957; Bek. v. 4.2.1976, BGBl. II S. 307; Text mit deutscher Übersetzung in BGBl. 1975 II S. 1026.

179 Eingehend *Däubler*, Haftung für gefährliche Technologien, 1988, S. 4 ff.; vgl. auch *Will*, Quellen erhöhter Gefahr, 1980, S. 26.

II. Kollisionsrecht

Soweit sich die Haftung des Inhabers einer Kernanlage **ergänzend nach nationalem Recht** bestimmt (in **60** Deutschland: § 25 AtG), ist kollisionsrechtlich nicht Art. 7 Rom II-VO, sondern das autonome Recht anzuwenden. Die Anwendung des europäischen Kollisionsrechts ist durch Art. 1 Abs. 2 lit. f) Rom II-VO ausgeschlossen. Insofern ist nicht auf Art. 40 EGBGB zurück zu greifen, sondern primär einschlägig sind **die Spezialregelungen des § 40 AtG**.[180] Gemäß § 40 Abs. 1 AtG kommt das deutsche Atom-Haftungsrecht ergänzend zur Anwendung, wenn im Inland eine Klage gegen den Inhaber einer Kernanlage erhoben wird, die in einem (anderen) Vertragsstaat des PÜ belegen ist. Dies gilt ausweislich des § 40 Abs. 2 AtG allerdings nicht für eine Reihe wichtiger Einzelfragen, wie die Identifizierung des Inhabers der Kernanlage, die Limitierung des Haftungsumfangs, die Verjährung von Ersatzansprüchen, die Entscheidung über die Ersatzfähigkeit von Schäden, die in Drittstaaten eingetreten sind, und von Schäden, die durch eine sonstige Strahlungsquelle verursacht worden sind. Insofern ist das Recht des Vertragsstaats, in dem die Kernanlage gelegen ist, berufen.

Art. 40 EGBGB ist somit nur dann anzuwenden, wenn die Haftung des Inhabers einer Kernanlage in Rede **61** steht, die in einem **Drittstaat**, der nicht Vertragsstaat des Pariser Übereinkommens ist, **belegen** ist. In Umkehrung des Ubiquitätsprinzips des Art. 7 Rom II-VO, das primär das Recht des Erfolgsorts beruft, ist im Rahmen des autonomen Rechts grundsätzlich das Recht des Handlungsorts berufen. Dem Geschädigten bleibt es unbenommen, zugunsten des Erfolgsortrechts zu optieren.

III. Grenzüberschreitende Wirkung von Genehmigungen

Wegen des für das internationale öffentliche Recht immer noch maßgebenden Territorialitätsprinzips wird **62** ausländischen Anlage- und **Emissionsgenehmigungen von der Rechtsprechung** die Anerkennung versagt,[181] während in der Literatur gefordert wird, Anlagegenehmigungen des Auslands zumindest im Rahmen des Privatrechts anzuerkennen.[182] Dabei wird mitunter übersehen, dass nach deutschem Deliktsrecht die öffentlich-rechtliche Genehmigung eines Verhaltens als solche Rechtsgutsverletzungen nicht zu rechtfertigen und Ersatzansprüche Drittbetroffener nicht auszuschließen vermag.[183] Anders verhält es sich zwar bei privatrechtsgestaltenden Genehmigungen nach Art der immissionsschutzrechtlichen Anlagegenehmigung, doch dann wird die Beschränkung deliktischer und nachbarrechtlicher Abwehrrechte (§§ 7 Abs. 6 AtG, 14 S. 1 BImSchG) durch die Gewährung verschuldensunabhängiger Aufopferungs-Entschädigungsansprüche kompensiert (§§ 7 Abs. 6 AtG, 14 S. 2 BImSchG).[184] Soweit es im ausländischen Genehmigungsstatut an solchen kompensatorischen Ansprüchen fehlt, kommt die Anerkennung der Legalisierungswirkung der Genehmigung im Verhältnis zu Deliktsansprüchen des deutschen Rechts folglich nicht in Betracht;[185] steht die Aufopferungshaftung indessen auch nach Auslandsrecht zur Verfügung, wird schon das Handlungsortrecht selbst zum Erfolg der Klage führen. Die ausländische Genehmigung entfaltet ihre Wirkung also nur im Rahmen des Handlungsortrechts,[186] nicht aber dann, wenn der Geschädigte seinen Anspruch auf (deutsches) Erfolgsortrecht stützt.[187]

Anders liegt es in Bezug auf **Unterlassungs- und Beseitigungsansprüche**, die vor inländischen Gerichten **63** gegen ausländische Anlagenbetreiber geltend gemacht werden. Soweit die ausländische Anlagengenehmigung Unterlassungsansprüche ausschließt – was regelmäßig der Fall ist – scheitert der Kläger zwar auf der Basis des Handlungsortrechts, offenbar aber nicht bei der gemäß Art. 44, 40 Abs. 1 S. 2 zulässigen Berufung auf deutsches Erfolgsortrecht. Mit der Vollstreckung des Unterlassungsurteils im Genehmigungsstaat wird der im Inland erfolgreiche Kläger allerdings scheitern. Zur Vermeidung eines derart sinnlosen Urteils mag es geboten sein, die Präklusionswirkung gegenüber nachbarlichen Abwehransprüchen, die der Genehmigung durch das ausländische Verwaltungsrecht verliehen wird, auch im Inland anzuerkennen, wenn die oben (→ Rn. 62) genannten Äquivalenzbedingungen erfüllt sind.[188] Insbesondere die Voraussetzung der

180 *Kloepfer/Kohler*, Kernkraftwerk und Staatsgrenze, 1981, S. 142 f.; *Kühne* NJW 1986, 2139 (2141); Staudinger/*von Hoffmann* EGBGB Art. 40 Rn. 149.

181 BGH DVBl. 1979, 226, 227 f.; OLG Saarbrücken NJW 1958, 752 (754).

182 *Hager* RabelsZ 53 (1989), 306; Staudinger/*von Hoffmann* EGBGB Art. 40 Rn. 169 f.; *Meessen* AöR 110 (1985), 398, 417; *Siehr* RabelsZ 45 (1981), 377, 387; BeckOK BGB/*Spickhoff* EGBGB Art. 44, Rom II-VO Art. 7 Rn. 6; *Wandt* VersR 1998, 529 (533).

183 MüKoBGB/*G. Wagner* § 823 Rn. 77, 450 f.

184 Eingehend zu diesem Nexus *G. Wagner*, Öffentlich-rechtliche Genehmigung und privatrechtliche Rechtswidrigkeit, 1989, S. 123 ff., 262 ff.

185 Übereinstimmend *Pfeiffer*, Jahrbuch des Umwelt- und Technikrechts 2000, S. 263, 307.

186 *Hager* RabelsZ 53 (1989), 293, 301; *Pfeiffer*, Jahrbuch des Umwelt- und Technikrechts 2000, S. 263, 283 f.

187 So wohl auch *Siehr* RabelsZ 45 (1981), 377, 386.

188 Vgl. Fn. 160.

Verfahrensbeteiligung ist jedoch ernst zu nehmen; den ausländischen Nachbarn sind effektive und fair ausgestaltete Anhörungs- und Einwendungsbefugnisse einzuräumen.

I. Staatshaftung

64 Im Bereich der Amtshaftung gilt die Tatortregel nicht, sondern maßgeblich für die kollisionsrechtliche Anknüpfung ist – vorbehaltlich staatsvertraglicher Sonderregelungen[189] – das **Recht des Amtsstaates**.[190] Jeder Staat legt kraft seiner Souveränität die Voraussetzungen fest, unter denen er privaten Dritten für Schäden infolge von Amtspflichtverletzungen seiner Beamten einzustehen bereit ist. Dies gilt auch dann, wenn die Amtspflichtverletzung im Ausland begangen wurde.[191] Die Anknüpfung an das Recht des Amtsstaates erstreckt sich auch auf die persönliche Haftung des Amtsträgers.[192] Sowohl für die Staatshaftung wie für die persönliche Beamtenhaftung gilt hingegen das Deliktsstatut, wenn es um die Ersatzpflicht für **privatrechtliches Handeln** geht.[193] Die Ersatzpflicht für Delikte von Angehörigen der in Deutschland stationierten **ausländischen Streitkräfte** richtet sich nach Art. VIII NATO-Truppenstatut. Danach wird die persönliche Haftung durch eine Staatshaftung des Entsendestaates abgelöst, für den im Streitfall die Bundesrepublik als Prozessstandschafter auftritt.[194] Eine Individualhaftung der Bundesrepublik Deutschland gegenüber den ausländischen Betroffenen von **Kriegsschäden und Kriegsverbrechen deutscher Truppen im Zweiten Weltkrieg** besteht nicht.[195] Gleiches gilt für Schäden, die Angehörige der Bundeswehr bei **Auslandseinsätzen** zulasten der dortigen Zivilbevölkerung verursachen.[196]

Art. 41 EGBGB Wesentlich engere Verbindung

(1) Besteht mit dem Recht eines Staates eine wesentlich engere Verbindung als mit dem Recht, das nach den Artikeln 38 bis 40 Abs. 2 maßgebend wäre, so ist jenes Recht anzuwenden.

(2) Eine wesentlich engere Verbindung kann sich insbesondere ergeben

1. aus einer besonderen rechtlichen oder tatsächlichen Beziehung zwischen den Beteiligten im Zusammenhang mit dem Schuldverhältnis oder

2. in den Fällen des Artikels 38 Abs. 2 und 3 und des Artikels 39 aus dem gewöhnlichen Aufenthalt der Beteiligten in demselben Staat im Zeitpunkt des rechtserheblichen Geschehens; Artikel 40 Abs. 2 Satz 2 gilt entsprechend.

Literatur: Vgl. die Angaben bei Art. 40.

A. Allgemeines 1
    I. Normzweck und Anwendungsbereich 1
    II. Sachnormverweisung 4
    III. Prozessuale Geltendmachung 5
B. Die akzessorische Anknüpfung gemäß
    Art. 41 Abs. 2 Nr. 1 6
    I. Zweck 6
    II. Sonderbeziehung 8
C. Generalklausel, Abs. 1 10

189 Dazu Staudinger/*von Hoffmann* EGBGB Art. 40 Rn. 107 ff.

190 BVerfG NJW 2006, 2542 (2543); BGH NJW 1976, 2074 = WM 1976, 1137 ff.; BGHZ 70, 7 ff. = NJW 1978, 495; VersR 1982, 185 f.; BGHZ 155, 279, 293 = NJW 2003, 3488 (3491 ff.); OLG Köln NJW 1999, 1555 (1556); LG Rostock IPRax 1996, 125 (127); *Mansel* IPRax 1987, 210 (214); *Schurig* JZ 1982, 385 (387 ff.); *Kropholler*, IPR, § 53 IV 7, S. 534; BeckOK BGB/*Spickhoff* EGBGB Art. 40 Rn. 9.

191 Erman/*Hohloch* EGBGB Art. 40 Rn. 20; Soergel/*Lüderitz* EGBGB Art. 38 Rn. 69; zustimmend BT-Drs. 14/434, S. 10.

192 Vgl. BT-Drs. 14/343 S. 10, rechte Spalte; BGH NJW 1976, 2074 = WM 1976, 1137 ff.; OLG Köln NJW 1999, 1556; LG Rostock NJ 1995, 490; Palandt/*Thorn* EGBGB Art. 40 Rn. 11; *Kropholler*, IPR, § 53 IV 7, S. 534.

193 Staudinger/*von Hoffmann* EGBGB Art. 40 Rn. 110; *Kropholler*, IPR, § 53 IV 7, S. 534.

194 Vgl. OLG Hamburg VersR 2001, 996; Staudinger/*von Hoffmann* EGBGB Art. 40 Rn. 115 ff.

195 BGHZ 155, 279 = NJW 2003, 3488; bestätigt durch BVerfG NJW 2006, 2542; vgl. auch EGMR NJW 2004, 273 – Distomo; ablehnend *Halfmeier* RabelsZ 68 (2004), 653, 669 ff.

196 LG Bonn NJW 2004, 525.

A. Allgemeines

I. Normzweck und Anwendungsbereich

Die Anknüpfungsregeln der Art. 38 ff. sind ein Versuch des Gesetzgebers, für bestimmte Fallgruppen bzw. **1** Anspruchsarten diejenige Rechtsordnung zu identifizieren, mit der der Sachverhalt am engsten verbunden ist. Angesichts der Vielgestaltigkeit der Fälle stellt ein solches Vorhaben eine Gradwanderung zwischen detailgetreuen, dafür aber sachlich angemessenen und in ihren Ergebnissen vorhersehbaren Einzelregelungen und abstrakten Generalisierungen dar ($\rightarrow$ Art. 40 Rn. 6). Soweit die Art. 38 ff. spezielle Anknüpfungsentscheidungen enthalten, ermöglicht Art. 41 ihre **Korrektur im Wege des Durchgriffs auf das diesen zugrunde liegende allgemeine Prinzip**, nämlich die Berufung derjenigen Rechtsordnung, die mit dem Sachverhalt am engsten verbunden ist. Die Vorschrift erweist sich damit als ein Instrument der Flexibilisierung regelhafter Anknüpfungsentscheidungen im Interesse der Einzelfallgerechtigkeit.[1] Die Parallelregelung für Vertragsschuldverhältnisse findet sich in Art. 28 Abs. 5.

Die **Rom II-VO** enthält dem Art. 41 entsprechende Vorschriften für Deliktsansprüche in Art. 4 Abs. 3, für **2** Bereicherungsansprüche in Art. 10 Abs. 4, in Bezug auf Forderungen aus Geschäftsführung ohne Auftrag in Art. 11 Abs. 4 und schließlich für solche aus Verschulden bei Vertragsverhandlungen in Art. 12 Abs. 2 lit. c). Da die Rom II-VO Vorrang vor dem nationalen Kollisionsrecht beansprucht und universell anzuwenden ist ($\rightarrow$ Art. 40 Rn. 2), kommt Art. 41 EGBGB nur noch zur Anwendung, wenn bei Klagen aus unerlaubter Handlung die Anwendung der Rom II-VO gemäß Art. 1 Abs. 1 S. 2, Abs. 2 lit. f), lit. g) ausgeschlossen ist, also bei Ansprüchen aus Amtshaftung, wegen Kernenergieschäden oder wegen Persönlichkeitsverletzungen ($\rightarrow$ Art. 40 Rn. 2).

Die in Art. 41 Abs. 2 genannten Bespiele für ein mögliches Bestehen einer wesentlich engeren Verbindung **3** sind nicht abschließend („insbesondere") und sollen in erster Linie der Erleichterung der Rechtsanwendung dienen.[2] Es handelt sich also um **Regelbeispiele.** Für das Deliktsrecht ist nur die akzessorische Anknüpfung gemäß Art. 41 Abs. 2 Nr. 1 relevant, da der gemeinsame gewöhnliche Aufenthalt (Art. 41 Abs. 2 Nr. 2) bereits in Art. 40 Abs. 2 als feste Anknüpfungsregel fungiert.

II. Sachnormverweisung

Die Frage, ob Art. 41 eine Gesamt- oder Sachnormverweisung darstellt, ist im letzteren Sinn zu entschei- **4** den:[3] Die Berücksichtigung von Rück- und Weiterverweisungen durch das Kollisionsrecht derjenigen Rechtsordnung, zu der die engste Verbindung besteht, **widerspräche dem Sinn der Verweisung** iSd Art. 4 Abs. 1.[4] Es ist nicht entscheidend, dass die fremde Rechtsordnung gar nicht angewendet werden will, wenn das deutsche Kollisionsrecht bzw. das dieses anwendende Gericht zu dem Schluss kommt, dass sie angewendet werden sollte, weil sie mit dem Sachverhalt am engsten verbunden ist.

III. Prozessuale Geltendmachung

Die wesentlich engere Verbindung zu einer anderen Rechtsordnung ist **von Amts wegen** zu berücksichti- **5** gen.[5] Allerdings ist darauf zu achten, dass die durch die Regelanknüpfungen erreichte Rechtssicherheit durch Art. 41 nicht wieder zerstört wird.[6] Abs. 1 ist nur zu konsultieren, wenn ein **Bedürfnis** für die Suche nach einem sachnäheren Recht erkennbar ist.[7]

B. Die akzessorische Anknüpfung gemäß Art. 41 Abs. 2 Nr. 1

I. Zweck

Nach Art. 41 Abs. 2 Nr. 1 ist eine wesentlich engere Verbindung aus einer **rechtlichen oder tatsächlichen** **6** **Sonderbeziehung** zwischen den Beteiligten dazu geeignet, eine wesentlich engere Verbindung zu begrün-

---

1   BT-Drs. 14/343, S. 13; *Junker* JZ 2000, 477 (483).

2   BT-Drs. 14/343, S. 13.

3   *Von Hein* ZVglRWiss 99 (2000), 251, 274 f.; *Huber*
    JA 2000, 67 (72); aA BeckOK BGB/*Spickhoff*
    EGBGB Art. 41 Rn. 12; *ders.* NJW 1999, 2209
    (2112), differenzierend MüKoBGB/*Junker* EGBGB
    Art. 41 Rn. 26, 31.

4   *Von Hein* ZVglRWiss 99 (2000), 251, 275; *Huber* JA
    2000, 67 (72); aA BeckOK BGB/*Spickhoff* EGBGB
    Art. 41 Rn. 12; *ders.*, NJW 1999, 2209 (2112).

5   Staudinger/*von Hoffmann* EGBGB Art. 41 Rn. 33;
    MüKoBGB/*Junker* EGBGB Art. 41 Rn. 2; *von Hein*,
    Das Günstigkeitsprinzip im Internationalen
    Deliktsrecht, 1999, S. 151.

6   Erman/*Hohloch* EGBGB Art. 41 Rn. 1; *von Hoff-
    mann/Thorn*, IPR, § 11 Rn. 39.

7   In diesem sachnäheren Recht muss das Rechtsver-
    hältnis seinen Schwerpunkt haben, vgl. BeckOK
    BGB/*Spickhoff* EGBGB Art. 41 Rn. 3; MüKoBGB/
    Junker EGBGB Art. 41 Rn. 9.

den. Diese Beziehung muss im Zusammenhang mit dem „Schuldverhältnis" bestehen, mit dem Anspruch aus unerlaubter Handlung iSd Art. 40.

7 Die akzessorische Anknüpfung ermöglicht die **Abwicklung des zwischen den Parteien bestehenden Streits auf einheitlicher rechtlicher Grundlage**, was nicht gewährleistet wäre, wenn die Vertragsbeziehung dem Vertragsstatut unterläge und die außervertragliche Haftung nach Maßgabe des Art. 40 anzuknüpfen wäre. Damit wird die Arbeit der Gerichte erleichtert,[8] und die Parteien werden vor zufälligen oder mangelhaft aufeinander abgestimmten Entscheidungen geschützt.[9] Darüber hinaus dürfte es auch den berechtigten Erwartungen von Vertragspartnern entsprechen, dass eine von ihnen im Hinblick auf ein Vertragsverhältnis getroffene Rechtswahl (Art. 3 Rom I-VO) auch dann honoriert wird, wenn sich eine Partei bei einem späteren Streitfall auf eine außervertragsrechtliche Anspruchsgrundlage stützt.

II. Sonderbeziehung

8 Die von Abs. 2 Nr. 1 zusätzlich zu dem gesetzlichen Schuldverhältnis vorausgesetzte Beziehung kann **vertraglicher, gesetzlicher** oder auch bloß tatsächlicher Natur sein. Sie muss **zwischen denselben Parteien** bestehen wie das außervertragliche Schuldverhältnis, um dessen akzessorische Anknüpfung es geht[10] und mit Letzterem im Sachzusammenhang stehen (→ Rn. 9). Das Bedürfnis nach Auflockerung der Tatortregel mit Rücksicht auf **tatsächliche Sonderbeziehungen** wird jedoch weitgehend durch die Anknüpfung an den gemeinsamen gewöhnlichen Aufenthalt gemäß Art. 40 Abs. 2 erfüllt. Daneben dürften kaum noch Fälle verbleiben, in denen die Verdrängung der Tatortregel als unabweisbares Bedürfnis erscheint.[11]

9 Gemäß Abs. 2 Nr. 1 muss die Sonderbeziehung „**im Zusammenhang mit dem Schuldverhältnis**" stehen. Die akzessorische Anknüpfung des Deliktsstatuts ist folglich nur dann gerechtfertigt, wenn die deliktischen Schutz- und Haftungserwartungen der Beteiligten durch die Sonderverbindung geprägt werden, so dass die Durchbrechung der Tatortregel gerechtfertigt ist.[12] Daran fehlt es, wenn das Delikt **bei Gelegenheit** einer Vertragserfüllung oder sonstigen rechtlichen Sonderbeziehung begangen wird.[13] Positiv kommt es darauf an, dass Schutzpflichten verletzt worden sind, die vom Standpunkt des deutschen Rechts aus gesehen mit den in der Sonderbeziehung wurzelnden kongruent sind.[14]

C. Generalklausel, Abs. 1

10 Liegen die Voraussetzungen des Art. 41 Abs. 2 Nr. 1 nicht vor, kann über die Generalklausel des Art. 41 Abs. 1 gleichwohl eine Abweichung von den Anknüpfungen des Art. 40 mit Rücksicht auf eine wesentlich engere Verbindung begründet werden.

Art. 42 EGBGB Rechtswahl

[1]Nach Eintritt des Ereignisses, durch das ein außervertragliches Schuldverhältnis entstanden ist, können die Parteien das Recht wählen, dem es unterliegen soll. [2]Rechte Dritter bleiben unberührt.

Literatur: Vgl. die Angaben zu Art. 40.

A. Normzweck	1	D. Inhalt und Wirkungen	7
B. Nachträgliche Rechtswahl	3	E. Rechte Dritter	12
C. Zustandekommen	5		

A. Normzweck

1 Nach deutschem Verständnis ist das **Deliktsrecht kein zwingendes Recht**, sondern ius dispositivum.[1] Im Übrigen sind die Parteien selbst dann, wenn zwingendes Recht im Spiel ist, nicht gezwungen, ihnen zuste-

8 So ausdrücklich der Gesetzgeber, BT-Drs. 14/343, S. 14; Staudinger/*von Hoffmann* EGBGB Art. 41 Rn. 9; *Spickhoff* IPRax 2000, 1 (2).
9 *Kropholler* RabelsZ 33 (1969), 601, 632 f.; Staudinger/*von Hoffmann* EGBGB Art. 41 Rn. 9; *Spickhoff* IPRax 2001, 1 (2).
10 Staudinger/*von Hoffmann* EGBGB Art. 41 Rn. 13.
11 MüKoBGB/*Junker* EGBGB Art. 41 Rn. 19.
12 *Looschelders* VersR 1999, 1316 (1321).

13 BeckOK BGB/*Spickhoff* EGBGB Art. 41 Rn. 8; Staudinger/*von Hoffmann* EGBGB Art. 41 Rn. 11; Palandt/*Thorn* EGBGB Art. 41 Rn. 7; *Looschelders* EGBGB Art. 41 Rn. 14; *Staudinger* DB 1999, 1589 (1593).
14 BeckOK BGB/*Spickhoff* EGBGB Art. 41 Rn. 8; ähnlich *Koch* VersR 1999, 1453 (1458); *Looschelders* VersR 1999, 1316 (1321).
1 MüKoBGB/*Wagner* Vor § 823 Rn. 87 mwN.

hende Ansprüche auch durchzusetzen.[2] Aus diesen normativen Prämissen folgt ohne Weiteres, dass einer Disposition über das Deliktsstatut durch Wahl des anwendbaren Rechts zumindest dann nichts entgegensteht, wenn sie nachträglich, nach Entstehung des Anspruchs erfolgt (zur antizipierten Rechtswahl → Rn. 3). Die **Rechtswahlfreiheit** wurde dementsprechend von der Rechtsprechung bereits für das alte Kollisionsrecht vor Inkrafttreten des Art. 42 am 1.6.1999 anerkannt.[3]

Für die Praxis bietet Art. 42 den unschätzbaren Vorteil, dass er stets die Möglichkeit der **Rückkehr zur lex** **2** **fori** ermöglicht.[4] Die Entscheidung des Rechtsstreits aufgrund des vertrauten inländischen Rechts erleichtert dem Gericht und den Anwälten die Arbeit, erhöht die Vorhersehbarkeit der Entscheidung und damit die Chancen für eine außergerichtliche Streitbeilegung durch Vergleich, ermöglicht in schwierigen Fragen eine Fortbildung des materiellen Rechts durch das Gericht und gewährleistet die Kontrolle durch das Revisionsgericht, dem die Interpretation und Fortbildung ausländischen Rechts gemäß §§ 545 Abs. 1, 560 ZPO versperrt ist.[5]

Noch einen Schritt weiter als das EGBGB geht das Europäische Kollisionsrecht. Die Befugnis zur Wahl des Deliktsstatuts findet sich auch in **Art. 14 Abs. 1 Rom II-VO**, die allerdings zu Recht im Handelsverkehr auch die **antizipierte Rechtswahl** vor Eintritt des schadensbegründenden Ereignisses zulässt.

B. Nachträgliche Rechtswahl

Anders als gemäß Art. 14 Rom II-VO, ist nach dem eindeutigen Wortlaut des Art. 42 EGBGB die Rechts- **3** wahl erst **nach Entstehung des Anspruchs** zulässig.[6] Bei deliktischen Schadensersatzansprüchen kommt es nicht auf die Vornahme der für den Schaden ursächlichen Handlung, aber auch nicht auf den Eintritt von Folgeschäden, sondern auf den Eintritt der Rechtsgutsverletzung an.[7] Setzt der Haftungstatbestand eine solche nicht voraus (vgl. § 826 BGB), tritt an die Stelle der Rechtsgutsverletzung die primäre Interessenverletzung.[8] Die **antizipierte Rechtswahl ist gleichwohl nicht völlig ausgeschlossen.** Soweit vor dem Schadensereignis zwischen den Parteien ein Rechtsverhältnis, insbesondere ein Vertrag, bestand, lässt sich über die akzessorische Anknüpfung nach Art. 41 Abs. 2 Nr. 1 der Gleichlauf von Vertragsstatut und Deliktsstatut gewährleisten und damit de facto die antizipierte Wahl des Deliktsstatuts ermöglichen.[9]

Die für das einseitige Bestimmungsrecht geltende zeitliche **Schranke des Art. 40 Abs. 1 S. 2** gilt für den **4** Rechtswahlvertrag nicht. Damit ist es den Parteien möglich, auch noch nach Ablauf des frühen ersten Termins bzw. Beendigung des schriftlichen Vorverfahrens das Erfolgsortrecht zu wählen, das in der Regel mit der lex fori identisch sein wird. Außerhalb eines Rechtsstreits unterliegt die Rechtswahl keinerlei zeitlichen Beschränkungen.[10] Soll mit der Disposition Einfluss auf einen Rechtsstreit genommen werden, sind die für neuen Tatsachenvortrag geltenden zeitlichen Schranken des Verfahrensrechts zu beachten. Der Vortrag neuer Tatsachen in der Revisionsinstanz ist gemäß § 559 ZPO stets unzulässig,[11] während es in der Berufungsinstanz auf die Präklusionsnormen der §§ 529 f. ZPO und vor dem Eingangsgericht auf § 296 ZPO ankommt.[12] Da die genannten Beschränkungen neuen Vorbringens auch der Entlastung der Obergerichte und damit öffentlichen Interessen dienen, stehen sie nicht zur Disposition der Parteien.[13]

2   *Wagner*, Prozeßverträge, 1998, S. 106 ff.
3   BGHZ 42, 385, 389; 98, 263, 274 = NJW 1987, 592 ff. = JR 1987, 157 mit Anm. *Schlosser*; BGH VersR 1960, 907 (908); NJW 1974, 410; 1981, 1606, 1607; NJW-RR 1988, 534 (535).
4   BeckOK BGB/*Spickhoff* EGBGB Art. 42 Rn. 1.
5   Mit der Änderung des § 545 Abs. 1 ZPO durch das FamFG-RG zum 1.9.2009 war zweifelhaft geworden, ob die Verletzung ausländischen Rechts weiterhin nicht revisibel ist. Die Frage ist vom BGH im Sinne der bisherigen Lösung mangelnder Revisibilität beantwortet worden BGHZ 198, 14 Rn. 18 ff. = NJW 2013, 3656, dort auch weitere Nachweise zum Streitstand. Zu den Vorteilen eines Rechtsstreits à la lex fori *Wagner* ZEuP 1999, 6 (7) mwN.
6   BT-Drs. 14/343, S. 14; zu Unrecht zweifelnd Staudinger/*von Hoffmann* EGBGB Art. 42 Rn. 3 ff.
7   Vgl. (im Zusammenhang mit Feststellungsklagen) BGH NJW 2001, 1431 (1432).

8   Vgl. zu den Details *Wagner* ZInsO 2003, 485 (489) (im Zusammenhang mit der Zulässigkeit der Feststellungsklage).
9   Staudinger/*von Hoffmann* EGBGB Art. 42 Rn. 5; vgl. auch MüKoBGB/*Junker* EGBGB Art. 42 Rn. 21; *P. Huber* JA 2000, 67 (70).
10 Vgl. *Junker* JZ 2000, 477 (478 f.): solange das Schuldverhältnis existiert.
11 So aber noch Erman/*Hohloch*, 13. Auflage 2011, EGBGB Art. 42 Rn. 4.
12 Ähnlich, wenn auch unspezifisch Staudinger/*von Hoffmann* EGBGB Art. 42 Rn. 10 mwN; *St. Lorenz* NJW 1999, 2215 (2217); *Looschelders* EGBGB Art. 42 Rn. 12; *Micklitz* VuR 2001, 41 (45).
13 *Zöller/Gummer/Heßler* ZPO § 529 Rn. 12; *Rosenberg/Schwab/Gottwald* ZivilProzR, 17. Aufl. 2010, ZPO § 138 Rn. 42; MüKoZPO/*Rimmelspacher* § 529 Rn. 14.

C. Zustandekommen

5   Das wirksame Zustandekommen einer Rechtswahl ist entsprechend Art. 3 Abs. 5, 10 Abs. 1 Rom I-VO nach dem **Statut zu bestimmen, das durch die Vereinbarung berufen** wird.[14] Die Rechts- und Geschäftsfähigkeit der Parteien ist jedoch nach Art. 7 – unter Beachtung des Art. 12 – gesondert anzuknüpfen.[15]

6   Die Rechtswahlvereinbarung ist formlos wirksam[16] und kann **ausdrücklich oder stillschweigend** erfolgen, wobei die konkludente Erklärung auch im Rahmen eines Rechtsstreits abgegeben werden kann. Auf dieser dogmatischen Grundlage ist die **Rechtsprechung** mit der Annahme stillschweigender Rechtswahlvereinbarungen zugunsten der lex fori im Prozess **großzügig**.[17] Die dadurch herausgeforderte Kritik insistiert darauf, dass eine Rechtswahlvereinbarung – wie jeder andere Vertrag – ein entsprechendes Erklärungsbewusstsein voraussetze, woran es aber fehle, wenn die Parteien sich naiv – in Verkennung des gegebenen Auslandsbezugs des Streitgegenstands – auf deutsches Recht berufen hätten.[18] Parteivortrag auf der Basis der lex fori sei nur zu berücksichtigen, wenn er in Kenntnis der internationalen Verknüpfung des Sachverhalts und der dadurch eröffneten Dispositionsspielräume erfolge. Demgegenüber ist zu berücksichtigen, dass für die Wirksamkeit einer Willenserklärung ausreichend ist, wenn zurechenbar der Anschein von Erklärungsbewusstsein geweckt wird.[19] Art. 14 Abs. 1 S. 2 Rom II-VO, nach dem die Rechtswahl ausdrücklich erfolgen oder sich mit hinreichender Sicherheit aus den Umständen des Falles ergeben muss, gilt im Rahmen von Art. 42 EGBGB nicht.[20]

D. Inhalt und Wirkungen

7   Eine nach Art. 42 wirksame Rechtswahl setzt sich sowohl gegen die Anknüpfungen des Art. 40 als auch gegen die Ausweichklausel des Art. 41 durch, vermag jedoch die speziellen **ordre-public-Schranken** des Art. 40 Abs. 3 ebenso wenig zu überspielen wie diejenigen des Art. 6 (→ Art. 40 Rn. 33).

8   Für **reine Inlandssachverhalte** ist die Derogation zwingenden deutschen Rechts durch Wahl einer ausländischen Rechtsordnung ausgeschlossen. Diese Schranke ist in Art. 3 impliziert, der das Kollisionsrecht nur „bei Sachverhalten mit einer Verbindung zu einem ausländischen Staat" zur Anwendung beruft. Explizit steht sie heute in Art. 14 Abs. 2 Rom II-VO sowie in Art. 3 Abs. 2 Rom I-VO. Entsprechendes gilt in Fällen, die ausschließlich Bezüge zu Rechtsordnungen von Mitgliedstaaten aufweisen, im Fall der Wahl des Rechts eines Drittstaats (Art. 3 Abs. 3 Rom I-VO, Art. 14 Abs. 3 Rom II-VO). Diese Regelungen repräsentieren einen allgemeinen Rechtsgrundsatz, der auch der Rechtswahl nach Art. 42 Grenzen zieht.[21] Unbenommen bleibt die Möglichkeit einer materiellrechtlichen Verweisung.[22] Letztere steht auch im Rahmen der außervertraglichen Haftung zur Verfügung, denn das Deliktsrecht ist kein zwingendes Recht (→ Rn. 1).

9   Bei Auslandssachverhalten können die Parteien die ihnen genehme Rechtsordnung frei wählen, ohne in territorialer Hinsicht beschränkt zu sein.[23] Die Bezugnahme auf **nicht-staatliche Regelwerke**, etwa die „Prin-

---

14   *Freitag/Leible* ZVglRWiss 99 (2000), 101, 107; *Looschelders* EGBGB Art. 42 Rn. 15; Palandt/*Thorn* EGBGB Art. 42 Rn. 8; BeckOK BGB/*Spickhoff* EGBGB Art. 42 Rn. 7; aA (lex fori) MüKoBGB/*Junker* EGBGB Art. 42 Rn. 9; *ders.* JZ 2000, 477 (478).

15   Staudinger/*von Hoffmann* EGBGB Art. 42 Rn. 9; *Freitag/Leible* ZVglRWiss 99 (2000), 101, 108.

16   MüKoBGB/*Junker* EGBGB Art. 42 Rn. 10; *Huber* JA 2000, 67 (70); differenzierend *Looschelders* EGBGB Art. 42 Rn. 16.

17   Vgl. allgemein BGHZ 40, 320, 323 f.; 50, 32, 33; BGH NJW 1970, 1733 (1734); IPRax 1986, 292 (293); NJW 1988, 1592; speziell zur Rechtswahl im Internationalen Deliktsrecht BGHZ 98, 263, 274 = NJW 1987, 592 ff. = JR 1987, 157 mAnm *Schlosser*; BGH VersR 1963, 241; NJW 1974, 410; 1981, 1606, 1607; 1994, 1408, 1409; NJW-RR 1988, 534 (535).

18   MüKoBGB/*Junker* EGBGB Art. 42 Rn. 13; *Looschelders* EGBGB Art. 42 Rn. 13; *Schack* NJW 1984, 2736 (2738); *Schlosser* JR 1987, 160 (161); BeckOK BGB/*Spickhoff* EGBGB Art. 42 Rn. 6.

19   BGHZ 91, 324, 327 ff.; 109, 171, 177; BGH NJW 2005, 2620 (2621); BGHZ 184, 35 Rn. 19 = NJW 2010, 861; *Dörner* FS Stoll, 2001, S. 491, 493; gegen die Maßgeblichkeit dieser Rechtsprechung MüKoBGB/*Junker* EGBGB Art. 42 Rn. 13.

20   Vgl. aber MüKoBGB/*Junker* EGBGB Art. 42 Rn. 13, der den – identisch formulierten – Art. 3 Abs. 1 S. 2 Rom I-VO analog anwenden will.

21   Ähnlich MüKoBGB/*Junker* EGBGB Art. 42 Rn. 26.

22   Vgl. Erwägungsgrund Nr. 13 zur Rom I-VO: „Diese Verordnung hindert die Parteien nicht daran, in ihrem Vertrag auf ein nichtstaatliches Regelwerk oder ein internationales Übereinkommen Bezug zu nehmen."

23   *Freitag/Leible* ZVglRWiss 99 (2000), 101, 107; *von Hein* RabelsZ 64 (2000), 595, 603; Palandt/*Heldrich* EGBGB Art. 42 Rn. 1; Staudinger/*von Hoffmann* EGBGB Art. 42 Rn. 6; *Huber* JA 2000, 67 (70); *Kropholler*, § 53 II 5, S. 519; BeckOK BGB/*Spickhoff* EGBGB Art. 42 Rn. 4.

ciples of European Tort Law"[24] oder Buch VI des DCFR,[25] ist nur im Rahmen einer materiellrechtlichen Verweisung möglich.

Wie im Internationalen Vertragsrecht gemäß Art. 3 Abs. 1 S. 3 Rom I-VO ist eine **Teilrechtswahl** auch im Rahmen von Art. 42 zuzulassen.[26] Die Schranken dieser Form gewillkürter *dépeçage* sind dieselben wie im Rahmen von Art. 3 Rom I-VO; die Parteien dürfen nicht per kollisionsrechtlichem *fiat* trennen, was materiellrechtlich zusammengehört.[27] Die lokalen Sorgfaltsgebote und Sicherheitsvorschriften bleiben trotz Rechtswahl stets dieselben und sind als „Datum" im Rahmen der Anwendung des ausländischen Deliktsstatuts zu berücksichtigen (→ Art. 40 Rn. 13 f.).[28]　　　　　　　　　　　　　　　　　　　**10**

Die Rechtswahl nach Art. 42 **wirkt ex-tunc** auf den Eintritt des Schadensereignisses zurück. Wie sich aus Art. 3 Abs. 2 S. 1 Rom I-VO ergibt, können die Parteien die einmal getroffene Bestimmung nachträglich wieder einverständlich ändern.[29] Auch eine solche Änderung wirkt zurück.[30]　　　　　　　　　　　　　　**11**

E. Rechte Dritter

Nach Art. 42 S. 2 (ebenso Art. 3 Abs. 2 S. 2 Rom I-VO, Art. 14 Abs. 1 S. 2 Rom II-VO) lässt die Rechtswahl Rechte Dritter unberührt.[31] Das ist im Hinblick auf das Prinzip des **Verbots von Verträgen zulasten Dritter** eine Selbstverständlichkeit. Praktisch betrifft dies vor allem den Haftpflichtversicherer des Schädigers, dessen Einstandspflicht durch eine die Haftung erweiternde Rechtswahl nicht vergrößert werden kann.[32] Darüber hinaus sind sämtliche Personen geschützt, die zur Erbringung von Ersatzleistungen potenziell verpflichtet sind, wie Unterhaltspflichtige, Arbeitgeber, Sach- und Schadensversicherer[33] sowie Sozialversicherer.[34] Die Parteien des primären Schadensersatzanspruchs haben es somit nicht in der Hand, durch Rechtswahl Regressansprüche abzuschneiden, die nach den §§ 86 VVG, 116 SGB X bzw. ausländischen Parallelnormen bestünden, wenn die Anknüpfungsregeln der Art. 40 ff. zugrunde gelegt würden.[35] Wählen die Parteien allerdings ein Deliktsstatut, das die betroffenen Dritten im Vergleich zum sonst anwendbaren Recht begünstigt, besteht kein Grund, diese Vereinbarung mithilfe von Art. 42 S. 2 zu invalidieren.　　**12**

Sechster Abschnitt
Sachenrecht

Art. 43 EGBGB Rechte an einer Sache

(1) Rechte an einer Sache unterliegen dem Recht des Staates, in dem sich die Sache befindet.

(2) Gelangt eine Sache, an der Rechte begründet sind, in einen anderen Staat, so können diese Rechte nicht im Widerspruch zu der Rechtsordnung dieses Staates ausgeübt werden.

(3) Ist ein Recht an einer Sache, die in das Inland gelangt, nicht schon vorher erworben worden, so sind für einen solchen Erwerb im Inland Vorgänge in einem anderen Staat wie inländische zu berücksichtigen.

Literatur: *Anton,* Internationales Kulturgüterprivatrecht und Zivilverfahrensrecht, 2010; *ders.,* Wem „gehört" die Monstranz? Diebstahl, Restitution und gutgläubiger Erwerb von Kunstwerken am Beispiel eines gestohlenen Sakralgegenstandes, in: Weller/Kemle/Dreier/Lynen (Hrsg.), Kunst im Markt – Kunst im Recht, 2010, S. 193; *v. Bar,* Theorie und Praxis des internationalen Privatrechts, 2 Bde., 2. Auflage 1889; *Basedow,* Der kollisionsrechtliche Gehalt der Produktfreiheiten im europäischen Binnenmarkt: favor offerentis, RabelsZ 59 (1995), 1; *Behr,* Eigentumsvorbehalt und verlängerter Eigentumsvorbehalt bei Warenlieferungen in die Schweiz, RIW/AWD 1978, 489; *ders.,* Anmerkung zu OLG Hamburg NJW

24　*European Group on Tort Law,* Principles of European Tort Law, 2005: abgedruckt in ZEuP 2004, 427 ff.; vgl. auch *Koziol* ZEuP 2004, 234; *Wagner,* 42 CML Rev, 1269 (2005).

25　*V. Bar/Clive/Schulte-Nölke,* Draft Common Frame of Reference, 2009; dazu *Wagner/v. Bar/Schulte-Nölke/ Schulze,* Der akademische Entwurf für einen Gemeinsamen Referenzrahmen, 2008, S. 161 ff.

26　BeckOK BGB/*Spickhoff* EGBGB Art. 42 Rn. 4.

27　*Looschelders* EGBGB Art. 42 Rn. 10; vgl. auch BeckOK BGB/*Spickhoff* EGBGB Art. 42 Rn. 4.

28　BGHZ 42, 385, 388; BeckOK BGB/*Spickhoff* EGBGB Art. 42 Rn. 4; *Junker* JZ 2000, 477 (486).

29　MüKoBGB/*Junker* EGBGB Art. 42 Rn. 22.

30　BeckOK BGB/*Spickhoff* EGBGB Art. 42 Rn. 3; Staudinger/*von Hoffmann* EGBGB Art. 42 Rn. 14 mwN.

31　Eine Begünstigung Dritter ist nicht ausgeschlossen, *Freitag/Leible* ZVglRWiss 99 (2000), 101, 109.

32　BeckOK BGB/*Spickhoff* EGBGB Art. 42 Rn. 5; *Gruber* VersR 2001, 16 (20) mwN.

33　*Kreuzer* RabelsZ 65 (2001), 383, 401.

34　Staudinger/*von Hoffmann* EGBGB Art. 42 Rn. 17; vgl. dort auch zu mittelbar Geschädigten (zB § 844 BGB).

35　*Huber* JA 2000, 67 (70).

1977, 1402 und NJW 1978, 222, in: NJW 1978, 223; *BKM (Bundesbeauftragter der Bundesregierung für Kultur und Medien)*, Das neue Kulturgutschutzgesetz – Handreichung für die Praxis, 2017; *Bollweg/Kreuzer*, Das Luxemburger Eisenbahnprotokoll, IPRax 2008, 176; *Bonomi*, Der Eigentumsvorbehalt in Österreich und Italien unter Berücksichtigung anderer europäischer Rechtssysteme, 1993; *Bornheim*, Die Wirkung relativer dinglicher Rechte nach deutschem internationalen Sachenrecht, RabelsZ 79 (2015), 36; *Brödermann/Iversen*; Europäisches Gemeinschaftsrecht und Internationales Privatrecht, 1994; *von Caemmerer*, Bereicherung und unerlaubte Handlung, in: FS Rabel, Bd. 1, 1954, S. 333; *ders.*, Zum internationalen Sachenrecht, eine Miszelle, in: Xenion, FS Zepos 1973, S. 25; *Cammerer*, Das reformierte Internationale Privatrecht der Volksrepublik China, RIW 2011, 230; *Carl/Güttler/Siehr*, Kunstdiebstahl vor Gericht, 2001; *Coing*, Probleme der Anerkennung besitzloser Mobiliarpfandrechte im Raum der EG, ZfRV 8 (1967), 65; *Collins*, Floating Charges, Receivers and Managers and the Conflict of Laws, (1978) 27 I.C.L.Q. 691; *Cranshaw*, Fragen zur Durchsetzung des Eigentumsvorbehalts im Hauptinsolvenzverfahren des Vorbehaltskäufers im Geltungsbereich der EuInsVO, DZWIR 2010, 89; *Davies*, The New Lex Mercatoria: International Interests in Mobile Equipment, (2003) 52 I.C.L.Q. 151; *Dicey/Morris*, The Conflict of Laws, 2 Bde., 13. Auflage 2000; *Dörner*, Keine dingliche Wirkung ausländischer Vindikationslegate im Inland, IPRax 1996, 26; *Drobnig*, Eigentumsvorbehalte bei Importlieferungen nach Deutschland, RabelsZ 32 (1968), 450; *ders.*, Typen besitzloser Sicherungsrechte an Mobilien, ZfRV 13 (1972), 130; *ders.*, American-German Private International Law, 2. Auflage 1972; *ders.*, Mobiliarsicherheiten im internationalen Wirtschaftsverkehr, RabelsZ 38 (1974), 468; *ders.*, Empfehlen sich gesetzliche Maßnahmen zur Reform der Mobiliarsicherheiten? Gutachten F zum 51. Deutschen Juristentag, 1976; *ders.*, Entwicklungstendenzen des deutschen internationalen Sachenrechts, in: Internationales Privatrecht und Rechtsvergleichung im Ausgang des 20. Jahrhunderts – Bewahrung oder Wende?, FS Kegel 1977, S. 141; *ders.*, Amerikanische Gerichte zum internationalen Sachenrecht auf dem Hintergrund der Teilung Deutschlands, IPRax 1984, 61; *ders.*, Die Verwertung von Mobiliarsicherheiten in einigen Ländern der europäischen Union, RabelsZ 60 (1996), 40; *Drobnig/Kronke*, Die Anerkennung ausländischer Mobiliarsicherungsrechte nach deutschem Internationalem Privatrecht, in: Deutsche zivil-, kollisions- und wirtschaftsrechtliche Beiträge zum X. Internationalen Kongreß für Rechtsvergleichung in Budapest, 1978, S. 91; *Duden*, Der Rechtserwerb vom Nichtberechtigten an beweglichen Sachen und Inhaberpapieren im deutschen internationalen Privatrecht, 1934; *Einsele*, Wertpapiere im elektronischen Bankgeschäft, WM 2001, 7; *Eisner*, Eigentumsvorbehalt und Security Interest im Handelsverkehr mit den USA, NJW 1967, 1169; *El-Bitar*, Der deutsche und französische Kulturgüterschutz nach der Umsetzung der Kulturgüterrückgaberichtlinie, 2007; *dies.*, Im Labyrinth des Rechts? Wege zum Kulturgüterschutz, IPRax 2007, 266; *Elmenhorst/Wiese*, Kulturgutschutzgesetz, Kommentar, 2018; *Engel*, Internationales Sachenrecht: Verjährung nach Statutenwechsel?, IPRax 2014, 520; *Esser*, Grundsatz und Norm in der richterlichen Fortbildung des Privatrechts, 3. Aufl. 1956; *Favoccia*, Vertragliche Mobiliarsicherheiten im internationalen Insolvenzrecht, 1991; *Flume*, Juristische Person und Enteignung im Internationalen Privatrecht, in: FS F.A. Mann 1977, S. 143; *Francq*, Das belgische IPR-Gesetzbuch, RabelsZ 70 (2006), 235; *Frankenstein*, Internationales Privatrecht (Grenzrecht), 2 Bde., 1926, 1929; Frankfurter Kommentar zur Insolvenzordnung, 9. Auflage 2018 (zit.: FK/Bearbeiter); *Furtak*, Abschluß im New Yorker Verfahren De Weerth v. Baldinger um den gutgläubigen Erwerb eines Monet, IPRax 1995, 128; *Geyrhalter*, Das Lösungsrecht des gutgläubigen Erwerbers, 1996; *Gilmore*, Security Interests in Personal Property, 2 Bde., 1965; *Goldt*, Sachenrechtliche Fragen des Grenzüberschreitenden Versendungskaufs aus international-privatrechtlicher Sicht, 2002; *Halsdorfer*, Privat- und kollisionsrechtliche Folgen der Verletzung von Kulturgüterschutznormen auf der Grundlage des UNESCO-Kulturgutübereinkommens 1970, 2008; *dies.*, Der Beitritt Deutschlands zum UNESCO-Kulturgutübereinkommen und die kollisionsrechtlichen Auswirkungen des neuen KultGüRückG, IPRax 2008, 395; *dies.*, Sollte Deutschland dem UNIDROIT-Kulturgutübereinkommen 1995 beitreten?, IPRax 2009, 307; *Hartwig*, Die Klassifikation von Mobiliarsicherheiten im grenzüberschreitenden Handel, RabelsZ 57 (1993), 607; *Hartwieg/Korkisch*, Die geheimen Materialien zur Kodifikation des deutschen Internationalen Privatrechts 1881–1896, 1973; *Heck*, Grundriß des Sachenrechts, 1930; *Heini*, Das neue deutsche IPR für außervertragliche Schuldverhältnisse und für Sachen von 1999 im Vergleich mit dem schweizerischen IPRG, in: Liber Amicorum Kurt Siehr 2000, S. 251; *Henrich*, Vorschläge und Gutachten zur Reform des deutschen Internationalen Sachen- und Immaterialgüterrechts, 1991; *Henrichs*, Das Übereinkommen über internationale Sicherungsrechte an beweglicher Ausrüstung, Hess/Weis/Wienberg, Kommentar zur Insolvenzordnung, 2. Auflage 2001; *Heyne*, Kreditsicherheit im Internationalen Privatrecht, 1992; *Hipp*, Schutz von Kulturgütern in Deutschland, 2000; *Hoffmann-Klein*, Die Anerkennung ausländischer, insbesondere US-amerikanischer Sicherungsrechte an Forderungen in Deutschland, 2000; *Hoyer*, Probleme des Bereicherungsstatuts im österreichischen IPR, ZfRV 12 (1971), 1; *Huber*, Anfechtungsgesetz, 11. Auflage 2016; *Hübner*, Internationalprivatrechtliche Anerkennungs- und Substitutionsprobleme bei besitzlosen Mobiliarsicherheiten, ZIP 1980, 825–832; *Jaeger*, Internationaler Kulturgüterschutz, 1993; *Jayme*, Anmerkung zu LG München I, IPRax 1995, 43; *ders.*, Neues Internationales Privatrecht für Timesharing-Verträge, IPRax 1997, 233; *Jayme/Kohler*, Das Internationale Privat- und Verfahrensrecht der EG 1993 – Spannungen zwischen Staatsverträgen und Richtlinien, IPRax 1993, 357; *Junker*, Spaltgesellschaften im deutschen Internationalen Enteignungsrecht, in: Jayme/Furtak, Der Weg zur deutschen Rechtseinheit, 1991, S. 191; *ders.*, Die IPR-Reform von 1999: Auswirkungen auf die Unternehmenspraxis, RIW 2000, 241; *Kaufholdt*, Internationales und europäisches Mobiliarsicherungsrecht, 1999; *Kegel*, Der Griff in die Zukunft – BGHZ 45, 95, JuS 1968, 162; *Kegel/Schurig*, Internationales Privatrecht, 9. Aufl. 2004; *Keller*, Die EG-Richtlinie 98/26 vom 19.5.1998 über die Wirksamkeit von Abrechnungen in Zahlungs- sowie Wertpapierliefer- und -abrechnungssystemen und ihre Umsetzung in Deutschland, WM 2000, 1269; *Kienle/Weller*, Die Vindikation gestohlener Kulturgüter im IPR, IPRax 2004, 290; *Kindler*, Der Eigentumsvorbehalt mit „sicherem Datum" – ein typischer deutsch-italienischer Konflikt, in: Jayme, Kulturelle Identität und Internationales Privatrecht, 2003, S. 81; *Karrer*, Der Fahrniserwerb kraft guten Glaubens, 1968; *Kipp*, Über Doppelwirkungen im Recht, insbesondere über die Konkurrenz von Nichtigkeit und Anfechtbarkeit, in: FS v. Martitz 1911, S. 211–233; *Knott*, Der Anspruch auf Herausgabe gestohlenen und illegal exportierten Kulturguts, 1990; *Koch*, Gläubigeranfechtung der Schenkung eines ausländischen Grundstücks, IPRax 2008, 417; *Kreuzer*, Gutachtliche Stellungnahme zum Referentenentwurf eines Gesetzes zur Änderung des Internationalen Privatrechts, in: Henrich, Vorschläge und Gutachten zur Reform des deutschen Internationalen Sachen- und Immaterialgüterrechts, 1991, S. 37; *ders.*, Habent sua fata horologia – Zur Vorfrage der Anerkennung fremder staatlicher Steuervollstreckungsakte, IPRax 1990, 365; *Kronke/Berger*, Wertpapierstatut, Schadensersatzpflichten der Inkassobank, Schuldnerschutz in der Saison – Schweizer Orderschecks auf Abwegen, IPRax 1991, 316; *Kubis*, Internationale Gläubigeranfechtung – vor und nach Inkrafttreten der Insolvenzrechtsreform, IPRax 2000, 501; *Kuhn*, Neufassung des Kollisionsrechts für Mobiliarsicherungsgeschäfte in den Vereinigten Staaten von Amerika, IPRax 2000, 332; *Kunze*, Restitution „Entarteter Kunst" – Sachenrecht und Internationales Privatrecht, 2000; *Lainé*, Introduction au droit international privé, Bd. I 1888, Bd. II 1892; *Lalive*, The Transfer of Chattels in the Conflict of Laws, 1955; *Landfermann*, Gesetzliche Sicherungen des vorleistenden Verkäufers, 1987; *Lauterbach*, Vorschläge und Gutachten zur Reform des deutschen internationalen Personen- und Sachenrechts, 1972; *Lewald*, Das deutsche internationale Privatrecht auf Grundlage der Rechtsprechung, 1931; *Looschelders*, Die Anpassung im internationalen Privatrecht, 1995; *W. Lorenz*, Der Bereicherungsausgleich im deutschen internationalen Privatrecht und in rechtsvergleichender Sicht, in: FS Zweigert 1981, 199; *S. Lorenz*, Zur Abgrenzung von Wertpapierrechtsstatut und Wertpapiersachstatut im internationalen Wertpapierrecht, NJW 1995, 176; *Loussouarn/Bourel*, Droit international privé, 6. Auflage 1999; *Lüderitz*, Die Beurteilung beweglicher Sachen im Internationalen Privatrecht, in: Vorschläge und Gutachten zur Reform des deutschen internationalen Personen- und Sachenrechts, vorgelegt im Auftrag der 2. Kommission des Deutschen Rates für Internationales Privatrecht von Lauterbach, 1972, S. 185; *Lüer*, Überlegungen zu einem künftigen deutschen Internationalen Insolvenzrecht, KTS 1990, 377; *Magnus*, Zurückbehaltungsrechte und internationales Privatrecht, RabelsZ 38 (1974), 440; *F.A. Mann*, Nochmals zu völkerrechtswidrigen Enteignungen vor deutschen Gerichten, in: FS Duden 1977, S. 287; *Mansel*, DeWeerth v. Baldinger – Kollisionsrechtliches zum Erwerb gestohlener Kunstwerke, IPRax 1988, 268; *Markianos*, Die res in transitu im deutschen internationalen Privatrecht, RabelsZ 23 (1958), 21; *Meijers*, Nieuwe Bijdrage tot het ontstaan van het beginsel de realiteit, Tijdschrift voor Rechtsgeschiedenis 1922, III, 61; *ders.*, Etudes d' histoire du droit international privé, 1967, II, S. 145; *ders.*, L' histoire des principes fondamentaux du droit international privé à partir du moyen age spécialement dans l'Europe Occidentale, Rec. des Cours 1934, III, 543; *Morris*, The Transfer of Chattels in the Conflict of Laws, (1945) 22 B.Y.B.I.L. 232; *Müller-Katzenburg*, Internationale Standards im Kulturgüterverkehr und ihre Bedeutung für das Sach- und Kollisionsrecht, 1996; *dies.*, Besitz- und Eigentumssituation bei gestohlenen und sonst abhanden gekommenen Kunstwerken, NJW 1999, 2551; Münchener Kommentar zur Insolvenzordnung, Bd. 3, 2003; *Nerlich/Römermann*, Insolvenzordnung, Stand 2015; *Nott*, Title to Illegally Exported Items of Historic or Artistic Worth, (1984) 33 I.C.L.Q. 203; *Nussbaum*, Deutsches Internationales Privatrecht, 1932 (Neudruck 1974); *Örücü*, Law as Transposition, (2002) 51 I.C.L.Q. 205; *Pfeiffer*, Der Stand des Internationalen Sachenrechts nach seiner Kodifikation, IPRax 2000, 270; *Pissler*, Einführung in das neue Internationale Privatrecht der Republik Korea, RabelsZ 70 (2006), 279; *von Plehwe*, Besitzlose Warenkreditsicherheiten im internationalen Privatrecht, Diss. Bonn, 1987; *ders.*, European Union and the Free Movement of Cultural Goods, (1995) 20 E.L.Rev. 431; *ders.*, Verjährung des dinglichen Herausgabeanspruchs und Ersitzung in Fällen abhanden gekommener Kulturgüter, KUR 2001, 49; *Privat*, Der Einfluß der Rechtswahl auf die rechtsgeschäftliche Mobiliarübereignung im internationalen Privatrecht, 1964; *Raape*, Internationales Privatrecht, 5. Auflage 1961; *Rabel*, The Conflict of Laws, Bd. IV, 1958; *Rakob*, Ausländische Mobiliarsicherungsrechte im Inland, 2001; *Rauscher*, Sicherungsübereignung im deutsch-österreichischen Rechtsverkehr, RIW 1985, 265; *Regel*, Schiffsgläubigerrechte im deutschen, englischen und kanadischen internationalen Privatrecht, Diss. Bonn, 1983; *Reichelt*, Die Unidroit-Konvention 1995 über gestohlene oder unerlaubt ausgeführte Kulturgüter – Grundzüge und Zielsetzungen, in: Reichelt, Neues Recht zum Schutz von Kulturgut, 1997; *Ritterhoff*, Parteiautonomie im internationalen Sachenrecht, 1999; *Rott*, Vereinheitlichung des Rechts der Mobiliarsicherheiten, 2000; *Sailer*, Gefahrübergang, Eigentumsübergang, Verfolgungs- und Zurückbehaltungsrecht beim Kauf beweglicher Sachen im internationalen Privatrecht, 1966; *Savigny*, System des heutigen römischen Rechts, Bd. VIII, 1849; *Schefold*, Grenzüberschreitende Wertpapierübertragungen und Internationales Privatrecht, IPRax 2000, 468; *Schenk*, Die Umsetzung des UNESCO-Übereinkommens von 1970 in Deutschland aus der Sicht des Gesetzgebers, in: Weller/Kemle/Lynen (Hrsg.), Kulturgüterschutz – Künstlerschutz, 2009, S. 61; *Schilling*, Besitzlose Mobiliarsicherheiten im nationalen und internationalen Privatrecht, 1985; *ders.*, Some European Decisions on Non-Possessory Security Rights in Private International Law, (1985) 34 I.C.L.Q. 87; *Schlechtriem*, Bereicherungsansprüche im internationalen Privatrecht, in: v. Caemmerer, Vorschläge und Gutachten zur Reform des deutschen internationalen Privatrechts, 1983, S. 29; *Schmeinck*, International-privatrechtliche Aspekte des Kulturgüterschutzes, 1994; *K. Schmidt*, Insolvenzordnung, 19. Aufl. 2016; *Schmidt*, Die kollisionsrechtliche Behandlung dinglich wirkender Vermächtnisse, RabelsZ 77 (2013), 1; *Schneider*, A Quiet Riot – Der Quistclose Trust als ein neues Sicherungsmittel im englischen Recht, RIW 2018, 811; *Schnitzler*, Handbuch des internationalen Privatrechts, 2 Bde., 4. Auflage 1958; *von Schorlemer*, Internationaler Kulturgüterschutz, 1992; *Schröder*, Die Anpassung von Kollisions- und Sachnormen, 1961; *ders.*, Zur Anziehungskraft der Grundstücksbelegenheit im internationalen Privat- und Verfahrensrecht, IPRax 1985, 145; *Schulz-Hombach/Schenk*, Der Gesetzentwurf zur Ausführung des UNESCO-Kulturgutübereinkommens, KUR 2006, 47; *Schurig*, Statutenwechsel und die neuen Normen des deutschen internationalen Sachenrechts, in: FS Stoll 2001, S. 577; *Seif*, Der Bestandsschutz besitzloser Mobiliarsicherheiten in deutschem und englischem Recht, 1997; *Siehr*, Der Eigentumsvorbehalt an beweglichen Sachen im Internationalen Privatrecht, insbesondere im deutsch-italienischen Rechtsverkehr, AWD 1971, 10; *ders.*, Heilung durch Statutenwechsel, in: GS Albert A. Ehrenzweig 1976, S. 129; *ders.*, Kunstraub und das internationale Recht, SJZ 77 (1981), 189 ff, 207 ff; *ders.*, Der gutgläubige Erwerb beweglicher Sachen, ZVglRWiss. 80 (1981), 273–292; *ders.*, Eigentumsvorbehalt im deutsch-schweizerischen Rechtsverkehr, Anmerkung zu BGE 106 II 197 = IPRax 1982, 199, in: IPRax 1982, 207; *ders.*, Das Lösungsrecht des gutgläubigen Käufers im Internationalen Privatrecht, ZVglRWiss. 83 (1984), 100; *ders.*, Nationaler und internationaler Kulturgüterschutz, in: FS Werner Lorenz 1991, S. 525; *ders.*, Gutgläubiger Erwerb von Kunstwerken in New York – De Weerth v. Baldinger erneut vor Gericht, IPRax 1993, 339; *ders.*, Die EG-Richtlinie von 1993 über die Rückgabe von Kulturgütern und der Kunsthandel, in: Reichelt, Neues Recht zum Schutz von Kulturgut, 1997, S. 29; *ders.*, Kulturgüter als res extra commercium im internationalen Rechtsverkehr, in: FS Trinkner 1995, S. 703; *ders.*, Internationales Privatrecht, 2001; *ders.*, Internationales Sachenrecht, ZvglRWiss. 104 (2005), 145; *ders.*, Schicksal von unrechtmäßig verbrachtem Kulturgut nach dessen Rückgabe in den Herkunftsstaat der EU – zu Art. 12 der Richtlinie 93/7/EWG und Art. 13 der Richtlinie 2014/60/EU, in: FS Kohler 2018, S. 461; *Sonnenberger*, „Lex rei sitae" und internationales Transportwesen, AWD 1971, 253–257; *ders.*, La loi allemande du 21 mai 1999 sur le droit international privé des obligations non contractuelles et des biens, Rev.crit.d.i.p. 88 (1999), 647; *Sonnentag*, Der renvoi im Internationalen Privatrecht, 2001; *Sovilla*, Eigentumsübergang an beweglichen körperlichen Gegenständen bei internationalen Käufen, 1954; *Spellenberg*, Atypischer Grundstücksvertrag, Teilrechtswahl und nicht ausgeübte Vollmacht, IPRax 1990, 295; *Stadler*, Gestaltungsfreiheit und Verkehrsschutz durch Abstraktion, 1996; *Stoll*, Rechtskollisionen beim Gebietswechsel beweglicher Sachen, RabelsZ 38 (1974), 450–467; *ders.*, Sachenrechtliche Fragen des Kulturgüterschutzes in Fällen mit Auslandsberührung, in: Dolzer/Jayme/Mußgnug, Rechtsfragen des Internationalen Kulturgüterschutzes 1990, S. 53; *ders.*, Vorschläge und Gutachten zur Umsetzung des EU-Übereinkommens über Insolvenzverfahren im deutschen Recht, 1997; *ders.,* Dinglicher Gerichtsstand, Vertragsstatut und Realstatut bei Vereinbarungen zum Miteigentümerverhältnis, IPRax 1999, 29; *ders.,* Forderungsenteignung auf besatzungshoheitlicher Grundlage und Territorialitätsprinzip, IPRax 2003, 433; *Story,* Commentaries on the Conflict of Laws, Foreign and Domestic, 1. Auflage 1834; *Strauch,* Rechtsverhältnisse an Kulturgütern im internationalen Sachenrecht, 2007; *Symeonides,* On the Side of the Angels: Choice of Law and Stolen Cultural Property, in: Liber Amicorum Kurt Siehr 2000, S. 747; *Thoms,* Einzelstatut bricht Gesamtstatut, 1996; *Thorn,* Entwicklungen des Internationalen Privatrechts 2000 bis 2001, IPRax 2002, 349; *Tsche/Mörsdorf-Schulte,* Neuregelung des koreanischen IPR und IZPR, IPRax 2007, 473; *Swienty,* Der Statutenwechsel im deutschen und englischen internationalen Sachenrecht unter besonderer Berücksichtigung der Kreditsicherungsrechte, 2011; *Uhl,* Der Handel mit Kunstwerken im europäischen Binnenmarkt, 1993; *Uhlenbruck,* Insolvenzordnung, Band 1, 15. Auflage 2019; *van Venrooy,* Internationales Privatrecht: Der gestohlene PKW, JuS 1980, 363; *Virgos/Schmit,* Erläuternder Bericht zu dem EU-Übereinkommen über Insolvenzverfahren, in: Stoll, Vorschläge und Gutachten, 1997, S. 32; *Vrellis,* UNIDROIT-Konvention 1995 über gestohlene oder unerlaubt ausgeführte Kulturgüter – Bedeutung der lex originis, in: Reichelt, Neues Recht zum Schutz von Kulturgut, 1997, S. 69; *Wächter,* Über die Collision der Privatrechtsgesetze verschiedener Staaten, AcP 24 (1841), 230; 25 (1842), 361; *Wagner,* Änderungsbedarf im autonomen deutschen internationalen Privatrecht aufgrund der Rom II-Verordnung?, IPRax 2008, 314; *Weber,* Parteiautonomie im internationalen Sachenrecht?, RabelsZ 44 (1980), 510; *Weidner,* Kulturgüter als res extra commercium im internationalen Sachenrecht, 2001; *Wenckstern,* Die englische Floating Charge im deutschen Internationalen Privatrecht, RabelsZ 56 (1992), 624; *Wendt,* Dingliche Rechte an Luftfahrzeugen, MDR 1963, 448; *Wiedemann,* Entwicklung und Ergebnisse der Rechtsprechung zu den Spaltgesellschaften, in: FS Beitzke 1979, S. 811; *Wiese,* Der Bedeutungswandel der Situs-Regel im Internationalen Sachenrecht der Kulturgüter, in: FS Siehr 2010, S. 83; *Wilburg,* Die Lehre von der ungerechtfertigten Bereicherung nach österreichischem und deutschem Recht, 1934; *von Wilmowsky,* Kreditsicherheiten im Binnenmarkt, 1997; *ders.,* Europäisches Kreditsicherungsrecht, 1996; *ders.,* Sicherungsrechte im Europäischen Insolvenzübereinkommen, EWS 1997, 295; *C.S. Wolf,* Der Begriff der wesentlich engeren Verbindung im internationalen Sachenrecht, 2002; *M. Wolf,* Privates Bankvertragsrecht im EG-Binnenmarkt, WM 1990, 1941; *Wolff,* Private International Law, Oxford, 2. Auflage 1950 (Neudruck 1977); *ders.,* Das internationale Privatrecht Deutschlands, 3. Auflage 1954; *Wyss,* Rückgabeansprüche für illegal ausgeführte Kulturgüter, in: Fechner/Oppermann/Prott, Prinzipien des Kulturgüterschutzes, 1996, S. 201; *Zaphiriou,* The Transfer of Chattels in Private International Law, 1956; *Zitelmann,* Internationales Privatrecht, Bd. 2: Angewandtes Internationales Privatrecht, 1898; Zürcher Kommentar zum IPRG, 2. Auflage 2004.

A. Allgemeines	1	
I. Rechtsquellen	3	
1. Völkerrechtliche Verträge	3	
2. Europarecht	5	
3. EGBGB	7	
II. Normzweck	10	
B. Regelungsgehalt	14	
I. Anknüpfung an das Belegenheitsrecht (Abs. 1)	14	
1. Sachlicher Geltungsbereich der lex rei sitae	15	
a) Grundsatz	15	
b) Anfechtung	21	
c) Immobilien	22	
d) Wertpapiere	25	
2. Veränderung des Lageorts: Statutenwechsel (Abs. 2)	26	
a) Grundsatz	26	
b) Vollendete Tatbestände und schlichter Statutenwechsel	27	
c) Gestreckte Tatbestände (Abs. 3)	38	
d) Besitzlose Mobiliarsicherheiten und Statutenwechsel	43	
II. Sondertatbestände	46	
1. Res in transitu	46	
2. Transportmittel	50	
3. Insolvenzrechtliche Fragen	51	
C. Exkurs: Enteignung	56	
I. Territorialitätsprinzip	57	
II. Ordre public	62	

A. Allgemeines

1 Das deutsche Internationale Sachenrecht bestimmt das auf sachenrechtliche Fragen anwendbare Recht. Es gelangt auch zur Anwendung, wenn sachenrechtliche **Vorfragen** gesondert angeknüpft werden. Wenngleich das Internationale Sachenrecht nicht stets übereinstimmend kodifiziert wird, beruhen die Grundstrukturen der Internationalen Sachenrechte auf seit Jahrhunderten gewachsener Rechtsüberzeugung. Die **Grundregel** des deutschen Internationalen Sachenrechts, dass Entstehung, Änderung, Übergang und Untergang von Rechten an einer Sache dem Recht des Staates unterliegen, in dem sich die Sache im Zeitpunkt des Aktes, aus dem die Rechtsfolge abgeleitet wird, befindet,[1] beansprucht gewohnheitsrechtliche Geltung.[2] Das Prinzip gilt nahezu universell[3] und wird selten als problematisch empfunden. Es zählte in der Vergangenheit geradezu „naturgemäß"[4] nicht zu den Brennpunkten kollisionsrechtlicher Reformbestrebungen, nachdem sich der Grundsatz der Anknüpfung an den Lageort einmal durchgesetzt und im Falle von Mobilien die Anknüpfung an den Lageort die personale Anknüpfung nach den Grundsätzen „mobilia personam sequun-

---

1 Vgl. Art. 43 Abs. 1 S. 1 RefE v. 15.5.1984.
2 BGHZ 39, 173, 174; 100, 321, 324; BGH WM 1967, 1198; 1980, 410, 411; OLG Hamburg RabelsZ 32 (1968), 65, 66; MüKo/*Wendehorst,* Art. 43 Rn. 3; *Kegel/Schurig,* § 19 I (S. 765); für das internationale Mobiliarsachenrecht zweifelnd Staudinger/*Stoll,* Int SachenR, Rn. 10, 123.

3 Vgl. auch *Dicey/Morris,* Bd. 2, Rules 111 ff., 116–117 (S. 917–977); *Lalive,* S. 44 ff.; *Morris,* (1945) 22 B.Y.B.I.L. 232, 233 ff.; *Loussouarn/Bourel,* Rn. 411 ff.; *Stadler,* S. 654 ff.
4 *Sturm* RabelsZ 47 (1983), 386, 388.

tur"[5] oder „mobilia ossibus inhaerent"[6] verdrängt hatte.[7] Reminiszenzen an den alten Satz: „personal property has no locality",[8] finden sich in der Beurteilung bestimmter Sachkategorien, deren bestimmungsgemäße Beweglichkeit zu differenzierter kollisionsrechtlicher Beurteilung und zur Suche eines fiktiven „Ruhepunkts" – jetzt etwa unter Anwendung des Art. 46 – Anlass geben kann. Für Grundstücke besteht seit den spätmittelalterlichen Schriften der Kommentatoren kein Streit über die Anknüpfung an den Lageort, mögen auch Fragen der Gesamtrechtsnachfolge im Laufe der Zeit kollisionsrechtlich unterschiedlich beurteilt worden sein. Die immobiliarsachenrechtliche Anknüpfung wurde trotz umstrittener Abgrenzungsfragen insbesondere zwischen Einzel- und Gesamtstatut geradezu als ein „Tabu" bezeichnet.[9]

Prinzipien erfordern **Konkretisierung**. Aus der Beschaffenheit der Sachen (unbeweglich/beweglich), ihrer   **2**
Zweckbestimmung und Ortsverlagerung, sei es zum dauernden Gebrauch (Transportmittel), sei es vorübergehend (res in transitu), aus der Art der Disposition über das Gut (schlichte Verschaffung über die Grenze; Versandgeschäft) und aus den Zufälligkeiten der tatsächlichen Entwicklung und der Rahmenbedingungen am jeweiligen Lageort (Abhandenkommen und erneute Verfügung; Vollstreckungszugriff Dritter; Insolvenz des Besitzers) ergeben sich hier nur beispielhaft erwähnte Fragestellungen, die es zu regeln gilt. Einzelne Rechte an Sachen unterliegen in Entstehung und Fortbestand besonderen Publizitätsbestimmungen, die Geltendmachung von Rechten gegenüber Dritten mag von der Erfüllung besonderer beweisrechtlicher Anforderungen abhängen, bestimmte Sachen können dem Rechtsverkehr an ihrem Lageort, nicht aber anderswo überhaupt entzogen sein (res extra commercium), und der Kaufmann muss sich darauf einrichten, dass sich von ihm angestrebte Sicherheiten an dem versandten Gut am Bestimmungsort gegenüber Dritten und in der Insolvenz des Empfängers bewähren. Die Antworten sind im deutschen forum zunächst dem deutschen Internationalen Sachenrecht zu entnehmen. Völkerrechtliche Verträge, europäisches Gemeinschaftsrecht und nunmehr insbesondere Art. 43–46 sind heranzuziehen, ohne dass es darauf ankäme, ob sich eine der Parteien auf die Anwendung ausländischen Rechts beruft.[10] Rück- und Weiterverweisung sind zu beachten.[11] Zur Auslegung des nationalen Rechts ist auf die bisherige Praxis zur Anwendung des Belegenheitsrechts zurückzugreifen. Die grundsätzlich bestehende Amtsermittlungspflicht des Tatrichters[12] schließt die Obliegenheit, zum Inhalt fremden Sachenrechts vorzutragen, nicht aus.

I. Rechtsquellen

1. Völkerrechtliche Verträge. Sie betreffen das Internationale Sachenrecht aus Sicht Deutschlands nur in   **3**
Einzelfragen. So gilt das Genfer Abkommen über die internationale Anerkennung von Rechten an **Luftfahrzeugen** vom 19.6.1948 für Deutschland seit dem 5.10.1959.[13] Nach dem Abkommen gilt statt der lex rei sitae das Recht am Ort des Registers, in dem das Luftfahrzeug geführt wird. Die Anerkennung des Eigentums, besitzloser Pfandrechte, Hypotheken und anderer dinglicher Rechte wird unter der Voraussetzung wirksamer Entstehung nach dem Recht am Ort der Eintragung im Zeitpunkt der Begründung der Rechte und unter der Voraussetzung der Eintragung gewährleistet.[14] Eine versteckte Verweisung auf das Recht des Registerstaats enthält Art. VIII des Vertrags vom 27.1.1967 über die Grundsätze zur Regelung der Tätigkeiten von Staaten bei der Erforschung und Nutzung des Weltraums einschließlich des Mondes und anderer Himmelskörper (Weltraumvertrag, WRV).[15] Das von Deutschland am 11.7.1994 gezeichnete Genfer Abkommen über **Schiffsgläubigerrechte** und **Schiffshypotheken** vom 6.5.1993 ist gezeichnet, aber noch nicht in Kraft.[16] Für Deutschland nicht in Kraft sind weiter das Haager Übereinkommen über das auf den **Trust** anwendbare Recht und die Anerkennung von Trusts vom 1.7.1985, das Abkommen vom 15.4.1958 über das auf den **Eigentumserwerb** bei internationalen Käufen beweglicher Sachen anwendbare Recht, das Übereinkommen vom 9.12.1930 über die Registrierung von **Binnenschiffen**, dingliche Rechte an diesen Schiffen und anderen zusammenhängende Fragen, das Übereinkommen vom 25.1.1965 über die Eintragung von Binnenschiffen, das Übereinkommen vom 28.5.1967 über **Vorzugsrechte** und **Schiffshypo-**

5   Zu den Ursprüngen dieser Kollisionsregel *Meijers,*
      Nieuwe Bijdrage, App. III = Études, 163, 164 f.;
      ders., Rec. des Cours 1934, III, 543, 574 ff., 586 f.;
      Lainé, II, S. 228 ff.; *Wächter* AcP 24 (1841), 230,
      274 f.
6   Wörtlich verstanden nur auf Prothesen zu beziehen;
      vgl. *Wolff,* P.I.L., S. 510.
7   Zur Rechtsentwicklung *Schmeinck,* S. 115 ff.; *Siehr*
      ZVglRWiss. 104 (2005), 145, 146 f.; *v. Plehwe,*
      Besitzlose Warenkreditsicherheiten, S. 5–9.
8   *Sill v. Worswick* (1871) 1 H. Bl. 665, 690, 126 E.R.
      379, 392.
9   *Ehrenzweig,* zit. nach *Siehr* ZVglRWiss. 104 (2005),
      145, 146.

10   BGHZ 177, 237 Rn. 8.
11   BGH WM 2017,1618 Rn. 18.
12   BGH NJW 2014, 1244 Rn. 15.
13   BGBl. II 1959 S. 129; BGBl. II 1960 S. 1506; vgl.
      Kegel/Schurig, § 4 III (S. 243 f.) und § 19 VII 2 a
      (S. 780).
14   Vgl. BGH IPRax 1993, 178 (179 f.); *Kreuzer* IPRax
      1993, 157 (160 ff.); *Kegel/Schurig,* § 19 VII 2 a
      (S. 780 f.).
15   BGBl. 1969, II, 1967; MüKo/*Wendehorst,* Art. 45
      Rn. 10.
16   *Kegel/Schurig,* § 1 IX (S. 98) und § 19 VII 2 b
      (S. 781 f.); MüKo/*Wendehorst,* Art. 45 Rn. 11.

theken sowie das UNIDROIT-Übereinkommen vom 28.5.1988 über internationales Finanzierungsleasing.[17] Die Kaufrechtsübereinkommen, insbesondere auch das für Deutschland am 1.1.1991 in Kraft getretene und für Deutschland das Einheitliche Gesetz über den internationalen Kauf beweglicher Sachen ablösende, Wiener UN-Übereinkommen über Verträge über den internationalen Warenkauf (CISG), regeln die Fragen des hierauf anwendbaren Rechts nicht.[18]

4   Wesentliche praktische Bedeutung wird möglicherweise die am 16.11.2001 in Kapstadt beschlossene und für die EU am 1.8.2009[19] in Kraft getretene **UNIDROIT-/ICAO-Konvention über internationale Sicherungsrechte an beweglicher Ausrüstung** nebst drei Protokollen betreffend Flugzeuge, Flugzeugtriebwerke und Hubschrauber[20] erlangen. Inzwischen liegt das Protokoll über rollendes Eisenbahnmaterial vom 23.2.2007[21] vor, das von der Bundesrepublik zwar gezeichnet, aber noch nicht ratifiziert worden ist.[22] Das am 5.6.1990 in Istanbul von sechs Staaten, darunter der Bundesrepublik Deutschland, gezeichnete Übereinkommen über gewisse internationale Aspekte des **Konkurses** ist noch nicht in Kraft getreten.[23] Das den Kulturgüterschutz betreffende **UNIDROIT-Übereinkommen über gestohlene oder rechtswidrig ausgeführte Kulturgüter** vom 24.6.1995[24] ist von der Bundesrepublik Deutschland nicht ratifiziert worden; ein Eintritt in die völkerrechtliche Verpflichtung der DDR, die am 3.10.1990 Vertragsstaat war, ist nicht erfolgt.[25] Eine wesentliche Neuerung bedeutet nunmehr der lang erwartete Beitritt Deutschlands zum **UNESCO-Übereinkommen vom 14.11.1970 über Maßnahmen zum Verbot und zur Verhütung der rechtswidrigen Einfuhr, Ausfuhr und Übereignung von Kulturgut (UNESCO-Kulturgutübereinkommen)**[26] durch Gesetz vom 20.4.2007.[27] Das Abkommen ist zugleich mit der **Richtlinie 93/7/EWG** durch das Ausführungsgesetz mit Neufassung des Kulturgüterrückgabegesetzes vom 18.5.2007/26.10.2007[28] umgesetzt worden.[29] Maßgeblich sind nunmehr die **Richtlinie 2014/60/EU** über die Rückgabe von unrechtmäßig aus dem Hoheitsgebiet eines Mitgliedstaats verbrachten Kulturgütern und zur Änderung der Verordnung (EU) Nr. 1024/2012 vom 15.5.2014 (Rückgabe- oder Restitutionsrichtlinie) sowie das am 6.8.2016 in Kraft getretene Gesetz zum Schutz von Kulturgut (**Kulturgutschutzgesetz** – KGSG) vom 31.7.2016.[30]

5   **2. Europarecht.** Europarechtlich sind sachenrechtliche Teilfragen auf den Gebieten des Insolvenzrechts und des Kulturgüterschutzes geregelt worden. Bei **Insolvenzverfahren** mit grenzüberschreitender Wirkung ist die am 31.5.2002 in Kraft getretene Verordnung (EG) Nr. 1346/2000 des Rates über Insolvenzverfahren (EuInsVO) vom 29.5.2000 zu beachten; im Übrigen gelten die kollisionsrechtlichen Bestimmungen zum deutschen Internationalen Insolvenzrecht (etwa §§ 339, 351 InsO). Das Europäische Übereinkommen über Insolvenzverfahren vom 23.11.1995[31] ist nicht in Kraft getreten, sondern durch die Verordnung vom 29.5.2000 ersetzt worden.[32]

5a   Dem **Kulturgüterschutz**[33] dient die Richtlinie 2014/60/EU des Rates über die Rückgabe von unrechtmäßig aus dem Hoheitsgebiet eines Mitgliedstaates verbrachten Kulturgütern vom 15.5.2014, die in Art. 13 eine die sachrechtliche Rückgaberegelung ergänzende einheitliche Kollisionsnorm dahin vorsieht, dass sich die Frage des Eigentums an dem Kulturgut nach erfolgter Rückkehr nach dem Recht des ersuchenden Mitgliedstaates beurteilt.[34] Dadurch soll einer sukzessiven Anwendung der leges rei sitae entgegengewirkt und die sachenrechtliche „Wäsche" von Kulturgütern bei Anwendung des international-sachenrechtlichen Grundprinzips[35] verhindert werden. Zuvor galt die Richtlinie 93/7/EWG vom 15.5.1993, die durch das Kulturgü-

---

17   MüKo/*Wendehorst*, Art. 45 Rn. 12, die jedoch zu Recht darauf hinweist, dass das Abkommen für verschiedene Staaten in Kraft getreten ist und deshalb bei einer Weiterverweisung zu beachten sein kann.

18   Art. 4 S. 2 lit. b CISG; Art. 8 S. 2 EKG.

19   ABl. EU L 121/07; vgl. Palandt/*Thorn*, Art. 45 Rn. 3.

20   In deutscher Übersetzung abgedruckt in IPRax 2003, 276–288, 289–297; dazu *Kronke*, in: Liber Amicorum Kegel 2002, S. 33, 34 ff.; *Henrichs* IPRax 2003, 210 ff.; *Davies*, (2003) 52 I.C.L.Q. 151 ff.

21   *Bollweg/Kreuzer* IPRax 2008, 176 ff.

22   MüKo/*Wendehorst*, Art. 45 Rn. 12.

23   Staudinger/*Stoll*, Int SachenR, Rn. 117.

24   Dazu MüKo/*Kreuzer*, nach Art. 38 EGBGB Anh. I Rn. 177–179.

25   MüKo/*Kreuzer*, 3. Aufl., nach Art. 38 EGBGB Anh. I Rn. 167, Fn. 765; MüKo/*Wendehorst*, Art. 43 Rn. 178; dazu rechtspolitisch *Halsdorfer* IPRax 2009, 307 ff.

26   Eingehend Staudinger/*Mansel*, Anh. I zu Art. 46 EGBGB.

27   BGBl. 2007, II, 626; dazu *Schulz-Hombach/Schenk* KUR 2006, 47 ff.; *Halsdorfer* IPRax 2008, 395 ff.

28   BGBl. 2007, I, 757; 2547.

29   Im Einzelnen MüKo/*Wendehorst*, Art. 43 Rn. 178 und Fn. 287; *Schenk*, Umsetzung, S. 61, 63 ff.

30   BGBl. 2016, I, 1914, geänd. durch Art. 6 Abs. 13 des Gesetzes zur Reform der strafrechtlichen Vermögensabschöpfung v. 13.4.2017, BGBl. 2017, I, 872; vgl. zur Historie i.e. *Elmenhorst/Wiese/Falckenberg*, Einf. Rn. 66–93; *BKM*, 14 ff., 18ff.

31   ZIP 1996, 976–983 = *Stoll*, Vorschläge und Gutachten, S. 3 ff.

32   *Kegel/Schurig*, § 4 III (S. 257 f.).

33   Dazu im Einzelnen auch unten Rn. 37.

34   MüKo/*Kreuzer*, 3. Aufl., nach Art. 38 EGBGB Anh. I Rn. 195; Staudinger/*Stoll*, Int. SachR, Rn. 115; *Jayme/Kohler* IPRax 1993, 357 (359 f.); *v. Plehwe*, (1995) 20 E.L.Rev. 431, 447 f.

35   Zu dessen Wirkweise etwa *Winkworth v. Christie, Manson and Woods Ltd.* [1980] 1 All E.R. 1121 (Ch.), und hierzu *v. Plehwe*, (1995) 20 E.L.Rev. 431, 440 f. mwN.

terrückgabegesetz (KultGüRückG) vom 15.5.1998[36] mit Wirkung vom 22.10.1998 in das deutsche Recht umgesetzt wurde. Es wurde als Art. 1 des Kulturgutsicherungsgesetzes vom 15.10.1998 beschlossen. Die besondere Kollisionsnorm des Art. 12 der Richtlinie wurde durch § 5 Abs. 2 und § 8 KultGüRückG umgesetzt.[37] Nunmehr sind die **Sonderkollisionsnormen** der **§§ 54, 72 KGSG**[38] zur Umsetzung des Art. 13 der Rückgaberichtlinie 2014/60/EU maßgeblich. Sie haben eine rückwirkende **Sachnormverweisung** auf die **lex originis** nach Rückgabe (§ 54 Abs. 1 KGSG) bzw. (einseitig) auf das deutsche Recht als Ursprungsrecht (§ 72 KGSG) zum Gegenstand. Die im Schrifttum teilweise geäußerte Kritik am methodischen Weg der Sachnorm- statt einer Gesamtverweisung[39] erscheint unberechtigt. Zwar spricht nichts dagegen, Zwischenverfügungen an einem schärferen Belegenheitsrecht zu messen.[40] Da dann kein Günstigkeitsprinzip im Sinne eines sachenrechtlichen favor originis gälte, müssten im Falle einer Gesamt- und Weiterverweisung Im Ergebnis aus Sicht des Ursprungs-Situs auch nachteilige Verfügungen in Kauf genommen werden,[41] was indes dem Grundgedanken der umzusetzenden Norm (Art. 13 der Richtlinie 2014) widerspräche. Entsprechendes gilt für § 72 KGSG.[42] Beide Kollisionsnormen dienen im Kern der Verwirklichung materieller Ordnungsinteressen. § 54 Abs. 1 KGSG hat den Kreis der betroffenen Kulturgüter erweitert und erstreckt sich – allseitig formuliert – nun auf solche Güter, die an Mitgliedstaaten (der Union) oder Vertragsstaaten (etwa des UNESCO-Übereinkommens) oder allgemein an Staaten zurückgegeben werden, deren bewegliches Kulturgut durch eine Verordnung der EU geschützt wird.[43] Annexionen sind nach völkerrechtlichen Grundsätzen zu berücksichtigen. Die §§ 54, 72 KGSG schließen in Umsetzung des Art. 13 der Richtlinie eine sonst bestehende Lücke, weil die nunmehr angeordnete Anknüpfung an die lex originis nicht allgemeinen international-sachenrechtlichen Grundsätzen und auch nicht den Art. 43 ff. EGBGB entspricht.[44] Bei der Auslegung und Anwendung von Generalklauseln des anwendbaren Rechts sind, soweit es kriegs- oder verfolgungsbedingt abhanden gekommene Kulturgüter betrifft, auch die **Washington Principles**[45] sowie insbesondere die **Erklärung von Terezin (Theresienstadt)**[46] zu beachten.[47] Getreu dem Dictum von Lord Denning, „equity is not past the age of child-bearing",[48] ist zuweilen auch eine (Nicht-)Anwendung des Rechts im Licht gewandelter Verhältnisse und stattgefundener Umwälzungen über die Strahlkraft der dem Gesetz zugrundeliegenden Motive hinaus und diesen zuwider[49] erforderlich. Der Ausschluss der Anwendung deutschen Verjährungsrechts im Falle eines dem deutschen Sachenrecht unterliegenden Vindikationsanspruchs als Verstoß gegen den britischen **ordre public**[50] mag als Beispiel den Weg weisen.

Umstritten ist, ob und in welchem Maße das gewohnheitsrechtlich fundierte einzelstaatliche Internationale   **6**
Sachenrecht mit seinen Regeln über den Statutenwechsel und die Wirkung nach anderen Rechtsordnungen begründeter dinglicher Rechte **mit den gemeinschaftsrechtlichen Grundfreiheiten in Einklang** steht. Es wird die Ansicht vertreten, dass die materiell-sachenrechtliche Disharmonie in den Mitgliedstaaten, das kollisionsrechtliche Prinzip der lex rei sitae sowie die Wandelbarkeit des Sachstatuts mit der Folge eines Statutenwechsels bei Verbringung der Sache über die Grenze eine Behinderung der Warenverkehrsfreiheit bedeute[51] und dass die Grundfreiheiten des EG-Vertrags auf der Ebene des Sachrechts oder des Kollisionsrechts zu verwirklichen seien. Die Freiheit des Warenverkehrs wird für die Zulassung einer Rechtswahl im Internationalen Sachenrecht herangezogen.[52] Ungeachtet der aus dem Internationalen Sachenrecht entwickelten Bedenken gegen die Zulassung kollisionsrechtlicher Parteiautonomie bestehen gemeinschaftsrechtliche Zweifel an der Berechtigung des Ansatzes. 345 AEUV lässt die Eigentumsordnung in den verschiedenen Mitgliedstaaten unberührt. Der Europäische Gerichtshof stellt auf die lex rei sitae ab.[53] Gegen die Anwendung der noch nicht harmonisierten nationalen Kollisionsrechte ist bei grundsätzlicher Äquivalenz der verschiedenen Lösungsansätze nichts einzuwenden. Solange sich eine kollisionsrechtliche Rechts-

36 BGBl. I 1998 S. 3162; IPRax 2000, 314.
37 Dazu *Fuchs* IPRax 2000, 281 (285); *Looschelders,* IPR, Art. 43 Rn. 6; MüKo/*Wendehorst*, Art. 43 EGBGB Rn. 180; Staudinger/*Mansel,* Anh. III zu Art. 46 EGBGB.
38 Dazu i.e. *Elmenhorst/Wiese*, KGSG; MüKo/*Wendehorst*, Art. 43 EGBGB Rn. 182 ff.
39 *Wiese*, Bedeutungswandel, 95 f.; *Elmenhorst/Wiese*, § 54 Rn. 2, 20–22.
40 Vgl. das Beispiel von *Elmenhorst/Wiese*, § 54 Rn. 21.
41 *Halsdorfer,* Privat- und kollisionsrechtliche Folgen, 271; *BKM,* 227 f.
42 *BKM,* 243 f.
43 *BKM,* 227.
44 Vgl. auch *Wiese,* Bedeutungswandel, 89 ff., zu res extra commercium.
45 Staudinger/*Mansel,* Anh. IV zu Art. 46 EGBGB.
46 Staudinger/*Mansel,* Anh. V zu Art. 46 EGBGB.

47 Staudinger/*Mansel,* Anh. V zu Art. 46 EGBGB Rn. 1.
48 Eves v. Eves, [1975] 1 W.L.R. 1338 (CA); dazu auch *Schneider* RIW 2018, 811.
49 Noch im Sinne eines judicial restraint zurückhaltend, wenngleich behutsam umdenkend BGH Urt. v. 19.7.2019 – V ZR 255/17, zu § 937 BGB.
50 City of Gotha v. Cobert Finance, [1998] 1993 C 3428 u. 1997 G 185 (Q.B.); vgl. *von Plehwe* KUR 2001, 49 (50); s. u. Fn. 228.
51 *Wolf* WM 1990, 1947 f.; *Basedow* RabelsZ 59 (1995), 1, 43 f.; *v. Wilmowsky,* Europäisches Kreditsicherungsrecht, S. 77 ff., 94 ff.
52 *V. Wilmowsky,* Europäisches Kreditsicherungsrecht, S. 150–152.
53 EuGH Urt. v. 13.7.1962 – Rs. 17 und 20/61, Slg 1962, 655, 691; *Schilling*, S. 23.

vereinheitlichung nicht abzeichnet, lassen sich – kollisionsrechtliche oder sachrechtliche – Bedenken gegen die Anwendung der nationalen Kollisionsnormen nicht erheben.[54] Parteiautonomie ist dann, wenn die Wirkungen erga omnes und nicht nur unter den Vertragsbeteiligten eintreten sollen, mit dem sachenrechtlichen Interesse des Verkehrsschutzes nicht zu vereinbaren. Allgemein lässt sich nicht feststellen, dass der Grundsatz der Warenverkehrsfreiheit ein Überwiegen des Interesses des (Weiter-)Verkäufers als Sicherungsnehmer oder andererseits des den Warenumschlag finanzierenden Finanz- oder Warenkreditgebers ergäbe. Beide können sich auf die Grundfreiheiten zur Begründung ihrer konträren Interessen berufen. Den Ausgleich bieten nur die differenzierten einzelstaatlichen Kollisionsnormen in ihrer sukzessiven Anwendung auf den Einzelfall.

7   **3. EGBGB.** Das deutsche Internationale Sachenrecht hat nach langjährigen Vorarbeiten seine Regelung nun im Gesetz zum Internationalen Privatrecht für außervertragliche Schuldverhältnisse und für Sachen vom 21.5.1999[55] mit Wirkung zum 1.6.1999 gefunden. Art. 43–46 beruhen auf der früheren Rechtspraxis und auf der wissenschaftlichen Bearbeitung des Internationalen Sachenrechts; sie sind auf dieser Grundlage auszulegen.[56] Die Anwendbarkeit des Art. 43 steht nicht zur Disposition der Parteien und ist auch im Revisionsverfahren von Amts wegen zu prüfen.[57]

8   Die **Wurzeln** der schließlich im Jahr 1999 in Kraft gesetzten Kodifikation reichen weit zurück. Erste gesetzliche Regelungen finden sich in § 17 S. 2 des Codex maximilianeus bavaricus civilis von 1756, dem Bayerischen Landrecht, sowie in § 10 des BGB für das Königreich Sachsen von 1863 und in § 5 Abs. 2 des Entwurfs eines gesamtdeutschen BGB von *Mommsen* von 1878. Das Preußische Allgemeine Landrecht von 1794 knüpft dagegen noch personal an.[58] Eine differenzierte Regelung findet sich in § 10 des von *Gebhard* im Auftrag der Ersten Kommission zur Ausarbeitung des Entwurfs eines Bürgerlichen Gesetzbuches für das Deutsche Reich 1887 verfassten (zweiten) Entwurfs, dem im weiteren Verlauf des Gesetzgebungsverfahrens allerdings kein Erfolg beschieden war. Das Internationale Sachenrecht fand im EGBGB zunächst keinen Platz.[59]

9   Im 20. Jahrhundert hat der **Deutsche Rat für Internationales Privatrecht** 1970/1972 und 1981/1984 Vorschläge für eine Reform des deutschen Internationalen Sachen- und Immaterialgüterrechts vorgelegt.[60] Am 15.5.1984 lag ein Referentenentwurf zur Ergänzung des Internationalen Privatrechts (außervertragliche Schuldverhältnisse und Sachen) vor.[61] Mit dem Referentenentwurf befasste sich sodann *Kreuzer* in einer gutachtlichen Stellungnahme, die in Empfehlungen in der Form eines Abänderungsvorschlags für den Referentenentwurf 1984 und eines Gesetzesvorschlags für die Regelung des Internationalen Sachenrechts mündete.[62] Darauf folgte der Referentenentwurf von 1993,[63] auf dem das Gesetz nunmehr beruht.

II. Normzweck

10   Mit Art. 43–46 hat der Gesetzgeber eine gewollt knappe und lückenhafte **Kodifikation** des Internationalen Sachenrechts geschaffen. Es handelt sich im Wesentlichen um die gesetzliche Bestätigung eines bestehenden, **gewohnheitsrechtlich** legitimierten außergesetzlichen Rechtszustandes, um eine „codification à droit constant".[64] Die Regelungen dienen der Klarstellung und Bekräftigung einer in weiten Teilen bereits einmütigen Auffassung, teilweise allerdings auch der Fortschreibung einer Linie, die durch die Rechtsprechung zuvor nur vorgezeichnet werden konnte.[65] Als Neuerung ist Art. 46 zu nennen, der – ähnlich Art. 28 Abs. 5 – eine Ausweich- oder Berichtigungsklausel für das Internationale Sachenrecht einführt. Diese eröffnet eine Möglichkeit der Rechtsfortbildung,[66] dient aber als Auflösung der Regelanknüpfung in erster Linie der Einzelfallgerechtigkeit mit der Folge zwangsläufiger, aber in Kauf zu nehmender Unwägbarkeit der Ergebnisse im Einzelfall.[67]

11   **Art. 43** enthält **Grundregeln** des deutschen Internationalen Sachenrechts, die allerdings weiterer Konkretisierung durch Rechtsprechung und Lehre bedürfen. **Abs. 1** statuiert den Grundsatz der Anknüpfung an die

---

54   Vgl. auch *Kreuzer* RabelsZ 65 (2001), 383, 462; MüKo/*Sonnenberger*, Einl. IPR Rn. 160 f.

55   BGBl. I 1999 S. 1026.

56   Vgl. Begründung des Gesetzesentwurfs, BT-Drs. 14/343, S. 5–19; krit. MüKo/*Wendehorst*, Vorbem. zu Art. 43 EGBGB Rn. 20 f.

57   BGHZ 177, 237 Rn. 8; 136, 380, 386; BGH NJW 2009, 2824 (2825) Rn. 6.

58   *Einl. § 28 ALR.*

59   Zum Ganzen *Hartwieg/Korkisch*, passim; *v. Plehwe*, Besitzlose Warenkreditsicherheiten, S. 65–75.

60   *Henrich*, Vorschläge und Gutachten, S. 170 f.

61   Abgedruckt bei *Henrich*, Vorschläge und Gutachten, S. 171 f.

62   *Kreuzer*, in: Henrich, Vorschläge und Gutachten, S. 167–170.

63   Abgedruckt in IPRax 1995, 132 f.

64   *Kreuzer* RabelsZ 65 (2001), 383, 435, 457.

65   Vgl. einerseits Art. 43 Abs. 3, andererseits die kollisionsrechtlich motivierte, aber im Kern materiellrechtlich »in die Zukunft greifende« Strickmaschinen-Entscheidung BGHZ 45, 95; dazu *Kegel* JuS 1968, 162.

66   *Stoll* IPRax 2000, 259.

67   Krit. dazu MüKo/*Wendehorst*, Vorbem. zu Art. 43 EGBGB Rn. 21; *Spickhoff* NJW 1999, 2209 (2210).

lex rei sitae. Es entspricht dem Verkehrsinteresse und den Interessen am inneren und äußeren Entscheidungseinklang, Tatbestände, die sachenrechtliche Folgen erzeugen sollen, nach dem Recht der Belegenheit zu beurteilen. **Abs. 2** trägt dem Grundsatz Rechnung, dass Sachenrechte **Wirkungen** nur gemäß dem jeweiligen Belegenheitsrecht entfalten können. Als einseitige Kollisionsnorm sieht **Abs. 3** eine **Anrechnung** an anderen Belegenheitsorten verwirklichter Tatbestandselemente nach Gelangen der Sache in das Inland und nachfolgender Tatbestandsvollendung vor. Der nun kollisionsrechtlich ausgestaltete „Griff in die Zukunft"[68] betrifft **gestreckte Tatbestände**, insbesondere grenzüberschreitende Verkehrsgeschäfte, aber auch den originären Rechtserwerb etwa durch Ersitzung.

Transportmittel unterfallen, soweit sie nicht in Art. 45 eine besondere Regelung erfahren haben, im   **12** Grundsatz den Regelungen des Art. 43. Ob Art. 46 eine Sonderanknüpfung gebietet, ist eine weiterhin offene Frage, die von der Rechtsprechung zu lösen sein wird. Art. 43 muss in Verbindung mit der Ausweichklausel des Art. 46 gelesen werden. Art. 43, 45 und 46 fügen sich in die jüngere europäische kollisionsrechtliche Gesetzgebung ein, die durchweg Anknüpfungsnormen für das Sachenrecht enthält.[69] Eine umfassende Kodifikation hat der deutsche Gesetzgeber aber nicht beabsichtigt; das deutsche Internationale Sachenrecht hat im Gesetz nur eine partielle Regelung gefunden. So wurde bewusst davon abgesehen, Regelungen für Sachen auf dem Transport (res in transitu) oder auf staatsfreiem Gebiet sowie hinsichtlich der für den persönlichen Gebrauch bestimmten Sachen, ferner für gesetzliche Mobiliarsicherheiten (mit Ausnahme der Sicherungsrechte an besonders geregelten Transportmitteln, Art. 45 Abs. 2 S. 1), Rechte an Rechten, Fragen der Ersitzung, Wertpapiere, Immaterialgüterrechte oder dingliche Wirkungen vom Hoheitsakten zu regeln.[70] Die Verfasser des Entwurfs sind davon ausgegangen, dass die Ausweichklausel des Art. 46 die erforderliche Flexibilität gewährleistet.[71]

Sachenrechtliche Verweisungen sind in der Regel (Ausnahmen: Art. 45 Abs. 2 S. 1; Sonderanknüpfungen   **13** der §§ 54 Abs. 1, 72 KGSG) **Gesamtverweisungen**. Verweisen die Kollisionsnormen des berufenen Rechts zurück oder weiter, so wird der renvoi befolgt. Es gilt Art. 4.[72] Eine Rückverweisung wird nach Art. 4 Abs. 1 S. 2 EGBGB angenommen.[73]

B. Regelungsgehalt

I. Anknüpfung an das Belegenheitsrecht (Abs. 1)

Abs. 1 statuiert den Grundsatz der lex rei sitae. Entstehung, Änderung und Übergang von Rechten an einer   **14** Sache unterliegen dem Recht des Staates, in dem sich die Sache im Zeitpunkt des Aktes, aus dem die Rechtsfolge abgeleitet wird, befindet.[74] Der Sache nach entspricht die deutsche Regelung insbesondere auch den IPR-Gesetzen Österreichs[75] und der Schweiz.[76] Die Lage der Sache im Zeitpunkt der Vollendung des Sachverhalts, aus dem Erwerb, Verlust oder Rechtsänderungen abgeleitet werden, gibt Maß[77] und bestimmt das zuweilen sogenannte (unwandelbare) „Bestandsstatut".[78] Angeknüpft wird ausschließlich an den räum-

68   *Kegel* JuS 1968, 162.
69   Vgl. den rechtsvergleichenden Überblick von *Kreuzer* RabelsZ 65 (2001), 383, 439–441.
70   BT-Drs. 14/343, S. 14.
71   BT-Drs. 14/343, S. 15.
72   BT-Drs. 14/343, S. 15; so auch die bisherige Rspr., BGHZ 108, 353, 357; BGH NJW 1995, 2097 (2098); 1997, 461, 464; WM 2017, 1618 Rn. 18.
73   OLG Köln NJW-RR 2015, 908 (909); FamRZ 1997, 1176.
74   Vgl. Art. 43 Abs. 1 S. 1 RefE v. 15.5.1984; ausführlich Staudinger/*Mansel*, Art. 43 EGBGB Rn. 703 ff.
75   § 31 Abs. 1 IPRG.
76   Art. 100 Abs. 1 IPRG.
77   Sogenannte Konzentration des Tatbestandes: *Zitelmann*, Bd. 2, S. 331; *Wengler* RabelsZ 23 (1958), 535, 558.
78   BGH NJW-RR 2010, 983 (984) Rn. 21 im Anschluss an MüKo/*Wendehorst*, Art. 43 Rn. 128; eine sicherlich nicht optimale Bezeichnung, wie *Wendehorst* (aaO, Fn. 232) konzediert. Andere sprechen – ebenfalls zu kurz greifend – vom (unwandelbaren) Entste-

hungsstatut (*Looschelders*, Art. 43 Rn. 48) oder vom »Begründungsstatut« (*Rakob*, S. 2). Die Gegenüberstellung zum wandelbaren Wirkungsstatut (*Looschelders*, aaO; MüKo/*Wendehorst*, aaO, Rn. 129) erschließt den Sinn. Freilich sind derlei schlagwortartige Verkürzungen nicht wirklich erkenntnissteigernd und zuweilen nur vor dem Hintergrund eines Vorverständnisses methodischer Streitfragen (etwa Substitution versus Anpassung versus Transposition: s. dazu Rn. 28–32) verständlich. Ebenso wenig vermag der Gedanke (»Theorie«) vom »temporal gespaltenen Sachstatut« (vgl. MüKo/*Wendehorst*, aaO, Rn. 122 f.) als Erklärung des Unterschiedes von zeitpunktbezogener Tatbestandsverwirklichung an einem bestimmten situs und der Tatbestandswirkung an verschiedenen, sukzessiven Lageorten zu überzeugen. Eine »temporale Sachverhaltsaufspaltung« (*Looschelders*, aaO, Rn. 48) führt bei notwendiger Differenzierung zwischen Tatbestand und Wirkung nicht zu einem gespaltenen Statut (zur materiell- und kollisionsrechtlichen Rechtsspaltung allgemein *Kegel/Schurig*, § 11 (S. 414 ff.)).

lichen Zustand der Sache. Die Vergleichbarkeit der Funktionen von Rechtsinstituten und der Interessenlagen bestimmt das Ergebnis; angewandt wird die Methode der Interessenjurisprudenz.[79]

15 **1. Sachlicher Geltungsbereich der lex rei sitae. a) Grundsatz.** Die Qualifikation eines (körperlichen) Gegenstandes als Sache richtet sich nach dem anwendbaren Kollisionsrecht, folglich Art. 43 EGBGB. Zwischen dem Tatbestandsmerkmal der Sache und dem Anknüpfungsgegenstand, dem Anwendungsbereich der Art. 43–46 EGBGB, ist begrifflich klar zu unterscheiden.[80] Die Fähigkeit einer Sache, Gegenstand von Rechten zu sein, bestimmt sich – anders als die Fähigkeit einer Person, die Rechte an einer Sache innezuhaben und über sie zu verfügen (Personalstatut) – nach dem Recht am Ort ihrer **Belegenheit**.[81] Eine **Rechtswahl** des Sachstatuts ist de lege lata ausgeschlossen.[82] Ebenso kann allein die lex loci rei sitae als das der Sache in jeder Beziehung „nähere" Recht die **Qualifikation** eines rechtserheblichen Sachverhalts als dinglich vornehmen.[83] Gehört das zu beurteilende Lebensverhältnis zum Typus des dinglichen Rechts, so richten sich weiter die Modalitäten seines **Erwerbs** – ob originär oder derivativ bleibt gleich –, seiner **Inhaltsänderung** und **Übertragung** nach dem Belegenheitsrecht.[84] Das gilt auch für die Voraussetzungen **gutgläubigen Erwerbs**[85] und für die Bestimmung der Wirkungen von Eintragungen der Sache oder Rechte in öffentliche **Register** am situs[86] sowie für die Voraussetzungen originären Eigentumserwerbs kraft **Ersitzung** oder kraft (nicht im deutschen materiellen Recht vorgesehener) **akquisitiver Verjährung**. Insgesamt richten sich die Voraussetzungen eines **Verlustes** des dinglichen Rechts ebenfalls nach der lex rei sitae im Zeitpunkt des Eintritts des anzuknüpfenden Vorgangs. Auch der **Inhalt** des dinglichen Rechts ist nach dem Recht des (jeweiligen) Ortes der Belegenheit der Sache zu bestimmen.

16 **Kausalverhältnis** und dingliches **Erfüllungsgeschäft** sind in ihrer kollisionsrechtlichen Beurteilung zu unterscheiden.[87] Lässt das Belegenheitsstatut Verfügungen kausal sein, indem es den Eigentumsübergang als Vertragswirkung auffasst oder die Wirksamkeit der Verfügung von derjenigen des ihr zugrunde liegenden Verpflichtungstatbestandes abhängig macht, wie dies in den Rechtsordnungen des Konsensprinzips festzustellen ist, so ändert dies nichts daran, dass die Obligation selbstständig angeknüpft wird und dem Schuldstatut untersteht, andererseits dingliche Wirkungen ausschließlich nach dem Lagerecht zu bestimmen sind. Dementsprechend liegt es allein beim Sachstatut, dem materiellrechtlichen Gedanken einer **Akzessorietät** von Einzel- oder Globalsicherungen auch kollisionsrechtlich Rechnung zu tragen und die dingliche Position dem Schuldstatut zu unterwerfen oder selbstständig anzuknüpfen. Die lex rei sitae hat das letzte Wort,[88] wenngleich der Vertrag zunächst nach den vom Vertragsstatut vorgegebenen Regeln ausgelegt werden muss.[89]

17 Handelt es sich um eine Einzelverfügung über Mobilien unter Lebenden, so entscheidet das Lagerecht über den Kreis der begründ- und erwerbbaren Rechte. **Typenzwang** (numerus clausus der Sachenrechte)[90] oder Gestaltungsfreiheit im dinglichen Rechtsverkehr richten sich als materiell-sachenrechtliche Ordnungsprinzipien nach der jeweils anwendbaren lex rei sitae. Im Einzelfall kann die lex rei sitae durch europäisches Gemeinschaftsrecht überlagert werden, wie dies etwa im Falle der Beurteilung der (Zulässigkeit der) Verfügung über angereichertes Uran oder der Begründung von Sicherungsrechten an solchem Material nach dem EAG-Vertrag zu berücksichtigen sein kann.[91] Das Belegenheitsstatut beherrscht den gesamten „Zuweisungsgehalt"[92] des dinglichen Rechts.[93] Entsprechend der von *Wilburg* entwickelten (materiellrechtlichen) Fortwirkungslehre[94] folgen damit grundsätzlich auch die den dinglichen Rechtsschutz ergänzenden und fortsetzenden Bereicherungsansprüche aus rechtsgrundlosem Eingriff dem Statut, das Inhalt und Ausübung

---

79   Vgl. *Heck,* § 78 I 3 (S. 324 f.); *Kegel/Schurig,* § 2 I (S. 132).

80   Staudinger/*Mansel,* Art. 43 EGBGB Rn. 2, 340 f.

81   RGZ 18, 39, 45.

82   Vgl. BGH NJW 2009, 2824 (2825) Rn. 6 mwN; anders nunmehr § 37 des am 1.4.2011 in Kraft getretenen IPRG der VR China; vgl. *Cammerer* RIW 2011, 230 (233 f.) sowie 239 [Text].

83   LG München WM 1957, 1378 (1379); IPG 1953 Nr. 17 (Heidelberg); Soergel/*Lüderitz,* Art. 38 EGBGB Anh. II Rn. 9; differenzierend MüKo/*Kreuzer,* nach Art. 38 EGBGB Anh. I Rn. 16 (autonom funktional).

84   Dazu gehört etwa die Frage, ob Verfügungen kausal oder abstrakt sind: BGH IPRspr. 1980 Nr. 3, und, wenn kausal, ob zum rechtsgeschäftlichen »Titel« die Übergabe der Sache hinzutreten muss.

85   OLG Celle JZ 1979, 608; OLG Köln IHR 2018, 71.

86   Beispielhaft OLG Köln IHR 2018, 71: nach Art. 1156 c.c.it. wegen Registereintragung kein (sonst

grundsätzlich möglicher) gutgläubiger Erwerb abhanden gekommenen Kraftfahrzeugs nach Art. 1153 c.c.it.

87   RGZ 18, 39, 46; 152, 53, 63 f.; BGHZ 1, 109, 114; 52, 239, 240 f.

88   Staudinger/*Stoll,* Int. SachR, Rn. 149.

89   BGH WM 2013, 858 Rn. 30.

90   Zu den Durchbrechungen des Faustpfandprinzips deutscher Prägung vgl. BGHZ 50, 45 ff.; 39, 173, 176 f.; *Schröder,* Anpassung, S. 122–124.

91   Vgl. BGH WM 2013, 858 Rn. 34 f. mit Hinweis auf EuGH Slg 2006, I, 7890 – *Industrias Nucleares do Brasil und Siemens/UBS* – und Schlussantrag von Generalanwalt Poiares Maduro, ebda., 7865, 7887 Rn. 83.

92   *Wilburg,* S. 27 f.

93   Vgl. Staudinger/*Stoll,* Int. SachR, Rn. 149–151; *Bydlinski* ZfRV 2 (1961), 22, 29 f.

94   Vgl. *Wilburg,* S. 27 f., 49, 114; ferner *v. Caemmerer,* in: FS Rabel I 1954, S. 333, 375.

des dinglichen Rechts, in dessen Bestand eingegriffen wurde, regelt. Darüber besteht im Ergebnis Einigkeit.[95] Das folgt nun auch aus Art. 10 Abs. 1 der Rom II-Verordnung.[96] Bei Sachen fallen lex rei sitae, lex loci actus (Recht des Eingriffsortes) und lex loci delicti commissi (Deliktsstatut) in aller Regel zusammen.[97] Verarbeitung, Verbindung und Vermischung von sowie die unberechtigte, aber wirksame Verfügung über Sachen vollziehen sich am Ort ihrer Belegenheit und gemäß der dort geltenden Rechtsordnung. Versagt die lex rei sitae den dinglichen Rechtschutz, dann ist sie andererseits dazu berufen, Schadensersatz oder kondiktionsrechtlichen Ausgleich zuzuerkennen, den „Preis" des Rechtsverlustes[98] festzusetzen. Unter dem übergreifenden Gesichtspunkt der Bestandsgarantie bilden schuldrechtliche oder – wie im englischen common law[99] – dingliche **Wertverfolgung** (Surrogation) eine Einheit.[100] Dabei entscheidet das Sachstatut der Ursprungssache, ob eine Surrogation stattfindet, das Sachstatut der Surrogatsache entscheidet, ob und unter welchen Voraussetzungen sie erfasst wird.[101]

Die Ansprüche prägen in ihrer Gesamtheit den Zuweisungsgehalt des dinglichen Rechts. Im Interesse der Rechtsklarheit und des inneren Entscheidungseinklangs ist diesem Zusammenhang der Sachenrechte[102] auch kollisionsrechtlich durch adhäsionsweise[103] Anknüpfung an die lex rei sitae Rechnung zu tragen. Das gilt auch in den Fällen, in denen mehrere kraft ihrer dinglichen Berechtigung an derselben Sache zu einer „**Pfandgemeinschaft**" (*Heck*) verbunden sind. Der „dinglichen Gebundenheit"[104] des an die Stelle des Objekts getretenen Erlöses wird Rechnung getragen und der konditionsrechtliche Ausgleich innerhalb der Pfandgemeinschaft nicht nach dem Vollstreckungs-, sondern nach dem Sachstatut beurteilt. Das Sachstatut zieht das Bereicherungsstatut in diesen Fällen nach sich.[105] **18**

Von der Abgrenzung des Sachstatuts von anderen auf Einzelfragen anwendbaren Rechten aufgrund Sonderanknüpfung von Teil- und Vorfragen, etwa aufgrund Beurteilung des Kausalgeschäfts nach dem Schuldvertragstatut, der vollstreckungsrechtlichen Wirksamkeit eines Eingriffs nach dem Vollstreckungsstatut oder der Beurteilung der Form nach dem Formstatut, zu unterscheiden ist die Überlagerung des für einzelne Sachen geltenden Sachstatuts durch ein **Vermögens- oder Gesamtstatut**.[106] Die einheitliche Bestimmung des anwendbaren Rechts für alle einer Vermögensmasse zugehörenden Gegenstände ist einerseits eine Frage des Geltungsbereichs und der Grenzen des Vermögensstatuts.[107] Andererseits gilt, dass dingliche Wirkungen, die das Gesamtstatut bezüglich einzelner Sachen anordnet, nur dann und in dem Umfang eintreten können, wenn und soweit sie das maßgebliche Einzelstatut, also das Recht der belegenen Sache, zulässt.[108] Deshalb ist etwa ein vom Erbstatut vorgesehenes Vindikationslegat einer in Deutschland belegenen Sache nur einem Damnationslegat als dem mit der deutschen Sachenrechtsordnung (lex rei sitae) zu vereinbarenden Funktionsäquivalent gleichzustellen.[109] **19**

Soweit dieses Ergebnis verkürzt auf die Formel „Einzelstatut bricht Gesamtstatut" gebracht wird,[110] führt dies an sich in die Irre, weil es sich um ein **Qualifikations- und Anpassungsproblem** handelt, das nur durch das Kollisionsrecht des Gerichtsstaates gelöst werden kann. Die lex fori weist durch ihr Kollisionsrecht dem Gesamtstatut einen Aufgabenbereich zu, innerhalb dessen es unter Ausschluss anderer (Einzel-)Statuten gelten soll.[111] Der Normwiderspruch wird durch Anpassung gelöst.[112] Ggf. ist Art. 43 Abs. 2 EGBGB zur Lösung des sachlichen Konflikts der Anwendungsbereiche des Gesamt- und des Einzelstatuts entsprechend heranzuziehen.[113] Unterscheidet das Gesamtstatut im Wege der Spaltung etwa zwischen „titulus" (Berufung zum Erben) und „modus" (Eigentumserwerb im Erbgang nach lex rei sitae), dann wird die Teil-Weiter- oder Rückverweisung nachvollzogen und angenommen.[114] Art. 3 a Abs. 2 ordnet den Vorrang eines vom Gesamtstatut verschiedenen Belegenheitsstatuts, also den Vorrang der lex rei sitae, an, soweit das Belegenheitsrecht für die in seinem Gebiet befindlichen Vermögensgegenstände besondere Vorschriften **20**

---

95 Vgl. BGH NJW 1960, 774; BGHZ 35, 267, 269; OLG Saarbrücken IPRspr. 1966–1967 Nr. 53 (S. 179); OLG Düsseldorf VersR 2000, 461.
96 Palandt/*Thorn*, Art. 10 Rom II-VO Rn. 8.
97 *Schlechtriem*, 50; *Lorenz*, in: FS Zweigert 1981, S. 199, 228.
98 *Wilburg*, S. 27.
99 Manhatten Bank N.A.v. British-Israel Bank (London) Ltd. [1981] Ch. 105.
100 Staudinger/*Stoll*, Int. SachR, Rn. 150.
101 Staudinger/*Mansel*, Art. 43 EGBGB Rn. 384.
102 Anders mag es sich bei Eingriffen in Immaterialgüterrechte und Forderungen verhalten; vgl. dazu *Lorenz*, in: FS Zweigert 1981, S. 229 f.; *Schlechtriem*, S. 49 ff.
103 *Hoyer* ZfRV 12 (1971), 1, 6 f.
104 RG HansRGZ 1930, B 451, 453.

105 Vgl. BGHZ, 35, 267, 269; *Regel*, S. 37, zum Rechtsverhältnis zwischen Rechten der Schiffsgläubiger und Schiffshypotheken an demselben Schiff.
106 MüKo/*Kreuzer*, 3. Aufl., nach Art. 38 EGBGB Anh. I Rn. 17; Staudinger/*Mansel*, Art. 43 EGBGB Rn. 970.
107 MüKo/*Kreuzer*, 3. Aufl., nach Art. 38 EGBGB Anh. I Rn. 17; Staudinger/*Mansel*, Art. 43 EGBGB Rn. 970.
108 S. auch Art. 3 a Abs. 2 EGBGB.
109 BGH NJW 1995, 58 (59).
110 Vgl. *Ferid*, Rn. 3–138, 7–30; Raape/*Sturm*, § 12, 1 (S. 185).
111 Staudinger/*Stoll*, Int. SachR, Rn. 184; Staudinger/*Mansel*, Art. 43 EGBGB Rn. 970 ff.; *Thoms*, S. 58.
112 *Dörner* IPRax 1996, 26 (27).
113 Staudinger/*Mansel*, Art. 43 EGBGB Rn. 976–982.
114 OLG Köln NJW-RR 2015, 908 (909) – Österreich.

aufstellt. Dem Vorrang des Belegenheitsstatuts liegen das Interesse an der Vermeidung undurchsetzbarer Rechtslagen sowie die Auffassung zugrunde, die größere Sachnähe spreche für den Vorrang des Einzelstatuts.[115] Die Regelung lässt sich indes nicht darauf verkürzen, dass das Belegenheitsrecht als Einzelstatut vorgehe und in seiner Anwendung auf dingliche Rechtspositionen beschränkt sei. Denn über Art. 3 a Abs. 2 werden alle Verweisungen angesprochen, die das Vermögen einer Person einem bestimmten Recht unterstellen. Dazu zählen auch die kollisionsrechtlichen Vorstellungen, die eine Vermögensspaltung vorsehen, etwa durch die unterschiedliche Anknüpfung beweglichen und unbeweglichen Vermögens, durch die Anordnung einer Spaltung des Güterrechtsstatuts oder einer Nachlassspaltung. Dagegen fällt eine abweichende Beurteilung (Anknüpfung) des Gesamtstatuts selbst nicht unter Art. 3 a Abs. 2.[116]

21 **b) Anfechtung.** Die Anfechtung einer Rechtshandlung richtet sich außerhalb des Insolvenzverfahrens nach dem Recht, dem die Wirkungen der Rechtshandlung unterliegen (**§ 19 AnfG**), im Falle der Anfechtung einer Übereignung also vordergründig nach der hierfür maßgebenden lex rei sitae.[117] Die Gesetzesfassung gibt mit einem Anklang an die nicht weiter präzisierte lex causae allerdings ebenso wenig Erhellung wie die Gesetzesbegründung.[118] Zu denken wäre auch an eine Schwerpunktanknüpfung unter Heranziehung des Schuldstatuts jedenfalls dann, wenn der Schwerpunkt der anfechtbaren Rechtshandlung nicht mit dem Belegenheitsort übereinstimmt. Denn der Anfechtungsgrund manifestiert sich in der Kausalabrede, und der Verfügungstatbestand stellt nur den Erfüllungsakt dar. Kommt es zu einem Statutenwechsel und wird auf den im Ausland übereigneten Gegenstand im Inland zugegriffen, nachdem die Sache in das Inland verbracht worden ist,[119] dann soll nach einer Auffassung dementsprechend das Recht des neuen situs über die Anfechtbarkeit entscheiden.[120] Das erscheint nur dann nicht richtig, wenn an die (dinglichen) Wirkungen der ursprünglichen Rechtshandlung angeknüpft wird. Dann gilt für die Anfechtbarkeit das sachenrechtliche Erststatut, weil sich danach auch die Wirksamkeit und die Wirkung der Übereignung bestimmen.[121] Zumindest wird darauf abzustellen sein, ob die (fehlende) Pflicht zur Rückgewähr oder Duldung der Zwangsvollstreckung als mit dem Sachstatut wandelbarer Teil des dem jeweiligen Lagerecht unterstehenden „Inhalts" des dinglichen Rechts begriffen wird. Noch weitergehend – und vorzugswürdig – sollte der „Sitz"[122] des anfechtbaren Rechtsverhältnisses als dessen Schwerpunkt aufgrund umfassender Einzelfallwürdigung jedenfalls dann maßgeblich sein, wenn Schuldstatut und (früheres und/oder aktuelles) Belegenheitsrecht auseinanderfallen, Vermögen als Objekt der anfechtbaren Rechtshandlung möglicherweise, aber nicht notwendig in mehreren Staaten verstreut lokalisiert ist. Die Anknüpfung an die jeweilige lex rei sitae der einzelnen Verfügungsobjekte hätte je nach situs und Rechtsordnung beliebige Ergebnisse zur Folge, obwohl nur ein Statut die kausale Grundlage beherrscht. Die bewusste Wahl anfechtungsfeindlicher Belegenheitsrechte stünde kreativer Vermögensverwaltung offen. Es erscheint sinnvoll, die Auslegung des § 19 AnfG im Ergebnis Art. 13 VO (EG) 1346/2000 (EuInsVO 2000), Art. 16 VO (EU) 2015/848 (EuInsVO 2015) bzw. § 339 InsO insoweit anzunähern, als die Wirkungen der anfechtbaren Rechtshandlung, wenngleich anders als nach jenen Bestimmungen nicht nur ausnahmsweise, nach ihrem Schwerpunkt lokalisiert werden.

Das kann das Vertragsstatut sein.[123] Die Praxis wird tendenziell zur Wahl einer lex causae mit eher schwacher Anfechtungsmöglichkeit führen.[124] Die Frage ist offen und bedarf weiterhin höchstrichterlicher Klärung.[125] Das gilt auch für die Frage, ob eine Rechtswahl selbst anfechtbar sein kann/soll[126] oder ob ein Rechtsmissbrauch festzustellen ist.[127] Der als gesichert bezeichnete Satz, hinsichtlich der Voraussetzungen der Gläubigeranfechtung komme es auf das Recht des Staates an, in dem „die Anfechtung wirksam werde",[128] trägt zur Klärung nicht bei. Die allerdings in Art. 16 EuInsVO 2015 (vgl. auch bereits Art. 102

---

115   BGHZ 131, 22, 29.

116   Palandt/*Thorn*, Art. 3 a Rn. 6; *Thoms*, S. 59.

117   OLG Stuttgart ZIP 2007, 1966; OLG Düsseldorf ZInsO 2010, 1934 (jeweils Grundstückserwerb); *Huber*, § 19 Rn. 9; zum früheren Anfechtungsrecht BGH NJW 1999, 1395; OLG Düsseldorf IPRax 2000, 534 (537).

118   Vgl. BT-Drs. 12/3803, S. 58 f.; *Kubis* IPRax 2000, 501 (505 f.) mit einem Überblick über den Meinungsstand.

119   Vgl. die Konstellation in LG Berlin NJW-RR 1994, 1525; dazu *Huber*, § 19 Rn. 8.

120   *Huber*, § 19 Rn. 9.

121   Vgl. BGH NJW 1997, 461 (462).

122   Zum »Sitz« des Rechtsproblems unten Art. 46 Rn. 1.

123   Vgl. zu § 339 InsO insoweit ohne Begründung OLG München Urt. v. 23.4.2008 – 15 U 2983/07, juris

Rn. 210 (NZB in diesem Punkt mangels ausreichenden Vortrags des Anfechtungsgegners zurückgewiesen: BGH Beschl. v. 22.4.2010 – IX ZR 94/08).

124   Uhlenbruck/*Lüer/Knof*, § 339 Rn. 2.

125   Vgl. iÜ jüngst BGH NJW-RR 2010, 983 (984) Rn. 21 zur Konstellation eines Ortswechsels aufgrund eines nach Erststatut begründeten Vindikationsanspruchs und erlangten vorläufig vollstreckbaren Titels (wesentlich engere Verbindung zum Statut der Ausgangsbelegenheit iS von Art. 46 angenommen).

126   K. Schmidt/*Brinkmann*, EuInsVO 2000, Art. 13 Rn. 15; Uhlenbruck/*Lüer/Knof*, § 339 Rn. 2.

127   EuGH Urt. v. 8.6.2017 – C-54/16, NZI 2017, 633 Rn. 51 ff.; Uhlenbruck/*Lüer/Knof*, § 339 Rn. 2; FK-InsO/*Wenner/Schuster*, § 339 Rn. 6.

128   BGH Beschl. v. 16.2.2010 – IX ZR 143/10, Rn. 2.

Abs. 2 EGinsO aF) angelegte Kumulationslösung wird mit Recht kritisch beurteilt.[129] § 339 InsO ist nicht anders als Art. 16 EuInsVO auszulegen.[130]

c) Immobilien. Auf **Grundstücke** bezogene Sachverhalte unterfallen Abs. 1. Entstehung, Inhalt, Änderung und Verlust dinglicher Rechte richten sich also nach dem Belegenheitsrecht im Zeitpunkt der Vollendung des Tatbestandes, aus dem die dingliche Rechtsfolge abgeleitet werden soll.[131] Etwaige Drittwirkungen schuldrechtlicher Rechtsverhältnisse richten sich nach dem Belegenheitsrecht. Erst recht gilt dies, wenn das Recht der Belegenheit eine **Gebrauchsüberlassung** dinglich qualifiziert oder ihr dinglicher Charakter überwiegt, so dass schon die Begründung des Nutzungsverhältnisses am Maßstab des Belegenheitsrechts auszurichten ist.[132] Ob dann eine Rechtswahl in Betracht kommt,[133] hängt wesentlich davon ab, ob und in welchem Umfang im Internationalen Sachenrecht eine Rechtswahl zugelassen wird. Bei schuldrechtlicher Qualifikation wird ohne ausdrückliche oder stillschweigende Rechtswahl Art. 28 Abs. 3 auf das Recht der belegenen Sache verweisen. Der schuldrechtliche Charakter des Anspruchs auf Früchte des gemeinschaftlichen Gegenstandes steht ebenso wenig wie derjenige von Ansprüchen aus §§ 987 ff. BGB einer Anknüpfung an das Recht des Lageortes entgegen.[134] Eine andere Frage ist es, ob das sachenrechtlich geprägte gesetzliche Schuldverhältnis unter Miteigentümern einer Rechtswahl entsprechend Art. 27 EGBGB zugänglich ist. Gestattet das Recht des Lageortes eine Rechtswahl, dann ist diese von der maßgeblichen lex rei sitae sanktionierte parteiautonome Gestaltung hinzunehmen.[135]

22

Timesharing-Verträge lassen sich nicht pauschal anknüpfen. Im Einzelfall sind die angestrebten Rechtsfolgen funktional zu betrachten und dingliche Rechtswirkungen ausschließlich nach Maßgabe der lex rei sitae in Voraussetzung und Inhalt zu beurteilen.[136] Für die sachenrechtlichen Fragen verbleibt es auch dann bei der lex rei sitae, wenn im Übrigen § 8 des Teilzeit-Wohnrechtsgesetzes in Umsetzung des Art. 9 der **Richtlinie 94/47/EG** zum Schutz der Erwerber im Hinblick auf bestimmte Aspekte von Verträgen über den Erwerb von Teilzeitnutzungsrechten an Immobilien vom 26.10.1994[137] anzuwenden ist.[138] Nichts anderes wird nach Ersetzung der Time-Sharing Richtlinie durch die am 23.2.2009 in Kraft getretene und bis zum 23.2.2011 umzusetzende **Richtlinie 2008/122/EG** vom 14.1.2009 über den Schutz der Verbraucher im Hinblick auf bestimmte Aspekte von Teilnutzungsverträgen, Verträgen über langfristige Urlaubsprodukte sowie Wiederverkaufs- und Tauschverträgen gelten.

23

Grundpfandrechte unterstehen dem Recht des belasteten Grundstücks. Dieses bestimmt auch, ob sich das Grundpfandrecht auf Grundstücksbestandteile, Zubehör oder Versicherungsansprüche erstreckt. Art und Weise der Haftungsdurchsetzung richten sich ebenfalls nach dem Recht des Lageortes.[139] Die durch das Grundpfandrecht **gesicherte Forderung** ist getrennt anzuknüpfen und nach dem Vertragsstatut zu beurteilen. Das gilt auch für **akzessorische Grundpfandrechte**; andererseits steht es den Parteien frei, einen Gleichlauf durch (schuldrechtliche) Rechtswahl nach Art. 3 Rom I-VO bzw. Art. 27 EGBGB aF herzustellen, also das Forderungsstatut zum Sachstatut (nicht aber umgekehrt) zu „ziehen".[140] Dementsprechend richten sich Verfügungen über die gesicherte Forderung nach dem Schuldvertragsstatut, andererseits die Verfügung über das Grundpfandrecht nach dem Belegenheitsrecht,[141] was bei akzessorischen Grundpfandrechten infolge **Normwiderspruchs** eine **Angleichung** erforderlich machen kann.[142] Fälle, in denen dem ausländischen Recht unterfallende Forderungen durch Hypotheken an Inlandsgrundstücken oder umgekehrt deutschem Recht unterstehende Forderungen durch akzessorische Grundpfandrechte an ausländischen Grundstücken gesichert sind, erfordern eine sorgfältige Betrachtung der Normzwecke der jeweils auf Teilfragen anwendbaren Rechtsordnungen, um die kollisionsrechtlich interessengemäße Lösung herbeizuführen.[143]

24

d) Wertpapiere. Verfügungen über Wertpapiere, die mit rechtsbegründender Wirkung in ein Register eingetragen oder auf einem Konto verbucht werden, unterliegen nach der besonderen Kollisionsnorm des **§ 17a DepotG** vom 8.12.1999 dem Recht des Staates, unter dessen Aufsicht das Register geführt wird (lex

25

129 Vgl. FK-InsO/*Wenner/Schuster,* § 339 Rn. 6 m. Nachw.
130 BGH NJW 2018, 2404 Rn. 45; Uhlenbruck/*Lüer/Knof,* § 339 Rn. 7.
131 BGHZ 52, 239, 240.
132 Staudinger/*Stoll,* Int. SachR, Rn. 164; Staudinger/*Mansel,* Art. 43 EGBGB Rn. 643; MüKo/*Wendehorst,* Art. 43 EGBGB Rn. 58, jeweils zur englischen lease.
133 Vgl. Staudinger/*Stoll,* Int. SachR, Rn. 164; Staudinger/*Mansel,* Art. 43 EGBGB Rn. 643.
134 BGH RIW 1998, 318 f.
135 BGH RIW 1998, 318 f.; Staudinger/Mansel, Art. 43 EGBGB Rn. 643.
136 Im Einzelnen Staudinger/*Stoll,* Int. SachR, Rn. 169; MüKo/Martiny, Art. 4 Rom I-VO Rn. 133; MüKo/Wendehorst, vor Art. 43 EGBGB Rn. 2 aE; Staudinger/Mansel, Art. 43 EGBGB Rn. 257 ff.
137 NJW 1995, 375.
138 *Jayme* IPRax 1997, 233 (236).
139 Staudinger/*Stoll,* Int. SachR, Rn. 243, 244.
140 Staudinger/*Stoll,* Int. SachR, Rn. 245.
141 BGH NJW 1951, 400 (401); Bamberger/Roth/*Spickhoff,* Art. 43 EGBGB Rn. 7.
142 Staudinger/*Stoll,* Int. SachR, Rn. 247.
143 Vgl. die Analyse von Staudinger/*Stoll,* Int. SachR, Rn. 247.

libri registri), in dem unmittelbar zugunsten des Verfügungsempfängers die rechtsbegründende Eintragung vorgenommen wird oder in dem sich die kontoführende Haupt- oder Zweigstelle des Verwahrers befindet, die dem Verfügungsempfänger die rechtsbegründende Gutschrift erteilt.[144] Entscheidend ist, ob die Eintragung in das Register oder die Buchung auf dem Konto nach dem Recht des maßgeblichen Registerstaates oder Staates der verbuchenden Stelle **rechtsbegründende Wirkung** erzeugt. Bei Verfügungen über **Einzelurkunden** ist diese Voraussetzung nicht erfüllt.[145] Für Depotübertragungen unmittelbar zwischen Käufer und Verkäufer gilt nach wie vor der Grundsatz der lex rei sitae.[146] Soweit Buchungen nur die Bedeutung von Verlautbarungen eines Eigentumsübertragungswillens oder Zertifikate wie zB in Großbritannien nur die Wirkung von Beweisurkunden haben oder, wie nach schweizerischem Recht, die Buchung sammelverwahrter Wertpapiere ebenfalls nur dem **Beweis** dient,[147] bleibt die praktische Bedeutung des § 17 a DepotG gering. In der Auslegung der Norm ist zu beachten, dass § 17 a DepotG auch der Umsetzung der **Richtlinie 98/26/EG** vom 19.5.1998 über die Wirksamkeit von Abrechnungen in Zahlungs- sowie in Wertpapierliefer- und -abrechnungssystemen („Finalitätsrichtlinie") dient, deren Art. 9 Abs. 2 sich allerdings nur auf dingliche Sicherheiten an Wertpapieren bezieht.[148] Außerhalb des Anwendungsbereichs des § 17 a DepotG ist international-sachenrechtlich nach Art. 43 Abs. 1 anzuknüpfen: Das **Recht am Papier** unterliegt der lex cartae sitae (Wertpapiersachstatut),[149] während das **Recht aus dem Papier** sich nach dem Forderungsstatut (Wertpapierrechtsstatut) richtet.[150] Ob überhaupt ein Wertpapier vorliegt, richtet sich nach der für das verbriefte Recht maßgeblichen Rechtsordnung, dem Wertpapierrechtsstatut.[151] Das Wertpapierrechtsstatut bestimmt auch darüber, ob das verbriefte Recht durch Übertragung des Papiers veräußert werden kann und ob der Inhaber des Papiers als Inhaber des Rechts gilt; das Wertpapiersachstatut entscheidet dagegen die Frage, wie die Übertragung des Papiers zu erfolgen hat und welche Wirkungen Sachverhalte, die sich auf das Eigentum am Papier beziehen, hervorbringen.[152]

26 **2. Veränderung des Lageorts: Statutenwechsel (Abs. 2). a) Grundsatz.** Gelangen Sachen aus einem Staatsgebiet in ein anderes, und haben sich sowohl nach dem ersten Belegenheitsstatut (Erst- oder Ausgangsstatut) als auch nach dem neuen Belegenheitsrecht (Zweit- oder Endstatut)[153] oder weiteren situs-Rechten Vorgänge ereignet, die im Zeitpunkt ihres Eintritts nach dem jeweiligen Lagerecht Rechtswirkungen erzeugten, dann bedarf es einer Norm, die eine Relation zwischen den aufgrund des **Statutenwechsels** in Betracht zu ziehenden konfligierenden Belegenheitsrechten herstellt. Stimmen die Rechtsordnungen überein, besteht ein „false conflict", der keiner kollisionsrechtlichen Entscheidung bedarf.[154] Auszugehen ist von dem weithin anerkannten, § 31 Abs. 1 öst. IPRG entnommenen Rechtssatz, dass der Erwerb und Verlust dinglicher Rechte an körperlichen Sachen einschließlich des Besitzes nach dem Recht desjenigen Staates zu beurteilen sind, in dem sich die Sachen bei Vollendung des dem Erwerb oder Verlust zugrunde liegenden Sachverhalts befinden. Eine ähnliche Regelung enthält Art. 100 Abs. 1 des Schweizer IPRG. Wird eine Sache von einem Land in ein anderes gebracht, so folgt daraus ein Wechsel der Belegenheitsrechte, ein Statutenwechsel und somit ein „conflit mobile". Stets ist diejenige Rechtsordnung die „stärkere", in deren Herrschaftsbereich die Sache gegenwärtig belegen ist. Die aktuelle lex rei sitae entscheidet als (wandelbares) „Wirkungsstatut",[155] ob sie die außerhalb des Staatsgebiets entstandene Rechtsposition anerkennen will, ob und in welchem Umfang sie für deren Durchsetzbarkeit – insbesondere im Verhältnis zu Dritten – bestimmte Voraussetzungen verlangt und welchen Inhalt sie dem „importierten" Recht zubilligt.[156] Das drückt Art. 43 Abs. 2 aus.

27 **b) Vollendete Tatbestände und schlichter Statutenwechsel.** Abs. 2 muss in Verbindung mit Abs. 1 gelesen werden. Der international-sachenrechtliche Grundsatz der Anerkennung bestehender Rechte hat zur Folge, dass nach dem Erststatut („(Rechts-)Bestandsstatut")[157] verwirklichte dingliche Tatbestände („**vollendete oder abgeschlossene Tatbestände**") den Statutenwechsel überdauern und vom Zweitstatut hingenommen werden.[158] Lässt das Erststatut den gutgläubigen Erwerb abhanden gekommener Sachen zu, dann wird der vollendete sachenrechtliche Tatbestand (gutgläubiger Erwerb im Erst-Staat) nach Gelangen der Sache nach Deutschland ungeachtet § 935 BGB respektiert. Das gilt auch dann, wenn Erst- und Endstatut

144 Dazu *Schefold* IPRax 2000, 468 (474–476); *Einsele* WM 2001, 7 (15 f.)
145 *Einsele* WM 2001, 7 (15); *Keller* WM 2000, 1269 (1281).
146 *Einsele* WM 2001, 7 (15).
147 Vgl. den Überblick bei *Einsele* WM 2001, 7 (15 f.)
148 Vgl. im Einzelnen *Schefold* IPRax 2000, 468 (474 ff.); *Keller*, WM 2000, 1269 (1275 ff.); *Einsele* WM 2001, 7 (15 f.)
149 BGHZ 108, 353, 356; BGH NJW 1994, 939 (940).
150 Bamberger/Roth/*Spickhoff*, Art. 43 EGBGB, Rn. 11.
151 RGZ 119, 215, 216; *S. Lorenz* NJW 1995, 176 (177); Bamberger/Roth/*Spickhoff*, Art. 43 EGBGB, Rn. 11.
152 *S. Lorenz* NJW 1995, 176 (177).
153 Zur Terminologie *Lüderitz*, S. 193, 204.
154 BGHZ 120, 334, 347 (Mitte); Chase Manhattan Bank N.A.v. Israel-British Bank (London) Ltd. [1981] Ch. 105, 127.
155 *Looschelders*, Art. 43 Rn. 48; MüKo/*Wendehorst*, Art. 43 Rn. 6.
156 Zürcher Kommentar/*Heini*, Art. 100 Rn. 11.
157 BGH NJW-RR 2010, 983 Rn. 21; MüKo/*Wendehorst*, Art. 43 EGBGB Rn. 6.
158 Vgl. auch *Dicey/Morris*, Rule 116 (1) (S. 963).

identisch sind und die Schaffung eines solchen dinglichen Tatbestandes nicht vorsehen, bei zwischenzeitlicher Belegenheit in einem Drittstaat aber eine dort wirksame **Zwischenverfügung** über die Sache oder das Recht getroffen worden ist.[159] Unbeachtlich ist entgegen einer früher in den USA verbreitet vertretenen Auffassung,[160] ob die Sache den Geltungsbereich des Ausgangsstatuts mit, ohne oder gegen den Willen des ursprünglich Berechtigten verlassen hat.[161] Der (materiellrechtlich fundierte) Rechtsgedanke der „security of title" ist dem der „security of transactions" gewichen.[162] Auf die Umstände der Verbringung der Sache kommt es – wird von den Besonderheiten grenzüberschreitender Verkehrsgeschäfte abgesehen – nicht an. Das Verkehrsinteresse gebietet eine Anwendung des jeweiligen Belegenheitsrechts aufgrund ausschließlich räumlich-temporaler, also objektiver Anknüpfung. Eine Abwägung findet auch hier[163] nicht statt. Ihm liefe die andernfalls bestehende Notwendigkeit umständlicher, zeitraubender und nicht unbedingt verlässlicher Nachforschungen nach den Umständen des Lageortswechsels zuwider. Nach dem jeweils anzuwendenden Sachstatut mag materiellrechtlich eine Pflicht oder Obliegenheit zur Erforschung der Provenienz anzunehmen sein.[164] Kollisionsrechtlich besteht sie nicht.

Einmal begründete dingliche Rechte bestehen nach einem Statutenwechsel grundsätzlich fort, in ihrer **28** Ausübung jedoch begrenzt durch das neue Sachstatut, welches ihren **Inhalt** nunmehr bestimmt (Abs. 2). Nach einer früheren Belegenheitsordnung begründete dingliche Rechte bedürfen nach einem Lageort- und Statutenwechsel der **Einfügung in die neue Sachenrechtsordnung**. Wie dieses Ergebnis zu erreichen ist, wird unterschiedlich beurteilt. Im Ergebnis herrscht jedoch seit jeher Einigkeit darüber, dass dingliche Rechte nur gemäß den vom situs vorgesehenen Rechtsschutzformen Wirkung erzeugen können. Ein materiellrechtlicher Vergleich ist folglich erforderlich, um das „passende" äquivalente Institut im inländischen Rechts zu ermitteln, wobei die äußere Grenze durch die zwingenden Vorstellungen der materiellen Sachenrechtsordnung (Stichwort: numerus clausus der Sachenrechte) gezogen wird. Mangels materieller Rechtseinheit erfordern Anerkennung und Anpassung der unter der Geltung des Erststatuts begründeten dinglichen Rechte eine **funktionale Betrachtung** auf rechtsvergleichender Grundlage. Umsicht und Großzügigkeit kennzeichnen den erreichten kollisionsrechtlichen Besitzstand.[165] Überholt sind ältere Auffassungen, die etwa dem besitzlosen Pfandrecht unter Hinweis auf das deutsche Faustpfandprinzip die Anerkennung versagten, weil es sich entweder bei einem besitzlosen Pfandrecht um ein aliud gegenüber dem Besitzpfand[166] oder bei dem Besitz um eine Dauervoraussetzung der Geltendmachung des Pfandrechts – ähnlich der Registereintragung besitzloser Mobiliarsicherheiten nach ausländischem Recht – handele.[167] Die Entstehung besitzloser Pfandrechte ist dem deutschen materiellen Recht bekannt.[168]

Die **Lehre von der Dauerbedingung** hat im Kern ihren Grund im ordre public, der in seiner negativen **29** Ausgestaltung (Art. 6) nicht zur generellen Begrenzung und Definition von Kollisionssätzen, deren Bestehen er voraussetzt und deren Anwendung er nur im Einzelfall modifizieren soll, taugt. Der BGH hat deshalb früh den dogmatisch kaum erklärbaren Versuch aufgegeben, ausländischen dinglichen Rechten unter Hinweis auf den deutschen numerus clausus der Sachenrechte die Anerkennung zu versagen und den Satz aufgegriffen,[169] dass das neue Statut die Sache mit der **sachenrechtlichen Prägung** übernimmt, die ihr das bisherige Statut verliehen hat.[170] Ausländische besitzlose Pfandrechte und andere dingliche Rechte werden folglich toleriert (rezipiert); einer Transformation ihres Inhalts bedarf es nicht.

In der kollisionsrechtlichen Literatur wird gleichwohl überwiegend von der Notwendigkeit einer **Transpo-** **30** **sition** (Transformation, Umsetzung) des „importierten" dinglichen Rechts in äquivalente Rechtstypen des

---

159 Beispiel: Winkworth v. Christie, Manson & Woods Ltd. [1980] 1 All E.R. 1121, [1980] 2 W.L.R. 937 (Slade J.): Kunstdiebstahl in England, gutgläubiger Erwerb in Italien, Rückschaffung zum Zwecke der Versteigerung nach England; es bleibt beim Eigentumsübergang auf den italienischen Erwerber.

160 Exemplarisch Goetschius v. Brightman et al., 245 N.Y. 186, 156 N.E. 660, 662 (1927); anders aber bereits Churchill Motors, Inc. v. A.C. Lohman, Inc., 16 App. Div. 2 d 560, 229 N.Y.S. 2 d 570, 572 (1962).

161 Vgl. Winkworth v. Christie, Manson & Woods Ltd., aaO, 1128, 1134 / 937, 945; ebenso Embiricos v. Anglo-Austrian Bank [1904] 2 K.B. 870, 874 (Walton J.), aff'd [1905] 1 K.B. 677, 683 f., 685 f., 686 (C.A.).

162 Im Einzelnen v. Plehwe, Besitzlose Warenkreditsicherheiten, S. 27–29 mwN.

163 Vgl. iÜ Staudinger/Mansel, Art. 43 EGBGB Rn. 5.

164 Zum deutschen materiellen Recht: RGZ 58, 162, 164; Staudinger/Wiegand, § 932 Rn. 56; MüKo/Quack, § 932 Rn. 48 aE; Müller-Katzenburg NJW 1999, 2551 (2556); v. Plehwe KUR 2001, 49 (53).

165 Vgl. Drobnig RabelsZ 38, (1974), 468, 479.

166 So insbes. v. Savigny, § 368 (S. 197).

167 Vgl. Wengler RabelsZ 23 (1958), 535, 547.

168 § 1253 Abs. 1 S. 1 BGB; vgl. BGHZ 39, 173, 178; Raape, S. 609; Schröder, Anpassung, S. 124; Stoll RabelsZ 38 (1974), 450, 462.

169 Lewald Nr. 245 (S. 184).

170 BGHZ 39, 173, 175; 45, 95, 97.

neuen situs gesprochen.[171] Trifft es zu, dass das neue Belegenheitsrecht die Sache mit der sachenrechtlichen Prägung übernimmt, die sie unter der Herrschaft des alten Statuts empfangen hat,[172] dann ist es zumindest missverständlich, in diesem Zusammenhang von einer Transposition zu sprechen.[173] Die strenge Transpositionslehre erfordert die Umsetzung des Rechts. Darum geht es aber bei genauer Betrachtung nicht. Vielmehr bleibt nach ganz überwiegender Auffassung auch dann, wenn von einer Transposition gesprochen wird, das fremde Recht als solches bestehen; es wird als solches ausgeübt und lediglich in seiner **Wirkung** einem funktionsäquivalenten inländischen Sachenrechtstyp zugeordnet.[174] Das ist ein Vorgang der Anpassung.[175] Die nach US-amerikanischem Recht an einem Flugzeug begründete chattel mortgage wird wie ein deutsches Registerpfandrecht behandelt.[176] Erforderlich ist ein materiellrechtlicher **Typenvergleich** auf funktionell-rechtsvergleichender Grundlage,[177] der das fremde Recht selbst dann fortbestehen, jedoch ruhen lässt, wenn es der inländischen Sachenrechtsordnung überhaupt nicht verträglich ist.[178] In diesem Zusammenhang von „Inlandsprägung" zu sprechen,[179] ist wiederum missverständlich, weil das Recht durch bloßen Statutenwechsel keine neue „Prägung" erfährt. Entscheidend ist, dass andernorts wirksam begründete Sachenrechte nach einem Statutenwechsel fortbestehen, inhaltlich aber dann (in dem Zeitpunkt), wenn es auf ihre Anerkennung ankommt,[180] an verwandte Sachenrechtstypen des neuen Statuts zur Bestimmung ihres „Inhalts", also ihrer sachenrechtlichen Wirkungen am neuen Lageort, anzupassen sind[181] oder bei völliger Unverträglichkeit für die Dauer ihrer Belegenheit am Wirkungs-situs nicht ausgeübt werden können.

31 Der Meinungsstreit, ob **Transposition** im engeren oder im weiteren Sinne, **Substitution**[182] oder die schlichte **Hinnahme** des nach dem Erststatut begründeten dinglichen Rechts und seiner Ausübung nach Maßgabe der neuen Belegenheitsrechtsordnung[183] den Vorgang richtig erfassen, ist für die Praxis weitgehend bedeutungslos.[184] Auswirkungen hat der Methodenstreit vor allem insofern, als die Transpositionslehre bei Identität von forum und situs infolge unbewussten Heimwärtsstrebens dazu verleitet, dass ein im Ausland begründetes Sachenrecht durch den Statutenwechsel eine inhaltliche Aufwertung ohne Rücksicht auf den Inhalt des um- oder durchzusetzenden Rechts erfährt. Denn es wird nur auf das funktionsäquivalente Institut im Regelungsbündel des neuen Statuts abgestellt; entscheidend ist die „Wirkungsäquivalenz".[185] Auf den **numerus clausus der Sachenrechte** kommt es dagegen nicht oder allenfalls insoweit an, als das im Inland durchzusetzende Recht in seiner Funktion oder seinen Funktionen, den intendierten Rechtswirkungen, in das Wirkungsstatut einzuordnen sein muss, so dass der Anerkennung fremder Rechtstypen nichts entgegensteht.[186] So wird etwa die italienische **Mobiliarhypothek** an einem Kraftfahrzeug in Sicherungseigentum transformiert, und es wird nunmehr ein Herausgabeanspruch gewährt, den das ursprünglich „prägende" Erststatut nicht vorsieht.[187] Dadurch wird das dingliche Recht regelwidrig nur infolge des Statutenwechsels inhaltlich verstärkt. Wird das dingliche Recht aber mit der sachenrechtlichen **Prägung**, die es am früheren Lageort erfahren hat, übernommen, dann ist nicht nur eine inhaltliche Beschränkung des neuen Belegenheitsrechts im Sinne des Art. 43 Abs. 2, sondern auch eine etwaige und das Recht „prägende" Begrenzung der Rechtswirkungen nach dem Ausgangsstatut zu berücksichtigen, wobei zwischen sachenrechtlicher Prägung und räumlich begrenzten, insbesondere rein verfahrensrechtlich

171 *Lewald*, Nr. 245 (S. 184); *Drobnig* RabelsZ 38 (1974), 468, 479 ff.; *ders.*, in: FS Kegel 1977, S. 141, 144, 149 f.; MüKo/*Kreuzer*, 3. Aufl., nach Art. 38 EGBGB Anh. I Rn. 86; Bamberger/Roth/*Spickhoff*, Art. 43 EGBGB Rn. 12; *Schilling*, S. 43 ff., 241 ff.; *Heyne*, S. 190; *Goldt*, S. 189–202; zum Meinungsstand i.e. Staudinger/*Mansel*, Art. 43 EGBGB Rn. 1248 ff.; MüKo/*Wendehorst*, Art. 43 EGBGB Rn. 147 ff.

172 BGHZ 45, 95, 97.

173 Vgl. BGH NJW 1991, 1415 (1416); Hinnahme und Transposition kombinierend *Junker* RIW 2000, 241 (254).

174 Vgl. BGH IPRax 1993, 178 (179); NJW 1991, 1415 (1416); *Looschelders*, Art. 43 Rn. 51.

175 Vgl. *Looschelders*, Anpassung, S. 270.

176 BGH IPRax 1993, 178 (179).

177 *Drobnig*, in: FS Kegel 1977, S. 141, 149 f.; MüKo/*Kreuzer*, 3. Aufl., nach Art. 38 EGBGB Anh. I Rn. 86.

178 Soergel/*Lüderitz*, Art. 38 EGBGB, Anh. II, Rn. 52.

179 Erman/*Hohloch*, Art. 43 EGBGB Rn. 21; zust. Soergel/*Lüderitz*, Art. 38 EGBGB, Anh. II, Rn. 52, Fn. 12 (»Kompromissformel«).

180 *Goldt*, S. 104, der allerdings vor konkreter Bewährungsprobe in Durchsetzung, Zwangsvollstreckung oder Insolvenz missverständlich ein »Ruhen« des importierten Rechts annimmt.

181 BGH NJW 1991, 1415 (1416); BT-Drs. 14/343, S. 16.

182 Vgl. *Rakob*, S. 34, 36 ff.; *Looschelders*, IPR, Art. 43 Rn. 51; MüKo/*Sonnenberger*, Einl. IPR Rn. 602 ff.; ferner MüKo/Wendehorst, Art. 43 EGBGB Rn. 150.

183 MüKo/*Kreuzer*, 3. Aufl., nach Art. 38 EGBGB Anh. I Rn. 86, Fn. 383; MüKo/*Wendehorst*, Art. 43 Rn. 152 f. (vor dem Hintergrund der Theorie vom gespaltenen Sachstatut); Staudinger/*Mansel*, Art. 43 EGBGB Rn. 1254 ff.; Erman/*Hohloch*, Art. 43 Rn. 21; *Rakob*, S. 34; *v. Plehwe*, Besitzlose Warenkreditsicherheiten, S. 92 (Rezeption).

184 Vgl. auch MüKo/*Wendehorst*, Art. 43 Rn. 152 f.

185 Staudinger/*Mansel*, Art. 43 EGBGB Rn. 1274.

186 S. bereits Art. 179–196 EGBGB; *Schröder*, Anpassung, S. 123 f.; Staudinger/*Mansel*, Art. 43 EGBGB Rn. 1279.

187 Vgl. BGH NJW 1991, 1415 (1416); dazu zu Recht krit. *Stoll* IPRax 2000, 259 (262); *Rakob*, S. 42; billigend dagegen *Hoffmann-Klein*, S. 334 f.

fundierten, Beschränkungen und Rechtswirkungen wiederum zu unterscheiden ist.[188] Das Ergebnis einer räumlichen Interpretation von Sachnormen kann der Annahme einer den Statutenwechsel überdauernden „Prägung" entgegenstehen.[189]

Die Prüfung muss folglich **materiellrechtsvergleichend** verlaufen; sie erfordert deshalb auch die **sachrechtliche Feststellung des Erststatuts**. Soweit verträglich, kann der Rechtsinhalt nach ursprünglicher Prägung auch über die vom neuen Belegenheitsrecht für das funktionsäquivalente Recht vorgesehenen Wirkungen hinausreichen, ein „importiertes" Pfandrecht etwa das dem deutschen Recht insoweit fremde Recht zur Nutzung der Sache gewähren.[190] Andererseits endet, wie am neuen situs zu beachten ist, das englische lien bereits mit jeder Besitzaufgabe, nicht erst mit der Rückgabe. Dieses Zurückbehaltungsrecht kann deshalb, obschon zweifellos pfandähnlich, nicht in jeder Hinsicht als Faustpfand behandelt werden.[191] Hierdurch unterscheidet es sich wiederum vom lien früheren US-amerikanischen Rechts, das reinen Pfandcharakter hatte. Entsprechend behutsam sind im Inland unbekannte Rechtsinstitute wie das – als Minus zum Eigentumsvorbehalt wirkende – right of stoppage in transitu (Anhalterecht)[192] zu beurteilen. Mit inhaltlichen, materiell-sachenrechtlichen Beschränkungen sind **verfahrensrechtliche Beschränkungen** des Ausgangsstatuts dagegen nicht zu verwechseln. Sie geben dem dinglichen Recht nicht sein Gepräge, sondern bedeuten nur verfahrensrechtliche Voraussetzungen seiner Durchsetzung im jeweiligen forum, wie nicht immer erkannt wird.[193] Zwischen materiellrechtlicher Prägung und verfahrensrechtlicher Ausgestaltung am Ausgangs-situs ist deshalb streng zu unterscheiden: Erstere ist – vorbehaltlich neuer Tatsachen – am neuen situs beachtlich, Letztere nicht. Verfahrensrechtliche Fragen, zu denen man insoweit auch die Beweisführung (etwa: Nachweis der Verfügung mittels Urkunde mit „data certa", sicherem Datum) rechnen muss, unterstehen der lex fori.

Die Anerkennung eines nach Erststatut wirksam begründeten Rechts hindert nicht dessen **Verlust** als Folge eines neuen sachenrechtlichen Tatbestands gemäß dem Zweitstatut. So erlischt das nach Art. 934 Abs. 2 ZGB in der Schweiz entstandene und hier ohne Weiteres anzuerkennende[194] (und schon den deutschen Partikularrechten bekannte) **Lösungsrecht** des gutgläubigen Erwerbers abhanden gekommener Sachen infolge **Weiterveräußerung** nach Statutenwechsel,[195] wenn das den neuen sachenrechtlichen Vorgang beherrschende Belegenheitsrecht – anders als das Ausgangsstatut – dies vorsieht.[196] Weder liegt in der Abfolge der Rechtsgeltung verschiedener, aufeinanderfolgender leges rei sitae eine „zeitlich begrenzte Verweisung", noch kann zielführend von einem „gespaltenen Sachstatut" gesprochen werden.[197] Erforderlich ist nur die präzise räumlich-zeitliche Abgrenzung der anwendbaren Belegenheitsrechte je nach Lageortveränderung und die genaue Zuordnung von Lebenssachverhalten, die nach dem jeweiligen Belegenheitsrecht als „dinglich" verstanden werden und danach ggf. – unter Verdrängung des Ausgangsstatuts – Rechtsfolgen erzeugen. Deshalb führt auch die These von einer „Unwandelbarkeit" des – mit Ausnahme von Immobilien grundsätzlich wandelbaren – Sachstatuts[198] in die Irre. „Unwandelbar" ist das Sachstatut (Bestandsstatut) nur solange, wie nicht neue Tatsachen (nicht die Neubewertung alter Tatsachen) nunmehr am neuen situs nach dessen Rechtsordnung Rechtswirkungen erzeugen, mochten sie auch nach früherer Belegenheitsrechtsordnung keine Rechtswirkungen erzeugen können. Das Sachstatut ist wandelbar. Eine Ausnahme begründet nur Art. 46 EGBGB.[199]

188 IdS auch BGHZ 45, 95, unter Annahme eines nach Ausgangsstatut relativ wirkenden Eigentumsvorbehalts. Allerdings verkennt die Entscheidung den räumlichen Geltungsbereich der italienischen (verfahrensorientierten) Sachnormen, die allein auf Beweissicherung und Verhinderung fraudulöser Vorgänge im italienischen Vollstreckungsverfahren gerichtet sind; vgl. *Siehr*, AWD 1971, 10, 21 f.; *v. Plehwe*, Besitzlose Warenkreditsicherheiten, S. 115 f. Richtigerweise wirkte der Eigentumsvorbehalt auch ohne »Griff in die Zukunft« (*Kegel*) bereits mit dem Verlassen des italienischen Rechtsraums gegenüber Dritten. Mit dem Statutenwechsel ändert sich die Wirkung des Sicherungsrechts durch Wegfall der verfahrensrechtlichen Restriktion am Ausgangs-situs mit der Folge, dass der Eigentumsvorbehalt jedenfalls mit dem Gelangen der Vorbehaltsware auf deutsches Rechtsgebiet drittwirksam ist.
189 S. Fn. 141, 146.
190 Vgl. *Schröder*, Anpassung, S. 125; MüKo/*Wendehorst*, Art. 43 EGBGB Rn. 148.
191 Vgl. dazu LG München I WM 1957, 1378; *Drobnig*, American-German P.I.L., S. 199.
192 Vgl. *Landfermann*, S. 5–10.
193 Beispiel fehlerhafter Erfassung des Ausgangsstatuts: BGHZ 45, 95; dazu *Siehr*, AWD 1971, 10, 21 f.; *Kindler*, S. 88; *v. Plehwe*, Besitzlose Warenkreditsicherheiten, S. 115 f.; unklar Staudinger/Mansel, Art. 43 EGBGB Rn. 1285.
194 Vgl. *Raape*, S. 602; *Duden*, S. 39 ff., 51 ff., 58 f.; *Karrer*, S. 84 f.; Staudinger/*Stoll*, Int. SachR, Rn. 307; IPG 1980–81 Nr. 18 (Kiel), S. 157 f.; IPG 1982 Nr. 15 (Hamburg), S. 164 mwN; *Siehr* ZVglRWiss. 83 (1984), 100, 109 ff.; offen gelassen in BGHZ 100, 321, 326.
195 BGHZ 100, 321, 327; dazu *Stoll* IPRax 1987, 357 (359).
196 Im Einzelnen Staudinger/*Stoll*, Int. SachR Rn. 308.
197 So aber MüKo/*Wendehorst*, Art. 43 EGBGB Rn. 122 ff. mit Hinweis auf *Looschelders*, Art. 43 EGBGB Rn. 48.
198 MüKo/*Wendehorst*, Art. 43 EGBGB Rn. 128.
199 BGH NJW-RR 2010, 983 Rn. 21.

34 **Herausgabeansprüche** des (vermeintlichen) Eigentümers unterliegen ebenso wie Folgeansprüche wegen der Unmöglichkeit der Herausgabe der lex rei sitae.[200] Fallen das den letzten dinglichen Tatbestand beherrschende Sachstatut und das Recht des aktuellen Lageorts zusammen, dann ist dieser Befund unproblematisch.[201] Die Voraussetzungen des Vindikationsanspruchs erga omnes und seiner Surrogate zählen jedoch zu den **Wirkungen** des dinglichen Rechts, die stets nur nach dem aktuellen Belegenheitsrecht erzeugt werden können. Deshalb handelt es sich zwar um Rechtsfragen, die dem Sachstatut unterfallen und trotz ihrer verbreiteten Relativität als dinglich zu qualifizieren sind.[202] Sie sind jedoch nach dem (wandelbaren) **Wirkungsstatut** zu beantworten.[203] Die **Verwertung** des dinglichen Rechts richtet sich nach den Bestimmungen des Staates, in dessen Gebiet die Sache im Zeitpunkt der Verwertung oder Vollstreckung belegen ist. Die aktuelle lex rei sitae entscheidet folglich darüber, ob etwa die unbestimmte Übereignung von Sachgesamtheiten mit wechselndem Bestand gegenüber einer Einzelzwangsvollstreckung oder in der Insolvenz durchsetzbar oder berücksichtigungsfähig ist. Das an anderem situs begründete Recht muss sich in die „**Gläubigerordnung**" des Verwertungs- oder Vollstreckungsstatuts einfügen.[204] Allerdings beanspruchen nicht alle materiellrechtlichen Ordnungsprinzipien auch international Geltung.[205] Der gebotene Typenvergleich auf funktional-rechtsvergleichender Grundlage führt sodann etwa dazu, dass das einheitlich sogenannte US-amerikanische security interest (Sicherungsrecht) kollisionsrechtlich in seine Funktionen aufgespalten und unterschiedlich behandelt wird. Ein der Kaufpreissicherung dienendes US-amerikanisches security interest („purchase money security interest") wird wie ein Eigentumsvorbehalt durchgesetzt. Das der Finanzsicherung dienende security interest wird dagegen in dieser Funktion wie eine Sicherungsübereignung behandelt. In diesem Umfang hat der parteiautonom bestimmte Sicherungszweck kollisionsrechtliche Auswirkung.

35 Kann das fremde Recht am neuen situs keine Rechtswirkungen entfalten, weil es mit der neuen Sachenrechtsordnung **unverträglich** ist, so gilt das Recht nach überwiegender Auffassung zwar fort, es **ruht** allerdings.[206] Bei Rückkehr der Sache oder im Falle einer Verlagerung in ein Rechtsgebiet, das das Recht hinnimmt, lebt es wieder auf. Die Frage ist aber umstritten. Einzelne Autoren vertreten die Auffassung, dass Rechte an einer Sache, die nicht nach Art. 43 Abs. 2 Inlandswirkungen entfalten können, erlöschen und dadurch im Sinne eines „**Reinigungseffekts**" („effet de purge") eine neue sachenrechtliche Prägung erhalten (rechtsvernichtender Statutenwechsel).[207] Den Rechtsuntergang gebietet Art. 43 Abs. 2 indes **nicht**. Ist ein dingliches Recht mit der internen Sachenrechtsordnung unverträglich, so kann es Dritten lediglich für die Dauer seiner Belegenheit im Inland entgegengehalten werden. Das hat zur weiteren Folge, dass die Sache eine neue sachenrechtliche Prägung aufgrund neuer sachenrechtlicher Vorgänge ohne Rücksicht auf das am früheren situs „wohlerworbene" Recht erfahren kann. Das setzt die Vollendung des dinglichen Tatbestands nach dem Recht des neuen situs voraus. Unverträglichkeit ist jedoch mit Zurückhaltung anzunehmen. Insbesondere gibt der deutsche sachenrechtliche Typenkanon in aller Regel keinen Anlass, das am früheren Lageort begründete, aber dort an andere Voraussetzungen geknüpfte oder mit anderen Wirkungen versehene Recht nicht anzugleichen und im Inland durchzusetzen. Art. 184 hat als intertemporale Kollisionsnorm bereits frühzeitig den richtigen Weg gewiesen[208] und nach den Partikularrechten begründete dingliche Rechte „mit dem sich aus den bisherigen Gesetzen ergebenden Inhalt und Rang bestehen" lassen. Stets kommt es im Übrigen auf die spezifisch sachenrechtliche Unverträglichkeit an, weshalb das nach deutschem Erbrecht nicht vorgesehene Vindikationslegat sachenrechtlichen Einwänden nicht begegnen kann.[209]

36 War ein Vorgang unter der Geltung des Erststatuts dagegen **ohne dingliche Rechtswirkungen**, so verbleibt es grundsätzlich bei diesem Befund.[210] Es handelt sich in Bezug auf die unter seiner Geltung geschaffenen Tatsachen, die keine Rechtsfolge auslösen konnten, um einen „negativ abgeschlossenen" Tatbestand.[211] Der

---

200 BGH NJW 2009, 2824 (2825) Rn. 7.
201 So in BGH NJW 2009, 2824 ff.: deutsches Recht.
202 MüKo/*Wendehorst*, Art. 43 Rn. 46, 100.
203 Oben Rn. 26; BGH NJW-RR 2010, 983 (984) Rn. 21; MüKo/*Wendehorst,* Art. 43 Rn. 129 f.; missverständlich (wegen Identität des Belegenheitsrechts jedoch nicht entscheidungserheblich) deshalb BGH NJW 2009, 2824 (2825) Rn. 7, der (aaO) zur Beurteilung des Herausgabeanspruchs und der aus dem Eigentümer-Besitzer-Verhältnis folgenden Sekundäransprüche nicht auf das aktuelle Belegenheitsrecht, sondern auf »das Recht des Ortes, an dem sich das herauszugebende Fahrzeug bei der anderweitigen Veräußerung durch die Bekl. befunden hat«, abstellt.

204 *Stoll* RabelsZ 38 (1974), 450, 463.
205 *Schröder*, Anpassung, S. 123 ff.
206 Soergel/*Lüderitz*, Art. 38 EGBGB Anh. II Rn. 52; *Looschelders*, IPR, § 43 Rn. 54; *Kropholler*, IPR, § 54 III 1 c (S. 561 f.); *Rakob*, 38; *Pfeiffer* IPRax 2000, 270 (273); Staudinger/*Stoll*, Int. SachR, Rn. 356; Zürcher Kommentar/*Heini*, Art. 100 Rn. 15.
207 So insbes. *Kegel/Schurig*, § 19 III (S. 772 f.); *Rabel*, S. 91.
208 *Schröder*, Anpassung, S. 124 f.
209 *Schmidt* RabelsZ 77 (2013), 1, 21 f.
210 *Dicey/Morris*, Rule 116 (2) (S. 963); MüKo/*Wendehorst*, Art. 43 Rn. 142: »Nein« bleibt »Nein«.
211 MüKo/*Wendehorst*, Art. 43 EGBGB Rn. 134.

Versuch, eine Sache zu übereignen, obwohl diese an ihrem Lageort eine res extra commercium[212] ist, muss fehlschlagen; der Versuch einer Verfügung bleibt auch nach dem Gelangen der Sache in einen anderen Staat ohne dingliche Rechtswirkung.[213] Allerdings kann sich aus dem Kausalgeschäft die Verpflichtung ergeben, eine nach dem neuen Lagerecht wirksame Verfügung, etwa eine Sicherungsübereignung, nachzuholen.[214] Negative Abgeschlossenheit gilt aus deutscher Sicht im Grundsatz auch für den Eigentumsvorbehalt als einem Tatbestand lediglich aufschiebend bedingter, also einer **Nicht-Übereignung**, mag er auch international verbreitet als Sicherungsrecht begriffen werden und mag er im Rahmen gestreckter Tatbestände besonderer Beurteilung unterliegen (dazu unten). Anders als die auflösend bedingte Übereignung (etwa Sicherungsübereignung) erzeugt die aufschiebend bedingte grundsätzlich (vorbehaltlich kollisionsrechtlicher Qualifikation als „Sicherungsrecht") noch keine Rechtswirkungen. Gleiches gilt, wenn Voraussetzungen dinglicher Rechtsänderung gemäß dem Belegenheitsrecht nicht erfüllt werden. Rechtsunerhebliche Tatbestandselemente sind (grundsätzlich)[215] verbraucht, „**erschöpft**", wodurch der im Zeitpunkt des Vorgangs maßgeblichen lex rei sitae Rechnung getragen wird.[216] Das hindert jedoch nicht die Wirksamkeit neuer sachenrechtlicher Vorgänge gemäß dem Zweitstatut, ebenso wenig die Vollendung offener Tatbestände. Deshalb kann auch über eine Sache, die am Ort der Erstbelegenheit extra commercium ist, nach dem Zweitstatut als Belegenheitsrecht verfügt werden, wenn es dies zulässt.[217] Zwischen **Verfügungsverboten**, die in ihrem Geltungsbereich eine dingliche Rechtsänderung hindern, **Staatseigentum**, das als wohlbestehendes dingliches Recht auch nach einem Statutenwechsel anzuerkennen ist, und bloßen **Ausfuhrverboten**, deren Verletzung in der Regel[218] die Verwirklichung sachenrechtlicher Tatbestände nicht aufhält, ist im Einzelfall zu unterscheiden.[219] Kollisionsrechtlich ist zwischen **positiv abgeschlossenen**, **negativ abgeschlossenen** und **offenen Tatbeständen**, deren Sachverhaltselemente einer Neubewertung nach Grenzübertritt zugänglich sind, zu differenzieren.[220]

Eine besondere Kollisionsnorm für **Kulturgüter** sieht Art. 13 der **Richtlinie 2014/60/EU** des Rates vom 15.5.2014 über die Rückgabe von unrechtmäßig aus dem Hoheitsgebiet eines Mitgliedstaats verbrachten Kulturgütern vor, indem das Eigentum am Kulturgut nach dessen Rückkehr in den Ausgangsstaat dessen Sachenrechtsordnung untersteht.[221] Dementsprechend bestimmt § 72 des die Richtlinie umsetzenden **Kulturgutschutzgesetzes** (KGSG) vom 31.7.2016, dass sich das Eigentum an Kulturgut, das nach den Bestimmungen des Gesetzes in das Bundesgebiet zurückgegeben wird, nach dem deutschen Sachvorschriften richtet. Allseitig wird dieser Ausnahmetatbestand zur sachenrechtlichen Regelanknüpfung gemäß Abs. 1 und 2 in § 54 KGSG ausgedrückt. §§ 72, 54 Abs. 1 KGSG ergeben die Umsetzung der kollisionsrechtlichen Vorgabe der Richtlinie. Inzwischen ist Deutschland dem **UNESCO- Übereinkommen über Maßnahmen zum Verbot und zur Verhütung der rechtswidrigen Einfuhr, Ausfuhr und Übereignung von Kulturgut** vom 14.11.1970 beigetreten;[222] das Gesetz ist am 26.4.2007, das Übereinkommen für die Bundesrepublik Deutschland sodann am 29.2.2008 in Kraft getreten.[223] Sachenrechtliche Kollisionsnormen enthält das UNESCO-Kulturgutübereinkommen nicht, wenngleich seine Zielvorgaben und Art. 13 d mit dem Gebot der Anerkennung des Ursprungsschutzes von res extra commercium auf die kollisionsrechtliche Beurteilung im Sinne eines favor originis interpretationsleitend einwirken werden und sollten.[224] Das Übereinkommen wurde nunmehr gemeinsam mit der Richtlinie 2014/60/EU durch das **KGSG** umgesetzt, das KultGüRückG vom 15.5.1998 sowie jenes vom 18.5.2007 damit ersetzt. Die sachenrechtlichen Kollisionsnormen finden sich nun in §§ 54, 72 KGSG nF Die jedenfalls für den Fall der Rückgabe angeordnete Anknüpfung an das Erststatut ohne Rücksicht auf einen – häufig fraudulös herbeigeführten – zwischenzeitlichen Statutenwechsel und dessen nachträgliche Aufhebung entspricht im Ansatz einer verbreiteten Forderung nach Anwendung der lex originis, des Rechts des Herkunftsstaates (Erststatut), auf Kulturgüter.[225] Ein Teil des Schrifttums befürwortet dagegen in Diebstahlsfällen eine Anknüpfung an das Recht der Belegenheit im

37

---

212 Allein die öffentliche Widmung macht aus einer Sache allerdings noch keine rex extra commercium; vgl. BGH NJW 1990, 899 (900) (Hamburger Stadtsiegel); eingehend *Weidner*, S. 15 ff., 95 f.

213 *Siehr*, in: FS Trinkner 1995, S. 703, 711 f.; *Weidner*, S. 112 f.; *Schmeinck*, S. 109.

214 OLG Saarbrücken Urt. v. 10.10.2013 – 4 U 436/12, juris Rn. 40.

215 Ausnahme: gestreckte sachenrechtliche Tatbestände.

216 »Negative Rechtsänderungskontinuität«: MüKo/*Kreuzer*, 3. Aufl., nach Art. 38 EGBGB Anh. I Rn. 61, vgl. Staudinger/*Stoll*, Int. SachR, Rn. 289; MüKo/*Wendehorst*, Art. 43 EGBGB Rn. 134 f.

217 *Schmeinck*, S. 109.

218 Ausnahme: Verfall des Eigentums bei illegaler Ausfuhr; vgl. Att.-Gen. New Zealand v. Ortiz [1982] 2

W.L.R. 10 (Q.B.), [1982] 3 W.L.R. 570 (C.A.), [1984] A.C. 41, [1983] 2 W.L.R. 809 (H.L.).

219 Eingehend v. *Schorlemer*, S. 535–559.

220 MüKo/*Wendehorst*, Art. 43 Rn. 133–135.

221 Siehe im Einzelnen bereits Rn. 5 a mit Nachweisen.

222 Gesetz v. 20.4.2007, BGBl. 2007, II, 626 ff.

223 BGBl. 2008, II, 235 f.; dazu *Halsdorfer* IPRax 2008, 395 (396).

224 Einschränkend MüKo/*Wendehorst*, Art. 43 Rn. 178; vgl. *Halsdorfer* IPRax 2008, 397 f.

225 Vgl. *Institut de Droit international*, La vente internationale d' objets d' art sous l' angle de la protection du patrimoine culturel, Art. 2 f.; *Jayme*, Neue Anknüpfungsmaximen für den Kulturgüterschutz, S. 42 ff.; *ders.*, IPRax 1990, 347; vgl. *Fuchs* IPRax 2000, 281 (284); *Hipp*, S. 197–199.

Zeitpunkt des Abhandenkommens der Sache („lex furti").[226] Obwohl der Handel mit abhanden gekommenen Kunstwerken und deren grenzüberschreitende Verschiebung außerordentlich schwierig zu bekämpfen sind und Ergebnisse wie im Fall Winkworth v. Christie, Manson & Woods nicht befriedigen, liegt die Ursache in materiellrechtlicher Disharmonie der nationalen Sachenrechtsordnungen. Im Einzelfall kann das **Ergebnis der Rechtsanwendung** dann gegen den inländischen ordre public verstoßen, wie im Fall „Gotha" vom englischen High Court erwogen.[227] Alle im kollisionsrechtlichen Obersatz formulierten Vorschläge zur Änderung oder Vermeidung der Regelanknüpfung leiden dagegen unter der Unbestimmtheit der Tatbestandsmerkmale der Sonderanknüpfung, insbesondere auch in der Frage der Klassifikation des „Kulturguts" oder „Kunstwerks".[228] An der Regelanknüpfung an die lex rei sitae ist im Verkehrsinteresse an der Klarheit sachenrechtlicher Verhältnisse festzuhalten.[229] Die Lösung läge richtigerweise auf materiellrechtlicher Ebene,[230] was auch für die in Kunstrückführungsfällen oftmals streitentscheidenden Verjährungsfragen gilt.[231] Bei §§ 54, 72 KGSG handelt es sich indes um Sonderkollisionsnormen, die in ihrem Anwendungsbereich die Regelanknüpfung verdrängen. Im Ergebnis wird den Vertretern der Auffassung zuzustimmen sein, die schon in §§ 5 Abs. 1, 9 KultGüRückG in Bezug auf Tatsachen, die sich im Zeitraum zwischen unrechtmäßiger Verbringung und Rückgabe zugetragen haben, eine Sachnormverweisung auf die lex originis erblickten.[232] Nichts anderes gilt für §§ 54, 72 KGSG. Wird eine zwischenzeitlich anwendbare strengere lex rei sitae durch die dem Rechtsübergang günstigere lex originis verdrängt, dann kann eine teleologische Reduktion zugunsten des strengeren Sachstatuts in Betracht kommen.[233] Eine Ergänzung des Gesetzes um eine „Günstigkeitsregelung" zugunsten der Rechtskontinuität (im Zweifel keine dingliche Rechtsänderung) wäre allerdings vorzuziehen.

38   **c) Gestreckte Tatbestände (Abs. 3).** Von der Erschöpfung einzelner Tatbestandselemente, die eine dingliche Rechtsänderung nach dem Recht des Ortes der Belegenheit der Sache nicht bewirkt haben, ist der nicht abgeschlossene, **offene** oder **gestreckte Tatbestand** zu unterscheiden. Sind die Voraussetzungen dinglicher Rechtsänderung nach dem Erststatut nicht vollständig erfüllt und gelangt die Sache nunmehr in den Geltungsbereich einer neuen Lagerechtsordnung, dann ist der gesamte Vorgang einheitlich nach dem Zweitstatut zu beurteilen, wenn es sich nach der hierfür allein maßgeblichen Auffassung der zweiten lex rei sitae

226 *Hanisch,* in: FS Müller-Freienfels 1986, S. 193, 215; *Mansel* IPRax 1988, 268 (271); vgl. *Hipp,* 195.

227 City of Gotha and Federal Republic of Germany v. Sotheby's. and Cobert Finance S.A. (o. Fn. 49)), in: Carl/Güttler/Siehr, 78, S. 200–216, für den Fall der Verjährung nach »active concealment«; Ablehnung der Anwendung deutschen Verjährungsrechts wegen Verstoßes gegen den britischen ordre public erwogen (obiter); s. iÜ oben Rn. 5 f. und Fn. 49 mit Nachweisen.

228 Vgl. etwa *Institut de Droit international* IPRax 1991, 432 (Art. 1 Abs. 1 lit. a): »objet d'art, celui qui est identifié comme appartenant au patrimoine culturel d'un pays par son classement, enregistrement ou tout autre procédé de publicité internationalement admis en la matière«.

229 Staudinger/*Stoll,* Int. SachR, Rn. 295; MüKo/*Wendehorst,* Art. 43 Rn. 182–189 mit ausführlicher Darstellung des Meinungsstandes; *Siehr,* in: FS Trinkner 1995, S. 703, 715 ff.; *Fuchs* IPRax 2000, 281 (284).

230 Vgl. auch *v. Plehwe* KUR 2001, 49 (50–61).

231 Akzeptabel nunmehr § 55 Abs. 1 KGSG (vgl. § 11 Abs. 2 KultGüRückG aF): 75 Jahre Ausschlussfrist für Teile öffentlicher Sammlungen; Unverjährbarkeit bei Unverjährbarkeit im Ursprungsstaat. Bedauerlich hingegen § 55 Abs. 2 und 3: 30 bzw. 3 Jahre für alle übrigen Kunstwerke. Im Regelfall verschwinden auftragsentwendete Kunstwerke für längere Zeit in unzugänglichen privaten Sammlungen. Jede absolute Frist, auch eine solche von (lediglich) 30 Jahren, begünstigt den illegalen Kunstbesitz und -handel, weshalb eine kenntnisabhängige Verjährung des Vin-

dikationsanspruchs, eine Anknüpfung an Kenntnis oder fahrlässige Unkenntnis (»laches«) entsprechend New Yorker Vorbild, interessengemäß und eindeutig vorzugswürdig, die unverändert und seit 1945 den unrechtmäßigen Besitz begünstigende, eine Reform des Verjährungsrechts und zumindest Verlängerungen der Fristen auch im Zuge der Schuldrechtsreform ausdrücklich, aber begründungslos ablehnende Haltung der Bundesregierung und der Gesetzgebung jedoch unverständlich ist; vgl. dagegen Kunstsammlungen zu Weimar and Rep. of Germany v. Elicofon, 20 I.L.M. 1122, 1146–1152 (E.D.N.Y. 1981), aff'd 678 F.2 d 1150 (2 d Cir. 1982); De Weerth v. Baldinger, 836 F.2 d 103 (2 d Cir. 1987); Guggenheim v. Lubell, 569 N.E.2 d 426, 428 ff. (N.Y.Ct. App. 1991); Rep. of Turkey v. Met. Museum of Art, 762 F.Supp. 44, 46 (S.D.N.Y. 1992), rev'd aus anderen Gründen 38 F.3 d 1266 (2 d Cir. 1994); dazu *Siehr* IPRax 1993, 339 f.; *Furtak* IPRax 1995, 128 f.; zu den Sorgfaltsanforderungen eines (deutschen) Museums beim Erwerb eines wertvollen Gemäldes (»Il Miracolo di Sant' Antonio« von Giovanni Battista Tiepolo) aus dem Ausland (Frankreich) instruktiv jüngst OLG Celle Urt. v. 17.9.2010 – 4 U 30/08, juris Rn. 34 ff. (Frage der Ersitzung nach deutschem Belegenheitsrecht nach Export aus Frankreich).

232 *Fuchs* IPRax 2000, 281 (285); MüKo/*Wendehorst,* Art. 43 Rn. 189 mwN; vgl. auch BT-Drs. 343, S. 15; s. o. bei Rn. 38 ff.

233 MüKo/*Wendehorst,* Art. 43 EGBGB Rn. 188; *Halsdorfer* IPRax 2008, 395 (398).

um einen unvollendeten Tatbestand handelt.[234] Das Zweitstatut legt sich dann hinsichtlich der unter der Geltung des Erststatuts verwirklichten Tatbestandselemente rückwirkende Kraft bei.[235]

Ein **Beispiel** eines gestreckten Tatbestandes ist die **Ersitzung**. Hat der Besitz am ursprünglichen situs mangels hinreichender Dauer nicht zum originären Rechtserwerb geführt, dann ist es Sache des Zweitstatuts, den anhaltenden „Zustand" des Besitzes insgesamt neu zu bewerten und darin frühere Besitzzeiten einzurechnen.[236] Es bietet sich eine Analogie zu Art. 185, 169 Abs. 1 EGBGB an.[237] Die Frage ist praktisch bedeutsam, weil der originäre Erwerb durch Ersitzung stets als zweiter Erwerbsgrund in Betracht zu ziehen ist.[238] Entsprechendes gilt für die **Verjährung** des dinglichen Herausgabeanspruchs. Ihre Vollendung wird man als abgeschlossenen Tatbestand ansehen müssen. Haben Besitzzeiten nach dem Erststatut hingegen nicht zur Vollendung der Verjährung geführt, so verbleibt es zunächst bei diesem Ergebnis. Das Zweitstatut ist aber nicht gehindert, frühere Besitzzeiten verjährungsrechtlich neu oder anders zu bewerten, wie dies auch intertemporal gilt (Art. 229 § 6 EGBGB). War der Vindikationsanspruch – wie in der Schweiz[239] – unverjährbar, die Dauer des Besitzes nach dem Erststatut also ohne Rechtswert, dann hindert dieser Befund nicht eine Neubewertung der gesamten Besitzzeit nach dem Zweitstatut, das den Herausgabeanspruch verjähren lässt.[240] Das gilt auch für den vom LG München I[241] entschiedenen Fall des wiederholten Statutenwechsels Deutschland/Schweiz/Deutschland. Frühere Besitzzeiten gehen – entgegen *Jayme*[242] – nicht dadurch „unter", dass das Zweitstatut (Schweiz) sie verjährungsrechtlich als unbeachtlich ansieht. Auch in dieser Frage ist ein „Reinigungseffekt" („**effet de purge**") abzulehnen.[243] Über die Rechtserheblichkeit früherer Besitzzeiten entscheidet allein das Endstatut.[244]

39

Der **gestreckte Erwerbstatbestand** hat in **Abs. 3** eine **teilweise Regelung** gefunden. Die **einseitige Kollisionsnorm**[245] betrifft den Fall, dass der Erwerb des dinglichen Rechts im Ausland im Zeitpunkt des Statutenwechsels noch nicht vollendet wurde. Anders, wenn der inländische Verfügungstatbestand noch nicht zur Vollendung gelangt ist. Beispiel ist der deutsch-französische Versendungskauf mit Besitzverschaffung in Frankreich: mangels Besitzübertragung ist der Übereignungsvorgang nach deutschem Lagerecht nicht abgeschlossen. Ob und unter welchen Voraussetzungen sich der Übereignungstatbestand vollendet, ist nach dem Statutenwechsel vom französischen Belegenheitsrecht zu beantworten,[246] das auch bereits mit Grenzübertritt kraft des Konsensprinzips die Vollendung des Erwerbstatbestandes eintreten lassen kann. Aus deutscher Sicht (Art. 43 Abs. 3) werden im umgekehrten Fall die am Erst-situs geschaffenen Tatbestandselemente „wie inländische" berücksichtigt. Es liegt also eine (einseitige) Anordnung der Substitution vor. Die Substitution selbst ist – wie stets – ein sachnormbezogener Vorgang, ihre Anordnung hingegen kollisionsrechtlich. Die Norm ist auf **internationale Verkehrsgeschäfte**, also Fälle abredegemäßer Verbringung der Sache und damit des **qualifizierten Statutenwechsels**, zugeschnitten.[247] Es gilt das „Anrechnungsprinzip".[248] Die Übereignung einer im Zeitpunkt der Einigung in der Schweiz belegenen Sache wird auch ohne Übergabe, die in der Schweiz Voraussetzung der Eigentumsverschaffung ist,[249] mit Grenzübertritt wirksam, wenn die bisherigen Vorgänge die Voraussetzungen des dinglichen Tatbestands der inländischen Sachenrechtsordnung erfüllen.[250]

40

Wesentliche praktische Bedeutung hat die Bestimmung für **besitzlose Mobiliarsicherheiten**, die am Ausgangs-situs nicht (dritt-)wirksam entstanden sind, die aber ihre Sicherungswirkung in Einzelvollstreckung und Insolvenz bestimmungsgemäß im Inland entfalten sollen. Dazu zählt auch der **Eigentumsvorbehalt**,

41

234 MüKo/*Kreuzer*, 3. Aufl., nach Art. 38 EGBGB Anh.
I Rn. 60; *Looschelders*, IPR, Art. 43 Rn. 55;
Staudinger/*Stoll*, Int. SachR, Rn. 289, 354; MüKo/
Wendehorst, Art. 43 Rn. 160–162.
235 *Lüderitz*, S. 193; vgl. Staudinger/*Stoll*, Int. SachR,
Rn. 289 aE.
236 Staudinger/*Mansel*, Art. 43 EGBGB Rn. 747–750; so
bereits *Zitelmann*, I 157, II 340; BGE 94 II 297, 306–
308 (obiter) im Verfahren Koerfer ./. Goldschmidt;
richtig deshalb LG München I IPRax 1995, 43; vgl.
auch *Knott*, S. 79–81; *v. Plehwe*, Besitzlose Warenkreditsicherheiten, S. 31–35; *ders.*, KUR 2001, 49
(50); aA *Müller-Katzenburg* NJW 1999, 2551 (2557)
Fn. 80.
237 *Zitelmann*, Bd. 2, S. 353; *Raape*, S. 605.
238 *Kipp*, in: FS v. Martitz 1911, S. 211, 220–222: Lehre
von den Doppelwirkungen im Recht.
239 BGE 48 II 38, 44–47.
240 Vgl. Staudinger/*Mansel*, Art. 43 EGBGB Rn. 753,
757; *v. Plehwe* KUR 2001, 49 (51); *Engel* IPRax
2014, 520 (524); aA OLG Hamburg IPRax 2014, 541

(543); *Jayme* IPRax 1995, 43 (sachenrechtliche Vorprägung).
241 Vgl. Bericht und Anm. von *Jayme* IPRax 1995, 43.
242 IPRax 1995, 43.
243 Ebenso im Ergebnis (aber insbesondere mit Blick auf
eine – von ihr zutreffend abgelehnte – Umwandlung
infolge Transposition ieS) MüKo/*Wendehorst*,
Art. 43 Rn. 147.
244 Vgl. aber OLG Hamburg IPRax 2014, 541 (543).
245 BT-Drs. 14/343, S. 16; Erman/*Hohloch*, Art. 43
Rn. 29; *Staudinger* DB 1999, 1594; aA (Sachnorm)
Palandt/*Thorn*, Art. 43 Rn. 11; *Kreuzer*, in: Henrich,
Vorschläge und Gutachten, S. 37; *ders.*, RabelsZ
65 (2001), 383, 449; *Junker* RIW 2000, 241 (254).
246 BGH NJW 2009, 2824 (2825) Rn. 9.
247 *Looschelders*, IPR, Art. 43 Rn. 58–60; i.e.
Staudinger/*Mansel*, Art. 43 EGBGB Rn. 1309 ff.
248 Erman/*Hohloch*, Art. 43 Rn. 26.
249 Art. 714 Abs. 1 ZGB.
250 *Kreuzer*, in: Henrich, Vorschläge und Gutachten,
S. 37, 73.

der nicht – nach deutschem materiellem Recht sonst korrekt[251] – als Nicht-Übereignung mit der Folge, dass sich auch bei Unwirksamkeit der aufschiebenden Bedingung an dem Befund fehlender Einigung nichts ändert,[252] sondern vielmehr **kollisionsrechtlich** als Sicherungsrecht wie eine **Mobiliarhypothek, Sicherungsübereignung** oder ein **besitzloses (Register-)Pfandrecht** begriffen wird. Der Eigentumsvorbehalt gilt kollisionsrechtlich als **abgeschlossener Tatbestand**.[253] Ausschlaggebend ist die Funktion als Sicherungsmittel. Deshalb nimmt die Begründung des Regierungsentwurfs die Vereinbarung eines Eigentumsvorbehalts im Rahmen eines Importgeschäfts, der am Ausgangs-situs nicht drittwirksam entstanden ist, im Inland aber vollwirksam wäre,[254] als Anwendungsbeispiel des Abs. 3.[255] Es handelt sich nicht um ein Redaktionsdefizit,[256] sondern um die kollisionsrechtliche Würdigung eines (auch IPR-) rechtsvergleichend gewonnenen Befundes. Durchweg wird der (einfache) Eigentumsvorbehalt nicht nur als aufschiebend bedingte und deshalb Noch-Nicht-Übereignung, sondern als Sicherungsrecht aufgefasst. Diese funktionale Einordnung scheitert nur im Falle des abredewidrigen Eigentumsvorbehalts. Aber auch dann wird die erfolgreiche Geltendmachung eines darauf gestützten Vindikationsanspruchs nur unter den Voraussetzungen des jeweiligen Wirkungsstatuts möglich sein. Mit der deutschen Regelung ist sichergestellt, dass der Eigentumsvorbehalt bei Importgeschäften ab Grenzübertritt und ohne die Notwendigkeit einer materiellrechtlichen Hilfskonstruktion[257] wirkt, wie vor der Neuregelung im Schrifttum gefordert.[258] Allerdings wird der Verkehrsschutz zu beachten und nach den jeweiligen leges rei sitae getroffenen **Zwischenverfügungen** der Vorrang einzuräumen sein. Das folgt indes schon unmittelbar aus Art. 43 Abs. 1 und 3 und dem Gebot, Zwischenverfügungen als **abgeschlossene Tatbestände** zu beachten; einer Korrektur des Gesetzes bedarf es deshalb nicht.[259]

42 Die Wirksamkeit einer **Verarbeitungsklausel** beim verlängerten Eigentumsvorbehalt richtet sich nach dem Vertragsstatut (Art. 33 Abs. 1 und 2).[260] Anders als Art. 44 RefE 1984 bezieht sich Abs. 3 ähnlich Art. 102 Schweizer IPRG nicht nur auf vereinbarte Sicherungsrechte. Das schließt es deshalb nicht aus, auch den vertragswidrigen, **einseitigen Eigentumsvorbehalt** in seinen Anwendungsbereich einzubeziehen. Denn die kollisionsrechtliche Interessenlage bleibt gleich. Im Falle des **Exportgeschäfts** findet Abs. 3 als inlandsbezogene einseitige Kollisionsnorm keine Anwendung. Es bleibt jeder neuen lex rei sitae überlassen zu entscheiden, ob früher verwirklichte Tatbestandselemente nach Statutenwechsel Rechtswirkungen erzeugen oder als unselbständige Elemente eines Gesamttatbestandes Berücksichtigung finden.[261] **Formlose besitzlose Sicherheiten** wie etwa der deutschrechtliche Eigentumsvorbehalt werden häufig nicht als drittwirksam anerkannt oder – allenfalls mit Schonfristen – den Publizitätsvorschriften des Bestimmungsstaats unterworfen.[262] Ihre Drittwirksamkeit steht dann unter der Bedingung der Erfüllung von Form- oder Publizitätsvorschriften am Ort der neuen Belegenheit der Sache als **Wirkungsstatut**.

43 **d) Besitzlose Mobiliarsicherheiten und Statutenwechsel.** Je nach Fallgestaltung gelten Abs. 2 oder 3. Auch dann, wenn der Statutenwechsel – etwa im Rahmen eines **internationalen Verkehrsgeschäfts** – beabsichtigt war, wird ausschließlich objektiv angeknüpft. Für abgeschlossene Tatbestände bedeutet dies die Anwendung des Abs. 2 und die sukzessive Geltung der leges rei sitae. Im Schrifttum gegen die objektive

---

251 BGH NJW 1953, 217 (218); BGHZ 64, 395, 397.

252 Vgl. *Schröder*, Anpassung, S. 126; *Nussbaum*, S. 308; *Behr* RIW/AWD 1978, 489, 496; ferner *Gilmore*, Bd. 1, § 3.2 (S. 66) zum frühen common law des conditional sale.

253 Str., zum Meinungsstand mit Korrekturversuchen Staudinger/*Mansel*, Art. 43 EGBGB Rn. 1323–1328; aA etwa *Soergel/Lüderitz*, Art. 38 Anh. II Rn. 97; MüKo/*Wendehorst*, Art. 43 Rn. 168; *Stoll* IPRax 2000, 259 (263); *Schurig* FS Stoll (2001), S. 577, 585 f.

254 Beispiel nach BGHZ 45, 95 (allerdings fehlerhafte Deutung des italienischen materiellen und Verfahrensrechts; vgl. *Siehr*, AWD 1971, 10; *Kindler*, S. 88; *v. Plehwe*, Besitzlose Warenkreditsicherheiten, S. 115 f.; Bornheim RabelsZ 79 (2015), 36, 39 f., 55 f.).

255 BT-Drs. 14/343, S. 16; Erman/*Hohloch*, Art. 43 Rn. 28; missverständlich *Looschelders*, Art. 43 Rn. 62, der zunächst Abs. 2 für den Strickmaschinenfall (BGHZ 45, 95) heranzieht.

256 So aber MüKo/*Wendehorst*, Art. 43 Rn. 168 aE.

257 Antezipierte Rückübereignung an den »Vorbehalts«-Verkäufer: BGHZ 45, 95.

258 *Drobnig* RabelsZ 32 (1968), 450, 469 im Anschluss an § 9–103 (3) S. 2 UCC 1962; *Kegel* JuS 1968, 162 (165); *Deutscher Rat*, § C, in: Lauterbach, Vorschläge und Gutachten, S. 30; ähnlich *Siehr*, AWD 1971, 10, 20 f.; *Lüderitz*, S. 206, 211 f.; *v. Plehwe*, Besitzlose Warenkreditsicherheiten, S. 120–127, 325–330 mwN.

259 AA MüKo/*Wendehorst*, Art. 43 Rn. 171 f. mit Reformvorschlag.

260 Bamberger/Roth/*Spickhoff*, Art. 43 EGBGB Rn. 12.

261 S. bereits oben Rn. 40; BT-Drs. 14/343, S. 16; *Kreuzer*, in: Henrich, Vorschläge und Gutachten, S. 37, 73–75; *ders.*, RabelsZ 65 (2001), 383, 450; Erman/*Hohloch*, Art. 43 EGBGB Rn. 29.

262 Vgl. etwa §§ 9–103, §§ 9–301 ff. UCC (§§ 9–103 UCC aF) zum Erfordernis der »perfection« des Sicherungsrechts nach (oder vorbereitend zum) Import des Sicherungsguts; Art. 102 Abs. 2 und 3 Schweizer IPRG (Schonfrist für die Registrierung, jedoch ohne Drittwirksamkeit des Eigentumsvorbehalts).

Anknüpfung geäußerte Zweifel[263] sowie der Vorschlag einer parteiautonomen Bestimmung des Sachstatuts, teils auch unter Zulassung stillschweigender **Rechtswahl**,[264] haben sich gegen das Verkehrsinteresse nicht durchgesetzt. Art. 104 des Schweizer IPRG lässt eine Rechtswahl zwar zu, aber nur insofern inter partes wirken, als sie einem Dritten nicht entgegengehalten werden kann. Der Dritte kann sich jedoch, wenn es ihm dient, auf die sachenrechtsbezogene Rechtswahl der an der Verfügung Beteiligten berufen.[265] Eine vergleichbare Regelung wäre de lege ferenda zu erwägen.[266] Das reformierte IPR der VR **China** sieht nun in § 37 S. 1 IPRG 2010 die unbeschränkte Möglichkeit der Rechtswahl vor; in Ermangelung einer solchen gilt nach S. 2 die lex rei sitae im Zeitpunkt der Tatbestandsverwirklichung.[267]

Besondere Probleme verursachen **Globalsicherheiten**, insbesondere auch besitzlose Pfandrechte an Unternehmen oder Sachgesamtheiten, darunter insbesondere sogenannte **floating charges**.[268] Nach einer Auffassung können Sicherungsrechte an Rechts- oder Sachgesamtheiten und Unternehmen mangels entsprechender Rechtstypen im deutschen Recht nicht als solche, sondern nur aufgrund Transposition ihrer Bestandteile in funktionsäquivalente Rechtsfiguren des deutschen Rechts anerkannt werden.[269] Anders seien die etwa in einer floating charge englischen Rechts (Unternehmens-Generalhypothek) vereinten vertraglichen, vertretungsrechtlichen, dinglichen und liquidationsverfahrensrechtlichen Aspekte nicht unter zureichender Beachtung von Dritt- und Verkehrsschutzinteressen zu erfassen.[270] Dem ist insofern zuzustimmen, als die verschiedenen Aspekte kollisionsrechtlich auseinander zu halten und Einzel- oder Vorfragen möglicherweise gesondert anzuknüpfen sind. Richtigerweise ist in den dinglichen Wirkungen wie auch sonst zwischen der Entstehung der Sicherheit, die sich als Unternehmenspfandrecht nach dem Unternehmensstatut richtet,[271] und der Durchsetzung der dinglichen Rechtselemente am situs zu unterscheiden.   **44**

In der Beurteilung einer floating charge muss weiter danach unterschieden werden, ob „**Kristallisierung**", die Umwandlung in eine „fixed charge", eingetreten ist.[272] Ob heute noch unter Hinweis auf den materiellrechtlichen Bestimmtheitsgrundsatz, der nach herkömmlicher Auffassung die Verpfändung oder Sicherungsübereignung eines Unternehmens oder sonstigen Inbegriffs von Vermögensgegenständen ausschließt,[273] die Vornahme dinglicher Einzelakte am neuen situs gefordert werden kann,[274] erscheint zweifelhaft. Inländische materiellrechtliche Ordnungsprinzipien setzen sich nicht ohne Weiteres kollisionsrechtlich durch. Mit Recht wurde die früher emphatisch vertretene Auffassung, das besitzlose Pfandrecht sei mit dem inländischen numerus clausus der Sachenrechte unvereinbar, zu den Akten gelegt. Schon Art. 5 Abs. 1 der **VO (EG) 1346/2000** des Rates der EU vom 29.5.2000 über Insolvenzverfahren berücksichtigt auf Wunsch Großbritanniens dingliche Rechte „sowohl an bestimmten Gegenständen als auch an einer Mehrheit von nicht bestimmten Gegenständen mit wechselnder Zusammensetzung". Nach Art. 8 Abs. 1 der VO (EU) 2015/848 vom 20.5.2015 gilt nichts anderes. Darunter fällt auch die englische floating charge.[275] Der grenzüberschreitenden Entwicklung des materiellen Kreditsicherungsrechts hat die kollisionsrechtliche Beurteilung (jedenfalls) Rechnung zu tragen.[276] Die Auffassung, dass das Generalpfandrecht hinsichtlich der ins Inland gelangten Sachen ruhe,[277] ist zwar aus herkömmlicher materiell-sachenrechtlicher Perspektive folgerichtig, heute aber kollisionsrechtlich nicht mehr gerechtfertigt. Es ist deshalb anzuerkennen. Die Frage (insolvenzrechtliche Vorfrage) nach dem Bestand des dinglichen Rechts ist gesondert nach dem internationalen Sachenrecht der lex fori processus anzuknüpfen,[278] jene nach der Belegenheit nach Art. 2 Nr. 9 EuInsVO zu beantworten. Begriffe sind autonom auszulegen.[279]   **45**

263 Übersichten bei MüKo/*Kreuzer*, 3. Aufl., nach Art. 38 EGBGB Anh. I Rn. 73; Staudinger/*Stoll*, Int. SachR, Rn. 288–294; Erman/*Hohloch*, Art. 43 EGBGB Rn. 24.

264 Staudinger/*Stoll*, Int. SachR, Rn. 292; enger *Drobnig* RabelsZ 32 (1968), 450, 460–462; *ders.*, in: FS Kegel 1977, S. 141, 150 f. (ausdrückliche Rechtswahl).

265 Zürcher Kommentar/*Heini*, Art. 104 Rn. 10.

266 Vgl. auch *Stadler*, S. 675.

267 Gesetz der Volksrepublik China über das Internationale Privatrecht v. 28.10.2010, abgedr. m. Übers. v. *Cammerer* in RIW 2011, 235 ff.

268 Ferner etwa floating lien gem. § 9 UCC, nantissement du fonds de commerce; vgl. MüKo/*Kreuzer*, 3. Aufl., nach Art. 38 EGBGB Anh. I Rn. 99; Staudinger/*Stoll*, Int. SachR, Rn. 195.

269 MüKo/*Kreuzer*, 3. Aufl., nach Art. 38 EGBGB Anh. I Rn. 99; *Wenckstern* RabelsZ 56 (1992), 624, 652 f.

270 *Wenckstern* RabelsZ 56 (1992), 624, 652.

271 Staudinger/*Stoll*, Int. SachR, Rn. 195; *Collins*, (1978) 27 I.C.L.Q. 691 ff.

272 Vgl. *Wenckstern* RabelsZ 56 (1992), 624, 637 ff., 654 ff.

273 BGH NJW 1968, 392 (393); vgl. OLG Hamm WM 1976, 1125 (1126); *Wenckstern* RabelsZ 56 (1992), 624, 663.

274 Dafür Staudinger/*Stoll*, Int. SachR, Rn. 195.

275 MüKo-InsO/*Reinhart*, Art. 5 EuInsVO Rn. 3, 6; FK-InsO/*Wenner*, Art. 8 EuInsVO nF Rn. 4; ebenso bereits Art. 5 des EU-Übk, vgl. *Virgos/Schmit*, S. 32, 73 Nr. 104.

276 Kritisch aber FK-InsO/*Wenner/Schuster*, Art. 8 EuInsVO Rn. 1.

277 *V. Bar*, IPR II, Rn. 761.

278 FK-InsO/*Wenner/Schuster*, Art. 8 EuInsVO Rn. 6 (str.).

279 FK-InsO/*Wenner/Schuster*, Art. 8 EuInsVO Rn. 27.

II. Sondertatbestände

46 **1. Res in transitu.** Art. 43 sieht keine Sonderanknüpfung vor für Sachen ohne festen Lageort, etwa als Transitgut oder auch nur persönliche Habe eines Reisenden. Allerdings ist Art. 46 zu beachten.[280] Art. 45 betrifft Transportmittel, nicht aber Sachen „auf der Reise".[281]

47 Auf der Ebene des Art. 43 ist danach zu unterscheiden, ob Vorgänge zu beurteilen sind, die einen Bezug zum jeweiligen Lageort vorweisen. Wird über die Sache auf dem Transport in der Weise verfügt, dass das Gut am Ort seiner Belegenheit an einen Dritten veräußert oder als Sicherungsmittel zur Kreditbeschaffung eingesetzt wird, so gebietet das Verkehrsinteresse die Anwendung dieser lex rei sitae. Wie die Verpfändung unterliegt auch die Pfändung der Sache dem Recht des Lageortes, das insgesamt als Vollstreckungsstatut wirkt. Auch gesetzliche Pfandrechte für den Transport der Sache oder sonstige Leistungen entstehen nach der jeweiligen Belegenheitsordnung.[282]

48 **Abs. 3** ist auf Transportvorgänge nicht anzuwenden. Der bloße Grenzübertritt in den Bereich einer Rechtsordnung, die an die Vollendung des dinglichen Tatbestandes geringere Anforderungen stellt, lässt den Tatbestand nicht zur Vollendung gelangen.[283]

49 Soweit kein Bezug zum Lageort besteht, stellt sich unabhängig von der Sonderanknüpfung nach Art. 46 die Frage der Zulassung einer **Rechtswahl.** Für den Bereich der internationalen Verkehrsgeschäfte wird sie mit Recht abgelehnt.[284] Dieser Ausschluss gilt wegen der Verschiedenheit der Interessenlage aber nicht notwendig für res in transitu.[285] Werden Drittinteressen nicht berührt, so ist nichts dagegen einzuwenden, eine auf Absende- und Bestimmungsland beschränkte Rechtswahl zuzulassen.[286] Die Frage ist allerdings praktisch bedeutungslos.[287] Lässt man eine Rechtswahl zu, so ist in den Fällen, in denen eine Rechtswahl nicht getroffen worden ist, Art. 46 zu beachten.[288] Wie die Belegenheit von res in transitu nach Art. 2 Nr. 9 lit. vii EuInsVO zu beurteilen ist, ist offen.[289] Da die übrigen Buchstaben jedoch überwiegend an einen Ruhe- oder Schwerpunkt anknüpfen, wird beim qualifizierten Statutenwechsel auf das Recht des Bestimmungsstaates abzustellen und ansonsten ein Schwerpunkt zu ermitteln sein.

50 **2. Transportmittel.** Rechte an Luft-, Wasser- und Schienenfahrzeugen haben eine besondere Regelung in Art. 45 erfahren. Die dort nicht erfassten Transportmittel, insbesondere Kraftfahrzeuge, unterfallen damit Art. 43. Seit jeher ist aber im Streit, ob die Besonderheit bestimmungsgemäßer Beweglichkeit des Guts nicht Sonderanknüpfung erfordert. Insofern ist die Anwendung des Art. 46 in Betracht zu ziehen. Richtigerweise wird die Abgrenzung nahe dem Bezug zum Lageort und der Beeinträchtigung von Verkehrsinteressen zu treffen sein. Die Entstehung gesetzlicher Sicherungsrechte folgt ebenso wie die Wirkung von Vollstreckungsakten dem Recht der aktuellen Belegenheit. Soweit Verfügungen über das Transportmittel auf rechtsgeschäftlicher Grundlage und die Begründung, Veränderung und der Verlust rechtsgeschäftlich begründeter Sicherungsrechte in Rede stehen, wird Art. 46 heranzuziehen sein (s. dort).

51 **3. Insolvenzrechtliche Fragen.** Gegenstand des Insolvenzverfahrens ist das Vermögen des Schuldners. Nach § 35 InsO erfasst das Insolvenzverfahren das gesamte Vermögen, das dem Schuldner zur Zeit der Eröffnung des Verfahrens gehört und das er während des Verfahrens erlangt (Insolvenzmasse). Anknüpfungspunkt ist die **Rechtsträgerschaft**, nicht aber die Belegenheit der Vermögensgegenstände, die zur Insolvenzmasse gehören. Die Insolvenzmasse erfasst nicht nur das im Inland belegene, sondern das gesamte Vermögen des Schuldners, also auch sein Auslandsvermögen,[290] woran sich nach der Reform des deutschen Insolvenzrechts nichts geändert hat.[291] Umgekehrt erfasst das ausländische Insolvenzverfahren auch das im Inland befindliche Vermögen des Schuldners,[292] wobei nach inländischem Recht zur Aussonderung oder abgesonderten Befriedigung berechtigte dingliche Rechte nach § 351 Abs. 1 InsO eine wichtige Ausnahme erfahren. Im Inland belegene Immobilien unterliegen ebenfalls deutschem Recht (§ 351 Abs. 2 InsO). Sinnvollerweise enthält bei Inlandsverfahren bereits der Insolvenzeröffnungsbeschluss die ausdrückliche Klarstellung, dass sich das inländische Insolvenzverfahren auch auf das ausländische Schuldnerver-

280 Bamberger/Roth/*Spickhoff*, Art. 43 EGBGB Rn. 8.

281 *Kegel/Schurig*, § 19 IV (S. 774).

282 *Kegel/Schurig*, § 19 IV (S. 774); *Looschelders*, IPR, Art. 43 Rn. 63.

283 *Kegel/Schurig*, § 19 IV (S. 774).

284 BT-Drs. 14/343, S. 16, im Anschluss an BGH NJW 1997, 461 (462); *Kreuzer*, in: Henrich, Vorschläge und Gutachten, S. 37, 75–81; *Ritterhoff*, S. 176.

285 Vgl. auch *Looschelders*, IPR, Art. 43 Rn. 64.

286 Dafür *Looschelders*, IPR, Art. 43 Rn. 65; *Kegel/Schurig*, § 19 IV (S. 774); vgl. auch *Raape*, S. 616 f.; Erman/*Hohloch*, Art. 45 EGBGB Rn. 13; Staudinger/*Stoll*, Int. SachR, Rn. 368 m. Überblick zum Meinungsspektrum.

287 Vgl. Erman/*Hohloch*, Art. 45 EGBGB Rn. 13; MüKo/*Kreuzer*, 3. Aufl., nach Art. 38 EGBGB Anh. I Rn. 128; BT-Drs. 14/343, S. 14.

288 *Looschelders*, IPR, Art. 43 Rn. 65.

289 Vgl. FK-InsO/*Wenner/Schuster*, Art. 2 EuInsVO Rn. 28.

290 BGHZ 68, 16, 17; 88, 147, 153; BGH ZIP 1983, 961 (962); Uhlenbruck/*Lüer/Knof*, § 335 Rn. 13; MüKo-InsO/*Reinhart*, § 335 Rn. 44.

291 Uhlenbruck/*Lüer/Knof*, § 335 Rn. 13.

292 So bereits BGHZ 95, 256 unter Aufgabe von BGH NJW 1960, 774.

mögen erstreckt und der Insolvenzverwalter gehalten ist, das Vermögen „nach den rechtlichen Bestimmungen des jeweiligen Belegenheitsstaates in Besitz zu nehmen und zugunsten der in- und ausländischen Gläubiger zu verwerten".[293]

Das zur Insolvenzmasse gehörende Vermögen des Schuldners ist regelmäßig mit Rechten Dritter belastet. **52** Kollisionsrechtlich können sich Konflikte zwischen dem inländischen Insolvenzstatut und einer ausländischen lex rei sitae ergeben, wenn nach ausländischem Belegenheitsrecht begründete dingliche Rechte infrage stehen. Es gilt der **Grundsatz**, dass sich Verfügungen über dingliche Rechte und deren Inhalt allein nach dem Recht der Belegenheit richten, das Insolvenzstatut aber die wirtschaftliche Zuordnung des einzelnen Vermögensgegenstands zur Insolvenzmasse regelt, soweit der Schuldner über ihn verfügen kann.[294] Die gebotene Abgrenzung zwischen Sachenrechtsstatut und Insolvenzstatut ist im Einzelnen umstritten. Manches spricht für die Ansicht, dass entsprechend § 47 S. 2 InsO die dinglichen Voraussetzungen eines – nach dem Insolvenzstatut zu beurteilenden – Anspruchs auf Aussonderung eines Gegenstandes als Vorfrage ausschließlich nach dem jeweiligen Sachstatut zu beurteilen sind, weil solches Vermögen nicht zum Vermögen des Schuldners zählt.[295]

Ob freilich **Aussonderung** zu gewähren ist, ist eine insolvenzrechtliche Frage, die nur nach der lex fori **53** concursus beurteilt werden kann. Im Einzelnen wird es nicht zu vermeiden sein, dass wie im Regelfall des Art. 43 Abs. 2 ein materiellrechtlicher Typenvergleich erforderlich ist und sachenrechtliche Vorfragen, wenn sie auftreten, gesondert angeknüpft werden; im Übrigen nimmt das Insolvenzstatut als Gesamtstatut die Verteilung des Schuldnervermögens vor, soweit nicht Spezialvorschriften vereinzelter Bereiche eingreifen.[296] Nach § 339 InsO beurteilen sich die Voraussetzungen der Insolvenzanfechtung nach der lex fori concursus, es sei denn, die Rechtshandlung ist nach dem für sie maßgebenden Wirkungsstatut „in keiner Weise angreifbar". Damit wird auch auf die insolvenzrechtlichen Bestimmungen des Wirkungsstatuts verwiesen.[297] Ob man als Wirkungsstatut wie nach wohl mehrheitlicher Auffassung zu § 19 AnfG die lex rei sitae im Zeitpunkt der Verfügung anzusehen haben muss, erscheint offen. Vorzuziehen ist eine Schwerpunktanknüpfung der anfechtbaren Rechtshandlung ohne Bindung an die leges rei sitae einzelner Vermögensbestandteile. Zu beachten ist, dass Art. 16 EuInsVO eine mit § 339 InsO übereinstimmende Verteilung der Beweislast – hinsichtlich sowohl der Tatsachen als auch der Rechtssätze – zulasten des Anfechtungsgegners vorsieht.[298]

Art. 8 EuInsVO nimmt eine gesonderte Anknüpfung des dinglichen Rechts an körperlichen oder unkörperlichen, **54** beweglichen oder unbeweglichen Gegenständen des Schuldners vor, unbeschadet einer möglichen Anfechtbarkeit nach dem Insolvenzstatut (Art. 7 Abs. 2 lit. m der Verordnung).[299] Kollisionsrechtlich legt Art. 8 VO nahe, dass das sachenrechtliche Einzelstatut dem Insolvenzstatut vorgeht und keine Überlagerung stattfindet. Uneingeschränkte Verfügungsfreiheit nach dem Belegenheitsrecht, ungeachtet des ausländischen Insolvenzverfahrens, ist die Folge.[300] Für den Eigentumsvorbehalt wird dies durch Art. 10 der Verordnung nochmals gesondert herausgestellt. Zum Verhältnis von EuGVVO und EuInsVO hat der EuGH klargestellt, dass der Gesetzgeber den Begriff der „Zivil- und Handelssachen" habe weit, den der Insolvenzsachen dagegen eng fassen wollen. Eine Durchsetzung des (deutschen einfachen) Eigentumsvorbehalts nach Statutenwechsel unterliege auch dann nur der EuGVVO, wenn über das Vermögen des Käufers, dem die Sache in einem anderen Mitgliedstaat ausgeliefert worden ist, am neuen Belegenheitsort das Insolvenzverfahren eröffnet worden ist.[301]

Für die Praxis ergibt sich in Kollisionsfällen aus der Konkurrenz von Einzel- und Gesamtstatut im Falle der **55** Insolvenz ein erhebliches Streitpotenzial. Insolvenzrechtliche Fragestellungen sind unter Einschluss der Möglichkeit ausländischer Insolvenzverfahren, die Vermögen am Belegenheitsort erfassen, in der Gestaltung dinglicher Rechtsverhältnisse zu berücksichtigen.

---

293 AG Köln, Konkurseröffnungsbeschluss v. 24.1.1986 im Kaußen-Fall; vgl. *Lüer* KTS 1990, 377 (382).

294 Uhlenbruck/*Lüer/Knof*, § 335 Rn. 13; § 351 InsO für ausländische Insolvenzverfahren.

295 Vgl. Uhlenbruck/*Lüer/Knof*, § 335 Rn. 16.

296 Vgl. im Einzelnen Uhlenbruck/*Lüer/Knof*, § 335 Rn. 16–17.

297 FK-InsO/*Wenner/Schuster*, Anh. I, Art. 13 EuInsVO Rn. 8.

298 Dazu FK-InsO/*Wenner/Schuster*, Art. 16 EuInsVO Rn. 12–13; § 339 Rn. 11.

299 Dazu *v. Wilmowsky* EWS 197, 295 ff.; ferner *Virgos/Schmit*, S. 32, 69–73 zu Art. 5 aF.

300 Uhlenbruck/*Lüer* (14. Aufl.), VO(EG) 1346/2000, Art. 5 Rn. 2.

301 EuGH Urt. v. 10.9.2009 – Rs. C-292/08, Slg 2009, I, 8421 Rn. 29–33, 38 – German Graphics; dazu *Cranshaw* DZWIR 2010, 89 ff. unter II 2.

C. Exkurs: Enteignung

56 Hoheitsakte, die einen Eingriff in privatrechtliche Rechtspositionen im Wege der Enteignung[302] zum Gegenstand haben, dienen auch dann, wenn sie zugunsten einzelner Privater wirken, der Durchsetzung staats- oder wirtschaftspolitischer Ziele. Hierdurch unterscheiden sie sich etwa von dem Hoheitsakt der Insolvenzeröffnung, der der Gesamtvollstreckung im Sinne der Verwirklichung der par conditio creditorum und damit der Privatrechtsgestaltung dient.[303] Das könnte dafür sprechen, solchen aus der Sicht des Zivilrechts „artfremden"[304] Eingriffen in dem Sinne die Anerkennung zu versagen,[305] dass die fremdstaatliche Enteignung nicht in das fremde Recht übernommen und dessen Akten gleichgesetzt wird.[306] Indes greift diese ausschließlich international-privatrechtlich ausgerichtete Sicht zu kurz. Soweit sich der enteignende Staat in den Grenzen seiner Macht hält, ist die Enteignung hinzunehmen und die fremde Anordnung anzuwenden. Macht wird Recht.[307]

I. Territorialitätsprinzip

57 Nach deutschem internationalem Enteignungsrecht wird die Enteignung eines fremden Staates einschließlich der entschädigungslosen „**Konfiskation**" grundsätzlich als wirksam angesehen, soweit dieser Staat in den Grenzen seiner Macht geblieben ist.[308] Die Wirkung einer Enteignung ist nach der verfassungsgemäßen[309] ständigen Rechtsprechung des BGH durch das **Territorialitätsprinzip** begrenzt.[310] Danach erfasst eine solche Hoheitsmaßnahme nur das der Gebietshoheit des enteignenden Staates unterliegende, nicht dagegen das im Ausland belegene Vermögen.[311] Die Bestimmungen des öffentlichen Rechts wirken nach hergebrachter Auffassung nicht über die Landesgrenzen hinaus. Die territoriale Begrenzung folgt aus dem öffentlichen Kollisionsrecht.[312] Das gilt als **allgemeiner Grundsatz** über den Bereich der Enteignung hinaus. So fällt etwa in Deutschland belegenes Vermögen nicht an die englische Krone, wenn eine englische Company Limited gemäß ihrem Gesellschaftsstatut wegen Nichterfüllung der Publizitätspflichten im Register gelöscht wird; zum Zwecke der **Liquidation** besteht die Gesellschaft für **in Deutschland belegenes Vermögen** als **Restgesellschaft** fort.[313]

58 Entscheidend ist folglich, wo der enteignete Vermögensgegenstand im Zeitpunkt der Enteignung belegen war.[314] Ist das Enteignungsstatut lex rei sitae, dann unterliegen ihm das **Eigentum** und alle übrigen **dinglichen Rechte**.[315] Ein Hoheitsakt, der ein dingliches Recht an einer beweglichen oder unbeweglichen Sache betrifft, wird (grundsätzlich, Art. 6) als wirksam anerkannt, wenn der handelnde Staat nach seiner Rechtsordnung wirksam handelte und sich die Sache in seinem Gebiet in dem Zeitpunkt befand, als der Hoheitsakt Wirkung entfalten sollte.[316] Im Grundsatz kann zur Abgrenzung auf Art. 43 Abs. 1 zurückgegriffen werden,[317] sofern die öffentlich-rechtliche Überlagerung des Enteignungsvorgangs beachtet wird.[318] Für sachenrechtliche Vorgänge ist die Beurteilung unumstritten; entscheidend ist der Lageort.

59 Schwierigkeiten bereitet die Feststellung der „Belegenheit" von **Forderungen**, **Mitgliedschaftsrechten** und sonstigen **nichtdinglichen Rechten**. Die Enteignung von Mitgliedschaftsrechten an Kapital- und Personengesellschaften richtet sich in ihren Wirkungen nach herrschender Auffassung nicht nach dem Gesellschaftsstatut (mit der sonst drohenden Folge der Erfassung im Ausland belegener Vermögenswerte der Gesellschaft), sondern nach dem (jeweiligen) Lageort des Gesellschaftsvermögens.[319] Die Entstehung von „**Spaltgesellschaften**" ist die gesellschaftsrechtliche Folge.[320]

---

302 Zum Begriff der Enteignung aus deutscher Sicht BVerfGE 143, 246 Rn. 243 ff. (Atomausstieg).

303 BGH NJW 2015, 2328 Rn. 53 f.; OLG Frankfurt Urt. v. 13.11.2017 – 8 U 28/15, juris Rn. 143 mwN (Argentinienanleihe).

304 Staudinger/*Stoll*, Int. SachR, Rn. 196 f.

305 Vgl. BGHZ 95, 256, 265 (Inlandswirkungen des Auslandskonkurses) mit Hinweis auf BGHZ 31, 367, 371 (Enteignung).

306 Staudinger/*Stoll*, Int. SachR, Rn. 196; vgl. auch BGHZ 31, 367, 371 f.

307 *Kegel/Schurig*, § 23 II 1 (S. 1099); Staudinger/*Mansel*, Anh. I zu Art. 43–46 EGBGB Rn. 4; anders *Stoll* IPRax 2003, 433 (434); *ders.*, Rn. 196.

308 BVerfGE 84, 90, 123.

309 BVerfGE 84, 90, 123 f.

310 BGHZ 62, 340, 343; BGH NJW 2002, 2389 (2390).

311 BGHZ 25, 127, 129; 62, 340, 343; 104, 240, 245; BGH NJW 2002, 2389 (2390).

312 BGHZ 31, 367, 371.

313 Thür. OLG ZIP 2007, 1709.

314 BGHZ 23, 333, 336; BGH NJW 2002, 2389 (2390); Staudinger/Mansel, Anh. I zu Art. 43–46 EGBGB Rn. 6; vgl. *Müller-Katzenburg*, Internationale Standards, S. 239 f., zur Anwendung im Bereich des Kulturgüterschutzes.

315 *Kegel/Schurig*, § 23 II 2 (S. 1099), § 23 II 4 (S. 1102).

316 Allg. Grundsatz, vgl. auch *Dicey/Morris*, Rule 120 (S. 995).

317 *Looschelders*, IPR, Art. 43 Rn. 69.

318 Vgl. *Kegel/Schurig*, § 23 II 3 und 4 (S. 1101 f., 1102 ff.).

319 BGHZ 32, 256; 33, 195, 197; *Kegel/Schurig*, § 23 II 4 (S. 1105).

320 BGHZ 56, 66, 69; (GS) 62, 340, 343 f.; BGH WM 1990, 1065; NJW-RR 1992, 168; *Wiedemann*, in: FS Beitzke 1979, S. 811, 813 ff.; *Flume*, in: FS F.A. Mann 1977, S. 143, 146 ff.; *Junker*, S. 191, 194 ff.

Bei **hypothekarisch gesicherten Forderungen** ist zu unterscheiden:[321] die Enteignung der Hypothek rich- **60**
tet sich unzweifelhaft nach der lex rei sitae (des Grundstücks)[322] und lässt den Bestand der Hypothekenforderung grundsätzlich unberührt, es sei denn, auch die Forderung ist im Enteignungsstaat als Schuldner-
wohnsitz belegen und wird von der Enteignung erfasst.[323] Wird die Forderung enteignet, ist auf deren
„Belegenheit" abzustellen. Der Bestand des Grundpfandrechts wird durch die Forderungsenteignung nicht
berührt; die Hypothek wird deshalb nicht zur Eigentümergrundschuld.[324] Die Rechtsprechung stellt im Falle
des „typischen Realkredits" darauf ab, dass der Schwerpunkt des Schuldverhältnisses am Ort der Belegenheit der Sicherheit liegt.[325] Ohne eine solche Zweckverbindung und bei Personenverschiedenheit von persönlichem Schuldner und Eigentümer des belasteten Grundstücks neigt der BGH zur getrennten Anknüpfung.[326] Die Abgrenzung ist höchstrichterlich nicht abschließend geklärt.[327]

Schiffe können auf hoher See oder in fremdem Hafen nicht wirksam enteignet werden.[328] Im Falle der Ent- **61**
eignung von **Wertpapieren** ist – wie stets – zwischen der Enteignung des Papiers und jener der verbrieften
Forderung zu unterscheiden. Die Enteignung des Wertpapiers muss im Einklang mit der lex cartae sitae stehen; das verbriefte Recht wird nach dem Wertpapierrechtsstatut enteignet.[329]

II. Ordre public

Die ausländische Enteignung ist, wenn sie in den beschriebenen Grenzen erfolgt, nach dem (insofern positi- **62**
ven)[330] Territorialitätsgrundsatz im Allgemeinen hinzunehmen. **Im Einzelfall** kann das Ergebnis der Anerkennung allerdings zu einer Unvereinbarkeit mit wesentlichen Grundsätzen des deutschen Rechts, insbesondere mit den Grundrechten, führen und deshalb nach Art. 6 ausgeschlossen sein. Es muss eine hinreichende
Inlandsbeziehung bestehen. Die Entschädigungslosigkeit der Maßnahme oder ein ihr nach inländischen
Gerechtigkeitsvorstellungen sonst anhaftender Makel genügen nicht, um der auf im Ausland belegenes Vermögen bezogenen Enteignung die Wirksamkeit abzusprechen.[331] Auf die Völkerrechtswidrigkeit der Enteignung kommt es nicht allein an,[332] obwohl sie bei hinreichender Binnenbeziehung den Ausschlag geben
kann.[333] Eine Diskriminierung oder entschädigungslose Enteignung von Angehörigen des Gerichtsstaates
kann zur Anwendung des ordre public führen.[334] Entscheidend ist jedoch wie stets, dass das konkrete
Anwendungsergebnis im Einzelfall als untragbar erscheint.[335]

Art. 44 EGBGB Von Grundstücken ausgehende Einwirkungen

Für Ansprüche aus beeinträchtigenden Einwirkungen, die von einem Grundstück ausgehen, gelten
die Vorschriften der Verordnung (EG) Nr. 864/2007 mit Ausnahme des Kapitels III entsprechend.

Literatur: *Freitag/Leible*, Das Bestimmungsrecht des Art. 40 Abs. 1 EGBGB im Gefüge der Parteiautonomie im Interna-
tionalen Deliktsrecht, ZVglRWiss. 99 (2000), 101; *Hager*, Zur Berücksichtigung öffentlich-rechtlicher Genehmigungen bei
Streitigkeiten wegen grenzüberschreitender Emissionen, RabelsZ 53 (1989), 293; *Heiderhoff*, Bestimmungsrecht nach
Art. 40 Abs. 1 S. 2 EGBGB und Anwaltshaftung, IPRax 2002, 366; *von Hein*, Günstigkeitsprinzip oder Rosinentheorie? –
Erwiderung auf Lorenz (NJW 1999, 2215), NJW 1999, 3174; *ders.*, Grenzüberschreitende Produkthaftung für „Weiterfresserschäden", RIW 2000, 820; *Henrich*, Vorschläge und Gutachten zur Reform des deutschen Internationalen Sachen-
und Immaterialgüterrechts, 1991; *Koch*, Zur Neuregelung des Internationalen Deliktsrechts: Beschränkung des Günstig-

321 Vgl. *Kegel/Schurig*, § 23 II 4 (S. 1107 f.).
322 Soergel/*v. Hoffmann*, Art. 38 EGBGB Anh. III Rn. 47
      mwN.
323 *Wolff*, § 29 VI 2 (S. 153).
324 *Stoll* IPRax 2003, 433 (436).
325 BGH WM 1969, 1348 (1349) mwN.
326 BGH NJW 2002, 2389 (2390 f.); zust. *Kegel/Schurig*,
      § 23 II 4 (S. 1108).
327 Im Grundsatz offen gelassen in BGH NJW 2002,
      2389 (2390).
328 Soergel/*v. Hoffmann*, Art. 38 EGBGB Anh. III
      Rn. 37.
329 KG NJW 1961, 1214–1216; *Kegel/Schurig*, § 23 II 4
      (S. 1108 f.).
330 Zur Unterscheidung der positiven und negativen
      Funktionen des Territorialitätsprinzips Staudinger/
      Stoll, Int. SachR, Rn. 205, 206 ff.; *v. Bar/Mankowski*,
      IPR I, § 4 Rn. 144 ff., 149 ff.
331 BVerfGE 84, 90, 123 f.; BGHZ (GS) 62, 340, 343;
      KG NJW 1988, 341 (343); weiter gehend aber

BGHZ 104, 240, 244 (entschädigungslose Enteig-
nung nicht anzuerkennen); vgl. Erman/*Hohloch*,
Anh. zu Art. 46 EGBGB Rn. 4; *Stoll* IPRax 2003,
433 (434), Fn. 10.
332 HM, vgl. Staudinger/*Mansel*, Anh. I zu Art. 43–46
EGBGB Rn. 59; Staudinger/*Stoll*, Int. SachR,
Rn. 210; aA etwa *F.A. Mann*, in: FS Duden 1977,
S. 292 f.; *Looschelders*, IPR, Art. 43 Rn. 68.
333 Staudinger/*Großfeld*, Int. GesR, Rn. 820; MüKo/
Kreuzer, 3. Aufl., nach Art. 38 EGBGB Anh. III
Rn. 42.
334 Staudinger/*Mansel*, Anh. I zu Art. 43–46 EGBGB
Rn. 60; Staudinger/*Stoll*, Int. SachR, Rn. 210; MüKo/
Kreuzer, 3. Aufl., nach Art. 38 EGBGB Anh. III
Rn. 42.
335 Staudinger/*Mansel*, Anh. I zu Art. 43–46 EGBGB
Rn. 62–64; MüKo/*Wendehorst*, Anh. zu Art. 46
EGBGB Rn. 56–62.

keitsprinzips und Einführung der vertragsakzessorischen Bestimmung des Deliktsstatuts?, VersR 1999, 1453; *Kreuzer*, Gutachtliche Stellungnahme zum Referentenentwurf eines Gesetzes zur Änderung des Internationalen Privatrechts, in: Henrich, Vorschläge und Gutachten zur Reform des deutschen Internationalen Sachen- und Immaterialgüterrechts, 1991, S. 37; *ders.*, Umweltstörungen und Umweltschäden im Kollisionsrecht, in: Kunig u.a., Umweltschutz im Völkerrecht und Kollisionsrecht, 1992; *ders.*, Die Vollendung der Kodifikation des deutschen Internationalen Privatrechts durch das Gesetz zum Internationalen Privatrecht der außervertraglichen Schuldverhältnisse und Sachen vom 21.5.1999, RabelsZ 65 (2001), 383; *S. Lorenz*, Zivilprozessuale Konsequenzen der Neuregelung des Internationalen Deliktsrechts: Erste Hinweise für die anwaltliche Praxis, NJW 1999, 2215; *Pfeiffer*, Der Stand des Internationalen Sachenrechts nach seiner Kodifikation, IPRax 2000, 270; *Raape*, Internationales Privatrecht, 5. Auflage 1961; *Schurig*, Ein ungünstiges Günstigkeitsprinzip – Anmerkungen zu einer misslungenen gesetzlichen Regelung des internationalen Deliktsrechts, in: GS Lüderitz 2000, S. 699; *Spickhoff*, Die Tatortregel im neuen Deliktskollisionsrecht, IPRax 2000, 1; *ders.*, Internationale Umwelthaftungsstandards und das neue Internationale Umwelthaftungsrecht, Jahrbuch des Umwelt- und Technikrechts 2000, 385; *Wagner*, Der Regierungsentwurf eines Gesetzes zum Internationalen Privatrecht für außervertragliche Schuldverhältnisse und für Sachen, IPRax 1998, 429; *Wandt*, Deliktsstatut und Internationales Umwelthaftungsrecht, SZIER 1997, 147 = VersR 1998, 529; *U. Wolf*, Deliktsstatut und internationales Umweltrecht, 1995; *Zürcher Kommentar* zum IPRG, 2. Auflage 2004.

A. Allgemeines	1	2.	Erfolgsort	9
I. Normzweck	1	3.	Bestimmungsrecht	10
II. Anwendungsbereich	4	4.	Engere Verbindung	15
1. Staatsverträge	4	II.	Einfluss öffentlich-rechtlicher Genehmigungen	16
2. Sachlicher Anwendungsbereich	5		gen	16
B. Regelungsgehalt	7	1.	Territorialitätsprinzip	17
I. Grundsatz	7	2.	Grundsatz	18
1. Handlungsort	8			

A. Allgemeines

I. Normzweck

1 Art. 44 unterstellt Ansprüche aus beeinträchtigenden **Emissionen**, die von einem Grundstück ausgehen, dem nach der **Rom II-VO** zu bestimmenden **Deliktsstatut**. Die Vorläufervorschrift war mit ihrer Verweisung auf Art. 40 aF durch das Gesetz vom 21.5.1999 eingefügt worden und ging auf einen Vorschlag des Deutschen Rates für Internationales Privatrecht zur Ergänzung des IPR-Neuregelungsgesetzes vom 25.7.1986 zurück.[1] Die Vorschrift des Art. 44 entsprach in ihrem früheren Wortlaut der Empfehlung von *Kreuzer* in seiner gutachtlichen Stellungnahme zum Referentenentwurf 1984.[2] Nunmehr wird auf das Deliktsstatut verwiesen. Das bedeutet einerseits die Geltung von Art. 4 Rom II-VO und damit einen grundlegenden Wechsel hin zur Maßgeblichkeit des Erfolgsorts unter weitgehendem[3] Verzicht auf Ubiquitätsregel und Günstigkeitsprinzip.[4] Andererseits bewirken Schwerpunktanknüpfung (Art. 4 Abs. 2 und 3 Rom II-VO) und Rechtswahl (Art. 14 Rom II-VO) eine Auflockerung der Grundregel.

2 Mit der Vorschrift sollen unverändert Schwierigkeiten der **Abgrenzung zwischen Deliktsstatut und Sachenrechtsstatut** beseitigt werden. Die dem deutschen Recht geläufige sachenrechtliche Qualifikation der Abwehr störender Einwirkungen (§§ 1004, 906 BGB) tritt international hinter der deliktsrechtlichen Einordnung zurück. Die von der früher herrschenden Lehre vertretene gesonderte Anknüpfung deliktsrechtlicher Ansprüche nach dem Recht des Tatortes und dinglicher Abwehransprüche nach dem Recht des Lageortes[5] wurde als wenig sachgerecht angesehen.[6] Während für sachenrechtliche Ansprüche ausschließlich die lex rei sitae maßgebend ist und damit auf den Lageort des beeinträchtigten Grundstücks anzuknüpfen wäre, können Deliktsstatut und Nachbarrechtsstatut jedenfalls bei Ansprüchen aus **Umweltschädigungen** im Sinne des Art. 7 Rom II-VO auseinander fallen, wenn der Geschädigte das Handlungsortsrecht, nämlich das Lageortsrecht des beeinträchtigenden Grundstücks, wählt oder dieses Recht von Amts wegen als günstiger angewandt wird. Ubiquitätsregel und Günstigkeitsprinzip stehen zu der sachenrechtlichen Anknüpfung dinglicher Abwehransprüche in einem Spannungsverhältnis. In dieser (früheren) Situation hat das Bemühen um eine einheitliche Beurteilung des Lebenssachverhalts nach einer Rechtsordnung zwingend zur Folge, dass Deliktsansprüche sachstatutakzessorisch angeknüpft werden, weil sachenrechtliche Ansprüche nach früherem Recht ausnahmslos nach dem Recht der Belegenheit anzuknüpfen waren.[7] Funktional handelt es

1	Erste Kommission des Deutschen Rates für Internationales Privatrecht, Art. 43 a, in: Henrich, Vorschläge und Gutachten, S. 1, 5; *Kreuzer* RabelsZ 65 (2001), 383, 450.	4	Palandt/*Thorn*, Art. 4 Rom II Rn. 1.
		5	Vgl. auch BGH IPRspr. 1978 Nr. 40 (S. 71, 73).
2	Vgl. *Kreuzer*, in: Henrich, Vorschläge und Gutachten, S. 37, 147.	6	Vgl. Staudinger/*Stoll*, Int. SachR, Rn. 234; Erman/*Hohloch*, Art. 44 EGBGB Rn. 1.
3	Ausnahme: außervertragliche Schuldverhältnisse aus einer Umweltschädigung, Art. 7 Rom II-VO.	7	Im Einzelnen *Kreuzer*, in: Henrich, Vorschläge und Gutachten, S. 37, 145 f.

sich bei der Abwehr von Einwirkungen von anderen Grundstücken dagegen nicht um ein sachenrechtliches Thema, sondern um Deliktsrecht.[8] Es hat sich deshalb die Ansicht durchgesetzt, dass alle privatrechtlichen **Abwehransprüche** des Umweltrechts für kollisionsrechtliche Zwecke **deliktsrechtlich zu qualifizieren sind**.[9] Die bisherige Rechtsprechung hat indes überwiegend eine sachenrechtliche Qualifikation der Ansprüche und Beurteilung nach der lex rei sitae vertreten.[10] Freilich wird sich nunmehr bei Anwendung der Art. 44 EGBGB, 4 Abs. 1 Rom II-VO regelmäßig ein Gleichlauf ergeben, sofern nicht Art. 7 Rom II-VO greift.

Die Neuregelung vermeidet die Schwierigkeiten bei unterschiedlicher Anknüpfung von nachbarrechtlichen und deliktsrechtlichen Ansprüchen und verweist einheitlich auf die deliktsrechtliche Regelanknüpfung. Damit wird zugleich eine einheitliche Statutbestimmung ohne Rücksicht darauf gewährleistet, ob der Geschädigte auch dinglich berechtigt ist oder nicht.[11] Die Regelungssystematik der Art. 44, 40 Abs. 1 findet in Art. 99 Abs. 2, 138 Schweizer IPRG eine Entsprechung. **3**

II. Anwendungsbereich

1. Staatsverträge. Staatsvertragliche Regelungen sind nur für Teilbereiche festzustellen. So gelten auf dem Gebiet der **Atomhaftung** das Pariser Übereinkommen vom 29.7.1960 über die Haftung gegenüber Dritten auf dem Gebiet der Kernenergie mit Zusatz- und Ergänzungsprotokollen,[12] ferner das Abkommen zwischen der Bundesrepublik Deutschland und der schweizerischen Eidgenossenschaft über die Haftung gegenüber Dritten auf dem Gebiet der Kernenergie vom 22.10.1986.[13] Art. 4 des deutsch-schweizerischen Abkommens knüpft an das schädigende Ereignis an, indem in erster Linie das Recht des „Ereignisstaates" als maßgebend bezeichnet wird (Art. 4 iVm Art. 3 Abs. 1 des Abkommens). Bei im Verlauf einer Beförderung entstandenen Schäden gibt das Recht des Vertragsstaates Maß, der die Beförderung zuerst bewilligt hat, wenn der Ort des Ereignisses nicht mehr ermittelt werden kann (Art. 4 iVm Art. 3 Abs. 2 des Abkommens). Bei **Ölverschmutzungsschäden** kann das internationale Übereinkommen vom 29.11.1969 über die zivilrechtliche Haftung für Ölverschmutzungsschäden zu beachten sein;[14] es ist mit Wirkung vom 15.5.1998 durch das Protokoll vom 27.11.1992 abgelöst worden.[15] Für **Bunkerölschäden** gilt das Internationale Übereinkommen vom 23.3.2001 über die zivilrechtliche Haftung für Bunkerölverschmutzungsschäden.[16] Im Einzelfall kommen weitere[17] Abkommen zur Anwendung wie etwa der **Deutsch-Österreichische Vertrag über den Flughafen Salzburg** vom 19.12.1967, der ein Wahlrecht zwischen deutschen und österreichischen Rechtsordnungen sowohl für deliktsrechtliche als auch für sachenrechtliche Ansprüche vorsieht.[18] **4**

2. Sachlicher Anwendungsbereich. Art. 44 betrifft grenzüberschreitende **Emissionen** und damit in erster Linie unwägbare Stoffe wie Gase, Dämpfe, Gerüche, Rauch, Ruß, Wärme, Geräusche und Erschütterungen. Weiter werden aber auch Einwirkungen aller Art, etwa durch Flüssigkeiten oder sogenannte Grobemissionen erfasst. Negative und immaterielle Einwirkungen fallen ebenfalls darunter. Es werden grenzüberschreitende Emissionen durch die Zuführung oder Ableitung von Wasser, die Entziehung von Grundwasser, radioaktive Strahlung, die Verbreitung von Krankheitserregern, die Beeinträchtigung des Empfangs von Rundfunk und Fernsehen oder auch nur des Ausblicks oder des ästhetischen oder sittlichen Empfindens erfasst, sofern die Einwirkungen **von einem Grundstück ausgehen**.[19] Dem Grundstück stehen Grundstücksteile oder Eigentumswohnungen gleich. Auf die Art der dinglichen Berechtigung am Grundstück oder grundstücksgleichen Recht (Erbbaurechtsgrundstück) kommt es nicht an.[20] Einwirkungen gehen von einem **5**

---

8 *Kreuzer*, in: Henrich, Vorschläge und Gutachten, 37, 146 f.; Staudinger/*Stoll*, Int. SachR, Rn. 235.

9 Staudinger/*Mansel*, Art. 44 EGBGB Rn. 1; Staudinger/*Stoll*, Int. SachR, Rn. 235; Erman/*Hohloch*, Art. 44 EGBGB Rn. 1 f.

10 BGH IPRspr. 1978 Nr. 40 (S. 71, 73); OLG München IPRspr. 1976 Nr. 29 b (S. 94); LG Traunstein IPRspr. 1976 Nr. 29 a (S. 93); anders LG Passau IPRspr. 1952–1953 Nr. 33 (S. 107, 108): Anknüpfung des deliktsrechtlichen Anspruchs an den Handlungsort (zugleich Belegenheitsort des störenden Grundstücks).

11 BT-Drs. 14/343, S. 16 f.; *Looschelders*, Art. 44 Rn. 1; *Kreuzer* RabelsZ 65 (2001), 383, 450; *Wagner* IPRax 1998, 429 (435); Staudinger/*Junker*, Art. 40 EGBGB Rn. 80.

12 MüKo/*Wendehorst*, Art. 44 EGBGB Rn. 3 und Fn. 3; *Looschelders*, Art. 40 Rn. 118.

13 Abgedruckt bei *Kegel/Schurig*, § 18 IV 4 (S. 750 f.); vgl. *Looschelders*, Art. 40 Rn. 118.

14 Wenn Art. 44 auf Schiffsemissionen analog angewandt wird; dafür MüKo/*Wendehorst*, Art. 44 EGBGB Rn. 4, 13; aA Palandt/*Heldrich*, Art. 44 EGBGB Rn. 1.

15 Im Einzelnen *Looschelders*, Art. 40 Rn. 9; MüKo/*Wendehorst*, Art. 44 EGBGB Rn. 4.

16 BGBl. 2006 II S. 578; MüKo/*Junker*, Art. 7 Rom II VO Rn. 17.

17 Nachweise bei Staudinger/*Mansel*, Art. 44 EGBGB Rn. 49–58.

18 MüKo/*Junker*, Art. 7 Rom II VO Rn. 14.

19 Palandt/*Heldrich*, Art. 44 EGBGB Rn. 1; *Looschelders*, Art. 44 Rn. 3; Erman/*Hohloch*, Art. 44 EGBGB Rn. 6.

20 Erman/*Hohloch*, Art. 44 EGBGB Rn. 6.

Grundstück auch dann aus, wenn es als „**Basis**" für unmittelbar emittierende Störquellen, etwa als Flugplatz, Parkplatz, Rennstrecke oder Hafen bestimmungsgemäß dient.[21] Einer Analogie zu Art. 44 bedarf es in diesen Fällen hinreichenden Grundstücksbezugs nicht.[22] Die Mobilität der „eigentlichen" Störquellen (Flugzeuge, Pkw, Rennwagen, Schiffe) hindert wegen der Konzentration der Störung durch den spezifischen **Gebrauchszweck** des Grundstücks die Anwendung des Art. 44 nicht.

6 Art. 44 gilt nach verbreiteter Auffassung nicht für Fragen des internationalen **Anliegerrechts**. Geht es um Interessenkonflikte, die sich aus der Nachbarschaftslage zweier Grundstücke ergeben, und folglich um die **Abgrenzung** der Inhalte des jeweiligen Grundeigentums oder um **Inhaltsbeschränkungen** durch Duldungspflichten (Überbau, Notweg), dann dominiert der Bezug zum Lageort. Nach einer – allerdings umstrittenen[23] – Ansicht ist in diesen Fällen ausschließlich an die lex rei sitae, und zwar des beeinträchtigten Grundstücks, anzuknüpfen.[24] Das entspricht nunmehr der Regelanknüpfung nach Art. 44 EGBGB, 4 Abs. 1 Rom II-VO. Ansonsten gilt Art. 44 für alle sachenrechtlich begründeten Ansprüche wegen Grundstücksemissionen, auch für Ansprüche aus Aufopferung,[25] auf Unterlassung und auf Beseitigung.[26] Rein deliktsrechtliche Ansprüche unterstehen dagegen von vornherein Art. 40–42.[27] Im Übrigen ist die Ausweichklausel des Art. 46 stets zu bedenken.[28] Zwar besteht kein allgemeiner Anwendungsvorrang der Rom II-VO in Bezug auf sachenrechtliche Ansprüche, jedoch fallen auch sachenrechtliche Immissionsabwehransprüche in den Anwendungsbereich des Art. 7 Rom II-VO.[29] Die Doppelqualifikation führt im Ergebnis dazu, dass beide Normen nebeneinander anwendbar sind.[30] Vor Art. 44 genießt die einseitige Kollisionsnorm des § 40 AtomG Vorrang.[31]

B. Regelungsgehalt

I. Grundsatz

7 Ansprüche aus beeinträchtigenden Einwirkungen unterliegen nach Art. 44 iVm Art. 4 Abs. 1 Rom II-VO dem Recht des **Erfolgsorts** als **Tatortrecht**. Das zuvor im Internationalen Deliktsrecht geltende **Günstigkeitsprinzip**, demzufolge bei Konkurrenz mehrerer Deliktsorte in verschiedenen Rechtsgebieten das für den Geschädigten materiell günstigste Recht zur Anwendung gelangen sollte,[32] ist abgeschwächt und nunmehr nur, aber dort stets,[33] bei Ansprüchen aus **Umweltschäden** zu bedenken (Art. 7 Rom II-VO). An die Stelle uneingeschränkter elektiver Konkurrenz[34] tritt nun der **Grundsatz der Anknüpfung an den Erfolgsort**.

8 **1. Handlungsort.** Handlungsort ist der Ort des Grundstücks, von dem die schädlichen Umwelteinwirkungen ausgehen.[35] Das Recht des Grundstücks, von dem die Einwirkung ausgeht, entspricht dem Recht des Handlungsortes im Internationalen Deliktsrecht. Maßgebend ist das Recht des Ortes, an welchem die für den Eintritt der Rechtsgutsverletzung maßgebende Ursache gesetzt wurde.[36] Dementsprechend sieht Art. 138 des Schweizer IPRG, auf den Art. 99 Abs. 2 IPRG bei Ansprüchen aus Emissionen verweist, vor, dass Handlungsort im Falle von schädigenden Einwirkungen, die von einem Grundstück ausgehen, der Ort der **Grundstücksbelegenheit** ist.[37]

9 **2. Erfolgsort.** Nach Art. 44 EGBGB iVm Art. 4 Abs. 1 Rom II-VO ist Erfolgsort der Ort des Eintritts des Schadens, der **Rechtsgutsverletzung**, der Verletzung des rechtlich geschützten Interesses.[38] Erfolgsort kann deshalb der Ort des gewöhnlichen Aufenthalts im Falle einer Körper- oder Gesundheitsverletzung, der Ort der Belegenheit des geschädigten Grundstücks im Falle der Sachbeeinträchtigung oder jeder andere Ort der tatbestandsmäßigen Deliktsvollendung sein.[39] Im Falle von **Streudelikten**, die schädigende Auswirkungen

21 MüKo/*Wendehorst*, Art. 44 EGBGB Rn. 12 f.
22 Für Analogie MüKo/*Wendehorst*, Art. 44 EGBGB Rn. 13.
23 Abl. Staudinger/*Stoll*, Int. SachR, Rn. 236; ähnlich wohl Erman/*Hohloch*, Art. 44 EGBGB Rn. 10.
24 MüKo/*Kreuzer*, 3. Aufl., nach Art. 38 EGBGB Anh. I Rn. 43; *Looschelders*, Art. 44 Rn. 4; Bamberger/Roth/*Spickhoff*, Art. 44 EGBGB Rn. 2.
25 *Looschelders*, Art. 44 Rn. 5.
26 Palandt/*Thorn*, Art. 44 Rn. 2.
27 Erman/*Hohloch*, Art. 44, EGBGB Rn. 10; *Looschelders*, Art. 44 Rn. 5.
28 Palandt/*Heldrich*, Art. 44 EGBGB Rn. 2; Erman/*Hohloch*, Art. 44 EGBGB Rn. 12.
29 Staudinger/*Mansel*, Art. 44 EGBGB Rn. 38 ff.
30 Staudinger/*Mansel*, Art. 44 EGBGB Rn. 41.
31 Staudinger/*Mansel*, Art. 44 EGBGB Rn. 60; MüKo/*Wendehorst*, Art. 44 EGBGB Rn. 10.
32 Vgl. BGH NJW 1964, 2012; MüKo/*Kreuzer*, 3. Aufl., Art. 38 EGBGB Rn. 50; Soergel/*Lüderitz*, Art. 38 EGBGB Rn. 16, 24.
33 Staudinger/*Mansel*, Art. 44 EGBGB Rn. 20.
34 MüKo/*Kreuzer*, 3. Aufl., Art. 38 EGBGB Rn. 50.
35 Vgl. auch § 32 a ZPO zum ausschließlichen Gerichtsstand der Umwelteinwirkung; *Spickhoff*, Jahrbuch, S. 385, 391.
36 Palandt/*Heldrich*, Art. 40 EGBGB Rn. 3.
37 Vgl. Zürcher Kommentar/*Heini*, Art. 138 Rn. 7; im Übrigen Erman/*Hohloch*, Art. 44 EGBGB Rn. 7; *Looschelders*, Art. 44 Rn. 8.
38 Erman/*Hohloch*, Art. 44 EGBGB Rn. 8.
39 Erman/*Hohloch*, Art. 44 EGBGB Rn. 8; Palandt/*Heldrich*, Art. 40 EGBGB Rn. 4; *Looschelders*, Art. 44 Rn. 8.

in mehreren Staaten erzeugen, findet das jeweilige Recht des Erfolgsortes auf den in seinem Geltungsbereich eingetretenen Schaden Anwendung.[40]

3. Bestimmungsrecht. Art. 7 Rom II-VO, auf den Art. 44 im Falle von Umweltschäden ebenfalls verweist, gewährt dem Verletzten das Recht, zu verlangen, dass anstelle des Rechts des Erfolgsortes das Recht des Ortes des Eintritts des schädigenden Ereignisses (Handlungsort) angewandt wird. Darin liegt eine Abweichung vom früheren Recht vor Einführung des Art. 40 Abs. 1 S. 2 aF, das Handlungs- und Erfolgsort als gleichwertige Anknüpfungspunkte ansah und im Sinne des Günstigkeitsprinzips entweder dem Geschädigten ein **Wahlrecht**[41] oder dem Gericht eine **Wahlpflicht**[42] zuwies, und nunmehr eine Umkehr des Art. 40 Abs. 1 S. 2 aF, bedingt durch den Wechsel der Regelanknüpfung im internationalen Deliktsrecht. Das Bestimmungsrecht nach Art. 7 Rom II-VO gestattet in seinem beschränkten Anwendungsbereich nunmehr lediglich die „**Abwahl**" des Rechts des Erfolgsortes. Art. 138 Schweizer IPRG sieht dagegen die schlichte Wahl des anwendbaren Rechts für Ansprüche aus Grundstücksemissionen vor. **10**

Die **Qualifikation des Bestimmungsrechts** ist umstritten. Die praktische Bedeutung des Meinungsstreits ist beträchtlich.[43] Teilweise wird das Bestimmungsrecht **verfahrensrechtlich** eingeordnet und die Ausübung als reine Prozesshandlung mit der Folge der Invariabilität und des Ausschlusses von Anfechtung und Widerruf angesehen.[44] Nach anderer Auffassung handelt es sich um ein **kollisionsrechtliches Gestaltungsrecht**, das als solches und nach Sinn und Zweck der Option invariabel sei und im Prozess nur innerhalb der **Präklusionsfrist des Art. 46 a** ausgeübt werden könne.[45] Nach weiterer Ansicht liegt ein verfahrensrechtliches, durch die Präklusionsvorschrift befristetes Optionsrecht mit ius variandi (außerhalb der Präklusion) vor.[46] Auch für den Fall der Qualifikation als Gestaltungsrecht wird außerhalb der Präklusion vereinzelt ein ius variandi angenommen.[47] Richtigerweise wird man de lege lata wohl ein kollisionsrechtliches Gestaltungsrecht annehmen müssen, dessen Ausübung den Erklärenden bindet und das, wenn die Erklärung im deutschen Prozess erfolgt, unter Beachtung des Art. 46 a erfolgen muss. **11**

Durchgreifenden Bedenken begegnet die **Präklusion**.[48] Das Bestimmungsrecht ist nur im ersten Rechtszug bis zum Ende des frühen ersten Termins oder bis zum Ende des schriftlichen Vorverfahrens auszuüben (Art. 40 Abs. 1 S. 3). Daraus ergibt sich frühzeitiger Handlungsbedarf des Prozessanwalts:[49] Sachgerecht kann das Bestimmungsrecht nur aufgrund eines privat veranlassten Rechtsvergleichs der putativ anwendbaren Rechtsordnungen ausgeübt werden. Das setzt die intensive Ermittlung der in Betracht kommenden ausländischen Rechtsordnung(en) und die Einschaltung dafür Fachkundiger[50] voraus. Es erscheint bei dieser Sachlage zweifelhaft, ob die Regelung des Art. 46 a der Überprüfung nach **Art. 20 Abs. 3 GG** dann standhält, wenn der Geschädigte **mittellos** ist und er die in der Regel mit erheblichen Kosten verbundenen[51] Nachforschungen und Gutachten zur vergleichbaren Günstigkeit der in Betracht kommenden Rechtsordnungen, also mindestens des Inhalts eines fremden Rechts, nicht aufbringen kann. Wird eine alternative Anknüpfung an Handlungs- und Erfolgsort, wie in Art. 7 Rom II-VO geschehen, gesetzlich vorgesehen und nunmehr anstelle der Wahl des günstigsten Rechts durch den nach § 293 ZPO verfahrenden Tatrichter dem – gerade auch in Immissionsschutzsachen häufig wirtschaftlich schwachen – Geschädigten die **Obliegenheit privater Auslandsrechtserkundung** auferlegt, dann ist der Konflikt mit dem **verfassungsrechtlichen Grundsatz**, dass die mittellose Partei nicht aufgrund ihrer **Mittellosigkeit** prozessuale **Nachteile** erleiden darf (Art. 20 Abs. 3, 3 Abs. 1, 2 Abs. 1 und 1 Abs. 1 GG), abzusehen.[52] Die gesetzliche Regelung ist in ihren Auswirkungen grundgesetzwidrig. Der Mittellose kann, wie der Gesetzgeber nicht beachtet hat, seiner kollisionsrechtlichen Eigenverantwortung nicht gerecht werden. Art. 7 Rom II-VO sowie Art. 46 a EGBGB setzen nach wie vor eine rationale Bestimmung des anwendbaren Rechts (Derogation) an die Stelle des kollisionsrechtlichen „Sprungs ins Dunkle".[53] Die Gewährleistung der Nutzung gesetzlich vorausgesetzter Gestaltungsfreiheit ist wegen der Verzahnung von kollisionsrechtlicher Option und prozessualer Präklusion indes nicht vorgesehen. § 114 ZPO setzt wiederum hinreichend substantiierten Vortrag voraus, der **12**

40 Palandt/*Thorn*, Art. 4 Rom II-VO Rn. 8; *Wagner* IPRax 2008, 1 (4).

41 Vgl. BGH NJW 1964, 2012; 1974, 410; MüKo/*Kreuzer*, 3. Aufl., Art. 38 EGBGB Rn. 50–51.

42 RGZ 138, 243, 246; OLG München IPRspr. 1975 Nr. 23; Soergel/*Lüderitz*, Art. 38 EGBGB Rn. 24.

43 Vgl. iE Staudinger/*v. Hoffmann*, Art. 40 EGBGB Rn. 10.

44 Vgl. Erman/*Hohloch*, Art. 40 EGBGB Rn. 28; Bamberger/Roth/*Spickhoff*, Art. 44 EGBGB Rn. 24.

45 MüKo/*Junker*, Art. 40 EGBGB Rn. 37; *Looschelders*, Art. 44 Rn. 33; Staudinger/*v. Hoffmann*, Art. 40 EGBGB Rn. 11 aE; *v. Hein* NJW 1999, 3174 (3175).

46 *S. Lorenz* NJW 1999, 2215 (2217).

47 *Freitag/Leible* ZVglRWiss. 99 (2000), 101, 123 ff.

48 Krit. auch *Schurig*, in: GS Lüderitz 2000, S. 699, 704.

49 Eingehend *Heiderhoff* IPRax 2002, 366 (369 ff.)

50 *Koch* VersR 1999, 1453 (1454); *v. Hein* RIW 2000, 820 (823); *Heiderhoff* IPRax 2002, 366.

51 Vgl. auch *Spickhoff*, Jahrbuch, S. 385, 393.

52 Nur die konkrete gesetzliche Regelung ist am Grundgesetz zu messen. Auf die Frage, ob der Gesetzgeber auch anders hätte handeln *können*, kommt es nicht an; häufig verkannt, vgl. etwa Bamberger/Roth/*Spickhoff*, Art. 40 EGBGB Rn. 27 unter Ablehnung (anderer) verfassungsrechtlicher Einwände.

53 *Raape*, § 13 I (S. 90).

ohne (im Vorfeld eingeholte) sachverständige Hilfe nicht zu leisten ist. Das Problem ist bislang nicht erörtert,[54] obschon nahe liegend. In Verfahren mittelloser Geschädigter wird ggf. auf eine konkrete **Normenkontrolle** des Art. 46 a und der Verweisung in Art. 44 hinzuwirken sein.

13 Um den **Gleichlauf** der rechtlichen Beurteilung zu gewährleisten, kann das Bestimmungsrecht nach Art. 7 Rom II-VO nur einheitlich für sachenrechtliche und deliktische Ansprüche ausgeübt werden.[55] Wird das Bestimmungsrecht **gespalten** ausgeübt, liegt keine wirksame Bestimmung vor.[56] Es gilt dann das Recht des Erfolgsortes.

14 Vom einseitigen Bestimmungsrecht nach Art. 7 Rom II-VO ist die **Rechtswahl** aufgrund übereinstimmenden Parteiwillens nach Art. 44 EGBGB, 14 Rom II-VO zu unterscheiden. Sie ist nunmehr auch für Ansprüche aus Grundstücksemissionen vorgesehen, weil Art. 44 nicht mehr nur auf Art. 40 Abs. 1 aF, sondern jetzt insgesamt auf die Bestimmungen der Rom II-VO (mit Ausnahme ihres Kapitels III) verweist. Damit lässt sich inzwischen auch eine nachträglich als fehlerhaft oder allseits unerwünscht erkannte einseitige Bestimmung des anwendbaren Rechts – wie auch sonst im Internationalen Deliktsrecht – durch übereinstimmende Rechtswahl abändern.

15 **4. Engere Verbindung.** Besteht im Einzelfall eine wesentlich engere Verbindung zu einer anderen Rechtsordnung als der nach Art. 44 EGBGB, 4 Rom II-VO maßgebenden, ist die Ausweichklausel des Art. 4 Abs. 3 Rom II-VO zu beachten, die in ihrem Anwendungsbereich die sonst zu beachtende[57] Ausweichklausel des Art. 46 verdrängt. Sachgerecht wird sie auch bei **Groß- oder Summationsemissionen** heranzuziehen sein.[58]

II. Einfluss öffentlich-rechtlicher Genehmigungen

16 Auch im Anwendungsbereich des Art. 44 ist die Frage der Beachtlichkeit privatrechtsgestaltender öffentlich-rechtlicher Genehmigungen zu beachten. In erster Linie ist hierzu auf die Kommentierung zur Rom II-VO zu verweisen. Aus der Perspektive des grundstücksbezogenen Emissionsschutzes gilt Folgendes:

17 **1. Territorialitätsprinzip.** Die bisherige Rechtsprechung steht auf dem Standpunkt, dass die öffentlich-rechtliche Genehmigung einer emittierenden Anlage, etwa eines Flughafens, auf das Hoheitsgebiet der Belegenheit beschränkt sei und im Ausland keine Wirkung entfalten könne.[59] Dieser Grundsatz gelte auch für die Abwehr von Emissionen, die ihre Rechtfertigung in dem Verwaltungsakt eines fremden Staates finden. Verweist das Kollisionsrecht nicht auf die Rechtsordnung, der der Verwaltungsakt entstammt, bleibt sonach die Genehmigung unerheblich.[60]

18 **2. Grundsatz.** Unter Berücksichtigung dieser – allerdings spärlichen und aus heutiger Sicht der Nachprüfung würdigen – Rechtsprechung lassen sich folgende Grundsätze formulieren:

19 Öffentlich-rechtliche Genehmigungen emittierender Anlagen sind – nach deutscher verwaltungsrechtlicher Auffassung – begünstigende Verwaltungsakte mit drittbelastender Doppelwirkung. Gelangt deutsches Recht aufgrund Verweisung durch Art. 44 EGBGB iVm den Bestimmungen der Rom II-VO zur Anwendung, sind spezialgesetzliche (materiellrechtliche) **Präklusionstatbestände** zu beachten. So werden Unterlassungs- und Beseitigungsansprüche etwa nach § 11 Abs. 1 WHG, § 14 BImSchG aufgrund Unanfechtbarkeit der Genehmigung ausgeschlossen.

20 Verweist das Kollisionsrecht des Gebietsstaats auf das Recht der Belegenheit des emittierenden Grundstücks (**Handlungsort**), so ist nichts dagegen einzuwenden, etwaige öffentlich-rechtliche Genehmigungen, die auf der Grundlage jener Rechtsordnung ergangen sind, zu beachten.[61] Dies ist keine Frage des Territorialitätsprinzips, sondern der **privatrechtsgestaltenden Wirkung** öffentlich-rechtlicher Genehmigungsakte. Voraussetzung ihrer „Anerkennung" ist freilich, dass emissionsbetroffene Bewohner des Immissionsstaats

54 Vgl. BT-Drs. 13/343, S. 11; das gilt auch für das Schrifttum, vgl. etwa Erman/*Hohloch*, Art. 40 EGBGB Rn. 28; *Looschelders*, Art. 40 Rn. 34–39; MüKo/*Junker*, Art. 40 EGBGB Rn. 30–39; Staudinger/*v. Hoffmann*, Art. 40 EGBGB Rn. 16; Bamberger/Roth/*Spickhoff*, Art. 44 EGBGB Rn. 23–28; *Spickhoff*, Jahrbuch, 385, 393.

55 *Pfeiffer* IPRax 2000, 270 (274); *Looschelders*, Art. 44 Rn. 9; Palandt/*Heldrich*, Art. 44 EGBGB Rn. 2.

56 *Looschelders*, Art. 44 Rn. 9.

57 BT-Drs. 13/343, S. 17; Palandt/*Heldrich*, Art. 44 EGBGB Rn. 2; Erman/*Hohloch*, Art. 44 EGBGB

Rn. 12; Bamberger/Roth/*Spickhoff*, Art. 44 EGBGB Rn. 3.

58 Erman/*Hohloch*, Art. 44 EGBGB Rn. 9, 12.

59 BGH IPRspr. 1978 Nr. 40 (S. 71, 72 f.); OLG Saarbrücken NJW 1958, 752 (754); vgl. Staudinger/*v. Hoffmann*, Art. 40 EGBGB Rn. 167; *Looschelders*, Art. 40 Rn. 116.

60 BGH IPRspr. 1978 Nr. 40 (S. 73); vgl. *Wandt* VersR 1998, 529 (533) Fn. 44.

61 *Spickhoff*, Jahrbuch, S. 385, 389; *Hager* RabelsZ 53 (1989), 293, 300 f., 306 ff.; *Wandt* VersR 1998, 529 (533 ff.); Staudinger/*v. Hoffmann*, Art. 40 EGBGB Rn. 164.

gleiche Beteiligungsrechte im Genehmigungsverfahren des Emissionsstaates genießen.[62] Werden Ausländer im Genehmigungsverfahren wesentlich benachteiligt, ist der privatrechtlichen Präklusion durch Genehmigung die Grundlage entzogen.[63]

Ist auf das **Recht des Erfolgsortes** abzustellen, dann ergibt sich die – umstrittene – Frage, ob und unter   **21** welchen Voraussetzungen (Sonderanknüpfung der Rechtswidrigkeit; Lehre von der Tatbestandswirkung; Datumstheorie) die ausländische Genehmigung im Wege der **Vorfragenanknüpfung** zu berücksichtigen ist. Werden vergleichbare Standards und Verfahrensgarantien auch für Gebietsansässige potenziell betroffener Immissionsstaaten beachtet, bestehen gegen eine „Anerkennung" der Genehmigung des Emissionsstaates als der inländischen Genehmigung des Immissionsstaats funktionsäquivalent keine Bedenken.[64]

Sachstatutfremde Genehmigungen sind unter den gleichen Voraussetzungen der Vergleichbarkeit mit   **22** einer dem Sachstatut entsprechenden Genehmigung zu berücksichtigen.[65] Die daran anschließende Frage, ob eine ausländische Genehmigung weiter gehende Wirkungen als eine vergleichbare inländische entfalten kann, ist umstritten[66] und bislang höchstrichterlich nicht geklärt. Richtigerweise wird auf die Umstände des Einzelfalls abzustellen sein und man der „fremden" Genehmigung nicht von vornherein die Eignung zu weiter gehender Wirkung absprechen können. Die Korrektur erfolgt im Einzelfall ggf. über Art. 6.

Art. 45 EGBGB Transportmittel

(1) ¹Rechte an Luft-, Wasser- und Schienenfahrzeugen unterliegen dem Recht des Herkunftstaats. ²Das ist

1. bei Luftfahrzeugen der Staat ihrer Staatszugehörigkeit,
2. bei Wasserfahrzeugen der Staat der Registereintragung, sonst des Heimathafens oder des Heimatorts,
3. bei Schienenfahrzeugen der Staat der Zulassung.

(2) ¹Die Entstehung gesetzlicher Sicherungsrechte an diesen Fahrzeugen unterliegt dem Recht, das auf die zu sichernde Forderung anzuwenden ist. ²Für die Rangfolge mehrerer Sicherungsrechte gilt Artikel 43 Abs. 1.

Literatur: *Drobnig,* Vorschlag einer besonderen sachenrechtlichen Kollisionsnorm für Transportmittel, in: Henrich, Vorschläge und Gutachten zur Reform des deutschen internationalen Sachen- und Immaterialgüterrechts, 1991; *Junker,* Die IPR-Reform von 1999: Auswirkungen auf die Unternehmenspraxis, RIW 2000, 241; *Kreuzer,* Gutachtliche Stellungnahme zum Referentenentwurf eines Gesetzes zur Ergänzung des Internationalen Privatrechts, in: Henrich, Vorschläge und Gutachten zur Reform des deutschen internationalen Sachen- und Immaterialgüterrechts, 1991, S. 37; *ders.,* Die Inlandswirksamkeit fremder besitzloser vertraglicher Mobiliarsicherheiten: Die italienische Autohypothek und das US-Amerikanische mortgage an Luftfahrzeugen, IPRax 1993, 157; *ders.,* Die Vollendung der Kodifikation des deutschen Internationalen Privatrechts durch das Gesetz zum Internationalen Privatrecht der außervertraglichen Schuldverhältnisse und Sachen vom 21.5.1999, RabelsZ 65 (2001), 383; *Pfeiffer,* Der Stand des Internationalen Sachenrechts nach seiner Kodifikation, IPRax 2000, 270; *Regel,* Schiffsgläubigerrechte im deutschen, englischen und kanadischen internationalen Privatrecht, Diss. Bonn, 1983; *Schurig,* Statutenwechsel und die neuen Normen des deutschen internationalen Sachenrechts, in: FS Stoll 2001, S. 577; *Stoll,* Zur gesetzlichen Regelung des internationalen Sachenrechts in Art. 43–46 EGBGB, IPRax 2000, 259; *Zweigert/Drobnig,* Das Statut der Schiffsgläubigerrechte, VersR 1971, 581.

A. Allgemeines	1	3. Schienenfahrzeuge	9
B. Regelungsgehalt	5	II. Ausnahme: gesetzliche Sicherungsrechte	10
I. Grundsatz: Recht des Herkunftstaates	5	1. Entstehung	10
1. Luftfahrzeuge	6	2. Rangfolge	11
2. Wasserfahrzeuge	7	III. Sonstige Transportmittel und Anlagen	12

A. Allgemeines

Mit Art. 45 hat der Gesetzgeber nun eine **Sonderanknüpfung** für wichtige Gruppen bestimmungsgemäß   **1** beweglicher Güter, nämlich bestimmte Fahrzeuge, getroffen. Die Regelung geht auf einen Vorschlag des

---

62   Soergel/*Lüderitz,* Art. 38 EGBGB Anh. II Rn. 42; *Spickhoff,* Jahrbuch, S. 385, 389 f.

63   *Wandt* VersR 1998, 529 (536).

64   *Roßbach* NJW 1988, 590 (592–593); *Wandt* VersR 1998, 529 (536 f.); *Wolf,* S. 181 f., 189–197; Staudinger/*v. Hoffmann,* Art. 40 EGBGB Rn. 170; *Hager* RabelsZ 53 (1989), 293, 304–306.

65   *Wolf,* 235; *Kreuzer,* Umweltstörungen, S. 245, 293 f.

66   Bejahend Soergel/*Lüderitz,* Art. 38 EGBGB Rn. 42; *Wandt* VersR 1998, 529 (533); verneinend Staudinger/*v. Hoffmann,* Art. 40 EGBGB Rn. 169; Staudinger/*Stoll,* Int. SachR, Rn. 240; vgl. *Looschelders,* Art. 40 Rn. 117.

Deutschen Rates für Internationales Privatrecht zurück,[1] der allerdings knapper gefasst war, bei Schienenfahrzeugen den Herkunftsstaat nicht definierte und die jetzt in Abs. 2 S. 2 enthaltene Sonderregelung für die Rangfolge von Sicherungsrechten (Ausnahme von der Ausnahme mit Verweis auf Art. 43 Abs. 1) noch nicht vorsah.[2]

2   Die nun getroffene gesetzliche Sonderregelung beendet eine Jahrzehnte alte, in Praxis und Lehre geführte Diskussion über die kollisionsrechtliche Beurteilung bestimmter Transportmittel, die auf Dauer dem Personen- oder Güterverkehr mit dem Ausland dienen. Vorrangig sind **Staatsverträge** zu berücksichtigen. Dazu zählen das **Genfer Abkommen über die internationale Anerkennung von Rechten an Luftfahrzeugen** vom 19.6.1948, das für Deutschland am 5.10.1959 in Kraft getreten ist.[3] Auf der Grundlage des Abkommens, das kollisionsrechtlich an die Stelle des Rechts der belegenen Sache das Recht des Registerortes setzt (Art. 1 Abs. 1 des Abkommens),[4] ist das materielle Recht im Gesetz über Rechte an Luftfahrzeugen vom 26.2.1959 neu geregelt worden.[5] Luftfahrzeuge werden danach mit **besitzlosen Registerpfandrechten** belastet, wie sie auch international allgemein üblich sind.[6] Das **Genfer Übereinkommen über Schiffsgläubigerrechte und Schiffshypotheken** vom 6.5.1993 ist von Deutschland am 11.7.1994 gezeichnet worden, aber noch nicht in Kraft getreten.[7] Auch dieses Abkommen sieht die Anknüpfung an den Registerstaat vor. Das gilt auch für Rang und Drittwirkung von Sicherungsrechten, die ebenfalls dem Recht des Staates unterliegen, in dem das Schiff registriert ist.[8] Das an anderer Stelle (→ Art. 43 Rn. 4) angesprochene und am 1.8.2009 für die EU in Kraft getretene[9] **Abkommen von Kapstadt über Sicherungsrechte an beweglichen Ausrüstungsgegenständen** vom 16.11.2001 betrifft Transportmittel nur mittelbar. Zwei Protokolle befassen sich mit Raumfahrtmaterial und mit rollendem Eisenbahnmaterial, ein weiteres mit Besonderheiten der Flugzeugausrüstung.

3   Art. 45 formuliert allgemeine Kollisionsnormen für besondere Güter, soweit nicht staatsvertragliche Regelungen vorrangig eingreifen. Die Notwendigkeit der Sonderanknüpfung folgt aus der **besonderen Beweglichkeit** der Güter, die bestimmungsgemäß grenzüberschreitend und häufig auch auf oder über staatsfreiem Gebiet eingesetzt werden.[10] Insofern bestimmt die Regelung einen **rechtlichen Schwerpunkt**. In ihrem Zweck entspricht sie teilweise der allgemeinen Sonderanknüpfung des Art. 46. Herkunftsstaat und Heimatort bezeichnen die engste Verbindung, die allerdings stets nur eine rechtliche ist und hierdurch teilweise vom Ansatz des Art. 46 abweicht. Denn Register- und Zulassungsort bezeichnen nicht notwendig den tatsächlichen Schwerpunkt der Belegenheit oder auch nur der sachbezogenen Vorgänge.

4   Entsprechend Art. 43 sprechen auch die Einzelregelungen des Art. 45 **Gesamtverweisungen** aus, so dass **Rück- und Weiterverweisungen** nach Art. 4 Abs. 1 zu beachten sind.[11] Umstritten ist dies freilich für Abs. 2 S. 1, der einen Gleichlauf mit dem Forderungsstatut anstrebt und dessen Zweck durch eine Rück- oder Weiterverweisung vereitelt würde.[12] Die akzessorische Anknüpfung führt hier zu einer **Sachnormverweisung**.[13]

B. Regelungsgehalt

I. Grundsatz: Recht des Herkunftsstaates

5   Abs. 1 S. 1 knüpft dingliche Rechte grundsätzlich an das Recht des Herkunftsstaates an, weil sich bei Luft-, Wasser- und Schienenfahrzeugen der Lageort bestimmungsgemäß ändert und eine Anknüpfung dinglicher Rechtsverhältnisse an das Recht des Ortes der Belegenheit weder praktikabel noch sachangemessen wäre.[14]

6   **1. Luftfahrzeuge.** Die Regelung gilt für Luftfahrzeuge aller Art, insbesondere also für Flugzeug, Zeppelin oder Ballon.[15] Angeknüpft wird an das Recht der „**Staatszugehörigkeit**". Darunter ist bei Luftfahrzeugen

---

1   BT-Drs. 14/343, S. 17.

2   Vorschläge für eine Reform des deutschen Internationalen Sachen- und Immaterialgüterrechts, vorgelegt von der Ersten Kommission des Deutschen Rates für Internationales Privatrecht, in: Henrich, Vorschläge und Gutachten, S. 1–2.

3   BGBl. II 1959 S. 129; BGBl. II 1960 S. 1506; vgl. dazu *Kegel/Schurig*, § 4 III (S. 243 f.), § 19 VII 2 a (S. 780 f.).

4   Vgl. BGH IPRax 1993, 178; *Kreuzer* IPRax 1993, 157 ff.

5   BGBl. I 1959 S. 57.

6   Vgl. im Einzelnen *Kegel/Schurig*, § 19 VII 2 a (S. 780 f.) mwN.

7   Vgl. *Kegel/Schurig*, § 1 IX (S. 98), § 19 VII 2 b (S. 781 f.).

8   *Kegel/Schurig*, § 19 VII 2 b (S. 782).

9   Oben Fn. 17.

10   Staudinger/*Mansel*, Art. 45 EGBGB Rn. 3.

11   *Looschelders*, Art. 45 Rn. 3.

12   Palandt/*Heldrich*, Art. 45 EGBGB Rn. 1, Art. 4 EGBGB Rn. 9; *Looschelders*, Art. 45 Rn. 3; MüKo/*Wendehorst*, Art. 45 EGBGB Rn. 79; aA Bamberger/Roth/*Spickhoff*, Art. 45 EGBGB Rn. 10.

13   MüKo/*Wendehorst*, Art. 45 EGBGB Rn. 79.

14   Staudinger/*Mansel*, Art. 45 EGBGB Rn. 3; *Stoll* IPRax 2000, 259 (266).

15   Palandt/*Heldrich*, Art. 45 EGBGB Rn. 2.

das Recht des Staates zu verstehen, in dem das Luftfahrzeug **registriert** ist.[16] Bei **Raumfahrzeugen** erfolgt die Registrierung aufgrund des (New Yorker) Übereinkommens vom 14.1.1975 über die Registrierung von in den Weltraum gestarteten Gegenständen.[17] Die für **registrierte Luftfahrzeuge** getroffene Regelung steht im Einklang mit dem Übereinkommen vom 19.6.1948 über die internationale Anerkennung von Rechten an Luftfahrzeugen und den hierzu ergangenen deutschen Ausführungsvorschriften (§§ 103 ff. LuftfzRG).[18] Entscheidend ist allein die öffentlich-rechtliche, nicht aber eine etwaige Registrierung im privatrechtlichen Register.[19] Soweit Luftfahrzeuge entweder nicht eintragungspflichtig oder nicht eingetragen worden sind, ist die **engste Verbindung** maßgeblich. In diesem Fall wird nicht auf Abs. 1, der auf die durch die Registereintragung definierte Staatszugehörigkeit abstellt, sondern auf Art. 46 zurückzugreifen sein.[20] Ist das Flugzeug noch im Bau oder noch nicht seiner Bestimmung zugeführt, dann finden die allgemeinen Anknüpfungsregeln, insbesondere Art. 43, Anwendung.[21]

2. Wasserfahrzeuge. Für Wasserfahrzeuge wird der Herkunftsstaat in erster Linie durch den Staat der **Registereintragung** bestimmt. In zweiter Linie ist der Herkunftsstaat der Staat des **Heimathafens** oder des **Heimatortes** (Abs. 1 S. 2 Nr. 2). Die Anknüpfung an den Registerort ist international weit verbreitet.[22] In der Regel ist der Registerort zugleich Heimathafen des Seeschiffes oder Heimatort des Binnenschiffes.[23] In der Konkurrenz der möglichen Anknüpfungsfaktoren räumt Art. 45 in Übereinstimmung mit der bisherig herrschenden Meinung[24] dem Registerort den Vorrang ein. Das Recht des Registerortes ist auch dann maßgeblich, wenn Registerort und Heimathafen auseinander fallen oder ein Heimathafen etwa wegen der Ausführung von Frachtreisen in sogenannter „wilder Trampfahrt" ohne gewerbliche Niederlassung des Schiffsunternehmers nicht festzustellen ist.[25] Das Recht des Registerortes bleibt auch dann sachenrechtlich maßgebendes Heimatstatut, wenn das Schiff ausnahmsweise die **Flagge** eines anderen Staates führt, „ausgeflaggt" worden ist.[26]

Auf **nicht-registrierte Schiffe** ist das Recht des Heimathafens oder Heimatortes anzuwenden. Schon bislang wurde in Ermangelung eines Registrierungsortes überwiegend an das Recht des regelmäßigen Standortes angeknüpft.[27] Insbesondere gilt diese Regelung auch für Sport- und Vergnügungsboote. Der Heimathafen nicht in ein Schiffsregister eingetragener Schiffe ist der nächstliegende Anknüpfungspunkt für die Auswahl unter den mehreren in Betracht kommenden Rechtsordnungen.[28] Nicht auszuschließen ist freilich, dass gleichwohl eine **wesentlich engere Verbindung** zu einer anderen Rechtsordnung besteht, weshalb Art. 46 zu bedenken ist.[29] Für **dingliche Rechte** an Schiffen, insbesondere auch **Schiffsgläubigerrechte** oder **maritime liens**, die insbesondere durch Verwendungen für und auf das Schiff am jeweiligen Belegenheitsort entstehen, ist außerhalb Deutschlands eine Vielzahl staatsvertraglicher Regelungen zu bedenken.[30]

3. Schienenfahrzeuge. Bei Schienenfahrzeugen ist Herkunftsstaat der Staat der **Zulassung**. Es handelt sich um eine zweckmäßige Anknüpfung, weil jeder einzelne Eisenbahnwagen – gleichgültig ob in öffentlichem oder privatem Eigentum stehend – eine nationale Zulassung mit **Kennzeichen** nach international einheitlichem Standard erhält. Häufig fallen der **Sitz des Eigentümers** und der **Zulassungsort** zumindest in der Weise zusammen, dass sich beide im selben Staat befinden. Die Anknüpfung an den Zulassungsort ist deshalb sachgerecht.[31] Der Zulassungsort bedeutet – nicht anders als der Registerort oder Heimathafen – einen fiktiven „Ruhepunkt", an den vorhersehbar und deshalb auch im Interesse der Verkehrssicherheit

16   BT-Drs. 14/343, S. 17; Art. 17 (Chicagoer) Übereinkommen über die internationale Zivilluftfahrt v. 7.12.1944 (BGBl. II 1956 S. 411); *Kreuzer* RabelsZ 65 (2001), 383, 452; MüKo/*Wendehorst*, Art. 45 EGBGB Rn. 60; Staudinger/*Mansel*, Art. 45 EGBGB Rn. 8 ff.; *Looschelders*, Art. 45 Rn. 6.

17   BGBl. II 1979 S. 650; MüKo/*Wendehorst*, Art. 45 EGBGB Rn. 60; vgl. iÜ Staudinger/*Mansel*, Art. 45 EGBGB Rn. 21, 57 ff. zu Weltraumvermögensgütern.

18   Eingehend Staudinger/*Mansel*, Art. 45 EGBGB Rn. 27–53; *Looschelders*, Art. 45 Rn. 6; vgl. auch MüKo/*Kreuzer*, 3. Aufl., nach Art. 38 EGBGB Anh. I Rn. 167; ferner BT-Drs. 14/343, S. 17.

19   MüKo/*Wendehorst*, Art. 45 EGBGB Rn. 61.

20   Vgl. (aber systematisch unklar) MüKo/*Wendehorst*, Art. 45 EGBGB Rn. 62; vgl. auch Staudinger/*Stoll*, Int. SachR, Rn. 405; MüKo/*Kreuzer*, 3. Aufl., nach Art. 38 EGBGB Anh. I Rn. 163.

21   MüKo/*Kreuzer*, 3. Aufl., nach Art. 38 EGBGB Anh. I Rn. 163; Staudinger/*Stoll*, Int. SachR, Rn. 405.

22   *Kreuzer* RabelsZ 65 (2001), 383, 453 Fn. 440 mwN.

23   Staudinger/*Stoll*, Int. SachR, Rn. 376.

24   Vgl. MüKo/*Kreuzer*, 3. Aufl., nach Art. 38 EGBGB Anh. I Rn. 138; Staudinger/*Stoll*, Int. SachR, Rn. 376, jeweils mwN.

25   Vgl. BGHZ 58, 170; Staudinger/*Stoll*, Int. SachR, Rn. 376; *Drobnig*, in: Henrich, Vorschläge und Gutachten, S. 13, 33.

26   Staudinger/*Stoll*, Int. SachR, Rn. 377 mN.

27   BT-Drs. 14/343, S. 17; *Kreuzer* RabelsZ 65 (2001), 383, 453.

28   BGH NJW 1995, 2097 (2098); RIW 2000, 704 (705).

29   *Looschelders*, Art. 45 Rn. 9; weiter gehend *Stoll* IPRax 2000, 259 (266) (Heimathafen und Heimatort als »wenig signifikantes Anknüpfungsmoment« mit der Folge erstrangiger Prüfung des Art. 46).

30   Nachweise bei Staudinger/*Mansel*, Art. 45 EGBGB Rn. 65 ff.

31   Im Einzelnen *Kreuzer*, in: Henrich, Vorschläge und Gutachten, S. 37, 132–133; vgl. BT-Drs. 14/343, S. 17.

7

8

9

angeknüpft werden kann.[32] Die Maßgabe des Zulassungsorts findet verfahrensrechtliche Entsprechung in Art. 18 des **Übereinkommens über den internationalen Eisenbahnverkehr (COTIF)**.[33] Nach Art. 18 § 3 COTIF können das rollende Material der Eisenbahn sowie die der Beförderung dienenden bahneigenen Gegenstände aller Art, die Container, Ladegeräte und Decken in einem anderen Mitgliedstaat als demjenigen, dem die Eigentumsbahn angehört, nur aufgrund einer Entscheidung der Gerichte des Zulassungsstaates mit **Arrest** belegt oder **gepfändet** werden. Privatwagen der Eisenbahn können dementsprechend nur aufgrund einer Entscheidung der Gerichte des Staates des Sitzes des Wageneigentümers gepfändet werden, die auch allein für den Arrest zuständig sind.[34] Zu einer Abweichung von der Regel des Abs. 1 S. 2 über Art. 46 besteht kein Anlass.[35] Das nun bis zum Jahr 2055 fortgeltende **Übereinkommen vom 20.10.1955 über die Gründung der Europäischen Gesellschaft für die Finanzierung von Eisenbahnmaterial (EurofimÜ)**[36] sieht in Art. 3 eine besondere Kollisionsnorm für den Eigentumsvorbehalt an Bahnmaterial vor.

II. Ausnahme: gesetzliche Sicherungsrechte

10 **1. Entstehung.** Hinsichtlich der Entstehung gesetzlicher Sicherungsrechte an Fahrzeugen im Sinne des Abs. 1 bestimmt Abs. 2, dass sie dem Recht unterliegen, das auf die zu sichernde Forderung anzuwenden ist (lex causae, Forderungsstatut). Die Kollisionsnorm betrifft ausschließlich gesetzliche Sicherungsrechte und damit nicht die rechtsgeschäftlich begründeten Mobiliarsicherheiten, deren Entstehung (und Inhalt) sich allein nach dem Recht des Herkunftsstaates im Sinne von Abs. 1 richtet.[37] Abs. 2 S. 1 spricht eine **Sachnormverweisung** aus (→ Rn. 4). An die Stelle des Heimatstatuts des Sicherungsgutes tritt das Forderungsstatut der gesicherten Forderung, womit in der Praxis in erster Linie die dinglichen gesetzlichen Sicherungsrechte an Wasserfahrzeugen in Gestalt sogenannter **Schiffsgläubigerrechte** angesprochen sind.[38] Schiffsgläubigerrechte entstehen ohne Registereintragung oder Besitzerlangung; es handelt sich um publizitätslose Mobiliarsicherheiten an einem Schiff zur Sicherung von Forderungen, die bei der Verwendung des Schiffes oder durch Verwendungen auf das Schiff entstehen.[39] Art. 6 steht auch hier der Anerkennung nicht entgegen.[40] Die Anknüpfung entspricht der zuletzt überwiegenden Auffassung in Rechtsprechung und Lehre.[41]

11 **2. Rangfolge.** Für die Rangfolge mehrerer Sicherungsrechte verweist Abs. 2 S. 2 auf Art. 43 Abs. 1, also auf das **Recht des Belegenheitsortes** (lex rei sitae) im Zeitpunkt der Geltendmachung des betreffenden Rechts als Wirkungsstatut.[42] **Ausnahmsweise** wird **Art. 46** dann anzuwenden sein, wenn die leges causae der Sicherungsrechte **übereinstimmend** eine andere Rangfolge festlegen als das aktuelle Belegenheitsrecht.[43] Zweifelhaft ist, ob damit etwas gewonnen werden kann, dass Abs. 2 S. 2 auf die Bedeutung einer „formalen Ordnungsvorschrift", wie von *Stoll*[44] vertreten, reduziert wird. Entscheidend bleibt, dass sich die Rangfolge nach der aktuellen lex rei sitae des Sicherungsguts richtet, sofern nicht Art. 46 eingreift. Das Rangfolgenstatut[45] ist als Wirkungsstatut – richtigerweise – **wandelbar**. Vorrangig ist auch hier eine sich aus **Staatsverträgen** ergebende Rangfolge von Sicherungsrechten zu beachten. Das gilt insbesondere für das Genfer Übereinkommen über die internationale Anerkennung von Rechten an Luftfahrzeugen vom 19.6.1948.[46]

III. Sonstige Transportmittel und Anlagen

12 Art. 45 behandelt nur einige Transportmittel. Nicht geregelt sind insbesondere **Kraftfahrzeuge** und darunter wiederum insbesondere die im grenzüberschreitenden Verkehr eingesetzten Lastkraftwagen. Der Gesetzgeber hat Kraftfahrzeuge in Übereinstimmung mit dem Deutschen Rat allgemein bewusst von einer Sonderregelung, insbesondere von einer Anknüpfung an den Zulassungsort oder den regelmäßigen Standort, wie verschiedentlich befürwortet,[47] ausgenommen.[48] Denn es sei mit der allgemeinen Anknüpfung an das Recht

32 Vgl. auch Staudinger/*Stoll*, Int. SachR, Rn. 410.
33 Abgedruckt ua bei MüKo-HGB/*Mutz*, Bd. 7, S. 1523, 1531 f.
34 Dazu Staudinger/*Stoll*, Int. SachR, Rn. 410.
35 AA *Looschelders*, Art. 45 Rn. 11; Bamberger/Roth/*Spickhoff*, Art. 45 EGBGB Rn. 6 (für den Fall reiner Binnensachverhalte bei Auslandszulassung).
36 Dazu Staudinger/*Mansel*, Art. 45 EGBGB Rn. 63.
37 Beispiel: mortgage (Mobiliarhypothek) aufgrund aircraft security agreement an US-amerikanisch registriertem Privatflugzeug; BGH NJW 1992, 362 f.
38 *Kreuzer* RabelsZ 65 (2001), 383, 454; BT-Drs. 14/343, S. 18.
39 *Kreuzer* RabelsZ 65 (2001), 383, 454; Staudinger/*Stoll*, Int. SachR, Rn. 389; Staudinger/*Mansel*, Art. 45 EGBGB Rn. 65 ff.,184 f.

40 BGH NJW 1991, 1418; aA RGZ 80, 129; vgl. Bamberger/Roth/*Spickhoff*, Art. 43 Rn. 12.
41 OLG Hamburg VersR 1975, 826; 1979, 933; IPRax 1990, 400 (401); Staudinger/*Stoll*, Int. SachR, Rn. 389; *Zweigert/Drobnig* VersR 1971, 589–591; im Einzelnen *Regel*, S. 13–26.
42 BT-Drs. 14/343, S. 18.
43 BT-Drs. 14/343, S. 18.
44 IPRax 2000, 259 (268).
45 MüKo/*Wendehorst*, Art. 45 EGBGB Rn. 75.
46 MüKo/*Wendehorst*, Art. 45 EGBGB Rn. 75.
47 Vgl. Staudinger/*Stoll*, Int. SachR, Rn. 411, *Drobnig*, in: Henrich, Vorschläge und Gutachten, S. 13, 19–21.
48 BT-Drs. 14/343, S. 17.

von Plehwe

der Belegenheit auszukommen.[49] Das erscheint zweifelhaft, weil die Anknüpfung an den Zulassungsort sachgerechte Ergebnisse ergibt und die Kennzeichen eines Fahrzeuges mit Leichtigkeit den Standort oder Ort der letzten Zulassung für den Straßenverkehr und damit seine „Herkunft" offenbaren. Gegenüber der schlichten Anwendung des Art. 43 sollte deshalb die Anwendung des Art. 46 in Betracht gezogen werden.[50] Dafür, dass zum Recht des Zulassungsortes eine wesentlich engere Verbindung besteht, spricht eine widerlegbare tatsächliche Vermutung. **Bohrinseln** und sonstige **Offshore-Anlagen** unterfallen den allgemeinen Regeln, da nicht zum Transport und regelmäßigen Lagerortwechsel bestimmt.[51] Auf hoher See wird auf Abs. 1 S. 2 Nr. 2,[52] sonst auf Art. 46 abzustellen sein.[53] **Haus-** oder **Hotelboote** unterfallen ebenso wie **Schiffsbauwerke** oder **Schiffswracks** den allgemeinen Regeln des Art. 43.[54]

Art. 46 EGBGB Wesentlich engere Verbindung

Besteht mit dem Recht eines Staates eine wesentlich engere Verbindung als mit dem Recht, das nach den Artikeln 43 und 45 maßgebend wäre, so ist jenes Recht anzuwenden.

Literatur: *Benecke,* Abhandenkommen und Eigentumserwerb im Internationalen Privatrecht, ZVglRWiss 101 (2002), 362; *Drobnig,* Vorschlag einer besonderen sachenrechtlichen Kollisionsnorm für Transportmittel. Gutachten vom 12.7.1982 zur Vorbereitung einer Beschlußfassung der Ersten Kommission des Deutschen Rates für Internationales Privatrecht; *ders.,* Vorschlag einer besonderen sachenrechtlichen Kollisionsnorm für Transportmittel, in: Henrich, Vorschläge und Gutachten zur Reform des deutschen internationalen Sachen- und Immaterialgüterrechts, 1991; *Geisler,* Die engste Verbindung im Internationalen Privatrecht, 2001; *Junker,* Die IPR-Reform von 1999: Auswirkungen auf die Unternehmenspraxis, RIW 2000, 241; *Kegel,* Buchbesprechung, AcP 178 (1978), 118; *Keller/Siehr,* Allgemeine Lehren des internationalen Privatrechts, 1986; *Kondring,* Die internationalprivatrechtliche Behandlung der rei vindicatio bei Sachen auf dem Transport, IPRax 1993, 371; *Kreuzer,* Berichtigungsklauseln im Internationalen Privatrecht, in: FS Zajtay 1982, S. 295; *ders.,* Gutachtliche Stellungnahme zum Referentenentwurf eines Gesetzes zur Ergänzung des Internationalen Privatrechts, in: Henrich, Vorschläge und Gutachten zur Reform des deutschen internationalen Sachen- und Immaterialgüterrechts, 1991, 37; *ders,* Die Vollendung der Kodifikation des deutschen Internationalen Privatrechts durch das Gesetz zum Internationalen Privatrecht der außervertraglichen Schuldverhältnisse und Sachen vom 21.5.1999, RabelsZ 65 (2001), 383; *Looschelders,* Die Anpassung im Internationalen Privatrecht, 1995; *Looschelders/Bottek,* Die Rechtsstellung des Versicherers bei Verbringung gestohlener Kfz ins Ausland, VersR 2001, 401; *Müller,* Kollisionsrechtliche Behandlung von Reisegepäck und individuellem Verkehrsmittel auf der Auslandsreise, RIW 1982, 461; *Neuhaus,* Die Grundbegriffe des internationalen Privatrechts, 2. Auflage 1976; *Pfeiffer,* Der Stand des Internationalen Sachenrechts nach seiner Kodifikation, IPRax 2000, 217; *v. Plehwe,* Besitzlose Warenkreditsicherheiten im internationalen Privatrecht, Diss. Bonn, 1987; *v. Savigny,* System des heutigen römischen Rechts, Bd. 8, 1849 (Neudruck 1974); *Schurig,* Ein ungünstiges Günstigkeitsprinzip, in: GS Lüderitz 2000, S. 699; *Stadler,* Gestaltungsfreiheit und Verkehrsschutz durch Abstraktion, 1996; *Stoll,* Zur gesetzlichen Regelung des internationalen Sachenrechts in Art. 43–46 EGBGB, IPRax 2000, 259; *C.S. Wolf,* Der Begriff der wesentlich engeren Verbindung im Internationalen Sachenrecht, 2002; *Zürcher Kommentar* zum IPRG, 2. Auflage 2004.

A.	Allgemeines	1	1. Internationale Verkehrsgeschäfte	6
B.	Regelungsgehalt	3	2. Kraftfahrzeuge	7
	I. Grundsatz	3	3. Res in transitu	9
	II. Anwendungsfälle	6	4. Sonstige Fälle	10

A. Allgemeines

Ähnlich Art. 28 Abs. 1 S. 1 und Art. 41 sieht Art. 46 für die sachenrechtlichen Kollisionsnormen der Art. 43–45 eine sogenannte **Ausweichklausel** (Ausnahmeklausel) vor. Man kann diese Regelungstechnik kritisieren und sie im Anschluss an *Ehrenzweig* als „non rules" bezeichnen,[1] die reden, ohne zu sprechen. Die Windfahne wird zum Wegweiser.[2] Doch hat die Suche nach dem „Sitz" des Rechtsverhältnisses, nämlich die Suche nach der Rechtsordnung, der das Rechtsverhältnis „seiner eigenthümlichen Natur nach ange- **1**

---

49 BT-Drs. 14/343, S. 17; ebenso *Kreuzer,* in: Henrich, Vorschläge und Gutachten, S. 37, 125–127; MüKo/*Kreuzer,* 3. Aufl., nach Art. 38 EGBGB Anh. I Rn. 134; Erman/*Hohloch,* Art. 45 EGBGB Rn. 6.

50 Vgl. auch Bamberger/Roth/*Spickhoff,* Art. 45 EGBGB Rn. 7 (Art. 45 Abs. 1 S. 2 Nr. 3 analog oder Art. 46).

51 Staudinger/*Mansel,* Art. 45 EGBGB Rn. 119 ff.; Staudinger/*Stoll,* Int. SachR, Rn. 397; *Looschelders,* Art. 45 Rn. 10.

52 *Looschelders,* Art. 45 Rn. 10; Bamberger/Roth/*Spickhoff,* Art. 45 EGBGB Rn. 5; MüKo/*Kreuzer,* nach Art. 38 EGBGB Anh. I Rn. 162; Staudinger/*Stoll,* Int. SachR, Rn. 397.

53 AA Staudinger/*Mansel,* Art. 45 EGBGB Rn. 122: Analogie zu Art. 45 Abs. 1 S. 2 Nr. 2.

54 Bamberger/Roth/*Spickhoff,* Art. 45 EGBGB Rn. 5; Erman/*Hohloch,* Art. 45 EGBGB Rn. 8.

1 Vgl. *Kegel/Schurig,* § 6 I 4 b (S. 305); *Schurig,* in: GS Lüderitz 2000, S. 699, 701; *v. Bar/Mankowski,* IPR I, § 7 Rn. 92.

2 *Kegel* AcP 178 (1978), 118, 120.

hört oder unterworfen ist",[3] eine lange Tradition.[4] Präziser wird allerdings heute nach dem „Sitz" eines Rechtsproblems gefragt.[5] Damit ist eine rechtliche Wertung aufgrund der „Lokalisation" von Sachverhaltselementen gemeint, wie sie bereits *Savigny* durch Unterscheidung verschiedener Klassen von beweglichen Sachen aufgrund ihrer Mobilität[6] beschrieben hat. Die Ausweichklausel soll es also ermöglichen, bestimmten **typischen** oder auch **ungewöhnlichen Interessenlagen** im Einzelfall Rechnung zu tragen, ohne dass damit der **Zweck der Regelanknüpfung** aus dem Blick verloren werden darf. Während die kollisionsrechtliche **Anpassung** die Einfügung eines fremden Rechtsphänomens in die inländische Rechtsordnung und der ordre public den Ausschluss der Anwendung eines fremden, zur Anwendung berufenen Rechts aufgrund eines untragbaren Anwendungsergebnisses ermöglicht, sieht die Ausweichklausel die Abweichung von der Regelanknüpfung deshalb vor, weil die Regelanknüpfung im Einzelfall oder für eine bestimmte Fallgruppe nicht das Prinzip der engsten Verbindung verwirklicht.[7] Stets geht es um die richtige, interessengemäße kollisionsrechtliche Beurteilung eines einmaligen oder typisierten besonderen Sachverhalts, wie die allgemeine Ausweichklausel des Art. 15 Abs. 1 Schweizer IPRG treffend zum Ausdruck bringt.

2 Nach Sinn und Zweck der Regelung handelt es sich bei der Verweisung in Art. 46 nicht um eine Gesamt-, sondern um eine **Sachnormverweisung**.[8] Das sich nach Art. 46 ergebende Sachstatut verdrängt das sonst aus Art. 43–45 folgende Sachstatut insgesamt.[9] Ob die Ausweichklausel darüber hinaus als allgemeines „Einfallstor" für europarechtliche Vorgaben und Maßstäbe dienen kann,[10] erscheint deshalb zweifelhaft, weil die Ausweichklausel das **Prinzip der engsten Verbindung** verwirklichen, nicht aber die Regelanknüpfungen korrigieren soll. Europarechtlichen Vorgaben ist schon auf der Tatbestandsebene der Regelanknüpfungen Rechnung zu tragen.[11]

B. Regelungsgehalt

I. Grundsatz

3 Die Ausweichklausel des Art. 46 ist für die Fälle bestimmt, in denen eine **wesentlich engere Verbindung** zu einer anderen Rechtsordnung als der sich nach Art. 43–45 ergebenden besteht. Erforderlich ist eine „**extreme Sachferne**" der durch die Regelanknüpfungen berufenen Rechtsordnung.[12] Umgekehrt formuliert, ist für das Eingreifen der Ausweichklausel ein **besonders gewichtiges Näheverhältnis** („viel engerer Zusammenhang")[13] des zu beurteilenden Lebenssachverhalts zu einer anderen als der regelmäßig berufenen Rechtsordnung erforderlich.[14]

4 Die wesentlich engere Verbindung kann einerseits typisiert („formalisiert"), andererseits aufgrund einer Gesamtabwägung aller Umstände im Einzelfall festgestellt werden.[15] Art. 46 dient damit sowohl der **Einzelfallkorrektur** als auch der korrigierenden Anknüpfung von Fallgruppen oder **typisierten Sachverhalten**.[16] Zugleich ist allerdings das Anliegen des Internationalen Sachenrechts, für Rechtssicherheit und Rechtsklarheit zu sorgen, zu beachten, so dass eine „wesentlich" engere Verbindung im Einzelfall eher **selten** festzustellen sein wird.[17]

5 Die Ausweichklausel dient, soweit sie allgemein typisch-atypische Fallgestaltungen erfasst, der sachgerechten Regelung **verdeckter Gesetzeslücken**, wenn davon ausgegangen wird, dass die Regelanknüpfungen insgesamt das Prinzip der engsten Verbindung verwirklichen sollen. In diesen Fällen bedarf die uneingeschränkte Norm (Anknüpfung an die lex rei sitae) der Einschränkung, was dann für atypische Fallgruppen allgemein mithilfe der Ausnahmeregel geschieht.[18] Dagegen ist die Ausweichklausel kein Mittel, um grundsätzliche Weichenstellungen der Regelanknüpfungen zu korrigieren. So kann auf diesem Wege **nicht** die **Rechtswahl** im Internationalen Sachenrecht Bedeutung gewinnen, und sei es auch nur über die Annahme einer indiziellen Bedeutung schuldrechtlicher Rechtswahl für das Vorliegen einer wesentlich engeren Ver

---

3 *V. Savigny*, S. 108.

4 Vgl. auch *v. Bar/Mankowski*, IPR I, § 7 Rn. 92, 108 zum anglo-amerikanischen »grouping of contacts«.

5 *Keller/Siehr*, § 9 II 3 (S. 58).

6 *V. Savigny*, S. 178–181.

7 Vgl. auch *Looschelders*, Art. 46 Rn. 1 u. 2; *ders.*, Anpassung, S. 214 ff. zur Abgrenzung.

8 Art. 4 Abs. 1 S. 1 im Umkehrschluss; vgl. *Looschelders*, Art. 46 Rn. 5, Art. 43 Rn. 9; Erman/ *Hohloch*, Art. 43 EGBGB Rn. 5.

9 Erman/*Hohloch*, Art. 46 Rn. 8.

10 Dafür *Pfeiffer* IPRax 2000, 270 (275).

11 Vgl. auch MüKo/*Wendehorst*, Art. 46 EGBGB Rn. 10.

12 BT-Drs. 14/343, S. 18 f.; Staudinger/*Mansel*, Art. 46 EGBGB Rn. 29; MüKo/*Wendehorst*, Art. 46 EGBGB Rn. 12.

13 Art. 15 Abs. 1 Schweizer IPRG.

14 Staudinger/*Mansel*, Art. 46 EGBGB Rn. 31; *C.S. Wolf*, S. 9.

15 *C.S. Wolf*, S. 17 ff.

16 Erman/*Hohloch*, Art. 46 EGBGB Rn. 6.

17 Erman/*Hohloch*, Art. 46 EGBGB Rn. 6; *Junker* RIW 2000, 241 (245), 252.

18 *Kreuzer*, in: Henrich, Vorschläge und Gutachten, S. 37, 159 f.

bindung.[19] Verkehrsinteressen stehen in der Beurteilung dinglicher Tatbestände und deren (Dritt-)Wirkungen regelmäßig entgegen.[20] Auch möglicherweise berechtige **Erwartungen der Parteien** sind international-sachenrechtlich ohne Bedeutung.[21] Als **objektive Kriterien** der Annahme einer wesentlich engeren Verbindung wird man eine wesentlich stärkere **Einbettung** des Sachverhalts – allgemein oder im Einzelfall – in eine andere Rechts- und Sozialsphäre, **Isolation** oder **Zufall** des nach der Regelanknüpfung gewonnenen Anknüpfungspunkts, den **inneren Entscheidungseinklang** und den **äußeren Entscheidungseinklang** heranziehen können,[22] ohne dass damit auf die Gewichtung der kollisionsrechtlichen Interessen im Einzelfall verzichtet werden kann.[23] Das materiellrechtliche Ergebnis oder Schwierigkeiten bei der Ermittlung fremden Rechts sind dagegen unbeachtlich, desgleichen der auf anderer Ebene zu lösende Tatbestand der Gesetzesumgehung.[24]

II. Anwendungsfälle

1. Internationale Verkehrsgeschäfte. Ein möglicher Anwendungsbereich der Ausweichklausel betrifft   **6** den sonst so bezeichneten **qualifizierten Statutenwechsel** im Rahmen internationaler Verkehrsgeschäfte.[25] Auf sachenrechtlicher Ebene bietet allerdings Art. 43 Abs. 3 eine angemessene Lösung, um im Ergebnis Vorwirkungen des Bestimmungsstatuts zu erzeugen. Eine vertragsakzessorische Anknüpfung ist aus Gründen des Verkehrsschutzes abzulehnen.[26] Dass bei internationalen Verkehrsgeschäften eine im Sinne der Ausweichklausel eindeutig wesentlich engere Verbindung zu einer der bestimmungsgemäß beteiligten Rechtsordnungen (insbesondere des Absende- und des Bestimmungsstaates) bestünde, lässt sich im Regelfall nicht feststellen.[27]

2. Kraftfahrzeuge. Für Kraftfahrzeuge bietet sich die Anknüpfung an das Recht des Zulassungsstaates an   **7** (→ Art. 45 Rn. 12). Durch das Kennzeichen ist das Fahrzeug – nicht anders als ein Schienenfahrzeug im Sinne von Art. 45 Abs. 1 S. 2 Nr. 3 – nach seiner Herkunft, seinem regelmäßigen Standort „ausgewiesen". Frühere Vorschläge der Literatur, den Zulassungsstaat heranzuziehen,[28] sind vom Gesetzgeber jedoch nicht gebilligt worden. Damit scheidet eine Analogie zu Art. 45 Abs. 1 S. 2 Nr. 3[29] ebenso wie eine pauschale Anwendung des Art. 46 auf Kraftfahrzeuge aus. Allenfalls kann daran gedacht werden, in der Zulassung eines Kfz einen Umstand zu erblicken, der eine **widerlegbare Vermutung** für eine wesentlich engere Verbindung des Fahrzeugs zum Zulassungsstaat begründet. Sie wird schon dann zu widerlegen sein, wenn der Zulassungsort, wie im Zeitalter der Kabotage im gewerblichen und grenznahen Bereich häufig, aus fiskalischen Gründen gewählt wird und mit dem regelmäßigen Standort (etwa Hof der Spedition; Abstellplatz des mobile home) nicht übereinstimmt.

Ein besonderes Problem bereitet der **Eigentumserwerb des Versicherers** nach Nichtherbeischaffung des   **8** **gestohlenen Fahrzeugs**. Ist auf den Versicherungsvertrag deutsches Recht und damit § 13 Abs. 7 AKB anzuwenden, dann ist der Eigentumserwerb des Versicherers durch die Nichtherbeischaffung des Kraftfahrzeugs binnen eines Monats aufschiebend bedingt.[30] Für den dinglichen Tatbestand wäre aber auf die lex rei sitae abzustellen. Das kann etwa bedeuten, dass Versicherer und Versicherungsnehmer im Staat X residieren, das Fahrzeug bei Eigentumserwerb inzwischen aber im Staat Y steht.[31] In diesem Fall zufälliger Verlagerung des Anknüpfungspunkts ist die Anwendung des Art. 46 sachgerecht und geboten.[32]

---

19 Staudinger/*Mansel*, Art. 46 EGBGB Rn. 37; MüKo/
   Wendehorst, Art. 46 Rn. 20; *Junker* RIW 2000, 241
   (252); aA Palandt/*Thorn*, Art. 46 Rn. 3 unter Hinweis
   auf BT-Drs. 14/343, S. 19; *Staudinger* DB 1999,
   1589 (1594) (schuldrechtliche Rechtswahl als Indiz
   für wesentlich engere Verbindung); differenzierend
   Pfeiffer IPRax 2000, 270 (274) (Wirkung inter partes); vgl. *Looschelders*, Art. 46 Rn. 8.

20 Vgl. auch *Pfeiffer* IPRax 2000, 270 (274); *Benecke*
   ZVglRWiss 101 (2002), 362, 370.

21 So auch das Schweizer Recht in denjenigen Bereichen, in denen die Parteiautonomie nicht zugelassen
   ist; anders aber im Allg.; vgl. Zürcher Kommentar/
   Keller/Girsberger, Art. 15 Rn. 79–86; *Looschelders*,
   Art. 46 Rn. 9.

22 Zürcher Kommentar/*Keller/Girsberger*, Art. 15
   Rn. 56–78; zu den formalen und materiellen Maxi-
   men der Anknüpfung im Übrigen *Neuhaus*, § 20
   (S. 160 ff.); *Kreuzer*, Berichtigungsklauseln, S. 295,
   304 ff.

23 Zürcher Kommentar/*Keller/Girsberger*, Art. 15
   Rn. 56.

24 Zürcher Kommentar/*Keller/Girsberger*, Art. 15
   Rn. 90–92.

25 Vgl. *Looschelders*, Art. 46 Rn. 12–15.

26 Vgl. BGH NJW 1997, 461 (462); *Kreuzer* RabelsZ
   65 (2001), 383, 455; aA *Stadler*, S. 680; *Stoll* IPRax
   2000, 259 (265).

27 *Looschelders*, Art. 46 Rn. 15.

28 *Drobnig*, Vorschlag v. 12.7.1982, S. 11; *ders.*, Vorschlag, in: Henrich, Vorschläge und Gutachten, S. 13,
   30; *v. Plehwe*, Besitzlose Warenkreditsicherheiten,
   S. 329 f.

29 Dafür Bamberger/Roth/*Spickhoff*, Art. 45 EGBGB
   Rn. 7.

30 Vgl. OLG Brandenburg VersR 2001, 361 (362).

31 Vgl. die Konstellation im Fall des OLG Brandenburg
   VersR 2001, 361.

32 *Looschelders/Bottek* VersR 2001, 401 (402);
   Looschelders, Art. 46 Rn. 21; vgl. auch *Benecke*
   ZVglRWiss 101 (2002), 362, 372 f.; aA Palandt/*Hel-
   drich*, Art. 43 EGBGB Rn. 3.

9 **3. Res in transitu.** Für Sachen „auf der Reise" (*Kegel*), die sich also auf dem Weg vom Absende- zum Bestimmungsstaat befinden und (allerdings nicht begriffsnotwendig)[33] Gebiete von Drittstaaten berühren, hat der Gesetzgeber wiederum bewusst keine Regelung getroffen.[34] Es wird auf die geringe praktische Bedeutung verwiesen und die Lösung der Praxis überlassen, die Art. 43 Abs. 3 oder Art. 46 heranziehen oder einen anderen Weg beschreiten mag.[35] Ganz überwiegend wird eine Anknüpfung an das Recht des **Bestimmungsortes** befürwortet.[36] Die Ausnahme entfällt aber, wenn die Sache Gegenstand eines Platzgeschäfts am Ort ihrer jeweiligen Belegenheit ist oder gesetzliche Sicherungsrechte aufgrund von Verwendungen auf die Sache oder Transportleistungen in Rede stehen (dazu → Art. 43 Rn. 47). Sie kommt ferner nicht für Transportmittel in Betracht (wohl aber für das Transportgut).

10 **4. Sonstige Fälle.** Eine Sonderanknüpfung nach Art. 46 ist ferner für **gruppeninterne Verfügungen**, etwa Verfügungen unter Mitgliedern einer Reisegruppe im Ausland,[37] oder für Rechte an **Reisegepäck** möglich;[38] es gilt das (gemeinsame) Heimatrecht, sofern nicht Ortsgeschäfte mit Bedeutung für Drittinteressen anfallen. Bei **Kulturgütern** verbietet sich eine pauschale Ablehnung[39] der Sonderanknüpfung ebenso wie ein verfrühter Rekurs auf Art. 46. Schon die Klassifikation ist keineswegs einheitlich und so unstet wie die Definition des Kunstbegriffs. Vorzuziehen ist stets eine eingehende Prüfung sachenrechtlicher (Vor-)**Prägung** im Rahmen der Anwendung der **Regelanknüpfung**,[40] sofern nicht Sonderanknüpfungen greifen.[41] Darüber hinaus mag im Einzelfall Art. 46 Anwendung finden. Ausschlaggebend sind die **Gesamtumstände des Einzelfalls** unter Berücksichtigung insbesondere der **Eintragung** von Kulturgütern in amtliche oder allgemein anerkannte **Verzeichnisse** privater Träger, der Veröffentlichung des rechtmäßigen situs des Kulturguts und somit der **öffentlichen Bekanntgabe** des rechtlichen und tatsächlichen Schwerpunkts des dinglichen Rechtsverhältnisses am einzelnen Werk, mittelbar auch der Usancen des seriösen Handels und damit auch einheitlicher materiellrechtlicher Maßstäbe (due diligence; Provenienzprüfung). Die Sonderanknüpfung an das Recht des Ortes (illegaler) **archäologischer Ausgrabungen** liegt nahe. Eine Sonderanknüpfung muss bei diesen Gütern eine Frage des Einzelfalls bleiben.

Siebter Abschnitt
Besondere Vorschriften zur Durchführung und Umsetzung internationalprivatrechtlicher Regelungen der Europäischen Union

Erster Unterabschnitt
Durchführung der Verordnung (EG) Nr. 864/2007

Art. 46 a EGBGB Umweltschädigungen

Die geschädigte Person kann das ihr nach Artikel 7 der Verordnung (EG) Nr. 864/2007 zustehende Recht, ihren Anspruch auf das Recht des Staates zu stützen, in dem das schadensbegründende Ereignis eingetreten ist, nur im ersten Rechtszug bis zum Ende des frühen ersten Termins oder dem Ende des schriftlichen Vorverfahrens ausüben.

Literatur: S. Angaben zu Art. 44; ferner: *Brand*, Grundstock für ein europäisiertes Kollisionsrecht – Das Gesetz zur Anpassung der Vorschriften des IPR an die Rom II-VO, GPR 2008, 298; *v. Hein*, Europäisches Internationales Deliktsrecht nach der Rom II-Verordnung, ZEuP 2009, 6; *Junker*, Die Rom II-Verordnung: Neues Internationales Deliktsrecht auf europäischer Grundlage, NJW 2007, 3675; *Wagner*, Änderungsbedarf im autonomen deutschen Internationalen Privatrecht aufgrund der Rom II-Verordnung?, IPRax 2008, 314.

33 Staudinger/*Mansel*, Art. 46 EGBGB Rn. 46.
34 BT-Drs. 14/343, S. 14.
35 BT-Drs. 14/343, S. 14.
36 Vgl. Staudinger/*Stoll*, Int. SachR, Rn. 368; Staudinger/*Mansel*, Art. 46 EGBGB Rn. 54; Bamberger/Roth/*Spickhoff*, Art. 46 EGBGB Rn. 7; *Looschelders*, Art. 46 Rn. 18; *Kropholler*, § 54 IV (S. 551); *Pfeiffer* IPRax 2000, 270 (275); aA MüKo/*Wendehorst*, Art. 46 EGBGB Rn. 44 (Regelanknüpfung).

37 Bamberger/Roth/*Spickhoff*, Art. 46 EGBGB Rn. 6; *Kreuzer*, in: Henrich, Vorschläge und Gutachten, S. 37, 159.
38 *Müller* RIW 1982, 461 (469 f.); s. bereits *v. Savigny*, § 366 (S. 178 f.).
39 So aber *Stoll* IPRax 2000, 259 (269).
40 *Stoll* IPRax 2000, 259 (269).
41 Oben Rn. 5; Bamberger/Roth/*Spickhoff*, Art. 46 Rn. 5.

A. Allgemeines

I. Normzweck

Die Bestimmung dient der Durchführung der Rom II-VO. Sie ist durch **das IPR-Anpassungsgesetz vom 10.12.2008** in das EGBGB eingefügt worden und am 11.1.2009 in Kraft getreten.[1] **Art. 7 Rom II-VO** gewährt dem Verletzten das **Bestimmungsrecht**, zu verlangen, dass anstelle des Rechts des Erfolgsortes das Recht des Ortes des Eintritts des schädigenden Ereignisses (Handlungsort) angewandt wird (dazu im Einzelnen → Art. 44 Rn. 10–15). Art. 7 Rom II-VO konkretisiert die prozessualen Anforderungen an die Ausübung des Bestimmungsrechts nicht; diese, insbesondere auch die Statuierung von (Ausschluss-)Fristen, wurde dem nationalen Recht überlassen.[2] Art. 46 a ordnet eine **Präklusionsfrist** (→ Art. 44 Rn. 11 f.) an, die alle in Deutschland geführten Verfahren betrifft.[3]

II. Anwendungsbereich

Art. 46 a betrifft ausschließlich das Bestimmungsrecht nach **Art. 7 Rom II-VO**. Insofern tritt die Norm neben Art. 40 Abs. 1 S. 2, 3 EGBGB, der für den noch verbliebenen Geltungsbereich des deutschen internationalen Deliktsrechts Maß gibt. Vom einseitigen Bestimmungsrecht ist die Möglichkeit der **Rechtswahl** durch übereinstimmende Willenserklärungen nach Art. 14 Rom II-VO zu unterscheiden.

B. Regelungsgehalt

Art. 46 a entspricht Art. 40 Abs. 1 S. 2, 3, dem er nachgebildet ist. Sachliche Unterschiede bestehen nicht.[4] Zwar ist Art. 7 Rom II-VO **autonom** auszulegen, wie in der Auslegung und Anwendung des Art. 46 a zu bedenken ist,[5] jedoch sind die Anforderungen an die Ausübung des Bestimmungsrechts gleich (s. im Einzelnen → Art. 44 Rn. 11–15).[6] Das Bestimmungsrecht ist nur im ersten Rechtszug bis zum Ende des frühen ersten Termins (oder des schriftlichen Vorverfahrens) auszuüben. Es handelt sich bei zutreffender Betrachtung um ein **kollisionsrechtliches Gestaltungsrecht**, dessen Ausübung den Erklärenden bindet.[7] Seine **Präklusion** ist den bereits ausgeführten **grundlegenden und verfassungsrechtlichen Bedenken** ausgesetzt (→ Art. 44 Rn. 12). Da auch Art. 7 Rom II-VO und Art. 46 a das Leitbild rationaler, **informierter Bestimmung** des anwendbaren Rechts zugrunde liegt und eine rationale Entscheidung den informierten **Rechtsvergleich** bedingt, der nicht ohne fachkundigen Beistand zu leisten ist, erfordert die drohende Präklusion frühzeitige (privat-)gutachterliche Bemühungen. Der mittellosen, auf Verfahrenskostenhilfe angewiesenen Partei wird die effektive Nutzung des Bestimmungsrechts schon aus materiellen Gründen nicht möglich sein, was indes mit dem **verfassungsrechtlichen Grundsatz** der **Gleichstellung** mittelloser und bemittelter Parteien (Art. 20 Abs. 3, 3 Abs. 1, 2 Abs. 1 und 1 Abs. 1 GG) nicht zu vereinbaren ist (→ Art. 44 Rn. 12 mwN).

Zweiter Unterabschnitt

Umsetzung international-privatrechtlicher Regelungen im Verbraucherschutz

Art. 46 b EGBGB Verbraucherschutz für besondere Gebiete

(1) Unterliegt ein Vertrag auf Grund einer Rechtswahl nicht dem Recht eines Mitgliedstaats der Europäischen Union oder eines anderen Vertragsstaats des Abkommens über den Europäischen Wirtschaftsraum, weist der Vertrag jedoch einen engen Zusammenhang mit dem Gebiet eines dieser Staaten auf, so sind die im Gebiet dieses Staates geltenden Bestimmungen zur Umsetzung der Verbraucherschutzrichtlinien gleichwohl anzuwenden.

(2) Ein enger Zusammenhang ist insbesondere anzunehmen, wenn der Unternehmer

1. in dem Mitgliedstaat der Europäischen Union oder einem anderen Vertragsstaat des Abkommens über den Europäischen Wirtschaftsraum, in dem der Verbraucher seinen gewöhnlichen Aufenthalt hat, eine berufliche oder gewerbliche Tätigkeit ausübt oder

---

1   BGBl. I 2008, 2401; MüKo/*Junker*, Art. 46 a Rn. 1.

2   Rom II-VO, Erw. 25 S. 2; MüKo/*Junker*, Art. 46 a Rn. 1; Palandt/*Thorn*, Art. 46 a Rn. 1.

3   MüKo/*Junker*, Art. 46 a Rn. 1.

4   MüKo/*Junker*, Art. 46 a Rn. 2; *Brand* GPR 2008, 298 (301); *Wagner* IPRax 2008, 314 (318).

5   MüKo/*Junker*, Art. 46 a Rn. 4.

6   Palandt/*Thorn*, Art. 46 a Rn. 2; MüKo/*Junker*, Art. 46 a Rn. 3–8.

7   Vgl. Art. 44 Rn. 11 mwN zum Meinungsstand; MüKo/*Junker*, Art. 46 a Rn. 6.

2. eine solche Tätigkeit auf irgendeinem Wege auf diesen Mitgliedstaat der Europäischen Union oder einen anderen Vertragsstaat des Abkommens über den Europäischen Wirtschaftsraum oder auf mehrere Staaten, einschließlich dieses Staates, ausrichtet

und der Vertrag in den Bereich dieser Tätigkeit fällt.

(3) Verbraucherschutzrichtlinien im Sinne dieser Vorschrift sind in ihrer jeweils geltenden Fassung:

1. die Richtlinie 93/13/EWG des Rates vom 5. April 1993 über missbräuchliche Klauseln in Verbraucherverträgen (ABl. L 95 vom 21. 4. 1993, S. 29);
2. die Richtlinie 1999/44/EG des Europäischen Parlaments und des Rates vom 25. Mai 1999 zu bestimmten Aspekten des Verbrauchsgüterkaufs und der Garantien für Verbrauchsgüter (ABl. L 171 vom 7. 7. 1999, S. 12);
3. die Richtlinie 2002/65/EG des Europäischen Parlaments und des Rates vom 23. September 2002 über den Fernabsatz von Finanzdienstleistungen an Verbraucher und zur Änderung der Richtlinie 90/619/EWG des Rates und der Richtlinien 97/7/EG und 98/27/EG (ABl. L 271 vom 9. 10. 2002, S. 16);
4. die Richtlinie 2008/48/EG des Europäischen Parlaments und des Rates vom 23. April 2008 über Verbraucherkreditverträge und zur Aufhebung der Richtlinie 87/102/EWG des Rates (ABl. L 133 vom 22. 5. 2008, S. 66).

(4) Unterliegt ein Teilzeitnutzungsvertrag, ein Vertrag über ein langfristiges Urlaubsprodukt, ein Wiederverkaufsvertrag oder ein Tauschvertrag im Sinne von Artikel 2 Absatz 1 Buchstabe a bis d der Richtlinie 2008/122/EG des Europäischen Parlaments und des Rates vom 14. Januar 2009 über den Schutz der Verbraucher im Hinblick auf bestimmte Aspekte von Teilzeitnutzungsverträgen, Verträgen über langfristige Urlaubsprodukte sowie Wiederverkaufs- und Tauschverträgen (ABl. L 33 vom 3. 2. 2009, S. 10) nicht dem Recht eines Mitgliedstaats der Europäischen Union oder eines anderen Vertragsstaats des Abkommens über den Europäischen Wirtschaftsraum, so darf Verbrauchern der in Umsetzung dieser Richtlinie gewährte Schutz nicht vorenthalten werden, wenn

1. eine der betroffenen Immobilien im Hoheitsgebiet eines Mitgliedstaats der Europäischen Union oder eines anderen Vertragsstaats des Abkommens über den Europäischen Wirtschaftsraum belegen ist oder
2. im Falle eines Vertrags, der sich nicht unmittelbar auf eine Immobilie bezieht, der Unternehmer eine gewerbliche oder berufliche Tätigkeit in einem Mitgliedstaat der Europäischen Union oder einem anderen Vertragsstaat des Abkommens über den Europäischen Wirtschaftsraum ausübt oder diese Tätigkeit auf irgendeine Weise auf einen solchen Staat ausrichtet und der Vertrag in den Bereich dieser Tätigkeit fällt.

Literatur: *Basedow*, Internationales Verbrauchervertragsrecht – Erfahrungen, Prinzipien und europäische Reform, in: FS Jayme 2004, S. 3; *Baumert*, Die Umsetzung des Art. 6 Abs. 2 der AGB-Richtlinie im System des europäischen kollisionsrechtlichen Verbraucherschutzes, EWS 1995, 57; *Bitterich*, Die analoge Anwendung des Art. 29 a Abs. 1 EGBGB auf Verbraucherschutzrichtlinien ohne kollisionsrechtlichen Rechtsetzungsauftrag, VuR 2002, 155; *ders.*, Die kollisionsrechtliche Absicherung der AGB-Richtlinie (Art. 6 Abs 2) – Rechtszersplitterung statt Kollisionsrechtseinheit in Europa, ZfRV 2002, 123; *ders.*, Die Neuregelung des Internationalen Verbrauchervertragsrechts in Art. 29 a EGBGB, 2003; *Brinker*, Die Vereinbarkeit des § 12 AGBGB mit dem Art. 6 Abs. 2 der EG-Richtlinie über missbräuchliche Klauseln in Verbraucherverträgen, 2000; *Bröcker*, Verbraucherschutz im Europäischen Kollisionsrecht, ZEuP 1998, 37; *Ehle*, Wege zu einer Kohärenz der Rechtsquellen im Europäischen Kollisionsrecht der Verbraucherverträge, 2002; *Fallon-Francq*, Towards Internationally Mandatory Directives for Consumer Contracts?, in: Liber Amicorum Kurt Siehr 2000, S. 155; *Franzen*, Neue Regeln für das IPR des Timesharing, in: FS v. Hoffmann 2011, S. 215; *ders.*, Neue Regeln zum Time-Sharing, NZM 2011, 217; *Freitag/Leible*, Ergänzung des kollisionsrechtlichen Verbraucherschutzes durch Art. 29 a EGBGB, EWS 2000, 342; *dies.*, Von den Schwierigkeiten der Umsetzung kollisionsrechtlicher Richtlinienbestimmungen, ZIP 1999, 1296; *Heiss*, Die Richtlinie über den Fernabsatz von Finanzdienstleistungen an Verbraucher aus Sicht des IPR und des IZVR, IPrax 2003, 100; *Hellwig*, Internationale Zuständigkeit und anwendbares Recht bei Timesharingverträgen, EWS 2011, 406; *Kieninger*, Der grenzüberschreitende Verbrauchervertrag zwischen Richtlinienkollisionsrecht und Rom I-Verordnung, in: FS Kropholler, 2008, S. 499; *Klauer*, Das europäische Kollisionsrecht der Verbraucherverträge zwischen Römer-EVÜ und EG-Richtlinien, 2002; *Kluth*, Die Grenzen des kollisionsrechtlichen Verbraucherschutzes. Eine vergleichende Untersuchung der Regelungen von Art. 29, 29 a EGBGB und des Art. 6 der Rom I-Verordnung, 2009; *Leible*, Kollisionsrechtlicher Verbraucherschutz im EVÜ und in EG-Richtlinien, in: Schulte-Nölke/Schulze, Rechtsangleichung und nationale Privatrechte, 1999, S. 353; *ders.*, Verbesserung des kollisionsrechtlichen Verbraucherschutzes, in: Leible (Hrsg.), Das Grünbuch zum Internationalen Vertragsrecht, 2004, S. 133; *ders.*, Brauchen wir noch Art. 46 b EGBGB?, in: FS v. Hoffmann 2011, S. 230; *ders.*, Article 6 Rome I and Conflict of Laws in EU Directives, EuCML 2015, 39; *Leible/Leitner*, Das Kollisionsrecht des Timesharing nach der Richtlinie 2008/122/EG, IPrax 2013, 37; *Looschelders*, Der Schutz von Verbrauchern und Versicherungsnehmern im Internationalen Privatrecht, FS E. Lorenz 2004, S. 441; *Mankowski*, § 12 AGBG im System des Internationalen Verbrauchervertragsrechts, BB 1999, 1225; *Martiny*, Neues deutsches internationales Verbrauchervertragsrecht, RIW 2009, 737; *Mellwig*, Der Begriff des „engen Zusammenhangs" in Art. 29 a EGBGB, 2. Aufl., 2011; *Otte*, Anwendbares Recht bei grenzüberschreitendem Timesharing, RabelsZ 62 (1998), 405; *Paefgen*, Kollisionsrechtlicher Verbraucherschutz im Internationalen Vertragsrecht und europäisches Gemeinschaftsrecht, ZEuP 2003, 266; *Reithmann/Martiny*, Internationales Vertragsrecht, 7. Aufl. 2010; *Roth/Schulze*, Verbraucherschutz im Electronic Commerce – Schutzmechanismen und grenzüberschreitende Geschäfte nach dem Referentenentwurf eines Fernabsatzgesetzes, RIW 1999, 924; *Rühl*, § 12 AGBG im System des internationalen Verbraucherschutzrechts, RIW 1999, 321; *Rusche*, Der „enge Zusammenhang" im Sinne des Art. 29 a EGBGB, IPrax 2001, 420; *Schinkels*, „Horizontalrichtlinie" und kollisionsrechtlicher Verbraucherschutz – zugleich ein Beitrag zum Verhältnis von Art. 3 Abs. 4, und 6 Abs. 2 Rom-I-VO, in: Stürner (Hrsg.), Vollharmonisierung im Europäischen Verbraucherrecht?, 2010, S. 113; *Sonnenberger*, Die Umsetzung kollisionsrechtlicher Regelungsgebote in EG-Richtlinien, ZEuP 1996, 383; *Staudinger*, Artikel 6 Absatz 2 der Klauselrichtlinie und § 12 AGBG, 1998; *ders.*, Art. 29 a EGBGB des Referentenentwurfs zum Fernabsatzgesetz, IPrax 1999, 414; *ders.*, Internationales Verbraucherschutzrecht made in Germany, RIW 2000, 416; *ders.*, Rom, Brüssel, Berlin und Amsterdam – Chiffren eines Europäischen Kollisionsrechts für Verbraucherverträge, ZfRV 2000, 93; *ders.*, Das Transportrechtsreformgesetz und seine Bedeutung für das Internationale Privatrecht, IPrax 2001, 183; *ders.*, Die ungeschriebenen kollisionsrechtlichen Regelungsgebote der Handelsvertreter-, Haustürwiderrufs- und Produkthaftungsrichtlinie, NJW 2001, 1974; *ders.*, Der Rückgriff des Unternehmers in grenzüberschreitenden Sachverhalten, ZGS 2002, 63; *ders.*, Teilzeit-Wohnrechtevertrag im – neuen – kollisionsrechtlichen Gewand von Art. 46 b IV EGBGB, NZM 2011, 601; *Stoll*, Zur Neuordnung des internationalen Verbrauchervertragsrechts, in: FS Max-Planck-Institut 2001, S. 463; *Tacou*, Modernisierung im Timesharing-Recht – Die neuen Regelungen zum Teilzeit-Wohnrechtevertrag, NJOZ 2011, 793; *Thorn*, Verbraucherschutz bei Verträgen im Fernabsatz, IPrax 1999, 1; *R. Wagner*, Zusammenführung verbraucherschützender Kollisionsnormen aufgrund EG-Richtlinien in einem neuen Art. 29 a EGBGB, IPrax 2000, 249; *Wegner*, Internationaler Verbraucherschutz beim Abschluß von Timesharingverträgen: § 8 Teilzeitwohnrechtegesetz, 1998; *dies.*, Internationaler Verbraucherschutz für Time-Sharing-Erwerber nach dem neuen Art. 29 a EGBGB, VuR 2000, 227.

A.	**Allgemeines**	1	4.	Günstigkeitsvergleich 47
	I. Unionsrecht	1	5.	Unterbliebene oder mangelhafte Richtlinienumsetzung 48
	II. Verhältnis zur Rom I-VO	6	6.	Verbraucherschutzrichtlinien 51
	1. Grundsätzliches	6		a) Erfasste Richtlinien 51
	2. Fortwährende Defizite von			b) Analoge Anwendung von Art. 46 b .. 52
	Art. 6 Rom I-VO	8		aa) Objektive Anknüpfung 52
	3. Defizite von Art. 3 Abs. 4 Rom I-VO	10		bb) Verbraucherschutzrichtlinien ohne geschriebene kollisionsrechtliche
	III. Entstehung von Art. 46 b EGBGB	11		Vorgaben 53
	IV. Struktur	14	V.	Anknüpfung von Teilnutzungsverträgen, Verträgen über langfristige Urlaubsprodukte,
	V. E-Commerce	15		Wiederverkaufs- und Tauschverträgen
B.	**Regelungsgehalt**	16		(Abs. 4) 56
	I. Geltung allgemeiner Regeln	16		1. Allgemeines 56
	1. Auslegung	16		2. Verhältnis zu Abs. 1 57
	2. Rück- und Weiterverweisung	18		3. Verhältnis zu Art. 3 Abs. 4 und
	3. Ordre public	19		Art. 6 Rom I-VO 58
	4. Intertemporales Recht	21		4. Anwendungsvoraussetzungen 59
	II. Verhältnis zu anderen Vorschriften	23		a) Teilnutzungsvertrag, Vertrag über ein
	1. Art. 6 Rom I-VO	23		langfristiges Urlaubsprodukt, Wieder-
	2. Art. 3 Abs. 4 Rom I-VO	24		verkaufs- oder Tauschvertrag 59
	3. Art. 9 Rom I-VO	25		aa) Vertragsgegenstand 59
	III. Anwendungsvoraussetzungen	26		bb) Vertragsparteien 64
	1. Anwendungsbereich	26		b) Geltung drittstaatlichen Rechts aufgrund subjektiver oder objektiver
	a) Persönlicher Anwendungsbereich	26		Anknüpfung 66
	b) Sachlicher Anwendungsbereich	29		c) Belegenheit der Immobilie im
	c) Räumlicher Anwendungsbereich	30		Hoheitsgebiet eines EU-/EWR-Staats
	aa) Grundsatz	30		oder Vertrag aufgrund Ausübung einer
	bb) Regelbeispiele	31		Tätigkeit in Mitgliedstaat bzw. Aus-
	cc) Weitere Fälle	36		richten dieser Tätigkeit auf einen EU-/
	2. Anwendbarkeit eines Drittstaatenrechts			EWR-Staat 76
	aufgrund einer Rechtswahl	39		5. Rechtsfolgen 77
	IV. Rechtsfolgen	42		
	1. Grundsatz	42		
	2. Reichweite der Verweisung...........	43		
	3. Bezug zu mehreren Staaten	46		

A. Allgemeines

I. Unionsrecht

Die **Verbesserung des Verbraucherschutzes** ist eines der erklärten Vertragsziele der Europäischen Union **1** (Art. 4 Abs. 2 lit. f., 12, 169 AEUV). Die zu seiner Verwirklichung auf der Grundlage von Art. 114 AEUV erlassenen Richtlinien zum zivilrechtlichen Verbraucherschutz beschränken sich seit geraumer Zeit nicht auf die Angleichung des materiellen Rechts, sondern enthalten auch internationalprivatrechtliche Vorgaben. Kollisionsrechtliche Regelungen finden sich in Art. 6 Abs. 2 der Richtlinie über missbräuchliche Klauseln in Verbraucherverträgen,[1] Art. 12 Abs. 2 der Richtlinie über Teilnutzungsverträge, Verträge über langfristige

---

1   Richtlinie 93/13/EWG des Rates v. 5.4.1993 über
     missbräuchliche Klauseln in Verbraucherverträgen,
     ABlEG 1993 Nr. L 95/29.

Urlaubsprodukte sowie Wiederverkaufs- und Tauschverträge,[2] Art. 7 Abs. 2 der Verbrauchsgüterkauf-Richtlinie,[3] Art. 12 Abs. 2 der Richtlinie über den Fernabsatz von Finanzdienstleistungen[4] sowie Art. 22 Abs. 4 der Richtlinie über Verbraucherkreditverträge.[5] Auch die inzwischen aufgehobene Fernabsatz-Richtlinie[6] enthielt in ihrem Art. 12 Abs. 2 eine kollisionsrechtliche Regelung. Die angeführten Vorschriften weisen zwar durchaus Unterschiede auf, doch überwiegen die gemeinsamen Strukturmerkmale. Archetypisch ist Art. 12 Abs. 2 der Richtlinie über den Fernabsatz von Finanzdienstleistungen.[7] Danach treffen die Mitgliedstaaten „die erforderlichen Maßnahmen um sicherzustellen, dass der Verbraucher den durch diese Richtlinie gewährten Schutz nicht dadurch verliert, dass das Recht eines Drittstaates als das auf den Vertrag anzuwendende Recht gewählt wird, wenn der Vertrag eine enge Verbindung mit dem Hoheitsgebiet eines oder mehrerer Mitgliedstaaten aufweist."

2 Vorschriften wie diese dienen der **Abgrenzung des Anwendungsbereichs des angeglichenen Rechts**. Seine Geltung soll auch bei einer Verbindung des Sachverhalts mit dritten, dh nicht der Union angehörigen Staaten, gesichert werden. Sie sind folglich normbezogen. Ihr Ansatz ist ein statutarischer.[8] Sie erinnern auf den ersten Blick an die bekannten Eingriffsnormen. Von Eingriffsnormen unterscheiden sie sich jedoch dadurch, dass sie bzw. die entsprechenden nationalen Umsetzungsnormen keinen unbedingten Geltungswillen haben. Das angeglichene nationale Recht soll bei Sachverhalten mit Drittstaatsberührung nicht stets zur Geltung gelangen. Es soll nur sichergestellt werden, dass der Verbraucher bei Vorliegen der entsprechenden situativen Voraussetzungen („enger Zusammenhang") den „durch die Richtlinien gewährten Schutz nicht verliert" bzw. dieser ihm „nicht vorenthalten wird". „Nicht verlieren" bzw. „nicht vorenthalten" bedeutet dem Wortsinn nach lediglich, dass der Verbraucher durch die Anwendung fremden Rechts nicht schlechter gestellt, dh der durch die Richtlinien (meist nur) garantierte Mindeststandard nicht unterschritten werden darf. Gewährt das Recht dritter Staaten hingegen weiter gehenden Verbraucherschutz, soll seine Anwendung nicht ausgeschlossen werden. Sämtliche kollisionsrechtlichen Richtlinienbestimmungen sehen also eine **Alternativanknüpfung mit einem Günstigkeitsvergleich** vor.[9]

3 Die kollisionsrechtlichen Richtlinienvorgaben sind von der Überzeugung getragen, dass der Verbraucher nicht stets des Schutzes umgesetzten Unionsrechts bedarf, sondern dieses nur Anwendung finden soll, sofern er berechtigterweise auf die Geltung „seines Rechts" vertrauen darf. Allerdings verzichten die Richtlinienbestimmungen mit Ausnahme von Art. 12 Abs. 2 der Richtlinie über Teilnutzungsverträge, Verträge über langfristige Urlaubsprodukte sowie Wiederverkaufs- und Tauschverträge auf eine nähere Konkretisierung des **erforderlichen Inlandsbezugs** und lassen ganz allgemein einen „engen Zusammenhang" bzw. eine „enge Verbindung" genügen. Variabel zu sein scheint der räumliche Bezugspunkt, das das Gebiet, mit dem der Vertrag in einem „engen Zusammenhang" stehen muss: Mal ist es „das Gebiet der Mitgliedstaaten", mal „das Gebiet eines oder mehrerer Mitgliedstaaten" oder schließlich schlicht die „Gemeinschaft", seit Lissabon nunmehr zu verstehen als die „Union". Dabei handelt es sich jedoch lediglich um terminologi-

---

2   Richtlinie 2008/122/EG des Europäischen Parlaments und des Rates v. 14.1.2009 über den Schutz der Verbraucher im Hinblick auf bestimmte Aspekte von Teilnutzungsverträgen, Verträge über langfristige Urlaubsprodukte sowie Wiederverkaufs- und Tauschverträge, ABlEU 2009 Nr. L 33/10, welche die Vorgängerrichtlinie 94/47/EG des Europäischen Parlaments und des Rates v. 26.10.1994 zum Schutz der Erwerber im Hinblick auf bestimmte Aspekte von Verträgen über den Erwerb von Teilnutzungsrechten an Immobilien, ABlEG 1994 Nr. L 280/83, ersetzt.

3   Richtlinie 1999/44/EG des Europäischen Parlaments und des Rates v. 25.5.1999 zu bestimmten Aspekten des Verbrauchsgüterkaufs und der Garantien für Verbrauchsgüter, ABlEG 1999 Nr. L 171/12.

4   Richtlinie 2002/65/EG des Europäischen Parlaments und des Rates v. 23.9.2002 über den Fernabsatz von Finanzdienstleistungen an Verbraucher und zur Änderung der Richtlinie 90/619/EWG des Rates und der Richtlinien 97/7/EG und 98/27/EG, ABlEG 2002 Nr. L 271/16.

5   Richtlinie 2008/48/EG des Europäischen Parlaments und des Rates v. 23.4.2008 über Verbraucherkreditverträge und zur Aufhebung der Richtlinie 87/102/EWG des Rates, ABlEU 2008 Nr. L 133/66.

6   Richtlinie 97/7/EG des Europäischen Parlaments und des Rates v. 20.5.1997 über den Verbraucherschutz

bei Vertragsabschlüssen im Fernabsatz, ABlEG 1997 Nr. L 144/19.

7   *Leible*, in: FS v. Hoffmann 2011, S. 230, 232.

8   *Kieninger*, in: FS Kropholler, 2008, S. 499, 501.

9   Wie hier zB *Ehle*, S. 198; *Jayme*, in: Hommelhoff/Jayme/Mangold, Europäischer Binnenmarkt, Internationales Privatrecht und Rechtsangleichung, 1995, S. 35, 46; *Jayme/Kohler* IPrax 1995, 343 (345, 346); *Klauer*, Das europäische Kollisionsrecht der Verbraucherverträge zwischen Römer-EVÜ und EG-Richtlinien, 2002, S. 220; *Leible*, in: Schulte-Nölke/Schulze, Europäische Rechtsangleichung und nationale Privatrechte, 1999, S. 353, 364; *Sonnenberger*, in: FS Fikentscher 1998, S. 281, 295; *Staudinger*, Artikel 6 Absatz 2 der Klauselrichtlinie und § 12 AGBG 1998, 30 f.; *Thorn* IPrax 1999, 1 (8); aA *Kapnopoulou*, Das Recht der missbräuchlichen Klauseln in der Europäischen Union, 1997, S. 154; *Kretschmar*, Die Richtlinie 93/13/EWG des Rates v. 5.4.1993 über missbräuchliche Klauseln in Verbraucherverträgen und das deutsche AGB-Gesetz, 1998, S. 282; *Mäsch* EuZW 1995, 8 (13); *Rauscher* EuZW 1996, 650 (651); *Wegner*, Internationaler Verbraucherschutz beim Abschluss von Timesharingverträgen: § 8 Teilzeitwohnrechtegesetz, 1998, S. 180; *von Wilmowsky* ZEuP 1995, 735 (760).

sche, nicht aber inhaltliche Unterschiede. Vorausgesetzt wird stets, dass der jeweilige Sachverhalt mindestens einen engen Zusammenhang mit einem Mitgliedstaat der Union aufweist.

Außer der Richtlinie über Teilnutzungsverträge, Verträge über langfristige Urlaubsprodukte sowie Wiederverkaufs- und Tauschverträge sehen alle Richtlinien eine Sonderanknüpfung von Verbraucherverträgen nur bei einer **Rechtswahl der Parteien**, nicht aber bei ihrem Fehlen vor.[10]   **4**

Die Verbraucherrechterichtlinie aus dem Jahr 2011,[11] die die Klausel-Richtlinie, die Verbrauchsgüterkauf-Richtlinie, die Fernabsatz-Richtlinie sowie die Haustürgeschäfte-Richtlinie[12] zu einer vom Prinzip der **Vollharmonisierung** ausgehenden sog. **„Horizontalrichtlinie"** zusammengeführt hat, verzichtet nunmehr auf eigenständige kollisionsrechtliche Vorschriften.[13] Zwar betont Erwägungsgrund 58 der Verbraucherrechterichtlinie, dass den Verbrauchern der mit dieser Richtlinie gewährte Schutz nicht entzogen werden können soll. Indes heißt es gleich im folgenden Satz, dass immer dann, wenn auf den Vertrag das Recht eines Drittstaats anwendbar ist, „sich die Beurteilung der Frage, ob der Verbraucher weiterhin von dieser Richtlinie geschützt wird, nach der Verordnung (EG) Nr. 593/2008 des Europäischen Parlaments und des Rates über das auf vertragliche Schuldverhältnisse anzuwendende Recht (Rom I) richten" sollte.   **5**

II. Verhältnis zur Rom I-VO

1. Grundsätzliches. Der **„Vorschlag für eine Verordnung** des Europäischen Parlaments und des Rates **über das auf vertragliche Schuldverhältnisse anzuwendende Recht (Rom I)"**[14] sah noch eine Marginalisierung des Richtlinienkollisionsrechts vor.[15] Zwar sollte nach dessen Art. 22 lit. a die Rom I-VO die Anwendung oder den Erlass von Rechtsakten durch Organe der Europäischen Union nicht berühren, die in besonderen Bereichen Kollisionsnormen für vertragliche Schuldverhältnisse enthalten. Jedoch wurde insoweit auf das in Anhang I enthaltene Verzeichnis solcher „derzeit geltenden Rechtsakte" verwiesen. Die in Art. 46 b Abs. 3 EGBGB aufgeführten Richtlinien fanden sich dort aber nicht. Damit wären sie mit Inkrafttreten der Rom I-VO grundsätzlich entfallen.[16] Art. 23 der geltenden Rom I-VO spiegelt dies jedoch nicht wider. Der Unionsgesetzgeber hat – wohl zur Vermeidung von tatsächlichen oder vermeintlichen Schutzlücken (→ Rn. 8 ff.) – auf den häufig geforderten „Abschied vom Richtlinienkollisionsrecht" verzichtet.[17]   **6**

Bereits dies und der stattdessen verabschiedete **Art. 23 Rom I-VO** machen deutlich, dass eine Norm wie Art. 46 b EGBGB durch den Erlass der Rom I-VO **nicht unzulässig** geworden ist.[18] Einer solchen Annahme steht außerdem der Umstand entgegen, dass der Unionsgesetzgeber selbst von einem Nebeneinander von Richtlinienkollisionsrecht und Rom I-VO ausgeht; denn anders wäre es nicht erklärlich, dass sich auch in der nur zwei Monate vor der Rom I-VO verabschiedeten revidierten Verbraucherkredit-Richtlinie eine entsprechende Kollisionsnorm findet.[19]   **7**

2. Fortwährende Defizite von Art. 6 Rom I-VO. Der durch Art. 6 Rom I-VO gewährte Verbraucherschutz ist unvollkommen. Der **räumlich-situative Anwendungsbereich der Norm ist zu eng**, um den in verbraucherschützenden EU-Richtlinien enthaltenen kollisionsrechtlichen Vorgaben zu genügen. Die Vorschrift schützt nicht den „aktiven" oder „dynamischen" Verbraucher, der sich aus eigenem Antrieb auf den Auslandsmarkt begibt, sondern allein den „passiven" Verbraucher, der vom Anbieter auf seinem heimatlichen Markt angesprochen wird. Sie verlangt eine Nähebeziehung des Vertrags zum Aufenthaltsstaat des Verbrauchers. Daran ändert auch die Weite des in Art. 6 Abs. 1 lit. b Rom I-VO verwendeten Tatbestandsmerkmals des Ausrichtens wenig, da selbst für lit. b stets ein mindestens auch auf diesen Staat gerichtetes Tätigwerden   **8**

---

10   Zur Kritik vgl. *Leible*, in: Schulte-Nölke/Schulze, Europäische Rechtsangleichung und nationale Privatrechte, 1999, S. 353, 366 f.

11   Richtlinie 2011/83/EU des Europäischen Parlaments und des Rates vom 25.10.2011 über die Rechte der Verbraucher, zur Abänderung der Richtlinie 93/13/EWG des Rates und der Richtlinie 1999/44/EG des Europäischen Parlaments und des Rates sowie zur Aufhebung der Richtlinie 85/577/EWG des Rates und der Richtlinie 97/7/EG des Europäischen Parlaments und des Rates, ABl. EU Nr. L 204/64.

12   Richtlinie 85/577/EWG des Rates v. 20.12.1985 betreffend den Verbraucherschutz im Falle von außerhalb von Geschäftsräumen geschlossenen Verträgen, ABlEG 1985 Nr. L 372/31.

13   Ausführlich dazu *Schinkels*, in: Stürner (Hrsg.), Vollharmonisierung im Europäischen Verbraucherrecht?, 2010, S. 113.

14   KOM (2005) 650 endg.

15   Vgl. dazu *Bitterich* RIW 2006, 262 (264 f.); *Mankowski* IPrax 2006, 101 (112).

16   *Solomon*, in: Leible (Hrsg.), Ein neues Internationales Vertragsrecht für Europa, 2007, S. 89, 107.

17   Zur Notwendigkeit des Richtlinienkollisionsrechts *Leible*, in: FS v. Hoffmann 2011, S. 230 ff.

18   So aber *Kluth*, Die Grenzen des kollisionsrechtlichen Verbraucherschutzes. Eine vergleichende Untersuchung der Regelungen von Art. 29, 29 a EGBGB und des Art. 6 der Rom I-Verordnung, 2009, S. 314 ff.; im Ergebnis wie hier dagegen *Kieninger*, in: FS Kropholler, 2008, 499, 502; *Leible*, in: Gebauer/Wiedmann (Hrsg.), Zivilrecht unter europäischem Einfluss, 2. Aufl. 2010, § 10 Rn. 194; *Mankowski* IHR 2008, 133 (135).

19   Vgl. Art. 22 Abs. 4 VerbrKr-RL.

des Unternehmers erforderlich ist.[20] Die Richtlinien dagegen lassen bereits einen hinreichenden Bezug zum Gebiet der Union genügen.[21] Sie verzichten zudem auf eine Art. 6 Abs. 1 lit. a, b Rom I-VO vergleichbare Konkretisierung des notwendigen Unionsbezugs und fordern lediglich einen „engen Zusammenhang" des Sachverhalts mit der Europäischen Union.[22]

9   Darüber hinaus ist auch der **sachliche Anwendungsbereich des Art. 6 Rom I-VO nicht weit genug**, um den unionsrechtlich geforderten kollisionsrechtlichen Verbraucherschutz zu gewähren. So gilt zB Art. 6 Rom I-VO nur für Verträge, die nicht nach Art. 6 Abs. 4 Rom I-VO ausgenommen sind (mit Rückausnahmen in Art. 6 Abs. 4 lit. b, c Rom I-VO). Die Anzahl der von den Richtlinien erfassten Vertragstypen ist jedoch wesentlich größer.[23] Außerdem belässt es zB Art. 6 Abs. 4 lit. a Rom I-VO bei Verträgen über die Erbringung von Dienstleistungen bei der alleinigen Geltung des gewählten Rechts eines Drittstaats, wenn die dem Verbraucher geschuldeten Dienstleistungen ausschließlich in einem anderen als dem Staat erbracht werden müssen, in dem der Verbraucher seinen gewöhnlichen Aufenthalt hat; Art. 6 Abs. 2 Klausel-Richtlinie verlangt in derartigen Fällen hingegen schon dann nach einer AGB-Kontrolle am Maßstab umgesetzten Unionsrechts, wenn der Vertrag aufgrund sonstiger Umstände einen engen Zusammenhang mit dem Gebiet der Europäischen Union aufweist.[24]

10   **3. Defizite von Art. 3 Abs. 4 Rom I-VO.** Das Richtlinienkollisionsrecht und damit zugleich die Umsetzungsnorm des Art. 46 b EGBGB ist auch nicht durch die Drittstaatenklausel des Art. 3 Abs. 4 Rom I-VO überflüssig geworden. Denn diese kann nicht in allen Fällen die Beachtung der Richtlinienvorgaben sichern. Zum einen fordert Art. 3 Abs. 4 Rom I-VO, dass **alle anderen Elemente** des Sachverhalts zum Zeitpunkt der Rechtswahl in einem oder mehreren Mitgliedstaaten belegen sind, während die in Art. 46 b EGBGB aufgeführten Richtlinien einen **„engen Zusammenhang** mit dem Gebiet der Mitgliedstaaten" genügen lassen.[25] Und zum anderen bleibt der Kreis der von Art. 3 Abs. 4 Rom I-VO erfassten Staaten hinter dem des Richtlinienkollisionsrechts zurück. Zwar gelingt es der Rom I-VO, Dänemark über den „Kunstgriff" des Art. 1 Abs. 4 Rom I-VO einzubeziehen, obgleich die Rom I-VO nicht für Dänemark gilt,[26] doch bleiben die Vertragsstaaten des EWR außen vor, obwohl diese ebenfalls die maßgeblichen Richtlinie in nationales Recht umgesetzt haben, insbesondere im Bereich des zivilrechtlichen Verbraucherschutzes.[27]

III. Entstehung von Art. 46 b EGBGB

11   Der deutsche Gesetzgeber begnügte sich zunächst mit der Schaffung von Spezialkollisionsnormen in **§ 12 AGBG und § 8 TzWrG**. Rechtstechnisch hätte er es auch im Rahmen der im Jahre 2000 anstehenden Umsetzung der Fernabsatz-Richtlinie bei dieser Vorgehensweise belassen können. Er entschied sich gleichwohl und mit guten Gründen[28] für eine „zentrale Umsetzung" in einer Norm des EGBGB, da das Verhältnis der in verschiedenen Einzelgesetzen enthaltenen Sonderkollisionsnormen zueinander und insbesondere zu Art. 29 EGBGB aF vielfältige Abgrenzungsprobleme aufwarf und die Situation mit einer Umsetzung von Art. 12 Abs. 2 der Fernabsatz-Richtlinie durch Schaffung einer weiteren Sonderkollisionsnorm, diesmal im Fernabsatzgesetz, noch komplizierter geworden wäre. Eine einheitliche Norm verdeutlicht außerdem, dass die verschiedenen Richtlinienbestimmungen trotz ihres nicht immer kongruenten Wortlauts gemein-

---

20   *Leible*, in: FS v. Hoffmann 2011, S. 230, 235; *Leible* EuCML 2015, 39 (41).

21   Dazu *Leible*, in: Schulte-Nölke/Schulze, Europäische Rechtsangleichung und nationale Privatrechte, 1999, S. 353, 365 f.

22   Dazu *Leible*, in: Schulte-Nölke/Schulze, Europäische Rechtsangleichung und nationale Privatrechte, 1999, S. 353, 375 ff.

23   *Leible*, in: FS v. Hoffmann 2011, S. 230, 236.

24   Vgl. allg. zu Divergenzen im sachlichen Anwendungsbereich der EG-Richtlinien und Art. 29 EGBGB *Bitterich*, Die Neuregelung des Internationalen Verbrauchervertragsrechts in Art. 29 a EGBGB, 2003, S. 168; speziell zum Vergleich zwischen Art. 6 Abs. 2 Klausel-RL und Art. 29 EGBGB *Staudinger*, Artikel 6 Absatz 2 der Klauselrichtlinie und § 12 AGBG 1998, 90.

25   *Leible*, in: FS v. Hoffmann 2011, S. 230, 237; *Leible* EuCML 2015, 39 (42).

26   Vgl. dazu *Leible*, in: Cashin Ritaine/ Bonomi (Hrsg.), Le nouveau règlement européen «Rome I» relatif à la loi applicable aux obligations contrac-

tuelles, 2008, S. 61, 73. Diese Einbeziehung aus Sicht der übrigen Mitgliedstaaten ändert freilich nichts daran, dass Art. 6 Rom I-VO nicht in Dänemark gilt und es auch deshalb nach wie vor Richtlinienkollisionsrechts bedarf, vgl. *Kieninger*, in: FS Kropholler, 2008, S, 499, 510; *Schinkels*, in: Stürner (Hrsg.), Vollharmonisierung im Europäischen Verbraucherrecht?, 2010, S. 113, 119 ff.

27   Zur Kritik vgl. *Leible*, in: Cashin Ritaine/ Bonomi (Hrsg.), Le nouveau règlement européen «Rome I» relatif à la loi applicable aux obligations contractuelles, 2008, S. 61, 72 f.

28   So bereits zum Referentenentwurf *Freitag/Leible* ZIP 1999, 1296 (1301); *Micklitz/Reich* BB 1999, 2093 (2098); für eine „zentrale Umsetzung" im österreichischen Recht scheinbar auch Czernich/Heiss/*Heiss*, Art. 5 EVÜ Rn. 3; krit. gegenüber einer solchen „Einheitslösung" hingegen *Staudinger* IPrax 1999, 414 (420) („richtliniengeprägter Fremdkörper innerhalb eines völkervertraglichen Umfelds"), und wohl auch *Kronke* RIW 1996, 985 (992) („nicht falsch, … jeweils eigenständig zu regeln").

same Strukturelemente aufweisen, und ermöglicht so eine Systematisierung des über Art. 29 EGBGB aF hinausreichenden kollisionsrechtlichen Verbraucherschutzes in bestimmten Bereichen des angeglichenen Binnenmarktrechts. Und sie ermöglichte schließlich, der zwischenzeitlich an den Vorschriften der § 12 AGBG und § 8 TzWrG geäußerten Kritik[29] Rechnung zu tragen.

Der im Jahre 1999 veröffentlichte Referentenentwurf[30] erfuhr in der Literatur deutliche Kritik,[31] wurde daraufhin bis zum Regierungsentwurf[32] grundlegend überarbeitet und passierte dann unverändert das Gesetzgebungsverfahren.[33] **Art. 29 a EGBGB** aF trat am 30.6.2000 in Kraft.[34] Zugleich wurden § 8 TzWrG, § 12 AGBG aufgehoben. Nachfolgend kam es zu zwei Änderungen. Im Zuge der Schuldrechtsmodernisierung wurde der Integration verbraucherschutzrechtlicher Nebengesetze in das BGB Rechnung getragen und der Verweis auf das TzWrG durch einen Verweis auf die entsprechenden Normen des BGB ersetzt sowie in Abs. 4 eine neue Nr. 4 aufgenommen.[35] Diese Änderung trat zum 1.1.2002 in Kraft. Abs. 3 Nr. 5 fand im Zuge der Umsetzung der Richtlinie über den Fernabsatz von Finanzdienstleistungen Aufnahme in Art. 29 a aF.[36] **12**

Bei der Überführung des EVÜ in eine Verordnung (Rom I-VO) und der hieraus resultierenden Aufhebung der Art. 27–29 sowie 30–37[37] wurde Art. 29 a aus Gründen der leichteren Auffindbarkeit in Art. 46 b eingefügt.[38] Bei dieser Gelegenheit wurden die Regelbeispiele des Art. 29 a Abs. 2 EGBGB, die auf der Konzeption des Art. 5 Absatz 2 EVÜ beruhten, geändert und der Vorschrift des Art. Art. 6 Abs. 1 der Rom I-VO nachgebildet, um für **Kohärenz** zwischen der Rom-I-VO und dem autonomen deutschen Recht zu sorgen.[39] Zugleich wurde die neue Verbraucherkredit-Richtlinie mit einbezogen (Art. 46 b Abs. 4 Nr. 6 EGBGB aF). Die Vorschrift trat zeitgleich mit der Rom I VO zum 17.12.2009 in Kraft.[40] Eine erste Änderung des Art. 46 b erfolgte 2011 anlässlich des „Gesetzes zur Modernisierung der Regelungen über Teilzeit-Wohnrechteverträge, Verträge über langfristige Urlaubsprodukte sowie Vermittlungsverträge und Tauschsystemverträge",[41] mit dem die neue Timesharing-Richtlinie[42] in deutsches Recht umgesetzt wurde. Aus dem ehemaligen Abs. 4 wurde unter Streichung des Verweises auf die alte Timesharing-Richtlinie 94/47/EG nunmehr Abs. 3, während in Abs. 4 die durch die neue Richtlinie notwendig gewordenen Änderungen eingefügt wurden.[43] Zuletzt wurde die Vorschrift aufgrund des „Gesetzes zur Umsetzung der Verbraucherrechterichtlinie und zur Änderung des Gesetzes zur Regelung der Wohnungsvermittlung vom 20.9.2013"[44] umgestaltet und der bisherige Abs. 3 Nr. 2, der der Durchsetzung der Fernabsatz-Richtlinie diente, mit Wirkung zum 13.6.2014 aufgehoben. **13**

IV. Struktur

Abs. 1 ordnet für den Fall der Wahl des Rechts eines Drittstaats die Geltung der Normen zur Umsetzung der in Abs. 3 aufgeführten Verbraucherschutzrichtlinien des EU-Mitgliedstaats bzw. Vertragsstaats des EWR an, mit dessen Gebiet der Vertrag eine enge Beziehung aufweist. Was unter dem Begriff der „engen Beziehung" zu verstehen ist, erläutert Abs. 2 anhand von zwei Regelbeispielen. Abs. 4 enthält eine Sonderregelung für Timesharing-Verträge. **14**

29   Vgl. zB zu § 12 AGBGB *Mankowski* BB 1999, 1225; *Rühl* RIW 1999, 321; *Staudinger*, Artikel 6 Absatz 2 der Klauselrichtlinie und § 12 AGBG 1998, 139 ff.; zu § 8 TzWrG *Otte* RabelsZ 62 (1998), 405; *Wegner*, Internationaler Verbraucherschutz beim Abschluss von Timesharingverträgen: § 8 Teilzeitwohnrechtegesetz, 1998.

30   Vgl. IPrax 1999, Heft 4, S. VII.

31   Vgl. vor allem *Freitag/Leible* ZIP 1999, 1296; *Roth/Schulze* RIW 1999, 924; *Staudinger* IPrax 1999, 414.

32   BT-Drs. 14/2658. Zur Stellungnahme des Bundesrates und zur Gegenäußerung der Bundesregierung vgl. BT-Drs. 14/2920; zum Bericht des Rechtsausschusses vgl. BT-Drs. 14/3195.

33   Ausf. zur Entstehungsgeschichte *Bitterich*, Die Neuregelung des Internationalen Verbrauchervertragsrechts in Art. 29 a EGBGB, 2003, S. 298 ff.; *Wagner* IPrax 2000, 249 (255 ff.).

34   Vgl. BGBl. I 2000 S. 897.

35   BGBl. I 2001 S. 3138.

36   Durch das Gesetz zur Änderung der Vorschriften über Fernabsatzverträge bei Finanzdienstleistungen v. 2.12.2004 (BGBl. I S. 3102).

37   Gesetz zur Anpassung der Vorschriften des Internationalen Privatrechts an die Verordnung (EG) Nr. 593/2008 v. 25.6.2009, BGBl. 2009 I S. 1574.

38   Vgl. BT-Drs. 16/12104, S. 10; vgl. auch jurisPK-BGB/*Limbach* EGBGB Art. 46 b Rn. 2.

39   BT-Drs. 16/12104, S. 10.

40   Vgl. BT-Drs. 16/12104, S. 11.

41   BGBl. 2011 I S. 34.

42   Richtlinie 2008/122/EG des Europäischen Parlaments und des Rates vom 14.1.2009 über den Schutz der Verbraucher im Hinblick auf bestimmte Aspekte von Teilnutzungsverträgen, Verträgen über langfristige Urlaubsprodukte sowie Wiederverkaufs- und Tauschverträge, ABl. EU Nr. L 33/10. Näher zur Umsetzung *Leible/Leitner* IPrax 2013, 37 ff.

43   Vgl. dazu auch BT-Drs. 17/2764, S. 21.

44   BGBl. 2013 I S. 3642.

V. E-Commerce

15 Art. 46 b ist auch bei Verbrauchergeschäften im E-Commerce zu beachten. § 3 Abs. 3 Nr. 2 TMG[45] nimmt „die Vorschriften für vertragliche Schuldverhältnisse in Bezug auf Verbraucherverträge" ausdrücklich vom kollisionsrechtlich verstehenden **Herkunftslandprinzip** des § 3 TMG aus. Von dieser Ausnahme werden alle vertraglichen Pflichten der Parteien und alle diesbezüglichen Normen einschließlich der kollisionsrechtlichen Verweisungsregeln erfasst. Damit bleibt es bei der Geltung der allgemeinen kollisionsrechtlichen Bestimmungen einschließlich Art. 46 b.[46]

B. Regelungsgehalt

I. Geltung allgemeiner Regeln

16 **1. Auslegung.** Bei der Auslegung von Art. 46 b ist sein unionsrechtlicher Ursprung zu beachten. Es greifen die allgemeinen Prinzipien der **richtlinienkonformen Auslegung**. Bei Zweifeln über die Vereinbarkeit der in Art. 46 b enthaltenen Umsetzung von Richtlinienvorgaben ist gem. Art. 267 AEUV an den EuGH vorzulegen.

17 Führt die Auslegung und Anwendung des Art. 46 b zu Konflikten mit Vorschriften der Rom I-VO, ist zu differenzieren: Soweit Art. 46 b unmittelbar der Umsetzung der in Abs. 3 genannten Richtlinien dient, ist gem. Art. 23 Rom I-VO der **Vorrang der Richtlinien** vor der Rom I-VO zu berücksichtigen, so dass Letztere verdrängt wird (vgl. aber auch → Rn. 7 und 23 ff.). Soweit die Bundesrepublik in Art. 46 b indes Regelungen getroffen hat, die nicht unmittelbar von den betroffenen Richtlinien inspiriert sind, bedeutet jede Abweichung von den Regelungen der Rom I-VO einen Verstoß gegen den **Vorrang des Unionsrechts**. Art. 46 b ist dann nicht anwendbar.

18 **2. Rück- und Weiterverweisung.** Ein *renvoi* des Rechts, auf das verwiesen wird, ist **unbeachtlich**. Anders als bei der Vorgängerregelung (Art. 29 a EGBGB aF) mangelt es jedoch an einer entsprechenden Vorschrift (Art. 35 EGBGB aF).[47] Erforderlich ist daher ein Rückgriff auf Art. 20 Rom I-VO.[48] Führt die Verweisung zu einem Mehrrechtsstaat, ist Art. 22 Rom I-VO maßgeblich.

19 **3. Ordre public.** Art. 21 Rom I-VO (nicht: Art. 6 EGBGB) ist zwar grundsätzlich anwendbar,[49] doch sind Anwendungsfälle nur schwer vorstellbar, da der durch die Richtlinie für die nationalen Rechte vorgegebene Schutzstandard gerade Ausdruck eines **gemeineuropäischen Gerechtigkeitsempfindens** ist.

20 Die ordre-public-Klausel kann nicht herangezogen werden, um die Anwendung des Rechts eines Mitgliedstaats der EU oder Vertragsstaats des EWR zu verhindern, der die Richtlinie (noch) nicht in nationales Recht umgesetzt hat.[50] Es erscheint bereits fraglich, ob die der Umsetzung einer verbraucherschützenden EU-Richtlinie dienenden Vorschriften des deutschen Rechts zum unverzichtbaren Kernbestand des inländischen Rechts zu zählen sind.[51] Genauso wenig wird man außerdem einen gesamteuropäischen ordre public bemühen können, da auch hierfür nicht die schlichte Nichtbeachtung des Unionsrechts genügt, sondern es ebenso eines Verstoßes gegen grundlegende europäische Gerechtigkeitsvorstellungen bedarf.[52] Zudem stellt das Unionsrecht für die Fälle einer unterbliebenen Richtlinien-Umsetzung das Instrument der Staatshaftung zur Verfügung, das insoweit Vorrang vor der ordre-public-Klausel beansprucht.[53]

21 **4. Intertemporales Recht.** Der deutsche Gesetzgeber hat bei der Einführung von Art. 29 a aF auf eine Norm zum **intertemporalen Kollisionsrecht** verzichtet, „da erforderlichenfalls die Grundsätze des Art. 220 ergänzend herangezogen werden können".[54] Daher gilt im Grundsatz, dass die Norm nur auf nach dem 30.6.2000 abgeschlossene Verträge Anwendung finden kann, während sich das anwendbare Recht bei

---

45   BGBl. 2007 I, 251.
46   Näher dazu mwN MüKoBGB/*Martiny*, Art. 9 Rom I-VO Anhang III Rn. 43 ff.
47   S. zur alten Rechtslage: Ferrari ua/*Staudinger* EGBGB Art. 29 a Rn. 13; *Looschelders* EGBGB Art. 29 a Rn. 36; *Leible*, in: AnwK-BGB EGBGB Art. 29 a Rn. 39.
48   MüKoBGB/*Martiny* EGBGB Art. 46 b Rn. 115; Staudinger/*Magnus* EGBGB Art. 46 b Rn. 21; den Wortlaut genügen lassen Bamberger/Roth/*Spickhoff* EGBGB Art. 46 b Rn. 22; jurisPK/*Limbach* EGBGB Art. 46 b Rn. 43; für eine analoge Anwendung des Art. 20 Rom I-VO Reithmann/Martiny/*Martiny*, Rn. 4247; *Staudinger* NZM 2011, 601 (605). – Dagegen für Art. 4 Palandt/*Thorn* EGBGB Art. 46 b Rn. 5.

49   Bamberger/Roth/*Spickhoff* EGBGB Art. 46 b Rn. 23; aA Erman/*Hohloch* EGBGB Art. 46 b Rn. 6; MüKoBGB/*Martiny* EGBGB Art. 46 b Rn. 116; Palandt/*Thorn* EGBGB Art. 46 b Rn. 8; Staudinger/*Magnus* EGBGB Art. 46 b Rn. 22 (jeweils für Art. 6 EGBGB); zur Vorgängernorm: *Looschelders* EGBGB Art. 29 a Rn. 13; Staudinger/*Magnus* EGBGB Art. 29 a Rn. 22; *Staudinger* RIW 2000, 416 (419).
50   Ähnlich Erman/*Hohloch* EGBGB Art. 46 b Rn. 6.
51   *Staudinger* RIW 2000, 416 (420); *Looschelders*, Art. 29 a Rn. 14.
52   Vgl. (zum EuGVÜ) auch EuGH Slg 2000, I-2973 – Renault/Maxicar.
53   Staudinger/*Magnus* EGBGB Art. 29 a Rn. 22.
54   BT-Drs. 14/2658, S. 50.

einem früheren Vertragsschluss nach § 12 AGBG oder § 8 TzWrG bestimmt. Bei **Dauerschuldverhältnissen** geht die hM freilich und zu Recht davon aus, dass es sich bei ihnen nicht um abgeschlossene Vorgänge handelt und ihre nach dem Stichtag eintretenden Wirkungen daher nach neuem IPR zu beurteilen sind.[55] Das muss auch für Timesharing-Verträge gelten, die deshalb grundsätzlich dem Regelungsregime des Art. 29 a aF unterstehen, selbst wenn sie vor dem 30.6.2000 abgeschlossen wurden.[56]

Nichts anderes gilt für die erfolgte Änderung von Art. 29 a aF im Zuge ihrer Überführung in Art. 46 b und dessen Modifikation durch das Gesetz zur Modernisierung der Regelungen über Teilzeit-Wohnrechteverträge usw (→ Rn. 13). **22**

II. Verhältnis zu anderen Vorschriften

1. Art. 6 Rom I-VO. Gem. Art. 23 Rom I-VO genießen Vorschriften des Gemeinschaftsrechts, seit Lissabon **23** nunmehr Vorschriften des Unionsrechts, die Kollisionsnormen für besondere Bereiche enthalten, Vorrang vor den Vorschriften der Rom I-VO. Aus diesem Vorrang des Unionsrechts wird verschiedentlich ein **allgemeiner Anwendungsvorrang** des Art. 46 b vor Art. 6 Rom I-VO abgeleitet.[57] Das überzeugt jedoch nicht. Denn EU-Richtlinien geben dem nationalen Gesetzgeber nur das zu erreichende Ziel vor, nicht aber, wie es zu verwirklichen ist. Soweit dem Regelungsanliegen der kollisionsrechtlichen Richtlinienvorgaben bereits mit der Anwendung von Art. 6 Rom I-VO Genüge getan ist, hat es folglich damit sein Bewenden. Art. 46 b EGBGB greift daher nur, sofern der Anwendungsbereich des Art. 6 Rom I-VO nicht eröffnet ist (zu den Einzelheiten → Rn. 8 ff.).[58] Dabei ist außerdem Art. 3 Abs. 4 Rom I-VO zu beachten (vgl. folgende → Rn.).

2. Art. 3 Abs. 4 Rom I-VO. Gem. Art. 3 Abs. 4 Rom I-VO berührt immer dann, wenn alle anderen Elemente des Sachverhalts zum Zeitpunkt der Rechtswahl in einem oder mehreren Mitgliedstaaten belegen **24** sind, die Wahl des Rechts eines Drittstaats durch die Parteien nicht die Anwendung der Bestimmungen des Unionsrechts, von denen nicht durch Vereinbarung abgewichen werden kann. Die Norm soll die Beachtung zwingenden Unionsrechts sicherstellen, da sich für die Union ein reiner Binnenmarktfall nicht anders darstellt als für ihre Mitgliedstaaten ein reiner Inlandsfall.[59] Im Unterschied zu Art. 46 b lässt Art. 3 Abs. 4 Rom I-VO keinen engen Zusammenhang genügen, sondern verlangt – abgesehen von der Rechtswahl- und gegebenenfalls einer Gerichtsstandsklausel – einen **ausschließlichen Bezug** zur Union. Art. 46 b kann daher überhaupt nur zur Anwendung kommen, wenn der Sachverhalt einen über eine Rechtswahl- und Gerichtsstandsklausel hinausreichenden Drittstaatenbezug aufweist.[60] Da andererseits aber ein enger Unionsbezug notwendig ist, ist der Anwendungsbereich von Art. 46 b sehr reduziert.

3. Art. 9 Rom I-VO. Ein Rückgriff auf Art. 9 Rom I-VO ist im sachlichen und räumlichen Anwendungsbereich des Art. 46 b **ausgeschlossen**.[61] Das gilt selbst dann, wenn der Staat, auf dessen Recht Art. 46 b verweist, eine Richtlinie noch nicht oder nicht richtlinienkonform umgesetzt hat. Der Gesetzgeber hat dieses **25** Problem im Übrigen erkannt, von einer abweichenden Regelung aber ausdrücklich abgesehen, weshalb auch von keiner unbewussten, ausfüllungsbedürftigen Regelungslücke ausgegangen werden kann.[62]

III. Anwendungsvoraussetzungen

1. Anwendungsbereich. a) Persönlicher Anwendungsbereich. Art. 46 b spricht nur ganz allgemein von „Verträgen", ohne seinen Anwendungsbereich auf „Verbraucherverträge" iSd Abs. 3 zu beschränken.[63] **26** Es kommt also auf den ersten Blick für die Verweisung nicht darauf an, ob der Vertrag überhaupt in den

---

55   Vgl. zB BAG IPrax 1994, 123, 124 f.; OLG Hamm RIW 1993, 940; MüKoBGB/*Sonnenberger*, 5. Aufl., EGBGB Art. 220 Rn. 24; Staudinger/*Dörner* EGBGB Art. 220 Rn. 62; Staudinger/*Magnus*, Vor Art. 27–37 EGBGB Rn. 48; *Hess*, Intertemporales Privatrecht, 1998, S. 247; *Looschelders*, Art. 220 Rn. 5; *v. Bar/Mankowski*, IPR I, § 4 Rn. 177; aA OLG Koblenz RIW 1993, 935; Erman/*Hohloch* EGBGB Art. 220 Rn. 12; Soergel/*Schurig* EGBGB Art. 220 Rn. 14; offen gelassen von BGH NJW 1993, 2754.

56   Staudinger/*Magnus* EGBGB Art. 29 a Rn. 24; aA *Staudinger* RIW 2000, 416 (420).

57   MüKoBGB/*Martiny* EGBGB Art. 46 b Rn. 112. Vgl. für die Vorgängernomen zB Erman/*Hohloch* EGBGB Art. 46 b Rn. 22; MüKoBGB/*Martiny*, Band 10, 4. Aufl. 2006, EGBGB Art. 29 a Rn. 115; Staudinger/*Magnus* EGBGB Art. 29 a Rn. 25; *v. Hoffmann/Thorn*, IPR, § 10 Rn. 73 c.

58   So auch *Kluth*, Die Grenzen des kollisionsrechtlichen Verbraucherschutzes, 2009, S. 227 f.

59   Näher *Leible*, in: Cashin Ritaine/Bonomi (Hrsg.), Le nouveau règlement européen «Rome I» relatif à la loi applicable aux obligations contractuelles, 2008, S. 61, 72 f.

60   Vgl. das Beispiel bei *Kieninger*, in: FS Kropholler, 2008, S. 499, 503.

61   Palandt/*Thorn* EGBGB Art. 46 b Rn. 8; Erman/*Hohloch* EGBGB Art. 46 b Rn. 7; *Looschelders*, Art. 29 a Rn. 11.

62   *Staudinger* RIW 2000, 416 (417); *Looschelders*, Art. 29 a Rn. 11; BT-Drs. 14/2658, S. 50.

63   Krit. dazu bereits *Freitag/Leible* ZIP 1999, 1296 (1301). Vgl. hierzu auch *Kluth*, Die Grenzen des kollisionsrechtlichen Verbraucherschutzes, 2009, S. 232 f.

persönlichen Regelungsbereich der in Abs. 3 aufgeführten Verbraucherschutzrichtlinien fällt.[64] Doch sollten im Hinblick auf den Regelungszweck der Vorschrift die in Abs. 3 genannten Richtlinien zugleich bei der Bestimmung der Reichweite des Abs. 1 berücksichtigt und dieser damit teleologisch reduziert werden:[65] Art. 46 b gilt nur für solche Verträge, die von den **Richtlinien des Abs. 3** erfasst werden.[66]

27   Damit ist der persönliche Anwendungsbereich der Vorschrift nur beim Vorliegen eines **Verbrauchergeschäfts** eröffnet. Vorausgesetzt wird ein Vertrag mit einer natürlichen Person, die zu einem Zweck handelt, der nicht ihrer gewerblichen oder beruflichen Tätigkeit zugerechnet werden kann (vgl. auch § 13 BGB). Aus der Richtlinienorientierung der Vorschrift ergibt sich weiterhin, dass ihr nur solche Verträge unterfallen, bei denen der zu privaten Zwecken Handelnde eine natürliche und keine juristische Person ist.[67]

28   Der den Richtlinien zugrunde liegende **Verbraucherbegriff** ist freilich nicht eindimensional, sondern **zweiseitig funktional**. Die Anwendung von Art. 46 b kommt daher nur in Betracht, wenn die andere Vertragspartei beim Abschluss des Vertrages im Rahmen ihrer gewerblichen oder beruflichen Tätigkeit handelt (vgl. auch § 14 BGB). Verträge zwischen Privatpersonen sind folglich vom Anwendungsbereich der Norm ausgeschlossen. Ob ein Vertrag zur „beruflichen oder gewerblichen Tätigkeit" der Vertragsparteien zu zählen ist oder nicht, ist jeweils unter Zugrundelegung des Empfängerhorizonts der anderen Vertragspartei zu beurteilen. Entscheidend sind die objektiv erkennbaren Umstände des Rechtsgeschäfts, sofern es nicht ausnahmsweise an einer Schutzbedürftigkeit fehlt.

29   **b) Sachlicher Anwendungsbereich.** Für den sachlichen Anwendungsbereich von Abs. 1 folgt aus der hier favorisierten teleologischen Reduktion der Vorschrift, dass von ihr nicht Verträge aller Art, sondern nur solche erfasst werden, die zugleich in den sachlichen Anwendungsbereich der in **Abs. 3 aufgeführten Richtlinien** fallen.[68]

30   **c) Räumlicher Anwendungsbereich. aa) Grundsatz.** Abs. 1 verlangt für die Eröffnung des räumlichen Anwendungsbereichs der Vorschrift, dass der Vertrag einen „**engen Zusammenhang**"[69] mit dem Gebiet eines Mitgliedstaats der EU (vgl. Art. 355 AEUV) oder Vertragsstaats des EWR-Abkommens aufweist. Die Erstreckung auf die Vertragsstaaten des Abkommens über den Europäischen Wirtschaftsraum (EWR)[70] rechtfertigt sich aus Art. 7 des EWR-Abkommens. Die Vorschrift erklärt die in den Anhängen zu diesem Abkommen aufgeführten Rechtsakte für die Vertragsparteien verbindlich und verpflichtet Vertragsstaaten des EWR zur Umsetzung in innerstaatliches Recht. Für den Bereich des Verbraucherschutzes verweist Art. 72 des EWR-Abkommens auf die in Anhang XIX enthaltenen Bestimmungen, zu denen ua die in Abs. 3 aufgeführten Richtlinien zählen. Von Bedeutung ist das EWR-Abkommen im Verhältnis zu Island, Liechtenstein und Norwegen.

31   **bb) Regelbeispiele.** Abs. 2 präzisiert den Begriff des „engen Zusammenhangs" anhand zweier **Regelbeispiele** („insbesondere"). Danach ist ein enger Zusammenhang insbesondere dann anzunehmen, wenn der

64   So etwa Erman/*Hohloch* EGBGB Art. 46 b Rn. 12; *Looschelders*, Art. 29 a Rn. 17; Staudinger/*Magnus* EGBGB Art. 29 a Rn. 35; *Mankowski*, in: Spindler/Wiebe, Internet-Auktionen, 2001, E Rn. 202; *Schlechtriem*, in: FS Lorenz 2001, S. 565, 567; *Wagner* IPrax 2000, 249 (255).

65   In der Sache führt das meist ohnehin zu keinem anderen Erg., da derjenige, der eine teleologische Reduktion des persönlichen Anwendungsbereichs der Vorschrift ablehnt, dann auf der Rechtsfolgenseite den persönlichen Anwendungsbereich der in Bezug genommenen Richtlinie beachten muss, vgl. *Freitag/Leible* EWS 2000, 342 (344). Relevant kann der Streit freilich werden, wenn die Richtlinie vor allem, aber nicht nur verbraucherschützende Normen enthält und ihrem Anwendungsbereich unter Umständen auch Geschäfte zwischen Unternehmern unterfallen können, wie dies etwa im Hinblick auf den Lieferantenregress bei der Verbrauchsgüterkauf-Richtlinie der Fall ist. Vgl. zur Bedeutung von Art. 46 b EGBGB beim Rückgriff des Unternehmers in grenzüberschreitenden Sachverhalten einerseits *Staudinger* ZGS 2002, 63, und andererseits *Looschelders*, Art. 29 a Rn. 17.

66   *Bitterich*, Die Neuregelung des Internationalen Verbrauchervertragsrechts in Art. 29 a EGBGB, 2003, S. 335 f.; *Freitag/Leible* EWS 2000, 342 (344);

Palandt/*Thorn* EGBGB Art. 46 b Rn. 3; MüKoBGB/*Martiny* EGBGB Art. 46 b Rn. 17 und 21; Reithmann/Martiny/*Martiny*, Rn. 4233; *Staudinger* ZGS 2002, 63; *Graf von Westphalen*, in: Graf von Westphalen, Vertragsrecht und AGB-Klauselwerke, Bd. I Rechtswahlklauseln, 2003, Rn. 38.

67   *Freitag/Leible* EWS 2000, 342 (344); MüKoBGB/*Martiny* EGBGB Art. 46 b Rn. 20; Palandt/*Thorn* EGBGB Art. 46 b Rn. 3.

68   *Bitterich*, Die Neuregelung des Internationalen Verbrauchervertragsrechts in Art. 29 a EGBGB, 2003, S. 335 f.; *Kluth*, Die Grenzen des kollisionsrechtlichen Verbraucherschutzes, 2009, S. 234; *Freitag/Leible* EWS 2000, 342 (344); MüKoBGB/*Martiny* EGBGB Art. 46 b Rn. 21; *Staudinger* IPrax 2001, 183 (186); Reithmann/Martiny/*Martiny*, Rn. 4234; Palandt/*Thorn* EGBGB Art. 46 b Rn. 3; Erman/*Hohloch* EGBGB Art. 46 b Rn. 10; *Looschelders*, Art. 29 a Rn. 18.

69   Ausf. dazu zB *Mellwig*, Der Begriff des „engen Zusammenhangs" in § 29 a EGBGB, 2011; *Rusche* IPrax 2001, 420; *Kluth*, Die Grenzen des kollisionsrechtlichen Verbraucherschutzes, 2009, S. 236 ff.

70   Abkommen über den Europäischen Wirtschaftsraum v. 2.5.1992 (BGBl. II 1993 S. 267) in der Fassung des Anpassungsprotokolls v. 17.3.1993 (BGBl. II 1993 S. 1294), in Kraft getreten am 1.1.1994.

Unternehmer in einem Mitgliedstaat der Europäischen Union oder einem anderen Vertragsstaat des Abkommens über den Europäischen Wirtschaftsraum, in dem der Verbraucher seinen gewöhnlichen Aufenthalt hat, eine berufliche oder gewerbliche Tätigkeit ausübt (Abs. 2 Nr. 1) oder eine solche Tätigkeit auf irgendeinem Weg auf diesen Mitgliedstaat der Europäischen Union oder einen anderen Vertragsstaat des Abkommens über den Europäischen Wirtschaftsraum oder auf mehrere Staaten, einschließlich dieses Staates, ausrichtet (Abs. 2 Nr. 2), und der Vertrag in den Bereich dieser Tätigkeit fällt. Die Regelbeispiele müssen nicht kumulativ vorliegen, sondern stehen in einem **Alternativverhältnis**.[71]

Die Formulierung der Regelbeispiele entspricht der Formulierung der räumlich-situativen Anwendungsvoraussetzungen des Art. 6 Rom I-VO, die lediglich um den EWR erweitert wurde.[72] Bei einer Auslegung der Norm sollte daher auf **Kohärenz** mit möglicher EuGH-Rechtsprechung geachtet werden.[73] **32**

Von der **Ausübung** einer beruflichen oder gewerblichen Tätigkeit in einem anderen Mitgliedstaat der EU oder Vertragsstaat des EWR ist auszugehen, wenn sich der Vertragspartner aktiv am dortigen Wirtschaftsverkehr beteiligt, indem er zB vor Ort Dienstleistungen erbringt.[74] Eine (Zweig-)Niederlassung im Wohnsitzstaat des Verbrauchers ist nicht erforderlich. **33**

Von einem **Ausrichten** der Tätigkeit ist auszugehen, wenn ein Unternehmer aktiv den Abschluss von Verträgen mit Verbrauchern eines bestimmten Mitgliedstaats der EU oder Vertragsstaats des EWR anstrebt, ohne selbst oder durch Vertreter vor Ort tätig zu sein.[75] Bei Internetwerbung mittels Websites ist zu prüfen, ob vor einem möglichen Vertragsschluss mit dem Verbraucher aus diesen Websites und der gesamten Tätigkeit des Unternehmers hervorgeht, dass dieser mit Verbrauchern aus einem oder mehreren Mitgliedstaaten der EU oder Vertragsstaaten des EWR, darunter dem Aufenthaltsstaat des Verbrauchers, in dem Sinne Geschäfte zu tätigen beabsichtigte, dass er zu einem Vertragsschluss mit ihnen bereit war.[76] Allein die bloße Zugänglichkeit der Website reicht hingegen nicht aus. Gleiches gilt für die Angabe einer elektronischen Adresse oder anderer Adressdaten oder die Verwendung einer Sprache oder Währung, die in dem Staat der Niederlassung des Gewerbetreibenden die üblicherweise verwendete Sprache und/oder Währung sind.[77] **34**

Nach zT vertretener Auffassung soll beim Vorliegen der Voraussetzungen des Abs. 2 ein enger Zusammenhang iSv Abs. 1 zwar regelmäßig, aber nicht zwangsläufig zu bejahen sein.[78] Das überzeugt angesichts des Wortlauts der Vorschrift („ist … anzunehmen") indes nicht.[79] **35**

cc) Weitere Fälle. Von einem „**engen Zusammenhang**" ist nicht nur bei Erfüllung der Voraussetzungen des Abs. 2 auszugehen. Ein enger Zusammenhang iSv Abs. 1 kann durchaus auch bei anderen Sachverhaltskonstellationen vorliegen. Es genügt jeder andere Zusammenhang, der eine dem Regelbeispiel des Abs. 2 vergleichbare Nähebeziehung erkennen lässt. Erforderlich ist eine **Gesamtwürdigung der Umstände des Einzelfalls**.[80] Zu berücksichtigen sind sämtliche Merkmale, die auch ansonsten zur Lokalisierung von Schuldverhältnissen herangezogen werden, wie etwa der Sitz der Parteien, der Abschluss- oder Erfüllungsort des Vertrages, die Belegenheit des Vertragsgegenstands, die Vertragssprache und -währung usw[81] Weist nach einer Gewichtung die Mehrheit von ihnen auf das Gebiet der Europäischen Union oder des EWR, ist von einem engen Zusammenhang iSv Abs. 1 auszugehen. **36**

Ein enger Zusammenhang ist auf jeden Fall gegeben, wenn der Vertrag aufgrund seines Bezugs zum Unionsterritorium bzw. dem Gebiet des EWR bei **objektiver Anknüpfung** gem. Art. 4 oder 6 Abs. 1 Rom I-VO dem Recht eines Mitgliedstaates unterläge.[82] Abs. 1 fordert nicht, dass der Verbraucher seinen gewöhnlichen Aufenthalt in einem Mitgliedstaat der EU oder Vertragsstaat des EWR hat. Indes ist im Hinblick auf **37**

---

71 Reithmann/Martiny/*Martiny*, Rn. 4241.
72 *Martiny* RIW 2009, 743; Reithmann/Martiny/*Martiny*, Rn. 4241.
73 Reithmann/Martiny/*Martiny*, Rn. 4241 f.; Palandt/*Thorn* EGBGB Art. 46 b Rn. 3.
74 *Leible/Lehmann* RIW 2008, 528 (538); LG München, Urteil v. 19.4.2011 – 12 O 7134/11.
75 *Leible/Müller* NJW 2011, 495.
76 Zu den maßgeblichen Kriterien vgl. EuGH, verb. Rs. C-585/08 und C-144/09, NJW 2011, 505 – Pammer und Hotel Alpenhof = EuZW 2011, 98 mAnm *Clausnitzer* = EWiR 2011, 111 (*Mankowski*), sowie dazu *Leible/Müller* NJW 2011, 495; Staudinger/*Steinrötter* EWS 2011, 70; *v. Hein* JZ 2011, 954 (955 f.); *Mankowski* IPrax 2012, 144 (149 ff.). Die Liste von Anhaltspunkten wurde inzwischen erweitert durch EuGH, Rs. C-190/11, EuZW 2012, 917 – Mühlleitner sowie EuGH, Rs. C-218/12, EuZW 2013, 943 – Emrek mAnm *Schultheiß*.

77 EuGH, verb. Rs. C-585/08 und C-144/09, NJW 2011, 505 – Pammer und Hotel Alpenhof.
78 Staudinger/*Magnus* EGBGB Art. 29 a Rn. 47; *Looschelders*, Art. 29 a Rn. 32.
79 In dem von Staudinger/*Magnus* EGBGB Art. 29 a Rn. 47 angegebenen Beispielsfall fehlt es schon an der Kausalität.
80 Näher Bamberger/Roth/*Spickhoff* EGBGB Art. 29 a Rn. 12.
81 Vgl. ausf. dazu und vor allem zur Relevanz dieser Kriterien *Bitterich*, Die Neuregelung des Internationalen Verbrauchervertragsrechts in Art. 29 a EGBGB, 2003, S. 371 ff.
82 *Bitterich*, Die Neuregelung des Internationalen Verbrauchervertragsrechts in Art. 29 a EGBGB, S. 370 f.; *Freitag/Leible* EWS 2000, 342 (345). Ähnlich ua *Jayme/Kohler*, Rev. crit. d.i.p. 84 (1995), 1, 20 f., 25 f.; *Krebber* ZVglRWiss 97 (1998), 124, 134 zur Klausel-Richtlinie.

den Zweck der der Vorschrift zugrunde liegenden Richtlinien, der darin besteht, in der EU ansässige Verbraucher zu schützen, auch im Rahmen von Abs. 1 der gewöhnliche Aufenthalt des Verbrauchers im Unionsgebiet oder EWR-Gebiet notwendige Anknüpfungsvoraussetzung.[83]

38 Abs. 1 verlangt seinem Wortlaut nach einen engen **Zusammenhang des Sachverhalts** mit dem **Gebiet „eines" dieser Staaten**. Das ist freilich zu eng formuliert und wird dem Regelungsansinnen der Richtlinien nicht gerecht,[84] die das Unionsgebiet kollisionsrechtlich wie einen einheitlichen Rechtsraum behandeln.[85] Für die Anwendung von Abs. 1 muss es daher bereits genügen, wenn der Sachverhalt mehrere schwache Bezüge zu unterschiedlichen Mitgliedstaaten der EU und/oder Vertragsstaaten des EWR aufweist, sofern sie gemeinsam die Wesentlichkeitsschwelle erreichen.[86]

39 **2. Anwendbarkeit eines Drittstaatenrechts aufgrund einer Rechtswahl.** Abs. 1 ist nur anwendbar, wenn der Vertrag aufgrund einer **Rechtswahl** nicht dem Recht eines Staates unterliegt, der Mitglied der Europäischen Union oder Vertragsstaat des EWR-Abkommens ist. Daraus folgt zweierlei: Zum einen ist die Vorschrift auf die **subjektive Anknüpfung** beschränkt. Vorausgesetzt wird eine wirksame Rechtswahlvereinbarung, die sowohl ausdrücklich als auch konkludent erfolgen kann. Ob und wann eine solche vorliegt, beurteilt sich nach den allgemeinen Grundsätzen (Art. 3 ff. Rom I-VO). Eine Korrektur des Ergebnisses einer objektiven Anknüpfung mithilfe von Art. 46 b ist daher – außerhalb des Anwendungsbereichs von Abs. 4 – ausgeschlossen (zur Möglichkeit einer Analogie → Rn. 52). Zum anderen hilft Art. 46 b bei der Wahl des Rechts eines Mitgliedstaats der EU bzw. Vertragsstaats des EWR nicht weiter, mag dieses auch unionsrechtswidrig hinter dem Richtlinienstandard zurückbleiben.

40 Entsprechend ihres Regelungszwecks findet die Vorschrift nur Anwendung, wenn durch die Wahl drittstaatlichen Rechts die der Umsetzung der in Abs. 3 aufgezählten Richtlinien dienenden nationalen Vorschriften verdrängt werden. Wurde hingegen **drittstaatliches Recht gewählt**, sichern aber bereits Art. 6 Abs. 2 Rom I-VO oder Art. 3 Abs. 4 Rom I-VO die Anwendung der nationalen Umsetzungsnormen und es bleibt für Art. 46 b kein Raum.[87] Es kommt daher nicht auf die grundsätzliche Anwendbarkeit eines drittstaatlichen Rechts an, sondern darauf, ob aufgrund der Rechtswahl die Verbraucherschutzvorschriften des EU-Mitgliedstaates bzw. EWR-Vertragsstaats, zu dem die engste Beziehung besteht, ausgeschaltet worden sind. Das setzt eine vorrangige Prüfung von Art. 6 Rom I-VO sowie Art. 3 Abs. 4 Rom I-VO voraus.[88]

41 Darüber hinaus genügt auch nicht jede mit der Wahl eines Drittstaatenrechts einhergehende Verdrängung richtliniendeterminierter Verbraucherschutzvorschriften. Sind die nationalen Umsetzungsnormen allein deshalb nicht anzuwenden, weil das gewählte Drittstaatenrecht für den Verbraucher günstiger ist, bleibt es bei dessen Geltung.[89] Art. 46 b soll den kollisionsrechtlichen Verbraucherschutz verbessern, nicht aber einschränken. Auch wenn der deutsche Gesetzgeber das **Günstigkeitsprinzip** richtlinienwidrig nicht in Art. 46 b übernommen hat, hat er doch durch die Postulierung des Vorrangs von Art. 6 Rom I-VO vor Art. 46 b[90] zu erkennen gegeben, dass er immerhin insoweit nicht hinter dem durch Art. 6 Rom I-VO gewährten Verbraucherschutzstandard zurückbleiben möchte.

---

83   *Bitterich*, Die Neuregelung des Internationalen Verbrauchervertragsrechts in Art. 29 a EGBGB, 2003, S. 385; *Freitag/Leible* EWS 2000, 342 (345); *Erman/ Hohloch* EGBGB Art. 46 b Rn. 16; *Looschelders*, Art. 29 a Rn. 33; *Staudinger/Magnus* EGBGB Art. 29 a Rn. 50; *Staudinger* IPrax 1999, 414 (416); offen gelassen von *Staudinger* RIW 2000, 416 (418); aA *Fetsch*, Eingriffsnormen und EG-Vertrag, 2002, S. 262; MüKoBGB/*Martiny* EGBGB Art. 46 b Rn. 49.

84   So stellen Art. 6 Abs. 2 der Klauselrichtlinie und Art. 7 Abs. 3 der Verbrauchsgüterkauf-Richtlinie auf den engen Zusammenhang des Vertrages „mit dem Gebiet der Mitgliedstaaten" ab, gem. Art. 12 Abs. 2 der Fernabsatzrichtlinie genügt eine enge Beziehung zu „einem oder mehreren Mitgliedstaaten".

85   Vgl. *Leible*, in: Schulte-Nölke/Schulze, Europäische Rechtsangleichung und nationale Privatrechte, 1999, S. 353, 366.

86   Zutr. *Freitag*, in: Leible/Sosnitza, Versteigerungen im Internet, 2004, Rn. 865.

87   *Leible*, in: Gebauer/Wiedmann (Hrsg.), Zivilrecht unter europäischem Einfluss, 2. Aufl., 2010, Kap. 10 Rn. 201.

88   *Martiny* RIW 2009, 745; Palandt/*Thorn* Art. 6 Rom I Rn. 2; vgl. auch die Regierungsbegründung für die weitgehend inhaltsgleiche Vorgängernorm Art. 29 EGBGB, BT-Drs. 14/2658, S. 50: „Artikel 29 ist vor 29 a zu prüfen." Ebenso *Freitag/Leible* EWS 2000, 342 (346); *Looschelders*, in: FS E. Lorenz 2004, S. 441, 447; Bamberger/Roth/*Spickhoff* EGBGB Art. 29 a Rn. 7; Staudinger/*Magnus* EGBGB Art. 29 a Rn. 25; *Tonner* BB 2000, 1413 (1419); aA *v. Hoffmann/Thorn*, IPR, § 10 Rn. 73 c; *Kegel/Schurig*, S. 677 (Art. 29 a EGBGB ist lex specialis im Verhältnis zu Art. 29 EGBGB).

89   *Ehle*, S. 204. *Freitag/Leible* EWS 2000, 342 (346); Erman/*Hohloch* EGBGB Art. 46 b Rn. 22; *Staudinger* RIW 2000, 416 (419).

90   Vgl. für die Vorgängernorm Art. 29 a EGBGB BT-Drs. 14/2658, S. 50.

IV. Rechtsfolgen

1. Grundsatz. Art. 46 b verweist auf die „geltenden Bestimmungen zur Umsetzung der Verbraucherschutz- **42**
richtlinien" desjenigen Staates, zu dessen Gebiet der Vertrag einen engen Zusammenhang aufweist. Dessen
Normen sind, sofern sie der Umsetzung der Verbraucherschutz-Richtlinien dienen, „gleichwohl anzuwen-
den", dh trotz der Vereinbarung des Rechts eines Drittlandes. Damit hat der Gesetzgeber – entgegen der
Stellungnahme des Bundesrates[91] und in Abweichung sowohl vom Referentenentwurf[92] als auch der in § 12
AGBG, § 8 TzWrG gewählten Regelungstechnik – vom **lex-fori-Prinzip**, dh der schlichten Berufung der
Umsetzungsnormen des (deutschen) Forums, Abstand genommen und so jedenfalls im Bereich der subjektiven Anknüpfung dem Willen des Richtliniengebers weitgehend Rechnung getragen. Die nunmehr gefundene Lösung vermeidet das andernfalls eintretende „Heimwärtsstreben" und verhindert, dass der Sachverhalt einem Recht unterstellt werden kann, zu dem er – abgesehen von der internationalen Zuständigkeit –
keine oder jedenfalls keine hinreichenden Berührungspunkte aufweist. Sie vermindert außerdem etwaige
Anreize zum *forum shopping*[93] und trägt dem im Internationalen Privatrecht herrschenden „Prinzip der
engsten Verbindung" Rechnung.

2. Reichweite der Verweisung. Der in Art. 46 b Abs. 1 enthaltene Verweis ist ausdrücklich auf die „gel- **43**
tenden Bestimmungen zur Umsetzung der Verbraucherschutzrichtlinien" beschränkt. Das können sowohl
die Richtlinien transformierende **Sondergesetze** als auch ihrer Umsetzung dienende Normen des **allgemeinen Zivilrechts** sein.[94] Für alle übrigen, den schuldrechtlichen Inhalt des Vertrags betreffenden Fragen
bleibt hingegen das durch die Rechtswahl berufene Statut maßgeblich.

Sämtliche Richtlinien mit Ausnahme der Richtlinie über den Fernabsatz von Finanzdienstleistungen[95] und **44**
der Richtlinie über Verbraucherkreditverträge[96] führen zu keiner Totalharmonisierung, sondern beschränken
sich auf die Statuierung von **Mindeststandards** und stellen es den Mitgliedstaaten frei, strengere Bestimmungen zu erlassen oder aufrechtzuerhalten, um einen höheren Schutz für die Verbraucher sicherzustellen.
Auch derartige **„überschießende" Normen** werden von der durch Abs. 1 ausgesprochenen Verweisung
erfasst.[97]

Zu beachten ist allerdings, dass die Eröffnung des sachlichen Anwendungsbereichs des Abs. 1 nicht not- **45**
wendig zu einer Berufung der nationalstaatlichen Umsetzungen aller in Abs. 3 aufgezählten Verbraucherschutzrichtlinien führt. Wird zB ein bestimmter Vertragstyp nur von der Verbrauchsgüterkauf-Richtlinie
erfasst, kommen auch nur die der Umsetzung dieser Richtlinie dienenden Normen des EU-Mitgliedstaats
bzw. Vertragsstaats des EWR-Abkommens, zu dem die engste Beziehung besteht, über Art. 46 b zur
Anwendung. Nicht nur der sachliche Anwendungsbereich von Art. 46 b, sondern auch der **Umfang** des
durch diese Vorschrift berufenen mitgliedstaatlichen Rechts ist also an den Richtlinieninhalt rückzukop-
peln.[98]

3. Bezug zu mehreren Staaten. Weist der Sachverhalt tatsächlich Bezüge zu mehreren Mitgliedstaaten **46**
der EU oder Vertragsstaaten des EWR auf, ist dasjenige Recht anzuwenden, zu dem **der engste Bezug**
besteht.[99] Welcher Staat dies im Einzelnen ist, ist nach den auch für Art. 4 Rom I-VO wesentlichen Kriterien zu bestimmen. Besteht ein Bezug hingegen nur zu einem Mitgliedstaat der EU bzw. Vertragsstaat des
EWR und ansonsten zu einem oder mehreren Drittstaat(en), bedarf es keiner besonderen Nähebestimmung.

---

91 Der Bundesrat präferierte das im Referentenentwurf
vorgesehene lex-fori-Prinzip (vgl. nächste Fn.), da
der Aufwand der Ermittlung des betreffenden ausländischen Verbraucherschutzrechts und die damit verbundene Mehrbelastung der deutschen Gerichte nicht
lohne, weil die angeglichenen ausländischen Sachrechte ohnehin deckungsgleich seien, vgl. BT-Drs.
14/2920, S. 7.

92 Der Referentenentwurf sah noch die Anwendung der
„Vorschriften des AGB-Gesetzes, des Fernabsatzge-
setzes, des Fernunterrichtschutzgesetzes und des
Teilzeit-Wohnrechtegesetzes" vor. Zur Kritik vgl.
Freitag/Leible ZIP 1999, 1296 (1300); *Micklitz/Reich*
BB 1999, 2093 (2098); *Roth/Schulze* RIW 1999, 924
(931); *Staudinger* IPrax 1999, 414 (417).

93 Ähnlich die Gegenäußerung der Bundesregierung zur
Stellungnahme des Bundesrates, vgl. BT-Drs.
14/2920, S. 16.

94 *Freitag/Leible* EWS 2000, 342 (346); *Looschelders*,
Art. 29 a Rn. 35; MüKoBGB/*Martiny* EGBGB

Art. 46 b Rn. 73; Staudinger/*Magnus* EGBGB
Art. 29 a Rn. 53.

95 Erwägungsgrund 13 Richtlinie 2002/65/EG.

96 Erwägungsgrund 9 Richtlinie 2008/48/EG.

97 *Freitag/Leible* EWS 2000, 342 (346); *Looschelders*,
Art. 29 a Rn. 36; Staudinger/*Magnus* EGBGB
Art. 29 a Rn. 53; MüKoBGB/*Martiny* EGBGB
Art. 46 b Rn. 74; aA wohl *Siehr*, IPR, S. 159 („nur
das verbraucherrechtliche Minimum"); ähnlich *Freitag*, in: Leible/Sosnitza, Versteigerungen im Internet,
2004, Rn. 873.

98 *Freitag/Leible* EWS 2000, 342 (346); MüKoBGB/
Martiny EGBGB Art. 46 b Rn. 74.

99 BT-Drs. 14/2658, S. 50; *Freitag/Leible* EWS 2000,
342 (345); *Looschelders*, Art. 29 a Rn. 39;
Staudinger/*Magnus* EGBGB Art. 29 a Rn. 52; Bam-
berger/Roth/*Spickhoff* EGBGB Art. 29 a Rn. 15;
PWW/*Remien*, exEGBGB Art. 29 a Rn. 5; aA
v. Hoffmann/Thorn, IPR, § 10 Rn. 73 d (Staat der
Kontaktaufnahme).

In diesem Fall genügt bereits das Vorliegen des Tatbestandsmerkmals des „engen Zusammenhangs", um die Umsetzungsnormen des berührten EU-/EWR-Staats zur Anwendung zu bringen.[100]

47   **4. Günstigkeitsvergleich.** Sämtliche kollisionsrechtlichen Richtlinienbestimmungen sehen ebenso wie Art. 6 Rom I-VO eine Alternativanknüpfung mit einem Günstigkeitsvergleich vor (→ Rn. 2). Angewendet werden soll das dem Verbraucher vorteilhafteste Recht. Das kann auch das gewählte Recht des Drittlandes sein. Abs. 1 bestimmt hingegen, dass die der Umsetzung der Verbraucherschutzrichtlinien dienenden Normen anzuwenden *sind.* Ein **Günstigkeitsvergleich findet also nicht statt**, hätte doch andernfalls formuliert werden müssen, dass der Verbraucher durch ein Rechtswahl „den Schutz nicht verliert" oder „ihm der Schutz nicht entzogen werden darf".[101] Angesichts des eindeutigen Wortlauts der Vorschrift und des sich aus den Materialien ergebenden subjektiven Willens des Gesetzgebers[102] bleibt auch kein Raum für die Gewinnung eines anderen Ergebnisses mittels richtlinienkonformer Auslegung;[103] denn auch die Pflicht zur richtlinienkonformen Auslegung angeglichenen Rechts erlaubt keine Auslegung contra legem. Eine teleologische Reduktion der Vorschrift auf einen Günstigkeitsvergleich kommt folglich nicht in Betracht.[104] Vgl. aber auch → Rn. 41.

48   **5. Unterbliebene oder mangelhafte Richtlinienumsetzung.** Hat der Staat, auf dessen Recht Art. 46 b rekurriert, die entsprechende Richtlinie **gar nicht umgesetzt**, geht die Verweisung scheinbar ins Leere, da auf die „Bestimmungen zur Umsetzung der Verbraucherschutzrichtlinien" verwiesen wird.[105] Indes ist ganz allgemein von den geltenden und nicht nur den zur Umsetzung ergangenen Bestimmungen die Rede. Der Grundsatz der richtlinienkonformen Auslegung erfasst aber auch vor dem Inkrafttreten einer Richtlinie existentes nationales Recht;[106] die nationalen Gerichte müssen sich bei dessen Auslegung und Anwendung ebenfalls „so weit wie möglich am Wortlaut und Zweck der Richtlinie ausrichten, um das mit der Richtlinie verfolgte Ziel zu erreichen und auf diese Weise Art. 189 Abs. 3 EGV [aF, nunmehr Art. 288 Abs. 3 AEUV] nachzukommen".[107] Daher ist auch bei einer gänzlich fehlenden Richtlinienumsetzung zunächst zu prüfen, ob sich ein richtlinienkonformes Ergebnis mithilfe des bereits vorhandenen Normbestandes erreichen lässt. Nur wenn das nicht möglich ist, bleibt es bei einer vollumfänglichen Anwendung des gewählten Rechts.[108] Ein Rückgriff auf die lex fori oder das Recht eines umsetzungstreuen Staates, zu dem die nächst engere Beziehung besteht, kommt auf keinen Fall in Betracht.

49   Normen, die eine der in Abs. 3 aufgeführten Richtlinien **fehlerhaft umsetzen**, sind gleichwohl zu ihrer Umsetzung ergangen und werden folglich ebenfalls durch Art. 46 b zur Anwendung berufen. Der deutsche Richter ist gehalten, ein möglichst richtlinienkonformes Ergebnis im Wege der richtlinienkonformen Auslegung des berufenen Rechts herbeizuführen. Lassen das die Grenzen der richtlinienkonformen Auslegung nicht zu, ist auch in diesem Fall das richtlinienwidrige Ergebnis hinzunehmen.[109]

---

100   *Looschelders*, Art. 29 a Rn. 40; Staudinger/*Magnus* EGBGB Art. 29 a Rn. 52.

101   *Martiny* RIW 2009, 744; jurisPK-BGB/*Limbach* EGBGB Art. 46 b Rn. 10; PWW/*Remien*, exEGBGB Art. 29 a Rn. 7; PWW/*Remien* EGBGB Art. 46 b Rn. 4; *Freitag/Leible* EWS 2000, 342 (347); Bamberger/Roth/*Spickhoff* EGBGB Art. 29 a Rn. 15; Palandt/*Thorn* EGBGB Art. 46 b Rn. 5.

102   In der Begründung des Gesetzentwurfs der Bundesregierung wird mehrfach darauf hingewiesen, dass die Umsetzungsnormen anzuwenden *sind* (vgl. BT-Drs. 14/2658, S. 50). Ein Rekurs auf das Günstigkeitsprinzip findet sich dagegen nirgendwo, und zwar nicht einmal ansatzweise. Der Rechtsausschuss des Bundestages äußerte keine Bedenken. Da der Bundestag die Formulierung trotz der in der Literatur wiederholt geäußerten Bedenken (vgl. zB *Freitag/Leible* ZIP 1999, 1296 (1299); *Jayme/Kohler* IPrax 1995, 343 (345, 346); *Mankowski* BB 1999, 1225 (1228); *Micklitz/Reich* BB 1999, 2093 (2099); *Roth/Schulze* RIW 1999, 924 (931); *Staudinger* IPrax 1999, 414 (417); *Thorn* IPrax 1999, 1 (8)) übernommen hat, kann auch nicht von einem gesetzgeberischen Irrtum ausgegangen werden.

103   *Freitag*, in: Leible/Sosnitza, Versteigerungen im Internet, 2004, Rn. 875; *Freitag/Leible* EWS 2000, 342 (347); *v. Hoffmann/Thorn*, IPR, § 10 Rn. 73 d; Erman/*Hohloch* EGBGB Art. 46 b Rn. 19; *Looschelders*, Art. 29 a Rn. 41; *Tonner* BB 2000,

1413 (1419); aA PWW/*Remien*, exEGBGB Art. 29 a Rn. 7.

104   AA *Bitterich*, Die Neuregelung des Internationalen Verbrauchervertragsrechts in Art. 29 a EGBGB, 2003, S. 410; *Doehner*, Die Schuldrechtsreform vor dem Hintergrund der Verbrauchsgüterkauf-Richtlinie, 2004, S. 297; *Siehr*, IPR, S. 159; *Staudinger* RIW 2000, 416 (419); *Wagner* IPrax 2000, 249 (255); wohl auch MüKoBGB/*Martiny* EGBGB Art. 46 b Rn. 79.

105   *Freitag/Leible* EWS 2000, 342 (347); *Looschelders*, Art. 29 a Rn. 37; Reithmann/Martiny/*Martiny*, Rn. 4244; MüKoBGB/*Martiny* EGBGB Art. 46 b Rn. 75; Staudinger/*Magnus* EGBGB Art. 29 a Rn. 32; *Schlechtriem*, in: FS Lorenz 2001, S. 565, 566 in Fn. 4; *Staudinger* RIW 2000, 416 (417); *ders.*, ZfRV 2000, 93 (101).

106   Vgl. dazu *Leible/Sosnitza* NJW 1998, 2507.

107   EuGH Slg 1990, I-4135, 4159 Rn. 8 – Marleasing.

108   Zutr. *Bitterich*, Die Neuregelung des Internationalen Verbrauchervertragsrechts in Art. 29 a EGBGB, 2003, S. 420; insoweit wird an *Freitag/Leible* EWS 2000, 342 (347), nicht festgehalten.

109   *Freitag/Leible* EWS 2000, 342 (347); Palandt/*Thorn* EGBGB Art. 46 b Rn. 5; Reithmann/Martiny/*Martiny*, Rn. 4243; MüKoBGB/*Martiny* EGBGB Art. 46 b Rn. 76; PWW/*Remien*, exEGBGB Art. 29 a Rn. 6; *Staudinger* RIW 2000, 416 (417).

Die dem Verbraucher in beiden Konstellationen entstehenden Nachteile sind vom umsetzungssäumigen **50** bzw. fehlerhaft umsetzenden Staat, nicht aber von Deutschland zu ersetzen, sofern die Voraussetzung einer **Staatshaftung** wegen unterlassener oder mangelhafter Richtlinienumsetzung vorliegen.[110]

6. Verbraucherschutzrichtlinien. a) Erfasste Richtlinien. Verbraucherschutzrichtlinien iSv Abs. 1 **51** sind die **in Abs. 3 abschließend aufgezählten Richtlinien**, dh die Klausel-Richtlinie, die Verbrauchsgüterkauf-Richtlinie, die Richtlinie über den Fernabsatz von Finanzdienstleistungen sowie die Richtlinie über Verbraucherkreditverträge.[111] Nicht mehr von der Aufzählung erfasst ist die Fernabsatz-Richtlinie (Abs. 3 Nr. 2 aF), da diese inzwischen aufgehoben wurde (→ Rn. 13). Nur das der Umsetzung dieser Richtlinien dienende nationale Recht wird durch Abs. 1 berufen. Ansonsten bleibt es bei der Anwendung des gewählten Drittstaatenrechts.

b) Analoge Anwendung von Art. 46 b. aa) Objektive Anknüpfung. Der über Art. 46 b Abs. 1 **52** gewährte ergänzende kollisionsrechtliche Verbraucherschutz ist, abgesehen von Timesharing-Verträgen (Abs. 4), auf eine **Korrektur der subjektiven Anknüpfung** beschränkt. Gelangt drittstaatliches Recht nicht aufgrund einer Rechtswahl, sondern kraft objektiver Anknüpfung zur Anwendung, wird dies hingenommen. Das ist bedenklich, da es dazu führen kann, dass der Schutz des Verbrauchers trotz eines vergleichbaren Unionsbezugs hinter dem bei einer Rechtswahl gewährten zurückbleibt und Art. 6 Abs. 1 Rom I-VO aufgrund seines begrenzten Anwendungsbereichs nur bedingt zum Ausgleich dieses Mankos in der Lage ist.[112] Indes ist diese Vernachlässigung der objektiven Anknüpfung auch den kollisionsrechtlichen Vorgaben der Verbraucherschutzrichtlinien eigen.[113] Der deutsche Gesetzgeber hat dem bewusst Rechnung getragen und im Zuge der Formulierung von Art. 46 b ausdrücklich auf eine Regelung des von § 12 AGBGB noch erfassten Falls der objektiven Anknüpfung verzichtet.[114] Angesichts dieses klaren gesetzgeberischen Willens scheidet eine analoge Anwendung von Art. 46 b aus.[115]

bb) Verbraucherschutzrichtlinien ohne geschriebene kollisionsrechtliche Vorgaben. Die Verbrau **53** cherschutzrichtlinien „älteren Typs", zu denen neben der mittlerweile aufgehobenen Haustürgeschäfte-Richtlinie[116] die Pauschalreise-Richtlinie[117] gehört, enthalten keine geschriebenen kollisionsrechtlichen Vorgaben. Allerdings hat der EuGH in der Rechtssache „**Ingmar**" zur Handelsvertreter-Richtlinie[118] entschieden, dass deren Art. 17 und 18, die dem Handelsvertreter nach Vertragsbeendigung gewisse Ansprüche gewähren, „auch dann anzuwenden [sind], wenn der Handelsvertreter seine Tätigkeit in einem Mitgliedstaat ausgeübt hat, der Unternehmer seinen Sitz aber in einem Drittland hat und der Vertrag vereinbarungsgemäß dem Recht dieses Landes unterliegt".[119] Der EuGH begründet dies ua damit, dass die Richtlinie dem Schutz des schwächeren Vertragspartners dient[120] und außerdem die Wettbewerbsbedingungen innerhalb der Union vereinheitlichen soll,[121] weshalb die Einhaltung ihrer Bestimmungen im Unionsgebiet „für die Verwirklichung dieser Ziele des EG-Vertrags" unerlässlich sei.[122] Daher sei es „für die […] Rechtsordnung [der Union] von grundlegender Bedeutung, dass ein Unternehmer mit Sitz in einem Drittland, dessen Handelsvertreter seine Tätigkeit innerhalb der [Union] ausübt, diese Bestimmungen nicht schlicht durch eine Rechtswahlklausel umgehen kann. Der Zweck dieser Bestimmungen erfordert nämlich, dass sie unabhängig davon, welchem Recht der Vertrag nach dem Willen der Parteien unterliegen soll, anwendbar sind, wenn der Sachverhalt einen starken [Unions]bezug aufweist, etwa weil der Handelsvertreter seine Tätigkeit im Gebiet eines Mitgliedstaats ausübt".[123]

Auch wenn die Ausführungen des EuGH alles andere als überzeugend sind,[124] lässt sich ihnen doch ein **54** **verallgemeinerungsfähiges Konzept** entnehmen, dass sich mit dem kollisionsrechtlichen Ansatz der Ver-

---

110 *Freitag/Leible* EWS 2000, 342 (347); MüKoBGB/
   Martiny EGBGB Art. 46 b Rn. 76; *Staudinger* RIW
   2000, 416 (417).
111 JurisPK-BGB/*Limbach* EGBGB Art. 46 b Rn. 3.
112 Beispiele bei *Jayme*, in: FS Trinkner 1995, S. 575,
   577; *Kronke* RIW 1996, 985 (991); *Thorn* IPrax
   1999, 1 (8).
113 Zur Kritik vgl. *Leible*, in: Schulte-Nölke/Schulze,
   Europäische Rechtsangleichung und nationale Privatrechte, 1999, S. 353, 366 f.
114 BT-Drs. 14/2658, S. 50.
115 Ebenso *Bitterich*, Die Neuregelung des Internationalen Verbrauchervertragsrechts in Art. 29 a EGBGB,
   2003, S. 461 f.; Erman/*Hohloch* EGBGB Art. 29 a
   Rn. 26; *Rusche* IPrax 2001, 420 (424).
116 Richtlinie 85/577/EWG des Rates v. 20.12.1985
   betreffend den Verbraucherschutz im Falle von
   außerhalb von Geschäftsräumen geschlossenen Verträgen, ABlEG 1985 Nr. L 372/31.

117 Richtlinie 90/314/EWG des Rates v. 13.6.1990 über
   Pauschalreisen, ABlEG 1990 Nr. L 158/52.
118 Richtlinie 86/653/EWG des Rates v. 18.12.1986 zur
   Koordinierung der Rechtsvorschriften der Mitgliedstaaten betreffend die selbstständigen Handelsvertreter, ABlEG 1986 Nr. L 382/17.
119 EuGH Slg 2000, I-9305 – Ingmar. Vgl. dazu ua *Freitag/Leible* RIW 2001, 287; *Jayme* IPrax 2001, 190;
   Michaels/Kamann EWS 2001, 301; *Nemeth/Rudisch*
   ZfRV 2001, 179; *Schurig*, in: FS Jayme 2004, S. 837;
   Schwarz ZVglRWiss 101 (2002), 45.
120 EuGH Slg 2000, I-9305, 9333 Rn. 20 – Ingmar.
121 EuGH Slg 2000, I-9305, 9334 Rn. 23 – Ingmar.
122 EuGH Slg 2000, I-9305, 9334 Rn. 24 – Ingmar.
123 EuGH Slg 2000, I-9305, 9335 Rn. 25 – Ingmar.
124 Vgl. zur Kritik etwa *Freitag/Leible* RIW 2001, 287
   (291 f.)

braucherschutzrichtlinien neueren Typs deckt. Dies gilt auch unter Geltung der Rom I-VO. Zwar wurde in der Rom I-VO die Ingmar-Rechtsprechung in Art. 3 Abs. 4 Rom I-VO und Art. 9 Rom I-VO kodifiziert. Die Kodifizierung erfolgte jedoch nicht vollständig, so dass immer noch einige Schutzlücken bestehen (vgl. bereits → Rn. 10).[125] Die Mitgliedstaaten sind daher auch bei Verbraucherschutzrichtlinien ohne geschriebene kollisionsrechtliche Regelungsvorgaben verpflichtet, durch geeignete Maßnahmen dafür Sorge zu tragen, dass der durch die jeweilige Richtlinie garantierte Standard vor einer Wahl drittstaatlichen Rechts bewahrt wird, sofern der Sachverhalt einen Zusammenhang mit dem Gebiet der EU-Mitgliedstaaten aufweist.[126] Dem kann durch eine analoge Anwendung von Art. 46 b nachgekommen werden,[127] sofern nicht bereits Art. 3 Abs. 4 Rom I-VO oder Art. 9 Rom I-VO greifen.[128]

55   In der Rechtssache **„Unamar"**[129] hat der EuGH jüngst die Ingmar-Rechtsprechung fortentwickelt. Er erachtet bei innerunionalen Konstellationen eine Sonderanknüpfung des mitgliedstaatlichen Rechts, das die von der Handelsvertreter-Richtlinie geforderten Mindeststandards überschreitet, gegenüber dem richtlinienkonformen Recht eines anderen Mitgliedstaats grundsätzlich für zulässig, legt den nationalen Gerichten insoweit aber eine besondere Begründungspflicht auf. Auch diese Entscheidung ist auf das Verbraucherschutzrichtlinienrecht übertragbar. Denn wenn der EuGH dem überschießenden Schutz schon bei innerunionlichen Sachverhalten Vorrang einräumt, dann muss dies erst recht gegenüber dem aufgrund Rechtswahl anwendbaren Recht eines Drittstaats gelten.[130] Zwar kann hier mangels Bezugs zu einem Drittstaat das Argument der Rechtsangleichung innerhalb der Europäischen Union aus der Ingmar-Entscheidung nicht herangezogen werden. Allerdings trägt der EuGH mit der Entscheidung „Unamar" wie auch schon mit der Entscheidung „Ingmar" dem Schutz der schwächeren Vertragspartei Rechnung. Da aufgrund der Mindestharmonisierung bereits ein gewisses Schutzniveau für die Verbraucher besteht, ist das Argument des Schwächerenschutzes zwar in der Rechtssache „Unamar" in seiner Überzeugungskraft abgemildert, doch kompensiert dies der EuGH dadurch, dass er von den nationalen Gerichten eine substantiierte Feststellung des zwingenden Charakters der Vorschriften verlangt.

V. Anknüpfung von Teilnutzungsverträgen, Verträgen über langfristige Urlaubsprodukte, Wiederverkaufs- und Tauschverträgen (Abs. 4)

56   **1. Allgemeines.** Abs. 4 enthält eine **Sonderregelung** für grenzüberschreitende Teilnutzungsverträge, Verträge über langfristige Urlaubsprodukte sowie Wiederverkaufs- und Tauschverträge. Er passt den inhaltlich verunglückten[131] Art. 46 b Abs. 3 aF, der Art. 29 a Abs. 3 aF wortwörtlich übernahm, an die kollisionsrechtlichen Vorgaben von Art. 12 Abs. 2 der Timesharing-Richtlinie 2008/122/EG, die am 23.2.2009 in Kraft

---

125 *Heiss*, in: Ferrari/Leible, Rome I Regulation, 2009, S. 8.

126 Zur Übertragbarkeit der Ingmar-Grundsätze vgl. zB *Bitterich* VuR 2002, 155 (157 ff.); *Lurger*, in: Leible, Die Bedeutung des Internationalen Privatrechts im Zeitalter der neuen Medien, 2003, S. 33, 46; *Staudinger* NJW 2001, 1974 (1976 ff.); *Kluth*, Die Grenzen des kollisionsrechtlichen Verbraucherschutzes, 2009, S. 213 ff.; außerdem zB mwN *v. Bar/Mankowski*, IPR I, § 4 Rn. 101.

127 Für eine analoge Anwendung auch *Bitterich*, Die Neuregelung des Internationalen Verbrauchervertragsrechts in Art. 29 a EGBGB, 2003, S. 470 ff.; *ders.*, VuR 2002, 155 (161 ff.); *Mankowski* MDR 2002, 1352 (1353); *ders.*, in: Spindler/Wiebe, Internet-Auktionen, 2001, E Rn. 63; *Paefgen* ZEuP 2003, 266 (291 f.); *Pfeiffer*, in: FS Geimer 2002, S. 821, 832; *Rauscher*, Fälle und Lösungen nach höchstrichterlichen Entscheidungen: Internationales Privatrecht mit Internationalem Verfahrensrecht, 2002, S. 130 und 170; *Staudinger* NJW 2001, 1974 (1977); *v. Bar/Mankowski*, IPR I, § 4 Rn. 103; de lege ferenda für eine Aufnahme in Art. 29 a und bis dahin de lege lata für eine Anknüpfung nach Art. 34 *Fetsch*, Eingriffsnormen und EG-Vertrag, 2002, S. 288, 291 und 294; *Kluth*, Die Grenzen des kollisionsrechtlichen Verbraucherschutzes, 2009, S. 215 ff.;

PWW/*Remien*, exEGBGB Art. 29 a Rn. 10; gegen eine analoge Anwendung Palandt/*Thorn* EGBGB Art. 46 b Rn. 2; Erman/*Hohloch* EGBGB Art. 29 a Rn. 26; *Looschelders*, Art. 29 a Rn. 43; Staudinger/*Magnus* EGBGB Art. 29 a Rn. 53; MüKoBGB/*Martiny* EGBGB Art. 46 b Rn. 88; Bamberger/Roth/*Spickhoff* EGBGB Art. 29 a Rn. 8.

128 Vgl. *Heiss*, in: Ferrari/Leible, Rome I Regulation, 2009, S. 8.

129 EuGH, Rs C-184/12, IPrax 2014, 174 m. Aufsatz *Lüttringhaus*, 146 – Unamar.

130 Für eine Anwendbarkeit trotz überschießender Umsetzung auch LG München, Urteil v. 19.4.2011 – 12 O 7134/11 Rn. 73 ff.

131 Zu kritisieren war insbes. die allfällige Berufung deutschen Rechts sowie das komplizierte Zusammenspiel mit den übrigen Absätzen, vgl. zB BT-Drs. 14/2920, S. 7 sowie *Mäsch* DNotZ 1997, 180 (206 ff.); *Otte* RabelsZ 62 (1998), 405, 426 ff.; *Jayme* IPrax 1997, 233 (234); *Wegner*, Internationaler Verbraucherschutz beim Abschluss von Timesharingverträgen: § 8 Teilzeitwohnrechtegesetz, 1998, S. 205 ff.; *Freitag/Leible* ZIP 1999, 1296 (1300); *Staudinger* IPrax 1999, 414 (417); *Kluth*, Die Grenzen des kollisionsrechtlichen Verbraucherschutzes, 2009, S. 252 ff.

trat[132] und von den Mitgliedstaaten bis zum 23.3.2011 in nationales Recht umzusetzen war,[133] an und erweitert dabei den Anwendungsbereich der Norm sowohl in persönlicher als auch in sachlicher Hinsicht erheblich.[134]

2. Verhältnis zu Abs. 1. Abs. 1 ist auf grenzüberschreitende Teilnutzungsverträge, Verträge über langfristige Urlaubsprodukte sowie Wiederverkaufs- und Tauschverträge grundsätzlich nicht anwendbar, da die Timesharing-Richtlinie 2008/122/EG, deren Art. 12 Abs. 2 mittels Abs. 4 umgesetzt wird, in Abs. 3 nicht erwähnt wird. Abs. 4 ist mithin **lex specialis** zu Abs. 1. Timesharingverträge können jedoch auch in den Anwendungsbereich weiterer Verbraucherschutzrichtlinien fallen (zB der Klausel-Richtlinie). Aus Verbraucherschutzgesichtspunkten sollte der Anwendungsbereich des Abs. 1 daher ausnahmsweise auch dann eröffnet sein, wenn der Timesharingvertrag gegen eine in mitgliedstaatliches Recht umgesetzte Regelung der in Abs. 3 genannten Richtlinien verstößt.[135]

3. Verhältnis zu Art. 3 Abs. 4 und Art. 6 Rom I-VO. Ebenso wie Abs. 1 greift auch Abs. 4 nur, wenn die Anknüpfung der in diesem Abs. aufgeführten Verträge nach der Rom I-VO zum Recht eines Drittstaates führt (zur Anknüpfung → Rn. 39). Art. 6 Rom I-VO ist also ebenso wie Art. 3 Abs. 4 Rom I-VO **vorrangig** zu prüfen. Im Gegensatz zu Abs. 1 (vgl. dazu → Rn. 47) geht Abs. 4 aber von einem **Günstigkeitsprinzip** aus, belässt es also bei der Anwendung drittstaatlichen Rechts, wenn dies für den Verbraucher von Vorteil ist.

4. Anwendungsvoraussetzungen. a) Teilnutzungsvertrag, Vertrag über ein langfristiges Urlaubsprodukt, Wiederverkaufs- oder Tauschvertrag. aa) Vertragsgegenstand. Abs. 4 verlangt zunächst das alternative Vorliegen bestimmter **Vertragstypen**: Es muss sich um einen Teilnutzungsvertrag, einen Vertrag über ein langfristiges Urlaubsprodukt oder einen Wiederverkaufs- oder einen Tauschvertrag handeln. Der sachliche Anwendungsbereich wurde im Vergleich zur Vorgängervorschrift Art. 46 b Abs. 3 aF- die lediglich Timesharing-Verträge über Immobilien erfasste – mithin erheblich erweitert.[136] Was mit den dergestalt bezeichneten Vertragstypen gemeint ist, erschließt sich durch den Verweis auf **Art. 2 Abs. 1 Richtlinie 2008/122/EG**.

Ein **Teilnutzungsvertrag** ist gem. Art. 2 Abs. 1 lit. a Richtlinie 2008/122/EG ein Vertrag mit einer Laufzeit von mehr als einem Jahr, mit dem der Verbraucher gegen Entgelt das Recht erwirbt, eine oder mehrere Übernachtungsunterkünfte für mehr als einen Nutzungszeitraum zu nutzen. Im Gegensatz zur Vorgängerregelung, die lediglich Verträge über Unterkünfte in Immobilien umfasste,[137] sind laut Definition nunmehr Verträge über sämtliche Formen von Unterkünften und folglich auch über Unterkünfte in Mobilien – wie zB Wohnmobilen, Hausbooten und Kreuzfahrtschiffen – erfasst.[138] Auch die Art der Ausgestaltung des Teilnutzungsvertrags[139] ist nunmehr irrelevant.[140] Allerdings muss der Vertrag auf die Zurverfügungstellung einer Unterkunft abzielen. Verträge über die Vermietung von Wohnmobilstell- oder Bootsliegeplätzen werden daher schon definitionsgemäß nicht erfasst. Dasselbe gilt für Vereinbarungen über Logenplätze bei Sportveranstaltungen.[141] Überdies sind Mehrfachreservierungen von Unterkünften, einschließlich Hotelzimmern, die nicht zu Rechten und Pflichten führen, die über solche aus Einzelreservierungen hinausgehen, nicht als Teilnutzungsvertrag zu qualifizieren. Auch gewöhnliche Mietverträge sind nicht betroffen, da sich diese auf einen einzelnen ununterbrochenen Nutzungszeitraum und nicht auf mehrere Nutzungszeiträume beziehen.[142] Das Erfordernis der Entgeltlichkeit ist schließlich weit auszulegen und erfasst nicht zur Einmalzahlungen, sondern ist bereits dann erfüllt, wenn der Verbraucher zu Beginn einen gewissen Betrag zahlt und in der Folge bei jeder Nutzung der Unterkunft eine weitere Zahlung leistet.[143]

Ein **Vertrag über ein langfristiges Urlaubsprodukt** wird in Art. 2 Abs. 1 lit. b Richtlinie 2008/122/EG definiert als Vertrag mit einer Laufzeit von mehr als einem Jahr, mit dem der Verbraucher gegen Entgelt in erster Linie das Recht auf Preisnachlässe oder sonstige Vergünstigungen in Bezug auf eine Unterkunft erwirbt, und zwar unabhängig davon, ob damit Reise- oder sonstige Leistungen verbunden sind. Hierunter

57

58

59

60

61

132 Vgl. Art. 19 Richtlinie 2008/122/EG. Zur Entstehungsgeschichte der RL 2008/122/EG *Leible/Leitner* IPrax 2013, 37.

133 Art. 16 Abs. 1 Richtlinie 2008/122/EG.

134 Vgl. BT-Drs. 17/2764, S. 1. Zum sachrechtlichen Anwendungsbereich *Leible/Leitner* IPrax 2013, 37 (39).

135 *Staudinger* NZM 2011, 601 (604 f.); Ferrari ua/*ders.* EGBGB Art. 46 b Rn. 51; MüKoBGB/*Martiny* EGBGB Art. 46 b Rn. 89.

136 Zu den Gründen *Leible/Leitner* IPrax 2013, 37 (38).

137 Vgl. Art. 46 b Abs. 3 aF, basierend auf Art. 1 und 2 Richtlinie 94/47/EG.

138 KOM (2007) 303 endg., S. 9 f.

139 Zu den einzelnen Ausgestaltungen vgl. zB mwN Reithmann/Martiny/*Mankowski* Rn. 4284 ff.; *Wegner*, Internationaler Verbraucherschutz beim Abschluss von Timesharingverträgen: § 8 Teilzeitwohnrechtegesetz, 1998, S. 22 ff.; *Otte* RabelsZ 62 (1998), 404, 408 ff.

140 So auch Reithmann/Martiny/*Mankowski*, Rn. 4292; *Gaedtke* VuR 2008, 130 (131); *Hellwig* EWS 2011, 406 (408).

141 KOM (2007) 303 endg., S. 10.

142 Erwägungsgrund 6 Richtlinie 2008/122/EG.

143 KOM (2007) 303 endg., S. 10. Näher dazu zB *Martinek*, Die neue Timesharing-Richtlinie und ihre Umsetzung, in: GS Wolf, 2011, S. 91, 99.

fallen etwa die sogenannten „Travel Discount Clubs".[144] Derartige Clubs ermöglichen gegen die Zahlung eines Entgelts für einen bestimmten Zeitraum den Zugriff auf besonders günstige Reiseangebote.[145] Dagegen werden herkömmliche Treuesysteme, bei denen Nachlässe auf künftige Aufenthalte in den Häusern einer Hotelkette gewährt werden, nicht erfasst, da die Mitgliedschaft in einem solchen System nicht gegen Entgelt erworben wird oder der Verbraucher mit der Entrichtung von Entgelt nicht in erster Linie das Recht auf Preisnachlässe oder sonstige Vergünstigungen in Bezug auf eine Unterkunft erwirbt.[146]

62   Ein **Wiederverkaufsvertrag** ist gem. Art. 2 Abs. 1 lit. c Richtlinie 2008/122/EG ein Vertrag, mit dem ein Gewerbetreibender gegen Entgelt einen Verbraucher dabei unterstützt, ein Teilnutzungsrecht oder ein langfristiges Urlaubsprodukt zu veräußern oder zu erwerben. Kaufverträge zwischen Verbrauchern sind nicht erfasst, da reine Privatgeschäfte (C2C) nicht in den Anwendungsbereich der Richtlinie fallen (→ Rn. 64). Geschützt wird daher nur der Erst-, nicht dagegen der Zweiterwerber.[147]Tritt der Gewerbetreibende nicht als Vermittler auf, sondern kauft er selbst ein Teilnutzungsrecht, das er dann an einen Verbraucher weiterveräußert, handelt es sich um einen Erwerb von Teilnutzungsrechten nach Art. 2 Abs. 1 lit. a.[148] Etwas unglücklich ist die Wahl der Terminologie der Richtlinie, die auf einen „Verkauf" hindeutet, obwohl es sich inhaltlich nicht um Verkaufs-, sondern vielmehr um Vermittlungsverträge handelt.[149]

63   Um einen **Tauschvertrag** handelt es sich gem. Art. 2 Abs. 1 lit. d Richtlinie 2008/122/EG bei jedem Vertrag, mit dem ein Verbraucher gegen Entgelt einem Tauschsystem beitritt, das ihm Zugang zu einer Übernachtungsunterkunft oder anderen Leistungen im Tausch gegen die Gewährung vorübergehenden Zugangs für andere Personen zu den Vergünstigungen aus den Rechten, die sich aus dem Teilnutzungsvertrag des Verbrauchers ergeben, ermöglicht. Entgeltlichkeit in diesem Sinne liegt auch dann vor, wenn eine kostenlose Einführungsphase vorgesehen ist oder die Gebühr für den ersten Zeitraum von einem Dritten bezahlt wird. Tauschaktionen während der Laufzeit des Vertrages über die Mitgliedschaft in einer Tauschorganisation sind hingegen nicht erfasst.[150] Auch hier ist die Begriffswahl irreführend, da es um den Beitritt und nicht den Tausch als solchen geht. Gemeint sind vielmehr Tauschsystemverträge.[151]

64   **bb) Vertragsparteien.** Auch wenn Abs. 4 nur von einem „Vertrag" spricht, genügt nicht jeder Vertrag iSd Abs. 4. In Abkehr von der Vorgängerrichtlinie 94/47/EG und des hierauf basierenden Art. 46 b Abs. 3 aF, die noch einen Vertrag zwischen einem Verkäufer und einem Erwerber forderten,[152] gilt die Timesharing-Richtlinie 2008/122/EG nunmehr lediglich für **Geschäfte zwischen Gewerbetreibenden und Verbrauchern**. Diese Neuerung beruht darauf, dass der Begriff „Erwerber" für einen Verbraucher bei einem Vertrag über den Wiederverkauf von Nutzungsrechten nicht zutreffend ist,[153] Wiederverkaufsverträge aber von der Richtlinie 2008/122/EG und damit auch von Art. 46 b Abs. 4 erfasst sind.

65   Die Begriffe „Gewerbetreibender" und „Verbraucher" werden in Art. 2 Abs. 1 der Richtlinie 2008/122/EG definiert. Ein **Gewerbetreibender** ist gem. Art. 2 Abs. 1 lit. e Richtlinie 2008/122/EG eine natürliche oder juristische Person, die für die Zwecke ihrer gewerblichen, geschäftlichen, handwerklichen oder beruflichen Tätigkeit handelt, sowie jede Person, die im Namen oder im Auftrag eines Gewerbetreibenden handelt. Dies ist identisch mit dem in Abs. 4 verwendeten Begriff des Unternehmers (vgl. auch § 14 BGB). Ein **Verbraucher** (vgl. auch § 13 BGB) ist hingegen gem. Art. 2 Abs. 1 lit. f. Richtlinie 2008/122/EG jede natürliche Person, die zu Zwecken handelt, die nicht ihrer gewerblichen, geschäftlichen, handwerklichen oder beruflichen Tätigkeit zugerechnet werden können.[154]

66   **b) Geltung drittstaatlichen Rechts aufgrund subjektiver oder objektiver Anknüpfung.** Abs. 4 erfasst ferner nur Fälle, in denen es aufgrund einer **subjektiven oder objektiven Anknüpfung** zur Geltung drittstaatlichen Rechts käme. Von Relevanz bei der hierfür erforderlichen kollisionsrechtlichen Vorprüfung sind Art. 3, 4 und 6 Verordnung (EG) Nr. 593/2008[155] (Rom I-VO) sowie Art. 43 Abs. 1 und die Regeln des internationalen Gesellschaftsrechts.[156]

67   Im Rahmen des **Art. 6 Rom I-VO** ist vor allem die Rückausnahme des Art. 6 Abs. 4 lit. c Rom I-VO für Verträge über Teilnutzungsrechte an Immobilien im Sinne der Richtlinie 94/47/EG zu beachten. Der Verweis auf die Timesharing-Richtlinie 94/47/EG bezieht sich infolge ihrer Reform nunmehr auf die aktuelle

---

144 KOM (2007) 303 endg., S. 10.
145 *Franzen* NZM 2011, 217 (219).
146 Erwägungsgrund 7 Richtlinie 2008/122/EG; KOM (2007) 303 endg., S. 10.
147 *Franzen* NZM 2011, 218 (221); *Leible/Leitner* IPrax 2013, 37 (40).
148 KOM (2007) 303 endg., S. 10.
149 *Leible/Leitner* IPrax 2013, 37 (39). Vgl. auch § 481 b Abs. 1 BGB.
150 KOM (2007) 303 endg., S. 11.

151 *Leible/Leitner* IPrax 2013, 37 (39). Vgl. auch § 481 b Abs. 2 BGB.
152 Vgl. Art. 2 Richtlinie 94/47/EG.
153 KOM (2007) 303 endg., S. 11.
154 KOM (2007) 303 endg., S. 10.
155 Verordnung (EG) Nr. 593/2008 des Europäischen Parlaments und des Rates v. 17.6.2008 über das auf vertragliche Schuldverhältnisse anzuwendende Recht (Rom I), ABlEU 2008 L 177/6.
156 *Leible/Leitner* IPrax 2013, 37 (40).

Timesharing-Richtlinie 2008/122/EG.[157] Das hat zur Folge, dass Art. 6 Rom I-VO in sachlicher Hinsicht auf **Teilnutzungsverträge** iSd Timesharing-Richtlinie 2008/122/EG Anwendung findet.[158] Dieses Ergebnis kann auch nicht unter Verweis auf Art. 6 Abs. 4 lit. a Rom I-VO konterkariert werden. Denn durch die systematische Stellung der Rückausnahme für Teilnutzungsverträge im Sinne der Timesharing-Richtlinie 2008/122/EG in Art. 6 Abs. 4 lit. c Rom I-VO wird klargestellt, dass Teilnutzungsverträge grundsätzlich nicht als Dienstleistungsverträge charakterisiert werden können. Zwar stellen derartige Verträge typengemischte Verträge dar, die auch dienstvertragliche Elemente enthalten. Diese dienstvertraglichen Elemente sind jedoch grundsätzlich als Nebenleistung zu qualifizieren. Eine Qualifikation als Hauptleistung kommt aufgrund der Gefahr einer Aushöhlung der Rückausnahme in Art. 6 Abs. 4 lit. c Rom I-VO nur in eng umgrenzten Ausnahmefällen in Betracht. Zu fordern sind jedenfalls Serviceleistungen, die im Vergleich mit der Gebrauchsüberlassung ein höheres, zumindest aber gleiches Gewicht haben.[159]

Anders ist hingegen bei **Wiederverkaufs- und Tauschverträgen** sowie Verträgen über ein **langfristiges** **68** **Urlaubsprodukt** zu entscheiden. Sie sind als Dienstleistungsverträge iSd Art. 57 AEUV zu qualifizieren, bei denen, sofern die Dienstleistungen ausschließlich in einem Land erbracht werden, in dem der Verbraucher nicht seinen gewöhnlichen Aufenthalt hat, eine Ausnahme nach Art. 6 Abs. 4 lit. a Rom I-VO in Betracht kommt.[160]

Außerhalb des Anwendungsbereich von Art. 6 Rom I-VO ist zwischen den einzelnen Verträgen, die in **69** den sachlichen Anwendungsbereich der Timesharing-Richtlinie 2008/122/EG fallen (Teilnutzungsverträge, Verträge über ein langfristiges Urlaubsprodukt, Wiederverkaufsverträge, Tauschverträge), zu differenzieren.

Die Anknüpfung von **Teilnutzungsverträgen** erfolgt je nach ihrer Ausgestaltung (schuldrechtlich, dinglich **70** oder gesellschaftsrechtlich)[161] unterschiedlich. **Schuldrechtlich ausgestaltete Teilnutzungsverträge** sind bei einer wirksamen Rechtswahl nach Art. 3 Abs. 1 Rom I-VO an das gewählte Recht anzuknüpfen.[162] Fehlt es an einer wirksamen Rechtswahl, ist weiter nach dem Nutzungsobjekt zu differenzieren. Schuldrechtliche Teilnutzungsverträge über **Immobilien** sind grundsätzlich nach Art. 4 Abs. 1 lit. c Alt. 2 Rom I-VO an das Recht am Belegenheitsort anzuknüpfen.[163] Dies ergibt sich aus Art. 6 Abs. 4 lit. c Rom I-VO, der derartige Verträge systematisch zu den Verträgen nach Art. 4 Abs. 1 lit. c Alt. 2 Rom I-VO zählt. Sofern der Vertrag kein konkretes Nutzungsobjekt benennt, ist das anwendbare Recht über Art. 4 Abs. 4 Rom I-VO zu bestimmen.[164] Bei Nutzungsrechten an mehreren Immobilien ist gegebenenfalls auf Art. 4 Abs. 3 Rom I-VO zurückzugreifen.[165] Eine Charakterisierung als Dienstleistungsvertrag und eine Anknüpfung nach Art. 4 Abs. 1 lit. b Rom I-VO ist nur in eng umgrenzten Ausnahmefällen möglich. Art. 4 Abs. 1 lit. d Rom I-VO spielt praktisch keine Rolle, da Gewerbetreibende und Verbraucher in den wenigsten Fällen in demselben Staat ansässig sind und Gewerbetreibende überdies in den meisten Fällen als Gesellschaften organisiert sind.[166] Schuldrechtliche Teilnutzungsverträge über **Mobilien** sind hingegen mangels einer besonderen Anknüpfungsregel in Art. 4 Abs. 1 Rom I-VO nach Art. 4 Abs. 2 Rom I-VO anzuknüpfen. Anzuwenden ist folglich das Recht am gewöhnlichen Aufenthaltsort des Anbieters als Erbringer der charakteristischen Leistung. In Ausnahmefällen kommt eine Anknüpfung nach Art. 4 Abs. 3 Rom I-VO in Betracht.

Bei **dinglich ausgestalteten Teilnutzungsverträgen** ist zwischen Verpflichtungs- und Verfügungsgeschäft **71** zu unterscheiden. Verpflichtungsgeschäfte sind bei wirksamer Rechtswahl nach Art. 3 Abs. 1 Rom I-VO an das gewählte Recht und mangels Rechtswahl – je nach Nutzungsobjekt – grundsätzlich nach Art. 4 Abs. 1 lit. c Alt. 1 Rom I-VO an das Recht am Belegenheitsort der Immobilie (bei Verträgen über Immobilien)[167] oder Art. 4 Abs. 2 Rom I-VO an den gewöhnlichen Aufenthaltsort des Anbieters als Leistungserbringer (bei Verträgen über Mobilien) anzuknüpfen. Verfügungsgeschäfte unterliegen hingegen gem. Art. 43 Abs. 1 EGBGB dem Recht am Belegenheitsort. Dies gilt auch für die Verhältnisse zwischen den einzelnen Berechtigten.[168]

157 Art. 18 Richtlinie 2008/122/EG; vgl. auch *Staudinger*, in: Gebauer/Wiedmann (Hrsg.), Zivilrecht unter europäischem Einfluss, 2. Aufl., 2010, Kap. 11 Rn. 61.

158 Ebenso *Franzen* NZM 2011, 218 (224); *Hellwig* EWS 2011, 406 (408).

159 So auch Reithmann/Martiny/*Mankowski*, Rn. 4303 mwN.

160 Vgl. Reithmann/Martiny/*Mankowski*, Rn. 4307; *Kelp*, Time-Sharing-Verträge, 2005, S. 240, 245 f., 247 f.; *Mäsch*, in: Hildenbrand/Kappus/Mäsch, Time-Sharing und Teilzeit-Wohnrechtegesetz (TzWrG) 1997, 3. Kapitel, § 8 TzWrG, Rn. 49 f.; *Leible/Müller* NZM 2009, 18 (19 ff.)

161 Zu den einzelnen Ausgestaltungsformen zB mwN Reithmann/Martiny/*Mankowski*, Rn. 4284 ff.; *Wegner*, Internationaler Verbraucherschutz beim Abschluss von Timesharingverträgen: § 8 Teilzeitwohnrechtegesetz, 1998, S. 22 ff.; *Otte* RabelsZ 62 (1998), 404, 408 ff.

162 Reithmann/Martiny/*Mankowski*, Rn. 4320.

163 Reithmann/Martiny/*Mankowski*, Rn. 4323.

164 Reithmann/Martiny/*Mankowski*, Rn. 4328.

165 So auch Reithmann/Martiny/*Mankowski*, Rn. 4326.

166 Reithmann/Martiny/*Mankowski*, Rn. 4325.

167 Reithmann/Martiny/*Mankowski*, Rn. 4329; *Hellwig* EWS 2011, 406 (410).

168 Reithmann/Martiny/*Mankowski* Rn. 4330; *Hellwig* EWS 2011, 406 (410).

72   Bei **gesellschaftsrechtlich ausgestalteten Teilnutzungsverträgen** muss zwischen dem originären Erwerb durch Beitritt und dem derivativen Erwerb durch Anteilsübertragung differenziert werden.[169] Ersterer unterliegt den Anknüpfungsregeln des Internationalen Gesellschaftsrechts,[170] Letzterer als Rechtskauf bei Vorliegen einer wirksamen Rechtswahl gem. Art. 3 Abs. 1 Rom I-VO dem gewählten Recht, mangels Rechtswahl gem. Art. 4 Abs. 2 Rom I-VO dem Recht am Ort der Niederlassung des Rechtsverkäufers.[171]

73   Für **Verträge über ein langfristiges Urlaubsprodukt** ist bei einer wirksamen Rechtswahl nach Art. 3 Abs. 1 Rom I-VO das gewählte Recht maßgeblich. Mangels Rechtswahl unterstehen sie als Dienstleistungsverträge nach Art. 4 Abs. 1 lit. b Rom I-VO dem Recht am gewöhnlichen Aufenthaltsort des Anbieters.

74   Auch **Wiederverkaufsverträge** sind bei einer wirksamen Rechtswahl nach Art. 3 Abs. 1 Rom I-VO anzuknüpfen. Fehlt es an einer (wirksamen) Rechtswahl, ist für sie als Dienstleistungsverträge nach Art. 4 Abs. 1 lit. b Rom I-VO auf das Recht am gewöhnlichen Aufenthaltsort des Gewerbetreibenden als Leistungserbringer abzustellen.

75   Auf **Tauschverträge** findet bei einer wirksamen Rechtswahl nach Art. 3 Abs. 1 Rom I-VO das gewählte Recht und mangels Rechtswahl nach Art. 4 Abs. 1 lit. b Rom I-VO das Recht am Niederlassungsort des Tauschsystems Anwendung.

76   **c) Belegenheit der Immobilie im Hoheitsgebiet eines EU-/EWR-Staats oder Vertrag aufgrund Ausübung einer Tätigkeit in Mitgliedstaat bzw. Ausrichten dieser Tätigkeit auf einen EU-/EWR-Staat.** Abs. 4 ist nur unter bestimmten räumlich-situativen Voraussetzungen anwendbar, und zwar entweder bei einer Belegenheit der Immobilie im Hoheitsgebiet eines EU-/EWR-Staats (Alt. 1) oder, im Falle eines Vertrags über Mobilien, bei einen Vertragsschluss basierend auf einer gewerblichen oder beruflichen Tätigkeit des Gewerbetreibenden in einem EU-/EWR-Staat oder einem Ausrichten dieser Tätigkeit auf einen EU-/EWR-Staat (Alt. 2). Die erste Alternative wirft keine großen Schwierigkeiten auf. Dieser faktische Anknüpfungspunkt war bereits aus der Vorgängerrichtlinie bekannt.[172] Die zweite Alternative ist neu und entspricht weitgehend den räumlich-situativen Anforderungen des Art. 6 Rom I-VO.[173] Sie ist aber insgesamt großzügiger, da der Staat, in dem der Unternehmer seine Tätigkeit ausübt oder auf den er diese ausrichtet, nicht der Aufenthaltsstaat des Verbrauchers sein muss, sondern ein beliebiger EU-/EWR-Staat sein kann.

77   **5. Rechtsfolgen.** Sind die Anwendungsvoraussetzungen des Abs. 4 erfüllt, werden nicht etwa das Lageortrecht oder das Recht des Staates berufen, zu dem der Sachverhalt die engsten Verbindungen aufweist; als Rechtsfolge sieht Abs. 4 vielmehr vor, dass Verbrauchern der Schutz, der ihnen durch die Timesharing-Richtlinie 2008/122/EG in der von dem Mitgliedstaat umgesetzten Form gewährt wird, nicht vorenthalten werden darf. Dies hat zur Folge, dass Verbraucher durch die Anwendung fremden Rechts **nicht schlechter gestellt** werden dürfen, als es die zur Umsetzung der Richtlinie ergangenen mitgliedstaatlichen Vorschriften vorsehen.[174] Abs. 4 geht also wie Art. 6 Rom I-VO vom **Günstigkeitsprinzip** aus. Anzuwenden sind bei fehlender Günstigkeit drittstaatlichen Rechts dann diejenigen Normen im **Staat des angerufenen Gerichts**, die der Richtlinienumsetzung dienen.[175] Ein weitergehender Schutz durch die Mitgliedstaaten ist aufgrund der angestrebten **Vollharmonisierung** nicht erlaubt.[176]

Art. 46 c EGBGB Pauschalreisen und verbundene Reiseleistungen

(1) Hat der Reiseveranstalter im Zeitpunkt des Vertragsschlusses seine Niederlassung im Sinne des § 4 Absatz 3 der Gewerbeordnung weder in einem Mitgliedstaat der Europäischen Union noch in einem anderen Vertragsstaat des Abkommens über den Europäischen Wirtschaftsraum und

---

169   *Wegner,* Internationaler Verbraucherschutz beim Abschluss von Timesharingverträgen: § 8 Teilzeitwohnrechtegesetz, 1998, S. 36.

170   Zum internationalen Gesellschaftsrecht vgl. *Leible,* in: Michalski (Hrsg.), GmbHG, 2. Aufl., 2010, Syst. Darst. 2.

171   Reithmann/Martiny/*Mankowski* Rn. 4332, 4335 mwN.

172   *Leible/Leitner* IPrax 2013, 37 (42).

173   Reithmann/Martiny/*Mankowski* Rn. 4344.

174   *Leible,* in: Schulte-Nölke/Schulze (Hrsg.), Europäische Rechtsangleichung und nationale Privatrechte,

1999, S. 353, 364; *Jayme,* in: Hommelhoff/Jayme/Mangold (Hrsg.), Europäischer Binnenmarkt, Internationales Privatrecht und Rechtsangleichung, 1995, S. 35, 46; *Klauer,* Das europäische Kollisionsrecht der Verbraucherverträge zwischen Römer-EVÜ und EG-Richtlinien, 2002, S. 220.

175   BT-Drs. 17/2764, S. 21. Vgl. dazu auch *Staudinger,* in: Gebauer/Wiedmann (Hrsg.), Zivilrecht unter europäischem Einfluss, 2. Aufl., 2010, Kap. 11 Rn. 61; *Franzen,* in: FS Hoffmann, S. 115, 124.

176   Vgl. Erwägungsgrund 3 Richtlinie 2008/122/EG.

1. schließt der Reiseveranstalter in einem Mitgliedstaat der Europäischen Union oder einem anderen Vertragsstaat des Abkommens über den Europäischen Wirtschaftsraum Pauschalreiseverträge oder bietet er in einem dieser Staaten an, solche Verträge zu schließen, oder
2. richtet der Reiseveranstalter seine Tätigkeit im Sinne der Nummer 1 auf einen Mitgliedstaat der Europäischen Union oder einen anderen Vertragsstaat des Abkommens über den Europäischen Wirtschaftsraum aus,

so sind die sachrechtlichen Vorschriften anzuwenden, die der in Nummer 1 oder Nummer 2 genannte Staat zur Umsetzung des Artikels 17 der Richtlinie (EU) 2015/2302 des Europäischen Parlaments und des Rates vom 25. November 2015 über Pauschalreisen und verbundene Reiseleistungen, zur Änderung der Verordnung (EG) Nr. 2006/2004 und der Richtlinie 2011/83/EU des Europäischen Parlaments und des Rates sowie zur Aufhebung der Richtlinie 90/314/EWG des Rates (ABl. L 326 vom 11.12.2015, S. 1) erlassen hat, sofern der Vertrag in den Bereich dieser Tätigkeit fällt.

(2) Hat der Vermittler verbundener Reiseleistungen im Zeitpunkt des Vertragsschlusses seine Niederlassung im Sinne des § 4 Absatz 3 der Gewerbeordnung weder in einem Mitgliedstaat der Europäischen Union noch einem anderen Vertragsstaat des Abkommens über den Europäischen Wirtschaftsraum und

1. vermittelt er verbundene Reiseleistungen in einem Mitgliedstaat der Europäischen Union oder einem anderen Vertragsstaat des Abkommens über den Europäischen Wirtschaftsraum oder bietet er sie dort zur Vermittlung an oder
2. richtet er seine Vermittlungstätigkeit auf einen Mitgliedstaat der Europäischen Union oder einen anderen Vertragsstaat des Abkommens über den Europäischen Wirtschaftsraum aus,

so sind die sachrechtlichen Vorschriften anzuwenden, die der in Nummer 1 oder Nummer 2 genannte Staat zur Umsetzung des Artikels 19 Absatz 1 in Verbindung mit Artikel 17 und des Artikels 19 Absatz 3 der Richtlinie (EU) 2015/2302 erlassen hat, sofern der Vertrag in den Bereich dieser Tätigkeit fällt.

(3) Hat der Vermittler verbundener Reiseleistungen in dem nach Artikel 251 § 1 maßgeblichen Zeitpunkt seine Niederlassung im Sinne des § 4 Absatz 3 der Gewerbeordnung weder in einem Mitgliedstaat der Europäischen Union noch in einem anderen Vertragsstaat des Abkommens über den Europäischen Wirtschaftsraum und richtet er seine Vermittlungstätigkeit auf einen Mitgliedstaat der Europäischen Union oder einen anderen Vertragsstaat des Abkommens über den Europäischen Wirtschaftsraum aus, so sind die sachrechtlichen Vorschriften anzuwenden, die der Staat, auf den die Vermittlungstätigkeit ausgerichtet ist, zur Umsetzung des Artikels 19 Absatz 2 und 3 der Richtlinie (EU) 2015/2302 erlassen hat, sofern der in Aussicht genommene Vertrag in den Bereich dieser Tätigkeit fällt.

Von der Kommentierung wurde abgesehen.

Dritter Unterabschnitt
Durchführung der Verordnung (EG) Nr. 593/2008

Art. 46 d EGBGB Pflichtversicherungsverträge

(1) Ein Versicherungsvertrag über Risiken, für die ein Mitgliedstaat der Europäischen Union oder ein anderer Vertragsstaat des Abkommens über den Europäischen Wirtschaftsraum eine Versicherungspflicht vorschreibt, unterliegt dem Recht dieses Staates, sofern dieser dessen Anwendung vorschreibt.

(2) Ein über eine Pflichtversicherung abgeschlossener Vertrag unterliegt deutschem Recht, wenn die gesetzliche Verpflichtung zu seinem Abschluss auf deutschem Recht beruht.

Literatur: *Basedow/Drasch*, Das neue Internationale Versicherungsvertragsrecht, NJW 1991, 785; *Basedow/Scherpe*, Das internationale Versicherungsvertragsrecht und „Rom-I", FS Heldrich 2005, S. 511; *Beckmann/Matusche-Beckmann*, Versicherungsrechts-Handbuch, 2015; *Bonnamour*, Le nouveau droit des contrats internationaux: le règlement (CE) no. 593/2008 sur la loi applicable aux obligations contractuelles: article 7: contrats d'assurance, Revue Lamy droit des affaires, No. 29, 2008, 76; *Caamiña Domínguez*, Los contratos de seguro en el art. 7 del Reglamento Roma I, Cuadernos de Derecho Transnacional vol. 1 n° 2, 2009, 30; *Cox/Merret/Smith*, Private International Law of Reinsurance and Insurance, 2006; *Dörner*, Internationales Versicherungsvertragsrecht, 1997; *Ehling*, Die Versicherung internationaler klinischer Prüfungen von Arzneimitteln, RPG 2010, 31; *Espiniella Menéndez*, Las reclamaciones derivadas de accidentes de circulación por carretera transfronterizos, 2012; *Fricke*, Kollisionsrecht im Umbruch – Perspektiven für die Versicherungswirtschaft, VersR 2005, 726, *ders.*, Das Versicherungs-IPR im Entwurf der Rom-I-Verordnung: ein kurzer Überblick über die Änderungen, VersR 2006, 745; *ders.*, Das internationale Privatrecht der Versicherungsverträge nach Inkrafttreten der Rom I-Verordnung, VersR 2008, 443; *Gruber*, Internationales Versicherungsvertragsrecht, 1999; *ders.*, Insurance Contracts, in:

Leible/Ferrari (Hrsg.), Rome I Regulation, 2009, S. 107; *Heinze*, Insurance contracts under the Rome I Regulation, NiPR 2009, 445; *Heiss*, Das Kollisionsrecht der Versicherungsverträge nach Rom I und II, VersR 2006, 185; *ders.*, Mobilität und Versicherung, VersR 2006, 448; *ders.*, Reform des internationalen Versicherungsvertragsrechts, ZVersWiss. 96 (2007), 503; *ders.*, Versicherungsverträge in „Rom I": Neuerliches Versagen des europäischen Gesetzgebers, in: FS Kropholler, 2008, S. 459; *ders.*, Insurance contracts in Rome I: another recent failure of the european legislature, YPIL 10 (2008), 261; *Honsell* (Hrsg.), Berliner Kommentar zum Versicherungsvertragsgesetz, 1999; *Imbusch,* Das IPR der Versicherungsverträge über innerhalb der EG belegene Risiken, VersR 1993, 1059; *Kramer,* Conflict of Laws on Insurance Contracts in Europe, in: Hendrikse/Rinkes (Hrsg.), Insurance and Europe, Paris 2007, S. 85; *dies.*, The new European Conflict of Law Rules on Insurance Contracts in Rome I: a Complex Compromise, The Icfai University Journal of Insurance Law 2008, Vol. VI, No. 4, 23; *Liauh*, Internationales Versicherungsvertragsrecht, 2000; *Looschelders*, Der Schutz von Verbrauchern und Versicherungsnehmern im Internationalen Privatrecht, in: FS E. Lorenz 2004, S. 441; *Looschelders/Smarowos*, Das internationale Versicherungsvertragsrecht nach Inkrafttreten der Rom I-Verordnung, VersR 2010, 1; *Merret*, The Scope of Conflict of Laws Provisions in the European Insurance Directives, JPrivIntL 2 N°2, 2006, 409; *dies.* Choice of law in Insurance Contracts under the Rome I Regulation, JPrivIntL 5 N°1, 2009, 49; *Merkin*, The Rome I Regulation and Reinsurance, JPrivIntL 5 N°1, 2009, 69 ff.; *Mewes*, Internationales Versicherungsvertragsrecht unter besonderer Berücksichtigung der europäischen Dienstleistungsfreiheit im Gemeinsamen Markt, 1995; *Miquel Sala*, Internationales Versicherungsvertragsrecht nach der Rom I-VO, 2017; *Morse*, Party Autonomy in International Insurance Contract Law, in: Reichert-Facilides/Jessurun d'Oliveira (Hrsg.), International Insurance Contract Law, 1993, S. 23; *Navarro Contreras*, El nuevo régimen de los contratos de seguro en el comercio internacional, 2000; *Perner*, Das internationale Versicherungsvertragsrecht nach Rom I, IPRax 2009, 218; *Philip*, Private International Law of Insurance in Denmark and the European Communities, in: Festskrift till Grönfors 1991, 347; *Piroddi*, I contratti di assicurazione tra mercato interno e diritto internazionale privato, in: *Boschiero* (Hrsg.), La nuova disciplina comunitaria della legge applicabile ai contratti (Roma I), 2009, S. 247; *Pocar*, Conflitti di legge e di giurisdizioni in materia di assicurazioni nella Comunità economica europea, Riv.dir.int.priv.proc. 23 (1987), 417; *Reichert-Facilides/Jessurun d'Oliveira* (Hrsg.), International Insurance Contract Law in the EC, 1993; *Reithmann/Martiny*, Internationales Vertragsrecht, 7. Auflage 2010; *Richter*, Internationales Versicherungsvertragsrecht: Eine kollisionsrechtliche Untersuchung unter besonderer Berücksichtigung des Rechts der Europäischen Gemeinschaften, 1980; *Roth*, Das Allgemeininteresse im europäischen Internationalen Versicherungsvertragsrecht, VersR 1993, 129; *ders.*, Dienstleistungsfreiheit und Allgemeininteresse im europäischen internationales Versicherungsvertragsrecht, in: Reichert-Facilides (Hrsg.), Aspekte des internationalen Versicherungsvertragsrechts im europäischen Wirtschaftsraum, 1994, S. 1; *ders.*, Internationales Versicherungsvertragsrecht, 1985; *ders.*, Internationales Versicherungsvertragsrecht in der Europäischen Union – Ein Vorschlag zu seiner Neuordnung, in: FS E. Lorenz 2004, S. 631; *Rothe*, Über deutsches internationales Privatversicherungsrecht, 1934; *Seatzu*, Insurance in Private International Law: A European Perspective, 2003; *Schnyder*, Parteiautonomie im europäischen Versicherungskollisionsrecht, in: Reichert-Facilides (Hrsg.), Aspekte des internationalen Versicherungsvertragsrechts im europäischen Wirtschaftsraum, 1994, S. 49; *Staudinger*, Internationales Versicherungsvertragsrecht – (k)ein Thema für Rom I?, in: Leible/Ferrari (Hrsg.), Ein neues Internationales Vertragsrecht für Europa – Der Vorschlag für eine Rom I-Verordnung, 2007, S. 225; *ders.*, Direktklage beim Auslandsunfall am Wohnsitzgericht – auch nach Inanspruchnahme der Kaskoversicherung, DAR 8 2014, 485; *Stehl*, Die Überwindung der Inkohärenz des internationalen Privatrechts der Bank- und Versicherungsverträge, 2008; *Uebel*, Die deutschen Kollisionsnormen für (Erst-)Versicherungsverträge mit Ausnahme der Lebensversicherung über in der Europäischen Wirtschaftsgemeinschaft belegene Risiken, 1994; *van Schoubroeck*, The new European conflicts-of-law rules from an insurance perspective, Revue européenne de droit de la consommation 4/2009, 7; *Wandt*, Internationales Privatrecht der Versicherungsverträge, in: Reichert-Facilides/Schnyder (Hrsg.), Versicherungsrecht in Europa – Kernperspektiven am Ende des 20. Jahrhunderts, 1998, S. 85.

A. **Allgemeines**	1	II. Vorgeschriebene Anwendung	9
I. Entstehung von Art. 46 d EGBGB und Verhältnis zur Rom I-VO	1	III. Rechtsfolge	11
		C. Anwendung deutschen Rechts (Abs. 2)	15
II. Normzweck	3	**D. Sonstiges**	17
B. **Anwendung des die Versicherungspflicht anwendenden Rechts (Abs. 1)**	5		
I. Erfasste Versicherungsverträge	5		

A. Allgemeines

I. Entstehung von Art. 46 d EGBGB und Verhältnis zur Rom I-VO

1 Die **Anknüpfung von Versicherungsverträgen** richtet sich nach Art. 7 Rom I-VO und andernfalls nach den allgemeinen Regeln der Art. 3, 4 und 6 Rom I-VO, sofern sie nicht überhaupt vom Anwendungsbereich der Rom I-VO ausgenommen sind (vgl. Art. 1 Abs. 2 lit. j Rom I-VO). Daher sind auch Pflichtversicherungsverträge grundsätzlich nach Art. 7 Rom I-VO anzuknüpfen. Allerdings eröffnet Art. 7 Abs. 4 lit. b Rom I-VO den Mitgliedstaaten die Möglichkeit, für Pflichtversicherungen abweichend von Art. 7 Abs. 2 und 3 Rom I-VO vorzuschreiben, dass auf diese das Recht des Mitgliedstaats anzuwenden ist, der die Versicherungspflicht vorschreibt.

2 Deutschland hat von dieser Option durch die Schaffung von Art. 46 c EGBGB Gebrauch gemacht. Die Vorschrift trat zeitgleich mit der Rom I-VO **zum 17.12. 2009 in Kraft**, während die Art. 7–15 EGVVG zum gleichen Zeitpunkt aufgehoben wurden.[1] Dies betrifft auch Art. 13 EGVVG zur substitutiven Krankenversicherung. Abgesehen von redaktionellen Verbesserungen entspricht die Regelung inhaltlich dem bisherigen Art. 12 Abs. 1 und 2 EGVVG.[2] Diese Bestimmung wurde – ohne inhaltliche Änderungen – mit Wirkung ab dem 1.7.2018 zu Art. 46 d EGBGB.[3]

II. Normzweck

Sieht ein Mitgliedstaat eine Versicherungspflicht vor, kann nach Art. 7 Abs. 4 lit. a Rom I-VO der Vertrag   **3** auf Erfüllung der besonderen Bestimmungen dieses Staates zur Pflichtversicherung geprüft werden, auch wenn er eigentlich einem anderen Recht unterliegt. Dies kann zu einem mitunter unerfreulichen „**Rechtsmix**"[4] von Normen des Versicherungsvertragsstatuts und den besonderen Bestimmungen zur Pflichtversicherung des die Versicherungspflicht anordnenden Staates führen und lässt sich vermeiden, wenn die Mitgliedstaaten von der ihnen eröffneten Option des Art. 7 Abs. 4 lit. b Rom I-VO Gebrauch machen. Damit erhalten sie – wie schon zuvor durch Art. 8 Abs. 4 lit. c der RL 88/357/EWG – die Möglichkeit, bei **Pflichtversicherungen** abweichend von der allgemeinen Anknüpfung von Versicherungsverträgen das Recht des Staates anzuwenden, der die Pflichtversicherung vorschreibt.

Zweck der diese Option nutzenden Art. 46 d ist es, dem starken territorialen Bezug von **öffentlich-rechtli-**   **4** **chen Versicherungspflichten** sowie dem jeweiligen besonderen öffentlichen Interesse an einem effektiven Versicherungsschutz Rechnung zu tragen.[5] Eine Norm wie Art. 46 d hilft zugleich, Normkonflikte zu vermeiden und fördert den internationalen Entscheidungseinklang.[6] Sofern nicht alle Mitgliedstaaten von der Option des Art. 7 Abs. 4 lit. b Rom I-VO Gebrauch machen, führt sie allerdings zu einer Zersplitterung des Kollisionsrechts der Pflichtversicherungsverträge.[7]

B. Anwendung des die Versicherungspflicht anordnenden Rechts (Abs. 1)

I. Erfasste Versicherungsverträge

Art. 46 d erfasst Versicherungsverträge „über Risiken, für die ein Mitgliedstaat der Europäischen Union   **5** oder ein anderer Vertragsstaat des Abkommens über den Europäischen Wirtschaftsraum eine Versicherungspflicht vorschreibt". Der Begriff des Versicherungsvertrags ist ebenso auszulegen wie in **Art. 7 Rom I-VO**. Die Vorschrift gilt daher sowohl für Groß-[8] als auch Massenrisikoverträge (einschließlich der Lebensversicherung). Bei Großrisikoverträgen ist der Ort der Risikobelegenheit unbeachtlich, während bei Massenrisikoverträgen das Risiko innerhalb der Mitgliedstaaten belegen sein muss (vgl. aber → Rn. 8).

Um Pflichtversicherungen handelt es sich bei solchen Direktversicherungsverträgen, zu deren Abschluss   **6** der Versicherungsnehmer aufgrund von Rechtsvorschriften verpflichtet ist.[9] Es bedarf also der Anordnung einer Versicherungspflicht durch einen Mitgliedstaat der EU oder Vertragsstaat des EWR. Erforderlich ist eine **hoheitliche Anordnung** der Versicherungspflicht. Die Begründung einer Versicherungspflicht durch vertragliche Vereinbarung genügt hingegen nicht.[10]

Ebenso wie schon unter Geltung von Art. 12 EGVVG aF stellt sich heute die Frage, ob Versicherungsver-   **7** träge genauso anzuknüpfen sind, wenn die Versicherungspflicht **auf dem Recht eines Drittstaates** beruht. Für eine solche Anknüpfung sprechen gute Gründe. Denn nur so lässt sich legitimen öffentlichen Interessen von Drittstaaten hinreichend Rechnung tragen.[11] Eine derartige Lösung bewahrt außerdem den Versiche-

---

1 Vgl. Art. 2 des Gesetzes zur Anpassung der Vorschriften des Internationalen Privatrechts an die Verordnung (EG) 593/2008, vom 25.6.2009, BGBl. I S. 1574.

2 Vgl. BT-Drs. 16/12104, S. 11.

3 Vgl. Art. 2 des Dritten Gesetzes zur Änderung reiserechtlicher Vorschriften vom 17.7.2017, BGBl. I S. 2394.

4 HK-BGB/*Staudinger* EGBGB Art. 46 d Rn. 1; *Perner* IPRax 2009, 222; *Heiss* ZVersWiss 2009, 519; *Heinze* NiPr 2009, 451; Ferrari IntVertragsR/*Staudinger* Rom I-VO Art. 7 Rn. 51.

5 MüKoBGB/*Martiny* EGBGB Art. 46 d Rn. 2; HK-BGB/*Staudinger* EGBGB Art. 46 d Rn. 2; Bruck/Möller/*Dörner* EGBGB Art. 46 c Rn. 2; ähnlich *Perner* IPRax 2009, 221; *Looschelders/Smarowos* VersR 2010, 7; Langheid/Wandt/*Looschelders*, Internationales Versicherungsvertragsrecht Rn. 106.

6 Bruck/Möller/*Dörner* EGBGB Art. 46 c Rn. 2; JurisPK-BGB/*Junker* EGBGB Art. 46 d Rn. 2.

7 *Fricke* VersR 2008, 449; *Miquel Sala*, S. 351.

8 Vgl. dazu die Definition in Art. 13 Nr. 27 Richtlinie 2009/138/EG (Solvabilität II-Richtlinie).

9 Bruck/Möller/*Dörner* EGBGB Art. 46 c Rn. 9.

10 JurisPK-BGB/*Junker* EGBGB Art. 46 d Rn. 12; HK-BGB/*Staudinger* EGBGB Art. 46 d Rn. 1; Bruck/Möller/*Dörner* EGBGB Art. 46 c Rn. 9; Langheid/Wandt/*Looschelders*, Internationales Versicherungsvertragsrecht, Rn. 107.

11 Staudinger/*Armbrüster* EGBGB Art. 46 c Rn. 6; vgl. früher zu Art. 12 EGVVG *Basedow/Drasch* NJW 1991, 785 (794); Honsell/*Dörner* EGVVG Art. 12 Rn. 7; MüKoBGB/*Martiny* EGBGB Art. 37 Rn. 143; Soergel/*v. Hoffmann* EGBGB Art. 37 Rn. 128; *Lübbert/Vogel* RuS 2000, 311 (313); Prölss/Martin/*Armbrüster*, 27. Aufl. 2004, EGVVG Art. 12 Rn. 2.

rungsnehmer vor unterschiedlichen oder widersprüchlichen Anforderungen an die Versicherungspflicht.[12] Allerdings spricht Art. 7 Abs. 4 lit. b Rom I-VO ausdrücklich nur von „Mitgliedstaat".[13] Überwinden lässt sich dies jedoch durch eine analoge Anwendung der insoweit lückenhaften Norm, die bereits bei ihrem Erlass als ergänzungs- und reformbedürftig angesehen wurde.[14] Dies gestattet dann auch die nachfolgend angezeigte analoge Anwendung von Art. 46 d Abs. 1,[15] ist aber nicht unumstritten.[16]

8 Eine analoge Anwendung von Art. 7 Abs. 4 lit. b Rom I-VO und Art. 46 d Abs. 1 EGBGB ist auf jeden Fall bei Vorliegen eines Vertrags über die Versicherung eines Massenrisikos angezeigt, das **außerhalb eines Mitgliedstaates belegen** ist, sofern die Versicherungspflicht von einem Mitgliedstaat vorgeschrieben wird;[17] denn nur so lässt sich der angestrebte Gleichlauf zwischen der Versicherungspflicht und der zu ihr führenden Tätigkeit sicherstellen.[18] Auch hier wird die Möglichkeit einer Analogie teilweise in Frage gestellt.[19] Die Wirkungsverleihung von Vorschriften, die eine Pflichtversicherung regeln, auf Grundlage von Art. 9 Rom I-VO, begegnet nicht wenigen Schwierigkeiten.[20]

II. Vorgeschriebene Anwendung

9 Allein das Bestehen einer Versicherungspflicht genügt freilich nicht. Der jeweilige Mitgliedstaat muss darüber hinaus auch sein eigenes Recht angewendet wissen wollen. Die Beibehaltung des bereits in Art. 12 Abs. 1 EGVVG aF formulierten Zusatzes „sofern dieser dessen Anwendung vorschreibt" soll bewirken, dass die Ausnahmeregelung für Pflichtversicherungsverträge **einschränkend gehandhabt** werden kann.[21] Eine uneingeschränkte Verweisung hätte nach Ansicht des Gesetzgebers den Nachteil gehabt, dass sie zur Anwendung eines Rechts führen könnte, das aus dessen Sicht gar nicht angewendet werden will.[22] Dies würde aber dem Sinn der Ermächtigung in Art. 7 Abs. 4 lit. b Rom I-VO widersprechen. Eine Regelung wie Art. 46 d Abs. 1 ist zudem auch deshalb verordnungskonform, weil sie dem mit der Rom I-VO verfolgten Vereinheitlichungszweck entspricht und den Entscheidungseinklang wahren hilft.[23]

10 Der **Anwendungswille** der jeweiligen Rechtsordnung ist anzunehmen, wenn der Anwendungswille der einschlägigen besonderen Vorschriften zur Pflichtversicherung mithilfe der dazu gehörenden Gesetzesbegründungen sowie der Rechtsprechung und Literatur festgestellt werden kann und wenn zusätzlich auf Grundlage von Art. 7 Abs. 4 lit. b Rom I-VO eine einseitige oder allseitige Kollisionsnorm erlassen wurde.[24]

Hat der ausländische Gesetzgeber von der Ermächtigungsnorm in Art. 7 Abs. 4 lit. b Rom I-VO nicht Gebrauch gemacht, bleibt es bei der Anknüpfung nach Art. 7 Abs. 2 oder 3 Rom I-VO.[25] Auch in diesem Fall ist freilich Art. 7 Abs. 4 lit. a Rom I-VO anwendbar. Es soll also ermittelt werden, ob die ausländische Rechtsordnung wenigstens ihre besonderen Vorschriften zur Pflichtversicherung angewendet wissen möchte.[26]

12　*Looschelders/Smarowos* VersR 2010, 7.
13　Zutr. Langheid/Wandt/*Looschelders*, Internationales Versicherungsvertragsrecht, Rn. 110.
14　Vgl. etwa *Heiss* YPIL 10 (2008), 261, 281.
15　Dafür auch bei drittstaatlicher Risikobelegenheit Prölss/Martin/*Armbrüster* Erl. zu Art. 1 ff. Rom I-VO Rn. 53; MüKoBGB/*Martiny* EGBGB Art. 46 d Rn. 8, 10; Leible/Ferrari/*Gruber*, Rome I Regulation, 2009, S. 124.
16　Gegen eine analoge Anwendung von Art. 46 d EGBGB Looschelders/Pohlmann/*Schäfer* Rn. 125. Für die Vorlage dieser Frage zum EuGH Beckmann/Matusche-Beckmann VersR-HdB § 4 Rn. 96; BeckOGK/*Lüttringhaus* EGBGB Art. 46 d Rn. 20.
17　Überzeugend Bruck/Möller/*Dörner* EGBGB Art. 46 c Rn. 6–7; Schulze/*Staudinger* EGBGB EGBGB Art. 46 d Rn. 1; PWW/*Ehling* Rom I-VO Art. 7 Rn. 16; PWW/*Ehling* EGBGB EGBGB Art. 46 d Rn. 2; *Miquel Sala*, S. 336.
18　*Perner* IPRax 2009, 222.
19　Gegen eine analoge Anwendung von Art. 46 d EGBGB Langheid/Wandt/*Looschelders*, Internationales Versicherungsvertragsrecht, Rn. 109–110;

JurisPK/*Junker* EGBGB EGBGB Art. 46 d Rn. 16; Looschelders/Pohlmann/*Schäfer* Rn. 126; für die Vorlage dieser Frage zum EuGH BeckOGK/*Lüttringhaus* EGBGB Art. 46 d Rn. 15.
20　BeckOGK/*Lüttringhaus* EGBGB Art. 46 d Rn. 16, 17; *Miquel Sala*, S. 334 f.
21　BT-Drs. 16/12104, S. 10.
22　BT-Drs. 16/12104, S. 10.
23　*Martiny* RIW 2009, 751; Staudinger/*Armbrüster* EGBGB Art. 46 c Rn. 3; MüKoBGB/*Martiny* EGBGB Art. 46 d Rn. 5; Bruck/Möller/*Dörner* EGBGB Art. 46 c Rn. 10; Langheid/Wandt/*Looschelders*, Internationales Versicherungsvertragsrecht, Rn. 114; HK-BGB/*Staudinger* EGBGB Art. 46 d Rn. 1; BeckOGK/*Lüttringhaus* EGBGB Art. 46 d Rn. 7.
24　*Miquel Sala*, S. 347 f.
25　*Martiny* RIW 2009, 750; Palandt/*Thorn* Rom I-VO Art. 7 Rn. 9.
26　MüKoBGB/*Martiny* EGBGB Art. 46 d Rn. 7; Reithmann/Martiny/*Schnyder/Grolimund* Rn. 6.2765; BeckOGK/*Lüttringhaus* EGBGB Art. 46 d Rn. 13; Looschelders/Pohlmann/*Schäfer* Rn. 132.

III. Rechtsfolge

Art. 46 d verlangt zwingend die Anwendung des Rechts desjenigen Staates, der die Versicherungspflicht **11** vorschreibt. Eine subjektive oder objektive Anknüpfung des Pflichtversicherungsvertrags nach Art. 7 Abs. 2 und 3 Rom I-VO kommt aufgrund dieser von Art. 46 d Abs. 1 angeordneten und durch Art. 7 Abs. 4 lit. b Rom I-VO legitimierten **Sonderanknüpfung** nicht in Betracht.

Fraglich ist, wie bei einer durch **mehrere Staaten angeordneten Versicherungspflicht** für dasselbe Risiko **12** zu verfahren ist. Nach zT vertretener Auffassung soll es dann zu einer Statutenspaltung kommen, sofern sich der Vertrag in mehrere sachlich-räumliche Komplexe zerlegen lässt.[27] Das deckt sich mit der Anordnung von Art. 7 Abs. 5 Rom I-VO für den Fall mehrfacher Risikobelegenheit (→ Rn. 13). Fehlt es an einer Teilbarkeit des Vertrages, sollte auf den gesamten Vertrag das Recht desjenigen Staates angewendet werden, zu dem dieser die engste Verbindung aufweist.[28]

Gem. Art. 12 Abs. 3 EGVVG aF war immer dann, wenn ein Versicherungsvertrag die Deckung für Risiken **13** sicherstellte, die in mehreren Mitgliedstaaten belegen waren, von denen mindestens einer eine Versicherungspflicht vorschreibt, der Vertrag so zu behandeln, als bestünde er aus mehreren Verträgen, von denen sich jeder auf jeweils einen Mitgliedstaat bezieht. Der deutsche Gesetzgeber hat diese Norm ersatzlos gestrichen, da es ihrer im Hinblick auf Art. 7 Abs. 5 Rom I-VO nicht bedurfte.[29] Deckt also der Vertrag **Risiken in mehreren Mitgliedstaaten** und schreibt mindestens einer dieser Staaten eine **Versicherungspflicht** vor, ist er so zu behandeln, als bestünde er aus mehreren Verträgen, von denen sich jeder auf jeweils einen Mitgliedstaat bezieht. Auch dann ist freilich Art. 46 d heranzuziehen, da Art. 7 Abs. 5 Rom I-VO die Vertragsaufspaltung ausdrücklich „für die Zwecke von Abs. 4" anordnet. Es ist daher für jeden Vertragsteil zu prüfen, ob der betreffende Mitgliedstaat die Anwendung seines Rechts verlangt. Fehlt es daran, bleibt es – wie in → Rn. 10 beschrieben – bei der Anwendung von Art. 7 Abs. 2 und 3 Rom I-VO.[30] Gegebenenfalls kann die Anwendung von besonderen Vorschriften zur Pflichtversicherung auf einen Teil des Vertrages aus Art. 7 Abs. 4 lit. a Rom I-VO resultieren.[31]

Zu einer Vertragsspaltung (bei vorausgesetzter Teilbarkeit des Vertrages) kommt es weiterhin bei einem **14** Massenrisikovertrag, wenn Risiken innerhalb und außerhalb der EU belegen sind. Für innerhalb der EU belegene Risiken richtet sich die Anknüpfung dann nach Art. 46 d, für die übrigen Risiken gelten Art. 3, 4 und 6 Rom I-VO, sofern man nicht Art. 7 Abs. 4 Rom I-VO und Art. 46 d analog anwendet.

C. Anwendung deutschen Rechts (Abs. 2)

Art. 46 d Abs. 2 ordnet die Geltung deutschen Rechts für einen über eine Pflichtversicherung abgeschlosse- **15** nen Vertrag für diejenigen Fälle an, in denen die gesetzliche Verpflichtung zu seinem Abschluss auf **deutschem Recht** beruht. Eine Rechtswahl ist unzulässig.[32] Die noch in Art. 12 Abs. 2 S. 2 EGVVG aF enthaltene Ausnahme „sofern nicht durch oder aufgrund eines Gesetzes etwas anderes angeordnet ist" wurde nicht übernommen. Der Hinweis war überflüssig und seine Streichung hindert nicht die Anwendung §§ 99, 102 LuftVZO als leges speciales.[33]

Die gesetzliche Verpflichtung zum Abschluss eines Versicherungsvertrags kann auf **Bundes-**[34] oder **Lan-** **16** **desrecht**[35] beruhen. Erforderlich, aber auch ausreichend ist es, dass sich die Pflicht aus einem Gesetz im materiellen Sinne ergibt. Daher kann zur Begründung einer Versicherungspflicht iSv Abs. 2 auch verfassungskonformes **Standesrecht** genügen.[36]

27 So Bruck/Möller/*Dörner* EGBGB Art. 46 c Rn. 14.
28 Für die Anwendung des Rechts der engsten Verbindung ohne Rücksicht auf die Teilbarkeit des Vertrages Staudinger/*Armbrüster* EGBGB Art. 46 c Rn. 9; Looschelders/Pohlmann/*Schäfer* Rn. 134; Ferrari IntVertragsR/*Staudinger* Rom I-VO Art. 7, Rn. 54; MüKoBGB/*Martiny* EGBGB Art. 46 d Rn. 7. Für die kumulative Anwendung der unterschiedlichen Rechtsordnungen Bruck/Möller/*Dörner* EGBGB Art. 46 c Rn. 14; Beckmann/Matusche-Beckmann VersR-HdB § 4 Rn. 103 (strengste Anforderungen).
29 BT-Drs. 16/12104, S. 10.
30 AA Reithmann/Martiny/*Schnyder/Grolimund*, Rn. 6.2766.

31 *Miquel Sala*, S. 355; vgl. Ferrari IntVertragsR/*Staudinger* Rom I-VO Art. 7 Rn. 53; Looschelders/Pohlmann/*Schäfer* Rn. 127.
32 Palandt/*Thorn* Rom I-VO Art. 7 Rn. 9.
33 Staudinger/*Armbrüster* EGBGB Art. 46 d Rn. 2; MüKoBGB/*Martiny* EGBGB Art. 46 d Rn. 14; *Miquel Sala*, 347, 348.
34 S. BT-Drs. 16/5497, 6 ff.
35 S. BT-Drs. 16/5497, 9 ff.
36 *Basedow/Drasch* NJW 1991, 794; Staudinger/*Armbrüster* EGBGB Art. 46 c Rn. 11; Langheid/Wandt/*Looschelders*, Internationales Versicherungsvertragsrecht, Rn. 107; BeckOGK/*Lüttringhaus* EGBGB Art. 46 d Rn. 5; Looschelders/Pohlmann/*Schäfer* Rn. 128.

D. Sonstiges

17   **Maßgeblicher Zeitpunkt** für das Bestehen der Versicherungspflicht ist der des Vertragsschlusses.[37] Entsteht die Versicherungspflicht nachträglich, so kommt es bei einem entsprechenden Anwendungswillen des sie anordnenden Staates ebenso zu einem **Statutenwechsel** wie bei ihrem nachträglichen Wegfall.[38]

18   Das auf den **Direktanspruch** des Geschädigten gegen den Versicherer anwendbare Recht bestimmt sich nach Art. 18 Rom II-VO bzw. Art. 40 Abs. 4 EGBGB. Demnach hat der Geschädigte einen solchen Anspruch, wenn ein solcher nach dem Haftungsstatut oder nach dem Versicherungsvertragsstatut besteht. Art. 46 d EGBGB spielt in diesem Zusammenhang nur bei der Feststellung des Versicherungsvertragsstatuts eine Rolle.

Anhang zu Art. 46 d EGBGB: Internationales Wertpapierrecht

Literatur: *V. Bar*, Wertpapiere im deutschen Internationalen Privatrecht, in: FS W. Lorenz, 1991, S. 273; *Basedow*, Kollisionsrechtliche Aspekte der Seerechtsreform 1986, IPRax 1987, 333; *ders.,* EU-Kollisionsrecht und Haager Konferenz – Ein schwieriges Verhältnis, IPRax 2017, 194; *Baumbach/Hefermehl/Casper*, Wechselgesetz und Scheckgesetz mit Nebengesetzen und einer Einführung in das Wertpapierrecht, 23. Auflage 2008; *Bernstein*, Wechselkollisionsrecht und excuses for nonperformance bei Enteignung des Wechselschuldners – Nachlese zum chilenischen Kupferstreit in Hamburg, in: FS Reimers, 1979, S. 229; *Born*, Europäisches Kollisionsrecht des Effektengiros, 2014; *Bülow*, Heidelberger Kommentar zum Wechselgesetz/Scheckgesetz und zu den Allgemeinen Geschäftsbedingungen, 4. Auflage 2004; *Dittrich*, Effektengiroverkehr mit Auslandsberührung, 2002; *Drobnig*, Vergleichende und kollisionsrechtliche Probleme der Girosammelverwahrung von Wertpapieren im Verhältnis Deutschland – Frankreich, in: FS Zweigert, 1981, S. 73; *Ege*, Das Kollisionsrecht der indirekt gehaltenen Wertpapiere, 2006; *Eidenmüller*, Internationale Entwicklungen im Recht der Kreditsicherheiten, in: Hadding/Hopt/Schimansky (Hrsg.), Bankrechtstag 2004, S. 117; *Einsele*, Wertpapierrecht als Schuldrecht, 1995; *dies.,* Kollisionsrechtliche Behandlung von Wertpapieren und Reichweite der Eigentumsvermutung des § 1006 BGB, IPRax 1995, 163; *dies.,* Bank- und Kapitalmarktrecht, 4. Auflage 2018; *dies.,* Intermediär-verwahrte Wertpapiere, ZHR 177 (2013), 50; *dies.,* Das Kollisionsrecht Intermediär-verwahrter Wertpapiere, EuZW 2018, 402; *Eschelbach*, Deutsches internationales Scheckrecht, 1990; *Freitag*, Die Golddollaranleihe der Stadt Dresden von 1925 vor dem BGH – das auf im Ausland platzierte Anleihen anwendbare Recht, IPRax 2007, 24; *ders.,* in: Derleder/Knops/Bamberger (Hrsg.), Handbuch zum deutschen und europäischen Bankrecht, 3. Auflage 2017, § 75; *v. Hein*, Die Internationale Prospekthaftung im Lichte der Rom II-Verordnung, in: FS Hopt, 2008, S. 371; *Hellgardt/Ringe*, Internationale Kapitalmarkthaftung als Corporate Governance, ZHR 173 (2009), 802; *Kieninger*, Übertragung von Gesellschaftsanteilen im englischen Internationalen Privatrecht, IPRax 1997, 449; *Kronke*, Das Genfer UNIDROIT-Übereinkommen über materiellrechtliche Normen für intermediär-verwahrte Wertpapiere und die Reform des deutschen Depotrechts, WM 2010, 1625; *Kronke/Berger*, Wertpapierstatut, Schadensersatzpflichten der Inkassobank, Schuldnerschutz in der Zession – Schweizer Orderschecks auf Abwegen, IPRax 1991, 316; *Kronke/Haubold*, in: Kronke/Melis/Kuhn (Hrsg.), Handbuch Internationales Wirtschaftsrecht, 2. Auflage 2017, Teil L; *Kumpan*, Finanzinstrument, in: Basedow/Hopt/Zimmermann (Hrsg.), Handwörterbuch des Europäischen Privatrechts, Bd. I, 2009, S. 601; *Kümpel/Wittig*, Bank- und Kapitalmarktrecht, 4. Auflage 2011; *Lehmann*, Finanzinstrumente, 2009; *ders.,* Financial instruments, in: Basedow/Ferrari/de Miguel Asensio/Rühl (Hrsg.), Encyclopedia of Private International Law, Bd. I, 2017, S. 739; *S. Lorenz*, Zur Abgrenzung von Wertpapierrechtsstatut und Wertpapiersachstatut im internationalen Wertpapierrecht, NJW 1995, 176; *Lüttringhaus*, Übergreifende Begrifflichkeiten im europäischen Zivilverfahrens- und Kollisionsrecht, RabelsZ 77 (2013), 31; *Mankowski*, Warenübereignung durch Dokumentenübertragung und Internationales Privatrecht, in: FS Herber, 1999, S. 147; *ders.,* Konnossemente und die Rom I-VO, TranspR 2008, 417; *Morawitz*, Das internationale Wechselrecht, 1991; *M. Müller*, Finanzinstrumente in der Rom I-VO, 2011; *Reuschle*, Grenzüberschreitender Effektengiroverkehr, RabelsZ 68 (2004), 687; *Schefold*, Zur Rechtswahl im internationalen Scheckrecht, IPRax 1987, 150; *ders.,* Grenzüberschreitende Wertpapierübertragungen und Internationales Privatrecht, IPRax 2000, 468; *ders.,* Kollisionsrechtliche Lösungsansätze im Recht des grenzüberschreitenden Effektengiroverkehrs – die Anknüpfungsregelungen der Sicherheitenrichtlinie (EG) und der Haager Konvention über das auf zwischenverwahrte Wertpapiere anwendbare Recht, FS Jayme, 2004, Bd. I, S. 805; *Schlechtriem*, Zur Abdingbarkeit von Art. 93 Abs. 1 WG, IPRax 1989, 155; *Schwarz*, Finanzsicherheiten und Verwahrung (Wertpapiere), in: Basedow/Hopt/Zimmermann (Hrsg.), Handwörterbuch des Europäischen Privatrechts, Bd. I, 2009, S. 608 und Bd. II, 2009, S. 1720; *ders.,* Globaler Effektenhandel, 2016; *Straub*, Zwei Wechselfälle der Parteiautonomie, IPRax 1994, 432; *Weber*, Internationale Prospekthaftung nach der Rom II-Verordnung, WM 2008, 1581; *Welter*, in: Schimansky/Bunte/Lwowski (Hrsg.), Bankrechtshandbuch, Bd. I, 5. Auflage 2017, § 26; *Wust*, Die grenzüberschreitende Verbuchung von Wertpapieren, 2011.

A. Allgemeines	1	
I. Internationales Wertpapierrecht als Quer-		
schnittsmaterie	1	
II. Begriff des Wertpapiers	2	
1. Entmaterialisierung von Wertpapieren	3	
2. Einfluss des Unionsrechts	4	

III. Rechtsquellen	5
1. Spezielle Regelungen des IWPR	5
2. Internationales Schuldrecht und IWPR	7
IV. Formfragen	9

---

37   PWW/*Ehling* EGBGB Art. 46 d Rn. 3; jurisPK-BGB/*Junker* EGBGB Art. 46 c Rn. 10; HK-BGB/*Staudinger* EGBGB Art. 46 d Rn. 1; Bruck/Möller/*Dörner* EGBGB Art. 46 c Rn. 13.

38   Näher Bruck/Möller/*Dörner* EGBGB Art. 46 c Rn. 13; jurisPK-BGB/*Junker* EGBGB Art. 46 d Rn. 13; Beckmann/Matusche-Beckmann VersR-HdB § 4 Rn. 99.

B. Grundsätze des IWPR: Wertpapierrechts-
    und Wertpapiersachstatut 9a
    I. Wertpapierrechtsstatut (Hauptstatut)   10
        1. Verbriefte Forderungen 12
        2. Verbriefung von Mitgliedschaftsrechten . .   13
        3. Verbriefte Sachenrechte   14
    II. Wertpapiersachstatut 15
        1. Grundregel: lex cartae sitae   16
        2. Registrierte Wertrechte: lex libri siti   17
C. Internationaler Effektengiroverkehr   18
    I. § 17 a DepotG 19
        1. Anwendungsbereich 19
        2. Ort der Register- bzw. Kontoführung   20
        3. Rechtsbegründende Wirkung   21
        4. Sachnormverweisung 22
    II. Haager Wertpapier-Übereinkommen (HWpÜ),
        UNIDROIT-Übereinkommen, Wertpapier-
        rechtsrichtlinie 23

D. Internationales Wechsel- und Scheckrecht   24
    I. Allgemeines 24
        1. Rechtswahl   26
        2. Renvoi   28
    II. Sonderregelungen für Wechsel:
        Art. 91–98 WG   29
        1. Wechselfähigkeit   29
        2. Form   30
        3. Wirkungen der Wechselerklärung
            (Wirkungsstatut)   31
    III. Sonderregelungen für Schecks:
        Art. 60–66 ScheckG   34
E. Konnossement (internationaler Seetransport)   36

A. Allgemeines

I. Internationales Wertpapierrecht als Querschnittsmaterie

Obwohl der Sammelbegriff „internationales Wertpapierrecht" (IWPR) auf ein eigenständiges Rechtsgebiet **1**
hindeutet, ist das IWPR in erster Linie eine **Kombination** verschiedener **Teildisziplinen des IPR**, insbes.
des internationalen Schuld- und Sachenrechts, aber auch zB des internationalen Gesellschaftsrechts.[1] Das
IWPR folgt jedoch durchaus **eigenen Grundsätzen:** Während das in einem Wertpapier verbriefte Recht
(„Recht aus dem Papier") dem **Wertpapierrechtsstatut (Hauptstatut)** untersteht, wird die sachenrechtli-
che Zuordnung des Wertpapiers („Recht an dem Papier") vom **Wertpapiersachstatut** bestimmt
(→ Rn. 10 ff.).[2] Die zT fließende Trennlinie zwischen IWPR und allg. IPR verläuft vor allem entlang des
Wertpapierbegriffs (→ Rn. 2 ff.) sowie entlang der Rechtsquellen (→ Rn. 5 ff.).

II. Begriff des Wertpapiers

Im Gegensatz zum deutschen Sachrecht existiert im IWPR noch **kein einheitlicher Wertpapierbegriff**.[3] In **2**
staatsvertraglich geregelten Materien, etwa im internationalen Scheck- und Wechselrecht, ist jedoch ein
abkommenautonomes Begriffsverständnis maßgeblich. Darüber hinaus zwingen sowohl die technische
und rechtliche Fortentwicklung des Wertpapierhandels als auch die Europäisierung von Teilbereichen des
IWPR insgesamt zu einem **weiten** und zunehmend **unionsrechtlich fundierten Wertpapierverständnis**
(→ Rn. 3 f.). Das kollisionsrechtliche Wertpapierverständnis ist damit kaum mehr nur das Geschöpf einer
nationalen Rechtsordnung.[4]

1. Entmaterialisierung von Wertpapieren. Der Handel mit Effekten am Kapitalmarkt wird immer häufi- **3**
ger elektronisch abgewickelt. An die Stelle der physischen Ausgabe von effektiven Stücken tritt zT eine
Depotkontobuchung, Registereintragung oder die Verbriefung in einer **Globalurkunde**.[5] Einige ausländische Wertpapiersysteme, zB in Frankreich, verzichten bereits weitgehend auf Papiere und setzen **Wertrechte** an die Stelle von Verbriefungen.[6] Die unionsrechtliche Verordnung (EU) Nr. 909/2014[7] führt gar
eine Verpflichtung zur Dematerialisierung der meisten Wertpapiere ein.[8] Damit ist unweigerlich ein Funkti-

---

1   *V. Bar* FS W. Lorenz, 1991, S. 273 ff.; *Welter* in Schi-
    mansky/Bunte/Lwowski Bd. I § 26 Rn. 169.
2   BGHZ 108, 353 (356) = NJW 1990, 242 = IPRax
    1991, 338 mAnm *Kronke/Berger*, 316. S. auch NK-
    BGB/*Leible* Rom I-VO Art. 1-VO Rn. 58 f.;
    Staudinger/*Mansel* EGBGB Anh. zu Art. 43
    Rn. 23 ff.; MüKoBGB/*Wendehorst* EGBGB Art. 43
    Rn. 194; Palandt/*Thorn* EGBGB Art. 43 Rn. 1.
3   So bereits *v. Bar* FS W. Lorenz, 1991, S. 273 f.
4   Anders noch Staudinger/*Stoll* IntSachenR Rn. 412.
    Siehe zur Diversität der Rechtsquellen und des kolli-
    sionsrechtlichen Wertpapierbegriffs umfassend
    Staudinger/*Mansel* EGBGB Anh. zu Art. 43 Rn. 1 ff.
    sowie 19.
5   Statt aller *Schwarz* in Basedow/Hopt/Zimmermann
    Bd. II, S. 1720, 1721 f.

6   Eingehend auch zu weiteren Staaten *Lehmann*,
    Finanzinstrumente, S. 61 ff.; MüKoBGB/*Wendehorst*
    EGBGB Art. 43 Rn. 204. Vgl. bereits *Drobnig* FS
    Zweigert, 1981, S. 73 ff.
7   Verordnung (EU) Nr. 909/2014 des Europäischen
    Parlaments und des Rates vom 23.7.2014 zur Verbes-
    serung der Wertpapierlieferungen und -abrechnungen
    in der Europäischen Union und über Zentralverwah-
    rer sowie zur Änderung der Richtlinien 98/26/EG
    und 2014/65/EU und der Verordnung (EU)
    Nr. 236/2012, ABl. EU 2014 Nr. L 257/1.
8   Art. 2 Abs. 1 Nr. 4 Verordnung (EU) Nr. 909/2014
    definiert die „dematerialisierte Form" dabei als „die
    Tatsache, dass Finanzinstrumente nur in Form von
    buchmäßigen Aufzeichnungen bestehen".

onsverlust der Urkunde verbunden, dem auch das IWPR Rechnung zu tragen hat: Der Begriff des Wertpapiers muss im Kollisionsrecht **weit gefasst** werden und auch unverbriefte (Wert-)Rechte beinhalten. Dieses Verständnis ist bei intermediärverwahrten Papieren gerade durch die Finalitäts-RL 98/26/EG[9] und Finanzsicherheiten-RL 2002/47/EG[10] vorgezeichnet (→ Rn. 20).[11] Angesichts der Immaterialisierung der intermediärverwahrten Wertpapiere stellen diese Richtlinien ebenso wie § 17 a DepotG nicht auf einen physischen Lageort ab, sondern folgen dem sog. **PRIMA**-Ansatz ("**P**lace of **R**elevant **I**ntermediary **A**pproach", s. dazu eingehend → Rn. 20).[12] Dieser Ansatz wird mittlerweile auch zur kollisionsrechtlichen Erfassung anderer entmaterialisierter Vermögenswerte, wie zB „Bitcoin" und sonstiger auf der Distributed Ledger Technology (DLT) beruhender Systeme diskutiert.[13]

4 **2. Einfluss des Unionsrechts.** Darüber hinaus fördert die **Europäisierung des IPR** durch Rom I und II ein **unionsrechtlich-autonomes Verständnis** des (handelbaren) Wertpapiers.[14] Der Wertpapierbegriff in Art. 1 Abs. 2 lit. d Rom I und Art. 1 Abs. 2 lit. c Rom II ist verordnungsübergreifend zu bestimmen (→ Rom I-VO Art. 1 Rn. 30)[15] und dürfte künftig auch auf das autonome IWPR ausstrahlen: Denn die jeweiligen Art. 1 Abs. 2 Rom I und II grenzen den Anwendungsbereich des europäischen IPR von dem des nationalen bzw. staatsvertraglichen Kollisionsrecht ab und erzwingen somit mittelbar eine deckungsgleiche Begriffsbildung.[16] Da die Ausschlusstatbestände in Rom I und II insbes. **Konflikte** mit bestehenden **völkerrechtlichen Abkommen** vermeiden sollen,[17] spricht viel dafür, sich etwa bei der Ausfüllung der Begriffe „Scheck" und „Wechsel" in Art. 1 Abs. 2 lit. d Rom I sowie Art. 1 Abs. 2 lit. c Rom II auch an den in den jeweiligen Staatsverträgen geprägten Begrifflichkeiten zu orientieren.[18]

III. Rechtsquellen

5 **1. Spezielle Regelungen des IWPR.** **Eigene Kollisionsnormen** existieren vor allem für **Wechsel** in Art. 91–98 WG sowie für **Schecks** in Art. 60–66 ScheckG (→ Rn. 25 ff.). Triebfeder dieser Kodifikationen des IWPR waren die Genfer Abkommen vom 7.6.1930[19] und vom 19.3. 1931.[20] Das autonome deutsche Recht enthält ferner eine einseitige Kollisionsnorm für **Konnossemente** in Art. 6 EGHGB (→ Rn. 37 ff.). Bestimmte Fragen des **internationalen Effektengiroverkehrs** wiederum sind in § 17 a DepotG geregelt (→ Rn. 19 ff.). Diese Kollisionsnorm geht zumindest partiell auf Art. 9 Abs. 2 Finalitäts-RL 98/26/EG

9   RL des Europäischen Parlaments und des Rates vom 19.5.1998 über die Wirksamkeit von Abrechnungen in Zahlungs- sowie Wertpapierliefer- und -abrechnungssystemen, ABl. EG 1998 Nr. L 166/45, zuletzt geändert durch Verordnung (EU) Nr. 909/2014 des Europäischen Parlaments und des Rates vom 23.7.2014 zur Verbesserung der Wertpapierlieferungen und -abrechnungen in der Europäischen Union und über Zentralverwahrer sowie zur Änderung der Richtlinien 98/26/EG und 2014/65/EU und der Verordnung (EU) Nr. 236/2012, ABl. 2014 Nr. L 257/1.

10   RL 2002/47/EG des Europäischen Parlaments und des Rates vom 6.6.2002 über Finanzsicherheiten, ABl. EG 2002 Nr. L 168/43, zuletzt geändert durch RL 2014/59/EU des Europäischen Parlaments und des Rates vom 15.5.2014 zur Festlegung eines Rahmens für die Sanierung und Abwicklung von Kreditinstituten und Wertpapierfirmen und zur Änderung der Richtlinie 82/891/EWG des Rates, der Richtlinien 2001/24/EG, 2002/47/EG, 2004/25/EG, 2005/56/EG, 2007/36/EG, 2011/35/EU, 2012/30/EU und 2013/36/EU sowie der Verordnungen (EU) Nr. 1093/2010 und (EU) Nr. 648/2012 des Europäischen Parlaments und des Rates, ABl. 2014 Nr. L 173/190.

11   *Kronke/Haubold* L Rn. 199 f. Vgl. auch MüKoHGB/*Einsele* Depotgeschäft Rn. 192.

12   Dazu statt vieler *Lehmann* in Basedow/Ferrari/de Miguel Asensio/Rühl S. 739, 744; *Kronke/Haubold*, L Rn. 203 ff.

13   So ua als „PRIMA+" vom Financial Markets Law Committee, Distributed Ledger Technology and Governing Law – Issues of Legal Uncertainty, March

2018, S. 64 f., 69 ff. Dazu *Martiny* IPRax 2018, 553 (557 f.).

14   *Mankowski* TranspR 2008, 417 (418); Reithmann/Martiny/*Mankowski* Rn. 1663; MüKoBGB/*Martiny* Rom I-VO Art. 1 Rn. 58 f.; Staudinger/*Magnus* Rom I-VO Art. 1 Rn. 67. Eingehend *M. Müller*, S. 54 ff. Vgl. nur Art. 1 Abs. 2 lit. d Rom I, Art. 1 Abs. 2 lit. c Rom II. Vgl. zur Europäisierung des sachrechtlichen Wertpapierbegriffs auch *Kumpan* in Basedow/Hopt/Zimmermann Bd. I S. 601 f.

15   Ferrari/*Lüttringhaus*, Rome I Regulation, 2014 Rom I-VO Art. 1 Rn. 54 ff. Vgl. auch KOM (2003) 427 endg., 9. Dennoch aA *Plender/Wilderspin*, The European Private International Law of Obligations, S. 110.

16   Eingehend zur übergreifenden Begriffsbildung im Kollisionsrecht *Lüttringhaus* RabelsZ 77 (2013), 31 ff.

17   MüKoBGB/*Martiny* Rom I-VO Art. 1 Rn. 34. Siehe zu Art. 37 Nr. 1 EGBGB bereits BGHZ 99, 207 (210) = NJW 1987, 1145 = IPRax 1988, 26 mAnm *Basedow*, 15; BGH NJW 1994, 187 = IPRax 1994, 452 mAnm *Straub*, 432; *Basedow* IPRax 1987, 333 (338).

18   *Lüttringhaus* RabelsZ 77 (2013), 31 (43); Ferrari/*Lüttringhaus*, Rome I Regulation, Rom I-VO Art. 1 Rn. 55 f.

19   Abkommen über Bestimmungen auf dem Gebiete des internationalen Wechselprivatrechts, RGBl. II 1933, S. 444.

20   Abkommen über Bestimmungen auf dem Gebiete des internationalen Scheckprivatrechts, RGBl. II 1933, S. 594.

sowie Art. 9 Finanzsicherheiten-RL 2002/47/EG[21] zurück. An der Schnittstelle von IWPR und **internationalem Insolvenzrecht** finden sich in der EuInsVO[22] sowie zB in der RL 2001/24/EG[23] ebenfalls unionsrechtliche Vorgaben.

Die auf verschiedene Rechtsakte verstreuten Regelungen des IWPR erfassen allerdings nur einzelne **6** Aspekte des Kollisionsrechts der Wertpapiere. Rechtsprechung und Lehre haben die **Lückenhaftigkeit** des IWPR zumindest für das autonome deutsche Kollisionsrecht durch die Entwicklung **allg. Grundsätze** (→ Rn. 10 ff.) überwunden.

2. Internationales Schuldrecht und IWPR. Rom I und II erfassen auch schuldrechtliche **Rechtsfragen 7 mit Wertpapierbezug**, soweit Art. 1 Abs. 2 lit. d Rom I bzw. Art. 1 Abs. 2 lit. c Rom II nicht entgegenstehen. Rom I und II finden demnach keine Anwendung auf Verpflichtungen aus **(Eigen-)Wechseln** und **Schecks**. Verpflichtungen aus anderen handelbaren Wertpapieren, insbes. **Inhaber- und Orderpapieren**, sind insoweit ausgeschlossen, als spezifisch wertpapierrechtliche Funktionen im Zusammenhang mit der **Handelbarkeit** der Papiere in Rede stehen.[24] Grds. findet damit Rom I zB auf **Depotverträge**[25] und den **Anleihenkauf**,[26] Rom II dagegen etwa auf die Haftung für **Informationspflichtverletzungen**[27] sowie die **Kapitalmarkt-** und insbes. **Prospekthaftung**[28] Anwendung, da hier idR jeweils keine genuin wertpapierrechtlichen Verpflichtungen betroffen sind.[29]

Soweit sich iÜ durch die Ausschlusstatbestände in Art. 1 Abs. 2 Rom I bzw. Rom II **Regelungslücken** im **8** wertpapierbezogenen internationalen Schuldrecht ergeben, sind diese im vertraglichen Kontext durch entsprechende Anwendung der Verweisungsnormen von Rom I zu schließen: Die in Art. 3 ff. Rom I niedergelegten **allg. Grundsätze** des **internationalen Schuldrechts** sind Bestandteil des (ungeschriebenen) **autonomen deutschen IPR**, so dass das Unionsrecht ihrer Heranziehung, zB bei einer Rechtswahl in Wechseln, Schecks oder Konnossementen, nicht entgegensteht (vgl. auch → Rn. 27 f., 38).[30] Im außervertraglichen Bereich ist entsprechend auf Art. 40 ff. EGBGB zurückzugreifen.

IV. Formfragen

Außerhalb des internationalen Wechsel- und Scheckrechts (siehe dazu → Rn. 31) ist das auf die Form von **9** Wertpapiergeschäften anwendbare Recht grds. nach Art. 11 EGBGB zu ermitteln.[31] Im Anwendungsbereich von Rom I und II sind entsprechend Art. 11 Rom I bzw. ggf. Art. 21 Rom II maßgeblich (→ EGBGB Art. 11 Rn. 2 ff.).

21 Vgl. dazu Reg. Begr. BR-Drs. 563/03, S. 13.
22 Verordnung (EU) 2015/848 des Europäischen Parlaments und des Rates vom 20.5.2015 über Insolvenzverfahren, ABl. EU Nr. L 141/19. Siehe aber insbesondere den Ausschluss in Art. 1 Abs. 2 und Erwägungsgrund Nr. 19 sowie die Regelung des Art. 12 Verordnung (EU) 2015/848. Dazu eingehend *Einsele* Bank- und Kapitalmarktrecht § 9 Rn. 99 f.
23 Vgl. Art. 24 RL des Europäischen Parlaments und des Rates über die Sanierung und Liquidation von Kreditinstituten, ABl. EG Nr. L 125/15, zuletzt geändert durch RL 2014/59/EU des Europäischen Parlaments und des Rates vom 15.5.2014 zur Festlegung eines Rahmens für die Sanierung und Abwicklung von Kreditinstituten und Wertpapierfirmen und zur Änderung der Richtlinie 82/891/EWG des Rates, der Richtlinien 2001/24/EG, 2002/47/EG, 2004/25/EG, 2005/56/EG, 2007/36/EG, 2011/35/EU, 2012/30/EU und 2013/36/EU sowie der Verordnungen (EU) Nr. 1093/2010 und (EU) Nr. 648/2012 des Europäischen Parlaments und des Rates, ABl. EU Nr. L 173/190.
24 MüKoBGB/*Martiny* Rom I-VO Art. 1 Rn. 58 ff.; Staudinger/*Mansel* EGBGB Anh. zu Art. 43 Rn. 78 f.; Reithmann/Martiny/*Martiny* Rn. 94 ff. Siehe zum EVÜ nur *v. Bar* FS W. Lorenz, 1991, S. 273, 283 f.
25 MüKoBGB/*Martiny* Rom I-VO Art. 4 Rn. 108 f.; Reithmann/Martiny/*Freitag* Rn. 575.

26 Reithmann/Martiny/*Freitag* Rn. 636.
27 Statt vieler Reithmann/Martiny/*Mankowski* Rn. 1764 ff. Vgl. zuletzt auch OLG Düsseldorf BeckRS 2008, 19577.
28 *V. Hein* FS Hopt, 2008, S. 371, 379 ff.; Palandt/*Thorn* Rom I-VO Art. 1I Rn. 3; *Weber* WM 2008, 1581 (1584); jurisPK-BGB/*Wurmnest* Art. 4 Rom II-VO Rn. 64 ff. Siehe zur internationalen Kapitalmarkthaftung zB *Hellgardt/Ringe* ZHR 173 (2009), 802 ff. Vgl. zuletzt auch BGH BeckRS 2010, 9049.
29 Reithmann/Martiny/*Freitag* Rn. 564, 575 und 636. Vgl. auch MüKoBGB/*Martiny* Rom I-VO Art. 1 Rn. 60.
30 So auch Staudinger/*Mansel* EGBGB Anh. zu Art. 43 Rn. 80 f.; MüKoBGB/*Martiny* Rom I-VO Art. 1 Rn. 62; NK-BGB/*Leible* Rom I-VO Art. 1 Rn. 59; *Mankowski* TranspR 2008, 417 (423) (Konnossement); Reithmann/Martiny/*Freitag* Rn. 631 ff. und 639 ff. (Anleihe). Siehe zur entsprechenden Anwendung der Art. 27 ff. EGBGB bereits BGH NJW 1994, 187 = IPRax 1994, 452 mAnm *Straub*, 432 (Wechsel); BGH WM 1989, 1756 (1757) (Scheck); BGHZ 99, 207 (209 f.) = NJW 1987, 1145 = IPRax 1988, 26, mAnm *Basedow*, 15 (Konnossement).
31 Eingehend *v. Bar* FS W. Lorenz, 1991, S. 273, 279 ff. Siehe zB zur Briefhypothek nach deutschem Recht Staudinger/*Stoll* IntSachenR Rn. 415.

B. Grundsätze des IWPR: Wertpapierrechts- und Wertpapiersachstatut

9a Im IWPR wird gemeinhin zwischen **Wertpapierrechtsstatut (Hauptstatut)** und **Wertpapiersachstatut** unterschieden: Das Wertpapierrechtsstatut bestimmt Art und Umfang des in der Urkunde verbrieften Rechts, mithin das **Recht aus dem Papier**. Das Wertpapiersachstatut entscheidet hingegen über die sachenrechtliche Zuordnung des Wertpapiers als Vermögensgegenstand, also über das **Recht am Papier**.[32]

I. Wertpapierrechtsstatut (Hauptstatut)

10 Das Wertpapierrechtsstatut bestimmt zunächst, ob überhaupt ein **Wertpapier** vorliegt: Es beherrscht regelmäßig den Akt der Verbriefung, entscheidet über die **Qualität** des Papiers als Inhaber-, Order- oder Rektapapier und grenzt es von bloßen Beweisurkunden ab.[33] Damit beantwortet es zugleich, auf welche Weise – durch Übertragung des Papiers oder des Rechts – über das verbriefte Recht verfügt werden kann.[34]

11 Zur Ermittlung des Wertpapierrechtsstatuts ist auf die **Rechtsordnung** abzustellen, der das in der Urkunde **verbriefte Recht** unterliegt.[35] Wenn und soweit das Statut des verbrieften Rechts **Parteiautonomie** gewährt, kann daher auch das Wertpapierrechtsstatut mittelbar durch eine Rechtswahl von den Parteien bestimmt werden.[36]

12 **1. Verbriefte Forderungen.** Ist das in einem Wertpapier verbriefte Recht eine Forderung, folgt das Wertpapierrechtsstatut grds. dem **Forderungsstatut**.[37] Das Forderungsstatut wird gem. Art. 3 Rom I in erster Linie durch die Rechtswahl der Parteien, andernfalls anhand der objektiven Anknüpfungen in Art. 4 ff. Rom I bestimmt.[38]

13 **2. Verbriefung von Mitgliedschaftsrechten.** Bei verbrieften gesellschaftsrechtlichen Mitgliedschaftsrechten unterliegt das Wertpapierrechtsstatut dem Gesellschaftsstatut (→ EGBGB Anh. zu Art. 12 Rn. 1 ff.).[39] Das Gesellschaftsstatut entscheidet über die Qualität des Wertpapiers als **Namens- oder Inhaberaktie** und bestimmt somit auch den jeweiligen **Übertragungsmodus**. An der Schnittstelle von IWPR und internationalem Gesellschaftsrecht sind mit Blick auf Mitgliedschaftsrechte problematische Aufspaltungen möglich: Während das Wertpapiersachstatut (→ Rn. 16) über die sachenrechtliche Zuordnung des Papiers befindet, entscheidet das Wertpapierrechts- und somit das Gesellschaftsstatut darüber, ob und wann die Mitgliedschaft übergeht. In Grenzfällen können daher **Wertpapierinhaberschaft und Mitgliedschaftsrecht** sowohl kollisions- als auch sachrechtlich nach einer internationalen Wertpapiertransaktion **auseinanderfallen**. Dies führt nicht zuletzt mit Blick auf die Ausübung der **Aktionärsrechte** iSd Aktionärs-RL 2007/36/EG[40] potenziell zu Komplikationen.[41]

---

32   BGHZ 108, 353 (356) = NJW 1990, 242 = IPRax 1991, 338 mAnm *Kronke/Berger*, 316; OLG Düsseldorf IPRspr. 2003 Nr. 53, 153, 154 f.; Staudinger/*Mansel* EGBGB Anh. zu Art. 43 Rn. 23 ff.; MüKoBGB/*Wendehorst* EGBGB Art. 43 Rn. 194; Palandt/*Thorn* EGBGB Art. 43 Rn. 1.

33   OLG Karlsruhe VersR 2002, 1251 = IPRspr. 2001 Nr. 44, 93; OLG Düsseldorf IPRspr. 2003 Nr. 53, 153, 154 f.; *v. Bar* FS W. Lorenz, 1991, S. 273; *Kieninger* IPRax 1997, 449 (454); Reithmann/Martiny/*Freitag* Rn. 628 ff. Siehe zu den Einzelfragen bei den verschiedenen Wertpapiertypen MüKoBGB/*Wendehorst* EGBGB Art. 43 Rn. 194 ff.; Staudinger/*Mansel* EGBGB Anh. zu Art. 43 Rn. 23 ff.

34   Vgl. etwa RGZ 119, 215 (216); BGH NJW 1994, 939 (940) = IPRspr. 1994, Nr. 54, 111= IPRax 1995, 173 mAnm *Einsele*, 163. Staudinger/*Mansel* EGBGB Anh. zu Art. 43 Rn. 25 f. und 84; MüKoBGB/*Wendehorst* EGBGB Art. 43 Rn. 195.

35   BGHZ 108, 353 (356) = NJW 1990, 242 = IPRax 1991, 338 mAnm *Kronke/Berger*, 316;; OLG Düsseldorf BeckRS 2017, 140826 Rn. 64; Staudinger/*Mansel* EGBGB Anh. zu Art. 43 Rn. 72 ff.; *S. Lorenz* NJW 1995, 176 (177); Schimansky/Bunte/Lwowski BankR-HdB Bd. I, § 26 Rn. 173.

36   In diesem Sinne mit Blick auf Forderungen auch Staudinger/*Mansel* EGBGB Anh. zu Art. 43 Rn. 80 ff. Eingehend statt vieler *Schwarz*, Globaler Effektenhandel, S. 713 ff.

37   ZB OLG Karlsruhe VersR 2002, 1251 = IPRspr. 2001 Nr. 44, 93. Bei Anleihen kann das Zahlungsgeschäft kraft Rechtswahl in den Anleihebedingungen uU einem anderen als dem für die schuldrechtliche Begründung und Existenz der Forderung selbst maßgeblichen Recht unterstellt werden, zur „dépéçage" bei Staatsanleihen zuletzt BGHZ 164, 361 (365 ff.) = IPRspr. 2005 Nr. 26 b, 62 = IPRax 2007, 43 mAnm *Freitag*, 24; *M. Stürner*, jurisPR-BGHZivilR 3/2006. Vgl. auch RGZ 118, 370 (371 ff.) = IPRspr. 1926 Nr. 121, 100; RGZ 126, 196 (206) = IPRspr. 1930 Nr. 34, 82. Siehe auch Staudinger/*Mansel* EGBGB Anh. zu Art. 43 Rn. 77 ff.

38   Siehe zu den subjektiven und objektiven Anknüpfung zB bei Anleihen nur Reithmann/Martiny/*Freitag*, Rn. 631 ff.; Schimansky/Bunte/Lwowski BankR-HdB Bd. I, § 26 Rn. 174.

39   RG IPRspr. 1934 Nr. 11, 21 f.; BGH NJW 1994, 939 (940) = IPRspr. 1994, Nr. 54, 111= IPRax 1995, 173 mAnm *Einsele*, 163; Staudinger/*Mansel* EGBGB Anh. zu Art. 43 Rn. 74; *Welter* in: Schimansky/Bunte/Lwowski (Hrsg.), Bd. I, § 26 Rn. 176.

40   RL 2007/36/EG des Europäischen Parlaments und des Rates vom 11.7.2007 über die Ausübung bestimmter Rechte von Aktionären in börsennotierten Gesellschaften, ABl. EU 2007 Nr. L 184/17.

41   Eingehend *Schwarz*, Globaler Effektenhandel, S. 713 ff.

3. Verbriefte Sachenrechte. Werden Sachenrechte in einem Wertpapier, etwa in einem Grundschuld- 　**14** oder Hypothekenbrief, verbrieft, so unterliegt das Wertpapierstatut gem. Art. 43 EGBGB dem Recht am **Belegenheitsort** der Sache (→ EGBGB Art. 43 Rn. 1 ff.). Bei **Traditionspapieren** entscheidet nach hM das Recht am Lageort der Waren darüber, ob die Übergabe der Waren durch die Begebung des Papiers mit **sachenrechtlicher Wirkung** ersetzt werden kann.[42]

II. Wertpapiersachstatut

Das Wertpapiersachstatut ist iwS Teil des internationalen Sachenrechts und folgt im Wesentlichen dessen 　**15** Grundsätzen (→ EGBGB Art. 43 Rn. 1 ff.),[43] soweit nicht Sonderregelungen, zB in § 17 a DepotG, bestehen (→ Rn. 20 ff.).

1. Grundregel: lex cartae sitae. Das im Rahmen des Wertpapiersachstatuts anwendbare Recht wird idR 　**16** anhand des **Lageorts** des Wertpapiers bestimmt. Die **lex cartae sitae** findet auf rechtsgeschäftliche Verfügungen über Wertpapiere ebenso wie auf gesetzliche Erwerbstatbestände Anwendung, wobei auf den Belegenheitsort im **Zeitpunkt** der Vollendung des jeweiligen Erwerbstatbestandes abzustellen ist.[44] Das Belegenheitsrecht beherrscht damit vor allem den Erwerb und Verlust von Eigentum sowie anderer **dinglicher Rechte** an dem Wertpapier und bestimmt wie die Eigentums- und Besitzverhältnisse im Einzelnen ausgestaltet sind.[45] Die lex cartae sitae regelt ferner **Rechtsvermutungen** (zB § 1006 BGB)[46] und entscheidet, ob ein **gutgläubiger Erwerb** möglich ist.[47]

2. Registrierte Wertrechte: lex libri siti. Bei unverbrieften registrierten bzw. verbuchten Anleiheverbindlichkeiten wird teilweise eine dingliche (Mit-)Berechtigung des Inhabers an den Wertpapieren fin- 　**17** giert.[48] Mangels physischer Lokalisierbarkeit des fiktiven Papiers muss dann kollisionsrechtlich auf das Recht am **Ort der Registerführung (Buchstatut)** abgestellt werden.[49]

C. Internationaler Effektengiroverkehr

In der Praxis tritt bei Wertpapieren die **elektronisierte** und **zentralisierte Fremdverwahrung** durch Inter- 　**18** mediäre an die Stelle der Streifbandverwahrung effektiver Stücke (→ auch Rn. 3).[50] Die Verordnung (EU) Nr. 909/2014 trägt nicht nur zur Immaterialisierung, sondern insbesondere auch zur Internationalisierung der Verbuchung und Verwahrung von Kapitalmarktwertpapieren bei: Zum einen soll ab 1.1.2025 der Effektengiroverkehr insoweit durch Buchungen erfolgen und zum anderen führt die Verordnung einen Europäischen Pass für Zentralverwahrer ein.[51] Dieser Siegeszug des **grenzüberschreitenden Effektengiroverkehrs** im Rahmen gegenseitiger Kontoverbindungen stellt die Tauglichkeit des Lageorts als Anknüpfungspunkt des Wertpapiersachstatuts zunehmend in Frage.[52] Darüber hinaus drängen auch die Abkehr von Verbriefungen sowie eher zufällige Verwahrungsorte zu neuen Ansätzen im IWPR der indirekt verwahrten Wertpapiere.[53] Eine völlige Aufgabe des Wertpapiersach- und Wertpapierrechtsstatuts zugunsten eines ein-

42　RGZ 119, 215 (216) (zum Konnossement). Vgl. auch RGZ 103, 30 (31). Siehe ferner nur *v. Bar* FS W. Lorenz, 1991, S. 273, 280 und 294; Soergel/*Lüderitz*, Art. 38 Anh. II Rn. 15; Staudinger/*Mansel* EGBGB Anh. zu Art. 43 Rn. 76.

43　Staudinger/*Mansel* EGBGB Anh. zu Art. 43 Rn. 29 ff.; Reithmann/Martiny/*Freitag*, Rn. 628 f.; *Einsele*, Wertpapierrecht als Schuldrecht, S. 399 ff. Vgl. BGHZ 108, 353 (356) = NJW 1990, 242 = IPRax 1991, 338 mAnm *Kronke/Berger*, 316; OLG Düsseldorf IPRspr. 2003 Nr. 53, 153, 154 f.; OLG Frankfurt ZEV 2011, 478 (479); OLG Düsseldorf BeckRS 2017, 140826 Rn. 63 f.

44　*Reuschle* RabelsZ 68 (2004), 687 (705); Staudinger/*Mansel* EGBGB Anh. zu Art. 43 Rn. 31; MüKoBGB/*Wendehorst* EGBGB Art. 43 Rn. 203.

45　Statt vieler *Einsele*, Wertpapierrecht als Schuldrecht, S. 399 ff.; Reithmann/Martiny/*Freitag* Rn. 629 f.

46　BGH NJW 1994, 939 (940) = IPRspr. 1994, Nr. 54, 111= IPRax 1995, 173 mAnm *Einsele*, 163.

47　RGZ 41, 152 (153). Siehe zuletzt etwa OLG Karlsruhe VersR 2002, 1251 = IPRspr. 2001 Nr. 44, 93 zu

in Deutschland belegenen Schweizer Sparurkunden. Vgl. auch RGZ 28, 109 (111).

48　ZB normiert § 6 Abs. 2 BSchuWG bei Bundesanleihen eine „Verdinglichung" der Wertrechte, siehe zur Vorgängerregelung im BWpVerwG nur *Will* in Kümpel/Wittig Rn. 18.152 ff.

49　Siehe im Einzelnen MüKoBGB/*Wendehorst* EGBGB Art. 43 Rn. 204 ff.

50　So schon zB *Drobnig* FS Zweigert, 1981, S. 73 ff.

51　Vgl. Art. 3 Abs. 1 und Art. 76 Abs. 2 sowie Art. 23 Verordnung (EU) Nr. 909/2014. Dazu statt vieler *Einsele* Bank- und Kapitalmarktrecht § 9 Rn. 4 ff.; *dies.*, EuZW 2018, 402.

52　Eingehend MüKoBGB/*Wendehorst* EGBGB Art. 43 Rn. 209 ff. Siehe auch MüKoHGB/*Einsele*, Depotgeschäft Rn. 183 ff. zu den einzelnen zwischen der Clearstream Banking AG und ausländischen Verwahrern bestehenden gegenseitigen Kontoverbindungen iSd § 5 Abs. 4 DepotG.

53　*Einsele*, Wertpapierrecht als Schuldrecht, S. 456 ff.; *Schefold* IPRax 2000, 468 (469 f.) Siehe auch Erwägungsgrund Nr. 8 Finanzsicherheiten-RL 2002/47/EG.

heitlichen Depotstatuts hat sich bislang nicht durchsetzen können.[54] Jedoch existieren mittlerweile zT **spezielle Kollisionsnormen**.

I. § 17 a DepotG

19 **1. Anwendungsbereich.** § 17 a 1. und 2. Var. DepotG beruhen jeweils auf Art. 9 Abs. 2 Finalitäts-RL 98/26/EG während § 17 a 2. Var. DepotG zusätzlich Art. 9 Finanzsicherheiten-RL 2002/47/EG in innerstaatliches Recht überführt.[55] Indem § 17 a DepotG keine Beschränkung auf Sicherungsgeschäfte enthält, geht die Regelung erheblich über die sekundärrechtlichen Vorgaben hinaus. § 17 a DepotG erfasst **dingliche Rechtsfragen** im Zusammenhang mit **intermediärverwahrten Wertpapieren** und Sammelbeständen, nicht aber Verfügungen über effektive Stücke.[56] Nach hM findet die Norm **keine Anwendung** auf Verfügungen über **schuldrechtliche Wertgutschriften**;[57] diese unterliegen vielmehr entsprechend Art. 14 Abs. 2 Rom I dem Forderungsstatut.[58] **Wertrechte** werden dagegen von § 17 a DepotG erfasst.[59]

20 **2. Ort der Register- bzw. Kontoführung.** § 17 a DepotG löst sich von der Anknüpfung an den Lageort des Wertpapiers und hält gem. dem sog. **PRIMA**-Konzept[60] zwei Kollisionsnormen bereit: Nach § 17 a 1. Var. DepotG ist auf Verfügungen über Wertpapiere, die mit rechtsbegründender Wirkung in ein Register eingetragen werden, das Recht des Staates anzuwenden, der die **Registeraufsicht** führt.[61] Erfolgt hingegen eine rechtsbegründende Verbuchung auf einem Konto, ist gem. § 17 a 2. Var. DepotG das Recht der **kontoführenden Haupt- oder Zweigstelle** des Verwahrers maßgeblich („lex conto sitae").[62]

21 **3. Rechtsbegründende Wirkung.** Ebenso wie die deutsche Fassung der Finalitäts-RL verlangt auch § 17 a DepotG, dass eine Registereintragung (Verbuchung) nicht – wie in vielen Fällen[63] – nur deklaratorische, sondern **rechtsbegründende** Wirkung entfaltet. Die **Unionsrechtskonformität** dieses Erfordernisses ist zweifelhaft, da andere Sprachfassungen der Finalitäts-RL keine derartige Einschränkung enthalten, was auf einen Übersetzungsfehler in der deutschen Fassung hindeutet.[64] Obschon sich Teile des Schrifttums[65] strikt am Wortlaut des § 17 a DepotG orientieren, dürften die besseren Argumente dafür streiten, dass die Norm auch lediglich verlautbarende Eintragungen erfasst.[66] Inwieweit eine Registereintragung (Verbuchung) „rechtsbegründend" wirkt, ist eine **Vorfrage**, die angesichts der von § 17 a DepotG angestrebten

54 Für die Aufgabe der Trennung plädieren mit beachtlichen Argumenten *Schefold* FS Jayme, 2004, Bd. I, S. 805, 813; MüKoBGB/*Wendehorst* EGBGB Art. 43 Rn. 212 ff. Kritisch *v. Bar/Mankowski*, IPR, Bd. I, § 3 Rn. 63. Siehe zu den Entwicklungstendenzen auch *Einsele* Bank- und Kapitalmarktrecht § 9 Rn. 1 ff.

55 Siehe Reg. Begr. BR-Drs. 563/03, S. 13. Eingehend *Ege*, S. 105 ff. und 126.

56 Reg. E BT-Drs. 14/1539, 16; *Schefold* IPRax 2000, 468 (475); *Ege*, S. 108 ff.; MüKoBGB/*Wendehorst* EGBGB Art. 43 Rn. 204 ff.

57 Reg. E BT-Drs. 14/1539, 16; Baumbach/*Hopt*, DepotG § 17 a Rn. 1; MüKoHGB/*Einsele*, Depotgeschäft Rn. 196; Staudinger/*Mansel* EGBGB Anh. zu Art. 43 Rn. 69. Dezidiert aA *Ege*, S. 123 f.; *Kronke/Haubold*, L Rn. 200, 252, 319 f.; MüKoBGB/*Wendehorst* EGBGB Art. 43 Rn. 241 ff.

58 Statt vieler *Reuschle* RabelsZ 68 (2004), 687 (707) (zu Art. 33 Abs. 2 EGBGB).

59 EBJS/*Scherer* DepotG § 17 a Rn. VI 539.

60 „**P**lace of **R**elevant **I**ntermediary **A**pproach". Dazu statt vieler *Wust*, S. 280 ff.; *Lehmann* in Basedow/ Ferrari/de Miguel Asensio/Rühl, S. 739, 744.

61 Vgl. OLG Frankfurt ZEV 2011, 478 (479). Siehe auch *Kronke/Haubold*, L Rn. 202; Staudinger/*Mansel* EGBGB Anh. zu Art. 43 Rn. 71.

62 Allerdings werden die unionsrechtlichen Vorgaben zum Ort der Kontoführung in Art. 9 Finanzsicherheiten-RL 2002/47/EG durch die EU-Mitgliedstaaten unterschiedlich ausgelegt und umgesetzt, was die EU Kommission zu einer – rechtlich unverbindlichen – Mitteilung vom 12.3.2018 veranlasst hat, vgl. Mittei-

lung der Kommission an das Europäische Parlament, den Rat, den Europäischen Wirtschafts- und Sozialausschuss und den Ausschuss der Regionen über das auf die dingliche Wirkung von Wertpapiergeschäften anzuwendende Recht, COM(2018) 89 final und dort insbesondere S. 6 f.

63 S. zu Beispielen aus den deutschen, US-amerikanischen, österreichischen und schweizerischen (deklaratorischer Wirkung) sowie der französischen Rechtsordnung (rechtsbegründende Wirkung) nur *Einsele* Bank- und Kapitalmarktrecht § 9 Rn. 89 ff.

64 Vgl. nur die englische („legally recorded") und französische („inscrit légalement") Fassung von Art. 9 Abs. 2 RL 98/26/EG. Siehe zur sprachfassungsübergreifenden Auslegung von Unionsrechtsakten in st. Rspr. nur EuGH EuZW 2009, 855 (856) mwN.

65 ZB Baumbach/*Hopt* DepotG § 17 a Rn. 1; MüKoHGB/*Einsele* Depotgeschäft Rn. 198 f.; *Einsele* Bank- und Kapitalmarktrecht § 9 Rn. 89 ff. Dagegen behandelt das OLG Düsseldorf IPRspr. 2003 Nr. 53, 154 f., bereits keinen Fall des Effektengiroverkehrs und musste sich mit der Unionsrechtskonformität der Einschränkung in § 17 a DepotG im Verhältnis zum Nicht-EU-Staat Schweiz überdies nicht auseinandersetzen.

66 Dafür zB *Eidenmüller* in Hadding/Hopt/Schimansky, S. 117, 135 f.; *Ege*, S. 74 ff.; *Kronke/Haubold* L Rn. 202; Staudinger/*Mansel* EGBGB Anh. zu Art. 43 Rn. 70; MüKoBGB/*Wendehorst* EGBGB Art. 43 Rn. 222 und 244 ff. Im Ergebnis auch *Schefold* IPRax 2000, 468 (475 f.)Vgl. auch *Will* in Kümpel/Wittig, Rn. 18.214.

Vereinheitlichung unselbstständig angeknüpft und durch das Statut der Hauptfrage beantwortet werden sollte.[67] Entsprechend ist hierfür das Recht am Register- bzw. Kontoführungsort maßgeblich.

4. Sachnormverweisung. § 17 a DepotG enthält eine Sachnormverweisung. Soweit die Vorschrift der **22** Richtlinienumsetzung dient, folgt dies unmittelbar aus den Vorgaben des Unionsrechts.[68] Auch iÜ würde eine Gesamtverweisung dem Zweck der Kollisionsrechtsvereinheitlichung durch § 17 a DepotG zuwiderlaufen.[69]

II. Haager Wertpapier-Übereinkommen (HWpÜ), UNIDROIT-Übereinkommen, Wertpapierrechtsrichtlinie

Die Haager Konferenz hat am 5.7.2006 eine neue Fassung des HWpÜ angenommen.[70] Das Übereinkom- **23** men haben mittlerweile neben der Schweiz und Mauritius auch die USA ratifiziert; damit konnte das HWpÜ am 1.4.2017 in Kraft treten.[71] Die Kollisionsnormen des HWpÜ bestimmten das anwendbare Recht nur hinsichtlich der (dinglichen) „Drittwirkungen" von Verbuchungen und Verfügungen.[72] Indem das HWpÜ den Parteien in seinem Art. 4 eine **begrenzte Rechtswahlmöglichkeit** eröffnet, weicht es vom PRIMA-Ansatz der Finalitäts-RL und der Finanzsicherheiten-RL ab.[73] Die EU hat sich bereits gegen die Zeichnung des HWpÜ entschieden und die EU-Kommission hat ihren Vorschlag für einen Beschluss des Rates zur Unterzeichnung des HWpÜ wieder zurückgenommen.[74] Auch ein Beitritt der Mitgliedstaaten und ua Deutschlands erscheint nicht zuletzt angesichts der **potenziellen Konflikte** zwischen den Regelungen des HWpÜ und den § 17 a DepotG zugrunde liegenden Vorgaben des europäischen Sekundärrechts unwahrscheinlich.[75] Darüber hinaus wurde am 9.10.2009 in Genf ein **UNIDROIT-Übereinkommen**[76] zur Sachrechtsvereinheitlichung verabschiedet. Das Schicksal dieses Übereinkommens ist beim aktuellen Stand (2015) ebenfalls ungewiss.[77] Schließlich existierten auch auf Ebene der EU Bestrebungen, das Kollisionsrecht des Effektengiros zu vereinheitlichen und die bestehenden sekundärrechtlichen Regelungen in einer **Wertpapierrechtsrichtlinie** („Securities Law Directive") zu konsolidieren und zu ergänzen.[78] Die Vorschläge der Arbeitsgruppe für eine solche Richtlinie sind jedoch nicht durch den Unionsgesetzgeber aufgegriffen worden. Die EU-Kommission hat nur eine „Mitteilung" zur gegenwärtigen Rechtslage veröffentlicht.[79]

D. Internationales Wechsel- und Scheckrecht

I. Allgemeines

Ungeachtet ihrer staatsvertraglichen Wurzeln[80] finden die Art. 91–98 WG und Art. 60–66 ScheckG als auto- **24** nomes Recht **auch gegenüber Nichtvertragsstaaten** der Genfer Abkommen Anwendung.[81] Soweit das deutsche internationale Wechsel- und Scheckrecht Regelungslücken enthält, sind diese durch Rückgriff auf die **allg. Grundsätze des IWPR** zu füllen (→ Rn. 10 ff.).

67   *Eidenmüller* in Hadding/Hopt/Schimansky, S. 117, 135; *Ege*, S. 123 f.
68   Siehe Art. 9 Abs. 1 S. 2 RL 2002/47/EG.
69   Ebenso MüKoBGB/*Wendehorst* EGBGB Art. 43 Rn. 259. AA *Reuschle* RabelsZ 68 (2004), 687 (723).
70   Hague Convention on the Law Applicable to Certain Rights in Respect of Securities Held with an Intermediary, abrufbar unter < www.hcch.net >.
71   Das Inkrafttreten des WHpÜ setzte voraus, dass mindestens drei Staaten das Übereinkommen ratifizieren bzw. ihm beitreten, vgl. Art. 19, 17 WHpÜ. Siehe auch *Basedow* IPRax 2017, 194 (199).
72   Zu den Einzelheiten statt vieler *Einsele* EuZW 2018, 402 (403 f.); *Kronke/Haubold* L Rn. 215 ff. und 207; *Schwarz*, Globaler Effektenhandel, S. 926 f. Siehe auch die abweichende Lesart von *Reuschle* RabelsZ 68 (2004), 687 (747 ff.).
73   Aus diesem Grund wird das Übereinkommen zT als „AAA"-basiert („Account Agreement Approach") bezeichnet, statt aller MüKoBGB/*Wendehorst* EGBGB Art. 43 Rn. 220 f.
74   Vgl. ABl. EU 2009 Nr. C 71/18. Vgl. auch SEC(2008) 491 endg.

75   Vgl. nur *Schwarz* in Basedow/Hopt/Zimmermann Bd. I, S. 608, 612; *Einsele* ZHR 177 (2013), 50, 63 f.
76   UNIDROIT Convention on Substantive Rules for Intermediated Securities, abrufbar unter <http://www.unidroit.org>. Dazu *Kronke* WM 2010, 1625 (ff.; *Einsele* ZHR 177 (2013), 50, 63 ff.; *Wust*, S. 414 ff.
77   Das Inkrafttreten setzt voraus, dass mindestens drei Staaten das Übereinkommen ratifizieren, vgl. Art. 42 UNIDROIT-Übereinkommen.
78   Eingehend hierzu *Born*, S. 365 ff.; *Einsele* ZHR 177 (2013), 50, 79 ff.
79   Mitteilung der Kommission an das Europäische Parlament, den Rat, den Europäischen Wirtschafts- und Sozialausschuss und den Ausschuss der Regionen über das auf die dingliche Wirkung von Wertpapiergeschäften anwendbare Recht, COM (2018) 89 final.
80   Siehe zu den Genfer Abkommen vom 7.6.1930 und 19.3.1931 oben Rn. 5.
81   BGHZ 21, 155 (157) = NJW 1956, 1597 (Wechsel) sowie zum Scheck etwa IPG 1984 Nr. 21 [Hamburg] (Scheck). Siehe zum Ganzen MüKoBGB/*Martiny* Rom I-VO Art. 1 Rn. 35 f. und 49.

25 Im interamerikanischen Wechsel- und Scheckverkehr sind zT die Abkommen von Panama von 1975 sowie die Konvention von Montevideo über internationales Scheckrecht von 1979 zu beachten.[82] Noch nicht in Kraft getreten ist das UNCITRAL-Übereinkommen über internationale gezogene Wechsel und internationale eigene Wechsel v. 9.12.1988.[83]

26 **1. Rechtswahl.** Die Art. 91–98 WG und Art. 60–66 ScheckG enthalten ebenso wenig wie die ihnen zugrunde liegenden Genfer Abkommen ausdrückliche Regelungen in Bezug auf die Rechtswahlbefugnis der Parteien. Da sich aus der Entstehungsgeschichte der Abkommen jeweils kein Ausschluss der Parteiautonomie herleiten lässt, ist eine von Art. 91–98 WG bzw. Art. 60–66 ScheckG abweichende **Rechtswahl zulässig**.[84] Im Verhältnis zu Dritten ist eine Rechtswahl im Interesse des Verkehrsschutzes jedoch nur beachtlich, wenn sie nach wertpapierrechtlichen Grundsätzen in der Urkunde **dokumentiert** wird.[85]

27 Obwohl Verpflichtungen aus Wechseln und Schecks gem. Art. 1 Abs. 2 lit. d Rom I nicht von der Verordnung erfasst werden, kann auf die in Art. 3 ff. Rom I niedergelegten allg. Rechtsgedanken als Bestandteil des autonomen deutschen IPR zurückgegriffen werden (→ Rn. 8). Soweit schuldrechtliche Rechtsverhältnisse im Zusammenhang mit Wechseln und Schecks nicht zur Förderung der Umlauffähigkeit der Papiere besonders ausgestaltet sind und damit dem autonomen IWPR unterstehen, ist Rom I unmittelbar anwendbar.[86]

28 **2. Renvoi.** Die noch hM lässt Rück- und Weiterverweisungen im internationalen Wechsel- und Scheckrecht zu.[87] Dagegen spricht jedoch, dass die Art. 91–98 WG und Art. 60–66 ScheckG auf internationalen Abkommen beruhen und ein Renvoi somit dem Sinn der Verweisung gem. Art. 4 Abs. 1 S. 1, 2. Hs. EGBGB zuwiderläuft. Soweit **Art. 91 Abs. 1 S. 2 WG** resp. **Art. 60 Abs. 1 S. 2 ScheckG** einen Renvoi zur Bestimmung der Wechsel- bzw. Scheckfähigkeit explizit gestatten, handelt es sich hierbei um nicht verallgemeinerungsfähige Ausnahmeregelungen.[88] **Rück- und Weiterverweisungen** sind daher **iÜ ausgeschlossen**.[89]

II. Sonderregelungen für Wechsel: Art. 91–98 WG

29 **1. Wechselfähigkeit.** Art. 91 WG normiert die **passive**, Art. 7 EGBGB hingegen die **aktive** Wechselfähigkeit natürlicher Personen, wobei im Ergebnis jeweils das **Heimatrecht** der Person zur Anwendung kommt. Gem. Art. 91 Abs. 1 S. 2 WG ist ausnahmsweise eine Rück- oder Weiterverweisung auf eine andere Rechtsordnung zu beachten. Eine dem Verkehrsschutz dienende Sonderregelung enthält darüber hinaus Art. 91 Abs. 2 S. 1 WG: Wurde der Wechsel in einem Staat unterzeichnet, nach dessen Recht der Unterzeichner wechselfähig ist, so ist die Wechselfähigkeit auch entgegen den Bestimmungen des Heimatrechts nach Art. 91 Abs. 1 WG zu bejahen.[90] Die Wechselfähigkeit juristischer Personen und Personenvereinigungen folgt den Regeln des **internationalen Gesellschaftsrechts** (→ EGBGB Anh. zu Art. 12 Rn. 1 ff.).

82 Eingehend *Samtleben* RabelsZ 44 (1980), 257 (261 ff. und 295 ff.). Siehe zu den Mitgliedstaaten der Abkommen *Samtleben* RabelsZ 56 (1992), 1, 89 f. und 102 f.; Baumbach/Hefermehl/*Casper* WG Vor Art. 91 Rn. 4 und ScheckG Vor Art. 60 Rn. 2.

83 Derzeit liegen nur 5 von 10 erforderlichen Ratifikationen vor. Der aktuelle Ratifikationsstand ist abrufbar unter <www.uncitral.org>.

84 Siehe zum Wechselrecht nur RGZ 145, 121 (124); BGHZ 104, 145 (146 ff.) = NJW 1988, 1979 = IPRax 1989, 170 mAnm *Schlechtriem*, 155; BGH NJW 1994, 187 = IPRax 1994, 452 mAnm *Straub*, 432; OLG Saarbrücken WM 1998, 2465 (2467) = IPRspr. 1997 Nr. 53, 93; *Morawitz*, S. 149 ff.; Baumbach/Hefermehl/*Casper*, Art. 93 WG Rn. 2. Siehe zum Scheckrecht zB BGHZ 108, 353 (356) = NJW 1990, 242 = IPRax 1991, 338 mAnm *Kronke/Berger*, 316; OLG Hamm NJW-RR 1992, 499 f. = IPRspr. 1991, Nr. 59, 106; LG München II IPRspr. 1985, Nr. 42 a, 112, 113 f. = IPRax 1987, 175 mAnm *Schefold*, 150. AA Soergel/*Kegel*, 11. Aufl., EGBGB Vor Art. 7 Rn. 339; *Eschelbach*, S. 143 ff.

85 LG Hamburg IPRspr. 1964 Nr. 221 a, 662, 663 (Wechsel); Baumbach/Hefermehl/*Casper*, Vor Art. 91 WG Rn. 2 und Vor Art. 60 ScheckG Rn. 1. Vgl. auch BGHZ 104, 145 (147 ff.) = NJW 1988, 1979 = IPRax 1989, 170 mAnm *Schlechtriem*, 155.

86 Demnach sind die Art. 3 ff. Rom I zB maßgeblich für die schuldrechtlichen Beziehungen zwischen Aussteller und Begünstigtem, für das Rechtsverhältnis zwischen Aussteller und Bezogenen, insbes. aufgrund Girovertrags, vgl. *Freitag* in Derleder/Knops/Bamberger § 75 Rn. 5 ff.

87 Siehe zum Wechsel zB OLG Koblenz IPRspr. 1976 Nr. 20, 77, 79; LG Mainz WM 1975, 149 (150); *Bernstein* FS Reimers 1979, 229 (234). Siehe zum Scheckrecht nur BGHZ 108, 353 (357) = NJW 1990, 242 = IPRax 1991, 338 mAnm *Kronke/Berger*, 316; BGH NJW 2004, 1456 (1458) = IPRspr. 2003, Nr. 149, 478; OLG Düsseldorf IPRspr. 1976 Nr. 19, 72, 73; IPG 1984 Nr. 21 [Hamburg]. Differenzierend *Eschelbach*, S. 163 ff.

88 Vgl. mit Blick auf die Entstehungsgeschichte der Abkommen *Morawitz*, S. 137 ff.

89 Wie hier LG Hamburg IPRspr. 1964 Nr. 221 a, 662, 663 (Wechsel); *v. Bar* FS W. Lorenz, 1991, S. 273, 290 f.; NK-BGB/*Leible* Rom I-VO Art. 1 Rn. 32 und 46; MüKoBGB/*Martiny* Rom I-VO Art. 1 Rn. 48 und 57; Soergel/*v. Hoffmann*, EGBGB Art. 37 Rn. 25 und 28.

90 Dazu statt aller NK-BGB/*Leible* Rom I-VO Art. 1 Rn. 35.

2. Form. Gem. Art. 92 WG richtet sich die Formwirksamkeit einer Wechselerklärung nach dem Recht des **30** **tatsächlichen Ausstellungsorts**.[91] Zur Form zählen die in Art. 1, 2 WG enthaltenen Anforderungen an die Gültigkeit der Erklärung, wie zB die Unterschrift des Ausstellers.[92] Nach 92 Abs. 2 WG ist die Formwirksamkeit für zeitlich nachfolgende Wechselerklärungen stets gesondert und unabhängig zu bestimmen. Soweit zumindest die inländischen Formerfordernisse gewahrt sind, schützt Art. 92 Abs. 3 WG das Vertrauen anderer Inländer in die Wirksamkeit der Erklärung.

3. Wirkungen der Wechselerklärung (Wirkungsstatut). Mangels Rechtswahl (→ Rn. 27) ist nach **31** Art. 93 Abs. 1 WG für die Erklärungen des Akzeptanten einer Tratte und des Ausstellers eines Solawechsels das Recht des Zahlungsortes maßgeblich. Auf alle sonstigen Wechselerklärungen, zu denen auch die Ehrenannahme und die Wechselbürgschaft zählen,[93] ist gem. Art. 93 Abs. 2 WG das Recht des Zeichnungsortes anzuwenden. Zum **Wirkungsstatut** gem. Art. 93 WG gehört alles, was die **Haftung** des Wechselschuldners betrifft, also insbes. Entstehungsvoraussetzungen, Umfang, Erlöschen, Einreden,[94] das Erfordernis eines Begebungsvertrages sowie Rechtserhaltungsmaßnahmen.[95] Art. 93 WG ist nach hM auch auf Verfügungen über Wechsel durch **Indossament**[96] und den Erwerb des Wechsels im **Wechselrücklauf** anzuwenden.[97]

Die **Abtretung** der Ansprüche und Rechte aus einem Wechsel unterliegt analog Art. 14 Abs. 2 Rom I dem **32** Statut der abzutretenden Forderung.[98] Nach Art. 95 WG bestimmt das Recht am Ausstellungsort, ob der Inhaber eines gezogenen Wechsels zugleich die zugrunde liegende Forderung erwirbt.[99] Für das Verhältnis des Schuldners der Grundforderung gegenüber altem und neuem Gläubiger gilt dann entsprechend Art. 15 Rom I das Statut der übergegangenen Forderung.[100]

Das Recht des Ausstellungsortes entscheidet gem. Art. 94 WG, ob **Rückgriffsfristen** zu beachten sind.[101] **33** Form und Fristen von **Rechtserhaltungsmaßnahmen (Protest)** unterliegen nach Art. 97 WG dem Recht des Staates, in dem die Handlungen vorzunehmen sind.[102] Das Recht des Zahlungsortes bestimmt gem. Art. 98 WG die bei **Verlust** oder **Diebstahl** des Wechsels erforderlichen Maßnahmen.

III. Sonderregelungen für Schecks: Art. 60–66 ScheckG

Die Art. 60 ff. ScheckG sind im Wesentlichen an die Regelungen des WG angelehnt, so dass auf die dortigen Erläuterungen verwiesen werden kann (→ Rn. 30 ff.). Gem. der scheckspezifischen Regelung in Art. 61 **34** ScheckG richtet sich die Fähigkeit einer Person, **Bezogener** zu sein, nach dem Recht des Landes, in dem der Scheck zahlbar ist (→ Rom I-VO Art. 1 Rn. 48).[103]

Hinsichtlich der **Wirkungen** der Scheckerklärung stellt Art. 63 ScheckG – ebenso wie Art. 92 Abs. 2 WG – **35** auf das Recht des Zeichnungsortes ab.[104] Allerdings verweist Art. 65 für bestimmte **Nebenabreden** abweichend vom Wirkungsstatut nicht auf das Recht des Zeichnungs-, sondern vielmehr auf das des Zahlungsortes.[105] Art. 64 und 66 ScheckG enthalten Sonderregelungen für **Rückgriffsfristen** sowie Form und Fristen des **Protests** (→ Rom I-VO Art. 1 Rn. 55).

---

91   *V. Bar* FS W. Lorenz, 1991, S. 273, 282; Baumbach/ Hefermehl/*Casper*, Art. 92 WG Rn. 1. Siehe zum Gutglaubensschutz bezüglich des in der Urkunde angegebenen Ausstellungsortes OLG Frankfurt WM 1980, 418 f.; MüKoBGB/*Martiny* Rom I-VO Art. 1 Rn. 37.

92   BGHZ 21, 155 (157 f.) = NJW 1956, 1597; BGH WM 1960, 374 (375) = IPRspr. 1960 Nr. 4, 6. Eingehend Baumbach/Hefermehl/*Casper* WG Art. 92 Rn. 1; *Bülow*, Art. 92 WG Rn. 1.

93   BGH NJW 1963, 252.

94   Jedoch unterliegen der Neubeginn und die Hemmung der Verjährung angesichts des Vorbehalts Deutschlands zum Genfer Wechselabkommen ausschließlich deutschem Recht, vgl. Bek. v. 30.11.1933, RGBl. II 1933, S. 974.

95   Vgl. BGH WM 1999, 1561 (1562 f.) = IPRspr. 1999, Nr. 44, 105. Beispielhafte Aufzählung mwN bei MüKoBGB/*Martiny* Rom I-VO Art. 1 Rn. 41 ff.; Soergel/*v. Hoffmann* EGBGB Art. 37 Rn. 20 ff.

96   BGHZ 21, 155 (163) = NJW 1956, 1597; BGH WM 1999, 1561 (1562 f.) = IPRspr. 1999, Nr. 44, 105.

97   Eingehend, jeweils mwN auch zur abweichenden Auffassung MüKoBGB/*Martiny* Rom I-VO Art. 1

Rn. 41 ff.; Soergel/*v. Hoffmann* EGBGB Art. 37 Rn. 21 f.

98   BGHZ 104, 145 (149) = NJW 1988, 1979 = IPRax 1989, 170 mAnm *Schlechtriem*, 155 (zu Art. 33 Abs. 2 EGBGB). Für eine Analogie zu Art. 14 Abs. 2 Rom I auch NK-BGB/*Leible* Rom I-VO Art. 1 Rn. 42; MüKoBGB/*Martiny* Rom I-VO Art. 1 Rn. 45.

99   Siehe zB im französischen Recht Art. L.511 – 7 Abs. 3 C.Com.

100 MüKoBGB/*Martiny* Rom I-VO Art. 1 Rn. 46. Vgl. auch *Bülow* WG Art. 95 Rn. 1 (zu Art. 33 EGBGB).

101 *Morawitz*, S. 97 ff.

102 Vgl. BGHZ 21, 155 (163) = WM 1956, 1131. S. auch *v. Bar* FS W. Lorenz, 1991, 273, 283.

103 Baumbach/Hefermehl/*Casper*, Art. 61 ScheckG Rn. 1 f.; *Bülow* ScheckG Art. 61 Rn. 1 f.

104 Siehe zur Reichweite des Wirkungsstatuts BGH NJW 2004, 1456 (1458) = IPRspr. 2003, Nr. 149, 478; *Bülow* ScheckG Art. 63 Rn. 1 ff.; NK-BGB/*Leible* Rom I-VO Art. 1 Rn. 52 f.

105 Baumbach/Hefermehl/*Casper* ScheckG Art. 65 Rn. 1 ff.; *Bülow* ScheckG Art. 65 Rn. 1 ff.

E. Konnossement (internationaler Seetransport)

36 Auch im internationalen Seetransportrecht werden Verbriefungen bereits vielfach durch elektronische Buchungsvorgänge ersetzt.[106] Diese allgemeine Tendenz der **Entmaterialisierung** (→ Rn. 3) wird durch die sog. **Rotterdam Rules** voraussichtlich noch verstärkt werden.[107]

37 Auf Ebene des Kollisionsrechts ist umstritten, inwieweit Konnossemente unter die **Ausnahme** in Art. 1 Abs. 2 lit. d iVm Erwägungsgrund Nr. 9 Rom I fallen.[108] Dessen ungeachtet ist eine **Rechtswahl** auch unter Geltung von Rom I **zulässig**; sie richtet sich nach den in Art. 3 Rom I normierten Grundsätzen.[109] Die Parteiautonomie wird allerdings durch den im Zuge der Reform des Seehandelsrechts vom 20.4.2013[110] neugefassten **Art. 6 EGHGB** begrenzt: Die in das HGB – und insbesondere in § 525 HGB – inkorporierten Hague-Rules[111] setzen sich als **zwingendes Recht** gegenüber einer Rechtswahl durch.[112] Dies gilt nach der Reform des Seehandelsrechts indes nicht mehr für die Visby-Rules,[113] so dass hier die allgemeinen Vorschriften des IPR anzuwenden sind.[114]

38 Über die Eigenschaft des Konnossements als **Traditionspapier** entscheidet nach hM das **Warensachstatut**, also das Recht des Staates, in dem die Sachen belegen sind (→ Rn. 15).[115]

Vierter Unterabschnitt
Durchführung der Verordnung (EU) Nr. 1259/2010

Art. 46 e EGBGB (nicht abgedruckt)

Drittes Kapitel
Angleichung; Wahl eines in einem anderen Mitgliedstaat der Europäischen Union erworbenen Namens

Art. 47 EGBGB Vor- und Familiennamen

(1) ¹Hat eine Person nach einem anwendbaren ausländischen Recht einen Namen erworben und richtet sich ihr Name fortan nach deutschem Recht, so kann sie durch Erklärung gegenüber dem Standesamt

1. aus dem Namen Vor- und Familiennamen bestimmen,
2. bei Fehlen von Vor- oder Familiennamen einen solchen Namen wählen,
3. Bestandteile des Namens ablegen, die das deutsche Recht nicht vorsieht,
4. die ursprüngliche Form eines nach dem Geschlecht oder dem Verwandtschaftsverhältnis abgewandelten Namens annehmen,
5. eine deutschsprachige Form ihres Vor- oder ihres Familiennamens annehmen; gibt es eine solche Form des Vornamens nicht, so kann sie neue Vornamen annehmen.

---

106 S. zu Art. 14 Abs. 3 United Nations Convention on the Carriage of Goods by Sea 1978 (Hamburg Rules) bereits *Basedow* ZEuP 1993, 100 (113). S. zur Bolero bill of lading nur *v. Bernstorff* RIW 2001, 504 ff.

107 Vgl. Art. 8 ff. und 35 ff. der am 23.9.2009 verabschiedeten und noch nicht in Kraft getretenen United Nations Convention on Contracts for the International Carriage of Goods Wholly or Partly by Sea (Rotterdam Rules), abrufbar unter <www.uncitral.org>.

108 Eingehend zB MüKoBGB/*Martiny* Rom I-VO Art. 1 Rn. 58 und Rom I-VO Art. 5 Rn. 113 ff.; *Mankowski* TranspR 2008, 417 ff.; Reithmann/Martiny/*Mankowski* Rn. 1980 ff. Vgl. auch *Basedow* IPRax 1987, 333 (338 ff.) (zu Art. 27 ff. EGBGB). Vgl. etwa zu Herausgabe- und Schadensersatzansprüchen BGHZ 99, 207 (209) = NJW 1987, 1145 = IPRax 1988, 26 mAnm *Basedow*, 15.

109 *Mankowski* TranspR 2008, 417 (423); MüKoBGB/*Martiny* Rom I-VO Art. 5 Rn. 113. Vgl. zuletzt BGHZ 169, 281 (285) = IPRspr. 2006 Nr. 33, 59.

110 BGBl. I 2013, S. 831.

111 Internationales Abkommen vom 25.8.1924 zur Vereinheitlichung von Regeln über Konnossemente, Bek. v. 30. 12. 1939, RGBl. II 1939, S. 1052.

112 Siehe zu der dogmatisch umstrittenen Sonderanknüpfung der in das HGB inkorporierten Hague-Rules über Art. 6 EGHGB nur MüKoBGB/*Martiny* Rom I-VO Art. 5 Rn. 104 ff.; Palandt/*Thorn*, Art. 5 Rom I Rn. 8; Reithmann/Martiny/*Mankowski*, Rn. 2034 ff. Vgl. auch schon *Basedow* IPRax 1987, 333 (338 ff.).

113 Diese sind von Deutschland nicht ratifiziert worden und müssen in bestimmten Konstellationen dennoch beachtet werden, siehe dazu Reithmann/Martiny/*Mankowski* Rn. 2045 ff.

114 Vgl. BT-Drs. 17/10309, S. 137 f. Siehe dazu nur MüKoBGB/*Martiny* Rom I-VO Art. 5 Rn. 112.

115 RGZ 103, 30 (31); 119, 215, 216; *v. Bar* FS W. Lorenz, 1991, S. 273, 280 und 294; Staudinger/*Stoll* IntSachenR Rn. 370 und 415. AA *Mankowski* FS Herber, 1999, S. 147, 150 ff.; Reithmann/Martiny/*Mankowski* Rn. 2019 f. (Konnossementstatut).

[2] Ist der Name Ehename oder Lebenspartnerschaftsname, so kann die Erklärung während des Bestehens der Ehe oder Lebenspartnerschaft nur von beiden Ehegatten oder Lebenspartnern abgegeben werden.

(2) Absatz 1 gilt entsprechend für die Bildung eines Namens nach deutschem Recht, wenn dieser von einem Namen abgeleitet werden soll, der nach einem anwendbaren ausländischen Recht erworben worden ist.

(3) § 1617 c des Bürgerlichen Gesetzbuchs gilt entsprechend.

(4) Die Erklärungen nach den Absätzen 1 und 2 müssen öffentlich beglaubigt oder beurkundet werden, wenn sie nicht bei der Eheschließung oder bei der Begründung der Lebenspartnerschaft gegenüber einem deutschen Standesamt abgegeben werden.

Literatur: *Böhmer,* Die Transliteration ausländischer Namen, IPRax 1994, 80; *Bornhofen,* Das Gesetz zur Reform des Personenstandsrechts, StAZ 2007, 33; *Ehlers,* Die Behandlung fremdartiger Namen im deutschen Recht, 2016; *Henrich,* Die Angleichung im Internationalen Namensrecht – Namensführung nach Statutenwechsel, StAZ 2007, 197; *Hepting,* Angleichung im internationalen Namensrecht – Was tun bei fehlenden Vor- oder Familiennamen?, StAZ 2001, 257; *ders.,* Die Angleichung in Art. 47 EGBGB, StAZ 2008, 161; *Hochwald,* Namensführung einer aus Sri Lanka stammenden Familie nach Einbürgerung, StAZ 2009, 49; *dies.,* Gestattet Art. 47 Abs. 1 Nr. 5 EGBGB mehrere Vornamen anzunehmen, wenn es keine deutsche Form eines Vornamens gibt?, StAZ 2010, 335; *Kissner,* Angleichung nach Art. 47 EGBGB; Eindeutschung des Familiennamens des Vaters im Rahmen einer Namenserteilung nach § 1617 a Abs. 2 BGB, StAZ 2009, 315; *Kraus,* Ermöglicht Art. 47 EGBGB die Übersetzung eines ausländischen Familiennamens?, StAZ 2009, 250; *dies.,* Anschlusserklärung an eine elterliche Namensänderung nach Art. 47 EGBGB, StAZ 2013, 293; *Krömer,* Namensführung in einer pakistanisch-deutschen Ehe nach Rechtswahl zugunsten deutschen Rechts und Angleichungserklärung gemäß Art. 47 EGBGB, StAZ 2008, 48; *ders.,* Nochmals: Namenserklärungen gemäß Art. 47 EGBGB nach Rechtswahl gemäß Art. 10 Abs. 2 EGBGB, StAZ 2013, 130; *ders.,* Konsequenzen aus der späteren Einbürgerung eines ausländischen Ehegatten, StAZ 2014, 93; *ders.,* Anwendbarkeit des Art. 47 EGBGB für eine deutsch-polnische Doppelstaaterin, StAZ 2014, 185; *Mäsch,* Art. 47 EGBGB und die neue Freiheit im Internationalen Namensrecht – oder Casanovas Heimfahrt, IPRax 2008, 17; *Majer,* Aus Ahmed Mustafa wird Albert Mustermann – Eindeutschung des Namens jenseits der kollisionsrechtlichen Namensangleichung nach Art. 47 EGBGB, StAZ 2018, 80; *Rauhmeier,* Angleichung irakischer Namen nach Statutenwechsel; Namensführung der Kinder, StAZ 2010, 270; *ders.,* Angleichung irakischer Namen nach Statutenwechsel, StAZ 2010, 337; *Prinz v. Sachsen Gessaphe,* Transposition oder Fortführung von Vatersnamen nach einem Eingangsstatutenwechsel?, StAZ 2015, 65; *Solomon,* Objektive Angleichung nach Eingangsstatutenwechsel, StAZ 2018, 265; *Wall,* Probleme von Angleichungserklärung und Angleichungslage in Art. 47 EGBGB in der Rechtsprechung des BGH, StAZ 2015, 363; *ders.,* Klärung der Namensführung eines 1977 in Polen geborenen deutsch-polnischen Doppelstaaters und dessen polnischer Ehefrau, StAZ 2017, 22.

A. Allgemeines	1		VIII. Eindeutschung von Vor- oder Familiennamen	
I. Systematische Einordnung	1		(Abs. 1 S. 1 Nr. 5)	30
II. Praktische Bedeutung	5		1. Grundsätzliches	30
III. Entstehungsgeschichte	6		2. Eindeutschung von Vornamen	33
IV. Optionsmöglichkeit für den Namensträger	10		3. Eindeutschung von Familiennamen	36
B. Wechsel unter deutsches Namensstatut			IX. Einschränkung bei Ehenamen (Abs. 1 S. 2)	37
(Abs. 1)	12		X. Lücken im System	40
I. Erwerb der deutschen Staatsangehörigkeit	12		C. Namenswahl bei abgeleitetem Namen (Abs. 2)	41
II. Sonstiger Wechsel unter deutsches Namensstatut	13		I. Grundsätzliches	41
III. Bestimmung von Vor- und Familiennamen			II. Namensgebender Elternteil mit Familiennamen (Abs. 2 iVm Abs. 1 S. 1 Nr. 1 oder Nr. 2)	43
(Abs. 1 S. 1 Nr. 1)	16		III. Namensgebende Mutter mit weiblicher Familiennamensform	
IV. Wahl von Vor- und Familiennamen			(Abs. 2 iVm Abs. 1 S. 1 Nr. 4 Var. 1)	45
(Abs. 1 S. 1 Nr. 2)	20		IV. Eindeutschung eines fremdsprachigen Namens (Abs. 2 iVm Abs. 1 S. 1 Nr. 5)	48
V. Ablegen von Namensbestandteilen			D. Angleichungserklärung	50
(Abs. 1 S. 1 Nr. 3)	25		E. Rechtsfolgen	54
VI. Entgendrifizierung geschlechtsspezifischer Namen (Abs. 1 S. 1 Nr. 4 Var. 1)	28		F. Intertemporale Anwendbarkeit	59
VII. Grundform bei nach Verwandtschaftsverhältnis abgewandelten Namen (Abs. 1 S. 1 Nr. 4 Var. 2)	29		G. Verhältnis zu § 94 BVFG	60

A. Allgemeines

I. Systematische Einordnung

1   Art. 47 ist eine Sachnorm.[1] Er befasst sich mit namensrechtlichen Möglichkeiten, wenn eine Person von einem ausländischen zum deutschen Statut für den Namen wechselt (sog. Eingangsstatutenwechsel).[2] Dies ist insbesondere der Fall, wenn jemand, der bisher Ausländer war, nun die deutsche Staatsangehörigkeit erwirbt. Dagegen erfasst Art. 47 EGBGB nicht Fälle des Ausgangsstatutenwechsels vom deutschen Recht zu einem ausländischen Namensstatut.[3] Ausländische Rechtsordnungen kennen in ihrem Namensrecht oft Gestaltungen, welche dem deutschen Namensrecht fremd sind, zB Zwischennamen, Vatersnamen oder Großvatersnamen. Nach dem Statutenwechsel untersteht der Namensträger aber deutschem Recht, und deutsches Recht muss eine Antwort finden, wie es um die Weiterführung bisher geführter Namen steht. Dabei geht es um einen Ausgleich zwischen deutschem Namensrecht und dem im Namen dokumentierten Persönlichkeitsschutz. Art. 47 kodifiziert die Lösungen, die sich für die wichtigsten Anpassungsfragen entwickelt haben. Er will Kontinuität mit der vorherigen Rechtsprechung insbesondere zu § 94 BVFG. Denn das Erklärungsrecht des Art. 47 ist § 94 BVFG nachgebildet.[4] Dies zieht bei der Auslegung eine Orientierung an der Auslegung des § 94 BVFG nach sich.[5] Dies gilt umso mehr, weil Abs. 1 S. 1 Nrn. 3–5 sogar in ihrem Wortlaut § 94 Abs. 1 S. 1 Nrn. 1–3 BVFG nachgebildet sind.[6]

2   Die kollisionsrechtliche Bewältigung von Namensfragen bewegt sich in einem **sachrechtlich bedingten Spannungsfeld**:[7] Dessen einer Pol ist die privatrechtliche Identifizierungs- und Kennzeichnungsfunktion des Namens für das Individuum, das persönliche Interesse am Namen als höchstpersönlichem Erkennungszeichen; dessen anderer Pol sind die Belange des öffentlichen Rechts, namentlich Kontrolle und Registrierung anhand der Identifizierungs- und Ordnungsfunktion des Namens. Außerdem gibt es die verfassungsrechtliche Dimension, dass der Name in Deutschland als Teil des allgemeinen Persönlichkeitsrechts durch Art. 2 Abs. 1 iVm Art. 1 Abs. 1 GG geschützt ist; diese Dimension gilt es auch in Fällen mit Auslandsbezug zu beachten.[8]

3   Hinzu treten **unterschiedliche Traditionen** und erhebliche Divergenzen in den Sachrechten. Das Internationale Namensrecht muss in hohem Maße Phänomene und Gestaltungen bewältigen, welche das deutsche Sachrecht nicht kennt (zB Vatersnamen, Mittelnamen, Beinamen, persönliche Namen). Namen müssen so eindeutig wie möglich sein. Daher kennen viele Staaten formelle Registrierungs- und Eintragungsverfahren, andere indes nicht. Umgekehrt ist das deutsche Prinzip der Kombination mindestens eines Vornamens mit einem Familiennamen vielen Rechten unbekannt. Bei späterem deutschem Namensstatut kann dies zu Kollisionen führen. Zwar bleibt der Namenswortlaut gleich, aber die Funktionen der einzelnen Namen können sich ändern.[9] Zweck des Art. 47 sind Anpassung an eine deutsche Umwelt und soziale Integration in ein deutsches Umfeld.[10] Bei mehrfachem Statutenwechsel (Eingangsstatutenwechsel, Ausgangsstatutenwechsel, erneuter Eingangsstatutenwechsel) besteht bei jedem Eingangsstatutenwechsel erneut die Möglichkeit zur Anpassung, ausgehend von dem unter dem zwischenzeitlichen ausländischen Namensstatut geführten Namen.[11]

4   Art. 47 entscheidet anstehende Sachfragen selbst. Er enthält keine Verweisungsnorm, keine Kollisionsnorm im eigentlichen Sinn,[12] sondern ist Sachnorm des deutschen Rechts.[13] Dies zeigt sich bereits an der Kapitelüberschrift „Angleichung". Vielmehr setzt Art. 47 in allen seinen Absätzen, auch in Abs. 2, voraus, dass deutsches Recht Namensstatut ist, dass also deutsches Recht über Art. 10 EGBGB zum Zeitpunkt der Angleichungserklärung das für den Namen des Berechtigten maßgebliche Recht ist.[14] Der dabei verwendete

---

1   S. nur BGH StAZ 2015, 78 (79); OLG Hamm StAZ 2015, 18; MüKoBGB/*Lipp* EGBGB Art. 47 Rn. 5; *Prinz v.Sachsen Gessaphe* StAZ 2015, 65 (69); *Solomon* StAZ 2018, 265 (268).

2   S. nur *Kraus* StAZ 2014, 374 (375).

3   *Hepting* StAZ 2008, 161 (164); Staudinger/*Hausmann* EGBGB Art. 47 Rn. 14; *Kraus* StAZ 2014, 374 (375) (Beispiel. Widerruf der Anerkennung als Flüchtling nach § 49 Abs. 1 VwVfG: Ausgangsstatutenwechsel mit Wirkung ex nunc); *Solomon* StAZ 2018, 265 (269).

4   Stellungnahme des Bundesrates, BT-Drs. 16/1831, 71; Erman/*Hohloch* EGBGB Art. 47 Rn. 2; jurisPK-BGB/*Janal* EGBGB Art. 47 Rn. 1; Palandt/*Thorn* EGBGB Art. 47 Rn. 3; MüKoBGB/*Lipp* Art. 47 Rn. 4.

5   BeckOK BGB/*Mäsch* EGBGB Art. 47 Rn. 5.

6   Stellungnahme des Bundesrates, BT-Drs. 16/1831, 71.

7   *Looschelders*, IPR, Art. 10 EGBGB Rn. 1.

8   S. zB BVerfG StAZ 2001, 207 = NJWE-FER 2001, 193.

9   Staudinger/*Hausmann* EGBGB Art. 47 Rn. 17, 19.

10   OLG München StAZ 2009, 205; OLG München StAZ 2009, 306; *Kraus* StAZ 2009, 250.

11   *Kraus* StAZ 2014, 374 (375).

12   Siehe nur Erman/*Hohloch* EGBGB Art. 47 Rn. 3.

13   Siehe nur BGH StAZ 2015, 78 (79); Palandt/*Thorn* EGBGB Art. 47 Rn. 2; jurisPK-BGB/*Janal* EGBGB Art. 47 Rn. 2; MüKo BGB/*Lipp* EGBGB Art. 47 Rn. 5; *Prinz v.Sachsen Gessaphe* StAZ 2015, 65 (69); *Solomon* StAZ 2018, 265 (268).

14   Palandt/*Thorn* EGBGB Art. 47 Rn. 2.

Begriff des Namens ist nicht jener des deutschen Sachrechts, sondern ein weiterer, kollisionsrechtlicher, der auch solche ausländischen Namensarten umfasst, welche dem deutschen Sachrecht unbekannt sind.[15] Vorausgesetzt ist in den Fällen des Abs. 1 aber, dass nach einem zuvor anwendbaren ausländischen Recht bereits ein Name rechtsgültig erworben wurde, der nun nach dem Grundsatz der Namenskontinuität unter deutschem Recht als dem neuen Namensstatut im Prinzip weiterzuführen wäre.[16] Art. 47 EGBGB eröffnet ein Namenswahlrecht, um die gewünschte Namensführung zu erreichen und um zu verhindern, dass die Qualität der Namen mehreren, einander widersprechenden Sachrechten untersteht.[17] Art. 47 EGBGB ist gegebenenfalls, soweit nötig, im Lichte der allgemeinen Angleichungsregeln auszulegen, die helfen mögen, eventuelle Lücken durch Analogien zu schließen.[18] Die Norm befasst sich nur mit dem Eingangsstatutenwechsel hin zum deutschen Recht, aber nicht mit dem Ausgangsstatutenwechsel weg vom deutschen Recht.[19]

Die Bezeichnung als Angleichung (besser: Anpassung) ist im Sinne kollisionsrechtlich üblicher Terminologie nur dann korrekt, wenn man unter diesem Terminus Sachverhalte erfasst, die sich daraus ergeben, dass nacheinander mehrere Rechtsordnungen anwendbar sind; gebräuchlich ist dagegen, zur Anpassung nur Sachverhalte zu ziehen, in denen mehrere Rechtsordnungen simultan, nebeneinander anwendbar sind.[20] Richtig wäre vielmehr, von einer Transposition zu sprechen.[21] Selbst dies dürfte aber (terminologisch streng genommen) in den Fällen des Art. 47 Abs. 1 S. 2 Nrn. 4 und 5 EGBGB zu weit gehen, in denen nur eine sprachliche Anpassung an das deutsche Rechtsumfeld erlaubt wird.[22]   **4a**

II. Praktische Bedeutung

Namensrechtliche Fragen treten aus deutscher Sicht in der Praxis der deutschen Standesämter häufig auf.   **5**
Der typische Statutenwechsel wird deshalb der Eingangsstatutenwechsel hin zum deutschen Recht sein, dass ein Ausländer Deutscher wird und sich danach namensrechtliche Folgefragen stellen. Deutschland ist Einwanderungsland. Die Zahl der Einbürgerungen ist erheblich, handele es sich um Russlanddeutsche, handele es sich um Übersiedler aus Osteuropa, handele es sich um geborene Türken der zweiten oder dritten Generation, handele es sich um erfolgreiche Asylbewerber. Den wichtigsten sich daraus ergebenden Fallgruppen widmet sich Art. 47.[23] Die praktische Bedeutung des Art. 47 ist nicht zu unterschätzen. Die von ihm angesprochenen Fragen stellen sich in der Standesamtspraxis sehr häufig. Es ist kein Zufall, dass sich der Gesetzgeber auf Druck aus der Praxis, also von den Standesämtern, veranlasst sah, Art. 47 zu schaffen, obwohl er zuvor Art. 10 EGBGB mehrfach und umfangreich in vergleichsweise kurzer Zeit novelliert hatte. Ebenso wenig ist es Zufall, dass der Anstoß zu Art. 47 vom Bundesrat und damit von den Bundesländern ausging, denen ihre Standesämter und Standesamtsaufsichten die einschlägigen Probleme nahe brachten.

III. Entstehungsgeschichte

Art. 47 ist Teil der Personenstandsrechtsreform und wurde durch das Gesetz zur Reform des Personen-   **6**
standsrechts (Personenstandsrechtsreformgesetz – PStRG) vom 19.2.2007 (BGBl. 2007 I 122) mit Art. 2 Abs. 15 lit. b PStRG in das EGBGB eingefügt. Er sollte gemäß Art. 5 Abs. 2 PStRG mit dem 1.1.2009 in Kraft treten. Jedoch setzte Art. 4 Abs. 1 lit. a 7. Gesetz zur Änderung des Bundesvertriebenengesetzes[24] Art. 47 bereits mit Wirkung ab dem 24.5.2007 in Kraft.

Im Regierungsentwurf[25] war noch keine Regelung wie Art. 47 vorgesehen. Auf Anregung des Bundesra-   **7**
tes[26] wurde sie formell letztendlich durch den Innenausschuss des Bundestages eingefügt.[27] Der Bundesrat hatte dafür plädiert, Art. 10 EGBGB um zwei Absätze 1 a und 1 b zu ergänzen, um die Namensangleichung

15 *Hepting* StAZ 2008, 161 (163); MüKoBGB/*Lipp* EGBGB Art. 47 Rn. 8.

16 OLG Frankfurt StAZ 2006, 142; Palandt/*Thorn* EGBGB Art. 47 Rn. 5; *Kraus* StAZ 2010, 19 (20); *Hochwald* StAZ 2010, 335 f.

17 BGH StAZ 2015, 78 (79); *Hepting* StAZ 2008, 161 (165 f.); *Krömer* StAZ 2013, 130 (131).

18 *Hepting* StAZ 2008, 161 (164); *Hochwald* StAZ 2010, 335 (336); *Rauhmeier* StAZ 2010, 337.

19 *Hepting* StAZ 2008, 161 (163 f.); MüKoBGB/*Lipp* EGBGB Art. 47 Rn. 13; *Prinz v.Sachsen Gessaphe* StAZ 2015, 65 (67); *Solomon* StAZ 2018, 265 (269).

20 *Prinz v.Sachsen Gessaphe* StAZ 2015, 65 (70).

21 *Prinz v.Sachsen Gessaphe* StAZ 2015, 65 (70); *Hepting* StAZ 2008, 161 (163 f.); Staudinger/*Hausmann*

EGBGB Art. 47 Rn. 19; jurisPK/*Janal* EGBGB Art. 47 Rn. 1; PWW/*Mörsdorf-Schulte* EGBGB Art. 47 Rn. 3; *Ehlers* S. 91 f. sowie (aber letztlich offen) *Solomon* StAZ 2018, 265 (268).

22 *Hepting* StAZ 2008, 161 (164 f.); *Prinz v.Sachsen Gessaphe* StAZ 2015, 65 (70).

23 Siehe nur *Hochwald* StAZ 2010, 335.

24 Vom 16.5.2007, BGBl. 2007 I 748.

25 BT-Drs. 16/1831.

26 Stellungnahme des Bundesrates, BT-Drs. 16/1831, 70 f.

27 Beschlussempfehlung und Bericht des Innenausschusses, BT-Drs. 16/3309, 12.

im Fall einer Einbürgerung oder einer Entscheidung im Asylverfahren zu regeln.[28] Bewusstes Vorbild war ihm dabei § 94 BVFG.[29] Die Bundesregierung griff dies auf, erweiterte es und wies den Standort im neuen Dritten Kapitel des EGBGB zu, da es sich nicht eine kollisionsrechtliche Regelung handele.[30]

8 Anlass für die Neuschaffung des Art. 47 waren die zuvor in der Praxis der Standesämter aufgetretenen Schwierigkeiten, deutsches Namensrecht und vorherige Namensführung bei Eingebürgerten miteinander in möglichst großen Einklang zu bringen. Probleme bereiteten insbesondere Zuwanderer aus arabischen Staaten, aus Pakistan und aus Indien. Auch Zuwanderer aus dem skandinavischen Raum stellten vor Probleme. Die mangelnde Rechtsgrundlage im Altrecht wurde als unbefriedigend und unzuträgliche empfunden.[31] Insoweit bietet Art. 47 eine gesetzliche Grundlage für eine schon zuvor rechtsschaffend geübte Praxis sogenannter **Angleichungserklärungen**.[32] Für Vertriebene und Flüchtlinge im Sinne des BVFG besteht mit § 94 BVFG eine Sonderregelung fort (→ Rn. 59). Die Angleichungserklärung ist Willenserklärung und Verfahrenserklärung zugleich.[33]

9 Infolge der Umstellung des Personenstandsrechts auf das neue Behördensystem zum 1.1.2009 sind Erklärungen nach Art. 47 Abs. 1–3 nicht mehr gegenüber dem Standesbeamten, sondern gegenüber dem Standesamt abzugeben. Für die Übergangszeit zwischen dem vorweggezogenen Inkrafttreten des Art. 47 zum 24.5.2007 bis zum 1.1.2009 wurden durch Art. 5; 7 7. G zur Änderung des Bundesvertriebenengesetzes in Abs. 4 drei Sätze, nämlich die Sätze 2 bis 4 eingefügt, die mit Ablauf des 31.12.2008 außer Kraft getreten sind.

IV. Optionsmöglichkeit für den Namensträger

10 Art. 47 eröffnet den Namensträger Optionen. Er tut dies unabhängig davon, ob objektiv eine Notwendigkeit zur Angleichung besteht.[34] Er zwingt den Namensträger aber nicht dazu, diese Optionen auch wahrzunehmen. Gibt der Namensträger keine Angleichungserklärung ab, obwohl er dies könnte, so bleibt es im Grundsatz bei der bisherigen Namensführung.[35] Es besteht keine Ausübungs- oder Angleichungspflicht.[36] Allerdings liegt in der bloßen Nichtausübung auch keine willentliche Option für den bisherigen Namen, die es fortan zu beachten gälte. Vielmehr bleibt dann eine objektive Anpassung von Gesetzes wegen unter Art. 10 EGBGB möglich.[37] Im Prinzip gilt der Grundsatz der Namenskontinuität,[38] grundrechtlich abgesichert durch das Recht am Namen und das allgemeine Persönlichkeitsrecht des Namensträgers.[39]

10a Die Notwendigkeit einer objektiven Transposition von Amts wegen ergibt sich aber aus den Namensfunktionen von Vor-und Familiennamen als notwendigen Namensbestandteilen unter dem nun geltenden deutschen Sachrecht.[40] Ein Vatersname nach dem bisherigen Namensstatut ist aber nicht objektiv in einen Vornamen unter dem neuen deutschen Namensstatut umzuwandeln, da bisherige Zwischennamen erhalten bleiben können.[41] Vatersnamen drücken die Generationenfolge zum Vater innerhalb der Kleinfamilie aus und entsprechen daher funktionell nicht Vornamen.[42] Andererseits sind sie nicht vererblich oder können nicht auf einen Ehegatten übertragen werden; sie entsprechen insoweit nicht Familiennamen.[43] Wer die Option nach Art. 47 Abs. 1 Nr. 3 EGBGB nicht nutzt, um nach einem Eingangsstatutenwechsel seinen Vatersnamen

28 Stellungnahme des Bundesrates, BT-Drs. 16/1831, 70 f.

29 Stellungnahme des Bundesrates, BT-Drs. 16/1831, 70 f.; *Solomon* StAZ 2018, 265 (267).

30 Gegenäußerung der Bundesregierung, BT-Drs. 16/1831, 78.

31 BGH StAZ 2014, 139 (141).

32 *Hepting* StAZ 2008, 161 (164); *Wall* StAZ 2015, 363 (363 f.); Erman/*Hohloch* EGBGB Art. 47 Rn. 2.

33 Erman/*Hohloch* EGBGB Art. 47 Rn. 4.

34 *Solomon* StAZ 2018, 265 (272).

35 Siehe nur AG Leipzig StAZ 2011, 215 (216); *Rauhmeier* StAZ 2010, 337 (338).

36 Palandt/*Thorn* EGBGB Art. 47 Rn. 5.

37 BGH StAZ 2014, 139 (141); *Henrich* StAZ 2007, 197 (199); *Hepting* StAZ 2008, 161 (176); *Rauhmeier* StAZ 2010, 337 (338); Staudinger/*Hausmann* EGBGB Art. 47 Rn. 28–30; MüKoBGB/*Lipp* EGBGB Art. 47 Rn. 3. Anderer Ansicht (Ablehnung

einer objektive Transposition, es sei denn, die Namensfortführung nach ausländischem Recht verstieße gegen den deutschen ordre public aus Art. 6 EGBGB) OLG München NJW-RR 2008, 1680 (1682); OLG Nürnberg StAZ 2012, 182; OLG München StAZ 2014, 11 (12 f.); *Solomon* StAZ 2018, 265 (268); Palandt/*Thorn* EGBGB Art. 47 Rn. 3 sowie BeckOK BGB/*Mäsch* EGBGB Art. 47 Rn. 2.

38 AG Leipzig StAZ 2011, 215 (216).

39 MüKo BGB/*Lipp* EGBGB Art. 47 Rn. 25.

40 BGH StAZ 2014, 139 (141); BGH StAZ 2015, 78; Staudinger/*Hausmann* EGBGB Art. 47 Rn. 28; MüKo BGB/*Lipp* EGBGB Art. 47 Rn. 25; *Prinz v.Sachsen Gessaphe* StAZ 2015, 65 (72); *Solomon* StAZ 2018, 265 (265 f.).

41 BGH StAZ 2014, 139 (142); *Prinz v.Sachsen Gessaphe* StAZ 2015, 65 (73).

42 *Prinz v.Sachsen Gessaphe* StAZ 2015, 65 (73).

43 *Prinz v.Sachsen Gessaphe* StAZ 2015, 65 (73).

abzulegen, indiziert, dass er diesen Namen im Zweifel behalten möchte.[44] Dies gilt nicht nur für deutsch-ausländische Doppelstaater,[45] sondern auch für nach dem Eingangsstatutenwechsel Nur-Deutsche.[46]

Übt der Namensträger ein Optionsrecht in dem von diesem gezogenen Rahmen aus, so kann er den Rahmen **11** voll ausschöpfen und innerhalb des Rahmens nach seinem Belieben vorgehen. Der Gesetzgeber hat dies abstrakt zugelassen. Eine Kontrollmöglichkeit mit Vetorecht für das Standesamt oder sonstige Behörden besteht nicht.[47] Auch eine „tatsächliche Vorprägung" durch das frühere Namensstatut, zB als Folge von Eintragungen in Ausweispapieren, vermöchte deutsche Behörden nicht zu Eingriffen in die Autonomieausübung des Namensträgers unter Art. 47 EGBGB zu ermächtigen.[48] Ein Prinzip der einschränkenden Auslegung als immanente Grenze[49] findet keinen Anhaltspunkt im Gesetz oder in den Materialien. Der Namensträger kann Tatbestände des Abs. 1 nach seinem Belieben miteinander kombinieren; die Tatbestände stehen in keinem hierarchischen Verhältnis zueinander.[50] Art. 47 EGBGB erlaubt dem Namensträger, zu verhindern, dass er einen in unterschiedlichen Teilen nach unterschiedlichen Systemen gebildeten Namen führen muss.[51]

Ein Beispiel wäre etwa, dass die Isländerin Sigriður Jónsdóttir bei ihrer Einbürgerung ihren Vatersnamen **11a** nach Art. 47 Abs. 1 S. 1 Nr. 1 EGBGB als Familiennamen wählt und dies später aus Rücksicht auf ihre Söhne (die keinen Namen auf „-dottir" haben sollen) mit der Annahme der ursprünglichen Form des Namens ihres Vaters nach Art. 47 Abs. 1 S. 1 Nr. 4 EGBGB kombiniert, so dass ihr Familienname letztlich „Jón" lautet.[52] Oder eine Frau ändert ihren Vornamen nach Nr. 5 in die deutschsprachige Form, legt später die weibliche Form ihres Familiennamens nach Nr. 4 ab und bestimmt dann gemeinsam mit ihrem Ehegatten die deutschsprachige Form ihres Ehenamens.[53]

Erst recht ist eine Kombination möglich, dass der Namensträger zuerst nach einem Eingangsstatutenwechsel ein Wahlrecht aus der Palette des Art. 47 EGBGB ausübt und dann anschließend in einem zweiten Schritt Namenswahlmöglichkeiten nutzt, welche das deutsche Namensrecht generell (dh auch für normale Inlandsfälle ohne Auslandsbezug) zur Verfügung stellt. Der Namensträger kann also insbesondere vor einer Hochzeit nach Art. 47 EGBGB vorgehen und damit seinen eigenen Familiennamen festlegen, sodann nach der Hochzeit den Familiennamen des anderen Ehegatten unter § 1355 BGB zum Ehe- und Familiennamen bestimmen. Nirgends ist besagt, dass ein nach Art. 47 EGBGB gewählter Name nach der Wahl wirklich und über einen längeren Zeitraum geführt werden müsste.

Bei Adoptionen, die gleichzeitig ein neues deutsches Namensstatut des Adoptierten begründen, soll eine **11c** gerichtliche Entscheidung über die Namensführung (zB eines deutschen Gerichts nach § 1757 Abs. 4 Nr. 1 BGB) wegen verbindlicher Festlegung des Kindesnamens Art. 47 EGBGB verdrängen.[54]

B. Wechsel unter deutsches Namensstatut (Abs. 1)

I. Erwerb der deutschen Staatsangehörigkeit

Für die Anwendbarkeit des Abs. 1 erforderlich ist grundsätzlich der Erwerb der deutschen Staatsangehörigkeit, die Einbürgerung in Deutschland.[55] Denn das Namensstatut richtet sich gemäß Art. 10 Abs. 1 EGBGB grundsätzlich nach der Staatsangehörigkeit des Namensträgers, und deutsches Recht wird damit Namensstatut, wenn der Namensträger Deutscher wird. Art. 5 Abs. 1 S. 2 EGBGB ist anwendbar.[56] Ob der Erwerb der deutschen Staatsangehörigkeit vor oder nach dem Inkrafttreten des Art. 47 EGBGB zum 24.5.2007 erfolgt ist, spielt keine Rolle; das subjektive Recht nach Art. 47 hat auch, wer bereits vor diesem Tag eingebürgert wurde.[57]

---

44 *Prinz v. Sachsen Gessaphe* StAZ 2015, 65 (73).
45 Darauf im konkreten Fall beschränkt BGH StAZ 2014, 139 (142).
46 *Prinz v. Sachsen Gessaphe* StAZ 2015, 65 (73 f.); *Solomon* StAZ 2018, 265 (272).
47 Entgegen *Henrich* StAZ 2007, 197 (199).
48 *Solomon* StAZ 2018, 265 (276).
49 Dafür *Hepting* StAZ 2008, 161 (166).
50 *Krömer* StAZ 2008, 48 (49); *Hepting* StAZ 2008, 161 (176 f.); *Küsters* StAZ 2008, 187; jurisPK-BGB/*Janal* EGBGB Art. 47 Rn. 4; *Hochwald* StAZ 2010, 335 (337).
51 OLG Karlsruhe StAZ 2014, 334 (335).

52 *Prinz v. Sachsen Gessaphe* StAZ 2015, 65 (71); siehe auch *Ehlers* S. 163.
53 MüKo BGB/*Lipp* EGBGB Art. 47 Rn. 15.
54 OLG Hamburg StAZ 2011, 334 (335 f.); MüKoBGB/*Lipp* EGBGB Art. 47 Rn. 30.
55 Siehe nur AG Hamburg StAZ 2012, 112; *Hepting* StAZ 2008, 161 (163); *Prinz v. Sachsen Gessaphe* StAZ 2015, 65 (67).
56 BGH StAZ 2014, 139 (140) sowie (wenn auch mit unionsrechtlichen Bedenken) *Prinz v. Sachsen Gessaphe* StAZ 2015, 65 (67 f.).
57 Siehe nur *Henrich* StAZ 2007, 197 (204); *Wall* StAZ 2017, 22 (25) mwN.

II. Sonstiger Wechsel unter deutsches Namensstatut

13 Allerdings ist auch jeder andere **Eingangsstatutenwechsel** hin zum deutschen Recht als Namensstatut ausreichend.[58] Jeder andere Tatbestand, der einen Wechsel des Namensstatuts hin zum deutschen Recht begründet, löst also gleichermaßen die Anwendbarkeit des Art. 47 aus wie der Erwerb der deutschen Staatsangehörigkeit. Denkbar ist auch der Erwerb der deutschen Staatsangehörigkeit als Folge eines Personenstandsfalls, zB der Annahme als Kind.[59]

14 Der bloße **Zuzug** nach Deutschland reicht dagegen für einen Wechsel unter ein deutsches Namensstatut nicht aus. Der Grundsatz der Namenskontinuität greift dann nicht, selbst wenn der Namensträger den Namen nach den Regeln seines früheren Aufenthaltsstaates trägt.[60] Dies gilt auch für privilegiert zuzugsberechtigte Gruppen wie sog. **Kontingentflüchtlinge**[61] oder sog. **analoge Kontingentflüchtlinge**. Letzteres umfasst jüdische Übersiedler aus der ehemaligen Sowjetunion.[62] Der Wechsel des gewöhnlichen Aufenthalts nach Deutschland hinein führt primär dann zu deutschem Recht als Namensstatut, wenn der gewöhnliche Aufenthalt für Staatenlose, Asylberechtigte und anerkannte Flüchtlinge anstelle der Staatsangehörigkeit die Grundanknüpfung bildet[63] und über Art. 10 Abs. 1 iVm Art. 5 Abs. 2 EGBGB jetzt deutsches Recht berufen ist.[64] Anders verhält es sich bei einem deutsch-ausländischen Doppelstaater, den man entgegen Art. 5 Abs. 1 S. 2 EGBGB als Ausländer behandelt hat; insoweit fehlt es bei normativ korrekter Betrachtung rechtlich an einem Eingangsstatutenwechsel zum deutschen Recht, und eine Analogie zu Art. 47 Abs. 1 EGBGB kommt ebenfalls nicht in Betracht.[65] Denkbar ist die Berufung deutschen Rechts nach Aufenthaltswechsel aber auch, wenn das Heimatrecht des Namensträgers, auf das Art. 10 Abs. 1 EGBGB verweist, seinerseits an den jeweils aktuellen gewöhnlichen Aufenthalt oder Wohnsitz anknüpft und so eine Rückverweisung über Art. 4 Abs. 1 S. 2 EGBGB beim deutschen Recht endet.

15 Ein Wechsel unter deutsches Recht als Namensstatut kann sich auch aus einer **Wahl deutschen Rechts** unter Art. 10 Abs. 2 oder 3 EGBGB ergeben.[66] Abs. 1 setzt nicht voraus, dass das deutsche Namensstatut sich nur aus objektiven Gegebenheiten ergeben müsste, sondern lässt auch eine zulässige Rechtswahl ausreichen. Allerdings muss man dabei die **Grenzen des jeweiligen Rechtswahltatbestands** beachten: Art. 10 Abs. 2 EGBGB erlaubt eine Rechtswahl nur für den Ehenamen, unterstellt die Ehegatten aber nicht in toto deutschem Recht als Namensstatut. Dies limitiert die Optionen unter Art. 47 Abs. 1 EGBGB auf diejenigen, welche Ehe- und Familiennamen betreffen.[67]

III. Bestimmung von Vor- und Familiennamen (Abs. 1 S. 1 Nr. 1)

16 Abs. 1 S. 1 Nr. 1 erlaubt dem Namensträger, aus den vorhandenen Bestandteilen seines Namens, wie er sie unter dem alten Namensstatut geführt hat, einen Vor- und einen Familiennamen zu bestimmen, wenn bisher keiner der Namensbestandteile eine entsprechende Funktion hatte. Es erfolgt eine Auswahl und Funktionszuschreibung unter bereits vorhandenen Namensbestandteilen, aus dem „Namensvorrat".[68] Abs. 1 S. 1 Nr. 1 regelt die in der Standesamtspraxis sogenannten „Sortiererklärungen".[69] Er dient der Überleitung in den numerus clausus der Zweigliedrigkeit von Namen mit Vor- und Familiennamen im deutschen Namenssachrecht.[70]

17 Vorausgesetzt ist, dass es nicht bereits Vor- und Familiennamen gibt.[71] Wer unter dem alten Statut Vor- und Familiennamen hatte, behält nach dem Wechsel unter deutsches Namensstatut genau diese Vor- und Famili-

58 Siehe nur *Hepting* StAZ 2008, 161 (163).
59 *Hepting* StAZ 2008, 161 (163).
60 *Rauhmeier* StAZ 2010, 336 (337); Staudinger/*Hausmann* EGBGB Art. 47 Rn. 16.
61 Aufgenommen nach dem Gesetz über Maßnahmen für im Rahmen humanitärer Hilfsaktionen aufgenommene Flüchtlinge vom 22.7.1980, BGBl. 1980 I 1057.
62 *Homeyer* StAZ 2009, 83 unter Hinweis auf das Phänomen nach einem Beschluss der Regierungschefs des Bundes und der Länder auf der Ministerpräsidentenkonferenz vom 9.1.1991 und die Terminologie bei OVG Saarlouis 14.6.2007 – 2 R 12/06.
63 *Rauhmeier* StAZ 2010, 337.
64 *Hepting* StAZ 2008, 161 (163); Staudinger/*Hausmann* EGBGB Art. 47 Rn. 27.
65 *Krömer* StAZ 2014, 185 (186).
66 Stellungnahme des Bundesrates, BT-Drs. 16/1831, 78; BGH StAZ 2015, 78 (78); OLG Karlsruhe StAZ

2014, 334 (335); *Krömer* StAZ 2008, 48; *Hepting* StAZ 2008, 161 (164); *Rauhmeier* StAZ 2010, 170 (171); *Wall* StAZ 2015, 363 (368); *Solomon* StAZ 2018, 265 (266).
67 *Henrich* StAZ 2007, 197 (203); *Krömer* StAZ 2013, 130; *Krömer* StAZ 2014, 93; MüKoBGB/*Lipp* EGBGB Art. 47 Rn. 12.
68 So plastisch Erman/*Hohloch* EGBGB Art. 47 Rn. 5.
69 AG Leipzig StAZ 2011, 215 (216); *Hepting* StAZ 2008, 161 (166); *Rauhmeier* StAZ 2010, 170; *ders.*, StAZ 2010, 337; Staudinger/*Hausmann* EGBGB Art. 47 Rn. 32; *Kraus* StAZ 2014, 374 (375); *Prinz v.Sachsen Gessaphe* StAZ 2015, 65 (70).
70 PWW/*Mörsdorf-Schulte* EGBGB Art. 47 Rn. 3; *Wall* StAZ 2015, 363 (366 f.)
71 *Hepting* StAZ 2008, 161 (166); jurisPK-BGB/*Janal* EGBGB Art. 47 Rn. 5; *Rauhmeier* StAZ 2010, 337; *Prinz v.Sachsen Gessaphe* StAZ 2015, 65 (70).

ennamen. Wenn es einen Familiennamen gibt, dann ist und bleibt dieser Familienname; dann entsteht kein Recht, nach dem Eingangsstatutenwechsel den Familiennamen neu zu bestimmen.[72] Wer etwa nach altem Recht nach Anerkennung den Namen seines nichtehelichen Vaters als Familiennamen führte, kann dies nicht nun unter deutschem Recht gleichsam korrigieren wollen.[73] Welche Funktionen die einzelnen bisherigen Namensbestandteile erfüllen, setzt regelmäßig eine rechtsvergleichende Analyse voraus.[74] Ein Mittelname, der weiterer Individualname ist, kann in einen Vornamen deutschen Rechts umgewandelt werden.[75] Auf der anderen Seite ist Abs. 1 S. 1 Nr. 1 nicht auf Fälle beschränkt, in denen das Namensstatut Vor- und Familiennamen vollständig wechselt, sondern reagiert (auch) darauf, wenn eine Bildung einzelner Namensbestandteile nach verschiedenen, miteinander inkompatiblen systematischen Grundsätzen erfolgen würde.[76] Kennt ein Recht wie zB das isländische Vornamen und Vaters- bzw. Mutternamen, so ist eine Sortiererklärung nur für letztere zulässig.[77] Geschlechternamen (Beispiele stammen wiederum aus dem isländischen Recht, zB „Nordal", „Lindal", „Briem") sind Familiennamen.[78]

Erfasst ist von Abs. 1 S. 1 Nr. 1 zuvörderst der Fall, dass bisher ein persönlicher Eigenname und ein weiterer Namensteil geführt wurden, der kein Familienname war.[79] Der Gesetzgeber hatte primär die Konstellationen im Auge, dass das bisherige ausländische Namensstatut nicht zwischen Vor- und Familiennamen unterscheidet.[80] Abstammungs*namen* wie zB „Abu", „Ibu" oder „Hamid" sind taugliche Familiennamen.[81] Namenszusätze wie „Singh", „Kaur", „Begum", „Khan" oder „Mirza" können zu Familiennamen werden.[82] „Singh" mag zwar ursprünglich eine religiöse Konnotation gehabt haben; dies macht „Singh" jedoch nicht ungeeignet als deutschen Familiennamen.[83] Bei der Vornamenstauglichkeit bestehen Bedenken.[84] Das vietnamesische „Van" (männlich) und „Thị" (weiblich) bezeichnet ebenso wie andere asiatische Mittelwörter Geschlechtszusätze und kann Suffix zum Familiennamen sein.[85] Nicht als solche wählbar sind jedenfalls unselbständige Namenszusätze, die nur in Kombination mit anderen Namensbestandteilen Sinn ergeben (zB „junior", „senior", „III" oder das spanische „y").[86] Gewählt werden darf in jedem Fall nur *ein* Familienname, nicht deren mehrere.[87] Auch Doppelnamen gilt es im Prinzip zu vermeiden.[88] Wird ein Eigenname zum Familiennamen bestimmt, so bleiben andere Eigennamen wegen des Prinzips der Namenskontinuität als solche bestehen.[89] Werden alle bisherigen Eigennamen (oder der einzige Eigenname als einziger Name) zu Vornamen bestimmt, so muss ergänzend Nr. 2 herangezogen werden, um einen Familiennamen zu ergänzen.[90]

In Nr. 1 gibt es keine Einschränkung hinsichtlich der Ausübung des Wahlrechts. Nr. 1 schreibt nicht vor, welchen Namen der Namensträger zum Vor- oder Familiennamen bestimmen kann.[91] Der Namensträger hat die freie Wahl, welchen Namensbestandteil er zum Vor- und welchen er zum Familiennamen machen will (immer vorausgesetzt, es hat nicht bereits Vor- oder Nachname gegeben). Er kann auch die Reihenfolge der bisherigen Namen beliebig bestimmen.[92] Anders als bei der originären Namensgebung für ein Kind gibt es keine Grenzen, denn die gewählten Namen sind ja schon vorhanden und werden ja bereits geführt, wenn auch in anderer Funktion. Der Namensträger ist auch nicht gehindert, einen bisherigen persönlichen Eigen-

18

19

72 *Henrich* StAZ 2007, 197 (199).
73 *Henrich* StAZ 2007, 197 (199).
74 *Kraus* StAZ 2018, 383.
75 *Ehlers* S. 141 f., 146.
76 OLG Karlsruhe StAZ 2014, 334 (335).
77 *Hepting* StAZ 2008, 161 (167); Staudinger/*Hausmann* EGBGB Art. 47 Rn. 51; *Prinz v. Sachsen Gessaphe* StAZ 2015, 65 (70).
78 *Ehlers* S. 161.
79 BeckOK BGB/*Mäsch* EGBGB Art. 47 Rn. 6. Teilweise anderer Ansicht *Henrich* StAZ 2007, 197 (200).
80 Stellungnahme des Bundesrates, BT-Drs. 16/1831, 78 f.; OLG Karlsruhe StAZ 2014, 334 (335).
81 *Kraus* StAZ 2014, 374 (375).
82 *Mäsch* IPRax 2008, 17 (18); *Hepting* StAZ 2008, 161 (169 f.); *Ehlers* S. 172–178; jurisPK-BGB/*Janal* EGBGB Art. 47 Rn. 5 sowie BayObLG StAZ 2000, 235 (236); MüKoBGB/*Lipp* EGBGB Art. 47 Rn. 34.
83 BayObLG StAZ 2000, 235 (236); *Hepting* StAZ 2001, 257 (266 f.), gegen BayObLG StAZ 1987, 170; *Krömer* StAZ 1996, 90; *Jauß* StAZ 1997, 214 (215) (für „Kaur"); *ders.,* StAZ 2000, 182.

84 OLG Stuttgart StAZ 1988, 82; LG Leipzig StAZ 2001, 112. Vgl. aber andererseits *Ehlers* S. 181 f.
85 BezG Cottbus StAZ 1994, 194; *Wohlgemuth* StAZ 1989, 30 (35); *Jauß* StAZ 1996, 122 (125); *ders.,* StAZ 2000, 87; *Ehlers* S. 179 f. **AA** AG Köln StAZ 1981, 275 (276): AG Bonn StAZ 1986, 252 (253): Zuordnung zum Vornamen.
86 *Ehlers* S. 164 f.
87 *Hepting* StAZ 2008, 161 (167).
88 *Kraus* StAZ 2014, 374 (375).
89 *Hepting* StAZ 2008, 161 (168); Staudinger/*Hausmann* EGBGB Art. 47 Rn. 39.
90 *Henrich* StAZ 2007, 197 (200); *Mäsch* IPRax 2008, 17 (18); *Hepting* StAZ 2008, 161 (168). Anderer Ansicht MüKoBGB/*Lipp* EGBGB Art. 47 Rn. 36.
91 *Hochwald* StAZ 2009, 49 (51); Staudinger/*Hausmann* EGBGB Art. 47 Rn. 37; vgl. auch zuvor BayObLG StAZ 1996, 41; BayObLG FamRZ 1999, 1661; OLG Hamm StAZ 2006, 357; KG StAZ 2008, 42 = FamRZ 2008, 1181; LG Rottweil IPRspr. 2003 Nr. 4 S. 17.
92 LG München I StAZ 2006, 168.

namen zum Familiennamen zu machen[93] oder einen Rufnamen,[94] auch wenn dieser zuvor in der Funktion eher einem Vornamen des deutschen Rechts entsprochen hätte;[95] ein Zwang dazu besteht aber nicht.[96]

19a Wählbar ist selbst ein Name, der zuvor nur eine inhaltliche Bedeutung hatte („z.B. „al Karim", „der Großzügige").[97] Bloße männliche Abstammungs*partikel* (zB „ben", „ibn") sind dagegen mangels eigenständiger Namensfunktion als solche nicht wählbar.[98] Nur in Kombination mit dem Vatersnamen sind sie als Familiennamen wählbar (zB „Bin Hussein").[99] Bei dem weiblichen „bint" wird vorgeschlagen, dieses dem Vornamen anzuhängen.[100] Das würde es aber eigentlich wegen der Trennung vom Namen des Vaters in seiner Funktion und seinem Bezug ändern.

19b Ebenfalls ist denkbar, dass ein Vatersname zum Familiennamen erhoben wird (zB Ibn Saud oder Olofson).[101] Vatersnamen können aber auch als weitere Vornamen gewählt werden.[102] Auch als Mittelname geführte Mädchennamen können Vornamen unter deutschem Recht werden.[103] Eine Umwandlung in einen (im Rechtsverkehr zwingend zu führenden) Begleitnamen nach § 1355 Abs. 4 BGB bei Mittelnamen, die aus dem eigenen Mittelnamen gebildet sind,[104] würde dagegen Funktionsunterschiede einebnen.[105]

19c Dem Namensträger die Optionen aus Art. 47 EGBGB zu eröffnen[106] ist sinnvoller, als das gleiche Ergebnis letztlich über den Umweg einer objektiven Transposition zu erzielen,[107] denn so gibt man der Autonomie des Namensträgers Vorrang. Wenn ein Name zuvor funktionell einem Vornamen entsprach und Rufname war, so fehlt es bereits nicht an einem Vornamen.[108] Eine gewisse Grenze, gewonnen aus dem deutschen Namensrecht, zieht nur § 45 Abs. 2 PStV: „Bei der Namensbestimmung nach [Art. 47 EGBGB] sind die allgemeinen Grundsätze des deutschen Namensrechts zu beachten. Insbesondere soll der zum Familiennamen bestimmte Namensteil grundsätzlich nur aus einem Namen bestehen und sich als solcher von dem gewählten Vornamen unterscheiden." Indes beschreibt auch dies nur einen namensrechtlichen Normalzustand,[109] von dem Abweichungen möglich sind.[110]

IV. Wahl von Vor- und Familiennamen (Abs. 1 S. 1 Nr. 2)

20 Fehlt es bisher ganz an einem Vor- oder Familiennamen und ist auch kein Bestandteil eines mehrgliedrigen Namens vorhanden, der dazu bestimmt werden könnte, so kann der Namensträger den fehlenden Vor- oder Familiennamen nach Abs. 1 S. 1 Nr. 2 ergänzen. Bestimmt er dagegen einen bereits vorhandenen Namen zum Vor- oder Familiennamen, so ist dies ein Fall von Abs. 1 S. 1 Nr. 1, nicht Nr. 2. Nr. 2 meint den Fall der Ergänzung, des Neuschaffens. Abs. 1 S. 1 Nr. 1 ist solange heranzuziehen, wie die Zahl der verbleibenden Namen eine Aufteilung in Vor- und Familiennamen erlaubt.[111] Die Konstellation, dass „Eigenname + religiöser Zusatz" Vor- und Familienname werden, gehört unter Nr. 1,[112] nicht unter Nr. 2.[113] Ebenso fällt die Auswahl eines Familiennamens aus mehreren persönlichen Eigennamen unter Nr. 1,[114] nicht unter Nr. 2.[115] Kein Familienname liegt zB bei bisherigen irakischen Staatsangehörigen vor,[116] deren Name als Kette aus einem Eigennamen, Vatersnamen, Großvatersnamen gebildet ist, wenn kein als Familienname zu qualifizierender Bei- oder Zuname (laqab) existiert.[117]

20a Namensergänzungen kommen zuvörderst bei singulären und solitären Eigennamen in Betracht.[118] Es besteht kein Grundsatz, dass ein singulärer Eigenname in einen Familiennamen zu transponieren wäre,[119] so

93 *Hochwald* StAZ 2009, 49 (51); *Wall* StAZ 2015, 363 (368 f.); Staudinger/*Hausmann* EGBGB Art. 47 Rn. 41.
94 MüKoBGB/*Lipp* EGBGB Art. 47 Rn. 39.
95 Vgl. AG Leipzig StAZ 2011, 215, 216.
96 *Ehlers* S. 149.
97 *Ehlers* S. 151 f.
98 *Ehlers* S. 152 f.
99 *Ehlers* S. 155 f.
100 Dafür *Hepting* StAZ 2008, 161 (171); *Ehlers* S. 156 f. Vgl. aber auch mit einem anderen Ansatz *Henrich* StAZ 2007, 197 (202).
101 LAG Leipzig StAZ 2011, 215 (217); *Henrich* StAZ 2007, 197 (202); *Hochwald* StAZ 2009, 49 (51) und zuvor KG StAZ 2008, 42; LG Tübingen FamRZ 2004, 730.
102 *Ehlers* S. 151 (anders jedoch S. 160 für echte Patronyme skandinavischen Modells).
103 *Ehlers* S. 142–144.
104 Dafür *Henrich* StAZ 2007, 197 (201).
105 *Ehlers* S. 144 f.

106 Dafür BeckOK BGB/*Mäsch* EGBGB Art. 47 Rn. 7; MüKoBGB/*Lipp* EGBGB Art. 47 Rn. 39. Offen *Prinz v.Sachsen Gessaphe* StAZ 2015, 65 (71).
107 Dafür *Hepting* StAZ 2008, 161 (167); Staudinger/*Hausmann* EGBGB Art. 47 Rn. 51.
108 Im Ergebnis ähnlich, wenn auch auf anderem Weg, *Henrich* StAZ 2007, 197 (199).
109 Staudinger/*Hepting* (2007), Art. 10 EGBGB Rn. 179; *Hepting* StAZ 2008, 161 (167).
110 *Rauhmeier* StAZ 2010, 337.
111 *Hepting* StAZ 2008, 161 (167); *Rauhmeier* StAZ 2010, 270; *Krömer* StAZ 2013, 130 (131 f.); Staudinger/*Hausmann* EGBGB Art. 47 Rn. 36.
112 BeckOK BGB/*Mäsch* EGBGB Art. 47 Rn. 6.
113 So aber *Henrich* StAZ 2007, 197 (200).
114 BeckOK BGB/*Mäsch* EGBGB Art. 47 Rn. 9.
115 So aber Staudinger/*Hepting* (2007), Art. 10 EGBGB Rn. 163.
116 Zum irakischen Namensrecht *Rauhmeier* StAZ 2012, 117 (118).
117 OLG München StAZ 2015, 58 (59).
118 JurisPK-BGB/*Janal* EGBGB Art. 47 Rn. 6.
119 So aber *Hepting* StAZ 2008, 161 (168).

dass nur die Ergänzung eines Vornamens möglich wäre.[120] Erhebt aber „Mahinder Singh" seine bisherigen Namen beide gemäß Nr. 1 zu Vornamen, so kann er entsprechend Nr. 2 ergänzend einen Nachnamen bestimmen.[121] Andererseits hat insbesondere für Vornamen die Auswahl aus einem Bestand von mehreren bereits vorhandenen Namen Vorrang.[122] Im Gegensatz zu § 94 Abs. 1 S. 1 Nr. 4 BVFG ist hier keine komplette Neubestimmung des Familiennamens möglich.[123] Die Erklärung zu Vor- oder Familiennamen kann jeweils einzeln oder gemeinsam erfolgen.[124]

Abs. 1 S. 1 Nr. 2 erlaubt seinem Wortlaut nach die freie Wahl eines Vor- oder Familiennamens.[125] Er enthält **21** weder ausdrückliche Beschränkungen noch explizite Vorgaben hinsichtlich der Auswahl. Im Extremfall könnte der Indonesier mit dem einzigen Namen „Sukarno" als Eigennamen sich Goethe, Gates oder Gorbatschow zum Familiennamen wählen.[126] Die Materialien sprechen freilich für den gesamten Abs. 1, dh einschließlich Nr. 2, davon, eine für das deutsche Namensrecht passende Namens*form* ermöglichen zu wollen.[127] Dies spricht gegen eine vollkommen freie Namenswahl.[128] Auch die als Prinzip gewollte Kontinuität mit den bisherigen Rechtsprechungsregeln spricht dagegen, dass in Nr. 2 die absolute Novität einer vollkommen freien Namenswahl verankert wäre. Zieht man ergänzend die Rechtsprechung zu § 3 NamÄndG heran[129] und betont die Ordnungsfunktion des Familiennamens, so wird man für den Familiennamen dahin gehend einschränken können, dass der gewählte Name auf Personen hindeutet, zu denen der Namensträger gewichtige soziale Bindungen aufweist.[130] Beispiele wären etwa Eigennamen eines Elternteils oder eines nahen Verwandten.[131] Eigennamen des gerade verehrten Fußballidols dagegen wären kein taugliches Wahlobjekt unter deutschem Recht.

Ergänzt werden darf nur *ein* Familienname, nicht aber deren mehrere.[132] Zwei Geburtsnamen dürfen nicht **22** beide nebeneinander zu gleichzeitigen und gleichrangigen Familiennamen bestimmt werden.[133] Der Funktion des Familiennamens ist vollauf genügt, wenn es einen gibt. Mehrere Familiennamen für eine Person sieht das deutsche Recht grundsätzlich nicht vor. Eine Ausnahme gilt nur, wenn infolge etablierter Verwaltungspraxis oder faktischer Namensführung im Alltag bereits eine Verfestigung einer mehrgliedrigen Familiennamensführung eingetreten ist und sich ein „echter Doppelname" gebildet hat.[134] Das kann bei als Zwischennamen fortgeführten Namen, die zuvor unter einem ausländischen Namensstatut Patronyme (also Vaters-, Großvaters- oder Mutternamen) waren, kaum der Fall sein. Ein Patronym als zweiten oder weiteren Familiennamen zu wählen ist daher grundsätzlich nicht möglich.[135]

Wird ein Familienname ergänzt, so werden damit die anderen Namen des Namensträgers automatisch zu **23** Vornamen,[136] da es eben unter deutschem Recht nur einen Familiennamen geben kann und kein anderer Name neben einem Familiennamen Familienname sein kann.

Dass eine Person keinen Vor-, sondern nur einen Familiennamen hat, dürfte ein nur theoretisch denkbarer **24** Fall sein. Namen sollen individualisieren und abgrenzen, und ein bloßer Familienname als einziger Name gewährleistet keine Abgrenzung innerhalb der Familie mit demselben Familiennamen.

---

120 jurisPK-BGB/*Janal* EGBGB Art. 47 Rn. 6; MüKo-
     BGB/*Lipp* EGBGB Art. 47 Rn. 41.
121 *Ehlers* S. 183–185.
122 *Rauhmeier* StAZ 2010, 170.
123 *Rauhmeier* StAZ 2010, 170.
124 OLG München StAZ 2015, 58.
125 *Henrich* StAZ 2007, 197 (200); MüKoBGB/*Lipp*
     EGBGB Art. 47 Rn. 40.
126 *Mäsch* IPRax 2008, 17 (19).
127 Beschlussempfehlung und Bericht des Innenaus-
     schusses, BT-Drs. 16/3309, 13.
128 *Mäsch* IPRax 2008, 17 (19); BeckOK BGB/*Mäsch*
     EGBGB Art. 47 Rn. 8; PWW/*Mörsdorf-Schulte*
     EGBGB Art. 47 Rn. 10. Anderer Ansicht MüKo-
     BGB/*Lipp* EGBGB Art. 47 Rn. 42.
129 Dagegen *Hepting* StAZ 2008, 161 (169).
130 BeckOK BGB/*Mäsch* EGBGB Art. 47 Rn. 8 (unter
     Hinweis auf BVerwG NJW 1997, 1594 (1595));
     Staudinger/*Hausmann* EGBGB Art. 47 Rn. 34;
     PWW/*Mörsdorf-Schulte* EGBGB Art. 47 Rn. 8;
     jurisPK/*Janal* EGBGB Art. 47 Rn. 6.

     Gegen eine solche Einschränkung MüKoBGB/*Lipp*
     EGBGB Art. 47 Rn. 42.
     Offen gelassen von OLG München StAZ 2015, 58
     (59).
131 OLG München StAZ 2015, 58 (59); BeckOK BGB/
     Mäsch EGBGB Art. 47 Rn. 8.
132 BGH StAZ 2015, 78 (79); § 45 Abs. 2 PStV; *Henrich*
     StAZ 2007, 197 (198); *Hepting* StAZ 2008, 161
     (167 f.); Staudinger/*Hausmann* EGBGB Art. 47
     Rn. 40; jurisPK/*Janal* EGBGB Art. 47 Rn. 27;
     Erman/*Hohloch* EGBGB Art. 47 Rn. 5.
133 BGH StAZ 2015, 78 (80).
134 BGH StAZ 2015, 78 (79 f.); *Hepting* StAZ 2008, 161
     (167 f.)
135 Tendenziell großzügiger OLG Frankfurt StAZ 2012,
     370 (371); OLG Karlsruhe BeckRS 2014, 05667;
     MüKoBGB/*Lipp* EGBGB Art. 47 Rn. 12.
136 AG Leipzig StAZ 2011, 215 (217); Staudinger/*Haus-
     mann* EGBGB Art. 47 Rn. 39; Erman/*Hohloch*
     EGBGB Art. 47 Rn. 5.

V. Ablegen von Namensbestandteilen (Abs. 1 S. 1 Nr. 3)

25 Nach Abs. 1 S. 1 Nr. 3 kann der Namensträger Namensbestandteile ablegen, welche das deutsche Recht nicht vorsieht (sog. Ablegeerklärung).[137] Dies zielt insbesondere auf sog. **Zwischennamen**,[138] seien diese (wie meist) aus einem Vatersnamen gebildet[139] oder nicht. Zwischennamen gebildet aus Vatersnamen sind häufig insbesondere im slawischen Rechtskreis (zB Michail Sergejewitsch Gorbatschow). In den USA finden sich dagegen Zwischen- oder Mittelnamen, welche den Geburtsnamen der Mutter oder den Familiennamen der mütterlichen Linie heranziehen (zB John *Fitzgerald* Kennedy). Abstammungsnamen kann der Namensträger auch dann ablegen, wenn sie zuvor durch Sortiererklärung nach Art. 47 Abs. 1 S. 1 Nr. 1 EGBGB zu Vornamen geworden sind, da sie unter dem ursprünglichen Namensstatut eben keine Vornamen waren und eine dem deutschen Recht nicht bekannte Funktion ausfüllten.[140] Ein nicht zum Familiennamen bestimmter Eigenname, der nach dem alten Namensstatut kein Vorname war, ist als Abstammungsname einzuordnen.[141]

26 Indes ergibt sich eine Einschränkung: Ist der Mittelname (zB nach schwedischem oder norwegischem Recht) der Funktion nach der eigene Geburtsfamilienname vor einem Ehenamen als neuen Familiennamen, so kennt das deutsche Recht einen solchen Namensbestandteil, nämlich als dem Ehenamen vorangestellten Geburtsnamen. Der Unterschied dürfte allein im Bindestrich liegen (den das deutsche Recht zwischen Geburts- und Ehenamen setzten würde, das ausländische Recht aber nicht). Hier kann der Mittelname nicht nach Abs. 1 S. 1 Nr. 3 abgelegt werden; wohl aber ist ein Widerruf entsprechend § 1355 Abs. 4 S. 4 BGB möglich.[142] Wieder anders verhält es sich bei Mittelnamen (wiederum zB nach schwedischem oder norwegischem Recht), bei denen Kinder den Familiennamen des einen und den Mittelnamen des anderen Elternteils erhalten haben, auch wenn sie danach heißen wie das letztere Elternteil: Für diese Kinder ist es ein echter Mittelname, kein vorangestellter Geburtsname.[143] Ablegen kann der Namensträger in jedem Fall nur einen Mittelnamen, nicht einen Familiennamen.[144]

27 Vatersnamen allgemein kennt das deutsche Recht auch nicht in dieser Funktion, so dass jeglicher Vatersname oder Großvatersname abgelegt werden kann (zB ben Salah, bin Ibrahim oder ibn Mahmud aus arabischen Rechtskreisen, aus denselben Rechtskreisen auch Vaters- und Großvatersnamen bei Frauen, zB Soad Mohammed Ibrahim Mussalam).[145] Gleichermaßen kennt das deutsche Recht keine Namensbestandteile, die eine Religionszugehörigkeit ausdrücken (wie es zB „Singh" oder „Kaur" eignet). Auch sie können nach Abs. 1 S. 1 Nr. 3 abgelegt werden.[146] Dasselbe gilt für alle anderen Namenszusätze, die keine eigentliche Namens- oder Identifikationsfunktion erfüllen.[147]

27a Hat der Namensträger ursprünglich einen bloß zweigliedrigen Namen, so kann er nicht einen davon ablegen und so künstlich einen bloß eingliedrigen Namen herstellen, den er dann nach Abs. 1 S. 1 Nr. 2 ergänzen müsste.[148] Insoweit ist Abs. 1 S. 1 Nr. 3 teleologisch zu reduzieren und der Namensträger allein auf Abs. 1 S. 1 Nr. 1 zu verweisen.[149]

27b Nicht abgelegte Namen bleiben grundsätzlich erhalten.[150] Abs. 1 S. 1 Nr. 3 eröffnet nur eine Option, aber keinen Ablegezwang. Das deutsche Recht zwingt nicht dazu, ihm eigentlich unbekannte Namensteile ersatzlos ablegen zu müssen.[151] Eine zwingende „Transposition auf Null"[152] wäre ein verfassungsrechtlich nicht zu rechtfertigender Eingriff in das allgemeine Persönlichkeitsrecht des Namensträgers.[153]

VI. Entgendrifizierung geschlechtsspezifischer Namen (Abs. 1 S. 1 Nr. 4 Var. 1)

28 Insbesondere der slawische Rechtskreis kennt spezifische Namensformen für Frauen mit geschlechtsspezifischen Endungen (wie häufig in slawischen Rechtsordnungen, namentlich -ová nach tschechischem, -ska nach polnischem oder -owa bzw. -owna nach russischem Recht). Das Phänomen kennen indes auch andere Rechte (zB das griechische mit -oulou statt -oulos). Die Namensträgerin würde die geschlechtsspezifische Form nach einem Wechsel unter deutsches Recht im Prinzip beibehalten. Damit können sich aber Probleme

137 BGH StAZ 2014, 139 (141).
138 S. nur *Ehlers* S. 136 f.
139 Beispiel: bulgarisches „Naydenova" als Vatersname; BGH StAZ 2014, 139 (141).
140 *Hepting*, Rn. II-315; *Krömer* StAZ 2014, 93; *Kraus* StAZ 2014, 374 (375).
141 *Ehlers* S. 141 f., 146; *Kraus* StAZ 2018, 383.
142 *Henrich* StAZ 2007, 197 (201).
143 *Henrich* StAZ 2007, 197 (201).
144 *Ehlers* S. 138.
145 *Henrich* StAZ 2007, 197 (202).

146 *Hepting* StAZ 2008, 161 (172 f.); jurisPK-BGB/*Janal* EGBGB Art. 47 Rn. 7; *Hochwald* StAZ 2010, 335 (336).
147 *Erman/Hohloch* EGBGB Art. 47 Rn. 5.
148 *Ehlers* S. 185–187 sowie *Mäsch* IPRax 2008, 17 (19 f.).
149 *Ehlers* S. 186 f.
150 OLG Nürnberg StAZ 2012, 182; MüKoBGB/*Lipp* EGBGB Art. 47 Rn. 44.
151 *Ehlers* S. 135. **AA** KG OLGZ 1968, 105 (109); *Sperling* StAZ 1953, 257.
152 *Hepting* StAZ 2001, 257 (265).
153 *Ehlers* S. 135 f.

ergeben, vor allem mit Blick auf Familiennamen und die Vererbung von Namen auf männliche Nachkommen.[154] Daher erlaubt Abs. 1 S. 1 Nr. 4 Var. 1 der Namensträgerin einen Wechsel zur männlichen Grundform. -ová würde also komplett entfallen (zB Gruber statt Gruberová), aus -owa oder -owna würde -ow,[155] aus -ska -ski[156] und aus -oulou -oulos. Gleichberechtigungskonform und der geschlechtsneutralen Formulierung des Abs. 1 S. 1 Nr. 4 Var. 1 gemäß sind Wahlrechte von Männern für ihren eigenen Nachnamen aber keineswegs a priori ausgeschlossen.[157] Wenn sich nicht feststellen lässt, ob die männliche oder die weibliche Form die Grundform des Namens ist, soll aus Gleichberechtigungsgründen ein Recht zur Auswahl zwischen beiden bestehen.[158]

Der Gesetzgeber hat allerdings nur die Entgendrifizierung von Familiennamen im Blick. Dagegen dürfte eine Entgendrifizierung von Zwischennamen, insbesondere Vatersnamen, nicht in Betracht kommen, wenn sie dazu führen würde, dass eine Frau danach ihren ursprünglichen, weiblichen Vornamen und daneben einen aus dem bisherigen Zwischennamen gebildeten männlichen Vornamen hätte.[159] Eine Umwandlung in eine weibliche Vornamensform[160] wird nur ausnahmsweise überhaupt denkbar sein. Sie hätte keinen Bezug zum ursprünglichen Familienzusammenhang und wäre eine so nicht zugelassene geschlechtliche Transformation.[161] Einen objektiven Angleichungszwang kann es in den Fällen des Abs. 1 S. 1 Nr. 4 Var. 1 nicht geben.[162] **28a**

VII. Grundform bei nach Verwandtschaftsverhältnis abgewandelten Namen (Abs. 1 S. 1 Nr. 4 Var. 2)

Einige Rechtskreise kennen nach dem Verwandtschaftsgrad abgewandelte Namensformen, etwa -witsch im russischen Recht, -dóttir im isländischen Recht, -son nach skandinavischen Rechtsordnungen, ibn, ben oder bent nach arabischen Rechtsordnungen. Abs. 1 S. 1 Nr. 4 Var. 2 erlaubt, solche verwandtschaftsgeformten Namen in die Grundform zu überführen.[163] Indes kann dies nicht für alle Namensarten gelten: Will der Namensträger einen Vaters- oder Großvatersnamen grundsätzlich beibehalten, so würde dieser seines spezifischen Gehalts entkleidet, wenn er auf die Grundform reduziert würde. Ein Vatersname muss also, soll er beibehalten werden, in der spezifischen Form erhalten bleiben, welche das Verwandtschaftsverhältnis anzeigt. Nicht anwendbar ist Abs. 1 S. 1 Nr. 4 Var. 2 außerdem bei Namen, die zwar ein Verwandtschaftsverhältnis anzeigten, aber eigenständig geworden sind, etwa bei -son im norwegischen oder isländischen Modell. Einen objektiven Angleichungszwang kann es in den Fällen des Abs. 1 S. 1 Nr. 4 Var. 2 nicht geben.[164] **29**

VIII. Eindeutschung von Vor- oder Familiennamen (Abs. 1 S. 1 Nr. 5)

1. Grundsätzliches. Abs. 1 S. 1 Nr. 5 gibt ein Recht auf Eindeutschung des Vor- wie des Familiennamens. Zum Zweck der Integration soll der Namensträger eine Möglichkeit erhalten, seinen Namen sprachlich an sein deutsches soziales Umfeld anzupassen.[165] Bezweckt ist, die Integration in Deutschland zu erleichtern.[166] Eine **Unverträglichkeitsgrenze** besteht **nicht** mehr. Nach früherem Recht musste erst eine solche, vergleichsweise hohe Schwelle überschritten sein, bevor man jenseits des BVFG an eine Eindeutschung denken konnte. Der Wechsel unter deutsches Namensstatut gab unter früherem Recht kein automatisches Recht auf Eindeutschung. Eine ausdrückliche Ausnahme davon waren § 94 Abs. 1 S. 1 Nr. 3 BVFG für Deutsche iSv Art. 116 Abs. 1 GG und deren Angehörige und § 3 a NamÄndG für eingebürgerten Angehörigen einer namensrechtlichen Repressalien ausgesetzten deutschen Minderheit im Ausland. Abs. 1 S. 1 Nr. 5 verallgemeinert nun § 94 Abs. 1 S. 1 Nr. 3 BVFG.[167] Mit dem Wechsel unter das deutsche Namensstatut entsteht ein Recht auf **Eindeutschung**. Nach einem solchen Wechsel hat der Namensträger ein Recht auf Änderung seines Namens in eine deutschsprachige Form sowohl beim Vor- als auch beim Familiennamen. Eine eigene Begründung für diese deutliche Ausdehnung des eindeutschungsberechtigten Personenkreises findet sich in den Materialien nicht. **30**

154 Zustimmend *Majer* StAZ 2018, 80 (80).
155 *Hochwald* StAZ 2010, 335 (336).
156 Vgl. *Henrich* StAZ 2007, 197 (203).
157 *Ehlers* S. 190 f.
158 OLG München NJW-RR 2008, 1680 (1682); *Hepting* StAZ 2008, 161 (173); MüKoBGB/*Lipp* EGBGB Art. 47 Rn. 47; *Ehlers* S. 191–193.
159 *Ehlers* S. 139 f.
160 *Hepting*, Deutsches und Internationales Familienrecht im Personenstandsrecht, 2010, Rn. II-333 bildet das Beispiel „Aleksandrowna" in „Aleksandra".

161 *Ehlers* S. 139.
162 *Solomon* StAZ 2018, 265 (273).
163 jurisPK BGB/*Janal* EGBGB Art. 47 Rn. 8.
164 *Solomon* StAZ 2018, 265 (273).
165 LG München I StAZ 2009, 146 (147); AG Marburg StAZ 2010, 210; *Hepting* StAZ 2008, 161 (164); Palandt/*Thorn* EGBGB Art. 47 Rn. 5.
166 AG München StAZ 2017, 178.
167 S. nur *Ehlers* S. 195 f.

31   **Eindeutschung** heißt **nicht Übersetzung** ins Deutsche.[168] Denn ausdrücklich wird nur eine deutschsprachige *Form* des Namens als Wahlobjekt zugelassen. Nr. 5 ist § 94 Abs. 1 S. 1 Nr. 3 BVFG nachgebildet. § 94 Abs. 1 S. 1 Nr. 5 BVFG enthält aber neben der dortigen Nr. 3 (Eindeutschung) einen eigenen, selbstständigen Tatbestand der Übersetzung ins Deutsche. An einem Pendant zu § 94 Abs. 1 S. 1 Nr. 5 BVFG fehlt es aber in Art. 47. Der Gesetzgeber des BVFG hat dies noch nach Art. 47 bekräftigt und § 94 Abs. 1 S. 1 Nrn. 4 und 5 BVFG als *Erweiterung* des Arsenals aus Art. 47 Abs. 1 bewertet.[169] Auch werden in den Materialien zum BVFG Eindeutschung und Übersetzung ausdrücklich nebeneinander gestellt,[170] so dass keines von beiden Unterfall des anderen sein kann.[171] Systematik und Genese tragen daher einen strengen Umkehrschluss auf ein enges Verständnis von Eindeutschung.[172] In die gleiche Richtung weist die Herstellung möglichst großer Kontinuität im Internationalen Namensrecht, denn vor der Schaffung des Art. 47 wurde eine Übersetzung jedenfalls nicht zugelassen.[173] Ein „Taylor" kann sich also nicht über Abs. 1 S. 1 Nr. 5 in „Schneider" umbenennen, ein „Krejčí" ebenfalls nicht,[174] ein „Carpenter" nicht „Zimmermann"[175] und ein „Casanova" nicht „Neuhaus".[176]

31a   Vielmehr geht es nur um eine deutsche Form der Schreibweise. Aus einem polnischen „Filip" etwa würde ein deutscher „Philipp",[177] aus einem russischen „Krošenko" ein deutscher „Kroschenko",[178] aus einem russischen „Szewczenko" ein deutsches „Schwetschenko".[179] Eindeutschung kann insbesondere phonetische Eindeutschung meinen.[180] Dabei darf jedoch nichts Unpassendes per Vorschlag aufgedrängt werden. ZB ist „Martin Armin" keine phonetische Eindeutschung für ein kurdisches „Mardin Amir".[181] Phonetische Eindeutschung heißt zudem nicht zwangsläufig lautschriftgemäße Schreibweise des neuen deutschen Namens, also nicht zB „Jenevje" statt „Geneviève".[182]

32   Das Recht auf Eindeutschung besteht sowohl isoliert für den Vor- als auch isoliert für den Nachnamen. Der Namensträger kann also seinen Vornamen eindeutschen lassen und seinen ausländischen Nachnamen beibehalten und umgekehrt. Er kann aber auch beide gleichzeitig oder sukzessive eindeutschen lassen. Taugliches Eindeutschungsobjekt sind auch Adelstitel als Namensbestandteil.[183] Grundlage der Eindeutschung ist der zuletzt im Ausland geführte Name, nicht dessen historischer, semantischer oder etymologischer Hintergrund.[184] Ziel einer Veränderung ist unter Nr. 5 jedenfalls ein deutscher Name als Zielname.[185] Ursprünglich geschlechtsspezifische Namen sind im Wortlaut beizubehalten, weil sie aus deutscher Sicht neutrale Laut- und Zeichenfolgen sind.[186] Aus „Hóráková" wird also als Eindeutschung unter Fortfall der diakritischen Zeichen „Horakova".[187] Die Eindeutschung *zusätzlich* als weiteren Namen zum weiterhin geführten ausländischen Namen vorzunehmen ist nicht zuzulassen.[188] Einen objektiven Angleichungszwang kann es in den Fällen des Abs. 1 S. 1 Nr. 5 nicht geben.[189]

33   **2. Eindeutschung von Vornamen.** Für die **Eindeutschung von Vornamen** gibt es eine Liste in StAZ 1966, 212. Freilich ist diese Liste nur ein Ausgangspunkt und sowohl fortzuschreiben als auch behutsam zu modernisieren. Denn auch im Deutschen sind viele Vornamen erst in den letzten Jahrzehnten modern geworden oder „einbürgert" worden, während gleichzeitig „ältere" Namen ungebräuchlich wurden. Zu „Mahmud" etwa erscheint ein deutsches Pendant „Mohammed" denkbar. Unproblematisch dürften „Paul" statt „Pawel" oder „Pablo", „Johannes" oder „Hans" statt „Jean", „Juan" oder „John" sein.[190] Insoweit bringt der Statutenwechsel dem Neubürger Vorteile, während ein Deutscher, der immer nur Deutscher war, denselben Namen nicht ändern könnte.[191]

168   BeckOK BGB/*Mäsch* EGBGB Art. 47 Rn. 15; *Mäsch* IPRax 2008, 17 (21); *Hepting* StAZ 2008, 161 (175); *Kraus* StAZ 2009, 250 f.; *Majer* StAZ 2018, 80 (80). **AA** *Henrich* StAZ 2007, 197 (203); MüKoBGB/*Lipp* EGBGB Art. 47 Rn. 54, 68.

169   Begründung der Bundesregierung zum Entwurf eines Siebten Gesetzes zur Änderung des BVFG, BT-Drs. 16/4017, 14.

170   Begründung der Bundesregierung zum Entwurf eines Siebten Gesetzes zur Änderung des BVFG, BT-Drs. 16/4017, 14.

171   *Ehlers* S. 208.

172   BeckOK BGB/*Mäsch* EGBGB Art. 47 Rn. 15; *Mäsch* IPRax 2008, 17 (21); *Kraus* StAZ 2009, 250.

173   *Hepting* StAZ 2008, 161 (175); *Kraus* StAZ 2009, 250 unter Hinweis auf OLG Hamburg OLGZ 1990, 25 (30).

174   *Kraus* StAZ 2009, 250.

175   Entgegen *Henrich* StAZ 2007, 197 (203).

176   *Mäsch* IPRax 2008, 17 (21); *Ehlers* S. 205–209.

177   Beispiel aus OLG Celle FamRZ 1994, 1322.

178   *Kissner* StAZ 2009, 315.

179   *Ehlers* S. 200 f.

180   S. nur *Hepting* StAZ 2008, 161 (175); *Kissner* StAZ 2009, 315. Kritisch aber *Ehlers* S. 198 f.

181   OLG Bremen BeckRS 2011, 17854; *Ehlers* S. 199.

182   AG Kleve StAZ 1994, 298; *Ehlers* S. 199.

183   *Palandt/Thorn* EGBGB Art. 47 Rn. 6; MüKoBGB/*Lipp* EGBGB Art. 47 Rn. 49.

184   OLG München StAZ 2015, 306 (307).

185   Vgl. AG Marburg StAZ 2010, 210.

186   Soergel/*Schurig* Art. 10 EGBGB Rn. 6 Fn. 24; *Ehlers* S. 189.

187   *Ehlers* S. 189.

188   AG München StAZ 2010, 334; AG München 3.3.2015 – 721 UR III 166/15. Anderer Ansicht noch AG München StAZ 2017, 178.

189   *Solomon* StAZ 2018, 265 (273).

190   jurisPK-BGB/*Janal* EGBGB Art. 47 Rn. 9.

191   *Hepting* StAZ 2008, 161 (175); BeckOK BGB/*Mäsch* EGBGB Art. 47 Rn. 14; jurisPK-BGB/*Janal* EGBGB Art. 47 Rn. 9.

Fehlt es an einem deutschen Äquivalent zu dem ausländischen Vornamen, so kann der Namensträger nach **34** Nr. 5 Hs. 2 einen neuen Vornamen annehmen. Dieser neue Vorname tritt prinzipiell an die Stelle des bisherigen, nicht eindeutschungsfähigen. Bei der Namenswahl sind die Grenzen des deutschen Rechts für Vornamen zu beachten;[192] insbesondere muss ein Vorname als solcher erkennbar sein und das Geschlecht des Namensträgers erkennen lassen. Eine russische „Ljubov" darf sich jedenfalls nicht „Ludwig" nennen. Zu „Ljubov" gibt es kein deutsches Pendant,[193] auch nicht zu „Xin".[194] „Inrahim" wurde zulässig durch „Lenny" ersetzt.[195] An Stelle von „Ahmed" könnte etwa „Axel" treten.

Der Namensträger ist nicht darauf beschränkt, als neuen Vornamen nur einen Vornamen wählen zu können, **34a** welcher dem (bisherigen) deutschen Sprachgebrauch entspricht, oder gar nur einen in Deutschland üblichen Vornamen.[196] Das wäre eine unzulässige Restriktion entgegen dem weiter gefassten Normwortlaut.[197] Der Zweck der Norm, Integration Zugewanderter und Eingebürgerter in Deutschland zu erleichtern, spricht nicht für, sondern gegen eine teleologische Reduktion.[198] Zudem erweitern sich der deutsche Sprachgebrauch und der Kreis in Deutschland vorkommender Vornamen gerade durch Migration, außerdem durch Anpassung an Modetrends oder persönliches Klangempfinden statt Tradition.[199] Die Grenze, bis zu der eine unterstellte teleologische Reduktion zulässig wäre,[200] wäre unklar und würde Rechtsunsicherheit schaffen.[201] Eine Petrifizierung, eine Versteinerung und Festlegung auf den Bestand „deutscher" oder „typischer deutscher" Vornamen zu einem – zudem noch näher zu bestimmenden – Zeitpunkt ist abzulehnen.

Der Namensträger kann auch mehrere neue Vornamen annehmen, soweit es jeweils an einem deutschen **35** Pendant zu dem bisherigen ausländischen Vornamen fehlt.[202] Die Äquivalenzprüfung ist für jeden Vornamen einzeln vorzunehmen. Dass es für einen der Vornamen ein deutsches Äquivalent gibt, sperrt nicht die Ersetzung eines anderen, für den es kein deutsches Pendant gibt.[203] Insgesamt kann der Namensträger die Zahl seiner Vornamen durch Eindeutschung jedoch nicht erhöhen. Er enthält kein Recht, zusätzliche Namen anzunehmen.[204] Weder kann er mehrere deutsche Vornamen anstelle nur eines ausländischen, der kein deutsches Pendant hat, wählen[205] noch einen deutschen Vornamen *zusätzlich* zum weiter geführten ausländischen Vornamen.[206] „Neue" Vornamen sind allerdings bisher nicht geführte Vornamen, was semantisch nichts Eindeutiges über das Schicksal der alten Vornamen besagt.[207] Der Grundsatz der Namenskontinuität[208] aber wird gerade durch den neuen Vornamen durchbrochen und kann deshalb nicht tragen.

3. Eindeutschung von Familiennamen. Die Eindeutschung von Familiennamen darf nicht im Wege der **36** Übersetzung vonstattengehen, da diese eben eine andere, zur Eindeutschung als solcher alternative Technik wäre. Daher geht es um eine Eindeutschung der Schreibweisen. Dies ist insbesondere dann möglich, wenn der ausländische Name eine Verfremdung oder eine Transkription eines ursprünglich deutschen Namens in die betreffende ausländische Schreibweise war.[209] Aus einem kyrillisch-russischen „Ablhanedz" kann so wieder das ursprüngliche „Abelhans" werden,[210] aus einem „Gelvih" das ursprünglich „Hellwich",[211] aus „Meierow" „Meier".[212] Typische Beispiele betreffen die Re-Germanisierung nach vorangegangener Russifizierung, Polonisierung, Anglisierung, Amerikanisierung oder Italianisierung:[213] „Schuster" aus „Shuster",[214] „Busch" aus „Bush".[215] Daneben kann die Eindeutschung zum Entfallen diakritischer Zeichen füh-

192 BeckOK BGB/*Mäsch* EGBGB Art. 47 Rn. 16 unter
     Hinweis auf *Grünberger* AcP 207 (2007), 314;
     außerdem *Hochwald* StAZ 2010, 335 (336); vgl.
     auch § 45 Abs. 2 PStV.
193 *Hochwald* StAZ 2010, 335 (337).
194 AG München StAZ 2010, 334.
195 *Krömer* StAZ 2014, 93.
196 AG München StAZ 2017, 178.
197 OLG Hamm StAZ 2015, 16 (17) = InfAuslR 2014,
     463 (464) sowie OLG Bremen StAZ 2012, 18 f.; AG
     München StAZ 2009, 147; AG Marburg StAZ 2010,
     210; AG Hamburg StAZ 2012, 112; BeckOK BGB/
     Mäsch EGBGB Art. 47 Rn. 17; juris PK/*Janal*
     EGBGB Art. 47 Rn. 9; *Staudinger/Hausmann*
     EGBGB Art. 47 Rn. 78; MüKoBGB/*Lipp* EGBGB
     Art. 47 Rn. 62.
198 OLG Hamm StAZ 2015, 16 (17) = InfAuslR 2014,
     463 (464).
199 OLG Hamm StAZ 2015, 16 (17) = InfAuslR 2014,
     463 (464).
200 Für eine solche *Ehlers* S. 211–213.
201 OLG Hamm StAZ 2015, 16 (17) = InfAuslR 2014,
     463 (464).
202 Ähnlich AG Marburg StAZ 2010, 210.
203 AA BeckOK BGB/*Mäsch* EGBGB Art. 47 Rn. 16.

204 Ebenso *Hochwald* StAZ 2010, 335 (336); vgl. auch
     Ehlers S. 214 f. Anders AG Marburg StAZ 2010,
     210: Ersetzung eines nicht eindeutschungsfähigen
     Vornamens durch mehrere Vornamen, deren erster
     ein deutscher sein muss. Noch liberaler MüKoBGB/
     Lipp EGBGB Art. 47 Rn. 63: Anzahl der Vornamen
     nur durch Grenzen des deutschen materiellen
     Namensrechts begrenzt.
205 *Hochwald* StAZ 2010, 335 (336).
206 AG München StAZ 2010, 334.
     Anders *Ehlers* S. 213 f.
207 Vgl. AG München StAZ 2017, 178.
208 Auf ihn rekurriert AG München StAZ 2017, 178.
209 BeckOK BGB/*Mäsch* EGBGB Art. 47 Rn. 17; *Wall*
     StAZ 2017, 22 (25).
210 BayObLG StAZ 1995, 214.
211 OLG Karlsruhe FGPRax 2002, 173.
212 Stellungnahme des Bundesrates, BT-Drs. 16/1831,
     79; LG München I StAZ 2009, 146 (147).
213 Erman/*Hohloch* EGBGB Art. 47 Rn. 5; *Wall* StAZ
     2017, 22 (25).
214 *Henrich* StAZ 2007, 197 (203).
215 LG München I StAZ 2009, 146 (147); *Hepting* StAZ
     2008, 161 (167), 175.

ren („Eremenko" aus „Erëmenko").[216] Die Eindeutung kann auch dem Deutschen unbekannte Laute (etwa das englische „th") entfallen lassen.[217] Abs. 1 S. 1 Nr. 5 lässt auch phonetische Anpassungen an die deutsche Sprache zu.[218] Bei Familiennamen gelten jedoch strengere Maßstäbe als bei Vornamen; insbesondere besteht keine ausdrückliche Ersatzmöglichkeit, einen völlig neuen Namen zu bilden.[219] Nr. 5 darf nicht dazu benutzt werden, den Familiennamen schlicht auszutauschen[220] oder willkürlich zu ändern.[221] Insoweit kommt der Namenskontinuität ein höherer Stellenwert zu.[222] ZB ist „Kap" keine deutsche Form von „Kapdikaçdi".[223] Selbst eine Umstellung bei der Reihenfolge der Buchstaben ist nicht ohne Weiteres statthaft.[224]

IX. Einschränkung bei Ehenamen (Abs. 1 S. 2)

37   Eine gewichtige Einschränkung ergibt sich bei der Angleichung von **Ehenamen**. Ehenamen betreffen während bestehender Ehe immer beide Ehegatten. Daher kann nicht ein Ehegatte einseitig über den Ehenamen oder dessen Schreibweise verfügen. Dies gilt selbst für einen Ehegatten, dessen Geburtsname Ehename geworden ist. Abs. 1 S. 2 ordnet konsequent an, dass während bestehender Ehe ein Name, der Ehename geworden ist, nur durch Erklärung beider Ehegatten geändert werden kann. Die Erklärung kann eine gemeinsame Erklärung beider Ehegatten sein. Auch inhaltlich übereinstimmende Einzelerklärungen beider Ehegatten je für sich reichen aus. Die Ehegatten müssen ihre jeweilige Erklärungen nicht zur gleichen Zeit am gleichen Ort abgeben.[225] Es kann sich auch ein Ehegatte der Erklärung des anderen anschließen. Ein Widerruf soll entsprechend den unter § 1355 BGB geltenden Maßstäben möglich sein, bis die Erklärung des anderen Ehegatten dem zuständigen Standesamt zugegangen sein.[226] Gleichlauf in der Ehe ist das Ziel.[227] Beide Ehegatten haben je für sich die Möglichkeiten nach Abs. 1 S. 1 Nrn. 1–5, soweit deren Voraussetzungen vorliegen; darüber kann im Gleichschritt eine Änderung auch eines Ehenamens möglich sein.[228] Allerdings setzt Abs. 1 S. 2 nicht ausdrücklich voraus, dass beide Ehegatten deutschem Namensstatut unterstehen müssten.[229] Er verlangt auch keine Rechtswahl deutschen Rechts über Art. 10 Abs. 2 EGBGB als Voraussetzung.[230] Andererseits wäre es unnötig kompliziert, Abs. 1 S. 2 als fälschlich sog. „selbstbegrenzter Sachnorm" einen eigenständigen Gehalt als spezielle einseitige Kollisionsnorm beizulegen.[231]

38   Nach Auflösung des Ehebandes gilt Abs. 1 S. 2 nicht mehr.[232] Nach einer wirksamen Scheidung kann jeder Ehegatte den vorherigen Ehenamen je für sich angleichen lassen, wenn die Voraussetzungen eines Tatbestandes aus Abs. 1 S. 1 für ihn vorliegen. Dies gilt auch für einen Ehegatten, der den Namen des anderen Ehegatten als Ehenamen angenommen hat und diesen vorherigen Ehenamen nach der Scheidung weiterführt. Den Ehegatten jede Änderungsmöglichkeit zu verweigern, weil der andere Ehegatte nach Eheende nicht mehr mitwirken könne,[233] wäre freiheitswidrig.[234] Eine solche Verhinderung stünde mit dem Wortlaut von Art. 47 Abs. 1 S. 2 ebenso wenig in Einklang wie mit dessen Integrationszweck.[235] Zudem streitet für die Möglichkeit der einseitigen Namensänderung nach Eheende der Vergleich mit der öffentlich-rechtlichen Namensänderung:[236] Auch diese ist nach Eheende einseitig möglich.[237]

39   Für die materielle Berechtigung zur Änderung des Ehenamens reicht es aus, wenn einer der Ehegatten änderungsberechtigt ist.[238] Schließt sich der andere Ehegatte dem Änderungsbegehren des Berechtigten an, so ist der Ehename entsprechend anzugleichen. Dabei steht eine ausländische Staatsangehörigkeit des bloß zustimmenden, anderen Ehegatten nicht entgegen. Denn wenn sie entgegenstünde, wäre dies eine mit Art. 3 Abs. 3, 6 Abs. 1 GG nicht zu vereinbaren Diskriminierung Deutscher, die mit Ausländer verheiratet sind.[239]

216 BayObLG StAZ 1995, 214; OLG München StAZ 2015, 306; LG München I StAZ 2009, 146 (147); *Ehlers* S. 188.
217 LG München I StAZ 2009, 146 (147).
218 OLG München StAZ 2015, 306; *Krömer* StAZ 2014, 185.
219 OLG Hamm StAZ 2015, 17 (18); OLG Hamm StAZ 2015, 18; LG München I StAZ 2009, 146 (147); *Hepting* StAZ 2008, 161 (175); *Staudinger/Hausmann* EGBGB Art. 47 Rn. 81.
220 LG München I StAZ 2009, 146 (147).
221 OLG München StAZ 2015, 306 (307).
222 OLG Hamm StAZ 2015, 17 (18).
223 OLG Hamm StAZ 2015, 18.
224 OLG München StAZ 2015. 306 f.
225 MüKoBGB/*Lipp* EGBGB Art. 47 Rn. 69.
226 MüKoBGB/*Lipp* EGBGB Art. 47 Rn. 69.
227 Erman/*Hoholoch* EGBGB Art. 47 Rn. 5.
228 Erman/*Hoholoch* EGBGB Art. 47 Rn. 5.

229 *Krömer* StAZ 2010, 85; *Wall* StAZ 2017, 22 (26) sowie Palandt/*Thorn* EGBGB Art. 47 Rn. 6.
230 Vgl. *Wall* StAZ 2017, 22 (26).
231 Nicht abschließend allerdings *Ehlers* S. 218 f.; *Wall* StAZ 2017, 22 (26).
232 *Kraus.* StAZ 2013, 293 (294).
233 So *Henrich/Wagenitz/Bornhofen,* Deutsches Namensrecht, Stand 2005, BGB § 1617 c Rn. 95, 96.
234 *Kraus.* StAZ 2013, 293 (294).
235 *Kraus.* StAZ 2013, 293 (294).
236 *Kraus.* StAZ 2013, 293 (294).
237 *Kampe* StAZ 2009, 151.
238 BeckOK BGB/*Mäsch* EGBGB Art. 47 Rn. 18 unter Hinweis auf OLG Karlsruhe FGPRax 2002, 173 zu § 94 BVFG.
239 MüKoBGB/*Lipp* EGBGB Art. 47 Rn. 71; Staudinger/*Hausmann* EGBGB Art. 47 Rn. 84; StAZ 2017, 22 (26).

X. Lücken im System

Bei deutschstämmigen Aussiedlern hat die Verwaltungspraxis ein Bedürfnis nach der Übersetzung ausländi- **40**
scher Familiennamen zutage gefördert, und der Gesetzgeber hat dieses Bedürfnis in § 94 Abs. 1 S. 1 Nr. 5
BVFG anerkannt. Ein vergleichbares Bedürfnis kann man aber allgemein sehen. Es lässt sich jedenfalls
nicht sachgerecht auf den vom BVFG erfassten Personenkreis beschränken. Zumindest de lege ferenda
sollte in Abs. 1 eine Parallele zu § 94 Abs. 1 S. 1 Nr. 5 BVFG eingefügt werden. De lege lata könnte man
mit viel Mut an eine Analogie zu § 94 Abs. 1 S. 1 Nr. 5 BVFG denken,[240] da eine erweiternde Auslegung
des Art. 47 Abs. 1 S. 1 Nr. 5 methodisch versperrt sein dürfte.[241]

C. Namenswahl bei abgeleitetem Namen (Abs. 2)

I. Grundsätzliches

Angleichungsbedarf kann sich nicht nur bei einem Wechsel unter deutsches Namensstatut ergeben, sondern **41**
auch beim originären Erwerb solcher Namen unter deutschem Recht, die von einem nach ausländischem
Recht gebildeten Namen abgeleitet werden sollen. Dem will Abs. 2 Rechnung tragen, indem Abs. 1 für entsprechend anwendbar erklärt wird, wenn ein Name nach deutschem Recht gebildet werden soll, der von
einem Namen abgeleitet werden soll, der nach einem anwendbaren ausländischen Recht erworben worden
ist. Zu betonen ist: Der Name, *von dem* abgeleitet werden soll, ist der Name einer anderen Person als derjenigen, deren Name gebildet werden soll. Nur bei Personenverschiedenheit kann der Vorbildname nach
einem anwendbaren ausländischen Recht bestehen, während die jetzt anstehende Namensbildung unter
deutschem Recht erfolgt. Reguliert wird die erstmalige Namensbildung unter deutschem Recht.[242] Der
Sache nach geht es um die Namensbildung von Kindern mit von Anfang an deutschem Namensstatut, die
einen Familiennamen eines Elternteils nach §§ 1616 ff. BGB erhalten sollen, während für jenen Elternteil
ein ausländisches Namensstatut gilt oder zum Zeitpunkt seiner eigenen Familiennamensbildung galt. Ein
Statutenwechsel ist für das Namensstatut des Kindes gerade nicht vorausgesetzt.[243]

Die entsprechende Anwendung des Abs. 1 kann sich nicht auf Abs. 1 S. 1 Nr. 3 erstrecken. Denn hier geht **42**
es um eine originäre Namensbildung eines eigenständigen Namensträgers unter deutschem Recht, so dass
beim Kind keine Namensbestandteile vorkommen können, welche das deutsche Recht nicht vorsieht.[244]
Keine Entsprechung ist zudem für Abs. 1 S. 2 denkbar. Die Namensableitung kann keinen Namen betreffen,
der in diesem Zeitpunkt Ehename des Namensträgers wäre.

II. Namensgebender Elternteil ohne Familiennamen (Abs. 2 iVm Abs. 1 S. 1 Nr. 1 oder Nr. 2)

Eine Namensbildung nach §§ 1616 ff. BGB in Ableitung vom Familiennamen eines Elternteils ist schlech- **43**
terdings nicht denkbar, wenn das namensgebende Elternteil nach seinem Namensstatut überhaupt keinen
Familiennamen hat. Ein nicht existenter Familienname kann nicht weitergegeben werden. Andererseits ist
Kind und Eltern nicht zuzumuten, dass eine Ableitung nur vom Namen des anderen Elternteils zulässig
wäre, wenn dieses einen weitergabefähigen Familiennamen hat. Die Eltern haben das Recht, zu bestimmen,
von wem der Name des Kindes abgeleitet werden soll. Daher kann für das Kind eine Bestimmung nach
Abs. 2 iVm Abs. 1 S. 1 Nr. 1 oder eine Wahl nach Abs. 2 iVm Abs. 1 S. 1 Nr. 2 getroffen werden, je nachdem, ob der namensgebende Elternteil einen familiennamensfähigen Namen hat (dann Nr. 1) oder nicht
(Nr. 2). Insbesondere soll ein nach ius soli deutsches Kind aus den Namen der Eltern einen Familiennamen
bestimmen können, wenn die Eltern nach ihren Namensstatuten nur Eigennamen führen.[245]

Auf den Namen des Elternteils hat die Namenswahl für das Kind keinen Einfluss.[246] Insoweit wird das Prin- **44**
zip der Namensidentität zwischen Kind und zumindest einem Elternteil durchbrochen.[247]

Die Fallgruppe ist nicht auf Fälle der Namensbildung aufgrund einer Erklärung beschränkt, sondern erfasst **44a**
auch die Namenszuweisung kraft Gesetzes zB nach §§ 1617a Abs. 1; 1616.[248] Zwar hat der Gesetzgeber
wohl nur den ersten Fall im Auge gehabt, nicht den zweiten.[249] Das schließt den zweiten aber nicht aus. Es
bewirkt nur, dass die Regulierung auf den ersten Fall zugeschnitten ist und auf den zweiten nur bedingt
passt. Sie ist aber auf alle Fälle des von einem ausländischen Namen abgeleiteten Namenserwerbs unter

240 Dagegen *Kraus* StAZ 2009, 250 (251).
241 Die für eine Analogie nötige Lücke bezweifelt *Majer* StAZ 2018, 80 (81).
242 *Krömer* StAZ 2014, 185 (186).
243 OLG München StAZ 2009, 11 (12); *Solomon* StAZ 2018, 265 (269).
244 Im Ergebnis ebenso BeckOK BGB/*Mäsch* EGBGB Art. 47 Rn. 19.
245 *Kissner* StAZ 2009, 315.
246 BeckOK BGB/*Mäsch* EGBGB Art. 47 Rn. 20.
247 *Kissner* StAZ 2009, 315.
248 *Krömer* StAZ 2014, 185 (186).
249 Siehe Stellungnahme des Bundesrates, BT-Drs. 16/1831, 71.

deutschem Namensstatut anzuwenden.[250] Sie ist dafür passend zu machen und zur Anwendung zu bringen, ohne übermäßig am Buchstaben zu haften.[251]

III. Namensgebende Mutter mit weiblicher Familiennamensform (Abs. 2 iVm Abs. 1 S. 1 Nr. 4 Var. 1)

45 Trägt die Mutter eine weibliche Namensform und gibt sie den Namen in dieser Form weiter, so eröffnet Abs. 2 iVm Abs. 1 S. 1 Nr. 4 Var. 1 jedenfalls die Möglichkeit, für einen Sohn die männliche Stammform des Namens herbeizuführen. Für eine Tochter müsste die Möglichkeit zur Entgendrifizierung gleichermaßen gelten. Solche Optionen sind zu begrüßen, auch wenn nicht unmittelbar aus den Materialien ersichtlich ist, dass der Gesetzgeber sie spezifisch im Auge gehabt hätte.[252]

46 Abs. 2 iVm Abs. 1 S. 1 Nr. 4 Var. 1 muss nicht bemüht werden, wenn der Vater den Familiennamen weitergibt oder wenn man annimmt, dass der Familienname der Mutter in der männlichen Stammform übergeht, auch wenn die Mutter selber eine weibliche Form führt. Denn in beiden Fällen ist bereits Entgendrifizierung eingetreten, wenn auch auf einem anderen Wege. Allerdings könnte man Abs. 2 iVm Abs. 1 S. 1 Nr. 4 Var. 1 gerade als Beleg dafür ansehen, dass beim Namenserwerb von der Mutter zunächst einmal deren weibliche Namensform auf die Kinder übergeht.[253] Dass anderenfalls das Optionsrecht wenig Sinn ergäbe, kann freilich nicht das Argument sein,[254] denn damit geriete man in einen Zirkel, weil umgekehrt das Optionsrecht den Übergang der geschlechtsspezifischen Form, nicht der Grundform voraussetzt.

47 Gleichberechtigungskonform ist Abs. 2 iVm Abs. 1 S. 1 Nr. 4 Var. 1 dahin zu verstehen, dass dann, wenn es keine „neutrale" Form und keine Stammform im eigentlichen Sinn gibt, sowohl die männliche als auch die weibliche Namensform gewählt werden kann.[255]

IV. Eindeutschung eines fremdsprachigen Namens (Abs. 2 iVm Abs. 1 S. 1 Nr. 5)

48 Die Eindeutschung eines fremdsprachigen Namens ist nach Abs. 2 iVm Abs. 1 S. 1 Nr. 5 ebenfalls möglich. Sie kommt in Betracht, wenn ein Kind mit deutschem Namensstatut den fremdsprachigen Namen eines Elternteils erhalten hat, welchen dieses Elternteil unter einem ausländischen Recht erworben hat. Richtigerweise sollte man den Erwerb nach ausländischem Recht auf die unmittelbar weitergebende Generation beschränken und nicht weiter in die Vergangenheit zurückgreifen; anderenfalls drohte man im Extremfall Angehörigen von Familien, die im 17. Jahrhundert in das Heilige Römische Reich Deutscher Nation und einen seiner Gliedstaaten eingewandert sind, Eindeutschungsmöglichkeiten zu eröffnen.[256]

49 Unbeachtlich ist dagegen, ob der weitergebende Elternteil immer noch dem ausländischen Namensstatut untersteht oder inzwischen ebenfalls ein deutsches Namensstatut hat und ob jener Elternteil von einer ihm persönlich offen stehenden Möglichkeit zur Eindeutschung bisher keinen Gebrauch gemacht hat.[257] Der Grundsatz der Namensidentität zwischen Kind und Elternteil leidet auch hier,[258] dies erlaubt aber nicht, aus Abs. 2 keine Verweisung auf Abs. 1 S. 1 Nr. 5 herauszulesen.[259] Zumeist, nämlich bei phonetischer Eindeutschung, sind im Alltag und im mündlichen Umgang gewünschter und bisheriger Familienname sowieso allenfalls schwer zu unterscheiden.[260] Die Erklärung führt zur Änderung des aktuell geführten Familiennamens, zur Änderung des Ehenamens aber ausweislich Art. 47 Abs. 1 S. 2 nur dann, wenn auch der andere Ehegatte sich entsprechend erklärt.[261]

D. Angleichungserklärung

50 Die Angleichung ist gegenüber dem **örtlich zuständigen Standesamt** abzugeben. Die Erklärung ist amtsempfangsbedürftig.[262] Welches Standesamt örtlich zuständig ist, bestimmt sich nach § 42 Abs. 2 PStG. Den Zugang einer Erklärung kann das zuständige Standesamt nicht durch schlichte Verweigerung der Entgegennahme verhindern.[263] Art. 47 EGBGB schreibt eine Empfangszuständigkeit fest.[264]

250 Gegenäußerung der Bundesregierung, BT-Drs. 16/1831, 79.
251 *Krömer* StAZ 2014, 185 (187).
252 BeckOK BGB/*Mäsch* EGBGB Art. 47 Rn. 21.
253 OLG München StAZ 2009, 11 (12 f.) sowie *Hepting* StAZ 2008, 161 (177); *Kraus* StAZ 2010, 19 (21).
254 Entgegen OLG München StAZ 2009, 11 (13).
255 OLG München StAZ 2009, 11 (13); *Hepting* StAZ 2008, 161 (173).
256 BeckOK BGB/*Mäsch* EGBGB Art. 47 Rn. 22.

257 BeckOK BGB/*Mäsch* EGBGB Art. 47 Rn. 22.
258 *Kissner* StAZ 2009, 315 f.
259 Dahin aber *Hepting* StAZ 2008, 161 (164).
260 *Kissner* StAZ 2009, 315 (316).
261 *Kraus*. StAZ 2013, 293 (294).
262 MüKoBGB/*Lipp* EGBGB Art. 47 Rn. 18.
263 OLG Hamm StAZ 2015, 16 (17) = InfAuslR 2014, 463.
264 *Solomon* StAZ 2018, 265 (274).

Das zuständige Standesamt muss die Beteiligten auf die Möglichkeit zur Abgabe der Angleichungserklä-   **50a**
rung hinweisen.[265] Geben sie trotzdem keine Angleichungserklärung ab, so gilt wegen der öffentlich-rechtlichen Ordnungsfunktion und des Zwangs zum Führen eines Vor- und eines Familiennamens unter deutschem Recht[266] nicht die bisherige Namenskette fort; vielmehr wären die Namen von Eltern in Vor- und
Familiennamen zu transponieren.[267] Eine „Zwangsangleichung" würde dann der ersten mit dem Namen
befassten deutschen Behörde obliegen.[268] Indes sollte dies nur Ausnahmefall sein; zudem wäre zu überlegen, ob wirklich eine Rückwirkung der Transposition auf den Zeitpunkt des Eingangsstatutenwechsels zum
deutschen Recht angemessen wäre.[269]

Eine Angleichungserklärung muss die **Form** des Abs. 4 zu wahren. Gefordert sind öffentliche Beglaubi-   **51**
gung oder öffentliche Beurkundung. Grundsätzlich fordert dies die Einschaltung eines Notars. Indes ist
auch die öffentliche Beglaubigung oder Beurkundung durch den Standesbeamten selber möglich.[270] Art. 47
Abs. 4 S. 2 EGBGB in der bis 31.12.2008 geltenden Fassung besagte dies ausdrücklich. Nach dem Inkrafttreten des PStRG ergibt es sich aus § 43 Abs. 1 S. 1 PStG.[271] Die Zuständigkeit folgt § 43 Abs. 2 PStG.[272]
Der Standesbeamte ist nach § 2 Abs. 1 S. 2 PStG zur Beglaubigung oder Beurkundung sogar verpflichtet.[273]
Gebühren und Auslagen sind in diesem Fall nach § 43 Abs. 1 S. 2 PStG nicht vorgesehen, wie auch Abs. 4
S. 3 in der bis 31.12.2008 geltenden Fassung besagte. § 94 Abs. 2 S. 2 BVFG spricht parallele Gebühren-
freiheit aus.

Eine **Frist** für die Ausübung des Angleichungsrechts aus Art. 47 besteht nicht. Weder in Abs. 1 noch in   **52**
Abs. 2 wird eine Frist bestimmt. Daraus ist der klare Umkehrschluss zu ziehen: Eine Ausübungsfrist besteht
nicht.[274] Er wird auch teleologisch gestützt, da sich ein eventueller Anpassungsbedarf durch Zeitablauf nach
dem auslösenden Ereignis weder erledigt noch abschwächt. Im Gegenteil kann sich ein solcher Bedarf erst
im Laufe der Zeit herausstellen, zB bei weiteren Behördenkontakten und dabei auftretenden Namensproble-
men. Eine Namensänderung ist daher auch noch nach Jahrzehnte etwa nach der Einbürgerung oder nach der
Eheschließung möglich.[275] Die Formulierung des Abs. 2 ist ebenfalls nicht geeignet, etwa eine Monatsfrist
nach § 1617 Abs. 2 auslösen zu können.[276] Ebenso wenig bewirkt bloßer Zeitablauf eine Verwirkung.[277]

Bei Minderjährigen wird die Erklärung vom gesetzlichen Vertreter abgegeben.[278] Wer gesetzlicher Vertreter   **53**
ist, bestimmt sich gemäß Art. 7 EGBGB nach dem Personalstatut des Minderjährigen.

E. Rechtsfolgen

Angleichungserklärungen entfalten Wirkungen ab ihrem Wirksamwerden, also mit dem Zugang beim Stan-   **54**
desamt. Sie wirken nur **ex nunc** und haben keine rückwirkende Kraft, wie sich aus „fortan" (also ab Ausübung) ergibt.[279] Der daraus resultierende „Schwebezustand" zwischen dem Zeitpunkt des Statutenwechsels
und jenem der Angleichungserklärung ist hinzunehmen, selbst wenn sich in ihm ausnahmsweise die Notwendigkeit zu einer objektiven Zwangsangleichung ergeben sollte.[280]

Angleichungserklärungen sind verbindlich für die Namensführung. Als Gestaltungserklärungen vertragen   **55**
sie keinen Schwebezustand und sind daher grundsätzlich **nicht widerruflich**.[281] Einmal erklärt, hat der
Erklärende keine Möglichkeit, sie nach seinem Belieben zurück zu nehmen. Nur eine Anfechtung wegen
Willensmängeln steht in den engen Grenzen der §§ 119; 120; 123 BGB zu Gebote. Die Angleichungserklä-

265 *Kraus* StAZ 2018, 383.
266 S. nur BGH StAZ 2014, 139 (141) Rn. 24; *Hepting/
      Dutta* Rn. II-386; *Solomon* StAZ 2018, 265 (270)
      mwN.
267 *Kraus* StAZ 2018, 383.
268 *Hepting/Dutta* Rn. II-391 sowie *Solomon* StAZ 2018,
      265 (274).
269 *Kraus* StAZ 2018, 383 (384).
270 OLG Hamm StAZ 2015, 16 (17) = InfAuslR 2014,
      463.
271 OLG Hamm StAZ 2015, 16 (17) = InfAuslR 2014,
      463; OLG Hamm StAZ 2015, 17.
272 OLG Hamm StAZ 2015, 17.
273 OLG Hamm StAZ 2015, 17.
274 OLG München StAZ 2008, 11; OLG Karlsruhe StAZ
      2014, 334 (336); OLG München StAZ 2015, 58 f.;
      Mäsch IPRax 2008, 17 (22); BeckOK BGB/*Mäsch*
      EGBGB Art. 47 Rn. 26; *Krömer* StAZ 2014, 185
      (187); *Wall* StAZ 2017, 22 (25); MüKoBGB/*Lipp*
      EGBGB Art. 47 Rn. 22.

275 Praktisches Beispiel OLG München StAZ 2015, 58
      (59): Namenswahl vier Jahre nach Einbürgerung
      zulässig.
276 BeckOK BGB/*Mäsch* EGBGB Art. 47 Rn. 26.
277 OLG Hamm BeckRS 2014, 09490; *Wall* StAZ 2017,
      22 (25); MüKoBGB/*Lipp* EGBGB Art. 47 Rn. 22.
278 BeckOK BGB/*Mäsch* EGBGB Art. 47 Rn. 28;
      MüKoBGB/*Lipp* EGBGB Art. 47 Rn. 23.
279 BeckOK BGB/*Mäsch* EGBGB Art. 47 Rn. 30; *Hep-
      ting* StAZ 2008, 161 (163); jurisPK-BGB/*Janal*
      EGBGB Art. 47 Rn. 4; MüKoBGB/*Lipp* EGBGB
      Art. 47 Rn. 26; *Solomon* StAZ 2018, 265 (274); siehe
      BGHZ 147, 159, 168; OLG Hamm NJW-RR 1994,
      1220 zu § 94 BVFG.
280 *Solomon* StAZ 2018, 265 (274).
281 BeckOK BGB/*Mäsch* EGBGB Art. 47 Rn. 29 im
      Anschluss an OLG München FGPRax 2007, 26 zu
      § 94 BVFG.

rung ist eine Erklärung unter deutschem Sachrecht, und deshalb richten sich auch Voraussetzungen und Folgen von Willensmängeln nach deutschem Recht.[282]

56 Freilich bleibt eine Mitverantwortung des aufnehmenden Standesamtes hinsichtlich der Richtigkeit von gewolltem Namen und Schreibweise. Wird der Namensträger vor der Angleichungserklärung hinsichtlich der Schreibweise seines Namens nicht oder fehlerhaft beraten, so steht ihm daher ein **Folgenbeseitigungsanspruch** gegenüber dem Standesamt zu, der sich in einem Widerrufsrecht und einem Recht zur nochmaligen Namenserklärung gegenüber dem Standesamt materialisiert.[283]

56a Das Angleichungsrecht ist nicht mit einmaliger Ausübung erschöpft. Vielmehr kann es immer ausgeübt werden, wenn einer der zur Angleichung berechtigenden Tatbestände gegeben ist. Selbst wenn man im Grundsatz nur einmalige Ausübung erlauben würde,[284] müsst es sich um eine einmalige Ausübung pro Einzeltatbestand handeln. Denn Kombinationen aus sukzessiven Angleichungen aufgrund unterschiedlicher Tatbestände sind erlaubt.[285] Eine Angleichungserklärung ist auch nicht ausgeschlossen, wenn zuvor eine objektive Zwangsangleichung stattgefunden hat;[286] die Autonomie des Namensträgers geht vor und erhält die Optionsrechte aus Art. 47 EGBGB.

57 Hinsichtlich der **Namensführung von Abkömmlingen** erklärt Abs. 3 § 1617c BGB für entsprechend anwendbar. Namensänderungen von Eltern haben damit nur unter den Voraussetzungen des § 1617c BGB Bedeutung auch für den Familiennamen von Kindern. Die Namensänderung wird grundsätzlich nicht automatisch erstreckt.[287] Eine Erstreckung setzt eine Familiennamensänderung der Eltern, nicht nur eine einseitige Namensänderung eines Elternteils voraus, auch wenn der Ehename ursprünglich von dessen Namen abgeleitet wurde.[288] Ohne Anschlusserklärung des anderen Ehegatten erfolgt anderenfalls keine Namensänderung für den Abkömmling.[289] Eine Namenserstreckung kann und muss für jedes Kind einzeln erfolgen.[290] Eine Ausnahme, automatische Erstreckung für den Abkömmling ohne eigene Anschlusserklärung, gilt für Kinder ebenso wie unter § 94 Abs. 1 S. 3 BVFG nur, wenn diese das fünfte Lebensjahr noch nicht vollendet haben.

58 Für Kinder, welche das fünfte Lebensjahr vollendet haben, wird ebenso wie unter § 94 Abs. 1 S. 3 BVFG nur erstreckt, wenn diese selber, vertreten durch die jeweiligen gesetzlichen Vertreter, eine entsprechende Erklärung gegenüber dem Standesamt abgeben (Abs. 3 iVm § 1617c Abs. 1 S. 1 BGB). Nach der Vollendung des vierzehnten Lebensjahres können Kinder eine solche Erklärung nur selber abgeben, allerdings wiederum nur mit Zustimmung ihres gesetzlichen Vertreters (Abs. 3 iVm § 1617c Abs. 1 S. 2 BGB). Bei volljährigen Abkömmlingen erfolgt keine wie auch immer geartete Erstreckung, denn diese sind eigenverantwortlich und werden in der Regel ein eigenes Recht zur Namensänderung haben.[291]

58a Die Verweisung des Art. 47 Abs. 3 EGBGB geht nicht nur auf § 1617c Abs. 1 BGB, sondern auf alle Absätze des § 1617c BGB. § 1617c Abs. 2 Nr. 1 BGB erlaubt eine Namenserstreckung bei Änderung des Ehenamens der Eltern, wenn dieser Geburtsname des Kindes geworden ist. § 1617c Abs. 2 Nr. 2 BGB tut das gleiche, wenn sich der Familienname des namensgebenden Elternteils geändert hat. § 1617c Abs. 3 BGB befasst sich mit den Folgen, die eine Änderung seines Geburtsnamens für den Ehe- und Familiennamen des Kindes hat.

F. Intertemporale Anwendbarkeit

59 Die sachrechtlichen Optionen aus Art. 47 stehen jedem deutschen Neubürger offen. Es ist nicht erforderlich, dass die Einbürgerung nach dem Inkrafttreten von Art. 47 hätte erfolgen sein müssen. Vielmehr kann jeder, der Deutscher geworden ist, die Optionen nach Art. 47 wahrnehmen, auch wenn er vor dem 24.5.2007 Deutscher geworden ist.[292] Gleichermaßen bleibt Abs. 2 eröffnet, wenn das eröffnende Ereignis vor dem 24.5.2007 lag.[293]

282 BeckOK BGB/*Mäsch* EGBGB Art. 47 Rn. 27.
283 BeckOK BGB/*Mäsch* EGBGB Art. 47 Rn. 29 (im Anschluss an LG Bremen StAZ 1998, 115 sowie LG Bremen StAZ 1997, 237; LG Kassel StAZ 1997, 212 zu § 94 BVFG); MüKoBGB/*Lipp* EGBGB Art. 47 Rn. 28.
284 So MüKoBGB/*Lipp* EGBGB Art. 47 Rn. 28 (im Anschluss an OLG Stuttgart StAZ 1997, 236 zu § 94 BVFG); *Solomon* StAZ 2018, 265 (274) mwN.
285 Art. 47 EGBGB Rn. 11a (*Mankowski*).
286 OLG München StA 2015, 58; *Solomon* StAZ 2018, 265 (274 f.)
287 *Rauhmeier* StAZ 2010, 170.
288 *Kraus.* StAZ 2013, 293 f.
289 *Kraus.* StAZ 2013, 293 (294).
290 MüKoBGB/*Lipp* EGBGB Art. 47 Rn. 83.
291 BeckOK BGB/*Mäsch* EGBGB Art. 47 Rn. 31; MüKoBGB/*Lipp* EGBGB Art. 47 Rn. 82.
292 BeckOK BGB/*Mäsch* EGBGB Art. 47 Rn. 32.
293 BeckOK BGB/*Mäsch* EGBGB Art. 47 Rn. 32.

G. Verhältnis zu § 94 BVFG

Neben Art. 47 besteht § 94 BVFG fort. Er lautet in der seit dem 1.1.2009 geltenden Fassung: **60**

§ 94 BVFG Familiennamen und Vornamen

(1) ¹Vertriebene und Spätaussiedler, deren Ehegatten und Abkömmlingen die Deutsche im Sinne des Artikels 116 Absatz 1 des Grundgesetzes sind, können durch Erklärung gegenüber dem Bundesverwaltungsamt im Verteilungsverfahren oder dem Standesamt

1. Bestandteile des Namens ablegen, die das deutsche Recht nicht vorsieht,
2. die ursprüngliche Form eines nach dem Geschlecht oder dem Verwandtschaftsverhältnis abgewandelten Namens annehmen,
3. eine deutschsprachige Form ihres Vor- oder ihres Familiennamens annehmen; gibt es eine solchen Form des Vornamens nicht, so können sie neue Vornamen annehmen,
4. im Falle der Führung eines gemeinsamen Familiennamens durch Ehegatten einen Ehenamen nach § 1355 Absatz 1 des Bürgerlichen Gesetzbuchs bestimmen und eine Erklärung nach § 1355 Absatz 4 des Bürgerlichen Gesetzbuchs abgeben,
5. den Familiennamen in einer deutschen Übersetzung annehmen, sofern die Übersetzung einen im deutschen Sprachraum in Betracht kommenden Familiennamen ergibt.

²Wird in den Fällen der Nummern 3 bis 5 der Familienname als Ehename geführt, so kann die Erklärung während des Bestehens der Ehe nur von beiden Ehegatten abgegeben werden. ³Auf den Geburtsnamen eines Abkömmlings, welcher das fünfte Lebensjahr vollendet hat, erstreckt sich die Namensänderung nur dann, wenn er sich der Namenserklärung durch Erklärung gegenüber dem Bundesverwaltungsamt im Verteilungsverfahren oder dem Standesamt anschließt. ⁴Ein in der Geschäftsfähigkeit beschränktes Kind, welches das vierzehnte Lebensjahr vollendet hat, kann die Erklärung nur selbst abgeben; es bedarf hierzu der Zustimmung seines gesetzlichen Vertreters.

(2) ¹Die Erklärungen nach Absatz 1 müssen öffentlich beglaubigt oder beurkundet werden; im Verteilungsverfahren kann auch das Bundesverwaltungsamt die Erklärungen öffentlich beglaubigen oder beurkunden. ²Gebühren und Auslagen werden nicht erhoben.

Der Gesetzgeber hat § 94 BVFG in Kraft belassen, obwohl er Art. 47 neu geschaffen hat, und § 94 BVFG   **61** sogar noch zum 1.1.2009 redaktionell geändert, indem der Standesbeamte durch das Standesamt ersetzt wurde. § 94 BVFG wurde weder aufgehoben noch mit einer Auslauffrist versehen. Im Gegenteil wurde er vom Gesetzgeber wegen angeblicher bereichsspezifischer Besonderheiten in Kraft belassen.²⁹⁴ Der Bundesrat hatte die Konsolidierung in einer Vorschrift angeregt,²⁹⁵ dies wurde aber von der Bundesregierung abgelehnt.²⁹⁶ Diese Genese spricht eindeutig für ein Nebeneinander beider Vorschriften.²⁹⁷

Als dritte Option bleibt eine öffentlich-rechtliche Namensänderung nach § 3 NamÄndG möglich.²⁹⁸ Ist   **61a** diese vollzogen, so führt der Namensträger nicht mehr seinen ausländischen Namen, so dass eine Angleichung nach § 94 BVFG oder Art. 47 EGBGB tatbestandlich nicht mehr möglich ist.²⁹⁹

Richtigerweise sollte man § 94 BVFG für den in ihm genannten Personenkreis als vordringliche Spezialvor-   **62** schrift zu Art. 47 bewerten³⁰⁰ und zuerst anwenden. Denn dieser Personenkreis ist enger und spezieller als der von Art. 47 erfasste. Jedoch sollte man § 94 BVFG keine verdrängende Ausschließlichkeit beimessen. Vielmehr sollte man zuerst § 94 BVFG anwenden und dann, wenn dieser nicht zu dem vom Namensträger gewünschten Ergebnis führt, auf Art. 47 zurückfallen können.³⁰¹ § 94 BVFG steht grundsätzlich neben Art. 48 EGBGB, erfasst aber ähnlich wie Art. 47 EGBGB eigentlich andere Sachverhalte als Art. 48 EGBGB.³⁰² § 94 BVFG ist tatbestandlich nicht anwendbar, wenn es sich nicht um Spätaussiedler handelt.³⁰³ Eine Analogie zu § 94 BVFG ist methodisch nicht möglich, weil die Existenz des Art. 47 EGBGB die dafür nötige Lücke ausschließt.³⁰⁴

---

294 Gegenäußerung der Bundesregierung, BT-Drs. 16/4017, 20.
295 Stellungnahme des Bundesrates, BT-Drs. 16/4017, 17.
296 Gegenäußerung der Bundesregierung, BT-Drs. 16/4017, 20.
297 *Kraus* StAZ 2009, 250 (251); Palandt/*Thorn* EGBGB Art. 47 Rn. 4; MüKoBGB/*Lipp* EGBGB Art. 47 Rn. 89.
298 MüKoBGB/*Lipp* EGBGB Art. 47 Rn. 93.

299 MüKoBGB/*Lipp* EGBGB Art. 47 Rn. 94.
300 Erman/*Hohloch* EGBGB Art. 47 Rn. 4; MüKoBGB/ *Lipp* EGBGB Art. 47 Rn. 89. Vgl. aber auch OLG München StAZ 2015, 306 (307).
301 Palandt/*Thorn* EGBGB Art. 47 Rn. 4. AA MüKoBGB/*Lipp* EGBGB Art. 47 Rn. 91.
302 Siehe *Krömer* StAZ 2015, 190.
303 OLG Frankfurt StAZ 2006, 142; *Homeyer* StAZ 2008, 86.
304 *Majer* StAZ 2018, 80 (81).

Art. 48 EGBGB Wahl eines in einem anderen Mitgliedstaat der Europäischen Union erworbenen Namens

¹Unterliegt der Name einer Person deutschem Recht, so kann sie durch Erklärung gegenüber dem Standesamt den während eines gewöhnlichen Aufenthalts in einem anderen Mitgliedstaat der Europäischen Union erworbenen und dort in ein Personenstandsregister eingetragenen Namen wählen, sofern dies nicht mit wesentlichen Grundsätzen des deutschen Rechts offensichtlich unvereinbar ist. ²Die Namenswahl wirkt zurück auf den Zeitpunkt der Eintragung in das Personenstandsregister des anderen Mitgliedstaats, es sei denn, die Person erklärt ausdrücklich, dass die Namenswahl nur für die Zukunft wirken soll. ³Die Erklärung muss öffentlich beglaubigt oder beurkundet werden. ⁴Artikel 47 Absatz 1 und 3 gilt entsprechend.

Literatur: *Freitag,* Die Namenswahl nach Art. 48 EGBGB, StAZ 2013, 69; *Krömer,* Namensführung eines Spätaussiedlers aus Rumänien; Verhältnis von Art. 48 EGBGB zu § 94 BVFG, StAZ 2015, 190; *Kroll-Ludwigs,* Vernachlässigung des unionsrechtlichen Anerkennungsprinzips durch den BGH, NJW 2019, 2277; *Mankowski,* Art. 48 EGBGB – viele Fragen und einige Antworten: StAZ 2014, 97; *Otto,* „Scheinadeliger" Namenserwerb durch „deed poll" und der deutsche ordre public, StAZ 2016, 225; *Sperling,* Familiennamensrecht in Deutschland und Frankreich, Diss. Erlangen-Nürnberg 2012; *Wagner,* Ausschließliche Umsetzung der namensrechtlichen Rechtsprechung des EuGH durch vereinheitlichtes Kollisionsrecht?, Liber amicorum Christian Kohler, 2018, S. 567; *Wall,* Namensführung eines vor dem 1.9.1986 in Polen geborenen deutsch-polnischen Doppelstaaters, StAZ 2014, 280; *ders.,* Unzureichende Umsetzung primärrechtlicher Vorgaben durch Art. 48 EGBGB, StAZ 2014, 294; *ders.,* Recht auf „Einnamigkeit" auch in Drittstaatenfällen?, StAZ 2014, 356; *ders.,* Verstößt ein durch englische „deed poll" gewählter Phantasiename gegen den ordre public iS von Art. 48 EGBGB?, StAZ 2015, 41; *ders.,* Verbietet Art. 109 Abs. 3 Satz 2 WRV den Erwerb eines Adelsprädikats durch englische „deed poll"?, StAZ 2015, 295; *ders.,* Art. 48 EGBGB und Zwangsangleichung des dänischen Mittelnamens, StAZ 2016, 327; *ders.,* Gelbe Karte für Art. 48 EGBGB und § 3 NamÄndG, StAZ 2017, 326.

A. Allgemeines	1	2. Namenseintragung in einem Drittstaat	46
I. Systematische Einordnung	1	3. Namenserwerb in einem Drittstaat	48
II. Praktische Bedeutung	7	VII. Isolierte Namensänderungen	49
III. Gesetzgebungsgeschichte	8	VIII. Ehenamen und dem deutschen Recht nicht	
B. Regelungsgehalt	9	bekannte Namensarten	54
I. Namenswahlrecht nur bei deutschem Namens-		1. Ehenamen	54
statut?	9	2. Dem deutschen Recht nicht bekannte	
II. Eintragung in einem anderen EU-Mitglied-		Namensarten	58a
staat	16	IX. Keine Ausübungsfrist	59
III. Hinreichende Nähebeziehung zum Staat der		X. Verbrauch kraft erstmaliger Ausübung?	60
Namenseintragung bei gewöhnlichem Aufent-		XI. Ausübung	65
halt	18	XII. Vereinbarkeit der Namenswahl mit dem deut-	
1. Erfordernis des gewöhnlichen Aufenthalts		schen ordre public	69
zur Verhinderung von Namenstourismus	18	XIII. Zweite Schiene kraft primären Unionsrechts	75
2. Gewöhnlicher Aufenthalt für die Zwecke		1. Keine abschließende Regelung	75
des Art. 48 EGBGB	20	2. Keine analoge Anwendung des Art. 48	
a) Gewöhnlicher Aufenthalt bei Kindern	22	EGBGB kraft Art. 20; 21 AEUV	79
b) Gewöhnlicher Aufenthalt bei Erwach-		3. Primärrechtliche Anerkennung ohne	
senen	23	Wahlerklärung	80
3. Namenserwerb und Namenseintragung		4. Kein Ausgleich etwaiger Defizite durch	
während eines gewöhnlichen Aufenthalts	28	die Rechtswahlmöglichkeiten nach	
4. Gewöhnlicher Aufenthalt als einziges hin-		Art. 10 Abs. 2, 3 EGBGB	84
reichendes Nähekriterium?	32	5. Kein Ausgleich etwaiger Defizite durch	
IV. Rechtmäßigkeit der Ersteintragung nicht ver-		Möglichkeit der öffentlich-rechtlichen	
langt	35	Namensänderung	87
V. Namenserwerb als kumulative Voraussetzung	40	6. Grenzen	88
VI. Fälle mit Drittstaatenbezug	44		
1. Namenseintragung eines Drittstaaters im			
EU-Ausland	44		

A. Allgemeines

I. Systematische Einordnung

1 Art. 48 EGBGB gewährt ein besonderes Namenswahlrecht, wenn ein anderer Name als der nach deutschem Recht zu führende im EU-Ausland, in dem der Betreffende lebte, erworben und dort eingetragen wurde. Er gewährt indes kein Wahlrecht für das anwendbare Recht. Er ist eine Sachnorm des deutschen Rechts[1] und setzt daher voraus, dass deutsches Recht anwendbar, dh über Art. 10 EGBGB kollisionsrechtlich berufen ist.[2] Dass er spezifisch auf Sachverhalte mit Auslandsbezug zugeschnitten ist,[3] ändert nichts an seinem sachrechtlichen Charakter und macht ihn nicht zur Kollisionsnorm.[4] Er steht mit Recht nicht im Kapitel „Internationales Privatrecht" des EGBGB.[5] Art. 48 EGBGB gewährt nur eine sachrechtliche Namenswahl.[6] Das machen die Überschrift und der Normtext unmissverständlich und ohne jeden Restzweifel deutlich. Namenswahl ist keine Rechtswahl.[7]

Art. 48 EGBGB bezweckt, die namensrechtliche Rechtsprechung des EuGH (zuvörderst die Entscheidungen Grunkin Paul[8] und Garcia Avello)[9] und das dieser zugrundeliegende Anerkennungsgebot aus der Unionsbürgerschaft[10] in eine Gesetzesnorm des deutschen Rechts umzusetzen.[11] Die namensrechtliche Rechtsprechung des EuGH wurde dabei, der herrschenden Lehre[12] konform, als bloße Zielvorgabe aufgefasst.[13] Auf der anderen Seite wollte der deutsche Gesetzgeber nicht weiter gehen als unionsrechtlich geboten und hat sich daher für eine tendenziell restriktive Umsetzung entschieden.[14] 2

Die Norm will nur einen Teilausschnitt aus dem Gesamtspektrum angehen, wenn auch einen sehr wichtigen, wahrscheinlich den wichtigsten. Schon damit bleibt sie aber hinter dem berechtigten Anliegen zurück, eine alle Konstellationen erfassende deutsche Regelung zu erlassen, wie man Einnamigkeit[15] in der EU wahren und hinkende Namensverhältnisse vermeiden kann.[16] Sie will die Erschwernisse durch ein öffentlich-rechtliches Namensänderungsverfahren nach § 3 NamÄndG[17] vermeiden.[18] Ihr Mittel ist materiell eine nur punktuelle Anerkennungslösung.[19] Die Namenswahl aus Art. 48 EGBGB und die Rechtswahl aus Art. 10 Abs. 2 EGBGB in ihrer Kombination als unionsrechtskonform anzusehen,[20] dürfte ebenfalls zu kurz greifen.[21] 3

Ein Wahlrecht setzt tatbestandlich voraus, dass sich die zur Wahl stehenden Alternativen in ihren konkreten Ergebnissen überhaupt unterscheiden.[22] Ein Wahlrecht für einen nach ausländischem Recht erworbenen Namen ist sinnlos, wenn dieser Name bereits nach den „normalen" deutschen Regeln geführt werden kann. 4

1 GA *Szpunar*, Schlussanträge in der Rs. C-541/15 v. 24.11.2016, ECLI:EU:C:2016:902 Nr. 37; *Freitag* StAZ 2013, 69 (75); *Rauscher* FPR 2013, 257 (258); Staudinger/*Hausmann* EGBGB Art. 48 Rn. 3; *Wall* StAZ 2013, 237 (238); *ders.* StAZ 2015, 41 (43); *ders.* StAZ 2016, 327 (328); PWW/*Mörsdorf-Schulte* EGBGB Art. 48 Rn. 2; *Kohler/Pintens* FamRZ 2013, 1437 (1440); *Mankowski* StAZ 2014, 97 (97); FA-Nr. 4008 (*Wall*); *Prinz v. Sachsen Gessaphe* StAZ 2015, 65 (74); *Kroll-Ludwigs* NJW 2019, 2277 (2279).
2 PWW/*Mörsdorf-Schulte* EGBGB Art. 48 Rn. 2; *Kroll-Ludwigs* NJW 2019, 2277 (2279).
3 GA *Szpunar*, Schlussanträge in der Rs. C-541/15 v. 24.11.2016, ECLI:EU:C:2016:902 Nr. 37.
4 *Freitag* StAZ 2013, 69 (75).
5 GA *Szpunar*, Schlussanträge in der Rs. C-541/15 v. 24.11.2016, ECLI:EU:C:2016:902 Fn. 13; *Kohler* YbPIL 15 (2013/2014),13, 22.
6 S. nur MüKoBGB/*Lipp* EGBGB Art. 48 Rn. 2.
7 S. nur *Wall* StAZ 2015, 363 (367); *ders.* StAZ 2016, 327 (329).
8 EuGH 14.10.2008 – Rs. C-353/06, Slg 2008, I-7639 – Verfahren auf Antrag von Stefan Grunkin und Dorothee Regina Paul = StAZ 2009, 9.
9 EuGH 2.10.2003 – Rs. C-148/02, Slg 2003, I-11613 – M. Carlos Garcia Avello/Belgischer Staat = StAZ 2004, 40.
10 Dazu eingehend EGBGB Art. 10 Rn. 163-176 (*Mankowski*).
11 Begründung der Bundesregierung zum Entwurf eines Gesetzes zur Anpassung der Vorschriften des Internationalen Privatrechts an die Verordnung (EU) Nr. 1259/2010 und zur Änderung anderer Vorschriften des Internationalen Privatrechts, BT-Drs. 17/11049, 12; GA *Szpunar*, Schlussanträge in der Rs. C-541/15 v. 24.11.2016, ECLI:EU:C:2016:902 Nr. 36; BGH FamRZ 2019, 967 Rn. 25; AG Nürn-

berg StAZ 2015, 59 (60); PWW/*Mörsdorf-Schulte* EGBGB Art. 48 Rn. 1; *Palandt/Thorn* EGBGB Art. 48 Rn. 1; MüKoBGB/*Lipp* EGBGB Art. 48 Rn. 1; *Krömer* StAZ 2015, 190; *Gössl* LMK 2017, 395678; *dies.* IPRax 2018, 376 (379); *Erbarth* FamRB 2019, 401 (402).
12 *Henrich* FS Andreas Heldrich, 2005, S. 667, 673; *Lipp* FS Rainer Frank, 2008, S. 393, 405; *ders.* StAZ 2009, 1 (8); *Funken* FamRZ 2008, 2091 (2092); *Martiny* DNotZ 2009, 453 (454); *Sonnenberger* FS Ulrich Spellenberg, 2010, S. 371, 388, 390; *Mansel/Thorn/Wagner* IPRax 2011, 1 (6); Arbeitsgruppe Grünbuch des Wissenschaftlichen Beirats des Bundesverbandes der Deutschen Standesbeamtinnen und Standesbeamten StAZ 2011, 165 (172); BeckOK BGB/*Mäsch* EGBGB Art. 10 Rn. 13.
13 *Wall* StAZ 2013, 237 (238).
14 Siehe Begründung RegE BT-DRs. 17/11049, 12. Deutlich BGH FamRZ 2019, 967 Rn. 26; OLG München StAZ 2014, 366 (367). Vgl. auch *Wall*, StAZ 2014, 294 (297 f.).
15 OLG Nürnberg StAZ 2012, 282 (283); *Wall* StAZ 2009, 261 (262).
16 Vgl. Stellungnahme des Bundesrates, BT-Drs. 17/11049, 16; *Prinz v.Sachsen Gessaphe* StAZ 2015, 65 (74); *Erbarth* FamRB 2019, 401 (402) sowie BGH FamRZ 2019, 967 Rn. 26.
17 Dazu im Kontext in der EU registrierter Namen vor Art. 48 EGBGB *Fritz Sturm* StAZ 2010, 146 (147); *Wall* IPRax 2010, 433 (437); *Hepting* StAZ 2013, 34 (35).
18 *Wall* StAZ 2013, 237 (238 f.).
19 So treffend *Kroll-Ludwigs* NJW 2019, 2277 (2277).
20 Dahin Begründung RegE BT-DRs. 17/11049, 12.
21 *Hepting/Dutta* Rn. II-452; *Erbarth* FamRB 2019, 401 (402).
22 *Freitag* StAZ 2013, 69 (72); *Prinz v.Sachsen Gessaphe* StAZ 2015, 65 (74).

Art. 48 EGBGB setzt eine anfängliche Divergenz zwischen der Namensführung im Inland und mindestens einem EU-Ausland voraus.[23] Er erfasst aber nicht den Fall, dass ein Namenswechsel bereits im EU-Ausland erfolgt ist und in Deutschland nachvollzogen wird, dann aber der Namensträger zu seinem ursprünglichen Namen zurückkehren will, den er ja auch im betreffenden EU-Ausland nicht mehr führen dürfte.[24] Art. 48 EGBGB ist eine zusätzliche Option zugunsten des Namensträgers; in keinem Fall kann er dazu dienen, dem Namensträger ex lege einen ausländischen Namen aufzuzwingen, den dieser gar nicht führen will.[25]

5 Der Begriff des Namens ist wie bei Art. 10 und bei Art. 47 EGBGB nicht der engere Namensbegriff des deutschen Sachrechts, sondern der kollisionsrechtliche Begriff.[26] Er erfasst daher auch solche Namensarten, welche dem deutschen Sachrecht an sich fremd sind, wie Zwischennamen oder Vatersnamen.[27] In der Konsequenz erlaubt Art. 48 EGBGB, für den ausländischen Namen in dessen Gänze zu optieren.[28]

6 Art. 48 EGBGB soll eine schnelle, leicht handhabbare und bürgerfreundliche Lösung bieten.[29] Er ist keine subsidiäre Auffanglösung, sondern lässt sich auch dann heranziehen, wenn sich das über ihn erzielbare Ergebnis bereits über Art. 10 EGBGB ergibt; er setzt nicht voraus, dass der gewünschte Name nach dem allgemeinen Namensstatut nicht erzielbar wäre.[30] Seine Anwendung kann vereinfachen, indem sie eine über Generationen in die Vergangenheit zurückreichende Ahnennamensforschung unnötig macht.[31]

II. Praktische Bedeutung

7 Art. 48 EGBGB hat schnell eine nicht zu unterschätzende praktische Bedeutung erlangt. Die Zahl berichteter Fälle ist für eine so junge und so spezielle Norm erstaunlich hoch. Sie ist auf die immer weiter steigende Mobilität innerhalb der EU zurückzuführen. Namensrechtlich relevante Vorgänge (Eheschließungen, Ehescheidungen, Geburten, Namenseintragungen, Namensänderungen) im EU-Ausland betreffen zunehmend Namensträger und deren Angehörige, die sich später nach Deutschland begeben haben.

III. Gesetzgebungsgeschichte

8 Art. 48 EGBGB wurde mit Wirkung zum 29.1.2013 durch Art. 1 Nr. 7 Rom III-VO-AnpassungsG[32] geschaffen. Der Bundesrat[33] (genauer: die Innenministerien der Bundesländer) hatte mit großer Sachkunde und von den Standesämtern gut beraten die problematischen Punkte identifiziert. Die Bundesregierung hat sich indes nicht zu einer echten Diskussion und zu einem echten Dialog darüber bereitgefunden, sondern ihre Vorstellungen durchgesetzt.[34] Das hat später in der Praxis zum Aufbrechen genau jener Streit- und Zweifelspunkte geführt, welche der Bundesrat aufgelistet hatte.[35]

B. Regelungsgehalt

I. Namenswahlrecht nur bei deutschem Namensstatut?

9 Nach dem Wortlaut des Art. 48 S. 1 EGBGB besteht das Namenswahlrecht nur, wenn deutsches Recht Namensstatut ist.[36] Auf welchem Wege deutsches Recht als Namensstatut berufen ist, spielt dagegen keine Rolle. Es wird nicht danach differenziert, ob deutsches Recht kraft Art. 10 Abs. 1 EGBGB anwendbar ist, weil der Namensträger Deutscher ist oder Flüchtling oder Staatenloser mit deutschem Personalstatut bei Inlandsaufenthalt nach Art. 5 Abs. 2 EGBGB, oder kraft Art. 10 Abs. 2 oder Abs. 3 EGBGB oder Art. 17 b Abs. 2 S. 1 EGBGB als Folge einer zulässigen Rechtswahl oder kraft Rückverweisung durch ein von Art. 10 Abs. 1 EGBGB berufenes ausländisches Heimatrecht des Namensträgers.[37]

23 *Krömer* StAZ 2015, 190.
24 *Krömer* StAZ 2015, 190.
25 BGH FamRZ 2016, 1747 (1750); *Prinz v. Sachsen Gessaphe* FamRZ 2016, 1750 (1751).
26 Zustimmend *Wall* StAZ 2016, 327 (328).
27 *Wall* StAZ 2016, 327 (328); MüKoBGB/*Lipp* EGBGB Art. 48 Rn. 4; BeckOK BGB/*Mäsch* EGBGB Art. 10 Rn. 17.
28 *Solomon* StAZ 2018, 265 (271).
29 Gegenäußerung der Bundesregierung, BT-Drs. 17/11049, 17.
30 *Wall* StAZ 2014, 280 (283).
31 *Wall* StAZ 2014, 280 (283).
32 Gesetz zur Anpassung der Vorschriften des Internationalen Privatrechts an die Verordnung (EU)

Nr. 1259/2010 und zur Änderung anderer Vorschriften des Internationalen Privatrecht vom 23.1.2013, BGBl. 2013 Abs. 1 101.
33 Stellungnahme des Bundesrates, BT-Drs. 17/11049, 15.
34 Vgl. Gegenäußerung der Bundesregierung, BT-Drs. 17/11049, 17.
35 *Wall* StAZ 2016, 327 (334 f.)
36 *Freitag* StAZ 2013, 69 (75); *Wall* StAZ 2013, 237 (238).
37 *Freitag* StAZ 2013, 69 (71); Staudinger/*Hausmann* EGBGB Art. 48 Rn. 9; *Mankowski* StAZ 2014, 97 (99); MüKoBGB/*Lipp* EGBGB Art. 48 Rn. 8.

Erfasst sind auch Fälle des Eingangsstatutenwechsels.[38] Diese sind nicht etwa exklusiv Art. 47 EGBGB zugewiesen. Vielmehr bestehen die Optionen des Art. 47 und des Art. 48 EGBGB nebeneinander. Dies ist schon deshalb sinnvoll, weil der nach Art. 48 EGBGB nicht notwendig nach dem vorherigen ausländischen Namensstatut erworben sein muss, sondern auch nach dem Recht eines anderen EU-Mitgliedstaats insbesondere qua Registrierung erworben sein kann. **10**

Unionsrechtlich fragwürdig ist die Beschränkung auf Namensträger mit deutschem Namensstatut.[39] Schließlich ist ein sachrechtliches Recht zur Namenswahl eine Privilegierung. Diese Privilegierung scheint zuvörderst Deutschen zugute zu kommen. Denn ein deutsches Namensstatut wird sich im Regelfall über Art. 10 Abs. 1 EGBGB ergeben und Folge der deutschen Staatsangehörigkeit des Namensträgers sein. Daher stellt sich die Frage, ob Art. 48 S. 1 EGBGB nicht dahin gehend korrigierend zu lesen ist, dass er auch anwendbar ist, wenn das Recht eines anderen EU-Mitgliedstaates Namensstatut ist. Dies könnte ein Gebot unionsrechtskonformer Auslegung und Rechtsfortbildung sein. Unionsrechtskonforme Auslegung und Rechtsfortbildung findet aber wiederum ihre Grenzen am klaren Wortlaut[40] einer nationalen Norm, wenn dieser Wortlaut von deren Telos gedeckt ist.[41] **11**

Art. 48 EGBGB ist als Sachnorm konzipiert. Er ist nicht als Kollisionsnorm konzipiert. Er ist auch nicht als Eingriffsnorm konzipiert, die sich im Wege der Sonderanknüpfung gegen das Namensstatut immer durchsetzen würde. Denn eine typische Eingriffsnorm trägt in sich selber eine einseitige Kollisionsnorm.[42] Sie enthält sachrechtliche und (sonder-)kollisionsrechtliche Elemente gleichermaßen. Anknüpfungsgegenstand ist ihre sachrechtliche Komponente, Anknüpfungspunkt ein näher zu definierender Inlandsbezug zum Erlassstaat.[43] An der sonderkollisionsrechtlichen Komponente fehlt es bei Art. 48 EGBGB. Er lässt in keiner Weise kollisionsrechtlichen Charakter erkennen. Man kann aus ihm keinen Anknüpfungspunkt herausdestillieren. **12**

Zudem eröffnet Art. 48 EGBGB eine Option für einen Privaten. Hinter ihm steht ein Interesse des Privaten, aber kein öffentliches Interesse der Bundesrepublik Deutschland. Auch materiell und substantiell fehlt es ihm daher an eingriffsrechtlicher Natur. Wenn man Art. 48 S. 1 EGBGB aber keine Kollisionsnorm entnehmen kann, dann bleibt er Sachnorm und ist nur als Teil des deutschen Namenssachrechts berufen. Art. 48 S. 1 EGBGB setzt seiner Natur nach eine anderweitige kollisionsrechtliche Berufung deutschen Namensrechts voraus und damit ein deutsches Namensstatut des Namensträgers. In sich ist dies nach traditionellen rechtsanwendungsrechtlichen Maßstäben korrekt gedacht; es steht nur in einem Spannungsverhältnis damit, dass die umzusetzenden Grundlagen nicht klassisch-kollisionsrechtlicher, sondern unionsrechtlicher Natur sind.[44] **13**

In zeitlicher Hinsicht ist es unerheblich, wann die Eintragung in einem anderen Mitgliedstaat erfolgt ist, sofern es nur vor der Namenswahl war und der Name auch als im Ausland erworben gelten kann. Art. 48 EGBGB eröffnet also die Namenswahl auch bei Eintragung im EU-Ausland vor dem 29.1.2013, dem Datum, zu welchem Art. 48 EGBGB selber in Kraft getreten ist.[45] **14**

Die primärrechtliche Pflicht zur Namensanerkennung[46] differenziert dagegen nicht nach dem Namensstatut des Namensträgers.[47] Sie stellt vielmehr nur auf Erwerb und Eintragung des Namens in einem EU-Mitgliedstaat ab. Sie erfasst Erwerb und Eintragung eines Namens, den ihrem Heimatrecht entspricht, durch Nichtdeutsche in einem anderen EU-Staat, während Art. 48 EGBGB dies nicht tut.[48] Art. 48 EGBGB kann aber seinem Wortlaut und seinem Charakter nach nicht korrigiert werden. Daher ist die „Achillesferse"[49] der heutigen Lösung dadurch zu heilen, dass man *neben* Art. 48 EGBGB die Anerkennung qua Unionsrechts als weiteren Mechanismus und weiteren Weg zur Einnamigkeit zulässt (→ Rn. 80–88). **15**

---

38 *Prinz v.Sachsen Gessaphe* StAZ 2015, 65 (74) (mit Differenzierung, wenn trotz Einbürgerung in Deutschland die vorherige EU-ausländische Staatsbürgerschaft beibehalten wird und nach dem Namensstatut ein Vatersname geführt wurde, der nur Zwischenname war ohne funktionelle Entsprechung zum deutschen Familiennamen).

39 Stellungnahme des Bundesrates, BT-Drs. 17/11049, 15.

40 Eingehend dazu *Klatt,* Theorie der Wortlautgrenze, 2004; *ders.,* Making the Law Explicit, 2008; *Amstutz/Niggli* FS Hans Peter Walter, Bern 2005, S. 9.

41 Siehe nur BGH NJW 2012, 1073 (1075 f.); OLG München VersR 2013, 1025 (1028).

42 Siehe nur *Mankowski* RIW 1996, 8 (10); *v. Bar/Mankowski,* IPR I § 4 Rn. 92 f., § 7 Rn. 275.

43 Siehe nur *v. Bar/Mankowski,* IPR I § 4 Rn. 93.

44 Staudinger/*Hausmann* EGBGB Art. 48 Rn. 10.

45 MüKoBGB/*Lipp* EGBGB Art. 48 Rn. 5.

46 Eingehend dazu EGBGB Art. 10 Rn. 163-175 (*Mankowski*).

47 *Kohler/Pintens* FamRZ 2013, 1437 (1440).

48 *Freitag* StAZ 2013, 69 (75); *Kohler/Pintens* FamRZ 2013, 1437 (1440).

49 Sehr schön und plastisch *Kohler/Pintens* FamRZ 2013, 1437 (1440).

II. Eintragung in einem anderen EU-Mitgliedstaat

16 Erste Voraussetzung ist, dass der Name in ein Personenstandsregister in einem anderen EU-Mitgliedstaat eingetragen ist. Wegen des primärrechtlichen Hintergrunds ist auch Dänemark ein „normaler" Mitgliedstaat ohne die Besonderheit, sich selber aus der IPR-Vereinheitlichung ausgegrenzt zu haben. Ein Personenstandsregister und die aus diesem erteilten Auszüge geben ihrem Bestimmungszweck gemäß verbindlich Auskunft über den Personenstand und den zivilrechtlichen Namen einer Person.[50] Gibt es in dem betreffenden Mitgliedstaat kein Personenstandsregister, so ist nach einem funktionellen Äquivalent zu suchen: Maßgeblich ist dann dasjenige Register, welches in diesem Mitgliedstaat verbindlich Auskunft über die Namensführung gibt.[51] Eine privat geführte Namensdatenbank ohne staatliche Belehnung reicht aber nicht aus.

17 Der Eintragung in ein Personenstandsregister ist die Eintragung in Ausweisdokumente gleichzustellen, welche dem Identitätsnachweis dienen.[52] Diese ist zwar vom Wortlaut des Art. 48 EGBGB nicht direkt erfasst. Jedoch muss sie wertungsmäßig gleichstehen. Denn es steht zu vermuten, dass das Ausweisdokument auf einer vergleichbar beweiskräftigen Grundlage wie einer Registereintragung erteilt wurde.[53] Methodisch ist eine Analogie geboten.[54]

III. Hinreichende Nähebeziehung zum Staat der Namenseintragung bei gewöhnlichem Aufenthalt

18 **1. Erfordernis des gewöhnlichen Aufenthalts zur Verhinderung von Namenstourismus.** Das Erfordernis eines gewöhnlichen Aufenthalts im Registrierungsstaat soll Namenstourismus verhindern. Namenstourismus würde gefördert, wenn man bereits einen schlichten, einen einfachen Aufenthalt genügen lassen würde. Der gewöhnliche Aufenthalt verlangt relativ viel. Er verlangt einen veritablen Lebensmittelpunkt im Eintragungsstaat. Der persönliche Lebensmittelpunkt lässt sich aber nicht ohne Weiteres verlegen, schon gar nicht schnell und schon gar nicht ohne größeren Aufwand. Eine einfache Reise ins Ausland reicht für seine Verlegung nicht aus. Dies gilt selbst, wenn eine Geburt während einer Auslandsreise der Eltern erfolgte.[55] Wer seinen gewöhnlichen Aufenthalt zum maßgeblichen Zeitpunkt in Deutschland hatte, kann sich nicht auf Art. 48 EGBGB berufen.[56]

19 Ob der Eintragungsstaat seinerseits für das Internationale Namensrecht an den gewöhnlichen Aufenthalt anknüpft, ist unerheblich.[57] Denn in Art. 48 S. 1 EGBGB ist der gewöhnliche Aufenthalt kein kollisionsrechtlicher Anknüpfungspunkt, sondern nur Ausweis einer hinreichend engen Verbindung zum Eintragungsstaat,[58] autonom gefordert vom deutschen Recht. Wie das IPR des Eintragungsstaates anknüpft, spielt nur dann eine Rolle, wenn man im Wege der Blockverweisung[59] verlangt, dass die Eintragung nach dem Recht des Eintragungsstaates rechtmäßig erfolgt sein müsse, denn zum Recht und zur Perspektive des Eintragungsstaates gehört auch dessen IPR.[60] Die Maßstäbe für einen gewöhnlichen Aufenthalts sind daher auch aus deutscher, gegebenenfalls europäisch überwölbter Sicht zu formulieren, nicht aus der Sicht des Eintragungsstaates.[61]

20 **2. Gewöhnlicher Aufenthalt für die Zwecke des Art. 48 EGBGB.** Was ein gewöhnlicher Aufenthalt ist, definiert Art. 48 EGBGB ebenso wenig wie der Rest des EGBGB. Bekanntlich findet sich auch keine legislative Definition des gewöhnlichen Aufenthalts im europäischen IPR oder IZVR. Im Internationalen Namensrecht tritt der gewöhnliche Aufenthalt in Art. 10 Abs. 2 I Nr. 2; Abs. 3 Nr. 2 EGBGB auf, ohne dort definiert oder näher ausgefüllt zu werden. Man mag Parallelen zu Art. 14 Abs. 1 Nr. 2 EGBGB bzw. Art. 21 EGBGB ziehen, ohne dass dies in puncto Begriffsausfüllung wirklich weiterführen würde. Europäische Maßstäbe anzulegen erscheint aber angesichts des europäischen Hintergrunds des Art. 48 EGBGB ratsamer.

50 Siehe nur BGH FamRZ 2019, 218 Rn. 19 (mwN) mAnm *Dutta*.
51 *Freitag* StAZ 2013, 69 (70); jurisPK/*Janal* EGBGB Art. 48 Rn. 4; MüKoBGB/*Lipp* EGBGB Art. 48 Rn. 14.
52 *Freitag* StAZ 2013, 69 (70); Staudinger/*Hausmann* EGBGB Art. 48 Rn. 21; jurisPK/*Janal* EGBGB Art. 48 Rn. 4; MüKoBGB/*Lipp* EGBGB Art. 48 Rn. 16.
53 BGH FamRZ 2019, 218 Rn. 19 mAnm *Dutta*; *Freitag* StAZ 2013, 69 (70); *Wall* StAZ 2015, 41 (46).
54 MüKoBGB/*Lipp* EGBGB Art. 48 Rn. 16.
55 *Wall* StAZ 2013, 237 (245).
56 *Kraus* StAZ 2018, 292 (294).
57 Siehe *Freitag* StAZ 2013, 69 (70); *Wall* StAZ 2013, 237 (244); Staudinger/*Hausmann* EGBGB Art. 48 Rn. 15. Fragend noch Stellungnahme des Bundesrates, BT-Drs. 17/11049, 15.
58 Staudinger/*Hausmann* EGBGB Art. 48 Rn. 15.
59 Deutscher Begriff gebildet von *Siehr* IPRax 2005, 155 (155 f.) nach dem italienischen rinvio in blocco bei *Picone,* Norme di conflitto speciali per la valutazione di presupposti di norme materiali, 1968, S. 98–100.
60 Vgl. für letzteres BGH FamRZ 2019, 967 Rn. 15 f.; *Freitag* StAZ 2013, 69 (69); *Wall* StAZ 2013, 237 (244 f.); *Gössl* LMK 2017, 395678; *dies.* IPRax 2018, 376 (379 f.) sowie *Wall* StAZ 2014, 294 (297).
61 FA-Nr. 4008 (*Wall*).

Aus dem Sachnormcharakter des Art. 48 EGBGB auf deutsch-nationale Maßstäbe für den Begriff des **21** gewöhnlichen Aufenthalts zu schließen[62] würde dem europarechtlichen Kontext des Art. 48 EGBGB nicht gerecht.[63] Zunehmend belastbarere Maßstäbe entwickeln sich unter der Brüssel IIa-VO. Zweckdienlich ist auch ein Rückgriff auf die Ausfüllungen des gewöhnlichen Aufenthalts im Internationalen Unterhaltsrecht, in der Vergangenheit unter Art. 4 HUÜ,[64] heute unter Art. 3 Abs. 1 HUP,[65] seinerseits verwiesen über Art. 15 EuUnthVO.[66] Dem dürften sich im Laufe der Zeit Entscheidungen zu Art. 5 Abs. 1 lit. a, b; 8 lit. a, b Rom III-VO[67] zum einen und Art. 21 Abs. 1 EuErbVO[68] zum anderen hinzugesellen,[69] außerdem Art. 4 II;[70] 5 Abs. 1 UA 1 lit. a, UA 2; 10 II; 11 II; 12 Abs. 2 lit. b Rom II-VO.[71] Nicht übertragen und verallgemeinern lässt sich dagegen die spezifisch auf die Zwecke des Internationalen Schuldvertragsrechts zugeschnittene Definition des gewöhnlichen Aufenthalts in Art. 19 Rom I-VO.[72]

a) Gewöhnlicher Aufenthalt bei Kindern. Insbesondere ist der gewöhnliche Aufenthalt von minderjähri- **22** gen Kindern unter Art. 8 Brüssel IIa-VO bereits Gegenstand einer ausgefeilten Rechtsprechung des EuGH.[73] Bei Kindern kann es aber wiederum auf das Alter[74] und den erreichten Reifegrad an Eigenverant-wortlichkeit ankommen.[75] Je kleiner ein Kind ist, desto mehr kommt es auf die Bezugspersonen an.[76] Je kleiner ein Kind ist, desto mehr lebt es im Jetzt, und desto weniger bedeutsam sind Bindungen an frühere Aufenthaltsorte. Je kleiner ein Kind ist, desto schneller wird es sich in eine neue Umgebung einleben und dort sozial integrieren, unter gleichzeitiger Aufgabe von Beziehungen zu früheren Umgebungen.[77] Umge-kehrt wird die Integration eines Jugendlichen in ein Berufs- oder Ausbildungsumfeld bedeutsamer, sofern enger Kontakt zu den Eltern aufgegeben wurde, während sonst die familiären Bindungen weiter überwie-gen.[78]

b) Gewöhnlicher Aufenthalt bei Erwachsenen. Was unter Art. 8 ff. Brüssel IIa-VO zum gewöhnlichen **23** Aufenthalt von Kindern gesagt wird, wird regelmäßig für den gewöhnlichen Aufenthalt von Erwachsenen nicht passen.[79] Differenzierung nach dem Zuschnitt der Anknüpfungsperson ist geboten und sogar veran-lasst.[80] Im Begriffskern bezeichnet der gewöhnliche Aufenthalt den Lebensmittelpunkt einer Person.[81] Ver-

62 So *Wall* StAZ 2013, 237 (244).

63 Vgl. FA-Nr. 4008 (*Wall*).

64 Haager Übereinkommen über das auf Unterhalts-pflichten anzuwendende Recht vom 2.10.1973, BGBl. 1986 Abs. 2 837

65 Haager Protokoll über das auf Unterhaltspflichten anzuwendende Recht vom 23.11.2007, ABl. EU 2009 L 331/19.

66 VO (EG) Nr. 4/2009 des Rates vom 18.12.2008 über die Zuständigkeit, das anwendbare Recht, die Aner-kennung und Vollstreckung von Entscheidungen und die Zusammenarbeit in Unterhaltssachen, ABl. EU 2009 L 7/1.

67 VO (EU) Nr. 1259/2010 vom 20.12.2010 zur Durch-führung einer Verstärkten Zusammenarbeit im Bereich des auf die Ehescheidung und Trennung ohne Auflösung des Ehebandes anzuwendenden Rechts, ABl. EU 2010 L 343/10.

68 VO (EU) Nr. 650/2012 des Europäischen Parlaments und des Rates vom 4.7.2012 über die Zuständigkeit, das anwendbare Recht, die Anerkennung und Vollstreckung von Entscheidungen und die Annahme und Vollstreckung öffentlicher Urkunden in Erb-sachen sowie zur Einführung eines Europäischen Nachlasszeugnisses, ABl. EU 2012 L 201/107.

69 Zum Begriff des gewöhnlichen Aufenthalts unter der EuErbVO eingehend *Mankowski* IPRax 2015, 39 (42–45).

70 Siehe dort *Gaynor Winrow v. Mrs. J. Hemphill and Ageas Insurance Ltd.* [2014] EWHC 3164 (QB) [39]-[41] (Q.B.D., *Slade* J.).

71 VO (EG) Nr. 864/2007 des Europäischen Parlaments und des Rates vom 11.7.2007 über das auf außerver-tragliche Schuldverhältnisse anzuwendende Recht („Rom II"), ABl. EU 2007 L 199/40.

72 VO (EG) Nr. 593/2008 des Europäischen Parlaments und des Rates vom 17. Juni 2008 über das auf ver-

tragliche Schuldverhältnisse anzuwendende Recht (Rom I), ABl. EU 2008 L 177/6.

73 EuGH Slg 2009, I-2805 Rn. 40–45 – A/Perusturval-autakunta; dazu *Richez-Pons* GPR 2009, 247; *Bou-langer* JCP G 2009 N° 41, 5 octobre 2009, S. 33; *Gallant*, Rev. crit. dr. int. pr. 98 (2009), 802; *Lamont* (2010) 47 CMLRev. 235; *Pirrung* FS Gunther Kühne, 2009, S. 843; *ders.* IPRax 2011, 50; *Gozzi* Riv. dir. proc. 2010, 477 und EuGH Slg 2010, I-14358 Rn. 44 – 56 – Barbara Mercredi/Richard Chaffe = Ned. Jur. 2011 Nr. 500 mAnm *de Boer*; dazu *Henrich* FamRZ 2011, 620; *Álvarez González* REDI 2010, 2, 251; *Mankowski* GPR 2011, 209; *Siehr* IPRax 2012, 316.

74 Deutlich EuGH Slg 2010, I-14358 Rn. 52 – Barbara Mercredi/Richard Chaffe; GA *Cruz Villalón* Slg 2010, I-14359 Nr. 87.

75 Siehe nur *Fasching/Konecny/Pesendorfer* EuEhe-KindVO Art. 8 Rn. 47.

76 Siehe nur GA *Cruz Villalón* Slg 2010, I-14359Nr. 87; *Staudinger/Spellenberg* IntEheVfR 1: Brüssel IIa-VO Art. 8 Rn. 4, 7; *Fasching/Konecny/Pesendorfer* EuE-heKindVO Art. 8 Rn. 39.

77 *Schütz* RZ 2005, 234 (234); *Fasching/Konecny/Pesendorfer* EuEheKindVO Art. 8 Rn. 39 sowie GA *Cruz Villalón* Slg 2010, I-14359 Nr. 87.

78 *Staudinger/Spellenberg* IntEheVfR 1: Brüssel IIaVO, 2015, (Fn. 80), Art. 8 EheGVO Rn. 20; *Geimer/Schütze* EuZivilVerfR/*Geimer* Art. 8 VO (EG) Nr. 2201/2003 Rn. 20.

79 *Traar* ÖJZ 2011, 805 (808); vgl. auch *Kruger*, Rome Abs. 3 and Parties' Choice <http:/papers.ssrn.com/sol3/papers.cfm?abstract_id=217334> (2012) S. 5. Nicht gesehen von *Campuzano Díaz* Rev. Der. Com. Eur. 39 (2011), 561, 577.

80 *Mankowski* GPR 2011, 209 (212 f.)

81 Siehe nur OGH EFSlg 124.678; *Helms* FamRZ 2011, 1765 (1769).

langt ist jedenfalls eine physische Präsenz von einer gewissen Dauer oder zumindest subjektiv intendierten Dauer.[82] Auf eine Einschreibung in Melderegister kommt es nicht an.[83] Dass eine bestimmte Wohnung den Lebensmittelpunkt eines Menschen bildet, wird umso eher zu bejahen sein, wenn dieser keinen anderen Ort hat, der während der zu beurteilenden Zeitspanne für sein Privat- und Berufsleben zumindest annähernd vergleichbare Bedeutung hat.[84] Ein Aufenthalt, der auf unbestimmte Zeit angelegt ist, ist im Zweifel ein gewöhnlich, zB bei immigrierten Gastarbeitern.[85] Weniger eindeutig sind Fälle von vornherein zeitlich befristeten Aufenthalts mit anschließender Rückkehr in den Ausgangsstaat, zB Diplomaten, Projektingenieure, im Ausland stationierte Soldaten.[86]

24 Nicht jeder vorübergehende Aufenthaltswechsel führt gleich zum Verlust des gewöhnlichen Aufenthalts;[87] man darf den Unterschied zwischen einem *schlichten* und einem *gewöhnlichen* Aufenthalt nicht einebnen. Der gewöhnliche Aufenthalt verlangt mehr, ist aber auch dementsprechend schwerer zu verlieren. Trotzdem kann ein neuer gewöhnlicher Aufenthalt begründet werden, wenn ein Ehegatte den Berufsnotwendigkeiten des anderen Ehegatten in einen anderen Staat folgt.[88]

25 Für den gewöhnlichen Aufenthalt ist keine Mindestdauer vorgeschrieben.[89] Im Prinzip greift eine Kombination objektiver und subjektiver Momente.[90] Das Grundkonzept ist eine faktische, keine normative Anknüpfung. Ob ein Lebensmittelpunkt temporär, semipermanent oder permanent gedacht ist, ist unerheblich.[91] Unerheblich ist auch ein Wille zur späteren Rückkehr in einen anderen Staat.[92] Dem animus manendi kann man unter Umständen Gewicht beimessen, seit die objektive Anknüpfung an den gewöhnlichen Aufenthalt der Parteiautonomie zur Seite gestellt wird.[93] Früher dominierten eher statische Verhältnisse, heute gilt es Mobilität zu bewältigen und in Einklang mit Kontinuitätsinteressen zu bringen.[94] Zudem sollte bei freien und erwachsenen Menschen deren Willen zumindest mittelbar eine gewisse Bedeutung zukommen.[95]

26 Ein auch objektiv nur vorübergehender Aufenthalt reicht dagegen nicht, um einen gewöhnlichen Aufenthalt zu tragen.[96] Entscheidend ist letztlich der Ausdruck einer gewissen sozialen Integration.[97] Je länger eine Integration andauert und je stärker die Identifikation mit dem Aufenthaltsstaat ist, desto mehr ist ein gewöhnlicher Aufenthalt zu bejahen.[98]

27 In der Regel wird der gewöhnliche Aufenthalt einer Person leichter zu bestimmen sein, als es ist, dafür abstrakt Maßstäbe zu formulieren. Natürlich bleiben Problemfälle. Man denke etwa an den internationalen Jetsetter mit Häusern oder Wohnungen in vielen Ländern[99] oder an jemanden, der etwa die gleiche Zeit in zwei verschiedenen Staaten verbringt.[100] Wie steht es um jemanden, der die Werktage dauerhaft in einem Staat verbringt, um dann am Wochenende nach Hause in einen anderen Staat zu kommen.[101] Ändert sich etwas, wenn das eigentliche Privatleben am Wochenende stattfinden, und können Intentionen des Anknüpfungssubjekts allgemein objektive Gewichte verschieben?[102]

28 **3. Namenserwerb und Namenseintragung während eines gewöhnlichen Aufenthalts.** Art. 48 S. 1 EGBGB verlangt, dass der gewählte Name *während* des gewöhnlichen Aufenthalts im Eintragungsstaat erworben und eingetragen wurde. Er verlangt nicht, dass der gewählte Name *aufgrund* des gewöhnlichen

---

82   *Helms* FamRZ 2011, 1765 (1770) unter Hinweis auf EuGH Slg 2009, I-2805 Rn. 40 – A/Perusturvalautakunta; EuGH Slg 2010, I-14358 Rn. 50 f. – Barbara Mercredi/Richard Chaffe.

83   *Baetge* FS Jan Kropholler, 2008, S. 77, 83 f.; *Carrascosa González/Seatzu* Studi integr. eur. 5 (2010), 49, 67; *Weller* in *Leible/Unberath*, Brauchen wir eine Rom 0-Verordnung?, 2013, S. 293, 322.

84   OGH EFSlg 124.678.

85   *Johannes Stürner* Jura 2012, 708 (710).

86   *Johannes Stürner* Jura 2012, 708 (710).
     Zu Soldaten und deren mitgezogenen Familien indes *Gaynor Winrow v. Mrs. J. Hemphill and Ageas Insurance Ltd.* [2014] EWHC 3164 (QB) [41] (Q.B.D., *Slade* J.).

87   *Helms* FamRZ 2011, 1765 (1770) unter Hinweis auf GAin *Kokott* Slg 2009, I-2808 Nr. 42.

88   *Rauscher* FS Konstantinos Kerameus, 2009, S. 1113, 1132.

89   *Helms* FamRZ 2011, 1765 (1770); *Carrascosa González*, Cuad. Der. Trans. 4 (2012), 52, 74 sowie EuGH Slg 2010, I-14358 Rn. 51 – Barbara Mercredi/ Richard Chaffe.

90   *Hammje*, RDCIP 100 (2011), 291, 292; *Carrascosa González*, Cuad. Der. Trans. 4 (2012), 52, 74 sowie *Traar* ÖJZ 2011, 805 (809).

91   *Carrascosa González*, Cuad. Der. Trans. 4 (2012), 52, 74.

92   *Carrascosa González*, Cuad. Der. Trans. 4 (2012), 52, 74; vgl. auch *Helms* FamRZ 2011, 1765 (1770).

93   *Weller* in *Leible/Unberath*, Brauchen wir eine Rom 0-Verordnung?, 2013, S. 293, 295, 320 f.

94   Vgl. *Weller* in *Leible/Unberath*, Brauchen wir eine Rom 0-Verordnung?, 2013, S. 293, 317–320.

95   OGH EFSlg 124.678.

96   *Carrascosa González*, Cuad. Der. Trans. 4 (2012), 52, 74.

97   *Helms* FamRZ 2011, 1765 (1770) unter Hinweis auf EuGH Slg 2009, I-2805 Rn. 38 – A/Perusturvalautakunta; EuGH Slg 2010, I-14358 Rn. 47 – Barbara Mercredi/Richard Chaffe.

98   *Becker* NJW 2011, 1543 (1545).

99   *Gottwald* FS Daphne-Ariane Simotta, 2012, S. 187, 190.

100 *Baetge* FS Jan Kropholler, 2008, S. 77, 86 f.; *Fasching/Konecny/Simotta* (Fn. 79), Art. 3 EuEheKindVO Rn. 76; *Gottwald* FS Daphne-Ariane Simotta, 2012, S. 187, 190; *Kruger* (Fn. 83), S. 5.

101 *Kruger* (Fn. 83), S. 5.

102 *Kruger* (Fn. 83), S. 5.

Aufenthalts im Eintragungsstaat erworben wurde.[103] Er setzt also nicht voraus, dass der Eintragungsstaat im Namensrecht an den gewöhnlichen Aufenthalt als Eintragungsvoraussetzung anknüpfen müsste.[104]

Dem Normtext nach reicht ein früherer gewöhnlicher Aufenthalt im Eintragungsstaat nicht aus, auch wenn **29** eine Eintragung erfolgt. Eine temporäre Rückkehr in einen ehemaligen Aufenthaltsstaat, ohne den gewöhnlichen Aufenthalt dort wiederzubegründen, genügt nicht. Lebt ein deutsch-ausländischer Mehrstaater in Deutschland und lässt seinen Namen in seinem anderen Heimatstaat ändern, so ist Art. 48 EGBGB dem Wortlaut nach nicht erfüllt.[105]

Ebenso wenig reicht nach dem Normtext ein zukünftiger, geplanter gewöhnlicher Aufenthalt. Darin läge ein **30** zu starkes spekulatives Element, ob gehegte Pläne sich denn wirklich realisieren. Es muss sich vielmehr um einen aktuellen gewöhnlichen Aufenthalt handeln. Dieser muss sowohl zum Zeitpunkt des Namenserwerbs als auch zum Zeitpunkt der Eintragung bestehen.

Dass der eingetragene Name nach der Eintragung im bisherigen Aufenthaltsstaat geführt worden sein **31** müsste, ist dagegen ebenso wenig verlangt wie ein Fortbestehen des gewöhnlichen Aufenthalts im Eintragungsstaat nach erfolgter Eintragung. Wer gar ganz in einem anderen Staat als dem Eintragungsstaat lebt, kann sich nicht auf Art. 48 S. 1 EGBGB berufen.[106]

4. Gewöhnlicher Aufenthalt als einziges hinreichendes Nähekriterium? Seinem Wortlaut nach lässt **32** Art. 48 S. 1 EGBGB nur den gewöhnlichen Aufenthalt eine hinreichende Nähebeziehung zum Staat der Namenseintragung begründen und tragen. Andere Kriterien nennt er nicht. Dies wäre, wörtlich verstanden, eng. Es drohte mit dem Ziel, europaweite Einnamigkeit herzustellen, zu kollidieren.[107] Andere Bezüge zum Eintragungsstaat würden dann nämlich ausgegrenzt.[108]

Insbesondere nennt Art. 48 EGBGB nicht die Staatsangehörigkeit des Namensträgers. Wenn man die Staats- **33** angehörigkeit als primärrechtskonformes und als Anknüpfungspunkt im IPR diskriminierungsfreies Kriterium zulässt,[109] ist auch sie geeignet, eine hinreichend intensive und stabile Beziehung zu einem Staat herzustellen.[110] Das europäische IPR erkennt dies an, indem es die Staatsangehörigkeit weiterhin als Anknüpfungspunkt verwendet, nämlich in Art. 5 Abs. 1 lit. c Rom III-VO; 22 Abs. 1 EuErbVO für eine Rechtswahl, in Art. 8 lit. c Rom III-VO für die objektive Anknüpfung.

Bei Mehrstaatern begründet jede Staatsangehörigkeit, auch eine ineffektive, eine hinreichende Verbindung **34** für die Zwecke des Art. 21 AEUV.[111] Im europäischen IPR und IZVR findet man Bestätigung dafür in der Hadadi-Entscheidung des EuGH[112] zur Brüssel IIa-VO und in Art. 22 Abs. 1 UA 2 EuErbVO. Spezifisch im Namensrecht hat Garcia Avello[113] Art. 21 Abs. 1 AEUV entsprechend weit ausgelegt und eine ineffektive

103 *Freitag* StAZ 2013, 69 (70).
104 *Freitag* StAZ 2013, 69 (70); *Wall* StAZ 2013, 237 (244); *ders.* StAZ 2017, 326 (337); *Mankowski* StAZ 2014, 97 (100), 102; MüKoBGB/*Lipp* EGBGB Art. 48 Rn. 11.
105 EuGH 8.6.2017 – Rs. C-541/15, ECLI:EU:C:2017:432 Rn. 22 – Mircea Florian Freitag; AG Wuppertal StAZ 2015, 86 f.; *Wall* StAZ 2017, 326 (328).
106 OLG München StAZ 2014, 179 (180).
107 *Hepting* StAZ 2013, 34 (37); *Wall* StAZ 2013, 237 (245); *ders.* StAZ 2014, 119 (124); *ders.* StAZ 2014, 294 (297); *Staudinger/Hausmann* EGBGB Art. 48 Rn. 12 sowie *Staudinger/Hausmann* EGBGB Art. 10 Rn. 567.
108 *Staudinger/Hausmann* EGBGB Art. 48 Rn. 12 sowie *Wall* StAZ 2013, 237 (245); *ders.* StAZ 2014, 119 (123 f.); *ders.* StAZ 2014, 294 (297); *ders.* StAZ 2017, 326 (337).
109 Siehe aus der Diskussion nur EWR-GH 25.4.2012 – Rs. E-13/11, EFTA Ct. Rep. 2012, 400 – Granville Establishment/Volker Anhalt u. Jasmin Barbaro; *Bogdan* in *Meeusen/Pertegás/Straetmans/Swennen* (eds.), International Family Law for the European Union, 2007, S. 303, 308–315; *Meeusen,* Eur. J.L. & Migr. 3 (2007), 291; *ders.* Rec. des Cours 353 (3011), 9; *Claudia Stern,* Das Staatsangehörigkeitsprinzip in Europa, 2008; *Rodríguez Benot,* Cuad. Der. Trans. 2 (2010), 186, 197; *Pataut* Rev. trim. dr. eur. 2010, 617; *Basedow,* RCDIP 99 (2010), 427;

dens., IPRax 2011, 109; *Quiñones Escámez,* Rev. Der. Com. Eur. 10 (2011), 645; *Corneloup* Clunet 138 (2011), 491; *Kruger/Verhellen* (2011) 7 JPrIL 601; *Kroll-Ludwigs,* Die Rolle der Parteiautonomie im europäischen Kollisionsrecht, 2013, S. 339–357; *Hausmann* FS Kay Hailbronner, 2013, S. 429.
110 EuGH 8.6.2017 – Rs. C-541/15, ECLI:EU:C:2017:432 Rn. 46 – Mircea Florian Freitag; *Freitag* StAZ 2013, 69 (76); *Wall* StAZ 2013, 237 (245); *ders.* StAZ 2014, 119 (123 f.); *ders.* StAZ 2015, 41 (46); *ders.* StAZ 2017, 326 (337); *Mankowski* StAZ 2014, 97 (103); *Dutta* FamRZ 2017, 1178. Siehe insbesondere EuGH 8.6.2017 – Rs. C-541/15, ECLI:EU:C:2017:432 Rn. 39 – Mircea Florian Freitag.
111 *Wall* StAZ 2013, 237 (245); *ders.* StAZ 2017, 326 (337).
112 EuGH Slg 2009, I-6871 Rn. 38–43 – Laszlo Hadadi (Hadady)/Csilla Marta Mesko, verheiratete Hadadi (Hadady) = RCDIP 99 (2010), 184 mAnm *Brière* = Clunet 137 (2010), 157 mAnm *d'Avout;* dazu ua *Tomasi,* Int'l. Lis 2008, 134; *Álvarez González,* La Ley 7312 (30 de diciembre de 2009), 1; *Hau* IPRax 2010, 50; *Dilger* IPRax 2010, 54; *Andrae/Schreiber* IPRax 2010, 79; *Maestre Casas,* Cuad. Der. Trans. 2 (2010), 290.
113 EuGH 2.10.2003 – Rs. C-148/02, Slg 2003, I-11613 Rn. 28 f., 32–38, 45 – M. Carlos Garcia Avello/Belgischer Staat.

Staatsangehörigkeit ausreichen lassen (→ EGBGB Art. 10 Rn. 170).[114] Dies gilt unabhängig davon, ob es sich um die Staatsangehörigkeiten von Mitgliedstaaten oder von Drittstaaten handelt.[115] Rein praktisch dürfte der potenzielle Eintragungsstaat weniger zu einer Eintragung schreiten, wenn er in seinem Namens-IPR gar nicht an den gewöhnlichen Aufenthalt anknüpft, sondern an die Staatsangehörigkeit.[116] Eine zu sklavische Anlehnung und letztliche Beschränkung auf die Grunkin Paul-Konstellation, in der Dänemark als Eintragungsstaat an den Wohnsitz anknüpfte, wäre verfehlt.[117]

IV. Rechtmäßigkeit der Ersteintragung nicht verlangt

35 Ob die Namenseintragung im EU-Ausland rechtmäßig erfolgt sein muss[118] oder ob auch eine zu Unrecht erfolgte Eintragung ausreicht, besagt Art. 48 EGBGB nicht explizit.[119] Allerdings könnte man daraus, dass der Erwerb des Namens im EU-Ausland als scheinbar zweite und unabhängige Voraussetzung neben die Eintragung im EU-Ausland gestellt wird, ableiten wollen, dass sich im „Erwerb" implizit die Rechtmäßigkeit verberge und so eine Inzidentprüfung rechtmäßiger Namensführung im EU-Ausland erforderlich sei.[120] Ergänzend wird die Genese angeführt:[121] Der Bundesrat hat explizit gefragt, ob auf die Rechtmäßigkeit der Ersteintragung abzustellen sei.[122] Die Bundesregierung ging darauf zwar nicht speziell ein, betonte aber, dass nur eine begrenzte Zielsetzung verfolgt werde.[123] Daraus könnte man schließen, dass sie das heiße Eisen der Rechtmäßigkeitsfrage nicht anpacken wollte.[124]

36 Entscheidend gegen ein Erfordernis der Rechtmäßigkeit unter Art. 48 EGBGB spricht jedoch, dass Art. 48 EGBGB unionsrechtlich gebotene Einnamigkeit gewährleisten will und dass das Unionsrecht keine Rechtmäßigkeitsprüfung kennt.[125] Ob die Eintragung des Namens zu Recht oder zu Unrecht erfolgt ist, muss für das Unionsrecht und die Anerkennung kraft Unionsrechts ohne Belang sein (→ EGBGB Art. 10 Rn. 171).[126] Anerkennung übernimmt Ergebnisse, sie bietet insoweit gerade die Möglichkeit, auf Ermessensausübung zu reagieren[127] und vermeidet eine faktische Namensspaltung, die sich auch aus einer eigentlich falschen oder unzulässigen Eintragung ergeben könnte (→ EGBGB Art. 10 Rn. 171). Die Anerkennung schließt als Institut eine *révision au fond*, eine Prüfung, ob die ausländische Stelle das von ihr zugrunde zu legende Recht korrekt angewandt habe, prinzipiell aus (→ EGBGB Art. 10 Rn. 171).[128] Gegen eine Rechtmäßigkeitsprüfung sprechen internationale Entscheidungsharmonie, Vereinfachung, Pragmatismus und Praktikabilität gleichermaßen.[129] Der EuGH hat in Freitag[130] nicht gegenteilig entschieden,[131] denn Freitag betraf einen Fall rechtmäßiger Eintragung.[132]

114   Dem folgend OLG Nürnberg StAZ 2012, 182 (183); *Mörsdorf-Schulte* IPRax 2004, 315 (322), 326; *Mansel* RabelsZ 70 (2006), 651, 692 f.; *Basedow* IPRax 2011, 109 (112); *Wulf-Henning Roth* EWS 2011, 314 (324) Fn. 146; *Wall* StAZ 2012, 301 (304); *ders.* StAZ 2013, 237 (246); *Freitag* StAZ 2013, 69 (71).

115   Offen noch Stellungnahme des Bundesrates, BT-Drs. 17/11049, 15.

116   *Wall* StAZ 2013, 237 (245).

117   *Wall* StAZ 2013, 237 (245 f.) sowie *Wall* StAZ 2017, 326 (336 f.)

118   Dafür insbesondere BGH FamRZ 2019, 967 Rn. 28; KG StAZ 2016, 243 (244).

119   Offen lassend auch BGH StAZ 2017, 270 (271) Rn. 23.

120   So *Staudinger/Hausmann* EGBGB Art. 48 Rn. 26; *Wall* StAZ 2013, 237 (242).

121   *Wall* StAZ 2013, 237 (242).

122   Stellungnahme des Bundesrates, BT-Drs. 17/11049, 16.

123   Gegenäußerung der Bundesregierung, BT-Drs. 17/11049, 17.

124   *Wall* StAZ 2013, 237 (242).

125   Ebenso *Staudinger/Hausmann* EGBGB Art. 48 Rn. 27; *MüKoBGB/Lipp* EGBGB Art. 48 Rn. 15. AA KG StAZ 2016, 243 (244).

126   *Sturm* StAZ 2010, 146 (147); *Wall* StAZ 2010, 225 (228) (mit Einschränkung 229 f.); *Wall* StAZ 2009, 261 (263).

Anderer Ansicht KG FamRZ 2016, 1280 f. = StAZ 2016, 243 (244); *Koritz* FPR 2008, 213 (214); *Mansel/Thorn/Wagner* IPRax 2009, 1 (3); *Krömer* StAZ 2009, 150 (151) Fn. 9.

127   *Foyer,* Trav. Com. fr. dr. int. pr. 2004–2005, 24; *Lehmann,* Yb. PIL 10 (2008), 135, 158.

128   *Lehmann,* Yb. PIL 10 (2008), 135, 158; *Wall* StAZ 2009, 261 (263); *Sturm* StAZ 2010, 146 (147); Staudinger/*Hausmann* EGBGB Art. 10 Rn. 562. Weniger kategorisch *Wall* StAZ 2010, 225 (232 f.), der mit einer Vermutung zugunsten der Rechtmäßigkeit der Ersteintragung helfen will.

129   *Wiegelmann* FamRB 2016, 316 (317).

130   EuGH 8.6.2017 – Rs. C-541/15, ECLI:EU:C:2017:432 Rn. 37 – Mircea Florian Freitag.

131   Das behaupten indes BGH FamRZ 2019, 967 Rn. 40; *Gössl* IPRax 2018, 376 (382).

132   Staudinger/*Hausmann* EGBGB Art. 10 Rn. 559; *Wagner* Liber amicorum Kohler, 2018, S. 567 (573 f.); *Stockmann* jurisPR-FamR 13/2019 Anm. 8 sub B; *Wall* StAZ 2019, 225 (231); *Wall* FamRZ 2019, 971; *Kienemund* NZFam 2019, 508; *Kroll-Ludwigs* NJW 2019, 2277 (2279); *Erbarth* FamRB 2019, 401 (403); *Rust* ErbR 2019, 562 (563); *Mankowski* IPRax 2020 sub III 2.

Die Namenseintragung ist erfolgt, und sie begründet einen Vertrauenstatbestand sowohl für den Betroffenen **37** (→ EGBGB Art. 10 Rn. 171)[133] als auch für den Rechtsverkehr.[134] Der BGH hat indes judiziert, dass eine unrechtmäßige Eintragung allenfalls minderen Vertrauensschutz genieße und in der einzelfallbezogenen Abwägung nur durchschlagen könne, wenn der eingetragene Name für eine gewisse Zeit unbeanstandet geführt worden sei oder besonders schwerwiegende Nachteile für den Betroffenen aus einer Berichtigungsnotwendigkeit folgen würden.[135] Dafür beruft er[136] sich auf die Schlussanträge von GAin *Sharpston* in Sayn-Wittgenstein[137], die sich der EuGH[138] aber an der betreffenden Stelle nicht zu eigen gemacht hat. Eine deutsche Stelle könnte den vertrauensbegründenden Tatbestand jedoch selbst dann, wenn sie eine unrichtige Rechtsfindung im Ausland feststellen sollte, nicht zerstören und aus der Welt schaffen, da sie keine Eintragungen in ausländischen Registern ändern kann.[139] Hinzu könnte die etwaige Bestandskraft einer ausländischen Eintragung treten, deren Eintritt die Eintragung letztlich sogar rechtmäßig machen würde. Insgesamt sprechen gegen eine Rechtmäßigkeitsprüfung internationale Entscheidungsharmonie, Vereinfachung, Pragmatismus und Praktikabilität gleichermaßen.[140]

Dem assistiert auch die grundrechtliche Komponente aus dem allgemeinen Persönlichkeitsrecht des **38** Namensträgers,[141] wenn dieser im EU-Ausland den rechtswidrig eingetragenen Namen geführt hat[142] (auch wenn diese deutschverfassungsrechtliche Komponente in Zuschnitt und Voraussetzungen von Art. 21 AEUV abweicht).[143]

Die geringere Richtigkeitsgewähr im Vergleich mit Gerichtsentscheidungen verschlägt nicht.[144] Vielmehr **39** prägen Kontinuität, das Vermeiden hinkender Rechtsverhältnisse und Vertrauen in deren Bestand.[145] Außerdem wäre eine Kontrolle rein praktisch mit zu großem Aufwand, insbesondere bei der Ermittlung des korrekten Inhalts des im Ausland zugrunde zu legenden Rechts, verbunden (→ EGBGB Art. 10 Rn. 171).[146] Ebenso unerheblich ist, ob eine Namensänderung im Eintragungsstaat privatrechtlicher oder öffentlichrechtlicher Art war, wenn nur eine amtliche Eintragung erfolgt ist (→ EGBGB Art. 10 Rn. 171).[147]

V. Namenserwerb als kumulative Voraussetzung

Art. 48 S. 1 EGBGB stellt den Erwerb des Wahlnamens als eigenständiges Erfordernis neben die Eintra- **40** gung. Er kumuliert also Erwerb und Eintragung.[148] Die Eintragung allein ist dem Gesetzgeber nicht genug, auch wenn sie als Formaltatbestand klar und gut erkennbar ist. Der Namenserwerb bringt dagegen eine rein tatsächlich ausgerichtete Komponente ohne formelles Substrat.[149] Dies belastet bei der Namenswahl mit einer zusätzlichen Prüfung, die sich nicht im Ergebnis festgelegt darauf stützen kann, dass die Eintragung ja erfolgt sei.[150] Allerdings ist die erfolgte Eintragung ein starkes Indiz dafür, dass der eingetragene Name auch erworben wurde. Denn anderenfalls hätte der Namensträger kaum die Eintragung eines nicht erworbenen Namens betrieben und dürfte die Eintragung eines nicht erworbenen Namens kaum erfolgt sein.

Erworben ist ein Name, wenn er tatsächlich geführt wird und wenn er im Rechtsverkehr als der maßgeb- **41** liche angesehen wird.[151] Der Nachweis einer tatsächlich erfolgten Namensführung kann – jenseits der Indizwirkung der erfolgten Eintragung – kaum durch amtliche Dokumente geschehen, denn es handelt sich ja eben um eine faktische, nicht formell-offiziöse Komponente. Anderenfalls hätte der Erwerb neben der Eintragung ja keine eigene Bedeutung. Denkbar erscheint ein Nachweis der Namensführung durch Schrift-

133 *Wall* StAZ 2010, 225 (227); Staudinger/*Hausmann* EGBGB Art. 48 Rn. 27 sowie Staudinger/*Hausmann* EGBGB Art. 10 Rn. 562 (wenn Zeitablauf nach der Eintragung; vgl. aber auch KG StAZ 2016, 243 (244)).

134 Deutlich anderer Ansicht BGH FamRZ 2019, 967 Rn. 36.

135 BGH FamRZ 2019, 967 Rn. 36.

136 BGH FamRZ 2019, 967 Rn. 36.

137 GAin *Sharpston*, Schlussanträge in der Rs. C-208/09 v. 14.10.2010, Slg 2010, I-13696 Nr. 55-57.

138 EuGH 22.12.2010 – Rs. C-208/09, Slg 2010, I-13693 – Ilonka Sayn-Wittgenstein/Landeshauptmann von Wien.

139 Vgl. *Wall* StAZ 2010, 225 (230 f.) (zu Hinweisen an die ausländische Eintragungsstelle und dortiger „Beratungsresistenz").

140 Ebenso *Wiegelmann* FamRB 2016, 316 (317); *Mankowski* IPRax 2020 sub II.

141 BVerfG NJWE-FER 2001, 193 (194) – Singh.

142 *Wall* StAZ 2013, 237 (243).

143 Darauf weist *Wall* StAZ 2013, 237 (243) mit Recht hin. Siehe auch BGH FamRZ 2019, 967 Rn. 38.

144 Anders BGH FamRZ 2019, 967 Rn. 38 f.; *Wagner* FamRZ 2011, 209 (212 f.); *Rauscher*, Internationales Privatrecht, Rn. 673; Staudinger/*Hausmann* EGBGB Art. 10 Rn. 562 sowie *Wall* StAZ 2011, 204; *ders.* StAZ 2012, 301 (306); *ders.* FamRZ 2019, 971 (972).

145 *Mankowski* IPRax 2020 sub II. Insoweit im Ergebnis übereinstimmend *Wall* FamRZ 2019, 971 (972).

146 *Wall* StAZ 2010, 225 (231).

147 *Kampe* StAZ 2009, 281 (282).

148 Siehe nur KG StAZ 2016, 243 (244); Staudinger/*Hausmann* EGBGB Art. 48 Rn. 21.

149 Siehe Staudinger/*Hausmann* EGBGB Art. 48 Rn. 26.

150 Staudinger/*Hausmann* EGBGB Art. 48 Rn. 26.

151 AG Berlin-Schöneberg StAZ 2013, 21 (23 f.); Staudinger/*Hausmann* EGBGB Art. 48 Rn. 28; *Mankowski* StAZ 2014, 97 (103 f.); MüKoBGB/*Lipp* EGBGB Art. 48 Rn. 12 sowie jurisPK/*Janal* EGBGB Art. 48 Rn. 4.

stücke, insbesondere Briefe, oder elektronische Stücke, seien es solche des Namensträgers, seien es solche an den Namensträger. Eine bloße Selbstbenennung des Pseudo-Namensträgers, die auf keine Resonanz bei anderen gestoßen ist, reicht nicht aus.

42 Der Erwerb muss bei grammatikalischer Auslegung des Art. 48 S. 1 EGBGB in demselben Mitgliedstaat erfolgt sein, in dem die Eintragung erfolgt. Namenserwerb in einem Mitgliedstaat und Eintragung in einem anderen Mitgliedstaat würden der wörtlich verstandenen gleichgewichtigen Reihung von „erworben" und „eingetragen" nicht genügen. Freilich ergeben sich Fragezeichen, ob diese Auslegung im Lichte des Art. 21 AEUV Bestand haben kann. Denn auch die Kombination von Namenserwerb in einem Mitgliedstaat und Eintragung in einem anderen Mitgliedstaat berührt die unionsrechtliche Freizügigkeit. Man könnte sogar argumentieren, dass dann in zwei Mitgliedstaaten (jenem des Erwerbs und jenem der Eintragung), nicht nur in einem der nun zur Wahl anstehende Name der maßgebliche sei und deshalb erst recht eine Möglichkeit zu seiner Wahl auch für Deutschland bestehen muss.

43 Im Normtext des Art. 48 S. 1 EGBGB steht nirgends, dass der Namenserwerb rechtmäßig gewesen sein müsste. Vielmehr belässt der Normtext es bei dem reinen Namenserwerb. Rechtmäßigkeit oder Rechtswidrigkeit wie Rechtsanwendungsfragen schlechthin sind nicht dem faktisch geprägten Erwerb, sondern vielmehr dem anderen Tatbestandselement, der Eintragung, zuzuweisen. Würde man eine Rechtmäßigkeitsprüfung für den Erwerb als solchen durchführen, ob also das Kollisions- und Sachrecht des Eintragungsstaates korrekt angewendet wurde,[152] so wäre dies mit der unionsrechtlichen Maßgabe des Art. 21 AEUV nicht zu vereinbaren.[153] Zudem bliebe zu klären, um wessen Rechtsanwendung es sich denn handeln sollte. Der BGH stellt im Rahmen des von ihm verfolgten Rechtswidrigkeitskonzepts auf die Sicht des Registrierungsstaates einschließlich dessen Namenskollisionsrecht ab.[154]

VI. Fälle mit Drittstaatenbezug

44 **1. Namenseintragung eines Drittstaaters im EU-Ausland.** An die Anknüpfungsperson stellt Art. 48 S. 1 EGBGB in seinem Normtext keine weitere Anforderung, als dass diese eben eine Person, eine natürliche Person sein muss. Ein Erfordernis, dass es sich um einen Unionsbürger, um einen Angehörigen eines anderen EU-Staates handeln müsste, findet sich im Normtext nicht. Daraus könnte man den Schluss zu ziehen geneigt sein, dass dies abschließend sei und allen natürlichen Personen, also auch Drittstaatern, das Namenswahlrecht eröffnet sein soll, wenn dessen sonstige Voraussetzungen gegeben sind. Drittstaater könnten dann nach einer Ersteintragung im EU-Ausland, in dem sie seinerzeit gelebt haben, in Deutschland den in jenem EU-Ausland eingetragenen Namen wählen, wenn sie heute unter deutschem Namensstatut leben, etwa wegen einer Rückverweisung ihres nach dem Aufenthaltsprinzip anknüpfenden Heimatrechts auf deutsches Recht bei heutigem gewöhnlichem Aufenthalt in Deutschland.[155]

45 Indes steht ein solches Ergebnis in einem Spannungsverhältnis mit dem Ziel des Art. 48 EGBGB, die namensrechtliche Rechtsprechung des EuGH zur Einnamigkeit umzusetzen. Denn diese stützt sich ihrerseits auf die Freizügigkeit von Unionsbürgern aus Art. 21 AEUV. Drittstaatenangehörige sind aber keine Unionsbürger und können sich deshalb nicht auf die Freizügigkeit berufen, die allein Unionsbürgern zukommt.[156] Nun mag man spekulieren, dass der deutsche Gesetzgeber bewusst darüber hinausgegangen sei[157] und auch Drittstaater privilegiert habe, woran ihn das Unionsrecht nicht gehindert hätte. Indes steht dies kaum in Einklang mit der generellen Absicht, nur so wenig Namensautonomie wie möglich zu gewähren und die Rechtsprechung des EuGH so restriktiv wie möglich umzusetzen.[158] Der deutsche Gesetzgeber wollte dort handeln, wo er dazu unionsrechtlich gezwungen war. Darüber hinaus gehende Zugaben wollte er eigentlich nicht machen. Hier scheint er aber (unabsichtlich?) von seiner generellen Linie abgewichen zu sein.[159] Rechtspolitisch ist die verallgemeinerte liberale Regelung zu begrüßen, wenn man auf den namensrechtlichen Menschenrechtsschutz sieht, der nicht nach der Unionszugehörigkeit differenziert.[160]

46 **2. Namenseintragung in einem Drittstaat.** Seinem Wortlaut nach gilt Art. 48 EGBGB nur und ausschließlich dann, wenn die Ersteintragung in einem EU-Mitgliedstaat erfolgt ist. Eine Ersteintragung in

152 Staudinger/*Hausmann* EGBGB Art. 48 Rn. 26.
153 Staudinger/*Hausmann* EGBGB Art. 48 Rn. 27.
154 BGH FamRZ 2019, 567 Rn. 20-39 m. Anm. *Wall.*
155 *Freitag* StAZ 2013, 69 (71); Staudinger/*Hausmann* EGBGB Art. 48 Rn. 18.
156 *Mansel/Thorn/Wagner* IPRax 2009, 1 (3); *Hepting* Rn. II-404; *Wall* StAZ 2012, 301 (309); *Freitag* StAZ 2013, 69 (71 f.); Staudinger/*Hausmann* EGBGB Art. 10 Rn. 555; Staudinger/*Hausmann* EGBGB Art. 48 Rn. 18.

157 *Freitag* StAZ 2013, 69 (71); Staudinger/*Hausmann* EGBGB Art. 48 Rn. 18; *Mankowski* StAZ 2014, 97 (104); MüKoBGB/*Lipp* EGBGB Art. 48 Rn. 9.
158 Vgl. Begründung RegE BT-Drs. 17/11049, 12.
159 *Freitag* StAZ 2013, 69 (71 f.); *Mankowski* StAZ 2014, 97 (104); MüKoBGB/*Lipp* EGBGB Art. 48 Rn. 9.
160 MüKoBGB/*Lipp* EGBGB Art. 48 Rn. 9.

einem Drittstaat erfasst Art. 48 EGBGB daher nicht.[161] Sie begründet kein Namenswahlrecht nach Art. 48 EGBGB. Dafür streiten neben der grammatischen die systematische, die genetische und die teleologische Auslegung. Art. 48 EGBGB reagiert auf die Freizügigkeit der Unionsbürger aus Art. 20; 21 AEUV und deren Konsequenzen in der Rechtsprechung des EuGH.[162] Diese Freizügigkeit gilt aber nur für die EU, nicht für Drittstaaten. Für Sachverhalte in Drittstaaten greifen Art. 20; 21 AEUV nicht. Eine Eintragung in einem Drittstaat nicht zu beachten würde die unionsrechtliche Freizügigkeit nicht verletzen.[163] Der sachliche Schutzbereich der Unionsbürgerschaft und des Freizügigkeitsrechts ist nicht berührt.[164] Kontinuitätsschutz für in Drittstaaten eingetragene und erworbene Namen muss man außerhalb und jenseits von Art. 48 EGBGB suchen.[165] Dies gilt auch dann, wenn der persönliche Schutzbereich der Unionsbürgerschaft eröffnet ist, weil der Namensträger Unionsbürger ist.[166]

47 Zu den Drittstaaten zählt allerdings ein Staat nicht mehr, der nach der Ersteintragung, aber vor der Namenswahl in Deutschland der EU beigetreten ist.[167] Für die Anwendbarkeit des Art. 48 EGBGB kommt es darauf an, dass die Namenseintragung in einem Staat erfolgt ist, der zum Zeitpunkt der Namenswahl EU-Mitgliedstaat ist.[168] Auch Neubürger genießen ab dem EU-Beitritt ihres Heimatstaats die unionsrechtliche Freizügigkeit. Nachteile und Beeinträchtigungen aus einem hinkenden Namensverhältnis würden sich aktuell auswirken, unabhängig davon, ob der Registrierungsstaat zum Registrierungszeitpunkt bereits EU-Mitgliedstaat war.[169] Wenn man sich nicht zu einer direkten Anwendung des Art. 48 EGBGB verstehen will, so wäre zumindest eine analoge Anwendung geboten, da dann eine Regelungslücke vorläge.[170]

48 **3. Namenserwerb in einem Drittstaat.** Ein Namenserwerb in einem Drittstaat reicht für Art. 48 S. 1 EGBGB nicht aus. Hat der Namensträger den Namen, den er nun in Deutschland wählen will, bisher nur in einem Drittstaat geführt, so fehlt es an dem notwendigen Bezug zum EU-Binnenmarkt; die Freizügigkeit des EU-Marktbürgers aus Art. 21 AEUV ist dann nicht beeinträchtigt.[171] Dies schließt allerdings wiederum nicht aus, dass dem Namensträger auf einem anderen Weg als gerade über Art. 48 S. 1 EGBGB Kontinuitätsschutz gewährt wird.[172]

VII. Isolierte Namensänderungen

49 Art. 48 EGBG verlangt in seinem Normtext keinen Zusammenhang der Namenseintragung mit einem statusrechtlichen Vorgang, sondern deckt auch sogenannte isolierte Namensänderungen.[173] Ein statusrechtlicher Vorgang wird nirgends ausdrücklich als Voraussetzung vorgeschrieben.[174] Dies ist auch teleologisch gerechtfertigt. Denn eine Namenseintragung kann sich im EU-Ausland je nach Maßgabe des dortigen Rechts auch isoliert ereignen. ZB mag dort respektiert werden, dass der Namensträger zum Islam konvertiert und sich deshalb umbenennt (aus Steve Miller wird Yusuf al-Islam) oder dass er einen bisher als Künstlernamen geführten und im Verkehr durchgesetzten Namen als nunmehr richtigen Namen annimmt (aus Friedrich Kantor wird Friedrich Torberg). Auch die Parallele zur Anerkennung als öffentlich-rechtlich zu qualifizierender Namensänderungen streitet für einen Einbeziehung isolierter Namensänderungen.[175] Die Gesetzesmaterialien stehen nicht entgegen. Sie tragen angesichts der ausweichenden Antwort der Bundesregierung[176] auf die entsprechende Frage des Bundesrates[177] allenfalls den Schluss, dass der Gesetzgeber keine abschließende Beurteilung vorgenommen hat, auf die sich ein Umkehrschluss stützen ließe.[178]

161 OLG München StAZ 2014, 366; Staudinger/*Hausmann* EGBGB Art. 48 Rn. 13; *Wall* StAZ 2014, 356 (357).
162 Begründung RegE BT-Drs. 17/11049, 12.
163 *Hepting* Rn. II-405; *Wall* StAZ 2012, 301 (309); Staudinger/*Hausmann* EGBGB Art. 48 Rn. 12.
164 *Wall* StAZ 2014, 356 (357).
165 Staudinger/*Hausmann* EGBGB Art. 48 Rn. 13.
166 *Wall* StAZ 2014, 356 (357).
167 KG StAZ 2014, 301 (302); AG Köln 4.4.2013 – 378 III 40/13; *Mankowski* StAZ 2014, 97 (105); *Wall* StAZ 2014, 280 (284); *ders.* StAZ 2014, 294 (294).
168 KG StAZ 2014, 301 (302); AG Köln 4.4.2013 – 378 III 40/13; *Wall* StAZ 2013, 237 (243 f.); *ders.* StAZ 2014, 280 (281); *ders.* StAZ 2014, 294 (294); *Mankowski* StAZ 2014, 97 (105); *Krömer* StAZ 2015, 190.
169 *Wall* StAZ 2014, 280 (284).
170 *Wall* StAZ 2013, 237, 243 (246 f.); *ders.* StAZ 2014, 280 (284); aA BGH FamRZ 2019, 967 Rn. 34.

171 *Hepting* Rn. II-405; *Wall* StAZ 2012, 301 (309); Staudinger/*Hausmann* EGBGB Art. 48 Rn. 13.
172 Staudinger/*Hausmann* EGBGB Art. 48 Rn. 13.
173 BGH FamRZ 2019, 218 Rn. 12 mAnm *Dutta*; OLG Karlsruhe FamRZ 2017, 1532 (1533); *Mankowski* StAZ 2014, 97 (105); *Wall* StAZ 2015, 41 (44); *ders.* StAZ 2015, 295 (296); *ders.* FamRZ 2015, 1658 f.; jurisPK BGB/*Janal* EGBGB Art. 48 Rn. 4; BeckOGK BGB/*Kroll-Ludwigs* EGBGB Art. 48 Rn. 45; MüKoBGB/*Lipp* EGBGB Art. 48 Rn. 13; Staudinger/*Hausmann* EGBGB Art. 48 Rn. 22. Fragend Stellungnahme des Bundesrates, BT-Drs. 17/11049, 15.
174 *Wall* StAZ 2013, 237 (240); FA-Nr. 4008 (*Wall*).
175 *Wall* StAZ 2015, 41 (44).
176 Gegenäußerung der Bundesregierung BT-Drs. 17/11049, 17.
177 Stellungnahme des Bundesrates BT-Drs. 17/11049, 15.
178 BGH FamRZ 2019, 218 Rn. 14 mAnm *Dutta*; *Wall* FamRZ 2015, 1658 (1659).

50   Die Anlassfälle Garcia Avello und Grunkin Paul betrafen zwar Namenseintragungen im Zusammenhang mit statusrechtlichen Vorgängen, nämlich Heirat und Geburt, aber die allein maßgebliche Freizügigkeit der Unionsbürger und damit die angestrebte Einnamigkeit gehen darüber hinaus (→ EGBGB Art. 10 Rn. 56, 168).[179] Daher ist Art. 48 EGBGB auch bei isolierten Namensänderungen ohne zugrundeliegenden statusrechtlichen Vorgang anwendbar.[180] Zwar ist dort die Gefahr von Namenstourismus und name shopping größer,[181] doch ist sie hinzunehmen.[182] Das Erfordernis einer hinreichenden Nähebeziehung zum Eintragungsstaat steuert ihr genügend entgegen.[183] Dieses Kriterium ist offen und kann durch eine Vielzahl von Faktoren ausgefüllt werden, ohne dass diese abstrakt benannt sein müssten.[184] Ein schlichter, einfacher Aufenthalt reicht jedoch keinesfalls aus, gleich welche Nähebeziehungen man neben dem gewöhnlichen Aufenthalt noch hinreichen lassen will. Denn einen schlichten Aufenthalt hinreichen zu lassen, würde Namenstourismus Tor und Tür öffnen, den zu bekämpfen ein legitimes Ziel ist. Eine Umgehungsabsicht schadet jedenfalls.[185]

51   Keine unionsrechtliche Rechtfertigung dafür, eine Namenswahl auszuschlagen, kann man darin sehen, wenn der Namensträger das hinkende Namensverhältnis und das Fehlen von europaweiter Einnamigkeit ja selber herbeigeführt habe, indem er die isolierte Namensänderung im Eintragungsstaat habe eintragen lassen.[186] Solche Optionen sind dem Namensträger eröffnet, und er darf sie ausnutzen. Die anderen Mitgliedstaaten müssen eben akzeptieren, dass in einem anderen Mitgliedstaat solche Optionen eröffnet sind, und dürfen nicht nachlaufend Steine in den Weg legen.[187] Freizügigkeit und Unionsbürgerschaft kommen gerade dann zum Zuge, wenn es um freiwillige Akte des Namensträgers geht. Wer sie und die in ihnen liegenden Chancen wahrnimmt, ist nicht dergestalt selber schuld, dass man ihm in einem Zweitstaat die Anerkennung der Chancenwahrnehmung versagen dürfte.[188]

52   Aus welchem Grund eine Namenseintragung erfolgt und aus welchem Grund sich der Eintragungsstaat für eine Eintragung entscheidet, darf keine Rolle spielen.[189] Zwar mag man den Verzicht auf eine isolierte Namensänderung eher ansinnen als den Verzicht auf eine Statusänderung, die wiederum Grundlage einer Namensänderung ist.[190] Dies trägt jedoch nicht, überhaupt einen Verzicht anzusinnen. Umso weniger kann man ansinnen, die isolierte Namensänderung wieder rückgängig zu machen[191] und so eine eigentlich erlaubte Gestaltung zu verwerfen; vielmehr würde in einem solchen Ansinnen ein umso stärkerer Freiheitsverstoß liegen.

53   Selbst eine Polonisierung deutscher Namen von Deutschstämmigen, die bis auf deren Enkel oder Urenkel durchschlägt, sollte hingenommen werden, wenn die deutsch-polnischen Abkömmlinge heute in Deutschland begehren, den polonisierten Namen führen zu dürfen.[192] Dem Großvater wird die Polonisierung seines Namens gegen seinen Willen ein Unrecht angetan haben. Dem Enkel wird aber kein Unrecht getan, wenn ihm gestattet wird, den von ihm gewünschten polonisierten Namen zu wählen; im Gegenteil würde es dem Enkel ein grundfreiheiten- und grundrechtswidriges Unrecht antun, wenn man ihm dies verweigern würde.

VIII. Ehenamen und dem deutschen Recht nicht bekannte Namensarten

54   **1. Ehenamen.** Teilweise wird als offen bewertet, ob Art. 48 EGBGB auch Ehenamen erfassen soll.[193] Weder Garcia Avello noch Grunkin Paul betrafen Ehenamen. Sofern man sich wirklich bei den erfassten

179   *Freitag* StAZ 2013, 69 (71); *Wall* StAZ 2013, 237 (240).

180   BGH FamRZ 2019, 218 Rn. 15 mAnm *Dutta*; *Wall* StAZ 2013, 237 (240); *ders.* StAZ 2014, 280 (283); FA-Nr. 4008 (*Wall*).

181   *Wall* StAZ 2012, 184 (187 f.)

182   *Staudinger/Hausmann* EGBGB Art. 10 Rn. 564.

183   *Wall* StAZ 2015, 295 (296); *Gössl* IPRax 2018, 376 (381).

184   *Gössl* IPRax 2018, 376 (381).

185   *Gössl* IPRax 2018, 376 (381).

186   *Mankowski* StAZ 2014, 97 (105). Entgegen AG Nürnberg StAZ 2015, 59 (60); *Wall* StAZ 2012, 185 (188); *ders.* StAZ 2013, 237 (246); *ders.* StAZ 2015, 41 (50); *ders.* StAZ 2015, 295 (300); *Hepting* StAZ 2013, 34 (44).

187   EuGH 2.6.2016 – Rs. C-438/14, ECLI:EU:C:2016:401 Rn. 54–58 – Peter Nabiel Bogendorff v. Woltersdorff/Standesamt der Stadt Karlsruhe u. Zentraler Juristischer Dienst der Stadt Karlsruhe; GA *Wathelet*, Schlussanträge in der

Rs. C-438/14 v. 14.1.2016, ECLI:EU:C:2016:11 Nr. 74–89; BGH FamRZ 2019, 218 Rn. 15 mAnm *Dutta*; *Janal* GPR 2017, 67 (69).

188   Siehe EuGH 2.6.2016 – Rs. C-438/14, ECLI:EU:C:2016:401 Rn. 54–58 – Peter Nabiel Bogendorff v. Woltersdorff/Standesamt der Stadt Karlsruhe u. Zentraler Juristischer Dienst der Stadt Karlsruhe; GA *Wathelet*, Schlussanträge in der Rs. C-438/14 v. 14.1.2016, ECLI:EU:C:2016:11 Nr. 74–89; BGH FamRZ 2019, 218 Rn. 15 mAnm *Dutta*; *Janal* GPR 2017, 67 (69).

189   *Henrich* Liber amicorum Klaus Schurig, 2012, S. 63, 68 f.

190   *Wall* StAZ 2015, 41 (50).

191   Dafür aber *Wall* StAZ 2015, 41 (50).

192   *Wall* StAZ 2013, 237 (241) in Abkehr von OLG Hamm StAZ 1999, 40 (41); *Fritzsche* StAZ 1986, 361; *ders.* StAZ 1989, 81 (82); *Krömer* StAZ 1997, 143 (144); *Kampe* StAZ 2009, 281 (282).

193   PWW/*Mörsdorf-Schulte* EGBGB Art. 48 Rn. 3.

Sachverhalten so eng und restriktiv wie möglich an den Anstoßfällen orientieren wollte,[194] wären Ehenamen nicht erfasst.

Indes gilt Art. 21 AEUV auch für Ehenamen und kann auch das Nichtzugestehen eines bestimmten, im EU-Ausland erworbenen und eingetragenen Ehenamens die unionsrechtliche Freizügigkeit behindern.[195] Er ist nicht begrenzt auf den erstmaligen Erwerb irgendeines Namens überhaupt oder eines Geburtsnamens, sondern greift für die Erstregistrierung jedweder Namen.[196] Primärrechtlich spricht dies stark für die Einbeziehung von Ehenamen in Art. 48 EGBGB. **55**

Zudem sind Ehenamen nicht vom Wortlaut ausgegrenzt; von seinem Wortlaut her gilt Art. 48 EGBGB ohne Einschränkung und ausdrückliche Ausnahmen für alle Arten von Namen.[197] **56**

Die Anlehnung von Art. 48 EGBGB an Art. 47 EGBGB ist nicht so eng, dass sich aus dem Fehlen einer Parallelnorm zu Art. 47 Abs. 1 2 EGBGB ein Schluss ziehen ließe, dass Ehenamen aus Art. 48 EGBGB ausgegrenzt wären.[198] Im Gegenteil finden sich in der Regierungsbegründung zu Art. 48 EGBGB Bezugnahmen sowohl auf Art. 10 Abs. 2 EGBGB als auch auf Art. 47 Abs. 3 EGBGB iVm § 1617c BGB,[199] beide Male also auf Normen für Ehenamen. Dies spricht wiederum recht deutlich für eine Einbeziehung von Ehenamen.[200] **57**

In die gleiche Richtung zeigt Art. 48 S. 4 EGBGB, der über Art. 47 Abs. 3 EGBGB zu § 1617c BGB führt.[201] Indes wäre schon das primärrechtliche Argument allein ausschlaggebend. Art. 48 S. 4 iVm Art. 47 Abs. 1 2 EGBGB führt dazu, dass nur beide Ehegatten gemeinsam einen gemeinsam geführten Ehename abwählen können.[202] Ein Ehegatte soll seinen bisherigen Ehenamen nicht ohne seine Zustimmung verlieren können.[203] Das Ideal der Ehenamensgleichheit und der Namensgleichheit im Familienkern führt dann dazu, dass auch der andere Ehegatte seinen Ehenamen nicht einseitig verändern kann.[204] **58**

2. Dem deutschen Recht nicht bekannte Namensarten. Das deutsche (Sach-)Recht kennt nur Vor- und Familiennamen. Es muss deshalb grundsätzlich solche Namen nach anderen Rechten, die es so nicht kennt, entweder als Vor- der als Familiennamen einordnen. Dies betrifft insbesondere Mittel-, Zwischen-, Vater- und Großvatersnamen sowie Namenszusätze. **58a**

Art. 48 EGBGB gewährt zwar nur ein sachrechtliches Namenswahlrecht bei Anwendbarkeit deutschen Sachrechts. Trotzdem ist sein Namensbegriff kollisionsrechtlich und weit zu verstehen.[205] Denn anderenfalls würde er seine eigene ratio verfehlen, das Führen im EU-Ausland eingetragener und erworbener Namen unter deutschem Recht zu erlauben, und die gewollte Anerkennung nicht umsetzen, sondern Namensdivergenz provozieren.[206] Der Umkehrschluss aus Art. 10 Abs. 3; 47 EGBGB bestätigt, dass der deutsche Gesetzgeber eine Beschränkung auf einzelne Namensbestandteile ausdrücklich verfügt, wenn er denn eine solche Beschränkung will.[207] Obendrein verweist Art. 48 S. 4 EGBGB auf Art. 47 EGBGB, der keine Beschränkung verfügt.[208] Daher besteht das Namenswahlrecht auch für Mittel- und Zwischennamen[209] sowie Vatersnamen,[210] Großvatersnamen und Namenszusätze. Eine Zwangsangleichung dergestalt, dass ein Mittelname zwingend in einen Vornamen deutschen Sachrechts umzuwandeln wäre, findet nicht statt.[211] Dadurch darf allerdings kein Normenmangel entstehen.[212] Außerdem führt eine solche Wahl nicht zu einer „Insel ausländischen Rechts"[213] dergestalt, dass für denjenigen Namen, welcher aus dem ursprünglich dem deutschen Recht unbekannten Namensteil stammt, weiterhin das ursprüngliche ausländische Namensrecht gelten würde.[214] **58b**

---

194 Vgl. die Tendenz in der Begründung RegE BT-DRs. 17/11049, 12.
195 PWW/*Mörsdorf-Schulte* EGBGB Art. 48 Rn. 3.
196 *Hepting* Rn. III-703 f.; *Kraus* StAZ 2012, 24 (26); *Wall* StAZ 2013, 237 (239).
197 Siehe *Freitag* StAZ 2013, 69 (70); *Wall* StAZ 2013, 237 (239); Staudinger/*Hausmann* EGBGB Art. 48 Rn. 11.
198 Vgl. aber PWW/*Mörsdorf-Schulte* EGBGB Art. 48 Rn. 3.
199 Begründung RegE BT-DRs. 17/11049, 12.
200 PWW/*Mörsdorf-Schulte* EGBGB Art. 48 Rn. 3.
201 *Wall* StAZ 2013, 237 (239).
202 FA-Nr. 4008 (*Wall*).
203 FA-Nr. 4008 (*Wall*).
204 FA-Nr. 4008 (*Wall*).

205 BGH StAZ 2017, 270 Rn. 14; *Wall* StAZ 2016, 327 (328); *Wiegelmann* FamRB 2017, 351 (352); *Gössl* LMK 2017, 395678; MüKoBGB/*Lipp* Art. 48 Rn. 4.
206 BGH StAZ 2017, 270 f. Rn. 16; *Gössl* LMK 2017, 395678.
207 BGH StAZ 2017, 270 Rn. 14.
208 BGH StAZ 2017, 270 Rn. 15; KG StAZ 2016, 342 (343).
209 BGH StAZ 2017, 270 f. Rn. 14–16; KG StAZ 2016, 342 (343).
210 *Prinz v. Sachsen Gessaphe* StAZ 2015, 65 (74); *Wiegelmann* FamRB 2017, 351 (352).
211 KG StAZ 2016, 342.
212 Vgl. *Wall* StAZ 2016, 327 (329–332).
213 So aber *Hepting/Dutta* Rn. II-301.
214 *Solomon* StAZ 2018, 265 (273).

IX. Keine Ausübungsfrist

59 Für das Namenswahlrecht stellt Art. 48 EGBGB keine Ausübungsfrist auf. Der Namensträger darf es also jederzeit, ohne zeitliche Beschränkung[215] und in beliebigem zeitlichem Abstand von der Namenseintragung im Eintragungsstaat, von einem etwaigen zugrundeliegenden Statusereignis, von dem Gelten des deutschen Namensstatuts oder von der Begründung eines neuen gewöhnlichen Aufenthalts in Deutschland ausüben. Wann die anzuerkennende Namenseintragung erfolgte und aus welchem Anlass oder in welchem Zusammenhang, ist erst recht unerheblich; insbesondere spielt ein zeitlicher Abstand etwa zur Geburt oder zur jetzt zu ändernden Erstbenennung keine Rolle (→ EGBGB Art. 10 Rn. 171).[216] Dafür sprechen auch die Parallelen zu Art. 10 Abs. 2 EGBGB und Art. 47 EGBGB.[217] Namensführung ist Wahrnehmung und Ausübung eines Persönlichkeitsrechts; sie steht nicht unter einem Verfallsvorbehalt.[218] Hinkende Namensverhältnisse belasten den Namensträger und beeinträchtigen seine Rechtsposition dauerhaft, so dass er ebenso dauerhaft zu deren Behebung schreiten können muss.

X. Verbrauch kraft erstmaliger Ausübung?

60 Als Einschränkung wäre zudem denkbar, dass das Recht zur Namenswahl mit seiner erstmaligen Ausübung verbraucht sei und dass eine erneute Namenswahl gemäß Art. 48 EGBGB nach Eintragung eines neuen Namens im EU-Ausland nicht zulässig sei.[219] Das Recht zur Namenswahl werde durch seine erste Ausübung konsumiert.[220] Eine Rückkehr zum ursprünglichen deutschen Namen sei nicht möglich.[221] Parallelen zur Rechtswahl nach Art. 10 Abs. 2 EGBGB zu ziehen erscheint jedoch nur auf den ersten Blick attraktiv.[222] Auf den zweiten Blick jedoch sprechen sie nicht für einen Verbrauch des Namenswahlrechts qua erstmaliger Ausübung: Zum einen lässt sich darüber streiten, ob die Rechtswahlbefugnis nach Art. 10 Abs. 2 EGBGB durch erstmalige Ausübung verbraucht wird[223] oder (richtigerweise) nicht (→ EGBGB Art. 10 Rn 113 f.).[224]

61 Zum anderen ist eine Namenswahl nach Art. 48 EGBGB keine Rechtswahl. Die Rechtswahl nach Art. 10 Abs. 2 EGBGB hat weniger strenge Voraussetzungen und knüpft vor allen Dingen nicht an einen Tatbestand an, der in der Vergangenheit begründet ist. Die Ersteintragung des wählbaren Namens liegt bei Art. 48 EGBGB unabänderbar in der Vergangenheit. Sie ist passiert. Der Name ist im EU-Ausland eingetragen. Ohne neue Eintragung eines anderen Namens im EU-Ausland gibt es keine *neue* Orientierungsmarke für Art. 48 EGBGB, und nur eine neue Orientierungsmarke würde ein Recht zur erneuten Namenswahl, zur erneuten Anpassung durch Anerkennung eines neuen Vorgangs aus dem EU-Ausland begründen. Durch neuen Namen und neue Eintragung liegt eine neue Sachlage vor. Auf diese Sachlage hat sich die erstmalige Ausübung des Rechts zur Namenwahl nicht bezogen. Ihre Bezugsgegenstände waren vielmehr der erste Name und die erste Eintragung.

62 Einen vollständigen Verbrauch auch für später angenommene oder geänderte Namen anzunehmen, würde zu weit gehen[225] und die erste Ausübung auf Sachverhalte erstrecken, die zum Ausübungszeitpunkt noch gar nicht vorlagen. Zudem können die verschiedenen Eintragungen verschiedene Namensbestandteile betreffen, die erste etwa den Vornamen, die zweite den Familiennamen. Soll dann die Ausübung eines Namenswahlrechts für den Vornamen jede spätere Namenswahl gemäß Art. 48 EGBGB für den Familiennamen ausschließen? Vielmehr erscheint es angebracht, mit jeder Eintragung ein neues, eigenständiges Recht zur Namenswahl entstehen zu lassen.

63 Dies kann sich auch auf Art. 48 S. 2 EGBGB stützen, die prinzipielle Rückwirkung der Namenswahl: Betrifft die mehrfache Namenswahl denselben Namensbestandteil, zB den Vornamen, so tilgt jeweils die spätere Namenswahl kraft der späteren Eintragung die früheren Tatbestände, jedoch nur mit Rückwirkung auf den Zeitpunkt der späteren Eintragung, nicht auf jenen der früheren Eintragung. Sind die Eintragungen in demselben Eintragungsstaat erfolgt, so kann dies auch genau dessen Sicht entsprechen. Nur so wird dem unionsrechtlich geforderten Prinzip der Einnamigkeit Genüge getan.

215 *Freitag* StAZ 2013, 69 (73); Staudinger/*Hausmann* EGBGB Art. 48 Rn. 39; *Mankowski* StAZ 2014, 97 (106); jurisPK/*Janal* EGBGB Art. 48 Rn. 10; MüKoBGB/*Lipp* EGBGB Art. 48 Rn. 20.
216 OLG München NJW-RR 2010, 660 (662).
217 *Freitag* StAZ 2013, 69 (73).
218 *Freitag* StAZ 2013, 69 (73).
219 Dagegen *Mankowski* StAZ 2014, 97 (107).
220 So *Freitag* StAZ 2013, 69 (73); jurisPK/*Janal* EGBGB Art. 48 Rn. 11; MüKoBGB/*Lipp* EGBGB Art. 48 Rn. 24.
221 MüKoBGB/*Lipp* EGBGB Art. 48 Rn. 24.

222 Siehe *Freitag* StAZ 2013, 69 (73); Staudinger/*Hausmann* EGBGB Art. 48 Rn. 46.
223 So MüKoBGB/*Birk*, 5. Aufl., EGBGB Art. 10 Rn. 87; *Erman/Hohloch* EGBGB Art. 10 Rn. 26; BeckOK BGB/*Mäsch* EGBGB Art. 10 Rn. 48; jurisPK/*Janal* EGBGB Art. 10 Rn. 22; Staudinger/*Hausmann* EGBGB Art. 10 Rn. 302 f.
224 *F. Sturm* StAZ 2005, 253 (258).
225 *Mankowski* StAZ 2014, 97 (107); jurisPK/*Janal* EGBGB Art. 48 Rn. 11; MüKoBGB/*Lipp* EGBGB Art. 48 Rn. 25.

Anders soll es sich verhalten, wenn bereits eingangs verschiedene Namen in verschiedenen Mitgliedstaaten **64** eingetragen sind. Dann soll der Namensträger auswählen müssen, welcher dieser Namen für ihn in Deutschland gelten soll, und sei an seine Namenswahl gebunden, ohne sie nach freiem Belieben ändern zu können.[226] Insoweit hat sich die Sachlage jedenfalls nicht nachträglich verändert, sondern bestand von Anfang an. Europaweite Einnamigkeit lässt sich in diesen Fällen sowieso nicht herstellen, weil in den anderen Mitgliedstaaten eh verschiedene Namen eingetragen sind. Es geht also nur darum, relative Einnamigkeit mit einzelnen anderen Mitgliedstaaten herzustellen. Maßgeblich sollte ein Posterioritätsprinzip sein. Maßgeblich sollte sein, welche Eintragung später (wenn auch immer vor der Namenswahl für Deutschland) erfolgt ist. Denn in der spätesten Eintragung wird sich der aktuellste Wille des Namensträgers äußern. Betreibt der Namensträger indes die Löschung oder Aufhebung der relativ spätesten Eintragung, so zeigt er einen anderen aktuellen Willen, den es zu respektieren gilt.

XI. Ausübung

Zur Namenswahl materiell berechtigt ist der Namensträger. Die Ausübung des Wahlrechts muss nicht **65** höchstpersönlich erfolgen. Jedenfalls gesetzliche Stellvertretung ist nicht ausgeschlossen, sondern im Gegenteil bei Minderjährigen erforderlich.[227] Rechtsgeschäftliche Stellvertretung soll in Wertungsanalogie zu den familienrechtlichen Willenserklärungen zur Namensbestimmung des Kindes und zum Ehenamen nicht möglich sein.[228] Dafür könnte auch der persönlichkeitsrechtliche Hintergrund streiten.

Eine Namenswahl ist in Deutschland nach Art. 48 S. 3 EGBGB nur formwirksam, wenn sie öffentlich **66** beglaubigt oder beurkundet ist. Empfangszuständig für die Namenswahlerklärung ist nach § 43 Abs. 1 S. 1 PStG das zuständige deutsche Standesamt.

Gemäß § 43 Abs. 1 S. 2 PStG ist die Beglaubigung kostenfrei. Damit entfällt ein wesentliches Abschreckungsmoment. Durch eine Namenswahl anfallende Kosten würden der Namenswahl nämlich an Attraktivität nehmen. Allerdings ist § 43 Abs. 1 S. 2 PStG als bundesrechtliche Regelung durch Art. 1 Nr. 15 lit. a PStRÄndG[229] aufgehoben und die Frage nach einer Kostenpflicht dem Landesrecht über § 72 PStG überantwortet.[230] Auch die Landesrechte sehen freilich nur geringe Kostenpflichten vor. Insgesamt ergibt sich daraus ein wesentlicher Vorteil gegenüber den als Vergleich heranzuziehenden Kosten eines öffentlich-rechtlichen Namensänderungsverfahrens,[231] die bis zu EUR 1022,- betragen könnten.[232]

Eine Namenswahlerklärung ist grundsätzlich bestandsfest und kann entsprechend den bei § 1355 BGB **67** obwaltenden Wertungen weder angefochten noch widerrufen werden.[233] Eine Ausnahme ist aber zu machen, wenn der Irrtum auf eine fehlerhafte Beratung seitens des Standesamts zurückgeht.[234]

Im Ausgangspunkt ist der im EU-Ausland erworbene und eingetragene und sodann für Deutschland **68** gewählte Name so zu führen, wie er im EU-Ausland eingetragen und erworben ist. Materiell können sich im inländischen Rechtsverkehr aber ähnliche Probleme ergeben wie bei einem Eingangsstatutenwechsel unter deutsches Recht.[235] Beide Male wird man mit fremdem Namensrecht und dessen Ergebnissen konfrontiert. Dem trägt Art. 48 S. 4 EGBGB Rechnung, indem er dem Namensträger die Optionspalette des Art. 47 EGBGB eröffnet[236] und insoweit die rechtliche Qualität der gewählten Namensbestandteile jedenfalls in gewissem Umfang zur Disposition des Namensträgers stellt.[237] Der Namensträger ist aber keineswegs gezwungen, diese Optionspalette zu nutzen, sondern kann es auch bei dem im EU-Ausland eingetragenen und erworbenen Namen belassen.[238]

XII. Vereinbarkeit der Namenswahl mit dem deutschen ordre public

Die Namenswahl darf nicht mit wesentlichen Grundsätzen des deutschen Rechts offensichtlich unvereinbar **69** sein. Diese Formulierung lehnt sich an die ordre public-Vorbehalte des Internationalen Privat- und Verfahrensrechts aus Art. 6 EGBGB, § 328 Abs. 1 Nr. 4 ZPO, § 109 Abs. 1 Nr. 4 FamFG an, die ihrerseits wieder

---

226 *Freitag* StAZ 2013, 69 (73); Staudinger/*Hausmann* EGBGB Art. 48 Rn. 47; MüKoBGB/*Lipp* Art. 48 Rn. 25.

227 MüKoBGB/*Lipp* EGBGB Art. 48 Rn. 21.

228 MüKoBGB/*Lipp* EGBGB Art. 48 Rn. 21 mit Art. 47 EGBGB Rn. 16.

229 Gesetz zur Änderung personenstandsrechtlicher Vorschriften (Personenstandsrechts-Änderungsgesetz – PStRÄndG) vom 7.5.2013, BGBl. 2013 I 1122.

230 MüKoBGB/*Lipp* EGBGB Art. 48 Rn. 19.

231 *Wall* StAZ 2013, 237 (239).

232 *Wall* StAZ 2012, 169 (171 f.); *ders.* StAZ 2014, 294 (298) sowie *Dutta* FamRZ 2017, 1178.

233 jurisPK/*Janal* EGBGB Art. 48 Rn. 11; MüKoBGB/*Lipp* EGBGB Art. 48 Rn. 24 mit Art. 47 EGBGB Rn. 25.

234 MüKoBGB/*Lipp* EGBGB Art. 48 Rn. 24 mit Art. 47 EGBGB Rn. 26.

235 *Wall* StAZ 2016, 327 (328); MüKoBGB/*Lipp* EGBGB Art. 48 Rn. 29.

236 Begr. RegE BT-Drs. 17/11049, 12; *Wall* StAZ 2016, 327 (328).

237 *Dutta* FamRZ 2017, 1181 (1182).

238 MüKoBGB/*Lipp* EGBGB Art. 48 Rn. 30.

auf entsprechende Formulierungen in den Haager IPR-Übereinkommen und Art. 16 EVÜ zurückzuführen sind. Es ist ungewöhnlich, dass eine Art ordre public-Vorbehalt in einer Sachnorm gemacht wird, denn der ordre public wird eigentlich im IPR eingesetzt, um das Ergebnis einer Anwendung ausländischen Rechts zu kontrollieren, und im IZPR, um das Ergebnis einer Erstreckung von Wirkungen einer ausländischen Entscheidung auf Deutschland zu überprüfen. In der Sache ist der Vorbehalt aber verständlich und nachvollziehbar, denn in Art. 48 EGBGB geht es im Kern um den Nachvollzug einer im Ausland auf der Basis dortigen Rechts erfolgten Gestaltung. Die ordre public-Klausel ist eine Ausnahmevorschrift.[239] Dies korrespondiert dem Regel-Ausnahme-Verhältnis zwischen der Grundfreiheit Freizügigkeit aus der Unionsbürgerschaft und deren Beschränkungen.[240]

70   Art. 48 Abs. 1 Hs. 2 ist unionsrechtskonform im Licht der Art. 18; 21 AEUV auszulegen.[241] Um die ordre public-Widrigkeit bejahen zu können, muss entweder die Freizügigkeit aus Unionsbürgerschaft nicht einschlägig sein, oder es muss, wenn sie denn tatbestandlich einschlägig ist, eine Beschränkung unionsrechtlich statthaft und verhältnismäßig sein.[242]

71   Als Problemfall hat sich die freie Namenswahl nach englischem Recht mithilfe einer sogenannten deed poll erwiesen.[243] Sie dient Interessierten (als weitere Option neben einer Adoption)[244] dazu, sich Namen zuzulegen, die wie Adelsprädikate aussehen, obwohl sie nach englischem Recht eigentlich nur bloße Namensbestandteile sind. Die deed poll ist durch schlichte notarielle Erklärung zulässig und begründet ein privat- wie öffentlich-rechtliches Namensführungsrecht.[245] Die Namensänderung durch deed poll schlägt jedenfalls nicht auf die Änderung des Namens zum Zeitpunkt der Geburt im deutschen Sinne durch.[246] Sie ändert nur den conventional name, nicht den legal name.[247] Der conventional name kann aber wiederum „Geburtsname" unter § 1355 Abs. 2 BGB sein, weil dort der Zeitpunkt unmittelbar vor der Eheschließung, jedoch nicht jener der Geburt maßgeblich ist.[248] Art. 48 S. 4 iVm Art. 47 Abs. 1 S. 1 Nr. 3 ist indes nicht einschlägig, denn letztere Norm ist auch nicht entsprechend anzuwenden, da eine Vorprägung für Vor- und Familiennamen auch nach dem englischen Recht gegeben ist.[249]

72   Freie Namenswahl soll jedenfalls bei isolierter Namenswahl ohne familienrechtliche Statusänderung als Anlass gegen Namenskontinuität und Namensstabilität als Grundprinzipien des deutschen Namensrechts verstoßen.[250] Man könnte die öffentlich-rechtliche Ordnungsfunktion des Namens als gestört ansehen.[251] Dabei kann auch die Befürchtung eine Rolle spielen, dass sich sonst das liberalste, im Extremfall regelfreie objektive Namensrecht durchzusetzen vermöchte.[252]

73   Zurückhaltung bei Gewährung von Adelsprädikaten, gestützt auf Art. 123 GG iVm Art. 109 Abs. 3 S. 2 WRV, tritt hinzu.[253] Ein frei gewählter (Phantasie-)Name verstößt gegen den deutschen ordre public, wenn er phonetisch einem deutschen Adelsprädikat entspricht (zB „Gräfin v. Falkenberg" oder „Baron zu Romkerhall").[254] Legt man konsequent eine unionsrechtliche Verhältnismäßigkeitsprüfung an, erscheint dies jedoch problematisch, jedenfalls solange der Adel nicht konsequent und ausnahmslos abgeschafft ist,[255] sondern als Namensbestandteil für Altadel vor Abschaffung des Neuadels fortlebt.[256]

74   Materielle Gründe für einen theoretisch denkbaren Verstoß gegen den deutschen ordre public[257] lassen sich jedoch nicht generell finden.[258] Im Gegenteil lässt sich der Schutz des allgemeinen Persönlichkeitsrechts des Namensträgers für ein Ausreichen isolierter Namensänderungen aus dem EU-Ausland ins Feld führen, jedenfalls wenn der betreffende Name im EU-Ausland bereits einige Zeit geführt wurde, dadurch das Außenbild und die Persönlichkeit des Namensträgers mitbestimmt und einen Vertrauenstatbestand geschaf-

---

239   *Wall* StAZ 2015, 41 (45).
240   *Wall* StAZ 2015, 41 (45).
241   *Wall* StAZ 2015, 41 (47); *Janal* GPR 2017, 67 (68).
242   *Wall* StAZ 2015, 41 (47 f.).
243   Funktionell vergleichbar die Eintragung im Namensänderungsbuch Aserbaidschans: Fall „Baron zu Romkerhall"; OLG Naumburg StAZ 2014, 338. Da Drittstaatseintragung, aber kein Fall des Art. 48 EGBGB.
244   *Janal* GPR 2017, 67 (67).
245   OLG Hamburg StAZ 1980, 285 (286); AG Nürnberg StAZ 2015, 59.
246   AG Nürnberg StAZ 2015, 59.
247   AG Nürnberg StAZ 2015, 59; *Luther* StAZ 1980, 61 (62).
248   *Wall* StAZ 2015, 41 (44).
249   *Wall* StAZ 2015, 41 (43).

250   AG Nürnberg StAZ 2015, 59 (60) unter Hinweis auf OLG Hamburg StAZ 1980, 285 (287); OLG München StAZ 2009, 108.
251   So *Wall* StAZ 2015, 41 (49).
252   *Wall* StAZ 2015, 41 (49).
253   OLG Naumburg StAZ 2014, 338 (339); AG Nürnberg StAZ 2015, 59 (60).
254   OLG Naumburg StAZ 2014, 338 (339); *Wall* StAZ 2015, 41 (48).
255   Dies hat EuGH Slg 2010, I-13693 Rn. 92 f. – Ilonka Sayn-Wittgenstein/Landeshauptmann von Wien für die österreichische Rechtslage gebilligt.
256   *Wall* StAZ 2013, 237 (246); *ders.* StAZ 2015, 41 (49); *ders.* StAZ 2015, 295 (300); *Otto* StAZ 2016, 225 (229–231).
257   Vgl. *Wall* StAZ 2013, 237 (240).
258   *Mankowski* StAZ 2014, 97 (106).

fen hat.[259] Dann kehrt sich das Blatt sogar komplett um: Eine Namenswahl nach Art. 48 EGBGB zuzulassen, ist nicht etwa verboten, sondern geboten.[260]

XIII. Zweite Schiene kraft primären Unionsrechts

1. Keine abschließende Regelung. Der deutsche Gesetzgeber wollte ersichtlich alle weiteren Diskussionen um Wege zur Einnamigkeit abschneiden, indem er Art. 48 EGBGB schuf. Er wollte einen Weg weisen. Er hat nur diesen Weg aus der vorangegangenen, durchaus intensiven und gedankenreichen Diskussion, wie man Einnamigkeit gewährleisten könne (→ EGBGB Art. 10 Rn. 168 ff.),[261] ausgewählt und kodifiziert.[262] Auf der anderen Seite hat der deutsche Gesetzgeber sich stark darauf konzentriert, Fälle wie Grunkin Paul in den Griff zu bekommen. Schon bei Garcia Avello-Fällen droht Art. 48 EGBGB zu kurz zu springen und die Konstellation nicht vollständig abzudecken.[263] Art. 48 EGBGB kann aber nicht abschließend und verdrängend sein, sofern er nicht unionsrechtskonform ist.[264] Bloße unionsrechtskonforme Auslegung, zudem mit dem Ziel, die Grenzen und Strukturen des deutschen Internationalen Namensrechts zu wahren, achtet die Normenhierarchie nicht genug.[265]

75

Das unionsrechtliche Anerkennungsprinzip, wie es der EuGH für das Namensrecht praktiziert,[266] verdrängt mit dem Anwendungsvorrang des Unionsrechts[267] gegenüber dem nationalen Recht die eigentliche kollisionsrechtliche Anknüpfung.[268] Es verbietet deutschen Rechtsanwendern, über Art. 10 EGBGB zu abweichenden Ergebnissen zu gelangen. Insbesondere müssen Namen übernommen werden, die Deutsche haben bei hinreichender Nähebeziehung zum Eintragungsstaat im EU-Ausland für sich registrieren lassen. Die Freizügigkeit fordert gebieterisch Vorrang vor dem IPR.[269] Dies destabilisiert das mitgliedstaatliche IPR nicht,[270] sondern überlagert es nur. Insbesondere wird Art. 10 Abs. 1 EGBGB nicht für schlechterdings ungültig erklärt.[271] Vielmehr wird das mitgliedstaatliche IPR nur ausnahmsweise überlagert und überspielt.[272]

76

Mitgliedstaatliches Recht muss kraft Normhierarchie dem Primärrecht weichen; unmittelbar anwendbares Primärrecht kann de facto eine Rechtsharmonisierung erreichen, auch ohne dass es ausführendes Sekundärrecht geben müsste oder dass ein unverhältnismäßiger Eingriff in das Gefüge des nationalen IPR erfolgen würde.[273]

77

Eine „versteckte" Kollisionsnorm anzunehmen[274] wäre nur vordergründig ein schonenderer Eingriff, müsste sich aber inhaltlich aus derselben Quelle speisen und wäre mit der Wirkungsweise unmittelbar anwendbaren Primärrechts nicht zu vereinbaren. Wenn man Art. 21; 18 AEUV als bloße Zielvorgabe betrachten wollte, der nationalen Umsetzung bedürftig,[275] wäre es im Übrigen inkonsequent, gerade diesen Normen eine versteckte Kollisionsnorm entnehmen zu wollen.

78

2. Keine analoge Anwendung des Art. 48 EGBGB kraft Art. 20; 21 AEUV. Sofern Art. 48 EGBGB hinter Art. 20; 21 AEUV zurückbleibt, weil er strengere Anforderungen stellt oder relevante Sachverhalte nicht erfasst, könnte man an eine analoge Anwendung von Art. 48 EGBGB denken.[276] Methodisch setzt dies nach den für Analogien geltenden Regeln eine unbewusste Gesetzeslücke voraus. Wenn Art. 48 EGBGB als bewusst abschließend verstanden werden könnte, würde es an dieser Voraussetzung fehlen.[277]

79

259 *Wall* StAZ 2013, 237 (240) sowie AG Köln 4.4.2013 – 378 III 40/13.

260 *Wall* StAZ 2013, 237 (241).

261 *Staudinger/Hepting/Hausmann* EGBGB Art. 10 Rn. 527–553.

262 *Staudinger/Hausmann* EGBGB Art. 48 Rn. 2.

263 *Freitag* StAZ 2013, 69 (76 f.); *Staudinger/Hausmann* EGBGB Art. 48 Rn. 4.

264 GA *Szpunar,* Schlussanträge in der Rs. C-541/15 v. 24.11.2016, ECLI:EU:C:2016:902 Nr. 39, 66 sowie Stellungnahme des Bundesrates, BT-Drs. 17/11049, 15.

265 Entgegen *Sperling,* Familiennamensrecht in Deutschland und Frankreich, 2012, S. 145 f.; MüKoBGB/*Lipp* EGBGB Art. 48 Rn. 3.

266 EuGH Slg 2008, I-7639 – Verfahren auf Antrag von Stefan Grunkin und Dorothee Regina Paul = StAZ 2009, 9; EuGH Slg 2010, I-13693 Rn. 93 mit Rn. 79 f. = StAZ 2011, 77 – Ilonka Sayn-Wittgenstein/Landeshauptmann von Wien; *Spellenberg* Liber amicorum Walter Pintens, 2012, S. 1349, 1366–1368.

267 Seit EuGH Slg 1964, 1251, 1279 – Costa/ENEL.

268 GAin *Sharpston,* Schlussanträge in der Rs. C-353/06 vom 24.4.2008, Slg 2008, I-7641 Nr. 91; OLG München NJW-RR 2010, 660 (661 f.); *Kroll-Ludwigs* JZ 2009, 153 (154); *Honorati* Dir. UE 2009, 379 (389).

269 *Lagarde,* Rev. crit. dr. int. pr. 98 (2009), 86, 91.

270 So aber *d'Avout* Clunet 136 (2009), 207, 215.

271 GAin *Sharpston,* Schlussanträge in der Rs. C-353/06 vom 24.4.2008, Slg 2008, I-7641 Nr. 49.

272 *Tomasi* in *Honorati* (a cura di), Diritto al nome e all'identità personale nell'ordinamento europeo, Milano 2010, S. 111, 135 f., 137 f.

273 Entgegen *Wall* StAZ 2014, 294 (299).

274 *Wall* IPRax 2010, 433 (434); *ders.* StAZ 2014, 294 (300).

275 So *Wall* StAZ 2014, 294 (300).

276 *Freitag* StAZ 2013, 69 (74); *Wall* StAZ 2013, 237 (246); *ders.* StAZ 2014, 294 (298); *ders.* StAZ 2015, 295 (301); *Staudinger/Hausmann* EGBGB Art. 48 Rn. 8; MüKoBGB/*Lipp* EGBGB Art. 48 Rn. 32–35.

277 BGH FamRZ 2019, 967 Rn. 34 m. Anm. *Wall*; *Mankowski* StAZ 2014, 97 (109 f.); *Hepting/Dutta* Rn. II-464; *Erbarth* FamRB 2019, 401 (403).

Analogien zu Art. 48 EGBGB dem Fortschreiten der unionsrechtlichen Entwicklung zu Art. 21 AEUV folgen zu lassen[278] und mit nachträglichen Regelungslücken zu arbeiten[279] wäre aber ein sehr kompliziertes und indirektes Verfahren. Mit der unmittelbaren Anwendung des Primärrechts ließe es sich kaum in Einklang bringen. Zudem würde es intertemporale Fragen aufwerfen, ab wann denn die Analogie gültig wäre. Obendrein bliebe fraglich, ob das als deutschsachrechtlich konzipierte Namenswahlrecht des Art. 48 EGBGB wirklich das richtige Instrument ist und ob nicht stattdessen eine echte kollisionsrechtliche Wahlfreiheit geboten sein könnte.[280]

80   **3. Primärrechtliche Anerkennung ohne Wahlerklärung.** Das Anerkennungsgebot fließt aus dem Primärrecht. Es greift auch ohne spezifische Ventile in den Mitgliedstaaten.[281] Es ist nicht von einer eigenen Umsetzung der Verpflichtung durch die Mitgliedstaaten[282] abhängig. Primärrecht ist keine umzusetzende Richtlinie unter Art. 288 Abs. 3 AEUV. Eine Lösung durch den jeweiligen nationalen Gesetzgeber wäre zwar wünschenswert,[283] ist aber keine Voraussetzung für die Anwendung des Anerkennungsprinzips.[284] Hinkende Namensverhältnisse resultieren aus dem Nebeneinander zweier verschiedener kollisionsrechtlicher Grundanknüpfungen in den Mitgliedstaaten, nämlich dem Nebeneinander von Staatsangehörigkeits- und Aufenthaltsprinzip.[285] Da das Unionsrecht auf der anderen Seite nicht in das IPR eingreift und genau eine dieser beiden Anknüpfungen gebietet,[286] muss es bei einem ipso iure greifenden überlagernden Anerkennungsmechanismus bleiben. Dieser hat zudem zeitlich den Vorteil gegenüber Art. 48 EGBGB, dass die Anerkennung ab Ersteintragung wirkt, ein Ansatz über Art. 48 EGBGB aber erst ab Wirksamwerden der Namenswahl in Deutschland.[287]

81   Der Anerkennung des im Ausland eingetragenen Namens entspricht eine unter deutschem Namensstatut eingeräumte Möglichkeit zur Namensänderung nicht, jedenfalls nicht vollständig, auch nicht für Doppelstaater.[288] Dies gilt für Art. 48 S. 1 EGBGB wie für § 3 NamÄndG.[289] Zwar wäre damit eine Anpassungsmöglichkeit eröffnet, jedoch würde weiterhin zunächst nach Grenzübertritt ein anderer Namen gelten, jedenfalls bis zur Namensänderung. Die *Möglichkeit* einer Anpassung beseitigt nämlich als solche die Beeinträchtigung nicht.[290] Weiterhin bestünde die Notwendigkeit, in jedem Staat aufs Neue den Namen ändern zu lassen, bis Gleichlauf erzielt ist. Auch diese prozeduralen Notwendigkeiten mit ihrem Aufwand an Zeit, Kosten und Mühe würden die Freizügigkeit beeinträchtigen.

82   Namenstourismus gilt es auch bei der Anerkennung über ein Erfordernis einer realen Verbindung zum Eintragungsstaat (→ EGBGB Art. 10 Rn. 171) zu wehren.[291] Als ultima ratio kann ihm das unionsrechtliche Verbot des Rechtsmissbrauchs entgegenstehen.[292] Auch das Unionsrecht eröffnet keine unbeschränkte de facto-Rechtswahl durch einfache faktische Gestaltung.[293] Eine tatsächlich nachfolgende Rechtswahl oder ein nachfolgend vom Namensträger tatsächlich und bewusst herbeigeführter Namenswechsel gehen als Ausübung von kollisions- bzw. sachrechtlicher Privatautonomie einer Anerkennung vor (→ EGBGB Art. 10 Rn. 172).

---

278 Dahin *Wall* StAZ 2013, 237 (247).
279 So *Wall* StAZ 2017, 326 (336).
280 S. nur *Dutta* FamRZ 2017, 1178; *dens.*, FamRZ 2017, 1181 (1183).
281 Treffend OLG München NJW-RR 2010, 660 (662); *Wall* IPRax 2010, 433 (436 f.) Entgegen *Kohler* FS Erik Jayme 2004, S. 445, 446; *Ackermann* (2007) 44 CMLRev. 141, 153 f.; *Lipp* StAZ 2009, 1 (8); *Martiny* DNotZ 2009, 453 (454).
282 Das Bestehen sogar einer Verpflichtung bestreitet *Kubicki* EuZW 2009, 366 (367).
283 *Lipp* StAZ 2009, 1 (8); *Mansel/Thorn/Wagner* IPRax 2009, 1 (2).
284 OLG München NJW-RR 2010, 660 (662); *Wall* IPRax 2010, 433 (43).
285 *Helms* GPR 2005, 35 (38); *Wall* StAZ 2009, 261 (263); *ders.* StAZ 2010, 225 (226); *Sommer*, Der Einfluss der Freizügigkeit auf Namen und Status von Unionsbürgern, 2009, S. 118–122.
286 GAin *Sharpston*, Schlussanträge in der Rs. C-353/06 vom 24.4.2008, Slg 2008, I-7641 Nr. 66; *Frank* StAZ 2005, 161 (163); *Wall* StAZ 2009, 261 (263).
287 *Staudinger/Hepting/Hausmann* EGBGB Art. 10 Rn. 578.

288 Entgegen *Kohler* FS Erik Jayme, 2004, S. 445, 455; *Pintens* StAZ 2004, 353 (359) sowie *Martiny* DNotZ 2009, 453 (457). Wie hier *Wall* IPRax 2010, 433 (437).
289 Für dessen Anwendung in der Zeit vor Art. 48 EGBGB *Mansel* RabelsZ 51 (2006), 651, 693 f.; jurisPK BGB/*Janal* EGBGB Art. 10 Rn. 35; *Sommer*, Der Einfluss der Freizügigkeit auf Namen und Status von Unionsbürgern, 2009, S. 207; *Wall* IPRax 2010, 433 (436). Heute noch so BGH FamRZ 2019, 967 Rn. 34 m. Anm. *Wall.*
290 *Leifeld*, Das Anerkennungsprinzip im Kollisionsrechtssystem des internationalen Privatrechts, 2010, S. 84; *Fritz Sturm* StAZ 2010, 146 (147); *Wall* IPRax 2010, 433 (437).
291 GAin *Sharpston*, Schlussanträge in der Rs. C-353/06 vom 24.4.2008, Slg 2008, I-7641 Nr. 86.
292 *Devers* JCP G 2009 II 10071 = JCP G 15 Avril 2009, 35, 38.
293 Tendenziell anders *Tomasi* in *Honorati* (a cura di), Diritto al nome e all'identità personale nell'ordinamento europeo, Milano 2010, S. 111, 127.

Ob nur eine Namensregistrierung im Wohnsitz- oder Aufenthaltsstaat oder ob auch eine Namenseintragung **83** in einem anderen Mitgliedstaat Anerkennung heischt, ist noch nicht ausjudiziert.[294] Daher erscheint eine Bezeichnung als Herkunftslandprinzip[295] weniger geeignet und weniger treffend (→ EGBGB Art. 10 Rn. 173). Eine Ausnahme von dem Grundsatz, dass ineffektive Staatsangehörigkeiten bzw. bei deutsch-ausländischen Mehrstaatern die nicht-deutsche Staatsangehörigkeit unbeachtlich ist, ist jedenfalls erzwungen: Art. 18; 20 AEUV (ex-Art. 12; 17 EGV) verwehren es einem Mitgliedstaat, seinen Angehörigen, die sowohl dessen Staatsangehörigkeit als auch die Staatsangehörigkeit eines anderen EU-Mitgliedstaates besitzen, die Namensführung nach dem Recht jenes zweiten Mitgliedstaates zu untersagen (→ EGBGB Art. 10 Rn. 173).[296] Einem entsprechenden Antrag auf Namensführung nach dem Recht des anderen Mitgliedstaates ist stattzugeben.[297] Die mehrfache Staatsangehörigkeit stellt als solche bereits den notwendigen Unionsbezug her und nimmt dem Sachverhalt den Charakter eines internen Sachverhalts.[298] Den Grundsatz der Unveränderlichkeit von Familiennamen lässt das Unionsrecht als Rechtfertigungsgrund nicht gelten.[299]

4. Kein Ausgleich etwaiger Defizite durch die Rechtswahlmöglichkeiten nach Art. 10 Abs. 2, 3 **84** **EGBGB.** Eine Rechtswahlmöglichkeit vermag den unionsrechtlichen Anerkennungsmechanismus nicht auszuschalten.[300] Man kann nicht mit einem Hinweis auf Art. 10 Abs. 2, 3 EGBGB[301] die Anerkennung eines im EU-Ausland eingetragenen Namens verweigern.[302] Gestattete „indirekte Rechtswahl" durch gestaltende Beeinflussung der Anknüpfungstatsachen ist etwas anderes als direkte Rechtswahl. Eine Rechtswahlmöglichkeit vermag sie nicht zu ersetzen. Die denkbaren Divergenzen beginnen bereits bei der zeitlichen Dimension: Der eingetragene Name besteht ab Wirksamwerden der Eintragung. Eine notwendig nachlaufende Rechtswahlmöglichkeit im Anerkennungsstaat würde dagegen grundsätzlich nur ex nunc ab dem Zeitpunkt der Wahl, nicht aber ex tunc ab dem Zeitpunkt der Eintragung wirken können. Insbesondere aber gibt es Problemfallgruppen bei deutsch/EU-ausländischen Doppelstaatern, wenn eine öffentlich-rechtliche Namensänderung im Ausland außerhalb des Istanbuler CIEC-Übereinkommens erfolgt ist oder wenn der Doppelstaater volljährig ist.[303]

Wäre bereits in dem Antrag auf Eintragung eine Rechtswahl zu sehen, so wäre zu erklären, wie dies eventu- **85** ellen Formerfordernissen der öffentlichen Beglaubigung genügen soll. Zudem wäre eine Rechtswahl kein Automatismus, sondern würde Aktivität erfordern; erfolgt die Aktivität nicht, so hätte man einen Schwebezustand ohne Einnamigkeit.[304] Eine Rechtswahl würde nur ex nunc für die Zukunft wirken und den Zeitraum zwischen erststaatlicher Eintragung und Eintragung in Deutschland nicht abdecken.[305] Eine Rechtswahlmöglichkeit ginge auf der anderen Seite weiter als verlangt und würde über das Ziel hinausschießen, indem sie auch alle zukünftigen Vorgänge beim Namen dem gewählten Namensstatut unterstellen würde.[306] Außerdem setzt die Rechtswahlmöglichkeit nach Art. 10 Abs. 2 EGBGB Konsens der Ehegatten voraus. Sie erlaubt kein eigenmächtiges Handeln nur eines Ehegatten für den eigenen Namen. Art. 10 Abs. 3 EGBGB schließlich eröffnet keine Rechtswahlmöglichkeit, die für den Namen Erwachsener relevant wäre.[307]

Die wichtigste Diskrepanz zu einer Anerkennungslösung ergibt sich aber, wenn die Eintragung nach dem **86** Recht des Eintragungsstaates nicht korrekt oder gar rechtswidrig war: Bei einer Anerkennungslösung ist dies grundsätzlich hinzunehmen, da dort die Rechtsanwendung im Eintragungsstaat erfolgt; bei einer Rechtswahllösung würde die Rechtsanwendung dagegen (auch) im „Anerkennungsstaat" stattfinden und eine falsche oder rechtswidrige Anwendung des gewählten Rechts dürfte vom Ansatz her nicht erfolgen. Anerkennung durch die Möglichkeit einer Rechtswahl zu ersetzen hätte zudem den konzeptionellen Nach-

---

294 Vgl. *Henrich* IPRax 2005, 422 (423); *Lehmann* YbPIL 10 (2008), 135, 158; *Martiny* DNotZ 2009, 453 (455).

295 Dafür *Staudinger/Hepting*, Neubearb. 2007, EGBGB Art. 7–12, 47; EGBGB Art. 10 Rn. 220 f.; MüKo-BGB/*Birk* EGBGB Art. 10 Rn. 159; *Bogdan,* ET 2010, 709, 717.

296 EuGH Slg 2003, I-11613 – M. Carlos Garcia Avello/ Belgischer Staat.

297 EuGH Slg 2003, I-11613 Rn. 35 f. – M. Carlos Garcia Avello/Belgischer Staat; s. auch *Palmeri* Europa e dir. priv. 2004, 217, 229 f.

298 EuGH Slg 2003, I-11613 Rn. 27 – M. Carlos Garcia Avello/Belgischer Staat.

299 EuGH Slg 2003, I-11613 Rn. 40–44 – M. Carlos Garcia Avello/Belgischer Staat.

300 Stellungnahme des Bundesrates, BT-Drs. 17/11049, 15; OLG München NJW-RR 2010, 660 (662); MüKoBGB/*Birk* EGBGB Art. 10 Rn. 160; *Finger*

FamFR 2010, 143; *Wall* IPRax 2010, 433 (435); *ders.* StAZ 2014, 294 (29).
Anders *Frank* StAZ 2005, 161 (164); jurisPK/*Janal* EGBGB Art. 10 Rn. 35.

301 Dafür *Mörsdorf-Schulte* IPRax 2004, 319 (323); *Henrich* FS Andreas Heldrich, 2005, S. 667, 671 f.; *Palandt/Thorn* EGBGB Art. 48 Rn. 1.

302 Vgl. auch KG FamRZ 2018, 1000 (1001) (Lösung über unionsrechtskonforme Auslegung/Extension von Art. 10 Abs. 3 EGBGB).

303 *Wall* StAZ 2014, 294 (296) unter Hinweis auf OLG München StAZ 2014, 179.

304 Vgl. Stellungnahme des Bundesrates, BT-Drs. 17/11049, 15.

305 Siehe Stellungnahme des Bundesrates, BT-Drs. 17/11049, 15.

306 Staudinger/*Hausmann* EGBGB Art. 48 Rn. 4.

307 *Wall* StAZ 2014, 294 (296); *ders.* StAZ 2016, 327 (335).

teil, dass eine solche Rechtswahlmöglichkeit im Prinzip allen EU-Staaten zugeschrieben werden müsste, um letztlich Einnamigkeit ohne Namensdivergenz zu erzielen.

87 **5. Kein Ausgleich etwaiger Defizite durch Möglichkeit der öffentlich-rechtlichen Namensände-rung.** Die Möglichkeit einer öffentlich-rechtlichen Namensänderung nach § 3 Abs. 1 NamÄndG gleicht etwaige Defizite ebenfalls nicht aus.[308] Sie hat drei Nachteile im Vergleich mit einer unionsrechtlichen Anerkennungspflicht: Erstens zwingt sie, ein Verfahren zu durchlaufen, dessen letztendliches Ergebnis nur Wirkung ex nunc hat.[309] Vor Abschluss des Verfahrens gibt es keine Wirkung. Zweitens ist „wichtiger Grund" ein unbestimmter Rechtsbegriff. Drittens können zusätzliche Kosten bis zu EUR 1022,- anfallen.[310] Wenn man das Ergebnis eines Verfahrens als von vornherein unionsrechtlich vorbestimmt ansähe, wäre das Verfahren selber ein Umweg[311] und bürokratischer Leerlauf.[312]

88 **6. Grenzen.** Die primärrechtliche Anerkennungspflicht hat ihrerseits ihre Grenzen. Diese findet sie insbesondere bei drohendem Missbrauch. Problemfall ist wiederum die freie Namenswahl kraft sogenannter deed poll nach englischem Recht.[313] Die insoweit bestehenden Grenzen hat der EuGH in Bogendorff v. Woltersdorff ausgefüllt. „Scheinadel" und „title's shopping" sind nicht statthaft. Zu weit geht auf der anderen Seite, den positiven Nachweis eines schutzwürdigen Vertrauens im jeweiligen konkreten Einzelfall zu verlangen.[314]

Art. 49 EGBGB (nicht abgedruckt)

Zweiter Teil bis Vierter Teil

Art. 50 bis 218 EGBGB (nicht abgedruckt)

Fünfter Teil

Übergangsvorschriften aus Anlaß jüngerer Änderungen des Bürgerlichen
Gesetzbuchs und dieses Einführungsgesetzes

Art. 219 bis 228 EGBGB (nicht abgedruckt)

Art. 229 EGBGB Weitere Überleitungsvorschriften

Art. 229 § 1 EGBGB Überleitungsvorschrift zum Gesetz zur Beschleunigung fälliger Zahlungen

(1) [1]§ 284 Abs. 3 des Bürgerlichen Gesetzbuchs in der seit dem 1. Mai 2000 geltenden Fassung gilt auch für Geldforderungen, die vor diesem Zeitpunkt entstanden sind. [2]Vor diesem Zeitpunkt zugegangene Rechnungen lösen die Wirkungen des § 284 Abs. 3 nicht aus. [3]§ 288 des Bürgerlichen Gesetzbuchs und § 352 des Handelsgesetzbuchs in der jeweils seit dem 1. Mai 2000 geltenden Fassung sind auf alle Forderungen anzuwenden, die von diesem Zeitpunkt an fällig werden.

(2) [1]§§ 632 a, 640, 641, 641 a und 648 a in der jeweils ab dem 1. Mai 2000 geltenden Fassung gelten, soweit nichts anderes bestimmt wird, nicht für Verträge, die vor diesem Zeitpunkt abgeschlossen worden sind. [2]§ 641 Abs. 3 und § 648 a Abs. 5 Satz 3 in der seit dem 1. Mai 2000[1] sind auch auf vorher

---

308 Anders BGH FamRZ 2019, 967 Rn. 34 m. Anm. *Wall*.

309 *Wall* StAZ 2014, 294 (298).

310 *Wall* StAZ 2014, 294 (298); *ders.* StAZ 2015, 295 (301); *ders.* StAZ 2017, 326 (335); *Dutta* FamRZ 2017, 1178.

311 *Wall* IPRax 2010, 433 (437); *ders.* StAZ 2017, 326 (332); *Hepting* StAZ 2013, 34 (35).

312 *F. Sturm* StAZ 2010, 146 (147) Fn. 7; *Wall* StAZ 2017, 326 (332).

313 Siehe den Vorlagebeschluss des AG Karlsruhe 17.9.2014 – UR III 26/13 Rn. 26–50.

314 Dahin aber BGH FamRZ 2019, 967 Rn. 33, 35 f. m. Anm. *Wall*.

1 Richtig wohl: „in der seit dem 1. Mai 2000 geltenden Fassung".

abgeschlossene Verträge anzuwenden. ³§ 640 gilt für solche Verträge mit der Maßgabe, dass der Lauf der darin bestimmten Frist erst mit dem 1. Mai 2000 beginnt.

Von einer Kommentierung wird abgesehen, da die Vorschrift durch Zeitablauf kaum mehr Bedeutung hat. Für Altfälle s. die Kommentierung von *Schulte-Nölke* in der 2. Auflage (2011).

Art. 229 § 2 EGBGB Übergangsvorschriften zum Gesetz vom 27. Juni 2000

Die §§ 241 a, 361 a, 361 b, 661 a und 676 h des Bürgerlichen Gesetzbuchs sind nur auf Sachverhalte anzuwenden, die nach dem 29. Juni 2000 entstanden sind.

Es wird auf die Kommentierung von *Ring* in der 3. Auflage verwiesen.

Art. 229 § 3 EGBGB Übergangsvorschriften zum Gesetz zur Neugliederung, Vereinfachung und Reform des Mietrechts vom 19. Juni 2001

(1) Auf ein am 1. September 2001 bestehendes Mietverhältnis oder Pachtverhältnis sind

1. im Falle einer vor dem 1. September 2001 zugegangenen Kündigung § 554 Abs. 2 Nr. 2, §§ 565, 565 c Satz 1 Nr. 1 b, § 565 d Abs. 2, § 570 des Bürgerlichen Gesetzbuchs sowie § 9 Abs. 1 des Gesetzes zur Regelung der Miethöhe jeweils in der bis zu diesem Zeitpunkt geltenden Fassung anzuwenden;

2. im Falle eines vor dem 1. September 2001 zugegangenen Mieterhöhungsverlangens oder einer vor diesem Zeitpunkt zugegangenen Mieterhöhungserklärung die §§ 2, 3, 5, 7, 11 bis 13, 15 und 16 des Gesetzes zur Regelung der Miethöhe in der bis zu diesem Zeitpunkt geltenden Fassung anzuwenden; darüber hinaus richten sich auch nach dem in Satz 1 genannten Zeitpunkt Mieterhöhungen nach § 7 Abs. 1 bis 3 des Gesetzes zur Regelung der Miethöhe in der bis zu diesem Zeitpunkt geltenden Fassung, soweit es sich um Mietverhältnisse im Sinne des § 7 Abs. 1 jenes Gesetzes handelt;

3. im Falle einer vor dem 1. September 2001 zugegangenen Erklärung über eine Betriebskostenänderung § 4 Abs. 2 bis 4 des Gesetzes zur Regelung der Miethöhe in der bis zu diesem Zeitpunkt geltenden Fassung anzuwenden;

4. im Falle einer vor dem 1. September 2001 zugegangenen Erklärung über die Abrechnung von Betriebskosten § 4 Abs. 5 Satz 1 Nr. 2 und § 14 des Gesetzes zur Regelung der Miethöhe in der bis zu diesem Zeitpunkt geltenden Fassung anzuwenden;

5. im Falle des Todes des Mieters oder Pächters die §§ 569 bis 569 b, 570 b Abs. 3 und § 594 d Abs. 1 des Bürgerlichen Gesetzbuchs in der bis zum 1. September 2001 geltenden Fassung anzuwenden, wenn der Mieter oder Pächter vor diesem Zeitpunkt verstorben ist, im Falle der Vermieterkündigung eines Mietverhältnisses über Wohnraum gegenüber dem Erben jedoch nur, wenn auch die Kündigungserklärung dem Erben vor diesem Zeitpunkt zugegangen ist;

6. im Falle einer vor dem 1. September 2001 zugegangenen Mitteilung über die Durchführung von Modernisierungsmaßnahmen § 541 b des Bürgerlichen Gesetzbuchs in der bis zu diesem Zeitpunkt geltenden Fassung anzuwenden;

7. hinsichtlich der Fälligkeit § 551 des Bürgerlichen Gesetzbuchs in der bis zum 1. September 2001 geltenden Fassung anzuwenden.

(2) Ein am 1. September 2001 bestehendes Mietverhältnis im Sinne des § 564 b Abs. 4 Nr. 2 oder Abs. 7 Nr. 4 des Bürgerlichen Gesetzbuchs in der bis zum 1. September 2001 geltenden Fassung kann noch bis zum 31. August 2006 nach § 564 b des Bürgerlichen Gesetzbuchs in der vorstehend genannten Fassung gekündigt werden.

(3) Auf ein am 1. September 2001 bestehendes Mietverhältnis auf bestimmte Zeit sind § 564 c in Verbindung mit § 564 b sowie die §§ 556 a bis 556 c, 565 a Abs. 1 und § 570 des Bürgerlichen Gesetzbuchs in der bis zu diesem Zeitpunkt geltenden Fassung anzuwenden.

(4) Auf ein am 1. September 2001 bestehendes Mietverhältnis, bei dem die Betriebskosten ganz oder teilweise in der Miete enthalten sind, ist wegen Erhöhungen der Betriebskosten § 560 Abs. 1, 2, 5 und 6 des Bürgerlichen Gesetzbuchs entsprechend anzuwenden, soweit im Mietvertrag vereinbart ist,

dass der Mieter Erhöhungen der Betriebskosten zu tragen hat; bei Ermäßigungen der Betriebskosten gilt § 560 Abs. 3 des Bürgerlichen Gesetzbuchs entsprechend.

(5) [1]Auf einen Mietspiegel, der vor dem 1. September 2001 unter Voraussetzungen erstellt worden ist, die § 558 d Abs. 1 und 2 des Bürgerlichen Gesetzbuchs entsprechen, sind die Vorschriften über den qualifizierten Mietspiegel anzuwenden, wenn die Gemeinde ihn nach dem 1. September 2001 als solchen veröffentlicht hat. [2]War der Mietspiegel vor diesem Zeitpunkt bereits veröffentlicht worden, so ist es ausreichend, wenn die Gemeinde ihn später öffentlich als qualifizierten Mietspiegel bezeichnet hat. [3]In jedem Fall sind § 558 a Abs. 3 und § 558 d Abs. 3 des Bürgerlichen Gesetzbuchs nicht anzuwenden auf Mieterhöhungsverlangen, die dem Mieter vor dieser Veröffentlichung zugegangen sind.

(6) [1]Auf vermieteten Wohnraum, der sich in einem Gebiet befindet, das aufgrund

1. des § 564 b Abs. 2 Nr. 2, auch in Verbindung mit Nr. 3, des Bürgerlichen Gesetzbuchs in der bis zum 1. September 2001 geltenden Fassung oder

2. des Gesetzes über eine Sozialklausel in Gebieten mit gefährdeter Wohnungsversorgung vom 22. April 1993 (BGBl. I S. 466, 487)

bestimmt ist, sind die am 31. August 2001 geltenden vorstehend genannten Bestimmungen über Beschränkungen des Kündigungsrechts des Vermieters bis zum 31. August 2004 weiter anzuwenden. [2]Ein am 1. September 2001 bereits verstrichener Teil einer Frist nach den vorstehend genannten Bestimmungen wird auf die Frist nach § 577 a des Bürgerlichen Gesetzbuchs angerechnet. [3]§ 577 a des Bürgerlichen Gesetzbuchs ist jedoch nicht anzuwenden im Falle einer Kündigung des Erwerbers nach § 573 Abs. 2 Nr. 3 jenes Gesetzes, wenn die Veräußerung vor dem 1. September 2001 erfolgt ist und sich die veräußerte Wohnung nicht in einem nach Satz 1 bezeichneten Gebiet befindet.

(7) § 548 Abs. 3 des Bürgerlichen Gesetzbuchs ist nicht anzuwenden, wenn das selbständige Beweisverfahren vor dem 1. September 2001 beantragt worden ist.

(8) § 551 Abs. 3 Satz 1 des Bürgerlichen Gesetzbuchs ist nicht anzuwenden, wenn die Verzinsung vor dem 1. Januar 1983 durch Vertrag ausgeschlossen worden ist.

(9) § 556 Abs. 3 Satz 2 bis 6 und § 556 a Abs. 1 des Bürgerlichen Gesetzbuchs sind nicht anzuwenden auf Abrechnungszeiträume, die vor dem 1. September 2001 beendet waren.

(10) [1]§ 573 c Abs. 4 des Bürgerlichen Gesetzbuchs ist nicht anzuwenden, wenn die Kündigungsfristen vor dem 1. September 2001 durch Vertrag vereinbart worden sind. [2]Für Kündigungen, die ab dem 1. Juni 2005 zugehen, gilt dies nicht, wenn die Kündigungsfristen des § 565 Abs. 2 Satz 1 und 2 des Bürgerlichen Gesetzbuchs in der bis zum 1. September 2001 geltenden Fassung durch Allgemeine Geschäftsbedingungen vereinbart worden sind.

(11) [1]Nicht unangemessen hoch im Sinn des § 5 des Wirtschaftsstrafgesetzes 1954 sind Entgelte für Wohnraum im Sinn des § 11 Abs. 2 des Gesetzes zur Regelung der Miethöhe in der bis zum 31. August 2001 geltenden Fassung, die

1. bis zum 31. Dezember 1997 nach § 3 oder § 13 des Gesetzes zur Regelung der Miethöhe in der bis zum 31. August 2001 geltenden Fassung geändert oder nach § 13 in Verbindung mit § 17 jenes Gesetzes in der bis zum 31. August 2001 geltenden Fassung vereinbart oder

2. bei der Wiedervermietung in einer der Nummer 1 entsprechenden Höhe vereinbart

worden sind. [2]Für Zwecke des Satzes 1 bleiben die hier genannten Bestimmungen weiterhin anwendbar.

Es wird auf die Kommentierung von *Klein-Blenkers* in der 2. Auflage verwiesen.

Art. 229 § 4 EGBGB Übergangsvorschrift zum Zweiten Gesetz zur Änderung reiserechtlicher Vorschriften

(1) Die §§ 651 k und 651 l des Bürgerlichen Gesetzbuchs sind in ihrer seit dem 1. September 2001 geltenden Fassung nur auf Verträge anzuwenden, die nach diesem Tag geschlossen werden.

(2) Abweichend von § 651 k Abs. 2 Satz 1 des Bürgerlichen Gesetzbuchs gelten für die nachfolgenden Zeiträume folgende Haftungshöchstsummen:

1. vom 1. November 1994 bis zum 31. Oktober 1995 70 Millionen Deutsche Mark,

2. vom 1. November 1995 bis zum 31. Oktober 1996 100 Millionen Deutsche Mark,

3. vom 1. November 1996 bis zum 31. Oktober 1997 150 Millionen Deutsche Mark,

4. vom 1. November 1997 bis zum 31. Oktober 2000 200 Millionen Deutsche Mark und
5. vom 1. November 2000 bis zum 1. September 2001 110 Millionen Euro.

Es wird auf die Kommentierung von *Niehuus* in der 3. Auflage verwiesen.

Art. 229 § 5 EGBGB Allgemeine Überleitungsvorschrift zum Gesetz zur Modernisierung des Schuldrechts vom 26. November 2001

[1]Auf Schuldverhältnisse, die vor dem 1. Januar 2002 entstanden sind, sind das Bürgerliche Gesetzbuch, das AGB-Gesetz, das Handelsgesetzbuch, das Verbraucherkreditgesetz, das Fernabsatzgesetz, das Fernunterrichtsschutzgesetz, das Gesetz über den Widerruf von Haustürgeschäften und ähnlichen Geschäften, das Teilzeit-Wohnrechtegesetz, die Verordnung über Kundeninformationspflichten, die Verordnung über Informationspflichten von Reiseveranstaltern und die Verordnung betreffend die Hauptmängel und Gewährfristen beim Viehhandel, soweit nicht ein anderes bestimmt ist, in der bis zu diesem Tag geltenden Fassung anzuwenden. [2]Satz 1 gilt für Dauerschuldverhältnisse mit der Maßgabe, dass anstelle der in Satz 1 bezeichneten Gesetze vom 1. Januar 2003 an nur das Bürgerliche Gesetzbuch, das Handelsgesetzbuch, das Fernunterrichtsschutzgesetz und die Verordnung über Informationspflichten nach Bürgerlichem Recht in der dann geltenden Fassung anzuwenden sind.

Literatur: *Armbrüster/Wiese*, Die Folgen der Schuldrechtsreform für vor dem 1.1.2002 begründete Dauerschuldverhältnisse, DStR 2003, 334; *Brambring*, Schuldrechtsreform und Grundstückskaufvertrag, DNotZ 2001, 590; *Heinrichs*, Das neue AGB-Recht und seine Bedeutung für das Mietverhältnis, NZM 2003, 6; *Hertel*, Vorwirkungen des neuen Schuldrechts auf notarielle Angebote, DNotZ 2001, 742; *ders.*, in: Amann/Brambring/Hertel (Hrsg.), Vertragspraxis nach neuem Schuldrecht, 2. Auflage 2003, 415 (zitiert: *Hertel*); *Heß*, Das neue Schuldrecht – In-Kraft-Treten und Übergangsregelungen, NJW 2002, 253; *ders.*, Die Übergangsregelungen zum Schuldrechtsmodernisierungsgesetz, DStR 2002, 455; *Kirsch*, Schuldrechtsreform und Unternehmen – Umstellungen bei Langzeitverträgen, NJW 2002, 2520; *Schaffelhuber*, Das Schicksal des Haustürwiderrufsrechts bei vor dem 1. Januar 2002 entstandenen Schuldverhältnissen – intertemporale und materiellrechtliche Anwendungsprobleme des § 355 Abs. 3 BGB, WM 2005, 765; *Stoffels*, Altverträge nach der Schuldrechtsreform – Überlegungen zum Vertrauensschutz im Arbeitsvertragsrecht, NZA 2005, 726; *Ziegler/Rieder*, Vertragsgestaltung und Vertragsanpassung nach dem Schuldrechtsmodernisierungsgesetz, ZIP 2001, 1789.

A.	Allgemeines	1	a)	Grundsatz: Angebot und Annahme ...	26
B.	Regelungsgehalt	5	b)	Bedingung/Befristung	30
	I. Anwendungsbereich (S. 1 und 2)	5	c)	Optionsvertrag	31
	1. Sachlicher Anwendungsbereich	5	d)	Genehmigungsbedürftigkeit	32
	2. Abdingbarkeit	8	e)	Vorvertrag	39
	a) Intertemporale oder materiellrechtliche Verweisung, Nichtigkeit	9	2. Gesetzliche Schuldverhältnisse	40
	b) Vereinbarung neuen Rechts	10	III. Rechtsfolgen (S. 1)	47
	aa) Zulässigkeit einer intertemporalen kollisionsrechtlichen Wahl	10	1. Anwendbares Recht	47
	bb) Vornahme der Rechtswahl	16	2. Reichweite	50
	cc) Rückwirkung	17	a) Wirksamkeit, Inhalt und Abwicklung des Schuldverhältnisses	50
	c) Vereinbarung alten Rechts	19	b) Nachträgliche Änderungen	51
	aa) Unzulässigkeit einer intertemporalen kollisionsrechtlichen Wahl	19	3. Dauerschuldverhältnisse (S. 2)	53
	bb) Materiellrechtliche Verweisung	21	a) Verschiebung des Überleitungszeitpunkts	53
	II. Voraussetzungen der Fortgeltung alten Rechts (S. 1)	23	b) Begriff des Dauerschuldverhältnisses	55
	1. Verträge	26	c) Rahmenverträge	57
			d) Anwendbares Recht	58

A. Allgemeines[1]

Art. 229 § 5 bestimmt als intertemporales Kollisionsrecht[2] den zeitlichen Geltungsbereich der durch das SchuldRModG geänderten Vorschriften. Die **allgemeine Überleitungsvorschrift** sieht in S. 1 vor, dass trotz Inkrafttretens der Neuregelungen am 1.1.2002 auf Schuldverhältnisse, die vor diesem Datum entstanden sind, das BGB sowie die in der Vorschrift genannten Sondergesetze in der bis zum 31.12.2001 geltenden Fassung weiterhin Anwendung finden. Die Regelung übernimmt damit den bereits in Art. 170 und Art. 232 § 1 für das Inkrafttreten des BGB im Jahr 1900 bzw. für das Inkrafttreten des Einigungsvertrages

1

---

1   Die erste Bearbeitung der Kommentierung des Art. 229 § 5 durch *Heinz-Peter Mansel* erschien im Dezember 2001 in Dauner-Lieb/Heidel/Lepa/Ring (Hrsg.), AnwK-SchuldR.

2   Allgemein hierzu *Heß* Intertemporales Privatrecht; *Strohbach* in Jayme/Furtak, S. 131 ff.

zugrunde gelegten allgemeinen Rechtsgedanken, nach welchem ein Rechtsverhältnis nur dem im Zeitpunkt seiner Entstehung gültigen Recht unterfällt.[3] Erfolgt eine Gesetzesänderung, nachdem ein Tatbestand bereits vollständig abgeschlossen ist, besitzen die Neuregelungen grundsätzlich keine rückwirkende Kraft, sofern der Gesetzgeber die Rückwirkung nicht ausdrücklich anordnet (vgl. hierzu auch → Art. 229 § 6 Rn. 54).[4]

2 Weniger restriktiv als die Fälle derartiger echter Rückwirkung werden jene der unechten Rückwirkung beurteilt. Eine solche liegt vor, wenn infolge der Änderung des Gesetzes die betreffenden Neuregelungen nicht nur für künftige Rechtsbeziehungen Wirkung entfalten, sondern mit dem Inkrafttreten der Reform ex nunc auch auf noch nicht abgeschlossene Tatbestände Anwendung finden sollen.[5] Eine derartige Anordnung ist in S. 2 für **Dauerschuldverhältnisse** vorgesehen.[6] Diese werden neuem Recht unterstellt, selbst wenn sie vor dem 1.1.2002 entstanden sind. Dadurch soll verhindert werden, dass auf unbestimmte Zeit altes und neues Recht parallel heranzuziehen sind.[7] Um den Parteien jedoch die Möglichkeit zu geben, ihre Verträge an die geänderten Regelungen anzupassen, finden in diesen Fällen die Neuerungen des SchuldRModG erst ab dem 1.1.2003 Anwendung (vgl. hierzu auch → Rn. 53 f., 58 ff.).

3 Aus dem Umstand des Inkrafttretens des SchuldRModG am 1.1.2002 sowie aus S. 1 im Gegenschluss folgt, dass für **Schuldverhältnisse, die nach dem 31.12.2001 entstanden** sind, ausschließlich neues Recht zur Anwendung kommt (zur Möglichkeit der materiellrechtlichen Verweisung auf altes Recht → Rn. 21 f.). Dies gilt auch für Dauerschuldverhältnisse.[8] Zwar ist deren Überleitung in S. 2 grundsätzlich einer gesonderten Regelung unterworfen; auch diese betrifft jedoch nur solche Rechtsverhältnisse, die noch vor dem 1.1.2002 zur Entstehung gelangt sind, nicht aber jene, die zwischen dem 31.12.2001 und dem 1.1.2003 entstanden sind. Dies resultiert aus der Konzeption des S. 2, nach der hinsichtlich der Bestimmung der von der Überleitung gem. S. 2 erfassten Dauerschuldverhältnisse auf die Regelung in S. 1 verwiesen wird. Nach dem 31.12.2001 begründete Dauerschuldverhältnisse unterfallen daher, nicht anders als jene Rechtsverhältnisse, die auf einen einmaligen Leistungsaustausch gerichtet sind, dem neuen Recht.

4 Keine Anwendung findet die Überleitung nach S. 1, wenn die Parteien die Norm wirksam abbedungen haben (s. hierzu → Rn. 8 ff.) oder aber eine speziellere Regelung eingreift. Derartige Sondervorschriften finden sich in S. 2 (für Dauerschuldverhältnisse), in Bezug auf die Neuregelung des **Verjährungsrechts** und hinsichtlich der **Zinsvorschriften**.[9] Diese unterliegen in Art. 229 § 6 (Verjährungsrecht)[10] und Art. 229 § 7 (Zinsvorschriften) einer eigenen Übergangsregelung (s. die dortigen Kommentierungen).

Zu dem Verhältnis von Art. 229 § 5 S. 1 und S. 2 zu älteren und jüngeren Übergangsvorschriften → Rn. 49, 62 ff.

---

3   Dass die Art. 170, 232 § 1 einen allgemeinen Rechtsgedanken zum Ausdruck bringen, ist allgM: BGHZ 10, 391, 394; 44, 192, 194; BAG NZA 2004, 597 (600) mwN; Palandt-Archiv Teil II/*Heinrichs* EGBGB Art. 232 § 1 Rn. 1, unter: http://rsw.beck.de/rsw/upload/Palandt/PalArch2009_Teil_II.pdf#page=13 (zuletzt abgerufen am 31.3.2020); MüKoBGB/*Krüger*, 5. Aufl. 2010, EGBGB Art. 170 Rn. 3; EGBGB Art. 232 § 1 Rn. 1; Staudinger/*Rauscher* EGBGB Art. 232 § 1 Rn. 1; Staudinger/*Hönle* EGBGB Art. 170 Rn. 1, 4; Soergel/*Hartmann* EGBGB Art. 170 Rn. 1, 4, EGBGB Art. 232 § 1 Rn. 1; *Hertel* DNotZ 2001, 742 (743).

4   Vgl. hierzu MüKoBGB/*Krüger*, 5. Aufl. 2010, EGBGB Art. 170 Rn. 7; Staudinger/*Hönle* EGBGB Art. 170 Rn. 4.

5   MüKoBGB/*Krüger*, 5. Aufl. 2010, EGBGB Art. 170 Rn. 8 mwN.

6   Zur Einordnung des S. 2 als unechte Rückwirkung vgl. *Armbrüster/Wiese* DStR 2003, 334; *Heinrichs* NZM 2003, 6 (8).

7   BT-Drs. 14/6040, S. 273.

8   Staudinger/*Löwisch* EGBGB Art. 229 § 5 Rn. 32; speziell für Miet- und Pachtverträge: AnwK-BGB/*Klein-Blenkers* EGBGB Art. 229 § 3 Rn. 6, 62. Vgl.

auch LAG Frankfurt 25.4.2003 – 17 Sa 1723/02, juris Rn. 62; LAG Hamm NZA 2003, 499 (500); im Erg. ebenso Henssler/Graf von Westphalen/*Bereska* EGBGB Art. 229 § 5 Rn. 15.

9   BT-Drs. 14/6040, S. 273; vgl. auch *Wiek* WuM 2004, 407 (408), der darauf hinweist, dass die Formulierung in S. 1 „soweit nicht ein anderes bestimmt ist" lediglich die speziellere Überleitung für Verjährungs- und Zinsregelungen in Art. 229 §§ 6 und 7 erfasst, nicht jedoch andere Übergangsregelungen des EGBGB wie jene, die anlässlich der Mietrechtsreform in Art. 229 § 3 eingefügt wurde. AA *Armbrüster/Wiese* DStR 2003, 334 (339) (die in S. 1 aE formulierte Ausnahmeklausel gilt auch für Dauerschuldverhältnisse mit der Konsequenz, dass neben Art. 229 §§ 6 und 7 auch andere Überleitungsvorschriften, insbes. jene des Art. 229 § 3, der Regelung in S. 2 vorgehen); ebenso *Lützenkirchen* ZMR 2004, 323; *Maciejewski* MM 2004, 165; Erman/*Schmidt-Räntsch* BGB Anh. Einl. § 241 (Art. 229 § 5 EGBGB) Rn. 8 f. Zu der Frage des Vorrangs des Art. 229 § 3 Abs. 10 vor Art. 229 § 5 S. 2 vgl. auch Rn. 62.

10   Zu dem Verhältnis von Art. 229 § 5 und 229 § 6 vgl. auch BAG NZA 2007, 1154 (1157 f.).

B. Regelungsgehalt

I. Anwendungsbereich (S. 1 und 2)

1. Sachlicher Anwendungsbereich. Die Vorschrift des Art. 229 § 5 bezieht sich zunächst auf alle **zivil-** **5**
rechtlichen Schuldverhältnisse, unabhängig von dem Grund ihrer Entstehung und der Dauer der Bindung.
Erfasst sind rechtsgeschäftliche (insbes. vertragliche; → Rn. 26 ff.) ebenso wie auf Gesetz beruhende
Schuldverhältnisse (zB aus c.i.c. bzw. § 311 Abs. 2 BGB, GoA, Delikt oder ungerechtfertigter Bereicherung; s. hierzu → Rn. 40 ff.), mehrseitige ebenso wie einseitig begründete Rechtsverhältnisse (zB Auslobung,[11] Vermächtnis,[12] vgl. § 657 BGB und §§ 1939, 2174 BGB).[13] Die allgemeine Regelung des S. 1 differenziert zudem nicht zwischen Schuldverhältnissen, die auf einen einmaligen Leistungsaustausch gerichtet
sind, und Dauerschuldverhältnissen (zu diesem Begriff s. auch → Rn. 55 f.). Beide Formen werden, sofern
sie noch vor dem 1.1.2002 entstanden sind, zunächst gem. S. 1 auch nach dem 31.12.2001 weiterhin altem
Recht unterstellt. Für Dauerschuldverhältnisse grenzt S. 2 die Anwendbarkeit der alten Regelungen dann
allerdings auf ein Jahr nach Inkrafttreten des SchuldRModG ein (näher → Rn. 53 f., 58 ff.).

Bedeutung besitzt die Überleitungsregelung des Art. 229 § 5 nicht nur für das 2. Buch des BGB, sondern **6**
auch für **sachenrechtliche** (zB Eigentümer-Besitzer-Verhältnis,[14] §§ 987 ff. BGB), **familienrechtliche**[15]
(zB Unterhaltsansprüche, §§ 1360 ff., 1569 ff., 1601 ff. BGB) oder **erbrechtliche Tatbestände**[16] (zB Vermächtnis, vgl. §§ 1939, 2174 BGB oder Pflichtteilsansprüche, §§ 2303 ff. BGB), sofern das allgemeine
Schuldrecht auf diese Anwendung findet.[17] Gleiches gilt im Hinblick auf zivilrechtliche Schuldverhältnisse,
die in **Sondergesetzen** (zB HGB,[18] VerlG etc) geregelt sind. Unterfallen diese nicht einer den Vorschriften
der §§ 241 ff. BGB vorgehenden spezielleren Regelung, ist der allgemeine Teil des Schuldrechts entsprechend heranzuziehen.[19] Soweit von dieser Verweisung auch Vorschriften betroffen sind, die durch das
SchuldRModG eingefügt bzw. novelliert wurden, beantwortet sich die Frage der Überleitung nach Art. 229
§ 5.[20]

Neben zivilrechtlichen können auch **öffentlich-rechtliche Schuldverhältnisse** von der Übergangsregelung **7**
des Art. 229 § 5 betroffen sein, sofern die §§ 241 ff. BGB auf diese entsprechend zur Anwendung gebracht
werden.[21] Für öffentlich-rechtliche Verträge ist die ergänzende Geltung der Vorschriften des BGB in § 62

---

11 Vgl. zur Überleitung der Auslobung sowie zum Stiftungsgeschäft (§§ 80 ff. BGB) auch Staudinger/
   Löwisch EGBGB Art. 229 § 5 Rn. 16.

12 Vgl. zur Überleitung des Vermächtnisses Staudinger/
   Löwisch EGBGB Art. 229 § 5 Rn. 22.

13 AnwK-SchuldR/*Mansel* EGBGB Art. 229 § 5 Rn. 5.

14 Vgl. zur Überleitung des Eigentümer-Besitzer-Verhältnisses Erman/*Schmidt-Räntsch* BGB Anh. Einl.
   § 241 (Art. 229 § 5 EGBGB) Rn. 6.

15 Vgl. zur Überleitung familienrechtlicher Schuldverhältnisse (konkret zum Unterhalt) Staudinger/
   Löwisch EGBGB Art. 229 § 5 Rn. 21.

16 Vgl. zur Überleitung erbrechtlicher Schuldverhältnisse Staudinger/*Löwisch* EGBGB Art. 229 § 5
   Rn. 22.

17 Staudinger/*Löwisch* EGBGB Art. 229 § 5 Rn. 5.

18 Zum Entstehungszeitpunkt des Schuldverhältnisses
   im Fall einer Spezifizierung nach § 375 HGB vgl.
   Staudinger/*Löwisch* EGBGB Art. 229 § 5 Rn. 16.

19 Palandt/*Grüneberg* BGB Vor § 241 Rn. 6; Jauernig/
   Mansel Vor § 241 Rn. 6.

20 AA wohl Staudinger/*Löwisch* EGBGB Art. 229 § 5
   Rn. 5, der zu bedenken gibt, dass die Verweisung auf
   die Bestimmungen des allgemeinen Schuldrechts in
   Sondergesetzen auch künftig ohne Ansehung des
   Art. 229 § 5 als eine solche auf den alten Rechtszustand zu verstehen sein könnte. Soweit damit für eine
   statische Verweisung auf die Regelungen des BGB in
   der bis zum 31.12.2001 gültigen Fassung votiert werden sollte, kann dem jedoch nicht gefolgt werden.
   Die durch das SchuldRModG novellierten Vorschriften können nur noch in dem Umfang nach dem

31.12.2001 zur Anwendung gebracht werden, der
durch Art. 229 § 5 vorgegeben ist. Im Übrigen sind
die Bestimmungen außer Kraft gesetzt und können
auch den außerhalb des BGB geregelten Schuldverhältnissen nicht mehr zugrunde gelegt werden. Sollten sich im Einzelfall die schuldrechtlichen Neuregelungen als für die Zwecke des Sondergesetzes unpassend erweisen, ist durch Auslegung zu ermitteln, wie
diese Lücke zu schließen ist. Fehlt es an einer analo-
giefähigen Vorschrift, muss im Wege einer umfassenden Interessen- und Normzweckanalyse durch
Rechtsfortbildung eine interessengerechte Lösung
entwickelt werden. Zu dem parallelen Problem der
Anwendbarkeit des novellierten Verjährungsrechts
auf außerhalb des BGB geregelte Ansprüche → BGB
§ 194 Rn. 10 ff.

21 Vgl. Staudinger/*Löwisch* EGBGB Art. 229 § 5 Rn. 6,
   der allerdings die Anwendbarkeit des Art. 229 § 5
   nicht allg. aus der subsidiären Geltung des
   neuen Schuldrechts im öffentlichen Recht ableitet,
   sondern eine Verweisung des öffentlichen Rechts auf
   die Regelung des Art. 229 § 5 verlangt, um diese heranziehen zu können. Die Anwendbarkeit der Übergangsregelung resultiert jedoch nicht aus einem
   abstrakten (ausdrücklichen oder impliziten) Verweis
   auf Art. 229 § 5, sondern ergibt sich erst nachgelagert
   aus dem Inkrafttreten des neuen materiellen Rechts
   für Schuldverhältnisse, sei es inner- oder außerhalb
   des BGB. Erst wenn feststeht, dass ein Schuldverhältnis grds. neuem Recht unterfallen kann, stellt sich
   die Frage der Überleitung und damit auch der
   Anwendbarkeit des Art. 229 § 5.

S. 2 VwVfG sowie in den entsprechenden Landesgesetzen[22] explizit normiert.[23] Als Ausdruck eines allgemeinen Rechtsgedankens kommt die Heranziehung der Regeln des allgemeinen Schuldrechts aber auch bei anderen Sonderverbindungen des öffentlichen Rechts in Betracht;[24] so etwa bei öffentlich-rechtlichen Benutzungs- und Leistungsverhältnissen der Daseinsvorsorge.[25] Sofern hier nach Inkrafttreten des SchuldR-ModG auf die neuen Vorschriften rekurriert wird, richtet sich deren intertemporale Anwendbarkeit gleichfalls nach Art. 229 § 5.

8   **2. Abdingbarkeit.** S. 1 unterstellt alle vor dem 1.1.2002 entstandenen Schuldverhältnisse grundsätzlich den Regelungen, die bis zum 31.12.2001 gegolten haben, es sei denn, etwas anderes wurde bestimmt. Ausnahmen in diesem Sinne sehen die als leges speciales dem S. 1 vorgehenden Vorschriften in S. 2 sowie in Art. 229 §§ 6 und 7 vor (→ Rn. 4). Darüber hinaus können aber auch parteiautonome Abweichungen in gewissem Maße der Überleitung nach S. 1 vorgehen. Dies gilt grds. sowohl für die Abbedingung alten und die Wahl neuen Rechts als auch für den umgekehrten Fall. Allerdings ist die Vereinbarung neuen Rechts in wesentlich weiterem Umfang zulässig (→ Rn. 10 ff.) als die von Art. 229 § 5 abweichende Wahl des alten Rechts (→ Rn. 19 ff.).

9   **a) Intertemporale oder materiellrechtliche Verweisung, Nichtigkeit.** Sofern die Parteien iRd allgemeinen Vertragsfreiheit (§ 311 Abs. 1 BGB) statt des nach Art. 229 § 5 anwendbaren alten Rechts die Anwendung neuen Rechts vereinbaren wollen, ist zunächst zu klären, ob dadurch nur iRd dispositiven Rechts die dispositiven Normen des alten Rechts durch das neue Recht ersetzt werden können (**materiellrechtliche Verweisung**) oder ob auch die Möglichkeit besteht, insgesamt das alte Recht einschließlich seiner zwingenden Vorschriften durch das neue Recht umfassend zu substituieren (**kollisionsrechtliche Verweisung**, intertemporale kollisionsrechtliche Rechtswahl).[26] Dieselbe Frage stellt sich umgekehrt, wenn statt des anwendbaren neuen Rechts (vgl. hierzu → Rn. 3) die Anwendung alten Rechts vereinbart werden sollte. In beiden Fällen, dh sowohl hinsichtlich der Wahl neuen als auch der Vereinbarung alten Rechts, wäre eine Abbedingung auch des anwendbaren zwingenden Rechts und seine Ersetzung durch das nach den Überleitungsvorschriften intertemporal nicht anzuwendende Recht nur dann möglich, wenn der Gesetzgeber abweichend von Art. 229 § 5 eine intertemporale kollisionsrechtliche Rechtswahl zuließe. Sollte dies nicht der Fall sein, wäre die Parteivereinbarung gem. § 134 BGB nichtig, da zwingende Rechtsvorschriften Verbotsgesetze sind.[27] Zur Anwendung käme dann das nach Art. 229 § 5 gesetzlich zur Anwendung berufene Recht. Im Einzelfall kann eine nichtige intertemporale kollisionsrechtliche Rechtswahl der Parteien auch nach § 140 BGB in eine materiellrechtliche umgedeutet werden,[28] sofern dies dem Parteiwillen entspricht. Im Zweifel wird anzunehmen sein, dass der Parteiwille auf eine ersatzweise materiellrechtliche Rechtswahl gerichtet ist.

10   **b) Vereinbarung neuen Rechts. aa) Zulässigkeit einer intertemporalen kollisionsrechtlichen Wahl.** Eine kollisionsrechtliche intertemporale Wahl des neuen Rechts an Stelle des kraft gesetzlicher Anordnung anwendbaren alten Rechts ist zulässig. Die **Überleitungsvorschrift** ist nach einhelliger Ansicht in dem Sinne **dispositiv**, als die Parteien abweichend von der Regelung des S. 1 die Geltung neuen Rechts – einschließlich der Ersetzung des alten zwingenden Rechts durch das neue zwingende Recht – auch für solche Schuldverhältnisse vereinbaren können, die vor dem 1.1.2002 entstanden sind (Altschuldverhältnisse; s. näher → Rn. 14).[29] Entsprechendes gilt in Bezug auf **Dauerschuldverhältnisse**, sofern diese abweichend von der in S. 2 vorgesehenen Übergangsfrist schon vor dem 1.1.2003 den neuen Regelungen unterstellt werden sollen.

---

22   S. zu der Annahme einer dynamischen Verweisung in § 62 VwVfG auch *Guckelberger*, Die Verjährung im Öffentlichen Recht, S. 617 f. (dort insbes. zu den Vorschriften des Verjährungsrechts). Soweit die dem § 62 S. 2 VwVfG entsprechenden Regelungen der Landesgesetze auf die Vorschriften des BGB verweisen, hält *Guckelberger* diese allerdings für verfassungswidrig und votiert für die Fortgeltung alten Rechts (S. 634 f.).

23   Vgl. hinsichtlich der anwendbaren Normen des BGB die Beispiele bei *Kopp/Ramsauer*, 11. Aufl. 2010, VwVfG § 62 Rn. 8 f.

24   BGHZ 21, 214, 218; 59, 303, 305; 135, 341, 344; st. Rspr.

25   BGHZ 135, 341, 344; Jauernig/*Mansel* BGB Vor § 241 Rn. 9; weitere Beispiele schuldrechtsähnlicher Sonderverbindungen im öffentlichen Recht finden sich bei Palandt/*Grüneberg* BGB § 280 Rn. 11.

26   Zu den Begriffen der kollisionsrechtlichen oder materiellrechtlichen Rechtswahl s. *Kegel/Schurig* S. 654 f.

27   Vgl. *Herb* FamRZ 1988, 123 (126); anders *Heß*, Intertemporales Privatrecht, S. 381, der auf einen Verstoß gegen den intertemporalen ordre public abstellt.

28   Im Einzelfall mag auch ein Fall der Teilnichtigkeit (Nichtigkeit der kollisionsrechtlichen Wirksamkeit der materiellrechtlichen Verweisung nach § 139 BGB) gegeben sein.

29   Ebenso Palandt/*Grüneberg* EGBGB Art. 229 § 5 Rn. 2; *Heß* NJW 2002, 253 (255); Staudinger/ *Löwisch* EGBGB Art. 229 § 5 Rn. 47; Erman/ *Schmidt-Räntsch* BGB Anh. Vor § 241 (Art. 229 § 5 EGBGB) Rn. 9. Vgl. zu Art. 170 und 232 § 1 auch: Staudinger/*Hönle* EGBGB Art. 170 Rn. 2; Staudinger/*Rauscher* EGBGB Art. 232 § 1 Rn. 39; MüKoBGB/*Säcker*, 4. Aufl. 2006, EGBGB Art. 232 § 1 Rn. 4; *Strohbach* in Jayme/Furtak, S. 131, 137.

Die Zulässigkeit einer solchen intertemporalen kollisionsrechtlichen Wahl des neuen Rechts, die zur **voll- 11 ständigen Ersetzung des alten durch das neue Recht** einschließlich der zwingenden Rechtsnormen führt, ist jedoch weder im Gesetz statuiert noch äußert sich der Gesetzgeber hierzu in der Begründung[30] bzw. ergibt sich ihre Zulässigkeit indirekt aus Art. 229 § 5.[31] Zwar hat der Gesetzgeber für Dauerschuldverhältnisse, die gem. S. 2 nach dem 1.1.2003 dem neuen Recht unterstehen sollen, eine einjährige Übergangsfrist vorgesehen, innerhalb derer die Parteien das Dauerschuldverhältnis an das veränderte Recht anpassen können.[32] Die Regelung enthält jedoch keine verallgemeinerungsfähige Aussage dahin gehend, dass eine intertemporale kollisionsrechtliche Rechtswahl grundsätzlich zulässig sein soll. Vielmehr trägt sie nur der besonderen Situation Rechnung, in der sich die Parteien eines Dauerschuldverhältnisses befinden.

Die Befugnis nach S. 2, Anpassungen an das neue Recht vornehmen zu können, hat zur Folge, dass umfas- **12** sende Neuregelungen des **Dauerschuldverhältnisses** auf der Grundlage des neuen Rechts schon vor dem 1.1.2003 wirksam werden können. Danach haben die Parteien nicht nur das Recht, das Dauerschuldverhältnis mit Wirkung zum 1.1.2003 dem neuen Recht anzupassen; vielmehr können sie es bereits vor dem Stichtag ab einem von ihnen gewählten Zeitpunkt als Ganzes dem neuen Recht unterstellen. Durch eine solche Abrede wird das nach S. 1 eigentlich weiter anwendbare bisherige zwingende Recht durch das neue Recht umfassend verdrängt. Diese intertemporale kollisionsrechtliche Rechtswahl sieht der Gesetzgeber jedoch lediglich für Altdauerschuldverhältnisse und nur für die Zeit zwischen dem 31.12.2001 und dem 1.1.2003 vor (→ Rn. 53 f.). Den Parteien soll durch die zeitliche Verschiebung in S. 2 ein Privileg gewährt werden, das diese annehmen können, aber nicht müssen. Entscheiden sie sich gegen den angebotenen Zeitaufschub, ist das zulässig. Allerdings haben diese Möglichkeit ausschließlich die Vertragspartner eines Dauerschuldverhältnisses. Eine darüber hinausgehende allgemeine Aussage hat der Gesetzgeber nicht getroffen.

Auch der Rückgriff auf die Auslegung der intertemporalen Vorschriften des Art. 170 (Inkrafttreten des BGB **13** 1900) und des Art. 232 § 1 (Inkrafttreten des BGB im Beitrittsgebiet 1990), an welchen sich Art. 229 § 5 ausrichtet (→ Rn. 1),[33] hilft nicht weiter, da dort die Frage der Zulässigkeit materiellrechtlicher und kollisionsrechtlicher Verweisungen nicht ausreichend geklärt ist. In der vor Inkrafttreten des SchuldRModG erschienenen Literatur wurde regelmäßig nicht (ausdrücklich) erörtert, ob eine Wahl des neuen an Stelle des ansonsten anwendbaren alten Rechts unter Abwahl auch des alten zwingenden Rechts und der Ersetzung durch das neue zwingende Recht zulässig ist.[34]

Für die Zulässigkeit einer solchen kollisionsrechtlichen Wahl neuen Rechts und damit für die Abdingbarkeit **14** des Art. 229 § 5 (→ Rn. 10) spricht allerdings die folgende Überlegung: Bei S. 1 handelt es sich um eine Ausprägung des allgemeinen Rechtsgedankens, demzufolge der Gesetzgeber grundsätzlich in abgeschlossene Tatbestände nicht nachträglich eingreifen kann (→ Rn. 1). Damit wird in S. 1 der Schutz der Parteien vor einer echten Rückwirkung von Gesetzesänderungen festgeschrieben. Dieser Schutz findet seine Grenzen jedoch dann, wenn sich die Parteien selber der neuen Rechtslage auch für ein Altschuldverhältnis öffnen wollen. Das Rückwirkungsverbot soll das Vertrauen in die Bestandskraft der bei Begründung eines Rechtsverhältnisses gegebenen Rechtslage schützen, nicht jedoch die Parteiautonomie einschränken. Dem Gesetzgeber, nicht den Parteien sind verfassungsrechtlich die Hände gebunden, wenn die Unterstellung altrechtlicher Tatbestände unter neues Recht in Rede steht.

Angesichts dessen bestehen keine Bedenken, den Parteien die Option zu eröffnen, statt des nach S. 1 anwendbaren bisherigen Rechts das neue Recht zu wählen, zumal dieses einen höheren Schutzstandard erreicht (Verbrauchsgüterkauf und weitere Neuregelungen) und ansonsten in weiten Teilen die zwingenden Regeln des bisherigen Rechts übernommen hat.[35] Zudem liegt es im anerkennenswerten Interesse der Parteien, wenn diese ihre gesamten Rechtsbeziehungen, soweit sie noch nicht abgeschlossen sind, einheitlich

---

30 Vgl. BT-Drs. 14/6040, S. 273: Die Klausel in S. 1 aE („soweit nicht ein anderes bestimmt ist") wird hier lediglich auf S. 2 und Art. 229 §§ 5 und 6 bezogen.

31 AA Erman/*Schmidt-Räntsch* BGB Anh. Vor § 241 (Art. 229 § 5 EGBGB) Rn. 9 (die Zulässigkeit der Wahl neuen Rechts ergibt sich unmittelbar aus S. 1).

32 BT-Drs. 14/6040, S. 273.

33 Allerdings nimmt der Gesetzgeber nur iRd Art. 229 § 6 und nicht auch des Art. 229 § 5 in der Gesetzesbegründung ausdrücklich Bezug auf diese anderen Übergangsbestimmungen, s. BT-Drs. 14/6040, S. 273. Zudem enthalten die Art. 170 und 232 § 1 Übergangsrecht, das wegen interlokaler Rechtsvereinheitlichung erforderlich wurde. Für die Fälle des

Art. 232 § 1 bestand auch eine interlokale Rechtswahlmöglichkeit (sa die Argumentation bei Staudinger/*Rauscher* EGBGB Art. 232 § 1 Rn. 39). Art. 229 § 5 enthält hingegen rein intertemporales Übergangsrecht. Daher sind die Vorschriften insoweit nicht ohne Weiteres vergleichbar.

34 Die Problematik wurde zuerst in AnwK-SchuldR/ *Mansel* EGBGB Art. 229 § 5 Rn. 6 ff. ausführlich diskutiert. Den dort gefundenen Ergebnissen hat sich die neuere Kommentarliteratur im Erg. angeschlossen.

35 Im Erg. ebenso Staudinger/*Löwisch* EGBGB Art. 229 § 5 Rn. 47.

dem neuen Recht unterstellen dürfen. Auf diese Weise wird eine umfassende einheitliche Regelung der offenen Rechtsfragen erreicht.

15 Es spricht nichts dafür, dass das Fehlen einer die intertemporale Rechtswahl behandelnden Regelung in Art. 229 § 5 das Ergebnis einer bewussten gesetzgeberischen Entscheidung ist. Die mangelnde Auseinandersetzung mit der Problematik in den Gesetzgebungsmaterialien dürfte darauf zurückzuführen sein, dass die Frage vor der Schuldrechtsreform nicht Gegenstand der Erörterung in Literatur und Rechtsprechung war.

Grenzen der intertemporalen kollisionsrechtlichen Rechtswahl sind die **Rechte Dritter**; hier ist an eine analoge Anwendung der Art. 3 Abs. 2 S. 2 Alt. 2 Rom I-VO[36] und 14 S. 2 Rom II-VO[37] zu denken.

16 **bb) Vornahme der Rechtswahl.** Die Vereinbarung neuen Rechts kann sowohl **ausdrücklich** als auch **konkludent** erfolgen.[38] Dabei ist Letzteres vor allem dann in Betracht zu ziehen, wenn die Parteien im Prozess entgegen der Vorgabe von S. 1 und S. 2 übereinstimmend auf der Grundlage neuen Rechts argumentieren.[39]

17 **cc) Rückwirkung.** Erfolgt die Unterstellung unter das neue Recht nach Entstehung des Schuldverhältnisses (was bei Altschuldverhältnissen regelmäßig der Fall sein dürfte), ist zu entscheiden, ob der Vereinbarung Rückwirkung zukommen soll oder ob ihr lediglich Geltung für die Zukunft beizulegen ist. Insofern wird zu differenzieren sein: Liegt kein Dauerschuldverhältnis vor, würde eine Wirkung ex nunc kaum Konsequenzen nach sich ziehen, so dass im Zweifel davon auszugehen ist, dass die Parteien eine rückwirkende Vereinbarung treffen wollten.

18 Liegt hingegen ein **Dauerschuldverhältnis** vor und wird dieses vor dem 1.1.2003 neuem Recht unterstellt, wirkt diese Vereinbarung im Zweifel nicht zurück.[40] Hier liegt es näher, eine vorgezogene Umsetzung des S. 2 anzunehmen als die ggf. mit Schwierigkeiten verbundene Rückwirkung. Zur Zulässigkeit der Rückwirkung einer nach dem 1.1.2002 erklärten Rechtswahl mit Wirkung ab dem 1.1.2002 s. noch → Rn. 54.

19 **c) Vereinbarung alten Rechts. aa) Unzulässigkeit einer intertemporalen kollisionsrechtlichen Wahl.** Eine kollisionsrechtliche Rechtswahl (→ Rn. 9) des alten Rechts statt des intertemporal nach S. 1 oder nach S. 2 anzuwendenden neuen Rechts ist nicht möglich.[41] Das Gesetz sieht eine solche Wahlmöglichkeit nicht vor (→ Rn. 11). Ein die Wahl zulassender gesetzgeberischer Wille ist – anders als im umgekehrten Fall (→ Rn. 14) – nicht anzunehmen, da das neue Recht in weiterem Umfang als das alte über zwingende Vorschriften verfügt, die in Umsetzung von EG-Richtlinien geschaffen wurden. Als Beispiel ist nur an die Normen des Verbrauchsgüterkaufs zu denken. Ihrer Geltung sollen die Parteien sich nicht durch eine kollisionsrechtliche Rechtswahl entziehen können. Dies gilt auch hinsichtlich der zum 1.1.2003 erfolgten Umstellung altrechtlicher **Dauerschuldverhältnisse** auf neues Recht. Eine Verlängerung der in S. 2 vorgesehenen einjährigen Übergangsfrist durch die kollisionsrechtliche Wahl alten Rechts ist ausgeschlossen.[42]

20 Der Gedanke, eine kollisionsrechtliche Rechtswahl des alten statt des neuen Rechts könne zulässig sein, wenn die zwingenden Normen des neuen Rechts als **intertemporale Eingriffsnormen**[43] neben denen des gewählten alten Rechts zur Anwendung kämen, ist nicht weiterführend, da bei einer solchen Lösung sowohl das alte als auch zusätzlich das neue zwingende Recht zu prüfen wäre. Das könnte zu nicht auflösbaren Wertungswidersprüchen führen.

21 **bb) Materiellrechtliche Verweisung.** Den Parteien steht es jedoch frei, iRd dispositiven neuen Rechts nach dem 1.1.2002 weiterhin die Geltung alten Rechts zu vereinbaren (allgemeine Vertragsfreiheit, § 311

---

36   Vgl. hierzu die Kommentierung bei Art. 3 Rom I-VO.

37   Vgl. hierzu die Kommentierung bei Art. 14 Rom II-VO.

38   Ebenso Palandt/*Grüneberg* EGBGB Art. 229 § 5 Rn. 2.

39   Vgl. zu Art. 232 § 1: BGH ZIP 1995, 1860 (1862); Staudinger/*Rauscher* EGBGB Art. 232 § 1 Rn. 39; MüKoBGB/*Säcker*, 4. Aufl. 2006, EGBGB Art. 232 § 1 Rn. 4.

40   Vgl. auch Staudinger/*Rauscher* EGBGB Art. 232 § 1 Rn. 42.

41   Ebenso Palandt/*Grüneberg* EGBGB Art. 229 § 5 Rn. 2; Staudinger/*Löwisch* EGBGB Art. 229 § 5 Rn. 48; *Medicus* in Haas/Medicus/Rolland/Schäfer/ Wendtland S. 79, 87 (Rn. 26); Erman/*Schmidt-Räntsch* BGB Anh. Einl. § 241 (Art. 229 § 5

EGBGB) Rn. 9; wohl auch *Brambring* DNotZ 2001, 590; aA *Hertel* DNotZ 2001, 742 (746); *ders.* S. 420 ff. unter Hinweis auf die Vertragsfreiheit (§ 311 Abs. 1 BGB). IRd parallelen Art. 232 § 1 war nicht abschließend geklärt, ob eine intertemporale kollisionsrechtliche oder nur eine materiellrechtliche Rechtswahl zulässig sein soll, s. Palandt-Archiv Teil II/*Heinrichs* EGBGB Art. 232 § 1 Rn. 2; MüKoBGB/ *Säcker*, 4. Aufl. 2006, EGBGB Art. 232 § 1 Rn. 6; Staudinger/*Rauscher* EGBGB Art. 232 § 1 Rn. 39.

42   *Armbrüster/Wiese* DStR 2003, 334 (340); Staudinger/*Löwisch* EGBGB Art. 229 § 5 Rn. 48; vgl. auch *Heß* NJW 2002, 253 (255), der für Dauerschuldverhältnisse nach dem 31.12.2002 eine Wahl alten Rechts generell ablehnt.

43   Zu diesem Begriff s. *Heß*, Intertemporales Privatrecht, S. 497.

Abs. 1 BGB).[44] Dadurch kann aber nicht von zwingenden neuen Regelungen abgewichen werden (materiellrechtliche Verweisung, → Rn. 9).[45]

Das gilt auch für **Dauerschuldverhältnisse**, soweit diese über den 31.12.2002 hinaus altem Recht unterstehen sollen.[46] Ob eine solche Vereinbarung ratsam ist, erscheint allerdings zweifelhaft. Im Ergebnis würde ein gemischtes System entstehen aus den (vereinbarten) Normen des alten Rechts und den zwingenden Regelungen der neuen Kodifikation. Diese Zweigleisigkeit kann zu Wertungswidersprüchen und Friktionen führen, die (entgegen der Intention der Parteien) die Rechtsanwendung eher erschweren als erleichtern würden.[47]   **22**

II. Voraussetzungen der Fortgeltung alten Rechts (S. 1)

Die Fortgeltung alten Rechts nach S. 1 setzt voraus, dass sich der **Entstehungstatbestand** des betroffenen Schuldverhältnisses vor dem 1.1.2002 vollständig erfüllt hat.[48] Dies ist der Fall, wenn sämtliche für die Entstehung des Schuldverhältnisses erforderlichen Umstände vor dem Stichtag eingetreten sind.[49] Abzustellen ist dabei auf die Voraussetzungen, die sich aus den Bestimmungen des bisherigen Rechts ergeben.[50]   **23**

Nicht das Entstehen des einzelnen Anspruchs (wie in § 198 BGB aF und jetzt in §§ 199, 200 BGB für das Verjährungsrecht von Relevanz), sondern das Entstehen des Schuldverhältnisses selbst ist entscheidend.[51] Daher können, anders als bei Art. 229 § 6 (→ Art. 229 § 6 Rn. 6), die zur Auslegung insbesondere des § 198 BGB aF gefundenen Ergebnisse nicht für die Auslegung des S. 1 nutzbar gemacht werden.   **24**

Da S. 2 insofern auf S. 1 verweist, als die Bedingungen für die Fortgeltung alten Rechts am Stichtag betroffen sind, gelten für die Frage, wann ein **Dauerschuldverhältnis** entstanden ist, die gleichen Voraussetzungen wie für alle übrigen Schuldverhältnisse.[52]   **25**

1. Verträge. a) Grundsatz: Angebot und Annahme. Bei vertraglichen Schuldverhältnissen kommt es auf den Zeitpunkt des Vertragsschlusses an (vgl. § 305 BGB aF bzw. § 311 Abs. 1 BGB). Dieser erfolgt, soweit die Parteien nichts Abweichendes vereinbart haben, mit dem **Wirksamwerden der Annahmeerklärung**.[53] Unstreitig findet daher **altes Recht** Anwendung, sofern die Annahme noch vor dem 1.1.2002 zugegangen ist (§ 130 BGB) oder in sonstiger Weise wirksam wurde (Zugangsverzicht, § 151 BGB).[54]   **26**

---

44 *Armbrüster/Wiese* DStR 2003, 334 (341); *Brambring* DNotZ 2001, 590; MüKoBGB/*Krüger* EGBGB Art. 229 § 5 Rn. 15; *Medicus* in Haas/Medicus/Rolland/Schäfer/Wendtland S. 79, 87 f. (Rn. 27 f.). Zur Wahl alten Rechts in AGB s. Palandt/*Grüneberg* EGBGB Art. 229 § 5 Rn. 2 (Abweichungen von Art. 229 § 5 in AGB sind gem. § 307 Abs. 2 Nr. 1 BGB unwirksam); *Medicus* in Haas/Medicus/Rolland/Schäfer/Wendtland, S. 79, 88 (Rn. 28) (Wahl alten Rechts in AGB verstößt gegen das Transparenzgebot des § 307 Abs. 1 S. 2 BGB); ähnlich Erman/*Schmidt-Räntsch* BGB Anh. Einl. § 241 (Art. 229 § 5 EGBGB) Rn. 9 (jedenfalls Rechtsfolge des § 305 c BGB, ggf. auch Nichtigkeit nach § 307 Abs. 1 S. 2 BGB); aA Staudinger/*Löwisch* EGBGB Art. 229 § 5 Rn. 50 (Wahl alten Rechts in AGB ist grds. zulässig).

45 Palandt/*Grüneberg* EGBGB Art. 229 § 5 Rn. 2; *Heß* NJW 2002, 253 (255); Staudinger/*Löwisch* EGBGB Art. 229 § 5 Rn. 49; Erman/*Schmidt-Räntsch* BGB Anh. Einl. § 241 (Art. 229 § 5 EGBGB) Rn. 9.

46 Staudinger/*Löwisch* EGBGB Art. 229 § 5 Rn. 48.

47 Ebenso *Armbrüster/Wiese* DStR 2003, 334 (341).

48 Palandt/*Grüneberg* EGBGB Art. 229 § 5 Rn. 3; *Medicus* in Haas/Medicus/Rolland/Schäfer/Wendtland S. 79, 86 (Rn. 21); Erman/*Schmidt-Räntsch*

BGB Anh. Einl. § 241 (Art. 229 § 5 EGBGB) Rn. 2. Vgl. auch zu Art. 232 § 1: BAG DtZ 1996, 188; Palandt-Archiv Teil II/*Heinrichs* EGBGB Art. 232 § 1 Rn. 2; Staudinger/*Rauscher* EGBGB Art. 232 § 1 Rn. 44; MüKoBGB/*Säcker*, 4. Aufl. 2006, EGBGB Art. 232 § 1 Rn. 5; vgl. zu Art. 170: RGZ 76, 394, 397; MüKoBGB/*Krüger*, 5. Aufl. 2010, EGBGB Art. 170 Rn. 4.

49 Soergel/*Hartmann* EGBGB Art. 170 Rn. 3.

50 Staudinger/*Rauscher* EGBGB Art. 232 § 1 Rn. 44.

51 Staudinger/*Löwisch* EGBGB Art. 229 § 5 Rn. 7.

52 Vgl. *Armbrüster/Wiese* DStR 2003, 334 (336).

53 LAG Köln NZA-RR 2003, 406 (407); *Armbrüster/Wiese* DStR 2003, 334 (336); *Heß* NJW 2002, 253 (255); *Medicus* in Haas/Medicus/Rolland/Schäfer/Wendtland 2002, S. 79, 86 (Rn. 21); *Ziegler/Rieder* ZIP 2001, 1789 (1793); ebenso zu Art. 232 § 1: *Heß*, Intertemporales Privatrecht, S. 148; Palandt-Archiv Teil II/*Heinrichs* EGBGB Art. 232 § 1 Rn. 2; MüKoBGB/*Säcker*, 4. Aufl. 2006, EGBGB Art. 232 § 1 Rn. 6; Staudinger/*Rauscher* EGBGB Art. 232 § 1 Rn. 45–48.

54 Palandt/*Grüneberg* EGBGB Art. 229 § 5 Rn. 3; Erman/*Schmidt-Räntsch* BGB Anh. Einl. § 241 (Art. 229 § 5 EGBGB) Rn. 3.

27   **Neues Recht** kommt dagegen zur Anwendung, wenn das Angebot vor Inkrafttreten des Schuldrechtsreformgesetzes abgegeben, die Annahme aber erst danach erklärt worden ist.[55] Hierfür spricht in erster Linie der Wortlaut des S. 1, der auf das Entstehen des Rechtsverhältnisses und nicht auf die Abgabe des Angebotes abstellt. Entstanden ist ein Rechtsgeschäft erst mit Angebot *und* Annahme. Zwar mag die Geltung neuen Rechts dem Willen der Parteien, insbesondere des Anbietenden, nicht immer entsprechen. Soll der Vertrag jedoch entgegen der gesetzlichen Überleitungsvorschrift weiterhin altem Recht unterliegen, muss der entsprechende Wille zumindest konkludent zum Ausdruck gebracht worden sein (s. hierzu → Rn. 16).[56] Die nur immanente Vorstellung des Anbietenden, dass das zum Zeitpunkt des Angebotes geltende Recht auf den Vertrag Anwendung finden wird, bewirkt eine entsprechende Vereinbarung keinesfalls, da eine derartige Erwartungshaltung nicht Teil des Angebotes ist. Zudem wäre selbst dann, wenn der Anbietende in seine Offerte tatsächlich die Anwendung alten Rechts auf den intendierten Vertrag einbezogen haben sollte, die mit der Annahme zustande gekommene Rechtswahlvereinbarung nur insofern zulässig, als dadurch nicht von den zwingenden Vorschriften des neuen Rechts abgewichen wird (→ Rn. 21).[57]

28   Sollte der Annehmende die **Rückwirkung** der Annahmeerklärung **erklären**, um dadurch die Anwendbarkeit alten Rechts zu erreichen, ist dies grundsätzlich ebenfalls möglich. Da eine derartige Erklärung jedoch zu einer indirekten Abwahl der zwingenden Normen des neuen Rechts führte, ist sie nicht anders zu behandeln als eine ausdrückliche Rechtswahlklausel. Ihr kommt nur insoweit Wirkung zu, als sie die dispositiven Regeln des neuen Rechts erfasst.[58] Zwingende Vorschriften bleiben dagegen unberührt (→ Rn. 21).

29   Fehlt es an einer wirksamen Wahl alten Rechts, ist damit ausschließlich neues Recht heranzuziehen, wenn ein vor dem 1.1.2002 abgegebenes Angebot nach dem Stichtag angenommen wird. Liegt eine zulässige materiellrechtliche Verweisung vor, kommt jedenfalls den zwingenden Normen des neuen Rechts Wirkung zu.

30   **b) Bedingung/Befristung.** Da S. 1 lediglich auf die Entstehung des Schuldverhältnisses und nicht auf dessen Wirksamwerden abstellt, bleibt das bisherige Recht maßgeblich, wenn der Vertrag vor dem Stichtag aufschiebend bedingt oder befristet abgeschlossen wurde.[59] Treten die Voraussetzungen der Bedingung oder Befristung erst nach dem 31.12.2001 ein, ändert dies nichts an dem Umstand, dass der Vertrag selber bereits vor diesem Zeitpunkt entstanden ist.

31   **c) Optionsvertrag.** Gleiches gilt, wenn die Parteien noch vor dem 1.1.2002 einen **Optionsvertrag** geschlossen haben. Hier wird der anderen Vertragspartei das Recht eingeräumt, durch einseitige Willenserklärung einen inhaltlich bereits (unter altem Recht) ausgehandelten Vertrag zustande zu bringen oder zu modifizieren.[60] Macht der Vertragspartner von dieser ihm vor dem 1.1.2002 eingeräumten Möglichkeit nach dem Stichtag Gebrauch, bleibt dennoch altes Recht anwendbar.[61] Zwar wurde der Vertrag erst nach dem 31.12.2001 wirksam, das Schuldverhältnis ist jedoch schon mit dem Abschluss des Optionsvertrages zur Entstehung gelangt.[62]

---

55   *Armbrüster/Wiese* DStR 2003, 334 (336); *Brambring* DNotZ 2001, 590; *Hertel* DNotZ 2001, 742 (743 f.) (aA aber *ders.* S. 418 f.); MüKoBGB/*Krüger* EGBGB Art. 229 § 5 Rn. 3; Staudinger/*Löwisch* EGBGB Art. 229 § 5 Rn. 10; *Rolland* in Haas/Medicus/Rolland/Schäfer/Wendtland 2002, S. 371 (Rn. 2); Erman/*Schmidt-Räntsch* BGB Anh. Vor § 241 (Art. 229 § 5 EGBGB) Rn. 3; ebenso zu Art. 232 § 1: Palandt-Archiv Teil II/*Heinrichs* EGBGB Art. 232 § 1 Rn. 2; MüKoBGB/*Säcker*, 4. Aufl. 2006, EGBGB Art. 232 § 1 Rn. 6; Staudinger/*Rauscher* EGBGB Art. 232 § 1 Rn. 47; zu Art. 170: MüKoBGB/*Krüger*, 5. Aufl. 2010, EGBGB Art. 170 Rn. 4. AA Palandt/ *Grüneberg* EGBGB Art. 229 § 5 Rn. 3; *Heß* NJW 2002, 253 (255) (im Zweifel entspreche es dem Willen der Parteien, den Vertrag altem Recht zu unterstellen); ebenso zu Art. 232 § 1: Soergel/*Hartmann* EGBGB Art. 232 § 1 Rn. 4; zu Art. 170: Staudinger/ *Hönle* EGBGB Art. 170 Rn. 8.

56   Staudinger/*Löwisch* EGBGB Art. 229 § 5 Rn. 10; zu Art. 232 § 1 vgl. auch: Palandt-Archiv Teil II/*Heinrichs* EGBGB Art. 232 § 1 Rn. 2; MüKoBGB/*Säcker*, 4. Aufl. 2006, EGBGB Art. 232 § 1 Rn. 6; Staudinger/*Rauscher* EGBGB Art. 232 § 1 Rn. 45.

57   *Armbrüster/Wiese* DStR 2003, 334 (336).

58   Erman/*Schmidt-Räntsch* BGB Anh. Einl. § 241 (Art. 229 § 5 EGBGB) Rn. 3.

59   Henssler/Graf von Westphalen/*Bereska* EGBGB Art. 229 § 5 Rn. 7; *Brambring* DNotZ 2001, 590; Palandt/*Grüneberg* EGBGB Art. 229 § 5 Rn. 3; *Hertel* DNotZ 2001, 742 (744); MüKoBGB/*Krüger* EGBGB Art. 229 § 5 Rn. 5; Staudinger/*Löwisch* EGBGB Art. 229 § 5 Rn. 13; Erman/*Schmidt-Räntsch* BGB Anh. Einl. § 241 (Art. 229 § 5 EGBGB) Rn. 4; *Ziegler/Rieder* ZIP 2001, 1789 (1793); vgl. auch zu Art. 232 § 1: BGHZ 134, 170, 175 f.; Palandt-Archiv Teil II/*Heinrichs* EGBGB Art. 232 § 1 Rn. 2; MüKoBGB/*Säcker*, 4. Aufl. 2006, EGBGB Art. 232 § 1 Rn. 6; Staudinger/*Rauscher* EGBGB Art. 232 § 1 Rn. 49; zu Art. 170: MüKoBGB/*Krüger*, 5. Aufl. 2010, EGBGB Art. 170 Rn. 4; Staudinger/*Hönle* EGBGB Art. 170 Rn. 8; Soergel/ *Hartmann* EGBGB Art. 170 Rn. 3.

60   Erman/*Armbrüster* BGB Vor § 145 Rn. 52; Staudinger/*Bork* BGB Vor §§ 145–156 Rn. 71; Jauernig/*Mansel* BGB Vor § 145 Rn. 6; vgl. auch BGHZ 94, 29, 31.

61   *Brambring* DNotZ 2001, 590; *Hertel* S. 416; *ders.* DNotZ 2001, 742 (747); Staudinger/*Löwisch* EGBGB Art. 229 § 5 Rn. 11; Erman/*Schmidt-Räntsch* BGB Anh. Vor § 241 (Art. 229 § 5 EGBGB) Rn. 4; vgl. auch *Hertel* S. 420.

62   Staudinger/*Löwisch* EGBGB Art. 229 § 5 Rn. 11.

Liegt demgegenüber kein Optionsvertrag, sondern lediglich ein **Optionsrecht** in der Form eines einseitig eingeräumten bindenden Vertragsangebotes vor (sog. „Festofferte"),[63] ist die Frage des anwendbaren Rechts im Fall der Annahme durch den Berechtigten nicht anders zu beantworten als bei der Annahme eines nicht bindenden Angebotes: Maßgeblich ist der Zeitpunkt des Wirksamwerdens der Annahmeerklärung (→ Rn. 26 f.).[64] Danach findet altes Recht nur dann Anwendung, wenn das Angebot noch vor dem 1.1.2002 angenommen wurde; neues Recht ist hingegen heranzuziehen, wenn die Annahmeerklärung nach dem 31.12.2001 wirksam wurde (→ Rn. 27).

d) Genehmigungsbedürftigkeit. Uneinigkeit besteht in der Literatur, welchem Recht ein vor dem 1.1.2002 geschlossener, jedoch genehmigungsbedürftiger Vertrag untersteht, sofern die Genehmigung erst nach dem 31.12.2001 erteilt wurde. Verbreitet wird danach differenziert, ob der Genehmigung Rückwirkung zukommt oder ob diese lediglich ex nunc wirkt. Im Fall einer **Rückwirkung** (zB nach § 184 Abs. 1 BGB iVm den Genehmigungstatbeständen des BGB) wird, soweit ersichtlich einhellig, angenommen, dass der Vertrag altem Recht unterliegt, da infolge der rückwirkenden Genehmigung das Schuldverhältnis noch vor dem Stichtag entstanden ist.[65] **32**

Die Anwendbarkeit alten Rechts wird verschiedentlich auch dann vertreten, wenn die Genehmigung nur ex nunc wirkt, der Vertrag mithin erst nach dem 31.12.2001 wirksam geworden ist. Gefolgert wird dies aus dem Umstand, dass die Parteien auch vor Einholung der Genehmigung schon vertraglich gebunden sind, sich insbesondere nicht einseitig von dem Vertrag lossagen können.[66] Nach anderer Auffassung soll dagegen in den Fällen, in denen einer Genehmigung keine Rückwirkung zukommt, stets neues Recht heranzuziehen sein.[67] Da der Vertrag erst nach dem Stichtag wirksam werde, sei auch das Schuldverhältnis erst nach dem Stichtag iSd S. 1 entstanden.[68] Letzteres wird zT pauschal bei **öffentlich-rechtlichen Genehmigungen** angenommen, deren Erteilung nach dem 31.12.2001, anders als im Regelfall die privatrechtliche Genehmigung, stets zur Anwendung neuen Rechts führe.[69] **33**

Die Entscheidung für die Anwendbarkeit neuen oder alten Rechts allgemein von der Zuordnung der Genehmigung zum privaten oder zum öffentlichen Recht abhängig zu machen, erscheint indes nicht tragfähig. Auch zahlreichen behördlichen Genehmigungen kommt letztendlich Rückwirkung zu.[70] Es besteht kein Grund, Rechtsgeschäfte, die aufgrund einer nach dem 31.12.2001 erteilten behördlichen Genehmigung mit rückwirkender Kraft Wirksamkeit erlangen, anders zu behandeln als solche, die von einer privatrechtlichen Genehmigung abhängig sind.[71] In beiden Fällen entsteht der betreffende Vertrag noch vor dem 1.1.2002. Auch würde die intertemporale Entscheidung zwischen altem und neuem Recht bei behördlichen Genehmigungen ansonsten dem Zufall überlassen. Da alle für die Entstehung des Vertrages erheblichen rechtsgeschäftlichen Tatbestandsvoraussetzungen bereits vor dem 1.1.2002 erfüllt wurden, wäre die Frage des anwendbaren Rechts trotz Rückwirkung der Genehmigung allein von dem unkalkulierbaren Zeitpunkt des Tätigwerdens der Behörde abhängig. Die Regelung des S. 1 bietet für eine derartige Differenzierung keine Grundlage. **34**

Dem vorstehenden Argument kommt nicht nur Bedeutung im Fall rückwirkender öffentlich-rechtlicher Genehmigungen zu, es kann auch für die Frage fruchtbar gemacht werden, welches Recht zur Anwendung kommt, wenn die Genehmigung ausnahmsweise nicht ex tunc, sondern ex nunc wirkt. Als Beispiel für eine derartige Genehmigung werden verschiedentlich die **Freistellungen des BKartA nach dem GWB** in der **35**

---

63 Vgl. hierzu Staudinger/*Bork* BGB Vor §§ 145–156 Rn. 70; Jauernig/*Mansel* BGB Vor § 145 Rn. 6.
64 Staudinger/*Löwisch* EGBGB Art. 229 § 5 Rn. 11.
65 *Armbrüster/Wiese* DStR 2003, 334 (336); Palandt/*Grüneberg* EGBGB Art. 229 § 5 Rn. 3; *Hertel* S. 416; *Heß* NJW 2002, 253 (255); MüKoBGB/*Krüger* EGBGB Art. 229 § 5 Rn. 7; AnwK-SchuldR/*Mansel* EGBGB Art. 229 § 5 Rn. 26; Erman/*Schmidt-Räntsch* BGB Anh. Einl. § 241 (Art. 229 § 5 EGBGB) Rn. 4; im Erg. ebenso Henssler/Graf von Westphalen/*Bereska* EGBGB Art. 229 § 5 Rn. 8; Staudinger/*Löwisch* EGBGB Art. 229 § 5 Rn. 14; *Rolland* in Haas/Medicus/Rolland/Schäfer/Wendtland S. 371 (Rn. 3); *Ziegler/Rieder* ZIP 2001, 1789 (1793), die jedoch nicht zwischen der Genehmigungswirkung ex tunc und ex nunc unterscheiden, sondern ein vor dem 1.1.2002 abgeschlossenes genehmigungsbedürftiges Rechtsgeschäft unabhängig von dem Zeitpunkt der Genehmigung stets altem Recht unterstellen wollen.
66 Staudinger/*Löwisch* EGBGB Art. 229 § 5 Rn. 14; ähnlich *Ziegler/Rieder* ZIP 2001, 1789 (1793), die darauf abstellen, dass Antrag und Annahme bereits vor dem 1.1.2002 wirksam geworden sind.
67 *Armbrüster/Wiese* DStR 2003, 334 (336); *Hertel* S. 417; *ders.* DNotZ 2001, 742 (744); *Heß* NJW 2002, 253 (255); Erman/*Schmidt-Räntsch* BGB Anh. Einl. § 241 (Art. 229 § 5 EGBGB) Rn. 4; wohl auch Palandt/*Grüneberg* EGBGB Art. 229 § 5 Rn. 3.
68 *Hertel* S. 417.
69 So ohne nähere Begründung Erman/*Schmidt-Räntsch* BGB Anh. Einl. § 241 (Art. 229 § 5 EGBGB) Rn. 4.
70 Vgl. die Bsp. bei Palandt/*Grüneberg* BGB § 275 Rn. 36; zur grundsätzlichen Rückwirkung auch öffentlich-rechtlicher Genehmigungen s. Rn. 37 sowie Palandt/*Ellenberger* BGB Vor § 182 Rn. 6; *Hertel* S. 417.
71 Im Erg. ebenso *Rolland* in Haas/Medicus/Rolland/Schäfer/Wendtland S. 371 (Rn. 3).

Fassung vor Inkrafttreten der 7. GWB-Novelle genannt.[72] Wirksam wurden diese erst durch Zustellung; Rückwirkung kommt ihnen nicht zu.[73] Hieraus zugleich die Anwendung neuen Rechts auf den zivilrechtlichen Vertrag folgern zu wollen, erscheint jedoch als zu kurz gegriffen. Unabhängig davon, dass auch in diesem Fall Bedenken bestehen, die Entscheidung über die Anwendung des maßgeblichen Rechts von der zeitlichen Organisation der Behörde abhängig zu machen, können die jeweiligen Rechtsfolgen der Genehmigung jedenfalls in ihrer zeitlichen Wirkung durchaus getrennt betrachtet werden. So findet sich auch der Vorschlag, die Freistellung im Fall durchgeführter, legalisierbarer und dann tatsächlich legalisierter Kartelle, soweit die zivilrechtlichen Konsequenzen betroffen sind, auf den Zeitpunkt des Vertrages bzw. auf den Zeitpunkt, in dem die Voraussetzungen der §§ 2 ff. GWB aF erstmals vorlagen, rückzubeziehen. Anderenfalls könne es ggf. zu Abwicklungsproblemen kommen.[74] Diese Überlegung kann auf die Frage des intertemporal anwendbaren Rechts übertragen werden. Es besteht kein Grund, rechtsgeschäftliche Vereinbarungen, die unter altem Recht getroffen und aus denen möglicherweise bereits Verpflichtungen erwachsen sind (etwa jene, alles zu tun, um die Genehmigung zu erlangen),[75] aufgrund einer nach dem 31.12.2001 erteilten behördlichen Genehmigung ex nunc neuem Recht zu unterstellen. Soweit die Parteien bereits vor dem 1.1.2002 alle rechtsgeschäftlichen Tatbestandsvoraussetzungen für den Vertragsschluss erfüllt haben, ist das Schuldverhältnis iSd Art. 229 § 5 S. 1 entstanden, so dass unabhängig von dem Zeitpunkt und der (öffentlich-rechtlichen) Wirkung der Genehmigung altes Recht zur Anwendung kommt.

36 Damit wird in den meisten Fällen für vor dem 1.1.2002 geschlossene Verträge, die nach dem 31.12.2001 genehmigt wurden, altes Recht heranzuziehen sein. Auszugehen ist hiervon immer dann, wenn sich die Parteien schon vor dem 1.1.2002 vertraglich gebunden haben. Ob dies zutrifft, entzieht sich allerdings einer pauschalen Bewertung; die Frage wird letztendlich für jede Genehmigung einzeln zu entscheiden sein. **Ausnahmen** von dem vorstehenden Grundsatz sind denkbar. So etwa in dem folgenden, vom BGH zu entscheidenden Fall:[76]

Der Beklagte hatte sich in einem Vorvertrag dazu verpflichtet, durch Abschluss eines Hauptvertrages von dem Kläger nach Ablauf einer bestimmten Zeit ein Grundstück zu erwerben. Als der Verpflichtete zum Abschluss des Hauptvertrages aufgefordert wurde, weigerte er sich jedoch, dem nachzukommen. Dennoch wurde der Kaufvertrag abgeschlossen, wobei für den Beklagten ein vollmachtloser Vertreter auftrat. Der Verkäufer erhob daraufhin Klage, um eine Verurteilung zur Genehmigung der vollmachtlosen Vertretung zu erwirken (§ 177 BGB). Der BGH hielt eine entsprechende Verurteilung aufgrund der Verpflichtung aus dem Vorvertrag für zulässig, führte jedoch aus, dass der Verpflichtete durch die Verurteilung in zeitlicher Hinsicht nicht schlechter stehen dürfe als im Fall der Verurteilung zur Annahme eines Angebotes. Der Genehmigung sei daher (abweichend von § 184 Abs. 1 BGB) keine Rückwirkung zuzusprechen. Der Verpflichtete habe die Wirkung des § 184 Abs. 1 BGB konkludent abbedungen, indem er zu erkennen gab, dass er den Vertrag weder inhaltlich noch zeitlich billige. Angesichts dessen könnten die Rechtsfolgen der Verurteilung zur Erteilung der Genehmigung – ebenso wie bei einer Verurteilung zur Annahme eines Angebotes – erst mit der Rechtskraft des Urteils eintreten.[77]

37 Hätte sich der vorstehende Fall in einer Überleitungssituation abgespielt, wäre das Schuldverhältnis erst mit Wirksamwerden der Genehmigung ex nunc entstanden. Hier wäre selbst dann, wenn der (schwebend unwirksame) Vertrag noch vor dem 1.1.2002 abgeschlossen worden sein sollte, ausschließlich der Zeitpunkt der Erteilung der Genehmigung (dh der Rechtskraft des Urteils) maßgeblich, um das intertemporal anwendbare Recht zu bestimmen.

38 Soweit die Parteien die Regelung des **§ 184 Abs. 1 BGB abbedingen** und der Genehmigung lediglich Wirkung ex nunc zuerkennen, führt dies, sofern der Vertrag vor dem 1.1.2002 geschlossen, die Genehmigung jedoch erst nach dem 31.12.2001 erteilt wurde, zu einer indirekten Wahl neuen Rechts. Diese ist zwar grundsätzlich zulässig (→ Rn. 10 ff.), darf jedoch nicht dazu führen, dass Rechte Dritter beeinträchtigt werden (→ Rn. 15). Sollten die Parteien die Rückwirkung der Genehmigung daher erst nach Vertragsschluss

---

72 *Hertel* S. 417 (mit der Folge der Unterstellung des Vertrages unter neues Recht); Staudinger/*Löwisch* EGBGB Art. 229 § 5 Rn. 14 (trotz Genehmigungswirkung ex nunc Anwendung alten Rechts; Gleiches gelte im Fall einer nachträglich erteilten Arbeitsgenehmigung gem. § 284 Abs. 1 SGB III).

73 Langen/Bunte/*Bunte* KartR § 1 Rn. 222; Immenga/Mestmäcker/*Immenga* GWB § 10 Rn. 8.

74 Immenga/Mestmäcker/*Zimmer* § 1 Rn. 325. Mit Inkrafttreten der 7. GWB-Novelle am 13.7.2005 (BGBl. I 2005, S. 1081) hat dieses Problem allerdings an Bedeutung verloren. Die Novelle beinhaltet

einen Übergang vom bisherigen System der Freistellung kraft Verwaltungsakts auf die Legalausnahme. Eine Genehmigung der Kartellbehörde ist daher nicht mehr erforderlich; vielmehr sind wettbewerbsbeschränkende Vereinbarungen nunmehr ex lege vom Kartellverbot freigestellt, sofern die entsprechenden Voraussetzungen vorliegen. Am hier relevanten Stichtag des 1.1.2002 galt aber noch das alte System der Freistellung.

75 Vgl. Palandt/*Grüneberg* BGB § 275 Rn. 36.

76 BGHZ 108, 380 ff.

77 BGHZ 108, 380, 384.

ausschließen wollen, ist dies möglich, bereits begründete Rechte Dritter werden dadurch im Fall der Anwendung neuen Rechts jedoch nicht berührt.[78]

e) Vorvertrag. Haben die Parteien vor dem 1.1.2002 einen Vorvertrag geschlossen (Angebot und Annahme **39** vor dem Stichtag), die daraus resultierende Pflicht zum Abschluss des Hauptvertrages jedoch erst nach dem 31.12.2001 erfüllt (dh zumindest Annahmeerklärung nach dem Stichtag), unterliegt der Vorvertrag noch altem Recht, der Hauptvertrag indes bereits neuem Recht.[79] Sollte die Überführung des altrechtlichen Vorvertrages in den neurechtlichen Hauptvertrag zu Friktionen führen, kann dem ggf. durch eine Anpassung auf der Grundlage des Wegfalls der Geschäftsgrundlage begegnet werden.[80]

2. Gesetzliche Schuldverhältnisse. Ein gesetzliches Schuldverhältnis ist entstanden, wenn alle Tatbe- **40** standsvoraussetzungen für dessen Begründung erfüllt sind.[81] Nicht erforderlich ist, dass bereits sämtliche Ereignisse eingetreten sind, aus denen sich der konkrete Anspruch ergibt.[82] So kommt etwa bei Ansprüchen aus **unerlaubter Handlung** altes Recht zur Anwendung, wenn die pflichtwidrige Handlung vor dem 1.1.2002 vorgenommen wurde, der Schaden aber erst nach dem Stichtag eintritt oder sich danach weiterentwickelt.[83] Wann der Geschädigte Kenntnis erlangt von dem Schaden und der Person des Schädigers (vgl. § 852 Abs. 1 BGB aF/§ 199 Abs. 1 BGB und zu deren Überleitung → Art. 229 § 6 Rn. 17, 20 ff., 56 ff.), ist für die Frage des nach Art. 229 § 5 anwendbaren Rechts irrelevant.[84]

Ebenfalls auf den Zeitpunkt des pflichtwidrigen Handelns kommt es an bei Ansprüchen aus culpa in contra- **41** hendo, sofern diese deliktisch qualifiziert werden.[85] Dies betrifft die Fallgruppe der vorvertraglichen Pflichtverletzungen, bei der durch das Institut der c.i.c. eine Verletzung des Körpers oder des Eigentums ausgeglichen werden soll.[86] Soweit eine vertragliche Qualifikation der c.i.c. vorgenommen wird (etwa bei uneigentlicher Prospekthaftung,[87] Abbruch von Vertragsverhandlungen),[88] ist dagegen der Zeitpunkt der Begründung des vorvertraglichen Schuldverhältnisses maßgeblich, mithin der Moment, in dem die Pflicht zur Rücksichtnahme sowie ggf. zur Aufklärung der anderen Partei zur Entstehung gelangte.[89] Im Ergebnis ist diese Unterscheidung allerdings von geringer Bedeutung, da der Reformgesetzgeber das Institut der c.i.c. ohne sachliche Änderungen in §§ 280 Abs. 1, 311 Abs. 2 und 3 BGB übernommen hat.[90]

78　Vgl. zu der entsprechenden Problematik im Fall nachträglicher Rechtswahl im internationalen Privatrecht auch Art. 3 Abs. 2 S. 2 Alt. 2 Rom I-VO sowie dazu MüKoBGB/*Martiny* Rom I-VO Art. 3 Rn. 81 f.; BeckOK BGB/*Spickhoff* Rom I-VO Art. 3 Rn. 34; Erman/*Hohloch* Rom I-VO Art. 3 Rn. 24 Art. 14 Abs. 1 S. 2 Rom II-VO sowie dazu Palandt/*Thorn* Rom II-VO Art. 14 Rn. 12; MüKoBGB/*Junker* Rom II-VO Art. 14 Rn. 49 f.; und Art. 42 S. 2 EGBGB sowie dazu *Looschelders* IPR Art. 42 Rn. 19; → EGBGB Art. 42 Rn. 13.

79　Palandt/*Grüneberg* EGBGB Art. 229 § 5 Rn. 3; Staudinger/*Löwisch* EGBGB Art. 229 § 5 Rn. 12; *Rolland* in Haas/Medicus/Rolland/Schäfer/Wendtland S. 371, 372 (Rn. 5); aA *Hertel* S. 426 f. (im Zweifel soll der Hauptvertrag altem Recht unterstehen).

80　Staudinger/*Löwisch* EGBGB Art. 229 § 5 Rn. 12 mit dem zutreffenden Hinweis, dass bei einer Anpassung des (altem Recht unterstehenden) Vorvertrags noch nicht auf § 313 BGB verwiesen werden kann; *Rolland* in Haas/Medicus/Rolland/Schäfer/Wendtland S. 371, 372 (Rn. 5); vgl. auch *Hertel* S. 427.

81　MüKoBGB/*Krüger* EGBGB Art. 229 § 5 Rn. 8; Erman/*Schmidt-Räntsch* BGB Anh. Einl. § 241 (Art. 229 § 5 EGBGB) Rn. 6; *Ziegler/Rieder* ZIP 2001, 1789 (1793).

82　Vgl. zu Art. 232 § 1: Staudinger/*Rauscher* EGBGB Art. 232 § 1 Rn. 51; MüKoBGB/*Säcker*, 4. Aufl. 2006, EGBGB Art. 232 § 1 Rn. 7; Staudinger/ *Löwisch* EGBGB Art. 229 § 5 Rn. 8.

83　MüKoBGB/*Krüger* EGBGB Art. 229 § 5 Rn. 8; Staudinger/*Löwisch* EGBGB Art. 229 § 5 Rn. 8, 17; Erman/*Schmidt-Räntsch* BGB Anh. Einl. § 241 (Art. 229 § 5 EGBGB) Rn. 6. Zur Überleitung im Fall von Dauerdelikten, wiederholten Handlungen und pflichtwidrigem Unterlassen s. Staudinger/

Löwisch EGBGB Art. 229 § 5 Rn. 17 sowie zu der entsprechenden Problematik iRd Art. 232 § 10 die Kommentierungen bei MüKoBGB/*Wagner*, 4. Aufl. 2006, EGBGB Art. 232 § 10 Rn. 11; Staudinger/*Rauscher* EGBGB Art. 232 § 10 Rn. 6 ff.; Palandt-Archiv Teil II/*Sprau* EGBGB Art. 232 § 10 Rn. 1.

84　Vgl. zu Art. 232 § 10: Staudinger/*Rauscher* EGBGB Art. 232 § 10 Rn. 4.

85　*Rolland* in Haas/Medicus/Rolland/Schäfer/Wendtland S. 371, 372 f.; vgl. auch *Heß*, Intertemporales Privatrecht, S. 167.

86　*Rolland* in Haas/Medicus/Rolland/Schäfer/Wendtland S. 371, 373; im Erg. ebenso Erman/*Schmidt-Räntsch* BGB Anh. Einl. § 241 (Art. 229 § 5 EGBGB) Rn. 6; wohl auch *Heß* NJW 2002, 253 (255). AA Staudinger/*Löwisch* EGBGB Art. 229 § 5 Rn. 19, der aus § 311 Abs. 2 BGB ableitet, dass stets der Zeitpunkt des Beginns der Vertragsverhandlungen bzw. der sonstigen Anbahnung eines Vertrages oder ähnlicher geschäftlicher Kontakte maßgeblich für die Entstehung des Schuldverhältnisses ist. Die Regelungen des reformierten Schuldrechts können jedoch nicht herangezogen werden, wenn die Entstehung eines Schuldverhältnisses vor dem 1.1.2002 in Rede steht (→ Rn. 23).

87　Vgl. hierzu Palandt/*Grüneberg* BGB § 311 Rn. 71.

88　S. *Heß*, Intertemporales Privatrecht, S. 167 (Fn. 306).

89　*Rolland* in Haas/Medicus/Rolland/Schäfer/Wendtland S. 371, 373; vgl. insoweit auch Staudinger/ *Löwisch* EGBGB Art. 229 § 5 Rn. 19.

90　Vgl. Palandt/*Grüneberg* EGBGB Art. 229 § 5 Rn. 4; *Medicus* in Haas/Medicus/Rolland/Schäfer/Wendtland S. 79, 86 f. (Rn. 21), die aus diesem Grund auch keine Stellung nehmen zu der Frage, wann der Entstehungstatbestand der c.i.c. iSd Art. 229 § 5 S. 1 verwirklicht ist.

42 Bei Ansprüchen aus positiver Forderungsverletzung der **Geschäftsführung ohne Auftrag** entsteht das gesetzliche Schuldverhältnis mit dem Handlungsbeginn des Geschäftsführers, nicht erst im Zeitpunkt des Verstoßes gegen die Ausführungspflicht.[91]

43 Im Fall der **ungerechtfertigten Bereicherung** soll nach überwiegender Ansicht der Literatur – ohne Differenzierung zwischen den einzelnen Tatbeständen des § 812 BGB – auf den Zeitpunkt abzustellen sein, in dem der rückzugewährende Vermögensvorteil vom Schuldner rechtsgrundlos erlangt wurde.[92] Diesem Ansatz ist nur insoweit zuzustimmen, als ein Anspruch auf Herausgabe nach § 812 Abs. 1 S. 1 Alt. 1 BGB (condictio indebiti) in Rede steht. Hier entsteht das bereicherungsrechtliche Schuldverhältnis bereits in dem Moment, in dem der Schuldner die Leistung rechtsgrundlos erhalten hat. Entsprechend findet altes Recht Anwendung, wenn die Vermögensmehrung noch vor dem 1.1.2002 erfolgt ist; neues Recht ist hingegen heranzuziehen, wenn die Leistungshandlung erst nach dem 31.12.2001 stattgefunden hat.

44 Kommt es erst nachträglich zu einem Wegfall des rechtlichen Grundes (condictio ob causam finitam, § 812 Abs. 1 S. 2 Alt. 1 BGB), kann nicht unbesehen auf den Moment der Leistungshandlung rekurriert werden.[93] Vielmehr ist danach zu unterscheiden, ob der Rechtsgrund ex tunc oder ex nunc weggefallen ist. Da das Rückabwicklungsverhältnis erst in dem Moment entsteht, in dem sämtliche Tatbestandsvoraussetzungen erfüllt sind, ist auf den Zeitpunkt abzustellen, in dem Vermögensverschiebung und Wegfall des Rechtsgrundes erstmals zusammentreffen. Sollte der Rechtsgrund lediglich für die Zukunft entfallen, entsteht erst in diesem Moment auch das bereicherungsrechtliche Schuldverhältnis;[94] neues Recht findet danach Anwendung, wenn der Rechtsgrund erst nach dem 31.12.2001 weggefallen ist. Fällt der Rechtsgrund dagegen rückwirkend weg, ist der Zeitpunkt der Leistung maßgeblich; das Schuldverhältnis entsteht in diesem Fall mit der Gewährung des Vermögensvorteils.[95]

45 Auch bei der **Zweckverfehlungskondiktion** (§ 812 Abs. 1 S. 2 Alt. 2 BGB) kann nicht auf den Zeitpunkt der Vermögensverschiebung abgestellt werden. Maßgeblich ist vielmehr der Nichteintritt des bezweckten Erfolges.[96] Grund ist auch hier, dass erst mit der Zweckverfehlung alle Voraussetzungen für die Entstehung des bereicherungsrechtlichen Tatbestandes erfüllt sind.

46 Der Entstehungstatbestand der **Eingriffskondiktion** (§ 812 Abs. 1 S. 1 Alt. 2 BGB) ist in dem Zeitpunkt vollendet, in dem der Schuldner sich die geschützte Rechtsposition des Gläubigers zu eigen macht.[97]

III. Rechtsfolgen (S. 1)

47 **1. Anwendbares Recht.** Nach S. 1 gelten für Schuldverhältnisse, die vor dem 1.1.2002 entstanden sind (→ Rn. 23 ff.), weiterhin das BGB sowie die bis zu diesem Zeitpunkt bestehenden Sonderregelungen des AGBG, des HGB, des VerbrKrG, des FernAbsG, des FernUSG, des HWiG, des TzWrG, der VO über Kundeninformationspflichten, der VO über Informationspflichten von Reiseveranstaltern und der ViehhauptmängelVO in der bis zum 31.12.2001 gültigen Fassung. Für Schuldverhältnisse, die auf einen einmaligen Leistungsaustausch gerichtet sind, gilt dies ohne zeitliche Einschränkung. Soweit Dauerschuldverhältnisse in Rede stehen, die noch vor dem 1.1.2002 entstanden sind, findet S. 1 zunächst ebenfalls Anwendung (→ Rn. 53, 58), die Fortgeltung alten Rechts ist jedoch auf die Zeit bis zum 31.12.2002 beschränkt (näher bei → Rn. 59 ff.).

48 Eine Sonderregelung für die Kontrolle Allgemeiner Geschäftsbedingungen in Verträgen, die vor Inkrafttreten des AGBG am 1.4.1977 geschlossen worden sind, ist abweichend von der Fassung des Regierungsentwurfs[98] nicht mehr vorgesehen. Die insofern maßgebliche **Überleitungsvorschrift** des bisherigen **§ 28**

91 Ebenso Henssler/Graf von Westphalen/*Bereska* EGBGB Art. 229 § 5 Rn. 11; Palandt/*Grüneberg* EGBGB Art. 229 § 5 Rn. 4; Staudinger/*Löwisch* EGBGB Art. 229 § 5 Rn. 18; Erman/*Schmidt-Räntsch* BGB Anh. Einl. § 241 (Art. 229 § 5 EGBGB) Rn. 6; vgl. auch *Heß*, Intertemporales Privatrecht, S. 167.

92 So Henssler/Graf von Westphalen/*Bereska*, Praxis der Schuldrechtsreform, EGBGB Art. 229 § 5 Rn. 11; Palandt/*Grüneberg* EGBGB Art. 229 § 5 Rn. 4; Staudinger/*Löwisch* EGBGB Art. 229 § 5 Rn. 20; Erman/*Schmidt-Räntsch* BGB Anh. Einl. § 241 (Art. 229 § 5 EGBGB) Rn. 6. Ebenso zu Art. 232 § 1: Staudinger/*Rauscher* EGBGB Art. 232 § 1 Rn. 51.

93 So aber wohl Staudinger/*Löwisch* EGBGB Art. 229 § 5 Rn. 20, der im Fall des Fehlschlagens eines vor dem 1.1.2002 geschlossenen Vertrages auf den Zeit-

punkt der Vermögensverschiebung abstellt, um den für die Entstehung des bereicherungsrechtlichen Rückabwicklungsverhältnisses maßgeblichen Moment zu bestimmen. Zu der hier vertretenen Ansicht vgl. aber auch *Heß*, Intertemporales Privatrecht, S. 167 (Zeitpunkt des nachträglichen Wegfalls des Rechtsgrundes).

94 Vgl. etwa die bei Palandt/*Sprau* BGB § 812 Rn. 97, genannten Beispiele der vorzeitigen Beendigung eines Miet- oder Leihvertrages.

95 Insoweit übereinstimmend Staudinger/*Löwisch* EGBGB Art. 229 § 5 Rn. 20.

96 Vgl. *Heß*, Intertemporales Privatrecht, S. 167.

97 Vgl. *Heß*, Intertemporales Privatrecht, S. 167.

98 Vgl. hierzu BT-Drs. 14/6040, S. 273 sowie die Beschlussempfehlung des Rechtsausschusses, BT-Drs. 14/7052, S. 207.

Abs. 2 AGBG findet nach S. 1 aufgrund der Verweisung auf das AGBG in der am 31.12.2001 geltenden Fassung ohnehin weiter Anwendung, so dass es einer darüber hinausgehenden Übergangsbestimmung nicht bedurfte.[99] Entsprechendes gilt für die Überleitungsvorschriften des § 6 FernAbsG, § 27 FernUSG, § 9 HWiG, § 11 TzWrG und § 19 VerbrKrG.[100]

Gleichfalls anwendbar bleiben die dem S. 1 zeitlich vorgehenden **Übergangsregelungen des EGBGB**.[101] **49** Dies ergibt sich zwar nicht unmittelbar aus der Formulierung des S. 1, der nicht auf das EGBGB verweist, und kann auch aus der Klausel in S. 1 aE „soweit nicht ein anderes bestimmt ist" nicht abgeleitet werden, da sich dieser Vorbehalt nur auf die Regelungen in S. 2 sowie auf Art. 229 §§ 6 und 7 bezieht (→ Rn. 4). Jedoch bestimmt S. 1 die Anwendbarkeit des BGB in der bis zum 31.12.2001 geltenden Fassung. Zu den Vorschriften, die an diesem Tag Geltung beanspruchten, gehören auch jene Regelungen einer älteren Fassung des BGB, die aufgrund des intertemporalen Kollisionsrechts in bestimmten Altfällen weiterhin anwendbar sind.[102] Anderenfalls käme es zu einer nicht zu rechtfertigenden Rückwirkung der am 31.12.2001 aktuell gültigen Fassung des materiellen Rechts auf Schuldverhältnisse, die bis zu diesem Tag einer älteren Fassung unterlagen (vgl. hierzu auch → Rn. 1). Eine derartige Zielsetzung ist auch den Gesetzesmaterialien nicht zu entnehmen; vielmehr sollte der Rechtszustand, wie er am 31.12.2001 bestand, für die betreffenden Schuldverhältnisse grundsätzlich auch nach diesem Tag fortbestehen – unabhängig davon, welche Gesetzesfassung damit zur Anwendung kommt.

2. Reichweite. a) Wirksamkeit, Inhalt und Abwicklung des Schuldverhältnisses. Findet nach S. 1 **50** altes Recht Anwendung, so betrifft dies grundsätzlich das gesamte Schuldverhältnis, auch wenn einzelne daraus resultierende Ansprüche erst nach dem 31.12.2001 entstehen sollten.[103] Von Bedeutung sind die bisherigen Vorschriften daher nicht nur für die **Begründung** der (gesetzlichen) Schuldverhältnisse bzw. die Wirksamkeit der (ein- oder zweiseitigen) Rechtsgeschäfte,[104] sondern auch für den **Inhalt** und die **Abwicklung** der Verpflichtungen.[105] Hierunter fallen ua der Umfang der Leistungspflicht, die Voraussetzungen und Folgen einer Leistungsstörung,[106] die Modalitäten der Erfüllung, das Erlöschen des Schuldverhältnisses, die Voraussetzungen und Wirkungen eines Rücktrittsrechts sowie das Bestehen und die Geltendmachung von Einreden oder Einwendungen.[107] Auch ein nach dem 31.12.2001 vorgenommener **Schuldner- oder Gläubigerwechsel** hat keinen Einfluss auf die Unterstellung des Schuldverhältnisses unter das alte Recht.[108] Gleiches gilt im Hinblick auf die **Abtretung** einer aus einem Altschuldverhältnis resultierenden Forderung.[109] Die Fortgeltung alten Rechts bezieht sich in den letztgenannten Fällen allerdings nur auf das vor dem 1.1.2002 entstandene Schuldverhältnis; der nach dem 31.12.2001 geschlossene Abtretungsvertrag bzw. die dem Schuldner- oder Gläubigerwechsel zugrunde liegenden Abreden richten sich als neue Schuldverhältnisse ausschließlich nach neuem Recht (vgl. hierzu auch → Rn. 51 f.).[110]

b) Nachträgliche Änderungen. Nicht mehr von den zur Zeit des Vertragsschlusses geltenden Regelungen **51** erfasst sind hingegen neue Umstände, die von außen auf das Schuldverhältnis einwirken und dieses nach-

---

99 Vgl. auch *Heinrichs* NZM 2003, 6 (7).
100 BT-Drs. 14/6040, S. 273; Palandt/*Grüneberg* EGBGB Art. 229 § 5 Rn. 5.
101 Im Erg. ebenso Staudinger/*Löwisch* EGBGB Art. 229 § 5 Rn. 4; Erman/*Schmidt-Räntsch* BGB Anh. Einl. § 241 (Art. 229 § 5 EGBGB) Rn. 8 f.
102 Vgl. *Schimmel/Meyer* NJW 2004, 1633 (1634) zu der ähnlichen Formulierung in S. 2.
103 BAG NZA 2004, 597 (600); LAG Köln NZA-RR 2003, 406 (407); LAG Mainz LAGReport 2004, 104 (Rn. 43); *Heß* NJW 2002, 253 (255); MüKoBGB/*Krüger* EGBGB Art. 229 § 5 Rn. 9; Erman/*Schmidt-Räntsch* BGB Anh. Einl. § 241 (Art. 229 § 5 EGBGB) Rn. 8; Palandt/*Grüneberg* EGBGB Art. 229 § 5 Rn. 5. Ebenso zu Art. 232 § 1: *Heß*, Intertemporales Privatrecht, S. 144; BGH DtZ 1996, 140 (141); Palandt-Archiv Teil II/*Heinrichs* EGBGB Art. 232 § 1 Rn. 5; MüKoBGB/*Säcker*, 4. Aufl. 2006, EGBGB Art. 232 § 1 Rn. 11; Staudinger/*Rauscher* EGBGB Art. 232 § 1 Rn. 52; zu Art. 170: MüKoBGB/*Krüger*, 5. Aufl. 2010, EGBGB Art. 170 Rn. 5; Staudinger/*Hönle* EGBGB Art. 170 Rn. 10.
104 Vgl. Palandt-Archiv Teil II/*Heinrichs* EGBGB Art. 232 § 1 Rn. 5; MüKoBGB/*Säcker*, 4. Aufl. 2006, EGBGB Art. 232 § 1 Rn. 12; Staudinger/*Rauscher* EGBGB Art. 232 § 1 Rn. 52; Staudinger/*Hönle* EGBGB Art. 170 Rn. 12.
105 BAG NZA 2004, 597 (600); BB 2004, 1858; Palandt/*Grüneberg* EGBGB Art. 229 § 5 Rn. 5; *Heß* NJW 2002, 253 (255); Staudinger/*Löwisch* EGBGB Art. 229 § 5 Rn. 29; Erman/*Schmidt-Räntsch* BGB Anh. Einl. § 241 (Art. 229 § 5 EGBGB) Rn. 8. Vgl. auch Soergel/*Hartmann* EGBGB Art. 232 § 1 Rn. 3; Palandt-Archiv Teil II/*Heinrichs* EGBGB Art. 232 § 1 Rn. 7; MüKoBGB/*Säcker*, 4. Aufl. 2006, EGBGB Art. 232 § 1 Rn. 13; MüKoBGB/*Krüger*, 5. Aufl. 2010, EGBGB Art. 170 Rn. 5.
106 LAG Frankfurt 28.11.2003 – 17 Sa 1066/03, juris Rn. 27.
107 Hierzu und zu weiterem Bsp. vgl. auch Palandt-Archiv Teil II/*Heinrichs* EGBGB Art. 232 § 1 Rn. 7; MüKoBGB/*Säcker*, 4. Aufl. 2006, EGBGB Art. 232 § 1 Rn. 13; Staudinger/*Hönle* EGBGB Art. 170 Rn. 12.
108 Staudinger/*Löwisch* EGBGB Art. 229 § 5 Rn. 25; Erman/*Schmidt-Räntsch* BGB Anh. Vor § 241 (Art. 229 § 5 EGBGB) Rn. 7; vgl. auch Staudinger/*Hönle* EGBGB Art. 170 Rn. 12.
109 Staudinger/*Löwisch* EGBGB Art. 229 § 5 Rn. 25.
110 Staudinger/*Löwisch* EGBGB Art. 229 § 5 Rn. 25; *Rolland* in Haas/Medicus/Rolland/Schäfer/Wendtland S. 371, 372 (Rn. 7).

träglich verändern.[111] In derartigen Fällen findet auf den die Veränderung bewirkenden Tatbestand, unabhängig von dem modifizierten Schuldverhältnis, das im Zeitpunkt der nachträglichen Vornahme gültige Recht Anwendung.[112] Tritt das Ereignis erst nach dem 31.12.2001 ein, sind für dessen Bewertung mithin ausschließlich die Regelungen des neuen Rechts heranzuziehen. Dies betrifft etwa die Wirkungen von **Schuldanerkenntnis**[113] und **Vergleich**,[114] den **Schuldbeitritt**,[115] die nachträgliche **Verlängerung**[116] oder die vorzeitige **Aufhebung des Vertrages**,[117] Voraussetzungen und Wirkung eines **Erfüllungsgeschäftes**[118] sowie einer **Vertragsübernahme** bzw. eines sonstigen Wechsels der Vertragsparteien. Von wesentlicher Bedeutung ist die Unanwendbarkeit alten Rechts in diesen Fällen allerdings nicht, da die Schuldrechtsreform die genannten Punkte im Wesentlichen unberührt gelassen hat. Soweit die Problematik bislang in der Rechtsprechung relevant geworden ist, stand im Wesentlichen die Anwendbarkeit der §§ 305 ff. und 312, 355 BGB in Rede. Bedeutung gewinnen können darüber hinaus aber auch die Änderungen der §§ 121 und 124 BGB, sofern eine nachträglich das Schuldverhältnis ändernde Abrede angefochten wird;[119] die maßgebliche Überleitungsvorschrift wäre dann allerdings nicht Art. 229 § 5, sondern Art. 229 § 6 (s. dort → Rn. 65 ff.).

52 Die Anwendbarkeit neuen Rechts auf solche Umstände, die das Schuldverhältnis nachträglich (dh nach dem 31.12.2001) verändern, führt jedoch nicht dazu, dass im gegebenen Fall auch die unmodifizierten Teile neuem Recht zu unterstellen wären. Grundsätzlich bleiben auf diese weiterhin die im Zeitpunkt der Entstehung des Schuldverhältnisses gültigen Regelungen anwendbar.[120] Nur dann, wenn sich das Rechtsgeschäft infolge der nachträglichen Modifikationen letztlich als neuer Vertrag darstellt, sind auf diesen insgesamt die neuen Regelungen zur Anwendung zu bringen.[121] Unabhängig davon steht es den Parteien natürlich frei, das Schuldverhältnis in Verbindung mit dessen Abänderung kraft Rechtswahl als Ganzes neuem Recht zu unterstellen (zur Wahl neuen Rechts vgl. auch → Rn. 10 ff.). Eine solche parteiautonome Entscheidung für die Anwendung des reformierten Schuldrechts kann ggf. auch konkludent durch die Neugestaltung des Rechtsverhältnisses erfolgen.[122]

53 **3. Dauerschuldverhältnisse (S. 2). a) Verschiebung des Überleitungszeitpunkts.** S. 2 bestimmt, dass auf Dauerschuldverhältnisse, die vor dem 1.1.2002 entstanden sind, **ab dem 1.1.2003 neues Recht** anzuwenden ist. Bis zu diesem Zeitpunkt gelten das BGB und die in S. 1 genannten Sondergesetze in der bis zum 31.12.2001 gültigen Fassung. Dadurch sollte den Parteien die Möglichkeit gegeben werden, ihre Verträge an die geänderte Rechtslage anzupassen (→ Rn. 11 ff.). Machen sie hiervon bis zum 31.12.2002 keinen Gebrauch, finden ab dem Stichtag die neuen Vorschriften Anwendung. Dies kann ggf. zu einer Änderung des Vertragsinhaltes führen, wenn die Parteien für einzelne Fragen keine individuelle Abrede getroffen haben und das

111   BAG NZA 2004, 597 (600). Vgl. auch Palandt-Archiv Teil II/*Heinrichs* EGBGB Art. 232 § 1 Rn. 8; MüKoBGB/*Säcker*, 4. Aufl. 2006, EGBGB Art. 232 § 1 Rn. 14; Staudinger/*Rauscher* EGBGB Art. 232 § 1 Rn. 93; Staudinger/*Hönle* EGBGB Art. 170 Rn. 11.

112   Staudinger/*Löwisch* EGBGB Art. 229 § 5 Rn. 23; insoweit übereinstimmend auch *Heß* NJW 2002, 253 (255); *Medicus* in Haas/Medicus/Rolland/Schäfer/Wendtland S. 79, 87 (Rn. 22).

113   BAG NZA 2005, 1193 (1198); Palandt/*Grüneberg* EGBGB Art. 229 § 5 Rn. 5.

114   Staudinger/*Löwisch* EGBGB Art. 229 § 5 Rn. 26.

115   Palandt/*Grüneberg* EGBGB Art. 229 § 5 Rn. 5; vgl. zum Schuldbeitritt auch BGH NJW-RR 2007, 668 (669).

116   Staudinger/*Löwisch* EGBGB Art. 229 § 5 Rn. 24.

117   BAG NZA 2004, 597 (600); BB 2004, 1858 f. (jeweils zur Frage des anwendbaren Rechts auf nachträgliche Vereinbarungen über die Beendigung eines Arbeitsverhältnisses); LAG Mainz 23.7.2003 – 9 Sa 444/03, juris Rn. 31 (Aufhebungsvertrag; *Mengel* BB 2003, 1278 (1279); Palandt/*Grüneberg* EGBGB Art. 229 § 5 Rn. 5. AA LAG Köln NZA-RR 2003, 406 (407); LAG Mainz LAGReport 2004, 104 (Rn. 42 f.); LAG Potsdam ZIP 2003, 1214 (1215): Nach dem 31.12.2001 getroffene Vereinbarungen über die Beendigung eines vor dem 1.1.2002 geschlossenen Arbeitsvertrages unterliegen als actus contrarius ebenfalls altem Recht; LAG Chemnitz

30.9.2003 – 5 Sa 184/03, juris Rn. 78 (Abwicklungsvertrag; Palandt/*Grüneberg* EGBGB Art. 229 § 5 Rn. 7; *Kienast/Schmiedl* DB 2003, 1440 (1442); Erman/*Schmidt-Räntsch* BGB Anh. Vor § 241 (Art. 229 § 5 EGBGB) Rn. 7.

118   Palandt/*Grüneberg* EGBGB Art. 229 § 5 Rn. 5.

119   Vgl. BAG NZA 2004, 597 (599); LAG Hamm NZA-RR 2003, 401 f., jeweils allerdings ohne Hinweis auf die insoweit bestehende Übergangsproblematik.

120   BGH NJW-RR 2007, 668 (669) (der Schuldbeitritt ändert nichts daran, dass der Vertrag auch hinsichtlich des Beitretenden weiterhin altem Recht unterliegt); *Hertel* S. 427; Staudinger/*Löwisch* EGBGB Art. 229 § 5 Rn. 23; Erman/*Schmidt-Räntsch* BGB Anh. Einl. § 241 (Art. 229 § 5 EGBGB) Rn. 7. AA *Heß* NJW 2002, 253 (255); *Medicus* in Haas/Medicus/Rolland/Schäfer/Wendtland S. 79, 87 (Rn. 22): Im Regelfall sei davon auszugehen, dass eine Änderung des alten Schuldverhältnisses nach dem 31.12.2001 zur Anwendbarkeit neuen Rechts auf das gesamte Rechtsverhältnis führt.

121   BGH NJW-RR 2007, 668 (669); *Hertel* S. 427; Erman/*Schmidt-Räntsch* BGB Anh. Einl. § 241 (Art. 229 § 5 EGBGB) Rn. 7; Palandt/*Grüneberg* EGBGB Art. 229 § 5 Rn. 3. Vgl. auch Staudinger/*Löwisch* EGBGB Art. 229 § 5 Rn. 24 für den Fall der Novation oder der Bestätigung nichtiger Rechtsgeschäfte gem. § 141 BGB.

122   *Hertel* S. 427; Staudinger/*Löwisch* EGBGB Art. 229 § 5 Rn. 24.

neue Recht in den betreffenden Punkten von den bisherigen Regelungen abweicht. Entsprechendes gilt, wenn die Vertragspartner zwar eine individualvertragliche Regelung getroffen haben, diese aber den zwingenden Vorschriften des neuen Rechts widerspricht. In dem Fall sind die abweichenden Vertragsbestimmungen nach dem Stichtag gem. § 134 BGB nichtig. Zur Anwendung kommen die zwingenden neuen Normen.

Der Gesetzgeber hat den Parteien eine **einjährige Übergangsfrist** zur Anpassung ihres Dauerschuldverhält- **54** nisses an das neue Recht eingeräumt.[123] Den Parteien steht es jedoch offen, durch eine kollisionsrechtliche Rechtswahl (→ Rn. 10 ff.) ihr dem bisherigen Recht unterstehendes Dauerschuldverhältnis schon vor dem 1.1.2003 dem neuen Recht zu unterstellen. Wird die Wahl des neuen Rechts nach dem 1.1.2002 erklärt, dann können die Parteien eine rückwirkende Anwendung des neuen Rechts ausdrücklich oder stillschweigend vereinbaren (→ Rn. 17 f.). Von der Befugnis zur rückwirkenden Wahl des neuen Rechts ist auszugehen, da es den Parteien offen stehen muss, alle ihre Rechtsverhältnisse mit Wirkung zu einem Stichtag einheitlich neu zu ordnen. Zur Grenze der drittbelastenden Rechtswahl → Rn. 15.

b) Begriff des Dauerschuldverhältnisses. Der Begriff des Dauerschuldverhältnisses ist gesetzlich nicht **55** definiert. Obwohl sich der Terminus außer in S. 2 auch an verschiedenen Stellen im BGB findet (vgl. §§ 308 Nr. 3, 309 Nr. 1 und 9, 313 Abs. 3 S. 2 und 314 Abs. 1 S. 1 BGB), hat der Gesetzgeber bewusst auf eine Legaldefinition verzichtet. Um Abgrenzungsschwierigkeiten zu vermeiden und eine mögliche Weiterentwicklung nicht zu behindern, soll ausweislich der Begründung des Regierungsentwurfs auch nach der Schuldrechtsreform auf die in Rechtsprechung und Literatur verwendeten Kriterien zurückgegriffen werden.[124] Nach diesen sollen sich Dauerschuldverhältnisse grundsätzlich dadurch auszeichnen, dass während ihrer Laufzeit fortwährend neue Leistungs- und Schutzpflichten entstehen und dem Zeitaspekt besondere Bedeutung zukommt.[125] Unstreitig als Dauerschuldverhältnisse anzusehen seien daher insbesondere **Miet-,**[126] **Pacht-, Leih-, Verwahrungs-**[127] und **Versicherungsverträge** sowie **Dienst-,**[128] **Arbeits-**[129] und **Gesellschaftsverträge**[130]. Hinzu kommen sollen nicht normierte Vertragsverhältnisse wie etwa **Leasing-verträge**, **Belegarztverträge** oder **Bezugsverträge**, aber auch solche Schuldverhältnisse, die nicht auf gegenseitigen Verträgen beruhen, wie zB **Unterwerfungserklärungen aus Wettbewerbsverhältnissen**.[131] Offen gelassen wurde die Einordnung von Ratenlieferungs- und Darlehensverträgen sowie von Langzeitverträgen, Bürgschaften und kumulativer Schuldübernahme.[132]

Ob das dem materiellen Recht, insbesondere dem § 314 BGB, zugrunde gelegte Begriffsverständnis auch **56** iRd S. 2 Gültigkeit beanspruchen soll, ist den Gesetzgebungsmaterialien nicht zu entnehmen. In der Literatur wird die Frage streitig behandelt. Verbreitet findet sich die Auffassung, der Begriff des Dauerschuldverhältnisses sei in S. 2 nicht anders zu verstehen als im materiellen Recht, so dass die Umstellung auf das neue Recht am 1.1.2003 lediglich diejenigen Altschuldverhältnisse betreffe, die auch materiellrechtlich als Dauerschuldverhältnisse gelten.[133] Dem wird entgegengehalten, der kollisionsrechtliche Begriff des Dauerschuldverhältnisses könne nicht unbesehen mit jenem des materiellen Rechts gleichgesetzt werden.[134] Vielmehr habe sich die Auslegung des S. 2 an dem Zweck der Norm zu orientieren, einer parallelen Anwendung neuen und alten Rechts auf unbestimmte Zeit entgegenzuwirken und möglichst schnell intertemporale Rechtseinheit herzustellen.[135] Angesichts dieser Zielsetzung sei das kollisionsrechtliche Verständnis des Dauerschuldverhältnisses weiter als jenes des materiellen Rechts und nehme über die in §§ 308 Nr. 3, 309 Nr. 1 und 9, 313 Abs. 3 S. 2 und 314 Abs. 1 S. 1 BGB erfassten Rechtsgeschäfte hinaus auch gesetzliche Schuldverhältnisse[136] sowie weitere Vertragstypen in Bezug, sofern die vertragliche Beziehung nur von

123 BT-Drs. 14/6040, S. 273.
124 BT-Drs. 14/6040, S. 177 f.
125 BT-Drs. 14/6040, S. 176 f.
126 BGH NJW-RR 2018, 1485 (1486).
127 OLG Hamm 16.2.2012 – 5 U 105/11, juris Rn. 17.
128 OLG Stuttgart 27.9.2006 – 4 U 74/06, juris Rn. 45.
129 Vgl. auch BAG NJW 2017, 1628 (1629); NZA 2009, 1286 (1294); NJW 2008, 458 (459); LAG Chemnitz 30.9.2003 – 5 Sa 184/03, juris Rn. 78; LAG Köln NZA-RR 2003, 406 (407); LAG Mainz LAGReport 2004, 104 (Rn. 43); *Wisskirchen/Stühm* DB 2003, 2225 (auch befristete Arbeitsverhältnisse und solche mit fester Altersgrenze).
130 BGH NJW 2017, 2675, der auch die mittelbare Fondsbeteiligung als Dauerschuldverhältnis iSd Art. 229 § 5 S. 2 ansieht.
131 BT-Drs. 14/6040, S. 177.
132 BT-Drs. 14/6040, S. 178.

133 *Medicus* in Haas/Medicus/Rolland/Schäfer/Wendtland S. 79, 87 (Rn. 24) (Zugrundelegung des bisherigen Begriffsverständnisses); Erman/*Schmidt-Räntsch* BGB Anh. Einl. § 241 (Art. 229 § 5 EGBGB) Rn. 11 (Begriff des Dauerschuldverhältnisses in § 313 Abs. 3 BGB und in Art. 229 § 5 S. 2 gleich auszulegen); wohl auch Henssler/Graf von Westphalen/ *Bereska* EGBGB Art. 229 § 5 Rn. 12; Palandt/*Grüneberg* EGBGB Art. 229 § 5 Rn. 7; *Rolland* in Haas/Medicus/Rolland/Schäfer/Wendtland S. 371, 372 (Rn. 9); *Wagner* ZfIR 2002, 257 (258).
134 Vgl. *Armbrüster/Wiese* DStR 2003, 334 (335); *Heß* NJW 2002, 253 (256); *Kirsch* NJW 2002, 2520 (2521, 2523); Staudinger/*Löwisch* EGBGB Art. 229 § 5 Rn. 33 ff.
135 So zuerst *Heß* NJW 2002, 253 (256).
136 Staudinger/*Löwisch* EGBGB Art. 229 § 5 Rn. 34, 39 (zB familienrechtliche Unterhaltspflichten; Testamentsvollstreckung, Insolvenzverwaltung).

gewisser Dauer und ausreichender Intensität sei.[137] Wie weit dieser Kreis zu ziehen ist, wird dann allerdings nicht einheitlich bewertet.[138] Konsens besteht damit nur insofern, als allgemein angenommen wird, dass S. 2 jedenfalls jene Dauerschuldverhältnisse erfasst, die auch materiellrechtlich als solche gelten.

In der Rechtsprechung wurden als Dauerschuldverhältnisse iSd S. 2 allerdings bereits **Darlehensverträge**,[139] die **Schuldmitübernahme für eine Darlehensschuld**,[140] **Steuerberaterverträge**,[141] **Tauschverträge**,[142] **Vertragshändlerverträge**,[143] **Genussrechtsverträge**[144] und **Zins-Swap-Verträge**[145] anerkannt. Kein Dauerschuldverhältnis soll hingegen durch einen **Aufhebungsvertrag** begründet werden.[146]

57 **c) Rahmenverträge.** Die in S. 2 vorgesehene Verschiebung des Überleitungszeitpunkts kann für die Zeit zwischen dem 31.12.2001 und dem 1.1.2003 zu Anwendungsschwierigkeiten führen, wenn ein vor dem 1.1.2002 begründetes Dauerschuldverhältnis als Rahmenvertrag (zB Factoringvertrag, Franchisevertrag oder Vertragshändlervertrag) konzipiert wurde. Stellt die Wahrnehmung der darin vorgesehenen Einzelleistungen jeweils den Abschluss eines eigenständigen Vertrages dar (zB einen Kauf- oder Bezugsvertrag), unterliegt der Rahmenvertrag nach S. 2 bis zum 31.12.2002 altem Recht, wohingegen nach S. 1 die Einzelverträge ab dem 1.1.2002 bereits neuem Recht unterfallen würden.[147] Dies zieht vor allem mit Blick auf die zwingenden Normen des neuen Rechts unter Umständen Wertungswidersprüche nach sich, die die Abwicklung der Vertragsverhältnisse erheblich erschweren können. Sollten die Parteien angesichts der zu erwartenden Friktionen den Rahmenvertrag und die Einzelverträge nicht ohnehin schon zum 1.1.2002 angepasst haben, können sie eine Angleichung auch noch nachträglich durch Vereinbarung einer rückwirkenden Anwendung des neuen Rechts erreichen (→ Rn. 17 f.).[148]

58 **d) Anwendbares Recht.** Dauerschuldverhältnisse, die vor dem 1.1.2002 entstanden sind, unterliegen **bis zum 31.12.2002** weiterhin altem Recht in dem in S. 1 bezeichneten Umfang (→ Rn. 47). Insofern unterscheiden sich Dauerschuldverhältnisse zunächst nicht von jenen Altschuldverhältnissen, die auf den einmaligen Austausch von Leistungen gerichtet sind.

59 **Am 1.1.2003** kam es gem. S. 2 dann zu einem Statutenwechsel. Mit dem Stichtag fanden anstelle der in S. 1 aufgeführten Gesetze nur noch das BGB, das HGB, das FernUSG und die BGB-InfoV in der an diesem Tag geltenden Fassung Anwendung.

60 Nicht mehr verwiesen wird damit auf § 28 Abs. 2 AGBG. Die Übergangsregelung, die für vor dem 1.4.1977 abgeschlossene Verträge eine Inhaltskontrolle ausschließlich nach § 9 AGBG vorsah, fand über S. 1 trotz Aufhebung des AGBG zunächst auch nach dem 31.12.2001 auf Altverträge weiter Anwendung. Für Dauerschuldverhältnisse, für die am 1.1.2003 die Überleitung nach S. 2 eingreift, findet sich eine dem S. 1 entsprechende Verweisung auf die Regelung des § 28 Abs. 2 AGBG jedoch nicht mehr. Gültigkeit besitzen seit dem 1.1.2003 auch für alte Dauerschuldverhältnisse (einschließlich jener, die vor dem 1.4.1977

---

137 *Heß* NJW 2002, 253 (256); *Kirsch* NJW 2002, 2520 (2523); vgl. auch *Schmidt-Kessel* ZGS 2002, 311 (318).

138 Vgl. *Anker/Zacher* BauR 2002, 1772 (1775): Werkverträge, sofern am 1.1.2003 noch nicht erfüllt worden ist; *Armbrüster/Wiese* DStR 2003, 334 (335 f., 342): Einbezogen sind Sukzessivlieferungsverträge, sofern die Gesamtliefermenge zunächst nicht bestimmt ist; nicht von S. 2 erfasst sind hingegen Langfrist- sowie Raten- und Teillieferungsverträge; weiter dagegen *Heß* NJW 2002, 253 (256): Sukzessivlieferungsverträge sind erfasst, sofern sich die Abnahme (auch eines bestimmten) Gesamtkontingents über längere Zeit hinziehen soll; ähnlich *Kirsch* NJW 2002, 2520 (2523): Alle Vertriebsvereinbarungen und Langzeitlieferverträge, auch wenn bestimmte Abnahmekontingente oder eine feste Abnahmemenge vereinbart sind; Staudinger/*Löwisch* EGBGB Art. 229 § 5 Rn. 36: Vertriebs- und Zulieferverträge; nicht erfasst sind hingegen Termingeschäfte sowie im Regelfall Werkverträge (Rn. 37).

139 BGH NJW 2010, 602 (603); OLG München 18.11.2008 – 5 U 3901/08, juris Rn. 12; OLG Brandenburg 9.7.2008 – 3 U 168/07, juris Rn. 14; OLG Bamberg WM 2006, 907 (908); LG Paderborn 27.3.2009 – 2 O 480/07, juris Rn. 47; s. zu Bausparverträgen auch OLG Hamm ZIP 2016, 1475; OLG Stuttgart WM 2013, 508; LG Aachen NJOZ 2018, 1432 (1434).

140 OLG Celle WM 2007, 1319 (1323).

141 OLG Köln DStRE 2009, 634 (635).

142 BGH NJW-RR 2008, 172.

143 OLG Düsseldorf 1.10.2008 – VI-U (Kart) 5/08, juris Rn. 45; 26.6.2008 – VI-U (Kart) 31/07, juris Rn. 40.

144 OLG Frankfurt aM 16.11.2011 – 19 U 12/11, juris Rn. 26.

145 LG Krefeld 19.1.2006 – 5 O 462/04, juris Rn. 30.

146 LAG Nds 9.10.2009 – 10 Sa 1692/08, juris Rn. 29.

147 Vgl. *Ziegler/Rieder* ZIP 2001, 1789 (1793); Erman/*Schmidt-Räntsch* BGB Anh. Vor § 241 (Art. 229 § 5 EGBGB) Rn. 5.

148 Vgl. *Kirsch* NJW 2002, 2520 (2523).

entstanden sind)[149] nur noch die §§ 305 ff. BGB.[150] Soweit die Neuregelungen von den Vorgaben des alten Rechts abweichen, kann dies zur Unwirksamkeit bislang gesetzeskonformer Klauseln führen.[151]

Den neuen Vorschriften kommt allerdings nur **Wirkung ex nunc** zu (unechte Rückwirkung, → Rn. 2).[152] **61** Der Entstehungstatbestand richtet sich auch weiterhin nach altem Recht.[153] AGB, die unter altem Recht wirksam einbezogen wurden, bleiben dies selbst dann, wenn die Voraussetzungen der §§ 305 f. BGB nicht erfüllt sein sollten.[154] Sofern durch das SchuldRModG neue Klauselverbote eingeführt worden sind, müssen sich ab dem 1.1.2003 jedoch auch Altverträge an diesen messen lassen (→ Rn. 60); Wirkung kommt einem Verstoß gegen die Neuregelungen aber nur für die Zeit nach dem 31.12.2002 zu;[155] für den Zeitraum vor dem 1.1.2003 bleibt die betreffende Klausel weiterhin wirksam.[156]

Durch S. 2 unberührt geblieben sind die dem Art. 229 § 5 zeitlich vorgehenden Übergangsregelungen in **62** **Art. 229 § 2 Abs. 1**[157] und in **Art. 229 § 3**.[158] Praktische Bedeutung gewonnen hat die Frage des Konkurrenzverhältnisses vor allem in Bezug auf Art. 229 § 3 Abs. 10, der die Anwendbarkeit des § 573 c Abs. 4 BGB auf vor dem 1.9.2001 abgeschlossene Mietverträge regelt.[159] Wäre S. 2 hier der Vorrang einzuräumen vor der Vorschrift des Art. 229 § 3 Abs. 10, hätte dies zur Folge, dass in Altverträgen zulasten des Mieters von der Kündigungsfrist nach § 573c Abs. 1 S. 1 BGB abweichende Vereinbarungen mit Ablauf des 31.12.2002 unwirksam geworden wären.[160] Diese Konsequenz dürfte jedoch weder vom Gesetzgeber intendiert gewesen sein, noch ist sie zwingend aus S. 2 zu folgern.[161] Die Vorschriften der Art. 229 §§ 3 und 5 haben unterschiedliche Regelungsbereiche und konkurrieren nicht mit-, sondern stehen nebeneinander.[162] In der höchstrichterlichen Rechtsprechung wurde dies inzwischen auch für Art. 229 § 3 Abs. 1 Nr. 7,[163] Art. 229 § 3 Abs. 3[164] und Art. 229 § 3 Abs. 8[165] bestätigt.

---

149 AG Hamburg 11.9.2006 – 644 C 248/04, juris Rn. 93; Palandt/*Grüneberg* EGBGB Art. 229 § 5 Rn. 7.

150 *Armbrüster/Wiese* DStR 2003, 334 (338); *Heinrichs* NZM 2003, 6 (7); vgl. auch BGH NJW-RR 2018, 1485; NJW 2009, 1491 (1492); BAG NJW 2008, 458 (459); BAG 13.3.2007 – 9 AZR 433/06, juris Rn. 34 f.; BAG NJW 2006, 3303 (3305); LAG Frankfurt BB 2009, 1242 (1244); LAG Bln-Bbg 10.1.2008 – 20 Sa 1636/07, juris Rn. 31.

151 Kritisch *Stoffels* NZA 2005, 726.

152 OLG Düsseldorf 6.11.2014 – 16 U 202/13, juris Rn. 26; OLG Stuttgart 27.9.2006 – 4 U 74/06, juris Rn. 45; Staudinger/*Löwisch* EGBGB Art. 229 § 5 Rn. 44; vgl. auch BGH NJW-RR 2008, 172 (auf Ansprüche aus einem Dauerschuldverhältnis, die vor dem 1.1.2003 zu erfüllen waren, findet nach dem Stichtag die BGB in der bis zum 31.12.2001 geltenden Fassung Anwendung; die Daten im Leitsatz der Entscheidung enthalten offensichtlich Tippfehler).

153 LG Paderborn 27.3.2009 – 2 O 480/07, juris Rn. 47; vgl. auch OLG Düsseldorf 6.11.2014 – 16 U 202/13, juris Rn. 26.

154 *Armbrüster/Wiese* DStR 2003, 334 (338); *Heinrichs* NZM 2003, 6 (8) unter Hinweis auf den neuen § 305 Abs. 2 Nr. 2 BGB.

155 Zur Frage einer möglichen geltungserhaltenden Reduktion der nach neuem Recht beanstandeten Klausel vgl. *Armbrüster/Wiese* DStR 2003, 334 (338) (Aufrechterhaltung in dem nach §§ 305 ff. BGB erlaubten Maße grds. zulässig); *Wisskirchen/Stühm* DB 2003, 2225 (2227); dagegen *Heinrichs* NZM 2003, 6 (9) (keine geltungserhaltende Reduktion im Fall nachträglicher Gesetzesänderungen). Nach BAG NJW 2011, 2153 (2154) kommt eine Lückenfüllung im Wege der ergänzenden Vertragsauslegung in Betracht, sofern eine Klausel dem 1.1.2003 unwirksam ist, weil sie in formeller Hinsicht den Anforderungen des neuen Rechts nicht genügt.

156 Staudinger/*Löwisch* EGBGB Art. 229 § 5 Rn. 44 (nach neuem Recht unwirksame allgemeine Arbeitsbedingungen besitzen bis zum 31.12.2002 Gültigkeit).

157 *Armbrüster/Wiese* DStR 2003, 334 (339).

158 BGH NJW-RR 2018, 1485 (1486); NJW 2005, 1572 f.; LG Duisburg NJW 2004, 3125; AG Heilbronn NZM 2004, 946; *Klein-Blenkers* EGBGB Art. 229 § 3 Rn. 6, 61; *Maciejewski* MM 2004, 165. AA AG Villingen-Schwenningen 8.6.2004 – 7 C 635/03, juris Rn. 30; Staudinger/*Löwisch* EGBGB Art. 229 § 5 Rn. 4 (frühere Übergangsvorschriften sind durch S. 2 überholt).

159 Vgl. hierzu auch die Entscheidung in BGHZ 155, 178 ff. sowie in Reaktion auf diese die Einführung eines neuen Art. 229 § 3 Abs. 10 S. 2 durch das Gesetz v. 26.5.2005 (BGBl. I S. 1425).

160 So LG Leipzig NZM 2005, 178 f.; Staudinger/*Löwisch* EGBGB Art. 229 § 5 Rn. 41 (für Kündigungen nach dem 1.1.2003 ist die kurze Kündigungsfrist für Mieter nach § 573 c Abs. 1 BGB zwingend); ebenso *Schmidt-Kessel* NJW 2003, 3748 (3749) und im Anschluss AG Bückeburg NJW 2004, 1807; AG Villingen-Schwenningen 8.6.2004 – 7 C 635/03, juris Rn. 31; ferner AG Osnabrück WuM 2004, 498.

161 Ebenso BGH NJW 2005, 1572 (1573 f.); BGH 21.6.2005 – VIII ZB 83/04, juris Rn. 3; LG Berlin 6.2.2006 – 67 S 363/05, juris Rn. 9 ff.; LG Duisburg NJW 2004, 3125 f.; AG Charlottenburg GE 2005, 311; ausf. hierzu *Beuermann* GE 2004, 146 f.; *Lützenkirchen* ZMR 2004, 323; *Schimmel/Meyer* NJW 2004, 1633 (1634 f.); *Wiek* WuM 2004, 407 (408 f.); im Erg. ebenso *Armbrüster/Wiese* DStR 2003, 334 (339); vgl. auch LG Freiburg (Breisgau) 7.7.2005 – 3 S 12/05, juris Rn. 37 unter Hinweis auf die Einführung des neuen Art. 229 § 3 Abs. 10 S. 2 zum 1.6.2005.

162 S. insbes. *Wiek* WuM 2004, 407 (408).

163 BGH NJW 2009, 1491 (1492 f.).

164 BGH NZM 2007, 728 (729).

165 BGH NJW-RR 2018, 1485 (1486).

63 Streitig ist auch die Frage, in welchem Verhältnis S. 2 zu **Art. 229 § 9** (Überleitungsvorschrift zum OLG-Vertretungsänderungsgesetz) steht.[166] Verschiedentlich wird S. 2 als vermeintlich spezieller Regelung der Vorrang vor Art. 229 § 9 eingeräumt mit der Folge, dass sämtliche durch das OLG-Vertretungsänderungsgesetz eingefügten Neuerungen am 1.1.2003 auch auf Altverträge Anwendung finden sollen.[167] Überzeugender erscheint jedoch auch hier, bei Dauerschuldverhältnissen, die vor dem 1.1.2002 entstanden sind, die Regelung des Art. 229 § 9 als lex specialis zu S. 2 zu betrachten.[168] Für die am 1.1.2003 nach S. 2 übergeleiteten Altschuldverhältnisse kann daher lediglich § 355 Abs. 2 BGB nach Maßgabe des Art. 229 § 9 Abs. 2 Bedeutung gewinnen.[169] Den in Art. 229 § 9 Abs. 1 genannten Vorschriften, die bis zum 31.12.2002 auf vor dem 1.1.2002 entstandene (Dauer-)Schuldverhältnisse keine Anwendung fanden, kommt hingegen auch nach dem Stichtag nicht über S. 2 Wirkung zu.

64 Sofern die in S. 2 genannten Gesetze **nach dem 31.12.2002 geändert** werden, ist eine Anwendung dieser Neuerungen auch auf die zum 1.1.2003 übergeleiteten Dauerschuldverhältnisse nicht ausgeschlossen. Bei der in S. 2 ausgesprochenen Verweisung auf die am 1.1.2003 geltenden Gesetze handelt es sich um eine **dynamische Verweisung**.[170] Nachträgliche Änderungen sind daher nach Maßgabe der für diese vorgesehenen Übergangsregelungen zu beachten.

Art. 229 § 6 EGBGB Überleitungsvorschrift zum Verjährungsrecht nach dem Gesetz zur Modernisierung des Schuldrechts vom 26. November 2001

(1) [1]Die Vorschriften des Bürgerlichen Gesetzbuchs über die Verjährung in der seit dem 1. Januar 2002 geltenden Fassung finden auf die an diesem Tag bestehenden und noch nicht verjährten Ansprüche Anwendung. [2]Der Beginn, die Hemmung, die Ablaufhemmung und der Neubeginn der Verjährung bestimmen sich jedoch für den Zeitraum vor dem 1. Januar 2002 nach dem Bürgerlichen Gesetzbuch in der bis zu diesem Tag geltenden Fassung. [3]Wenn nach Ablauf des 31. Dezember 2001 ein Umstand eintritt, bei dessen Vorliegen nach dem Bürgerlichen Gesetzbuch in der vor dem 1. Januar 2002 geltenden Fassung eine vor dem 1. Januar 2002 eintretende Unterbrechung der Verjährung als nicht erfolgt oder als erfolgt gilt, so ist auch insoweit das Bürgerliche Gesetzbuch in der vor dem 1. Januar 2002 geltenden Fassung anzuwenden.

(2) Soweit die Vorschriften des Bürgerlichen Gesetzbuchs in der seit dem 1. Januar 2002 geltenden Fassung anstelle der Unterbrechung der Verjährung deren Hemmung vorsehen, so gilt eine Unterbrechung der Verjährung, die nach den anzuwendenden Vorschriften des Bürgerlichen Gesetzbuchs in der vor dem 1. Januar 2002 geltenden Fassung vor dem 1. Januar 2002 eintritt und mit Ablauf des 31. Dezember 2001 noch nicht beendigt ist, als mit dem Ablauf des 31. Dezember 2001 beendigt, und die neue Verjährung ist mit Beginn des 1. Januar 2002 gehemmt.

(3) Ist die Verjährungsfrist nach dem Bürgerlichen Gesetzbuch in der seit dem 1. Januar 2002 geltenden Fassung länger als nach dem Bürgerlichen Gesetzbuch in der bis zu diesem Tag geltenden Fassung, so ist die Verjährung mit dem Ablauf der im Bürgerlichen Gesetzbuch in der bis zu diesem Tag geltenden Fassung bestimmten Frist vollendet.

(4) [1]Ist die Verjährungsfrist nach dem Bürgerlichen Gesetzbuch in der seit dem 1. Januar 2002 geltenden Fassung kürzer als nach dem Bürgerlichen Gesetzbuch in der bis zu diesem Tag geltenden Fassung, so wird die kürzere Frist von dem 1. Januar 2002 an berechnet. [2]Läuft jedoch die im Bürgerlichen Gesetzbuch in der bis zu diesem Tag geltenden Fassung bestimmte längere Frist früher als die im Bürgerlichen Gesetzbuch in der seit diesem Tag geltenden Fassung bestimmten Frist ab, so ist

166 Ausf. hierzu *Schaffelhuber* WM 2005, 765 ff.
167 So Staudinger/*Löwisch* EGBGB Art. 229 § 9 Rn. 7; AnwK-BGB/*Ring* EGBGB Art. 229 § 9 lediglich Rn. 13; *Schmidt-Kessel* ZGS 2002, 311 (318 f.).
168 So auch BGH NJW 2006, 3349 f.; OLG Stuttgart ZIP 2008, 1579; OLG Brandenburg 31.1.2007 –
     3 W 49/05 Ls. 1; LG Paderborn 27.3.2009 –
     2 O 480/07, juris Rn. 48; *Armbrüster/Wiese* DStR 2003, 334 (337, 340); einschränkend BGH NJW 2010, 602 (603) (Art. 229 § 9 ist nur hinsichtlich der dort aufgeführten Vorschriften des BGB lex specialis zu S. 2; nicht verdrängt wird S. 2 im Hinblick auf den

Erlöschenstatbestand des § 2 Abs. 1 S. 4 HWiG aF [bis zum 30.9.2000 geltende Fassung]. § 2 Abs. 1 S. 4 HWiG aF findet daher keine Anwendung mehr, wenn ein Altdarlehen erst nach dem 31.12.2002 vollständig zurückgeführt wird.); ebenso BGH NJW 2017, 2675 f. (Art. 229 § 9 ist im Hinblick auf § 358 BGB nur insoweit lex specialis zu Art. 229 § 5 S. 2, als die Norm durch das OLG-Vertretungsänderungsgesetz geändert wurde).
169 *Armbrüster/Wiese* DStR 2003, 334 (340).
170 *Armbrüster/Wiese* DStR 2003, 334 (336).

die Verjährung mit dem Ablauf der im Bürgerlichen Gesetzbuch in der bis zu diesem Tag geltenden Fassung bestimmten Frist vollendet.

(5) Die vorstehenden Absätze sind entsprechend auf Fristen anzuwenden, die für die Geltendmachung, den Erwerb oder den Verlust eines Rechts maßgebend sind.

(6) Die vorstehenden Absätze gelten für die Fristen nach dem Handelsgesetzbuch und dem Umwandlungsgesetz entsprechend.

Literatur: *Amann*, in: Amann/Brambring/Hertel (Hrsg.), Vertragspraxis nach neuem Schuldrecht, 2. Auflage 2003, S. 430 (zitiert: *Amann*); *Assmann/Wagner*, Die Verjährung so genannter Altansprüche der Erwerber von Anlagen des freien Kapitalanlagemarkts, NJW 2005, 3169; *Besch/Kiene*, Die Verjährung von Anlegeransprüchen gegenüber Anlagevermittler und Anlageberater zum 1.1.2004, DB 2004, 1819; *Budzikiewicz*, Ablaufhemmung und intertemporales Kollisionsrecht, AnwBl 2002, 394; *dies.*, Die Verjährung im neuen Darlehensrecht, WM 2003, 264; *Gerneth*, Zur Auslegung des Art. 229 § 6 EGBGB, BKR 2006, 312; *Gsell*, Schuldrechtsreform: Die Überleitungsregelungen für die Verjährungsfristen, NJW 2002, 1297; *Heß*, Das neue Schuldrecht – In-Kraft-Treten und Übergangsregelungen, NJW 2002, 253; *ders.*, Die Übergangsregelungen zum Schuldrechtsmodernisierungsgesetz, DStR 2002, 455; *Höpker*, Verkäuferregress (§§ 478, 479 BGB), Diss. Hamburg, 2003, abrufbar unter: www.sub.uni-hamburg.de/disse/1137/dissertation.pdf, S. 348; *Kandelhard*, Ist es wirklich schon zu spät? – Zum Ablauf der allgemeinen Verjährungsfrist nach intertemporalem Verjährungsrecht, NJW 2005, 630; *Mansel/Budzikiewicz*, Das neue Verjährungsrecht, 2002; *dies.*, Verjährungsanpassungsgesetz: Neue Verjährungsfristen, insbesondere für die Anwaltshaftung und im Gesellschaftsrecht, NJW 2005, 321; *Möller*, Verjährung von Altansprüchen nach neuem Schuldrecht – Zur Auslegung der Überleitungsnorm des Art. 229 § 6 Abs. 4 EGBGB, WM 2008, 476; *Pfeiffer*, Der Übergang von der Unterbrechung zur Hemmung der Verjährung, ZGS 2002, 275; *Piekenbrock*, Befristung, Verjährung, Verschweigung und Verwirkung, 2006, S. 481; *Pohlmann*, Intertemporales Verjährungsrecht beim Kartellschadensersatz, WuW 2013, 357; *Rohlfink*, Grob fahrlässige Unkenntnis und Beginn der Regelverjährung bei Alt- bzw. Überleitungsfällen, MDR 2006, 721; *Schulte-Nölke/Hawxwell*, Zur Verjährung von vor der Schuldrechtsreform entstandenen Ansprüchen, NJW 2005, 2117; *Stenzel*, Zur Verjährung von vor der Schuldrechtsreform entstandenen Ansprüchen – Stichtagsprinzip oder Einheitslösung?, ZGS 2006, 130.

A. Allgemeines 1	a) Verlängerung der Verjährungsfrist
I. Normzweck und Normstruktur 1	unter neuem Recht 40
II. Auskunftsansprüche 3	b) Verkürzung der Verjährungsfrist unter
III. Überleitung außerhalb des BGB 4	neuem Recht 41
B. Regelungsgehalt 5	III. Verjährungsfristen 42
I. Intertemporaler Anwendungsbereich des	1. Gleiche Fristen nach altem und neuem
neuen Verjährungsrechts (Abs. 1 S. 1) 5	Recht (Abs. 1 S. 1) 42
1. Grundsatz 5	2. Verlängerung der Verjährungsfrist unter
2. Nach dem 31.12.2001 entstandene	neuem Recht (Abs. 3) 45
Ansprüche 11	a) Gesetzliche Fristverlängerung 45
a) Neues Rechtsverhältnis 11	b) Vertragliche Fristverlängerung 48
b) Altes Rechtsverhältnis 12	aa) Verjährung ist bereits eingetreten ... 49
c) Sonderfall der Maximalfrist des	bb) Verjährung ist noch nicht eingetre-
§ 852 Abs. 1 BGB aF 17	ten 50
3. Am 1.1.2002 bereits verjährte Ansprüche 18	c) Abkürzung der Verjährungsfrist bei
II. Beginn, Neubeginn, Hemmung und Ablauf-	Haftung wegen Vorsatzes 54
hemmung 20	d) Mittelbare Verjährungserschwerungen 56
1. Verjährungsbeginn (Abs. 1 S. 2 Alt. 1) 20	3. Verkürzung der Verjährungsfrist unter
2. Hemmung, Neubeginn 24	neuem Recht (Abs. 4) 57
a) Grundsatz	4. Anspruchskonkurrenz 65
(Abs. 1 S. 2 Alt. 2 und 4, S. 3) 24	IV. Analoge Anwendung 66
b) Umwandlung von Unterbrechungs- in	1. Ausschlussfristen, Ersitzung (Abs. 5) 66
Hemmungstatbestände (Abs. 2) 30	2. HGB und UmwG (Abs. 6) 69
c) Neue Hemmungstatbestände 34	3. KostO 70
3. Ablaufhemmung (Abs. 1 S. 2 Alt. 3) 36	

A. Allgemeines[1]

I. Normzweck und Normstruktur

Abweichend von der Regelung des Art. 229 § 5, der allgemein den zeitlichen Anwendungsbereich der durch das SchuldRModG[2] eingefügten Neuerungen bestimmt, enthält Art. 229 § 6 für die zum 1.1.2002 im BGB geänderten Vorschriften des Verjährungsrechts eine gesonderte, höchst detaillierte Übergangsnorm, der im   **1**

---

1   Die erste Bearbeitung der Kommentierung des Art. 229 § 6 durch *Heinz-Peter Mansel* erschien im Dezember 2001 in Dauner-Lieb/Heidel/Lepa/Ring AnwK-SchuldR. Die Aktualisierung und Erweiterung dieser Erstbearbeitung wurde unter Einbezie-

hung der Ausführungen in *Mansel/Budzikiewicz*, Das neue Verjährungsrecht, § 10, durchgeführt.

2   Gesetz zur Modernisierung des Schuldrechts v. 26.11.2001 (BGBl. I S. 3138).

Rahmen ihres Anwendungsbereichs als lex specialis **Vorrang vor Art. 229 § 5 S. 1 und 2** zukommt.[3] Die Vorschrift orientiert sich hinsichtlich ihres Abs. 1 S. 1 und 2 sowie der Abs. 4 und 5 an dem Vorbild der **Art. 169 und 231 § 6**, die eine entsprechende Funktion bei Inkrafttreten des BGB bzw. bei Wirksamwerden des Beitritts übernommen hatten und inzwischen als Ausdruck eines allgemeinen Rechtsgedankens anerkannt sind.[4] Ebenso wie Art. 169 Abs. 1 und 231 § 6 Abs. 1 sieht auch Art. 229 § 6 Abs. 1 die Anwendbarkeit des neuen Verjährungsrechts auf die am Stichtag bereits bestehenden, jedoch noch nicht verjährten Ansprüche vor und unterstellt damit grundsätzlich alle am 1.1.2002 noch nicht abgelaufenen Verjährungsfristen *ex nunc* dem neuen Recht. Soweit altes und neues Recht differieren, werden in Art. 229 § 6 Abs. 2–4 zusätzlich eine Reihe von Sonderregelungen statuiert, die die Verjährung im Fall einer Fristverlängerung (Abs. 3) oder Fristverkürzung (Abs. 4) unter neuem Recht sowie für solche Sachverhaltskonstellationen regeln, in denen es bis zum 31.12.2001 zu einer Unterbrechung der Verjährung kam, seit dem 1.1.2002 aber nur noch ein Hemmungstatbestand vorgesehen ist (Abs. 2). Während Abs. 2 lediglich eine Klarstellung im Verhältnis zu Abs. 1 enthält, kann aufgrund der Regelungen der Abs. 3 und 4 auch nach dem 31.12.2001 altes Recht in den Fällen weiterhin Geltung beanspruchen, in denen dieses zu einem – verglichen mit den neuen Vorschriften – früheren Verjährungseintritt führt (vgl. im Einzelnen → Rn. 45 f., 57 ff.). Dies entspricht der Zielsetzung des Gesetzgebers, den neuen Verjährungsregelungen möglichst schnell Wirkung zukommen zu lassen und hiervon nur dann abzuweichen, wenn altes Recht die Verjährung schneller herbeiführen würde als die Bestimmungen des SchuldRModG.

2 Über Abs. 5 finden die Abs. 1–4 auch auf **Ausschlussfristen** und **Ersitzungstatbestände** Anwendung, die durch das SchuldRModG geändert wurden. Die Vorschrift ist Art. 231 § 6 Abs. 3 nachgebildet. Bedeutung gewinnt sie vor allem hinsichtlich der Fristen der §§ 121 Abs. 2 und 124 Abs. 3 BGB, die von früher dreißig Jahren auf heute zehn Jahre herabgesetzt wurden (vgl. hierzu auch → Rn. 67 f.).

II. Auskunftsansprüche

3 Eine Besonderheit ist bei Auskunftsansprüchen zu beachten: Sollen diese einen Leistungsanspruch vorbereiten, richtet sich die Frage des anwendbaren Verjährungsrechts nach der Verjährung des betreffenden Leistungsanspruchs. Ist dieser am 1.1.2002 schon verjährt, findet (auch) auf den Auskunftsanspruch altes Recht Anwendung. Läuft die Verjährungsfrist für den Leistungsanspruch dagegen noch über den 31.12.2001 hinaus, unterliegt der Auskunftsanspruch (ebenso wie der Leistungsanspruch) den neuen Verjährungsregeln.[5]

III. Überleitung außerhalb des BGB

4 Zahlreiche **andere Gesetze**, in welchen Verjährungsregeln durch das SchuldRModG geändert wurden, haben eigenständige verjährungsrechtliche Übergangsvorschriften. Im Wesentlichen verweisen diese allerdings auf Art. 229 § 6, s. § 147 PatG; § 31 GebrMG; § 165 Abs. 1 MarkenG; § 137i UrhG;[6] § 26 Abs. 2 HalblSchG; § 170a BBergG; § 41 Abs. 7 SortSchG; § 102 VwVfG; § 70 SGB I; § 120 Abs. 5 SGB X.[7] Soweit sich für die in dem Gesetz zur Anpassung von Verjährungsvorschriften an das Gesetz zur Modernisierung des Schuldrechts (**Verjährungsanpassungsgesetz**) vorgesehenen neuen Verjährungsregeln die Frage der Überleitung stellt, bezieht sich der insofern maßgebliche neue Art. 229 § 12 grundsätzlich ebenfalls auf Art. 229 § 6.[8]

Zur entsprechenden Anwendung des Art. 229 § 6 Abs. 1–5 auf die Fristen des HGB, des UmwG und der KostO → Rn. 69 f.

3 BGH NJW 2006, 44; NJW 2005, 739 (740); *Amann* S. 430.

4 MüKoBGB/*Grothe* EGBGB Art. 229 § 6 Rn. 1, Vor § 194 Rn. 37; Palandt/*Ellenberger* BGB Vor § 194 Rn. 25, EGBGB Art. 231 § 6 Rn. 1; vgl. auch Staudinger/*Rauscher* EGBGB Art. 231 § 6 Rn. 4 und OVG Lüneburg 20.11.2009 – 4 LA 709/07, juris Rn. 12 (entsprechende Anwendung von Art. 169 EGBGB, um die intertemporale Anwendbarkeit der

zum 1.4.2005 geänderten Verjährungsregelung in § 4 Abs. 4 RGebStV zu bestimmen).

5 Ebenso Staudinger/*Jacoby/Peters* EGBGB Art. 229 § 6 Rn. 4.

6 S. dazu LG Köln ZUM 2013, 422 (426).

7 Vgl. hierzu auch *Guckelberger*, Die Verjährung im Öffentlichen Recht, S. 647 f.

8 Ausf. hierzu *Mansel/Budzikiewicz* NJW 2005, 321 (324).

B. Regelungsgehalt

I. Intertemporaler Anwendungsbereich des neuen Verjährungsrechts (Abs. 1 S. 1)

1. Grundsatz. Die durch das SchuldRModG in das BGB eingefügten Verjährungsregelungen sind am **5** 1.1.2002 in Kraft getreten.[9] Anwendung finden sie damit in jedem Fall auf solche Ansprüche, die aus einem Rechtsverhältnis resultieren, das nach dem 31.12.2001 entstanden ist (vgl. auch → Rn. 11). Nach Abs. 1 S. 1 soll das neue Verjährungsrecht darüber hinaus grundsätzlich auch hinsichtlich solcher Ansprüche heranzuziehen sein, die bereits vor dem 1.1.2002 entstanden, jedoch an diesem Tag noch nicht verjährt sind. Die Regelung weicht damit für das neue Verjährungsrecht von dem in Art. 229 § 5 S. 1 festgeschriebenen Grundsatz ab, dass alte Schuldverhältnisse weiterhin altem Recht unterfallen. Gleiches gilt für Dauerschuldverhältnisse, soweit sich diese nach Art. 229 § 5 S. 2 noch bis zum 31.12.2002 nach den bis zum 31.12.2001 gültigen Vorschriften richten.[10]

Der Begriff des „bestehenden" Anspruchs in Abs. 1 S. 1 ist ebenso auszulegen wie derjenige der **6** **Anspruchsentstehung** in § 199 Abs. 1 Nr. 1 BGB bzw. § 198 S. 1 BGB aF.[11] Maßgeblich für das Eingreifen der Überleitungsregelung ist mithin regelmäßig die Erfüllung aller Tatbestandsvoraussetzungen sowie die Fälligkeit des Anspruchs (→ BGB § 199 Rn. 15 ff., 43 ff.).[12] Nur in Ausnahmefällen wird die Entstehung des Anspruchs – und damit auch die Anwendbarkeit des Art. 229 § 6 – nicht durch die Anspruchsfälligkeit, sondern durch ein früheres Ereignis bestimmt. Bedeutung kommt dem vor allem bei (vertraglichen oder deliktischen) Schadensersatzansprüchen zu, die bereits dann iSd Verjährungsrechts entstanden sind, wenn sich die Vermögenslage des Geschädigten durch das schadenstiftende Ereignis verschlechtert und sich diese Verschlechterung wenigstens dem Grunde nach verwirklicht hat.[13] Hier finden die Abs. 1–4 schon dann Anwendung, wenn die letztgenannten Voraussetzungen vor dem 1.1.2002 erfüllt waren.

Ob bzw. wann ein Anspruch entstanden ist, stellt hingegen keine Frage des Verjährungsrechts dar, sondern **7** ist nach den Bestimmungen zu entscheiden, die Art. 229 § 5 für anwendbar erklärt.[14]

Beispiel: Durch ein mangelhaftes, im August 2001 geliefertes Fernsehgerät kommt es im Oktober 2001 zu **8** einem Wohnungsbrand. Erst im März des Folgejahres wird durch einen Gutachter festgestellt, dass infolge der Hitzeentwicklung auch Teile der in der Wand verlegten Stromleitungen beschädigt wurden. Die aus der Fehlerhaftigkeit der Kaufsache resultierenden Ansprüche auf Ersatz des Mangelfolgeschadens sind hier schon vor dem Stichtag entstanden, auch wenn Teile des Schadens erst nach dem 31.12.2001 entdeckt wurden, mithin auch die diesbezüglichen Reparaturkosten erst nach der Erststschädigung anfielen und die Ansprüche folglich nach dem Stichtag fällig geworden sind. Die Verjährung der Ansprüche aus pVV[15] und § 823 Abs. 1 BGB richtet sich in diesem Fall bis zum 31.12.2001 nach § 477 Abs. 1 bzw. § 852 BGB aF. Ab dem 1.1.2002 kommt dann neues Recht nach Maßgabe des Art. 229 § 6 zur Anwendung.

Nach Abs. 1 S. 1 unterfällt ein vor dem 1.1.2002 entstandener Anspruch allerdings nur dann der Übergangs- **9** regelung, wenn er noch nicht verjährt ist. Ob am Stichtag bereits **Verjährung eingetreten** ist, beurteilt sich nach den bis zum 31.12.2001 maßgeblichen Verjährungsvorschriften (vgl. auch → Rn. 18).

Erfasst werden von Art. 229 § 6 sowohl **Ansprüche**, die sich auf das BGB stützen, als auch solche, die in **10** anderen Gesetzen geregelt sind, deren Verjährung sich jedoch ganz oder teilweise nach den §§ 194 ff. BGB richtet, sei es aufgrund partieller oder allgemeiner Verweisung, sei es aufgrund entsprechender Anwendung im Wege der Lückenfüllung (vgl. hierzu die Bsp. in → BGB § 195 Rn. 27 ff.).[16] Letzteres schließt auch jene außerhalb des BGB normierten Ansprüche mit ein, deren Verjährung aufgrund Verweisung den für unerlaubte Handlungen geltenden Vorschriften des BGB unterliegt (vgl. etwa § 8 Abs. 6 BDSG aF [s. jetzt § 83

---

9 Art. 9 Abs. 1 S. 3 SchuldRModG.
10 *Amann* S. 430.
11 Ebenso wohl *Gsell* NJW 2002, 1297 (1302); aA MüKoBGB/*Grothe* EGBGB Art. 229 § 6 Rn. 11; Palandt/*Ellenberger* EGBGB Art. 229 § 6 Rn. 2.
12 Ebenso *Wagner* ZIP 2005, 558.
13 Näher *Mansel/Budzikiewicz* § 3 Rn. 80 f.
14 Vgl. zu Art. 231 § 6: Staudinger/*Rauscher* EGBGB Art. 231 § 6 Rn. 2 (die Voraussetzungen der Fälligkeit unterstehen nicht der Überleitungsvorschrift für die Verjährung).
15 Gem. Art. 229 § 5 S. 1 kommen hier nicht die §§ 437 Nr. 3, 280 Abs. 1 BGB, sondern das Institut der pVV des alten Rechts zur Anwendung; vgl. Art. 229 § 5 Rn. 26 ff., 50.
16 BT-Drs. 14/6040, S. 273. Zur Anwendbarkeit des Art. 229 § 6 auf die Verjährung öffentlich-rechtlicher

Ansprüche vgl. *Stumpf* NVwZ 2003, 1198 (1201) (Anwendbarkeit grds. bejaht; Ausnahme, wenn die Verjährung für Ansprüche von Grundrechtsträgern ggü. dem Hoheitsträger früher eintreten würde als nach altem Recht); *Guckelberger*, Die Verjährung im Öffentlichen Recht, S. 647 f.; s. auch BVerwG NVwZ 2011, 949 (954) (zur Verjährung von Zinsansprüchen aus öffentlichem Recht); VGH Mannheim BeckRS 2018, 32549 (öffentlich-rechtlicher Folgenbeseitigungsanspruch); OVG Greifswald BeckRS 2012, 60644; BeckRS 2013, 49402; VG Kassel BeckRS 2013, 52045; ferner OVG Bautzen 17.12.2013 – 1 A 106/13, juris Rn. 26 ff. (Verjährung öffentlich-rechtlicher Erstattungsansprüche aus sächsischem Landesrecht).

Abs. 5 BDSG]; § 32 Abs. 8 GenTG; § 11 HPflG; § 14 StVG;[17] § 17 UmweltHG). Da das neue Recht – abgesehen von der Verjährung des deliktischen Bereicherungsanspruchs nach § 852 BGB (= § 852 Abs. 3 BGB aF) – keine Sondervorschriften für die deliktische Verjährung kennt, sind in diesem Fall ab dem 1.1.2002 ebenfalls die §§ 194 ff. BGB heranzuziehen[18] (zur Überleitung der deliktischen Verjährung s. auch → Rn. 17).

11   **2. Nach dem 31.12.2001 entstandene Ansprüche. a) Neues Rechtsverhältnis.** Da das neue Verjährungsrecht am 1.1.2002 in Kraft getreten ist und die Übergangsregelung des Art. 229 § 6 nur solche Ansprüche betrifft, die vor dem Stichtag entstanden sind, ist zu folgern, dass Ansprüche, die auf einem Rechtsverhältnis beruhen, das nach dem 31.12.2001 zur Entstehung gelangte, lediglich den **neuen Verjährungsvorschriften** unterliegen.[19] Sollte daher am 1.1.2002 (oder später) ein Kaufvertrag geschlossen worden sein und stellt sich die Kaufsache als mangelhaft heraus, so richtet sich die Verjährung der daraus resultierenden Gewährleistungsansprüche ausschließlich nach §§ 438, 479 BGB sowie, hinsichtlich eventueller Verjährungsvereinbarungen, der (Ablauf-)Hemmung oder einem Neubeginn, nach §§ 202 ff. BGB.

Zu der Frage, wann ein Rechtsverhältnis iSd Übergangsrechts entstanden ist, → Art. 229 § 5 Rn. 23 ff.

12   **b) Altes Rechtsverhältnis.** Ebenfalls ausschließlich neues Verjährungsrecht findet Anwendung, wenn das Rechtsverhältnis, auf das sich der Anspruch stützt, noch vor dem 1.1.2002 begründet wurde, der **Anspruch** selbst jedoch erst **nach dem Stichtag entstanden** ist.[20] Dies ergibt sich zwar, anders als im Fall eines neuen Schuldverhältnisses (→ Rn. 11), nicht unmittelbar aus Art. 229 § 6 Abs. 1 S. 1 iVm Art. 9 Abs. 1 S. 2 SchuldRModG; der dem Abs. 1 S. 1 zugrunde liegende Gedanke ist in einem solchen Fall aber zumindest entsprechend heranzuziehen.[21] Es wäre widersprüchlich, lediglich solche Ansprüche, die bereits vor dem 1.1.2002 entstanden, jedoch noch nicht verjährt sind, dem neuen Recht zu unterstellen, nicht jedoch jene, die zwar gleichfalls auf einem Altschuldverhältnis beruhen, jedoch erst nach dem Stichtag zur Entstehung gelangen.[22]

13   Die Anlehnung an Abs. 1 S. 1 erstreckt sich allerdings nicht auch auf die Abs. 3 und 4. Ein **Fristenvergleich** findet bei Ansprüchen, die nach dem Stichtag entstanden sind, nicht statt – unabhängig davon, ob sie einem neuen oder einem alten Schuldverhältnis entspringen.[23] Die Abs. 3 und 4 beziehen sich ausschließ-

---

17   OLG Celle BeckRS 2017, 148437.

18   *Mansel/Budzikiewicz* § 2 Rn. 37.

19   *Gsell* NJW 2002, 1297 (1302); Palandt/*Ellenberger* EGBGB Art. 229 § 6 Rn. 3; *Mansel/Budzikiewicz* § 10 Rn. 3; im Erg. ebenso Staudinger/*Jacoby/Peters* EGBGB Art. 229 § 6 Rn. 5; Erman/*Schmidt-Räntsch* BGB Anh. Vor § 194 (Art. 229 § 6 EGBGB) Rn. 3, die dies allerdings nicht aus Art. 229 § 6 Abs. 1 S. 1 bzw. Art. 9 Abs. 1 S. 3 SchuldRModG, sondern aus Art. 229 § 5 herleiten. Geht man jedoch davon aus, dass der Gesetzgeber die Überleitung des Verjährungsrechts in Art. 229 § 6 umfassend regeln wollte, bleibt kein Raum für einen partiellen Rückgriff auf Art. 229 § 5; ebenso *Gsell* NJW 2002, 1297 (1302); *Heß* NJW 2002, 253 (256).

20   Ebenso BGH NJW 2016, 156 (157); NJW-RR 2008, 459; NJW 2006, 44; NJW 2005, 739 (740); OLG Saarbrücken NJW-RR 2006, 163; OLG Celle NZBau 2009, 127 (130); OLG Celle 17.2.2009 -16 U 78/08, juris Rn. 58 f.; Erman/*Schmidt-Räntsch* BGB Anh. Vor § 194 (Art. 229 § 6 EGBGB) Rn. 3; Palandt/*Ellenberger* EGBGB Art. 229 § 6 Rn. 2; *Budzikiewicz* AnwBl 2002, 394 (395) (entgegen dem als anderer Ansicht ausgewiesenen Zitat bei MüKoBGB/*Grothe* EGBGB Art. 229 § 6 Rn. 2).

21   BGH NJW-RR 2008, 459; *Leenen* DStR 2002, 34 (42); *Mansel/Budzikiewicz* § 10 Rn. 3; im Erg. auch Staudinger/*Jacoby/Peters* EGBGB Art. 229 § 6 Rn. 5; grds. wohl ebenso *Gsell* NJW 2002, 1297 (1302 f.), allerdings mit einer Ausnahme bei kauf- und werkvertraglichen Gewährleistungsansprüchen (dort analoge Anwendung des Art. 229 § 6 Abs. 3 und 4); dem schließt sich *Höpker* S. 350 (Fn. 2487) an. Nach BGH NJW 2016, 156 (157) richtet sich die Verjährung von Zinsansprüchen, die ab dem 1.1.2002 neu entstanden sind, jedoch auf einem vor dem Stich-

tag entstandenen Rechtsverhältnis beruhen (hier: erbrechtlicher Herausgabeanspruch), ausschließlich nach den novellierten Verjährungsvorschriften (hier: § 197 BGB idF vom 1.1.2002 bis zum 31.12.2009); Art. 229 § 6 findet nach Ansicht des IV. Senats in diesem Fall keine Anwendung.

22   MüKoBGB/*Grothe* Vor § 194 Rn. 36; EGBGB Art. 229 § 6 Rn. 2; BeckOGK/*Meller-Hannich* EGBGB Art. 229 § 6 Rn. 6; *Gsell* NJW 2002, 1297 (1302 f.); *Leenen* DStR 2002, 34 (42); aA wohl *Dobmaier* AnwBl 2002, 107 (109), der vorschlägt, vorsorglich weiterhin die Verjährungsfristen des alten Rechts zur Anwendung zu bringen.

23   *Budzikiewicz* AnwBl 2002, 394 (395 f.); *Leenen* DStR 2002, 34 (42); *Mansel/Budzikiewicz* § 10 Rn. 3 f.; *Wagner* ZIP 2005, 558; grds. auch *Gsell* NJW 2002, 1297 (1302 f.) mit Ausnahme des Gewährleistungsrechts; vgl. auch BGH NJW 2016, 156 (157); aA BGH NJW 2006, 44 f.; OLG Bamberg BeckRS 2016, 6050 (gegen BGH NJW 2016, 156 (157)); OLG Celle NZBau 2009, 127 (130); OLG Celle 17.2.2009 – 16 U 78/08, juris Rn. 60 ff.; OLG Naumburg BeckRS 2013, 07575; LAG München 26.9.2007 – 7 Sa 353/07, juris Rn. 33; *Amann* S. 431; Palandt/*Ellenberger* EGBGB Art. 229 § 6 Rn. 2, 5; PWW/*Kesseler* EGBGB Art. 229 § 6 Rn. 4; *Heß* DStR 2002, 455 (458); Erman/*Schmidt-Räntsch* BGB Anh. Vor § 194 (Art. 229 § 6 EGBGB) Rn. 3, 8; wohl auch OLG Hamm NZBau 2004, 332 (333) (das Gericht wendet für einen nach dem 31.12.2001 entstandenen Anspruch unter Hinweis auf Abs. 3 die Frist des § 196 Abs. 1 Nr. 1 BGB aF an, entnimmt den Verjährungsbeginn dann jedoch aus § 199 Abs. 1 BGB. Letzteres wird – unzutreffend – aus Abs. 1 S. 2 hergeleitet).

lich auf die in Abs. 1 S. 1 zugrunde gelegte Situation eines am 1.1.2002 bereits entstandenen Anspruchs, für dessen prinzipielle Unterstellung unter das neue Recht in bestimmten Fällen Ausnahmen statuiert werden. Soweit Abs. 4 betroffen ist, der den Fall behandelt, dass das **neue Recht kürzere Fristen** vorsieht als das alte, würde eine entsprechende Anwendung auf Ansprüche, die nach dem 31.12.2001 entstanden sind, ohnehin leerlaufen. Der in Abs. 4 S. 2 vorgesehene Fall eines früheren Ablaufs der alten längeren Frist ist hier nicht denkbar, da sich der Verjährungsbeginn für beide Fristen gem. Abs. 1 S. 1 (analog) einheitlich nach neuem Recht richten würde. Auch eine Sonderberechnung der neuen Frist gem. Abs. 4 S. 1 ab dem 1.1.2002 kommt nicht in Betracht, da die Gefahr eines Fristablaufs vor dem Stichtag, der durch die Regelung begegnet werden soll, nicht eintreten kann (vgl. hierzu → Rn. 57). Es bleibt daher bei dem nach neuem Recht zu bestimmenden, unmodifizierten Fristbeginn.

Für den Fall einer **Fristverlängerung** unter neuem Recht sieht Abs. 3 unter dem Gesichtspunkt des Schuldnerschutzes den Eintritt der Verjährung nach Ablauf der Verjährungsfrist des alten Rechts vor. Hierbei handelt es sich um eine Ausnahmevorschrift, für deren analoge Anwendung auf nach dem 31.12.2001 entstandene Ansprüche kein Grund besteht. Der Aspekt des Schuldnerschutzes kommt selbst bei Altansprüchen nur dann zum Tragen, wenn der Schuldner die kürzere altrechtliche Verjährungsfrist tatsächlich bei Begründung des Schuldverhältnisses in seine Kalkulation einbezogen hat. Dies wird vor allem bei möglichen Gewährleistungsansprüchen zutreffen. Hier mag zB der Verkäufer oder Werkunternehmer nach Ablieferung oder Übergabe der Kaufsache bzw. Abnahme des Werkes vor dem 1.1.2002 durch die Verlängerung der Verjährungsfristen in §§ 438 und 634a BGB überrascht worden sein. Diese Situation hat sich jedoch mit Inkrafttreten des SchuldRModG geändert. Die neue Rechtslage ist bekannt; der Schuldner kann auf die veränderte rechtliche Situation reagieren. Sollte daher die Anwendbarkeit des neuen Verjährungsrechts tatsächlich das Äquivalenzverhältnis der vertraglich geschuldeten Leistungen beeinflussen, steht die Möglichkeit offen, ggf. noch vor Erbringung der geschuldeten Leistung eine Anpassung des Vertrages auf der Grundlage des Instituts des Wegfalls der Geschäftsgrundlage (nach neuem Recht: § 313 BGB) durchzuführen.[24] Diese mag – je nach den Interessen der Parteien – ausnahmsweise durch Heranziehung der alten Verjährungsfristen erfolgen,[25] kann aber auch in einer Veränderung der Gegenleistung etc bestehen. In jedem Fall erweist sich eine Vertragsanpassung als wesentlich flexibler als die starre Übertragung des Abs. 3.[26] Von einer statischen Analogie zu Abs. 3 sollte daher abgesehen werden.[27] Dies gilt nicht zuletzt auch vor dem Hintergrund, dass das Ziel des Gesetzgebers die schnelle Durchsetzung des neuen Rechts war.

Beispiele: Am 15.11.2001 wird ein Kaufvertrag über einen Gegenstand abgeschlossen, der vereinbarungsgemäß am 8.1.2002 geliefert wird. Etwaige **Gewährleistungsansprüche** wären hier erst mit der Lieferung und damit nach dem in Abs. 1 S. 1 bezeichneten Stichtag des 1.1.2002 entstanden. Die Frage der Verjährung richtet sich daher ausschließlich nach den neuen Vorschriften, dh nach § 438 BGB (und ggf. nach § 479 BGB). Abs. 3 findet keine Anwendung, obwohl die Frist des § 438 Abs. 1 Nr. 3 BGB länger ist als die bis zum 31.12.2001 maßgebliche Sechsmonatsfrist des § 477 Abs. 1 S. 1 BGB aF Soweit der Vertrag in dem Bewusstsein der Geltung des § 477 BGB aF abgeschlossen worden sein sollte, kann das Äquivalenzverhältnis, wurde es denn beeinträchtigt, ggf. durch einen Rückgriff auf das Institut des Wegfalls der Geschäftsgrundlage wieder hergestellt werden.

Ebenfalls ausschließlich auf die verjährungsrechtlichen Neuregelungen ist abzustellen, wenn **anwaltliche Vergütungsansprüche** geltend gemacht werden, die gem. § 16 S. 1 BRAGO[28] nach dem 31.12.2001 fällig geworden (und damit iSd Verjährungsrechts entstanden) sind, der Anwaltsvertrag jedoch schon vor dem 1.1.2002 abgeschlossen wurde.[29] Hier kommt nur noch die dreijährige Regelverjährung nach §§ 195, 199 BGB zum Tragen; die bisherige kürzere Zweijahresfrist der §§ 196 Abs. 1 Nr. 15, 198 S. 1, 201 S. 1 BGB aF bleibt außer Betracht.[30] Eine Anpassung scheidet in diesem Fall aus. Die Verjährungsfrist des Vergütungsanspruchs hat regelmäßig keine Auswirkungen auf das Äquivalenzverhältnis.

c) Sonderfall der Maximalfrist des § 852 Abs. 1 BGB aF. Nach § 852 Abs. 1 BGB aF verjährte der Anspruch aus einer unerlaubten Handlung in drei Jahren, gerechnet ab dem Zeitpunkt, in dem der Verletzte von dem Schaden und dem Ersatzpflichtigen Kenntnis erlangte, ohne Rücksicht auf diese Kenntnis in 30

14

15

16

17

---

24   Vgl. auch Staudinger/*Löwisch* EGBGB Art. 229 § 5 Rn. 31.
25   Vgl. auch *Budzikiewicz* AnwBl 2002, 394 (396).
26   AA MüKoBGB/*Grothe* EGBGB Art. 229 § 6 Rn. 2 und 4. Aufl. 2003, Vor § 194 Rn. 36 (dem evtl. enttäuschten Vertrauen einer Partei in den Fortbestand des alten Rechts könne nur über § 242 BGB begegnet werden).
27   AA BGH NJW 2006, 44 f.; LG Kaiserslautern NJW-RR 2005, 1114 (1115); Staudinger/*Jacoby/Peters*

EGBGB Art. 229 § 6 Rn. 10; *Gsell* NJW 2002, 1297 (1303) (Ausdehnung des Fristenvergleichs nach Abs. 3 und 4 auf Gewährleistungsrechte).
28   Die Vorschrift ist mit Wirkung zum 1.7.2004 in § 8 Abs. 1 RVG übernommen worden. Für Altfälle findet gem. § 61 RVG aber weiterhin § 16 BRAGO Anwendung.
29   Ausf. hierzu *Mansel* NJW 2002, 418 (419).
30   So wohl auch *Amann* DNotZ 2002, 94 (108).

Jahren von der Begehung der schädigenden Handlung an. Ebenso wie die neue Regelung des § 199 Abs. 2 und 3 S. 1 Nr. 2 BGB sah damit § 852 Abs. 1 BGB aF eine maximale Verjährungsfrist vor, die bereits mit der Setzung der Schadensursache, nicht erst mit der Entstehung des Schadens und damit des Ersatzanspruches anlief. Sollte das schädigende Ereignis nunmehr vor dem 1.1.2002 eingetreten, der Schaden aber erst nach dem Stichtag aufgetreten sein,[31] stellt sich die Frage, wie die Kollision zwischen der bereits angelaufenen Dreißigjahresfrist des § 852 Abs. 1 BGB aF und den ab dem 1.1.2002 maßgeblichen Fristen der §§ 195, 199 BGB zu lösen ist. Da der Schadensersatzanspruch erst nach dem 31.12.2001 entstand, das Schuldverhältnis aber bereits vor dem Stichtag begründet wurde, ist nach den oben dargestellten Grundsätzen (→ Rn. 12 ff.) ab dem 1.1.2002 ausschließlich neues Verjährungsrecht zur Anwendung zu bringen. Ein Fristenvergleich ist ausgeschlossen (würde hier aber auch zu keinem abweichenden Ergebnis führen). Da den Bestimmungen des SchuldRModG jedoch keine Rückwirkung zukommt, ist bis zum Stichtag weiter auf die Regelungen des alten Rechts abzustellen. Das gilt hinsichtlich des Fristbeginns (hier des Beginns der Frist des § 852 Abs. 1 BGB) ebenso wie in Bezug auf eine etwaige Hemmung oder einen vor dem 1.1.2002 bewirkten Neubeginn der Verjährung. Insoweit können die Vorgaben des Abs. 1 S. 2 und 3, Abs. 2 entsprechend herangezogen werden. Mit dem Stichtag wird dann die Regelung des § 852 Abs. 1 BGB aF durch jene des § 199 Abs. 2 bzw. Abs. 3 S. 1 Nr. 2 BGB ausgetauscht (vgl. auch → Rn. 42 ff.).

18 **3. Am 1.1.2002 bereits verjährte Ansprüche.** Ansprüche, die am 1.1.2002 nach altem Recht bereits verjährt sind, unterliegen weiterhin den Vorschriften des bis zum 31.12.2001 gültigen Verjährungsrechts (Umkehrschluss aus Abs. 1 S. 1);[32] eine vor dem 1.1.2002 eingetretene Verjährung bleibt mithin selbst dann bestehen, wenn der betreffende Anspruch unter neuem Recht erst später verjährt wäre.[33]

Beispiel: Im März 2001 lässt A seinen Rasenmäher reparieren (Abnahme des Werkes am 27.3.2001). Wurde die Reparatur mangelhaft ausgeführt, sind die daraus resultierenden Gewährleistungsansprüche gem. § 638 Abs. 1 BGB aF bereits mit Ablauf des 27.9.2001 verjährt. Hierbei bleibt es auch nach Inkrafttreten des neuen Rechts. Die Regelung des § 634a Abs. 1 Nr. 1 und Abs. 2 BGB, nach der die Verjährung erst zwei Jahre nach der Abnahme des Werkes eingetreten wäre, findet keine Anwendung.

19 Erhebt der Schuldner die Verjährungseinrede allerdings erst nach Inkrafttreten des SchuldRModG, bestimmt sich die **Wirkung** der Einrede nicht mehr nach §§ 222 ff. BGB aF, sondern nach §§ 214 ff. BGB.[34] Dies folgt zwar nicht unmittelbar aus dem Wortlaut des Abs. 1, ergibt sich jedoch aus der gesetzgeberischen Zielsetzung, die neuen Verjährungsvorschriften möglichst schnell und umfänglich zur Anwendung kommen zu lassen. Inhaltlich ergeben sich dadurch keine Änderungen, da das neue Recht insoweit den alten Regelungen entspricht.

II. Beginn, Neubeginn, Hemmung und Ablaufhemmung

20 **1. Verjährungsbeginn (Abs. 1 S. 2 Alt. 1).** Der Beginn der Verjährung bestimmt sich gem. Abs. 1 S. 2 Alt. 1 für den Zeitraum vor dem 1.1.2002 auch weiterhin nach altem Recht. Eine am Stichtag bereits angelaufene Verjährungsfrist wird nicht rückwirkend modifiziert.[35] Das gilt auch für die Fälle, in denen nach den neuen Verjährungsvorschriften der Verjährungslauf erst nach dem 31.12.2001 begonnen hätte.[36] Von Relevanz ist dies vor allem in solchen Fallkonstellationen, in denen der Beginn der Verjährung vor dem 1.1.2002 gem. § 198 BGB aF objektiv zu ermitteln war, nach neuem Recht aber der subjektiven Anknüpfung des § 199 Abs. 1 BGB unterliegt.[37] Hier wird der Verjährungsbeginn nicht nach dem 31.12.2001 neu bestimmt, wenn die gem. § 199 Abs. 1 Nr. 2 erforderliche Kenntnis erst nach dem 31.12.2001 eingetreten sein sollte, vielmehr bleibt die unter § 198 BGB aF begründete alte Rechtslage bestehen.[38]

31 Vgl. hierzu das Bsp. bei *Mansel/Budzikiewicz* Jura 2003, 1 (6): Ein Bauarbeiter wird bei Sanierungsarbeiten Astbeststaub ausgesetzt, von dessen Vorhandensein die Baufirma Kenntnis hatte. Sollte der aus dieser Kontaminierung resultierende Gesundheitsschaden (Lungenkrebs) erst Jahre nach dem Einsatz auftreten, wäre der zu diesem Zeitpunkt entstandene Schadensersatzanspruch dennoch spätestens 30 Jahre nach den Bauarbeiten verjährt.

32 OLG Karlsruhe OLGR 2004, 405 (407).

33 *Budzikiewicz* AnwBl 2002, 394 (395); Palandt/*Ellenberger* EGBGB Art. 229 § 6 Rn. 3; *Heß* NJW 2002, 253 (256 f.); *Mansel/Budzikiewicz* § 10 Rn. 5; vgl. auch OLG Celle VersR 2003, 1293 (1294).

34 Ebenso Henssler/Graf von Westphalen/*Bereska* EGBGB Art. 229 § 6 Rn. 4; MüKoBGB/*Grothe*

EGBGB Art. 229 § 6 Rn. 3; *Heinrichs* BB 2001, 1417 (1422) (Fn. 39); *Mansel/Budzikiewicz* § 10 Rn. 5; *Schimmel* JA 2002, 977 (984); aA *Heß* NJW 2002, 253 (257); Staudinger/*Jacoby/Peters* EGBGB Art. 229 § 6 Rn. 3, 26.

35 Ebenso OLG Celle 6.5.2009 -3 U 294/08, juris Rn. 34, zu der vergleichbaren Problematik der intertemporalen Anwendbarkeit der durch das Verjährungsanpassungsgesetz novellierten Verjährungsregelungen nach Art. 229 § 12 Abs. 1 iVm Art. 229 § 6 Abs. 1 S. 2.

36 MüKoBGB/*Grothe* EGBGB Art. 229 § 6 Rn. 5.

37 Vgl. hierzu auch BGH NJW 2011, 3573.

38 Staudinger/*Jacoby/Peters* EGBGB Art. 229 § 6 Rn. 15.

Das Stichtagsprinzip findet gleichermaßen Anwendung, wenn die Anforderungen an den Beginn der Ver-　**21** jährung unter neuem Recht gelockert wurden, die Verjährung mithin früher in Lauf gesetzt wird als dies in der gleichen Situation unter altem Recht der Fall gewesen wäre (so etwa bei Ansprüchen, die bisher der Verjährung nach § 852 Abs. 1 BGB aF unterfielen, nach der Reform aber gem. §§ 195, 199 BGB verjähren).[39] Auch hier kommt es im Übergangsfall nicht zu einer Rückwirkung. Sofern die Voraussetzungen für den Beginn der Verjährung nach altem Recht bis zum 1.1.2002 nicht vorlagen, kann gem. Abs. 1 S. 1 eine weniger restriktive neue Regelung den Fristlauf frühestens am 1.1.2002 (0.00 h) auslösen (vgl. für den Beispielsfall des Deliktsrechts → Rn. 43 f.). Letzteres kommt vor allem dann in Betracht, wenn sich die (noch nicht unter altem Recht angelaufene) Verjährung nach dem 31.12.2001 nach §§ 195, 199 BGB richtet. Sollten hier die Voraussetzungen des § 199 Abs. 1 BGB bereits vor dem 1.1.2002 vorgelegen, insbesondere der Gläubiger Kenntnis iSd § 199 Abs. 1 Nr. 2 BGB gehabt haben, beginnt die neue Regelverjährung des § 195 BGB am 1.1.2002 um 0.00 h (nicht erst am 31.12.2002 um 24.00 h).[40]

Hinsichtlich des vom Wortlaut des § 199 Abs. 1 BGB ausnahmsweise abweichenden Fristbeginns am　**22** 1.1.2002 (statt am 31.12. des Jahres, in dem die Voraussetzungen des § 199 Abs. 1 Nr. 1 und 2 erstmals vorlagen) kann auf Abs. 4 S. 1 verwiesen werden, der (beispielsweise) im Fall der Konkurrenz zwischen der vor dem 1.1.2002 bereits angelaufenen alten Regelverjährung nach §§ 195, 198 BGB aF und der neuen Frist der §§ 195, 199 Abs. 1 BGB die kürzere Dreijahresfrist gleichfalls bereits ab dem 1.1.2002 berechnet (vgl. hierzu auch → Rn. 57, 60 ff.). Die dieser Regelung zugrunde liegenden Überlegungen gelten entsprechend: Der Gläubiger soll nicht schlechter, aber auch nicht besser stehen, als dies der Fall wäre, wenn neues Recht ohne die Übergangsregelung des Art. 229 § 6 zur Anwendung gelangte. Sollten daher am 1.1.2002 alle Voraussetzungen der §§ 195, 199 Abs. 1 BGB erfüllt sein, beginnt die Dreijahresfrist des § 195 BGB aufgrund der Übergangssituation ausnahmsweise statt am 31.12.2001 (oder ggf. am 31.12. eines früheren Jahres) am 1.1.2002 und endet am 31.12.2004. Dem Gläubiger stehen damit die vollen drei Jahre des § 195 BGB zur Verfügung – aber auch nicht mehr.

Sollten die Voraussetzungen des § 199 Abs. 1 Nr. 2 BGB erst nach dem 31.12.2001 erfüllt werden, der　**23** Gläubiger also erst am 1.1.2002 oder zu einem späteren Zeitpunkt Kenntnis im Sinne dieser Vorschrift erlangen, bleibt es hingegen bei dem in Abs. 1 S. 1 statuierten Grundsatz: Die Verjährung beginnt zum Schluss des betreffenden Jahres, dh frühestens am 31.12.2002.[41]

2. Hemmung, Neubeginn.　a) Grundsatz (Abs. 1 S. 2 Alt. 2 und 4, S. 3). Nach Abs. 1 S. 2 Alt. 2 und 4　**24** richten sich die Hemmung sowie der Neubeginn der Verjährung – nach bisheriger Terminologie die Verjährungsunterbrechung – bis zum 31.12.2001 nach altem Recht. War die danach eingetretene Hemmung bzw. Unterbrechung bereits vor dem 1.1.2002 wieder beendet, ergeben sich keine Überleitungsprobleme. Der Tatbestand beurteilt sich ausschließlich nach den alten Verjährungsregeln.[42]

Erstreckt sich die Dauer der Hemmung oder der Unterbrechung dagegen über den 1.1.2002 hinaus, unterlie-　**25** gen diese bis zum 31.12.2001 dem bisherigen Recht, danach den neuen Vorschriften.[43] Dies gilt sowohl in den Fällen, in denen die alten und die neuen Regelungen inhaltlich identisch sind (hier kommt es lediglich zu einem Austausch der Vorschriften), als auch dann, wenn das SchuldRModG neue Hemmungstatbestände eingeführt hat (s. hierzu auch → Rn. 34 f.).

Das Stichtagsprinzip gilt nach Abs. 1 S. 3 Alt. 1 auch für den Fall, dass eine vor dem 1.1.2002 bewirkte　**26** Unterbrechung rückwirkend durch einen nach Ablauf des 31.12.2001 eintretenden Umstand wieder entfällt (vgl. §§ 212 Abs. 1, 213 S. 2 und S. 1 iVm 212 a S. 3, 214 Abs. 2, 215 Abs. 2, 216 BGB aF). Die Vorschrift stellt klar, dass der Sachverhalt hier insgesamt nach altem Recht zu beurteilen ist.[44] Bedeutung hat die Regelung in erster Linie für die Fälle des § 212 Abs. 1 BGB aF Danach gilt die **Unterbrechung durch Klageerhebung** als nicht erfolgt, wenn die Klage zurückgenommen oder durch ein nicht in der Sache selbst entscheidendes Urteil rechtskräftig abgewiesen wird.

Sollte die rückwirkende Beseitigung der Unterbrechung nach § 212 Abs. 1 BGB aF dazu führen, dass die　**27** Verjährungsfrist schon vor dem 1.1.2002 abgelaufen ist, bleibt es auch nach dem Stichtag bei diesem Ergeb-

39　Vgl. hierzu *Mansel/Budzikiewicz* § 3 Rn. 130 f.
40　Ebenso *Amann* S. 432; *Heß* NJW 2002, 253 (258) (Fn. 70); *Leenen* DStR 2002, 34 (42); aA Staudinger/ *Jacoby/Peters* EGBGB Art. 229 § 6 Rn. 11.
41　Ebenso OLG Karlsruhe ZIP 2009, 1611 f.; *Heß* NJW 2002, 253 (258); iE auch *Pohlmann* WuW 2013, 357 (359); anders *Amann* S. 433, der den Verjährungsbeginn entgegen Abs. 1 S. 1 auch nach dem 1.1.2002 weiter entsprechend altem Recht (im dort diskutierten Beispielsfall: § 852 Abs. 1 BGB aF) bestimmt, wenn dies zu einem früheren Verjährungseintritt führt als unter Zugrundelegung neuen Rechts.

42　*Amann* S. 434 mit Hinweis auf die Augenblicksunterbrechung durch Anerkenntnis nach § 208 BGB aF; vgl. auch BGH NJW-RR 2006, 948 (949).
43　Siehe auch BGH BeckRS 2012, 04960 Rn. 23; OLG München GmbHR 2014, 1313 (1316) (beide zur Hemmung nach § 202 Abs. 1 BGB aF).
44　Vgl. auch BGH NJW 2007, 2034 (2035); OLG Bamberg NZBau 2014, 235; OLG Köln 4.7.2006 – 3 U 5/06, juris Rn. 26 (jeweils zu § 215 Abs. 2 S. 1 BGB aF).

nis (vgl. auch → Rn. 18).[45] Ist die Verjährung am 31.12.2001, 24.00 h dagegen trotz der Wirkung des § 212 Abs. 1 BGB aF noch nicht eingetreten, kommt (weiterhin) die Regelung des Abs. 2 zur Anwendung: Die Verjährung gilt trotz der rückwirkenden Aufhebung der Unterbrechung ab dem 1.1.2002, 0.00 h als gehemmt (→ Rn. 28).[46] Hierzu kommt es, weil die Verjährungsunterbrechung vor ihrer rückwirkenden Beseitigung mit Ablauf des 31.12.2001 noch nicht abgeschlossen war. Gem. Abs. 2 gilt die Unterbrechung in dem Fall aber mit Ablauf des Stichtages als beendet und die Verjährung nunmehr gem. § 204 Abs. 1 Nr. 1 BGB als gehemmt. Diese Hemmung wird nicht rückwirkend aufgehoben, wenn ein Fall des § 212 Abs. 1 BGB aF eintritt. Eine dem § 212 Abs. 1 BGB aF entsprechende Vorschrift ist in das neue Recht nicht aufgenommen worden. Es kommt vielmehr die Regelung des § 204 Abs. 2 BGB zur Anwendung, die vorsieht, dass die Hemmung erst sechs Monate nach Beendigung des Verfahrens endet, dem Anspruchsinhaber somit die restliche Verjährungsfrist zuzüglich sechs Monaten zur Verfügung steht.[47]

28 **Beispiel:** Am 15.4.2001 vollendet ein Werkunternehmer Arbeiten an einem Grundstück. Der Besteller moniert die Werkleistung als mangelhaft und erhebt im November 2001 Klage. Am 5.3.2002 nimmt er diese wieder zurück. Hier ist die einjährige Verjährungsfrist des § 638 Abs. 1 S. 1 BGB aF zunächst gem. § 209 Abs. 1 BGB aF durch Erhebung der Klage unterbrochen worden. Diese Unterbrechung wurde dann durch Klagerücknahme wieder aufgehoben (§ 212 Abs. 1 BGB aF). Da die Frist des § 638 Abs. 1 S. 1 BGB aF jedoch (auch ohne Unterbrechung) mit Ablauf des 31.12.2001 noch nicht vollständig abgelaufen war, kommt die Regelung des Art. 229 § 6 Abs. 2 EGBGB zum Tragen. Danach galt die Verjährung vor Klagerücknahme ab dem 1.1.2002 nicht mehr als unterbrochen, sondern nur noch als gehemmt (vgl. § 204 Abs. 1 Nr. 1 BGB). Diese Hemmung besteht auch nach Klagerücknahme fort. Beendet wird die Hemmung gem. § 204 Abs. 2 S. 1 Alt. 2 BGB erst sechs Monate nach Beendigung des Verfahrens, dh am 5.9.2002. Dem Besteller steht daher nach Klagerücknahme immer noch eine Bedenkzeit von sechs Monaten zur Verfügung zuzüglich der noch nicht abgelaufenen Verjährungsfrist.

29 Eine Abs. 1 S. 3 Alt. 1 entsprechende Regelung sieht Abs. 1 S. 3 Alt. 2 für den Fall vor, dass eine vor dem 1.1.2002 bewirkte Verjährungsunterbrechung rückwirkend durch einen nach Ablauf des 31.12.2001 eintretenden Umstand als erfolgt bewertet wird. Auch hier kommt ausschließlich altes Recht zum Tragen. Ein Beispiel hierfür gibt **§ 212 Abs. 2 BGB aF**, wonach die Verjährung als durch Erhebung der ersten Klage unterbrochen gilt, wenn der Berechtigte nach Klagerücknahme oder Abweisung durch Prozessurteil innerhalb von sechs Wochen erneut Klage erhebt. Ebenfalls rückwirkend zu einer Unterbrechung der Verjährung kommt es, wenn der Gläubiger vor dem 1.1.2002 Klage eingereicht oder einen Mahnbescheid beantragt hat, die Zustellung aber erst nach dem 31.12.2001, jedoch noch demnächst iSd **§ 167 ZPO** (§§ 270 Abs. 3, 693 Abs. 2 ZPO aF) erfolgt ist.[48] Die Rückbeziehung der Zustellung bewirkt in diesem Fall auch die rückwirkende Unterbrechung der Verjährung. Nicht zu fordern ist, dass zum Zeitpunkt der Zustellung ohne die Rückbeziehung bereits Verjährung eingetreten wäre. Selbst wenn die Zustellung nach dem 31.12.2001 noch in unverjährter Zeit erfolgt, ist die Frist bis zum Stichtag unterbrochen; am 1.1.2002 läuft sie dann neu an, wobei die Verjährung sofort gehemmt ist (Art. 229 § 6 Abs. 2 EGBGB).[49]

30 **b) Umwandlung von Unterbrechungs- in Hemmungstatbestände (Abs. 2).** Führt ein Sachverhalt, der unter altem Recht die Unterbrechung der Verjährung bewirkt hat, nach neuem Recht zu einer Verjährungshemmung, so gilt nach Abs. 2 eine Unterbrechung, die vor dem 1.1.2002 noch nicht aufgehoben ist, als mit Ablauf des 31.12.2001 beendet;[50] die neue (und neuem Recht unterstehende)[51] Verjährung ist mit Beginn des 1.1.2002 gehemmt.[52] Die Regelung erfasst vor allem den Fall, dass nach altem Recht eine Verjährungsunterbrechung nach Maßgabe des § 209 BGB aF (**gerichtliche Geltendmachung**) herbeigeführt wurde. Besteht die Unterbrechung am 31.12.2001 um 24.00 h noch fort, gilt sie mit Ablauf dieses Tages als beendet, ab dem 1.1.2002 wird die nach neuem Recht zu bestimmende Verjährungsfrist gem. § 204 BGB gehemmt.[53]

45 Staudinger/*Jacoby/Peters* EGBGB Art. 229 § 6 Rn. 22.
46 AA BGH NJW 2007, 2034 (2035); OLG Köln 4.7.2006 – 3 U 5/06, juris Rn. 26 ff.; MüKoBGB/*Grothe* EGBGB Art. 229 § 6 Rn. 7.
47 Staudinger/*Jacoby/Peters* EGBGB Art. 229 § 6 Rn. 22.
48 BGH NJW 2008, 1674 f.; Palandt/*Ellenberger* EGBGB Art. 229 § 6 Rn. 8; MüKoBGB/*Grothe* EGBGB Art. 229 § 6 Rn. 7.
49 BGH NJW 2008, 1674 f.; aA OLG München NJW-RR 2005, 1108 (1109); LG Bochum IBR 2005, 245.

50 Vgl. dazu auch OLG Oldenburg BeckRS 2008, 02341.
51 OLG Düsseldorf BauR 2006, 996 (auch die neu anlaufende Verjährungsfrist bestimmt sich nach neuem Recht); OLG Frankfurt aM NZBau 2013, 304.
52 Vgl. auch *Weyer* BauR 2006, 1347 (1349).
53 Vgl. BGH NJW 2008, 1674 (1675); 2007, 2034 (2035); KG Berlin ZMR 2006, 207; OLG Düsseldorf BauR 2006, 996; OLG Düsseldorf 25.2.2005 – 22 U 79/04, juris Rn. 39, 42 ff.; Palandt/*Ellenberger* EGBGB Art. 229 § 6 Rn. 7 f.; Erman/*Schmidt-Räntsch* BGB Anh. Vor § 194 (Art. 229 § 6 EGBGB) Rn. 7.

Beispiel: Am 15.6.2000 schließen K und V einen Kaufvertrag. V übergibt noch am selben Tag die Kaufsa- **31**
che, K zahlt jedoch nicht. Daraufhin erhebt V am 16.8.2001 Klage gegen K.

Gem. Abs. 1 S. 2 Alt. 1 bestimmt sich der Beginn der Verjährung hier nach altem Recht (→ Rn. 20). Dieses
unterstellte den Anspruch auf Kaufpreiszahlung grundsätzlich der dreißigjährigen Regelverjährung der
§§ 195, 198 BGB aF,[54] so dass die Verjährungsfrist am 16.6.2000 in Lauf gesetzt wurde. Durch die Klageerhebung im August 2001 ist die Verjährung gem. § 209 BGB aF iVm Art. 229 § 6 Abs. 1 S. 2 Alt. 4
(→ Rn. 24) unterbrochen worden. Geht man nunmehr davon aus, dass bis zum Ablauf des 31.12.2001 keine
rechtskräftige Entscheidung in der Sache ergangen ist, gilt die Unterbrechung nach Art. 229 § 6 Abs. 2 mit
Ablauf dieses Tages als beendet. Die Verjährung beginnt am 1.1.2002, 0.00 h, neu, ist aber sofort gem.
§ 204 Abs. 1 Nr. 1 BGB iVm Art. 229 § 6 Abs. 1 S. 1 gehemmt. Die gehemmte Verjährungsfrist muss dabei
nicht die alte, unterbrochene Frist sein; vielmehr ist die maßgebliche Frist nach den Vorgaben des Art. 229
§ 6 Abs. 1 S. 1, Abs. 3 und 4 (→ Rn. 42 ff.) neu zu bestimmen.[55] Im Beispielsfall führt dies zu § 195 BGB,
da die dort statuierte Verjährungsfrist kürzer ist als die alte dreißigjährige Frist des § 195 BGB aF (Art. 229
§ 6 Abs. 4).

Das Ende der Hemmung richtet sich gem. Art. 229 § 6 Abs. 1 S. 2 Alt. 2 nunmehr nach § 204 Abs. 2 BGB. **32**
Die Verjährungsfrist läuft dementsprechend erst sechs Monate nach der rechtskräftigen Entscheidung oder
einer anderweitigen Beendigung des Verfahrens weiter.[56] Im vorliegenden Fall bedeutet dies, dass die
gesamte Verjährungsfrist des § 195 BGB noch zur Verfügung steht. Diese beginnt – abweichend von § 199
Abs. 1 BGB – taggenau sechs Monate nach dem in § 204 Abs. 2 BGB genannten Zeitpunkt.

Zu bemerken bleibt, dass im Fall der Hemmung nach § 204 Abs. 1 Nr. 1 BGB die Fortsetzung des Fristlaufs **33**
dann keine Rolle mehr spielt, wenn das Verfahren durch eine Entscheidung iSd § 197 Abs. 1 Nr. 3 oder 4
Alt. 1 BGB abgeschlossen wurde. In diesem Fall ersetzt die neue Titelverjährung nach § 197 BGB die alte
Anspruchsverjährung.

c) Neue Hemmungstatbestände. Sieht das neue Recht einen Hemmungstatbestand vor, der dem alten **34**
Recht noch unbekannt war (zB im **allgemeinen Verjährungsrecht**: § 203 BGB,[57] soweit dieser über §§ 639
Abs. 2, 651 g Abs. 2 S. 3,[58] 852 Abs. 2 BGB aF hinausgeht, und § 207 BGB, soweit dieser über § 204 BGB
aF hinausgeht, § 204 Abs. 1 Nr. 7 BGB,[59] insoweit als andere als die in §§ 477 Abs. 2, 548 Abs. 3, 639
Abs. 1 BGB aF genannten Fälle erfasst sind, §§ 204 Abs. 1 Nr. 9, 208 BGB[60] sowie im besonderen Schuldrecht etwa für **Verbraucherdarlehen** § 497 Abs. 3 BGB),[61] kommt hinsichtlich der Anwendung dieser
Regelungen auf bereits angelaufene Verjährungsfristen wiederum Abs. 1 S. 1 zur Anwendung.[62] Danach
greifen die neuen Hemmungstatbestände ab dem 1.1.2002 *ex nunc* ein.[63] Dem neuen Verjährungsrecht
kommt auch hier keine Rückwirkung zu, so dass eine bislang unbekannte Hemmung erst nach dem
31.12.2001 eintreten kann, frühestens also am 1.1.2002 (0.00 h), sofern zu diesem Zeitpunkt die Voraussetzungen der Norm erfüllt sind.[64] Sollten sich zB **Verhandlungen** über einen Anspruch oder die den
Anspruch begründenden Umstände, die vor dem 1.1.2002 begonnen haben und nicht bereits von §§ 639
Abs. 2, 651 g Abs. 2 S. 3 oder 852 Abs. 2 BGB aF erfasst wurden, über den 31.12.2001 hinaus hinziehen,

---

54   In zwei Jahren verjährten allerdings Ansprüche der
     Kaufleute etc für die Lieferung von Waren, sofern
     die Leistung nicht für den Gewerbebetrieb des
     Schuldners erfolgte (§ 196 Abs. 1 Nr. 1 BGB aF).
55   Palandt/*Ellenberger* EGBGB Art. 229 § 6 Rn. 8;
     Lorenz/Riehm, Lehrbuch zum neuen Schuldrecht,
     Rn. 677; *Pfeiffer* ZGS 2002, 275 f.
56   S. auch BGH VersR 2006, 533 (534).
57   Vgl. zur Anwendbarkeit des § 203 BGB auch BGH
     NJW-RR 2007, 1358 (1360); KG ZEV 2008, 481
     (482).
58   Zur Überleitung einer unter altem Recht nach § 651 g
     Abs. 2 S. 3 BGB aF, unter neuem Recht nach § 203
     BGB gehemmten Verjährung sa BGB § 203 Rn. 58.
59   Vgl. hierzu BGH NJW 2012, 2263 (2264) (jedenfalls
     analoge Anwendung des § 204 Abs. 1 Nr. 7 BGB,
     wenn das selbstständige Beweisverfahren vor dem
     1.1.2002 durch einen dem Antragsgegner zugestell-
     ten Antrag eingeleitet wurde).
60   Vgl. hierzu OLG Hamm NJW 2006, 2498 (2499).
61   Zum zeitlichen Anwendungsbereich des § 497 Abs. 3
     BGB vgl. *Budzikiewicz* WM 2003, 264 (274); BGH
     NJW 2011, 1870 (1871); OLG Thüringen 25.8.2008

     – 5 U 404/07, juris Rn. 20; OLG Karlsruhe ZGS
     2007, 274 (275 f.); OLG Stuttgart 13.3.2006 –
     6 U 248/05, juris Rn 7 f.; OLG Celle WM 2007,
     1319 (1323); OLG Hamm WM 2007, 1328 (1329);
     OLG Köln WM 2007, 1324 (1325).
62   AA wohl OLG Celle 12.3.2002 – 15 WF 44/02, juris
     Rn. 3, dort zur Anwendbarkeit der §§ 1600 b Abs. 6
     S. 2, 210 BGB (nach Abs. 5 iVm Abs. 1 S. 2 sollen
     auf am 1.1.2002 bereits angelaufene Fristen die
     neuen Hemmungsregeln nicht anzuwenden sein).
63   Ebenso BGH NJW 2011, 1870 (1871); KG ZEV
     2008, 481 (482); OLG Thüringen 25.8.2008 –
     5 U 404/07, juris Rn. 20; OLG Karlsruhe EzFamR
     §§ 488 ff. BGB Nr. 10 (Rn. 65); Hamm NJW 2006,
     2498 (2499); Palandt/*Ellenberger* EGBGB Art. 229
     § 6 Rn. 7; PWW/*Kesseler* EGBGB Art. 229 § 6
     Rn. 6; *Pohlmann* WuW 2013, 357 (369).
64   Zu der Frage, ob für den Fall, dass das Eingreifen
     eines der neuen Hemmungstatbestände der §§ 203 f.,
     208 BGB zu einem späteren Verjährungseintritt führt
     als unter altem Recht, die Übergangsregelungen der
     Abs. 3 und 4 entsprechend heranzuziehen sind, vgl.
     Budzikiewicz AnwBl 2002, 394 (399).

wäre die Verjährung erst ab dem 1.1.2002 nach § 203 S. 1 BGB gehemmt.[65] Gleiches gilt für die Ablaufhemmung nach § 203 S. 2 BGB. Auch diese kann nur dann eingreifen, wenn auch die Hemmung gem. § 203 S. 1 BGB nach dem 31.12.2001 zum Tragen gekommen ist. Haben die Verhandlungen noch vor dem 1.1.2002 geendet, kann auf § 203 S. 2 BGB selbst dann nicht zurückgegriffen werden, wenn das Ende der Verhandlungen weniger als drei Monate vor dem Stichtag lag.

35 **Beispiel:**[66] V macht einen bislang der Verjährungsfrist des § 195 BGB aF unterfallenden Kaufpreisanspruch gegen K am 15.8.2001 gerichtlich geltend. Am 15.12.2001 wird auf Antrag beider Parteien das Ruhen des Verfahrens angeordnet (§ 251 ZPO aF). Zugleich nehmen K und V Vergleichsverhandlungen auf, die jedoch am 15.9.2003 für gescheitert erklärt werden.

In dem vorstehenden Beispielsfall endet die durch Klageerhebung bewirkte Unterbrechung der Verjährung (§ 209 Abs. 1 aF iVm Art. 229 § 6 Abs. 1 S. 2 Alt. 4) gem. § 211 Abs. 2 BGB aF iVm Art. 229 § 6 Abs. 1 S. 2 Alt. 4 am 15.12.2001 mit der Anordnung des Ruhens des Verfahrens nach § 251 ZPO aF Der Verjährungslauf beginnt demgemäß am 16.12.2001 erneut, ist jedoch aufgrund der Sperrwirkung des § 251 Abs. 2 ZPO aF sofort nach § 202 Abs. 1 BGB aF gehemmt.[67] Keine Hemmungswirkung kommt dagegen den Vergleichsverhandlungen der Parteien zu; eine dem § 203 BGB entsprechende Regelung sah das alte Recht (mit Ausnahme von §§ 639 Abs. 2, 651 g Abs. 2 S. 3, 852 Abs. 2 BGB aF) nicht vor. Die vorbeschriebene Rechtslage hat bis zum 31.12.2001 Bestand. Ab dem 1.1.2002 kommen nach Abs. 1 S. 1 die neuen Verjährungsvorschriften zum Tragen. Nach diesen fällt die Verjährungshemmung aufgrund der Anordnung des Ruhens des Verfahrens mit Ablauf des 31.12.2001 weg, da die Vorschrift des § 251 Abs. 2 ZPO aF aufgehoben wurde und mithin eine diesbezügliche Hemmung nicht mehr erforderlich ist. Zugleich tritt mit Beginn des 1.1.2002 jedoch die Hemmungswirkung nach § 203 BGB ein (Art. 229 § 6 Abs. 1 S. 1). Gehemmt wird allerdings nicht mehr die alte Frist des § 195 BGB aF, sondern gem. Abs. 4 S. 1 die kürzere Frist des neuen § 195 BGB. Deren Hemmung dauert bis zum Scheitern der Verhandlung am 15.9.2003 an (§ 203 Abs. 1 BGB). Danach, dh am 16.9.2003, beginnt die (volle) dreijährige Frist des § 195 BGB – in Abweichung von § 199 Abs. 1 BGB taggenau – zu laufen. Sie endet am 15.9.2006.

36 **3. Ablaufhemmung (Abs. 1 S. 2 Alt. 3).** Gem. Abs. 1 S. 2 Alt. 3 richtet sich die Ablaufhemmung bis zum 31.12.2001 ebenfalls nach den Regelungen des alten Rechts. Ist der Anspruch danach unter Berücksichtigung der Ablaufhemmung bereits vor dem 1.1.2002 verjährt, bleibt es auch nach Inkrafttreten des Reformgesetzes bei dieser Rechtslage (→ Rn. 18).[68] Ist die Verjährung am Stichtag noch nicht eingetreten, kommen ab dem 1.1.2002 die neuen Vorschriften (zB §§ 210 Abs. 1, 211, 438 Abs. 3 S. 2, 479 Abs. 2, 634 a Abs. 3 S. 2 BGB)[69] zur Anwendung.[70] Dabei ist es ohne Bedeutung, ob die Verjährungsfrist nach altem Recht gerade aufgrund der Ablaufhemmung oder aufgrund des normalen ungehemmten Fristlaufs noch nicht abgelaufen war.

37 Keine Schwierigkeiten bereitet die Überleitung, wenn nach altem wie nach neuem Recht unter denselben Voraussetzungen eine **fristidentische Ablaufhemmung** vorgesehen ist (vgl. etwa § 207 BGB aF, der in § 211 BGB aufgenommen wurde). Hier werden die bisherigen Vorschriften am Stichtag durch die Neuregelungen substituiert.

38 Durch das SchuldRModG sind jedoch auch einige **neue Ablaufhemmungstatbestände** eingefügt worden (zB §§ 210 Abs. 1 S. 1 Alt. 1, 438 Abs. 3 S. 2, 479 Abs. 2, 634 a Abs. 3 S. 2 BGB), die gleichfalls gem. Abs. 1 S. 1 seit dem 1.1.2002 Anwendung finden. Hier stellt sich die Frage, ob die neuen Tatbestände auch dann zum Tragen kommen sollen, wenn dies zu einer Fristverlängerung führt, die den Verjährungseintritt über den Zeitpunkt hinauszögert, zu dem nach altem Recht Verjährung eingetreten wäre. Im Schrifttum wird dieses Problem zumeist anhand der Ablaufhemmung des § 479 Abs. 2 BGB (**Händlerregress**) diskutiert. Nach verbreiteter Ansicht soll die Vorschrift auch dann heranzuziehen sein, wenn die Gewährleistungsansprüche des Unternehmers gegen seinen Lieferanten noch vor dem 1.1.2002 entstanden sind.[71] Begründet wird dies mit dem ansonsten drohenden Abbruch in der Regresskette.

65 *Eidenmüller* SchiedsVZ 2003, 163 (166); Palandt/ *Ellenberger* EGBGB Art. 229 § 6 Rn. 7; *ders.* BB 2001, 1417 (1422); Staudinger/*Jacoby/Peters* EGBGB Art. 229 § 6 Rn. 17; *Heß* NJW 2002, 253 (257); *Kirchhof* WM 2002, 2037 (2039); Erman/ *Schmidt-Räntsch* BGB Anh. Vor § 194 (Art. 229 § 6 EGBGB) Rn. 4.

66 Dem Beispiel bei *Ott* MDR 2002, 1 (2) nachgebildet.

67 BGH NJW 1968, 692 (694); Palandt/*Heinrichs*, 60. Aufl. 2001, BGB § 211 Rn. 6.

68 Vgl. Staudinger/*Jacoby/Peters* EGBGB Art. 229 § 6 Rn. 18.

69 Zum zeitlichen Anwendungsbereich des § 634 a BGB sa BGH NJW 2011, 1224 (1225).

70 Erman/*Schmidt-Räntsch* BGB Anh. Vor § 194 (Art. 229 § 6 EGBGB) Rn. 4; aA OLG Celle 12.3.2002 – 15 WF 44/02, juris Rn. 3 (keine Anwendung des § 210 BGB auf eine vor dem 1.1.2002 für die Anfechtung der Vaterschaft angelaufene Frist).

71 MüKoBGB/*Grothe* EGBGB Art. 229 § 6 Rn. 6; Palandt/*Ellenberger* EGBGB Art. 229 § 6 Rn. 7; *Heß* NJW 2002, 253 (259 f.); *ders.* DStR 2002, 455 (460 f.); Staudinger/*Jacoby/Peters* EGBGB Art. 229 § 6 Rn. 10, 18; *Pfeiffer* ZGS 2002, 17; *ders.* in Westermann, Das Schuldrecht 2002, S. 215, 249.

Dem ist jedoch entgegenzuhalten, dass sich ein solcher Abbruch selbst bei Heranziehung des § 479 Abs. 2 **39**
BGB auf Altansprüche nicht immer vermeiden ließe. Dies resultiert in erster Linie aus dem Umstand, dass
selbst dann, wenn man die Ablaufhemmung des § 479 Abs. 2 BGB auf vor dem 1.1.2002 entstandene
Ansprüche anwenden wollte, die Fristverlängerung nur dann Wirkung zeitigen würde, wenn die betreffenden Gewährleistungsansprüche am 1.1.2002 noch nicht verjährt waren.[72] Anderenfalls bliebe dem Händler
der Rückgriff, ungeachtet der Regelung des § 479 Abs. 2 BGB, ohnehin versagt. Hinzu kommt, dass dem
Hersteller oder Lieferanten, der den Vertrag mit seinem Abnehmer noch unter altem Recht geschlossen hat,
die Möglichkeit einer Ablaufhemmung nach § 479 Abs. 2 BGB im Zeitpunkt des Vertragsschlusses zumeist
noch nicht bewusst gewesen sein dürfte, so dass er keine Veranlassung hatte, diesen preisbildenden Faktor
in seine Kalkulation einfließen zu lassen.[73] Würde nunmehr nachträglich der Verjährungslauf über § 479
Abs. 2 BGB verlängert, droht ein Eingriff in das Äquivalenzverhältnis der geschuldeten Leistungen. Die
Situation stellt sich ähnlich dar wie im Fall der Einführung neuer Verjährungsfristen, für deren Überleitung
in Abs. 3 und 4 Sonderregelungen aufgestellt wurden (vgl. auch → Rn. 45 f., 57 ff.). Angesichts der vergleichbaren Konsequenzen, die eine Fristverlängerung durch Einführung neuer (statischer) Verjährungsfristen und eine Verschiebung des Fristendes durch Ablaufhemmung für den Schuldner mit sich bringt, sollte
erwogen werden, die Regelungen der Abs. 3 und 4 auf den Fall der neuen Ablaufhemmungen im Wege der
teleologischen Extension entsprechend zur Anwendung zu bringen.[74] Die Heranziehung der neuen Tatbestände der Ablaufhemmung würde dann von einem Vergleich des Fristendes nach altem und neuem Recht
abhängen:

a) Verlängerung der Verjährungsfrist unter neuem Recht. Sollte die Verjährungsfrist des neuen **40**
Rechts länger sein als jene der alten Regelungen, verhinderte Abs. 3 sowohl die Heranziehung der längeren
neuen Frist als auch die Anwendung eines neuen Ablaufhemmungstatbestandes. Hiervon erfasst würden vor
allem jene Fälle, in denen ein kaufrechtlicher Gewährleistungsanspruch gem. Art. 229 § 6 Abs. 3 weiterhin
der Verjährungsfrist des § 477 BGB aF unterliegt, nach dem 31.12.2001 aber gem. Art. 229 § 6 Abs. 1 S. 1
der Eintritt einer Ablaufhemmung nach § 479 Abs. 2 BGB infrage steht. Die Anwendung des § 479 Abs. 2
BGB auf die Verjährungsfrist des § 477 BGB aF wäre hier ausgeschlossen.[75]

b) Verkürzung der Verjährungsfrist unter neuem Recht. Ist die vor dem 1.1.2002 angelaufene Verjäh- **41**
rungsfrist hingegen länger als diejenige, die nach neuem Recht maßgeblich wäre, findet gem. Abs. 4 S. 1 die
neue kürzere Verjährungsfrist beginnend mit dem 1.1.2002 Anwendung. Deren Ablauf kann grds. nach den
neuen Vorschriften gehemmt werden. Sollte die Verschiebung des Fristendes allerdings dazu führen, dass
die Verjährung zu einem späteren Zeitpunkt eintritt, als dies bei Heranziehung der alten Frist der Fall gewesen wäre, greift Abs. 4 S. 2 ein. Die Regelung legt auch in Bezug auf die neuen Ablaufhemmungstatbestände eine Obergrenze fest. Das Ende der neuen Verjährungsfrist kann danach maximal bis zu dem Zeitpunkt hinausgeschoben werden, zu dem bei Zugrundelegung der alten Verjährungsfrist die Verjährung eingetreten wäre. Eine darüber hinausgehende Ablaufhemmung kommt nicht zum Tragen. Relevant wird die
vorstehende Alternative vor allem im Hinblick auf die Ablaufhemmung nach §§ 438 Abs. 3 S. 2 und 634 a
Abs. 3 S. 2 BGB.[76]

III. Verjährungsfristen

1. Gleiche Fristen nach altem und neuem Recht (Abs. 1 S. 1). Sehen das bisherige und das neue **42**
Recht die gleiche Verjährungsfrist vor, so kommt im Fall der Überleitung diese (übereinstimmende) Frist
gem. Abs. 1 S. 1 auch nach dem 31.12.2001 zur Anwendung; es findet lediglich ein Austausch der maßgeblichen Normen statt.[77] Dies gilt für gesetzliche und wirksam vereinbarte vertragliche Fristen gleichermaßen. Konnte unter altem Recht die Verjährungsfrist wirksam verlängert oder verkürzt werden (zB nach § 477
Abs. 1 S. 2 BGB aF), läuft diese vertraglich bestimmte Frist nach dem 31.12.2001 unverändert weiter;
lediglich die Frage der Wirksamkeit richtet sich jetzt grundsätzlich nach § 202 (→ Rn. 48 ff.). Zu berücksichtigen ist allerdings, dass das Vorliegen identischer Fristen nicht notwendig auch den gleichen Fristablauf nach sich zieht. Ist die Verjährung nach altem Recht aufgrund eines Ereignisses unterbrochen worden,

72 Ebenso Palandt/*Ellenberger* EGBGB Art. 229 § 6
    Rn. 7; *Heß* NJW 2002, 253 (260); *Magnus* RIW
    2002, 577 (584); Staudinger/*Jacoby/Peters* EGBGB
    Art. 229 § 6 Rn. 10; aA *Pfeiffer* ZGS 2002, 17 f.;
    ders. in Westermann, S. 215, 250 (Anwendung des
    § 479 Abs. 2 BGB auch auf bereits verjährte Ansprü-
    che).
73 *Höpker* S. 352; *Mansel/Budzikiewicz* § 10 Rn. 23.
74 Ausf. hierzu *Budzikiewicz* AnwBl 2002, 394 (398 f.);
    ebenso *Höpker* S. 352 f.; aA MüKoBGB/*Grothe*

EGBGB Art. 229 § 6 Rn. 9; *Pfeiffer* ZGS 2002, 17;
ders. in Westermann, S. 215, 249 f. (Abs. 3 und 4
sind im Fall der Ablaufhemmung unanwendbar, da
diese nicht zu einer Fristveränderung führen).
75 Im Erg. ebenso *Magnus* RIW 2002, 577 (584).
76 *Budzikiewicz* AnwBl 2002, 394 (399); *Höpker*
    S. 353.
77 Staudinger/*Jacoby/Peters* EGBGB Art. 229 § 6
    Rn. 13.

das nach neuem Recht nur eine Hemmung nach sich zieht (→ Rn. 30 ff.), so beginnt die (zeitlich identische) Verjährungsfrist nach den Vorgaben des alten Rechts erneut zu laufen, wenn die Unterbrechung noch vor dem 1.1.2002 beendet ist. Ist die Unterbrechung nach altem Recht hingegen am 31.12.2001 noch nicht beendet, dann beginnt die Verjährung gem. der Regelung des Abs. 2 (→ Rn. 30) ab dem 1.1.2002 erneut, wird aber bei Vorliegen eines Hemmungstatbestands nach neuem Recht sofort mit Beginn des 1.1.2002 gehemmt. In jedem Fall tritt die Verjährung zu einem späteren Zeitpunkt ein als dies zuträfe, wenn ausschließlich neues Recht herangezogen würde.

43 Ähnliches gilt im Hinblick auf die Verjährung **deliktischer Ansprüche**, die nach neuem wie nach altem Recht grds. einer dreijährigen Verjährungsfrist unterliegen. Gem. § 852 Abs. 1 BGB aF begann die deliktische Verjährung vor dem 1.1.2002 grds. nur bei positiver Kenntnis des Verletzten von dem Schaden und der Person des Ersatzpflichtigen. Nach neuem Recht genügt jetzt auch grob fahrlässige Unkenntnis, um den Verjährungslauf auszulösen (§ 199 Abs. 1 Nr. 2 BGB). Liegt grobe Fahrlässigkeit iSd § 199 Abs. 1 Nr. 2 BGB bereits vor dem 1.1.2002 vor, beginnt die Verjährung aufgrund der Regelung in Abs. 1 S. 1 nunmehr schon ab dem 1.1.2002 (aber auch nicht vorher) zu laufen,[78] selbst wenn die nach § 852 Abs. 1 BGB aF erforderliche positive Kenntnis erst zu einem späteren Zeitpunkt eintreten sollte (vgl. auch → Rn. 21).[79] Damit unterscheidet sich trotz gleicher Frist unter altem und neuem Recht der konkrete Fristablauf, wenn auf das neue Tatbestandsmerkmal der groben Fahrlässigkeit abzustellen ist.

44 **Beispiel:** A erleidet am 15.6.2000 durch unerlaubte Handlung des B eine Verletzung seines Eigentums. Bereits am 15.8.2000 hätte er von der Person des Schädigers Kenntnis erlangen können; jedoch hat er von der Möglichkeit der Kenntnisnahme bis heute keinen Gebrauch gemacht. In diesem Fall begann die dreißigjährige Frist des § 852 Abs. 1 Alt. 2 BGB aF am 16.6.2000 zu laufen, die dreijährige kenntnisabhängige Frist des § 852 Abs. 1 Alt. 1 BGB aF hingegen kam mangels positiver Kenntnis nie zum Tragen. Aufgrund der ab dem 1.1.2002 anwendbaren verjährungsrechtlichen Neuregelungen wurde am 1.1.2002 die alte Frist des § 852 Abs. 1 Alt. 2 BGB aF durch die gleichlange des § 199 Abs. 3 S. 1 Nr. 2 BGB ersetzt (vgl. auch → Rn. 17);[80] aufgrund grob fahrlässiger Unkenntnis des A ist zudem die dreijährige subjektive Verjährungsfrist des § 195 BGB am 1.1.2002 in Lauf gesetzt worden. Parallel begann am 1.1.2002 gem. Abs. 4 S. 1 die – im Verhältnis zu § 852 Abs. 1 Alt. 2 BGB aF kürzere – zehnjährige Frist des § 199 Abs. 3 S. 1 Nr. 1 BGB zu laufen.[81] Für den konkreten Verjährungseintritt ist indes nur die Frist maßgeblich, deren Ablauf zuerst erfolgt. Hier wäre dies die Frist des § 195 BGB, die am 31.12.2004 abgelaufen ist (die Frist des § 199 Abs. 3 S. 1 Nr. 1 BGB endet demgegenüber erst am 31.12.2011,[82] die des § 199 Abs. 3 S. 1 Nr. 2 BGB am 15.6.2030).[83]

45 **2. Verlängerung der Verjährungsfrist unter neuem Recht (Abs. 3). a) Gesetzliche Fristverlängerung.** Unterliegt ein Anspruch unter Anwendung alten Rechts einer kürzeren Verjährungsfrist, als dies nach neuem Recht der Fall ist, behält nach Abs. 3 die kürzere Frist auch über den 31.12.2001 hinaus Geltung. Voraussetzung hierfür ist allerdings, dass der Anspruch bereits vor dem 1.1.2002 bestanden hat. Ist lediglich das Rechtsverhältnis, dem der Anspruch entstammt, vor diesem Tag begründet worden, der Anspruch selbst jedoch erst später entstanden (→ Rn. 12 ff.), kommt ausschließlich die neue, längere Frist zum Tragen (vgl. hierzu auch → Rn. 14 ff.).

46 Die Vorschrift des Abs. 3 dient dem **Schuldnerschutz.**[84] Bedeutung gewinnt sie vor allem im Hinblick auf die verlängerten kaufvertraglichen Gewährleistungsfristen (§ 438 Abs. 1 BGB): Mängelansprüche, die vor dem 1.1.2002 entstanden und an diesem Tag noch nicht verjährt sind, unterliegen nach Maßgabe der Überleitungsregelung auch weiterhin der sechsmonatigen Frist des § 477 Abs. 1 BGB aF. Übergibt der Verkäufer somit am 1.9.2001 eine fehlerhafte Kaufsache an den Käufer, verjähren dessen Gewährleistungsansprüche bereits am 1.3.2002 und nicht gem. § 438 Abs. 1 Nr. 3, Abs. 2 BGB erst am 1.9.2003.

47 Als Ausnahmevorschrift kann die Regelung in Abs. 3 nicht verallgemeinert werden; auf die Änderung **tarifvertraglicher Verfallfristen** ist sie daher weder direkt noch analog anwendbar.[85]

---

78   AA Staudinger/*Jacoby/Peters* EGBGB Art. 229 § 6 Rn. 13; *Kandelhard* NJW 2005, 630 (631 ff.) (Fristbeginn am 31.12.2002).

79   Vgl. auch BGH NJW-RR 2011, 1188 (1192) (dort allerdings als Anwendungsfall des Abs. 4 S. 1).

80   AA wohl *Amann* S. 432, wonach alle in § 199 Abs. 2–4 statuierten Höchstfristen erst am 1.1.2002 anlaufen.

81   Siehe auch *Pohlmann* WuW 2013, 357 (359).

82   Beachte: Da der 31.12.2011 ein Samstag ist, können gem. § 193 BGB analog verjährungshemmende Maßnahmen noch bis zum Ablauf des 2.1.2012 erfolgen.

reich ergriffen werden, s. Palandt/*Ellenberger* EGBGB Art. 229 § 6 Rn. 6; LG Berlin BeckRS 2014, 00807; vgl. auch BGH NJW-RR 2008, 459 f. (zur analogen Anwendung des § 193 BGB auf Verjährungsfristen).

83   Beachte: Der 15.6.2030 ist ein Samstag, so dass gem. § 193 BGB analog verjährungshemmende Maßnahmen noch bis zum Ablauf des 17.6.2030 ergriffen werden können.

84   Vgl. BT-Drs. 14/6040, S. 273.

85   BAG AuA 2008, 178.

b) Vertragliche Fristverlängerung. Die vertragliche Verlängerung der Verjährungsfrist war unter altem   **48**
Recht gem. § 225 S. 1 BGB aF – von speziellen Ausnahmen abgesehen (vgl. §§ 477 Abs. 1 S. 2; 638 Abs. 2
BGB aF; §§ 439 Abs. 4, 463, 475 a HGB) – unzulässig. Verstießen die Parteien gegen diese Vorgabe, war
die vereinbarte Fristverlängerung nach § 134 BGB nichtig. Unter neuem Recht ist eine Erschwerung der
Verjährung nach Maßgabe des § 202 Abs. 2 BGB nunmehr grundsätzlich (dh innerhalb der von § 202 Abs. 2
BGB gezogenen Grenzen sowie vorbehaltlich besonderer Regelungen, zB §§ 439 Abs. 4, 463, 475 a HGB,
und der Inhaltskontrolle nach §§ 307 ff. BGB; → BGB § 202 Rn. 47 ff.) zulässig. Damit stellt sich die
Frage, wie eine vor dem 1.1.2002 getroffene nichtige Vereinbarung über die Verlängerung der Verjährungs-
frist nach dem Stichtag zu behandeln ist.

aa) Verjährung ist bereits eingetreten. Ist der Anspruch am 1.1.2002 bereits verjährt, weil nach bisheri-   **49**
gem Recht die vertraglich vereinbarte Fristverlängerung gem. § 225 S. 1 BGB aF iVm § 134 BGB nichtig
war, bleibt es auch nach dem Stichtag bei diesem Ergebnis (→ Rn. 18); den neuen Verjährungsvorschriften
kommt insofern **keine Rückwirkung** zu.[86]

bb) Verjährung ist noch nicht eingetreten. Läuft die in Ermangelung einer wirksamen vertraglichen   **50**
Fristvereinbarung maßgebliche gesetzliche Verjährungsfrist dagegen noch über den 31.12.2001 hinaus, finden nach Abs. 1 S. 1 ab dem 1.1.2002 die neuen Verjährungsregeln Anwendung. Danach sind vertragliche
Fristverlängerungen iRd § 202 Abs. 2 BGB grundsätzlich zulässig,[87] so dass eine bis zum 31.12.2001 nichtige Verjährungsabrede **mit Wirkung *ex nunc* geheilt** werden kann, sofern die betreffende Abrede nach
den Maßstäben des neuen Rechts[88] wirksam wäre.[89] Im Schrifttum wird zu dieser bereits in der Erstauf-
lage[90] vertretenen Ansicht verschiedentlich angemerkt, eine unter altem Recht nichtige Verjährungsvereinbarung könne nicht durch eine Liberalisierung der Gesetzeslage geheilt, sondern allenfalls gem. § 141
Abs. 2 BGB bestätigt werden.[91] Letztlich sei jedes Rechtsgeschäft nach der Rechtslage seines Vornahme-
zeitpunktes zu bewerten und daher nicht ersichtlich, wie es zu einer Heilung kommen könne.[92]

Hierzu ist zu bemerken, dass die Heilung unwirksamer Rechtsgeschäfte durch Statutenwechsel, die im   **51**
internationalen Privatrecht anerkannt ist, auch im intertemporalen Kollisionsrecht nicht unbekannt ist.[93] Die
Möglichkeit der Validation wird in verschiedenen Fallgestaltungen diskutiert – ua auch in Bezug auf die
Aufhebung von Nichtigkeitsgründen. Steht, wie im Fall der §§ 225 S. 1 BGB aF/202 Abs. 2 BGB, die
Lockerung oder Aufhebung von Tatbeständen in Rede, die unter altem Recht die Nichtigkeit einer Verein-
barung nach sich zogen, wird für eine Heilung vorgebracht, dass der Gesetzgeber unter der Neuregelung

86   Erman/*Schmidt-Räntsch* BGB Anh. Vor § 194
     (Art. 229 § 6 EGBGB) Rn. 4.
87   AA BAG EzA § 4 TVG Ausschlussfristen Nr. 192
     (Rn. 18); AG Stendal 14.12.2007 – 1 Ca 1965/05,
     juris Rn. 54: Art. 229 § 6 findet keine Anwendung
     auf die Kontrolle von Vereinbarungen über die Ver-
     jährung. Die Anwendbarkeit von § 202 BGB richtet
     sich nach der allgemeinen Überleitungsregelung in
     Art. 229 § 5. Siehe hiergegen aber die nachstehenden
     Ausführungen in Fn. 81.
88   Vgl. *Heß* DStR 2002, 455 (459) mit Fn. 59, der
     darauf hinweist, dass sich die Anwendung der
     §§ 307 ff. BGB auf vor dem 1.1.2002 getroffene Ver-
     jährungsabreden entgegen der hierfür grds. maßgeb-
     lichen Überleitungsvorschrift des Art. 229 § 5 aus-
     nahmsweise aus Art. 229 § 6 Abs. 1 S. 1 rechtfertigt.
89   Ebenso *Eidenmüller* SchiedsVZ 2003, 163 (166);
     MüKoBGB/*Grothe* EGBGB Art. 229 § 6 Rn. 11; *Heß*
     DStR 2002, 455 (459); *Mansel/Budzikiewicz* § 10
     Rn. 30; allg. zur „Validation" im intertemporalen
     Kollisionsrecht *Heß*, Intertemporales Privatrecht,
     S. 368 ff. AA BeckOK BGB/*Henrich*, 7. Ed.
     1.10.2007, § 194 Rn. 25; *Lakkis* AcP 203 (2003),
     763, 783; Staudinger/*Jacoby/Peters* EGBGB
     Art. 229 § 6 Rn. 9, 25; Erman/*Schmidt-Räntsch* BGB
     Anh. Vor § 194 (Art. 229 § 6 EGBGB) Rn. 4; vgl.
     auch BGH NJW-RR 2012, 1312 (1315) (Wirksam-
     keit einer vor dem 1.1.2002 vereinbarten Fristverkür-
     zung richtet sich gem. Art. 229 § 5 S. 1 allein nach
     altem Recht).
90   AnwK-SchuldR/*Mansel* EGBGB Art. 229 § 6 Rn. 20.
91   BeckOK BGB/*Henrich*, 7. Ed. 1.10.2007, § 194
     Rn. 25; Erman/*Schmidt-Räntsch* BGB Anh. Vor

§ 194 (Art. 229 § 6 EGBGB) Rn. 4. Ähnlich *Lakkis*
AcP 203 (2003), 763, 783, die jedoch darauf abstellt,
dass Verjährungsvereinbarungen nicht von Art. 229
§ 6 erfasst werden. § 202 BGB sei keine unmittelbare
gesetzliche Verjährungsregelung, sondern eine
Schranke der Privatautonomie, deren intertemporale
Anwendbarkeit der allgemeinen Überleitungsregel
des Art. 229 § 5 unterfalle. Nach Art. 229 § 5 S. 1
bleibe für vor dem 1.1.2002 entstandene Schuldverhältnisse aber altes Recht und damit auch § 225 BGB
aF weiter anwendbar. Dem ist entgegenzuhalten, dass
Art. 229 § 6 Abs. 1 S. 1 generell die Vorschriften über
die Verjährung, dh insbesondere die §§ 194 ff. BGB
(und damit auch § 202 BGB) in Bezug nimmt; eine
Einschränkung auf solche Regelungen, die die Modalitäten der Verjährung unmittelbar gesetzlich festlegen, ist der Norm nicht zu entnehmen. Es besteht
auch vor dem Hintergrund der Überleitung kein
Grund, gesetzlich statuierte und vertraglich vereinbarte Verjährungsfristen unterschiedlichen Übergangsbestimmungen zu unterwerfen. Aufgrund der
auch im intertemporalen Privatrecht diskutierten
Möglichkeit einer Heilung durch Statutenwechsel ist
die Neuregelung des § 202 BGB durchaus auch für
Altansprüche von Bedeutung (hierzu sogleich); im
Erg. ebenso *Heß* DStR 2002, 455 (459).
92   Staudinger/*Jacoby/Peters* EGBGB Art. 229 § 6
     Rn. 9; dem folgend BGH NJW-RR 2012, 1312
     (1315).
93   Ausf. hierzu *Heß*, Intertemporales Privatrecht,
     S. 368 ff.

regelmäßig kein Interesse mehr habe, die alte Nichtigkeitsvorschrift weiter durchzusetzen.[94] Dies gelte zumindest dann, wenn Dritte von der Validation nicht betroffen sind.[95] Hierauf ist auch im Fall der vertraglichen Fristverlängerung unter altem Recht abzustellen. Die Heilung einer nichtigen Verjährungsvereinbarung wird zumeist nur die an dem Rechtsgeschäft Beteiligten tangieren, so dass nach dem 31.12.2001 ausschließlich deren Interessen in Rede stehen. Haben die Parteien jedoch vor dem 1.1.2002 in Unkenntnis der tatsächlichen Rechtslage angenommen, die Verlängerung der Verjährungsfrist wirksam vereinbaren zu können, und ggf. sogar die Leistung des von der Vereinbarung Begünstigten in Abhängigkeit von dieser Absprache bestimmt, sollte eine Heilung nach Inkrafttreten des SchuldRModG möglich ist, nicht ohne Not weiter gestört und der Neuregelung des § 202 Abs. 2 BGB nach dem 31.12.2001 Wirkung zugesprochen werden. Die Parteien demgegenüber auf die bloße Möglichkeit der Bestätigung nach § 141 Abs. 2 BGB zu verweisen, würde den von der Nichtigkeit benachteiligten Gläubiger der Gefahr aussetzen, eine entsprechende Erklärung von dem bislang begünstigten Schuldner nicht mehr zu erlangen. Konsequenz wäre ggf. die Nichtigkeit des gesamten Rechtsgeschäfts (§ 139 BGB), das dann rückabgewickelt werden müsste.

52 Die vorstehenden Erwägungen sind entsprechend zugrunde zu legen, wenn die Parteien in dem **Bewusstsein der Neuregelung** des § 202 Abs. 2 BGB bereits vor dem 1.1.2002 eine dieser Vorschrift entsprechende Fristverlängerung vereinbart haben sollten.[96]

53 Da die Heilung, sofern man eine solche zulässt, zu einer Fristverlängerung führt, bliebe noch zu klären, ob der neue Verjährungslauf angesichts der **Regelung des Abs. 3** überhaupt Berücksichtigung finden kann oder ob nicht vielmehr nur die unverlängerte gesetzliche Verjährungsfrist zur Anwendung kommt. Letzteres dürfte abzulehnen sein. Die Vorschrift erklärt lediglich die gesetzliche Verlängerung der Verjährungsfrist für unbeachtlich; vertragliche Fristverlängerungen werden ausweislich des Wortlauts der Norm von dieser nicht erfasst („Ist die Verjährungsfrist nach dem Bürgerlichen Gesetzbuch …").[97] Zudem dient die Regelung dem Schutz des Schuldners, der vor einer Fristverlängerung unter neuem Recht bewahrt werden soll, mit der er bei Entstehung des Anspruchs nicht zu rechnen brauchte. Die vertragliche Absprache ist jedoch beiden Parteien bekannt, so dass es eines gesetzlichen Schutzes nicht bedarf. Abs. 3 findet daher auf den Fall der vertraglichen Fristverlängerung unter neuem Recht infolge Validation keine Anwendung.[98]

54 **c) Abkürzung der Verjährungsfrist bei Haftung wegen Vorsatzes.** Gem. § 202 Abs. 1 BGB kann nach neuem Recht bei Haftung wegen Vorsatzes die Verjährung nicht mehr im Voraus vertraglich erleichtert werden. Unter altem Recht (§ 225 S. 2 BGB aF) wurde eine Verkürzung der Verjährungsfrist hingegen zT auch für vorsätzliches Verschulden als zulässig erachtet.[99] Sollte nunmehr über Art. 229 § 6 Abs. 1 S. 1 die Neuregelung in § 202 Abs. 1 BGB auch für die Bewertung derartiger vor dem 1.1.2002 vereinbarter Verjährungserleichterungen heranzuziehen sein, wäre die Abrede gem. § 134 BGB mit Inkrafttreten des SchuldRModG am 1.1.2002 ex nunc nichtig; anstelle der vertraglich vereinbarten Frist käme in Abhängigkeit von Art. 229 § 6 Abs. 3 und 4 die gesetzliche längere Verjährungsfrist zur Anwendung. Eine derartige Neubewertung der ursprünglich zulässigen Verjährungserleichterung würde jedoch gegen den bereits in Art. 170 und 232 § 1 formulierten und für die Zwecke des SchuldRModG in Art. 229 § 5 S. 1 übernommenen Grundsatz verstoßen, dass ein Schuldverhältnis nur dem im Zeitpunkt seiner Entstehung gültigen Recht unterfällt (→ Art. 229 § 5 Rn. 1). Nach dem Prinzip der *lex temporis actus* können die Parteien grundsätzlich darauf vertrauen, dass die Normen, die im Zeitpunkt ihres rechtserheblichen Handelns galten, auch ex post bei der Bewertung ihres Vorgehens herangezogen werden.[100] Bereits erworbene vertragliche Rechte sollen durch Änderungen des diesen zugrunde liegenden Gesetzes nicht nachträglich wieder abgesprochen werden.[101] Ausnahmen können in Übereinstimmung mit den Vorgaben des Verfassungsrechts durch den Gesetzgeber statuiert werden, sind jedoch angesichts des grundsätzlichen Rückwirkungsverbotes eng auszulegen.[102]

55 Der Regelung des Art. 229 § 6 Abs. 1 S. 1 das Gebot einer Neubewertung der bereits unter altem Recht erlangten Verjährungserleichterung bei Haftung wegen Vorsatzes und damit den Eingriff in einen abgeschlossenen Tatbestand entnehmen zu wollen, erscheint vor diesem Hintergrund als zu weitgehend. Die Anwendung neuen Rechts wäre nur dann zulässig, wenn das nunmehr in § 202 Abs. 1 BGB aufgenommene Verbot einer entsprechenden Vereinbarung Ausdruck eines fundamentalen Wertewandels wäre, dessen Ausweitung auch auf alte Tatbestände zwingend erforderlich erscheint.[103] Letzteres dürfte jedoch nicht der Fall sein. Die Regelung des § 202 BGB bezweckt gegenüber § 225 BGB aF grundsätzlich eine erhebliche Erweiterung der Vertragsfreiheit (→ BGB § 202 Rn. 7). Zwar findet diese (ua) ihre Grenze in dem

94 *Heß*, Intertemporales Privatrecht, S. 369 f.
95 *Heß*, Intertemporales Privatrecht, S. 371.
96 Zur Parteiautonomie im intertemporalen Kollisionsrecht vgl. *Heß*, Intertemporales Privatrecht, S. 376 ff.
97 Ebenso *Heß* DStR 2002, 455 (459) (Fn. 56).
98 Ebenso MüKoBGB/*Grothe* EGBGB Art. 229 § 6 Rn. 11.

99 So zB RGZ 135, 174, 176 f.; BGHZ 9, 1, 5; Palandt/ *Heinrichs*, 61. Aufl. 2002, BGB § 276 Rn. 57.
100 *Heß*, Intertemporales Privatrecht, S. 366.
101 *Heß*, Intertemporales Privatrecht, S. 143.
102 *Heß*, Intertemporales Privatrecht, S. 18.
103 Vgl. *Heß*, Intertemporales Privatrecht, S. 19.

Ausschluss der Verjährungserleichterung in Fällen vorsätzlicher Schädigung; nachträgliche Vereinbarungen betreffend die Haftung wegen Vorsatzes sind jedoch auch weiterhin möglich. Zum Teil wird auch eine teleologische Reduktion der Vorschrift erwogen, soweit die Haftung für vorsätzliches Handeln durch den Erfüllungsgehilfen in Rede steht.[104] Hieraus resultiert, dass es sich bei der Regelung des § 202 Abs. 1 BGB zwar um eine wesentliche Neuerung der Schuldrechtsreform handelt, jedoch nicht ersichtlich ist, dass das Verbot der im Voraus vereinbarten Verjährungserleichterung einen derart gesteigerten Stellenwert einnimmt, dass sich daraus eine Rückwirkung auf abgeschlossene Tatbestände rechtfertigen ließe. Die Verjährung von Ansprüchen wegen vorsätzlicher Schädigung bleibt in gewissem Umfang auch unter neuem Recht disponibel. Der Unterschied zwischen nachträglicher Abbedingung und im Voraus vereinbarter Verjährungserleichterung erscheint jedoch nicht so gravierend, als dass dies *ex post* die Nichtigkeit der Vereinbarung rechtfertigen würde. Bislang zulässige Verjährungserleichterungen bei Haftung wegen Vorsatzes bleiben daher auch nach dem Stichtag weiter wirksam.[105]

d) Mittelbare Verjährungserschwerungen. Die vorstehend dargelegten Grundsätze zur Frage der Rückwirkung des neuen Verjährungsrechts gelten entsprechend, sofern die Parteien unter altem Recht mittelbare Verjährungserschwerungen verabredet haben (vgl. hierzu → BGB § 202 Rn. 37). Auch diese bleiben angesichts des grundsätzlichen Rückwirkungsverbotes (s. zu diesem näher → Rn. 54) neuer Regelungen auf abgeschlossene Tatbestände in der Form wirksam, die sie unter altem Recht erfahren haben. Soweit die Regelung des § 202 (ggf. in Verbindung mit §§ 307 ff. BGB) mit den Regelungen des alten Rechts inhaltlich übereinstimmt, finden allerdings gem. Art. 229 § 6 Abs. 1 S. 1 nach dem 31.12.2001 die neuen Regelungen Anwendung (vgl. auch → Rn. 42). **56**

3. Verkürzung der Verjährungsfrist unter neuem Recht (Abs. 4). Abs. 4 erfasst den zu Abs. 3 reziproken Fall, dass ein Anspruch nach den Vorschriften des neuen Verjährungsrechts in kürzerer Frist verjährt, als dies nach den Regeln des alten Rechts zutraf. Um zu vermeiden, dass am Stichtag nach Abs. 1 S. 1 eine neue Fristenregelung zur Anwendung gelangt, nach der die Frist ggf. am 1.1.2002 schon abgelaufen ist, sieht Abs. 4 S. 1 im Interesse des **Gläubigerschutzes** vor, dass die kürzere neue Frist zwar heranzuziehen ist, diese jedoch frühestens am 1.1.2002 zu laufen beginnt. **57**

Auf der anderen Seite soll der neue Fristbeginn aber auch nicht zu einer unangemessenen Verlängerung des Verjährungslaufs führen. Abs. 4 S. 2 bestimmt daher, dass es bei der alten Verjährungsfrist bleibt, wenn danach die Verjährung früher eintritt, als dies bei der Lösung nach Abs. 4 S. 1 der Fall wäre.[106] **58**

Es ist somit stets ein Vergleich durchzuführen zwischen dem Verjährungslauf nach altem Recht und demjenigen, der sich aus der Anwendung der neuen kürzeren Frist (gerechnet ab dem 1.1.2002) ergibt. Zur Anwendung kommt jeweils die Frist, die im konkreten Einzelfall früher abläuft. Es gilt folglich ein **Günstigkeitsprinzip** für den Schuldner. **59**

Von Bedeutung ist die Regelung des Abs. 4 vor allem bei Ansprüchen, die vor dem 1.1.2002 der regelmäßigen dreißigjährigen Verjährung nach § 195 BGB aF unterlagen und jetzt unter die Frist der §§ 195, 199 BGB fallen. Hier kann die Vorschrift zum Teil zu erheblichen Fristverkürzungen führen,[107] wie das folgende **Beispiel** zeigt: **60**

Haben die Parteien am 1.10.1988 einen Kaufvertrag geschlossen, so verjährte der Erfüllungsanspruch des Käufers unter altem Recht (§ 195 BGB aF) in 30 Jahren am 1.10.2018. Gem. Abs. 4 kommen nunmehr ab dem 1.1.2002 die neuen Verjährungsregeln zum Tragen. Die Verjährung des Erfüllungsanspruchs richtet sich damit ab dem Stichtag nach der kürzeren dreijährigen Frist der §§ 195, 199 BGB und tritt dementsprechend unter Berücksichtigung von Abs. 4 S. 1 frühestens am 31.12.2004 ein (relative Frist, § 199 Abs. 1 BGB). Gerechnet wird die Verjährungsfrist nach §§ 195, 199 Abs. 1 BGB ab dem 1.1.2002 (0.00 h), sofern der Gläubiger von den anspruchsbegründenden Umständen und der Person des Schuldners bereits am 31.12.2001 Kenntnis hatte oder haben musste (was bei einem Kaufvertrag stets zutreffen dürfte). In diesem Fall soll die Regelung des Abs. 4 nicht dazu führen, dass der Verjährungsbeginn erst am Schluss des Jahres 2002 eintritt.[108] Der Gläubiger stünde sonst besser, als dies der Fall wäre, wenn neues Recht ohne die Übergangsregelung des Art. 229 § 6 zur Anwendung gelangte. Dem Gläubiger würde ein Jahr geschenkt, ohne dass sich dies unter Interessenschutzgesichtspunkten rechtfertigen ließe. Die Berechnung zum Jahresschluss **61**

104 Erman/*Schmidt-Räntsch* BGB § 202 Rn. 8.
105 Im Erg. ebenso *Lakkis* AcP 203 (2003), 763, 783.
106 Vgl. dazu BGH NJW 2014, 2951 (2954) (Verjährung eines Schadensersatzanspruchs wegen entgangener Zinsgewinne gem. §§ 197, 201 BGB aF).
107 Vgl. *Ziegler/Rieder* ZIP 2001, 1789 (1798 f.).
108 Dem hat sich die Rspr. angeschlossen: BGH NJW 2007, 1584 (1586); OLG Hamm 26.4.2007 – 22 U 117/06, juris Rn. 144; OLG Köln ZGS 2006,

280; OLG Köln BauR 2008, 526 (527); OLG Karlsruhe 21.12.2006 – 12 U 198/06, juris Rn. 9 ff.; OLG Thüringen OLG-NL 2006, 82; LG Köln ZGS 2006, 38; ebenso Erman/*Schmidt-Räntsch* BGB Anh. Vor § 194 (Art. 229 § 6 EGBGB) Rn. 9; MüKoBGB/*Grothe* Vor § 194 Rn. 37, EGBGB Art. 229 § 6 Rn. 13; aA Staudinger/*Jacoby/Peters* EGBGB Art. 229 § 6 Rn. 11; *Kandelhard* NJW 2005, 630 (631 ff.).

soll lediglich den Rechtsverkehr entlasten; der Gläubiger hat aber keinen Anspruch darauf, dass ihm über die dreijährige kenntnisabhängige Frist des § 195 BGB hinaus eine weitere Karenzzeit zur Verfügung steht.

62 Erlangt der Gläubiger die erforderliche Kenntnis von den anspruchsbegründenden Tatsachen und der Person des Schuldners ausnahmsweise erst nach dem 31.12.2001 (bei vertraglichen Erfüllungsansprüchen ist das kaum denkbar), dann beginnt nach § 199 Abs. 1 BGB ab dem Schluss des entsprechenden Jahres die relative Frist des § 199 Abs. 1 BGB zu laufen.[109] Die Verjährung tritt spätestens am 31.12.2011 (Höchstfrist, § 199 Abs. 4 BGB) ein.[110] Nach der Wertung des Abs. 4 sind in dem Beispielsfall allein diese Daten maßgeblich, da sie im Vergleich zur alten Rechtslage zu einem früheren Fristablauf führen, als dies bei Anwendung von § 195 BGB aF der Fall wäre. Hätten die Parteien den Kaufvertrag dagegen am 1.10.1973 geschlossen, liefe die Frist des § 195 BGB aF bereits am 1.10.2003 ab. Die Verjährung würde danach früher eintreten als unter Heranziehung der §§ 195, 199 BGB, so dass hier nach Abs. 4 S. 2 ausschließlich auf das frühere Ablaufdatum abzustellen ist.

63 Das vorstehende Beispiel hat gezeigt, dass die in Abs. 4 S. 1 angeordnete Berechnung der kürzeren neuen Frist ab dem 1.1.2002 nicht so zu verstehen ist, dass in den von Abs. 4 erfassten Übergangsfällen alle neuen Fristen ab dem 1.1.2002 zu laufen beginnen. Der Gesetzgeber wollte insbesondere bei der **Regelverjährungsfrist** des § 195 BGB nicht die dazu gehörige Regelung des **Fristbeginns** nach § 199 Abs. 1 BGB ausschalten und die Dreijahresfrist des § 195 BGB in den Übergangsfällen zu einer objektiv beginnenden Frist machen.[111] Dazu besteht keine Veranlassung. Mit der Vorschrift des Abs. 4 S. 1 ist vielmehr gemeint, dass erst ab dem 1.1.2002 die neuen Berechnungsregeln eingreifen und dass der früheste Verjährungsbeginn der neuen Verjährungsfristen der 1.1.2002 ist. Einen späteren Beginn will Abs. 4 S. 1 aber nicht ausschließen. Daher sind die neuen kürzeren Fristen einschließlich der dazugehörigen Regeln des Fristbeginns anzuwenden. Auf den 1.1.2002 als Fristbeginn ist mithin nur dann abzustellen, wenn der Gläubiger in diesem Zeitpunkt gem. § 199 Abs. 1 Nr. 2 BGB auch Kenntnis von den den Anspruch begründenden Umständen und der Person des Schuldners hatte oder ohne grobe Fahrlässigkeit hätte erlangen müssen.[112] War dies nicht der Fall, wird die Frist des § 195 BGB erst mit dem Schluss des Jahres in Lauf gesetzt, in dem die Voraussetzungen des § 199 Abs. 1 Nr. 2 BGB erfüllt sind.[113] Dies gilt auch dann, wenn die Voraussetzungen des § 199 Abs. 1 Nr. 2 BGB zwar vor dem 1.1.2002 erfüllt waren, nicht aber am Stichtag selbst (etwa weil dem Gläubiger die Adresse des Schuldners nicht mehr bekannt ist). Auch in diesem Fall beginnt die Frist des § 195 BGB nicht schon am 1.1.2002 zu laufen, sondern erst, wenn der Gläubiger nach dem 31.12.2001 erneut Kenntnis erlangt hat oder ohne grobe Fahrlässigkeit hätte erlangen müssen.[114]

64 Der Verweis auf die kürzere Frist des neuen Rechts meint im Fall der Regelverjährung nach §§ 195, 199 BGB sowohl die subjektive Frist der §§ 195, 199 Abs. 1 BGB als auch die objektiven Fristen des § 199

109 OVG Weimar ZBR 2010, 280 (281) (Besoldungsanspruch); VG Meiningen 20.5.2009 – 2 K 252/08 Me, juris Rn. 36 (Zinsanspruch); LG Düsseldorf Teilurt. v. 5.10.2009 – 2 b O 2/08, juris Rn. 46 (Anspruch aus pVV); Palandt/*Ellenberger* EGBGB Art. 229 § 6 Rn. 6; Erman/*Schmidt-Räntsch* BGB Anh. Vor § 194 (Art. 229 § 6 EGBGB) Rn. 9; vgl. auch *Gsell* NJW 2002, 1297 (1298 f.).

110 Beachte: Da der 31.12.2011 ein Samstag ist, können gem. § 193 BGB analog verjährungshemmende Maßnahmen noch bis zum Ablauf des 2.1.2012 ergriffen werden, s. LG Berlin BeckRS 2014, 00807; vgl. auch BGH NJW-RR 2008, 459 f. (zur analogen Anwendung des § 193 BGB auf Verjährungsfristen).

111 So auch BGH BeckRS 2016, 113674; NJW 2014, 2951 (2954); 2012, 1645; NJW-RR 2008, 258 (259); NJW 2007, 1584 (1586 f.) (m. zahlr. N.); OLG Karlsruhe ZIP 2009, 1611 f.; OLG Düsseldorf NJOZ 2009, 3749 (3751 f.); OLG Hamm 12.2.2009 – 4 U 171/08, juris Rn. 72; OLG Köln 25.10.2007 – 18 U 164/06, juris Rn. 48; OLG München 20.7.2007 – 25 U 2757/06, juris Rn. 21; KG ZGS 2007, 230 (235); OLG Karlsruhe ZIP 2006, 1885 (1857 f.); OLG Braunschweig ZIP 2006, 180 (183); OLG Bamberg NJW 2006, 304; OLG Celle ZGS 2007, 195 (197); *Gerneth* BKR 2006, 312 (315); *Schulte-Nölke/Hawxwell* NJW 2005, 2117 (2119); *Stenzel* ZIP 2006, 130 (131 ff.); *Rohlfink* MDR 2006, 721

(722); MüKoBGB/*Grothe* Vor § 194 Rn. 37, EGBGB Art. 229 § 6 Rn. 13; *Möller* WM 2008, 476 (477 ff.); *Piekenbrock*, Befristung, Verjährung, Verschweigung und Verwirkung, S. 486 (mit Fn. 38); *Witt* NJW 2007, 1588; *Schmidt* NJW 2007, 2447 (2448); aA OLG Celle ZIP 2006, 2163 (2166); OLG Hamm WM 2006, 1477 (1480); OLG Frankfurt 20.12.2006 – 19 U 18/06, juris Rn. 28 ff.; LG Berlin ZGS 2006, 160; *Assmann/Wagner* NJW 2005, 3169 (3170 ff.); *Wagner* BKR 2007, 18 ff.; wohl auch PWW/*Kesseler* EGBGB Art. 229 § 6 Rn. 5.

112 BGH NJW 2011, 1278; NJW-RR 2010, 1574 (1575); NJW 2007, 2034; NJW 2007, 1584 (1586); OLG Düsseldorf NJOZ 2009, 3749 (3752); OLG Köln BauR 2008, 526 (527); LAG Bln-Bbg 10.7.2007 – 3 Sa 765/07, juris Rn. 41; LG Köln 15.1.2008 – 3 O 213/07, juris Rn. 15; Palandt/*Ellenberger* EGBGB Art. 229 § 6 Rn. 6.

113 BGH NJW 2011, 3573; Erman/*Schmidt-Räntsch* BGB Anh. Vor § 194 BGB (Art. 229 § 6 EGBGB) Rn. 9.

114 BGH NJW 2012, 1645 ff.; OLG Karlsruhe ZIP 2009, 1611 (1612) (Kenntnis von der Anschrift des Schuldners geht vor dem 1.1.2002 wieder verloren, weil der Schuldner seinen Wohnsitz gewechselt hat); OLG Hamm NJOZ 2015, 1290 (1292) (Anspruchsübergang auf den Sozialhilfeträger).

Abs. 2- 4 BGB.[115] Nach Art. 229 § 6 Abs. 4 S. 2 ist auf die in dem konkreten Einzelfall kürzere Frist abzustellen.[116] Die Verjährungshöchstfristen des § 199 Abs. 2–4 BGB sind dabei stets vom 1.1.2002 an zu berechnen (→ Rn. 62).[117]

4. Anspruchskonkurrenz. Die Bestimmung der Verjährungsfrist ist im Fall konkurrierender Ansprüche **65** für jeden Anspruch getrennt vorzunehmen.

IV. Analoge Anwendung

1. Ausschlussfristen, Ersitzung (Abs. 5). Nach Abs. 5 sind die Absätze 1–4 entsprechend auf Fristen **66** anzuwenden, die für die Geltendmachung, den Erwerb oder den Verlust eines Rechts maßgebend sind. Zur Anwendung gelangen dabei lediglich die abstrakten Vorgaben, nach denen intertemporal das maßgebende Recht zu bestimmen ist. Die Vorschrift ist nicht in der Weise zu verstehen, dass etwa die in Abs. 5 bezeichneten Ausschlussfristen nunmehr den Regelungen des Verjährungsrechts unterliegen.[118] Ob Letzteres der Fall ist, richtet sich ausschließlich nach materiellem Recht; Abs. 5 nimmt hierauf keinen Einfluss.

Von Bedeutung ist die Vorschrift vor allem hinsichtlich der von dreißig auf zehn Jahre abgesenkten **Aus- 67 schlussfristen** für die Anfechtung in §§ 121 Abs. 2 und 124 Abs. 3 BGB (alte und neue Fassung)[119] sowie im Hinblick auf § 1600 b iVm §§ 206, 210 BGB.[120] Darüber hinaus findet Abs. 5 aber auch Anwendung, soweit **Ersitzungstatbestände** neu geregelt wurden (vgl. §§ 939, 941 BGB).[121]

Beispiel: Unterlag der Anfechtungsberechtigte am 15.7.1995 von ihm unbemerkt einem Erklärungsirrtum, **68** richtet sich die Ermittlung der maßgeblichen Ausschlussfrist für die Erklärung der Anfechtung nach Abs. 5 iVm Abs. 1. Danach ist seit dem 1.1.2002 grundsätzlich nicht mehr die dreißigjährige Frist des § 121 Abs. 2 BGB aF, sondern die zehnjährige Frist des § 121 Abs. 2 BGB heranzuziehen. Nach Abs. 5 iVm Abs. 4 S. 1 wird die im Vergleich zu § 121 Abs. 2 BGB aF kürzere Frist des neuen § 121 Abs. 2 BGB am 1.1.2002 in Lauf gesetzt und endet dementsprechend am 31.12.2011.[122] Hätte der Betroffene die anfechtbare Willenserklärung allerdings schon am 15.7.1974 abgegeben, wäre nach Abs. 5 iVm Abs. 4 S. 2 weiter auf die Frist des § 121 Abs. 2 BGB aF abzustellen. Die alte dreißigjährige Frist liefe hier bereits am 15.7.2004 ab und somit früher, als dies unter Heranziehung des neuen § 121 Abs. 2 BGB der Fall wäre.

2. HGB und UmwG (Abs. 6). Die Regelung des Abs. 6 stellt klar, dass die Bestimmungen der Abs. 1–5 **69** auch für die durch das SchuldRModG im HGB sowie im UmwG neu geregelten Fristen Anwendung finden, und zwar unabhängig davon, ob es sich um Verjährungsfristen oder um sonstige Fristen handelt.[123]

3. KostO. Obwohl es insofern an einer ausdrücklichen Verweisung auf Art. 229 § 6 fehlt, findet die Vor- **70** schrift auch entsprechende Anwendung auf die zum 1.1.2002 geänderte Verjährungsfrist für die Kostenforderungen der **Gebührennotare.**[124] Seit Inkrafttreten des SchuldRModG unterliegt der Kostenanspruch nicht mehr der bislang zweijährigen Verjährungsfrist der §§ 196 Abs. 1 Nr. 15, 198, 201 BGB aF, sondern der vierjährigen Frist des § 17 KostO. Die Überleitung für vor dem 1.1.2002 fällig gewordene Ansprüche richtet sich nach Abs. 1–3 analog.

---

115 So auch Palandt/*Ellenberger* EGBGB Art. 229 § 6 Rn. 6; Erman/*Schmidt-Räntsch* BGB Anh. Vor § 194 (Art. 229 § 6 EGBGB) Rn. 9.

116 Ebenso BGH NJW 2007, 2034; NJW 2007, 1584 (1586); OLG Bamberg NJW 2006, 304; *Amann* S. 432; MüKoBGB/*Grothe* Vor § 194 Rn. 37; Art. 229 § 6 EGBGB Rn. 13; Palandt/*Ellenberger* EGBGB Art. 229 § 6 Rn. 6; *Heß* NJW 2002, 253 (258); Erman/*Schmidt-Räntsch* BGB Anh. Vor § 194 (Art. 229 § 6 EGBGB) Rn. 9.

117 BGH NJW 2007, 2034; NJW 2007, 1584 (1586); Palandt/*Ellenberger* EGBGB Art. 229 § 6 Rn. 6; *Schulte-Nölke/Hawxwell* NJW 2005, 2117 (2119); *Stenzel* ZGS 2006, 130 (135); *Witt* NJW 2007, 1588.

118 Staudinger/*Jacoby/Peters* EGBGB Art. 229 § 6 Rn. 28.

119 Vgl. BT-Drs. 14/6040, S. 273; BGH NJW 2017, 2412 (2415) (zu § 121 Abs. 2 BGB); OLG Brandenburg 10.4.2013 – 4 U 99/12, juris Rn. 23 (zu § 124 Abs. 3 BGB).

120 OLG Celle 12.3.2002 – 15 WF 44/02, juris, Rn. 3 (allerdings wird dort im Erg. die Anwendbarkeit des § 210 BGB unzutr. abgelehnt); zu Art. 231 § 6 vgl.

auch Staudinger/*Rauscher* EGBGB Art. 231 § 6 Rn. 83.

121 S. hierzu Staudinger/*Jacoby/Peters* EGBGB Art. 229 § 6 Rn. 30; zu Art. 231 § 6 vgl. auch Staudinger/*Rauscher* EGBGB Art. 231 § 6 Rn. 81.

122 Vgl. Palandt/*Ellenberger* EGBGB Art. 229 § 6 Rn. 10; Staudinger/*Jacoby/Peters* EGBGB Art. 229 § 6 Rn. 29. Beachte: Der 31.12.2011 ist ein Samstag, so dass die Frist des § 121 Abs. 2 BGB gem. § 193 BGB analog gewahrt ist, wenn die Anfechtungserklärung dem Anfechtungsgegner bis zum 2.1.2012 zugeht, s. zur analogen Anwendung des § 193 BGB auf Ausschlussfristen Erman/*Maier-Reimer* BGB § 193 Rn. 2; BeckOK BGB/*Henrich* § 193 Rn. 7.

123 Zu den Änderungen des HGB und des UmwG s. Art. 5 Abs. 16 und 17 SchuldRModG.

124 Ausf. *Mansel/Budzikiewicz* § 10 Arm. 42 ff.; ebenso Henssler/Graf von Westphalen/*Bereska* EGBGB Art. 229 § 6 Rn. 15; MüKoBGB/*Grothe* EGBGB Art. 229 § 6 Rn. 15; Staudinger/*Jacoby/Peters* EGBGB Art. 229 § 6 Rn. 2; Erman/*Schmidt-Räntsch* BGB Anh. Vor § 194 (Art. 229 § 6 EGBGB) Rn. 2; Palandt/*Ellenberger* EGBGB Art. 229 § 6 Rn. 11; aA *Amann* S. 338 f., 434 (Anwendung des § 161 KostO).

Art. 229 § 7 EGBGB Überleitungsvorschrift zu Zinsvorschriften nach dem Gesetz zur Modernisierung des Schuldrechts vom 26. November 2001

Vom Abdruck wird abgesehen, vgl. im Bedarfsfall die 1. Auflage.

Art. 229 § 8 EGBGB Übergangsvorschriften zum Zweiten Gesetz zur Änderung schadensersatzrechtlicher Vorschriften vom 19. Juli 2002

(1) Die durch das Zweite Gesetz zur Änderung schadensersatzrechtlicher Vorschriften im

1. Arzneimittelgesetz,
2. Bürgerlichen Gesetzbuch,
3. Bundesberggesetz,
4. Straßenverkehrsgesetz,
5. Haftpflichtgesetz,
6. Luftverkehrsgesetz,
7. Bundesdatenschutzgesetz,
8. Gentechnikgesetz,
9. Produkthaftungsgesetz,
10. Umwelthaftungsgesetz,
11. Handelsgesetzbuch,
12. Bundesgrenzschutzgesetz,
13. Bundessozialhilfegesetz,
14. Gesetz über die Abgeltung von Besatzungsschäden,
15. Atomgesetz,
16. Bundesversorgungsgesetz,
17. Pflichtversicherungsgesetz und

in der Luftverkehrs-Zulassungs-Ordnung geänderten Vorschriften sind mit Ausnahme des durch Artikel 1 Nr. 2 des Zweiten Gesetzes zur Änderung schadensersatzrechtlicher Vorschriften eingefügten § 84 a des Arzneimittelgesetzes und des durch Artikel 1 Nr. 4 des Zweiten Gesetzes zur Änderung schadensersatzrechtlicher Vorschriften geänderten § 88 des Arzneimittelgesetzes anzuwenden, wenn das schädigende Ereignis nach dem 31. Juli 2002 eingetreten ist.

(2) Der durch Artikel 1 Nr. 2 des Zweiten Gesetzes zur Änderung schadensersatzrechtlicher Vorschriften eingefügte § 84 a des Arzneimittelgesetzes ist auch auf Fälle anzuwenden, in denen das schädigende Ereignis vor dem 1. August 2002 eingetreten ist, es sei denn, dass zu diesem Zeitpunkt über den Schadensersatz durch rechtskräftiges Urteil entschieden war oder Arzneimittelanwender und pharmazeutischer Unternehmer sich über den Schadensersatz geeinigt hatten.

(3) Der durch Artikel 1 Nr. 4 des Zweiten Gesetzes zur Änderung schadensersatzrechtlicher Vorschriften geänderte § 88 des Arzneimittelgesetzes ist erst auf Fälle anzuwenden, in denen das schädigende Ereignis nach dem 31. Dezember 2002 eingetreten ist.

Art. 229 § 9 EGBGB Überleitungsvorschrift zum OLG-Vertretungsänderungsgesetz vom 23. Juli 2002

(1) ¹Die §§ 312 a, 312 d, 346, 355, 358, 491, 492, 494, 495, 497, 498, 502, 505 und 506 des Bürgerlichen Gesetzbuchs in der seit dem 1. August 2002 geltenden Fassung sind, soweit nichts anderes bestimmt ist, nur anzuwenden auf

1. Haustürgeschäfte, die nach dem 1. August 2002 abgeschlossen worden sind, einschließlich ihrer Rückabwicklung und
2. andere Schuldverhältnisse, die nach dem 1. November 2002 entstanden sind.

²§ 355 Abs. 3 des Bürgerlichen Gesetzbuchs in der in Satz 1 genannten Fassung ist jedoch auch auf Haustürgeschäfte anzuwenden, die nach dem 31. Dezember 2001 abgeschlossen worden sind, einschließlich ihrer Rückabwicklung.

(2) § 355 Abs. 2 ist in der in Absatz 1 Satz 1 genannten Fassung auch auf Verträge anzuwenden, die vor diesem Zeitpunkt geschlossen worden sind, wenn die erforderliche Belehrung über das Widerrufs- oder Rückgaberecht erst nach diesem Zeitpunkt erteilt wird.

Literatur: *Artz*, Die Neuregelung des Widerrufsrechts bei Verbraucherverträgen, BKR 2002, 606; *Martens*, Nachbelehrung und Verwirkung des Widerrufsrechts bei Haustürgeschäften, VuR 2008, 121; *Schmidt-Kessel*, Die gesetzliche Ausweitung der Widerrufsrechte nach *Heininger*, ZGS 2002, 311.

A. Allgemeines 1
B. Regelungsgehalt 3
   I. Allgemeine Übergangsregelung für „andere
   Schuldverhältnisse" als Haustürgeschäfte
   (Abs. 1 S. 1 Nr. 2) 3

II. Sonderregelung für Haustürgeschäfte
   (Abs. 1 S. 1 Nr. 1 und Abs. 1 S. 2) 7
III. Nachholung der Widerrufsbelehrung (Abs. 2)   11
IV. Art. 229 § 5 S. 2 EGBGB 13

A. Allgemeines

Die Überleitungsvorschrift ist durch Art. 25 Abs. 3 Nr. 1 OLG-VertrÄndG vom 23.7.2002[1] als Folge der „Heininger"-Entscheidung des EuGH vom 13.12.2001[2] eingefügt worden.[3] Die Überleitungsvorschrift des Art. 229 § 5 S. 2 EGBGB wird im Hinblick auf den Erlöschenstatbestand des § 2 Abs. 1 S. 4 HWiG aF durch Art. 229 § 9 EGBGB nicht verdrängt, da Letztere zwar lex specialis zu Art. 229 § 5 S. 2 EGBGB ist,[4] aber nach ihrem eindeutigen Wortlaut nur für die dort aufgeführten Vorschriften des BGB gilt. Dass mit der ab dem 1.8.2002 geltenden Neuregelung des BGB durch das OLG-VertrÄndG vom 23.7.2002 zugleich – und entgegen dem in Art. 229 § 5 EGBGB erklärten gesetzgeberischen Willen – die Erlöschensvorschrift des § 2 Abs. 1 S. 4 HWG aF sieben Monate nach ihrem Außerkrafttreten für nach dem 1.12003 eintretende Umstände wie die vollständige und vorzeitige Ablösung eines Darlehens wiederaufleben sollte, lässt sich Art. 229 § 9 EGBGB nicht entnehmen. Ganz im Gegenteil sprechen der Wortlaut und die Gesetzesbegründung, die mehrfach das unbefristete Bestehen des Widerrufsrechts bei Haustürgeschäften im Falle einer unterlassenen oder nicht ordnungsgemäßen Widerrufsbelehrung in den Vordergrund rückt[5] und darauf besonderen Wert legt, dagegen.[6]

Beachte: Die Überleitungsvorschrift des Art. 229 § 9 Abs. 1 EGBGB verdrängt als speziellere Regelung (lex specialis) die Überleitungsvorschrift des Art. 229 § 5 S. 2 EGBGB bezüglich § 358 BGB nur, soweit § 358 BGB durch das Gesetz zur Änderung des Rechts der Vertretung durch Rechtsanwälte vor den Oberlandesgerichten vom 23.7.2002 (OLG-Vertretungsänderungsgesetz)[7] geändert worden ist.[8]

Die Regelung unterscheidet zwischen Haustürgeschäften (Abs. 1 S. 1 Nr. 1 und Abs. 1 S. 2, → Rn. 7 ff.) und anderen Schuldverhältnissen (Abs. 1 S. 1 Nr. 2, → Rn. 3 ff.) und trifft in Abs. 2 eine Sonderregelung über die Nachholung von Belehrungen (Nachbelehrung), die zunächst unterlassen (versäumt) oder nicht ordnungsgemäß erteilt worden waren (→ Rn. 11 f.).

Beachte: Infolge der durch das VerbrRRL-UG neu gefassten §§ 312 a ff. BGB zum 13.6.2014 ist als zusätzliche Übergangsvorschrift die Regelung des Art. 229 § 32 zu berücksichtigen. Nach der Vorschrift des Art. 229 § 9 sind grundsätzlich nur die Normen in der bis 12.6.2014 geltenden Fassung anzuwenden.[9]

B. Regelungsgehalt

I. Allgemeine Übergangsregelung für „andere Schuldverhältnisse" als Haustürgeschäfte (Abs. 1 S. 1 Nr. 2)

Abs. 1 S. 1 Nr. 2 trifft die allgemeine Übergangsregelung, wonach auf andere Schuldverhältnisse (als Haustürgeschäfte nach § 312 BGB aF, für die Abs. 1 S. 1 Nr. 1 und Abs. 1 S. 2 eine Sonderregelung trifft,

1   BGBl. I S. 2850.
2   EuGH Slg 2001, I-9945 = NJW 2002, 281. Dazu *Franzen* JZ 2003, 321. Da die Heininger-Entscheidung nur zwingende Vorgaben im Hinblick auf Haustürgeschäfte trifft, „unterscheidet Art. 229 § 9 zwischen Haustürgeschäften und anderen Schuldverhältnissen und ordnet für erstere ein schnelleres (im Hinblick auf das Nichterlöschen des Widerrufsrechts nach § 355 Abs. 3 BGB sogar rückwirkendes, vgl. Abs. 1 S. 2 ...) Inkrafttreten an": MüKoBGB/*Schürnbrand* EGBGB Art. 229 § 9 Rn. 1.

3   Zunächst – versehentlich – infolge eines Redaktionsversehens als § 8 (dazu *Schmidt-Kessel* ZGS 2002, 311 (317) Fn. 44), was durch BGBl. I (2002), S. 4410 berichtigt wurde.
4   BGH WM 2006, 1995.
5   BT-Drs. 14/9266, S. 44 ff. und 50.
6   BGH NJW 2010, 158 = WM 2010, 34.
7   BGBl. I, S. 2850.
8   BGH NJW 2017, 2675 = WM 2017, 909 = ZIP 2017, 1108 – Rückabwicklung einer kreditfinanzierten Fondsbeteiligung.
9   Palandt/*Grüneberg* EGBGB Art. 229 § 9 Rn. 1.

→ Rn. 7 ff.) – nämlich auf Fernabsatzverträge (§ 312 b BGB aF [§ 312 a BGB]), Teilzeit-Wohnrechte-Verträge (§ 485 BGB), Verbraucherdarlehensverträge (§ 495 BGB) sowie Fernunterrichtsverträge (§ 4 Fern-USG), sofern die genannten Vertragstypen nicht zugleich Haustürgeschäfte sind – die durch das OLG-VertrÄndG neu gefassten Vorschriften (der §§ 312 a, 312 d, 346, 355, 358, 491, 492, 494, 495, 497, 498, 502, 505 und 506 BGB aF) nur Anwendung finden, wenn das Schuldverhältnis **nach dem 1.11.2002** (dh ab dem 2.11.2002) entstanden (abgeschlossen worden) ist[10] (iSd Eintritts der schuldrechtlichen Bindung infolge der Annahme,[11] aus der sich Verpflichtungen des Schuldners ergeben):[12] Wirksamwerden der Ausnahme nach diesem Stichtag.[13]

4   **Beachte:** Für **vor diesem Stichtag** abgeschlossene Verbraucherdarlehensverträge bleibt es nach § 495 Abs. 2 BGB aF (§ 7 Abs. 3 VerbrKrG) grundsätzlich dabei, dass der Widerruf – unabhängig von einer entsprechenden Abrede (§ 506 Abs. 2 BGB aF) – dann als nicht erfolgt gilt, wenn der Darlehensnehmer das Darlehen nicht binnen einer Frist von zwei Wochen zurückzahlt.[14]

5   Die Ausdehnung des Widerrufsrechts auf Immobiliardarlehensverträge nach § 495 BGB erfasst nur nach dem 1.11.2002 abgeschlossene Verträge.

6   **Beachte**: Einige der durch das OLG-VertrÄndG neu gefassten Vorschriften (→ Rn. 3) werden dergestalt stufenweise eingeführt, dass sie für eine Übergangszeit (nach Art. 34 S. 2 OLG-VertrÄndG bis zum 30.6.2005) noch **abdingbar** sind (danach gilt § 506 Abs. 1 BGB aF uneingeschränkt, die Abs. 2–4 aF entfallen), was durch die Formulierung „soweit nichts anderes bestimmt ist" zum Ausdruck kommt. So kann bspw. nach § 506 Abs. 2 BGB aF (nur noch befristet – wie nach § 495 Abs. 2 BGB aF generell, → Rn. 4) durch besondere schriftliche Vereinbarung bestimmt werden, dass der Widerruf bei Verbraucherdarlehensverträgen als nicht erfolgt gilt, wenn das gewährte Darlehen nicht binnen zwei Wochen zurückgezahlt wird. Vgl. zudem § 506 Abs. 3 BGB aF, wonach das für Verbraucherdarlehensverträge durch das OLG-VertrÄndG (neu) eingeführte Widerrufsrecht befristet noch vertraglich ausgeschlossen werden kann.

II. Sonderregelung für Haustürgeschäfte (Abs. 1 S. 1 Nr. 1 und Abs. 1 S. 2)

7   Auf Haustürgeschäfte (§ 312 BGB) „einschließlich ihrer Rückabwicklung" finden die durch das OLG-VertrÄndG neu gefassten Vorschriften in Abweichung von der allgemeinen Regel des Abs. 1 S. 1 Nr. 2 (→ Rn. 3 ff.) nur Anwendung, wenn der Vertrag (dh die Annahme)[15] **nach dem 1.8.2002** abgeschlossen (dh nach diesem Stichtag wirksam ge-) worden ist[16] (**Abs. 1 S. 1 Nr. 1**).

8   **Beachte**: § 506 Abs. 2–4 BGB aF in der bis zum 30.6.2005 geltenden Fassung findet auf Haustürgeschäfte ohnehin keine Anwendung.[17] Abs. 1 S. 1 Nr. 1 gelangt auch dann zur Anwendung, wenn für das Haustürgeschäft zugleich aus einem weiteren Grund – bspw. nach § 495 BGB bzw. gem. § 4 FernUSG – ein Widerrufsrecht besteht.[18]

9   § 355 Abs. 3 BGB aF (wonach das Widerrufsrecht nach nicht ordnungsgemäßer Belehrung des Verbrauchers nicht erlischt) findet nach **Abs. 1 S. 2** auch rückwirkend schon Anwendung auf Haustürgeschäfte, die **nach dem 31.12.2001** abgeschlossen worden sind. Damit trägt der Gesetzgeber der „Heininger"-Entscheidung des EuGH[19] auch für die Zeit zwischen dem 1.1.2002 und dem 1.8.2002 Rechnung, wonach die HausTWRL es gebietet, dass das Widerrufsrecht bei Haustürgeschäften dann nicht erlischt, wenn der Verbraucher nicht ordnungsgemäß über sein Widerrufsrecht belehrt worden ist.[20]

10 **Beachte**: Auch für davor abgeschlossene Haustürgeschäfte besteht ein unbefristetes Widerrufsrecht,[21] da § 7 Abs. 2 VerbrKrG aF gegen Gemeinschaftsrecht verstößt[22] und daher richtlinienkonform dahin gehend auszulegen war, dass er auf Haustürgeschäfte nicht anzuwenden ist.[23]

III. Nachholung der Widerrufsbelehrung (Abs. 2)

11 § 355 Abs. 2 BGB idF des OLG-VertrÄndG gestattete es dem Unternehmer, eine nicht bzw. nicht ordnungsgemäß erfolgte Belehrung (die keiner Unterschrift des Verbrauchers mehr bedarf) zu wiederholen (Heilung von Belehrungsmängeln – wobei die nachträgliche Belehrung keiner Unterschrift oder elektronischen Signatur des Verbrauchers bedarf, aber die auf einen Monat verlängerte Widerrufsfrist in Gang setzt)[24] mit

---

10 BGH NJW 2006, 3349.
11 Palandt/*Grüneberg* EGBGB Art. 229 § 9 Rn. 3.
12 Staudinger/*Löwisch* EGBGB Art. 229 § 9 Rn. 1.
13 Palandt/*Grüneberg* EGBGB Art. 229 § 9 Rn. 2.
14 Palandt/*Grüneberg* EGBGB Art. 229 § 9 Rn. 3.
15 Palandt/*Grüneberg* EGBGB Art. 229 § 9 Rn. 2.
16 BGH NJW 2006, 3349.
17 Staudinger/*Löwisch* EGBGB Art. 229 § 9 Rn. 4.

18 Palandt/*Grüneberg* EGBGB Art. 229 § 9 Rn. 2.
19 EuGH NJW 2002, 281.
20 Staudinger/*Löwisch* EGBGB Art. 229 § 9 Rn. 5.
21 Palandt/*Grüneberg* EGBGB Art. 229 § 9 Rn. 2.
22 EuGH NJW 2002, 281.
23 So BGH NJW 2002, 1881.
24 MüKoBGB/*Schürnbrand* EGBGB Art. 229 § 9 Rn. 5.

der Folge, dass dadurch eine Widerrufsfrist von einem Monat in Lauf gesetzt wird. **Abs. 2** erstreckt die Regelung des § 355 Abs. 2 BGB auf Altverträge (Möglichkeit der Nachholung einer Belehrung zu den neuen Konditionen auch für Altverträge), wenn die erforderliche Belehrung über das Widerrufs- oder Rückgaberecht erst **nach diesem Zeitpunkt** (dh dem **1.8.2002** für Haustürgeschäfte [→ Rn. 7] und dem **1.11.2002** für andere Schuldverhältnisse [→ Rn. 3]) erteilt worden ist – unabhängig davon, wann diese abgeschlossen worden sind, und erfasst somit auch Verträge aus der Zeit vor Inkrafttreten des SchuldR-ModG.[25]

Obgleich Abs. 2 bei wörtlicher Auslegung an sich nicht entsprechende Verträge erfasst, die **am** 1.8. bzw. **am** 1.11.2002 geschlossen worden sind,[26] ist diesbezüglich eine teleologische Betrachtung geboten, sofern die Belehrung jeweils nach dem 1.8. bzw. 1.11.2002 erteilt worden ist,[27] was zur Anwendbarkeit führt.　　**12**

IV. Art. 229 § 5 S. 2 EGBGB

Art. 229 § 5 S. 2 ist als Spezialvorschrift für **Dauerschuldverhältnisse** zu qualifizieren[28] (wonach das BGB　**13** auch auf vor dem 1.1.2002 entstandene Dauerschuldverhältnisse ab dem 1.1.2003 in der dann geltenden Fassung anzuwenden ist), hinter den der bloß das Widerrufsrecht regelnde Art. 229 § 9 zurückzutreten hat.[29] Dies vermeidet zugleich, dass § 355 Abs. 3 BGB aF (in seiner gemeinschaftsrechtswidrigen Fassung in der Zeit vor dem OLG-VertrÄndG) auf Altverträge zur Anwendung gelangt.[30] Das einem Darlehensnehmer nach dem vormaligen HausTWiG zustehende Widerrufsrecht erlischt nicht nach § 2 Abs. 1 S. 4 HausTWiG, wenn die vollständige Ablösung des Darlehens erst nach dem 1.1.2003 erfolgt ist.[31] § 2 Abs. 1 S. 4 HausT-WiG ist bei verbundenen Geschäften dahin gehend auszulegen, dass für die beiderseits vollständige Erbringung der Leistungen lediglich auf die Leistungen in dem Vertrag abzustellen ist, der widerrufen werden soll, nicht dagegen auch auf die Leistungen in dem verbundenen anderen Vertrag.[32]

Art. 229 § 10 EGBGB Überleitungsvorschrift zum Gesetz zur Änderung der Vorschriften über die Anfechtung der Vaterschaft und das Umgangsrecht von Bezugspersonen des Kindes, zur Registrierung von Vorsorgeverfügungen und zur Einführung von Vordrucken für die Vergütung von Berufsbetreuern vom 23. April 2004

Im Fall der Anfechtung nach § 1600 Abs. 1 Nr. 2 des Bürgerlichen Gesetzbuchs beginnt die Frist für die Anfechtung gemäß § 1600 b Abs. 1 des Bürgerlichen Gesetzbuchs nicht vor dem 30. April 2004.

Art. 229 § 11 EGBGB Überleitungsvorschrift zu dem Gesetz zur Änderung der Vorschriften über Fernabsatzverträge bei Finanzdienstleistungen vom 2. Dezember 2004

(1) ¹Auf Schuldverhältnisse, die bis zum Ablauf des 7. Dezember 2004 entstanden sind, finden das Bürgerliche Gesetzbuch und die BGB-Informationspflichten-Verordnung in der bis zu diesem Tag geltenden Fassung Anwendung. ²Satz 1 gilt für Vertragsverhältnisse im Sinne des § 312 b Abs. 4 Satz 1 des Bürgerlichen Gesetzbuchs mit der Maßgabe, dass es auf die Entstehung der erstmaligen Vereinbarung ankommt.

25　Palandt/*Grüneberg* EGBGB Art. 229 § 9 Rn. 4.
26　Auf diese würde § 355 Abs. 2 BGB weder nach Art. 229 § 9 Abs. 1 noch nach Art. 229 § 9 Abs. 2 Anwendung finden: so *Artz* BKR 2002, 603 (309).
27　Staudinger/*Löwisch* EGBGB Art. 229 § 9 Rn. 6.
28　OLG Brandenburg 31.1.2007, 3 W 49/05 unter Bezugnahme auf BGH NJW 2006, 3349 = ZGS 2006, 423: Die durch das OLG-Vertretungsände-rungsgesetz v. 23.7.2002 eingeführten Widerrufsre-gelungen für Verbraucherverträge sind nur anwend-bar auf Haustürgeschäfte, die nach dem 1.8.2002

abgeschlossen worden sind, und auf andere Schuld-verhältnisse, die nach dem 1.11.2002 entstanden sind. Art. 229 § 9 ist lex specialis zu Art. 229 § 5 S. 2 (dazu auch schon vorstehende Rn. 1).
29　Staudinger/*Löwisch* EGBGB Art. 229 Rn. 7 – arg.: Sinn und Zweck des Art. 229 § 5 S. 2 EGBGB, ab dem 1.1.2003 „einheitliches Recht" zu schaffen.
30　*Schmidt/Kessel* ZGS 2002, 311 (319).
31　BGH NJW 2010, 602 in Abgrenzung zu BGH WM 2006, 1995.
32　OLG Stuttgart ZIP 2008, 1579 = ZGS 2008, 436.

(2) Verkaufsprospekte, die vor dem Ablauf des 7. Dezember 2004 hergestellt wurden und die der Neufassung der BGB-Informationspflichten-Verordnung nicht genügen, dürfen bis zum 31. März 2005 aufgebraucht werden, soweit sie ausschließlich den Fernabsatz von Waren und Dienstleistungen betreffen, die nicht Finanzdienstleistungen sind.

1   Durch Art. 2 Nr. 2 des Gesetzes zur Änderung der Vorschriften über Fernabsatzverträge bei Finanzdienstleistungen vom 2.12.2004[1] (Änderung des EGBGB) wurde (nachdem § 10 gegenüber dem ursprünglichen RegE bereits durch die Überleitungsvorschrift zum Gesetz zur Änderung der Vorschriften über die Anfechtung der Vaterschaft und das Umgangsrecht von Bezugspersonen des Kindes ua vom 23.4.2004[2] mit Wirkung vom 30.4.2004 belegt ist)[3] der neue § 11 als notwendige **Überleitungsvorschrift** eingefügt.

2   Die neuen Vorschriften des Fernabsatzrechts (Änderungen des BGB in den §§ 312 b, c und d sowie § 355 und 357 sowie der BGB-InfoV alt in § 1), die nunmehr auch Finanzdienstleistungen mit einbeziehen, gelten danach nur für Verträge, die **nach** dem Inkrafttreten des Gesetzes abgeschlossen werden (dh bei dem ein bis zum 7.12.2004 gemachtes Angebot nach diesem Zeitpunkt angenommen wird, **Abs. 1 S. 1**). Für Schuldverhältnisse, die bis zum Inkrafttreten abgeschlossen werden, gilt das alte Recht.

3   Für **Vertragsverhältnisse**[4] (iSd § 312 b Abs. 4 S. 1 BGB) normiert **Abs. 1 S. 2** eine besondere Überleitungsvorschrift, nach der es für Vertragsverhältnisse iSd § 312 b Abs. 4 S. 1 BGB (die eine erstmalige Vereinbarung mit daran anschließenden aufeinander folgenden Vorgängen oder eine daran anschließende Reihe getrennter, in einem zeitlichen Zusammenhang stehender Vorgänge der gleichen Art umfassen – worauf die Vorschriften über Fernabsatzverträge nur auf die erste Vereinbarung Anwendung finden) auf die **Entstehung der erstmaligen Verpflichtung** ankommt. Dies liegt darin begründet, dass der Schutzzweck der Richtlinie 2002/65/EG des Europäischen Parlaments und des Rates von 23.9.2002 über den Fernabsatz von Finanzdienstleistungen an Verbraucher und zur Änderung der Richtlinie 90/619/EWG des Rates und der Richtlinie 97/7/EG und 98/27/EG[5] (Richtlinie über den Fernabsatz von Finanzdienstleistungen – FinFARL) es zwar nicht verlangt, dass Altvereinbarungen neuen Sachverhalten gleichgestellt werden. Anders verhält es sich aber mit Sachverhalten nach § 312 b Abs. 4 S. 2 BGB (wonach, wenn aufeinander folgende Vorgänge oder eine daran anschließende Reihe, in einem zeitlichen Zusammenhang stehender Vorgänge der gleichen Art ohne eine solche Vereinbarung aufeinander folgen, die Vorschriften über Informationspflichten des Unternehmers nur für den ersten Vorgang gelten): Vorgänge innerhalb einer Reihe sind nur von den Informationspflichten, nicht jedoch vom Widerrufsrecht ausgenommen. Daher erschien es dem Gesetzgeber sachgerecht, dass beim ersten Vorgang nach Inkrafttreten des Gesetzes zur Änderung der Vorschriften über Fernabsatzverträge bei Finanzdienstleistungen (auch wenn dieser Vorgang eine bereits begonnene Reihe fortsetzt) die Informationspflichten nach neuem Recht Anwendung finden.[6]

4   Distanzhandelsunternehmen bieten ihre Waren regelmäßig über Kataloge an, die nur halbjährlich oder jährlich eine Neuauflage erfahren, wobei Produktion und Distribution erhebliche Kosten mit sich bringen. Der Bundesrat regte daher an, der Branche eine Übergangsfrist zu gewähren, vergleichbar § 6 Abs. 2 FernAbsG alt.[7] Die Bundesregierung widersetzte sich zunächst dieser Prüfbitte, eine Übergangsfrist für Verkaufsprospekte aufzunehmen, da eine entsprechende Vorgabe weder aus der FARL noch der FinFARL resultiert[8] und die Richtlinienkonformität der entsprechenden Altregelung in § 6 Abs. 2 FernAbsG alt in der Literatur bezweifelt wird.[9] Der Rechtsausschuss[10] hat sich gleichwohl für die Aufnahme einer entsprechenden Regelung entschieden.

Abs. 2 soll dem Bedürfnis der Distanzhandelsunternehmen nach einer **Aufbrauchfrist** für bereits hergestellte Verkaufsprospekte, die lediglich den Anforderungen der früher geltenden Fassung der BGB-InfoV genügen (und vor dem 8.12.2004 hergestellt worden sind), Rechnung tragen (wofür der Verwender die Beweislast trägt),[11] soweit dies vor dem Hintergrund der Vorgaben der FinFARL zulässig ist: Für Finanzdienstleistungen begegnet die Richtlinienkonformität einer Aufbrauchfrist, die über die Umsetzungsfrist der FinFARL (dh dem 9.10.2004) hinausgeht, erheblichen Bedenken, weshalb eine Aufbrauchfrist nur gelten soll, soweit ausschließlich Waren und sonstige Dienstleistungen angeboten werden, die nicht Finanzdienst-

---

1   BGBl. I S. 3102, 3104.
2   BGBl. I S. 598.
3   Beschlussempfehlung und Bericht des Rechtsausschusses, BT-Drs. 15/3483, S. 23.
4   Der RegE sprach noch von „Dauerschuldverhältnissen". Nach der Beschlussempfehlung und dem Bericht des Rechtsausschusses (BT-Drs. 15/3483, S. 23) ist die Textänderung lediglich redaktioneller und klarstellender Art.

5   ABlEG Nr. 271, S. 16.
6   RegE, BT-Drs. 15/2946, S. 24.
7   Stellungnahme des Bundesrates, BT-Drs. 15/2946, S. 33.
8   Gegenäußerung der Bundesregierung, BT-Drs. 15/2946, S. 39.
9   Vgl. MüKoBGB/*Wendehorst* FernAbsG § 6 Rn. 4.
10   Beschlussempfehlung, BT-Drs. 15/3483, S. 7.
11   Palandt/*Grüneberg* EGBGB Art. 229 § 11 Rn. 2.

leistungen sind.[12] Die Aufbrauchfrist entfällt auch für Verträge, die nach dem 31.3.2005 abgeschlossen worden sind (dh bei denen die Annahmeerklärung nach diesem Zeitpunkt wirksam geworden ist).[13]

Art. 229 § 12 EGBGB Überleitungsvorschrift zum Gesetz zur Anpassung von Verjährungsvorschriften an das Gesetz zur Modernisierung des Schuldrechts

(1) ¹Auf die Verjährungsfristen gemäß den durch das Gesetz zur Anpassung von Verjährungsvorschriften an das Gesetz zur Modernisierung des Schuldrechts vom 9. Dezember 2004 (BGBl. I S. 3214) geänderten Vorschriften

1. im Arzneimittelgesetz,
2. im Lebensmittelspezialitätengesetz,
3. in der Bundesrechtsanwaltsordnung,
4. in der Insolvenzordnung,
5. im Bürgerlichen Gesetzbuch,
6. im Gesetz zur Regelung der Wohnungsvermittlung,
7. im Handelsgesetzbuch,
8. im Umwandlungsgesetz,
9. im Aktiengesetz,
10. im Gesetz betreffend die Gesellschaften mit beschränkter Haftung,
11. im Gesetz betreffend die Erwerbs- und Wirtschaftsgenossenschaften,
12. in der Patentanwaltsordnung,
13. im Steuerberatungsgesetz,
14. in der Verordnung über Allgemeine Bedingungen für die Elektrizitätsversorgung von Tarifkunden,
15. in der Verordnung über Allgemeine Bedingungen für die Gasversorgung von Tarifkunden,
16. in der Verordnung über Allgemeine Bedingungen für die Versorgung mit Wasser,
17. in der Verordnung über Allgemeine Bedingungen für die Versorgung mit Fernwärme,
18. im Rindfleischetikettierungsgesetz,
19. in der Telekommunikations-Kundenschutzverordnung und
20. in der Verordnung über die Allgemeinen Beförderungsbedingungen für den Straßenbahn- und Obusverkehr sowie für den Linienverkehr mit Kraftfahrzeugen

ist § 6 entsprechend anzuwenden, soweit nicht ein anderes bestimmt ist. ²An die Stelle des 1. Januar 2002 tritt der 15. Dezember 2004, an die Stelle des 31. Dezember 2001 der 14. Dezember 2004.

(2) ¹Noch nicht verjährte Ansprüche, deren Verjährung sich nach Maßgabe des bis zum 14. Dezember 2004 geltenden Rechts nach den Regelungen über die regelmäßige Verjährung nach dem Bürgerlichen Gesetzbuch bestimmt hat und für die durch das Gesetz zur Anpassung von Verjährungsvorschriften an das Gesetz zur Modernisierung des Schuldrechts längere Verjährungsfristen bestimmt werden, verjähren nach den durch dieses Gesetz eingeführten Vorschriften. ²Der Zeitraum, der vor dem 15. Dezember 2004 abgelaufen ist, wird in die Verjährungsfrist eingerechnet.

Literatur: *Benecke/Geldsetzer*, Verjährung von Einlageforderungen der GmbH nach Übergangsrecht, NZG 2008, 374; *Diller/Beck*, Neuregelung der Verjährung für Anwaltshaftung – Der Irrgarten der Übergangsregelungen, ZIP 2005, 976; *Mansel/Budzikiewicz*, Verjährungsanpassungsgesetz: Neue Verjährungsfristen, insbesondere für die Anwaltshaftung und im Gesellschaftsrecht, NJW 2005, 321, 324 ff.; *Thiessen*, Überleitungsfragen zur neuen Verjährung im Kapitalgesellschaftsrecht, NJW 2005, 2120; *Wagner*, Neues Verjährungsrecht in der zivilrechtlichen Beratungspraxis, ZIP 2005, 558.

A. Allgemeines 1
B. Regelungsgehalt 2
  I. Entsprechende Anwendbarkeit von
  Art. 229 § 6 (Abs. I) 2

II. Sondervorschriften für Kapitalaufbringung
  und -erhaltung (Abs. 2) 4

A. Allgemeines

Die Norm beinhaltet die Übergangsvorschriften für die vom VerjAnpG bewirkten Änderungen, deren **1** Hauptzweck die Erweiterung des Anwendungsbereichs der Regelverjährung ist (näher → BGB Vor §§ 194–

---

12 Beschlussempfehlung und Bericht des Rechtsausschusses, BT-Drs. 15/3483, S. 23.
13 Palandt/*Grüneberg* EGBGB Art. 229 § 11 Rn. 2.

218 Rn. 14). Im Grundsatz findet die Überleitungsvorschrift des Art. 229 § 6 entsprechende Anwendung (Abs. 1; → Rn. 2 f.). Eine Sonderregel gilt für Ansprüche aus Kapitalaufbringung und Kapitalerhaltung (Abs. 2; → Rn. 4).

B. Regelungsgehalt

I. Entsprechende Anwendbarkeit von Art. 229 § 6 (Abs. 1)

2 Abs. 1 gilt für alle Verjährungsfristen, die durch das VerjAnpG geändert wurden. Dies betrifft auch die Streichung von Sonderverjährungsnormen, durch die der Rückgriff auf die regelmäßige Verjährung eröffnet wird. Im **Gesetzentwurf der Bundesregierung**[1] findet sich hierzu folgende Erläuterung: „Wie in § 6 gilt damit auch hier der Grundsatz, dass sich die Verjährung von am Tag des Inkrafttretens dieses Gesetzes bestehenden und nicht verjährten Ansprüchen nach den neu geltenden Verjährungsregelungen berechnet. Ist die sich neu ergebende Verjährungsfrist länger als die alte (indem beispielsweise eine kürzere Sondervorschrift als drei Jahre ersatzlos gestrichen wird), gilt – vorbehaltlich Absatz 2 […] – in entsprechender Anwendung von § 6 Abs. 3 allerdings nur die kürzere Verjährungsfrist. Wenn umgekehrt die sich neu ergebende Verjährungsfrist kürzer als die bisherige ist (Beispiel: eine über drei Jahre liegende Sondervorschrift wird ersatzlos gestrichen), gilt entsprechend § 6 Abs. 4 die kürzere Verjährungsfrist und wird ab dem Tag des Inkrafttretens dieses Gesetzes bemessen; sie läuft allerdings längstens bis zur Vollendung der alten längeren Frist. Soweit § 6 Regelungen zu spezifischen konzeptionellen Veränderungen durch die Schuldrechtsmodernisierung, zB den Wegfall der Unterbrechung (vgl. § 6 Abs. 2), enthält, die im Gesetz zur Anpassung der Verjährungsvorschriften kein Gegenstück haben, bleiben diese Regelungen, die schon durch § 6 selbst übergeleitet worden sind, durch die Überleitungsvorschrift in Abs. 1 unberührt und gelten unverändert fort."

3 Der Verweis auf Art. 229 § 6 führt im Regelfall dazu, dass die Verjährungsfrist im Sinne eines Günstigkeitsprinzips für den Schuldner abgekürzt wird (Abs. 1 iVm Art. 229 § 6 Abs. 3 bzw. 4).[2] Umstritten ist die Übergangsregelung bei der Verjährungsfrist für Schadensersatzansprüche gegen Rechtsanwälte, Steuerberater und Patentanwälte.[3]

II. Sondervorschriften für Kapitalaufbringung und -erhaltung (Abs. 2)

4 Für Ansprüche auf Kapitalaufbringung und Kapitalerhaltung im Recht der GmbH, der AG und der eG wurde durch das VerjAnpG eine zehnjährige Verjährungsfrist eingeführt (→ BGB § 195 Rn. 32). Nach Abs. 2 gilt diese Frist auch für Altfälle, allerdings unter Anrechnung des bis zum 15.12.2004 abgelaufenen Zeitraums. Dies betrifft aber lediglich die seit dem 1.1.2002 (dem Datum des Inkrafttretens des SchuldRModG) verstrichenen Zeiträume; Abs. 2 ist insoweit verfassungskonform auszulegen.[4] Für mit Ablauf des 31.12.2001 bereits auf der Grundlage der 30-Jahres-Frist des § 195 BGB aF verjährte Ansprüche kommt eine Neuberechnung nicht in Betracht.[5]

1   BT-Drs. 15/3653, S. 16.
2   Für Einzelheiten s. *Mansel/Budzikiewicz* NJW 2005, 321 (324 f.); Palandt/*Ellenberger* EGBGB Art. 229 § 12 Rn. 2 f.
3   Näher *Mansel/Budzikiewicz* NJW 2005, 321 (325 ff.); *Wagner* ZIP 2005, 558; *Diller/Beck* ZIP 2005, 976; s. zum Gleichlauf von Primär- und Sekundäranspruch BGH NJW 2009, 1350; NJW-RR 2013, 111 Tz. 9; NJW-RR 2017, 506; OLG Hamm 12.8. 2014 – I-28 W 11/14, 28 W 11/14 (Anwalt); Verjährungsbeginn bei unterlassener Aufklärung im Rahmen der Rechtsanwaltshaftung: BGH NJW-RR 2013, 1212; zum Übergangsrecht bei der Verjährung der Haftungsan-

sprüche gegen Insolvenzverwalter: BGH NJW-RR 2014, 1457; Steuerberater: BGH NZG 2016, 238 (239 f.); NJW 2015, 2190; Wirtschaftsprüfer (zur besonderen Übergangsvorschrift § 139 b Abs. 1 WPO): BGH NZG 2013, 899.
4   BGH NJW-RR 2008, 843; NJW-RR 2008, 1254; dazu *Herrler* ZIP 2008, 1568; zuvor *Mansel/Budzikiewicz* NJW 2005, 321 (328). Kritisch zur verfassungskonformen Auslegung und dafür, die Verjährung nicht vor dem 31.12.2004 enden zu lassen, *Benecke/Geldsetzer* NZG 2008, 374 f.
5   OLG Düsseldorf NJW-RR 2006, 1188.

Art. 229 § 13 EGBGB (aufgehoben)

Art. 229 § 14 EGBGB Übergangsvorschrift zum Zweiten
Betreuungsrechtsänderungsgesetz vom 21. April 2005

Die Vergütungs- und Aufwendungsersatzansprüche von Vormündern, Betreuern und Pflegern, die vor dem 1. Juli 2005 entstanden sind, richten sich nach den bis zum Inkrafttreten des Zweiten Betreuungsrechtsänderungsgesetzes vom 21. April 2005 (BGBl. I S. 1073) geltenden Vorschriften.

Art. 229 § 15 EGBGB Übergangsvorschrift zum
Minderjährigenhaftungsbeschränkungsgesetz

Soweit der volljährig Gewordene Verbindlichkeiten vor dem Inkrafttreten des Minderjährigenhaftungsbeschränkungsgesetzes vom 25. August 1998 (BGBl. I S. 2487) am 1. Januar 1999 erfüllt hat oder diese im Wege der Zwangsvollstreckung befriedigt worden sind, sind Ansprüche aus ungerechtfertigter Bereicherung ausgeschlossen.

Art. 229 § 16 EGBGB Überleitungsvorschrift zum Gesetz zur Ergänzung des
Rechts zur Anfechtung der Vaterschaft vom 13. März
2008

Im Fall der Anfechtung nach § 1600 Abs. 1 Nr. 5 des Bürgerlichen Gesetzbuchs beginnt die Frist für die Anfechtung gemäß § 1600 b Abs. 1 a des Bürgerlichen Gesetzbuchs nicht vor dem 1. Juni 2008.

Art. 229 § 17 EGBGB Übergangsvorschrift zum Gesetz zur Klärung der
Vaterschaft unabhängig vom Anfechtungsverfahren

Ist eine Klage auf Anfechtung der Vaterschaft wegen Fristablaufs rechtskräftig abgewiesen worden, so ist eine Restitutionsklage nach § 641 i der Zivilprozessordnung auch dann nicht statthaft, wenn ein nach § 1598 a des Bürgerlichen Gesetzbuchs in der Fassung des Gesetzes zur Klärung der Vaterschaft unabhängig vom Anfechtungsverfahren vom 26. März 2008 (BGBl. I S. 441) eingeholtes Abstammungsgutachten die Abstammung widerlegt.

Art. 229 § 18 EGBGB Übergangsvorschrift zum Risikobegrenzungsgesetz

(1) ¹§ 498 des Bürgerlichen Gesetzbuchs ist in seiner seit dem 19. August 2008 geltenden Fassung nur auf Verträge anzuwenden, die nach dem 18. August 2008 geschlossen werden. ²Zudem ist § 498 des Bürgerlichen Gesetzbuchs in seiner seit dem 19. August 2008 geltenden Fassung auf bestehende Vertragsverhältnisse anzuwenden, die nach dem 18. August 2008 vom Darlehensgeber übertragen werden.

(2) § 1192 Abs. 1 a des Bürgerlichen Gesetzbuchs findet nur Anwendung, sofern der Erwerb der Grundschuld nach dem 19. August 2008 erfolgt ist.

(3) § 1193 Abs. 2 des Bürgerlichen Gesetzbuchs in der seit dem 19. August 2008 geltenden Fassung ist nur auf Grundschulden anzuwenden, die nach dem 19. August 2008 bestellt werden.

Art. 229 § 19 EGBGB Überleitungsvorschrift zum Forderungssicherungsgesetz

(1) Die Vorschriften der §§ 204, 632 a, 641, 648 a und 649 des Bürgerlichen Gesetzbuchs in der seit dem 1. Januar 2009 geltenden Fassung sind nur auf Schuldverhältnisse anzuwenden, die nach diesem Tag entstanden sind.

(2) § 641 a des Bürgerlichen Gesetzbuchs ist auf Schuldverhältnisse, die vor dem 1. Januar 2009 entstanden sind, in der bis zu diesem Zeitpunkt geltenden Fassung anzuwenden.

Art. 229 § 20 EGBGB Übergangsvorschrift zum Gesetz zur Änderung des Zugewinnausgleichs- und Vormundschaftsrechts vom 6. Juli 2009

(1) Bei der Behandlung von Haushaltsgegenständen aus Anlass der Scheidung ist auf Haushaltsgegenstände, die vor dem 1. September 2009 angeschafft worden sind, § 1370 des Bürgerlichen Gesetzbuchs in der bis zu diesem Tag geltenden Fassung anzuwenden.

(2) Für Verfahren über den Ausgleich des Zugewinns, die vor dem 1. September 2009 anhängig werden, ist für den Zugewinnausgleich § 1374 des Bürgerlichen Gesetzbuchs in der bis zu diesem Tag geltenden Fassung anzuwenden.

(3) § 1813 Absatz 1 Nummer 3 des Bürgerlichen Gesetzbuchs in der Fassung vom 1. September 2009 gilt auch für vor dem 1. September 2009 anhängige Vormundschaften (§ 1773 des Bürgerlichen Gesetzbuchs), Pflegschaften (§ 1915 Absatz 1 des Bürgerlichen Gesetzbuchs) und Betreuungen (§ 1908 i Absatz 1 Satz 1 des Bürgerlichen Gesetzbuchs).

Art. 229 § 21 Übergangsvorschrift für die Gesellschaft bürgerlichen Rechts im Grundbuchverfahren

§ 899 a des Bürgerlichen Gesetzbuchs sowie § 47 Absatz 2 Satz 2 und § 82 Satz 3 der Grundbuchordnung gelten auch, wenn die Eintragung vor dem Zeitpunkt des Inkrafttretens gemäß Artikel 5 Absatz 2 des Gesetzes zur Einführung des elektronischen Rechtsverkehrs und der elektronischen Akte im Grundbuchverfahren sowie zur Änderung weiterer grundbuch-, register- und kostenrechtlicher Vorschriften am 18. August 2009 erfolgt ist.

Art. 229 § 22 Übergangsvorschrift zum Gesetz zur Umsetzung der Verbraucherkreditrichtlinie, des zivilrechtlichen Teils der Zahlungsdiensterichtlinie sowie zur Neuordnung der Vorschriften über das Widerrufs- und Rückgaberecht vom 29. Juli 2009

(1) [1]Auf Schuldverhältnisse, die die Ausführung von Zahlungsvorgängen zum Gegenstand haben und die vor dem 31. Oktober 2009 entstanden sind, ist Artikel 248 §§ 4 und 13 nicht anzuwenden. [2]Ist mit der Abwicklung eines Zahlungsvorgangs vor dem 31. Oktober 2009 begonnen worden, sind das Bürgerliche Gesetzbuch und die BGB-Informationspflichten-Verordnung jeweils in der bis dahin geltenden Fassung anzuwenden.

(2) Soweit andere als die in Absatz 1 geregelten Schuldverhältnisse vor dem 11. Juni 2010 entstanden sind, sind auf sie das Bürgerliche Gesetzbuch und die BGB-Informationspflichten-Verordnung jeweils in der bis dahin geltenden Fassung anzuwenden.

(3) Abweichend von Absatz 2 sind § 492 Abs. 5, § 493 Abs. 3, die §§ 499, 500 Abs. 1 sowie § 504 Abs. 1 und § 505 Abs. 2 des Bürgerlichen Gesetzbuchs auf unbefristete Schuldverhältnisse anzuwenden, die vor dem 11. Juni 2010 entstanden sind; § 505 Abs. 1 ist auf solche Schuldverhältnisse in Ansehung der Mitteilungen nach Vertragsschluss anzuwenden.

Art. 229 § 23 EGBGB Überleitungsvorschrift zum Gesetz zur Änderung des Erb- und Verjährungsrechts

(1) [1]Die Vorschriften des Bürgerlichen Gesetzbuchs über die Verjährung in der seit dem 1. Januar 2010 geltenden Fassung sind auf die an diesem Tag bestehenden und nicht verjährten Ansprüche anzuwenden. [2]Der Beginn der Verjährung und die Verjährungsfrist bestimmen sich nach den Vorschriften des Bürgerlichen Gesetzbuchs in der vor dem 1. Januar 2010 geltenden Fassung, wenn bei

Anwendung dieser Vorschriften die Verjährung früher vollendet wird als bei Anwendung der entsprechenden Vorschriften nach Satz 1.

(2) [1]Bestimmen sich der Beginn und die Verjährungsfrist nach den Vorschriften des Bürgerlichen Gesetzbuchs in der seit dem 1. Januar 2010 geltenden Fassung, beginnt die Frist nicht vor dem 1. Januar 2010. [2]Läuft die nach den Vorschriften des Bürgerlichen Gesetzbuchs in der vor dem 1. Januar 2010 geltenden Fassung bestimmte Verjährungsfrist früher ab als die Verjährungsfrist nach dem Bürgerlichen Gesetzbuch in der seit dem 1. Januar 2010 geltenden Fassung, ist die Verjährung mit Ablauf der Frist nach den vor dem 1. Januar 2010 geltenden Vorschriften vollendet.

(3) Die Hemmung der Verjährung bestimmt sich für den Zeitraum vor dem 1. Januar 2010 nach den Vorschriften des Bürgerlichen Gesetzbuchs in der bis zu diesem Tag geltenden Fassung.

(4) [1]Im Übrigen gelten für Erbfälle vor dem 1. Januar 2010 die Vorschriften des Bürgerlichen Gesetzbuchs in der vor dem 1. Januar 2010 geltenden Fassung. [2]Für Erbfälle seit dem 1. Januar 2010 gelten die Vorschriften des Bürgerlichen Gesetzbuchs in der seit dem 1. Januar 2010 geltenden Fassung, unabhängig davon, ob an Ereignisse aus der Zeit vor dem Inkrafttreten dieser Vorschriften angeknüpft wird.

Literatur: *Baumann/Karsten*, Die Reform des Erbrechts und verjährungsrechtlicher Vorschriften, RNotZ 2010, 95; *Löhnig*, Das neue familien- und erbrechtliche Verjährungsrecht, FamRZ 2009, 2053; *Otte*, Die Verjährung familienrechtlicher Ansprüche, ZGS 2010, 15.

A. Intertemporaler Anwendungsbereich des　　　　　　II. Hemmung (Abs. 3) 5
　neuen Verjährungsrechts .... 1　　　B. Erbrechtliche Vorschriften 6
　I. Verjährungsbeginn und Verjährungsfristen
　(Abs. 1 und 2) 1

A. Intertemporaler Anwendungsbereich des neuen Verjährungsrechts

I. Verjährungsbeginn und Verjährungsfristen (Abs. 1 und 2)

Art. 229 § 23 enthält die Übergangsvorschrift für die zum 1.1.2010 durch das ErbVerjÄndG[1] eingefügten Neuerungen.[2] Die Regelung entspricht hinsichtlich der Überleitung des novellierten Verjährungsrechts im Wesentlichen den Regelungen in Art. 229 § 6. Wie **Art. 229 § 6 Abs. 1 S. 1** sieht auch Art. 229 § 23 Abs. 1 S. 1 die Anwendbarkeit des neuen Verjährungsrechts auf die am Stichtag bereits bestehenden, aber noch nicht verjährten Ansprüche vor und unterstellt damit grundsätzlich alle am 1.1.2010 noch nicht abgelaufenen Verjährungsfristen *ex nunc* den Verjährungsvorschriften in der seit dem 1.1.2010 geltenden Fassung (vgl. hierzu auch die Kommentierung des Art. 229 § 6 Abs. 1 S. 1, insbes. → Rn. 5 ff.). **1**

Um zu verhindern, dass am 1.1.2010 gem. Abs. 1 S. 1 eine neue Fristenregelung zur Anwendung gelangt, nach der die Frist ggf. am Stichtag schon abgelaufen ist, sieht **Abs. 2 S. 1** im Interesse des **Gläubigerschutzes** vor, dass die neue Frist nicht vor dem 1.1.2010 zu laufen beginnt. Bedeutung kommt der Regelung des Abs. 2 S. 1 vor allem bei familien- und erbrechtlichen Ansprüchen zu, die vor dem 1.1.2010 der dreißigjährigen Frist des § 197 Abs. 1 Nr. 2 BGB aF unterlagen, jetzt aber nach §§ 195, 199 BGB verjähren. In diesen Fällen (wie auch sonst bei der Umstellung auf die Regelverjährung nach §§ 195, 199 BGB) ist gem. Abs. 2 S. 1 selbst dann auf den 1.1.2010 als Fristbeginn abzustellen, wenn der Gläubiger bereits vor dem Stichtag Kenntnis von den den Anspruch begründenden Umständen und der Person des Schuldners hatte oder ohne grobe Fahrlässigkeit hätte erlangen müssen (vgl. § 199 Abs. 1 Nr. 2 BGB);[3] die Dreijahresfrist des § 195 BGB endet in diesem Fall am 31.12.2012 (→ Art. 229 EGBGB § 6 Rn. 22).[4] Sollten die Voraussetzungen des § 199 Abs. 1 Nr. 2 BGB am Stichtag nicht vorgelegen haben, wird die Frist des § 195 BGB erst mit dem Schluss des Jahres in Lauf gesetzt, in dem die Voraussetzungen des § 199 Abs. 1 Nr. 2 BGB erfüllt sind.[5] Nichts Anderes gilt, wenn die Voraussetzungen des § 199 Abs. 1 Nr. 2 BGB zwar vor dem 1.1.2010 erfüllt waren, nicht aber am Stichtag selbst. Auch in diesem Fall beginnt die Frist des § 195 BGB erst dann, wenn **2**

1　Gesetz zur Änderung des Erb- und Verjährungsrechts v. 24.9.2009 (BGBl. I S. 3142).

2　S. hierzu den Überblick bei *Baumann/Karsten* RNotZ 2010, 95 ff.; *Keim* MittBayNot 2010, 85 ff.; *Lange* DNotZ 2009, 732 ff.; *Wälzholz* DStR 2009, 2104 ff.

3　Palandt/*Ellenberger* EGBGB Art. 229 § 23 Rn. 1.

4　Vgl. OLG Karlsruhe FamRZ 2016, 591 (593) (erbrechtlicher Auskunftsanspruch); KG BeckRS 2018, 33636 (Rn. 18). Abweichend OLG Schleswig NJW-RR 2016, 73 (74): Ablauf der Verjährungsfrist frühestens am 31.12.2013.

5　Vgl. BGH FamRZ 2020, 287 (289).

der Gläubiger nach dem 31.12.2009 erneut Kenntnis erlangt hat oder ohne grobe Fahrlässigkeit hätte erlangen müssen.[6]

Die **Verjährungshöchstfristen** des § 199 BGB sind in Überleitungsfällen stets vom 1.1.2010 an zu berechnen.[7]

3 Die Anwendung der neuen Regelungen zum 1.1.2010 soll jedoch nicht dazu führen, dass die Verjährung später eintritt, als dies unter altem Recht der Fall gewesen wäre. Nach Maßgabe der **Abs. 1 S. 2** und **Abs. 2 S. 2**, die Art. 229 § 6 Abs. 3 und 4 entlehnt sind (→ Art. 229 § 6 Rn. 45 ff.), findet zum **Schutz des Schuldners** daher weiterhin altes Recht Anwendung, wenn danach die Verjährung im konkreten Fall früher eintreten sollte als nach den Regelungen des neuen Rechts (einschließlich der ab dem 1.1.2010 laufenden Verjährungshöchstfristen des § 199 BGB).[8] Dies entspricht der Zielsetzung des Gesetzgebers, das neue Verjährungsrecht zwar möglichst schnell zur Anwendung zu bringen, in Überleitungsfällen den Fristenlauf aber nicht zulasten des Schuldners zu verlängern.[9]

4 Auf altes Recht ist demzufolge auch weiterhin abzustellen, wenn die Verjährungsfrist nach neuem Recht länger ist als nach den alten Regelungen (vgl. § 1302 BGB aF und § 195 BGB). Doch auch bei unverändertem Verjährungsbeginn und gleicher Verjährungsfrist (vgl. § 1390 Abs. 3 S. 1 BGB aF und §§ 195, 1390 Abs. 3 S. 1 BGB) beeinflusst die Neuregelung den Verjährungseintritt nicht.[10] Im Übrigen ist in jedem Einzelfall ein Vergleich des Verjährungseintritts nach neuem und altem Recht vorzunehmen.

II. Hemmung (Abs. 3)

5 Die **Verjährungshemmung** richtet sich gem. Abs. 3 bis zum 31.12.2009 nach altem Recht, danach kommen gem. Abs. 1 S. 1 die durch das ErbVerjÄndG eingefügten Regelungen zum Tragen. Neuerungen haben sich insoweit vor allem bei der Verjährungshemmung aus familiären Gründen in § 207 Abs. 1 S. 2 Nr. 2 BGB ergeben (→ BGB § 207 Rn. 3). Zudem wurde in § 1600b Abs. 5 S. 3 BGB ein ergänzender Verweis auf § 204 Abs. 1 Nr. 4, 8, 13, 14 und Abs. 2 BGB aufgenommen (BGB § 1600b Rn. 20). Zur Überleitung der Neuerungen in § 207 BGB s. auch die Kommentierung bei → BGB § 207 Rn. 29.

B. Erbrechtliche Vorschriften

6 Soweit es sich nicht um verjährungsrechtliche Fragen handelt, kommen für Erbfälle, die vor dem 1.1.2010 eingetreten sind, gem. **Abs. 4 S. 1** weiterhin die Regelungen des alten Rechts zur Anwendung. Für Erbfälle, die nach dem 31.12.2009 eingetreten sind, kommt gem. **Abs. 4 S. 2** neues Recht zum Tragen. Dies gilt auch dann, wenn an Ereignisse aus der Zeit vor Inkrafttreten des ErbVerjÄndG angeknüpft wird.[11]

7 So können etwa **Pflegeleistungen**, die vor dem Stichtag erbracht wurden, nach Maßgabe der Neuregelung in § 2057a Abs. 1 S. 2 BGB ausgeglichen werden, sofern der Erbfall nach dem 31.12.2009 eingetreten ist. Sind in einer Verfügung von Todes wegen, die vor dem 1.1.2010 erstellt wurde, zulasten eines Erben **Beschränkungen und Beschwerungen** angeordnet, so hat der Erbe gleichwohl nach § 2306 BGB das freie Wahlrecht zwischen belastetem Erbteil und Pflichtteil, wenn es erst nach dem 31.12.2009 zum Erbfall gekommen ist.[12] Entsprechendes gilt hinsichtlich der Frage, in welchem Umfang eine **Schenkung pflichtteilsergänzungspflichtig** ist. Sollte der Erblasser bereits vor dem 1.1.2010 verstorben sein, kommt weiterhin § 2325 Abs. 3 BGB aF zur Anwendung, dh die Schenkung ist in vollem Umfang ergänzungspflichtig, wenn zur Zeit des Erbfalls noch nicht zehn Jahre seit der Leistung des verschenkten Gegenstands verstrichen sind. Verstirbt der Erblasser nach dem 31.12.2009, greift die neue Pro-rata-Regelung des § 2325 Abs. 3 BGB auch dann ein, wenn die in Rede stehende Schenkung bereits vor dem 1.1.2010 gemacht wurde.[13] Auch bei den **Pflichtteilsentziehungsgründen** ist für die Anwendung der neuen Regelungen in § 2333 BGB allein maßgebend, ob der Erbfall nach dem 31.12.2009 eingetreten ist. Unerheblich ist, wann

6 Vgl. zu der parallelen Problematik iRd Art. 229 § 6 BGH NJW 2012, 1645 ff.; OLG Karlsruhe ZIP 2009, 1611 (1612) (Kenntnis von der Anschrift des Schuldners geht vor dem Stichtag wieder verloren, weil der Schuldner seinen Wohnsitz gewechselt hat).
7 Palandt/*Ellenberger* EGBGB Art. 229 § 23 Rn. 1; MüKoBGB/*Grothe* EGBGB Art. 229 § 23 Rn. 3.
8 S. hierzu auch *Löhnig* FamRZ 2009, 2053 (2054 f.); *Otte* ZGS 2010, 15 (16), der zudem darauf hinweist, dass Abs. 2 S. 2 keinen über Abs. 1 S. 2 hinausgehenden Regelungsgehalt besitzt (aaO Fn. 8).
9 Vgl. BT-Drs. 16/8954, S. 26.
10 Vgl. BGH FamRZ 2020, 192 (193): Verjährung des Anspruchs aus § 2329 BGB nach § 2332 Abs. 2 BGB aF (Neuregelung: §§ 195, 2332 Abs. 1 BGB).
11 Vgl. hierzu auch *Baumann/Karsten* RNotZ 2010, 95 (101); Palandt/*Ellenberger* EGBGB Art. 229 § 23 Rn. 4.
12 Palandt/*Ellenberger* EGBGB Art. 229 § 23 Rn. 4.
13 Palandt/*Ellenberger* EGBGB Art. 229 § 23 Rn. 4.

es zu dem Entziehungsgrund gekommen ist und ob der Erblasser die Verfügung von Todes wegen vor dem 1.1.2010 oder nach Inkrafttreten des ErbVerjÄndG erstellt hat.[14]

Umstritten ist, ob die erbrechtlichen Neuerungen auch dann anzuwenden sind, wenn vor dem Stichtag ein **8** **Zuwendungsverzichtsvertrag** geschlossen wurde, der Erbfall aber erst nach dem 31.12.2009 eintritt. Die Verweisung in § 2352 S. 3 BGB umfasst in der neuen Fassung nicht mehr nur die §§ 2347, 2348 BGB, sondern schließt § 2349 BGB ein und erstreckt damit den Zuwendungsverzicht eines Abkömmlings oder Seitenverwandten des Erblassers auch auf die Abkömmlinge des Verzichtenden, sofern die Parteien nicht eine anderweitige Regelung getroffen haben. Unter altem Recht fehlte eine entsprechende Verweisung; eine analoge Anwendung des § 2349 BGB wurde überwiegend abgelehnt (→ BGB § 2352 Rn. 13). Für Übergangskonstellationen wird jetzt unter Berufung auf Art. 229 § 23 Abs. 4 verbreitet die Ansicht vertreten, dass die Neuerungen in § 2352 S. 3, 2349 BGB auch auf Altverträge Anwendung finden, sofern der Erbfall nach dem 31.12.2009 eingetreten ist. Unbillige Ergebnisse seien durch Auslegung des Verzichtsvertrages zu vermeiden: Im Regelfall ergebe sich aus der Auslegung, dass die Parteien nur jene Rechtsfolgen herbeiführen wollten, die dem Vertrag nach altem Recht zukamen; damit hätten sie ein anderes iSd § 2349 bestimmt.[15] Zu überzeugen vermag dieser Ansatz gleichwohl nicht. Dogmatisch schlüssiger ist es, **Art. 229 § 23 Abs. 4 teleologisch zu reduzieren** und § 2352 S. 3 BGB in seiner neuen Fassung nur auf solche Zuwendungsverzichtsverträge anzuwenden, die nach dem 31.12.2009 geschlossen werden. Als Grundlage der teleologischen Reduktion trägt der allgemeine Rechtsgedanke, dass ein Rechtsverhältnis regelmäßig nur dem im Zeitpunkt seiner Entstehung gültigen Recht unterfallen soll (→ Art. 229 § 5 Rn. 1). Ebenso wie sich gemeinschaftliche Testamente und Erbverträge nach einer Rechtsänderung gemeinhin weiter nach der *lex prior* richten,[16] ist für einen Erbverzichtsvertrag ein Statutenwechsel grundsätzlich auszuschließen.[17] Nach dem Prinzip der *lex temporis actus* durften die Parteien des Verzichtsvertrages davon ausgehen, dass die Rechtslage, die im Zeitpunkt ihres rechtserheblichen Handelns galt, auch *ex post* bei der Bewertung ihres Vorgehens die maßgebliche ist.[18] Ausnahmen von dem Verbot der Rückwirkung können in Übereinstimmung mit den Vorgaben des Verfassungsrechts zwar durch den Gesetzgeber statuiert werden, bedürfen jedoch der Rechtfertigung. Dabei ist schon fraglich, ob der Gesetzgeber den Neuerungen in § 2352 S. 3 BGB tatsächlich rückwirkende Kraft beimessen wollte. So finden sich in den Erläuterungen des Regierungsentwurfs zu Art. 229 § 23 Abs. 4 zwar zahlreiche Beispiele, der Zuwendungsverzichtsvertrag ist jedoch nicht darunter.[19] Nicht ausgeschlossen erscheint daher, dass die vorliegende Konstellation schlicht übersehen wurde.[20] Die Anwendung neuen Rechts auf den unter altem Recht abgeschlossenen Verzichtsvertrag wäre aber ohnedies nur zulässig, wenn die in §§ 2352 S. 3, 2349 BGB aufgenommene Erstreckung des Zuwendungsverzichts auf Abkömmlinge Ausdruck eines fundamentalen Wertewandels ist, dessen Ausweitung auch auf alte Tatbestände zwingend erforderlich erscheint.[21] Letzteres dürfte jedoch kaum der Fall sein. Die Parteien sind nach § 2349 BGB frei, jederzeit eine von der Erstreckung des Zuwendungsverzichts abweichende Regelung zu treffen. Damit nimmt die Novellierung aber keinen derart gesteigerten Stellenwert ein, dass sich daraus eine Rückwirkung auf abgeschlossene Tatbestände rechtfertigen ließe. Auf Zuwendungsverzichtsverträge, die vor dem 1.1.2010 geschlossen wurden, sollte daher auch weiterhin altes Recht zur Anwendung gebracht werden, unabhängig davon, ob der Erbfall bis zum oder nach dem 31.12.2009 eingetreten ist.[22]

14 Vgl. BT-Drs. 16/8954, S. 26 f.; OLG Frankfurt FamRZ 2014, 1149 (1150).
15 OLG Düsseldorf FamRZ 2017, 762 (763 f.); OLG Schleswig NJW-RR 2014, 1356 (1357); *Baumann/Karsten* RNotZ 2010, 95 (100 f.); *Keim* MittBayNot 2010, 85 (92); MüKoBGB/*Wegerhoff* § 2352 Rn. 14; vgl. auch BeckOK BGB/*Litzenburger* § 2352 Rn. 26 (entscheidend ist, was Erblasser und Verzichtender „wirklich gewollt" haben); *Klinck* ZEV 2009, 533 (536 f.); differenzierend Staudinger/*Schotten* BGB § 2352 Rn. 45 ff.; aA *Wälzholz* DStR 2009, 2104 (2108) (bei Erbfällen nach dem 31.12.2009 gilt uneingeschränkt neues Recht); wieder anders *Kanzleiter* DNotZ 2010, 520 (527) (generell keine Anwendung der Neuregelung auf Altfälle).

16 *Heß*, Intertemporales Privatrecht, S. 237, 329.
17 Vgl. *Heß*, Intertemporales Privatrecht, S. 233.
18 *Heß*, Intertemporales Privatrecht, S. 366.
19 BT-Drs. 16/8954, S. 27.
20 Hierfür spricht auch, dass in den Erläuterungen zur Neufassung des § 2352 BGB darauf hingewiesen wird, dass der Erblasser, der die Erstreckung des Zuwendungsverzichts auf die Abkömmlinge ausschließen will „künftig ausdrücklich bestimmen [muss], dass diese vermutete Erstreckung nicht gilt", BT-Drs. 16/8954, S. 26.
21 *Heß*, Intertemporales Privatrecht, S. 303 f.
22 Im Erg. ebenso *Kanzleiter* DNotZ 2010, 520 (527).

Art. 229 § 24 EGBGB Übergangsvorschrift zu dem Gesetz zur Erleichterung elektronischer Anmeldungen zum Vereinsregister und anderer vereinsrechtlicher Änderungen

[1]Ausländische Vereine und Stiftungen, denen vor dem 30. September 2009 die Rechtsfähigkeit im Inland verliehen wurde, bleiben rechtsfähig. [2]Auf die Vereine sind § 33 Absatz 2 und § 44 des Bürgerlichen Gesetzbuchs in der bis zum 29. September 2009 geltenden Fassung weiter anzuwenden.

Art. 229 § 25 EGBGB Übergangsvorschriften zum Gesetz zur Modernisierung der Regelungen über Teilzeit-Wohnrechteverträge, Verträge über langfristige Urlaubsprodukte sowie Vermittlungsverträge und Tauschsystemverträge

(1) Auf einen vor dem 23. Februar 2011 abgeschlossenen Teilzeit-Wohnrechtevertrag sind die §§ 481 bis 487 des Bürgerlichen Gesetzbuchs in der bis zu diesem Tag geltenden Fassung anzuwenden.

(2) Auf einen vor dem 23. Februar 2011 abgeschlossenen Vertrag über ein langfristiges Urlaubsprodukt im Sinne von § 481 a des Bürgerlichen Gesetzbuchs, auf einen Vermittlungsvertrag im Sinne von § 481 b Absatz 1 des Bürgerlichen Gesetzbuchs oder einen Tauschsystemvertrag im Sinne von § 481 b Absatz 2 des Bürgerlichen Gesetzbuchs sind die §§ 481 bis 487 des Bürgerlichen Gesetzbuchs nicht anzuwenden.

Art. 229 § 26 EGBGB Überleitungsvorschrift zum Gesetz zur Bekämpfung der Zwangsheirat und zum besseren Schutz der Opfer von Zwangsheirat sowie zur Änderung weiterer aufenthalts- und asylrechtlicher Vorschriften

Die Aufhebung einer vor dem 1. Juli 2011 geschlossenen Ehe ist ausgeschlossen, wenn die Ehe nach dem bis dahin geltenden Recht zu diesem Zeitpunkt nicht mehr hätte aufgehoben werden können.

Art. 229 § 27 EGBGB Übergangsvorschrift zum Gesetz zur Anpassung der Vorschriften über den Wertersatz bei Widerruf von Fernabsatzverträgen und über verbundene Verträge vom 27. Juli 2011

Sowohl Artikel 246 § 2 Absatz 3 Satz 1 als auch § 360 Absatz 3 des Bürgerlichen Gesetzbuchs sind bis zum Ablauf des 4. November 2011 auch im Fall der Übermittlung der Widerrufs- und der Rückgabe-belehrungen nach den Mustern gemäß den Anlagen 1 und 2 in der Fassung des Gesetzes zur Umsetzung der Verbraucherkreditrichtlinie, des zivilrechtlichen Teils der Zahlungsdiensterichtlinie sowie zur Neuordnung der Vorschriften über das Widerrufs- und Rückgaberecht vom 29. Juni 2009 (BGBl. I S. 2355) anzuwenden.

1 Durch Art. 2 Nr. 1 des Gesetzes zur Anpassung der Vorschriften über den Wertersatz bei Widerruf von Fern-absatzverträgen und über verbundene Verträge vom 27.7.2011[1] (AnpassungsG) ist eine Änderung des EGBGB durch Neueinfügung eines § 27 als Übergangsvorschrift zum vorbezeichneten Gesetz erfolgt. Informationen und Belehrungen über das Widerrufs- und Rückgaberecht, die den vom 11.6.2010 zum Inkrafttreten des AnpassungsG geltenden Mustern entsprachen, galten noch für die Zeitdauer von drei Monaten nach Inkrafttreten dieses Gesetzes als den gesetzlichen Anforderungen entsprechend.[2] Diese Über-gangsvorschrift gilt für Informationen und Belehrungen über das Widerrufs- und Rückgaberecht, die den vom 11.6.2010 bis zum Inkrafttreten des Gesetzes zur Anpassung der Vorschriften über den Wertersatz bei Widerruf von Fernabsatzverträgen und über verbundene Verträge vom 27.7.2011 entsprechen: Auch wenn die Muster dieser (alten) Fassung Verwendung finden, galten (bis zum 4.11.2011, → Rn. 6) sowohl die

---

1   BGBl. I S. 1600.
2   Palandt/*Weidenkaff* EGBGB Art. 229 § 27 Rn. 1.

Belehrungs- als auch die Informationspflicht über das Widerrufsrecht für einen Zeitraum von drei Monaten nach Inkrafttreten der Neuregelung als erfüllt.[3]

Infolge des zum 11.6.2010 in Kraft getretenen Gesetzes zur Umsetzung der Verbraucherkreditrichtlinie, des **2** zivilrechtlichen Teils der Zahlungsdiensterichtlinie sowie zur Neuordnung der Vorschriften über das Widerrufs- und Rückgaberecht vom 29.7.2009[4] (fortan: VerbrKrRL-UG)[5] waren die Muster für die Widerrufs- und die Rückgabebelehrung mit Wirkung vom 11.6.in das EGBGB überführt worden (zugleich war eine Änderung der §§ 312, 312 c, 312 d, 312 e, 355 bis 357 und § 359 aF – weiterhin eine Neueinführung der §§ 359 a und 360 aF und eine teilweise Auslagerung der Informationspflichten in Art. 246 §§ 1 bis 3 EGBGB aF). Der Gesetzgeber hat dabei das Ziel verfolgt, den Unternehmen eine ordnungsgemäße Belehrung zu erleichtern, indem er den Mustern Gesetzesrang verliehen hat,[6] wodurch früher gehegte Zweifel an der Wirksamkeit aus Gründen der Rechtssicherheit ausgeräumt wurden.[7]

Da eine Vielzahl der Unternehmen die damit zu Gesetzesrang erstarkten Muster tatsächlich verwendete, **3** erfüllten sie ordnungsgemäß ihre Belehrungspflicht. Letztere war Voraussetzung dafür, dass das Widerrufsrecht grundsätzlich gemäß § 355 Abs. 4 S. 1 und 3 aF spätestens sechs Monate nach Vertragsschluss erlosch.[8]

Der Inhalt der Belehrung der infolge des VerbrKrRL-UG eingeführten gesetzlichen Muster entsprach im **4** Wesentlichen dem Inhalt der Muster nach der neuen Rechtslage infolge des Gesetzes zur Anpassung der Vorschriften über den Wertersatz bei Widerruf von Fernabsatzverträgen und über verbundene Verträge vom 27.7.2011.[9]

Vor diesem Hintergrund hatte es der Gesetzgeber sowohl für vertretbar als auch für sachgerecht erachtet, **5** Unternehmen, die im Vertrauen auf die frühere Rechtslage nach Maßgabe des VerbrKrRL-UG ihre Kataloge gestaltet und Belehrungen gedruckt hatten, für eine Übergangszeit von drei Monaten nach Inkrafttreten des Gesetzes zur Anpassung der Vorschriften über den Wertersatz bei Widerruf von Fernabsatzverträgen und über verbundene Verträge vom 27.7.2011 – mithin bis zum 4.11.2011 – deren weitere Verwendung zu gestatten.[10] Darüber hinaus sollte die Übergangsfrist auch eine Anpassung der Geschäftspraxis an die neuen Muster ermöglichen.[11]

Weidenkaff[12] fordert allerdings, dass entsprechend Art. 229 § 11 Abs. 2 die verwendeten Muster vor dem **6** 4.8.2011 hergestellt worden sein müssen – wofür der Verwender die Beweislast trägt.

Beachte: Auf nach dem 4.11.2011 geschlossene Verträge – wobei auf das Wirksamwerden der Annahmeer- **7** klärung abzustellen ist – gelangt Art. 229 § 27 nicht zur Anwendung.[13]

Beachte zudem: Art. 229 § 32 – eingeführt infolge des Gesetzes zur Umsetzung der VerbrRRL (VerbrRRL- **8** UG) – trifft seit dem 13.6.2014 in Umsetzung von Art. 28 Abs. 2 VerbrRRL eine Übergangsvorschrift zum Gesetz zur Umsetzung der Verbraucherrechterichtlinie und zur Änderung des Gesetzes zur Regelung der Wohnungsvermittlung.

Art. 229 § 28 EGBGB Übergangsvorschrift zum Gesetz zur Anpassung der Vorschriften des Internationalen Privatrechts an die Verordnung (EU) Nr. 1259/2010 und zur Änderung anderer Vorschriften des Internationalen Privatrechts vom 23. Januar 2013

(1) Artikel 17 Absatz 1 in der am 29. Januar 2013 geltenden Fassung ist anzuwenden, wenn das Verfahren auf Ehescheidung nach dem 28. Januar 2013 eingeleitet worden ist.

---

3   RegE, BT-Drs. 17/5097, S. 26 = BR-Drs. 855/10, S. 25.

4   BGBl. I S. 2355. Dazu RegE, BR-Drs. 848/08; RegE mit Stellungnahme des Bundesrates und Gegenäußerung der Bundesregierung, BT-Drs. 16/11643; Bericht des Rechtsausschusses, BT-Drs. 16/13669.

5   Dazu näher *Knuth* ZGS 2010, 253; *Schröder* NJW 2010, 1937.

6   RegE, BT-Drs. 17/5097, S. 26 = BR-Drs. 855/10, S. 25.

7   Palandt/*Grüneberg* (67. Aufl.) Vor §§ 312 ff. Rn. 2.

8   Näher NK-BGB/*Ring* (Voraufl.) BGB § 355 Rn.

9   RegE, BT-Drs. 17/5097 vom 17.3.2010, S. 26 = BR-Drs. 855/10, S. 25.

10 RegE, BT-Drs. 17/5097, S. 26 = BR-Drs. 855/10, S. 25.

11 RegE, BT-Drs. 17/5097, S. 26 = BR-Drs. 855/10, S. 25.

12 Palandt/*Weidenkaff* EGBGB Art. 229 § 27 Rn. 1.

13 Palandt/*Weidenkaff* EGBGB Art. 229 § 27 Rn. 1.

(2) Artikel 17 Absatz 3 und Artikel 17 b Absatz 1 Satz 4 in der am 28. Januar 2013 geltenden Fassung sind weiter anzuwenden, wenn das Verfahren auf Ehescheidung oder Aufhebung der Lebenspartnerschaft vor dem 29. Januar 2013 eingeleitet worden ist.

Art. 229 § 29 EGBGB Übergangsvorschriften zum Mietrechtsänderungsgesetz vom 11. März 2013

(1) Auf ein bis zum 1. Mai 2013 entstandenes Mietverhältnis sind die §§ 536, 554, 559 bis 559 b, 578 des Bürgerlichen Gesetzbuchs in der bis zum 1. Mai 2013 geltenden Fassung weiter anzuwenden, wenn

1. bei Modernisierungsmaßnahmen die Mitteilung nach § 554 Absatz 3 Satz 1 des Bürgerlichen Gesetzbuchs dem Mieter vor dem 1. Mai 2013 zugegangen ist oder
2. bei Modernisierungsmaßnahmen, auf die § 554 Absatz 3 Satz 3 des Bürgerlichen Gesetzbuchs in der bis zum 1. Mai 2013 geltenden Fassung anzuwenden ist, der Vermieter mit der Ausführung der Maßnahme vor dem 1. Mai 2013 begonnen hat.

(2) § 569 Absatz 2 a des Bürgerlichen Gesetzbuchs ist auf ein vor dem 1. Mai 2013 entstandenes Mietverhältnis nicht anzuwenden.

Art. 229 § 30 EGBGB Überleitungsvorschrift zum Gesetz zur Reform der elterlichen Sorge nicht miteinander verheirateter Eltern

Hat ein Elternteil vor dem 19. Mai 2013 beim Familiengericht einen Antrag auf Ersetzung der Sorgeerklärung des anderen Elternteils gestellt, gilt dieser Antrag als ein Antrag auf Übertragung der elterlichen Sorge nach § 1626 a Absatz 2 des Bürgerlichen Gesetzbuchs.

Art. 229 § 31 EGBGB Überleitungsvorschrift zur Änderung der Verjährungsvorschriften des Bürgerlichen Gesetzbuchs durch das Gesetz zur Stärkung der Rechte von Opfern sexuellen Missbrauchs

Die Vorschriften des Bürgerlichen Gesetzbuchs in der seit dem 30. Juni 2013 geltenden Fassung über die Verjährung sind auf die an diesem Tag bestehenden und noch nicht verjährten Ansprüche anzuwenden.

Art. 229 § 32 EGBGB Übergangsvorschrift zum Gesetz zur Umsetzung der Verbraucherrechterichtlinie und zur Änderung des Gesetzes zur Regelung der Wohnungsvermittlung

(1) Auf einen vor dem 13. Juni 2014 abgeschlossenen Verbrauchervertrag sind die Vorschriften dieses Gesetzes, des Bürgerlichen Gesetzbuchs, des Fernunterrichtsschutzgesetzes, der Zivilprozessordnung, des Gesetzes zur Regelung der Wohnungsvermittlung, des Gesetzes gegen unlauteren Wettbewerb, des Vermögensanlagegesetzes, der Wertpapierdienstleistungs-Verhaltens- und Organisationsverordnung, des Wertpapierprospektgesetzes, der Preisangabenverordnung, des Kapitalanlagegesetzbuchs, des Versicherungsvertragsgesetzes und des Unterlassungsklagengesetzes in der bis zu diesem Tag geltenden Fassung anzuwenden.

(2) Solange der Verbraucher bei einem Fernabsatzvertrag, der vor dem 13. Juni 2014 geschlossen wurde, nicht oder nicht entsprechend den zum Zeitpunkt des Vertragsschlusses geltenden gesetzlichen Anforderungen des Bürgerlichen Gesetzbuchs über sein Widerrufsrecht belehrt worden ist und solange das Widerrufsrecht aus diesem Grunde nicht erloschen ist, erlischt das Widerrufsrecht

1. bei der Lieferung von Waren: zwölf Monate und 14 Tage nach Eingang der Waren beim Empfänger, jedoch nicht vor Ablauf des 27. Juni 2015,

2. bei der wiederkehrenden Lieferung gleichartiger Waren: zwölf Monate und 14 Tage nach Eingang der ersten Teillieferung, jedoch nicht vor Ablauf des 27. Juni 2015,

3. bei Dienstleistungen: mit Ablauf des 27. Juni 2015.

(3) Solange der Verbraucher bei einem Haustürgeschäft, das vor dem 13. Juni 2014 geschlossen wurde, nicht oder nicht entsprechend den zum Zeitpunkt des Vertragsschlusses geltenden Anforderungen des Bürgerlichen Gesetzbuchs über sein Widerrufsrecht belehrt worden ist und solange das Widerrufsrecht aus diesem Grunde nicht erloschen ist, erlischt das Widerrufsrecht zwölf Monate und 14 Tage nach vollständiger Erbringung der beiderseitigen Leistungen aus dem Vertrag, nicht jedoch vor Ablauf des 27. Juni 2015.

(4) ¹Die Absätze 2 und 3 sind nicht anwendbar auf Verträge über Finanzdienstleistungen. ²Solange der Verbraucher bei einem Haustürgeschäft, durch das der Unternehmer dem Verbraucher eine entgeltliche Finanzierungshilfe gewährt und das vor dem 11. Juni 2010 geschlossen wurde, nicht oder nicht entsprechend den zum Zeitpunkt des Vertragsschlusses geltenden Anforderungen des Bürgerlichen Gesetzbuchs über sein Widerrufsrecht belehrt worden ist und solange das Widerrufsrecht aus diesem Grunde nicht erloschen ist, erlischt das Widerrufsrecht zwölf Monate und 14 Tage nach vollständiger Erbringung der beiderseitigen Leistungen aus dem Vertrag, nicht jedoch vor Ablauf des 27. Juni 2015.

A. Allgemeines 1
B. Regelungsgehalt 2
  I. Vor dem 13.6.2014 abgeschlossene Verbraucherverträge (Abs. 1) 2
  II. Erlöschen des Widerrufsrechts bei vor dem 13.6.2014 geschlossenen Fernabsatzverträgen bei nicht oder mangelhaft erfolgter Belehrung über das Widerrufsrecht (Abs. 2) 5
    1. Fernabsatzverträge über die Lieferung von Waren (Nr. 1) 11
    2. Fernabsatzverträge über die wiederkehrende Lieferung gleichartiger Waren (Nr. 2) 12
  3. Fernabsatzverträge über Dienstleistungen (Nr. 3) 13
  III. Erlöschen des Widerrufsrechts bei vor dem 13.6.2014 geschlossenen Haustürgeschäften bei nicht oder mangelhaft erfolgter Belehrung über das Widerrufsrecht (Abs. 3) 14
  IV. Fernabsatzverträge über Finanzdienstleistungen (Abs. 4) 17

A. Allgemeines

Art. Art. 229 § 32 EGBGB ist durch Art. 2 Nr. 2 des Gesetzes vom 20.9.2013 (VerbrRRL-UG)[1] mit Wirkung vom 13.6.2014 in Kraft getreten.   **1**

B. Regelungsgehalt

I. Vor dem 13.6.2014 abgeschlossene Verbraucherverträge (Abs. 1)

Auf einen vor dem 13.6.2014 abgeschlossenen Verbrauchervertrag sind die Vorschriften des EGBGB, des BGB, des FernUSG, der ZPO, des Gesetzes zur Regelung der Wohnungsvermittlung, des UWG, des Vermögensanlagengesetzes, der Wertpapierdienstleistungs-, Verhaltens- und Organisationsverordnung, des Wertpapierprospektgesetzes, der PreisAngVO, des KAGB, des VVG und des UKlaG in der bis zu diesem Tag geltenden Fassung anzuwenden.[2]   **2**

Abs. 1 stellt – in Umsetzung von Art. 28 Abs. 2 VerbrRRL – sicher, dass auf die vor dem 13.6.2014 geschlossenen Verträge (**Altverträge**) die bis dato geltenden Regelungen Anwendung finden, was insoweit notwendig ist, weil die bis dahin maßgeblichen Richtlinien durch Art. 31 der VerbrRRL erst zum 13.6.2014 außer Kraft gesetzt wurden.[3]   **3**

Abs. 2 und 3 übertragen als Sonderregelungen mit der Zielsetzung einer Gleichbehandlung mit Neuverträgen und im Interesse der Gewährleistung von Rechtssicherheit (vgl. Erwägungsgrund 43 der VerbrRRL) den Rechtsgedanken des § 356 Abs. 3 S. 2 BGB neu auf Altverträge:[4] Das Widerrufsrecht erlischt spätestens zwölf Monate und 14 Tage nach dem in § 356 Abs. 2 oder § 355 Abs. 2 S. 2 BGB genannten Zeitpunkt.   **4**

1   BGBl. I, S. 3642.
2   BGH NJW 2017, 1024 = ZIP 2017, 725 = WM 2017, 1711 = MDR 2017, 200; OLG Köln WM 2019, 825.
3   RegE, BT-Drs. 17/12637, S. 72 l. Sp.
4   Palandt/*Weidenkaff* EGBGB Art. 229 § 32 Rn. 1.

II. Erlöschen des Widerrufsrechts bei vor dem 13.6.2014 geschlossenen Fernabsatzverträgen bei nicht oder mangelhaft erfolgter Belehrung über das Widerrufsrecht (Abs. 2)

5 Solange der Verbraucher bei einem Fernabsatzvertrag, der vor dem 13.6.2014 geschlossen wurde, nicht oder nicht entsprechend den zum Zeitpunkt des Vertragsschlusses geltenden gesetzlichen Anforderungen des BGB über sein Widerrufsrecht belehrt worden ist und solange das Widerrufsrecht aus diesem Grunde nicht erloschen ist, erlischt das Widerrufsrecht

- bei der Lieferung von Waren: zwölf Monate und 14 Tage nach Eingang der Waren beim Empfänger, jedoch nicht vor Ablauf des 27.6.2015 (Nr. 1),
- bei der wiederkehrenden Lieferung gleichartiger Waren: zwölf Monate und 14 Tage nach Eingang der ersten Teillieferung, jedoch nicht vor Ablauf des 27.6.2015 (Nr. 2) und
- bei Dienstleistungen: mit Ablauf des 27.6.2015 (Nr. 3).

6 Abs. 2 überträgt den Rechtsgedanken des auf Art. 10 Abs. 1 VerbrRRL zurückgehenden § 356 Abs. 6 BGB auf Fernabsatzverträge iS von § 312 b Abs. 1 S. 1 BGB, die vor Inkrafttreten des Gesetzes abgeschlossen worden sind.[5] Gemäß § 356 Abs. 6 BGB neu erlischt das Widerrufsrecht bei Verträgen, die vor dem 13.6.2014 geschlossen worden sind, spätestens zwölf Monate und 14 Tage nach Vertragsschluss (bzw. bei Warenlieferungsverträgen zwölf Monate und 14 Tage nach Eingang der Waren beim Empfänger). Das Widerrufsrecht erlischt auch dann, wenn der Unternehmer den Verbraucher nicht oder nicht ordnungsgemäß über das Widerrufsrecht informiert hat.[6] Im Falle einer fehlenden oder nicht ordnungsgemäßen Widerrufsbelehrung erfolgte nach alter Rechtslage überhaupt kein Erlöschen des Widerrufsrechts (vgl. § 355 Abs. 4 S. 3 BGB alt – **zeitlich unbefristetes Widerrufsrecht**, sog. „**ewiges Widerrufsrecht**"). Erwägungsgrund 43 der VerbrRRL zielt mit der absoluten zeitlichen Begrenzung des Widerrufsrechts in § 356 Abs. 6 BGB neu auf eine Stärkung der Rechtssicherheit – weshalb es dem Gesetzgeber vor diesem Hintergrund nicht sachgerecht erschien, das alte, zeitlich unbefristete Widerrufsrecht bei einer fehlenden oder nicht ordnungsgemäßen Belehrung nur bei Altverträgen fortbestehen zu lassen, da vor allem für die Unternehmen das Risiko nur schwer kalkulierbar ist, dass Verbraucher unter Hinweis auf eine fehlerhafte Widerrufsbelehrung einen längst erfüllten Vertrag auch noch nach vielen Jahren widerrufen.[7] IÜ erschien es dem Gesetzgeber nicht widerspruchsfrei, dass später geschlossene Verträge nach Ablauf einer Jahresfrist nicht mehr widerrufen werden können – ältere Verträge aber zeitlich unbefristet widerrufbar sein sollen.[8]

7 Infolgedessen wird infolge Abs. 2 in den meisten Fällen ein infolge fehlender oder fehlerhafter Widerrufsbelehrung fortbestehendes Widerrufsrecht bei Altverträgen zwölf Monate und 14 Tage nach Inkrafttreten des VerbrRRL-UG (mithin mit Ablauf des 27.6.2015) erlöschen.[9] Die Frist von zwölf Monaten und 14 Tagen entspricht der Frist nach Maßgabe von Art. 10 Abs. 1 VerbrRRL und § 356 Abs. 6 BGB.

8 Abs. 2 regelt damit eine **unechte Rückwirkung**, die nur dann unzulässig ist, wenn nach einer Abwägung das Vertrauen des Betroffenen in den Fortbestand der bisherigen Regelung schwerer wiegt als der mit der Änderung verfolgte Zweck.[10] Selbst wenn ein Verbraucher ohne die Widerrufsbelehrung Kenntnis vom Widerrufsrecht hat und dieses bewusst im Vertrauen auf dessen Fortbestand nicht ausübt, wiegt nach Ansicht des Gesetzgebers dieses Vertrauen nicht so schwer wie die Notwendigkeit eines widerspruchsfreien Verhältnisses von Alt- und Neuverträgen (vor allem im Hinblick auf die Planungssicherheit des Unternehmers):[11] IÜ verbleibe dem Verbraucher auch nach Inkrafttreten des VerbrRRL-UG noch hinreichend Zeit, in der er prüfen und entscheiden kann, ob er ein ggf. fortbestehendes Widerrufsrecht ausüben möchte.

9 Die in Abs. 2 gewählte Formulierung „solange" stellt sicher, dass es Unternehmern bei fehlerhafter oder fehlender Widerrufsbelehrung auch künftig möglich ist, den Beginn der Widerrufsfrist durch eine nachgeholte ordnungsgemäße Widerrufsbelehrung in Gang zu setzen[12] – wobei für diesen Fall die Widerrufsfrist dann einen Monat (§ 355 Abs. 2 S. 3 BGB) beträgt. Ist das Widerrufsrecht trotz fehlender oder fehlerhafter Widerrufsbelehrung hingegen aus anderen Gründen erloschen (vgl. § 312 d Abs. 3 BGB), kommt die Regelung des Abs. 2 allerdings nicht zum Tragen (arg.: „Solange"-Formulierung).[13]

10 Die Regelung ist nach Ansicht des Gesetzgebers[14] auch europarechtskonform, da Art. 6 Abs. 1 FARL (deren Regime die Altverträge auch weiterhin unterliegen) eine Widerrufsfrist von drei Monaten ab Vertragsschluss bzw. Eingang der Waren vorsieht, wenn der Unternehmer die Informationen nach Art. 5 FARL (wozu auch die schriftliche Information über das Widerrufsrecht zählt) nicht erfüllt hat. Allerdings ist

---

5 RegE, BT-Drs. 17/12637, S. 72 l. Sp.	10 RegE, BT-Drs. 17/12637, S. 72 l. Sp.
6 RegE, BT-Drs. 17/12637, S. 72 l. Sp.	11 RegE, BT-Drs. 17/12637, S. 72 l. Sp.
7 RegE, BT-Drs. 17/12637, S. 72 l. Sp.	12 Palandt/*Weidenkaff* EGBGB Art. 229 § 32 Rn. 1.
8 RegE, BT-Drs. 17/12637, S. 72 l. Sp.	13 RegE, BT-Drs. 17/12637, S. 72 r. Sp.
9 RegE, BT-Drs. 17/12637, S. 72 l. Sp.	14 RegE, BT-Drs. 17/12637, S. 72 r. Sp.

es dem Gesetzgeber nach Art. 14 FARL unbenommen, auch über das Mindestschutzniveau der FARL zugunsten der Verbraucher hinauszugehen.[15]

1. Fernabsatzverträge über die Lieferung von Waren (Nr. 1). Nr. 1 knüpft hinsichtlich des Beginns der   **11** Frist bei Verträgen über die Lieferung von Waren an den Zeitpunkt des Eingangs der Waren beim Empfänger an (entsprechend der Wertung in § 355 Abs. 4 S. 2, § 312 d Abs. 2 und § 356 Abs. 2 Nr. 1 a, b und c BGB). Das Widerrufsrecht erlischt jedoch frühestens zwölf Monate und 14 Tage nach Inkrafttreten des Gesetzes (dh nicht vor Ablauf des 27.6.2015), wodurch sichergestellt wird, dass dem Verbraucher nach Inkrafttreten des VerbrRRL-UG zumindest zwölf Monate und 14 Tage verbleiben, in denen er prüfen und entscheiden kann, ob er von einem ggf noch bestehenden Widerrufsrecht Gebrauch machen will.[16] Damit wird das Widerrufsrecht bei Altverträgen über Warenlieferungen überwiegend mit Ablauf des 27.6.2015 erlöschen und nur in Fällen, in denen der Vertrag zwar vor Inkrafttreten des Gesetzes geschlossen worden ist, die Waren aber erst zu einem Zeitpunkt nach Inkrafttreten des Gesetzes geliefert worden sind, wird es auf den Zeitpunkt des Wareneingangs ankommen.[17]

2. Fernabsatzverträge über die wiederkehrende Lieferung gleichartiger Waren (Nr. 2). Bei der wie-   **12** derkehrenden Lieferung gleichartiger Waren knüpft Nr. 2 an den Eingang der ersten Teillieferung an (entsprechend der Wertung in § 312 d Abs. 2 und § 356 Abs. 2 Nr. 1 b BGB).[18]

3. Fernabsatzverträge über Dienstleistungen (Nr. 3). Ein infolge fehlender oder nicht ordnungsgemä-   **13** ßer Belehrung noch bestehendes Widerrufsrecht bei Dienstleistungsverträgen erlischt nach Nr. 3 mit Ablauf des 27.6.2015. Dabei ist es in dieser Konstellation (anders als nach Nr. 1 und 2) nicht notwendig, einen weiteren Anknüpfungspunkt für den Fristbeginn zu benennen (wobei im Falle von Dienstleistungsverträgen nach den Wertungen in § 355 Abs. 4 S. 1, § 312 d Abs. 2 und § 355 Abs. 2 S. 2 BGB als weiterer Bezugspunkt nur der Zeitpunkt des Vertragsschlusses in Betracht käme, der in jedem Fall vor Inkrafttreten des Gesetzes läge), so dass ein späteres Erlöschen des Widerrufsrechts als mit Ablauf des 27.6.2015 nicht denkbar ist.[19]

III. Erlöschen des Widerrufsrechts bei vor dem 13.6.2014 geschlossenen Haustürgeschäften bei nicht oder mangelhaft erfolgter Belehrung über das Widerrufsrecht (Abs. 3)

Solange der Verbraucher bei einem Haustürgeschäft, das vor dem 13.6.2014 geschlossen wurde, nicht oder   **14** nicht entsprechend den zum Zeitpunkt des Vertragsschlusses geltenden Anforderungen des BGB über sein Widerrufsrecht belehrt worden ist, und solange das Widerrufsrecht aus diesem Grunde nicht erloschen ist, erlischt das Widerrufsrecht nach Abs. 3 12 Monate und 14 Tage nach vollständiger Erbringung der beiderseitigen Leistungen aus dem Vertrag, nicht jedoch vor Ablauf des 27.6.2015.

Abs. 3 überträgt die Regelung des Abs. 2 auf Haustürgeschäfte iS von § 312 Abs. 1 S. 1 BGB, die vor dem   **15** 13.6.2014 geschlossen worden sind – knüpft jedoch (anders als Abs. 2) hinsichtlich des Fristbeginns nicht an den Vertragsschluss oder den Eingang der Waren beim Empfänger an, sondern an die Erbringung der beiderseitigen Leistungen aus dem Vertrag, was der Gesetzgeber damit begründet hat, dass anders als die FARL die HausTGRL hinsichtlich des Fristbeginns für den Widerruf ausdrücklich auf die schriftliche Belehrung des Verbrauchers über das Widerrufsrecht abstellt:[20] Nach Art. 5 HausTGRL hat der Verbraucher das Recht, innerhalb von mindestens sieben Tagen nach Erteilung der Belehrung über das Widerrufsrecht zurückzutreten – weswegen der EuGH in seiner *Heininger*-Entscheidung[21] entschieden hat, dass der nationale Gesetzgeber daran gebunden ist, das Widerrufsrecht nach Art. 5 der HausTGRL bei fehlender Belehrung über das Widerrufsrecht auf ein Jahr nach Vertragsschluss zu befristen. Andererseits hat der EuGH in seiner *Hamilton*-Entscheidung[22] ausgeführt, dass der nationale Gesetzgeber für den Fall einer fehlerhaften Belehrung des Verbrauchers über die Modalitäten der Ausübung des Widerrufsrechts vorsehen kann, dass das Widerrufsrecht nicht später als einen Monat nach vollständiger Erbringung der Leistungen ausgeübt werden kann. Das Gericht hat dies damit begründet, dass bei beiderseitiger Erfüllung des Vertrags keinerlei Verpflichtungen aus dem vollständig abgewickelten Vertrag mehr bestehen – die Verwendung des Wortes „Verpflichtungen" in Art. 5 Abs. 2 HausTGRL zeige aber, dass der Verbraucher sein Widerrufsrecht in Bezug auf einen Vertrag ausüben muss, der noch durchgeführt wird.[23] IÜ hat der EuGH in der *Hamilton-*

---

15   RegE, BT-Drs. 17/12637, S. 72 r. Sp.
16   RegE, BT-Drs. 17/12637, S. 72 r. Sp.
17   RegE, BT-Drs. 17/12637, S. 72 r. Sp.
18   RegE, BT-Drs. 17/12637, S. 72 r. Sp.
19   RegE, BT-Drs. 17/12637, S. 73 l. Sp.
20   RegE, BT-Drs. 17/12637, S. 73 l. Sp.

21   EuGH NJW 2002, 281 = EuZW 2002, 84 = WM 2001, 2434.
22   EuGH NJW 2008, 1865 = EuZW 2008, 278 = ZIP 2008, 772.
23   EuGH NJW 2008, 1865 Rn. 41 ff.

Entscheidung darauf hingewiesen, dass die fehlerhafte schriftliche Belehrung über das Widerrufsrecht einer fehlenden Belehrung gleichzusetzen ist.[24]

16 Im Falle eines Darlehensvertrags liegt ein Haustürgeschäft iS von Abs. 3 dann vor, wenn der Darlehensnehmer das Darlehen durch ein Darlehen einer anderen Bank vollständig abgelöst hat.[25] Dagegen ist bei einem verbundenen Geschäft „hierfür allein auf das Rechtsgeschäft abzustellen, in dem ein Widerrufsrecht wegen der Haustürsituation begründet ist".[26]

IV. Fernabsatzverträge über Finanzdienstleistungen (Abs. 4)

17 Nach Abs. 4 S. 1 sind Abs. 2 und 3 nicht anwendbar auf Verträge über Finanzdienstleistungen. Solange der Verbraucher bei einem Haustürgeschäft, durch das der Unternehmer dem Verbraucher eine entgeltliche Finanzierungshilfe (iS von § 506 BGB) gewährt und das vor dem 11.6.2010 geschlossen wurde, nicht oder nicht entsprechend den zum Zeitpunkt des Vertragsschlusses geltenden Anforderungen des BGB über sein Widerrufsrecht belehrt worden ist. Solange das Widerrufsrecht aus diesem Grunde nicht erloschen ist, erlischt das Widerrufsrecht gemäß Abs. 4 S. 2 zwölf Monate und 14 Tage nach vollständiger Erbringung der beiderseitigen Leistungen aus dem Vertrag, nicht jedoch vor Ablauf des 27.6.2015.

18 In Bezug auf Fernabsatzverträge über Finanzdienstleistungen, die von der VerbrRRL nicht erfasst werden, bestimmt Abs. 4, dass es bei der bisherigen Rechtslage verbleibt:[27] Sowohl vor Inkrafttreten des VerbrRRL-UG als auch nach dessen Inkrafttreten geschlossene Verträge können daher im Fall einer fehlenden oder fehlerhaften Widerrufsbelehrung auch weiterhin grundsätzlich widerrufen werden – was Art. 6 Abs. 1 S. 1 zweiter Spiegelstrich FinFARL entspricht.[28] Dem Gesetzgeber[29] erschien es sinnvoll, Haustürgeschäfte über Finanzdienstleistungen auch in dieser Hinsicht gleich zu behandeln wie Fernabsatzgeschäfte über Finanzdienstleistungen. Abs. 4 S. 2 erfasst alle Widerrufsrechte (bspw. auch §§ 501, 499 iVm § 495 BGB alt).[30]

Art. 229 § 33 EGBGB Überleitungsvorschrift zu dem Gesetz gegen unseriöse Geschäftspraktiken

Auf Schuldverhältnisse, die vor dem 9. Oktober 2013 entstanden sind, ist § 675 des Bürgerlichen Gesetzbuchs in der bis zu diesem Tag geltenden Fassung anzuwenden.

Art. 229 § 34 EGBGB Überleitungsvorschrift zum Gesetz zur Bekämpfung von Zahlungsverzug im Geschäftsverkehr

[1]Die §§ 271 a, 286, 288, 308 und 310 des Bürgerlichen Gesetzbuchs in der seit dem 29. Juli 2014 geltenden Fassung sind nur auf ein Schuldverhältnis anzuwenden, das nach dem 28. Juli 2014 entstanden ist. [2]Abweichend von Satz 1 sind die dort genannten Vorschriften auch auf ein vorher entstandenes Dauerschuldverhältnis anzuwenden, soweit die Gegenleistung nach dem 30. Juni 2016 erbracht wird.

1 S. 1 stellt nur den allgemeinen **Grundsatz** klar. Die durch das Gesetz zur Bekämpfung von Zahlungsverzug im Geschäftsverkehr geänderten Vorschriften, also insbesondere der höhere Verzugszinssatz (§ 288 Abs. 2), die Verzugspauschale (§ 288 Abs. 5) und die zahlreichen Einschränkungen für vom dispositiven Gesetzesrecht abweichende Vereinbarungen zu Zahlungsfristen (§ 271 a), zum Eintritt des Verzuges (§ 286 Abs. 5), zu Verzugszinsen, Rechtsverfolgungskosten und zur Verzugspauschale (§ 288 Abs. 6) sowie in AGB (§§ 308 Nr. 1 a und 1 b, 310 Abs. 1) gelten **nur für seit ihrem Inkrafttreten** am 29.7.2014 entstandene Schuldverhältnisse. Zum Problem der verspäteten Umsetzung der Zahlungsverzugsrichtlinie → Rn. 4 f.

2 S. 2 ordnet eine (unechte) Rückwirkung für schon vor dem Inkrafttreten entstandene und noch fortbestehende **Dauerschuldverhältnisse** an, aber nur für Zahlungsansprüche, die aufgrund von nach dem 30.6.2016 erbrachten Gegenleistungen entstehen (Beispiel: Lohnanspruch eines schon vor dem 29.7.2014 eingestellten Arbeitnehmers für die im Juli 2016 geleistete Arbeit; für Lohnansprüche für die im Juni 2016 geleistete Arbeit bleibt das frühere Recht anwendbar). Hauptgrund für diese Regelung war, dass die Parteien eines

24   EuGH NJW 2008, 1865 Rn. 35.
25   BGH NJW 2010, 596; Palandt/*Weidenkaff* EGBGB Art. 229 § 32 Rn. 3.
26   Palandt/*Weidenkaff* EGBGB Art. 229 § 32 Rn. 3 unter Bezugnahme auf BGH NJW 2010, 596 (602).

27   RegE, BT-Drs. 17/12637, S. 73 r. Sp.
28   RegE, BT-Drs. 17/12637, S. 73 r. Sp.
29   RegE, BT-Drs. 17/12637, S. 73 r. Sp.
30   Palandt/*Weidenkaff* EGBGB Art. 229 § 32 Rn. 3.

bestehenden und fortdauernden Dauerschuldverhältnisses bis Mitte 2016 Zeit haben sollten, ihre Verträge an das neue Recht, insbesondere an §§ 271 a, 286 Abs. 5, 288 Abs. 6 und 308 Nr. 1 a, 1 b, anzupassen.[1] Zum Problem der verspäteten Umsetzung der Zahlungsverzugsrichtlinie → Rn. 4 f.

Der **Begriff des Dauerschuldverhältnisses** ist wie in Art. 229 § 5 S. 2 EGBGB und in § 314 BGB zu ver-   **3** stehen. Abzugrenzen ist ein Dauerschuldverhältnis insbesondere vom Sukzessivlieferungsvertrag, bei dem ein bereits bei Vertragsschluss festgelegter Leistungsumfang in (möglicherweise flexiblen) Raten oder Teilleistungen erbracht werden soll.[2]

Das Übergangsrecht perpetuiert den **Richtlinienverstoß**, der darin liegt, dass die Zahlungsverzugsrichtlinie   **4** 2011/7/EU nach ihrem Artikel 12 Abs. 1 bis zum 16.3.2013 umzusetzen war und das Umsetzungsgesetz erst zum 29.7.2014 in Kraft getreten ist. Die Richtlinie ordnet an, dass alle seit dem 16.3.2013 geschlossenen Verträge unter das neue Umsetzungsgesetz fallen müssen und erlaubt den Mitgliedstaaten in Art. 12 Abs. 4 lediglich, vor dem 16.3.2013 geschlossene Verträge von den Wirkungen der Richtlinie auszunehmen. S. 2 ist also nur für vor dem 16.3.2013 geschlossene Dauerschuldverhältnisse richtlinienkonform.

Für die seit dem 16.3.2013 bis zum Inkrafttreten des Umsetzungsgesetzes geschlossenen Verträge, ein-   **5** schließlich Dauerschuldverhältnisse, müssen durch **richtlinienkonforme Auslegung** oder Rechtsfortbildung die Vorgaben der Richtlinie auch unter Geltung des bisherigen Rechts soweit wie möglich zur Geltung gebracht werden.[3] Die Höchstfristen nach Art. 3 Abs. 5 und Art. 4 Abs. 5 der Zahlungsverzugsrichtlinie 2011/7/EU (die in § 271 a BGB umgesetzt sind) müssen deshalb bei der Inhaltskontrolle von AGB zur Ausfüllung der Generalklausel in § 307 BGB herangezogen werden. Für öffentliche Stellen gelten die Bestimmungen der Zahlungsverzugsrichtlinie 2011/7/EU nach den Grundsätzen der **vertikalen Direktwirkung**[4] ohnehin seit dem 16.3.2013 unmittelbar, so dass diese als Schuldner zB höhere Verzugszinsen und die Verzugspauschale für alle seit dem 16.3.2013 geschlossenen Verträge schulden. Soweit die Vorgaben der Richtlinie nicht im Wege der richtlinienkonformen Auslegung oder Rechtsfortbildung zur Geltung gebracht werden können, **haftet die Bundesrepublik Deutschland** den Gläubigern für den durch die verspätete Umsetzung der Richtlinie entstandenen Schaden, da ein qualifizierter Richtlinienverstoß vorliegt.

Art. 229 § 35 EGBGB Übergangsvorschriften zum Mietrechtsnovellierungsgesetz vom 21. April 2015

(1) Die §§ 556 d bis 556 g, 557 a Absatz 4 und § 557 b Absatz 4 des Bürgerlichen Gesetzbuchs sind nicht anzuwenden auf Mietverträge und Staffelmietvereinbarungen über Wohnraum, die abgeschlossen worden sind, bevor die vertragsgegenständliche Mietwohnung in den Anwendungsbereich einer Rechtsverordnung nach § 556 d Absatz 2 des Bürgerlichen Gesetzbuchs fällt.

(2) § 557 a Absatz 4 des Bürgerlichen Gesetzbuchs ist nicht mehr anzuwenden auf Mietstaffeln, deren erste Miete zu einem Zeitpunkt fällig wird, in dem die vertragsgegenständliche Mietwohnung nicht mehr in den Anwendungsbereich einer Rechtsverordnung nach § 556 d Absatz 2 des Bürgerlichen Gesetzbuchs fällt.

Art. 229 § 36 EGBGB Überleitungsvorschrift zum Gesetz zum Internationalen Erbrecht und zur Änderung von Vorschriften zum Erbschein sowie zur Änderung sonstiger Vorschriften vom 29. Juni 2015

Auf Verfahren zur Erteilung von Erbscheinen nach einem Erblasser, der vor dem 17. August 2015 verstorben ist, sind das Bürgerliche Gesetzbuch und das Gesetz über das Verfahren in Familiensachen und in den Angelegenheiten der freiwilligen Gerichtsbarkeit in der bis zu diesem Tag geltenden Fassung weiterhin anzuwenden.

A. Allgemeines	1	II. Amtliche Verwahrung letztwilliger Verfügungen	3
B. Regelungsgehalt	2		
I. Erbscheinsverfahren	2	III. Zuwendungsverzichtsverträge	4

---

1   Bericht des Rechtsausschusses, BT-Drs. 18/2037, S. 8.

2   *Haspl* BB 2014, 771 (779).

3   Dazu *Oelsner* NJW 2013, 2469 ff.; *Verse* ZIP 2014, 1809 (1818); MüKoBGB/*Krüger* EGBGB Art. 229 § 34 Rn. 4.

4   EuGH 152/84 (Marshall), NJW 1986, 2178.

A. Allgemeines

1 Mit der Regelung wurde für die Verfahren zur Erteilung von Erbscheinen ein Gleichlauf zur Übergangsbestimmung in Art. 83 Abs. 1 EuErbVO hergestellt, nach der die Verordnung auf die Rechtsnachfolge von Personen Anwendung findet, die am 17.8.2015 oder danach verstorben sind.[1] Für die in diesem Gesetz vorgesehenen Vorschriften zur Durchführung der EuErbVO sind innerstaatliche Übergangsregelungen hingegen entbehrlich. Wenn die Verordnung anwendbar ist, gelten auch die zu dieser Verordnung geschaffenen Durchführungsvorschriften.

B. Regelungsgehalt

I. Erbscheinsverfahren

2 Auf Verfahren zur Erteilung von Erbscheinen nach einem Erblasser, der vor dem 17.8.2015 verstorben ist, sind das Bürgerliche Gesetzbuch und das FamFG in der bis zu diesem Tag geltenden Fassung weiterhin anzuwenden, Art. 229 § 36 EGBGB.[2] Auch für den Erbschein für den Vorerben, dessen Inhalt sich nach § 352 b FamFG richtet, findet Art. 229 § 36 EGBGB Anwendung, wenn der Erblasser nach dem Stichtag des 17.8.2015 verstorben ist.[3]

II. Amtliche Verwahrung letztwilliger Verfügungen

3 Für die weitere (einfache) Verwahrung von Verfügungen von Todes wegen ist § 343 Abs. 3 FamFG in der bis zum 16.8.2015 geltenden Fassung in Verbindung mit § 350 FamFG für die Bestimmung der örtlichen Zuständigkeit maßgeblich.[4] Das folgt aus der entsprechenden Anwendung von Art. 229 § 36 EGBGB. Die Vorschrift gilt nicht nur für Verfahren zur Erteilung von Erbscheinen und Testamentsvollstreckerzeugnissen, § 2368 S. 2 BGB, sondern jedenfalls hinsichtlich der örtlichen Zuständigkeit über ihren Wortlaut hinaus für alle Nachlasssachen gemäß § 342 Abs. 1 FamFG. Mit Art. 229 § 36 EGBGB wollte der Gesetzgeber einen möglichst weitgehenden Gleichlauf zur Übergangsbestimmung in Art. 83 Absatz 1 EuErbVO herstellen.[5] Dabei wurde übersehen, dass auch für die nicht genannten Nachlassverfahren eine Übergangsregelung zu treffen ist, weil sich die Zuständigkeit grundsätzlich nach dem zum Zeitpunkt der Verfahrenseinleitung geltenden Recht bestimmt. Es wäre systemwidrig, wenn das Gericht, dem die Erteilung eines Erbscheins oder Testamentsvollstreckerzeugnisses obliegt, nicht auch für die weitere (einfache) Verwahrung von hierfür erheblichen letztwilligen Verfügungen, die Nachlasssicherung uÄ zuständig wäre.[6]

III. Zuwendungsverzichtsverträge

4 Bei Zuwendungsverzichtsverträgen ist die Neufassung des § 2352 BGB auf alle Erbfälle ab dem 1.1.2010 anzuwenden, Art. 229 § 23 Abs. 4 EGBGB.[7] Die Vorschrift erfasst auch diejenigen Fälle, in denen der Zuwendungsverzichtsvertrag vor diesem Datum geschlossen wurde.[8]

Art. 229 § 37 EGBGB Überleitungsvorschrift zum Gesetz zur Verbesserung der zivilrechtlichen Durchsetzung von verbraucherschützenden Vorschriften des Datenschutzrechts

§ 309 Nummer 13 des Bürgerlichen Gesetzbuchs in der seit dem 1. Oktober 2016 geltenden Fassung ist nur auf ein Schuldverhältnis anzuwenden, das nach dem 30. September 2016 entstanden ist.

---

1 OLG Düsseldorf 3.6.2016 – I-3 Wx 268/14, Rpfleger 2017, 31.
2 OLG Celle NJW-RR 2018, 1031 = ZErb 2018, 200 = MittBayNot 2018, 572 =ZEV 2018, 728 (mAnm *Litzenburger*) = ErbR 2019, 113, OLG Düsseldorf FGPrax 2017, 267 = FD-ErbR 2017, 396265 (Ls.) = ZEV 2017, 541 (Ls.) = ErbR 2017, 689.
3 OLG Düsseldorf ZEV 2018, 750 = ErbR 2018, 707.
4 KG FGPrax 2017, 35 = ErbR 2017, 105.
5 BT-Drs. 18/4201, 59 (67).
6 KG FGPrax 2017, 35 = ErbR 2017, 105.
7 OLG Düsseldorf FGPrax 2016, 275 = MittBayNot 2017, 605 (mAnm *Everts*) = ErbR 2016, 716.
8 BeckOGK/*Everts* BGB § 2352 Rn. 20; MüKoBGB/ *Wegerhoff* § 2352 Rn. 14.

Art. 229 § 38 EGBGB Übergangsvorschrift zum Gesetz zur Umsetzung der Wohnimmobilienkreditrichtlinie und zur Änderung handelsrechtlicher Vorschriften

(1) [1]Dieses Gesetz und das Bürgerliche Gesetzbuch jeweils in der bis zum 20. März 2016 geltenden Fassung sind vorbehaltlich des Absatzes 2 auf folgende Verträge anzuwenden, wenn sie vor dem 21. März 2016 abgeschlossen wurden:

1. Verbraucherdarlehensverträge und Verträge über entgeltliche Finanzierungshilfen,
2. Verträge über die Vermittlung von Verträgen gemäß Nummer 1.

[2]Für Verbraucherdarlehensverträge gemäß § 504 des Bürgerlichen Gesetzbuchs ist der Zeitpunkt des Abschlusses des Vertrags maßgeblich, mit dem der Darlehensgeber dem Darlehensnehmer das Recht einräumt, sein laufendes Konto in bestimmter Höhe zu überziehen. [3]Für Verbraucherdarlehensverträge gemäß § 505 Absatz 1 des Bürgerlichen Gesetzbuchs ist der Zeitpunkt des Abschlusses des Vertrags maßgeblich, mit dem der Unternehmer mit dem Verbraucher ein Entgelt für den Fall vereinbart, dass er eine Überziehung seines laufenden Kontos duldet.

(2) Die §§ 504 a und 505 Absatz 2 des Bürgerlichen Gesetzbuchs sind auf Verbraucherdarlehensverträge gemäß den §§ 504 und 505 des Bürgerlichen Gesetzbuchs auch dann anzuwenden, wenn diese Verträge vor dem 21. März 2016 abgeschlossen wurden.

(3) [1]Bei Immobiliardarlehensverträgen gemäß § 492 Absatz 1 a Satz 2 des Bürgerlichen Gesetzbuchs in der vom 1. August 2002 bis einschließlich 10. Juni 2010 geltenden Fassung, die zwischen dem 1. September 2002 und dem 10. Juni 2010 geschlossen wurden, erlischt ein fortbestehendes Widerrufsrecht spätestens drei Monate nach dem 21. März 2016, wenn das Fortbestehen des Widerrufsrechts darauf beruht, dass die dem Verbraucher erteilte Widerrufsbelehrung den zum Zeitpunkt des Vertragsschlusses geltenden Anforderungen des Bürgerlichen Gesetzbuchs nicht entsprochen hat. [2]Bei Haustürgeschäften ist Satz 1 nur anzuwenden, wenn die beiderseitigen Leistungen aus dem Verbraucherdarlehensvertrag bei Ablauf des 21. Mai 2016 vollständig erbracht worden sind, andernfalls erlöschen die fortbestehenden Widerrufsrechte erst einen Monat nach vollständiger Erbringung der beiderseitigen Leistungen aus dem Vertrag.

Art. 229 § 39 EGBGB Übergangsvorschrift zum Gesetz zur Reform des Bauvertragsrechts, zur Änderung der kaufrechtlichen Mängelhaftung, zur Stärkung des zivilprozessualen Rechtsschutzes und zum maschinellen Siegel im Grundbuch- und Schiffsregisterverfahren

Auf ein Schuldverhältnis, das vor dem 1. Januar 2018 entstanden ist, finden die Vorschriften dieses Gesetzes, des Bürgerlichen Gesetzbuchs und der Verordnung über Abschlagszahlungen bei Bauträgerverträgen in der bis zu diesem Tag geltenden Fassung Anwendung.

A. Bedeutung und Anwendungsbereich der Vorschrift

Mit dem Gesetz zur Reform des Bauvertragsrechts, zur Änderung der kaufrechtlichen Mängelhaftung, zur Stärkung des zivilprozessualen Rechtsschutzes und zum maschinellen Siegel im Grundbuch und Schiffsregisterverfahren vom 28.4.2017[1] wurde auch die Gesetzesnorm des Art. 229 § 39 EGBGB als Übergangsvorschrift eingeführt. Danach sind die Vorschriften des EGBGB, des BGB und der Verordnung über Abschlagszahlungen bei Bauträgerverträgen auf Schuldverhältnisse, welche vor dem 1.1.2018 entstanden sind, in der bis dahin geltenden Fassung anwendbar. Diese Vorschrift verkörpert den Rechtsgedanken des Art. 170 EGBGB, wonach für ein Schuldverhältnis, welches vor dem Inkrafttreten des BGB entstanden ist, die bis dahin geltenden Gesetze maßgebend bleiben.   **1**

Für die Anwendung dieser Kollisionsvorschrift ist es erforderlich, dass ein Schuldverhältnis vor dem   **2**
1.1.2018 entstanden ist.[2]

---

1   BGBl. I 2017, 969.
2   Vgl. BeckOK BauvertrR/*Preussner* EGBGB Art. 229
     § 39 Rn. 9.

B. Entstehung des Schuldverhältnisses

3   Maßgebend für die Anwendbarkeit der neuen Vorschriften ist der genaue Zeitpunkt der Entstehung des Schuldverhältnisses. Bei vertraglichen Schuldverhältnissen kommt es dabei entweder auf die (gemeinsame) Unterzeichnung der Vertragsurkunde oder deren „Gegenzeichnung" durch den Vertragspartner an. Kommt das Schuldverhältnis durch Angebot und Annahme im Sinne der §§ 145 ff. BGB zustande, so entsteht das Schuldverhältnis mit dem Zugang der Annahmeerklärung des Vertragspartners.[3] Wird also das Angebot vor dem 1.1.2018 abgegeben, erfolgt die Annahme aber nach dem 31.12.2017, so entsteht das Schuldverhältnis im zeitlichen Geltungsbereich des neuen Rechts. Hinsichtlich diverser, in der Praxis vorkommender Fallgestaltungen ist jeweils eine Einzelfallbetrachtung anzustellen, wann das jeweilige Schuldverhältnis zustande gekommen ist.[4]

4   Schließen die Parteien einen **Rahmenvertrag,** der bspw. die Vergütungsbasis, die Mängelhaftung usw regelt, auf dessen Basis aber Einzelverträge bzw. Einzelabrufe erfolgen, so entspricht es jedenfalls dem Sinn und Zweck der Übergangsvorschrift, dass das jeweils konkretisierte Schuldverhältnis durch die Einzelverträge bzw. -abrufe zustande kommt.[5]

5   Schließen die Parteien vor dem 1.1.2018 einen **aufschiebend bedingten Vertrag,** so ist das Schuldverhältnis bereits mit Abschluss des Vertrages zustande gekommen, auch wenn die aufschiebende Bedingung erst nach dem 1.1.2018 eintritt.[6] Bei einer auflösenden Bedingung kommt es ohnehin auf den Zeitpunkt des Vertragsabschlusses an.

6   Bei einem **Optionsvertrag** kommt es folgerichtig darauf an, wann durch Ausübung der Option bzw. Annahme eines bindenden Angebots das Schuldverhältnis zustande kommt. Erhält der Besteller in einem im Jahr 2017 abgeschlossenen Bauvertrag bspw. die Option, bis zum 30.6.2018 bestimmte Ausbauleistungen abzurufen, dann gilt für alle bis zum 31.12.2017 getätigten Abrufe „altes Recht" und für alles ab dem 1.1.2018 getätigten Abrufe „neues Recht".[7] Entsprechend der Rechtsprechung des BGH zu **Stufenverträgen** im Planungsbereich, wonach eine vor Abruf der nächsten Planungsstufe in Kraft getretene HOAI-Novelle auf diese neue Stufe Anwendung findet,[8] gelten die ab 1.1.2018 in Kraft getretenen gesetzlichen Vorschriften auch auf die zu erbringenden Werkleistungen, die nach dem entsprechenden Abruf zu erbringen sind.

Da die Anwendung unterschiedlicher gesetzlicher Vorschriften (ebenso wie die Anwendung unterschiedlicher Honorarvorschriften im Fall einer HOAI-Novelle) bei ein und derselben, wenngleich stufenweise zu erbringenden Werkleistung zu erheblichen Friktionen führen kann, empfiehlt sich, im Rahmen der Dispositionsfreiheit zu vereinbaren, dass die bei Zustandekommen des Vertragsverhältnisses gültigen Normen auch auf die später abgerufenen Stufen Anwendung finden.[9]

Art. 229 § 40 EGBGB Übergangsvorschrift zum Finanzaufsichtsrechtergänzungsgesetz

(1) Das Bürgerliche Gesetzbuch ist in der bis zum 9. Juni 2017 geltenden Fassung auf folgende Verträge anzuwenden, wenn sie vor dem 10. Juni 2017 abgeschlossen wurden:

1. Darlehensverträge, Verträge über entgeltliche und unentgeltliche Finanzierungshilfen sowie Immobilienverzehrkreditverträge,

2. Verträge über die Vermittlung von Verträgen nach Nummer 1.

(2) Dieses Gesetz ist in der bis zum 30. Juni 2018 geltenden Fassung auf folgende Verträge anzuwenden, wenn sie vor dem 1. Juli 2018 abgeschlossen wurden:

1. Darlehensverträge und Verträge über entgeltliche Finanzierungshilfen,

2. Verträge über die Vermittlung von Verträgen nach Nummer 1.

---

3   Vgl. BeckOK BauvertrR/*Preussner* EGBGB Art. 229 § 39 Rn. 12.

4   BGH NJW-RR 2013, 393.

5   Dazu LBD BauVertrR/*Dressel* EGBGB Art. 229 Rn. 7 ff.

6   Vgl. BGH LwZR8/95, DtZ 118 zu Art. 232 § 3 EGBGB; Palandt/*Grüneberg* EGBGB Art. 229 § 5 Rn. 3; MüKoBGB/*Krüger* EGBGB Art. 229 § 5 Rn. 5.

7   Näher dazu LBD BauVertrR/*Dressel* EGBGB Art. 229 Rn. 19 ff.; a.A. BeckOK BauvertrR/*Preussner* EGBGB Art. 229 § 39 Rn. 38.

8   BGHZ 204, 19 = NZBau 2015, 170 = BauR 2015, 689.

9   Zur zulässigen Rechtswahl der Parteien vgl. ausführlich BeckOK BauvertrR/*Preussner* EGBGB Art. 229 § 39 Rn. 14

Art. 229 § 41 EGBGB Übergangsvorschrift zum Gesetz zur Änderung von Vorschriften im Bereich des Internationalen Privat- und Zivilverfahrensrechts vom 11. Juni 2017

Ist vor Inkrafttreten von Artikel 8 am 17. Juni 2017 eine Vollmacht erteilt oder eine Erklärung im Namen einer anderen Person gegenüber einem Dritten abgegeben oder für einen anderen entgegengenommen worden, bleibt das bisherige Internationale Privatrecht anwendbar.

Art. 229 § 41 EGBGB regelt die intertemporale Anwendbarkeit des internationalen Stellvertretungsrechts. Ausdrücklich trifft die Vorschrift nur eine Aussage zur Anwendbarkeit der vor Inkrafttreten des Art. 8 EGBGB geltenden Rechtslage. Diese gilt fort für Vollmachten, die vor Inkrafttreten von Art. 8 EGBGB am 17.6.2017 erteilt wurden. Es kommt also nicht auf den Zeitpunkt der Ausübung der Vollmacht an.[1] Ferner findet das bisherige Recht für vor dem Stichtag abgegebene Vertretererklärungen und vom einem Vertreter entgegengenommene Erklärungen Anwendung. Damit sind Handlungen eines zu diesem Zeitpunkt vollmachtlosen Vertreters erfasst. Für die Rechtspraxis wird die vormalige Rechtslage[2] also noch lange Zeit nicht an Bedeutung verlieren. **1**

Art. 8 EGBGB findet dagegen auf alle ab dem 17.6.2017 erteilten Vollmachten Anwendung. Gleiches gilt für ab diesem Tag abgegebene Erklärungen eines Vertreters sowie diesem gegenüber abgegebene Erklärungen, soweit dem Vertreter nicht vor dem Stichtag Vollmacht erteilt worden war. Somit entfaltet Art. 8 EGBGB keine Rückwirkung. **2**

Art. 229 § 42 EGBGB Übergangsvorschrift zum Dritten Gesetz zur Änderung reiserechtlicher Vorschriften

Auf einen vor dem 1. Juli 2018 abgeschlossenen Reisevertrag sind die Vorschriften dieses Gesetzes, des Bürgerlichen Gesetzbuchs, der BGB-Informationspflichten-Verordnung, des Unterlassungsklagengesetzes, der Gewerbeordnung und der Preisangabenverordnung in der bis zu diesem Tag geltenden Fassung weiter anzuwenden.

Art. 229 § 43 EGBGB Überleitungsvorschrift zum Gesetz zur Einführung eines Anspruchs auf Hinterbliebenengeld

Wenn die zum Tode führende Verletzung nach dem 22. Juli 2017 eingetreten ist, sind die durch das Gesetz zur Einführung eines Anspruchs auf Hinterbliebenengeld vom 17. Juli 2017 (BGBl. I S. 2421) geänderten Vorschriften in folgenden Gesetzen anzuwenden:

1. **Bürgerliches Gesetzbuch,**
2. **Arzneimittelgesetz,**
3. **Gentechnikgesetz,**
4. **Produkthaftungsgesetz,**
5. **Umwelthaftungsgesetz,**
6. **Atomgesetz,**
7. **Straßenverkehrsgesetz und**
8. **Haftpflichtgesetz.**

Art. 229 § 44 EGBGB Überleitungsvorschrift zum Gesetz zur Bekämpfung von Kinderehen

(1) [1]§ 1303 Satz 2 des Bürgerlichen Gesetzbuchs in der ab dem 22. Juli 2017 geltenden Fassung ist für Ehen, die vor dem 22. Juli 2017 geschlossen worden sind, nicht anzuwenden. [2]Die Aufhebbarkeit dieser Ehen richtet sich nach dem bis zum 22. Juli 2017 geltenden Recht.

---

1 BT-Drs. 18/10714, S. 27.

2 Zusammenfassende Darstellung mwN etwa bei BeckOGK/*Mankowski* EGBGB Art. 8 Rn. 321 ff.;

Staudinger/*Magnus* EGBGB Art. 8 Rn. 14 ff.; Erman/*Hohloch* EGBGB Art. 8 Rn. 3 ff.

(2) Die Aufhebung einer Ehe wegen eines Verstoßes gegen § 1303 des Bürgerlichen Gesetzbuchs ist ausgeschlossen, wenn sie nach Befreiung vom Erfordernis der Volljährigkeit nach § 1303 Absatz 2 bis 4 des Bürgerlichen Gesetzbuchs in der bis zum 21. Juli 2017 geltenden Fassung und vor dem 22. Juli 2017 geschlossen worden ist.

(3) ¹Bis zum 22. Juli 2017 noch nicht abgeschlossene Verfahren über die Erteilung einer Befreiung nach § 1303 Absatz 2 bis 4 des Bürgerlichen Gesetzbuchs in der bis zum 21. Juli 2017 geltenden Fassung sind erledigt. ²Eine Genehmigung nach § 1315 Absatz 1 Satz 1 Nummer 1 Fall 1 des Bürgerlichen Gesetzbuchs in der bis zum 21. Juli 2017 geltenden Fassung kann nach dem 22. Juli 2017 nicht mehr erteilt werden.

(4) Artikel 13 Absatz 3 Nummer 1 gilt nicht, wenn

1. der minderjährige Ehegatte vor dem 22. Juli 1999 geboren worden ist, oder
2. die nach ausländischem Recht wirksame Ehe bis zur Volljährigkeit des minderjährigen Ehegatten geführt worden ist und kein Ehegatte seit der Eheschließung bis zur Volljährigkeit des minderjährigen Ehegatten seinen gewöhnlichen Aufenthalt in Deutschland hatte.

Art. 229 § 45 EGBGB Übergangsvorschriften zum Gesetz zur Umsetzung der Zweiten Zahlungsdiensterichtlinie vom 17. Juli 2017

(1) Auf Schuldverhältnisse, die die Ausführung von Zahlungsvorgängen zum Gegenstand haben und ab dem 13. Januar 2018 entstanden sind, sind nur das Bürgerliche Gesetzbuch und Artikel 248 in der ab dem 13. Januar 2018 geltenden Fassung anzuwenden.

(2) Auf Schuldverhältnisse, die die Ausführung von Zahlungsvorgängen zum Gegenstand haben und vor dem 13. Januar 2018 entstanden sind, sind das Bürgerliche Gesetzbuch und Artikel 248 in der bis zum 13. Januar 2018 geltenden Fassung anzuwenden, soweit in den Absätzen 3 und 4 nichts anderes bestimmt ist.

(3) Wenn bei einem Schuldverhältnis im Sinne von Absatz 2 erst ab dem 13. Januar 2018 mit der Abwicklung eines Zahlungsvorgangs begonnen worden ist, sind auf diesen Zahlungsvorgang nur das Bürgerliche Gesetzbuch und Artikel 248 in der ab dem 13. Januar 2018 geltenden Fassung anzuwenden.

(4) § 675 f Absatz 3 des Bürgerlichen Gesetzbuchs in der ab dem 13. Januar 2018 geltenden Fassung ist ab diesem Tag auch auf Schuldverhältnisse im Sinne von Absatz 2 anzuwenden.

(5) § 270 a des Bürgerlichen Gesetzbuchs ist auf alle Schuldverhältnisse anzuwenden, die ab dem 13. Januar 2018 entstanden sind.

Art. 229 § 46 EGBGB Überleitungsvorschrift zum Gesetz zur Regelung des Rechts auf Kenntnis der Abstammung bei heterologer Verwendung von Samen

§ 1600 d Absatz 4 des Bürgerlichen Gesetzbuchs ist nicht anzuwenden, wenn der Samen, mithilfe dessen das Kind gezeugt wurde, vor Inkrafttreten des Gesetzes zur Regelung des Rechts auf Kenntnis der Abstammung bei heterologer Verwendung von Samen vom 17. Juli 2017 (BGBl. I S. 2513) verwendet wurde.

Art. 229 § 47 EGBGB Übergangsvorschrift zum Gesetz zum Internationalen Güterrecht und zur Änderung von Vorschriften des Internationalen Privatrechts vom 17. Dezember 2018

(1) Die allgemeinen Wirkungen der Ehe bestimmen sich bis einschließlich 28. Januar 2019 nach Artikel 14 in der bis zu diesem Tag geltenden Fassung.

(2) Haben die Ehegatten die Ehe vor dem 29. Januar 2019 geschlossen und ab diesem Zeitpunkt keine Rechtswahl nach der Verordnung (EU) 2016/1103 über das auf ihren Güterstand anzuwendende Recht getroffen, sind folgende Vorschriften jeweils in ihrer bis einschließlich 28. Januar 2019 geltenden Fassung weiter anzuwenden:

1. die Vorschriften des Gesetzes über den ehelichen Güterstand von Vertriebenen und Flüchtlingen;
2. die Artikel 3 a, 15, 16, 17 a sowie 17 b Absatz 4.

(3) Haben die Lebenspartner ihre eingetragene Partnerschaft vor dem 29. Januar 2019 eintragen lassen und ab diesem Zeitpunkt keine Rechtswahl nach der Verordnung (EU) 2016/1104 über das auf die güterrechtlichen Wirkungen ihrer eingetragenen Partnerschaft anzuwendende Recht getroffen, ist Artikel 17 b Absatz 1 Satz 1 sowie Absatz 2 Satz 2 und 3 in der bis einschließlich 28. Januar 2019 geltenden Fassung weiter anzuwenden.

(4) Fand die Geburt oder die Annahme als Kind vor dem 29. Januar 2019 statt, so sind Artikel 19 Absatz 1 Satz 3 und Artikel 22 Absatz 1 Satz 2 in ihrer bis einschließlich 28. Januar 2019 geltenden Fassung anwendbar.

Art. 229 § 48 EGBGB Überleitungsvorschrift zum Gesetz zur Umsetzung des Gesetzes zur Einführung des Rechts auf Eheschließung für Personen gleichen Geschlechts

Auf gleichgeschlechtliche Ehen und eingetragene Lebenspartnerschaften, die vor dem 1. Oktober 2017 im Ausland nach den Sachvorschriften des Register führenden Staates wirksam geschlossen oder begründet worden sind, findet Artikel 17 b Absatz 4 in seiner bis einschließlich 30. September 2017 geltenden Fassung keine Anwendung.

Art. 229 § 49 EGBGB Übergangsvorschriften zum Mietrechtsanpassungsgesetz vom 18. Dezember 2018

(1) ¹Auf ein bis einschließlich 31. Dezember 2018 entstandenes Mietverhältnis sind die §§ 555 c und 559 des Bürgerlichen Gesetzbuchs in der bis dahin geltenden Fassung weiter anzuwenden, wenn dem Mieter bei Modernisierungsmaßnahmen die Mitteilung nach § 555 c Absatz 1 Satz 1 des Bürgerlichen Gesetzbuchs bis einschließlich 31. Dezember 2018 zugegangen ist. ²Hat der Vermieter die Modernisierungsmaßnahme nicht oder nicht ordnungsgemäß nach § 555 c Absatz 1 Satz 1 des Bürgerlichen Gesetzbuchs angekündigt, so gilt Satz 1 mit der Maßgabe, dass es an Stelle des Zugangs der Mitteilung nach § 555 c Absatz 1 Satz 1 des Bürgerlichen Gesetzbuchs auf den Zugang der Mieterhöhungserklärung nach § 559 b Absatz 1 Satz 1 des Bürgerlichen Gesetzbuchs ankommt. ³§ 559 c des Bürgerlichen Gesetzbuchs ist nur anzuwenden, wenn der Vermieter die Modernisierungsmaßnahme nach dem 31. Dezember 2018 angekündigt hat. ⁴§ 559 d des Bürgerlichen Gesetzbuchs ist nur anzuwenden auf ein Verhalten nach dem 31. Dezember 2018.

(2) ¹Auf ein bis einschließlich 31. Dezember 2018 entstandenes Mietverhältnis ist § 556 g Absatz 1 a des Bürgerlichen Gesetzbuchs nicht anzuwenden. ²§ 556 g Absatz 2 des Bürgerlichen Gesetzbuchs ist in der bis einschließlich 31. Dezember 2018 geltenden Fassung weiter auf Mietverhältnisse anzuwenden, die bis zu diesem Zeitpunkt im Anwendungsbereich der §§ 556 d bis 556 g des Bürgerlichen Gesetzbuchs abgeschlossen worden sind.

(3) Auf ein bis einschließlich 31. Dezember 2018 entstandenes Mietverhältnis ist § 578 Absatz 3 des Bürgerlichen Gesetzbuchs nicht anzuwenden.

Art. 229 § 50 EGBGB Übergangsvorschriften zum Gesetz zur Verlängerung des Betrachtungszeitraums für die ortsübliche Vergleichsmiete

(1) ¹Mietspiegel können auch nach dem 31. Dezember 2019 nach § 558 Absatz 2 Satz 1 des Bürgerlichen Gesetzbuchs in der bis dahin geltenden Fassung neu erstellt werden, wenn der Stichtag für die Feststellung der ortsüblichen Vergleichsmiete vor dem 1. März 2020 liegt und der Mietspiegel vor dem 1. Januar 2021 veröffentlicht wird. ²Mietspiegel, die nach Satz 1 neu erstellt wurden oder die bereits am 31. Dezember 2019 existierten, können entsprechend § 558 d Absatz 2 des Bürgerlichen Gesetzbuchs innerhalb von zwei Jahren der Marktentwicklung angepasst werden.

(2) ¹In Gemeinden oder Teilen von Gemeinden, in denen ein Mietspiegel nach Absatz 1 Satz 1 neu erstellt wurde oder in denen am 31. Dezember 2019 ein Mietspiegel existierte, ist § 558 Absatz 2

Satz 1 des Bürgerlichen Gesetzbuchs in der bis zu diesem Tag geltenden Fassung anzuwenden, bis ein neuer Mietspiegel anwendbar ist, längstens jedoch zwei Jahre ab der Veröffentlichung des zuletzt erstellten Mietspiegels. ²Wurde dieser Mietspiegel innerhalb von zwei Jahren der Marktentwicklung angepasst, ist die Veröffentlichung der ersten Anpassung maßgeblich.

Art. 229 § 51 EGBGB Übergangsvorschriften zum Gesetz zur Verlängerung und Verbesserung der Regelungen über die zulässige Miethöhe bei Mietbeginn

Auf ein bis einschließlich 31. März 2020 entstandenes Mietverhältnis ist § 556g des Bürgerlichen Gesetzbuchs in der bis dahin geltenden Fassung weiter anzuwenden.

Art. 229 § 52 EGBGB Überleitungsvorschrift zum Gesetz zur Umsetzung der Entscheidung des Bundesverfassungsgerichts vom 26. März 2019 zum Ausschluss der Stiefkindadoption in nichtehelichen Familien

Auf vor dem 31. März 2020 abgeschlossene Vorgänge bleibt das bisherige Internationale Privatrecht anwendbar.

[§ 53 ab 23.12.2020:]

Art. 229 § 53 EGBGB Übergangsvorschrift zum Gesetz über die Maklerkosten bei der Vermittlung von Kaufverträgen über Wohnungen und Einfamilienhäuser

Auf Rechtsverhältnisse, die vor dem 23. Dezember 2020 entstanden sind, sind die Vorschriften des Bürgerlichen Gesetzbuchs in der bis zu diesem Tag geltenden Fassung weiter anzuwenden.

Sechster Teil

Inkrafttreten und Übergangsrecht aus Anlaß der Einführung des Bürgerlichen Gesetzbuchs und dieses Einführungsgesetzes in dem in Artikel 3 des Einigungsvertrages genannten Gebiet

Art. 230 bis 237 EGBGB (nicht abgedruckt)

Siebter Teil

Durchführung des Bürgerlichen Gesetzbuchs, Verordnungsermächtigungen, Länderöffnungsklauseln, Informationspflichten

Art. 238 EGBGB Reiserechtliche Vorschriften

(1) ¹Das Bundesministerium der Justiz und für Verbraucherschutz wird ermächtigt, im Einvernehmen mit dem Bundesministerium für Wirtschaft und Technologie durch Rechtsverordnung ohne Zustimmung des Bundesrates,

1. soweit es zum Schutz des Verbrauchers bei Reisen erforderlich ist, Vorschriften zu erlassen, durch die sichergestellt wird,

   a) dass die Beschreibungen von Reisen keine irreführenden, sondern klare und genaue Angaben enthalten und

   b) dass der Reiseveranstalter dem Verbraucher die notwendigen Informationen erteilt und

2. soweit es zum Schutz des Verbrauchers vor Zahlungen oder Reisen ohne die vorgeschriebene Sicherung erforderlich ist, den Inhalt und die Gestaltung der Sicherungsscheine nach § 651 k

Abs. 3 und der Nachweise nach § 651 k Abs. 5 des Bürgerlichen Gesetzbuchs festzulegen und zu bestimmen, wie der Reisende über das Bestehen der Absicherung informiert wird.
²Zu dem in Satz 1 Nr. 1 genannten Zweck kann insbesondere bestimmt werden, welche Angaben in einem vom Veranstalter herausgegebenen Prospekt und in dem Reisevertrag enthalten sein müssen sowie welche Informationen der Reiseveranstalter dem Reisenden vor dem Vertragsabschluss und vor dem Antritt der Reise geben muss.
(2) Der Kundengeldabsicherer (§ 651 k Abs. 2 des Bürgerlichen Gesetzbuchs) ist verpflichtet, die Beendigung des Kundengeldabsicherungsvertrags der zuständigen Behörde unverzüglich mitzuteilen.

Es wird auf die Kommentierung von *Niehuus* in der 3. Auflage verwiesen.

Art. 239 EGBGB Länderöffnungsklausel

Die Länder können durch Gesetz bestimmen, dass der Antrag auf Erteilung eines Erbscheins der notariellen Beurkundung bedarf und die Versicherung an Eides statt nach § 352 Absatz 3 Satz 3 des Gesetzes über das Verfahren in Familiensachen und in den Angelegenheiten der freiwilligen Gerichtsbarkeit und nach § 36 Absatz 2 Satz 1 des Internationalen Erbrechtsverfahrensgesetzes vom 29. Juni 2015 (BGBl. I S. 1042) nur vor einem Notar abzugeben ist.

Art. 240 Vor § 1 EGBGB Vertragsrechtliche Regelungen aus Anlass der COVID-19-Pandemie

A. Grundlagen 1
B. Einzelmaßnahmen 6
  I. Moratorium für Verbraucher und Kleinstunter-
    nehmer – § 1 6
  II. Kündigungssperre für Mietverträge über
    Grundstücke und Räumlichkeiten – § 2 7

III. Stundung bei Verbraucherdarlehensverträgen
   – § 3 8
IV. Zeitliche Erweiterung durch Rechtsverordnung – § 4 9

A. Grundlagen

Die COVID-19-Pandemie hat seit Anfang März 2020 nahezu zum Stillstand des öffentlichen Lebens und zu ganz erheblichen Einschränkung in allen Bereichen des Privat- und des Wirtschaftslebens geführt, die noch im Februar 2020 undenkbar schienen.[1] Der Direktor des Instituts für Virologie der Charité Berlin und Berater der Bundesregierung, *Christian Drosten*, beschrieb die Pandemie als **„Naturkatastrophe in Zeitlupe"**;[2] Bundeskanzlerin *Angela Merkel* sagte in ihrer Fernsehansprache: „Seit der Deutschen Einheit, nein, seit dem Zweiten Weltkrieg gab es keine Herausforderung an unser Land mehr, bei der es so sehr auf unser gemeinsames solidarisches Handeln ankommt."[3]   **1**

Zur Eindämmung des massiven Anstiegs der Infektionen mit dem SARS-CoV-2-Virus (COVID-19-Pandemie) haben Behörden in allen Bundesländern im März 2020 die **Schließung** einer Vielzahl von Freizeit- und Kultureinrichtungen, Kinderbetreuungseinrichtungen, Gastronomiebetrieben und Einzelhandelsgeschäften angeordnet und zahlreiche öffentliche Veranstaltungen untersagt. Gesundheitsbehörden haben für Menschen, die sich mit diesem Virus infiziert haben oder die Kontakt zu Infizierten hatten, **häusliche Quarantäne** angeordnet. In der Folge haben Unternehmen des produzierenden Gewerbes ihren Geschäftsbetrieb beschränkt oder eingestellt. Diese Maßnahmen haben und werden zu **erheblichen Einkommensverlusten** bei Personen führen, die ihren Lebensunterhalt überwiegend aus dem Betrieb dieser Einrichtungen und Unternehmen oder aus öffentlichen Veranstaltungen bestritten haben oder deren Einnahmen davon abhängig sind. Viele Angestellte wurden in Kurzarbeit geschickt. Verfügen diese Personen nicht über ausreichende finanzielle Rücklagen, werden sie bis zur Aufhebung der Maßnahmen nicht oder nur eingeschränkt in der Lage sein, ihre laufenden Verbindlichkeiten zu begleichen.[4]   **2**

---

1 BT-Drs. 19/18110, S. 1.
2 Zitat aus dem Tagesspiegel vom 13.3.2020, abrufbar unter https://www.tagesspiegel.de/politik/coronaviru s-als-naturkatastrophe-in-zeitlupe-deutschland-hat-da s-virus-erst-viel-zu-spaet-ernst-genommen/25643008 .html.

3 Fernsehansprache von Bundesländern Angela Merkel am 18.3.2020, Text abrufbar unter https://www.bund eskanzlerin.de/bkin-de/aktuelles/fernsehansprache-vo n-bundeskanzlerin-angela-merkel-1732134.
4 BT-Drs. 19/18110, S. 1.

3 Um schnell handeln zu können, hat die Bundesregierung eine „Formulierungshilfe" erstellt, die die Fraktionen der CDU/CSU und SPD weitgehend unverändert als Gesetzesentwurf in den Bundestag eingebracht haben.[5] Auf dieser Grundlage haben Bundestag und Bundesrat ein Gesetzespaket verabschiedet, das Änderungen im Zivilrecht, im Insolvenzrecht,[6] im Gesellschaftsrecht[7] und im Strafverfahrensrecht[8] vorsieht. Die Kommentierung der Art. 240 §§ 1 bis 4 EGBGB beschäftigt sich mit den Änderungen im Zivilrecht. Hier werden besondere Regelungen eingeführt, die Schuldnern, die wegen der COVID-19-Pandemie ihre vertraglichen Pflichten nicht erfüllen können, im Ausgangspunkt die Möglichkeit einräumen, die Leistungen einstweilen zu verweigern oder einzustellen, ohne dass hieran für sie nachteilige rechtliche Folgen geknüpft werden. Diese Änderungen betreffen ein Moratorium, dh ein temporäres Leistungsverweigerungsrecht, für Verbraucher und Kleinstunternehmer gemäß § 1. Auch betroffene Mieter von Wohn- und Gewerbeflächen sollen nach § 2 vor einer Kündigung geschützt werden, wenn sie aufgrund der Pandemie ihre Mietzahlungen nicht erbringen konnten. Denn diese Zahlungsverpflichtungen machen für viele Mieter einen Großteil der Fixkosten aus; bei der Wohnraummiete lag die durchschnittliche Mietbelastungsquote (Anteil der bruttowarmen Mietkosten am Haushaltsnettoeinkommen) im Jahr 2017 bei 29 Prozent.[9] Darüber hinaus können auch Darlehensnehmer von Verbraucherdarlehensverträgen hart getroffen sein, da sie ihre Darlehen in der Regel aus den laufenden Einnahmen bzw. dem laufenden Einkommen abbezahlen; zur Abmilderung der Folgen der COVID-19-Pandemie für diese Darlehensnehmer finden sich Regelungen in § 3.

4 Das Gesetzespaket vom 27.3.2020 soll eine erste Antwort auf die dynamische Entwicklung während der Pandemie sein. Der Vorsitzende des Ausschusses für Recht und Verbraucherschutz, *Heribert Hirte*, sagte dazu in der Plenardebatte anlässlich der 2./3. Lesung des Gesetzes: „Wir fangen bei den schwächsten Gliedern an. Das sind die Unternehmen, das sind die Familien, das sind die Privatpersonen. Wenn ein Unternehmen erst mal insolvent ist, ausgeschieden aus dem Markt, dann kann es nicht einfach wiederbelebt werden. Eine Familie, die ihre Wohnung verlassen musste, kann nicht irgendwann später wieder in diese rein. Deshalb schützen wir zuerst hier."[10] Nach Aussage der CDU/CSU-Fraktion im Ausschuss für Recht und Verbraucherschutz sei es „wichtig, zu schauen, wer am Ende das Risiko trage, und einen angemessenen Lastenausgleich zu erreichen. Bei möglichen Verlängerungen müssten die Ausübungen der Maßnahmen der Praxis daher genau geprüft werden."[11] Nach Aussage der SPD-Fraktion sei „absehbar, dass weitere Regelungen erforderlich würden".[12]

5 Konkret soll Art. 240 EGBGB um einen weiteren § 5 („**Gutscheingesetz**") ergänzt werden. Danach sollen Veranstalter von Musik-, Kultur-, Sport- oder sonstigen Freizeitveranstaltungen berechtigt sein, dem Inhaber einer vor dem 8.3.2020 erworbenen Eintrittskarte oder sonstigen Teilnahmeberechtigung anstelle einer Erstattung des Eintrittspreises oder eines sonstigen Entgelts einen Gutschein zu übergeben, wenn die Veranstaltung aufgrund der COVID-19-Pandemie nicht stattfinden konnte. Zum Zeitpunkt der Bearbeitung war dieses Gesetz jedoch noch nicht verabschiedet. Es ist davon auszugehen, dass es nicht das letzte Gesetz zur Minderung der Auswirkungen der COVID-19-Pandemie sein wird.

B. Einzelmaßnahmen

I. Moratorium für Verbraucher und Kleinstunternehmer – § 1

6 § 1 regelt ein **temporäres Leistungsverweigerungsrecht** für Verbraucher und Kleinstunternehmer, die Ansprüche im Zusammenhang mit Verträgen, die Dauerschuldverhältnisse sind und vor dem 8.3.2020 geschlossen wurden, derzeit wegen der Folgen der COVID-19-Pandemie nicht erfüllen können. Damit wird für Verbraucher und Kleinstunternehmer gewährleistet, dass sie insbesondere von Leistungen der Grundversorgung (Strom, Gas, Telefon, Internet, soweit zivilrechtlich geregelt auch Wasser) nicht abgeschnitten werden, weil sie ihren Zahlungspflichten krisenbedingt nicht nachkommen können.[13]

---

5   BT-Drs. 19/18110.

6   Vgl. *Kroiß*, Rechtsprobleme durch COVID-19 in der anwaltlichen Praxis (im Erscheinen).

7   Vgl. dazu *Hirte/Heidel*, Das neue Aktienrecht, 1. Aufl., 2020.

8   Vgl. *Kroiß*, Rechtsprobleme durch COVID-19 in der anwaltlichen Praxis (im Erscheinen).

9   Antwort der Bundesregierung auf die Kleine Anfrage des Abgeordneten Christian Kühn ua und der Fraktion BÜNDNIS 90/DIE GRÜNEN, BT-Drs. 19/17465.

10 Deutscher Bundestag, Plen.-Prot. 19/154, S. 19155 (A), 19156 (A).

11 Bericht des Ausschusses für Recht und Verbraucherschutz, BT-Drs. 19/18158, S. 2.

12 Bericht des Ausschusses für Recht und Verbraucherschutz, BT-Drs. 19/18158, S. 23.

13 BT-Drs. 19/18110, S. 4.

II. Kündigungssperre für Mietverträge über Grundstücke und Räumlichkeiten – § 2

Bei Mietverhältnissen über Grundstücke oder Räumlichkeiten ist das Recht der Vermieter zur **Kündigung**   **7**
von Mietverhältnissen nach § 2 eingeschränkt. Dies gilt sowohl für Wohn- als auch für Gewerberaummietverträge. Wegen Mietschulden aus dem Zeitraum vom 1.4.2020 bis 30.6.2020 dürfen Vermieter das Mietverhältnis nicht kündigen, sofern die Mietschulden auf den Auswirkungen der COVID-19-Pandemie beruhen. Die Verpflichtung der Mieter zur Zahlung der Miete bleibt aber bestehen,[14] ebenso das Recht des Vermieters zur Kündigung aus anderen Gründen. Die Regelung gilt für Pachtverträge entsprechend.[15]

III. Stundung bei Verbraucherdarlehensverträgen – § 3

Im Hinblick auf Verbraucherdarlehensverträge wird nach § 3 eine **gesetzliche Stundungsregelung** einge-   **8**
führt, mit der Möglichkeit für die Vertragsparteien, eine abweichende Vertragslösung zu finden. Flankiert wird dies von einem gesetzlichen Kündigungsschutz und einer Vertragsverlängerung für den Fall, dass sich die Parteien nicht auf eine Regelung für den Zeitraum nach dem 30.6.2020 einigen können. Darüber hinaus wird der Bundesregierung nach § 3 Abs. 8 die Möglichkeit eingeräumt, im Wege einer Verordnung die Regelungen auf weitere Gruppen von Darlehensnehmern zu erstrecken.[16]

IV. Zeitliche Erweiterung durch Rechtsverordnung – § 4

§ 4 betrifft die Erweiterung des zeitlichen Anwendungsbereichs der Sonderregelungen in Art. 240 §§ 1–3   **9**
EGBGB. Zum Zeitpunkt des Gesetzgebungsverfahrens war **nicht absehbar**, wann der Höhepunkt der Pandemie erreicht wird und wann sich das Wirtschaftsleben danach wieder so stabilisieren wird, dass sich die wirtschaftliche Lage der betroffenen Schuldner wieder normalisieren kann. Sollte sich herausstellen, dass der Zeitraum von April bis Juli 2020 nicht ausreichend ist, um die wirtschaftlichen Folgen der Krise abzufedern, weil das soziale Leben und die Erwerbstätigkeit einer Vielzahl von Menschen durch die COVID-19-Pandemie weiterhin in erheblichem Maße beeinträchtigt bleibt, wird der Bundesregierung nach § 4 die Möglichkeit eingeräumt, die in den §§ 1–3 vorgesehenen Befristungen durch Rechtsverordnung zu verlängern.[17] Dabei bedarf der Erlass der Rechtsordnungen teilweise der Zustimmung des Bundestags.

Art. 240 § 1 EGBGB Moratorium

(1) [1]Ein Verbraucher hat das Recht, Leistungen zur Erfüllung eines Anspruchs, der im Zusammenhang mit einem Verbrauchervertrag steht, der ein Dauerschuldverhältnis ist und vor dem 8. März 2020 geschlossen wurde, bis zum 30. Juni 2020 zu verweigern, wenn dem Verbraucher infolge von Umständen, die auf die Ausbreitung der Infektionen mit dem SARS-CoV-2-Virus (COVID-19-Pandemie) zurückzuführen sind, die Erbringung der Leistung ohne Gefährdung seines angemessenen Lebensunterhalts oder des angemessenen Lebensunterhalts seiner unterhaltsberechtigten Angehörigen nicht möglich wäre. [2]Das Leistungsverweigerungsrecht besteht in Bezug auf alle wesentlichen Dauerschuldverhältnisse. [3]Wesentliche Dauerschuldverhältnisse sind solche, die zur Eindeckung mit Leistungen der angemessenen Daseinsvorsorge erforderlich sind.

(2) [1]Ein Kleinstunternehmen im Sinne der Empfehlung 2003/361/EG der Kommission vom 6. Mai 2003 betreffend die Definition der Kleinstunternehmen sowie der kleinen und mittleren Unternehmen (ABl. L 124 vom 20.5.2003, S. 36) hat das Recht, Leistungen zur Erfüllung eines Anspruchs, der im Zusammenhang mit einem Vertrag steht, der ein Dauerschuldverhältnis ist und vor dem 8. März 2020 geschlossen wurde, bis zum 30. Juni 2020 zu verweigern, wenn infolge von Umständen, die auf die COVID-19-Pandemie zurückzuführen sind,

1. das Unternehmen die Leistung nicht erbringen kann oder

2. dem Unternehmen die Erbringung der Leistung ohne Gefährdung der wirtschaftlichen Grundlagen seines Erwerbsbetriebs nicht möglich wäre.

[2]Das Leistungsverweigerungsrecht besteht in Bezug auf alle wesentlichen Dauerschuldverhältnisse. [3]Wesentliche Dauerschuldverhältnisse sind solche, die zur Eindeckung mit Leistungen zur angemessenen Fortsetzung seines Erwerbsbetriebs erforderlich sind.

---

14   BT-Drs. 19/18110, S. 4, 36; dazu auch *Luczak*, Rede anlässlich der 2./3. Lesung des Gesetzes, Deutscher Bundestag, Plen.-Prot. 19/154, S. 19151 (A), 19152 (A): „Der Zahlungsanspruch bleibt selbstverständlich bestehen. Die Mieter müssen ihre Miete nachzahlen und gegebenenfalls auch Verzugszinsen zahlen."

15   BT-Drs. 19/18110, S. 4.
16   BT-Drs. 19/18110, S. 4.
17   BT-Drs. 19/18110, S. 4.

(3) ¹Absatz 1 gilt nicht, wenn die Ausübung des Leistungsverweigerungsrechts für den Gläubiger seinerseits unzumutbar ist, da die Nichterbringung der Leistung die wirtschaftliche Grundlage seines Erwerbsbetriebs gefährden würde. ²Absatz 2 gilt nicht, wenn die Ausübung des Leistungsverweigerungsrechts für den Gläubiger unzumutbar ist, da die Nichterbringung der Leistung zu einer Gefährdung seines angemessenen Lebensunterhalts oder des angemessenen Lebensunterhalts seiner unterhaltsberechtigten Angehörigen oder der wirtschaftlichen Grundlagen seines Erwerbsbetriebs führen würde. ³Wenn das Leistungsverweigerungsrecht nach Satz 1 oder 2 ausgeschlossen ist, steht dem Schuldner das Recht zur Kündigung zu.

(4) Die Absätze 1 und 2 gelten ferner nicht im Zusammenhang

1. mit Miet- und Pachtverträgen nach § 2, mit Darlehensverträgen sowie

2. mit arbeitsrechtlichen Ansprüchen.

(5) Von den Absätzen 1 und 2 kann nicht zum Nachteil des Schuldners abgewichen werden.

A. Regelungsgehalt	1	3. Aufgrund der COVID-19-Pandemie	26
B. Die Regelungen im Einzelnen	2	4. Darlegungs- und Beweislast	27
I. Regelungen für Verbraucher (Abs. 1)	2	5. Rechtsfolge: Leistungsverweigerungs-	
1. Vor dem 8.3.2020 geschlossenes Dauer-		recht bis zum 30.6.2020	28
schuldverhältnis im Zusammenhang mit		III. Ausnahmen vom Leistungsverweigerungs-	
einem Verbrauchervertrag	3	recht (Abs. 3)	30
2. Wesentliches Dauerschuldverhältnis	8	1. Ausnahme bei Verträgen mit Verbrau-	
3. „Unmöglichkeit" der Leistung wegen		chern (Abs. 3 S. 1)	31
Gefährdung des angemessenen Lebensun-		2. Ausnahme bei Verträgen mit Kleinstunter-	
terhalts	11	nehmen Abs. 3 S. 2)	32
4. Aufgrund der COVID-19-Pandemie	13	3. Kündigungsrecht bei Verweigerung	
5. Darlegungs- und Beweislast	14	(Abs. 3 S. 3)	33
6. Rechtsfolge: Temporäres Leistungsver-		IV. Anwendungsbereich (Abs. 4)	34
weigerungsrecht	15	V. Halbzwingendes Recht (Abs. 5)	36
II. Regelungen für Kleinstunternehmen (Abs. 2)	18	C. Verhältnis zum allg. Schuldrecht	37
1. Wesentliches Dauerschuldverhältnis	19	I. Individuelle Vereinbarungen	38
2. „Unmöglichkeit" der Leistung durch		II. Unmöglichkeit	39
Unvermögen und Gefährdung der wirt-		III. Störung der Geschäftsgrundlage	40
schaftlichen Grundlagen	22		

A. Regelungsgehalt

1 § 1 sieht für Verbraucher und Kleinstunternehmen bei bestimmten Dauerschuldverhältnissen ein temporäres Leistungsverweigerungsrecht vor, wenn diese ihre vertraglichen Pflichten aufgrund der durch die COVID-19-Pandemie hervorgerufenen außergewöhnlichen Verhältnisse nicht erfüllen können. Die besondere Schutzwürdigkeit von Verbrauchern ist dem Gesetz nicht fremd; neu ist, dass Kleinstunternehmen als ebenso schutzwürdig angesehen werden wie Verbraucher. Damit durchbricht der Gesetzgeber punktuell die grundsätzliche Aufteilung zwischen Verbrauchern und Unternehmern. Die Regelungen dienen dem Zweck, Verbraucher und Kleinstunternehmer vor den unvorhergesehenen Folgen der COVID-19-Pandemie zu schützen.[1] Gleichzeitig greifen sie aber in die durch Art. 2 Abs. 1 GG geschützte Vertragsfreiheit ein, weshalb das Leistungsverweigerungsrecht nur im Ausnahmefall gilt und auch Belange des Vertragspartners (jedenfalls in Grenzen) Berücksichtigung finden.

B. Die Regelungen im Einzelnen

I. Regelungen für Verbraucher (Abs. 1)

2 § 1 Abs. 1 regelt das Leistungsverweigerungsrecht für Verbraucher. Verbraucher ist gemäß § 13 BGB jede natürliche Person, die ein Rechtsgeschäft zu Zwecken schließt, die überwiegend weder ihrer gewerblichen noch ihrer selbstständigen beruflichen Tätigkeit zugerechnet werden können.

3 **1. Vor dem 8.3.2020 geschlossenes Dauerschuldverhältnis im Zusammenhang mit einem Verbrauchervertrag.** Das Leistungsverweigerungsrecht gilt nur für Dauerschuldverhältnisse (zu den Ausnahmen nach Abs. 4 → Rn. 34 f.). Ausgeschlossen sind also alle Verträge mit einem punktuellen Leistungsaustausch (insbesondere Kaufverträge).[2] Im Einzelfall ist eine Unterscheidung nicht immer ganz einfach, so zB bei Lieferverträgen. Bei Dauerlieferungs- oder Bezugsverträgen ohne Gesamtmengenbegrenzung handelt es

---

1   BT-Drs. 19/18110, S. 33 f.

2   Uhlenbruck/*Möllnitz/Schmidt-Kessel* COVInsAG Art. 240 §§ 1–4 Rn. 15; *Schmidt-Kessel/Möllnitz* NJW 2020, 1103 (1104); *Thole* ZIP 2020, 650 (659).

sich um Dauerschuldverhältnisse.[3] Anders ist es bei Raten- und Teillieferverträgen, bei denen bei Vertrags-schluss eine feste Leistung vereinbart wird, die jedoch nur *peu a peu* bereitgestellt wird.[4] Das kann zu will-kürlichen Ergebnissen führen. Ein plakatives Beispiel ist der Mobilfunk; dieser kann einerseits mittels eines Dauerschuldverhältnisses genutzt werden, aber auch mit Prepaid-Karten.[5] In beiden Fällen ist der Verbrau-cher gleich schutzbedürftig. Aufgrund des klaren Wortlauts der Norm ist eine analoge Erstreckung auf andere Verträge als Dauerschuldverhältnisse aber nicht möglich.

Das Dauerschuldverhältnis muss im Zusammenhang mit einem **Verbrauchervertrag** stehen. Nach der   **4**
Legaldefinition in § 310 Abs. 3 BGB sind Verbraucherverträge solche zwischen einem Unternehmer gemäß § 14 Abs. 1 BGB und einem Verbraucher nach § 13 BGB. Ausgeschlossen sind also Verträge zwischen Ver-brauchern oder zwischen Unternehmern.

Darüber hinaus muss der Vertrag vor dem 8.3.2020 geschlossen worden sein. Der Gesetzgeber geht davon   **5**
aus, dass vor dem 8.3.2020 eine Pandemieausbreitung des SARS-CoV-2-Virus in der breiten Öffentlichkeit noch nicht absehbar war.[6] Ein Verbraucher durfte in diesem Zeitraum in die eigene Leistungsfähigkeit ver-trauen. Anders ist es bei Verträgen, die nach dem 8.3.2020 abgeschlossen wurden. Insoweit geht der Gesetz-geber davon aus, dass sie in Kenntnis einer möglicherweise bevorstehenden tiefgreifenden Veränderung des Wirtschaftslebens geschlossen wurden und insoweit kein schutzwürdiges Vertrauen genießen.[7]

Es lässt sich trefflich darüber streiten, ob der 8.3.2020 der richtige Stichtag ist.[8] Fakt ist jedoch, dass der   **6**
Gesetzgeber einen Stichtag festlegen musste und festgelegt hat. Die Festlegung hat **Auswirkungen auf das gesamte Schuldrecht**; durch die gesetzgeberische Wertung, dass nur Verträge vor dem 8.3.2020 in Unkenntnis der Auswirkungen der COVID-19-Pandemie geschlossen wurden, wird es für Parteien später geschlossener Verträge äußerst schwer, diese coronabedingt anzupassen oder zu kündigen (§§ 313, 314 BGB; vgl. dazu → Rn. 40 und → § 2 Rn. 22 ff.).[9]

Maßgeblich ist nach dem Gesetzeswortlaut der Zeitpunkt des Vertragsschlusses, nicht der Beginn des Leis-   **7**
tungsaustauschs. Problematisch sind auf bestimmte Zeit geschlossene Dauerschuldverhältnisse, die sich in regelmäßigen Abständen (automatisch) verlängern. Dies betrifft insbesondere Mobilfunkverträge, in denen regelmäßig vereinbart ist, dass der Vertrag sich automatisch um zB 2 Jahre verlängert, wenn der Vertrags-partner nicht 3 Monate vorher widerspricht/kündigt. Fraglich ist nun, ob die **Nichtkündigung des Vertrags** ein „Abschluss" iSd Norm ist mit der Folge, dass eine automatische Verlängerung nach dem 8.3.2020 dazu führt, dass § 1 nicht mehr anwendbar ist. Befristet geschlossene Verträge mit automatischer Kündigungs-möglichkeit sind faktisch auf unbestimmte Zeit geschlossene Dauerschuldverhältnisse mit bestimmten Kün-digungszeitpunkten. Die Verlängerung basiert daher nicht auf Angebot und Annahme gem. §§ 145 ff. BGB, sondern im dem Unterlassen einer einseitigen Kündigungserklärung; das ist kein Abschluss im Sinne von § 1 Abs. 1.[10] Diese Würdigung ist auch interessengerecht. Wie bei unbefristeten Dauerschuldverhältnissen hat der Verbraucher die wirtschaftliche Entscheidung des Vertragsabschlusses zu einem Zeitpunkt vor der Corona-Krise getroffen und ist daher schützenswert. Dass er sich vom Dauerschuldverhältnis lösen kann, ist irrelevant; § 1 Abs. 1 soll gerade verhindern, dass der Verbraucher bestimmte Dauerschuldverhältnisse kün-digen muss. Anders ist der Fall, wenn der Verbraucher die Verträge nicht nur einfach verlängert, sondern modifiziert, so dass sich Leistung und Gegenleistung ändern (zB mehr Datenvolumen bei Mobilfunkverträ-gen). Darin liegt eine neue wirtschaftliche Entscheidung, die erneuter Einigung zwischen den Parteien bedarf, und somit einen Abschluss im Sinne der Norm darstellt.[11]

2. Wesentliches Dauerschuldverhältnis. Nach Abs. 1 S. 2 besteht das Leistungsverweigerungsrecht nur   **8**
bei wesentlichen Dauerschuldverhältnissen. Nach Abs. 1 S. 3 sind wesentliche Schuldverhältnisse solche, die zur Eindeckung mit Leistung der **angemessenen Daseinsvorsorge** erforderlich sind. Diesen unbe-stimmten Rechtsbegriff definiert das Gesetz nicht näher. Er ist aber von zentraler Bedeutung, so dass eine Auslegung des Begriffs unbedingt notwendig ist. Aus der Gesetzesbegründung ergibt sich, dass § 1 gewähr-

---

3   Uhlenbruck/*Möllnitz/Schmidt-Kessel* COVInsAG Art. 240 §§ 1–4 Rn. 16.

4   Uhlenbruck/*Möllnitz/Schmidt-Kessel* COVInsAG Art. 240 §§ 1–4 Rn. 16 mit Verweis auf BGH ZIP 1981, 51.

5   Vgl. auch *Riehm*, Entwurf des „Corona-Gesetzes" im Allgemeinen Vertragsrecht: Verständliches Ziel, pro-blematisches Mittel, beck-community vom 24.3.2020; abrufbar unter https://community.beck.de/ 2020/03/24/entwurf-des-corona-gesetzes-im-allgeme inen-vertragsrecht-verstaendliches-ziel-problematisc hes-mittel.

6   BT-Drs. 19/18110, S. 34.

7   BT-Drs. 19/18110, S. 34.

8   *Ekkenga/Schirrmacher* NZM 2020, 410 (412) weisen zu Recht darauf hin, dass am frühen Morgen dieses Tages der Koalitionsausschuss ein großes Hilfspakt für die Wirtschaft beschlossen hatte.

9   Ebenso *Bangen/Markworth* BGB-Antwort auf Corona-Krise: Wie ändert sich das Vertragsrecht?, Anwaltsblatt vom 6.4.2020, abrufbar unter https://an waltsblatt.anwaltverein.de/de/news/bgb-corona-krise -wie-aendert-sich-das-vertragsrecht.

10   Vgl. auch Uhlenbruck/*Möllnitz/Schmidt-Kessel* COVInsAG Art. 240 §§ 1–4 Rn. 30.

11   Ebenso Uhlenbruck/*Möllnitz/Schmidt-Kessel* COVInsAG Art. 240 §§ 1–4 Rn. 30.

leisten soll, dass Verbraucher insbesondere nicht von **Leistungen der Grundversorgung** abgeschnitten werden sollen. Das betrifft zB gemäß § 6 GasGVV die Lieferung von Gas und gemäß § 36 EnWG die Lieferung von Strom. Die Gesetzesbegründung zählt noch Telekommunikation und Wasser dazu (dazu unter → Rn. 9). Die Aufzählung ist jedoch nicht abschließend. Als Mindestmaß der angemessenen Daseinsvorsorge muss man sich am Sozialrecht orientieren, insbesondere an §§ 20 ff. SGB II, die den **Umfang der Grundsicherung** regeln. Nach § 1 Abs. 1 SGB II soll die Grundsicherung ein Leben ermöglichen, das der Würde des Menschen entspricht. Die angemessene Daseinsvorsorge kann diese Grenze nicht unterschreiten. Folglich umfasst die Daseinsvorsorge alle für ein würdevolles Leben existenziell notwendigen Leistungen. Der Umfang der erforderlichen Leistungen muss **angemessen** sein. In Anlehnung an das öffentliche Recht bedeutet das, dass der Zweck der vom Verbraucher empfangenen Leistung im Verhältnis zur temporären Leistungsverweigerung stehen muss.[12] Die Angemessenheit bestimmt sich nach objektiven Kriterien, nicht nach den subjektiven Präferenzen des konkreten Verbrauchers.[13]

9 Anhand dieser abstrakten Kriterien lassen sich mehrere Vertragsarten unter die angemessene Daseinsvorsorge subsumieren. Erfasst sind Pflichtversicherungen, Verträge über die Lieferung von Strom und Gas oder über Telekommunikationsdienste, und – soweit zivilrechtlich geregelt – auch Verträge über die Wasserver- und -entsorgung.[14] Ist der Verbraucher privat krankenversichert (Basissicherung), so dient auch dies der angemessenen Daseinsvorsorge, es sei denn, er könnte deutlich günstiger gesetzlich krankenversichert sein.[15] Zur Daseinsvorsorge erforderliche Telekommunikationsverträge beschränken sich nicht auf einen Festnetz-Anschluss, sondern umfassen auch einen Internet- und Mobilfunkvertrag.[16] Ob das Print-Abonnement einer Tageszeitung der angemessenen Daseinsvorsorge dient, ist eine Entscheidung des Einzelfalls. Soweit der Verbraucher auch einen Internetzugang hat, kann er die Tageszeitung substituieren und ist nicht existenziell auf sie angewiesen. Zur angemessenen Daseinsvorsorge gehört das Abonnement aber dann, wenn es die primäre Informationsquelle darstellt.[17] Weiterhin sind auch Dauerschuldverhältnisse mit Pflegediensten und Banken (Girokonto und EC-Karte) zur angemessenen Daseinsvorsorge erforderlich.[18] Auch die regelmäßige Belieferung von Grundnahrungsmitteln im Rahmen eines Dauerschuldverhältnisses kann darunter fallen, wenn der Verbraucher zB In seiner Mobilität stark eingeschränkt ist oder selbst unter Quarantäne steht.

10 Darüber hinaus wird diskutiert, wie mit Dauerschuldverhältnissen im Freizeit- und Kulturbereich (Mitgliedschaft im Fitnessstudio oder Theaterabonnement) umzugehen sei. Teilweise wird bezweifelt, dass es sich überhaupt um Leistungen der Daseinsvorsorge handeln würde.[19] Darüber kann jedoch im Grundsatz kein Streit bestehen. Die Grundsicherung nach § 20 Abs. 1 S. 2 SGB II deckt auch „in vertretbarem Umfang eine Teilhabe am sozialen und kulturellen Leben in der Gemeinschaft" und damit in Grenzen auch eben solche Leistungen ab. Bei Lichte betrachtet unterfallen solche Leistungen aber gar nicht dem Anwendungsbereich von § 1 Abs. 1. Denn die Norm regelt Fälle, in denen der Verbraucher die Leistung zwar in Anspruch nimmt, aber die Gegenleistung nicht erbringen kann. Während der COVID-19-Pandemie ist das öffentliche Leben aber größtenteils zum Stillstand erlangt; die meisten Leistungen im Freizeit- und Kulturbereich können aufgrund von öffentlich-rechtlichen Beschränkungen gar nicht abgerufen werden. In dem Fall entfällt jedoch schon gemäß § 326 Abs. 1 S. 1 BGB der Anspruch auf Gegenleistung (vgl. auch → Rn. 39).

11 **3. „Unmöglichkeit" der Leistung wegen Gefährdung des angemessenen Lebensunterhalts.** Der Verbraucher hat ein Leistungsverweigerungsrecht nur dann, wenn die Erbringung der Leistung ohne Gefährdung seines angemessenen Lebensunterhalts oder des angemessenen Lebensunterhalts seiner unterhaltsberechtigten Angehörigen nicht möglich wäre. Die Leistung des Verbrauchers wird ganz regelmäßig in einer Geldleistung bestehen; ob auch Schuldner von Sachleistungen ein Leistungsverweigerungsrecht haben, wird beim Kleinstunternehmer (→ Rn. 28 f.) besprochen. Der Begriff der Unmöglichkeit ist unglücklich gewählt, da es nicht um die Unmöglichkeit nach § 275 BGB geht, sondern um den vorgelagerten Schutz des Verbrauchers vor einer existenziellen Krise. **Unterhaltsberechtigte Angehörige** sind gem. § 1602 BGB alle in gerader Linie Verwandte, also insbesondere die Kinder des Verbrauchers; darüber

12   Uhlenbruck/*Möllnitz/Schmidt-Kessel* COVInsAG Art. 240 §§ 1–4 Rn. 20 nennen als Beispiel für nicht notwendige, aber angemessene Daseinsvorsorge zB den Zugang zu Highspeed-Internet.

13   *Schmidt-Kessel/Möllnitz* NJW 2020, 1103 (1104).

14   BT-Drs. 19/18110, S. 18, 34.

15   Uhlenbruck/*Möllnitz/Schmidt-Kessel* COVInsAG Art. 240 §§ 1–4 Rn. 21. Notwendige Bedingung ist freilich, dass er überhaupt in die gesetzliche Krankenversicherung wechseln könnte.

16   *Bangen/Markworth* BGB-Antwort auf Corona-Krise: Wie ändert sich das Vertragsrecht?, Anwaltsblatt

vom 6.4.2020, abrufbar unter https://anwaltsblatt.an waltverein.de/de/news/bgb-corona-krise-wie-aendert-sich-das-vertragsrecht; einschränkend Uhlenbruck/*Möllnitz/Schmidt-Kessel* COVInsAG Art. 240 §§ 1–4 Rn. 19.

17   Ähnlich auch Uhlenbruck/*Möllnitz/Schmidt-Kessel* COVInsAG Art. 240 §§ 1–4 Rn. 22.

18   Ebenso Uhlenbruck/*Möllnitz/Schmidt-Kessel* COVInsAG Art. 240 §§ 1–4 Rn. 19.

19   Uhlenbruck/*Möllnitz/Schmidt-Kessel* COVInsAG Art. 240 §§ 1–4 Rn. 23.

hinaus auch gem. §§ 1570 ff. BGB der Ehepartner des Verbrauchers. Im Einzelfall können aber auch die Eltern oder Enkel des Verbrauchers unterhaltsberechtigt sein.[20]

Darüber hinaus muss eine **Gefährdung des angemessenen Lebensunterhalts** des Schuldners und seiner **12** unterhaltsberechtigten Angehörigen vorliegen. Auch hier arbeitet der Gesetzgeber mit einem unbestimmten Rechtsbegriff; was der angemessene Lebensunterhalt ist und wann er gefährdet ist, bedarf einer eingehenden Prüfung. Erste Anhaltspunkte liefert § 519 Abs. 1 BGB, der einen ähnlichen Wortlaut hat. Dort ist die Einrede des Schenkers bei Notbedarf geregelt. § 519 Abs. 1 BGB normiert sinngemäß, dass der Schenker die Erfüllung verweigern kann, wenn ansonsten sein angemessener Unterhalt oder die ihm obliegenden Unterhaltspflichten gefährdet sind. Nach der Rechtsprechung des BGH ist der Unterhalt dann **gefährdet**, „wenn für die Zukunft die begründete Besorgnis besteht, dass der Beschenkte bei Erfüllung des Rückforderungsanspruchs nicht mehr genügend Mittel für seinen angemessenen Unterhalt (iSd § 1610 Abs. 1 BGB) und die Erfüllung seiner gesetzlichen Unterhaltspflichten haben wird."[21] Diese Definition gilt auch für die Gefährdung nach § 1 Abs. 1.

Nach § 1610 Abs. 1 BGB ist „**angemessener Unterhalt**" das Maß des zu gewährenden Unterhalts, der sich nach der Lebensstellung des Bedürftigen bestimmt und umfasst nach Abs. 2 unter anderem den gesamten Lebensbedarf. Dieser umfasst die Grundbedürfnisse des § 20 SGB II mitsamt ggf. anfallendem (zB krankheitsbedingtem) Mehrbedarf.[22] Die Wertungen nach § 1610 BGB gelten damit auch für den angemessenen Lebensunterhalt nach Abs. 1.[23] Eine Gefährdung des angemessenen Lebensunterhalts besteht demnach bei Arbeitsplatzverlust, unbezahltem Urlaub oder Kurzarbeit, wenn dadurch das monatliche Haushaltseinkommen den Grundbedarf unterschreitet und nennenswerte liquide Reserven nicht vorhanden sind.[24] Mögliche (Not-)Verkäufe von Wertgegenständen sind uE nicht zu berücksichtigen.

4. Aufgrund der COVID-19-Pandemie. Nicht jede Gefährdung des angemessenen Lebensunterhalts **13** berechtigt zur Leistungsverweigerung, sondern nur eine solche, die aufgrund der COVID-19-Pandemie eingetreten ist. Das bedeutet, dass die Auswirkungen der Pandemie **kausal** für die Kurzarbeit oder den Arbeitsplatzverlust sind. Wird dem Arbeitnehmer also aus anderen Gründen (zB persönlichem Fehlverhalten) gekündigt, berechtigt ihn das nicht zur Leistungsverweigerung.

5. Darlegungs- und Beweislast. Die Darlegungs- und Beweislast für das Vorliegen der Tatbestandsvor- **14** aussetzungen obliegt nach allgemeinen Regeln dem **Verbraucher**. Das beinhaltet insbesondere den Nachweis der Gefährdung und des Kausalzusammenhangs zwischen Gefährdung und Pandemie.[25] Zum Beweis der Gefährdung muss der Verbraucher nicht nur die Arbeitslosigkeit uä nachweisen, sondern auch das Fehlen liquider Reserven. Problematisch sind Fälle, in denen einem Arbeitnehmer betriebsbedingt gekündigt wird, das Unternehmen sich aber schon zuvor in einer Krise befand und nicht klar ist, ob die Kündigung aufgrund der Pandemie erfolgte oder der allgemeinen betrieblichen Situation. Das Risiko der Unaufklärbarkeit (non liquet) trägt der Verbraucher. UE gilt jedoch bei betriebsbedingten Kündigungen nach dem 31.12.2019 eine **tatsächliche Vermutung** dafür, dass die Kündigung aufgrund der COVID-19-Pandemie erfolgte. Dies ergibt sich aus einem Vergleich mit § 1 S. 3 COVInsAG (COVID-19-Insolvenzaussetzungsgesetz); dieser regelt Besonderheiten bei Insolvenzen aufgrund der Pandemie. Bei einem Schuldner, der erst nach dem 31.12.2019 zahlungsunfähig wird, vermutet das Gesetz, dass die Zahlungsunfähigkeit auf der COVID-19-Pandemie beruht. Diese gesetzliche Vermutung lässt sich bei § 1 fruchtbar machen und uE in eine tatsächliche Vermutung umformen, die der Vertragspartner aber auch widerlegen kann.[26] Der Verbraucher trägt insgesamt das Risiko für das Vorliegen der unbestimmten Rechtsbegriffe. Das hat erhebliche praktische Auswirkungen. Stellt der Verbraucher die Leistungen unter Berufung auf § 1 Abs. 1 ein, so kann es ihm passieren, dass der Vertragspartner das Leistungsverweigerungsrecht nicht anerkennt und aus wichtigem Grund das Dauerschuldverhältnis kündigt. Der Verbraucher muss dann Klage auf Feststellung der Unwirksamkeit der Kündigung erheben und in diesem Prozess sodann die Voraussetzungen des § 1 darlegen und ggf. beweisen.[27] In der Zwischenzeit hat der Vertragspartner aber die Leistungen eingestellt, so dass dem Verbraucher nicht geholfen ist. Der Verbraucher ist also grundsätzlich auf die Kooperation des Vertragspartners angewiesen. Möglich bleibt aber einstweiliger Rechtsschutz auf Weiterversorgung des Verbrauchers.

---

20 Vgl. dazu MüKoBGB/*Langeheine* § 1601 Rn. 10 ff.
21 BGH NJW 2000, 3488 (3489).
22 MüKoBGB/*Langeheine* § 1610 Rn. 11 ff.
23 Wohl auch *Liebscher/Zeyher/Steinbrück* ZIP 2020, 852 (853).
24 *Schmidt-Kessel/Möllnitz* NJW 2020, 1103 (1104).
25 *Schmidt-Kessel/Möllnitz* NJW 2020, 1103 (1104).
26 *Anders/Gehle*, Das Assessorexamen im Zivilrecht, S. 248 mit Verweis auf BGH NJW 2004, 3623.

27 *Riehm*, Entwurf des „Corona-Gesetzes" im Allgemeinen Vertragsrecht: Verständliches Ziel, problematisches Mittel, Beck-community-Beitrag vom 24.3.2020, abrufbar unter https://community.beck.de/2020/03/24/entwurf-des-corona-gesetzes-im-allgemeinen-vertragsrecht-verstaendliches-ziel-problematisches-mittel.

15   **6. Rechtsfolge: Temporäres Leistungsverweigerungsrecht.** Liegen die Tatbestandsvoraussetzungen vor, so kann der Verbraucher die **Einrede** des temporären Leistungsverweigerungsrechts erheben.[28] Das bedeutet, dass er sich ausdrücklich auf das Leistungsverweigerungsrecht berufen muss. Das zeitlich befristete Leistungsverweigerungsrecht schützt ihn umfassend, da es nicht nur die Durchsetzbarkeit des Primäranspruchs verhindert, sondern auch die Entstehung von Sekundäransprüchen,[29] insbesondere Zins- und Schadensersatzansprüche wegen Verzugs. Auch hat der Vertragspartner aufgrund der Leistungsverweigerung kein Recht zur Kündigung nach §§ 313, 314 BGB.[30] War der Verbraucher schon zuvor im Verzug, so entfallen die Voraussetzungen mit Ausübung der Einrede bis zum Ende des Moratoriums;[31] danach leben sie automatisch wieder auf. Vgl. zu Gewährleistungsansprüchen → Rn. 28 f.

16   Nicht ausdrücklich geregelt ist das Schicksal des Gegenleistungsanspruchs und der diesbezüglichen Einreden des Vertragspartners. Der Zweck des Gesetzes ist jedoch die Weiterversorgung von Verbrauchern und Unternehmern bei finanziellen Schwierigkeiten mit existenziellen Leistungen. Dieser Zweck verbietet ein Gegenleistungsverweigerungsrecht des Vertragspartners. Das ergibt sich auch aus den Regelungen in Abs. 3, nach denen der Vertragspartner die Gegenleistung ausnahmsweise verweigern darf, wenn eine Vertragserfüllung für ihn unzumutbar ist. Unzumutbar kann das Leistungsverweigerungsrecht aber nur dann sein, wenn der Vertragspartner bei temporärem Ausbleiben der Leistung zur Gegenleistung verpflichtet bleibt. Daher bleibt der Vertragspartner zur Gegenleistung verpflichtet und kann nicht die Einreden der §§ 320, 321 und 273 BGB erheben.[32]

17   Das Leistungsverweigerungsrecht gilt bis zum 30.6.2020 und kann durch Rechtsverordnung nach § 4 Abs. 1 Nr. 1 bis spätestens zum 30.9.2020 verlängert werden (vgl. dazu → § 4 Rn. 3). Das bedeutet, dass der Verbraucher bis zu diesem Zeitpunkt die offenen Leistungen erbracht haben muss. Nach dem Zeitpunkt gelten die allgemeinen schuldrechtlichen Regelungen.

II. Regelungen für Kleinstunternehmen (Abs. 2)

18   Ein ganz ähnliches Recht zur Leistungsverweigerung sieht das Gesetz in Abs. 2 auch für Kleinstunternehmer vor. Ein Kleinstunternehmen ist ein Unternehmen mit weniger als 10 Mitarbeitern und einem Jahresumsatz von max. 2 Mio. EUR.[33] Im Folgenden werden nur die Unterschiede zu den Verbraucherregelungen hervorgehoben. Soweit nicht ausdrücklich anders kommentiert, gilt die Kommentierung zu Abs. 1 entsprechend.

19   **1. Wesentliches Dauerschuldverhältnis.** Für einen Kleinstunternehmer sind nach Abs. 2 S. 3 solche Dauerschuldverhältnisse wesentlich, die zur Eindeckung mit Leistungen zur angemessenen Fortsetzung seines Erwerbsbetriebs erforderlich sind. Um diese unbestimmten Rechtsbegriffe auszulegen, ist der Telos der Norm entscheidend. Die Regelungen für Kleinstunternehmer sollen verhindern, dass diese in eine existenzielle Krise fallen und ggf. insolvent werden. Die **Wesentlichkeit** bestimmt sich danach, ob das Dauerschuldverhältnis der Fortsetzung des Betriebs dient. Analog zum Verbraucher sollen (nur) wirtschaftlich existenzielle Verträge geschützt werden.

20   Auch hier sind Beiträge zur Pflichtversicherung, Verträge über die Lieferung von Strom und Gas, Telekommunikationsdienste und ggf. Wasserent- und -versorgung umfasst.[34] Die Erreichbarkeit eines Betriebs ist zentrale Voraussetzung für eine werbende Tätigkeit. Daher muss er telefonisch und per E-Mail erreichbar sein. Unterhält der Betrieb eine Website oder hat der Kleinstunternehmer die Internetaktivitäten gar aufgrund von Geschäftsschließungen ausgebaut (zB durch einen Webshop), so sind auch die diesbezüglichen Verträge wesentlich. Doch auch hier gilt, dass die Verträge vor dem 8.3.2020 abgeschlossen worden sein müssen (→ Rn. 3 ff.).

21   Die wohl wesentlichsten Dauerschuldverhältnisse für Kleinstunternehmer sind Mietverträge über Grundstücke oder Räumlichkeiten und Darlehensverträge. Diese sind aber gem. Abs. 4 Nr. 1 vom Anwendungsbereich ausdrücklich ausgenommen. Für sie finden sich spezielle Regelungen in § 2 und § 3, der aber derzeit noch auf Verbraucherdarlehensverträge beschränkt ist. Die Regelungen für Verbraucherdarlehensverträge gelten gem. § 513 auch für Existenzgründer (die regelmäßig auch Kleinstunternehmer sind); vgl. dazu ausführlich → § 3 Rn. 6. Darüber hinaus beinhaltet § 3 Abs. 8 eine Verordnungsermächtigung, die es der Bun-

---

28   BT-Drs. 19/18110, S. 35.
29   BT-Drs. 19/18110, S. 34.
30   Uhlenbruck/*Möllnitz/Schmidt-Kessel* EGBGB Art. 240 §§ 1–4 Rn. 90.
31   BT-Drs. 19/18110, S. 35.
32   Ebenso *Schmidt-Kessel/Möllnitz* NJW 2020, 1103 (1105).

33   Empfehlung 2003/361/EG der Kommission vom 6.5.2003 betreffend die Definition der Kleinstunternehmen sowie der kleinen und mittleren Unternehmen (ABl. L 124/39 vom 20.5.2003, S. 36), Anhang Art. 2 Abs. 3.
34   BT-Drs. 19/18110, S. 34.

desregierung erlaubt, auch Kleinstunternehmer in den Anwendungsbereich des § 3 aufzunehmen (vgl. dazu → § 3 Rn. 75 f.).

2. „Unmöglichkeit" der Leistung durch Unvermögen und Gefährdung der wirtschaftlichen Grundlagen. Für den Kleinstunternehmer sieht Abs. 2 zwei Varianten der „Unmöglichkeit" vor. Zum einen, dass er nach Nr. 1 die Leistung nicht erbringen kann und zum anderen, dass ihm nach Nr. 2 die Erbringung der Leistung ohne Gefährdung der wirtschaftlichen Grundlagen seines Erwerbsbetriebs nicht möglich wäre. **22**

Aufgrund der Ähnlichkeit zu Abs. 1 soll zunächst die Gefährdung der wirtschaftlichen Grundlagen nach Nr. 2 untersucht werden. Die wirtschaftlichen Grundlagen sind gleichbedeutend mit der Überlebensfähigkeit des Unternehmens. Daher sind die **wirtschaftlichen Grundlagen** bei der Zahlungsunfähigkeit (§ 17 InsO) und der Überschuldung (§ 19 InsO) des Kleinstunternehmers betroffen. Der Kleinstunternehmer ist entsprechend der in → Rn. 12 zitierten BGH-Rechtsprechung[35] in seinen wirtschaftlichen Grundlagen **gefährdet**, wenn für die Zukunft die begründete Besorgnis besteht, dass der Kleinstunternehmer bei Erfüllung des Anspruchs nicht mehr genügend Mittel für die Fortführung seines Unternehmens haben wird. Eine Gefährdung liegt insbesondere vor, wenn die Zahlungsunfähigkeit nach § 18 Abs. 2 InsO droht.[36] **23**

Eine Sonderrolle nimmt Nr. 1 ein. Danach kann der Kleinstunternehmer die Leistung verweigern, wenn er sie **nicht erbringen kann**. Der Gesetzgeber gibt jedoch keinen Hinweis darauf, was darunter zu verstehen ist. Jedenfalls kann nicht die objektive Unmöglichkeit nach § 275 Abs. 1 BGB gemeint sein; für Geldleistungen gilt immer noch der Grundsatz „Geld hat man zu haben".[37] Andererseits kann die Variante auch nicht erst eingreifen, wenn der Kleinstunternehmer zahlungsunfähig oder überschuldet ist, denn für diesen Fall greift Nr. 2 schon früher, so dass Nr. 1 kein Anwendungsbereich bliebe. Daher ist uE auf ein **tatsächliches Unvermögen** abzustellen: Der Kleinstunternehmer kann die Leistung gem. Abs. 2 nicht erbringen, wenn er trotz anderweitiger Vermögensgegenstände keine freien liquiden Mittel zur Verfügung hat. Das Gesetz schützt ihn in diesem Fall davor, Teile seines Betriebsvermögens liquidieren zu müssen, Einsparungen in betriebsnotwendigen Bereichen vorzunehmen oder Kredite aufzunehmen und so in eine Schuldenfalle zu tappen.[38] **24**

Vom Leistungsbegriff in den Abs. 1 und 2 ist nicht nur die Geldleistung umfasst, sondern auch sonstige Leistungen. Die Gesetzesbegründung nennt insbesondere Dienstleistungen von Kleinstunternehmen oder etwa die Vermietung von Kraftfahrzeugen.[39] Inwiefern bei solchen Leistungen auch die übrigen Tatbestandsmerkmale ausgefüllt sind, ist eine Frage des Einzelfalls. **25**

3. Aufgrund der COVID-19-Pandemie. Auch beim Kleinstunternehmer muss die COVID-19-Pandemie **kausal** für die „Unmöglichkeit" sein. Das ist eine Entscheidung des Einzelfalls. Ein Indiz hierfür kann sein, wenn der Kleinstunternehmer erst seit Kurzem die Leistungen nicht bedienen kann. Zur Bestimmung dieses Zeitraums können wiederum die COVID-19-Anpassungen im Insolvenzrecht (COVInsAG) herangezogen werden (s.a. → Rn. 14). Nach § 1 S. 3 COVInsAG wird vermutet, dass eine Insolvenz auf den Folgen der Pandemie beruht, wenn der Schuldner erst nach dem 31.12.2019 zahlungsunfähig wurde. Da das Moratorium Insolvenzen vorbeugen soll, besteht uE eine **tatsächliche Vermutung** dafür, dass die Unmöglichkeit der Leistung des Kleinstunternehmers auf der COVID-19-Pandemie beruht, wenn er erstmals nach dem 31.12.2019 seine Leistung nicht erbringen kann. **26**

4. Darlegungs- und Beweislast. Bezüglich der Darlegungs- und Beweislast gilt das unter → Rn. 14 Gesagte, so dass der Kleinstunternehmer für sämtliche Tatbestandsvoraussetzungen darlegungs- und beweispflichtig ist. **Tatsächliche Vermutungen** erleichtern dem Kleinstunternehmer die Darlegung. Diese tatsächliche Vermutung kann der Vertragspartner dadurch widerlegen, dass er die ernsthafte Möglichkeit eines anderweitigen, untypischen Verlaufs darlegt.[40] **27**

5. Rechtsfolge: Leistungsverweigerungsrecht bis zum 30.6.2020. Bezüglich des Umfangs gilt das unter → Rn. 15 ff. Gesagte. Insbesondere ist zu beachten, dass das Leistungsverweigerungsrecht **nicht auf Geldleistungen beschränkt** ist.[41] Soweit der Kleinstunternehmer Dienstleistungen oder Sachleistungen aufgrund eines wesentlichen Dauerschuldverhältnisses schuldet, kann er auch diese verweigern, ohne auf die Gegenleistung verzichten zu müssen.[42] **28**

---

35 BGH NJW 2000, 3488 (3489).
36 Vgl. auch *Schmidt-Kessel/Möllnitz* NJW 2020, 1103 (1104).
37 Ebenfalls *Thole* ZIP 2020, 650 (659).
38 Ähnlich *Schmidt-Kessel/Möllnitz* NJW 2020, 1103 (1104).
39 BT-Drs. 19/18110, S. 34.
40 *Anders/Gehle*, Das Assessorexamen im Zivilrecht, S. 248 mit Verweis auf BGH NJW 2004, 3623.

41 BT-Drs. 19/18110, S. 34.
42 Uhlenbruck/*Möllnitz/Schmidt-Kessel* COVInsAG Art. 240 §§ 1–4 Rn. 34 ff.; *Bangen/Markworth* BGB-Antwort auf Corona-Krise: Wie ändert sich das Vertragsrecht?, Anwaltsblatt vom 6.4.2020, abrufbar unter https://anwaltsblatt.anwaltverein.de/de/news/bgb-corona-krise-wie-aendert-sich-das-vertragsrecht.

29 Sind vor Wirksamwerden des Moratoriums Sekundäransprüche (zB Schadensersatz, Gewährleistungsansprüche etc) entstanden, so kann der Kleinstunternehmer diese während des Moratoriums verweigern; auch diesbezüglich sind Ansprüche nicht durchsetzbar.[43]

III. Ausnahmen vom Leistungsverweigerungsrecht (Abs. 3)

30 Das temporäre Leistungsverweigerungsrecht setzt das vereinbarte und vom Gesetz eigentlich auch vorgesehene synallagmatische Verhältnis von Leistung und Gegenleistung außer Kraft und wandelt es in eine Vorleistungspflicht des betroffenen Vertragspartners um;[44] das bedeutet einen Eingriff in grundrechtlich geschützte Rechte und Freiheiten, wie etwa die aus Art. 2 Abs. 1 GG hergeleitete Vertragsfreiheit.[45] Jeder Eingriff bedarf einer Schranke, um nicht unverhältnismäßig und damit verfassungswidrig zu sein.[46] Daher kann auch das Leistungsverweigerungsrecht nicht schrankenlos gewährt werden, sondern findet seine Grenze dort, wo die Verweigerung für den Vertragspartner **unzumutbar** ist. Wann eine Unzumutbarkeit vorliegt, bestimmt sich danach, wer die Leistung verweigert.

31 **1. Ausnahme bei Verträgen mit Verbrauchern (Abs. 3 S. 1).** Bei Verträgen mit Verbrauchern gilt das Leistungsverweigerungsrecht nicht, wenn seine Ausübung für den Vertragspartner seinerseits unzumutbar ist, da die Nichterbringung der Leistung die **wirtschaftliche Grundlage seines Erwerbsbetriebs gefährden** würde. Die relevanten Schuldverhältnisse (insbesondere Strom- und Gaslieferung und die Bereitstellung von Telekommunikation) schließen Verbraucher regelmäßig mit großen Unternehmen ab, deren wirtschaftliche Grundlage durch einzelne Verträge mit Verbrauchern nicht berührt wird, so dass diese Ausnahme wohl regelmäßig ins Leere laufen wird. Im Einzelfall ist eine Unzumutbarkeit dann zu bejahen, wenn eine Vielzahl von Verbrauchern bei demselben Unternehmen vom Leistungsverweigerungsrecht Gebrauch macht, so dass jede weitere Leistungsverweigerung tatsächlich die wirtschaftliche Grundlage des Erwerbsbetriebs gefährdet. Nach allgemeinen Grundsätzen trägt der Vertragspartner des Verbrauchers die Darlegungs- und Beweislast für dieses ihm günstige Tatbestandsmerkmal.

32 **2. Ausnahme bei Verträgen mit Kleinstunternehmen Abs. 3 S. 2).** Nach S. 2 gilt das Leistungsverweigerungsrecht des Kleinstunternehmers nicht, wenn die Ausübung des Leistungsverweigerungsrechts für den Vertragspartner unzumutbar ist, da die Nichterbringung der Leistung zu einer Gefährdung seines angemessenen Lebensunterhalts oder des angemessenen Lebensunterhalts seiner unterhaltsberechtigten Angehörigen oder der wirtschaftlichen Grundlagen seines Erwerbsbetriebs führen würde. Bezüglich der Gefährdung der wirtschaftlichen Grundlage des Erwerbsbetriebs gilt das unter → Rn. 23, 12 Gesagte entsprechend. Darüber hinaus gilt das Leistungsverweigerungsrecht bei Verträgen mit einem Verbraucher auch dann nicht, wenn dessen angemessener Unterhalt oder der seiner unterhaltspflichtigen Angehörigen (dazu → Rn. 12) gefährdet ist. Aus Abs. 3 ergibt sich also, dass bei den Verträgen zwischen Kleinstunternehmer und Verbraucher beide gleich schützenswert sind. Die Darlegungs- und Beweislast obliegt dem Vertragspartner des Kleinstunternehmers.

33 **3. Kündigungsrecht bei Verweigerung (Abs. 3 S. 3).** Ist die Leistung für den Schuldner nach Abs. 1 oder 2 unmöglich, die Leistungsverweigerung aber für den Gläubiger unzumutbar, sieht das Gesetz als Interessenausgleich vor, dass sich der Schuldner vom Vertrag durch Kündigung lösen kann. Die Rechtsfolgen ergeben sich dann aus den jeweils einschlägigen zivilrechtlichen Vorschriften, bei Dienstverträgen etwa aus § 628 BGB.[47]

IV. Anwendungsbereich (Abs. 4)

34 Die Leistungsverweigerungsrechte gelten nach Abs. 4 Nr. 1 nicht für das Miet- und Pachtrecht nach § 2 sowie für das Darlehensrecht. Bezüglich des Miet- und Pachtrechts verweist Abs. 4 Nr. 1 auf § 2. § 2 regelt aber nur die Miet- und Pachtverträge über Grundstücke und Räume, nicht über Mobilien. Aufgrund des klaren Wortlauts der Norm findet § 1 daher Anwendung auf **Mietverträge über Mobilien**.[48] Anders ist die Rechtslage beim Darlehensrecht. Dieses wird insgesamt vom Anwendungsbereich ausgeschlossen, auch wenn § 3 nur für Verbraucherdarlehen gilt (→ § 3 Rn. 5 f.). Die übrigen Darlehensverträge bestimmen sich daher weiterhin nach den allgemeinen Regeln.

---

43 *Liebscher/Zeyher/Steinbrück* ZIP 2020, 852 (853); *Thole* ZIP 2020, 650 (659).
44 Uhlenbruck/*Möllnitz/Schmidt-Kessel* COVInsAG Art. 240 §§ 1–4 Rn. 65.
45 BT-Drs. 19/18110, S. 35.
46 Maunz/Dürig/*Herdegen* GG Art. 1 Abs. 3 Rn. 43 ff.
47 BT-Drs. 19/18110, S. 35.
48 Uhlenbruck/*Möllnitz/Schmidt-Kessel* COVInsAG Art. 240 §§ 1–4 Rn. 40.

Gem. Abs. 4 Nr. 2 sind auch arbeitsrechtliche Ansprüche ausgenommen.[49] Nach Ansicht des Gesetzgebers **35**
ist das Arbeitsrecht derart differenziert geregelt und bietet zB die Möglichkeit von Kurzarbeit, so dass ein
weiteres Leistungsverweigerungsrecht in dem Bereich nicht erforderlich ist.[50]

V. Halbzwingendes Recht (Abs. 5)

Abs. 5 stellt klar, dass zum Nachteil des Verbrauchers oder Kleinstunternehmers weder durch AGB noch **36**
durch Individualvereinbarung von Abs. 1 und 2 abgewichen werden kann. Das umfasst alle nachteiligen
Regelungen, also auch solche, die bereits vor der COVID-19-Pandemie getroffen wurden. Eine teleologische Reduktion muss uE aber für den (wohl eher theoretischen) Fall vorgenommen werden, in dem der
Schuldner bei Vertragsschluss die Risiken einer Pandemie ausdrücklich im Vertrag übernommen hat; in diesem Fall ist er nicht schutzwürdig.

C. Verhältnis zum allg. Schuldrecht

§ 1 geht davon aus, dass der Schuldner weiterhin leisten muss. Die Frage, ob er angesichts der Pandemie **37**
überhaupt noch leisten muss, regelt das Gesetz nicht. Neben den spezifischen Regelungen in § 1 sind weiterhin die Regelungen des allgemeinen Schuldrechts zu beachten.

I. Individuelle Vereinbarungen

Noch vor dem Eintritt des Leistungsverweigerungsrechts ist zu prüfen, ob im Vertrag Regelungen für Kri- **38**
sensituationen getroffen wurden. Insbesondere in Lieferverträgen finden sich häufig sog. **Preisanpassungs-
oder Force-Majeure-Klauseln**. Nach der Rechtsprechung ist höhere Gewalt (Force Majeure) ein „betriebs-
fremdes, von außen durch elementare Naturkräfte oder durch Handlungen dritter Personen herbeigeführtes
Ereignis, das nach menschlicher Einsicht und Erfahrung unvorhersehbar ist, mit wirtschaftlich erträglichen
Mitteln auch durch die äußerste, nach der Sachlage vernünftiger Weise zu erwartende Sorgfalt nicht verhü-
tet oder unschädlich gemacht werden kann und auch nicht wegen seiner Häufigkeit vom Betriebsunterneh-
mer in Kauf zu nehmen ist."[51] Ob die COVID-19-Pandemie höhere Gewalt darstellt, ist umstritten.[52] Da
solche Klauseln in den seltensten Fällen bei wesentlichen Dauerschuldverhältnissen im Sinne von § 1 verwendet werden, soll das Problem hier nur angesprochen werden. Bei Vorliegen solcher Klauseln ist in
jedem Fall eine genaue Prüfung des Einzelfalls erforderlich.[53]

II. Unmöglichkeit

Schuldet der Verbraucher oder der Kleinstunternehmer Geld, so kann er sich nicht auf § 275 BGB berufen, **39**
da insoweit immer noch gilt „Geld hat man zu haben." Insoweit greifen die besonderen Regelungen des § 1.
Schuldet der Verbraucher oder der Kleinstunternehmer ausnahmsweise Sach- oder Dienstleistungen, so ist
im Einzelfall zu prüfen, ob eine Unmöglichkeit im Sinne von § 275 Abs. 1 bis 3 BGB gegeben ist.[54] Ist dem
Vertragspartner des Verbrauchers oder des Kleinstunternehmers selbst die Leistung unmöglich, so entfällt
nach allgemeinen schuldrechtlichen Regelungen gem. § 326 Abs. 1 S. 1 BGB der Anspruch auf Gegenleistung, sodass die Zahlungspflicht des Verbrauchers bzw. Kleinstunternehmers erlischt.

III. Störung der Geschäftsgrundlage

Eine Anpassung des Vertrages kann gemäß § 313 BGB auch aufgrund einer Störung der Geschäftsgrund- **40**
lage infrage kommen. Da dieses Problem vor allem bei Gewerbemietverträgen diskutiert wird, wird es in
→ § 2 Rn. 22 ff. ausführlich besprochen. Die dort getroffenen Aussagen gelten auch für weitere Dauerschuldverhältnisse. Im Ergebnis ist eine Störung der Geschäftsgrundlage **grundsätzlich ausgeschlossen**, da
der Gesetzgeber in § 1 spezielle Regelungen in Bezug auf die Risikoverteilung während der COVID-19-
Pandemie erlassen hat.[55] Für eine Anwendung von § 313 BGB daneben ist uE kein Platz.

---

49 Zu den Auswirkungen von Corona auf das Arbeits-
    recht siehe *Fuhlrott* MDR 2020, 540.
50 BT-Drs. 19/18110, S. 35.
51 BGH NJW-RR 2008, 335 (336).
52 Vgl. dazu *Wagner/Holtz/Dötsch* BB 2020, 845;
    Bacher MDR 2020, 514 (517).

53 Ebenso *Wagner/Holtz/Dötsch* BB 2020, 845 f.
54 *Bacher* MDR 2020, 514 (517 f.); ausführlich Uhlen-
    bruck/*Möllnitz/Schmidt-Kessel* EGBGB Art. 240
    §§ 1–4 Rn. 84 ff.
55 Vgl. zu solchen gesetzlichen „Vertragshilfen" MüKo-
    BGB/*Finkenauer* § 313 Rn. 140 ff.

Art. 240 § 2 EGBGB Beschränkung der Kündigung von Miet-und Pachtverhältnissen

(1) ¹Der Vermieter kann ein Mietverhältnis über Grundstücke oder über Räume nicht allein aus dem Grund kündigen, dass der Mieter im Zeitraum vom 1. April 2020 bis 30. Juni 2020 trotz Fälligkeit die Miete nicht leistet, sofern die Nichtleistung auf den Auswirkungen der COVID-19-Pandemie beruht. ²Der Zusammenhang zwischen COVID-19-Pandemie und Nichtleistung ist glaubhaft zu machen. ³Sonstige Kündigungsrechte bleiben unberührt.

(2) Von Absatz 1 kann nicht zum Nachteil des Mieters abgewichen werden.

(3) Die Absätze 1 und 2 sind auf Pachtverhältnisse entsprechend anzuwenden.

(4) Die Absätze 1 bis 3 sind nur bis zum 30. Juni 2022 anzuwenden.

A. Regelungsgehalt 1
B. Die Regelungen im Einzelnen 2
   I. Kündigungsbeschränkung aufgrund
     COVID-19-Pandemie (Abs. 1 S. 1) 2
     1. Mietverhältnisse über Grundstücke und
       Räumlichkeiten 3
     2. Nichtleistung der Miete trotz Fälligkeit ... 4
     3. Nichtleistung aufgrund COVID-19-Pan-
       demie 5
     4. Rechtsfolge: Begrenzter Kündigungsaus-
       schluss 7
   II. Glaubhaftmachung (Abs. 1 S. 2) 9
   III. Kein Ausschluss sonstiger Kündigungsgründe
     (Abs. 1 S. 3) 12

IV. Halbzwingendes Recht (Abs. 2) 14
 V. Entsprechende Anwendung auf Pachtverhält-
   nisse (Abs. 3) 15
VI. Zeitlicher Anwendungsbereich (Abs. 4) 16
C. Verhältnis zum allg. Schuldrecht 17
   I. Vertragliche Vereinbarungen 18
  II. Mängelgewährleistungsrecht 19
 III. Unmöglichkeit 21
 IV. Störung der Geschäftsgrundlage 22
    1. Risikoverteilung im Mietvertrag 24
    2. Risikoverteilung im Corona-Gesetz 25
    3. Die sog. Große Geschäftsgrundlage 32
    4. Ergebnis 33

A. Regelungsgehalt

1 § 2 regelt den Ausschluss des Kündigungsrechts wegen nicht bezahlter Miete und Pacht bei **Grundstücks-und Raummietverträgen**. § 2 gilt nicht für Mietverträge über Mobilien und Schiffe; für Mobilien gilt neben dem allgemeinen Schuldrecht auch das Moratorium nach § 1. Die Regelung stellt eine zeitlich begrenzte Ausnahme von dem Grundsatz dar, dass eine Leistungsunfähigkeit aufgrund wirtschaftlicher Schwierigkeiten den Schuldner auch dann nicht von den Folgen des Ausbleibens der rechtzeitigen Leistung befreit, wenn sie unverschuldet ist.[1] § 2 geht davon aus, dass der Mieter den Mietzins zu zahlen hat. Ob aber der Mieter zB von Geschäftsräumen noch Miete zahlen muss, wenn er seinen Betrieb aufgrund behördlicher Verfügungen schließen muss, regelt § 2 nicht. Diese Frage kann nur mit dem allgemeinen Schuldrecht, insbesondere dem Institut des Wegfalls der Geschäftsgrundlage beantwortet werden. Sie ist von zentraler Bedeutung und soll daher eingehend im Abschnitt C untersucht werden.

B. Die Regelungen im Einzelnen

I. Kündigungsbeschränkung aufgrund COVID-19-Pandemie (Abs. 1 S. 1)

2 Durch die wirtschaftlichen Verwerfungen, die die COVID-19-Pandemie ausgelöst hat, kann es passieren, dass Mieter vorübergehend fällige Mieten nicht fristgerecht zahlen können. Dadurch drohen Mieter die Wohnfläche und Gewerbetreibende die angemieteten Räume und Flächen zu verlieren. Diese Gefahr will § 2 Abs. 1 mindern.[2]

3 **1. Mietverhältnisse über Grundstücke und Räumlichkeiten.** § 2 Abs. 1 S. 1 gilt nur für Mietverhältnisse über Grundstücke und Räumlichkeiten. Der Gesetzgeber macht keinen Unterschied zwischen Wohnraum- und Gewerbemietverträgen und schützt Unternehmer und Verbraucher gleichermaßen.[3]

4 **2. Nichtleistung der Miete trotz Fälligkeit.** Nach Abs. 1 S. 1 kann der Vermieter nicht allein aus dem Grund kündigen, dass der Mieter im Zeitraum vom 1.4.2020 bis 30.6.2020 trotz Fälligkeit die Miete nicht leistet. Der Wortlaut ist zu weit und umfasst auch Zahlungen, die vor dem 1. April fällig geworden sind und (selbstverständlich) im Zeitraum vom 1.4.2020 bis 30.6.2020 fällig bleiben. Diese offenen Zahlungen sollen gerade nicht erfasst sein, sondern können weiterhin zur Kündigung führen (dazu → Rn. 7). Gemeint sind

---

1   BGH NJW 2015, 1296 (1297).
2   BT-Drs. 19/18110, S. 36.
3   BT-Drs. 19/18110, S. 36.

nur Zahlungen, die in dem Zeitraum entstehen,[4] also fällig werden. Bei Mietverträgen wird regelmäßig vereinbart, dass Sie zum 3. Werktag eines jeden Monats fällig sind; in diesem Fall erfasst Abs. 1 S. 1 die Monatsmieten für April, Mai und Juni. Die „Miete" umfasst nicht nur die Kaltmiete gemäß § 535 Abs. 2 BGB, sondern in Übereinstimmung mit der BGH-Rechtsprechung zur Kündigung wegen Mietrückständen **alle laufenden Verpflichtungen einschließlich Betriebskostenpauschale und Betriebskostenvorauszahlung.**[5]

3. Nichtleistung aufgrund COVID-19-Pandemie. Gemäß Abs. 1 S. 1 ist die Kündigung nur dann ausge-   5
schlossen, wenn die Nichtleistung auf den Auswirkungen der COVID-19-Pandemie beruht. Das ist das zentrale Tatbestandsmerkmal, das den Eingriff in den bereits geschlossenen Mietvertrag rechtfertigt.[6] Anders als bei §§ 1 (→ § 1 Rn. 11 f., 22 ff) und 3 (→ § 3 Rn. 22 ff.) existieren keine weiteren materiellen Voraussetzungen.[7] In der Gesetzesbegründung findet sich eine Negativabgrenzung: Sollte der Mieter zahlungsunwillig sein oder seine Zahlungsunfähigkeit andere Ursachen als die COVID-19-Pandemie haben, so sei die Kündigung nicht ausgeschlossen.[8] Im Bericht des Ausschusses für Recht und Verbraucherschutz stellte die CDU/CSU-Fraktion dar, dass die Änderungen nur für Konstellationen gelten sollen, „in denen jemand wegen der Corona-Pandemie wirtschaftlich nicht mehr leistungsfähig sei."[9] Zudem soll die Regelung nach Ansicht des Gesetzgebers eine zeitlich begrenzte Ausnahme von dem Grundsatz sein, dass eine Leistungsunfähigkeit aufgrund wirtschaftlicher Schwierigkeiten den Schuldner auch dann nicht von Folgen des Ausbleibens der rechtzeitigen Leistung befreit, wenn sie auf unverschuldeter Ursache beruht.[10] Die Nichtleistung beruht also dann auf der Pandemie, wenn der Mieter in **wirtschaftliche Schwierigkeiten** gerät. Andererseits müssen diese Schwierigkeiten noch **keine existenzielle Bedrohung** wie bei §§ 1 und 3 (→ § 1 Rn. 12 und → § 3 Rn. 25) darstellen. Bei Verbrauchern ist es ausreichend, dass sie in Kurzarbeit geschickt werden oder ihnen betriebsbedingt gekündigt wird; im Einzelfall genügt auch eine vereinbarte Gehaltsreduzierung, wenn sie wirtschaftlich der Kurzarbeit entsprechende Auswirkungen hat.[11] Bei Unternehmern sind signifikante Einnahmeausfälle oder erhebliche Kostensteigerungen notwendig,[12] die das operative Ergebnis sichtbar belasten. Das Kurzarbeitergeld beträgt rund 60 Prozent des ausgefallenen Nettoentgelts. Wenn ein Arbeitnehmer nur noch 50 Prozent des ursprünglichen Lohns erhält, zahlt der Staat 60 Prozent der fehlenden 50 Prozent, also weitere 30 Prozent $(0,6 \times 0,5 = 0,3)$ des ursprünglichen Entgelts. Das bedeutet, dass ein Verbraucher schon dann in beträchtliche Schwierigkeiten im Sinne der Norm gerät, wenn ihm nur noch 80 Prozent seines ursprünglichen Einkommens zur Verfügung steht. Analog dazu gerät ein Unternehmer erst dann in wirtschaftliche Schwierigkeiten, wenn sein Umsatz um **mindestens 20 Prozent** eingebrochen ist bzw. seine Kosten um mindestens 20 Prozent gestiegen sind, ohne dass die Preissteigerung an die Käufer abgewälzt werden kann. Darüber hinaus müssen Mieter sich zunächst um staatliche Hilfen bemühen;[13] erhaltene Entschädigungen zB nach dem IfSG sind bei der Berechnung zu berücksichtigen.[14]

Fraglich ist, ob und inwiefern liquide Reserven des Mieters bei der Ermittlung der wirtschaftlichen Schwie-   6
rigkeiten zu berücksichtigen sind. *Schmidt-Kessel/Möllnitz* vertreten, dass diese erst aufgebraucht werden müssen.[15] Dem kann nur eingeschränkt gefolgt werden. Ist ein Mieter zunächst gehalten, seine liquiden Reserven aufzubrauchen, so kann er durchaus in eine existenzielle Bedrohung rutschen.[16] Gerade das ist aber nicht Voraussetzung für den Kündigungsausschluss. Daher ist zu differenzieren: Soweit der Mieter genügend liquide Reserven hat, um damit für mindestens drei Monate (April bis Juni) alle seine laufenden Verbindlichkeiten zu zahlen, muss er seine Reserven in dieser Höhe zunächst verwerten. Reichen seine liquiden Reserven jedoch dafür nicht aus, werden sie nicht berücksichtigt. Das Risiko der Berücksichtigung trägt der Mieter.

4   BT-Drs. 19/18110, S. 36; *Artz/Brinkmann/Pielsticker* MDR 2020, 527 (528); *Schmidt-Kessel/Möllnitz* NJW 2020, 1103 (1105).

5   BGH NJW 2008, 3210 (3212); BGH-Report 2002, 225 (juris Rn. 21). Ebenso Uhlenbruck/*Möllnitz/ Schmidt-Kessel* COVInsAG Art. 240 §§ 1–4 Rn. 103; *Schmidt-Kessel/Möllnitz* NJW 2020, 1103 (1105).

6   AA *Uth/Barthen* NZM 2020, 385, die meinen, § 2 sei verfassungswidrig, da einseitig und ohne Kompensation in das Eigentumsrecht der Vermieter eingegriffen werde. Vgl. dazu eine Nichtannahmeentscheidung des BVerfG aufgrund mangelnder Begründung, BVerfG COVuR 2020, 87.

7   *Schmidt-Kessel/Möllnitz* NJW 2020, 1103 (1105).

8   BT-Drs. 19/18110, S. 36.

9   Bericht des Ausschusses für Recht und Verbraucherschutz, BT-Drs. 19/18158, S. 2.

10   BT-Drs. 19/18110, S. 36 mit Verweis auf BGH NJW 2015, 1296 (1297).

11   *Schmidt-Kessel/Möllnitz* NJW 2020, 1103 (1106).

12   *Schmidt-Kessel/Möllnitz* NJW 2020, 1103 (1105); Uhlenbruck/*Möllnitz/Schmidt-Kessel* COVInsAG Art. 240 §§ 1–4 Rn. 108.

13   BT-Drs. 19/18158, S. 2.

14   *Schmidt-Kessel/Möllnitz* NJW 2020, 1103 (1105); Uhlenbruck/*Möllnitz/Schmidt-Kessel* COVInsAG Art. 240 §§ 1–4 Rn. 108.

15   *Schmidt-Kessel/Möllnitz* NJW 2020, 1103 (1105); Uhlenbruck/*Möllnitz/Schmidt-Kessel* COVInsAG Art. 240 §§ 1–4 Rn. 108.

16   *Schmidt-Kessel/Möllnitz* NJW 2020, 1103 (1106) leiten den Rückgriff auf liquide Reserven aus § 112 InsO und der Aussetzung des Insolvenzantrags her. Das ist uE zu restriktiv, da eine „kleine Insolvenz" durchaus existenzbedrohend ist.

7   **4. Rechtsfolge: Begrenzter Kündigungsausschluss.** Liegen die Tatbestandsvoraussetzungen vor, so verhindert Abs. 1 nur die Möglichkeit der Kündigung durch den Vermieter aufgrund offener Mietzahlungen im Zeitraum April bis Juni. Vgl. zu den übrigen Kündigungsgründen → Rn. 12 f. Anders als bei § 1 erhalten die Mieter kein Leistungsverweigerungsrecht.[17] Das bedeutet, dass sie zur Leistung verpflichtet bleiben und bei Nichtleistung ggf. auch in Verzug geraten.[18] Die gesetzlichen Eingriffe in den Mietvertrag über Grundstücke und Räumlichkeiten sind also ungleich geringer als die Eingriffe in die Dauerschuldverhältnisse nach § 1.

8   Durch die Regelung werden Räumungen aus rechtskräftigen Titeln nicht verhindert.[19] Darüber hinaus bleibt es Vermietern unbenommen, die fälligen Mietzahlungen mitsamt Verzugszinsen titulieren zu lassen.[20]

II. Glaubhaftmachung (Abs. 1 S. 2)

9   Die Darlegungs- und Beweislast für die ihm günstigen Tatbestandsvoraussetzungen trägt der Mieter. Nach S. 2 muss er den **Zusammenhang zwischen COVID-19-Pandemie und der Nichtleistung** glaubhaft machen. Das bedeutet, dass er Tatsachen darlegen muss, aus denen sich eine überwiegende Wahrscheinlichkeit dafür ergibt, dass seine Nichtleistung auf der COVID-19-Pandemie beruht.[21] Zur Glaubhaftmachung sind alle Beweismittel zugelassen.[22] Neben den Mitteln des Strengbeweises kann der Mieter den Zusammenhang gemäß § 294 Abs. 1 ZPO auch an Eides statt versichern. Gleiches gilt aber auch für den Gegenbeweis durch den Vermieter.[23]

10   Es wird diskutiert, ob auch die Einschränkung des § 294 Abs. 2 ZPO auf präsente Beweismittel gilt, so dass eine Beweisaufnahme, die nicht sofort erfolgen kann, unstatthaft ist.[24] Die Gegner einer Anwendung von § 294 Abs. 2 ZPO stellen darauf ab, dass die Norm nur dann gelte, wenn das Gesetz eine Glaubhaftmachung zwingend vorschreibe.[25] Der BGH hat entschieden, dass § 294 S. 2 ZPO nicht gilt, soweit laut Gesetz eine Glaubhaftmachung „genügt".[26] In § 2 Abs. 1 S. 2 wird das Wort „genügt" nicht verwendet. Der Wortlaut ist daher unergiebig.[27] Auch die Gesetzesbegründung hilft nicht weiter. Systematisch ist zu beachten, dass alleine § 2 eine Glaubhaftmachung kennt; bei den §§ 1 und 3 bleibt es bei den allgemeinen Grundsätzen zur Darlegungs- und Beweislast. Diese Erkenntnis führt zum Zweck der Norm: Die Glaubhaftmachung soll dem Mieter die Beweisführung erleichtern und ihn privilegieren.[28] Eine Beschränkung auf präsente Beweismittel würde diesen Zweck konterkarieren. Aus diesem Grund findet § 294 Abs. 2 ZPO keine Anwendung im Rahmen von Abs. 1 S. 2.[29]

11   Laut Gesetzesbegründung kann ein Nachweis durch die Vorlage der Antragstellung bzw. die Bescheinigung über die Gewährung staatlicher Leistungen, Bescheinigung des Arbeitgebers oder andere Nachweis über das Einkommen bzw. über den Verdienstausfall geführt werden.[30] Mieter von Gewerbeimmobilien können nach der Gesetzesbegründung den Zusammenhang dadurch glaubhaft machen, dass der Betrieb ihres Unternehmens im Rahmen der COVID-19-Pandemie untersagt oder erheblich eingeschränkt worden ist.[31] Dies

---

17   BT-Drs. 19/18110, S. 36.
18   BT-Drs. 19/18110, S. 36; *Artz/Brinkmann/Pielsticker* MDR 2020, 527 (528).
19   *Schmidt-Kessel/Möllnitz* NJW 2020, 1103 (1106). Vgl. dazu LG Berlin COVuR 2020, 29, das sich mit gerichtlichen Räumungsfristen in Zeiten der Corona-Krise auseinandersetzt.
20   *Rauscher* COVuR 2020, 2 (13 f.), der sich ebenfalls mit Fragen der Räumungsfrist nach § 721 ZPO, der Vollstreckungsabwehrklage nach § 767 ZPO und dem Vollstreckungsschutz nach § 765 a ZPO auseinandersetzt. Zum Zivilprozess in Zeiten von Corona siehe *Greger* MDR 2020, 509.
21   BT-Drs. 19/18110, S. 36; BGH NJW-RR 2007, 776 (777); NJW-RR 2011, 136 (137).
22   MüKoZPO/*Prütting* § 294 Rn. 14.
23   Uhlenbruck/*Möllnitz/Schmidt-Kessel* COVInsAG Art. 240 §§ 1–4 Rn. 113 mit Verweis auf MüKo-ZPO/*Prütting* § 294 Rn. 23.
24   Für eine Anwendung von § 294 Abs. 2 ZPO *Herlitz*, jurisPR-MietR-8/2020, Anm. 1; dagegen Uhlenbruck/*Möllnitz/Schmidt-Kessel* COVInsAG Art. 240 §§ 1–4 Rn. 113; *Schmidt-Kessel/Möllnitz* NJW 2020, 1103 (1106); *Elzer*, Coronapandemie: Rätselhafte

Glaubhaftmachung, beck-community vom 23.4.2020, abrufbar unter https://community.beck.de/2020/04/23/coronapandemie-raetselhafte-glaubhaftmachung; *Toporzysek*, Kündigungssperre und Nachweis der Ursächlichkeit zwischen Corona-Epdemie und Mietausfall, veröffentlicht am 21.4.2020, abrufbar unter https://www.zpoblog.de/?p=8267.
25   So *Schmidt-Kessel/Möllnitz* NJW 2020, 1103 (1106) unter Bezugnahme auf BeckOK ZPO/*Bacher* § 294 Rn. 15.
26   BGH NJW 2007, 2493.
27   Ebenso *Elzer*, Coronapandemie: Rätselhafte Glaubhaftmachung, beck-community vom 23.4.2020, abrufbar unter https://community.beck.de/2020/04/23/coronapandemie-raetselhafte-glaubhaftmachung.
28   *Artz/Brinkmann/Pielsticker* MDR 2020, 527 (528).
29   Ebenso Uhlenbruck/*Möllnitz/Schmidt-Kessel* COVInsAG Art. 240 §§ 1–4 Rn. 113; *Elzer*, Coronapandemie: Rätselhafte Glaubhaftmachung, beck-community vom 23.4.2020, abrufbar unter https://community.beck.de/2020/04/23/coronapandemie-raetselhafte-glaubhaftmachung.
30   BT-Drs. 19/18110, S. 36.
31   BT-Drs. 19/18110, S. 37.

betrifft insbesondere Gaststätten oder Hotels, die keine Touristen aufnehmen durften; aber auch der Einzelhandel war von Schließungen betroffen.

III. Kein Ausschluss sonstiger Kündigungsgründe (Abs. 1 S. 3)

Abs. 1 S. 3 stellt ausdrücklich klar, dass die Kündigung aufgrund sonstiger Kündigungsrechte unberührt bleibt. Das betrifft insbesondere die Kündigung wegen ausgebliebenen Mietzahlungen, die vor dem 1.4.2020 fällig geworden sind bzw. nach dem 30.6.2020 fällig werden. Sehr problematisch sind auch Fälle, in denen der Mieter schon im März 2020 im Verzug war und nun durch die Nichtzahlung der April-Miete in kündigungsrelevanter Höhe im Verzug ist. In diesem Fall besteht der Kündigungsgrund nicht iSv Abs. 1 S. 1 „allein" darin, dass zwischen dem 1.4. und dem 30.6. keine Miete gezahlt wurde, so dass eine Kündigung möglich bleibt; die ausbleibenden Mieten müssen sich auf den gesetzlich bestimmten Zeitraum beschränken.[32]   **12**

Auch eine Kündigung aus sonstigen Gründen, zB unbefugte Überlassung der Mietsache an Dritte (§ 543 Abs. 2 S. 1 Nr. 2 BGB) oder wegen Eigenbedarfs (§ 543 Abs. 2 Nr. 3 BGB) bleibt möglich.[33] Auch bei auf unbestimmte Zeit abgeschlossenen Mietverträgen über Grundstücke oder über Räume, die keine Wohnräume sind, bleibt nach § 580 a BGB eine ordentliche Kündigung ohne Kündigungsgrund weiterhin möglich. Denn bereits vor der Krise existierte in diesen Fällen für Mieter und Vermieter das Risiko, dass der Vertragspartner jederzeit innerhalb der gesetzlichen Fristen kündigt. Dieses Risiko hat sich durch die COVID-19-Pandemie nicht geändert.[34]   **13**

IV. Halbzwingendes Recht (Abs. 2)

Von den Regelungen des Abs. 1 kann zum Nachteil des Mieters nicht abgewichen werden. Das umfasst sowohl Regelungen in AGB als auch individuelle Vereinbarungen ohne Rücksicht darauf, zu welchem Zeitpunkt die Parteien solche Vereinbarungen getroffen haben.[35] Dies betrifft nur Kündigungsgründe aufgrund von Mietrückständen, die zwischen dem 1.4.2020 und dem 30.6.2020 fällig geworden sind.[36] Für alle anderen Kündigungsgründe und die übrigen Rechtsfolgen (zB Verzug) gelten die allgemeinen Regelungen. Darüber hinaus erstreckt sich Abs. 2 nicht auf die Frist nach Abs. 4; insofern können die Parteien auch eine für den Mieter nachteilige Abrede treffen.[37]   **14**

V. Entsprechende Anwendung auf Pachtverhältnisse (Abs. 3)

Nach Abs. 3 sind die Regelungen nach Abs. 1 und 2 für Pachtverträge entsprechend anzuwenden. Das ist auch interessengerecht, da zum Betrieb eines Unternehmens gehörende Immobilien nicht immer angemietet, sondern öfters auch gepachtet werden. Dies gilt insbesondere für gastronomische Betriebe und das Hotelgeschäft. Diese sind besonders von der COVID-19-Pandemie betroffen. Der Betriebsinhaber ist unabhängig davon, ob er eine Gewerbeimmobilie gemietet oder einen dazugehörigen Geschäftsbetrieb gepachtet hat, gleich schutzwürdig.[38]   **15**

VI. Zeitlicher Anwendungsbereich (Abs. 4)

Nach Abs. 4 sind die Abs. 1 bis 3 nur bis zum 30.6.2022 anwendbar. Das bedeutet, dass Zahlungsforderungen, die zwischen dem 1.4.2020 und dem 30.6.2020 fällig geworden, aber nicht geleistet worden sind, bis spätestens bis zum 30.6.2022 ausgeglichen werden müssen. Damit haben Schuldner zwei Jahre Zeit, offene Miet- und Pachtzinsen auszugleichen. Nach diesem Datum unbezahlte Beträge berechtigen nach den allgemeinen Regelungen (insbes. § 543 Abs. 1 S. 2 Nr. 3 ggf. iVm § 569 Abs. 3 Nr. 1 BGB) zur Kündigung.[39]   **16**

C. Verhältnis zum allg. Schuldrecht

§ 2 setzt voraus, dass der Mieter zur Leistung der Miete weiterhin verpflichtet ist. Im Folgenden ist zu untersuchen, ob und welche Möglichkeiten der Mieter hat, seine Mietzahlungen zu reduzieren.[40] Dabei wer-   **17**

---

32   *Artz/Brinkmann/Pielsticker* MDR 2020, 527 (528).
33   BT-Drs. 19/18110, S. 37.
34   BT-Drs. 19/18110, S. 37.
35   BT-Drs. 19/18110, S. 37.
36   BT-Drs. 19/18110, S. 37.
37   Uhlenbruck/*Möllnitz/Schmidt-Kessel* EGBGB
    Art. 240 §§ 1–4 Rn. 128.

38   BT-Drs. 19/18110, S. 37.
39   BT-Drs. 19/18110, S. 37.
40   *Weller/Thomale* BB 2020, 962 (963) weisen zu Recht
    darauf hin, dass § 2 nicht die Anwendung von
    §§ 536 ff. BGB sperrt.

den die Wohnraummiete und die Gewerberaummiete grundsätzlich gemeinsam behandelt und – wo notwendig – getrennt besprochen.

I. Vertragliche Vereinbarungen

18   Zunächst ist zu prüfen, ob der Mietvertrag ausdrückliche Regelungen zu den relevanten Umständen enthält. Insbesondere ist bei Gewerbemietverträgen zu prüfen, wer welche **Betriebsrisiken** übernommen hat, insbesondere das nutzungsimmanente „Genehmigungs- und Auflagenrisiko".[41] Sog. **Force-Majeure-Klauseln** finden sich meist in Lieferverträgen und anderen Dauerschuldverhältnissen als Mietverträge über Grundstücke und Räumlichkeiten. Insoweit wird auf → § 1 Rn. 38 verwiesen.

II. Mängelgewährleistungsrecht

19   Darüber hinaus ist der Mieter gemäß § 536 BGB nur zur Zahlung der vollen Miete verpflichtet, wenn die Mietsache frei von Sach-und Rechtsmängeln ist. In Bezug auf Wohnraummieter wird die Mietsache nicht aufgrund der Pandemie mangelhaft. Relevant wird die Frage aber bei Gewerbemietverträgen. Bei öffentlich-rechtlichen Betriebsschließungen ist fraglich, ob sie einen Mangel der Mietsache darstellen. Nach § 536 Abs. 1 BGB ist der Mieter für die Zeit, in der die Tauglichkeit der Mietsache zum vertragsgemäßen Gebrauch aufgehoben ist, von der Entrichtung der Miete befreit; ist die Tauglichkeit gemindert, so hat er nur eine angemessen herabgesetzte Miete zu entrichten. Dagegen wird der Mieter nach § 537 Abs. 1 S. 1 BGB von der Entrichtung der Miete nicht dadurch befreit, dass er durch einen in seiner Person liegenden Grund an der Ausübung des Gebrauchsrechts gehindert wird. Damit wird unterschieden zwischen Mängeln, die der Mietsache anhaften, und „Mängeln", die dem Mieter anhaften.[42] Bei behördlichen Betriebsschließungen aufgrund der Pandemie ist demnach zu prüfen, ob sie der Mietsache anhaften oder dem Mieter zuzurechnen sind. Öffentlich-rechtliche Gebrauchshindernisse und -beschränkungen begründen nach ständiger Rechtsprechung des BGH nur dann einen Sachmangel, wenn sie unmittelbar auf der konkreten Beschaffenheit der Mietsache beruhen und ihre Ursache nicht in persönlichen oder betrieblichen Umständen des Mieters haben.[43] Maßnahmen, die den geschäftlichen Erfolg beeinträchtigen, fallen dagegen in den Risikobereich des Mieters.[44] Die Betriebsschließungen aufgrund des IfSG erfolgten nicht deswegen, weil sich das Mietobjekt plötzlich nicht mehr eignete, sondern weil der Geschäftsbetrieb nicht der Daseinsvorsorge dient und daher – anders als zB Supermärkte oder Apotheken – zu schließen war. Das soll ein Beispiel verdeutlichen: Der Geschäftsinhaber verkauft Schuhe und muss aufgrund der Pandemie schließen. Nunmehr räumt er die Schuhe aus den Regalen und bestückt diese mit Lebensmitteln oder Baumarktprodukten; daraufhin darf er wieder öffnen, da die Schließungen nicht für Läden der Daseinsvorsorge gelten.[45] Das Gebäude und der Raum sind gleich geblieben, nur der Betrieb hat sich geändert.[46] Die durch Geschäftsschließungen erfolgten Umsatzeinbußen sind also dem geschäftlichen Erfolg des Betriebs zuzurechnen.[47] Eine Mietminderung wegen § 536 Abs. 1 BGB scheidet aus.[48]

20   *Weller/Thomale* meinen dagegen, es handele sich um ein generelles Verwendbarkeitsrisiko, das der Vermieter trage.[49] Dabei verweisen sie auf das österreichische Recht, das dem Vermieter in Art. 1104 ABGB das Risiko einer auf einem Naturereignis beruhenden Unbrauchbarkeit der Mietsache alleine zuweist. Der Verweis auf die Rechtslage in Österreich überzeugt uE nicht, da das deutsche Recht eine solche Regelung gerade nicht kennt; es fehlt daher an der Vergleichbarkeit der Rechtslage. Im Gegenteil könnte man aus der unterschiedlichen Regelung schlussfolgern, dass die Rechtslage in Deutschland genau anders ist. *Weller/Thomale* sehen dieses Problem wohl auch und postulieren daher auf Rechtsfolgenebene aufgrund des allgemeinen Lebensrisikos der Pandemie nur eine Minderung der Miete um 50 Prozent, obwohl der Geschäftsbe-

41   *Sittner* NJW 2020, 1169 (1170). Vgl. zur Wirksamkeit solcher formularmäßigen Risikoverteilungen OLG Brandenburg NZM 2019, 946.

42   Vgl. auch NK-BGB/*Klein-Blenkers* § 536 Rn. 65.

43   BGH NJW 2011, 3151 (Rauchverbot in Gaststätten) mit Verweis auf BGH NJW 2009, 124 Rn. 34; ZMR 2008, 274; ZMR 1994, 253 (254); NJW 1992, 3226; WM 1992, 583 (585); NJW 1988, 2664.

44   BGH NJW 2011, 3151.

45   Selbst wenn im Mietvertrag nur der Verkauf von Schuhen vereinbart wurde, so muss der Vermieter uE aus Treuegesichtspunkten einem geänderten Geschäftsbetrieb während der Corona-Krise zustimmen. Ansonsten hat der Mieter einen Schadensersatz-

anspruch, den er mit den Mietforderungen aufrechnen kann.

46   AA *Sentek/Ludly* NZM 2020, 406, die einen Mangel im Einzelfall dann sehen, wenn der Kundenverkehr zu Mieträumen zB wegen hoheitlichen Schließungsverfügungen, Kontaktsperren und Ausgangsbeschränkungen nicht mehr gegeben ist.

47   AA aber *Weller/Thomale* BB 2020, 962 (965), die in den Geschäftsschließungen ein „normatives Zugangshindernis" sehen, das dem „Verwendbarkeitsrisiko" des Vermieters zuzurechnen ist.

48   Ebenso *Sittner* NJW 2020, 1169 (1170); *Weidt/Schiewek* NJOZ 2020, 481 (482).

49   *Weller/Thomale* BB 2020, 962 (965).

trieb zu 100 Prozent nicht nutzbar ist.[50] Das überzeugt uE nicht, da dadurch die Grundsätze der Störung der Geschäftsgrundlage ins Mängelgewährleistungsrecht gezogen werden.[51] Auch berücksichtigt die Risikoverteilung nicht, dass nur bestimmte Geschäftsbetriebe von der Schließung betroffen sind. Darüber hinaus führt die von *Weller/Thomale* vorgenommene „Pro-Kopf-Verteilung"[52] des Risikos zu willkürlichen Ergebnissen; sollten nämlich zB auf Vermieterseite zwei Personen (beispielsweise die Ehepartner, denen das Gebäude zusammen gehört) stehen, so würde die Pro-Kopf-Verteilung strenggenommen dazu führen, dass die Vermieter das Risiko zu 2/3 tragen müssten. Im Übrigen widerspricht eine solche Rechtsfolge der Risikoverteilung des § 2, die auch für Mieter von Geschäftsräumen eine grundsätzliche Weiterleistung der Miete unterstellt.

III. Unmöglichkeit

Gemäß § 326 Abs. 1 S. 1 BGB erlischt der Anspruch auf Gegenleistung, wenn der Schuldner nach § 275   **21** BGB wegen Unmöglichkeit nicht zu leisten braucht. Die Leistungspflicht des Vermieters besteht jedoch in der Gebrauchsüberlassung der Mietsache. Diese wird nicht durch die behördlichen Schließungsverfügungen unmöglich.[53] Eine reine Störung des Verwendungszwecks ist von § 275 Abs. 1 BGB nicht erfasst;[54] entsprechend der Risikoverteilung bei §§ 536 f. trägt des Gebrauchsrisiko der Mieter (→ Rn. 19).

IV. Störung der Geschäftsgrundlage

Sehr stark wird in der Literatur diskutiert, ob die COVID-19-Pandemie eine Störung der Geschäftsgrund-   **22** lage gemäß § 313 Abs. 1 BGB darstellt, die dazu führt, dass ein Gewerbemietvertrag angepasst und ggf. gem. § 313 Abs. 3 S. 2 BGB sogar gekündigt wird.[55] Die Frage stellt sich nicht nur bei Mietverträgen, sondern bei allen Verträgen. Die hier genannten Maßstäbe lassen sich demnach auf andere Schuldverhältnisse entsprechend anwenden.

Die Geschäftsgrundlage wird durch die Umstände gebildet, die ausdrücklich oder stillschweigend zur   **23** Grundlage des Vertrags geworden sind.[56] Dazu gehören auch fehlende Vorstellungen über zukünftige Entwicklungen.[57] Die wenigsten Mieter und Vermieter werden sich im Vorfeld darüber Gedanken gemacht haben, dass eine Pandemie zu einem nahezu kompletten Stillstand des öffentlichen Lebens führen würde. Das allein reicht jedoch nicht aus, vielmehr ist notwendig, dass der Partei das Festhalten am unveränderten Vertrag **nicht mehr zugemutet** werden kann.[58] Unzumutbarkeit setzt voraus, dass das Festhalten am Vertrag zu untragbaren, mit Recht und Gerechtigkeit nicht zu vereinbarenden Ergebnissen führen würde.[59] Dabei kommt es insbesondere darauf an, ob nicht vorrangige vertragliche oder gesetzliche Regelungen zur Risikoverteilung existieren und wessen Risikosphäre die Störung zugeordnet werden kann.[60]

1. Risikoverteilung im Mietvertrag. Einen wichtigen Hinweis darauf, wer das Risiko unvorhergesehener   **24** Ereignisse trägt, lässt sich aus den konkreten Regelungen im Mietvertrag herleiten. Ein gewichtiges Indiz ist vor allem die Vereinbarung über den Mietzins. Bei der Vereinbarung eines festen Mietzinses profitiert nur der Mieter von einem wirtschaftlichen Aufschwung.[61] Wenn er andererseits unerwartet Absatzschwierigkeiten hat, so trägt auch nur er das Risiko.[62] Eine andere Möglichkeit der Gefahrtragung findet sich in Mietverträgen, die eine Umsatzmiete vorsehen. In diesen Fällen partizipiert der Vermieter am wirtschaftli-

50 *Weller/Thomale* BB 2020, 962 (965 f.).
51 Vgl. zur Störung der Geschäftsgrundlage Rn. 22.
52 *Weller/Thomale* BB 2020, 962 (966).
53 *Weidt/Schiewek* NJOZ 2020, 481 (482); aA *Schall* JZ 2020, 388 (389); *Leo/Götz* NZM 2020, 402, (404 f.), die einen Fall der rechtlichen Unmöglichkeit annehmen, wenn die Nutzung der Mietsache zum vertraglich vorgesehenen Zweck kraft Hoheitsakt verboten wird.
54 *Weidt/Schiewek* NJOZ 2020, 481 (482) mit Verweis auf Palandt/*Grüneberg* BGB § 275 Rn. 20.
55 Dafür *Warmuth* COVuR 2020, 16; *Schall* JZ 2020, 388; *Ekkenga/Schirrmacher* NZM 2020, 410; *Zehelein* NZM 2020, 390; *Kumkar/Voß* ZIP 2020, 893. Kritisch *Weidt/Schiewek* NJOZ 2020, 481; Herberger/Martinek/Rüßmann/Weth/Würdinger/*Pfeiffer* jurisPK-BGB § 313 Rn. 13.1 ff. Offengelassen *Bacher* MDR 2020, 514; *Sittner* NJW 2020, 1169;

Deppenkemper jM 2020, 178 (183 f.); *Weller/Lieberknecht/Habrich* NJW 2020, 1017 (1021 f.) Dagegen *Weller/Thomale* BB 2020, 962 (963); *Klein-Blenkers* in Kroiß, Rechtsprobleme durch COVID-19 in der anwaltlichen Praxis, § 7 Rn. 50 ff.
56 Palandt/*Grüneberg* BGB § 313 Rn. 4.
57 BGH NJW 2016, 3100 (3101); NJW 2014, 2177 (2179).
58 BGH NJW 2012, 1718 (1720).
59 BGH NJW 2012, 1718 (1720) mit Verweis auf BGHZ 127, 212 (218) = NJW 1995, 47; BGHZ 128, 230 238 f. = NJW 1995, 592; Palandt/*Grüneberg* BGB § 313 Rn. 24.
60 NK-BGB/*Klein-Blenkers* § 536 Rn. 71 ff.; MüKo-BGB/*Finkenauer* § 313 Rn. 77.
61 Vgl. auch NK-BGB/*Krebs/Jung* § 313 Rn. 69.
62 Ebenso *Krüger/Binder* BC 2020, 155 (156).

chen Erfolg und Risiko des Betriebs.[63] Im Extremfall der Betriebsschließung bedarf es damit keiner Anpassung nach § 313 BGB, da der Mieter ohne Umsatz auch keine Miete zahlen muss.[64]

25 **2. Risikoverteilung im Corona-Gesetz.** Weitere wichtige Erkenntnisse lassen sich aus den Corona-Gesetzen herleiten, die eine direkte normative Antwort auf die Krise sind. Aus § 1 Abs. 1 S. 1 lässt sich schließen, dass Vertragspartner ab dem 8.3.2020 absehen konnten, dass die COVID-19-Pandemie große Auswirkungen auf das gesellschaftliche Leben und die Wirtschaft haben würden. Danach abgeschlossene Verträge können schwerlich gemäß § 313 Abs. 1 BGB angepasst werden.[65] Darüber hinaus hat der Gesetzgeber in § 2 die Entscheidung getroffen, dass Mieter kein Leistungsverweigerungsrecht haben, sondern weiterhin verpflichtet sind, die Miete zu zahlen.[66] Dies hat auch der Ausschuss für Recht und Verbraucherschutz in seinem Bericht ausdrücklich hervorgehoben; „selbstverständlich" solle der Mieter weiterhin zur Zahlung der Miete verpflichtet sein.[67] Die einzige Modifikation betrifft die Kündigung aufgrund nicht gezahlter Mieten, die zwischen April und Juni 2020 fällig werden. Da § 313 BGB gegenüber gesetzlichen Regelungen grundsätzlich nachrangig ist[68] und § 2 nur ganz gezielte Eingriffe in das Mietverhältnis zulässt, ist eine Anwendung von § 313 BGB grundsätzlich nicht möglich.[69]

26 Dagegen wird vorgetragen, dass Gesetz sei in sehr kurzer Zeit erarbeitet und beschlossen worden, so dass der Gesetzgeber möglicherweise nicht an alles gedacht habe.[70] *Kumkar/Voß* meinen sogar, der Gesetzgeber habe keine Aussage über das Pandemie-Risiko zugunsten oder zulasten einer der Parteien getroffen.[71] *Schall* und *Ekkenga/Schirrmacher* möchten den gesetzgeberischen Willen grundsätzlich nicht beachten.[72] Diese Meinungen berücksichtigen uE aber nicht die Entstehungsgeschichte des Gesetzes. Der Gesetzgeber hat das Gesetz in einem Zeitpunkt geschaffen, in dem die Pandemie schon weite Teile des öffentlichen Lebens stillgelegt hat; insbesondere waren schon viele Betriebe aufgrund behördlicher Maßnahmen geschlossen worden (zur historischen Einordnung vgl. auch → Vor § 1 Rn. 1 ff).

27 In der **Gesetzesbegründung** heißt es zu § 2: „Für Mietverhältnisse über Grundstücke oder über Räume wird das Recht der Vermieter zur Kündigung von Mietverhältnissen eingeschränkt. Dies gilt sowohl für Wohn- als **auch für Gewerberaummietverträge**. Wegen Mietschulden aus dem Zeitraum vom 1.4.2020 bis 30.6.2020 dürfen Vermieter das Mietverhältnis nicht kündigen, sofern die Mietschulden auf den Auswirkungen der COVID-19-Pandemie beruhen. Die **Verpflichtung der Mieter zur Zahlung der Miete bleibt im Gegenzug im Grundsatz bestehen**. Dies gilt für Pachtverhältnisse entsprechen."[73] […] „Es handelt sich um eine **den Besonderheiten des Mietverhältnisses ausgewogen Rechnung tragende Sonderregelung**, die dem Interesse am Fortbestand des Mietverhältnisses den Vorzug gibt. Dies rechtfertigt es, von einer speziellen Härteklausel abzusehen. In ganz besonders gelagerten Einzelfällen kommt ein Rückgriff auf Treu und Glauben in Betracht."[74]

28 Im **Bericht des Ausschusses für Recht und Verbraucherschutz** heißt es von der CDU/CSU-Fraktion: „Gerade Vermietern werde durch die Aussetzung der Kündigungsmöglichkeit einiges zugemutet; Mieter müssten daher darauf hingewiesen werden, dass sie mögliche staatliche Hilfen in Anspruch nehmen sollten und der Anspruch auf Zahlung der Miete selbstverständlich bestehe. Es sei wichtig, zu schauen, wer am Ende das Risiko trage, und einen angemessenen Lastenausgleich zu erreichen."[75] Die Fraktion DIE LINKE kritisierte, dass die Mietschulden nur gestundet würden und später vollständig beglichen werden

63 *Sittner* NJW 2020, 1169 (1171); *Klein-Blenkers* in Kroiß, Rechtsprobleme durch COVID-19 in der anwaltlichen Praxis, § 7 Rn. 53.
64 Ggf. bleibt jedoch noch eine Mindestmiete bestehen, die den Mieter aber ungleich geringer belastet.
65 *Warmuth* COVuR 2020, 16 (19); Herberger/Martinek/Rüßmann/Weth/Würdinger/*Pfeiffer* jurisPK-BGB § 313 Rn. 13.3; *Bangen/Markworth* BGB-Antwort auf Corona-Krise: Wie ändert sich das Vertragsrecht?, Anwaltsblatt vom 6.4.2020, abrufbar unter https://anwaltsblatt.anwaltverein.de/de/news/bgb-corona-krise-wie-aendert-sich-das-vertragsrecht.
66 BT-Drs. 19/18110, S. 36.
67 BT-Drs. 19/18158, S. 2.
68 BGHZ 191, 139 = NJW 2012, 373 zum Verhältnis zwischen § 536 BGB und § 313 BGB.
69 *Sittner* NJW 2020, 1169 (1172); *Klein-Blenkers* in Kroiß, Rechtsprobleme durch COVID-19 in der anwaltlichen Praxis, § 7 Rn. 47, 53.
70 *Sittner* NJW 2020, 1169 (1172).
71 *Kumkar/Voß* ZIP 2020, 893 (895).

72 *Schall* JZ 388 (395) meint, dass für die Anwendung von § 313 BGB auch keine Rolle spiele, „ob sich der Gesetzgeber im Gesetzgebungsverfahren zur Verabschiedung seiner Hilfeleistungen (fälschlich) vorgestellt hat, die Mietzahlungspflicht der Unternehmen bestünden in der Coronakrise in jedem Fall uneingeschränkt fort." *Ekkenga/Schirrmacher* NZM 2020, 410 (415) meinen, § 313 Abs. 1 BGB müsse bei Gewerberaummietern neben § 2 Anwendung finden: „Das muss selbst dann gelten, wenn Art. 240 § 2 EGBGB vom Gesetzgeber als abschließendes Regelungskonzept erdacht worden sein sollte. Auch wenn man dem Gesetzgeber zutrauen kann, einen so elementaren Grundsatz wie den des § 313 Abs. 1 BGB berücksichtigt zu haben, stellt sich die Frage, ob in der Eile eines wenige Tage andauernden Gesetzgebungsverfahrens die zivilrechtlichen Folgen des Artikels 140 GG BGB in sämtlichen in Betracht kommenden Fallgestaltungen durchdacht worden."
73 BT-Drs. 19/18110, S. 4.
74 BT-Drs. 19/18110, S. 36.
75 BT-Drs. 19/18158, S. 2.

müssten, so dass die Folgekosten der Krise ausschließlich den Mietern aufgebürdet würden.[76] Sie meinte: „Besser wäre es, wenn die Mieter nur einen Teil der Miete zahlen müssten und zinslose Darlehen für Vermieter, die dadurch in wirtschaftliche Schwierigkeiten geriet, ermöglicht würden."[77] Dennoch stimmte die Fraktion dem Gesetzentwurf zu.

29 Bundestagsabgeordneter *Jan-Marco Luczak* (CDU/CSU-Fraktion) sagte in seiner Rede anlässlich der 2./3. Lesung des Gesetzes: „Der Zahlungsanspruch bleibt selbstverständlich bestehen. Die Mieter müssen ihre Miete nachzahlen und gegebenenfalls auch Verzugszinsen zahlen."[78]

30 Der Gesetzgeber hat sich also offensichtlich insgesamt – auch und insbesondere über die Risikoverteilung – Gedanken gemacht und erachtet die Regelungen grundsätzlich als ausreichend.[79] Die Kritik an der weiterhin bestehenden Zahlungspflicht der Mieter wurde geäußert, konnte sich aber nicht durchsetzen. Die Ansicht, der Gesetzgeber habe sich zu § 313 BGB keine Gedanken gemacht, ist uE nicht haltbar.

31 Interessant ist die Erwägung in der Gesetzesbegründung, nämlich der **Rückgriff auf Treu und Glauben in ganz besonders gelagerten Einzelfällen**. Das eröffnet auch einen Anwendungsbereich für § 313 BGB, der eine besondere Ausprägung von Treu und Glauben darstellt. Dieser Anwendungsbereich ist aber denkbar klein. Ein „ganz besonders gelagerter Einzelfall" wird abstrakt neben den Auswirkungen der COVID-19-Pandemie weitere Störungen enthalten müssen, die dann dazu führen, dass das Festhalten am Vertrag für die Mieter unzumutbar ist; allein eine wirtschaftliche Beeinträchtigung aufgrund der Auswirkungen der COVID-19-Pandemie reicht dafür nicht aus.

32 **3. Die sog. Große Geschäftsgrundlage.** Unter großer Geschäftsgrundlage versteht man die dem Vertrag in der Regel zugrunde liegende Erwartung, dass sich die wirtschaftlichen, politischen und sozialen Rahmenbedingungen nicht grundlegend verändern.[80] Die große Geschäftsgrundlage ist bei Kriegen, Naturkatastrophen und sonstigen wirtschaftlichen Katastrophen betroffen. Die COVID-19-Pandemie kann man grundsätzlich darunter subsumieren.[81] Sie müsste aber auch die Rahmenbedingungen dauerhaft umwälzen.[82] Ob das der Fall ist, ist bislang unklar. Will man die Auswirkungen der Pandemie mit einem Krieg vergleichen,[83] zeigt ein Blick auf die Gesetzgebung und Rechtsprechung zu dieser Zeit (vor allem die Zeit nach dem Zweiten Weltkrieg), dass § 313 BGB dort nicht angewendet wurde, wo der Gesetzgeber Gesetze zur Bewältigung der Krise schaffte („Vertragshilfe").[84] Auch dort kam es entscheidend darauf an, ob die Gesetze abschließenden Charakter hatten;[85] insofern ist auf → Rn. 25 ff. zu verweisen.

33 **4. Ergebnis.** Der Gesetzgeber hat in den §§ 1–3 Regelungen geschaffen, die einerseits die Auswirkungen der Krise abfedern sollen, gleichzeitig aber auch den Vertragspartner des Schuldners nicht über Gebühr belasten sollen. Im Anwendungsbereich der §§ 1–3 ist damit eine Anpassung des Vertrags aufgrund einer Störung der Geschäftsgrundlage grundsätzlich ausgeschlossen. Ausnahmen können allenfalls in ganz besonderen Extremfällen gemacht werden, die zu einer solchen Härte führen würden, dass trotz vertraglicher und gesetzlicher Risikoverteilung eine Festhaltung am Vertrag unzumutbar wäre.

Art. 240 § 3 EGBGB Regelungen zum Darlehensrecht

(1) ¹**Für Verbraucherdarlehensverträge, die vor dem 15. März 2020 abgeschlossen wurden, gilt, dass Ansprüche des Darlehensgebers auf Rückzahlung, Zins- oder Tilgungsleistungen, die zwischen dem 1. April 2020 und dem 30. Juni 2020 fällig werden, mit Eintritt der Fälligkeit für die Dauer von drei Monaten gestundet werden, wenn der Verbraucher aufgrund der durch Ausbreitung der COVID-19-Pandemie hervorgerufenen außergewöhnlichen Verhältnisse Einnahmeausfälle hat, die dazu führen, dass ihm die Erbringung der geschuldeten Leistung nicht zumutbar ist. ²Nicht zumutbar ist ihm die Erbringung der Leistung insbesondere dann, wenn sein angemessener Lebensunterhalt oder der angemessene Lebensunterhalt seiner Unterhaltsberechtigten gefährdet ist. ³Der Verbraucher ist berechtigt, in dem in Satz 1 genannten Zeitraum seine vertraglichen Zahlungen zu den ursprünglich**

76   BT-Drs. 19/18158, S. 3.
77   BT-Drs. 19/18158, S. 3.
78   Deutscher Bundestag, Plen.-Prot. 19/154, S. 19151 (A), 19152 (A).
79   AA *Zehelein* NZM 2020, 390 (401), der meint, dass § 2 gerade nicht regelt, wer die wirtschaftlichen Folgen einer Schließungsanordnung zu welchen Teilen tragen müsse
80   Palandt/*Grüneberg* BGB § 313 Rn. 5.
81   Vgl. die Aussage des Chefvirologen der Charité Berlin *Christian Drosten* im Tagesspiegel vom

13.3.2020, der die Pandemie als „Naturkatastrophe in Zeitlupe" tituliert. Auch Bundeskanzlerin *Angela Merkel* bezeichnete die Pandemie in ihrer Ansprache vom 18.3.2020 als erste derartige Herausforderung seit dem Ende des Zweiten Weltkriegs.
82   Herberger/Martinek/Rüßmann/Weth/Würdinger/ *Pfeiffer* jurisPK-BGB § 313 Rn. 13.4.
83   *Warmuth* COVuR 2020, 16 (18).
84   Vgl. die ausführliche Darstellung bei MüKoBGB/ *Finkenauer* § 313 Rn. 140 ff.
85   Vgl. nur BGHZ 7, 346 (360 f.).

vereinbarten Leistungsterminen weiter zu erbringen. ⁴Soweit er die Zahlungen vertragsgemäß weiter leistet, gilt die in Satz 1 geregelte Stundung als nicht erfolgt.

(2) Die Vertragsparteien können von Absatz 1 abweichende Vereinbarungen, insbesondere über mögliche Teilleistungen, Zins- und Tilgungsanpassungen oder Umschuldungen treffen.

(3) ¹Kündigungen des Darlehensgebers wegen Zahlungsverzugs, wegen wesentlicher Verschlechterung der Vermögensverhältnisse des Verbrauchers oder der Werthaltigkeit einer für das Darlehen gestellten Sicherheit sind im Fall des Absatzes 1 bis zum Ablauf der Stundung ausgeschlossen. ²Hiervon darf nicht zu Lasten des Verbrauchers abgewichen werden.

(4) ¹Der Darlehensgeber soll dem Verbraucher ein Gespräch über die Möglichkeit einer einverständlichen Regelung und über mögliche Unterstützungsmaßnahmen anbieten. ²Für dieses können auch Fernkommunikationsmittel genutzt werden.

(5) ¹Kommt eine einverständliche Regelung für den Zeitraum nach dem 30. Juni 2020 nicht zustande, verlängert sich die Vertragslaufzeit um drei Monate. ²Die jeweilige Fälligkeit der vertraglichen Leistungen wird um diese Frist hinausgeschoben. ³Der Darlehensgeber stellt dem Verbraucher eine Abschrift des Vertrags zur Verfügung, in der die vereinbarten Vertragsänderungen oder die sich aus Satz 1 sowie aus Absatz 1 Satz 1 ergebenden Vertragsänderungen berücksichtigt sind.

(6) Die Absätze 1 bis 5 gelten nicht, wenn dem Darlehensgeber die Stundung oder der Ausschluss der Kündigung unter Berücksichtigung aller Umstände des Einzelfalls einschließlich der durch die COVID-19-Pandemie verursachten Veränderungen der allgemeinen Lebensumstände unzumutbar ist.

(7) Die Absätze 1 bis 6 gelten entsprechend für den Ausgleich und den Rückgriff unter Gesamtschuldnern nach § BGB § 426 des Bürgerlichen Gesetzbuchs.

(8) Die Bundesregierung wird ermächtigt, durch Rechtsverordnung mit Zustimmung des Bundestages und ohne Zustimmung des Bundesrates den personellen Anwendungsbereich der Absätze 1 bis 7 zu ändern und insbesondere Kleinstunternehmen im Sinne von Artikel 2 Absatz 3 des EWG_EM_2003_361 Anhangs der Empfehlung 2003/361/EG der Kommission vom 6. Mai 2003 betreffend die Definition der Kleinstunternehmen sowie der kleinen und mittleren Unternehmen in den Anwendungsbereich einzubeziehen.

A. Regelungsgehalt 1
B. Die Regelung im Einzelnen 4
  I. Stundung von Ansprüchen (Abs. 1) 4
   1. Voraussetzungen (Abs. 1 S. 1, S. 2) 4
    a) Verbraucherdarlehensverträge (S. 1 Hs. 1) 5
    b) Ansprüche des Darlehensgebers auf Rückzahlung, Zins- oder Tilgungsleistungen (S. 1 Hs. 1) 10
    c) Zeitlicher Anwendungsbereich 15
    d) Zur Unzumutbarkeit der Leistungserbringung führende Einnahmeausfälle (S. 1 Hs. 2, S. 2) 17
    aa) Einnahmeausfälle aufgrund der COVID-19-Pandemie 18
    bb) Unzumutbarkeit der Leistungserbringung (S. 2) 22
    cc) Nachweis der Tatbestandsvoraussetzungen; Darlegungs- und Beweislast 29

2. Rechtsfolge: Stundung ipso iure (S. 1 Hs. 1) 34
3. Recht des Verbrauchers zur Leistung trotz Stundung (Abs. 1 S. 3, 4) 40
II. Abweichende Vereinbarungen (Abs. 2) 43
III. Kündigungsausschluss (Abs. 3) 47
IV. Angebot eines Gesprächs durch Darlehensgeber (Abs. 4) 52
V. Verlängerung der Vertragslaufzeit (Abs. 5) 58
  1. Folgen der Vertragsverlängerung (Abs. 5 S. 1) 58
  2. Abschrift der Vertragsänderungen (Abs. 5 S. 2) 64
VI. Nichtgeltung von Schutzvorschriften bei Unzumutbarkeit für Darlehensgeber (Abs. 6) . 65
VII. Entsprechende Anwendung bei Gesamtschuld (Abs. 7) 70
VIII. Verordnungsermächtigung (Abs. 8) 75

A. Regelungsgehalt

1 Art. 240 § 3 EGBGB ist Teil des Gesetzes zur Abmilderung der Folgen der COVID-19-Pandemie im Zivil-, Insolvenz- und Strafverfahrensrecht vom 27.3.2020. Mit diesem Gesetz reagierte der Gesetzgeber auf die Ausbreitung des neuartigen SARS-CoV-2-Virus in Deutschland.[1] Die Ausbreitung des Virus hat zu erheblichen Einschränkungen in allen Bereichen des Privat- und Wirtschaftslebens geführt. Die Landesregierungen haben in Zusammenarbeit mit der Bundesregierung weitgehende Einschränkungen des öffentlichen Lebens durch den Erlass von Rechtsverordnungen durchgesetzt. Diese Maßnahmen führen potenziell zu erheblichen Einkommenseinbußen einer Vielzahl von Personen. Die Bundesregierung identifizierte insbesondere

---

1 BT-Drs.19/18110, S. 16.

Verbraucher als Leidtragende der COVID-19-Pandemie.[2] § 3 soll Pandemie-bedingte Auswirkungen auf Verbraucherdarlehensverträge begrenzen und die Basis einer Zusammenarbeit der Vertragsparteien für die Zukunft schaffen.[3] Die Änderung des Verbraucherdarlehensrechts fügt sich ein in eine Vielzahl von Maßnahmen der Bundesregierung sowie der Landesregierungen zum Schutz insbesondere von Verbrauchern und Kleinstunternehmen. Den Schutz von Verbraucherdarlehensnehmern sah die Bundesregierung als besonders dringlich an;[4] Verbraucherdarlehensverträge dienen oftmals der Finanzierung der Existenzgrundlage der Darlehensnehmer; insbesondere Immobilien werden regelmäßig kreditfinanziert.[5] Angesichts der regelmäßig langfristigen Bindung zwischen Darlehensgeber und Darlehensnehmer bei Verbraucherdarlehensverträgen haben beide Parteien ein hohes Interesse daran, die Darlehensverträge gerade in dieser pandemiebedingten Krisensituation nicht unmittelbar beenden zu müssen.[6]

Der Gesetzgeber hat Darlehensverträge bewusst von den Regelungen des allgemeinen Moratoriums gem. **2** Art. 240 § 1 EGBGB ausgenommen (Art. 240 § 1 Abs. 4 EGBGB). § 3 begründet für Verbraucherdarlehensnehmer eine **kraft Gesetzes eintretende Stundung von bestimmten Ansprüchen des Darlehensgebers auf Rückzahlung, Zins- und Tilgungsleistungen, Kündigungsbeschränkungen sowie eine Regelung zur Vertragsanpassung nach Ablauf der Stundungsfrist.** Für gewerbliche Darlehensverträge gelten keine Sonderregelungen, es verbleibt bei der Anwendung der allgemeinen Regelungen.[7] Für diese Verträge fehlt es insgesamt an einer Abmilderung von Folgen durch die Krise, gewerbliche Darlehensnehmer können sich weder auf die Abmilderungen gemäß § 3 berufen noch auf das Moratorium gem. Art. 240 § 1 EGBGB.[8]

Die bisherigen Regelungen des Verbraucherdarlehensrechts bieten nach Ansicht des Gesetzgebers keinen **3** ausreichenden Schutz vor den Auswirkungen der COVID-19-Pandemie.[9] Zwar bietet § 498 BGB einen gewissen Schutz der Verbraucher vor einer vorzeitigen Beendigung des Darlehensvertrags. Danach kann der Darlehensgeber kündigen, wenn der Darlehensnehmer mit mindestens zwei aufeinanderfolgenden Teilzahlungen ganz oder teilweise in Verzug geraten ist, der Verzug sich auf einen gewissen Nennbetrag des Darlehens erstreckt und dem Darlehensnehmer erfolglos eine zweiwöchige Frist zur Zahlung des rückständigen Betrages mit der Erklärung gesetzt wurde, dass andernfalls die gesamte Restschuld fällig wird. Dies ist nach Ansicht des Gesetzgebers aber nicht ausreichend aufgrund der zu erwartenden Dauer der Krise und des prognostizierten Schutzbedürfnisses.[10]

B. Die Regelung im Einzelnen

I. Stundung von Ansprüchen (Abs. 1)

1. Voraussetzungen (Abs. 1 S. 1, S. 2). § 3 Abs. 1 S. 1 regelt die **ipso iure eintretende Stundung** von **4** Ansprüchen des Darlehensgebers aus einem Verbraucherdarlehensvertrag auf Rückzahlung, Zins- oder Tilgungsleistungen, die zwischen dem 1.4.2020 und dem 30.6.2020 fällig werden. Der Begriff der Stundung ist nicht legaldefiniert. Gemeint ist, dass die **Fälligkeit der in § 3 Abs. 1 S. 1 aufgeführten Ansprüche des Darlehensnehmers um bis zu drei Monate hinausgeschoben wird.**[11] Die Ansprüche werden gestundet, wenn dem Darlehensnehmer aufgrund der mit der COVID-19-Pandemie verbundenen Situation Einnahmeausfälle entstehen, die dazu führen, dass ihm die vertragsgemäße Erbringung der geschuldeten Leistung nicht mehr zumutbar ist.

a) Verbraucherdarlehensverträge (S. 1 Hs. 1). § 3 Abs. 1 S. 1 erfasst Verbraucherdarlehensverträge iSv **5** § 491 BGB.[12] Maßgeblich ist die begriffliche Einordnung des § 491 BGB idF vom 10.6.2017;[13] bei Verträgen mit langer Laufzeit, die zum Zeitpunkt ihres Abschlusses noch nicht unter die Definition des Verbraucherdarlehensvertrags fielen, aufgrund der Fassung des § 491 BGB ab dem 10.6.2017 aber darunter zu subsumieren sind, kommt es auf den Zeitpunkt des Eingreifens der Stundung an und nicht auf den Zeitpunkt des Vertragsabschlusses.[14] Verträge idS sind Allgemein-Verbraucherdarlehensverträge iSv § 491 Abs. 2 BGB und Immobiliar-Verbraucherdarlehensverträge iSv § 491 Abs. 3 BGB.

2   BT-Drs.19/18110, S. 16.
3   BT-Drs.19/18110, S. 16 f., 37; Uhlenbruck/*Möllnitz/ Schmidt-Kessel* COVInsAG Art. 240 §§ 1–4 Rn. 131; *Schmidt-Kessel/Möllnitz* NJW 2020, 1103 (1106).
4   BT-Drs.19/18110, S. 16 f.
5   Uhlenbruck/*Möllnitz/Schmidt-Kessel* COVInsAG Art. 240 §§ 1–4 Rn. 134.
6   BT-Drs.19/18110, S. 37.
7   Uhlenbruck/*Möllnitz/Schmidt-Kessel* COVInsAG Art. 240 §§ 1–4 Rn. 129.

8   Uhlenbruck/*Möllnitz/Schmidt-Kessel* COVInsAG Art. 240 §§ 1–4 Rn. 133.
9   BT-Drs.19/18110, S. 38.
10   BT-Drs.19/18110, S. 38.
11   BeckOGK/*Köndgen* EGBGB Art. 240 § 3 Rn. 35.
12   BT-Drs.19/18110, S. 38; *Meier/Kirschhöfer* BB 2020, 967; *Schmidt-Kessel/Möllnitz* NJW 2020, 1103 (1107); *Scholl* WM 2020, 765 (769).
13   § 491 idF des Gesetzes vom 6.6.2017, BGBl. I S. 1495.
14   *Lühmann* NJW 2020, 1321 (1322).

6   Verbraucherdarlehensverträge sind grundsätzlich Darlehensverträge, die ein **Verbraucher als Darlehensnehmer zu privaten Zwecken abschließt**. Verbraucher ist gem. § 13 BGB jede natürliche Person, die ein Rechtsgeschäft zu Zwecken abschließt, die überwiegend weder ihrer gewerblichen noch ihrer selbstständigen beruflichen Tätigkeit zugerechnet werden können. Auch ein Unternehmer (§ 14 BGB) schließt einen Verbraucherdarlehensvertrag, wenn die Darlehensmittel nicht für sein Unternehmen, sondern für seine private Lebensführung bestimmt sind. Finanziert der Unternehmer bspw. sein Eigenheim privat mittels eines Darlehens, ist er bei Abschluss des Darlehensvertrags Verbraucher. Trotz unternehmensbezogener Zweckbestimmung unterfallen auch **Darlehensverträge von Existenzgründern gem. § 513 BGB den Regelungen für Verbraucherdarlehen**;[15] Unternehmensgründer idS sind Personen, die ein Darlehen zur erstmaligen Aufnahme einer gewerblichen oder selbstständigen beruflichen Tätigkeit aufnehmen und die Darlehenssumme 75.000 EUR nicht übersteigt. Nicht als Verbraucherdarlehen gelten aber Darlehen, die unter 200 EUR valutieren, sowie vergünstigte Arbeitgeberdarlehen oder geförderte Darlehen (§ 491 Abs. 2 S. 2 Nr. 1, 4, 5 BGB).[16]

7   Von den Regelungen des § 3 erfasst sind auch **Kontokorrentkredite**, also die eingeräumte Überziehungsmöglichkeit gem. § 504 BGB und die geduldete Überziehung gem. § 505 BGB.[17] Diese sind sowohl vom Wortlaut erfasst, als auch nach Sinn und Zweck einzubeziehen. Eine Ansicht in der Literatur bezweifelt dies, da es bei Kontokorrentkrediten keine festgelegten Zahlungstermine gebe, die um drei Monate verschoben werden könnten; zudem würden diese Vertragsformen nicht dem Leitbild des klassischen Annuitätendarlehens entsprechen, auf das § 3 zugeschnitten sei;[18] § 3 sei daher teleologisch zu reduzieren.[19] Dieser Ansicht ist nicht zu folgen. Sie verkennt, dass § 3 sich nicht in der Stundungsregelung des § 3 Abs. 1 erschöpft, sondern in § 3 Abs. 3 insbesondere auch Kündigungsbeschränkungen vorgesehen sind. Es ist nach dem Sinn und Zweck insbesondere geboten, Verbraucher gerade bei oftmals sehr hoch verzinsten Kontokorrentkrediten zu schützen, indem zwischen dem 1.4.2020 und dem 30.6.2020 fällig werdende Rückzahlungs- sowie Zins- oder Tilgungsforderungen gestundet werden.

8   § 3 ist nicht anwendbar auf Unternehmenskredite oder das Interbankengeschäft.[20] Nicht erfasst werden auch Sachdarlehen (§ 607 BGB).[21] Auch für Finanzierungshilfen und Teilzahlungsgeschäfte im Sinne von § 506 BGB greifen die Maßnahmen zur Abmilderung nicht.[22] Ausgenommen sind daher auch Finanzierungsleasing-Verträge.[23] Auch auf Einlagen eines Verbrauchers bei Banken, beispielsweise Sparverträge, sind die Regelungen des § 3 nicht anwendbar.[24]

9   Die Bundesregierung wurde gem. § 3 Abs. 8 ermächtigt, den persönlichen Anwendungsbereich auf Kleinstunternehmen auszudehnen (→ Rn. 75 f.). Zudem können der Zeitraum der Stundung sowie die Kündigungsbeschränkungen und die Verlängerung der Vertragslaufzeit ausgedehnt werden (→ § 4 Rn. 1 ff.).

10   **b) Ansprüche des Darlehensgebers auf Rückzahlung, Zins- oder Tilgungsleistungen (S. 1 Hs. 1).** Die Stundung erstreckt sich ausschließlich auf Ansprüche des Darlehensgebers gegen den Verbraucher auf **Rückzahlung** des Darlehens oder von Teilen des Darlehens. Darüber hinaus werden Ansprüche auf **Zins- oder Tilgungsleistungen** erfasst.[25] Von der Stundung erfasst sind nur Ansprüche, die zwischen dem 1.4.2020 und dem 30.6.2020 fällig werden.

11   Die Stundung erfasst zum einen **Ansprüche des Darlehensgebers auf Rückzahlung und Tilgung**. Eine solche Unterscheidung trifft die Legaldefinition des Darlehens in § 488 Abs. 1 BGB nicht. Die **Tilgung** meint die ratenweise Rückzahlung eines Darlehens entsprechend einem ausgehandelten vertraglichen Tilgungsplan.[26] Ansprüche auf **Rückzahlung** betreffen darüber hinaus auch **endfällige Darlehen**.[27] Zwar zielt § 3 ua darauf, die Rettung von Darlehensverträgen über die Krise und ihre Fortsetzung zu ermöglichen, was gegen die Einbeziehung von endfälligen Darlehen sprechen könnte. Der Gesetzgeber beabsichtigt aber darüber hinaus insgesamt den Schutz von Verbrauchern vor einer Inanspruchnahme für im Zeitraum vom

---

15   AA wohl *Lühmann* NJW 2020, 1321 (1322), der davon auszugehen scheint, dass Darlehensverträge mit Existenzgründern bislang nicht vom Anwendungsbereich des § 3 erfasst sind und die Bundesregierung diese im Rahmen einer Ausdehnung des persönlichen Anwendungsbereichs (§ 3 Abs. 8) berücksichtigen könne.

16   *Lühmann* NJW 2020, 1321 (1322).

17   AG Frankfurt aM ZIP 2020, 869 (870); vgl. allgemein zur Einordnung von Kontokorrentkrediten als (atypische) Verbraucherdarlehensverträge BGH ZIP 2019, 2203 Rn. 54.

18   *Lühmann* NJW 2020, 1321 (1322).

19   *Scholl* WM 2020, 768 (769); *Lühmann* EWiR 2020, 261 (262).

20   BT-Drs.19/18110, S. 38; Uhlenbruck/*Möllnitz/Schmidt-Kessel* COVInsAG Art. 240 §§ 1–4 Rn. 135.

21   BT-Drs.19/18110, S. 38; Uhlenbruck/*Möllnitz/Schmidt-Kessel* COVInsAG Art. 240 §§ 1–4 Rn. 131.

22   BT-Drs.19/18110, S. 38.

23   Uhlenbruck/*Möllnitz/Schmidt-Kessel* COVInsAG Art. 240 §§ 1–4 Rn. 135.

24   BT-Drs.19/18110, S. 38; *Scholl* WM 2020, 765 (770).

25   BT-Drs.19/18110, S. 38.

26   § 492 Abs. 3 S. 2 BGB; BeckOGK/*Köndgen* EGBGB Art. 240 § 3 Rn. 45.

27   BeckOGK/*Köndgen* EGBGB Art. 240 § 3 Rn. 46; *Lühmann* NJW 2020, 1321 (1322).

1.4. bis 30.6.2020 fällig werdenden Rückzahlungsansprüchen, sowie vor verzugsbedingten Kündigungen und der Verwertung von Sicherheiten.[28] Daher sind auch Ansprüche auf Rückzahlung des Gesamtdarlehens erfasst.[29]

Wird bei endfälligen Darlehen die Rückzahlung gemäß § 364 Abs. 2 BGB in Gestalt einer sog. **Tilgungsersatzleistung** erbracht ist fraglich, ob für diese auch die Stundung eingreift. **12**

Beispiel: Verbraucher V nimmt bei der Bank B ein Darlehen iHv 100.000 EUR auf. Sie vereinbaren, dass das Darlehen endfällig ist und der Verbraucher dieses durch zweckgebundene Abtretung von Ansprüchen aus einer von ihm dann voll angesparten Lebensversicherung tilgt. Das Darlehen wird fällig am 1.5.2020. Die Abtretung ist bereits erfolgt. Die Lebensversicherung hat der V bereits im Februar 2020 voll angespart.

Solche Fälle sind auch denkbar in Kombination mit Sparplänen, bei denen das Rückzahlungsdatum innerhalb der Frist vom 1.4. bis 30.6.2020 liegt, und der Sparplan bereits vollständig angespart ist. Zwar greift nach dem Wortlaut des § 3 Abs. 1 für den Darlehensrückzahlungsanspruch die Stundung. Der Anwendungsbereich ist aber **teleologisch zu reduzieren**, wenn die Lebensversicherung oder der Sparplan zweckgebunden abgetreten ist, und der Verbraucher hierüber nicht anderweitig verfügen kann. Denn der Verbraucher kann bereits nicht darlegen, dass er aufgrund von Einnahmeausfällen wegen der COVID-19-Pandemie die Leistung nicht erbringen kann. Etwaige Einnahmeausfälle wirken sich nicht auf die Rückzahlung aus, denn die Lebensversicherung ist voll angespart; er ist daher nicht schutzwürdig.[30] Anders zu beurteilen sind diese Fälle, wenn die Versicherungsleistungen der Sparplan noch in der an Ansparphase sind, und der Verbraucher die Raten nicht mehr begleichen kann.

Darüber hinaus erfasst werden **Ansprüche auf Zinsen des Darlehensgebers gegen den Verbraucher**. **13** Dies sind jedenfalls Ansprüche des Darlehensgebers auf den vertraglichen geschuldeten Zins.[31] Verzugszinsen werden erfasst, soweit die Ansprüche vor dem 15.3.2020 begründet wurden und nicht vor dem Stichtag des 1.4.2020 fällig waren.[32]

Der Wortlaut des § 3 Abs. 1 S. 1 ist darüber hinaus **abschließend**; von der Stundung nicht erfasst sind **14** grundsätzlich Schadensersatzansprüche wie beispielsweise Vorfälligkeitsentgelte iSv § 502 BGB.[33] Nicht erfasst sind zudem sonstige Ansprüche im Zusammenhang mit dem Darlehensvertrag, wie etwa Gebühren.[34] Zwar nicht vom Wortlaut, aber nach Sinn und Zweck der Norm von § 3 Abs. 1 umfasst sind je nach Einzelfall **Nichtabnahmeentschädigungen** oder **Bereitstellungszinsen**.[35] Finanziert ein Verbraucher bspw. sein Eigenheim mittels eines Immobilien-Verbraucherdarlehens und kommt es aufgrund der COVID-19-Pandemie zu erheblichen Verzögerungen beim Baubeginn, muss der Verbraucher uU Bereitstellungszinsen oder eine Nichtabnahmeentschädigung für das Darlehen zahlen. Diese sind in diesem Fall Surrogat für einen Zinsanspruch und daher uE vom Anwendungsbereich des § 3 Abs. 1 umfasst.

c) Zeitlicher Anwendungsbereich. § 3 findet nur auf solche Verträge Anwendung, die vor dem **15** 15.3.2020 abgeschlossen wurden. Der Gesetzgeber geht davon aus, dass zu diesem Zeitpunkt die Krise nicht mehr unvorhersehbar war.[36] Die Regelung soll zudem vermeiden, dass Verträge, die nach dem 15.3.2020 gerade zur Unterstützung von Verbrauchern abgeschlossen wurden, um in der Krise solvent zu bleiben, kraft Gesetzes gestundet sind.[37] Diese Erwägung ist zumindest zweifelhaft, da die Liquiditätsprobleme der Verbraucher in der Krise durch eine Darlehensgewährung möglicherweise vorübergehend abgemildert werden; durch die sich unmittelbar anschließende Pflicht zur Tilgung der Darlehen auch in der Krise wird dieser Effekt aber konterkariert.[38] Verbraucher sollten bei Abschluss solcher Verträge besonderen Wert darauf legen, dass die Rückzahlungsmodalitäten an die Krise angepasst werden.

Der Unterschied zwischen den für das Eingreifen der jeweiligen Folgen maßgeblichen Zeitpunkten in **16** Art. 240 § 1 EGBGB (8.3.2020) und Art. 240 § 3 EGBGB (15.3.2020) beruht darauf, dass der Gesetzgeber

---

28 BT-Drs.19/18110, S. 16.
29 *Lühmann* NJW 2020, 1321 (1322).
30 BeckOGK/*Köndgen* EGBGB Art. 240 § 3 Rn. 46.
31 BT-Drs.19/18110, S. 38.
32 BeckOGK/*Köndgen* EGBGB Art. 240 § 3 Rn. 48.
33 BeckOGK/*Köndgen* EGBGB Art. 240 § 3 Rn. 50; *Lühmann* NJW 2020, 1321 (1322).
34 *Schmidt-Kessel/Möllnitz* NJW 2020, 1103 (1107).
35 AA BeckOGK/*Köndgen* EGBGB Art. 240 § 3 Rn. 49 zu Bereitstellungszinsen. *Köndgen* meint, dass diese kein Kapitalnutzungsentgelt darstellen, sondern wirtschaftlich als Prämie für ein Zinstermingeschäft einzuordnen sind, auf dessen Grundlage der Verbraucher den Erwerb eines Finanztitels zu einem gesicherten

Zinssatz, aber zu einem von ihm zu wählenden Zeitpunkt ausüben kann.
36 BT-Drs.19/18110, S. 38.
37 BT-Drs.19/18110, S. 38.
38 AA Uhlenbruck/*Möllnitz/Schmidt-Kessel* COVInsAG Art. 240 §§ 1–4 Rn. 135, die der Ansicht sind, dass der begrenzte zeitliche Anwendungsbereich verhindere, dass sich Verbraucher in der Krise bewusst durch die Darlehensaufnahme zum Nachteil des Darlehensgebers solvent halten würden. Dies verkennt, dass die Aufnahme eines Darlehens durch Verbraucher in der Krise oftmals existenzsichernd ist und ein bewusstes Handeln zum Nachteil des Darlehensgebers regelmäßig nicht vorliegen wird.

annimmt, dass bei Verbraucherdarlehensverträgen im Gegensatz zu sonstigen Schuldverhältnissen regelmäßig eine längere Vorbereitungszeit einkalkuliert wird.[39]

17 **d) Zur Unzumutbarkeit der Leistungserbringung führende Einnahmeausfälle (S. 1 Hs. 2, S. 2).** Der Gesetzgeber hat erkannt, dass eine kraft Gesetzes eintretende Stundung von Forderungen ein schwerwiegender Eingriff in grundrechtlich geschützte Rechte und Freiheiten des Darlehensgebers ist.[40] Es müssen daher besondere Voraussetzungen erfüllt sein, damit die Stundung eingreift. Voraussetzung der Stundung ist, dass der Verbraucher aufgrund der durch die Ausbreitung der COVID-19-Pandemie hervorgerufenen außergewöhnlichen Verhältnisse Einnahmeausfälle hat. Diese müssen dazu führen, dass dem Verbraucher die weitere Erbringung der Leistungen (Rückzahlung, Zins- und Tilgungsleistungen) aus dem Darlehensvertrag nicht mehr zumutbar ist.

18 **aa) Einnahmeausfälle aufgrund der COVID-19-Pandemie.** Der Verbraucher muss Einnahmeausfälle aufgrund der COVID-19-Pandemie haben. **Einnahmeausfälle** sind Abweichungen der tatsächlichen Einnahmen von den für den betreffenden Zeitraum normalerweise, ohne die aufgrund der COVID-19-Pandemie eingetretenen Umstände zu erwartenden Einnahmen. Der Begriff ist weit zu verstehen und erfasst grundsätzlich jede Form des Ausbleibens von erwarteten Einnahmen und der Verminderung des verfügbaren Haushaltseinkommens.[41] Einnahmeausfälle sind hingegen ausgeschlossen, wenn beispielsweise Lohnausfälle kompensiert werden durch Entschädigungen oder Lohnersatzleistungen; im Fall einer teilweisen Kompensation ist zu prüfen, ob dennoch eine Unzumutbarkeit anzunehmen ist.[42]

19 Beispiele für Einnahmeausfälle sind Mindereinnahmen aufgrund des Verlusts des Arbeitsplatzes,[43] von Kurzarbeit, des Ausbleibens von Unterhaltszahlungen oder des Wegfalls von Mieteinnahmen; erfasst sind aber auch bspw. ausbleibende Dividendenzahlungen, die pandemiebedingt nicht ausgezahlt werden.[44]

20 Der Verbraucher muss Einnahmeausfälle „aufgrund der durch die COVID-19-Pandemie hervorgerufenen außergewöhnlichen Umstände" haben. Die **COVID-19-Pandemie muss jedenfalls die (weit) überwiegende Ursache für die Einnahmeausfälle darstellen**.[45] Hierfür sprechen Sinn und Zweck des Art. 240 § 3 EGBGB; nach der Gesetzesbegründung ist § 3 eine Reaktion darauf, dass die allgemeinen Regelungen zum Darlehensrecht nicht geeignet sind, die Folgen der Pandemie für den Verbraucher abzufedern.[46] § 3 soll zielgerichtet aufgrund der COVID-19-Pandemie auftretende Folgen für Verbraucher abmildern. Wird ein Arbeitnehmer aufgrund von persönlichem Fehlverhalten gekündigt, ist dies kein pandemiebasiertes Risiko, er ist nicht schutzwürdig iSv § 3. Zudem ist zu berücksichtigen, dass § 3 für die Rechtsstellung des Darlehensgebers erhebliche Auswirkungen hat, die nur gerechtfertigt sind, wenn die Anwendbarkeit der Sondervorschriften eng umgrenzt ist.

21 Art. 240 § 3 Abs. 1 EGBGB enthält schärfer formulierte Voraussetzungen für das pandemiebedingte Leistungshindernis als sie in Art. 240 § 1 Abs. 1 EGBGB vorgesehen sind. Art. 240 § 1 EGBGB stellt bloß auf „Umstände" ab, wohingegen § 3 Abs. 1 von „außergewöhnlichen Verhältnissen" spricht. Angesichts des einheitlichen Schutzzwecks der Regelungen des Art. 240 EGBGB ist uE aber davon auszugehen, dass der Gesetzgeber keine wesentliche inhaltliche Differenzierung beabsichtigte.[47]

22 **bb) Unzumutbarkeit der Leistungserbringung (S. 2).** Aufgrund der Einnahmeausfälle muss dem Verbraucher die Leistungserbringung unzumutbar sein. Die Entlastung des Schuldners aufgrund von Unzumutbarkeit der Leistung findet sich auch im allgemeinen Schuldrecht (bspw. §§ 251 Abs. 2, 275 Abs. 2 und 3 BGB). Die hierzu entwickelten Kriterien und Grundsätze sind aber zur Bestimmung der Unzumutbarkeit gem. § 3 Abs. 1 S. 2 nicht geeignet, denn der hinter den Rechtsinstituten stehende Sinn und Zweck ist jeweils ein anderer. §§ 251 Abs. 2, 275 Abs. 2 BGB sollen unwirtschaftlichem Leistungsaufwand entgegenwirken,[48] § 275 Abs. 3 BGB einen Leistungszwang abwehren, der in die persönliche Würde oder Freiheit des Schuldners eingriffe.[49] Der Gesetzgeber hat daher in § 3 Abs. 1 S. 2 ein – nicht abschließendes („insbesondere") – **Regelbeispiel** eingeführt.[50] Demnach liegt Unzumutbarkeit vor, wenn der angemessene Lebensunterhalt des Verbrauchers oder der angemessene Lebensunterhalt der Unterhaltsberechtigten des Verbrauchers durch die Leistung gefährdet ist.

39   BT-Drs. 19/18110, S. 38.
40   BT-Drs. 19/18110, S. 38.
41   Eingehend zu den erfassten Varianten von Einnahmeausfällen Uhlenbruck/*Möllnitz/Schmidt-Kessel* COVInsAG Art. 240 §§ 1–4 Rn. 147 ff.
42   Uhlenbruck/*Möllnitz/Schmidt-Kessel* COVInsAG Art. 240 §§ 1–4 Rn. 150.
43   Was der Gesetzgeber ersichtlich als wesentlichen Anwendungsbereich im Blick hatte, vgl. BeckOGK/ *Köndgen* EGBGB Art. 240 § 3 Rn. 37.
44   BeckOGK/*Köndgen* EGBGB Art. 240 § 3 Rn. 37.

45   BeckOGK/*Köndgen* EGBGB Art. 240 § 3 Rn. 36; *Meier/Kirschhöfer* BB 2020, 967 (968) meinen, das Gesetz lasse dies offen.
46   BT-Drs. 19/18110, S. 38.
47   *Scholl* WM 2020, 765 (770).
48   NK-BGB/*Dauner-Lieb* § 251 Rn. 1, § 275 Rn. 38 f.
49   BeckOGK/*Köndgen* EGBGB Art. 240 § 3 Rn. 40; zu § 275 Abs. 3 BGB NK-BGB/*Dauner-Lieb* § 275 Rn. 58.
50   BT-Drs. 19/18110, S. 39.

Die Formulierung der Gesetzesbegründung erweckt entgegen dem Wortlaut des § 3 Abs. 1 S. 2 den Eindruck einer abschließenden Definition. Tatsächlich beschreibt § 3 S. 2 nur den Hauptanwendungsfall. Eine Unzumutbarkeit ist grundsätzlich auch vorstellbar ohne eine Gefährdung des Lebensunterhalts.[51] Für selbstständige Verbraucher wäre beispielsweise eine Gefährdung der wirtschaftlichen Existenz des eigenen Unternehmens ein solcher Umstand, soweit eine Entnahme aus dem Betrieb zur Erfüllung der Forderungen aus dem Darlehensvertrag existenzielle Konsequenzen für die Einnahmeseite haben könnte.[52] Die Praxis wird sich maßgeblich an der Definition des § 3 Abs. 1 S. 2 orientieren. Angesichts des erheblichen Eingriffs in die Grundrechte des Darlehensgebers ist jedenfalls eine restriktive Auslegung geboten.[53]   **23**

Es muss eine **Gefährdung des angemessenen Lebensunterhalts** des Schuldners oder seiner unterhaltsberechtigten Angehörigen vorliegen. Auch hier arbeitet der Gesetzgeber mit einem unbestimmten Rechtsbegriff, der ebenso vage wie unpraktikabel ist.[54] Was der angemessene Lebensunterhalt ist und wann er gefährdet ist, bedarf einer eingehenden Prüfung. Die Gesetzesbegründung verweist zum Maßstab für die Angemessenheit lediglich auf eine Beurteilung im jeweiligen Einzelfall, ohne nähere Anhaltspunkte für eine Eingrenzung zu definieren, an dem sich die Rechtspraxis orientieren könnte. Es ist eine **Gesamtbetrachtung vorzunehmen, in der alle Umstände des Einzelfalls zu berücksichtigen sind**.[55]   **24**

Erste Anhaltspunkte liefert § 519 Abs. 1 BGB, der einen ähnlichen Wortlaut hat. Dort ist die Einrede des Schenkers bei Notbedarf geregelt. § 519 Abs. 1 BGB normiert sinngemäß, dass der Schenker die Erfüllung verweigern kann, wenn ansonsten sein angemessener Unterhalt oder die ihm obliegenden Unterhaltspflichten gefährdet sind. Nach der Rechtsprechung des BGH ist der Unterhalt dann **gefährdet**, „wenn für die Zukunft die begründete Besorgnis besteht, dass der Beschenkte bei Erfüllung des Rückforderungsanspruchs nicht mehr genügend Mittel für seinen angemessenen Unterhalt (iSd § 1610 Abs. 1 BGB) und die Erfüllung seiner gesetzlichen Unterhaltspflichten haben wird."[56] Gem. § 1610 Abs. 1 BGB ist „**angemessener Unterhalt**" das Maß des zu gewährenden Unterhalts, der sich nach der Lebensstellung des Bedürftigen bestimmt und umfasst nach dessen Abs. 2 unter anderem den gesamten Lebensbedarf. Diese umfasst die Grundbedürfnisse des § 20 SGB II mitsamt ggf. anfallendem (zB krankheitsbedingtem) Mehrbedarf.[57] Die familienrechtlichen Vorschriften über den Unterhalt sind grundsätzlich als Einstieg in die Gesamtbetrachtung sinnvoll und praktikabel. Zu beachten ist jedoch, dass hier wiederum differenzierte Maßstäbe je nach der familienrechtlichen Position des Unterhaltsgläubigers oder der Unterhaltsgläubiger bestehen (§§ 1360 a, 1361, 1578, 1610 BGB).[58]   **25**

Eine denkbare Anknüpfung wären weiterhin die sozialrechtlichen Regelbedarfssätze (§§ 27 ff. SGB VII) bzw. die Pfändungsfreigrenzen für Lohnansprüche (§ 850 c ZPO) oder den Begriff des notwendigen Lebensunterhalts iSv § 850 f ZPO.[59] Diese Vorschriften sind primär darauf gerichtet, das Existenzminimum zu sichern.[60] Eine Unzumutbarkeit besteht jedenfalls, wenn die Einnahmeausfälle so weit gehen, dass eine oder mehrere der Schwellen unterschritten werden. Darüber hinaus ist es aber zum Nachweis der Unzumutbarkeit nicht erforderlich, dass sie regelmäßig unterschritten werden.[61]   **26**

Eine Gefährdung des angemessenen Lebensunterhalts besteht insbesondere bei Arbeitsplatzverlust, unbezahltem Urlaub oder Kurzarbeit, wenn dadurch das monatliche Haushaltseinkommen den Grundbedarf unterschreitet und nennenswerte liquide Reserven nicht vorhanden sind.[62]   **27**

Der Verbraucher muss seine **sämtlichen liquiden Mittel einsetzen**, diese sind im Rahmen der Gesamtbetrachtung zur Bestimmung der Unzumutbarkeit einzubeziehen.[63] Er ist hingegen nicht verpflichtet, sonstige Vermögensgegenstände zu liquidieren, um seine Zahlungsfähigkeit wiederherzustellen.[64] Im Einzelfall kann es fraglich sein, welche Vermögenswerte liquide Mittel sind. UE fallen hierunter je nach Einzelfall Vermögenswerte, die der Darlehensnehmer ohne erheblichen Aufwand und in kurzer Zeit liquidieren kann. Hält   **28**

51 *Meier/Kirschhöfer* BB 2020, 967; Uhlenbruck/*Möllnitz/Schmidt-Kessel* COVInsAG Art. 240 §§ 1–4 Rn. 152.
52 Uhlenbruck/*Möllnitz/Schmidt-Kessel* COVInsAG Art. 240 §§ 1–4 Rn. 153.
53 Uhlenbruck/*Möllnitz/Schmidt-Kessel* COVInsAG Art. 240 §§ 1–4 Rn. 152.
54 BeckOGK/*Köndgen* EGBGB Art. 240 § 3 Rn. 41 f.
55 Uhlenbruck/*Möllnitz/Schmidt-Kessel* COVInsAG Art. 240 §§ 1–4 Rn. 154.
56 BGH NJW 2000, 3488 (3489).
57 MüKoBGB/*Langeheine* § 1610 Rn. 11 ff.
58 BeckOGK/*Köndgen* EGBGB Art. 240 § 3 Rn. 41.
59 BeckOGK/*Köndgen* EGBGB Art. 240 § 3 Rn. 41; *Lühmann* NJW 2020, 1321 (1322).

60 MüKoZPO/*Smid* § 850 c Rn. 3, wonach dem Erwerbstätigen aus seiner Arbeit ein Ertrag verbleiben soll, der ihn nicht schlechter gestellt sein lässt als den Sozialhilfeempfänger.
61 AA *Lühmann* NJW 2020, 1321 (1322), der den Nachweis fordert, dass die Einnahmen des Darlehensnehmers bei Zahlung der jeweiligen Rate nicht ausreichend wären, um sein Existenzminimum zu sichern.
62 *Schmidt-Kessel/Möllnitz* NJW 2020, 1103 (1104).
63 *Schmidt-Kessel/Möllnitz* NJW 2020, 1103 (1107); *Lühmann* NJW 2020, 1321 (1322); Uhlenbruck/*Möllnitz/Schmidt-Kessel* COVInsAG Art. 240 §§ 1–4 Rn. 154; *Scholl* WM 2020, 765 (770).
64 *Meier/Kirschhöfer* BB 2020, 967; *Lühmann* NJW 2020, 1321 (1322); Uhlenbruck/*Möllnitz/Schmidt-Kessel* COVInsAG Art. 240 §§ 1–4 Rn. 154.

ein Darlehensnehmer bspw. Aktien einer börsennotierten Aktiengesellschaft iHv 100.000 EUR, wird er so viele Aktien veräußern müssen, wie er benötigt, um seine Einnahmeausfälle zu decken.[65] Im Gegensatz dazu ist die Veräußerung von Aktien nicht-börsennotierter Gesellschaft häufig aufwändiger, wenn kein liquider Sekundärmarkt vorhanden ist oder Vinkulierungen in der Satzung vorgesehen sind. In diesem Fall gelten die Aktien nicht als liquide Mittel. Das gilt auch bei Beteiligungen an anderen Gesellschaftsformen (insbes. für GmbH-Gesellschaftsanteile).

29 **cc) Nachweis der Tatbestandsvoraussetzungen; Darlegungs- und Beweislast.** Der Verbraucher muss gegenüber dem Darlehensgeber sowohl die Einnahmeausfälle als auch die Unzumutbarkeit der Leistung **anzeigen**. Die Gesetzesbegründung spricht davon, dass der Darlehensnehmer die „insoweit erforderlichen Nachweise zu erbringen" hat.[66] Der Darlehensgeber hat von Einnahmeausfällen sowie einer etwaigen Unzumutbarkeit der Leistung für den Verbraucher regelmäßig keine Kenntnis und kann diese auch nicht ohne Weiteres erlangen. Der Verbraucher kann auch aus anderen Gründen als der Pandemie an der Leistung gehindert sein. Zwar treten die Rechtsfolgen des § 3 ipso iure ein, wenn die Voraussetzungen des Abs. 1 vorliegen. Zeigt er nicht an, dass er zur Leistung nicht imstande ist bzw. das ihm die Leistung unzumutbar ist und leistet er trotz des Vorliegens der Voraussetzungen weiter, gilt die Stundung jedoch als nicht erfolgt, § 3 Abs. 1 S. 4 (→ Rn. 40 ff.). Bei Unterlassen der Anzeige bzw. wenn der Verbraucher Informationen dem Darlehensgeber vorenthält und erst später im Prozess vorbringt, sind Schadensersatzansprüche des Darlehensgebers denkbar (→ Rn. 33).

30 Der Verbraucher trägt nach allgemeinen Grundsätzen die Darlegungs- und Beweislast für das Vorliegen der Tatbestandsvoraussetzungen.[67] Es ist unklar, welche Anforderungen an den Nachweis zu stellen sind. Nach der Gesetzesbegründung hat der Darlehensnehmer die **erforderlichen Nachweise** zu erbringen; in der Regel führe dies dazu, dass Verbraucher der Bank Mitteilung machen werden, dass sie sich auf die gesetzlich angeordnete Stundung berufen.[68] Das beinhaltet insbesondere den Nachweis der Gefährdung und des Kausalzusammenhangs zwischen Gefährdung und Pandemie.[69] An die Anforderungen zum Nachweis sind keine überzogenen Anforderungen zu stellen.

31 Der Verbraucher kann Einnahmeausfälle insbesondere durch Vorlage einer Bestätigung des Arbeitgebers[70] oder im Fall von Existenzgründern/selbstständig tätigen Personen in Form einer vorläufigen betrieblichen Auswertung oder Bestätigung des Steuerberaters nachweisen. Auch die Vorlage eines Antrags auf Inanspruchnahme gesetzlicher Hilfen ist jedenfalls ein Indiz für Einnahmeausfälle in relevanter Höhe. Der Verbraucher muss zudem nachweisen, dass er die Einnahmeausfälle nicht mit liquiden Reserven kompensieren kann (→ Rn. 28); diesen Nachweis wird er durch Vorlage aktueller Depot- bzw. Kontoauszüge führen können.[71] Weist der Verbraucher Einnahmeausfälle nach und hat er seine Darlehensraten vor dem 15.3.2020 stets bzw. ganz überwiegend pünktlich gezahlt, spricht uE eine **tatsächliche Vermutung** dafür, dass die Einnahmeausfälle auf der COVID-19-Pandemie beruhen. Der Verbraucher muss auch die Unzumutbarkeit der Leistung nachweisen. Es ist eine Gesamtabwägung im Einzelfall erforderlich; der Darlehensnehmer muss neben seinen familiären Verhältnissen einschließlich etwaiger Unterhaltspflichten alle sonstigen Umstände darlegen, die eine Leistung als unzumutbar erscheinen lassen.[72]

32 Eine bloße Glaubhaftmachung der Voraussetzungen des § 3 Abs. 1 insbesondere im Prozess ist nicht ausreichend. Für Mietverträge sieht dies Art. 240 § 2 Abs. 1 S. 2 EGBGB vor;[73] § 3 Abs. 1 enthält keine entsprechende Anordnung. Es ist zwar zu erwägen, diesen Maßstab auf die Darlegungs- und Beweislastverteilung des § 3 zu übertragen; im Ergebnis ist dies uE aber nicht möglich. Zwar handelt es sich bei Art. 240 EGBG um ein unter großem Zeitdruck gefertigtes Gesetz. Es wäre daher denkbar, dass der Gesetzgeber planwidrig eine entsprechende Regelung zu Erleichterungen bei den §§ 1, 3 unterlassen hat. Die Gesetzesbegründung lässt aber Gegenteiliges vermuten, denn jedenfalls zu § 3 gibt sie Hinweise darauf, dass den Verbraucher die Nachweispflicht für die Voraussetzungen des § 3 Abs. 1 treffe; einschränkende Ausführungen macht sie nicht.[74] Der Gesetzgeber hat sich vielmehr dazu entschieden, durch die Aufnahme einer Pflicht des Darlehensgeber zum Angebot eines Gesprächs mit dem Darlehensnehmer auf eine einvernehmliche Lösung hinzuwirken (§ 3 Abs. 4, → Rn. 58 ff.).

33 Ansprüche der Bank gegen den Verbraucher auf **Schadensersatz** sind denkbar, wenn der Verbraucher sich auf die Stundung gem. § 3 Abs. 1 beruft, dem Darlehensgeber aber – obwohl ihm dies möglich wäre – keine

---

65 Insoweit aA wohl BeckOGK/*Köndgen* EGBGB Art. 240 § 3 Rn. 38, wenn man börsengehandelte Aktien unter die „Substanz seines Vermögens" fasst.
66 BT-Drs.19/18110, S. 39.
67 AG Frankfurt aM ZIP 2020, 869 (870); *Meier/Kirschhöfer* BB 2020, 967 f.; *Scholl* WM 2020, 765 (770).
68 BT-Drs.19/18110, S. 39.
69 *Schmidt-Kessel/Möllnitz* NJW 2020, 1103 (1104).

70 AG Frankfurt aM ZIP 2020, 869 (870).
71 AG Frankfurt aM ZIP 2020, 869 (870).
72 Im Fall des AG Frankfurt aM (ZIP 2020, 869 (870)) hat der Antragsteller einen Bewilligungsbescheid über Elterngeld vorgelegt, den das Gericht zur Beurteilung der Unzumutbarkeit herangezogen hat.
73 BT-Drs.19/18110, S. 36.
74 BT-Drs.19/18110, S. 39.

hinreichenden Nachweise vorlegt; trägt der Verbraucher dann erst im Prozess vollständig vor und gewinnt, kann der Darlehensgeber uU seine Prozesskosten gegenüber dem Verbraucher geltend machen. Dies ist allerdings eine Frage des Einzelfalls; Ansprüche des Darlehensgebers werden nur in Ausnahmefällen bestehen.

2. Rechtsfolge: Stundung ipso iure (S. 1 Hs. 1). Rechtsfolge des Eintretens von Einnahmeausfällen und **34** der Unzumutbarkeit der Leistung ist eine **kraft Gesetzes eintretende Stundung** von Ansprüchen des Darlehensgebers auf Rückzahlung sowie Zins- und Tilgungsleistungen aus dem Verbraucherdarlehensvertrag. Es bedarf keiner Anzeige des Verbrauchers, damit die Rechtsfolgen des § 3 eingreifen. Der Begriff der Stundung meint, dass die **Fälligkeit der in § 3 Abs. 1 S. 1 aufgeführten Leistungen des Darlehensnehmers um bis zu drei Monate hinausgeschoben wird**.[75] Die Wirkung der Stundung ist für jeden Anspruch einzeln zu beurteilen.[76]

Verweigert der Darlehensgeber die Stundung gem. § 3 Abs. 1 und kündigt er den Darlehensvertrag, kann **35** der Darlehensgeber mittels einer einstweiligen Verfügung die kraft Gesetzes eingreifende Stundung gegenüber dem Darlehensgeber feststellen lassen.[77]

Da die Ansprüche des Darlehensgebers nicht fällig werden, kann der **Verbraucher nicht in Verzug geraten**.[78] Auch kann der Darlehensgeber mangels Fälligkeit mit etwaig erfüllbaren Gegenforderungen des Verbrauchers nicht aufrechnen; dies betrifft beispielsweise bestehende Kontoguthaben.[79] **36**

Ein **verjährungsrechtliches Problem** besteht aufgrund der Stundung nicht. Zwar wird in der Literatur thematisiert, dass durch die gesetzliche Anordnung der Stundung gem. § 3 Abs. 1 die Verjährung der jeweiligen Ansprüche für die Dauer der Stundung nicht gemäß § 205 BGB gehemmt sei; dies würde eine vertraglich vereinbarte Stundung voraussetzen.[80] Es geht aber bei § 3 Abs. 1 S. 1 um Ansprüche, die ohne die Stundung zwischen dem 1.4.2020 und dem 30.6.2020 fällig werden würden. Die regelmäßige Verjährung gemäß § 199 Abs. 1 Nr. 1 beginnt aber erst dann, wenn ein Anspruch entstanden ist, also erstmals geltend gemacht und notfalls im Wege der Klage durchgesetzt werden kann.[81] Ein Anspruch ist für die Zwecke des Verjährungsbeginns aber regelmäßig erst im Zeitpunkt seiner Fälligkeit entstanden anzusehen.[82] Da die Stundung die Fälligkeit gerade ausschließt, beginnt die regelmäßige Verjährung daher frühestens am 1.7.2020 zu laufen. **37**

Der Stundungszeitraum kann von der Bundesregierung gemäß Art. 240 § 4 Abs. 1 Nr. 3 EGBGB einmalig **38** bis zum 30.9.2020 verlängert werden (→ Rn. 2, 5 ff.).[83] Mit Zustimmung des Bundestages kann die Bundesregierung den Zeitraum auch darüber hinaus verlängern, jedoch höchstens bis zum 30.9.2022 (→ § 4 Rn. 13); dann tritt Art. 240 EGBGB außer Kraft.[84]

Aufgrund der Stundung und der gem. § 3 Abs. 5 S. 1 möglichen Verlängerung des Vertragszeitraum ist der **39** Darlehensbetrag vertragsgemäß weiter zu verzinsen; dies kann zu einer erheblichen Erhöhung des vertraglich geschuldeten Zinses führen (→ Rn. 60 f.).

3. Recht des Verbrauchers zur Leistung trotz Stundung (Abs. 1 S. 3, 4). Die gestundeten Ansprüche **40** bleiben erfüllbar. Dies stellt § 3 Abs. 1 S. 3 klar. Verbraucher, die sich in der Lage sehen, ihre vertraglich vereinbarten Zahlungspflichten zu erfüllen, sind daran nicht gehindert. Daher kann der Darlehensnehmer auch mit Ansprüchen gegenüber der Bank aufrechnen (die Bank kann hingegen nicht aufrechnen, → Rn. 36 f.).

Die Stundung gilt gem. § 3 Abs. 1 S. 4 aber nur insoweit („soweit") als nicht eingetreten, als der Verbrau- **41** cher weiter **vertragsgemäß leistet**. Stellt ein Verbraucher daher beispielsweise nach einem Monat fest, dass er aufgrund von Einnahmeausfällen durch die COVID-19-Pandemie nicht weiter zu leisten in der Lage ist, verliert er die Stundungswirkung gemäß § 3 Abs. 1 S. 1 nicht insgesamt; er kann sich vielmehr für den restlichen Zeitraum noch hierauf berufen.[85]

Fraglich ist, welche Anforderungen an die „Leistung" zu stellen sind. Die Gesetzesbegründung führt zum **42** Sinn und Zweck des § 3 Abs. 1 S. 3 aus, dass Verbraucher an der Leistung nicht gehindert werden sollen, die sich trotz einer Einkommensminderung in der Lage sehen, ihre vertraglich vereinbarten Zahlung weiter

75 JurisPK-BGB/*Kerwer* § 271 Rn. 14; BeckOGK/*Köndgen* EGBGB Art. 240 § 3 Rn. 35.
76 BeckOGK/*Köndgen* EGBGB Art. 240 § 3 Rn. 45.
77 AG Frankfurt aM ZIP 2020, 869 f.
78 BT-Drs.19/18110, S. 38; jurisPK-BGB/*Kerwer* § 271 Rn. 14.
79 *Meier/Kirschhöfer* BB 2020, 967 (968).
80 *Meier/Kirschhöfer* BB 2020, 967 (968).
81 BGHZ 55, 340 (341) = NJW 1971, 979.
82 BGHZ 53, 222 (225) = NJW 1970, 938; BGHZ 113, 188 (193) = NJW 1991, 836 f.; BGH ZIP 2001, 611 (613); NJW 2015, 1818 (1819).
83 Dies war in einer frühen Version der Formulierungshilfe bereits vorgesehen; *Lühmann* NJW 2020, 1321 (1323).
84 Art. 6 Abs. 4 des Gesetzes zur Abmilderung der Folgen der COVID-19-Pandemie im Zivil-, Insolvenz- und Strafverfahrensrecht vom 27.3.2020.
85 BT-Drs.19/18110, S. 39.

zu entrichten.[86] Hieraus könnte geschlossen werden, dass die Stundung gem. § 3 Abs. 1 S. 4 nur dann nicht eingreift, wenn der Verbraucher sich bewusst in Kenntnis einer nicht vorhandenen Einkommensminderung zur Leistung entschieden hat. Die Literatur thematisiert vornehmlich die Frage, wie im Fall einer vom Verbraucher erteilten **Einzugsermächtigung** zu verfahren ist; die bisherige Literatur geht einhellig davon aus, dass die Stundungswirkungen als nicht eingetreten gelten, wenn der Verbraucher der Einzugsermächtigung nicht widersprochen oder Nichtzahlung angekündigt hat.[87] Eine weitere Literaturansicht geht davon aus, dass § 3 Abs. 1 S. 4 eine Fiktion sei, weshalb die Wirkung der Fortzahlung nicht von der Kenntnis des gesetzlichen Moratoriums und insbesondere nicht von einem rechtsgeschäftlichen Verzichtswillen des Darlehensnehmers abhänge.[88] Dem schließen wir uns an. Unter Leistung iSv § 362 BGB wird nicht die Leistungshandlung, sondern der Leistungserfolg verstanden.[89] Nach dem herrschenden Erfüllungsbegriff tritt die Erfüllungswirkung kraft Gesetzes als objektive Tatbestandsfolge der Leistung ein; ein zusätzliches subjektives Element ist grundsätzlich nicht erforderlich.[90] Zahlt der Verbraucher und tritt der Leistungserfolg ein, erfüllt er den Anspruch aus dem Darlehensvertrag trotz mangelnder Fälligkeit. An diese „Leistung" knüpft der Gesetzgeber im Wege einer Fiktion die Folge, dass insoweit die Stundung als nicht erfolgt gilt. Die Fiktion nimmt einen Sachverhalt an, der in Wirklichkeit nicht besteht.[91] Dies bezieht sich hier auf die vom Gesetz grundsätzlich angeordnete Stundung, die im Fall der Leistung als in diesem Fall nicht bestehend angesehen wird. Folge der Einordnung als Fiktion ist, dass diese – anders als bei einer Vermutung – nicht widerlegt werden kann. Eine Rückforderung gem. § 814 BGB kommt nicht in Betracht, denn mit der Bewirkung der Leistung gilt die Stundung als nicht erfolgt und der Anspruch wird so behandelt, als ob er nach allgemeinen Grundsätzen fällig gewesen wäre. Eine Leistung auf eine „Nichtschuld" liegt daher nicht vor. Hat der Darlehensnehmer eine Einzugsermächtigung erteilt, muss er diese also widerrufen und anzeigen, dass die Voraussetzungen des § 3 Abs. 1 eingetreten sind.

II. Abweichende Vereinbarungen (Abs. 2)

43 § 3 Abs. 2 stellt es den Parteien des Darlehensvertrags frei, ihre Rechtsverhältnisse abweichend zu regeln. Dies kommt beispielsweise in Betracht, wenn der Darlehensnehmer überobligatorisch andere Vermögensgegenstände aktivieren bzw. liquidieren und mit dem Erlös die Ansprüche des Darlehensgebers bedienen kann, dies aber möglicherweise erst zu einem späteren als dem ursprünglich vereinbarten Leistungstermin. Darlehensnehmer können im Einzelfall ein erhebliches Interesse daran haben, die vertraglichen Ansprüche nicht im gemäß § 3 Abs. 5 bestimmten Umfang hinauszuschieben (→ Rn. 60 ff.). Möglich sind daher insbesondere Absprachen zwischen dem Darlehensgeber und dem Verbraucher über Teilleistungen, sowie Zins- und Tilgungsanpassungen oder Umschuldungen.[92]

44 Im Einzelfall sind für Vertragsanpassungen die allgemeinen Anforderungen einzuhalten, insbesondere des Verbraucherdarlehensrechts.[93] Es ist jeweils zu prüfen, welche gesetzlichen Vorgaben, insbesondere Informationspflichten, bei einer Vertragsänderung erneut zu erfüllen sind. Gem. § 492 Abs. 1 S. 1 BGB bedarf jede Änderung eines Verbraucherdarlehensvertrags der Schriftform. Ob darüber hinaus die Anforderungen des § 492 in Gänze neu zu erfüllen sind (insbesondere Pflichtangaben gemäß § 492 Abs. 2 iVm Art. 247 §§ 6–13 EGBGB) ist abhängig vom Umfang der Änderung.[94]

45 Regelmäßig werden die Beteiligten Vereinbarungen aufgrund des Zeitdrucks im **Fernabsatz** abschließen. Die §§ 312 c ff. BGB sind daher zu beachten.[95] Im Fall von kompletten Umschuldungen muss der Darlehnsgeber die aufwändigen Informationspflichten gem. §§ 312 d Abs. 2, 312 g BGB erfüllen. Bei Umschuldungen, die mit einer deutlichen Erhöhung des Nettodarlehensbetrages verbunden sind, muss die Bank zudem eine erneute Kreditwürdigkeitsprüfung (§ 505 a Abs. 2 und 3 BGB) nach den anspruchsvollen Kriterien der §§ 505 b ff. BGB vornehmen.[96]

86 BT-Drs. 19/18110, S. 39.
87 *Schmidt-Kessel/Möllnitz* NJW 2020, 1103 (1107); *Scholl* WM 2020, 765 (770). Uhlenbruck/*Möllnitz/Schmidt-Kessel* COVInsAG Art. 240 §§ 1–4 Rn. 143 gehen indirekt davon aus, dass die Einzugsermächtigung wirksam genutzt werden kann, wenn der Verbraucher den Darlehensgeber nicht über seine Einnahmeausfälle und die Unzumutbarkeit informiert.
88 BeckOGK/*Köndgen* EGBGB Art. 240 § 3 Rn. 50.
89 BGH NJW 2009, 1085 Rn. 5; BGHZ 186, 269 Rn. 22 = NJW 2010, 3510; MüKoBGB/*Fetzer* § 362 Rn. 10.
90 In Rechtsprechung und Literatur mittelweile hM ist die Theorie der realen Leistungsbewirkung, vgl. BGH NJW 1991, 1294 (1295); 2007, 3488 (3489);

WM 2008, 1703 (1705); BGHZ 186, 269 Rn. 25 = NJW 2010, 3510; BGH NJW 2014, 547 Rn. 21; MüKoBGB/*Fetzer* § 362 Rn. 10 mwN.
91 Vgl. *Groh* in Creifelds Rechtswörterbuch, 23. Ed. 2019, „Fiktion".
92 BT-Drs.19/18110, S. 39; BeckOGK/*Köndgen* EGBGB Art. 240 § 3 Rn. 56.
93 BT-Drs.19/18110, S. 39.
94 Zu den allgemeinen Grundsätzen vgl. MüKoBGB/*Schürnbrand/Weber* § 492 Rn. 12; mwN; dies. § 491 Rn. 50 ff.
95 *Scholl* WM 2020, 765 (771).
96 BeckOGK/*Köndgen* EGBGB Art. 240 § 3 Rn. 58.

Vereinbart der Darlehensgeber mit dem Verbraucher, dass die vor Eintritt der Stundungswirkung geltenden Zahlungstermine wieder in Kraft gesetzt werden, ist dies **keine vorzeitige Erfüllung iSv § 502 Abs. 1 BGB**.[97] Dies ist nach dem Sinn und Zweck geboten. Hierfür spricht, dass lediglich die ursprünglich bestehende vertragliche Vereinbarung wieder in Kraft gesetzt wird. § 502 BGB soll hingegen die enttäuschte berechtigte Gewinnerwartung des Darlehensgebers schützen.[98] Eine Gewinnerwartung entsteht nicht durch die kraft Gesetzes eintretende Stundung iSv § 3 Abs. 1. Im Übrigen widerspräche es auch dem Regelungszweck des Gesetzes, den Verbraucher im Fall von Einnahmeausfällen zu schützen.[99] Durch eine solche Vereinbarung zeigt der Verbraucher sich gegenüber dem Darlehensgeber vertragstreu, wofür er nicht mit einer zusätzlichen Leistungspflicht für eine Vorfälligkeitsentschädigung zu belasten ist.

46

III. Kündigungsausschluss (Abs. 3)

Neben der primären Rechtsfolge der Stundung gemäß § 3 Abs. 1 regelt § 3 Abs. 3 einen **befristeten Ausschluss von Kündigungsrechten des Darlehensgebers**. Kündigungsrechte wegen Zahlungsverzugs und wegen einer wesentlichen Verschlechterung der Vermögensverhältnisse des Verbrauchers bzw. der Werthaltigkeit einer für das Darlehen gestellten Sicherheit bis zum Ablauf der Stundung (§ 3 Abs. 1) sind ausgeschlossen. Der Kündigungsausschluss setzt voraus, dass die in § 3 Abs. 1 genannten Voraussetzungen für eine Stundung vorliegen.

47

Die Gesetzesbegründung spricht davon, dass auch die Kündigung wegen einer drohenden Verschlechterung der wirtschaftlichen Verhältnisse des Darlehensnehmers ausgeschlossen ist.[100] § 490 Abs. 1 BGB nennt diesen Fall ausdrücklich („oder einzutreten droht"). Der Wortlaut des § 3 Abs. 3 stellt hingegen nur auf die tatsächliche wesentliche Verschlechterung der Vermögensverhältnisse ab. Hierin liegt uE aber nur ein Redaktionsversehen des Gesetzgebers angesichts der Eilbedürftigkeit des Gesetzgebungsverfahrens, so dass auch eine Kündigung wegen drohender Verschlechterung in den Verhältnissen ausgeschlossen ist.

48

Kündigungen aus sonstigen Gründen bleiben möglich. Dies können insbes. Fallgestaltungen sein, in denen sich Verbraucher pflichtwidrig verhalten, beispielsweise falsche Angaben bei Abschluss des Vertrages gemacht haben. Eine Anpassung oder Kündigung des Vertrags aufgrund § 313 BGB ist uE ausgeschlossen, da der Gesetzgeber eine Risikoverteilung in § 3 vorgenommen hat und insofern kein Raum für § 313 BGB bleibt (→ § 2 Rn. 22 f.).[101]

49

§ 3 Abs. 3 soll klarstellen, dass eine Verzugskündigung im Zeitraum vom 1.4. bis zum 30.6.2020 generell ausscheidet. Die Gesetzesbegründung führt als Beispiel einen Fall an, wonach die Voraussetzung der Verzugskündigung gemäß § 498 BGB vor dem Stichtag des 1.4.2020 eingetreten sind.[102] Die gemäß § 498 BGB notwendige Fristsetzung lief aber erst nach dem 1.4.2020 ab bzw. die Kündigung wurde erst nach diesem Stichtag erklärt. Auch für diesen Fall ist eine Kündigung ausgeschlossen, da davon auszugehen sei, dass krisenbedingte Einnahmeausfälle es dem Darlehensnehmer erschweren, in der gesetzten Nachfrist die Zahlung noch zu erbringen und so die Kündigung abzuwenden.[103]

50

Gem. § 3 Abs. 3 S. 2 ist eine zulasten des Verbrauchers abweichende Vereinbarung unzulässig. Die Kündigungsbeschränkung unterliegt allerdings der Zumutbarkeitsschranke des § 3 Abs. 6.[104]

51

IV. Angebot eines Gesprächs durch Darlehensgeber (Abs. 4)

Gem. § 3 Abs. 4 „soll" der Darlehensgeber dem Verbraucher, der die Voraussetzungen des Abs. 1 erfüllt bzw. angezeigt hat, die Möglichkeit eines persönlichen Gesprächs anbieten. Nach Ansicht der Gesetzesbegründung sollen die § 3 Abs. 1, 3 iVm Abs. 4 den Vertragsparteien Zeit verschaffen, von Hilfsangeboten Gebrauch zu machen und ihre vertraglichen Beziehungen angesichts der Krise durch einvernehmliche Anpassungen auf eine tragfähige Grundlage für die Zukunft zu stellen.[105]

52

Sowohl nach dem Wortlaut des Gesetzes als auch nach der Gesetzesbegründung ist unklar, ob Abs. 4 eine rechtliche Verpflichtung des Darlehensgebers begründet. In der Literatur wird teils eine rechtliche Ver-

53

---

97   BT-Drs.19/18110, S. 39, aber ohne nähere Begründung.

98   MüKoBGB/*Schürnbrand/Weber* § 502 Rn. 1; Uhlenbruck/*Möllnitz/Schmidt-Kessel* COVInsAG Art. 240 §§ 1–4 Rn. 170.

99   BT-Drs.19/18110, S. 37 f.

100   BT-Drs.19/18110, S. 39.

101   AA BeckOGK/*Köndgen* EGBGB Art. 240 § 3 Rn. 60, der der Ansicht ist, dass die zugunsten des

Verbrauchers einseitig zwingende Suspendierung der Kündigungsrechte sich nicht auf die nach § 490 Abs. 3 vorbehaltenen allgemeinen Vertragslösungsrechte aus wichtigem Grund gem. § 313 f. BGB beziehe.

102   BT-Drs.19/18110, S. 39.

103   *Scholl* WM 2020, 765 (771).

104   *Schmidt-Kessel/Möllnitz* NJW 2020, 1103 (1106).

105   BT-Drs.19/18110, S. 39.

pflichtung abgelehnt,[106] teils jedenfalls für möglich gehalten.[107] Richtigerweise regelt Abs. 4 eine **Rechtspflicht des Darlehensgebers zum Angebot eines Gesprächs**.[108] Dies gebietet der Sinn und Zweck des Gesetzes. Die Maßnahmen gemäß § 3 Abs. 1 und 3 zielen darauf ab, den Vertragsparteien Zeit zu verschaffen, im Einvernehmen zu einer Fortführung des Darlehensvertragsverhältnisses trotz der Krise zu gelangen.[109] Zu einem solchen Gespräch wird es typischerweise dann kommen, wenn der Verbraucher dem Darlehensgeber angezeigt hat, dass bei ihm aufgrund der COVID-19-Pandemie Einkommensausfälle eingetreten sind. Die vertraglichen Rücksichtnahmepflichten des Darlehensgebers als Vertragspartner des Verbrauchers in Verbindung mit § 3 Abs. 4 gebieten es sowohl für den Fall des tatsächlichen Vorliegens der Voraussetzungen gem. § 3 Abs. 1 als auch in den Fällen, in denen der Darlehensgeber Zweifel hieran hat, mit dem Vertragspartner ins Gespräch zu kommen. Denn der Darlehensnehmer wird regelmäßig angesichts der insolvenznahen Situation überfordert sein bzw. um seine Existenz fürchten.[110] **§ 3 Abs. 4 weist dem Darlehensgeber in dieser Situation als überlegenem Vertragspartner eine besondere Verantwortung für Sanierungsbemühungen zu.**[111] Hierfür spricht auch die aus dem Verwaltungsrecht – insbes. zur Anordnung eines intendierten Ermessens gebrauchte – bekannte Formulierung, dass der Darlehensgeber dem Verbraucher ein Gespräch anbieten „soll".[112] Von der grundsätzlichen Pflicht zur Unterbreitung eines Angebots zum Gespräch wird der Darlehensgeber nur abweichen können, wenn außergewöhnliche Umstände vorliegen, die es dem Darlehensgeber im Rahmen des Zumutbaren – vgl. § 3 Abs. 6 – unmöglich machen, den Verbraucher bei der besonderen Lage zu unterstützen.[113] Dies kommt in Betracht, wenn der Verbraucher sich gegenüber dem Darlehensgeber gravierend vertragswidrig verhalten hat, beispielsweise vorsätzlich und zur Täuschung des Vertragspartners falsche Informationen gegeben hat.

54   Die Formulierung von Abs. 4 gibt Aufschluss darüber, was Gegenstand des Gesprächs zwischen den Vertragsparteien sein soll. Hierzu äußert sich auch die Gesetzesbegründung:[114] Demnach sollen Gegenstand des Gesprächs mögliche Hilfs- oder Überbrückungsmaßnahmen durch den Darlehensgeber sein. Auf Angebote Dritter (beispielsweise von der Kreditanstalt für Wiederaufbau) soll der Darlehensgeber nur hinzuweisen müssen, soweit sie ihm positiv bekannt sind. Im Übrigen obliegen dem Darlehensgeber keine Hinweispflichten auf sämtliche denkbaren Hilfsangebote Dritter, bzw. er ist nicht verpflichtet, sich diese Informationen zu beschaffen. Der Darlehensgeber muss nichtsdestotrotz die ihm obliegenden (vor)vertraglichen Informations- und Beratungspflichten erfüllen (§§ 491 a Abs. 1, 3, 4, 511 BGB und Art. 247 EGBGB).[115]

55   Das Gespräch soll perspektivisch auch auf die Zeit nach Ablauf des in § 3 Abs. 1 genannten Stundungszeitraums Bezug nehmen.[116] Gegenstand des Gesprächs können daher vertragliche Vereinbarungen wie beispielsweise Zins- und Tilgungsanpassungen, die Verlängerung der Vertragslaufzeit oder Umschuldungen sein.

56   Die primäre **Rechtsfolge** für den Fall, dass zwischen dem Darlehensgeber und dem Verbraucher keine Einigung über eine Anpassung des Vertrages erfolgt, ist die **Verlängerung der Vertragslaufzeit des Verbraucherdarlehensvertrags um 3 Monate und die Verschiebung der Fälligkeit aller Ansprüche um diesen Zeitraum** (§ 3 Abs. 5 S. 1, → Rn. 58 ff.). Eng mit der Frage verknüpft, ob eine Rechtspflicht des Darlehensgebers zum Angebot eines Gesprächs besteht, bzw. welchen Inhalt ein solches Gespräch haben soll, ist die Frage nach möglichen **Rechtsfolgen einer Pflichtverletzung des Darlehensgebers**. In Betracht kommen insbes. **Schadensersatzansprüche des Verbrauchers**.[117] So können etwa die Nicht- bzw. Schlechterfüllung von Hinweispflichten des Darlehensgebers gemäß § 3 Abs. 4 für den Darlehensnehmer nachteilige Folgen haben. Denkbar sind Fälle, in denen der Darlehensgeber seine Pflicht zum Angebot eines Gesprächs gegenüber dem Darlehensnehmer verletzt und unmittelbar eine Kündigung ausspricht und sich später

---

106 *Scholl* WM 2020, 765 (771), aber ohne weitergehende Begründung, sondern nur unter Verweis auf die „soll"-Vorschrift.

107 *Meier/Kirschhöfer* BB 2020, 967 (968), wenn auch zweifelnd.

108 So auch *Schmidt-Kessel/Möllnitz* NJW 2020, 1103 (1107); Uhlenbruck/*Möllnitz/Schmidt-Kessel* COVInsAG Art. 240 §§ 1–4 Rn. 169, 172.

109 BT-Drs.19/18110, S. 39.

110 Uhlenbruck/*Möllnitz/Schmidt-Kessel* COVInsAG Art. 240 §§ 1–4 Rn. 169.

111 Uhlenbruck/*Möllnitz/Schmidt-Kessel* COVInsAG Art. 240 §§ 1–4 Rn. 169.

112 *Meier/Kirschhöfer* BB 2020, 967 (968).

113 Uhlenbruck/*Möllnitz/Schmidt-Kessel* COVInsAG Art. 240 §§ 1–4 Rn. 172.

114 Vgl. BT-Drs.19/18110, S. 40.

115 Uhlenbruck/*Möllnitz/Schmidt-Kessel* COVInsAG Art. 240 §§ 1–4 Rn. 169.

116 BT-Drs.19/18110, S. 40.

117 *Schmidt-Kessel/Möllnitz* NJW 2020, 1103 (1107); Uhlenbruck/*Möllnitz/Schmidt-Kessel* COVInsAG Art. 240 §§ 1–4 Rn. 174. *Lühmann* (NJW 2020, 1321 (1322)) sieht hierin nur ein akademisches Problem, da der Darlehensgeber infolge des Gespräches nicht verpflichtet sei, mit dem Darlehensnehmer eine Individualvereinbarung zu schließen; der Darlehensnehmer sei daher jedenfalls regelmäßig nicht in der Lage, einen Kausalzusammenhang zwischen dem fehlenden Gesprächsangebot an einem etwaigen Schaden darzulegen und zu beweisen. Dies verkennt, dass der Darlehensgeber den Darlehensnehmer auch auf Hilfsangebote hinweisen muss und insoweit jedenfalls Beratungspflichtverletzungen denkbar sind.

herausstellt, dass die Voraussetzungen gemäß § 3 Abs. 1 vorlagen. Auch kommen Schadensersatzansprüche in Betracht, wenn der Darlehensgeber es unterlässt, den Verbraucher auf eigene Angebote hinzuweisen, die für ihn in der Krise in Betracht kämen, und dadurch eine Beendigung des Darlehensvertrags herbeigeführt wird.

Nicht zu folgen ist einer Literaturansicht, wonach allein der Darlehensnehmer dafür verantwortlich sei, **57** seine Leistungsfähigkeit aufrechtzuerhalten bzw. wiederherzustellen und eine hierauf bezogene Beratung bzw. Unterstützungspflicht des Darlehensgebers gesetzlich nicht vorgesehen sei.[118] Wie soeben gezeigt, hat der Gesetzgeber gerade in § 3 Abs. 4 eine solche Pflicht des Darlehensgebers geregelt. Es ist dem Gesetzgeber auch nicht verwehrt, rückwirkend in laufende Verträge neue Leistungspflichten einzuführen, insbesondere wenn diese zu einem erheblichen Haftungsrisiko eines der Vertragspartner führen und dafür keine Kompensation vorgesehen ist.[119] Zum einen handelt es sich hier um eine unechte Rückwirkung, da in einen nicht abgeschlossenen Lebenssachverhalt eingegriffen wird;[120] denn hier regelmäßig gegenständliche Verbraucherdarlehensverträge sind laufende Dauerschuldverhältnisse. Zum anderen ist es nicht ungewöhnlich, dass durch Anpassungen des Verbraucherdarlehensrechts neue Verpflichtungen der Vertragsparteien im Rahmen eines Verbraucherdarlehensvertrags begründet wurden.[121]

V. Verlängerung der Vertragslaufzeit (Abs. 5)

1. Folgen der Vertragsverlängerung (Abs. 5 S. 1). Kommt in dem nach § 3 Abs. 4 vorgesehenen **58** Gespräch zwischen dem Darlehensgeber und dem Verbraucher **keine einverständliche Regelung für den Zeitraum nach dem 30.6.2020 zu Stande, verlängert sich die Vertragslaufzeit automatisch um 3 Monate.** Die Fälligkeit der vertraglichen Leistungen wird um diese Frist hinausgeschoben. Diese Wirkung war nach § 3 Abs. 1 für den Zeitraum vom 1.4. bis zum 30.6. bereits eingetreten, und wird nunmehr auf den gesamten Vertrag übertragen. Dessen Laufzeit verlängert sich insgesamt um 3 Monate.

Ein Darlehen, das zum 31.10.2021 rückzahlbar gewesen wäre, wird unter Anwendung des § 3 Abs. 5 erst 3 **59** Monate später, also zum 31.1.2022, fällig. Hiermit soll vermieden werden, dass eine Doppelbelastung des Verbrauchers durch die gleichzeitige Fälligkeit von zwei Raten, also zB der gestundeten Rate vom 1.4.2020 gleichzeitig mit der regulär zum 1.7.2020 regulär fällig werdenden Rate eintritt.[122]

Der Gesetzgeber hat eine zentrale Frage übersehen: **§ 3 Abs. 5 S. 1 regelt nicht, was für die Dauer des** **60** **Moratoriums gemäß § 3 Abs. 1 für die reguläre vertraglichen Verzinsung der Darlehensvaluta gilt.** Auch die Gesetzesbegründung setzt sich mit dieser entscheidenden Frage mit keinem Wort auseinander. Zwar führt sie aus, dass durch Abs. 5 weder Verzugszinsen noch Entgelte oder Schadensersatzansprüche zulasten des Verbrauchers entstehen sollen.[123] Diese Aussage betrifft aber nicht den vertraglich geschuldeten Zins nicht. **Im Ergebnis ist die Darlehensvaluta im Verlängerungszeitraum zu verzinsen.**[124] Gegen eine reguläre Verzinsung während der Stundungsphase könnte zwar die Aussage in der Gesetzesbegründung sprechen, wonach der Darlehensnehmer die Zahlungen soll leisten müssen, die vertraglich vorgesehen waren, nur 3 Monate später:[125] Sie führt hierzu aus: „Die Fälligkeit der einzelnen Zins und Tilgungsleistungen wird insgesamt um 3 Monate verschoben. Damit bleibt das ursprüngliche Vertragsgefüge erhalten, nur die Leistungstermine sind jeweils um 3 Monate versetzt."[126] Das Vertragsgefüge wird aber regelmäßig im Fall einer Verlängerung des Vertrags die Fortzahlung des Vertragszinses gebieten. Die vertraglich geschuldete Pflicht zur Zahlung des Zinses ist Hauptleistungspflicht des Darlehensnehmers;[127] das Interesse des Darlehensgebers am Erhalt dieser primären Leistungspflicht ist geschützt durch die Berufsfreiheit (Art. 12 GG), und uU sein Recht am eingerichteten und ausgeübten Gewerbebetrieb.[128] Sie deckt hiermit ihre Refinanzierungs- bzw. Verwaltungskosten, denn die Darlehensvaluta wird auch erst zu einem späteren Zeitpunkt zurückgezahlt.[129] Gegen die Annahme der Verzinsung spricht auch nicht, dass Ansprüche gemäß Art. 240 § 1 EGBGB während des Moratoriums nicht zu verzinsen sind; dort erfasste Forderungen sehen jedenfalls regelmäßig keine vertragliche Verzinsung vor.[130] Es ist daher davon auszugehen, dass für die verlängerte Vertragslaufzeit von drei Monaten (bzw. bis zu zwölf Monaten gem. § 4 Abs. 1 Nr. 3, → 4 Rn. 5) der vertragliche Sollzinssatz zusätzlich für diesen Zeitraum geschuldet wird.

118 *Meier/Kirschhöfer* BB 2020, 967 (968).
119 So aber Meier/Kirschhöfer BB 2020, 967 (968).
120 Zur unechten Rückwirkung BVerfG 30, 392 ff. (404); 103, 197 ff. (288 f.); 103, 392 ff. (403); 109, 96 ff. (122); Maunz/Dürig/*Grzeszick* GG Art. 20 Rn. 88.
121 Vgl. zur Entstehungsgeschichte des § 491 BGB nur NK-BGB/*Krämer* Vor § 491 ff. Rn. 6 ff.
122 BT-Drs.19/18110, S. 40.
123 BT-Drs.19/18110, S. 40.

124 *Lühmann* NJW 2020, 1321 (1324); *Meier/Kirschhöfer* BB 2020, 967 (968); *Scholl* WM 2020, 765 (771).
125 Vgl. dazu auch *Scholl* WM 2020, 765 (771).
126 BT-Drs.19/18110, S. 40.
127 § 488 Abs. 1 S. 2 BGB.
128 *Scholl* WM 2020, 765 (771).
129 *Scholl* WM 2020, 765 (771).
130 *Scholl* WM 2020, 765 (771).

61 Dies führt entgegen der Ansicht von *Scholl*[131] nicht stets zu interessengerechten Lösungen. Zwar ist bei normalverzinslichen Darlehen anzunehmen, dass eine solche Lösung interessengerecht ist, da zum einen dem Darlehensnehmer in seiner kurzfristigen Notlage beigestanden wird, der Darlehensgeber aber für die verlängerte Kapitalnutzungsdauer eine angemessene Gegenleistung erhält.[132] Eine andere Beurteilung ist jedoch angebracht, wenn die Verlängerung hochverzinsliche Verbraucherdarlehen betrifft. Dies sind regelmäßig Kontokorrentkredite (eingeräumte Überziehungsmöglichkeit, § 504 BGB, und geduldete Überziehung, § 505 BGB). Verbraucher werden gerade mit der Bedienung solcher Verbraucherdarlehen in der Krise in Schwierigkeiten geraten; sie weisen oft eine Verzinsung im zweistelligen Prozentbereich auf, so dass etwa ein mit 12 % p.a. verzinstes Kontokorrentdarlehen über 10.000 EUR zusätzliche Vertragszinsen iHv 300 EUR für drei Monate und im Fall der Vertragsverlängerung auf 12 Monate gem. § 4 Abs. 1 Nr. 3 iHv 1.200 EUR auslösen würde. Zum Schutz von Verbrauchern greift im Fall eines Zahlungsverzugs grundsätzlich die Schutzvorschrift des § 497 BGB. Das Eingreifen dieser Vorschrift ist für die COVID-19-Pandemie hinsichtlich § 3 nicht angeordnet. § 497 sorgt bei Verzug nicht zahlungsfähiger Darlehensnehmer dafür, dass statt der normalen Vertragszinsen nur die gesetzlichen Verzugszinsen gemäß § 488 Abs. 1 S. 2 BGB geschuldet sind. Dies sind 5 % über dem Basiszinssatz, derzeit also ca. 4,12 % pro Jahr. Bei Immobilien-Verbraucherdarlehensverträgen sind dies momentan sogar nur 2,5 Prozentpunkte über dem Basiszinssatz, also derzeit ca. 1,62 %. Entgegen dem gesetzgeberischen Willen beim Erlass des § 3[133] würde eine Stundung von Rückzahlungspflichten bei Kontokorrentdarlehen für viele wenig solvente Verbraucher eine **Schuldenfalle**. Es würde eine **erhebliche**, bzw. im Fall der Ausdehnung der Vertragslaufzeit auf zwölf Monate **drastische Zinserhöhung bewirken**.

62 Daher ist uE die Schuldnerschutzvorschrift des **§ 497 Abs. 1 S. 1 BGB analog auf die gem. § 3 Abs. 5 angeordnete Vertragsverlängerung bei Kontokorrentkredite anzuwenden**;[134] für die Zeit der Vertragsverlängerung würden daher nur die gesetzlichen Verzugszinsen geschuldet, soweit dies für den Verbraucher günstiger ist. Eine planwidrige Regelungslücke liegt vor, da entgegen der ausdrücklichen gesetzgeberischen Intention des Schutzes der Verbraucher durch § 3[135] weder der Wortlaut ausdrücklich Anpassungen des Vertragszinses für die Vertragsverlängerung gem. § 3 Abs. 5 regelt noch die Gesetzesbegründung hierauf eingeht. Angesichts des in großer Eile gefertigten und beschlossenen Gesetzes hat der Gesetzgeber dieses Problem mutmaßlich übersehen. Auch eine vergleichbare Interessenlage liegt vor. § 3 Abs. 5 führt im Fall von hochverzinslichen Kontokorrentkrediten zu einer erheblichen Mehrbelastung von Verbrauchern, obwohl der Gesetzgeber eigentlich ihren Schutz intendierte. Insoweit ist die drohende „Schuldenfalle" der Problematik des „modernen Schuldturms" vergleichbar, die § 497 BGB gerade lindern soll.[136] Diese Konstellation ist dadurch gekennzeichnet, dass der Kreditgeber nach einer Kündigung des Kredits diesen insgesamt fällig stellt, und der Verbraucher in der Folge neben der Pflicht zur sofortigen Rückzahlung erheblichen Belastungen durch Verzugszins und Schadensersatzansprüchen ausgesetzt ist; im Kern soll daher dem stetigen Anwachsen der Gesamtschuld des Verbrauchers entgegengewirkt werden.[137] Durch die Verlängerung der Vertragsdauer erhöht sich die Gesamtschuld des Darlehensnehmers bei normaler Verzinsung erheblich. Dem ist uE durch eine Reduzierung des vertraglich geschuldeten Zinses auf den Verzugszinssatz zu als Höchstbetrag zu begegnen.

63 Auch § 497 Abs. 2 S. 1 ist analog anzuwenden.[138] Hiernach müssen entgegen ursprünglicher Fälligkeit nicht gezahlte Beträge von den Darlehensgeber auf einem gesonderten Konto verbucht werden und dürfen keinesfalls in ein Kontokorrent mit dem geschuldeten Betrag oder anderen Forderungen des Darlehensgebers eingestellt werden. Ansonsten käme es zu einem ungewollten Zinseszinseffekt, der angesichts der bei Kontokorrentkrediten erheblichen vertraglichen Zinsen den Schutz des Art. 240 § 3 EGBGB konterkarieren würde.[139]

64 **2. Abschrift der Vertragsänderungen (Abs. 5 S. 2).** Der Darlehensgeber ist gem. Abs. 5 S. 2 **verpflichtet, dem Darlehensnehmer eine Abschrift des Vertrages mit den neuen Vertragsänderungen zur Verfügung zu stellen**, damit der Verbraucher die Änderungen überblicken kann. Diese muss den Anforderungen des § 492 BGB genügen.[140]

---

131 *Scholl* WM 2020, 765 (771).
132 *Scholl* WM 2020, 765 (771).
133 BT-Drs.19/18110, S. 37 f.
134 NK-BGB/*Krämer* (4. Aufl., erscheint demnächst) § 497 Rn. 4 a.
135 BT-Drs.19/18110, S. 37 f.
136 BT-Drs. 11/5462, S. 13, 25; NK-BGB/*Krämer* § 497 Rn. 1, 3; MüKoBGB/*Schürnbrand/Weber* § 497 Rn. 2; BeckOK BGB/*Möller* § 491 Rn. 16.

137 BeckOK BGB/*Möller* § 491 Rn. 16.
138 NK-BGB/*Krämer* (4. Aufl., erscheint demnächst) § 497 Rn. 4 a.
139 NK-BGB/*Krämer* § 497 Rn. 7, 9.
140 Uhlenbruck/*Möllnitz/Schmidt-Kessel* COVInsAG Art. 240 §§ 1–4 Rn. 173.

VI. Nichtgeltung von Schutzvorschriften bei Unzumutbarkeit für Darlehensgeber (Abs. 6)

Abs. 6 regelt zum Schutz von unzumutbar belasteten Darlehensgebern, dass die Schutzvorschriften gem. **65** Abs. 1–5 unter bestimmten Voraussetzungen nicht anzuwenden sind. Die Gesetzesbegründung begründet dies mit erheblichen Eingriffen in das Darlehensvertragsverhältnis, da grundrechtlich geschützte Position der Darlehensgeber betroffen und sie in ihrer wirtschaftlichen Betätigungsfreiheit erheblich beeinträchtigt seien.[141] Regelmäßig soll aber das große Schutzbedürfnis von Verbrauchern gegenüber dem Interesse der Darlehensgeber an einer normalen Vertragserfüllung überwiegen.[142]

Abs. 6 soll in außergewöhnlichen Fallkonstellationen eingreifen, die eine Fortsetzung des Darlehensvertrags **66** während des Stundungszeitraums im Einzelfall für den Darlehensgeber unzumutbar erscheinen lassen. Gemeint sind hier gravierende oder sich über einen längeren Zeitraum hinziehende schuldhafte Pflichtverletzungen des Verbrauchers, wie beispielsweise betrügerische Angaben oder vertragswidrige Veräußerungen von Sicherheiten vor oder während der pandemiebedingten Ausnahmesituation; diese beeinträchtigen das Sicherungsinteresse des Gläubigers erheblich.[143]

Denkbar sind auch Fälle, in denen beispielsweise ein einzelkaufmännischer Arbeitgeber ein Darlehen an **67** Arbeitnehmer gewährt hatte (zu marktüblichen Konditionen, so dass ein Verbraucherdarlehen vorliegt, § 491 Abs. 2 S. 2 Nr. 4 BGB) und dessen Nichtbedienung den Lebensunterhalt des Unternehmers und seine Familie stärker gefährden würde als die weiteren Zahlungen den Lebensunterhalt des Darlehensnehmers.

In diesen Ausnahmefällen ist eine **Gesamtabwägung im Einzelfall erforderlich**, um unverhältnismäßige **68** und damit verfassungsrechtlich bedenkliche Belastungen des Darlehensgebers zu vermeiden.

Ausgeschlossen sind jedenfalls die Rechtsfolgen der Abs. 1, 3 und 5. Bedenklich ist darüber hinaus, dass **69** grundsätzlich auch die Pflichten bzw. Folgen der Abs. 2 und 4 ausgeschlossen sind.[144]

VII. Entsprechende Anwendung bei Gesamtschuld (Abs. 7)

Wird ein Darlehensvertrag von mehreren Darlehensnehmern abgeschlossen, sind diese regelmäßig Gesamt- **70** schuldner. Als Anwendungsfälle des Abs. 7 kommen zunächst sowohl Verträge mit mehreren Verbraucherdarlehensnehmern in Betracht; praktisch bedeutsam dürfte indes auch der sichernde Schuldbeitritt eines GmbH-Gesellschafters (oder anderer wirtschaftlich beteiligter Personen) zu Darlehensforderungen gegen die GmbH sein.[145] Der Darlehensgeber kann gem. § 421 BGB grundsätzlich von jedem der Darlehensnehmer die Zahlung des vollen geschuldeten und fälligen Betrages verlangen. Eine etwaige Stundung gem. § 3 Abs. 1 wirkt dem. § 425 BGB jedoch nur gegenüber den einzelnen Gesamtschuldner, nicht gegenüber allen.[146] Dieser Grundsatz soll durch § 3 Abs. 7 modifiziert werden. Die entstehende Regressbehinderung („gestörte Gesamtschuld") wird einseitig dem zuerst Leistenden bzw. in Anspruch genommenen Gesamtschuldner aufgebürdet.[147] Die Gesetzesbegründung ist äußerst missverständlich und verkennt die Auswirkungen des § 3 Abs. 7 grundlegend.[148]

Nach der Gesetzesbegründung sollen die Vorschriften der Abs. 1–6 auch dann eingreifen, „wenn von meh- **71** reren Darlehensnehmern als Gesamtschuldnern zugunsten eines der Schuldner die Stundungswirkung des Abs. 1 eintritt, zugunsten eines anderen aber – etwa weil er keine Einnahmeminderung erleidet – nicht"; der Gläubiger solle während des Stundungszeitraums nicht berechtigt sein, gem. § 426 Abs. 1 BGB den gestundeten Betrag von den anderen zusätzlich zu deren Anteil zu verlangen.[149] An einem Beispielsfall sollen die grundlegenden Folgen des § 3 Abs. 7 verdeutlicht werden:

Beispiel: Es besteht ein Verbraucherdarlehensvertrag zwischen dem Darlehensgeber (D) und drei Verbrauchern (V1, V2 und V3). Sie schulden die Rückzahlung der Darlehensvaluta im Innenverhältnis je zu einem Drittel. V1 beruft sich gegenüber D wirksam auf die Stundung gem. § 3 Abs. 1. D verlangt nun von V2 die Leistung der Raten für den Zeitraum April bis Juni 2020.

Der Gesetzgeber scheint davon auszugehen, dass der Gläubiger (D) von V2 nur zwei Drittel der monatlichen Raten (Raten von V2 und V3) für die Monate April bis Juni 2020 zu fordern berechtigt ist.[150] Dies stützt die Gesetzesbegründung auf die Anwendung von § 426 Abs. 1 BGB. Dies regelt die Norm aber nicht. **Der Gläubiger kann von einem nicht von der Stundung betroffenen Gesamtschuldner die gesamte**

141 BT-Drs.19/18110, S. 40.
142 BT-Drs.19/18110, S. 40.
143 BT-Drs.19/18110, S. 40.
144 *Scholl* WM 2020, 765 (770).
145 Uhlenbruck/*Möllnitz/Schmidt-Kessel* COVInsAG Art. 240 §§ 1–4 Rn. 176.
146 Lühmann NJW 2020, 1321 (1324); Uhlenbruck/ *Möllnitz/Schmidt-Kessel* COVInsAG Art. 240 §§ 1–4 Rn. 175.
147 Uhlenbruck/*Möllnitz/Schmidt-Kessel* COVInsAG Art. 240 §§ 1–4 Rn. 175.
148 Vgl. dazu auch eingehend *Scholl* WM 2020, 765 (772).
149 BT-Drs.19/18110, S. 40.
150 BT-Drs.19/18110, S. 40.

fällige Forderung verlangen.[151] D kann daher von V2 die Leistung der vollständigen Raten für April bis Juni 2020 verlangen. Der entgegenstehende Wille in der Gesetzesbegründung ist unerheblich, da er keinen Niederschlag im Wortlaut gefunden hat.[152]

72   Durch den Bezug auf § 426 BGB greifen die Modifikationen des § 3 Abs. 7 aber für das Innenverhältnis der Gesamtschuldner. **Leistet einer der Gesamtschuldner an den Gläubiger, wird sein Regressanspruch gegenüber dem von der Stundung betroffenen Gesamtschuldner vorübergehend ausgeschlossen.** Im Innenverhältnis sind V1, V2 und V3 grundsätzlich zu gleichen Teilen verpflichtet. Die Stundung gegenüber dem V1 führt aber dazu, dass dieser im Innenverhältnis gegenüber V2 für den Zeitraum der Stundung nicht leisten muss. Zwischen den übrigen Gesamtschuldnern, V2 und V3 greift § 426 Abs. 1 S. 2 BGB ein. Die Norm regelt den Ausfall eines Gesamtschuldners; in diesem Fall müssen alle übrigen Gesamtschuldner (V2 und V3) den Verlust zu gleichen Teilen tragen. **Der Leistende kann daher für den Zeitraum der Stundung nur Ausgleich von den Gesamtschuldnern verlangen, für die keine Stundung gem. § 3 Abs. 1 eingreift.** V2 kann also zunächst von V3 1/2 der Gesamtdarlehenssumme als Regress fordern; nach Ablauf der Stundung können V2 und V3 jeweils 1/6 des geschuldeten Betrags von V1 fordern.

73   Die Gesetzesbegründung spricht zudem den Anwendungsfall des § 426 Abs. 2 BGB an: Befriedigt V2 die Forderung des D aus dem Beispiel aus → Rn. 71, so kann er gem. § 426 Abs. 2 BGB zunächst nur von V3 Regress verlangen. Die Gesetzesbegründung meint, dass ein Gesamtschuldner, der die Forderung des Darlehensgebers befriedige, „während des Stundungszeitraums nicht von den übrigen Schuldnern gemäß § 426 Absatz 2 BGB Ausgleich verlangen" dürfte.[153] Diese Formulierung ist missverständlich. **Richtigerweise besteht eine Beschränkung des Regressanspruchs gem. § 426 Abs. 2 BGB nur gegenüber Gesamtschuldnern, für die eine Stundung gem. § 3 Abs. 1 eingreift; gegenüber anderen Gesamtschuldnern wird die Regressmöglichkeit nicht beeinträchtigt.** Die Regressansprüche gegen sich auf die Stundung berufenden Gesamtschuldner werden um jeweils drei Monate aufgeschoben.[154]

74   Im Übrigen sind die Rechtsfolgen unklar hinsichtlich der Anordnung der Anwendung des § 426 BGB auf die übrigen Absätze des § 3, insbes. Abs. 4–6. Die Gesetzesbegründung äußert sich zu den schwierigen Anwendungsfragen nicht. Eine Anwendung des § 426 BGB gem. § 3 Abs. 7 muss die jeweiligen Besonderheiten des Einzelfalls berücksichtigen.[155] Ist der in Anspruch genommene Gesamtschuldner Verbraucher, muss er uU gegenüber dem Regressschuldner Pflichten gem. § 3 Abs. 4 iVm Abs. 7 erfüllen. Ein Verbraucher wird diese Pflichten aber eventuell nicht erfüllen können, da er keine entsprechenden Kenntnisse hat und auch nicht erwartet werden kann, dass er sich diese kurzfristig beschafft. Dieser Tatsache muss im Rahmen der Abwägung gem. § 3 Abs. 6 iVm Abs. 7 Rechnung getragen werden. Der anspruchsberechtigte Gesamtschuldner wird jedenfalls ein Gespräch herbeiführen müssen, ohne dem gleichen Pflichtenmaßstab zu unterliegen wie der ursprüngliche Darlehensgeber. Im Übrigen ist § 3 Abs. 6 iVm Abs. 7 für den Regressschuldner aber gefährlich, denn die Voraussetzungen des Abs. 6 werden im Fall eines Verbrauchers als Gläubiger eher eintreten als bei dem ursprünglichen Darlehensgeber.[156]

VIII. Verordnungsermächtigung (Abs. 8)

75   Die Bundesregierung wird gem. § 3 Abs. 8 ermächtigt, durch Rechtsverordnung mit Zustimmung des Bundestags, aber ohne Zustimmung des Bundesrates, den persönlichen Anwendungsbereich des § 3 zu ändern, insbes. auch auf andere Darlehensnehmer zu erweitern. Die Erweiterung auf Kleinstunternehmen ist bereits im Wortlaut des § 3 Abs. 8 angelegt. Im Regierungsentwurf war noch ein kompliziertes Gesetzgebungsverfahren nach dem Vorbild von § 67 KrWG enthalten.[157] Dies ist im Rahmen des Gesetzgebungsverfahrens entfallen.[158]

76   Die Verordnungsermächtigung erlaubt insbesondere die Erweiterung des persönlichen Anwendungsbereichs, so dass die Regelung auf Kredite aller Arten von Kreditnehmern – insbesondere auch reine Privatkredite – ausgedehnt werden könnte. Hierbei wird der Gesetzgeber aber zu beachten haben, dass in diesem Fall auch Verbraucher selbst als Darlehensgeber von etwaigen negativen Auswirkungen wie Einnahmeausfällen aufgrund einer Stundung gem. § 3 Abs. 1 betroffen sein können. Der Verordnungsgeber ist darüber hinaus auch berechtigt, den Kreis der geschützten Verbraucher weiter einzuschränken.[159]

151   So auch *Lühmann* NJW 2020, 1321 (1324).
152   BVerfGE 54, 277 (297 f.) = NJW 1981, 39 (42 f.); BVerfGE 62, 1 (44 f.); = NJW 1983, 735; *Lühmann* NJW 2020, 1321 (1324).
153   BT-Drs.19/18110, S. 41.
154   *Scholl* WM 2020, 765 (772).
155   Uhlenbruck/*Möllnitz/Schmidt-Kessel* COVInsAG Art. 240 §§ 1–4 Rn. 177.
156   Uhlenbruck/*Möllnitz/Schmidt-Kessel* COVInsAG Art. 240 §§ 1–4 Rn. 179.
157   BT-Drs. 19/18110, S. 41.
158   Die Änderung geht auf eine Beschlussempfehlung des Ausschusses für Recht und Verbraucherschutz vom 25.3.2020 zurück, BT-Drs. 19/18129, S. 3; vgl. Uhlenbruck/*Hirte* COVInsAG Vor. Art. 1 Rn. 18.
159   Uhlenbruck/*Möllnitz/Schmidt-Kessel* COVInsAG Art. 240 §§ 1–4 Rn. 141.

Art. 240 § 4 EGBGB Verordnungsermächtigung

(1) Die Bundesregierung wird ermächtigt, durch Rechtsverordnung ohne Zustimmung des Bundesrates

1. **die Dauer des Leistungsverweigerungsrechts nach § 1 bis längstens zum 30. September 2020 zu verlängern,**
2. **die in § 2 Absatz 1 und 3 enthaltene Kündigungsbeschränkung auf Zahlungsrückstände zu erstrecken, die im Zeitraum vom 1. Juli 2020 bis längstens zum 30. September 2020 entstanden sind,**
3. **den in § 3 Absatz 1 genannten Zeitraum bis zum 30. September 2020 und die in § 3 Absatz 5 geregelte Verlängerung der Vertragslaufzeit auf bis zu zwölf Monate zu erstrecken,**

wenn zu erwarten ist, dass das soziale Leben, die wirtschaftliche Tätigkeit einer Vielzahl von Unternehmen oder die Erwerbstätigkeit einer Vielzahl von Menschen durch die COVID-19-Pandemie weiterhin in erheblichem Maße beeinträchtigt bleibt.

(2) Die Bundesregierung wird ermächtigt, durch Rechtsverordnung mit Zustimmung des Bundestages und ohne Zustimmung des Bundesrates die in Absatz 1 genannten Fristen über den 30. September 2020 hinaus zu verlängern, wenn die Beeinträchtigungen auch nach Inkrafttreten der Rechtsverordnung nach Absatz 1 fortbestehen.

A. Grundlagen 1
B. Die Regelung im Einzelnen 2
   I. Verordnungsermächtigung für die Bundesregierung zur Verlängerung bis 30.9.2020
     (Abs. 1) 2
     1. Verlängerungen der §§ 1–3 (Abs. 1 Hs. 1) 3
     2. Erwartung erheblicher Beeinträchtigungen durch COVID-19-Pandemie (Abs. 1 Hs. 2) 9

II. Weitere Verordnungsermächtigung (Abs. 2) ... 13
III. Verfassungsrechtliche Einordnung der Regelung 14
   1. Keine Zustimmung des Bundesrats nach Art. 80 Abs. 2 GG erforderlich 14
   2. Bewertung der Ermächtigung nach dem Bestimmtheitsgebot des Art. 80 Abs. 1 GG 15

A. Grundlagen

Art. 240 EGBGB wurde angesichts der COVID-19-Pandemie verabschiedet, um die kurzfristigen Auswir- **1** kungen auf das öffentliche Leben abzumildern. Aufgrund des beschränkten Anwendungsbereichs des Gesetzes sind seine Regelungen befristet (Art. 240 § 1 Abs. 1 S. 1, § 2 Abs. 1 S. 1, § 3 Abs. 1 S. 1 EGBGB). Angesichts der zum Zeitpunkt der Gesetzgebung im März 2020 unklaren Lage und der ungewissen Entwicklung der COVID-19-Pandemie hat der Gesetzgeber vorgesehen, dass die Geltung der befristeten Regelungen der §§ 1–3 mittels Rechtsverordnung durch die Bundesregierung verlängert werden können, „wenn zu erwarten ist, dass das soziale Leben, die wirtschaftliche Tätigkeit einer Vielzahl von Unternehmen oder die Erwerbstätigkeit einer Vielzahl von Menschen durch die COVID-19-Pandemie weiterhin in erheblichem Maße beeinträchtigt bleibt".

B. Die Regelung im Einzelnen

I. Verordnungsermächtigung für die Bundesregierung zur Verlängerung bis 30.9.2020 (Abs. 1)

Die **Bundesregierung kann die Geltung der §§ 1–3 nach Maßgabe des Abs. 1 Nr. 1–3 verlängern.** Sie **2** bedarf bei der Entscheidung gem. § 4 Abs. 1 weder der Zustimmung des Bundestages, noch der Zustimmung des Bundesrates. Die Geltung der Regelungen des Art. 240 EGBGB sind zeitlich unterschiedlich begrenzt. Die Verlängerungen der §§ 1–3 müssen nicht einheitlich erfolgen, im Hinblick auf § 3 sollten die Zeiträume aber harmonisiert werden.[1]

1. Verlängerungen der §§ 1–3 (Abs. 1 Hs. 1). Das Leistungsverweigerungsrecht nach § 1 besteht grund- **3** sätzlich bis zum 30.6.2020. Die Bundesregierung gem. Abs. 1 Hs. 1 Nr. 1 kann den Geltungszeitraum mittels Rechtsverordnung bis längstens zum 30.9.2020 verlängern. Unverändert ist dies aber nur für Dauerschuldverhältnisse möglich, die vor dem 8.3.2020 abgeschlossen wurden.

Die Kündigungssperre des § 2 greift grundsätzlich für die Nichtleistung von Miete bzw. Pacht im Zeitraum **4** vom 1.4.2020 bis zum 30.6.2020. Die Bundesregierung kann gem. Abs. 1 Hs. 1 Nr. 2 den Geltungszeitraum mittels Rechtsverordnung auf Zahlungsrückstände erstrecken, die im Zeitraum vom 1.7.2020 bis längstens

---

1   Uhlenbruck/*Möllnitz/Schmidt-Kessel* COVInsAG
   Art. 240 §§ 1–4 Rn. 184.

zum 30.9.2020 entstanden sind. Unverändert müssen diese Rückstände aber bis zum 30.6.2022 zurückge-führt werden.

5 Die kraft Gesetzes eingreifende Stundung von Rückzahlungs-, Zins- sowie Tilgungsansprüchen eines Darle-hensgebers aus einem Verbraucherdarlehensvertrag (§ 3 Abs. 1) greift für Ansprüche, die zwischen dem 1.4.2020 und dem 30.6.2020 fällig werden. Auch der Ausschluss von Kündigungsmöglichkeiten (§ 3 Abs. 3) greift für diesen Zeitraum ein. Gem. § 3 Abs. 5 verlängert sich auch die Laufzeit des Verbraucher-darlehensvertrags um drei Monate. Die Bundesregierung kann gem. Abs. 1 Hs. 1 Nr. 3 die Dauer der Stun-dung gem. § 3 Abs. 1 um drei Monate verlängern. Dies wirkt sich auch auf die Kündigungsbeschränkung gem. § 3 Abs. 3 aus, da diese unmittelbar an § 3 Abs. 1 gekoppelt ist. Die Bundesregierung soll auch die Dauer der Vertragsverlängerung anpassen können auf bis zu zwölf Monate.

6 Die Verlängerung der Stundungswirkung auf einen maximalen Zeitraum von sechs Monaten (1.4.2020 bis 30.9.2020) stimmt zeitlich nicht überein mit der Möglichkeit der Verlängerung der Vertragslaufzeit gem. § 3 Abs. 5 auf bis zu zwölf Monate. Es dürfte sich uE hierbei aber nur um ein Redaktionsversehen des Gesetzgebers handeln.[2] Die Regierungsbegründung spricht noch von einer Verlängerung auch der Stun-dungswirkung auf bis zu zwölf Monate.[3] UE ist davon auszugehen, dass die Bundesregierung von ihrer Ermächtigung nur insoweit Gebrauch machen wird, dass es eine harmonisierte Laufzeit zwischen Stundung und Verlängerung der Vertragslaufzeit geben wird.

7 § 4 Abs. 1 Nr. 3 adressiert nicht ausdrücklich die Auswirkungen von Verlängerungen auf bereits geschlosse-ne Individualvereinbarung unter Anwendung des § 3 Abs. 2. Diese Vereinbarungen werden uE von der Verlängerung nicht berührt. Die Voraussetzungen des § 3 Abs. 1 sind regelmäßig nicht mehr erfüllt; zudem sind die Parteien bewusst von den gesetzlichen Wirkungen des § 3 Abs. 1 abgewichen, so dass die gesetzli-chen verlängerten Fristen für sie nicht mehr gelten.[4]

8 Gemäß Art. 6 Abs. 4 des Gesetzes zur Abmilderung der Folgen der COVID-19-Pandemie im Zivil-, Insol-venz- und Strafverfahrensrecht vom 27.3.2020 tritt Art. 240 EGBGB insgesamt am 30.9.2022 außer Kraft. Da es sich bei den von Art. 240 EGBGB erfassten Verträgen um Dauerschuldverhältnisse handelt, scheidet eine Anwendung auf spätere Zeiträume grundsätzlich aus. Eine Ausnahme gilt nur für die Verlängerung der Vertragslaufzeit gemäß § 3 Abs. 5. Denn die Verschiebung der Fälligkeit von Zins- und Tilgungsleistungen in Verbraucherdarlehensverträgen greift auch für solche Verträge, die eine längere Laufzeit haben.[5]

9 **2. Erwartung erheblicher Beeinträchtigungen durch COVID-19-Pandemie (Abs. 1 Hs. 2).** Die Ver-längerungen sind an materielle Voraussetzungen gebunden. Sie sind (nur dann) möglich, „wenn zu erwarten ist, dass das soziale Leben, die wirtschaftliche Tätigkeit einer Vielzahl von Unternehmen oder die Erwerbs-tätigkeit einer Vielzahl von Menschen durch die COVID-19-Pandemie weiterhin in erheblichem Maße beeinträchtigt bleibt". Diese Erwartung muss objektiv bestimmt und durch die Bundesregierung positiv fest-gestellt werden; sie knüpft an soziale und wirtschaftliche Auswirkungen an. (vgl. zu verfassungsrechtlichen Bedenken → Rn. 14 ff.).[6]

10 Kriterien zur Beurteilung der Gebotenheit lassen sich den Gesetzesmaterialien nicht entnehmen.[7] Im Gesetzentwurf werden die Maßnahmen in Art. 240 EGBGB mit den Auswirkungen von Schutzmaßnahmen zur Vermeidung der Ausbreitung der COVID-19-Pandemie begründet; insbesondere der drohende Verlust von Leistungen der Grundversorgung für Verbraucher und Kleinstunternehmen soll den Erlass von Art. 240 EGBGB rechtfertigen.[8] Eine Verlängerung wird daher geboten sein, wenn die Gefahren in vergleichbarer Intensität wie zum Zeitpunkt der Verabschiedung des Art. 240 EGBGB auch für den Verlängerungszeitraum fortbestehen.

11 § 4 Abs. 1 eröffnet eine Ermessensentscheidung für die Bundesregierung. Die Bundesregierung ist eine Ver-waltungsbehörde und hat ihr Ermessen nach allgemeinen Rechtsgrundsätzen pflichtgemäß auszuüben. Dazu gehört insbesondere, dass sie den Grundsatz der Verhältnismäßigkeit beachtet. Die Verlängerung muss dem-nach einen legitimen Zweck erfüllen, geboten, erforderlich und angemessen sein.[9] Sollte sich die COVID-19-Pandemie-Krise auch noch im Sommer 2020 dynamisch entwickeln, muss die Bundesregierung prüfen, ob die Fristen voll auszuschöpfen sind oder nicht zunächst eine kürzere Verlängerung angemessen ist. In die Abwägung einzubeziehen sind zum einen die schutzwürdigen Interessen der Verbraucher und Kleinstunternehmen; zum anderen ist zu berücksichtigen, dass durch mit den Einschränkungen Grundrechte der Vertragspartner der Verbraucher und Kleinstunternehmen eingeschränkt werden. Die Bundesregierung

---

2   Vgl. auch *Scholl* WM 2020, 765 (772).
3   BT-Drs. 19/18110, S. 41.
4   *Lühmann* NJW 2020, 1321 (1326).
5   Eingehend Uhlenbruck/*Möllnitz/Schmidt-Kessel* COVInsAG Art. 240 §§ 1–4 Rn. 182.
6   Uhlenbruck/*Möllnitz/Schmidt-Kessel* COVInsAG Art. 240 §§ 1–4 Rn. 181.

7   BT-Drs. 19/18110, S. 41.
8   Beschlussempfehlung des Ausschusses für Recht und Verbraucherschutz, BT-Drs. 19/18129, S. 1; BT-Drs. 19/18110, S. 1 f.
9   Maunz/Dürig/*Grzeszick* GG Art. 20 VII. Rn. 107 ff.

muss im Zeitpunkt ihrer Entscheidung eine Prognose treffen, ob die Schutzmaßnahmen für den avisierten Verlängerungszeitraum fortbestehen werden und weiterhin erhebliche Auswirkungen auf die Handlungsfähigkeit von Unternehmen bestehen.

Ob die Bundesregierung ihr Ermessen rechtmäßig ausgeübt hat, unterliegt grundsätzlich einer gerichtlichen **12** Kontrolle.[10] Für Verbraucher und Kleinstunternehmen bestehen Risiken, wenn sie sich auf die Geltung der verlängerten Vorschriften berufen. In späteren Prozessen werden die Gerichte prüfen, ob die Rechtsverordnung wirksam ist, dh ob die Bundesregierung ihr Ermessen rechtmäßig ausgeübt hat. Kommt das Gericht zu dem Ergebnis, das dem nicht so ist, kann die Klage allein aus diesem Grund Erfolg haben. Denn das Gericht hat für untergesetzliche Normen wie eine Rechtsverordnung eine Verwerfungskompetenz; Art. 100 Abs. 1 GG findet keine Anwendung.[11]

II. Weitere Verordnungsermächtigung (Abs. 2)

§ 4 Abs. 2 gestattet weitere Verlängerungen der Maßnahmen gemäß Art. 240 §§ 1–3 EGBGB. Im **13** Unterschied zu § 4 Abs. 1 liegen diese Entscheidungen nicht allein in der Hand der Bundesregierung. Sie bedürfen zusätzlich der Stimmung des Bundestages, aber nicht des Bundesrates. Da Art. 240 EGBGB gem. Art. 6 Abs. 4 des Gesetzes zur Abmilderung der Folgen der COVID-19-Pandemie im Zivil-, Insolvenz- und Strafverfahrensrecht vom 27.3.2020 am 30.9.2022 außer Kraft tritt, kann eine weitere Ermächtigung jeweils höchstens bis zu diesem Zeitpunkt erfolgen.[12]

III. Verfassungsrechtliche Einordnung der Regelung

1. Keine Zustimmung des Bundesrats nach Art. 80 Abs. 2 GG erforderlich. Gem. Art. 240 § 4 Abs. 1 **14** und 2 iVm Art. 80 Abs. 2 GG darf die **Bundesregierung die Rechtsverordnung ohne Zustimmung des Bundesrates erlassen.** Grundsätzlich bedürfen zwar Rechtsverordnungen aufgrund von Bundesgesetzen, die der Zustimmung des Bundesrates bedürfen, ebenfalls der Zustimmung des Bundesrates. Dies gilt aber nicht, wenn bundesgesetzlich etwas anderes bestimmt ist („vorbehaltlich anderweitiger bundesgesetzlicher Regelungen"). Art. 240 § 4 EGBGB bestimmt als Bundesgesetz ausdrücklich, dass der Bundesrat der Rechtsverordnung nicht zustimmen muss;[13] der Bundesrat hat an diesem Gesetz ordnungsgemäß mitgewirkt und seine Entscheidungsmöglichkeit somit bewusst selbst mit eingeschränkt.[14] Diese jedenfalls gem. § 4 Abs. 1 damit bestehende letztlich freie, durch den Bundesrat nicht kontrollierte Entscheidungsbefugnis einer Verwaltungsbehörde über die erhebliche Ausweitung der grundrechtsbeschränkenden Vorschriften des Art. 240 EGBGB bestärken die verfassungsmäßigen Bedenken gegen diese Vorschrift zusätzlich.

2. Bewertung der Ermächtigung nach dem Bestimmtheitsgebot des Art. 80 Abs. 1 GG. Art. 80 GG **15** normiert die Möglichkeit der Legislative, der Exekutive partiell legislatorische Befugnisse zu übertragen und ihr zu gestatten, Rechtsverordnungen zu erlassen. Um den Grundsatz der Gewaltenteilung zu schützen und um zu verhindern, dass die Legislative sich selbst ermächtigt und der Exekutive zu weitreichende Befugnisse einräumt, müssen gem. Art. 80 Abs. 1 S. 2 GG **Inhalt, Zweck und Ausmaß der erteilten Ermächtigung im Gesetze bestimmt** werden. Das BVerfG entnimmt Art. 80 Abs. 1 S. 2 GG ein Bestimmtheitsgebot.[15] Inhalt, Zweck und Ausmaß der erteilten Ermächtigung müssen danach im Gesetz „hinreichend" bestimmt werden.[16] Fraglich ist, ob § 4 diesem Erfordernis entspricht: Relevant ist hier das Ausmaß der Ermächtigung. Der Gesetzgeber muss die **Grenzen der Regelungsmacht des Verordnungsgebers festsetzen**, also den Umfang der Ermächtigung fixieren.[17] Dessen Ausmaß muss sich mit hinreichender Deutlichkeit aus dem begrenzten Zweck der Ermächtigung[18] oder aus ihrem Zusammenhang mit anderen Vorschriften ergeben.[19] Nach dem BVerfG muss das Ausmaß der Delegation nicht ausdrücklich im Text der Ermächtigungsnorm selbst bestimmt sein; vielmehr reicht es aus, dass sich die Bestimmtheit einer Verordnungsermächtigung durch Auslegung ermitteln lässt.[20] Für die Anwendung des Art. 80 Abs. 1 S. 2 GG und für die Ermittlung, welche Bestimmtheitsanforderungen im Einzelnen erfüllt sein müssen, ist die Rege-

10   Maunz/Dürig/*Remmert* GG Art. 80 Rn. 141, 144; aA
     Uhlenbruck/*Möllnitz/Schmidt-Kessel* COVInsAG
     Art. 240 §§ 1–4 Rn. 184, die von einer Einschät-
     zungsprärogative der Bundesregierung ausgehen.
11   Maunz/Dürig/*Remmert* GG Art. 80 Rn. 139.
12   *Schmidt-Kessel/Möllnitz* NJW 2020, 1103 (1107);
     Uhlenbruck/*Möllnitz/Schmidt-Kessel* COVInsAG
     Art. 240 §§ 1–4 Rn. 181.
13   Eine anderweitige Regelung kann das Zustimmungs-
     bedürfnis einschränken, vgl. BVerfGE 106, 1 (25).
14   BVerfGE 136, 69 (103) zur Gewährleistungsfunktion
     der Rechte des BR durch Art. 80 Abs. 2 GG.
15   BVerfGE 113, 267 (268 f.); zur Rechtsprechung und
     den vom BVerfG entwickelten Konkretisierungsfor-
     meln vgl. eingehend Maunz/Dürig/*Remmert*, Stand:
     Oktober 2019, GG Art. 80 Rn. 64 ff.
16   BVerfGE 113, 267 (269); BVerfGE 123, 1 (78).
17   BVerfGE 5, 71 (77); 35, 179 (183).
18   BVerfGE 4, 7 (22); 8, 274 (318); 38, 61 (84).
19   BVerfGE 7, 267 (273 f.); 35, 179 (183).
20   BVerfGE 143, 38 (60); BVerfG NVwZ 2018, 1703
     (1712).

lungsintensität der ermächtigungsgesetzlich ermöglichten Verordnungsbestimmungen bedeutsam; an die Bestimmtheit einer Ermächtigung sind umso höhere Anforderungen zu stellen, je schwerwiegender die Auswirkungen der gesetzgeberischen Delegation sind.[21] Das Bestimmtheitsgebot hat besonderes Gewicht im Fall von ermöglichten Eingriffen in grundrechtlich geschützte Bereiche;[22] an Ermächtigungen zu belastenden Regelungen sind daher strenge Anforderungen zu stellen.[23]

Wendet man diese Maßstäbe auf Art. 240 § 4 EGBGB an, folgt daraus:

16 Die zeitliche Reichweite der Ermächtigung ist sowohl in § 4 Abs. 1 als auch Abs. 2 hinreichend bestimmt. Der **Zeitraum**, um den die Geltung der Gesetzesteile verlängert werden kann, ist mit seiner maximalen Dauer eindeutig vorgegeben. In § 4 Abs. 1 ist dies ausdrücklich normiert, für § 4 Abs. 2 ergibt sich die maximale Dauer aus Art. 6 Abs. 4 des Gesetzes zur Abmilderung der Folgen der COVID-19-Pandemie im Zivil-, Insolvenz- und Strafverfahrensrecht vom 27.3.2020. Darüber hinaus muss bei Maßnahmen nach § 4 Abs. 2 der Bundestag zustimmen, so dass der Eingriff in die Gewaltenteilung deutlich geringer ist.

17 **Problematisch** ist aber die **Formulierung des Maßstabs**, nach dem die Bundesregierung ihre Befugnis zur Verlängerung des Anwendungszeitraums ausüben darf. Die Geltung kann verlängert werden, *„wenn zu erwarten ist, dass das soziale Leben, die wirtschaftliche Tätigkeit einer Vielzahl von Unternehmen oder die Erwerbstätigkeit einer Vielzahl von Menschen durch die COVID-19-Pandemie weiterhin in erheblichem Maße beeinträchtigt bleibt"*. Dies betrifft das „Ob" der Verlängerung; das „Wie" ist durch den Gesetzgeber festgelegt, da der Anwendungszeitraum der Art. 240 §§ 1–3 EGBGB verlängert werden kann. Angesichts der grundrechtsrelevanten Einschränkungen von Rechten durch §§ 1–3 und den damit verbundenen tiefgreifenden Eingriffen in diverse Grundrechte (→ § 1 Rn. 30; § 3 Rn. 17, 23, 60, 65 ff.) sind **an die Bestimmtheit hohe Anforderungen** zu stellen. Die Auslegung und Anwendung der Ermächtigung bergen erhebliche Rechtsunsicherheiten.[24] Weder das Gesetz noch die Regierungsbegründung liefern Anhaltspunkte oder Kriterien, wann die Erwartung einer erheblichen Beeinträchtigung gegeben ist, wonach die Geltungsdauer der Regelungen der §§ 1–3 verlängert werden können. Es ist **unklar, woran die Bundesregierung ihre Entscheidung orientieren soll**. Möglicherweise an den Empfehlungen des Robert-Koch-Instituts oder der Leopoldina – Nationale Akademie der Wissenschaften. Werden die derzeitigen Maßnahmen jedoch nur teilweise zurückgenommen oder handhaben die Bundesländer die Beschränkungen unterschiedlich, müsste die Bundesregierung beurteilen, ob es zu erwarten ist, dass weiterhin eine erhebliche Beeinträchtigung vorliegt und es geboten erscheint, die Regelungen für das gesamte Bundesgebiet zu verlängern. Mangels nachprüfbarer Kriterien und eines daher letztlich freien Ermessens der Bundesregierung kann die Frage, wann die Verlängerung geboten ist, nicht rechtssicher beantwortet werden; angesichts der erheblichen Grundrechtseingriffe ist die Vorschrift uE zu unbestimmt und **verstößt daher gegen Art. 80 Abs. 1 S. 2 GG**. Der Gesetzgeber muss die Verlängerungsentscheidung selber treffen oder er hätte klare, bestimmbare Kriterien iSv Art. 80 Abs. 1 S. 2 GG formulieren müssen. Die völlig unklare Lage der Corona-Pandemie gebietet es uE, dass das Parlament die wichtige Entscheidung über die Fortgeltung der einschneidenden Änderungen selbst fasst.

18 **Erfüllt ein ermächtigendes Bundesgesetz die verfassungsrechtlichen Anforderungen nicht, so ist es nichtig**; auch eine auf seiner Grundlage ergehende Rechtsverordnung ist nichtig.[25] Art. 240 § 4 EGBGB verstößt uE gegen Art. 80 Abs. 1 S. 2 GG. Die Bundesregierung kann daher die Geltung der §§ 1–3 nicht verlängern. Eine dennoch ergehende Verordnung wäre nichtig und damit ein rechtliches Nullum.

---

21 BVerfGE 76, 130 (143); vgl. auch BeckOK GG/*Uhle* Art. 80 Rn. 25.

22 BVerfGE 41, 251 (266).

23 BVerfGE 23, 62 (73); 48, 210 (221).

24 Ebenso *Uth/Barthen* NZM 2020, 385 (389), die auch § 2 für verfassungswidrig halten.

25 Maunz/Dürig/*Remmert* GG Art. 80 Rn. 55, 122; BeckOK GG/*Uhle* Art. 80 Rn. 29 mwN.

Art. 241 EGBGB [aufgehoben]

Art. 242 EGBGB Informationspflichten bei Teilzeit-Wohnrechteverträgen, Verträgen über langfristige Urlaubsprodukte, Vermittlungsverträgen sowie Tauschsystemverträgen

Art. 242 § 1 EGBGB Vorvertragliche und vertragliche Pflichtangaben

(1) Als vorvertragliche Informationen nach § 482 Absatz 1 des Bürgerlichen Gesetzbuchs für den Abschluss eines Teilzeit-Wohnrechtevertrags, eines Vertrags über ein langfristiges Urlaubsprodukt, eines Vermittlungsvertrags oder eines Tauschsystemvertrags sind die Angaben nach den Anhängen der Richtlinie 2008/122/EG des Europäischen Parlaments und des Rates vom 14. Januar 2009 über den Schutz der Verbraucher im Hinblick auf bestimmte Aspekte von Teilzeitnutzungsverträgen, Verträgen über langfristige Urlaubsprodukte sowie Wiederverkaufs- und Tauschverträgen (ABl. L 33 vom 3. 2. 2009, S. 10) in leicht zugänglicher Form zur Verfügung zu stellen, und zwar

1. für einen Teilzeit-Wohnrechtevertrag die Angaben nach Anhang I der Richtlinie,
2. für einen Vertrag über ein langfristiges Urlaubsprodukt die Angaben nach Anhang II der Richtlinie,
3. für einen Vermittlungsvertrag die Angaben nach Anhang III der Richtlinie,
4. für einen Tauschsystemvertrag die Angaben nach Anhang IV der Richtlinie.

(2) ¹Die Angaben in den Teilen 1 und 2 der Anhänge nach Absatz 1 Nummer 1 bis 4 sind in einem Formblatt nach den in den Anhängen enthaltenen Mustern zur Verfügung zu stellen. ²Die Angaben nach Teil 3 des Anhangs können in das Formblatt aufgenommen oder auf andere Weise zur Verfügung gestellt werden. ³Werden sie nicht in das Formblatt aufgenommen, ist auf dem Formblatt darauf hinzuweisen, wo die Angaben zu finden sind.

Art. 242 § 2 EGBGB Informationen über das Widerrufsrecht

Einem Teilzeit-Wohnrechtevertrag, einem Vertrag über ein langfristiges Urlaubsprodukt, einem Vermittlungsvertrag oder einem Tauschsystemvertrag ist ein Formblatt gemäß dem Muster in Anhang V der Richtlinie 2008/122/EG des Europäischen Parlaments und des Rates vom 14. Januar 2009 über den Schutz der Verbraucher im Hinblick auf bestimmte Aspekte von Teilzeitnutzungsverträgen, Verträgen über langfristige Urlaubsprodukte sowie Wiederverkaufs- und Tauschverträgen (ABl. L 33 vom 3. 2. 2009, S. 10) in der Sprache nach § 483 Absatz 1 des Bürgerlichen Gesetzbuchs beizufügen, in das die einschlägigen Informationen zum Widerrufsrecht deutlich und verständlich eingefügt sind.

Es wird auf die Kommentierung von *Niehuus* in der 3. Auflage verwiesen.

Art. 243 EGBGB Ver- und Entsorgungsbedingungen

¹Das Bundesministerium für Wirtschaft und Energie kann im Einvernehmen mit dem Bundesministerium der Justiz durch Rechtsverordnung mit Zustimmung des Bundesrates die Allgemeinen Bedingungen für die Versorgung mit Wasser und Fernwärme sowie die Entsorgung von Abwasser einschließlich von Rahmenregelungen über die Entgelte ausgewogen gestalten und hierbei unter angemessener Berücksichtigung der beiderseitigen Interessen

1. die Bestimmungen der Verträge einheitlich festsetzen,
2. Regelungen über den Vertragsschluss, den Gegenstand und die Beendigung der Verträge treffen sowie
3. die Rechte und Pflichten der Vertragsparteien festlegen.

²Satz 1 gilt entsprechend für Bedingungen öffentlich-rechtlich gestalteter Ver- und Entsorgungsverhältnisse mit Ausnahme der Regelung des Verwaltungsverfahrens.

1   Mit Art. 2 Nr. 3 SchuldRModG ist Art. 243 in das EGBGB eingefügt worden.[1] Art. 243 (der mit § 27 AGBG aF vor der Schuldrechtsreform 2002 für die Wasser- und Fernwärmeversorgung[2] wörtlich übereinstimmt[3] bzw. – hinsichtlich der Abwasserversorgung – mit Art. 2 Abs. 2 Überweisungsgesetz)[4] ermächtigt in verfassungsgemäßer Weise[5] das Bundesministerium für Wirtschaft und Arbeit im Einvernehmen mit dem Bundesjustizministerium durch **Rechtsverordnung** (die der Zustimmung des Bundesrates bedarf) die Allgemeinen Vertragsbedingungen für die Versorgung mit Wasser und Fernwärme sowie die Entsorgung von Abwasser (einschließlich von Rahmenbedingungen über die Entgelte) ausgewogen zu gestalten. Hierbei können unter angemessener Berücksichtigung der beiderseitigen Interessen die Bestimmungen der Verträge einheitlich festgelegt, Regelungen über den Vertragsschluss, den Gegenstand und die Beendigung der Verträge getroffen und die Rechte und Pflichten der Vertragsparteien festgelegt werden.

Keine Regelung erfahren durch Art. 243 die rechtlichen Anforderungen an die Trinkwasserqualität[6] oder die Vorgaben für die Kalkulation des Wasserpreises, die im Kommunalabgabenrecht geregelt ist, bzw. die Gewährleistung der Abwasserentsorgung (die auf der Grundlage von § 3 Abs. 4 AbwasserabgabenG[7] iVm der AbwasserV auszugestalten sind).[8] Erfasst werden von der Norm vielmehr die **Allgemeinen Vertragsbedingungen** für die Wasser-, Fernwärme- und Abwasserversorgung.[9]

Die Regelung der Verordnungsermächtigung im EGBGB wird systematisch als „Verlegenheitslösung" qualifiziert, „da es mangels wettbewerblicher Öffnung der Märkte für Wasser und Abwasser kein dem Energiewirtschafts- oder Telekommunikationsgesetz vergleichbares netzwirtschaftsrechtliches Wasser- und Abwassergesetz gibt".[10] Die Regelung zielt auf einen angemessenen Interessenausgleich zwischen den Interessen der Verbraucher an Kostengünstigkeit und sicherer Wasserversorgung sowie Abwasserentsorgung einerseits und den Gewinninteressen der Ver- und Entsorgungsunternehmen andererseits auf monopolistisch strukturierten Märkten.[11]

2   Die Ermächtigung gilt entsprechend für Bedingungen öffentlich-rechtlich gestalteter Ver- und Entsorgungsverhältnisse mit Ausnahme der Regelung des Verwaltungsverfahrens.

3   Auf der Grundlage von § 27 AGBG aF (als Vorgängerregelung des Art. 243) wurden folgende fortgeltenden Verordnungen über Ver- und Entsorgungsbedingungen erlassen:

– die Verordnung über Allgemeine Bedingungen für die Versorgung mit Fernwärme (AVB-FernwärmeVO) vom 20.6.1980[12] und die

– Verordnung über Allgemeine Bedingungen über die Versorgung mit Wasser (AVB-WasserVO) vom 20.6.1980,[13]

die mit rückwirkender Kraft zum 1.4.1980 in Kraft getreten sind und fortgelten.[14] Das BVerfG[15] hat die Rechtmäßigkeit der Rechtsverordnungen in Bezug auf die Ermächtigungsgrundlage des Art. 80 Abs. 1 S. 2 G bejaht und darin auch keinen Verstoß gegen das Selbstverwaltungsrecht der Gemeinden gesehen.[16] Vielmehr basiert die Gesetzgebungskompetenz des Bundes auf Art. 74 Nr. 11 (Recht der Wirtschaft) und Nr. 17 (Förderung der landwirtschaftlichen Erzeugung und Sicherung der Ernährung).[17]

4   Eine (ursprünglich geplante und vorbereitete) Verordnung über die Allgemeinen Bedingungen für die Entsorgung von Abwässern ist allerdings (noch) nicht erlassen worden.

5   Der AVB-FernwärmeVO und der AVB-WasserVO kommt (als Verordnungen) **Rechtsnormcharakter** zu.[18] Sie unterliegen damit als Rechtsverordnungen keiner AGB-Kontrolle am Maßstab der §§ 305 ff. BGB[19] –

---

1   Dazu BT-Drs. 14/6040, S. 274.

2   „Das war schon damals eine systematische Verlegenheitslösung, weil es für Wasser- und Fernwärmeversorgung ein dem EnWG vergleichbares Gesetz nicht gibt", so Staudinger/*Schlosser* EGBGB Art. 243 Rn. 1.

3   Palandt/*Sprau* EGBGB Art. 243 Rn. 1.

4   Vom 21.7.1999 (BGBl. I S. 1642).

5   So BVerfG JZ 1982, 288.

6   Mithin die Trinkwasserinhaltsstoffe, geregelt in der TinkwasserV.

7   IdF der Bekanntmachung vom 18.1.2005 – BGBl. I, S. 114.

8   MüKoBGB/*Säcker* EGBGB Art. 243 Rn. 1.

9   MüKoBGB/*Säcker* EGBGB Art. 243 Rn. 1.

10 Staudinger/*Schlosser* EGBGB Art. 243 Rn. 1; MüKoBGB/*Säcker* EGBGB Art. 243 Rn. 1: Fehlen eines sektorenspezifischen Gesetzes, in das der Gesetzgeber die Ermächtigungsgrundlage hätte normieren können.

11 MüKoBGB/*Säcker* EGBGB Art. 243 Rn. 1: „Schutz der Abnehmer vor marktstrukturell begründeter monopolistischer Exploitation"; ebenso *Emmerich* ZfE 1980, 114 (121). AA hingegen BVerfG JZ 1982, 288: Schaffung einer ausgewogenen Regelung zur Lösung des Interessenkonflikts zwischen Allgemein- heit und individuellen Verbraucherinteressen.

12 BGBl I S. 742.

13 BGBl I S. 750.

14 Nach BGHZ 100, 1, 5 war die Rückwirkung **nicht** verfassungswidrig.

15 BVerfG JZ 1982, 288. Ebenso BGH NJW 1987, 1622; KG VersR 1985, 288.

16 So aber *Knemeyer/Emmert* JZ 1982, 84.

17 BVerfG NVwZ 1982, 306.

18 Staudinger/*Schlosser* EGBGB Art. 243 Rn. 3.

19 Nach Palandt/*Sprau* (EGBGB Art. 243 Rn. 1 unter Bezugnahme auf Palandt/*Grüneberg* BGB § 307 Rn. 4 und *ders.* BGB § 310 Rn. 6) erfolgt allein eine Prüfung auf Angemessenheit und Ausgewogenheit.

„sondern als bindende Rechtsvorschriften nur der Kontrolle auf ihre Gesetzes- und Verfassungskonformität".[20]

Beachte: Die gesetzlichen Regelungen zur Grundversorgung unterliegen nicht der AGB-Klauseln, da nach Art. 1 Abs. 2 der Missbräuchliche-KlauselRL 93/13/EWG Vertragsklauseln, die ua auf bindenden Rechtsvorschriften beruhen, bei denen die Mitgliedstaaten (insbesondere im Verkehrsbereich) Vertragsparteien sind nicht der KlauselRL unterfallen.[21] Damit ist eine Anwendbarkeit der Missbräuchliche-KlauselRL 93/13/EWG ausgeschlossen.[22]

Verträge mit Sonderabnehmern und Industriekunden sind allerdings gem. § 1 Abs. 2 AVB-FernwärmeVO bzw. § 1 Abs. 2 AVB-WasserVO bei der Fernwärme- bzw. Wasserversorgung aus dem Geltungsbereich der jeweiligen Verordnung ausgeschlossen, womit auf entsprechende, nach dem 31.3.1980 abgeschlossene Verträge die AVB nur kraft Einbeziehung gelten, mithin die §§ 305 ff. BGB (mit Einschränkungen)[23] Anwendung finden.[24]   **6**

Beachte: Im Anwendungsbereich der AVB (als Rechtsnormen, → Rn. 5) kommt somit **keine AGB-Kontrolle** nach Maßgabe der §§ 305 ff. BGB in Betracht[25] (anders ggf. bei den auf der Grundlage von AVB durch Energieversorgungsunternehmen verwendeten besonderen „ergänzende[n] Bedingungen").[26] Sie unterliegen als Verordnungen keiner AGB-Inhaltskontrolle, sondern einer Prüfung im Hinblick auf die Einhaltung der Ermächtigung, dh auf Angemessenheit und Ausgewogenheit.[27]   **7**

Beachte: In Bezug auf vom Gesetz offengelassene Gestaltungsspielräume verbleibt es hingegen bei einer Anwendbarkeit der §§ 305 ff. BGB[28] – ebenso wie der §§ 19 f. GWB.[29] Dies gilt insbesondere für die nach § 1 Abs. 2 AVB-FernwärmeVO[30] respektive § 1 Abs. 2 AVB-AbwasserVO[31] ausgeschlossenen Industriekunden.[32]

Auch eine Entgeltfestlegung in den AVB ist nach Maßgabe des europäischen Wettbewerbsrechts statthaft.[33]   **8**

Art. 244 EGBGB Abschlagszahlungen beim Hausbau

Das Bundesministerium der Justiz und für Verbraucherschutz wird ermächtigt, im Einvernehmen mit dem Bundesministerium für Wirtschaft und Energie durch Rechtsverordnung ohne Zustimmung des Bundesrates auch unter Abweichung von § 632 a oder § 650 m des Bürgerlichen Gesetzbuchs zu regeln, welche Abschlagszahlungen bei Werkverträgen verlangt werden können, die die Errichtung oder den Umbau eines Hauses oder eines vergleichbaren Bauwerks zum Gegenstand haben, insbesondere wie viele Abschläge vereinbart werden können, welche erbrachten Gewerke hierbei mit welchen Prozentsätzen der Gesamtbausumme angesetzt werden können, welcher Abschlag für eine in dem Vertrag enthaltene Verpflichtung zur Verschaffung des Eigentums angesetzt werden kann und welche Sicherheit dem Besteller hierfür zu leisten ist.

A. Allgemeines 1
    I. Entstehungsgeschichte 1
    II. Normzweck 2
B. Regelungsgehalt 4

I. Adressat 4
II. Anwendungsbereich 5
III. Regelungsgegenstände 9

---

20 MüKoBGB/*Säcker* EGBGB Art. 243 Rn. 3: Sie müssen gleichermaßen den Wettbewerbsvorschriften des EU-Rechts genügen (Art. 101 ff. AEUV) und dürfen den effet utile derselben nicht unterlaufen. Ebenso Staudinger/*Schlosser* EGBGB Art. 243 Rn. 3.
21 So EuGH EuZW 2015, 108; MüKoBGB/*Säcker* EGBGB Art. 243 Rn. 3; Staudinger/*Schlosser* EGBGB Art. 243 Rn. 3.
22 Staudinger/*Schlosser* EGBGB Art. 243 Rn. 3; aA *Rott/Butters*, Öffentliche Dienstleistungen und Vertragsgerechtigkeit im Lichte des Gemeinschaftsrechts, VuR 1999, 197.
23 Palandt/*Sprau* EGBGB Art. 243 Rn. 1.
24 Palandt/*Sprau* EGBGB Art. 243 Rn. 1; Staudinger/ *Schlosser* EGBGB Art. 243 Rn. 3.
25 KG VersR 1985, 288.
26 So Staudinger/*Schlosser* EGBGB Art. 243 Rn. 3.

27 BGH NJW-RR 2006, 133; Palandt/*Sprau* EGBGB Art. 243 Rn. 1; Palandt/*Grüneberg*, § 310 Rn. 6. Eine Inhaltskontrolle nach den §§ 307 ff. BGB ist daher gegenüber einer als Verordnung erlassenen Allgemeinen Versorgungsbedingung (AVB) nicht statthaft, BGHZ 100, 1 (8).
28 MüKoBGB/*Säcker* EGBGB Art. 243 Rn. 3; Staudinger/*Schlosser* EGBGB Art. 243 Rn. 3.
29 MüKoBGB/*Säcker* EGBGB Art. 243 Rn. 3.
30 Die AVB-FernwärmeVO gilt danach nicht für den Anschluss und die Versorgung von Industrieunternehmen.
31 Danach gilt die VO nicht für den Anschluss und die Versorgung von Industrieunternehmen und Weiterverteilern sowie die Vorhaltung von Löschwasser.
32 MüKoBGB/*Säcker* EGBGB Art. 243 Rn. 3.
33 Vgl. näher EuGH JZ 2002, 453; zudem Staudinger/ *Schlosser* EGBGB Art. 243 Rn. 4.

A. Allgemeines

I. Entstehungsgeschichte

1 Die Vorschrift wurde durch das SchuldRModG[1] zusammen mit § 632a BGB in das EGBGB eingefügt. Gemäß Art. 2 Nr. 2 des Gesetzes zur Reform des Bauvertragsrechts vom 28.4.2017 wurde nach der Angabe „§ 632a" die Angabe „oder § 650m" eingefügt. Die Ergänzung erfolgte vor dem Hintergrund, dass die zuvor in § 632 Abs. 3 BGB geregelte Abschlagszahlung bei Verbraucherverträgen nunmehr in § 650 m BGB kodifiziert wurde.

Art. 244 EGBGB entspricht dem früheren § 27a AGBG.[2] Die Verordnungsermächtigung des Art. 244 EGBGB stimmte – von geringfügigen sprachlichen Abweichungen abgesehen[3] – wörtlich mit § 27a AGBGB überein.[4] § 27a AGBG war durch das Gesetz zur Beschleunigung fälliger Zahlungen vom 30.3.2000[5] auf Empfehlung des Rechtsausschusses des Bundestages[6] eingefügt worden. Der Verordnungsgeber hat von der Ermächtigung noch unter der Geltung des § 27a AGBG durch die Verordnung über Abschlagszahlungen bei Bauträgerverträgen vom 23.5.2001[7] Gebrauch gemacht (zum Inhalt der VO → § 632a Rn. 36 ff.). Durch Art. 2 Nr. 2 des FoSiG[8] wurde der Anwendungsbereich des Art. 244 geändert. Die Vorschrift gilt nunmehr auch für Werkverträge, die den Umbau eines Hauses oder eines vergleichbaren Bauwerks zum Gegenstand haben. Entsprechende Ergänzungen finden sich in § 632a nF sowie in § 1 S. 1 AbschlagsV (→ § 632a Rn. 38).

II. Normzweck

2 Die Verordnungsermächtigung steht im sachlichen Zusammenhang mit den durch das Gesetz zur Beschleunigung fälliger Zahlungen eingefügten Regelungen der **§§ 632a und 650m BGB**,[9] die einen gesetzlichen Anspruch des Werkunternehmers auf Abschlagszahlungen vorsehen. Der Anspruch aus § 632a BGB oder § 650m BGB ist allerdings zum Schutz des Bestellers an enge Voraussetzungen gekoppelt. Bei Verträgen, welche eine Werkleistung im Zusammenhang mit der Errichtung oder dem Umbau eines Hauses zum Gegenstand haben, sah der Gesetzgeber ein Bedürfnis für eine „differenzierte Regelung"[10] welche den Parteien die Möglichkeit einräumt, unter erleichterten Voraussetzungen **Abschlagszahlungen** zu vereinbaren. Die Ermächtigung sollte die Grundlage für eine Verordnung mit entsprechendem Inhalt schaffen. Im Hinblick auf § 632a BGB ist Art. 244 enger gefasst, da § 632a BGB für alle Werkverträge gilt. Im Unterschied zu § 650m BGB ist er aber weiter gefasst, da § 650m BGB nur auf Verbraucherbauverträge Anwendung findet.

3 Dem Gesetzgeber schwebte dabei das Modell der §§ 3 und 7 MaBV vor. Die dort getroffene Regelung sollte auf alle Verträge über den Bau von Häusern oder vergleichbaren Bauwerken erstreckt werden, auch wenn diese nicht von der MaBV erfasst werden.[11] Damit sollte zugleich im Wege einer „vorweggenommenen AGB-Kontrolle"[12] klargestellt werden, dass das Modell der MaBV einen gerechten Ausgleich der Interessen der Vertragsparteien und keine unangemessene Benachteiligung des Bestellers iSd § 307 Abs. 1 BGB darstellt.

1 Art. 3 Nr. 3 des Gesetzes zur Modernisierung des Schuldrechts v. 26.11.2001 (BGBl. I S. 3138).
2 Vgl. auch BT-Drs. 14/6040, S. 37, 274.
3 § 27a AGBG lautete: „Das Bundesministerium der Justiz wird ermächtigt, im Einvernehmen mit dem Bundesministerium für Wirtschaft und Technologie durch Rechtsverordnung, *die der Zustimmung des Bundesrates nicht bedarf,* auch unter Abweichung von § 632a des Bürgerlichen Gesetzbuches zu regeln, [...]".
4 Aufgrund der Umbenennung des Ministeriums für *Wirtschaft und Technologie* in Ministerium für Wirtschaft und Arbeit wurde der Text des Art. 244 nach Inkrafttreten durch Art. 66 der 8. Zuständigkeitsverordnung v. 25.11.2003 (BGBl. I S. 2304) an die neue Terminologie angepasst.
5 BGBl. I S. 330.
6 BT-Drs. 14/2752, S. 7, 14.
7 Sog. Abschlagsverordnung (AbschlagsV), auch Hausbauverordnung genannt (BGBl. I S. 189); zur Terminologie vgl. die Internetseite des Bundesministeriums der Justiz www.gesetze-im-internet.de/abschlagsv/index.html.
8 Gesetz zur Sicherung von Werkunternehmeransprüchen und zur verbesserten Durchsetzung von Forderungen vom 23.10.2008 (BGBl. I S. 2022).
9 Art. 1 Nr. 3 des Gesetzes zur Beschleunigung fälliger Zahlungen v. 30.3.2000 (BGBl. I S. 330).
10 BT-Drs. 14/2752, S. 14.
11 BT-Drs. 14/2752, S. 14.
12 BT-Drs. 14/2752, S. 14.

B. Regelungsgehalt

I. Adressat

Adressat der Ermächtigung ist der Bundesminister der Justiz,[13] der Einvernehmen mit dem Bundesminister   4
für Wirtschaft und Arbeit herzustellen hat. Einer Zustimmung des Bundesrates bedarf es nach der ausdrücklichen Anordnung nicht.[14]

II. Anwendungsbereich

Die Ermächtigung bezieht sich auf **Werkverträge**, die **die Errichtung oder den Umbau** eines Hauses oder   5
eines vergleichbaren Bauwerkes zum Gegenstand haben. Dieser Wortlaut findet sich auch im neu geregelten
Bauträgervertrag gemäß § 650 u BGB wieder. Entsprechend der Regelung des § 650 u BGB erstreckt sich
die Verordnungsermächtigung auch auf den Umbau eines bereits bestehenden Bauwerks, was allerdings auf
das FoSiG und nicht auf die Baurechtsreform zurückzuführen ist. Unter Errichtung ist die erstmalige Herstellung des Bauwerkes auf einem Grundstück zu verstehen. Unter Umbau sind in Anlehnung an § 2 Nr. 6
HOAI Umgestaltungen eines vorhandenen Objekts mit wesentlichen Eingriffen in Konstruktion und
Bestand zu verstehen. Dies gilt auch, wenn die Maßnahmen ausschließlich der Modernisierung dienen.[15]
Nicht erfasst werden Werkleistungen, die sich in der planerischen Vorbereitung der Bauleistungen erschöpfen (zB statische Berechnungen, Bodengutachten etc).[16] Ausgenommen sind auch Werkverträge mit Architekten, soweit sich die Leistung des Architekten auf die Planung des Hauses beschränkt. Verträge mit Lieferanten von Baustoffen oder Bauteilen sind schon deshalb nicht betroffen, weil es sich nicht um Werkverträge handelt.

Darüber hinaus muss der Werkvertrag auf die Errichtung eines Hauses oder eines vergleichbaren Bauwer-   6
kes gerichtet sein. **Häuser** sind Bauwerke, die als dauernder Aufenthaltsort für Menschen dienen. Hierunter
fallen nicht nur Wohnhäuser, sondern auch Geschäfts- und Bürogebäude.[17] Vergleichbar mit Häusern sind
andere Bauwerke,[18] wenn sie einen ähnlichen Verwendungszweck haben. Vergleichbare Bauwerke müssen
daher zwar nicht zum dauerhaften Aufenthalt durch Menschen bestimmt, aber doch wenigstens dazu geeignet sein, von Menschen betreten zu werden. Die Vergleichbarkeit ist daher etwa zu bejahen bei Lagerhallen,
Scheunen oder Heizkraftwerken, nicht dagegen bei Gleisanlagen oder Kanalisationen.

Ausreichend ist, dass die Werkleistung **Teil der zur Errichtung oder zum Umbau des Bauwerkes not-**   7
wendigen Arbeiten ist. Die Ermächtigung bezieht sich daher nicht nur auf Werkverträge, welche die
Errichtung oder den Umbau des gesamten Hauses oder Bauwerkes, sondern auch auf Verträge, welche nur
die Erstellung einzelner Gewerke (zB die Elektroinstallation oder die sanitären Anlagen) zum Gegenstand
haben.[19]

Erfasst werden in jedem Falle Bauleistungen, die von dem Werkunternehmer auf dem Grundstück des   8
Bestellers zur Herstellung eines Bauwerkes ausgeführt werden. Die Vorschrift findet aber auch auf Verträge
mit Bauträgern Anwendung.[20] Dies gilt unabhängig davon, wie man den Bauträgervertrag verstanden in das
System der gesetzlichen Vertragstypen einordnet (hierzu näher → Vor § 631 Rn. 28). Dabei geht der Gesetz-
geber davon aus, dass hinsichtlich der Bauleistung die werkvertraglichen Regeln gelten. Da die Frage der
Abschlagszahlung die Frage betrifft, inwieweit entgegen § 641 BGB bereits vor der Abnahme ein (pauscha-
liertes) Entgelt für den bereits erbrachten Teil der Werkleistung gezahlt werden soll, sind hierauf die für
Werkverträge geltenden Bestimmungen anzuwenden.

III. Regelungsgegenstände

Die Verordnung muss sich auf die Regelung von Abschlagszahlungen beziehen. Eine **Abschlagszahlung** ist   9
eine Anzahlung auf die Vergütung für das Gesamtwerk, die im Hinblick auf bereits erbrachte Teilleistungen

---

13   Die Terminologie in Art. 244 EGBGB weicht insoweit von Art. 80 Abs. 1 GG ab, da von „Bundesministerium" statt – wie in Art. 80 Abs. 1 GG vorgesehen – von „Bundesminister" die Rede ist.
14   Vgl. zur Frage der Zustimmungspflichtigkeit von
Verordnungen auch Art. 80 Abs. 2 GG.
15   BT-Drs. 16/511, S. 15, wo noch auf § 3 Nr. 5 und 6
HOAI 1991 Bezug genommen wird (jetzt § 2 Abs. 5
und 6 HOAI 2009).
16   Staudinger/*Peters* EGBGB Art. 244 Rn. 2.

17   Enger *Kiesel* NJW 2000, 1673 (1681): nur Wohnhäuser.
18   Zum Begriff des Bauwerkes vgl. Palandt/*Sprau* BGB
§ 634 a Rn. 10.
19   Staudinger/*Peters* EGBGB Art. 244 Rn. 2.
20   Ebenso *Basty* DNotZ 2001, 421 ff.; MüKoBGB/
Busche, Art. 244 Rn. 2; *Pause* NZBau 2002, 648
(649); *Quadbeck* MDR 2000, 1111 (1112); *Sorge/*
Vollrath DNotZ 2001, 261 (263) (zu § 632 a); *Ull-*
mann NJW 2002, 1073 (1077); aA Staudinger/*Peters*
EGBGB Art. 244 Rn. 3.

erfolgt. Hierdurch unterscheidet sie sich von Vorauszahlungen, denen noch keine Leistungen des Werkunternehmers gegenüberstehen bzw. die ohne Rücksicht auf den Umfang solcher Leistungen erfolgen.[21]

10   In der Verordnung kann bestimmt werden, wie viele Abschläge vereinbart werden können, welche Gewerke zu berücksichtigen sind und welcher Prozentsatz der Gesamtbausumme (gemeint ist wohl der Gesamtwerklohn für die Bauleistung) hierfür angesetzt werden kann. Der Gesetzgeber hat hierbei erkennbar die in § 3 Abs. 2 S. 2 Nr. 2 MaBV vorgesehene Staffelung vor Augen. Es geht also darum, Vereinbarungen zuzulassen, die im Falle der Fertigstellung einzelner Gewerke Abschlagszahlungen in einer Höhe vorsehen, die in etwa dem Anteil des Gewerkes an der gesamten Bauleistung entspricht. Die Gesetzesformulierung bringt dies nur unvollkommen zum Ausdruck, weil sie auf eine abstrakte Festlegung einer bestimmten Anzahl von Abschlagszahlungen hindeutet. Eine solche macht aber keinen Sinn, und zwar weder in Gestalt einer Höchst- noch einer Mindestanzahl.[22]

11   Der Verordnungsgeber kann bei der Regelung der Abschlagszahlungen vom Inhalt der §§ 632 a und 650 m BGB abweichen. Es ist gerade Sinn der Ermächtigung, die Vereinbarung eines Anspruches auf Abschlagszahlungen zugunsten des Werkunternehmers bei Errichtung eines Hauses oder eines vergleichbaren Bauwerkes unter weniger strengen Voraussetzungen zuzulassen. Die Vorschrift trifft freilich keine Aussage darüber, in welcher Hinsicht und in welchem Umfange die Verordnung von der Grundnorm des BGB abweichen darf (vgl. hierzu auch → § 632 a Rn. 44). Insbesondere schreibt sie nicht vor, ob Abschlagszahlungen für die Werkleistung von einer Absicherung des Bestellers abhängig sind. Dies wird man aber nicht dahin interpretieren dürfen, dass der Gesetzgeber Vereinbarungen über Abschlagszahlungen auch ohne entsprechende Sicherheitsleistung ermöglichen wollte. Es sollte lediglich eine gegenüber §§ 632 a und 650 m BGB „differenzierte Regelung" ermöglicht werden, also keine grundsätzliche Abkehr von dem in dieser Vorschrift vorgezeichneten Interessenausgleich erfolgen. Die Verordnung sieht denn auch in § 1 vor, dass die Abschlagszahlung nur bei Gewährung ausreichender Sicherheit wirksam vereinbart werden kann.

12   In der Verordnung kann auch geregelt werden, welcher Abschlag für eine in dem Vertrag enthaltene Verpflichtung zur Verschaffung des Eigentums angesetzt werden kann und welche Sicherheit dem Besteller hierfür zu leisten ist. Die gesetzliche Formulierung ist ungenau, weil allein die Verpflichtung zur Verschaffung des Eigentums noch keine Leistung darstellt, für die ein Abschlag gefordert werden könnte.[23] Gemeint ist vielmehr, dass – wie in § 3 Abs. 1 Nr. 1 MaBV geregelt – eine Abschlagszahlung vorgesehen werden kann, wenn die Erfüllung der Pflicht zur Verschaffung des Eigentums gewährleistet ist, dh wenn der Unternehmer dem Besteller im Hinblick auf das Eigentum an dem Grundstück eine gesicherte Erwerbsposition (etwa durch Bestellung einer Eigentumsvormerkung) verschafft hat.

Art. 245 EGBGB (aufgehoben)

1   Die Vorschrift wurde – da gegenstandslos geworden – aufgehoben. Inhalt und Gestaltung der Belehrung bzw. Information über das Widerrufsrecht sind jetzt in den Art. 246 ff. EGBGB sowie deren Anlagen 1, 3 und 7 gesetzlich festgelegt.[1]

Vorbemerkung zu Art. 246–246 c EGBGB

1   Art. 246 normiert in Umsetzung von Art. 5 VerbrRRL[1] durch das VerbrRRL-UG seit dem 13.6.2014 die Informationspflichten für Verbraucherverträge, die weder im Fernabsatz (§ 312 c BGB) noch außerhalb von Geschäftsräumen geschlossen werden (§ 312 b BGB), mithin vor allem für Verträge im stationären Handel mit Ausnahme von Verträgen über Finanzdienstleistungen. Art. 246 a bildet in Umsetzung von Art. 6 VerbrRRL seit dem 13.6.2014 die Informationspflichten für im Fernabsatz oder außerhalb von Geschäftsräumen geschlossene Verbraucherverträge ab (sofern sie keine Finanzdienstleistungen zum Gegenstand haben). Art. 246 b greift seit dem 13.6.2014 die besonderen Informationspflichten für außerhalb von Geschäftsräumen und im Fernabsatz geschlossene Verträge über Finanzdienstleistungen auf (die sich jedenfalls hinsichtlich Fernabsatzgeschäften aus der FinFARL[2] ergeben). Damit gilt für Verträge über Finanzdienstleistungen

---

21   BGH BauR 1984, 166 (168); *Basty* DNotZ 2001, 421 (424); *Thode* ZfBR 1999, 116 (124).
22   Zutr. Staudinger/*Peters* EGBGB Art. 244 Rn. 4.
23   Staudinger/*Peters* EGBGB Art. 244 Rn. 4.
1   RegE, BT-Drs. 17/12637 S. 73 r. Sp.

1   Richtlinie 2011/83/EU des Europäischen Parlaments und des Rates vom 25.10.2011 über die Rechte der Verbraucher (ABl. L 304 v. 22.11.2011, S. 64).
2   Richtlinie 2002/65/EG des Europäischen Parlaments und des Rates über den Fernabsatz von Finanzdienstleistungen an Verbraucher (ABl. L 271 v. 9.10.2002, S. 16).

allein Art. 246 b.[3] Art. 246 c enthält seit dem 13.6.2014 die früher in Art. 246 § 3 geregelten Informationspflichten für im elektronischen Geschäftsverkehr geschlossene Verträge iSd §§ 312 i f. BGB.

Übergangsvorschrift zum Gesetz zur Umsetzung der VerbrRRL ist Art. 229 § 32 EGBGB. Infolge des VerbrRRL-UG setzt Art. 229 § 32 EGBGB seit dem 13.6.2014 Art. 28 Abs. 2 VerbrRRL um. Auf einen vor dem 13.6.2014 geschlossenen Verbrauchervertrag (§ 312 Abs. 1 iVm § 310 Abs. 3 BGB, dh auf Altverträge) sind die Vorschriften des EGBGB, des BGB, des FernUSG, der ZPO, des Gesetzes zur Regelung der Wohnungsvermittlung, des UWG, des Vermögensanlagengesetzes, der Wertpapierdienstleistungs-, Verhaltens- und Organisationsverordnung, des Wertpapierprospektgesetzes, der Preisangabenverordnung, des KAGB, des VVG und des UKlaG in der bis zu diesem Tag geltenden Fassung anzuwenden.   **2**

Eine **Nichtbeachtung** der **vorvertraglichen** (und erst recht der **nachvertraglichen**)[4] **Informationspflichten** steht – vorbehaltlich einer anderweitigen gesetzlichen Regelung (vgl. bspw. § 655 b Abs. 2 BGB) – der Wirksamkeit des Vertrags (regelmäßig auch im Falle des Bestehens einer Formvorschrift, bspw. § 483 Abs. 3 BGB)[5] nicht entgegen.[6]   **3**

Falsche Informationen werden zum Vertragsinhalt und führen ggf. (als Mangel) zu Gewährleistungsansprüchen.[7] Der Kunde hat im Falle einer **Informationspflichtverletzung** aber uU ein Anfechtungsrecht.[8] Es verzögert sich ggf. auch der Lauf der Widerrufsfrist (vgl. §§ 356 Abs. 3 S. 1, 356 a Abs. 2 und 3, 356 b Abs. 2 BGB bzw. § 312 i Abs. 1 S. 1 Nr. 2 BGB iVm Art. 246 c EGBGB [sofern dem Kunden ein Widerrufsrecht zusteht] – wohingegen ein Informationspflichtenverstoß ansonsten keine Änderung des Fristbeginns bewirkt).[9]   **4**

Ein **Erfüllungsanspruch** besteht bei vorvertraglichen Informationspflichten nur dann, wenn ein solcher ausdrücklich gesetzlich angeordnet wird (zB § 482 Abs. 1 BGB iVm mit Art. 242 § 1 EGBGB, § 651 d Abs. 1 BGB iVm Art. 250 EGBGB, § 675 d Abs. 1 BGB iVm § 248 EGBGB) – insbesondere aber dann nicht, wenn sich der Zweck der Informationspflicht erschöpft oder durch eine nachvertragliche Informationspflicht (vgl. § 312 f BGB) abgelöst wird.[10] Bei **nachvertraglichen Informationspflichten** besteht hingegen auch bei fehlender gesetzlicher Vorgabe (anders § 481 Abs. 2 S. 1 BGB) ein **Erfüllungsanspruch**, da es sich hierbei um eine vertragliche Nebenpflicht handelt, die ggf. auch im Klagewege geltend gemacht werden kann.[11] Die **Nicht- oder Schlechterfüllung** der Informationsverpflichtung kann allerdings einen Schadensersatzanspruch aus Verschulden bei Vertragsschluss (§ 311 Abs. 2 iVm §§ 280 Abs. 1, 241 Abs. 2 BGB) bzw. wegen Vertragspflichtverletzung (§ 280 Abs. 1 iVm § 241 Abs. 2 BGB) begründen[12] – ggf. auch Gewährleistungsansprüche (→ Rn. 4). Voraussetzung ist, dass der Schaden vom Schutzzweck der verletzten Informationspflicht erfasst wird.[13]   **5**

Beachte: Ein Schadensersatzanspruch wegen Verschuldens bei Vertragsschluss aufgrund einer Informationspflichtverletzung geht grundsätzlich nur auf **Vertragsanpassung**[14] – nicht hingegen auf Vertragsaufhebung (sofern eine solche kraft speziellerer Regelungen ausgeschlossen ist, weil sich die Informationspflichtverletzung auf das Widerrufsrecht auswirkt – bspw. in folgenden Fällen: § 356 Abs. 3 S. 1, § 356 a Abs. 2 und 3, § 356 b Abs. 1 BGB). Dies soll entsprechend auch für fehlerhafte Informationen über das Erlöschen des Widerrufsrechts (nach § 356 Abs. 3 S. 2, Abs. 4 und 5, § 356 a Abs. 2 S. 2 sowie Abs. 3 S. 2 BGB) gel-   **6**

---

3   Palandt/*Grüneberg* EGBGB Art. 246 Rn. 1.
4   Arg. e contrario §§ 356 Abs. 3 S. 1, 356 a Abs. 2 und 3, § 356 b Abs. 2.
5   *Hoffmann* ZIP 2005, 829 (839); Palandt/*Grüneberg* EGBGB Vor Art. 238 Rn. 3: Soweit infolge der Informationspflichtverletzung keine wesentlichen Vertragsbestandteile fehlen – dann fehlt ggf. eine wirksame Einigung der Parteien.
6   HM: BGH NJW 2008, 2026 Rn. 25; Palandt/*Grüneberg* EGBGB Vor Art. 238 Rn. 3; MüKoBGB/*Wendehorst* § 312 c Rn. 38.
7   Palandt/*Grüneberg* EGBGB Vor Art. 238 Rn. 3 und 13.
8   Bspw. (Beispiele nach Palandt/*Grüneberg* EGBGB Vor Art. 238 Rn. 4) wegen Erklärungsirrtums (§ 119 Abs. 1 2. Alt. BGB) bei fehlerhafter Information über die Erkennungs- und Korrekturmöglichkeiten von Eingabefehlern nach Art. 246 c Nr. 3 EGBGB oder Inhaltsirrtums (§ 119 Abs. 1 1. Alt. BGB) bei fehlerhafter Information über die für einen Vertragsschluss

zur Verfügung stehenden Sprachen nach Art. 246 c Nr. 4 EGBGB.
9   Palandt/*Grüneberg* EGBGB Vor Art. 238 Rn. 4.
10   Palandt/*Grüneberg* EGBGB Vor Art. 238 Rn. 6.
11   Palandt/*Grüneberg* EGBGB Vor Art. 238 Rn. 6: Informationspflichten nach § 312 i BGB iVm EGBGB Art. 246 c (MüKoBGB/*Wendehorst* § 312 i Rn. 108); Art. 242 § 1 EGBGB (aA Erman/*Koch* BGB § 482 Rn. 11); § 651 d Abs. 3 BGB iVm Art. 250 EGBGB und § 675 d Abs. 1 BGB iVm Art. 248 EGBGB.
12   Palandt/*Grüneberg* EGBGB Vor Art. 238 Rn. 7.
13   Palandt/*Grüneberg* EGBGB Vor Art. 238 Rn. 9 – die konkrete Informationspflicht muss den Kunden gerade vor dem eingetretenen Schaden bewahren wollen (BeckOK BGB/*Schmidt-Räntsch* § 312 c Rn. 37).
14   *Meyer* DB 2004, 2739 (2742); Palandt/*Grüneberg* EGBGB Vor Art. 238 Rn. 11.

ten[15] – mit Ausnahme von Fällen, in denen kein Widerrufsrecht besteht.[16] Allerdings: „Bei einem Vertrag im elektronischen Rechtsverkehr begründet ein Verstoß gegen die Informationspflichten aus EG 246 c kein eigenes Widerrufsrecht und hat – anders als nach altem Recht – auch keine Auswirkungen auf den Beginn eines Widerrufsrechts iSd des § 355".[17]

7   Planmäßige Verstöße gegen die Informationspflichten können einen **Unterlassungsklageanspruch** nach § 2 UKlaG begründen (wenn die Pflichtverletzung einen Verstoß gegen ein Verbraucherschutzgesetz darstellt), einen **Unterlassungsanspruch** nach § 8 iVm § 3 a UWG (Fallgruppe Rechtsbruch) sowie ggf. auch einen **Schadensersatz-** oder einen **Gewinnabschöpfungsanspruch** nach den §§ 9 und 10 UWG.

Art. 246 EGBGB Informationspflichten beim Verbrauchervertrag

(1) Der Unternehmer ist, sofern sich diese Informationen nicht aus den Umständen ergeben, nach § 312 a Absatz 2 des Bürgerlichen Gesetzbuchs verpflichtet, dem Verbraucher vor Abgabe von dessen Vertragserklärung folgende Informationen in klarer und verständlicher Weise zur Verfügung zu stellen:

1.   **die wesentlichen Eigenschaften der Waren oder Dienstleistungen in dem für den Datenträger und die Waren oder Dienstleistungen angemessenen Umfang,**
2.   **seine Identität, beispielsweise seinen Handelsnamen und die Anschrift des Ortes, an dem er niedergelassen ist, sowie seine Telefonnummer,**
3.   **den Gesamtpreis der Waren und Dienstleistungen einschließlich aller Steuern und Abgaben oder in den Fällen, in denen der Preis auf Grund der Beschaffenheit der Ware oder Dienstleistung vernünftigerweise nicht im Voraus berechnet werden kann, die Art der Preisberechnung sowie gegebenenfalls alle zusätzlichen Fracht-, Liefer- oder Versandkosten und alle sonstigen Kosten oder in den Fällen, in denen diese Kosten vernünftigerweise nicht im Voraus berechnet werden können, die Tatsache, dass solche zusätzlichen Kosten anfallen können,**
4.   **gegebenenfalls die Zahlungs-, Liefer- und Leistungsbedingungen, den Termin, bis zu dem sich der Unternehmer verpflichtet hat, die Waren zu liefern oder die Dienstleistungen zu erbringen, sowie das Verfahren des Unternehmers zum Umgang mit Beschwerden,**
5.   **das Bestehen eines gesetzlichen Mängelhaftungsrechts für die Waren und gegebenenfalls das Bestehen und die Bedingungen von Kundendienstleistungen und Garantien,**
6.   **gegebenenfalls die Laufzeit des Vertrags oder die Bedingungen der Kündigung unbefristeter Verträge oder sich automatisch verlängernder Verträge,**
7.   **gegebenenfalls die Funktionsweise digitaler Inhalte, einschließlich anwendbarer technischer Schutzmaßnahmen für solche Inhalte, und**
8.   **gegebenenfalls, soweit wesentlich, Beschränkungen der Interoperabilität und der Kompatibilität digitaler Inhalte mit Hard- und Software, soweit diese Beschränkungen dem Unternehmer bekannt sind oder bekannt sein müssen.**

(2) Absatz 1 ist nicht anzuwenden auf Verträge, die Geschäfte des täglichen Lebens zum Gegenstand haben und bei Vertragsschluss sofort erfüllt werden.

(3) [1]Steht dem Verbraucher ein Widerrufsrecht zu, ist der Unternehmer verpflichtet, den Verbraucher in Textform über sein Widerrufsrecht zu belehren. [2]Die Widerrufsbelehrung muss deutlich gestaltet sein und dem Verbraucher seine wesentlichen Rechte in einer dem benutzten Kommunikationsmittel angepassten Weise deutlich machen. [3]Sie muss Folgendes enthalten:

1.   **einen Hinweis auf das Recht zum Widerruf,**
2.   **einen Hinweis darauf, dass der Widerruf durch Erklärung gegenüber dem Unternehmer erfolgt und keiner Begründung bedarf,**
3.   **den Namen und die ladungsfähige Anschrift desjenigen, gegenüber dem der Widerruf zu erklären ist, und**
4.   **einen Hinweis auf Dauer und Beginn der Widerrufsfrist sowie darauf, dass zur Fristwahrung die rechtzeitige Absendung der Widerrufserklärung genügt.**

Literatur: *Artz/Brinkmann/Ludwigkeit*, Widerruf von Autokaufverträgen – Neue Rechtslage bei Haustürgeschäften und finanzierten Verträgen, DAR 2015, 507; *Böse/Heermeyer*, Die neue Widerrufsbelehrung bei Sonderkonstellationen im

15   Palandt/*Grüneberg* EGBGB Vor Art. 238 Rn. 11 unter Bezugnahme auf *Held/Schulz* BKR 2005, 270 (273).

16   Palandt/*Grüneberg* EGBGB Vor Art. 238 Rn. 11: Dann soll ein Anspruch aus Verschulden bei Vertragsschluss auf Aufhebung des Vertrags in Betracht kommen: *Hoffmann* ZIP 2005, 829 (837).

17   Palandt/*Grüneberg* EGBGB Vor Art. 238 Rn. 11.

Fernabsatz, MDR 2014, 1125; *Bülow/Artz*, Unentgeltliche Kreditverträge – ein neues Paradigma im deutschen Verbraucherprivatrecht, ZIP 2016, 1204; *Dassbach*, Vorvertragliche Informationspflichten, JA 2016, 325; *Fischer*, Umsetzung der EU-Verbraucherrechterichtlinien im deutschen Privatrecht – Überblick und Bewertung, ZAP 2015, 611; *Fischer*, EU-Wohnimmobilienkreditrichtlinie 2014/17/EU und deutsche Umsetzung – Auswirkungen auf Verbraucherprivatrecht und Widerrufsrechte, ZAP 2017, 225; *Große-Wilde/Fleuth*, Reform der Verbraucherrechte – Erweiterung der Informationspflichten für Rechtsanwälte, MDR 2014, 1425; *Jung*, Vorvertragliche Informationspflichten des Rechtsanwalts, AnwBl 2015, 724; *Kiontke*, Die Auswirkungen der EU-Verbraucherrechterichtlinie auf den Handel mit Lebensmitteln, ZLR 2015, 50; *Koch*, Reform der Verbraucherrechte – Die neuen Informationspflichten für den Handel, MDR 2014, 1421; *Möller*, Die Umsetzung der Verbraucherrechterichtlinie im deutschen Recht, BB 2014, 1411; *Neumann*, Patzer im neuen Widerrufsrecht, jM 2015, 316; *Rumpf/Wirth*, Immer Ärger mit dem Widerrufsrecht, IR 2015, 170 (Teil 1) und 194 (Teil 2); *Rumpf/Wirth*, Platzierung der Widerrufsbelehrung bei Online-Vertragsabschlüssen, IR 2015, 236 *Schirmbacher/Engelbrecht*, Neues Verbraucherrecht: erleichterte Informationspflichten bei begrenzter Darstellungsmöglichkeit, ITRB 2014, 89; *Specht*, Zu den Anforderungen an die Transparenz von Preisänderungsklauseln, IR 2015, 229; *Staudinger*, Widerrufsbelehrungs- und Informationspflicht der Reiseveranstalter, Beförderer, Hoteliers, jM 2015, 90; *Tamm*, Informationspflichten nach dem Umsetzungsgesetz zur Verbraucherrechterichtlinie, VuR 2014, 9.

A. Allgemeines 1
B. Regelungsgehalt der Norm 3
  I. Allgemeine Informationspflichten des Unternehmers beim Verbrauchervertrag (Abs. 1).... 3

II. Ausnahme von der Informationspflicht für Geschäfte des täglichen Lebens (Abs. 2) 11
III. Vorgaben zur Belehrung über Einzelheiten eines bestehenden Widerrufsrechts (Abs. 3) ... 13

A. Allgemeines

Art. 246 normiert in Umsetzung von Art. 5 VerbrRRL **Informationspflichten für Verbraucherverträge**, **1** die weder im Fernabsatz (§ 312 c BGB) noch außerhalb von Geschäftsräumen geschlossen werden (§ 312 b BGB).

Der Verweis in Abs. 1 auf § 312 a Abs. 2 BGB reduziert den Anwendungsbereich des Art. 246 (entgegen der **2** umfassenden Überschrift „Verbrauchervertrag") auf von § 312 Abs. 2 bis 4 BGB nicht ausgeschlossene Verträge im stationären Handel (mit Ausnahme von Verträgen über Finanzdienstleistungen).[1] Hingegen erfasst
– Art. 246 a EGBGB Fernabsatzverträge und außerhalb von Geschäftsräumen geschlossene Verträge (die keine Finanzdienstleistungen zum Gegenstand haben) und
– Art. 246 b EGBGB Verträge über Finanzdienstleistungen.

B. Regelungsgehalt der Norm

I. Allgemeine Informationspflichten des Unternehmers beim Verbrauchervertrag (Abs. 1)

Der Unternehmer ist nach **Abs. 1**, sofern sich (entsprechend Art. 5 Abs. 1 VerbrRRL) diese Informationen **3** nicht aus den Umständen[2] ergeben[3] (womit die Information entbehrlich ist) und vorbehaltlich Abs. 2 (Rn. 11 f.), gemäß § 312 a Abs. 2 BGB verpflichtet, dem Verbraucher **vor Abgabe von dessen Vertragserklärung** (dh seiner auf Vertragsabschluss gerichteten Willenserklärung, unabhängig davon, ob es sich um eine Angebots- oder Annahmeerklärung des Verbrauchers handelt[4] – **Zeitpunkt der Informationsverpflichtung**) – ohne dass für die Informationserteilung und für den Vertragsabschluss eine bestimmte Mindestfrist abgewartet werden muss[5] (erforderlich ist nur, dass die Information so rechtzeitig erfolgt, dass sie ihren Zweck erfüllen kann, wobei es auf die Umstände des konkret in Rede stehenden Einzelfalls ankommt)[6] – die in den Nrn. 1 bis 8 gelisteten Einzelinformationen (die den Vorgaben aus Art. 5 Abs. 1 VerbrRRL folgen) in **klarer und verständlicher Weise (Transparenzgebot)** zur Verfügung zu stellen.[7] Die Informationen sollen den Verbraucher nach Erwägungsgrund 34 der VerbrRRL in die Lage versetzen die

---

1   RegE, BT-Drs. 17/12637 S. 73 r. Sp. Palandt/*Grüneberg* EGBGB Art. 246 Rn. 1.
2   Bspw. (nach Palandt/*Grüneberg* EGBGB Art. 246 Rn. 2) Eigenschaften der Ware aufgrund einer Kundenbegutachtung oder bei konkludent abgeschlossenen Strom-, Gas-, Fernwärme- oder Wasserversorgungsverträgen, bei denen der Grundversorger in üblicher Qualität zum festgelegten Preis liefert und die weiteren Verbraucherinformationen erst in der Auftragsbestätigung durch den Unternehmer erfolgen.
3   Der Gesetzgeber (RegE, BT-Drs. 17/12637 S. 74 l. Sp.) hat darauf verzichtet, die Einschränkung „`unmittelbar´ aus den Umständen" aus der Richtli-

nie zu übernehmen, da weder die englische noch die französische Sprachfassung einen dem Wort „unmittelbar" vergleichbaren Begriff enthalten, BR-Drs. 817/12, S. 121.
4   Palandt/*Grüneberg* EGBGB Art. 246 Rn. 3.
5   Eine solche gibt weder das Gesetz noch die VerbrRRL vor: Palandt/*Grüneberg* EGBGB Art. 246 Rn. 1.
6   Palandt/*Grüneberg* EGBGB Art. 246 Rn. 3.
7   Bspw. (Palandt/*Grüneberg* EGBGB Art. 246 Rn. 2) in Werbeprospekten, Katalogen, Web-Seiten im Internet (KG NJW 2006, 3215) oder (wenn auch praktisch schwierig) am Telefon.

angebotene Leistung zu beurteilen und seine Entscheidung in Kenntnis aller Umstände zu treffen – weshalb sie ihm (diesem Zweck entsprechend und entsprechend den Umständen des Einzelfalls) rechtzeitig zu erteilen sind.[8] Es handelt sich dabei um folgende Einzelinformationen:

– **Beschreibung der wesentlichen Eigenschaften** (Merkmale) der Waren oder Dienstleistungen (dh der konkret zu erbringenden Leistung) in dem für den Datenträger und die Waren oder Dienstleistungen angemessenen Umfang (**Nr. 1**). Da mit dieser Vorgabe im Interesse einer optimalen Kaufentscheidung des Verbrauchers eine detaillierte und übersichtliche Beschreibung „ohne Weitschweifigkeit" vorausgesetzt wird,[9] kommen AGB hierfür nicht in Betracht.[10] Die entsprechenden Angaben durch den Unternehmer begründen im Übrigen auch nicht ohne Weiteres eine Garantiehaftung zu dessen Lasten.[11]

– Angaben über die **Identität des Unternehmers** (wie Name und Vorname),[12] beispielsweise (dh nicht abschließend) auch seinen Handelsnamen (Firma, einschließlich Rechtsform) und die Anschrift des Ortes, an dem der Unternehmer niedergelassen ist (ladungsfähige Anschrift, mithin Land, Ort, Postleitzahl, Straße, Hausnummer), sowie seine Telefonnummer[13] (**Nr. 2**). Die Vorgaben in Nr. 2 sind nur beispielhafte Nennungen. Anzugeben ist, was eine schnelle Kontaktaufnahme mit korrespondierender unmittelbarer und effizienter Kommunikation ermöglicht.[14] Die bloße Angabe der Postfachanschrift genügt daher nicht. Wenn der Unternehmer juristische Person oder Personenhandelsgesellschaft (OHG oder KG) ist, muss auch der Name und eine ladungsfähige Anschrift des Vertretungsberechtigten angegeben werden.[15]

– Informationen über den **Gesamtpreis** (iSd Endpreises nach § 1 Abs. 1 S. 1 PrAngVO)[16] der Waren und Dienstleistungen[17] einschließlich aller Steuern und Abgaben oder in den Fällen, in denen der Preis aufgrund der Beschaffenheit der Ware oder Dienstleistung vernünftigerweise nicht im Voraus berechnet werden kann (also unterschiedlich hoch ist), (abstrakt) auch die **Art der Preisberechnung** sowie ggf. **alle zusätzlichen Fracht-, Liefer- oder Versandkosten** (sowie weitere Nebenkosten iS von § 1 Abs. 2 S. 1 und 2 PrAngVO[18] und auch alle „sonstigen Kosten")[19] oder in den Fällen, in denen diese Kosten vernünftigerweise nicht im Voraus berechnet werden können, die Tatsache, dass solche zusätzlichen Kosten anfallen können (**Nr. 3**). Nr. 3 verpflichtet den Unternehmer nicht (entgegen den Vorgaben der PrAngVO), schon im Rahmen seiner Werbung den Preis offenzulegen[20] – Abs. 1 setzt eine Information des Verbrauchers „vor dessen Vertragserklärung" voraus. Allerdings muss der Unternehmer nach Nr. 3 umfassend über mögliche Änderungen – bspw. der Gültigkeit von Angebot und Preis – informieren.[21] Die Preisinformation soll örtlich in unmittelbarer Umgebung der angebotenen Ware erfolgen.[22]

– Ggf. Informationen über die Zahlungs-, Liefer- und Leistungsbedingungen, den Termin, bis zu dem sich der Unternehmer verpflichtet hat, die Waren zu liefern oder die Dienstleistungen zu erbringen (dh das **Wann** und das **Wie von Zahlung und Lieferung**),[23] sowie das Verfahren des Unternehmers zum Umgang mit **Beschwerden** (**Nr. 4**). Sofern der Unternehmer eine Beschwerdestelle unterhält, muss auch deren Anschrift (selbst wenn es sich um keine Niederlassung iSv Nr. 2 handelt) und das Procedere, wie der Verbraucher sich an diese wenden kann,[24] angegeben werden.[25]

---

8 Palandt/*Grüneberg* EGBGB Art. 246 Rn. 2.
9 Der Verbraucher muss der Information die für seine Kaufentscheidung maßgeblichen Informationen entnehmen können – so Palandt/*Grüneberg* EGBGB Art. 246 Rn. 5 („bei Bekleidung: Material, Farbe, Schnitt, Größe, Waschbarkeit"). Bei einem Sonnenschirm allerdings nicht das Gewicht: LG Hamm GRUR-RR 2017, 359.
10 Palandt/*Grüneberg* EGBGB Art. 246 Rn. 5.
11 Palandt/*Grüneberg* EGBGB Art. 246 Rn. 5.
12 KG NJW-RR 2007, 1050.
13 Statt der Telefonnummer kann uU auch eine Faxnummer oder eine Internetadresse bzw. eine elektronische Anfragemaske genügen: vgl. EuGH NJW 2008, 3553; OLG Köln MDR 2016, 1256.
14 Palandt/*Grüneberg* EGBGB Art. 246 Rn. 6.
15 Palandt/*Grüneberg* EGBGB Art. 246 Rn. 6 – wobei die Angabe des Prokuristen bzw. des Generalbevollmächtigten ausreichen soll.
16 BGH NJW 2006, 211.
17 Zwecks Vermeidung von Zuordnungsproblemen muss sich die Information in unmittelbarer Umgebung der angebotenen Waren befinden: so Palandt/*Grüneberg* EGBGB Art. 246 Rn. 7 unter Bezugnahme auf *Woitke* BB 2003, 2469 (2470).
18 BGH NJW 2006, 211.
19 Palandt/*Grüneberg* EGBGB Art. 246 Rn. 7 unter Bezugnahme auf die Klarstellung in Art. 2 Nr. 2 WoImmoKrRL-UG.
20 Eine Offenlegung des Preises unmittelbar nach Kontaktierung durch den Verbraucher soll ausreichen: BGH NJW 2003, 3343.
21 Palandt/*Grüneberg* EGBGB Art. 246 Rn. 7.
22 Palandt/*Grüneberg* EGBGB Art. 246 Rn. 7: zur Vermeidung von Zuordnungsproblemen (unter Bezugnahme auf *Woitke* BB 2003, 2469 (2470)).
23 Palandt/*Grüneberg* EGBGB Art. 246 Rn. 8: ausreichend ist die Angabe eines „Lieferzeitraums" oder eines „spätesten Liefertermins" – nicht jedoch die Angabe „bald" (so LG München I MDR 2017, 1413).
24 Palandt/*Grüneberg* EGBGB Art. 246 Rn. 8.
25 Palandt/*Grüneberg* EGBGB Art. 246 Rn. 6.

– Informationen über das **Bestehen** (nicht notwendigerweise den Inhalt) eines gesetzlichen **Mängelhaftungsrechts** für die Waren und ggf. das Bestehen und die Bedingungen von **Kundendienstleistungen**[26] und (Händler- bzw. Hersteller-) **Garantien**[27] (**Nr. 5**). Der Unternehmer soll jedoch zu einer „umfassenden Information" über die Gewährleistung (dh auch über den Inhalt) dann verpflichtet sein, wenn er von gesetzlichen Vorschriften abweicht.[28]

– Ggf. Angaben über die **Laufzeit** (Dauer) **des Vertrags** oder die Bedingungen der Kündigung unbefristeter Verträge (zB die Kündigungsfrist) oder sich automatisch verlängernder Verträge[29] (**Nr. 6**).

– Ggf. – bei Verträgen über die Lieferung digitaler Inhalte (vgl. § 312 f Abs. 3 BGB) – die **Funktionsweise digitaler Inhalte**, einschließlich anwendbarer (vorhandener bzw. auch nicht vorhandener)[30] technischer Schutzmaßnahmen für solche Inhalte (**Nr. 7**). Die „Funktionsweise digitaler Inhalte" bedeutet, dass darüber zu informieren ist, wie die digitalen Inhalte verwendet werden können – wobei die Information nach Erwägungsgrund 19 der VerbrRRL auch über vorhandene oder nicht vorhandene technische Schutzmaßnahmen wie den Schutz mittels digitaler Rechteverwaltung oder Regionalcodierung erfolgen muss.[31]

– Ggf., soweit dies wesentlich ist,[32] Informationen über **Beschränkungen der Interoperabilität und** der **Kompatibilität digitaler Inhalte** mit Hard- und Software, soweit diese Beschränkungen dem Unternehmer bekannt sind oder bekannt sein müssen (**Nr. 8**). „Interoperabilität" stellt infolge Erwägungsgrund 19 der VerbrRRL auf die standardmäßige Umgebung von Hard- und Software ab, mit der die digitalen Inhalte kompatibel sind, etwa das Betriebssystem, die notwendige Version und bestimmte Eigenschaften der Hardware.[33] Die Einschränkung – „soweit wesentlich" – weist darauf hin, dass nur für den Verbraucher üblicherweise wichtige Informationen über die Interoperabilität gegeben werden müssen, womit die Einschränkung bspw. dann greift, wenn der Verbraucher ein veraltetes, kaum noch gebräuchliches Betriebssystem verwendet.[34]

Teilt der Unternehmer dem Verbraucher im Kontext mit den Nrn. 3, 4 und 6 seine **AGB** (oder Teile davon) **4**
mit, die für den Verbrauchervertrag Geltung beanspruchen sollen, führt diese Verbraucherinformation –
sofern sie den Voraussetzungen des § 305 Abs. 2 BGB genügt – gleichzeitig auch zu einer Einbeziehung der
AGB in den Vertrag, weswegen eine **doppelte Information** (mithin eine solche nach Art. 246 Abs. 1 und
eine solche nach § 305 Abs. 2 BGB) in diesem Falle nicht erforderlich ist.[35]

Im Falle einer **telefonischen Kontaktaufnahme** ist im Übrigen § 312 a Abs. 1 BGB zu berücksichtigen.[36] **5**

Im Hinblick auf das **Transparenzgebot** bestimmt Erwägungsgrund Nr. 34 S. 1 der VerbrRRL, dass im Falle **6**
der Bereitstellung dieser Informationen der Unternehmer den besonderen Bedürfnissen von Verbrauchern
Rechnung tragen sollte, die aufgrund ihrer geistigen oder körperlichen Behinderung, ihrer psychischen
Labilität, ihres Alters oder ihrer Leichtgläubigkeit in einer Weise besonders schutzbedürftig sind, die für
den Unternehmer vernünftigerweise erkennbar ist – wenngleich die Berücksichtigung dieser besonderen
Bedürfnisse andererseits aber auch nicht zu unterschiedlichen Verbraucherschutzniveaus führen sollte (so
Erwägungsgrund Nr. 34 S. 3 der VerbrRRL).

Im Hinblick auf die **Sprache** trifft weder das Gesetz noch die VerbrRRL Vorgaben. Vielmehr bestimmt **7**
Art. 6 Abs. 7 VerbrRRL, dass die Mitgliedstaaten sprachliche Anforderungen in Bezug auf die Vertragsinformationen in ihrem nationalen Recht aufrechterhalten oder einführen können, um damit sicherzustellen,
dass diese Angaben vom Verbraucher ohne Weiteres verstanden werden. Wenn die **Verhandlungssprache**
jedoch Deutsch ist und auch der Vertrag deutschem Recht unterfällt, sind die notwendigen Informationen –
auch bei einem Vertragsschluss im Internet und obgleich sich dort Englisch als Verkehrssprache durchge-

26 Zum Hinweis, dass der Unternehmer keinen Kundendienst unterhält, ist er nicht verpflichtet: so Palandt/ *Grüneberg* EGBGB Art. 246 Rn. 9.

27 Im Falle des Bestehens einer Händler- oder Herstellergarantie muss der Unternehmer spezifizieren, welche Rechte damit verbunden sind – wird keine Garantie gegeben, sind Angaben entbehrlich: so Palandt/*Grüneberg* EGBGB Art. 246 Rn. 9.

28 Palandt/*Grüneberg* EGBGB Art. 246 Rn. 9.

29 Hier ist über die Mindestlaufzeit und die Verlängerungs- und Kündigungsmodalitäten zu informieren – bzw., wenn der Vertrag keine Mindestlaufzeit enthält, auch darüber: Palandt/*Grüneberg* EGBGB Art. 246 Rn. 10.

30 Palandt/*Grüneberg* EGBGB Art. 246 Rn. 11.

31 RegE, BT-Drs. 17/12637 S. 73 r. Sp.

32 Weswegen der Unternehmer nicht damit rechnen muss, dass der Verbraucher ein veraltetes bzw. ein kaum noch gebräuchliches Betriebssystem verwendet: so Palandt/*Grüneberg* EGBGB Art. 246 Rn. 11.

33 RegE, BT-Drs. 17/12637 S. 74 l. Sp.

34 RegE, BT-Drs. 17/12637 S. 74 l. Sp.: „Der Unternehmer muss nicht damit rechnen, dass der Verbraucher ein veraltetes, kaum noch gebräuchliches Betriebssystem verwendet".

35 Palandt/*Grüneberg* EGBGB Art. 246 Rn. 19: Genügt der Hinweis nach Art. 246 Abs. 1 allerdings nicht den Anforderungen von § 305 Abs. 2 BGB, kommt es zu keiner wirksamen Einbeziehung der AGB in den Verbrauchervertrag.

36 Palandt/*Grüneberg* EGBGB Art. 246 Rn. 3.

setzt hat – in Deutsch zu erteilen.[37] Erfolgt die Belehrung in einer anderen Sprache als Deutsch, ist dies zulässig, wenn

- der Verbraucher die Sprache beherrscht und
- die Verhandlungen in dieser Sprache geführt worden sind bzw. der Vertrag in dieser Sprache verfasst ist.[38]

8 Die genannten Informationen sollen den Verbraucher in die Lage versetzen, die angebotene Leistung zu beurteilen und in Kenntnis aller Umstände eine Entscheidung zu treffen.[39] Die Verpflichtung des Unternehmers geht nur dahin, sicherzustellen, dass dem Unternehmer die vorstehend genannten Informationen zur Verfügung stehen und dieser davon Kenntnis nehmen kann – nicht erforderlich ist, dass der Verbraucher die Informationen tatsächlich und zudem auch vollständig zur Kenntnis nimmt.[40] Über einen doppelten Link im Internet zugängliche Informationen genügen dem Transparenzgebot.[41]

9 Abs. 1 findet keine Anwendung, wenn **besondere Informationspflichten** nach Art. 246a bis 248 bestehen bzw. (in Umsetzung von Art. 3 Abs. 3 lit. d VerbrRRL) ein sonstiger Vertrag über Finanzdienstleistungen vorliegt.[42] Damit erfasst die Regelung nur bestimmte Verbraucherverträge, insbesondere solche im **stationären Handel**. Abs. 1 ist nach Abs. 2 auch nicht auf „Geschäfte des täglichen Lebens" iSv § 105a BGB, die bei Vertragsschluss sofort erfüllt werden, anwendbar.

10 Die Informationen ergeben sich dann iSv Abs. 1 „**aus den Umständen**", wenn sie für den Verbraucher ohne Weiteres Suchen zur Verfügung stehen.[43] Im Falle von konkludenten Vertragsschlüssen nach den Grundversorgungsverordnungen (bspw. nach § 2 Abs. 2 der Gasgrundversorgungsverordnung) ergeben sich die hier geregelten grundlegenden Informationen bspw. bereits aus den Umständen: „Energie, Fernwärme oder Wasser wird in der üblichen Qualität vom Grundversorgungsunternehmen zum festgelegten Preis geliefert"[44] – eine Auslegung, die nach Ansicht des Gesetzgebers[45] sinnvoll ist, da der konkludente Vertragsschluss nachfolgend zu bestätigen ist, wobei dem Kunden die Allgemeinen Bedingungen[46] des Unternehmens unentgeltlich ausgehändigt werden (zB nach § 2 Abs. 3 und 4 der Gasgrundversorgungsverordnung).

II. Ausnahme von der Informationspflicht für Geschäfte des täglichen Lebens (Abs. 2)

11 Abs. 1 ist nach **Abs. 2** (als fakultative Ausnahme nach Art. 5 Abs. 3 VerbrRRL) nicht anzuwenden auf Verträge,

- die Geschäfte des täglichen Lebens[47] zum Gegenstand haben und
- bei Vertragsschluss sofort erfüllt werden – dh bei denen die Leistung in unmittelbarem zeitlichem Nachgang zum Vertragsschluss erfolgt.[48]

Damit soll ein übermäßiger Aufwand durch Informationspflichten für Alltagsgeschäfte vermieden werden.

12 Für die Einordnung, ob es sich um ein „**Geschäft des täglichen Lebens**" handelt, ist darauf abzustellen, ob die Verkehrsauffassung das Geschäft zu den alltäglichen Geschäften zählt, womit insoweit ein Gleichlauf zu § 105a BGB hergestellt wird.

III. Vorgaben zur Belehrung über Einzelheiten eines bestehenden Widerrufsrechts (Abs. 3)

13 Steht dem Verbraucher (gesetzlich) ein Widerrufsrecht zu (womit Abs. 3 kein eigenständiges Widerrufsrecht statuiert, sondern ein solches voraussetzt; bspw. nach § 510 BGB – und sind zudem die besonderen Regelungen der Art. 242 oder 246a bis 248 nicht einschlägig),[49] ist der Unternehmer nach **Abs. 3 S. 1** (entsprechend § 360 BGB alt) iS einer echten **Rechtspflicht** (auf deren Erfüllung der Verbraucher einen Rechtsanspruch hat)[50] verpflichtet, den Verbraucher in **Textform**[51] (§ 126b BGB) über sein Widerrufsrecht zu belehren (**Verpflichtung zur Belehrung über das Widerrufsrecht**). Bei mehreren Vertragspartnern soll die

37 Palandt/*Grüneberg* EGBGB Art. 246 Rn. 4 – es sei denn, auch der Verbraucher hat sich bei den Vertragsverhandlungen des Englischen bedient.
38 LG Köln NJW-RR 2002, 1491; Palandt/*Grüneberg* EGBGB Art. 246 Rn. 15.
39 Palandt/*Grüneberg* EGBGB Art. 246 Rn. 2.
40 Palandt/*Grüneberg* EGBGB Art. 246 Rn. 2.
41 BGH NJW 2006, 3633 Rn. 33.
42 RegE, BT-Drs. 17/12637 S. 73 r. Sp.
43 RegE, BT-Drs. 17/12637 S. 74 l. Sp.
44 RegE, BT-Drs. 17/12637 S. 74 l. Sp.
45 RegE, BT-Drs. 17/12637 S. 74 l. Sp.

46 RegE, BT-Drs. 17/12637 S. 74 l. Sp.
47 Zum Begriff Palandt/*Ellenberger* BGB § 105a Rn. 3.
48 Palandt/*Grüneberg* EGBGB Art. 246 Rn. 2.
49 RegE, BT-Drs. 17/12637 S. 74 l. Sp.
50 Palandt/*Grüneberg* EGBGB Art. 246 Rn. 12.
51 Womit grundsätzlich sowohl eine Übermittlung per Fax als auch per E-Mail möglich ist – so Palandt/*Grüneberg* EGBGB Art. 246 Rn. 16 – aber eine ins Internet gestellte Belehrung unzureichend ist: vgl. EuGH NJW 2012, 2637; BGH NJW 2014, 2857; 2010, 3556.

Aushändigung „einer" Widerrufsbelehrung ausreichen.[52] Eine Datierung der Belehrung ist nicht erforderlich[53] – ebenso wenig wie eine Unterschrift des Verbrauchers.[54] Die Belehrung hat in zeitlicher Hinsicht zu erfolgen, wenn der Verbraucher seine auf Vertragsschluss gerichtete Willenserklärung bereits abgegeben hat oder zumindest zeitgleich mit der Belehrung abgibt.[55]

Der Gesetzgeber hat im Kontext mit Art. 246 EGBGB (mit Ausnahme von Anlage 9 für unentgeltliche Darlehensverträge)[56] davon abgesehen, eine Musterbelehrung vorzugeben mit der Folge, dass der Unternehmer den eigenen Text einer Widerrufsbelehrung – Gleiches gilt für eine ggf. notwendig werdende Nachbelehrung – verwenden muss.[57] Ansonsten kann sich der Unternehmer am Gesetzeswortlaut orientieren – wobei er nicht genauer als der Gesetzgeber formulieren muss.[58] Da die Belehrung **objektiv auszulegen** ist,[59] können nen auch im stationären Handel Belehrungsfehler nicht durch nicht in Textform (§ 126 b BGB) dokumentierte Umstände der Belehrungserteilung ausgeräumt werden.[60] Nimmt der Unternehmer Zusätze freiwillig auf, die über den Gesetzeswortlaut hinausgehen, müssen diese inhaltlich zutreffend sein – sie müssen zudem dem Deutlichkeitsgebot (Rn. 15) genügen.[61]   **14**

Die Widerrufsbelehrung (in deutscher Sprache)[62] muss gemäß **Abs. 3 S. 2** (im Rahmen des konkret Verwendung findenden Kommunikationsmittels)   **15**

–   deutlich gestaltet sein (**Deutlichkeitsgebot**)[63] und

–   dem Verbraucher seine **wesentlichen Rechte** in einer dem benutzten Kommunikationsmittel angepassten Weise (im Hinblick auf den konkret in Rede stehenden Vertrag)[64] deutlich machen.

Dh, der Verbraucher muss in Bezug auf den Inhalt des Widerrufsrechts über die wesentlichen Rechtsfolgen des Widerrufs nach § 355 BGB unterrichtet werden. Insoweit ist er umfassend über das Bestehen bzw. das Nichtbestehen eines Widerrufsrechts,[65] die Bedingungen der Ausübung, aber bspw. auch auf eine anteilige Vergütungspflicht (vgl. §§ 355, 356 c, 357 c BGB) oder auf ggf. eintretende Wertersatzpflichten[66] hinzuweisen, auf Ausschluss- und Erlöschensgründe des Widerrufsrechts, Rückzahlungsfristen und die Gefahrtragung.[67]

52   So BGH NJW 2017, 3239 – ebenso bei mehreren Darlehensverträgen: Palandt/*Grüneberg* EGBGB Art. 246 Rn. 16.

53   Palandt/*Grüneberg* EGBGB Art. 246 Rn. 13.

54   BGH WM 2003, 204; Palandt/*Grüneberg* EGBGB Art. 246 Rn. 17 – der jedoch (unter Bezugnahme auf BGH NJW 2009, 3572) wegen der Beweislast es als zweckmäßig erachtet, dass der Unternehmer eine bei ihm verbleibende Kopie der Belehrung vom Verbraucher unterschreiben lässt.

55   So Palandt/*Grüneberg* EGBGB Art. 246 Rn. 18 – weswegen eine vorher erteilte Belehrung unwirksam ist: BGH NJW 2002, 3396; OLG Hamburg NJW-RR 2007, 839.

56   Palandt/*Grüneberg* EGBGB Art. 246 Rn. 12.

57   Palandt/*Grüneberg* EGBGB Art. 246 Rn. 12: Widerrufsbelehrungstext über die wesentlichen Rechte und Pflichten des Verbrauchers, wozu die Muster nach Art. 246 a bzw. b allerdings als Vorbild dienen können.

58   BGH NJW 2017, 2340; BGH WM 2017, 427; Palandt/*Grüneberg* EGBGB Art. 246 Rn. 12.

59   Palandt/*Grüneberg* EGBGB Art. 246 Rn. 12.

60   BGH NJW-RR 2017, 886; Palandt/*Grüneberg* EGBGB Art. 246 Rn. 12.

61   BGH WM 2009, 1497; Palandt/*Grüneberg* EGBGB Art. 246 Rn. 12.

62   Wird eine andere Sprache verwendet, ist dies nur statthaft, wenn der Verbraucher diese (Fremd-)Sprache beherrscht und die Fremdsprache Verhandlungssprache war bzw. der Vertrag in der Fremdsprache abgefasst ist: so Palandt/*Grüneberg* EGBGB Art. 246 Rn. 15 unter Bezugnahme auf LG Köln NJW-RR 2002, 1491.

63   Eingehend Palandt/*Grüneberg* EGBGB Art. 246 Rn. 14. Das Deutlichkeitsgebot für eine Widerrufsbelehrung fordert ua, dass die Belehrung dem Verbraucher die Rechtslage unübersehbar zur Kenntnis bringt – sie muss sich daher innerhalb einer einheitlichen Vertragsurkunde aus dem übrigen Vertragstext drucktechnisch deutlich herausheben: BGH NJW 2009, 3020; OLG Frankfurt/M. NJW 2017, 2151; 2016, 258. Es ist unschädlich, wenn der die Lesbarkeit der Belehrung nicht fördernde Rahmen der Musterbelehrung weggelassen und die Überschrift in Anpassung an die Gestaltung des übrigen Vertragsdokuments nicht zentriert, sondern linksbündig gedruckt wird: BGH GuT 2013, 133.

64   Eine Belehrung für mehrere oder künftige Verträge ist unwirksam: so Palandt/*Grüneberg* EGBGB Art. 246 Rn. 13.

65   BGH WM 2012, 221.

66   BGH NZG 2012, 427; BGH NJW 2010, 989.

67   KG GRUR-RR 2010, 215; Palandt/*Grüneberg* EGBGB Art. 246 Rn. 13.

In Bezug auf das **Deutlichkeitsgebot** muss die Widerrufsbelehrung (im Rahmen des verwendeten Kommunikationsmittels) lesbar[68] und vom übrigen Text abgehoben sein.[69] Sie darf nicht irreführend sein.[70]

16   Die Widerrufsbelehrung muss nach **Abs. 3 S. 3** im Einzelnen Folgendes enthalten:

- einen Hinweis auf das **Recht zum** (beliebigen und an keine Voraussetzungen gebundenen)[71] **Widerruf** (**Nr. 1**);
- einen Hinweis darauf, dass der Widerruf durch **Erklärung gegenüber dem Unternehmer** erfolgt und **keiner Begründung** bedarf (**Nr. 2**), wobei der Unternehmer dem Verbraucher kein Widerrufsformular zur Verfügung stellen muss.[72] Enthält die Belehrung eine bestimmte Formvorgabe (bspw. E-Mail, Fax oder Textform), bedarf die Angabe keiner Erläuterung.[73] Der Hinweis jedoch, dass der Widerruf „ausschließlich" gegenüber einem Dritten (bspw. einem Rechtsanwalt) erklärt werden kann, ist fehlerhaft;[74]
- den Namen und die ladungsfähige Anschrift desjenigen (ggf. auch mehrerer), gegenüber dem/denen der Widerruf zu erklären ist (**Widerrufserklärungsgegner** – **Nr. 3**,[75] wobei die Angabe eines Postfachs oder einer Telefonnummer unzureichend ist);[76] und
- einen Hinweis auf **Dauer** (14-Tage-Frist) und **Beginn der Widerrufsfrist**[77] sowie darauf, dass zur **Fristwahrung** die rechtzeitige Absendung der Widerrufserklärung genügt[78] (**Nr. 4**).
- Die Widerrufsbelehrung muss iÜ klarstellen, auf welchen Vertrag sie sich konkret bezieht.[79]

Art. 246 a EGBGB Informationspflichten bei außerhalb von Geschäftsräumen geschlossenen Verträgen und Fernabsatzverträgen mit Ausnahme von Verträgen über Finanzdienstleistungen

Literatur: *Artz/Brinkmann/Ludwigkeit*, Widerruf von Autokaufverträgen – Neue Rechtslage bei Haustürgeschäften und finanzierten Verträgen, DAR 2015, 507; *Becker/Rätze*, Belehrung über das fernabsatzrechtliche Widerrufsrecht: Probleme und Lösungsmöglichkeiten, WRP 2019, 429; *Becker/Rätze*, Die Angabe effizienter Kommunikationsmöglichkeiten im Fernabsatz, WRP 2019, 1124; *Bittner*, Gesetz zur Umsetzung der Verbraucherrechterichtlinie: Informationspflichten und Widerrufsrecht, ZVertriebsR 2014, 3; *Böse/Heermeyer*, Die neue Widerrufsbelehrung bei Sonderkonstellationen im Fernabsatz, MDR 2014, 1125; *Brunotte*, Virtuelle Assistenten – Digitale Helfer in der Kundenkommunikation, CR 2017, 583;

---

68   Erfordernis einer ausreichend großen Schrift und Untergliederung: BGH NJW 2011, 1061. Notwendigkeit größerer Abstände: BGH NJW 1994, 1800.

69   BGH NJW 2009, 3020 (durchgezogener Strich bei kleineren Drucktypen); 2004, 3183; 1996, 1946 – bspw. durch Farbe, Fettdruck, Größe der Lettern oder Sperrschrift: Palandt/*Grüneberg* EGBGB Art. 246 Rn. 14. Vgl. auch OLG Stuttgart NJW 1992, 3245: drucktechnische Hervorhebung der Überschrift „Widerrufsbelehrung", OLG Stuttgart NJW-RR 1995, 667: zwei räumlich getrennte Unterschriften.

70   BGH NJW 2002, 3396; OLG Bremen ZIP 2006, 1527 zu verwirrenden oder ablenkenden Zusätzen. Vgl. auch BGH NJW 2005, 180 (181): Erteilung mehrerer widersprüchlicher Widerrufsbelehrungen; BGH NJW 2009, 3020: eine Belehrung (getrennt) auf zwei Vertragsurkunden; OLG München ZIP 2015, 2410: (vorsorgliche) zutreffende Belehrung über Voraussetzungen und Rechtsfolgen eines verbundenen Geschäfts, das gar nicht in Rede steht. Zulässig soll hingegen eine Belehrung auf der Rückseite des Vertrags (ohne Verweis auf der Vorderseite) sein: BGH NJW-RR 2003, 1481 – arg.: Es kommt auf die Verhältnisse zur Zeit der Belehrung an, nicht „dass der Zugang der Belehrung nachvertraglich erschwert ist", Palandt/*Grüneberg* EGBGB Art. 246 Rn. 14.

71   So OLG Jena GRUR-RR 2006, 283.

72   Palandt/*Grüneberg* EGBGB Art. 246 Rn. 13.

73   BGH NJW 2015, 2733; OLG München NJW-RR 2005, 573.

74   OLG Hamm BKR 2015, 516; Palandt/*Grüneberg* EGBGB Art. 246 Rn. 13.

75   Als bindende Angabe: OLG Hamm NJW-RR 2009, 1707.

76   Palandt/*Grüneberg* EGBGB Art. 246 Rn. 13 unter Bezugnahme auf den eindeutigen Wortlaut und auf OLG Koblenz NJW 2006, 919; aA hingegen nach alter Rechtslage noch BGH NJW 2012, 1065. EGBGB Art. 246 Rn. 13 gleichwohl zweifelnd: „Da der Widerruf aber gem. § 355 I 2 formlos erklärt werden kann, würde an sich die Angabe einer Telefonnummer genügen".

77   Erforderlich ist die eindeutige Benennung des maßgeblichen Ereignisses, das den Lauf der Frist in Gang setzt: so Palandt/*Grüneberg* EGBGB Art. 246 Rn. 13 unter Bezugnahme auf BGH NJW 2009, 3572 – und das vom Verbraucher auch ermittelt werden kann (BGH NJW-RR 2009, 1275). Hingegen brauchen weder das konkrete Datum des Fristbeginns noch die Grundsätze der Fristberechnung angegeben zu werden (BGH NJW 2010, 3503).

78   Unzulässig ist sowohl ein Hinweis „Widerrufserklärung muss zugehen" (LG Berlin NJW-RR 2006, 639) als auch der Zusatz „Datum des Poststempels" (OLG Oldenburg NJW 2006, 3076) – ebenso (Beispiele nach Palandt/*Grüneberg* EGBGB Art. 246 Rn. 13) wie die irreführenden Formulierungen (wegen § 187 Abs. 1 BGB) „Fristbeginn ab heute" (BGH NJW 1994, 1800), „Fristbeginn ab Eingang der Vertragsurkunde beim Unternehmer" (BGH NJW-RR 2009, 1275) bzw. „frühestens mit Erhalt der Belehrung" (BGH NJW 2012, 3428).

79   Palandt/*Grüneberg* EGBGB Art. 246 Rn. 13 – wenngleich eine Belehrung auch mehrere Verträge (allerdings keine künftigen) erfassen kann, Palandt/*Grüneberg* EGBGB Art. 246 Rn. 3; BGH NJW 2017, 3239.

Buchmann, Aktuelle Entwicklungen im Fernabsatzrecht 2014/2015, K&R 2015, 615; *Buchmann*, Aktuelle Entwicklungen im Fernabsatzrecht 2015/2016, K&R 2016, 644; *Buchmann*, Aktuelle Entwicklungen im Fernabsatzrecht 2016/2017, K&R 2017, 613; *Buchmann/Hoffmann*, Erleichterte Informationspflichten bei Fernabsatzverträgen mit Waren, K&R 2016, 462; *Dassbach*, Vorvertragliche Informationspflichten, JA 2016, 325; *Föhlisch*, Auflistung oder Verlinkung wesentlicher Merkmale bei der „Button-Lösung"?, MMR 2017, 447; *Föhlisch/Löwer*, Der Online-Handel mit Lebensmitteln – Rechtliche Rahmenbedingungen, ZLR 2015, 414; *Föhlisch/Löwer*, Das Widerrufsrecht bei Gutscheinen im Fernabsatz, K&R 2015, 298; *Föhlisch/Löwer*, Die Entwicklung des E-Commerce-Rechts seit Mitte 2015, VuR 2016, 443; *Föhlisch/Löwer*, Die Entwicklung des E-Commerce-Rechts seit Mitte 2016, VuR 2018, 11; *Föhlisch/Stariadeff*, Zahlungsmittel und Vertragsschluss im Internet, NJW 2016, 353; *Föhlisch/Stariadeff*, Pflicht zur Angabe von Telefonnummern für Online-Händler, CR 2019, 511; *Gössling/Dimov*, Kennzeichnungs- und Informationspflichten im Online-Handel, IPRB 2018, 153; *Große-Wilde/Fleuth*, Reform der Verbraucherrechte – Erweiterung der Informationspflichten für Rechtsanwälte, MDR 2014, 1425; *Grüneberg*, Leitlinien der Rechtsprechung des BGH zur Widerrufsbelehrung bei Verbraucherdarlehensverträgen, BKR 2019, 1; *Horst*, Mietrechtliche Auswirkungen eines erweiterten Widerrufsrechts nach der Verbraucherrechterichtlinie, DWW 2015, 2; *Hossenfelder/Schilde*, Praxisprobleme bei der Nutzung der Muster-Widerrufsbelehrung im E-Commerce, CR 2014, 456; *Janal*, Der Beginn der Widerrufsfrist im neuen Fernabsatzrecht, VuR 2015, 43; *Janal*, Die AGB-Einbeziehung im „M-Commerce", NJW 2016, 3201; 153; *Jung*, Vorvertragliche Informationspflichten des Rechtsanwalts, AnwBl 2015, 724; *Klocke*, Die Auswirkungen der unterbliebenen Beifügung des Widerrufsformulars auf den Beginn der Widerrufsfrist, VuR 2015, 293; *Koch*, Reform der Verbraucherrechte – Die neuen Informationspflichten für den Handel, MDR 2014, 1421; *Kramme*, Die Einbeziehung von Pflichtinformationen in Fernabsatz- und Außergeschäftsraumverträge, NJW 2015, 279; *Leeb*, Rechtskonformer Vertragsabschluss mittels Dash Button?, MMR 2017, 89; *Lomfeld*, Digitaler Schrott – Widerruf von digitalen Inhalten, ZRP 2016, 174; *Meyer*, Gratisspiele im Internet und ihre minderjährigen Nutzer, NJW 2015, 3686; *Neumann*, Patzer im neuen Widerrufsrecht, jM 2015, 316; *Rätze*, Ein Jahr neues Verbraucherrecht, VuR 2015, 299; *Rumpf/Wirth*, Immer Ärger mit dem Widerrufsrecht, IR 2015, 170 (Teil 1) und 194 (Teil 2); *Rumpf/Wirth*, Platzierung der Widerrufsbelehrung bei Online-Vertragsabschlüssen, IR 2015, 236; *Schirmbacher/Engelbrecht*, Neues Verbraucherrecht: Erleichterte Informationspflichten bei begrenzter Darstellungsmöglichkeit, ITRB 2014, 89; *Schirmbacher/Grasmück*, Neues Verbraucherrecht: Muster-Widerrufsformular und Online-Widerrufserklärung, ITRB 2014, 2; *Schmeel*, Widerrufsrechte des Verbrauchers am Bau – Der unionsrechtliche Aspekt, MDR 2019, 1157; *Schön*, Widerruf von Kfz-Finanzierungsdarlehen – der neue Diesel-Skandal-Widerrufsjoker?, BB 2018, 2115; *Specht*, Wertersatz nach Verbraucherwiderruf im Fernabsatz – Was kommt nach den Entscheidungen „Wasserbett" und „Katalysatorkauf"?, VuR 2017, 363; *Steyl*, Wohnungsmiete und Verbraucherwiderrufsrecht: Eine Polemik, NZM 2015, 433; *Tamm*, Informationspflichten nach dem Umsetzungsgesetz zur Verbraucherrechterichtlinie, VuR 2014, 9; *Vander*, Reform des Fernabsatzrechts, MMR 2015, 75; *Vogt*, Informationspflichten gegenüber Verbrauchern im B2B-Shop, ITRB 2016, 155.

Art. 246 a normiert – in Umsetzung der Art. 6 bis 8 und 11 Abs. 1 VerbrRRL – in § 1 die grundlegenden **1** Informationspflichten bei außerhalb von Geschäftsräumen (§ 312 b BGB) und im Fernabsatz geschlossenen Verträgen iSd § 312 c BGB (mit Ausnahme von Verträgen über Finanzdienstleistungen, vgl. dazu Art. 246 b EGBGB) und in den §§ 2 und 3 erleichterte Informationspflichten für besondere Vertragskonstellationen. § 4 trifft eine Regelung, wie die Informationspflichten nach den §§ 1 bis 3 zu erfüllen sind.

Bei den vertragsbezogenen Informationspflichten handelt es sich um Marktverhaltensregelungen im Interesse der Verbraucher.[1] Die Zuwiderhandlung gegen eine Marktverhaltensregelung in Art. 246 § 1 EGBGB ist auch geeignet, die Interessen von Verbrauchern „spürbar" zu beeinträchtigen. Sie ist damit unlauter iSd § 3 a UWG. Der Verstoß gegen eine Marktverhaltensregelung indiziert im Regelfall die Eignung zur spürbaren Beeinträchtigung der Marktteilnehmer, an die sich die Handlung richtet.[2] Auch eine irreführende Werbung durch Unterlassen (§ 5 a UWG) kann in Rede stehen, wenn ein Unternehmer im Rahmen der fernmündlichen Kundenakquise für Rückfragen eine Telefonnummer angibt, unter der für den Kunden über einen relevanten Zeitraum hinweg kein Ansprechpartner zur Verfügung steht.[3]

Bei den Vorschriften des Art. 246 a § 1 EGBGB handelt es sich auch um „verbraucherschützende Vorschriften" iSd § 2 Abs. 2 Nr. 1 b UKlaG.[4]

Art. 246 a § 1 EGBGB Informationspflichten

(1) ¹Der Unternehmer ist nach § 312 d Absatz 1 des Bürgerlichen Gesetzbuchs verpflichtet, dem Verbraucher folgende Informationen zur Verfügung zu stellen:

1. die wesentlichen Eigenschaften der Waren oder Dienstleistungen in dem für das Kommunikationsmittel und für die Waren und Dienstleistungen angemessenen Umfang,

---

1 Köhler/Bornkamm/*Köhler* UWG § 3 a Rn. 1.311 und 1.315.
2 Köhler/Bornkamm/*Köhler* UWG § 3 a Rn. 1.112.
3 OLG München ENWZ 2019, 188 = ZNER 2019, 457 – arg.: Angesichts der Informationspflichten, die der Gesetzgeber dem Unternehmer in § 312 d Abs. 1

BGB iVm Art. 246 a § 1 Abs. 1 Nr. 2, § 4 Abs. 1 EGBGB aufgibt, sei in diesem Falle von einer „unlauteren geschäftlichen Handlung" iS von § 5 Abs. 2 S. 1, Abs. 4 UWG auszugehen.
4 OLG Hamm GRUR-RR 2017, 198 = WRP 2017, 222 = MDR 2117, 76, juris Rn. 26.

2. seine Identität, beispielsweise seinen Handelsnamen sowie die Anschrift des Ortes, an dem er niedergelassen ist, seine Telefonnummer und gegebenenfalls seine Telefaxnummer und E-Mail-Adresse sowie gegebenenfalls die Anschrift und die Identität des Unternehmers, in dessen Auftrag er handelt,
3. zusätzlich zu den Angaben gemäß Nummer 2 die Geschäftsanschrift des Unternehmers und gegebenenfalls die Anschrift des Unternehmers, in dessen Auftrag er handelt, an die sich der Verbraucher mit jeder Beschwerde wenden kann, falls diese Anschrift von der Anschrift unter Nummer 2 abweicht,
4. den Gesamtpreis der Waren oder Dienstleistungen einschließlich aller Steuern und Abgaben, oder in den Fällen, in denen der Preis auf Grund der Beschaffenheit der Waren oder Dienstleistungen vernünftigerweise nicht im Voraus berechnet werden kann, die Art der Preisberechnung sowie gegebenenfalls alle zusätzlichen Fracht-, Liefer- oder Versandkosten und alle sonstigen Kosten, oder in den Fällen, in denen diese Kosten vernünftigerweise nicht im Voraus berechnet werden können, die Tatsache, dass solche zusätzlichen Kosten anfallen können,
5. im Falle eines unbefristeten Vertrags oder eines Abonnement-Vertrags den Gesamtpreis; dieser umfasst die pro Abrechnungszeitraum anfallenden Gesamtkosten und, wenn für einen solchen Vertrag Festbeträge in Rechnung gestellt werden, ebenfalls die monatlichen Gesamtkosten; wenn die Gesamtkosten vernünftigerweise nicht im Voraus berechnet werden können, ist die Art der Preisberechnung anzugeben,
6. die Kosten für den Einsatz des für den Vertragsabschluss genutzten Fernkommunikationsmittels, sofern dem Verbraucher Kosten berechnet werden, die über die Kosten für die bloße Nutzung des Fernkommunikationsmittels hinausgehen,
7. die Zahlungs-, Liefer- und Leistungsbedingungen, den Termin, bis zu dem der Unternehmer die Waren liefern oder die Dienstleistung erbringen muss, und gegebenenfalls das Verfahren des Unternehmers zum Umgang mit Beschwerden,
8. das Bestehen eines gesetzlichen Mängelhaftungsrechts für die Waren,
9. gegebenenfalls das Bestehen und die Bedingungen von Kundendienst, Kundendienstleistungen und Garantien,
10. gegebenenfalls bestehende einschlägige Verhaltenskodizes gemäß Artikel 2 Buchstabe f der Richtlinie 2005/29/EG des Europäischen Parlaments und des Rates vom 11. Mai 2005 über unlautere Geschäftspraktiken im binnenmarktinternen Geschäftsverkehr zwischen Unternehmen und Verbrauchern und zur Änderung der Richtlinie 84/450/EWG des Rates, der Richtlinien 97/7/EG, 98/27/EG und 2002/65/EG des Europäischen Parlaments und des Rates sowie der Verordnung (EG) Nr. 2006/2004 des Europäischen Parlaments und des Rates (ABl. L 149 vom 11.6.2005, S. 22) und wie Exemplare davon erhalten werden können,
11. gegebenenfalls die Laufzeit des Vertrags oder die Bedingungen der Kündigung unbefristeter Verträge oder sich automatisch verlängernder Verträge,
12. gegebenenfalls die Mindestdauer der Verpflichtungen, die der Verbraucher mit dem Vertrag eingeht,
13. gegebenenfalls die Tatsache, dass der Unternehmer vom Verbraucher die Stellung einer Kaution oder die Leistung anderer finanzieller Sicherheiten verlangen kann, sowie deren Bedingungen,
14. gegebenenfalls die Funktionsweise digitaler Inhalte, einschließlich anwendbarer technischer Schutzmaßnahmen für solche Inhalte,
15. gegebenenfalls, soweit wesentlich, Beschränkungen der Interoperabilität und der Kompatibilität digitaler Inhalte mit Hard- und Software, soweit diese Beschränkungen dem Unternehmer bekannt sind oder bekannt sein müssen, und
16. gegebenenfalls, dass der Verbraucher ein außergerichtliches Beschwerde- und Rechtsbehelfsverfahren, dem der Unternehmer unterworfen ist, nutzen kann, und dessen Zugangsvoraussetzungen.

²Wird der Vertrag im Rahmen einer öffentlich zugänglichen Versteigerung geschlossen, können anstelle der Angaben nach Satz 1 Nummer 2 und 3 die entsprechenden Angaben des Versteigerers zur Verfügung gestellt werden.

(2) ¹Steht dem Verbraucher ein Widerrufsrecht nach § 312 g Absatz 1 des Bürgerlichen Gesetzbuchs zu, ist der Unternehmer verpflichtet, den Verbraucher zu informieren

1. über die Bedingungen, die Fristen und das Verfahren für die Ausübung des Widerrufsrechts nach § 355 Absatz 1 des Bürgerlichen Gesetzbuchs sowie das Muster-Widerrufsformular in der Anlage 2,
2. gegebenenfalls darüber, dass der Verbraucher im Widerrufsfall die Kosten für die Rücksendung der Waren zu tragen hat, und bei Fernabsatzverträgen zusätzlich über die Kosten für die Rück-

sendung der Waren, wenn die Waren auf Grund ihrer Beschaffenheit nicht auf dem normalen Postweg zurückgesendet werden können, und

3. darüber, dass der Verbraucher dem Unternehmer bei einem Vertrag über die Erbringung von Dienstleistungen oder über die nicht in einem bestimmten Volumen oder in einer bestimmten Menge vereinbarte Lieferung von Wasser, Gas, Strom oder die Lieferung von Fernwärme einen angemessenen Betrag nach § 357 Absatz 8 des Bürgerlichen Gesetzbuchs für die vom Unternehmer erbrachte Leistung schuldet, wenn der Verbraucher das Widerrufsrecht ausübt, nachdem er auf Aufforderung des Unternehmers von diesem ausdrücklich den Beginn der Leistung vor Ablauf der Widerrufsfrist verlangt hat.

[2]Der Unternehmer kann diese Informationspflichten dadurch erfüllen, dass er das in der Anlage 1 vorgesehene Muster für die Widerrufsbelehrung zutreffend ausgefüllt in Textform übermittelt.

(3) Der Unternehmer hat den Verbraucher auch zu informieren, wenn

1. dem Verbraucher nach § 312 g Absatz 2 Nummer 1, 2, 5 und 7 bis 13 des Bürgerlichen Gesetzbuchs ein Widerrufsrecht nicht zusteht, dass der Verbraucher seine Willenserklärung nicht widerrufen kann, oder

2. das Widerrufsrecht des Verbrauchers nach § 312 g Absatz 2 Nummer 3, 4 und 6 sowie § 356 Absatz 4 und 5 des Bürgerlichen Gesetzbuchs vorzeitig erlöschen kann, über die Umstände, unter denen der Verbraucher ein zunächst bestehendes Widerrufsrecht verliert.

A. Allgemeines 1
B. Regelungsgehalt der Norm 2
   I. Informationspflichten des Unternehmers
     (Abs. 1) 3
  II. Anforderungen an die Widerrufsbelehrung
     (Abs. 2) 5

III. Zusätzliche Informationspflichten darüber,
     dass ggf. kein Widerrufsrecht besteht bzw. der
     Verbraucher dieses vorzeitig verlieren kann
     (Abs. 3) 15

A. Allgemeines

Art. 246 § 1 normiert die **grundlegenden Informationspflichten** bei außerhalb von Geschäftsräumen (§ 312 b BGB) und im Fernabsatz geschlossenen Verträgen (§ 312 c BGB) mit Ausnahme von Verträgen über Finanzdienstleistungen. Für Letztere enthält Art. 246 b spezielle Regelungen. Abs. 3 hat infolge Art. 2 des 3. ReiserechtsänderungsG[1] zum 1.7.2018 ohne materielle Inhaltsänderung eine redaktionelle Anpassung erfahren.   **1**

B. Regelungsgehalt der Norm

Die umfassenden Informationspflichten des Unternehmers gegenüber dem Verbraucher nach Abs. 1 sollen den Verbraucher in die Lage versetzen, grenzüberschreitende Angebote besser vergleichen zu können, was einem hohen Verbraucherschutzniveau dient und den Binnenmarkt für Geschäfte zwischen Unternehmen und Verbrauchern fördert.[2] Auch im sog. Präsenzgeschäft kann daher ein durch objektive Auslegung ermittelter Belehrungsfehler nicht durch die konkreten, aber nicht in Textform dokumentierten Umstände der Erteilung der Widerrufsbelehrung ausgeräumt werden.[3]   **2**

Bewirbt ein Unternehmer gegenüber Verbrauchern eine Ware auf der Internetplattform „eBay-Kleinanzeigen", so ist er nicht verpflichtet, zugleich die Informationen nach (§ 306 d Abs. 1 BGB iVm) Art. 246 a EGBGB (und nach § 312 i Abs. 1 S. 1 Nr. 2 BGB iVm Art. 246 c EGBGB) zu erteilen und eine Verlinkung auf die EU-Online-Streitbeilegungsplattform bereitzuhalten.[4] Die Anzeige auf der Internetplattform „eBay-Kleinanzeigen" stellt nämlich noch kein Angebot auf Abschluss eines Vertrages im Wege des Fernabsatzes, des elektronischen Geschäftsverkehrs oder des Online-Handels dar. Im Unterschied zur Verkaufs- und Auktionsplattform „eBay"[5] bietet die Plattform „eBay-Kleinanzeigen" keine technischen Möglichkeiten zum unmittelbaren fernkommunikativen Vertragsabschluss oder zum Vertragsabschluss im elektronischen

1   BGBl. I 2017, S. 2394.
2   RegE, BT-Drs. 17/12637 S. 74 r. Sp.
3   BGH NJW-RR 2017, 886 = ZIP 2017, 809 = WM 2017, 806 – Ls.
4   OLG Brandenburg WRP 2018, 102 = K&R 2018, 126 = MDR 2018, 106 – Ls.
5   Auf der Plattform „eBay" wird dem Kunden regelmäßig ein annahmefähiges Vertragsangebot unterbreitet, das dieser unter Einsatz der zur Verfügung gestellten technischen Mittel sogleich annehmen oder hierzu ein bindendes Gebot abgeben kann oder aber seinerseits allein unter Abänderung des angebotenen Preises ein bindendes Vertragsangebot abgeben kann, welches der Unternehmer im Wege der Fernkommunikation sogleich annehmen kann (Optionen: „Sofort-Kaufen", „Bieten" bzw. „Preisvorschlag").

Geschäftsverkehr. Die Plattform „eBay-Kleinanzeigen" hält auch kein System zum Abschluss von Online-Kaufverträgen bereit.[6]

I. Informationspflichten des Unternehmers (Abs. 1)

3 Der Unternehmer ist gemäß **Abs. 1** (in Umsetzung von Art. 6 Abs. 1 VerbrRRL und in fast wörtlicher Übernahme der Richtlinienvorgaben – mit Ausnahme der lit. h bis k, die in Abs. 2 (Rn. 5 ff.) und Abs. 3 (Rn. 15 ff.) umgesetzt werden) – und zwar nur im Falle von außerhalb von Geschäftsräumen geschlossenen Verträgen (§ 312 b BGB) und Fernabsatzverträgen (§ 312 c BGB) mit Ausnahme solcher über Finanzdienstleistungen – nach § 312 d Abs. 1 BGB verpflichtet, dem Verbraucher folgende Einzelinformationen (**allgemeine Informationen**) zur Verfügung zu stellen:

– **Beschreibung der wesentlichen Eigenschaften** (**Merkmale**) der Waren oder Dienstleistungen in dem für das Kommunikationsmittel und für die Waren und Dienstleistungen angemessenen Umfang (**Nr. 1** – entsprechend Art. 246 Abs. 1 Nr. 1). Im Hinblick auf den Inhalt und den Umfang der zu erteilenden Informationen kommt es auf die konkrete Ware oder Dienstleistung an.[7] Die Regelung fordert eine detaillierte und übersichtliche Beschreibung ohne Weitschweifigkeit. Notwendig ist eine Beschreibung, aus der der Verbraucher die für seine Entscheidung maßgeblichen Merkmale entnehmen kann – „Das mag bei Bekleidung zB die Größe, Farbe und das Material der Textilien sein".[8] Für die Angabe der wesentlichen Eigenschaften der Ware gemäß § 312 j Abs. 2 BGB, Art. 246 a § 1 Abs. 1 S. 1 Nr. 1 EGBGB, unmittelbar bevor der Verbraucher seine Bestellung abgibt, ist ein Link in räumlicher Nähe des Bestellbuttons, der zu einer Seite mit diesen Angaben führt, nicht ausreichend.[9]

– Angaben über sie **Identität des Unternehmers**, bspw. seinen Handelsnamen sowie die Anschrift des Ortes, an dem er niedergelassen ist, seine Telefonnummer und ggf. seine Telefaxnummer und E-Mail-Adresse sowie ggf. die Anschrift und die Identität des Unternehmers, in dessen Auftrag er handelt (**Nr. 2** – entsprechend Art. 246 Abs. 1 Nr. 2). Insoweit war die Richtlinienkonformität zweifelhaft.[10] Der EuGH[11] hat die Vorlagefrage des BGH im Hinblick auf die Verpflichtung eines Online-Händlers (konkret: Amazon EU SARL) zur Angabe eines Telefon- und Telefaxanschlusses sowie einer E-Mail-Adresse wie folgt beantwortet:

6   OLG Brandenburg WRP 2018, 102 = K&R 2018, 126 = MDR 2018, 106 – Ls.

7   Im Hinblick auf die Pflichtangaben eines Online-Händlers zu wesentlichen Merkmalen eines Sonnenschirms hat das OLG Hamm (GRUR-RR 2017, 359 = MDR 2017, 809) festgestellt, dass wenn die „Warenkorbansicht" dem Verbraucher unmittelbar vor der Abgabe seiner Bestellerklärung übersichtlich Auskunft über die Form eines Sonnenschirms, über das Material des Gestells, über die Farbe des Gestells, über die Größe der Schirmspannung, über die Farbe der Schirmbespannung, über das Material der Schirmbespannung und über den Mechanismus zum Aufspannens des Schirms gibt, alle wesentlichen Merkmale des in den „Warenkorb" eingelegten Schirms genannt sind – die Angabe auch des Gewichts gehöre nicht zu den „wesentlichen Eigenschaften": umstritten, so aber OLG Hamm GRUR-RR 2017, 359, juris Rn. 19; aA hingegen OLG Hamburg MMR 2014, 818.

8   RegE, BT-Drs. 17/12637 S. 74 r. Sp. Für das Angebot von Bekleidung ist jedenfalls die Angabe des Materials als „wesentlich" anzusehen, da danach sowohl das Preis-Leistungs-Verhältnis, die erforderliche Einigung sowie bestehende Unverträglichkeiten beurteilt werden können und diese für einen Bekleidungskauf wesentliche Faktoren darstellen: LG München I WRP 2018, 888 = BB 2018, 1556.

9   OLG München GRUR-RR 2019, 265 = WRP 2019, 796 = MDR 2019, 794 – Ls.

10 Vgl. das Vorabentscheidungsersuchen des BGH vom 5.10.2017 an den EuGH: BGH GRUR 2018, 100 = WRP 2018, 72 – Rückrufsystem – zur Verpflichtung des Unternehmers zur Information über Möglichkei-

ten der Kontaktaufnahme beim Abschluss von Fernabsatzverträgen:

1) Können die Mitgliedstaaten eine Bestimmung vorsehen, die wie Nr. 2 den Unternehmer verpflichtet, dem Verbraucher im Rahmen des Abschlusses von Fernabsatzverträgen vor Abgabe von dessen Vertragserklärung (nicht nur „ggf.", sondern) stets seine Telefonnummer zur Verfügung zu stellen?

2) Bedeutet die in (der deutschen Sprachfassung des) Art. 6 Abs. 1 c der RL 2011/83/EU verwendete Wendung „ggf.", dass ein Unternehmer nur über in seinem Unternehmen bereits tatsächlich vorhandene Kommunikationsmittel informieren muss, er also nicht gehalten ist, einen Telefon- oder Telefaxanschluss bzw. ein E-Mail-Konto neu einzurichten, wenn er sich entschließt, in seinem Unternehmen auch Fernabsatzverträge abzuschließen? ...

4) Ist die in der RL-Norm erfolgte Aufzählung der Kommunikationsmittel Telefon, Telefax und E-Mail abschließend, oder kann der Unternehmer auch andere, dort nicht genannte Kommunikationsmittel (wie etwa ein Internet-Chat oder ein telefonisches Rückrufsystem) einsetzen, sofern dadurch eine schnelle Kontaktaufnahme und eine effiziente Kommunikation sichergestellt ist?

5) Kommt es bei Anwendung des Transparenzgebots des Art. 6 Abs. 1 der RL (nach dem der Unternehmer dem Verbraucher in klarer und verständlicher Sprache über die in Art. 6 Abs. 1 c RL genannten Kommunikationsmittel informieren muss) darauf an, dass die Information schnell und effizient erteilt wird?

11 EuGH NJW 2019, 3365 = ZIP 2019, 1431 = GRUR 2019, 958 = WRP 2019, 97.

– Art. 6 Abs. 1 c der Richtlinie 2011/83/EU ist zum einen dahin auszulegen, dass er einen einer nationalen Regelung wie der im Ausgangsverfahren streitigen entgegensteht, nach der ein Unternehmer verpflichtet ist, vor Abschluss eines Vertrags mit einem Verbraucher im Fernabsatz oder außerhalb von Geschäftsräumen iS von Art. 2 Nr. 7 und 8 der RL stets seine Telefonnummer anzugeben. Zum anderen impliziert diese Bestimmung keine Verpflichtung des Unternehmers, einen Telefon- oder Telefaxanschluss bzw. ein E-Mail-Konto neu einzurichten, damit der Verbraucher mit ihm in Kontakt treten kann. Sie verpflichtet den Unternehmer nur dann zur Übermittlung der Telefon- oder Telefaxnummer bzw. seiner E-Mail-Adresse, wenn er über diese Kommunikationsmittel mit den Verbrauchern bereits verfügt.[12] Art. 6 Abs. 1 c der RL ist dahin auszulegen, dass diese Bestimmung zwar den Unternehmer verpflichtet, dem Verbraucher ein Kommunikationsmittel zur Verfügung zu stellen, das geeignet ist, die Kriterien einer direkten und effizienten Kommunikation zu erfüllen, doch steht diese Bestimmung dem nicht entgegen, dass der Unternehmer andere Kommunikationsmittel als die in ihr genannten zur Verfügung stellt, um diese Kriterien zu erfüllen.[13]

– Ein Unternehmer erfüllt seine Informationspflicht nicht in der durch Abs. 2 S. 2 eröffneten Möglichkeit, wenn er seine geschäftlich genutzte Telefonnummer nicht an der vorgesehenen Stelle in die von ihm verwendete Muster-Widerrufsbelehrung einträgt.[14] Nr. 2 ist im Lichte von Art. 6 Abs. 1 der RL 2011/83/EG richtlinienkonform dahin gehend auszulegen, dass der Unternehmer gehalten ist, dem Verbraucher Möglichkeiten zur Verfügung zu stellen, die ihm eine schnelle Kontaktaufnahme und effiziente Kommunikation mit dem Unternehmer erlauben. Ist dies der Fall (bspw. durch eine Rückrufoption, E-Mail, Chatmöglichkeiten), ist die zusätzliche Angabe einer Telefon- oder Telefaxnummer nach Ansicht des OLG Köln[15] nicht erforderlich.

– Zusätzlich zu den Angaben gemäß Nr. 2 Angaben über die **Geschäftsanschrift des Unternehmers** und ggf. die Anschrift des Unternehmers, in dessen Auftrag er handelt, an die sich der Verbraucher mit jeder Beschwerde wenden kann, falls diese Anschrift von der Anschrift unter Nr. 2 abweicht (**Nr. 3**).

– Angabe des **Gesamtpreises** der Waren oder Dienstleistungen einschließlich aller Steuern und Abgaben, oder in den Fällen, in denen der Preis aufgrund der Beschaffenheit der Waren oder Dienstleistungen vernünftigerweise nicht im Voraus berechnet werden kann, die **Art der Preisberechnung**[16] sowie ggf. **aller zusätzlichen Fracht-, Liefer- oder Versandkosten** und aller sonstigen Kosten, oder in den Fällen, in denen diese Kosten vernünftigerweise nicht im Voraus berechnet werden können, die Tatsache, dass solche zusätzlichen Kosten anfallen können (**Nr. 4** – entsprechend Art. 246 Abs. 1 Nr. 3).

– Im Falle eines **unbefristeten Vertrags** oder eines **Abonnement-Vertrags** den Gesamtpreis. Dieser umfasst – in Modifikation der Nr. 4 – die pro Abrechnungszeitraum anfallenden Gesamtkosten und, wenn für einen solchen Vertrag Festbeträge in Rechnung gestellt werden, ebenfalls die monatlichen Gesamtkosten. Wenn die Gesamtkosten vernünftigerweise nicht im Voraus berechnet werden können, ist die Art der Preisberechnung anzugeben (**Nr. 5**). Nach *Grüneberg*[17] ist der Abrechnungszeitraum der vertraglich bestimmte Zeitraum, „wobei stets auch der Monatspreis angegeben werde sollte".[18]

– Angaben über die **Kosten für den Einsatz des** für den Vertragsabschluss genutzten **Fernkommunikationsmittels**, sofern dem Verbraucher Kosten berechnet werden, die über die Kosten für die bloße Nutzung des Fernkommunikationsmittels (**Grundtarif**) hinausgehen (**Nr. 6** als Ergänzung von § 312 a Abs. 5 S. 1 BGB für Vertragsabschlusskosten). Nr. 6 folgt der Vorgabe in Art. 6 Abs. 1 lit. f. VerbrRRL, wonach der Unternehmer den Verbraucher über die Kosten für den Einsatz der für den Vertragsabschluss genutzten Fernkommunikationstechnik aufklären muss, wenn diese Kosten nicht nach dem Grundtarif berechnet werden. Die durch § 1 Abs. 2 und Abs. 6 S. 2 PrAngVO geforderten Angaben müssen alsbald und leicht erkennbar sowie wahrnehmbar auf einer gesonderten Seite angegeben werden, die noch vor Einleitung des Bestellvorgangs notwendig aufgerufen werden muss. Außerdem muss die tatsächliche Höhe der für den Einkauf anfallenden Versandkosten jedenfalls bei Aufruf des virtuellen Warenkorbes in der Preisaufstellung gesondert ausgewiesen werden.[19]

---

12 EuGH NJW 2019, 3365 – Ls. 1.
13 EuGH NJW 2019, 3365 – Ls. 2.
14 OLG Hamm CR 2015, 462 = K&R 2015, 424.
15 OLG Köln WRP 2016, 1396 = K&R 2016, 760 = MMR 2017, 39 – Ls.
16 Zu einer unvollständigen Angabe der Höhe der Versandkosten beim Angebot eines Versands ins Ausland: KG WRP 2015, 1535 = K&R 2015, 819 – Ls.: Auch in § 5 Abs. 3 Nr. 3 UWG ist die Höhe der Versandkosten (bei einem angebotenen Versand ins Aus-

land) dann nicht anzugeben, wenn diese Kosten (wie nunmehr in § 1 Abs. 2 S. 2 PAngV und Art. 246 a § 1 Abs. 1 S. 1 Nr. 4 EGBGB ausdrücklich geregelt) „vernünftigerweise" im Voraus nicht berechnet werden können. Jedenfalls die Höhe der Versandkosten in die Länder der EU wird aber regelmäßig ohne unzumutbaren Aufwand im Voraus berechnet werden können.
17 Palandt/*Grüneberg* EGBGB Art. 246 a § 1 Rn. 3.
18 Palandt/*Grüneberg* EGBGB Art. 246 a § 1 Rn. 3.

Die entsprechenden Informationen umfassen bspw. nach Erwägungsgrund Nr. 33 der VerbrRRL auch die Angaben über die Sperrung eines Betrags (Kaution) auf der Kredit- oder Debitkarte des Verbrauchers.

– Informationen über die **Zahlungs-, Liefer- und Leistungsbedingungen**, den Termin, bis zu dem der Unternehmer die Waren liefern oder die Dienstleistung erbringen muss, und ggf. das Verfahren des Unternehmers zum Umgang mit Beschwerden (**Nr. 7** – entsprechend Art. 246 Abs. 1 Nr. 4). Die Werbung mit der Angabe „Der Artikel ist bald verfügbar" genügt nicht den gesetzlichen Informationspflichten aus (§ 312 d Abs. 1 S. 1 BGB iVm) Nr. 7, weil kein hinreichend bestimmbarer Lieferzeitraum angegeben wird, aufgrund dessen der Verbraucher darüber in Kenntnis gesetzt wird, bis zu welchem Zeitpunkt spätestens die bestellte Ware vom werbenden Unternehmer an ihn ausgeliefert wird.[20] Die Informationspflichten aus Nr. 7 finden auch im Bereich des elektronischen Geschäftsverkehrs Anwendung.[21]

– Angaben über das **Bestehen eines gesetzlichen Mängelhaftungsrechts** für die Waren (**Nr. 8** – entsprechend Art. 246 Abs. 1 Nr. 5).

– Ggf. Informationen über das **Bestehen** und die **Bedingungen von Kundendienst, Kundendienstleistungen und Garantien**[22] (**Nr. 9** – entsprechend Art. 246 Abs. 1 Nr. 5).

– Ggf. Angaben über bestehende einschlägige **Verhaltenskodizes** gemäß Art. 2 lit. f. UGP-RL und wie Exemplare davon erhalten werden können (**Nr. 10**). Unter „Verhaltenskodizes" versteht man Regelwerke, denen sich der Unternehmer (meist zu Werbezwecken) unabhängig vom Vertragsschluss freiwillig unterwirft[23] (vgl. auch § 2 Abs. 1 Nr. 5 UWG).[24] Ein Hinweis auf einen entsprechenden Link im Internet reicht aus – hat der Unternehmer sich allerdings keinem entsprechenden Verhaltenskodex unterworfen oder besteht ein solcher nicht, „bedarf es keiner Fehlanzeige".[25]

– Ggf. Informationen über die Laufzeit des Vertrags oder die Bedingungen der **Kündigung unbefristeter Verträge** oder **sich automatisch verlängernder Verträge**[26] (**Nr. 11** – entsprechend Art. 246 Abs. 1 Nr. 6).

– Ggf. **Angaben über die Mindestdauer der Verpflichtungen**, die der Verbraucher mit dem Vertrag eingeht (**Nr. 12**). Letztere werden jedoch nur dann Vertragsinhalt, wenn sie – als AGB – den Anforderungen der §§ 307 ff. BGB entsprechen, mithin einer Klauselkontrolle nach § 309 Nr. 9 BGB oder § 308 Nr. 4 und Nr. 8 BGB bzw. § 307 BGB standhalten.[27]

– Ggf. Informationen über die Tatsache, dass der Unternehmer vom Verbraucher die **Stellung einer Kaution** (zB Barkaution, Sperrung eines Betrags auf der Kredit- oder Debitkarte)[28] oder die Leistung ande-

---

19 So BGH NJW-RR 2010, 915 (917). Dabei genügt es nicht, dass die Mitteilung der nach § 312 j Abs. 2 BGB erforderlichen Informationen zu Beginn des Bestellvorgangs erfolgt – sie muss unmittelbar vor Abgabe der Bestellung zumindest wiederholt werden: LG Arnsberg MMR 2016, 541.

20 OLG München GRUR-RR 2019, 31 = CR 2019, 54 – Ls. 1. Vgl. auch die Ausgangsentscheidung: LG München MDR 2017, 1413 = K&R 2018, 66: Eine Gestaltung eines Internetangebots, die als Angabe des Liefertermins nur den Hinweis „Der Artikel ist bald verfügbar. Sichern Sie sich jetzt ihr Exemplar!" enthält, genügt den gesetzlichen Anforderungen nicht.

21 OLG München GRUR-RR 2019, 31 = CR 2019, 54 – Ls. 2.

22 Die Angabe „5 Jahre Garantie" genügt der Vorgabe der Klarheit und Verständlichkeit iS von Art. 246 a § 4 Abs. 1 EGBGB nicht, da der Verbraucher zwar über das Bestehen einer Garantie informiert, jede weitere Angabe zu den Bedingungen dieser Garantie ihm jedoch vorenthalten wird: OLG Hamm Schadens-Praxis 2017, 496, juris Rn. 55 f.: Etwas anderes würde dann gelten, wenn dem Verbraucher im folgenden Verlauf des Bestellungsvorgangs (und zwar noch vor Abgabe seiner endgültigen Bestellung) weitere Informationen zur Verfügung gestellt werden. Solcher Angaben bedarf es jedoch auch, wenn es sich bei der in Rede stehenden Erklärung lediglich um Werbung mit einer Garantie und nicht etwa um eine

Garantieerklärung handeln sollte – da es hierauf im Rahmen der Nr. 9 nicht ankommt. Vgl. auch LG Berlin MDR 2018, 979 – „30 Jahre Garantie".

23 Palandt/*Grüneberg* EGBGB Art. 246 a § 1 Rn. 4.

24 „Verhaltenskodex" iSd UWG ist legal definiert als „Vereinbarungen oder Vorschriften über das Verhalten von Unternehmen, zu welchen diese sich in Bezug auf Wirtschaftszweige oder einzelne geschäftliche Handlungen verpflichtet haben, ohne dass sich solche Verpflichtungen aus Gesetzes- oder Verwaltungsvorschriften ergeben".

25 Palandt/*Grüneberg* EGBGB Art. 246 a § 1 Rn. 4.

26 Wenn in der Information im Fließtext eines Internet-Datingportals nicht mitgeteilt wird, wie überhaupt zu kündigen ist (und welche Kündigungsfrist dabei zu beachten ist – und dabei faktisch über die Bedingungen zur Kündigung unbefristeter oder sich automatisch verlängernder Anträge nicht informiert wird), liegt darin ein unzulässiger Verstoß gegen Nr. 11, da es sich dabei um wesentliche Informationen handelt: LG Berlin K&R 2016, 688 = MMR 2017, 50: Konkret ging es um einen unbefristeten bzw. sich automatisch verlängernden Vertrag, in Bezug auf den sich bei nicht vorgenommener Kündigung für den Nutzer erhebliche Folgen ergaben (Verlängerung in eine reguläre 6monatige Premium-Mitgliedschaft zu einem erheblich höheren Preis).

27 Palandt/*Grüneberg* EGBGB Art. 246 a § 1 Rn. 5.

28 Palandt/*Grüneberg* EGBGB Art. 246 a § 1 Rn. 5.

rer finanzieller Sicherheiten verlangen kann, sowie deren Bedingungen (dh über die Voraussetzungen und die Form einer Rückgewähr[29] – **Nr. 13**).

– Ggf. Angaben über die **Funktionsweise digitaler Inhalte**, einschließlich anwendbarer technischer Schutzmaßnahmen für solche Inhalte (**Nr. 14** – entsprechend Art. 246 Abs. 1 Nr. 7).

– Ggf., soweit wesentlich, Informationen über **Beschränkungen der Interoperabilität und** der **Kompatibilität digitaler Inhalte** mit Hard- und Software, soweit diese Beschränkungen dem Unternehmer bekannt sind oder bekannt sein müssen (**Nr. 15** – entsprechend Art. 246 Abs. 1 Nr. 8).

– Ggf., die Angabe, dass der Verbraucher ein **außergerichtliches Beschwerde- und Rechtsbehelfsverfahren (Streitbeilegungsverfahren)**, dem der Unternehmer unterworfen ist, nutzen kann, und dessen Zugangsvoraussetzungen (**Nr. 16**).

Wird der Vertrag im Rahmen einer **öffentlich zugänglichen Versteigerung** iSv § 312 g Abs. 2 S. 1 Nr. 10 BGB[30] geschlossen, können nach **Abs. 1 S. 2** anstelle der Angaben nach Abs. 1 S. 1 Nr. 2 und 3 die entsprechenden Angaben des Versteigerers zur Verfügung gestellt werden. **4**

II. Anforderungen an die Widerrufsbelehrung (Abs. 2)

Aufgrund der besonderen Bedeutung des Widerrufsrechts für den Verbraucher sind die Anforderungen an die Widerrufsbelehrung in **Abs. 2** (in Umsetzung von Art. 6 Abs. 1 lit. h, i und j VerbrRRL) separat geregelt worden. Für die nach § 312 j Abs. 1 S. 1 BGB iVm Art. 246 a § 1 Abs. 2 und Art. 246 a § 4 Abs. 1 BGB zu erteilende Informationen des Verbrauchers über ein bestehendes Widerrufsrecht bei einem Vertragsschluss über das Internet genügt es in räumlicher Hinsicht, dass die Informationen in unmittelbarem räumlichen Zusammenhang mit der Schaltfläche, über deren Bestätigung der Verbraucher seine Vertragserklärung abgibt, erteilt wird. Eine Erteilung „vor" der Schaltfläche iS von „oberhalb" ist nicht erforderlich.[31] **5**

Steht dem Verbraucher ein Widerrufsrecht nach **§ 312 g Abs. 1 BGB** zu (womit klargestellt wird, dass Abs. 2 kein eigenständiges Widerrufsrecht begründet, sondern ein solches gemäß § 312 g Abs. 1 BGB voraussetzt), ist der Unternehmer nach **Abs. 2** iS einer **echten Rechtspflicht** (womit der Verbraucher auf deren Erfüllung einen Rechtsanspruch hat)[32] verpflichtet, den Verbraucher die Informationen nach Nr. 1 bis 3 zu erteilen.[33] Auch für den Fall, dass mehrere Verbrauchergeschäfte in einer einheitlichen Vertragsurkunde zusammengefasst werden, reicht es aus, dass eine einheitliche Widerrufsbelehrung erteilt wird.[34] **6**

Besteht hingegen aufgrund **§ 312 g Abs. 2 BGB kein Widerrufsrecht** oder ist ein solches nach **§ 356 Abs. 4 bzw. Abs. 5 BGB** vorzeitig erloschen, treffen den Unternehmer als Rechtspflicht (womit der Verbraucher auf deren Erfüllung einen Rechtsanspruch hat)[35] die Informationspflichten nach **Abs. 3**. **7**

Inhaltlich zu belehren ist nach **Abs. 2 S. 1** (in Umsetzung von Art. 6 Abs. 1 lit. h bis j VerbrRRL) über Folgendes: **8**

– Über die **Bedingungen**, die **Fristen**[36] und das **Verfahren für die Ausübung des Widerrufsrechts** nach § 355 Abs. 1 BGB sowie das Muster-Widerrufsformular in der Anlage 2 (**Nr. 1**). Unter „Bedingungen" sind die gesamten Widerrufsfolgen zu verstehen[37] – weswegen die Wiedergabe der gesetzlichen Ausschlusstatbestände nach § 312 g Abs. 2 BGB ausreicht,[38] ebenso wie ein Hinweis auf das Muster-Widerrufsformular nach Anlage 2 einschließlich der Möglichkeiten, wie der Verbraucher (bspw. durch einen Internetlink) daran gelangen kann.[39] Das Muster-Widerrufsformular muss dem Verbraucher nicht vom Unternehmer ausgehändigt werden.[40] Die Widerrufsfrist beginnt gemäß § 356 Abs. 3 S. 1 BGB nicht, bevor der Unternehmer den Verbraucher entsprechend den Anforderungen des Art. 246 a § 1 Abs. 2 S. 1 Nr. 1 EGBGB über die Bedingungen, die Fristen und das Verfahren für die Ausübung des Widerrufsrechts unterrichtet hat – wobei der Unternehmer seine Informationspflichten auch dadurch erfüllen kann, dass er das in der Anlage 1 zu Art. 246 a EGBGB vorgesehene Muster für die Widerrufs-

29 Palandt/*Grüneberg* EGBGB Art. 246 a § 1 Rn. 5.

30 Zum Begriff der „öffentlich zugänglichen Versteigerung" näher Palandt/*Grüneberg* BGB § 312 g Rn. 13.

31 OLG Köln NJW-RR 2015, 1453 = GRUR-RR 2015, 447 = WRP 2015, 1123 = MDR 2015, 905 – Flirtcafé.

32 Palandt/*Grüneberg* EGBGB Art. 246 a § 1 Rn. 7.

33 Zu konkreten Widerrufsbelehrungen: OLG Hamm WM 2015, 920; 2015, 1007; OLG München ZIP 2015, 2410 = WM 2016, 123; OLG Stuttgart WM 2015, 1148.

34 OLG Hamm WM 2017, 1301.

35 Palandt/*Grüneberg* EGBGB Art. 246 a § 1 Rn. 7.

36 Erteilt der Unternehmer eine Widerrufsbelehrung, in der die Widerrufsfrist länger ist als die gesetzlich

vorgesehene Frist, liegt darin zugleich ein Angebot auf Annahme eines Vertrages mit der verlängerten Frist – die Widerrufsbelehrung ist daher inhaltlich richtig: so OLG Frankfurt/M. WRP 2015, 887 = K&R 2015, 667 = MDR 2015, 816 – Ls.

37 Schmidt/*Brönneke* VuR 2013, 448; Palandt/*Grüneberg* EGBGB Art. 246 a § 1 Rn. 9; aA hingegen *Nordholtz/Bleckwein* NJW 2017, 2497.

38 So bereits BGH NJW 2010, 989.

39 So Palandt/*Grüneberg* EGBGB Art. 246 a § 1 Rn. 9 – auch eine Aushändigung an den Verbraucher in Papierform ist nicht erforderlich.

40 Palandt/*Grüneberg* EGBGB Art. 246 a § 1 Rn. 9.

belehrung zutreffend ausgefüllt in Textform an den Verbraucher übermittelt.[41] Auch in einem Printmedium, das der Unternehmer für den Abschluss eines Fernabsatzvertrages einsetzt (konkret: Werbeprospekt mit einer heraustrennbaren Bestellpostkarte), muss er den Verbraucher nach Nr. 1 vor Abgabe von dessen Vertragserklärung über die Bedingungen, die Fristen und das Verfahren für die Ausübung des Widerrufsrechts nach § 355 Abs. 1 BGB informieren sowie das Muster-Widerrufsformular in der Anlage 2 zu Art. 246a § 1 Abs. 2 S. 1 Nr. 1 EGBGB beifügen.[42] Die nach Art. 246a § 1 Abs. 2 S. 1 Nr. 1 EGBGB und Art. 6 Abs. 1 h der Richtlinie 2011/83/EU erforderlichen Informationen sind grundsätzlich unmittelbar in dem für den Fernabsatz benutzten Fernkommunikationsmittel selbst zu erteilen.[43] Für die Frage, ob alle in Art. 6 Abs. 1 der RL genannten Informationen objektiv in einem Werbemittel dargestellt werden können, ist unerheblich, welchen Anteil diese Informationen am verfügbaren Raum des vom Unternehmer ausgewählten Werbeträgers einnehmen würden. Die Werbebotschaft muss gegenüber den Verbraucherinformationen nicht zurücktreten. Das ist regelmäßig nicht der Fall, wenn für die verpflichtenden Verbraucherinformationen bei Verwendung einer für den durchschnittlichen Adressaten der Werbung angemessenen Schrifttype nicht mehr als ein Fünftel des für eine konkrete Printwerbung verfügbaren Raums benötigt wird.[44] Art. 246a § 1 Abs. 2 S. 1 Nr. 1 EGBGB umfasst auch die Verpflichtung des Unternehmers, dem für seine Werbung genutzten Fernkommunikationsmittel (bspw. einem Werbeprospekt) das Muster-Widerrufsformular beizufügen.[45] Wird für die verpflichtenden Verbraucherinformationen nebst Muster-Widerrufsformular mehr als ein Fünftel des für die konkrete Printwerbung verfügbaren Raums benötigt, muss das Muster-Widerrufsformular nicht in der Werbung abgedruckt werden.[46] Der BGH[47] hat dem EuGH 2019 in Bezug auf die Verfügbarkeit einer Telefonnummer iS des Gestaltungshinweises zur Muster-Widerrufsbelehrung zur Auslegung von Art. 6 Abs. 1 h und Abs. 4 iVm Anhang I Teil A der Richtlinie 2011/83/EU folgende Fragen zur Vorabentscheidung vorgelegt:

– Ist eine Telefonnummer iS des Gestaltungshinweises zur Muster-Widerrufsbelehrung gemäß Anhang I Teil A der RL „verfügbar", wenn der Unternehmer die Telefonnummer im Rahmen des Impressum nennt oder auf der Startseite seines Internetauftritts klar und deutlich darstellt?

– Ist eine Telefonnummer iS des Gestaltungshinweises zur Muster-Widerrufsbelehrung gemäß Anhang I Teil A der Richtlinie „verfügbar", wenn der Unternehmer den Telefonanschluss zwar geschäftlich nutzt, aber nicht für den Abschluss von Fernabsatzverträgen verwendet und daher auch nicht zur Rückabwicklung von Fernabsatzverträgen in Form einer Entgegennahme von Widerrufserklärungen vorhält?

– Ggf. darüber, dass der Verbraucher im Widerrufsfall die **Kosten für die Rücksendung der Waren** zu tragen hat, und bei Fernabsatzverträgen (§ 312c BGB) zusätzlich über die Kosten für die Rücksendung der Waren, wenn die Waren aufgrund ihrer Beschaffenheit nicht auf dem normalen Postweg zurückgesendet werden können (**Nr. 2** in Anknüpfung an § 357 Abs. 6 BGB). Diese Pflicht gilt als erfüllt, wenn der Unternehmer etwa einen Beförderer (bspw. den, der mit der Warenlieferung beauftragt ist) und einen Preis für die Rücksendung der Waren angibt.[48] In Fällen, in denen die Kosten für die Rücksendung der Waren vom Unternehmer vernünftigerweise nicht im Voraus berechnet werden können (zB weil der Unternehmer nicht anbietet, die Rücksendung der Waren selbst zu organisieren, sollte der Unternehmer erklären, dass Kosten zu entrichten sind und diese Kosten hoch sein können (einschließlich einer vernünftigen Schätzung der Höchstkosten, die auf den Kosten der Lieferung an den Verbraucher basieren können).[49]

– Darüber, dass der Verbraucher dem Unternehmer bei einem Vertrag über die Erbringung von Dienstleistungen oder über die nicht in einem bestimmten Volumen oder in einer bestimmten Menge vereinbarten

41 OLG Sachsen-Anhalt NJ 2018, 375 = DWW 2018, 345 – Ls. 3.
42 OLG Düsseldorf K&R 2016, 354 = WRP 2016, 739: Zum „Verfahren für die Ausübung des Widerrufs" gehören Name und Anschrift desjenigen, gegenüber dem der Widerruf zu erklären ist. Die Angabe der Telefonnummer sei hingegen im Zusammenhang mit der Widerrufsbelehrung nicht zwingend (vgl. aber Art. 246a § 1 Abs. 1 Nr. 2 EGBGB) – was daraus folge dass auch das Muster-Widerrufsformular gemäß Anlage 2 zu Art. 246a § 1 Abs. 2 S. 1 Nr. 1 EGBGB zwar Namen und Anschrift, nicht aber zwingend die Telefonnummer des Unternehmers enthalten muss (OLG Düsseldorf K&R 2016, 354, juris Rn. 53). Das Fehlen der Telefonnummer in der Muster-Widerrufsbelehrung zu einem Angebot via eBay ist nicht erheblich, wenn im Muster die dort genann-

ten Erklärungsformen zur Ausübung des Widerrufsrechts nur als Beispiele aufgeführt sind – dh nicht bindend sind („z.B. ein mit der Post versandter Brief, Telefax oder E-Mail") und so beim Verbraucher der Eindruck erweckt wird, dass eine schriftliche Form notwendig ist: so LG Schweinfurt MMR 2017, 851. Vgl. aber auch MüKoBGB/*Wendehorst* § 312d Anh. 1 Rn. 32: „Möglichst auch Telefonnummer, Faxnummer und E-Mail-Adresse".
43 BGH WM 2019, 2375 = ZIP 2019, 1669 = MDR 2019, 1144 – Bestellpostkarte II – Ls. 1.
44 BGH WM 2019, 2375 – Bestellpostkarte II – Ls. 2.
45 BGH WM 2019, 2375 – Bestellpostkarte II – Ls. 3.
46 BGH WM 2019, 2375 – Bestellpostkarte II – Ls. 4.
47 BGH GRUR 2019, 744 = WRP 2019, 633.
48 RegE, BT-Drs. 17/12637 S. 75 l. Sp.
49 RegE, BT-Drs. 17/12637 S. 75 l. Sp.

Lieferung von Wasser, Gas, Strom oder der Lieferung von Fernwärme einen „**angemessenen Betrag**" nach § 357 Abs. 8 BGB für die vom Unternehmer erbrachte Leistung schuldet, wenn der Verbraucher das Widerrufsrecht ausübt, nachdem er auf Aufforderung des Unternehmers von diesem ausdrücklich den Beginn der Leistung vor Ablauf der Widerrufsfrist verlangt hat (**Nr. 3**). Da der Zeitpunkt des möglichen Widerrufs noch nicht feststeht, trifft den Unternehmer nicht die Verpflichtung, die Höhe des eventuell anfallenden Wertersatzes mitzuteilen – vielmehr genügt ein allgemeiner Hinweis, wie bspw. der Gestaltungshinweis 6 zu Anlage 1.[50]

Der Unternehmer kann diese Informationspflichten nach **Abs. 2 S. 2** (in Umsetzung von Art. 6 Abs. 4 S. 2 VerbrRRL) – fakultativ – auch dadurch erfüllen, dass er dem Verbraucher das in der Anlage 1 vorgesehene **Muster für die Widerrufsbelehrung** (**Belehrungsmuster**) zutreffend ausgefüllt[51] in Textform (§ 126 b BGB) übermittelt. Es muss dem Verbraucher zugehen.[52] Das Muster ist **fakultativ**.[53] Mit der Muster-Widerrufsbelehrung genügt der Unternehmer den gesetzlichen Anforderungen (**Schutzwirkung**). Der Verwender kann sich auf die Schutzwirkung der Musterwiderrufsbelehrung dann berufen, wenn er in die Belehrung Fußnoten und Fußtexte sowie Klammerzusätze einfügt, die die Musterbelehrung weder inhaltlich verändern, noch dazu geeignet sind den Verbraucher zu verwirren und die Belehrung entsprechend den Gestaltungshinweisen verwendet wird.[54] Eine der sog. **Gesetzlichkeitsfiktion** entgegenstehende inhaltliche Änderung und Abweichung von der Musterbelehrung liegt dann vor, wenn der Gestaltungshinweis Nr. 9 betreffend die Hinweise für finanzierte Geschäfte dadurch missachtet wird, dass im Fall des finanzierten Grundstückserwerbs die darlehensgewährende Bank anstatt den S. 2 der allgemeinen Hinweise zwingend durch die speziellen Hinweise zu ersetzen, die Belehrung betreffend den finanzierten Grundstückserwerb hinter S. 2 in die vollständig beibehaltenen Hinweise für finanzierte Geschäfte einfügt.[55] Dem Eintritt der Gesetzlichkeitsfiktion des Art. 247 § 6 Abs. 2 S. 3 EGBGB steht nicht entgen, dass eine Widerrufsinformation in einem Verbraucherdarlehensvertrag[56] Ankreuzoptionen enthält, da die Gestaltung als „Baukastenformular" keine inhaltliche Bearbeitung des gesetzlichen Musters darstellen soll.[57] Eröffnet ein Unternehmer im Zusammenhang mit dem Abschluss oder dem Service in Bezug auf geschlossene Verbraucherverträge eine telefonische Kontaktmöglichkeit, so muss er über diesen Kommunikationsweg auch etwaige Widerrufe entgegennehmen (*actus contrarius*).[58] Eine derartige Telefonnummer ist nach dem Gestaltungshinweis Nr. 2 zu der Muster-Widerrufsbelehrung gemäß Anlage 1 zu Art. 246 a § 1 Abs. 2 S. 2 EGBGB anzugeben.[59]

9

Das Muster folgt einem **Baukastensystem** – wobei seine Anlage zur Ausfüllung **sechs Gestaltungshinweise** zur Verfügung stellt. „Das Muster ändert nichts daran, dass für die endgültige Festlegung des Belehrungstextes – insbesondere bei Gestaltungshinweis 1 und 5 – eine sorgfältige rechtliche Prüfung unverzichtbar ist".[60]

10

Dem Unternehmer ist es durch Abs. 2 S. 2 aber nicht verwehrt, auch weiterhin **eigene Belehrungen** zu verwenden. Es besteht keine Verpflichtung des Unternehmers, die Musterbelehrung zu nutzen.[61] Dann verzichtet der Unternehmer allerdings auf die Schutzwirkung nach Abs. 2 S. 2.[62]

11

Die Belehrung unter Verwendung der Musterbelehrung darf dabei aber nicht verändert werden. Sie ist entsprechend der Gestaltungshinweise auszufüllen und zu verwenden. Jede sachliche Änderung oder unzutreffende Ausfüllung des Musters hebt die Schutzwirkung auf[63] – ebenso verwirrende Zusätze.[64] Dabei spielt es keine Rolle, wie gewichtig die Änderung ist bzw. inwieweit der Fehler für den Verbraucher kausalitätsmäßig Folgen gezeitigt hat.[65] Nach *Grüneberg*[66] sind allein im Hinblick auf Format und Schriftgröße Abweichungen zulässig – allerdings nur, wenn diese Abweichungen mit dem Deutlichkeitsgebot nach Art. 246 a § 4 Abs. 1 vereinbar sind. Die Verwendung des Begriffs „Nutzen" anstelle des in der Musterbe-

12

50   Palandt/*Grüneberg* EGBGB Art. 246 a § 1 Rn. 9.
51   Näher *Böse/Heermeyer* MDR 2014, 1125.
52   Palandt/*Grüneberg* EGBGB Art. 246 a § 1 Rn. 8.
53   Palandt/*Grüneberg* EGBGB Art. 246 a § 1 Rn. 8.
54   OLG Düsseldorf WM 2016, 1227.
55   OLG Frankfurt/M. ZIP 2016, 1524 – Ls.
56   Die dem Formular-Nr. 192 643.000 (Fassung November 2011) – 0570 222.11 (V3) des Deutschen Sparkassenverlags entspricht – dazu BGH 23.2.2016 – XI ZR 549/14, juris Rn. 1.
57   OLG Nürnberg ZIP 2016, 2155 = WM 2016, 2392.
58   OLG Schleswig-Holstein GRUR-RR 2019, 314 = WRP 2019, 504 = MDR 2019, 541 – Ls. 1: zur Nichtangabe einer Service-Telefonnummer in einem Fernabsatzvertrag (wonach Unternehmer, die Waren und Dienstleistungen über das Internet vertreiben und dabei die gesetzlich angebotene Muster-Wider-

rufsbelehrung verwenden, in dieser Belehrung eine bereits vorhandene Service-Telefonnummer angeben müssen).
59   OLG Schleswig-Holstein GRUR-RR 2019, 314 – Ls. 2.
60   So Palandt/*Grüneberg* EGBGB Art. 246 a § 1 Rn. 8.
61   RegE, BT-Drs. 17/12637 S. 75 l. Sp.
62   Palandt/*Grüneberg* EGBGB Art. 246 a § 1 Rn. 8.
63   OLG Hamm WM 2016, 116.
64   BGH ZIP 2002, 1730.
65   So bereits BGH NJW-RR 2012, 183; BGH NJW 2012, 3428; 2011, 1061. Ebenso Palandt/*Grüneberg* EGBGB Art. 246 a § 1 Rn. 8.
66   Palandt/*Grüneberg* EGBGB Art. 246 a § 1 Rn. 8 unter Bezugnahme auf BGH NJW 2011, 1061 und *Schmidt-Kessel/Schäfer* WM 2013, 2241.

lehrung vorgegebenen Begriffs der „Nutzungen" ist keine für die Gesetzlichkeitsfiktion schädliche Veränderung des Musters.[67] Rein sprachliche oder redaktionelle Änderungen der Widerrufsbelehrung sind unschädlich, wenn die Änderungen nicht geeignet sind, die Belehrung für den Kunden unübersichtlich oder missverständlich zu machen.[68] Eine vom Muster geringfügig abweichende Widerrufsbelehrung soll dann wirksam sein,[69] wenn sie keinen inhaltlichen Fehler enthält.[70] Eine Bank kann sich aber nicht auf die mit der unveränderten Übernahme der Musterbelehrung verbundene Schutzwirkung berufen, wenn in der Widerrufsbelehrung eines Kreditvertrags nach der Frist eine hochgestellte Zahl auf eine am unteren Seitenrand des Formulars abgedruckte Fußnote mit folgendem Text verweist: „Bitte Frist im Einzelfall prüfen".[71]

13 Sofern der Belehrungstext **weitere Angaben** enthält, bedarf es einer deutlichen Abhebung der Belehrung von den sonstigen Angaben.[72]

14 Da die Übermittlung des zutreffend ausgefüllten Musters der Textform (§ 126 b BGB) bedarf, muss bei einer Nutzung des Musters die Widerrufsbelehrung dem Verbraucher zugehen (**Zugangserfordernis**)[73] – womit es nicht ausreicht, dass der Verbraucher auf eine Webseite des Unternehmers im Internet verwiesen wird, wo er sich die Widerrufsbelehrung herunterladen kann.[74] Unter Beachtung der Schranken des § 126 b BGB genügt jedoch eine Übermittlung per Fax oder E-Mail.[75]

III. Zusätzliche Informationspflichten darüber, dass ggf. kein Widerrufsrecht besteht bzw. der Verbraucher dieses vorzeitig verlieren kann (Abs. 3)

15 Der Unternehmer hat den Verbraucher nach **Abs. 3** (in Umsetzung von Art. 6 Abs. 1 lit. k VerbrRRL) ggf. auch zu informieren, wenn

– dem Verbraucher nach § 312 g Abs. 2 S. 1 Nr. 1, 2, 5 und 7 bis 13 BGB ein Widerrufsrecht nicht zusteht, dass der Verbraucher seine Willenserklärung nicht widerrufen kann (**Nr. 1 – Nichtbestehen eines Widerrufsrechts**), oder

– das Widerrufsrecht des Verbrauchers nach § 312 g Abs. 2 S. 1 Nr. 3, 4 und 6 sowie § 356 Abs. 4 und 5 BGB (beim Vorliegen bestimmter Voraussetzungen) vorzeitig erlöschen kann, über die Umstände, unter denen der Verbraucher ein zunächst bestehendes Widerrufsrecht verliert (**Nr. 2 – Verlust des Widerrufsrechts**).

16 Aufgrund des Wortlauts von **Abs. 3 Nr. 1** trifft den Unternehmer eine **selbstständige Prüfpflicht**. War seine Prüfung rechtlich fehlerhaft, gelangt – da keine ordnungsgemäße Widerrufsbelehrung vorliegt – § 355 Abs. 3 BGB zur Anwendung.[76]

17 In Bezug auf **Abs. 3 Nr. 2** trifft den Unternehmer nur die Verpflichtung, über die Umstände eines vorzeitigen Erlöschens des Widerrufsrechts in den Fällen der § 312 g Abs. 2 S. 1 Nr. 3, 4 und 6 sowie § 356 Abs. 4 und 5 BGB zu informieren – wozu die bloße **Mitteilung des Gesetzeswortlauts** ausreicht.[77]

Art. 246 a § 2 EGBGB Erleichterte Informationspflichten bei Reparatur- und Instandhaltungsarbeiten

(1) Hat der Verbraucher bei einem Vertrag über Reparatur- und Instandhaltungsarbeiten, der außerhalb von Geschäftsräumen geschlossen wird, bei dem die beiderseitigen Leistungen sofort erfüllt werden und die vom Verbraucher zu leistende Vergütung 200 Euro nicht übersteigt, ausdrücklich die

---

67 OLG Dresden WM 2018, 127.

68 OLG Hamburg WM 2015, 1987: Wobei auch die Zusammenfassung von Belehrungen zu verschiedenen finanzierten Geschäften unschädlich sein soll.

69 Geringfügige textliche Änderungen sollen die Schutzwirkung allerdings dann entfallen lassen, „wenn die erteilte Belehrung aufgrund der vorgenommenen Änderungen nicht in gleichem Maße deutlich ist wie die Musterbelehrung": so OLG Stuttgart MDR 2015, 1233 – Ls. 1. Entscheidet sich der Verwender dafür, eine Belehrung zu den Widerrufsfolgen zu erteilen, obwohl ihm dies nach den Gestaltungshinweisen der Musterbelehrung freigestellt ist, muss sie allerdings dem Muster entsprechen, um dem Verwender die Schutzwirkung zu erhalten: OLG

Stuttgart MDR 2015, 1233 im Anschluss an BGH WM 2011, 1799 Rn. 39.

70 OLG München BKR 2015, 337: Wobei die inhaltlich zutreffende Belehrung über Voraussetzungen und Folgen eines verbundenen Geschäfts keinen unzulässigen Zusatz darstellen soll, auch wenn im konkreten Fall kein verbundenes Geschäft vorgelegen hat.

71 OLG Nürnberg ZIP 2016, 564 = MDR 2016, 203.

72 Palandt/*Grüneberg* EGBGB Art. 246 a § 1 Rn. 8.

73 RegE, BT-Drs. 17/12637 S. 75 l. Sp.

74 Urteil des EFTA-Gerichtshofs vom 27.1.2010 – Rs. E-4/09; EuGH 5.7.2012 – Rs. C-49/11, NJW 2012, 2637; BGH NJW 2014, 2857; 2010, 3566.

75 Palandt/*Grüneberg* EGBGB Art. 246 a § 1 Rn. 8.

76 Palandt/*Grüneberg* EGBGB Art. 246 a § 1 Rn. 10.

77 Palandt/*Grüneberg* EGBGB Art. 246 a § 1 Rn. 10.

Dienste des Unternehmers angefordert, muss der Unternehmer dem Verbraucher lediglich folgende Informationen zur Verfügung stellen:

1. die Angaben nach § 1 Absatz 1 Satz 1 Nummer 2 und
2. den Preis oder die Art der Preisberechnung zusammen mit einem Kostenvoranschlag über die Gesamtkosten.

(2) Ferner hat der Unternehmer dem Verbraucher folgende Informationen zur Verfügung zu stellen:

1. die wesentlichen Eigenschaften der Waren oder Dienstleistungen in dem für das Kommunikationsmittel und die Waren oder Dienstleistungen angemessenen Umfang,
2. gegebenenfalls die Bedingungen, die Fristen und das Verfahren für die Ausübung des Widerrufsrechts sowie das Muster-Widerrufsformular in der Anlage 2 und
3. gegebenenfalls die Information, dass der Verbraucher seine Willenserklärung nicht widerrufen kann, oder die Umstände, unter denen der Verbraucher ein zunächst bestehendes Widerrufsrecht vorzeitig verliert.

(3) Eine vom Unternehmer zur Verfügung gestellte Abschrift oder Bestätigung des Vertrags nach § 312 f Absatz 1 des Bürgerlichen Gesetzbuchs muss alle nach § 1 zu erteilenden Informationen enthalten.

A. Allgemeines 1
B. Regelungsgehalt der Norm 3
  I. Erleichterte Informationspflichten (Abs. 1
    und 2) 4

II. Informationspflichten auf Vertragsabschrift
    bzw. Vertragsbestätigung (Abs. 3) 6

A. Allgemeines

Art. 246 a § 2 erleichtert (in Umsetzung der durch die Öffnungsklausel des Art. 7 Abs. 4 VerbrRRL geschaffenen Möglichkeit) die Informationspflichten bei einem außerhalb von Geschäftsräumen geschlossenen Vertrag (§ 312 b BGB) über Reparatur- und Instandhaltungsarbeiten, wenn die Leistungen von beiden Seiten sofort erfüllt werden, die zu leistende Vergütung 200 EUR nicht übersteigt und der Verbraucher die Dienste des Unternehmers ausdrücklich angefordert hat, der Vertrag über die Arbeiten also nicht im Rahmen eines herkömmlichen **Vertreterbesuchs** durch den Unternehmer geschlossen wird. Auch ein entsprechender Vertrag, der bereits am Telefon geschlossen oder durch ein anderes Telekommunikationsmittel zustande kommt, unterfällt nicht dem Regelungsbereich des Art. 246 a § 2 – ggf. jedoch der Regelung des Art. 246 a § 3.[1]   **1**

Die alsdann vom Unternehmer erteilte Vertragsbestätigung muss allerdings alle gemäß Art. 246 a § 1 zu erteilenden Informationen enthalten.   **2**

B. Regelungsgehalt der Norm

Grüneberg[2] moniert, dass Art. 246 a § 2 für Kleingeschäfte ein Übermaß an Informationspflichten sowie Verbraucherschutz vorgibt und aufgrund der grundsätzlichen Geltung von Art. 246 a § 4 kaum praktikabel ist.   **3**

I. Erleichterte Informationspflichten (Abs. 1 und 2)

Hat der Verbraucher bei einem **(Werk-)Vertrag über Reparatur- und Instandhaltungsarbeiten** (auch wenn dazu Ersatzteile benötigt werden),[3] der außerhalb von Geschäftsräumen geschlossen wird (§ 312 b BGB – bspw. eine Reparatur der Heizung oder Klempnerleistungen),[4] bei dem die beiderseitigen Leistungen sofort erfüllt werden und bei dem die vom Verbraucher zu leistende Vergütung (einschließlich der Kosten der Ersatzteile)[5] 200 EUR nicht übersteigt, ausdrücklich die Dienste des Unternehmers angefordert (wobei eine telefonische Anforderung ausreicht),[6] muss der Unternehmer dem Verbraucher nach **Abs. 1 Nr. 1 und 2** lediglich bestimmte Informationen – als **Vorabinformationen**, die vor Vertragsschluss (vgl. Art. 246 a § 4) erteilt werden müssen – zur Verfügung stellen.   **4**

1 Palandt/*Grüneberg* EGBGB Art. 246 a § 2 Rn. 2.
2 Palandt/*Grüneberg* EGBGB Art. 246 a § 2 Rn. 1.
3 Palandt/*Grüneberg* EGBGB Art. 246 a § 2 Rn. 2: darunter fallen auch Schlüsseldienste.
4 Palandt/*Grüneberg* EGBGB Art. 246 a § 2 Rn. 2.
5 Palandt/*Grüneberg* EGBGB Art. 246 a § 2 Rn. 2.
6 Palandt/*Grüneberg* EGBGB Art. 246 a § 2 Rn. 2.

Beachte: Entsprechende Vertragsabschlüsse aufgrund eines **Vertreterbesuchs** werden von Art. 246 a § 2 EGBGB nicht erfasst.[7] Kommt der Vertragsabschluss bereits per Telefon zustande (bzw. mittels eines anderen Fernkommunikationsmittels, vgl. § 312 c Abs. 2 BGB), gelangt Art. 246 a § 2 EGBGB gleichermaßen nicht zur Anwendung – ggf. aber Art. 246 a § 3 EGBGB.[8]

Im Hinblick auf die Form in Bezug auf die Erfüllung dieser Informationspflichten gilt Art. 246 a § 4. Es handelt sich dabei um folgende Informationen:

– die Angaben nach Art. 246 a § 1 Abs. 1 S. 1 Nr. 2 (**Nr. 1**) und
– den Preis oder die Art der Preisberechnung der Notreparatur zusammen mit einem Kostenvoranschlag über die Gesamtkosten (**Nr. 2**).

5 Ferner hat der Unternehmer dem Verbraucher nach **Abs. 2 Nr. 1 bis 3** weitere Informationen – als **Vorabinformationen**, die vor Vertragsschluss (vgl. Art. 246 a § 4) erteilt werden müssen – zur Verfügung zu stellen. Im Hinblick auf die Form für die Erfüllung dieser Informationspflicht gilt Art. 246 a § 4. Die Informationspflichten nach Abs. 2 können auch nach Art. 246 a § 4 Abs. 2 S. 4 erteilt werden. Bei diesen weiteren zu erteilenden Informationen handelt es sich um die Folgenden:

– die **wesentlichen Eigenschaften** der Waren oder Dienstleistungen in dem für das Kommunikationsmittel und die Waren oder Dienstleistungen angemessenen Umfang (**Nr. 1** – entsprechend Art. 246 a Abs. 1 Nr. 1),
– ggf. die **Bedingungen**, die Fristen und das Verfahren für die Ausübung **des Widerrufsrechts** sowie das **Muster-Widerrufsformular** in der Anlage 2 (**Nr. 2** – entsprechend Art. 246 a § 1 Abs. 2 Nr. 1) und
– ggf. die Information, dass der Verbraucher seine Willenserklärung nicht widerrufen kann (Nichtbestehen eines Widerrufsrechts), oder die Umstände, unter denen der Verbraucher ein zunächst bestehendes Widerrufsrecht vorzeitig verliert (Verlust des Widerrufsrechts) (**Nr. 3** – entsprechend Art. 246 a § 1 Abs. 3 Nr. 1 und 2).

II. Informationspflichten auf Vertragsabschrift bzw. Vertragsbestätigung (Abs. 3)

6 Eine vom Unternehmer zur Verfügung gestellte Abschrift oder Bestätigung des Vertrags nach § 312 f Abs. 1 BGB muss nach **Abs. 3** alle nach Art. 246 § 1 zu erteilenden Informationen enthalten (**Dokumentationspflicht**).

Art. 246 a § 3 EGBGB Erleichterte Informationspflichten bei begrenzter Darstellungsmöglichkeit

[1]**Soll ein Fernabsatzvertrag mittels eines Fernkommunikationsmittels geschlossen werden, das nur begrenzten Raum oder begrenzte Zeit für die dem Verbraucher zu erteilenden Informationen bietet, ist der Unternehmer verpflichtet, dem Verbraucher mittels dieses Fernkommunikationsmittels zumindest folgende Informationen zur Verfügung zu stellen:**

1. **die wesentlichen Eigenschaften der Waren oder Dienstleistungen,**
2. **die Identität des Unternehmers,**
3. **den Gesamtpreis oder in den Fällen, in denen der Preis auf Grund der Beschaffenheit der Waren oder Dienstleistungen vernünftigerweise nicht im Voraus berechnet werden kann, die Art der Preisberechnung,**
4. **gegebenenfalls das Bestehen eines Widerrufsrechts und**
5. **gegebenenfalls die Vertragslaufzeit und die Bedingungen für die Kündigung eines Dauerschuldverhältnisses.**

[2]**Die weiteren Angaben nach § 1 hat der Unternehmer dem Verbraucher in geeigneter Weise unter Beachtung von § 4 Absatz 3 zugänglich zu machen.**

A. Allgemeines

1 Art. 246 a § 3 erleichtert (in Umsetzung von Art. 8 Abs. 4 VerbrRRL) für Fernabsatzverträge iSv § 312 c, die mittels eines Fernkommunikationsmittels geschlossen werden, auf dem für die Darstellung der zu erteilenden Informationen nur begrenzter Raum oder eine begrenzte Zeit (bei denen also aufgrund des verwendeten Fernkommunikationsmittels nur begrenzter Raum und begrenzte Zeit für die Erteilung der notwendigen

---

7   Palandt/*Grüneberg* EGBGB Art. 246 a § 2 Rn. 2.
8   Palandt/*Grüneberg* EGBGB Art. 246 a § 2 Rn. 2.

Informationen) zur Verfügung steht, die Informationspflichten.[1] Davon erfasst werden bspw. nach Erwägungsgrund Nr. 36 der VerbrRRL Fälle einer Beschränkung der Anzahl der Zeichen auf einem bestimmten Display oder des Zeitrahmens für Werbespots im Fernsehen. *Grüneberg*[2] weist allerdings darauf hin, dass eine Begrenzung des Raums oder der Zeitspanne, die der Unternehmer selbst vornimmt, jedoch zur Unanwendbarkeit von Art. 246 a § 3 führt, da für diesen Fall analog § 312 k Abs. 1 S. 2 BGB von einer **Umgehung des Verbraucherschutzes** auszugehen ist.

Aus einer Gesamtbetrachtung des § 3 mit den Vorschriften des § 4 Abs. 1 und 3 ist zu schließen, dass die Erleichterung der Informationspflichten nur dann greift, wenn dem Verbraucher wegen der räumlichen oder zeitlichen Begrenzungen des Fernkommunikationsmittels nicht sämtliche Pflichtinformationen in einer diesem Fernkommunikationsmittel angepassten und gleichzeitig klaren und verständlichen Weise zur Verfügung gestellt werden können[3] – weswegen nach Sinn und Zweck der Norm Printmedien nicht zu privilegieren sind.[4] Die Eignung des Fernkommunikationsmittels, die Informationen in einer ihm angepassten, klaren und verständlichen Weise zur Verfügung zu stellen, bestimmt sich ausschließlich anhand der räumlichen oder zeitlichen Begrenzungen des Fernkommunikationsmittels, auf die der Unternehmer aus tatsächlichen Gründen keinen Einfluss besitzt, weil sie dem verwendeten Medium immanent sind und damit unabhängig von ihrer konkreten Ausgestaltung und Einsatzdauer bestehen.[5] Ein mehrseitiger Werbeprospekt bietet allerdings genügend Raum iS von § 3, um die vollständigen Pflichtinformationen zum Widerrufsrecht nach Art. 246 a § 1 Abs. 2 S. 2 Nr. 1 EGBGB zu erteilen.[6]

In einem Vorabentscheidungsersuchen vom 14.6.2017 hat der BGH[7] dem EuGH Fragen zur Auslegung der Regelung des § 3 in Bezug auf die VerbrRRL in Bezug auf die erleichterten Informationspflichten bei begrenzter Darstellungsmöglichkeit vorgelegt. Der EuGH[8] hat die Vorlagefrage dahingehend entschieden, dass die Frage, ob in einem konkreten Fall auf dem Kommunikationsmittel für die Darstellung der Informationen nur begrenzter Raum bzw. begrenzte Zeit zur Verfügung steht iS von Art. 8 Abs. 4 der Richtlinie 2011/83/EU, unter Berücksichtigung sämtlicher technischer Eigenschaften der Werbebotschaft des Unternehmers zu beurteilen ist. Hierbei hat das nationale Gericht zu prüfen, ob – unter Berücksichtigung des Raumes und der Zeit, die von der Botschaft eingenommen werden, und der Mindestgröße des Schriftstücks, der für einen durchschnittlichen Verbraucher an den diese Botschaft gerichtet ist, angemessen ist – alle in Art. 6 Abs. 1 der RL genannten Informationen objektiv in dieser Botschaft dargestellt werden können.[9] Art. 6 Abs. 1 h und Art. 8 Abs. 4 der RL sind dahin auszulegen, dass – falls der Vertrag mittels eines Fernkommunikationsmittels geschlossen wird, auf dem für die Darstellung der Informationen nur begrenzter Raum bzw. begrenzte Zeit zur Verfügung steht, und wenn ein Widerrufsrecht besteht – der Unternehmer über das jeweilige Fernkommunikationsmittel vor dem Abschluss des Vertrags die Information über die Bedingungen, Fristen und Verfahren für die Ausübung dieses Rechts erteilen muss. In einem solchen Fall muss der Unternehmer dem Verbraucher das Muster-Widerrufsformular gemäß Anhang I Teil B der RL auf andere Weise in klarer und verständlicher Weise zur Verfügung stellen.[10]

1 Vgl. zu Begrenzungen auf einem Werbeprospekt: BGH WM 2017, 1474.

2 Palandt/*Grüneberg* EGBGB Art. 246 a § 3 Rn. 1.

3 OLG Düsseldorf WRP 2016, 739 = K&R 2016, 354 Ls. 3.

4 So LG Wuppertal WRP 2015, 1401.

5 OLG Düsseldorf WRP 2016, 739 = K&R 2016, 354 Ls. 4.

6 OLG Düsseldorf WRP 2016, 739 = K&R 2016, 354 Ls. 5.

7 BGH WM 2017, 1474 = GRUR 2017, 930 = WRP 2017, 1074 = MDR 2017, 958 – Werbeprospekt mit Bestellpost:
„1. Kommt es bei der Anwendung von Art. 8 Abs. 4 der RL 2011/83/EG für die Frage, ob bei einem Fernkommunikationsmittel (hier: Werbeprospekt mit Bestellpostkarte) für die Darstellung der Informationen nur begrenzter Raum oder begrenzte Zeit zur Verfügung steht, darauf an,

a) ob das Fernkommunikationsmittel (abstrakt) seiner Art nach nur begrenzten Raum oder begrenzte Zeit zur Verfügung stellt, oder darauf,

b) ob es (konkret) in seiner vom Unternehmer gewählten Gestaltung nur begrenzten Raum oder begrenzte Zeit bietet?

2. Ist es mit Art. 8 Abs. 4 und Art. 6 Abs. 1 h der RL vereinbar, die Information über das Widerrufsrecht im Fall begrenzter Darstellungsmöglichkeit iS von Art. 8 Abs. 4 RL auf die Information über das Bestehen eines Widerrufsrechts zu beschränken?

3. Ist es nach Art. 8 Abs. 4 und Art. 6 Abs. 1 h der RL vor einem Vertragsabschluss im Fernabsatz auch im Fall begrenzter Darstellungsmöglichkeit stets zwingend geboten, dem Fernkommunikationsmittel das Muster-Widerrufsformular gemäß Anh. I B der RL beizufügen?".

8 EuGH NJW 2019, 1363 = ZIP 2019, 329 = BB 2019, 273.

9 EuGH NJW 2019, 1363 – Ls. 1.

10 EuGH NJW 2019, 1363 – Ls. 2.

Auf dieser Grundlage hat der BGH[11] folgende Entscheidung getroffen:

Bei einem Kauf auf Probe, bei dem die Absendung des Bestellscheins durch den Kunden ohne weiteres Handeln des Kunden ein Fernabsatzgeschäft auslöst, muss der Unternehmer die Informationspflichten gemäß Art. 246 a § 4 Abs. 1 EGBGB vor Absendung des Bestellscheins erfüllen.[12]

Die nach Art. 246 a § 1 Abs. 2 S. 1 Nr. 1 EGBGB und Art. 6 Abs. 1 h der RL 2011/83/EU erforderlichen Informationen sind grundsätzlich unmittelbar in dem für den Fernabsatz benutzten Fernkommunikationsmittel selbst zu erteilen.[13]

Für die Frage, ob alle in Art. 6 Abs. 1 der RL 2011/83/EU genannten Informationen objektiv in einem Werbemittel dargestellt werden können, ist erheblich, welchen Anteil diese Informationen am verfügbaren Raum des vom Unternehmer ausgewählten Werbeträger einnehmen würden. Die Werbebotschaft muss gegenüber den Verbraucherinformationen nicht zurücktreten. Das ist regelmäßig nicht der Fall, wenn für die verpflichtenden Verbraucherinformationen bei Verwendung einer für den durchschnittlichen Adressaten der Werbung angemessenen Schrifttype nicht mehr als ein Fünftel des für eine konkrete Printwerbung verfügbaren Raums benötigt wird.[14]

Art. 246 § 1 Abs. 2 S. 1 Nr. 1 EGBGB umfasst auch die Verpflichtung des Unternehmers, dem für seine Werbung genutzten Fernkommunikationsmittel (etwa einem Werbeprospekt) das Muster-Widerrufsformular beizufügen.[15]

Wird für die verpflichtenden Verbraucherinformationen nebst Muster-Widerrufsformular mehr als ein Fünftel des für die konkrete Printwerbung verfügbaren Raums benötigt, muss das Muster-Widerrufsformular nicht in der Werbung abgedruckt und kann sein Inhalt auch auf andere Weise in klarer und verständlicher Sprache mitgeteilt werden. Sodann ist zu prüfen, ob die übrigen Pflichtangaben nicht mehr als ein Fünftel des Raums der Printwerbung in Anspruch nehmen.[16]

B. Regelungsgehalt der Norm

2 Soll ein Fernabsatzvertrag (§ 312 c BGB) mittels eines Fernkommunikationsmittels geschlossen werden, das nur begrenzten Raum oder begrenzte Zeit für die dem Verbraucher zu erteilenden Informationen bietet, ist der Unternehmer nach **Art. 246 a § 3 S. 1** verpflichtet, dem Verbraucher mittels dieses Fernkommunikationsmittels zumindest folgende **(Kern-) Informationen** zur Verfügung zu stellen:

– die **wesentlichen Eigenschaften der Waren oder Dienstleistungen** (**Nr. 1** – entsprechend Art. 246 a § 1 Abs. 1 Nr. 1);
– die **Identität des Unternehmers** (**Nr. 2** – entsprechend Art. 246 a § 1 Abs. 1 Nr. 2);
– den **Gesamtpreis** oder in den Fällen, in denen der Preis aufgrund der Beschaffenheit der Waren oder Dienstleistungen vernünftigerweise nicht im Voraus berechnet werden kann, die **Art der Preisberechnung** (**Nr. 3** – entsprechend Art. 246 a § 1 Abs. 1 Nr. 4);
– ggf. das **Bestehen eines Widerrufsrechts**[17] (**Nr. 4** – entsprechend Art. 246 a § 1 Abs. 2 S. 1 Nr. 1 infolge Art. 8 Abs. 4 iVm Art. 6 Abs. 1 lit. h VerbrRRL), womit in diesem Zusammenhang auch ein **Hinweis auf das Muster-Widerrufsformular** zu erfolgen hat; und
– ggf. die **Vertragslaufzeit** und die Bedingungen für die Kündigung eines Dauerschuldverhältnisses (**Nr. 5** – entsprechend Art. 246 a § 1 Abs. 1 Nr. 11).

3 Die weiteren Angaben nach Art. 246 a § 1 hat der Unternehmer dem Verbraucher nach **Art. 246 a § 3 S. 2** in „geeigneter Weise unter Beachtung von Art. 246 a § 4 Abs. 3" zugänglich zu machen – indem er den Verbraucher an eine andere Informationsquelle verweist (bspw. entsprechend Erwägungsgrund Nr. 36 der VerbrRRL durch Angabe einer gebührenfreien Telefonnummer oder eines Hypertext-Links zu einer Webseite des Unternehmers, auf der die einschlägigen Informationen unmittelbar abrufbar und leicht zugänglich sind). Die Regelung trägt den technischen Beschränkungen, denen bestimmte Medien unterworfen sind, Rechnung (bspw. der beschränkten Anzahl der Zeichen auf bestimmten Displays).[18]

---

11   BGH GRUR 2019, 961 = WRP 2019, 1176 = WM 2019, 2375 = ZIP 2019, 1669 = MDR 2019, 1144 – Werbeprospekt mit Bestellpostkarte II.
12   BGH GRUR 2019, 961 – Werbeprospekt mit Bestellpostkarte II – Ls. 1.
13   BGH GRUR 2019, 961 – Werbeprospekt mit Bestellpostkarte II – Ls. 2.
14   BGH GRUR 2019, 961 – Werbeprospekt mit Bestellpostkarte II – Ls. 3.
15   BGH GRUR 2019, 961 – Werbeprospekt mit Bestellpostkarte II – Ls. 4.
16   BGH GRUR 2019, 961 – Werbeprospekt mit Bestellpostkarte II – Ls. 5.
17   Dazu *Schmidt/Brönneke* VuR 2013, 448.
18   RegE, BT-Drs. 17/12637 S. 75 r. Sp.

Art. 246 a § 4 EGBGB Formale Anforderungen an die Erfüllung der Informationspflichten

(1) Der Unternehmer muss dem Verbraucher die Informationen nach den §§ 1 bis 3 vor Abgabe von dessen Vertragserklärung in klarer und verständlicher Weise zur Verfügung stellen.

(2) ¹Bei einem außerhalb von Geschäftsräumen geschlossenen Vertrag muss der Unternehmer die Informationen auf Papier oder, wenn der Verbraucher zustimmt, auf einem anderen dauerhaften Datenträger zur Verfügung stellen. ²Die Informationen müssen lesbar sein. ³Die Person des erklärenden Unternehmers muss genannt sein. ⁴Der Unternehmer kann die Informationen nach § 2 Absatz 2 in anderer Form zur Verfügung stellen, wenn sich der Verbraucher hiermit ausdrücklich einverstanden erklärt hat.

(3) ¹Bei einem Fernabsatzvertrag muss der Unternehmer dem Verbraucher die Informationen in einer den benutzten Fernkommunikationsmitteln angepassten Weise zur Verfügung stellen. ²Soweit die Informationen auf einem dauerhaften Datenträger zur Verfügung gestellt werden, müssen sie lesbar sein, und die Person des erklärenden Unternehmers muss genannt sein. ³Abweichend von Satz 1 kann der Unternehmer dem Verbraucher die in § 3 Satz 2 genannten Informationen in geeigneter Weise zugänglich machen.

A. Allgemeines 1
B. Regelungsgehalt der Norm 2
   I. Klarheit und Verständlichkeit der Informationen (Abs. 1) 3
II. Formale Anforderungen für außerhalb von Geschäftsräumen abgeschlossene Verträge (Abs. 2) 5
III. Formale Anforderungen für Fernabsatzverträge (Abs. 3) 9

A. Allgemeines

Art. 246 a § 4 stellt formale – allgemeine – Anforderungen an die Erfüllung der Informationspflichten nach den Art. 246 a §§ 1 bis 3 auf – in Abs. 1 werden die allgemeinen Anforderungen an die Informationspflichterfüllung bei außerhalb von Geschäftsräumen geschlossenen Verträgen (§ 312 b BGB) und bei Fernabsatzverträgen (§ 312 c BGB) normiert, in Abs. 2 und 3 erfolgen ergänzende Vorgaben für die beiden Vertriebsformen.   **1**

B. Regelungsgehalt der Norm

Abs. 1 setzt Art. 7 Abs. 1 und 4 a, Art. 8 Abs. 1 und 4 VerbrRRL um.   **2**

Hinsichtlich der Frage, welche Vorkehrungen ein Handelsunternehmen im elektronischen Geschäftsverkehr mindestens treffen muss, um sicherzustellen, dass Verträge nicht mit Verbrauchern geschlossen werden, ist bei Angeboten im Internet danach zu differenzieren, welche Waren angeboten werden und auf welche Weise, etwa im eigenen Onlineshop des Verkäufers oder auf einer Handelsplattform, diese angeboten werden.[1]

Der Informationspflicht nach § 312 j Abs. 2 BGB kann zwar noch genügt werden, wenn der Unternehmer die Informationen gemäß Art. 246 a § 1 Abs. 1 S. 1 EGBGB räumlich unterhalb eines Bestellbuttons und als Fließtext zur Verfügung stellt. In einem solchen Fall bestehen aber erhöhte Anforderungen an die „Hervorgehobenheit" der Informationen.[2]

Als Anbieter von Waren im elektronischen Geschäftsverkehr ist Amazon gemäß § 312 j Abs. 2 BGB verpflichtet, dem Verbraucher vor Abgabe seiner Bestellung die in Art. 246 § 1 Abs. 1 S. 1 EGBGB genannten Informationen klar und verständlich und in hervorgehobener Weise zur Verfügung zu stellen.[3]

---

1   LG Berlin MMR 2017, 128. Wenn der Betreiber auf der Eingangsseite seines Onlineshops in roter Schrift den Hinweis eingepflegt hatte „Nur für gewerbliche Kunden. Alle angegebenen Preise sind zzgl. gesetzlicher MwSt." und der Besteller noch vor der Einleitung des eigentlichen Bestellprozesses die Zusicherung abgeben musste, als gewerblicher Unternehmer zu kaufen, soll dies ausreichend sein.

2   So OLG Köln GRUR-RR 2017, 108 = WRP 2017, 225 = K&R 2017, 132: Ein Text, der in kleiner Schriftgröße gehalten und im Vergleich zur übrigen Gestaltung der Seite eher an eine Fußnote erinnert, soll unzureichend sein.

3   LG München I WRP 2018, 888 = BB 2018, 1556: Angaben über wesentliche Merkmale müssen unmittelbar vor dem Bestellvorgang angezeigt werden – unzureichend ist die Einblendung eines Links auf die Produktseite. Andernorts, zB in der Produktübersicht gemachte Angaben sind insoweit ohne Bedeutung: OLG Hamburg GRUR-RR 2014, 139. Auch die Einblendung eines Links auf die Produktseite wäre unzureichend.

I. Klarheit und Verständlichkeit der Informationen (Abs. 1)

3 Der Unternehmer muss nach **Abs. 1** dem Verbraucher die Informationen nach den gem. Art. 246 a §§ 1 bis 3 vor Abgabe von dessen Vertragserklärung (als maßgeblichem Zeitpunkt) in klarer und verständlicher Weise zur Verfügung stellen (**Transparenzgebot**). Im Falle eines Internet-Angebots muss die Widerrufsbelehrung nicht oberhalb des Bestell-Buttons stehen.[4] Der Unternehmer darf sich bei der Gestaltung einer Widerrufsbelehrung am Wortlaut des Gesetzes orientieren und muss nicht genauer formulieren als der Gesetzgeber selbst.[5] Mittels einer erkennbar an den Verbraucher gerichteten Fußnote „Die Widerrufsfrist beträgt gemäß § 355 Abs. 2 S. 2 BGB einen Monat, wenn die Widerrufsbelehrung erst nach Vertragsschluss in Textform dem Kunden mitgeteilt wird bzw. werden kann" im Anschluss an die Angabe „zwei Wochen (einen Monat)" macht der Verwender einer Widerrufsbelehrung hinreichend deutlich, von welchen Voraussetzungen die Geltung einer der beiden im Text alternativ genannten Fristlängen abhängt.[6] Eine formal und inhaltlich den gesetzlichen Anforderungen genügende Widerrufsbelehrung wird nicht dadurch undeutlich, dass die Vertragsunterlagen an anderer, drucktechnisch nicht hervorgehobener Stelle einen inhaltlich nicht ordnungsgemäßen Zusatz enthalten.[7] Eine Fußnote in einer Widerrufsbelehrung soll nicht irreführend und verwirrend sein, wenn sich der Hinweis in der Fußnote eindeutig an das Bankpersonal und nicht an den Verbraucher richtet. Die vorsorgliche, inhaltlich zutreffende Belehrung über die Voraussetzungen und Folgen eines verbundenen Geschäfts soll dann keinen unzulässigen Zusatz zur Widerrufsbelehrung darstellen, wenn für den Verbraucher hinreichend deutlich zu entnehmen ist, dass dieser mangels Vorliegens eines finanzierten Geschäfts für ihn keine Relevanz hat.[8] Macht der Text einer Widerrufsbelehrung durch die Verwendung des Possessivpronomens in der Widerrufsbelehrung „mein schriftlicher Vertragsantrag oder … eine Abschrift meines Vertragsantrags" hinreichend deutlich, dass es insoweit um ein Vertragsangebot des Darlehensnehmers und nicht der Bank geht, so soll dies den gesetzlichen Anforderungen entsprechen.[9]

4 Diese Verpflichtung umfasst die Darstellung der Informationen auf dem jeweiligen Medium – aber auch, dass die Informationen in einer für den Verbraucher klaren und verständlichen Sprache abgefasst sind.[10] Der Unternehmer soll nach Erwägungsgrund Nr. 34 der VerbrRRL bei der Bereitstellung der Informationen den besonderen und für ihn vernünftigerweise erkennbaren Bedürfnissen von Verbrauchern Rechnung tragen, die aufgrund ihrer geistigen oder körperlichen Behinderung, ihrer psychischen Labilität, ihres Alters oder ihrer Leichtgläubigkeit in einer Weise besonders schutzbedürftig sind.[11]

Die Regelung des § 4 Abs. 1 ist (ebenso wie die gleichlautende Bestimmung des § 312 j Abs. 2 BGB) nicht so zu verstehen, dass die entsprechenden Informationen auch räumlich „vor" iS von „oberhalb" zu erteilen sind:[12] „Vor" ist primär zeitlich in dem Sinne zu verstehen, dass der Verbraucher die Informationen erhält, „bevor" er seine Erklärung abgibt. Räumlich genüge es, auch nach den Vorstellungen des Gesetzgebers,

---

4   OLG Köln GRUR-RR 2015, 447.

5   BGH WM 2017, 427 Rn. 17; 2017, 806 Rn. 14; 2016, 2215 Rn. 8. Zu den Anforderungen an eine deutliche Belehrung über die Länge der Widerrufsfrist bei Verbraucherdarlehensverträgen: BGH ZIP 2018, 2305 = WM 2018, 2185. Zur Deutlichkeit einer bei Verbraucherdarlehensverträgen grundsätzlich entbehrlichen Belehrung über die Widerrufsfolgen: BGH NJW-RR 2018, 236 = ZIP 2018, 116 = WM 2018, 50 in Fortführung von BGH WM 2017, 906.

6   BGH NJW-RR 2017, 812 = ZIP 2017, 958 = WM 2017, 849. AA hingegen OLG Karlsruhe MDR 2017, 163: Die Angabe zweier Fristen „zwei Wochen (ein Monat)" mit Erläuterung in einer Fußnote in der Widerrufsbelehrung eines Verbraucherdarlehensvertrags soll nicht dem Erfordernis eindeutiger Belehrung genügen, wenn nicht unmissverständlich ist, wann welche Frist gilt.

7   BGH NJW-RR 2018, 118 = ZIP 2017, 2457 = WM 2017, 2248. Allerdings unterrichtet der Darlehensge-

ber den Darlehensnehmer eines Verbraucherdarlehens, das nicht aufgrund eines im Wege des Fernabsatz geschlossenen Vertrags gewährt wird und unzureichend deutlich über die Voraussetzungen für das Anlaufen der Widerrufsfrist, wenn er folgende Wendung benutzt: „Der Lauf der Frist für den Widerruf beginnt einen Tag nachdem Ihnen
– ein Exemplar dieser Widerrufsbelehrung,
– die Vertragsurkunde, der schriftliche Vertragsantrag oder eine Abschrift der Vertragsurkunde oder des Vertragsantrags
zur Verfügung gestellt wurden, aber nicht vor dem Tag des Vertragsschlusses": so BGH NJW 2017, 2340 = ZIP 2017, 1264 = WM 2017, 1258.

8   OLG Hamburg BKR 2017, 115.

9   OLG Frankfurt/M. WM 2016, 2378.

10   RegE, BT-Drs. 17/12637 S. 75 r. Sp.

11   RegE, BT-Drs. 17/12637 S. 75 r. Sp.

12   OLG Köln NJW-RR 2015, 1453 = GRUR-RR 2015, 447 = WRP 2015, 1123 = MDR 2015, 905 – Flirtcafé.

dass die Informationen im unmittelbaren räumlichen Zusammenhang mit der Schaltfläche, durch deren Betätigung der Verbraucher seine vertragliche Erklärung abgibt, erteilt werden.[13]

Wenn die vom Unternehmer gegenüber dem Verbraucher nach Art. 246 a § 1 Abs. 2 S. 1 und § 4 Abs. 1 EGBGB zu erteilenden Informationen in der Weise widersprüchliche Angaben enthalten, dass die Widerrufsbelehrung und das Muster-Widerrufsformular unterschiedliche Widerrufsempfänger enthalten, und wenn den erteilten Informationen auch kein Wahlrecht des Empfängers entnommen werden kann, werden die Anforderungen der genannten Vorschriften nicht erfüllt. In einem solchen Fall wird der Verbraucher nicht in klarer und verständlicher Weise über die Bedingungen und das Verfahren bei der Ausübung des Widerrufsrechts informiert.[14]

Bei einem Kauf auf Probe, bei dem die Absendung des Bestellscheins durch den Kunden ohne weiteres Handeln des Kunden ein Fernabsatzgeschäft auslöst, muss der Unternehmer die Informationspflichten gemäß Art. 246 a § 4 Abs. 1 EGBGB vor Absendung des Bestellscheins erfüllen.[15]

II. Formale Anforderungen für außerhalb von Geschäftsräumen abgeschlossene Verträge (Abs. 2)

Bei einem außerhalb von Geschäftsräumen geschlossenen Vertrag (§ 312 b BGB) muss der Unternehmer nach **Abs. 2 S. 1** (in Ergänzung von § 312 f Abs. 1 BGB) die Informationen grundsätzlich auf Papier oder, wenn der Verbraucher zustimmt, auf einem anderen dauerhaften Datenträger (§ 126 b S. 2 BGB) zur Verfügung stellen (**Dokumentationspflicht**).   **5**

Die Informationen müssen nach **Abs. 2 S. 2** lesbar sein (**Lesbarkeitserfordernis**).   **6**

Die Person des erklärenden Unternehmers muss nach **Abs. 2 S. 3** genannt sein (**Benennung des erklärenden Unternehmers**).   **7**

Der Unternehmer kann nach **Abs. 2 S. 4** (in Umsetzung von Art. 7 Abs. 4 lit. a VerbrRRL) die Informationen nach Art. 246 a § 2 Abs. 2 auch in anderer Form zur Verfügung stellen, wenn sich der Verbraucher hiermit ausdrücklich einverstanden erklärt hat.   **8**

III. Formale Anforderungen für Fernabsatzverträge (Abs. 3)

Bei einem Fernabsatzvertrag (§ 312 c BGB) muss der Unternehmer dem Verbraucher nach **Abs. 3 S. 1** (in Ergänzung von § 312 f Abs. 2 BGB) die Informationen in einer den benutzten Fernkommunikationsmitteln angepassten Weise zur Verfügung stellen.   **9**

Soweit die Informationen auf einem dauerhaften Datenträger (§ 126 S. 2 BGB) zur Verfügung gestellt werden, müssen sie nach **Abs. 3 S. 2** lesbar sein (**Lesbarkeitserfordernis**), und die Person des erklärenden Unternehmers muss genannt werden (**Benennung des erklärenden Unternehmers**).   **10**

Abweichend von Abs. 3 S. 1 kann der Unternehmer dem Verbraucher nach **Abs. 3 S. 3** (in Umsetzung von Art. 8 Abs. 1 VerbrRRL) die in Art. 246 a § 3 S. 2 genannten Informationen in geeigneter Weise zugänglich machen (bspw. indem er eine gebührenfreie Telefonnummer oder einen Hypertext-Link zu einer Webseite des Unternehmers angibt, auf der die Informationen unmittelbar abrufbar und leicht verständlich sind).[16]   **11**

---

13   OLG Köln NJW-RR 2015, 1453, juris Rn. 31 f. Vgl. die amtliche Begründung zur Vorgängerregelung des § 312 g Abs. 2 BGB alt (BT-Drs. 17/7745, S. 10 f.): „Die Informationen gemäß Satz 1 müssen ‚unmittelbar`, bevor der Verbraucher bestellt, gegeben werden. Die Anforderung der Unmittelbarkeit hat dabei sowohl einen zeitlichen wie auch einen räumlichen Aspekt. Die Informationen müssen einen zeitlichen Zusammenhang mit der Abgabe der Bestellung durch den Verbraucher gegeben werden, also zum Abschluss des Bestellprozesses, wenn der Verbraucher seine vertragsrelevante Willenserklärung abgibt.

Informationen bereits am Beginn oder im Verlauf des Bestellprozesses, zB noch bevor der Verbraucher seine Adressdaten und etwaige Zahlungsinformationen angegeben hat, genügen den Anforderungen nicht. Der Verbraucher soll die Möglichkeit haben, die relevanten Informationen direkt zum Zeitpunkt seiner Bestellung zur Kenntnis zu nehmen“.

14   OLG Hamm WRP 2018, 362 = CR 2018, 327.
15   BGH WM 2019, 2375 = ZIP 2019, 1669 = MDR 2019, 1144 – Ls. 1.
16   RegE, BT-Drs. 17/12637 S. 761. Sp.

Art. 246 b EGBGB Informationspflichten bei außerhalb von Geschäftsräumen geschlossenen Verträgen und Fernabsatzverträgen über Finanzdienstleistungen

Literatur: *Heinzelmann*, BGB-Änderungen bei Verbraucherverträgen: Handlungsbedarf wegen neuer Informationspflichten, DSB 2014, 63; *Hoeren/Föhlisch*, Ausgewählte Praxisprobleme des Gesetzes zur Umsetzung der Verbraucherrechterichtlinie, CR 2014, 242; *Tamm*, Informationspflichten nach dem Umsetzungsgesetz zur Verbraucherrechterichtlinie, VuR 2014, 9.

1 Art. 246 b normiert Informationspflichten bei außerhalb von Geschäftsräumen (§ 312 b BGB) geschlossenen Verträgen und Fernabsatzverträgen (§ 312 c BGB) über Finanzdienstleistungen. Die Informationspflichten ergeben sich dabei für im Fernabsatz geschlossene Verträge aus Art. 3 FinFARL – weswegen die Norm richtlinienkonform auszulegen ist (auch im Kontext mit § 2 UKlaG bzw. § 3 UWG).[1]

2 Die FinFARL erfasst zwar nur Fernabsatzverträge iSd § 312 c BGB. Da der Verbraucher nach Ansicht des Gesetzgebers[2] aber bei außerhalb von Geschäftsräumen geschlossenen Verträgen iSd § 312 b BGB ebenso schutzbedürftig ist, werden mit der Zielsetzung eines einheitlichen Verbraucherschutzes und zwecks Vermeidung einer Regelungslücke die für Fernabsatzverträge geltenden Informationspflichten auf außerhalb von Geschäftsräumen geschlossene Verträge weitererstreckt, obwohl dies vom europäischen Recht nicht vorgeschrieben ist.

Art. 246 b § 1 EGBGB (Informationspflichten) wird ergänzt durch § 2 (Weitere Informationspflichten).

Art. 246 b § 1 EGBGB Informationspflichten

(1) Der Unternehmer ist nach § 312 d Absatz 2 des Bürgerlichen Gesetzbuchs verpflichtet, dem Verbraucher rechtzeitig vor Abgabe von dessen Vertragserklärung klar und verständlich und unter Angabe des geschäftlichen Zwecks, bei Fernabsatzverträgen in einer dem benutzten Fernkommunikationsmittel angepassten Weise, folgende Informationen zur Verfügung zu stellen:

1. **seine Identität, anzugeben ist auch das öffentliche Unternehmensregister, bei dem der Rechtsträger eingetragen ist, und die zugehörige Registernummer oder gleichwertige Kennung,**
2. **die Hauptgeschäftstätigkeit des Unternehmers und die für seine Zulassung zuständige Aufsichtsbehörde,**
3. **die Identität des Vertreters des Unternehmers in dem Mitgliedstaat, in dem der Verbraucher seinen Wohnsitz hat, wenn es einen solchen Vertreter gibt, oder die Identität einer anderen gewerblich tätigen Person als dem Anbieter, wenn der Verbraucher mit dieser Person geschäftlich zu tun hat, und die Eigenschaft, in der diese Person gegenüber dem Verbraucher tätig wird,**
4. **die ladungsfähige Anschrift des Unternehmers und jede andere Anschrift, die für die Geschäftsbeziehung zwischen diesem, seinem Vertreter oder einer anderen gewerblich tätigen Person nach Nummer 3 und dem Verbraucher maßgeblich ist, bei juristischen Personen, Personenvereinigungen oder Personengruppen auch den Namen des Vertretungsberechtigten,**
5. **die wesentlichen Merkmale der Finanzdienstleistung sowie Informationen darüber, wie der Vertrag zustande kommt,**
6. **den Gesamtpreis der Finanzdienstleistung einschließlich aller damit verbundenen Preisbestandteile sowie alle über den Unternehmer abgeführten Steuern oder, wenn kein genauer Preis angegeben werden kann, seine Berechnungsgrundlage, die dem Verbraucher eine Überprüfung des Preises ermöglicht,**
7. **gegebenenfalls zusätzlich anfallende Kosten sowie einen Hinweis auf mögliche weitere Steuern oder Kosten, die nicht über den Unternehmer abgeführt oder von ihm in Rechnung gestellt werden,**
8. **gegebenenfalls den Hinweis, dass sich die Finanzdienstleistung auf Finanzinstrumente bezieht, die wegen ihrer spezifischen Merkmale oder der durchzuführenden Vorgänge mit speziellen Risiken behaftet sind oder deren Preis Schwankungen auf dem Finanzmarkt unterliegt, auf die der Unternehmer keinen Einfluss hat, und dass in der Vergangenheit erwirtschaftete Erträge kein Indikator für künftige Erträge sind,**
9. **eine Befristung der Gültigkeitsdauer der zur Verfügung gestellten Informationen, beispielsweise die Gültigkeitsdauer befristeter Angebote, insbesondere hinsichtlich des Preises,**
10. **Einzelheiten hinsichtlich der Zahlung und der Erfüllung,**

---

[1]   Palandt/*Grüneberg* EGBGB Art. 246 b § 1 Rn. 1.
[2]   RegE, BT-Drs. 17/12637 S. 76 l. Sp.

11. alle spezifischen zusätzlichen Kosten, die der Verbraucher für die Benutzung des Fernkommunikationsmittels zu tragen hat, wenn solche zusätzlichen Kosten durch den Unternehmer in Rechnung gestellt werden,

12. das Bestehen oder Nichtbestehen eines Widerrufsrechts sowie die Bedingungen, Einzelheiten der Ausübung, insbesondere Name und Anschrift desjenigen, gegenüber dem der Widerruf zu erklären ist, und die Rechtsfolgen des Widerrufs einschließlich Informationen über den Betrag, den der Verbraucher im Falle des Widerrufs nach § 357 a des Bürgerlichen Gesetzbuchs für die erbrachte Leistung zu zahlen hat,

13. die Mindestlaufzeit des Vertrags, wenn dieser eine dauernde oder regelmäßig wiederkehrende Leistung zum Inhalt hat,

14. die vertraglichen Kündigungsbedingungen einschließlich etwaiger Vertragsstrafen,

15. die Mitgliedstaaten der Europäischen Union, deren Recht der Unternehmer der Aufnahme von Beziehungen zum Verbraucher vor Abschluss des Vertrags zugrunde legt,

16. eine Vertragsklausel über das auf den Vertrag anwendbare Recht oder über das zuständige Gericht,

17. die Sprachen, in welchen die Vertragsbedingungen und die in dieser Vorschrift genannten Vorabinformationen mitgeteilt werden, sowie die Sprachen, in welchen sich der Unternehmer verpflichtet, mit Zustimmung des Verbrauchers die Kommunikation während der Laufzeit dieses Vertrags zu führen,

18. gegebenenfalls, dass der Verbraucher ein außergerichtliches Beschwerde- und Rechtsbehelfsverfahren, dem der Unternehmer unterworfen ist, nutzen kann, und dessen Zugangsvoraussetzungen und

19. das Bestehen eines Garantiefonds oder anderer Entschädigungsregelungen, die weder unter die Richtlinie 94/19/EG des Europäischen Parlaments und des Rates vom 30. Mai 1994 über Einlagensicherungssysteme (ABl. L 135 vom 31.5.1994, S. 5) noch unter die Richtlinie 97/9/EG des Europäischen Parlaments und des Rates vom 3. März 1997 über Systeme für die Entschädigung der Anleger (ABl. L 84 vom 26.3.1997, S. 22) fallen.

(2) ¹Bei Telefongesprächen hat der Unternehmer nur folgende Informationen zur Verfügung zu stellen:

1. die Identität der Kontaktperson des Verbrauchers und deren Verbindung zum Unternehmer,

2. die Beschreibung der Hauptmerkmale der Finanzdienstleistung,

3. den Gesamtpreis, den der Verbraucher dem Unternehmer für die Finanzdienstleistung schuldet, einschließlich aller über den Unternehmer abgeführten Steuern, oder, wenn kein genauer Preis angegeben werden kann, die Grundlage für die Berechnung des Preises, die dem Verbraucher eine Überprüfung des Preises ermöglicht,

4. mögliche weitere Steuern und Kosten, die nicht über den Unternehmer abgeführt oder von ihm in Rechnung gestellt werden, und

5. das Bestehen oder Nichtbestehen eines Widerrufsrechts sowie für den Fall, dass ein Widerrufsrecht besteht, auch die Widerrufsfrist und die Bedingungen, Einzelheiten der Ausübung und die Rechtsfolgen des Widerrufs einschließlich Informationen über den Betrag, den der Verbraucher im Falle des Widerrufs nach § 357 a des Bürgerlichen Gesetzbuchs für die erbrachte Leistung zu zahlen hat.

²Satz 1 gilt nur, wenn der Unternehmer den Verbraucher darüber informiert hat, dass auf Wunsch weitere Informationen übermittelt werden können und welcher Art diese Informationen sind, und der Verbraucher ausdrücklich auf die Übermittlung der weiteren Informationen vor Abgabe seiner Vertragserklärung verzichtet hat.

A. Allgemeines 1
B. Regelungsgehalt der Norm 2
   I. Grundlegende Informationspflichten (Abs. 1) . 2

II. Anforderungen des Unternehmers bei telefonischem Kontakt (Abs. 2) 8

A. Allgemeines

Art. 246 b § 1 knüpft an § 312 d Abs. 2 BGB an und übernimmt fast unverändert den Informationspflichtenkatalog der „in ihren Abgrenzungen wenig klaren, juristisch-handwerklich schwachen" Regelung in Art. 3 FinFARL.[1] Abs. 1 normiert dabei die **grundlegenden Informationspflichten** (entsprechend Art. 246 § 1 Abs. 1 und 2 alt, nun der Reihung in Art. 3 Abs. 1 FinFARL folgend), Abs. 2 regelt in Umsetzung von Art. 3 **1**

---

[1]   Palandt/*Grüneberg* EGBGB Art. 246 b § 1 Rn. 1.

Abs. 3 FinFARL (entsprechend Art. 246 § 1 Abs. 3 alt) die Anforderungen, die der Unternehmer bei **telefonischer Kontaktaufnahme** zu erfüllen hat.

B. Regelungsgehalt der Norm

I. Grundlegende Informationspflichten (Abs. 1)

2 Nach **Abs. 1** (in Umsetzung von Art. 3 FinFARL) ist der Unternehmer nach § 312 d Abs. 2 BGB verpflichtet, dem Verbraucher in **zeitlicher Hinsicht** rechtzeitig vor Abgabe von dessen Vertragserklärung (dh seiner auf den Vertragsabschluss gerichteten Willenserklärung, sei dies nun ein Angebot oder die Annahmeerklärung des Verbrauchers)[2] in ihrer **Form** „klar und verständlich" und unter „Angabe des geschäftlichen Zwecks" (**Transparenzgebot** – vgl. auch Nr. 17, wonach ein Finanzdienstleistungsanbieter das Recht hat, die Sprachen zu bestimmen, in der er seine Vertragsbedingungen und Informationen abfasst und in der er mit dem Verbraucher kommuniziert), bei Fernabsatzverträgen (iSd § 312 b BGB) in einer dem benutzten Fernkommunikationsmittel angepassten Weise (bspw. in Werbeprospekten, Katalogen oder Webseiten im Internet – bzw. im Rahmen eines Telefonats, vgl. Abs. 2),[3] folgende Informationen zur Verfügung zu stellen:

— Angaben über seine **Identität**, wobei auch das öffentliche Unternehmensregister anzugeben ist, bei dem der Rechtsträger eingetragen ist, und die zugehörige Registernummer oder gleichwertige Kennung[4] (**Nr. 1** – mithin die Angabe des Namens nebst Vornamens[5] und eines Vertreters,[6] der Firma und Rechtsform, des Unternehmensregisters [dh Handels-, Genossenschafts- oder Partnerschaftsgesellschaftsregister], im Falle einer juristischen Person oder einer Personenhandelsgesellschaft [neben der Geschäftsadresse] auch der Name und die ladungsfähige Anschrift eines Vertretungsberechtigten,[7] einer ladungsfähigen Anschrift nach Land, Ort, Postleitzahl, Straße und Hausnummer).[8] Hingegen reicht die bloße Angabe eines Postfachs nicht aus.[9] Erforderlich ist, dass der Unternehmer mit diesen Angaben dem Verbraucher eine rasche Kontaktaufnahme und eine unmittelbare sowie effiziente Kommunikation eröffnet[10] – ggf. auch in Gestalt einer elektronischen Anfragemaske.[11]

— Angabe der **Hauptgeschäftstätigkeit** des Unternehmers und die für seine Zulassung zuständige **Aufsichtsbehörde**[12] (**Nr. 2**).

— Benennung eines **Ansprechpartners**, dh Angabe der Identität des Vertreters des Unternehmers in dem Mitgliedstaat, in dem der Verbraucher seinen Wohnsitz hat, wenn es einen solchen Vertreter gibt, oder die Identität einer anderen gewerblich tätigen Person als dem Anbieter, wenn der Verbraucher mit dieser Person geschäftlich zu tun hat, und die Eigenschaft, in der diese Person gegenüber dem Verbraucher tätig wird (**Nr. 3**).

---

2   Nach Palandt/*Grüneberg* EGBGB Art. 246 b § 1 Rn. 3 (unter Bezugnahme auf OLG Hamburg GRUR-RR 2005, 236) muss die Information bei einer Fernseh-, Radio- oder Anzeigenwerbung (in der zur Produktbestellung eine Telefonnummer oder eine Internetadresse angegeben wird) noch nicht gegeben werden – es sei denn, die Werbeanzeige enthält bspw. bereits ein Bestellformular. Weder die FinFARL noch Art. 246 b enthalten – so *Grüneberg* – eine Mindestfrist (bspw. von drei Tagen), die zwischen der Informationserteilung und dem Vertragsabschluss liegen muss – wodurch die Umstände des konkret in Rede stehenden Einzelfalls maßgeblich sind. Im Falle einer telefonischen Kontaktaufnahme ist zudem § 312 a Abs. 1 BGB (Informationspflichten bei Telefonaten) zu beachten.

3   Palandt/*Grüneberg* EGBGB Art. 246 b § 1 Rn. 1.

4   Die im Augenblick noch (bis zur Einführung einer einheitlichen Wirtschaftsnummer bzw. etwas Vergleichbarem) ohne Bedeutung ist: Palandt/*Grüneberg* EGBGB Art. 246 b § 1 Rn. 5.

5   KG NJW-RR 2007, 1050.

6   KG GRUR-RR 2008, 252.

7   Die Angabe eines Prokuristen oder Generalbevollmächtigten soll ausreichen: Palandt/*Grüneberg* EGBGB Art. 246 b § 1 Rn. 5.

8   Palandt/*Grüneberg* EGBGB Art. 246 b § 1 Rn. 5.

9   BGH NJW 2012, 1065; OLG Hamburg NJW 2004, 1114. Unter dem Begriff der „Anschrift" iSd § 355 Abs. 2 S. 1 BGB alt war nicht die Hausanschrift, sondern die Postanschrift zu verstehen: so BGH WM 2002, 1352 (1353 f.) Die Mitteilung einer Postfachanschrift des Widerrufadressaten setzte den Verbraucher in gleicher Weise wie die Mitteilung der Hausanschrift in die Lage, seine Widerrufserklärung auf den Postweg zu bringen: BGH WM 2012, 561 Rn. 13. Vgl. auch BGHZ 211, 123 = NJW 2016, 3512 = ZIP 2016, 1958 = WM 2016, 1936, juris Rn. 16.

10 Palandt/*Grüneberg* EGBGB Art. 246 b § 1 Rn. 5: nicht zwingend Telefon- oder Faxnummer bzw. Internetadresse.

11 Vgl. EuGH NJW 2008, 3553; OLG Hamm NJW-RR 2004, 1045.

12 Sofern für die Unternehmenstätigkeit eine Zulassung notwendig ist, bspw. nach § 32 KWG, so Palandt/*Grüneberg* EGBGB Art. 246 b § 1 Rn. 5.

– Angabe einer **ladungsfähigen Anschrift** des Unternehmers[13] (was keine Niederlassung im Rechtssinne sein muss)[14] und jede andere Anschrift, die für die Geschäftsbeziehung zwischen diesem, seinem Vertreter oder einer anderen gewerblich tätigen Person nach Nr. 3 (Ansprechpartner im Wohnsitzmitgliedstaat des Verbrauchers) und dem Verbraucher maßgeblich ist, bei juristischen Personen, Personenvereinigungen oder Personengruppen auch den Namen des Vertretungsberechtigten. Wenn der Unternehmer eine **Beschwerdestelle** unterhält (auch wenn es sich um keine Niederlassung im Rechtssinne handelt), ist auch deren Anschrift anzugeben[15] (**Nr. 4**).

– **Beschreibung der wesentlichen Merkmale der (zu erbringenden) Finanzdienstleistung** sowie Informationen darüber, wie der Vertrag zustande kommt (dh durch welche Erklärung des Verbrauchers dieser eine Verpflichtung eingeht[16] – **Nr. 5**), die dem Verbraucher die für seine Entscheidung maßgeblichen Informationen verschafft. Insoweit reichen AGB nicht aus, da eine detaillierte und übersichtliche Beschreibung ohne Weitschweifigkeit gefordert wird.[17] Für das Postidentifikationsverfahren stellt die Rechtsprechung hohe Anforderungen auf.[18] „Kommt der Vertrag nach dem Gesetz schon früher oder erst später zustande, ist nicht die Information des Unternehmers, sondern die objektive Rechtslage maßgeblich".[19]

– Angaben über den **Gesamtpreis der Finanzdienstleistung** (iSd Endpreises nach § 1 Abs. 1 S. 1 PrAngVO)[20] einschließlich aller damit verbundenen Preisbestandteile (zB Agio oder Provisionen)[21] sowie aller über den Unternehmer abgeführten Steuern oder, wenn kein genauer Preis angegeben werden kann, seine **abstrakte Berechnungsgrundlage**, die dem Verbraucher eine Überprüfung des Preises ermöglicht[22] (**Nr. 6**). *Grüneberg*[23] fordert, dass die entsprechenden Informationen – zwecks Vermeidung von Zuordnungsproblemen – in unmittelbarer Umgebung der angebotenen Leistung erfolgen müssen. Im Unterschied zur PrAngVO muss der Unternehmer die Informationen nach Nr. 6 nicht bereits schon im Rahmen seiner Werbeaktionen geben – es sei denn, der Werbung liegt bereits ein Bestellkupon bei.[24]

– Ggf. Angaben über **zusätzlich anfallende Kosten** (dh Nebenkosten iSd PrAngVO)[25] sowie einen Hinweis auf mögliche weitere Steuern oder Kosten, die nicht über den Unternehmer abgeführt oder von ihm in Rechnung gestellt werden (**Nr. 7**). Der BGH[26] verlangt für den **Online-Handel**, dass die Informationen nach der Nr. 7 auf einer gesonderten Seite erfolgen – sie müssen jedoch nicht nochmals neben dem Warenpreis auf der Bestellübersicht ausgewiesen werden.[27]

– Ggf. den Hinweis, dass sich die Finanzdienstleistung auf Finanzinstrumente bezieht, die wegen ihrer spezifischen Merkmale oder der durchzuführenden Vorgänge mit **speziellen Risiken** behaftet sind oder deren Preis Schwankungen auf dem Finanzmarkt unterliegt (**Kurs- und Preisschwankungen**), auf die der Unternehmer keinen Einfluss hat, und dass in der Vergangenheit erwirtschaftete Erträge kein Indikator für künftige Erträge sind (**Nr. 8**).[28]

– Angaben über eine Befristung der Gültigkeitsdauer der zur Verfügung gestellten Informationen, bspw. die Gültigkeitsdauer befristeter Angebote, insbesondere hinsichtlich des Preises (**Nr. 9** – Informationen über die **Gültigkeit**, dh mögliche **Änderungen, von Angebot und Preis**).

– Einzelheiten hinsichtlich der **Zahlung** und der **Erfüllung** (**Nr. 10**). Insoweit sind Angaben darüber erforderlich, wann und wie die Zahlung erfolgen und wann und wie die Leistung erfüllt werden soll.[29]

– Hinweise auf alle spezifischen zusätzlichen Kosten, die der Verbraucher für die Benutzung des Fernkommunikationsmittels zu tragen hat, wenn solche zusätzlichen Kosten durch den Unternehmer in

---

13 Zur Postanschrift als ladungsfähige Anschrift (postalische Erreichbarkeit): OLG Frankfurt/M. ZIP 2017, 608 = WM 2016, 2390.

14 Palandt/*Grüneberg* EGBGB Art. 246 b § 1 Rn. 5.

15 Palandt/*Grüneberg* EGBGB Art. 246 b § 1 Rn. 5.

16 Palandt/*Grüneberg* EGBGB Art. 246 b § 1 Rn. 6: „Diese Pflicht kann er am einfachsten dadurch erfüllen, dass er die Handlung benennt, die nach seiner Rechtsansicht als Annahmeerklärung den Vertrag zustande bringt (Auftragsbestätigung, elektronische Bestätigung)".

17 Palandt/*Grüneberg* EGBGB Art. 246 b § 1 Rn. 6: bspw. wie beim Infoblatt nach § 31 Abs. 3 a WpHG oder gemäß § 15 Abs. 2 VermAnlG.

18 Vgl. KG GRUR-RR 2012, 167.

19 Palandt/*Grüneberg* EGBGB Art. 246 b § 1 Rn. 6.

20 BGH NJW 2006, 211.

21 Palandt/*Grüneberg* EGBGB Art. 246 b § 1 Rn. 7.

22 Nach BGH NJW 2006, 211 ist eine konkrete Berechnung anhand der Einzelbestellung in diesem Fall nicht nötig.

23 Palandt/*Grüneberg* EGBGB Art. 246 b § 1 Rn. 7 unter Bezugnahme auf *Woitke* BB 2003, 2469 (2470).

24 Palandt/*Grüneberg* EGBGB Art. 246 b § 1 Rn. 7: vielmehr reicht eine Offenlegung im unmittelbaren Nachgang zur Kontaktaufnahme aus (so auch BGH NJW 2003, 3343).

25 BGH NJW 2006, 211.

26 BGH NJW 2006, 211.

27 Palandt/*Grüneberg* EGBGB Art. 246 b § 1 Rn. 7.

28 Palandt/*Grüneberg* EGBGB Art. 246 b § 1 Rn. 8; *Rott* BB 2005, 53 (57).

29 Palandt/*Grüneberg* EGBGB Art. 246 b § 1 Rn. 10.

Rechnung gestellt werden (**Nr. 11 – erhöhte Telefon- oder Internetkosten** im Kontext mit der Vertragsanbahnung).[30]

– Ein umfassender Hinweis auf das **Bestehen oder Nichtbestehen eines Widerrufsrechts**[31] (im Hinblick auf den konkret in Rede stehenden Vertrag) sowie die **Bedingungen und Einzelheiten der Ausübung** desselben,[32] insbesondere der Name und die Anschrift desjenigen, gegenüber dem der Widerruf zu erklären ist (dh auch eines vom Unternehmer ggf. verschiedenen Widerrufsempfängers), und die Rechtsfolgen des Widerrufs einschließlich Informationen über den Betrag, den der Verbraucher im Falle des Widerrufs nach § 357a BGB als **Wertersatz** für die erbrachte Leistung zu zahlen hat[33] (**Nr. 12**). Informiert werden muss auch über einen Ausschluss (wobei die bloße Aufzählung bspw. des gesetzlichen Ausschlusstatbestands des § 312g Abs. 2 Nr. 8 BGB nach Ansicht des BGH genügen soll)[34] und Erlöschensgründe des Widerrufsrechts sowie Rückzahlungsfristen.[35] Der Unternehmer kann zur Erfüllung der Verpflichtung gemäß Art. 246b § 2 Abs. 3 das Muster der Anlage 3 verwenden.[36] Die in einem Verbraucherkreditvertrag enthaltene Widerrufsbelehrung soll hinsichtlich ihrer Regelung zum Fristbeginn nicht deshalb fehlerhaft sein, weil sie keine Information des Verbrauchers darüber enthält, dass die Belehrung in Textform zur Verfügung gestellt werden muss.[37] Sie soll auch nicht deshalb fehlerhaft sein, weil sie keinen Hinweis über das Bestehen einer Verpflichtung zur Rückzahlung innerhalb von 30 Tagen nach Absendung der Widerrufserklärung enthält.[38] Im Falle einer unwirksamen Widerrufsbelehrung, durch die der Verbraucher entgegen dem Gebot der Deutlichkeit über den Fristbeginn im Unklaren gelassen wird, kann sich die beklagte Bank auch nicht auf Vertrauensschutz berufen, wenn sie kein Formular verwendet hat, das dem Musterformular in der jeweils maßgeblichen Fassung in jeder Hinsicht vollständig entsprochen hat.[39]

– Angaben über die **Mindestlaufzeit des Vertrags** (und, wenn zur Vertragsbeendigung eine Kündigung erforderlich ist, auch die Kündigungsfrist),[40] wenn dieser eine dauernde oder regelmäßig wiederkehrende Leistung zum Inhalt hat[41] (**Nr. 13**). Letztere werden nur nach Maßgabe der §§ 307 ff. BGB Vertragsbestandteil – wobei im Hinblick auf die Klauselkontrolle § 309 Nr. 9 BGB oder § 308 Nr. 4 und Nr. 8 BGB bzw. § 307 BGB zu prüfen sind.[42]

– Angaben über die **vertraglichen Kündigungsbedingungen** (dh die Kündigungsvoraussetzungen, die Kündigungsfrist und den Kündigungsadressaten),[43] einschließlich etwaiger **Vertragsstrafen** (**Nr. 14**).

– Ein Hinweis auf die Mitgliedstaaten der EU, deren Recht der Unternehmer der Aufnahme von Beziehungen zum Verbraucher vor Abschluss des Vertrags (Vertragsanbahnung) zugrunde legt (**Nr. 15 – Rechtswahlhinweis**).

– Eine Vertragsklausel über das auf den Vertrag **anwendbare Recht** oder über das **zuständige Gericht** (**Nr. 16**). Im Hinblick auf die Nrn. 15 und 16 meint *Grüneberg*,[44] dass der Unternehmer aber wohl keine Garantie für die Richtigkeit übernimmt.

– Angabe der **Sprachen**, in welchen die Vertragsbedingungen und die in dieser Vorschrift genannten Vorabinformationen mitgeteilt werden, sowie der Sprachen, in welchen sich der Unternehmer verpflichtet, mit Zustimmung des Verbrauchers die Kommunikation während der Laufzeit des Vertrags zu führen (**Nr. 17**). Dabei kann sich der Unternehmer auf **eine Verhandlungs- und Vertragssprache** beschränken – was sich bereits aus der im Internettext verwendeten Sprache konkludent ergeben kann.[45] Bietet der Unternehmer hingegen mehrere Sprachen an, muss er die von ihm geforderten Informationen auch auf allen Sprachen anbieten und den Verbraucher – mittels sicherer Navigation – zu der von diesem gewünschten und angebotenen Sprache leiten.[46]

---

30 Palandt/*Grüneberg* EGBGB Art. 246b § 1 Rn. 11: insbes. ggf. ein Hinweis auf eine 0900-Nummer.

31 BGH WM 2012, 221.

32 Wobei (Rechtsprechungsbeispiele nach Palandt/*Grüneberg* EGBGB Art. 246b § 1 Rn. 12) ein Link klar erkennen lassen muss, dass eine „Widerrufsbelehrung" aufgerufen werden kann (OLG Frankfurt/M. NJW-RR 2007, 482) – unzureichend ist es, wenn unter der Rubrik „Angaben zum Verkäufer" auf „mich" geklickt werden muss (OLG Hamburg NJW-RR 2007, 839; OLG Hamm NJW 2005, 2319).

33 BGH NZG 2012, 427; BGH NJW 2010, 989.

34 BGH NJW 2010, 989.

35 Palandt/*Grüneberg* EGBGB Art. 246b § 1 Rn. 12.

36 Palandt/*Grüneberg* EGBGB Art. 246b § 1 Rn. 12.

37 OLG Frankfurt/M. WM 2017, 2148.

38 OLG Frankfurt/M. WM 2017, 2151.

39 BGH WM 2011, 1799; OLG Frankfurt/M. NJW-RR 2015, 1460 = MDR 2015, 1409 – Ls.

40 Palandt/*Grüneberg* EGBGB Art. 246b § 1 Rn. 13.

41 Und, wenn zur Beendigung des Vertrags eine Kündigung erforderlich ist, auch die Dauer der Kündigungsfrist: so Palandt/*Grüneberg* EGBGB Art. 246b § 1 Rn. 13.

42 Palandt/*Grüneberg* EGBGB Art. 246b § 1 Rn. 13.

43 Palandt/*Grüneberg* EGBGB Art. 246b § 1 Rn. 14: bei Dauerschuldverhältnissen muss auch ein Hinweis auf das Kündigungsrecht nach § 314 BGB aus wichtigem Grund erfolgen.

44 Palandt/*Grüneberg* EGBGB Art. 246b § 1 Rn. 15 unter Bezugnahme auf *Rott* BB 2005, 53 (57).

45 Palandt/*Grüneberg* EGBGB Art. 246b § 1 Rn. 16 – gleichwohl sei vorsorglich eine entsprechende ausdrückliche Klarstellung angeraten.

46 Palandt/*Grüneberg* EGBGB Art. 246b § 1 Rn. 16.

– Ggf. ein Hinweis darauf, dass der Verbraucher ein **außergerichtliches Beschwerde- und Rechtsbe-helfsverfahren**, dem der Unternehmer unterworfen ist, nutzen kann, und dessen Zugangsvoraussetzungen (**Nr. 18**). § 14 Abs. 1 S. 1 Nr. 1 und Abs. 3 UKlaG bestimmt die zuständige Schlichtungsstelle.[47]

– Ein Hinweis auf das **Bestehen eines Garantiefonds** oder anderer Entschädigungsregelungen, die weder unter die Richtlinie 94/19/EG des Europäischen Parlaments und des Rates vom 30.5.1994 über Einlagensicherungssysteme[48] (die durch die RL 2014/497/EU[49] neu gefasst worden ist) noch unter die Richtlinie 97/9/EG des Europäischen Parlaments und des Rates vom 3.3.1997 über Systeme für die Entschädigung der Anleger[50] – deren Umsetzung bis zum 3.7.2015 durch das Einlagensicherungs- und Anlegerentschädigungsgesetz (EAEG) vom 16.7.1998[51] erfolgt ist – fallen (**Nr. 19**). Seither erfolgt die Umsetzung der beiden Richtlinien im EinSiG, das umfassende Sicherungssysteme statuiert (anders noch als § 12 EAEG alt),[52] so dass nach *Grüneberg*[53] Nr. 19 (heute) „keinen praktischen Anwendungsbereich mehr hat".

Der Verbraucher soll nach Erwägungsgrund Nr. 21 der FinFARL in die Lage versetzt werden, aufgrund der **3** ihm erteilten Informationen die angebotene Leistung zu beurteilen und in Kenntnis aller Umstände seine Entscheidung zu treffen. Dabei ist es nur erforderlich, dass der Unternehmer eine **Kenntnisnahmemöglichkeit** des Verbrauchers sicherstellt – ob der Verbraucher die ihm erteilten Informationen auch tatsächlich zur Kenntnis nimmt, spielt hingegen keine Rolle.[54]

Aus Gründen eines einheitlichen Verbraucherschutzes und zur Vermeidung einer Regelungslücke sind die **4** vorstehenden Informationspflichten sowohl bei im Fernabsatz (§ 312 c BGB) – wie von der FinFARL gefordert – als auch bei außerhalb von Geschäftsräumen geschlossenen Verträgen (§ 312 b BGB – die von den Vorgaben der FinFARL nicht erfasst werden) zu erfüllen.

Der Gesetzgeber hat die in Art. 246 alt enthaltenen Informationspflichten – die größtenteils gemeinsam für **5** Fernabsatzverträge einschließlich der Finanzdienstleistungen galten –, soweit möglich, in Abs. 1 übernommen, um den Umstellungsaufwand zu minimieren.[55]

Abs. 1 Nr. 1 bis 4 setzen Art. 3 Abs. 1 Nr. 1 FinFARL im Hinblick auf die Informationen zum Anbieter um, **6** Abs. 1 Nr. 5 bis 11 den Art. 3 Abs. 1 Nr. 2 FinFARL in Bezug auf die Informationen zur Finanzdienstleistung, Abs. 1 Nr. 12 bis 17 den Art. 3 Abs. 1 Nr. 3 FinFARL im Hinblick auf die Vertragsklauseln sowie Abs. 1 Nr. 18 und 19 in Bezug auf die Angaben über Rechtsbehelfe aus Art. 3 Abs. 1 Nr. 4 FinFARL.

Der Unternehmer kommt der Erfüllung seiner Informationspflichten nach Abs. 1 Nr. 6, 7, 9, 10, 13, 14 **7** und 16 dadurch nach, dass er die Informationen dem Verbraucher ganz oder teilweise in **AGB-Form** zur Verfügung stellt, die dergestalt Vertragsbestandteil werden sollen (**AGB-Verwendung**). Dies hat zur Folge, dass – wenn die Information in Gestalt einer AGB den Anforderungen des § 305 Abs. 2 BGB im Hinblick auf die Einbeziehung von AGB in einen Vertrag genügt – alles auch zur Einbeziehung der AGB in den Vertrag führt mit der Folge, dass eine „**doppelte Informationsverpflichtung**" (mithin eine solche nach § 305 Abs. 2 BGB und eine solche nach Art. 246 b § 1) nicht gefordert ist.[56]

II. Anforderungen des Unternehmers bei telefonischem Kontakt (Abs. 2)

Bei Telefongesprächen – für die ergänzend § 312 a Abs. 1 BGB gilt – hat der Unternehmer nach **Abs. 2 S. 1** **8** im Zuge der Auferlegung **erleichterter Informationspflichten** (in Umsetzung von Art. 3 Abs. 3 FinFARL) nur folgende Informationen zur Verfügung zu stellen:

– die **Identität der Kontaktperson** des Verbrauchers und deren Verbindung zum Unternehmer (**Nr. 1** – entsprechend Abs. 1 Nr. 1);

– die Beschreibung der **Hauptmerkmale der Finanzdienstleistung** (**Nr. 2** – entsprechend Abs. 1 Nr. 5);

– den **Gesamtpreis**, den der Verbraucher dem Unternehmer für die Finanzdienstleistung schuldet, einschließlich aller über den Unternehmer abgeführten Steuern, oder, wenn kein genauer Preis angegeben werden kann, die Grundlage für die Berechnung des Preises, die dem Verbraucher eine Überprüfung des Preises ermöglicht (**Nr. 3** – entsprechend Abs. 1 Nr. 6);

47 Palandt/*Grüneberg* EGBGB Art. 246 b § 1 Rn. 17.
48 ABl. L 135 vom 31.5.1994, S. 5.
49 ABl. L 173 vom 12.6.2014, S. 149.
50 ABl. L 84 vom 26.3.1997, S. 22.
51 BGBl. I S. 1842, zuletzt geändert durch Gesetz vom 15.7.2014 (BGBl. I S. 934).
52 Unter die Nr. 19 fielen damals bspw. die Sicherungseinrichtungen der Sparkassen- und Giroverbände oder der Deutschen Volks- und Raiffeisenbanken, die gemäß § 12 EAEG alt keiner Entschädigungseinrich-

tung iSd EAEG alt zugeordnet waren: NK-BGB/*Ring* (Voraufl.) EGBGB Art. 246 b § 1 Rn. 2.
53 Palandt/*Grüneberg* EGBGB Art. 246 b § 1 Rn. 18.
54 Palandt/*Grüneberg* EGBGB Art. 246 b § 1 Rn. 2.
55 RegE, BT-Drs. 17/12637 S. 76 l. Sp.
56 So Palandt/*Grüneberg* EGBGB Art. 246 b § 1 Rn. 20: Wenn der Hinweis nicht den Anforderungen des § 305 Abs. 2 BGB genügt, wird die AGB nicht Vertragsinhalt.

– mögliche **weitere Steuern und Kosten**, die nicht über den Unternehmer abgeführt oder von ihm in Rechnung gestellt werden (**Nr. 4** – entsprechend Abs. 1 Nr. 7), und

– das **Bestehen oder Nichtbestehen eines Widerrufsrechts** sowie für den Fall, dass ein Widerrufsrecht besteht, auch die Widerrufsfrist und die Bedingungen, Einzelheiten der Ausübung und die Rechtsfolgen des Widerrufs einschließlich Informationen über den Betrag, den der Verbraucher im Falle des Widerrufs nach § 357a BGB für die erbrachte Leistung zu zahlen hat (**Nr. 5** – entsprechend Abs. 1 Nr. 12).

9 Abs. 2 S. 1 gilt nach **Abs. 2 S. 2** aber nur, wenn der Unternehmer den Verbraucher darüber informiert hat, dass auf seinen Wunsch hin weitere Informationen übermittelt werden können und welcher Art diese Informationen sind, und der Verbraucher ausdrücklich auf die Übermittlung der weiteren Informationen vor Abgabe seiner Vertragserklärung verzichtet hat. Die beiden Voraussetzungen des Abs. 2 S. 2 hat der Unternehmer im Bestreitensfall ggf. zu beweisen.[57] Auf jeden Fall bleiben jedoch auch im Kontext mit Telefongesprächen die weiteren Informationspflichten nach Art. 246 b § 2 unberührt und sind zu beachten.

Art. 246 b § 2 EGBGB Weitere Informationspflichten

(1) ¹Der Unternehmer hat dem Verbraucher rechtzeitig vor Abgabe von dessen Vertragserklärung die folgenden Informationen auf einem dauerhaften Datenträger mitzuteilen:

1. die Vertragsbestimmungen einschließlich der Allgemeinen Geschäftsbedingungen und

2. die in § 1 Absatz 1 genannten Informationen.

²Wird der Vertrag auf Verlangen des Verbrauchers telefonisch oder unter Verwendung eines anderen Fernkommunikationsmittels geschlossen, das die Mitteilung auf einem dauerhaften Datenträger vor Vertragsschluss nicht gestattet, hat der Unternehmer dem Verbraucher abweichend von Satz 1 die Informationen unverzüglich nach Abschluss des Fernabsatzvertrags zu übermitteln.

(2) Der Verbraucher kann während der Laufzeit des Vertrags vom Unternehmer jederzeit verlangen, dass dieser ihm die Vertragsbedingungen einschließlich der Allgemeinen Geschäftsbedingungen in Papierform zur Verfügung stellt.

(3) Zur Erfüllung seiner Informationspflicht nach Absatz 1 Satz 1 Nummer 2 in Verbindung mit § 1 Absatz 1 Nummer 12 über das Bestehen eines Widerrufsrechts kann der Unternehmer dem Verbraucher das in der Anlage 3 vorgesehene Muster für die Widerrufsbelehrung bei Finanzdienstleistungsverträgen zutreffend ausgefüllt in Textform übermitteln.

A. Allgemeines 1
B. Regelungsgehalt der Norm 4
  I. Informationspflichten (Abs. 1) 4

II. Anspruch des Verbrauchers auf Zurverfügung-
stellung der Vertragsbedingungen einschließ-
lich der AGB in Papierform (Abs. 2) 9
III. Musterbelehrung (Abs. 3) 11

A. Allgemeines

1 Art. 246 b § 2 normiert (in Umsetzung von Art. 5 FinFARL sowie entsprechend Art. 246 § 2 aF und unter Erweiterung des Anwendungsbereichs auf außerhalb von Geschäftsräumen geschlossene Verträge iSv § 312b BGB) – in **Ergänzung** von Art. 246 b § 1 – **weitere Informationspflichten**, die der Unternehmer gegenüber dem Verbraucher zu erfüllen hat.

2 Abs. 1 und 2 setzen Art. 5 FinFARL um, wohingegen Abs. 3 – ohne entsprechende Richtlinienvorgabe – ein eigenständiges Muster für eine Widerrufsbelehrung schafft.[1] Mit dieser Musterbelehrung erfüllt der Unternehmer seine Informationspflichten zum Widerrufsrecht, wenn er das Muster zutreffend ausgefüllt dem Verbraucher in Textform (§ 126b BGB) zur Verfügung stellt.

3 Da die VerbrRRL nur für Verträge, die nicht Finanzdienstleistungen betreffen, ein eigenes europaweit gültiges Muster enthält, hat der Gesetzgeber für Finanzdienstleistungen ein eigenes Muster für die Widerrufsbelehrung geschaffen.[2]

57 Palandt/*Grüneberg* EGBGB Art. 246 b § 1 Rn. 19 unter Bezugnahme auf *Rott* BB 2005, 53 (58).

1 Palandt/*Grüneberg* EGBGB Art. 246 b § 2 Rn. 1.
2 RegE, BT-Drs. 17/12637 S. 76 r. Sp.

B. Regelungsgehalt der Norm

I. Informationspflichten (Abs. 1)

Der Unternehmer hat dem Verbraucher nach **Abs. 1 S. 1** rechtzeitig vor Abgabe von dessen Vertragserklä- **4** rung[3] die folgenden Informationen auf einem **dauerhaften Datenträger** (§ 126 b S. 2 BGB)[4] mitzuteilen:

– die **Vertragsbestimmungen** (alle Vertragsbedingungen) einschließlich der AGB (**Nr. 1**) und
– die in § 1 Abs. 1 genannten (grundlegenden) **Informationen** (**Nr. 2**, vorstehend: Art. 246 b § 1 EGBGB Rn. 2).

Genügt die Information nach der Nr. 1 den Anforderungen des § 305 Abs. 2 BGB in Bezug auf die Einbe- **5** ziehung von AGB in einen Vertrag, erfolgt zugleich deren Einbeziehung in den Vertrag.[5]

Im Hinblick auf Nr. 2 iVm Art. 246 b § 1 Abs. 1 Nr. 12 kann der Unternehmer nach Abs. 3 auch das **Muster** **6** **der Anlage 3** verwenden.[6] Ist eine Information nach Nr. 2 iVm Art. 246 b § 1 Abs. 1 in einer **AGB** enthal- ten, muss sowohl das **Transparenzgebot** (Art. 246 EGBGB Rn. 5 ff.) als auch bezüglich der Widerrufsbe- lehrung das **Deutlichkeitsgebot** (Art. 246 EGBGB Rn. 15 ff.) gewahrt werden.[7]

Nach *Grüneberg*[8] ist – wenn dem Verbraucher die Informationen bereits schon im Kontext mit Art. 246 b **7** § 1 auf einem dauerhaften Datenträger (§ 126 b S. 2 BGB) zur Verfügung gestellt worden sind – eine noch- malige entsprechende Übermittlung nach Abs. 1 nicht erforderlich.

Etwas anderes gilt nur für den Fall, dass der Vertrag – auf Verlangen des Verbrauchers – unter Verwendung **8** eines Fernkommunikationsmittels abgeschlossen wird, das (wie bspw. das Telefon oder SMS) einer Mittei- lung auf einem dauerhaften Datenträger (§ 126 b BGB) nicht zugänglich ist:[9] Wird der Vertrag auf Verlan- gen des Verbrauchers telefonisch oder unter Verwendung eines anderen Fernkommunikationsmittels geschlossen, das die Mitteilung auf einem dauerhaften Datenträger vor Vertragsschluss nicht gestattet, hat der Unternehmer dem Verbraucher nach **Abs. 1 S. 2** abweichend von Abs. 1 S. 1 die Informationen unver- züglich (mithin ohne schuldhaftes Zögern, vgl. § 121 Abs. 1 S. 1 BGB) **nach Abschluss** des Fernabsatzver- trags zu übermitteln.

II. Anspruch des Verbrauchers auf Zurverfügungstellung der Vertragsbedingungen einschließlich der AGB in Papierform (Abs. 2)

Der Verbraucher kann nach **Abs. 2** (in Umsetzung von Art. 5 Abs. 3 S. 1 FinFARL) während der Laufzeit **9** des Vertrags vom Unternehmer jederzeit verlangen, dass dieser ihm die Vertragsbedingungen einschließlich der AGB in **Papierform** zur Verfügung stellt (Anspruch auf Überlassung der Vertragsbedingungen). Dabei braucht die Urkunde – die kostenlos überlassen werden muss – nicht unterschrieben zu sein.[10] Der Verbrau- cher hat auch dann einen Anspruch nach Abs. 2, wenn er die Vertragsbedingungen bereits schon vor Abgabe seiner Vertragserklärung – aufgrund Art. 246 b § 1 bzw. Art. 246 b § 2 Abs. 1 S. 1 Nr. 1 – in Papier- form vom Unternehmer überlassen bekommen hat. Allerdings soll der Verbraucher seinen Anspruch nach Abs. 2 nur einmal gelten machen können.[11]

Beachte: Eine **analoge Anwendung von Abs. 2** auf andere Verträge als solche über Finanzdienstleistungen **10** kommt nicht in Betracht.[12]

III. Musterbelehrung (Abs. 3)

Zur Erfüllung seiner Informationspflicht nach Abs. 1 S. 1 Nr. 2 iVm Art. 246 b § 1 Abs. 1 Nr. 12 über das **11** Bestehen eines Widerrufsrechts kann der Unternehmer dem Verbraucher nach Abs. 3 das in der Anlage 3

---

3   Womit im Hinblick auf den Zeitpunkt und den Umfang der notwendigen Informationen die Rege- lungen in Art. 246 b § 1 und § 2 identisch sind: Palandt/*Grüneberg* Art. 246 b § 2 EGBGB Rn. 4.

4   Womit die Information in einer Urkunde oder in einer anderen zur dauerhaften Wiedergabe in Schrift- zeichen geeigneten Weise (zB durch Post oder Fax übermittelte Texte, Disketten, CD-Roms oder E- Mails) erteilt werden muss: so Palandt/*Grüneberg* EGBGB Art. 246 b § 2 Rn. 3. Nach BGH NJW 2010, 3566 (vgl. auch EuGH NJW 2015, 2171) reicht die Homepage eines Unternehmers nur dann aus, wenn es tatsächlich zu einem Download durch den Ver- braucher kommt – wofür der Unternehmer die

Beweislast trägt (Palandt/*Grüneberg* EGBGB Art. 246 b § 2 Rn. 3).

5   Palandt/*Grüneberg* EGBGB Art. 246 b § 2 Rn. 2.
6   Palandt/*Grüneberg* EGBGB Art. 246 b § 2 Rn. 2.
7   Palandt/*Grüneberg* EGBGB Art. 246 b § 2 Rn. 3.
8   Palandt/*Grüneberg* Art. 246 b § 2 EGBGB Rn. 2 unter Bezugnahme auf *Grigoleit* NJW 2002, 1157.
9   Palandt/*Grüneberg* Art. 246 b § 2 EGBGB Rn. 5.
10 RegE, BT-Drs. 15/2946 S. 22.
11 So Palandt/*Grüneberg* Art. 246 b § 2 EGBGB Rn. 5 (arg. § 242 BGB) unter Bezugnahme auf *Rott* BB 2005, 53 (59) – da damit Erfüllung iSv § 362 BGB eingetreten sei.
12 Palandt/*Grüneberg* 246 b § 2 EGBGB Art. Rn. 5.

---

vorgesehene Muster für die Widerrufsbelehrung bei Finanzdienstleistungsverträgen zutreffend ausgefüllt in Textform (§ 126 b BGB) übermitteln. Die Verwendung des Belehrungsmusters ist **fakultativ**. Verwendet der Unternehmer einen eigenen Text, geht er aber der **Schutzwirkung** nach Abs. 3 verlustig.[13]

12 Nach *Grüneberg*[14] lässt sich der Hinweis – Fristbeginn „nach Erhalt dieser Belehrung" – mit § 356 Abs. 3 S. 1 und § 187 Abs. 1 BGB[15] in Einklang bringen. Umstritten ist, ob, wenn das Muster keine Angabe zur Höhe oder Berechnungsgrundlage der Wertersatzpflicht enthält, dies auch hinsichtlich § 357 a Abs. 2 BGB nicht erforderlich ist.[16]

Art. 246 c EGBGB Informationspflichten bei Verträgen im elektronischen Geschäftsverkehr

Bei Verträgen im elektronischen Geschäftsverkehr muss der Unternehmer den Kunden unterrichten

1. **über die einzelnen technischen Schritte, die zu einem Vertragsschluss führen,**
2. **darüber, ob der Vertragstext nach dem Vertragsschluss von dem Unternehmer gespeichert wird und ob er dem Kunden zugänglich ist,**
3. **darüber, wie er mit den nach § 312 i Absatz 1 Satz 1 Nummer 1 des Bürgerlichen Gesetzbuchs zur Verfügung gestellten technischen Mitteln Eingabefehler vor Abgabe der Vertragserklärung erkennen und berichtigen kann,**
4. **über die für den Vertragsschluss zur Verfügung stehenden Sprachen und**
5. **über sämtliche einschlägigen Verhaltenskodizes, denen sich der Unternehmer unterwirft, sowie über die Möglichkeit eines elektronischen Zugangs zu diesen Regelwerken.**

Literatur: *Bierekoven*, Neuerungen für Online-Shops nach Umsetzung der Verbraucherrechterichtlinie, MMR 2014, 283; *Tamm*, Informationspflichten nach dem Umsetzungsgesetz zur Verbraucherrechterichtlinie, VuR 2014, 9.

A. Allgemeines

1 Art. 246 c normiert (in fast wörtlicher Übernahme von Art. 246 § 3 alt,[1] wobei allein dessen Nr. 3 eine redaktionelle Anpassung erfahren hat) seit dem 13.6.2014 Informationspflichten für Verträge im elektronischen Geschäftsverkehr iSd §§ 312 i und j BGB. Mit dem Abschluss von Verbraucherverträgen im elektronischen Geschäftsverkehr einhergehende Informationspflichten entfallen allein dann, wenn der Unternehmer ausschließlich Verträge mit anderen Unternehmen (b2 b) schließt oder zumindest ein Wille, nur mit Unternehmern zu kontrahieren, aus dem Angebot klar hervorgeht.[2]

B. Regelungsgehalt der Norm

2 Bei Verträgen im elektronischen Geschäftsverkehr iSd §§ 312 i und j BGB muss der Unternehmer im Hinblick auf die vom Unternehmer nach § 312 i Abs. 1 S. 1 Nr. 2 BGB zu erteilenden Informationen den Kunden (dh einen Verbraucher oder aber auch einen anderen Unternehmer) gemäß Art. 246 c unterrichten:

– Über die **einzelnen technischen Schritte**, die zu einem Vertragsschluss führen (**Nr. 1**). Damit werden dem Unternehmer umfassendere Informationen als nach Art. 246 b § 1 Abs. 1 S. 1 Nr. 5 Hs. 2 abverlangt, da er – in laiengerechter Sprache – den Kunden über die entsprechenden Schritte informieren

---

13 BGH NJW 2012, 3298.

14 Palandt/*Grüneberg*, EGBGB Art. 246 b § 1 Rn. 6.

15 Wonach die Frist frühestens „am Tag nach Erhalt der Belehrung" beginnt: BGHZ 126, 56.

16 Bejahend Palandt/*Grüneberg* EGBGB Art. 246 b § 2 Rn. 6; ablehnend *Rott* BB 2005, 53 (57).

1 Art. 246 § 3 EGBGB alt wurde infolge des VerbrKrRL-UG mit Wirkung vom 11.6.2010 ins EGBGB eingefügt und hat dabei die Vorgängerregelung des § 3 BGB-InfoVO abgelöst: Palandt/*Grüneberg* EGBGB Art. 246 c Rn. 1.

2 OLG Hamm OLGR Hamm 2008, 673; LG Dortmund MMR 2016, 460 = K&R 2016, 433. Ist der Hinweis des Internetseitenbetreibers, dass sich sein Angebot ausschließlich an Firmen, Gewerbetreibende und vergleichbar unternehmerisch Tätige richtet, für Verbraucher aufgrund der konkreten Gestaltung der Angebotsseite leicht zu übersehen (konkret: Aufgrund der Farbgestaltung des Hinweistextes und dessen Platzierung am unteren Seitenrand, der erst erkennbar wird, wenn der Kunde auf der Seite nach unten scrollt), ist dies nicht hinreichend transparent und klar.

muss.[3] Da ein Internetangebot im Regelfalle bloße invitatio ad offerendum (und damit kein rechtsverbindliches Angebot) ist, muss der Unternehmer auch darüber informieren.[4]

– Darüber, ob der **Vertragstext** nach dem Vertragsschluss von dem Unternehmer **gespeichert** wird, und ob er dem Kunden zugänglich ist (**Nr. 2**). Dies beruht auf § 312 i Abs. 1 S. 1 Nr. 4 BGB, wonach der Kunde bei Vertragsschluss die Möglichkeit haben muss, die Vertragsbedingungen abzurufen. Wenn dem Kunden diese Möglichkeit nach Vertragsschluss nicht mehr eröffnet ist, muss er auch darüber unterrichtet werden, damit er die Möglichkeit nutzt, den Vertragstext noch rechtzeitig abzurufen und zu speichern.[5]

– Darüber, wie der Kunde mit den nach § 312 i Abs. 1 S. 1 Nr. 1 BGB zur Verfügung gestellten technischen Mitteln **Eingabefehler** vor Abgabe der Vertragserklärung erkennen und berichtigen kann (**Nr. 3**). Nach Ansicht von *Grüneberg*[6] ist Nr. 3 neben § 312 i Abs. 1 S. 1 Nr. 1 BGB „überflüssig", da ein Hinweis ausreiche, dass alle Eingaben nach Anklicken des Bestellbuttons noch einmal in einem Bestätigungsfenster angezeigt und dort korrigiert werden könnten.[7]

– Über die für den Vertragsschluss zur Verfügung stehenden **Sprachen** (**Nr. 4**). Dabei kann sich der Unternehmer auf eine Vertragssprache beschränken – wobei sich ggf. ein entsprechender Wille auch schon im Auslegungswege aus der Fassung des Internettextes (dh seiner Internetpräsentation) ergeben kann.[8] Bietet der Unternehmer mehrere Sprachen an, muss er auch die notwendigen Informationen in diesen Sprachen anbieten und dem Kunden die Möglichkeit eröffnen, durch einfache (und sichere) Navigation auf die von letzterem gewünschte und angebotene Sprache zu stoßen.[9]

– Über sämtliche einschlägigen **Verhaltenskodizes**, denen sich der Unternehmer unterwirft, sowie über die Möglichkeit eines elektronischen Zugangs zu diesen Regelwerken (**Nr. 5**). Unter einem „Verhaltenskodex" ist ein Regelwerk zu verstehen, dem sich der Unternehmer zu Werbezwecken freiwillig unterwirft[10] (vgl. auch die Legaldefinition in § 2 Abs. 1 Nr. 5 UWG: Vereinbarungen oder Vorschriften über das Verhalten von Unternehmern, in welchen diese sich in Bezug auf Wirtschaftszweige oder einzelne geschäftliche Handlungen verpflichtet haben, ohne dass sich solche Verpflichtungen aus Gesetz oder Verwaltungsvorschriften ergeben). Besteht kein Verhaltenskodex oder hat sich der Unternehmer einem solchen nicht unterworfen, „bedarf es keiner Fehlanzeige".[11]

Art. 246 c EGBGB ist aufgrund der damit erfolgten Umsetzung von Art. 10 und 11 ECRL **richtlinienkonform** auszulegen.[12]   **3**

Im Falle eines Vertrags zwischen einem Unternehmer und einem Verbraucher – dh im **Verhältnis b2 c** – treffen den Unternehmer (und zwar unabhängig von der Bedeutung des Geschäfts)[13] sowohl die Informationspflichten   **4**

– nach Art. 246 c EGBGB als auch jene
– nach Art. 246 bzw. Art. 246 a oder Art. 246 b EGBGB

(**gesteigertes Informationserfordernis**).

Über § 8 Abs. 4 VVG gelangt Art. 246 c EGBGB auch auf **Versicherungsverträge** zur Anwendung.   **5**

---

3 Palandt/*Grüneberg* EGBGB Art. 246 c Rn. 2: erforderlich sind bspw. Angaben dazu, durch welche Erklärung der Kunde die vertragliche Bindung eingeht und durch welche Handlung (zB eine elektronische Bestätigung oder erst die Warenauslieferung) der Vertrag zustande kommt.

4 Palandt/*Grüneberg* EGBGB Art. 246 c Rn. 2.

5 Palandt/*Grüneberg* EGBGB Art. 246 c Rn. 3, wobei der bloße Hinweis, dass die einschlägigen Daten unter Einhaltung der datenschutzrechtlichen Bestimmungen gespeichert würden, unzureichend ist, so auch LG Stuttgart NJW-RR 2004, 911.

6 Palandt/*Grüneberg* EGBGB Art. 246 c Rn. 4.

7 Palandt/*Grüneberg* EGBGB Art. 246 c Rn. 4 unter Bezugnahme auf OLG Hamburg GRUR-RR 2010, 480.

8 So Palandt/*Grüneberg* EGBGB Art. 246 c Rn. 5 – der gleichwohl eine ausdrückliche Klarstellung vorsorglich empfiehlt.

9 Palandt/*Grüneberg* EGBGB Art. 246 c Rn. 5.

10 Palandt/*Grüneberg* EGBGB Art. 246 c Rn. 6.

11 Palandt/*Grüneberg* EGBGB Art. 246 c Rn. 6 unter Bezugnahme auf *Meyer* DB 2004, 2739 (2741).

12 Palandt/*Grüneberg* EGBGB Art. 246 c Rn. 1.

13 Palandt/*Grüneberg* EGBGB Art. 246 c Rn. 1: „Selbst bei einer Kleinstbestellung etwa dem Kauf eines Buches, schuldet der Unternehmer dem Kunden eine von beiden Vertragsparteien kaum zu bewältigende Flut von Informationen".

Allgemeines Gleichbehandlungsgesetz (AGG)

Vom 14. August 2006 (BGBl. I S. 1897)
FNA 402-40
zuletzt geändert durch Art. 8 SEPA-BegleitG vom 3. April 2013 (BGBl. I S. 610)

Abschnitt 1
Allgemeiner Teil

§ 1 AGG Ziel des Gesetzes

Ziel des Gesetzes ist, Benachteiligungen aus Gründen der Rasse oder wegen der ethnischen Herkunft, des Geschlechts, der Religion oder Weltanschauung, einer Behinderung, des Alters oder der sexuellen Identität zu verhindern oder zu beseitigen.

I. Überblick	1	1. Aus Gründen der Rasse und wegen ethnischer Herkunft	16
II. Funktion und Anwendungsbereich	4	scher Herkunft	16
III. Benachteiligung	8	2. Geschlecht und sexuelle Identität.	19
1. Unmittelbare Benachteiligung	10	3. Religion und Weltanschauung	21
2. Mittelbare Benachteiligung	11	4. Behinderung	24
3. Belästigung	12	5. Alter	25
4. Sexuelle Belästigung	13	6. Sonstige Merkmale	26
5. Anweisung zur Benachteiligung	14	7. Verbindung zu Angehörigen einer geschützten Gruppe	27
IV. Benachteiligungsgründe	15		

I. Überblick

1 § 1 fixiert das Hauptziel und somit den eigentlichen Zweck des AGG. Danach soll das AGG Benachteiligungen „aus Gründen der Rasse oder wegen der ethnischen Herkunft, des Geschlechts, der Religion oder Weltanschauung, einer Behinderung, des Alters oder der sexuellen Identität" in dem durch § 2 Abs. 1 geregelten sachlichen Anwendungsbereich verhindern oder beseitigen. Diese in § 1 formulierte Zweckbestimmung ist mittlerweile gesetzessystematisch üblich und entspricht auch der europäischen Rechtsetzung.

2 Der Regelungsgehalt des § 1 geht jedoch über die bloße Zweckbestimmung des AGG hinaus. Neben der abschließenden gesetzlichen Aufzählung der maßgeblichen Merkmale, die Benachteiligungen verhindern oder beseitigen sollen, ergibt sich aus § 1, dass ausdrücklich nur „Benachteiligungen" erfasst werden und somit nicht jede unterschiedliche Behandlung sanktioniert werden soll.

3 Die in § 1 enthaltenen Diskriminierungsmerkmale stimmen mit denjenigen des Art. 13 EG-Vertrag und den aufgrund dieser Bestimmung ergangenen Richtlinien 2000/43/EG, 2000/78/EG, 2002/73/EG und 2004/113/EG überein. Das Gesetz geht über den Gesamtinhalt dieser Richtlinien noch hinaus. Erfassen die EG-Richtlinien jeweils nur einen Teil der Diskriminierungstatbestände, die für einen speziellen Bereich gelten, so wird in § 1 umfassend allen Diskriminierungstatbestandsmerkmalen Rechnung getragen. Diese gelten nach der sog. großen Lösung auch einheitlich für den in § 2 definierten sachlichen Anwendungsbereich. Mit dem Gesetz verfolgt der Gesetzgeber den Zweck der Verbesserung und Ausweitung des Schutzes vor Diskriminierungen im Sinne von Art. 3 GG[1] und will verhindern, dass im Rahmen des durch § 2 vorgegebenen sachlichen Anwendungsbereichs Benachteiligungen für Personen aufgrund der in § 1 genannten Merkmale entstehen. Wie aus § 5 ersichtlich ist, hat das Gesetz sowohl eine präventive als auch eine repressive Funktion. Mit seinen Regelungen sollen die Bürger für die aufgeführten Diskriminierungsmerkmale sensibilisiert und mögliche Zugangsbarrieren wie etwa die Unkenntnis über die eigenen Rechte, über Ansprechpartner und über die Möglichkeit der Unterstützung bei der Durchsetzung überwunden werden.[2]

II. Funktion und Anwendungsbereich

4 Auch wenn in § 1 die Zielbestimmung des AGG formuliert ist, kommt diesem im Hinblick auf die vom Gesetz erfassten Formen der Benachteiligung eine erhebliche Bedeutung zu. § 1 beinhaltet keinen eigenen Tatbestand und auch eine bestimmte Rechtsfolge wird durch ihn nicht geregelt. Vielmehr erlangt er seine erhebliche Bedeutung dadurch, dass verschiedene Regelungen aus dem AGG auf ihn Bezug nehmen. Die

---

1   BT-Drs. 16/1780 S. 20.
2   BT-Drs. 16/1780 S. 30.

verschiedenen in § 1 genannten Tatbestandsmerkmale stehen dabei nebeneinander. Es können daher mehrere Tatbestandsmerkmale gleichzeitig verwirklicht werden. Die Diskriminierungsmerkmale in § 1 sind dabei abschließend, so dass ein Schutz wegen der Benachteiligung aufgrund anderer Ursachen durch das AGG nicht geregelt wird. Der Begriff der Benachteiligung selbst wird in § 3 geregelt.

Hinsichtlich des Anwendungsbereiches ist der sachliche vom persönlichen Anwendungsbereich zu unterscheiden. 5

Der sachliche Anwendungsbereich des § 1 bezieht sich sowohl auf Arbeitsverhältnisse als auch auf allgemeine zivilrechtliche Massengeschäfte und Versicherungsverträge. Als Lebensbereiche sind zum einen der Zugang zu unselbstständiger und selbstständiger Erwerbstätigkeit – unabhängig von Tätigkeitsfeld und beruflicher Position – sowie der berufliche Aufstieg geschützt. Zum anderen sind die Beschäftigungs- und Arbeitsbedingungen erfasst, einschließlich des Entgelts, der Beendigung und des beruflichen Aufstiegs. Die Norm betrifft nur Beschäftigte in einem Abhängigkeitsverhältnis und gilt sowohl für individual- als auch für kollektivrechtliche Vereinbarungen.[3] 6

Der persönliche Anwendungsbereich für den Schutz der Beschäftigten ist in § 6 geregelt. Geschützt sind demnach Arbeitnehmer, Auszubildende sowie arbeitnehmerähnliche Personen, darüber hinaus Bewerber (§ 6 Abs. 1 S. 2) sowie Selbstständige und Organmitglieder (§ 6 Abs. 3), soweit es um Bedingungen für den Zugang zur Erwerbstätigkeit und den beruflichen Aufstieg geht. Im allgemeinen Zivilrechtsverkehr sind die Personen erfasst, die entsprechend § 2 Abs. 1. Nr. 8 in der Öffentlichkeit den Zugang zu und die Versorgung mit Gütern und Dienstleistungen einschließlich Wohnraum suchen oder nachfragen. 7

III. Benachteiligung

Als eine der zentralen Normen des Gleichbehandlungsrechts nennt § 3 die Formen einer Benachteiligung und gilt, soweit nicht anders geregelt, sowohl für den arbeitsrechtlichen als auch für den zivilrechtlichen Teil. Zu unterscheiden sind unmittelbare und mittelbare Benachteiligungen. Benachteiligungen sind dabei grundsätzlich Zurücksetzungen, die sich auf ein „verpöntes" Merkmal nach § 1 AGG beziehen. Die Benachteiligung aufgrund eines der in § 1 genannten Merkmale darf jedoch nicht mit Mobbing verwechselt werden.[4] Nach der Rechtsprechung des BAG sind unter Mobbing zu verstehen „fortgesetzte, aufeinander aufbauende oder ineinander übergreifende, der Anfeindung, Schikane oder Diskriminierung dienende Verhaltensweisen, die nach Art und ihrem Ablauf im Regelfall einer übergeordneten, von der Rechtsordnung nicht gedeckten Zielsetzung förderlich sind und jedenfalls in ihrer Gesamtheit das allgemeine Persönlichkeitsrecht, die Ehre oder die Gesundheit des Betroffenen verletzen."[5] Im Ergebnis ist damit insbesondere dann von einer Mobbinghandlung auszugehen, wenn unerwünschte Verhaltensweisen bezwecken oder bewirken, dass die Würde des Arbeitnehmers verletzt und ein durch Einschüchterungen, Anfeindungen, Erniedrigungen, Entwürdigungen oder Beleidigungen gekennzeichnetes Umfeld geschaffen wird (BAG 24.4.2008 – 8 AZR 347/07). Damit kann eine Mobbinghandlung auch zugleich eine Verletzung des AGG sein. Regelmäßig geht der Vorwurf bei einer Mobbinghandlung aber weit darüber hinaus. 8

Das AGG unterscheidet fünf verschiedene Benachteiligungsformen und definiert so die unerwünschten Handlungen:[6] 9

1. Unmittelbare Benachteiligung. Der Begriff der unmittelbaren Benachteiligung ist in § 3 Abs. 1 definiert. Eine unmittelbare Benachteiligung liegt danach vor, wenn eine Person eine weniger günstige Behandlung erfährt als eine andere Person in vergleichbarer Lage erfährt, erfahren hat oder erfahren würde und dabei offen und ausdrücklich an ein in § 1 AGG genanntes Merkmal angeknüpft wird.[7] 10

2. Mittelbare Benachteiligung. Eine mittelbare Benachteiligung liegt nach § 3 Abs. 2 AGG vor, wenn dem Anschein nach neutrale Vorschriften, Maßnahmen, Kriterien oder Verfahren, Personen wegen eines in § 1 genannten Merkmals gegenüber anderen Personen in besonderer Weise benachteiligen können, es sei denn, die betreffenden Vorschriften, Kriterien oder Verfahren sind durch ein rechtmäßiges Ziel sachlich gerechtfertigt und die Mittel sind zur Erreichung dieses Ziels erforderlich und angemessen.[8] 11

3. Belästigung. Belästigung ist definiert als unerwünschte Verhaltensweisen im Zusammenhang mit den Benachteiligungsmerkmalen, die bezwecken oder bewirken, dass die Würde der betreffenden Person verletzt wird und ein von Einschüchterungen, Anfeindungen, Erniedrigungen, Entwürdigungen oder Beleidi- 12

---

3 BT-Drs. 329/06 32.
4 *Schrader/Schubert*, Das neue AGG, S. 40 Rn. 99.
5 BAG 16.5.2007 – 8 AZR 709/06, NZA 2007, 1154; vgl. zur alten Rspr.: BAG15.1.1997 – 7 ABR 14/96, BeckRS 9998, 23293.
6 Vgl. im Einzelnen hierzu die Kommentierung zu § 3 AGG.
7 BT-Drs. 329/06, S. 33; *Wernsmann* JZ 2005, 224 ff. (227).
8 *Schleusener/Suckow/Voigt* § 1 Rn. 18.

gungen gekennzeichnetes Umfeld geschaffen wird (§ 3 Abs. 3). Hierbei kommt es nicht auf eine Vergleichsperson an, vielmehr stellt die unerwünschte Verhaltensweise selbst die Belästigung dar.

13 **4. Sexuelle Belästigung.** Der Begriff der sexuellen Belästigung ist festgelegt als unerwünschtes, sexuell bestimmtes Verhalten, welches bezweckt oder bewirkt, dass die Würde der betreffenden Person verletzt wird und ein von Einschüchterungen, Anfeindungen, Erniedrigungen, Entwürdigungen oder Beleidigungen gekennzeichnetes Umfeld geschaffen wird (§ 3 Abs. 4). Bisher war der Schutz vor sexueller Belästigung am Arbeitsplatz im Beschäftigtenschutzgesetz geregelt. Das Beschäftigtenschutzgesetz ist nun im AGG integriert.

14 **5. Anweisung zur Benachteiligung.** Es reicht aber auch schon aus, dass eine Anweisung zur Benachteiligung besteht. Eine solche liegt vor, wenn jemand eine Person zu einem Verhalten bestimmt, das einen Beschäftigten oder eine Beschäftigte benachteiligt oder benachteiligen kann (§ 3 Abs. 5). Hierfür ist nicht erforderlich, dass der Angewiesene die Handlung tatsächlich ausgeführt hat.

IV. Benachteiligungsgründe

15 Für die in § 1 genannten Benachteiligungsmerkmale enthält das AGG keine Legaldefinitionen und auch in der Gesetzesbegründung[9] finden sich nur wenige Erläuterungen zu den „verpönten" Merkmalen. Zur erforderlichen Konkretisierung der Merkmale sind aus diesem Grund die zugrunde liegenden europäischen Richtlinien, der EG-Vertrag sowie das Grundgesetz und einfaches nationales Recht heranzuziehen.

16 **1. Aus Gründen der Rasse und wegen ethnischer Herkunft.** Die Begriffe „aus Gründen der Rasse" und „wegen ethnischer Herkunft" verbindet, dass sie sich einer klaren juristischen Begriffsbildung entziehen und vielmehr beide eine gesellschaftlich anzutreffende subjektive Vorstellung vom Bestehen bestimmter Differenzierungsmerkmale von Menschen umschreiben. Das Begriffspaar Rasse und ethnische Herkunft geht zurück auf Art. 13 EG-Vertrag und die RL 2000/43/EG. Die Verwendung des Begriffes Rasse wurde als durchaus problematisch angesehen.[10] Die EU weist in ihren Erwägungsgründen zur Antirassismusrichtlinie sämtliche Argumentationen, mit denen versucht wird, die Existenz verschiedener menschlicher Rassen zu belegen, zurück und betont, dass die Verwendung dieses Begriffs nicht die Akzeptanz solcher Argumentationen bedeutet.[11] Mit dem AGG wird versucht, dieser Begründung Rechnung zu tragen. Es spricht von einem Verbot „von Benachteiligungen aus Gründen der Rasse" und meint damit das Verbot rassistischer Diskriminierungen. Die Mitgliedstaaten und die Kommission haben letztlich an diesem Tatbestandsmerkmal festgehalten, weil „Rasse" den sprachlichen Anknüpfungspunkt zum Begriff des „Rassismus" bildet und die hiermit verbundene Signalwirkung genutzt werden sollte. Gleichzeitig sollten allerdings Theorien zurückgewiesen werden, mit denen versucht wird, die Existenz verschiedener menschlicher Rassen zu belegen. Das Begriffspaar Rasse und ethnische Herkunft taucht ursprünglich zuerst in völkerrechtlichen Pakten der Vereinten Nationen auf[12] und bezieht von daher auch seinen Bedeutungsgehalt.

17 Mit Benachteiligungen „wegen der Rasse" sind Diskriminierungen wegen bestimmter, wirklich oder vermeintlicher vererbbarer körperlicher Eigenschaften gemeint, die gemeinhin mit einer nach biologischen Kriterien bestimmten Menschengruppe verbunden werden, zB die Hautfarbe, die Augenform, die körperliche Statur oder andere biologische Merkmale.[13] Für die Annahmen des Merkmals einer Benachteiligung „aus Gründen der Rasse" kommt es ausschließlich darauf an, dass dies der Vorstellungswelt des Benachteiligenden entspricht.[14]

18 Elemente, welche die ethnische Herkunft konkretisieren helfen, sind die gemeinsame Geschichte einer Gruppe, die sie von anderen unterscheidet. Dazu zählen weiter eigene kulturelle, soziale oder familiäre Traditionen und Bräuche, gemeinsame geografische Herkunft, gemeinsame Sprache und Literatur.[15] So hat mit diesen Kriterien das House of Lords die Sikhs in Indien von anderen Gruppen des Punjab abgegrenzt.[16] Der Diskriminierungsgrund der ethnischen Herkunft ist weit auszulegen, damit der vom Gesetzgeber bezweckte umfassende Schutz vor jeglicher Fremdenfeindlichkeit lückenlos gewährleistet wird.[17] Nicht als Diskriminierung aufgrund der Rasse sind grundsätzlich solche wegen der Nationalität zu verstehen. Entscheidend ist aber immer die subjektive Vorstellung des Diskriminierenden, so dass hierüber ein lückenloser Schutz gewährleistet werden soll.

19 **2. Geschlecht und sexuelle Identität.** Der Begriff Geschlecht ist nur insoweit eindeutig, als er die biologische Trennung der Menschen in Mann und Frau vornimmt. Ziel ist es, eine Benachteiligung, die an das

---

9   BT-Drs. 16/1780, S. 20 ff.
10   Vgl. Präambel Nr. 6 der RL 2000/43/EG.
11   BT-Drs. 16/1780, S. 31.
12   Vgl. BGBl. 1969 II S. 961.
13   *Thüsing* NZA 2004, Sonderbeilage Heft 22, S. 3 (9); *Däubler/Bertzbach* AGG § 1 Rn. 24.
14   *Worzalla* AGG C 1 1.2.2.1.; Schiek/*Schiek* AGG § 1 Rn. 10.
15   *Thüsing* NZA 2004, Sonderbeilage Heft 22, S. 3 (9).
16   Vgl. *Deakin/Morris*, Labour Law, S. 630.
17   BT-Drs. 16/1780, S. 30.

Merkmal „Frau" oder „Mann" anknüpft, zu verhindern. Der EuGH hat auch Maßnahmen im Hinblick auf eine Geschlechtsumwandlung (Transsexualität) als vom Schutzbereich der Richtlinien über die Gleichbehandlung von Mann und Frau erfasst angesehen.[18]

Sexuelle Identität meint die sexuelle Orientierung hinsichtlich des gleichen Geschlechts, des anderen Geschlechts oder beider Geschlechter. Die Kommission machte in ihrem Vorschlag zur RL 2000/78/EG auf die Unterscheidung zwischen dem Begriff der sexuellen Ausrichtung und des sexuellen Verhaltens aufmerksam und wies darauf hin, dass „sexuelles Verhalten" nicht unter die Richtlinie falle. Ausweislich der Begründung des Entwurfs haben für die Aufnahme dieses Kriteriums in das AGG zwei Entscheidungen des EMRG eine wesentliche Rolle gespielt, die die Untersuchung der mutmaßlichen Homosexualität von Mitgliedern englischer Streitkräfte und ihre anschließende Entlassung zum Gegenstand hatten.[19] Sexuelle Vorlieben wie Pädophilie, Nekrophilie oder Sodomie, die strafbar sind, werden nicht vom Schutzbereich der Norm erfasst.   **20**

3. Religion und Weltanschauung. In der Rechtsprechung des EMRG wird für eine Religion eine klare Struktur und ein Glaubenssystem gefordert. Die Diskriminierungsmerkmale „Religion" und „Weltanschauung" sind jedoch weder in der Richtlinie 2000/787EG noch in der deutschen Gesetzesbegründung definiert oder erläutert. Man kann Religion aber als die überindividuelle Sinngebung des Daseins bezeichnen, die in Gemeinschaft gefunden und bezeugt wird.[20] Dagegen kommt Weltanschauung ohne ein transzendentes Element (Gott, Gottheit) aus. Voraussetzung ist aber auch hier, da beide Begriffe auf eine Stufe gestellt sind, dass eine gewisse Kohärenz des Denkens erkennbar ist. Das BAG hat daher Scientology die Eigenschaft einer Religions- und Weltanschauungsgemeinschaft versagt, weil kommerzielle Momente dominierten.[21] Fraglich ist, ob nur die Religion und die Weltanschauung selbst geschützt werden oder auch deren Ausübung. Die Begründung der englischen Antidiskriminierungsvorschriften macht eine Unterscheidung zwischen dem religiösen Bekenntnis und der Manifestation des religiösen Glaubens, zB in der Form von Kleidung oder im Äußern bestimmter Meinungen. Einschränkungen der Manifestation des Glaubens könnten deshalb nicht Gegenstand unmittelbarer Diskriminierung, sondern nur mittelbarer Diskriminierung sein, also abhängig von Rechtfertigungsgründen.[22]   **21**

Geschützt sind auch äußerliche Kennzeichen, durch die eine bestimmte Religiosität gezeigt werden soll, zB Kreuzzeichen, religiöse Piercings (Naturvölker im Amazonasgebiet), Kopftücher oder Turbane der Sikhs.   **22**

Im Einzelfall streitig können zB sein die Verweigerung von einzelnen vertraglich geschuldeten Tätigkeiten und damit verbunden ein mögliches Leistungsverweigerungsrecht wie Kondomverkauf, Entwicklung von Medikamenten als Vorbereitung zu einem Nuklearkrieg oder Teilnahme an Opernaufführung mit blasphemischem Inhalt.   **23**

4. Behinderung. Der Begriff Behinderung wird gem. der Gesetzesbegründung entsprechend den Definitionen in § 2 Abs. 1 S 1 SGB IX und § 3 BGG konkretisiert. Danach ist behindert, dessen körperliche Funktion, geistige Fähigkeit oder seelische Gesundheit mit hoher Wahrscheinlichkeit länger als sechs Monate von dem für das Lebensalter typischen Zustand abweicht und dessen Teilnahme am Leben in der Gesellschaft daher beeinträchtigt ist. Mit diesem sozialrechtlich entwickelten Begriff sollen sich nach Meinung des Gesetzgebers die meisten Sachverhalte der ungerechtfertigten Benachteiligung Behinderter erfassen lassen.[23] Eine gemeinschaftsrechtliche Definition des Begriffs der Behinderung fehlt, so dass der Gesetzgeber für die Rechtspraxis im nationalen Raum die Anlehnung an SGB IX empfiehlt. Der EuGH betont hingegen, dass eine gemeinschaftsrechtliche Definition gefunden werden muss.[24] Diese dürfte sich nach hier bestehender Auffassung jedoch nicht allzu sehr von dem entfernen, was bereits in § 2 Abs. 1 SGB IX festgelegt ist, da die dort gegebene Legaldefinition Vorstellungen folgt, wie sie von der WHO entwickelt wurden und bekanntermaßen der Unterscheidung von Schädigungen, Fähigkeitsstörungen und Beeinträchtigungen folgt.[25] Wesentlich ist danach, dass Behinderung als Krankheitsfolge verstanden wird. Der EuGH hält für den Begriff der Behinderung die Wahrscheinlichkeit einer langen Dauer der Einschränkung für wesentlich, lässt jedoch offen, welche Zeitkomponente konkret zugrunde zu legen ist.[26] In Deutschland wird hierfür ein Zeitraum von sechs Monaten zugrunde gelegt. Vergleichbare Regelungen in Großbritannien gehen von zwölf Monaten aus.[27] Eine Krankheit ist zwar eine Voraussetzung für den Begriff der Behinderung. Die Krankheit an sich entspricht aber noch nicht dem Begriff der Behinderung. Es müssen vielmehr weitere Erschwernisse hinzukommen, die den Betroffenen behindern oder dauerhaft einschränken.   **24**

---

18   EuGH Rs C-13/94, Slg 1996, I-2143.
19   Vgl. *Meyer-Ladewig* EMRK Art. 8 Rn. 7 mwN.
20   Staudinger/*Richardi* BGB § 611 Rn. 84.
21   BAG 22.3.1995 – 5 AZB 21/94, NZA 1995, 823.
22   Vgl. *Deakin/Morris*, Labour Law, S. 631.

23   BT-Drs. 16/1780 S. 31.
24   EuGH 11.7.2006 – Rs C-13/05, NZA 2006, 839.
25   Vgl. ausf. HK-SGB IX/*Welti* § 2 Rn. 19.
26   EuGH 11.7.2006 – Rs C-13/05, NZA 2006, 839.
27   Vgl. *Deakin/Morris*, Labour Law, S. 720.

25 **5. Alter.** Alter ist zu definieren als die seit der Geburt eines Menschen verstrichene Zeitspanne.[28] Die Gesetzesbegründung betont zutreffend, dass Alter jede Form der Anknüpfung an das konkrete Lebensalter betrifft, es also nicht ausschließlich um den Schutz älterer Menschen vor Benachteiligung geht, wenngleich diese Gruppe den Schwerpunkt des Anwendungsbereichs darstellt.[29]

26 **6. Sonstige Merkmale.** Die Aufzählung in § 1 ist abschließend.[30] Auf andere, dort nicht aufgeführte Merkmale, kann das Gesetz hingegen nicht erstreckt werden. Dieser Befund entspricht der Auslegung der europäischen Richtlinie, die wegen der Regelungszuständigkeit der Union, die in Art. 19 AEUV auf die bereits benannten Merkmale begrenzt sind, keiner Analogie fähig ist.[31]

27 **7. Verbindung zu Angehörigen einer geschützten Gruppe.** Resultiert die ungünstigere Behandlung darauf, dass nicht der Betroffene selbst, sondern einer der Angehörigen (Kinder, Partner) der geschützten Gruppe angehört, sind sie vom Schutzbereich erfasst.[32] Der EuGH beruft sich dafür auf den Normzweck der RL 2000/78/EG, deren Ziel es ist, jede Art von Benachteiligung „wegen" der geschützten Merkmale verhindern.[33]

§ 2 AGG Anwendungsbereich

(1) Benachteiligungen aus einem in § 1 genannten Grund sind nach Maßgabe dieses Gesetzes unzulässig in Bezug auf:

1. die Bedingungen, einschließlich Auswahlkriterien und Einstellungsbedingungen, für den Zugang zu unselbstständiger und selbstständiger Erwerbstätigkeit, unabhängig von Tätigkeitsfeld und beruflicher Position, sowie für den beruflichen Aufstieg,
2. die Beschäftigungs- und Arbeitsbedingungen einschließlich Arbeitsentgelt und Entlassungsbedingungen, insbesondere in individual- und kollektivrechtlichen Vereinbarungen und Maßnahmen bei der Durchführung und Beendigung eines Beschäftigungsverhältnisses sowie beim beruflichen Aufstieg,
3. den Zugang zu allen Formen und allen Ebenen der Berufsberatung, der Berufsbildung einschließlich der Berufsausbildung, der beruflichen Weiterbildung und der Umschulung sowie der praktischen Berufserfahrung,
4. die Mitgliedschaft und Mitwirkung in einer Beschäftigten- oder Arbeitgebervereinigung oder einer Vereinigung, deren Mitglieder einer bestimmten Berufsgruppe angehören, einschließlich der Inanspruchnahme der Leistungen solcher Vereinigungen,
5. den Sozialschutz, einschließlich der sozialen Sicherheit und der Gesundheitsdienste,
6. die sozialen Vergünstigungen,
7. die Bildung,
8. den Zugang zu und die Versorgung mit Gütern und Dienstleistungen, die der Öffentlichkeit zur Verfügung stehen, einschließlich von Wohnraum.

(2) ¹Für Leistungen nach dem Sozialgesetzbuch gelten § 33 c des Ersten Buches Sozialgesetzbuch und § 19 a des Vierten Buches Sozialgesetzbuch. ²Für die betriebliche Altersvorsorge gilt das Betriebsrentengesetz.

(3) ¹Die Geltung sonstiger Benachteiligungsverbote oder Gebote der Gleichbehandlung wird durch dieses Gesetz nicht berührt. ²Dies gilt auch für öffentlich-rechtliche Vorschriften, die dem Schutz bestimmter Personengruppen dienen.

(4) Für Kündigungen gelten ausschließlich die Bestimmungen zum allgemeinen und besonderen Kündigungsschutz.

I. Überblick	1	a)	Begriff der Beschäftigungs- und	
II. Anwendungsbereich des Abs. 1	2		Arbeitsbedingungen	9
1. Zugang zur unselbstständigen und selbst-		b)	Arbeitsentgelt	10
ständigen Tätigkeit	3	c)	Entlassungsbedingungen	11
a) Unselbstständige Erwerbstätigkeit	6	aa)	Individual- und kollektivrechtliche	
b) Selbstständige Erwerbstätigkeit	7		Vereinbarungen	12
2. Beschäftigungs- und Arbeitsbedingungen	8	bb)	Maßnahmen des Arbeitgebers	13

---

28 *Schiek*, Europäisches Arbeitsrecht, S. 251.
29 BT-Drs. 16/1780 S. 31; *Körner* NZA 2008, 497; *Waltermann* NJW 2008, 2529.
30 LAG Düsseldorf 16.9.2011 – NZA-RR 2012, 127.

31 EuGH 11.7.2006 – Rs C-13/05, NZA 2006, 839; vgl. auch ErfK/*Schlachter* AGG § 1 Rn. 17.
32 EuGH 17.7.2008 – Rs C-303/06, NZA 2008, 932.
33 *Schlachter* RdA 2010, 104 (106).

3. Zugang zur Berufsbildung und Berufsberatung 14
4. Mitgliedschaft und Mitwirkung in einer
Berufsvereinigung 16
5. Sozialschutz 17
6. Soziale Vergünstigungen 18
7. Bildung 19
8. Zugang zur Versorgung mit Gütern und
Dienstleistungen 20

III. Verhältnis des AGG zu Leistungen nach dem
SGB gem. § 2 Abs. 2 AGG 22
IV. Verhältnis des AGG zu sonstigen Benachteili-
gungsverboten gem. § 2 Abs. 3 AGG 24
V. Verhältnis des AGG zu den Kündigungsvor-
schriften gem. § 2 Abs. 4 AGG 25

I. Überblick

In § 2 wird der sachliche Anwendungsbereich des AGG festgelegt. Beinhaltet sind der Zugang zu Beruf und **1**
Beschäftigung (einschließlich einer selbstständigen Tätigkeit), die Beschäftigungs- und Arbeitsbedingun-
gen, die Berufsbildung und -ausbildung, die Mitgliedschaft in Gewerkschaften und beruflichen Vereinigun-
gen, der Sozialschutz und soziale Leistungen, die Bildung sowie der „Zugang zu und die Versorgung mit
Gütern und Dienstleistungen, die der Öffentlichkeit zur Verfügung stehen, einschließlich von Wohnraum".
Regelungstechnisch hat sich der Gesetzgeber bei der Formulierung von § 2 weitestgehend an die neuen
Richtlinien angelehnt.[1] § 2 Abs. 1 Nr. 1–4 entsprechen Art. 3 Abs. 1 lit. a–d der RL 2000/43/EG,
2000/78/EG und 76/207/EWG. Die Nr. 5–8 korrespondieren wortgleich mit Art. 3 Abs. 1 lit. e–h
RL 2000/43/EG. Die Regelung ist nicht abschließend, sondern wird erweitert um die Bestimmungen der
Abschnitte 2–5.[2] Sie ist zwingendes Recht und kann daher weder in individuellen, noch in Tarifverträgen
oder in anderen kollektivrechtlichen Vereinbarungen abbedungen werden.[3]

II. Anwendungsbereich des Abs. 1

§ 2 Abs. 1 Nr. 1–4 reglementieren das Verbot der Benachteiligung des § 1 für den Zugang und die Ausübung **2**
von abhängiger Arbeit, Beschäftigung iSd § 6 AGG sowie selbstständiger Erwerbstätigkeit. Insoweit bilden
die Nr. 1–4 des § 2 Abs. 1 das Pendant zu den Vorschriften der Art. 3 Abs. 1 RL 2000/43/EG, Art. 3 Abs. 1
RL 2000/78/EG und Art. 3 Abs. 1 RL 76/207/EWG idF der RL 2002/73/EG. § 2 erfasst nicht nur den
Zugang, Inhalt und Beendigung abhängiger und selbstständiger Arbeit, sondern auch das gesamte Umfeld,
insbesondere den Bereich der beruflichen Aus- und Weiterbildung (Nr. 3).

1. Zugang zur unselbstständigen und selbstständigen Tätigkeit. § 2 Abs. 1 Nr. 1 entsprechend ist **3**
das AGG auf alle Bedingungen für den Zugang zu unselbstständiger und selbstständiger Erwerbstätigkeit
anzuwenden.

Den Zugang zu einer Tätigkeit erstrebt, wer sich um eine Ersteinstellung oder Wiedereinstellung bewirbt. **4**
Demnach fallen unter den Begriff des Zugangs der vorvertragliche Kontakt und die Vertragsschlusssitua-
tion. Es sind alle individual- oder kollektivrechtlichen Modalitäten, die mit dem Vorgang der Auswahl oder
der Einstellung für eine Tätigkeit verknüpft sind, also das Bewerbungsverfahren, die Stellenausschreibung,
die Fragen des Arbeitgebers im Vorstellungsgespräch, das Anfordern besonderer Bewerbungsunterlagen,
die Verwendung von Personalfragebögen, das Auswahlverfahren, die Auswahlrichtlinien (§ 95 BetrVG)
oder besondere Aufgabenstellungen für die Bewerber, von diesem Begriff erfasst. Wird eine ablehnende
Einstellungsentscheidung auf ein Benachteiligungsmerkmal des § 1 AGG gestützt oder dadurch motiviert,
liegt darin daher eine Benachteiligung beim Zugang zur Erwerbstätigkeit. Eine solche Benachteiligung kann
nach Ansicht der Rechtsprechung nicht dadurch gerechtfertigt werden, dass neben den merkmalsbezogenen
auch noch andere, sachliche Gründe für diese Differenzierung vorliegen.

Ganz überwiegend[4] wird eine Tätigkeit als Erwerbstätigkeit bezeichnet, wenn der Bewerber aus der ange- **5**
strebten Tätigkeit eine Gegenleistung erhält, die zur Schaffung einer Lebensgrundlage dient. Darunter fällt
auch die Tätigkeit von Behinderten in Werkstätten für Behinderte auf Grundlage der §§ 136 ff. SGB IX.
Tätigkeiten ohne Erwerbszweck, zB Wehr- oder Zivildienst, sowie unbezahlte,[5] freiwillige Tätigkeiten fallen nicht darunter. Jedoch sind die Vorschriften des AGG auf Wehr- und Zivildienst gem. § 24 Nr. 3 AGG
anwendbar. Unbezahlte Praktika, die zwecks Berufserfahrung vor späteren, bezahlten Arbeitsverhältnissen
absolviert werden, sind nach dem Zweck des § 2 AGG einzubeziehen, „normale Praktika" und Volontariate,
aber auch Ein-Euro-Jobs (nach § 16 Abs. 3SGB) dagegen nicht.

a) Unselbstständige Erwerbstätigkeit. Die unselbstständige Erwerbstätigkeit im Sinne des von Art. 45 **6**
AEUV geprägten Arbeitnehmerbegriffs ist nicht deckungsgleich mit dem Arbeitsverhältnis, sondern ist

1 Vgl. BT-Drs. 16/1780 S. 31.
2 BT-Drs. 16/1780 S. 31.
3 *Meinel/Heyn/Herms* AGG § 2 Rn. 4.
4 Andere Auslegung *Bauer/Göpfert/Krieger* AGG § 2 Rn. 12.
5 *Schmidt/Senne* RdA 2002, S. 80 (82).

umfassender. Danach fallen unter den Arbeitnehmerbegriff sämtliche Formen abhängiger Beschäftigung, also jede Tätigkeit, die für eine bestimmte Zeit weisungsgebunden für einen anderen erbracht und vergütet wird.[6] Arbeitnehmer ist danach jeder Staatsangehörige eines Mitgliedstaats, der eine weisungsgebundene Tätigkeit im Lohn- oder Gehaltsverhältnis im Hoheitsgebiet eines anderen Mitgliedstaats ausübt oder ausüben will. Der Wohnort des Arbeitnehmers ist nicht ausschlaggebend. Der Charakter der Tätigkeit ist grundsätzlich unerheblich, solange sich die Beschäftigung nicht als völlig unwesentlich erweist. Zur Bestimmung der Unwesentlichkeit darf aber weder auf den Status als Teilzeitbeschäftigter noch auf die Höhe der Bezahlung abgestellt werden. Allerdings muss die Tätigkeit eine wirtschaftliche sein, was bei Entlohnung angenommen wird. Die Verfolgung kultureller oder sportlicher Nebenzwecke schadet nicht. Der Begriff ist wegen des hohen Werts der Freizügigkeit ohnehin nicht eng auszulegen, insbesondere können hierunter – anders als im deutschen Recht – auch hoheitsrechtlich Beschäftigte fallen, also sogar Beamte. Ein nach deutschem Sozialversicherungsrecht geringfügig Beschäftigter kann ebenfalls Arbeitnehmer i. S. d. Art. 45 AEUV sein. Allerdings ist immer im Rahmen einer Gesamtbewertung zu bestimmen, ob es sich um eine tatsächliche und echte Tätigkeit handelt; dafür soll insbesondere ein Anspruch auf bezahlten Urlaub, auf Lohnfortzahlung im Krankheitsfall, die Anwendbarkeit eines aktuellen Tarifvertrags sowie eine bereits länger dauernde Vertragslaufzeit sprechen.

7 **b) Selbstständige Erwerbstätigkeit.** Die selbstständige Erwerbstätigkeit ist, entsprechend dem Umkehrschluss aus § 7 Abs. 1 SGB und der Bestimmung des Begriffs zur unselbstständigen Erwerbstätigkeit des EuGH,[7] jede Tätigkeit, die unabhängig von Weisungen gegen Vergütung und auf eigene Rechnung erfolgt. Erfasst werden durch den Begriff auch alle Unternehmer iSd § 14 BGB.[8] Hierzu gehören freiberufliche und unternehmerische Tätigkeiten, und wegen der weiten Auslegung jedes (wenn auch nur einmalige) Dienstverhältnis. Auch Gesellschafter einer GbR, soweit die Aufnahme in den Gesellschaftskreis Voraussetzung für die Erwerbstätigkeit ist, fallen unter diese Begriffsbestimmung.[9] Der Zugang zur **selbstständigen Erwerbstätigkeit** ist parallel zur unselbstständigen Erwerbstätigkeit geregelt. Für andere selbstständig Tätige ist jeweils festzustellen, ob durch eine nachteilige Maßnahme überhaupt der Zugang zur Erwerbstätigkeit betroffen sein kann. Die Vergabe von einzelnen Aufträgen an Selbstständige entscheidet nicht über den Zugang zur Erwerbstätigkeit, sondern ist Bestandteil der Berufsausübung. Zugangsbedingungen können etwa vorliegen bei Abschluss eines Franchisevertrages, eines Vertrages als Partner in einem freien Beruf oder als „fester" freier Mitarbeiter. Der berufliche Aufstieg besteht in der Übertragung einer nach der Verkehrsanschauung höherwertigen Tätigkeit, also einer Änderung des Tätigkeitsbereichs oder der Verantwortung.[10] Eine höhere Gegenleistung allein führt noch nicht zu einem beruflichen Aufstieg.[11]

8 **2. Beschäftigungs- und Arbeitsbedingungen.** § 2 Abs. 1 Nr. 2 gilt ausschließlich für Beschäftigte iSd § 6 und setzt im Gegensatz zu Abs. 1 Nr. 1 das Bestehen eines Beschäftigungsverhältnisses voraus. Die Vorschrift untersagt Benachteiligungen iSd § 1 hinsichtlich der Beschäftigungs- und Arbeitsbedingungen einschließlich Arbeitsentgelt und Entlassungsbedingungen, insbesondere in individual- und kollektivrechtlichen Vereinbarungen sowie Maßnahmen bei der Durchführung und Beendigung eines Beschäftigungsverhältnisses und beim beruflichen Aufstieg.

9 **a) Begriff der Beschäftigungs- und Arbeitsbedingungen.** Nach der Rechtsprechung des EuGH ist der Begriff der Beschäftigungs- und Arbeitsbedingungen weit zu verstehen. Darunter fallen alle Bedingungen für die Ausübung einer Erwerbstätigkeit mit Ausnahme der Zugangsbedingungen, die bereits Abs. 1 Nr. 1 erfasst.[12] Zu diesen Ausübungsbedingungen zählen insbesondere das Entgelt für die erbrachte Leistung,[13] die Entlassungsbedingungen und die nachwirkenden Folgen im beendeten Beschäftigungsverhältnis.[14]

10 **b) Arbeitsentgelt.** Der Begriff des Arbeitsentgelts wird durch die Rechtsprechung des EuGH und des BAG zu Art. 141 EG, § 612 Abs. 3 BGB bestimmt. Der Gesetzgeber setzt darin die RL 75/117/EWG, RL 2000/43/EG und RL 2000/78/EG um. Nach dieser Legaldefinition fallen unter den Entgeltbegriff erbrachte gegenwärtige oder künftige Leistungen sowie Leistungen nach dem Ende des Arbeitsverhältnisses und Leistungen an Dritte, etwa an Familienangehörige des Beschäftigten nach seinem Tod, ausf. z. Entgeltbegriff → AGG § 8 Rn. 8.[15] Ob eine Leistung vom Arbeitgeber freiwillig, kraft gesetzlicher Verpflichtung,

6   EuGH 13.1.2004 – Rs C-256/01, NZA 2004, 201 (204). EuGH 10.9.2014, RS C-270/13 - Haralambidis.
7   EuGH 13.1.2004 – Rs C-256/01, NZA 2004, 201 (204).
8   *Däubler/Bertzbach* AGG § 2 Rn. 15.
9   *Bauer/Göpfert/Krieger* AGG § 2 Rn. 16.
10 *Bauer/Göpfert/Krieger* AGG § 2 Rn. 17; ErfK/ *Schlachter* AGG § 2 Rn. 6.

11 ErfK/*Schlachter* AGG § 2 Rn. 6.
12 *Bauer/Göpfert/Krieger* AGG § 2 Rn. 17; ErfK/ *Schlachter* AGG § 2 Rn. 26.
13 EuGH 13.7.1995 – Rs C-116/94, NZA-RR 1996, 121.
14 BT-Drs. 16/1780, S. 31; *Thüsing*, Diskriminierungsschutz, Rn. 98.
15 *Schleusner/Suckow/Voigt* AGG § 2 Rn. 9.

aufgrund vertraglicher Vereinbarung oder kollektivvertraglicher Regelung erbracht wird, ist für die Einordnung als Entgelt unerheblich.[16]

c) Entlassungsbedingungen. Zu den Beschäftigungs- und Arbeitsbedingungen gehören nach § 2 Abs. 1 **11** Nr. 2 auch die Entlassungsbedingungen. Entlassungsbedingungen sind sämtliche Bestimmungen, Umstände und Voraussetzungen, die die Beendigung des Arbeitsverhältnisses regeln oder an dieses anknüpfen. Damit unterliegen Befristungsregeln, Anfechtungen, Aufhebungsverträge, vereinbarte Kündigungsfristen, Rückzahlungspflichten und auch Kündigungen dem Anwendungsbereich des AGG, wobei die vorrangige Spezialregelung in Abs. 4 zu beachten ist, die den Anwendungsbereich des AGG für Kündigungen erheblich einschränkt oder sogar ausschließt.[17] Altersgrenzen für das Ausscheiden aus dem Beschäftigungsverhältnis unterfallen dem Anwendungsbereich des AGG und der Richtlinie 2000/78/EG.[18] Geschäftsführer und Vorstandsmitglieder werden nicht von der Regelung erfasst, so dass deren Abberufung grundsätzlich nicht an den Maßstäben des AGG zu überprüfen ist. Lediglich solche Geschäftsführer, die ausnahmsweise Arbeitnehmer iSd § 6 Abs. 1 S. 1 Nr. 1 sind, werden auch hinsichtlich ihres Ausscheidens aus dieser Position vom AGG geschützt.[19]

aa) Individual- und kollektivrechtliche Vereinbarungen. Die Rechtsgrundlage der Arbeits- und Entlas- **12** sungsbedingungen ist für den Anwendungsbereich des AGG unerheblich. Von Abs. 1 Nr. 2 erfasst sind auch sämtliche individual- und kollektivvertraglichen Regelungen sowie Maßnahmen. Der Gesetzgeber hat in Nr. 2 klargestellt, dass der Begriff der Vereinbarungen weit zu verstehen ist.[20] Individualrechtliche Vereinbarungen sind sämtliche einzelvertragliche Regelungen zwischen dem Arbeitgeber und dem Arbeitnehmer. Kollektivrechtliche Vereinbarungen sind Verbands- und Firmenverträge, Betriebsvereinbarungen bzw. im öffentlichen Dienst die Dienstvereinbarungen und vergleichbare kollektive Regelungen.[21] Daher ist neben Abs. 1 Nr. 2 für die Betriebsverfassung zusätzlich auch immer § 75 Abs. 1 BetrVG zu beachten.

bb) Maßnahmen des Arbeitgebers. Die Aufzählung in § 2 Abs. 1 Nr. 2 ist nicht abschließend. Durch das **13** Wort „insbesondere" verdeutlicht der Gesetzgeber, dass jede Maßnahme der Kontrolle des AGG unterworfen ist. Darunter fallen auch die Maßnahmen des Arbeitgebers, die bei der Durchführung und Beendigung eines Beschäftigungsverhältnisses sowie beim Aufstieg getroffen werden. Als Maßnahmen sind sämtliche Anordnungen des Arbeitgebers, also bspw. Weisungen, einseitige Leistungsbestimmungen, Versetzungen und Umsetzungen zu betrachten.[22]

3. Zugang zur Berufsbildung und Berufsberatung. Durch § 2 Abs. 1 Nr. 3 wird der Zugang zu allen **14** Formen und allen Ebenen der Berufsbildung einschließlich der Berufsausbildung, der beruflichen Weiterbildung und der Umschulung sowie der praktischen Berufserfahrung vom sachlichen Anwendungsbereich erfasst.

Die Berufsberatung erstreckt sich gem. § 30 SGB III auf Rat und Auskunft. Vom Wortlaut erfasst werden **15** die Berufsberatung sowohl bei privaten wie öffentlichen Trägern, die berufliche Bildung einschließlich ihrer schulischen und betriebspraktischen Teile, alle Formen zur Ermöglichung berufspraktischer Erfahrungen wie Praktikum, Volontariat, Traineeprogramm, sowie die Berufsausbildung, die Fortbildung und die Umschulung.[23] Die Berufsberatung erfolgt grundsätzlich durch die jeweiligen Stellen der Bundesagentur für Arbeit. Der Begriff der Berufsbildung ist auch in der systematischen Gesamtschau der anderen Merkmale des § 2 Abs. 1 Nr. 3 sehr weit zu verstehen und erfasst sämtliche Formen der betrieblichen Aus- und Weiterbildung. Die Berufsausbildung ist in Anlehnung an § 1 Abs. 3 BBiG als Vermittlung der notwendigen Fertigkeiten, Kenntnisse und Fähigkeiten zur Ausübung einer beruflichen Tätigkeit zu definieren. Damit ist die Ausbildung in einem anerkannten Ausbildungsberuf einschließlich der Ausbildung an Berufsschulen, Fachschulen, Fachakademien, Hochschulen, Universitäten und ähnlichen Einrichtungen erfasst. Im Schutzbereich der Norm liegt allerdings nur der Zugang, nicht jedoch die Ausgestaltung oder die Beendigung des Ausbildungsvertrages.[24] Da die Berufsberatung und Berufsbildung im bestehenden Beschäftigungsverhältnis Teil der Arbeitsbedingungen ist, sind diese grundsätzlich auch von Abs. 1 Nr. 2 erfasst. Auch wenn Abs. 1 Nr. 3 grundsätzlich als speziellere Regelung vorgeht,[25] ist der Zugang zur beruflichen Bildung oder praktischen Berufserfahrung ein maßgeblicher und umfangender Bestandteil der Arbeitsbedingungen.[26] § 2 Abs. 1 Nr. 3 hat nur dort eine selbstständige Bedeutung, wo die Berufsberatung und die Berufsbildung in keinerlei Zusammenhang mit der konkreten Erwerbstätigkeit bei einem Dritten, der nicht Vertragspartner der Erwerbstätigkeit ist, stehen. Dies kann man sich bei öffentlichen Stellen etwa der Arbeitsverwaltung

16 *Streinz-Eichenhofer* Art. 141 Rn. 10; *Schleusner/ Suckow/Voigt* AGG § 2 Rn. 9.
17 *Schleusner/Suckow/Voigt* AGG § 2 Rn. 9.
18 EuGH 16.10.2007 – Rs C-411/05, NZA 2007, 1219, (1221); *Temming* NZA 2007, 1193, (1194).
19 *Meinel/Heyn/Herms* AGG § 2 Rn. 28.
20 BT-Drs. 16/1780 S. 31.

21 BT-Drs. 15/4538 S. 29.
22 BT-Drs. 16/1780 S. 31.
23 DB/*Däubler* Rn. 34.
24 *Bauer/Göpfert/Krieger* AGG § 2 Rn. 33.
25 ArbG Köln 31.5.2007 – 22 Ca 8421/06 – NRWE.
26 Vgl. *Thüsing*, Diskriminierungsschutz, Rn. 101.

vorstellen, da dort die Berufsberatung und berufliche Aus- und Weiterbildung sowie die Umschulung unabhängig von einer Erwerbstätigkeit angeboten werden.[27] Die Richtlinie will erreichen, dass staatliche Leistungen der beruflichen Beratung und Bildung benachteiligungsfrei angeboten werden. § 2 Abs. 1 Nr. 3 lässt sich jedenfalls nicht entnehmen, dass die Arbeitsbedingungen, also die Ausgestaltung und die Beendigung von Ausbildungsverhältnissen nicht dem Anwendungsbereich des AGG unterfallen.[28] Da die Berufsbildung eine unselbstständige Erwerbstätigkeit darstellt, greift bereits Abs. 1 Nr. 2. Auch § 6 Abs. 1 Nr. 2 bezieht alle zur Berufsbildung Beschäftigten in den persönlichen Anwendungsbereich des Gesetzes ein und nimmt anders als § 6 Abs. 3 keine Begrenzung auf den Zugang zu dieser Tätigkeit vor.

16 **4. Mitgliedschaft und Mitwirkung in einer Berufsvereinigung.** Eine Benachteiligung aus einem der in § 1 genannten Gründe ist nach Maßgabe des AGG auch unzulässig bei der Mitgliedschaft und Mitwirkung in einer Beschäftigten- oder Arbeitgebervereinigung oder einer Vereinigung, deren Mitglieder einer bestimmten Berufsgruppe angehören, einschließlich der Inanspruchnahme der Leistungen solcher Vereinigungen. Da durch die Richtlinien ein umfassender Schutz vor Benachteiligungen in Beschäftigung und Beruf geboten werden soll, kommt nach der Ansicht des Gesetzgebers der Möglichkeit der ungehinderten Mitwirkung in entsprechenden Berufsverbänden und ähnlichen Vereinigungen erhebliche Bedeutung zu.[29] Da der Gesetzgeber in § 18 Abs. 1 Nr. 1 nur von der Tarifvertragspartei spricht und zudem in der Gesetzesbegründung sogar nur die Rede von berufsbezogenen Vereinigungen auf Beschäftigten- oder Arbeitgeberseite ist,[30] ist insoweit unbestimmt, was er mit einer Beschäftigten- oder Arbeitgebervereinigung meint. Teils werden Gewerkschaften und Arbeitgeberverbände, aber auch Innungen, kassenärztliche Vereinigungen oder Anwaltsvereine unter diesem Begriff gefasst.[31] Mitglieder einer bestimmten Berufsgruppe bilden eine Vereinigung, wenn sie bei ihrer beruflichen Tätigkeit eine gewisse Ähnlichkeit aufweisen.[32] Außerdem muss die Vereinigung spezifisch an die Erwerbstätigkeit anknüpfen und ihrer Interessenwahrung dienen.[33] Am Erwerb der Mitgliedschaft muss ein grundlegendes Interesse bestehen. Der Anwendungsbereich in Abs. 1 Nr. 4 ist um den Zusatz in § 18 Abs. 1 Nr. 2 zu ergänzen, da Abs. 1 Nr. 4 nur die Anwendung dieser Norm bezweckt. Der Zusatz in § 18 Abs. 1 Nr. 2 aE bezieht sich aber nicht nur auf Vereinigungen mit überragender Machtstellung. Hierzu sollen insbesondere nichttariffähige Koalitionen und öffentlich-rechtliche Zweckverbände gehören.[34] Auch die jeweiligen Zusammenschlüsse von Vereinigungen unterwirft Abs. 1 Nr. 4 dem Anwendungsbereich des AGG. Als problematisch erweist es sich, dass der Gesetzgeber in § 18 Abs. 1 Nr. 2 den Anwendungsbereich auf Vereinigungen mit überragender Machtstellung im wirtschaftlichen oder sozialen Bereich erweitert, die er in Abs. 1 Nr. 4 nicht nennt. Aus dem Gesetzeswortlaut des § 18 folgt, dass der Gesetzgeber auch solche Vereinigungen, selbst wenn sie sich nicht aus Mitgliedern einer bestimmten Berufsgruppe zusammensetzen, dem sachlichen Anwendungsbereich des Abs. 1 Nr. 4 unterwerfen möchte. § 2 Abs. 1 Nr. 4 gewährleistet Schutz vor Benachteiligungen bei der Mitgliedschaft, Mitwirkung und Inanspruchnahme der Leistungen der Vereinigungen. Dabei werden die Bedingungen für die Aufnahme als Mitglied und die Wahrnehmung von Mitgliedschaftsrechten erfasst. Dieser Schutz umfasst auch eine benachteiligungsfreie Betätigung und Inanspruchnahme von Leistungen, wie etwa Unterstützungszahlungen in Arbeitskämpfen, die Rechtsberatung und den Rechtsschutz der Vereinigung.[35] Die Mitgliedschaft, Mitwirkung und damit auch ein Anspruch auf die vorenthaltene Leistung gewährt § 18 Abs. 2.[36]

17 **5. Sozialschutz.** § 2 Abs. 1 Nr. 5 untersagt die Benachteiligungen aufgrund der Benachteiligungsmerkmale des § 1 AGG bezüglich des Sozialschutzes. Der Sozialschutz und die soziale Sicherheit werden hauptsächlich öffentlich-rechtlich organisiert und werden von staatlichen Stellen angeboten. Der Begriff des Sozialschutzes wird aber weder im Gesetz selbst, noch in der Begründung dazu oder in den zugrunde liegenden Richtlinien erläutert. Eine Definition kann jedoch anhand der Aufgabenbeschreibung des Ausschusses für Sozialschutz der Europäischen Kommission erfolgen: Sozialschutz erstreckt sich dementsprechend auf das gesamte System der sozialen Sicherung, das der Absicherung von sozialen und wirtschaftlichen Lebensrisiken dient und vom Solidaritätsgrundsatz geprägt ist.[37] Für sozialversicherungsrechtliche Leistungen nach Abs. 2 S. 1 gilt das AGG hingegen nicht. Ansprüche auf Leistungen von betrieblichen Sozialeinrichtungen für die eigenen Beschäftigten unterliegen Abs. 1 Nr. 2. Regelungsgegenstand der Nr. 5 sind dagegen soziale Einrichtungen staatlicher Träger, die ihre Rechtsgrundlage nicht im SGB finden, wie Obdachlosenheime oder privatrechtliche Versicherungen zur Absicherung sozialer Risiken wie private Lebens-, Kranken- oder Unfallversicherungen. Aus dem systematischen Zusammenhang könnte abgeleitet werden, dass mit den

---

27 Vgl. EuGH 15.5.1986 – Rs C-222/84, DVBl 1987, 227; EuGH 8.11.1983 – Rs C-165/82, NJW 1985, 539.

28 So Ansicht *Bauer/Göpfert/Krieger* AGG § 2 Rn. 33; zu Recht daher *Schleusner/Suckow/Voigt* AGG § 2 Rn. 12.

29 BT-Drs. 16/1780 S. 31.

30 BT-Drs. 16/1780 S. 31.

31 *Bauer/Göpfert/Krieger* AGG § 2 Rn. 34.

32 *Schleusner/Suckow/Voigt* AGG § 18 Rn. 27.

33 Vgl. *Thüsing*, Diskriminierungsschutz, Rn. 102.

34 *Schleusner/Suckow/Voigt* AGG § 18 Rn. 34, 36.

35 *Bauer/Göpfert/Krieger* AGG § 18 Rn. 15, 16.

36 BT-Drs. 16/1780 S. 39.

37 Vgl. Beschl. d. Rates 2004/689/EG im Amtsbl. der EU, L 314/8.

besonders genannten Gesundheitsdiensten nur die staatlich organisierten allgemeinen Gesundheitssysteme betroffen werden sollen. Dies ist jedoch nicht mit dem Schutzzweck des Benachteiligungsverbotes in Einklang zu bringen. Wie die Gesundheitseinrichtungen organisiert sind, öffentlich oder privat, ist in den Mitgliedstaaten unterschiedlich geregelt. Der Geltungsbereich des Benachteiligungsverbotes kann jedoch von solchen Zufälligkeiten nicht abhängen. Arzt- und Behandlungsverträge werden folglich grundsätzlich vom Benachteiligungsverbot erfasst werden.[38] Zu den Gesundheitsdiensten gehört jede Form der Gesundheitsvorsorge und -förderung, des Gesundheitsschutzes und der medizinischen Versorgung einschließlich psychotherapeutischer Behandlung durch Psychologen.[39]

6. Soziale Vergünstigungen. Als soziale Vergünstigungen iSd § 2 Abs. 1 Nr. 6 werden im Recht der Personenfreizügigkeit iSd Art. 7 II VO 1612/68 alle Arten von sozialen Vorteilen bezeichnet. Gemeint sind damit nicht nur Vergünstigungen, auf die ein gesetzlicher Anspruch besteht, sondern auch Leistungen, die nach freiem Ermessen erbracht werden.[40] Dazu gehören insbesondere solche Angebote von Gütern und Dienstleistungen an die Allgemeinheit wie öffentliche Schwimmbäder oder Büchereien. Darüber hinaus zählen hierzu aber auch Sonderrabatte oder Sonderkonditionen von Banken oder Verkehrsmitteln und kulturellen Einrichtungen. Sie können von öffentlichen oder von privaten Einrichtungen gewährt werden. Für soziale Vergünstigungen, die auf zivilrechtlichen Verträgen beruhen, ist § 19 Abs. 2 zu beachten.[41] Eine Rechtfertigung für solche Vergünstigungen kann aus § 20 AGG folgen. Eine Rechtfertigung für staatliche Vergünstigungen, wie beispielweise „Behinderten-Tickets", kann sich aus § 5 AGG ergeben. 18

7. Bildung. Beim Zugang zu Bildungseinrichtungen im Sinne des § 2 Abs. 1 Nr. 7 ist gleichfalls eine schutzzweckorientierte weite Auslegung geboten. Dadurch erfasst ist jede Form der Vermittlung von Wissen, die nicht primär dem Beruf oder der Berufsausbildung dient. Einbezogen sind nicht nur die staatlichen, sondern auch privat organisierte Unterrichtsangebote, unabhängig von deren Inhalt wie Grundbildung, weiterführende Angebote, Studium und Weiterbildung. Damit sind alle Unterrichtsverträge mit privaten Anbietern einbezogen wie zB Reit-, Tanz-, Musik-, Sprach-, Fahr-, oder Zeichenschulen, solange kein beruflicher Bezug besteht.[42] Bei diesen Verträgen ist das Benachteiligungsverbot des § 19 Abs. 2 zu berücksichtigen. Für betriebliche Bildungsmaßnahmen gilt wiederum Abs. 1 Nr. 2, für die Berufsbildung Abs. 1 Nr. 3. 19

8. Zugang zur Versorgung mit Gütern und Dienstleistungen. § 2 Abs. 1 Nr. 8 erweitert den Anwendungsbereich des Benachteiligungsverbots hinsichtlich des Zugangs auf Güter und Dienstleistungen, die der Öffentlichkeit zur Verfügung stehen. Das AGG geht hiermit über den durch die entsprechenden Richtlinien geforderten Schutz hinaus.[43] Im Normtext des § 2 Abs. 1 Nr. 8 übernimmt der Gesetzgeber den Sprachgebrauch der Richtlinie,[44] so dass die verwendeten Begriffe durch den gemeinschaftsrechtlichen Sprachgebrauch konkretisiert werden können. „Güter" sind dementsprechend Gegenstände der Warenverkehrsfreiheit des Art. 23 EG und somit körperliche Gegenstände, die das Objekt von Handelsgeschäften sein können. Der Begriff der Dienstleistungen ist gemäß der Dienstleistungsfreiheit aus Art. 50 EG zu verstehen und ist daher nicht auf Dienst- bzw. Werkverträge iSd §§ 611, 631 BGB beschränkt. Die Legaldefinition in Art. 50 EG meint stattdessen selbstständige, entgeltliche Tätigkeiten vornehmlich im gewerblichen, kaufmännischen, handwerklichen und freiberuflichen Bereich. Sie sind für die Zwecke des Diskriminierungsverbotes um den Zugang zu Darlehen und Finanzdienstleistungen sowie um den gesamten Kultur-, Sport- und Freizeitbereich zu ergänzen.[45] Der Wortlaut des Gesetzes bezieht zudem Verträge über Wohnraum ausdrücklich in den Schutzbereich ein. Dabei ist der Begriff des Wohnraums weit auszulegen. Es werden Kauf-, Miet- und andere Verträge umfasst, die zur Versorgung mit Wohnraum dienen können, unabhängig davon, ob sie mit dem Eigentümer oder einem Makler bzw. Verwalter geschlossen werden. Das Benachteiligungsverbot erfasst dabei jedoch nur solche Vertragsbeziehungen, bei denen der Anbieter einem unbestimmten Personenkreis Angebote unterbreitet.[46] Welchen Umfang dabei die angesprochene Öffentlichkeit hat, ist unerheblich. Es kommt darauf an, dass sich das Angebot überhaupt über einen personalisierten Adressatenkreis hinaus an „unbestimmte" Empfänger richtet, wie es bei Anzeigen, Aushängen, Veröffentlichungen im Internet, Schaufensterauslagen, Werbeprospekten usw regelmäßig der Fall ist. Leistungen, die mit Rücksicht auf ein bestehendes Arbeitsverhältnis erbracht werden (Werkdienstwohnungen, AG-Darlehen), sind vom Schutzzweck der Norm nicht erfasst, hier gilt die Sonderregelung für Beschäftigungsverhältnisse. 20

Erfasst sind Benachteiligungen beim Zugang zum Vertragsschluss, dh im Rahmen der Vertragsanbahnungsphase, einschließlich einer Verweigerung des Abschlusses aus Gründen des § 1. Darunter fallen auch Benachteiligungen, die in Form der Gestaltung von Vertragsbedingungen erfolgen. Werden Kunden gerade aufgrund der in § 1 aufgezählten Tatbestandsmerkmale wesentlich ungünstigere Vertragsbedingungen ange- 21

38 *Däubler/Bertzbach* AGG § 2 Rn. 46.
39 *Wiedemann/Thüsing* DB 2002, 463 (465).
40 EuGH 14.1.1982 – Rs C-65/81, EuGHE 1982, 33.
41 *Meinel/Heyn/Herms* AGG § 2 Rn. 44.
42 *Bauer/Göpfert/Krieger* AGG § 2 Rn. 49.

43 *Meinel/Heyn/Herms* AGG § 2 Rn. 46.
44 EU-Richtlinie 2000/43/EG.
45 Aktionsprogramm zur Bekämpfung von Diskriminierungen, ABlEG 2000 Nr. L 303 aus 23.
46 *Nickel* NJW 2001, 2669.

boten als anderen Kunden, handelt es sich dabei um ein Mittel, sie vom Vertragsschluss abzuhalten; es wird also der Sache nach eine diskriminierende Zugangsschranke errichtet.

III. Verhältnis des AGG zu Leistungen nach dem SGB gem. § 2 Abs. 2 AGG

22   Der Geltungsbereich des Art. 3 Abs. 1 lit. e RL 2000/43/EG dehnt sich auch auf den Sozialschutz einschließlich der sozialen Sicherheit und der Gesundheitsdienste aus. Soweit Leistungen nach dem SGB betroffen sind, verweist § 2 Abs. 2 auf die zeitgleich mit dem AGG geschaffenen neuen § 33 c SGB I und § 19 a SGB IV. Gem. § 33 c SGB I sind Benachteiligungen aus Gründen der Rasse, der ethnischen Herkunft oder einer Behinderung bei der Inanspruchnahme sozialer Rechte verboten. In ähnlicher Weise bestimmt § 19 a SGB IV, dass bei der Inanspruchnahme von Leistungen, die sich auf den Zugang zu allen Formen und allen Ebenen der Berufsberatung, der Berufsbildung, der beruflichen Weiterbildung, der Umschulung einschließlich der praktischen Berufserfahrung beziehen, aus keinerlei in den Antidiskriminierungsrichtlinien genannten Gründen benachteiligt werden darf. Dabei geht aber sowohl aus § 33 c SGB I als auch aus § 19 a SGB IV hervor, dass über die Frage, ob Ansprüche nach dem SGB bestehen, allein die besonderen Teile des SGB maßgeblich sind.

23   § 2 Abs. 2 S. 2 entsprechend sollen für die betriebliche Altersvorsorge die auf Grundlage des Betriebsrentengesetzes geregelten Benachteiligungsverbote gelten. In der Begründung des Gesetzgebers wird darauf hingewiesen, dass nach wie vor die RL 86/378/EWG zur Verwirklichung des Grundsatzes der Gleichbehandlung von Männern und Frauen bei den betrieblichen Systemen der sozialen Sicherheit maßgeblich ist.[47] Solchen Bestimmungen kommt lediglich eine Hinweisfunktion zu, soweit der Gesetzgeber in den Sonderbestimmungen Benachteiligungsverbote geregelt hat, die mit den Anforderungen des AGG inhaltlich vergleichbar sind.[48] Für das Betriebsrentenrecht gilt das jedoch nicht, da hier keine gesetzlichen Diskriminierungsverbote bestehen.[49] Die Altersversorgung unterliegt gemeinschaftsrechtlich dem Entgeltbegriff iSd → EG Art. 141 Rn. 25 f., sofern es sich nicht um ein den staatlichen Systemen gleichgestelltes Sicherungssystem handelt, auf das sich die RL 2000/78/EG nicht erstreckt, Art. 3 III RL. Die betriebliche Altersversorgung darf weitergehend vom Benachteiligungsverbot nicht ausgenommen werden. Das BAG versteht Abs. 2 S. 2 als bloße Kollisionsregel, so dass, wenn im BetrAVG keine Sonderregeln bestehen, das AGG immer anwendbar bleibt.[50] Auch bei der Auslegung des BetrAVG ist der Vorrang des Gemeinschaftsrechts zu beachten.[51] Kann eine Benachteiligung danach festgestellt werden, können die Rechtsfolgen der RL beansprucht werden.

IV. Verhältnis des AGG zu sonstigen Benachteiligungsverboten gem. § 2 Abs. 3 AGG

24   § 2 Abs. 3 stellt klar, dass das AGG weder einen Anspruch auf eine umfassende noch einen Anspruch auf eine stets vorrangig wirkende Regelung des gesamten Rechts der Benachteiligungsverbote erhebt. Solche Rechtsvorschriften zu Diskriminierungsverboten an anderen Stellen, wie zB § 4 TzBfG oder § 75 BetrVG bleiben daneben selbstständig anwendbar, auch wenn sie inhaltlich den Tatbeständen des AGG nahe stehen. Anwendbar bleibt auch der allgemeine arbeitsrechtliche Gleichbehandlungsgrundsatz.[52] Das folgt aus der sowohl im deutschem Recht wie im Gemeinschaftsrecht geläufigen Unterscheidung zwischen speziellen Diskriminierungsverboten und allgemeinem Gleichheitssatz.[53] Der Hinweis auf besondere öffentlich-rechtliche Schutzvorschriften meint etwa Mutterschutz oder den Schutz behinderter Menschen, der gleichfalls unberührt bleiben soll; die Anwendung solcher Bestimmungen bleibt also unabhängig vom Vorliegen der Voraussetzungen einer zulässigen „positiven Maßnahme" gem. § 5 stets möglich.

V. Verhältnis des AGG zu den Kündigungsvorschriften gem. § 2 Abs. 4 AGG

25   Mit § 2 Abs. 4 regelt der Gesetzgeber einen absoluten Vorrang der Bestimmungen zum allgemeinen und besonderen Kündigungsschutz vor dem AGG. Dies erstaunt, eröffnet der Gesetzgeber doch in § 2 Abs. 1 Nr. 2 den Anwendungsbereich des AGG für sämtliche Entlassungsbedingungen und Maßnahmen bei der Beendigung des Beschäftigungsverhältnisses. Außerdem traf der Gesetzgeber in § 10 S. 3 Nr. 6, 7 aF Sonderregeln für die Rechtfertigung benachteiligender Entlassungen. Die in Kraft getretene Fassung des Abs. 4 löst jedoch die Formulierung des ursprünglichen Regierungsentwurfs ab, wonach für Kündigungen „vorran-

47   BT-Drs. 16/1780 S. 32.
48   Krit. *Steinmeyer* ZfA 2007, 27 (32).
49   Krit. *Däubler/Bertzbach* AGG § 2 Rn. 129.
50   BAG 11.12.2007 – 3 AZR 249/06, NZA 2008, 532; BAG 14.1.2009 – 3 AZR 20/07, NZA 2009, 490.
51   BAG 28.7.2005 – 3 AZR 457/04, NZA-RR 2006, 591.

52   *Bauer* AGG Rn. 52; *Hinrichs/Zwanziger* DB 2007, 574; aA *Maier/Mehlich* DB 2007, 113.
53   EuGH 8.10.1980 – Rs C-810/79, EuGHE 80, 2747; 12.7.2001 – Rs C-189/01, EuZW 2001, 728; 12.12.2002 – Rs C-442/00, NZA 2003, 211.

gig" die Bestimmungen des Kündigungsschutzgesetzes gelten sollen. Der Gesetzgeber hat diesen absoluten Vorrang weiter unterstrichen, indem er jetzt auch die Sonderregeln zu benachteiligenden Kündigungen in § 10 S 3 Nr. 6, 7 aF gestrichen hat.[54] Zwar wurde gleich nach dem Bekanntwerden des geänderten Wortlauts der Bereichsausnahme für das Kündigungsrecht die Europarechtswidrigkeit der Regelung angeprangert. Die Richtlinie verlangt bekanntlich den Schutz vor Diskriminierungen auch in Bezug auf die Entlassungsbedingungen. Den Gesetzgeber hat dies nicht beeindruckt: Die Arbeitsgerichte würden das AGG richtlinienkonform auslegen und es dementsprechend anwenden. Dann würde sich zeigen, wie die Rechtsprechung dazu aussieht. Zweifellos bestehe ein Spannungsverhältnis.[55]

Die Konsequenzen aus dem Verstoß gegen die Pflicht zur Umsetzung der Richtlinie wurden kontrovers dis- **26** kutiert: Zum Teil wurde vertreten, benachteiligende Kündigungen könnten ausreichend mithilfe der §§ 138, 242 BGB, § 1 KSchG sanktioniert werden.[56] Andere sahen bei den Sanktionen und der Beweislast ein Umsetzungsdefizit und gelangten unter Bezugnahme auf die Rechtsprechung des EuGH vom 22.11.2005 zur Unanwendbarkeit des Abs. 4.[57] Andere begrenzten die Ausnahme auf die Anwendung der §§ 7 Abs. 1, 15 Abs. 1. § 15 Abs. 2 sollte jedoch Anwendung finden.[58] Der Ausschluss in Abs. 4 beziehe sich nur auf die Wirksamkeitsprüfung der Kündigung. Die Ministerialen, die das Gesetz maßgeblich geprägt haben, gingen davon aus, dass das Umsetzungsdefizit dort zu einer Anwendung des AGG führe, wo das KSchG keine Anwendung findet, also während der ersten sechs Monate des Arbeitsverhältnisses und im Kleinbetrieb.[59]

Das BAG hat die Streitfrage entschieden: Die Diskriminierungsverbote des AGG – einschließlich der eben- **27** falls im AGG vorgesehenen Rechtfertigungen für unterschiedliche Behandlungen – sind bei der Auslegung der unbestimmten Rechtsbegriffe des Kündigungsschutzgesetzes in der Weise zu beachten, dass sie Konkretisierungen des Begriffs der Sozialwidrigkeit darstellen.[60]

Diese richtlinienkonforme Auslegung des Abs. 4 ist wegen des klaren Wortlauts und des klaren gesetzgebe- **28** rischen Willens problematisch. Der Gesetzgeber hat diesen Willen mit dem Aufheben des § 10 S. 3 Nr. 6, 7 aF nach dem Inkrafttreten des AGG am 18.10.2006 noch unterstrichen.[61] Da Abs. 4 auch nicht wegen eines der „verpönten" Merkmale benachteiligt, lässt sich die Unanwendbarkeit auch nicht mit der Rechtsprechung des EuGH begründen.[62] Benachteiligende Kündigungen sollten eher mithilfe der Generalklauseln der §§ 138, 242 BGB oder § 1 KSchG sanktioniert werden.[63] Insoweit ist eine richtlinienkonforme Auslegung möglich und geboten, da der Gesetzgeber die Anwendung dieser Instrumente auf diskriminierende Kündigungen verlangt.[64] Er hält die dort anerkannten Instrumente für sachgerechter. Eine Kündigung etwa, die vor der Schwangerschaft und hauptsächlich aus dem Grund ausgesprochen wird, dass sich eine Arbeitnehmerin in einem vorgerückten Stadium einer künstlichen Befruchtung befindet, verstößt gegen das allgemeine Verbot der Benachteiligung wegen des Geschlechts und ist schon aufgrund der §§ 138, 242 BGB unwirksam.[65]

Unklar ist auch nach der Entscheidung des BAG, wie bei Kündigungen mit der Darlegungs- und Beweislast **29** umzugehen ist. § 22 kann im Rahmen der Prüfung der Sozialwidrigkeit keine Anwendung finden. Die Darlegung der sozialen Rechtfertigung obliegt auf den ersten Blick dem Arbeitgeber, § 1 Abs. 2 S. 4 KSchG. Freilich muss der Arbeitnehmer die Sozialwidrigkeit wegen fehlerhafter Sozialauswahl darlegen, § 1 Abs. 3 S. 3 KSchG. Die Erleichterung der Beweislast für den Benachteiligten ist aber durch die Richtlinien zwingend vorgeschrieben.[66] Es müssen daher aufgrund richtlinienkonformer Auslegung des § 138 Abs. 2 ZPO dem § 22 angepasste abgestufte Darlegungs- und Beweispflichten bei Kündigungen angewandt werden. Dafür spricht, dass die Grundsätze der abgestuften Darlegungs- und Beweislast auf Generalklauseln beruhen.[67] Um hier eine europarechtskonforme Auslegung sicherzustellen, muss der Beschäftigte in den Genuss der Privilegierung kommen, die zu einer Umkehr der Beweislast führen kann. Sofern er also Umstände beweist, die den Rückschluss auf eine Benachteiligung wegen eines unzulässigen Merkmals vermuten las-

---

54 BT-Drs. 16/3007 S. 20.
55 Bundestag Plenarprotokoll 16/43 S. 4049.
56 Ascheid/Preis/Schmidt/*Preis* 1. Teil J Rn. 71 e; *Hamacher/Ulrich* NZA 2007, 657; ErfK/*Schlachter* AGG § 2 Rn. 16; KR/*Pfeiffer* AGG § 2 Rn. 8.
57 ArbG Osnabrück 5.2.2007 – 3 Ca 724/06, NZA 2007, 626; ArbG Osnabrück 3.7.2007 – 3 Ca 199/07, NZA 2007, 982; *Thüsing,* Diskriminierungsschutz, Rn. 115; wohl auch BeckOK BGB/*Fuchs* AGG § 2 Rn. 10; *Sagan* NZA 2006, 1257.
58 Vgl. *Bauer/Göpfert/Krieger* AGG § 2 Rn. 67, 68.
59 *Rühl/Schmid/Viethen,* Allgemeines Gleichbehandlungsgesetz, S. 56.
60 BAG 6.11.2008 – 2 AZR 523/07, NZA 2009, 361.

61 BT-Drs. 16/3007 S. 22.
62 EuGH 22.11.2005 – Rs C-144/04, NZA 2005, 1345; BAG 26.4.2006 – 7 AZR 500/04, NZA 2006, 1162, (1166); so auch *Schleusener/Suckow/Voigt* AGG § 2 Rn. 24.
63 So auch BAG 24.1.2008 – 6 AZR 96/07, NZA-RR 2008, 404; vgl. auch BAG 23.6.1994 – 2 AZR 617/93, NZA 1994, 1080.
64 BT-Drs. 16/2022 S 12.
65 Vgl. EuGH 1.4.2008 – Rs C-267/06, NZA 2008, 459.
66 Art. 10 RL 2000/78/EG.
67 *Zöller/Greger* ZPO § 138 Rn. 8 b; Musielak/*Stadler* ZPO § 138 Rn. 10.

sen, muss der Arbeitgeber darlegen und gegebenenfalls beweisen, dass die Kündigung allein oder auch (str) aus anderen Gründen erfolgt ist.

30 Probleme bestehen auch bei den Sanktionen benachteiligender Kündigungen. Hier stellt sich die Frage, ob der unzulässig durch eine (unwirksame) Kündigung Benachteiligte Entschädigung oder Schadensersatz verlangen kann. Nach der hier und auch vom BAG vertretenen Ansicht ist klar, dass die Sanktionen des § 15 Abs. 1, 2 keine Anwendung auf benachteiligende Kündigungen finden.[68] Der Wille des Gesetzgebers und der Wortlaut des Gesetzes erlauben keine richtlinienkonforme Auslegung, der Gesetzgeber habe nur die Wirksamkeitsprüfung von Kündigungen dem Anwendungsbereich des AGG entziehen wollen. Wenn der Gesetzgeber bestimmt, dass für Kündigungen ausschließlich andere Regelungen als das AGG gelten, ist natürlich auch die Anwendung des § 15 Abs. 1, 2 ausgeschlossen. Das belegt auch die Gesetzgebungsverfahren.[69] Der Bundesrat hatte die Änderung mit der Begründung verlangt, dass ausschließlich die Bestimmungen des KSchG gelten sollen, wenn die Benachteiligung in einer Kündigung liegt.[70]

31 Warum aber sollte ein Arbeitnehmer, dem eine diskriminierende Kündigung erklärt wurde, schlechter behandelt werden als ein Arbeitnehmer, der durch andere Maßnahmen im bestehenden Arbeitsverhältnis benachteiligt wird? Jener kann gleichsam die Unwirksamkeit der Behandlung sowie Schadensersatz und Entschädigung geltend machen. Eine solche Differenzierung begegnet erheblichen Schwierigkeiten im Lichte der Diskriminierungsrichtlinien, die neben der Nichtigkeit zusätzlich gleichsam wirkende und effiziente Sanktionen erfordern (Art. 16, 17 Richtlinie 2000/78). Die Unwirksamkeit der Kündigung ist eine Sanktion, nach der Systematik der Richtlinie ist sie aber wohl nicht ausreichend. Die Problematik verdeutlichen auch Fälle, in denen es im Vorfeld der Kündigung zu benachteiligenden Äußerungen des Arbeitgebers kommt.[71] Der benachteiligte Beschäftigte hat möglicherweise ein Wahlrecht, ähnlich wie in den §§ 9, 10, 12 KSchG oder in Anlehnung an § 628 Abs. 2 BGB: Nimmt er die Kündigung hin, indem er sie durch den Ablauf der Dreiwochenfrist der Wirksamkeitsfiktion des § 7 KSchG zuführt, kann er jedenfalls eine Entschädigung nach § 15 Abs. 2 verlangen.[72] Auch §§ 823 Abs. 2, 823 Abs. 1, 826 BGB können helfen. Der Gekündigte kann zudem neben dem Angriff gegen die Kündigung seinerseits die fristlose Kündigung wegen der Vertragspflichtverletzung des Arbeitgebers erklären und dann den entgangenen Verdienst, sonstigen Schadensersatz und eine Entschädigung verlangen. Die Frist des § 626 Abs. 2 BGB dürfte gelten.

32 Klagt der Arbeitnehmer gegen eine Kündigung und macht nach § 15 eine Entschädigung geltend, sind die Gebührenstreitwerte nicht auf den Quartalsverdienst nach § 42 Abs. 3 S 1 GKG begrenzt.[73]

§ 3 AGG Begriffsbestimmungen

(1) [1]Eine unmittelbare Benachteiligung liegt vor, wenn eine Person wegen eines in § 1 genannten Grundes eine weniger günstige Behandlung erfährt, als eine andere Person in einer vergleichbaren Situation erfährt, erfahren hat oder erfahren würde. [2]Eine unmittelbare Benachteiligung wegen des Geschlechts liegt in Bezug auf § 2 Abs. 1 Nr. 1 bis 4 auch im Falle einer ungünstigeren Behandlung einer Frau wegen Schwangerschaft oder Mutterschaft vor.

(2) Eine mittelbare Benachteiligung liegt vor, wenn dem Anschein nach neutrale Vorschriften, Kriterien oder Verfahren Personen wegen eines in § 1 genannten Grundes gegenüber anderen Personen in besonderer Weise benachteiligen können, es sei denn, die betreffenden Vorschriften, Kriterien oder Verfahren sind durch ein rechtmäßiges Ziel sachlich gerechtfertigt und die Mittel sind zur Erreichung dieses Ziels angemessen und erforderlich.

(3) Eine Belästigung ist eine Benachteiligung, wenn unerwünschte Verhaltensweisen, die mit einem in § 1 genannten Grund in Zusammenhang stehen, bezwecken oder bewirken, dass die Würde der betreffenden Person verletzt und ein von Einschüchterungen, Anfeindungen, Erniedrigungen, Entwürdigungen oder Beleidigungen gekennzeichnetes Umfeld geschaffen wird.

(4) Eine sexuelle Belästigung ist eine Benachteiligung in Bezug auf § 2 Abs. 1 Nr. 1 bis 4, wenn ein unerwünschtes, sexuell bestimmtes Verhalten, wozu auch unerwünschte sexuelle Handlungen und Aufforderungen zu diesen, sexuell bestimmte körperliche Berührungen, Bemerkungen sexuellen Inhalts sowie unerwünschtes Zeigen und sichtbares Anbringen von pornographischen Darstellungen

68 AA *Bauer/Göpfert/Krieger* AGG § 2 Rn. 64 (69).
69 BT-Drs. 16/2022 S. 12.
70 BR-Drs. 329/06 S. 3.
71 Vgl. LAG Hamm 11.12.2007 – 9 Sa 1564/07, zit. nach Antidiskriminierungsstelle des Bundes, Ausgewählte Entscheidungen deutscher Gerichte zum Antidiskriminierungsrecht.

72 Unklar *Willemsen/Schweibert* NJW 2006, 2583, (2585) einerseits, (2590) andererseits.
73 LAG Nürnberg 4.9.2008 – 4 Ta 126/08, zit. nach Antidiskriminierungsstelle des Bundes, Ausgewählte Entscheidungen deutscher Gerichte zum Antidiskriminierungsrecht.

gehören, bezweckt oder bewirkt, dass die Würde der betreffenden Person verletzt wird, insbesondere wenn ein von Einschüchterungen, Anfeindungen, Erniedrigungen, Entwürdigungen oder Beleidigungen gekennzeichnetes Umfeld geschaffen wird.

(5) [1]Die Anweisung zur Benachteiligung einer Person aus einem in § 1 genannten Grund gilt als Benachteiligung. [2]Eine solche Anweisung liegt in Bezug auf § 2 Abs. 1 Nr. 1 bis 4 insbesondere vor, wenn jemand eine Person zu einem Verhalten bestimmt, das einen Beschäftigten oder eine Beschäftigte wegen eines in § 1 genannten Grundes benachteiligt oder benachteiligen kann.

I. Normzweck 1
II. Benachteiligung 3
  1. Unmittelbare Benachteiligung (Abs. 1) ... 5
  2. Mittelbare Benachteiligung Abs. 2 9
  3. Belästigung Abs. 3 12

4. Sexuelle Belästigung Abs. 4 13
5. Anweisung zur Benachteiligung Abs. 5 ... 16
6. Zurechnung der Benachteiligung durch
   Dritte 17

I. Normzweck

§ 3 beinhaltet Legaldefinitionen der Verhaltensweisen, die durch das AGG unterbunden werden sollen. Dem **1** Regelungsvorbild der umzusetzenden RL entsprechend werden die bislang bereits anerkannten Formen der unmittelbaren und mittelbaren Benachteiligung ausdrücklich definiert und um die verschiedenen Arten von Belästigung ergänzt. Die Definitionen gelten für das gesamte AGG, wobei der Gesetzgeber in § 3 Abs. 4 den Anwendungsbereich **sexueller Belästigungen** auf Arbeitsbedingungen begrenzt, so dass diese im Zivilrechtsverkehr nicht als Benachteiligung gelten, was äußerst zweifelhaft ist. Andere als sexuelle Belästigungen waren nicht ausdrücklich angesprochen, sondern lediglich nach allgemeinen vertragsrechtlichen Grundsätzen als Nebenpflichtverletzung eingeordnet worden. Ebenso wenig war die Anweisung zur Diskriminierung besonders gesetzlich geregelt worden, konnte aber nach allgemeinen Grundsätzen dem Organisationsverantwortlichen AG zugerechnet werden. Die Überschrift „Begriffsbestimmung" ist daher unglücklich gewählt, da der Gesetzgeber nur die Benachteiligung, nicht aber andere Begriffe definiert. Er orientiert sich dabei an den Richtlinien, die nahezu identische Definitionen der „Diskriminierung" enthalten. Er hat jedoch den in den Richtlinien benutzten Begriff der Diskriminierung durch Benachteiligung ersetzt.[1] Hierdurch soll gezeigt werden, dass nicht jede Ungleichbehandlung iSd § 1 AGG zwingend eine Diskriminierung darstellt.

Eine Benachteiligung im Sinne der §§ 7 Abs. 1, 3 Abs. 1 und 2 AGG liegt hingegen nicht vor, wenn sich der Arbeitgeber noch während einer laufenden Stellenausschreibung entschließt, eine Stellenbesetzung nicht vorzunehmen und demzufolge keinen Bewerber/keine Bewerberin zum Vorstellungsgespräch einlädt und einstellt.[2]

Geht eine Bewerbung um eine Stelle erst nach deren Besetzung ein, so kommt ebenfalls eine Benachteiligung gemäß § 3 Abs. 1 AGG grundsätzlich nicht in Betracht.[3]

Auch unrichtige bzw. widersprüchliche Auskünfte des Arbeitgebers sind noch nicht als Indiz für eine Benachteiligung zu werten.[4] Gleiches gilt, wenn eine falsche Anrede in einem Ablehnungsschreiben auf eine Bewerbung erfolgt. Hieraus folge keine Beweislastumkehr.[5]

Eine Indizwirkung für eine Benachteiligung liegt hingegen dann vor, wenn ein Arbeitgeber (hier: Rechtsanwalt) wiederholt das Arbeitsverhältnis einer schwangeren Frau ohne Beteiligung der Schutzbehörde kündigt.[6] Dies gilt dann nicht, wenn der Arbeitgeber keine Kenntnis von der Schwangerschaft hatte.[7]

Wird eine Kündigung im Zusammenhang mit einem zuvor dem Arbeitgeber mitgeteilten Schwangerschaftswunsch ausgesprochen, stellt dies ebenfalls eine geschlechtsspezifische Benachteiligung dar und führt zu einer Entschädigungspflicht des Arbeitgebers.[8]

---

1 *Meinel/Heyn/Herms* AGG § 3 Rn. 1.
2 LAG Hamm 4.2.2014 – 7 Sa 1026/13, NZA-RR 2014, 412.
3 LAG Köln 1.10.2010 – 4 Sa 796/10, NZA-RR 2011, 176; ebenso BAG 12.12.2013 – 8 AZR 838/12, NZA 2014, 722.
4 BAG 21.6.2012 – 8 AZR 346/11, NZA 2012, 1345.
5 ArbG Düsseldorf 9.3.2011 – 14 Ca 908/11, zit. nach Antidiskriminierungsstelle des Bundes, Ausge-

wählte Entscheidungen deutscher Gerichte zum Antidiskriminierungsrecht.
6 ArbG Berlin 8.5.2015 – 28 Ca 18485/14, FD-ArbR 2015, 370919.
7 BAG 17.10.2013 – 8 AZR 742/12, NZA-RR 2014, 241.
8 ArbG Dresden 21.4.2011 – 9 Ca 576/10, zit. nach Antidiskriminierungsstelle des Bundes, Ausgewählte Entscheidungen deutscher Gerichte zum Antidiskriminierungsrecht.

Eine solche Benachteiligung kann auch dann vorliegen, wenn der Arbeitgeber die Arbeitnehmerin nach Rückkehr aus Mutterschutz/Elternzeit nicht auf einem gleichwertigen Arbeitsplatz beschäftigt.[9]

2   Eine Ungleichbehandlung iSd § 1 AGG kann nach den §§ 5, 8–10 und § 20 sachlich gerechtfertigt und somit rechtlich zulässig sein.

II. Benachteiligung

3   Als eine der Kernbestimmungen des Gleichbehandlungsrechts nennt § 3 die wichtigsten Formen einer Benachteiligung und gilt, soweit nicht anders geregelt, sowohl für den arbeitsrechtlichen als auch für den zivilrechtlichen Teil. Zu unterscheiden sind unmittelbare und mittelbare Benachteiligungen. Benachteiligungen sind dabei grundsätzlich Zurücksetzungen, die sich auf ein „verpöntes" Merkmal beziehen. Die Benachteiligung aufgrund eines der in § 1 genannten Merkmale darf jedoch nicht mit Mobbing verwechselt werden.[10] Nach der Rechtsprechung des BAG sind unter Mobbing „fortgesetzte, aufeinander aufbauende oder ineinander übergreifende, der Anfeindung, Schikane oder Diskriminierung dienende Verhaltensweisen, die nach Art und ihrem Ablauf im Regelfall einer übergeordneten, von der Rechtsordnung nicht gedeckten Zielsetzung förderlich sind und jedenfalls in ihrer Gesamtheit das allgemeine Persönlichkeitsrecht, die Ehre oder die Gesundheit des Betroffenen verletzen" zu verstehen.[11] Im Ergebnis ist damit insbesondere dann von einer Mobbinghandlung auszugehen, wenn unerwünschte Verhaltensweisen bezwecken oder bewirken, dass die Würde des Arbeitnehmers verletzt und ein durch Einschüchterung, Anfeindung, Erniedrigung, Entwürdigung oder Beleidigung gekennzeichnetes Umfeld geschaffen wird.[12] Damit kann bei einer Mobbinghandlung in dieser auch zugleich eine Verletzung des AGG liegen. Regelmäßig geht der Vorwurf bei einer Mobbinghandlung aber weit darüber hinaus.

4   Das AGG unterscheidet fünf verschiedene Benachteiligungsformen und definiert so die unerwünschten Handlungen.

5   **1. Unmittelbare Benachteiligung (Abs. 1).** Der Begriff der unmittelbaren Benachteiligung ist in § 3 Abs. 1 definiert. Eine unmittelbare Benachteiligung liegt demnach vor, wenn eine Person eine weniger günstige Behandlung erfährt als eine andere Person in vergleichbarer Lage erfährt, erfahren hat oder erfahren würde und dabei offen und ausdrücklich an ein in § 1 AGG genanntes Merkmal angeknüpft wird.[13] Die nachteilig wirkende Maßnahme muss also entweder ausdrücklich oder dem Sinne nach an dem verbotenen Differenzierungsmerkmal anknüpfen, so dass die von der Unterscheidung benachteiligte und die nicht benachteiligte Gruppe jeweils hinsichtlich des Merkmals homogen zusammengesetzt sind.[14] Für die Feststellung einer Ungleichbehandlung bedarf es eines Vergleichs zwischen mindestens zwei Personen, wobei der Vergleich auch mit einer hypothetischen Vergleichsperson gezogen werden kann. Anknüpfungspunkt ist danach die unterschiedliche Behandlung von Beschäftigten, welche beispielsweise in der Ablehnung eines Vertragsschlusses, im Diktieren ungünstigerer Vertragsbedingungen oder in der Kündigung eines Vertragsverhältnisses bestehen kann. Die Maßnahme ist eine ungünstigere Behandlung als sie einer Vergleichsperson zuteilwird, wenn diese aktuell besser behandelt wird. Die Vergleichsperson muss identische oder im Wesentlichen gleichartige Tätigkeiten wie der Anspruchsteller ausüben; dies ist anhand eines Gesamtvergleichs aller vertraglich geschuldeten Tätigkeiten festzustellen.[15] Außer hinsichtlich des Merkmals gem. § 1 darf es zwischen der Vergleichsperson und dem Anspruchsteller keine wesentlichen Unterschiede geben.

6   Wie nach bisherigem Recht ist ein Vergleich mit einer anderen Person entbehrlich, wenn es sich um Fälle von **Schwangerschaft und Mutterschaft** handelt. Dies wird durch Abs. 1 S. 2 klargestellt. Wie sich auch der Gesetzesbegründung entnehmen lässt,[16] knüpft die Regelung insoweit an die einschlägige Rechtsprechung des EuGH, insbesondere die Rechtssache Dekker, an, in der die Entbehrlichkeit des Hinweises auf eine männliche Vergleichsperson naheliegenderweise judiziert wurde.[17]

7   Die Benachteiligung muss nicht durch positives Tun erfolgen, sondern kann auch dann gegeben sein, wenn ein Unterlassen vorliegt.[18] Jedoch bedarf es einer tatsächlichen Benachteiligung bzw. einer hinreichenden Gefahr und somit einer Widerholungsgefahr (bei bereits erfolgter Benachteiligung) oder einer ernsthaften Erstbegehungsgefahr.[19] Eine lediglich abstrakte Gefahr der Benachteiligung ist nicht ausreichend. Die

9   ArbG Wiesbaden 18.12.2008 – 5 Ca 46/0, BeckRS 2010, 73926; 30.10.2008 – 5 Ca 632/08, BeckRS 2010, 65639.
10   *Schrader/Schubert*, Das neue AGG, S. 40, Rn. 99.
11   BAG 16.5.2007 – 8 AZR 709/06, NZA 2007, 1154; vgl. zur alten Rspr. BAG 15.1.1997 – 7 ABR 14/96.
12   BAG 24.4.2008 – 8 AZR 347/07, NZA 2009, 38.
13   BT-Drs. 329/06, S. 33; *Wernsmann* JZ 2005, 224 ff. (227).

14   LAG Köln 15.2.2008 – 11 Sa 923/07, NZA-RR 2008, 622.
15   BAG 23.8.1995 – 5 AZR 942/93, NZA 1996, 579; BAG 11.4.2006 – 9 AZR 528/05, NZA 2006, 1217.
16   Vgl. BT-Drs. 16/1780 S. 32.
17   EuGH 7.3.1990 – Rs C-117/88, Slg 1990, I-3941 – Dekker.
18   BT-Drs. 329/06 S. 33; *Stork* ZEuS 2005, 1 ff. (36).
19   BT-Drs. 329/06 S. 33.

Zurücksetzung muss „wegen" eines der in § 1 genannten Diskriminierungsmerkmale erfolgen. Die Maßnahme, welche den Beschäftigten benachteiligt, muss daher durch eines oder durch mehrere der Merkmale in § 1 motiviert sein.[20]

Unmittelbare Benachteiligungen sind grundsätzlich einer Rechtfertigung entzogen. Darin unterscheidet sich **8** die unmittelbare von der mittelbaren Diskriminierung, bei der objektive Rechtfertigungsgründe zum Ausschluss des Benachteiligungstatbestandes führen können.[21] Eine unmittelbare Diskriminierung kann aber wegen der explizit vorgesehenen Rechtfertigungsgründe in den §§ 8 und 10 sowie im Zivilrecht in § 20 gerechtfertigt sein.

2. Mittelbare Benachteiligung Abs. 2. Eine mittelbare Benachteiligung liegt nach § 3 Abs. 2 vor, wenn **9** dem Anschein nach neutrale Vorschriften, Maßnahmen, Kriterien oder Verfahren, Personen wegen eines in § 1 genannten Merkmals gegenüber anderen Personen in besonderer Weise benachteiligen können, es sei denn, die betreffenden Vorschriften, Kriterien oder Verfahren sind durch ein rechtmäßiges Ziel sachlich gerechtfertigt und die Mittel sind zur Erreichung dieses Ziels erforderlich und angemessen.[22] Im Unterschied zur unmittelbaren Diskriminierung erfolgt die unterschiedliche Behandlung nicht direkt aufgrund eines Merkmals aus § 1, sondern tritt als rein tatsächliche Folge der getroffenen Entscheidung auf.[23] Zur Abgrenzung ist die Bildung einer Vergleichsgruppe notwendig, wobei üblicherweise auf statistische Verfahren zurückgegriffen wird.[24] Dieser Vergleich mit anderen Beschäftigtengruppen muss ergeben, dass die angeblich mittelbar benachteiligte Gruppe tatsächlich oder hypothetisch eine nachteilige Behandlung im Vergleich zu anderen Beschäftigten erfährt oder erfahren könnte. Dies ist der Fall, wenn die betroffene Beschäftigtengruppe ungünstiger behandelt wird, als es sonst im Betrieb der fraglichen Art üblich ist. Ohne statistische Daten ist der Nachweis einer mittelbaren Diskriminierung ungleich schwieriger, aber rechtlich möglich.[25] Der Tatbestand der mittelbaren Benachteiligung liegt nicht vor, wenn ein sachlicher Grund die Ungleichbehandlung rechtfertigt und die eingesetzten Mittel erforderlich und angemessen sind. Ist daher ein milderes Mittel möglich, kann trotz Vorliegen eines sachlichen Grundes eine Diskriminierung vorliegen.

Eines Rückgriffs auf § 8 für die sachliche Rechtfertigung bedarf es nicht, da aufgrund der Systematik des **10** AGG die Rechtfertigungsgründe nur für unmittelbare Benachteiligungen im Sinne des § 3 Abs. 1 relevant sind. Denn von einer mittelbaren Benachteiligung kann nach der Legaldefinition des § 3 Abs. 2 nur gesprochen werden, wenn die betreffenden Vorschriften, Kriterien und Verfahren nicht bereits durch ein rechtmäßiges Ziel sachlich gerechtfertigt sind und die Mittel zur Erreichung dieses Ziels angemessen und erforderlich sind. Andernfalls liegt bereits begrifflich keine Benachteiligung vor. Liegen sachlich rechtfertigende Gründe vor, müssen ebenfalls die speziellen Rechtfertigungsgründe, die das Gesetz in den §§ 5, 10 sowie § 20 vorsieht, regelmäßig nicht mehr geprüft werden.[26]

Entsprechend der unmittelbaren Benachteiligung genügt eine abstrakte Gefährdungslage nicht aus. Die **11** benachteiligten Personen müssen konkret betroffen sein, es muss also eine hinreichend konkrete Gefahr vorliegen, dass den Betroffenen eine Benachteiligung im Vergleich zu Angehörigen einer anderen Gruppe droht.[27] Da subjektive Elemente im Gesetzestext fehlen, kann eine mittelbare Benachteiligung fahrlässig, aber auch schuldlos erfolgen.

3. Belästigung Abs. 3. Mit § 3 Abs. 3, wonach auch eine Belästigung eine Benachteiligung darstellt, will **12** der Gesetzgeber insbesondere den bisher nur unzureichenden Schutz vor Belästigung am Arbeitsplatz komplettieren und gleichzeitig die Durchsetzung der entsprechenden Rechte von Beschäftigten erleichtern.[28] Belästigung ist definiert als unerwünschte Verhaltensweise im Zusammenhang mit den Benachteiligungsmerkmalen, die bezwecken oder bewirken, dass die Würde der betreffenden Person verletzt wird und ein von Einschüchterungen, Anfeindungen, Erniedrigungen, Entwürdigungen oder Beleidigungen gekennzeichnetes Umfeld geschaffen wird (§ 3 Abs. 3). Wesentlicher Unterschied zwischen Belästigung und Benachteiligung ist zunächst, dass es bei einer Belästigung in Abs. 3 nicht auf die schlechtere Behandlung eines Betroffenen im Vergleich zu einer anderen Person ankommt, da die unerwünschte Verhaltensweise selbst die Belästigung darstellt. Eine Belästigung liegt vor, wenn sie subjektiv bezweckt wird oder wenn sie zwar unvorsätzlich erfolgt, aber dennoch objektiv kausal bewirkt wird. Ein Umfeld wird grundsätzlich nicht durch ein einmaliges, sondern durch ein fortdauerndes Verhalten geschaffen. Jedwede Handlung und Verhaltensweise, die dem systematischen Prozess der Schaffung eines bestimmten Umfeldes zuzuordnen sind, sind somit in die Betrachtung mit einzubeziehen. Einzelne zurückliegende Handlungen oder Verhaltenswei-

---

20 BT-Drs. 329/06 S. 33.
21 Ausf. zur unmittelbaren Benachteiligung, deren Abgrenzung und Fallgruppen *Rupp* RdA 2009, 307.
22 *Schleusener/Suckow/Voigt* AGG § 1 Rn. 18.
23 *Annuß* BB 2006, 1629 (1631); *Hey* AGG § 3 Rn. 11.
24 BT-Drs. 329/06, S. 33, BAG 8.6.2005 – 4 AZR 412/04, NZA 2006, 611 ff.
25 EuGH 23.5.1996 – Rs C-237/94, EuroAS 1996, 97 (O´Flynn).
26 BT-Drs. 329/06 S. 34.
27 BT-Drs. 329/06 S. 34.
28 BT-Drs. 16/1780 S. 28.

sen dürfen nicht bei der Beurteilung unberücksichtigt gelassen werden.[29] Belästigungen iSd § 3 Abs. 3 können das Umfeld eines Arbeitnehmers nur dann kennzeichnen, wenn sie für das Arbeitsverhältnis eine prägende Bedeutung haben. Eine prägende Bedeutung kann grundsätzlich nur dann angenommen werden, wenn einzelne Tathandlungen aufeinander aufbauen und ineinander greifen, also systematisch dazu dienen, die Würde des Betroffenen zu verletzen.[30] Soweit sich eine systematische Verbindung einzelner Tathandlungen nicht feststellen lässt, fehlt es am feindlichen Umfeld. Einmalige Belästigungshandlungen fallen daher regelmäßig nicht in den Schutzbereich des § 3 Abs. 3.

13 **4. Sexuelle Belästigung Abs. 4.** Der Begriff der sexuellen Belästigung ist festgelegt als unerwünschtes, sexuell bestimmtes Verhalten, welches bezweckt oder bewirkt, dass die Würde der betreffenden Person verletzt und ein von Einschüchterungen, Anfeindungen, Erniedrigungen, Entwürdigungen oder Beleidigungen gekennzeichnetes Umfeld geschaffen wird (§ 3 Abs. 4). Bisher war der Schutz vor sexueller Belästigung am Arbeitsplatz im Beschäftigtenschutzgesetz geregelt. Das Beschäftigtenschutzgesetz ist nun im AGG integriert. Abs. 4 verweist für seinen Geltungsbereich hinsichtlich der bezweckten oder bewirkten Verletzung der Würde, einschließlich des Beispiels der Schaffung eines feindlichen Umfeldes, auf die Voraussetzungen nach Abs. 3. Allerdings ist hier die Schaffung eines feindlichen Umfeldes nur beispielhaft, muss aber nicht zwingend zur Würdeverletzung hinzutreten.[31] Wann eine Verhaltensweise **sexuell bestimmt** ist, ist nicht vom subjektiv erstrebten Ziel des Handelnden aus zu bestimmen.[32] Für die Unerwünschtheit der Verhaltensweise ist es ausreichend, wenn aus Sicht einer objektiven Beobachterin bzw. eines Beobachters davon auszugehen ist, dass das entsprechende Verhalten von den Betroffenen nicht erwünscht ist oder nicht akzeptiert wird.

14 **Sexuelle Handlungen** sind unabhängig von einer besonderen Schwere stets eine Belästigung.[33] Das deutlichste Anwendungsbeispiel bilden sexuell bestimmte körperliche Berührungen und entsprechende Bemerkungen, etwa Äußerungen über sexuelles Verhalten oder Neigungen, Partnerwahl, Ausstrahlung oder Erscheinungsbild An- oder Abwesender.[34] Zeigen und sichtbares Anbringen **pornographischer Darstellungen** meint im strafrechtlichen Sprachgebrauch die Darbietung vergröbernder, verzerrender Darstellung der Sexualität ohne Sinnzusammenhang mit anderen Lebensäußerungen.[35]

15 Abweichend zum Regelungsgehalt des § 3 BeschSchG verlangt das AGG kein vorsätzliches Verhalten mehr.[36] Ob es überhaupt schuldhaftes Verhalten voraussetzt, ist unklar. Da das Diskriminierungsverbot wegen sexueller Belästigung auf der Struktur des Belästigungstatbestandes in § 3 Abs. 3 aufbaut, kann auf die dortigen Ausführungen verwiesen werden. Von § 3 Abs. 3 abweichend sind auch die einmaligen Belästigungshandlungen vom Schutzbereich des Abs. 3 erfasst.

16 **5. Anweisung zur Benachteiligung Abs. 5.** Eine Anweisung zur Benachteiligung liegt vor, wenn jemand eine Person zu einem Verhalten bestimmt, das einen Beschäftigten oder eine Beschäftigte benachteiligt oder benachteiligen kann (§ 3 Abs. 5). Hierfür ist nicht erforderlich, dass der Angewiesene die Handlung tatsächlich ausgeführt hat.

17 **6. Zurechnung der Benachteiligung durch Dritte.** § 3 Abs. 5 trifft keine abschließende Regelung über die Zurechnung der Benachteiligung für Dritte. Die Zurechnung erfolgt vielmehr zutreffend über eine Anwendung der §§ 31, 278 BGB.[37] Andere Ansichten vertreten wegen des Bezugs auf das Vertretenmüssen in § 15 Abs. 1 nur die Anwendung von § 278 BGB;[38] oder § 278 BGB komme bei der Anwendung des § 15 voll zur Anwendung, soweit Führungskräfte handeln.[39]

§ 4 AGG Unterschiedliche Behandlung wegen mehrerer Gründe

Erfolgt eine unterschiedliche Behandlung wegen mehrerer der in § 1 genannten Gründe, so kann diese unterschiedliche Behandlung nach den §§ 8 bis 10 und 20 nur gerechtfertigt werden, wenn sich die Rechtfertigung auf alle diese Gründe erstreckt, derentwegen die unterschiedliche Behandlung erfolgt.

29 BAG 25.10.2007 – 5 AZR 584/05, NZA 2007, 223 (225).

30 LAG Düsseldorf 18.6.2008 – 7 Sa 383/08, BeckRS 2008, 57246.

31 *Annuß* BB 2006, 1629 (1632).

32 So aber: *Worzalla* NZA 1994, 1016 (1018); Henssler/ Willemsen/Kalb/*Annuß/Rupp* Rn. 17.

33 BAG 9.1.1986 – 2 ABR 24/85, AP BGB § 626 Ausschlussfrist Nr. 20; LAG HM 13.2.1997 – 17 Sa 1544/96, NZA-RR 1997, 250; 255.

34 BayVGH 12.8.2004 – 22 CS 04.1679, NVwZ-RR 2005, 49; LAG NI 25.11.2008 – 1 Sa 547/08, NZA-RR 2009, 249; LAG SH 4.3.2009 – 3 Sa 410/08, ArbRB 2009, 194.

35 BGH Urt 21.6.1990 – 1 StR 477/89, NJW 1990, 3026; OLG D 28.3.1974 – 1 Sa 477/89, NJW 1974, 1474.

36 Vgl. ErfK/*Schlachter* AGG § 3 Rn. 14.

37 Vgl. BeckOK ArbR/*Roloff* AGG § 3 Rn. 37.

38 *Kamanabrou* RdA 2006, 321 (338).

39 *Stoffels* RdA 2009, 204 (208).

I. Normzweck

§ 4 ist eine Klarstellungsvorschrift, die für Fälle der sog. Mehrfachdiskriminierung bestimmt, dass jede **1** Ungleichbehandlung für sich einer Rechtfertigung bedarf. Sie trägt dem Umstand Rechnung, dass bestimmte Personengruppen typischerweise der Gefahr ausgesetzt sind, gleich in mehrfacher Hinsicht benachteiligt zu werden.

II. Regelungsgehalt

Die Vorschrift besagt, dass eine Ungleichbehandlung wegen mehrerer in § 1 genannten Gründe nicht **2** dadurch insgesamt zulässig wird, dass hinsichtlich eines Merkmals ein Rechtfertigungsgrund vorliegt.[1] Vielmehr muss jede Benachteiligung gerechtfertigt sein.[2] Entgegen dem Wortlaut können Mehrfachbenachteiligungen dabei nicht nur nach den §§ 8–10 und 20, sondern natürlich auch durch positive Maßnahmen nach § 5 gerechtfertigt werden.[3]

Die Norm ist zudem über den Wortlaut hinaus auch auf mittelbare Benachteiligungen oder eine Kombina- **3** tion von mittelbaren und unmittelbaren Benachteiligungen anzuwenden.[4]

III. Beweislastverteilung

Im Rahmen des § 4 ist die Beweislastregel des § 22 mit der Maßgabe anzuwenden, dass bei Vorliegen der **4** Vermutungsvoraussetzungen hinsichtlich jedes einzelnen Merkmals bewiesen werden muss, dass keine ungerechtfertigte Ungleichbehandlung vorliegt.[5] Andererseits liegt eine Benachteiligung wegen eines in § 1 genannten Grundes nicht vor, wenn der Kandidat schon objektiv überhaupt nicht geeignet ist, er also unabhängig von einer Ungleichbehandlung nicht als Bewerber in Frage kommt.[6]

§ 5 AGG Positive Maßnahmen

Ungeachtet der in den §§ 8 bis 10 sowie in § 20 benannten Gründe ist eine unterschiedliche Behandlung auch zulässig, wenn durch geeignete und angemessene Maßnahmen bestehende Nachteile wegen eines in § 1 genannten Grundes verhindert oder ausgeglichen werden sollen.

I. Allgemeines	1	2. Erforderlichkeit	5
II. Voraussetzungen	3	3. Angemessenheit	6
1. Geeignetheit	4	III. Frauenförderung	8

I. Allgemeines

§ 5 normiert einen Rechtfertigungsgrund[1] für Ungleichbehandlungen. Danach sind Ungleichbehandlungen **1** über die Fälle der §§ 8–10 und § 20 hinaus zulässig, wenn sie der Bekämpfung bestehender oder der Vermeidung künftiger Nachteile dienen sollen. Voraussetzung für die Rechtfertigung einer an sich gem. § 7 oder § 19 verbotenen Ungleichbehandlung ist die Geeignetheit und Angemessenheit der zur Zielerreichung ergriffenen Maßnahme.

Die Norm ist ein Eingeständnis an die gesellschaftliche Wirklichkeit und die Konsequenz aus der Erkennt- **2** nis, dass Diskriminierungsverbote allein nicht ausreichen, um Chancengleichheit herzustellen.[2] Vor diesem Hintergrund sollen dem Gesetzgeber, den Tarifvertragsparteien und den Arbeitgebern die Möglichkeit gegeben werden, Fehlentwicklungen durch „positive Maßnahmen"[3] zu begegnen. Sie setzt damit Art. 5 der Richtlinie 2000/43/EG, Art. 7 Abs. 1 der Richtlinie 2000/78/EG, Art. 2 Abs. 8 der Richtlinie 76/207/EWG und Art. 6 der Richtlinie 2004/113/EG um.

1 ErfK/*Schlachter* AGG § 4 Rn. 1.
2 *Rühl/Schmid/Viethen* III 6 d (S. 77).
3 ErfK/*Schlachter* AGG § 4 Rn. 1; Schleusener/ Suckow/Voigt/*Voigt* AGG § 4 Rn. 3.
4 BeckOK/*Roloff* AGG § 4 Rn. 1; Däubler/Bertzbach/ *Däubler* AGG § 4 Rn. 10; Schleusener/Suckow/ Voigt/*Voigt* AGG § 4 Rn. 5.
5 Vgl. Däubler/Bertzbach/*Däubler* AGG § 4 Rn. 14.
6 Schleusener/Suckow/Voigt/*Voigt* AGG § 4 Rn. 9.

1 Vgl. zur Rechtsnatur Däubler/Bertzbach/*Hinrichs* AGG § 5 Rn. 5.
2 Däubler/Bertzbach/*Hinrichs* AGG § 5 Rn. 3; Däubler/Bertzbach/*Blanke/Graue* Einl. Rn. 232; *Hey* AGG § 5 Rn. 3.
3 Im Angelsächsischen hat sich seit den Bemühungen zur Herstellung von Chancengleichheit für afroamerikanische Bürger in den 1960er-Jahren der Begriff „affirmative action" etabliert.

II. Voraussetzungen

3 Voraussetzung für die Zulässigkeit einer Ungleichbehandlung ist die Geeignetheit und Angemessenheit der Maßnahme. Diesbezüglich kann an die von der Rechtsprechung zu § 611 a BGB aF entwickelten Grundsätze angeknüpft werden.[4] Die Maßnahmen müssen objektiv geeignet, erforderlich und angemessen sein und es muss im konkreten Einzelfall eine Abwägung mit den Belangen der von der Begünstigung ausgeschlossenen Personen stattfinden.[5]

4 **1. Geeignetheit.** Die Maßnahme ist geeignet, wenn objektiv die Wahrscheinlichkeit besteht, dass das angestrebte Ziel durch sie erreicht wird.[6] Welche Anforderungen an die Wahrscheinlichkeit zu stellen sind, wird kontrovers diskutiert. Zum Teil wird vertreten, nur schlechterdings ungeeignete Maßnahmen seien unzulässig, allein die Möglichkeit der Erreichung des Ziels reiche aus.[7] Damit wird dem Zweck des § 5, Förderprogramme zur Erreichung der Chancengleichheit zu ermöglichen, sehr weitgehend Rechnung getragen. Andererseits ist zweifelhaft, ob derartig geringe Anforderungen die Benachteiligungen der von der Begünstigung ausgeschlossenen Personen rechtfertigen können.[8] Sachgerechter erscheint es daher darauf abzustellen, dass es wahrscheinlicher ist, das Ziel zu erreichen als es zu verfehlen.

5 **2. Erforderlichkeit.** Die Maßnahme ist erforderlich, wenn keine gleichermaßen geeignete mildere Maßnahme zur Erreichung des Zwecks zur Verfügung steht.[9]

6 **3. Angemessenheit.** Die Maßnahmen müssen zudem angemessen sein, die Verhältnismäßigkeit zwischen Förderung und Gleichbehandlung muss gewahrt bleiben.[10] Zur Beurteilung der Angemessenheit ist im konkreten Einzelfall eine Abwägung zwischen den bestehenden bzw. zu befürchtenden Nachteilen, den Förderungszielen, den Fördermaßnahmen und deren Auswirkungen auf die jeweils benachteiligten Personen vorzunehmen.[11] Unzulässig ist eine Maßnahme etwa dann, wenn sie einen völligen Ausschluss für die benachteiligten Personen bedeutet.[12]

7 Die Abwägung ist grundsätzlich gruppenbezogen vorzunehmen, zugleich müssen allerdings Vorkehrungen getroffen werden, die gewährleisten, dass im Einzelfall keine unzumutbaren Härten entstehen.[13] Eine entsprechende „Sollbruchstelle" kann etwa durch Öffnungs- oder Härtefallklauseln kreiert werden.[14]

III. Frauenförderung

8 Die Bedeutung ambitionierter positiver Maßnahmen zur Frauenförderung wird entsprechend dem derzeitigen nationalen und internationalen Trend, der mittlerweile auch die Dax-Konzerne erreicht hat (Frauenquoten nicht nur in Führungspositionen, sondern sogar schon bei Bewerbungen, vgl. ua Handelsblatt vom 18.6.2010 und 28.1.2011: Gastbeitrag von Kristina Schröder zur FlexiQuote für Frauen in Führungssituationen), wohl weiter zunehmen, zumal sich die bisherigen Maßnahmen als weitestgehend wirkungslos erwiesen haben und der Anteil an Frauen in höheren Führungsebenen auf niedrigem Niveau stagniert.

9 Hinsichtlich der Rechtfertigung von Fördermaßnahmen ist entsprechend den genannten Zulässigkeitsvoraussetzungen darauf zu achten, dass die Maßnahme nicht zu überproportionalen Benachteiligungen der männlichen Arbeitnehmer und Bewerber führt. Insbesondere darf dem Geschlecht bei gleicher Qualifikation nicht der absolute Vorrang eingeräumt werden.[15] Vielmehr muss gewährleistet sein, dass die entsprechende Beförderungs- bzw. Einstellungsentscheidung auf Grundlage einer objektiven Beurteilung getroffen wird, bei der die besondere persönliche Lage jedes Kandidaten berücksichtigt wird.[16]

10 Zulässig ist die Frauenförderung auch dann, wenn ein Arbeitgeber grundsätzlich nur den Arbeitnehmerinnen Kindertagesstättenplätze zur Verfügung stellt.[17] Dies rechtfertigt sich dadurch, dass die Geburt eines Kindes aufgrund unzureichender Kinderbetreuungsangebote gerade bei weiblichen Arbeitnehmern überpro-

---

4 ErfK/*Schlachter* AGG § 5 Rn. 4.
5 ErfK/*Schlachter* AGG § 5 Rn. 4; Däubler/Bertzbach/*Hinrichs* § 5 Rn. 25, 28; *Hey* AGG § 5 Rn. 12, 16; *Rühl/Schmidt/Viethen*, S. 76; vgl. auch EuGH 19.3.2002 – Rs. C-476/99 (Lommers) Rn. 39.
6 *Hey* AGG § 5 Rn. 13; Schleusener/Suckow/Voigt/*Voigt* AGG § 5 Rn. 18.
7 Vgl. *Meinel/Heyn/Harms* AGG § 5 Rn. 9.
8 Schleusener/Suckow/Voigt/*Voigt* AGG § 5 Rn. 18.
9 *Hey* § 5 Rn. 15; Däubler/Bertzbach/*Hinrichs* AGG § 5 Rn. 27.
10 *Wiedemann/Thüsing* NZA 2002, 1234 (1240).
11 Däubler/Bertzbach/*Hinrichs* AGG § 5 Rn. 28; Schleusener/Suckow/Voigt/*Voigt* AGG § 5 Rn. 21; *Hey* AGG § 5 Rn. 16.

12 ErfK/*Schlachter* AGG § 5 Rn. 4; *Hey* AGG § 5 Rn. 16.
13 Schleusener/Suckow/Voigt/*Voigt* AGG § 5 Rn. 21; Däubler/Bertzbach/*Hinrichs* AGG § 5 Rn. 28 f.
14 Vgl. EuGH 19.3.2002 – C-476/99 (Lommers); Schleusener/Suckow/Voigt/*Voigt* AGG § 5 Rn. 23; Däubler/Bertzbach/*Hinrichs* AGG § 5 Rn. 29.
15 EuGH 17.10.1995 – C-450/93 (Kalanke); *Thüsing*, Arbeitsrechtlicher Diskriminierungsschutz, S. 165 (Rn. 405); *Hey* § 5 Rn. 19.
16 EuGH 28.3.2000 – C-158/97 (Badeck); *Thüsing*, Arbeitsrechtlicher Diskriminierungsschutz, S. 165 (Rn. 405).
17 EuGH 19.3.2002 – C-476/99 (Lommers).

portional häufig zur Aufgabe der Beschäftigung führen kann.[18] Die Anforderungen an die Angemessenheit der Maßnahme sind gewahrt, wenn alleinerziehenden Vätern durch eine Härtefallklausel ebenfalls Zugang zu den Betreuungseinrichtungen gewährt wird.[19]

Abschnitt 2
Schutz der Beschäftigten vor Benachteiligung

Unterabschnitt 1
Verbot der Benachteiligung

§ 6 AGG Persönlicher Anwendungsbereich

(1) [1]Beschäftigte im Sinne dieses Gesetzes sind
1. Arbeitnehmerinnen und Arbeitnehmer,
2. die zu ihrer Berufsbildung Beschäftigten,
3. Personen, die wegen ihrer wirtschaftlichen Unselbstständigkeit als arbeitnehmerähnliche Personen anzusehen sind; zu diesen gehören auch die in Heimarbeit Beschäftigten und die ihnen Gleichgestellten.

[2]Als Beschäftigte gelten auch die Bewerberinnen und Bewerber für ein Beschäftigungsverhältnis sowie die Personen, deren Beschäftigungsverhältnis beendet ist.

(2) [1]Arbeitgeber (Arbeitgeber und Arbeitgeberinnen) im Sinne dieses Abschnitts sind natürliche und juristische Personen sowie rechtsfähige Personengesellschaften, die Personen nach Absatz 1 beschäftigen. [2]Werden Beschäftigte einem Dritten zur Arbeitsleistung überlassen, so gilt auch dieser als Arbeitgeber im Sinne dieses Abschnitts. [3]Für die in Heimarbeit Beschäftigten und die ihnen Gleichgestellten tritt an die Stelle des Arbeitgebers der Auftraggeber oder Zwischenmeister.

(3) Soweit es die Bedingungen für den Zugang zur Erwerbstätigkeit sowie den beruflichen Aufstieg betrifft, gelten die Vorschriften dieses Abschnitts für Selbstständige und Organmitglieder, insbesondere Geschäftsführer oder Geschäftsführerinnen und Vorstände, entsprechend.

I. Regelungsinhalt 1
II. Arbeitnehmer 2
III. Die zu ihrer Berufsbildung Beschäftigten 4
IV. Arbeitnehmerähnliche Personen 5
V. Bewerber und ehemalige Arbeitnehmer 7
VI. Arbeitgeber 9
VII. Selbstständige und Organmitglieder 11

I. Regelungsinhalt

§ 6 enthält Legaldefinitionen der Begriffe „Beschäftigte" und „Arbeitgeber" und bestimmt damit den persönlichen Anwendungsbereich des AGG. Neben den Arbeitnehmern, Auszubildenden und arbeitnehmerähnlichen Personen werden gem. § 6 Abs. 1 S. 2 auch Personen geschützt, die noch nicht bzw. nicht mehr Arbeitnehmer sind sowie nach § 6 Abs. 3 in begrenztem Umfang auch Selbstständige und Organmitglieder. Beamte und Richter sind keine Beschäftigten im Sinne des AGG, sie werden aber über § 24 unter Berücksichtigung ihrer besonderen Rechtsstellung in den Schutzbereich einbezogen. **1**

II. Arbeitnehmer

Arbeitnehmer ist, wer aufgrund eines privatrechtlichen Vertrages im Dienste eines anderen zur Erbringung weisungsgebundener Arbeit in persönlicher Abhängigkeit verpflichtet ist. Anhand des Merkmals der Weisungsgebundenheit ist die Abgrenzung insbesondere zu den freien Mitarbeitern vorzunehmen, die Selbstständige sind. Anzuknüpfen ist insoweit an die von § 84 Abs. 1 S. 2 HGB aufgestellten Kriterien, also daran, ob die Tätigkeit im Wesentlichen frei gestaltet und die Arbeitszeit selbst bestimmt werden kann.[1] **2**

„Ein-Euro-Jobber" sind keine Arbeitnehmer, was durch § 16 d S. 2 SGB II klargestellt wird. Sie erbringen ihre Tätigkeit nicht aufgrund eines privatrechtlichen Vertrages, sondern aufgrund öffentlichen Rechts.[2] **3**

18 EuGH 19.3.2002 – C-476/99 (Lommers).
19 Schleusener/Suckow/Voigt/*Voigt* AGG § 5 Rn. 23.
1 Däubler/Bertzbach/*Schrader*/*Schubert* AGG § 6 Rn. 3.
2 Däubler/Bertzbach/*Schrader*/*Schubert* AGG § 6 Rn. 3 a.

III. Die zu ihrer Berufsbildung Beschäftigten

4   Nach § 6 Abs. 1 Nr. 2 sind die zu ihrer Berufsbildung Beschäftigten ebenfalls Beschäftigte im Sinne des AGG. Die Norm unterstellt damit Auszubildende und Lehrlinge dem Schutz des 2. Abschnitts des AGG, erfasst daneben aber auch Personen, die an anderen Berufsbildungsmaßnahmen im Sinne des § 1 BBiG – Fortbildung, Umschulung und Berufsausbildungsvorbereitung – teilnehmen, sofern sie dem Weisungsrecht des Ausbilders hinsichtlich Inhalt, Zeit und Ort der Tätigkeit unterliegen.[3]

IV. Arbeitnehmerähnliche Personen

5   Arbeitnehmerähnliche Personen sind Selbstständige, die zwar in wesentlich geringerem Maße persönlich abhängig sind, die aber aufgrund ihrer wirtschaftlichen Abhängigkeit ebenso wie Arbeitnehmer sozial schutzbedürftig sind.[4] Der Begriff entspricht damit dem des § 5 Abs. 1 S. 2 AGG.[5] Die wirtschaftliche Abhängigkeit kann sich bei einer Tätigkeit des Selbstständigen für mehrere Arbeitgeber daraus ergeben, dass maßgeblich die regelmäßige Vergütung von einem von ihnen die Existenzgrundlage sichert.[6]

6   Als arbeitnehmerähnliche Personen gelten auch die in Heimarbeit Beschäftigten. Davon erfasst werden gem. § 1 Abs. 1 HAG Heimarbeiter und Hausgewerbetreibende, die in § 2 Abs. 1 und 2 HAG legaldefiniert sind.

V. Bewerber und ehemalige Arbeitnehmer

7   § 6 Abs. 1 S. 2 unterstellt auch Bewerber für ein Beschäftigungsverhältnis dem Schutz des AGG. Bewerber sind nur die Personen, die sich ernsthaft auf eine Stelle bewerben, nicht sog. AGG-Hopper.[7]

Das BAG hatte sich in jüngerer Zeit dieser Rechtsauffassung angeschlossen[8] und argumentiert, dass sich „Scheinbewerber" nicht in einer mit „echten" Bewerbern „vergleichbaren Situation" (§ 3 Abs. 1) befinden oder sie wegen fehlender Ernsthaftigkeit rechtsmissbräuchlich (§ 242 BGB) handeln. Nun hat das BAG[9] dem EuGH die Frage zur Vorabentscheidung vorgelegt, ob das Unionsrecht dahin gehend auszulegen ist, dass auch derjenige Diskriminierungsschutz genießt, der nicht eine Einstellung erreichen will, sondern nur den Status als Bewerber zwecks Geltendmachung von Entschädigungsansprüchen. Es möchte außerdem wissen, ob eine solche formale Bewerbung im Einzelfall nach Unionsrecht als rechtsmissbräuchlich beurteilt werden kann.

Schließlich darf ein Bewerber zudem für das anvisierte Beschäftigungsverhältnis nicht objektiv völlig ungeeignet sein.[10]

8   Personen, deren Beschäftigungsverhältnis bereits beendet ist, werden ebenfalls vor Ungleichbehandlungen des ehemaligen Arbeitgebers geschützt, etwa hinsichtlich der Aufnahme in ein Alumni-Netzwerk, der Erteilung von Arbeitszeugnissen oder der Gewährung von Mitarbeiterrabatten.[11]

VI. Arbeitgeber

9   Arbeitgeber ist zunächst jede natürliche oder juristische Person oder rechtsfähige Personengesellschaft, die aufgrund eines Arbeitsvertrages unselbstständige, weisungsabhängige Dienstleistungen von einem Arbeitnehmer fordern kann. Maßgeblich für die Anwendung des 2. Abschnitts des AGG ist nach dem Wortlaut jedoch nur die tatsächliche Beschäftigung eines Beschäftigten im Sinne des Abs. 1, so dass es auf das Vorhandensein oder die Wirksamkeit eines zugrunde liegenden Vertrages nicht ankommt.[12] Der Begriff des Arbeitgebers ist daher mittelbar über den Begriff des Beschäftigten zu bestimmen.[13]

---

3   *Hey* AGG § 6 Rn. 7; ErfK/*Schlachter* AGG § 6 Rn. 2; Prütting/Wegen/Weinreich/*Lingemann* AGG § 6 Rn. 2; Schiek/*Schmidt* AGG § 6 Rn. 4.

4   Däubler/Bertzbach/*Schrader*/*Schubert* AGG § 6 Rn. 11; Schiek/*Schmidt* AGG § 6 Rn. 5; Henssler/Willemsen/Kalb/*Annuß*/*Rupp* AGG § 6 Rn. 5.

5   Hümmerich/Boecken/Düwell/*v.Steinau-Steinrück*/*Schneider* AGG § 6 Rn. 3; *Bauer/Göpfert/Krieger* AGG § 6 Rn. 8.

6   *Bauer/Göpfert/Krieger* AGG § 6 Rn. 8.

7   Prütting/Wegen/Weinreich/*Lingemann* AGG § 6 Rn. 3; LAG Frankfurt 19.11.2011 – 16 Sa 965/11.

8   BAG 16.2.2012 – 8 AZR 687/10, ArbRB 2012, 200 (*Suberg*); 24.1.2013 – 8 AZR 429/11, ArbRB 2013,

33 (*Range-Ditz*); vgl. dazu auch ArbG Düsseldorf 23.4.2010 – 10 Ca 7038/09, BeckRS 2010, 70182.

9   BAG 18.6.2015 – 8 AZR 848/13, ArbRB 2015, 261.

10   Rolfs/Giesen/Kreikebohm/Udsching/*Roloff* AGG § 6 Rn. 2; ErfK/*Schlachter* AGG § 6 Rn. 3; Hümmerich/Boecken/Düwell/*v.Steinau-Steinrück*/*Schneider* AGG § 6 Rn. 5.

11   *Bauer/Göpfert/Krieger* AGG § 6 Rn. 14.

12   Dornbusch/Fischermeier/Löwisch/*Kramer* AGG § 6 Rn. 3; *Bauer/Göpfert/Krieger* AGG § 6 Rn. 14; Prütting/Wegen/Weinreich/*Lingemann* AGG § 6 Rn. 5.

13   Schleusener/Suckow/Voigt/*Schleusener* AGG § 6 Rn. 15.

Durch § 6 Abs. 2 S. und 3 wird sichergestellt, dass Beschäftigte auch gegenüber solchen Personen geschützt **10** werden, die zwar nicht ihre Arbeitgeber sind, ihnen aber in vergleichbarer Position gegenüberstehen.[14] Bei einer Arbeitnehmerüberlassung ist daher auch der Entleiher als Arbeitgeber im Sinne des AGG anzusehen.[15] Daneben bleibt natürlich auch der Verleiher Arbeitgeber.[16] Bei den in Heimarbeit Beschäftigten tritt an die Stelle des Arbeitgebers der Auftraggeber oder Zwischenmeister (§ 2 Abs. 3 HAG).

VII. Selbstständige und Organmitglieder

Von den Beschäftigten in Abs. 1 zu unterscheiden sind Selbstständige, wobei die Abgrenzung nach den in **11** § 84 Abs. 1 S. 2 HGB enthaltenen Kriterien erfolgt, also danach, ob die Person ihre Tätigkeit im Wesentlichen frei gestalten und ihre Arbeitszeit bestimmen kann. Darunter fallen insbesondere Freiberufler, freie Handelsvertreter, Berater und freie Mitarbeiter.[17] Sie erfahren über § 6 Abs. 3 (einen gegenüber den Beschäftigten nach Abs. 1 abgeschwächten) Schutz vor Ungleichbehandlungen hinsichtlich des Zugangs zur Erwerbstätigkeit und den Aufstiegsmöglichkeiten. Die Einschränkung des Schutzes rechtfertigt sich durch das geringere Ausmaß an persönlicher und wirtschaftlicher Abhängigkeit gegenüber dem jeweiligen Vertragspartner.

Der gleiche abgeschwächte Schutz gilt für Organmitglieder, insbesondere für Geschäftsführer[18] einer **12** GmbH (§ 35 GmbHG) und Vorstände einer AG (§ 76 AktG). Als Organe des Arbeitgebers haben diese im Grundsatz eine Arbeitgeberstellung inne und sind regelmäßig weniger schutzbedürftig als die in Abs. 1 genannten Personen.[19] Als „beruflicher Aufstieg" im Sinne des Abs. 3 kommen für diese insbesondere die Ernennung zum Sprecher oder Vorstandsvorsitzenden in Betracht.[20]

§ 7 AGG Benachteiligungsverbot

(1) Beschäftigte dürfen nicht wegen eines in § 1 genannten Grundes benachteiligt werden; dies gilt auch, wenn die Person, die die Benachteiligung begeht, das Vorliegen eines in § 1 genannten Grundes bei der Benachteiligung nur annimmt.

(2) Bestimmungen in Vereinbarungen, die gegen das Benachteiligungsverbot des Absatzes 1 verstoßen, sind unwirksam.

(3) Eine Benachteiligung nach Absatz 1 durch Arbeitgeber oder Beschäftigte ist eine Verletzung vertraglicher Pflichten.

I. Allgemeines 1
  1. Geschützter Personenkreis 5
  2. Adressat der Regelung 6
II. Erscheinungsformen der Benachteiligung 7
  1. Benachteiligung im Einstellungs- und
    Bewerbungsverfahren 10
  2. Benachteiligung bei Beförderungen 13
  3. Benachteiligung bei Entlassungsbedin-
    gungen 14

III. Benachteiligung wegen der Rasse oder der
    ethnischen Herkunft 15
IV. Benachteiligung wegen des Geschlechts 17
V. Benachteiligung wegen der Religion oder der
    Weltanschauung 20
VI. Benachteiligung wegen Behinderung 23
VII. Benachteiligung wegen des Alters 24
VIII. Benachteiligung wegen der sexuellen Identität 26
IX. Sonstige Maßnahmen 27

I. Allgemeines

§ 7 enthält eine der zentralen Aussagen des AGG. Diese Vorschrift normiert das arbeitsrechtliche Verbot **1** von Benachteiligungen wegen eines in § 1 genannten Grundes. Eine derartige Regelung gab es bereits zuvor in § 611a BGB aF, allerdings war diese auf die Diskriminierung wegen des Geschlechts beschränkt und wurde durch das weitergehende AGG abgelöst. Die von der Rechtsprechung zu § 611a BGB aF entwickelten Grundsätze sind weiterhin anwendbar.

14 Henssler/Willemsen/Kalb/*Annuß*/*Rupp* AGG § 6 Rn. 6.
15 Rolfs/Giesen/Kreikebohm/Udsching/*Roloff* AGG § 6 Rn. 3.
16 Schiek/*Schmidt* AGG § 6 Rn. 9; Prütting/Wegen/Weinreich/*Lingemann* AGG § 6 Rn. 5.
17 Hümmerich/Boecken/Düwell/*v.Steinau-Steinrück*/*Schneider* AGG § 6 Rn. 9; Schiek/*Schmidt* AGG § 6 Rn. 13.
18 Vgl. dazu BGH 23.4.2012 – II ZR 163/10, NZA 2012, 797.
19 Schleusener/Suckow/Voigt/*Schleusener* AGG § 6 Rn. 16.
20 Hümmerich/Boecken/Düwell/*v.Steinau-Steinrück*/*Schneider* AGG § 6 Rn. 8.

2   Die Norm enthält im Wesentlichen nur Klarstellungen und ist nicht aus sich heraus verständlich, sondern muss im Gesamtkontext gelesen werden:[1] Eine Benachteiligung zieht nicht stets Rechtsfolgen nach sich, sondern kann nach §§ 8–10 und § 5 gerechtfertigt sein. Die Unterscheidung zwischen unmittelbarer und mittelbarer Benachteiligung, Belästigung, und Anweisung zur Benachteiligung wird nach den Legaldefinitionen des § 3 vorgenommen. Die Rechtsfolgen eines Verstoßes ergeben sich aus § 7 Abs. 2 und §§ 13–16 sowie § 134 BGB. Der geschützte Personenkreis ergibt sich aus § 6 und § 24.

3   Abs. 2 enthält die Klarstellung, dass Kollektiv- und Individualvereinbarungen nichtig sind, wenn sie gegen das Benachteiligungsverbot verstoßen.[2]

4   Abs. 3 stellt klar, dass ein Verstoß gegen das Benachteiligungsverbot eine Vertragspflichtverletzung darstellt.

5   **1. Geschützter Personenkreis.** Zum geschützten Personenkreis gehören die in § 6 Abs. 1 legaldefinierten Beschäftigten, darüber hinaus in begrenztem Umfang auch Selbstständige und Organmitglieder nach § 6 Abs. 3 sowie – unter Berücksichtigung ihrer besonderen Rechtsstellung – Beamte und Richter nach § 24.

6   **2. Adressat der Regelung.** Das Benachteiligungsverbot richtet sich an den Arbeitgeber, daneben aber auch an Arbeitskollegen und Dritte. Den Arbeitgeber trifft eine im Einzelnen durch § 12 konkretisierte Pflicht, im Rahmen des ihm Möglichen und Zumutbaren präventive Maßnahmen zur Vermeidung von Verstößen Dritter zu ergreifen bzw. auf begangene Verstöße von Beschäftigten entsprechend zu reagieren. Arbeitskollegen und Dritte haften ihrerseits nach den Regeln des allgemeinen Deliktsrechts.[3]

II. Erscheinungsformen der Benachteiligung

7   Ein Verstoß gegen das Benachteiligungsverbot liegt vor, wenn eine geschützte Person wegen eines in § 1 genannten Grundes benachteiligt wird und diese Benachteiligung nicht nach den §§ 8–10 oder § 5 gerechtfertigt ist.

8   Nach Abs. 1 Hs. 2 gilt dies auch dann, wenn die geschützte Person das Merkmal nicht aufweist, der Benachteiligende dies aber annimmt.[4] Stützt also ein Arbeitgeber etwa aufgrund des „untypischen" äußeren Erscheinungsbildes eine Benachteiligung auf die vermeintliche Zugehörigkeit zu einer bestimmten Ethnie, so stellt dies auch dann einen Verstoß gegen das Benachteiligungsverbot dar, wenn die Person tatsächlich nicht zu dieser Ethnie gehört.[5] Ebenso stellt es einen Verstoß gegen § 7 dar, wenn der Arbeitgeber aufgrund bestimmter Tatsachen davon ausgeht, dass eine Mitarbeiterin schwanger ist und ihr deshalb kündigt. Besteht die Schwangerschaft tatsächlich nicht, ist die Kündigung nicht gem. § 9 MuSchG, sondern gem. § 7 unwirksam.[6] § 7 Abs. 1 Hs. 2 bietet zudem den praktischen Vorteil, dass eine unter Umständen schwierige Beweisaufnahme zum Vorliegen etwaiger Merkmale des § 1 entbehrlich ist, etwa wenn ein Arbeitgeber einen Mitarbeiter wegen dessen vermeintlich homosexueller Ausrichtung benachteiligt.[7]

9   Ein Verstoß gegen das Benachteiligungsverbot liegt auch dann vor, wenn der in § 1 genannte Grund nur eines von mehreren Motiven innerhalb eines Motivbündels darstellt.[8]

10   **1. Benachteiligung im Einstellungs- und Bewerbungsverfahren.** Der Schutz des AGG beginnt bereits mit der Ausschreibung eines Arbeitsplatzes, § 11, und schützt den Bewerber in der Vertragsanbahnungsphase vor unzulässigen Differenzierungen wegen eines in § 1 genannten Grundes. Wird ein Bewerber (auch) wegen eines in § 1 genannten Grundes bei einer Bewerbung nicht berücksichtigt, so kann er unter den Voraussetzungen des § 15 Abs. 2 S. 2 Schadensersatz oder eine angemessene Entschädigung verlangen, selbst wenn er bei einem hypothetisch korrekten Verfahren nicht eingestellt worden wäre. Dies gilt aber nur dann, wenn der Bewerber für die ausgeschriebene Stelle überhaupt geeignet ist.[9] Ist der Bewerber bereits objektiv ungeeignet oder fehlt es an der Ernstlichkeit der Bewerbung besteht kein Anspruch.[10] In keinem Falle kann der Bewerber wegen des Verstoßes die Einstellung verlangen, § 15 Abs. 6.

Eine Benachteiligung im Sinne der §§ 7 Abs. 1, 3 Abs. 1 und 2 AGG liegt hingegen nicht vor, wenn sich der Arbeitgeber noch während einer laufenden Stellenausschreibung entschließt, eine Stellenbesetzung nicht vorzunehmen und demzufolge keinen Bewerber/keine Bewerberin zum Vorstellungsgespräch einlädt und einstellt.[11] Eine entschädigungspflichtige Benachteiligung liegt auch dann nicht vor, wenn ein männlicher

---

1   *Bauer/Göpfert/Krieger* AGG § 7 Rn. 1.
2   Palandt/*Weidenkaff* AGG § 7 Rn. 5.
3   Wendeling-Schröder/Stein/*Wendeling-Schröder* AGG § 7 Rn. 6; Palandt/*Weidenkaff* AGG § 7 Rn. 7.
4   BAG 17.12.2009 – 8 AZR 670/08, NZA 2010, 383.
5   Rust/Falke/*Rust* AGG § 7 Rn. 22.
6   Schleusener/Suckow/Voigt/*Schleusener* AGG § 7 Rn. 31.

7   Wendeling-Schröder/Stein/*Wendeling-Schröder* AGG § 7 Rn. 12; Rust/Falke/*Rust* AGG § 7 Rn. 23; *Bauer/Göpfert/Krieger* AGG § 7 Rn. 12.
8   MüKoBGB/*Thüsing* AGG § 7 Rn. 5.
9   LAG Hamm 26.8.2010 – 15 Sa 356/10, BeckRS 2010, 74294.
10   Schleusener/Suckow/Voigt/*Schleusener* AGG § 7 Rn. 8.
11   LAG Hamm 4.2.2014 – 7 Sa 1026/13, NZA-RR 2014, 412.

Bewerber bei einer nur für Frauen ausgeschriebene Stelle einer kommunalen Gleichstellungsbeauftragten wegen seines Geschlechtes abgelehnt wird, weil die schleswig-holsteinische Kreisordnung und das Landesgleichstellungsgesetz nur weibliche Gleichstellungsbeauftragte vorsehen. Diese Vorschriften dienten der Beseitigung der strukturellen Nachteile von Frauen und seien sowohl mit dem Grundgesetz als auch mit dem europäischen Unionsrecht vereinbar.[12]

Jedenfalls beim Arbeitgeber des öffentlichen Dienstes ist eine unterbliebene Einladung zum Vorstellungsgespräch aufgrund fehlender Notenanforderung (Bestenauslese) nicht nur zulässig, sondern geboten. Im Übrigen ist ein Arbeitgeber zwar auch grundsätzlich frei darin, den Aufgabenbereich einer Stelle und die dafür geforderten Qualifikation frei zu bestimmen, sie darf aber nicht willkürlich sein und damit den Schutz des AGG de facto beseitigen.[13]

Der Bewerber wird schon durch Fragen, die auf eine gem. §§ 7, 2 Abs. 1 Nr. 1 verbotene Differenzierung **11** abzielen, benachteiligt, so dass die wahrheitswidrige Beantwortung nicht widerrechtlich im Sinne des § 123 Abs. 1 BGB ist, eine darauf gestützte Anfechtung mithin den Arbeitsvertrag nicht beseitigen kann. Es besteht also ein „Recht zur Lüge" bei diskriminierenden Fragen.[14] Ein Anfechtungsgrund bestünde nur bei der wahrheitswidrigen Beantwortung zulässiger Fragen. Eine Frage ist aber nur zulässig, wenn der Arbeitgeber berechtigte Interessen mit der Frage verfolgt. Eine verbotene Differenzierung kann aber kein berechtigtes Interesse des Arbeitgebers darstellen.

§ 7 verbietet auch eine Benachteiligung bei Befristung und Entfristung eines Beschäftigungsverhältnisses **12** wegen eines in § 1 genannten Grundes.[15] Verfolgt etwa ein Arbeitgeber die Praxis, weibliche Bewerber aufgrund des Geschlechts nur befristet einzustellen während er männliche Bewerber unbefristet einstellt, so stellt dies einen Verstoß gegen das Benachteiligungsverbot dar und die Befristungsabrede ist unwirksam.[16] Das Arbeitsverhältnis ist damit auf unbestimmte Zeit geschlossen.[17] Anders verhält es sich hingegen bei einer gegen § 7 verstoßenden Entscheidung, einen befristeten Vertrag nicht zu entfristen. Einen Anspruch auf eine Entfristung besteht nicht, da dies im Ergebnis einen Einstellungsanspruch bedeuten würde, der durch § 15 Abs. 6 ausgeschlossen wird. Unter den Voraussetzungen des § 15 Abs. 1 und 2 besteht aber ein finanzieller Entschädigungsanspruch.[18]

2. Benachteiligung bei Beförderungen. Ebenso wie bei der Einstellungsentscheidung darf der Arbeitge- **13** ber nach § 2 Abs. 1 Nr. 1 auch eine Entscheidung über eine Beförderung nicht unzulässig auf einen der in § 1 genannten Gründe stützen. Im Rahmen des § 12 ist der Arbeitgeber auch verpflichtet, präventive Maßnahmen zu ergreifen, um bereits im Vorfeld der eigentlichen Beförderungsentscheidungen Chancengleichheit herzustellen, etwa durch Zugang zu Fortbildungsmaßnahmen und Schulungen.

3. Benachteiligung bei Entlassungsbedingungen. Das Benachteiligungsverbot gilt gem. § 2 Abs. 1 **14** Nr. 2 auch bei Entlassungsbedingungen, also bei Kündigungen, Aufhebungsverträgen und auch bei Anfechtungen von Arbeitsverträgen.[19] Knüpft etwa ein Arbeitgeber eine Kündigung ungerechtfertigt an Merkmale des § 1, so ist die Kündigung nach § 4 KSchG unwirksam. Ebenso wie bei anderen Kündigungsgründen gilt sie allerdings gem. § 7 als wirksam, wenn sie nicht innerhalb der Frist des § 4 S. 1 angegriffen wird.[20] Dem steht § 2 Abs. 4 nicht entgegen.[21]

Demgegenüber stellt es keine Diskriminierung dar, wenn bei Sozialplänen rentennahe Jahrgänge nur einen pauschalierten Rentenausgleich erhalten, auch wenn Frauen früher gesetzliches Altersruhegeld in Anspruch nehmen können und daher zeitlich früher von einer solchen Regelung betroffen sein können.[22]

Eine unzulässige Diskriminierung kann sich aber bei der Gestaltungspraxis von Sozialplänen bei einer Verkürzung tariflicher Kündigungsfristen ergeben.[23] Zwar liege es grundsätzlich in der Regelungsmacht der Tarifvertragsparteien, Kündigungsfristen abzukürzen und für alle Arbeitnehmer gleichlange Kündigungsfristen vorzusehen. Allerdings stelle es einen Verstoß gegen Art. 3 Abs. 1 GG dar, die sonst geltenden, von der Dauer der Betriebszugehörigkeit abhängigen tariflichen Kündigungsfristen einheitlich erheblich abzukürzen für den Fall, dass ein Sozialplan abgeschlossen worden ist. Im streitigen Tarifvertrag war ua gere-

12   LAG SchlH 2.11.2017 – 2 Sa 262d/17, BeckRS 2017, 143011.

13   BAG 7.4.2011 – 8 AZR 679/09, NZA 2011, 1184.

14   Schleusener/Suckow/Voigt/*Schleusener* AGG § 7 Rn. 9; ErfK/*Schlachter* AGG § 7 Rn. 1.

15   Vgl. EuGH 4.10.2001 – Rs C-438/99, Slg 2001, I-6915, NZA 2001, 1243 (1246) (Jiménez Melgar).

16   Däubler/Bertzbach/*Däubler* AGG § 7 Rn. 15.

17   Vgl. LAG Köln 26.5.1994 – 10 Sa 244/94 zu § 611 a BGB aF NZA 1995,1105; Schleusener/Suckow/Voigt/*Schleusener* AGG § 7 Rn. 12.

18   Schleusener/Suckow/Voigt/*Schleusener* AGG § 7 Rn. 11.

19   *Hey*, § 2 Rn. 12; Däubler/Bertzbach/*Däubler* AGG § 7 Rn. 16.

20   Schleusener/Suckow/Voigt/*Schleusener* AGG § 7 Rn. 27.

21   Vgl. die Kommentierung zu § 2 Abs. 4.

22   LAG Düsseldorf 14.6.2011 – 16 Sa 401/11, BeckRS 2011, 75358; differenzierter: BAG 15.2.2011 – 9 AZR 584/09, NZA 2011, 1183; LAG BW 24.2.2012 – 12 Sa 51/10, BeckRS 2012, 72370.

23   LAG Hmb 11.1.2018 – 7 Sa 91/17, ArbRAktuell 2018, 207 mAnm *Raif*.

gelt, dass bei fünfzehnjährigem Bestehen des Arbeitsverhältnisses die beiderseitigen Kündigungsfristen neun Monate zum Ende eines Kalenderhalbjahres betragen sollten. Soweit jedoch, wie im entschiedenen Fall, Sozialpläne abgeschlossen werden, sollte die Kündigungsfrist gegenüber allen Arbeitnehmern einen Monat zum Monatsende betragen. Das LAG Hamburg kam zu dem Schluss, allein der Umstand, dass ein Sozialplan gegeben sei, könne die Ungleichbehandlung nicht in angemessener Form rechtfertigen. Würden von der Dauer der Betriebszugehörigkeit abhängige tarifliche Kündigungsfristen einheitlich für den Fall, dass ein Sozialplan abgeschlossen wird, erheblich abgekürzt, liege zugleich ein nicht gerechtfertigter Verstoß gegen §§ 7, 1 AGG vor, denn typischerweise wirkten sich die zum Teil erheblichen Verkürzungen der Kündigungsfrist bei Sozialplänen am stärksten bei älteren Arbeitnehmern aus. Das LAG Hamburg hat die Revision zum BAG zugelassen; dieses wird nun Gelegenheit haben, die aufgeworfene Frage im Spannungsfeld des bekanntlich weitreichenden Schutzes der Tarifautonomie zu klären.

Erhalten Schwerbehinderte aus einem Sozialplan nur einen Pauschalbetrag, während die Abfindung Nichtbehinderter in Abhängigkeit von Betriebszugehörigkeit, Lebensalter und Rentennähe berechnet wird und dadurch die Abfindungshöhe für einen wesentlichen Teil der Schwerbehinderten geringer ausfällt als die der Nichtbehinderten, liegt darin eine Diskriminierung schwerbehinderter Menschen.[24]

Unwirksam ist die automatische Beendigung des Altersteilzeitverhältnisses mit einem Schwerbehinderten im Falle eines Anspruchs auf vorzeitige Inanspruchnahme einer abschlagsfreien Altersversorgung, wenn dies zu einer erheblich verkürzten Freistellungsphase gegenüber der bereits absolvierten Arbeitsphase führt.[25]

III. Benachteiligung wegen der Rasse oder der ethnischen Herkunft

15 Die Feststellung einer ungerechtfertigten Benachteiligung wegen der Rasse oder ethnischen Herkunft ist in der Praxis oftmals schwierig, weil (vordergründig) Merkmale herangezogen werden, die in § 1 nicht genannt werden, die aber unter Umständen eine mittelbare Benachteiligung gem. § 3 Abs. 2 darstellen. So ist ein gebürtiger Spanier durch die Anforderungen schriftlicher Deutschkenntnisse „in besonderer Weise" benachteiligt im Sinne des § 3 Abs. 2, da diese Anforderungen durch Deutsche und Bildungsinländer wesentlich leichter zu erfüllen sind als durch einen im Ausland aufgewachsenen Arbeitnehmer. Damit liegt eine mittelbare Benachteiligung wegen der ethnischen Herkunft vor, die gem. § 3 Abs. 2 rechtfertigungsbedürftig ist. Die Benachteiligung soll nach Ansicht des LAG Hamm[26] nicht gerechtfertigt sein, wenn es dem Arbeitgeber möglich ist, durch zumutbare Umorganisation der Betriebsabläufe dafür zu sorgen, dass die Arbeitsaufgaben auch ohne schriftliche Deutschkenntnisse erfüllt werden können. Das BAG[27] gab hingegen der Revision des Beklagten statt und wies die Klage des Arbeitnehmers ab, weil dem Arbeitnehmer ausreichend Gelegenheit gegeben worden war, sich die erforderlichen Deutschkenntnisse anzueignen. Die Anforderung an eine Unternehmensjuristin, Deutsch als Muttersprache zu sprechen, stellt hingegen eine mittelbare Benachteiligung wegen der ethnischen Herkunft dar. Eine solche Anforderung sei nicht nach § 8 Abs. AGG gerechtfertigt.[28]

Ein Auswahlverfahren, das einen kurzen telefonischen Erstkontakt mit Bewerbern für eine Tätigkeit als Postzustellung vorsieht, kann Bewerber, deren Muttersprache nicht Deutsch ist, wegen ihrer ethnischen Herkunft mittelbar benachteiligen.[29] Eine Absage, weil eine Bewerberin keine deutsche Muttersprachlerin sei, kann eine Indiztatsache im Sinne von § 22 AGG sein.[30]

Eine Benachteiligung wegen der ethnischen Herkunft soll nicht vorliegen, wenn es um die Bezeichnung „Ossi" geht. Diese Bezeichnung hat nach Auffassung des Stuttgarter Arbeitsgerichts zwar einen diskriminierenden Charakter im Sinne einer tendenziell abwertenden Wirkung. Eine Benachteiligung wegen der ethnischen Herkunft im Sinne des AGG liegt hingegen nicht vor. Dazu müssten die Betroffenen einem abgrenzbaren Volk oder einer bestimmten Volkszugehörigkeit zugeordnet werden können. Das setze neben der Verbundenheit zu einem bestimmten Territorium auch eine gemeinsame Sprache, Geschichte und Kultur sowie ein Gefühl der solidarischen Gemeinschaft voraus. Menschen aus den neuen Bundesländern seien nicht in dieser Weise von den übrigen deutschen abgrenzbar. Sie hätten keine gemeinsame Sprache und die

---

24 LAG Köln 19.11.2013 – 12 Sa 692/13, AuR 2014, 120; Revision anhängig beim BAG unter dem Az. 1 AZR 938/13 (Termin 17.11.2015).

25 BAG 12.11.2013 – 9 AZR 484/12, NJOZ 2014, 815.

26 V. 17.7.2008 – 16 Sa 544/08, NZA 2009, 13 ff. m. abl. Anm. *Hunold*.

27 V. 28.10.2010 – 2 AZR 764/08, NZA 2010, 625.

28 BAG 29.6.2017 – 8 AZR 402/15, NZA 2018, 33; vgl. dazu auch *Zundel* NJW 2019, 125 (130).

29 ArbG Hamburg 26.1.2010 – 25 Ca 282/09, BeckRS 2010, 66839.

30 ArbG Berlin 11.2.2009 – 55 Ca 16952/08, NZA 2010, 216.

eigene Geschichte der DDR habe sich über einen zu kurzen Zeitraum erstreckt, um die gemeinsame Kultur aufgrund der gesamtdeutschen Geschichte aufheben zu können.[31]

Mit der Anknüpfung an die Ethnie geht häufig auch eine Anknüpfung an die Religion einher, so dass insoweit gem. § 4 eine Rechtfertigung bezüglicher beider Merkmale vorliegen muss. **16**

IV. Benachteiligung wegen des Geschlechts

Verboten ist eine ungerechtfertigte Benachteiligung wegen des Geschlechts. Neben der Frauen- oder Männerbenachteiligung werden von dem Verbot richtigerweise auch die Benachteiligungen von Transsexuellen oder Hermaphroditen erfasst.[32] Eine Benachteiligung wegen der Transsexualität kann dann aber nicht erfolgen, wenn diese dem Arbeitgeber nicht bekannt ist und er sie daher nicht einmal annimmt.[33] Sehen gesetzliche Vorschriften nur weibliche Stellenbewerber vor, so stellt dies keine Benachteiligung dar, wenn diese Vorschriften der Beseitigung der strukturellen Nachteile von Frauen dienen. Dies sei sowohl mit dem Grundgesetz als auch mit dem europäischen Unionsrecht vereinbar.[34] Gleiches gilt für die Ausschreibung eines Arbeitsplatzes nur für eine weibliche Autoverkäuferin, wenn der Arbeitgeber bisher in seinem gesamten Verkaufs- und Servicebereich nur männliche Personen beschäftigt. Hierin liege eine Rechtfertigung nach § 8 Abs. 1 AGG. Die Frage, ob sich die Rechtfertigung aus § 8 Abs. 1 oder nicht vielmehr aus § 5 AGG als positive Maßnahme zugunsten des unterrepräsentierten Geschlechts ergebe, wurde erst gar nicht erörtert.[35] **17**

Die Ausschreibung als Vollzeitstelle stellt für sich genommen kein Indiz für eine Diskriminierung dar.[36] Eine Benachteiligung liegt aber bereits darin, dass bei einer Ausschreibung das sog. „dritte Geschlecht" nicht berücksichtigt wird. Darin liegt eine Tatsache, die eine Benachteiligung vermuten lässt.[37]

Fraglich und problematisch ist die häufig nicht offen zutage tretende Benachteiligung weiblicher Arbeitnehmer, die im Einzelfall nicht evident ist, die sich aber unter Umständen an Statistiken ablesen lässt. So hat es die 15. Kammer des LAG Berlin-Brandenburg[38] für die Indizwirkung nach § 22 ausreichen lassen, wenn in einem Unternehmen alle 27 Führungspositionen von Männern besetzt sind, die Belegschaft aber zu 2/3 aus Frauen besteht.[39] Deutlich zurückhaltender und ausdrücklich sich von der 15. Kammer distanzierend hat die 2. Kammer desselben Gerichts[40] festgestellt, dass die isolierte Betrachtung der Geschlechterverteilung in der Gesamtbelegschaft keine Indizwirkung begründen könne, da diese nichts über die Qualifikation für und die Anzahl von Bewerbungen auf Führungspositionen aussage.[41] **18**

Eine Mindestkörperlänge als Zugangskriterium zum Polizeivollzugsdienst stellt eine mittelbare Benachteiligung von Frauen dar, die Schadens- und Entschädigungsansprüche nach dem AGG auslösen kann.[42] Gleiches gilt für eine Mindestgröße von 165 cm für den Zugang zur Pilotenausbildung in einem Tarifvertrag.[43]

Keine mittelbare oder unmittelbare Benachteiligung von Frauen liege hingegen vor bei einem Konzept, die Aufgaben des Amtsvormunds nach § 55 Abs. 2 SGB VII sowohl einer weiblichen als auch einem männlichen Bediensteten zu übertragen, um den Mündeln zur Wahrung der Intimsphäre eine Auswahl zu ermöglichen.[44]

Keine Benachteiligung von männlichen Bewerbern sei es, wenn eine Stellenausschreibung für eine kommunale Gleichstellungsbeauftragte auf Frauen beschränkt ist. Dies gilt jedenfalls dann, wenn zur Erbringung eines Teils der Tätigkeiten (zum Beispiel Integrationsarbeit mit zugewanderten muslimischen Frauen) das weibliche Geschlecht unverzichtbare Voraussetzung ist.[45] Gleiches gilt für die Besetzung einer Betreuerstelle in einem Mädcheninternat. Auch hier kann die Bewerberauswahl auf Frauen beschränkt werden, wenn die Tätigkeit auch mit Nachtdiensten im Internat verbunden ist.[46]

---

31 ArbG Stuttgart 15.4.2010 – 17 Ca 8907/09, NZA-RR 2010, 344: Die Parteien haben sich laut Pressemeldung des LAG BW vom 15.10.2010 außergerichtlich verglichen.

32 *Thüsing*, Arbeitsrechtlicher Diskriminierungsschutz, Rn. 182 (S. 73 f.).

33 LAG RhPf 9.4.2014 – 7 Sa 501/13, BeckRS 2014, 70013.

34 LAG SchlH 2.11.2017 – 2 Sa 262d/17, BeckRS 2017, 143011.

35 LAG Köln 18.5.2017 – 7 Sa 913/16, BeckRS 2017, 131307.

36 BAG 23.11.2017 – 8 AZR 604/16, NJW 2018, 1497.

37 BVerfG 10.10.2017 – 1 BvR 2019/16, NJW 2017, 3643.

38 V. 26.11.2008 – 15 Sa 517/08, BeckRS 2008, 58124.

39 In diesem Sinne auch BAG 18.9.2014 – 8 AZR 753/13, BeckRS 2015, 65994; einschränkend noch BAG 22.7.2010 – 8 AZR 1012/08, NZA 2011, 93.

40 V. 12.2.2009 – 2 Sa 2070/08, NZA-RR 2009, 357.

41 Vgl. auch *Löw* BB 2009, 336 zu Konsequenzen für die Praxis in Unternehmen.

42 VG Schleswig-Holstein 26.3.2015 – 12 A 120/14, becklink 1037999.

43 LAG Köln 25.6.2014 – 5 Sa 75/14, BeckRS 2014, 72115.

44 LAG Nds 19.4.2012 – 4 SaGa 1732/11, JAmt 2012, 428.

45 BAG 18.3.2010 – 8 AZR 77/09, NZA 2010, 872.

46 BAG 28.5.2009 – 8 AZR 536/08, NJW 2009, 3672 (mAnm *Dornbusch*).

Auch bei einer Stellenausschreibung im öffentlichen Dienst, die mit einem frauenfördernden Hinweis verbunden wird, werden männliche Stellenbewerber nicht im Sinne des AGG unzulässig benachteiligt, wenn in der für die Stelle maßgeblichen Vergleichsgruppe Frauen unterrepräsentiert sind.[47]

Ein Arbeitgeber darf auch bei der Vergabe von Stellplätzen auf einem Firmenparkplatz eines Krankenhauses das Kriterium „Frauen vor Männer" berücksichtigen, da Frauen häufiger Opfer von gewaltsamen (sexuellen) Übergriffen seien.[48] Diese Erwägung scheint zumindest dann zulässig, wenn es sich um Parkhäuser oder um solche Parkplätze handelt, bei denen weibliche Mitarbeiter wegen eines kontinuierlichen Schichtbetriebs auch abends und nachts zu- und abfahren müssen, um ihren Arbeitsplatz zu erreichen und bei dem eine hinreichend Überwachung nicht gewährleistet ist.

Arbeitgeber und Betriebsrat können in einer Betriebsvereinbarung das Tragen einer einheitlichen Dienstkleidung regeln. Wird die Dienstkleidung für Arbeitnehmergruppen unterschiedlich ausgestaltet, verlangt schon der betriebsverfassungsrechtliche Gleichbehandlungsgrundsatz, dass eine solche Differenzierung entsprechend dem Regelungszweck sachlich gerechtfertigt ist. Das Tragen einer Cockpit-Mütze für männliche, nicht aber für weibliche Piloten verstößt gegen diesen Gleichheitsgrundsatz. Ob es sich überdies auch um einen Verstoß gegen das AGG wegen Benachteiligung des Geschlechts handelte, konnte das BAG offenlassen.[49]

Eine unmittelbare geschlechtsbezogene Benachteiligung liegt auch dann vor, wenn einer Arbeitnehmerin aufgrund von Fehlzeiten gekündigt wird, die sich aus ihrer durch die Schwangerschaft bedingten Arbeitsunfähigkeit ergeben. Entsprechendes gilt für Ausfallzeiten infolge einer In-Vitro-Fertilisation.[50]

Auch die befristete Höhergruppierung wegen höherwertiger Tätigkeit (hier: Kassierertätigkeit statt Verkäufertätigkeit, die nur wegen der Schwangerschaft der betreffenden Arbeitnehmerin nicht verlängert wird) stellt eine geschlechtsspezifische Benachteiligung dar.[51]

19 § 3 Abs. 1 S. 2 stellt klar, dass eine Benachteiligung wegen Schwangerschaft oder Mutterschaft als unmittelbare Benachteiligung wegen des Geschlechts gilt. Eine Benachteiligung wegen Schwangerschaft kann nicht durch erhöhte Kosten oder organisatorischen Mehraufwand gerechtfertigt werden, etwa für die bedarfsgerechte Umgestaltung des Arbeitsplatzes.[52]

V. Benachteiligung wegen der Religion oder der Weltanschauung

20 Eine Benachteiligung wegen der Religion oder der Weltanschauung ist verboten und kann nur ausnahmsweise gerechtfertigt sein, da in aller Regel jegliche Relevanz für die zu erbringende Arbeitsleistung fehlt.[53] Damit fehlt es etwa an einem „berechtigten Interesse" des Arbeitgebers an der Beantwortung von Fragen, die auf die Kenntniserlangung bezüglich entsprechender Zugehörigkeiten oder Sympathien abzielen. Insoweit besteht ein „Recht zur Lüge" des Bewerbers, eine Anfechtung wegen arglistiger Täuschung nach § 123 BGB scheidet damit aus. Problematisch können vorgeschobene indirekte Fragen oder Gesten sein, etwa die Frage nach der Arbeitsbereitschaft an Sonntagen oder die Einladung zum Mittagessen während des Ramadans.[54] Hier ist im Einzelfall zu prüfen, ob tatsächlich ein berechtigtes Interesse an der Beantwortung der Frage besteht. Ein solches kann sich etwa aus arbeitstechnischen Anforderungen des Arbeitsplatzes ergeben (zB Dauerbetrieb von Maschinen). Die Kirchenklausel findet keine Anwendung auf solche Einrichtungen, die nicht der Kirche im Sinne des § 9 Abs. 1 AGG zugeordnet sind, hier: Evangelische Zusatzversorgungskasse.[55]

Wiederholt haben sich EuGH bzw. BAG zum Privileg der Kirchen zur Festsetzung der Stellenanforderungen mit Blick auf die kirchliche Rechtfertigungsmöglichkeit der RL 2000/78/EG bzw. des § 9 AGG geäußert. Einer konfessions- und erfolglosen Bewerberin wurde im April 2018 durch den EuGH bescheinigt, dass ihre Ablehnung bzw. fehlende Berücksichtigung im Stellenbesetzungsverfahren um eine Referentenstelle bei der Diakonie aufgrund fehlender Kirchenzugehörigkeit eine ungerechtfertigte Diskriminierung darstelle. Den Kirchen sei es unter Berufung auf § 9 AGG nur dann erlaubt, die Zugehörigkeit zur Kirche zu fordern, wenn dies eine „wesentliche, rechtmäßige und gerechtfertigte berufliche Anforderung" darstelle.

---

47 LAG Düsseldorf 12.11.2003 – 12 Sa 1102/08.
48 LAG Mainz 29.9.2011 – 10 Sa 314/11, BeckRS 2011, 78095.
49 BAG 30.9.2014 – 1 AZR 1083/12, NZA 2015, 121.
50 LAG Köln 3.6.2014 – 12 Sa 911/13, BeckRS 2014, 70523.
51 LAG München 13.3.2014 – 2 Sa 807/13, AuR 2014, 440 L.
52 Rust/Falke/*Rust* AGG § 7 Rn. 80; vgl. auch § 8 Abs. 2.

53 LAG Bbg 28.5.2014 – 4 Sa 157/14, 4 Sa 238/14, BeckRS 2014, 69394, bejahend für eine/n Referenten/in in einer Arbeitsgemeinschaft christlicher Kirchen; ablehnend für einen Intensivpfleger: ArbG Aachen 13.12.2012 – 2 Ca 4226/11, BeckRS 2013, 67127.
54 Vgl. Däubler/Bertzbach/*Däubler* AGG § 7 Rn. 32.
55 LAG Frankfurt 8.7.2011 – 3 Sa 742/10, BeckRS 2011, 78190.

Die Prüfung, ob dies der Fall sei, unterliege zudem der Kontrolle staatlicher Gerichte.[56] Das BAG sprach ihr daraufhin im Oktober 2018 eine Entschädigung nach § 15 Abs. 2 AGG in Höhe zweier Monatsgehälter zu.[57]

Das LAG Berlin[58] sprach einer Muslima, die ein Kopftuch als Zeichen ihrer Zugehörigkeit zur Religionsgemeinschaft des Islam trug und im Bewerbungsgespräch angab, dieses auch im Unterricht nicht ablegen zu wollen, nach einer erfolglosen Bewerbung auf eine Stelle als Lehrerin eine Entschädigung nach § 15 Abs. 2 AGG zu, nachdem es in der Ablehnung durch das Land Berlin eine religiöse Diskriminierung erkannte. In entsprechender Auslegung und Anwendung der verfassungsrechtlichen Vorgaben[59] sei auch das Neutralitätsgesetz des Landes Berlin nicht geeignet, ein Kopftuchverbot zu begründen.

Das LAG Niedersachsen[60] hat entschieden, dass in der bereits im Bewerbungsverfahren erfolgenden Zurückweisung eines Bewerbers im Rentnerstatus eine Diskriminierung liegen kann, selbst wenn nach der tariflichen Altersgrenze des § 33 Abs. 1a TVöD geschlossene Arbeitsverträge mit Erreichen der Regelaltersgrenze endeten. Diese Vorschrift hindere nicht die Einstellung von Altersrentnern, zumal der TVöD keine Höchstaltersgrenze für Einstellungen kenne. Ein objektiv geeigneter Bewerber sei daher auch „als Rentner" noch einzuladen.

Eine Verletzung des Benachteiligungsverbots liegt regelmäßig auch dann vor, wenn eine Ungleichbehandlung wegen des Tragens religiöser Symbole oder der Befolgung religiöser Gebote, etwa dem mehrfachen täglichen Beten, erfolgt. Eine Rechtfertigung kommt aber in Betracht, wenn es dadurch zu schwerwiegenden Betriebsstörungen kommt, die auch durch zumutbare organisatorische Umstrukturierungen nicht vermieden werden können.[61]

21

Das BVerfG hat nunmehr[62] entschieden, dass auch Lehrkräften an öffentlichen bekenntnisoffenen Gemeinschaftsschulen die Freiheit zustehen kann, ein islamisches Kopftuch zu tragen. Ein landesweites generelles Verbot wegen einer bloß abstrakten Eignung, den Schulfrieden oder die staatliche Neutralität zu gefährden, reicht nicht aus.[63] Einschränkend demgegenüber das BAG[64] bei Tragen eines Kopftuches in einer evangelischen Einrichtung.

Das LAG Nürnberg[65] erblickte in einem von einem privaten Arbeitgeber erlassenen Kopftuchverbot während der Arbeitszeit eine nicht gerechtfertigte mittelbare Diskriminierung nach § 3 Abs. 2 AGG. Das Kopftuchverbot beeinträchtigte darüber hinaus die Religionsfreiheit des Art. 4 GG; insofern habe eine Abwägung mit den sich aus Art. 12 GG und Art. 2 GG ergebenden Grundrechten des Arbeitgebers zu erfolgen. Bei der Auslegung des § 106 GewO stehe, so das LAG Nürnberg, Gemeinschaftsrecht der Anwendung der Grundrechte nach dem Grundgesetz nicht entgegen. Vor diesem Hintergrund ließ das LAG Nürnberg die Revision an das BAG zu. Der Ausgang dieses Verfahrens vor dem BAG wird mit Spannung zu erwarten sein. Der EuGH hatte in seiner „Achbita"-Entscheidung ein Jahr zuvor[66] die Voraussetzungen ausdrücklich benannt, unter denen eine mittelbare Diskriminierung durch das Neutralitätsgebot des Arbeitgebers gerechtfertigt sein kann. In dem aus Belgien stammenden Fall war eine Arbeitnehmerin in einem Sicherheitsunternehmen angestellt und führte dort Rezeptionsdienste bei einem Kundenunternehmen aus, dem es besonders auf die politische, religiöse und philosophische Neutralität ankam. Der Arbeitgeber erließ eine allgemeine Regelung, wonach das sichtbare Tragen von Zeichen für eine politische, philosophische oder religiöse Überzeugung während der Arbeitszeit verboten war. Der EuGH führte hierzu aus, der Wille, im Verhältnis zu den öffentlichen und privaten Kunden eine Politik der politischen, philosophischen oder religiösen Neutralität zum Ausdruck zu bringen, sei als rechtmäßig anzusehen (unternehmerische Freiheit nach Art. 16 der EU-Grundrechtecharta). Zur Gewährleistung der ordnungsgemäßen Anwendung einer Politik der Neutralität sei das Verbot des sichtbaren Tragens religiöser Symbole auch geeignet, sofern diese Politik tatsächlich in kohärenter und systematischer Weise verfolgt werde. Schließlich sei in Bezug auf die Erforderlichkeit des Verbots zu prüfen, ob es sich auf das unbedingt Notwendige beschränke, sich namentlich also nur an die

---

56 Rechtssache C-414/16: Vorabentscheidungsersuchen des Bundesarbeitsgerichts (Deutschland) eingereicht am 27.7.2016 — Vera Egenberger gegen Evangelisches Werk für Diakonie und Entwicklung eV BeckEuRS 2016, 487916.

57 BAG 25.10.2018 -8 AZR 501/14, FD-ArbR 2018, 411580.

58 LAG Bln-Bbg 27.11.2018 – 7 Sa 963/18,. FD-ArbR 2018, 412351.

59 BVerfG Beschl. v. 27.1.2015 – 1 BvR 471/10, 1 BvR 1181/10, NJW 2015, 1359).

60 LAG Nds 1.8.2018 – 17 Sa 1302/17, ArbRAktuell 2018, S. 481 mAnm *Baumgarten*).

61 Däubler/Bertzbach/*Däubler* AGG § 7 Rn. 53; *Bauschke* AGG im öffentlichen Dienst, § 1 Rn. 21.

62 BVerfG 27.1.2015 – 1 BvR 471/10 und 1 BvR 1181/10, NVwZ 2015, 884, in diesem Sinne schon BVerwG 26.6.2008 – 2 C 22/07, DÖV 2009, 121, für ein Kopftuchverbot für weibliche Referendare an Bremer Schulen.

63 Anders noch LAG Stuttgart 19.6.2009 – 7 Sa 84/08; BeckRS 2009, 69995.

64 BAG 24.9.2014 – 5 AZR 611/12, NZA 2014, 1407.

65 LAG Nürnberg 27.3.2018 – 7 Sa 304/17, ArbRAktuell 2018, 260 mAnm *Sendelbeck*.

66 EuGH 14.3.2017 – C-157/15, ArbRAktuell 2017, 168 mit Anm. *Schuster*.

mit Kunden in Kontakt tretenden Arbeitnehmer richte. Sei dies der Fall, sei das Verbot als für die Erreichung des verfolgten Ziels unbedingt erforderlich anzusehen. Die Kündigung eines Chefarztes nach dessen Wiederverheiratung ist ebenfalls Gegenstand einer Entscheidung des BVerfG gewesen, das zur weiteren Aufklärung den Rechtsstreit allerdings zurückverweisen musste.[67] Der EuGH[68] qualifizierte die aufgrund einer Wiederheirat erfolgte Kündigung eines katholischen Chefarztes durch den kirchlichen Arbeitgeber als diskriminierend. Das Verbot der Wiederheirat, dass die kirchliche Grundordnung vorsehe, stelle keine gerechtfertigte berufliche Anforderung bei einer Chefarztstelle in einem katholischen Krankenhaus dar. Ein Arzt müsse fachlich und im Umgang mit Patienten geeignet sein, er werde aber nicht nach der durch ihn erfolgten Achtung und Befolgung des Sakrilegs der Ehe beurteilt. Die Bestätigung dieser Entscheidung durch das BAG steht noch aus. Ein Umdenken und eine Änderung der Bewerbungspraxis für die bislang in diesen Fragen große Autonomie genießenden Kirchen und eine Änderung der bisherigen arbeitsrechtlichen Praxis sind daher notwendig.

22   Eine zusätzliche Rechtfertigungsmöglichkeit bietet sich für Religionsgemeinschaften nach § 9.

Voraussetzung für einen Entschädigungs- oder Schadensersatzanspruch wegen Benachteiligung eines Arbeitnehmers wegen seiner Weltanschauung oder wegen einer bei ihm vermuteten Weltanschauung erfordert immer, dass Indizien vorgetragen und bewiesen werden, die auf eine solche Benachteiligung hindeuten. Persönliche Einstellungen, Sympathien oder Haltungen sind keine „Weltanschauung".[69] Die Ablehnung eines Bewerbers wegen dessen vorheriger hauptamtlicher Tätigkeit für das Ministerium für ‚Staatssicherheit‘ ist keine unerlaubte Benachteiligung wegen der Weltanschauung.[70]

VI. Benachteiligung wegen Behinderung

23   Eine direkte Anknüpfung an die Behinderteneigenschaft (→ § 1 Rn 24) ohne Bezug zum konkreten Aufgabenbereich verstößt gegen das Benachteiligungsverbot. Wesentlich problematischer ist allerdings eine Benachteiligung, die im Zusammenhang mit einer verminderten Leistungsfähigkeit besteht. Hier ist flankierend § 81 Abs. 4 S. 1 Nr. 4 und 5 SGB IX zu berücksichtigen, der den Arbeitgeber verpflichtet, den Arbeitsplatz behindertengerecht einzurichten und auszustatten. Kommt der Arbeitgeber dieser Pflicht nicht nach, so ist eine Kündigung wegen fehlender Leistungsfähigkeit des Behinderten unwirksam.[71]

Ein Anforderungsprofil muss diskriminierungsfrei ausgestaltet sein wie auch die Ausschreibung der Stelle selbst.[72] Eine Einladung zu einem Bewerbungsgespräch darf nicht absichtlich demotivierend für einen Behinderten sein.[73]

Das BAG[74] bejaht sogar eine Prüfpflicht der Arbeitgeber, ob freie Stellen mit schwerbehinderten Bewerbern besetzt werden können. Andernfalls komme eine Benachteiligung in Betracht.

Eine Benachteiligung eines Bewerbers liegt im Übrigen auch dann vor, wenn der Bewerber zwar nicht behindert ist, aber seine Ablehnung erfolgt, weil der Arbeitgeber rechtsirrig davon ausgeht, dass eine solche Behinderung vorliegt.[75]

Die Kündigung eines symptomlosen HIV-Infizierten, bei dem das KSchG noch keine Anwendung findet, ist nach § 134 BGB iVm § 7 Abs. 1, §§ 1, 3 AGG unwirksam.[76]

Der EuGH hatte die Frage zu entscheiden, ob die europäische Gleichbehandlungsrichtlinie einer nationalen Regelung entgegensteht, nach der ein Arbeitgeber einen Arbeitnehmer aufgrund wiederkehrender Fehlzeiten auch dann entlassen darf, wenn die Fehlzeiten die Folge von Krankheiten sind, die auf der Behinderung des Arbeitnehmers beruhen. Dies hat der EuGH grundsätzlich bejaht,[77] jedoch als gerechtfertigt angesehen,

67   BVerfG 22.10.2014 – 2 BvR 661/12, NZA 2014,1387; vgl. dazu auch LAG Hamm 14.6.2013 – 10 Sa 18/13, BeckRS 2013, 70949, zur Kündigung eines Kirchenmusikers wegen außerehelichen Beziehung; BAG 25.4.2013 – 2 AZR 579/12, NZA 2013, 1131 zur außerordentlichen Kündigung wegen Kirchenaustritts; dazu auch: LAG RhPf 2.7.2008 – 7 Sa 250/08; RDG 2008, 232; instruktiv: LAG Hamm 20.4.2011 – 4 Sa 2230/10, NZA-RR 2011, 640 zur außerordentlichen Kündigung eines Mitarbeiters, der die Kunden mit dem Zusatz „Jesus hat Sie lieb" verabschiedete.

68   EuGH (Große Kammer) 11.9.2018 – C-68/17, (IR/JQ)EuZW 2018, 853 mAnm *Fuhlrott* = ArbRAktuell 2018, 497 mAnm *Krieger*.

69   BAG 20.6.2013 – 8 AZR 482/12, NZA 2014, 21.

70   ArbG Berlin 30.7.2009 – 33 Ca 5772/09, NZA-RR 2010, 70.

71   Palandt/*Weidenkaff* AGG § 1 Rn. 7.

72   LAG Bln-Bbg 19.2.2015 – 26 Sa 1990/14, BeckRS 2015, 68954; dazu auch ArbG Kiel 19.9.2014 – ö.D. 2 Ca 1194 c/14, BeckRS 2014, 73895; LAG Nds 3.4.2014 – 5 Sa 1272/13, BeckRS 2014, 68664; BAG 21.2.2013 – 8 AZR 180/12, NZA 2013, 840 zur Benachteiligung im Bewerbungsverfahren.

73   LAG BW 3.11.2014 – 1 Ca 13/14, NZA-RR 2015, 163.

74   BAG 13.10.2011 – 8 AZR 608/10, AP AGG § 15 Nr. 9.

75   BAG 17.12.2009 – 8 AZR 670/08, NZA 2010, 383.

76   BAG 19.12.2013 – 6 AZR 190/12, NZA 2014, 372.

77   EuGH (3.Kammer) 18.1.2018 – C-270/16 (Ruiz Conejero/Ferroser Servicios Auxiliares SA u. Ministerio Fiscal).

solange die Regelung unter Verfolgung eines legitimen Ziels nicht über das zu dessen Erreichen Erforderliche hinausgehe. Die Mitgliedstaaten hätten dabei einen weiten Wertungsspielraum, sowohl bei der Entscheidung über die Verfolgung bestimmter sozial- und beschäftigungspolitischer Ziele als auch bei der Festlegung der für seine Erreichung geeigneten Maßnahmen.

Ein Verstoß gegen Verfahrens- und Förderpflichten zugunsten schwerbehinderter Menschen sei grundsätzlich ein Indiz im Sinne von § 22 AGG. Das gelte auch für einen Verstoß gegen die in § 164 Abs. 1 9 SGB IX vorgesehene Pflicht zur unverzüglichen Unterrichtung eines abgelehnten schwerbehinderten Bewerbers. Die Unterrichtungspflicht sei Abschluss des besonderen Erörterungsverfahrens.[78]

VII. Benachteiligung wegen des Alters

Eine Diskriminierung wegen des Alters kommt sowohl bei älteren als auch bei jüngeren Personen in Betracht.[79] Hier fehlt es in vielerlei Hinsicht noch an einer Sensibilisierung des Gesetzgebers, der Sozialpartner und der Bevölkerung, da Erfahrungen in diesem Bereich größtenteils fehlen. Insofern sorgt der Schutz vor Altersdiskriminierung für besonders viel Prüfungsbedarf. Nachdem der EuGH in der Mangold-Entscheidung[80] festgestellt hat, dass die Befristungsmöglichkeit für ältere Arbeitnehmer gem. § 14 Abs. 3 S. 4 TzBfG aF eine ungerechtfertigte Benachteiligung wegen des Alters darstellt, ist jüngst auch § 622 Abs. 2 S. 2 BGB Opfer des ungeschriebenen primärrechtlichen Verbots der Altersdiskriminierung geworden.[81] Die Nichtberücksichtigung von Arbeitszeiten vor dem 25. Lebensjahr bei der Berechnung der Kündigungsfristen stellt danach eine ungerechtfertigte Benachteiligung wegen des Alters dar. **24**

Im Sinne der Mangold-Entscheidung ist auch das Urteil des BAG[82] zur Altersgrenzenregelung bei der Lufthansa für Flugkapitäne. Eine solche Regelung führt nach Auffassung des BAG unmittelbar zu einer auf dem Alter beruhenden Ungleichbehandlung bei den Entlassungsbedingungen.[83] Wie der Europäische Gerichtshof in der Vorabentscheidung Prigge ausdrücklich erkannt hat, erfährt ein Pilot, dessen Arbeitsverhältnis aufgrund von § 19 Abs. 1 S. 1 Nr. 5 a MTV mit dem Monat automatisch endet, in dem er das 60. Lebensjahr vollendet, eine weniger günstige Behandlung als ein Pilot, der jünger ist und für dieselbe Luftfahrtgesellschaft die gleiche Tätigkeit ausübt und/oder demselben Tarifvertrag unterliegt. Die Altersgrenze begründet eine unmittelbar auf dem Alter beruhende Ungleichbehandlung iSv Art. 1 iVm Art. 2 Abs. 2 Buchst. a der Richtlinie 2000/78/EG.[84] Für Flugingenieure gilt nichts anderes.[85] Die Altersgrenze für Schornsteinfeger von 67 Jahren ist hingegen bedenkenfrei,[86] eine Altersgrenze für Nachwuchswissenschaftler hingegen nicht.[87]

Generell gilt, dass eine Altersgrenze auf den Zeitpunkt der Möglichkeit, abschlagsfrei Altersruhegeld der DRV oder eines berufsständischen Versorgungswerkes wegen Erreichens der Regelaltersgrenze in Anspruch zu nehmen, eine wirksame Befristung darstellt. Hierbei kommt es nicht darauf an, ob im Einzelfall hierzu eine Berechtigung erworben wurde.

Altersgrenzen für den Zugang zur Berufstätigkeit im öffentlichen Dienst sind immer wieder Gegenstand von Entscheidungen.[88]

---

78 BAG 28.9.2017 – 8 AZR 492/16, NJW 2018, 1118.
79 Rust/Falke/*Rust*, § 1 Rn. 83.
80 22.11.2005 – C-144/04 (Mangold), NZA 2005, 1345.
81 EuGH 19.1.2010 – C-555/07 (Kücükdeveci), NZA 2010, 85 mAnm *Preis/Temming* NZA 2010, 185.
82 BAG 15.2.2012 – 7 AZR 904/08, BeckRS 2012, 69922 = AP § 148 ZPO Nr. 10.
83 Vgl. auch BAG 18.1.2012 – 7 AZR 112/08, NZA 2012, 575; 18.1.2012 – 7 AZR 211/09, NZA 2012, 691; 21.9.2011 – 7 AZR 134/10, NZA 2012, 271; 8.12.2010 – 7 AZR 438/09, AP TzBfG § 14 Nr. 77; Urt 17.6.2009, BAGE 131, 113= NZA 2012, 575.
84 Vgl. EuGH 13.9.2011 – C-447/09 [Prigge] Rn. 42 ff., EzA EG-Vertrag 1999 Richtlinie 2000/78 Nr. 22 mit erläuternder Anm. *Thüsing/Pötters* ZIP 2011, 1886; siehe 21.7.2011 – C-159/10 und C-160/10 [Fuchs] Rn. 33, EzA EG-Vertrag 1999 Richtlinie 2000/78 Nr. 20; 18.11.2010 – C-250/09 [Georgiev] Rn. 32, EzA EG-Vertrag 1999 Richtlinie 2000/78 Nr. 18; 12.10.2010 – C-45/09 [Rosenbladt]

Rn. 37, AP Richtlinie 2000/78/EG Nr. 18; 12.1.2010 – C-229/08 [Wolf] Rn. 28, Slg 2010, I-1; 12.1.2010 – C-341/08 [Petersen] Rn. 34, Slg 2010, I-47;18.6.2009 – C-88/08 -[Hütter] Rn. 37, Slg 2009, I-5325; 5.3.2009 – C-388/07 [Age Concern England] Rn. 33, Slg 2009, I-1569; 16.10.2007 – C-411/05 [Palacios de la Villa] Rn. 51, Slg 2007, I-8531; zu der Altersgrenzenrechtsprechung des Europäischen Gerichtshofs vgl. *Preis* NZA 2010, 1323.
85 BAG 15.2.2012 – 7 AZR 904/08, AP ZPO § 148 Nr. 10.
86 VG Neustadt 8.1.2015 – 4 K 561/14 NW, GewA 2015, 181.
87 BAG 6.4.2011 – 7 AZR 524/09, AP AGG § 10 Nr. 1.
88 Vgl. statt vieler: VG Freiburg 27.4.2015 – 3 K 862/15, BeckRS 2015, 45581 zur Höchstaltersgrenze im Polizeivollzugsdienst; BVerfG 21.4.2015 – 2 BvR 1332/12, 2 BvR 1989/12, NVwZ 2015, 1279: Verfassungswidrigkeit von Höchstaltersgrenzen für die Verbeamtung in NRW.

Immer wieder beschäftigt die Rechtsprechung auch die Frage, inwieweit eine in Stellenausschreibungen verlangte mehrjährige Berufserfahrung altersdiskriminierend sein kann. Hier kommt es immer darauf an, ob die Anforderungen an die Stelle nachvollziehbarerweise eine mehrjährige Berufserfahrung verlangen.[89]

In die gleiche Richtung geht die Frage, inwieweit Stellenausschreibungen auf die Mitarbeit in einem „jungen, dynamischen Unternehmen" verweisen dürfen. Das BAG sieht darin keine altersbezogenen Besetzungskriterien oder Wünsche in Hinblick auf das Alter der Bewerber.[90] Das BAG stellte in seiner Entscheidung fest, dass das Alter eines Unternehmens nichts über das Alter der dort Beschäftigten aussage, sondern allein auf dessen Gründung und die Dauer der Tätigkeit am Markt abstelle. Insoweit sei die Situation anders als bei Teams, wo regelmäßiger Wechsel und Austritt möglich sei. Das „Alter" eines Unternehmens sei damit eine fixe, nicht zu beeinflussende Eigenschaft und treffe keine Aussage über die gewünschte Alterspräferenz bei Bewerbern. Eine andere Bewertung sei nur dann angebracht, wenn sich aufgrund weiterer Angaben im Stellenprofil entsprechende Diskriminierungsindizien herleiten ließen. Damit modifiziert das BAG seine bisherige anderslautende strengere Rechtsprechung.[91]

Eine mögliche Altersdiskriminierung spielt auch im Zusammenhang mit der betrieblichen Altersversorgung immer wieder eine Rolle. Sie kann ua darin liegen, dass eine spätere Teilzeittätigkeit den bereits erworbenen Anspruch mindern soll[92] oder die Versorgungsordnung eine Höchstaltersgrenze vorsieht.[93]

Im Zusammenhang mit der Vergütung nach Lebensalter ist die altersabhängige Anerkennung von Beschäftigungszeiten nicht mit dem AGG vereinbar,[94] wie auch die Urlaubsdauer in Abhängigkeit (allein) vom Alter.[95]

Die Staffelung der Kündigungsfristen nach der Dauer der Betriebszugehörigkeit benachteilige zwar mittelbar jüngere Arbeitnehmer, diese Differenzierung verfolge aber das rechtmäßige Ziel, länger beschäftigten und damit betriebstreuen, typischerweise älteren Arbeitnehmern durch längere Kündigungsfristen einen verbesserten Kündigungsschutz zu gewähren.[96]

25 Die Frage nach dem Alter im Vorstellungsgespräch ist regelmäßig unzulässig.[97] Sie ist aber gerechtfertigt, wenn etwa eine Verbeamtung in Frage kommt, die ihrerseits nur bis zu einem bestimmten Höchstalter möglich ist.[98] Diese Rechtsprechung scheint nun aber wiederum fraglich, wenn ein bestimmtes Höchstalter für eine Verbeamtung seinerseits diskriminierend ist.[99]

VIII. Benachteiligung wegen der sexuellen Identität

26 Eine Rechtfertigung einer Ungleichbehandlung wegen der sexuellen Identität ist im Regelfall ausgeschlossen, da ein Zusammenhang mit der beabsichtigten Tätigkeit kaum vorliegen wird. Dementsprechend ist auch die Frage nach der sexuellen Orientierung im Bewerbungsgespräch unzulässig, eine wahrheitswidrige Antwort mithin nicht widerrechtlich. Auch die Frage, ob der Bewerber in einer gleichgeschlechtlichen Lebenspartnerschaft lebt, ist verboten.[100] In der Praxis nicht häufig, aber durchaus denkbar, ist auch eine Benachteiligung Heterosexueller gegenüber Homosexuellen, etwa die Ablehnung einer Bewerbung eines heterosexuellen Rechtsanwalts in einer Kanzlei mit der Begründung, man stelle nur Homosexuelle ein.[101]

89 LAG Kiel 1.9.2014 – 1 Sa 215/14, BeckRS 2014, 72703; LAG Düsseldorf 13.8.2014 – 4 Sa 402/14, BeckRS 2014, 74025; LAG Hamm 25.7.2014 – 10 Sa 503/14, BeckRS 2014, 72204; BAG 24.1.2013 – 8 AZR 429/11, NZA 2013, 498.

90 BAG 23.11.2017 – 8 AZR 604/16, NJW 2018, 1497.

91 BAG 11.8.2016 – 8 AZR 406/14, ArbR Aktuell 20017, 96 mAnm *Krieger*.

92 LAG Düsseldorf 28.5.2014 – 12 Sa 1475/13, BeckRS 2014, 70704.

93 BAG 18.3.2014 – 3 AZR 69/12, NZA 2014, 606; zur Spätehenklausel: BAG 15.10.2013 – 3 AZR 294/11, NZA 2014, 1203.

94 VG Ansbach 24.3.2015 – AN 1 K 13.00476; BVerwG 30.10.2014 – 2 C 3/13, NVwZ 2015, 818; BVerwG 30.10.2014 – 2 Ca 6/13, NVwZ 2015, 812.

95 LAG MV 19.2.2015 – 5 Sa 168/14, BeckRS 2015, 68687; LAG Frankfurt 17.1.2014 – 14 SA 646/13, BeckRS 2014, 68625; BAG 20.3.2012 – 9 AZR 529/19, NZA 2012, 803.

96 BAG 18.9.2014 – 6 AZR 636/13, NZA 2014, 1400.

97 Däubler/Bertzbach/*Däubler* AGG § 7 Rn. 37.

98 BAG 11.4.2006 – 9 AZR 528/05, NZA 2006, 1217; Palandt/*Weidenkaff* AGG § 1 Rn. 9; Däubler/Bertzbach/*Däubler* AGG § 7 Rn. 37.

99 Vgl. dazu Nachweise in Fn. 71.

100 Däubler/Bertzbach/*Däubler* AGG § 7 Rn. 38.

101 Beispiel nach *Steinkühler* AGG Rn. 27 (S. 26).

Gegenstand von Entscheidungen sind in der Folgezeit immer wieder Fragen im Zusammenhang mit einer eingetragenen Lebensgemeinschaft geworden, so wegen Vorenthaltung des Familienzuschlags,[102] des Auslandszuschlags[103] oder Aufwandsentschädigung.[104]

IX. Sonstige Maßnahmen

Maßnahmen ohne rechtsgeschäftlichen oder geschäftsähnlichen Charakter sind nicht nach § 134 BGB oder   **27**
Abs. 2 unwirksam. Der Betroffene kann aber nach § 15 Abs. 5 und § 1004 BGB analog Beseitigung verlangen. Das gilt insbes. für Abmahnungen.[105]

§ 8 AGG Zulässige unterschiedliche Behandlung wegen beruflicher Anforderungen

(1) Eine unterschiedliche Behandlung wegen eines in § 1 genannten Grundes ist zulässig, wenn dieser Grund wegen der Art der auszuübenden Tätigkeit oder der Bedingungen ihrer Ausübung eine wesentliche und entscheidende berufliche Anforderung darstellt, sofern der Zweck rechtmäßig und die Anforderung angemessen ist.

(2) Die Vereinbarung einer geringeren Vergütung für gleiche oder gleichwertige Arbeit wegen eines in § 1 genannten Grundes wird nicht dadurch gerechtfertigt, dass wegen eines in § 1 genannten Grundes besondere Schutzvorschriften gelten.

I. Allgemeines	1	2. Rechtmäßigkeit des Zwecks	8
II. Rechtfertigungsvoraussetzungen	3	3. Angemessenheit der Anforderung	9
1. Wesentliche und entscheidende berufliche		III. Entgeltgleichheit	10
Anforderung	5		

I. Allgemeines

§ 8 normiert die Voraussetzungen, unter denen eine unmittelbare Benachteiligung gerechtfertigt werden   **1**
kann. Bei der mittelbaren Benachteiligung ist die Rechtfertigung hingegen bereits auf der Tatbestandsebene zu berücksichtigen, das heißt, es liegt schon begrifflich keine Benachteiligung vor, wenn die Maßnahmen ein legitimes Ziel verfolgen und darüber hinaus angemessen und erforderlich sind, § 3 Abs. 2.[1] Belästigungen und sexuelle Belästigungen sind demgegenüber überhaupt nicht zu rechtfertigen.[2]

Gegenüber den speziellen Rechtfertigungsmöglichkeiten der §§ 9 und 10 ist § 8 allgemeiner, es besteht aber   **2**
kein Subsidiaritäts- oder Exklusivitätsverhältnis. Der Arbeitgeber muss sich nicht auf einen Rechtfertigungsgrund festlegen, Maßnahmen können vielmehr auch „mehrfach gerechtfertigt" sein.[3]

II. Rechtfertigungsvoraussetzungen

§ 8 Abs. 1 enthält einen einheitlichen Rechtfertigungsgrund für alle Ungleichbehandlungen aus einem in § 1   **3**
genannten Grund. Eine Differenzierung zwischen den einzelnen Merkmalen findet nicht statt. Dies bedeutet aber keine Absenkung gegenüber dem von § 611 a BGB aF geforderten Standard der „unverzichtbaren Voraussetzung" für die Ungleichbehandlung nach Geschlecht.[4] Das Merkmal der „wesentlichen und entscheidenden beruflichen Anforderung" in § 8 Abs. 1 bietet ein ähnliches Schutzniveau wie das der „unverzichtbaren Voraussetzung".[5] Damit können auch die von der Rechtsprechung zu § 611 a BGB aF entwickelten Grundsätze für die Auslegung des § 8 fruchtbar gemacht werden.[6]

102 OVG Lüneburg 25.2.2014 – 5 LA 204/13, NdsRpfl
     2014, 169, das im konkreten Fall einen Entschädigungsanspruch nach § 15 Abs. 2 AGG verneint hat;
     VG Wiesbaden 14.3.2013 – 3 K 1392/11 WI BeckRS
     2013, 48328; vgl. auch zum Familienzuschlag für
     Beamte in eingetragener Lebenspartnerschaft für die
     Zeit vor 2009: BVerfG 19.6.2012 – 2 BvR 1397/09,
     NVwZ 2012, 1304.
103 BVerwG 28.10.2010 – 2 C 52/09, NVwZ-RR 2011,
     205.
104 BVerwG 28.10.2010 – 2 C 56/09, NVwZ-RR 2011,
     208.

105 BeckOK ArbR/*Roloff* AGG § 7 Rn. 4.
1   *Hey* AGG § 8 Rn. 4.
2   *Thüsing*, Arbeitsrechtlicher Diskriminierungsschutz,
     Rn. 318 (S. 128).
3   Vgl. *Hey* § 8 Rn. 1.
4   Däubler/Bertzbach/*Brors* AGG § 8 Rn. 18.
5   Schleusener/Suckow/Voigt/*Schleusener* AGG § 8
     Rn. 5.
6   *Hey* AGG § 8 Rn. 6; *Thüsing*, Arbeitsrechtlicher Diskriminierungsschutz, Rn. 321 (S. 129 f.).

4   Eine Benachteiligung wegen eines in § 1 genannten Merkmals ist gem. § 8 Abs. 1 gerechtfertigt, wenn das Differenzierungsmerkmal wegen der Art der Tätigkeit oder der Bedingungen ihrer Ausübung eine wesentliche und entscheidende berufliche Anforderung darstellt. Dies gilt aber nur, soweit ein legitimer Zweck verfolgt wird und die Anforderung angemessen ist.

5   **1. Wesentliche und entscheidende berufliche Anforderung.** Voraussetzung für die Rechtfertigung einer Benachteiligung ist eine wesentliche und entscheidende berufliche Anforderung. Bloße Zweckmäßigkeitserwägungen können also eine Benachteiligung nicht rechtfertigen. Die Anforderung muss vielmehr erforderlich und angemessen (im engeren Sinne) sein.[7] Zu berücksichtigen ist jedoch, dass die Erstellung eines Anforderungsprofils für einen Mitarbeiter grundsätzlich zur freien unternehmerischen Entscheidung des Arbeitgebers gehört.[8] Unter Berücksichtigung der Betriebsabläufe kann der Arbeitgeber daher ein dem eingerichteten Arbeitsplatz entsprechendes Anforderungsprofil entwickeln, das zur Beurteilung von Neueinstellungen oder Beförderungen heranzuziehen ist.[9] So soll die Ausschreibung eines Arbeitsplatzes nur für eine weibliche Autoverkäuferin, wenn der Arbeitgeber bisher in seinem gesamten Verkaufs- und Servicebereich nur männliche Personen beschäftigt, nach § 8 Abs. 1 gerechtfertigt sein. Die Frage, ob sich die Rechtfertigung aus § 8 Abs. 1 oder nicht vielmehr aus § 5 als positive Maßnahme zugunsten des unterrepräsentierten Geschlechts ergebe, wurde erst gar nicht erörtert.[10]

6   Auch antizipierte Kundenerwartungen können wesentliche berufliche Anforderungen darstellen und Ungleichbehandlungen rechtfertigen. Diese müssen aber angesichts der Schutzpflicht des Arbeitgebers aus § 12 substantiiert sein und die Schwelle von bloßen Vermutungen überschreiten.[11] Nicht ausreichend sind Befürchtungen, die Kundschaft werde weibliche Finanzberater nicht akzeptieren oder polnischstämmige Arbeiter nicht in Wohnräume lassen. Die Wesentlichkeitsschwelle ist erst erreicht, wenn das Merkmal einen elementaren Stellenwert für die auszuübende Tätigkeit hat und nicht nur Nebenaspekte betrifft.

7   Unzulässig ist auch der Ausschluss von weiblichen Bewerbern aufgrund einer durchschnittlich niedrigeren kardiopulmonalen Leistungsfähigkeit und geringeren Muskelmasse bei Frauen. Denn diese Eigenschaften stehen nicht in einem unmittelbaren Zusammenhang zum Geschlecht, sondern stellen allenfalls Durchschnittswerte dar.[12] Der Arbeitgeber kann daher etwa für harte körperliche Arbeit zulässigerweise bestimmte körperliche Konstitutionen in seinem Anforderungsprofil festschreiben, nicht jedoch an das Geschlecht anknüpfen.[13]

Die Auslegung des Begriffs der wesentlichen und entscheidenden beruflichen Anforderungen führt zu Besonderheiten für behinderte Menschen: Partiell werden hinsichtlich Art. 5 RL 2000/78/EG besondere Maßnahmen vom Arbeitgeber verlangt, bevor sich dieser auf § 8 Abs. 1 berufen kann.[14] Art. 5 RL 2000/78/EG verlangt, dass angemessene Vorkehrungen zu treffen sind, der Arbeitgeber also die geeigneten und im konkreten Fall erforderlichen Maßnahmen ergreift, um den Menschen mit Behinderung den Zugang zur Beschäftigung, die Ausübung eines Berufes, den beruflichen Aufstieg und die Teilnahme an Aus- und Weiterbildungsmaßnahmen zu gewähren, es sei denn diese Maßnahmen würden zu einer unverhältnismäßigen Belastung des Arbeitgebers führen. Nicht unverhältnismäßig ist diese Belastung, wenn sie durch geltende Maßnahmen im Rahmen der Behindertenpolitik des Mitgliedstaates ausreichend kompensiert wird. § 81 Abs. 4 SGB IX kompensiert die Nachteile jedenfalls nicht ausreichend, weil er nicht die Begründung des Arbeitsverhältnisses erfasst, sondern lediglich im bestehenden Arbeitsverhältnis greift.[15] Art. 5 der RL führt hier zu einer Verschärfung der auslegungsfähigen und -bedürftigen Begriffe der wesentlichen und entscheidenden beruflichen Anforderung: Eine Rechtfertigung kommt nicht in Betracht, wenn es dem Arbeitgeber zumutbar ist, dem Behinderten die Einrichtung eines behindertengerechten Arbeitsplatzes zu ermöglichen.[16]

8   **2. Rechtmäßigkeit des Zwecks.** Die Differenzierung nach einem in § 1 genannten Merkmal muss gem. § 8 Abs. 1 einen legitimen Zweck verfolgen. Sie darf also nicht ihrerseits den mit dem AGG verfolgten Zwecken widersprechen. Ein gegen die Wertungen des AGG widersprechendes Geschäftskonzept kann daher nicht zur Rechtfertigung einer Benachteiligung herangezogen werden.[17] So kann eine Physiothera-

---

7   *Thüsing*, Arbeitsrechtlicher Diskriminierungsschutz, Rn. 322 (S. 130).

8   Schleusener/Suckow/Voigt/*Schleusener* AGG § 8 Rn. 7.

9   Schleusener/Suckow/Voigt/*Schleusener* AGG § 8 Rn. 7.

10   LAG Köln 18.5.2017 – 7 Sa 913/16, BeckRS 2017, 131307.

11   Vgl. BAG 10.10.2002 – 2 AZR 472/01, E 103, 111, GewA 2003, 244 zur Kündigung einer Mitarbeiterin eines Kaufhauses wegen des Tragens eines Kopftuches, mAnm *Braun* ArbRB 2003, 131.

12   Vgl. Däubler/Bertzbach/*Brors* AGG § 8 Rn. 21, wenngleich diese Aussage zweifelhaft ist.

13   Vgl. LAG Köln 8.11.2000 – 3 Sa 974/00, NZA-RR 2001, 232; vgl. auch BVerfG 24.1.1995 – 1 BvR 569/94 zu Art. 3 GG NJW 1997, 2668.

14   *Nicolai* AGG Rn. 265; *Wisskirchen* DB 2006, 1491 (1492.

15   *Wisskirchen* DB 2006, 1491 (1492.

16   BeckOK ArbR/*Roloff* AGG § 8 Rn. 7.

17   Schleusener/Suckow/Voigt/*Schleusener* AGG § 8 Rn. 17, 34.

peutenpraxis eine homosexuelle Masseurin nicht mit dem Hinweis, man wolle die homophobe Kundschaft nicht verschrecken, benachteiligen.

3. Angemessenheit der Anforderung. Die Anforderung, die an die auszuübende Tätigkeit gestellt wird, muss angemessen sein, um eine Benachteiligung rechtfertigen zu können.[18] Neben der Willkürkontrolle ist dazu nach der Gesetzesbegründung eine Abwägung zwischen beruflichem Zweck und dem Schutz vor Benachteiligungen zu treffen.[19] Die Anforderung ist angemessen, wenn sie geeignet, erforderlich und verhältnismäßig im engeren Sinne ist. Die Anforderung ist geeignet, wenn die Erreichung des Ziels wahrscheinlich ist. Sie ist erforderlich, wenn kein gleichermaßen geeignetes milderes Mittel zur Erreichung des Zwecks zur Verfügung steht. Die Verhältnismäßigkeit im engeren Sinne ist gegeben, wenn die Anforderung unter Berücksichtigung des anvisierten Ziels und der Benachteiligung der geschützten Person angemessen ist.[20]

III. Entgeltgleichheit

§ 8 Abs. 2 stellt eine Ausnahme zum Rechtfertigungsgrund in § 8 Abs. 1 dar.[21] Die Norm regelt den Grundsatz der Entgeltgleichheit und stellt klar, dass eine geringere Vergütung für gleiche oder gleichwertige Arbeit nicht dadurch gerechtfertigt werden kann, dass für ein in § 1 genanntes Merkmal Schutzvorschriften bestehen. Die Vorschrift löst damit den auf das Merkmal des Geschlechts beschränkten § 612 Abs. 3 BGB aF ab und erstreckt sie auf alle in § 1 genannten Gründe.[22] Dem Arbeitgeber ist also insbesondere verwehrt, zur Rechtfertigung auf durch die Befolgung von Schutzvorschriften entstehende zusätzliche Kosten zu verweisen. Relevant ist dies etwa für zusätzliche Kosten, die durch den Mutterschutz nach §§ 3, 4, 6 und 8 MuSchG anfallen oder die Kosten für die Einrichtung eines behindertengerechten Arbeitsplatzes nach § 81 Abs. 4 Nr. 4 SGB IX.[23]

Unter „gleicher Arbeit" versteht man identische oder zumindest gleichartige Tätigkeiten. Die Arbeit ist gleichartig, wenn hinsichtlich Qualifikation, Arbeitseinsatz und sonstigen Anforderungen keine ins Gewicht fallenden Unterschiede erkennbar sind, die Tätigkeiten also im Wesentlichen austauschbar sind.[24] Die Arbeit ist „gleichwertig" im Sinne des § 8 Abs. 2, wenn sie nach objektiven Maßstäben der Arbeitsbewertung denselben Arbeitswert hat.[25]

§ 9 AGG Zulässige unterschiedliche Behandlung wegen der Religion oder Weltanschauung

(1) Ungeachtet des § 8 ist eine unterschiedliche Behandlung wegen der Religion oder der Weltanschauung bei der Beschäftigung durch Religionsgemeinschaften, die ihnen zugeordneten Einrichtungen ohne Rücksicht auf ihre Rechtsform oder durch Vereinigungen, die sich die gemeinschaftliche Pflege einer Religion oder Weltanschauung zur Aufgabe machen, auch zulässig, wenn eine bestimmte Religion oder Weltanschauung unter Beachtung des Selbstverständnisses der jeweiligen Religionsgemeinschaft oder Vereinigung im Hinblick auf ihr Selbstbestimmungsrecht oder nach der Art der Tätigkeit eine gerechtfertigte berufliche Anforderung darstellt.

(2) Das Verbot unterschiedlicher Behandlung wegen der Religion oder der Weltanschauung berührt nicht das Recht der in Absatz 1 genannten Religionsgemeinschaften, der ihnen zugeordneten Einrichtungen ohne Rücksicht auf ihre Rechtsform oder der Vereinigungen, die sich die gemeinschaftliche Pflege einer Religion oder Weltanschauung zur Aufgabe machen, von ihren Beschäftigten ein loyales und aufrichtiges Verhalten im Sinne ihres jeweiligen Selbstverständnisses verlangen zu können.

I. Allgemeines 1
II. Religionsgemeinschaften und Weltanschauungsvereinigungen 2
III. Zulässigkeit unterschiedlicher Behandlung ... 4

1. Berufliche Anforderung unter Beachtung des Selbstverständnisses und der Selbstbestimmung 5
2. Loyales und aufrichtiges Verhalten des Beschäftigten 7

---

18 *Hey* AGG § 8 Rn. 23; *Thüsing*, Arbeitsrechtlicher Diskriminierungsschutz, Rn. 322 (S. 130).
19 BT-Drs. 16/1780, S. 35.
20 *Hey* AGG § 8 Rn. 23.
21 *Hey* AGG § 8 Rn. 44.
22 ErfK/*Schlachter* AGG § 8 Rn. 6.
23 ErfK/*Schlachter* AGG § 8 Rn. 6; Schleusener/Suckow/Voigt/*Schleusener* AGG § 8 Rn. 72.

24 *Thüsing*, Arbeitsrechtlicher Diskriminierungsschutz, Rn. 363 (S. 147 f.).
25 BT-Drs. 8/3317 S. 10; BAG 26.1.2005 – 4 AZR 509/03, NZA 2005, 1059; *Thüsing*, Arbeitsrechtlicher Diskriminierungsschutz, Rn. 364 (S. 148); *Hey* AGG § 8 Rn. 50.

I. Allgemeines

1 § 9 regelt einen gegenüber § 8 spezielleren Rechtfertigungsgrund für Ungleichbehandlungen durch Religions- und Weltanschauungsgemeinschaften, ohne aber § 8 zu verdrängen.[1] § 9 bietet vielmehr eine zusätzliche, deutlich erweiterte Rechtfertigungsmöglichkeit.[2] Die Norm stellt geringere Anforderungen an die Rechtfertigung von Benachteiligungen als § 8. Hintergrund ist die Richtlinie 2000/78/EG, die es den Mitgliedsstaaten ermöglicht, bereits geltende Regeln und Gepflogenheiten beizubehalten, wonach eine Ungleichbehandlung wegen der Religion oder Weltanschauung keine Benachteiligung bedeutet, wenn die Religion oder Weltanschauung nach der Art der Tätigkeit oder der Umstände ihrer Ausübung eine wesentliche und gerechtfertigte berufliche Anforderung angesichts des Ethos der Organisation darstellt.[3] Von dieser Möglichkeit hat der Gesetzgeber vor dem Hintergrund der verfassungsrechtlichen Vorgaben zum Selbstbestimmungsrecht der Kirchen und Weltanschauungsgemeinschaften aus Art. 140 GG in Verbindung mit § 136 Abs. 3 WRV bzw. 137 Abs. 7 WRV Gebrauch gemacht.[4] § 9 stellt allerdings nur einen Rechtfertigungsgrund bezüglich des Merkmals der Religion und Weltanschauung dar. Anderweitige Benachteiligungen wegen anderer in § 1 genannter Merkmale müssen gem. § 4 jeweils nach dem für sie geltenden Maßstab gerechtfertigt werden. Findet eine Benachteiligung etwa wegen der Religion und der sexuellen Orientierung statt, so kann nur Erstere gem. § 9 gerechtfertigt sein, bezüglich der Benachteiligung wegen der sexuellen Orientierung muss die Benachteiligung nach dem strengeren Maßstab des § 8 gerechtfertigt werden, damit die Benachteiligung insgesamt zulässig ist.

II. Religionsgemeinschaften und Weltanschauungsvereinigungen

2 § 9 privilegiert kirchliche und weltanschaulich geprägte Arbeitgeber, also zunächst Religionsgemeinschaften, aber auch die den Religionsgemeinschaften zugeordneten Einrichtungen und Weltanschauungsvereinigungen. Unter einer Religionsgemeinschaft versteht man eine juristische Person oder sonstige Vereinigung mit einer gewissen Organisationsstruktur, deren Mitglieder oder Anhänger auf der Grundlage gemeinsamer religiöser Überzeugung ihre Übereinstimmung über Sinn und Bewältigung des menschlichen Lebens bezeugen.[5] Erfasst werden also insbesondere die Kirchen. Scientology ist hingegen weder eine Religionsgemeinschaft noch eine Weltanschauungsvereinigung.[6] Zu den, den Religionsgemeinschaften zugeordneten ebenfalls privilegierten Einrichtungen, zählen auch kirchliche Kindergärten und konfessionelle Krankenhäuser.[7]

3 Unter Weltanschauungsvereinigungen versteht man Zusammenschlüsse, deren Mitglieder über eine umfassende Gewissheit über bestimmte Aussagen zum Weltganzen, sowie zu Sinn, Ursprung und Ziel des menschlichen Lebens miteinander verbunden sind. Die Abgrenzung zur Religion ergibt sich daraus, dass die Religion eine den Menschen überschreitende und umgreifende (transzendente) Wirklichkeit als Grundlage hat, während sich eine Weltanschauung auf immanente Bezüge beschränkt.[8] Diese Unterscheidung kann mitunter schwierig sein, hat aber in der Praxis keine Auswirkungen, da an beide Fälle die gleichen Rechtsfolgen geknüpft werden.[9]

III. Zulässigkeit unterschiedlicher Behandlung

4 Nach dem in § 1 normierten Zweck des AGG soll eine Ungleichbehandlung wegen der Religion oder Weltanschauung verhindert oder beseitigt werden. Sie ist gem. § 7 grundsätzlich verboten. Da dies aber mit dem verfassungsrechtlich verankerten Selbstbestimmungsrecht der Religions- und Weltanschauungsgemeinschaften kollidiert, hat der Gesetzgeber mit § 9 den kirchlich oder weltanschaulich geprägten Arbeitgebern die Möglichkeit gegeben, ihren jeweiligen Besonderheiten in Beschäftigungsverhältnissen Rechnung zu tragen.

5 **1. Berufliche Anforderung unter Beachtung des Selbstverständnisses und der Selbstbestimmung.** Nach dem Wortlaut des § 9 Abs. 1 gibt es zwei alternative Tatbestände, die eine berufliche Anforderung begründen können. Zum einen kann sich die berufliche Anforderung aus der Art der Tätigkeit ergeben, zum anderen („oder") aber auch aus dem Selbstverständnis der Religions- oder Weltanschauungsgemeinschaft. In letzterer Variante muss also dem Wortlaut nach kein Zusammenhang zu der auszuübenden Tätig-

---

1 *Schleusener/Suckow/Voigt* AGG § 9 Rn. 6.

2 *Bauer/Göpfert/Krieger* AGG § 9 Rn. 5; *Thüsing*, Arbeitsrechtlicher Diskriminierungsschutz, S. 196 Rn. 480.

3 *Adomeit/Mohr* AGG § 9 Rn. 3; MüKoBGB/*Thüsing* AGG § 9 Rn. 2.

4 *Bauer/Göpfert/Krieger* AGG § 9 Rn. 1, 6; *Wendeling-Schröder/Stein* AGG § 9 Rn. 6.

5 BAG 22.3.1995 – 5 AZB 21/94, E 79, 319; *Palandt/ Weidenkaff* AGG § 9 Rn. 2.

6 BAG 22.3.1995 – 5 AZB 21/94, E 79, 319; *Bauer/ Göpfert/Krieger* AGG § 9 Rn. 9.

7 *Palandt/Weidenkaff* AGG § 9 Rn. 2.

8 BAG 22.3.1995 – 5 AZB 21/94, E 79, 319; *Hey* AGG § 9 Rn. 16.

9 *Däubler/Bertzbach/Wedde* AGG § 9 Rn. 32.

keit bestehen. Die zugrunde liegende Richtlinie 2000/78/EG sieht eine Rechtfertigung hingegen nur dann vor, wenn sich die berufliche Anforderung aus der Art der Tätigkeit oder den Umständen ihrer Ausübung ergibt. Das Selbstverständnis der Gemeinschaft allein, also ohne Bezug zur Tätigkeit, kann eine Ungleichbehandlung demnach grundsätzlich nicht rechtfertigen. Europarechtskonform ist daher eine Ungleichbehandlung wegen der Religion oder Weltanschauung wohl nur gerechtfertigt, wenn die Zugehörigkeit zu einer bestimmten Gemeinschaft – kumulativ – nach dem Selbstverständnis der Gemeinschaft und der Art der Tätigkeit eine gerechtfertigte berufliche Anforderung darstellt.[10]

Relevant wird dies regelmäßig bei Einstellungen oder Kündigungen, etwa nach einem Kirchenaustritt. So **6** kann ein kirchlicher Arbeitgeber bei der Besetzung von Positionen, die auf die Vermittlung, Verkündigung oder praktische Umsetzung einer Religion gerichtet sind, auf eine bestimmte Religionszugehörigkeit bestehen und eine aktive Glaubensausübung voraussetzen. Auch die generelle Festlegung in der Grundordnung einer Kirche, nach der pastorale und katechetische Aufgaben nur von Kirchenangehörigen wahrgenommen werden können, ist zulässig.[11]

2. Loyales und aufrichtiges Verhalten des Beschäftigten.
Religions- und Weltanschauungsgemein- **7** schaften können von ihren Beschäftigten ein aufrichtiges und loyales Verhalten im Sinne ihres Selbstverständnisses verlangen.[12] Wie weit diese Pflichten gehen, kann im Einzelfall schwierig zu ermitteln sein. Ebenso schwierig ist die Frage, welche Rechtsfolgen im Einzelfall an Verstöße gegen Verhaltenspflichten geknüpft werden können. In der Gesetzesbegründung wird ausdrücklich darauf hingewiesen, dass die arbeitsrechtlichen Folgen eines Verstoßes unter Berücksichtigung des Verhältnismäßigkeitsgrundsatzes von den Arbeitsgerichten beurteilt werden müssen.[13] Ein Maßstab zur Bestimmung des Umfangs der Loyalitätspflichten ist die Nähe der Tätigkeit des Beschäftigten zu den „Kerngebieten" des Arbeitgebers, also Vermittlung, Verkündigung, Repräsentation und Umsetzung der Religion.

In der Praxis beschäftigen Kündigungen nach einem Kirchenaustritt, einer Scheidung oder einer Wiederver- **8** heiratung des Beschäftigten die Arbeitsgerichte. Diese sehen die Kündigungen vielfach als wirksam an und verneinen einen Verstoß gegen das Benachteiligungsverbot. Damit wird der effektiven Umsetzung der Grundordnungen der Kirchen sehr weitgehend Rechnung getragen. Bestimmt die Grundordnung, dass Beschäftigte, die aus der Kirche austreten, nicht beschäftigt werden können, so kann eine Kündigung gerechtfertigt und wirksam sein.[14] Zu berücksichtigen ist das Selbstverständnis der Kirchen, wonach alle Beschäftigten an dem Gebot der Verkündigung und Vermittlung der Religion mitwirken, so dass das Loyalitätsgebot die Pflicht umfasst, nicht während des Beschäftigungsverhältnisses aus der Kirche auszutreten.[15] Der Kirchenaustritt stellt nach Kirchenrecht eines der schwersten Vergehen gegen den Glauben und die Einheit der Kirche dar. Die Kirche betrachtet den Ausgetretenen als Abtrünnigen und dem Kirchenbann verfallen. Nach Auffassung des LAG Mainz[16] ist daher mit dem Kirchenaustritt das Vertrauensverhältnis zwischen Arbeitgeber und Beschäftigten irreparabel zerstört.

Vor dem Hintergrund des verfassungsrechtlich verbürgten Selbstbestimmungsrechts der Kirche hat jüngst **9** auch das LAG Düsseldorf[17] einen ähnlich strengen Maßstab hinsichtlich der Loyalitätspflichten der Beschäftigten eines kirchlichen Arbeitgebers angesetzt und eine Wiederverheiratung eines Chefarztes eines kirchlichen Krankenhauses als grundsätzlich kündigungsrelevanten Pflichtenverstoß gewertet.

Von Bedeutung für den Umfang der Loyalitätspflichten ist auch die Einordnung homosexueller Ausrichtung **10** und ihrer Betätigung. Geht man davon aus, dass § 9 strikt nur eine Rechtfertigungsmöglichkeit für die Benachteiligung wegen der Religion oder Weltanschauung bietet und homosexuelle Praktiken, Lebensgestaltung oder Veranlagung stets unter den Schutz der sexuellen Identität nach § 1 zu stellen sind, so muss eine Benachteiligung konsequenterweise gem. § 4 dem strengen Maßstab des § 8 genügen.[18] Eine Rechtfertigung wäre dann in aller Regel mangels Relevanz für die ausgeübte Tätigkeit nicht möglich.[19] Anders wäre es zu beurteilen, wenn man zwischen der homosexuellen Orientierung und ihrer Betätigung differenziert und die Privilegierung der kirchlichen Arbeitgeber nach § 9 auf Merkmale ausdehnt, die nach dem Selbstverständnis der Kirche im „Sachzusammenhang" mit der Religionszugehörigkeit und den damit verbundenen Loyalitätsobliegenheiten stehen.[20] Nach der Rechtsprechung ist wohl darauf abzustellen, ob die

---

10 *Schleusener/Suckow/Voigt* AGG § 9 Rn. 24; ErfK/ *Schlachter* AGG § 9 Rn. 3.
11 Däubler/Bertzbach/*Wedde* AGG § 9 Rn. 55.
12 Däubler/Bertzbach/*Wedde* AGG § 9 Rn. 61.
13 BT-Drs. 16/1780, S. 35; Däubler/Bertzbach/*Wedde* AGG § 9 Rn. 60.
14 LAG RhPf 2.7.2008 – 7 Sa 250/08.
15 *Schleusener/Suckow/Voigt* AGG § 9 Rn. 32.
16 LAG RhPf 2.7.2008 – 7 Sa 250/08.

17 LAG Düsseldorf 18.3.2010 – 5 Sa 996/09.
18 Vgl. ErfK/*Schlachter* AGG § 9 Rn. 4; Däubler/Bertzbach/*Wedde* AGG § 9 Rn. 66; *Schleusener/Suckow/ Voigt* AGG § 9 Rn. 36.
19 Vgl. *Schleusener/Suckow/Voigt* AGG § 9 Rn. 36.
20 Für eine Ausweitung der Rechtfertigungsmöglichkeiten über den Wortlaut des § 9 hinaus *Thüsing*, Arbeitsrechtlicher Diskriminierungsschutz, S. 200 f., Rn. 488, 491.

Beschäftigten das Selbstverständnis ihres Arbeitgebers dergestalt beachten, dass sie ihre abweichenden persönlichen Grundhaltungen nicht aktiv vermitteln oder verbreiten.[21]

§ 10 AGG Zulässige unterschiedliche Behandlung wegen des Alters

[1]Ungeachtet des § 8 ist eine unterschiedliche Behandlung wegen des Alters auch zulässig, wenn sie objektiv und angemessen und durch ein legitimes Ziel gerechtfertigt ist. [2]Die Mittel zur Erreichung dieses Ziels müssen angemessen und erforderlich sein. [3]Derartige unterschiedliche Behandlungen können insbesondere Folgendes einschließen:

1. die Festlegung besonderer Bedingungen für den Zugang zur Beschäftigung und zur beruflichen Bildung sowie besonderer Beschäftigungs- und Arbeitsbedingungen, einschließlich der Bedingungen für Entlohnung und Beendigung des Beschäftigungsverhältnisses, um die berufliche Eingliederung von Jugendlichen, älteren Beschäftigten und Personen mit Fürsorgepflichten zu fördern oder ihren Schutz sicherzustellen,
2. die Festlegung von Mindestanforderungen an das Alter, die Berufserfahrung oder das Dienstalter für den Zugang zur Beschäftigung oder für bestimmte mit der Beschäftigung verbundene Vorteile,
3. die Festsetzung eines Höchstalters für die Einstellung auf Grund der spezifischen Ausbildungsanforderungen eines bestimmten Arbeitsplatzes oder auf Grund der Notwendigkeit einer angemessenen Beschäftigungszeit vor dem Eintritt in den Ruhestand,
4. die Festsetzung von Altersgrenzen bei den betrieblichen Systemen der sozialen Sicherheit als Voraussetzung für die Mitgliedschaft oder den Bezug von Altersrente oder von Leistungen bei Invalidität einschließlich der Festsetzung unterschiedlicher Altersgrenzen im Rahmen dieser Systeme für bestimmte Beschäftigte oder Gruppen von Beschäftigten und die Verwendung von Alterskriterien im Rahmen dieser Systeme für versicherungsmathematische Berechnungen,
5. eine Vereinbarung, die die Beendigung des Beschäftigungsverhältnisses ohne Kündigung zu einem Zeitpunkt vorsieht, zu dem der oder die Beschäftigte eine Rente wegen Alters beantragen kann; § 41 des Sechsten Buches Sozialgesetzbuch bleibt unberührt,
6. Differenzierungen von Leistungen in Sozialplänen im Sinne des Betriebsverfassungsgesetzes, wenn die Parteien eine nach Alter oder Betriebszugehörigkeit gestaffelte Abfindungsregelung geschaffen haben, in der die wesentlich vom Alter abhängenden Chancen auf dem Arbeitsmarkt durch eine verhältnismäßig starke Betonung des Lebensalters erkennbar berücksichtigt worden sind, oder Beschäftigte von den Leistungen des Sozialplans ausgeschlossen haben, die wirtschaftlich abgesichert sind, weil sie, gegebenenfalls nach Bezug von Arbeitslosengeld, rentenberechtigt sind.

I. Allgemeines	1	VII. Differenzierung nach dem Alter in Sozialplänen Nr. 6	24
II. Generalklausel Nr. 1	6	1. Einführung	24
III. Mindestalter Nr. 2	8	2. Ausnahmefälle und Differenzierungskriterien	34
IV. Höchstalter Nr. 3	11		
V. Altersgrenzen in der betrieblichen Altersversorgung iSd Nr. 4	14	3. Zu den Rechtsfolgen einer Diskriminierung	40
VI. Vereinbarungen über die Beendigung des Beschäftigungsverhältnisses bei Anspruch auf Altersrente Nr. 5	18		

I. Allgemeines

1   Die Regelung des § 10 AGG setzt die europäischen Vorgaben des Art. 6 der Rahmen-Richtlinie 2000/78/EG um. Folgerichtig ist die Umsetzung der Richtlinie nach den europäischen Vorgaben auszulegen und so zu handhaben, dass Widersprüche zu europäischem Gemeinschaftsrecht zu vermeiden sind. Insoweit ist auch die Rechtsprechung des EuGH zu beachten, die vorgibt, dass – „soweit wie möglich" – das innerstaatliche Recht anhand des Wortlauts und des Zwecks der innerstaatlichen Richtlinie zu interpretieren ist.[1] Das BAG wendet diesen Grundsatz gleichfalls an.[2]

---

21   Vgl. BAG 21.2.2001 – 2 AZR 139/00, ZIP 2001, 1825; Däubler/Bertzbach/*Wedde* AGG § 9 Rn. 66.

1   EuGH 5.10.2004 – Rs. C-397/0, NZA 2004, 1145 – Pfeiffer; EuGH 10.4.1984 – Rs. 14/83, NZA 1984, 157 – von Colson und Kamann.

2   BAG 18.2.2003 – 9 AZR 272/01, AP Nr. 22 zu § 611a BGB.

Aus dem Wortlaut der Regelung des § 10 S. 1 ergibt sich grundsätzlich, dass die im Grundsatz untersagte **2**
Diskriminierung wegen des Alters nur in Ausnahmefällen gerechtfertigt ist. Insoweit ist auch die Rechtsprechung des EuGH zu verstehen. Der EuGH gibt schon in seiner Entscheidung vom 15.5.1986 zu verstehen,
dass eine Differenzierung grundsätzlich an eine stets enge Auslegung gebunden ist.[3]

In der Begründung der RL 2000/78/EG hat der Rat einerseits das Verbot der Altersdiskriminierung als ein **3**
wesentliches Element zur Erreichung der Ziele der beschäftigungspolitischen Leitlinien und zur Förderung
der Vielfalt im Bereich der Beschäftigung betont, vor allem aber gleichzeitig hervorgehoben, dass
Ungleichbehandlungen wegen des Alters unter bestimmten Umständen bzw. unter Darlegung von Rechtfertigungsgründen gerechtfertigt sein können, wobei allerdings der unterschiedlichen Situation in den Mitgliedstaaten Rechnung zu tragen sei. Allerdings bedarf es einer Differenzierung zwischen einer Ungleichbehandlung, die gerechtfertigt sein kann durch rechtmäßige Ziele im Bereich der Beschäftigungspolitik, des
Arbeitsmarktes und der beruflichen Bildung und einer Diskriminierung, die zu verbieten ist. Dieses Spannungsverhältnis drückt sich auch in Art. 6 RL 2000/78/EG aus, der einen umfassenden Katalog der Rechtfertigung von Ungleichbehandlungen vorsieht.[4] Wegen dieses breiten Spielraums ist auch von einem Diskriminierungsverbot zweiter Klasse gesprochen worden.[5]

Der gesetzgeberischen Intention zufolge sollten unter Berücksichtigung der unterschiedlichen Interessenla- **4**
gen der Arbeitnehmer flexible Lösungsmöglichkeiten ergreifen.[6] Bei Inkrafttreten des AGG enthielt § 10
noch die Nr. 6 und 7 (die jetzige Nr. 6 war Nr. 8), die die Berücksichtigung des Alters bei der Sozialauswahl
im Rahmen betriebsbedingter Kündigungen und Vereinbarungen der Unkündbarkeit von Beschäftigten
betrafen. Durch das Zweite Gesetz zur Änderung des Betriebsrentengesetzes vom 2.12.2006[7] sind diese
Vorschriften gestrichen worden. Der Gesetzgeber war der Auffassung, dass sie im Hinblick auf die in § 2
Abs. 4 angeordnete ausschließliche Geltung der Bestimmungen zum allgemeinen und besonderen Kündigungsschutz für Kündigungen leer liefen und deshalb zu streichen waren.[8]

Die Formulierung in § 10 AGG zeigt, dass der Gesetzgeber der allgemeinen, in der Rechtsprechung des **5**
EuGH entwickelten Dogmatik zur Rechtfertigung unterschiedlicher Behandlungen folgt. Ausgangspunkt
muss stets ein legitimes Ziel[9] und das gewählte Mittel objektiv und angemessen sein.[10] Die in § 10 S. 2 enthaltene, nicht abschließende („insbesondere") Aufzählung möglicher rechtfertigender Tatbestände dient der
Konkretisierung durch Gruppenbildung. Stets ist aber bei jeder Nr. nach dem legitimen Ziel und der Objek-
tivität und Angemessenheit der Regelung zu fragen.[11]

II. Generalklausel Nr. 1

Ziel der Nr. 1 ist die Eingliederung sowohl jugendlicher als auch älterer Arbeitnehmer. Aus der Praxis der **6**
Vergangenheit stehen Regelungen auf dem Prüfstand, die in Differenzierung nach dem Lebensalter älteren
Arbeitnehmern eine günstigere Position zudenken. Hierher gehören Regelungen der Staffelung der Vergütung oder des Urlaubs nach Lebensalter. Eine Staffelung des Urlaubs nach dem Lebensalter dürfte unbedenklich sein, da sie dem Gesundheitsschutz älterer Arbeitnehmer dient.[12] Die Gehaltsstaffelung nach dem
Lebensalter wird zT als unmittelbare Diskriminierung betrachtet, die nicht gerechtfertigt ist.[13] Die Regelung
in § 622 Abs. 2 S. 2 BGB, wonach bei der Berechnung der Dauer der Betriebszugehörigkeit nur die Zeit
nach der Vollendung des 25. Lebensjahres des Arbeitnehmers berücksichtigt werden könne, wurde als fragwürdig angesehen.[14] Nunmehr hat der EuGH entschieden,[15] dass das Unionsrecht, insbesondere das Verbot
der Diskriminierung wegen des Alters, das durch die Richtlinie 2000/78/EG lediglich konkretisiert wurde,
dahin auszulegen ist, dass es der Regelung des § 622 Abs. 2 S. 2 BGB entgegensteht. Nach Auffassung des

3 EuGH Johnston 15.5.1986 – Rs. 222/84, Slg 1651, BeckEuRS 1986, 126655.
4 Ausf. EuGH 5.3.2009 – Rs C-388/07, NZA 2009, 305 – Age Concern England; Rs C-341/08, DB 2010, 171 – Petersen.
5 *Schmidt/Senne* RdA 2002, 80 (89).
6 Vgl. BT-Drs. 16/1780 S 36; *Schlachter* ZESAR 2006, 391.
7 BGBl. I S. 2742.
8 Vgl. BT-Drs. 16/3007.
9 LAG Bln-Bbg 11.9.2008 – 20 Sa 2244/07, NZA-RR 2009, 378; „danach muss dieses Ziel rechtmäßig sein", was auch immer damit gemeint sein mag, denn dies ist Voraussetzung eines Rechtfertigungsgrundes.
10 BAG 22.1.2009 – 8 AZR 906/07, NZA 2009, 945 „zur Zuordnung zum ‚Personalüberhang' und Verset-

zung zum ‚Stellenpool' um einer ausgewogenen Personalstruktur willens".
11 *Schlachter* ZESAR 2006, 391; vgl. für Art. 6 RL 2000/78/EG EuGH 18.6.2009 – Rs C-88/08, NZA 2009, 891.
12 *Wisskirchen* AGG S. 30.
13 Vgl. *Bertelsmann* ZESAR 2005, 242 (246); zurückhaltender *Waltermann* NZA 2005, 1265 (1269 f.); *Wiedemann/Thüsing* NZA 2002, 1234 (1241); bzgl. der Lebensaltersstufen des BAT vgl. LAG Bln-Bbg 11.9.2008 – 20 Sa 2247/07, NZA-RR 2009, 378; HessLAG 22.4.2009 – 2 Sa 1689/08, NZA 2009, 799; *Dornbusch/Kasprzyk* NZA 2009, 1000.
14 Vgl. *Waltermann* NZA 2005, 1265 (1268).
15 EuGH 19.1.2010 – Rs C-555/07, NZA 2010, 85 – Kücükdeveci.

EuGH obliegt es dem nationalen Gericht, in einem Rechtsstreit zwischen Privaten die Beachtung des unionsrechtlichen Verbots der Diskriminierung wegen des Alters sicherzustellen, indem es erforderlichenfalls entgegenstehende Vorschriften des innerstaatlichen Rechts unangewendet lässt. Unabhängig davon, ob es von seiner Vorlagebefugnis Gebrauch macht, hat der Gerichtshof außerdem implizit die Entscheidungen der vorgenannten Landesarbeitsgerichte bestätigt.[16]

7   Der schwierigen Situation der Eingliederung älterer Arbeitnehmer versuchen die verschiedenen Rechtsordnungen mit unterschiedlichen Mitteln gerecht zu werden. § 14 Abs. 3 TzBfG aF hatte das Ziel einer besseren Integration von älteren Arbeitnehmern in den Arbeitsmarkt dadurch realisieren wollen, dass es die sachgrundlose Befristung bei der Begründung von Arbeitsverhältnissen mit 52 bzw. 58 Jahre alten Arbeitnehmern zugelassen hat. In der Rechtssache Mangold[17] hat der EuGH das von § 14 Abs. 3 TzBfG verfolgte Ziel der Integration älterer Arbeitnehmer ausdrücklich anerkannt. Er hat aber die Angemessenheit der früheren Regel im Hinblick auf dieses Ziel verneint, weil unterschiedslos alle Arbeitnehmer in diesem Alterssegment pauschal betrachtet werden.[18] Die Befristungsregelungen des HRG bewirken nach der Rechtsprechung des BAG keine unzulässige Altersdiskriminierung.[19]

III. Mindestalter Nr. 2

8   Der Gesetzeswortlaut beschränkt sich nicht auf die Anknüpfung an die Festlegung von Mindestanforderungen an das Alter, sondern fügt die Berufsfahrung hinzu. Hier zeigt sich die Zielrichtung der Norm, die Lebensalter und berufliche Qualifikation koppeln und damit ein bestimmtes Qualifikationsprofil in bestimmten Berufen zulassen will. Vor diesem Hintergrund ist die Zulässigkeit von solchen Regelungen zu bejahen, die ein Mindestalter als Qualifikationserfordernis statuieren. Die Rechtsprechung hat sich bislang allerdings noch nicht um eine Grenzziehung bemüht.[20]

9   Wird ein Mitarbeiter für den Führungskräftenachwuchs gesucht, dann kann auch ein sehr junges Höchstalter gerechtfertigt sein. Maßgeblich ist, welche Zeit nach den regelmäßigen Karrierewegen des Unternehmens erforderlich wäre, um die angestrebte Führungsposition zu erreichen und welche Zeit dann noch angemessen ist, diese Position im Unternehmen ausführen zu können. Das Ergebnis scheint paradox, aber ist dennoch richtig: Je jünger man im Unternehmen Führungskraft wird, desto älter kann der Führungskräftenachwuchs sein. Generell gilt, dass Altersgrenzen eher akzeptabel sind, wo sie als weiche Zielvorgaben mit der Möglichkeit zur Einzelabwägung formuliert werden als wo harte Ausschlusskriterien genannt werden, die auch bei geringfügiger Überschreitung einen Bewerber aus dem Auswahlpool ausschließen („Der Bewerber sollte Anfang 40 sein" ist also vorzugswürdig gegenüber „Wir suchen einen Bewerber bis Alter 45 Jahre").

10 Eine mittelbare Diskriminierung wegen des Alters, die einen ähnlichen Effekt wie die Festsetzung von Höchst- und Mindestalter haben kann, ist das Erfordernis einer bestimmten Anzahl von Jahren Berufserfahrung. Als Mindestqualifikation kann sie gerechtfertigt sein durch die Erfordernisse der Tätigkeit und auch zur Vermeidung von überqualifizierten Bewerbern kann sie als Höchstrahmen erlaubt sein („Wir suchen Bewerber mit drei bis sechs Jahren Berufserfahrung"). Hinsichtlich der Vermeidung von Überqualifikationen dürfte jedoch ein strengerer Maßstab angebracht sein als im Hinblick auf eine Mindestdauer von Berufsjahren.

IV. Höchstalter Nr. 3

11 Ausweislich der Gesetzesbegründung liegt der Regelung die gesetzgeberische Intention zugrunde, dass vor allem bei älteren Beschäftigten, deren Rentenalter absehbar ist, einer aufwändigen Einarbeitung am Arbeitsplatz auch eine betriebswirtschaftlich sinnvolle Mindestdauer einer produktiven Arbeitsleistung gegenüberstehen muss.[21] Dies beschreibt den wichtigsten Anwendungsbereich der Vorschrift. Für den öffentlichen Dienst ist meist eine bestimmte Altersschwelle normiert, jenseits derer Einstellungen nicht mehr vorgenommen werden können bzw. sollen. Ob hinsichtlich der normierten Altersgrenzen eine angemessene Regelung hinsichtlich des vom Gesetzgeber formulierten Ziels getroffen wurde, ist allerdings zweifelhaft.[22] Festzustellen ist, dass im Rahmen einer gerichtlichen Überprüfung zahlreiche Vorschriften ihre Kompatibilität mit dem Gemeinschaftsrecht nicht unter Beweis stellen können. Dies gilt umso mehr, wenn man bedenkt, dass gegenwärtig eine Tendenz zur Erweiterung des Rentenalters aufgrund der demografischen Entwicklung anzunehmen ist. Als mit der RL 2000/78/EG kompatibel allerdings hat es das BAG angesehen, wenn ein privatrechtlicher Schulträger mit Lehrern, die einen Wechsel in ein Beamtenverhältnis zu einem anderen

---

16 Von *Medem* NZA 2009, 1072.
17 EuGH 22.11.2005 – Rs C-144/04, Slg 2005, I-9981, NZA 2005, 1345 – Mangold.
18 Krit. *Kast/Herrmann* BB 2007, 1841 (1846).

19 BAG 20.3.2012 – 9 AZR 529/10, 506, NZA 2012, 803.
20 BAG 11.4.2006 – 9 AZR 528/05, NZA 2012, 803.
21 BT-Drs. 16/1780 S. 36.
22 *Thüsing* ZESAR 2009, 83.

Bundesland in Aussicht stellen, einen Arbeitsvertrag mit beamtenrechtlicher Besoldung und Versorgung abschließt, um sie an seine Schule zu binden und den Abschluss eines solchen Vertrages mit Lehrern ablehnt, für die ein solcher Wechsel aufgrund der Überschreitung des beamtenrechtlichen Höchsteinstellungsalters nicht mehr in Frage kommt.[23]

Es geht bei § 10 Nr. 3 AGG aber nicht nur um ältere Arbeitnehmer. Vom Wortlaut erfasst ist auch ein **12** Höchstalter bei jüngeren Mitarbeitern. Häufig ist nach Vorschriften, vor allem des öffentlichen Dienstes, ein Eintritt in eine bestimmte Laufbahngruppe nur bis zu einem maximalen Höchstalter von 30, 32 oder 35 Lebensjahren möglich. Zudem existieren Altershöchstgrenzen für die Besetzung von Stellen, die der Habilitation sog. Nachwuchswissenschaftler dienen.[24] Zweifelhaft bleibt, ob diese Altersgrenzen in Zukunft Bestand haben. Der EuGH beanstandete eine innerstaatliche Regelung, die das Höchstalter für die Einstellung in die Laufbahn des mittleren feuerwehrtechnischen Dienstes auf 30 Jahre festlegt, gemeinschaftsrechtlich nicht.[25] Der EuGH hielt es aber für berücksichtigenswert, den biologischen Zusammenhang zwischen dem Alter der Angehörigen des mittleren feuerwehrtechnischen Dienstes und deren – für die Einsatzbereitschaft und das ordnungsgemäße Funktionieren der Berufsfeuerwehr erforderlichen – volle körperliche Eignung zur Ausübung dieses Dienstes anzuerkennen. Höchstaltersgrenzen bezüglich der Einstellung und Übernahme in das Beamtenverhältnis werden indes vom BVerwG[26] auch ohne vergleichbar strengen Rechtfertigungsmaßstab als durch das AGG nicht als ausgeschlossen angesehen.[27]

Zur Höchstaltersgrenze für die Einstellung in den Vorbereitungsdienst für den mittleren Polizeivollzugs- **13** dienst des Landes Berlin vgl. BVerwG NVwZ 2010, 251, zur Zulässigkeit von Altershöchstgrenzen im öffentlichen Dienst vgl. VGH Kassel NVwZ 2010,140 mAnm *Rombach*, NVwZ 2010,102; zur Altersgrenze für die Einstellung als Beamter vgl. BVerwG NVwZ 2009, 840.

V. Altersgrenzen in der betrieblichen Altersversorgung iSd Nr. 4

Die RL 2000/78/EG hat den nationalen Gesetzgebern einen weiten Spielraum bei der Festlegung von **14** Altersgrenzen in betrieblichen Systemen der sozialen Sicherheit eingeräumt, um den bislang bestehenden nationalen Gepflogenheiten Rechnung zu tragen. Diese Altersgrenzen werden akzeptiert. So soll etwa nach LAG Köln vom 18.1.2008 der Verlust der Betriebsrenten-Anwartschaft bei Ausscheiden aus dem Arbeitsverhältnis vor dem 35. Lebensjahr keine Altersdiskriminierung sein. Dies gelte nur insoweit, als nicht eine Diskriminierung wegen des Geschlechts in einer solchen Altersregelung liegt.[28] Hieran könnte man denken, wenn man eine mittelbare Benachteiligung von Frauen erkennen würde, weil diese wegen Mutterschaft vorzeitig aus Arbeitsverhältnissen ausscheiden. Der Vorbehalt des LAG scheint daher eher akademischer Natur zu sein, da Erkenntnisse über ein solches vorzeitiges Ausscheiden nicht bekannt sind.

Einschlägig ist weiterhin auch die RL 86/318/EWG. Der 3. Senat des BAG hat, vor Inkrafttreten des AGG, **15** in einem Verfahren nach Art. 234 EG dem EuGH die Frage vorgelegt, ob die RL 2000/78/EG sowie die Grundsätze der Entscheidung Mangold[29] einer Klausel einer betrieblichen Ruhegeldordnung entgegenstehen, die den Anspruch auf Witwen-/Witwerrente davon abhängig macht, dass die Witwe oder der Witwer nicht über 15 Jahre jünger als der Arbeitnehmer ist.[30] Auch wenn man von einer horizontalen Wirkung der Richtlinie ausgeht und eine Benachteiligung anzunehmen wäre, ist die Regelung, wie das BAG selbst ausgeführt hat,[31] sachlich gerechtfertigt.[32] Nach der entsprechenden Entscheidung des EuGH[33] enthält das Gemeinschaftsrecht kein Verbot der Diskriminierung aus Gründen des Alters, dessen Schutz die Gerichte der Mitgliedstaaten zu gewährleisten haben, wenn die möglicherweise diskriminierende Behandlung keinen gemeinschaftsrechtlichen Bezug aufweist. Hierzu wird ausgeführt, dass ein solcher gemeinschaftsrechtlicher Bezug weder durch Art. 13 EG hergestellt wird, noch durch die RL 2000/78/EG vor Ablauf ihrer Umsetzungsfrist. Im Gegensatz zur Entscheidung Mangold sind die in Rede stehenden Versorgungsrichtlinien keine Maßnahmen zur Umsetzung von Gemeinschaftsbestimmungen.

In diesem Sinne ist auch die Rechtsprechung des BAG zu verstehen.[34] Danach sind Altersgrenzen und **16** Stichtagsregelungen in Versorgungssystemen unvermeidbar und stellen keine verbotene Diskriminierung

---

23 BAG 11.4.2006 – 9 AZR 528/05, NZA 2006, 803.
24 So zB das LAG Köln, Unwirksamkeit einer diesbzgl Befristung gem. § 7 Abs. 2, ZTR 2009, 596.
25 EuGH 12.1.2010 – Rs C-229/08, BeckRS 2010, 90031 – Wolf.
26 BVerwG 19.2.2009 – 2 C 18/07, NVwZ 2009, 840.
27 Dazu: *Kühling/Bertelsmann* NVwZ 2010, 87.
28 In Anlehnung an Art. 6 Abs. 2 RL 2000/78/EG.
29 EuGH 22.11.2005 – Rs C-144/04, Slg 2005, I-9981 EuZW 2010, 177.

30 BAG Vorlagebeschl. v. 27.6.2006 – 3 AZR 352/05 (A), NZA 2006, 1276.
31 BAG Vorlagebeschl. Rn. 48.
32 Vgl. EuGH 13.5.1986 – Rs 170/84, Slg, 1986, 1607 Rn. 36 – Bilka NZA 1997, 83.
33 EuGH 23.9.2008 – Rs C-427/06, NZA 2008, 1119 – Bartsch; hierzu zur allgemeinen Problematik der Altersabstandsklauseln vgl. *Bauer/Arnold* NJW 2008, 3377; *Preis/Temming* NZA 2008, 1209.
34 BAG 11.8.2009 – 3 AZR 23/0, NZA 2010, 408.

dar. Interessant ist allerdings der Hinweis, dass mit der Einordnung der Nr. 4 (Festsetzung von Altersgrenzen bei den betrieblichen Systemen der sozialen Sicherheit) in die allgemeinen Rechtfertigungsgründe des § 10 AGG der Gesetzgeber über die zwingenden Richtlinienvorgaben hinausgegangen ist.

Altersgrenzen in Systemen der betrieblichen Altersversorgung können nach § 10 AGG zudem gerechtfertigt sein, wenn sie der Begrenzung und Kalkulierbarkeit von Versorgungsansprüchen dienen. Eine unzulässige Altersdiskriminierung liegt aber jedenfalls immer dann vor, wenn eine Anrechnungsgrenze an ein bestimmtes Lebensalter anknüpft, jüngere Arbeitnehmer mit vergleichbar hoher Betriebsrente aber gar nicht erst erfasst.[35]

Das BAG[36] gab nunmehr auch seine bisherige Rechtsprechung[37] zur grundsätzlichen Unwirksamkeit sog. altersabhängiger Späteheklauseln in Systemen der betrieblichen Altersversorgung auf, dies offenbar als Reaktion auf die Entscheidung des EuGH in der Rechtssache „Parris".[38] Eine Klausel, wonach bei Verheiratung nach dem 65. Lebensjahr keine Hinterbliebenenversorgung zu zahlen war, befand der 3. Senat des BAG nun als wirksam. Unklar bleibt aber auch nach dieser Entscheidung, ob nun – weitergehend – auch solche Späteheklauseln zulässig sein sollen, die auf ein geringeres Alter als 65 Lebensjahre für die den Anspruch ausschließende Eheschließung abstellen.

In der Hinterbliebenenversorgung billigte das BAG zudem das seit jeher umstrittene System der Altersabstandsklauseln.[39] Hier ging es um eine Regelung in einer Versorgungsordnung, wonach Ehegatten nur dann eine Hinterbliebenenversorgung erhielten, wenn sie nicht mehr als 15 Jahre jünger als der Versorgungsberechtigte waren. Bei einem Altersabstand von mehr als 15 Jahren, so das BAG, sei der gemeinsame Lebenszuschnitt der Ehepartner darauf angelegt, dass der Hinterbliebene einen Teil seines Lebens ohne den Versorgungsberechtigten verbringe. Zudem würden wegen des Altersabstands von mehr als 15 Jahren nur solche Ehegatten von dem Ausschluss erfasst, deren Altersabstand zum Ehepartner den üblichen Abstand erheblich übersteige. Diese Rechtsprechung festigte das BAG mit Entscheidung vom 11.12.2018[40] und erblickte in einer Klausel, nach der die Leistungen des jüngeren hinterbliebenen Ehepartners für jedes volle, über zehn Jahre hinausgehende Jahr des Altersunterschieds der Ehegatten um 5 % gekürzt wird, keine Altersdiskriminierung.

Abzuwarten bleibt insoweit, ob diese Entwicklung nun eine generelle Abkehr von der restriktiven Linie gegen altersbezogene Klauseln in der Hinterbliebenenversorgung einleitet und zu welchen Ergebnissen die divergierende Spruchpraxis von BAG und EuGH hier im Weiteren führen wird.[41]

17   Die überobligatorische Richtlinienumsetzung des Art. 6 Abs. 2 der Richtlinie 2000/78/EG war wohl vom Gesetzgeber nicht beabsichtigt. Insoweit hält das BAG in seiner Entscheidung fest: § 10 S. 1 und S. 2, S. 3 Nr. 4 sind gemeinschaftsrechtskonform. Aus Art. 6 Abs. 2 der Richtlinie 2000/78/EG folgt, dass die Mitgliedstaaten, soweit es um die dort genannten betrieblichen Systeme der sozialen Sicherheit geht, bei der Umsetzung in nationales Recht nicht verpflichtet sind, die Voraussetzungen des Art. 6 Abs. 1 der Richtlinie einzuhalten. Die Festsetzung von Altersgrenzen in den betrieblichen Systemen der sozialen Sicherheit ist somit europarechtlich in der Regel zulässig.[42]

VI. Vereinbarungen über die Beendigung des Beschäftigungsverhältnisses bei Anspruch auf Altersrente Nr. 5

18   Vereinbarungen, welche die Beendigung des Beschäftigungsverhältnisses ohne Kündigung zu einem Zeitpunkt vorsehen, zu dem Beschäftigte eine Rente wegen Alters beantragen können, sind in der Praxis sehr häufig. Eine spezielle Regelung für diesen fraglichen Kreis trifft § 41 SGB VI, eine Regelung, die vom AGG unberührt bleibt.[43] Eine Individualvereinbarung dieser Art unterliegt den Grundsätzen der Privatautonomie und dürfte nicht zu beanstanden sein. Anders ist es mit kollektivrechtlichen Vereinbarungen.[44] Diese zwingen den Arbeitnehmer, vorzeitig die Rente wegen Alters in Anspruch zu nehmen. Verbunden ist diese mit Rentenabschlägen (vgl. § 77 SGB VI) oder aber, wenn dies nicht der Fall sein sollte, nimmt es dem betroffenen Arbeitnehmer zugleich die Möglichkeit weiterzuarbeiten und dadurch zusätzliche Versicherungsjahre und Entgeltpunkte zu erwerben, welche sich rentenerhöhend auswirken.

---

35   BAG 17.10.2017 – 3 AZR 737/15, ArbRAktuell 2018, 206 mAnm *Diller* für ein fehlerhaft überführtes Altersversorgungssystem im Öffentlichen Dienst.

36   BAG 14.11.2017 – 3 AZR 781/16, ArbRAktuell 2018, 154 mAnm *Diller.*

37   BAG 4.8.2015 – 3 AZR 137/13, ArbRAktuell 2015, 398 mAnm *Bauer.*

38   EuGH 24.11.2016 – C-443/15, NZA 2017, 233.

39   BAG 20.2.2018 – 3 AZR 43/17, ArbRAktuell 2018, 121 mAnm Seeger.

40   FD-ArbR 2018, 412762.

41   So *Diller* ArbRAktuell 2018, 154.

42   Vgl. *Bauer* GWR 2010, 99.

43   *Fuchs/Reichold,* Tarifvertragsrecht, Rn. 135.

44   Vgl. hierzu die Vorlage des ArbG Hamburg an den EuGH mAnm *Thüsing* ZESAR 2009, 129.

In der Rechtssache Palacios de la Villa hat der EuGH[45] entschieden, dass die in Tarifverträgen enthaltene **19** Klausel über die Zwangsversetzung in den Ruhestand wirksam ist. In dieser wurde als Voraussetzung lediglich verlangt, dass der Arbeitnehmer die im nationalen Recht auf 65 Jahre festgesetzte Altersgrenze für den Eintritt in den Ruhestand erreicht und die übrigen sozialversicherungsrechtlichen Voraussetzungen für den Bezug einer beitragsbezogenen Altersrente erfüllt, sofern diese Maßnahme, auch wenn sie auf das Alter abstellt, objektiv und angemessen ist sowie im Rahmen des nationalen Rechts durch ein legitimes Ziel, das in Beziehung zur Beschäftigungspolitik und zum Arbeitsmarkt steht, gerechtfertigt ist und die Mittel, die zur Erreichung dieses im Allgemeininteresse liegenden Ziels eingesetzt werden, nicht als dafür unangemessen und nicht erforderlich erscheinen.[46] Nicht mehr angemessen ist es danach, die Beendigung des Arbeitsverhältnisses auch dann vorzusehen, wenn der Arbeitnehmer vor dem Erreichen des für die Regelaltersrente maßgeblichen Alters eine vorzeitige Rente beanspruchen könnte, diese aber mit Rentenabschlägen verbunden wäre.

So folgert das BAG allgemein, dass tarifliche Regelungen über die Beendigung von Arbeitsverhältnissen **20** aufgrund von Befristungen der arbeitsgerichtlichen Befristungskontrolle unterfallen. Dazu gehören auch tarifvertragliche Altersgrenzen, nach denen das Arbeitsverhältnis bei Erreichen eines bestimmten Lebensalters endet.[47] Auch tarifliche Altersgrenzenregelungen bedürfen zu ihrer Wirksamkeit eines sie rechtfertigenden Sachgrunds iSv § 14 Abs. 1 TzBfG. Dem steht die verfassungsrechtlich durch Art. 9 Abs. 3 GG geschützte Tarifautonomie nicht entgegen.[48]

Der Senat unterscheidet bei der Beendigung von Arbeitsverhältnissen aufgrund einer auf das Erreichen **21** eines bestimmten Lebensalters des Arbeitnehmers bezogenen Regelung zwischen den an das gesetzliche Rentenalter anknüpfenden Altersgrenzen und solchen, die eine Beendigung des Arbeitsverhältnisses vor diesem Zeitpunkt vorsehen. Bei einer auf das Rentenalter bezogenen Altersgrenze endet das Arbeitsverhältnis zu einem Zeitpunkt, in dem der Arbeitnehmer Anspruch auf eine Rente wegen Alters iSd § 35 SGB VI hat. Eine in einem Tarifvertrag enthaltene Befristung des Arbeitsverhältnisses auf den Zeitpunkt des Erreichens des Regelrentenalters hat der Senat als sachlich gerechtfertigt iSd § 14 Abs. 1 S. 1 TzBfG angesehen, wenn der Arbeitnehmer nach dem Inhalt des Arbeitsvertrags und der Vertragsdauer eine Altersversorgung in der gesetzlichen Rentenversicherung erwerben kann oder er bei Abschluss des Arbeitsvertrags die für den Bezug einer Altersrente erforderliche Wartezeit erfüllt hat.[49] Altersgrenzen, die die Beendigung des Arbeitsverhältnisses zu einem Zeitpunkt vorsehen, in dem der Arbeitnehmer noch keine Altersrente beziehen kann, konnten nach der bereits vor Inkrafttreten des TzBfG am 1.1.2001 ergangenen Rechtsprechung des BAG die Befristung des Arbeitsvertrags nur rechtfertigen, wenn das Erreichen eines bestimmten Lebensalters wegen der vom Arbeitnehmer ausgeübten Tätigkeit zu einer Gefährdung wichtiger Rechtsgüter führen kann. Dies hat der Senat bei tariflichen Altersgrenzen von 60 Jahren für Piloten angenommen und diese für rechtswirksam gehalten[50] Dies gilt auch für die Rechtslage nach Inkrafttreten des TzBfG am 1.1.2001. Für eine derartige Altersgrenzenregelung besteht mithin ein sachlicher Grund. Entsprechend ist auch die Rechtsprechung der Verwaltungsgerichte zu beamtenrechtlichen Regelungen. Die Festsetzung einer Altersgrenze, mit deren Erreichen der Beamte von Gesetzes wegen in den Ruhestand tritt, steht mit den Vorgaben der Richtlinie 2000/78/EG und des AGG in Einklang. Sie stellt keine unzulässige Altersdiskriminierung dar.[51]

Die Festlegung einer Altersgrenze, mit deren Erreichen der Beamte zwangsweise in den Ruhestand tritt, **22** führt zwar dazu, dass dieser Beamte allein wegen seines Alters von der weiteren aktiven Berufstätigkeit bei seinem Dienstherrn ausgeschlossen wird und stellt damit eine unmittelbare Benachteiligung wegen des Alters iSv Art. 2 Abs. 1 a der Richtlinie 2000/78/EG des Rates bzw. iSv § 3 Abs. 1 iVm § 1 AGG dar. Sie ist aber deshalb zulässig, wenn sie durch einen der in der Richtlinie bzw. im AGG vorgesehenen Gründe gerechtfertigt ist.

Die Anwendbarkeit der Regelung ist auch nicht nur auf abhängig Beschäftigte begrenzt. Zwar sieht das **23** BSG[52] Anhaltspunkte dafür, die Maßstäbe zur Rechtfertigung von Altersgrenzen, die sich aus den Richtlinien und dem AGG sowie aus dem Urteil des EuGH ergeben, seien nur auf abhängig Beschäftigte anwendbar und könnten nur solche Altersgrenzen rechtfertigen, die zugleich den Beginn der Zahlung der Altersrente markieren. Solche Eingrenzungen ergeben sich aber weder aus den Regelungen der RL noch aus denen des AGG. Deren beider Geltungsbereich erfasst nach deren ausdrücklichem Wortlaut sowohl

45 EuGH 16.10.2007 – RS C- 411/05, NZA 2007, 1219.
46 Vgl. hierzu auch *Bauer/Krieger* NJW 2007,3672; *Bayreuther* DB 2007, 2425; *Kocher* RdA 2008,238; *v. Roetteken* ZTR 2008, 350; *Temming* NZA 2007, 1193; bereits im Vorfeld der Entscheidung *Waas* EuZW 2007, 359.
47 BAG 27.11.2002 – 7 AZR 655/01, NZA 2003,1056.

48 BAG 21.7.2004 – 7 AZR 589/03, NZA 2004, 1352.
49 BAG 18.6.2008 – 7 AZR 116/07, NZA 2008, 1302.
50 Vgl. BAG 20.12.1984 – 2 AZR 3/84, NZA 1986, 325.
51 VGH Kassel 28.9.2009 – 1 B 2487/09, NVwZ 2010, 140.
52 BSG 6.2.2008 – B 6 KA 41/06, MedR 2008, 453.

unselbstständige als auch selbstständige Erwerbstätigkeiten. Die Ausnahmetatbestände sind zwar teilweise auf „Beschäftigte" zugeschnitten, aber nicht ausschließlich. Die einleitenden Sätze in Art. 6 Abs. 1 S. 2 RL und in § 10 S. 3 AGG („insbesondere") ergeben, dass die im Folgenden aufgeführten Rechtfertigungstatbestände nicht abschließend sind, vielmehr andere vergleichbare Rechtfertigungen denkbar sind.[53] Eine Eingrenzung ergibt sich zudem nicht aus dem Urteil des EuGH vom 16.10.2007, dieses betrifft zwar den Fall eines abhängig Beschäftigten, die Urteilsbegründung ist aber weder von ihrem Wortlaut noch von ihrem Kontext her auf den Fall des abhängig Beschäftigten beschränkt.

VII. Differenzierung nach dem Alter in Sozialplänen Nr. 6

24   **1. Einführung.** § 10 Nr. 6 will eine weithin geübte Praxis bestätigen, die darin besteht, dass in Sozialplänen das Lebensalter und die Betriebszugehörigkeit eine entscheidende Rolle spielen.[54] Ob Alter und Betriebszugehörigkeit nur alternativ oder auch kumulativ berücksichtigt werden dürfen, ist umstritten.[55] Die Richtlinie 2000/78/EG verbietet unmittelbare Diskriminierungen von Arbeitnehmern wegen ihres Alters beim Arbeitsentgelt. Zum Entgelt iSd Richtlinie zählen nach zutreffender Ansicht auch Abfindungen,[56] wonach es sich bei Regelungen über den Anspruch auf Abfindung um Beschäftigungsbedingungen handeln soll. Eine unmittelbare Diskriminierung iSv Art. 2 Abs. 2 lit. a Richtlinie 2000/78/EG setzt voraus, dass eine individuelle Person wegen ihres Alters eine weniger günstige Behandlung erfährt, als sie eine andere Person in einer vergleichbaren Situation erfährt, erfahren hat oder erfahren würde, und diese Schlechterbehandlung vom Arbeitgeber nicht gerechtfertigt werden kann. Inhaltlich handelt es sich um ein sog. Anknüpfungsverbot, wie das BAG im Urteil vom 11.11.2008 durch Hervorhebung der Vokabel „gerade" zu Recht betont. Nach herrschender Ansicht setzt das Verbot von unmittelbaren (Entgelt-)Diskriminierungen trotzdem kein Verschulden voraus.[57] Das ist zweifelhaft, weil derjenige, der einen anderen unmittelbar wegen eines verbotenen Merkmals diskriminiert, dies jedenfalls in voller Kenntnis der Umstände tun muss, da nur so dem Unmittelbarkeitserfordernis der Diskriminierung Rechnung getragen werden kann. Eine mittelbare Diskriminierung liegt nach Art. 2 Abs. 2 lit. b Richtlinie 2000/78/EG vor, wenn dem Anschein nach neutrale Vorschriften, Kriterien oder Verfahren Personen wegen eines bestimmten Alters in besonderer Weise benachteiligen können, es sei denn, diese Vorschriften, Kriterien oder Verfahren sind durch ein rechtmäßiges Ziel sachlich gerechtfertigt und die Mittel zur Erreichung des Zieles angemessen und erforderlich. Während die unmittelbare Diskriminierung also an individuelle Ungleichbehandlungen anknüpft, stellt die mittelbare Diskriminierung auf einen Vergleich von Personengruppen ab. Ihr Tatbestand ist grundsätzlich erfüllt, wenn in der benachteiligten Gruppe weitaus mehr Arbeitnehmer mit dem geschützten Merkmal vorhanden sind als in der bevorzugten. Es ist umstritten, ob der entsprechende Nachweis zwingend durch Statistiken geführt werden muss, oder ob schon eine bloße Bewertung der überwiegenden Betroffenheit einer Personengruppe ausreicht.[58] Das BAG hat diese Fragestellung bislang offen lassen können.[59]

25   Im Arbeitsrecht steht eine mittelbare Diskriminierung wegen des Alters vor allem bei der Anknüpfung an Kriterien in Rede, die wie die Dauer der Betriebszugehörigkeit, das Dienstalter oder die Berufserfahrung nur dem Anschein nach neutral sind, tatsächlich jedoch überwiegend Menschen mit einem bestimmten Alter oder einer bestimmten Altersgruppe betreffen können. Im Unterschied zur unmittelbaren Diskriminierung kann der Tatbestand der mittelbaren Diskriminierung grundsätzliche durch „schlichte" Sachgründe widerlegt werden. Für den Bereich der Altersdiskriminierung gibt es freilich weitgehende Überschneidungen mit Art. 6 Richtlinie 2000/78/EG, der für unmittelbare Altersdiskriminierungen weitergehendere Rechtfertigungsmöglichkeiten als für die sonstigen Schutzmerkmale vorsieht. Der deutsche Gesetzgeber hat Art. 6 Richtlinie 2000/78/EG in § 10 S. 1, 2 und S. 3 Nr. 1–4 AGG nahezu wortgleich umgesetzt, wobei die Vorschrift neben einem Katalog möglicher Rechtfertigungsgründe in ihrem S. 1 eine Generalklausel enthält. Der EuGH hat eine derartige Regelungstechnik zwischenzeitlich als rechtmäßig eingestuft.

26   Nach Art. 6 S. 1 Richtlinie 2000/78/EG können die Mitgliedstaaten Altersdiskriminierungen durch legitime Ziele aus dem Bereich der Beschäftigungspolitik, des Arbeitsmarktes und der beruflichen Bildung rechtfertigen, sofern die Mittel zur Erreichung dieser Ziele angemessen und erforderlich, also verhältnismäßig sind. In einem ersten Schritt ist zu ermitteln, ob eine Regelung/Maßnahme einem legitimen Ziel dient. Nach deutschem Verständnis sind dies eigentlich nicht nur Ziele im Interesse der Allgemeinheit, sondern auch solche einzelner Arbeitgeber, da der Gesetzgeber als Gemeinwohlbelang sämtliche rechtmäßigen Interessen und

---

53   Unstr., vgl. zB MüKoBGB/*Thüsing*, 2007, AGG § 10 Rn. 9; Rust/Falke/*Bertelsmann* AGG § 10 Rn. 36, 39–41; BeckOK BGB/*Fuchs*, 2008, AGG § 10 Rn. 2.

54   *Willemsen/Schweibert* NJW 2006, 2585 (2587); *Krieger/Arnold* NZA 2008, 1153; *Temming* RdA 2008, 205.

55   *Oelkers* NJW 2008, 614.

56   AA HessLAG 23.10.2007 – 4–11 Sa 2089/06, BeckRS 2011, 71469.

57   *Jacobs* RdA 2009, 193; *Stoffels* RdA 2009, 210.

58   Vgl. *Adomeit/Mohr* JZ 2009, 183 ff.

59   BAG 11.11.2008 – 1 AZR 475/07, NZA 2009, 210.

Zwecke einstufen kann. Folgerichtig betont das BAG in seinem Urteil vom 6.11.2008,[60] dass auch betriebs- und unternehmensbezogene Zwecke einer Altersgruppenregelung, zu denen auch die Erhaltung der Altersstruktur gehört, legitime Ziele sein können.

Demgegenüber meint der EuGH in seinem Urteil „Age Concern England", dass Art. 6 Richtlinie 2000/78/EG ausschließlich sozialpolitische Zielsetzungen erlaubt, weshalb „rein individuelle Beweggründe, die der Situation des Arbeitgebers eigen sind, wie Kostenreduzierung oder Verbesserung der Wettbewerbsfähigkeit" ausscheiden. Auf der anderen Seite erklärte der Gerichtshof in der Palacios – Entscheidung Maßnahmen als zulässig, zu denen sich die „betreffenden nationalen Stellen aufgrund politischer, wirtschaftlicher, sozialer, demografischer und/oder haushaltsbezogener Erwägungen und in Anbetracht der konkreten Arbeitsmarktlage in einem bestimmten Mitgliedstaat veranlasst sehen können". In Abgrenzung dazu wird man die „Age Concern England"-Entscheidung deshalb dahin gehend deuten müssen, dass zwar durchaus (staatliche oder kollektive) Regelungen im Interesse der Unternehmen, nicht jedoch individuelle Maßnahmen der Unternehmen im Eigeninteresse über Art. 6 der Richtlinie 2000/78/EG gerechtfertigt werden können. Das BAG hat deshalb im Urteil vom 26.5.2009[61] wiederum offen gelassen, ob man „auch reine Arbeitgeberinteressen" als legitime Ziele erachten darf. **27**

In einem zweiten Prüfungsschritt sind die Regelungen/Maßnahmen nach Art. 6 Abs. 1 S. 1 Richtlinie 2000/78/ EG einer Verhältnismäßigkeitsprüfung zu unterziehen, während es in der Mangold-Entscheidung noch den Eindruck machte, als ob der Gerichtshof einen strengen Prüfungsmaßstab anlegen würde. Auch das BAG betont in seinem Urteil vom 21.7.2009,[62] dass der Gleichbehandlungsgrundsatz die Gerichte lediglich verpflichtet, rechtswidrige Vertragsgestaltungen zu verhindern, nicht hingegen bessere Lösungen als die Betriebspartner zu finden. **28**

Auch bestehen in der Sozialplanrechtsprechung des BAG Inkonsistenzen, die der 1. Senat auch in seinen grundlegenden Urteilen aus dem Jahre 2008 und 2009 nicht ausräumen konnte. Die aktuelle Sozialplanrechtsprechung sieht vor, dass rentennahen Jahrgängen die Kompensationsfunktion von Abfindungen vorenthalten wird und sie stattdessen mit geringeren Überbrückungszahlungen vorlieb nehmen müssen, während den restlichen Arbeitnehmern echte Entschädigungs- bzw. Abfindungsleistungen ausbezahlt werden. Gleichzeitig gibt das BAG vor, Sozialplänen käme insgesamt nur Überbrückungscharakter zu. Als Argument führt das BAG § 112 Abs. 2 Nr. 2 S. 1 BetrVG an. **29**

Dieser kategorischen Ausschließlichkeit ist unter anderem entgegenzuhalten, dass beispielsweise § 112 Abs. 2 Nr. 1 BetrVG selbst vergangenheitsorientierte Kriterien enthält (betriebliche Rentenanwartschaften) und dass der Reformgesetzgeber von 2001 Sozialplänen durchaus noch Entschädigungs- bzw. Abfindungscharakter beigemessen hat. Zudem ist der durch das BetrVG eingeräumte Gestaltungsspielraum der Betriebsparteien weiter als derjenige der Einigungsstelle. Das heißt, § 112 BetrVG kann aufgrund seiner systematischen Stellung das Ermessen gar nicht beschränken.[63] **30**

Nicht zu beanstanden ist, wenn das BAG dem Sozialplan in seinem Urteil vom 11.11.2008 trotz der Formulierung in Nr. 4.1 des zu beurteilenden Sozialplans, dass eine Abfindung „für den Verlust des Arbeitsplatzes" gewährt werden soll, einen zulässigen, weil zukunftsgerichteten Zweck zugesprochen hat. So ist nach der Regelungssystematik und dem Grundsatz der gesetzeskonformen Auslegung vom Grundsatz zwar davon auszugehen, dass die Betriebspartner den Geldleistungen trotz des missverständlichen Wortlauts einen Überbrückungscharakter zusprechen wollten, da sie diese nach dem Alter und der Rentennähe berechneten. Sofern sie ergänzend auf die Betriebszugehörigkeit abgestellt haben, kann dieser Umstand als Indiz für einen Ausgleich künftiger Nachteile gewertet werden. **31**

Allerdings zeigt die Art und Weise der Berechnung der sogenannten „Überbrückungsleistungen" rentenferner Arbeitnehmer, dass es sich bei diesen dem Grunde nach um echte Abfindungsleistungen handelt. Dies gilt umso mehr, als die Berechnung solcher Überbrückungsleistungen mithilfe der Betriebszugehörigkeit erfolgt, also anhand vergangenheitsbezogener Kriterien. Das KSchG zeigt, wozu dieses Kriterium hauptsächlich dient. Mit ihm werden Abfindungen ermittelt, die erdienten Bestandsschutz abgelten, vgl. §§ 1 a, 9, 10 KSchG sowie § 113 BetrVG. **32**

Die vorstehend skizzierten Widersprüchlichkeiten und die hiermit einhergehende schwer zu rechtfertigende Vorenthaltung von Abfindungsleistungen rentennaher Jahrgänge, die zum Aufbau einer Altersvorsorge dienen könnten, kann der EuGH am Maßstab des Verbots der Altersdiskriminierung überprüfen. Dem steht auch nicht entgegen, dass die gesamte Problematik von der Zweckrichtung der Sozialplanleistungen iSd § 112 BetrVG abhängt, für dessen Auslegung der EuGH nicht zuständig ist. Im Ergebnis wird der erdiente Bestandsschutz älterer Arbeitnehmer durch die widersprüchliche Rechtsprechung des BAG verzerrt wiedergegeben, ja sogar teilweise vernichtet. Dies bewirkt der Wechsel von einer pauschalierten hin zu einer kon- **33**

---

60 BAG 6.11.2008 – 2 AZR 709/07, BeckRS 2009, 64614.

61 BAG 26.5.2009 – 1 AZR 198/08, NZA 2009, 849.

62 BAG 21.7.2009 – 9 AZR 431/08, NJW 2009, 3319.

63 *Preis/Temming* NZA 2010, 185.

kreten Berechnungsweise, die der 1. Senat für einen zulässigen „Systemwechsel" hält. Nach seiner Ansicht muss dann nicht auf die Dauer der Betriebszugehörigkeit abgestellt, sondern es können andere Kriterien für die Ermittlung des Überbrückungsbedarfs rentennaher Jahrgänge herangezogen werden.[64]

34   **2. Ausnahmefälle und Differenzierungskriterien.** Ausdrücklich anerkannt wird, dass eine verhältnismäßig starke Betonung des Lebensalters rechtlich zulässig ist, weil sich darin auch wesentlich die geringeren Chancen auf dem Arbeitsmarkt ausdrücken. Umgekehrt kann auch eine stärkere Berücksichtigung älterer Arbeitnehmer ausgeschlossen sein, weil sie anderweitig wirtschaftlich abgesichert sind.[65]

35   Aus der Notwendigkeit, die besondere Situation älterer Arbeitnehmer bei der Gestaltung von Sozialplänen zu berücksichtigen, kann andererseits nicht die Notwendigkeit besonders hoch angesetzter Höchstbetragsregelungen gefordert werden.[66] Werden Sozialplanabfindungen in Abhängigkeit von Alter und/oder Betriebszugehörigkeit berechnet, bedeutet das eine Benachteiligung jüngerer Arbeitnehmer zugunsten der als besonders schutzwürdig angesehenen Älteren. Demgemäß liegt in einer Begrenzung dieses Schutzes der Älteren eigentlich keine eigenständige Benachteiligung, sondern bloß eine gewisse Zurücknahme der durch die Berechnung der Abfindung anhand Alter und Betriebszugehörigkeit bewirkten Benachteiligung der jüngeren Arbeitnehmer. Diese Sichtweise haben mittlerweile der 1. Senat des BAG für Höchstbetragsklauseln und der 2. Senat für die Altersgruppenbildung im Rahmen von § 1 Abs. 3 S. 2 KSchG bestätigt.[67]

36   Hiervon unterscheiden sich Sozialplanklauseln, wonach Arbeitnehmer bei Rentennähe nur geminderte Leistungen erhalten oder ganz vom Anwendungsbereich ausgeschlossen werden, dadurch, dass die Betroffenen auf den ersten Blick erhebliche Einschnitte bei den nominal zu beanspruchenden Leistungen hinnehmen müssen. Gleichwohl spricht Einiges dafür, auch hier bereits den Tatbestand einer Benachteiligung wegen des Alters zu verneinen, da Sozialpläne die durch eine Betriebsänderung entstehenden wirtschaftlichen Nachteile ausgleichen sollen, ein solcher Nachteil jedoch zu verneinen ist, wenn Arbeitnehmer bei typisierender Betrachtung bereits anderweitig wirtschaftlich abgesichert sind.

37   In seiner Leitentscheidung betont das BAG nunmehr ausdrücklich, dass Sozialpläne eine nach Lebensalter oder Betriebszugehörigkeit gestaffelte Abfindungsregelung vorsehen können. Sie dürfen für rentenberechtigte Arbeitnehmer Sozialplanleistungen reduzieren oder ganz ausschließen. Die damit verbundene unterschiedliche Behandlung wegen des Alters ist durch § 10 S. 3 Nr. 6 gedeckt. Weiterhin verstößt diese Regelung nicht gegen das gemeinschaftsrechtliche Verbot der Altersdiskriminierung. Die Regelung ist iSv Art. 6 Abs. 1 der Richtlinie 2000/78/EG durch ein vom nationalen Gesetzgeber verfolgtes legitimes Ziel gerechtfertigt. Es entspricht einem allgemeinen sozialpolitischen Interesse, dass Sozialpläne danach unterscheiden können, welche wirtschaftlichen Nachteile den Arbeitnehmern drohen, die durch eine Betriebsänderung ihren Arbeitsplatz verlieren.[68] Weiter folgert das BAG, dass der Gesetzgeber die wegen eines sozialpolitischen Ziels für geboten erachtete Ungleichbehandlung nicht im Detail selbst regeln kann, sondern er kann den zur Ausgestaltung berufenen Tarifvertrags- und Betriebsparteien Gestaltungs- und Beurteilungsspielräume einräumen. Dies wird sowohl in Art. 16 lit. b Richtlinie 2000/78/EG als auch an ihrem 36. Erwägungsgrund deutlich.[69] Ob die Bevorzugung der Jüngeren oder genauer eine gewisse Zurücknahme des Schutzes der Älteren gerechtfertigt ist, ist also vornehmlich eine Frage der Verhältnismäßigkeit im Einzelfall. Dabei ist die typisierende Einschätzung der Betriebsparteien plausibel, dass Arbeitnehmern, die bei Beendigung des Arbeitsverhältnisses Anspruch auf vorgezogene Altersrente haben, geringere wirtschaftliche Nachteile als anderen drohen, weshalb ihnen angesichts der zukunftsgerichteten Überbrückungsfunktion von Sozialplänen lediglich gewisse Ausgleichsbeträge zustehen.[70] So ist die Kürzung bzw. der Ausschluss von Abfindungen geeignet, das zulässige Ziel der verteilungsgerechten Überbrückung zwischen Jung und Alt zu erreichen. Die Ungleichbehandlung der älteren Arbeitnehmer ist auch erforderlich, da angesichts der begrenzten Sozialplanmittel keine mildere Maßnahme ersichtlich ist, um diejenigen Beschäftigten, die nicht durch einen Rentenanspruch abgesichert sind, in gleicher Weise adäquat abzusichern. Schließlich ist die Ungleichbehandlung regelmäßig verhältnismäßig im engeren Sinne, da bei der gebotenen pauschalierenden Betrachtung individuelle Härten außer Ansatz bleiben müssen. Dasselbe gilt für den Umstand, dass Arbeitnehmer aufgrund einer Stichtagsregelung nur aufgrund weniger Tage nicht in den Genuss der „regulären" Abfindungszahlungen gelangen. Auch der EuGH sieht die Möglichkeit eines Bezu-

---

64   BAG 7.5.2019 – 1 ABR 54/17, NZA 2019, 1295 Rn. 24

65   Für Arbeitnehmer, die in vorgezogenen Ruhestand gehen können, vgl. LAG Köln 4.6.2007 – 14 Sa 201/07, BB 2007, 2572; vgl. auch BAG 26.5.2009 – 1 AZR 198/08, NZA 2009, 210 mwN.

66   Vgl. BAG 19.10.1999 – 1 AZR 838/99, NZA 2000, 732; zur Zulässigkeit von Höchstbetragsklauseln auch im Hinblick auf Altersdiskriminierung vgl.

     BAG 2.10.2007 – 1 AZN 793/07, DB 2008, 69; vgl. auch LAG Köln 21.4.2008 – 5 Sa 419/08, ZIP 2008, 2186.

67   *Mohr* SAE 2007, 360; *Thüsing* BB 2007, 1506; *Bauer/Krieger* NZA 2007, 674

68   BAG 26.5.2009 – 1 AZR 198/08, NZA 2009, 849.

69   Vgl. EuGH 16.10.2007 – Rs C 411/05, NZA 2007, 1219 (Palacios de la Villa).

70   BAG 26.5.2009 – NZA 2009, 845.

ges von Altersrente in Zusammenhang mit der Überprüfung von allgemeinen Altersgrenzen als Aspekt an, der eine übermäßige Belastung älterer Beschäftigter ausschließt, sofern die Rente nicht ausnahmsweise als unangemessen niedrig einzustufen ist.[71] Unter Geltung des AGG folgt dieses Ergebnis ergänzend aus § 10 Abs. 3 Nr. 6, da die Erfüllung eines Regelbeispiels die Verhältnismäßigkeit im Einzelfall indiziert.[72]

Nicht notwendig ist also, dass den Arbeitnehmern die volle Vergütung erstattet wird, zB durch Übernahme **38** in eine Beschäftigungs- und Qualifizierungsgesellschaft. Diskriminierungsrechtlich zulässig ist ebenfalls der mit einer Begrenzung der Abfindung für rentennahe Jahrgänge einhergehende „Systemwechsel", da die Betriebsparteien nicht auf eine Berechnungsformel innerhalb des Sozialplanes beschränkt sind, sofern die unterschiedliche Behandlung von Sachverhalten sachlich gerechtfertigt ist. Ein zureichender Sachgrund ist jedoch gegeben, wenn sich die voraussichtlichen wirtschaftlichen Nachteile bei rentennahen Jahrgängen genauer einschätzen lassen als bei rentenfernen. Es gilt insoweit nichts anderes als beim betriebsverfassungsrechtlichen Gleichbehandlungsgrundsatz.

Gedeckt im Rahmen der Gestaltungs- und Beurteilungsspielräume sind ohne Weiteres auch Stichtagsregelungen. Die Betriebsparteien können in Sozialplänen Stichtage vorsehen, wenn diese selbst und die damit **39** verbundene Grenzziehung am gegebenen Sachverhalt orientiert und somit sachlich vertretbar sind.[73]

3. Zu den Rechtsfolgen einer Diskriminierung. Nicht Stellung nehmen musste das BAG bislang zu der **40** Frage, ob ein Verstoß gegen Diskriminierungsverbote in einem Sozialplan einen Anspruch auf „Anpassung nach oben" begründet oder die Betriebsparteien lediglich zur Neuverhandlung der Verteilungsgrundsätze verpflichtet.[74] Zwar sind Unternehmen nach deutschem Recht grundsätzlich darin frei, das Volumen eines Sozialplans zu bestimmen, so dass auch ein Gleichheitsverstoß zu keiner wesentlichen Erhöhung führen kann.[75] Demgemäß ist eine nach gerichtlicher Feststellung diskriminierende Bestimmung regelmäßig insgesamt nichtig, da nicht angenommen werden kann, dass die Betriebspartner die Begünstigung allen Arbeitnehmern gewährt hätten, wenn ihnen die Gleichheitswidrigkeit bewusst gewesen wäre.[76]

Arbeitnehmern wird deshalb vom Schrifttum zu einer Klage auf Feststellung der Unwirksamkeit des Sozial- **41** plans in Folge der Diskriminierung und auf Verhandlung neuer Verteilungsgrundsätze geraten.[77] Der EuGH hat einen entsprechenden Entscheidungsspielraum der Betriebsparteien bislang jedoch nicht anerkannt. Demgemäß wird zT ein genereller Herstellungsanspruch benachteiligter Arbeitnehmer „nach oben" befürwortet.[78] Bei diskriminierenden Kollektivregelungen besteht für Arbeitgeber folglich ein nicht unerhebliches Zahlungsrisiko. Es ist deshalb in Kollektivvereinbarungen eine ergänzende Regelung zu erwägen, wonach sich das finanzielle Volumen auch bei der Gleichheitswidrigkeit einzelner Bestimmungen nicht ändert, sondern nur die Ansprüche der übrigen Arbeitnehmer verhältnismäßig gekürzt und die überzahlten Beträge zurückgefordert werden können.[79] Ob der EuGH einer derartigen Bestimmung beitreten wird, kann freilich nicht prognostiziert werden. Zusätzlich können diskriminierte Arbeitnehmer unter den Voraussetzungen des § 15 einen Entschädigungsanspruch geltend machen.[80] Voraussetzung hierfür ist nach vorzugswürdiger Ansicht eine „echte" Diskriminierung, anders als bei der Entgeltungleichbehandlung also eine materielle Persönlichkeitsverletzung. Demgegenüber setzt ein Entschädigungsanspruch nach § 15 nach dem 8. Senat des BAG nicht voraus, dass der Arbeitnehmer in seinem allgemeinen Persönlichkeitsrecht verletzt worden ist. Bei einem Verstoß des Arbeitgebers gegen das Benachteiligungsverbot sei vielmehr grundsätzlich das Entstehen eines immateriellen Schadens beim Arbeitnehmer anzunehmen, welcher zu einem Entschädigungsanspruch führen soll.[81]

Unterabschnitt 2
Organisationspflichten des Arbeitgebers

§ 11 AGG Ausschreibung

Ein Arbeitsplatz darf nicht unter Verstoß gegen § 7 Abs. 1 ausgeschrieben werden.

71 EuGH 16.10.2007 – Rs. C-411/05, NZA 2007, 1219 (Palacios de la Villa).
72 Vgl. *Bauer/Göpfert/Krieger* AGG § 10 Rn. 25; aA ArbG Köln 20.3.2008 – 22 Ca 8411/07.
73 BAG 30.9.2008- 1 AZR 648/07, NZA 2009, 386.
74 So der Vortrag des beklagten Arbeitgebers in BAG 26.5.2009 – 1 AZR 198/08, NZA 2009, 849.
75 BAG 21.10.2003 – 3 AZR 84/03, NJOZ 2005, 1826.
76 *Adomeit/Mohr* § 8 Rn. 109 ff.; *Kamanabrou* Sonderbeilage zu NZA 3/2006, 138 (143); s. im Einzelnen *Temming* RdA 2008, 217.

77 HK-AGG/*Brors* AGG § 10 Rn. 136.
78 ArbG Köln 20.3.2008 – 22 Ca 8411/07, BeckRS 2008, 55294; *Wiedemann* NZA 2007,59; *Temming* RdA 2008, 218.
79 *Mohr*, Anm. zu LAG Köln 4.6.2007 – 14 Sa 201/07, BB 2007, 2576.
80 *Jacobs* RdA 2009, 153 ff.
81 BAG 22.1.2009 – 8 AZR 158/07, NZA 2009, 945.

I. Normzweck

1   § 11 geht zurück auf die Vorschrift des § 611 b BGB aF, die für die Gleichbehandlung von Mann und Frau maßgeblich war. Auch die jetzige Vorschrift hat Appellfunktion. Sie soll den Arbeitgeber schon bei der Ausschreibung zwingen, jedwede Information mit benachteiligendem Inhalt zu unterlassen. Der Gesetzgeber wollte gegenüber dem bisherigen § 611 b BGB aF eine Straffung des Wortlauts vornehmen.[1] Diese Straffung hat aber auch dazu geführt, dass die frühere Hinweis auf die Zulässigkeit geschlechtsspezifischer Ausschreibung weggefallen ist. Der Sache nach kann das neue Recht aber nicht anders verstanden werden, denn die Rechtfertigungsgründe der §§ 8–10 können selbstverständlich bereits in der Ausschreibung Berücksichtigung finden.

II. Das Gebot diskriminierungsfreier Ausschreibung

2   Mit dem Ausschreibungsgebot des § 11 soll erreicht werden, dass der ausschreibende Arbeitgeber schon in der Wortwahl seinen Willen zu erkennen gibt, den Arbeitsplatz ohne Rücksicht auf das Vorliegen eines der in § 1 genannten Merkmale zu besetzen. Vgl. hierzu im Hinblick auf die Benachteiligung wegen des Geschlechts im Einstellungsverfahren *Ohlendorf/Schreier* BB 2008, 2458, zum Hinweis auf besonderes Interesse an Bewerbungen von Frauen wegen entsprechender Unterrepräsentanz LAG Düsseldorf ZTR 2009, 27 und zum ausnahmsweisen Unterlassen des Hinweises auf erwünschte Bewerbungen schwerbehinderter Menschen LAG Köln LAGE § 22 AGG Nr. 1 a.

3   Ausschreibung meint jede Bekanntgabe, also die irgendwie geartete ernsthafte Mitteilung der Einstellungsabsicht, die bislang unbekannte Interessenten zu einer Bewerbung veranlassen soll. Auch mündliche Bekundungen eines Einstellungsvorhabens genügen. Insoweit ist die Regelung nicht auf das schriftliche Verfahren begrenzt. Damit werden auch öffentliche Äußerungen im Zusammenhang eines konkreten Stellenbesetzungsverfahrens erfasst.[2] Die Bekanntgabe kann darüber hinaus erfolgen zB durch Anzeige, Mitteilung am Schwarzen Brett, im Intranet oder Internet, an die Bundesanstalt für Arbeit (BAA) oder an eine Personalberatung. Ob öffentlich oder betriebsintern ausgeschrieben wird, ist unerheblich. Folglich verpflichtet § 11 zusammenfassend zur merkmalsneutralen Ausschreibung.

4   Die Pflicht trifft primär den Arbeitgeber, der das Rechtsverhältnis begründen will. Zudem ist Adressat dieser Verpflichtung aber auch jeder Dritte, dem sich der Arbeitgeber zur Abfassung und Veröffentlichung der Mitteilung bedient:[3] Verstöße Dritter gegen das Verbot sind dem Arbeitgeber in diesem Falle zurechenbar.[4] Der Arbeitgeber kann sich seiner Verpflichtung durch Einschaltung von Hilfspersonen nicht entziehen. Die Einhaltung der Verpflichtung muss durch Überwachung sichergestellt sein.[5] Das gilt nicht, wenn sich der die Ausschreibung formulierende Dritte die Informationen nicht vom Arbeitgeber, sondern über eine (noch neutral abgefasste) Anzeige der BAA verschafft und diskriminierend abgeändert hatte.[6] Bedient sich der Arbeitgeber zur Stellenausschreibung eines Dritten (Personalberatungsunternehmen, BAA) und verletzt ein so eingeschalteter Dritter die Pflicht zur geschlechtsneutralen Stellenausschreibung, so ist diese Pflichtverletzung dem Arbeitgeber zuzurechnen.[7] Keine Ausschreibung liegt vor, wenn gezielt Personen zur Bewerbung aufgefordert werden; ggf. kann darin allerdings bereits selbst eine Benachteiligung liegen.

5   Gegen § 7 verstößt die Ausschreibung, wenn sie nach einem Merkmal des § 1 differenziert. Eine merkmalsbezogene Ausschreibung ist jedoch zulässig, wenn das Differenzierungskriterium wegen Vorliegens von Ausnahmen oder Rechtfertigungsgründen verwendet werden darf.[8] Merkmalsneutral ist eine Ausschreibung, die nicht selbst auf ein verbotenes Merkmal abstellt. Das setzt für das Merkmal „Geschlecht" die Verwendung von Berufsbezeichnungen in beiden Formen oder eines geschlechtsneutralen Oberbegriffs voraus.

Im Hinblick auf die AGG-konforme Praxis von Stellenausschreibungen hat insbesondere die Anerkennung eines dritten Geschlechts bzw. die nicht mögliche Zuordnung aller Personen zum männlichen oder weiblichen Geschlecht für eine Veränderung bisher üblicher Ausschreibungen geführt: Mit einem Beschluss aus dem Oktober 2017 hat das BVerfG[9] ausdrücklich darauf hingewiesen, dass eine reine Auswahlmöglichkeit zwischen „männlich" und „weiblich" im Personenstandsregister Personen mit einem sonstigen Geschlecht diskriminiere und den Gesetzgeber zur Abhilfe aufgefordert. Andernfalls erfolge eine Diskriminierung „derjenigen, die sich weder dem männlichen, noch dem weiblichen Geschlecht zuordnen" ließen. In einer

---

1   BT-Drs. 16/1780 S. 36.

2   EuGH 10.7.2008 – NZA 2008, 929.

3   *Diller* NZA 2007, 649.

4   BAG 5.2.2004 – AP BGB § 611 a Nr. 23; BVerfG 21.9.2006 – NZA 2007, 195; LAG HM 24.4.2008 – AuA 2009, 49; *Bauer* AGG Rn. 7; krit. *Thüsing* AGG Rn. 667.

5   BVerfG 21.9.2006 – NZA 2008, 492.

6   LAG HM 24.4.2008 – AuA 2009, 49.

7   BAG NZA 2004, 540 mAnm *Herresthal*; vgl. BVerfG NZA 2007,195; aA *Adomeit/Mohr* NJW 2007, 2522; ausf. *Diller* NZA 2007, 649.

8   *Thüsing* AGG Rn. 622.

9   BVerfG 10.10.2017 – 1 BvR 2019/16, NJW 2017, 3643.

zeitlich hiernach ergangenen Entscheidung des BAG vom November 2017[10] hat der Senat diese Entwicklungen leider ausgeblendet und lediglich ausgeführt, dass „die fett gedruckte Tätigkeitsbeschreibung „Softwareentwickler/in" vielmehr deutlich mache, „dass Frauen wie auch Männer für diese Tätigkeit gesucht werden". Ob das BAG eine solche Ausschreibung immer noch genügen lässt, bleibt damit offen. Sicherheitshalber sollten Stellenausschreibungen oder entsprechende Online-Bewerbungsmasken[11] künftig mit dem Zusatz „m/w/d", „m/f./x" oder in anderer Art und Weise – etwa mit Kennzeichnung durch einen Sternzusatz und der erläuternden Fußnote, der Arbeitgeber sei an Bewerbungen von Personen jedweden Geschlechts interessiert – erfolgen.

Verlangt der Arbeitgeber beispielsweise, von einem Bewerber die Beherrschung der deutschen Sprache, hat **6** er die Grenzen, die durch Art. 39 Abs. 2 EG, Art. 3 Abs. 3 GG und das AGG gesetzt werden, zu beachten. Insoweit ist es gerechtfertigt, von allen Bewerbern diejenigen Sprachfertigkeiten zu fordern, die für eine angemessene betriebliche Kommunikation erforderlich sind. Darüber hinaus kann der Arbeitgeber die Einstellung eines Bewerbers von denjenigen sprachlichen Fähigkeiten abhängig machen, die eine Qualifikationsvoraussetzung für die Arbeitsstelle sind. Der Arbeitgeber darf beim Abschluss des Arbeitsvertrags und beim Nachweis der Arbeitsbedingungen ausschließlich die deutsche Sprache verwenden. Das Sprachrisiko trägt der Arbeitnehmer.[12]

Die Beschränkung des Bewerberkreises in einer innerbetrieblichen Stellenausschreibung auf Arbeitnehmer **7** im ersten Berufs-/Tätigkeitsjahr kann eine mittelbare Benachteiligung wegen des Alters darstellen. Eine mittelbare Benachteiligung iSv § 3 Abs. 2 kommt in Betracht, wenn dem Anschein nach neutrale Vorschriften, Kriterien oder Verfahren Personen wegen eines in § 1 genannten Grundes gegenüber anderen Personen in besonderer Weise benachteiligen können. Hierzu bedarf es, zumindest im Bereich der Altersdiskriminierung, keines statistischen Nachweises, dass die in Frage stehende Regelung eine bestimmte Altersgruppe tatsächlich benachteiligt. Es ist ausreichend, wenn die Regelung hierzu typischerweise geeignet ist. Eine mittelbare Ungleichbehandlung wegen des Alters kann allerdings durch ein legitimes Ziel und die Wahl von verhältnismäßigen Mitteln zu seiner Durchsetzung gerechtfertigt werden. Die Voraussetzungen für einen „groben Verstoß" des Arbeitgebers iSd § 17 Abs. 2 S. 1 gegen seine sich aus dem AGG ergebenden Pflichten entsprechen den im Rahmen des § 23 Abs. 3 S. 1 BetrVG geltenden Anforderungen.[13]

Eine Stellenausschreibung, in der ausdrücklich „junge" Beamte gesucht werden, ohne dass hierfür einer der **8** Rechtfertigungsgründe des AGG vorliegt, verletzt die Pflicht zur neutralen Stellenausschreibung nach § 11. Nach § 11, wonach ein Arbeitsplatz nicht unter Verstoß gegen § 7 ausgeschrieben werden darf, greift das Benachteiligungsverbot bereits im Anbahnungszeitraum. Eine Ausschreibung verstößt gegen § 7, wenn Personen, die ein in § 1 genanntes Merkmal aufweisen, vom Kreis der für die zu besetzende Stelle in Betracht kommenden Personen ausgeschlossen werden, ohne dass hierfür einer der Rechtfertigungsgründe des AGG vorliegt. Damit darf grundsätzlich nicht, wie hier, nach „jungen" Bewerbern gesucht werden.[14]

An eine Verletzung des Gebots zur neutralen Stellenausschreibung nach § 11 knüpft das Gesetz jedoch **9** keine unmittelbaren Rechtsfolgen an. So scheidet ein Entschädigungsanspruch nach § 15 allein wegen einer Verletzung des § 11 aus. Ist eine solche Verletzung aber festzustellen, wie hier, löst dies die Beweislastumkehr nach § 22 aus.[15] Denn die Verletzung der Pflicht zur neutralen Stellenausschreibung führt gem. § 22 als Indiz für die Vermutung einer Benachteiligung zur Umkehr der Beweislast mit der Folge, dass der Arbeitgeber die Vermutung der Benachteiligung zu widerlegen hat und damit nunmehr selbst die Beweislast dafür trägt, dass kein Verstoß gegen die Bestimmungen zum Schutz vor Benachteiligungen vorgelegen hat. Der Beklagte hat also nachzuweisen, dass das unzulässige Kriterium „Alter" keinen Einfluss auf das Auswahlverfahren gehabt hat. Ein zulässiges weiteres Differenzierungsmerkmal sieht das LAG Düsseldorf, wenn der öffentliche Arbeitgeber in einer ansonsten geschlechtsneutral gehaltenen Ausschreibung darauf hinweist, dass „ein besonderes Interesse an Bewerbungen von Frauen" bestehe. Hierdurch werden männliche Stellenbewerber iSd AGG unzulässig benachteiligt, wenn in der für die Stelle maßgeblichen Vergleichsgruppe Frauen unterrepräsentiert sind.[16]

III. Rechtsfolgen

Entschädigungsansprüche aus § 15 Abs. 2 sind ausgeschlossen. Ein Verstoß begründet eine Vermutung für **10** einen Verstoß gegen das Benachteiligungsverbot selbst.[17] Die Vermutung ist widerleglich, etwa durch Ein-

---

10 BAG 23.11.2017 – 8 AZR 372/16, NZA-RR 2018, 287.

11 Hierzu *Fuhlrott* ArbRAktuell 2017, 287.

12 *Oberrath* DB 2009, 2434.

13 BAG 18.8.2009 – 1 ABR 47/08; HessLAG 6.3.2008 9 – TaBV 251/07.

14 *Bauer/Göpfert/Krieger* AGG § 11 Rn. 5, 6.

15 *Wendelin-Schröder/Stein* AGG § 11 Rn. 25, § 22, Rn. 28, *Bauer/Göpfert/Krieger* AGG § 11 Rn. 8, § 22 Rn. 11.

16 LAG Düsseldorf 12.11.2008 – 12 Sa 1102/08.

17 So schon zu § 611 a BGB aF BAG 14.3.1989 – AP BGB § 611 a Nr. 5, 6.

stellung eines Bewerbers, der einer durch die Formulierung der Ausschreibung an sich ausgeschlossenen Gruppe angehört.[18]

11 Obwohl die jetzige Fassung des § 11 im Gegensatz zur früheren Regelung des § 611 b BGB dies nicht expressis verbis zum Ausdruck bringt, gilt aber auch nach jetzigem Recht, dass die Rechtfertigungsgründe der §§ 8- 10 auch in der Ausschreibung Berücksichtigung finden können. Wenn für eine Rolle bei Theater, Film oder im Rahmen einer Modenschau nur ein Mann oder eine Frau sinnvollerweise eingesetzt werden kann, kann dies auch in der Ausschreibung erfolgen. Und eine Religionsgemeinschaft kann bereits in der Ausschreibung auf Religionszugehörigkeit oder Loyalitätspflichten hinweisen. Ebenso kann der Rechtfertigungsgrund des § 3 Abs. 2 in der Ausschreibung Berücksichtigung finden, wenn sich diese nur auf Berufsanfänger bezieht.[19]

12 Wie früher bei § 611 b BGB, so ist auch bei § 11 die enge Verbindung mit der Beweisregel des § 22 zu sehen. Die bisher vom EuGH und dem BAG sowie dem BVerfG ergangene Rechtsprechung hinsichtlich der Beachtung des Gleichbehandlungsgebotes von Mann und Frau bei Ausschreibungen kann weiterhin Geltung beanspruchen.

§ 12 AGG Maßnahmen und Pflichten des Arbeitgebers

(1) [1]Der Arbeitgeber ist verpflichtet, die erforderlichen Maßnahmen zum Schutz vor Benachteiligungen wegen eines in § 1 genannten Grundes zu treffen. [2]Dieser Schutz umfasst auch vorbeugende Maßnahmen.

(2) [1]Der Arbeitgeber soll in geeigneter Art und Weise, insbesondere im Rahmen der beruflichen Aus- und Fortbildung, auf die Unzulässigkeit solcher Benachteiligungen hinweisen und darauf hinwirken, dass diese unterbleiben. [2]Hat der Arbeitgeber seine Beschäftigten in geeigneter Weise zum Zwecke der Verhinderung von Benachteiligung geschult, gilt dies als Erfüllung seiner Pflichten nach Absatz 1.

(3) Verstoßen Beschäftigte gegen das Benachteiligungsverbot des § 7 Abs. 1, so hat der Arbeitgeber die im Einzelfall geeigneten, erforderlichen und angemessenen Maßnahmen zur Unterbindung der Benachteiligung wie Abmahnung, Umsetzung, Versetzung oder Kündigung zu ergreifen.

(4) Werden Beschäftigte bei der Ausübung ihrer Tätigkeit durch Dritte nach § 7 Abs. 1 benachteiligt, so hat der Arbeitgeber die im Einzelfall geeigneten, erforderlichen und angemessenen Maßnahmen zum Schutz der Beschäftigten zu ergreifen.

(5) [1]Dieses Gesetz und § 61 b des Arbeitsgerichtsgesetzes sowie Informationen über die für die Behandlung von Beschwerden nach § 13 zuständigen Stellen sind im Betrieb oder in der Dienststelle bekannt zu machen. [2]Die Bekanntmachung kann durch Aushang oder Auslegung an geeigneter Stelle oder den Einsatz der im Betrieb oder der Dienststelle üblichen Informations- und Kommunikationstechnik erfolgen.

I. Normzweck	1	V. Benachteiligungen durch Dritte (Abs. 4)	14
II. Erforderliche Maßnahmen (Abs. 1)	2	VI. Information und Bekanntmachung (Abs. 5)	16
III. Aufklärung und Schulung (Abs. 2)	7	VII. Rechtsfolgen	17
IV. Benachteiligungen durch Beschäftigte (Abs. 3)	11		

I. Normzweck

1 § 12 ist eine gesetzliche Konkretisierung der dem Arbeitgeber gegenüber seinem Arbeitnehmer obliegenden Fürsorgepflicht.[1] Zudem bezweckt die Regelung die Gewähr eines effektiven Rechtsschutzes. Angelehnt hat sich der Gesetzgeber an die Struktur des BSchG, welches der Bewältigung sexueller Belästigung diente und durch das AGG aufgehoben worden ist. So regelte § 2 Abs. 1 BSchG die Verpflichtung von Arbeitgebern und Dienstvorgesetzten, die Beschäftigten vor sexueller Belästigung am Arbeitsplatz zu schützen, wobei dieser Schutz auch vorbeugende, präventive Maßnahmen umfasste. § 4 Abs. 1 BSchG konkretisierte diese Pflichten insoweit, als dass die Norm verlangte, dass Arbeitgeber und Dienstvorgesetzte bei sexueller Belästigung die im Einzelfall angemessenen arbeitsrechtlichen Maßnahmen gegen die Täter zu ergreifen haben, wobei beispielhaft Abmahnung, Umsetzung, Versetzung oder Kündigung genannt wurden. Wenn von der Benachteiligung von Dritten ausgegangen worden war, so war auch unter Geltung des

---

18   LAG BE 16.5.2001 – BuW 2001, 1056.
19   *Wichert/Zange* DB 2007, 970.
1   BAG 25.10.2007 – 8 AZR 593/06, NZA 2008, 223.

BSchG das Einschreiten des Arbeitgebers anerkannt. Alle diese Elemente sind jetzt erweitert auf sämtliche Benachteiligungsgründe in § 12 Abs. 1–4 enthalten. Abs. 5 enthält eine Informationspflicht über das AGG, die prozessualen Erfordernisse nach § 61 b ArbGG sowie die für das Beschwerderecht zuständigen Stellen.

II. Erforderliche Maßnahmen (Abs. 1)

Abs. 1 verlangt vom Arbeitgeber, Schutzmaßnahmen zur Verhinderung von Benachteiligungen zu treffen. **2** Prävention erhält dadurch einen hohen Stellenwert. Die Verhinderung des Eintritts von Benachteiligungen wird für wichtiger angesehen als Ausgleichsansprüche nach deren Eintritt. Hinsichtlich der Erforderlichkeit von Maßnahmen des Arbeitgebers verweist die Gesetzesbegründung auf objektive Gesichtspunkte. Nicht maßgeblich soll die subjektive Einschätzung auf Arbeitgeber- oder Arbeitnehmerseite sein. Welche Maßnahmen geboten sind, kann je nach Größe des Betriebs unterschiedlich zu beurteilen sein.[2] Einschränkend kann die Verpflichtung immer nur soweit verstanden werden, wie der Arbeitgeber rechtlich und tatsächlich zur Pflichterfüllung in diesem Bereich in der Lage ist.[3]

Einige Einzelfälle mögen das verdeutlichen:

Nicht zumutbar ist es dem Arbeitgeber, außerhalb des betrieblichen Geschehens für die Sicherheit eines **3** „Stalking"-Opfers zu sorgen, selbst wenn die „Stalking"-Handlungen im Zusammenhang mit einer betrieblichen Veranstaltung entstanden sind und nicht nur außerhalb, sondern auch während der Tätigkeit im Betrieb stattfinden. Hat der Arbeitgeber zum Beispiel einen „Stalker" in einen anderen Bereich als das Opfer versetzt, um den Kontakt der beiden Personen zu reduzieren, so ist er vom Haftungsrisiko befreit, wenn der „Stalker" dem Opfer abends vor der Haustür auflauert.

Innerhalb des betrieblichen Zusammenhangs ist es dem Arbeitgeber unzumutbar, auf solche Belästigungen **4** zu reagieren, die sich (vollkommen) jenseits seiner Kenntnismöglichkeiten abspielen. Stellt ein Mitarbeiter in der Produktion einer Kollegin zum Beispiel dadurch nach, dass er sie ständig anschaut, den Raum verlässt, wenn sie den Raum verlässt, und ihr kleine Liebesbriefe im Arbeitskittel hinterlässt, so haftet der Arbeitgeber nicht, wenn ihm weder die betroffene Arbeitnehmerin noch ein anderer Mitarbeiter von dem Problem berichtet hat. Der Arbeitgeber ist nicht gehalten, ein Bespitzelungssystem in der Belegschaft zu installieren, welches es ihm ermöglicht, alle Vorgänge zu erfassen,[4] die eine Belästigung darstellen könnten. Ein Haftungsrisiko unter dem Gesichtspunkt des Organisationsverschuldens besteht in diesen Fällen des „heimlichen Stalkings" nur dann, wenn der Arbeitgeber seine präventive Pflicht verletzt hat, auf die Unzulässigkeit solcher Belästigungen hinzuweisen, und insbesondere im Rahmen einer Schulung, auf deren Unterbleiben hinzuweisen (§ 12 Abs. 2).

Das LAG Nürnberg[5] hat das in § 12 Abs. 3 AGG verankerte Verhältnismäßigkeitsprinzip noch einmal bestätigt und daher auch im Falle einer sexuellen Belästigung eine Kündigung für unverhältnismäßig erachtet, wenn eine Abmahnung erfolgversprechend ist.[6] Das LAG Rostock[7] weist aber zu Recht darauf hin, dass eine sexuelle Belästigung im Sinne des § 3 Abs. 4 AGG nach § 7 Abs. 3 AGG gleichzeitig immer eine Verletzung arbeitsvertraglicher Pflichten darstellt und „an sich" geeignet ist, einen wichtigen Grund im Sinne des § 626 Abs. 1 BGB darzustellen.

Handelt es sich bei dem Täter um einen nicht betriebs- oder unternehmenszugehörigen Dritten, bei dem **5** arbeitsrechtliche Maßnahmen ausgeschlossen sind, so kann es auch hier im Rahmen der Fürsorgepflicht geboten sein, dem „Stalking"-Opfer in begrenztem Umfang zu helfen. Wird ein Mitarbeiter zum Beispiel durch häufige Telefonanrufe am Arbeitsplatz belästigt, so sollte der Arbeitgeber diesem die Zuweisung einer anderen Nummer vorschlagen. Zusätzlich könnte dem Mitarbeiter die Zusicherung gegeben werden, die neue Telefonnummer keinem Anrufer mehr mitzuteilen. Schützt sich der Mitarbeiter auf zivilrechtlichem Weg durch eine einstweilige Verfügung gegen den „Stalker", könnte sich der Arbeitgeber zur Beweissicherung, dass der „Stalker" gegen die einstweilige Verfügung verstößt, zum Einrichten einer Fangschaltung bereit erklären.

§ 12 bringt in den Fällen des „Stalking" nicht nur „zusätzliche Mühen", sondern auch Vorteile für den **6** Arbeitgeber mit sich. So trifft den Arbeitgeber gem. § 12 Abs. 2 zwar grundsätzlich eine Handlungspflicht

---

2   Zur Tauglichkeit von Ethikrichtlinien vgl. *Schneider/Sittard* NZA 2007, 654; *Müller-Bonanni/Sagan* BB-Special 5/2008, 28.

3   BT-Drs.16/1780 S. 37.

4   Zur Einrichtung eines „Frühwarnsystems": *Bauer/Göpfert/Krieger* AGG § 12 Rn. 51.

5   LAG Nürnberg 1.2.2013 – 12 Sa 90/11, zit. nach Antidiskriminierungsstelle des Bundes, Ausgewählte Entscheidungen deutscher Gerichte zum Antidiskriminierungsrecht.

6   So auch LAG Frankfurt 17.11.2010 – 6 Sa 640/10, BeckRS 2011, 72426; LAG Nds 13.10.2009 – 1 Sa 832/09, FD-ArbR 2009, 295300; BAG 9.6.2011 – 2 AZR 323/10, NZA 2011, 1342; LAG Mainz 11.3.2009 – 7 Sa 235/08, BeckRS 2009, 63354; LAG SchlH 4.3.2009 – 3 Sa 410/08, BeckRS 2009, 62136.

7   LAG Rostock 14.8.2012 – 5 Sa 324/11, BeckRS 2012, 75369.

im Hinblick auf Schutzvorkehrungen zugunsten seiner Beschäftigten vor Belästigungen. Jedoch soll der Arbeitgeber auch die Möglichkeit haben, Verantwortung auf seine Beschäftigten zu übertragen. Maßgebliches Instrumentarium hierfür ist gem. § 12 die Schulung. Hat der Arbeitgeber diese Obliegenheit der Schulung der Beschäftigten erfüllt, haftet er grundsätzlich nicht mehr, wenn ein geschulter Mitarbeiter eine Belästigung, zum Beispiel durch „Stalking"-Handlungen gegenüber einem anderen Mitarbeiter, begeht.

III. Aufklärung und Schulung (Abs. 2)

7   Die Sollvorschrift des Abs. 2 setzt den Gedanken der Verhinderung von Benachteiligungen des Abs. 1 fort, indem dem Arbeitgeber aufgegeben wird, durch Hinweise auf die Problematik von Benachteiligungen diese zu verhindern. Die in Abs. 2 S. 2 genannte Schulung beschreibt eine konkrete Möglichkeit, wie der Arbeitgeber seiner Verpflichtung nach Abs. 1 nachkommen kann, wobei er damit gleichzeitig die Erfüllung (nur) seiner präventiven Schutzpflichten[8] nach Abs. 1 erreicht. In seinem Beschluss vom 10.9.2007 hat das VG Frankfurt am Main ein Mitbestimmungsrecht des Personalrates gem. § 74 Abs. 1 Nr. 8 HessPersVG im Zusammenhang mit solchen Schulungen befürwortet, wobei es auch mit § 76 Abs. 2 Nr. 6 BPersVG, § 98 Abs. 1 BetrVG argumentiert.[9]

8   Überdies stellt sich die Frage, ob der Arbeitgeber durch die Einführung von Ethikrichtlinien nicht sogar eine Exkulpation iSv § 12 Abs. 2 erreichen kann. Der Maßstab der Exkulpation entspricht dem der „Erforderlichkeit". In der Gesetzesbegründung findet sich zu § 12 Abs. 2 nur die Aussage, die Vorschrift beschreibe „eine konkrete Möglichkeit, wie der Arbeitgeber seiner Verpflichtung nach Abs. 1 nachkommen kann".[10] Es gilt also im Verhältnis von Abs. 2 S. 2 zu Abs. 1 das Gleiche wie im Verhältnis von Abs. 2 S. 1 zu Abs. 1. Wenn dem so ist, muss die Vornahme erforderlicher Maßnahmen dem Arbeitgeber die Exkulpation erlauben, unabhängig davon, auf welchem Weg er dies erreicht.

9   Was unter „geschult" zu verstehen ist, wird vom Gesetzgeber nicht näher erläutert. Der Duden versteht unter Schulung eine „intensive Ausbildung", so dass unter Schulung nach allgemeinem Sprachgebrauch jede Form der Wissensvermittlung zu verstehen ist, soweit Fragen gestellt und Feedback gegeben werden kann. Bezüglich der inhaltlichen Ausformung kann es soweit geboten sein, dass alle verbotenen Benachteiligungsgründe genannt und die verbotenen Handlungen erläutert werden. Ähnlich ist das Verständnis von Schulungen im Rahmen von § 37 Abs. 6 BetrVG. Schulungen bestehen danach in der Vermittlung von Kenntnissen. Zumindest in kleineren Betrieben kann eine Schulung in einer Betriebsversammlung durchgeführt werden, wenn den Arbeitnehmern anhand von Beispielen die verbotenen Verhaltensweisen näher gebracht werden und auf die arbeitsrechtlichen Konsequenzen hingewiesen wird.

10   Wenn das Gesetz den Arbeitgeber nun dazu verpflichtet, die Einhaltung der gesetzlichen Vorgaben durch Präventivmaßnahmen zu gewährleisten, muss der Arbeitgeber dies auch individualarbeitsrechtlich umsetzen können. Durch eine Anweisung zur Beachtung der Gleichstellungsrichtlinien, wird die Treuepflicht des Arbeitnehmers näher konkretisiert. Eine solche Anweisung entspricht auch billigem Ermessen iSd § 106 S. 1 GewO, da der Arbeitgeber ein anerkennenswertes Interesse auf seiner Seite hat, will er doch schließlich den gesetzlichen Organisationspflichten entsprechen. Auf der anderen Seite wird vom Arbeitnehmer auch nicht zu viel verlangt. Schließlich ergibt sich die Zulässigkeit einer solchen Anweisung aus dem Umstand, dass mittels Weisung auch die Teilnahme an Schulungsveranstaltungen während der Arbeitszeit verlangt werden kann.

IV. Benachteiligungen durch Beschäftigte (Abs. 3)

11   Abs. 3 verlangt ein Einschreiten des Arbeitgebers gegen solche Beschäftigte, die gegen das Benachteiligungsverbot des § 7 Abs. 1 verstoßen haben. Beispielhaft zählt Abs. 3 die Abmahnung, Umsetzung, Versetzung oder Kündigung auf. Im Hinblick auf den diesbezüglich möglichen Auswahlermessensspielraum des Arbeitgebers hat der benachteiligte Beschäftigte grundsätzlich nur Anspruch auf die Ausübung rechtsfehlerfreien Ermessens.[11] Die reaktiven Maßnahmen sind auch in dem Fall zu ergreifen, dass ein Beschäftigter einen anderen im Wege des „Stalking" belästigt.[12] Nach der Rechtsprechung des BAG kommt zudem eine analoge Anwendung des Abs. 3 auf Fälle des sogenannten „Mobbings" in Frage.[13]

12   Das BAG hat in seinem mehrfach in der Literatur auch bereits im Hinblick auf verschiedene dogmatische wie rechtspraktische Weise besprochenen Urteil vom 25.10.2007[14] aus der gesetzlichen Reaktionspflicht

---

8   *Hoch* BB 2007, 1732.

9   VG Frankfurt 10.9.2007 – 23 L 1680/07, NZA-RR 2008, 52.

10   BT-Drs. 16/1780, S. 37.

11   BAG 25.10.2007 – 8 AZR 593/06, NZA 2008, 223; ArbG Solingen 24.2.2015 – 3 Ca 1356/13, FD-ArbR 2015, 366667.

12   *Göpfert/Siegrist* NZA 2007, 473.

13   BAG 25.10.1997 – 8 AZR 593/06, NZA 2008, 223; krit. *Gehlhaar* NZA 2009, 825.

14   BAG 25.10.2007 – 8 AZR 593/06, NZA 2008, 223.

des Arbeitgebers einen einklagbaren Anspruch des benachteiligten Arbeitnehmers abgeleitet. So habe der Arbeitgeber die Pflicht, seine Arbeitnehmer vor Belästigungen durch Vorgesetzte, Mitarbeiter oder Dritte, auf die er Einfluss hat, zu schützen und ihnen einen menschengerechten Arbeitsplatz zur Verfügung zu stellen. Diese allgemeine, aus § 242 BGB hergeleitete Verpflichtung hätte der Gesetzgeber für den Fall der sexuellen Belästigung bereits früher in § 3 Abs. 2 BSchG klargestellt und in § 4 Abs. 1 Nr. 1 BSchG näher konkretisiert. Mit Erlass des AGG ist diese Pflicht schließlich auf Benachteiligungen aus den in § 1 Abs. 1 genannten Gründen erweitert und in § 12 Abs. 3 noch weiter konkretisiert worden. In der Sache könne der betreffende Arbeitnehmer hierzu zwar „in der Regel" nicht die Ergreifung bestimmter Schutzmaßnahmen – also etwa die Kündigung des Belästigers – verlangen. Vielmehr steht dem Arbeitgeber insoweit ein Ermessensspielraum zu. Dementsprechend hätte der Arbeitnehmer aber zunächst einmal auch nur Anspruch auf rechtsfehlerfreie Ausübung dieses Ermessens durch den Arbeitgeber. Kann mithin „nach objektiver Betrachtungsweise eine rechtsfehlerfreie Ermessensentscheidung des Arbeitgebers [jedoch] nur das Ergebnis haben […], eine bestimmte Maßnahme zu ergreifen" – mit anderen Worten: ist sein Ermessen „auf Null" reduziert –, besteht folglich allerdings auch ein Anspruch auf Durchführung dieser konkreten Maßnahme. Theoretisch wäre es nach Auffassung des BAG also durchaus möglich, dass ein Arbeitgeber gerichtlich dazu verurteilt wird, einen bestimmten Arbeitnehmer beispielsweise abzumahnen, zu versetzen oder sogar zu entlassen.

Allerdings hat sich eine Kündigung an den hergebrachten Grundsätzen und gesetzlichen Voraussetzungen – gerade bei einer zu bejahenden Anwendbarkeit des KSchG – zu orientieren.[15] Nach dem in § 12 Abs. 3 übernommenen Verhältnismäßigkeitsgrundsatz hat selbst bei sexuellen Belästigungen der Kündigung des Arbeitsverhältnisses – von Extremfällen abgesehen – regelmäßig eine Abmahnung vorauszugehen. Sind mehrere Maßnahmen gleich geeignet und möglich, die Benachteiligung infolge sexueller Belästigung für eine Arbeitnehmerin abzustellen, so hat der Arbeitgeber diejenige zu wählen, die auch den Täter am wenigsten belastet. Dies gilt umso mehr, wenn in der Dienststelle eine Dienstvereinbarung oder in einem Betrieb eine Betriebsvereinbarung gilt, die gestufte Gegenmaßnahmen des Arbeitgebers für den Fall sexueller Belästigungen vorsieht. Unter den Voraussetzungen des § 104 BetrVG kann der Betriebsrat vom Arbeitgeber die Entlassung oder Versetzung verlangen. Dies setzt voraus, dass ein Arbeitnehmer durch gesetzwidriges Verhalten oder durch eine grobe Verletzung der in § 75 Abs. 1 BetrVG enthaltenen Grundsätze, insbesondere durch rassistische oder fremdenfeindliche Betätigungen den Betriebsfrieden wiederholt ernsthaft gestört haben. **13**

V. Benachteiligungen durch Dritte (Abs. 4)

Aus Gründen der Effektivität des Schutzes vor Benachteiligungen wird die Arbeitgeberverpflichtung auch auf Benachteiligungen durch Dritte (zB Kunden) ausgedehnt. Gerade in Kundenbeziehungen sei die angemessene Reaktion anhand der konkreten Umstände des Einzelfalls zu bestimmen. Die Bestimmung trägt der Tatsache Rechnung, dass Beschäftigte mit anderen Personen, insbesondere Beschäftigten aus anderen Unternehmen in Beziehung treten, teilweise auch auf deren Betriebsgelände arbeiten. Dies gilt erst recht bei gemeinsamen Betrieben mehrerer Unternehmen iSd § 1 BetrVG. **14**

Insoweit führt das BAG in einem Beschluss vom 27.4.2004 aus: Um das nach § 87 Abs. 1 Nr. 1 BetrVG mitbestimmungspflichtige Ordnungsverhalten geht es auch, wenn der Vertragsarbeitgeber seine Arbeitnehmer anweist, sich nach den in einem Kundenbetrieb bestehenden Regeln zu verhalten. Der Arbeitgeber übernimmt in einem solchen Fall die Verhaltensregelungen des Dritten und gibt sie seinen Arbeitnehmern vor. Hiergegen kann der Arbeitgeber nicht erfolgreich einwenden, ihm selbst seien die Verhaltensregeln durch den Dritten vorgegeben. Allerdings steht die betriebliche Ordnung in einem Kundenbetrieb nicht zur Disposition des Arbeitgebers. Dieser hat aber als Vertragspartner des Kunden die Möglichkeit, darauf Einfluss zu nehmen, unter welchen Bedingungen „seine" Arbeitnehmer dort zu arbeiten haben. Dementsprechend obliegt es nach der Rechtsprechung des Senats dem Arbeitgeber, sich in mitbestimmungspflichtigen Angelegenheiten Dritten gegenüber nicht in einer Weise zu binden, die eine Einflussnahme des Betriebsrats faktisch ausschließt.[16] Vielmehr muss der Arbeitgeber durch eine entsprechende Vertragsgestaltung sicherstellen, dass die ordnungsgemäße Wahrnehmung der Mitbestimmungsrechte des Betriebsrats gewährleistet ist.[17] **15**

---

15   LAG Nds 13.10.2009 – 1 Sa 832/09, FD-ArbR 2009, 295300.

16   Vgl. BAG 16.6.1998 – 1 ABR 67/97, BAGE 89, 128 = AP BetrVG 1972 § 87 Lohngestaltung Nr. 92 = EzA BetrVG 1972 § 87 Betriebliche Lohngestaltung

Nr. 92, zu B II 1 b dd der Gründe; 18.4.2000 – 1 ABR 22/99, AP BetrVG 1972 § 87 Überwachung Nr. 33 = EzA BetrVG 1972 § 87 Betriebliche Ordnung Nr. 27, zu B II 1 b der Gründe.

17   BAG 18.4.2000 – 1 ABR 22/99, BB 2000, 2264.

VI. Information und Bekanntmachung (Abs. 5)

16 Zur Umsetzung von Art. 10 RL 2000/43/EG, Art. 12 RL 2000/78/EG und Art. 8 RL 76/207/EWG verpflichtet Abs. 5 den Arbeitgeber, das AGG, die prozessualen Erfordernisse des § 61 b ArbGG sowie die für die Behandlung von Beschwerden nach § 13 zuständigen Stellen im Betrieb oder in der Dienststelle bekannt zu machen, wobei S. 2 eine mögliche Erfüllung dieser Pflicht beschreibt.

VII. Rechtsfolgen

17 Eine Verletzung der Pflicht aus § 12 begründet nicht selbst bereits Ersatzansprüche aus § 15, da das Unterlassen von Präventions- oder Schutzmaßnahmen keine „Benachteiligung" darstellt. Werden jedoch Beschäftigte durch Kollegen oder Dritte benachteiligt, kommt ein Ersatzanspruch gegen den Arbeitgeber wegen Verletzung eigener Organisationspflichten in Betracht;[18] die Schutzpflichten sind zugleich Nebenpflichten aus dem Arbeitsvertrag. Auch die Nichterfüllung von Pflichten aus § 12 kann ggf. als Indiz für das Vorliegen einer Benachteiligung, das zur Beweisverlagerung auf den Arbeitgeber führt (§ 22), gewertet werden.[19]

Unterabschnitt 3
Rechte der Beschäftigten

§ 13 AGG Beschwerderecht

(1) ¹Die Beschäftigten haben das Recht, sich bei den zuständigen Stellen des Betriebs, des Unternehmens oder der Dienststelle zu beschweren, wenn sie sich im Zusammenhang mit ihrem Beschäftigungsverhältnis vom Arbeitgeber, von Vorgesetzten, anderen Beschäftigten oder Dritten wegen eines in § 1 genannten Grundes benachteiligt fühlen. ²Die Beschwerde ist zu prüfen und das Ergebnis der oder dem beschwerdeführenden Beschäftigten mitzuteilen.

(2) Die Rechte der Arbeitnehmervertretungen bleiben unberührt.

I. Einleitung	1	III. Beschwerderecht	8
II. Zuständige Stelle	4	IV. Prüfungs- und Mitteilungspflicht	11
1. Meinungsstand in der Literatur	6	V. Verhältnis zu anderen Beschwerderechten	14
2. Stand der Rechtsprechung	7		

I. Einleitung

1 Mit dem Beschwerderecht des Arbeitnehmers in § 84 BetrVG hat der Gesetzgeber ein Instrumentarium installiert, das für die nachfolgende Gesetzgebung Vorbildcharakter entfalten sollte. Dazu zählt im weitesten Sinne nicht nur das in § 17 Abs. 2 ArbSchG geregelte Recht des Arbeitnehmers zur Beschwerde bei der zuständige Behörde, sondern auch das vormals in § 3 BSchG aufgenommene Beschwerderecht des Beschäftigten, das sich deutlich an § 84 BetrVG orientierte. Ohne dass die gemeinschaftsrechtlichen Vorgaben in den RL 2000/43/EG, 2000/78/EG und 2006/54/EG dies zwingend gebieten,[1] hat der Gesetzgeber mit § 13 die vormals in § 3 BSchG ausgeformte Rechtsposition mit nahezu unverändertem Wortlaut fortgeschrieben. Trotz der durch den Gesetzeswortlaut naheliegenden Parallelen zu § 84 BetrVG fällt im Hinblick auf die personelle Reichweite des Beschwerderechts nach § 13 ein signifikanter Unterschied ins Auge. Dieser betrifft insbesondere die Gruppe der leitenden Angestellten, die wegen § 5 Abs. 3 BetrVG nicht zu den Arbeitnehmern im Sinne des BetrVG zählen und deshalb nicht in den personellen Anwendungsbereich des § 84 BetrVG einbezogen sind.[2] Demgegenüber ist der personelle Anwendungsbereich des § 13 – nicht anders als die Vorläuferbestimmung in § 3 BSchG – durch den Rückgriff auf den „Beschäftigten" deutlich weiter gefasst. Maßgebend ist hierfür der in § 6 Abs. 1 definierte Beschäftigtenbegriff, der wegen des vom BetrVG befreiten Kontextes mit den „Arbeitnehmerinnen und Arbeitnehmern" unstreitig auch die Gruppe der leitenden Angestellten einschließt. Vor allem aber dehnt § 6 Abs. 1 S. 3 das Recht zur Beschwerde auf

18 *Göpfert/Siegrist* ZIP 2006, 1710 (1711).
19 Vgl. ErfK/*Schlachter* AGG § 12 Rn. 7.
1   *Oetker* NZA 2008, 264.
2   Däubler/Kittner/Klebe/*Buschmann*, 10. Aufl. (2006), BetrVG § 81 Rn. 4; *Fitting*, 23. Aufl. (2006), BetrVG § 81 Rn. 2; *Galperin/Löwisch*, 6. Aufl. (1982),

BetrVG, § 84 Rn. 3; HSWGNR/*Rose*, 7. Aufl. (2008), BetrVG, Vor §§ 81–86 Rn. 10; HWK/*Schrader*, 2. Aufl. (2006), BetrVG § 81 Rn. 2; *Stege/Weinspach/Schiefer*, 9. Aufl. (2002), BetrVG §§ 84–86 Rn. 1 a; *Richardi/Thüsing*, 11. Aufl. (2008), BetrVG § 84 Rn. 2.

arbeitnehmerähnliche Beschäftigte nach § 13[3] sowie Heimarbeiter aus.[4] Keine Bedeutung für § 13 hat die Erweiterung des Beschäftigtenbegriffs in § 6 Abs. 1 S. 2 auf Bewerber für ein Beschäftigungsverhältnis sowie Personen, deren Beschäftigungsverhältnis beendet ist.[5] Zwar fingiert § 6 Abs. 1 S. 2 diese Personengruppe als Beschäftigte iSd AGG, § 13 Abs. 1 S. 1 verlangt aber für die Beschwerde ausdrücklich einen „Zusammenhang mit ihrem Beschäftigungsverhältnis".

Zweifelsfragen wirft die Einbeziehung der Leiharbeitnehmer auf, wobei ihr Recht zur Beschwerde nach § 13 im Betrieb des Verleihers unproblematisch ist. Anders ist dies im Hinblick auf den Betrieb des Entleihers, da die Leiharbeitnehmer dort nicht zu den Beschäftigten iSd § 6 Abs. 1 zählen. Aus diesem Grunde legt § 14 Abs. 2 S. 3 AÜG ausdrücklich fest, dass § 84 BetrVG auch bezüglich der im Entleiherbetrieb tätigen Leiharbeitnehmer gilt; für die Sachverhalte einer nicht gewerbsmäßigen Arbeitnehmerüberlassung gilt dies analog. Hinsichtlich des Beschwerderechts nach § 13 ist die Rechtslage nicht vergleichbar eindeutig. Allerdings hält § 6 Abs. 2 im Hinblick auf die Arbeitnehmerüberlassung fest, dass Dritte, denen ein Arbeitnehmer überlassen wird, als Arbeitgeber „im Sinne dieses Abschnitts" gelten und zu diesem auch § 13 zählt. Hieraus ist zu schließen, dass die dort an den Arbeitgeber adressierten Pflichten ihn auch in seiner Eigenschaft als Entleiher treffen sollen, so dass das Beschwerderecht nach § 13 den im Entleiherbetrieb tätigen Leiharbeitnehmern ebenfalls zusteht. **2**

Im Hinblick auf den Arbeitgeber wirft der personelle Anwendungsbereich des § 13 keine rechtlichen Probleme auf. Insoweit ist die Legaldefinition in § 6 Abs. 2 S. 1 maßgebend, womit zugleich feststeht, dass § 13 – nicht anders als zuvor § 3 BSchG – unabhängig von der Zahl der Beschäftigten zur Anwendung gelangt,[6] also auch für sogenannten Kleinarbeitgeber gilt, mag auch die Bildung einer „zuständigen Stelle" und deren Bekanntmachung im Betrieb eher absurd erscheinen. **3**

II. Zuständige Stelle

Der Arbeitgeber muss in jedem **Betrieb** eine zuständige Stelle bestimmen. Der Begriff der zuständigen Stelle ist **umfassend** zu verstehen, wobei Aufgaben der Stelle auch durch einen Vorgesetzten, den Betriebsrat oder einen Gleichstellungsbeauftragen übernommen werden. Maßgeblich ist, dass die zuständige Stelle dem Betrieb zugeordnet werden kann. Eine externe Beschwerdestelle, etwa der Anwalt des Arbeitgebers, kann nicht zur zuständigen Stelle werden.[7] Soweit keine ausdrückliche Bestimmung der zuständigen Stellen vorgenommen wird, ist zuständige Stelle in der Regel der unmittelbare Vorgesetzte oder der nächst höhere Vorgesetzte, falls sich die Beschwerde gegen den unmittelbaren Vorgesetzten wendet.[8] **4**

Dem Betriebsrat kommt kein Mitbestimmungsrecht hinsichtlich der Frage zu, wo der Arbeitgeber eine Beschwerdestelle errichtet. Die ganz überwiegende Meinung in der Literatur geht zutreffend davon aus, dass der Arbeitgeber mitbestimmungsfrei auch die Stelle, die für die Behandlung von Beschwerden nach dem AGG zuständig sein soll, auswählen und benennen kann. Zu diesem Ergebnis gelangt man durch Auslegung anhand des Wortlauts, der Gesetzessystematik und unter Berücksichtigung des vom Gesetzgeber verfolgten Gesetzeszwecks. **5**

1. Meinungsstand in der Literatur. *Thüsing*[9] weist auf die §§ 84, 85 BetrVG hin und verweist Arbeitnehmer auf diese Vorschriften, falls der Betriebsrat bei Beschwerden ebenfalls eingeschaltet werden soll. *Bauer/Göpfert/Krieger*[10] gehen davon aus, dass kein Mitbestimmungsrecht des Betriebsrats bei der Errichtung der Beschwerdestelle besteht. Es gelte vielmehr, dass die Bestimmung der Zuständigkeit durch den Arbeitgeber erfolge, Arbeitnehmern bliebe es zudem unbenommen, nach den §§ 84 ff. BetrVG vorzugehen, da das betriebsverfassungsrechtliche Beschwerderecht neben dem Beschwerderecht aus dem AGG stehe. Auch *Schleusener/Suchow/Voigt*[11] betonen, dass es dem Arbeitgeber freisteht zu entscheiden, wo er die Beschwerdestelle ansiedelt. *Schrader/Schubert*[12] gehen ebenfalls davon aus, dass der Arbeitgeber die Beschwerdestelle bestimmt. Auch *Schiefer/Ettwig/Krych*[13] vertreten die Auffassung, § 13 und die §§ 84 ff. **6**

3   *Oetker* NZA 2008, 264.
4   BAG NZA 2008, 264; enger demgegenüber zu § 8 des Diskussionsentwurfs für ein Arbeitsvertragsgesetz von *Henssler/Preis*, da § 3 Abs. 1 des Entwurfs § 8 von der entsprechenden Anwendung ausklammert, was jedoch wegen der insoweit fehlenden verbindlichen Vorgaben nicht im Widerspruch zu den Richtlinien 2000/43/EG, 2000/78/EG und 2006/54/EG steht.
5   *Oetker* NZA, 264, *Gach/Julis* BB 2007, 773.
6   Rust/Falke/*Bücker* AGG § 13 Rn. 4; MüKoBGB/ *Thüsing* AGG § 13 Rn. 4. Ebenso zu § 3 BeschSchG HWK/*Thüsing* BeschSchG § 3 Rn. 2.

7   *Bauer/Göpfert/Krieger* AGG § 13 Rn. 7.
8   *Gach/Julis* BB 2007, 773.
9   *Thüsing*, Arbeitsrechtlicher Diskriminierungsschutz, S. 237 Rn. 587; MüKoBGB/*Thüsing*, 5. Aufl. (2007), AGG § 13 Rn. 11.
10 *Bauer/Göpfert/Krieger* AGG § 13 Rn. 4 ff.
11 *Schleusener/Suchow/Voigt*, 1. Aufl. (2006), AGG § 13 Rn. 12.
12 *Schrader/Schubert* Rn. 445.
13 *Schiefer/Ettwig/Krych* ua, Das Allgemeine Gleichbehandlungsgesetz, S. 169 ff.

BetrVG stünden nebeneinander. Die Bestimmung der zuständigen Stelle falle in die Organisationshoheit des Arbeitgebers. Er bestimme daher, wer die Beschwerdestelle bildet und wie sie ausgestaltet sein soll.

7 **2. Stand der Rechtsprechung.** Das BAG hat sich in seiner Entscheidung vom 21.7.2009 dieser Betrachtung angeschlossen und festgestellt, dass ein Mitbestimmungsrecht weder aus dem AGG noch aus § 87 Abs. 1 Nr. 1 BetrVG folgt.[14] Ebenso wenig besteht ein Mitbestimmungsrecht bei der **personellen Besetzung** einer Beschwerdestelle. Der Betriebsrat hat allerdings gem. § 87 Abs. 1 Nr. 1 BetrVG mitzubestimmen bei der Einführung und Ausgestaltung des Verfahrens einer Beschwerdestelle. Das Mitbestimmungsrecht umfasst auch ein entsprechendes Initiativrecht.[15] Errichtet der Arbeitgeber eine **überbetriebliche Beschwerdestelle**, steht das Mitbestimmungsrecht beim Beschwerdeverfahren nicht dem örtlichen Betriebsrat, sondern dem **Gesamtbetriebsrat** zu. Nach § 12 Abs. 5 ist die im Betrieb für Beschwerden zuständige Stelle bekanntzumachen.

III. Beschwerderecht

8 Der Beschäftigte kann sich beschweren, wenn er sich benachteiligt **fühlt**. Zu den Benachteiligungen wird verwiesen auf → AGG § 3 Rn 3-17. Das Vorliegen einer objektiven Benachteiligung oder begründete Anhaltspunkte für ihr Vorliegen sind nicht erforderlich.[16] Wer den Arbeitnehmer vermeintlich benachteiligt, ist grundsätzlich unerheblich, auch Kollegen und Dritte sind erfasst, der Betriebsrat nicht.[17] Der Beschäftigte kann die Beschwerde **formlos** bei der zuständigen Stelle vorbringen. Sie kann auch **anonym** erfolgen; der Beschäftigte verzichtet jedoch konkludent mit einer solchen Beschwerde auf das Mitteilungsrecht. Die zuständige Stelle hat die Beschwerde zu prüfen und dem Beschäftigten das Ergebnis mitzuteilen. Da der Arbeitgeber nicht die zuständige Stelle sein muss, muss er gewährleisten, dass er von begründeten Beschwerden Kenntnis erlangt. Ansonsten kann er die vom Gesetzgeber in § 12 geforderten Maßnahmen nicht ergreifen. Die Durchführung des Beschwerdeverfahrens ist keine Voraussetzung für die Ansprüche aus den §§ 12, 15.[18]

9 Das Beschwerderecht ist §§ 84, 85 BetrVG nachgebildet und besteht gem. § 13 Abs. 2 ausdrücklich neben diesem. Nach § 84 Abs. 1 S. 1 BetrVG hat der Arbeitnehmer das Recht, sich bei der zuständigen Stelle oder dem Betriebsrat zu beschweren, wenn er sich vom Arbeitgeber oder von Arbeitnehmern des Betriebs benachteiligt, ungerecht behandelt oder in sonstiger Weise beeinträchtigt fühlt. Eine solche Beeinträchtigung liegt zB bei einer sexuellen Belästigung durch den Arbeitgeber oder andere Arbeitnehmer vor. Das Beschwerderecht umfasst das Recht, in angemessener Form sein Anliegen vorzutragen.[19] Vertragswidriges Verhalten, insbesondere Beleidigungen oder Verleumdungen, werden vom Schutz des § 13 nicht umfasst. Auch besteht kein Anspruch auf Freistellung für die Beschwerde. Der Arbeitgeber kann den Arbeitnehmer auf die Pausenzeiten zur Beschwerdeleistung verweisen, wenn dem nicht arbeitstechnische Gründe entgegenstehen.

10 Bisherige Erfahrungen in der Praxis in Bezug auf das BSchG zeigen, dass das Beschwerderecht aus §§ 84, 85 BetrVG im Hinblick auf sexuelle Belästigungen wenig genutzt worden ist. Eine deutlich andere Entwicklung hat sich auch durch das Beschwerderecht in § 3 Abs. 1 S. 1 BSchG nicht abgezeichnet und wird wohl auch nicht im Hinblick auf § 13 erfolgen. Um etwa sexuell Belästigte zu ermutigen, ihre Rechte verstärkt wahrzunehmen, wird vorgeschlagen, den Beschäftigten jeweils Ansprechpartner des eigenen Geschlechts anzubieten und bei Beschwerden gegenüber dem Betriebsrat auf das im Rahmen des § 85 BetrVG bestehende Erfordernis, den Namen des Beschwerdeführers zu nennen, zu verzichten.[20]

IV. Prüfungs- und Mitteilungspflicht

11 Die Beschwerdestelle muss die Beschwerde **prüfen**. Sie muss den **tatsächlichen Anhaltspunkten** nachgehen, die eine Benachteiligung begründen können. Sie ist **befugt**, den **Beschwerdeführer** sowie **Kollegen anzuhören**, um den Sachverhalt zu erkunden. Jede Maßnahme muss gemessen an der Intensität der Beschwerde und des hervorgerufenen Verdachts **verhältnismäßig** sein. Die Betriebspartner können das **Verfahren** in einer entsprechenden **Betriebsvereinbarung** festlegen.[21] Das Ergebnis der Prüfung ist dem Beschwerdeführer **mitzuteilen**. Die Beschwerdestelle kann dem Beschäftigten die bei der Prüfung gesammelten Erkenntnisse eröffnen. Das kann auch **formlos** geschehen. Das Ergebnis dürfte **vertraulich** sein; in aller Regel hat der **Arbeitgeber** aber ein berechtigtes Interesse daran, darüber unterrichtet zu werden,

---

14 BAG 21.7.2009 – NZA 2009, 1049.
15 BAG 21.7.2009 – NZA 2009, 1049.
16 *Bauer/Göpfert/Krieger* AGG § 13 Rn. 4.
17 *Oetker* NZA 2008, 264.

18 BeckOK AGG § 13 Rn. 2.
19 MüKoBGB/*Thüsing* AGG § 13 Rn. 2.
20 ErfK/*Schlachter* BeschSchG § 3 Rn. 2.
21 Vgl. *Bauer/Göpfert/Krieger* AGG § 13 Rn. 10.

sobald der Beschwerdestelle tatsächlich begründete – und nicht nur gefühlte – Benachteiligungen zur Kenntnis gelangen.

Der Arbeitgeber oder Dienstvorgesetzte hat die Beschwerde zu prüfen und den Sachverhalt durch Anhörung **12** beider Seiten und ggf. Dritter mit den ihm zur Verfügung stehenden Mitteln aufzuklären.[22] Es dürfen also keine Erfolg versprechenden Beweismittel außer Acht gelassen werden. Soweit erforderlich ist die belästigende Person aufzufordern ihr pflichtwidriges Verhalten einzustellen bzw. eine Wiederholung zu unterlassen. Es soll sichergestellt werden, dass die persönliche Integrität und die Würde der als Opfer betroffenen Beschäftigten ab dem Zeitpunkt der Einleitung eines förmlichen Beschwerdeverfahrens gewahrt werden.[23] Daraus folgt, dass es sich um Maßnahmen im Vorfeld von arbeitsrechtlichen Sanktionen des § 12 Abs. 3 handelt. Werden keine vorläufigen schützenden Maßnahmen ergriffen, kommen Schadensersatzansprüche gegen den Arbeitgeber in Betracht. Die Beurteilung, welche Maßnahmen geeignet sind, um das Betriebsklima wiederherzustellen, obliegt dem Arbeitgeber.

Um die Rechte von Betroffenen im Hinblick auf Arbeitslosengeldansprüche im Falle einer Eigenkündigung **13** wegen Benachteiligung nicht zu beeinträchtigen, muss ein Nachweis über die Einleitung des Beschwerdeverfahrens erteilt werden, dh der von einer Benachteiligung (insbesondere einer sexuellen Belästigung) betroffene Beschäftigte sollte frühzeitig darauf hinwirken, dass die Benachteiligung aktenkundig gemacht wird. Falls nämlich ein Versuch zur Beseitigung der sexuellen Belästigung erfolglos unternommen worden ist, entfällt nach den Durchführungsanweisungen der Bundesagentur für Arbeit hinsichtlich des Arbeitslosengeldes bzw. der Arbeitslosenhilfe eine Sperrzeit beim Leistungsbezug wegen Eigenkündigung aufgrund Unzumutbarkeit der Fortsetzung des Arbeitsverhältnisses.

V. Verhältnis zu anderen Beschwerderechten

Nach § 13 Abs. 2 bleiben die Rechte der Arbeitnehmervertretung unberührt. Hiervon sind insbesondere die **14** §§ 39, 80, 84, 85, 86, 87, 89 BetrVG betroffen.[24]

§ 13 Abs. 2 stellt klar, dass Rechte der Arbeitnehmervertretungen unberührt bleiben. Neben dem Beschwer- **15** derecht nach § 85 BetrVG besteht das Recht des Betriebsrates, Unterlassung zu verlangen nach § 17 Abs. 2 iVm § 23 BetrVG.

§ 14 AGG Leistungsverweigerungsrecht

[1]**Ergreift der Arbeitgeber keine oder offensichtlich ungeeignete Maßnahmen zur Unterbindung einer Belästigung oder sexuellen Belästigung am Arbeitsplatz, sind die betroffenen Beschäftigten berechtigt, ihre Tätigkeit ohne Verlust des Arbeitsentgelts einzustellen, soweit dies zu ihrem Schutz erforderlich ist.** [2]**§ 273 des Bürgerlichen Gesetzbuchs bleibt unberührt.**

I. Einleitung	1	III. Rechtsfolgen des Leistungsverweigerungs-	
II. Voraussetzungen des Leistungsverweigerungs-		rechts	3
rechts	2	IV. Zurückbehaltungsrecht	5

I. Einleitung

Die Vorschrift ist § 4 Abs. 2 BSchG nachgebildet und berechtigt den Beschäftigten, die Tätigkeit ohne Ver- **1** lust des Entgeltanspruchs einzustellen, wenn der Arbeitgeber – oder iVm § 24 der Dienstvorgesetzte – keine ausreichenden Maßnahmen zur Unterbindung der Benachteiligung ergreift. Der Wortlaut stellt klar, dass ein Leistungsverweigerungsrecht nur dann besteht, wenn im konkreten Einzelfall dazu Anlass besteht. Das kann insbesondere der Fall sein, wenn der Arbeitgeber auf eine Beschwerde nicht ausreichend reagiert oder bei einer Benachteiligung durch den Arbeitgeber oder den Dienstvorgesetzten selbst. Die Verletzung der allgemeinen Verpflichtung zu Schutzmaßnahmen nach § 12 Abs. 2 allein genügt nicht.[1]

II. Voraussetzungen des Leistungsverweigerungsrechts

Die Berechtigung zur **Einstellung der Tätigkeit** ist im Hinblick auf die Leistungsverweigerung lex specia- **2** lis zu § 275 Abs. 3 BGB, im Hinblick auf die Entgeltpflicht des Arbeitgebers lex specialis zu § 326 Abs. 2

---

22 Für das BeschSchG BT-Drs. 12/5468 S. 47.
23 MüKoBGB/*Thüsing* AGG § 13 Rn. 7.
24 *Oetker* NZA 2008, 264.

1 MüKoBGB/*Thüsing* AGG § 14 Rn. 1; vgl. BT-Drs. 15/4538 S. 35.

BGB. Sie setzt voraus, dass die Belästigung tatsächlich stattgefunden hat. Je nach ihrer Art kommt es auf den Aspekt der Fortsetzung oder Wiederholungsgefahr an. Bei einem schwerwiegenden Fall reicht jedoch schon der erste Vorfall am betreffenden Arbeitsplatz aus. Dem **Untätigbleiben** gleichgestellt wird der Fall einer **offensichtlich ungeeigneten Maßnahme** zur Unterbindung der Benachteiligung. Das Leistungsverweigerungsrecht der belästigten Beschäftigten betrifft im Falle der Belästigung lediglich die **konkreten Tätigkeiten am Ort der Belästigung**, erstreckt sich also grundsätzlich nicht auf den Betrieb oder die Dienststelle. Als weitere Voraussetzung muss die Einstellung der Tätigkeit zum Schutz des Beschäftigten **erforderlich** sein, dh die Art der Belästigung muss die Konsequenz der Einstellung der Tätigkeit an diesem Arbeitsplatz rechtfertigen. Ein Leistungsverweigerungsrecht entfällt, wenn es ein anderes, gleich geeignetes milderes Mittel zur Unterbindung der Belästigung gibt.

III. Rechtsfolgen des Leistungsverweigerungsrechts

3 Die Ausübung des Rechts zur Arbeitsverweigerung führt nicht zum Entgeltverlust. Für die aufgrund berechtigter Leistungsverweigerung unterbliebene Arbeitsleistung hat der Beschäftigte einen Anspruch auf Fortzahlung des Arbeitsentgelts. Es sind die Bezüge zu zahlen, die er erhalten hätte, wenn er während dieser Zeit gearbeitet hätte; es gilt das **Lohnausfallprinzip**. Weitergezahlt wird nur das aufgrund des Arbeitsverhältnisses geschuldete Arbeitsentgelt. Wird ein Beschäftigter regelmäßig über die vertraglich geschuldete Arbeitsleistung hinaus zu weiteren Arbeitseinsätzen herangezogen, ist während der Leistungsverweigerung das Entgelt auch für die ausgefallenen zusätzlichen Arbeitseinsätze fortzuzahlen.[2] Der Arbeitgeber ist dagegen nicht verpflichtet, den Ausfall eines Entgelts, das von ihm nicht geschuldet wird, zu ersetzen, zB ein Trinkgeld, das dem Bedienungspersonal in Gaststätten von den Gästen freiwillig gegeben wird.[3] Das steht in Übereinstimmung mit der Rechtsprechung zur Lohnfortzahlung infolge Krankheit, wonach ebenfalls ein Anspruch auf Ersatz der entgangenen Trinkgelder nur besteht, wenn sich der Arbeitgeber im Arbeitsvertrag hierzu verpflichtet hat.

4 Es besteht ein konnexer, fälliger und durchsetzbarer Anspruch des Arbeitnehmers auf Schutzmaßnahmen durch den Arbeitgeber, wenn dessen bisherige Maßnahmen nicht ausreichen und hinter dem zurückbleiben, was nach § 12 erforderlich ist.[4]

IV. Zurückbehaltungsrecht

5 Durch den Verweis auf § 273 Abs. 1 BGB wird klargestellt, dass das allgemeine Leistungsverweigerungsrecht für andere Fallkonstellationen unberührt bleibt. Das ist auch systematisch richtig, da die Vorschriften unterschiedliche Ziele verfolgen: § 273 Abs. 1 BGB soll Zwang auf den Vertragspartner zur Erfüllung einer Verbindlichkeit ausüben, während § 14 dem Schutz des Beschäftigten vor weiteren Belästigungen oder sexuellen Belästigungen dient.[5] Das allgemeine Zurückbehaltungsrecht bleibt damit für Benachteiligungen relevant, die keine Belästigung oder keine sexuelle Belästigung darstellen, soweit der Beschäftigte hier die Erfüllung einer Verpflichtung des Arbeitgebers, etwa zur Beseitigung oder Unterlassung verlangt. Der Beschäftigte muss einen Anspruch gegen den Arbeitgeber haben, etwa aus §§ 12, 13, 15.[6] Das Zurückbehaltungsrecht kann bei den vorgenannten Ansprüchen auch neben das Leistungsverweigerungsrecht des § 14 treten.[7]

§ 15 AGG Entschädigung und Schadensersatz

(1) ¹Bei einem Verstoß gegen das Benachteiligungsverbot ist der Arbeitgeber verpflichtet, den hierdurch entstandenen Schaden zu ersetzen. ²Dies gilt nicht, wenn der Arbeitgeber die Pflichtverletzung nicht zu vertreten hat.

(2) ¹Wegen eines Schadens, der nicht Vermögensschaden ist, kann der oder die Beschäftigte eine angemessene Entschädigung in Geld verlangen. ²Die Entschädigung darf bei einer Nichteinstellung drei Monatsgehälter nicht übersteigen, wenn der oder die Beschäftigte auch bei benachteiligungsfreier Auswahl nicht eingestellt worden wäre.

(3) Der Arbeitgeber ist bei der Anwendung kollektivrechtlicher Vereinbarungen nur dann zur Entschädigung verpflichtet, wenn er vorsätzlich oder grob fahrlässig handelt.

---

2   MüKoBGB/*Thüsing* AGG § 14 Rn. 12.

3   EFZG/*Schmitt* § 4 Rn. 86; ErfK/*Dörner* EFZG § 4
    Rn. 31.

4   MüKoBGB/*Thüsing* AGG § 14 Rn 16.

5   BT-Drs. 16/1780, S. 37.

6   *Bauer/Göpfert/Krieger* AGG § 14 Rn. 17.

7   BeckOK BGB/*Roloff* AGG § 14 Rn. 5.

(4) ¹Ein Anspruch nach Absatz 1 oder 2 muss innerhalb einer Frist von zwei Monaten schriftlich geltend gemacht werden, es sei denn, die Tarifvertragsparteien haben etwas anderes vereinbart. ²Die Frist beginnt im Falle einer Bewerbung oder eines beruflichen Aufstiegs mit dem Zugang der Ablehnung und in den sonstigen Fällen einer Benachteiligung zu dem Zeitpunkt, in dem der oder die Beschäftigte von der Benachteiligung Kenntnis erlangt.

(5) Im Übrigen bleiben Ansprüche gegen den Arbeitgeber, die sich aus anderen Rechtsvorschriften ergeben, unberührt.

(6) Ein Verstoß des Arbeitgebers gegen das Benachteiligungsverbot des § 7 Abs. 1 begründet keinen Anspruch auf Begründung eines Beschäftigungsverhältnisses, Berufsausbildungsverhältnisses oder einen beruflichen Aufstieg, es sei denn, ein solcher ergibt sich aus einem anderen Rechtsgrund.

I. Überblick	1	2. Vermutetes Verschulden	4
II. Ersatz materieller und immaterieller Schäden,		3. Ausschlussfrist	7
§ 15 Abs. 1 und 2	2	III. Rechtsfolge: Umfang des Schadens	11
1. Verstoß gegen das Benachteiligungsverbot	3	IV. Entsprechende Anwendung	15

I. Überblick

§ 15 ist die zentrale Haftungsnorm des AGG. Sie regelt Ansprüche des Opfers von ungerechtfertigten **1** Benachteiligungen auf Ersatz des materiellen und immateriellen Schadens. Gem. § 15 Abs. 1 ist der Arbeitgeber bei einem Verstoß gegen das arbeitsrechtliche Benachteiligungsverbot zum Ersatz des materiellen Schadens verpflichtet. Die Haftung entfällt, wenn sich der Arbeitgeber nach § 15 Abs. 1 S. 2 exkulpieren kann. Nach § 15 Abs. 2 besteht eine Pflicht zur angemessenen Entschädigung für immaterielle Schäden. Letztere ist gem. § 15 Abs. 2 S. 2 in der Höhe auf drei Monatsgehälter beschränkt, wenn der Beschäftigte (zu dem gem. § 6 Abs. 1 S. 2 auch der Bewerber zählt) auch bei benachteiligungsfreier Auswahl nicht eingestellt worden wäre. § 15 Abs. 3 enthält eine Haftungsprivilegierung für den Fall, dass es durch die Anwendung von Kollektivvereinbarungen zu Benachteiligungen kommt. Der Arbeitgeber haftet hier nur, wenn ihm vorsätzliches oder grob fahrlässiges Handeln zur Last gelegt werden kann. Abs. 4 normiert eine materielle Ausschlussfrist, die sowohl für den Schadensersatzanspruch nach Abs. 1 als auch für den Entschädigungsanspruch nach Abs. 2 gilt. § 15 Abs. 5 enthält die Klarstellung, dass andere Ansprüche neben denen aus § 15 bestehen bleiben. Nach § 15 Abs. 6 ist ein Anspruch auf Einstellung wegen eines Verstoßes gegen das Benachteiligungsverbot ausgeschlossen, es sei denn, dieser ergibt sich aus einer anderen Anspruchsgrundlage.

Adressat dieser Norm ist immer der diskriminierende Arbeitgeber, nicht aber auch ein Personalvermittler. Dieser haftet ggf. nach §§ 823 Abs. 1 BGB iVm Art. 2 Abs. 1, Art. 1 Abs. 1 GG.[1]

II. Ersatz materieller und immaterieller Schäden, § 15 Abs. 1 und 2

§ 15 Abs. 1 regelt die Pflicht zum Ersatz des materiellen Schadens, Abs. 2 die des immateriellen Schadens. **2** Dabei ist die Schadensersatzregelung als Haftung für vermutetes Verschulden ausgestaltet. Für einen Schadensersatzanspruch nach Abs. 1 und Abs. 2 müssen (1) ein ungerechtfertigter Verstoß gegen das Benachteiligungsverbot des § 7 durch den Arbeitgeber und (2) (vermutetes) Verschulden des Arbeitgebers vorliegen; (3) schließlich muss der Anspruch innerhalb der Ausschlussfrist des Abs. 4 formgerecht geltend gemacht werden.

1. Verstoß gegen das Benachteiligungsverbot. Ein Verstoß gegen das Benachteiligungsverbot liegt **3** zunächst vor, wenn der Arbeitgeber selbst gegen § 7 verstößt. Handelt es sich um eine juristische Person, so sind ihr die Verstöße ihrer Organe nach § 31 BGB zuzurechnen.[2] Darüber hinaus haftet der Arbeitgeber aber auch dann, wenn ihm die Handlungen Dritter analog § 278 BGB zuzurechnen sind.[3] Dabei kommen grundsätzlich alle Formen der Benachteiligung im Sinne des § 3 in Betracht, also unmittelbare und mittelbare Benachteiligungen sowie Belästigung und die Anweisung zur Benachteiligung.[4] Die Einordnung als Erfüllungsgehilfe bereitet keine Probleme, wenn der diskriminierende Arbeitnehmer den Arbeitgeber rechtsgeschäftlich vertritt, etwa bei Verhandlungen mit dem Arbeitnehmer.[5] Schwieriger ist dies jedoch im Rahmen

---

1 OLG Celle 13.2.2014 – 13 U 37/13, zit. nach Antidiskriminierungsstelle des Bundes, Ausgewählte Entscheidungen deutscher Gerichte zum Antidiskriminierungsrecht.

2 *Schrader/Schubert* AGG Rn. 489 (S. 151).

3 Däubler/Bertzbach/*Deinert* AGG § 15 Rn. 26; *Hey* AGG § 15 Rn. 19; Wendeling-Schröder/Stein/*Stein* AGG § 15 Rn. 7; Schiek/*Kocher* AGG § 15 Rn. 21 f.

4 Däubler/Bertzbach/*Deinert* AGG § 15 Rn. 2.

5 Vgl. MüKoBGB/*Thüsing* AGG § 15 Rn. 25.

von Benachteiligungen und (sexuellen) Belästigungen durch Arbeitskollegen zu beurteilen.[6] Hier stellt sich die Frage, ob der diskriminierende Arbeitnehmer im Zeitpunkt der Diskriminierung tatsächlich Erfüllungsgehilfe des Arbeitgebers, also mit dem Willen des Arbeitgebers bei der Erfüllung seiner Arbeitgeberpflichten als Hilfsperson tätig geworden ist.[7] Praktisch relevant und problematisch sind dabei die Fälle, in denen einzelne Mitarbeiter wiederholt oder sogar regelmäßig von Arbeitskollegen diskriminiert werden (sog. Mobbing). Hier ist richtigerweise danach zu differenzieren, ob es sich um Vorgesetzte oder (innerhalb der Betriebshierarchien) um gleichgeordnete Mitarbeiter handelt.[8] Bei Ersteren hat sich der Arbeitgeber teilweise seiner Einflussmöglichkeiten begeben und diese auf einen Arbeitnehmer übertragen.[9] Der mit zusätzlichen Kompetenzen ausgestattete Arbeitnehmer hat dadurch gesteigerte Einwirkungsmöglichkeiten gegenüber seinen Arbeitskollegen.[10] Er wird damit regelmäßig als Erfüllungsgehilfe anzusehen sein.[11] Anders ist dies nur bei einem Exzess des Diskriminierenden, der schlechterdings nicht seinem Arbeitsbereich zugeordnet werden kann, sondern nur „bei Gelegenheit" der Tätigkeit vorgenommen wurde.[12] Nutzt der Vorgesetzte hingegen seine gegenüber dem Opfer hervorgehobene Position aus, so handelt er „in Erfüllung" seiner Pflichten und der Verstoß gegen das Benachteiligungsverbot ist dem Arbeitgeber zuzurechnen.[13] Anders ist dies bei gleichgeordneten Mitarbeitern. Hier ist zunächst darauf abzustellen, ob der Arbeitgeber seinen (Fürsorge-)Pflichten nachgekommen ist, die auch darin bestehen, für ein diskriminierungsfreies Arbeitsumfeld zu sorgen.[14] Hat der Arbeitgeber es versäumt, durch präventive Maßnahmen Benachteiligungen vorzubeugen oder durch repressive Maßnahmen auf begangene Verstöße zu reagieren und duldet er Benachteiligungen durch seine Arbeitnehmer, so können ihm auch Verstöße der Arbeitnehmer untereinander zuzurechnen sein und zur Schadensersatzpflicht führen.[15]

Grundsätzlich können auch ausländerfeindliche Einschüchterungen, Anfeindungen, Erniedrigungen, Entwürdigungen oder Beleidigungen ein Umfeld schaffen, das eine Entschädigungspflicht des Arbeitgebers nach § 15 Abs. 2 AGG zur Folge hat.[16]

4   **2. Vermutetes Verschulden.** Gem. § 15 Abs. 1 S. 2 (und damit auch nach Abs. 2) haftet der Arbeitgeber – parallel zur Haftung bei Vertragspflichtverletzungen nach dem wortgleichen § 280 Abs. 1 S. 2 BGB – für vermutetes Verschulden. Ob das Verschuldenserfordernis europarechtskonform ist, wird unterschiedlich beurteilt. Überwiegend wird insoweit vertreten, dass eine Haftung nicht von einem Verschuldenserfordernis abhängig gemacht werden dürfe.[17] Dafür spricht die Rechtsprechung des EuGH, wonach es zwar den Mitgliedsstaaten überlassen bleibt, eine geeignete Sanktion für Verstöße gegen das Diskriminierungsverbot auszuwählen, eine zivilrechtliche Haftung allerdings so ausgestaltet werden muss, dass jeder Verstoß zur vollen Haftung führt. Rechtfertigungsmöglichkeiten des nationalen Rechts dürfen danach nicht berücksichtigt werden. Art. 6 der RL 76/207/EWG setze voraus, dass die Sanktion geeignet ist, einen tatsächlichen und wirksamen Rechtsschutz zu gewährleisten. Sie müsse ferner eine abschreckende Wirkung gegenüber dem Arbeitgeber haben. Wenn die Haftung eines Arbeitgebers für Verstöße gegen den Grundsatz der Gleichbehandlung davon abhinge, dass ein Verschulden des Arbeitgebers nachgewiesen werde und kein durch das anwendbare nationale Recht anerkannter Rechtfertigungsgrund vorliege, würde dies die praktische Wirksamkeit dieser Grundsätze erheblich beeinträchtigen.[18]

5   Hinzu kommt, dass die Umsetzung einer Richtlinie gem. Art. 8 e Abs. 2 RL 76/207/EWG keinesfalls als Rechtfertigung für die Absenkung des von den Mitgliedstaaten bereits garantierten Schutzniveaus in Bezug auf Diskriminierungen in den von der Richtlinie abgedeckten Bereichen benutzt werden darf.[19] Gegenüber § 611 a BGB aF und § 81 SGB IX aF stellt das Verschuldenserfordernis in § 15 Abs. 1 aber einen Rückschritt dar, da diese Normen einen verschuldensunabhängigen Anspruch auf Ersatz materieller und immaterieller Schäden vorsahen.[20] Auch insoweit ist die Vereinbarkeit des Verschuldenserfordernisses mit dem Europarecht problematisch.[21]

---

6   Vgl. *Meinel/Heyn/Herms* AGG § 15 Rn. 13 ff.
7   Vgl. MüKoBGB/*Thüsing* AGG § 15 Rn. 25.
8   Schleusener/Suckow/Voigt/*Voigt* AGG § 15 Rn. 44 ff.
9   *Willemsen/Schweibert* NJW 2006, 2583(2590).
10   *Meinel/Heyn/Herms* AGG § 15 Rn. 16.
11   Schleusener/Suckow/Voigt/*Voigt* AGG § 15 Rn. 44.
12   Vgl. *Willemsen/Schweibert* NJW 2006, 2583 (2590).
13   *Meinel/Heyn/Herms* AGG § 15 Rn. 18.
14   Däubler/Bertzbach/*Deinert* AGG § 15 Rn. 140.
15   Vgl. Schiek/*Kocher* AGG § 15 Rn. 22.
16   BAG 24.9.2009 – 8 AZR 705/08, NZA 2010, 387: konkret ging es um die Anbringung eines Hakenkreuzes und ausländerfeindliche Parolen in der Toilette eines Unternehmens.

17   VG Frankfurt 21.4.2008 – 9 E 3856/07; *Meynel/Heyn/Herms* AGG § 15 Rn. 7 ff.; ErfK/*Schlachter* AGG § 15 Rn. 1; MüKoBGB/*Thüsing* AGG § 15 Rn. 24; Däubler/Bertzbach/*Deinert* AGG § 15 Rn. 30; Rolfs/Giesen/Kreikebohm/Udsching/*Roloff* AGG § 15 Rn. 2 f.; Rust/Falke/Bücker AGG § 15 Rn. 11; Schiek/*Kocher* AGG § 15 Rn. 19 f.
18   EuGH 8.11.1990 – C-177/88, NZA 1991, 171(172 f.).
19   Rust/Falke/*Bücker* AGG § 15 Rn. 11.
20   Däubler/Bertzbach/*Deinert* AGG § 15 Rn. 30.
21   Rolfs/Giesen/Kreikebohm/Udsching/*Roloff* AGG § 15 Rn. 3.

Teilweise wird die Vereinbarkeit mit dem Europarecht unter Hinweis auf die verschuldensunabhängige **6** Pflicht zur Entschädigung nach § 15 Abs. 2 bejaht.[22] Damit sei eine hinreichende Sanktionierung diskriminierenden Verhaltens gewährleistet.[23] Zudem sei auch im sonstigen deutschen Deliktsrecht üblicherweise ein Verschulden Voraussetzung für eine Schadensersatzpflicht.[24] Da sich letztere Ansicht nur schwerlich mit der Rechtsprechung des EuGH vereinbaren lässt, plädieren *Meinel/Heyn/Herms*[25] für eine Auslegung des Begriffs „Vertretenmüssens" in § 15 Abs. 1 S. 2 in dem Sinne, dass dieser nur die Zurechnung des Verstoßes betreffe, also kein Verschuldenserfordernis aufstelle.

3. Ausschlussfrist. Für die Ansprüche aus Abs. 1 und 2 besteht eine zweistufige Ausschlussfrist:[26] Der **7** Beschäftigte muss seine Ansprüche – soweit die Tarifvertragsparteien nichts anderes vereinbart haben – innerhalb einer Ausschlussfrist von zwei Monaten formgerecht geltend machen, § 15 Abs. 4. An diese Frist zur Geltendmachung schließt sich eine dreimonatige Klagefrist nach § 61 b Abs. 1 ArbGG an. Die zweimonatige Ausschlussfrist beginnt im Falle einer erfolglosen Bewerbung grundsätzlich mit dem Zugang der Ablehnung, nicht jedoch vor dem Zeitpunkt, ab dem der Bewerber Kenntnis von seiner Benachteiligung erlangt.[27]

Diese Frist ist nach Auffassung des BAG europarechtlich unbedenklich.[28]

Zum Teil werden aber Zweifel an der europarechtlichen Vereinbarkeit der Ausschlussfrist angemeldet.[29] **8** Dagegen wird insbesondere angeführt, die Frist genüge nicht den Anforderungen hinsichtlich der Gleichwertigkeit[30] mit anderen nationalen Fristenregelungen und auch nicht den Anforderungen an den Effektivitätsgrundsatz.[31] Zudem liege ein Verstoß gegen das Verschlechterungsverbot darin, dass die Frist des § 15 Abs. 4 gegenüber der Sechsmonatsfrist des § 611 a Abs. 4 S. 3 BGB aF kürzer sei und damit die bisherige Rechtslage unzulässig verschlechtere.[32]

Teile des Schrifttums[33] und das BAG[34] verneinen hingegen einen Verstoß gegen europarechtliche Vorgaben. **9** Das BAG beschränkt sich in seiner Prüfung allerdings auf die von ihm zu entscheidende Konstellation einer Belästigung nach § 3 Abs. 3 („verstößt zumindest insoweit nicht gegen europäisches Gemeinschaftsrecht, [...], als sie die Geltendmachung eines Entschädigungsanspruches wegen einer Belästigung iSd § 3 Abs. 3 AGG in einem bestehenden Arbeitsverhältnis betrifft").[35]

Für die europarechtliche Vereinbarkeit der Ausschlussfrist spricht, dass kurze Ausschlussfristen im Arbeitsrecht nicht unüblich sind. Sie tragen dem Bedürfnis nach baldiger Rechtssicherheit und Rechtsklarheit im **10** Beschäftigungsverhältnis Rechnung. Zudem weist das BAG zu Recht darauf hin, dass Art. 7 Abs. 3 der RL2000/43/EG einzelstaatliche Regelungen über die Fristen für die Rechtsverfolgung betreffend den Gleichbehandlungsgrundsatz ausdrücklich unberührt lässt und auch die anderen Antidiskriminierungsrichtlinien (Art. 9 Abs. 3 der RL2000/78/EG des Rates vom 27.11.2000 zur Festlegung eines allgemeinen Rahmens für die Verwirklichung der Gleichbehandlung in Beschäftigung und Beruf und Art. 17 Abs. 3 der RL2006/54/EG des Europäischen Parlaments und des Rates vom 5.7.2006 zur Verwirklichung des Grundsatzes der Chancengleichheit und Gleichbehandlung von Männern und Frauen in Arbeits- und Beschäftigungsfragen [Neufassung]) entsprechende Regelungen enthalten.[36]

III. Rechtsfolge: Umfang des Schadens

Die Rechtsfolge des § 15 Abs. 1 ist Schadensersatz. Der Umfang des Schadens richtet sich grundsätzlich **11** nach § 249 ff. BGB. Abs. 6 stellt jedoch klar, dass ein Anspruch auf Einstellung oder Beförderung nicht besteht, soweit er sich nicht aus anderen Rechtsgründen ergibt.

In Betracht kommen regelmäßig Schadensersatzansprüche wegen entgangenen Gewinns gem. § 252 BGB.[37] **12** Der unter Verstoß gegen das Benachteiligungsverbot übergangene Bewerber für ein Beschäftigungsverhältnis oder eine Beförderung kann Schadensersatz in Höhe der Vergütung bzw. der Lohndifferenz verlangen. Problematisch ist allerdings für welchen Zeitraum dieser Anspruch geltend zu machen ist bzw. ob er überhaupt zeitlich zu begrenzen ist. Eine irgendwie geartete Grenze – wie etwa § 15 Abs. 2 S. 2 für den

22 *Bauer/Göpfert/Krieger* AGG § 15 Rn. 15; Wendeling-Schröder/Stein/*Stein* AGG § 15 Rn. 16.
23 Wendeling-Schröder/Stein/*Stein* AGG § 15 Rn. 16.
24 *Bauer/Göpfert/Krieger* AGG § 15 Rn. 15.
25 *Meinel/Heyn/Herms* § 15 Rn. 9.
26 Däubler/Bertzbach/*Deinert* AGG § 15 Rn. 98.
27 BAG 15.3.2012 – 8 AZR 37/11, NZA 2012, 910.
28 BAG 21.6.2012 – 8 AZR 188/11, NZA 2012, 1211.
29 LAG Hmb 3.6.2009 – 5 Sa 3/09, ArbuR 2009, 368; *Gaul/Koehler* BB 2010, 503 (505 f.); Rust/Falke/*Bücker* AGG § 15 Rn. 50; Wendeling-Schröder/Stein/

Stein AGG § 15 Rn. 78; Schiek/*Kocher* AGG § 15 Rn. 56.
30 Vgl. dazu Schiek/*Kocher* AGG § 15 Rn. 56.
31 LAG Hmb 3.6.2009 – 5 Sa 3/09, ArbuR 2009, 368; *Gaul/Koehler* BB 2010, 503 (505 f.).
32 Rust/Falke/*Bücker* AGG § 15 Rn. 50.
33 Däubler/Bertzbach/*Deinert* AGG § 15 Rn. 100.
34 BAG 24.9.2009 – 8 AZR 705/08, NAZ 2010, 387.
35 BAG 24.9.2009 – 8 AZR 705/08, NZA 2010, 387.
36 BAG 24.9.2009 – 8 AZR 705/08, NZA 2010, 387; Däubler/Bertzbach/*Deinert* AGG § 15 Rn. 100.
37 Schiek/*Kocher* AGG § 15 Rn. 10.

Anspruch auf Entschädigung – setzt § 15 Abs. 1 nicht. Das LAG Berlin-Brandenburg[38] hat einer unter Verstoß gegen das Benachteiligungsverbot bei einer Beförderungsentscheidung übergangenen Beschäftigten tatsächlich einen zeitlich unbegrenzten Anspruch auf Zahlung der Lohndifferenz zugesprochen. Gegen einen zeitlich unbegrenzten Anspruch sprechen jedoch grundlegende Wertungen des Schadensersatzrechts. So ist ein Schadensumfang zunächst auf die Vereinbarkeit mit dem deliktsrechtlichen Bereicherungsverbot zu untersuchen. Insoweit ist festzuhalten, dass die Arbeitsleistung im Synallagma zur Vergütung steht. Die vorenthaltene höhere Position zeichnet sich aber regelmäßig gerade nicht allein durch eine höhere Vergütung, sondern auch durch erhöhte Anforderungen an Qualifikation, Arbeitseinsatz und Verantwortung aus. Häufig gelten ab einer bestimmten Führungsebene auch Überstunden als durch die monatliche Vergütung mit abgegolten, auch wenn diese vertraglichen Regelungen kaum noch mit der bundesarbeitsgerichtlichen Rechtsprechung zu vereinbaren sind. Sicher ist, dass dies unbegrenzt nicht mehr möglich ist. Jedenfalls Überstunden, die über den nach ArbZG zulässigen Umfang geleistet werden, können nicht abgegolten werden.[39] Spricht man dem diskriminierten Beschäftigten zeitlich unbegrenzt eine Aufstockung seines Gehalts zu, so erhält das Opfer dauerhaft mehr, als seine Gegenleistung wert ist. Der Kompensationsgedanke des Schadensersatzrechts wäre damit wohl verletzt und die Grenze zur verbotenen Bereicherung überschritten. Für eine Begrenzung des Anspruchs sprechen auch der Rechtsgedanke des § 615 S. 2 BGB und die Schadensminderungspflicht aus § 254 BGB. Denn ohne zeitliche Begrenzung könnte der diskriminierte Bewerber dauerhaft seiner „einfacheren" Tätigkeit nachgehen, würde aber stets von Gehaltssteigerungen des ihm gegenüber bevorzugten Beschäftigten partizipieren, ohne jedoch den erhöhten Anforderungen an die höher vergütete Tätigkeit nachkommen zu müssen. Zudem bliebe auch die übliche Fluktuation in Betrieben unberücksichtigt. Zuzugeben ist dem LAG Berlin-Brandenburg jedoch, dass die Konzepte der Literatur zur zeitlichen Begrenzung allesamt nicht besonders überzeugend sind.[40] Dies kann allerdings schwerlich eine Rechtfertigung für eine Absage an jegliche zeitliche Begrenzung sein. Wenngleich es einem Blick in die Kristallkugel gleicht, so ist dennoch die voraussichtliche Zeit, bis zu der erneut eine vergleichbare Beförderungsentscheidung getroffen wird, als Maßstab heranzuziehen. Der Bewerberin im genannten Fall wäre daher die Lohndifferenz bis zum Datum der voraussichtlichen nächsten Beförderungsentscheidung zu zahlen. Im Übrigen ist ihr eine angemessene Entschädigung nach § 15 Abs. 2 zu gewähren.

13 Ähnlich problematisch und im Ergebnis genauso zu lösen sind die Fälle des unter Verstoß gegen § 7 übergangenen bestqualifizierten Bewerbers. Diesem ist die Vergütung für die Dauer der zu erwartenden Tätigkeit bei dem Arbeitgeber zu zahlen. Auch wenn die Prognose schwer zu treffen sein dürfte, stellt sie gegenüber einem zeitlich unbegrenzten Anspruch das sachgerechtere Instrument zur Schadenskompensation dar.[41]

14 Der Umfang des Schadensersatzes nach Abs. 2 wegen eines Schadens, der nicht Vermögensschaden ist, ist an das Kriterium der Angemessenheit geknüpft. Auch hier geht es nur um einen Entgeltanspruch, wie die gesetzliche Regelung eindeutig vorgibt. Die Entschädigung darf aber bei einer Nichteinstellung drei Monatsgehälter nicht übersteigen, wenn der oder die Beschäftigte auch bei benachteiligungsfreier Auswahl nicht eingestellt worden wäre. Hier also führt die fehlende Kausalität zwischen Benachteiligung und Nichteinstellung nicht zum Entfallen des Anspruchs, sondern nur zu dessen höchstbetragsmäßiger Begrenzung auf drei Monatsgehälter.

IV. Entsprechende Anwendung

15 § 15 ist auf Verstöße gegen die Benachteiligungsverbote des Gendiagnostikgesetzes gem. §§ 4, 21 Abs. 1 GenDG entsprechend anzuwenden.

§ 16 AGG Maßregelungsverbot

(1) ¹Der Arbeitgeber darf Beschäftigte nicht wegen der Inanspruchnahme von Rechten nach diesem Abschnitt oder wegen der Weigerung, eine gegen diesen Abschnitt verstoßende Anweisung auszuführen, benachteiligen. ²Gleiches gilt für Personen, die den Beschäftigten hierbei unterstützen oder als Zeuginnen oder Zeugen aussagen.

---

38 LAG Bln-Bbg 26.11.2008 – 15 Sa 517/08, LAGE
§ 22 Nr. 1; NJOZ 2008, 5205.

39 BAG 28.9.2005 – 5 AZR 52/05, NZA 2006, 149;
MAH/Melms § 8 IV 2 b kk.

40 Vgl. verschiedene Lösungsansätze bei Hey AGG
§ 15 Rn. 48 ff.

41 Vgl. Hey AGG § 15 Rn. 52.

(2) [1]Die Zurückweisung oder Duldung benachteiligender Verhaltensweisen durch betroffene Beschäftigte darf nicht als Grundlage für eine Entscheidung herangezogen werden, die diese Beschäftigten berührt. [2]Absatz 1 Satz 2 gilt entsprechend.

(3) § 22 gilt entsprechend.

I. Einleitung	1	III. Rechtsfolge	8
II. Voraussetzungen	2	IV. Beweislast	9
		V. Berücksichtigungsverbot	10

I. Einleitung

Der Wortlaut der Vorschrift knüpft an die Inanspruchnahme von Rechten nach diesem Abschnitt an. Es gelten die allgemeinen Grundsätze zum Begriff der Benachteiligung, die sich aus § 3 ergeben. Das Verbot erstreckt sich auf sämtliche Verhaltensweisen des Arbeitgebers im Anwendungsbereich des AGG. Kündigungen sind damit anders als bei § 612 a BGB nicht vom Wortlaut der Vorschrift umfasst. Die Vorschrift normiert ein gesetzliches Verbot iSd § 134 BGB.[1] Folgerichtig ist eine Vereinbarung, die hiergegen verstößt, nichtig.[2] Das Gleiche gilt daher auch für einseitige rechtsgestaltende Maßnahmen, wie etwa die Kündigung, so dass auf der Rechtsfolgenseite die Grundsätze der Vorschriften des Kündigungsrechts ihren Anwendungsbereich finden. Ist dem Arbeitnehmer ein materieller Schaden entstanden, kann er Schadensersatz aus § 280 BGB verlangen. Wie § 612 a BGB und nach richtiger Auffassung anders als § 7 Abs. 1 ist auch § 16 Schutzgesetz iSv § 823 Abs. 2 BGB; auch hierauf kann ein Schadensersatzanspruch gestützt werden. **1**

II. Voraussetzungen

Die Benachteiligung muss wegen der Inanspruchnahme von Rechten des zweiten Abschnitts des AGG erfolgen. Inanspruchnahme bedeutet wie bei § 612 a BGB „Ausübung von Rechten", also ihr Geltendmachen.[3] Die Ausübung des Rechts muss zulässig sein. Es ergibt sich aus dem Verweis in der Gesetzesbegründung auf § 612 a BGB, dass die allgemeinen Grundsätze gelten: Die Zulässigkeit bestimmt sich nach der objektiv geltenden Rechtslage, Irrtümer gehen zulasten des Beschäftigten.[4] Da aber einige Rechte des AGG an die subjektive Sichtweise des Beschäftigten anknüpfen, etwa das Beschwerderecht, kommt es dort auf die subjektive Sicht des Beschäftigten an.[5] Der Inanspruchnahme von Rechten nach diesem Gesetz gleichgestellt ist die Weigerung, eine gegen dieses Gesetz verstoßende Anweisung auszuführen.[6] Dies hat Vorbilder im ausländischen Diskriminierungsrecht (§ 704 (a) Title VII Civil Rights Act; sec. 30 RRA; sec. 39 SDA).[7] Auch im Hinblick auf diese Fälle regelt § 16 einen Sonderfall des Maßregelungsverbots. Eine gegen das Gesetz verstoßende Anweisung liegt insbesondere in Anweisungen zur Benachteiligung nach § 3. Nicht erfasst vom Maßregelungsverbot sind über die Weigerung hinausgehende Akte des Beschäftigten. Diese darf der Arbeitgeber mit Sanktionen belegen, soweit sie eine Vertragspflichtverletzung darstellen. **2**

Irrt der Benachteiligte über Rechte aus dem AGG oder die Rechtmäßigkeit einer Anweisung, so geht dies zu seinen Lasten. Der Wortlaut des § 16 ist klar und damit enger als das Diskriminierungsrecht anderer Länder. **3**

Den gleichen Schutz erfahren die, die den Beschäftigten bei der Geltendmachung seiner Rechte oder der Verweigerung diskriminierender Weisungen unterstützen oder als Zeugen aussagen. Nicht erfasst sind Falschaussagen. **4**

Als Grad schuldhaften Handelns lässt sich auf die Maßstäbe aus dem allgemeinen Schuldrecht zurückgreifen. Vertragspflichtverletzungen will das Gesetz nicht privilegieren. Zeugen oder Unterstützer müssen Beschäftigte des Arbeitgebers sein, damit sie sich auf den Schutz des § 16 berufen können.[8] Dritte hingegen darf der Arbeitgeber sanktionieren. Folglich gilt nichts anderes als bei den sonstigen arbeitsrechtlichen Maßregelungsverboten nach § 612 a BGB, § 5 TzBfG oder § 84 Abs. 3 BetrVG. **5**

Der Begriff der Unterstützung meint jedes willentliche Handeln und jede öffentliche Parteinahme zugunsten des Benachteiligten bei der Geltendmachung seiner Rechte oder der Weigerung der Ausführung einer Anweisung. Wichtig ist, dass die Unterstützung nicht gegen vertragliche Pflichten verstoßen darf. **6**

1	*Kamanabrou* RdA 2006, 321.	5	BAG 2.4.1987 – 2 AZR 227/86, NZA 1988, 18;
2	BAG 2.4.1987 – 2 AZR 227/86, NZA 1988, 18; vgl.		LAG Hamm 18. 12. 1987–17 Sa 1295/87, DB 1988,
	BAG 22.5.2003 – 2 AZR 426/02, NZA 2004, 399,		917; diff. *Schwarze* NZA 1993, 967.
	Hamacher/Ulrich NZA 2007, 657.	6	MüKoBGB/*Thüsing* § 16 Rn. 7.
3	ErfK/*Preis* BGB § 612 a Rn. 5.	7	*Leder/Thüsing* NZA 2008, 982.
4	ErfK/*Preis* BGB § 612 a Rn. 5.	8	BT-Drs. 16/1780, S. 34.

7   Noch strenger als Abs. 1 verbietet Abs. 2 jede Entscheidung des Arbeitgebers, die auf der Zurückweisung oder Duldung benachteiligender Verhaltensweisen durch den betroffenen Beschäftigten oder einer Verhaltensweise nach Abs. 1 beruht und diesen Beschäftigten berührt. Der benachteiligte Beschäftigte ist damit vor jeder Entscheidung des Arbeitgebers geschützt, die auf seinem Verhalten bei der Benachteiligung beruht. Es bedarf anders als bei Abs. 1 und § 612 a BGB keiner Benachteiligung. Jede Anknüpfung an das Verhalten ist ausgeschlossen. Nicht geschützt sind jedoch andere Beschäftigte, die die Benachteiligung eines Kollegen dulden. Auch das qualifizierte Unterlassen kann eine Benachteiligung darstellen. Hier kommen Maßnahmen des Arbeitgebers nach § 12 Abs. 3 AGG in Betracht.[9]

III. Rechtsfolge

8   Die Rechtsfolgen bestimmen sich nicht nach §§ 12–15, sondern nach den allgemeinen Grundsätzen des § 612 a BGB. Zwar enthält § 16 ein besonderes Benachteiligungsverbot im AGG. Systematisch und grammatikalisch scheidet eine Anwendung des § 15 aber aus: § 15 knüpft nur an die Benachteiligung wegen der in § 1 genannten Merkmale an, nicht aber an § 16. § 16 folgt § 15 zudem systematisch nach, ohne für die Rechtsfolgen auf diese Norm zu verweisen. Die Entscheidung oder Maßnahme nach § 16 ist allein unwirksam.[10] Der Beschäftigte hat aber Ansprüche aus §§ 280, 823, 1004 BGB.[11]

IV. Beweislast

9   Anders als § 612 a BGB erleichtert es Abs. 3 dem Betroffenen, die Kausalität der Benachteiligung wegen eines der Merkmale des § 16 zu beweisen.[12] Es genügt, dass er darlegt und beweist, weniger günstig als eine Vergleichsperson behandelt worden zu sein, und dass er Umstände beweist, die eine überwiegende Wahrscheinlichkeit für die Benachteiligung wegen dieses Verhaltens begründen.[13] Für Abs. 2 genügt es, dass der Beschäftigte Umstände beweist, die das Beruhen der Entscheidung des Arbeitgebers auf seinem Verhalten nach Abs. 2 überwiegend wahrscheinlich erscheinen lassen.

V. Berücksichtigungsverbot

10   Die Zurückweisung oder Duldung von benachteiligenden Verhaltensweisen durch betroffene Beschäftigte darf nicht als Ausgangspunkt für eine Entscheidung genommen werden, die diese Beschäftigten berührt.[14]

Unterabschnitt 4

Ergänzende Vorschriften

§ 17 AGG Soziale Verantwortung der Beteiligten

(1) Tarifvertragsparteien, Arbeitgeber, Beschäftigte und deren Vertretungen sind aufgefordert, im Rahmen ihrer Aufgaben und Handlungsmöglichkeiten an der Verwirklichung des in § 1 genannten Ziels mitzuwirken.

(2) [1]In Betrieben, in denen die Voraussetzungen des § 1 Abs. 1 Satz 1 des Betriebsverfassungsgesetzes vorliegen, können bei einem groben Verstoß des Arbeitgebers gegen Vorschriften aus diesem Abschnitt der Betriebsrat oder eine im Betrieb vertretene Gewerkschaft unter der Voraussetzung des § 23 Abs. 3 Satz 1 des Betriebsverfassungsgesetzes die dort genannten Rechte gerichtlich geltend machen; § 23 Abs. 3 Satz 2 bis 5 des Betriebsverfassungsgesetzes gilt entsprechend. [2]Mit dem Antrag dürfen nicht Ansprüche des Benachteiligten geltend gemacht werden.

I. Einleitung	1	4.	Antragsberechtigung	12
II. Voraussetzungen	6	5.	Antrag	14
1. Betrieb iSd § 1 Abs. 1 BetrVG	7	6.	Entscheidung des Arbeitsgerichts	15
2. Verstoß gegen Vorschriften des		7.	Einstweilige Verfügung	16
2. Abschnittes des AGG	9	III.	Beweiserleichterungen für den Betriebsrat	17
3. Grober Verstoß	10	IV.	Kosten	18

---

9   MüKoBGB/*Thüsing* § 16 Rn. 3.

10 ErfK/*Preis* BGB § 612 a Rn. 23.

11 *Willemsen/Schweibert* NJW 2006, 2583.

12 *Schleusener/Suckow/Voigt* AGG § 16 Rn. 19.

13 Die Norm soll die Vorgaben der Beweislastrichtlinie 97/80/EG erfüllen. Insoweit ist wohl die Verweisung

auf § 22 AGG zu verstehen, auf welche verwiesen wird. Laut Begr. d. GE (BT-Drs. 16/1780, S. 47) dient sie der Umsetzung von Art. 8 der Richtlinie 2000/43/EG, Art. 10 der RL 2000/78/EG und Art. 10 der RL 2004/113/EG.

14 MüKoBGB/*Thüsing* AGG § 16 Rn. 17.

I. Einleitung

Verstößt der Arbeitgeber „grob" gegen die Vorschriften des Allgemeinen Gleichbehandlungsgesetzes (AGG), so kann nach §17 Abs. 2 S1 in betriebsratsfähigen Betrieben der Betriebsrat oder eine im Betrieb vertretene Gewerkschaft „unter der Voraussetzung des §23 Abs. 1 Satz 1 des Betriebsverfassungsgesetzes die dort genannten Rechte gerichtlich geltend machen". §23 Abs. 3 S. 2–5 BetrVG gilt entsprechend.[1] Damit ist das ausgedrückt, was in der rechtspolitischen Diskussion recht unscharf als „Klagerecht des Betriebsrates" bezeichnet wird. Betriebsrat und Gewerkschaften werden, um ihrer sozialen Verantwortung nachkommen zu können, zur Durchsetzung des Antidiskriminierungsrechts im Betrieb mit betriebsverfassungsrechtlichem Instrumentarium ausgestattet.[2]

Abs. 1 setzt Art. 11 Abs. 2 der RL 2000/43/EG, Art. 2 Abs. 5, Art. 13 Abs. 2 der RL 2000/78/EG und Art. 8 b Abs. 2 und 3 der RL 2002/73/EG um. Tarifvertragsparteien, Arbeitgeber, Beschäftigte und deren Vertretungen sind aufgefordert, im Rahmen ihrer Aufgaben und Handlungsmöglichkeiten an der Verwirklichung dieses Ziels mitzuwirken. Die Diskriminierungsverbote erfassen damit auch Tarifverträge, Betriebs- und Dienstvereinbarungen. Der Appell schafft keine rechtlichen Pflichten oder zusätzlichen Gestaltungsrechte, drückt jedoch eine Erwartungshaltung des Gesetzgebers aus: Die **Akteure des Arbeitsrechts und Arbeitslebens** sollen nicht nur von verpönten Diskriminierungen Abstand nehmen, sondern sie sollen zur umfassenden Realisierung des Verbots aktiv beitragen. Das Gesetz kann etwa Anlass dafür sein, Personalprozesse in Unternehmen und Betrieben unter dem Gesichtspunkt des Benachteiligungsschutzes zu überprüfen und ggf. neu zu definieren oder Verhaltenskodizes zu vereinbaren.[3]

Zur Betonung ihrer Verantwortlichkeit wird den Betriebsräten und den im Betrieb vertretenen Gewerkschaften die Möglichkeit eröffnet, unter der Voraussetzung des §23 Abs. 3 S. 1 BetrVG die dort genannten Rechte gerichtlich geltend zu machen. Liegt ein grober Verstoß des Arbeitgebers gegen Vorschriften des zweiten Abschnitts vor, können Betriebsräte oder im Betrieb vertretene Gewerkschaften eine erforderliche Handlung, Duldung oder Unterlassung des Arbeitgebers verlangen, um Benachteiligungen wirksam zu unterbinden. Das Antragsrecht des §23 Abs. 3 S. 1 BetrVG ist belegschaftsnützig und damit kollektivrechtsbezogen. Der Gesetzgeber will dem Betriebsrat und den im Betrieb vertretenen Gewerkschaften eine Möglichkeit geben, das „Mindestmaß gesetzmäßigen Verhaltens im Rahmen der betriebsverfassungsrechtlichen Ordnung" aufrechtzuerhalten. Dies belegt zum einen die Begrenzung des Antragsrechts auf „grobe" Verstöße und zum anderen gerade die (bislang selbstverständliche) Begrenzung auf Verstöße gegen betriebsverfassungsrechtliche Pflichten. Weil §23 Abs. 3 BetrVG der Durchsetzung der Mitbestimmungsordnung dienen soll, haben auch der Betriebsrat und die im Betrieb vertretene Gewerkschaft das Antragsrecht und nicht etwa einzelne Arbeitnehmer oder auch Arbeitnehmergruppen. Aus diesem Grunde hat das BAG auch (bisher) die Anwendung des §23 Abs. 3 BetrVG abgelehnt, wenn um die Unterlassung von Verletzungen des allgemeinen Persönlichkeitsrechts der Arbeitnehmer gestritten wurde – auch ein Hinweis auf §75 BetrVG half da nicht weiter.[4] Hinsichtlich der Zuwiderhandlung des Arbeitgebers gegen eine rechtskräftige gerichtliche Entscheidung verweist die Regelung auf die Vorschrift des §23 Abs. 3 S. 2 und 3 BetrVG.

In Kleinstbetrieben unterhalb der Schwelle des §1 Abs. 1 S. 1 BetrVG (dh in der Regel fünf ständig beschäftigte wahlberechtigte Arbeitnehmer, von denen drei wählbar sind), sowie in kirchlichen Einrichtungen (§118 Abs. 2 BetrVG) und in Einrichtungen des öffentlichen Dienstes (§130 BetrVG), die dem BPersVG oder den Landespersonalvertretungsgesetzen unterliegen, besteht ein entsprechender Anspruch nicht – auch nicht für die im Betrieb vertretene Gewerkschaft, denn die „Voraussetzung des §23 BetrVG", der die Anwendbarkeit des BetrVG beinhaltet, liegt hier nicht vor.[5]

Die Vorschrift des §23 BetrVG sieht ein **zweistufiges Verfahren** vor: Die Verurteilung zu einem Ordnungsgeld oder zu einem Zwangsgeld kommt dann Betracht, wenn das Arbeitsgericht dem Arbeitgeber aufgegeben hat, eine Handlung zu unterlassen, die Vornahme einer Handlung zu dulden oder eine Handlung vorzunehmen, und dieser Entscheidung nicht entsprochen wird. Das Verfahren gegen den Arbeitgeber gliedert sich deshalb in das **Erkenntnisverfahren** (§23 Abs. 3 S. 1 BetrVG) und das **Vollstreckungsverfahren** (§23 Abs. 3 S. 2–5 BetrVG). Nur auf letzteres verweist das AGG. Für das Erkenntnisverfahren ist der grobe Verstoß des Arbeitgebers gegen seine Verpflichtungen aus dem AGG nur eine Zulässigkeitsvoraussetzung. Bezweckt wird zwar ein gesetzeskonformes Verhalten des Arbeitgebers; es geht hier aber nicht um eine

1

2

3

4

5

---

1 ErfK/*Schlachter* AGG §17 Rn. 1, HessLAG AuR 2008, 315, *Hayen* AuR 2007, 6.
2 Die Vorschrift war politisch umstritten, fand sich aber bereits im Entwurf eines Gesetzes zum Schutz vor Diskriminierung (ADG) v. 16.12.2004, BT-Drs. 15/4538. Letzte Änderungen des Gesetzentwurfs gehen auf die Beschlussempfehlung des Rechtsaus-

schusses zurück, BT-Drs. 16/2022; vgl. Beil. zu NZA Heft 16/2006, S. 14 ff. (21 f.); vgl. *Klumpp* NZA 2006, 904.
3 MüKoBGB/*Thüsing* AGG §17 Rn. 1.
4 BAG 28.5.2002 – 1 ABR 32/01, NZA 2003, 166.
5 MüKoBGB/*Thüsing* AGG §17 Rn. 5.

Beseitigung gesetzeswidriger Beeinträchtigung, sondern das Erkenntnisverfahren ist auf ein zukünftiges Verhalten des Arbeitgebers gerichtet. Darin liegt die eigenständige Bedeutung des hier geregelten Zwangs-verfahrens gegenüber negatorischen Klagen. Wenn jedoch die grobe Pflichtverletzung des Arbeitgebers erwiesen ist, wird dem Arbeitgeber im Erkenntnisverfahren die Verpflichtung auferlegt, zur Sicherung gesetzeskonformen Verhaltens eine Handlung zu unterlassen, die Vornahme einer Handlung zu dulden oder eine Handlung vorzunehmen. Sofern der Arbeitgeber seiner Verpflichtung aus dieser arbeitsgerichtlichen Entscheidung nicht nachkommt, schließt sich das in § 23 Abs. 3 S. 2–5 BetrVG geregelte Vollstreckungs-verfahren an, um die arbeitsgerichtliche Entscheidung durch gerichtlich auferlegte Zwangsmaßnahmen durchzusetzen.[6]

II. Voraussetzungen

6   Die Voraussetzungen für einen „groben Verstoß" des Arbeitgebers iSd § 17 Abs. 2 s.1 AGG gegen seine sich aus dem AGG ergebenden Pflichten entsprechen den im Rahmen des § 23 Abs. 3 S. 1 BetrVG gelten-den Anforderungen.[7] Ein grober Verstoß des Arbeitgebers gegen seine sich aus dem AGG ergebenden Pflichten liegt vor, wenn es sich um eine objektiv erhebliche und offensichtlich schwerwiegende Pflichtver-letzung handelt, wobei es auf ein Verschulden nicht ankommt.[8] Ein grober Verstoß ist regelmäßig zu beja-hen, wenn der Arbeitgeber mehrfach und erkennbar gegen seine sich aus dem AGG ergebenden Pflichten verstoßen hat. Allerdings scheidet ein grober Verstoß des Arbeitgebers dann aus, wenn er seine Rechtsposi-tion in einer schwierigen und ungeklärten Rechtsfrage verteidigt.[9]

7   **1. Betrieb iSd § 1 Abs. 1 BetrVG.** Der Anspruch setzt voraus, dass ein Betrieb besteht, der die Vorausset-zungen des § 1 Abs. 1 S. 1 BetrVG erfüllt. Aus dieser Formulierung folgt, dass ein Betriebsrat nicht tatsäch-lich gewählt sein muss.[10] In dem Betrieb müssen also in der Regel mindestens fünf wahlberechtigte Arbeit-nehmer, von denen drei wählbar sind, ständig beschäftigt sein. Arbeitnehmer im Sinne des BetrVG sind Arbeiter und Angestellte einschließlich der zu ihrer Berufsausbildung Beschäftigten, unabhängig davon, ob sie im Betrieb, im Außendienst oder mit Telearbeit beschäftigt werden. Als Arbeitnehmer gelten auch die in Heimarbeit Beschäftigten, die in der Hauptsache für den Betrieb arbeiten. Freie Mitarbeiter, Organmitglie-der oder leitende Angestellte gelten nicht als Arbeitnehmer.[11] Obwohl der Anspruch jegliche Form grober Verstöße gegen das AGG sanktioniert, weichen die Personen, die den Anwendungsbereich bestimmen und die Personen, die vom Anspruch geschützt werden, erheblich voneinander ab: Nach § 6 werden auch die arbeitnehmerähnlichen Personen, sämtliche in Heimarbeit Beschäftigten und Bewerber sowie die leitenden Angestellten, Organmitglieder und Geschäftsführer geschützt.

8   Ob § 17 Abs. 2 auch in öffentlichen Dienststellen anwendbar ist, ist umstritten.[12] Der Gesetzgeber hat zu dieser Frage des Anwendungsbereichs keine Stellung genommen.[13]

9   **2. Verstoß gegen Vorschriften des 2. Abschnittes des AGG.** Zunächst muss ein Verstoß gegen die §§ 6–16 vorliegen. Hier kommen alle Verstöße gegen das AGG im Zusammenhang mit den Arbeitsbedin-gungen der Beschäftigten und ihrem Zugang zur Beschäftigung in Betracht. Aber auch der Verstoß des Arbeitgebers gegen die Pflichten aus den §§ 11–16 AGG berechtigt zum Antrag nach Abs. 2.[14] Da sich der persönliche Anwendungsbereich auch auf den Zugang zur Erwerbstätigkeit und den beruflichen Aufstieg von Selbstständigen und Organmitgliedern erstreckt, können die Antragsberechtigten auch bei Benachteili-gungen dieser Personen von ihrem Recht nach Abs. 2 Gebrauch machen.

10   **3. Grober Verstoß.** Der Verstoß gegen die Pflichten des zweiten Abschnitts des AGG muss grob sein. Hier finden die bekannten Grundsätze des § 23 Abs. 3 S. 1 BetrVG Anwendung. Ein Verschulden des Arbeitgebers ist nicht erforderlich. Maßgeblich ist, ob die grobe Pflichtverletzung objektiv erheblich und offensichtlich schwerwiegend ist. Sogar ein einmaliger Verstoß gegenüber einem einzelnen Arbeitnehmer soll eine grobe Pflichtverletzung darstellen können.[15] Der Anspruch des Benachteiligten kann aber, anders als der Gesetzgeber meint, nicht nur in Entschädigungs- oder Schadensersatzansprüchen, sondern auch in Unterlassungs-, Vornahme- oder Beseitigungsansprüchen nach §§ 15 Abs. 5, 12 Abs. 1, 3, 4 bestehen, und damit identisch sein mit dem Anspruch aus § 23 Abs. 3 S. 1 BetrVG. Es sind daher zunächst Zweifel anzu-melden, ob wirklich der schwere Verstoß gegenüber einem einzelnen Beschäftigten zum Antrag berechtigt, da sich dann der Anspruch des Einzelnen mit dem des Betriebsrats oder der Gewerkschaft decken kann, nämlich gewisse Benachteiligungen eines bestimmten Arbeitnehmers zu unterlassen oder bestimmte Schutzmaßnahmen zu ergreifen. Auch hier käme es zu der vom Gesetzgeber nicht gewollten Prozessstand-

---

6   MüKoBGB/*Thüsing* AGG § 17 Rn. 6.
7   BAG 18.8.2009 – 1 ABR 47/08, NZA 2010, 222.
8   BAG 29.4.2004 – 1 ABR 30/02, NZA 2004, 670.
9   BAG 8.8.1989 – 1 ABR 51/88, NZA 1990, 198.
10   *Thüsing*, Diskriminierungsschutz, Rn. 618.
11   *Besgen/Roloff* NZA 2007, 670.

12   Bejahend *Besgen/Roloff* NZA 2007, 670; aA *Bauer/
     Göpfert/Krieger* AGG § 17 Rn. 28.
13   BT-Drs. 16/2022 S. 12.
14   Vgl. BT-Drs. 16/1780, 39.
15   *Thüsing*, Diskriminierungsschutz, Rn. 616.

schaft des Betriebsrats.[16] Diese Parallelität kann aber auch eintreten, wenn der Arbeitgeber mehrere Arbeitnehmer benachteiligt und der Betriebsrat die Unterlassung dieser Benachteiligungen begehrt. Das Problem hängt daher nicht mit dem Merkmal des groben Verstoßes zusammen, sondern mit der Auslegung der Ausnahme in Abs. 2 S. 2.[17] Es bleibt daher bei dem allgemeinen Grundsatz, dass der einmalige Verstoß von Abs. 2 S. 1 erfasst ist, sofern er eine gewisse Schwere erreicht.[18] Fraglich ist, ob ein grober Verstoß auch schon dann zu bejahen ist, wenn der Arbeitgeber die Vornahme präventiver Maßnahmen nach § 12 Abs. 1 AGG unterlässt.[19]

„Grob" iSd § 17 Abs. 2 S. 1 meint auch nicht die schwere, isolierte Benachteiligung eines einzelnen Arbeitnehmers, sondern die schwere belegschaftsbezogene Benachteiligung. Damit scheidet ein Antragsrecht bei nicht belegschaftsbezogenen „individuellen" Diskriminierungen aus. Sie sind der Rechtsverfolgung des betroffenen Arbeitnehmers vorbehalten. Man muss also in § 17 Abs. 2 S. 1 (ebenso etwa wie grundsätzlich in § 87 Abs. 1 BetrVG) immer den kollektiven Bezug mitlesen.[20]   **11**

4. Antragsberechtigung. Antragsberechtigt sind nur der **Betriebsrat** oder eine **im Betrieb vertretene Gewerkschaft**, nicht aber die Jugend- und Auszubildendenvertretung.[21] Kirchliche Mitarbeitervertretungen oder Personalräte sind ebenfalls nicht antragsberechtigt. Der Betriebsrat und die im Betrieb vertretene Gewerkschaft können den Antrag nach § 17 Abs. 2 S. 1 beim Arbeitsgericht einreichen. Zwischen den beiden Antragstellern besteht kein Rangverhältnis. Selbst wenn im Betrieb ein Betriebsrat gewählt wurde, besteht das Antragsrecht der im Betrieb vertretenen Gewerkschaft fort. Eine Gewerkschaft ist im Betrieb vertreten, wenn sie zumindest ein Mitglied unter den im Betrieb beschäftigten Arbeitnehmern aufweist. Dieses ist zum Nachweis der Antragsberechtigung ggf. (ausreichend ist, dass das Mitglied seine Mitgliedschaft bei einem Notar nachweist und dieser dann ohne Namensnennung des Mitglieds bescheinigt, dass ein solcher Nachweis erfolgt ist) zu benennen. Die **Gewerkschaft** ist auch dann **antragsberechtigt**, wenn der **Betrieb keinen Betriebsrat hat**. § 17 Abs. 2 setzt nicht das Bestehen eines Betriebsrats voraus, sondern allein dessen Betriebsratsfähigkeit (→ Rn. 7).   **12**

Die Antragsberechtigung ist eine **Verfahrensvoraussetzung**; sie muss deshalb in jedem Stadium des Verfahrens, also auch noch im Zeitpunkt der letzten mündlichen Anhörung in der Rechtsbeschwerdeinstanz bestehen.[22] Wechselt der Betriebsrat, so hat dies auf den Fortgang des Verfahrens keinen Einfluss.[23]   **13**

5. Antrag. Für die Einleitung des Verfahrens genügt nicht, dass lediglich festgestellt werden soll, der Arbeitgeber habe gegen Pflichten aus dem Gesetz grob verstoßen; ein derartiger Antrag kann nicht die Grundlage für das hier geregelte Zwangsverfahren bilden. Vollstreckungsfähig ist vielmehr nur ein Antrag, der auf ein **zukünftiges Verhalten** gerichtet ist.[24] Daher ist es auch ausgeschlossen, einen Antrag, durch den das hier gestaltete Zwangsverfahren eingeleitet werden soll, in einen Feststellungsantrag umzudeuten.[25]   **14**

6. Entscheidung des Arbeitsgerichts. Es handelt es sich um ein arbeitsgerichtliches Beschlussverfahren nach §§ 2 a, 80 ff. ArbGG.[26] Zu beteiligen ist neben dem Antragsteller der Arbeitgeber. Der oder die betroffenen Arbeitnehmer sind nicht zu beteiligen. Die Voraussetzungen des § 83 Abs. 3 ArbGG liegen nicht vor, denn die betriebsverfassungsrechtliche Stellung des Arbeitnehmers ist nicht unmittelbar berührt. Die bloße Zugehörigkeit des Arbeitnehmers zum betrieblichen Kollektiv und damit der „guten Ordnung des Betriebes" begründet nicht seine Beteiligtenfähigkeit. Das betriebsverfassungsrechtliche Beschlussverfahren hat auch keine präjudizielle Wirkung für ein etwaiges individualrechtliches Verfahren des oder der betroffenen Arbeitnehmer, so dass auch aus diesem Grunde eine Beteiligung des Arbeitnehmers entbehrlich ist. Dies schließt nicht aus, dass der oder die betroffenen Arbeitnehmer im Beschlussverfahren, schon wegen des Amtsermittlungsgrundsatzes, angehört werden.[27]   **15**

7. Einstweilige Verfügung. Eine einstweilige Verfügung kann im Verfahren nach § 23 Abs. 3 BetrVG nicht erlassen werden.[28] Gleiches gilt für die Geltendmachung von Rechten nach § 17 Abs. 2 AGG. Auch hier ist eine Geltendmachung nur im Hauptsacheverfahren und nicht im Wege des einstweiligen Rechtsschutzes möglich.[29]   **16**

---

16 Vgl. BT-Drs. 16/2022, 12.
17 BeckOK BGB/*Roloff* AGG § 17 Rn. 8.
18 *Besgen/Roloff* NZA 2007, 670.
19 So wohl *Schleusener/Suckow/Voigt* AGG § 17 Rn. 16; jurisPR-ArbR/*Düwell* 28/2006 Anm. 7; verneinend: BeckOK BGB/*Roloff* AGG § 17 Rn. 8.
20 *Klumpp* NZA 2006, 904.
21 MüKoBGB/*Thüsing* AGG § 17 Rn. 10.
22 *Richardi/Thüsing* BetrVG § 19 Rn. 43.
23 *Richardi/Thüsing* BetrVG § 23 Rn. 96.

24 MüKoBGB/*Thüsing* AGG § 17 Rn. 13; *Fitting* BetrVG § 23 Rn. 76; HSG/*Schlochauer* BetrVG § 23 Rn. 67.
25 MüKoBGB/*Thüsing* AGG § 17 Rn. 13.
26 *Besgen/Roloff* NZA 2007, 670.
27 *Besgen/Roloff* NZA 2007, 670.
28 *Richardi/Thüsing* BetrVG § 23 Rn. 103; NZA 1985, 634.
29 *Bauer/Göpfert/Krieger* Rn. 6, 26.

III. Beweiserleichterungen für den Betriebsrat

17   Das AGG sieht in § 22 eine Beweislastumkehr vor. Beweist im Streitfall eine Partei Indizien, die eine Benachteiligung wegen eines in § 1 genannten Grundes vermuten lassen, trägt die andere Partei die Beweislast dafür, dass kein Verstoß gegen die Bestimmungen zum Schutz vor Benachteiligung vorgelegen hat. Die Vorschrift zielt erkennbar auf das individualrechtliche Verfahren ab und nicht auf das besondere Verfahren nach § 17 Abs. 2 iVm § 22 Abs. 3 BetrVG. Dennoch stellt sich die Frage, ob die Grundsätze der Beweiserleichterung auch im kollektivrechtlichen Verfahren nach § 17 Abs. 2 Anwendung finden. Nach der systematischen Stellung und dem Wortlaut des § 22 kommt eine Anwendung auch im Beschlussverfahren in Betracht. Allerdings würde die Anwendung von § 22 eine Aufhebung des in § 83 Abs. 1 S. 1 ArbGG vorgegebenen Amtsermittlungsgrundsatzes im Beschlussverfahren darstellen. Dies spricht gegen eine Anwendung, wie auch § 17 Abs. 2 auf die Tatbestandsvoraussetzungen des § 23 Abs. 3 BetrVG verweist. Das Betriebsverfassungsrecht sieht aber Beweiserleichterungen nicht vor.[30]

IV. Kosten

18   Die Kosten eines Beschlussverfahrens nach § 17 Abs. 2 muss der Arbeitgeber nach § 40 BetrVG umfassend übernehmen, sofern sie erforderlich sind. Die Geltendmachung der Rechte aus § 17 Abs. 2 bezieht sich unmittelbar auf eine Betriebsratstätigkeit, die der Gesetzgeber dem Betriebsrat nunmehr zusätzlich außerhalb der Betriebsverfassung eingeräumt hat. Im Übrigen sind auch die Streitigkeiten nach § 80 BetrVG über den Umfang der allgemeinen Aufgaben des Betriebsrats betriebsverfassungsrechtliche Rechtsstreitigkeiten nach §§ 80 ff. ArbGG. Das Zwangsvollstreckungsverfahren folgt den Vorgaben des § 23 Abs. 3 S. 2–5 BetrVG, § 17 Abs. 2 S. 1 AGG. Wie bei § 23 Abs. 3 S. 1 BetrVG scheidet auch für den Anspruch aus § 17 Abs. 2 der Erlass einer einstweiligen Verfügung aus.[31] Der Antrag aus § 17 Abs. 2 dient nicht dazu, das ordnungsgemäße Verhalten des Arbeitgebers unmittelbar zu sichern, sondern Verstöße zu sanktionieren.

§ 18 AGG   Mitgliedschaft in Vereinigungen

(1) Die Vorschriften dieses Abschnitts gelten entsprechend für die Mitgliedschaft oder die Mitwirkung in einer

1. Tarifvertragspartei,

2. Vereinigung, deren Mitglieder einer bestimmten Berufsgruppe angehören oder die eine überragende Machtstellung im wirtschaftlichen oder sozialen Bereich innehat, wenn ein grundlegendes Interesse am Erwerb der Mitgliedschaft besteht,

sowie deren jeweiligen Zusammenschlüssen.

(2) Wenn die Ablehnung einen Verstoß gegen das Benachteiligungsverbot des § 7 Abs. 1 darstellt, besteht ein Anspruch auf Mitgliedschaft oder Mitwirkung in den in Absatz 1 genannten Vereinigungen.

I. Einleitung	1	III. Normzweck	5
II. Anwendungsbereich	2	IV. Rechtsweg	10

I. Einleitung

1   Die Vorschrift stellt klar, dass für die Mitgliedschaft und Mitwirkung in Tarifvertragsparteien und Berufsorganisationen die Regelungen über die Benachteiligungsverbote und deren Rechtsfolgen entsprechend denjenigen im Rahmen eines Beschäftigungsverhältnisses gelten. Damit setzt der nationale Gesetzgeber Art. 3 Abs. 1 lit. d der RL 2000/43/EG, 2000/78/EG und 76/207/EWG um.

II. Anwendungsbereich

2   Abs. 1 übernimmt die Begriffe der Mitgliedschaft und Mitwirkung des § 2 Abs. 1 Nr. 4. Trotz des abweichenden Wortlauts unterfällt auch die Inanspruchnahme von Leistungen der Vereinigungen dem Anwendungsbereich des Abs. 1.[1] Auch der Begriff der Vereinigung, deren Mitglieder einer bestimmten Berufsgruppe angehören, entspricht § 2 Abs. 1 Nr. 4. Neu führt der Gesetzgeber den Begriff der Tarifvertragspartei ein. Nach § 2 Abs. 1 TVG sind Gewerkschaften, einzelne Arbeitgeber sowie Vereinigungen von Arbeitge-

---

30   *Bauer/Göpfert/Krieger* AGG § 17 Rn. 28.
31   *Bauer/Göpfert/Krieger* AGG § 17 Rn. 26.
1   BT-Drs. 16/1780, 39.

bern Tarifvertragsparteien. Konsequenterweise dürfte allerdings auf den Koalitionsbegriff abzustellen sein, da dieser eher den Anforderungen des Art. 3 Abs. 1 lit. d der RL 2000/78/EG entspricht, wo ganz klar von Arbeitgeber- und Arbeitnehmervereinigungen die Rede ist.

Daneben erfasst Abs. 1 Nr. 2 auch Vereinigungen mit überragender Machtstellung. Hierzu zählen Vereinigungen mit monopolartiger Stellung.[2] **3**

Gemeinsame Voraussetzung aller Vereinigungen des Abs. 1 ist, dass ein grundlegendes Interesse des Beschäftigten an der Mitgliedschaft besteht. Das gilt auch für Tarifvertragsparteien, wo ein solches Interesse jedoch regelmäßig besteht, wenn die Vereinigung für den Beschäftigten maßgebliche Tarifverträge abschließt. Daneben besteht ein grundlegendes Interesse, wenn ein sachlicher Grund rechtlicher, wirtschaftlicher oder sozialer Natur besteht und dieser über die durchschnittlichen Interessen hinausgeht.[3] Bei Vereinigungen mit einer überragenden Machtstellung folgt aus dieser Stellung das gesteigerte Interesse des Beschäftigten, sofern er für die Ausübung seiner Beschäftigung auf die Mitgliedschaft angewiesen ist.[4] **4**

III. Normzweck

§ 18 bestimmt eine entsprechende Geltung der Vorschriften dieses Gesetzes. Damit ist eine Benachteiligung wegen eines in § 1 genannten Grundes grundsätzlich unzulässig bei der Entscheidung über die Mitgliedschaft und die Mitwirkung in einer Organisation nach Abs. 1. Vor Inkrafttreten des AGG galt nichts anderes. Die Aufnahme in eine Gewerkschaft durfte auch zu diesem Zeitpunkt nicht aus unsachlichen Gründen abgelehnt werden.[5] Bei der Willensbildung war das Gebot der Gleichbehandlung der Mitglieder und das Verbot der Willkür zu beachten, wobei für Vereinigungen, die den Zugang zu wesentlichen Vorteilen beherrschten, besondere Anforderungen zu stellen waren.[6] **5**

Differenzierungen in den Rechten und Pflichten der Mitglieder werden ebenso von § 18 erfasst. Insoweit berühren sich die besonderen Benachteiligungsverbote des AGG mit dem allgemeinen vereinsrechtlichen Gleichbehandlungsgrundsatz. Es gelten die möglichen Rechtfertigungsgründe der §§ 8 ff. entsprechend. Unzulässig ist die mittelbare Benachteiligung bei der Aufnahme; die Rechtfertigungsschwelle ist aber niedriger. Bei der unmittelbaren Benachteiligung kommt es darauf an, dass ein in § 1 genannter Grund wegen der Art der Mitgliedschaft eine wesentliche und entscheidende mitgliedschaftliche Anforderung darstellt, sofern der Zweck rechtmäßig und die Anforderung angemessen ist. Bei der mittelbaren Benachteiligung ist erforderlich, dass der zum Ausschluss von der Mitgliedschaft führende Grund durch ein rechtmäßiges Ziel sachlich gerechtfertigt ist und die Mittel zur Erreichung dieses Ziels angemessen und erforderlich sind.[7] **6**

Vom Benachteiligungsverbot erfasst werden entsprechend den Vorgaben der Richtlinien auch die „Inanspruchnahme der Leistungen solcher Organisationen". Nicht entsprechend gelten die Vorschriften dieses Abschnitts für Benachteiligungen, insbesondere (sexuelle) Belästigungen durch andere Mitglieder einer Vereinigung nach Abs. 1. **7**

Wer unzulässig wegen eines in § 1 genannten Grundes nicht in die Vereinigung aufgenommen wurde, hat gegen die Vereinigung einen Anspruch auf Mitgliedschaft.[8] Bei dem Anspruch auf Mitgliedschaft geht es um den Anspruch auf Abgabe einer Willenserklärung der Vereinigung auf Mitgliedschaft. Der Anspruch auf Mitgliedschaft besteht nur, soweit die übrigen Voraussetzungen für die Mitgliedschaft erfüllt sind.[9] Wer unzulässig wegen eines in § 1 genannten Grundes an der Mitwirkung in der Vereinigung gehindert wurde, hat einen Anspruch auf Mitwirkung. Bei dem Anspruch auf Mitwirkung geht es wohl um die Duldung eines Verhaltens oder die Unterlassung von Behinderungen einer bestimmte Mitwirkungshandlung.[10] Dies gilt auch für Mitglieder, die aus dem Arbeitsleben ausgeschieden sind. Auch deren Beteiligungsrechte müssen unter bestimmten Voraussetzungen gewährleistet sein. Insoweit das BAG: Gewerkschaftsmitglieder, die Betriebsrentner sind, haben einen Anspruch darauf, an den sie betreffenden Entscheidungen tarifpolitisch ebenso mitzuwirken, wie Gewerkschaftsmitglieder, die noch aktive Arbeitnehmer sind.[11] **8**

§ 22 und die darin enthaltene Beweislastregel finden entsprechende Anwendung für die Voraussetzungen der Benachteiligung nach § 3 und die Rechtfertigung. Für die besonderen Anforderungen der Vereinigung des Abs. 1 greift § 22 nicht.[12] Allenfalls eine abgestufte Darlegungs- und Beweislast hilft hier dem Anspruchsteller bei dem Beweis, dass es sich um eine Vereinigung nach Abs. 1 handelt. **9**

---

2   BT-Drs. 16/1780, 39; *Bauer/Göpfert/Krieger* AGG
    § 18 Rn. 11; BGH NJW 1985, 1216.
3   *Schleusener/Suckow/Voigt* AGG § 18 Rn. 31.
4   BeckOK BGB/*Roloff* AGG § 18 Rn. 3.
5   BGHZ 93, 151.
6   OLG Celle NJW-RR 1995, 1273.
7   MüKoBGB/*Thüsing* AGG § 18 Rn. 12.

8   BeckOK/*Roloff* AGG § 18 Rn. 5.
9   BT-Drs. 16/1780, 39; *Schleusener/Suckow/Voigt*
    AGG § 18 Rn. 62.
10 BeckOK BGB/*Roloff* AGG § 18 Rn. 5.
11 BAG NZA 2008, 1244.
12 *Schleusener/Suckow/Voigt* AGG § 18 Rn. 52.

IV. Rechtsweg

10　Für die Ansprüche aus Abs. 1 scheidet eine sachliche Zuständigkeit der Arbeitsgerichte aufgrund § 2 ArbGG aus: § 2 Abs. 1 Nr. 2 ArbGG erfasst nicht den Streit der Parteien über Mitgliedschaftsrechte.[13] Allein der Streit über die Aufnahme und den Ausschluss eines Mitglieds könnte wegen des Bezugs zur Vereinigungsfreiheit die sachliche Zuständigkeit des Arbeitsgerichts nach § 2 Abs. 1 Nr. 2 ArbGG begründen, was aber ebenfalls überwiegend abgelehnt wird.[14] Es sind die ordentlichen Gerichte zuständig.[15]

Abschnitt 3
Schutz vor Benachteiligung im Zivilrechtsverkehr

§ 19 AGG Zivilrechtliches Benachteiligungsverbot

(1) Eine Benachteiligung aus Gründen der Rasse oder wegen der ethnischen Herkunft, wegen des Geschlechts, der Religion, einer Behinderung, des Alters oder der sexuellen Identität bei der Begründung, Durchführung und Beendigung zivilrechtlicher Schuldverhältnisse, die

1. **typischerweise ohne Ansehen der Person zu vergleichbaren Bedingungen in einer Vielzahl von Fällen zustande kommen (Massengeschäfte) oder bei denen das Ansehen der Person nach der Art des Schuldverhältnisses eine nachrangige Bedeutung hat und die zu vergleichbaren Bedingungen in einer Vielzahl von Fällen zustande kommen oder**
2. **eine privatrechtliche Versicherung zum Gegenstand haben,**

ist unzulässig.

(2) Eine Benachteiligung aus Gründen der Rasse oder wegen der ethnischen Herkunft ist darüber hinaus auch bei der Begründung, Durchführung und Beendigung sonstiger zivilrechtlicher Schuldverhältnisse im Sinne des § 2 Abs. 1 Nr. 5 bis 8 unzulässig.

(3) Bei der Vermietung von Wohnraum ist eine unterschiedliche Behandlung im Hinblick auf die Schaffung und Erhaltung sozial stabiler Bewohnerstrukturen und ausgewogener Siedlungsstrukturen sowie ausgeglichener wirtschaftlicher, sozialer und kultureller Verhältnisse zulässig.

(4) Die Vorschriften dieses Abschnitts finden keine Anwendung auf familien- und erbrechtliche Schuldverhältnisse.

(5) ¹Die Vorschriften dieses Abschnitts finden keine Anwendung auf zivilrechtliche Schuldverhältnisse, bei denen ein besonderes Nähe- oder Vertrauensverhältnis der Parteien oder ihrer Angehörigen begründet wird. ²Bei Mietverhältnissen kann dies insbesondere der Fall sein, wenn die Parteien oder ihre Angehörigen Wohnraum auf demselben Grundstück nutzen. ³Die Vermietung von Wohnraum zum nicht nur vorübergehenden Gebrauch ist in der Regel kein Geschäft im Sinne des Absatzes 1 Nr. 1, wenn der Vermieter insgesamt nicht mehr als 50 Wohnungen vermietet.

I. Überblick über das zivilrechtliche Benachteiligungsverbot 1	VI. Verträge mit besonderem Nähe- oder Vertrauensverhältnis, Abs. 5 36
II. Die unzulässige Benachteiligung nach Abs. 1 . 4	1. Das besondere Nähe- und Vertrauensverhältnis 36
1. Massengeschäfte, Abs. 1 Nr. 1 Alt. 1 7	a) Benachteiligungsverbot des Abs. 1 38
2. Vergleichbare Geschäfte, Abs. 1 Nr. 1 Alt. 2 14	b) Benachteiligungsverbot des Abs. 2 44
3. Privatrechtliche Versicherungsverträge, Abs. 1 Nr. 2 16	c) Angehörige 52
III. Sonstige Verträge, Abs. 2 20	2. Das besondere Nähe- und Vertrauensverhältnis bei Wohnungsmiete 53
IV. Gerechtfertigte Ungleichbehandlung bei der Vermietung von Wohnraum, Abs. 3 22	3. Großvermietung als Massengeschäft, Abs. 5 S. 3 55
V. Herausnahme von familien- und erbrechtlichen Schuldverhältnissen, Abs. 4 28	VII. Verhältnis zu anderen Vorschriften 59
	VIII. Umfang des Diskriminierungsverbots 61

13　*Schwab/Weth/Walker* ArbGG § 2 Rn. 72.
14　BGH 28.9.1972 – AP GG Art. 9 Nr. 21; BGH 22.9.1980 – AP GG Art. 9 Nr. 33; GMPM/*Matthes*

ArbGG § 2 Rn. 47; aA *Schwab/Weth/Walker* ArbGG § 2 Rn. 72.
15　*Däubler/Bertzbach* AGG § 18 Rn. 22.

I. Überblick über das zivilrechtliche Benachteiligungsverbot

Für die bürgerlich-rechtlichen Beziehungen galt vor Normierung des AGG das allgemeine Gleichbehand- **1** lungsgebot nur durch die mittelbare Drittwirkung der Grundrechte, insbesondere des Art. 3 GG.[1] Mit § 19 hat der Gesetzgeber nun ein unmittelbar geltendes zivilrechtliches Benachteiligungsverbot geschaffen.[2]

Die Norm dient damit in erster Linie der Umsetzung der Antirassismus-RL 2000/43/EG vom 29.6.2000 **2** (ABl EG Nr. L 180 S 22) und der Gleichbehandlungs-RL 2004/113/EG vom 13.12.2004 (ABl EG Nr. L 373 S 37), deren jeweils Verbote von Diskriminierungen aus Gründen der Rasse und der ethnischen Herkunft bzw. von Ungleichbehandlungen wegen des Geschlechts enthalten.[3]

Der Gesetzgeber begnügte sich bei Normierung des § 19, der Diskriminierungen auch im allgemeinen Zivil- **3** rechtsverkehr verbietet, nicht damit, die europäischen Vorgaben nachzuvollziehen, sondern ging mit Statu- ierung des § 19 über diese hinaus. Er erweiterte den europarechtlich geforderten Anwendungsbereich durch die Erstreckung des Diskriminierungsverbots auf Ungleichbehandlungen aus Gründen der Religion, einer Behinderung, des Alters oder der sexuellen Identität.[4] Damit trägt die Bestimmung dem allgemeinen gesell- schaftlichen Grundkonsens Rechnung, dass Unterscheidungen auch nach diesen Merkmalen im Zivilrechts- verkehr grds. unerwünscht sind.[5]

II. Die unzulässige Benachteiligung nach Abs. 1

Nach § 19 Abs. 1 ist eine Benachteiligung aus Gründen der Rasse oder wegen der ethnischen Herkunft, des **4** Geschlechts, der Religion, einer Behinderung, des Alters oder sexuellen Identität bei Begründung, Durch- führung und Beendigung sogenannter Massengeschäfte oder vergleichbarer Geschäfte unzulässig. Bezüg- lich der einzelnen Diskriminierungsmerkmale kann an dieser Stelle auf → § 1 Rn 15 ff verwiesen werden.

In Bezug auf das Tatbestandsmerkmal der Benachteiligung ist darauf hinzuweisen, dass eine § 7 Abs. 1 ent- **5** sprechende Regelung nicht normiert wurde, nach der das Benachteiligungsverbot auch dann Geltung bean- spruchen würde, wenn die diskriminierende Person das Vorliegen eines Diskriminierungsmerkmals nur annimmt. Dennoch geht die ganz hM zu Recht davon aus, dass eine unzulässige Benachteiligung im Rah- men des § 19 auch in diesen Fällen, in denen der Benachteiligende sich in einem Tatbestandsirrtum befin- det, anzunehmen ist. Für die Beurteilung des diskriminierenden Verhaltens kann es richtigerweise keinen Unterschied machen, ob das Opfer der Diskriminierung tatsächlich das Diskriminierungsmerkmal erfüllt. Die Gegenansicht würde zu dem untragbaren Ergebnis führen, dass jemand, der bspw. aufgrund seiner Homosexualität diskriminiert wurde, eben diese vor Gericht beweisen müsste.[6]

Im Weiteren kann zur Bestimmung des Tatbestandsmerkmals der Benachteiligung auf → § 3 Rn 3 ff verwie- **6** sen werden.

1. Massengeschäfte, Abs. 1 Nr. 1 Alt. 1. § 19 Abs. 1 schließt in seiner ersten Alternative zunächst Mas- **7** sengeschäfte in seinen Anwendungsbereich ein.[7]

Erfasst werden nach dem Wortlaut der Norm Rechtsgeschäfte, die typischerweise ohne Ansehen der Person **8** in einer Vielzahl von Fällen zu vergleichbaren Bedingungen zustande kommen. Damit scheiden einmalige Sachverhalte aus dem Anwendungsbereich der Vorschrift aus, wobei es entscheidend auf die Sicht des Anbieters ankommt, da das Benachteiligungsgebot an diesen und nicht den Kunden adressiert ist.[8]

---

1 *Gaier/Wendtland* AGG § 19 Rn. 1 ff., 5 ff.; BeckOK BGB/*Wendtland* AGG § 19 Rn. 1; *Meinel/Heyn/ Herms* AGG § 19 Rn. 1; *Rühl/Schmid/Viethen*, S. 95; zur bisherigen Rechtslage: vgl. nur *Schrader/Schu- bert* Rn. 597 ff. und *Koppenfels* WM 2002, 1498 (1492 f.) jeweils mwN.

2 *Gaier/Wendtland* AGG § 19 Rn. 7; BeckOK BGB/ *Wendtland* AGG § 19 Rn. 1; *Däubler/Bertzbach/ Franke/Schlichtmann* AGG § 19 Rn. 1; MüKoBGB/ *Thüsing* AGG Vor § 19 Rn. 1; *Rühl/Schmidt/Viethen*, S. 95 f.

3 *Däubler/Bertzbach/Franke/Schlichtmann* AGG § 19 Rn. 4 f.; BeckOK BGB/*Wendtland* AGG § 19 Rn. 1; MüKoBGB/*Thüsing* AGG Vor § 19 Rn. 3 ff.; *Rühl/ Schmid/Viethen*, S. 96; vgl. auch *Nickel* NJW 2001, 2668.

4 MüKoBGB/*Thüsing* AGG Vor § 19 Rn. 5; BeckOK BGB//*Wendtland* AGG § 19 Rn. 1; *Däubler/Bertz- bach/Franke/Schlichtmann* AGG § 19 Rn. 8 ff.

5 Vgl. BR-Drs. 329/06 S 20; BeckOK BGB/*Wendtland* AGG § 19 Rn. 1; MüKoBGB/*Thüsing* AGG Vor § 19 Rn. 7; *Däubler/Bertzbach/Franke/Schlichtmann* AGG § 19 Rn. 8 ff.; *Rühl/Schmid/Viethen*, S. 96 f.

6 Ganz hM, vgl. nur *Däubler/Bertzbach/Franke/ Schlichtmann* AGG § 19 Rn. 19; *Hey/Weimann* AGG § 19 Rn. 4 ff.; MüKoBGB/*Thüsing* AGG § 19 Rn. 145 f.

7 *Däubler/Bertzbach/Franke/Schlichtmann* AGG § 19 Rn. 25; *Meinel/Heyn/Herms* AGG § 19 Rn. 8; *Jauernig* AGG § 19 Rn. 2; vgl. auch MüKoBGB/ *Thüsing* AGG § 19 Rn. 4 ff., der die erfassten Geschäfte auf solche gem. § 2 Abs. 1 Nr. 5–8 beschränken will. Dieser Ansicht ist mit der ganz hM nicht zu folgen, vgl. nur *Schrader/Schubert* Rn. 634.

8 Vgl. BT-Drs. 16/1780 S. 41; *Meinel/Heyn/Herms* AGG § 19 Rn. 9; *Däubler/Bertzbach/Franke/ Schlichtmann* AGG § 19 Rn. 28 ff.; *Jauernig* AGG § 19 Rn. 4; *Gaier/Wendtland* AGG § 19 Rn. 19 mwN; *Stork* ZEuS 2005, 29.

9   Die Norm erfasst in erster Linie diejenigen Leistungen, die von Unternehmern iSv § 14 BGB erbracht werden, dh von natürlichen oder juristischen Personen, die in Ausübung ihrer gewerblichen oder beruflichen Tätigkeit handeln.[9] Die Unternehmereigenschaft ist aber keine Tatbestandsvoraussetzung, so dass auf der einen Seite Unternehmer, die eine individualisierte Leistung erbringen nicht erfasst werden, auf der anderen Seite aber auch Privatpersonen erfasst werden, die bspw. im Internet eine Vielzahl von Geschäften abschließen.[10]

10   Das Schuldverhältnis muss in einer Vielzahl von Fällen zustande kommen. Es muss sich aus der Sicht des Anbieters bei dem Geschäft um eines von vielen handeln.[11] Erforderlich ist, dass sie darauf ausgerichtet sind, regelmäßig wiederkehrend in zahlenmäßig nicht nur unbedeutendem Umfang geschlossen zu werden. Ist das der Fall, wird bereits das erste Geschäft dieser Art erfasst.[12]

11   Das Gesetz fordert, dass das Geschäft typischerweise ohne Ansehen der Person zustande kommt. Dies wird man annehmen müssen, sofern der Anbieter im Rahmen seiner Kapazitäten grds. und ohne Weiteres bereit ist, den Vertrag mit jeder zahlungswilligen und zahlungsfähigen Person zu schließen, die mit seinen Bedingungen einverstanden ist.[13] Dies wird regelmäßig dann der Fall sein, wenn das Angebot die Nachfrage übersteigt.[14] Wer sich hingegen zielgerichtet nur an einzelne, konkret individualisierte Personen wendet, unterliegt nicht dem Benachteiligungsverbot.[15]

12   Somit fallen unproblematisch die Bargeschäfte des täglichen Lebens, wie sie zB im Einzelhandel, in Gaststätten oder in Freizeiteinrichtungen getätigt werden, unter den Begriff des Massengeschäfts.[16] Darüber hinaus scheidet eine pauschalierende Einordnung bestimmter Vertragsarten danach, ob es sich bei ihnen typischerweise um Massengeschäfte handelt oder nicht, weitgehend aus.[17] Die Beurteilung, ob ein Massengeschäft iSv Abs. 1 Nr. 1 vorliegt, bedarf vielmehr einer individuellen Betrachtung der konkreten Umstände des Einzelfalls.

13   Erforderlich ist, dass das Geschäft nach seiner Art grds. auch mit allen Vertragspartnern zu vergleichbaren Bedingungen geschlossen, durchgeführt und beendet wird.[18] Dieses Merkmal wird in den wenigsten Fällen eigenständige Bedeutung erlangen, da Geschäfte, die „ohne Ansehen der Person" des Vertragspartners geschlossen werden, typischerweise auch zu vergleichbaren Bedingungen begründet, durchgeführt und beendet werden.[19] Unerheblich ist dabei, ob einzelne Vertragspartner – etwa wegen besonderen Verhandlungsgeschicks – im Einzelfall Preisnachlässe erreichen.[20] Ein Indiz für solchermaßen vergleichbare Bedingungen ist die Verwendung von AGB.[21] Maßstab ist eine allgemeine, typisierende Betrachtungsweise, nach der es allein darauf ankommt, ob der individualisierte Anbieter das Geschäft typischerweise mit allen Vertragspartnern zu ähnlichen Bedingungen abschließt.[22]

14   **2. Vergleichbare Geschäfte, Abs. 1 Nr. 1 Alt. 2.** Erfasst werden von § 19 Abs. 1 Nr. 1 auch Geschäfte, bei denen das Ansehen der Person zwar eine gewisse Rolle spielt, aber nur nachrangige Bedeutung hat, wie dies der Fall ist, wenn allein die wirtschaftliche Bonität über den Vertragsschluss entscheidet.[23] Beispiele hierfür sind kleinere Konsumentenkredite[24] oder Handy-Verträge, die der Anbieter zwar grds. mit jedermann schließt, den Vertragsschluss aber vom Ergebnis einer standardisierten Bonitätsprüfung, wie einer zuvor eingeholten Schufa-Auskunft, abhängig macht.[25]

9   Däubler/Bertzbach/*Franke/Schlichtmann* AGG § 19 Rn. 27; *Gaier/Wendtland* AGG § 20 Rn. 19; vgl. BT-Drs. 16/1780 S. 41.

10   Däubler/Bertzbach/*Franke/Schlichtmann* AGG § 19 Rn. 27; *Jauernig* AGG § 19 Rn. 5; Bamberger/Roth/*Wendtland*; AGG § 19 Rn. 3; *Meinel/Heyn/Herms* AGG § 19 Rn. 9; krit.: *Stork* ZEuS 2005, 1 ff., 28 ff.

11   *Meinel/Heyn/Herms* AGG § 19 Rn. 9; *Jauernig* AGG § 19 Rn. 4; BT-Drs. 16/1780, S. 41.

12   *Gaier/Wendtland* AGG § 19 Rn. 20; BeckOK BGB/*Wendtland* AGG § 19 Rn. 3.

13   BeckOK BGB//*Wendtland* AGG § 19 Rn. 4; *Jauernig* AGG § 19 Rn. 4; *Meinel/Heyn/Herms* AGG § 19 Rn. 11; *Maier-Reimer* NJW 2006, 2577 (2579).

14   Däubler/Bertzbach/*Franke/Schlichtmann* AGG § 19 Rn. 25; *Stork* ZEuS 2005, 25.

15   Vgl. *Meinel/Heyn/Herms* AGG § 19 Rn. 12; *v. Westphalen* ZGS 2002, 283 (285); *Wiedemann/Thüsing* DB 2002, 463 (465).

16   Däubler/Bertzbach/*Franke/Schlichtmann* AGG § 19 Rn. 25; *Meinel/Heyn/Herms* AGG § 19 Rn. 12; vgl. auch BT-Drs. 16/1780, S. 41.

17   *Gaier/Wendtland* AGG § 19 Rn. 24.

18   Vgl. hierzu *Meinel/Heyn/Herms* AGG § 19 Rn. 16; *Jauernig* AGG § 19 Rn. 3; MüKoBGB/*Thüsing* AGG § 19 Rn. 32 ff.

19   Däubler/Bertzbach/*Franke/Schlichtmann* AGG § 19 Rn. 33; *Meinel/Heyn/Herms* AGG § 19 Rn. 16.

20   BT-Drs. 16/1780, S. 41; Däubler/Bertzbach/*Franke/Schlichtmann* AGG § 19 Rn. 33; BeckOK BGB//*Wendtland* AGG § 19 Rn. 6, *Meinel/Heyn/Herms* AGG § 19 Rn. 16; *Jauernig* AGG § 19 Rn. 3.

21   MüKoBGB/*Thüsing* AGG § 19 Rn. 43; Däubler/Bertzbach/*Franke/Schlichtmann* AGG § 19 Rn. 33.

22   Vgl. BT-Drs. 16/1780, S. 41; Däubler/Bertzbach/*Franke/Schlichtmann* AGG § 19 Rn. 33; Bamberger/Roth//*Wendtland* AGG § 19 Rn. 6; *Schrader/Schubert* AGG Rn. 634.

23   MüKoBGB/*Thüsing* AGG Vor § 19 Rn. 43; BeckOK BGB/*Wendtland* AGG § 19 Rn. 4.

24   *Gaier/Wendtland* AGG § 19 Rn. 22; Palandt/*Grüneberg* AGG § 19 Rn. 3; *Schürnbrand* BKR 2007, 305.

25   BeckOK BGB//*Wendtland* AGG § 19 Rn. 5 f.; MüKoBGB/*Thüsing* AGG Vor § 19 Rn. 43.

Die Alt. 2 des § 19 Abs. 1 Nr. 1 umfasst inhaltlich auch die Massengeschäfte der Alt. 1 und ist damit vom **15** Gesetzgeber als Auffangtatbestand konzipiert, für Fälle in denen ein Ansehen der Person nicht zweifelsfrei verneint werden kann.[26]

3. Privatrechtliche Versicherungsverträge, Abs. 1 Nr. 2. Dem zivilrechtlichen Diskriminierungsverbot **16** unterliegen nach Abs. 1 Nr. 2 auch privatrechtliche Versicherungsverträge. Ein Versicherungsgeschäft liegt vor, wenn gegen Entgelt für den Fall eines bestimmten Ereignisses bestimmte Leistungen übernommen werden, wobei das übernommene Risiko auf eine Vielzahl durch die gleiche Gefahr bedrohter Personen verteilt wird und der Risikoübernahme eine auf dem Gesetz der großen Zahl beruhende Kalkulation zugrunde liegt.[27]

Viele Versicherungsverträge werden grundsätzlich nur aufgrund einer Risikoanalyse im Einzelfall und **17** damit gerade nicht ohne Ansehen der Person abgeschlossen, wie bspw. Lebens- oder Krankenversicherungen. Durch Abs. 1 Nr. 2 werden aber auch diese in den Anwendungsbereich der Vorschrift einbezogen, unabhängig davon, ob es sich um ein Massengeschäft iSv Abs. 1 Nr. 1 handelt oder nicht.[28] Soweit das in Rede stehende Geschäft im Einzelfall (auch) die Voraussetzungen von Abs. 1 Nr. 1 erfüllt, geht die Regelung in Abs. 1 Nr. 2 als Spezialvorschrift vor.[29]

Nach Abs. 1 Nr. 2 sind Unterscheidungen bei der Auswahl von Versicherungsnehmern und der inhaltlichen **18** Ausgestaltung von Versicherungsverträgen grds. verboten, wenn sie auf Merkmalen iSv Abs. 1 beruhen. Da dies aber nur dann gilt, wenn die Ungleichbehandlung aus sachlich nicht gerechtfertigtem Grund erfolgt, werden Unterscheidungen bspw. bei der Festlegung von Versicherungsprämien oder der Gewährung von Versicherungsleistungen nicht erfasst, wenn die zugrunde liegende Berücksichtigung von Merkmalen iS von Abs. 1 Nr. 1 aus einer risikoadäquaten Kalkulation folgt, die wiederum anerkannte Prinzipien zugrunde legt und auf relevanten und genauen versicherungsmathematischen und statistischen Daten beruht.[30]

Der EuGH hat in der Rechtssache C-236/09 aber nun am 1.3.2011 entschieden, dass ab Ende 2012 die Ver- **19** sicherungsgesellschaften geschlechtsneutrale Unisex-Tarife anbieten müssen. Die Berücksichtigung des Geschlechts als prämienrelevanter Risikofaktor innerhalb der Policen sei diskriminierend und daher unzulässig. Ab Ende 2012 müssen Versicherungen sogenannte Unisex-Tarife anbieten. Der EuGH führte als Urteilsbegründung die EU-Gleichstellungsrichtlinie von 2004 an. Nach dieser müssen Unisex-Tarife eigentlich schon seit dem 21.12.2007 angeboten werden, jedoch wurde einschränkend eine Überprüfung des Sachverhalts nach fünf Jahren veranschlagt. Bislang konnten die Assekuranzen aufgrund einer Ausnahme auch das Geschlecht der Versicherten in ihre statistische Risikokalkulation einbeziehen. Dies ist nach dem Urteil des EuGH ab dem 21.12.2012 nicht mehr zulässig. Da Frauen beispielsweise eine höhere Lebenserwartung haben, veranschlagen die Versicherer bisher eine niedrigere Prämie innerhalb der Risikolebensversicherung, verlangen aber auch höhere Beiträge bei der privaten Rentenversicherung als bei männlichen Versicherungsnehmern. Auch in der Kfz-Versicherung wirkt sich das Geschlecht des Versicherten auf die Prämie aus: Da Autofahrerinnen statistisch gesehen in weniger Unfälle verwickelt sind, zahlen sie eine niedrigere Prämie als männliche Fahrzeughalter.

Die EU-Generalanwältin *Juliane Kokott* hatte auf eine Überprüfung der gängigen Ausnahmeregelung gedrängt. Sie betrachtet die geschlechterspezifisch differenzierte Beitragserhebung der Versicherungsunternehmen als ungerechtfertigt. Nach Ansicht von *Kokott* sollen in Zukunft nur noch rein biologische „Risiken" zur Beitragsberechnung herangezogen werden. Ein Beispiel hierfür ist etwa die Einkalkulierung einer eventuellen Schwangerschaft in den Beitragssatz der privaten Krankenversicherung.[31]

III. Sonstige Verträge, Abs. 2

§ 19 Abs. 2 enthält ein weitergehendes zivilrechtliches Benachteiligungsverbot aus Gründen der Rasse und **20** ethnischen Herkunft für die von § 2 Abs. 1 Nr. 5–8 genannten Schuldverhältnisse. Damit ist eine Benachteiligung, die an die benannten Merkmale bei Abschluss, Durchführung und Beendigung von Rechtsgeschäften anknüpft, untersagt, die den Sozialschutz, einschließlich der sozialen Sicherheit und der Gesundheits-

26   MüKoBGB/*Thüsing* AGG § 19; Rn. 41; Däubler/ Bertzbach/*Franke/Schlichtmann* AGG § 19 Rn. 35; *Rühl/Schmid/Viethen*, S. 124; vgl. *Schrader/Schubert* AGG Rn. 639.

27   BVerfG 29.9.1992 – 1 A 26/91, VersR 1993, 1217; *Bauer/Göpfert/Krieger* AGG § 19 Rn. 11; *Meinel/ Heyn/Herms* AGG § 19 Rn. 19.

28   BT-Drs. 16/1780, S. 42; MüKoBGB/*Thüsing* AGG § 19 Rn. 50; *Meinel/Heyn/Herms* AGG § 19 Rn. 19; *Jauernig* AGG § 19 Rn. 7; *Schrader/Schubert* AGG Rn. 650; *Maier-Reimer* NJW 2006, 1577 (1581).

29   Vgl. BR-Drs. 329/06, S. 45; *Meinel/Heyn/Herms* AGG § 19 Rn. 19; BeckOK BGB/*Wendtland* AGG § 19 Rn. 7.

30   Vgl. Kommentierung zu § 20 AGG sowie BeckOK BGB/*Wendtland* AGG § 19 Rn. 7; *Meinel/Heyn/ Herms* AGG § 19 Rn. 21. Ausf. auch *Thüsing/v. Hoff* VersR 2007, 1 ff.

31   Vgl. bereits den Schlussantrag der Generalanwältin beim EuGH 30.9.2011 – BeckRS 2010, 91147; krit. dazu: *Schwintowski* VersR 2011,164.

dienste, die sozialen Vergünstigungen, die Bildung oder den Zugang zu und die Versorgung mit Gütern und Dienstleistungen, die der Öffentlichkeit zur Verfügung stehen, einschließlich von Wohnraum, zum Inhalt haben.[32] Insoweit kann auf die Kommentierung von § 2 Abs. 1 Nr. 5–8 verwiesen werden → § 2 Rn 17 ff.

21   Die Vorschrift dient in erster Linie der Umsetzung von Art. 3 Abs. 1 lit. h der Antirassismus-RL 2000/43/EG vom 29.6.2000.[33] Erfasst werden deshalb nicht nur die in § 19 Abs. 1 genannten Massenge-schäfte oder vergleichbare Rechtsgeschäfte, sondern auch einmalige Schuldverhältnisse aller Art, die den Zugang zu den Gütern und Dienstleistungen einschließlich Wohnraum zum Gegenstand haben, sofern der Vertragsschluss öffentlich angeboten wird.

IV. Gerechtfertigte Ungleichbehandlungen bei der Vermietung von Wohnraum, Abs. 3

22   Nach § 19 Abs. 3 ist eine unterschiedliche Behandlung bei der Vermietung von Wohnraum im Hinblick auf die Schaffung und Erhaltung sozial stabiler Bewohnerstrukturen und ausgewogener Siedlungsstrukturen sowie ausgeglichener wirtschaftlicher, sozialer und kultureller Verhältnisse zulässig.

23   Unter Bewohnerstrukturen ist die Zusammensetzung der Bewohner eines Mietshauses oder eines Mietge-bäudekomplexes zu verstehen, während mit dem Begriff Siedlungsstrukturen die Zusammensetzung der Menschen, die in einem abgegrenzten Bereich leben, gemeint ist.[34]

24   Inhaltlich hat die Regelung dem Anliegen, insbesondere der Wohnungswirtschaft, Rechnung getragen und einige strukturpolitische Fördergrundsätze des § 6 Nr. 3, 4 WoFG wörtlich übernommen.[35] Hierdurch soll es den Wohnungsgesellschaften ermöglicht werden, in geeigneter Weise „Ghettobildungen" zu bekämpfen, indem sie auf die Einhaltung eines bestimmten Ausländeranteils in einer Siedlung achten.[36] Hintergrund ist der Gedanke, dass ein stärkerer sozialer Zusammenhalt zum Rückgang von Diskriminierungen wegen der ethnischen Herkunft oder aus anderen Gründen beitragen könne.[37]

25   Maßgeblich sind dabei nicht die subjektiven Vorstellungen oder Zielsetzungen des Vermieters. Vielmehr ist entscheidend, welche Strukturen bei objektiver Betrachtung zur Integration der verschiedenen Bevölke-rungsgruppen geboten sind.[38] Die Darlegungs- und Beweislast für das Vorliegen der Voraussetzungen des Rechtfertigungsgrundes trägt der Vermieter, der sich darauf beruft.[39] Umstritten ist aufgrund dieser Zielset-zung der Norm, welche Vermieter sich überhaupt auf den Rechtfertigungsgrund des § 19 Abs. 3 berufen können.[40] Richtigerweise steht nur solchen Vermietern die Rechtfertigung einer Ungleichbehandlung nach § 19 Abs. 3 offen, die überhaupt die Möglichkeit haben, auf die Schaffung und Erhaltung sozial stabiler Bewohnerstrukturen und ausgewogener Siedlungsstrukturen sowie ausgeglichener wirtschaftlicher, sozialer und kultureller Verhältnisse Einfluss zu nehmen, wie bspw. öffentliche Träger oder private Großvermieter.[41]

26   § 19 Abs. 3 stellt eine Klarstellung zum Rechtfertigungsgrund des § 20 Abs. 1 S. 1 dar, indem er den sachli-chen Grund, der eine Diskriminierung rechtfertigen kann, für den Bereich der Wohnungsvermietung näher beschreibt.[42] Insofern hat § 19 Abs. 3 in Bezug auf die Diskriminierungsmerkmale des Geschlechts, der Religion, einer Behinderung, des Alters oder sexuellen Identität rein deklaratorische Bedeutung.[43]

27   Problematisch ist allerdings, ob nach § 19 Abs. 3 auch eine Ungleichbehandlung aus Gründen der Rasse und der ethnischen Herkunft gerechtfertigt werden kann. Zumindest der Wortlaut der Norm enthält keine Ein-schränkung in dieser Hinsicht.[44] Darüber hinaus wird teilweise auch die Stellung der Vorschrift außerhalb des § 20 zur Begründung der Ansicht herangezogen, dass § 19 Abs. 3 auch eine Ungleichbehandlung auf-grund der Rasse oder Ethnie rechtfertigen könne. Nach zutreffender Ansicht hat § 19 Abs. 3 aber auch im Hinblick auf die von § 20 Abs. 1 S. 1 nicht erfassten Diskriminierungsmerkmale Rasse und ethnische Her-

---

32   *Meinel/Heyn/Herms* AGG § 19 Rn. 22; *Bamberger/ Roth/Wendtland* AGG § 19 Rn. 9; *Jauernig* AGG § 19 Rn. 8.

33   *Meinel/Heyn/Herms* AGG § 19 Rn. 22; *MüKoBGB/ Thüsing* AGG § 19 Rn. 65 ff.

34   *MüKoBGB/Thüsing* AGG § 19 Rn. 86; *Hey/Wei-mann* AGG § 19 Rn. 146.

35   BT-Drs. 16/1780, S. 42; *Däubler/Bertzbach/Ambro-sius* AGG § 19 Rn. 40 ff.; *Meinel/Heyn/Herms* AGG § 19 Rn. 64; vgl. auch *Picker* ZfA 2005, 167 (186).

36   BeckOK BGB//Wendtland AGG § 19 Rn. 28; *Jauernig* AGG § 19 Rn. 9; *Rühl/Schmid/Viethen*, S. 102; *Derleder* NZM 2008, 510; *Altenmüller* VBlBW 2002, 365 (369).

37   BT-Drs. 16/1780 S. 42; *Rühl/Schmid/Viethen*, S. 102.

38   Vgl. *Gaier/Wendtland* § 19 Rn. 126.

39   *Gaier/Wendtland* § 19 Rn. 128; BeckOK BGB/ *Wendtland* AGG § 19 Rn. 31; MüKoBGB/*Thüsing* AGG § 19; Rn. 79; *Meinel/Heyn/Herms* AGG § 19 Rn. 67.

40   Vgl. *Hey/Weimann* AGG § 19 Rn. 144 f. mwN.

41   *Hey/Weimann* AGG § 19 Rn. 144 f.; *Meinel/Heyn/ Herms* AGG § 19 Rn. 67.

42   Umstr., die Gegenansicht sieht in § 19 Abs. 3 eine Beschränkung des Tatbestandes. Vgl. ausführlich *Hey/Weimann* AGG § 19 Rn. 133 f. mwN.

43   *Däubler/Bertzbach/Franke/Schlichtmann* AGG § 19 Rn. 40; *Meinel/Heyn/Herms* AGG § 19 Rn. 67; *Maier-Reimer* NJW 2006, 2577 (2580).

44   *Hey/Weimann* AGG § 19 Rn. 148; *Metzger* WuM 2007, 48.

kunft keinen eigenen Regelungsgehalt.[45] Da die Antirassismus-RL 2000/43/EG vom 29.6.2000 (ABl EG L 180 S 22) eine Ausnahme vom Verbot der Diskriminierung aus Gründen der Rasse und der ethnischen Herkunft nicht vorsieht, werden rassistisch motivierte Ungleichbehandlungen bei richtlinienkonformer Auslegung der Bestimmung vom Rechtfertigungsgrund nicht erfasst.[46]

V. Herausnahme von familien- und erbrechtlichen Schuldverhältnissen, Abs. 4

Durch § 19 Abs. 4 AGG werden familien- und erbrechtliche Schuldverhältnisse von dem Benachteiligungsverbot im Zivilrechtsverkehr ausgenommen.[47]   **28**

Familienrechtliche Schuldverhältnisse sind die Rechtsverhältnisse, der durch Ehe, Verwandtschaft, Schwägerschaft oder Lebenspartnerschaft verbundenen Personen, jedoch nur, soweit sie spezifisch familienrechtliche Regelungsgegenstände betreffen.[48] Erforderlich ist damit, dass familienrechtliche Rechtsbeziehungen geregelt werden, wie sie im vierten Buch des BGB oder im Lebenspartnerschaftsgesetz vorgesehen sind.[49] Nicht erfasst werden damit Kauf- oder Dienstverträge, auch wenn sie unter Angehörigen geschlossen werden. Diese können aber unter die Bereichsausnahme des § 19 Abs. 5 für besondere Nähe- oder Vertrauensverhältnisse fallen.[50]   **29**

Erbrechtliche Schuldverhältnisse sind nach ganz hM diejenigen Rechtsverhältnisse, die durch die gesetzliche oder gewillkürte Rechtsfolge entstehen.[51] Der Wortlaut der Norm ist allerdings unglücklich, da eine letztwillige Verfügung zwischen dem Erblasser und dem Begünstigten bzw. Benachteiligten keine Leistungspflicht und damit kein Schuldverhältnis begründet. Nach hM ist diese dennoch von der Ausnahme erfasst, da die Bestimmung in Abs. 4 gerade sicherstellen sollte, dass der Erblasser von der ihm verfassungsrechtlich garantierten Testierfreiheit (vgl. Art. 14 Abs. 1 S. 1 GG) ohne Beschränkung durch das zivilrechtliche Benachteiligungsverbot Gebrauch machen und insoweit beliebig durch Testament (§ 1937 BGB) oder Erbvertrag (§ 1941 BGB) über seinen Nachlass verfügen kann.[52] Teilweise wird dagegen vertreten, dem Wortlaut folgend seien nur Verträge auf dem Gebiet des Erbrechts, wie Erbverträge, Erbverzicht, Verträge über den Erbenausgleich unter künftigen Miterben, Erbauseinandersetzungsvereinbarungen oder sonstige Abmachungen unter den Nachlassbeteiligten von der Vorschrift erfasst.[53]   **30**

Die Bedeutung dieses Streits ist jedoch gering, da Abs. 4 nach zutreffender hM ohnehin rein deklaratorische Bedeutung hat. Richtigerweise sind nämlich Fälle, in denen tatsächlich ein, eigentlich von den Benachteiligungsverboten des § 19 erfasstes Rechtsgeschäft, erst durch Abs. 4 aus dem Anwendungsbereich ausgeschieden werden würde, kaum denkbar.   **31**

Bei keinem denkbaren familien- oder erbrechtlichen Rechtsgeschäft handelt es sich um ein Massengeschäft oder einem solchen vergleichbares Rechtsgeschäft iSd Abs. 1.[54]   **32**

Nicht anders verhält es sich mit Diskriminierungen aufgrund des Rasse und der ethnischen Herkunft, die zwar auch bei Individualgeschäften untersagt sind, was sich aber auf die in § 2 Abs. 1 Nr. 5–8 genannten Geschäfte beschränkt. Familien- und erbrechtliche Geschäfte, die hierunter zu subsumieren wären, lassen sich aber auch mit Mühe kaum konstruieren. Auch die in der amtlichen Begründung angeführten Vereinbarungen über eine vorweggenommene Erbfolge, würden auch ohne die Klarstellung durch Abs. 4 keinem Benachteiligungsverbot unterliegen, da sie schon keine Güter und Dienstleistungen zum Gegenstand haben, die der Öffentlichkeit zur Verfügung stehen iSd § 2 Abs. 1 Nr. 8. Auch eine durch andere Vorschriften vermittelte Wirkung des AGG ist nicht ersichtlich. Jedenfalls würde wegen der engen persönlichen Beziehung zwischen den Vertragspartnern Abs. 5 eingreifen und zum Schutz der Privatsphäre die Wirkung eines   **33**

---

45 Däubler/Bertzbach/*Franke/Schlichtmann* AGG § 19 Rn. 40 ff.; *Jauernig* AGG § 19 Rn. 9.

46 Ganz hM, vgl. nur *Gaier/Wendtland* AGG § 19 Rn. 12; MüKoBGB/*Thüsing* AGG § 19; Rn. 89; Däubler/Bertzbach/*Franke/Schlichtmann* AGG § 19 Rn. 45; *Jauernig* AGG § 19 Rn. 9; *Meinel/Heyn/ Herms* AGG § 19 Rn. 66; vgl. zur Zulässigkeit von ethnischen Höchstquoten ausf. Däubler/Bertzbach/ *Ambrosius* AGG § 19 Rn. 45 ff.

47 *Hey/Weimann* AGG § 19 Rn. 164; BeckOK BGB/ *Wendtland* AGG § 19 Rn. 18; Däubler/Bertzbach/ *Ambrosius* AGG § 19 Rn. 56.

48 Däubler/Bertzbach/*Ambrosius* AGG § 19 Rn. 56 a; BeckOK BGB/*Wendtland* AGG § 19 Rn. 19.

49 Vgl. ausf. hierzu MüKoBGB/*Thüsing* AGG § 19 Rn. 92 und zum inhaltsgleichen Begriff des § 310

Abs. 4 S. 1 BGB BeckOK BGB/*Becker* BGB § 310 Rn. 24 ff.

50 Däubler/Bertzbach/*Ambrosius* AGG § 19 Rn. 56 a; vgl. auch *Jauernig* AGG § 19 Rn. 10.

51 *Hey/Weimann* AGG § 19 Rn. 166; Däubler/Bertz- bach/*Ambrosius* AGG § 19 Rn. 56 a; BeckOK BGB/ *Wendtland* AGG § 19 Rn. 18.

52 So auch Bamberger/Roth/*Wendtland* AGG § 19 Rn. 18; Däubler/Bertzbach/*Ambrosius* AGG § 19 Rn. 56 a; *Gaier/Wendtland* AGG § 19 Rn. 39; *Bauer/ Göpfert/Krieger* AGG § 19 Rn. 15; *Jauernig* AGG § 19 Rn. 10.

53 So wohl MüKoBGB/*Thüsing* AGG § 19 Rn. 93.

54 Vgl. hierzu Däubler/Bertzbach/*Ambrosius* AGG § 19 Rn. 56; BeckOK BGB/*Wendtland* AGG § 19 Rn. 18; *Gaier/Wendtland* AGG § 19 Rn. 39; *Meinel/Heyn/ Herms* AGG § 19 Rn. 28.

Legerlotz

Benachteiligungsverbots verhindern. Dass Abs. 4 nach alledem in der Praxis mehr als klarstellende Bedeutung zukommen könnte, ist nicht ersichtlich.[55]

34 Damit erübrigt sich aber auch die in der Literatur vereinzelt geführt Diskussion, ob Abs. 4 einer richtlinienkonformen Auslegung bedürfe. Vertreten wird bspw., dass Abs. 4 bzgl. der Merkmale Rasse und ethnische Herkunft auf Fälle des Familienlebens und der Privatsphäre beschränkt werden müsse, da nur für diese Bereiche die Antirassismusrichtlinie eine Ausnahme vorsehe. Mangels konstitutiver Bedeutung kann aber nach zutreffender Auffassung Abs. 4 kaum die Notwendigkeit einer verfassungskonformen Auslegung begründen.[56]

35 Das Nichteingreifen des AGG für die genannten Rechtsverhältnisse schließt jedoch nicht aus, dass diese im Einzelfall aufgrund eines Verstoßes gegen Art. 3 GG sittenwidrig und daher nach § 138 BGB unwirksam sein können. Bei der Beurteilung, ob ein solcher Fall vorliegt, sind jedoch stets die kollidierenden Grundrechte der Art. 6 und 14 GG zu beachten.[57]

VI. Verträge mit besonderem Nähe- oder Vertrauensverhältnis, Abs. 5

36 **1. Das besondere Nähe- und Vertrauensverhältnis.** Eine weitere Ausnahme vom zivilrechtlichen Benachteiligungsverbot regelt § 19 Abs. 5 S. 1, nach dem die Vorschriften des dritten Abschnitts des AGG keine Anwendung finden auf Schuldverhältnisse, die ein besonderes Nähe- oder Vertrauensverhältnis zwischen den Parteien oder ihren Angehörigen begründen.

37 Auch diese Ausnahmeregelung wird in der Praxis nur begrenzt Auswirkungen entfalten können.[58]

38 **a) Benachteiligungsverbot des Abs. 1.** Nach zutreffender Ansicht, hat die Ausnahmeregelung für Massengeschäfte des Abs. 1 keine Bedeutung, da Verträge mit einem besonderen Nähe oder Vertrauensverhältnis ersichtlich keine Massengeschäfte sein können. Ein Massengeschäft liegt nach der Legaldefinition des Abs. 1 Nr. 1 nur dann vor, wenn das Ansehen der Person typischerweise keine, oder nur eine untergeordnete Rolle spielt. Bei Geschäften die ein besonderes Nähe- oder Vertrauensverhältnis begründen, spielt das Ansehen der Person aber ersichtlich eine vorrangige Rolle, so dass ein Massengeschäft nicht vorliegen kann.[59]

39 Sofern Stimmen in der Literatur davon ausgehen, dass auch Massengeschäfte denkbar seien, bei denen ein besonderes Nähe- oder Vertrauensverhältnis begründet wird, kann diesen nicht gefolgt werden. Das vermeintliche Argument, dass auch Fälle denkbar seien, in denen das Ansehen der Person von Bedeutung sei, aber kein Nähe- oder Vertrauensverhältnis begründet werde, führt nicht weiter.[60] Maßgebend ist richtigerweise allein, ob es immer, wenn ein Nähe- oder Vertrauensverhältnis begründet wird, auch auf das Ansehen der Person des Vertragspartners ankommt und damit kein Massengeschäft vorliegen würde.

40 Dies wird teilweise mit dem Argument abgelehnt, dass es bei der Beurteilung, ob ein Massengeschäft vorliege, auf eine typisierende Betrachtung ankomme und es damit im Einzelfall eben doch auf die Person des Vertragspartners ankommen könne, obwohl eine Massengeschäft vorliege.[61] Diese Ansicht verkennt aber, dass das konkrete Geschäft für den konkreten Anbieter typischerweise ein Massengeschäft darstellen muss. Für eine vorrangige Bedeutung der Person des Geschäftspartners ist dann aber kein Raum.

41 Als Beispiel für ein solches Massengeschäft, bei dem ein besonderes Vertrauens- und Näheverhältnis begründet wird, wird teilweise (Nachhilfe-)Unterricht angesehen, der in der Wohnung des Lehrers stattfindet.[62] Dies überzeugt aber ebenfalls nicht. Wenn diese Nachhilfe für den Nachhilfelehrer im Massengeschäft darstellt, für ihn die Person, der Nachhilfeschüler, somit keine Rolle spielt, dann wird für ihn ersichtlich durch die Nachhilfe auch kein solches Nähe- oder Vertrauensverhältnis begründet, das eine Ausnahme nach Abs. 5 S. 1 begründen könnte.

42 Wenn er dagegen den Schülern durch die Nachhilfe einen solchen Zugang zu seinem Privatleben gewährt, dass ein besonderes Nähe- oder Vertrauensverhältnis begründet wird, dann spielt für ihn die Person des Vertragspartners auch eine entscheidende Rolle.

43 Es wäre im Übrigen auch gar nicht einsichtig, warum ein Nachhilfelehrer, der grundsätzlich jeden Schüler, unabhängig von seiner Person und unabhängig davon, ob er den einzelnen Schülern vertraut, in seiner Woh-

---

55 Däubler/Bertzbach/*Ambrosius* AGG § 19 Rn. 56; *Meinel/Heyn/Herms* AGG § 19 Rn. 28; *Maier-Reimer* NJW 2006, 2577 (2580); ähnlich auch MüKoBGB/*Thüsing* AGG § 19 Rn. 91 ff.

56 Vgl. zum dem angesprochenen Problem ausf.: Hey/*Weimann* AGG § 19 Rn. 177 ff. mwN.

57 Däubler/Bertzbach/*Ambrosius* AGG § 19 Rn. 57; BeckOK BGB/*Wendtland* AGG § 19 Rn. 21; Hey/*Weimann* AGG § 19 Rn. 191.

58 Däubler/Bertzbach/*Ambrosius* AGG § 19 Rn. 58; MüKoBGB/*Thüsing* AGG § 19 Rn. 108; vgl. aber auch Hey/*Weimann* AGG § 19 Rn. 287.

59 *Meinel/Heyn/Herms* AGG § 19 Rn. 32; Däubler/Bertzbach/*Ambrosius* AGG § 19 Rn. 58.

60 So aber Hey/*Weimann* AGG § 19 Rn. 292.

61 So Hey/*Weimann* AGG § 19 Rn. 289.

62 So wohl Hey/*Weimann* AGG § 19 Rn. 295.

nung unterrichtet, ein Kind einer anderen Ethnie, aufgrund seiner Ethnie ablehnen dürfen sollte. Lehnt er das Kind aber bspw. wegen schlechter Deutschkenntnisse ab, so stellt dies schon keine verbotene Diskriminierung dar, da eine funktionierende Kommunikation für den Unterricht notwendig ist.

b) Benachteiligungsverbot des Abs. 2. Damit bleibt als Anwendungsbereich des Abs. 5 S. 1 allein die **44** Diskriminierung aufgrund der Rasse oder wegen der ethnischen Herkunft gem. Abs. 2, da diese auch ohne Vorliegen eines Massengeschäfts untersagt sind.[63] Bei den hier in Betracht kommenden Geschäften gem. § 2 Abs. 1 Nr. 8 reicht es aus, dass sie der Öffentlichkeit zur Verfügung stehen, was wiederum ein öffentliches Anbieten erfordert.[64] Ein öffentliches Anbieten ist aber auch bei Geschäften denkbar, die ein enges persönliches Verhältnis iSd Abs. 5 S. 1 herbeiführen.

Nach zutreffender hM muss Abs. 5 S. 1 in diesen Fällen richtlinienkonform ausgelegt werden. Die Antiras- **45** sismus-Richtlinie sieht keine Ausnahme für den „Nähe"- oder „Vertrauensbereich" vor.[65] Auf diese wurde Abs. 5 S. 1 aber ausweislich der amtlichen Begründung gestützt (Erwägungsgrund 4).[66] Der damit maßgebliche Erwägungsgrund 4 verlangt allerdings, dass der Schutz der Privatsphäre und des Familienlebens sowie der in diesem Kontext getätigten Geschäfte gewahrt bleibt.[67]

Somit ist Abs. 5 S. 1 richtlinienkonform dahin gehend auszulegen, dass seine Bereichsausnahme nur soweit **46** reicht, wie durch die betroffenen Geschäfte dem Vertragspartner der Zugang zur Privatsphäre und/oder dem eigenen Familienleben eröffnet wird.[68] Da das eigene Familienleben einen Teilbereich der Privatsphäre darstellt, kommt ihm bei der richtlinienkonformen Auslegung keine eigene Bedeutung zu.[69]

Nach der Gesetzesbegründung soll Abs. 5 S. 1 eingreifen, wenn eine Beziehung vorliegt, die über das hin- **47** ausgeht, was ohnehin jedem Schuldverhältnis an persönlichem Kontakt zugrunde liege, zB ein bedeutendes Geschäft oder ein besonders enger oder langer Kontakt.[70] Diese Definition ist aber nach hM zu weit und daher europarechtswidrig. Weder die wirtschaftliche Bedeutung des Geschäfts, noch die Dauer eines Schuldverhältnisses bestimmt, ob die Privatsphäre des Anbieters betroffen ist. Ein Rückgriff auf diese Definition ist damit ausgeschlossen.[71]

Damit kommt die Bereichsausnahme des Abs. 5 S. 1 nur dann zur Anwendung, wenn Geschäfte öffentlich **48** angeboten werden, bei deren Durchführung dem Vertragspartner Zugriff auf die eigene Privatsphäre gewährt wird.

Damit käme Abs. 5 S. 1 zur Anwendung, wenn bspw. eine Pflegekraft öffentlich nach Patienten sucht und **49** anbietet, den ihnen Patienten für die Dauer ihrer Tätigkeit einzuziehen. Durch den Einzug in den Haushalt der Pflegeperson würde die Pflegekraft ihre Privatsphäre dem Zugriff der Pflegeperson und deren, ebenfalls im Haushalt lebenden, Angehörigen öffnen. Das grundsätzlich nach Abs. 2 iVm § 2 Abs. 1 Nr. 8 geltende Benachteiligungsverbot, wäre nach Abs. 5 S. 1 deshalb nicht anzuwenden.[72]

Da das Benachteiligungsverbot des § 19 sich nach zutreffender Auffassung auf die Anbieterseite **50** beschränkt, läge kein Fall des Abs. 5 S. 1 vor, wenn jemand für sich oder einen Angehörigen eine Pflegekraft sucht.[73]

Im obigen Bsp des Nachhilfelehrers kann Abs. 5 S. 1 zur Anwendung kommen, wenn die Nachhilfestunden **51** öffentlich angeboten werden. Ein weiteres Beispiel für den Anwendungsbereich des Abs. 5 S. 1 wäre eine öffentlich angebotene Kinderbetreuung, bei der die zu betreuenden Kinder in der eigenen Wohnung, gemeinsam mit den eigenen Kindern beaufsichtigt werden sollen. Ebenfalls als Beispiel für einen Fall des Abs. 5 S. 1 wird das öffentliche Angebot von Krankengymnastik, bspw. in einer Zeitung genannt, bei dem die Behandlung in der Privatwohnung des Therapeuten stattfindet.[74]

---

63 Däubler/Bertzbach/*Ambrosius* AGG § 19 Rn. 59.
64 Vgl. die Kommentierung zu § 2 Abs. 1 Nr. 8; *Meinel/ Heyn/Herms* AGG § 19 Rn. 32.
65 Däubler/Bertzbach/*Ambrosius* AGG § 19 Rn. 59; *Meinel/Heyn/Herms* AGG § 19 Rn. 31 f.; MüKo-BGB/*Thüsing* AGG § 19 Rn. 106; wohl auch *Jauernig* AGG § 19 Rn. 11; Bamberger/Roth/*Wendtland* AGG § 19 Rn. 22; Hey/*Weimann* AGG § 19 Rn. 217.
66 Däubler/Bertzbach/*Ambrosius* AGG § 19 Rn. 59.
67 Däubler/Bertzbach/*Ambrosius* AGG § 19 Rn. 59; Rudolf/Mahlmann/*Armbrüster* § 7 Rn. 84.
68 Vgl. Däubler/Bertzbach/*Ambrosius* AGG § 19 Rn. 59; Hey/*Weimann* AGG § 19 Rn. 295; *Gaier/ Wendtland* AGG § 19 Rn. 59; MüKoBGB/*Thüsing* AGG § 19 Rn. 111.

69 Hey/*Weimann* AGG § 19 Rn. 295; *Gaier/Wendtland* AGG § 19 Rn. 59.
70 BT-Drs. 16/1780, S. 42.
71 So auch die ganz hM, vgl. nur Däubler/Bertzbach/*Ambrosius* AGG § 19 Rn. 59; Hey/*Weimann* AGG § 19 Rn. 295; *Meinel/Heyn/Herms* AGG § 19 Rn. 34; BeckOK BGB/*Wendtland* AGG § 19 Rn. 22.
72 Ähnlich Däubler/Bertzbach/*Ambrosius* AGG § 19 Rn. 59, der zu Recht für den Fall einer Pflegekraft grundsätzlich einen Zugriff auf die Privatsphäre ablehnt.
73 Vgl. Däubler/Bertzbach/*Ambrosius* AGG § 19 Rn. 59; aA Rust/Falke/*Bittner* AGG § 19 Rn. 133; Rudolf/Mahlmann/*Armbrüster* § 7 Rn. 86.
74 *Meinel/Heyn/Herms* AGG § 19 Rn. 32.

52   **c) Angehörige.** Die Bereichsausnahme des Abs. 5 S. 1 soll nach ihrem Wortlaut nicht nur dann eingreifen, wenn zwischen den Vertragspartnern ein besonderes Nähe- oder Vertrauensverhältnis begründet wird, sondern auch dann, wenn diese Beziehung zu Angehörigen der Vertragsparteien entsteht. Nach zutreffender hM ist auch bei der Auslegung des Begriffs „Angehörige" der richtlinienkonforme Zweck der Vorschrift zu beachten, den Schutz der Privatsphäre sowie des Familienlebens sicherzustellen.[75] Damit besteht zwar grundsätzlich Übereinstimmung mit dem Angehörigenbegriff des § 573 Abs. 1 Nr. 2 BGB, so dass jedenfalls der engere Familienkreis wie, Eltern, Kinder, Ehe- oder Lebenspartner und Geschwister erfasst sind. Darüber hinaus werden aber auch weiter entfernte Verwandtschaftsgrade wie Schwager, Neffe, Vetter erfasst, sofern ein enge, tatsächlich Bindung besteht.[76]

53   **2. Das besondere Nähe- und Vertrauensverhältnis bei Wohnungsmiete.** Nach Abs. 5 S. 2 kann bei Mietverhältnissen insbesondere dann ein solches, besonderes Nähe- und Vertrauensverhältnis begründet werden, wenn die Parteien oder ihre Angehörigen Wohnraum auf demselben Grundstück nutzen. Abs. 5 S. 2 hat damit nur deklaratorische, keine konstitutive Wirkung, da schon das Wort „kann" klarstellt, dass dies nicht zwingend der Fall ist, vielmehr noch im Einzelfall anhand der allgemeinen Regeln festgestellt werden muss.[77] Es ist stets zu prüfen, ob die Atmosphäre zwischen den Bewohnern von besonderer Nähe und Vertrauen geprägt ist.[78] So wird ein besonderes Nähe- und Vertrauensverhältnis bspw. vorliegen, wenn der Vermieter nur ein Zimmer seiner Wohnung untervermietet. Kaum anzunehmen wäre ein solches Verhältnis aber, wenn in einem Hochhaus mit mehreren hundert Einheiten, der Vermieter selbst eine seiner Wohnungen nutzt.[79]

54   Da Abs. 5 S. 2 keine konstitutive Bedeutung hat, kann schon mangels Regelung keine analoge Anwendung in Betracht kommen.[80] Allein der Rechtsgedanke, dass dem Vertragspartner insbesondere dann Zugriff auf die eigene Privatsphäre eingeräumt wird, wenn er Wohnraum nutzt, der in unmittelbarer Nähe zum Vermieter liegt, wird auch auf andere Fälle übertragbar sein, so dass bspw. das von Abs. 5 S. 1 geforderte Verhältnis auch bei Reihenhäusern bestehen kann, obwohl Mieter und Vermieter auf verschiedenen Grundstücken leben.

55   **3. Großvermietung als Massengeschäft, Abs. 5 S. 3.** Nach Abs. 5 S. 3 ist die Vermietung von Wohnraum zum nicht nur vorübergehenden Gebrauch in der Regel kein Geschäft im Sinne des Abs. 1 Nr. 1, wenn der Vermieter insgesamt nicht mehr als 50 Wohnungen vermietet.

56   Systematisch ist die Regelung eher in Abs. 1 zu verorten, da sie den dort geregelten Begriff des Massengeschäftes für Großvermieter konkretisiert, mit der Bereichsausnahme des Abs. 5 S. 1 und 2 aber nichts zu tun hat.[81] Abs. 5 S. 3 stellt eine in beide Richtungen widerlegbare Regelvermutung auf.[82]

57   Ihren Sinn findet die Regelung nach der Gesetzesbegründung darin, dass die Vermietung von Wohnraum meist kein Massengeschäft iSd Abs. 1 Nr. 1 Alt. 1 ist, da die Vermieter die ihre Vertragspartner regelmäßig nach vielfältigen Kriterien aus dem Bewerberkreis auswählen. Die Alt. 2 komme aber in Betracht, wenn ein Vermieter eine Vielzahl von Wohnungen anbiete und daher der Person des Vertragspartners nur nachrangige Bedeutung zukomme.[83]

58   Sowohl die Vereinbarkeit der Norm mit den europarechtlichen Vorgaben, als auch mit der Verfassung ist umstritten. Die ganz hM kommt aber zu Recht zu dem Ergebnis, dass die Regelvermutung des Abs. 5 S. 3 sowohl europarechts- als auch verfassungskonform ist.[84]

---

75 Däubler/Bertzbach/*Ambrosius* AGG § 19 Rn. 59 a; *Meinel/Heyn/Herms* AGG § 19 Rn. 36.

76 Däubler/Bertzbach/*Ambrosius* AGG § 19 Rn. 59 a; Rust/Falke/*Eggert* AGG § 19 Rn. 147; *Meinel/Heyn/ Herms* § 19 Rn. 36; MüKoBGB/*Thüsing* AGG § 19 Rn. 114.

77 Däubler/Bertzbach/*Ambrosius* AGG § 19 Rn. 60.

78 So auch Däubler/Bertzbach/*Ambrosius* AGG § 19 Rn. 60; Rust/Falke/*Eggert* AGG § 19 Rn. 140; *Gaier/ Wendtlandt* AGG § 19 Rn. 48; MüKoBGB/*Thüsing* AGG § 19 Rn. 117.

79 Ähnlich: Däubler/Bertzbach/*Ambrosius* AGG § 19 Rn. 60.

80 So aber Rudolf/Mahlmann/*Armbrüster* AGG § 7 Rn. 90; Däubler/Bertzbach/*Ambrosius* AGG § 19 Rn. 60.

81 Däubler/Bertzbach/*Ambrosius* AGG § 19 Rn. 60; *Meinel/Heyn/Herms* AGG § 19 Rn. 13; *Jauernig* AGG § 19 Rn. 12.

82 HM, vgl. nur Hey/*Weimann* AGG § 19 Rn. 346 ff.; *Meinel/Heyn/Herms* AGG § 19 Rn. 13; aA Däubler/ Bertzbach/*Ambrosius* AGG § 19 Rn. 61, der die Möglichkeit eines Großvermieters, zu beweisen, dass er dem Ansehen der Person seiner Vertragspartners nicht nur nachrangige Bedeutung beimisst, für mit dem Gesetzeszweck unvereinbar hält.

83 BT-Drs. 16/1780 S. 42; vgl. auch Däubler/Bertzbach/ *Ambrosius* AGG § 19 Rn. 60.

84 Vgl. hierzu ausführlich Hey/*Weimann* AGG § 19 Rn. 328 ff.; Däubler/Bertzbach/*Ambrosius* AGG § 19 Rn. 62 jeweils mwN.

VII. Verhältnis zu anderen Vorschriften

Das zivilrechtliche Benachteiligungsverbot erfasst Verhaltensweisen, die bereits Gegenstand anderer recht- **59** licher Regelungen sind und bspw. nach den §§ 823 ff. BGB, insbesondere § 826 BGB, Schadensersatzansprüche auslösen können. Diese anderen gesetzlichen Regelungen bleiben von den Bestimmungen des AGG grds. unberührt.[85] Wegen näherer Einzelheiten → § 21 Rn 25.

Auf die Beschäftigungsverhältnisse iSv § 6 (→ § 6 Rn 2 ff) finden die §§ 19 ff. keine Anwendung, da zum **60** einen Beschäftigungsverhältnisse keine Geschäfte iSd Abs. 1 sind und zum anderen Abs. 2 die Geschäfte des § 2 Abs. 1 Nr. 1–4 nicht in seinen Anwendungsbereich aufnimmt.[86]

VIII. Umfang des Diskriminierungsverbots

Hinsichtlich der Reichweite des Diskriminierungsschutzes ist im Zivilrecht zudem zu beachten, dass die **61** Intensität des Schutzes hinsichtlich der einzelnen Merkmale unterschiedlich hoch ist (Rn. 62 zu Abs. 2). Das Verbot umfasst alle in § 3 genannten Arten der Benachteiligung, sowohl unmittelbare als auch mittelbare Benachteiligung, ebenso wie Belästigung und die Anweisung zur Diskriminierung.[87]

§ 20 AGG Zulässige unterschiedliche Behandlung

(1) ¹Eine Verletzung des Benachteiligungsverbots ist nicht gegeben, wenn für eine unterschiedliche Behandlung wegen der Religion, einer Behinderung, des Alters, der sexuellen Identität oder des Geschlechts ein sachlicher Grund vorliegt. ²Das kann insbesondere der Fall sein, wenn die unterschiedliche Behandlung

1. der Vermeidung von Gefahren, der Verhütung von Schäden oder anderen Zwecken vergleichbarer Art dient,
2. dem Bedürfnis nach Schutz der Intimsphäre oder der persönlichen Sicherheit Rechnung trägt,
3. besondere Vorteile gewährt und ein Interesse an der Durchsetzung der Gleichbehandlung fehlt,
4. an die Religion eines Menschen anknüpft und im Hinblick auf die Ausübung der Religionsfreiheit oder auf das Selbstbestimmungsrecht der Religionsgemeinschaften, der ihnen zugeordneten Einrichtungen ohne Rücksicht auf ihre Rechtsform sowie der Vereinigungen, die sich die gemeinschaftliche Pflege einer Religion zur Aufgabe machen, unter Beachtung des jeweiligen Selbstverständnisses gerechtfertigt ist.

(2) ¹Kosten im Zusammenhang mit Schwangerschaft und Mutterschaft dürfen auf keinen Fall zu unterschiedlichen Prämien oder Leistungen führen. ²Eine unterschiedliche Behandlung wegen der Religion, einer Behinderung, des Alters oder der sexuellen Identität ist im Falle des § 19 Abs. 1 Nr. 2 nur zulässig, wenn diese auf anerkannten Prinzipien risikoadäquater Kalkulation beruht, insbesondere auf einer versicherungsmathematisch ermittelten Risikobewertung unter Heranziehung statistischer Erhebungen.

I. Überblick 1
II. Die sachlichen Gründe, Abs. 1 5
  1. Vermeidung von Gefahren, Abs. 1 S. 2 Nr. 1 8
  2. Schutz der Intimsphäre und der persönlichen Sicherheit, Abs. 1 S. 2 Nr. 2 11
  3. Gewährung besonderer Vorteile, Abs. 1 S. 2 Nr. 3 13
  4. Religion, Abs. 1 S. 2 Nr. 4 17
III. Privatrechtliche Versicherungen, Abs. 2 22
  1. Ungleichbehandlung wegen des Geschlechts, Abs. 2 S. 1 24
  2. Ungleichbehandlung wegen Schwangerschaft oder Mutterschaft, Abs. 2 S. 2 27
  3. Ungleichbehandlung wegen Religion, Behinderung, Alter oder sexueller Identität, Abs. 2 S. 3 28
IV. Sonstige Rechtfertigungsgründe (außerhalb des AGG) 29

I. Überblick

Sinn und Zweck der Regelung ist es, sozial nicht verwerfliche oder sogar erwünschte sowie objektiv not- **1** wendige Unterscheidungen weiterhin zu ermöglichen.[1]

Die Norm regelt daher, wann eine unterschiedliche Behandlung aus Gründen der Religion, einer Behinde- **2** rung, des Alters, der sexuellen Identität oder des Geschlechts zulässig ist, obwohl sie den Tatbestand des

85 *Gaier/Wendtland* AGG 19 Rn. 35 ff.
86 Vgl. nur *Meinel/Heyn/Herms* AGG § 19 Rn. 6.
87 MüKoBGB/*Thüsing* AGG § 19 Rn. 62.

1 *Meinel/Heyn/Herms* AGG § 20 Rn. 2; BeckOK BGB/ *Wendtland* AGG § 20 Rn. 1.

§ 19 Abs. 1 erfüllt.[2] Der Wortlaut der Norm, die davon spricht, dass eine „Verletzung des Benachteiligungsverbots nicht gegeben" ist, wenn einer der genannten Rechtfertigungsgründe vorliegt, wird teilweise als missverständlich gerügt, da auch bei Eingreifen des § 20 eine Verletzung des Benachteiligungsverbotes vorliege, diese allerdings ausnahmsweise zulässig, also gerechtfertigt sei.[3] Die wohl hM geht dagegen mit dem Wortlaut des Gesetzes davon aus, dass es bei Eingreifen des § 20 an einer Verletzung fehlt.[4] Da nach allen Ansichten die Regelung als Rechtfertigungsgrund ausgestaltet ist, trifft die volle Darlegungs- und Beweislast den Benachteiligenden und richtet sich nach den allgemeinen Grundsätzen des Zivilprozessrechts.[5] Sofern nur eine mittelbare Benachteiligung vorliegt richtet sich die Beweislast nach § 22, da in diesen Fällen die Frage der Zulässigkeit der Benachteiligung schon auf Tatbestandsebene und nicht im Rahmen der Rechtfertigung zu prüfen ist.[6]

3   Nicht erfasst werden vom Rechtfertigungsgrund des § 20 Benachteiligungen aufgrund der „Rasse" und der „ethnischen Herkunft". Eine Ungleichbehandlung aufgrund dieser Merkmale steht damit nicht der Möglichkeit der Rechtfertigung offen.[7] Dies liegt daran, dass rassistisch motivierte Differenzierungen in jedem Fall inakzeptabel sind.[8] Hinsichtlich dieses Merkmalpaares sieht daher schon die Antirassismusrichtlinie keine Rechtfertigungsmöglichkeiten vor.[9]

4   Bei Mehrfachdiskriminierungen ist § 4 zu beachten.[10] Hieraus folgt, dass bei Diskriminierungen wegen mehr als einem Merkmal jeder der entsprechenden Gründe einer eigenen Rechtfertigung bedarf.

II. Die sachlichen Gründe, Abs. 1

5   Die in Abs. 1 S. 2 genannten sachlichen Gründe beziehen sich allein auf Benachteiligungen bei der Begründung, Durchführung und Beendigung von Massengeschäften iSv § 19 Abs. 1 Nr. 1. Für Benachteiligungen im Rahmen von privatrechtlichen Versicherungsverträgen gelten allein die Rechtfertigungsgründe des Abs. 2 als lex specialis.[11]

6   Abs. 1 stellt klar, dass eine Verletzung des Benachteiligungsverbots nicht gegeben ist, wenn ein sachlicher Grund vorliegt. Wann ein sachlicher Grund vorliegt, ist anhand der Umstände des Einzelfalls durch eine wertende Betrachtung nach den Grundsätzen von Treu und Glauben zu prüfen. Durch die Vielzahl der möglichen Sachverhalte, ist eine abschließende Aufzählung der in Betracht kommenden sachlichen Gründe nicht möglich. Abs. 1 S. 2 erleichtert die Konkretisierung des unbestimmten Rechtsbegriffs des sachlichen Grundes dadurch, dass er die wichtigsten Fallgruppen anhand von Regelbeispielen aufzeigt.[12] Da diese nicht abschließend sind, ist auch dann das Vorliegen eines sachlichen Grundes möglich, wenn keines der Regelbeispiele erfüllt ist. In diesem Fall muss der als sachlicher Grund in Betracht kommende Umstand von einigem Gewicht und in diesem mit den Regelbeispielen des Abs. 1 S. 1 vergleichbar sein.[13]

7   Die Frage, ob für das Vorliegen eines sachlichen Grundes eine umfassende Verhältnismäßigkeitsprüfung durchzuführen ist, ist umstritten. Teilweise wird dies verneint und allein darauf abgestellt, dass der Benachteiligende mit der Ungleichbehandlung ein nachvollziehbares und nicht völlig willkürliches Ziel verfolge.[14]

---

2   MüKoBGB/*Thüsing* AGG § 20 Rn. 1; *Meinel/Heyn/ Herms* AGG § 20 Rn. 1; vgl. auch BeckOK BGB/ *Wendtland* AGG § 20 Rn. 2, der eine verfassungskonforme Auslegung und hierdurch eine Anwendung auch auf Ungleichbehandlungen aufgrund der Weltanschauung befürwortet.

3   *Jauernig* AGG § 20 Rn. 1; für die Wortwahl des Gesetzes.

4   *Meinel/Heyn/Herms* AGG § 20 Rn. 1; *Rühl/Schmid/ Viethen*, S. 129.

5   BT-Drs. 16/1780, S. 43; *Meinel/Heyn/Herms* AGG § 20 Rn. 2; BeckOK BGB/*Wendtland* AGG § 20 Rn. 27; Däubler/Bertzbach/*Franke/Schlichtmann* AGG § 20 Rn. 8.

6   Vgl. die Kommentierung dort sowie *Meinel/Heyn/ Herms* AGG § 20 Rn. 3; BeckOK BGB/*Wendtland* AGG § 20 Rn. 27; Däubler/Bertzbach/*Franke/ Schlichtmann* AGG § 20 Rn. 5.

7   *Jauernig* AGG § 20 Rn. 2; *Meinel/Heyn/Herms* AGG § 20 Rn. 1; Däubler/Bertzbach/*Franke/Schlichtmann* AGG § 20 Rn. 3; *Rühl/Schmid/Viethen*, S. 131; BeckOK BGB/*Wendtland* AGG § 20 Rn. 3.

8   Vgl. BR-Drs. 329/06 S 46; vgl. Gaier/*Wendtland* AGG § 20 Rn. 95.

9   Däubler/Bertzbach/*Franke/Schlichtmann* AGG § 20 Rn. 3; *Rühl/Schmid/Viethen* AGG, S. 131; MüKoBGB/*Thüsing* AGG § 20 Rn. 2; aA *Derleder/Sabatte* WuM 2005, 3 ff., 6 f. im Hinblick auf das Wohnraummietrecht; zur Begrenzung des Anwendungsbereichs nach § 19 Abs. 5 S. 1 s. dort.

10   Vgl. die Ausführungen dort sowie Däubler/Bertzbach/*Franke/Schlichtmann* AGG § 20 Rn. 6; *Meinel/ Heyn/Herms* AGG § 20 Rn. 1; *Rühl/Schmid/Viethen*, S. 133.

11   BeckOK BGB/*Wendtland* AGG § 20 Rn. 4; *Meinel/ Heyn/Herms* AGG § 20 Rn. 4.

12   Vgl. BR-Drs. 329/06, S. 46 f.; BeckOK BGB/*Wendtland* AGG § 20 Rn. 5; Däubler/Bertzbach/*Franke/ Schlichtmann* AGG § 20 Rn. 9 ff.; *Meinel/ Heyn/Herms* AGG § 20 Rn. 10; *Rühl/Schmid/Viethen* AGG S. 134.

13   Däubler/Bertzbach/*Franke/Schlichtmann* AGG § 20 Rn. 11; Rudolf/Mahlmann/*Armbrüster* AGG § 7 Rn. 135.

14   So *Bauer/Göpfert/Krieger* AGG § 20 Rn. 6.

Die Vertreter der Gegenauffassung fordern dagegen zu Recht eine umfassende Verhältnismäßigkeitsprüfung.[15] Dem Anbieter ist hierbei ein gewisser Prognose- und Einschätzungsspielraum zuzuerkennen.[16]

1. Vermeidung von Gefahren, Abs. 1 S. 2 Nr. 1. Nach Nr. 1 ist eine unterschiedliche Behandlung **8** gerechtfertigt, die der Vermeidung von Gefahren, der Verhütung von Schäden oder anderen Zwecken vergleichbarer Art dient. Das Regelbeispiel soll in erster Linie bei der Abwicklung von Massengeschäften die Einhaltung und Durchsetzung von Verkehrssicherungspflichten ermöglichen, indem es Benachteiligungen im Rahmen von Gefahrabwehrmaßnahmen erlaubt.[17] Das Regelbeispiel berücksichtigt somit sowohl das Interesse des Anbieters, Haftungsrisiken auszuschließen als auch die Schutzinteressen der Nachfrageseite sowie Dritter und der Allgemeinheit.[18] Erforderlich ist allerdings, dass die benachteiligenden Maßnahmen zur Abwehr von Gefahren für Rechtsgüter jeder Art geboten, also geeignet und erforderlich, sind.[19]

Von dem Regelbeispiel der Nr. 1 erfasst wären zB Fahrgeschäfte eines Freizeitparks, die vom Betreiber nur **9** für Personen eines bestimmten Alters oder ab einer bestimmten Größe frei gegeben werden, oder die nur von Personen genutzt werden dürfen, die keine körperlichen Behinderungen aufweisen.[20] Ein Beispiel für eine gerechtfertigte Benachteiligung von Frauen sind Flugreisebeschränkungen für Schwangere.[21] Ebenfalls auf Nr. 1 können sich Einrichtungen berufen, die Opfern sexueller Gewalt Zuflucht bieten und nur den Angehörigen eines Geschlechts offen stehen.[22]

Der Gefahr, dass die Rechtfertigung über Nr. 1 zu einem bloßen Begründungsgebot verkommen könnte, ist **10** bei der Durchführung der Verhältnismäßigkeitsprüfung zu begegnen.[23]

2. Schutz der Intimsphäre und der persönlichen Sicherheit, Abs. 1 S. 2 Nr. 2. Hiernach liegt ein **11** rechtfertigender Grund für eine Ungleichbehandlung vor, wenn diese dem Bedürfnis nach Schutz der Intimsphäre oder der persönlichen Sicherheit Rechnung trägt. Dieses Regelbeispiel trägt dem Umstand Rechnung, dass es insbesondere Unterscheidungen nach dem Geschlecht gibt, die dem Bedürfnis nach Schutz der Intimsphäre und der persönlichen Sicherheit dienen, die gesellschaftlich akzeptiert und erwünscht sind.[24] So sind hiernach bspw. Frauentage in Saunen und Schwimmbädern (Intimsphäre) oder Frauenparkplätze (Sicherheit) gerechtfertigt.[25]

Im Rahmen der durchzuführenden Verhältnismäßigkeitsprüfung ist ein nachvollziehbares Schutzbedürfnis **12** als legitimer Zweck zu fordern.[26] Eine konkrete Gefährdungslage ist dagegen nicht erforderlich.[27]

3. Gewährung besonderer Vorteile, Abs. 1 S. 2 Nr. 3. Nach Nr. 3 ist eine Ungleichbehandlung gerecht- **13** fertigt, wenn sie der Gewährung besonderer Vorteile dient und an der Durchsetzung der Gleichbehandlung kein Interesse besteht. Der Begriff des Vorteils umfasst insbesondere Preisnachlässe, daneben aber auch jede andere Form von Sonderkonditionen bei der Abwicklung von Massengeschäften.[28]

In der Struktur ähnelt das Regelbeispiel der Nr. 3 bedingt einer positiven Maßnahme nach § 5.[29] Allerdings **14** wird nicht verlangt, dass durch die Vorteilsgewährung bestehende Nachteile ausgeglichen werden.[30] Auch wenn ein solcher Nachteilsausgleich damit keine Voraussetzung des Regelbeispiels ist, so wird dies in vielen Fällen dennoch der Fall sein, da ein Interesse an der Durchsetzung der Gleichbehandlung iSd Vorschrift insbesondere dann fehlt, wenn die bevorzugte Gruppe typischerweise weniger leistungsfähig ist.[31] So sind hiernach bspw. Rabatte für Schüler oder Rentner gerechtfertigt. Das Regelbeispiel erfasst aber auch Fälle, in denen die Bevorzugung keine Nachteile ausgleichen soll, sondern bspw. der verstärkten Ansprache bestimmter Kundenkreise dient. Diese Bevorzugungen sind dann letztlich nur Ausdruck einer auf Wettbe-

---

15 Hierzu ausf.: *Meinel/Heyn/Herms* AGG § 20 Rn. 8 f., 11 f. sowie Däubler/Bertzbach/*Franke/Schlichtmann* AGG § 20 Rn. 12, je mwN.
16 Vgl. Fn. 15 sowie BeckOK BGB/*Wendtland* AGG § 20 Rn. 7.
17 BR-Drs. 329/06, S. 47; BeckOK BGB/*Wendtland* AGG § 20 Rn. 6; *Meinel/Heyn/Herms* AGG § 20 Rn. 11; Däubler/Bertzbach/*Franke/Schlichtmann* AGG § 20 Rn. 12; *Schrader/Schubert* AGG Rn. 646.
18 Däubler/Bertzbach/*Franke/Schlichtmann* AGG § 20 Rn. 12; *Meinel/Heyn/Herms* AGG § 20 Rn. 11.
19 BR-Drs. 329/06, S. 47. sowie Fn. 15.
20 Däubler/Bertzbach/*Franke/Schlichtmann* AGG § 20 Rn. 12.
21 Palandt/*Grüneberg* AGG § 20 Rn. 3; Däubler/Bertzbach/*Franke/Schlichtmann* AGG § 20 Rn. 12.
22 BT-Drs. 16/1780, S. 43; Däubler/Bertzbach/*Franke/Schlichtmann* AGG § 20 Rn. 12.

23 Vgl. Däubler/Bertzbach/*Franke/Schlichtmann* AGG § 20 Rn. 14; *Meinel/Heyn/Herms* AGG § 20 Rn. 11.
24 Vgl. BR-Drs. 329/06, S. 47; BeckOK BGB/*Wendtland* AGG § 20 Rn. 9; Däubler/Bertzbach/*Franke/Schlichtmann* AGG § 20 Rn. 16.
25 BeckOK BGB/*Wendtland* AGG § 20 Rn. 9; *Jauernig* AGG § 20 Rn. 5.
26 Vgl. *Schrader/Schubert* AGG Rn. 646.
27 Vgl. *Meinel/Heyn/Herms* AGG § 20 Rn. 13; Däubler/Bertzbach/*Franke/Schlichtmann* AGG § 20 Rn. 17.
28 BT-Drs. 16/1780, S. 447; *Meinel/Heyn/Herms* AGG § 20 Rn. 14; *Rühl/Schmid/Viethen*, S. 138.
29 Vgl. Kommentierung dort sowie BeckOK BGB/*Wendtland* AGG § 20 Rn. 12.
30 Däubler/Bertzbach/*Franke/Schlichtmann* AGG § 20 Rn. 17; *Stork* ZEuS 2005, 1 (44 f.).
31 Vgl. *Meinel/Heyn/Herms* AGG § 20 Rn. 14; BeckOK BGB/*Wendtland* AGG § 20 Rn. 13; *Schrader/Schubert* AGG Rn. 648.

werb beruhenden Wirtschaft.[32] So wären nach Nr. 3 Verkaufsaktionen möglich, die bspw. bestimmte Produkte an die Angehörigen eine bestimmten Gruppe vergünstigt anbieten, also bspw. Wasserkocher an Frauen über 45.[33] Weitere Beispiele wären ein vergünstigter Eintritt für weibliche Besucher einer Diskothek oder geringere Teilnehmergebühren für männliche Kunden einer Tanzschule.

15   Der Rechtfertigungsgrund greift dagegen nicht ein, wenn die Bevorzugung einzelner Personen in erster Linie die Ausgrenzung anderer bezweckt. In diesem Fall besteht das Interesse an der Durchsetzung des Gleichbehandlungsgebots fort, da nicht die Förderung, sondern die Benachteiligung im Vordergrund steht.[34]

16   Das ist nach der durch das zivilrechtliche Benachteiligungsverbot normierten Werteordnung nicht hinnehmbar. Dies kann insbesondere dann der Fall sein, wenn das geforderte Entgelt weit über dem marktüblichen Preisniveau liegt, und die Rabatte nur zu einer Absenkung auf die übliche Vergütung führen.[35] Ein Beispiel hierfür wäre der in diesem Sinne überteuerte Verkauf von Speisen und Getränken in einer Gaststätte an Menschen mit Behinderungen, während Menschen ohne sichtbare Behinderungen in den Genuss der rabattierten Preise kommen.

17   **4. Religion, Abs. 1 S. 2 Nr. 4.** Die Vorschrift regelt die Fälle, in denen eine Benachteiligung aufgrund der Religion einer Person gerechtfertigt sein kann. Vorausgesetzt wird hiernach, dass die Benachteiligung im Hinblick auf die Ausübung der Religionsfreiheit oder auf das Selbstbestimmungsrecht der Religionsgemeinschaften unter Beachtung des jeweiligen Selbstverständnisses gerechtfertigt ist. Neben den Religionsgemeinschaften werden auch die ihnen zugeordneten Einrichtungen ohne Rücksicht auf ihre Rechtsform sowie die Vereinigungen erfasst, die sich die gemeinschaftliche Pflege einer Religion zur Aufgabe machen.

18   Sinn der Vorschrift ist es, der Glaubensfreiheit des Einzelnen aus Art. 4 Abs. 1 GG Rechnung zu tragen. Darüber hinaus berücksichtigt die Vorschrift auch Art. 140 GG iVm Art. 137 Abs. 3 WRV, wonach den Religionsgemeinschaften selbst, sowie den ihnen zugeordneten Einrichtungen die Freiheit bei der Ordnung und Verwaltung ihrer Angelegenheiten innerhalb der für alle geltenden Gesetze zugesichert wird.[36] Einrichtungen sind ohne Rücksicht auf ihrer Rechtsform den Religionsgemeinschaften zugeordnet, wenn sie nach ihrem Selbstverständnis zur Wahrnehmung und Erfüllung eines Teils des Auftrags der Religionsgemeinschaften berufen sind.[37] Beispiele für solche Einrichtungen sind kirchliche Krankenhäuser, Schulen, Jugendherbergen usw Der Rechtfertigungsgrund gilt daneben auch für Vereinigungen, die sich die gemeinschaftliche Pflege einer Religion zur Aufgabe gemacht haben, was insbes. Dachverbände erfasst.[38]

19   Um sich auf den Rechtfertigungsgrund der Nr. 4 berufen zu können, muss der Benachteiligende konkret, substantiiert und objektiv nachvollziehbar darlegen, dass der behauptete Glaubensinhalt tatsächlich besteht und darüber hinaus aufzeigen, dass aus einem Zwang, gegen diesen Glaubensinhalt handeln zu müssen, ein Gewissenskonflikt folgen würde.[39] Ein islamischer Metzger, der unter Berufung auf den Rechtfertigungsgrund der Nr. 4 kein Fleisch an Frauen verkaufen will, die kein Kopftuch tragen, müsste daher ein konkretes Glaubensverbot dieses Inhalts darlegen.[40] Es reicht nicht aus, dass die Frauen gegen ein Gebot seines Glaubens verstoßen. Das Ziel diese Frauen zu einem „glaubenskonformen" Verhalten anzuhalten, kann damit nicht zur Rechtfertigung der Benachteiligung führen. Nur wenn seine Religion dem Metzger verbietet, Fleisch an Frauen zu verkaufen, die kein Kopftuch tragen, kommt eine Rechtfertigung überhaupt in Betracht.

20   Schließlich ist auch im Hinblick auf eine Rechtfertigung im Rahmen der Nr. 4 eine Verhältnismäßigkeitsprüfung durchzuführen.[41]

21   Nach hM führt eine Verfassungskonforme Auslegung der Vorschrift dazu, dass neben der Religion auch Weltanschauungen gleichberechtigt erfasst werden.[42]

---

32   BT-Drs. 16/1780, S. 44; *Meinel/Heyn/Herms* AGG § 20 Rn. 14.

33   *Däubler/Bertzbach/Franke/Schlichtmann* AGG § 20 Rn. 18; *Stork* ZEuS 2005, 1 ff., 45.

34   BR-Drs. 329/06, S. 47.

35   BT-Drs. 16/1780, S. 44; BeckOK BGB/*Wendtland* AGG § 20 Rn. 13; *Meinel/Heyn/Herms* AGG § 20 Rn. 14; *Bauer/Göpfert/Krieger* AGG § 20 Rn. 9.

36   BT-Drs. 16/1780, S. 44; vgl. auch *Meinel/Heyn/Herms* AGG § 20 Rn. 16; BeckOK BGB/*Wendtland* AGG § 20 Rn. 16; *Rühl/Schmid/Viethen*, S. 140; sowie zum Regelbeispiel insgesamt *Thüsing* JZ 2004, 172 ff.

37   BT-Drs. 16/1780, S. 44; BVerfGE 70, 138, 162; 57, 220, 242; 53, 366, 391; 46, 73, 85 f.; BeckOK BGB/*Wendtland* AGG § 20 Rn. 16.

38   Vgl. OVG Münster NVwZ-RR 2004, 492 (494); *Meinel/Heyn/Herms* AGG § 20 Rn. 19.

39   BT-Drs. 16/1780, S. 45; BeckOK BGB/*Wendtland* AGG § 20 Rn. 16; *Meinel/Heyn/Herms* AGG § 20 Rn. 18; vgl. auch BVerfGE 94, 82 ff.

40   Vgl. BT-Drs. 19/1780, S. 45; BVerfGE 94, 82 ff.; *Meinel/Heyn/Herms* AGG § 20 Rn. 18.

41   Ausf. hierzu *Däubler/Bertzbach/Ambrosius* AGG § 20 Rn. 25.

42   HM, vgl. nur *Däubler/Bertzbach/Ambrosius* AGG § 20 Rn. 20; BeckOK BGB/*Wendtland* AGG § 20 Rn. 18.

III. Privatrechtliche Versicherungen, Abs. 2

Die Vorschrift enthält einen speziellen Rechtfertigungsgrund für Benachteiligungen aufgrund des **22** Geschlechts (S. 1 und 2), der Religion, einer Behinderung, des Alters oder der sexuellen Identität (S. 3) bei Anbahnung, Durchführung und Beendigung von privatrechtlichen Versicherungsverträgen. Die Vorschrift geht Abs. 1 als lex specialis vor, mit der Folge, dass Versicherern nur die Ungleichbehandlung aufgrund risikoadäquater Kalkulation offen steht und nicht, wie im Rahmen des Abs. 1 aus jedem sachlichen Grund.[43] Durch die Vorschrift soll damit sichergestellt werden, dass die auch im Interesse der Versicherten liegende Differenzierung nach Risikofaktoren, die zu den Grundprinzipien privatrechtlicher Versicherung gehört, vom AGG unberührt bleibt.[44] Daneben soll aber sichergestellt werden, dass in sämtlichen Privatversicherungen Willkür ausgeschlossen ist.[45]

Eine Ungleichbehandlung aus Gründen der Rasse und der ethnischen Herkunft wird von der Vorschrift **23** nicht erfasst und ist damit auch im Bereich der privatrechtlichen Versicherungen ausnahmslos verboten.[46]

1. Ungleichbehandlung wegen des Geschlechts, Abs. 2 S. 1. Nach Abs. 2 S. 1 ist eine Ungleichbe- **24** handlung bei den Prämien oder Leistungen wegen des Geschlechts gerechtfertigt, wenn dessen Berücksichtigung bei einer auf relevanten und genauen versicherungsmathematischen und statistischen Daten beruhenden Risikobewertung ein bestimmender Faktor ist. S. 1 vollzieht Art. 5 Abs. 2 S. 1 der Gender-Richtlinie (2004/113 EG) wörtlich nach. Das Geschlecht muss bei der Risikobewertung ein bestimmender Faktor sein. Es reicht nicht aus, wenn das Geschlecht bei der Risikobewertung nur ein Faktor unter vielen ist.[47]

Der Wortlaut der Norm erfasst ausdrücklich nur „Ungleichbehandlung bei den Prämien oder Leistungen". **25** Nach ganz hM ist die Vorschrift aber für sämtliche Differenzierungen anzuwenden, also insbes. auch auf die Entscheidung des Versicherers den Vertrag überhaupt abzuschließen.[48] Ein anderes Ergebnis wird zu Recht für sachwidrig befunden. Wenn schon ein benachteiligender Vertragsinhalt den weitergehenden Voraussetzungen des Abs. 2 S. 1 standhalten muss, dann muss dies erst recht für die deutlich wichtigere Frage des Vertragsschlusses an sich gelten.[49]

Relevant und genau im Sinne der Vorschrift sind nur solche Daten, die eine stichhaltige Aussage über das **26** Merkmal „Geschlecht" als versicherungsmathematischen Risikofaktor erlauben. Voraussetzung hierfür ist, dass die Daten nach allgemein anerkannter Methode verlässlich erhoben sowie regelmäßig aktualisiert werden und auch der Öffentlichkeit zugänglich sind.[50] Nach der Entscheidung des EuGH am 1.3.2011 in der Rechtssache C-236/09 wird man diese Rechtsauffassung hingegen wegen Verstoßes gegen Gemeinschaftsrecht nicht mehr aufrecht erhalten können (vgl. hierzu → § 19 Rn. 16).

2. Ungleichbehandlung wegen Schwangerschaft oder Mutterschaft, Abs. 2 S. 2. Nach Abs. 2 S. 2 **27** der Vorschrift, dürfen Kosten im Zusammenhang mit Schwangerschaft oder Mutterschaft auf keinen Fall zu unterschiedlichen Prämien oder Leistungen führen. Es handelt sich hierbei um eine spezielle, unmittelbare Benachteiligung aufgrund des Geschlechts.[51] Die Bestimmung stellt in Übereinstimmung mit Art. 5 Abs. 3 der Gender-Richtlinie ausdrücklich klar, dass die hierdurch entstehenden Kosten unter keinen Umständen zu unterschiedlichen Versicherungsleistungen oder Prämien führen dürfen. Ebenso wie in Abs. 2 S. 1 wird man auch hier über den Wortlaut hinaus, nicht nur Prämien oder Leistungen als erfasst ansehen können, sondern jede Diskriminierung bei der Begründung, Durchführung oder Beendigung von Versicherungsverträgen. Somit dürfen erwartete Kosten im Zusammenhang mit Schwangerschaft oder Mutterschaft auch nicht dazu führen, dass bspw. eine private Krankenversicherung gar nicht erst abgeschlossen wird.[52]

3. Ungleichbehandlung wegen Religion, Behinderung, Alter oder sexueller Identität, Abs. 2 S. **28** **3.** Nach Abs. 2 S. 3 ist eine unterschiedliche Behandlung wegen der Religion oder Weltanschauung, einer Behinderung, des Alters oder der sexuellen Identität zulässig, sofern diese auf anerkannten Prinzipien risikoadäquater Kalkulation beruht, insbesondere auf einer versicherungsmathematisch ermittelten Risikobewertung unter Heranziehung statistischer Erhebungen. Diesem Rechtfertigungsgrund liegt der Gedanke zugrunde, dass als Risikomerkmale ohnehin nur solche Umstände geeignet sind, die zu vertretbaren Kosten

---

43 Däubler/Bertzbach/*Ambrosius* AGG § 20 Rn. 36; aA *Armbrüster* VersR 2006, 1297 (1301).

44 BR-Drs. 329/06, S. 48; BeckOK BGB/*Wendtland* AGG § 20 Rn. 18.

45 *Schrader/Schubert* AGG Rn. 652.

46 Vgl. hierzu nur *Meinel/Heyn/Herms* AGG § 20 Rn. 21; BeckOK BGB/*Wendtland* AGG § 20 Rn. 22.

47 Vgl. BR-Drs. 329/06 S. 48 f.; *Meinel/Heyn/Herms* AGG § 20 Rn. 25; Däubler/Bertzbach/*Ambrosius* AGG § 20 Rn. 41; *Rühl/Schmid/Viethen*, S. 145.

48 Vgl. BT-Drs. 19/1780; S. 45; Däubler/Bertzbach/ *Ambrosius* AGG § 20 Rn. 40; *Meinel/Heyn/Herms* AGG § 20 Rn. 25; Gaier/*Wendtland* AGG § 20 Rn. 96; aA *Thüsing/v. Hoff* VersR 2007, 1 (2).

49 Vgl. Däubler/Bertzbach/*Ambrosius* AGG § 20 Rn. 40; vgl. auch *Rühl/Schmid/Viethen*, S. 142 f.

50 BT-Drs. 16/1780, S. 45.

51 *Meinel/Heyn/Herms* AGG § 20 Rn. 27.

52 So auch Däubler/Bertzbach/*Ambrosius* AGG § 20 Rn. 53.

statistisch erfassbar sind und in einer deutlichen statistischen Korrelation zur Schadenserwartung stehen.[53] Der Begriff „anerkannte Prinzipien risikoadäquater Kalkulation" stellt dabei eine Zusammenfassung der Grundsätze dar, die von den Versicherungsmathematikern bei der Berechnung von Prämien und Deckungsrückstellungen angewendet werden.[54] Gesetzliche Grundlagen dieser Grundsätze finden sich bspw. in den §§ 11, 65 VAG oder § 341 f. HGB.[55] Ausweislich der Gesetzesbegründung sind hierbei bestimmte Rechnungsgrundlagen, mathematische Formeln und kalkulatorische Herleitungen zu verwenden, wobei grds. auch (falls vorhanden oder mit vertretbarem Aufwand erstellbar) statistisches Material (zB Sterbetafeln) heranzuziehen ist. Darüber hinaus ist hierbei auch auf anerkannte medizinische Erfahrungswerte und Einschätzungstabellen der Rückversicherer zurückzugreifen.[56]

IV. Sonstige Rechtfertigungsgründe (außerhalb des AGG)

29 Grundsätzlich kommen neben § 20 auch die anderen Rechtsfertigungsgründe, insbesondere § 34 StGB in Betracht.[57]

§ 21 AGG Ansprüche

(1) [1]Der Benachteiligte kann bei einem Verstoß gegen das Benachteiligungsverbot unbeschadet weiterer Ansprüche die Beseitigung der Beeinträchtigung verlangen. [2]Sind weitere Beeinträchtigungen zu besorgen, so kann er auf Unterlassung klagen.

(2) [1]Bei einer Verletzung des Benachteiligungsverbots ist der Benachteiligende verpflichtet, den hierdurch entstandenen Schaden zu ersetzen. [2]Dies gilt nicht, wenn der Benachteiligende die Pflichtverletzung nicht zu vertreten hat. [3]Wegen eines Schadens, der nicht Vermögensschaden ist, kann der Benachteiligte eine angemessene Entschädigung in Geld verlangen.

(3) Ansprüche aus unerlaubter Handlung bleiben unberührt.

(4) Auf eine Vereinbarung, die von dem Benachteiligungsverbot abweicht, kann sich der Benachteiligende nicht berufen.

(5) [1]Ein Anspruch nach den Absätzen 1 und 2 muss innerhalb einer Frist von zwei Monaten geltend gemacht werden. [2]Nach Ablauf der Frist kann der Anspruch nur geltend gemacht werden, wenn der Benachteiligte ohne Verschulden an der Einhaltung der Frist verhindert war.

I. Überblick	1	c) Rechtsfolgen	18
II. Beseitigungs- und Unterlassungsanspruch, Abs. 1	2	III. Schadensersatzanspruch	19
1. Beseitigungsanspruchs, S. 1	4	1. Vermögensschaden, Abs. 2 S. 1	19
a) Gegenwärtiger Verstoß gegen des Benachteiligungsverbot	5	2. Immaterieller Schaden, Abs. 2 S. 3	22
b) Ausschlussfrist	9	IV. Deliktsrechtliche Ansprüche, Abs. 3	25
c) Rechtsfolgen	10	V. Unwirksamkeit abweichender Vereinbarungen, Abs. 4	26
2. Unterlassungsanspruch, S. 2	13	VI. Ausschlussfrist und Verjährung, Abs. 5	27
a) Drohender Verstoß gegen das Benachteiligungsverbot	14	1. Ausschlussfrist	27
b) Weitere Voraussetzungen	17	2. Verjährung	32
		VII. Unwirksamkeit von benachteiligenden Rechtsgeschäften	33

I. Überblick

1 § 21 regelt die Rechtsfolgen eines Verstoßes gegen das zivilrechtliche Benachteiligungsverbot des § 19 in Form von Ansprüchen auf Beseitigung und Unterlassung sowie Schadenersatz. Die Norm dient der Umsetzung von Art. 15 der Antirassismusrichtlinie 2000/43/EG und Art. 14 der Gleichbehandlungsrichtlinie 2004/113/EG. Danach müssen die Mitgliedstaaten Sanktionen normieren, die „wirksam, verhältnismäßig und abschreckend" sind.[1] Mit dem Erfordernis einer „abschreckenden" Wirkung der Sanktion ist aber kein

---

53 BT-Drs. 16/1780, S. 45 unter Verweis auf *Wandt* VersR 2004, 1341 (1432); *Meinel/Heyn/Herms* AGG § 20 Rn. 28; BeckOK BGB/*Wendtland* AGG § 20 Rn. 25.

54 BT-Drs. 16/1780, S. 45; *Schrader/Schubert* AGG Rn. 658.

55 BT-Drs. 16/1780, S. 45; *Meinel/Heyn/Herms* AGG § 20 Rn. 28.

56 BT-Drs. 16/1780, S. 45.

57 Vgl. *Meinel/Heyn/Herms* AGG § 20 Rn. 29 mwN.

1 Vgl. *Meinel/Heyn/Herms* AGG § 21 Rn. 3; *Däubler/Bertzbach/Deinert* AGG § 21 Rn. 3 ff.; BeckOK BGB/*Wendtland* AGG § 21 Rn. 1.

„Strafcharakter" des Schadensersatzanspruches verbunden.[2] Es handelt sich mithin nur um einen Schadensausgleich, nicht etwa um einen Strafschadensersatz.[3]

II. Beseitigungs- und Unterlassungsanspruch, Abs. 1

Abs. 1 regelt einen Beseitigungsanspruch für gegenwärtige Beeinträchtigungen und einen Unterlassungsanspruch für zukünftige. § 15 enthält keine entsprechenden Ansprüche für den arbeitsrechtlichen Diskriminierungsschutz.[4] **2**

Da die Ansprüche „unbeschadet weiterer Ansprüche" bestehen, kommen daneben auch andere Ansprüche auf Beseitigung und Unterlassung wie bspw. aus den §§ 1004, 823 BGB wegen Verletzung des allgemeinen Persönlichkeitsrechts in Betracht. Darüber hinaus kommen aber auch weitergehende Ansprüche in Betracht, wie bspw. auf Schadenersatz, der häufig nicht mit der bloßen Naturalrestitution erledigt ist.[5] **3**

1. Beseitigungsanspruchs, S. 1. Nach S. 1 kann der Benachteiligte bei einem Verstoß gegen das Benachteiligungsverbot unbeschadet weiterer Ansprüche die Beseitigung der Benachteiligung verlangen. **4**

a) Gegenwärtiger Verstoß gegen des Benachteiligungsverbot. Ein Verstoß gegen das Benachteiligungsverbot setzt eine nicht gerechtfertigte Benachteiligung iSd § 19 voraus. Da das Tatbestandsmerkmal „Verstoß" nur dann vorliegt, wenn die Benachteiligung nicht gerechtfertigt ist, geht die ganz hM zu Recht davon aus, dass das Vorliegen von Rechtfertigungsgründen bereits an dieser Stelle des Tatbestands zu prüfen ist und lehnt einen eigenständigen Prüfungspunkt „Rechtswidrigkeit" ab.[6] **5**

Nach zutreffender Ansicht richtet sich der Anspruch gegen den Störer, dem die Benachteiligung zuzurechnen ist. Hat der Anbieter einer Leistung die Benachteiligung nicht selbst, auch nicht mittelbar verursacht, sondern ein für diesen tätiger Arbeitnehmer, ist nach zutreffender Ansicht dennoch der Anbieter und Arbeitgeber Störer und damit alleiniger Anspruchsgegner. Nur so kann der systematische Gleichschritt mit den arbeitsrechtlichen Ansprüchen und den anderen zivilrechtlichen Ansprüchen wegen Verletzung des Gleichbehandlungsgebots gewahrt bleiben.[7] **6**

Schließlich muss die Beeinträchtigung noch gegenwärtig sein, was sich schon aus der Natur des Beseitigungsanspruchs ergibt, da nur eine noch fortdauernde Beeinträchtigung beseitigt werden kann.[8] **7**

Ein Verschulden ist für den Anspruch aus § 21 Abs. 1 S. 1 nicht erforderlich. Ausreichend ist der objektive Verstoß gegen das Benachteiligungsverbot.[9] **8**

b) Ausschlussfrist. Der Anspruch muss innerhalb der Ausschlussfrist des Abs. 5 geltend gemacht werden.[10] **9**

c) Rechtsfolgen. Rechtsfolge ist ein Anspruch auf Beseitigung der Beeinträchtigung, was nach zutreffender hM nicht die Wiederherstellung des ursprünglichen Zustands bedeutet, sondern die Beseitigung der Beeinträchtigung für die Zukunft verlangt.[11] Der Anspruch erfasst schon nach seinem Wortlaut allein die Beeinträchtigung und nicht etwa die aus der Beeinträchtigung sich ergebenden, weiteren Nachteile. Diese Auslegung dient auch der Abgrenzung des verschuldensunabhängigen Beseitigungsanspruchs und des verschuldensabhängigen Schadensersatzanspruchs.[12] **10**

Umstritten ist, ob aus Abs. 1 S. 1 ein Kontrahierungsanspruch folgt. Die hM geht hierbei zu Recht davon aus, dass der Beseitigungsanspruch dann, wenn die Benachteiligung in der Weigerung zum Abschluss eines Vertrages liegt, auch einen Kontrahierungszwang auslösen kann.[13] Jede diskriminierende Verweigerung **11**

2 BT-Drs. 16/1730, S. 46; *Meinel/Heyn/Herms* AGG § 21 Rn. 3.
3 Däubler/Bertzbach/*Deinert* AGG § 21 Rn. 10.
4 S. Kommentierung dort, vgl. weiter Däubler/Bertzbach/*Deinert* AGG § 21 Rn. 16.
5 Vgl. nur Däubler/Bertzbach/*Deinert* AGG § 21 Rn. 17.
6 So *Meinel/Heyn/Herms* AGG § 21 Rn. 6; Däubler/Bertzbach/*Deinert* AGG § 21 Rn. 21 b; aA nach der die Rechtswidrigkeit aber bei Erfüllung des Tatbestandes indiziert ist: BeckOK BGB/*Wendtland* AGG § 21 Rn. 4; MüKoBGB/*Thüsing* AGG § 21 Rn. 10.
7 So MüKoBGB/*Thüsing* AGG § 21 Rn. 13; Däubler/Bertzbach/*Deinert* AGG § 21 Rn. 21 b; aA *Meinel/Heyn/Herms* AGG § 21 Rn. 6, die § 278 BGB analog anwenden.
8 *Meinel/Heyn/Herms* AGG § 21 Rn. 6; Däubler/Bertzbach/*Deinert* AGG § 21 Rn. 21 a; *Jauernig* AGG § 21 Rn. 3.

9   BT-Drs. 16/1780, S. 46; Däubler/Bertzbach/*Deinert* AGG § 21 Rn. 22; *Meinel/Heyn/Herms* AGG § 21 Rn. 7.
10 Vgl. § 21 Abs. 5 AGG.
11 Däubler/Bertzbach/*Deinert* AGG § 21 Rn. 22; *Thüsing/v. Hoff* VersR 2007, 1 (9).
12 Palandt/*Grünberg* AGG § 21 Rn. 3; BeckOK BGB/*Wendtland* AGG § 21 Rn. 8; *Meinel/Heyn/Herms* AGG § 21 Rn. 9; Däubler/Bertzbach/*Deinert* AGG § 21 Rn. 23; *Thüsing/v. Hoff* VersR 2007, 1 (9).
13 *Bauer/Göpfert/Krieger* AGG § 31 Rn. 6; *Meinel/Heyn/Herms* AGG § 21 Rn. 11; Däubler/Bertzbach/*Deinert* AGG § 21 Rn. 24; BeckOK BGB/*Wendtland*; AGG AGG § 21 Rn. 13 ff.; *Schwab* DNotZ 2006, 649 (667); *Thüsing/v. Hoff* VersR 2007, 1 (9); *dies.* NJW 2007, 21 (121 ff.) jeweils mwN; aA *Jauernig* AGG § 21 Rn. 3; wohl auch Palandt/*Grünberg* AGG § 21 Rn. 3.

eines Vertragsschlusses ist eine Benachteiligung, die so lange andauert, wie der Vertragsschluss verweigert wird. Diese Beeinträchtigung kann auch für die Zukunft nur dadurch beseitigt werden, dass der Vertrag abgeschlossen wird. Hieraus folgt aber auch, dass ein Kontrahierungszwang nur in Betracht kommt, wenn die Diskriminierung in dem verweigerten Vertragsschluss selbst liegt und nicht, wenn diskriminiert wurde, aber ohnehin kein Vertrag zustande gekommen wäre.[14]

12 Soweit die Beseitigung nicht (mehr) möglich ist, ist der Anspruch nach § 275 BGB ausgeschlossen.[15]

13 **2. Unterlassungsanspruch, S. 2.** Nach S. 2 kann der Benachteiligte auf Unterlassung klagen, wenn weitere Beeinträchtigungen zu besorgen sind.

14 **a) Drohender Verstoß gegen das Benachteiligungsverbot.** Wie bei dem Beseitigungsanspruch, verlangt auch der Unterlassungsanspruch einen Verstoß gegen das Benachteiligungsverbot des § 19. Im Gegensatz zum Beseitigungsanspruch muss dieser aber nicht gegenwärtig sind, sondern muss als zukünftiger Verstoß zu besorgen sein.

15 Auch wenn der Wortlaut der Norm „weitere" Beeinträchtigungen verlangt und dies bei einer engen Auslegung erfordern würde, dass es bereits zu Beeinträchtigungen gekommen ist, geht die hM davon aus, dass sowohl eine Wiederholungs- als auch eine begründete Erstbegehungsgefahr den Unterlassungsanspruch begründen kann.[16] Wiederholungsgefahr ist die auf Tatsachen gegründete, objektive ernstliche Besorgnis weiterer Störungen.[17] Sie wird vermutet, wenn bereits ein Verstoß gegen das Benachteiligungsverbot vorliegt.[18] Eine Erstbegehungsgefahr setzt dagegen ernsthafte und greifbare tatsächliche Anhaltspunkte dafür voraus, dass sich der Anspruchsgegner in naher Zukunft in der näher bezeichneten Weise rechtswidrig verhalten wird.[19]

16 Die bevorstehende Benachteiligung muss konkret drohen. Ein bloßer Verdacht genügt dagegen ebenso wenig, wie die nur subjektive Befürchtung des Benachteiligten.[20]

17 **b) Weitere Voraussetzungen.** Die weiteren Voraussetzungen entsprechen denen des Beseitigungsanspruchs. Die dort gemachten Ausführungen gelten entsprechend. Der Anspruch ist insbesondere verschuldensabhängig und muss innerhalb der Ausschlussfrist des Abs. 5 geltend gemacht werden.

18 **c) Rechtsfolgen.** Rechtsfolge ist ein Anspruch auf Unterlassung. Dies ist nicht mit bloßer Untätigkeit gleichzusetzen. Wenn die Beeinträchtigung durch Untätigkeit erst erfolgte, kann der Unterlassungsanspruch auf eine Tätigkeit gerichtet sein, bspw. bei einem diskriminierenden unterlassenen Vertragsschluss.[21]

III. Schadensersatzanspruch

19 **1. Vermögensschaden, Abs. 2 S. 1.** Nach Abs. 2 S. 1 ist der Benachteiligende zum Ersatz der Vermögensschäden verpflichtet, die durch eine Verletzung des Benachteiligungsverbots entstanden sind. Die Benachteiligung muss ihm zurechenbar und rechtswidrig sowie ursächlich für den Vermögensschaden sein.

20 Darüber hinaus muss der Anspruchsgegner die Verletzung iSd §§ 276, 278 BGB zu vertreten haben.[22] Zu beachten ist, dass nach der Vorsatztheorie zwar das Bewusstsein der Rechtswidrigkeit mit zum Vorsatz zählt, an die Annahme eines entschuldigten Rechtsirrtums sind aber hohe Anforderungen zu stellen.[23] Abs. 2 S. 2 enthält eine Beweislastumkehr zulasten des Benachteiligenden.

21 Nach der vom BGH grds. angewendeten Differenzhypothese ist derjenige Schaden zu ersetzen, der sich aus einem Vergleich der tatsächlichen, infolge des schädigenden Ereignisses eingetretenen Vermögenslage mit der hypothetischen Vermögenslage ohne das schädigende Ereignis ergibt.[24] Der Anspruch umfasst auch mittelbare Nachteile und Folgeschäden. Er ist der Höhe nach nicht begrenzt. Insbesondere ist er bei Dauerschuldverhältnissen nicht auf die Dauer der maßgeblichen Kündigungsfrist zu beschränken. Dies würde voraussetzen, dass der Benachteiligende den Vertrag hypothetisch ohne Weiteres unter Einhaltung dieser Frist hätte kündigen können. Liegt die Benachteiligung aber bspw. gerade in dem verweigerten Abschluss des

---

14   Vgl. nur Däubler/Bertzbach/*Deinert* AGG § 21 Rn. 24.

15   *Meinel/Heyn/Herms* AGG § 21 Rn. 12; BeckOK BGB/*Wendtland* AGG AGG § 21 Rn. 20.

16   Vgl. MüKoBGB/*Thüsing* AGG § 21 Rn. 38; Palandt/*Grünberg* AGG § 21 Rn. 4; zu § 1004 BGB: BGH NJW 2004, 3701 (3703).

17   Vgl. BGH 19.10.2004 – VI ZR 292/03, NJW 2005, 594 (595).

18   Vgl. BGH 9.12.2003 – VI ZR 38/03, NJW 2004, 1035 (1036); *Meinel/Heyn/Herms* AGG § 21 Rn. 14.

19   Vgl. BGH 31–5–2001 – I ZR 106/99, NJW-RR 2001, 1483 (1485).

20   BT-Drs. 16/1780, S. 46; *Meinel/Heyn/Herms* AGG § 21 Rn. 14.

21   Vgl. Däubler/Bertzbach/*Deinert* AGG § 21 Rn. 30; MüKoBGB/*Thüsing* AGG § 21 Rn. 39.

22   Zur Vereinbarkeit des Verschuldenserfordernisses mit dem Gemeinschaftsrecht vgl. nur dagegen: Däubler/Bertzbach/*Deinert* AGG § 21 Rn. 38; dafür: *Meinel/Heyn/Herms* AGG § 21 Rn. 18 jeweils mwN.

23   BGH 12.5.1992 – VI ZR 257/91, NJW 1992, 2014; BeckOK BGB/*Wendtland* AGG § 21 Rn. 23.

24   BGH 11.5.2006 – III ZR 228/05, NJW-RR 2006, 1403 (1404); Däubler/Bertzbach/*Deinert* AGG § 21 Rn. 41.

Vertrages, so wäre auch die aus gleichem Grund ausgesprochene Kündigung eine nach § 19 untersagte Benachteiligung und würde ebenfalls den Schadenersatzanspruch auslösen. Für eine Begrenzung des Schadensersatzanspruchs unter dem Gesichtspunkt des rechtmäßigen Alternativverhaltens ist damit aber in solchen Fällen kein Raum, da die Kündigung als Alternativverhalten ebenfalls rechtswidrig wäre.[25]

2. Immaterieller Schaden, Abs. 2 S. 3. Nach Abs. 2 S. 3 ist der Benachteiligende auch zum Ersatz des   **22** immateriellen Schadens verpflichtet. Die Vorschrift stellt eine gesetzliche Anordnung der Ersatzfähigkeit eines immateriellen Schadens iSd § 253 Abs. 1 BGB dar.[26] Im Gegensatz zum Anspruch aus Abs. 2 S. 1 besteht der Schadensersatzanspruch aus S. 3 unabhängig von einem Verschulden des Benachteiligenden. Dies zeigt insbesondere die systematische Stellung des Abs. 2 S. 2, der das Verschuldenserfordernis regelt und nach dem materiellen Schadensersatz in S. 1 und vor dem immateriellen Schadensersatz in S. 3 steht.[27]

Voraussetzung für einen Anspruch aus Abs. 2 S. 3 ist eine schwerwiegende Verletzung, bei der die Benach-   **23** teiligung nicht auf anderem Wege befriedigend ausgeglichen werden kann.[28]

Wegen der weiteren Voraussetzungen kann auf die von der Rechtsprechung entwickelten Regeln zum Ersatz   **24** des immateriellen Schadens bei Verletzung des Persönlichkeitsrechts zurückgegriffen werden.[29] Im Rahmen des Schadensersatzes steht daher der Gesichtspunkt der Genugtuung im Vordergrund.[30] Die Bemessung des zu leistenden Schadensersatzes hat sich in erster Linie an diesem Zweck auszurichten.[31] Weitere Bemessungsfaktoren sind bspw. der Präventionsgedanke, die Intensität der Persönlichkeitsrechtsverletzung, das Ausmaß des Verschuldens, die wirtschaftlichen Verhältnisse des Benachteiligenden und sein bisheriges Verhalten.[32]

IV. Deliktsrechtliche Ansprüche, Abs. 3

Abs. 3 stellt klar, dass Ansprüche aus unerlaubter Handlung unberührt bleiben. Bedeutung kann dies insbe-   **25** sondere dann erlangen, wenn ein Anspruch aus Abs. 1 und 2 aufgrund der Ausschlussfrist des Abs. 5 entfallen ist, da diese sich nicht auf andere Ansprüche wie denen aus unerlaubter Handlung erstreckt. Über die Regelung des Abs. 3 hinaus, bleiben auch alle anderen in Betracht kommenden Ansprüche von § 21 unberührt, so dass insgesamt das Günstigkeitsprinzip gilt, der Benachteiligte sich also die Ansprüche aussuchen kann, die er am leichtesten durchsetzen kann.[33]

V. Unwirksamkeit abweichender Vereinbarungen, Abs. 4

Nach Abs. 4 kann sich der Benachteiligende nicht auf eine Vereinbarung berufen, die vom Benachteili-   **26** gungsverbot abweicht. Die Bestimmung geht § 139 BGB als lex specialis vor. Da dem Betroffenen mit einer Rückabwicklung des Vertrages in der Regel nicht geholfen ist, soll nur die diskriminierende Regelung unwirksam sein, der Vertrag im Übrigen aber Bestand haben.[34]

Für einseitige Rechtsgeschäfte gilt § 134 BGB, für AGB bleibt § 307 BGB anwendbar.[35]

VI. Ausschlussfrist und Verjährung, Abs. 5

1. Ausschlussfrist. Nach Abs. 5 muss ein Anspruch nach Abs. 1 und 2 grds. innerhalb einer Frist von   **27** zwei Monaten geltend gemacht werden. Eine erstmalige Geltendmachung nach Ablauf dieser Frist ist nach S. 2 nur möglich, wenn der Benachteiligte die Frist ohne Verschulden nicht eingehalten hat.

25   So auch Däubler/Bertzbach/*Deinert* AGG § 21 Rn. 47; aA *Meinel/Heyn/Herms* AGG § 21 Rn. 20; MüKoBGB/*Thüsing* AGG § 21 Rn. 58; *Bauer/Göpfert/Krieger* AGG § 21 Rn. 11.

26   BT-Drs. 16/1780, S. 46; *Meinel/Heyn/Herms* AGG § 21 Rn. 21.

27   So auch die wohl hM, vgl. nur *Jauernig* AGG § 21 Rn. 9; *Meinel/Heyn/Herms* AGG § 21 Rn. 21; Däubler/Bertzbach/*Deinert* AGG § 21 Rn. 57; *Bauer/Göpfert/Krieger* AGG § 21 Rn. 12; *Maier-Reimer* NJW 2006, 2577 (2581); zur Gegenauffassung vgl. Palandt/*Grünberg* AGG § 21 Rn. 6; BeckOK BGB/*Wendtland* AGG § 21 Rn. 25; *Rühl/Schmid/Viethen* S. 158.

28   Vgl. BT-Drs. 16/1780, S. 46; BeckOK BGB/*Wendtland* AGG § 21 Rn. 26 f.; *Meinel/Heyn/Herms* AGG § 21 Rn. 21, vgl. auch BGH NJW 2005, 215; NJW 2000, 2195 (2197).

29   BT-Drs. 16/1780, S. 46; BeckOK BGB/*Wendtland* AGG § 21 Rn. 25.

30   BT-Drs. 16/1780, S. 46 unter Hinweis auf BGH NJW 1996, 984 (985); NJW 1996, 985 (987).

31   BT-Drs. 16/1780, S. 46.

32   Vgl. Däubler/Bertzbach/*Deinert* AGG § 21 Rn. 60 ff.; *Jauernig* AGG § 21 Rn. 9; MüKoBGB/*Thüsing* AGG § 21 Rn. 62 f.

33   Vgl. BeckOK BGB/*Wendtland* AGG § 21 Rn. 35 ff.

34   BT-Drs. 16/1780, S. 46; *Jauernig* AGG § 21 Rn. 11; BeckOK BGB/*Wendtland* AGG § 21 Rn. 39.

35   BeckOK BGB/*Wendtland* AGG § 21 Rn. 39.

28   Die Frist beginnt in dem Zeitpunkt, in dem der Anspruch entsteht, also erstmals geltend gemacht werden kann.[36] Für den Ablauf der Frist ist auf die §§ 187 ff. BGB abzustellen.

29   Zur Geltendmachung des Anspruchs reicht eine formlose Mitteilung des Benachteiligten an den Anspruchsgegner, mit der er deutlich macht, dass er aufgrund der – ausreichend bestimmt zu benennenden – Diskriminierung Ansprüche geltend machen will. Schriftform wie im Falle des § 15 Abs. 4 ist nicht erforderlich.[37]

30   Die Einhaltung der Ausschlussfrist ist vom Gericht von Amts wegen zu prüfen. Im Gegensatz zur Verjährung handelt es sich nicht um eine bloße Einrede. Vielmehr führt der Ablauf der Ausschlussfrist zum Erlöschen des betreffenden Rechts.

31   Nach S. 2 kann ausnahmsweise auch nach Ablauf der Ausschlussfrist eine Geltendmachung erfolgen, wenn der Anspruchssteller den Fristablauf nicht zu vertreten hat. Was der Anspruchssteller zu vertreten hat, richtet sich nach den §§ 276, 278 BGB.[38]

32   **2. Verjährung.** Auch nach der Geltendmachung der Ansprüche nach Abs. 5 können diese in der Frist des § 195 BGB verjähren, wenn die Geltendmachung nicht zu einer Hemmung geführt hat. Es gelten hierfür die allgemeinen Regeln des §§ 194 ff. BGB.[39]

VII. Unwirksamkeit von benachteiligenden Rechtsgeschäften

33   Aus der Gegebenheit des § 19 Abs. 1 und 2 als Verbotsgesetz im Sinne von § 134 BGB[40] ergibt sich die Unwirksamkeit von Rechtsgeschäften, die gegen das Benachteiligungsverbot verstoßen. Jedoch sieht § 21 Abs. 4 eine Sonderregelung für Vereinbarungen vor, die vom Benachteiligungsverbot abweichen. Auf diese kann sich der Benachteiligende nicht berufen.[41]

Abschnitt 4
Rechtsschutz

§ 22 AGG Beweislast

Wenn im Streitfall die eine Partei Indizien beweist, die eine Benachteiligung wegen eines in § 1 genannten Grundes vermuten lassen, trägt die andere Partei die Beweislast dafür, dass kein Verstoß gegen die Bestimmungen zum Schutz vor Benachteiligung vorgelegen hat.

I. Überblick	1	III. Anspruchsgegner	4
II. Anspruchsteller	3	IV. Entsprechende Geltung in Fällen des § 16	8

I. Überblick

1   Wegen seiner systematischen Stellung, seinem neutralen Wortlaut (Partei) und dem gesetzgeberischen Willen ist § 22 auf alle Fälle von Benachteiligungen nach dem AGG anzuwenden. Demnach gilt seine Beweislastregelung insbesondere für alle Ansprüche, die ein Arbeitnehmer wegen unzulässigen Benachteiligungen aus dem AGG gegen den Arbeitgeber geltend macht und somit auch für den Anspruch auf ein gleiches Entgelt und Schutz gem. § 12 Abs. 1.[1] Entsprechend den allgemeinen Beweislastregeln, nach denen derjenige, der sich auf für ihn günstige Tatsachen beruft, diese auch zu beweisen hat, wäre an sich der Benachteiligte verpflichtet, den Beweis für eine Diskriminierung wegen eines der in §§ 1, 19 Abs. 1 bezeichneten Merkmale zu erbringen. Aufgrund der Tatsache, dass es sich jedoch um Lebensbereiche handelt, in denen der Anspruchsteller nach diesen Regeln typischerweise in Beweisnot geraten würde, enthält die Bestimmung eine Beweislastregel die vom allgemeinen Prinzip abweicht.[2] Die Regelung versucht einen prozessualen Mittelweg zwischen zwei Prinzipien zu gehen, nämlich der grundsätzlichen vollen Beweislast des Anspruchstellers und der Möglichkeit einer vollständigen Beweislastumkehr auf den Beklagten.[3] Sie folgt so dem vom EuGH entwickelten Gedanken, dass in solchen Fällen eine Verlagerung der Beweislast auf die

---

36   MüKoBGB/*Thüsing* AGG § 21 Rn. 66; BeckOK BGB/*Wendtland* AGG § 21 Rn. 25.

37   BeckOK BGB/*Wendtland* AGG § 21 Rn. 32.

38   MüKoBGB/*Thüsing* AGG § 21 Rn. 69.

39   Vgl. *Jauernig* AGG § 21 Rn. 13; BeckOK BGB/ *Wendtland* AGG § 21 Rn. 34.

40   Palandt/*Grüneberg* Rn. 2.

41   Vgl. MüKoBGB/*Thüsing* AGG § 21 Rn. 81.

1   BT-Drs. 16/1780 S. 47; *Windel* RdA 2007, 1 (8).

2   Vgl. Gaier/Wendtland/*Gaier* Rn. 134.

3   Schleusener/Suckow/Voigt/*Voigt* § 22 Rn. 10.

beklagte Partei zur wirksamen Anwendung des Gleichbehandlungsgrundsatzes erforderlich ist.[4] Die Vorschrift ist derjenigen in § 611 a Abs. 1 S. 3 BGB aF nachgebildet.[5] Sie erfüllt die Vorgaben der Beweislast-RL 97/80/EG vom 15.12.1997[6] und dient der Umsetzung von Art. 8 der Antirassismus-RL 2000/43/EG vom 29.6.2000,[7] Art. 10 der Rahmen-RL Beschäftigung 2000/78/EG vom 27.11.2000[8] und von Art. 10 der Gleichbehandlungsrichtlinie 2004/113/EG vom 13.12.2004.[9]

Der maßgebliche Zeitpunkt, ob ein Diskriminierungstatbestand vorliegt, ist der Zeitpunkt der Entscheidung über die Maßnahme selbst.[10] Ein Nachschieben von Gründen durch den Anspruchsgegner ist nur unter sehr eingeschränkten Vorrausetzungen möglich, nämlich nur dann, wenn objektiv geeignete Auswahlgründe tatsächlich unberücksichtigt blieben, aber im Streit um die Verletzung dieses Gesetzes entdeckt und nachträglich vorgebracht werden.[11] Auf diesen Zeitpunkt bezieht sich deshalb auch die Darlegungs- und Beweislastverteilung von diskriminierten Arbeitnehmern und den diskriminierenden Arbeitgebern. **2**

II. Anspruchsteller

Den Kläger trifft für anspruchsbegründende Tatsachen grundsätzlich die volle Darlegungslast.[12] Er hat alle Tatsachen vorzutragen, die den vom Diskriminierungsverbot umfassten Tatbestand erfüllen, insbesondere schlüssig darzulegen, dass er gegenüber einer anderen Person benachteiligt (ungünstig behandelt) worden ist.[13] Dafür, dass diese Ungleichbehandlung auch auf einem der in §§ 1, 19 Abs. 1 genannten Gründe beruht, genügt es allerdings, dass er vor sogenannte Vermutungstatsachen vorträgt, aus denen auf eine unzulässige Benachteiligung geschlossen werden kann.[14] Dementsprechend muss er bei einer unmittelbaren Benachteiligung darlegen, dass er im Vergleich zu anderen Arbeitnehmern ungünstiger behandelt worden ist wobei jedoch der Vergleich mit einer hypothetischen Vergleichsperson genügt. Bei einer mittelbaren Benachteiligung bedarf es des Vortrages konkreter Informationen über Struktur und tatsächliche Auswirkungen der betreffenden Vorschriften, Kriterien oder Verfahren. Nach § 3 Abs. 2 ist hierfür bereits die Möglichkeit der Benachteiligung ausreichend. Hat der Kläger die tatsächlichen Anspruchsvoraussetzungen dargelegt, hat er im Bestreitensfall nach allgemeinen Grundsätzen den Vollbeweis dafür zu führen, dass er gegenüber einer anderen Person benachteiligt worden ist.[15] Dasselbe für die von ihm dargelegten Vermutungstatsachen; auch diese hat der Kläger grundsätzlich mit den in der ZPO vorgesehenen Beweismitteln nachzuweisen.[16] Stehen ihm dabei keine anderen Beweismittel, insbesondere Zeugen zur Verfügung, hat das Gericht alle zulässigen Möglichkeiten der Anhörung (§ 141 ZPO) und Vernehmung (§ 448 ZPO)[17] des Klägers auszuschöpfen.[18] Die Anforderungen an das Beweismaß sind hier allerdings abgesenkt; es genügt, wenn das Gericht das Vorliegen der Vermutungstatsachen für überwiegend wahrscheinlich hält.[19] **3**

Keine solche Beweislastumkehr will das BAG gelten lassen, wenn ein abgelehnter Stellenbewerber vergeblich beim Arbeitgeber Auskunft darüber verlangt, ob dieser einen anderen Bewerber eingestellt hat, und wenn ja, welche Kriterien gegebenenfalls für diese Entscheidung maßgeblich waren. Allein die Nichtbeantwortung sei kein ausreichendes Indiz für eine Beweislastumkehr.[20] Das BAG hat allerdings die Frage, ob ein abgelehnter Bewerber einen solchen Auskunftsanspruch hat, dem Europäischen Gerichtshof zur Entscheidung vorgelegt. Dieser hat am 19.4.2012[21] einen solchen Anspruch verneint.

Ebenso wenig stellt es ein Indiz für einen Diskriminierungswillen des Arbeitgebers dar, wenn sich der personalsuchende Arbeitgeber an die Bundesagentur für Arbeit wendet und daraufhin diese eine Internetanzeige „Hotelfachfrau (Hotelfachmann/ -frau)" schaltet, und dann ein privates Internetportal eine daraus hergeleitete und unzulässig verkürzte Anzeige „Hotelfachfrau" aufgibt.[22]

4 Vgl. EuGH 27.10.1993 – Rs C-127/92, Slg 1993, I-5535 = SAE 1995, 45 – Enderby; Rs C-400/93, Slg 1995, I-1275 = SAE 1996, 265 (268) – Royal Copenhagen.
5 BR-Drs. 329/06 S. 51.
6 ABl EG Nr. L 14 S. 6.
7 ABl EG Nr. L 180 S. 22.
8 ABl EG Nr. L 303 S. 16.
9 ABl EG Nr. L 373 S. 37.
10 BVerfG 16.11.1993 – 1 BvR 258/86, BB 1994 Heft 5, 357, AP § 611 a BGB Nr. 9; 23.8.2000 – 1 BvR 1032/00, AP § 611 a Nr. 19, MüKoBGB/*Müller-Glöge* a Rn. 85.
11 Vgl. BVerfG 16.11.1993 – 1 BvR 258/86, BB 1994 Heft 5, 357, AP § 611 a BGB Nr. 9.
12 Vgl. Gaier/Wendtland/*Gaier* Rn. 164.

13 Vgl. MüKoBGB/*Müller-Glöge* § 611 a Rn. 34; *Schlachter* RdA 1998, 321 (324); BT-Drs. 16/1852.
14 BR-Drs. 329/06 S. 51.
15 BR-Drs. 329/06 S. 51.
16 BR-Drs. 329/06 S. 51.
17 Vgl. BGH 16.7.1998 – I ZR 32/96, NJW 1999, 363 zu § 448 ZPO „Vieraugengespräch".
18 BR-Drs. 329/06 S. 51.
19 BR-Drs. 329/06 S. 51 unter Hinweis auf die entsprechende Auslegung von § 611 a Abs. 1 S. 3 BGB aF in BAG 5.2.2004 – 8 AZR 112/03, NJW 2004, 2112 (2114).
20 BAG 25.4.2013 – 8 AZR 287/08, NZA 2014, 224.
21 C 415/10.
22 LAG Hamm 24.4.2008 – 11 Sa 95/08, BeckRS 2008, 55306.

Eine Benachteiligung liegt aber nun bereits darin, dass bei einer Ausschreibung das sog. „dritte Geschlecht" nicht berücksichtigt wird. Darin liegt eine Tatsache, die eine Benachteiligung vermuten lässt.[23] Falls eine Entschädigung wegen einer solchen angeblichen Benachteiligung geltend gemacht wird, muss allerdings die Zugehörigkeit zu diesem dritten Geschlecht dargelegt und bewiesen werden.[24]

III. Anspruchsgegner

4 Ist es seitens des Anspruchstellers gelungen, Vollbeweis dafür zu erbringen, dass er gegenüber einer anderen Person ungünstig behandelt worden ist und hat er hinreichende Vermutungstatsachen, aus denen auf eine Diskriminierung geschlossen werden kann, zumindest soweit unter Beweis gestellt, dass das Gericht ihr Vorliegen für überwiegend wahrscheinlich hält, trifft den Antragsgegner grundsätzlich die volle Darlegungs- und Beweislast dafür, dass ausschließlich andere Gründe erheblich waren, dass also in seinem Motivbündel weder das Vorliegen des „verpönten" Merkmals als negatives noch das Fehlen des „verpönten" Merkmals als positives Kriterium enthalten ist.[25] Daneben kann er rechtfertigende Umstände darlegen und beweisen, was auch aus der Formulierung in den §§ 8 Abs. 1, 9, 10 folgt.[26]

5 § 22 verlagert ausdrücklich die Beweislast auf den Anspruchsgegner. Daher genügt es nicht, dass dieser lediglich einen Gegenbeweis erbringt, der nur die Überzeugung des Gerichts von der zu beweisenden Tatsache erschüttert.[27] Der Anspruchsgegner hat vielmehr einen Hauptbeweis in der Form des Beweises des Gegenteils zu erbringen. Misslingt ihm dies, ergibt eine Beweislastentscheidung zu seinen Ungunsten und er ist so zu behandeln, als sei eine unzulässige Benachteiligung des Anspruchstellers erfolgt. Der Beweis ist geführt, wenn das Gericht davon überzeugt ist, dass eine Diskriminierung durch den Anspruchsgegner nicht vorliegt. Hierfür ist keine absolute oder unumstößliche Sicherheit erforderlich, vielmehr reicht es aus, wenn ein für das praktische Leben brauchbarer Grad von Gewissheit erreicht wird, der etwaigen Zweifeln Schweigen gebietet, ohne sie völlig auszuschließen.[28] Dabei hat das Gericht im Rahmen der Beweiswürdigung nachgeschobene, nämlich nicht bereits zum Zeitpunkt der Benachteiligung zutage getretene Gründe besonders kritisch zu würdigen.[29] Für die Beweisführung stehen dem Anspruchsgegner alle Beweismittel des Strengbeweisverfahrens zur Verfügung. Neben dem Beweis durch Augenschein gem. §§ 371 ff. ZPO, durch Zeugen gem. §§ 373 ff. ZPO, durch Sachverständige gem. §§ 402 ff. ZPO und durch Urkunden gem. §§ 415 ff. ZPO kann er sich demnach auch der Parteivernehmung gem. §§ 445 ff. ZPO des Anspruchstellers bedienen.[30]

6 Der Anspruchsgegner hat zu beweisen, dass andere als die in §§ 1, 19 Abs. 1 bezeichneten Gründe ursächlich für die unterschiedliche Behandlung waren. Da eine unmittelbare Diskriminierung iSd § 3 Abs. 1 nicht voraussetzt, dass die Diskriminierung allein aus den in §§ 1, 19 Abs. 1 bezeichneten Gründen geschehen ist, muss der Anspruchsgegner in diesem Fall auch deren Mitursächlichkeit ausschließen können.[31] Die Erwägungen, die er seiner Entscheidung zugrunde gelegt hat, müssen auch nicht etwa vernünftig sein. Soweit die Diskriminierungsmerkmale nicht eingreifen, kann der Anspruchsgegner seine Entscheidung auch willkürlich treffen und auch irrationale Gründe vorbringen.[32] Entscheidend ist allein der Nachweis, dass ein solcher und nicht etwa ein in §§ 1, 19 Abs. 1 genannter Grund die Diskriminierung stützt.

7 Im Fall der mittelbaren Benachteiligung iSd § 3 Abs. 2 hat der Anspruchsgegner den vollen Beweis sowohl für die Verfolgung eines sachlich rechtfertigenden Ziels als auch für die Erforderlichkeit und Angemessenheit der hierbei angewandten neutralen Mittel zu erbringen.[33] Bei einer Belästigung iSd § 3 Abs. 3 muss er das Gericht dahin gehend überzeugen, dass zumindest eines der Tatbestandsmerkmale nicht gegeben ist. So etwa, wenn es ihm gelingt nachzuweisen, dass ein Zusammenhang der unerwünschten Verhaltensweise mit einem der in §§ 1, 19 Abs. 1 genannten Diskriminierungsmerkmale nicht gegeben ist.

IV. Entsprechende Geltung in Fällen des § 16

8 § 22 gilt gemäß § 16 Abs. 3 entsprechend für den Nachweis eines Verstoßes gegen das Maßregelungsverbot. Der Kläger muss auch hier voll beweisen, von einer belastenden Maßnahme betroffen zu sein.[34] Lediglich bezüglich der Frage eines kausalen Zusammenhangs bezüglich der Inanspruchnahme von Rechten nach

23 BVerfG 10.10.2017 – 1 BvR 2019/16, NJW 2017, 3643.

24 *Körlings* NZA 2018, 282.

25 BR-Drs. 329/06 S. 51, BAG 21.7.2009 – 9 AZR 431/08, NZA 2009, 1087 (1090).

26 *Windel* RdA 2007, 1 (6).

27 Gaier/Wendtland/*Gaier* Rn. 170.

28 Vgl. BGH 14.12.1994 – VI ZR 221/92, NJW-RR 1994, 567 (568).

29 BR-Drs. 329/06 S. 51 unter Bezugnahme auf BVerfG 16.11.1993 – 1 BvR 258/86, BVerfGE 89, 276 (290).

30 Vgl. Gaier/Wendtland/*Gaier* Rn. 171.

31 Gaier/Wendtland/*Gaier* Rn. 174.

32 Gaier/Wendtland/*Gaier* Rn. 174.

33 Gaier/Wendtland/*Gaier* Rn. 177.

34 MüKoBGB/*Thüsing* AGG § 22 Rn. 24.

dem zweiten Abschnitt dieses Gesetzes ist ihm der Beweis erleichtert.[35] Mögliche Indiztatsachen können zum einen vorangegangene Äußerungen des Arbeitgebers sein, aber zum anderen ebenfalls lediglich die Ungleichbehandlung mit Arbeitnehmern in vergleichbarer Situation.[36]

§ 23 AGG Unterstützung durch Antidiskriminierungsverbände

(1) [1]**Antidiskriminierungsverbände sind Personenzusammenschlüsse, die nicht gewerbsmäßig und nicht nur vorübergehend entsprechend ihrer Satzung die besonderen Interessen von benachteiligten Personen oder Personengruppen nach Maßgabe von § 1 wahrnehmen.** [2]**Die Befugnisse nach den Absätzen 2 bis 4 stehen ihnen zu, wenn sie mindestens 75 Mitglieder haben oder einen Zusammenschluss aus mindestens sieben Verbänden bilden.**

(2) [1]**Antidiskriminierungsverbände sind befugt, im Rahmen ihres Satzungszwecks in gerichtlichen Verfahren als Beistände Benachteiligter in der Verhandlung aufzutreten.** [2]**Im Übrigen bleiben die Vorschriften der Verfahrensordnungen, insbesondere diejenigen, nach denen Beiständen weiterer Vortrag untersagt werden kann, unberührt.**

(3) Antidiskriminierungsverbänden ist im Rahmen ihres Satzungszwecks die Besorgung von Rechtsangelegenheiten Benachteiligter gestattet.

(4) Besondere Klagerechte und Vertretungsbefugnisse von Verbänden zu Gunsten von behinderten Menschen bleiben unberührt.

I. Überblick 1
II. Anforderungen an einen Antidiskriminierungsverband, Abs. 1 4
III. Vertretungsbefugnisse, Abs. 2 5
IV. Rechtsberatung, Abs. 3 8
V. Besondere Klagerechte und Vertretungsbefugnisse, Abs. 4 9

I. Überblick

Das AGG stellt vor allem individualrechtliche Ansprüche zu Verfügung, die von den Betroffenen selbst durchgesetzt werden müssen. Die Erfahrungen von Diskriminierungsopfern haben gezeigt, dass sie oft ihre Rechte nicht wahrnehmen, zB weil sie ihre Erfolgsaussichten sehr negativ einschätzen oder Angst vor einem langwierigen und kostspieligen Prozess haben, den sie sich nicht leisten können. **1**

Um die mit dem Gesetz erhofften Ziele zu erreichen, gestattet der Gesetzgeber mit § 23 den in Abs. 1 definierten Antidiskriminierungsverbänden die Unterstützung benachteiligter Personen bei der Durchsetzung von Rechten aus dem AGG. Diese **Mitwirkungsbefugnis** war entsprechend der Richtlinien Art. 7 Abs. 2 RL 2000/43/EG, Art. 9 Abs. 2 RL 2000/78/EG, Art. 6 Abs. 3 RL 2002/73/EG, Art. 8 Abs. 3 RL 2004/113/EG durch den Gesetzgeber zu gewährleisten. **2**

Die Unterstützung der Antidiskriminierungsverbände kann dadurch erfolgen, dass die Verbände im Namen der Benachteiligten, oder zu deren Unterstützung und mit deren Einwilligung an den zur Durchsetzung der Richtlinien vorgesehenen Gerichts- oder Verwaltungsverfahren beteiligt werden.[1] Die Verbände sind nicht lediglich auf die Vertretung von Mitgliedern beschränkt, benötigen aber stets die Zustimmung der Betroffenen. Diese Beistandsmöglichkeit stellt aber keine Verbandsklage dar. In der Praxis bedeutet dies für die Betroffenen, dass die Verbände ihnen nicht das Prozessrisiko und die damit verbundenen Kosten abnehmen können. In einer früheren Fassung des AGG war vorgesehen, dass Betroffene Schadensersatz- und Entschädigungsforderungen an Antidiskriminierungsverbände abtreten können. Intention dieser Regelung war es, Betroffene zu entlasten und stattdessen Verbände zu ermächtigen, vor Gericht jenseits einer individuellen Betroffenheit strukturelle Diskriminierungen adressieren zu können. Das AGG in der jetzigen Fassung sieht diese Möglichkeit nicht mehr vor.[2] Das Fehlen eines eigenständigen Verbandsklagerechts steht weder im Widerspruch zum Gemeinschaftsrecht noch hat der EuGH seine Einführung gefordert.[3] **3**

II. Anforderungen an einen Antidiskriminierungsverband, Abs. 1

Abs. 1 nennt die **Anforderungen** an einen Verband, welchem die Rechte aus Abs. 2–4 zugesprochen werden und enthält insoweit eine Legaldefinition. Maßgeblich ist nach dieser, dass der Verband sich nicht gewerbsmäßig sowie dauerhaft der besonderen Interessen benachteiligter Personengruppen annimmt und **4**

---

35 MüKoBGB/*Thüsing* AGG § 22 Rn. 24.
36 MüKoBGB/*Thüsing* AGG § 22 Rn. 12.
 1 *Thüsing/Burg* ZTR 2007, 71.

 2 *Däubler/Bertzbach* Rn. 3 f.
 3 EuGH 10.7.2008 – NZA 2008, 929.

mindestens 75 Mitglieder aufweist (bei Dachverbänden: mindestens 7 Mitgliedsverbände). Die hohe Mitgliederzahl soll wohl die Ernsthaftigkeit des Anliegens der Verbände und ihre Leistungsfähigkeit für die
Interessenwahrung belegen. Rechtsfähig müssen die Personenzusammenschlüsse nicht sein, nicht eingetragene Vereine genügen mithin. Satzungsgemäß muss sich der Verband den Interessen von Personen oder
Gruppen annehmen, die wegen eines Merkmals nach § 1 benachteiligt werden. Eine inhaltlich oder über-
regional umfassende Zuständigkeit zur Interessenwahrung braucht sich der Verband nicht zuzulegen, doch
darf der Benachteiligungsschutz nicht nur zufällige Nebenfolge des Verbandszwecks sein. Das Vorliegen
dieser Voraussetzungen ist von den Gerichten zu prüfen, die über den Streitfall zu entscheiden haben, an
dem sich der Verband beteiligen möchte.

III. Vertretungsbefugnisse, Abs. 2

5 Sind die Voraussetzungen des Abs. 1 durch einen Verband erfüllt, ist dieser gem. Abs. 2 befugt, im Rahmen
seines Satzungszwecks in gerichtlichen Verfahren, in denen eine Vertretung durch Anwälte nicht gesetzlich
vorgeschrieben ist, als Beistand Benachteiligter in der Verhandlung aufzutreten. Als Rechtsbeistand wird
der bezeichnet, der neben dem Benachteiligten zu dessen Unterstützung beim mündlichen Vortrag auftritt.[4]
Abs. 2 lässt ausdrücklich nur noch das Auftreten der Verbände als **Rechtsbeistand** zu, die im Gesetzesentwurf vorhandene Befugnis, als Prozessbevollmächtigte aufzutreten, wurde gestrichen. Der Rechtsbeistand
tritt neben der Partei zu ihrer Unterstützung auf, nicht an ihrer Stelle, daher bedarf er keiner Vollmacht. Die
Antidiskriminierungsverbände nach Abs. 1 müssen das Tätigwerden als Beistand in Gerichtsverfahren satzungsmäßig vorgesehen haben. Auftreten können die Verbände im Einverständnis mit den Betroffenen.
Gem. § 90 Abs. 2 ZPO gilt dann das vom Beistand vorgetragene als Vortrag der Partei, falls diese nicht
sofort berichtigt oder widerruft.

6 Gem. Abs. 2 S. 2 bleiben die jeweiligen Vorschriften der Verfahrensordnungen unberührt, womit die Frage,
ob ein Verband als Rechtsbeistand den Benachteiligten unterstützen kann, immer davon abhängt ob die
jeweilige Verfahrensordnung den Auftritt von Beiständen für statthaft erklärt.[5]

7 Im Falle eines Obsiegens des Benachteiligten als Antragsteller, trägt gem. § 91 ZPO die unterliegende Partei die Kosten des Rechtsstreits. Soweit ein Beistand für diesen tätig war, sind dessen Kosten zu erstatten,
soweit diese zur Rechtsverfolgung notwendig waren.[6] Dabei sind nur solche als notwendig anzusehen, die
objektiv erforderlich und geeignet erscheinen, das streitige Recht zu verfolgen oder zu verteidigen.[7] Nicht
notwendig ist die Unterstützung durch einen Rechtsbeistand, wenn der Benachteiligte bereits durch einen
Prozessbevollmächtigten vertreten wird.[8]

IV. Rechtsberatung, Abs. 3

8 § 23 Abs. 3 gestattet den Antidiskriminierungsverbänden, deren Satzungszweck die Rechtsbesorgung in
Diskriminierungsfragen umfasst, die Besorgung solcher Rechtsangelegenheiten und stellt die Verbände vom
Verbot außergerichtlicher und gerichtlicher **Rechtsberatung** frei. Eine solche wäre nach Art. 1 § 1 Abs. 1
S. 1 RBerG erlaubnispflichtig, wenn sie wiederholt betrieben werden soll. Rechtsberatung liegt vor, wenn
eine Tätigkeit geeignet ist, Rechte zu verwirklichen oder Rechtsverhältnisse zu gestalten. Damit ist eine
Beratung über die Rechtslage im Einzelfall ebenso zulässig wie die Wahrung fremder Rechte gegenüber
Dritten, etwa das Abfassen von Schriftsätzen oder Klagen.[9] Zulässig ist Rechtsbesorgung für außenstehende
Dritte, nicht nur für Verbandsmitglieder. Außerhalb von Gerichtsverfahren umfasst die Erlaubnis auch das
Auftreten als Vertreter für benachteiligte Personen.

V. Besondere Klagerechte und Vertretungsbefugnisse, Abs. 4

9 § 23 Abs. 4 regelt den **Vorrang von Sonderregelungen** zur Rechtsstellung von Behindertenverbänden und
hat insoweit Klarstellungsfunktion. Die Sonderstellung von Behindertenverbänden, wie etwa die der Vorschrift zum Verbandsklagerecht gem. § 63 SGB IX soll sich durch die Rechte der Antidiskriminierungsverbände nicht verändern.[10]

---

4   BLAH/*Hartmann* ZPO § 90 Rn 3.
5   Vgl. § 90 ZPO, § 90 ZPO iVm § 46 ArbGG, § 67
    Abs. 2 VwGO; § 73 Abs. 5 SGG.
6   BLAH/*Hartmann* Übers. ZPO § 91 Rn. 23; *Bauer/*
    Göpfert/Krieger AGG § 23 Rn. 15.

7   OLG Bamberg JurBüro 2003, 144 ff.; Musielak/*Wols*
    ZPO § 91 Rn. 8.
8   *Bauer/Göpfert/Krieger* AGG § 23 Rn. 15.
9   *Däubler/Bertzbach* AGG § 23 Rn. 27.
10 *Düwell* BB 2006, 1741 (1745); *Kocher* ZEuP 2004,
    261 (263).

Abschnitt 5
Sonderregelungen für öffentlich-rechtliche Dienstverhältnisse

§ 24 AGG Sonderregelung für öffentlich-rechtliche Dienstverhältnisse

Die Vorschriften dieses Gesetzes gelten unter Berücksichtigung ihrer besonderen Rechtsstellung entsprechend für

1. **Beamtinnen und Beamte des Bundes, der Länder, der Gemeinden, der Gemeindeverbände sowie der sonstigen der Aufsicht des Bundes oder eines Landes unterstehenden Körperschaften, Anstalten und Stiftungen des öffentlichen Rechts,**
2. **Richterinnen und Richter des Bundes und der Länder,**
3. **Zivildienstleistende sowie anerkannte Kriegsdienstverweigerer, soweit ihre Heranziehung zum Zivildienst betroffen ist.**

I. Überblick	1	3. Zivildienstleistende u. anerkannte Kriegs-	
II. Geschützte Personen, Nr. 1–3	2	dienstverweigerer (Nr. 3)	4
1. Beamte (Nr. 1)	2	4. Soldaten	5
2. Richter (Nr. 2)	3	III. Anwendung in entsprechender Weise	6

I. Überblick

§ 24 bezieht die Beamten des Bundes, der Länder, der Gemeinden, der Gemeindeverbände sowie der sonstigen der Aufsicht des Bundes oder eines Landes unterstehenden Körperschaften, Anstalten und Stiftungen des öffentlichen Rechts in den Anwendungsbereich des AGG ein und ist somit eine Sonderregelung für bestimmte öffentlich-rechtliche Dienstverhältnisse. Dies war geboten, weil die Gleichbehandlungsrichtlinien nach europarechtlichen Vorgaben auch Beamte erfassen.[1] Die Einbeziehung der Beschäftigtengruppe der Beamten muss aber unter Berücksichtigung ihrer besonderen Rechtsstellung erfolgen.[2] **1**

II. Geschützte Personen, Nr. 1–3

1. Beamte (Nr. 1). Nach § 24 Nr. 1 gehören zu dessen Schutzbereich Beamte und Beamtinnen des Bundes, der Länder, der Gemeinden und Gemeindeverbände. Auch Beamte und Beamtinnen sonstiger Körperschaften, Anstalten und Stiftungen des öffentlichen Rechts unterfallen dem Schutz des § 24, vorausgesetzt das diese unter der Aufsicht des Bundes oder eines Landes stehen und nach Maßgabe des § 121 Nr. 2 BRRG dienstherrnfähig sind. **2**

2. Richter (Nr. 2). Ebenfalls vom Schutzbereich des § 24 erfasst sind Richter und Richterinnen des Bundes und der Länder. Entsprechend der Konkretisierung „Bundes und der Länder" sind **nur Richter an staatlichen Gerichten**, dh solche Spruchkörper, die ihre Existenz aus staatlichem Recht ableiten, erfasst. Zur Bestimmung des Richterbegriffs können die Art. 92, 97 Abs. 1 GG herangezogen werden. Hiernach sind Richter sämtliche Personen, die Rechtsprechung ausüben. Neben Berufsrichtern werden damit auch ehrenamtliche[3] oder nebenamtliche Richter erfasst.[4] Rechtspfleger,[5] die Einigungsstelle nach dem BetrVG,[6] Spruchkörper der Sozialversicherungs- und Versorgungsverwaltung[7] oder beispielsweise Gemeindebeamte als Friedensrichter[8] sind somit nicht vom Schutzbereich des § 24 erfasst. **3**

3. Zivildienstleistende u. anerkannte Kriegsdienstverweigerer (Nr. 3). Zudem werden gem. § 24 Nr. 3 Zivildienstleistende und anerkannte Kriegsdienstverweigerer, soweit ihre Heranziehung zum Zivildienst betroffen ist, in den Schutzbereich des § 24 einbezogen. Nicht einbezogen werden Personen, die freiwillig ein soziales oder ökologisches Jahr oder ersatzweise einen Auslandsdienst nach § 14 b ZDG absolvieren. Diese werden jedoch durch § 6 Abs. 1 S. 1 Nr. 1 erfasst und unterliegen somit der unmittelbaren Anwendung des AGG. **4**

1	Art. 3 Abs. 1 RL 2000/ 43/ EG, RL 2000/ 78/ EG, RL 2002/ 73/ EG.
2	BT-Drs. 15/4538, S. 57; BT-Drs. 16/2780, S. 49.
3	BVerwG 17.3.1992 – 1 C 31/89, BVerwGE 93, 90 (92); BAG 25.8.1982 – 4 AZR 1147/79, BAGE 40, 75 (85); *Jarass/Pieroth* GG Art. 97 Rn. 2.
4	Von Münch/Kunig/*Meyer* GG Art. 97 Rn. 7.
5	BVerfG 9.2.1971 – 1 BvL 27/70, BVerfGE 30, 170 (171 f.).
6	BVerfG 18.10.198 – 1 BvR 1426/83. NJW 1988, 1135.
7	Von Münch/Kunig/*Meyer* GG Art. 92 Rn. 15; offen gelassen von BVerfGE 77, 1 (42).
8	BVerfG 17.11.1959 – 1 BvR 88/56; 1 BvR 59/57; 1 BvR 212/59, BVerfGE 10, 200 (216 ff.); *Jarass/ Pieroth* GG Art. 97 Rn. 8 f. mwN.

5 **4. Soldaten.** Vom AGG nicht erfasst sind Soldaten und Wehrpflichtige. Für diese gilt das SoldGG, verabschiedet als Art. 2 des Gesetzes zur Umsetzung europäischer Antidiskriminierungsvorschriften.[9] Dieses Gesetz setzt die Vorgaben der Antidiskriminierungsrichtlinien für den Bereich der Soldatinnen und Soldaten um.[10]

III. Anwendung in entsprechender Weise

6 Gem. § 24 finden die Vorschriften des AGG unter Berücksichtigung der besonderen Rechtsstellung der in § 24 Nr. 1–3 genannten Personen entsprechend Anwendung. Bei einer Reihe von Vorschriften des AGG lässt sich die Frage einer entsprechenden Anwendung relativ einfach beantworten, da eine solche generell entweder von vornherein nicht in Betracht kommt oder aber sich von selbst versteht. Bei anderen Vorschriften kann eine solche Feststellung nicht so offensichtlich getroffen werden.

7 Die Konsequenzen einer nicht direkten, sondern lediglich entsprechenden Anwendung liegen zum einen in den Grenzen des **Leistungsverweigerungsrechts**. Das Leistungsverweigerungsrecht nach § 14 gilt für den öffentlichen Dienst nicht, soweit im Einzelfall dienstliche Belange entgegenstehen. Eine solche Einschränkung ist wegen der sachgerechten und kontinuierlichen Erfüllung öffentlicher Aufgaben mit Blick auf die Gemeinwohlverpflichtung des öffentlichen Dienstes notwendig.[11] Für Soldaten besteht nach dem SoldGG ein solches Recht nicht. Zum anderen bestehen Unterschiede in der Einordnung der **Benachteiligung als Vertragspflichtverletzung**. Diese kann in Bezug auf den Beamten nur eine Pflichtverletzung im öffentlich-rechtlichen Sonderstatus nach den Grundsätzen der Staatshaftung sein. Ansonsten sind die Vorschriften des arbeitsrechtlichen Teils des AGG eins zu eins auch auf den Personenkreis des § 24 zu übertragen.

Abschnitt 6
Antidiskriminierungsstelle

§ 25 AGG Antidiskriminierungsstelle des Bundes

(1) Beim Bundesministerium für Familie, Senioren, Frauen und Jugend wird unbeschadet der Zuständigkeit der Beauftragten des Deutschen Bundestages oder der Bundesregierung die Stelle des Bundes zum Schutz vor Benachteiligungen wegen eines in § 1 genannten Grundes (Antidiskriminierungsstelle des Bundes) errichtet.

(2) [1]Der Antidiskriminierungsstelle des Bundes ist die für die Erfüllung ihrer Aufgaben notwendige Personal- und Sachausstattung zur Verfügung zu stellen. [2]Sie ist im Einzelplan des Bundesministeriums für Familie, Senioren, Frauen und Jugend in einem eigenen Kapitel auszuweisen.

I. Überblick

1 Primäres Anliegen des Gesetzgebers ist es, durch die §§ 25–30 eine zentrale und unabhängige Anlaufstelle für von Benachteiligungen betroffene Personen zu schaffen. Die Antidiskriminierungsstelle soll dem Schutz vor Benachteiligungen wegen eines in § 1 genannten Grundes dienen und der Beseitigung und Verhinderung von Diskriminierungen Nachdruck verleihen.[1] Die **Bezeichnung einer Antidiskriminierungsstelle** wird von den RL 2000/43/EG, RL 76/207/EWG und RL 2004/113/EG gefordert. Diese Vorgabe geht auf eine Empfehlung der beim Europarat bestehenden „Commission against Racism and Intolerance" über „Specialised bodies to combat racism, xenophobia, antisemitism and intolerance at national level" vom 13.6.1997 zurück. Bereits in diesem Dokument wird den Mitgliedstaaten die Einrichtung von Antidiskriminierungsstellen nahegelegt. **RL 2000/78/EG** fordert dagegen eine Antidiskriminierungsstelle nicht. Sie muss also nur für die Diskriminierungsmerkmale Geschlecht, Rasse und ethnische Herkunft errichtet werden.[2] Die insofern weitgehend wortgleichen Richtlinien fordern nicht die Schaffung, sondern bloß die Benennung einer Stelle. Es liegt demnach im Ermessen der Mitgliedstaaten, die Kompetenzen einer bereits bestehenden Behörde zu erweitern oder eine neue Stelle zu schaffen. Auch Organisationsform und -struktur sind nicht vorgegeben, die Richtlinien sprechen lediglich davon, „eine oder mehrere" Stellen zu bezeichnen. Es bleibt also den Mitgliedstaaten überlassen, ob sie einen zentralen oder einen dezentralen Aufbau wünschen.

---

9 BVerwG Buchholz 449.2 § 43 SLV 2002 Nr. 1;
   Bauer/Göpfert/Krieger AGG § 23 Rn. 3.
10 Vgl. MüKoBGB/*Thüsing* AGG § 24 Rn. 6.

11 BT-Drs. 17/1780, S. 49.
1 BT-Drs. 16/1780, S. 26.
2 BT-Drs. 16/1780, S. 49.

II. Errichtung einer Antidiskriminierungsstelle gem. Abs. 1

Nach § 25 Abs. 1 ist eine Antidiskriminierungsstelle zu errichten und dem Bundesministerium für Familie, Senioren, Frauen und Jugend zuzuordnen. Deutschland schließt sich damit den Mitgliedstaaten an, die nicht schlicht die Kompetenzen einer bestehenden Behörde erweitern, sondern eine neue Stelle schaffen. Die Besonderheit besteht darin, dass die bestehenden Stellen erhalten bleiben und eine neue Aufgabenteilung stattfindet. Der Abs. 1 des § 25 stellt – wie ebenfalls die Regelungen in § 27 Abs. 2, 3 und 4 – auch klar, dass ihre Errichtung die Zuständigkeiten anderer Beauftragter des Bundestages oder der Bundesregierung unberührt lässt. Im Ergebnis hat der Gesetzgeber das sogenannte und favorisierte **„Kombimodell"**[3] umgesetzt und will somit bürokratischen Mehraufwand, Aufgabenüberschneidungen und Doppelzuständigkeiten vermeiden. **2**

Die **Zuständigkeit** erstreckt sich auf die Diskriminierungsmerkmale Rasse oder ethnische Herkunft, Geschlecht, Religion oder Weltanschauung, Alter und sexuelle Identität sowie Behinderung und umfasst somit den Geltungsbereich der vier Antidiskriminierungs-Richtlinien 2000/43/EG, 2000/78/EG, 76/207/EWG und 2004/113/EG. Die durch den Gesetzgeber vollzogene Umsetzung geht damit über die Anforderungen der Richtlinien hinaus, nach denen eine Stelle für die Diskriminierungsmerkmale Religion, Weltanschauung, Behinderung, Alter und sexuelle Identität nicht verlangt wird. Da durch die Antidiskriminierungsstelle jedoch die Zusammenarbeit mit Nichtregierungsorganisationen und zwischen den Sozialpartnern gefördert werden soll, was hinsichtlich aller Diskriminierungsmerkmale von den Richtlinien verlangt wird, ist der weite Zuständigkeitsbereich folgerichtig. Die Erweiterung über die Anforderungen der Richtlinien hinaus, begründet der Gesetzgeber damit, dass im Mittelpunkt der Aufgaben die Beratung stehen werde. Primär sollen Betroffene hinsichtlich ihrer neuen Rechte aufgeklärt und bei der Verfolgung dieser Rechte unterstützt werden.[4] Dies ist nicht nur in Bezug auf Rasse, ethnische Herkunft und Geschlecht, sondern auf alle Diskriminierungsmerkmale erforderlich. Durch die **Konzentration der Kompetenzen** hinsichtlich aller Diskriminierungsmerkmale wird der Gesetzgeber Forderungen aus der Wissenschaft gerecht. Von dieser wurde eine Stelle gefordert, um klare Strukturen zu schaffen, ein einheitliches Schutzniveau zu gewährleisten sowie Mehrfachdiskriminierungen effektiv zu begegnen. **3**

III. Ausstattung der Antidiskriminierungsstelle gem. Abs. 2

Gem. § 25 Abs. 2 S. 1 hat die Antidiskriminierungsstelle Anspruch auf die für die Erfüllung ihrer Aufgaben notwendige Personal- und Sachausstattung, die in einem eigenen Kapitel des Einzelplans des Bundesministeriums auszuweisen ist. Damit besteht ein Anspruch der Antidiskriminierungsstelle auf Gewährung der erforderlichen Mittel.[5] Im Gesetzesentwurf werden die **Kosten für die Errichtung und Aufgabenwahrnehmung** der Antidiskriminierungsstelle auf jährlich 5,6 Mio. EUR geschätzt.[6] **4**

Die Antidiskriminierungsstelle des Bundes wurde bereits 2006 errichtet (vgl. www.antidiskriminierungsstelle.de). **5**

§ 26 AGG Rechtsstellung der Leitung der Antidiskriminierungsstelle des Bundes

(1) [1]Die Bundesministerin oder der Bundesminister für Familie, Senioren, Frauen und Jugend ernennt auf Vorschlag der Bundesregierung eine Person zur Leitung der Antidiskriminierungsstelle des Bundes. [2]Sie steht nach Maßgabe dieses Gesetzes in einem öffentlich-rechtlichen Amtsverhältnis zum Bund. [3]Sie ist in Ausübung ihres Amtes unabhängig und nur dem Gesetz unterworfen.

(2) Das Amtsverhältnis beginnt mit der Aushändigung der Urkunde über die Ernennung durch die Bundesministerin oder den Bundesminister für Familie, Senioren, Frauen und Jugend.

(3) [1]Das Amtsverhältnis endet außer durch Tod

1. mit dem Zusammentreten eines neuen Bundestages,
2. durch Ablauf der Amtszeit mit Erreichen der Altersgrenze nach § 51 Abs. 1 und 2 des Bundesbeamtengesetzes,
3. mit der Entlassung.

[2]Die Bundesministerin oder der Bundesminister für Familie, Senioren, Frauen und Jugend entlässt die Leiterin oder den Leiter der Antidiskriminierungsstelle des Bundes auf deren Verlangen oder

---

3   *Wolff/Scheiwe* in *Rust* ua S. 325, 331 ff.

4   BT-Drs. 16/1780, S. 49.

5   BT-Drs. 16/1780, S. 49.

6   BT-Drs. 16/1780, S. 3.

wenn Gründe vorliegen, die bei einer Richterin oder einem Richter auf Lebenszeit die Entlassung aus dem Dienst rechtfertigen. [3]Im Falle der Beendigung des Amtsverhältnisses erhält die Leiterin oder der Leiter der Antidiskriminierungsstelle des Bundes eine von der Bundesministerin oder dem Bundesminister für Familie, Senioren, Frauen und Jugend vollzogene Urkunde. [4]Die Entlassung wird mit der Aushändigung der Urkunde wirksam.

(4) [1]Das Rechtsverhältnis der Leitung der Antidiskriminierungsstelle des Bundes gegenüber dem Bund wird durch Vertrag mit dem Bundesministerium für Familie, Senioren, Frauen und Jugend geregelt. [2]Der Vertrag bedarf der Zustimmung der Bundesregierung.

(5) [1]Wird eine Bundesbeamtin oder ein Bundesbeamter zur Leitung der Antidiskriminierungsstelle des Bundes bestellt, scheidet er oder sie mit Beginn des Amtsverhältnisses aus dem bisherigen Amt aus. [2]Für die Dauer des Amtsverhältnisses ruhen die aus dem Beamtenverhältnis begründeten Rechte und Pflichten mit Ausnahme der Pflicht zur Amtsverschwiegenheit und des Verbots der Annahme von Belohnungen oder Geschenken. [3]Bei unfallverletzten Beamtinnen oder Beamten bleiben die gesetzlichen Ansprüche auf das Heilverfahren und einen Unfallausgleich unberührt.

I. Ernennungsverfahren Abs. 1

1   Die Ernennung der Leitung der Antidiskriminierungsstelle erfolgt, auf Vorschlag der Bundesregierung nach Abs. 1 S. 1, durch den Bundesminister für Familie, Senioren, Frauen und Jugend.[1] Für das Vorschlagsverfahren im Kabinett findet die Geschäftsordnung der Bundesregierung Anwendung. Als öffentlich-rechtliches Amtsverhältnis beginnt das Amt nach Abs. 2 mit der Aushändigung der Urkunde. Spezielle subjektive Vorraussetzungen für die zur Leitung der Antidiskriminierungsstelle des Bundes zu ernennende Person setzt § 26 nicht voraus. Der Leiter muss lediglich die generellen Vorraussetzungen zur Bekleidung öffentlicher Ämter besitzen.

2   Wird ein Bundesbeamter zur Leitung der Antidiskriminierungsstelle ernannt, scheidet er nach Abs. 5 S. 1 aus seinem bisherigen Amt aus. Für die Dauer der Leitung der Antidiskriminierungsstelle ruhen nach Abs. 5 S. 2 und 3 die Rechte und Pflichten aus dem Beamtenverhältnis mit den dort genannten Ausnahmen. So haben nach Abs. 5 S. 3 Beamte, die bei einem Dienstunfall vor der Ernennung verletzt worden sind, noch Anspruch auf das Heilverfahren und einen Unfallausgleich aus § 30 BeamtVG. Inhaltsgleiche Regelungen finden sich etwa für Abgeordnete in § 5 Abs. 1 AbgG, für Bundesverfassungsrichter in § 101 Abs. 1 BVerfGG, für Bundesminister in § 18 Abs. 1 BMinG und für den Präsidenten der Bundesnetzagentur in § 4 Abs. 6 Bundesnetzagenturgesetz.

II. Beginn und Ende des Amtsverhältnisses Abs. 2 und 3

3   Das Amtsverhältnis beginnt gem. Abs. 2 mit der Aushändigung der Ernennungsurkunde durch den Bundesminister für Familie, Senioren, Frauen und Jugend. Zudem ist vor dem für das Ministerium zuständigen Mitglied der Bundesregierung, unabhängig von der Aushändigung und ohne konstitutive Wirkung, bei der Amtsübernahme ein Eid nach Art. 56 GG zu leisten.[2]

4   Abs. 3 benennt die Fälle der Beendigung des Amtsverhältnisses. Nach Nr. 1 endet das Amtsverhältnis mit dem Zusammentreten eines neuen Bundestages – es ist mithin jeweils an die Dauer einer Legislaturperiode gekoppelt –, nach Abs. 3 S. 1 Nr. 2 und 3 außer durch Tod mit Erreichen der Altersgrenze nach § 41 Abs. 1 BBG sowie mit der Entlassung. Eine Entlassung erfolgt nach S. 2 auf Verlangen der Leitung der Antidiskriminierungsstelle des Bundes oder in den Fällen, die bei einer Richterin oder einem Richter auf Lebenszeit eine solche rechtfertigen. Die Entlassung wird durch das Bundesministerium für Familie, Senioren, Frauen und Jugend auf Verlangen des Leiters oder Vorschlag der Bundesregierung vorgenommen. Die Sätze 3 und 4 regeln die Modalitäten der Beendigung des Amtsverhältnisses.

III. Rechtsverhältnis

5   Abs. 1 S. 2 sieht vor, dass die Leitung der Antidiskriminierungsstelle des Bundes in einem **öffentlich-rechtlichen Amtsverhältnis zum Bund** steht. Nach Abs. 1 S. 3 ist die Leitung in der Ausübung des Amtes unabhängig und nur dem Gesetz unterworfen ist. Entsprechend der Regierungsbegründung soll ihre Rechtsstellung den Vorgaben aus Art. 13 der RL 2000/43/EG, Art. 8a der RL 76/207/EWG und Art. 12 der RL 2004/113/EG gerecht werden.[3] Die Richtlinie fordert zwar lediglich die unabhängige Ausführung der Aufgaben, was der Gesetzgeber bei allen Aufgaben bis auf die in § 27 Abs. 4 geregelte Berichts- und Emp-

---

1   BT-Drs. 15/1438, S. 9 zu § 27 AGG; dazu *Raasch*   2   BT-Drs. 16/1780, S. 56.
     ZESAR 2005, 209 (216).   3   BT-Drs. 16/1780, S. 49.

fehlungsausarbeitung in § 27 aufgenommen hat, Voraussetzung einer tatsächlich unabhängigen Arbeit ist aber nicht nur die Unabhängigkeit der Berichts- und Empfehlungsausarbeitung, sondern auch die Erledigung der anderen Aufgaben. Auch diese fordern die Richtlinien daher mittelbar. Die Ausgestaltung im deutschen Recht wird diesen Anforderungen wohl gerecht, bleibt aber gegenüber dem Entwurf vom 16.12.2004 zurück.[4] Die notwendige Unabhängigkeit besteht, da eine vorzeitige Entlassung durch den Bundesminister nach § 26 Abs. 3 S. 2 nur unter den Voraussetzungen einer Richterentlassung möglich ist. Demnach wird ein Richter entlassen, wenn er nicht mehr Deutscher iSd Art. 116 GG ist oder ohne Genehmigung seinen Wohnsitz im Ausland nimmt, wenn er in ein sonstiges öffentlich-rechtliches Dienst- oder Amtsverhältnis eintritt oder Soldat wird, wenn er sein Mandat im Bundes- oder Landtag nicht niederlegt, oder er dienstunfähig wird oder seine Entlassung schriftlich verlangt (Abs. 2 Nr. 4). Da eine Altersgrenze nicht festgelegt ist, spielen die Berufung nach Erreichen der Altersgrenze sowie das Erreichen der Altersgrenze keine Rolle für die Leitung der Antidiskriminierungsstelle. Genauso wenig dürfte die Weigerung, den Richtereid zu leisten von Bedeutung sein. Die Leitung der Antidiskriminierungsstelle kann dementsprechend nur unter sehr engen Voraussetzungen entlassen werden.

In der, einer Legislaturperiode entsprechenden, vierjährigen Amtszeit hat die Leitung demnach ausrei- **6** chende Freiheiten. Die Ausgestaltung entspricht den **europarechtlichen Vorgaben**. Nach der Gesetzesbegründung soll durch die Unabhängigkeit außerdem eine hohe Akzeptanz der Antidiskriminierungsstelle bei den diskriminierten Personen ermöglicht werden. Diese würden sich mit ihren häufig persönlichen und existenziellen Problemen bevorzugt an eine Stelle wenden, die die Gewähr für eine unabhängige Unterstützung bietet.[5] Das zwischen der Leitung der Antidiskriminierungsstelle und dem Bundesministerium für Familie, Senioren, Frauen und Jugend bestehende Dienstverhältnis wird gem. Abs. 4 durch Vertrag geregelt. Inhalt sollen nach der Gesetzesbegründung neben Regelungen zur Bezahlung und Versorgung insbesondere solche betreffend Nebentätigkeiten, Annahme von Belohnungen und Geschenken, Amtsverschwiegenheit, Aussagegenehmigung, Vertretungsfragen und der Dienst- und Rechtsaufsicht sein.[6]

§ 27 AGG Aufgaben

(1) Wer der Ansicht ist, wegen eines in § 1 genannten Grundes benachteiligt worden zu sein, kann sich an die Antidiskriminierungsstelle des Bundes wenden.

(2) [1]Die Antidiskriminierungsstelle des Bundes unterstützt auf unabhängige Weise Personen, die sich nach Absatz 1 an sie wenden, bei der Durchsetzung ihrer Rechte zum Schutz vor Benachteiligungen. [2]Hierbei kann sie insbesondere

1. über Ansprüche und die Möglichkeiten des rechtlichen Vorgehens im Rahmen gesetzlicher Regelungen zum Schutz vor Benachteiligungen informieren,
2. Beratung durch andere Stellen vermitteln,
3. eine gütliche Beilegung zwischen den Beteiligten anstreben.

[3]Soweit Beauftragte des Deutschen Bundestages oder der Bundesregierung zuständig sind, leitet die Antidiskriminierungsstelle des Bundes die Anliegen der in Absatz 1 genannten Personen mit deren Einverständnis unverzüglich an diese weiter.

(3) Die Antidiskriminierungsstelle des Bundes nimmt auf unabhängige Weise folgende Aufgaben wahr, soweit nicht die Zuständigkeit der Beauftragten der Bundesregierung oder des Deutschen Bundestages berührt ist:

1. Öffentlichkeitsarbeit,
2. Maßnahmen zur Verhinderung von Benachteiligungen aus den in § 1 genannten Gründen,
3. Durchführung wissenschaftlicher Untersuchungen zu diesen Benachteiligungen.

(4) [1]Die Antidiskriminierungsstelle des Bundes und die in ihrem Zuständigkeitsbereich betroffenen Beauftragten der Bundesregierung und des Deutschen Bundestages legen gemeinsam dem Deutschen Bundestag alle vier Jahre Berichte über Benachteiligungen aus den in § 1 genannten Gründen vor und geben Empfehlungen zur Beseitigung und Vermeidung dieser Benachteiligungen. [2]Sie können gemeinsam wissenschaftliche Untersuchungen zu Benachteiligungen durchführen.

(5) Die Antidiskriminierungsstelle des Bundes und die in ihrem Zuständigkeitsbereich betroffenen Beauftragten der Bundesregierung und des Deutschen Bundestages sollen bei Benachteiligungen aus mehreren der in § 1 genannten Gründe zusammenarbeiten.

---

4   BT-Drs. 15/4538.
5   BT-Drs. 16/1780, S. 49.
6   BT-Drs. 16/1780, S. 50.

I. Inanspruchnahme der Antidiskriminierungs-
stelle, Abs. 1 1
II. Unterstützung der Benachteiligten, Abs. 2 2
III. Weitere Aufgaben, Abs. 3 5

IV. Berichterstattung und gemeinsame Untersuchungen, Abs. 4 6
V. Mehrfachdiskriminierungen, Abs. 5 7

I. Inanspruchnahme der Antidiskriminierungsstelle, Abs. 1

1 § 27 Abs. 1 sieht vor, dass die Antidiskriminierungsstelle des Bundes jedem zur Verfügung stehen soll, der glaubt, wegen eines in § 1 genannten Grundes benachteiligt worden zu sein. Dabei soll dem Benachteiligten eine möglichst zentrale und leicht zu erreichende Unterstützung zur Verfügung gestellt werden.[1] Entsprechend der Gesetzesbegründung ist der Zugang zur Antidiskriminierungsstelle voraussetzungsfrei möglich und insbesondere nicht davon abhängig, ob die Benachteiligung einen Bereich betrifft, in dem Diskriminierungen verboten sind.[2] Es genügt, dass ein vom Betroffenen als nachteilig empfundener Sachverhalt, von diesem mündlich, telefonisch, schriftlich oder auf dem elektronischen Weg bei der Antidiskriminierungsstelle vorgetragen wird, wobei die Anrufung weder an eine Frist noch an eine Form gebunden ist.[3]

II. Unterstützung der Benachteiligten, Abs. 2

2 Abs. 2 reglementiert die Behandlung der Vorträge seitens Betroffener durch die Antidiskriminierungsstelle. Dabei ist es nicht notwendig, dass eine Benachteiligung tatsächlich gegeben ist, vielmehr reicht schon das subjektive Gefühl des Betroffenen aus, benachteiligt worden zu sein.[4] Der Betroffene soll Abs. 1 S. 1 entsprechend durch die Stelle bei der Durchsetzung seiner Rechte zum Schutz vor Diskriminierung unterstützt werden.

3 Infolgedessen informiert die Antidiskriminierungsstelle gem. Abs. 2 S. 2 Nr. 1 den Betroffenen über dessen zum Schutz vor Diskriminierung gesetzlich bestehenden Ansprüche und deren rechtliche Durchsetzbarkeit, leistet jedoch keine Rechtsberatung.[5] Weiter hat die Stelle entsprechend Abs. 2 S. 2 Nr. 2 die Möglichkeit über die eigene Beratung hinaus, auch Hilfe von anderen Stellen zu vermitteln, womit gewährleistet wird, dass die Betroffenen nicht nur die allgemeine Unterstützung der Antidiskriminierungsstelle erfahren, sondern je nach Sachverhalt auch einzelfallbezogene Beratung erhalten.[6] Abs. 2 S. 2 Nr. 3 räumt der Antidiskriminierungsstelle zudem ein, eine gütliche Streitbeilegung zwischen den beteiligten Parteien anzustreben und entstandene Streitigkeiten zu schlichten. Zu diesem Zweck ist die Antidiskriminierungsstelle gem. § 28 Abs. 1 befugt, die Parteien um Stellungnahmen zu ersuchen, wodurch eine gütliche Einigung und Streitbeilegung schon frühzeitig beurteilt werden kann.[7]

4 Abs. 2 S. 3 gibt der Antidiskriminierungsstelle auf, Eingaben von Betroffenen, für die andere Beauftragte der Bundesregierung oder des Bundestages zuständig sind, an diese weiterzuleiten. Mit Abs. 3 soll eine etwaige Doppelzuständigkeit, Überschneidung von Aufgaben sowie bürokratischer Mehraufwand unterbunden werden.[8] Die Weiterleitung, welche unverzüglich zu erfolgen hat, ist jedoch aus datenschutzrechtlichen Gründen an ein Einverständnis des Benachteiligten gebunden.[9]

III. Weitere Aufgaben, Abs. 3

5 Zu den weiteren Aufgaben der Antidiskriminierungsstelle gehören entsprechend Abs. 3 die Öffentlichkeitsarbeit, Maßnahmen zur Verhinderung von Diskriminierungen im Sinne des § 1 und die Durchführung von wissenschaftlichen Untersuchungen zu den in § 1 aufgeführten Benachteiligungen. Hierdurch soll zum einem der für die Stelle erforderliche Bekanntheitsgrad in der breiten Öffentlichkeit gewährleistet werden.[10] Zum anderen erhält die Antidiskriminierungsstelle die Möglichkeit gem. Abs. 3 Nr. 2 Präventivmaßnahmen und Sensibilisierungsmaßnahmen zu ergreifen um etwaigen Diskriminierungen entgegen zu wirken.[11] Abs. 3 Nr. 3 reglementiert die Durchführung wissenschaftlicher Untersuchungen. Diese könne nach Delegation der Antidiskriminierungsstelle auch durch Dritte durchgeführt werden.[12]

1	BT-Drs. 16/1780, S. 50.	7	BT-Drs. 16/1780, S. 50.
2	BT-Drs. 16/1780, S. 50.	8	BT-Drs. 16/1780, S. 49.
3	BT-Drs. 16/1780, S. 50.	9	BT-Drs. 16/1780, S. 51.
4	BT-Drs. 16/1780, S. 50.	10	BT-Drs. 16/1780, S. 57.
5	Ebenso *Bauer/Göpfert/Krieger* AGG § 27 Rn. 12.	11	BT-Drs. 16/1780, S. 51.
6	BT-Drs. 16/1780, S. 50.	12	BT-Drs. 16/1780, S. 51.

Legerlotz

IV. Berichterstattung und gemeinsame Untersuchungen, Abs. 4

Gem. Abs. 4 haben die Antidiskriminierungsstelle und die in ihrem Zuständigkeitsbereich betroffenen **6** Beauftragten der Bundesregierung und des Deutschen Bundestages alle 4 Jahre dem Deutschen Bundestag Berichte über Benachteiligungen und den Entwicklungsstand des Antidiskriminierungsrechts vorzulegen. Dazu gehören auch Empfehlungen zur Vermeidung und Beseitigung von Benachteiligung aus den in § 1 genannten Gründen.

V. Mehrfachdiskriminierungen, Abs. 5

In Abs. 5 sieht der Gesetzgeber die Zusammenarbeit der Antidiskriminierungsstelle und der jeweiligen **7** zuständigen Beauftragten der Bundesregierung und des Deutschen Bundestages bei Mehrfachdiskriminierungen vor. Eine Zusammenarbeit kann beispielsweise in der Verfassung gemeinsamer Berichte und Empfehlungen sowie der Ausarbeitung und Auswertung wissenschaftlicher Untersuchungen erfolgen.

§ 28 AGG Befugnisse

(1) Die Antidiskriminierungsstelle des Bundes kann in Fällen des § 27 Abs. 2 Satz 2 Nr. 3 Beteiligte um Stellungnahmen ersuchen, soweit die Person, die sich nach § 27 Abs. 1 an sie gewandt hat, hierzu ihr Einverständnis erklärt.

(2) [1]Alle Bundesbehörden und sonstigen öffentlichen Stellen im Bereich des Bundes sind verpflichtet, die Antidiskriminierungsstelle des Bundes bei der Erfüllung ihrer Aufgaben zu unterstützen, insbesondere die erforderlichen Auskünfte zu erteilen. [2]Die Bestimmungen zum Schutz personenbezogener Daten bleiben unberührt.

I. Überblick

§ 28 regelt die Ermittlungsbefugnisse der Antidiskriminierungsstelle. Abs. 1 räumt dieser gegenüber Bun- **1** desbehörden und sonstigen öffentlichen Stellen des Bundes insbesondere Auskunftsrechte ein, wobei andere Beteiligte dagegen nur um Stellungnahmen ersucht werden dürfen. Diese sind der Antidiskriminierungsstelle gegenüber nicht zur Auskunft verpflichtet.

II. Stellungnahmen der Beteiligten, Abs. 1

Abs. 1 erlaubt der Antidiskriminierungsstelle des Bundes darüber hinaus, die Beteiligten um Stellungnah- **2** men zu ersuchen. Der Begriff der Beteiligten entspricht demjenigen in § 27 Abs. 2 S. 2 Nr. 3. Die Vorschrift stärkt entsprechend der Gesetzesbegründung die in § 27 Abs. 2 S. 1 geregelte **Ombudsfunktion** der Antidiskriminierungsstelle.[1] Um eine qualitativ gute und umfassende Beratung zu leisten oder über die Möglichkeiten einer gütlichen Beilegung ausloten zu können, sind auftretende Sachverhalte aufzuklären. Hierzu wird die Antidiskriminierungsstelle des Bundes vielfach auf Informationen der Beteiligten und auf Kontakte zu diesen angewiesen sein. Mit der Möglichkeit, Stellungnahmen der Beteiligten einzuholen, ist die Erwartung verbunden, dass die gegenseitige Bereitschaft der Beteiligten, eine gütliche Beilegung gemeinsam zu erarbeiten und anzunehmen, erhöht werde.[2] Eine **Verpflichtung zur Abgabe einer Stellungnahme** besteht jedoch nicht.[3] Die Verweigerung der Stellungnahme löst keine rechtlichen Sanktionen aus.[4] Der Gesetzgeber hat sich dafür entschieden, die Antidiskriminierungsstelle als Ansprechpartner einzurichten, die dem Betroffenen Informationen zur Verfügung stellt und ihn an andere Personen verweist. Eine endgültige Lösung für den Einzelnen wird von der Antidiskriminierungsstelle nur auf dem Wege der gütlichen Einigung angestrebt, aber nicht selbst erstritten. Die Antidiskriminierungsstelle kann nur auf diese Weise dem Vorwurf der Parteilichkeit entgehen, der sonst gegen ihre Berichte und Empfehlungen erhoben würde. Damit die Stelle tätig werden und Stellungnahmen ersuchen kann, muss der Betroffene aus datenschutzrechtlichen Gründen sein Einverständnis erklärt haben.

---

1   BT-Drs. 16/1780, S. 51.

2   BT-Drs. 16/1780, S. 51.

3   Krit. *Raasch* ZESAR 2005, 209 (217).

4   Schiek/*Laskowski* AGG § 28 Rn. 2.

III. Unterstützung durch Bundesbehörden und öffentliche Stellen des Bundes, Abs. 2

3 Abs. 2 entspricht im Wesentlichen **§ 15 Abs. 3 des Gesetzes zur Gleichstellung behinderter Menschen (BGG)** und räumt der Antidiskriminierungsstelle des Bundes, mit Ausnahme des eigenständigen Akteneinsichtsrechts, die gleichen Auskunftsrechte gegenüber allen Bundesbehörden und sonstigen öffentlichen Stellen des Bundes ein, die der Beauftragte der Bundesregierung für die Belange behinderter Menschen hat. Landesbehörden sind durch diese Vorschrift nicht verpflichtet.[5] Weitergehende Ermittlungsbefugnisse stehen der Antidiskriminierungsstelle nicht zu, so dass ihren Möglichkeiten zur Unterstützung von Benachteiligten Grenzen gezogen sind.[6]

4 S. 2 verweist auf die Regelungen des BDSG, also insbesondere auf § 15 BDSG, der die Datenübermittlung an öffentliche Stellen regelt, die danach grundsätzlich der Einwilligung des Betroffenen bedarf. In der Gesetzesbegründung wird auf **§ 24 Abs. 4 S. 4 BDSG** hingewiesen, der entsprechend anwendbar sei und nach dem dem Bundesbeauftragten für den Datenschutz und die Informationsfreiheit Auskunft und Zutritt nicht gewährt werden muss, wenn die oberste Bundesbehörde feststellt, dass dies die Sicherheit des Bundes oder des Landes gefährden würde.[7]

§ 29 AGG Zusammenarbeit mit Nichtregierungsorganisationen und anderen Einrichtungen

Die Antidiskriminierungsstelle des Bundes soll bei ihrer Tätigkeit Nichtregierungsorganisationen sowie Einrichtungen, die auf europäischer, Bundes-, Landes- oder regionaler Ebene zum Schutz vor Benachteiligungen wegen eines in § 1 genannten Grundes tätig sind, in geeigneter Form einbeziehen.

I. Überblick

1 Nach § 29 soll die Antidiskriminierungsstelle des Bundes bei ihrer Tätigkeit Nichtregierungsorganisationen sowie andere Einrichtungen, die die Aufgabe haben, vor Benachteiligungen zu schützen, einbeziehen. Gem. der Gesetzesbegründung entspricht die Vorschrift den Vorgaben aus Art. 12 der Richtlinie 2000/43/EG, Art. 8 c der Richtlinie 76/207/EWG, Art. 14 der Richtlinie 2000/78/EG sowie Art. 11 der Richtlinie 2004/113/EG im Hinblick auf die Zusammenarbeit mit den Nichtregierungsorganisationen.[1]

II. Einbeziehung

2 Neben der Regelung in § 29 enthält auch § 30 eine Umsetzung der Richtlinienvorgaben. Während § 29 die Förderung des Dialogs zu einer Aufgabe der Antidiskriminierungsstelle selbst macht, schafft § 30 mit dem Beirat ein zusätzliches Organ, das der Antidiskriminierungsstelle zugeordnet wird.[2] Nichtregierungsorganisationen sind Verbände oder Gruppen, die nicht von der Regierung oder anderen staatlichen Stellen abhängig sind und gemeinsame Interessen vertreten. Nach den Antidiskriminierungsrichtlinien der EU sollen nur solche nichtstaatlichen Organisationen einbezogen werden, die ein rechtmäßiges Interesse daran haben, sich an der Bekämpfung von Diskriminierungen zu beteiligen.[3] Der deutsche Gesetzgeber hat diese Einschränkung jedoch nicht übernommen, so dass sich alle Nichtregierungsorganisationen, die sich mit Diskriminierungen auseinandersetzen, beteiligen können.[4] Die Zusammenarbeit mit den Nichtregierungsorganisationen muss in einer geeigneten Form stattfinden. Was eine „geeignete Form" ist, ist aufgrund des unbestimmten Rechtsbegriffes allerdings unklar. Da es sich bei § 29 um eine Soll-Vorschrift handelt, besteht jedoch ein Anspruch auf Einbeziehung für die Nichtregierungsorganisationen nicht.

§ 30 AGG Beirat

(1) ¹Zur Förderung des Dialogs mit gesellschaftlichen Gruppen und Organisationen, die sich den Schutz vor Benachteiligungen wegen eines in § 1 genannten Grundes zum Ziel gesetzt haben, wird der Antidiskriminierungsstelle des Bundes ein Beirat beigeordnet. ²Der Beirat berät die Antidiskri-

---

5 Vgl. BT-Drs. 16/1780, S. 52.
6 *Bauer/Göpfert/Krieger* AGG § 28 Rn. 20.
7 BT-Drs. 16/1780, S. 52; krit. *Adomeit/Mohr* §§ 25–30 Rn. 13; empfl. analoge Anwendung MüKoBGB/*Thüsing* AGG § 28 Rn. 5.

1 BT-Drs. 16/1780, S. 52.
2 MüKoBGB/*Thüsing* AGG § 29 Rn. 5.
3 Art. 12 RL 2000/ 43/ EG; Art. 8 c RL 76/ 207/ EWG; Art. 14 RL 2000/ 78/ EG.
4 *König* ZRP 2003, 315 (317).

minierungsstelle des Bundes bei der Vorlage von Berichten und Empfehlungen an den Deutschen Bundestag nach §27 Abs. 4 und kann hierzu sowie zu wissenschaftlichen Untersuchungen nach §27 Abs. 3 Nr. 3 eigene Vorschläge unterbreiten.

(2) ¹Das Bundesministerium für Familie, Senioren, Frauen und Jugend beruft im Einvernehmen mit der Leitung der Antidiskriminierungsstelle des Bundes sowie den entsprechend zuständigen Beauftragten der Bundesregierung oder des Deutschen Bundestages die Mitglieder dieses Beirats und für jedes Mitglied eine Stellvertretung. ²In den Beirat sollen Vertreterinnen und Vertreter gesellschaftlicher Gruppen und Organisationen sowie Expertinnen und Experten in Benachteiligungsfragen berufen werden. ³Die Gesamtzahl der Mitglieder des Beirats soll 16 Personen nicht überschreiten. ⁴Der Beirat soll zu gleichen Teilen mit Frauen und Männern besetzt sein.

(3) Der Beirat gibt sich eine Geschäftsordnung, die der Zustimmung des Bundesministeriums für Familie, Senioren, Frauen und Jugend bedarf.

(4) ¹Die Mitglieder des Beirats üben die Tätigkeit nach diesem Gesetz ehrenamtlich aus. ²Sie haben Anspruch auf Aufwandsentschädigung sowie Reisekostenvergütung, Tagegelder und Übernachtungsgelder. ³Näheres regelt die Geschäftsordnung.

I. Überblick	1	IV. Geschäftsordnung des Beirats, Abs. 3	4
II. Errichtung des Beirats, Abs. 1	2	V. Ehrenamtliche Tätigkeit der Beiratsmitglieder,	
III. Berufung der Beiratsmitglieder, Abs. 2	3	Abs. 4	5

I. Überblick

In §30 setzt der Gesetzgeber **zwei Richtlinien** um. Zum einen Art. 12 der RL 2000/43/EG, Art. 14 der **1** RL 2000/78/EG, Art. 8 c der RL 76/207/EWG (Art. 22 RL 2006/54/EG) und Art. 11 der RL 2004/113/EG, durch welche ebenso wie durch §29 der Dialog mit den Nichtregierungsorganisationen gefördert werden soll, zum anderen soll durch Umsetzung der Art. 11 Abs. 1 der RL 2000/43/EG, Art. 13 Abs. 1 der RL 2000/78/EG und Art. 8 b Abs. 1 der RL 76/207/EWG (Art. 21 der RL 2006/54/EG) der Dialog zwischen Arbeitgebern und Arbeitnehmern gefördert werden.

II. Errichtung des Beirats, Abs. 1

Gem. §30 Abs. 1 wird der Antidiskriminierungsstelle zur Förderung des Dialoges mit gesellschaftlichen **2** Gruppen und Organisationen ein Beirat beigeordnet. Da seine Mitglieder ressortmäßig durch das zuständige Bundesministerium berufen werden, ist der Beirat kein autonomes Organ.¹ Durch den Beirat sollen verschiedene gesellschaftliche Gruppen und Organisationen in die Tätigkeit der Antidiskriminierungsstelle eingebunden werden und dieser ihre Erfahrungen und Kompetenzen zur Verfügung stellen.²

III. Berufung der Beiratsmitglieder, Abs. 2

Die Besetzung und Berufung des Beirats ist in Abs. 2 geregelt. Dementsprechend werden die Mitglieder des **3** Beirats vom Bundesministerium für Familie, Senioren, Frauen und Jugend einvernehmlich mit der Leitung der Antidiskriminierungsstelle und den zuständigen Beauftragten der Bundesregierung oder des Deutschen Bundestages berufen. Zu jedem Beiratsmitglied muss zudem ein Stellvertreter berufen werden, welcher das ordentliche Mitglied bei dessen Verhinderung mit allen Rechten und Pflichten vertritt.³ Die Berufung der Beiratsmitglieder soll in einem transparenten Auswahlverfahren erfolgen. In den Beirat sollen Vertreter gesellschaftlicher Gruppen und Organisationen sowie Experten in Benachteiligungsfragen, unter Beachtung des BGremBG, berufen werden. Wer ein geeignetes Beiratsmitglied ist und wer die Qualifikationen hierfür aufweist, ist wiederum unklar.⁴ Um die Vorgaben der EU-Richtlinien zum sozialen Dialog umzusetzen, ist bei der Berufung der Beiratsmitglieder sicherzustellen, dass die Tarifpartner in diesem vertreten sind.⁵ Zur Gewährleistung der Diskussionsfähigkeit ist die Höchstzahl der Beiratsmitglieder gem. Abs. 2 S. 3 auf sechzehn Personen begrenzt. Der Rat ist dabei gem. Abs. 2 S. 4 zu gleichen Teilen mit Frauen und Männern zu besetzen, wobei das zahlenmäßige Verhältnis von Gruppenvertretern und Experten sowie deren Amtszeit nicht geregelt ist.⁶

1 BT-Drs. 16/1780, S. 52.	5 Art. 12 RL 2000/43/EG; Art. 8 c RL 76/207/EWG;
2 BT-Drs. 16/1780.	Art. 14 RL 2000/78/EG.
3 BT-Drs. 16/1780, S. 52.	6 Krit. *Raasch* ZESAR 2005, 209 (217).
4 *Bauer/Göpfert/Krieger* AGG §30 Rn. 25.	

IV. Geschäftsordnung des Beirats, Abs. 3

4   Gem. Abs. 3 muss die Geschäftsordnung des Beirats die Zustimmung des Ministeriums für Familie, Senioren, Frauen und Jugend haben. Gegenstand der Geschäftsordnung können beispielsweise Regelungen zum Vorsitz, zur Häufigkeit der Sitzungen und zum Verfahren der Beschlussfassung sein,[7] wobei diese Aufzählung nicht abschließend ist.

V. Ehrenamtliche Tätigkeit der Beiratsmitglieder, Abs. 4

5   Die Tätigkeit der Beiratsmitglieder erfolgt gem. Abs. 4 auf ehrenamtlicher Basis, wobei ihnen eine Aufwandsentschädigung sowie Reisekostenvergütung, Tagegelder und Übernachtungsgelder zustehen. Bedingt durch diese Ehrenamtlichkeit können sie ihre Berufung ablehnen und die Tätigkeit als Mitglied des Beirats jederzeit beenden.[8]

Abschnitt 7
Schlussvorschriften

§ 31 AGG Unabdingbarkeit

Von den Vorschriften dieses Gesetzes kann nicht zu Ungunsten der geschützten Personen abgewichen werden.

1   Gem. § 31 darf von den Bestimmungen des AGG nicht zuungunsten der geschützten Personen abgewichen werden. Das Abweichverbot sichert den gesetzlichen Mindeststandard auf dem Gebiet des allgemeinen Antidiskriminierungsrechts. Alle Vorschriften des Gleichbehandlungsgesetzes sind damit einseitig zwingendes Recht. Nach der Gesetzesbegründung stellt § 31 eine Umsetzung der europarechtlichen Vorgaben[1] dar, weil die im Gesetz enthaltenen Schutzvorschriften zwingender Natur sind.[2] Der zwingende Charakter bezieht sich auf die Gründe, die eine mittelbare Diskriminierung im Sinne des § 3 Abs. 2 ausschließen können. Weder im Individualvertrag noch in kollektiven Vereinbarungen kann zuungunsten der Beschäftigten davon abgewichen werden. Die Anwendbarkeit des AGG kann also nicht ausgeschlossen werden, ebenso wenig dessen Rechtsfolgen.[3]

2   § 21 Abs. 4 bestimmt, dass eine diskriminierende Abrede in einem Vertrag nicht etwa über § 139 BGB zu dessen Nichtigkeit führt. Der Benachteiligende kann sich vielmehr nicht auf die jeweiligen Bestimmungen berufen.

3   Eine Ausweitung des Diskriminierungsschutzes über die gesetzlichen Regelungen hinaus steht den Mitgliedstaaten und im Rahmen des § 5 den Sozialpartnern frei.

4   § 15 Abs. 4 erlaubt es den Tarifvertragsparteien die zweimonatige Ausschlussfrist für die Geltendmachung von Entschädigungs- und Schadensersatzansprüchen nach § 15 Abs. 1 und Abs. 2 zu verändern. Demzufolge kann in Tarifverträgen auch eine verkürzte Ausschlussfrist vereinbart werden.[4] Sonstige Fristverkürzungen, außer eben dieser Ausnahme, sind entsprechend der Gesetzesbegründung wegen § 31 unzulässig.[5] Im Gegensatz dazu sind Fristverlängerungen gemäß dem Günstigkeitsprinzip, wonach jede Art von abweichender Vereinbarung statthaft ist, wenn sie für den Beschäftigten oder Verbraucher günstiger ist als die gesetzliche Regelung, erlaubt, da sie für den Benachteiligten vorteilhaft sind. Demnach muss jedoch, um einen Verstoß gegen § 31 feststellen zu können, ein Günstigkeitsvergleich durchgeführt werden.[6] Verstoßen vertragliche Abweichungen gegen das Unabdingbarkeitsgebot § 31, so sind die entsprechenden Vereinbarungen gem. § 134 BGB nichtig. An die Stelle der einzelvertraglichen Regelung treten die gesetzlichen Vorschriften, wobei die gegen § 31 verstoßende Regelung zwar keine Anwendung findet, die Vereinbarung im Übrigen aber voll wirksam bleibt.[7]

---

7   BT-Drs. 16/1780, S. 52.
8   BT-Drs. 16/1780, S. 52.
1   Art. 6 Abs. 1 RL 2000/43/EG, Art. 8 Abs. 1 RL 2000/78/EG, Art. 8 e Abs. 1 Rl 76/207/EWG geändert d. RL 2002/73/EG und Art. 7 Abs. 1 Rl 2004/113/EG.
2   BT-Drs. 16/1780, S. 53.

3   MüKoBGB/*Thüsing* AGG § 32 Rn. 1.
4   *Bauer/Göpfert/Krieger* AGG § 31 Rn. 4; aA *Däubler/Bertzbach* AGG § 31 Rn. 5.
5   BT-Drs. 16/1780, S. 53.
6   *Schleusener/Suckow/Voigt* AGG § 31 Rn 7.
7   *Bauer/Göpfert/Krieger* AGG § 31 Rn. 20.

§ 32 AGG Schlussbestimmung

Soweit in diesem Gesetz nicht Abweichendes bestimmt ist, gelten die allgemeinen Bestimmungen.

Die in § 32 geregelte Schlussbestimmung stellt klar, dass die allgemeinen, für das jeweilige Beschäftigungs- **1**
verhältnis geltenden, Gesetze unberührt bleiben. Der Gesetzgeber verdeutlicht damit, dass die Vorschriften
des BGB, insbesondere des Schuldrechts und Deliktsrechts, ferner zB Kündigungsschutzgesetz, Gewerbeordnung, Handelsgesetzbuch und das Betriebsverfassungsgesetz oder die Personalvertretungsgesetze ergänzend anzuwenden sind, soweit dieses Gesetz keine abschließende spezielle Regelung enthält.[1] Was dabei
unter abschließenden speziellen Regelungen zu verstehen ist, erscheint unklar. Eindeutig ist hiervon nur bei
§ 15 Abs. 6 auszugehen, der einen Anspruch auf Begründung eines Arbeitsverhältnisses bzw. auf Beförderung wegen Verletzung von Diskriminierungsverboten ausschließt. Weitere Beispiele für spezielle Sonderregelungen sind nicht ersichtlich. Insbesondere ist nicht davon auszugehen, dass das Verbot der Benachteiligung wegen Behinderung einen Rückgriff auf Art. 3 Abs. 3 S. 2 GG ausschließt.[2] Zudem ist eine unmittelbar diskriminierende Kündigung weiterhin wegen Verstoßes gegen Art. 1 und Art. 2 GG angreifbar.[3]

§ 33 AGG Übergangsbestimmungen

**(1) Bei Benachteiligungen nach den §§ 611 a, 611 b und 612 Abs. 3 des Bürgerlichen Gesetzbuchs oder
sexuellen Belästigungen nach dem Beschäftigtenschutzgesetz ist das vor dem 18. August 2006 maßgebliche Recht anzuwenden.**

**(2) [1]Bei Benachteiligungen aus Gründen der Rasse oder wegen der ethnischen Herkunft sind die
§§ 19 bis 21 nicht auf Schuldverhältnisse anzuwenden, die vor dem 18. August 2006 begründet worden sind. [2]Satz 1 gilt nicht für spätere Änderungen von Dauerschuldverhältnissen.**

**(3) [1]Bei Benachteiligungen wegen des Geschlechts, der Religion, einer Behinderung, des Alters oder
der sexuellen Identität sind die §§ 19 bis 21 nicht auf Schuldverhältnisse anzuwenden, die vor dem
1. Dezember 2006 begründet worden sind. [2]Satz 1 gilt nicht für spätere Änderungen von Dauerschuldverhältnissen.**

**(4) [1]Auf Schuldverhältnisse, die eine privatrechtliche Versicherung zum Gegenstand haben, ist § 19
Abs. 1 nicht anzuwenden, wenn diese vor dem 22. Dezember 2007 begründet worden sind. [2]Satz 1 gilt
nicht für spätere Änderungen solcher Schuldverhältnisse.**

**(5) [1]Bei Versicherungsverhältnissen, die vor dem 21. Dezember 2012 begründet werden, ist eine
unterschiedliche Behandlung wegen des Geschlechts im Falle des § 19 Absatz 1 Nummer 2 bei den
Prämien oder Leistungen nur zulässig, wenn dessen Berücksichtigung bei einer auf relevanten und
genauen versicherungsmathematischen und statistischen Daten beruhenden Risikobewertung ein
bestimmender Faktor ist. [2]Kosten im Zusammenhang mit Schwangerschaft und Mutterschaft dürfen
auf keinen Fall zu unterschiedlichen Prämien oder Leistungen führen.**

I. Überblick 1
II. Übergangsregelungen für Beschäftigungsver-
    hältnisse, Abs. 1 2
III. Übergangsregelung für zivilrechtliche Schuld-
    verhältnisse, Abs. 2–4 3
IV. Übergangsregelung für Versicherungsverträge,
    Abs. 5 5

I. Überblick

§ 33 regelt den zeitlichen Anwendungsbereich des Gesetzes. Für das Zivilrecht, insbesondere für Versiche- **1**
rungsverträge, sind dabei Übergangsregelungen enthalten, die für das Arbeitsrecht fehlen, weil sie die
europäischen Vorgaben hier nicht vorsehen. Diese Regelungen haben sich im Laufe der Gesetzgebung verschiedentlich geändert.[1]

II. Übergangsregelungen für Beschäftigungsverhältnisse, Abs. 1

Auf Beschäftigungsverhältnisse fand gem. § 33 Abs. 1 bis zum Inkrafttreten des AGG das bis dato geltende **2**
Recht zum Schutz vor Benachteiligungen und sexuellen Belästigungen Anwendung. Dasselbe galt für § 81

---

1   BT-Drs. 16/1780, S. 53.
2   BAG 28.7. 2004–10 AZR 19/04, DB 2004, 2219.
3   BAG 23.6.1994 – 2 AZR 617/93, NZA 1994, 1080.
1   BT-Drs. 15/4835, S. 11.

Abs. 2 SGB IX, obwohl § 33 diese Vorschrift nicht nennt, da sich die Gesetzesbegründung auch explizit auf § 81 Abs. 2 SGB IX bezieht.[2] Diskriminierungen, die vor dem 18.8.2006 und somit vor Inkrafttreten des AGG stattgefunden haben, werden nicht nach dem AGG beurteilt und sanktioniert. Diese Benachteiligungen werden entsprechend der alten Rechtslage beurteilt.[3] Maßgeblich für die Anwendbarkeit des AGG ist der Zeitpunkt der Vornahme der benachteiligenden Handlung. Auf die Erlangung der Kenntnis des Benachteiligten von der Handlung ist nicht abzustellen,[4] wobei dieser Zeitpunkt jedoch maßgeblich für den Beginn der Geltendmachungsfrist ist. Dauerschuldverhältnisse oder Benachteiligungen mit einem Dauertatbestand werden ebenfalls erst ab Inkrafttreten des AGG nach diesem beurteilt und sanktioniert. Die Benachteiligung vor Inkrafttreten des AGG beurteilt sich dabei nach der alten Rechtslage wodurch es zu gespaltenen Rechtsanwendung kommen kann.[5]

III. Übergangsregelung für zivilrechtliche Schuldverhältnisse, Abs. 2–4

3 Für die unter § 19 fallenden zivilrechtlichen Schuldverhältnisse fanden die Übergangsregelungen der Abs. 2–4 des § 33 Anwendung. Abs. 2 betrifft dabei Benachteiligungen aus Gründen der Rasse oder wegen der ethnischen Herkunft, Abs. 3 die sonstigen Benachteiligungsgründe und Abs. 4 Schuldverhältnisse, die eine privatrechtliche Versicherung im Sinne des § 19 Abs. 1 Nr. 1 zum Inhalt haben. Mit Abs. 2 und 3 verhindert der Gesetzgeber, dass Dauerschuldverhältnisse für eine unbestimmbare Zeit dem Geltungsbereich des AGG entzogen werden. Das AGG ist dem folgend ab Inkrafttreten auch auf etwaige Änderungen von bestehenden Dauerschuldverhältnissen anwendbar.

4 Entsprechend Abs. 4 galt für privatrechtliche Versicherungsverträge eine besonders lange Übergangsfrist, wodurch den speziellen Anliegen der Versicherer, eine ausreichende Vorlaufzeit zu haben, nachgekommen wurde.[6] Grundsätzlich gilt das neue Recht nur für Versicherungsverträge, die ab dem 22.12.2007 abgeschlossen wurden. Für Verträge, die vor dem 22.12.2007 geschlossen wurden, findet das AGG nur auf etwaige Änderungen dieser und nicht auf den gesamten Vertrag Anwendung. Daraus resultiert, dass solche privatrechtlichen Versicherungsverträge dem Geltungsbereich des AGG entzogen werden, die vor dem Stichtag geschlossen worden sind und deren Inhalt nicht geändert wurden.[7]

IV. Übergangsregelung für Versicherungsverträge, Abs. 5

5 Der neu eingefügte Abs. 5 normiert die Übergangsregelung für die zulässige unterschiedliche Behandlung von Männern und Frauen bei Prämien und Leistungen im Versicherungsrecht. Eine unterschiedliche Behandlung von Männern und Frauen hinsichtlich Prämien und Leistungen im Versicherungsrecht ist seit der Unisex-Rechtsprechung des EuGH nicht mit Art. 5 Abs. 2 RL 2004/113 kompatibel.[8]

---

2 BT-Drs. 16/1780, S. 53.
3 BT-Drs. 16/1780, S. 53.
4 AA *Däubler/Bertzbach* AGG § 33 Rn. 4.
5 Diff. *Bauer/Göpfert/Krieger* AGG § 33 Rn. 10.
6 BT-Drs. 16/1780, S. 53.

7 Str.: keine Rechtfertigung, Rust/*Falke* AGG § 33 Rn. 21; aA *Däubler/Bertzbach* AGG § 33 Rn. 21.
8 EuGH Slg 2011, I-773, vgl. MüKoBGB/*Thüsing* AGG § 33 Rn. 11–15.

Gesetz über die Spende, Entnahme und Übertragung
von Organen und Geweben
(Transplantationsgesetz – TPG)

In der Fassung der Bekanntmachung vom 4. September 2007[1] (BGBl. I S. 2206)
(FNA 212-2)
zuletzt geändert durch Art. 24 Zweites Datenschutz-Anpassungs- und UmsetzungsG EU[2] vom
20. November 2019 (BGBl. I S. 1626)

Abschnitt 1
Allgemeine Vorschriften

§ 1 Ziel und Anwendungsbereich des Gesetzes

(1) [1]Ziel des Gesetzes ist es, die Bereitschaft zur Organspende in Deutschland zu fördern. [2]Hierzu soll jede Bürgerin und jeder Bürger regelmäßig im Leben in die Lage versetzt werden, sich mit der Frage seiner eigenen Spendebereitschaft ernsthaft zu befassen und aufgefordert werden, die jeweilige Erklärung auch zu dokumentieren. [3]Um eine informierte und unabhängige Entscheidung jedes Einzelnen zu ermöglichen, sieht dieses Gesetz eine breite Aufklärung der Bevölkerung zu den Möglichkeiten der Organ- und Gewebespende vor.

(2) [1]Dieses Gesetz gilt für die Spende und die Entnahme von menschlichen Organen oder Geweben zum Zwecke der Übertragung sowie für die Übertragung der Organe oder der Gewebe einschließlich der Vorbereitung dieser Maßnahmen. [2]Es gilt ferner für das Verbot des Handels mit menschlichen Organen oder Geweben.

(3) Dieses Gesetz gilt nicht für

1. Gewebe, die innerhalb ein und desselben chirurgischen Eingriffs einer Person entnommen werden, um auf diese ohne Änderung ihrer stofflichen Beschaffenheit rückübertragen zu werden,

2. Blut und Blutbestandteile.

§ 1 a Begriffsbestimmungen

Im Sinne dieses Gesetzes

1. sind Organe, mit Ausnahme der Haut, alle aus verschiedenen Geweben bestehenden, differenzierten Teile des menschlichen Körpers, die in Bezug auf Struktur, Blutgefäßversorgung und Fähigkeit zum Vollzug physiologischer Funktionen eine funktionale Einheit bilden, einschließlich der Organteile und einzelnen Gewebe eines Organs, die unter Aufrechterhaltung der Anforderungen an Struktur und Blutgefäßversorgung zum gleichen Zweck wie das ganze Organ im menschlichen Körper verwendet werden können, mit Ausnahme solcher Gewebe, die zur Herstellung von Arzneimitteln für neuartige Therapien im Sinne des § 4 Absatz 9 des Arzneimittelgesetzes bestimmt sind;

2. sind vermittlungspflichtige Organe die Organe Herz, Lunge, Leber, Niere, Bauchspeicheldrüse und Darm im Sinne der Nummer 1, die nach § 3 oder § 4 entnommen worden sind;

3. sind nicht regenerierungsfähige Organe alle Organe, die sich beim Spender nach der Entnahme nicht wieder bilden können;

4. sind Gewebe alle aus Zellen bestehenden Bestandteile des menschlichen Körpers, die keine Organe nach Nummer 1 sind, einschließlich einzelner menschlicher Zellen;

---

1   Neubekanntmachung des TPG v. 5.11.1997 (BGBl. I S. 2631) in der ab 1.8.2007 geltenden Fassung.

2   **Amtl. Anm.:** Dieses Gesetz dient der Umsetzung der Richtlinie (EU) 2016/680 des Europäischen Parlaments und des Rates vom 27. April 2016 zum Schutz natürlicher Personen bei der Verarbeitung personenbezogener Daten durch die zuständigen Behörden zum Zweck der Verhütung, Ermittlung, Aufdeckung oder Verfolgung von Straftaten oder der Strafvollstreckung sowie zum freien Datenverkehr und zur Aufhebung des Rahmenbeschlusses 2008/977/JI des Rates (ABl. L 119 vom 4.5.2016, S. 89; L 127 vom 23.5.2018, S. 9).

5. sind nächste Angehörige in der Rangfolge ihrer Aufzählung

    a) der Ehegatte oder der eingetragene Lebenspartner,

    b) die volljährigen Kinder,

    c) die Eltern oder, sofern der mögliche Organ- oder Gewebespender zur Todeszeit minderjährig war und die Sorge für seine Person zu dieser Zeit nur einem Elternteil, einem Vormund oder einem Pfleger zustand, dieser Sorgeinhaber,

    d) die volljährigen Geschwister,

    e) die Großeltern;

6. ist Entnahme die Gewinnung von Organen oder Geweben;

7. ist Übertragung die Verwendung von Organen oder Geweben in oder an einem menschlichen Empfänger sowie die Anwendung beim Menschen außerhalb des Körpers;

8. ist Gewebeeinrichtung eine Einrichtung, die Gewebe zum Zwecke der Übertragung entnimmt, untersucht, aufbereitet, be- oder verarbeitet, konserviert, kennzeichnet, verpackt, aufbewahrt oder an andere abgibt;

9. ist Einrichtung der medizinischen Versorgung ein Krankenhaus oder eine andere Einrichtung mit unmittelbarer Patientenbetreuung, die fachlich-medizinisch unter ständiger ärztlicher Leitung steht und in der ärztliche medizinische Leistungen erbracht werden;

10. sind Verfahrensanweisungen schriftliche Anweisungen, die die Schritte eines spezifischen Verfahrens beschreiben, einschließlich der zu verwendenden Materialien und Methoden und des erwarteten Ergebnisses;

11. ist Rückverfolgbarkeit die Möglichkeit, das Organ in jeder Phase von der Spende bis zur Übertragung oder Verwerfung zu verfolgen und zu identifizieren; dies umfasst auch die Möglichkeit, den Spender, das Entnahmekrankenhaus und den Empfänger im Transplantationszentrum zu identifizieren sowie alle sachdienlichen, nicht personenbezogenen Daten über Produkte und Materialien, mit denen das Organ in Berührung kommt, zu ermitteln und zu identifizieren.

§ 2 Aufklärung der Bevölkerung, Erklärung zur Organ- und Gewebespende, Organ- und Gewebespenderegister, Organ- und Gewebespendeausweise

(1) ¹Die nach Landesrecht zuständigen Stellen, die Bundesbehörden im Rahmen ihrer Zuständigkeit, insbesondere die Bundeszentrale für gesundheitliche Aufklärung, sowie die Krankenkassen sollen auf der Grundlage dieses Gesetzes die Bevölkerung aufklären über

1. die Möglichkeiten der Organ- und Gewebespende,

2. die Voraussetzungen der Organ- und Gewebeentnahme bei toten Spendern einschließlich der Bedeutung einer zu Lebzeiten abgegebenen Erklärung zur Organ- und Gewebespende, auch im Verhältnis zu einer Patientenverfügung, und der Rechtsfolge einer unterlassenen Erklärung im Hinblick auf das Entscheidungsrecht der nächsten Angehörigen nach § 4 sowie

3. die Bedeutung der Organ- und Gewebeübertragung im Hinblick auf den für kranke Menschen möglichen Nutzen einer medizinischen Anwendung von Organen und Geweben einschließlich von aus Geweben hergestellten Arzneimitteln und die Bedeutung der Erhebung transplantationsmedizinischer Daten im Transplantationsregister nach Abschnitt 5 a.

²Die Aufklärung hat die gesamte Tragweite der Entscheidung zu umfassen und muss ergebnisoffen sein. ³Die in Satz 1 benannten Stellen sollen auch Ausweise für die Erklärung zur Organ- und Gewebespende (Organspendeausweis) zusammen mit geeigneten Aufklärungsunterlagen bereithalten und der Bevölkerung zur Verfügung stellen. ⁴Bund und Länder stellen sicher, dass den für die Ausstellung und die Ausgabe von amtlichen Ausweisdokumenten zuständigen Stellen des Bundes und der Länder Organspendeausweise zusammen mit geeigneten Aufklärungsunterlagen zur Verfügung stehen und dass diese bei der Ausgabe der Ausweisdokumente dem Empfänger des Ausweisdokuments einen Organspendeausweis zusammen mit geeigneten Aufklärungsunterlagen aushändigen.

(1 a) ¹Die Krankenkassen haben, unbeschadet ihrer Pflichten nach Absatz 1, die in Absatz 1 Satz 3 genannten Unterlagen ihren Versicherten, die das 16. Lebensjahr vollendet haben, zur Verfügung zu stellen, wenn ihnen die elektronische Gesundheitskarte nach § 291 a des Fünften Buches Sozialgesetzbuch ausgestellt wird. ²Die privaten Krankenversicherungsunternehmen haben die in Absatz 1 Satz 3 genannten Unterlagen ihren Versicherten, die das 16. Lebensjahr vollendet haben, alle fünf Jahre zusammen mit der Beitragsmitteilung nach § 10 Absatz 2 a Satz 9 des Einkommensteuergesetzes zur Verfügung zu stellen. ³Ist den Krankenkassen und den privaten Krankenversicherungsunternehmen ein erstmaliges Erfüllen der Verpflichtungen nach den Sätzen 1 und 2 innerhalb von zwölf Monaten nach Inkrafttreten dieses Gesetzes nicht möglich, haben sie die Unterlagen nach Absatz 1 Satz 3 ihren

Versicherten innerhalb des vorgenannten Zeitraums in anderer geeigneter Weise zur Verfügung zu stellen. [4]Solange die Möglichkeit zur Speicherung der Erklärungen der Versicherten zur Organ- und Gewebespende nach § 291 a Absatz 3 Satz 1 Nummer 7 des Fünften Buches Sozialgesetzbuch nicht zur Verfügung steht, haben die Krankenkassen und die privaten Krankenversicherungsunternehmen die in Absatz 1 Satz 3 genannten Unterlagen ihren Versicherten alle zwei Jahre zu übersenden. [5]Mit der Zurverfügungstellung der Unterlagen fordern die Krankenkassen und die privaten Krankenversicherungsunternehmen die Versicherten auf, eine Erklärung zur Organ- und Gewebespende zu dokumentieren und benennen ihnen gegenüber fachlich qualifizierte Ansprechpartner für Fragen zur Organ- und Gewebespende sowie zur Bedeutung einer zu Lebzeiten abgegebenen Erklärung zur Organ- und Gewebespende, auch im Verhältnis zu einer Patientenverfügung.

(2) [1]Wer eine Erklärung zur Organ- und Gewebespende abgibt, kann in eine Organ- und Gewebeentnahme nach § 3 einwilligen, ihr widersprechen oder die Entscheidung einer namentlich benannten Person seines Vertrauens übertragen (Erklärung zur Organ- und Gewebespende). [2]Die Erklärung kann auf bestimmte Organe oder Gewebe beschränkt werden. [3]Die Einwilligung und die Übertragung der Entscheidung können vom vollendeten sechzehnten, der Widerspruch kann vom vollendeten vierzehnten Lebensjahr an erklärt werden.

(2 a) Niemand kann verpflichtet werden, eine Erklärung zur Organ- und Gewebespende abzugeben.

(3) [1]Das Bundesministerium für Gesundheit kann durch Rechtsverordnung mit Zustimmung des Bundesrates einer Stelle die Aufgabe übertragen, die Erklärungen zur Organ- oder Gewebespende auf Wunsch der Erklärenden zu speichern und darüber berechtigten Personen Auskunft zu erteilen (Organ- und Gewebespenderegister). [2]Die gespeicherten personenbezogenen Daten dürfen nur zum Zwecke der Feststellung verwendet werden, ob bei demjenigen, der die Erklärung abgegeben hatte, eine Organ- oder Gewebeentnahme nach § 3 oder § 4 zulässig ist, und nur zu diesem Zweck nach Absatz 4 oder Absatz 4 a übermittelt werden. [3]Die Rechtsverordnung regelt insbesondere

1. die für die Entgegennahme einer Erklärung zur Organ- oder Gewebespende oder für deren Änderung zuständigen öffentlichen Stellen (Anlaufstellen), die Verwendung eines Vordrucks, die Art der darauf anzugebenden Daten und die Prüfung der Identität des Erklärenden,
2. die Übermittlung der Erklärung durch die Anlaufstellen an das Register sowie die Speicherung der Erklärung und der darin enthaltenen Daten bei den Anlaufstellen und dem Register,
3. die Speicherung der Personendaten der nach Absatz 4 Satz 1 auskunftsberechtigten Ärzte bei dem Register sowie die Vergabe, Speicherung und Zusammensetzung der Benutzerkennungen und Passwörter für ihre Auskunftsberechtigung,
4. die Löschung der gespeicherten Daten und
5. die Finanzierung des Registers.

(4) [1]Die Auskunft aus dem Register darf ausschließlich an den Erklärenden sowie an einen von einem Krankenhaus dem Register als auskunftsberechtigt benannten Arzt erteilt werden, der weder an der Entnahme noch an der Übertragung der Organe oder Gewebe des möglichen Organ- oder Gewebespenders beteiligt ist und auch nicht Weisungen eines Arztes untersteht, der an diesen Maßnahmen beteiligt ist. [2]Die Anfrage darf erst nach der Feststellung des Todes gemäß § 3 Abs. 1 Satz 1 Nr. 2 erfolgen. [3]Zur Prüfung der Zulässigkeit der Anfragen an das Register und der Auskünfte aus dem Register sind die Auskünfte sowie deren Anlass und Zweck aufzuzeichnen. [4]Die Auskunft darf nur an den Arzt übermittelt werden, der die Organ- oder Gewebeentnahme vornehmen oder unter dessen Verantwortung die Gewebeentnahme nach § 3 Abs. 1 Satz 2 vorgenommen werden soll, und an die Person, die nach § 3 Abs. 3 Satz 1 über die beabsichtigte oder nach § 4 über eine in Frage kommende Organ- oder Gewebeentnahme zu unterrichten ist.

(4 a) [1]Die Auskunft nach Absatz 4 Satz 1 kann in einem automatisierten Abrufverfahren übermittelt werden. [2]Das automatisierte Abrufverfahren darf nur eingerichtet werden, sofern die beteiligten Stellen die technischen und organisatorischen Maßnahmen getroffen haben, die nach den Artikeln 24, 25 und 32 der Verordnung (EU) 2016/679 des Europäischen Parlaments und des Rates vom 27. April 2016 zum Schutz natürlicher Personen bei der Verarbeitung personenbezogener Daten, zum freien Datenverkehr und zur Aufhebung der Richtlinie 95/46/EG (Datenschutz-Grundverordnung) (ABl. L 119 vom 4.5.2016, S. 1; L 314 vom 22.11.2016, S. 72; L 127 vom 23.5.2018, S. 2) in der jeweils geltenden Fassung erforderlich sind. [3]Die Verantwortung für die Zulässigkeit des einzelnen Abrufs trägt der Erklärende oder der von einem Krankenhaus dem Register als auskunftsberechtigt benannte Arzt. [4]Die Stelle, der nach Absatz 3 Satz 1 die Aufgabe übertragen wurde, die Erklärungen zur Organ- oder Gewebespende zu speichern und darüber Auskunft zu erteilen, überprüft die Zulässigkeit der Abrufe durch geeignete Stichprobenverfahren und im Übrigen nur, wenn dazu Anlass besteht.

(5) Die Bundesregierung kann durch allgemeine Verwaltungsvorschrift mit Zustimmung des Bundesrates ein Muster für den Organ- und Gewebespendeausweis festlegen und im Bundesanzeiger bekannt machen.

Abschnitt 2
Entnahme von Organen und Geweben bei toten Spendern

§ 3 Entnahme mit Einwilligung des Spenders

(1) [1]Die Entnahme von Organen oder Geweben ist, soweit in § 4 oder § 4 a nichts Abweichendes bestimmt ist, nur zulässig, wenn

1. der Organ- oder Gewebespender in die Entnahme eingewilligt hatte,
2. der Tod des Organ- oder Gewebespenders nach Regeln, die dem Stand der Erkenntnisse der medizinischen Wissenschaft entsprechen, festgestellt ist und
3. der Eingriff durch einen Arzt vorgenommen wird.

[2]Abweichend von Satz 1 Nr. 3 darf die Entnahme von Geweben auch durch andere dafür qualifizierte Personen unter der Verantwortung und nach fachlicher Weisung eines Arztes vorgenommen werden.

(2) Die Entnahme von Organen oder Geweben ist unzulässig, wenn

1. die Person, deren Tod festgestellt ist, der Organ- oder Gewebeentnahme widersprochen hatte,
2. nicht vor der Entnahme bei dem Organ- oder Gewebespender der endgültige, nicht behebbare Ausfall der Gesamtfunktion des Großhirns, des Kleinhirns und des Hirnstamms nach Verfahrensregeln, die dem Stand der Erkenntnisse der medizinischen Wissenschaft entsprechen, festgestellt ist.

(3) [1]Der Arzt hat den nächsten Angehörigen des Organ- oder Gewebespenders über die beabsichtigte Organ- oder Gewebeentnahme zu unterrichten. [2]Die entnehmende Person hat Ablauf und Umfang der Organ- oder Gewebeentnahme aufzuzeichnen. [3]Der nächste Angehörige hat das Recht auf Einsichtnahme. [4]Er kann eine Person seines Vertrauens hinzuziehen.

§ 4 Entnahme mit Zustimmung anderer Personen

(1) [1]Liegt dem Arzt, der die Organ- oder Gewebeentnahme vornehmen oder unter dessen Verantwortung die Gewebeentnahme nach § 3 Abs. 1 Satz 2 vorgenommen werden soll, weder eine schriftliche Einwilligung noch ein schriftlicher Widerspruch des möglichen Organ- oder Gewebespenders vor, ist dessen nächster Angehöriger zu befragen, ob ihm von diesem eine Erklärung zur Organ- oder Gewebespende bekannt ist. [2]Ist auch dem nächsten Angehörigen eine solche Erklärung nicht bekannt, so ist die Entnahme unter den Voraussetzungen des § 3 Abs. 1 Satz 1 Nr. 2 und 3, Satz 2 und Abs. 2 Nr. 2 nur zulässig, wenn ein Arzt den nächsten Angehörigen über eine in Frage kommende Organ- oder Gewebeentnahme unterrichtet und dieser ihr zugestimmt hat. [3]Kommt eine Entnahme mehrerer Organe oder Gewebe in Betracht, soll die Einholung der Zustimmung zusammen erfolgen. [4]Der nächste Angehörige hat bei seiner Entscheidung einen mutmaßlichen Willen des möglichen Organ- oder Gewebespenders zu beachten. [5]Der Arzt hat den nächsten Angehörigen hierauf hinzuweisen. [6]Der nächste Angehörige kann mit dem Arzt vereinbaren, dass er seine Erklärung innerhalb einer bestimmten, vereinbarten Frist widerrufen kann; die Vereinbarung bedarf der Schriftform.

(2) [1]Der nächste Angehörige ist nur dann zu einer Entscheidung nach Absatz 1 befugt, wenn er in den letzten zwei Jahren vor dem Tod des möglichen Organ- oder Gewebespenders zu diesem persönlichen Kontakt hatte. [2]Der Arzt hat dies durch Befragung des nächsten Angehörigen festzustellen. [3]Bei mehreren gleichrangigen nächsten Angehörigen genügt es, wenn einer von ihnen nach Absatz 1 beteiligt wird und eine Entscheidung trifft; es ist jedoch der Widerspruch eines jeden von ihnen beachtlich. [4]Ist ein vorrangiger nächster Angehöriger innerhalb angemessener Zeit nicht erreichbar, genügt die Beteiligung und Entscheidung des zuerst erreichbaren nächsten Angehörigen. [5]Dem nächsten Angehörigen steht eine volljährige Person gleich, die dem möglichen Organ- oder Gewebespender bis zu seinem Tode in besonderer persönlicher Verbundenheit offenkundig nahegestanden hat; sie tritt neben den nächsten Angehörigen.

(3) Hatte der mögliche Organ- oder Gewebespender die Entscheidung über eine Organ- oder Gewebeentnahme einer bestimmten Person übertragen, tritt diese an die Stelle des nächsten Angehörigen.

(4) ¹Der Arzt hat Ablauf, Inhalt und Ergebnis der Beteiligung der nächsten Angehörigen sowie der Personen nach Absatz 2 Satz 5 und Absatz 3 aufzuzeichnen. ²Die nächsten Angehörigen sowie die Personen nach Absatz 2 Satz 5 und Absatz 3 haben das Recht auf Einsichtnahme.

§ 4 a Entnahme bei toten Embryonen und Föten

(1) ¹Die Entnahme von Organen oder Geweben bei einem toten Embryo oder Fötus ist nur zulässig, wenn

1. der Tod des Embryos oder Fötus nach Regeln, die dem Stand der Erkenntnisse der medizinischen Wissenschaft entsprechen, festgestellt ist,
2. die Frau, die mit dem Embryo oder Fötus schwanger war, durch einen Arzt über eine in Frage kommende Organ- oder Gewebeentnahme aufgeklärt worden ist und in die Entnahme der Organe oder Gewebe schriftlich eingewilligt hat und
3. der Eingriff durch einen Arzt vorgenommen wird.

²In den Fällen des Satzes 1 Nr. 3 gilt § 3 Abs. 1 Satz 2 entsprechend. ³Die Aufklärung und die Einholung der Einwilligung dürfen erst nach der Feststellung des Todes erfolgen.

(2) ¹Der Arzt hat Ablauf, Inhalt und Ergebnis der Aufklärung und der Einwilligung nach Absatz 1 Satz 1 Nr. 2 aufzuzeichnen. ²Die entnehmende Person hat Ablauf und Umfang der Organ- oder Gewebeentnahme aufzuzeichnen. ³Die Frau, die mit dem Embryo oder Fötus schwanger war, hat das Recht auf Einsichtnahme. ⁴Sie kann eine Person ihres Vertrauens hinzuziehen. ⁵Die Einwilligung kann schriftlich, elektronisch oder mündlich widerrufen werden.

(3) In den Fällen des Absatzes 1 gilt die Frau, die mit dem Embryo oder Fötus schwanger war, nur für die Zwecke der Dokumentation, der Rückverfolgung und des Datenschutzes als Spenderin.

§ 5 Nachweisverfahren

(1) ¹Die Feststellungen nach § 3 Abs. 1 Satz 1 Nr. 2 und Abs. 2 Nr. 2 sind jeweils durch zwei dafür qualifizierte Ärzte zu treffen, die den Organ- oder Gewebespender unabhängig voneinander untersucht haben. ²Abweichend von Satz 1 genügt zur Feststellung nach § 3 Abs. 1 Satz 1 Nr. 2 die Untersuchung und Feststellung durch einen Arzt, wenn der endgültige, nicht behebbare Stillstand von Herz und Kreislauf eingetreten ist und seitdem mehr als drei Stunden vergangen sind.

(2) ¹Die an den Untersuchungen nach Absatz 1 beteiligten Ärzte dürfen weder an der Entnahme noch an der Übertragung der Organe oder Gewebe des Spenders beteiligt sein. ²Sie dürfen auch nicht Weisungen eines Arztes unterstehen, der an diesen Maßnahmen beteiligt ist. ³Die Feststellung der Untersuchungsergebnisse und ihr Zeitpunkt sind von den Ärzten unter Angabe der zugrunde liegenden Untersuchungsbefunde unverzüglich jeweils in einer Niederschrift aufzuzeichnen und zu unterschreiben. ⁴Dem nächsten Angehörigen sowie den Personen nach § 4 Abs. 2 Satz 5 und Abs. 3 ist Gelegenheit zur Einsichtnahme zu geben. ⁵Sie können eine Person ihres Vertrauens hinzuziehen.

(3) ¹Die Feststellung nach § 4a Abs. 1 Satz 1 Nr. 1 ist durch einen Arzt zu treffen, der weder an der Entnahme noch an der Übertragung der Organe oder Gewebe des Embryos oder Fötus beteiligt sein darf. ²Er darf auch nicht Weisungen eines Arztes unterstehen, der an diesen Maßnahmen beteiligt ist. ³Die Untersuchungsergebnisse und der Zeitpunkt ihrer Feststellung sind von den Ärzten unter Angabe der zugrunde liegenden Untersuchungsbefunde unverzüglich jeweils in einer gesonderten Niederschrift aufzuzeichnen und zu unterschreiben. ⁴Der Frau, die mit dem Embryo oder Fötus schwanger war, ist Gelegenheit zur Einsichtnahme zu geben. ⁵Sie kann eine Person ihres Vertrauens hinzuziehen.

§ 6 Achtung der Würde des Organ- und Gewebespenders

(1) Die Organ- oder Gewebeentnahme bei verstorbenen Personen und alle mit ihr zusammenhängenden Maßnahmen müssen unter Achtung der Würde des Organ- oder Gewebespenders in einer der ärztlichen Sorgfaltspflicht entsprechenden Weise durchgeführt werden.

(2) ¹Der Leichnam des Organ- oder Gewebespenders muss in würdigem Zustand zur Bestattung übergeben werden. ²Zuvor ist dem nächsten Angehörigen Gelegenheit zu geben, den Leichnam zu sehen.

(3) Die Absätze 1 und 2 gelten entsprechend für tote Embryonen und Föten.

§ 7 Datenverarbeitung, Auskunftspflicht

(1) ¹Die Verarbeitung personenbezogener Daten eines möglichen Organ- oder Gewebespenders, eines nächsten Angehörigen oder einer Person nach § 4 Absatz 2 Satz 5 oder Absatz 3 ist zulässig, soweit dies erforderlich ist

1. zur Klärung, ob eine Organ- oder Gewebeentnahme nach § 3 Absatz 1 und 2, § 4 Absatz 1 bis 3 sowie § 9 Absatz 3 Satz 2 zulässig ist und ob ihr medizinische Gründe entgegenstehen,
2. zur Unterrichtung der nächsten Angehörigen nach § 3 Absatz 3 Satz 1,
3. zur Organ- und Spendercharakterisierung nach § 10 a,
4. zur Rückverfolgung nach § 13 Absatz 1 oder
5. zur Meldung schwerwiegender Zwischenfälle und schwerwiegender unerwünschter Reaktionen auf der Grundlage der Rechtsverordnung nach § 13 Absatz 4.

²Die Übermittlung dieser Daten ist nur an die nach Absatz 3 Satz 1 auskunftsberechtigten Personen zulässig.

(2) ¹Zur unverzüglichen Auskunft über die nach Absatz 1 erforderlichen Daten sind verpflichtet:

1. Ärzte, die den möglichen Organ- oder Gewebespender wegen einer dem Tode vorausgegangenen Erkrankung behandelt hatten,
2. Ärzte, die über den möglichen Organ- oder Gewebespender eine Auskunft aus dem Organ- und Gewebespenderegister nach § 2 Absatz 4 oder Absatz 4 a erhalten haben,
3. die Einrichtung der medizinischen Versorgung, in der der Tod des möglichen Organ- oder Gewebespenders nach § 3 Abs. 1 Satz 1 Nr. 2 festgestellt worden ist,
4. Ärzte, die bei dem möglichen Organ- oder Gewebespender die Leichenschau vorgenommen haben,
5. die Behörden, in deren Gewahrsam oder Mitgewahrsam sich der Leichnam des möglichen Organ- oder Gewebespenders befindet oder befunden hat,
6. der Transplantationsbeauftragte des Entnahmekrankenhauses,
7. der verantwortliche Arzt des Transplantationszentrums, in dem das Organ übertragen werden soll oder übertragen worden ist, und
8. die von der Koordinierungsstelle (§ 11) oder einer gewebeentnehmenden Gewebeeinrichtung beauftragte Person, soweit sie Auskunft über nach Absatz 1 erforderliche Daten erhalten hat.

²Die Pflicht zur unverzüglichen Auskunft besteht erst, nachdem der Tod des möglichen Organ- oder Gewebespenders nach § 3 Abs. 1 Satz 1 Nr. 2 festgestellt ist.

(3) ¹Ein Recht auf Auskunft über die nach Absatz 1 erforderlichen Daten haben

1. Ärzte, die die Entnahme von Organen nach § 3 oder § 4 beabsichtigen und in einem Krankenhaus tätig sind, das nach § 108 des Fünften Buches Sozialgesetzbuch oder nach anderen gesetzlichen Bestimmungen für die Übertragung solcher Organe zugelassen ist oder mit einem solchen Krankenhaus zum Zwecke der Entnahme solcher Organe zusammenarbeitet, sowie der Transplantationsbeauftragte des Entnahmekrankenhauses und der verantwortliche Arzt des Transplantationszentrums, in dem das Organ übertragen werden soll oder übertragen worden ist,
2. Ärzte, die die Entnahme von Geweben nach § 3 oder § 4 beabsichtigen oder unter deren Verantwortung Gewebe nach § 3 Abs. 1 Satz 2 entnommen werden sollen und in einer Einrichtung der medizinischen Versorgung tätig sind, die solche Gewebe entnimmt oder mit einer solchen Einrichtung zum Zwecke der Entnahme solcher Gewebe zusammenarbeitet, und
3. die von der Koordinierungsstelle beauftragte Person.

²Die Auskunft soll für alle Organe oder Gewebe, deren Entnahme beabsichtigt ist, zusammen eingeholt werden. ³Sie darf erst eingeholt werden, nachdem der Tod des möglichen Organ- oder Gewebespenders nach § 3 Abs. 1 Satz 1 Nr. 2 festgestellt ist.

Abschnitt 3
Entnahme von Organen und Geweben bei lebenden Spendern

§ 8 Entnahme von Organen und Geweben

(1) ¹Die Entnahme von Organen oder Geweben zum Zwecke der Übertragung auf andere ist bei einer lebenden Person, soweit in § 8 a nichts Abweichendes bestimmt ist, nur zulässig, wenn

1. die Person
   a) volljährig und einwilligungsfähig ist,
   b) nach Absatz 2 Satz 1 und 2 aufgeklärt worden ist und in die Entnahme eingewilligt hat,
   c) nach ärztlicher Beurteilung als Spender geeignet ist und voraussichtlich nicht über das Operationsrisiko hinaus gefährdet oder über die unmittelbaren Folgen der Entnahme hinaus gesundheitlich schwer beeinträchtigt wird,
2. die Übertragung des Organs oder Gewebes auf den vorgesehenen Empfänger nach ärztlicher Beurteilung geeignet ist, das Leben dieses Menschen zu erhalten oder bei ihm eine schwerwiegende Krankheit zu heilen, ihre Verschlimmerung zu verhüten oder ihre Beschwerden zu lindern,
3. im Fall der Organentnahme ein geeignetes Organ eines Spenders nach § 3 oder § 4 im Zeitpunkt der Organentnahme nicht zur Verfügung steht und
4. der Eingriff durch einen Arzt vorgenommen wird.

²Die Entnahme einer Niere, des Teils einer Leber oder anderer nicht regenerierungsfähiger Organe ist darüber hinaus nur zulässig zum Zwecke der Übertragung auf Verwandte ersten oder zweiten Grades, Ehegatten, eingetragene Lebenspartner, Verlobte oder andere Personen, die dem Spender in besonderer persönlicher Verbundenheit offenkundig nahestehen.

(2) ¹Der Spender ist durch einen Arzt in verständlicher Form aufzuklären über

1. den Zweck und die Art des Eingriffs,
2. die Untersuchungen sowie das Recht, über die Ergebnisse der Untersuchungen unterrichtet zu werden,
3. die Maßnahmen, die dem Schutz des Spenders dienen, sowie den Umfang und mögliche, auch mittelbare Folgen und Spätfolgen der beabsichtigten Organ- oder Gewebeentnahme für seine Gesundheit,
4. die ärztliche Schweigepflicht,
5. die zu erwartende Erfolgsaussicht der Organ- oder Gewebeübertragung und die Folgen für den Empfänger sowie sonstige Umstände, denen er erkennbar eine Bedeutung für die Spende beimisst, sowie über
6. die Verarbeitung personenbezogener Daten.

²Der Spender ist darüber zu informieren, dass seine Einwilligung Voraussetzung für die Organ- oder Gewebeentnahme ist. ³Die Aufklärung hat in Anwesenheit eines weiteren Arztes, für den § 5 Abs. 2 Satz 1 und 2 entsprechend gilt, und, soweit erforderlich, anderer sachverständiger Personen zu erfolgen. ⁴Der Inhalt der Aufklärung und die Einwilligungserklärung des Spenders sind in einer Niederschrift aufzuzeichnen, die von den aufklärenden Personen, dem weiteren Arzt und dem Spender zu unterschreiben ist. ⁵Die Niederschrift muss auch eine Angabe über die versicherungsrechtliche Absicherung der gesundheitlichen Risiken nach Satz 1 enthalten. ⁶Die Einwilligung kann schriftlich, elektronisch oder mündlich widerrufen werden. ⁷Satz 3 gilt nicht im Fall der beabsichtigten Entnahme von Knochenmark.

(3) ¹Bei einem Lebenden darf die Entnahme von Organen erst durchgeführt werden, nachdem sich der Spender und der Empfänger, die Entnahme von Geweben erst, nachdem sich der Spender zur Teilnahme an einer ärztlich empfohlenen Nachbetreuung bereit erklärt hat. ²Weitere Voraussetzung für die Entnahme von Organen bei einem Lebenden ist, dass die nach Landesrecht zuständige Kommission gutachtlich dazu Stellung genommen hat, ob begründete tatsächliche Anhaltspunkte dafür vorliegen, dass die Einwilligung in die Organspende nicht freiwillig erfolgt oder das Organ Gegenstand verbotenen Handeltreibens nach § 17 ist. ³Der Kommission muss ein Arzt, der weder an der Entnahme noch an der Übertragung von Organen beteiligt ist, noch Weisungen eines Arztes untersteht, der an solchen Maßnahmen beteiligt ist, eine Person mit der Befähigung zum Richteramt und eine in psychologischen Fragen erfahrene Person angehören. ⁴Das Nähere, insbesondere zur Zusammensetzung der Kommission, zum Verfahren und zur Finanzierung, wird durch Landesrecht bestimmt.

§ 8 a Entnahme von Knochenmark bei minderjährigen Personen

¹Die Entnahme von Knochenmark bei einer minderjährigen Person zum Zwecke der Übertragung ist abweichend von § 8 Abs. 1 Satz 1 Nr. 1 Buchstabe a und b sowie Nr. 2 mit folgender Maßgabe zulässig:

1. Die Verwendung des Knochenmarks ist für Verwandte ersten Grades oder Geschwister der minderjährigen Person vorgesehen.
2. Die Übertragung des Knochenmarks auf den vorgesehenen Empfänger ist nach ärztlicher Beurteilung geeignet, bei ihm eine lebensbedrohliche Krankheit zu heilen.
3. Ein geeigneter Spender nach § 8 Abs. 1 Satz 1 Nr. 1 steht im Zeitpunkt der Entnahme des Knochenmarks nicht zur Verfügung.
4. ¹Der gesetzliche Vertreter ist entsprechend § 8 Abs. 2 aufgeklärt worden und hat in die Entnahme und die Verwendung des Knochenmarks eingewilligt. ²§ 1627 des Bürgerlichen Gesetzbuchs ist anzuwenden. ³Die minderjährige Person ist durch einen Arzt entsprechend § 8 Abs. 2 aufzuklären, soweit dies im Hinblick auf ihr Alter und ihre geistige Reife möglich ist. ⁴Lehnt die minderjährige Person die beabsichtigte Entnahme oder Verwendung ab oder bringt sie dies in sonstiger Weise zum Ausdruck, so ist dies zu beachten.
5. Ist die minderjährige Person in der Lage, Wesen, Bedeutung und Tragweite der Entnahme zu erkennen und ihren Willen hiernach auszurichten, so ist auch ihre Einwilligung erforderlich.

²Soll das Knochenmark der minderjährigen Person für Verwandte ersten Grades verwendet werden, hat der gesetzliche Vertreter dies dem Familiengericht unverzüglich anzuzeigen, um eine Entscheidung nach § 1629 Abs. 2 Satz 3 in Verbindung mit § 1796 des Bürgerlichen Gesetzbuchs herbeizuführen.

§ 8 b Entnahme von Organen und Geweben in besonderen Fällen

(1) ¹Sind Organe oder Gewebe bei einer lebenden Person im Rahmen einer medizinischen Behandlung dieser Person entnommen worden, ist ihre Übertragung nur zulässig, wenn die Person einwilligungsfähig und entsprechend § 8 Abs. 2 Satz 1 und 2 aufgeklärt worden ist und in diese Übertragung der Organe oder Gewebe eingewilligt hat. ²Für die Aufzeichnung der Aufklärung und der Einwilligung gilt § 8 Abs. 2 Satz 4 entsprechend.

(2) Absatz 1 gilt entsprechend für die Gewinnung von menschlichen Samenzellen, die für eine medizinisch unterstützte Befruchtung bestimmt sind.

(3) Für einen Widerruf der Einwilligung gilt § 8 Abs. 2 Satz 6 entsprechend.

§ 8 c Entnahme von Organen und Geweben zur Rückübertragung

(1) Die Entnahme von Organen oder Geweben zum Zwecke der Rückübertragung ist bei einer lebenden Person nur zulässig, wenn

1. die Person
   a) einwilligungsfähig ist,
   b) entsprechend § 8 Abs. 2 Satz 1 und 2 aufgeklärt worden ist und in die Entnahme und die Rückübertragung des Organs oder Gewebes eingewilligt hat,
2. die Entnahme und die Rückübertragung des Organs oder Gewebes im Rahmen einer medizinischen Behandlung erfolgen und nach dem allgemein anerkannten Stand der medizinischen Wissenschaft für diese Behandlung erforderlich sind und
3. die Entnahme und die Rückübertragung durch einen Arzt vorgenommen werden.

(2) ¹Die Entnahme von Organen oder Geweben zum Zwecke der Rückübertragung bei einer Person, die nicht in der Lage ist, Wesen, Bedeutung und Tragweite der vorgesehenen Entnahme zu erkennen und ihren Willen hiernach auszurichten, ist abweichend von Absatz 1 Nr. 1 nur zulässig, wenn der gesetzliche Vertreter oder ein Bevollmächtigter entsprechend § 8 Abs. 2 Satz 1 und 2 aufgeklärt worden ist und in die Entnahme und die Rückübertragung des Organs oder Gewebes eingewilligt hat. ²Die §§ 1627, 1901 Abs. 2 und 3 sowie § 1904 des Bürgerlichen Gesetzbuchs sind anzuwenden.

(3) ¹Die Entnahme von Organen oder Geweben zum Zwecke der Rückübertragung bei einem lebenden Embryo oder Fötus ist unter den Voraussetzungen des Absatzes 1 Nr. 2 und 3 nur zulässig, wenn die Frau, die mit dem Embryo oder Fötus schwanger ist, entsprechend § 8 Abs. 2 Satz 1 und 2 aufge-

klärt worden ist und in die Entnahme und die Rückübertragung des Organs oder Gewebes eingewilligt hat. [2]Ist diese Frau nicht in der Lage, Wesen, Bedeutung und Tragweite der vorgesehenen Entnahme zu erkennen und ihren Willen hiernach auszurichten, gilt Absatz 2 entsprechend.

(4) Für die Aufzeichnung der Aufklärung und der Einwilligung gilt § 8 Abs. 2 Satz 4 entsprechend.

(5) Für einen Widerruf der Einwilligung gilt § 8 Abs. 2 Satz 6 entsprechend.

Abschnitt 3 a
Gewebeeinrichtungen, Untersuchungslabore, Register

§ 8 d Besondere Pflichten der Gewebeeinrichtungen

(1) [1]Eine Gewebeeinrichtung, die Gewebe entnimmt oder untersucht, darf unbeschadet der Vorschriften des Arzneimittelrechts nur betrieben werden, wenn sie einen Arzt bestellt hat, der die erforderliche Sachkunde nach dem Stand der medizinischen Wissenschaft besitzt. [2]Die Gewebeeinrichtung ist verpflichtet,

1. die Anforderungen an die Entnahme von Geweben nach dem Stand der medizinischen Wissenschaft und Technik einzuhalten, insbesondere an die Spenderidentifikation, das Entnahmeverfahren und die Spenderdokumentation,

2. sicherzustellen, dass nur Gewebe von Spendern entnommen werden, bei denen eine ärztliche Beurteilung nach dem Stand der medizinischen Wissenschaft und Technik ergeben hat, dass der Spender dafür medizinisch geeignet ist,

3. sicherzustellen, dass die für Gewebespender nach dem Stand der medizinischen Wissenschaft und Technik erforderlichen Laboruntersuchungen in einem Untersuchungslabor nach § 8 e durchgeführt werden,

4. sicherzustellen, dass die Gewebe für die Aufbereitung, Be- oder Verarbeitung, Konservierung oder Aufbewahrung nur freigegeben werden, wenn die ärztliche Beurteilung nach Nummer 2 und die Laboruntersuchungen nach Nummer 3 ergeben haben, dass die Gewebe für diese Zwecke geeignet sind,

5. vor und nach einer Gewebeentnahme bei lebenden Spendern Maßnahmen für eine erforderliche medizinische Versorgung der Spender sicherzustellen und

6. eine Qualitätssicherung für die Maßnahmen nach den Nummern 2 bis 5 sicherzustellen.

[3]Das Nähere regelt eine Rechtsverordnung nach § 16 a.

(2) Eine Gewebeeinrichtung hat unbeschadet ärztlicher Dokumentationspflichten jede Gewebeentnahme und -abgabe und die damit verbundenen Maßnahmen sowie die Angaben über Produkte und Materialien, die mit den entnommenen oder abgegebenen Geweben in Berührung kommen, für die in diesem Gesetz geregelten Zwecke, für Zwecke der Rückverfolgung, für Zwecke einer medizinischen Versorgung des Spenders und für Zwecke der Risikoerfassung und Überwachung nach den Vorschriften des Arzneimittelgesetzes oder anderen Rechtsvorschriften nach Maßgabe einer Rechtsverordnung nach § 16 a zu dokumentieren.

(3) [1]Jede Gewebeeinrichtung führt eine Dokumentation über ihre Tätigkeit einschließlich der Angaben zu Art und Menge der entnommenen, untersuchten, aufbereiteten, be- oder verarbeiteten, konservierten, aufbewahrten, abgegebenen oder anderweitig verwendeten, eingeführten und ausgeführten Gewebe sowie des Ursprungs- und des Bestimmungsortes der Gewebe und macht eine Darstellung ihrer Tätigkeit öffentlich zugänglich. [2]Sie übermittelt innerhalb der Fristen nach Satz 5 der zuständigen Bundesoberbehörde jährlich einen Bericht mit den Angaben zu Art und Menge der entnommenen, aufbereiteten, be- oder verarbeiteten, aufbewahrten, abgegebenen oder anderweitig verwendeten sowie der eingeführten und ausgeführten Gewebe einschließlich des Ursprungs- und des Bestimmungsstaates der Gewebe. [3]Der Bericht erfolgt auf einem Formblatt, das die Bundesoberbehörde herausgegeben und im Bundesanzeiger bekannt gemacht hat. [4]Das Formblatt kann auch elektronisch zur Verfügung gestellt und genutzt werden. [5]Der Bericht ist nach Ablauf des Kalenderjahres, spätestens bis zum 1. März des folgenden Jahres zu übermitteln. [6]Die zuständige Bundesoberbehörde stellt die von den Gewebeeinrichtungen übermittelten Angaben anonymisiert in einem Gesamtbericht zusammen und macht diesen öffentlich bekannt. [7]Ist der Bericht einer Gewebeeinrichtung unvollständig oder liegt er bis zum Ablauf der Frist nach Satz 5 nicht vor, unterrichtet die zuständige Bundesoberbehörde die für die Überwachung zuständige Behörde. [8]Die Gewebeeinrich-

tungen übersenden der zuständigen Behörde mindestens alle zwei Jahre oder auf Anforderung eine Liste der belieferten Einrichtungen der medizinischen Versorgung.

§ 8 e Untersuchungslabore

[1]Die für Gewebespender nach § 8 d Abs. 1 Satz 2 Nr. 3 vorgeschriebenen Laboruntersuchungen dürfen nur von einem Untersuchungslabor vorgenommen werden, für das eine Erlaubnis nach den Vorschriften des Arzneimittelgesetzes erteilt worden ist. [2]Das Untersuchungslabor ist verpflichtet, eine Qualitätssicherung für die nach § 8 d Abs. 1 Satz 2 Nr. 3 vorgeschriebenen Laboruntersuchungen sicherzustellen.

§ 8 f *[aufgehoben]*

Abschnitt 4
Entnahme, Vermittlung und Übertragung von Organen, Zusammenarbeit bei der Entnahme von Organen und Geweben

§ 9 Zulässigkeit der Organentnahme und -übertragung, Vorrang der Organspende

(1) Die Entnahme von Organen bei verstorbenen Spendern darf nur in Entnahmekrankenhäusern nach § 9 a durchgeführt werden.

(2) [1]Die Übertragung von Organen verstorbener Spender sowie die Entnahme und Übertragung von Organen lebender Spender darf nur in Transplantationszentren nach § 10 vorgenommen werden. [2]Sind Organe im Geltungsbereich dieses Gesetzes entnommen worden, ist ihre Übertragung nur zulässig, wenn die Organentnahme nach § 11 Absatz 4 Satz 5 durch die Koordinierungsstelle organisiert und unter Beachtung der weiteren Regelungen nach § 11 durchgeführt worden ist. [3]Die Übertragung vermittlungspflichtiger Organe ist darüber hinaus nur zulässig, wenn die Organe durch die Vermittlungsstelle unter Beachtung der Regelungen nach § 12 Absatz 3 Satz 1 vermittelt worden sind.

(3) [1]Die mögliche Entnahme und Übertragung eines Organs hat Vorrang vor der Entnahme von Geweben; sie darf nicht durch eine Gewebeentnahme beeinträchtigt werden. [2]Die Entnahme von Geweben bei einem möglichen Spender von Organen nach § 9 a Absatz 2 Nummer 1 ist erst dann zulässig, wenn eine von der Koordinierungsstelle beauftragte Person dokumentiert hat, dass die Entnahme oder Übertragung von Organen nicht möglich ist oder durch die Gewebeentnahme nicht beeinträchtigt wird.

§ 9 a Entnahmekrankenhäuser

(1) [1]Entnahmekrankenhäuser sind die nach § 108 des Fünften Buches Sozialgesetzbuch oder nach anderen gesetzlichen Bestimmungen zugelassenen Krankenhäuser, die nach ihrer räumlichen und personellen Ausstattung in der Lage sind, Organentnahmen von möglichen Spendern nach § 3 oder § 4 nach Maßgabe des § 11 Absatz 4 Satz 5 zu ermöglichen. [2]Die zuständige Behörde benennt gegenüber der Koordinierungsstelle die Entnahmekrankenhäuser, die die Voraussetzungen nach Satz 1 erfüllen, und unterrichtet die Entnahmekrankenhäuser schriftlich über diese Benennung.

(2) Die Entnahmekrankenhäuser sind verpflichtet,

1. den endgültigen, nicht behebbaren Ausfall der Gesamtfunktion des Großhirns, des Kleinhirns und des Hirnstamms von Patienten, die nach ärztlicher Beurteilung als Organspender in Betracht kommen, nach § 5 festzustellen und der Koordinierungsstelle nach § 11 unverzüglich mitzuteilen; kommen diese Patienten zugleich als Gewebespender in Betracht, ist dies gleichzeitig *mitzuteilen*,

2. sicherzustellen, dass die Zuständigkeiten und Handlungsabläufe zur Erfüllung ihrer Verpflichtungen aus diesem Gesetz in einer Verfahrensanweisung festgelegt und eingehalten werden,

3. sicherzustellen, dass die Entnahme in einem Operationssaal durchgeführt wird, der dem Stand der medizinischen Wissenschaft und Technik entspricht, um die Qualität und Sicherheit der entnommenen Organe zu gewährleisten,

4. sicherzustellen, dass das von ihnen eingesetzte medizinische Personal für seine Aufgaben qualifiziert ist,

5. die auf Grund des § 11 getroffenen Regelungen zur Organentnahme einzuhalten und

6. sicherzustellen, dass alle Todesfälle mit primärer oder sekundärer Hirnschädigung sowie die Gründe für eine nicht erfolgte Feststellung oder für eine nicht erfolgte Meldung nach Nummer 1 oder andere der Organentnahme entgegenstehende Gründe erfasst und die Daten der Koordinierungsstelle nach § 11 mindestens einmal jährlich anonymisiert übermittelt werden.

(3) ¹Die Entnahmekrankenhäuser erhalten eine pauschale Abgeltung für die Leistungen, die sie im Rahmen der Organentnahme und deren Vorbereitung erbringen. ²Die pauschale Abgeltung besteht aus

1. einer Grundpauschale für die Feststellung nach Absatz 2 Nummer 1,

2. einer Pauschale für die Abgeltung der Leistungen der intensivmedizinischen Versorgung sowie

3. einer Pauschale für die Abgeltung der Leistungen bei der Organentnahme.

³Zusätzlich erhalten die Entnahmekrankenhäuser einen Ausgleichszuschlag für die besondere Inanspruchnahme der für den Prozess der Organspende notwendigen Infrastruktur.

§ 9 b Transplantationsbeauftragte

(1) ¹Die Entnahmekrankenhäuser bestellen mindestens einen ärztlichen Transplantationsbeauftragten, der für die Erfüllung seiner Aufgaben fachlich qualifiziert ist. ²Hat ein Entnahmekrankenhaus mehr als eine Intensivstation, soll für jede dieser Stationen mindestens ein Transplantationsbeauftragter bestellt werden. ³Der Transplantationsbeauftragte ist in Erfüllung seiner Aufgaben unmittelbar der ärztlichen Leitung des Entnahmekrankenhauses unterstellt. ⁴Er ist bei der Wahrnehmung seiner Aufgaben unabhängig und unterliegt keinen Weisungen. ⁵Die Entnahmekrankenhäuser stellen sicher, dass der Transplantationsbeauftragte seine Aufgaben ordnungsgemäß wahrnehmen kann, und unterstützen ihn dabei. ⁶Die Entnahmekrankenhäuser stellen insbesondere sicher, dass

1. der Transplantationsbeauftragte hinzugezogen wird, wenn Patienten nach ärztlicher Beurteilung als Organspender in Betracht kommen,

2. der Transplantationsbeauftragte zur Wahrnehmung seiner Aufgaben ein Zugangsrecht zu den Intensivstationen des Entnahmekrankenhauses erhält,

3. dem Transplantationsbeauftragten zur Erfüllung seiner Verpflichtung nach Absatz 2 Nummer 5 alle erforderlichen Informationen zur Verfügung gestellt werden und

4. durch Vertretungsregelungen die Verfügbarkeit eines Transplantationsbeauftragten gewährleistet ist.

⁷Die Kosten für fachspezifische Fort- und Weiterbildungen der Transplantationsbeauftragten sind von den Entnahmekrankenhäusern zu tragen.

(2) Transplantationsbeauftragte sind insbesondere dafür verantwortlich,

1. dass die Entnahmekrankenhäuser ihrer Verpflichtung nach § 9 a Absatz 2 Nummer 1 nachkommen,

2. dass die Angehörigen von Spendern nach § 3 oder § 4 in angemessener Weise begleitet werden,

3. die Verfahrensanweisungen nach § 9 a Absatz 2 Nummer 2 zu erstellen,

4. dass das ärztliche und pflegerische Personal im Entnahmekrankenhaus über die Bedeutung und den Prozess der Organspende regelmäßig informiert wird,

5. alle Todesfälle mit primärer oder sekundärer Hirnschädigung in jedem Einzelfall, insbesondere die Gründe für eine nicht erfolgte Feststellung oder eine nicht erfolgte Meldung nach § 9 a Absatz 2 Nummer 1 oder andere der Organentnahme entgegenstehende Gründe, auszuwerten und

6. dass der Leitung des Entnahmekrankenhauses mindestens einmal jährlich über die Ergebnisse der Auswertung nach Nummer 5 über ihre Tätigkeit und über den Stand der Organspende im Entnahmekrankenhaus berichtet wird.

(3) ¹Transplantationsbeauftragte sind so weit freizustellen, wie es zur ordnungsgemäßen Durchführung ihrer Aufgaben und zu ihrer Teilnahme an fachspezifischer Fort- und Weiterbildung erforderlich ist. ²Die Freistellung erfolgt mit einem Anteil von mindestens 0,1 Stellen bei bis zu je zehn Intensivbehandlungsbetten. ³In Entnahmekrankenhäusern, die Transplantationszentren nach § 10 Absatz 1 sind, muss die Freistellung insgesamt eine ganze Stelle betragen. ⁴Die Entnahmekrankenhäuser

erhalten Ersatz für die Aufwendungen für die Freistellung der Transplantationsbeauftragten. [5]Die zweckentsprechende Mittelverwendung ist gegenüber der Koordinierungsstelle nachzuweisen.

(4) [1]Das Nähere, insbesondere zu der erforderlichen Qualifikation und organisationsrechtlichen Stellung der Transplantationsbeauftragten, wird durch Landesrecht bestimmt. [2]Durch Landesrecht können die Voraussetzungen festgelegt werden, nach denen mehrere Entnahmekrankenhäuser zur Erfüllung ihrer Verpflichtung nach Absatz 1 die Bestellung eines gemeinsamen Transplantationsbeauftragten schriftlich vereinbaren können. [3]Dabei ist sicherzustellen, dass der Transplantationsbeauftragte seine Aufgaben in jedem der Entnahmekrankenhäuser ordnungsgemäß wahrnehmen kann. [4]Im Landesrecht können auch Ausnahmen von der Verpflichtung zur Bestellung eines Transplantationsbeauftragten vorgesehen werden, soweit und solange die Realisierung einer Organentnahme in begründeten Ausnahmefällen wegen der Besonderheiten des Entnahmekrankenhauses ausgeschlossen ist. [5]Die Ausnahmen können einer Genehmigung durch die zuständige Behörde unterworfen werden.

§ 9 c Neurochirurgischer und neurologischer konsiliarärztlicher Rufbereitschaftsdienst, Verordnungsermächtigung

(1) [1]Zur Unterstützung der Entnahmekrankenhäuser bei der Erfüllung ihrer Verpflichtung nach § 9 a Absatz 2 Nummer 1, den endgültigen, nicht behebbaren Ausfall der Gesamtfunktion des Großhirns, des Kleinhirns und des Hirnstamms bei Patienten, die nach ärztlicher Beurteilung als Organspender in Betracht kommen, nach § 5 festzustellen, wird ein neurochirurgischer und neurologischer konsiliarärztlicher Rufbereitschaftsdienst eingerichtet. [2]Zur Organisation dieses Rufbereitschaftsdienstes beauftragen der Spitzenverband Bund der Krankenkassen, die Bundesärztekammer und die Deutsche Krankenhausgesellschaft im Einvernehmen mit dem Verband der Privaten Krankenversicherung durch Vertrag eine geeignete Einrichtung. [3]Diese darf weder an der Entnahme noch an der Übertragung von Organen beteiligt sein.

(2) [1]Die Einrichtung nach Absatz 1 muss gewährleisten, dass regional und flächendeckend jederzeit Ärzte, die für die Feststellung des endgültigen, nicht behebbaren Ausfalls der Gesamtfunktion des Großhirns, des Kleinhirns und des Hirnstamms bei einem Patienten qualifiziert sind, auf Anfrage eines Entnahmekrankenhauses zur Verfügung stehen. [2]Krankenhäuser mit neurochirurgischen oder neurologischen Fachabteilungen sowie neurochirurgische oder neurologische Medizinische Versorgungszentren und neurochirurgische oder neurologische Praxen beteiligen sich auf Anfrage der nach Absatz 1 beauftragten Einrichtung an dem neurochirurgischen und neurologischen konsiliarärztlichen Rufbereitschaftsdienst. [3]Die Krankenhäuser, Medizinischen Versorgungszentren und Praxen haben einen Anspruch auf einen angemessenen Ausgleich der Kosten, die ihnen dadurch entstehen, dass sie Ärzte für den Rufbereitschaftsdienst zur Verfügung stellen. [4]Die sich beteiligenden Ärzte haben Anspruch auf eine angemessene Vergütung einschließlich einer Einsatzpauschale.

(3) [1]In einem Vertrag regeln der Spitzenverband Bund der Krankenkassen, die Bundesärztekammer und die Deutsche Krankenhausgesellschaft im Einvernehmen mit dem Verband der Privaten Krankenversicherung das Nähere zu den Aufgaben, zu der Organisation und zu der Finanzierung des neurochirurgischen und neurologischen konsiliarärztlichen Rufbereitschaftsdienstes aus Mitteln der gesetzlichen Krankenversicherung einschließlich des in Absatz 2 Satz 3 genannten Ausgleichs und der in Absatz 2 Satz 4 genannten Vergütung. [2]Die private Krankenversicherungswirtschaft kann sich an der Finanzierung des neurochirurgischen und neurologischen konsiliarärztlichen Rufbereitschaftsdienstes beteiligen.

(4) Kommt ein Vertrag nach Absatz 3 bis zum 31. Dezember 2019 oder ein Vertrag nach Absatz 1 Satz 2 bis zum 31. Dezember 2020 ganz oder teilweise nicht zustande, bestimmt das Bundesministerium für Gesundheit durch Rechtsverordnung mit Zustimmung des Bundesrates eine geeignete Einrichtung und regelt das Nähere zu den Aufgaben, der Organisation und der Finanzierung des neurochirurgischen und neurologischen konsiliarärztlichen Rufbereitschaftsdienstes aus Mitteln der gesetzlichen Krankenversicherung.

§ 10 Transplantationszentren

(1) [1]Transplantationszentren sind Krankenhäuser oder Einrichtungen an Krankenhäusern, die nach § 108 des Fünften Buches Sozialgesetzbuch oder nach anderen gesetzlichen Bestimmungen für die Übertragung von Organen verstorbener Spender sowie für die Entnahme und Übertragung von

Organen lebender Spender zugelassen sind. ²Bei der Zulassung nach § 108 des Fünften Buches Sozialgesetzbuch sind Schwerpunkte für die Übertragung dieser Organe zu bilden, um eine bedarfsgerechte, leistungsfähige und wirtschaftliche Versorgung zu gewährleisten und die erforderliche Qualität der Organübertragung zu sichern.

(2) ¹Die Transplantationszentren sind verpflichtet,

1. Wartelisten der zur Übertragung von vermittlungspflichtigen Organen angenommenen Patienten mit den für die Organvermittlung nach § 12 erforderlichen Angaben zu führen sowie unverzüglich über die Annahme eines Patienten zur Organübertragung und seine Aufnahme in die Warteliste zu entscheiden und den behandelnden Arzt darüber zu unterrichten, ebenso über die Herausnahme eines Patienten aus der Warteliste,

2. über die Aufnahme in die Warteliste nach Regeln zu entscheiden, die dem Stand der Erkenntnisse der medizinischen Wissenschaft entsprechen, insbesondere nach Notwendigkeit und Erfolgsaussicht einer Organübertragung,

3. die auf Grund des § 11 getroffenen Regelungen zur Organentnahme sowie bei vermittlungspflichtigen Organen die auf Grund des § 12 getroffenen Regelungen zur Organvermittlung einzuhalten,

4. vor der Organübertragung festzustellen, dass die Organ- und Spendercharakterisierung nach § 10 a abgeschlossen und dokumentiert ist und die Bedingungen für die Konservierung und den Transport eingehalten worden sind,

5. jede Organübertragung unverzüglich so zu dokumentieren, dass eine lückenlose Rückverfolgung der Organe vom Empfänger zum Spender ermöglicht wird; bei der Übertragung von Organen verstorbener Spender ist die Kenn-Nummer (§ 13 Abs. 1 Satz 1) anzugeben, um eine Rückverfolgung durch die Koordinierungsstelle zu ermöglichen,

6. die durchgeführten Lebendorganspenden aufzuzeichnen,

7. vor und nach einer Organübertragung Maßnahmen für eine erforderliche psychische Betreuung der Patienten im Krankenhaus sicherzustellen und

8. nach Maßgabe der Vorschriften des Fünften Buches Sozialgesetzbuch Maßnahmen zur Qualitätssicherung, die auch einen Vergleich mit anderen Transplantationszentren ermöglichen, im Rahmen ihrer Tätigkeit nach diesem Gesetz durchzuführen; dies gilt für die Nachbetreuung von Organspendern nach § 8 Abs. 3 Satz 1 entsprechend.

²§ 9 a Absatz 2 Nummer 2 und 3 gilt entsprechend.

(3) ¹Die nach Absatz 2 Satz 1 Nummer 1 für die Organvermittlung erforderlichen Angaben sind von einem Arzt oder einer von diesem beauftragten Person zu erheben, zu dokumentieren und an die Vermittlungsstelle nach Maßgabe des § 13 Absatz 3 Satz 3 zu übermitteln. ²Den in Satz 1 genannten Personen ist es verboten,

1. für eine Meldung nach § 13 Absatz 3 Satz 3 den Gesundheitszustand eines Patienten unrichtig zu erheben oder unrichtig zu dokumentieren oder

2. bei der Meldung nach § 13 Absatz 3 Satz 3 einen unrichtigen Gesundheitszustand eines Patienten zu übermitteln,

um Patienten bei der Führung der einheitlichen Warteliste nach § 12 Absatz 3 Satz 2 zu bevorzugen.

§ 10 a Organ- und Spendercharakterisierung, Transport von Organen, Verordnungsermächtigung zur Organ- und Spendercharakterisierung und zum Transport

(1) ¹Die von der Koordinierungsstelle beauftragte Person stellt unter ärztlicher Beratung und Anleitung sicher, dass die Organe für eine Übertragung nur freigegeben werden, wenn nach ärztlicher Beurteilung die Organ- und Spendercharakterisierung nach dem Stand der medizinischen Wissenschaft und Technik ergeben hat, dass das Organ für eine Übertragung geeignet ist. ²Die sachdienlichen Angaben über den Spender, die zur Bewertung seiner Eignung zur Organspende erforderlich sind, und die sachdienlichen Angaben über die Merkmale des Organs, die zur Beurteilung nach Satz 1 erforderlich sind, werden nach Maßgabe einer Rechtsverordnung nach Absatz 4 erhoben, um eine ordnungsgemäße Risikobewertung vorzunehmen, die Risiken für den Organempfänger so gering wie möglich zu halten und die Organvermittlung zu optimieren. ³Bei der Erhebung dieser Angaben werden, soweit dies möglich und angemessen ist, auch die nächsten Angehörigen im Rahmen der Unterrichtung nach § 3 Absatz 3 Satz 1 oder der Befragung nach § 4 Absatz 1 Satz 1 oder weitere Personen, die Angaben zum Organspender machen können, befragt. ⁴Die Sätze 1 und 2 gelten ent-

sprechend für die Erhebung der sachdienlichen Angaben vor der Entnahme und Übertragung eines Organs eines lebenden Spenders durch den verantwortlichen Arzt des Transplantationszentrums.

(2) ¹Die Koordinierungsstelle stellt sicher, dass die für die Organ- und Spendercharakterisierung nach Absatz 1 erforderlichen Laboruntersuchungen in Laboren durchgeführt werden, die über qualifiziertes Personal und geeignete Einrichtungen und Ausrüstungen verfügen. ²Die Labore verfügen über geeignete Verfahrensanweisungen, die gewährleisten, dass die Angaben zur Organ- und Spendercharakterisierung der Koordinierungsstelle unverzüglich übermittelt werden.

(3) ¹Der Transport von Organen erfolgt unter Beachtung der Verfahrensanweisung der Koordinierungsstelle nach § 11 Absatz 1 a Satz 2 Nummer 7. ²Das Nähere zur Kennzeichnung der Behältnisse für den Transport von Organen regelt eine Rechtsverordnung nach Absatz 4.

(4) ¹Das Bundesministerium für Gesundheit kann durch Rechtsverordnung mit Zustimmung des Bundesrates nach Anhörung der Bundesärztekammer und weiterer Sachverständiger Regelungen zur Organ- und Spendercharakterisierung und zum Transport von Organen treffen. ²In der Rechtsverordnung können insbesondere Regelungen getroffen werden über die Anforderungen an

1. die Angaben, die nach dem Stand der medizinischen Wissenschaft und Technik bei jeder Organspende erhoben werden müssen,
2. die Angaben, die nach ärztlicher Beurteilung unter Berücksichtigung der Verfügbarkeit der entsprechenden Angaben und der besonderen Umstände des jeweiligen Falles nach dem Stand der medizinischen Wissenschaft und Technik zusätzlich erhoben werden müssen,
3. das Verfahren für die Übermittlung von Angaben über die Organ- und Spendercharakterisierung und
4. die Kennzeichnung der Behältnisse für den Transport von Organen.

³Wenn in einem besonderen Fall, einschließlich einem lebensbedrohlichen Notfall, eine Risiko-Nutzen-Analyse ergibt, dass der erwartete Nutzen für den Organempfänger größer ist als die Risiken auf Grund unvollständiger Daten, kann ein Organ auch dann übertragen werden, wenn nicht alle in der Rechtsverordnung nach Satz 2 Nummer 1 festgelegten Mindestangaben vor der Übertragung vorliegen.

§ 11 Zusammenarbeit bei der Entnahme von Organen und Geweben, Koordinierungsstelle¹

(1) ¹Die Entnahme von Organen verstorbener Spender einschließlich der Vorbereitung von Entnahme, Vermittlung und Übertragung ist gemeinschaftliche Aufgabe der Transplantationszentren und der Entnahmekrankenhäuser in regionaler Zusammenarbeit. ²Zur Organisation dieser Aufgabe errichten oder beauftragen der Spitzenverband Bund der Krankenkassen, die Bundesärztekammer und die Deutsche Krankenhausgesellschaft eine geeignete Einrichtung (Koordinierungsstelle). ³Sie muss auf Grund einer finanziell und organisatorisch eigenständigen Trägerschaft, der Zahl und Qualifikation ihrer Mitarbeiter, ihrer betrieblichen Organisation sowie ihrer sachlichen Ausstattung die Gewähr dafür bieten, dass die Maßnahmen nach Satz 1 in Zusammenarbeit mit den Transplantationszentren und den Entnahmekrankenhäusern nach den Vorschriften dieses Gesetzes durchgeführt werden. ⁴Die Transplantationszentren müssen in der Koordinierungsstelle angemessen vertreten sein. ⁵Der Spitzenverband Bund der Krankenkassen, die Bundesärztekammer und die Deutsche Krankenhausgesellschaft haben darauf zu achten, dass die Koordinierungsstelle die Voraussetzungen des Satzes 3 erfüllt und dabei nach den Grundsätzen der Wirtschaftlichkeit arbeitet. ⁶Die Koordinierungsstelle hat die grundsätzlichen finanziellen und organisatorischen Entscheidungen dem Spitzenverband Bund der Krankenkassen, der Bundesärztekammer und der Deutschen Krankenhausgesellschaft unverzüglich vorzulegen. ⁷Die Haushaltslegung und die finanzielle Eigenständigkeit kann auf Veranlassung des Spitzenverbandes Bund der Krankenkassen, der Bundesärztekammer und der Deutschen Krankenhausgesellschaft durch unabhängige Sachverständige geprüft werden. ⁸Die Koordinierungsstelle hat jährlich einen Geschäftsbericht zu veröffentlichen. ⁹Der Spitzenverband Bund der Krankenkassen, die Bundesärztekammer und die Deutsche Krankenhausgesellschaft haben sicherzustellen, dass die Koordinierungsstelle die Veröffentlichungspflicht erfüllt.

(1 a) ¹Die Koordinierungsstelle hat die Zusammenarbeit zur Organentnahme bei verstorbenen Spendern und die Durchführung aller bis zur Übertragung erforderlichen Maßnahmen mit Ausnahme der Vermittlung von Organen durch die Vermittlungsstelle nach § 12 unter Beachtung der Richtlinien

---

1   Beachte die Übergangsregelung in § 25 Abs. 1.

nach § 16 zu organisieren, um die vorhandenen Möglichkeiten der Organspende wahrzunehmen und durch die Entnahme und Bereitstellung geeigneter Spenderorgane die gesundheitlichen Risiken der Organempfänger so gering wie möglich zu halten. ²Hierzu erstellt die Koordinierungsstelle geeignete Verfahrensanweisungen unter Beachtung der Richtlinien nach § 16, insbesondere

1. zur Meldung nach § 9 a Absatz 2 Nummer 1,
2. zur Überprüfung der Spenderidentität,
3. zur Überprüfung der Einzelheiten der Einwilligung des Spenders nach § 3 oder der Zustimmung anderer Personen nach § 4,
4. zur Überprüfung des Abschlusses der Organ- und Spendercharakterisierung nach § 10 a Absatz 1,
5. zur Sicherstellung, dass die Angaben zur Organ- und Spendercharakterisierung das Transplantationszentrum, bei vermittlungspflichtigen Organen die Vermittlungsstelle nach § 12, rechtzeitig erreichen,
6. für die Entnahme, Konservierung, Verpackung und Kennzeichnung von Organen,
7. für den Transport der Organe, um ihre Unversehrtheit während des Transports und eine angemessene Transportdauer sicherzustellen,
8. zur Sicherstellung der Rückverfolgung nach § 13 Absatz 1,
9. zur Sicherstellung der unverzüglichen Meldung schwerwiegender Zwischenfälle und schwerwiegender unerwünschter Reaktionen und der in diesem Zusammenhang getroffenen Maßnahmen auf der Grundlage der Rechtsverordnung nach § 13 Absatz 4.

³Die Koordinierungsstelle stellt sicher, dass das von ihr eingesetzte medizinische Personal für seine Aufgaben qualifiziert ist. ⁴Sie berät die Entnahmekrankenhäuser bei der Erfüllung ihrer gesetzlichen Verpflichtungen und die Transplantationsbeauftragten bei der Auswertung der Todesfälle mit primärer oder sekundärer Hirnschädigung nach § 9 b Absatz 2 Nummer 5 und bei der Verbesserung krankenhausinterner Handlungsabläufe im Prozess der Organspende. ⁵Das Nähere zur Erstellung der Verfahrensanweisungen nach Satz 2 regelt der Vertrag nach Absatz 2.

(1 b) ¹Die Koordinierungsstelle wertet die von den Entnahmekrankenhäusern an sie nach § 9 a Absatz 2 Nummer 6 zu übermittelnden Daten aus und leitet die Daten und die Ergebnisse der Auswertung standortbezogen an die nach Landesrecht zuständigen Stellen weiter. ²Die Ergebnisse der Auswertung werden von der Koordinierungsstelle standortbezogen auch an das jeweilige Entnahmekrankenhaus weitergeleitet. ³Die Anforderungen an die von den Entnahmekrankenhäusern an die Koordinierungsstelle nach § 9 a Absatz 2 Nummer 6 zu übermittelnden Daten, das Verfahren für die Übermittlung der Daten, die Auswertung der Daten und an ihre Weiterleitung werden im Vertrag nach Absatz 2 festgelegt.

(2) ¹Der Spitzenverband Bund der Krankenkassen, die Bundesärztekammer, die Deutsche Krankenhausgesellschaft und die Koordinierungsstelle regeln durch Vertrag das Nähere zu den Aufgaben der Koordinierungsstelle mit Wirkung für die Transplantationszentren und die Entnahmekrankenhäuser. ²Der Vertrag regelt insbesondere

1. die Anforderungen an die im Zusammenhang mit einer Organentnahme zum Schutz der Organempfänger erforderlichen Maßnahmen sowie die Rahmenregelungen für die Zusammenarbeit der Beteiligten,
2. die Zusammenarbeit und den Erfahrungsaustausch mit der Vermittlungsstelle,
3. die Unterstützung der Transplantationszentren bei Maßnahmen zur Qualitätssicherung,
4. den Ersatz angemessener Aufwendungen der Koordinierungsstelle für die Erfüllung ihrer Aufgaben nach diesem Gesetz einschließlich

   a) der pauschalen Abgeltung von Leistungen nach § 9 a Absatz 3 Satz 2 und des Ausgleichszuschlags nach § 9 a Absatz 3 Satz 3 sowie
   b) des Ersatzes der Aufwendungen der Entnahmekrankenhäuser für die Freistellung der Transplantationsbeauftragten nach § 9 b Absatz 3 Satz 4 und
5. ein Schlichtungsverfahren bei einer fehlenden Einigung über den Ersatz angemessener Aufwendungen nach Nummer 4.

³Die Pauschalen nach § 9 a Absatz 3 Satz 2 sind fall- oder tagesbezogen so auszugestalten, dass die einzelnen Prozessschritte ausreichend ausdifferenziert abgebildet werden. ⁴Die Höhe der Pauschalen bemisst sich nach dem jeweiligen sächlichen und personellen Gesamtaufwand. ⁵Die Höhe des Ausgleichszuschlags nach § 9 a Absatz 3 Satz 3 beträgt das Zweifache der Summe der im jeweiligen Fall berechnungsfähigen Pauschalen. ⁶Die private Krankenversicherungswirtschaft kann sich an der Finanzierung nach Satz 2 Nummer 4 beteiligen. ⁷Der Vertrag nach Satz 1 bedarf des Einvernehmens mit dem Verband der Privaten Krankenversicherung.

(3) [1]Der Vertrag nach den Absätzen 1 und 2 sowie seine Änderung bedarf der Genehmigung durch das Bundesministerium für Gesundheit und ist im Bundesanzeiger bekannt zu machen[2]. [2]Die Genehmigung ist zu erteilen, wenn der Vertrag[3] oder seine Änderung den Vorschriften dieses Gesetzes und sonstigem Recht entspricht. [3]Der Spitzenverband Bund der Krankenkassen, die Bundesärztekammer und die Deutsche Krankenhausgesellschaft überwachen die Einhaltung der Vertragsbestimmungen. [4]Zur Erfüllung ihrer Verpflichtung nach Satz 3 setzen sie eine Kommission ein, die jeweils aus mindestens einem Vertreter des Spitzenverbandes Bund der Krankenkassen, der Bundesärztekammer und der Deutschen Krankenhausgesellschaft oder der Bundesverbände der Krankenhausträger gemeinsam und zwei Vertretern der Länder zusammengesetzt ist. [5]Die Koordinierungsstelle, die Transplantationszentren und die Entnahmekrankenhäuser sind verpflichtet, der Kommission die erforderlichen Unterlagen zur Verfügung zu stellen und die erforderlichen Auskünfte zu erteilen. [6]Die Kommission ist verpflichtet, Erkenntnisse über Verstöße gegen dieses Gesetz oder gegen auf Grund dieses Gesetzes erlassene Rechtsverordnungen an die zuständigen Behörden der Länder weiterzuleiten. [7]Das Nähere zur Zusammensetzung der Kommission, zur Arbeitsweise und zum Verfahren regelt der Vertrag nach Absatz 2.

(4) [1]Die Transplantationszentren und die Entnahmekrankenhäuser sind verpflichtet, untereinander und mit der Koordinierungsstelle zur Entnahme von Organen sowie zur Entnahme von Geweben bei möglichen Organspendern nach § 3 oder § 4 zusammenzuarbeiten. [2]Die Koordinierungsstelle klärt, ob die Voraussetzungen für eine Organentnahme vorliegen. [3]Hierzu erhebt sie die Personalien dieser möglichen Organspender und weitere für die Durchführung der Organentnahme und -vermittlung erforderliche personenbezogene Daten. [4]Die Entnahmekrankenhäuser sind verpflichtet, diese Daten an die Koordinierungsstelle zu übermitteln. [5]Die Organentnahme wird durch die Koordinierungsstelle organisiert und erfolgt durch die von ihr beauftragten Ärzte.

(5) [1]Die Koordinierungsstelle führt ein Verzeichnis über die Entnahmekrankenhäuser nach § 9 a und über die Transplantationszentren nach § 10. [2]Sie dokumentiert die Tätigkeiten der Entnahmekrankenhäuser und der Transplantationszentren und veröffentlicht jährlich einen Bericht, der die Tätigkeiten der Entnahmekrankenhäuser und der Transplantationszentren im vergangenen Kalenderjahr nach einheitlichen Vorgaben darstellt und insbesondere folgende, nicht personenbezogene Daten enthält:

1. Zahl und Art der durchgeführten Organentnahmen nach § 9 Absatz 1, getrennt nach Organen von Spendern nach den §§ 3 und 4, einschließlich der Zahl und Art der nach der Entnahme verworfenen Organe,
2. Zahl und Art der durchgeführten Organübertragungen nach § 9 Absatz 2 und ihre Ergebnisse, getrennt nach Organen von Spendern nach den §§ 3 und 4 sowie nach § 8,
3. die Entwicklung der Warteliste nach § 10 Absatz 2 Satz 1 Nummer 1, insbesondere aufgenommene, transplantierte, aus anderen Gründen ausgeschiedene sowie verstorbene Patienten,
4. die Gründe für die Aufnahme oder Nichtaufnahme in die Warteliste nach § 10 Absatz 2 Satz 1 Nummer 2,
5. Altersgruppe, Geschlecht, Familienstand und Versichertenstatus der zu den Nummern 2 bis 4 betroffenen Patienten,
6. die Nachbetreuung der Spender nach § 8 Absatz 3 Satz 1 und die Dokumentation ihrer durch die Organspende bedingten gesundheitlichen Risiken,
7. die durchgeführten Maßnahmen zur Qualitätssicherung nach § 10 Absatz 2 Nummer 8,
8. die Ergebnisse der Auswertung nach Absatz 1 b Satz 1.

[3]In dem Vertrag nach Absatz 2 können einheitliche Vorgaben für den Tätigkeitsbericht und die ihm zugrunde liegenden Angaben der Entnahmekrankenhäuser und der Transplantationszentren vereinbart werden.

§ 12 Organvermittlung, Vermittlungsstelle[1]

(1) [1]Zur Vermittlung der vermittlungspflichtigen Organe errichten oder beauftragen der Spitzenverband Bund der Krankenkassen, die Bundesärztekammer und die Deutsche Krankenhausgesellschaft eine geeignete Einrichtung (Vermittlungsstelle). [2]Sie muss auf Grund einer finanziell und organisatorisch eigenständigen Trägerschaft, der Zahl und Qualifikation ihrer Mitarbeiter, ihrer betrieblichen

---

2 Siehe hierzu ua den Koordinierungsstellenvertrag.
3 Siehe hierzu Bek. v. 11.7.2013 (BAnz AT 17.07.2013 B4).

1 Beachte die Übergangsregelung in § 25 Abs. 2.

Organisation sowie ihrer sachlichen Ausstattung die Gewähr dafür bieten, dass die Organvermittlung nach den Vorschriften dieses Gesetzes erfolgt. [3]Soweit sie Organe vermittelt, die in Ländern entnommen werden, die nicht Mitgliedstaaten der Europäischen Union oder andere Vertragsstaaten des Abkommens über den Europäischen Wirtschaftsraum sind, um die Organe im Geltungsbereich dieses Gesetzes zu übertragen, oder die im Geltungsbereich dieses Gesetzes entnommen werden, um die Organe in Ländern zu übertragen, die nicht Mitgliedstaaten der Europäischen Union oder andere Vertragsstaaten des Abkommens über den Europäischen Wirtschaftsraum sind, muss sie auch gewährleisten, dass die zum Schutz der Organempfänger erforderlichen Maßnahmen nach dem Stand der Erkenntnisse der medizinischen Wissenschaft durchgeführt und die Qualitäts- und Sicherheitsanforderungen erfüllt werden, die den in diesem Gesetz und auf Grund dieses Gesetzes erlassener Rechtsverordnungen festgelegten Anforderungen gleichwertig sind, und dass eine lückenlose Rückverfolgung der Organe sichergestellt ist. [4]Es dürfen nur Organe vermittelt werden, die im Einklang mit den am Ort der Entnahme geltenden Rechtsvorschriften entnommen worden sind, soweit deren Anwendung nicht zu einem Ergebnis führt, das mit wesentlichen Grundsätzen des deutschen Rechts, insbesondere mit den Grundrechten, offensichtlich unvereinbar ist.

(2) [1]Als Vermittlungsstelle kann auch eine geeignete Einrichtung beauftragt werden, die ihren Sitz außerhalb des Geltungsbereichs dieses Gesetzes hat und die Organe im Rahmen eines internationalen Organaustausches unter Anwendung der Vorschriften dieses Gesetzes für die Organvermittlung vermittelt. [2]Dabei ist sicherzustellen, dass die Vorschriften der §§ 14 und 15 sinngemäß Anwendung finden; eine angemessene Datenschutzaufsicht muss gewährleistet sein.

(3) [1]Die vermittlungspflichtigen Organe sind von der Vermittlungsstelle nach Regeln, die dem Stand der Erkenntnisse der medizinischen Wissenschaft entsprechen, insbesondere nach Erfolgsaussicht und Dringlichkeit für geeignete Patienten zu vermitteln. [2]Die Wartelisten der Transplantationszentren sind dabei als eine einheitliche Warteliste zu behandeln. [3]Die Vermittlungsentscheidung ist für jedes Organ unter Angabe der Gründe zu dokumentieren und unter Verwendung der Kenn-Nummer dem Transplantationszentrum und der Koordinierungsstelle zu übermitteln, um eine lückenlose Rückverfolgung der Organe zu ermöglichen.

(4) [1]Der Spitzenverband Bund der Krankenkassen, die Bundesärztekammer, die Deutsche Krankenhausgesellschaft und die Vermittlungsstelle regeln durch Vertrag die Aufgaben der Vermittlungsstelle mit Wirkung für die Transplantationszentren. [2]Der Vertrag regelt insbesondere

1. die Art der von den Transplantationszentren nach § 13 Abs. 3 Satz 3 zu meldenden Angaben über die Patienten sowie die Verwendung dieser Angaben durch die Vermittlungsstelle in einheitlichen Wartelisten für die jeweiligen Arten der durchzuführenden Organübertragungen,
2. die Erfassung der von der Koordinierungsstelle nach § 13 Abs. 1 Satz 4 gemeldeten Organe,
3. die Vermittlung der Organe nach den Vorschriften des Absatzes 3 sowie Verfahren zur Einhaltung der Vorschriften des Absatzes 1 Satz 3 und 4,
3a. für Organe, die in einem anderen Mitgliedstaat der Europäischen Union oder anderen Vertragsstaat des Abkommens über den Europäischen Wirtschaftsraum entnommen werden, um die Organe im Geltungsbereich dieses Gesetzes zu übertragen, oder die im Geltungsbereich dieses Gesetzes entnommen werden, um diese Organe in diesen Staaten zu übertragen, die Anforderungen an die Vermittlung dieser Organe unter Einhaltung der Regelungen dieses Gesetzes und der auf Grund dieses Gesetzes erlassenen Rechtsverordnungen,
3b. die Übermittlung von Daten an die Transplantationsregisterstelle nach § 15 e bei Organen, die im Rahmen eines internationalen Austausches in den Geltungsbereich oder aus dem Geltungsbereich dieses Gesetzes vermittelt worden sind,
4. die Überprüfung von Vermittlungsentscheidungen in regelmäßigen Abständen,
5. die Zusammenarbeit und den Erfahrungsaustausch mit der Koordinierungsstelle und den Transplantationszentren,
6. eine regelmäßige Berichterstattung der Vermittlungsstelle an die anderen Vertragspartner,
7. den Ersatz angemessener Aufwendungen der Vermittlungsstelle für die Erfüllung ihrer Aufgaben nach diesem Gesetz,
8. eine vertragliche Kündigungsmöglichkeit bei Vertragsverletzungen der Vermittlungsstelle.

[3]Der Vertrag nach Satz 1 bedarf des Einvernehmens mit dem Verband der Privaten Krankenversicherung.

(5) [1]Der Vertrag nach den Absätzen 1 und 4 sowie seine Änderung bedarf der Genehmigung durch das Bundesministerium für Gesundheit und ist im Bundesanzeiger bekannt zu machen. [2]Die Genehmigung ist zu erteilen, wenn der Vertrag oder seine Änderung den Vorschriften dieses Gesetzes und sonstigem Recht entspricht. [3]Der Spitzenverband Bund der Krankenkassen, die Bundesärztekammer und die Deutsche Krankenhausgesellschaft überwachen die Einhaltung der Vertragsbestimmungen.

[4]Zur Erfüllung ihrer Verpflichtung nach Satz 3 setzen sie eine Kommission ein, die jeweils aus mindestens einem Vertreter des Spitzenverbandes Bund der Krankenkassen, der Bundesärztekammer und der Deutschen Krankenhausgesellschaft und zwei Vertretern der Länder zusammengesetzt ist. [5]Die Vermittlungsstelle und die Transplantationszentren sind verpflichtet, der Kommission die erforderlichen Unterlagen zur Verfügung zu stellen und die erforderlichen Auskünfte zu erteilen. [6]Die Kommission ist verpflichtet, Erkenntnisse über Verstöße gegen dieses Gesetz und auf Grund dieses Gesetzes erlassene Rechtsverordnungen an die zuständigen Behörden der Länder weiterzuleiten. [7]Das Nähere zur Zusammensetzung der Kommission, zur Arbeitsweise und zum Verfahren regelt der Vertrag nach Absatz 4.

§ 12a Angehörigenbetreuung

(1) [1]Die Koordinierungsstelle ist befugt, im Anschluss an eine Organspende eine Angehörigenbetreuung anzubieten. [2]Bei der Angehörigenbetreuung kann die Koordinierungsstelle die folgenden Aufgaben wahrnehmen:

1. Angehörigentreffen organisieren,
2. die nächsten Angehörigen oder die Personen nach § 4 Absatz 2 Satz 5 oder Absatz 3, deren Daten sie nach § 7 Absatz 1 Nummer 1 in Verbindung mit § 11 Absatz 4 Satz 3 erhoben hat, über die Angehörigentreffen informieren,
3. die nächsten Angehörigen oder die Personen nach § 4 Absatz 2 Satz 5 oder Absatz 3, deren Daten sie nach § 7 Absatz 1 Nummer 1 in Verbindung mit § 11 Absatz 4 Satz 3 erhoben hat, über das Ergebnis der Organtransplantation in anonymisierter Form informieren,
4. anonymisierte Schreiben des Organempfängers, die an die nächsten Angehörigen oder die Personen nach § 4 Absatz 2 Satz 5 oder Absatz 3, deren Daten sie nach § 7 Absatz 1 Nummer 1 in Verbindung mit § 11 Absatz 4 Satz 3 erhoben hat, gerichtet sind, an diese weiterleiten und
5. anonymisierte Schreiben der nächsten Angehörigen oder der Personen nach § 4 Absatz 2 Satz 5 oder Absatz 3, deren Daten sie nach § 7 Absatz 1 Nummer 1 in Verbindung mit § 11 Absatz 4 Satz 3 erhoben hat, an den Organempfänger über das Transplantationszentrum, in dem das Organ auf den Empfänger übertragen wurde, übermitteln.

(2) Die Koordinierungsstelle darf die personenbezogenen Daten der nächsten Angehörigen oder der Personen nach § 4 Absatz 2 Satz 5 oder Absatz 3, die von ihr nach § 7 Absatz 1 Nummer 1 in Verbindung mit § 11 Absatz 4 Satz 3 erhoben worden sind, verarbeiten, soweit dies erforderlich ist, um zu klären, ob die nächsten Angehörigen oder die Personen nach § 4 Absatz 2 Satz 5 oder Absatz 3

1. über Angehörigentreffen informiert werden möchten,
2. über das Ergebnis der Organtransplantation informiert werden möchten oder
3. in die Weiterleitung anonymisierter Schreiben des Organempfängers und eigener Antwortschreiben an den Organempfänger einwilligen.

(3) Die Koordinierungsstelle darf

1. die Aufgaben nach Absatz 1 Satz 2 Nummer 2 nur wahrnehmen, wenn eine ausdrückliche Einwilligung des jeweiligen nächsten Angehörigen oder der jeweiligen Person nach § 4 Absatz 2 Satz 5 oder Absatz 3 vorliegt, und
2. die Aufgaben nach Absatz 1 Satz 2 Nummer 3 bis 5 nur wahrnehmen, wenn
   a) eine ausdrückliche Einwilligung des jeweiligen nächsten Angehörigen oder der jeweiligen Person nach § 4 Absatz 2 Satz 5 oder Absatz 3 vorliegt und
   b) eine ausdrückliche Einwilligung des Organempfängers vorliegt.

(4) Die Koordinierungsstelle darf die Kenn-Nummer nach § 13 Absatz 1 gesondert von den Begleitpapieren für die entnommenen Organe mit den personenbezogenen Daten der nächsten Angehörigen oder der Personen nach § 4 Absatz 2 Satz 5 oder Absatz 3, die von ihr nach § 7 Absatz 1 Nummer 1 in Verbindung mit § 11 Absatz 4 Satz 3 erhoben worden sind, speichern und zur Wahrnehmung der Aufgaben nach Absatz 1 Satz 2 Nummer 3 bis 5 verarbeiten, soweit eine ausdrückliche Einwilligung der nächsten Angehörigen oder der Personen nach § 4 Absatz 2 Satz 5 oder Absatz 3 im Hinblick auf die jeweils eigenen personenbezogenen Daten vorliegt.

(5) Das Transplantationszentrum, in dem das Organ auf den Empfänger übertragen wurde, darf mit ausdrücklicher Einwilligung des Organempfängers unter Angabe der Kenn-Nummer nach § 13 Absatz 1

1. das Ergebnis der Organtransplantation in anonymisierter Form der Koordinierungsstelle mitteilen,

2. anonymisierte Schreiben des Organempfängers an die Koordinierungsstelle übermitteln und

3. von der Koordinierungsstelle übermittelte anonymisierte Schreiben der nächsten Angehörigen oder der Personen nach § 4 Absatz 2 Satz 5 oder Absatz 3 an den Organempfänger weiterleiten.

(6) [1]Über die Bedeutung und Tragweite

1. der Einwilligung nach den Absätzen 3 und 4 sind die nächsten Angehörigen oder die Personen nach § 4 Absatz 2 Satz 5 oder Absatz 3 vor Erteilung der Einwilligung durch die Koordinierungsstelle aufzuklären,

2. der Einwilligung nach Absatz 3 Nummer 2 Buchstabe b und Absatz 5 ist der Organempfänger vor Erteilung der Einwilligung durch das Transplantationszentrum, in dem das Organ auf den Empfänger übertragen wurde, aufzuklären.

[2]Das Transplantationszentrum hat die Koordinierungsstelle über die ausdrückliche Einwilligung des Organempfängers unter Angabe der Kenn-Nummer nach § 13 Absatz 1 in anonymisierter Form zu unterrichten.

(7) Die Koordinierungsstelle und die Transplantationszentren haben sicherzustellen, dass Rückschlüsse auf die Identität des Organempfängers und des Organspenders sowie auf die Identität der nächsten Angehörigen oder der Personen nach § 4 Absatz 2 Satz 5 oder Absatz 3 ausgeschlossen sind.

Abschnitt 5
Meldungen, Dokumentation, Rückverfolgung, Datenschutz, Fristen

§ 13 Dokumentation, Rückverfolgung, Verordnungsermächtigung zur Meldung schwerwiegender Zwischenfälle und schwerwiegender unerwünschter Reaktionen

(1) [1]Die Koordinierungsstelle verschlüsselt in einem mit den Transplantationszentren abgestimmten Verfahren die personenbezogenen Daten des Organspenders und bildet eine Kenn-Nummer, die ausschließlich der Koordinierungsstelle einen Rückschluss auf die Person des Organspenders zulässt, um eine lückenlose Rückverfolgung der Organe zu ermöglichen. [2]Die Kenn-Nummer ist in die Begleitpapiere für das entnommene Organ aufzunehmen. [3]Die Begleitpapiere enthalten daneben alle für die Organübertragung erforderlichen medizinischen Angaben, einschließlich der Angaben zur Organ- und Spendercharakterisierung nach § 10 a. [4]Die Koordinierungsstelle meldet das Organ, die Kenn-Nummer und die für die Organvermittlung erforderlichen medizinischen Angaben an die Vermittlungsstelle und übermittelt nach Entscheidung der Vermittlungsstelle die Begleitpapiere an das Transplantationszentrum, in dem das Organ auf den Empfänger übertragen werden soll. [5]Das Nähere wird im Vertrag nach § 11 Abs. 2 geregelt.

(2) Die Koordinierungsstelle darf Angaben aus den Begleitpapieren mit den personenbezogenen Daten des Organspenders zur weiteren Information über diesen nur gemeinsam verarbeiten, insbesondere zusammenführen und an die Transplantationszentren übermitteln, in denen Organe des Spenders übertragen worden sind, soweit dies zur Abwehr einer zu befürchtenden gesundheitlichen Gefährdung der Organempfänger erforderlich ist.

(3) [1]Der behandelnde Arzt hat Patienten, bei denen die Übertragung vermittlungspflichtiger Organe medizinisch angezeigt ist, mit deren schriftlicher oder elektronischer Einwilligung unverzüglich an das Transplantationszentrum zu melden, in dem die Organübertragung vorgenommen werden soll. [2]Die Meldung hat auch dann zu erfolgen, wenn eine Ersatztherapie durchgeführt wird. [3]Die Transplantationszentren melden die für die Organvermittlung erforderlichen Angaben über die in die Wartelisten aufgenommenen Patienten nach deren schriftlicher oder elektronischer Einwilligung an die Vermittlungsstelle. [4]Duldet die Meldung nach Satz 1 oder 3 wegen der Gefahr des Todes oder einer schweren Gesundheitsschädigung des Patienten keinen Aufschub, kann sie auch ohne seine vorherige Einwilligung erfolgen; die Einwilligung ist unverzüglich nachträglich einzuholen.

(4) Das Bundesministerium für Gesundheit kann durch Rechtsverordnung mit Zustimmung des Bundesrates das Verfahren regeln

1. für die Übermittlung der Angaben, die für die Sicherstellung der Rückverfolgbarkeit der Organe nach Absatz 1 notwendig sind,

2. für die Meldung, Dokumentation, Untersuchung und Bewertung schwerwiegender Zwischenfälle und schwerwiegender unerwünschter Reaktionen und, soweit beim Organspender gleichzeitig

Gewebe entnommen wurde, für die Meldung an die Gewebeeinrichtung, die das Gewebe entgegengenommen hat, sowie

3. zur Sicherstellung der Meldung von Vorfällen bei einer Lebendorganspende, die mit der Qualität und Sicherheit des gespendeten Organs zusammenhängen können, und von schwerwiegenden unerwünschten Reaktionen beim lebenden Spender.

§ 13 a Dokumentation übertragener Gewebe durch Einrichtungen der medizinischen Versorgung

Die Einrichtungen der medizinischen Versorgung haben dafür zu sorgen, dass für Zwecke der Rückverfolgung oder für Zwecke der Risikoerfassung nach den Vorschriften des Arzneimittelgesetzes oder anderer Rechtsvorschriften jedes übertragene Gewebe von dem behandelnden Arzt oder unter dessen Verantwortung nach Maßgabe einer Rechtsverordnung nach § 16 a dokumentiert wird.

§ 13 b Meldung schwerwiegender Zwischenfälle und schwerwiegender unerwünschter Reaktionen bei Geweben

[1]Die Einrichtungen der medizinischen Versorgung haben

1. jeden schwerwiegenden Zwischenfall im Sinne des § 63 i Absatz 6 des Arzneimittelgesetzes und
2. jede schwerwiegende unerwünschte Reaktion im Sinne des § 63 i Absatz 7 des Arzneimittelgesetzes, die bei oder nach der Übertragung der Gewebe beobachtet wurde und mit der Qualität und Sicherheit der Gewebe im Zusammenhang stehen kann,

unverzüglich nach deren Feststellung zu dokumentieren und der Gewebeeinrichtung, von der sie das Gewebe erhalten haben, unverzüglich nach Satz 2 zu melden. [2]Dabei haben sie alle Angaben, die für die Rückverfolgbarkeit und für die Qualitäts- und Sicherheitskontrolle erforderlich sind, nach Maßgabe einer Rechtsverordnung nach § 16 a mitzuteilen.

§ 13 c Rückverfolgungsverfahren bei Geweben

(1) Jede Gewebeeinrichtung legt ein Verfahren fest, mit dem sie jedes Gewebe, das durch einen schwerwiegenden Zwischenfall im Sinne des § 63 i Absatz 6 des Arzneimittelgesetzes oder eine schwerwiegende unerwünschte Reaktion im Sinne des § 63 i Absatz 7 des Arzneimittelgesetzes beeinträchtigt sein könnte, unverzüglich aussondern, von der Abgabe ausschließen und die belieferten Einrichtungen der medizinischen Versorgung unterrichten kann.

(2) [1]Hat eine Gewebeeinrichtung oder eine Einrichtung der medizinischen Versorgung den begründeten Verdacht, dass Gewebe eine schwerwiegende Krankheit auslösen kann, so hat sie der Ursache unverzüglich nachzugehen und das Gewebe von dem Spender zu dem Empfänger oder umgekehrt zurückzuverfolgen. [2]Sie hat ferner vorangegangene Gewebespenden des Spenders zu ermitteln, zu untersuchen und zu sperren, wenn sich der Verdacht bestätigt.

§ 14 Datenschutz

(1) [1]Ist die Koordinierungsstelle, die Vermittlungsstelle oder die Gewebeeinrichtung eine nicht-öffentliche Stelle im Geltungsbereich dieses Gesetzes, so überwachen die Aufsichtsbehörden der Länder die Anwendung der Vorschriften über den Datenschutz gemäß § 40 Absatz 1 des Bundesdatenschutzgesetzes auch in den Fällen, die nicht in den Anwendungsbereich der Verordnung (EU) 2016/679 nach Artikel 2 Absatz 1 der Verordnung (EU) 2016/679 fallen. [2]Dies gilt auch für die Verarbeitung personenbezogener Daten durch Personen mit Ausnahme des Erklärenden, denen nach § 2 Absatz 4 Satz 1 oder Absatz 4 a Satz 1 Auskunft aus dem Organ- und Gewebespenderegister erteilt oder an die nach § 2 Absatz 4 Satz 4 die Auskunft übermittelt worden ist.

(2) [1]Die an der Erteilung oder Übermittlung der Auskunft nach § 2 Absatz 4 oder Absatz 4 a beteiligten Personen mit Ausnahme des Erklärenden, die an der Stellungnahme nach § 8 Abs. 3 Satz 2, die an der Mitteilung, Unterrichtung oder Übermittlung nach § 9 a Absatz 2 Nummer 1 und § 11 Abs. 4 sowie die an der Organ- oder Gewebeentnahme, der Organvermittlung oder -übertragung oder der

Gewebeabgabe oder -übertragung beteiligten Personen sowie die Personen, die bei der Transplantationsregisterstelle nach § 15 b Absatz 2 und bei der Vertrauensstelle nach § 15 c Absatz 1 Satz 2 personenbezogene Daten verarbeiten, dürfen personenbezogene Daten der Spender und der Empfänger nicht offenbaren. ²Dies gilt auch für personenbezogene Daten von Personen, die nach § 3 Abs. 3 Satz 1 über die beabsichtigte oder nach § 4 oder § 4 a über eine in Frage kommende Organ- oder Gewebeentnahme unterrichtet worden sind. ³Die im Rahmen dieses Gesetzes erhobenen personenbezogenen Daten dürfen für andere als in diesem Gesetz genannte Zwecke nicht verarbeitet werden. ⁴Sie dürfen für gerichtliche Verfahren verarbeitet werden, deren Gegenstand die Verletzung des Offenbarungsverbots nach Satz 1 oder 2 ist.

(2 a) ¹Ärzte und anderes wissenschaftliches Personal des Entnahmekrankenhauses, des Transplantationszentrums, der Koordinierungsstelle nach § 11 und der Vermittlungsstelle nach § 12 dürfen personenbezogene Daten, die von dem jeweiligen Entnahmekrankenhaus, dem jeweiligen Transplantationszentrum oder der jeweiligen Stelle nach § 11 oder § 12 im Rahmen der Organ- und Spendercharakterisierung beim Organ- oder Gewebespender oder im Rahmen der Organ- oder Gewebeübertragung beim Organ- oder Gewebeempfänger erhoben oder an diese übermittelt worden sind, abweichend von Absatz 2 Satz 3 für eigene wissenschaftliche Forschungsvorhaben verarbeiten. ²Diese Daten dürfen für ein bestimmtes Forschungsvorhaben an Dritte und andere als die in Satz 1 genannten Personen übermittelt und von diesen verarbeitet werden, wenn

1. die Daten der betroffenen Person nicht mehr zugeordnet werden können,
2. im Falle, dass der Forschungszweck die Möglichkeit der Zuordnung erfordert, die betroffene Person eingewilligt hat oder
3. im Falle, dass weder auf die Zuordnungsmöglichkeit verzichtet noch die Einwilligung mit verhältnismäßigem Aufwand eingeholt werden kann, das öffentliche Interesse an der Durchführung des Forschungsvorhabens die schützenswerten Interessen der betroffenen Person überwiegt und der Forschungszweck nicht auf andere Weise zu erreichen ist.

³Die personenbezogenen Daten sind, soweit dies nach dem Forschungszweck möglich ist und keinen im Verhältnis zu dem angestrebten Schutzzweck unverhältnismäßigen Aufwand erfordert, zu anonymisieren oder, solange eine Anonymisierung noch nicht möglich ist, zu pseudonymisieren.

(3) ¹Von diesen Vorschriften unberührt bleibt im Falle der Samenspende das Recht des Kindes auf Kenntnis der eigenen Abstammung. ²Im Falle der Knochenmarkspende darf abweichend von Absatz 2 die Identität des Gewebespenders und des Gewebeempfängers gegenseitig oder den jeweiligen Verwandten bekannt gegeben werden, wenn der Gewebespender und der Gewebeempfänger oder ihre gesetzlichen Vertreter darin ausdrücklich eingewilligt haben.

§ 15 Aufbewahrungs- und Löschungsfristen

(1) Die Aufzeichnungen über die Beteiligung nach § 4 Abs. 4, über die Aufklärung nach § 4 a Abs. 2, zur Feststellung der Untersuchungsergebnisse nach § 5 Abs. 2 Satz 3 und Abs. 3 Satz 3, zur Aufklärung nach § 8 Abs. 2 Satz 4, auch in Verbindung mit § 8 a Satz 1 Nr. 4, § 8 b Abs. 1 und 2, § 8 a Abs. 1 Nr. 1 Buchstabe b und Abs. 2 und 3 und zur gutachtlichen Stellungnahme nach § 8 Abs. 3 Satz 2 sowie die Dokumentationen der Organentnahme, -vermittlung und -übertragung und die nach § 10 a erhobenen Angaben zur Organ- und Spendercharakterisierung sind, soweit § 15 h nichts anderes bestimmt, 30 Jahre aufzubewahren, um eine lückenlose Rückverfolgung der Organe zu ermöglichen.

(2) Die nach § 8 d Absatz 2 zu dokumentierenden Angaben müssen 30 Jahre lang nach Ablauf des Verfalldatums des Gewebes und die nach § 13 a zu dokumentierenden Daten mindestens 30 Jahre lang nach der Übertragung des Gewebes aufbewahrt werden und unverzüglich verfügbar sein.

(3) Nach Ablauf der Aufbewahrungsfrist nach den Absätzen 1 und 2 sind die Angaben zu löschen oder zu anonymisieren.

Abschnitt 5 a

Transplantationsregister

§ 15 a Zweck des Transplantationsregisters

Zur Verbesserung der Datengrundlage für die transplantationsmedizinische Versorgung und Forschung sowie zur Erhöhung der Transparenz in der Organspende und Transplantation wird ein Transplantationsregister eingerichtet, insbesondere

1. zur Weiterentwicklung der Regeln zur Aufnahme in die Warteliste nach § 10 Absatz 2 Satz 1 Nummer 2,
2. zur Weiterentwicklung der Organ- und Spendercharakterisierung und ihrer Bewertung nach § 10 a Absatz 1 Satz 1 und 4,
3. zur Weiterentwicklung der Konservierung, Aufbereitung, Aufbewahrung und Beförderung der Organe nach § 16 Absatz 1 Satz 1 Nummer 4 Buchstabe b,
4. zur Bewertung schwerwiegender Zwischenfälle und schwerwiegender unerwünschter Reaktionen,
5. zur Weiterentwicklung der Regeln für die Organvermittlung nach § 12 Absatz 3 Satz 1,
6. zur Verbesserung der Qualität in der transplantationsmedizinischen Versorgung und Nachsorge sowie
7. zur Unterstützung der Überwachung der Organspende und Transplantation.

§ 15 b Transplantationsregisterstelle

(1) ¹Der Spitzenverband Bund der Krankenkassen, die Bundesärztekammer und die Deutsche Krankenhausgesellschaft beauftragen eine geeignete Einrichtung mit der Errichtung und dem Betrieb einer Transplantationsregisterstelle. ²Die Transplantationsregisterstelle muss auf Grund einer finanziell und organisatorisch eigenständigen Trägerschaft, der Qualifikation ihrer Mitarbeiter sowie ihrer sachlichen und technischen Ausstattung gewährleisten, dass sie die ihr nach diesem Abschnitt übertragenen Aufgaben erfüllen kann.

(2) ¹Die Transplantationsregisterstelle führt das Transplantationsregister. ²Sie hat insbesondere

1. die nach § 15 e Absatz 1 übermittelten Daten zu erheben, zu speichern und auf Plausibilität, Vollständigkeit und Vollzähligkeit zu überprüfen und, soweit erforderlich, die übermittelnden Stellen über die Vertrauensstelle zur Berichtigung oder Ergänzung der übermittelten Daten aufzufordern,
2. aus den übermittelten Daten einer Organspende und Transplantation Datensätze zu erstellen, diese zu pflegen und fortzuschreiben,
3. die Daten nach § 15 f und § 15 g zu übermitteln sowie
4. einen jährlichen Tätigkeitsbericht über ihre Arbeit, einschließlich Angaben zur Vollzähligkeit der übermittelten Daten, zu veröffentlichen.

³Die von der Vertrauensstelle nach § 15 c Absatz 2 Satz 1 übermittelten Daten hat die Transplantationsregisterstelle abweichend von Satz 2

1. getrennt von den nach Satz 2 Nummer 1 erhobenen Daten zu speichern und
2. nach § 15 f Absatz 1 und § 15 g Absatz 1 zu übermitteln.

(3) Die Transplantationsregisterstelle unterhält zur Erfüllung ihrer Aufgaben und zur Unterstützung des Fachbeirats nach § 15 d eine Geschäftsstelle.

(4) ¹Der Spitzenverband Bund der Krankenkassen, die Bundesärztekammer und die Deutsche Krankenhausgesellschaft und die Transplantationsregisterstelle regeln im Einvernehmen mit dem Verband der Privaten Krankenversicherung durch Vertrag das Nähere zu den Aufgaben, zu dem Betrieb und zu der Finanzierung der Transplantationsregisterstelle mit Wirkung für die zur Übermittlung der transplantationsmedizinischen Daten nach § 15 e Absatz 1 Satz 1 Verpflichteten, insbesondere

1. das Nähere zur Arbeitsweise der Geschäftsstelle nach Absatz 3,
2. die Anforderungen an die Verarbeitung der Daten nach Absatz 2 Satz 2 Nummer 1 bis 3,
3. die Anforderungen an die Prüfung von Plausibilität, Vollständigkeit und Vollzähligkeit der Daten nach Absatz 2 Satz 2 Nummer 1,
4. die Zusammenarbeit mit der Vertrauensstelle nach § 15 c,

5. die Unterstützung der Transplantationszentren sowie der mit der Nachsorge betrauten Einrichtungen und Ärzte in der ambulanten Versorgung,
6. Maßnahmen zur Einhaltung der Anforderungen an den Datenschutz nach den Artikeln 24, 25 und 32 der Verordnung (EU) 2016/679,
7. das Nähere zum Austausch anonymisierter Daten mit anderen wissenschaftlichen Registern nach § 15 g Absatz 3,
8. die angemessene Finanzierung der Transplantationsregisterstelle aus Mitteln der gesetzlichen Krankenversicherung,
9. das Nähere zur Datenübermittlung nach § 15 g Absatz 1 und 2 sowie
10. einheitliche Vorgaben für den Tätigkeitsbericht nach Absatz 2 Satz 2 Nummer 4 und den Bericht nach § 15 g Absatz 4.

²Die private Krankenversicherungswirtschaft kann sich an der Finanzierung der Transplantationsregisterstelle beteiligen. ³Der Vertrag kann auch eine stufenweise Aufnahme des Betriebs der Transplantationsregisterstelle vorsehen. ⁴Für Regelungen nach Satz 1 Nummer 2, 4, 6, 7 und 9 ist das Einvernehmen mit der oder dem Bundesbeauftragten für den Datenschutz und die Informationsfreiheit herzustellen.

(5) ¹Der Vertrag sowie seine Änderung bedürfen der Genehmigung durch das Bundesministerium für Gesundheit und sind im Bundesanzeiger bekannt zu machen. ²Die Genehmigung ist zu erteilen, wenn der Vertrag oder seine Änderung den Vorschriften dieses Gesetzes und sonstigem Recht entspricht.

(6) Der Spitzenverband Bund der Krankenkassen, die Bundesärztekammer und die Deutsche Krankenhausgesellschaft überwachen die Einhaltung der Vertragsbestimmungen.

(7) ¹Die Transplantationsregisterstelle unterliegt der Aufsicht der oder des Bundesbeauftragten für den Datenschutz und die Informationsfreiheit. ²§ 16 Absatz 1 Satz 2 bis 4 des Bundesdatenschutzgesetzes ist nicht anzuwenden.

§ 15 c Vertrauensstelle

(1) ¹Der Spitzenverband Bund der Krankenkassen, die Bundesärztekammer und die Deutsche Krankenhausgesellschaft beauftragen eine unabhängige Vertrauensstelle, die von der Transplantationsregisterstelle räumlich, technisch, organisatorisch und personell getrennt ist. ²Die Vertrauensstelle pseudonymisiert die personenbezogenen Organspender- und Organempfängerdaten. ³Die Vertrauensstelle ist zur Wiederherstellung des Personenbezugs der Daten berechtigt, soweit dies zwingend erforderlich ist

1. zur Erfüllung der Aufgaben der Transplantationsregisterstelle nach § 15 b Absatz 2 Satz 2 Nummer 1,
2. zur Erfüllung der Aufgaben der Kommissionen nach § 11 Absatz 3 Satz 4 und § 12 Absatz 5 Satz 4 oder
3. zur Ausübung des Auskunftsrechts des Betroffenen hinsichtlich der Verarbeitung seiner personenbezogenen Daten durch die Transplantationsregisterstelle.

⁴Die Vertrauensstelle hat eine Wiederherstellung des Personenbezugs der Daten gegenüber der Transplantationsregisterstelle und die Übermittlung des der Pseudonymisierung dienenden Kennzeichens an Dritte auszuschließen.

(2) ¹Die Vertrauensstelle hat die ihr nach § 15 e Absatz 8 übermittelten transplantationsmedizinischen Daten zusammenzuführen, sicherzustellen, dass die Daten nicht mehr personenbeziehbar sind, und danach diese Daten an die Transplantationsregisterstelle zu übermitteln. ²Nach der Übermittlung der Daten an die Transplantationsregisterstelle sind die Daten bei der Vertrauensstelle unverzüglich zu löschen.

(3) ¹Der Spitzenverband Bund der Krankenkassen, die Bundesärztekammer und die Deutsche Krankenhausgesellschaft und die Vertrauensstelle regeln im Einvernehmen mit dem Verband der Privaten Krankenversicherung durch Vertrag das Nähere zu den Aufgaben der Vertrauensstelle nach Absatz 1 Satz 2 bis 4 und Absatz 2, zum Verfahren der Datenpseudonymisierung nach Absatz 1 Satz 2 und zum Verfahren der Zusammenführung der Daten nach Absatz 2 Satz 1 sowie zur Finanzierung der Vertrauensstelle aus Mitteln der gesetzlichen Krankenversicherung. ²Über die Regelungen zu den Aufgaben der Vertrauensstelle und zum Verfahren der Datenpseudonymisierung nach Absatz 1 Satz 2 und der Zusammenführung der Daten nach Absatz 2 Satz 1 ist das Einvernehmen mit der oder dem Bundesbeauftragten für den Datenschutz und die Informationsfreiheit herzustellen. ³Die private Krankenversicherungswirtschaft kann sich an der Finanzierung der Vertrauensstelle beteiligen. ⁴Bei

der Festlegung des Verfahrens der Datenpseudonymisierung nach Absatz 1 Satz 2 und der Zusammenführung der Daten nach Absatz 2 Satz 1 ist das Bundesamt für Sicherheit in der Informationstechnik zu beteiligen.

(4) ¹Der Vertrag sowie seine Änderung bedürfen der Genehmigung durch das Bundesministerium für Gesundheit und sind im Bundesanzeiger bekannt zu machen. ²Die Genehmigung ist zu erteilen, wenn der Vertrag oder seine Änderung den Vorschriften dieses Gesetzes und sonstigem Recht entspricht.

(5) Der Spitzenverband Bund der Krankenkassen, die Bundesärztekammer und die Deutsche Krankenhausgesellschaft überwachen die Einhaltung der Vertragsbestimmungen.

(6) ¹Die Vertrauensstelle unterliegt der Aufsicht der oder des Bundesbeauftragten für den Datenschutz und die Informationsfreiheit. ²§ 16 Absatz 1 Satz 2 bis 4 des Bundesdatenschutzgesetzes ist nicht anzuwenden.

§ 15 d Fachbeirat

(1) ¹Bei der Transplantationsregisterstelle wird ein Fachbeirat eingerichtet. ²Dem Fachbeirat gehören an jeweils zwei Vertreter

1. der Koordinierungsstelle nach § 11 Absatz 1 Satz 2,
2. der Vermittlungsstelle nach § 12 Absatz 1 Satz 1,
3. des Gemeinsamen Bundesausschusses nach § 91 des Fünften Buches Sozialgesetzbuch,
4. der Kommission nach § 11 Absatz 3 Satz 4,
5. der Kommission nach § 12 Absatz 5 Satz 4,
6. der Deutschen Transplantationsgesellschaft und
7. der Patientenorganisationen, die in der Patientenbeteiligungsverordnung genannt oder nach ihr anerkannt sind.

³Weitere Experten können im Einzelfall hinzugezogen werden. ⁴Der Fachbeirat zieht die wissenschaftlichen medizinischen Fachgesellschaften bei der Erarbeitung und bei der Fortschreibung des bundesweit einheitlichen Datensatzes nach § 15 e Absatz 5 hinzu.

(2) ¹Der Fachbeirat berät und unterstützt die Transplantationsregisterstelle und die Vertrauensstelle. ²Er ist insbesondere zu beteiligen

1. bei der Festlegung der Verfahrensordnung für die Datenübermittlung an die Transplantationsregisterstelle nach § 15 e Absatz 4 Satz 2 und
2. bei der Festlegung der Verfahrensordnung für die Datenübermittlung durch die Transplantationsregisterstelle nach § 15 f Absatz 2 Satz 2.

³Der Fachbeirat schlägt den bundesweit einheitlichen Datensatz sowie dessen Fortschreibung nach § 15 e Absatz 5 Satz 2 vor. ⁴Bei Anträgen auf Übermittlung von Daten zu Forschungszwecken nach § 15 g Absatz 2 Satz 3 ist der Fachbeirat anzuhören.

(3) ¹Der Spitzenverband Bund der Krankenkassen, die Bundesärztekammer und die Deutsche Krankenhausgesellschaft im Einvernehmen mit dem Verband der Privaten Krankenversicherung geben dem Fachbeirat eine Geschäftsordnung. ²Die Geschäftsordnung regelt insbesondere das Nähere zur Zusammensetzung, zur Arbeitsweise und zum Verfahren.

§ 15 e Datenübermittlung an die Transplantationsregisterstelle und an die Vertrauensstelle

(1) ¹Zur Übermittlung transplantationsmedizinischer Daten an die Transplantationsregisterstelle sind verpflichtet:

1. die Koordinierungsstelle nach § 11 Absatz 1 Satz 2,
2. die Vermittlungsstelle nach § 12 Absatz 1 Satz 1,
3. die Transplantationszentren,
4. der Gemeinsame Bundesausschuss nach § 91 des Fünften Buches Sozialgesetzbuch sowie
5. die mit der Nachsorge betrauten Einrichtungen und Ärzte in der ambulanten Versorgung.

²Die mit der Nachsorge betrauten Einrichtungen und Ärzte in der ambulanten Versorgung können abweichend von Satz 1 die zu übermittelnden Daten an das Transplantationszentrum melden, in dem die Organübertragung vorgenommen wurde. ³Das Transplantationszentrum übermittelt diese Daten

an die Transplantationsregisterstelle. [4]Die Pflicht zur Übermittlung transplantationsmedizinischer Daten gilt für die Daten, die seit dem 1. Januar 2017 erhoben worden sind.

(2) Die an die Transplantationsregisterstelle nach Absatz 1 zu übermittelnden transplantationsmedizinischen Daten sind die transplantationsmedizinischen Daten von in die Warteliste aufgenommenen Patienten, Organempfängern und Organspendern, insbesondere

1. die für die Aufnahme in die Warteliste nach § 10 Absatz 2 Satz 1 Nummer 2 in Verbindung mit § 16 Absatz 1 Satz 1 Nummer 2 erforderlichen Daten der in die Warteliste aufgenommenen Patienten,

2. die nach der Aufnahme in die Warteliste von den Transplantationszentren erhobenen transplantationsmedizinisch relevanten Daten der in die Warteliste aufgenommenen Patienten,

3. die für die Organvermittlung nach § 12 Absatz 3 Satz 1 in Verbindung mit § 16 Absatz 1 Satz 1 Nummer 5 erforderlichen Daten der in die Warteliste aufgenommenen Patienten und verstorbenen Organspender,

4. die Daten des lebenden Organspenders, die im Rahmen der ärztlichen Beurteilung nach § 8 Absatz 1 Satz 1 Nummer 1 Buchstabe c erhoben werden,

5. die für die Organ- und Spendercharakterisierung nach § 10 a Absatz 1 Satz 1 und 4 erforderlichen Daten der verstorbenen und lebenden Organspender,

6. die Daten der Entnahme, der Konservierung, der Verpackung, der Kennzeichnung und des Transports, die auf Grundlage der Verfahrensanweisungen nach § 11 Absatz 1 a Satz 2 Nummer 6 und 7 in Verbindung mit § 16 Absatz 1 Satz 1 Nummer 4 Buchstabe b dokumentiert werden,

7. die Daten der Organübertragung von Organen verstorbener und lebender Organspender,

8. die Daten, die im Rahmen der stationären und ambulanten Nachsorge der Organempfänger und lebenden Organspender erhoben werden, sowie

9. die Daten der Qualitätssicherung, die in den Richtlinien des Gemeinsamen Bundesausschusses nach § 136 Absatz 1 Satz 1 Nummer 1 des Fünften Buches Sozialgesetzbuch festgelegt worden sind,

soweit diese Daten zur Erreichung der Zwecke des Transplantationsregisters nach § 15 a erforderlich sind.

(3) Die personenbezogenen Daten sind vor der Übermittlung an die Transplantationsregisterstelle der Vertrauensstelle nach § 15 c zur Pseudonymisierung zuzuleiten.

(4) [1]Der Spitzenverband Bund der Krankenkassen, die Bundesärztekammer und die Deutsche Krankenhausgesellschaft legen im Einvernehmen mit dem Verband der Privaten Krankenversicherung und der oder dem Bundesbeauftragten für den Datenschutz und die Informationsfreiheit das Verfahren für die Übermittlung der Daten, einschließlich der erstmaligen und laufenden Übermittlung, in einer Verfahrensordnung fest. [2]Der Fachbeirat nach § 15 d ist zu beteiligen.

(5) [1]Die Übermittlung transplantationsmedizinischer Daten an die Transplantationsregisterstelle erfolgt auf der Grundlage des bundesweit einheitlichen Datensatzes. [2]Der bundesweit einheitliche Datensatz sowie dessen Fortschreibung werden von dem Spitzenverband Bund der Krankenkassen, der Bundesärztekammer und der Deutschen Krankenhausgesellschaft im Einvernehmen mit dem Verband der Privaten Krankenversicherung und der oder dem Bundesbeauftragten für den Datenschutz und die Informationsfreiheit auf Vorschlag des Fachbeirats nach § 15 d vereinbart. [3]Dabei sind die Richtlinien der Bundesärztekammer nach § 16 Absatz 1 Satz 1 und die Richtlinien und Beschlüsse des Gemeinsamen Bundesausschusses nach den §§ 136 bis 136 c des Fünften Buches Sozialgesetzbuch zu beachten. [4]Der bundesweit einheitliche Datensatz[1] ist vom Bundesministerium für Gesundheit im Bundesanzeiger bekannt zu machen.

(6) [1]Die Übermittlung der personenbezogenen Daten eines in die Warteliste aufgenommenen Patienten oder eines Organempfängers ist nur zulässig, wenn eine ausdrückliche Einwilligung des in die Warteliste aufgenommenen Patienten oder des Organempfängers vorliegt. [2]Die Übermittlung der personenbezogenen Daten von einem lebenden Organspender ist nur zulässig, wenn eine ausdrückliche Einwilligung des lebenden Organspenders vorliegt. [3]Eine Übermittlung von personenbezogenen Daten nach Satz 1 oder Satz 2 ist nach dem Tod des in die Warteliste aufgenommenen Patienten, des Organempfängers oder des Organspenders nur zulässig, wenn sich die jeweilige ausdrückliche Einwilligung auch auf die Datenübermittlung nach dem Tod erstreckt. [4]Der in die Warteliste aufgenommene Patient, der Organempfänger und der lebende Organspender sind durch einen Arzt im Transplantationszentrum über die Bedeutung und Tragweite der Einwilligung aufzuklären. [5]Sie sind insbesondere darüber aufzuklären, dass im Fall des Widerrufs ihrer datenschutzrechtlichen Einwilligung

---

1   Siehe hierzu den Anhang der Bek., kostenlos abruf-
    bar unter www.bundesanzeiger.de.

nach Absatz 7 die bis dahin übermittelten Daten weiter verarbeitet werden dürfen. ⁶Übermittelt ein Transplantationszentrum die von ihm erhobenen transplantationsmedizinischen Daten eines in die Warteliste aufgenommenen Patienten, eines Organempfängers oder eines lebenden Organspenders an die Vermittlungsstelle nach § 13 Absatz 3 Satz 3 oder an den Gemeinsamen Bundesausschuss auf der Grundlage von Richtlinien nach § 136 Absatz 1 Satz 1 Nummer 1 des Fünften Buches Sozialgesetzbuch, so ist auch die jeweilige Stelle über die erfolgte Aufklärung und die erklärte Einwilligung des in die Warteliste aufgenommenen Patienten, des Organempfängers oder des lebenden Organspenders zu unterrichten. ⁷Wird ein in die Warteliste aufgenommener Patient, ein Organempfänger oder ein lebender Organspender durch eine mit der Nachsorge betraute Einrichtung oder durch einen Arzt in der ambulanten Versorgung im Rahmen der Nachsorge weiterbehandelt, so hat das Transplantationszentrum die Einrichtung oder den Arzt über die erfolgte Aufklärung und über die erklärte Einwilligung des in die Warteliste aufgenommenen Patienten, des Organempfängers oder des lebenden Organspenders zu unterrichten.

(7) Im Falle eines Widerrufs der Einwilligung nach Absatz 6 können die an die Transplantationsregisterstelle übermittelten Daten weiter verarbeitet werden, sofern dies für die Zwecke des Transplantationsregisters nach § 15 a erforderlich ist.

(8) ¹Die Koordinierungsstelle nach § 11 Absatz 1 Satz 2, die Vermittlungsstelle nach § 12 Absatz 1 Satz 1 und der Gemeinsame Bundesausschuss nach § 91 des Fünften Buches Sozialgesetzbuch sind verpflichtet, die transplantationsmedizinischen Daten nach Absatz 2, die seit dem 1. Januar 2006 bis einschließlich 31. Dezember 2016 erhoben wurden, abweichend von Absatz 6 auf der Grundlage des bundeseinheitlichen Datensatzes nach Absatz 3 an die Vertrauensstelle nach Absatz 5 zu übermitteln. ²Die Übermittlung der transplantationsmedizinischen Daten nach Satz 1 ist nur zulässig, wenn die personenbezogenen Daten der Patienten, die in die Warteliste aufgenommen worden sind, und die personenbezogenen Daten der Organspender und Organempfänger vor der Übermittlung an die Vertrauensstelle in einem Verfahren so verändert worden sind, dass die jeweils übermittelnde Stelle einen Personenbezug nicht mehr herstellen kann, eine Zusammenführung der Daten in der Vertrauensstelle jedoch möglich ist. ³Der Spitzenverband Bund der Krankenkassen, die Bundesärztekammer und die Deutsche Krankenhausgesellschaft und die Vertrauensstelle legen im Einvernehmen mit dem Verband der Privaten Krankenversicherung und mit der oder dem Bundesbeauftragten für den Datenschutz und die Informationsfreiheit das Nähere zu dem Verfahren nach Satz 2 und zur Übermittlung der Daten in einer Verfahrensordnung fest. ⁴Bei der Festlegung des Verfahrens ist das Bundesamt für Sicherheit in der Informationstechnik zu beteiligen.

§ 15 f Datenübermittlung durch die Transplantationsregisterstelle

(1) ¹Die Transplantationsregisterstelle übermittelt

1. der Koordinierungsstelle die zur Erfüllung ihrer Aufgaben, insbesondere der Weiterentwicklung der Organ- und Spendercharakterisierung sowie ihrer Bewertung nach § 10 a Absatz 1 Satz 1 und der Bewertung schwerwiegender Zwischenfälle und schwerwiegender unerwünschter Reaktionen, erforderlichen Daten,

2. der Vermittlungsstelle die zur Weiterentwicklung der Organvermittlung nach § 12 Absatz 3 Satz 1 erforderlichen Daten,

3. der Bundesärztekammer die zur Fortschreibung der Richtlinien nach § 16 Absatz 1 Satz 1 erforderlichen Daten,

4. den Kommissionen nach § 11 Absatz 3 Satz 4 und § 12 Absatz 5 Satz 4 die zur Erfüllung ihrer Überwachungstätigkeit erforderlichen Daten,

5. den Transplantationszentren die zur Erfüllung ihrer jeweiligen Verpflichtung nach § 135 a Absatz 1 des Fünften Buches Sozialgesetzbuch zur Sicherung und Weiterentwicklung der Qualität der von ihnen erbrachten transplantationsmedizinischen Leistungen erforderlichen Daten,

6. dem Gemeinsamen Bundesausschuss nach § 91 des Fünften Buches Sozialgesetzbuch die zur Weiterentwicklung von Richtlinien und Beschlüssen zur Qualitätssicherung für transplantationsmedizinische Leistungen nach den §§ 136 bis 136 c des Fünften Buches Sozialgesetzbuch erforderlichen Daten sowie

7. den zuständigen Behörden der Länder die zur Erfüllung ihrer Aufgaben bei der Zulassung von Transplantationszentren nach § 10 Absatz 1 und im Rahmen der Überwachung der Vorschriften dieses Gesetzes und auf Grund dieses Gesetzes erlassenen Rechtsverordnungen erforderlichen Daten.

[2]Die Daten können in einem automatisierten Abrufverfahren übermittelt werden. [3]Das automatisierte Abrufverfahren darf nur eingerichtet werden, soweit die beteiligten Stellen die nach den Artikeln 24, 25 und 32 der Verordnung (EU) 2016/679 erforderlichen technischen und organisatorischen Maßnahmen getroffen haben. [4]Die Verantwortung für die Zulässigkeit des einzelnen Abrufs trägt die abrufende Stelle. [5]Die Transplantationsregisterstelle dokumentiert Anlass und Zweck des einzelnen Abrufs. [6]Sie überprüft die Zulässigkeit der Abrufe durch geeignete Stichprobenverfahren und im Übrigen nur, wenn dazu Anlass besteht. [7]Die Stellen nach Satz 1 dürfen die Daten ausschließlich für ihre jeweils in Satz 1 genannten Zwecke verarbeiten.

(2) [1]Der Spitzenverband Bund der Krankenkassen, die Bundesärztekammer und die Deutsche Krankenhausgesellschaft legen das Verfahren für die Übermittlung der Daten im Einvernehmen mit dem Verband der Privaten Krankenversicherung und der oder dem Bundesbeauftragten für den Datenschutz und die Informationsfreiheit in einer Verfahrensordnung fest. [2]Der Fachbeirat nach § 15 d ist zu beteiligen.

§ 15 g Datenübermittlung durch die Transplantationsregisterstelle zu Forschungszwecken, Datenaustausch

(1) Die Transplantationsregisterstelle kann anonymisierte Daten nach Abschluss einer Nutzungsvereinbarung an Dritte zu Forschungszwecken übermitteln.

(2) [1]Die Transplantationsregisterstelle kann Dritten Daten in pseudonymisierter Form für ein bestimmtes Forschungsvorhaben übermitteln, soweit der Forschungszweck die Verarbeitung pseudonymisierter Daten erfordert und die betroffene Person ausdrücklich eingewilligt hat. [2]Eine Einwilligung ist nicht erforderlich, wenn

1. sie nur mit unverhältnismäßigem Aufwand eingeholt werden kann,
2. das öffentliche Interesse an der Durchführung des Forschungsvorhabens die schützenswerten Interessen der betroffenen Person überwiegt und
3. der Forschungszweck nicht auf andere Weise zu erreichen ist.

[3]Die Übermittlung der Daten erfolgt auf Antrag. [4]Über den Antrag entscheiden der Spitzenverband Bund der Krankenkassen, die Bundesärztekammer und die Deutsche Krankenhausgesellschaft im Einvernehmen mit dem Verband der Privaten Krankenversicherung nach Anhörung des Fachbeirats nach § 15 d. [5]Die Daten sind zu anonymisieren, sobald dies nach dem Forschungszweck möglich ist. [6]Sie dürfen nur für Zwecke der wissenschaftlichen Forschung verarbeitet werden. [7]Eine Veröffentlichung ist, sofern die Daten nicht anonymisiert sind, nur mit ausdrücklicher Einwilligung der Betroffenen zulässig.

(3) Die Transplantationsregisterstelle kann zur Förderung der Zwecke des Transplantationsregisters nach § 15 a anonymisierte Daten von wissenschaftlichen Registern verarbeiten sowie diesen Registern anonymisierte Daten zur Verfügung stellen.

(4) Die Transplantationsregisterstelle veröffentlicht jährlich einen Bericht über die nach den Absätzen 1 bis 3 übermittelten Daten.

§ 15 h Aufbewahrungs- und Löschungsfristen

(1) [1]Die Transplantationsregisterstelle hat

1. die Daten des in die Warteliste aufgenommenen Patienten oder des Organempfängers zusammen mit den Daten des Organspenders sowie
2. die Daten des lebenden Organspenders

zu löschen und die Vertrauensstelle über die Löschung zu unterrichten, sobald diese Daten für die Zwecke der Datenübermittlung nach § 15 f Absatz 1 Satz 1 nicht mehr erforderlich sind, spätestens 80 Jahre nach der Aufnahme des Patienten in die Warteliste oder nach der Organentnahme beim lebenden Organspender. [2]Soweit die Daten in der Transplantationsregisterstelle zu löschen sind, hat die Vertrauensstelle die personenbezogenen Daten des in die Warteliste aufgenommenen Patienten oder des Organempfängers zusammen mit den personenbezogenen Daten des Organspenders und die personenbezogenen Daten des lebenden Organspenders ebenfalls zu löschen.

(2) Dritte, denen Daten nach § 15 g Absatz 2 übermittelt wurden, haben diese zu löschen, sobald deren Verarbeitung für den Forschungszweck nicht mehr erforderlich ist, spätestens 20 Jahre nach der Übermittlung.

§ 15 i Verordnungsermächtigungen

(1) Kommt der Vertrag mit der Transplantationsregisterstelle nach § 15 b Absatz 4 nicht bis zum 1. November 2019 zustande, bestimmt das Bundesministerium für Gesundheit durch Rechtsverordnung mit Zustimmung des Bundesrates die Transplantationsregisterstelle und regelt das Nähere zu ihren Aufgaben, zu ihrem Betrieb und zu ihrer Finanzierung nach § 15 b Absatz 4.

(2) Kommt der Vertrag mit der Vertrauensstelle nach § 15 c Absatz 3 nicht bis zum 1. November 2019 zustande, bestimmt das Bundesministerium für Gesundheit durch Rechtsverordnung mit Zustimmung des Bundesrates die Vertrauensstelle und regelt das Nähere zu ihren Aufgaben nach § 15 c Absatz 1 Satz 2 bis 4 und Absatz 2, zum Verfahren der Datenpseudonymisierung nach § 15 c Absatz 1 Satz 2 und zum Verfahren der Zusammenführung der Daten nach Absatz 2 Satz 1 sowie zur Finanzierung der Vertrauensstelle nach § 15 c Absatz 3.

Abschnitt 5 b

Richtlinien zum Stand der Erkenntnisse der medizinischen Wissenschaft,
Verordnungsermächtigung

§ 16 Richtlinien zum Stand der Erkenntnisse der medizinischen Wissenschaft bei Organen

(1) [1]Die Bundesärztekammer stellt den Stand der Erkenntnisse der medizinischen Wissenschaft in Richtlinien fest für

1. die Regeln zur Feststellung des Todes nach § 3 Abs. 1 Satz 1 Nr. 2 und die Verfahrensregeln zur Feststellung des endgültigen, nicht behebbaren Ausfalls der Gesamtfunktion des Großhirns, des Kleinhirns und des Hirnstamms nach § 3 Abs. 2 Nr. 2 einschließlich der dazu jeweils erforderlichen ärztlichen Qualifikation.

1a. die Regeln zur Feststellung des Todes nach § 4 a Abs. 1 Satz 1 Nr. 1,

2. die Regeln zur Aufnahme in die Warteliste nach § 10 Abs. 2 Nr. 2 einschließlich der Dokumentation der Gründe für die Aufnahme oder die Ablehnung der Aufnahme,

3. die ärztliche Beurteilung nach § 9 a Absatz 2 Nummer 1,

4. die Anforderungen an die im Zusammenhang mit einer Organentnahme zum Schutz der Organempfänger erforderlichen Maßnahmen einschließlich ihrer Dokumentation ergänzend zu der Organ- und Spendercharakterisierung nach § 10 a, insbesondere an

   a) die Untersuchung des Organspenders, der entnommenen Organe und der Organempfänger, um die gesundheitlichen Risiken für die Organempfänger, insbesondere das Risiko der Übertragung von Krankheiten, so gering wie möglich zu halten,

   b) die Konservierung, Aufbereitung, Aufbewahrung und Beförderung der Organe, um diese in einer zur Übertragung oder zur weiteren Aufbereitung und Aufbewahrung vor einer Übertragung geeigneten Beschaffenheit zu erhalten,

   c) die Erkennung und Behandlung von Vorfällen bei einer Lebendorganspende, die mit der Qualität und Sicherheit des gespendeten Organs zusammenhängen können, oder von schwerwiegenden unerwünschten Reaktionen beim lebenden Spender, die im Rahmen seiner Nachbetreuung festgestellt werden,

5. die Regeln zur Organvermittlung nach § 12 Abs. 3 Satz 1,

6. die Anforderungen an die im Zusammenhang mit einer Organentnahme und -übertragung erforderlichen Maßnahmen zur Qualitätssicherung und

7. die Anforderungen an die Aufzeichnung der Lebendorganspenden nach § 10 Absatz 2 Nummer 6.

[2]Die Einhaltung des Standes der Erkenntnisse der medizinischen Wissenschaft wird vermutet, wenn die Richtlinien der Bundesärztekammer beachtet worden sind.

(2) [1]Die Bundesärztekammer legt das Verfahren für die Erarbeitung der Richtlinien nach Absatz 1 und für die Beschlussfassung fest. [2]Die Richtlinien nach Absatz 1 sind zu begründen; dabei ist insbe-

sondere die Feststellung des Standes der Erkenntnisse der medizinischen Wissenschaft nachvollziehbar darzulegen. [3]Bei der Erarbeitung der Richtlinien ist die angemessene Beteiligung von Sachverständigen der betroffenen Fach- und Verkehrskreise, einschließlich des Spitzenverbandes Bund der Krankenkassen, der Deutschen Krankenhausgesellschaft, der Deutschen Transplantationsgesellschaft, der Koordinierungsstelle nach § 11, der Vermittlungsstelle nach § 12 und der zuständigen Behörden der Länder vorzusehen. [4]Darüber hinaus sollen bei der Erarbeitung der Richtlinien nach Absatz 1 Satz 1 Nr. 1, 1 a und 5 Ärzte, die weder an der Entnahme noch an der Übertragung von Organen beteiligt sind, noch Weisungen eines Arztes unterstehen, der an solchen Maßnahmen beteiligt ist, bei der Erarbeitung der Richtlinien nach Absatz 1 Satz 1 Nr. 2 und 5 Personen mit der Befähigung zum Richteramt und Personen aus dem Kreis der Patienten, bei der Erarbeitung von Richtlinien nach Absatz 1 Satz 1 Nr. 5 ferner Personen aus dem Kreis der Angehörigen von Organspendern nach § 3 oder § 4 angemessen vertreten sein.

(3) [1]Die Richtlinien nach Absatz 1 sowie deren Änderungen sind dem Bundesministerium für Gesundheit zur Genehmigung vorzulegen. [2]Das Bundesministerium für Gesundheit kann von der Bundesärztekammer im Rahmen des Genehmigungsverfahrens zusätzliche Informationen und ergänzende Stellungnahmen anfordern.

§ 16 a Verordnungsermächtigung

[1]Das Bundesministerium für Gesundheit kann durch Rechtsverordnung[1] mit Zustimmung des Bundesrates nach Anhörung der Bundesärztekammer und weiterer Sachverständiger die Anforderungen an Qualität und Sicherheit der Entnahme von Geweben und deren Übertragung regeln, sofern dies zur Abwehr von Gefahren für die Gesundheit von Menschen oder zur Risikovorsorge erforderlich ist. [2]In der Rechtsverordnung kann insbesondere das Nähere zu den Anforderungen an

1. die Entnahme und Übertragung von Geweben einschließlich ihrer Dokumentation und an den Schutz der dokumentierten Daten,
2. die ärztliche Beurteilung der medizinischen Eignung als Gewebespender,
3. die Untersuchung der Gewebespender,
4. die Meldung von Qualitäts- und Sicherheitsmängeln und schwerwiegenden unerwünschten Reaktionen durch Einrichtungen der medizinischen Versorgung und
5. die Aufklärung und die Einholung der Einwilligung der Gewebespender oder der Zustimmung zu einer Gewebeentnahme

geregelt werden. [3]Das Bundesministerium für Gesundheit kann die Ermächtigung nach Satz 1 durch Rechtsverordnung ohne Zustimmung des Bundesrates auf die zuständige Bundesoberbehörde übertragen.

§ 16 b Richtlinien zum Stand der Erkenntnisse der medizinischen Wissenschaft zur Entnahme von Geweben und deren Übertragung

(1) [1]Die Bundesärztekammer kann ergänzend zu den Vorschriften der Rechtsverordnung nach § 16 a in Richtlinien den allgemein anerkannten Stand der Erkenntnisse der medizinischen Wissenschaft im Einvernehmen mit der zuständigen Bundesoberbehörde zur Entnahme von Geweben und deren Übertragung feststellen, insbesondere zu den Anforderungen an

1. die ärztliche Beurteilung der medizinischen Eignung als Gewebespender,
2. die Untersuchung der Gewebespender und
3. die Entnahme, Übertragung und Anwendung von menschlichen Geweben.

[2]Bei der Erarbeitung der Richtlinien ist die angemessene Beteiligung von Sachverständigen der betroffenen Fach- und Verkehrskreise einschließlich der zuständigen Behörden von Bund und Ländern sicherzustellen. [3]Die Richtlinien werden von der zuständigen Bundesoberbehörde im Bundesanzeiger bekannt gemacht[1].

(2) Die Einhaltung des Standes der Erkenntnisse der medizinischen Wissenschaft wird vermutet, wenn die Richtlinien der Bundesärztekammer nach Absatz 1 beachtet worden sind.

---

1   Siehe die TPG-Gewerbeverordnung (TPG-GewV).
1   Siehe hierzu ua: Richtlinie zur Entnahme und Übertragung von menschlichen Keimzellen im Rahmen

der assistierten Reproduktion gemäß § 16 b Abs. 1 Satz 3 TransplantationsG.

Abschnitt 6
Verbotsvorschriften

§ 17 Verbot des Organ- und Gewebehandels

(1) [1]Es ist verboten, mit Organen oder Geweben, die einer Heilbehandlung eines anderen zu dienen bestimmt sind, Handel zu treiben. [2]Satz 1 gilt nicht für

1. die Gewährung oder Annahme eines angemessenen Entgelts für die zur Erreichung des Ziels der Heilbehandlung gebotenen Maßnahmen, insbesondere für die Entnahme, die Konservierung, die weitere Aufbereitung einschließlich der Maßnahmen zum Infektionsschutz, die Aufbewahrung und die Beförderung der Organe oder Gewebe, sowie

2. Arzneimittel, die aus oder unter Verwendung von Organen oder Geweben hergestellt sind und den Vorschriften über die Zulassung nach § 21 des Arzneimittelgesetzes, auch in Verbindung mit § 37 des Arzneimittelgesetzes, oder der Registrierung nach § 38 oder § 39 a des Arzneimittelgesetzes unterliegen oder durch Rechtsverordnung nach § 36 des Arzneimittelgesetzes von der Zulassung oder nach § 39 Abs. 3 des Arzneimittelgesetzes von der Registrierung freigestellt sind, oder Wirkstoffe im Sinne des § 4 Abs. 19 des Arzneimittelgesetzes, die aus oder unter Verwendung von Zellen hergestellt sind.

(2) Ebenso ist verboten, Organe oder Gewebe, die nach Absatz 1 Satz 1 Gegenstand verbotenen Handeltreibens sind, zu entnehmen, auf einen anderen Menschen zu übertragen oder sich übertragen zu lassen.

Abschnitt 7
Straf- und Bußgeldvorschriften

§ 18 Organ- und Gewebehandel

(1) Wer entgegen § 17 Abs. 1 Satz 1 mit einem Organ oder Gewebe Handel treibt oder entgegen § 17 Abs. 2 ein Organ oder Gewebe entnimmt, überträgt oder sich übertragen lässt, wird mit Freiheitsstrafe bis zu fünf Jahren oder mit Geldstrafe bestraft.

(2) Handelt der Täter in den Fällen des Absatzes 1 gewerbsmäßig, ist die Strafe Freiheitsstrafe von einem Jahr bis zu fünf Jahren.

(3) Der Versuch ist strafbar.

(4) Das Gericht kann bei Organ- oder Gewebespendern, deren Organe oder Gewebe Gegenstand verbotenen Handeltreibens waren, und bei Organ- oder Gewebeempfängern von einer Bestrafung nach Absatz 1 absehen oder die Strafe nach seinem Ermessen mildern (§ 49 Abs. 2 des Strafgesetzbuchs).

§ 19 Weitere Strafvorschriften

(1) Wer

1. entgegen § 8 Abs. 1 Satz 1 Nr. 1 Buchstabe a oder Buchstabe b oder Nr. 4 oder § 8 c Abs. 1 Nr. 1 oder Nr. 3, Abs. 2 Satz 1, auch in Verbindung mit Abs. 3 Satz 2, oder § 8 c Abs. 3 Satz 1 ein Organ oder Gewebe entnimmt,

2. entgegen § 8 Abs. 1 Satz 2 ein Organ entnimmt oder

3. entgegen § 8 b Abs. 1 Satz 1, auch in Verbindung mit Abs. 2, ein Organ oder Gewebe zur Übertragung auf eine andere Person verwendet oder menschliche Samenzellen gewinnt,

wird mit Freiheitsstrafe bis zu fünf Jahren oder mit Geldstrafe bestraft.

(2) Wer entgegen § 3 Abs. 1 Satz 1 oder Abs. 2, § 4 Abs. 1 Satz 2 oder § 4 a Abs. 1 Satz 1 ein Organ oder Gewebe entnimmt, wird mit Freiheitsstrafe bis zu drei Jahren oder mit Geldstrafe bestraft.

(2 a) Mit Freiheitsstrafe bis zu zwei Jahren oder mit Geldstrafe wird bestraft, wer absichtlich entgegen § 10 Absatz 3 Satz 2 den Gesundheitszustand eines Patienten erhebt, dokumentiert oder übermittelt.

(3) Wer

1. entgegen § 2 Abs. 4 Satz 1 oder Satz 4 eine Auskunft erteilt oder übermittelt,
2. entgegen § 13 Abs. 2 eine Angabe verarbeitet oder
3. entgegen § 14 Abs. 2 Satz 1, auch in Verbindung mit Satz 2, oder Satz 3 personenbezogene Daten offenbart oder verarbeitet,

wird mit Freiheitsstrafe bis zu einem Jahr oder mit Geldstrafe bestraft.

(4) In den Fällen der Absätze 1, 2 und 2 a ist der Versuch strafbar.

(5) Handelt der Täter in den Fällen des Absatzes 2 fahrlässig, ist die Strafe Freiheitsstrafe bis zu einem Jahr oder Geldstrafe.

§ 20 Bußgeldvorschriften

(1) Ordnungswidrig handelt, wer vorsätzlich oder fahrlässig

1. entgegen § 5 Abs. 2 Satz 3 oder Abs. 3 Satz 3 eine Aufzeichnung nicht, nicht richtig, nicht vollständig oder nicht rechtzeitig macht,
2. entgegen § 8 d Abs. 1 Satz 2 Nr. 3 in Verbindung mit einer Rechtsverordnung nach § 16 a Satz 2 Nr. 3 nicht sicherstellt, dass eine Laboruntersuchung durchgeführt wird,
3. entgegen § 8 d Abs. 2 in Verbindung mit einer Rechtsverordnung nach § 16 a Satz 2 Nr. 1 eine Gewebeentnahme, eine Gewebeabgabe, eine damit verbundene Maßnahme oder eine dort genannte Angabe nicht, nicht richtig, nicht vollständig oder nicht rechtzeitig dokumentiert,
3a. entgegen § 8 d Absatz 3 Satz 2 einen Bericht nicht, nicht richtig, nicht vollständig oder nicht rechtzeitig übermittelt,
4. entgegen § 9 Absatz 1 oder Absatz 2 Satz 1 oder Satz 3 ein Organ entnimmt oder überträgt,
5. entgegen § 9 Absatz 2 Satz 2 ein Organ überträgt, ohne dass die Entnahme des Organs durch die Koordinierungsstelle organisiert wurde,
6. entgegen § 10 Absatz 2 Nummer 4 nicht, nicht richtig, nicht vollständig oder nicht rechtzeitig feststellt, dass die Organ- und Spendercharakterisierung nach § 10 a Absatz 1 abgeschlossen ist oder die Bedingungen für den Transport nach § 10 a Absatz 3 Satz 1 eingehalten sind,
7. entgegen § 10 Absatz 2 Nummer 5 die Organübertragung nicht, nicht richtig, nicht vollständig oder nicht rechtzeitig dokumentiert,
8. entgegen § 10 a Absatz 1 Satz 1 nicht sicherstellt, dass ein Organ nur unter den dort genannten Voraussetzungen für eine Übertragung freigegeben wird,
9. entgegen § 13 a in Verbindung mit einer Rechtsverordnung nach § 16 a Satz 2 Nr. 1 nicht dafür sorgt, dass ein übertragenes Gewebe dokumentiert wird,
10. entgegen § 13 b Satz 1 in Verbindung mit einer Rechtsverordnung nach § 16 a Satz 2 Nr. 4 einen Qualitäts- oder Sicherheitsmangel oder eine schwerwiegende unerwünschte Reaktion nicht, nicht richtig, nicht rechtzeitig oder nicht vollständig dokumentiert oder eine Meldung nicht, nicht richtig, nicht vollständig oder nicht rechtzeitig macht oder
11. einer Rechtsverordnung nach § 10 a Absatz 4 Satz 1, § 13 Absatz 4 oder § 16 a Satz 1 oder einer vollziehbaren Anordnung auf Grund einer solchen Rechtsverordnung zuwiderhandelt, soweit die Rechtsverordnung für einen bestimmten Tatbestand auf diese Bußgeldvorschrift verweist.

(2) Die Ordnungswidrigkeit kann in den Fällen des Absatzes 1 Nummer 1 bis 3 und 4 bis 11 mit einer Geldbuße bis zu dreißigtausend Euro, in den übrigen Fällen mit einer Geldbuße bis zu fünftausend Euro geahndet werden.

(3) Verwaltungsbehörde im Sinne des § 36 Absatz 1 Nummer 1 des Gesetzes über Ordnungswidrigkeiten ist in den Fällen des Absatzes 1 Nummer 3 a das Paul-Ehrlich-Institut.

Abschnitt 8
Schlussvorschriften

§ 21 Zuständige Bundesoberbehörde

Zuständige Bundesoberbehörde im Sinne dieses Gesetzes ist das Paul-Ehrlich-Institut.

§ 22 Verhältnis zu anderen Rechtsbereichen

Die Vorschriften des Embryonenschutzgesetzes und des Stammzellgesetzes bleiben unberührt.

§ 23 Bundeswehr

Im Geschäftsbereich des Bundesministeriums der Verteidigung obliegt der Vollzug dieses Gesetzes bei der Überwachung den zuständigen Stellen und Sachverständigen der Bundeswehr.

§ 24 (Änderung des Strafgesetzbuchs)

§ 25 Übergangsregelungen

(1) Bei Inkrafttreten dieses Gesetzes bestehende Verträge über Regelungsgegenstände nach § 11 gelten weiter, bis sie durch Vertrag[1] nach § 11 Abs. 1 und 2 abgelöst oder durch Rechtsverordnung nach § 11 Abs. 6 ersetzt werden.

(2) Bei Inkrafttreten dieses Gesetzes bestehende Verträge über Regelungsgegenstände nach § 12 gelten weiter, bis sie durch Vertrag[2] nach § 12 Abs. 1 und 4 abgelöst oder durch Rechtsverordnung nach § 12 Abs. 6 ersetzt werden.

§ 26 (Inkrafttreten, Außerkrafttreten)

Literaturverzeichnis: *Borowy*, Die postmortale Organentnahme und ihre zivilrechtlichen Folgen, 2000, 1999; *Deutsch, Erwin*, Sicherheit bei Blut und Blutprodukten: Das Transfusionsgesetz von 1998, NJW 1998, 3377; Deutsch, Sicherheit von Blut und Blutprodukten: Das Transfusionsrecht von 1998, NJW 1998, 337; *Dreier/van den Daele/Engelhard/Kubernatis/Klimt/Kopetzki/Schlitt/Taupitz*, Organmangel – Ist der Tod auf der Warteliste unvermeidbar? 2006, 111 ff.; DTG, Pressemeldung vom 5.3.2018, Organspende: „Das „Tabu Widerspruchslösung" muss fallen!; *Gallwas*, Der andere Standpunkt: Anmerkungen zu den verfassungsrechtlichen Vorgaben für ein Transplantationsgesetz, JZ 1996, 851; Höfling, Kommentar zum Transplantationsgesetz (TPG) 2003, 114 ff.; Höfling, Transplantationsmedizin-Rechtslage und offene Fragen, Stellungnahme anlässlich der Expertenanhörung in der Enquete-Kommission „Recht und Ethik der modernen Medizin" des Deutschen Bundestages am 6.11.2000; Höfling, Transplantationsmedizin-Rechtslage und offene Fragen, Stellungnahme anlässlich der Expertenanhörung in der Enquete-Kommission „Recht und Ethik der modernen Medizin" des Deutschen Bundestages am 6.11.2000 ausführlich zum „Recht auf ein Organ"?; Höfling/in der Schmitten, TPG S. 154 ff.; Höfling/*Rixen*, TPG 2003; Höfling (Hrsg.) TPG, 2. Auflage 2013, 185 f.; Höfling/*Rixen*, Transplantationsgesetz, 170 ff.; Höfling/*Rixen*, Transplantationsgesetz, 2003, 136 ff.; Höfling/*Rixen*, Verfassungsfragen der Transplantationsmedizin, 1996; *Kubiciel/Mayer*, Verfassungskonformität der Widerspruchslösung im Transplantationsrecht, jurisPR-StrafR 23/2018 Anm. 1; *Lilie*, Transplantationsgesetz – Was nun?, in: Medizin-Recht-Ethik, Rechtsphilosophische Hefte Bd. 8, 1998, 89 (94); NJW 1998, 778; *Rixen*, Datenschutz im Transplantationsgesetz, Datenschutz und Datensicherheit (DuD) 1998, 75 (75, 80); *Rixen*, Die Regelung des Transplantationsgesetzes zur postmortalen Organspende vor dem Bundesverfassungsgericht, NJW 1999, 3389 ff.; *Rixen*, Die Regelung des Transplantationsgesetzes zur postmortalen Organspende vor dem Bundesverfassungsgericht, NJW 1999, 3389; *Rixen*, Lebensschutz am Lebensende, 1999, 269 ff.; *Rixen*, Lebensschutz am Lebensende, 1999; Höfling/*Rixen*, TPG S. 136 ff.; *Rixen*, Transplantation und Hirntod: Aktuelle Rechtsfragen aus Sicht der Krankenpflege, in Hirntod-Transplantation. Aspekte, Fragen und Probleme aus pflegerischer Sicht, Hrsg. von der DRK-Schwesternschaft Lübeck e.V. 1996, S. 45; *Schachtschneider/Siebold*, Die „erweiterte Zustimmungslösung" des Transplantationsgesetzes im Konflikt mit dem Grundgesetz, DÖV 2000, 129 ff.; *Schöne-Seifert/Prien/Rellensmann/Roeder/Schmidt*, Medizinethik: Behandlung potenzieller Organspender im Präfinalstadium, Dtsch Arztebl 2011; 108(40): A 2080–6; *Seidennath*, Lebendspende von Organen zur Auslegung des § 8 Abs. 1 S. 2 TPG, MedR 1998, 253; *Stengel-Steike/Steike*, Xenotransplantation-Medizinische Probleme und Rechtsfragen AnwBl. 2000, 574 (577); *Feuerstein/Kuhlmann* (Hrsg.), Neo-paternalistische Medizin; *Taupitz*, Das Selbstbestimmungsrecht des Menschen als Kernelement des Deutschen Biomedizinrechts: Aktuelle Diskussionen und Tendenzen, in: T. Krzeminski (Hrsg.), Ethics & Medicine. Tschechisch-slowakisch-polnische Tagung, S. 121 ff; *Zieger*, Eine Frage von Leben und Tod, Haben wir die moralische Pflicht, Organe zu spenden? Wie tot sind hirntote Menschen?, NZW-Beitrag vom 26.1.2019

A. Zur Geschichte der Organtransplantation 1
   I. Transplantationsmedizin 1
     1. Geschichtliches 1

     2. Organtransplantation in Deutschland 11
     3. Wichtige Organisationen 14
   II. Transplantationsrecht 19

1   Siehe hierzu Bek. v. 11.7.2013 (BAnz AT 17.07.2013 B4).

2   Siehe hierzu Bek. v. 11.7.2013 (BAnz AT 17.07.2013 B4).

B. **Das Transplantationsgesetz (TPG) im Einzel-**
nen 22
  I. Allgemeine Vorschriften 22
    1. Regelungsbereich 22
    2. Begriffsbestimmungen 25
    3. Aufklärung der Bevölkerung, Erklärung
       zur Organ- und Gewebespende, Organ-
       und Gewebespenderegister, zu Organ-
       und Gewebespendeausweisen (§ 2 TPG) .. 28
       a) Verpflichtung zur Aufklärung der
          Bevölkerung 28
       b) Einwilligung und Widerspruch, Ent-
          scheidungsübertragung 30
  II. Entnahme von Organen und Geweben bei
      toten Spendern (§§ 3–7 TPG) 32
    1. Zulässigkeitsvoraussetzungen der Organ-
       entnahme bei toten Organspendern 34
       a) Entnahme mit Einwilligung des Spen-
          ders 34
       b) Organentnahme mit Zustimmung Drit-
          ter 42
       c) Entnahme bei toten Embryonen und
          Föten 51
       d) Nachweisverfahren (§ 5 TPG) 52
       e) Achtung der Würde des Organ- und
          Gewebespenders 53
       f) Datenerhebung und Verwendung;
          Auskunftspflicht (§ 7 TPG) 54
    2. Hirntod-Konzept des TPG 59
  III. Entnahme von Organen und Geweben bei
       lebenden Spendern (§§ 8 ff. TPG) 72
    1. Entwicklung von Lebendspenden in
       Deutschland 72

    2. Voraussetzungen der Lebendspende 76
    3. Entnahme von Knochenmark bei Minder-
       jährigen 84
    4. Sektionsrecht 86
    5. Gewebeeinrichtungen, Untersuchungsla-
       bore, Register 88
  IV. Entnahme, Vermittlung und Übertragung von
      Organen, Zusammenarbeit bei Entnahme von
      Organen und Geweben, Transplantationszen-
      tren (§ 9 ff. TPG) 89
    1. Zulässigkeit der Organentnahme und
       Übertragung, Vorrang der Organspende
       (§ 9 ff. TPG) 89
    2. Transplantationszentren (§ 10 TPG) 93
    3. Organ- und Spendercharakterisierung,
       Transport von Organen, Verordnungser-
       mächtigung zur Organ- und Spendercha-
       rakterisierung und zum Transport
       (§ 10 a TPG) 101a
    4. Zusammenarbeit bei der Entnahme von
       Organen und Geweben, Koordinierungs-
       stelle (§ 11 TPG) 102
    5. Organvermittlung, Vermittlungsstelle
       (§ 12 TPG) 109
  V. Meldungen, Dokumentation, Rückverfolgung,
     Datenschutz, Frist (§§ 13–15 TPG) 114
  VI. Richtlinien zum Stand der Erkenntnisse der
      medizinischen Wissenschaft bei Organen 123
  VII. Verbotsvorschriften (§ 17 TPG)/Straf- und
       Bußgeldvorschriften (§§ 18 ff. TPG) 130

A. Zur Geschichte der Organtransplantation

I. Transplantationsmedizin

1. Geschichtliches. Die **Geschichte der deutschen Organtransplantation** beginnt im Jahre 1963: **1**
Damals entnahm der Chirurg und Urologe Professor Dr. Wilhelm Brosig vom Berliner Klinikum Charlottenburg einer Leiche eine Niere und transplantierte sie einer Patientin (Empfängerin). Die Empfängerin dieser Niere lebte damit noch über 26 Jahre. Ein Jahr später, im Jahre 1964, transplantierte Brosig eine Niere
von einem Lebendspender. In den Jahren danach wurde über eine erste erfolgreiche Pankreastransplantation
und eine Lebertransplantation in den USA berichtet. Im Jahre 1967 erregte die erste erfolgreiche Herztransplantation durch den Chirurgen Dr. Christiaan N. Barnard in Kapstadt/Südafrika weltweites Aufsehen. Der
Patient überlebte 18 Tage. Bei der zweiten Herztransplantation, die Barnard durchführte, überlebte der
Empfänger bereits 1 ½ Jahre.

Erfolgreiche klinische Transplantationen waren bislang nur zwischen eineiigen Zwillingen durchgeführt **2**
worden, so zB eine Hauttransplantation durch J.B. Brown im Jahre 1937, für die Niere durch Joseph E.
Murray im Jahre 1954 und für das Knochenmark durch E.D. Thomas im Jahre 1959. Der Chirurg Murray
wurde später für seinen Transplantationserfolg mit dem Nobelpreis ausgezeichnet.

Im Jahre 1959 führte Joseph E. Murray die erste erfolgreiche Nierentransplantation zwischen genetisch ver- **3**
schiedenen Personen (Lebendspende) durch. Zur Vermeidung von Abstoßungsreaktionen erfolgte eine
Ganzkörper-Röntgenbestrahlung und eine Gabe von Kortison. Die implantierte Niere funktionierte so 20
Jahre lang. Drei Jahre später führte Joseph E. Murray die erste erfolgreiche Transplantation der Niere eines
Verstorbenen durch. Abstoßungsreaktionen wurden medikamentös erfolgreich vorgebeugt. Man forschte
weiter an der Entwicklung von Medikamenten mit stärkerer immunsuppressiver Wirkung, um auch **allogene Transplantationen**, dh Transplantationen zwischen genetisch verschiedenen Personen erfolgreich
durchführen zu können.

Schon lange vorher hatte man versucht, Transplantationen zwischen verschiedenen Individuen durchzufüh- **4**
ren – die technischen Voraussetzungen hierfür waren deutlich besser geworden und damit die Möglichkeiten verschiedenster Organtransplantationen – aber für die immunologischen Probleme schien zunächst
keine Lösung in Sicht: Organtransplantate besitzen eigene Gefäße, die anastomosiert werden müssen.
Gewebetransplantate bestehen aus vitalen oder avitalen Gewebe, das initial per diffusionem bzw. später
über einsprossende Empfängerkapillare ernährt werden. Wegen der engen Verbindung von transplantierten

Organen und Geweben mit dem Empfängerorganismus muss eine möglichst hohe Komptabilität gefunden werden. Lange kannte man die Ursachen/Mechanismen für die Abstoßungsreaktionen nicht.

5   Seit der **Entdeckung der Blutgruppen A, B und O** im Jahre 1901 durch den Wiener Arzt Karl Landsteiner und ein Jahr später des vierten Typs AB von Alfredo von Castello und Adriano Sturli sowie der Entdeckung und Erforschung der Gewebekompatibilität und Immunreaktion als Grundlage einer modernen Transplantationsimmunologie im Jahre 1944 durch Sir Peter Medawar, liefen fortan umfangreiche wissenschaftliche Forschungsprojekte zur Ergründung der Mechanismen, die für die Abstoßungsreaktion des Körpers gegenüber einem Spenderorgan verantwortlich waren. Wenige Jahre später entdeckte der französische Hämatologe Jean Dausset die T-Lymphozyten des Menschen, diejenigen Antigene, an denen das Immunsystem erkennen kann, ob es sich um körpereigenes oder körperfremdes Gewebe handelt. Damit war die entscheidende Voraussetzung zur Beherrschung der Abstoßung körperfremder Organe und Gewebe geschaffen.

6   Anfang der 60-Jahre führten neuere Forschungsergebnisse zur Entwicklung selektiver immunsuppressiver (Azathioprin, Mycophenolat, Mofetil) Methoden zur Gewebetypisierung und den Möglichkeiten zur Dialysebehandlung.

7   Aber erst die neueren Forschungen zur **Unterdrückung des Immunsystems** (Immunsuppression) bei transplantierten Patienten ermöglichten dann erste Erfolge der Organtransplantation zwischen genetisch unterschiedlichen Individuen. Die initial eingesetzten Methoden der Immunsuppression waren insgesamt aber nur schlecht steuerbar, unter anderem durch Bestrahlung, Zytostatika, hochdosierte Kortikosteroide blieb das Risiko von Komplikationen, insbesondere von lebensbedrohlichen Infektionen, sehr hoch.

8   Den **Durchbruch zur routinemäßigen klinischen Transplantation** brachte Ende der 70-Jahre die Einführung des Immunsuppressivums Ciclosporin: Die Organtransplantationen wurden mehr und mehr mit zunehmend besseren Ergebnissen durchgeführt. Je nach Stärke der genetischen Differenz zwischen Spender und Empfänger werden die Transplantate in **autologe, syngene, allogene oder xenogene Transplantate** unterschieden. Bei den **autologen Transplantaten** ist der Spender- und Empfängerorganismus identisch. **Syngene Transplantate** stammen von genetisch identischen Individuen (dh von einem eineiigen Zwilling). Immunologisch entsprechen sie autologen Transplantaten. **Allogene Transplantationen** setzen begrifflich genetisch unterschiedliche Individuen der gleichen Spezies voraus. Letztere Transplantationen dürften den Normalfall klinischer Transplantation darstellen. Nicht zuletzt wird bei der **xenogenen Transplantation** über die Speziesbarrieren hinweg transplantiert. Im Vorfeld einer Transplantation kommt es entscheidend darauf an, die Unterschiedlichkeit der Gewebemerkmale von Spender und Empfänger zu diagnostizieren. Es muss in jedem Fall eine Kompatibilität der Blutgruppen zwischen Spender und Empfänger gesichert sein. Vor jeder Organtransplantation wird ein **Crossmatch** durchgeführt. Dabei wird Serum des Empfängers mit Lymphozyten des Spenders in Verbindung gebracht und auf **Zytotoxizität** überprüft. Fällt ein Crossmatch-Befund positiv aus, ist von spezifischen Antikörpern beim Empfänger gegen Antigene des Spenders auszugehen. Die Transplantation darf nicht erfolgen, sie ist kontraindiziert. Trotz sorgfältigster Abklärung spezifischer Antikörper des Empfängers gegen Antigene des Spenders ist ein erhöhtes Risiko einer therapeutisch nicht beinflussbaren **hyperakuten Abstoßung, nicht immer sicher auszuschließen** und zwar prinzipiell zu jedem Zeitpunkt nach der Transplantation, meistens jedoch in den ersten postoperativen Wochen.

9   Tritt ein solcher Fall ein, muss über die klinische **Basisimmunsuppression mit hochdosierten Steroiden** versucht werden, eine Rückbildung des angelaufenen Abstoßungsprozesses mit Normalisierung der gestörten Transplantatfunktion zu erreichen. Diese Therapie durch Hemmung des Immunsystems führt wiederum zu einem deutlich erhöhten Infektionsrisiko. Auch ist unter langfristiger Immunsuppression das **Tumorrisiko** erhöht. Es gibt aber auch eine Vielzahl von **nicht-immunologischen Nebenwirkungen,** wie zB ein **arterieller Hypertonus**, **Nierenfunktionsstörungen**, eine **Hyperurikämie, neurologische Störungen** und ein **Diabetes mellitus**. Ferner kann es **zu verzögerter Wundheilung, Muskelschwäche,** zu einer **Fettsucht mit cushingoiden Habitus, zu aseptischen Knochennekrosen, zu einem Katarakt** kommen.

10 Heute gibt es eine Vielzahl von immunsuppressiven Medikamenten, mit denen im Rahmen von Organtransplantationen hyperakute und akute Abstoßungsreaktionen in der überwiegenden Zahl der Fälle verhindert oder gestoppt werden können. Die Einjahres-Patienten- und Organüberlebensraten betragen aufgrund dessen für die meisten Transplantationen von vermittlungspflichtigen Organen ca. 90 % oder mehr. Mittels der mittlerweile entwickelten Medikamente zur Beherrschung der immunologischen Reaktionen, die durch T-Lymphozyten vermittelt werden, können diese Vorgänge meist gehemmt oder gestoppt werden. Problematisch ist und bleibt die Immunreaktion gegen Bakterien – durch Granulozyten oder B-Lymphozyten und Antikörper – weitgehend unbeeinflusst. Das Infektionsrisiko für den Empfänger ist weiterhin erhöht, insbesondere bei Virusinfektionen. Auch konnte mittlerweile festgestellt werden, dass die Immunreaktionen eines Empfängers auf das Transplantat im Laufe der Zeit weniger stark reagiert. Das hat zur Konsequenz, dass dazu parallel das Infektionsrisiko, je länger das Transplantat gehalten werden kann, abnimmt. Anderes gilt für das erhöhte Tumorrisiko, das mit der Dauer der immunsuppressiven Behandlung steigt. Die nicht-

immunologischen Nebenwirkungen versucht man heute mit der Kombination von Medikamenten mit unterschiedlichem Nebenwirkungsspektrum zu begegnen. Eine intensive Überwachung und Kontrolle, mithin eine umfassende medizinische Betreuung des Empfängers, zur Minimierung bzw. im günstigsten Fall Vermeidung dieser Nebenwirkungen ist hierzu erforderlich.

2. Organtransplantation in Deutschland. Die Transplantationsmedizin in Deutschland ist ein verhältnismäßig junger Therapiezweig: Erstmals im Jahre 1963 wurde eine Niere, in den Folgejahren auch Leber, Herz, Lunge, Pankreas und Dünndarm erfolgreich transplantiert. Die Organspende an sich, so hat es der Gesetzgeber mit dem Transplantationsgesetz 1997 geregelt, ist Gemeinschaftsaufgabe für diverse, am Prozess beteiligten Institutionen, als da sind ua der GKV-Spitzenverband, die Bundesärztekammer (BÄK) und die Deutsche Krankenhausgesellschaft (DKG). Koordiniert wird diese Gemeinschaftsaufgabe durch die gesetzlich bestimmte Koordinierungsstelle für Organentnahme (§ 11 TPG) und eine Vermittlungsstelle für die Organvermittlung (§ 12 TPG). Durch das Gewebegesetz[1] aus dem Jahre 2007 hat das TPG eine Reihe von Veränderungen, Teilveränderungen aber auch Neuregelungen erfahren. Das TPG gilt für die Spende und die Entnahme von menschlichen Organen oder Geweben zum Zwecke der Übertragung von menschlichen Organen oder Geweben einschließlich der Vorbereitung dieser Maßnahmen (§ 1 Abs. 1 Satz 1 TPG). Im Jahre 2012 kam es zu weiteren Änderungen, insbesondere strukturelle Neuerungen im Rahmen der Organisation unter Umsetzung europarechtlicher Bestimmungen. Das Transplantationsgesetz (TPG) ist danach noch durch Art. 5 d des Gesetzes zur Beseitigung sozialer Überforderung bei Beitragsschulden in der Krankenversicherung vom 15.7.2013 (BGBl. I S. 2423) mit Wirkung zum 1.8.2013 geändert worden. Diese Gesetzesänderung war die Antwort auf wiederholten, in den Jahren 2012 und 2013 bekanntgewordenen Manipulationsverdacht in diversen Transplantationszentren.

11

Die Zuständigkeiten in den Bereichen Organentnahme, Organvermittlung waren in der Vergangenheit immer wieder Gegenstand von kontroversen Diskussionen. Die neuerlichen Änderungen des Transplantationsgesetzes haben aber genau diese Zuständigkeiten unangetastet gelassen. Organspenden und Organtransplantationen sind – und werden es wahrscheinlich auch in Zukunft bleiben – seltene Krankenhausleistungen. Die damit zusammenhängenden Kosten gehören zu den teuersten Leistungen überhaupt und rücken damit zwangsläufig ins Blickfeld der Öffentlichkeit. Eine gewisse Emotionalität im Bereich der Transplantationsmedizin, die nachvollziehbarerweise auch mit der Finanzierungsdebatte verbunden ist, ist daher nicht überraschend. Daran wird sich auch in Zukunft aller Voraussicht nach nichts wesentlich ändern.

12

Ungeachtet dessen werden weiterhin jährlich sehr viel mehr Spenderorgane benötigt als vorhanden sind, so dass auch die TPG-Novelle die Zielsetzung, mehr Spender zu rekrutieren, weiter verfolgt. Das ist, wie oben bereits ausgeführt, angesichts der immer wieder publik werdenden Transplantationsskandale, derzeit ein nicht einfach zu realisierendes Projekt.

13

3. Wichtige Organisationen. Im Jahre 1967 gründete der Immunologe Jon van Rood zur besseren **Vermittlung** passender Organe und Spender die **Stiftung Eurotransplant** mit Sitz in Leiden in den Niederlanden. **Eurotransplant (ET)** ist die Vermittlungsstelle für Organspenden in den Beneluxländern, Deutschland, Österreich, Slowenien und Kroatien. An der internationalen Zusammenarbeit dieser Länder sind alle Transplantationszentren, Gewebetypisierungslaboratorien und Krankenhäuser, in denen Organspenden durchgeführt werden, beteiligt. Neben dem vorrangigen Ziel von Eurotransplant, eine optimale Verfügbarkeit von Spenderorganen bzw. Geweben zu erreichen, steht die Förderung von Forschungen zur Verbesserung der Transplantationsergebnisse, sowie die Erhöhung von verfügbaren Organen oder Geweben durch Werbung auf ihrem Programm. Neben Eurotransplant gibt es noch verschiedene Organisationen in Skandinavien (**seit 1969 Scandiatransplant** für die Länder Dänemark, Finnland, Island, Norwegen und Schweden, **seit 2002 Balttransplant** für die Länder Estland, Lettland und Litauen, für die USA **United Network for Organ Sharing (UNOS)** sowie weitere Organisationen in den USA, Australien, Neuseeland und England, die alle im Wesentlichen ein und dasselbe Ziel haben, nämlich die Vermittlung von Organspenden. Denn ein zentrales Problem ist und bleibt die limitierte Verfügbarkeit von Spenderorganen, trotz aller Bemühungen der mit der Organvermittlung befassten Institutionen.

14

---

1   (Gesetz über Qualität und Sicherung von menschlichen Geweben und Zellen – Gewebegesetz BGBl. I 1574, in Kraft getreten am 1. August 2007) Dieses Gesetz diente der Umsetzung der Richtlinie 2004/23/EG des Europäischen Parlaments und des Rates vom 31. März 2004 zur Festlegung von Qualitäts- und Sicherheitsstandards für die Spende, Beschaffung, Testung, Verarbeitung, Konservierung, Lagerung und Verteilung von menschlichen Geweben und Zellen (ABl. EU Nr. L 102 S. 48). Die Verpflichtungen aus der Richtlinie 98/34/EG des Europäischen Parlaments und des Rates vom 22. Juni 1998 über ein Informationsverfahren auf dem Gebiet der Normen und technischen Vorschriften und der Vorschriften für die Dienste der Informationsgesellschaft (ABl. EG Nr. L 204 S. 37), geändert durch die Richtlinie 98/48/EG des Europäischen Parlaments und des Rates vom 20. Juli 1998 (ABl. EG Nr. L 217 S. 18), sind beachtet worden.

15 Nach Angaben der **Deutschen Stiftung Organtransplantation (DSO)**, basierend auf den Zahlen des Jahres 2017, spendeten in Deutschland – im Gegensatz zu 2010 mit 1.296 Organspenden – nur noch 797 Menschen nach ihrem Tod ihre Organe. Die Organspendebereitschaft ist damit weiterhin im innereuropäischen Vergleich auf einem absoluten Tiefstand. Mit mehr Information und Aufklärung der Bevölkerung sowie strukturellen Verbesserungen in den Entnahmekrankenhäusern will der Gesetzgeber dem Organmangel in Deutschland – jetzt auch durch das Zweite Gesetz zur Änderung des Transplantationsgesetzes (TPG 2019) begegnen.

16 Die **DSO** ist **bundesweite Koordinierungsstelle für Organspenden.** Die DSO sieht ihre Aufgaben in einer umfassenden Förderung von Organspende und Transplantation in Deutschland. Organisatorisch ist die DSO eine rechtsfähige Stiftung des bürgerlichen Rechts mit Sitz der Hauptverwaltung in Frankfurt am Main. Deutschland ist in sieben Regionen aufgeteilt, die jeweils von einem Geschäftsführenden Arzt geleitet werden.[2] Auch die DSO betreibt **intensive Öffentlichkeitsarbeit,** um der Organspende eine größere gesellschaftliche Anerkennung zu verschaffen und mit dem Ziel, dass mehr Menschen noch zu Lebzeiten sich für die Organspende entscheiden.

17 Die DSO ist ausschließlich für die **Koordinierung der postmortalen Organspende von vermittlungspflichtigen Organen** verantwortlich. Die DSO hat am 27. Juni 2000 die Aufgaben der Koordinierungsstelle nach § 11 TPG 1997 übernommen. Ihr Aufgabenbereich als Koordinierungsstelle ist in einem Vertrag mit der Bundesärztekammer, den Spitzenverbänden, Bund der Krankenkassen und der Deutschen Krankenhausgesellschaft geregelt. Dieser Vertrag war auch die Grundlage, Deutschland in sieben organisatorische Regionen für die Arbeit der DSO einzuteilen. Die DSO hat die Verantwortung für den gesamten Organspendeprozess, einschließlich des Transportes zu übernehmen. Bundesweit koordiniert die DSO etwa 1.400 Krankenhäuser und ca. 50 Transplantationszentren. Die Organ**vermittlung** gehört nicht zu den Aufgaben der DSO. Diese wurde der Stiftung Eurotransplant im niederländischen Leiden übertragen. Die Finanzierung der DSO als Koordinierungsstelle wird durch ein festes, mit den Krankenkassen Jahr für Jahr neu zu verhandelndes Budget sichergestellt.

18 Seit der Verabschiedung des Transplantationsgesetzes im Jahre 1997 kann nur bei älteren Organspendern ein deutlicher Zuwachs verzeichnet werden. Das erhöhte Spenderalter bringt aber wiederum Probleme mit sich, denn es führt unter anderem dazu, dass die Qualität der Spenderorgane abnimmt. Es bedarf dann aufwendiger Verfahren zur Prüfung der Organqualität, die sich letztlich in einem verkürzten Transplantatüberleben niederschlagen kann.

II. Transplantationsrecht

19 Die begrenzte Zahl der zur Verfügung stehenden Spenderorgane veranlasste den Gesetzgeber 1996 den **Entwurf eines Gesetzes über die Spende, Entnahme und Übertragung von Organen (Transplantationsgesetz – TPG)** in den Bundestag einzubringen.[3] Vorausgegangen waren lange Kontroversen über die gesetzlich zu normierenden ethischen und rechtlichen Voraussetzungen der Organspende. Besonders umstritten war die Frage, welche Voraussetzungen erfüllt sein müssen, wenn der Spender zu Lebzeiten keinen Organspendeausweis erworben hatte. Der Gesetzgeber hat sich hier für die **erweiterte Zustimmungslösung** entschieden, dh, dass Angehörige entscheiden, ob die Organe für eine Transplantation zur Verfügung stehen, wenn der Verstorbene selbst zu Lebzeiten keine Erklärung abgegeben hat. **Vor- und Nachteile dieses Modelles** sind auch heute noch mit Blick auf den gravierenden Organmangel heftig umstritten. In der damaligen Begründung aus 1996 heißt es unter anderem, dass durch eine Organtransplantation vielen schwerkranken Menschen das Leben gerettet, die Krankheit weitgehend geheilt oder gelindert und damit die Lebensqualität entscheidend verbessert werden könne. **Organ- und Gewebeübertragung** sind in den letzten drei Jahrzehnten aufgrund der Entwicklung von Wissenschaft und Forschung im Bereich der Transplantationsmedizin zum **Standard der medizinischen Versorgung** geworden. Die fehlende Bereitschaft zur Organ- und Gewebespende hält nicht nur an, die Zahl von Spenderorganen nimmt ab. Für manche Organe, wie zB für Niere, Leber, Herz und Augenhornhaut fehlt etwa die Hälfte der benötigten Transplantate. Eine Vielzahl von Transplantationen in Deutschland ist weiterhin nur durch die Vermittlung von **ET in Leiden/Niederlande** möglich, es werden in erheblichem Umfang Spenderorgane aus Nachbarländern transplantiert. Wie lange die benachbarten Länder dies noch mitmachen, bleibt abzuwarten.[4]

20 Das TPG wurde in seiner ersten Fassung am 25. Juni 1997 vom Deutschen Bundestag verabschiedet und trat, nachdem der Bundesrat am 26. September 1997 zugestimmt hatte, im Wesentlichen zum 1. Dezember des Jahres in Kraft. Mittlerweile wurde das TPG durch das Gesetz über Qualität und Sicherung von

---

2   Es gibt die Regionen Nord, Nord-Ost, Ost, Nordrhein-Westfalen Mitte, Baden-Württemberg und Bayern.

3   BT-Drs. 13/4355 vom 16.4.1996.
4   BT-Drs. 13/4355 vom 16.4.1966.

menschlichen Geweben und Zellen (Gewebegesetz) ergänzt. Dieses beruht auf europarechtlichen Vorgaben der EG-Rechtlinie 2004/23/EG. Am 23. Mai 2007 wurde im Bundestag dann das **Gesetz über Qualität und Sicherung von menschlichen Geweben und Zellen (Gewebegesetz)** verabschiedet. Es trat am 1. August 2007 in Kraft. Zuvor hatte **der Nationale Ethikrat in Deutschland**[5] am 24. April 2007 eine Stellungnahme mit dem Ziel, die Zahl der Organspenden zu erhöhen, veröffentlicht. Von dort wurde die **Widerspruchsregelung** favorisiert. Eine diesbezügliche Änderung des TPG wurde indes vom Gesetzgeber abgelehnt, Nach wie vor hat auch jetzt im TPG 2019 die erweiterte Zustimmungslösung Geltung. Durch die am 1.8.2012 in Kraft getretene TPG-Novelle (2012)[6] waren bereits zahlreiche Bestimmungen geändert bzw. neu eingeführt worden. Das TPG 2012 diente damals der Umsetzung der EU-Richtlinie 2010/53/EU vom 7.7.2010 über Qualitäts- und Sicherheitsstandards zur Transplantation bestimmter menschlicher Organe im deutschen Recht. Diese Richtlinie regelt insbesondere die Festlegung EU-weiter, einheitlicher Qualitäts- und Sicherungsstandards für Entnahmekrankenhäuser, Transplantationszentren und andere Bereitstellungsorganisationen, die Anforderungen an die Charakterisierung des Spenderorganes sowie das System der Rückverfolgbarkeit sowie die Meldung schwerwiegender Zwischenfälle und schwerwiegender unerwünschter Reaktionen. Krankenhäuser sind durch diese Novellierung mit einer Reihe von Neuregelungen unmittelbar, zum Teil aber (nur) mittelbar, betroffen. Das Gewebegesetz hat bis heute unverändert Fortgeltung.

Die Umsetzung der Richtlinie 2010/53/EU erforderte keine grundlegenden Änderungen der Strukturen des Transplantationsgesetzes (TPG).Mit dem jetzt in Kraft getretenen Zweiten Gesetz zur Änderung des Transplantationsgesetzes – Verbesserung der Zusammenarbeit und der Strukturen bei der Organspende – will der Gesetzgeber nunmehr vor allen Dingen die strukturellen und personellen Defizite in den Entnahmekrankenhäusern verbessern. Die Organtransplantation ist mittlerweile Standard in der medizinischen Versorgung schwerkranker Menschen, die auf ein Spenderorgan warten, weil sie anderenfalls keine Chance auf Lebensrettung, Heilung oder Linderung haben. Die Anzahl der potenziellen Organempfänger auf der Warteliste steht weiterhin unverändert bei ca. 10.000 notwendigen Organen pro Jahr. Demgegenüber aber ist die Anzahl der Organspender seit dem Jahre 2012 kontinuierlich zurückgegangen. Im Jahr 2017 wurde hier in Deutschland mit nur 797 Organspendern ein absoluter Tiefstand erreicht.[7]Die Ursachen für die nachweisbar sinkende Spendebereitschaft sind sicher multifaktoriell, also komplexer Natur. Das Zweite Gesetz zu Änderung des Transplantationsrechtes sieht einen wichtigen Anteil für diese niedrige Anzahl von Organspendern in strukturellen Defiziten in den Entnahmekrankenhäusern. Hier soll durch klare gesetzliche Vorgaben Abhilfe geschaffen werden.[8]In Einzelnen, so der Gesetzgeber, soll mit der **TPG-Novelle 2019** dem gravierenden Mangel an Spenderorganen durch folgende Maßnahmen begegnet werden:

21

– **Transplantationsbeauftragte** sollen künftig anteilig an ihren sonstigen Aufgaben, abhängig von der Anzahl der in einem Entnahmekrankenhaus vorhandenen Intensivbetten, freigestellt werden. Eine bundeseinheitlich klar definierte Freistellungsregelung ist in das Gesetz aufgenommen. Die anteilige Freistellung der Transplantationsbeauftragten in den Entnahmekrankenhäusern wird künftig vollständig refinanziert;

– **Transplantationsbeauftragte** sollen künftig alle erforderlichen Informationen über Intensivpatienten bei Auswertung des Spenderpotenzials erhalten, darüber hinaus auch informiert werden, wenn nach ärztlicher Beurteilung ein Patient als Organspender in Betracht kommt. Diese gesetzliche Neuregelung soll, so die Intention des Gesetzgebers, die Position des Transplantationsbeauftragten stärken;

– **Klinikleitungen** der Entnahmekrankenhäuser sind verpflichtet, den Verfahrensanweisungen, Zuständigkeiten und Handlungsabläufen des Transplantationsbeauftragten zu folgen, dh verbindlich umzusetzen;

– Es wird eine neuausgestaltete **Vergütungsregelung** für die Entnahmekrankenhäuser eingeführt, in dem es jetzt einen Anspruch auf eine pauschale Abgeltung aller derjenigen Leistungen gibt, die in Zusammenhang mit der Vorbereitung und der Organentnahme an sich erbracht werden. Zusätzlich wird noch eine Grundpauschale für alle Leistungen in Zusammenhang mit der Spendermeldung an die Koordinationsstelle zusammenhängen. Nicht zuletzt ist ein Ausgleichszuschlag vorgesehen, zum Ausgleich der nicht selten defizitären Infrastrukturen einzelner Entnahmekrankenhäuser in Zusammenhang mit einer sehr zeit- und personalintensiven Organspende. Dieser Ausgleichszuschlag beträgt die zweifache Summe der im jeweiligen Fall berechnungsfähigen Pauschalen;

– Es werden flächendeckend, bundesweit neurochirurgische und neurologisch konsiliarärztliche **Rufbereitschaftsdienste** eingerichtet, auf die die Entnahmekrankenhäuser jederzeit zurückgreifen können;

5   Nationaler Ethikrat (Hrsg.) 2007, Die Zahl der Organspenden erhöhen – Zu einem drängenden Problem der Transplantationsmedizin in Deutschland.

6   Gesetz über die Spende, Entnahme und Übertragung von Organen und Geweben (Transplantationsgesetz-TPG) in der Fassung der Bekanntmachung vom 4. September 2007 (BGBl. I, S. 2206), das durch

Art. 2 a des Gesetzes vom 19. Oktober 2012 (BGBl. I, S. 2192) geändert worden ist.

7   Vgl. DSO, Jahresbericht Organspende und Transplantation in Deutschland 2017, S. 80; BT-Drs. 19/6915

8   BT-Drs. 19/6915

– Es wird ein klinikinternes **Qualitätssicherungssystem** (Berichtssystem) eingerichtet mit dem ua auch den Landesbehörden ermöglicht werden soll, Kenntnis darüber zu erhalten, inwieweit die einzelnen Entnahmekrankenhäuser die vorhandenen Organspendemöglichkeiten realisieren.

Die Deutsche Stiftung Organtransplantation (DSO) als Koordinierungsstelle unterstützt die Entnahmekrankenhäuser und berät die Transplantationsbeauftragten bei der Auswertung der Todesfälle mit primärer oder sekundärer Hirnschädigung sowie bei der Verbesserung krankenhausinterner Abläufe im Prozess der Organspende.[9] Keine Novellierung haben die Zulässigkeitsvoraussetzungen der Organentnahme bei toten Organspendern erfahren, obwohl im Vorfeld diese Diskussion medial erneut höchst kontrovers geführt wurde. Es bleibt also weiterhin bei gesetzlich normierten der erweiterten Zustimmungslösung. Der GKV-Spitzenverband hat sich in seiner Stellungnahme vom 24.1.2019 ausführlich zu diesem Entwurf geäußert und dabei nochmals betont, dass es sich bei der Organspende um eine gesamtgesellschaftliche Aufgabe handle, die dementsprechend sowohl von der GKV als PKV gemeinsam zu finanzieren sei. Eine ausschließliche Finanzierung durch GKV-Versicherte sei nicht angemessen. Anlass dieser Kritik war die nun geltende Regelung, dass sich private Krankenversicherungen (PKV) lediglich auf freiwilliger Basis an den Kosten beteiligen können.[10]

B. Das Transplantationsgesetz (TPG) im Einzelnen

I. Allgemeine Vorschriften

22 **1. Regelungsbereich.** Der Gesetzgeber knüpft auch im novellierten TPG weiterhin an das im Transplantationswesen herrschende Verständis an, wonach in Deutschland die **Organtransplantation** zum „**Standard der medizinischen Versorgung**"[11] gehört. Seit Inkrafttreten des TPG 1997 ist die Zulässigkeit der Organtransplantation als **Heilbehandlung** normiert. Organentnahme durch einen Arzt ist dementsprechend keine Leichenschändung und es wird damit auch nicht die Totenruhe gestört. Das TPG trifft nach wie vor keine abschließenden Regelungen betreffend aller, mit einer Organtransplantation zusammenhängenden, Rechtsfragen. Die einzelnen Bundesländer haben hierzu eine Vielzahl von Ausführungsgesetzen erlassen, und zwar mit verschiedenen Regelungsinhalten zur Einrichtung einer gutachterlichen Kommission zur Lebensspende gemäß TPG, zur Bestellung von Transplantationsbeauftragten, zur Bestimmung der zuständigen Stellen für die Aufklärung der Bevölkerung, zur Anerkennung von Transplantationszentren, zur Auskunftsverpflichtung und zum Verfahren der Kommission bei Lebendspenden.[12] Das TPG normiert spenderbezogene Regelungen, insbesondere die Zulässigkeit des Entnahmevorganges. Empfängerbezogen sind die Regeln über die Organzuteilung, geregelt in den Vorschriften der §§ 9 ff. TPG. Die Zulässigkeit der Implantation von Spenderorganen beim Empfänger, ist praktisch nicht geregelt. Hier gelten die allgemein arztrechtlichen Grundsätze. Der Gesetzgeber hat im Rahmen des damaligen Gesetzgebungsverfahrens wie folgt formuliert: „Die allgemeinen Regeln und Rechtsgrundsätze, die für die Zulässigkeit des ärztlichen Heileingriffes gelten, werden durch diese Vorschrift nicht berührt".[13]

23 Durch das **Gewebegesetz**[14] aus dem Jahre 2007 hat das TPG eine ganze Reihe von Veränderungen, Teiländerungen, aber auch Neuregelungen bzw. die Aufhebung einiger Bestimmungen erfahren. Das TPG gilt für die Spende und die Entnahme von menschlichen Organen oder Geweben zum Zwecke der Übertragung von menschlichen Organen oder Geweben einschließlich der Vorbereitung dieser Maßnahmen (§ 1 Abs. 1 S. 1 TPG).

---

9 BT-Drs. 19/6915

10 Stellungnahme des GKV-Spitzenverbandes vom 24.1.2019 zum Entwurf eines Zweiten Gesetzes zur Änderung des Transplantationsgesetzes – Verbesserung der Zusammenarbeit und der Strukturen bei der Organspende (BT-Drs. 19/6915); aufrufbar unter https://www.gkv-spitzenverband.de/media/dokument e/presse/p_stellungnahmen/20190124_GKV-SV_Stn _GE_2.TransplantationsAeG_final.pdf

11 BT-Drs. 13/4355, 10.

12 Aufrufbar unter http://www.dso.de/organspende-und-transplantation/gesetzliche-grundlagen/ausfuehrungs gesetze-der-laender.html.

13 Vgl. BT-Drs. 13/4355, 20 zu § 8 TPG (= § 7 des Entwurfes).

14 (Gesetz über Qualität und Sicherung von menschlichen Geweben und Zellen – Gewebegesetz -, BGBl. I

1574, in Kraft getreten am 1. August 2007) Dieses Gesetz diente der Umsetzung der Richtlinie 2004/23/EG des Europäischen Parlaments und des Rates vom 31. März 2004 zur Festlegung von Qualitäts- und Sicherheitsstandards für die Spende, Beschaffung, Testung, Verarbeitung, Konservierung, Lagerung und Verteilung von menschlichen Geweben und Zellen (ABl. EU Nr. L 102 S. 48). Die Verpflichtungen aus der Richtlinie 98/34/EG des Europäischen Parlaments und des Rates vom 22. Juni 1998 über ein Informationsverfahren auf dem Gebiet der Normen und technischen Vorschriften und der Vorschriften für die Dienste der Informationsgesellschaft (ABl. EG Nr. L 204 S. 37), geändert durch die Richtlinie 98/48/EG des Europäischen Parlaments und des Rates vom 20. Juli 1998 (ABl. EG Nr. L 217 S. 18), sind beachtet worden.

Der **Handel mit menschlichen Organen und/oder Geweben** ist nach § 1 Abs. 1 Satz 2 TPG verboten. Das **24** TPG stellt klar, dass seine Bestimmungen nicht für Gewebe gelten, die innerhalb ein und desselben chirurgischen Eingriffes einer Person entnommen werden, um sie auf diese rückzuübertragen (§ 1 Abs. 2 Nr. 1 TPG) und für Blut und Blutbestandteile (§ 1 Abs. 2 Nr. 2 TPG). Nachdem es wiederholt zu HIV-Infektionen durch Blut und Blutprodukte gekommen,[15] und damit eine lebhafte Debatte über die Notwendigkeit der Sicherheit und Kontrolle im Blutspendewesen ausgelöst worden war, wurde das Gesetzgebungsverfahren zur Regelung des Transfusionswesens auf den Weg gebracht. Das Transfusionsgesetz vom 1. Juli 1998[16] (TFG) regelt die Sicherheit von Blutprodukten.[17]

2. Begriffsbestimmungen. Die durch das Gesetz über Qualität und Sicherheit von menschlichen Geweben **25** und Zellen (Gewebegesetz) vom 1. August 2007 neueingeführte Vorschrift des § 1 a TPG definierte seine verschiedenen Begrifflichkeiten: Im Rahmen der Novellierung des TPG 1997 wurde der Begriff „Organ" in Ziff. 1 geändert. Der Gesetzgeber brachte ua die Ergänzung der „differenzierten" Teile des menschlichen Körpers ein. Damit soll klargestellt sein, dass Organteile und einzelne Gewebe eines Organes als ein Organ anzusehen sind, jedenfalls dann, wenn die Anforderung an Struktur und Blutgefäßversorgung wie bei einem ganzen Organ fortbesteht. Die gesetzliche Definition des Organbegriffes in seiner aktuellen Fassung stimmt nicht mit der medizinischen Organdefinition überein. Neue Begrifflichkeiten der „Verfahrensanweisung" und „Rückverfolgbarkeit" in Ziff. 10 und 11 wurden in das TPG aufgenommen. Die in Nr. 11 aF genannte Begriffsbestimmung zu schwerwiegenden unerwünschten Reaktionen ist durch das novellierte TPG gestrichen.[18]

In Einzelnen gilt nunmehr: **26**

– „Organe" im Sinne des TPG sind, mit Ausnahme der Haut, alle aus verschiedenen Geweben bestehenden differenzierten Teile des menschlichen Körpers, die ...eine funktionelle Einheit bilden, einschließlich der Organteile und einzelnen Gewebe oder Zellen eines Organs, die unter Aufrechterhaltung der Anforderungen an Struktur und Blutgefäßversorgung zum gleichen Zweck wie das ganze Organ im menschlichen Körper zu dienen in der Lage sind;
– „vermittlungspflichtige" Organe sind das Herz, die Lunge, die Leber, die Niere, die Bauchspeicheldrüse und der Darm, wobei die Bestimmungen der §§ 3 und 4 TPG eingehalten werden müssen;
– „nicht regenerierungsfähige" Organe sind Organe, die sich nach der Entnahme nicht mehr regenerieren können;
– „Gewebe im Sinne des TPG" sind alle aus Zellen bestehenden Bestandteile des menschlichen Körpers, die nicht Organe im Sinne Nr. 1 der Vorschrift des § 1 a TPG sind;
– „nächste Angehörige" sind der Ehegatte oder eingetragene Lebenspartner (Nr. 5 a), die volljährigen Kinder (Nr. 5 b), die Eltern oder bei Eintritt des Todes minderjährigen Organ- oder Gewebespender sorgeberechtigte Elternteil, ein Pfleger oder ein Vormund (Nr. 5 c);
– die „volljährigen Geschwister" (Nr. 5 d); und „Großeltern" (Nr. 5 e);
– die „Entnahme" bedeutet die Gewinnung von Organen oder Geweben (Nr. 6);
– die „Übertragung" bedeutet die Verwendung von Organen oder Geweben in oder an einem menschlichen Empfänger (Nr. 7);
– eine „Gewebeeinrichtung" ist eine Einrichtung, die sämtliche, in Zusammenhang mit der Gewinnung, Untersuchung und Übertragung auf einen Empfänger erforderlichen Maßnahmen ergreift (Nr. 8);
– eine „Einrichtung der medizinischen Versorgung" ist ein Krankenhaus, eine andere Einrichtung mit unmittelbarer Patientenbetreuung, unter ständiger ärztlicher Leitung, die medizinische Leistungen erbringt (Nr. 9);
– „Verfahrensanweisungen" sind schriftliche Anweisungen, die die Schritte eines spezifischen Verfahrens beschreiben, einschließlich der zu verwendenden Materialien und Methoden und des erwarteten Endergebnisses (Nr. 10);
– „Rückverfolgbarkeit" ist die Möglichkeit, das Organ in jeder Phase von der Spende bis zur Übertragung oder Verwerfung zu verfolgen und zu identifizieren; dies umfasst auch die Möglichkeit, den Spender, das Entnahmekrankenhaus und die Empfänger im Transplantationszentrum zu identifizieren, sowie alle sachdienlichen, nicht personenbezogenen Daten über Produkte und Materialien, mit denen das Organ in Berührung kommt, zu ermitteln und zu identifizieren (Nr. 11).

Mit dieser Vorschrift des § 1 a TPG hatte der Gesetzgeber des TPG 1997 die wesentlichen Begrifflichkeiten **27** des TPG aufgezählt und damit auch Anwendungsbereich und Regelungsinhalte gesetzlich normiert und in seiner Novellierung 2012 nochmals Klarstellungen vorgenommen: Was also unter einem Organ, Organtei-

---

15 S. Abschlussbericht des 3. Untersuchungsausschusses des 12. Legislaturperiode, BT-Drs. 12/8591, dargestellt bei *Hart* MedR 1995, 61.

16 BGBl. I, S. 1752.

17 *Deutsch, Erwin*, Sicherheit bei Blut und Blutprodukten: Das Transfusionsgesetz von 1998, NJW 1998, 3377.

18 ABl. EU Nr. L 207, S. 19, 21.

len oder Gewebe zu verstehen ist, fasst der Gesetzgeber in der Legaldefinition „Organe" zusammen: Nr. 1 beinhaltet die Ergänzung der „differenzierten" Teile des menschlichen Körpers. Grund hierfür war, dass man Organteile und einzelne Gewebe eines Organes als Organ angesehen wissen will, jedenfalls dann, wenn die Anforderung an Struktur und Blutgefäßversorgung wie bei einem ganzen Organ fortbestehen. Es ergibt sich ein gewisser Widerspruch der gesetzlichen Definition des Organbegriffes mit der medizinischen Begrifflichkeit eines menschlichen Organes.[19] Desweiteren benennt der Gesetzgeber die „vermittlungspflichtigen" Organe, als da sind, das Herz, die Lunge, die Leber, die Nieren, die Bauchspeicheldrüse und der Darm, einschließlich der Teile dieser Organe, wie zB Gehörknöchelchen, Knochen bzw. Knochengelenke, harte Hirnhaut, die Haut an sich sowie Faszien.[20] Das TPG stellt klar, dass es sich um „menschliche" Organe oder Gewebe handeln muss. Eindeutig nicht in den Anwendungsbereich des TPG fällt damit die Übertragung tierischer Organe (**Xenotransplantation**).[21] Auch die Entnahme und Übertragung eines Herzschrittmachers oder von Gelenkprothesen fällt nicht unter den Anwendungsbereich des TPG.

28 **3. Aufklärung der Bevölkerung, Erklärung zur Organ- und Gewebespende, Organ- und Gewebespenderegister, zu Organ- und Gewebespendeausweisen (§ 2 TPG). a) Verpflichtung zur Aufklärung der Bevölkerung.** § 2 TPG spricht für die nach Landesrecht zuständigen Stellen, die Bundesbehörden im Rahmen ihrer Zuständigkeit, insbesondere aber für die Bundeszentrale für gesundheitliche Aufklärung und die gesetzlichen und privaten Krankenkassen die Verpflichtung aus, die Bevölkerung umfassend über Sinn und Zweck der Organspende, deren Zulässigkeitsvoraussetzungen sowie deren Bedeutung für das Gesundheitswesen aufzuklären.[22] Die Förderung der Bereitschaft zur Organspende ist im TPG 2012 in § 1 Abs. 1 „Ziel und Anwendungsbereich des Gesetzes" jetzt auch gesetzlich normiert. Die dafür zu ergreifenden Maßnahmen sind nach § 2 Abs. 1 ff. Aufgabe der nach Landesrecht zuständigen Stellen, der Bundesbehörden im Rahmen ihrer Zuständigkeit sowie der Krankenkassen.[23]

29 Die Aufklärung soll sich an alle potenziellen Organ- und Gewebespender richten und das kann im Zweifel jeder Mensch sein. Adressaten der Aufklärung, dieser Information also, sind auch Personen, die erst in Zukunft nach den gesetzlichen Bestimmungen des TPG berechtigt oder verpflichtet sein können. Gemeint sind damit alle zur Bevölkerung gehörigen Personen, und zwar unabhängig von der Staatsangehörigkeit, auch diejenigen, die sich im Ausland befinden, sofern sie nur über einen hinreichenden Bezug zum deutschen Gesundheitssystem verfügen und Teil des hiesigen Transplantationssystems sind. **Die Aufklärung erfolgt im öffentlichen Interesse.** Dabei soll informiert und aufgeklärt werden über

– die Möglichkeit des Erwerbs eines Organ- und Gewebespendeausweises,
– die Möglichkeit, die Erklärungen zur Organ- und Gewebespende zu speichern
– zum Zwecke berechtigten Personen Auskunft zu erteilen (Organ- und Gewebespenderegister)

Mit dieser Aufklärung, so das erklärte Ziel des Gesetzgebers, soll der Wissensstand der Bevölkerung verbessert und ihr Problembewusstsein bezogen auf den gravierenden Organmangel und die daraus resultierenden Probleme geschärft werden. Jedem potenziellen Organ- und Gewebespender soll vor Augen geführt werden, dass er selber einmal in die Situation kommen könnte, in der er auf eine Organspende zur Lebenserhaltung angewiesen ist.

30 **b) Einwilligung und Widerspruch, Entscheidungsübertragung.** Minderjährige können vom vollendeten 16. Lebensjahr an ihre Einwilligung erteilen oder die Entscheidung auf eine namentlich benannte Person ihres Vertrauens übertragen, den Widerspruch dagegen können sie vom vollendeten 14. Lebensjahr an erklären (§ 2 Abs. 2 Satz 2 TPG).

31 Das Bundesministerium für Gesundheit ist gem. § 2 Abs. 3 TPG durch Rechtsverordnung mit Zustimmung des Bundesrates berechtigt, einer Stelle die Aufgabe zu übertragen, ein **sog. Organ- und Gewebespenderegister** einzurichten sowie Bestimmungen darüber zu treffen, wer zur Auskunft berechtigt ist.

II. Entnahme von Organen und Geweben bei toten Spendern (§§ 3–7 TPG)

32 Das TPG unterscheidet bei der Zulässigkeit zwischen der Entnahme bei einem **toten Organspender** und einem **lebenden Organspender.**

33 In beiden Fällen sind die normierten Zulässigkeitsvoraussetzungen des TPG zwingend einzuhalten. Das TPG regelt die Spende und **Entnahme von menschlichen Organen oder Geweben** zum Zwecke der Über-

---

19 BT-Drs. 17/7376, 17; vgl. dazu auch Art. 3 lit. h der RL 2002/53/EU (ABl. L 207 v. 6.8.2010, S. 8; vgl. dazu *Höfling/Czerner*, TPG, § 1 a Rn. 3 ff.

20 BT-Drs. 13/4355, 30.

21 Vgl. Stengel-Steike/*Steike*, Xenotransplantation-Medizinische Probleme und Rechtsfragen AnwBl. 2000, 574 (577.).

22 Zu den einzelnen zuständigen Stellen nach Landesrecht vgl. *Höfling*, TPG, 114 ff. zu § 2 TPG aF.

23 Es heißt nämlich dort in der Begründung, dass „eine umfassende, wiederholte und eingehende Aufklärung der Bevölkerung (...) Voraussetzung und Grundlage einer bewussten Entscheidung der Bürger über eine mögliche Organspende (...) sei.

tragung, sowie die **Übertragung der Organe oder der Gewebe** einschließlich der Vorbereitung dieser Maßnahmen. Klargestellt ist unter anderem, dass das TPG für Organe und Gewebe des **menschlichen Körpers** gilt.[24] Ob die Organe bzw. das Gewebe nach der Entnahme einer besonderen Aufbereitung bedürfen, ist nicht entscheidend.[25] Geregelt ist im TPG die **Übertragung von Mensch zu Mensch** in den medizinisch bekannten verschiedenen Varianten **(Autotransplantation, Isotransplantation, intrauterine Gewebetransplantationen auf Embryonen oder Föten).**

1. Zulässigkeitsvoraussetzungen der Organentnahme bei toten Organspendern. a) Entnahme mit Einwilligung des Spenders. Nach § 3 des Transplantationsgesetzes ist die Organentnahme bei toten Organspendern unter der Bedingung zulässig, dass (kumulativ)   **34**

– der Organspender vor seinem Tod in die Entnahme eingewilligt hatte,
– der Tod des Organspenders nach den Regeln, die dem Stand der Erkenntnisse der medizinischen Wissenschaft entsprechen, festgestellt ist und
– der Eingriff durch einen Arzt vorgenommen wird.

Ohne **schriftliche Zustimmung oder Ablehnung** des potenziellen Organspenders, kann die Organentnahme nach § 3 TPG nur durchgeführt werden, wenn nächste Angehörige der Organentnahme zustimmen. Bei Widerspruch des toten Spenders ist die Organ- und Gewebeentnahme unzulässig (§ 3 Abs. 2 Nr. 1 TPG). Gleiches gilt, wenn der Tod vor Entnahme des Organes oder des Gewebes nicht endgültig festgestellt ist.   **35**

Die Entnahme von Geweben, in Abweichung von der Bestimmung Satz 1 Nr. 3 des § 3 TPG, kann nicht nur durch einen Arzt, sondern auch durch andere, dafür qualifizierte Personen, allerdings unter der Verantwortung und fachlichen Weisung eines Arztes (§ 3 Abs. 1 Satz 2 TPG) vorgenommen werden. Daran hält das novellierte TPG fest.   **36**

Mit dem TPG 1997 war damals erstmals die rechtliche Grundlage für Organtransplantationen in Deutschland geschaffen worden. Nach wie vor gilt die sog. „erweiterte Zustimmungslösung", dh, dass Angehörige entscheiden können, ob die Organe für eine Transplantation zur Verfügung stehen, wenn der Verstorbene selbst keine Erklärung (keinen Organspendeausweis) abgegeben oder aber einen Widerspruch gegen die Organentnahme formuliert hat. Das TPG 2019 hält weiter an diesem Konzept fest. Gerade um diese Regelung war zuvor jahrelang gestritten worden. Es gab und gibt verschiedene Modelle, über die diskutiert wurde und auch weiterhin wird, angelehnt an die unterschiedlichen Regelungen in anderen europäischen Ländern. So unterschiedlich diese Modelle im Einzelnen sind, sie alle respektieren den zu Lebzeiten geäußerten Widerspruch gegen eine Organentnahme nach dem Tode.   **37**

Diskutiert wurden und werden im Einzelnen:

– die **enge Zustimmungslösung**: Die Organentnahme ist verboten, wenn der potenzielle Spender zu Lebzeiten nicht ausdrücklich zugestimmt hat. Eine fehlende Einwilligung kann später durch niemanden stellvertretend nachgereicht werden, weder von nächsten Angehörigen, noch von persönlich besonders verbundenen volljährigen Personen, noch von einer Person, der der Verstorbene die Entscheidungszuständigkeit zu Lebzeiten übertragen hatte;   **38**

– die **Informationslösung**: Die Organentnahme ist danach nur zulässig, wenn der potenzielle Spender zu Lebzeiten zugestimmt hat. Liegen weder Zustimmung noch Widerspruch des Verstorbenen vor, werden die Angehörigen hinzugezogen und gebeten, innerhalb einer angemessenen Frist über die Organentnahme zu entscheiden. Läuft die Frist ohne Entscheidung der Angehörigen ab, werden die Organe entnommen;   **39**

– die **erweiterte Zustimmungslösung**: Die Organentnahme ist grundsätzlich unzulässig, wenn der potenzielle Spender zu Lebzeiten nicht eingewilligt hat. Die Einwilligung kann aber nach seinem Tod ersatzweise von den Angehörigen erteilt werden. Das deutsche Transplantationsgesetz folgt diesem Modell, das auch in Großbritannien, Holland, Schweden und Dänemark Gesetz geworden ist;   **40**

– die **Widerspruchslösung**: Die Organentnahme ist grundsätzlich zulässig, wenn der potenzielle Spender zu Lebzeiten nicht ausdrücklich schriftlich widersprochen hat. Angehörige müssen nicht zu Rate gezogen werden.   **41**

    Diese Widerspruchslösung stieß auf harsche Kritik des Landes Rheinland-Pfalz, aber auch zT der Mediziner. Von daher nahm der Gesetzgeber von dieser Widerspruchlösung, die in den Ländern Frankreich, Belgien und Österreich gilt, Abstand.

In allen europäischen Ländern gilt, ebenso wie auch im deutschen Transplantationsgesetz, der „Hirntod" als der Zeitpunkt des Todes, ab dem eine Organentnahme unter Wahrung der Pietät zulässig ist, sofern die wei-

---

24   BT-Drs. 13/4355, 16.
25   BT-Drs. 13/4355, 16.

teren Voraussetzungen vorliegen. Überwiegend gelten die Systeme der Widerspruchslösung und der Zustimmungslösung.[26] Angesichts des gravierenden Organmangels werden immer wieder Stimmen laut, die das deutsche System der erweiterten Zustimmungslösung kritisieren. Man befürchtet, dass die europäischen Nachbarländer auf Dauer nicht mehr bereit sein werden, erheblich mehr Organe vom Ausland nach Deutschland zu vermitteln, wenn dort weiterhin grundsätzlich eine viel geringere Bereitschaft zur Organspende bestehen bleibt.[27]

42 **b) Organentnahme mit Zustimmung Dritter.** § 4 TPG regelt die **Organentnahme mit Zustimmung anderer Personen**, nämlich für den Fall, dass dem Arzt, der die Organentnahme durchführen soll weder eine schriftliche Einwilligung noch ein schriftlicher Widerspruch des potenziellen Organspenders vorliegt. In einem solchen Fall sind dessen nächste Angehörigen bei der Entscheidungsfindung hinzuziehen. Wer zu dem Kreis der nächsten Angehörigen gehört, bestimmt § 1 a Nr. 5 TPG. Danach sind **„nächste Angehörige"**

– der Ehegatte oder der eingetragene Lebenspartner,
– die volljährigen Kinder,
– die Eltern, sofern der mögliche Organ- oder Gewebespender zur Todeszeit minderjährig war und die Sorge für seine Person zu dieser Zeit nur einem Elternteil, einem Vormund oder einem Pfleger zustand, dieser Sorgeinhaber,
– die volljährigen Geschwister,
– die Großeltern.

43 Grundsätzlich gilt, dass die **persönliche Entscheidung des potenziellen Spenders** Vorrang vor der Orientierung an dessen mutmaßlichem Willen hat. Erst dann, wenn weder eine Einwilligung (Organspendeausweis) oder ein Widerspruch fehlen, sind die nächsten Angehörigen hinzuziehen. Diese haben dann die Entscheidungskompetenz, müssen über die in Aussicht genommene Organentnahme unterrichtet werden und können, unter Berücksichtigung des mutmaßlichen Willens des Organspenders, ihre Zustimmung erteilen oder auch nicht. Sie können sich dabei ausbedingen, dass sie ihre Zustimmung innerhalb einer bestimmten Frist widerrufen dürfen. Bevor aber abschließend über die Entscheidungszuständigkeit nächster Angehöriger entschieden werden kann, muss nochmals Nachfrage gehalten werden, ob nicht vielleicht doch, eine bis dato nicht bekannte, wirksame Erklärung des potenziellen Organspenders vorliegt. Wenn auch Anhaltspunkte für einen mutmaßlichen Willen des potenziellen Organspenders fehlen, dürfen nächste Angehörige nach eigenem, „ethisch verantwortbarem Ermessen"[28] entscheiden. Dabei handelt es sich um eine eigenständige Entscheidung, die an die Stelle der Entscheidung des Verstorbenen tritt.

44 Haben der nächste Angehörige und der Arzt eine schriftliche Vereinbarung zum Widerruf der Zustimmung innerhalb einer bestimmten Frist getroffen, und macht er hiervon keinen Gebrauch, dann gilt die Zustimmung durch Zeitablauf als erteilt. Diese Möglichkeit des Widerrufes der primär erteilten Zustimmung zur Organentnahme soll den nächsten Angehörigen noch eine gewisse Bedenkzeit einräumen.

45 § 4 Abs. 2 TPG bestimmt im Einzelnen, wann nächste Angehörige im Sinne des § 1 a Nr. 5 TPG überhaupt eine **Entscheidungszuständigkeit** erlangen, nämlich nur dann, wenn sie innerhalb der letzten zwei Jahre vor dem Tod des potenziellen Organ- oder Gewebespenders mit diesem in persönlichem Kontakt standen. Kommen mehrere nächste Angehörige in Betracht, so genügt es, wenn ein nächster Angehöriger zustimmt. Widersprüchliche Entscheidungen mehrerer nächster Angehöriger sind zu berücksichtigen. Volljährige Personen, die dem Verstorbenen, zB durch die Betreuung und Pflege bis zu seinem Tod persönlich ganz besonders verbunden waren, gelten als nächste Angehörige im Sinne des TPG. Grundlage einer solchen Verbindung kann aber auch eine gemeinsame Lebensplanung mit besonderer innerer Bindung sein. Nicht dazu gehören bloß ökonomisch motivierte Zweckwohngemeinschaften. Eine besondere persönliche Verbundenheit kann aber demgegenüber auch bei räumlich getrennten Personen bejaht werden (zB eheähnliche Lebensgemeinschaft im Rahmen einer Wochenendbeziehung). Bei einer derartigen Fallkonstellation muss der Arzt sehr genau die Einzelumstände im Vorfeld einer Organentnahme eruieren. Als Indiz kann hier zB

---

26 Die Widerspruchsregelung mit Einspruchsrecht der Angehörigen gilt in Belgien, Finnland und Norwegen; die erweiterte Zustimmungsregelung gilt in Dänemark, Deutschland, Griechenland, Großbritannien/Irland, den Niederlanden und der Schweiz.

27 vgl auch *Kubiciel/Mayer*, Verfassungskonformität der Widerspruchslösung im Transplantationsrecht, jurisPR-StrafR 23/2018; DTG, Pressemeldung vom 5.3.2018, Organspende: „Das „Tabu Widerspruchslösung" muss fallen!"; aus dem Bereich Medizinethik kritisch auch *Schöne-Seifert/Prien/Rellensman/*

Roder/Schmidt, Medizinethik: Behandlung potenzieller Organspender im Präfinalstadium, Dtsch Arztebl 2011; 108(40): A 2080–6; siehe auch *Zieger*, Eine Frage von Leben und Tod NZW-online.de; aufrufbar unter: https://www.nwzonline.de/interview/oldenburg-interview-mit-neurochirurg-zur-organspende-eine-frage-von-leben-und-tod_a_50,3,3391737420.html

28 BT-Drs. 12/8027, 9; vgl. *Walter*, Organentnahme nach dem Transplantationsgesetz: Bedürfnisse der Angehörigen; FamRZ 1998, 201 (208); vgl. Höfling/ Rixen, TPG S. 170 ff.

dienen, ob diese volljährige Person den Verstorbenen zB in der Endphase seines Lebens begleitet hat oder nicht.[29] Für den Fall, dass der Verstorbene nachgewiesenermaßen einer Person seines Vertrauens die Entscheidungsfindung übertragen hatte, tritt diese anstelle der nächsten Angehörigen (§ 4 Abs. 3 TPG). Für den Fall, dass der potenzielle Organspender weder nächste Angehörige hat oder keine von diesen nach § 4 Abs. 2 S. 5 TPG gleichgestellten Personen oder ist keiner dieser Personen überhaupt erreichbar, so ist eine Organentnahme definitiv unzulässig.[30]

Nicht entscheidungsbefugt ist in jedem Fall ein amtlich bestellter Betreuer, weil das Betreuungsverhältnis **46** mit dem Tode des Betreuten erlischt.[31] Insbesondere mit den Bestimmungen des § 4 Abs. 2 und 3 TPG soll dem Bestimmungsrecht des Verstorbenen Rechnung getragen werden.

Abgerundet wird das **Verfahren um die Entscheidungszuständigkeit** für den Fall einer beabsichtigten **47** Organentnahme durch die Verpflichtung des Arztes im Detail über Verlauf, Inhalt und Ergebnis der Beteiligung involvierter Personen einen Bericht zu erstellen. Die beteiligten Personen haben ein Einsichtsrecht in diese Dokumentation. Mit dieser Regelung wollte der Gesetzgeber Transparenz und Verfahrenssicherung, aber auch die Kontrolle der ärztlichen Beratung erzielen, nicht zuletzt auch im Nachhinein Rechtsklarheit zu haben.[32]

Diese Entscheidungszuständigkeit „nächster Angehöriger" oder „nahestehender Personen" gemäß § 4 **48** Abs. 2 TPG ist hinsichtlich seiner Auswirkungen häufig kritisiert worden. Organentnahmen erfolgten in der Regel „fremdbestimmt". Nur ein sehr geringer Teil der sogenannten „Hirntoten" habe vorab schriftlich in die Organentnahme eingewilligt. Es wird von Zustimmungsraten von bis zu 7,5 % maximal gesprochen. Zahlen aus dem Jahre 2007 zeigen, dass nur 81 der insgesamt 1.313 „Hirntoten" (6,2 %) vorab schriftlich eingewilligt hatten. Explantiert wurde also in den allermeisten Fällen nach „stellvertretender" Zustimmung der nächsten Angehörigen, dies, obwohl davon „die überwiegenden Mehrheit" nach Darstellung des Sozialforschungsinstitutes „IGES" in Berlin im Auftrag des Bundesgesundheitsministerium (BMG), den Willen des potenziellen Organspenders gar nicht kennt. Dieser „stellvertretenden" Entscheidung stehe man viel eher kritisch gegenüber. Die Statistik der DSO gibt, ebenfalls für das Jahr 2007, 530 Fälle bekannt, bei denen über diese „stellvertretende" Zustimmung der Angehörigen eine Organentnahme erfolgte.

Die DSO selbst fordert, um geringere Ablehnungsquoten zu erzielen, dass Mediziner für die Gesprächsführung **49** rung mit Angehörigen geschult werden. Das Angehörigengespräch kurz nach der Feststellung des „Hirntodes", leide insbesondere darunter, dass Kliniken dafür oft keine geeigneten, ruhigen Räume hätten und Mediziner nicht ausreichend geschult seien. Hinzukomme auch der Zeitdruck, der sich unmittelbar aus dem Organspendeprozess selbst ergebe.

Neben der Schulung der beratenden Mediziner fordert die DSO, dass ihre Mitarbeiter an allen Angehörigen- **50** gesprächen zu beteiligen seien. Dies wird mit einer eigenen Erhebung begründet, wonach nach Gesprächen, die ein DSO-Koordinator geführt habe, der überwiegende Anteil der Angehörigen der Organentnahme zugestimmt habe, wohingegen bei Gesprächen ausschließlich durch Ärzte des Krankenhauses nur etwa die Hälfte der Angehörigen in die Organentnahme eingewilligt hätten. Diese DSO-Forderung dürfte nur bedingt mit einem grundsätzlich „ergebnisoffen" zu führenden Angehörigengesprächen vereinbar sein. Dafür spricht, dass die DSO ihre Koordinatoren als „Anwalt auch der Patienten auf der Warteliste" sieht. Im Übrigen geht es, dass muss klargestellt sein, offenbar auch um Geld: Für jedes beschaffte und transplantierte Organ eines „Hirntoten" kann die DSO der Krankenkasse des Empfängers eine „Organisationspauschale" von mehreren Euro in Rechnung stellen.

c) Entnahme bei toten Embryonen und Föten. Die Vorschrift des § 4 a TPG enthält **Regelungen zur 51 Entnahme von Organen oder Geweben bei toten Embryonen und Föten.** Für diese Fallkonstellationen entsprechen die Bestimmungen des § 4 a TPG denjenigen des § 4 TPG mit der Besonderheit, dass die Frau, die mit dem Embryo oder Fötus schwanger war, nur für die Zwecke der Dokumentation, der Rückverfolgung und des Datenschutzes als Spenderin gilt. Das Verfahren rund um die Zustimmung der Organ- oder Gewebeentnahme ist identisch mit dem Verfahren nach § 4 TPG. Die Entscheidungszuständigkeit hat die Frau, die mit dem Embryo oder Fötus schwanger war. Den Arzt treffen die gleichen Aufklärungspflichten. Voraussetzung ist, dass der Tod des Embryos oder Fötus sicher festgestellt ist. Vorher darf über die Frage einer möglichen Organ- oder Gewebeentnahme nicht diskutiert bzw. nicht aufgeklärt werden.

d) Nachweisverfahren (§ 5 TPG). § 5 TPG regelt das **Nachweisverfahren zur Todesfeststellung.** Detail- **52** liert wird dort geregelt, wer, wie und wann der Tod attestieren darf. Diese Vorschrift enthält damit verfahrensrechtliche Anforderungen für den Nachweis des Todes. § 5 Abs. 1 S. 1 TPG bezieht sich auf den Nachweis des endgültigen, nicht behebbaren Ausfall der gesamten Hirnfunktion, wo hingegen § 5 Abs. 1 S. 2 TPG sich auf den Nachweis des nicht behebbaren Stillstandes von Herz- und Kreislauf bezieht. § 5 Abs. 1

29 Höfling/*Rixen*, TPG S. 170 ff.
30 BT-Drs. 13/8027, 11.
31 *Borowy*, Die postmortale Organentnahme und ihre zivilrechtlichen Folgen, 2000, 199 mwN.
32 BT-Drs. 13/8027, 11.

S. 1 TPG bestimmt, dass der Nachweis immer den Regeln der medizinischen Wissenschaft entsprechend zu erfolgen hat. Mögliche Fehlbeurteilungen sollen dadurch ausgeräumt werden, dass diese Feststellungen, von zwei verschiedenen, dafür qualifizierten Ärzten getroffen werden, jedenfalls dann, wenn es um den endgültigen Nachweis eines nicht behebbaren Ausfalls der gesamten Hirnfunktion geht. Geht es indes um den Nachweis eines nicht behebbaren Stillstandes von Herz- und Kreislauf und sind seither mehr als drei Stunden vergangen, dann genügt die Untersuchung und Feststellung nur durch einen hierfür qualifizierten Arzt (§ 5 Abs. 1 S. 2 TPG). Was den „Nachweis nach den Regeln der medizinischen Wissenschaft" angeht, hat die Bundesärztekammer im Rahmen ihrer Richtlinien-Kompetenz näher ausgeführt.[33] Nach § 5 Abs. 2 TPG muss die Unabhängigkeit der, mit der Feststellung des Todes betrauten Ärzte garantiert sein. Die Ärzte dürfen insbesondere nicht an der Entnahme, aber auch nicht an der Übertragung der Organe beteiligt sein. Die Untersuchungsergebnisse und die daraus resultierenden Feststellungen sind in einer Niederschrift unverzüglich festzuhalten und den nächsten Angehörigen Gelegenheit zur Einsichtnahme zu geben. Die gleiche Regelung gilt auch für die Entnahme und Übertragung von Organen oder Gewebe eines toten Embryos oder Fötus gem. den Bestimmungen des § 5 Abs. 3 TPG. Auch hier muss der Frau, die mit dem Embryo oder Fötus schwanger war, Gelegenheit zur Einsichtnahme gegeben werden.

53 **e) Achtung der Würde des Organ- und Gewebespenders.** § 6 TPG bestimmt, dass Organe und Gewebeentnahmen unter Achtung der Würde des Spenders in einer, „der ärztlichen Sorgfaltspflicht entsprechenden Weise" durchgeführt werden müssen. Davon umfasst sind alle Maßnahmen zur Vorbereitung, Durchführung der Organentnahme nach den hierfür geltenden Regeln der Transplantationschirurgie, aber auch die weitere Versorgung des Leichnams bis zur seiner Herausgabe aus dem Gewahrsam des Krankenhauses, in der Regel bis zur Übergabe an ein Bestattungsinstitut. Den nächsten Angehörigen muss Gelegenheit gegeben werden, den Leichnam nochmals zu sehen (§ 6 Abs. 2 S. 2 TPG). Anlass für diese Bestimmungen sah der Gesetzgeber im Wesentlichen in einem **fortwirkenden Persönlichkeitsrecht mit dem Anspruch auf einen pietätvollen Umgang nach dem Tod.**[34] Allerdings werden Verstöße gegen die Bestimmungen des § 6 Abs. 1 TPG weder durch eine Strafe noch ein Bußgeld sanktioniert.[35]

54 **f) Datenerhebung und Verwendung; Auskunftspflicht (§ 7 TPG).** Zur Erfüllung der „Gemeinwohlaufgabe Transplantationswesen" normiert die Bestimmung des § 7 TPG unter Eingriff in die Privatsphäre den Zugriff auf alle, für das Gelingen einer Transplantation erforderlichen Daten unter Berücksichtigung des verfassungsrechtlichen Verhältnismäßigkeitsgrundsatzes.[36] Seine jetzige Fassung erhielt die Vorschrift des § 7 durch das 2007 in Kraft getretene Gewebegesetz.[37] Mit diesem Gesetz wurden die Geweberichtlinie 2004/23/EU (Umgang personenbezogener Daten zur Gewebetransplantation)[38] sowie die ergänzenden unionsrechtlichen Vorgaben der Organrichtlinie 2010/53/EU umgesetzt. Zur besseren Übersichtlichkeit wurde die Vorschrift durch das Gewebegesetz neu strukturiert.[39] Diese Vorschrift findet keine Anwendung bei Lebendorganspenden.

55 Eigentlicher Regelungszweck des § 7 ist die Generierung von Spenderdaten, die unter Berücksichtigung datenschutzrechtlicher Bestimmungen für das gesamte Transplantationsverfahren erforderlich sind, und die dadurch ihre Legitimation erhält. Damit wurde die bisherige Vorschrift des § 7 Abs. 1 TPG durch die Nr. 3 bis 5 ergänzt. Eine Datenerhebung und Verwendung ist nunmehr auch zum Zwecke der Organ- und Spendercharakterisierung, zum Zwecke der Rückverfolgung und zur Meldung schwerwiegender Zwischenfälle und schwerwiegender unerwünschter Reaktionen zulässig. Die Vorschrift des § 7 Abs. 2 TPG regelt den zur unverzüglichen Auskunft über die in Abs. 1 genannten Daten verpflichteten Personenkreis. Diese Vorschrift wurde mit Blick auf die neu eingefügten Tatbestände um den „Transplantationsbeauftragten" des Entnahmekrankenhauses und den „verantwortlichen Arzt" des Transplantationszentrums erweitert. Zudem ist nun auch dieser Personenkreis gem. § 7 Abs. 3 TPG für Einholung diesbezüglicher Auskünfte berechtigt. Festgelegt ist damit, dass sowohl die Auskunftspflicht als auch das Auskunftsrecht erst nach Feststellung des Hirntodes eines Patienten einsetzen soll. Die Ermächtigung nach Abs. 1 richtet sich in erster Linie an die DSO. Es könnten aber auch Fallkonstellationen denkbar sein, und zwar in Abhängigkeit der konkreten Organisation der Zusammenarbeit mit der DSO vor Ort, auch die Krankenhäuser betreffen.

56 Da nunmehr der Kreis der Auskunftsverpflichteten und Auskunftsberechtigten um den Transplantationsbeauftragten des Entnahmekrankenhauses und den „verantwortlichen Arzt" des Transplantationszentrums eine Erweiterung erfahren hat, bedarf es auch krankenhausintern angleichender Vereinbarungen, zB durch eine Tätigkeitsbeschreibung für diese Personen in dem jeweiligen Krankenhaus, insbesondere wegen der zeitli-

33 Vgl. Richtlinien der BÄK im Einzelnen, abrufbar unter http://www. Bundesaerztekammer.de/organ-transplantation.

34 BT-Drs. 13/4255, 19.

35 Vgl. Höfling/*Rixen*, TPG S. 185 f.

36 Vgl. dazu *Rixen*, Datenschutz im Transplantationsgesetz, Datenschutz und Datensicherheit (DuD) 1998, 75 (80.).

37 BGBl. 2007 I, 1574.

38 BR-Drs. 543/06, 12, 60.

39 Vgl. BR-Drs. 543/06, 60.

chen Komponente bei Organspenden, zB Regelungen für die Erreichbarkeit bzw. entsprechende Vertretungslösungen im Falle der Abwesenheit der benannten Personen.[40]

Auskunftsberechtigt ist der Arzt, der die Organentnahme durchzuführen beabsichtigt nach den Vorschriften der §§ 3 und 4 TPG. Der Arzt muss in einem nach § 108 des SGB V oder nach anderen gesetzlichen Bestimmungen für die Übertragung der Organe zugelassenen Krankenhaus tätig sein. Auch die von der Koordinierungsstelle beauftragte Person ist auskunftsberechtigt. Es handelt sich dabei um einen regulären Auskunftsanspruch.[41] Die Bestimmung des § 7 Abs. 2 TPG bestimmt den Kreis der auskunftsberechtigten Personen, Behörden etc abschließend. Auskunftsverpflichtet sind danach **57**

- Ärzte, die den potenziellen Organspender vor seinem Tod behandelt haben,
- Ärzte, die Auskunft aus dem Organ- und Gewebespenderegister nach § 2 Abs. 4 erhalten haben,
- die medizinische Versorgungseinrichtung, in der der Tod des Organ- oder Gewebespenders nach § 3 Abs. 1 S. 1 Nr. 2 TPG festgestellt worden ist,
- Ärzte, die die Leichenschau vorgenommen haben,
- die Behörden, in deren Gewahrsam oder Mitgewahrsam sich der Leichnam befindet oder befunden hat sowie
- die von der Koordinierungsstelle oder gewebeentnehmenden Gewebeeinrichtung beauftragte Person.

Die **Auskunftspflicht** besteht erst **nach Feststellung des Todes**. Auskunftsberechtigt sind darüber hinaus auch Ärzte, die die Entnahme von Organen und Geweben beabsichtigten, in einem Krankenhaus tätig sind, das nach § 108 SGB V oder nach anderen gesetzlichen Bestimmungen für die Übertragung solcher Organe zugelassen ist oder mit einem solchen Krankenhaus zum Zwecke der Entnahme solcher Organe zusammenarbeitet. **58**

2. Hirntod-Konzept des TPG. Die Frage, wann ein Mensch tot bzw. wann von einem nicht behebbaren Ausfall der Gesamtfunktion des Großhirns, des Kleinhirns und des Hirnstammes auszugehen sei, wird seit dem Gesetzgebungsverfahren zur Erstfassung des TPG[42] äußerst kontrovers diskutiert. Der Gesetzgeber entschied sich damals für den **„Hirntod" als Kriterium für den Tod des Individuums** ohne jedoch zu definieren, was der Hirntod ist. Diese Aufgabe hat er an die Bundesärztekammer delegiert (§ 16 TPG). Das TPG hat an diesem Kriterium des „Hirntodes" festgehalten: Auch ein Mensch, bei dem ein durchbluteter Kreislauf vorhanden ist, wie bei intensivmedizinisch behandelten Patienten, die für eine Transplantation in Frage kommen, könne „hirntot" sein. Es gibt aber auch Stimmen, die einen Menschen im Zustand des sog. Hirntodes, solange er noch einen Kreislauf hat, nicht als tot ansehen, also nicht mit einer Leiche gleichsetzen wollen.[43] Auf verfassungsrechtliche Bedenken stößt[44] nach wie vor die Tatsache, menschliches Leben nicht ausschließlich biologisch, sondern durch menschlich-kognitive Leistung zu definieren.[45] **59**

Der Gesetzgeber entzieht sich durch diese Form der Delegation auf die Bundesärztekammer der abschließenden Entscheidung über die Voraussetzungen der Todesfeststellung: Nicht der Gesetzgeber, sondern die Bundesärztekammer bestimmt, dass ein Mensch, der „hirnorganisch schwerst geschädigt" ist, als „tot" im Sinne des TPG anzusehen ist. Mit anderen Worten: Der Mensch ist nicht tot im biologischen Sinne, sondern wird für tot erklärt. **60**

Liest man in der Ursprungsbegründung zum Transplantationsgesetz 1997 nach, erscheint auch der Regelungsbereich im § 3 Abs. 1, 2 TPG im Zusammenhang mit der Vorschrift des § 3 Abs. 2 Nr. 2 TPG nicht nachvollziehbar. Zurecht ist daher in der Literatur vehement kritisiert worden, dass sich der Gesetzgeber nicht zu einer eindeutigen Entscheidung habe durchringen können.[46] Die Kritik gründet im Wesentlichen darauf, dass zwar der Gesetzgeber in seiner Begründung zum Entwurf eines Transplantationsgesetzes zwischen einer „direkten" Feststellung des Gesamthirntodes unter intensivmedizinischen Bedingungen bei künstlicher Aufrechterhaltung der Atmungs- und Kreislauffunktion und der „indirekten" Feststellung des Gesamthirntodes anhand äußerlich erkennbaren Todeszeichen nach Eintritt des Herzstillstandes unterschieden wissen will. Nach den Standards der Bundesärztekammer kann aber der Gesamthirntod nur unter inten- **61**

---

40 Höfling/*Stockter*, TPG, 2. Aufl. 2013, § 7 Rn. 38 ff.
41 BT-Drs. 13/8017, 41.
42 Höfling/*Rixen*, 2. Aufl. 2013, § 3 Rn. 3 ff.
43 Höfling/*Rixen*, Verfassungsfragen der Transplantationsmedizin, 1996; umfassende Systematisierung bei *Rixen*, Lebensschutz am Lebensende, 1999; Höfling/*Rixen*, TPG, 2. Aufl. 2013, S. 136 ff.; *Lilie*, Transplantationsgesetz – Was nun?, in: Medizin-Recht-Ethik, rechtsphilosophische Hefte Bd. 8, 1998, 89 (94.).

44 *Gallwas*, Der andere Standpunkt: Anmerkungen zu den verfassungsrechtlichen Vorgaben für ein Transplantationsgesetz JZ 1996, 851; Isensee, Grundrechtsschutz nach dem Tod, in: Finikorn (Hrsg.), Hirntod als Todeskriterium, 2000, 69 (74.).
45 Vgl. Höfling/*in der Schmitten*, TPG, 2. Aufl. 2013, S. 154 ff.
46 Höfling/*Rixen*, Transplantationsgesetz, 2003, 136 ff.; *Lilie*, Transplantationsgesetz – Was nun?, in: Medizin-Recht-Ethik, rechtsphilosophische Hefte Bd. 8, 1998, 89 (94.).

sivmedizinischen Bedingungen bei künstlicher Aufrechterhaltung der Atmungs- und Kreislauffunktion eintreten und erkennbar sein.[47]

62 Kritiker dieser Hirntod-Konzeption meinen, dass der Gesetzgeber mit seinem Hirntod-Konzept aus rechtlicher Sicht die Auseinandersetzung mit dem Grundrecht auf Leben gem. Art. 2 Abs. 1 S. 1 GG „umschifft" hat. Die Bundesärztekammer darf nach dem TPG den Todesbegriff bzw. die Voraussetzungen, unter denen die Todesfeststellung erfolgen darf, bestimmen, sie hat insoweit vom Gesetzgeber die Richtlinienkompetenz erhalten. Aber ist der „Hirntod" wirklich der Tod im biologischen Sinne? Die (richtige) Antwort auf diese Frage ist von ganz entscheidender Bedeutung: Denn solange der Tod nicht sicher und endgültig festgestellt ist, besteht das Grundrecht auf Leben. Ist ein Mensch tot, genießt er (nur) noch den Schutz der Bestimmungen des § 6 TPG: Die Organ- und Gewebeentnahme darf nur unter Achtung seiner Würde und entsprechend den Maßstäben ärztlicher Sorgfaltspflicht erfolgen. Es liegt auf der Hand, dass rechtliche und biologisch-medizinische Wertungen im Zusammenhang mit der Todesfeststellung nicht in Widerspruch geraten dürfen, so die Kritiker des gesetzgeberischen Hirntod-Konzeptes weiter.[48] Die Bundesärztekammer hat im Rahmen ihrer Richtlinienkompetenz sogar normative Feststellungen getroffen, was der Tod eines Menschen ist, woran man ihn erkennen kann und nicht zuletzt, wie die Todeskriterien einwandfrei nachgewiesen werden können. Nach dem Wortlaut der Vorschrift des § 16 TPG erscheint es schon fraglich, ob die Bundesärztekammer damit allein nicht schon ihre Kompetenz überschritten hat. Der Gesetzgeber hatte und hat auch weiterhin keine Bedenken. Vielleicht hat er sich derartige normative Feststellungen der Bundesärztekammer sogar erhofft. Denn diese Aufgabe hat der Gesetzgeber durch das TPG delegiert, und dies, obwohl das Bundesverfassungsgericht im Rahmen seiner sog. Wesentlichkeitsjudikatur sehr deutlich gemacht hat, dass der Gesetzgeber zumindest die Grundstrukturen des Verfahrens sowie die zentralen Vermittlungskriterien selbst zu regeln habe.

63 Es erstaunt, dass sich das Bundesverfassungsgericht bislang nicht dieser Problematik angenommen hat.[49] Wenn es nach dem Grundgesetz dem Gesetzgeber zwar erlaubt ist, seine Normsetzungsbefugnis durch ausdrückliche gesetzliche Ermächtigung auf andere, hier zB die Bundesärztekammer zu delegieren, gleichzeitig aber in den Grundrechtsbereich lediglich durch ein Gesetz oder aufgrund eines Gesetzes eingegriffen werden darf, dann obliegt ihm (dem Gesetzgeber) auch die Verpflichtung, grundlegende Entscheidungen selbst zu treffen. Diese weiterhin geltende gesetzliche Regelung begegnet damit auch weiterhin erheblichen verfassungsrechtlichen Bedenken.[50]

64 Zusammenfassend gilt: Die damals rund um die Verabschiedung des TPG 1997 geführte Diskussion um das Hirntod-Konzept hat bis heute nicht an Bedeutung verloren, da auch in seiner aktuellen Fassung das TPG 2019 in den Vorschriften der §§ 16, 16a und 16b TPG an der früheren Konzeption festhält. Auch weiterhin wird auf die Richtlinien zum Stand der Erkenntnis der medizinischen Wissenschaft bei der Organspende durch die Bundesärztekammer abgestellt. Nach Maßgabe des TPG gehört die Regelung der Organvermittlung aber originär den eigentlichen Vertragspartnern des § 12 TPG. Der Bundesärztekammer obliegt nach § 16 Abs. 1 Nr. 5 TPG (nur) den „Stand der Erkenntnisse der medizinischen Wissenschaft" festzustellen, unter anderem auch für die Regeln zur Organvermittlung nach § 12 Abs. 3 S. 1 TPG. Demgegenüber hat die Bundesärztekammer aber „Richtlinien zur Organtransplantation gem. § 16 TPG"[51] erlassen. Die Literatur spricht von „Kompetenzüberschreitung", und meint, dass dies zwangsläufig erheblichen verfassungsrechtlichen Bedenken begegnen muss.[52] Eine derartige Überprüfung hat, wie gesagt, bislang nicht stattgefunden.

---

47 Vgl. Wissenschaftlicher Beirat der Bundesärztekammer, Kriterien des Hirntodes – 3. Fortschreibung 1997, DEBl. 1997, C-957/958, wo es wörtlich heißt: „Der Hirntod wird definiert als Zustand der irreversibel erloschenen Gesamtfunktion des Großhirn, des Kleinhirn und des Hirnstammes. Dabei wird durch kontrollierte Beatmung die Herz- und Kreislauffunktion noch künstlich aufrechterhalten."

48 *Lilie*, Transplantationsgesetz – Was nun?, in: Medizin-Recht-Ethik. Rechtsphilosophische Hefte Bd. 8, 1998, S. 89 (94); vgl. auch Zusammenstellung der unterschiedlichen Standpunkte und Rechtsauffassungen bei: Höfling/*Rixen*, Transplantationsgesetz, 2003, S. 136 ff.; Deutsch, Sicherheit bei Blut und Blutprodukten: Das Transfusionsgesetz von 1998, NJW 1998, 778; Rixen, Transplantation und Hirntod: Aktuelle Rechtsfragen aus Sicht der Krankenpflege, in Hirntod-Transplantation. Aspekte, Fragen und Probleme aus pflegerischer Sicht, Hrsg. von der

DRK-Schwesternschaft Lübeck eV 1996, S. 45; Rixen, Lebensschutz am Lebensende, 1999, S. 346.

49 BVerfG (1. Kammer des 1. Senates), NJW 1999, 3403 = EuGRZ 1999, 241 f.; vgl. auch *Rixen*, Die Regelung des Transplantationsgesetzes zur postmortalen Organspende vor dem Bundesverfassungsgericht NJW 1999, 3389 ff.; *Schachtschneider/Siebold*, Die „erweiterte Zustimmungslösung" des Transplantationsgesetzes im Konflikt mit dem Grundgesetz DÖV 2000, 129 ff.; Höfling/*Rixen*, Transplantationsgesetz, 2003, 136 ff.

50 Rixen, Die Regelung des Transplantationsgesetzes zur postmortalen Organspende vor dem Bundesverfassungsgericht NJW 1999, 3389.

51 Richtlinien der BÄK im Einzelnen, abrufbar unter http://www. Bundesaerztekammer.de/organtransplantation.

52 Vgl. Isensee, Grundrechtsschutz nach dem Hirntod, in Firnkorn (Hrsg.) Hirntod als Todeskriterium, 2000, 69 (74.).

Noch ein Blick in **die organspezifischen Richtlinien der Bundesärztekammer**: Bei der Nierentransplantation ist neben dem Kriterium „der Dringlichkeit" und „Erfolgsaussicht" noch das Kriterium der „Chancengleichheit" hinzugefügt. Ferner wird zwischen unterschiedlichen Gruppen von Wartelistenpatienten ein Ausgleichsverfahren installiert und zwar zum Ausgleich von Vermittlungsnachteilen. Sonderkonditionen erhalten etwa sog. hochimmunisierte Patienten bezüglich der Wartezeit: Ab Beginn der Nierenersatztherapie wird jeder Tag als Dringlichkeitsfaktor gewertet und insgesamt mit einer 30 %-igen Gewichtung versehen. All diese zusätzlichen, von der Bundesärztekammer entwickelten Kriterien, dienen aber eigentlich nicht dem Empfänger, sondern einem Interessensausgleich zwischen den Transplantationszentren. Ähnliches gilt für die Regelungen bezüglich der Organvermittlung zur Lebertransplantation. Auch hier stehen nicht patientenspezifische Argumente im Vordergrund. *Höfling*[53] meint daher zu Recht, dass „… eine solche weitreichende – im wahrsten Sinne des Wortes existenzielle – Entscheidungskompetenz nicht einer privatrechtlichen Arbeitsgemeinschaft, dh der Bundesärztekammer, hätte übertragen werden dürfen". **65**

Es bleibt abzuwarten, ob der Gesetzgeber sich in Zukunft irgendwann einmal mit dieser Kritik auseinandersetzt und aus seiner Verantwortung heraus und in dem Wissen um die Bedeutung der Angelegenheit „Organ- und Gewebeentnahme" für das Gesundheitswesen die wesentlichen Regelungen des Transplantationsrechtes selbst trifft. **66**

Bei realistischer Betrachtungsweise dürfte derzeit – trotz der aktuell bekanntgewordenen Skandale im Bereich der Transplantationsmedizin – nur wenig Hoffnung bestehen, dass sich der Gesetzgeber mit der Auffassung der Kritiker des Hirntod-Konzeptes im Rahmen einer weiteren Novellierung des TPG auseinandersetzen wird. Dies ergibt sich schon aus dem Bericht zur Situation der Transplantationsmedizin, welcher 10 Jahre nach Inkrafttreten des Transplantationsgesetzes zur Unterrichtung der Bundesregierung erschien,[54] sowie aus der Tatsache, dass auch die jüngsten Novellierungen aus 2012 diese Thematik nicht aufgreifen. **67**

Damals hatte der Deutsche Bundestag entsprechend der Beschlussempfehlung des Ausschusses für Gesundheit vom 23.5.2007 das Bundesministerium für Gesundheit gebeten, die Rahmenbedingungen der Transplantationsmedizin auf der Grundlage der Erfahrungen der beteiligten Stellen zu evaluieren und sodann ihren Bericht zur Situation der Transplantationsmedizin in Deutschland 10 Jahre nach Inkrafttreten des Transplantationsgesetzes (TPG) vorzulegen. Besonderer Schwerpunkt dieser Berichterstattung sollten die Themen der Gewinnung und Vermittlung von Organen, der Informationen und Aufklärung der Bevölkerung, der Spenderinnen und Spender und ihrer Angehörigen sowie eventueller Änderungsbedarf sein. Mit der Berichterstattung wurde das Institut für Gesundheits- und Sozialforschung GmbH (IGES) beauftragt. Besagter Bericht[55] hält zunächst in Anlehnung an den Gesetzeswortlaut des § 3 Abs. 2 Nr. 2 TPG fest, dass die Todesfeststellung erst dann getroffen werden könne, wenn der endgültige, nicht behebbare Ausfall der Gesamtfunktion des Großhirns, des Kleinhirns und des Hirnstamms (kurz: Hirntod) nach Verfahrensregeln, die dem Stand der Erkenntnisse der medizinischen Wissenschaft entsprechen, festgestellt ist. Der Hirntod sei somit eine notwendige Bedingung der Organentnahme. **68**

Das Hirntod-Kriterium für die Todesfeststellung sei weithin akzeptiert.[56] Die weiterhin geringe Bereitschaft zur Organspende beruhe eher darauf, dass das Konzept zur Feststellung des Hirntodes der Bevölkerung schlecht zu vermitteln bzw. verständlich zu machen sei.[57] **69**

Diskutiert werden Maßnahmen der Qualitätssicherung im Bereich der Hirntod-Diagnostik in Form eines zusätzlichen Befähigungsnachweises für die dort eingesetzten Ärzte. Die DSO führt derartige Schulungen durch. Angedacht sei auch die Möglichkeit einer Fortbildung durch die jeweiligen Landesärztekammern. Auch sollen vor Ort bei der Abwicklung der Hirntodfeststellung organisatorische Verbesserungen erarbeitet werden, zB durch mehr Konsiliardienste mit qualifizierten Ärzten. **70**

Der Bericht schließt damit, dass sich das Hirntod-Konzept in der Praxis im Wesentlichen bewährt habe. Diskutiert werde über den Einsatz zusätzlicher apparativer Diagnostik. Während in der Fachwelt das Hirntod-Konzept akzeptiert sei, bestünden in der Bevölkerung hingegen häufig noch Zweifel. Das non-heart-beating-donor-Verfahren (NHBD), also die Organentnahme bei Herz-Kreislauf-toten Spendern sei in einer Vielzahl europäischer Länder wie in Österreich, in der Schweiz, den Niederlanden, in Großbritannien, Spanien sowie in den USA zulässig. Da in Deutschland dieses Verfahren keine Geltung hat, dürfen – entsprechend § 12 Abs. Satz 4 TPG – im Ausland nach dem NHBD-Verfahren entnommene Organe nicht implantiert werden. Nach alledem ist mit großen Veränderungen im Transplantationsrecht nicht zu rechnen. **71**

---

53 *Höfling*, Transplantationsmedizin-Rechtslage und offene Fragen, Stellungnahme anlässlich der Expertenanhörung in der Enquete-Kommission „Recht und Ethik der modernen Medizin" des Deutschen Bundestages am 6.11.2000, die an Aktualität mit Blick auf die Neufassung des TPG nichts verloren hat.
54 BT-Drs. 16/12554.

55 BT-Drs. 16/12554, 25 ff.
56 BT-Drs. 16/12554, 26 ff.
57 Die Deutsche Bischofskonferenz und der Rat der EKD (1990) Organtransplantationen, Erklärung der Deutschen Bischofskonferenz und des Rates der EKD Bonn/Hannover haben das Hirntod-Konzept akzeptiert.

III. Entnahme von Organen und Geweben bei lebenden Spendern (§§ 8 ff. TPG)

72 **1. Entwicklung von Lebendspenden in Deutschland.** Die Lebendspende nimmt seit einigen Jahren an Bedeutung zu. Lange bestand bzgl. Lebendspenden kein gesteigertes Interesse. Der eklatante Organmangel in Deutschland, an dem sich auch seit Inkrafttreten des TPG 1997 nichts wesentlich geändert hat, mag einer der Gründe für das wachsende Interesse der Bevölkerung an der Lebendspende sein.

73 Der wesentliche Grund aber dürfte sein, dass die Lebendspende unter medizinischen Gesichtspunkten im Vergleich zur postmortalen Organspende erhebliche Vorteile mit sich bringt. Gemeint ist dabei zunächst einmal die optimale Organqualität (ohne Vorschädigung), sorgfältige Klärung evtl. bestehender immunologischer Risiken, lange Wartezeiten sind vermeidbar, und es handelt um einen elektiven, planbaren Eingriff innerhalb des normalen Tagesablaufes eines Krankenhauses. Die Kurz- und Langzeitergebnisse derartiger Lebendspenden, bezogen auf die Transplantatüberlebensrate belegen dies. Man kann also heute davon ausgehen, dass sich dieser Trend auch in Zukunft fortsetzen wird. Aber nicht nur das: In der Diskussion rund um die Zulässigkeit von Lebendspenden scheint die Tendenz zu steigen, den Kreis der offenkundig nahestehenden Personen großzügig auszulegen, wenn die Spendenbereitschaft aus einer persönlichen Verbundenheit, die den lebenden Spender auch mögliche Folgen und spätfolgende Operationen in Kauf nehmen lässt, sowie auf Freiwilligkeit resultiert und von finanziellen Interessen absolut unbeeinflusst bleibt.[58]

74 Organtransplantationen von Lebendspendern betreffen in erster Linie die Nieren als paarig angelegte Organe sowie Teile der Leber.[59] Auch ist die Lebendspende von Lungenflügeln, Teilen der Bauchspeicheldrüse und Segmenten des Dünndarms möglich, auch wenn unter Zugrundelegung des vorhandenen Datenmaterials der Jahre bis 2007 ab in Kraft treten des Transplantationsgesetzes 1997 wieder eine rückläufige Tendenz der Lebendspende zu beobachten ist, ohne dass deren Bedeutung der Lebendspende an sich geringer geworden sei. Ursache für das besondere Interesse für die Lebendspende im Einzelfall ist nach Auffassung aller Experten der gravierende Organmangel, dh die Anzahl der postmortal gespendeten Organe reicht nicht aus, um allen Patienten, die dringend einer Organtransplantation bedürfen, zeitnah ein Spenderorgan zur Verfügung stellen zu können.[60]

75 Die Lebendspende weist eindeutig, gerade mit Blick auf das Verfassungsrecht Besonderheiten auf: Eine freiwillig getroffene Spendeentscheidung ist zunächst einmal Ausdruck der grundrechtlich geschützten Dispositionsbefugnis des Lebendspenders über seinen eigenen Körper.[61] Dem Gesetzgeber ist zuzugestehen, dass ihm in diesem komplizierten Bereich ein weiter Gestaltungsspielraum einzuräumen ist. Auf den Prüfstand gehört insoweit sicher die gesetzlich festgelegte Subsidiarität gegenüber der postmortalen Organspende, aber auch die Beschränkung des Spenderkreises bei nicht regenerierungsfähigen Organen.[62] Hinzukommt, dass die noch aufzuzeigende Beschränkung des Spender- bzw. Empfängerkreises eine möglicherweise lebensrettende Behandlung, nämlich die Organtransplantation im Rahmen einer Lebendspende, für einen potenziellen Empfänger den Tod bedeuten kann. Zweifellos liegt darin ein Eingriff in das Selbstbestimmungsrecht des Spendewilligen aber auch gleichzeitig eine Einschränkung des Grundrechtes auf Leben und körperliche Unversehrtheit des potenziellen Empfängers gem. Art. 2 Abs. 2 Satz 1 GG. Sicherlich darf bei aller Kritik an der bisherigen gesetzgeberischen Konzeption des § 8 TPG dessen Angst vor einer bei der Lebendspende unter allen Umständen zu vermeidenden Kommerzialisierung nicht außer Acht gelassen werden. Das in § 8 Abs. 3 S. 2 bis 4 TPG vorgeschriebene Kommissionsverfahren soll hier helfen. Es bleibt aber die Frage, inwieweit die vom Gesetzgeber als unerlässliche Voraussetzung einer Lebendspende normierte Willensentscheidung des Spenders für Dritte überhaupt überprüfbar, sicher feststellbar ist. Darauf hat das Bundesverfassungsgericht hingewiesen.[63] Nicht die Tatsache, dass eine Lebendspende bei verwandtschaftlichem oder sonstigem Näheverhältnis geplant ist, ist gleichbedeutend mit dem Vorliegen der von Seiten des Gesetzgebers für unerlässlich erachteten Voraussetzung der Freiwilligkeit der Spende selbst. Die Diskussion wird voraussichtlich, gerade mit Blick auf den gravierenden Organmangel, auch in Zukunft fortgeführt werden.[64]

76 **2. Voraussetzungen der Lebendspende.** Die Organspende unter Lebenden ist nur unter engbegrenzten Voraussetzungen zulässig. Damit soll unter anderem sichergestellt werden, dass die Lebendspende nur auf freiwilliger Basis und mit einem möglichst geringen medizinischen Risiko für den Spender erfolgt.

77 Die gesetzlichen Bestimmungen zur Transplantation von Lebendspenden enthalten in den meisten europäischen Ländern hinsichtlich des Empfängerkreises keine Einschränkungen.[65] In der Vergangenheit wurden

---

58 Seidennath, Bernhard, Lebendspende von Organen zur Auslegung des § 8 Abs. 1 S. 2 TPG MedR 1998, 253.
59 BT-Drs. 15/5050, 8.
60 BT-Drs. 15/5050, 13.
61 Vgl. dazu *Höfling/Lang*, S. 121 ff.

62 Vgl. Höfling/*Augsberg*, TPG, 2. Aufl. 2013, § 8 Rn. 47 ff.
63 BVerfG NJW 1999, 3399 (3401).
64 Höfling/*Augsberg*, TPG, 2. Aufl. 2013, § 8 Rn. 47 ff.
65 GMK-Arbeitsgruppe Bioethik und Recht, Teilbericht Lebendspende 2008, 11.

zunehmend gute Ergebnisse bei der Lebendorganspende erzielt, was zwangsläufig die Diskussion um Restriktionen des Empfängerkreises nach geltendem Transplantationsrecht entfacht hat. Verschiedene Modelle werden hier diskutiert.[66] An einer sog. **Cross-Over oder Überkreuzlebendspende** sind zwei Paare dergestalt beteiligt, dass jeweils ein Partner des Paares als Spender und einer als Empfänger für das andere Paar eingesetzt wird. Es gibt damit in dieser Viererkonstellation zwei Spender und Empfängerpaare, die unter einander die Organe austauschen. Grund hierfür ist, dass eine direkte Spende zwischen einem Paar aus medizinischen Gründen nicht möglich ist. Diese sog. Überkreuzlebendspende ist im TPG 2012 auch weiterhin nicht geregelt. Das Bundessozialgericht hatte durch Urteil vom 10. Dezember 2003[67] bestätigt, dass im Einzelfalle eine Überkreuzspende möglich ist, wenn „eine hinreichend gefestigte und intensive Beziehung zwischen dem jeweiligen Organspender und Empfänger für den im Vorfeld der Operation tätigen Psychologen oder Arzt eindeutig feststellbar ist". Der Gesetzgeber will mit der Normierung des Erfordernisses einer besonderen Nähebeziehung anonyme, im Zweifel häufig kommerzialisierte Lebendspenden verhindern. Dieses Motiv ist nachvollziehbar. Demgegenüber aber steht im Falle einer Cross-Over-Lebendspende die wohl deutlich häufiger zugrundeliegende Notlage der Beteiligten, da sie ansonsten befürchten müssen, auf der Warteliste stehend versterben zu müssen. In einer solchen Situation verwundert es nicht, dass auch von Seiten der Literatur in der Vergangenheit diverse Ansätze entwickelt worden sind, wie und unter welchen Voraussetzungen man möglicherweise – trotz des gesetzgeberischen Konzeptes des TPG – eine Cross-Over-Spende möglich machen könnte.[68] Eine solche Überkreuztransplantation ist aber grundsätzlich auch dann möglich, wenn sich die Paare erst kurz vor der Operation kennengelernt haben und daher die Dauer der Beziehung relativ kurz war.

Die **Zulässigkeit von Cross-Over-Lebendspenden** hat trotz aller Diskussionen und Bemühungen um tragfähige Lösungsansätze bislang noch keinen abschließenden Konsens gefunden. Man sieht bei dieser Überkreuzlebendspende die Gefahr verdeckter Vermittlungstätigkeit, die einen Handel mit Organen begünstigen könnte. Auch gegenüber der Einrichtung von **sog. Poolmodellen** herrscht Skepsis.[69] **78**

Voraussetzung für die Lebendspende ist nach § 8 Abs. 1 TPG, dass der Spender volljährig und einwilligungsfähig ist sowie nach einer umfangreichen Aufklärung durch einen Arzt zugestimmt hat. Es muss nach ärztlicher Beurteilung die Geeignetheit des Spenders festgestellt sein und es darf nicht zuletzt kein, über das normale Operationsrisiko hinausgehende schwere gesundheitliche Beeinträchtigung zu erwarten sein. Ein geeignetes Organ eines toten Spenders darf zum Zeitpunkt der Organentnahme nicht zur Verfügung stehen. Nach § 8 Abs. 1 S. 1 Nr. 3 TPG gilt für die Lebendspende der **Grundsatz der Subsidiarität** gegenüber der Spende von postmortalen Organen, dh im Zeitpunkt der Organentnahme muss kein geeignetes Organ eines Verstorbenen verfügbar sein. Die Lebendspende sieht der Gesetzgeber demnach als die letzte Möglichkeit an. Eine Lebendspende ist nach § 8 Abs. 1 S. 2 TPG bei nicht regenerierungsfähigen Organen (die Nieren, die Lungenlappen, Teile der Bauchspeicheldrüse sowie die Leber und die Leberteilsegmente), nur unter Eheleuten, Verlobten, eingetragenen Lebenspartnern, nahen Verwandten und anderen, einander persönlich engverbundenen Personen zulässig. Lebendspenden dürfen mithin nicht ungerichtet oder an Fremde oder anonyme Empfänger erfolgen. Die Verfassungsbeschwerde eines an einer Niereninsuffizienz und Diabetes erkrankten Mannes mit dem Versuch, die Organentnahme von einem lebenden Spender durchzusetzen, hatte keinen Erfolg.[70] Damals wollte ein 61-jähriger Mann im Einverständnis mit dem Arzt dem Erkrankten eine Niere spenden. Das Bundesverfassungsgericht[71] hat durch Beschluss die Sache wegen mangelnder Erfolgsaussicht nicht zur Entscheidung angenommen und im Wesentlichen damit begründet, dass der erkrankte Mann mit dem potenziellen Spender nicht verwandt sei und auch keine nähere Beziehung zu ihm hätte.[72] Eine Lebendspende sei unter diesen Bedingungen nach den Bestimmungen des TPG verboten. **79**

Das Landessozialgericht Nordrhein-Westfalen hat in seinem Urteil vom 31. Januar 2001[73] die Berufung eines deutschen Lebendspendeempfängers gegen das Urteil des Sozialgerichtes Aachen vom 25. Mai **80**

---

66 ZB die Einrichtung eines Spenderpools und anonyme Lebendspende, Lebendspende- oder Organpool – Austausch, Ringtausch, vgl. hierzu den Bericht zur Situation der Transplantationsmedizin 10 Jahre nach in Kraft treten des Transplantationsgesetzes, BT-Drs. 16/12554, 32 ff.

67 B 9 VS 1/01 R MedR 2004, 330 ff.

68 Vgl. Höfling/*Augsberg*, TPG, 2. Aufl. 2013, § 8 Rn. 66 ff.

69 Vgl. Höfling/*Augsberg*, TPG, 2. Aufl. 2013, § 8 Rn. 47 ff.

70 Vgl. *Höfling*, Transplantationsmedizin-Rechtslage und offene Fragen, Stellungnahme anlässlich der Expertenanhörung in der Enquete-Kommission

„Recht und Ethik der modernen Medizin" des Deutschen Bundes am 6.11.2000 ausführlich zum „Recht auf ein Organ"?

71 BVerfG Beschl. v. 11.8.1999 – NJW 1999, 3399 ff.

72 BVerfG, 1 BvR 2181/98 vom 11.8.1999, Abs.-Nr. (1 bis 93); vgl. *Höfling*, Transplantationsmedizin-Rechtslage und offene Fragen, Stellungnahme anlässlich der Expertenanhörung in der Enquete-Kommission „Recht und Ethik der modernen Medizin" des Deutschen Bundestages am 6.11.2000 ausführlich zum „Recht auf ein Organ?"; BVerfG Beschl. v. 11.8.1999 – NJW 1999, 3399 ff.

73 Az.: (LSG) L 10 VS 28/00.

2000[74] auf Kostenerstattung für eine in der Schweiz durchgeführte Cross-Over-Transplantation zurückgewiesen. Die Verfassungsmäßigkeit der Vorschrift des § 8 Abs. 1 S. 2 TPG aF wurde bestätigt. Zur Begründung führte das Gericht aus, dass die Krankenkasse diese Leistung als Sachleistung von seiner Krankenversicherung nicht verlangen könne, da es sich bei dieser Transplantation entweder um eine gesetzlich verbotene Lebendspende oder aber eine wegen der fehlenden Zulässigkeitsvoraussetzungen des § 8 TPG rechtlich unzulässige Lebendspende handele.

81 Der Lebendspender ist umfassend aufzuklären, wie die Vorschrift des § 8 Abs. 2 TPG regelt. Die Aufklärung muss alles umfassen, was im Zusammenhang mit der Organentnahme an möglichen gesundheitlichen Risiken und daraus resultierenden eventuellen mittelbaren Folgen, wie zB Spätfolgen eintreten können. Der Lebendspender ist auch über die zu erwartenden Erfolgsaussichten der Organübertragung und sonstigen Umstände, denen er erkennbar besondere Bedeutung beimisst, durch einen Arzt aufzuklären.Zusammenfassend sind für die **Zulässigkeit einer Lebendorganspende** folgende **Voraussetzungen** zu erfüllen:

– Der Spender muss **volljährig**, **einwilligungsfähig** und nach ärztlicher Beurteilung als Spender **geeignet** sein,
– der Spender darf voraussichtlich nicht über das **Operationsrisiko** hinaus gefährdet oder über die unmittelbaren Folgen der Entnahme hinaus gesundheitlich schwer geschädigt werden,
– die Übertragung des Organs auf den vorgesehenen Empfänger muss nach ärztlicher Beurteilung geeignet sein, dessen Leben zu erhalten oder bei ihm eine **schwerwiegende Krankheit zu heilen**, ihre Verschlimmerung zu verhüten oder ihre Beschwerden zu lindern,
– ein **geeignetes Organ** eines im Zeitpunkt der Organentnahme **verstorbenen Spenders** darf **nicht zur Verfügung stehen**,
– der Spender muss über die Art des Eingriffs, den Umfang und mögliche, auch mittelbare **Folgen und Spätfolgen** der beabsichtigten Organentnahme für seine Gesundheit sowie über die zu erwartenden Erfolgsaussichten der Organübertragung und sonstige Umstände, denen er erkennbar eine Bedeutung für die Organspende beimisst, durch einen Arzt **aufgeklärt** worden sein,
– die **Aufklärung** muss in Anwesenheit eines **weiteren** – unbeteiligten – **Arztes** stattgefunden haben,
– der Spender in die Entnahme **eingewilligt** hat und
– der Inhalt der Aufklärung und die Einwilligungserklärung des Spenders in einer **Niederschrift** aufgezeichnet wurden, die von den aufklärenden Personen, dem weiteren Arzt und dem Spender zu unterschreiben ist; wobei diese Niederschrift auch Angaben über die versicherungsrechtliche Absicherung der gesundheitlichen Risiken zu enthalten hat und nicht zuletzt muss
– die nach Landesrecht zuständige **Kommission gutachtlich** dazu **Stellung genommen** haben, ob begründete Anhaltspunkte dafür vorliegen, dass die Einwilligung in die Organspende nicht freiwillig erfolgt oder das Organ Gegenstand verbotenen Handelstreibens ist.

Mit diesen vielen Zulässigkeitsvoraussetzungen stellt der Gesetzgeber eindeutig auf den „primären Spenderschutz" ab.[75] Das BVerfG spricht vom „Schutz des Menschen vor sich selbst".[76] Das BVerfG hatte in diesem Zusammenhang diese Regelungen als verfassungskonform angesehen, das Recht des potenziellen Organempfängers aus Art. 2 Abs. 2 S. 1 GG auf Achtung seiner körperlichen Unversehrtheit sei nicht verletzt.[77] Das jetzt novellierte TPG 2019 enthält bezüglich der Lebendorganspende keinerlei Neuerungen im Vergleich zu der bisherigen Rechtslage: Bereits in der seit dem Jahre 2007 geltenden Fassung ist unabdingbare Voraussetzung, dass der Spender über die bisherigen Anforderungen hinaus, ua auch aufzuklären ist über den Zweck und die Art des Eingriffes sowie die nachfolgenden Untersuchungen und nicht zuletzt auch über sein Recht, die Ergebnisse dieser Untersuchungen zu erfahren.

Wegen des bei der Lebendorganspende geltenden **Grundsatzes der Subsidiarität** war und ist man zT auch heute noch der Auffassung, diese eigentlich kaum Probleme aufwerfe. Es gibt nur wenig Rechtsprechung, die sich tatsächlich mit den Problemen der Lebendorganspende befasst. In der Regel wird der Verstoß gegen die im TPG gesetzlich normierten Aufklärungspflichten gerügt.[78] Der BHG[79] hat im Januar 2019 in einem derartigen Verfahren, dem ein Urteil des OLG Hamm vom 7.9.2016[80] zu Grunde lag, der Revision der Klägerin stattgegeben und die Sache an das Berufungsgericht zurückverwiesen. Zur

74 Az.: (SG) S. 3 VS 182/99.
75 Höfling/*Augsberg*, TPG, 2. Aufl. 2013, 8 TPG Rn. 12
76 BVerfG Beschl. v. 11.8.1999 – 1 BvR 2181/98, NJW 1999, 3399 = MedR 2000, 28 = juris Rn. 72, 82.
77 BVerfG Beschl. v. 11.8.1999 – 1 BvR 2181/98, NJW 1999, 3399 = MedR 2000, 28; kritisch dazu *Gutmann* NJW 1999, 3387
78 LG Düsseldorf Urt. v. 16.8.2012 – 3 O 388/10 = OLG Düsseldorf Urt. v. 25.8.2016 – I-8 U 115/12;

LG Essen Urt. v. 2.11.2015 – 1 O 279/13 = OLG Hamm Urt. v. 7.9.2016 – I-3 U 6/16; (Klageverfahren wegen Aufklärungsmängeln nach Transplantatverlust 5 Jahre nach der Lebendspende); LG Essen Urt. v. 5.9.2016 – 1 O 262/13 = OLG Hamm Urt. v. 5.7.2017 – I-3 U 172/16 (unzureichende Aufklärung)
79 BGH Urt. v. 29.1.2012 – VI ZR 495/16, Rn. 15
80 OLG Hamm Urt. v. 7.9.2016 – 3 U 172/16, kurze Zusammenfassung mit Anm. Walz GesR 2017, 712

Begründung gab der BGH gleich mehrere Verstöße gegen formelle Aufklärungsvorgaben an. Der BGH stellte bei seiner Entscheidung insbesondere klar, dass zwar grundsätzlich der Nachweis einer ordnungsgemäßen Selbstbestimmungsaufklärung des Patienten im Allgemeinen lediglich moderaten Anforderungen entsprechen müsse,[81] Dieser Grundsatz könne aber nicht auf die Aufklärung eines Lebendorganspenders übertragen werden. Auch bejahte der BGH einen Verstoß gegen inhaltliche Aufklärungsvorgaben und verwarf den beklagtenseits erhobenen Einwand einer hypothetischen Einwilligung.[82] Im Ergebnis hat der BGH mit dieser Entscheidung die Notwendigkeit und vor allen Dingen die Intensität einer Aufklärung und daraus resultierender Einwilligung des Lebendorganspenders gestärkt. Die Begründung: Beim Spender selbst bestehe keine medizinische Indikation für die Organnahme, so dass hohe Anforderungen an seine Aufklärung zu stellen seien. Diese Aufklärung müsse mithin die Risiken des Spenders für sich selbst, auch die Folgen, dh die möglichen Spätfolgen eines solchen Eingriffes, aber auch die Chancen des Organempfängers umfassen.Darüber muss es eine **ausführliche Niederschrift** geben, die der Lebendspender zu unterzeichnen hat. Der Lebendspender, aber auch der Empfänger haben sich zur Teilnahme an einer ärztlich empfohlenen Nachbetreuung zu erklären.

Die Organentnahme bei lebenden Personen ist an eine gutachterliche Stellungnahme einer **Lebendspende-** **82** **kommission (LSK)** geknüpft (§ 8 Abs. 3 S. 2 TPG). Das Gutachten muss dabei bestätigen können, dass die Einwilligung in die Organentnahme freiwilliger Art ist. Auch begründeten Anhaltspunkten für einen gewerblichen Organhandel ist durch die LSK nachzugehen.

Die **versicherungsrechtliche Absicherung des Lebendspenders** ist weiterhin nicht abschließend geklärt, **83** die Rechtslage zum Teil nicht eindeutig. Die Kosten des Spenders im Rahmen der Lebendspende sind durch dessen Krankenversicherung abgedeckt. Dies gilt für den Fall einer komplikationslosen Organentnahme für alle, damit verbundenen Maßnahmen (Eignungsuntersuchung, Gutachten der LSK, Voruntersuchungen, die Organentnahme, Krankenhauskosten, Verdienstausfall, Fahrtkosten wegen Arbeitsunfähigkeit in Folge der Organentnahme). Im Falle von Komplikationen bei der Organentnahme besteht kein Anspruch auf Ausgleichszahlungen durch die Krankenkasse des Empfängers. Hier bedarf es noch der Entwicklung eines ausreichenden Versicherungsmodelles zur Absicherung des Spenders bei Eintritt späterer Komplikationen oder Folgeschäden.

3. Entnahme von Knochenmark bei Minderjährigen. § 8 a TPG regelt die **Entnahme von Knochen-** **84** **mark bei minderjährigen Personen.** Diese Vorschrift wurde durch das Gewebegesetz vom 20.7.2007 in das TPG eingefügt, dies, obwohl die Richtlinie 2004/23/EG des Europäischen Parlaments und des Rates vom 31.3.2004[83] eine gesetzliche Regelung der Knochenmarkspende von Minderjährigen nicht forderte. Klargestellt wurde damals in dieser Richtlinie im Rahmen der Präambel, dass Knochenmark und hämatopoetische Stammzellen als Gewebe im Sinne dieser Richtlinie anzusehen seien.[84] Der Gesetzgeber wollte mit der Vorschrift des § 8 a TPG klargestellt wissen, dass eine Lebendspende von Knochenmark durch Minderjährige nur unter strengen Voraussetzungen zulässig ist. Danach ist, in Abweichung von § 8 Abs. 1 S. 1 Nr. 1 a und b sowie Nr. 2 TPG bei Minderjährigen die Entnahme von Knochenmark zulässig, wenn dieses für dessen Verwandte ersten Grades oder dessen Geschwister verwendet werden soll, diese Übertragung nach ärztlicher Beurteilung geeignet ist, eine lebensbedrohliche Krankheit zu heilen, ein geeigneter Spender nicht zur Verfügung steht und die gesetzlichen Vertreter entsprechend § 8 Abs. 2 TPG aufgeklärt worden und in die Entnahme und Verwendung eingewilligt haben. Hier gilt die Vorschrift des § 1627 BGB.[85] Auch der Minderjährige ist aufzuklären.[86] Lehnt dieser die beabsichtigte Entnahme und/oder Verwendung ab, so ist dies zwingend zu beachten. Sofern der Minderjährige in der Lage ist die Bedeutung und Tragweite der beabsichtigten Entnahme erkennen zu können, ist in jedem Fall seine Einwilligung erforderlich. Hier hat sich der Gesetzgeber klar und ausdrücklich für den Minderjährigenschutz entschieden.

Die gesetzlichen Vertreter müssen dem Familiengericht unverzüglich Mitteilung machen über die beabsich- **85** tigte Knochenmarkentnahme, um dortige Entscheidung nach § 1629 Abs. 2 S. 3 iVm § 1796 BGB herbeizuführen.

81 Vgl. zuletzt BGH Urt. v. 30.9.2014 – VI ZR 443/13, NJW 2015, 74, Rn. 9
82 Vgl. zuletzt BGH Urt. v. 30.9.2014 – VI ZR 443/13, NJW 2015, 74, Rn. 9
83 ABl. L 102 vom 7.4.2004, S. 48–58.
84 Gewebegesetz vom 20.7.2007, BGBl. I, S. 1574.
85 Höfling/*Schmidt-Recla*, TPG, 2. Aufl. 2013, § 8 a Rn. 54 ff.
86 Höfling/*Schmidt-Recla*, TPG, 2. Aufl. 2013, § 8 a Rn. 61 f.

86 **4. Sektionsrecht.** Das TPG enthält auch weiterhin keine Regelungen zum **Recht der Sektionen (= Leichenöffnung, Autopsie, Obduktion).** Das sog. Sektionsrecht unterliegt keinen einheitlichen Regelungen. In den einzelnen Landesgesetzen finden sich zum Teil spezielle Regelungen für die Sektionen.[87]

87 Neben der Gesetzgebungskompetenz der Länder für Fragen des Leichenwesens bzw. des öffentlichen Gesundheitswesens, gibt es bundesrechtliche Spezialregelungen (wie etwa die Bestimmungen der §§ 87, 89 StPO[88] zur Leichenöffnung oder zur Obduktion bei Seuchenverdacht § 26 Abs. 3 S. 2 = IfSG).[89] Das IfSG trat am 1. Januar 2001 in Kraft. Davor war die Obduktionsmöglichkeit im BundesseuchG geregelt, das mit in Kraft treten des IfSG außer Kraft trat.

88 **5. Gewebeeinrichtungen, Untersuchungslabore, Register.** Die Vorschriften der §§ 8 d bis f regeln die besonderen Pflichten der Gewebeeinrichtungen, Untersuchungslabore. Das novellierte TPG 2012 hat hier keine Änderungen erbracht. Das **Deutsche Institut für Medizinische Dokumentation und Information** führt ein öffentlich zugängliches Register über die im Geltungsbereich des TPG tätigen Gewebeeinrichtungen und stellt deren laufenden Betrieb sicher. Der Gesetzgeber hat das Bundesministerium für Gesundheit ermächtigt, durch Rechtsverordnung mit Zustimmung des Bundesrates die, in das Geweberegister aufzunehmenden Angaben in Einzelnen zu bestimmen sowie weitere Einzelheiten zu ihrer Übermittlung und Benutzung zu regeln.

IV. Entnahme, Vermittlung und Übertragung von Organen, Zusammenarbeit bei Entnahme von Organen und Geweben, Transplantationszentren (§ 9 ff. TPG)

89 **1. Zulässigkeit der Organentnahme und Übertragung, Vorrang der Organspende (§ 9 ff. TPG).** Die Vorschriften der §§ 9 bis 12 TPG regeln die eigentliche Organisation des Transplantationswesens. Daran hat sich auch mit der Novellierung des TPG 2019 nichts geändert, hier finden sich „nur" ergänzende Vorschriften, die strukturelle Verbesserungen in den Entnahmekrankenhäusern regeln. Mit diesen etwas veränderten Organisationsstrukturen will der Gesetzgeber auch in Zukunft für mehr Übersichtlichkeit, Transparenz, aber gerade auch Effizienz bei der Organbeschaffung sorgen.

90 Durch die Vorschrift des § 9 Abs. 1 TPG war vom Gesetzgeber gesichert worden, dass **die Entnahme von Organen** bei verstorbenen Spendern lediglich in hierfür ausgewiesenen Entnahmekrankenhäusern im Sinne des § 9 a TPG durchgeführt wird. Verstöße gegen diese Vorschrift sind bußgeldbewehrt (vgl. § 20 Abs. 1 Nr. 4 TPG).

91 Die **Übertragung von Organen** verstorbener Spender sowie die Entnahme und Übertragung von Organen lebender Spender darf ausschließlich in Transplantationszentren nach § 10 TPG vorgenommen werden. Was sog. Entnahmekrankenhäuser sind, definiert die Vorschrift des § 9 a TPG: Danach sind Entnahmekrankenhäuser die nach § 108 SGB V oder nach anderen gesetzlichen Bestimmungen zugelassenen Krankenhäuser, als da sind Hochschulkliniken, Krankenhäuser, die in den Krankenhausplänen eines Landes aufgenommen sind, ferner auch Krankenhäuser, die einen Versorgungsauftrag mit den Landesverbänden der Krankenkassen und den Verbänden der Ersatzkrankenkassen abgeschlossen haben.[90] Nach anderen gesetzlichen Bestimmungen zugelassene Krankenhäuser, die als Entnahmekrankenhäuser im Sinne des § 9 a in Betracht

---

87 Den landesrechtlichen Vorschriften lässt sich diese Ergänzungsfunktion zT ausdrücklich entnehmen, vgl. § 5 Abs. 1 S. 1 Bestattungsgesetz Mecklenburg-Vorpommern vom 3. Juli 1998 (GVBl. 617) oder § 15 Abs. 1 Nr. 1 Bestattungsgesetz Sachsen vom 8. Juli 1994 (GVBl. 1321), § 15 Bestattungsgesetz Sachsen vom 8. Juli 1994 (GVBl. 1321), insbesondere § 15 Abs. 2 S. 3 und 4: „Die Obduktion ist unter Wahrung der Ehrfurcht vor dem toten Menschen durchzuführen und auf das zur Erreichung ihres Zweckes notwendige Maß, in der Regel auf die Öffnung der drei Körperhöhlen, zu beschränken. Gewebeproben dürfen entnommen werden, soweit der Zweck der Obduktion dies erfordert." § 5 Bestattungsgesetz Mecklenburg-Vorpommern vom 3. Juli 1997 (GVBl. 617); § 17 Abs. 4 Bremer Gesetz über das Leichenwesen vom 27. Oktober 1992, BremGBl. 627, regelt die Zulässigkeit anatomischer Sektionen, § 11 und § 12 beziehen sich auf die Obduktionen; s. auch § 19

Bestattungsgesetz Sachsen-Anhalt vom 5. Februar 2002 (GVBl. 46); § 8 bis 16 Bestattungsgesetz Brandenburg vom 7. November 2001 (GVBl. I 226.).
88 S. auch Nr. 35 Abs. 1 RiStBV.
89 IfSG (Infektionsschutzgesetz).
90 § 108 SGB V (amtlicher Titel: „Zugelassene Krankenhäuser") lautet: „Die Krankenkassen dürfen Krankenhausbehandlung nur durch folgende Krankenhäuser (zugelassene Krankenhäuser) erbringen lassen:
Krankenhäuser, die nach den landesrechtlichen Vorschriften als Hochschulklinik anerkannt sind,
Krankenhäuser, die in den Krankenhausplan eines Landes aufgenommen sind (Plankrankenhäuser), oder
Krankenhäuser, die einen Versorgungsvertrag mit den Landesverbänden der Krankenkassen und den Ersatzkassen abgeschlossen haben."

kommen, sind zB die privat-gewerblich betriebenen Krankenhäuser mit Zulassung gem. § 30 GewO.[91] In Betracht kommen dann aber auch noch als Entnahmekrankenhäuser die Krankenhäuser der Rentenversicherungs- oder Unfallversicherungsträger, die nach den Bestimmungen des Rechtes der gesetzlichen Rentenversicherung (SGB VI) oder des Unfallversicherungsrechtes (SGB VII) zugelassen sind, sowie nicht zuletzt auch Bundeswehrkrankenhäuser. Den Entnahmekrankenhäusern sind eine ganze Reihe von Pflichten auferlegt im Sinne von stringenten Qualitätsanforderungen, wie in § 9 a Abs. 2 ausgeführt. Diese Bestimmungen sind im Sinne von Mindeststandards zu werten.

- § 9 a Abs. 2 Nr. 2 TPG 2019 verlangt von den Entnahmekrankenhäusern jetzt noch zusätzlich sicherzustellen, dass die Zuständigkeiten und Handlungsabläufe zur Erfüllung ihrer Verpflichtungen aus diesem Gesetz, in einer Verfahrensanweisung festgelegt und eingehalten werden. Die Überwachung ist nichts wirklich Neues, weil diese bereits in den Pflichtenkreis des Krankenhausträgers fällt. Des Weiteren verlangt § 9 a Abs. 2 Nr. 6 TPG von den Entnahmekrankenhäusern sicherzustellen, dass alle Todesfälle mit primärer oder sekundärer Hirnschädigung sowie die Gründe für eine nicht erfolgte Feststellung oder für eine nicht erfolgte Meldung nach Nr. 1 oder andere der Organentnahme entgegenstehende Gründe erfasst und diese Daten der Koordinierungsstelle nach § 11 TPG mindestens einmal jährlich anonymisiert übermittelt werden. Diese ergänzenden Vorschriften sollen über ein neues Dokumentations- bzw. Berichtssystem im Wesentlichen der Qualitätssicherung dienen sowie die Umsetzung dieser neuen strukturellen Veränderungen gewährleisten.[92] Der neue § 9 a Abs. 3 TPG regelt die pauschale Abgeltung der Entnahmekrankenhäuser für alle Leistungen in Zusammenhang mit der Organentnahme und deren Vorbereitung. Die pauschale Abgeltung differenziert zwischen

  - einer Grundpauschale für die Feststellung nach Abs. 2 Nr. 1,
  - einer Pauschale für die Abgeltung der Leistungen der intensivmedizinischen Versorgung sowie
  - einer Pauschale für die Abgeltung der Leistungen bei der Organentnahme.

Für die Inanspruchnahme der vorhandenen Infrastruktur vor Ort erhalten die Entnahmekrankenhäuser zusätzlich noch einen Ausgleichszuschlag.

- § 9 b TPG bestimmt, dass Entnahmekrankenhäuser mindestens einen Transplantationsbeauftragten zu bestellen haben. Der Transplantationsbeauftragte bedarf der hinreichenden fachlichen Qualifikation betreffend alle, in Zusammenhang mit einer Organspende relevanten Themenkomplexe; er ist unmittelbar an die ärztliche Leitung des Entnahmekrankenhauses angebunden, gleichwohl unabhängig und weisungsungebunden im Rahmen seiner Aufgabenwahrnehmung (§ 9 b Satz 3 TPG). § 9 a Abs. 2 TPG nennt die wesentlichen Verantwortlichkeiten, die dem Transplantationsbeauftragten zugewiesen sind, als da sind die die Entnahmekrankenhäuser selbst treffenden Verpflichtungen nach § 9 a Abs. 2 Nr. 1 TPG, die Angehörigen von Spendern angemessen zu begleiten, die organisatorischen Abläufe in den Entnahmekrankenhäusern zur Erfüllung ihrer Verpflichtungen festzulegen sowie das ärztliche und pflegerische Personal über die Bedeutung und den Prozess der Organspende regelmäßig informiert zu halten. Daran hat sich durch das TPG 2019 grundsätzlich nichts geändert. Abs. 3 Satz 1 TPG enthält außerdem verpflichtende Regelungen, wonach die vorgenannten Voraussetzungen für den Transplantationsbeauftragten durch Landesrecht ergänzt bzw. abgewandelt werden können, so dass sich über die Ländergrenzen hinweg, aber sogar innerhalb einzelner Bundesländer, heterogene Regelungen zur erforderlichen Qualifikation, zur organisationsrechtlichen Stellung sowie zur Freistellung von sonstigen Tätigkeiten ergeben dürften. In Abs. 3 Satz 2 TPG wird des Weiteren die Möglichkeit normiert, zusätzlich Voraussetzungen rund um den Transplantationsbeauftragten durch Landesrecht zu ergänzen bzw. abzuwandeln. Es liegt auf der Hand, dass mit diesen gesetzlichen Vorgaben den Ländern bzgl. der durch

---

91 § 30 GewO (amtlicher Titel: „Privatkrankenanstalten") lautet: „(1) Unternehmer von Privatkranken- und Privatentbindungsanstalten sowie von Privatnervenkliniken bedürfen einer Konzession der zuständigen Behörde. Die Konzession ist nur dann zu versagen, wenn
Tatsachen vorliegen, welche die Unzulässigkeit des Unternehmers in Beziehung auf die Leitung oder Verwaltung der Anstalt oder Klinik dartun,
1 a. Tatsachen vorliegen, welche die ausreichende medizinische und pflegerische Versorgung des Patienten als nicht gewährleistet erscheinen lassen, nach den von dem Unternehmer einzureichenden Beschreibungen und Plänen die baulichen und die sonstigen technischen Einrichtungen der Anstalt oder Klinik den gesundheitspolizeilichen Anforderungen nicht entsprechen,

die Anstalt oder Klinik nur in einem Teil eines auch von anderen Personen bewohnten Gebäudes untergebracht werden soll und durch ihren Betrieb für die Mitbewohner dieses Gebäudes erhebliche Nachteile oder Gefahren hervorrufen kann oder
die Anstalt oder Klinik zur Aufnahme von Personen mit ansteckenden Krankheiten oder von Geisteskranken bestimmt ist und durch ihre örtliche Lage für die Besitzer oder Bewohner der benachbarten Grundstücke erhebliche Nachteile oder Gefahren hervorrufen kann.
(2) Vor Erteilung der Konzession sind über die Fragen zu Absatz 1 Nr. 3 und 4 die Ortspolizei- und die Gemeindebehörde zu hören."
92 BT-Drs. 19/6915

Landesrecht zu regelnden Einzelheiten zum Transplantationsbeauftragten ein erheblicher Gestaltungsspielraum eingeräumt wird. Es bleibt abzuwarten, wie die landesrechtlichen Ausgestaltungen aussehen werden, vor allen Dingen welche konkreten Auswirkungen sie dann in dem Zusammenspiel der einzelnen Bundesländer im Rahmen des Transplantationswesens haben werden. Für kleinere Entnahmekrankenhäuser, dh Krankenhäuser in denen eher selten Organspenden vorkommen, könnten sich insoweit Probleme ergeben, als die Organisation, wie zB eben gerade die Bestellung eines Transplantationsbeauftragten, mit erheblichem zusätzlichen Aufwand verbunden ist; hier muss sicherlich geprüft werden, inwieweit ggf. nach Abs. 3 S. 2 TPG gemeinsam mit anderen Krankenhäusern ein gemeinsamer Transplantationsbeauftragter bestellt werden kann oder, ob ggf. sogar nach S. 5 TPG das Entnahmekrankenhaus von der Bestellung eines Transplantationsbeauftragten gänzlich ausgenommen werden kann.

– § 9 b TPG regelt die Zahl der einzusetzenden Transplantationsbeauftragten je nach Anzahl der im Entnahmekrankenhaus vorhandenen Intensivstationen (§ 9 b Abs. 1 a). § 9 b Abs. 1 S. 5 TPG enthält eine Reihe von Verpflichtungen, die die Entnahmekrankenhäuser in Zusammenarbeit mit dem Transplantationsbeauftragten zu erfüllen haben. Der Transplantationsbeauftragte muss seine Aufgaben ordnungsgemäß wahrnehmen können, er hat Anspruch auf Unterstützung durch die Klinikleitung.

„Die Entnahmekrankenhäuser müssen sicherstellen, dass der Transplantationsbeauftragte seine Aufgaben ordnungsgemäß wahrnehmen kann. Der Transplantationsbeauftragte muss hinzugezogen werden, wenn Patienten nach ärztlicher Beurteilung als Organspender in Betracht kommen, er hat zur Wahrnehmung seiner Aufgaben ein Zugangsrecht zu den Intensivstationen des Entnahmekrankenhauses und Anspruch zur Erfüllung seiner Verpflichtung nach Absatz 2 Nummer 5 alle erforderlichen Informationen. Durch Vertretungsregelungen muss die Verfügbarkeit eines Transplantationsbeauftragten gewährleistet werden. Die Kosten für fachspezifische Fort- und Weiterbildungen der Transplantationsbeauftragten sind von den Entnahmekrankenhäusern zu tragen."

Demgegenüber unterliegen die eingesetzten Transplantationsbeauftragten ebenfalls einer Vielzahl von Verpflichtungen, die letztlich einen reibungslosen Ablauf in Zusammenhang mit allen, an einer derartigen Organspende beteiligten Personen, also dem ärztlichen und pflegerischen Personal, den Kontakt mit dem neurochirurgischen bzw. neurologischen konsiliarisch tätigen Bereitschaftsdienst und nicht zuletzt auch für die ordnungsgemäße Berichterstattung über Todesfälle mit primärer oder sekundärer Hirnschädigung (§ 9 b Abs. 2 TPG). Die Freistellung der Transplantationsbeauftragten soll, so jetzt die gesetzliche Vorgabe nach § 9 b Abs. 3 TPG freigestellt werden für seine Aufgaben, und zwar mit einem Anteil von mindestens 0,1 Stellen bei bis zu je 10 Intensivbetten bei Transplantationszentren nach § 10 Abs. 1 TPG muss die Freistellung insgesamt eine ganze Stelle betragen.

Für die Kosten der Freistellung des Transplantationsbeauftragten erhalten die Entnahmekrankenhäuser Aufwendungsersatz.

92 Der neue § 9 c TPG 2019 regelt die Voraussetzungen eines neu eingeführten **neurochirurgischen** und neurologisch konsiliarischen **Rufbereitschaftsdienstes**. Die Kosten für diesen neurologischen Bereitschaftsdienst sollen durch die TPG-Auftraggeber übernommen werden (§ 9 c Abs. 3 TPG 2019) und damit aus den Mitteln der gesetzlichen Krankenversicherung. Mit der Einrichtung dieses neurologischen Bereitschaftsdienstes soll gewährleistet werden, dass regional und flächendeckend jederzeit Ärzte für die Feststellung des endgültigen, nicht behebbaren Ausfalls der Gesamtfunktionen des Großhirns, des Kleinhirns und des Hirnstammes auf Anfrage eines Entnahmekrankenhauses verfügbar sind. Voraussetzung ist damit, dass entsprechende Ärzte 24 Stunden/7 Tage pro Woche zur Verfügung stehen. Dafür muss eine entsprechende Infrastruktur eingerichtet werden, die über ein Computerprogramm organisiert wird, in dem die für die jeweilige Region zuständigen diensthabenden Ärzte und medizinisch-technische Assistenten (MTA) für die Entnahmekrankenhäuser jederzeit abrufbar sind. Für die Entnahmekrankenhäuser selbst sind hierfür nach vorsichtiger Schätzung einmalige Anschaffungskosten für die Hard- und Software in Höhe von 20.000,00 EUR veranschlagt. Zusätzlich bedarf es für diese Untersuchungen mobile EEG-Geräte und mobile Doppler-Geräte, auch dabei handelt es sich dabei einmalige Anschaffungskosten. Die jetzt bundesweit eingerichteten 7 Standorte, und zwar in Anlehnung an die bereits bestehenden DSO-Regionen, sind so aufgeteilt, dass jederzeit regional Konsiliarärzte zur Verfügung stehen. Für diese 7 mobilen Einheiten werden einmalige Anschaffungskosten in Höhe von insgesamt rund 210.000,00 EUR veranschlagt.[93] Auf der Grundlage der Neuregelung in § 11 Abs. 2 S. 3 TPG, der die Vereinbarung fall- oder tagesbezogener Pauschalen für einzelne Prozessschritte und insgesamt eine stärkere Ausdifferenzierung der Pauschalen vorsieht, können die zu erwartenden Kosten der Höhe nach zurzeit nicht sicher abgeschätzt werden, so die Begründung in dem Gesetzentwurf vom 8.1.2019. Die Beauftragung einer Einrichtung mit der Aufgaben-

---

93 § 9 a Abs. 3 TPG regelt dann im Einzelnen die Vergütung der Entnahmekrankenhäuser

stellung eines 24-stündigen neurologischen Bereitschaftsdienstes setzt eine Ausschreibung und den Abschluss eines Vertrages voraus (§ 9 c Abs. 1 S. 2 TPG).

2. Transplantationszentren (§ 10 TPG). § 10 TPG enthält **Bestimmungen/Regelungen rund um die** 93 **Transplantationszentren.** Grundsätzlich darf eine Transplantation nur in einem Krankenhaus erfolgen oder in einer Einrichtung an Krankenhäusern, die nach § 108 SGB V nach anderen gesetzlichen Bestimmungen für die Übertragung zugelassen sind. Zur Sicherung einer bedarfsgerechten, leistungsfähigen und wirtschaftlichen Versorgung sind bei den einzelnen Transplantationszentren Schwerpunkte für die Übertragung von Organen zu bilden. Es gibt also keine eigenen Zulassungsvoraussetzungen nach dem TPG für ein Transplantationszentrum: Die Zulassung als Transplantationszentrum richtet sich nach den grundsätzlichen, für allgemeine Krankenhäuser geltenden Vorschriften der Zulassung. Bedenken gegen die Zulassungspflichtigkeit von Transplantationszentren aus dem Grundgesetz heraus, stellen sich nicht. Diese Bestimmungen über die Zulassungspflichtigkeit von Transplantationszentren stellen zulässige Berufsausübungsregelungen nach Art. 12 Abs. 1 Satz 2 GG dar. Hieran hat das TPG im Wesentlichen nichts geändert.

§ 10 Abs. 1 TPG erweitert allerdings den Aufgabenkreis der Transplantationszentren. Diesen wird jetzt 94 sowohl die Übertragung von Organen verstorbener Spender als auch die Entnahme und Übertragung von Organen bei einer Lebendspende verpflichtend zugewiesen. Bislang war den Transplantationszentren nach altem Recht lediglich die Übertragung vermittlungspflichtiger Organe zugewiesen. § 10 Abs. 2 TPG normiert nunmehr, neben den bereits bestehenden Verpflichtungen für die Transplantationszentren, dass

1. die Regelungen zur Organentnahme und Vermittlung einzuhalten (Abs. 2 Nr. 3),
2. vor der Organübertragung festzustellen, dass die Spendercharakterisierung nach § 10 a abgeschlossen und dokumentiert ist und die Bedingungen für die Konservierung und den Transport eingehalten werden (Abs. 2 Nr. 4) und
3. die durchgeführten Lebendorganspenden aufgezeichnet sind (Abs. 2 Nr. 6).

Die Vorschriften der §§ 9 a Abs. 2 Nr. 2 und 3 gelten entsprechend.

Weiterhin hat der Gesetzgeber im TPG 2012 festgelegt, dass 95

– Wartelisten der zur Organübertragung angenommenen Patienten mit den für die Organvermittlung nach § 12 TPG erforderlichen Angaben zu führen sind. Dies gilt jetzt auch in der Neufassung des TPG für die Übertragung von vermittlungspflichtigen Organen.

§ 10 TPG erhielt durch Art. 5 d des Gesetzes zur Beseitigung sozialer Überforderung bei Beitragsschulden 96 in der Krankenversicherung eine Ergänzung. Die in den Medien bekanntgewordenen Organspendeskandale der Jahre 2012 und 2013 veranlassten den Gesetzgeber zu neuerlicher Umgestaltung des TPG in einigen Punkten.[94] Erklärtes Ziel dieser gesetzgeberischen Ergänzung ist es, in Zukunft Missstände zu verhindern; dazu gilt es insbesondere, den unterschiedlichen Motiven heraus vorgenommenen Manipulationen zu begegnen. Anreize der Transplantationszentren in Form von Bonuszahlungen an transplantierende Ärzte, aber auch die vermeintlich „fremdnützige" Rettung eigener Patienten, sollen verhindert werden. Der Gesetzgeber wollte also durch Art. 5 d des Gesetzes zur Beseitigung sozialer Überforderung bei Beitragsschulden in der Krankenversicherung ein gerechteres Verteilungsverfahren normieren. Besonders betont hat der Gesetzgeber in seiner Gesetzesbegründung, dass Entscheidungskriterien sich „ausschließlich nach den medizinischen Kriterien der Erfolgsaussicht und Dringlichkeit" zu orientieren haben.[95]

Nach den skandalösen Manipulationen im Bereich des Transplantationswesens besteht der dringende Verdacht, 97 dass es bei den teuersten medizinischen Leistungen überhaupt eigentlich nur um den eigenen Profit der an einer Transplantation Beteiligten geht: Fremdnützige Rettung eines eigenen Patienten zur Steigerung der Transplantationszahlen des eigenen Transplantationszentrums, an dem man tätig ist, – und wo Bonuszahlungen winken –, dürfte wohl kaum mehr als wirklich „fremdnützig" zu bezeichnen sein.

Der neu eingeführte Abs. 3 des § 10 TPG benennt Personen, die für die Erhebung, Dokumentation und 98 Übermittlung der für die Warteliste führung erforderlichen Angaben erforderlich sind. Auch hier wird klar, dass diese Neuregelung in § 10 Abs. 3 dazu dient, dass das Vertrauen der Bevölkerung in die Lauterkeit des Systems „Transplantationswesen" wiederhergestellt wird. Manipulationen in diesem Bereich waren, je nach Motivlage des Täters, bereits vor dieser Ergänzung durch Abs. 3 strafrechtlich bewehrt.

Im Ergebnis ist aber festzuhalten, dass auch diese gesetzgeberische Ergänzung, die ja offensichtlich Transparenz 99 und damit auch das Vertrauen der Bevölkerung in das Transplantationswesen wiederherstellen soll,

---

94 Als Reaktion auf die bekanntgewordenen Manipulationen hat der Gesetzgeber das TPG abermals durch Art. 5 d des Gesetzes zur Beseitigung sozialer Überforderung bei Beitragsschulden in der Krankenversicherung vom 15. Juli 2013 (BGBl. I, S. 2423) mit Wirkung zum 1. August 2013 geändert. Nach dieser Gesetzesänderung werden die Vorschriften der §§ 10, 16 und 19 TPG modifiziert und Manipulationen innerhalb dieses Systems der Organverteilung unter Strafe gestellt.

95 BT-Drs. 17/13947, 53.

trotz Inkrafttretens bereits im August 2012 und entsprechend intensiver Kommunikation an die Öffentlichkeit auf das Organspendeverhalten der Bevölkerung im Jahre 2014 keinen Einfluss hatte: Die Spenderzahl ist weiterhin auf einem sehr niedrigen Niveau.

100 Die Zulassung eines Krankenhauses erfolgt für die Übertragung von Organen und Geweben, also zur Implantation entnommener Organe. Nicht zulassungspflichtig sind die Krankenhäuser, in denen Explantationen durchgeführt werden.

101 § 10 Abs. 2 enthält Regelungen darüber, was Transplantationszentren sind und welche Pflichten sie haben: So sind Transplantationszentren zB verpflichtet, Listen der zur Organübertragung angenommenen Patienten zu führen (Wartelisten). Die für die Organvermittlung nach § 12 erforderlichen Angaben sind darin aufzulisten. Über die Annahme zur Organtransplantation und die Aufnahme in die Warteliste ist unverzüglich, nach Vorliegen aller erforderlichen Daten, zu entscheiden. Der Wunsch des Patienten ist zu berücksichtigen.

101a **3. Organ- und Spendercharakterisierung, Transport von Organen, Verordnungsermächtigung zur Organ- und Spendercharakterisierung und zum Transport (§ 10 a TPG).** Die Vorschrift des § 10 a TPG wurde neu in das Transplantationsgesetz eingefügt[96] und dient im Wesentlichen der Umsetzung von Art. 6 Abs. 1, Art. 7 sowie Art. 8 der Richtlinie über Qualitäts- und Sicherheitsstandards zur Transplantation bestimmte menschliche Organe.[97] Ziel und Zwecksetzung ist die Umsetzung europarechtlich induzierter Regelungstatbestände. § 10 a TPG regelt im Einzelnen die Organtypisierung, den Transport unter Beachtung der entsprechenden Verfahrensanweisungen der Koordinierungsstelle nach § 11 Abs. l a S. 2 Nr. 7 sowie in diesem Zusammenhang die Befugnis zum Erlass von Rechtsverordnungen.

102 **4. Zusammenarbeit bei der Entnahme von Organen und Geweben, Koordinierungsstelle (§ 11 TPG).** Die Transplantationszentren sollen Unterstützung durch die sog. Koordinierungsstelle erfahren. Mit der Neuregelung in § 11 Abs. 1 S. 4 TPG wird das Unterstützungsangebot für die Entnahmekrankenhäuser und für den Transplantationsbeauftragten gesetzlich verankert. Deutlich gemacht wird, dass der Auftrag der Koordinierungsstelle, die Gemeinschaftsaufgabe der Organspende zu organisieren hat und alle damit in mittelbarem Zusammenhang mit einer Organspende stehenden Aufgaben umfasst. § 11 Abs. l b TPG überträgt der Koordinationsstelle die Aufgabe, Daten festzulegen, die von den Entnahmekrankenhäusern in Erfüllung ihrer Verpflichtung nach der Neuregelung in § 9 a Abs. 2 Nr. 6 TPG an die Koordinierungsstelle anonymisiert zu übermitteln sind. die Auswertung selbst erfolgt durch die Koordinationsstelle, die die ihr übermittelten Daten und deren Auswertung krankenhausbezogen den zuständigen Stellen zur Verfügung stellt. Nach § 11 Abs. 1 Satz 2 richten oder beauftragen den Spitzenverband der Krankenkassen gemeinsam, die Bundesärztekammer und die Deutsche Krankenhausgesellschaft oder die Bundesverbände der Krankenhausträger gemeinsam eine geeignete Einrichtung (Koordinierungsstelle), um der gemeinschaftlichen Aufgabe der Entnahme von vermittlungspflichtigen Organen einschl. deren Vorbereitung mit Entnahme, Vermittlung und Übertragung gerecht werden zu können. Ausgangspunkt ist, dass der Gesetzgeber ua mit der Reform des Jahres 2012 eine Stärkung der Rolle der Koordinierungsstelle festlegen wollte. § 11 Abs. 1 S. 2 TPG ermöglicht die Schaffung einer Vermittlungsstelle, und zwar in Form von zwei Varianten, zum einen in der (Neu-)Errichtung oder aber der Beauftragung einer geeigneten Einrichtung, einer Koordinierungsstelle. Der Gesetzgeber hat damit bzgl. der Voraussetzungen der Schaffung einer Vermittlungsstelle gem. § 11 Abs. 1 Satz 2 TPG eine **abstrakte** Aufgabenbeschreibung mit entsprechendem Anforderungsprofil für die Schaffung einer derartigen Vermittlungsstelle normiert. Diese abstrakte Aufgabenzuteilung machte es möglich, dass im Nachhinein die Deutsche Stiftung Organtransplantation (DSO) mit den Aufgaben der Koordinierungsstelle betraut wurde.[98] Durch den ursprünglich zwischen dem AOK-Bundesverband, dem Bundesverband der Betriebskrankenkassen, dem IKK-Bundesverband, dem Bundesverband der Landwirtschaftlichen Krankenkassen, dem Verband der Angestellten-Krankenkassen eV, dem AEV-Arbeiter-Ersatzkassen-Verband eV, der Bundesknappschaft, der See-Krankenkasse, der Bundesärztekammer sowie der Deutschen Krankenhausgesellschaft als Auftraggeber und der Deutschen Stiftung Organtransplantation (DSO) als Auftragnehmerin beschlossenen und am 27.6.2010 genehmigten Vertrag wurde die Beauftragungsvariante gewählt und die DSO mit den Aufgaben der Koordinierungsstelle betraut. Im Klartext zusammengefasst: Der Gesetzgeber hat mit dieser Beauftragungsvariante des § 11 Abs. 1 Satz 2 TPG einen seit über 10 Jahre bestehenden Vertrag mit der DSO als Koordinationsstelle legitimiert. Denn niemand wird trotz dieser abstrakten, im Gesetz festgeschriebenen Aufgabenbeschreibung ernsthaft davon ausgegangen sein, dass **nicht** von der Beauftragungsvariante Gebrauch gemacht werden würde. Die Vorschriften der §§ 11 Abs. 1 S. 3 und 4 enthalten in der Aktualisierung Festlegungen für die Anforderungen an die Koordinationsstelle, insbesondere auch die erforderliche Vertretung der Transplantationszentren in der Koordinationsstelle, Angaben zu den gesetzlich fixierten Kontrollrechten der Auftraggeber des Koordinierungsstellenvertrages gem. § 11 Abs. 1 S. 5 bis 9.

---

96 BT-Drs. 17/7376, 21
97 BT-Drs. 17/7376, 14

98 Die DSO stellt eine nach hessischem Stiftungsrecht errichtete Stiftung privaten Rechts dar.

Aufgrund gesetzlich begründeter Kontrollrechte können nunmehr Haushaltslegung und finanzielle Eigenständigkeit der Koordinierungsstelle durch unabhängige Sachverständige geprüft werden. § 11 Abs. 1 a legt die Vielzahl der Aufgaben der Koordinierungsstelle fest. **103**

Konkret geht es dabei um Aufwendungen, die die Koordinationsstelle geltend machen kann: Mit der TPG-Reform des Jahres 2012 wollte der Gesetzesgeber die Rolle der Koordinationsstelle stärken. Die Koordinationsstelle sollte „Zentrale Stelle" sein.[99] Das eigentliche Ziel war es im Bereich der Transplantation ausreichende Transparenz herzustellen und vor allen Dingen auch das Vertrauen in ordnungsgemäß getroffene transplantationsrechtliche Entscheidungen zu schaffen und zu erhalten.[100] Dass über dieses gesetzgeberische Ansinnen der Koordinationsstelle auch noch Rechtsetzungsbefugnisse eingeräumt wurden, neben dem schon per se zu beachtenden Regelwerk bestehend aus Verträgen zur Koordinierungs- und Vermittlungsstelle, dem Handbuch von Eurotransplant und den Rechtsverordnungen des Bundesministeriums für Gesundheit usw ist auf vielfältige Kritik gestoßen.[101] Der Reform des TPG 2012 wurde mit den neuen Ziffern 5 und 6 zwei weitere Regelungstatbestände eingeführt. Dabei geht es um Aufwendungen, die die Koordinationsstelle geltend machen kann. Im Ergebnis regelt § 11 TPG auch weiterhin die Voraussetzungen für eine gedeihliche Zusammenarbeit der einzelnen in die Organisation und Vermittlung involvierten Institutionen bei der Entnahme von Organen und Geweben. Vertraglich ist geregelt in § 11 Abs. 2 TPG auch der Ersatz angemessener Aufwendungen für die Koordinationsstelle und zwar in Form einer pauschalen Abgeltung für Leistungen nach § 9 a Abs. 3 S. 2 TPG und eines Ausgleichszuschlages nach § 9 a Abs. 3 S. 3 TPG sowie nicht zuletzt auch ein Ersatz der Aufwendungen der Entnahmekrankenhäuser für die Freistellung des Transplantationsbeauftragten nach § 9 b Abs. 3 S. 4 TPG. Kommt es auf der Grundlage dieses Vertrages zu keiner Einigung zwischen dem Spitzenverband Bund der Krankenkassen, der Bundesärztekammer, der Deutschen Krankenhausgesellschaft und der Koordinationsstelle ist in § 11 S. 2 Ziff. 5 TPG ein Schlichtungsverfahren gesetzlich vorgeschrieben. Die einzelnen Pauschalen nach § 9 a Abs. 3 S. 2 TPG entfall- oder tagesbezogen so auszugestalten, dass die einzelnen Prozessschritte ausreichend ausdifferenziert abgebildet werden. Grundlage dieser pauschalen sind die sächlichen und personalen Gesamtaufwendungen, der Ausgleichszuschlag nach § 9 a Abs. 3 S. 3 TPG soll das Zweifache der Summe der in jeweiligem Fall berechnungsfähigen Pauschalen betragen. Auch hier wieder: Die private Krankenversicherungswirtschaft kann sich an der Finanzierung nach S. 2 Nr. 4 beteiligen. **104**

§ 11 Abs. 3 TPG verankert zur Kontrolle und Überwachung die Einsetzung einer Überwachungskommission, der ua nach § 11 Abs. 3 TPG alle erforderlichen Unterlagen zur Verfügung zu stellen und entsprechende Auskünfte zu erteilen sind. Erlangt die Kommission über diese Unterlagen Kenntnisse über Verstöße gegen das TPG oder gegen aufgrund dieses Gesetzes erlassene Rechtsverordnungen, dann ist diese verpflichtet, diese Informationen an die Behörden der Länder weiterzuleiten (§ 11 Abs. 2 TPG). **105**

Die Vorschrift des § 11 Abs. 4 TPG regelt die Pflichten der Transplantationszentren und Entnahmekrankenhäuser in Zusammenhang mit der Koordinierungsstelle im Bereich der Entnahme von Organen sowie zur Entnahme von Organen bei möglichen Organspendern nach den §§ 3 und 4 TPG. Es geht insbesondere um die Verpflichtung, die für die Organvermittlung erforderlichen personenbezogenen Daten im Krankenhaus zu erheben, an die Koordinierungsstelle zu übermitteln und die Organentnahme zu organisieren. Daran hat sich mit der TPG-Novelle 2019 nichts geändert. **106**

§ 11 Abs. 5 TPG bestimmt, dass die Koordinierungsstelle ein Verzeichnis über die Entnahmekrankenhäuser sowie die Transplantationszentren zu führen hat. Tätigkeiten beider Institutionen sind zu dokumentieren, ein jährlicher Bericht ist zu fertigen. **107**

Alle Beteiligten sind aufgerufen, gemeinsam strategische Lösungen für die Umsetzung des TPG zu finden. Es gilt natürlich auch, die jetzt gesetzlich normierte Finanzierung im Rahmen von Budgetverhandlungen mit der Koordinierungsstelle festzusetzen. Zur Gewährleistung der Verpflichtung, sämtliche, für eine Transplantation erforderlichen Auskünfte zu erteilen, die neben den Krankenakten der Patienten, ggf. auch Auszüge der elektronischen Dokumentation beinhalten, müssen entsprechende Strukturen für eine reibungslose Zusammenarbeit mit der Kommission nach § 11 Abs. 4 TPG in geeigneter Art und Weise gefunden und sichergestellt werden. Es liegt in der Natur der Organtransplantationen, dass bei dieser Abwicklung nur wenig Zeit zur Verfügung steht und von daher ein Höchstmaß an Struktur und Organisation zwingend erforderlich ist. **108**

5. Organvermittlung, Vermittlungsstelle (§ 12 TPG). § 12 TPG regelt den **Bereich der Organvermittlung** und fordert insoweit – wie bei der vom Gesetzgeber gewollten Einrichtung/Beauftragung einer **Koordinationsstelle** – die Einrichtung oder Beauftragung einer **Vermittlungsstelle**, die ihren Sitz auch außerhalb ihres Geltungsbereiches haben kann und Organe im Rahmen eines internationalen Organaustausches **109**

---

99 BT-Drs. 17/7376, 14
100 BT-Drs. 17/7376; Höfling/*Lang*, TPG, 2. Aufl. 2013, § 11 Rn. 2 ff.
101 Höfling/*Lang*, TPG, 2. Aufl., § 11 Rn. 2 ff.

unter Anwendung der Vorschriften des Gesetzes für die Organvermittlung vermittelt. Die **Stiftung Eurotransplant (ET)** war und ist zentrale Vermittlungsstelle für postmortal gespendete Organe in Belgien, Deutschland, Luxemburg, den Niederlanden, Österreich und Slowenien. Die zwei Hauptziele sind die Optimierung der Verträglichkeit durch Vergrößerung der Spender- und Empfängergruppe sowie eine möglichst gerechte Organverteilung durch vereinbarte Verteilungsregelungen. Liegen die Voraussetzungen für eine Organspende bei einem im Krankenhaus verstorbenen Menschen vor, so informiert dieses zunächst einmal die DSO, dessen zuständiger Koordinator informiert die Zentrale von Eurotransplant und veranlasst die notwendigen medizinischen Untersuchungen des Spenders, vor allen Dingen der Blut- und Gewebemerkmale. Diese Informationen gibt der Koordinator der DSO wiederum an Eurotransplant, die mit diesen Daten die infrage kommenden Organspender auswählen kann.

Neu eingefügt wird durch die TPG-Novelle 2019 die Vorschrift des § 12 a TPG über die Voraussetzungen einer Angehörigenbetreuung. Die Vorschrift des § 12 a TPG bietet jetzt eine klare rechtliche Grundlage einer Angehörigenbetreuung für die Koordinationsstelle. Diese Neuregelung soll das Verfahren für den Austausch von anonymisierten Schreiben zwischen dem Organempfänger und den nächsten Angehörigen des Organspenders sowie für die Mitteilung der Ergebnisse der erfolgten Organtransplantation regeln. Viele Betroffene haben im Vorfeld dieser Gesetzesnovelle einen derartigen Austausch für sehr wichtig erachtet. Im Sinne der geltenden Datenschutz-Regelungen setzt allerdings ein derartiger Austausch die Einwilligung aller Beteiligten voraus. Unter Einhaltung entsprechender datenschutzrechtlicher Bestimmungen ist auch der Anonymitätsgrundsatz gewahrt, denn es wird letztlich ausgeschlossen, dass der Organempfänger Kenntnis von der Identität des Spenders oder dessen Angehörigen erhält oder auch anderesherum, dass die Angehörigen des Organspenders Kenntnis über die Identität des Organempfängers erhalten. Liegen dementsprechende Einwilligungen vor, kann die Koordinationsstelle zB Angehörigentreffen organisieren, Ergebnisse, Befunde der Organtransplantation weiterleiten, alles allerdings unter der Voraussetzung, dass nachweisbar eine ausdrückliche Einwilligung der jeweiligen nächsten Angehörigen vorliegen. In jedem Falle aber hat die Koordinationsstelle ebenso wie die Transplantationszentren sicher zu stellen, dass Rückschlüsse auf die Identität des Organempfängers und des Organspenders sowie auf die Identität der nächsten Angehörigen oder der Personen nach § 4 Abs. 2 S. 5 oder Abs. 3 TPG ausgeschlossen sind (§ 12 a Abs. 7 TPG 2019).

110 Mit Vertrag vom 20. April 2000 hat die **Stiftung Eurotransplant den Status der Vermittlungsstelle im Sinne des § 12 Abs. 1 Satz 1 TPG 1997** erhalten. Bei diesem Vertrag mit der Vermittlungsstelle handelt es sich ausdrücklich um einen privatrechtlichen Vertrag. Die Vermittlungsstelle hat klar definierte Aufgabenbereiche zu erfüllen. Die Einzelheiten werden durch einen Vertrag mit Wirkung für die Transplantationszentren zwischen dem Spitzenverband Bund der Krankenkassen, der Bundesärztekammer, der Deutschen Krankenhausgesellschaft oder den Bundesverbänden der Krankenhausträger gemeinsam geregelt.[102]

111 § 12 Abs. 1 TPG 2019 regelt weiterhin die gemeinschaftsrechtliche Umsetzung der Regelungen des Organtausches mit Drittländern, die von der Vermittlungsstelle zu beachten sind. Die neue Vorschrift des § 12 Abs. 4 Ziffer 3 a TPG regelt die Anforderungen an die Vermittlung von Organen aus Drittländern unter Einhaltung der Regelungen des TPG bzw. der aufgrund des TPG erlassenen Rechtsverordnungen. § 12 Abs. 4 TPG legt fest, dass der Vertrag nach S. 1 des Einvernehmens mit dem Verband der privaten Krankenversicherung bedarf.

112 In diesem Vertrag ist ua die Art der, von den Transplantationszentren nach § 13 Abs. 3 Satz 3 zu meldenden Angaben sowie die Verwendung dieser Angaben durch die Vermittlungsstelle in einheitlichen Wartelisten für die jeweiligen Arten der durchzuführenden Organübertragungen geregelt. Festgelegt ist eine regelmäßige Überprüfung von Vermittlungsentscheidungen durch eine eigens hierfür bestimmte Prüfungskommission, die Zusammenarbeit und Erfahrungsaustausch mit der Koordinationsstelle und den Transplantationszentren muss definiert sein, unter den Vertragspartnern bedarf es der regelmäßigen Berichterstattung. Für den Fall der Vertragsverletzung besteht die Kündigungsmöglichkeit. Dieser Vertrag bedarf der Genehmigung durch das Bundesministerium für Gesundheit und ist im Übrigen im Bundesanzeiger bekannt zu machen. Die Überwachung der Einhaltung der Vertragsbestimmungen ist Sache des Spitzenverbandes Bund der Krankenkassen, der Ärztekammer und der Deutschen Krankenhausgesellschaft oder der Bundesverbände der Krankenhausträger.

113 Der Vertrag über die Vermittlungsstelle ist erst nach Ablauf der Zwei-Jahres-Frist des § 12 Abs. 6 TPG am 20. April 2000, von den Vertragspartnern geschlossen,[103] am 27.6.2000 vom Bundesministerium für Gesundheit genehmigt[104] und am 15. Juli 2000 im Bundesanzeiger bekanntgemacht worden.[105] Dieses Fristversäumnis wird allgemeinhin für unschädlich erachtet.

---

102 Seit dem 1. Juli 2008 ist die Formulierung „die Spitzenverbände der Krankenverbände gemeinsam" durch „der Spitzenverband Bund der Krankenkassen" ersetzt worden (Art. 42 Nr. 2, Art. 46 Abs. 9 des Gesetzes vom 26. März 2007, BGBl. I S. 378).

103 BAnz Nr. 131 a, 17.
104 BAnz Nr. 131 a, 3.
105 BAnz Nr. 131 a, 1 ff.

V. Meldungen, Dokumentation, Rückverfolgung, Datenschutz, Frist (§§ 13–15 TPG)

Die **personenbezogenen** Daten des Organspenders werden gemäß § 13 Abs. 1 TPG, von der Koordinie- **114**
rungsstelle – in Absprache mit den Transplantationszentren – verschlüsselt und mit einer **Kenn-Nummer**
versehen, die ausschließlich ihr die Möglichkeit eines Rückschlusses auf die Person des Organspenders
ermöglicht. Die Kenn-Nummer wird in die Begleitpapiere übernommen. Zusätzlich werden, für die Organvermittlung erforderlichen medizinischen Angaben ebenfalls in die Begleitpapiere aufgenommen und nach
Entscheidung der Vermittlungsstelle an das Transplantationszentrum weitergeleitet, in dem das Organ auf
den Empfänger übertragen werden soll. Die Einrichtung einer derartigen Kenn-Nummer dient dem Schutz
der persönlichen Daten des Organspenders. Eine Zusammenführung der verschlüsselten Daten unter der
Kenn-Nummer mit den weiteren erforderlichen medizinischen Angaben bedarf der Begründung: Die Datenzusammenführung darf nur in den Fällen erfolgen, in denen dies nach Implantation zur Abwehr einer zu
befürchtenden gesundheitlichen Gefährdung des Organempfängers erforderlich ist. Dies stellt die einzige
Ausnahme für eine Datenzusammenführung dar.

Die Vorschrift des § 13 Abs. 4 TPG enthält eine Verordnungsermächtigung für das Bundesministerium für **115**
Gesundheit enthält. Das BMG kann durch Rechtsverordnung das Verfahren für die Sicherstellung der Rückverfolgbarkeit von Organen, für die Meldung, Dokumentation, Untersuchung und Bewertung schwerwiegender Zwischenfälle und schwerwiegender unerwünschter Reaktionen etc und zur Sicherstellung der Meldung von Vorfällen bei einer Lebendorganspende sowie von schwerwiegenden unerwünschten Reaktionen
bei lebenden Spendern regeln.

§ 13 a TPG regelt die **Dokumentation übertragener Gewebe** durch Einrichtungen der medizinischen Ver- **116**
sorgung. Hier geht es um die **Zwecke der Rückverfolgung oder Zwecke der Risikoerfassung** nach den
Vorschriften des Arzneimittelgesetzes oder anderer Rechtsvorschriften, wo jedes übertragene Gewebe dokumentiert wird. § 16 a TPG gibt dem Bundesministerium für Gesundheit insoweit die Verordnungsermächtigung. Gleiches gilt für die Meldung schwerwiegender Zwischenfälle und schwerwiegender unerwünschter
Reaktionen bei Geweben, die der unverzüglichen Meldung nach Feststellung bedürfen. In diesem Zusammenhang haben dann alle Angaben, die für die Rückverfolgbarkeit sowie für die Qualitäts- und Sicherheitskontrolle erforderlich sind, mitgeteilt zu werden.

§ 13 b TPG verpflichtet die Einrichtungen der medizinischen Versorgung, jeden schwerwiegenden Zwi- **117**
schenfall im Sinne des § 63 c Abs. 6 des AMG über schwerwiegende, unerwünschte Reaktionen im Sinne
des § 63 c Abs. 7 des AMG zu melden. Insgesamt ist in § 13 b TPG die Meldung schwerwiegender Zwischenfälle und schwerwiegender unerwünschter Reaktionen bei Geweben geregelt. Die Meldepflicht gilt
damit auch für die og schwerwiegenden Zwischenfälle der §§ 63 c Abs. 6 und 7 AMG.

Kommt es zu einer **schwerwiegenden unerwünschten Reaktion bei der Übertragung von Gewebe,** so **118**
muss dieses unverzüglich ausgesondert, von der Abgabe ausgeschlossen werden. Die bereits belieferten
Einrichtungen der medizinischen Versorgung sind dementsprechend zu unterrichten. Mit der Ursachenfor-
schung ist unverzüglich zu beginnen. Gleichermaßen müssen vorangegangene Gewebespenden des Spenders ermittelt, untersucht und ggf. gesperrt werden, wenn sich der initiale Verdacht bestätigen lässt.

Der für die Organübertragung vorgesehene Patient (Empfänger) ist an das Transplantationszentrum, in dem **119**
die Organübertragung vorgenommen werden soll, von dem behandelnden Arzt zu melden, wenn insoweit
seine Einwilligung vorliegt. Die **Organübertragung muss „medizinisch angezeigt"** sein. Das Transplantationszentrum wiederum meldet alle für die Organvermittlung erforderlichen Daten an die Vermittlungsstelle, und zwar nach schriftlicher Einwilligung des Empfängers. Auf eine derartige schriftliche Einwilligung kann verzichtet werden, wenn die Gefahr des Todes oder einer schweren Gesundheitsschädigung des
Patienten keinen Aufschub bietet. Die Einwilligung muss unverzüglich nachgeholt werden.

§ 14 TPG enthält **Datenschutzbestimmungen**. Der Abs. 2 a des § 14 TPG enthält die grundsätzliche **120**
Ermächtigung von Ärzten und anderem wissenschaftlichen Personal; gemeint ist das Personal der Entnahmekrankenhäuser und der Transplantationszentren, personenbezogene Daten rund um die Organentnahme
und Übertragung, aber auch rund um die Gewebeübertragung für eigene wissenschaftliche Forschungsvorhaben zu verwenden. Derartige Daten dürfen aber nur dann ggf. sogar an Dritte übermittelt werden, wenn
sie so anonymisiert sind, dass sie der betroffenen Person unter keinem Gesichtspunkt mehr zugeordnet werden können. In anderen Fällen besteht die Möglichkeit der Nutzung für Forschungszwecke nur dann, wenn
die betroffene Person eingewilligt hat oder das öffentliche Interesse an der Durchführung des Forschungsvorhabens zum einen die Möglichkeit der Zuordnung erfordert und im Übrigen die grundsätzlich schützenswerten Interessen der betroffenen Person überwiegt. Mit Blick auf diese wohl sehr weitgehende Freigabe
evtl. personenbezogener Daten bleibt zu konstatieren, dass wohl eine Verpflichtung zur Weitergabe von
Daten, aber auch keine Berechtigung zur Abforderung von Daten von anderen Einrichtungen der Transplantationsmedizin, bestehen dürfte. Es geht weiterhin um den kontrollierten Umgang mit personenbezogenen
Daten. Sofern es sich bei den, an der Organtransplantation im weitesten Sinne beteiligten Einrichtungen

(Krankenhäuser, Koordinierungsstelle, Vermittlungsstelle, Transplantationszentrum) um öffentliche Stellen handelt, liegt der Datenschutz bei dem zuständigen Landesdatenschutzbeauftragten. Bei nichtöffentlichen Stellen greift die Vorschrift des § 38 Abs. 1 BDSG. Im Rahmen des TPG erhobene personenbezogene Daten dürfen für andere Zwecke nicht verwendet werden. Die entsprechenden Einrichtungen haben organisatorische Maßnahmen zu ergreifen, die entsprechende Datenweitergabe zu verhindern in der Lage sind. Gleiches gilt für das Hinzufügen, das Verändern oder das Löschen bestimmter Daten.

121 § 14 Abs. 3 bestimmt demgegenüber, dass im Falle einer Samenspende das Recht des Kindes auf Kenntnis der eigenen Abstammung von diesen Vorschriften unberührt bleibt. Bei der Knochenmarkspende darf ebenfalls in Abweichung des Abs. 2, unter der Voraussetzung, dass Gewebespender und Gewebeempfänger wirklich eingewilligt haben, die Identität beider gegenseitig bekanntgegeben werden.

122 Nach den **Aufbewahrungs- und Löschungsfristen des § 15 TPG** sind sämtliche, im Zusammenhang mit der Organentnahme, -vermittlung und -übertragung gewonnenen Daten mindestens 30 Jahre aufzubewahren. Es gilt die Rückverfolgbarkeit im Einzelfall zu gewährleisten. Für die Gewebeübertragung gelten og Aufbewahrungsfristen weiterhin. Danach sind die Angaben zu löschen, oder aber zu anonymisieren. Die Neuregelung des § 15 e Abs. 6 S. 1 und S. 2 TPG 2019 beinhaltet die Übermittlung der personenbezogenen Daten eines in die Warteliste aufgenommenen Patienten, Organempfängers oder lebenden Organspenders an die Transplantationsregisterstelle, die nur dann zulässig ist, wenn eine ausdrückliche Einwilligung diesbezüglich vorliegt. Mit diesen Neuregelungen in § 15 e Abs. 6 S. 1 und S. 2 TPG wird das Erfordernis der Einwilligung auf den Fall erstreckt, dass der in der Warteliste aufgenommene Patient, Organempfänger oder lebender Organspender verstirbt.

VI. Richtlinien zum Stand der Erkenntnisse der medizinischen Wissenschaft bei Organen

123 Die von Seiten des Gesetzgebers normierte Richtlinienkompetenz der Bundesärztekammer ist aus bereits genannten Gründen in der Vergangenheit und auch aktuell nicht ohne Kritik geblieben. Bezüglich der Hirntod-Feststellung als Voraussetzung einer Organspende ist viel diskutiert worden, und zwar mit Blick darauf, dass diesbezüglich auf den nicht behebbaren Ausfall der Gesamtfunktionen des Großhirns, des Kleinhirns und des Hirnstammes gem. § 3 Abs. 2 Nr. 2 TPG abgestellt wird und die Frage, ob dies bei einem, noch funktionierenden Herz-Kreislauf-System, das unabdingbar für eine Organspende ist, der Fall sein kann. Die Bundesärztekammer hält an „ihrem" Hirntod-Konzept fest. Die Richtlinien zur Aufnahme in die Warteliste gem. § 16 Abs. 1 Satz 1 Nr. 2 TPG belegen, dass es bei den Aufnahmekriterien in die Warteliste von Patienten eben gerade nicht nur um medizinische Indikationen für eine Transplantation geht, auch wenn (jetzt) als Reaktion auf die jüngsten Skandale in diversen deutschen Transplantationszentren diese Entscheidung zur Teamentscheidung geworden ist. Zusätzlich werden Kriterien seitens der Bundesärztekammer definiert, die ggf. auch – weil eben medizinisch nicht definiert – die Zuteilung knapper Organressourcen verschärfen. Die Organverteilungsrichtlinien gem. § 16 Abs. 1 Satz 1 Nr. 5 TPG könnten, und das wird auch seitens der Literatur zum Teil als „Kompetenzüberschreitung" gewertet,[106] so interpretiert werden: Denn es werde der Eindruck der Neutralität in einem Bereich eines scheinbar medizinisch-technischen Selektionsprozesses erweckt, der ohne Einfluss anderweitiger Kriterien, evtl. kommerzieller Interessen sei, was nicht zutreffe.[107]

124 § 16 TPG gilt also in seiner ursprünglichen Fassung, trotz aller geäußerten Kritik, weiterhin. Der Bundesärztekammer sind weitreichende Aufgaben und Befugnisse zugewiesen. Nur die noch nachfolgend darzustellenden Vorschriften der neugefügten Vorschriften der §§ 16 a und 16 b TPG bzgl. normativer Regelungen im Bereich des Geweberechtes sind eingeschränkt worden:

125 Mit der Vorschrift des § 16 Abs. 1 Nr. 4 c des TPG-Änderungsgesetz 2012 wurde die Bundesärztekammer dazu verpflichtet, neue Richtlinien zu erstellen, in der die Anforderungen der im Zusammenhang mit einer Organentnahme zum Schutz des Organempfängers erforderlichen Maßnahmen definiert sind. Hierbei ging es dem Gesetzgeber insbesondere darum, die Anforderungen bzgl. der Erkennung und Behandlung von Vorfällen bei einer Lebendorganspende im Zusammenhang mit der Qualität und Sicherheit des gespendeten Organes und schwerwiegenden unerwünschten Reaktionen bei Lebendspendern im Rahmen der Nachbetreuung festgestellt zu wissen. Abs. 1 Nr. 7 des § 16 TPG verpflichtet die Bundesärztekammer außerdem, in einer Richtlinie die Anforderungen an die Aufzeichnung der Lebendorganspender nach § 10 Abs. 1 Nr. 6 TPG zu regeln.

---

106 Dazu nochmals *Gutmann*, § 16 Rn. 19; *Conrads*, S. 35 (41); *ders.*, Rechtliche Grundsätze der Organallokation, S. 226; *Gutmann/Fateh-Moghadam*, S. 37 (51 ff.).

107 Art. 119 a Abs. 2 der Schweizerischen Bundesverfassung stellt dies völlig zu Recht klar: „(Abs. 1: Der Bund erlässt Vorschriften auf dem Gebiet der Transplantation von Organen ... Abs. 2:) *Er legt insbesondere Kriterien für eine gerechte Zuteilung von Organen fest.* " (Hervorhebung des Verf.).

Das Gesetz zur Beseitigung sozialer Überforderung bei Beitragsschulden in der Krankenversicherung hat **126** bzgl. der vielfach bereits in der Vergangenheit kritisierten gesetzgeberischen Lösung, der Bundesärztekammer Richtlinienkompetenz erteilt zu haben, eingefügt, dass die Feststellung des Standes der Erkenntnisse der medizinischen Wissenschaft **nachvollziehbar** darzulegen ist.[108] Dies soll dem besseren Verständnis und der besseren Transparenz der Richtlinienpraxis der Bundesärztekammer dienen. Das Bundesministerium für Gesundheit soll damit, so der gesetzgeberische Auftrag an die Bundesärztekammer, in die Lage versetzt werden zu prüfen, ob dort der Beurteilungs-/Entscheidungsspielraum richtig angesetzt und damit die Richtlinienvorgaben nachvollziehbar sind. Ob damit mehr Transparenz in das Vermittlungs- bzw. Verteilungsverfahren von Organen und Geweben gelangt, bleibt weiterhin mit kritischem Abstand abzuwarten.

Die Bundesärztekammer hat den Stand der Erkenntnisse der medizinischen Wissenschaft in Richtlinien **127** definiert und

– Regeln für die Feststellung des Todes,
– die Vorgehensweise in Form von Verfahrensregeln und nicht zuletzt
– Bestimmungen zur Qualifikation der daran beteiligten Ärzte getroffen.

Bei Einhaltung dieser, von der Bundesärztekammer erlassenen Richtlinien wird vermutet, dass der Stand der Erkenntnisse der medizinischen Wissenschaft gewährleistet ist.

Auf der Grundlage der derzeit aktuellen Vierten Fortschreibung der Richtlinie gem. § 16 Abs. 1 S. 1 Nr. 1 **128** TPG vom 30.3.2015 wird der Stand der Erkenntnisse der medizinischen Wissenschaft für die Zulässigkeit der Entnahme von Organen oder Geweben normiert:[109] Die Diagnostik des irreversiblen Hirnfunktionsausfalles ist dabei unabdingbare Voraussetzung.[110]

Der Hirntod wird in Deutschland weiterhin in drei Schritten, unabhängig durch zwei Ärzte, diagnostiziert:

– Es muss eine primäre-supratentorielle, infratentorielle oder eine sekundäre Hirnschädigung vorliegen. Es müssen Umstände ausgeschlossen sein, die eine Diagnosestellung verfälschen könnten, wie zB dämpfende Medikamente, primäre Unterkühlung, etc;
– es müssen die klinischen Symptome des Ausfalls der Hirnfunktion vorliegen, als da sind das Koma, der Ausfall der Hirnstammreflexe, beidseits erloschene Pupillen, Lichtreflexe, beidseits erloschener Kornealreflex, das Fehlen der Trigeminus-Schmerzreaktion, das Fehlen des Pharyngeal- und Trachealreflexes, das Fehlen des okulozephalen Reflexes sowie der Ausfall der Spontanatmung und
– nicht zuletzt muss dieser Hirnfunktionsausfall irreversibel sein. Dieser Nachweis muss, je nach Alter des Patienten, nach 12 bis 72 Stunden nochmals wiederholt werden. Bei Kindern im Alter unter zwei Jahren ist eine apparative Zusatzdiagnostik durch ein EEG, evozierte Potentiale, eine transkranielle Dopplersonographie, oder eine **Perfusions**-Szintigrafie durchzuführen.

Die Bundesärztekammer ist ein nicht eingetragener Verein des Privatrechts. Ihre Mitglieder sind ihrerseits **129** als öffentlich-rechtliche Körperschaften organisierten Landesärztekammern. Die Bundesärztekammer ist eine Dachorganisation auf Bundesebene. Mit Erschaffung des § 16 Abs. 1 TPG hat der Gesetzgeber der Bundesärztekammer Richtlinienkompetenz eingeräumt. Zu den verfassungsrechtlichen Bedenken bezüglich dieser gesetzgeberischen Delegation wurde bereits ausgeführt. Letztlich hat der Gesetzgeber damit einer privatrechtlichen Institution über das Konstrukt der Beleihung die Kompetenz zur Festlegung grundlegender Eckdaten des gesamten, durch das TPG verfassten Transplantationssystems eingeräumt. Die Bundesärztekammer darf die Kriterien der Todesfeststellung für die Organentnahme bestimmen, sie darf ferner Kriterien für die Aufnahme möglicher Organempfänger in die Warteliste bis zu konkreten Angaben für die Zuteilung knapper Organe, aber nicht zuletzt auch zu den bestehenden ärztlichen Pflichten Regeln aufstellen.[111] Die Bundesärztekammer übt damit im eigentlichen Sinne „öffentliche Gewalt" aus. Nach Art. 20 Abs. 2 GG bedarf aber jede Ausübung öffentlicher Gewalt einer demokratischen Legitimation. Tatsächlich trifft nämlich die Bundesärztekammer im Rahmen ihrer diversen Richtlinien nicht nur lediglich „Feststellungen", sondern sie trifft viele grundsätzliche Entscheidungen, wie zB die Frage, ab wann ein Mensch als „tot" im Sinne des TPG anzusehen ist oder wer vorrangig in die Warteliste einzustellen ist. Die Schaffung von Rechtsgrundlagen muss aber allein dem Gesetzgeber vorbehalten bleiben. Der Gesetzgeber des TPG 2012 hatte trotz aller Kritik an seinem Standpunkt festgehalten. Daran hat sich auch mit der TPG-Novelle 2019 nichts geändert.

---

108 Als Reaktion auf die bekanntgewordenen Manipulationen hat der Gesetzgeber das TPG abermals durch Art. 5 d des Gesetzes zur Beseitigung sozialer Überforderung bei Beitragsschulden in der Krankenversicherung vom 15. Juli 2013 (BGBl. I, S. 2423) mit Wirkung zum 1. August 2013 geändert. Nach dieser Gesetzesänderung werden die Vorschriften der §§ 10, 16 und 19 TPG modifiziert und Manipulationen

innerhalb dieses Systems der Organverteilung unter Strafe gestellt.
109 Richtlinie gem. § 16 Abs. 3 des Transplantationsgesetzes (TPG) vom 30.3.2015 (BÄK)
110 Der Wortlaut der aktuellen Richtlinien ist abrufbar unter http://www. Bundesaerztekammer.de/organ-transplantation.
111 Höfling/*Höfling*, TPG, 2. Aufl. 2013, 364 ff.

VII. Verbotsvorschriften (§ 17 TPG)/Straf- und Bußgeldvorschriften (§§ 18 ff. TPG)

130 Der kommerzielle Handel mit Organen ist nach den Vorschriften der §§ 17 und 18 des TPG strikt verboten. Organhandel kann mit bis zu fünf Jahren Freiheitsentzug bestraft werden. Jeder, also sowohl der behandelnde Arzt, das medizinische Personal oder ein potenzieller Organempfänger, der sich ein solches gegen Entgelt übertragen lässt, fällt unter die Strafvorschrift des § 18 TPG. Sanktioniert können diese Verstöße mit Freiheitsstrafe von bis zu 5 Jahren oder mit Geldstrafe werden.

131 Der Versuch ist nach § 18 Abs. 3 TPG strafbar. Das Gesetz sieht ferner in § 18 Abs. 4 TPG vor, dass das Gericht in Fällen, in denen Organ- oder Gewebespender involviert sind, von einer Bestrafung nach Abs. 1 TPG absehen oder aber nach seinem Ermessen mildern (§ 49 Abs. 2 StGB) kann. Diese Möglichkeit besteht aber nur dann, wenn es sich nicht um einen gewerbsmäßigen Organ- und Gewebehandel im Sinne des § 2 des § 18 TPG handelt.

132 § 19 TPG stellt unter Strafe jede Entnahme und Verwendung zur Übertragung auf eine andere Person oder die Gewinnung menschlicher Samenzellen unter Verstoß gegen das TPG. § 19 Abs. 3 TPG regelt die Verstöße gegen den Datenschutz, insbesondere die Auskunftserteilung an Nichtberechtigte, Verwendung entsprechender Angaben und die unzulässige Offenbarung oder Verwendung von personenbezogenen Daten. Auch derartige Verstöße sind strafbar. Diese Verstöße sind auch im Versuchsstadium strafbar.

133 § 20 regelt die, im Zusammenhang mit dem TPG möglichen Ordnungswidrigkeiten und erfährt in der jetzt aktuellen Fassung keine Neuerungen. Eine Ordnungswidrigkeit kann im Einzelfall mit bis zu 30.000 Euro geahndet werden.

134 Die Schlussvorschriften beinhalten formale Regelungen, wie zB die Benennung der zuständigen Bundesoberbehörde, nämlich das Paul-Ehrlich-Institut, Übergangsregelungen sowie das Datum des Inkrafttretens.

Stichwortverzeichnis

Paragrafen ohne Gesetzesbezeichnung sind solche des BGB.

Abgabe einer Willenserklärung
- abhanden gekommene Willenserklärung 130 Rn. 9
- Bedeutung des Zeitpunkts 130 Rn. 5
- Definition 130 Rn. 6
- Mängel der Abgabe 130 Rn. 8
- nicht empfangsbedürftige Willenserklärung 130 Rn. 76
- verkörperte Erklärungen unter Anwesenden 130 Rn. 7

Abhanden gekommene Willenserklärung 130 Rn. 9, 172 Rn. 5
- bei elektronischer Form 126a Rn. 57
- Schadensersatzpflicht 122 Rn. 5

Abkommen zwischen der Bundesrepublik Deutschland und der schweizerischen Eidgenossenschaft über die Haftung gegenüber Dritten auf dem Gebiet der Kernenergie EGBGB 44 Rn. 4

Ablaufhemmung
- Grundregeln des Europäischen Vertragsrechts Vor 203–213 Rn. 10

Abschlagszahlung
- Hausbau EGBGB 244 Rn. 1 ff.

Abstammung, IPR
- Anerkennung ausländischer Entscheidungen EGBGB 19 Rn. 45
- Anerkennung der Mutterschaft EGBGB 19 Rn. 51
- Anknüpfung an das Ehewirkungsstatut EGBGB 19 Rn. 17
- Anknüpfung an den gewöhnlichen Aufenthalt EGBGB 19 Rn. 14
- Anknüpfung an die elterliche Staatsangehörigkeit EGBGB 19 Rn. 16
- Anwendungsbereich EGBGB 19 Rn. 10
- Auswirkung auf die Staatsangehörigkeit EGBGB 19 Rn. 55
- Geburt vor dem 1.7.1998 EGBGB 19 Rn. 40
- Geburt vor dem 1.9.1986 EGBGB 19 Rn. 41
- Grundsatz der Abstammungswahrheit EGBGB 19 Rn. 28
- Haager Unterhaltsabkommen EGBGB 19 Rn. 9, 33
- innerdeutsches Kollisionsrecht EGBGB 19 Rn. 42
- internationale Zuständigkeit EGBGB 19 Rn. 44
- intertemporaler Anwendungsbereich EGBGB 19 Rn. 2
- Kindschaftsrechtsreformgesetz EGBGB 19 Rn. 1
- Legitimation EGBGB 19 Rn. 53

- Mutterschaftsfeststellung EGBGB 19 Rn. 29
- Normgeschichte EGBGB 19 Rn. 1
- ordre public EGBGB 19 Rn. 36
- Personenstandsbuchberichtigung EGBGB 19 Rn. 52
- Rück- und Weiterverweisung EGBGB 19 Rn. 34
- serologische Gutachten EGBGB 19 Rn. 47
- Vaterschaftsanerkennung und -feststellung EGBGB 19 Rn. 49
- Verhältnis des Anknüpfungsalternativen EGBGB 19 Rn. 22
- Verpflichtung des Vaters gegenüber der Mutter EGBGB 19 Rn. 31
- vorrangige Regelungen EGBGB 19 Rn. 7

Abstammungserklärung
- Zustimmung, anzuwendendes Recht EGBGB 23 Rn. 1 ff.

Abstraktes Schuldversprechen
- Verjährung 194 Rn. 8, 216 Rn. 2

Abwärts-Versteigerung
- Online-Auktionen Anh 156 Rn. 47 f.

Account-Missbrauch
- Online-Auktionen Anh 156 Rn. 28 ff.

Account-Vertrag 107 Rn. 16, 47

Adhäsionsverfahren
- Verjährungshemmung 204 Rn. 26

Adoption EGBGB 22 Rn. 1 ff., 58
- Arten EGBGB 22 Rn. 7 ff.
- Aufhebung EGBGB 22 Rn. 13 ff.
- Ausland EGBGB 22 Rn. 60 ff.
- ausländische, Anerkennung EGBGB 22 Rn. 84
- ausländisches Recht, Anwendung EGBGB 22 Rn. 69 ff.
- Einwilligung EGBGB 22 Rn. 102 ff.
- Erbrecht EGBGB 22 Rn. 42 ff.
- gemeinschaftliche, Lebenspartner EGBGB 22 Rn. 99
- Gleichstellung EGBGB 22 Rn. 50 ff.
- Haager Adoptionsübereinkommen EGBGB 22 Rn. 84
- Inland EGBGB 22 Rn. 57 ff.
- Kafala EGBGB 22 Rn. 101
- Kinderhandel EGBGB 22 Rn. 115, 122 f.
- Kindeswohlprüfung EGBGB 22 Rn. 109 ff.
- Leihmutterschaft EGBGB 22 Rn. 122 f.
- Name EGBGB 22 Rn. 27 ff.
- praktische Bedeutung EGBGB 22 Rn. 6
- schwache EGBGB 22 Rn. 100
- Staatsangehörigkeit EGBGB 22 Rn. 36
- Verfahren EGBGB 22 Rn. 71 ff.

– Wirkungen   EGBGB 22 Rn. 19 ff.
– Zustandekommen   EGBGB 22 Rn. 11
– Zuständigkeit   EGBGB 22 Rn. 57, 71 ff.
– Zuständigkeit, internationale
   EGBGB 22 Rn. 91 ff.
– Zuständigkeitskonzentration
   EGBGB 22 Rn. 75 ff.
– Zustimmung, anzuwendendes Recht
   EGBGB 23 Rn. 1 ff.

Adoptionshilfe-Gesetz   EGBGB 22 Anh I Rn. 2

Adoptionswirkungsgesetz (AdWirkG)
   EGBGB 22 Anh I Rn. 1 ff.
– Anerkennungs- und Wirkungsfeststellung
   EGBGB 22 Anh I Rn. 8 ff.
– ausl. Adoption, Wiederholung im Inland
   EGBGB 22 Anh I Rn. 45 ff.
– Umwandlung ausländ. in dt. Recht
   EGBGB 22 Anh I Rn. 23 ff.

Adoptionswirkungsstatut   EGBGB 22 Rn. 22 ff.

AGB
– Annahmefrist   146 Rn. 4
– Online-Auktion   Anh 156 Rn. 6
– Vertragsabschlussklausel   145 Rn. 21

AGG
– Anwendungsbereich   AGG 1 Rn. 4 ff., 2 Rn. 1 ff.
– Arbeitgeber   AGG 6 Rn. 9 f.
– Arbeitnehmer   AGG 6 Rn. 2 f.
– arbeitnehmerähnliche Personen   AGG 6 Rn. 5 f.
– Aufklärung und Schulung   AGG 12 Rn. 7 ff.
– Ausschlussfrist   AGG 21 Rn. 27 ff.
– Auszubildende und Lehrlinge   AGG 6 Rn. 4
– Beförderungen   AGG 6 Rn. 12, 7 Rn. 13
– Belästigung   AGG 3 Rn. 12
– Benachteiligung   AGG 1 Rn. 8 ff., 3 Rn. 3 ff.
– Benachteiligung durch Unterlassen
   AGG 3 Rn. 7
– berufliche Anforderungen   AGG 8 Rn. 5 ff.
– Berufsausbildung   AGG 2 Rn. 14 f.
– Berufsvereinigung   AGG 2 Rn. 16
– Beseitigungsanspruch   AGG 21 Rn. 4 ff.
– Betrieb   AGG 17 Rn. 7 f.
– Betriebsräte   AGG 17 Rn. 3 f., 12 f., 17
– Beweislast   AGG 16 Rn. 9, 22 Rn. 1 ff.
– Bewerber   AGG 6 Rn. 7, 7 Rn. 10 ff.
– Bildung   AGG 2 Rn. 19
– EG-Richtlinien   AGG 1 Rn. 3, 10 Rn. 1, 3, 6 f.,
   14 ff., 37, 12 Rn. 16, 15 Rn. 4 f., 10, 17 Rn. 2,
   21 Rn. 1, 22 Rn. 1
– ehemalige Arbeitnehmer   AGG 6 Rn. 8
– Entgeltgleichheit   AGG 8 Rn. 10 f.
– Entlassungen   AGG 7 Rn. 14
– familien- und erbrechtliche Schuldverhältnisse
   AGG 19 Rn. 28 ff.
– „Mobbing"   AGG 1 Rn. 8, 3 Rn. 3, 15 Rn. 3

– Organmitglieder   AGG 6 Rn. 12
– Pflichten des Arbeitgebers   AGG 12 Rn. 2 ff.
– Präventionsfunktion   AGG 1 Rn. 3
– Rechtfertigung von Benachteiligungen
   AGG 8 Rn. 3 ff., 20 Rn. 1 ff.
– Repressionsfunktion   AGG 1 Rn. 3
– Schadensermittlung   AGG 15 Rn. 11 ff.
– Schadensersatz   AGG 15 Rn. 1 ff., 21 Rn. 3,
   19 ff.
– Schwangerschaft und Mutterschaft   AGG 3 Rn. 6
– Selbstständige   AGG 6 Rn. 11
– sexuelle Belästigung   AGG 3 Rn. 13 ff.
– soziale Vergünstigungen   AGG 2 Rn. 18
– Sozialpläne   AGG 10 Rn. 24 ff.
– Sozialschutz   AGG 2 Rn. 17
– „Stalking"   AGG 12 Rn. 3 ff.
– Tarifvertragsparteien   AGG 17 Rn. 12
– Unterlassungsanspruch   AGG 21 Rn. 13 ff.
– Verhältnis zu Dauerschuldverhältnissen
   AGG 33 Rn. 2 f.
– Verhältnis zu Kündigungsvorschriften
   AGG 2 Rn. 25 ff.
– Verhältnis zu sonstigen Benachteiligungsverboten
   AGG 2 Rn. 24
– Verhältnis zum Gendiagnostikgesetz
   AGG 15 Rn. 15
– Verhältnis zum SGB   AGG 2 Rn. 22 f.
– Verjährung   AGG 21 Rn. 32
– Vermietung von Wohnraum   AGG 19 Rn. 22 ff.
– Verschulden des Arbeitgebers   AGG 15 Rn. 3 ff.
– Versicherungsverträge   AGG 20 Rn. 22 ff.,
   33 Rn. 4
– Versorgung mit Gütern und Dienstleistungen
   AGG 2 Rn. 20 f.
– Verträge mit besonderem Nähe- o. Vertrauensver-
   hältnis   AGG 19 Rn. 36 ff.
– Verträge mit besonderem Nähe- o. Vertrauensver-
   hältnis, Wohnungsmiete   AGG 19 Rn. 53 ff.
– zivilrechtliches Benachteiligungsverbot
   AGG 19 Rn. 1 ff.
– zivilrechtliches Benachteiligungsverbot, Massen-
   geschäfte   AGG 19 Rn. 7 ff.
– zivilrechtliches Benachteiligungsverbot, privat-
   rechtliche Versicherungsverträge
   AGG 19 Rn. 16 ff.
– zivilrechtliches Benachteiligungsverbot, sonstige
   Verträge   AGG 19 Rn. 20 f.
– Zugang zur Erwerbstätigkeit   AGG 2 Rn. 3 ff.
– Zweck   AGG 1 Rn. 1

AGG, Benachteiligungsgründe
– Alter   AGG 1 Rn. 25, 7 Rn. 24 f., 10 Rn. 6 ff.,
   20 Rn. 14, 28
– Behinderung   AGG 1 Rn. 24, 7 Rn. 23,
   20 Rn. 16, 28
– ethnische Herkunft   AGG 1 Rn. 16, 18, 7 Rn. 16,
   20 Rn. 23

– Geschlecht   AGG 1 Rn. 19, 7 Rn. 17 f., 20 Rn. 9, 11, 14, 24 ff.
– Rasse   AGG 1 Rn. 16 f., 7 Rn. 15, 20 Rn. 23
– Religion   AGG 1 Rn. 21 ff., 7 Rn. 16, 20 ff., 20 Rn. 17 ff., 28
– Schwangerschaft und Mutterschaft AGG 7 Rn. 19, 20 Rn. 9, 27
– sexuelle Identität   AGG 1 Rn. 20, 7 Rn. 26, 20 Rn. 28
– Weltanschauung   AGG 1 Rn. 21 ff., 7 Rn. 20 ff., 20 Rn. 28

AHK-Gesetz Nr. 23 über die Rechtsverhältnisse verschleppter Personen und Flüchtlinge EGBGB 5 Anh II Rn. 10

Alkoholismus
– Geschäftsunfähigkeit   104 Rn. 68
– vorübergehende Störung der Geistestätigkeit 105 Rn. 5

Allgemeine Ehewirkungen, IPR
– engste Verbindung   EGBGB 14 Anh Rn. 14
– gegenseitige Unterstützung   EGBGB 14 Rn. 54
– gemeinsamer gewöhnlicher Aufenthalt EGBGB 14 Anh Rn. 13
– gemeinsames Personalstatut EGBGB 14 Anh Rn. 7
– Getrenntleben   EGBGB 14 Rn. 53
– Hausrat und Ehewohnung   EGBGB 14 Rn. 58
– Herstellung der ehelichen Lebensgemeinschaft EGBGB 14 Rn. 53
– Morgengabe   EGBGB 14 Rn. 71
– Personalsicherheit   EGBGB 14 Rn. 66
– Rückgabe von Verlobungs- und Hochzeitsge- schenken   EGBGB 14 Rn. 67
– Schlüsselgewalt   EGBGB 14 Rn. 57
– Staatensukzession   EGBGB 14 Anh Rn. 33
– unbenannte Zuwendung   EGBGB 14 Rn. 62
– Verjährung   EGBGB 14 Rn. 69
– Verpflichtungs- und Verfügungsbeschränkungen EGBGB 14 Rn. 59
– Wahl des gemeinsamen Heimatrechts EGBGB 14 Anh Rn. 19
– Wahl des Heimatrechts eines Ehegatten EGBGB 14 Anh Rn. 23
– Zwangsvollstreckung   EGBGB 14 Rn. 70

Allgemeine Geschäftsbedingungen
– Auslegung   133 Rn. 23, 87
– Inhaltskontrolle bei Vereinbarungen über die Ver- jährung   202 Rn. 47 ff.
– revisionsgerichtliche Kontrolle   133 Rn. 110

Allgemeines Persönlichkeitsrecht
– besonderes postmortales Persönlichkeitsrecht während der Totenehrung   90 Rn. 41
– Namensrecht als Persönlichkeitsrecht   12 Rn. 19
– postmortaler Persönlichkeitsschutz   12 Rn. 128
– postmortales APR   1 Rn. 32

– postmortales Persönlichkeitsrecht des Ausländers EGBGB 7 Rn. 15
– Verhältnis zum Namensrecht   12 Rn. 27

Allogene Transplantationen   TPG Rn. 2

Alter   AGG 1 Rn. 25, 7 Rn. 24 f., 10 Rn. 6 ff., 20 Rn. 14, 28
– Täuschung über   123 Rn. 59

Andeutungstheorie   125 Rn. 28, 133 Rn. 74
– ergänzende Vertragsauslegung   157 Rn. 29
– falsa-demonstratio-Regel   133 Rn. 77
– Stiftungsgeschäft   80 Rn. 5, 83 Rn. 9

Anerkenntnis
– Verjährungsneubeginn   212 Rn. 11 ff., 31 f.

Anerkennung
– einstweilige Maßnahmen EGBGB Anh I zum III. Abschnitt EheVO 21 Rn. 4

Anerkennung ausländischer Entscheidungen
– Abstammung   EGBGB 19 Rn. 45
– anerkennungsrechtlicher ordre public EGBGB 6 Rn. 19
– Anfechtung der Abstammung EGBGB 20 Rn. 23
– eingetragene Lebenspartnerschaft EGBGB Anh II zum III. Abschnitt FamFG 98 Rn. 10, 17b Rn. 88
– elterliche Sorge   EGBGB 24 Anh I Rn. 1
– Privatscheidung EGBGB Anh I zum III. Abschnitt EheVO 21 Rn. 8, Anh II zum III. Abschnitt FamFG 98 Rn. 12 ff., Anh II zum III. Abschnitt FamFG 107–109 Rn. 76 ff., 96
– Todeserklärung   EGBGB 9 Rn. 18

Anfall des Vereinsvermögens
– Anfallberechtigter   45 Rn. 10
– Rechtswirkungen   45 Rn. 7
– Tatbestände   45 Rn. 3

Anfechtung
– Abbedingung   119 Rn. 20
– bei Stellvertretung   166 Rn. 24
– Beweislast   119 Rn. 80
– der Duldungs- und Anscheinsvollmacht 167 Rn. 94
– der Vollmachterteilung   167 Rn. 21
– Doppelanfechtung   142 Rn. 5
– elektronische Erklärung   119 Rn. 6
– Erklärungstheorie   119 Rn. 1
– Eventualanfechtung   121 Rn. 5, 20
– fehlerhafte Gesellschaft   142 Rn. 9
– fehlerhaftes Arbeitsverhältnis   142 Rn. 8
– fehlerhaftes Dauerschuldverhältnis   142 Rn. 10
– geschäftsähnliche Handlung   119 Rn. 8
– Gutglaubensschutz Dritter   142 Rn. 16

– im Arbeitsrecht 119 Rn. 23
– im Familien- und Erbrecht 119 Rn. 11
– im Gesellschaftsrecht 119 Rn. 24
– im Wertpapierrecht 119 Rn. 25
– im Zahlungsdiensterecht 119 Rn. 25
– Kausalität 119 Rn. 76
– nichtiges Rechtsgeschäfts 142 Rn. 5
– Nichtigkeitsumfang und -folgen 142 Rn. 11
– öffentliches Recht 119 Rn. 10
– Prozesshandlungen 119 Rn. 9
– Rechtsfolgen 119 Rn. 79
– Schiedsvertrag 119 Rn. 13
– Schweigen 119 Rn. 7
– Teilanfechtung 142 Rn. 4
– Vergleich 119 Rn. 12
– Verhältnis zum Dissens 119 Rn. 28
– Verhältnis zur Auslegung 119 Rn. 27
– Verpflichtungs- und Verfügungsgeschäft
  142 Rn. 12
– Versicherungsvertrag 119 Rn. 14
– Verwirkung 119 Rn. 22
– Verzicht 119 Rn. 21
– wegen Rechtsmangels 119 Rn. 18
– wegen Sachmangels 119 Rn. 15
– Willenserklärung 119 Rn. 6
– Willenstheorie 119 Rn. 1

Anfechtung der Abstammung, IPR
– Anerkennung ausländischer Entscheidungen
  EGBGB 20 Rn. 23
– Anknüpfung EGBGB 20 Rn. 11
– Anwendungsbereich EGBGB 20 Rn. 9
– Deutsch-Iranisches Niederlassungsabkommen
  EGBGB 20 Rn. 8
– Geburt vor dem 1.7.1998 EGBGB 20 Rn. 17
– innerdeutsches Kollisionsrecht
  EGBGB 20 Rn. 17
– internationale Zuständigkeit EGBGB 20 Rn. 22
– intertemporaler Anwendungsbereich
  EGBGB 20 Rn. 2
– Kindschaftsrechtsreformgesetz
  EGBGB 20 Rn. 1
– Mutterschaft EGBGB 20 Rn. 18
– ordre public EGBGB 20 Rn. 15
– Personenstandssachen EGBGB 20 Rn. 26
– prozessuale Fragen EGBGB 20 Rn. 19
– Rück- und Weiterverweisung EGBGB 20 Rn. 14

Anfechtungserklärung
– Anfechtungsberechtigte 143 Rn. 10
– Anfechtungsgegner 143 Rn. 13
– Bedingung 143 Rn. 4
– Inhalt 143 Rn. 5
– Nachschieben von Gründen 143 Rn. 9
– Rechtsnatur 143 Rn. 3
– Unwiderruflichkeit 143 Rn. 4

Anfechtungsfrist
– Anwendungsbereich 121 Rn. 3
– Ausschlussfrist 121 Rn. 17
– Beweislast 121 Rn. 18
– Eventualanfechtung 121 Rn. 5, 20
– Kenntnis vom Anfechtungsgrund 121 Rn. 4
– Rechtsirrtum 121 Rn. 12
– Übermittlungsart 121 Rn. 13
– Unverzüglichkeit 121 Rn. 9, 19

Anfechtungsgegner 143 Rn. 13

Angehörige
– Definition TPG Rn. 42
– Entscheidungszuständigkeit TPG Rn. 42 ff.

Anknüpfung
– gewöhnlicher Aufenthalt EGBGB 5 Rn. 3
– IPR EGBGB 5 Rn. 2

Annahme als Kind EGBGB 22 Rn. 1 ff., 2 ff.,
  3 ff., 4 ff., 5 ff.
– Zustimmung, anzuwendendes Recht
  EGBGB 23 Rn. 1 ff.

Annahmefrist
– AGB-Kontrolle 146 Rn. 4

Anscheinsvollmacht
– In-App-Kauf 107 Rn. 5
– Minderjähriger 107 Rn. 5
– Telefonbezahlsysteme 107 Rn. 5

Anspruch
– Legaldefinition 194 Rn. 2

Anspruch, bedingter
– Verjährungsbeginn 199 Rn. 31 ff.

Anspruch, verhaltener
– Verjährungsbeginn 199 Rn. 31 f.

Antragsbindung
– WGG 145 Rn. 11

Anwartschaftsrecht
– Grundlage 161 Rn. 3 f.

Anwendungsbereich, zeitlich
  EGBGB 240 § 2 Rn. 16

Apostille
– IPR EGBGB 11 Rn. 59

Arbeitgeber AGG 12 Rn. 2 ff.

Arbeitnehmer AGG 6 Rn. 2 f.
– Als Verbraucher 14 Rn. 13, 23
– Eigenschaftsirrtum des Arbeitgebers 119 Rn. 71

Arglistige Täuschung
– aktives Tun 123 Rn. 26
– Alter 123 Rn. 59
– Anfechtung der Vollmachtserteilung 167 Rn. 30
– Anfechtung gegenüber Begünstigtem
  123 Rn. 72
– Ausschluss der Anfechtung nach Treu und Glau-
  ben 123 Rn. 18

– Begriff der Arglist   123 Rn. 61
– Behauptungen „ins Blaue hinein"   123 Rn. 64
– bei Stellvertretung   166 Rn. 25
– Beweislast   123 Rn. 109
– durch Dritten   123 Rn. 68
– Familien- und Erbrecht   123 Rn. 10
– Fragerecht des Arbeitgebers   123 Rn. 45, 51
– geschäftsähnliche Handlung   123 Rn. 5
– gesetzlich fingierte Willenserklärung   123 Rn. 5
– Interessenlage   123 Rn. 2
– Irrtum   123 Rn. 37
– Kausalität   123 Rn. 41
– konkludente Täuschung   123 Rn. 27
– Konkurrenzen   123 Rn. 101
– Krankheit   123 Rn. 58
– Offenbarungspflicht   123 Rn. 30
– öffentliches Recht   123 Rn. 8
– Prozesshandlungen   123 Rn. 7
– Rechtsfolgen   123 Rn. 100
– Schuldübernahme   123 Rn. 77
– Schwangerschaft   123 Rn. 45, 50, 56
– Schwerbehinderung   123 Rn. 57
– Unterlassen   123 Rn. 30
– Vergleich   123 Rn. 11
– Verhältnis zum Gewährleistungsrecht
   123 Rn. 14
– Verhältnis zur Anfechtung nach § 119
   119 Rn. 19, 123 Rn. 15
– Vermögensgesetz   123 Rn. 13
– Versicherungsrecht   123 Rn. 22
– Versicherungsvertrag   123 Rn. 12
– Vertrag zugunsten Dritter   123 Rn. 76
– vertragliche Abbedingung des Anfechtungsrechts
   123 Rn. 16
– Vertragsübernahme   123 Rn. 78
– Verzicht auf das Anfechtungsrecht   123 Rn. 17
– Vorstrafen   123 Rn. 44, 48
– Wertpapierrecht   123 Rn. 21
– Widerrechtlichkeit   123 Rn. 44

Arztvertrag
– Sittenwidrigkeit   138 Rn. 159

Asylgesetz   EGBGB 5 Anh II Rn. 30

Aufenthalt
– Wohnort   7 Rn. 9

Aufrechnung
– nach Verjährung   215 Rn. 3
– Verjährungsneubeginn   212 Rn. 14

Auftragsbestätigung
– als Vertragsannahme   147 Rn. 8

Ausfall
– der aufschiebenden Bedingung   158 Rn. 58 ff.

Ausländer
– Namensschutz   12 Rn. 82

Ausländische Stiftung   Vor 80 ff. Rn. 89 ff.
– Sitz der Geschäftsleitung   Vor 80 ff. Rn. 95
– Steuerfragen   Vor 80 ff. Rn. 91 ff.

Auslandsbeurkundung
– Gleichwertigkeit   EGBGB 11 Rn. 20 ff.

Auslegung
– Einigung über Vertragspunkt   155 Rn. 6
– Verhältnis zur Anfechtung   119 Rn. 27

Auslegung von Verträgen
– Abgrenzungen   157 Rn. 5
– Anfechtung   157 Rn. 13
– Anwendungsbereich   157 Rn. 3
– Feststellung einer Bedingung   158 Rn. 15 ff.
– geltungserhaltende Reduktion   157 Rn. 14
– Normzweck   157 Rn. 1
– Vorrang des dispositiven Rechts   157 Rn. 8

Auslegung von Willenserklärungen
– Abgrenzung Tat- und Rechtsfrage   133 Rn. 99
– Abgrenzungen   133 Rn. 13
– Allgemeine Geschäftsbedingungen   133 Rn. 87
– Andeutungstheorie   133 Rn. 74
– Anwendungsbereich   133 Rn. 6
– Auslegungsbedürftigkeit   133 Rn. 27
– Auslegungsfähigkeit   133 Rn. 28
– Auslobung   133 Rn. 40
– automatisierte Willenserklärung   133 Rn. 89
– Begleitumstände   133 Rn. 31
– Betriebsvereinbarungen   133 Rn. 96
– Empfängerhorizont   133 Rn. 41
– erläuternde   133 Rn. 4
– falsa-demonstratio-Regel   133 Rn. 46, 77
– Gegenstand   133 Rn. 24
– Gesellschaftsverträge und Satzungen   133 Rn. 97
– grammatische   133 Rn. 68
– Grundbucheintragung   133 Rn. 85
– historische   133 Rn. 71
– Methoden   133 Rn. 67
– nicht empfangsbedürftige Willenserklärungen
   133 Rn. 38
– protestatio facta contraria   133 Rn. 33
– Revisibilität   133 Rn. 103
– systematische   133 Rn. 68
– Tarifverträge   133 Rn. 90
– Teilnichtigkeit   133 Rn. 21
– teleologische   133 Rn. 72
– Testament   133 Rn. 39, 81
– Treu und Glauben   133 Rn. 52
– Verhältnis zu § 157   133 Rn. 2
– Verkehrssitte   133 Rn. 59
– wirklicher Wille   133 Rn. 34
– wohlwollende   133 Rn. 22
– Wortlaut   133 Rn. 30

Auslobung
– Auslegung   133 Rn. 40

Ausschlussfrist
– Abgrenzung zur Verjährung
  Vor 194–218 Rn. 39 f.

Ausweichklausel
– Vertretungsstatut EGBGB 8 Rn. 32 f.

Authentifizierung Anh 156 Rn. 5

Balttransplant TPG Rn. 14

Bedingung
– Abgrenzung 158 Rn. 20 ff.
– abredewidrige Weiterverfügung 158 Rn. 48 f.
– Änderungskündigung 158 Rn. 36
– Anstellung von Organmitgliedern 158 Rn. 45
– Anwartschaftsrecht 161 Rn. 3 f.
– Arten 158 Rn. 3 ff.
– Auslegung 158 Rn. 15 ff.
– Begriff 158 Rn. 2
– Beitritt zu Personengesellschaft und Verein
  158 Rn. 44
– Bestellung zum GmbH-Geschäftsführer
  158 Rn. 45
– Beweislast 158 Rn. 76 ff.
– Bewertung bedingter Forderungen 158 Rn. 83
– Drittwirkung 158 Rn. 84
– Einwendungstheorie 158 Rn. 78
– Einzelfälle 158 Rn. 72 ff.
– Funktionen 158 Rn. 9 ff.
– geschäftsähnliche Handlung 158 Rn. 35
– Gestaltungsrechte 158 Rn. 35 ff.
– Haftung während der Schwebezeit 160 Rn. 1 ff.
– Leugnungstheorie 158 Rn. 78
– mehrere Umstände 158 Rn. 70 f.
– Normzweck 158 Rn. 1
– Potestativbedingung 158 Rn. 5
– Prozesshandlungen 158 Rn. 46 f.
– Rechtsbedingung 158 Rn. 26 ff.
– rechtsgeschäftliche Begründung eines Verfü-
  gungsverbots 161 Rn. 11
– Rückbeziehung 159 Rn. 1 ff.
– unmögliche B. 158 Rn. 52 ff.
– Unzulässigkeit 158 Rn. 34 ff.
– Verjährung 158 Rn. 80
– Vertragsfreiheit 158 Rn. 33
– Verzicht 158 Rn. 81 f.
– Vormerkung 158 Rn. 85
– widersprüchliche 158 Rn. 51, 53 ff.
– Wollensbedingung 158 Rn. 6 ff.
– Zufallsbedingung 158 Rn. 4
– Zwischenverfügung 161 Rn. 1 ff.

Bedingung, auflösende 158 Rn. 63 ff.
– Dauerschuldverhältnis 158 Rn. 66
– Eintritt 158 Rn. 67
– Wirkung 158 Rn. 64 f.

Bedingung, aufschiebende 158 Rn. 56 ff.
– Ausfall 158 Rn. 58 ff.
– Rechtslage während des Schwebezustands
  158 Rn. 57
– Verfügungsgeschäft 158 Rn. 62
– Verpflichtungsgeschäft 158 Rn. 61

**Bedingungseintritt, Verhinderung oder Herbei-
führung**
– analoge Anwendung 162 Rn. 23
– Anwendungsbereich 162 Rn. 3 ff.
– Austauschgeschäfte 162 Rn. 8
– Beeinflussung Dritter 162 Rn. 17
– Beweislast 162 Rn. 22
– Einschaltung Dritter 162 Rn. 13
– Fiktion 162 Rn. 1
– formales Verhalten 162 Rn. 14 ff.
– kausaler Eingriff 162 Rn. 9 f.
– öffentliches Recht 162 Rn. 24
– Rechtsfolge 162 Rn. 21
– Treuwidrigkeit 162 Rn. 11 f.
– Unterlassen der Mitwirkung 162 Rn. 12
– Vertragspflichtverletzung 162 Rn. 18
– Vor- oder Nachteil 162 Rn. 7 f.
– Vorrang der Auslegung 162 Rn. 2
– Zeitpunkt 162 Rn. 19 f.

Befristung
– Abgrenzung zur Bedingung 158 Rn. 20 ff.
– treuwidrige Einflussnahme 162 Rn. 6

Behinderung AGG 1 Rn. 24, 7 Rn. 23, 20 Rn. 16,
28
– UN-Behindertenrechtskonvention (UN-BRK)
  104 Rn. 7

Behördliche Schließungen
  EGBGB 240 Vor § 1 Rn. 2

Behördliches Veräußerungsverbot
– einstweilige Verfügung 136 Rn. 7
– gerichtliches Erwerbsverbot 136 Rn. 16
– Konkurrenz von Veräußerungsverboten
  136 Rn. 15
– Normzweck 136 Rn. 1
– relatives und absolutes 136 Rn. 3
– Zwangsvollstreckung 136 Rn. 11

Benachteiligung AGG 1 Rn. 8 ff., 3 Rn. 3 ff.

Berufsausbildung AGG 2 Rn. 14 f.

Berufsvereinigung AGG 2 Rn. 16

Beschränkte Geschäftsfähigkeit
– Beginn und Ende 106 Rn. 2
– Besitzwille 104 Rn. 27
– Beweislast 106 Rn. 9
– guter Glaube an die Geschäftsfähigkeit
  104 Rn. 47
– Luxustierhaltung 104 Rn. 27
– Prozessfähigkeit 106 Rn. 7

– Prozessvertretung durch beschränkt Geschäftsfähigen 165 Rn. 10
– Verjährung 106 Rn. 6
– Verjährungsablaufhemmung 210 Rn. 1 ff.
– Wohnsitz 7 Rn. 20, 8 Rn. 2
– Zugang einer Willenserklärung 106 Rn. 5

Beseitigungsanspruch
– Namensschutz 12 Rn. 260

Besitz
– Anwendbarkeit der §§ 104 ff. 104 Rn. 27

Bestandteil
– Begriff 93 Rn. 6
– Recht als B. eines Grundstücks 96 Rn. 1

Bestätigung 147 Rn. 2
– Abgrenzungen 141 Rn. 3 ff.
– Bestätigungswille 141 Rn. 13
– Beweislast 141 Rn. 17
– formbedürftiges Geschäft 141 Rn. 15
– inhaltliche Anforderungen 141 Rn. 12 ff.
– konkludente 141 Rn. 14
– Nichtigkeit 141 Rn. 9
– Normzweck 141 Rn. 1 f.
– Rechtsfolgen 141 Rn. 16
– Rechtsgeschäft 141 Rn. 8
– Wirksamkeit 141 Rn. 11

Beteiligtenfähigkeit
– Begriff 1 Rn. 14

Betreuung
– anwendbares Recht EGBGB 24 Rn. 1 ff.
– Entmündigung EGBGB 7 Rn. 26

Betriebsschließung als Mangel
EGBGB 240 § 2 Rn. 19 f.

Betriebsübergang
– gesetzliches Verbot 134 Rn. 104

Betriebsvereinbarung
– Auslegung 133 Rn. 96
– Verbotsgesetze 134 Rn. 26

Beurkundungsabrede
– konkludent 154 Rn. 8 f.

Beurkundungsverfahren
– IPR EGBGB 11 Rn. 54 ff.

Beweislast EGBGB 240 § 1 Rn. 14

Bewusstlosigkeit
– Willenserklärung 105 Rn. 3

Bindungsverbote Vor 145–157 Rn. 12

Bindungswirkung
– des Vertragsantrags 145 Rn. 9 ff.

Blankett
– abredewidrige Ausfüllung 119 Rn. 38, 126 Rn. 24, 172 Rn. 13
– Blankozession 126 Rn. 25
– öffentliche Beglaubigung 129 Rn. 15

– Schriftformerfordernis 126 Rn. 23 ff.

Blankobürgschaft 126 Rn. 26, 167 Rn. 40

Blankounterschrift 126 Rn. 23 ff.

Bote
– Abgrenzung zum Stellvertreter 164 Rn. 27, 47
– bewusste Falschübermittlung 120 Rn. 5, 13
– Pseudobote 177 Rn. 7, 179 Rn. 4
– vermeintlicher 120 Rn. 7
– Willensmängel und Wissenszurechnung 166 Rn. 9

Brüsseler CIEC-Übereinkommen über die Feststellung der mütterlichen Abstammung nichtehelicher Kinder EGBGB 19 Rn. 7

Brüsseler Übereinkommen zu Hilfeleistung auf hoher See EGBGB 39 Rn. 5

Bundesärztekammer
– Kompetenz TPG Rn. 129
– Organisation TPG Rn. 129
– Richtlinien TPG Rn. 127

Bürgerstiftung 80 Rn. 117 ff.
– Vorratszwecke 81 Rn. 25 ff.

Bürgschaft
– Sittenwidrigkeit 138 Rn. 239

Cartesio-Entscheidung
– Internationales Gesellschaftsrecht EGBGB 12 Anh Rn. 68 ff.

Centros-Entscheidung
– Internationales Gesellschaftsrecht EGBGB 12 Anh Rn. 58 f.

Commentaries on European Contract Laws Vor 145–157 Rn. 3

Corproate Governance und Compliance
– Stiftung 86 Rn. 38

COVID-19-Gesetzgebung EGBGB 240 Vor § 1 Rn. 3 ff.

Crossmatch TPG Rn. 8

D & O-Policen
– Stiftung 86 Rn. 34

Daily-Mail-Entscheidung
– Internationales Gesellschaftsrecht EGBGB 12 Anh Rn. 57

Daten
– Sacheigenschaft Vor 90–103 Rn. 4

Datenschutz TPG Rn. 120
– Aufbewahrungsfristen TPG Rn. 122
– Löschungsfristen TPG Rn. 122

Dauerhafter Datenträger 126b Rn. 15

Dauerschuldverhältnis
– auflösende Bedingung 158 Rn. 66
– automatische Verlängerung EGBGB 240 § 1 Rn. 7

– fehlerhafter Verband   Vor 145–157 Rn. 45
– fehlerhaftes   142 Rn. 10, Vor 145–157 Rn. 45
– Nichtkündigung des Vertrags
    EGBGB 240 § 1 Rn. 7
– Schuldrechtsreform, Überleitungsrecht
    EGBGB 229 § 5 Rn. 53 ff.

Dauerschuldverhältnis, wesentlich
    EGBGB 240 § 1 Rn. 19
– angemessene Daseinsvorsorge
    EGBGB 240 § 1 Rn. 8 ff.

DCFR
– Rechtsvergleichung   Vor 145–157 Rn. 3

Deklaratorisches Schuldanerkenntnis
– Verjährungsneubeginn   212 Rn. 13

Destinatäre   80 Rn. 72 f.

Deutsche Organtransplantation   TPG Rn. 1

Deutsche Stiftung Organtransplantation (DSO)
    TPG Rn. 15

Deutschenprivileg   EGBGB 5 Rn. 26

Deutscher Rat für Internationales Privatrecht
    EGBGB 8 Rn. 1

**Deutsches Institut für medizinische Dokumenta-
tion und Information**   TPG Rn. 88

Deutsch-Iranisches Niederlassungsabkommen
    EGBGB 7 Rn. 4, 19 Rn. 8
– Abstammung   EGBGB 20 Rn. 8
– Todeserklärung, IPR   EGBGB 9 Rn. 5
– Versorgungsausgleich, IPR   EGBGB 17 Rn. 149

Differenzhaftung
– Vorverein   21 Rn. 11

Dingliches Rechtsgeschäft
– IPR   EGBGB 11 Rn. 51 ff.

Diskriminierungsverbote des AGG
– Fragerecht des Arbeitgebers   123 Rn. 54

Dissenseinwand   154 Rn. 10

Distanzgeschäft
– IPR   EGBGB 11 Rn. 46 f.

Domainname
– Namensrecht und -schutz   12 Rn. 108, 151, 178,
    185, 210, 217, 229, 239, 264

Domicile
– als kollisionsrechtlicher Anknüpfungspunkt
    EGBGB 5 Rn. 5

Doppelehe
– IPR   EGBGB 13 Rn. 38

Doppelstaater   EGBGB 5 Rn. 21

Doppelstiftung   80 Rn. 103

Duldungs- und Anscheinsvollmacht   167 Rn. 74
– Anfechtbarkeit   167 Rn. 94
– Anwendungsbereich   167 Rn. 79
– Beweislast   167 Rn. 90

– Disponibilität   167 Rn. 93
– Grundgedanke   167 Rn. 74
– Haftung als falsus procurator   179 Rn. 9
– maßgeblicher Zeitpunkt   167 Rn. 90
– Rechtsgrundlage   167 Rn. 74
– Voraussetzungen der Anscheinsvollmacht
    167 Rn. 82
– Voraussetzungen der Duldungsvollmacht
    167 Rn. 81
– Wirkung   167 Rn. 91

Durchgriffshaftung
– juristische Person   Vor 21 Rn. 7 ff.

Effektive Staatsangehörigkeit   EGBGB 5 Rn. 32

EG-Kulturgüterschutzverordnung
    EGBGB 43 Rn. 5

EGMR   EGBGB 24 Anh III Rn. 10

Ehebedingte Zuwendung
– Verjährung des Ausgleichsanspruchs
    197 Rn. 44 ff.

Ehegeschäftsfähigkeit   104 Rn. 15

Ehename, IPR
– Anknüpfung   EGBGB 10 Rn. 88 f.
– Anpassung   EGBGB 10 Rn. 36 f.
– Ausübung des Wahlrechts
    EGBGB 10 Rn. 105 ff.
– Form der Rechtswahl   EGBGB 10 Rn. 118 ff.
– Rechtswahl bei Auslandseheschließung
    EGBGB 10 Rn. 109
– Rechtswahlberechtigte   EGBGB 10 Rn. 92 ff.
– wählbare Rechtsordnungen
    EGBGB 10 Rn. 95 ff.
– Wirkung der Rechtswahl   EGBGB 10 Rn. 122 ff.
– Zeitpunkt der Rechtswahl
    EGBGB 10 Rn. 110 ff.

Ehesachen, Anerkennung nach autonomem Recht
– Antragstellung
    EGBGB
    Anh II zum III. Abschnitt FamFG 107–109
    Rn. 88 f.
– Anwendungsbereich
    EGBGB Anh II zum III. Abschnitt FamFG 98
    Rn. 9 ff.
– Begriff der Ehesache
    EGBGB Anh II zum III. Abschnitt FamFG 98
    Rn. 9
– Begriff der Entscheidung
    EGBGB Anh II zum III. Abschnitt FamFG 98
    Rn. 11
– fakultatives Feststellungsverfahren
    EGBGB
    Anh II zum III. Abschnitt FamFG 107–109
    Rn. 39 ff.
– freiwilliges Feststellungsverfahren
    EGBGB Anh II zum III. Abschnitt FamFG 98
    Rn. 17 f.

– Funktionsweise des Feststellungsverfahrens
 EGBGB Anh II zum III. Abschnitt FamFG 98
 Rn. 7
– gerichtliches Verfahren
 EGBGB
 Anh II zum III. Abschnitt FamFG 107–109
 Rn. 32 ff.
– Heimatstaatentscheidung
 EGBGB Anh II zum III. Abschnitt FamFG 98
 Rn. 15 f.
– Kosten
 EGBGB
 Anh II zum III. Abschnitt FamFG 107–109
 Rn. 94 f.
– Lebenspartnerschaftssachen
 EGBGB Anh II zum III. Abschnitt FamFG 98
 Rn. 10
– Privatscheidungen
 EGBGB Anh II zum III. Abschnitt FamFG 98
 Rn. 12 ff.,
 Anh II zum III. Abschnitt FamFG 107–109
 Rn. 76 ff., 96
– sachliche Voraussetzungen
 EGBGB
 Anh II zum III. Abschnitt FamFG 107–109
 Rn. 46 ff.
– Urkunden
 EGBGB
 Anh II zum III. Abschnitt FamFG 107–109
 Rn. 90 ff.
– verwaltungsbehördliches Verfahren
 EGBGB Anh II zum III. Abschnitt FamFG 98
 Rn. 18 ff.
– Wirkungen der Entscheidung
 EGBGB
 Anh II zum III. Abschnitt FamFG 107–109
 Rn. 36 ff.
– zuständige Stellen in Bundesländern
 EGBGB
 Anh II zum III. Abschnitt FamFG 107–109
 Rn. 86 f.
– Zweck des Feststellungsverfahrens
 EGBGB Anh II zum III. Abschnitt FamFG 98
 Rn. 6

Eheschließung, IPR
– Abgrenzung zum Scheidungsstatut
 EGBGB 13 Rn. 80
– Adoption   EGBGB 13 Rn. 56
– Anerkennung ausländischer Entscheidungen
 EGBGB 13 Rn. 167
– Anknüpfung   EGBGB 13 Rn. 13
– Befreiung von Ehehindernissen
 EGBGB 13 Rn. 169
– Begriff der Ehe   EGBGB 13 Rn. 1
– Deutsch-Iranisches Niederlassungsabkommen
 EGBGB 13 Rn. 10
– Doppelehe   EGBGB 13 Rn. 38
– Ehefähigkeitszeugnis   EGBGB 13 Rn. 148, 151

– Ehehindernis der Religionsverschiedenheit
 EGBGB 13 Rn. 57
– Ehehindernis staatspolitischer Prägung
 EGBGB 13 Rn. 59
– Ehemündigkeit   EGBGB 13 Rn. 29
– Eheregister   EGBGB 13 Rn. 155
– Eheschließungswille   EGBGB 13 Rn. 33
– einseitige und zweiseitige Mängel
 EGBGB 13 Rn. 28
– Europäische Union   EGBGB 13 Rn. 9
– Folgen des Fehlens sachlicher Voraussetzungen
 EGBGB 13 Rn. 63
– Geschäftsfähigkeit   EGBGB 7 Rn. 28
– Geschlechtsverschiedenheit   EGBGB 13 Rn. 1
– Gesetzesumgehung   EGBGB 13 Rn. 21
– Grundsatz des ärgeren Rechts
 EGBGB 13 Rn. 71
– Heilung durch Statutenwechsel
 EGBGB 13 Rn. 17
– internationale Zuständigkeit
 EGBGB 13 Rn. 165
– Mehrrechtsstaaten   EGBGB 13 Rn. 20
– Mehrstaater   EGBGB 13 Rn. 13
– Morgengabe   EGBGB 13 Rn. 62
– ordre public   EGBGB 13 Rn. 24, 83
– Polygamie   EGBGB 13 Rn. 5
– Postmortale Eheschließung   EGBGB 13 Rn. 5
– Prüfungsumfang des Standesbeamten
 EGBGB 13 Rn. 152
– Rück- und Weiterverweisung   EGBGB 13 Rn. 19
– Sachliche Voraussetzungen   EGBGB 13 Rn. 12
– Scheinehe   EGBGB 13 Rn. 36
– Staatenlose   EGBGB 13 Rn. 14
– Staatsverträge   EGBGB 13 Rn. 10
– Statusdeutsche   EGBGB 13 Rn. 15
– Statutenwechsel   EGBGB 13 Rn. 16
– Unwandelbarkeit   EGBGB 13 Rn. 13
– Verfahren   EGBGB 13 Rn. 166
– Verwandtschaft, Schwägerschaft
 EGBGB 13 Rn. 55
– Wartefristen   EGBGB 13 Rn. 61
– Zustimmung Dritter   EGBGB 13 Rn. 31

Ehewohnung und Haushaltsgegenstände, IPR
– eingetragene Lebenspartnerschaft
 EGBGB 17b Rn. 72
– internationale Zuständigkeit
 EGBGB Anh I zum III. Abschnitt EheVO 1
 Rn. 18

Ehrenamtsstärkungsgesetz
– Ehrenamtsstärkungsgesetz   Vor 80 ff. Rn. 18

eIDAS-VO
– elektronische Form   126a Rn. 13

Eigenschaftsirrtum
– Begriff   119 Rn. 62
– Eigenschaft   119 Rn. 63

– Eigenschaft einer Person   119 Rn. 70
– Eigenschaft einer Sache   119 Rn. 73
– Rechtsmangel   119 Rn. 18
– Sachmangel   119 Rn. 15
– Verkehrswesentlichkeit   119 Rn. 67

Eigentumsvorbehalt
– an Bestandteilen   95 Rn. 4, 23
– Zubehör   97 Rn. 36

**Eingetragene Lebenspartnerschaft, Gleichge-
schlechtliche Ehe, IPR**
– Lebenspartnerschaftsgesetz   EGBGB 17b Rn. 1

Eingetragene Lebenspartnerschaft, IPR
– allgemeine Wirkungen   EGBGB 17b Rn. 52
– Anerkennung ausländischer Entscheidungen
   EGBGB Anh II zum III. Abschnitt FamFG 98
   Rn. 10, 17b Rn. 88
– Auflösung   EGBGB 17b Rn. 49
– Begründung   EGBGB 17b Rn. 47
– Besonderheiten der Anknüpfung
   EGBGB 17b Rn. 45
– EG-Eheverordnung   EGBGB 17b Rn. 85
– Einstandsgemeinschaften   EGBGB 17b Rn. 23
– Einzel- und Gesamtstatut   EGBGB 17b Rn. 36
– erbrechtliche Folgen   EGBGB 17b Rn. 63
– Form   EGBGB 17b Rn. 32
– güterrechtliche Wirkungen   EGBGB 17b Rn. 54
– heterosexuelle registrierte Partnerschaft
   EGBGB 17b Rn. 15
– internationale Zuständigkeit
   EGBGB 17b Rn. 85
– intertemporaler Anwendungsbereich
   EGBGB 17b Rn. 42
– Kappungsregel   EGBGB 17b Rn. 77
– Mehrfachregistrierung   EGBGB 17b Rn. 76
– Namensrecht   EGBGB 17b Rn. 68
– nichteheliche Lebensgemeinschaft
   EGBGB 17b Rn. 13
– ordre public   EGBGB 17b Rn. 43
– Partnerschaftswohnung und Hausrat
   EGBGB 17b Rn. 72
– Qualifikation   EGBGB 17b Rn. 12
– Rechtswahl   EGBGB 17b Rn. 35
– Rück- und Weiterverweisung
   EGBGB 17b Rn. 25
– Substitution   EGBGB 17b Rn. 37
– unterhaltsrechtliche Folgen   EGBGB 17b Rn. 58
– Verkehrsschutz   EGBGB 17b Rn. 74
– Versorgungsausgleich   EGBGB 17b Rn. 56
– Vorfrage   EGBGB 17b Rn. 26

Eingriffsnormen   EGBGB 6 Rn. 5
– ausländische   EGBGB 6 Rn. 9
– inländische   EGBGB 6 Rn. 5
– unionsrechtlich zwingende Sachnorm
   EGBGB 6 Rn. 8

Einigungsmangel
– Auslegungsregel   154 Rn. 2
– Beurkundungsabrede   154 Rn. 8 f.
– Beweislast   154 Rn. 10, 155 Rn. 11
– durchschauter Irrtum   155 Rn. 4
– Einbeziehungsverlangen   154 Rn. 5
– falsa demonstratio non nocet   155 Rn. 4
– fehlende Einigung über essentialia negotii
   154 Rn. 3, 155 Rn. 4
– logischer   154 Rn. 3, 155 Rn. 4
– offener   154 Rn. 1 ff.
– Scheinkonsens   155 Rn. 7
– Selbstinterpretation   154 Rn. 7
– Teileinigung   154 Rn. 4 ff.
– versehentliche Teileinigung   155 Rn. 6
– versteckter   155 Rn. 1 ff.
– Vollständigkeits- und Schriftlichkeitsklauseln
   154 Rn. 10

Einmann-GmbH
– Insichgeschäft   181 Rn. 24

Einseitiges Rechtsgeschäft
– Begriff   111 Rn. 2
– des Erklärungsboten   174 Rn. 3
– Minderjähriger   111 Rn. 1
– Umdeutung   140 Rn. 32

Einstweiliger Rechtsschutz
– Verjährungshemmung   204 Rn. 112 ff.

Einwilligung des gesetzlichen Vertreters
   107 Rn. 141
– Beweislast   108 Rn. 38
– Dienst- oder Arbeitsverhältnis   113 Rn. 1
– Ermächtigung zum Betrieb eines Erwerbsge-
   schäfts   112 Rn. 11
– Erwerbsgeschäft   112 Rn. 8
– Familiengerichtliche Genehmigung für Betrieb
   eines Erwerbsgeschäfts   112 Rn. 14
– Generaleinwilligung   107 Rn. 144
– geschäftsähnliche Handlungen   107 Rn. 7
– minderjähriger Scheinkaufmann   112 Rn. 22
– Realakte   107 Rn. 7
– Rückabwicklung bei fehlender Einwilligung
   107 Rn. 148
– Saldotheorie   107 Rn. 148
– Schriftformerfordernis bei einseitigem Rechtsge-
   schäft   111 Rn. 6
– Schwangerschaftsabbruch   107 Rn. 12
– Surrogatgeschäfte   110 Rn. 30
– Verarbeitung personenbezogener Daten
   107 Rn. 14

Einzelstatut   EGBGB 4 Rn. 43 ff.

Einziehungsermächtigung   185 Rn. 6

Elder Law   104 Rn. 11

Elektronische Form 126a Rn. 1 ff.
- abhanden gekommene Willenserklärung
  126a Rn. 57
- Archivierung von Dokumenten mit elektronischer
  Signatur 126a Rn. 39 ff.
- Ausschluss der Ersetzung durch 126 Rn. 52 ff.
- Aussteller 126a Rn. 44
- Bedeutung 126a Rn. 3 ff.
- Beweislast 126a Rn. 76 ff.
- eIDAS-VO 126a Rn. 13 ff.
- einfache elektronische Signatur 126a Rn. 16
- Einheitlichkeit der Urkunde 126a Rn. 43
- elektronischer Identitätsnachweis (eID)
  126a Rn. 27
- elektronisches Dokument 126a Rn. 47 f.
- Entstehungsgeschichte 126a Rn. 1 f.
- Ersetzung durch 126 Rn. 48 ff.
- fortgeschrittene elektronische Signatur
  126a Rn. 17 f.
- Funktionen 126a Rn. 11 f.
- Funktionsweise qualifizierter elektronischer
  Signaturen 126a Rn. 30 ff.
- geschäftsähnliche Handlung 126a Rn. 42
- Hinzufügen des Ausstellernamens
  126a Rn. 45 f.
- internationale Anerkennung elektronischer Signa-
  turen 126a Rn. 37 f.
- Missbrauch 126a Rn. 68 ff.
- qualifizierte elektronische Signatur
  126a Rn. 19 ff., 49 f.
- Rechtsfolgen 126a Rn. 75
- Signaturgesetz 126a Rn. 13 ff.
- Stellvertretung 126a Rn. 58 ff.
- Verschlüsselung elektronischer Dokumente
  126a Rn. 36
- Vertragsschluss 126a Rn. 51 ff.
- Zivilprozess 126a Rn. 84 ff.
- Zugang 126a Rn. 54 f.

Elterliche Sorge, internationale Zuständigkeit nach KSÜ
- besondere Zuständigkeit der Heimatbehörden
  EGBGB 24 Anh I Rn. 1
- Eilzuständigkeit EGBGB 24 Anh I Rn. 1
- einstweilige Anordnungen
  EGBGB 24 Anh I Rn. 1
- Flüchtlingskinder EGBGB 24 Anh I Rn. 1
- Fortgeltung von Maßnahmen
  EGBGB 24 Anh I Rn. 1
- Prioritätsprinzip EGBGB 24 Anh I Rn. 1
- Verbundzuständigkeit EGBGB 24 Anh I Rn. 1

Elterliche Sorge, IPR
- Einfluss der EU-Eheverordnung
  EGBGB Anh I zum III. Abschnitt EheVO 8
  Rn. 17

Elterliche Sorge, IPR, KSÜ
- Anerkennung und Vollstreckung
  EGBGB 24 Anh I Rn. 1
- Gleichlaufprinzip EGBGB 24 Anh I Rn. 1
- Kollisionsnorm EGBGB 24 Anh I Rn. 2
- ordre public EGBGB 24 Anh I Rn. 1
- Vertrauensschutz EGBGB 24 Anh I Rn. 1

Eltern-Kind-Verhältnis
- Abstammung EGBGB 21 Rn. 42
- Aufenthalt EGBGB 21 Rn. 32
- Beistandschaft EGBGB 21 Rn. 25 ff.
- bilaterale Abkommen EGBGB 21 Rn. 16 ff.
- Eheschließung EGBGB 21 Rn. 44
- frühere Rechtshängigkeit im Ausland
  EGBGB 21 Rn. 64
- Minderjährigkeit EGBGB 21 Rn. 43
- Schutzmaßnahmen EGBGB 21 Rn. 24
- Sorgerechtsentscheidung, ausländische; Anerken-
  nung EGBGB 21 Rn. 68 ff.
- Verfahrensrecht EGBGB 21 Rn. 50
- Vormundschaft EGBGB 21 Rn. 25 ff.
- Wirkungen EGBGB 21 Rn. 1 ff.

E-Mail-Adresse
- Namensschutz 12 Rn. 241

Emanzipation
- Eheschließung EGBGB 7 Rn. 28

Empfängerirrtum 119 Rn. 29

Empfangsbekenntnis
- elektronisches Empfangsbekenntnis 126a Rn. 88

Empfangsbote 164 Rn. 103

Empfangsermächtigung 185 Rn. 5

Empfangsvertreter 164 Rn. 102

Empfangszuständigkeit
- Minderjähriger 107 Rn. 95

Empfehlungen
- Unionsprivatrecht Einf Rn. 21

Energie
- als Gebrauchsvorteil 100 Rn. 8
- fehlende Sachqualität 90 Rn. 12

Enteignung
- IPR EGBGB 43 Rn. 56 ff.

Entmündigung
- ausländische Entscheidung EGBGB 7 Rn. 27
- IPR EGBGB 7 Rn. 26, 8 Anh Rn. 1

Equitable Adoption EGBGB 22 Rn. 10

Erbbaurecht
- als Hauptsache 97 Rn. 21
- Gebäude als Bestandteil 95 Rn. 8
- Gleichstellung mit Grundstück 90 Rn. 79

Erbersatzsteuer 80 Rn. 88 f.

Erbrecht
– ordre public   EGBGB 6 Rn. 65

Erbrechtliche Ansprüche
– Verjährungsfrist   195 Rn. 19

Erbschaftsteuer
– Stiftung   82 Rn. 15 ff.

ErbVerjÄndG   EGBGB 229 § 23 Rn. 1 ff.

Erfüllung
– gegenüber Minderjährigem   107 Rn. 95

Ergänzende Vertragsauslegung   157 Rn. 17
– Andeutungstheorie   157 Rn. 29
– Arbeitsrecht   157 Rn. 43
– dingliche Grundstücksgeschäfte   157 Rn. 35
– Einzelfälle   157 Rn. 43
– Fazit   157 Rn. 27
– Formularverträge und AGB   157 Rn. 36
– Grenzen   157 Rn. 25
– Grundbucheintragung   157 Rn. 34
– Haftungsbeschränkungen   157 Rn. 47
– Handels- und Gesellschaftsrecht   157 Rn. 49
– Kaufverträge   157 Rn. 55
– Kreditsicherungsrecht   157 Rn. 59
– Maßstab   157 Rn. 21
– Mietverträge   157 Rn. 62
– Regelungslücke   157 Rn. 18
– Revisibilität   157 Rn. 76
– Sonderfälle   157 Rn. 29
– Tarifverträge   157 Rn. 42
– Tat- und Rechtsfrage   157 Rn. 75
– Testament   157 Rn. 30
– Versicherungsverträge   157 Rn. 67
– Vertrag mit Schutzwirkung   157 Rn. 72
– Voraussetzungen   157 Rn. 17
– Vorrang dispositiven Rechts   157 Rn. 20
– Wettbewerbsverbote   157 Rn. 73
– Zeitpunkt   157 Rn. 24

Erklärungsbewusstsein   Vor 116–144 Rn. 7
– Abgrenzung von Gefälligkeitsverhältnis und
    -vertrag   Vor 145–157 Rn. 21 f.
– Folgen des Fehlens   119 Rn. 33
– Vertrauenspakt   Vor 145–157 Rn. 23 ff.

Erklärungsirrtum
– Abgrenzung zum Inhaltsirrtum   119 Rn. 41
– automatisierte Erklärungen   119 Rn. 32
– Begriff   119 Rn. 30
– Blankett   119 Rn. 38
– elektronische Erklärungen   119 Rn. 31
– Unterschriftsirrtum   119 Rn. 34

Erklärungstheorie   Vor 116–144 Rn. 3, 119 Rn. 1

**Erwerb des Minderjährigen vom gesetzlichen
Vertreter**   107 Rn. 27

Essentialia negotii   145 Rn. 5
– logischer Dissens   154 Rn. 3, 155 Rn. 4

ESÜ   EGBGB 24 Anh III Rn. 8

Ethnische Herkunft   AGG 1 Rn. 16, 18, 7 Rn. 16,
20 Rn. 23

EU-Eheverordnung   EGBGB 21 Rn. 6 ff.,
24 Anh III Rn. 9
– Anwendungsbereich
    EGBGB Anh I zum III. Abschnitt EheVO 1
    Rn. 7
– Auslegungsgrundsätze
    EGBGB Anh I zum III. Abschnitt Vor EheVO
    Rn. 19
– Auslegungskompetenz des EuGH
    EGBGB Anh I zum III. Abschnitt Vor EheVO
    Rn. 24
– Brüssel II-Abkommen
    EGBGB Anh I zum III. Abschnitt Vor EheVO
    Rn. 2
– eingetragene Lebenspartnerschaft
    EGBGB 17b Rn. 85
– Haager Kindesschutzübereinkommen
    EGBGB Anh I zum III. Abschnitt EheVO 61
    Rn. 1
– Inländergleichstellung von EU-Bürgern
    EGBGB Anh I zum III. Abschnitt EheVO 7
    Rn. 11
– Kindesrückgabe
    EGBGB
    Anh I zum III. Abschnitt EheVO 41, 42 Rn. 1
– Kindesschutzübereinkommen
    EGBGB Anh I zum III. Abschnitt EheVO 61
    Rn. 1
– Minderjährigenschutzabkommen
    EGBGB Anh I zum III. Abschnitt EheVO 60
    Rn. 2
– nationale Zuständigkeitsregeln
    EGBGB Anh I zum III. Abschnitt EheVO 3
    Rn. 1
– Personalstatut   EGBGB 5 Rn. 45 f.
– Rechtsgrundlage
    EGBGB Anh I zum III. Abschnitt EheVO 1
    Rn. 7
– Reform der EheVO 2003
    EGBGB Anh I zum III. Abschnitt Vor EheVO
    Rn. 26
– Übergangsrecht
    EGBGB Anh I zum III. Abschnitt EheVO 64
    Rn. 1
– Umgangsrecht
    EGBGB
    Anh I zum III. Abschnitt EheVO 41, 42 Rn. 1
– Verhältnis zu Staatsverträgen
    EGBGB Anh I zum III. Abschnitt Vor EheVO
    Rn. 15
– Verhältnis zum nationalen Recht
    EGBGB Anh I zum III. Abschnitt Vor EheVO
    Rn. 17

– Vorgängerregelungen
EGBGB Anh I zum III. Abschnitt Vor EheVO
Rn. 1

EU-Eheverordnung 2000
EGBGB Anh I zum III. Abschnitt Vor EheVO
Rn. 2

EU-Eheverordnung, Anerkennung
– Änderung im Zweitstaat
EGBGB Anh I zum III. Abschnitt EheVO 21
Rn. 49
– Aufhebung oder Änderung im Erststaat
EGBGB Anh I zum III. Abschnitt EheVO 21
Rn. 47
– Begriff der Entscheidung
EGBGB Anh I zum III. Abschnitt EheVO 21
Rn. 1
– Beischreibung in Personenstandsbüchern
EGBGB Anh I zum III. Abschnitt EheVO 21
Rn. 23
– Ehesachen
EGBGB Anh I zum III. Abschnitt EheVO 21
Rn. 15
– elterliche Sorge
EGBGB Anh I zum III. Abschnitt EheVO 21
Rn. 17
– Entscheidung in Ehesachen
EGBGB Anh I zum III. Abschnitt EheVO 21
Rn. 6
– formelle Rechtskraft
EGBGB Anh I zum III. Abschnitt EheVO 21
Rn. 19
– inzidente Entscheidung
EGBGB Anh I zum III. Abschnitt EheVO 21
Rn. 46
– ipso-iure-Anerkennung
EGBGB Anh I zum III. Abschnitt EheVO 21
Rn. 20
– kirchliche Entscheidungen
EGBGB Anh I zum III. Abschnitt EheVO 21
Rn. 14, Anh I zum III. Abschnitt EheVO 63
Rn. 1
– Kosten
EGBGB Anh I zum III. Abschnitt EheVO 49
Rn. 1
– Legalisation von Urkunden
EGBGB Anh I zum III. Abschnitt EheVO 52
Rn. 1
– Privatscheidung
EGBGB Anh I zum III. Abschnitt EheVO 21
Rn. 8
– Prozesskostenhilfe
EGBGB Anh I zum III. Abschnitt EheVO 50
Rn. 1
– selbstständiges Anerkennungsverfahren
EGBGB Anh I zum III. Abschnitt EheVO 21
Rn. 25

– Sicherheitsleistung
EGBGB Anh I zum III. Abschnitt EheVO 51
Rn. 1
– Unterschiede beim anzuwendenden Recht
EGBGB Anh I zum III. Abschnitt EheVO 25
Rn. 1
– Urkunden
EGBGB Anh I zum III. Abschnitt EheVO 37
Rn. 1
– Verbot der Nachprüfung in der Sache
EGBGB Anh I zum III. Abschnitt EheVO 26
Rn. 1
– Verbot der Überprüfung der Zuständigkeit
EGBGB Anh I zum III. Abschnitt EheVO 24
Rn. 1

EU-Eheverordnung, Ehesachen
– Anwendungsbereich
EGBGB Anh I zum III. Abschnitt Vor EheVO
Rn. 1 ff.
– Aufenthaltszuständigkeit
EGBGB Anh I zum III. Abschnitt EheVO 3
Rn. 9
– Eheherstellungsklage
EGBGB Anh I zum III. Abschnitt EheVO 1
Rn. 13
– Feststellung des Bestehens oder Nichtbestehens
der Ehe
EGBGB Anh I zum III. Abschnitt EheVO 1
Rn. 8
– Gegenantrag
EGBGB Anh I zum III. Abschnitt EheVO 4
Rn. 1
– Haushaltsgegenstände und Ehewohnung
EGBGB Anh I zum III. Abschnitt EheVO 1
Rn. 18
– kirchliche Entscheidungen
EGBGB Anh I zum III. Abschnitt Vor EheVO
Rn. 15
– perpetuatio fori
EGBGB Anh I zum III. Abschnitt EheVO 3
Rn. 7
– Privatscheidung
EGBGB Anh I zum III. Abschnitt EheVO 1
Rn. 14
– Schuldfeststellung
EGBGB Anh I zum III. Abschnitt EheVO 1
Rn. 17
– Staatsangehörigkeitszuständigkeit
EGBGB Anh I zum III. Abschnitt EheVO 3
Rn. 51
– Zuständigkeitsvereinbarung
EGBGB Anh I zum III. Abschnitt EheVO 12
Rn. 1

EU-Eheverordnung, elterliche Sorge
– Anwendungsbereich
EGBGB Anh I zum III. Abschnitt Vor EheVO
Rn. 2, Anh I zum III. Abschnitt EheVO 1
Rn. 19

EU-Eheverordnung Neufassung
– Anerkennung und Vollstreckung
  EGBGB Anh Ia zum III. Abschnitt EheVO
  Rn. 8, 29
– behördliche Zusammenarbeit
  EGBGB Anh Ia zum III. Abschnitt EheVO
  Rn. 41
– internationale Zuständigkeit
  EGBGB Anh Ia zum III. Abschnitt EheVO
  Rn. 6, 21
– Privatscheidung
  EGBGB Anh Ia zum III. Abschnitt EheVO
  Rn. 12
– sachlicher Anwendungsbereich
  EGBGB Anh Ia zum III. Abschnitt EheVO
  Rn. 5, 20
– Übergangsrecht
  EGBGB Anh Ia zum III. Abschnitt EheVO
  Rn. 1

EU-Eheverordnung, Sorgerechtsentscheidungen
– Aufenthaltszuständigkeit
  EGBGB Anh I zum III. Abschnitt EheVO 8
  Rn. 3
– Aufrechterhaltung der Zuständigkeit des früheren
  Aufenthaltsorts
  EGBGB Anh I zum III. Abschnitt EheVO 9
  Rn. 1
– Gericht, das den Fall besser beurteilen kann
  EGBGB Anh I zum III. Abschnitt EheVO 15
  Rn. 1
– Kindesentführung
  EGBGB Anh I zum III. Abschnitt EheVO 11
  Rn. 1, Anh I zum III. Abschnitt EheVO 10
  Rn. 1
– Restzuständigkeit
  EGBGB Anh I zum III. Abschnitt EheVO 14
  Rn. 1
– Rückgabe des Kindes
  EGBGB Anh I zum III. Abschnitt EheVO 11
  Rn. 1
– Zuständigkeit aufgrund Anwesenheit des Kindes
  EGBGB Anh I zum III. Abschnitt EheVO 13
  Rn. 1
– Zuständigkeitsvereinbarung
  EGBGB Anh I zum III. Abschnitt Vor EheVO
  Rn. 1, Anh I zum III. Abschnitt EheVO 12
  Rn. 13

EU-Eheverordnung, Vollstreckung
– Ablehnungsgründe
  EGBGB Anh I zum III. Abschnitt EheVO 31
  Rn. 3
– Antrag der berechtigten Partei
  EGBGB Anh I zum III. Abschnitt EheVO 28
  Rn. 6
– Anwaltszwang
  EGBGB
  Anh I zum III. Abschnitt Vor EheVO 28–36
  Rn. 9

– Begriff der Entscheidung
  EGBGB Anh I zum III. Abschnitt EheVO 28
  Rn. 1
– deutsche Ausführungsvorschriften
  EGBGB
  Anh I zum III. Abschnitt Annex EheVO 28–36
  Rn. 1
– Einseitigkeit des Verfahrens
  EGBGB Anh I zum III. Abschnitt EheVO 31
  Rn. 1
– Endentscheidung im Rechtsbehelfsverfahren
  EGBGB Anh I zum III. Abschnitt EheVO 34
  Rn. 1
– Ergänzung durch innerstaatliche Vorschriften
  EGBGB
  Anh I zum III. Abschnitt Vor EheVO 28–36
  Rn. 4
– Erleichterung des Verfahrens
  EGBGB
  Anh I zum III. Abschnitt Vor EheVO 28–36
  Rn. 1
– Kosten
  EGBGB
  Anh I zum III. Abschnitt Vor EheVO 28–36
  Rn. 10, Anh I zum III. Abschnitt EheVO 49
  Rn. 1
– Legalisation von Urkunden
  EGBGB Anh I zum III. Abschnitt EheVO 52
  Rn. 1
– örtliche Zuständigkeit
  EGBGB Anh I zum III. Abschnitt EheVO 29
  Rn. 2
– Prozesskostenhilfe
  EGBGB Anh I zum III. Abschnitt EheVO 50
  Rn. 1
– sachliche Zuständigkeit
  EGBGB Anh I zum III. Abschnitt EheVO 29
  Rn. 1
– Sicherheitsleistung
  EGBGB Anh I zum III. Abschnitt EheVO 51
  Rn. 1
– Teilvollstreckung
  EGBGB Anh I zum III. Abschnitt EheVO 36
  Rn. 1
– Umgangsrecht
  EGBGB Anh I zum III. Abschnitt EheVO 48
  Rn. 1
– Urkunden
  EGBGB Anh I zum III. Abschnitt EheVO 37
  Rn. 1
– Verbot der sachlichen Überprüfung
  EGBGB Anh I zum III. Abschnitt EheVO 31
  Rn. 5
– Verfahren
  EGBGB Anh I zum III. Abschnitt EheVO 48
  Rn. 1

– Zustellung der ausländischen Entscheidung
  EGBGB Anh I zum III. Abschnitt EheVO 28
  Rn. 4

EU-Eheverordnung, Zuständigkeit
– Begriffsbestimmungen
  EGBGB Anh I zum III. Abschnitt EheVO 2
  Rn. 1
– fehlender Bezug des Antragsgegners zur EU
  EGBGB Anh I zum III. Abschnitt EheVO 7
  Rn. 1
– Nichteinlassung
  EGBGB Anh I zum III. Abschnitt EheVO 18
  Rn. 1
– Prüfung von Amts wegen
  EGBGB Anh I zum III. Abschnitt EheVO 17
  Rn. 1
– Rechtshängigkeitszeitpunkt
  EGBGB Anh I zum III. Abschnitt EheVO 16
  Rn. 1
– Umwandlung der Trennung ohne Auflösung des
  Ehebandes in Ehescheidung
  EGBGB Anh I zum III. Abschnitt EheVO 5
  Rn. 1
– Verstoß gegen Diskriminierungsverbot
  EGBGB Anh I zum III. Abschnitt EheVO 3
  Rn. 48

EU-Insolvenzverordnung EGBGB 43 Rn. 5, 45,
53 ff.

EU-Kulturgüterschutzverordnung
  EGBGB 43 Rn. 37

EU-Recht
– acquis communautaire Einf Rn. 3 f.
– Auslegung des Unionsrechts Einf Rn. 64 ff.
– Common Frame of Reference Einf Rn. 24
– Dienstleistungsfreiheit Einf Rn. 13
– direkte Anwendung nicht rechtzeitig umgesetzter
  Richtlinien Einf Rn. 34 ff.
– Diskriminierungsverbot Einf Rn. 11
– Drittwirkung der Grundfreiheiten Einf Rn. 40 ff.
– effet utile Einf Rn. 44 ff.
– EG-Vertrag Einf Rn. 3 ff.
– Empfehlungen Einf Rn. 21
– europäisches Privatrecht Einf Rn. 3
– Freizügigkeit Einf Rn. 13
– gemeinsamer Referenzrahmen Einf Rn. 24
– Grundfreiheiten Einf Rn. 12 ff.
– Grundrechte Einf Rn. 22
– Grundrechtsschutz gegen sekundäres Unionsrecht
  Einf Rn. 53
– Grundsatz der praktischen Wirksamkeit des Uni-
  onsrechts Einf Rn. 44 ff.
– horizontale Direktwirkung von Richtlinien
  (Bürger/Bürger) Einf Rn. 38 ff.
– Konventionsprivatrecht Einf Rn. 4
– Mindestharmonisierung Einf Rn. 20

– Niederlassungsfreiheit von Gesellschaften
  Einf Rn. 13
– primäres Unionsrecht Einf Rn. 10 ff.
– Prinzip der beschränkten Einzelermächtigung
  Einf Rn. 6
– Privatrecht Einf Rn. 1
– Rechtfertigung von Eingriffen in Grundfreiheiten
  Einf Rn. 14
– Rechtsetzungskompetenz Einf Rn. 5 ff.
– Rechtsquellen Einf Rn. 10 ff.
– Richtlinie Einf Rn. 18 ff.
– richtlinienkonforme Auslegung Einf Rn. 56 ff.
– Schadensersatzhaftung Einf Rn. 23
– Schiedsverfahren Einf Rn. 63
– sektorale Rechtsetzung Einf Rn. 6
– sekundäres Unionsrecht Einf Rn. 3, 16 ff.
– „solange" Einf Rn. 53
– Staatshaftung bei unzureichender Umsetzung
  Einf Rn. 49 ff.
– Subsidiaritätsprinzip Einf Rn. 9
– überschießende Umsetzung Einf Rn. 33
– Umsetzung von Richtlinien Einf Rn. 18, 31 f.
– Unionsprivatrecht Einf Rn. 3
– unionsrechtskonforme Auslegung
  Einf Rn. 54 ff.
– unmittelbar geltendes Unionsrecht
  Einf Rn. 25 ff.
– unmittelbare Geltung von primärem Unionsrecht
  Einf Rn. 25 ff.
– unmittelbare Geltung von Richtlinien
  Einf Rn. 30 ff.
– Verbraucherschutz Einf Rn. 5, 8
– Vereinheitlichung des Binnenmarktes Einf Rn. 8
– Verhältnismäßigkeitsprinzip Einf Rn. 14
– Verordnung Einf Rn. 17, 26
– vertikale Direktwirkung von Richtlinien
  Einf Rn. 34 ff.
– Vollharmonisierung Einf Rn. 20
– Vorabentscheidungsverfahren Einf Rn. 73 ff.
– Vorrang des Unionsrechts Einf Rn. 27 ff.

EU-Richtlinie
– ordre-public-Vorbehalt bei Nicht- oder Falschumsetzung im Ausland EGBGB 6 Rn. 15

Europäische Stiftung (FE) Vor 80 ff. Rn. 40

Europäische Union
– Rechtsetzungskompetenz Einf Rn. 7

Europäisches Privatrecht Vor 145–157 Rn. 3

Europäisches Zivilgesetzbuch Vor 145–157 Rn. 3

Europäisierung
– Privatrecht Einf Rn. 1 ff.

Europarecht
– Bedeutung für den Begriff der guten Sitten
  138 Rn. 69
– Verbotsgesetz 134 Rn. 35

EU-Schuldvertragsübereinkommen
EGBGB 12 Rn. 1

Eventualanfechtung 121 Rn. 5, 20

Eventualaufrechnung 143 Rn. 4

EWR-Abkommen
– Bedeutung für das Gesellschaftskollisionsrecht
EGBGB 12 Anh Rn. 152

Existenzgründer
– kein Verbraucher 14 Rn. 25

Faktische Vertragswirkungen
Vor 145–157 Rn. 46

Faktischer Vertrag Vor 145–157 Rn. 42

Falsa-demonstratio-Regel 133 Rn. 46
– formbedürftige Willenserklärungen 133 Rn. 77
– Grundstückskauf 125 Rn. 29

falsus procurator
– Vertretungsstatut EGBGB 8 Rn. 8

Familien- und erbrechtliche Ansprüche
– Verjährungsfrist 195 Rn. 19

Familienstiftung 80 Rn. 80 ff.
– Aufsicht 80 Rn. 87
– Begriff 80 Rn. 84 ff.
– Erbersatzsteuer 80 Rn. 88 f.
– „gemeinnützige F" 80 Rn. 112
– Zulässigkeit 80 Rn. 81 ff.

Fehlerhafte Gesellschaft
– Abgrenzung zur Scheingesellschaft 117 Rn. 14
– Anfechtung 142 Rn. 9
– nicht (voll) Geschäftsfähiger Vor 21 Rn. 34, 107 Rn. 84
– Rechtswirkungen Vor 21 Rn. 36, 37, 38, 39, 40
– Sittenwidrigkeit 138 Rn. 132
– Unanwendbarkeit der Grundsätze
Vor 21 Rn. 34 f.
– Verbotsgesetz 134 Rn. 65, 67
– Voraussetzungen Vor 21 Rn. 31 f.

Fehlerhaftes Arbeitsverhältnis
– Abgrenzung zum Schein-Arbeitsverhältnis
117 Rn. 15
– Anfechtung 142 Rn. 8
– Sittenwidrigkeit 138 Rn. 132
– Verbotsgesetz 134 Rn. 65

Fehlerhaftes Dienstverhältnis 105 Rn. 20

Fehleridentität 105 Rn. 22

Feiertag
– Liste gesetzlicher 193 Rn. 10

Fernabsatzgeschäft
– Online-Auktion Anh 156 Rn. 39 f.

Fernabsatzvertrag
– begrenzte Darstellungsmöglichkeit
EGBGB 246a § 3 Rn. 1 ff.
– Finanzdienstleistungen EGBGB 246b Rn. 1 ff.

– Informationspflichten
EGBGB 246a § 1 Rn. 1 ff.
– Reparatur- und Instandhaltungsarbeiten
EGBGB 246a § 2 Rn. 1 ff.
– Widerrufsbelehrung EGBGB 246a § 1 Rn. 5 ff.

Finanzdienstleistungsvertrag
– Fernabsatzvertrag EGBGB 246b Rn. 1 ff.
– Informationspflichten EGBGB 246b Rn. 1 ff.
– Mitteilung der Vertragsbestimmungen
EGBGB 246b § 2 Rn. 4 ff.
– Widerrufsrecht EGBGB 246b § 1 Rn. 2

Firma
– Entstehung des Namensrechts 12 Rn. 125
– Erlöschen des Namensrechts 12 Rn. 143
– Namensschutz 12 Rn. 17, 66, 82, 92
– Namensschutz bei Insolvenz 12 Rn. 179
– Verkehrsfähigkeit des Namensrechts 12 Rn. 150

Flüchtlinge
– AHK-Gesetz EGBGB 5 Anh II Rn. 10
– Asylgesetz EGBGB 5 Anh II Rn. 30
– Ausbürgerung in NS-Zeit
EGBGB 5 Anh II Rn. 8
– EU-Richtlinie EGBGB 5 Anh II Rn. 2
– Familienasyl EGBGB 5 Anh II Rn. 35
– Genfer Flüchtlingskonvention
EGBGB 5 Rn. 39, 5 Anh II Rn. 1, 15
– Gesetz über die Rechtsstellung heimatloser Ausländer EGBGB 5 Anh II Rn. 13
– Gesetz über Maßnahmen für im Rahmen humanitärer Hilfsaktionen aufgenommene Flüchtlinge
EGBGB 5 Anh II Rn. 36
– Spätaussiedler EGBGB 5 Anh II Rn. 7
– Statusdeutsche EGBGB 5 Anh II Rn. 9
– Verschleppte EGBGB 5 Anh II Rn. 10
– Volksdeutsche EGBGB 5 Anh II Rn. 4

Folgesachen
– Internationale Zuständigkeit
EGBGB Anh II zum III. Abschnitt FamFG 98
Rn. 8

Force-Majeure-Klausel EGBGB 240 § 2 Rn. 18

Forderung
– Bindung Vor 145–157 Rn. 6
– Zivil- und Naturalobligation Vor 145–157 Rn. 6

Form
– Andeutungstheorie 125 Rn. 28
– Beweislast 125 Rn. 77
– gesetzliche Formarten 125 Rn. 2
– Grundsatz der Formfreiheit 125 Rn. 1
– Kollisionsrecht 125 Rn. 4
– öffentlich-rechtliche Formvorschriften
125 Rn. 70 ff.
– Umfang des Formerfordernisses 125 Rn. 12 ff.
– Vorvertrag 125 Rn. 16
– Zwecke 125 Rn. 10

Form der Eheschließung, IPR   EGBGB 13 Rn. 99
- Aufgebot   EGBGB 13 Rn. 147
- Auslandsehe   EGBGB 13 Rn. 125
- Deutsche Konsularbeamte   EGBGB 13 Rn. 134
- Formerfordernisse deutschen Rechts
      EGBGB 13 Rn. 104
- Handschuhehe   EGBGB 13 Rn. 142
- Heilung   EGBGB 13 Rn. 106
- Heilung durch Statutenwechsel
      EGBGB 13 Rn. 111
- hinkende Ehe   EGBGB 13 Rn. 103
- Inlandsehe   EGBGB 13 Rn. 101
- Ortsbestimmung   EGBGB 13 Rn. 100, 129
- Rück- und Weiterverweisung
      EGBGB 13 Rn. 127
- Trauungsperson eines Drittstaats
      EGBGB 13 Rn. 135
- Vertretung im Willen   EGBGB 13 Rn. 144
- Vertretung in der Erklärung   EGBGB 13 Rn. 143

Form, IPR
- Abtretung von GmbH-Geschäftsanteilen
      EGBGB 11 Rn. 27
- Anknüpfung an das Geschäftsrecht
      EGBGB 11 Rn. 19 ff.
- Anknüpfung an das Ortsrecht
      EGBGB 11 Rn. 36 ff.
- Anwendungsbereich   EGBGB 11 Rn. 6 ff.
- Apostille   EGBGB 11 Rn. 59
- Beurkundungsverfahren   EGBGB 11 Rn. 54 ff.
- dingliche Abtretung   EGBGB 11 Rn. 35
- dingliche Rechtsgeschäfte   EGBGB 11 Rn. 51 ff.
- Distanzgeschäfte   EGBGB 11 Rn. 46 f.
- EVÜ   EGBGB 11 Rn. 10
- Formerschleichung   EGBGB 11 Rn. 36
- gesellschaftsrechtliche Vorgänge
      EGBGB 11 Rn. 9, 25 ff., 38 ff.
- Gleichwertigkeit einer Auslandsbeurkundung
      EGBGB 11 Rn. 20 ff.
- Gleichwertigkeit einer Inlandsbeurkundung
      EGBGB 11 Rn. 33
- Grundstücksveräußerungsvertrag
      EGBGB 11 Rn. 31, 36, 49 f.
- Handelsregisteranmeldung   EGBGB 11 Rn. 30
- intertemporaler Anwendungsbereich
      EGBGB 11 Rn. 3
- Legalisation öffentlicher Urkunden
      EGBGB 11 Rn. 58
- Normgeschichte   EGBGB 11 Rn. 1
- Normstruktur   EGBGB 11 Rn. 5
- Normzweck   EGBGB 11 Rn. 4
- öffentliche Urkunde   EGBGB 11 Rn. 58 ff.
- ordre public   EGBGB 11 Rn. 15 f.
- Qualifikation   EGBGB 11 Rn. 11
- Rechtswahl   EGBGB 11 Rn. 43 ff.
- Registerrecht   EGBGB 11 Rn. 57

- Rück- und Weiterverweisung
      EGBGB 11 Rn. 13 f.
- Substitution   EGBGB 11 Rn. 12
- Unterschriftsbeglaubigung   EGBGB 11 Rn. 29
- Urkundenerrichtung durch deutsche Konsularbe-
      amte   EGBGB 11 Rn. 56
- Verfahrenshandlungen   EGBGB 11 Rn. 8
- Vertretergeschäfte   EGBGB 11 Rn. 48
- vollstreckbare Urkunde   EGBGB 11 Rn. 32
- vorrangige Regelungen   EGBGB 11 Rn. 10
- Zustimmungserklärungen   EGBGB 11 Rn. 7

Förmliche Zustellung   132 Rn. 3 ff.

Formnichtigkeit   125 Rn. 30 ff.
- Ausnahme nach Treu und Glauben
      125 Rn. 45 ff.
- Beweislast   125 Rn. 77
- Einwendungscharakter   125 Rn. 76
- fehlerhafte Gesellschaft   125 Rn. 43
- fehlerhaftes Arbeitsverhältnis   125 Rn. 44
- gesetzliches Formerfordernis   125 Rn. 5 ff.
- Heilungsvorschriften   125 Rn. 41 ff.
- Sonderregelungen   125 Rn. 33 ff.
- Teilnichtigkeit   125 Rn. 32

Formvereinbarung   125 Rn. 54 ff., 127 Rn. 1 ff.
- Arten   127 Rn. 12 ff.
- Aufhebung   125 Rn. 64 ff.
- Auslegungsregel   127 Rn. 3
- Beweislast   127 Rn. 26
- elektronische Signatur   127 Rn. 22 ff.
- Reichweite   125 Rn. 62 f.
- Schriftformklausel in AGB   125 Rn. 59 ff.
- telekommunikative Übermittlung   127 Rn. 16 ff.
- Textform   127 Rn. 25
- treuwidrige Berufung auf   125 Rn. 69

Fragerecht des Arbeitgebers   123 Rn. 45, 51
- Diskriminierungsverbote des AGG   123 Rn. 54

fraus legis   EGBGB 3 Rn. 43

Freistellungsanspruch
- Verjährungsbeginn   199 Rn. 27

**Freundschafts-, Handels- und Schifffahrtsvertrag
zwischen der BRD und den USA**
- Bedeutung für das Gesellschaftskollisionsrecht
      EGBGB 12 Anh Rn. 153

Friedhof
- als öffentliche Sache   90 Rn. 136

Frist
- Anfang, Mitte, Ende des Monats   192 Rn. 1
- Begriff   186 Rn. 4
- Berechnung   189 Rn. 1
- Berechnung von Zeiträumen   191 Rn. 1
- geringfügige Überschreitung   188 Rn. 5
- Mitwirkung Dritter   188 Rn. 7
- Rückwärtsfrist   187 Rn. 10

Früchte   99 Rn. 1
– Brandversicherung   99 Rn. 18
– Ersatz der Gewinnungskosten   102 Rn. 1
– Gewerbebetrieb   100 Rn. 22
– Mineralien   99 Rn. 19
– mittelbare Früchte   99 Rn. 37
– unmittelbare Rechtsfrüchte   99 Rn. 23
– unmittelbare Sachfrüchte   99 Rn. 10

Früchteverteilung   101 Rn. 1
– abweichende Bestimmung   101 Rn. 6
– Eigentumserwerb   101 Rn. 16
– regelmäßig wiederkehrende Erträge   101 Rn. 14
– schuldrechtliche Ausgleichspflicht   101 Rn. 1

Garantieversprechen
– Tatbestandslösung   Vor 145–157 Rn. 47

Gebäude
– als Bestandteil des Erbbaurechts   95 Rn. 8
– Begriff   94 Rn. 12, 29
– Schutz des Gebäudenamens   12 Rn. 77, 115

Gebrauchsvorteil
– Begriff   100 Rn. 7
– eines Rechts   100 Rn. 10
– Energie   100 Rn. 8
– Gewerbebetrieb   100 Rn. 15, 22
– Verbrauch   100 Rn. 11
– Verwertung   100 Rn. 12, 17
– von Geld   100 Rn. 9
– Wert   100 Rn. 18

Gefälligkeit   Vor 145–157 Rn. 22
– Abgrenzung zum unentgeltlichen Rechtsgeschäft   Vor 145–157 Rn. 21 f.

Gegenstand
– Begriff   90 Rn. 2

Geheimer Vorbehalt
– Abgrenzungsfragen   116 Rn. 11
– amtsempfangsbedürftige Willenserklärung   116 Rn. 7
– Auslobung   116 Rn. 7
– Beachtlichkeit des Vorbehalts   116 Rn. 7
– Beweislast   116 Rn. 14
– bewusst mehrdeutige Willenserklärungen   116 Rn. 6
– Eheschließung   116 Rn. 7
– im öffentlichen Recht   116 Rn. 3
– Kenntnis des Erklärungsempfängers   116 Rn. 8
– Stellvertretung   116 Rn. 5, 10
– Testament   116 Rn. 7

Geltungserhaltende Reduktion
– Abgrenzung zur Umdeutung   140 Rn. 5
– Vertragsauslegung   157 Rn. 14
– Zulässigkeit   139 Rn. 23 ff.

Gemeinnützigkeit
– Insolvenz, Auswirkungen   86 Rn. 54
– Mustersatzung nach Anlage 1 zu § 60 AO   88 Rn. 9
– Stiftung   82 Rn. 15 ff.
– Treuhandstiftung   Vor 80 ff. Rn. 78 ff.
– unselbstständige Stiftung   Vor 80 ff. Rn. 78 ff.
– Vermögensbindung   88 Rn. 4 ff.

Genehmigung
– Schweigen, beredetes   108 Rn. 8

General Agreement on Trade in Services
– Bedeutung für das Gesellschaftskollisionsrecht   EGBGB 12 Anh Rn. 154 ff.

Generaleinwilligung
– Minderjähriger   107 Rn. 144
– § 110 als Anwendungsfall   110 Rn. 1

Genfer Abkommen über die internationale Anerkennung von Rechten an Luftfahrzeugen   EGBGB 43 Rn. 3, 45 Rn. 2

Genfer Abkommen über Schiffsgläubigerrechte und Schiffshypotheken   EGBGB 43 Rn. 3, 45 Rn. 2

Genfer Flüchtlingskonvention   EGBGB 5 Rn. 39, 5 Anh II Rn. 1, 15
– Anwendungsbereich   EGBGB 5 Anh II Rn. 15
– Personalstatut   EGBGB 5 Anh II Rn. 25
– Rück- und Weiterverweisung   EGBGB 5 Anh II Rn. 27
– wohlerworbene Rechte   EGBGB 5 Anh II Rn. 28
– Wohnsitzbegriff   EGBGB 5 Anh II Rn. 26

Gentlemen's Agreement   Vor 145–157 Rn. 26 f.

Gesamtbetrachtungslehre
– Erwerb vom gesetzlichen Vertreter   107 Rn. 27
– Schenkung an Minderjährigen   107 Rn. 27

Gesamthandsgemeinschaft
– Namensschutz   12 Rn. 74

Gesamtschuld
– Verjährung   195 Rn. 57
– Verjährungsbeginn   199 Rn. 27 f.

Gesamtstatut   EGBGB 4 Rn. 43 ff.

Geschäft des täglichen Lebens
– Begriff   105a Rn. 11
– Beweislast   105a Rn. 55
– Bewirken   105a Rn. 38
– Gefahr für Person oder Vermögen   105a Rn. 41
– Geringwertigkeit der Mittel   105a Rn. 28
– Minderjährige   105a Rn. 8, 59
– Normzweck   105a Rn. 1
– Rechtsfolgen   105a Rn. 43
– Schenkung   105a Rn. 34
– Sekundäransprüche   105a Rn. 48
– Vorratshaltung   105a Rn. 32

– Wirksamkeit des Verfügungsgeschäfts
   105a Rn. 47

Geschäft für den, den es angeht   164 Rn. 65

Geschäfte des täglichen Lebens
– Lichter Augenblick   105a Rn. 56

Geschäftsähnliche Handlung
– Anfechtung   119 Rn. 8
– arglistige Täuschung   123 Rn. 5
– Aufforderung zur Genehmigung   108 Rn. 13
– Bedingung   158 Rn. 35
– Begriff   Vor 116–144 Rn. 16
– elektronische Form   126a Rn. 42
– geheimer Vorbehalt   116 Rn. 3
– Insichgeschäft   181 Rn. 18
– keine Rückwirkung der Genehmigung
   184 Rn. 23
– Minderjähriger   107 Rn. 7
– Scherzerklärung   118 Rn. 3
– Stellvertretung   164 Rn. 36, 166 Rn. 19
– Textform   126b Rn. 9
– widerrechtliche Drohung   123 Rn. 5
– Zugang   130 Rn. 11

Geschäftsfähigkeit
– Begriff   104 Rn. 1
– Betreuung   104 Rn. 7
– Betreuungsrecht   104 Rn. 49 f.
– Entmündigung   104 Rn. 7
– freier Wille   104 Rn. 50
– guter Glaube an   104 Rn. 47, 105 Rn. 16
– IPR   104 Rn. 122
– Kirchenaustritt   104 Rn. 29
– Religiöses Bekenntnis   104 Rn. 29
– spezielle   104 Rn. 15
– Vermutung für die G.   104 Rn. 84

Geschäftsfähigkeit, IPR   EGBGB 7 Rn. 1, 16
– Abgrenzung   EGBGB 7 Rn. 18
– Anwendungsbereich   EGBGB 7 Rn. 16
– Beginn und Ende   EGBGB 7 Rn. 24
– besondere   EGBGB 7 Rn. 21
– Betreuung   EGBGB 7 Rn. 25
– Deutsch-Iranisches Niederlassungsabkommen
   EGBGB 7 Rn. 4
– Entmündigung   EGBGB 7 Rn. 26, 8 Anh Rn. 1
– Erweiterung durch Eheschließung
   EGBGB 7 Rn. 28
– fehlende   EGBGB 7 Rn. 17
– Gesamtverweisung   EGBGB 7 Rn. 7
– Haager Erwachsenenschutz-Übereinkommen
   EGBGB 7 Rn. 3
– Kaufmannseigenschaft   EGBGB 7 Rn. 23
– Minderjährige   EGBGB 7 Rn. 25
– ordre public   EGBGB 7 Rn. 8
– Prozessfähigkeit   EGBGB 7 Rn. 22
– Statutenwechsel   EGBGB 7 Rn. 29 ff.

– Teilfrage   EGBGB 7 Rn. 6
– vorrangige Regelungen   EGBGB 7 Rn. 3

Geschäftsführer
– Stiftung   81 Rn. 36

Geschäftsführung ohne Auftrag, IPR
EGBGB 39 Rn. 1 ff.
– Brüsseler Übereinkommen zur Hilfeleistung auf
   hoher See   EGBGB 39 Rn. 5
– Internationales Übereinkommen von 1989 über
   Bergung (IÜB)   EGBGB 39 Rn. 4
– intertemporaler Anwendungsbereich
   EGBGB 39 Rn. 27
– ordre public   EGBGB 39 Rn. 26
– Rechtswahl   EGBGB 39 Rn. 16
– Reichweite des Statuts   EGBGB 39 Rn. 14
– Rom II-Verordnung   EGBGB 39 Rn. 3
– Rück- und Weiterverweisung
   EGBGB 39 Rn. 24 f.
– Tilgung fremder Schulden   EGBGB 39 Rn. 11 ff.
– Vornahmeort   EGBGB 39 Rn. 7 ff.
– vorrangige EGBGB-Anknüpfungen
   EGBGB 39 Rn. 15
– vorrangige Regelungen   EGBGB 39 Rn. 3 ff.
– wesentlich engere Verbindung
   EGBGB 39 Rn. 17 ff.

Geschäftsführungsbefugnis
– Stiftungsvorstand   81 Rn. 30

Geschäftsrecht
– IPR   EGBGB 11 Rn. 19 ff.

Geschäftsunfähigkeit   EGBGB 12 Rn. 1 ff.
– Alkoholismus   104 Rn. 68
– Altersdemenz   104 Rn. 62
– Aufhebung der Ehe   105 Rn. 18
– Besitzwille   104 Rn. 27
– Beweis des Gegenteils   104 Rn. 86
– Beweislast   104 Rn. 85
– Darlegungslast   104 Rn. 96
– des Bevollmächtigten   168 Rn. 27
– des Vertreters   165 Rn. 5
– des Vollmachtgebers   168 Rn. 22
– dilucidum intervallum   104 Rn. 79
– Entreicherung   105 Rn. 23
– Ersitzung nach Erwerb vom Geschäftsunfähigen
   105 Rn. 25
– FamFG-Verfahren   104 Rn. 87
– fehlerhaftes Dienstverhältnis   105 Rn. 20
– Geeignete Beweismittel   104 Rn. 100
– Gesamtschuldverhältnis   105 Rn. 21
– guter Glaube an die Geschäftsfähigkeit
   104 Rn. 47, 105 Rn. 16
– Kollisionsrecht   104 Rn. 122
– krankhafte Störung der Geistestätigkeit
   104 Rn. 61
– Lichter Augenblick   104 Rn. 45, 77

– Lucidum intervallum   104 Rn. 45
– Luxustierhaltung   104 Rn. 27
– partielle   104 Rn. 31
– Präklusion   104 Rn. 97
– Rechtsfolgen   104 Rn. 114
– relative   104 Rn. 31
– Saldotheorie   105 Rn. 23
– Unbegleitete minderjährige Flüchtlinge
    104 Rn. 122
– Verjährung   105 Rn. 21
– Verjährungsablaufhemmung   210 Rn. 1 ff.
– Vermerk des Notars   104 Rn. 102
– Wahrnehmungen des Notars   104 Rn. 103
– Wohnsitz   7 Rn. 20, 8 Rn. 2

Geschäftswille   Vor 116–144 Rn. 8

Geschichte
– Transplantationsrecht   TPG Rn. 19

Geschlecht   AGG 1 Rn. 19, 7 Rn. 17 f., 20 Rn. 9,
    11, 14, 24 ff.

Geschlechtszugehörigkeit
– IPR   EGBGB 7 Rn. 13

Geschlechtszuordnung   1 Rn. 58

Gesellschaft bürgerlichen Rechts
– als Unternehmer   14 Rn. 42

Gesellschafterhaftung
– Verjährung   194 Rn. 8

**Gesetz über die Rechtsstellung heimatloser Aus-
länder**   EGBGB 5 Anh II Rn. 13

**Gesetz über Maßnahmen für im Rahmen humani-
tärer Hilfsaktionen aufgenommene Flüchtlinge**
EGBGB 5 Anh II Rn. 36

Gesetzesauslegung   Anh 133 Rn. 1 ff.
– europarechtskonforme   Anh 133 Rn. 30
– genetische   Anh 133 Rn. 22
– grammatische   Anh 133 Rn. 15
– historische   Anh 133 Rn. 20
– Kanones   Anh 133 Rn. 14
– Maßstab   Anh 133 Rn. 3
– objektive Theorie   Anh 133 Rn. 3
– richtlinienkonforme   Anh 133 Rn. 31
– subjektive Theorie   Anh 133 Rn. 3
– systematische   Anh 133 Rn. 18
– teleologische   Anh 133 Rn. 25
– verfassungskonforme   Anh 133 Rn. 27
– Vertrauensschutz   Anh 133 Rn. 10
– Vorabentscheidung durch den EuGH
    Anh 133 Rn. 36
– Wortlautgrenze   Anh 133 Rn. 12

Gesetzesumgehung   134 Rn. 83, 138 Rn. 78

Gesetzlicher Vertreter
– des Minderjährigen   104 Rn. 55

Gesetzliches Veräußerungsverbot
– Abgrenzungen   135 Rn. 2
– Begriff   135 Rn. 7
– Beispiele   135 Rn. 10
– Beweislast   135 Rn. 38
– geschützte Personen   135 Rn. 15
– gesetzliche Verfügungsbeschränkung   135 Rn. 4
– güterrechtliche Verfügungsbeschränkung
    135 Rn. 5
– gutgläubiger Erwerb   135 Rn. 30
– „Heilung" der Unwirksamkeit   135 Rn. 36
– Normzweck   135 Rn. 1
– Rechtsfolgen   135 Rn. 23
– Reichweite   135 Rn. 16
– relative Unwirksamkeit   135 Rn. 23
– relatives und absolutes gesetzliches Veräußerungs-
    verbot   135 Rn. 2

Gesetzliches Verbot
– allgemeine Rechtsgrundsätze   134 Rn. 21
– Anwendungsbereich   134 Rn. 7
– Apotheker   134 Rn. 138
– Arbeitnehmerüberlassung   134 Rn. 89
– Arbeitsvermittlung   134 Rn. 93
– Arbeitszeitvereinbarung   134 Rn. 94
– Ärzte und Heilpraktiker   134 Rn. 129
– ausländische Arbeitnehmer   134 Rn. 97
– ausländisches Verbotsgesetz   134 Rn. 40
– Bankrecht   134 Rn. 140
– Baurecht   134 Rn. 144
– Begriff des Gesetzes   134 Rn. 20
– Begriff des Verbots   134 Rn. 41
– Benachteiligungsverbote nach dem AGG
    134 Rn. 99
– bereicherungsrechtlicher Rückabwicklung
    134 Rn. 75
– Berufsbildung   134 Rn. 101
– Berufsordnungen   134 Rn. 22
– Betriebsrentenrecht   134 Rn. 102
– Betriebsübergang   134 Rn. 104
– Betriebsvereinbarung   134 Rn. 26
– Betriebsverfassungsrecht   134 Rn. 105
– Beweislast   134 Rn. 279
– Ehe und Familie   134 Rn. 153
– Eingriffsnormen   134 Rn. 39
– Einwendungscharakter   134 Rn. 279
– Entgeltfortzahlung   134 Rn. 106
– Entstehungsgeschichte   134 Rn. 6
– Erbrecht   134 Rn. 155
– fehlerhafte Gesellschaft   134 Rn. 65, 67
– fehlerhaftes Arbeitsverhältnis   134 Rn. 65
– Gemeinschaftsrecht   134 Rn. 35
– Gesellschafts- und Vereinsrecht   134 Rn. 157
– Gewerbe und Handwerk   134 Rn. 174
– Gewerblicher Rechtsschutz   134 Rn. 182
– Glücksspiel   134 Rn. 183

– Grundrechte   134 Rn. 27
– Handelsrecht   134 Rn. 185
– Jugendarbeit   134 Rn. 108
– Kartellrecht   134 Rn. 269
– Kündigungsschutz   134 Rn. 109
– Maklerrecht   134 Rn. 192
– maßgeblicher Zeitpunkt   134 Rn. 53
– Maßregelungsverbot   134 Rn. 111
– Mietrecht   134 Rn. 195
– Mindestlohn   134 Rn. 112
– Mutterschutz   134 Rn. 113
– Normzweck   134 Rn. 1
– Notare   134 Rn. 213
– Ordnungsvorschrift   134 Rn. 60, 179
– Ordnungswidrigkeiten   134 Rn. 258
– Preisvorschriften   134 Rn. 69
– Rechtsanwälte   134 Rn. 201
– Rechtsberatungsgesetz   134 Rn. 215
– Rechtsfolgen   134 Rn. 56
– Schadensersatz   134 Rn. 76
– Schenkungen   134 Rn. 231
– Schwarzarbeit   134 Rn. 78, 115
– Schwarzgeldabrede   134 Rn. 122
– Schwerbehinderung   134 Rn. 124
– Sport   134 Rn. 232
– Standesrichtlinien   134 Rn. 24
– Steuerberater   134 Rn. 238
– Steuerrecht   134 Rn. 241
– Strafrecht   134 Rn. 247
– Tarifverträge   134 Rn. 25
– Teilzeit- und Befristungsgesetz   134 Rn. 125
– Trennungsprinzip   134 Rn. 72
– unlauterer Wettbewerb   134 Rn. 275
– Urlaub   134 Rn. 127
– Verhältnis zu anderen Vorschriften   134 Rn. 10
– Versicherungsrecht   134 Rn. 259
– Verstoß   134 Rn. 51
– Völkerrecht   134 Rn. 37
– Wertpapierrecht   134 Rn. 266
– Wirtschaftsprüfer   134 Rn. 240
– Zivilprozessrecht   134 Rn. 278

Gestaltungsrecht
– Bedingungsfeindlichkeit   158 Rn. 35 ff.

Gestattungsvertrag
– Namensrecht   12 Rn. 156

Gewährleistungsrecht
– Konkurrenz zur Anfechtung wegen Eigenschaftsirrtums   119 Rn. 15
– Verhältnis zur Anfechtung nach § 123
  123 Rn. 14

Gewebeeinrichtungen   TPG Rn. 88

Gewebegesetz   TPG Rn. 20, 23

Geweberegister   TPG Rn. 88

Gewerbliche Niederlassung
– Begriff   7 Rn. 12

Gewerkschaftszugehörigkeit
– Fragerecht des Arbeitgebers   123 Rn. 46

Gewöhnlicher Aufenthalt   EGBGB 22 Rn. 62
– als kollisionsrechtlicher Anknüpfungspunkt
  EGBGB 5 Rn. 16
– Anknüpfung   EGBGB 5 Rn. 3
– Kind   EGBGB 5 Rn. 19
– Lebensmittelpunkt   EGBGB 5 Rn. 17
– Vertretungsstatut   EGBGB 8 Rn. 29 ff., 39
– Wechsel   EGBGB 5 Rn. 18

Glaubhaftmachung   EGBGB 240 § 2 Rn. 9 ff.

Gleichgeschlechtliche Elternschaft
– ordre public   EGBGB 6 Rn. 63

GmbH-Geschäftsanteile
– Abtretung   EGBGB 11 Rn. 27

Grundfreiheiten
– Drittwirkung   Einf Rn. 40 ff.

„Grundrecht auf Stiftung"   80 Rn. 6

Grundrechte
– Bedeutung beim kollisionsrechtlichen ordre-
  public-Vorbehalt   EGBGB 6 Rn. 46
– Drittwirkung   134 Rn. 27
– europäische   Einf Rn. 22
– Stifter als Träger von   80 Rn. 6
– Stiftung als Trägerin   80 Rn. 7

Grundrechtskollisionsrecht
– Auswirkungsregel   EGBGB 6 Rn. 50
– Inlandsbezug   EGBGB 6 Rn. 49

Grundregeln des Europäischen Vertragsrechts
– Ablaufhemmung   Vor 203–213 Rn. 10
– Abstraktheit der Vollmacht   167 Rn. 5
– Berücksichtigung bei der Reform des Verjäh-
  rungsrechts   Vor 194–218 Rn. 20 ff.,
  196 Rn. 4, 197 Rn. 2, 199 Rn. 5 f., 202 Rn. 6
– Verjährung   215 Rn. 2
– Verjährungshemmung   Vor 203–213 Rn. 10,
  203 Rn. 9, 206 Rn. 8, 207 Rn. 5, 211 Rn. 4,
  212 Rn. 6
– Verjährungshemmung durch Rechtsverfolgung
  204 Rn. 11
– Vertretung ohne Vertretungsmacht   179 Rn. 3

Grundstück
– Begriff   90 Rn. 77
– irrtümliche Falschbezeichnung im Vertrag
  133 Rn. 78

Grundstücksveräußerungsvertrag
– IPR   EGBGB 11 Rn. 49 f.

Gründungstheorie
– Internationales Gesellschaftsrecht
  EGBGB 12 Anh Rn. 30, 36 ff.

Guter Glaube
– an die Geschäftsfähigkeit   104 Rn. 47,
    105 Rn. 16
– Wissenszurechnung bei Stellvertretung
    166 Rn. 28
– Zwischenverfügungen   161 Rn. 9 f.

Gutscheingesetz   EGBGB 240 Vor § 1 Rn. 5

**Haager Abkommen über den Schutz Minder-
jähriger**
– Verhältnis zur EU-EheVO 2003
    EGBGB Anh I zum III. Abschnitt Vor EheVO
    Rn. 13, 15

Haager AdÜ   EGBGB 22 Anh I Rn. 1 ff., 47

Haager Entmündigungsübereinkommen
EGBGB 8 Anh Rn. 1

Haager Erwachsenenschutzübereinkommen
EGBGB 7 Rn. 3, 8 Anh Rn. 2, 24 Anh IV Rn. 1 ff.
– Vorsorgevollmacht   EGBGB 8 Anh Rn. 5

**Haager Übereinkommen über das auf die Rechts-
nachfolge von Todes wegen anwendbare Recht**
EGBGB 9 Rn. 4

**Haager Übereinkommen über den Schutz von
Kindern und die Zusammenarbeit auf dem
Gebiet der internationalen Adoption**
EGBGB 22 Anh I Rn. 1 ff., 47

Haager Unterhaltsabkommen   EGBGB 19 Rn. 9,
33

Handeln unter fremdem Namen   177 Rn. 6
– Haftung   179 Rn. 4

Handelndenhaftung
– im nichtrechtsfähigen Verein   54 Rn. 20
– im Vorverein   21 Rn. 10

Handelsvertreter
– Vertretungsstatut   EGBGB 8 Rn. 34

Handlungsfähigkeit
– Begriff   1 Rn. 10

Handlungsunfähigkeit   EGBGB 12 Rn. 1 ff.

Handlungswille   Vor 116–144 Rn. 6

Haushaltsgegenstände
– internationale Zuständigkeit
    EGBGB Anh I zum III. Abschnitt EheVO 1
    Rn. 18

Heimat
– Anknüpfung im IPR   EGBGB 5 Rn. 5

Hinkende Ehe   EGBGB 13 Rn. 103
– internationales Scheidungsrecht
    EGBGB 17 Rn. 102

Hinterlegung   233 Rn. 1 ff.

Hirntod   TPG Rn. 59
– Richtlinienkompetenz der Bundesärztekammer
    TPG Rn. 62

Hirntodfeststellung   TPG Rn. 128

HKÜ   EGBGB 21 Rn. 17 f., 24 Anh III Rn. 1 ff.
– Anwendbarkeit   EGBGB 24 Anh III Rn. 4
– Informationsquellen
    EGBGB 24 Anh III Rn. 10 f.
– Verhältnis zu anderen Regelungen
    EGBGB 24 Anh III Rn. 8 f.

Höchstpersönliche Lebensgüter
– Reform der Verjährungsfrist   197 Rn. 2

Hoheitliche Tätigkeit
– Abgrenzung von privatrechtlicher Tätigkeit
    89 Rn. 10

Höhere Gewalt
– Verjährungshemmung   206 Rn. 1 ff.

HSÜ   EGBGB 24 Anh IV Rn. 1 ff.

Immaterialgüterrecht
– Namensrecht   12 Rn. 19

Immunsuppression   TPG Rn. 7 f.
– Risiken   TPG Rn. 8

In-App-Kauf   110 Rn. 26
– In-App-Kauf   110 Rn. 13

INCADAT   EGBGB 24 Anh III Rn. 10

Informationslösung   TPG Rn. 39

Informationspflichten
– Verbrauchervertrag   EGBGB 246 Rn. 1 ff.

Inhaberpapier
– Eigentumslage   90 Rn. 68

Inhaltsbestimmung
– billiges Ermessen   Vor 145–157 Rn. 19
– freies Belieben   Vor 145–157 Rn. 19

Inhaltsirrtum
– Abgrenzung zum Erklärungsirrtum   119 Rn. 41
– Begriff   119 Rn. 40
– Identitätsirrtum   119 Rn. 45
– Irrtum über die Sollbeschaffenheit   119 Rn. 61
– Kalkulationsirrtum   119 Rn. 52
– Rechtsfolgenirrtum   119 Rn. 49
– Verlautbarungsirrtum   119 Rn. 43

Inkognito
– Namensschutz   12 Rn. 63

Inländergleichbehandlung
– Staatenlosigkeit   EGBGB 5 Rn. 38

Inlandsbeurkundung
– Gleichwertigkeit   EGBGB 11 Rn. 33

Inlandsbeziehung
– kollisionsrechtlicher ordre-public-Vorbehalt
    EGBGB 6 Rn. 38

Insichgeschäft
– amtsempfangsbedürftige Willenserklärung
    181 Rn. 34
– Anwendungsbereich   181 Rn. 9
– Auswahl unter mehreren Adressaten   181 Rn. 35

- Beweislast 181 Rn. 55
- Einmann-GmbH 181 Rn. 24
- Erfüllung einer Verbindlichkeit 181 Rn. 46
- Erkennbarkeit 181 Rn. 47
- formale Ordnungsvorschrift 181 Rn. 4
- Genehmigung 181 Rn. 52
- Gesamtvertretung 181 Rn. 20
- geschäftsähnliche Handlungen 181 Rn. 18
- gesellschaftsrechtliche Beschlüsse 181 Rn. 28
- Gestaltungshinweise 181 Rn. 56
- Gestattung 181 Rn. 37
- lediglich rechtlicher Vorteil 181 Rn. 22
- Mehrvertretung 181 Rn. 1, 19
- Normzweck 181 Rn. 2
- Personenidentität 181 Rn. 19
- Rechtsfolgen bei Unzulässigkeit 181 Rn. 50
- Rechtsgeschäft 181 Rn. 14
- schwebende Unwirksamkeit 181 Rn. 50
- Selbstkontrahieren 181 Rn. 1, 19
- Untervertretung 181 Rn. 33
- Voraussetzungen 181 Rn. 14
- Zulässigkeit 181 Rn. 36

Insolvenz
- des Bevollmächtigten 168 Rn. 28
- des Vollmachtgebers 168 Rn. 23
- Gemeinnützigkeit 86 Rn. 54
- IPR EGBGB 43 Rn. 51 ff.
- Namensrecht 12 Rn. 179
- Stiftung 86 Rn. 43 ff.
- Verein 75 Rn. 1 ff.

Inspire-Art-Entscheidung
- Internationales Gesellschaftsrecht
  EGBGB 12 Anh Rn. 62 ff.

Instandhaltungsarbeiten
- erleichterte Informationspflichten
  EGBGB 246a § 2 Rn. 1 ff.

Internationale Zuständigkeit
- Abstammung EGBGB 19 Rn. 44, 20 Rn. 22
- Eheschließung EGBGB 13 Rn. 165
- eingetragene Lebenspartnerschaft
  EGBGB 17b Rn. 85
- nichteheliche Lebensgemeinschaft
  EGBGB 13 Anh II Rn. 20
- Todeserklärung EGBGB 9 Rn. 18

Internationaler Effektengiroverkehr
- Anknüpfungspunkte EGBGB 46 c Anh Rn. 18, 20, 23
- dingliche Rechtsfragen
  EGBGB 46 c Anh Rn. 19
- Finalitäts- und Finanzsicherheiten-RL
  EGBGB 46 c Anh Rn. 19, 21
- Fremdverwahrung durch Intermediäre
  EGBGB 46 c Anh Rn. 18

- Haager Wertpapier-Übereinkommen und UNI-
  DROIT-Übereinkommen
  EGBGB 46 c Anh Rn. 23
- PRIMA-Konzept EGBGB 46 c Anh Rn. 20
- rechtsbegründende Wirkung
  EGBGB 46 c Anh Rn. 21
- Rechtswahl EGBGB 46 c Anh Rn. 23
- Register- und Kontoführungsort
  EGBGB 46 c Anh Rn. 20
- Rück- und Weiterverweisung
  EGBGB 46 c Anh Rn. 22
- schuldrechtliche Wertgutschriften
  EGBGB 46 c Anh Rn. 19
- Vorfragen EGBGB 46 c Anh Rn. 21
- Wertpapierrechtsrichtlinie
  EGBGB 46 c Anh Rn. 23
- Wertrechte EGBGB 46 c Anh Rn. 19

Internationales Deliktsrecht, Grundstücksimmissionen
- Anwendungsbereich EGBGB 44 Rn. 4 ff.
- Bestimmungsrecht EGBGB 44 Rn. 10 ff.
- engere Verbindung EGBGB 44 Rn. 15
- Erfolgsort EGBGB 44 Rn. 9
- Grundsatz EGBGB 44 Rn. 7
- Handlungsort EGBGB 44 Rn. 8
- Normzweck EGBGB 44 Rn. 1 ff.
- öffentlich-rechtliche Genehmigungen
  EGBGB 44 Rn. 16 ff.
- vorrangige Staatsverträge EGBGB 44 Rn. 4

Internationales Gesellschaftsrecht
  EGBGB 12 Anh Rn. 1 ff.
- Anerkennung von Status oder Rechtspersönlich-
  keit EGBGB 12 Anh Rn. 3 ff.
- Auflösung EGBGB 12 Anh Rn. 28
- Außenbeziehungen EGBGB 12 Anh Rn. 14 ff.
- BREXIT EGBGB 12 Anh Rn. 221, 222
- Cadbury-Schweppes-Entscheidung
  EGBGB 12 Anh Rn. 58
- Cartesio-Entscheidung
  EGBGB 12 Anh Rn. 68 ff.
- Centros-Entscheidung EGBGB 12 Anh Rn. 58 f.
- Daily-Mail-Entscheidung
  EGBGB 12 Anh Rn. 57
- Deliktsfähigkeit EGBGB 12 Anh Rn. 17
- Diskussionsstand in Deutschland
  EGBGB 12 Anh Rn. 48 f.
- Form EGBGB 12 Anh Rn. 29
- Geschäftsfähigkeit EGBGB 12 Anh Rn. 16
- Gesellschafterhaftung EGBGB 12 Anh Rn. 19 f.
- grenzüberschreitende Sitzverlegung
  EGBGB 12 Anh Rn. 50 ff.
- grenzüberschreitende Spaltung
  EGBGB 12 Anh Rn. 201 ff.
- grenzüberschreitende Verschmelzung
  EGBGB 12 Anh Rn. 197 ff.

– grenzüberschreitender Formwechsel
  EGBGB 12 Anh Rn. 203 ff.
– Gründung EGBGB 12 Anh Rn. 27
– Gründungstheorie EGBGB 12 Anh Rn. 30,
  36 ff.
– handelsrechtliche Fragen
  EGBGB 12 Anh Rn. 21 f.
– Innenverhältnis EGBGB 12 Anh Rn. 9 ff.
– Inspire-Art-Entscheidung
  EGBGB 12 Anh Rn. 62 ff.
– internationales Konzernrecht
  EGBGB 12 Anh Rn. 206 f.
– Kaufmannseigenschaft EGBGB 12 Anh Rn. 21
– Limited EGBGB 12 Anh Rn. 221, 222
– Limited englischen Rechts
  EGBGB 12 Anh Rn. 213 ff.
– Liquidation EGBGB 12 Anh Rn. 28
– Ltd. & Co. KG EGBGB 12 Anh Rn. 208 ff.
– National Grid Indus-Entscheidung
  EGBGB 12 Anh Rn. 70 ff.
– Niederlassungsfreiheit und Sitztheorie
  EGBGB 12 Anh Rn. 56 ff.
– Parteifähigkeit EGBGB 12 Anh Rn. 18
– Prozessfähigkeit EGBGB 12 Anh Rn. 18
– Regelungsbereich EGBGB 12 Anh Rn. 1 ff.
– Registrierungstheorie EGBGB 12 Anh Rn. 40 ff.
– Restgesellschaft EGBGB 12 Anh Rn. 211 f.
– Rück- und Weiterverweisung
  EGBGB 12 Anh Rn. 2, 47
– SEVIC-Systems-Entscheidung
  EGBGB 12 Anh Rn. 65 ff.
– Sitztheorie EGBGB 12 Anh Rn. 30 ff.
– Spaltgesellschaft EGBGB 12 Anh Rn. 211 f.
– Statutenwechsel EGBGB 12 Anh Rn. 44 f.
– Typenvermischung EGBGB 12 Anh Rn. 208 ff.
– Überlagerungstheorie EGBGB 12 Anh Rn. 46
– Überseering-Entscheidung
  EGBGB 12 Anh Rn. 60 f., 79 ff.
– Umwandlungen EGBGB 12 Anh Rn. 195 ff.
– unternehmerische Mitbestimmung
  EGBGB 12 Anh Rn. 23 ff., 122 ff.
– Vale-Entscheidung EGBGB 12 Anh Rn. 71 ff.

**Internationales Gesellschaftsrecht, juristische
Person**
– Durchgriffshaftung EGBGB 12 Anh Rn. 119
– europarechtliche Gründungstheorie
  EGBGB 12 Anh Rn. 79 ff.
– EWR-Abkommen EGBGB 12 Anh Rn. 152
– Existenzvernichtungshaftung
  EGBGB 12 Anh Rn. 119
– Freundschafts-, Handels- und Schifffahrtsvertrag
  zwischen der BRD und den USA
  EGBGB 12 Anh Rn. 153
– General Agreement on Trade in Services
  EGBGB 12 Anh Rn. 154 ff.
– Geschäftsleiterhaftung EGBGB 12 Anh Rn. 118

– Geschlechterquote EGBGB 12 Anh Rn. 122 ff.
– Gründung nach drittstaatlichem Recht
  EGBGB 12 Anh Rn. 147 ff.
– Gründung nach EU-mitgliedstaatlichem Recht
  EGBGB 12 Anh Rn. 99 ff.
– inländische Auslandsgesellschaft
  EGBGB 12 Anh Rn. 99 ff.
– Insolvenzverschleppungshaftung
  EGBGB 12 Anh Rn. 117
– Scheinauslandsgesellschaft
  EGBGB 12 Anh Rn. 99 ff.
– Sonderanknüpfung EGBGB 12 Anh Rn. 114 ff.
– Überlagerung beim Minderheitenschutz
  EGBGB 12 Anh Rn. 135 f.
– Überlagerung im Firmenrecht
  EGBGB 12 Anh Rn. 126 f.
– Überlagerung im Haftungsrecht
  EGBGB 12 Anh Rn. 116 ff.
– Überlagerung im Kapitalschutzrecht
  EGBGB 12 Anh Rn. 121 ff.
– Überlagerung im Mitbestimmungsrecht
  EGBGB 12 Anh Rn. 122 ff.
– vorrangige Regelungen
  EGBGB 12 Anh Rn. 152 ff.

**Internationales Gesellschaftsrecht, Personenge-
sellschaft** EGBGB 12 Anh Rn. 158 ff.
– Anknüpfung EGBGB 12 Anh Rn. 184 f.
– Ausgangslage bezüglich der Anknüpfungslehren
  EGBGB 12 Anh Rn. 158 ff.
– deutsche Gesellschaften
  EGBGB 12 Anh Rn. 193 f.
– drittstaatliche Gesellschaften
  EGBGB 12 Anh Rn. 193 f.
– grenzüberschreitende Sitzverlegung
  EGBGB 12 Anh Rn. 186
– Gründungstheorie EGBGB 12 Anh Rn. 160 ff.
– Kommanditgesellschaft
  EGBGB 12 Anh Rn. 170 ff.
– Niederlassungsfreiheit
  EGBGB 12 Anh Rn. 173 ff.
– Rechtswahlfreiheit EGBGB 12 Anh Rn. 162 ff.
– Sitztheorie EGBGB 12 Anh Rn. 159
– Sonderanknüpfung EGBGB 12 Anh Rn. 188 ff.
– Verkehrsschutz EGBGB 12 Anh Rn. 165 ff.

Internationales Haager Richternetzwerk
  EGBGB 24 Anh III Rn. 10

Internationales Namensrecht
  EGBGB 10 Rn. 1 ff.
– Adelstitel EGBGB 10 Rn. 81 ff.
– akademische Grade EGBGB 10 Rn. 86 f.
– Angleichung und Anpassung
  EGBGB 10 Rn. 27 f.
– Angleichungserklärung EGBGB 10 Rn. 29 f.
– behördliche Namensänderung
  EGBGB 10 Rn. 56 ff.

– eingetragene Lebenspartnerschaft
   EGBGB 17b Rn. 68
– Entstehungsgeschichte der Norm
   EGBGB 10 Rn. 5 ff.
– Erstfragen EGBGB 10 Rn. 14
– Familienname EGBGB 10 Rn. 60 ff.
– Firma EGBGB 10 Rn. 45
– Gebrauchsname EGBGB 10 Rn. 90
– Individualname EGBGB 10 Rn. 75 f.
– intertemporaler Anwendungsbereich
   EGBGB 10 Rn. 7
– Mehrstaater EGBGB 10 Rn. 11
– Mittelname EGBGB 10 Rn. 70
– Namensschutz EGBGB 10 Rn. 91
– Namenszusätze EGBGB 10 Rn. 79 f.
– ordre public EGBGB 10 Rn. 40 ff.
– praktische Bedeutung EGBGB 10 Rn. 4
– Pseudonym EGBGB 10 Rn. 77 f.
– Qualifikation EGBGB 10 Rn. 51 ff.
– Rechtswahl für Kindesnamen
   EGBGB 10 Rn. 135 ff.
– Rück- und Weiterverweisung
   EGBGB 10 Rn. 8 ff.
– Schreibweise EGBGB 10 Rn. 52 ff.
– Staatenlose EGBGB 10 Rn. 12
– Statutenwechsel EGBGB 10 Rn. 20 ff., 31 ff.
– Transposition EGBGB 10 Rn. 31 ff.
– Vatersname EGBGB 10 Rn. 73 f.
– Vorfragen EGBGB 10 Rn. 15 ff.
– Vorname EGBGB 10 Rn. 66 ff.
– zusammengesetzte Namen EGBGB 10 Rn. 34 f.,
   71
– Zweckmäßigkeit der Rechtswahl
   EGBGB 10 Rn. 177 ff.

Internationales Privatrecht
– Abgrenzungsfragen EGBGB 3 Rn. 15 ff.
– Anerkennungsprinzip EGBGB 3 Rn. 57
– Anerkennungsrecht EGBGB 3 Rn. 7
– einstweiliger Rechtsschutz EGBGB 3 Rn. 49
– gemeinschaftsrechtliches EGBGB 3 Rn. 56
– Geschichte EGBGB 3 Rn. 10 ff.
– Gesetzesumgehung EGBGB 3 Rn. 43
– Grundzüge EGBGB 3 Rn. 6 ff.
– Herkunftslandprinzip EGBGB 3 Rn. 57
– Kollisionsnorm EGBGB 3 Rn. 21 ff.
– nationales Recht EGBGB 3 Rn. 8
– Rechtsquellen EGBGB 3 Rn. 12 ff.
– Sekundärrecht EGBGB 3 Rn. 66
– Statutenwechsel EGBGB 3 Rn. 36
– Systematik EGBGB 3 Rn. 10 ff.
– Verjährung Vor 194–218 Rn. 20
– Verweisungstechnik EGBGB 3 Rn. 38
– Vorrang staatsvertraglichen IPR
   EGBGB 3 Rn. 72

Internationales Sachenrecht
– Anfechtung EGBGB 43 Rn. 21
– besitzlose Mobiliarsicherheiten
   EGBGB 43 Rn. 43 ff.
– EG-Insolvenzverordnung EGBGB 43 Rn. 5, 45,
   53 ff.
– EG-Kulturgüterschutzverordnung
   EGBGB 43 Rn. 5, 37
– Enteignung EGBGB 43 Rn. 56 ff.
– Europarecht EGBGB 43 Rn. 5
– Europarechtskonformität EGBGB 43 Rn. 6
– floating charge EGBGB 43 Rn. 44 f.
– Genfer Abkommen über die internationale Aner-
   kennung von Rechten an Luftfahrzeugen
   EGBGB 43 Rn. 3
– Genfer Abkommen über Schiffsgläubigerrechte
   und Schiffshypotheken EGBGB 43 Rn. 3
– Gesamtstatut EGBGB 43 Rn. 19 f.
– gestreckte Tatbestände EGBGB 43 Rn. 38 ff.
– Grundpfandrecht EGBGB 43 Rn. 24
– Grundsatz EGBGB 43 Rn. 15 ff.
– Immobilien EGBGB 43 Rn. 22 ff.
– Insolvenzrecht EGBGB 43 Rn. 51 ff.
– internationale Verkehrsgeschäfte
   EGBGB 46 Rn. 6
– Kausalverhältnis EGBGB 43 Rn. 16
– Konvention über internationale Sicherungsrechte
   an beweglicher Ausrüstung EGBGB 43 Rn. 4
– Kraftfahrzeuge EGBGB 46 Rn. 7 f.
– Kulturgüterrückgabegesetz EGBGB 43 Rn. 5,
   37
– Lehre von der Dauerbedingung
   EGBGB 43 Rn. 29
– Lösungsrecht EGBGB 43 Rn. 33
– Luftfahrzeuge EGBGB 45 Rn. 6
– Normgeschichte EGBGB 43 Rn. 7 ff.
– Normzweck EGBGB 43 Rn. 10 ff.
– Rechtsquellen EGBGB 43 Rn. 3 f.
– Reinigungseffekt EGBGB 43 Rn. 35
– res in transitu EGBGB 43 Rn. 46 ff., 46 Rn. 9
– Schienenfahrzeuge EGBGB 45 Rn. 9
– Statutenwechsel EGBGB 43 Rn. 26 ff.
– Timesharing-Vertrag EGBGB 43 Rn. 23
– Transportmittel EGBGB 43 Rn. 50
– Transposition EGBGB 43 Rn. 30 ff.
– Typenzwang EGBGB 43 Rn. 17
– Wasserfahrzeuge EGBGB 45 Rn. 7 f.
– Wertpapiere EGBGB 43 Rn. 25

Internationales Scheidungsrecht
– Abgrenzung zum Eheschließungsstatut
   EGBGB 13 Rn. 80
– Brautgabe EGBGB 17 Rn. 19
– Entschädigungsansprüche EGBGB 17 Rn. 13
– Privatscheidung EGBGB 17 Rn. 33, 70
– Scheidungsfolgen EGBGB 17 Rn. 5

– Scheidungsmonopol deutscher Gerichte
  EGBGB 17 Rn. 64, 70
– Schenkungswiderruf   EGBGB 17 Rn. 17
– Verstoßung   EGBGB 17 Rn. 73
– Vertreter und Bote   EGBGB 17 Rn. 77
– Wohnung im Ausland   EGBGB 17 Rn. 22

**Internationales Übereinkommen über die zivil-
rechtliche Haftung für Ölverschmutzungsschäden**   EGBGB 44 Rn. 4

**Internationales Übereinkommen von 1989 über
Bergung (IÜB)**   EGBGB 39 Rn. 4

Internationales Unterhaltsrecht
– Haager Unterhaltsabkommen   EGBGB 19 Rn. 9,
  33

Internationales Wechsel- und Scheckrecht
  EGBGB 46 c Anh Rn. 24
– Abtretung   EGBGB 46 c Anh Rn. 32
– Form   EGBGB 46 c Anh Rn. 30
– Protest   EGBGB 46 c Anh Rn. 33, 35
– Rechtswahl   EGBGB 46 c Anh Rn. 8, 26
– Rück- und Weiterverweisung
  EGBGB 46 c Anh Rn. 28
– Rückgriffsfristen   EGBGB 46 c Anh Rn. 33, 35
– Wechselfähigkeit   EGBGB 46 c Anh Rn. 29
– Wirkungen der Scheckerklärung
  EGBGB 46 c Anh Rn. 35
– Wirkungen der Wechselerklärung
  EGBGB 46 c Anh Rn. 31

Internationales Wertpapierrecht
– Allgemeine Grundsätze
  EGBGB 46 c Anh Rn. 9a, 10, 12 ff.
– Begriff und Abgrenzung
  EGBGB 46 c Anh Rn. 1 ff.
– Einfluss des Europarechts
  EGBGB 46 c Anh Rn. 4
– Einfluss des Unionsrechts
  EGBGB 46 c Anh Rn. 4
– Entmaterialisierung   EGBGB 46 c Anh Rn. 3,
  18, 36
– Form   EGBGB 46 c Anh Rn. 9, 30
– Internationaler Effektengiroverkehr
  EGBGB 46 c Anh Rn. 18
– Kapitalmarkt- und Prospekthaftung
  EGBGB 46 c Anh Rn. 7
– Konnossement   EGBGB 46 c Anh Rn. 36; *siehe
  auch* Konnossement
  (internationaler Seetransport)
– Rechtsquellen   EGBGB 46 c Anh Rn. 5, 7
– Rechtswahl   EGBGB 46 c Anh Rn. 8, 10, 26, 37
– Rück- und Weiterverweisung
  EGBGB 46 c Anh Rn. 22, 28
– siehe Internationales Wechsel- und Scheckrecht
  EGBGB 46 c Anh Rn. 24
– verbriefte Forderungen
  EGBGB 46 c Anh Rn. 12

– verbriefte Mitgliedschaftsrechte
  EGBGB 46 c Anh Rn. 13
– verbriefte Sachenrechte
  EGBGB 46 c Anh Rn. 14
– Wertpapierbegriff   EGBGB 46 c Anh Rn. 2, 3, 4
– wertpapierbezogenes Internationales Schuldrecht
  EGBGB 46 c Anh Rn. 7
– Wertpapierrechtsstatut
  EGBGB 46 c Anh Rn. 10, 12 ff.
– Wertpapiersachstatut
  EGBGB 46 c Anh Rn. 15 f.
– Wertrechte   EGBGB 46 c Anh Rn. 3, 16

Internationales Zivilverfahrensrecht
– Mehrstaater   EGBGB 5 Rn. 33

Internet
– Vertragsannahme im Chat   147 Rn. 11

Internetseite
– Erklärungsträger für Textform   126b Rn. 21

Internet-Versteigerung
– Bedeutung   Anh 156 Rn. 1 ff.
– Begrifflichkeiten   Anh 156 Rn. 2 ff.

Intertemporales Privatrecht
– Abstammung, IPR   EGBGB 19 Rn. 2, 20 Rn. 2
– Geschäftsführung ohne Auftrag, IPR
  EGBGB 39 Rn. 27
– IPR der eingetragenen Lebenspartnerschaft
  EGBGB 17b Rn. 42
– ungerechtfertigte Bereicherung, IPR
  EGBGB 38 Rn. 53
– Verjährungshemmung durch Rechtsverfolgung
  204 Rn. 166

IntFamRVG   EGBGB 24 Anh III Rn. 8

Inventar
– gewerbliches Inventar   98 Rn. 10
– landwirtschaftliches Inventar   98 Rn. 28

Invitatio ad offerendum   145 Rn. 3
– Online-Auktionen   Anh 156 Rn. 19 f.

IPR
– Vertragsstatut   Vor 145–157 Rn. 20

Irrtum
– Arten   119 Rn. 3
– Auseinanderfallen von Wille und Erklärung
  119 Rn. 27
– Behavioral Microtargeting   119 Rn. 26
– bei Stellvertretung   166 Rn. 24
– durchschauter   155 Rn. 4
– Empfängerirrtum   119 Rn. 29
– Erklärungstheorie   119 Rn. 1
– fehlendes Erklärungsbewusstsein   119 Rn. 33
– Fehlvorstellung   119 Rn. 26
– Kalkulationsirrtum   119 Rn. 52
– Motivirrtum   119 Rn. 4
– Rechtsfolgenirrtum   119 Rn. 49

– über die Sollbeschaffenheit   119 Rn. 61
– Willenstheorie   119 Rn. 1

Isolierte Vollmacht   164 Rn. 11, 167 Rn. 4
– Erlöschen   168 Rn. 29

Ius-sanguinis-Prinzip
– im Staatsangehörigkeitsrecht   EGBGB 5 Rn. 10

Ius-soli-Prinzip
– im Staatsangehörigkeitsrecht   EGBGB 5 Rn. 11

Juristische Person
– Begriff   Vor 21 Rn. 1 f.
– Haftungsbeschränkung   Vor 21 Rn. 7 ff.
– Handlungs- und Deliktsfähigkeit   Vor 21 Rn. 6
– kein Verbraucher   14 Rn. 19
– Namensschutz   12 Rn. 68
– Organtheorie   Vor 21 Rn. 6
– Rechtsfähigkeit   Vor 21 Rn. 3 f.
– Vertretertheorie   Vor 21 Rn. 6

Juristische Person des öffentlichen Rechts
– Abgrenzung von privatrechtlicher Tätigkeit
    89 Rn. 10
– als Unternehmer   14 Rn. 41
– Haftung für Organe   89 Rn. 1 f., 5 ff., 11
– Insolvenzantragspflicht   89 Rn. 4

Kafala   EGBGB 22 Rn. 8, 100 f.

Kalkulationsirrtum   119 Rn. 52

Kartellrecht
– gesetzliches Verbot   134 Rn. 269
– Sittenwidrigkeit   138 Rn. 343

Kaufmännisches Bestätigungsschreiben
    147 Rn. 9 f.

Kaufmannseigenschaft
– IPR   EGBGB 7 Rn. 23

Kausalität
– Tatsächliche Vermutung   EGBGB 240 § 1 Rn. 26

Kfz-Brief
– Eigentumslage   90 Rn. 73

Kinderehen
– Zuständigkeit
    EGBGB Anh II zum III. Abschnitt FamFG 98
    Rn. 19

Kinderhandel   EGBGB 22 Rn. 115, 122 f.

Kindesentführung, IPR
    EGBGB Anh I zum III. Abschnitt EheVO 11
    Rn. 1, Anh I zum III. Abschnitt EheVO 10 Rn. 1

Kindesrückgabe
    EGBGB Anh I zum III. Abschnitt EheVO 41, 42
    Rn. 1

Kindschaftsrechtsreformgesetz
– IPR   EGBGB 19 Rn. 1, 20 Rn. 1

Kirchliche Stiftung   80 Rn. 126

Klinische Transplantationen   TPG Rn. 2
– Geschichte   TPG Rn. 8

Klostertod
– ordre public   EGBGB 6 Rn. 59

Knebelung   138 Rn. 263

Kollision von Sicherungsrechten
– Sittenwidrigkeit   138 Rn. 264

Kommanditgesellschaft
– Namensschutz   12 Rn. 71

Kommunale Stiftung   80 Rn. 125

Konnossement (internationaler Seetransport)
– Entmaterialisierung   EGBGB 46 c Anh Rn. 36
– Hague- und Visby-Rules
    EGBGB 46 c Anh Rn. 37
– Rechtswahl   EGBGB 46 c Anh Rn. 8, 37
– Rotterdam Rules   EGBGB 46 c Anh Rn. 36
– Warensachstatut   EGBGB 46 c Anh Rn. 38
– zwingende Normen   EGBGB 46 c Anh Rn. 37

Konsens
– Regelungskonsens – Geltungskonsens
    Vor 145–157 Rn. 18

Konsensprinzip   Vor 145–157 Rn. 14 ff.

Konstitutives Schuldanerkenntnis
– Verjährungsneubeginn   212 Rn. 13

Kontingentgesetz   EGBGB 5 Anh II Rn. 36

Kontrahierungszwang   Vor 145–157 Rn. 11

**Konvention über internationale Sicherungsrechte
an beweglicher Ausrüstung**   EGBGB 43 Rn. 4

Konversionsklausel   140 Rn. 16, 35

Koordinierungsstelle
– Meldungen   TPG Rn. 112
– Unterstichwort   TPG Rn. 102 ff.

Kraftfahrzeuge
– IPR   EGBGB 46 Rn. 7 f.

Krankheit
– Täuschung über Krankheit   123 Rn. 58

KSÜ   EGBGB 21 Rn. 8 ff., 24 Anh III Rn. 8

Kulturgüterrückgabegesetz   EGBGB 43 Rn. 5, 37

Kündigungsbeschränkung aufgrund COVID-19
    EGBGB 240 § 2 Rn. 2 ff.

Kündigungsschutz
– gesetzliches Verbot   134 Rn. 109

Landesheimgesetze   104 Rn. 46

Landesstiftungsgesetze   Vor 80 ff. Rn. 27 ff.
– Stiftungsvermögen   81 Rn. 64

Landgut
– Begriff   98 Rn. 25

Lasten
– Begriff   103 Rn. 6
– Verteilung   103 Rn. 11

Lebendspende
– Aufklärung   TPG Rn. 79
– Cross-Over-Spende   TPG Rn. 77
– Einwilligungsfähigkeit   TPG Rn. 79
– Entwicklung   TPG Rn. 72
– Gutachten Lebendspendekommission
  TPG Rn. 82
– Kosten   TPG Rn. 83
– Subsidiarität   TPG Rn. 79
– Volljährigkeit   TPG Rn. 79
– Zulässigkeitsvoraussetzungen   TPG Rn. 76

Lediglich rechtlich vorteilhaft, § 107
– Übertragung eines Kommanditanteils
  107 Rn. 77 f.

Lediglich rechtlicher Vorteil   107 Rn. 17,
110 Rn. 13
– Anweisung   107 Rn. 137
– ausschließlich vorteilhafte Geschäfte   107 Rn. 46
– Automobilclubmitgliedschaft   107 Rn. 62
– Bankgeschäfte   107 Rn. 137
– Behandlungsvertrag   107 Rn. 9
– belastetes Eigentum   107 Rn. 112
– Bürgschaft   107 Rn. 57
– Darlehen   107 Rn. 57
– Downloads von Apps   107 Rn. 64
– Eigentumserwerb   107 Rn. 58
– Eigentumserwerb an Grundstücken   107 Rn. 97
– Erbanteilsübertragung   107 Rn. 88
– Erbteilsausgleichspflicht   107 Rn. 94
– Erfüllungsannahme   107 Rn. 95
– Erwerb von Klingeltönen   110 Rn. 13
– Familien- und erbrechtliche Abreden   107 Rn. 87
– Gesamtbetrachtungslehre   107 Rn. 27
– Gesellschaft, Ausscheiden   107 Rn. 83
– Gesellschaft, Beschlüsse   107 Rn. 82
– Gesellschaft, fehlerhafte   107 Rn. 84
– Gesellschaft, Vertrag   107 Rn. 71
– Girokontovertrag   107 Rn. 137
– Gratisvertrag   107 Rn. 62, 63
– Grundpfandrechte   107 Rn. 99
– Grundstückserwerb   107 Rn. 58
– Heilversuche   107 Rn. 9
– In-App-Kauf   107 Rn. 64
– In-App-Verkauf   107 Rn. 5
– Insichgeschäft   181 Rn. 22
– Lebensversicherungsvertrag   107 Rn. 86
– Medizinische Experimente   107 Rn. 9
– nachteiliges Geschäft   107 Rn. 70
– neutrales Geschäft   107 Rn. 65, 165 Rn. 1
– Nießbrauch   107 Rn. 120
– Nießbrauchsvorbehalt   107 Rn. 120
– *Pflichtteilsanrechnung*   107 Rn. 89
– Schenkung   107 Rn. 46
– Schwarzfahrt   107 Rn. 129

– Soziale Netzwerke   107 Rn. 15, 16, 47
– Sparkontovertrag   107 Rn. 137
– Spiele-Apps   107 Rn. 64
– Überweisungsvertrag   107 Rn. 137
– Verarbeitung personenbezogener Daten
  107 Rn. 14
– Verfügungsgeschäft   107 Rn. 58
– Vermächtnis   107 Rn. 111
– Vermietetes Grundstück   107 Rn. 120
– Verpachtetes Grundstück   107 Rn. 120
– Versicherungsvertrag   107 Rn. 62
– Wohnungseigentum   107 Rn. 101, 102
– Wohnungsrecht   107 Rn. 123
– Zahlungskontenvertrag   107 Rn. 62

Lehre vom faktischen Vertrag
Vor 145–157 Rn. 42

Leiche
– Anatomie   90 Rn. 50
– Aneignungsrecht des Friedhofsträgers   90 Rn. 48
– besonderes postmortales Persönlichkeitsrecht
  während der Totenehrung   90 Rn. 41
– Eigentumsfähigkeit   90 Rn. 40, 47
– Obduktion   90 Rn. 52
– Sachqualität   90 Rn. 39
– Todeszeitpunkt   1 Rn. 21, 90 Rn. 38
– Totensorgerecht   90 Rn. 44
– Voraussetzungen der Organentnahme   90 Rn. 58

Leihmutterschaft   EGBGB 19 Rn. 39,
22 Rn. 122 f.

Leistung
– Geldleistung   EGBGB 240 § 1 Rn. 25
– Sachleistung   EGBGB 240 § 1 Rn. 25

Leistungskondiktion, IPR   EGBGB 38 Rn. 5 ff.

Leistungsverweigerungsrecht
– Verjährung   214 Rn. 3 ff.

Letter of Intent   Vor 145–157 Rn. 31 ff.

Liquidation
– Verein   76 Rn. 1 ff.

Liquidation des Vereins
– Auslösungstatbestände   47 Rn. 4
– Bedeutung   47 Rn. 2
– beim nichtrechtsfähigen Verein   47 Rn. 11
– Fortsetzung des werbenden Vereins   47 Rn. 15
– Hinterlegung   52 Rn. 2
– Liquidationsverein   47 Rn. 12
– Liquidationszwang   47 Rn. 8
– nach durchgeführtem Insolvenzverfahren
  47 Rn. 6
– Nachtragsliquidation   47 Rn. 22
– Registeranmeldungen   47 Rn. 23
– Sicherheitsleistung   52 Rn. 4
– Verhältnis zum Insolvenzverfahren   47 Rn. 30
– Vollbeendigung nach L.   47 Rn. 19

– Zivilprozess 47 Rn. 24
– Zwangsvollstreckung 47 Rn. 29

Liquidatoren des Vereins
– Auswahl 48 Rn. 2
– Beendigung des Amtes 48 Rn. 11
– Bereicherungsansprüche übergangener Gläubiger 53 Rn. 2
– Geschäftsführungsbefugnis 48 Rn. 7, 9
– Haftung 48 Rn. 13
– Haftung gegenüber übergangenen Gläubigern 53 Rn. 1, 5
– Rechtsstellung 48 Rn. 6
– Unterlassungsklage gegen L. 53 Rn. 8
– Vertretungsbefugnis 48 Rn. 8, 10

Liquide Reserven EGBGB 240 § 2 Rn. 6

Lösungsrecht
– internationales Sachenrecht EGBGB 43 Rn. 33

Luft
– Sachqualität 90 Rn. 104

Luftfahrzeug
– wesentlicher Bestandteil 94 Rn. 30

Mahnverfahren
– Verjährungshemmung 204 Rn. 58 ff.

Marke
– Verhältnis von Namensschutz nach BGB und Markenrecht 12 Rn. 15, 117

Marktplätze im Internet Anh 156 Rn. 1 ff.

Marlene-Dietrich-Entscheidung 12 Rn. 130

Maßregelungsverbot AGG 16 Rn. 1 ff.

Meer
– fehlende Sachqualität freien Wassers 90 Rn. 108
– Meeresboden, Eigentumsfähigkeit und wirtschaftliche Nutzung 90 Rn. 118

Mehrehe
– kollisionsrechtlicher ordre-public-Vorbehalt EGBGB 6 Rn. 62

Mehrstaater EGBGB 5 Rn. 21
– Alternativanknüpfungen EGBGB 5 Rn. 31
– Deutschenprivileg EGBGB 5 Rn. 26 ff.
– Internationales Zivilverfahrensrecht EGBGB 5 Rn. 33
– Rechtswahl EGBGB 5 Rn. 30
– Testamentsform EGBGB 5 Rn. 30

Memorandum of understanding Vor 145–157 Rn. 31 ff.

Menschenrechtsverletzung
– Inlandsbeziehung EGBGB 6 Rn. 40

Mietvertrag
– Minderjährige 110 Rn. 7

Minderjährige
– als organschaftlicher Vertreter 165 Rn. 9
– Einwilligung TPG Rn. 30

– Erfüllungsannahme 107 Rn. 95
– Fitnessstudio 110 Rn. 9
– Geschäft des täglichen Lebens 105a Rn. 8, 59
– Haftungsbeschränkung 104 Rn. 7
– Knochenmarkentnahme TPG Rn. 84
– Prozessvertretung durch 165 Rn. 10
– Überschuldung 104 Rn. 7
– Vereinsbeitritt 110 Rn. 9
– Verjährungsablaufhemmung 210 Rn. 1 ff.
– Widerspruch TPG Rn. 30

Minderung
– Ausschluss nach Anspruchsverjährung 218 Rn. 2

Missbrauch der Vertretungsmacht 164 Rn. 84, 177 Rn. 8

Mitgliederversammlung des Vereins
– Beschlussfähigkeit 32 Rn. 20
– Beschlussfassung ohne 32 Rn. 28
– Beschlussmängel 32 Rn. 24 ff.
– Einberufung 32 Rn. 9 ff.
– Einberufungsgründe 36 Rn. 1 ff., 37 Rn. 1 ff.
– Mehrheit 32 Rn. 22 f.
– Stimmabgabe 32 Rn. 21
– Tagesordnung 32 Rn. 15 ff.
– Verein, nichtrechtsfähiger 54 Rn. 15
– Versammlungsleitung 32 Rn. 19
– Zuständigkeit 32 Rn. 4 ff.

„Mobbing" AGG 1 Rn. 8

Moratorium EGBGB 240 § 1 Rn. 1 ff., 5
– Anwendungsbereich EGBGB 240 § 1 Rn. 34 f.
– Einrede EGBGB 240 § 1 Rn. 15 f.
– Gefährdung des angemessenen Lebensunterhalts EGBGB 240 § 1 Rn. 11 f.
– Individualvereinbarung EGBGB 240 § 1 Rn. 38
– Kausalität EGBGB 240 § 1 Rn. 13
– Kündigungsrecht EGBGB 240 § 1 Rn. 33
– Störung der Geschäftsgrundlage EGBGB 240 § 1 Rn. 40
– Unmöglichkeit EGBGB 240 § 1 Rn. 39
– Unzumutbarkeit EGBGB 240 § 1 Rn. 30 ff.
– Verbrauchervertrag EGBGB 240 § 1 Rn. 4
– Verhältnis zum allg. Schuldrecht EGBGB 240 § 1 Rn. 37 ff.
– Verlängerung EGBGB 240 § 1 Rn. 17

Morgengabe EGBGB 14 Rn. 71
– Anwendung deutschen Rechts EGBGB 14 Rn. 77
– Eheschließungsvoraussetzung EGBGB 13 Rn. 62
– Form EGBGB 14 Rn. 76, 80
– Qualifikation EGBGB 14 Rn. 72
– Türkei EGBGB 14 Rn. 81

Motivirrtum 119 Rn. 4

MSA EGBGB 21 Rn. 4 ff., 24 Anh III Rn. 8

Nahestehende Personen
– Entscheidungszuständigkeit   TPG Rn. 42 ff.

Name
– Änderung   12 Rn. 32
– Berichtigung   12 Rn. 31
– Feststellung   12 Rn. 30
– Fortführung nach Ehescheidung   12 Rn. 52
– Führungspflicht   12 Rn. 28
– Identitätsfunktion   12 Rn. 2
– Individualisierungsfunktion   12 Rn. 3
– vermögensschützende Funktion   12 Rn. 8
– Zuordnungsfunktion   12 Rn. 7

Namensänderung   12 Rn. 32

Namensanmaßung   12 Rn. 192

Namensbestreitung   12 Rn. 189

Namenserteilung
– Zustimmung, anzuwendendes Recht
   EGBGB 23 Rn. 1 ff.

Namensrecht
– Betriebsstilllegung   12 Rn. 144
– Entstehung   12 Rn. 122
– Erlöschen   12 Rn. 127
– Firma   12 Rn. 125, 143, 150
– Gestattungsvertrag   12 Rn. 156
– Insolvenz   12 Rn. 179
– Lehre von der gebundenen Rechtsübertragung
   12 Rn. 175
– Marlene-Dietrich-Entscheidung   12 Rn. 130
– Pseudonym   12 Rn. 124
– Rechtsnatur   12 Rn. 18
– sonstiges Recht   12 Rn. 270
– Verkehrsfähigkeit   12 Rn. 149
– Verwirkung   12 Rn. 144
– Verzicht   12 Rn. 149

Namensrecht, internationales
– Angleichungserklärung   EGBGB 47 Rn. 50 ff.
– Anpassung   EGBGB 47 Rn. 1 ff.
– Bestimmung Vor- und Familienname
   EGBGB 47 Rn. 16 ff.
– Ehenamen, Einschränkung bei Angleichung
   EGBGB 47 Rn. 37 ff.
– Eindeutschung   EGBGB 47 Rn. 30 ff., 48 f.
– Entgendrifizierung   EGBGB 47 Rn. 28 ff.
– Namensbestandteile, Ablegen
   EGBGB 47 Rn. 25 ff.
– Namenswahl   EGBGB 47 Rn. 41 ff.
– Optionsmöglichkeiten   EGBGB 47 Rn. 10 f.
– Wahl von Vor- und Familienname
   EGBGB 47 Rn. 20 ff.
– Wechsel unter dt. Namensrecht
   EGBGB 47 Rn. 12 ff.

Namensschutz
– anwendbares Recht   12 Rn. 81
– Ausländer   12 Rn. 81

– Bereicherungsanspruch   12 Rn. 271
– Beseitigungsanspruch   12 Rn. 260
– Bildzeichen   12 Rn. 112
– bloße Namensnennung   12 Rn. 201
– bürgerlicher Name   12 Rn. 50
– Domainname   12 Rn. 107, 151, 178, 185, 210,
   217, 229, 239
– E-Mail-Adresse   12 Rn. 241
– Fantasiebezeichnung   12 Rn. 93
– fiktive Figur   12 Rn. 213
– Firma   12 Rn. 66, 82, 92, 179
– Firmenrecht, Verhältnis zum N. nach BGB
   12 Rn. 17
– Freihaltebedürfnis   12 Rn. 90
– Gebäudebezeichnung   12 Rn. 77, 115
– Geringfügigkeitsgrenze   12 Rn. 238
– Gleichnamigkeit   12 Rn. 226
– Herkunftsbezeichnung   12 Rn. 99
– Inkognito   12 Rn. 63
– Interessenverletzung   12 Rn. 234
– juristische Personen   12 Rn. 68
– Kriterien für den Schutz als Name   12 Rn. 85
– Markenrecht, Verhältnis zum N. nach BGB
   12 Rn. 15, 117
– Namensanmaßung   12 Rn. 192
– Namensbestreitung   12 Rn. 189
– nichtrechtsfähige Organisationseinheiten
   12 Rn. 72
– Ordensname   12 Rn. 57
– Persönlichkeitsausnutzung   12 Rn. 4
– Prioritätsgrundsatz   12 Rn. 158, 193, 220
– Pseudonym   12 Rn. 58
– räumliche Reichweite   12 Rn. 47
– Rechtsfolgen der Namensrechtsverletzung
   12 Rn. 255
– Rechtssubjekte ohne Rechtspersönlichkeit
   12 Rn. 71, 78
– Sammelnamen   12 Rn. 91
– Satire   12 Rn. 205
– Schadensersatzanspruch   12 Rn. 270
– Selbstgebrauch   12 Rn. 208
– Spitzname   12 Rn. 65
– Telefonnummern   12 Rn. 106
– Unterlassungsanspruch   12 Rn. 265
– Unterscheidungskraft   12 Rn. 85
– Verjährung   12 Rn. 269
– Verkehrsgeltung   12 Rn. 88
– Verletzungstatbestände   12 Rn. 188
– Verwässerungsgefahr   12 Rn. 250
– Verwechslungsgefahr   12 Rn. 244
– Verwirkung   12 Rn. 228, 268
– Vorname   12 Rn. 55
– Wappen   12 Rn. 119
– Werbeslogans   12 Rn. 121

– Zahlen- und Buchstabenkombinationen
    12 Rn. 97
– Zuordnungsverwirrung   12 Rn. 192

Nasciturus
– Grundrechtsfähigkeit   1 Rn. 39
– Haftung bei Verletzung   1 Rn. 43
– Rechte   1 Rn. 37

National Grid Indus-Entscheidung
– Internationales Gesellschaftsrecht
    EGBGB 12 Anh Rn. 70 ff.

Nationale Zuständigkeitsregeln
– EU-Eheverordnung
    EGBGB Anh II zum III. Abschnitt FamFG 98
    Rn. 1
– Folgesachen
    EGBGB Anh II zum III. Abschnitt FamFG 98
    Rn. 8

Naturalobligation   Vor 145–157 Rn. 12 f.
– freiwillige Selbstverpflichtung
    Vor 145–157 Rn. 11

Natürliche Person
– Rechtsfähigkeit   1 Rn. 1

Neutrales Geschäft
– rechtliche Einordnung   107 Rn. 65
– Vertretergeschäft als   165 Rn. 1

Nicht empfangsbedürftige Willenserklärung
– Auslegung   133 Rn. 38
– Wirksamwerden   130 Rn. 76

Nichteheliche Lebensgemeinschaft
– Verjährungshemmung   207 Rn. 23 ff.
– wechselseitige Bevollmächtigung   167 Rn. 50

Nichteheliche Lebensgemeinschaft, IPR
    EGBGB 13 Anh II Rn. 1
– Auflösung   EGBGB 13 Anh II Rn. 16
– Begründung   EGBGB 13 Anh II Rn. 6
– Eltern-Kind-Beziehung
    EGBGB 13 Anh II Rn. 8
– Erbrecht   EGBGB 13 Anh II Rn. 9
– Innenbeziehungen   EGBGB 13 Anh II Rn. 10
– internationale Zuständigkeit
    EGBGB 13 Anh II Rn. 20
– Qualifikation   EGBGB 13 Anh II Rn. 4,
    17b Rn. 13
– Rechtswahl   EGBGB 13 Anh II Rn. 19
– Unterhalt   EGBGB 13 Anh II Rn. 7

Nichtleistung   EGBGB 240 § 2 Rn. 5

Niederlassungsfreiheit
– Vereinbarkeit mit der kollisionsrechtlichen Sitz-
    theorie   EGBGB 12 Anh Rn. 56 ff.

Nondum conceptus
– beschränkte Rechtsfähigkeit   1 Rn. 47

Notarhaftung
– Amtspflichtverletzung   Anh 128 Rn. 1 ff., 15 ff.

– Anwaltsnotar   Anh 128 Rn. 9 ff.
– Baden-Württemberg   Anh 128 Rn. 6
– Berufshaftpflichtversicherung   Anh 128 Rn. 4,
    142 ff.
– Beteiligte, mittelbare   Anh 128 Rn. 60 f.
– Beteiligte, sonstige   Anh 128 Rn. 62 ff.
– Beteiligte, unmittelbare   Anh 128 Rn. 57 ff.
– Betreuung   Anh 128 Rn. 40 ff., 59
– Beweislast   Anh 128 Rn. 135 ff.
– Drittbezogenheit   Anh 128 Rn. 54 ff.
– Einschränkungen der Haftung
    Anh 128 Rn. 86 ff.
– Entscheidung der Aufsichtsbehörde
    Anh 128 Rn. 109
– Haftungsbeschränkungen   Anh 128 Rn. 141
– Kausalität   Anh 128 Rn. 81 ff.
– Klage   Anh 128 Rn. 130 ff.
– Kollegialgerichtsentscheidung
    Anh 128 Rn. 71 ff.
– Mitverschulden   Anh 128 Rn. 78 ff.
– Notare im Landesdienst   Anh 128 Rn. 6
– Notartätigkeit   Anh 128 Rn. 8 ff.
– Rechtswidrigkeit   Anh 128 Rn. 67 f.
– Schaden   Anh 128 Rn. 75 ff.
– sicherster Weg   Anh 128 Rn. 53
– Sozietät   Anh 128 Rn. 128 f.
– Staatshaftungsrecht   Anh 128 Rn. 1, 4 ff.
– Subsidiarität   Anh 128 Rn. 87 ff.
– unterlassenes Rechtsmittel   Anh 128 Rn. 102 ff.
– Verjährung   Anh 128 Rn. 138 ff.
– Verschulden   Anh 128 Rn. 69 ff.
– Verwahrung   Anh 128 Rn. 59
– Weisungsgebundenheit   Anh 128 Rn. 52

Notarhaftung, Drittbeteiligung
– Haftung des Notarassessors   Anh 128 Rn. 119 ff.
– Haftung des Notariatsverwalters
    Anh 128 Rn. 125
– Haftung des Notarvertreters   Anh 128 Rn. 122 ff.
– Haftung des Personals   Anh 128 Rn. 126 f.
– Haftung für Notarassessor   Anh 128 Rn. 111 ff.
– Haftung für Notarvertreter   Anh 128 Rn. 115
– Haftung für Personal   Anh 128 Rn. 116 ff.

Notarhaftung, Pflichten
– Amtspflichten   Anh 128 Rn. 17 ff.
– Ausführung   Anh 128 Rn. 51
– bei Betreuung und Vertretung
    Anh 128 Rn. 40 ff.
– bei Einreichungstätigkeit   Anh 128 Rn. 37 ff.
– bei Urkundsgestaltung   Anh 128 Rn. 33 ff.
– bei Vollzugstätigkeit   Anh 128 Rn. 37 ff.
– Belehrungspflichten   Anh 128 Rn. 17 ff.
– Belehrungspflichten, besondere
    Anh 128 Rn. 29 f.
– Organisationspflicht   Anh 128 Rn. 39, 116 ff.
– Prüfungspflichten   Anh 128 Rn. 17 ff.

– Redlichkeit   Anh 128 Rn. 49
– Unparteilichkeit   Anh 128 Rn. 47 f.
– Verschwiegenheit   Anh 128 Rn. 50
– Wahl des sichersten Weges   Anh 128 Rn. 53

Notarielle Beurkundung   128 Rn. 1 ff.
– Beweiskraft   128 Rn. 16
– Ersetzung durch Insolvenzplan   127a Rn. 3
– Ersetzung durch Prozessvergleich   127a Rn. 1
– Ersetzung durch Schiedsspruch   127a Rn. 4
– Ersetzungswirkung   128 Rn. 5
– im Ausland   128 Rn. 8
– sukzessive   128 Rn. 13 ff.
– Verfahren   128 Rn. 9 ff.
– Zugang bei Sukzessivbeurkundung   152 Rn. 1 ff.
– Zuständigkeit   128 Rn. 6 f.
– Zweck   128 Rn. 1 ff.

Notstand   228 Rn. 1 ff.
– Aufwendungsersatz   228 Rn. 24
– Beweislast   228 Rn. 22 f.
– Erforderlichkeit   228 Rn. 9
– Notstandshandlung   228 Rn. 8 ff.
– Notstandslage   228 Rn. 2 ff.
– Putativnotstand   228 Rn. 21
– Rechtsfolgen   228 Rn. 18 ff.
– Schadensersatzpflicht   228 Rn. 20
– subjektiver Tatbestand   228 Rn. 17
– Verhältnismäßigkeit   228 Rn. 10 ff.

Notvorstand
– Stiftung   81 Rn. 31

Notwehr   227 Rn. 1 ff.
– Angriff   227 Rn. 2 f.
– Angriffsobjekt   227 Rn. 4 ff.
– Beweislast   227 Rn. 29 f.
– Einschränkung des Notwehrrechts   227 Rn. 16 ff.
– Einzelfälle zum Angriffsobjekt   227 Rn. 7 f.
– Gegenwärtigkeit   227 Rn. 9 f.
– Nothilfe   227 Rn. 21
– Notwehrexzess   227 Rn. 23
– Notwehrprovokation   227 Rn. 18 f.
– Putativnotwehr   227 Rn. 24 ff.
– Rechtsfolgen   227 Rn. 22 f.
– Rechtswidrigkeit   227 Rn. 11 ff.
– schuldlos Handelnde   227 Rn. 20
– unzulässige Rechtsausübung   227 Rn. 16 f.
– Verteidigungshandlung   227 Rn. 14 f.

Nutzungen   100 Rn. 1
– Begriff   100 Rn. 4
– Beweislast   100 Rn. 3, 30
– Gewerbebetrieb   100 Rn. 22

Offene Handelsgesellschaft
– Namensschutz   12 Rn. 71

Offenkundigkeitsprinzip
– im Stellvertretungsrecht   164 Rn. 9

Öffentliche Beglaubigung
– Abgrenzung zur amtlichen Beglaubigung   129 Rn. 8
– Anwendungsbereich   129 Rn. 5 ff.
– Beglaubigungsvermerk   129 Rn. 12
– elektronische Signatur   129 Rn. 17
– Fernbeglaubigung   129 Rn. 11
– Handzeichen   129 Rn. 16
– nachträgliche Änderung   129 Rn. 18
– Rechtsfolgen   129 Rn. 20
– Unterschrift   129 Rn. 14 f.
– Verfahren   129 Rn. 10 ff.
– Verhältnis zur Beurkundung   129 Rn. 19
– Zuständigkeit   129 Rn. 9
– Zwecke   129 Rn. 1 ff.

Öffentliche Sache   90 Rn. 122
– Friedhof   90 Rn. 136

Öffentliche Urkunde
– IPR   EGBGB 11 Rn. 58 ff.

Öffentliche Zustellung   132 Rn. 9 ff.

OLG-Vertretungsänderungsgesetz
EGBGB 229 § 9 Rn. 1 ff.

Online-Auktion   156 Rn. 9
– Abwärtsversteigerung   Anh 156 Rn. 47 f.
– Account-Missbrauch   Anh 156 Rn. 28 ff.
– als Fernabsatzgeschäft   Anh 156 Rn. 39 f.
– Anscheins- oder Duldungsvollmacht   Anh 156 Rn. 28
– Bedeutung   Anh 156 Rn. 1 ff.
– Bedingung   Anh 156 Rn. 18
– Begrifflichkeiten   Anh 156 Rn. 2 ff.
– Bewertungssystem   Anh 156 Rn. 41
– Bietagenten   Anh 156 Rn. 50 f.
– Buchpreisbindungsgesetz   Anh 156 Rn. 52
– Gewährleistung   Anh 156 Rn. 34 ff.
– Haftungsausschluss   Anh 156 Rn. 35 f.
– Informationspflicht   Anh 156 Rn. 37 f.
– invitatio ad offerendum   Anh 156 Rn. 19 f.
– keine Versteigerung iSd § 156   Anh 156 Rn. 11 ff.
– Kennzeichnungspflicht   Anh 156 Rn. 37 f.
– Löschung von (An-)geboten   Anh 156 Rn. 25 f.
– Löschungsanspruch   Anh 156 Rn. 42
– Preisangabeverordnung   Anh 156 Rn. 52
– Stellvertretung   Anh 156 Rn. 31
– Verantwortlichkeit des Betreibers   Anh 156 Rn. 43 ff.
– Verkäufer als Unternehmer   Anh 156 Rn. 32 f.
– Zustandekommen des Vertrags   Anh 156 Rn. 15 ff.

Option   Vor 145–157 Rn. 36 f.

Ordensangehörige
– Wohnsitz   7 Rn. 21

Ordensname
- Namensschutz   12 Rn. 57

Orderpapier
- Eigentumslage   90 Rn. 68

Ordre public
- Abschaffung von Adelsprädikaten
  EGBGB 6 Rn. 59
- Adoptionsverbot   EGBGB 6 Rn. 63
- anerkennungsrechtlicher   EGBGB 6 Rn. 19
- atténué   EGBGB 6 Rn. 11
- ausländische Kollisionsnorm   EGBGB 6 Rn. 27
- ausländische Rechtsnorm   EGBGB 6 Rn. 26
- ausländischer   EGBGB 6 Rn. 21
- Ausschlusswirkung   EGBGB 6 Rn. 52
- Auswirkungsregel   EGBGB 6 Rn. 28
- Begriff   EGBGB 6 Rn. 3
- Einzelfälle   EGBGB 6 Rn. 58
- Erbrecht   EGBGB 6 Rn. 65
- Ersatzrecht   EGBGB 6 Rn. 53
- Formen der Kontrolle   EGBGB 6 Rn. 17
- französische Lehre vom   EGBGB 6 Rn. 3
- Gegenwartsbeziehung   EGBGB 6 Rn. 43
- gleichgeschlechtliche Elternschaft
  EGBGB 6 Rn. 63
- Grundrechtskollisionsrecht   EGBGB 6 Rn. 40,
  48
- Grundrechtsverstoß   EGBGB 6 Rn. 46
- Inlandsbeziehung   EGBGB 6 Rn. 38
- innerdeutscher   EGBGB 6 Rn. 16
- international   EGBGB 6 Rn. 10
- interne   EGBGB 6 Rn. 10
- Klostertod   EGBGB 6 Rn. 59
- Kumulierung von Verstößen   EGBGB 6 Rn. 31
- Leihmutterschaft   EGBGB 6 Rn. 63
- Lückenschließung   EGBGB 6 Rn. 53
- materiellrechtlicher   EGBGB 6 Rn. 19
- Mehrehe   EGBGB 6 Rn. 62
- Menschenrechte aus internationalen
  Übereinkommen   EGBGB 6 Rn. 51
- Nicht- oder Falschumsetzung von EG-Richtlinien
  EGBGB 6 Rn. 15
- Offensichtlichkeit des Verstoßes
  EGBGB 6 Rn. 37
- Pflichtteil   EGBGB 6 Rn. 65
- positiver und negativer   EGBGB 6 Rn. 3
- Privatscheidung   EGBGB 6 Rn. 63
- Rechtsfolgen des Verstoßes   EGBGB 6 Rn. 52
- Relativität   EGBGB 6 Rn. 36
- schiedsverfahrensrechtlicher   EGBGB 6 Rn. 20
- Spanier-Beschluss   EGBGB 6 Rn. 46
- spezielle Vorbehaltsklausel   EGBGB 6 Rn. 17
- staatsvertragliche Vorbehaltsklausel
  EGBGB 6 Rn. 18
- Stellvertretung bei der Eheschließung
  EGBGB 6 Rn. 62
- Testierfreiheit   EGBGB 6 Rn. 65
- unionsrechtlicher   EGBGB 6 Rn. 13, 18
- verfahrensrechtlicher   EGBGB 6 Rn. 19
- Verstoßung   EGBGB 6 Rn. 63
- völkerrechtlicher   EGBGB 6 Rn. 12
- Voraussetzungen des Verstoßes
  EGBGB 6 Rn. 25
- wesentlicher Grundsatz des deutschen Rechts
  EGBGB 6 Rn. 33
- Zweck   EGBGB 6 Rn. 1

Organ- und Gewebespenderegister   TPG Rn. 30

Organempfänger
- Meldungen   TPG Rn. 119

Organentnahme
- Persönlichkeitsrecht   TPG Rn. 53 f.

Organhaftung   31 Rn. 1 ff.
- Anwendungsbereich   31 Rn. 3
- Begriff „in Ausführung"   31 Rn. 10 ff.
- Begriff „Verfassungsmäßig berufener Vertreter"
  31 Rn. 4 ff.
- Beweislast   31 Rn. 15
- Dritter   31 Rn. 13
- Gesamtschuld   31 Rn. 14
- Rechtsgründe   31 Rn. 8 f.
- von Vereinsvorständen   31a Rn. 12 ff.

Organhandel   TPG Rn. 130

Organisationen
- Stiftung Eurotransplant   TPG Rn. 19, 109

Organspende
- Lebendspende   TPG Rn. 32
- tote Spender   TPG Rn. 32
- Zahlen   TPG Rn. 15

Organspender
- Meldungen   TPG Rn. 114 ff.
- Organvermittlung   TPG Rn. 114 ff.

Organspender, tote
- Ablehnung   TPG Rn. 35
- Embryonen und Föten   TPG Rn. 51
- Widerspruch   TPG Rn. 35
- Zulässigkeitsvoraussetzungen   TPG Rn. 34
- Zustimmung   TPG Rn. 35

Organtheorie
- juristische Person   Vor 21 Rn. 6

Organtransplantation
- Handel   TPG Rn. 24
- medizinische Versorgung   TPG Rn. 22
- Zahlen   TPG Rn. 15

Organübertragung
- Vermittlungspflichtige Organe   TPG Rn. 89
- Zulässigkeit   TPG Rn. 89

Organvermittlung   TPG Rn. 109

Ortsrecht
- IPR EGBGB 11 Rn. 36 ff.

Pachtvertrag EGBGB 240 § 2 Rn. 15

Pariser Übereinkommen über die Haftung gegenüber Dritten auf dem Gebiet der Kernenergie EGBGB 44 Rn. 4

Partei
- Namensschutz 12 Rn. 74

Parteiautonomie
- Rechtswahl Vor 145–157 Rn. 20

Parteifähigkeit
- Begriff 1 Rn. 13
- des Ausländers EGBGB 7 Rn. 11
- des nichtrechtsfähigen Vereins 54 Rn. 32

Patientenverfügung EGBGB 24 Rn. 17

Peep-Show
- Sittenwidrigkeit Anh 138 Rn. 21

Personalstatut
- Bedeutung EGBGB 5 Rn. 2
- Begriff EGBGB 5 Rn. 2
- Bestimmung der ausländischen Staatsangehörigkeit EGBGB 5 Rn. 7
- Bestimmung der deutschen Staatsangehörigkeit EGBGB 5 Rn. 9
- Diskriminierungsverbot und Staatsangehörigkeitsprinzip EGBGB 5 Rn. 6
- Domicile EGBGB 5 Rn. 5
- effektive Staatsangehörigkeit EGBGB 5 Rn. 32
- eingeschränkt Geschäftsfähiger EGBGB 5 Rn. 40
- EU-Eheverordnung EGBGB 5 Rn. 45 f.
- Genfer Flüchtlingskonvention EGBGB 5 Rn. 39
- gewöhnlicher Aufenthalt EGBGB 5 Rn. 16
- Haager Kindesentführungsübereinkommen EGBGB 5 Rn. 45
- Haager Minderjährigenschutzabkommen EGBGB 5 Rn. 45
- Inländer-Diskriminierung Auch-Deutscher EGBGB 5 Rn. 29
- ius-sanguinis-Prinzip EGBGB 5 Rn. 10
- ius-soli-Prinzip EGBGB 5 Rn. 11
- legal kidnapping EGBGB 5 Rn. 41
- Mehrstaater EGBGB 5 Rn. 21
- nicht feststellbare Staatsangehörigkeit EGBGB 5 Rn. 34
- schlichter Aufenthalt EGBGB 5 Rn. 20
- Staatenlose EGBGB 5 Rn. 34
- Staatsangehörigkeitsprinzip EGBGB 5 Rn. 6
- UN-Übereinkommen über die Rechtsstellung der Staatenlosen EGBGB 5 Rn. 39
- vorrangige Regelungen EGBGB 5 Rn. 39, 45
- Wohnsitz EGBGB 5 Rn. 4

Personenstandsurkunde
- ausländische EGBGB 13 Rn. 159

Personne vulnérable 104 Rn. 11

Pflegekindschaft EGBGB 22 Rn. 8

Pflegschaft
- anwendbares Recht EGBGB 24 Rn. 1 ff.
- Entstehung, Änderung, Ende EGBGB 24 Rn. 10 ff.

Pflichtteil
- ordre public EGBGB 6 Rn. 65
- Schenkung unter Anrechnung 107 Rn. 89

Pflichtteilsansprüche
- Stiftung 80 Rn. 127 ff., 83 Rn. 3

Polygamie
- kollisionsrechtlicher ordre-public-Vorbehalt EGBGB 6 Rn. 62

Pornographie
- Sittenwidrigkeit Anh 138 Rn. 23

Postmortale Vollmacht 168 Rn. 14, 20

Postulationsfähigkeit
- Begriff 1 Rn. 14

Potestativbedingung 158 Rn. 5, 162 Rn. 3

Privatrecht
- europäisches Einf Rn. 1
- Europäisierung Einf Rn. 1 ff.

Privatscheidung
- Anerkennung ausländischer Entscheidungen EGBGB Anh I zum III. Abschnitt Vor EheVO Rn. 9, Anh II zum III. Abschnitt FamFG 98 Rn. 12 ff., Anh II zum III. Abschnitt FamFG 107–109 Rn. 76 ff., 96
- Drittstaat EGBGB 17 Rn. 38 ff.
- internationale Zuständigkeit EGBGB Anh I zum III. Abschnitt Vor EheVO Rn. 14
- IPR EGBGB 6 Rn. 63, 17 Rn. 70

Prokura
- Vertretungsstatut EGBGB 8 Rn. 7

Prostitutionsgesetz
- Abtretungsverbot Anh 138 Rn. 31
- Auswirkung auf das Gaststätten- und Gewerberecht Anh 138 Rn. 30
- beschränkte geschäftsfähige Prostituierte Anh 138 Rn. 17
- Bordellpacht, Raumüberlassung Anh 138 Rn. 29
- einseitig verpflichtender Vertrag Anh 138 Rn. 15
- Einwendungen und Einreden Anh 138 Rn. 33
- Entgeltanspruch Anh 138 Rn. 10
- geregelte Rechtsverhältnisse Anh 138 Rn. 9
- Inhalt des Vertrags Anh 138 Rn. 18
- Kontaktanzeigen Anh 138 Rn. 28

– Leistungspflicht der Prostituierten
  Anh 138 Rn. 12
– Liveshows   Anh 138 Rn. 25
– Peep-Show   Anh 138 Rn. 21
– Pornographie   Anh 138 Rn. 23
– rechtliche Einordnung   Anh 138 Rn. 13
– Rechtslage vor Inkrafttreten   Anh 138 Rn. 1 ff.
– sexuelle Handlung   Anh 138 Rn. 7 f.
– Sozialversicherungsrecht   Anh 138 Rn. 36
– Striptease   Anh 138 Rn. 22
– Telefonsex   Anh 138 Rn. 26
– Weisungsrecht des Arbeitgebers   Anh 138 Rn. 37
– Zustandekommen des Vertrags   Anh 138 Rn. 16

Protestatio facta contraria
– Auslegung von Willenserklärungen   133 Rn. 33
– bei Vertragsschluss   Vor 145–157 Rn. 43 f.

Prozessaufrechnung
– Verjährungshemmung   204 Rn. 84 ff.

Prozessfähigkeit
– Ausländer   EGBGB 7 Rn. 22
– Begriff   1 Rn. 14
– des nichtrechtsfähigen Vereins   54 Rn. 38
– Minderjähriger   106 Rn. 7
– Minderjähriger bei Betrieb eines Erwerbsge-
  schäfts   112 Rn. 21
– Vermutung   104 Rn. 115

Prozesshandlungen
– Bedingung   158 Rn. 46 f.

Prozessstandschaft
– Namensschutz   12 Rn. 159, 168

Prozessvergleich
– Rechtsnatur   127a Rn. 7

Prozessvertrag   Vor 145–157 Rn. 29

Pseudobote   177 Rn. 7
– Haftung   179 Rn. 4

Pseudonym
– elektronische Signatur   126a Rn. 46
– Entstehung des Namensrechts   12 Rn. 124
– Erlöschen des Namensrechts   12 Rn. 139
– IPR   EGBGB 10 Rn. 77 f.
– Namensschutz   12 Rn. 58
– Schriftformerfordernis   126 Rn. 28
– Verkehrsfähigkeit des Namensrechts   12 Rn. 149,
  176

Public Private Partnership
– Stiftung   80 Rn. 122

Punktation
– Einigungsmangel   154 Rn. 2

Pérez-Vera Bericht   EGBGB 24 Anh III Rn. 10

Rahmenvereinbarung
– Versteigerungsbedingungen   156 Rn. 8

Rahmenvertrag   Vor 145–157 Rn. 39 ff.
– Lieferung auf Abruf   Vor 145–157 Rn. 39

Rasse   AGG 1 Rn. 16 f., 7 Rn. 15, 20 Rn. 23

Realakt
– Begriff   Vor 116–144 Rn. 15
– Minderjähriger   107 Rn. 7

Rechnungslegung
– Stiftung   81 Rn. 99 ff.

Recht
– Eigentum   Einf Rn. 15

Rechtsanwalt
– Ausscheiden des Namensgebers der Kanzlei
  12 Rn. 165
– gesetzliches Verbot   134 Rn. 201

Rechtsbedingung   158 Rn. 26 ff.

Rechtsberatungsgesetz
– gesetzliches Verbot   134 Rn. 215

Rechtsbindung
– Konsens   Vor 145–157 Rn. 2
– Versprechen   Vor 145–157 Rn. 2

Rechtsbindungswille   Vor 116–144 Rn. 9

Rechtsfähigkeit
– Abgrenzung zu anderen Begriffen   1 Rn. 12
– Beginn   1 Rn. 15
– Ende   1 Rn. 20
– International-privatrechtliche Anknüpfung
  1 Rn. 3
– juristischer Personen   Vor 21 Rn. 3 f.
– Nachwirkungen   1 Rn. 31
– natürlicher Personen   1 Rn. 4
– nichtrechtsfähiger Verein   54 Rn. 3
– Vorwirkungen   1 Rn. 35

Rechtsfähigkeit, IPR   EGBGB 7 Rn. 1, 9, 29
– Beginn   EGBGB 7 Rn. 12
– besondere   EGBGB 7 Rn. 10
– Deutsch-Iranisches Niederlassungsabkommen
  EGBGB 7 Rn. 4
– Ende   EGBGB 7 Rn. 14
– Gesamtverweisung   EGBGB 7 Rn. 7
– Geschlechtszugehörigkeit   EGBGB 7 Rn. 13
– Haager Erwachsenenschutz-Übereinkommen
  EGBGB 7 Rn. 3
– ordre public   EGBGB 7 Rn. 8
– Parteifähigkeit   EGBGB 7 Rn. 11
– postmortales Persönlichkeitsrecht
  EGBGB 7 Rn. 15
– Statutenwechsel   EGBGB 7 Rn. 29 ff.
– Teilfrage   EGBGB 7 Rn. 6
– vorrangige Regelungen   EGBGB 7 Rn. 3

Rechtsfolgenirrtum   119 Rn. 49

Rechtsgeschäftliches Verfügungsverbot
– Abgrenzungen   137 Rn. 5

– kollisionsrechtlicher ordre public   137 Rn. 8
– Normzweck   137 Rn. 1
– Schadenersatzanspruch   137 Rn. 23
– schuldrechtliche Verpflichtung   137 Rn. 17
– Unterlassungsanspruch   137 Rn. 20
– Unwirksamkeit   137 Rn. 9

Rechtsgeschäftsähnliches Schuldverhältnis
– im Gefälligkeitsverhältnis   Vor 145–157 Rn. 22
– Verhandlungsverhältnis   Vor 145–157 Rn. 33

Rechtsmissbrauch
– Verjährung   214 Rn. 8
– Verjährungshemmung durch Rechtsverfolgung
   204 Rn. 16

Rechtsscheinvollmacht
– Vertretungsstatut   EGBGB 8 Rn. 6

Rechtssubjekt
– Begriff   1 Rn. 1

Rechtsunfähigkeit   EGBGB 12 Rn. 1 ff.

Rechtswahl
– Ehename   EGBGB 10 Rn. 109 ff.
– eingetragene Lebenspartnerschaft
   EGBGB 17b Rn. 35
– Formstatut   EGBGB 11 Rn. 43 ff.
– Geschäftsführung ohne Auftrag
   EGBGB 39 Rn. 16
– Kindesname   EGBGB 10 Rn. 135 ff.
– Mehrstaater   EGBGB 5 Rn. 30
– nichteheliche Lebensgemeinschaft
   EGBGB 13 Anh II Rn. 19
– ungerechtfertigte Bereicherung
   EGBGB 38 Rn. 24
– Vertretungsstatut   EGBGB 8 Rn. 16 ff., 24 f.

Relative Verfügungsbeschränkung
– gesetzliche Verfügungsbeschränkung   135 Rn. 23

Religion   AGG 1 Rn. 21 ff., 7 Rn. 16, 20 ff.,
   20 Rn. 17 ff., 28

Reparaturarbeiten
– erleichterte Informationspflichten
   EGBGB 246a § 2 Rn. 1 ff.

Repräsentationsprinzip
– im Stellvertretungsrecht   164 Rn. 6

Reproduktionsmedizin
– Klonen   1 Rn. 57
– künstliche Befruchtung   1 Rn. 56
– künstliche Insemination   1 Rn. 55

Res in transitu   EGBGB 46 Rn. 9
– internationales Sachenrecht
   EGBGB 43 Rn. 46 ff.

Res sacrae   90 Rn. 129

Revisibilität
– Auslegung   133 Rn. 103, 157 Rn. 76
– Sittenwidrigkeit   138 Rn. 382

Richterliche Rechtsfortbildung   Anh 133 Rn. 38
– abändernde   Anh 133 Rn. 45
– ergänzende   Anh 133 Rn. 39
– Methoden   Anh 133 Rn. 41
– planwidrige Regelungslücke   Anh 133 Rn. 39
– teleologische Extension und Modifikation
   Anh 133 Rn. 48
– teleologische Reduktion   Anh 133 Rn. 45

Richtlinie
– direkte Anwendung nicht rechtzeitig umgesetzter
   Einf Rn. 34 ff.
– Umsetzung   Einf Rn. 18
– unmittelbare Geltung   Einf Rn. 30 ff.
– vertikale Direktwirkung   Einf Rn. 34 ff.

Richtlinien
– horizontale Direktwirkung   Einf Rn. 38 ff.
– Umsetzung   Einf Rn. 31 f.

Rom II-Verordnung
– Geschäftsführung ohne Auftrag, IPR
   EGBGB 39 Rn. 3
– ungerechtfertigte Bereicherung, IPR
   EGBGB 38 Rn. 4

Rück- und Weiterverweisung
   EGBGB 12 Anh Rn. 2

Rückabwicklung bei fehlender Einwilligung
– Saldotheorie   107 Rn. 148
– Versicherungsprämien   107 Rn. 148

Rücktritt
– Unwirksamkeit bei verjährtem Anspruch
   218 Rn. 1 ff.

Rückwärtsfrist   187 Rn. 10

Rückwirkung der Genehmigung
– abweichende Parteivereinbarung   184 Rn. 11
– Frist, Aufforderungsrecht, Widerrufsrecht
   184 Rn. 3
– geschäftsähnliche Handlung   184 Rn. 23
– gesetzlicher Ausschluss   184 Rn. 18
– Gestaltungserklärung   184 Rn. 23
– nachträglicher Rechtserwerb   184 Rn. 24
– Rechtsfolgen   184 Rn. 7
– ungeregelte Ausnahmen   184 Rn. 19
– Verjährung   184 Rn. 20
– Verzug   184 Rn. 22
– Voraussetzungen   184 Rn. 1
– Zeitpunkt der Berechtigung   184 Rn. 2
– Zwischenverfügungen   184 Rn. 13

Sache   90 Rn. 1
– Allgemeingüter   90 Rn. 12
– Arten   90 Rn. 75
– Begriff   Vor 90–103 Rn. 1
– bewegliche Sache   90 Rn. 80
– Daten   Vor 90–103 Rn. 4
– Energie   90 Rn. 12

– Erbbaurecht 90 Rn. 79
– Geld Vor 90–103 Rn. 3
– Grabdenkmal 90 Rn. 144
– Grundstück 90 Rn. 77
– Implantate 90 Rn. 27
– Kfz-Brief 90 Rn. 73
– Körperlichkeitskriterium 90 Rn. 7
– Legaldefinition, Geltungsbereich 90 Rn. 3
– Luft 90 Rn. 104
– Meeresboden 90 Rn. 118
– Mengensache 90 Rn. 95
– menschlicher Körper und Körperteile 90 Rn. 22
– öffentliche Sache 90 Rn. 122
– Personalausweispapiere 90 Rn. 74
– Pflanzen 90a Rn. 10
– res sacrae 90 Rn. 129
– Sachgesamtheit 90 Rn. 86
– Software 90 Rn. 18
– Strand 90 Rn. 115
– Urkunde 90 Rn. 67
– Verkehrsfähigkeit 90 Rn. 100
– Wasser 90 Rn. 108
– zusammengesetzte Sache 90 Rn. 93

Sachgesamtheit
– als Zubehör 97 Rn. 12
– Begriff 90 Rn. 86
– Herausgabeklage 90 Rn. 87
– verbrauchbare Sachen 92 Rn. 9

Salvatorische Klausel 139 Rn. 6 ff.

Satire
– Namensschutz 12 Rn. 205

Satzung
– Treuhandstiftung Vor 80 ff. Rn. 62
– unselbstständige Stiftung Vor 80 ff. Rn. 62

Scandiatransplant TPG Rn. 14

Schadensersatzhaftung
– Unionsprivatrecht Einf Rn. 23

Scheinbestandteil 95 Rn. 1
– Beweislast 95 Rn. 54
– Eigentumsvorbehalt 95 Rn. 4
– Gebäudeerrichtung aufgrund Erbbaurechts 95 Rn. 8
– Recht an einem fremden Grundstück 95 Rn. 33
– rechtliche Bedeutung 95 Rn. 52
– Überbau 95 Rn. 39
– Versorgungsleitung 95 Rn. 43
– vorübergehender Zweck der Verbindung 95 Rn. 12

Scheinbestandteile
– Bergbauanlagen und -maschinen 95 Rn. 10

Scheinehe
– IPR EGBGB 13 Rn. 36

Scheingeschäft
– Abgrenzungsfragen 117 Rn. 25
– Begriff 117 Rn. 1
– Beweislast 117 Rn. 30
– Drittschutz 117 Rn. 16
– Erklärungen vor Behörden 117 Rn. 6
– Nichtigkeitsfolge 117 Rn. 13
– öffentlich-rechtlicher Vertrag 117 Rn. 6
– Prozesshandlungen 117 Rn. 7
– Rechtsweg zu den Arbeitsgerichten 117 Rn. 30
– Schein-Arbeitsverhältnis 117 Rn. 15
– Scheingesellschaft 117 Rn. 14
– Schwarzkauf 117 Rn. 3, 24
– shill bidding 117 Rn. 3
– Stellvertretung 117 Rn. 11
– verdecktes Geschäft 117 Rn. 21
– Voraussetzungen 117 Rn. 9

Scheinkaufmann
– minderjähriger 112 Rn. 22

Schein-Prozesshandlung 117 Rn. 7

Schenkung
– an Minderjährigen 107 Rn. 46
– Anrechnung auf Pflichtteil 107 Rn. 89
– Gesamtbetrachtungslehre 107 Rn. 27

Schenkungsrecht
– Anwendung zugunsten des Stifters 81 Rn. 53

Schenkungsteuer
– Stiftung 82 Rn. 15 ff.

Scherzerklärung
– Abgrenzungen 118 Rn. 14
– Anwendungsbereich 118 Rn. 3
– Beweislast 118 Rn. 16
– geschäftsähnliche Handlung 118 Rn. 3
– misslungenes Scheingeschäft 118 Rn. 4
– notariell beurkundete 118 Rn. 12
– Rechtsfolgen 118 Rn. 10
– Schmerzerklärung 118 Rn. 7
– Voraussetzungen 118 Rn. 6

Schiedsverfahren
– Verjährungshemmung 204 Rn. 120 ff.

Schiff
– Scheinbestandteil 95 Rn. 30
– wesentlicher Bestandteil 94 Rn. 30

Schikaneverbot 226 Rn. 1 ff.
– Anwendungsbereich 226 Rn. 2
– Art des ausgeübten Rechts 226 Rn. 3
– Beweislast 226 Rn. 12
– Einzelfälle 226 Rn. 10 f.
– erfasster Schaden 226 Rn. 6
– objektiver Tatbestand 226 Rn. 4
– Rechtsfolgen 226 Rn. 7 ff.
– Rechtskraftwirkung 226 Rn. 13
– subjektiver Tatbestand 226 Rn. 5

Schlichter Aufenthalt
- als kollisionsrechtlicher Anknüpfungspunkt
EGBGB 5 Rn. 20

Schließungen, behördlich
EGBGB 240 Vor § 1 Rn. 2

Schlüsselgewalt
- als Fall gesetzlicher Fremdwirkung   164 Rn. 33

Schmiergeldvereinbarung
- Sittenwidrigkeit   138 Rn. 300

Schriftform
- Anwendungsbereich   126 Rn. 2 ff.
- Beweiskraft der Urkunde   126 Rn. 18
- Blankett   126 Rn. 23 ff.
- Eigenhändigkeit   126 Rn. 32 ff.
- Einheitlichkeit der Urkunde   126 Rn. 15 ff.
- Ersetzung durch elektronische Form
126 Rn. 48 ff.
- Ersetzung durch gerichtlichen Vergleich
126 Rn. 40
- Ersetzung durch notarielle Beurkundung
126 Rn. 61 ff.
- Funktionen der Unterschrift   126 Rn. 19
- Handzeichen   126 Rn. 36
- Nachträge   126 Rn. 22
- Name   126 Rn. 27 ff.
- Urkundenbegriff   126 Rn. 9
- Urkundeninhalt   126 Rn. 12 ff.
- Vertrag   126 Rn. 43 ff.
- Zeichnung durch Vertreter   126 Rn. 37 f.
- Zweck   126 Rn. 1

Schriftformklausel
- in AGB   125 Rn. 59 ff.
- qualifizierte   125 Rn. 67

Schuldrechtsreform
- Vereinbarungen über die Verjährung
202 Rn. 3 ff.
- Verjährungsablaufhemmung
Vor 203–213 Rn. 2 ff.
- Verjährungsbeginn   199 Rn. 1 ff.
- Verjährungsfrist   195 Rn. 1 f., 196 Rn. 1 ff.
- Verjährungshemmung   Vor 203–213 Rn. 2 ff.
- Verjährungshemmung durch Rechtsverfolgung
204 Rn. 3 ff.
- Verjährungsneubeginn   Vor 203–213 Rn. 2 ff.
- Verjährungsrecht   Vor 194–218 Rn. 1

Schuldrechtsreform, Überleitungsrecht
- Abdingbarkeit   EGBGB 229 § 5 Rn. 8 ff.
- Bedingung, Befristung   EGBGB 229 § 5 Rn. 30
- culpa in contrahendo   EGBGB 229 § 5 Rn. 41
- Dauerschuldverhältnisse
EGBGB 229 § 5 Rn. 53 ff.
- echte Rückwirkung   EGBGB 229 § 5 Rn. 1
- erfasste Schuldverhältnisse
EGBGB 229 § 5 Rn. 5 ff.

- Fortgeltung alten Rechts
EGBGB 229 § 5 Rn. 23 ff.
- genehmigungsbedürftiger Vertrag
EGBGB 229 § 5 Rn. 32 ff.
- Geschäftsführung ohne Auftrag
EGBGB 229 § 5 Rn. 42
- Optionsvertrag   EGBGB 229 § 5 Rn. 31
- Rahmenverträge   EGBGB 229 § 5 Rn. 57
- unechte Rückwirkung   EGBGB 229 § 5 Rn. 2
- unerlaubte Handlung   EGBGB 229 § 5 Rn. 40
- ungerechtfertigte Bereicherung
EGBGB 229 § 5 Rn. 43 ff.
- Vereinbarung alten Rechts
EGBGB 229 § 5 Rn. 19 ff.
- Vereinbarung neuen Rechts
EGBGB 229 § 5 Rn. 10 ff.
- Verträge   EGBGB 229 § 5 Rn. 26 ff.
- vorgehende Übergangsregelungen
EGBGB 229 § 5 Rn. 49
- Vorvertrag   EGBGB 229 § 5 Rn. 39

Schuldschein
- Eigentumslage   90 Rn. 72

Schutz des anderen Vertragsteils
EGBGB 12 Rn. 1 ff.

Schwächerenschutz   104 Rn. 11

Schwangerschaft
- Täuschung über das Bestehen   123 Rn. 45, 50, 56

Schwangerschaft und Mutterschaft
AGG 20 Rn. 27

Schwarzarbeit
- Schwarzarbeitsgesetz   134 Rn. 115
- Vergütungsansprüche bei Nichtigkeit   134 Rn. 78

Schwarzfahrt
- Minderjähriger   107 Rn. 129

Schwarzkauf   117 Rn. 3, 24

Schwebende Unwirksamkeit
- Aufforderung zur Genehmigung   108 Rn. 13
- Begriff   108 Rn. 1
- Bewirken der Leistung mit eigenen Mitteln
110 Rn. 1
- Eigengenehmigung nach Erlangung unbeschränkter Geschäftsfähigkeit   108 Rn. 26
- Genehmigung   108 Rn. 7
- Vererblichkeit der Rechtspositionen   108 Rn. 1
- Widerrufsrecht des anderen Teils   109 Rn. 1

Schweigen
- als Vertragsannahme   147 Rn. 5 ff.
- als Willenserklärung   Vor 116–144 Rn. 13
- Anfechtbarkeit des S. als Willenserklärung
119 Rn. 7

Schwerbehinderung
- gesetzliches Verbot   134 Rn. 124
- Täuschung über   123 Rn. 57

Sektionsrecht
– Unterstichwort TPG Rn. 86

Selbsthilfe 229 Rn. 1 ff.
– Beweislast 228 Rn. 10
– Grenzen 230 Rn. 1 ff.
– Irrtumsfälle 228 Rn. 11
– Mittel 228 Rn. 7 ff.
– Schadensersatz bei irrtümlicher 231 Rn. 1 ff.
– Verhalten nach Ausübung 230 Rn. 3 ff.
– Verzögerung oder Ablehnung des Arrestantrags
    230 Rn. 6
– Voraussetzungen 229 Rn. 2 ff.

Selbstständiges Beweisverfahren
– Verjährungshemmung 204 Rn. 100 ff.

Selbstverpflichtung, freiwillige
    Vor 145–157 Rn. 11

Selbstzweckstiftung 80 Rn. 53 ff.

SEVIC-Systems-Entscheidung
– Internationales Gesellschaftsrecht
    EGBGB 12 Anh Rn. 65 ff.

Sexuelle Belästigung AGG 3 Rn. 13 ff.

Sexuelle Identität AGG 1 Rn. 20, 7 Rn. 26,
    20 Rn. 28

Sexuelle Selbstbestimmung
– Reform der Verjährungsfrist 197 Rn. 2

shill bidding 117 Rn. 3

Sicherheitsleistung
– bewegliche Sachen 237 Rn. 1 ff.
– Börsengesetz Vor 232–240 Rn. 5
– Buchforderung 236 Rn. 1 ff.
– Bürge 239 Rn. 1 ff.
– dispositives Recht Vor 232–240 Rn. 6
– Ergänzungspflicht 240 Rn. 1 ff.
– Grundschuld 238 Rn. 1 ff.
– Hinterlegung 233 Rn. 1 ff.
– Hypothek 238 Rn. 1 ff.
– Klageantrag auf Leistung 232 Rn. 12
– Personalsicherheit 232 Rn. 11
– prozessuale Vor 232–240 Rn. 2
– Realsicherheit 232 Rn. 5 ff.
– Rentenschuld 238 Rn. 1 ff.
– Steuerpflichtiger Vor 232–240 Rn. 3
– Umtauschrecht 235 Rn. 1 ff.
– Wahlrecht 232 Rn. 10
– Wertpapiere 234 Rn. 1 ff.
– Zwangsvollstreckung Vor 232–240 Rn. 4

Sittenwidrigkeit
– Adoption 138 Rn. 182
– allgemeine Wertungskriterien 138 Rn. 100
– Allgemeininteressen 138 Rn. 118
– Anwendungsbereich 138 Rn. 10
– Arbeitsvertrag 138 Rn. 141
– Arztvertrag 138 Rn. 159

– Beendigung des Arbeitsvertrags 138 Rn. 149
– Begriff der guten Sitten 138 Rn. 34
– Behindertentestament 138 Rn. 199
– bereicherungsrechtliche Rückabwicklung
    138 Rn. 138
– Beweislast 138 Rn. 381
– Bierlieferungsvertrag 138 Rn. 163, 139 Rn. 27
– Bürgschaft 138 Rn. 239
– Ehescheidung 138 Rn. 186
– Eheschutz 138 Rn. 185
– Ehevertrag 138 Rn. 187
– einfachgesetzliche Wertentscheidungen
    138 Rn. 71
– Eingriffsnorm 138 Rn. 80
– Einwendungscharakter 138 Rn. 380
– Entstehungsgeschichte 138 Rn. 8
– Ersatz- und Leihmutterschaft 138 Rn. 175
– Europarecht 138 Rn. 68
– Geliebtentestament 138 Rn. 197
– geltungserhaltende Reduktion 139 Rn. 30
– Gesellschaftsrecht 138 Rn. 201
– gewerblicher Rechtsschutz 138 Rn. 216
– Gläubigergefährdung 138 Rn. 113
– Grundrechte 138 Rn. 40
– Handelsrecht 138 Rn. 217
– heterologe Insemination 138 Rn. 176
– Immobiliarsicherheiten 138 Rn. 276
– Inhaltssittenwidrigkeit 138 Rn. 91
– Kartellrecht 138 Rn. 343
– Kaufvertrag 138 Rn. 218
– Knebelung 138 Rn. 263
– Kollision von Sicherungsrechten 138 Rn. 264
– kollisionsrechtlicher ordre public 138 Rn. 33
– Kreditvertrag 138 Rn. 222
– Maklervertrag 138 Rn. 284
– Maßstäbe, außerrechtliche 138 Rn. 81
– Maßstäbe, rechtliche 138 Rn. 39
– Miet- und Pachtvertrag 138 Rn. 280
– nachehelicher Unterhalt 138 Rn. 190
– Normzweck 138 Rn. 1
– Prozessvergleich 138 Rn. 354
– Rechtsfolgen 138 Rn. 128
– Rechtswidrigkeit, Verhältnis zur S. 138 Rn. 88
– Revisibilität 138 Rn. 382
– Rückwirkungsprobleme 138 Rn. 383
– Schadensersatz 138 Rn. 137
– Schenkung 138 Rn. 297
– Schmiergeldvereinbarung 138 Rn. 300
– Schutz Dritter 138 Rn. 111
– Sexualmoral 138 Rn. 84
– Sport und Verbandsrecht 138 Rn. 304
– Standesrecht 138 Rn. 313
– Straf- und Strafprozessrecht 138 Rn. 324
– strukturelle Ungleichheit 138 Rn. 107
– subjektive Merkmale 138 Rn. 93

- Tankstellenvertrag 138 Rn. 163
- Testament 138 Rn. 195
- Trennungsprinzip 138 Rn. 136
- Treubruch 138 Rn. 116
- Übersicherung 138 Rn. 255
- Umstandssittenwidrigkeit 138 Rn. 91
- unlauterer Wettbewerb 138 Rn. 340
- Verarbeitungsklausel 138 Rn. 271
- Vereinbarung der Kinderlosigkeit und Empfängnisverhütung 138 Rn. 179
- Verhältnis zu anderen Vorschriften 138 Rn. 14
- Verleitung zum Vertragsbruch 138 Rn. 112
- Verlöbnis 138 Rn. 183
- Versicherungsrecht 138 Rn. 329
- Verwaltungsrecht 138 Rn. 331
- verwerfliche Gesinnung 138 Rn. 93
- Wettbewerbsverbot 138 Rn. 344
- wucherähnliches Geschäft 138 Rn. 222
- Zeitpunkt der Bewertung 138 Rn. 122
- Zwangsvollstreckung 138 Rn. 353

Sittliche Pflichten Vor 145–157 Rn. 13

Sitz
- Begriff 7 Rn. 11

Sitztheorie
- Internationales Gesellschaftsrecht EGBGB 12 Anh Rn. 30 ff.

Sitzverlegung
- grenzüberschreitende EGBGB 12 Anh Rn. 50 ff.

Soft Law Vor 80 ff. Rn. 29 ff.

Software
- fehlende Sachqualität 90 Rn. 18

Soldat
- Begriff 9 Rn. 3
- Wohnsitz 9 Rn. 1

Sonstiges Recht
- Namensrecht 12 Rn. 270

Sorgerechtsentscheidung
- ausländische, Anerkennung EGBGB 21 Rn. 68 ff.

Soziale Netzwerke 107 Rn. 47
- Account-Vertrag 107 Rn. 16
- Datenschutzrechtliche Einwilligung bei minderjährigem Nutzer 107 Rn. 15

Sozialpläne AGG 10 Rn. 24 ff.

Spanier-Beschluss
- Grundrechtsbindung bei der Anwendung des Kollisionsrechts EGBGB 6 Rn. 46

Sparbuch
- Verjährungsbeginn 199 Rn. 36

Spätaussiedler
- Gleichstellung mit deutschen Staatsangehörigen EGBGB 5 Anh II Rn. 7

Sphäre
- Haftung für Mängel der eigenen 122 Rn. 4

Spielsucht 104 Rn. 64

Sponsoring 81 Rn. 93

Sport
- Sittenwidrigkeit von Statuten und Verträgen 138 Rn. 304

Staatenlose
- Behandlung im IPR EGBGB 5 Rn. 34
- Internationales Namensrecht EGBGB 10 Rn. 12
- Personalstatut EGBGB 5 Rn. 34
- UN-Übereinkommen über die Rechtsstellung EGBGB 5 Rn. 39

Staatenlosigkeit
- Feststellung EGBGB 5 Rn. 36 ff.
- Inländergleichbehandlung EGBGB 5 Rn. 38

Staatsangehörigkeit
- Bestimmung der ausländischen EGBGB 5 Rn. 7
- Bestimmung der deutschen EGBGB 5 Rn. 9
- DDR EGBGB 5 Rn. 12
- effektive EGBGB 5 Rn. 32
- Entzug durch NS-Unrecht EGBGB 5 Rn. 15
- intertemporales Recht EGBGB 5 Rn. 8
- ius-sanguinis-Prinzip EGBGB 5 Rn. 10
- ius-soli-Prinzip EGBGB 5 Rn. 11
- Optionspflicht EGBGB 5 Rn. 14
- Verlust EGBGB 5 Rn. 13 ff.
- Wechsel EGBGB 7 Rn. 29

Staatsangehörigkeitsprinzip
- Bedeutung im IPR EGBGB 5 Rn. 6
- IPR EGBGB 5 Rn. 2

Standesrecht
- Sittenwidrigkeit 138 Rn. 313

Standort
- Soldat 9 Rn. 4

Statusdeutsche EGBGB 5 Anh II Rn. 9

Stellvertretung
- Abgrenzung zur Botenschaft 164 Rn. 27, 47
- Abgrenzungen 164 Rn. 16
- Abschlussvermittler 164 Rn. 31
- Abstraktionsprinzip 164 Rn. 10
- Anwendungsbereich 164 Rn. 35
- Begriff 164 Rn. 1
- beschränkt geschäftsfähiger Prozessvertreter 165 Rn. 10
- Beweislast 164 Rn. 104
- Doppelvertretung 164 Rn. 62
- eigene Willenserklärung 164 Rn. 47
- Einschränkung der Irrtumsanfechtung 164 Rn. 63
- Einwilligung in Rechtsgutsverletzung 164 Rn. 37
- Empfangsbote 164 Rn. 103

– Empfangsvertreter 164 Rn. 102
– Formulierungsbeispiele 164 Rn. 112
– geheimer Vorbehalt 116 Rn. 5, 10
– Gesamtvertretung 167 Rn. 54
– Geschäft für den, den es angeht 164 Rn. 65
– geschäftsähnliche Handlungen 164 Rn. 36
– Gesetzessystematik 164 Rn. 2
– Handeln kraft Ermächtigung 164 Rn. 28
– Handeln unter fremdem Namen 164 Rn. 70
– in der Erklärung 164 Rn. 52
– in fremdem Namen 164 Rn. 54
– Interessenlage 164 Rn. 4
– IPR EGBGB 8 Rn. 1 ff.
– isolierte 164 Rn. 11
– Kosten 164 Rn. 108
– minderjähriger organschaftlicher Vertreter
  165 Rn. 9
– mittelbare 164 Rn. 16
– Mitverpflichtung des Vertreters 164 Rn. 98
– Offenkundigkeitsprinzip 164 Rn. 9
– Realakt 164 Rn. 38
– Rechtsfolgen 164 Rn. 96
– Rechtsvergleichung EGBGB 8 Rn. 4
– Repräsentationsprinzip 164 Rn. 6
– Scheingeschäft 117 Rn. 11
– Schlüsselgewalt 164 Rn. 33
– stillschweigende 164 Rn. 57
– Streitverkündung 164 Rn. 107
– Strohmann 164 Rn. 23
– Surrogation 164 Rn. 34
– Treuhandschaft 164 Rn. 20
– unternehmensbezogenes Geschäft 164 Rn. 57
– Verfahrenshandlungen 164 Rn. 39
– Verhandlungsgehilfen 164 Rn. 31
– Vermögensverwalter kraft Amtes 164 Rn. 24
– Vertrag zugunsten Dritter 164 Rn. 32
– Vertrauensschutzprinzip 164 Rn. 14
– Vertreter mit gebundener Marschroute
  164 Rn. 49
– Voraussetzungen 164 Rn. 47
– Wissensvertretung 164 Rn. 30
– Zulässigkeit 164 Rn. 42

**Stellvertretung, Wissenszurechnung und Willens-
mängel**
– Abschluss eines Versicherungsvertrages
  166 Rn. 16
– arglistige Täuschung 166 Rn. 25
– Begriff der „Umstände" 166 Rn. 27
– Beweislast 166 Rn. 42
– bösgläubiger Besitzdiener 166 Rn. 20
– Bote 166 Rn. 9
– geheimer Vorbehalt 166 Rn. 22
– geschäftsähnliche Handlung 166 Rn. 19
– Gestaltungshinweise 166 Rn. 44
– gutgläubiger Erwerb 166 Rn. 28

– Hilfspersonen 166 Rn. 5
– Irrtumsanfechtung 166 Rn. 24
– kaufmännisches Bestätigungsschreiben
  166 Rn. 29
– Mehrfachvertretung 166 Rn. 4
– mittelbarer Vertreter 166 Rn. 9
– organschaftliche Vertretung juristischer Personen
  166 Rn. 10
– organschaftliche Vertretung von Personengesell-
  schaften 166 Rn. 14
– persönlicher Anwendungsbereich 166 Rn. 3
– prozessuale Willenserklärungen 166 Rn. 29
– Realakt 166 Rn. 19
– sachlicher Anwendungsbereich 166 Rn. 19
– Scheingeschäft 166 Rn. 23
– Scherzerklärung 166 Rn. 23
– Treuwidriges Berufen auf die Wissenszurechnung
  166 Rn. 31
– Unternehmenskauf 166 Rn. 17
– Verjährung 166 Rn. 30
– Versicherungsvertrag 166 Rn. 10
– Vertreter handelt nach Weisungen 166 Rn. 32
– Vertreter ohne Vertretungsmacht 166 Rn. 26
– Weisungen 166 Rn. 21
– widerrechtliche Drohung 166 Rn. 25
– Wissenszusammenrechnung 166 Rn. 15

Steuerbefreite Stiftung 80 Rn. 108 ff.

Steuerbegünstigte Stiftung
– Mustersatzung nach Anlage 1 zu § 60 AO
  80 Rn. 18
– Vorratszwecke 81 Rn. 25 ff.

Steuerbegünstigung
– Stiftung 82 Rn. 15 ff.

Stiefkindadoption EGBGB 22 Rn. 1,
  22 Anh I Rn. 3, 23 Rn. 1

Stiefkindadoptionsgesetz EGBGB 22 Rn. 56,
  22 Anh I Rn. 3

Stifter
– Haftung 82 Rn. 5 ff.

Stifterwille 80 Rn. 1 ff., 16
– mutmaßlicher 80 Rn. 5
– Vermögenserhaltungsgrundsatz 81 Rn. 63 ff.

Stiftung Vor 80 ff. Rn. 18
– Alternativformen Vor 80 ff. Rn. 30 ff., 35
– Anerkennung 80 Rn. 8 ff.
– Anerkennung nach Tod des Stifters 84 Rn. 1
– Anerkennungsbehörde 80 Rn. 8 f.
– Anfallberechtigter 88 Rn. 4 ff.
– auf Zeit 80 Rn. 36 ff.
– Auflage 83 Rn. 21
– Auflösung 87 Rn. 16, 19, 30
– Aufsicht 80 Rn. 133 ff.
– ausländische Vor 80 ff. Rn. 89 ff.
– Außenhaftung 86 Rn. 13

– Außenprüfung 81 Rn. 103
– befristete 80 Rn. 36 ff.
– Begriff Vor 80 ff. Rn. 1 ff.
– Beschlussfähigkeit 86 Rn. 65
– besonderer Vertreter 86 Rn. 10
– Bürgergesellschaft Vor 80 ff. Rn. 6
– Bürgerstiftung 80 Rn. 117 ff.
– Corporate Governance und Compliance 86 Rn. 38 ff.
– D & O-Policen 86 Rn. 34
– Dauertestamentsvollstreckung Vor 80 ff. Rn. 38 f.
– Destinatäre 80 Rn. 72 f.
– Doppelstiftung 80 Rn. 103
– Ehrenamt, Haftung bei 86 Rn. 28 f.
– Ehrenamtsstärkungsgesetz 86 Rn. 28 f.
– Entlastung bei Innenhaftung 86 Rn. 24 ff.
– Erbengemeinschaft 83 Rn. 15
– Erbin, Stiftung als 83 Rn. 15, 84 Rn. 1
– Errichtung, praktische Fragen der 83 Rn. 26
– Errichtung zu Lebzeiten vs. Stiftung von Todes wegen 83 Rn. 26 ff.
– Errichtungsbesteuerung 82 Rn. 15 ff.
– Ersatzerbin, Stiftung als 83 Rn. 19
– Europäische (FE) Vor 80 ff. Rn. 40
– Ewigkeitstendenz Vor 80 ff. Rn. 35
– Familienstiftung 80 Rn. 80 ff.
– Familienstiftung, Begriff der 80 Rn. 84 ff.
– Formen 80 Rn. 77
– Fundraising 81 Rn. 92 ff.
– Gemeinnützigkeit Vor 80 ff. Rn. 14 f., 82 Rn. 15 ff.
– Gemeinnützigkeit in der Insolvenz 86 Rn. 54
– gemeinwohlkonforme Allzweckstiftung 80 Rn. 48 ff.
– Geschäftsführer 81 Rn. 36, 86 Rn. 10
– Geschäftsführungsbefugnis 86 Rn. 8
– „Grundrecht auf Stiftung" 80 Rn. 6
– Grundsatz der gemeinwohlkonformen Allzweckstiftung Vor 80 ff. Rn. 3
– Grundsatz der Vermögenserhaltung Vor 80 ff. Rn. 2, 80 Rn. 34
– Grundstockvermögen 81 Rn. 51 ff.
– Haftung 81 Rn. 48 f.
– Haftung der Erben 82 Rn. 14
– Haftung der Mitglieder 31a Rn. 9, 10
– Haftung der Stiftung 31a Rn. 10
– Haftung des Stifters 82 Rn. 5 ff.
– Haftungsbeschränkung in Fällen der Innenhaftung 86 Rn. 28 f.
– Haftungsmaßstab bei Innenhaftung 86 Rn. 17 ff.
– Innenhaftung 86 Rn. 14 ff.
– Insolvenz 86 Rn. 43 ff.
– kein Verbraucher 14 Rn. 19
– kirchliche 80 Rn. 126

– kommunale 80 Rn. 125
– Kontrollorgan 81 Rn. 37 ff.
– Landesstiftungsgesetze Vor 80 ff. Rn. 27 ff.
– Liquidation 88 Rn. 3
– Management 81 Rn. 96 ff.
– Mittelbeschaffung 81 Rn. 92 ff.
– Mustersatzung nach Anlage 1 zu § 60 AO 88 Rn. 9
– Nacherbin, Stiftung als 83 Rn. 17
– Name 81 Rn. 19 ff.
– Notvorstand 86 Rn. 4
– ordnungswidrigkeitenrechtliche Haftung der Organmitglieder 86 Rn. 37
– Organe 81 Rn. 28 ff.
– Pflichtteilsansprüche 80 Rn. 127 ff.
– privatnützige 80 Rn. 78 f.
– Prüfung 81 Rn. 103
– Public Private Partnership 80 Rn. 122
– Rechnungslegung 81 Rn. 99 ff.
– Reform des Stiftungszivilrechts Vor 80 ff. Rn. 16 ff.
– Satzung 81 Rn. 15 ff., 85 Rn. 1 ff.
– Satzungsänderung 85 Rn. 4
– selbstständige Stiftung Vor 80 ff. Rn. 1 ff.
– Selbstzweckstiftung 80 Rn. 53 ff.
– Sitz 81 Rn. 17 f.
– Spenden 81 Rn. 60
– Sponsoring 81 Rn. 93
– Statistik Vor 80 ff. Rn. 13
– Steuerbefreiung 80 Rn. 108 ff.
– Steuern 82 Rn. 15 ff.
– Stifterwille 80 Rn. 1 ff., 16
– Stifterwille, mutmaßlicher 80 Rn. 5
– Stiftung & Co. KG 80 Rn. 101 f.
– Stiftung für den Stifter 80 Rn. 68 ff.
– Stiftungs-AG Vor 80 ff. Rn. 31 ff.
– Stiftungsaufsicht 86 Rn. 31 ff.
– Stiftungsbegriff Vor 80 ff. Rn. 5, 80 Rn. 51 ff.
– Stiftungsfonds 81 Rn. 58 ff., 83 Rn. 16
– Stiftungsgeschäft 81 Rn. 1 ff.
– Stiftungs-GmbH Vor 80 ff. Rn. 31 ff.
– Stiftungsrat 81 Rn. 37 ff.
– Stiftungsregister 86 Rn. 63
– Stiftungsreife 80 Rn. 130 ff.
– Stiftungs-Verein Vor 80 ff. Rn. 31 ff., 34
– Stiftungszweck 80 Rn. 27 ff.
– strafrechtliche Haftung der Organmitglieder 86 Rn. 35 f.
– Trägerin von Grundrechten 80 Rn. 7
– treuhänderische Vor 80 ff. Rn. 41 ff.
– Trust Vor 80 ff. Rn. 83 ff.
– Übertragungspflicht des Stifters 82 Rn. 1 ff.
– Umwandlung 87 Rn. 34 ff.
– unselbstständige Vor 80 ff. Rn. 41 ff.
– Unternehmensnachfolge 80 Rn. 98 ff.

– unternehmensverbundene   80 Rn. 90 ff., 94 ff.
– Vereinsrecht, Anwendung   86 Rn. 1
– Verfassung   85 Rn. 1 ff.
– Vermächtnis   83 Rn. 20
– Vermögen   81 Rn. 51 ff.
– Vermögensanfall bei Erlöschen   88 Rn. 1 ff.
– Vermögensanlage   81 Rn. 78 ff., 84 ff.
– Vermögenserhaltungsgrundsatz   81 Rn. 61 ff.
– Vermögenserwerb   82 Rn. 1 ff.
– Vertretung   86 Rn. 5 ff.
– Vertretungsbescheinigung   86 Rn. 7
– Verwaltung   81 Rn. 96 ff.
– Verwaltung durch öffentliche Behörde   86 Rn. 11
– Vorerbin, Stiftung als   83 Rn. 18
– Vorratszwecke   81 Rn. 25 ff.
– Vorstand   81 Rn. 29 ff., 86 Rn. 3
– Vorstiftung   80 Rn. 19 ff.
– wirtschaftlicher Geschäftsbetrieb   86 Rn. 64
– Zulegung   87 Rn. 27
– Zusammenlegung   87 Rn. 1, 24
– Zustiftung   81 Rn. 58 ff., 83 Rn. 16
– Zustiftung, Besteuerung der   82 Rn. 15 ff.
– Zuwendung an   84 Rn. 2 ff.
– Zweck   81 Rn. 23 ff.
– Zweck, zulässiger   80 Rn. 48 ff.
– Zweckänderung   85 Rn. 6, 87 Rn. 1
– Zweckumwandlung   87 Rn. 13
– Zweckunmöglichkeit   87 Rn. 4 ff.

Stiftung & Co. KG   80 Rn. 101 f.

Stiftung Eurotransplant   TPG Rn. 14

Stiftung für den Stifter   80 Rn. 68 ff.

Stiftung, Steuerfragen
– ausländische Stiftung   Vor 80 ff. Rn. 91 ff.
– ausländische Stiftung, Sitz der Geschäftsleitung   Vor 80 ff. Rn. 95
– Familienstiftung   80 Rn. 88 f.
– gemeinnütziger Zweck   80 Rn. 110
– Grundsatz der Vermögensbindung   88 Rn. 6
– mildtätiger Zweck   80 Rn. 113
– steuerbefreite Stiftung   80 Rn. 108 ff.
– Steuerpflicht und Steuerbefreiung vor der Anerkennung?   84 Rn. 10

Stiftung von Todes wegen   83 Rn. 1 ff.
– Andeutungstheorie   83 Rn. 9
– Anerkennung   83 Rn. 6, 84 Rn. 1
– Anfechtung   83 Rn. 7
– Antragstellung   83 Rn. 13
– Auslegung   83 Rn. 28
– Ausschlagung   83 Rn. 7, 24
– Erbengemeinschaft   83 Rn. 15
– Erbin, Stiftung als   83 Rn. 15
– Errichtung, praktische Fragen der   83 Rn. 26
– Errichtung zu Lebzeiten vs. Stiftung von Todes wegen   83 Rn. 26

– Form   83 Rn. 3, 9, 12
– keine Stellvertretung   83 Rn. 5
– Nachlassgericht   83 Rn. 13
– Nachlasspfleger   83 Rn. 22
– Pfleger   83 Rn. 22
– Pflichtteilsansprüche   83 Rn. 3
– Satzung   83 Rn. 12
– Sitz der Stiftung   83 Rn. 14
– Stiftungsbehörde   83 Rn. 13
– Stiftungsgeschäft   83 Rn. 7, 25
– Stiftungsgeschäft, unvollständiges   83 Rn. 8
– Testamentsvollstrecker   83 Rn. 12
– Testamentsvollstreckung   83 Rn. 22
– unselbstständige Stiftung   83 Rn. 23
– Vorstiftung   83 Rn. 6
– Widerruf   83 Rn. 24
– Zuwendung an   84 Rn. 2 ff.

Stiftungs-AG   Vor 80 ff. Rn. 31 ff.

Stiftungsaufsicht   80 Rn. 133 ff.
– Aufsichtsmaßnahmen   80 Rn. 140 ff.
– Haftung   86 Rn. 31 ff.
– Rechtsaufsicht   80 Rn. 134 ff.

Stiftungsbegriff   Vor 80 ff. Rn. 5, 80 Rn. 51 ff.

Stiftungserrichtung
– Beratungspraxis   Vor 80 ff. Rn. 11 f.
– Motive   Vor 80 ff. Rn. 9 ff.

Stiftungsfonds   81 Rn. 58 ff.

Stiftungsgeschäft   81 Rn. 1 ff.
– Andeutungstheorie   80 Rn. 5, 83 Rn. 9
– Anfechtung   81 Rn. 13
– Auflage   81 Rn. 5 f.
– Bedingung   81 Rn. 4
– Form   81 Rn. 7 f., 14, 83 Rn. 9
– Heilung   83 Rn. 8
– Inhalt   81 Rn. 9 ff.
– Mängel   80 Rn. 15
– Name der Stiftung   81 Rn. 19 ff.
– Organe der Stiftung   81 Rn. 28 ff.
– Satzung   81 Rn. 15 ff.
– Stiftungssitz   81 Rn. 17 f.
– unter Lebenden   81 Rn. 2 ff.
– unvollständiges   83 Rn. 8
– Vertretung   81 Rn. 4
– Widerruf   81 Rn. 12
– Zweck der Stiftung   81 Rn. 23 ff.

Stiftungsgeschäft, letztwilliges
– Auslegung   83 Rn. 28

Stiftungsgeschäft unter Lebenden
– Vermögenswidmung   82 Rn. 2

Stiftungs-GmbH   Vor 80 ff. Rn. 31 ff.

Stiftungsmanagement   81 Rn. 96 ff.

Stiftungsname   81 Rn. 19 ff.

Stiftungsorgane 81 Rn. 28 ff.
– Abberufung 81 Rn. 45 f.
– Amtsdauer 81 Rn. 45
– Anstellungsmodalitäten 81 Rn. 47
– Ehrenamt 81 Rn. 44
– Geschäftsordnung 81 Rn. 38 f.
– Haftung 81 Rn. 48 f.
– Interessenkonflikte 81 Rn. 43
– Mitglieder, Berufung 81 Rn. 41 f.
– Mitglieder, juristische Personen als 81 Rn. 40
– Nachfolge 81 Rn. 32
– Qualifikation 81 Rn. 44
– Stiftungsrat 81 Rn. 37 ff.
– Vergütung 81 Rn. 44
– Wiederbestellung 81 Rn. 45
Stiftungsrat 81 Rn. 37 ff.
– Haftung 81 Rn. 48 f.
Stiftungsreife 80 Rn. 130 ff.
Stiftungssatzung 81 Rn. 15 ff.
– Mustersatzung nach Anlage 1 zu § 60 AO 80 Rn. 18
Stiftungssitz 81 Rn. 17 f.
Stiftungs-Verein Vor 80 ff. Rn. 31 ff., 34
Stiftungsvermögen 81 Rn. 51 ff.
– Anfallberechtigter 88 Rn. 4 ff.
– Anlagegrundsätze 81 Rn. 87
– Anlagen 81 Rn. 78 ff., 84 ff.
– Buchgewinne 81 Rn. 75
– Größe 81 Rn. 54 ff.
– Grundsatz der Vermögenserhaltung Vor 80 ff. Rn. 2, 80 Rn. 34, 47
– Landesstiftungsgesetze 81 Rn. 64
– Maßstab des ordentlichen Kaufmanns 81 Rn. 72
– Mindestvermögen 81 Rn. 54 ff.
– Mittelbeschaffung 81 Rn. 92 ff.
– Prognoseentscheidung 80 Rn. 28
– Rechte 82 Rn. 4
– Schenkungsrecht, Anwendung zugunsten des Stifters 81 Rn. 53
– Spenden 81 Rn. 60
– Stifterwille 81 Rn. 63 ff.
– Stiftungsfonds 81 Rn. 59
– Übertragungspflicht des Stifters 82 Rn. 1 ff.
– Umschichtung 81 Rn. 74 ff.
– Verbrauch 80 Rn. 36 ff.
– Vermögensanfall nach Erlöschen der Stiftung 88 Rn. 1 ff.
– Vermögenserhaltungsgrundsatz 81 Rn. 61 ff.
– Vermögenserhaltungskonzept des Stifters 81 Rn. 70 f.
– Vermögensumschichtung 81 Rn. 73 ff.
– Verwaltung 81 Rn. 78 ff., 84 ff.
– Zustiftung 81 Rn. 58 ff., 59

– Zwischenverfügungen nach Tod des Stifters 84 Rn. 6
Stiftungsvorstand 81 Rn. 29
– Geschäftsführungsbefugnis 81 Rn. 30 ff.
– Haftung 81 Rn. 48 f.
– Nachfolge 81 Rn. 32
– Notvorstand 81 Rn. 31
– Vertretungsbescheinigung 81 Rn. 29 ff.
Stiftungszweck 80 Rn. 27 ff., 81 Rn. 23 ff.
– Selbstzweckstiftung 80 Rn. 53 ff.
– Unmöglichkeit 87 Rn. 4 ff.
– Unmöglichkeit, anfängliche 87 Rn. 5
– Vorratszwecke 81 Rn. 25 ff.
– zulässiger 80 Rn. 48 ff.
Störung der Geschäftsgrundlage EGBGB 240 § 2 Rn. 22 ff.
– COVID-19-Gesetz EGBGB 240 § 2 Rn. 25 ff.
– große Geschäftsgrundlage EGBGB 240 § 2 Rn. 32
– Risikoverteilung EGBGB 240 § 2 Rn. 24
– Zumutbarkeit EGBGB 240 § 2 Rn. 23
Straf- und Bußgeldvorschriften TPG Rn. 130
Streitverkündung
– Verjährungshemmung 204 Rn. 89 ff.
Strohmanngeschäft 164 Rn. 23
– Begriff 117 Rn. 27
– shill bidding 117 Rn. 27
Stufenklage
– Verjährungshemmung 204 Rn. 22 ff.
Sukzessivbeurkundung 128 Rn. 13 ff.
– Zugang der Annahmeerklärung 152 Rn. 1 ff.
Sukzessivlieferungsvertrag Vor 145–157 Rn. 41
Surrogatgeschäfte
– Minderjähriger 110 Rn. 30
Surrogation
– Abgrenzung zur Stellvertretung 164 Rn. 34
Tarifvertrag
– AGG AGG 1 Rn. 6
– Auslegung 133 Rn. 90
– Verbotsgesetz 134 Rn. 25
Taschengeld
– Dauerschuldverhältnis 110 Rn. 6
– Gratisvertrag 110 Rn. 6, 9
– Handyvertrag 110 Rn. 10
– In-App-Kauf 110 Rn. 13
– Klingeltöne 110 Rn. 13
– Prepaid-Karte 110 Rn. 10
– Teilleistungen 110 Rn. 5
– Vereinsbeitritt 110 Rn. 9
Tatsachenverträge Vor 145–157 Rn. 47
Tatsächliche Vermutung EGBGB 240 § 1 Rn. 14

Tatsächliches Unvermögen
EGBGB 240 § 1 Rn. 24

Teilanfechtung 142 Rn. 4

Teilnichtigkeit
- Abdingbarkeit 139 Rn. 6 ff.
- Anwendungsbereich 139 Rn. 2 ff.
- Beweislast 139 Rn. 57 f.
- Bierlieferungsvertrag 139 Rn. 27
- Einheitlichkeit 139 Rn. 10 ff.
- geltungserhaltende Reduktion 139 Rn. 23 ff.
- Nichtigkeit eines Teils 139 Rn. 41 ff.
- Nichtigkeit zum Schutz einer Partei 139 Rn. 52 ff.
- objektive Teilbarkeit 139 Rn. 19 ff.
- Organisationsverträge 139 Rn. 56
- Parteiwille 139 Rn. 44 ff.
- Preisvorschriftenverstoß 139 Rn. 28
- quantitative Teilbarkeit 139 Rn. 23 ff.
- Rechtsmissbrauch 139 Rn. 50 f.
- salvatorische Klausel 139 Rn. 59 ff.
- sittenwidriges Rechtsgeschäft 139 Rn. 30
- subjektive Teilbarkeit 139 Rn. 22
- Teilbarkeit 139 Rn. 18
- Verpflichtungs- und Verfügungsgeschäft 139 Rn. 17

Teilrechtsfähigkeit
- Nasciturus 1 Rn. 35 ff.

Teilzeitwohnrecht
- IPR EGBGB 43 Rn. 23

Telefonbezahlsysteme 107 Rn. 5

Telefonkarten
- Verjährung 194 Rn. 8, 199 Rn. 31

Telefonsex
- Sittenwidrigkeit Anh 138 Rn. 26

Teleologische Reduktion
- von Gesetzen Anh 133 Rn. 45

Termin
- Begriff 186 Rn. 6

Testament
- Auslegung 133 Rn. 39
- Behindertentestament 138 Rn. 199
- Ebenbürtigkeitsklausel 138 Rn. 200
- ergänzende Vertragsauslegung 157 Rn. 30
- falsa-demonstratio-Regel 133 Rn. 81
- Geliebtentestament 138 Rn. 197

Testamentsvollstreckung
- Stiftung Vor 80 ff. Rn. 38 f.

Testierfähigkeit 104 Rn. 15
- Vermutung für 104 Rn. 84

Textform
- Abschluss der Erklärung 126b Rn. 14
- Bedeutung 126b Rn. 1 ff.

- Bestimmung durch Auslegung 126b Rn. 6
- Dauerhafter Datenträger 126b Rn. 15
- Dauerhaftigkeit der Erklärung 126b Rn. 19
- Eignung zur unveränderten Wiedergabe 126b Rn. 20
- Erklärung durch Vertreter 126b Rn. 12
- Erklärungsträger 126b Rn. 18
- geschäftsähnliche Handlungen 126b Rn. 9
- gesetzliche Bestimmung 126b Rn. 4 f.
- Internetseite 126b Rn. 21
- Lesbarkeit 126b Rn. 10
- Massenerklärungen 126b Rn. 2 ff.
- Nennung des Erklärenden 126b Rn. 12
- Prozessuales 126b Rn. 25
- Rechtsfolgen 126b Rn. 24
- Schriftzeichen 126b Rn. 10
- Speicherbarkeit der Erklärung 126b Rn. 16
- Vereinbarung 126b Rn. 7
- Website 126b Rn. 21

Tiere 90a Rn. 1
- anwendbare Vorschriften 90a Rn. 7
- keine Sachen 90 Rn. 21, 90a Rn. 3
- Schutzgesetze 90a Rn. 5

Tod
- des Bevollmächtigten 168 Rn. 25
- des Vollmachtgebers 168 Rn. 14

Todeserklärung
- nach Verschollenheit 1 Rn. 28

Todeserklärung, IPR
- Anerkennung ausländischer Entscheidungen EGBGB 9 Rn. 18
- ausnahmsweise Anwendung deutschen Rechts EGBGB 9 Rn. 11
- Deutsch-Iranisches Niederlassungsabkommen EGBGB 9 Rn. 5
- Haager Konvention über das auf die Rechtsnachfolge von Todes wegen anwendbare Recht EGBGB 9 Rn. 4
- internationale Zuständigkeit EGBGB 9 Rn. 16
- Kommorientenvermutung EGBGB 9 Rn. 9
- Reichweite des Statuts EGBGB 9 Rn. 7
- Rück- und Weiterverweisung EGBGB 9 Rn. 6
- UN-Konvention über die Todeserklärung Verschollener EGBGB 9 Rn. 4
- vorrangige Regelungen EGBGB 9 Rn. 3

Todesfeststellung
- Nachweisverfahren TPG Rn. 52

Todeszeitpunkt
- Bestimmung 1 Rn. 21
- IPR EGBGB 7 Rn. 14

Transmortale Vollmacht 168 Rn. 14

Transplantate
- allogene TPG Rn. 8
- Autologe TPG Rn. 8

– syngene TPG Rn. 8
– xenogene TPG Rn. 8

Transplantation
– Auskunftsberechtigte TPG Rn. 54
– Auskunftspflicht TPG Rn. 54

Transplantationsgesetz
– Aufklärung TPG Rn. 28
– Begrifflichkeiten TPG Rn. 25
– Geltungsbereich TPG Rn. 23
– Zustimmungslösung TPG Rn. 19 f.

Transplantationsmedizin
– Eigentumsfähigkeit von Körperteilen 90 Rn. 31
– Feststellung des Todes 1 Rn. 22
– Voraussetzungen der Organentnahme 90 Rn. 58

Transplantationswesen
– Organisation TPG Rn. 89

Transplantationszentren
– Meldungen TPG Rn. 112
– Unterstichwort TPG Rn. 93 ff.

Transposition
– Internationales Sachenrecht
  EGBGB 43 Rn. 30 ff.

Transsexuelle
– Änderung der Feststellung der Geschlechtszuge-
  hörigkeit 1 Rn. 63
– Namensänderung 1 Rn. 73

TranssexuellenG
– IPR EGBGB 7 Rn. 13

Treuhänder
– Treuhandstiftung Vor 80 ff. Rn. 63 ff.
– unselbstständige Stiftung Vor 80 ff. Rn. 63 ff.

Treuhandgeschäft
– Begriff 117 Rn. 26

Treuhandschaft 164 Rn. 20

Treuhandstiftung Vor 80 ff. Rn. 41 ff.
– Auflösung Vor 80 ff. Rn. 67 ff., 70 f.
– Auftrag/Geschäftsbesorgung
  Vor 80 ff. Rn. 49 ff.
– BaFin Vor 80 ff. Rn. 66
– Definition Vor 80 ff. Rn. 43
– Errichtung von Todes wegen
  Vor 80 ff. Rn. 59 ff.
– Errichtung zu Lebzeiten Vor 80 ff. Rn. 46 ff.
– Gemeinnützigkeit Vor 80 ff. Rn. 78 ff.
– Insolvenz Vor 80 ff. Rn. 74 ff.
– Kündigung Vor 80 ff. Rn. 49 ff.
– Satzung/Organisationsvertrag Vor 80 ff. Rn. 62
– Schenkung unter Auflage Vor 80 ff. Rn. 48
– Steuerrecht Vor 80 ff. Rn. 78 ff.
– Steuerrechtssubjekt Vor 80 ff. Rn. 45
– Stiftungsgeschäft Vor 80 ff. Rn. 46 ff.
– Stiftungsgeschäft, Rechtsnatur des
  Vor 80 ff. Rn. 47 ff.

– Treuhänder Vor 80 ff. Rn. 63 ff.
– Umwandlung Vor 80 ff. Rn. 67 ff., 68 f.
– Widerruf Vor 80 ff. Rn. 49 ff.

Trierer Weinversteigerung Vor 116–144 Rn. 7,
  119 Rn. 5, 122 Rn. 33

Trust Vor 80 ff. Rn. 83 ff.
– inter vivos trusts Vor 80 ff. Rn. 86
– Steuerfragen Vor 80 ff. Rn. 87 f.
– testamentary trusts Vor 80 ff. Rn. 86

Überbau
– Eigentumsverhältnisse 94 Rn. 44, 95 Rn. 39

**Übereinkommen über die zivilrechtlichen Aspekte
  internationaler Kindesentführung**
  EGBGB 24 Anh III Rn. 1 ff.

Übergangsrecht EGBGB 22 Rn. 4

Übermittlungsirrtum
– automatisierte Erklärungen 120 Rn. 2
– Beweislast 120 Rn. 16
– bewusste Falschübermittlung 120 Rn. 5, 13
– Fernabsatz 120 Rn. 17
– Rechtsfolgen 120 Rn. 11
– vermeintlicher Bote 120 Rn. 7
– Voraussetzungen 120 Rn. 2

Überseering-Entscheidung
– Internationales Gesellschaftsrecht
  EGBGB 12 Anh Rn. 60 f., 79 ff.

Übersicherung 138 Rn. 255

Umdeutung
– Abdingbarkeit 140 Rn. 15
– Abgrenzungen 140 Rn. 2 ff.
– einseitiges Rechtsgeschäft 140 Rn. 32
– Einzelfälle 140 Rn. 19 ff.
– Ersatzgeschäft 140 Rn. 17 ff.
– Konversionsklausel 140 Rn. 16, 35
– Nichtigkeit 140 Rn. 10 ff.
– Normzweck 140 Rn. 1
– Parteiwille 140 Rn. 30 ff.
– Prozessuales 140 Rn. 34
– Rechtsgeschäft 140 Rn. 6 ff.
– Spezialregelungen 140 Rn. 14

Umgangsrecht
  EGBGB Anh I zum III. Abschnitt EheVO 41, 42
  Rn. 1

Umgehungsgeschäft 134 Rn. 83, 138 Rn. 78
– Begriff 117 Rn. 28

Umwandlung
– Grenzüberschreitende Spaltung
  EGBGB 12 Anh Rn. 201 ff.
– Grenzüberschreitende Verschmelzung
  EGBGB 12 Anh Rn. 197 ff.
– Grenzüberschreitender Formwechsel
  EGBGB 12 Anh Rn. 203 ff.

– Internationales Gesellschaftsrecht
  EGBGB 12 Anh Rn. 195 ff.

UN-Behindertenrechtskonvention
– Assistenzprinzip 104 Rn. 7

Unbenannte ehebedingte Zuwendung
– Verjährung des Ausgleichsanspruchs
  197 Rn. 44 ff.

Unbenannte Zuwendung
– IPR EGBGB 14 Rn. 62

Unbestellte Ware
– Zusendung 145 Rn. 7

Ungerechtfertigte Bereicherung, IPR
  EGBGB 38 Rn. 1 ff.
– abgeirrte Leistung EGBGB 38 Rn. 36
– Akkreditiv EGBGB 38 Rn. 37
– Anweisungsfälle EGBGB 38 Rn. 34 f.
– Anwendbarkeit des CISG EGBGB 38 Rn. 13
– Bürgschaft, Garantie EGBGB 38 Rn. 43 ff.
– echter Vertrag zugunsten Dritter
  EGBGB 38 Rn. 32 f.
– Eingriffskondiktion EGBGB 38 Rn. 14 ff.
– intertemporaler Anwendungsbereich
  EGBGB 38 Rn. 53
– Leistungskondiktion EGBGB 38 Rn. 5 ff.
– Mehrpersonenverhältnisse EGBGB 38 Rn. 31 ff.
– ordre public EGBGB 38 Rn. 52
– Rechtswahl EGBGB 38 Rn. 24
– Reichweite des Statuts EGBGB 38 Rn. 50
– Rom II-Verordnung EGBGB 38 Rn. 4
– Rück- und Weiterverweisung EGBGB 38 Rn. 51
– Rückabwicklung nichtiger Verträge
  EGBGB 38 Rn. 11
– sonstige Kondiktionen EGBGB 38 Rn. 21
– Tilgung fremder Schuld EGBGB 38 Rn. 40 ff.
– vorrangige EGBGB-Anknüpfungen
  EGBGB 38 Rn. 23
– vorrangige Regelungen EGBGB 38 Rn. 4
– Weitergabe der Leistung an Dritte
  EGBGB 38 Rn. 38 f.
– wesentlich engere Verbindung
  EGBGB 38 Rn. 25 ff.
– Zession EGBGB 38 Rn. 48 f.

Unionsbürgerschaft EGBGB 5 Rn. 8

Unionsprivatrecht
– Transformationsrecht Einf Rn. 32

Unionsrecht
– europarechtskonforme Auslegung
  Anh 133 Rn. 30
– richtlinienkonforme Auslegung Anh 133 Rn. 31
– Vorabentscheidung Anh 133 Rn. 36

United Network for Organ Sharing TPG Rn. 14

**UN-Konvention über die Todeserklärung Ver-
schollener** EGBGB 9 Rn. 4

Unlauterer Wettbewerb
– gesetzliches Verbot 134 Rn. 275
– Sittenwidrigkeit 138 Rn. 340

Unselbstständige Stiftung Vor 80 ff. Rn. 41 ff.
– Auflösung Vor 80 ff. Rn. 67 ff., 70 f.
– Auftrag/Geschäftsbesorgung
  Vor 80 ff. Rn. 49 ff.
– BaFin Vor 80 ff. Rn. 66
– Definition Vor 80 ff. Rn. 43
– Erbin, unselbstständige Stiftung als 83 Rn. 23
– Errichtung von Todes wegen
  Vor 80 ff. Rn. 59 ff.
– Errichtung zu Lebzeiten Vor 80 ff. Rn. 46 ff.
– Gemeinnützigkeit Vor 80 ff. Rn. 78 ff.
– Insolvenz Vor 80 ff. Rn. 74 ff.
– Kündigung Vor 80 ff. Rn. 49 ff.
– Satzung/Organisationsvertrag Vor 80 ff. Rn. 62
– Schenkung unter Auflage Vor 80 ff. Rn. 48
– Steuerrecht Vor 80 ff. Rn. 78 ff.
– Steuerrechtssubjekt Vor 80 ff. Rn. 45
– Stiftungsgeschäft Vor 80 ff. Rn. 46 ff.
– Stiftungsgeschäft, Rechtsnatur des
  Vor 80 ff. Rn. 47 ff.
– Treuhänder Vor 80 ff. Rn. 63 ff.
– Umwandlung Vor 80 ff. Rn. 67 ff., 68 f.
– Vermächtnis 83 Rn. 23
– Widerruf Vor 80 ff. Rn. 49 ff.

Unterhaltsrecht, IPR
– Kindesunterhalt EGBGB 7 Rn. 25

Unterlassungsanspruch
– Namensschutz 12 Rn. 265

Unternehmensbezogenes Geschäft 164 Rn. 57

Unternehmensnachfolge mit Stiftungen
  80 Rn. 98 ff.

Unternehmensverbundene Stiftung 80 Rn. 90 ff.
– Beteiligungsträgerstiftung 80 Rn. 93
– gemeinnützige Stiftung 80 Rn. 107
– Nachfolge 80 Rn. 98 ff.
– Stiftung & Co. KG 80 Rn. 101 f.
– Unternehmensselbstzweckstiftung 80 Rn. 95
– Zulässigkeit 80 Rn. 94 ff.

Unternehmer
– Begriff 14 Rn. 36
– Gesellschaft bürgerlichen Rechts 14 Rn. 42
– gesetzlicher Vermögensverwalter 14 Rn. 37
– Informationspflichten
  EGBGB 246a § 1 Rn. 1 ff.
– juristische Person des öffentlichen Rechts
  14 Rn. 41
– rechtsfähige Personengesellschaft 14 Rn. 42
– Strohmann 14 Rn. 38

Unternehmerische Mitbestimmung
– Anknüpfung im IPR EGBGB 12 Anh Rn. 23 ff.,
  122 ff.

Unterschrift
– Eigenhändigkeit   126 Rn. 32 ff.

Untersuchungslabore   TPG Rn. 88

Untervollmacht   167 Rn. 61
– Außen- und Innenverhältnis   167 Rn. 65
– Erteilung   167 Rn. 68
– Fehlen der Haupt- oder Untervollmacht
    167 Rn. 70
– Fortbestand und Erlöschen   167 Rn. 69
– Haftung als falsus procurator   179 Rn. 9
– Insichgeschäft   181 Rn. 33
– Vollmachtsurkunde   172 Rn. 8
– Zulässigkeit   167 Rn. 64

**UN-Übereinkommen über die Rechtsstellung der
Staatenlosen**   EGBGB 5 Rn. 39

Unvermögen, tatsächlich   EGBGB 240 § 1 Rn. 24

Unvollständiges Stiftungsgeschäft
– Heilung   83 Rn. 8

Urkunde
– als Sache   90 Rn. 67
– Schriftform   126 Rn. 9 ff.

Urlaub
– gesetzliches Verbot   134 Rn. 127

Vale-Entscheidung
– Internationales Gesellschaftsrecht
    EGBGB 12 Anh Rn. 71 ff.

Verarbeitung personenbezogener Daten
– Einwilligung des gesetzlichen Vertreters
    107 Rn. 14
– Lediglich rechtlicher Vorteil   107 Rn. 14

Verarbeitungsklausel
– Sittenwidrigkeit   138 Rn. 271

Verbandszugehörigkeit
– Fragerecht des Arbeitnehmers   123 Rn. 46

Verbotsvorschriften   TPG Rn. 130

Verbrauchbare Sache   92 Rn. 1
– als Zubehör   97 Rn. 14
– Begriff   92 Rn. 3
– rechtliche Bedeutung   92 Rn. 11
– Sachgesamtheit   92 Rn. 9

Verbraucher
– Anwendbarkeit der Begriffsbestimmung
    14 Rn. 6
– Arbeitnehmer als Verbraucher   14 Rn. 13, 23
– Begriff   14 Rn. 10
– Beweislast   14 Rn. 34
– „Dual use“-Fälle   14 Rn. 31
– europäischer Verbraucherbegriff   14 Rn. 21
– Existenzgründer   14 Rn. 25
– Freiberufler   14 Rn. 18
– GmbH-Geschäftsführer   14 Rn. 29
– Idealverein   14 Rn. 19

– juristische Person   14 Rn. 19
– Kaufmann   14 Rn. 28
– Normgeschichte   14 Rn. 1, 5
– private Sphäre   14 Rn. 27
– Stiftung   14 Rn. 19
– vorweggenommene Erbfolge   14 Rn. 16
– Zuwendungen zwischen Ehegatten   14 Rn. 16

Verbraucherschutz
– EU-Recht   Einf Rn. 5
– europäische Verbraucherschutzkonzeption
    14 Rn. 2
– für besondere Gebiete   EGBGB 46b Rn. 1 ff.
– schuldrechtsimmanenter allgemeiner Schutzge-
    danke   14 Rn. 1
– Unionsprivatrecht   Einf Rn. 8

Verbrauchervertrag
– Belehrung über Widerrufsrecht
    EGBGB 246 Rn. 13 ff.
– Informationspflichten   EGBGB 246 Rn. 1 ff.

Verbrauchsgüterkauf
– Online-Auktion   Anh 156 Rn. 35 f.

Verbrauchsstiftung   80 Rn. 36 ff.

Verein
– Auflösung   74 Rn. 1 ff.
– Auflösung, Bekanntmachung   74 Rn. 9
– Auflösung, Eintragungsinhalt   74 Rn. 4 ff.
– ausländischer   Vor 21 Rn. 19, 23 Rn. 1
– Begriff   Vor 21 Rn. 12
– Geschäftsordnung   25 Rn. 33
– Gewohnheitsrecht   25 Rn. 48
– Insolvenz, Eintragungen   75 Rn. 1 ff.
– Liquidation, Eintragung   76 Rn. 1 ff.
– Mitgliederversammlung   32 Rn. 4 ff.
– religiöser   Vor 21 Rn. 16
– Sitz   24 Rn. 1
– sozialmächtiger   25 Rn. 45 f., 51
– Stiftungs-Verein   Vor 80 ff. Rn. 31 ff.
– Umwandlung   41 Rn. 24
– Vereinsfreiheit   Vor 21 Rn. 13 f.
– Vereinsrechtsreform   Vor 21 Rn. 27
– wirtschaftlicher   21 Rn. 25 ff., 22 Rn. 1
– Zweckänderung   33 Rn. 5 f.

Verein, Beendigung
– Amtslöschung   41 Rn. 16
– Auflösung   41 Rn. 6
– Auflösungsbeschluss   41 Rn. 28
– Bekanntmachungsblatt   50a Rn. 1
– Entziehung der Rechtsfähigkeit   41 Rn. 14
– Überblick   41 Rn. 1
– Umwandlung   41 Rn. 24
– Unterschreiten der Mindestmitgliederzahl
    41 Rn. 17, 73 Rn. 1 ff.
– Verzicht auf die Rechtsfähigkeit   41 Rn. 15
– Vollbeendigung   41 Rn. 18

Verein, eingetragener
- Abgrenzung zum wirtschaftlichen Verein 21 Rn. 22 ff.
- Gründung 21 Rn. 4 ff.
- Name 57 Rn. 4 ff.
- Nebenzweckprivileg 21 Rn. 41 ff.
- Zweck 21 Rn. 15 ff.

Verein, nicht rechtsfähiger
- Handelndenhaftung 31a Rn. 10

Verein, nichtrechtsfähiger
- Abgrenzung zur GbR 54 Rn. 6
- Abwicklung 47 Rn. 11
- Anwendung des Vereinsrechts 54 Rn. 2
- Beendigung 54 Rn. 29
- Gründung 54 Rn. 11
- Haftung der Mitglieder 54 Rn. 17
- Haftung des n.eV. 54 Rn. 16
- Handelndenhaftung 54 Rn. 20
- Insolvenzverfahren 54 Rn. 43
- Kennzeichen 54 Rn. 6
- Mitgliederversammlung 54 Rn. 15
- Mitgliedschaft 54 Rn. 14
- Namensschutz 12 Rn. 74, 79
- nicht konzessionierter wirtschaftlicher Verein 54 Rn. 6, 19
- Parteifähigkeit 54 Rn. 32
- Prozessfähigkeit 54 Rn. 38
- Rechtsfähigkeit 54 Rn. 3
- Satzung 54 Rn. 12
- verschleiertes Konzessionssystem 54 Rn. 1
- Vorstand 54 Rn. 13
- Zwangsvollstreckung 54 Rn. 40

Vereinbarungen über die Verjährung
- Allgemeine Geschäftsbedingungen 202 Rn. 47 ff.
- bisheriges Recht 202 Rn. 1 f.
- Fracht-, Speditions-, Lagegeschäft 202 Rn. 65 f.
- Grenzen der Vertragsfreiheit 202 Rn. 13 ff.
- Grundregeln des Europäischen Vertragsrechts 202 Rn. 6
- Inhaltskontrolle 202 Rn. 47 ff.
- intertemporales Recht 202 Rn. 66 ff.
- Reisevertrag 202 Rn. 64
- Rückgriff des Verkäufers 202 Rn. 63
- Schuldrechtsreform 202 Rn. 3 ff.
- Unverjährbarkeit 202 Rn. 14 f.
- Verbrauchsgüterkauf 202 Rn. 62
- Verjährungserleichterung 202 Rn. 16 ff.
- Verjährungserschwerung 202 Rn. 36 ff.
- Vertragsfreiheit 202 Rn. 7 ff.

Vereinsinsolvenz
- Antrag 42 Rn. 10
- Antragspflicht 42 Rn. 43
- Auflösung des Vereins 42 Rn. 34
- Beendigung des Verfahrens 42 Rn. 27
- Eröffnungsbeschluss 42 Rn. 12
- Eröffnungsverfahren 42 Rn. 11
- Fortsetzung des Vereins 42 Rn. 37
- Gründe 42 Rn. 6
- Insolvenzfähigkeit 42 Rn. 4
- Insolvenzmasse 42 Rn. 13
- Insolvenzrechtsreformgesetz 42 Rn. 1
- Insolvenzschuldner 42 Rn. 5
- Insolvenzverwalter 42 Rn. 16
- nichtrechtsfähiger Verein 54 Rn. 47
- Profisportvereine 42 Rn. 29
- Rechtsstellung der Gläubiger 42 Rn. 18
- Rechtsstellung des Vereins 42 Rn. 20
- Schadensersatzpflicht des Vorstands 42 Rn. 45
- zivilprozessuale Fragen 42 Rn. 50
- Zwangsvollstreckungsmaßnahmen durch Gläubiger 42 Rn. 53

Vereinsmitgliedschaft
- Aufnahmeanspruch 25 Rn. 49 ff.
- Ausschluss 25 Rn. 74 ff.
- Ausschluss vom Stimmrecht 34 Rn. 1 ff.
- Austritt 39 Rn. 1 ff.
- Begriff 38 Rn. 2
- Beitrittsmängel 38 Rn. 5
- Bescheinigung der Mitgliederzahl 72 Rn. 1 ff.
- Eintritt ohne Vertragsschluss 38 Rn. 6
- Ende 38 Rn. 8
- Erwerb 38 Rn. 4
- Mitgliederpflichten 38 Rn. 15 ff.
- Mitgliederrechte 38 Rn. 9 ff.
- Mitgliedsfähigkeit 38 Rn. 3
- nichtrechtsfähiger Verein 54 Rn. 14
- Sonderrechte 35 Rn. 1 ff.
- Übertragbarkeit 38 Rn. 7
- Unterschreiten der Mindestmitgliederzahl 41 Rn. 17, 73 Rn. 1 ff.
- Vereinsinsolvenz 42 Rn. 26
- Vereinsstrafe 25 Rn. 56 ff.
- Verlust aller Mitglieder 41 Rn. 13, 21

Vereinsregister
- Abschrift 79 Rn. 3
- Akteneinsicht 79 Rn. 2
- Anmeldung der Satzungsänderung 71 Rn. 2 f.
- Anmeldung zur Eintragung 59 Rn. 1 ff.
- Bekanntmachung der Eintragung 66 Rn. 1 ff.
- Einsicht in das EDV-Register 79 Rn. 4 ff.
- Eintragung der Satzungsänderung 71 Rn. 4 ff.
- eintragungspflichtige Tatsachen Vor 55–79 Rn. 2
- elektronisches 55a Rn. 1 ff.
- Form der Anmeldung 77 Rn. 1 ff.
- Inhalt der Eintragung 64 Rn. 1 ff.
- Mindesterfordernisse an Satzung 57 Rn. 1 ff.

– Mindestmitgliederzahl   56 Rn. 1 ff.
– Namenszusatz   65 Rn. 1 ff.
– Registerverfahren   Vor 55–79 Rn. 3 ff.
– Sollinhalt der Satzung   58 Rn. 1 ff.
– Vertretungsmacht und Beschlussfassung des Vorstands   70 Rn. 1 ff.
– Zurückweisung der Anmeldung   59 Rn. 1 ff.
– Zuständigkeit für die Eintragung   55 Rn. 1 ff.
– Zwangsgeld   78 Rn. 1 ff.

Vereinssatzung
– Änderung   33 Rn. 1 ff.
– Anmeldung der Änderung   71 Rn. 2 f.
– Auslegung   25 Rn. 38 f.
– Begriff   25 Rn. 34 f.
– Eintragung der Änderung   71 Rn. 4 ff.
– Grenzen der Satzungsautonomie   40 Rn. 1
– Mängel   25 Rn. 40 ff.
– Mindesterfordernisse   57 Rn. 1 ff.
– obligatorischer Inhalt   25 Rn. 2 ff.
– Ordnung unterhalb   25 Rn. 32
– Rechtsnatur   25 Rn. 36
– richterlicher Inhaltskontrolle   25 Rn. 43 ff.
– Verweisungen   25 Rn. 35

Vereinsvorstand
– Auskunftpflicht   27 Rn. 18 f.
– Beschlussfassung   28 Rn. 2
– Besonderer Vertreter   30 Rn. 1
– Bestellung   27 Rn. 2 ff.
– Geschäftsführung   27 Rn. 15 ff.
– gesetzlicher   26 Rn. 2
– Haftung   27 Rn. 22 f.
– Notbestellung   29 Rn. 3 ff.
– Passivvertretung   26 Rn. 14
– Suspendierung   27 Rn. 12
– Widerruf der Bestellung   27 Rn. 8 ff.
– Wissenszurechnung   26 Rn. 15
– Wissenszurechnung bei Verschwiegenheitspflicht – Organstellungen in Drittunternehmen   26 Rn. 16
– Zusammensetzung   26 Rn. 3

Vereinsvorstand, Haftung
– Ausschluss   31a Rn. 9
– Begrenzung   31a Rn. 2 ff., 25 f., 28, 34
– Darlegungs- und Beweislast   31a Rn. 33 f.
– Freistellungsanspruch   31a Rn. 30 f.
– Gesamtschuldnerausgleich   31a Rn. 29
– Umfang   31a Rn. 4 ff., 12 ff.

Vereinsvorstand, Vertretungsmacht
– Bevollmächtigte   26 Rn. 9
– mehrgliedriger Vorstand   26 Rn. 10 f.
– satzungsmäßige Beschränkung   26 Rn. 5 ff.
– Umfang   26 Rn. 4

Verfügung eines Nichtberechtigten
– analoge Anwendung   185 Rn. 5

– Begriffe   185 Rn. 4
– Eintragungsbewilligung   185 Rn. 8
– Einwilligung   185 Rn. 16
– Einziehungsermächtigung   185 Rn. 6
– Empfangsermächtigung   185 Rn. 5
– Erwerbsermächtigung   185 Rn. 13
– Genehmigung   185 Rn. 18
– gesetzliche Pfandrechte   185 Rn. 14
– Grundgedanken   185 Rn. 3
– Kettenverfügungen   185 Rn. 21
– Konvaleszenz durch Beerbung   185 Rn. 27
– Konvaleszenz durch Erwerb   185 Rn. 22
– mehrere Verfügungen   185 Rn. 32
– Prozesshandlungen   185 Rn. 15
– relatives Veräußerungsverbot   185 Rn. 12
– Überbau   185 Rn. 11
– Vermietung, Verpachtung   185 Rn. 10
– Verpflichtungsermächtigung   185 Rn. 13
– Vormerkung   185 Rn. 12
– Zwangsvollstreckungsmaßnahmen   185 Rn. 9

Verfügungsverbot
– rechtsgeschäftliche Begründung   161 Rn. 11

Verjährung
– Abgrenzung zur Ausschlussfrist   Vor 194–218 Rn. 39 f.
– Abgrenzung zur Verwirkung   Vor 194–218 Rn. 42
– abstraktes Schuldversprechen   194 Rn. 8, 216 Rn. 2
– akzessorische Sicherungsrechte   216 Rn. 4
– Anpassung   EGBGB 229 § 12 Rn. 1 ff.
– Anspruch   194 Rn. 2 ff.
– anwaltliche Hinweispflicht   Vor 194–218 Rn. 47
– Anwendungsbereich   194 Rn. 8 ff.
– Aufrechnung nach V.   215 Rn. 3
– Ausgleichsanspruch unter Gesamtschuldnern   199 Rn. 122
– Bedingung   158 Rn. 80
– Begriff   Vor 194–218 Rn. 31
– Beweislast   Vor 194–218 Rn. 44
– Bürgschaft   216 Rn. 9
– Eigentumsvorbehalt   216 Rn. 2
– Einredecharakter   Vor 194–218 Rn. 45 f.
– Erbrecht   EGBGB 229 § 23 Rn. 1 ff.
– ErbVerjÄndG   EGBGB 229 § 23 Rn. 1 ff.
– Feststellungsklage   Vor 194–218 Rn. 48
– Gesellschafterhaftung   194 Rn. 8
– gesicherte Ansprüche   216 Rn. 1 ff.
– Grundregeln des Europäischen Vertragsrechts   Vor 194–218 Rn. 20 ff., 214 Rn. 2 ff., 215 Rn. 2
– Internationales Privatrecht   Vor 194–218 Rn. 20
– Leistungsverweigerungsrecht   214 Rn. 3 ff.
– Mängeleinrede   218 Rn. 19 ff.
– Minderung   218 Rn. 2

– Namensschutz   12 Rn. 269
– nicht-akzessorische Sicherungsrechte
    216 Rn. 5 f.
– öffentlich-rechtliche Ansprüche   194 Rn. 19 ff.
– Rechtsmissbrauch   203 Rn. 8, 214 Rn. 8
– Reformzwecke   Vor 194–218 Rn. 2 ff.
– richterliche Hinweispflicht   214 Rn. 5
– Rückforderung   214 Rn. 9
– Rücktritt   218 Rn. 1 ff.
– Schuldrechtsreform   Vor 194–218 Rn. 1
– Sekundärhaftung   Vor 194–218 Rn. 47
– Telefonkarten   194 Rn. 8, 199 Rn. 31
– Übergangsrecht   Vor 194–218 Rn. 43
– Unidroit Principles   Vor 194–218 Rn. 20
– Unterhaltsansprüche   194 Rn. 35 ff.
– Unverjährbarkeit   194 Rn. 27 ff.
– von Nebenleistungen   217 Rn. 1 ff.
– Vormerkung   216 Rn. 8
– wiederkehrende Leistungen   216 Rn. 10 f.
– Wirkung   214 Rn. 1 ff.
– Zurückbehaltungsrecht trotz verjährtem Anspruch
    215 Rn. 6 f.
– Zweck   Vor 194–218 Rn. 32 ff.

Verjährung, Überleitungsrecht
    Vor 194–218 Rn. 43
– Ablaufhemmung   EGBGB 229 § 6 Rn. 36 ff.
– am 1.1.2002 verjährte Ansprüche
    EGBGB 229 § 6 Rn. 18 f.
– Auskunftsanspruch   EGBGB 229 § 6 Rn. 3
– Ausschlussfristen   EGBGB 229 § 6 Rn. 66 ff.
– außerhalb des BGB   EGBGB 229 § 6 Rn. 4
– Grundsatz   EGBGB 229 § 6 Rn. 5 ff.
– Hemmung   207 Rn. 29 f.;
    EGBGB 229 § 6 Rn. 24 ff.
– Hemmung durch Verhandlungen   203 Rn. 57 ff.
– Hemmung, Neubeginn
    EGBGB 229 § 6 Rn. 24 ff.
– HGB, UmwG   EGBGB 229 § 6 Rn. 69
– Kostenordnung   EGBGB 229 § 6 Rn. 70
– nach dem 31.12.2001 entstandene Ansprüche
    EGBGB 229 § 6 Rn. 11 ff.
– Neubeginn   EGBGB 229 § 6 Rn. 24 ff.
– Normzweck   EGBGB 229 § 6 Rn. 1
– Vereinbarungen über die Verjährung
    202 Rn. 66 ff.
– Verjährungsbeginn   EGBGB 229 § 6 Rn. 20 ff.
– Verjährungsfrist   EGBGB 229 § 6 Rn. 42 ff.

Verjährungsablaufhemmung
– Erstreckung auf andere Ansprüche   213 Rn. 1 ff.
– fehlender Insolvenzverwalter   210 Rn. 8
– für tot Erklärter   211 Rn. 2
– Nachlassfälle   211 Rn. 1 ff.
– nicht voll Geschäftsfähige   210 Rn. 1 ff.
– Schuldrechtsreform   Vor 203–213 Rn. 2 ff.
– Zusammentreffen mit Neubeginn   212 Rn. 41 f.

– Zweck   Vor 203–213 Rn. 1
Verjährungsbeginn
– andere als regelmäßige Verjährungsfrist
    200 Rn. 1 ff.
– Anfechtung   199 Rn. 36 ff.
– Anspruchsentstehung   199 Rn. 15 ff.
– Ausgleichsanspruch   199 Rn. 27 f.
– bedingte Ansprüche   199 Rn. 31 f.
– Befreiungsanspruch   199 Rn. 27 f.
– Freistellungsanspruch   199 Rn. 27
– grob fahrlässige Unkenntnis vom Anspruch
    199 Rn. 41 ff., 68 ff.
– Grundregeln des Europäischen Vertragsrechts
    199 Rn. 5 f.
– Grundsatz der Schadenseinheit   199 Rn. 18
– Irrtumsanfechtung   199 Rn. 18
– Jahresschlussverjährung   199 Rn. 79 f.
– Kenntnis vom Anspruch   199 Rn. 41 ff., 59 ff.
– Kündigung   199 Rn. 36 ff.
– Reformzweck   199 Rn. 7 ff.
– regelmäßige Verjährungsfrist   199 Rn. 1 ff.
– Sacheinlage   199 Rn. 18
– Schadenseintritt   199 Rn. 18
– Schadensersatz bei Nachfristsetzung   199 Rn. 39
– Schadensersatz statt der Leistung   199 Rn. 39
– Schadensersatz wegen Unmöglichkeit
    199 Rn. 39
– Schuldrechtsreform   199 Rn. 1 ff.
– Sekundärhaftung   199 Rn. 18
– Sparbuch   199 Rn. 36
– Steuerberaterhaftung   199 Rn. 18
– verhaltene Ansprüche   199 Rn. 31 f.
– vorausgesetzte Rechnungserteilung
    199 Rn. 36 ff.

Verjährungsbeginn bei festgestellten Ansprüchen
    201 Rn. 1 ff.
– Hemmung, Ablaufhemmung, Neubeginn
    201 Rn. 12
– Insolvenzverfahren   201 Rn. 11
– kein Beginn vor Anspruchsentstehung
    201 Rn. 3 ff.
– Rechtskraft der Entscheidung   201 Rn. 6 ff.
– Titelerrichtung   201 Rn. 9 f.

Verjährungsfrist
– Änderungen des Anspruchs   195 Rn. 58 ff.
– Anspruch aus vollstreckbarem Vergleich und voll-
    streckbarer Urkunde   197 Rn. 61 ff.
– Anspruchskonkurrenz   195 Rn. 67 ff.
– Anspruchskonkurrenz zwischen Vertrag und
    Delikt   195 Rn. 68 ff.
– Anspruchsqualifikation   195 Rn. 52
– Bauträgervertrag   196 Rn. 25
– Beseitigungsansprüche   197 Rn. 33 ff.
– besitzrechtliche Herausgabeansprüche
    197 Rn. 30

– Besitzverschaffungsansprüche 196 Rn. 20 f.
– dreißigjährige 197 Rn. 1 ff.
– ehebedingte (unbenannte) Zuwendungen 197 Rn. 44 ff.
– Einlageforderungen bei GmbH 195 Rn. 29 ff.
– erbrechtliche Ansprüche 197 Rn. 40 ff.
– familien- und erbrechtliche Ansprüche 195 Rn. 19
– familienrechtliche Ansprüche 197 Rn. 40 ff.
– gemischter Vertrag 195 Rn. 52
– Gesamtschuld 195 Rn. 57
– Gesellschafterhaftung 195 Rn. 33
– gesetzliche Schuldverhältnisse 195 Rn. 9 ff.
– Grundregeln des Europäischen Vertragsrechts 196 Rn. 4, 197 Rn. 2
– Grundstücksrechte 196 Rn. 1
– Herausgabeansprüche aus dinglichen Rechten 197 Rn. 15 ff.
– Herausgabeansprüche bei sonstigen absoluten Rechten 197 Rn. 38 ff.
– Höchstpersönliche Lebensgüter, sexuelle Selbstbestimmung 197 Rn. 2
– in vollstreckbarer Form festgestellte Ansprüche 197 Rn. 4
– Nebenleistungsansprüche 195 Rn. 66
– Nießbrauch 197 Rn. 20, 24, 26
– Nutzungsherausgabeanspruch 197 Rn. 27 f.
– Prospekthaftungsanspruch 195 Rn. 34
– rechtsgeschäftliche Ansprüche 195 Rn. 5 ff.
– rechtsgeschäftsähnliche Ansprüche 195 Rn. 5
– rechtskräftig festgestellte Ansprüche 197 Rn. 48 ff.
– Rechtsnachfolge 198 Rn. 1 ff.
– regelmäßig wiederkehrende Leistungen 197 Rn. 4 f., 68 ff.
– regelmäßige 195 Rn. 1
– sachenrechtliche Ansprüche 195 Rn. 17 f.
– Schuldrechtsreform 195 Rn. 1 f., 196 Rn. 1 ff.
– Sonderfristen 195 Rn. 40 ff.
– titelersetzendes Schuldanerkenntnis 197 Rn. 82
– Titelverjährung 197 Rn. 44
– Unterlassungsansprüche 197 Rn. 33 ff.
– Vermieterpfandrecht 197 Rn. 25
– Weiterfresserschaden 195 Rn. 73 f.
– Zusammentreffen mehrerer Verjährungsfristen 195 Rn. 53

Verjährungsfrist, Höchstfristen 199 Rn. 81 ff.
– Ablaufhemmung 199 Rn. 82 f.
– Anwendungsbereich 199 Rn. 81
– Beweislast 199 Rn. 122 ff.
– grundsätzliche Länge 199 Rn. 87 ff.
– Hemmung 199 Rn. 82 f.
– Neubeginn 199 Rn. 82 f.
– Schadensersatzansprüche 199 Rn. 90 ff.
– Unabhängigkeit 199 Rn. 84 ff.

– Unterlassungsansprüche 199 Rn. 118 ff.
Verjährungshemmung
– bei Leistungsverweigerungsrecht 205 Rn. 1 ff.
– Beistand 207 Rn. 10
– Berechnung 209 Rn. 7 ff.
– Betreuer 207 Rn. 10
– Eltern und Kinder 207 Rn. 8
– Erstreckung auf andere Ansprüche 213 Rn. 1 ff.
– familiäre und personenbezogene Gründe 207 Rn. 1 ff.
– Grundregeln des Europäischen Vertragsrechts Vor 203–213 Rn. 10, 203 Rn. 9, 206 Rn. 8, 207 Rn. 5, 211 Rn. 4, 212 Rn. 6
– höhere Gewalt 206 Rn. 1 ff.
– nichteheliche Lebensgemeinschaft 207 Rn. 23 ff.
– Pfleger 207 Rn. 10
– Schuldrechtsform Vor 203–213 Rn. 2 ff.
– Stiefeltern und -kinder 207 Rn. 9
– Übergangsrecht 207 Rn. 29 f.
– Vormund 207 Rn. 10
– Wirkung 209 Rn. 1 ff.
– Zusammentreffen mit Neubeginn 212 Rn. 41 f.
– Zweck Vor 203–213 Rn. 1

Verjährungshemmung durch Rechtsverfolgung 204 Rn. 1 ff.
– Adhäsionsverfahren 204 Rn. 26
– ADR-Richtlinie 204 Rn. 72
– Antrag bei Behörde 204 Rn. 125 ff.
– Antrag bei höherem Gericht 204 Rn. 129 f.
– Antragstellung 204 Rn. 14 f.
– Anwendungsbereich 204 Rn. 12 f.
– außergerichtliche Streitbeilegung 204 Rn. 72
– Begutachtungsverfahren 204 Rn. 107 ff.
– Beweislast 204 Rn. 167
– Bürgschaft 204 Rn. 50
– einstweiliger Rechtsschutz 204 Rn. 112 ff.
– Ende 204 Rn. 138 ff.
– Gesamtgläubiger 204 Rn. 47
– Gestaltungsrechte 204 Rn. 46
– Grundregeln des Europäischen Vertragsrechts 204 Rn. 11
– Hilfsantrag 204 Rn. 20 f.
– im Ausland 204 Rn. 27 ff.
– Insolvenzverfahren 204 Rn. 119
– intertemporaler Anwendungsbereich 204 Rn. 166
– Klage auf künftige Leistung 204 Rn. 25
– Klageerhebung 204 Rn. 17 ff.
– Klagerücknahme 204 Rn. 52
– Mahnverfahren 204 Rn. 58 ff.
– Musterfeststellungsklage 204 Rn. 53 ff.
– Musterfeststellungsklage, Rechtsmissbrauch 204 Rn. 55 ff.
– Nachfrist 204 Rn. 140 ff.

– notwendige Streitgenossen 204 Rn. 47
– persönliche Reichweite 204 Rn. 47 ff.
– Prozessaufrechnung 204 Rn. 84 ff.
– Prozesskostenhilfeantrag 204 Rn. 131 ff.
– prozessualer Anspruch 204 Rn. 13a
– Rechtsmissbrauch 204 Rn. 16
– Rechtsnachfolge 204 Rn. 49
– sachliche Reichweite 204 Rn. 13a, 43 f.
– Schiedsverfahren 204 Rn. 120 ff.
– Schuldrechtsreform 204 Rn. 3 ff.
– selbständiges Beweisverfahren 204 Rn. 100 ff.
– Streitgegenstand 204 Rn. 13a
– Streitverkündung 204 Rn. 89 ff.
– Stufenklage 204 Rn. 22 ff.
– Titelverjährung 204 Rn. 51
– unzulässige Klage 204 Rn. 52
– Veranlassung der Bekanntgabe des Streitbeile-
   gungsantrags 204 Rn. 72 ff.
– vereinfachtes Unterhaltsverfahren 204 Rn. 56 ff.
– Verfahrensstillstand 204 Rn. 155 ff.
– Widerklage 204 Rn. 20 f.
– Zeitpunkt 204 Rn. 40 ff.

Verjährungshemmung durch Verhandlungen
– Ablaufhemmung 203 Rn. 53
– Anwendungsbereich 203 Rn. 10 ff.
– Begriff der Verhandlungen 203 Rn. 20 ff.
– Beweislast 203 Rn. 60
– Einschlafen der Gespräche 203 Rn. 47 ff.
– Gegenstand der Verhandlungen 203 Rn. 14 ff.
– Mängelprüfung 203 Rn. 36, 44
– Nachbesserungsversuch 203 Rn. 37 f., 67
– Nacherfüllungsverlangen 203 Rn. 39
– Rechtsfolgen 203 Rn. 42 ff.
– Rechtsmissbrauch 203 Rn. 8
– Sonderregelungen 203 Rn. 6 f.
– Übergangsrecht 203 Rn. 57 ff.
– Verhältnis zu anderen Vorschriften
   203 Rn. 54 ff.
– Verhandlungspause 203 Rn. 47
– Verhandlungsverschleppung 203 Rn. 51
– Vermeidung von Beweisschwierigkeiten
   203 Rn. 61 ff.
– Vertragliche Vereinbarungen 203 Rn. 65 ff.
– Wiederaufnahme der Gespräche 203 Rn. 47
– Zweck 203 Rn. 1 ff.

Verjährungsneubeginn 212 Rn. 1 ff.
– Anerkenntnis 212 Rn. 11 ff., 31 f.
– Aufrechnung 212 Rn. 14
– Ausschluss 212 Rn. 8 f.
– Beweislast 212 Rn. 43
– Bürgschaft 212 Rn. 38
– Dauerunterbrechung 212 Rn. 35
– Erstreckung auf andere Ansprüche 213 Rn. 1 ff.
– Nachbesserungsversuch 212 Rn. 15

– persönliche Reichweite 212 Rn. 38 f.
– Rechtsfolgen 212 Rn. 27 ff.
– sachliche Reichweite 212 Rn. 36 f.
– Schuldrechtsreform Vor 203–213 Rn. 2 ff.
– Vergleich 212 Rn. 15a
– Vollstreckungsmaßnahmen 212 Rn. 20 ff., 34
– weitere Tatbestände 212 Rn. 7
– Zeitpunkt 212 Rn. 27 ff.
– Zusammentreffen mit (Ablauf-)Hemmung
   212 Rn. 41 f.
– Zweck Vor 203–213 Rn. 1

Verkehrsfähigkeit
– Sachen 90 Rn. 100

Verkehrsgeltung
– Namensschutz 12 Rn. 88

Verkehrsschutz
– ausländische eingetragene Lebenspartnerschaft
   EGBGB 17b Rn. 74

Verlöbnis
– Zuwendung Dritter EGBGB 13 Anh I Rn. 7

Verlöbnis, IPR EGBGB 13 Anh I Rn. 1
– Auflösung EGBGB 13 Anh I Rn. 4
– Begriff EGBGB 13 Anh I Rn. 1

Verlustdeckungshaftung
– Vorverein 21 Rn. 11

Vermeintlicher Amtsinhaber
– Haftung 179 Rn. 4

Vermittlungsstelle
– Stiftung Eurotransplant TPG Rn. 110

Vermögenserhaltungsgrundsatz 81 Rn. 61 ff.
– Stifterwille 81 Rn. 63 ff.

Vernehmungstheorie
– Wirksamwerden der Willenserklärung
   130 Rn. 34 f.

Verordnung
– Unionsprivatrecht Einf Rn. 17

Verschollenheitsgesetz
– gerichtliche Todeserklärung 1 Rn. 28

Verschulden bei Vertragsschluss
– Haftung des Vertretenen bei vollmachtloser Stell-
   vertretung 177 Rn. 28
– Schuldrechtsreform, Überleitungsrecht
   EGBGB 229 § 5 Rn. 41
– Verhandlungsverhältnis Vor 145–157 Rn. 33

Verschulden bei Vertragsverhandlungen
– Konkurrenz zu § 122 BGB 122 Rn. 18
– Konkurrenz zur Anfechtung nach § 123
   123 Rn. 104

Verschwendung 104 Rn. 64

Versorgungsausgleich, IPR EGBGB 17 Rn. 85 ff.
– ausländische Anwartschaften
   EGBGB 17 Rn. 140 ff.

– Deutsch-Iranisches Niederlassungsabkommen
    EGBGB 17 Rn. 149
– hinkende Ehe   EGBGB 17 Rn. 102
– Kenntnis durch ausländisches Recht
    EGBGB 17 Rn. 112
– Rechtsvergleichung   EGBGB 17 Rn. 113
– regelwidrige Durchführung nach deutschem Recht
    EGBGB 17 Rn. 119
– Rück- und Weiterverweisung   EGBGB 17 Rn. 85
– vertraglicher Ausschluss   EGBGB 17 Rn. 97 ff.
– Vorfrage   EGBGB 17 Rn. 86
– vorrangiges EU-Recht   EGBGB 17 Rn. 143 ff.
– zusätzliche Anwendung des Heimatrechts
    EGBGB 17 Rn. 104

Versprechen   Vor 145–157 Rn. 16

Versteigerung
– Anwendungsbereich   156 Rn. 2
– im Fernabsatz   156 Rn. 4
– Übereignung   156 Rn. 3
– Versteigerungsbedingungen   156 Rn. 8

Verstoß gegen das Gebot fairen Verhandelns
– Konkurrenz zur Anfechtung nach § 123
    123 Rn. 108

Verstoßung
– Internationales Scheidungsrecht
    EGBGB 17 Rn. 73
– ordre public   EGBGB 6 Rn. 63

Vertrag
– Ausgestaltung   Vor 145–157 Rn. 8
– Begriff   Vor 145–157 Rn. 4 f.
– Beschränkungen der Vertragsfreiheit
    Vor 145–157 Rn. 10 ff.
– Bindungsverbot   Vor 145–157 Rn. 12
– causa   Vor 145–157 Rn. 4
– Erklärungen im Verhandlungsprozess
    Vor 145–157 Rn. 31 f.
– essentialia negotii   145 Rn. 5
– faktische Vertragswirkungen
    Vor 145–157 Rn. 46
– faktischer   Vor 145–157 Rn. 42
– falsa demonstratio non nocet
    Vor 145–157 Rn. 15
– fehlerhaftes Dauerschuldverhältnis
    Vor 145–157 Rn. 45
– freiwillige Selbstverpflichtungen
    Vor 145–157 Rn. 26
– Funktion   Vor 145–157 Rn. 10
– Gefälligkeitsverhältnis   Vor 145–157 Rn. 21 f.
– Gentlemen's Agreement   Vor 145–157 Rn. 26 f.
– internationales Einheitsrecht
    Vor 145–157 Rn. 20
– Konsensprinzip   Vor 145–157 Rn. 14 ff.
– Kontrahierungszwang   Vor 145–157 Rn. 11
– lex contractus   Vor 145–157 Rn. 14
– Naturalobligation   Vor 145–157 Rn. 13, 26

– Netzwerk   Vor 145–157 Rn. 4
– Normativer Konsens   Vor 145–157 Rn. 15
– Option   Vor 145–157 Rn. 36 f.
– pacta sunt servanda   Vor 145–157 Rn. 14
– pactum de non petendo   Vor 145–157 Rn. 29
– protestatio facta contraria   Vor 145–157 Rn. 43 f.
– Prozessvertrag   Vor 145–157 Rn. 29
– Qualifikationsabrede   Vor 145–157 Rn. 8
– Rahmenvertrag   Vor 145–157 Rn. 39 ff.
– Rechtsabgrenzungsvereinbarung
    Vor 145–157 Rn. 47
– Rechtsbindungswille   Vor 145–157 Rn. 8
– rechtsgeschäftliche Relevanz   Vor 145–157 Rn. 9
– rechtsgeschäftsähnliches Schuldverhältnis
    Vor 145–157 Rn. 22
– Schriftformerfordernis   126 Rn. 43 ff.
– Spielsperre   Vor 145–157 Rn. 46
– Sukzessivlieferungsvertrag   Vor 145–157 Rn. 41
– Tatsachenvergleich   Vor 145–157 Rn. 47
– Tatsachenvertrag   Vor 145–157 Rn. 47
– tatsächliche Verständigung   Vor 145–157 Rn. 47
– Unverbindlichkeitsabrede   Vor 145–157 Rn. 23 f.
– Verbindlichkeitsabrede   Vor 145–157 Rn. 8
– Verbot des Rechtszwanges
    Vor 145–157 Rn. 12 f.
– Verhandlungsverhältnis   Vor 145–157 Rn. 33
– Vertragsbindung   Vor 145–157 Rn. 6 ff.
– Vertragsversprechen   Vor 145–157 Rn. 16
– Vertragswille   Vor 145–157 Rn. 6 ff.
– Vertrauenspakt   Vor 145–157 Rn. 23 ff.
– Vorrecht   Vor 145–157 Rn. 38
– Vorvertrag   Vor 145–157 Rn. 34 f.
– Zwei- und mehrseitiger Vertrag
    Vor 145–157 Rn. 4

Vertrag im elektronischen Geschäftsverkehr
– Informationspflichten   EGBGB 246c Rn. 1 ff.

Vertrag zugunsten Dritter
– Abgrenzung zur Stellvertretung   164 Rn. 32

Vertragliche Vereinbarung
    EGBGB 240 § 2 Rn. 18

Vertragsabschluss
– kreuzende Offerten   Vor 145–157 Rn. 17
– Zustimmung   Vor 145–157 Rn. 17

Vertragsannahme
– Anfechtung einer Willensbetätigung   151 Rn. 7
– Auftragsbestätigung   147 Rn. 8
– bei notarieller Beurkundung   152 Rn. 1 ff.
– bei Versteigerung   156 Rn. 7
– des Gegenantrags   150 Rn. 10 f.
– durch Bestätigung   147 Rn. 2
– durch Schweigen   147 Rn. 5 ff.
– Erlassfalle   151 Rn. 6
– geänderter Gegenantrag   150 Rn. 8 ff.
– Gegenantrag durch Schweigen   150 Rn. 4

- Gegenantrag, Zugangsverzicht   150 Rn. 3, 9
- Gesamtverhalten   151 Rn. 5
- kaufmännisches Bestätigungsschreiben   147 Rn. 9 f.
- konkludente   147 Rn. 4
- Lösungsrecht bei Verspätung   149 Rn. 1 ff.
- mit Änderungen   150 Rn. 5 ff.
- mit Änderungswunsch   150 Rn. 6
- ohne Erklärung gegenüber dem Antragenden   151 Rn. 1 ff.
- Teilannahme   150 Rn. 5
- Tod oder Geschäftsunfähigkeit des Annehmenden   153 Rn. 5
- unter Einbeziehung von AGB   150 Rn. 7
- Vergabeverfahren   150 Rn. 2
- verspätet zugegangene   149 Rn. 1 ff.
- verspätete   150 Rn. 2 f.
- vorweggenommene (antizipierte) Annahme   Vor 145–157 Rn. 19
- Widerruf einer Willensbetätigung   151 Rn. 7
- Willensbetätigung   151 Rn. 1 ff., 2, 5 ff.
- Wirksamkeit   147 Rn. 2 ff.
- Zugangsverzicht   151 Rn. 3 ff.

Vertragsantrag
- Ablehnung   146 Rn. 2 f.
- ad incertas personas   145 Rn. 4
- AGB   145 Rn. 21
- bei Versteigerung   156 Rn. 5 f.
- Betreuung   153 Rn. 3
- Beweislast   145 Rn. 22
- Bindungswirkung   145 Rn. 9 ff.
- Erklärung über Ausschluss der Gebundenheit   145 Rn. 18 ff.
- Erlöschen   146 Rn. 1 ff.
- Formbedürftigkeit bei Versteigerung   156 Rn. 5
- freibleibend   145 Rn. 15, 18 ff.
- Fristablauf   146 Rn. 6 f.
- geänderte Annahme   146 Rn. 2
- gegenüber Konzern   145 Rn. 4
- Haftung bei Verletzung der Antragsbindung   145 Rn. 12 ff.
- invitatio ad offerendum   145 Rn. 3
- Klage auf Annahme bei Fristablauf   146 Rn. 7
- notwendiger Inhalt   145 Rn. 5
- Realofferte   145 Rn. 4
- Tod oder Geschäftsunfähigkeit des Antragenden   153 Rn. 2
- unbestimmter Adressat   145 Rn. 4
- Verfügungsbeschränkungen   153 Rn. 3
- verlängerte Annahmefrist   146 Rn. 2 f.
- Widerrufsrecht des Verbrauchers   145 Rn. 17
- Widerrufsvorbehalt   145 Rn. 15 f.
- Zusendung unbestellter Ware   145 Rn. 7

Vertragsantrag, Annahmefrist
- AGB   148 Rn. 4 ff.

- bei Antrag unter Abwesenden   147 Rn. 13 f.
- bei Antrag unter Anwesenden   147 Rn. 11 ff.
- Bestimmung einer Frist   148 Rn. 1 ff.
- Internet-Chat   147 Rn. 11
- Verkürzung   148 Rn. 1 ff.
- Vertretererklärung   147 Rn. 11

Vertragsarbitrage   Vor 145–157 Rn. 19

Vertragsautonomie   Vor 145–157 Rn. 10
- Parteiautonomie   Vor 145–157 Rn. 10

Vertragsfreiheit
- Beschränkungen   Vor 145–157 Rn. 10 ff.
- im Verjährungsrecht   Vor 194–218 Rn. 11
- Vereinbarungen über die Verjährung   202 Rn. 1 ff.

Vertragsinhalt
- Drittbestimmung   Vor 145–157 Rn. 19
- Rabattgutschein   145 Rn. 6
- Vertragsarbitrage   Vor 145–157 Rn. 19

Vertragsrecht
- Europäische Entwicklung   Vor 145–157 Rn. 3

Vertragsschluss
- DCFR   Vor 145–157 Rn. 3
- Schwarzfahrer   Vor 145–157 Rn. 43
- Vollständigkeitserfordernis   154 Rn. 2
- Wollensbedingung   Vor 145–157 Rn. 18

Vertragsstatut   Vor 145–157 Rn. 20

Vertragsverhandlungen
- Vorfeldvertrag   Vor 145–157 Rn. 31 f.

Vertrauenspakt   Vor 145–157 Rn. 23 ff.

Vertretbare Sache
- Begriff   91 Rn. 1
- Beispiele   91 Rn. 11
- rechtliche Bedeutung   91 Rn. 8
- Verkehrsanschauung   91 Rn. 6

Vertreter ohne Vertretungsmacht
- Anwendungsbereich   177 Rn. 3
- einer öffentlich-rechtlichen Körperschaft   177 Rn. 5
- Fehlen der Vertretungsmacht   177 Rn. 12
- Handeln für Amtsinhaber   177 Rn. 10
- Handeln für Vor(gründungs)gesellschaft   177 Rn. 9
- Handeln unter fremdem Namen   177 Rn. 6
- Leugnen der Vertretungsmacht   177 Rn. 13
- maßgeblicher Zeitpunkt   177 Rn. 11
- Missbrauch der Vertretungsmacht   177 Rn. 8
- Pseudobote   177 Rn. 7
- schwebende Unwirksamkeit   177 Rn. 14
- Überschreitung der Vertretungsmacht   177 Rn. 12
- Willensmangel   166 Rn. 26

Vertreter ohne Vertretungsmacht, Genehmigung
177 Rn. 16
– Adressat   177 Rn. 21
– Aufforderung über Genehmigung   177 Rn. 30
– Beweislast   177 Rn. 32
– Erklärung durch Schweigen   177 Rn. 23
– Form   177 Rn. 24
– Fristgebundenes Rechtsgeschäft   177 Rn. 20
– Haftung des Vertretenen   177 Rn. 27
– konkludente Erklärung   177 Rn. 22
– Rückwirkung   177 Rn. 17
– Verweigerung   177 Rn. 26
– Wesen   177 Rn. 16

Vertreter ohne Vertretungsmacht, Haftung
– analoge Anwendung   179 Rn. 4
– Beweislast   179 Rn. 30
– Duldungs- und Anscheinsvollmacht   179 Rn. 9
– Erfüllungsanspruch   179 Rn. 15
– fehlende Geschäftsfähigkeit des Vertretenen
179 Rn. 4
– Grundregeln des Europäischen Vertragsrechts
179 Rn. 3
– Haftungsausschluss   179 Rn. 23
– Haftungsbeschränkung   179 Rn. 21
– Haftungsgrund   179 Rn. 1
– Handeln unter fremdem Namen   179 Rn. 4
– Hinweise zur Vertragsgestaltung   179 Rn. 29
– Inexistenz des Vertretenen   179 Rn. 4
– konkurrierende Ansprüche   179 Rn. 26
– öffentlich-rechtliche Organe   179 Rn. 8
– Pseudobote   179 Rn. 4
– Rechtsfolge   179 Rn. 14
– Schadensersatzanspruch   179 Rn. 18
– Überschreitung der Vertretungsmacht   179 Rn. 9
– Untervollmacht   179 Rn. 9
– Verjährung   179 Rn. 20
– vermeintlicher Amtsinhaber   179 Rn. 4
– vermögensloser Vertretener   179 Rn. 15
– Voraussetzungen   179 Rn. 7
– Wahlschuld   179 Rn. 19

Vertretergeschäft
– IPR   EGBGB 11 Rn. 48

Vertretertheorie
– juristische Person   Vor 21 Rn. 6

Vertretungsbescheinigung
– Stiftung   81 Rn. 29

Vertretungsmacht
– Gesamtvertretung   164 Rn. 82
– Missbrauch   164 Rn. 84, 177 Rn. 8
– Rechtsgründe   164 Rn. 78
– Sonderformen   164 Rn. 82
– Wesen   164 Rn. 77

Vertretungsstatut   EGBGB 8 Rn. 1 ff.
– alte Rechtslage   EGBGB 8 Rn. 2

– Altfälle   EGBGB 229 § 41 Rn. 1
– Anscheinsvollmacht   EGBGB 8 Rn. 6
– Arbeitnehmer   EGBGB 8 Rn. 35
– Auffanganknüpfungen   EGBGB 8 Rn. 39 ff.
– Ausweichklausel   EGBGB 8 Rn. 32 f., 41
– Börsengeschäfte   EGBGB 8 Rn. 13
– Doppelvertretung   EGBGB 8 Rn. 5
– Duldungsvollmacht   EGBGB 8 Rn. 6
– Erkennbarkeit   EGBGB 8 Rn. 27 f.
– falsus procurator   EGBGB 8 Rn. 8
– Form   EGBGB 8 Rn. 5
– Gebrauchsort   EGBGB 8 Rn. 26, 39 ff.
– Genehmigung   EGBGB 8 Rn. 5
– Geschäftsfähigkeit   EGBGB 8 Rn. 5
– gesetzliche Vertretung   EGBGB 8 Rn. 7
– gewöhnlicher Aufenthalt   EGBGB 8 Rn. 29 ff.,
39
– Grundstücke   EGBGB 8 Rn. 12
– Haager Erwachsenenschutzübereinkommen
EGBGB 8 Rn. 37
– Handelsvertreter   EGBGB 8 Rn. 34
– Insichgeschäft   EGBGB 8 Rn. 5
– intertemporales Recht   EGBGB 229 § 41 Rn. 1 f.
– Kollusion   EGBGB 8 Rn. 42
– Offenkundigkeit   EGBGB 8 Rn. 9 f.
– ordre public   EGBGB 8 Rn. 15
– organschaftliche Vertretung   EGBGB 8 Rn. 7
– Privatvollmacht   EGBGB 8 Rn. 37 f.
– Prokura   EGBGB 8 Rn. 7
– Prozessvollmacht   EGBGB 8 Rn. 11
– Publizität   EGBGB 8 Rn. 9 f.
– Rechtsscheinvollmacht   EGBGB 8 Rn. 6
– Rechtsvereinheitlichung   EGBGB 8 Rn. 3
– Rechtswahl   EGBGB 8 Rn. 16 ff., 24 f.
– renvoi   EGBGB 8 Rn. 14
– Rückverweisung   EGBGB 8 Rn. 14
– selbständige Anknüpfung   EGBGB 8 Rn. 2
– Unternehmer   EGBGB 8 Rn. 34
– Untervollmacht   EGBGB 8 Rn. 5
– Verfügungsgeschäfte   EGBGB 8 Rn. 12
– Versteigerungen   EGBGB 8 Rn. 13
– Vollmacht   EGBGB 8 Rn. 5 ff.
– Vorsorgevollmacht   EGBGB 8 Rn. 37,
8 Anh Rn. 5
– Weiterverweisung   EGBGB 8 Rn. 14
– Zulässigkeit der Vertretung   EGBGB 8 Rn. 9 f.

Verwechslungsgefahr
– Namensschutz   12 Rn. 244

Verwirkung
– Abgrenzung zur Verjährung   Vor 194–218 Rn. 42
– des Namensrechts   12 Rn. 144
– des Namensschutzes   12 Rn. 228, 268

Volksdeutsche
- Gleichstellung mit deutschen Staatsangehörigen EGBGB 5 Anh II Rn. 4

Volljährigkeit 2 Rn. 1

Vollmacht
- Abstraktionsprinzip 167 Rn. 4
- Art- oder Gattungsvollmacht 167 Rn. 46
- Bankverkehr 167 Rn. 48
- Bauwirtschaft 167 Rn. 49
- Begründung 167 Rn. 1
- bei formbedürftigem Geschäft 125 Rn. 26
- Beispiele zum Umfang 167 Rn. 47
- Beweislast 167 Rn. 98
- Ehe und Familie 167 Rn. 50
- Form 167 Rn. 34, 96
- Generalvollmacht 167 Rn. 46
- Gesamtvertretung 167 Rn. 54
- Gestaltungshinweise 167 Rn. 95
- Grundstücksgeschäfte 167 Rn. 51
- Handel 167 Rn. 52
- isolierte 164 Rn. 11, 167 Rn. 4
- postmortale 168 Rn. 14, 20
- Rechtsangelegenheiten 167 Rn. 53
- Rechtsnatur 167 Rn. 6
- Spezialvollmacht 167 Rn. 46
- Streitverkündung 167 Rn. 99
- transmortale 168 Rn. 14
- Trennungsprinzip 167 Rn. 3
- Umfang 167 Rn. 44
- Vertretungsstatut EGBGB 8 Rn. 5 ff.
- Wirkung 167 Rn. 7

Vollmacht, Erlöschen
- Bedingung 168 Rn. 3
- Befristung 168 Rn. 3
- bei Vollmachtsurkunde 172 Rn. 10
- Beweislast 168 Rn. 31
- Erlöschen einer juristischen Person 168 Rn. 21, 26
- Geschäftsunfähigkeit des Bevollmächtigten 168 Rn. 27
- Geschäftsunfähigkeit des Vollmachtgebers 168 Rn. 22
- Gründe in der Person des Bevollmächtigten 168 Rn. 25
- Gründe in der Person des Vollmachtgebers 168 Rn. 14
- Grundverhältnis 168 Rn. 4
- Hinweise zur Vertragsgestaltung 168 Rn. 30
- Inhalt der Bevollmächtigung 168 Rn. 3
- Insolvenz des Bevollmächtigten 168 Rn. 28
- Insolvenz des Vollmachtgebers 168 Rn. 23
- isolierte Vollmacht 168 Rn. 29
- postmortale Vollmacht 168 Rn. 14, 20
- Streitverkündung 168 Rn. 31

- Tod 168 Rn. 25
- Tod des Vollmachtgebers 168 Rn. 14
- transmortale Vollmacht 168 Rn. 14
- Unwiderruflichkeit 168 Rn. 6
- Widerruf 168 Rn. 5

Vollmachtserteilung 167 Rn. 10
- als Willenserklärung 167 Rn. 14
- Anfechtung 167 Rn. 21
- Bedingung 167 Rn. 11
- Bevollmächtigter 167 Rn. 13
- Empfangsbedürftigkeit 167 Rn. 16
- geheimer Vorbehalt 167 Rn. 18
- in AGB 167 Rn. 33
- Rechtsnatur 167 Rn. 10
- Scheingeschäft 167 Rn. 18
- Scherzerklärung 167 Rn. 20
- Sittenwidrigkeit 167 Rn. 31
- Verbotswidrigkeit 167 Rn. 31
- Vollmachtgeber 167 Rn. 12

Vollmachtsurkunde
- Abhandenkommen 172 Rn. 5
- Analogie bei Blankett 172 Rn. 13
- Aushändigung 172 Rn. 3
- bei Untervollmacht 172 Rn. 8
- Beweislast 172 Rn. 14
- Erlöschen der Vertretungsmacht 172 Rn. 10
- Form 172 Rn. 2
- notwendiger Inhalt 172 Rn. 2
- Rechtsfolge der Vorlegung 172 Rn. 9
- Vorlegung 172 Rn. 6

Vollstreckung
- elterliche Verantwortung EGBGB Anh I zum III. Abschnitt Vor EheVO Rn. 4

Vollstreckung ausländischer Entscheidungen
- elterliche Sorge EGBGB 24 Anh I Rn. 1

Vorabentscheidungsverfahren
- Unionsprivatrecht Einf Rn. 73 ff.

Vorgesellschaft
- Handeln für 177 Rn. 9
- Namensschutz 12 Rn. 71

Vorgründungsgesellschaft
- Handeln für 177 Rn. 9

Vormundschaft
- anwendbares Recht EGBGB 24 Rn. 1 ff.
- Entstehung, Änderung, Ende EGBGB 24 Rn. 10 ff.

Vorname
- Namensschutz 12 Rn. 55

Vorratszwecke
- Stiftung 81 Rn. 25 ff.

Vorsorgevollmacht EGBGB 24 Rn. 17

Vorstand des Vereins
- Legitimationszeugnis   69 Rn. 1

Vorstand des Vereins, Vertretungsmacht
- Eintragung der Beschränkung der V.   70 Rn. 1 ff.

Vorstiftung   80 Rn. 19 ff.

Vorstrafen
- Täuschung über   123 Rn. 44, 48

Vorverein
- Differenzhaftung   21 Rn. 11
- Handelndenhaftung   21 Rn. 10
- Parteifähigkeit   21 Rn. 13
- Verlustdeckungshaftung   21 Rn. 11

Vorvertrag   Vor 145–157 Rn. 34 f.
- Form   125 Rn. 16

Vulnerable person   104 Rn. 11

Wappen
- Namensschutz   12 Rn. 119

Wasser
- Sachqualität   90 Rn. 108

Website
- Erklärungsträger für Textform   126b Rn. 21

Weiterfresserschaden
- Verjährung der Schadensersatzansprüche   195 Rn. 73 f.

Weltanschauung   AGG 1 Rn. 21 ff., 7 Rn. 20 ff., 20 Rn. 28

Wertpapier
- als Sache   90 Rn. 68
- IPR   EGBGB 43 Rn. 25

Wesentlicher Bestandteil
- Beispiele   93 Rn. 53
- Bootssteg   94 Rn. 49
- eines Grundstücks oder Gebäudes   94 Rn. 1
- einheitliche Sache   93 Rn. 30
- Ersetzbarkeitslehre   93 Rn. 22
- Kommunemauer   94 Rn. 46
- rechtliche Bedeutung   93 Rn. 33
- Sondereigentum   93 Rn. 37
- Überbau   94 Rn. 44
- Wesensveränderung eines Bestandteils   93 Rn. 20
- Wesentlichkeit   93 Rn. 16
- Zerstörung eines Bestandteils   93 Rn. 19

Wesentliches Dauerschuldverhältnis   EGBGB 240 § 1 Rn. 8 ff., 19 ff.

Wettbewerbsverbot
- Sittenwidrigkeit   138 Rn. 344

WGG
- Antragsbindung   145 Rn. 11

Widerklage
- Verjährungshemmung   204 Rn. 20 f.

Widerrechtliche Drohung
- Anfechtung der Vollmachtserteilung   167 Rn. 29
- Ausschluss der Anfechtung nach Treu und Glauben   123 Rn. 18
- bei Stellvertretung   166 Rn. 25
- Beweislast   123 Rn. 109
- Drohung   123 Rn. 80
- Familien- und Erbrecht   123 Rn. 10
- geschäftsähnliche Handlung   123 Rn. 5
- gesetzlich fingierte Willenserklärung   123 Rn. 5
- Interessenlage   123 Rn. 2
- Kausalität   123 Rn. 85
- Konkurrenzen   123 Rn. 101
- mit Kündigung   123 Rn. 96
- mit Strafanzeige   123 Rn. 95
- öffentliches Recht   123 Rn. 8
- Person der Drohenden   123 Rn. 99
- Prozesshandlungen   123 Rn. 7
- Rechtsfolgen   123 Rn. 100
- Verhältnis zur Anfechtung nach § 119   119 Rn. 19, 123 Rn. 15
- Vermögensgesetz   123 Rn. 13
- Versicherungsvertrag   123 Rn. 12
- vertragliche Abbedingung des Anfechtungsrechts   123 Rn. 16
- Verzicht auf das Anfechtungsrecht   123 Rn. 17
- vis compulsiva/absoluta   123 Rn. 6
- Vorsatz   123 Rn. 97
- Wertpapierrecht   123 Rn. 21
- Widerrechtlichkeit   123 Rn. 88

Widerruf
- der Vollmacht   168 Rn. 5, 171 Rn. 5

Widerruflicher Antrag
- AGB   148 Rn. 4 ff.
- Antragsfrist   148 Rn. 1 ff.

Widerrufsbelehrung
- Fernabsatzvertrag   EGBGB 246a § 1 Rn. 5 ff.

Widerrufsrecht
- Fernabsatzvertrag   EGBGB 246a § 1 Rn. 5 ff.
- Verbrauchervertrag   EGBGB 246 Rn. 13 ff.

Widerspruchslösung
- Unterstichwort   TPG Rn. 41

Willenserklärung
- Abgrenzungsfragen   Vor 116–144 Rn. 14
- ausdrückliche   Vor 116–144 Rn. 11
- automatisierte Erklärung   Vor 116–144 Rn. 2
- autonome Erklärung   Vor 116–144 Rn. 2
- Begriff   Vor 116–144 Rn. 2
- elektronische Erklärung   Vor 116–144 Rn. 2
- Elemente   Vor 116–144 Rn. 4
- Erklärungsbewusstsein   Vor 116–144 Rn. 7
- Erklärungstheorie   Vor 116–144 Rn. 3
- gegenüber Anwesenden   130 Rn. 12
- Geltungstheorie   Vor 116–144 Rn. 3

– Geschäftswille   Vor 116–144 Rn. 8
– Handlungswille   Vor 116–144 Rn. 6
– konkludente   Vor 116–144 Rn. 12
– Rechtsbindungswille   Vor 116–144 Rn. 9
– Schweigen als   Vor 116–144 Rn. 13
– Tod oder Geschäftsunfähigkeit nach Abgabe
   130 Rn. 78 f.
– Widerruf vor Zugang   130 Rn. 77
– Willenstheorie   Vor 116–144 Rn. 3

Willenstheorie   Vor 116–144 Rn. 3, 119 Rn. 1

Wirksamwerden von Willenserklärungen
– gegenüber beschränkt Geschäftsfähigen
   131 Rn. 9 ff.
– gegenüber Geschäftsunfähigen   131 Rn. 4 ff.

Wirtschaftliche Schwierigkeiten
   EGBGB 240 § 2 Rn. 5 f.

Wissensvertretung
– Abgrenzung zur Stellvertretung   164 Rn. 30

Wissenszusammenrechnung
– bei Stellvertretung   166 Rn. 15

Wohlerworbene Rechte
– IPR   EGBGB 7 Rn. 29

Wohnort
– Begriff   7 Rn. 8

Wohnsitz   7 Rn. 1
– Abgrenzungen   7 Rn. 7
– Adoptivkind   11 Rn. 7
– als kollisionsrechtlicher Anknüpfungspunkt
   EGBGB 5 Rn. 4
– Aufenthalt   7 Rn. 9
– Aufenthaltsgebot, gesetzliches oder behördliches
   7 Rn. 25
– Aufhebung   7 Rn. 24
– Ausländer   7 Rn. 21
– Begründung   7 Rn. 14
– dienstlicher   7 Rn. 10
– gewerbliche Niederlassung   7 Rn. 12
– Kind   11 Rn. 1
– mehrere   7 Rn. 23
– nicht voll Geschäftsfähiger   7 Rn. 20, 8 Rn. 1
– Niederlassung   7 Rn. 17
– Ordensangehörige   7 Rn. 21
– rechtliche Bedeutung   7 Rn. 1
– Sitz einer Personenvereinigung   7 Rn. 11
– Soldat   9 Rn. 1
– Verschollene   7 Rn. 22
– Wohnort   7 Rn. 8

Wollensbedingung   158 Rn. 6 ff., 162 Rn. 4
– Vertragsschluss   Vor 145–157 Rn. 18

Wucher
– Anwendungsbereich   138 Rn. 10
– auffälliges Missverhältnis   138 Rn. 361
– Eingriffsnorm   138 Rn. 12

– Entstehungsgeschichte   138 Rn. 9
– Normzweck   138 Rn. 7
– Rechtsfolgen   138 Rn. 374
– subjektive Tatbestandsmerkmale   138 Rn. 373
– Unterlegenheit des Vertragspartners   138 Rn. 365
– Verhältnis zu anderen Vorschriften   138 Rn. 356
– Voraussetzungen   138 Rn. 359

Zahlungsverzug im Geschäftsverkehr
– Übergangsrecht   EGBGB 229 § 34 Rn. 1 ff.
– verspätete Richtlinienumsetzung
   EGBGB 229 § 34 Rn. 4 f.

Zeitbestimmung   163 Rn. 1 ff.

Zeitehe   EGBGB 13 Rn. 1

Zeitnahe Mittelverwendung   81 Rn. 60

Zubehör   97 Rn. 1
– Aufhebung der Zubehöreigenschaft   97 Rn. 62
– Begriff   97 Rn. 5
– Beispiele   97 Rn. 65
– Beweislast   97 Rn. 8, 38
– dienender Charakter   97 Rn. 39
– Eigentumsvorbehalt   97 Rn. 36
– Grundstücksbeschlagnahme   97 Rn. 60
– Hauptsache   97 Rn. 15
– in der Zwangsvollstreckung   97 Rn. 59
– räumliches Verhältnis zur Hauptsache   97 Rn. 44
– rechtliche Bedeutung   97 Rn. 51
– Sachgesamtheit   97 Rn. 12
– verbrauchbare Sache   97 Rn. 14
– Verkehrsanschauung   97 Rn. 46
– Zweckbestimmung   97 Rn. 22

Zufallsbedingung   158 Rn. 4

Zugang
– abweichende Vereinbarung der Voraussetzungen
   130 Rn. 3 f.
– Anrufbeantworter   130 Rn. 31, 43, 56 f.
– Bedeutung   130 Rn. 19
– bei elektronischer Form   126a Rn. 54 f.
– bei Verurteilung zur Abgabe einer Willenserklärung   130 Rn. 17
– Benachrichtigung gem. § 666   130 Rn. 18
– Beweislast   130 Rn. 80 ff.
– beweissichere Übermittlung   130 Rn. 90
– Bote   130 Rn. 36 f., 40, 61 ff., 70
– Briefkasten   130 Rn. 53 f.
– Definition   130 Rn. 22 ff.
– Einschreiben   130 Rn. 83 ff.
– elektronische Erklärung   130 Rn. 32, 59 f.
– E-Mail   130 Rn. 44
– empfangsbedürftige Willenserklärung
   130 Rn. 10
– Empfangsbote   130 Rn. 20
– Empfangsvertreter   130 Rn. 20
– Erklärung gegenüber Abwesenden   130 Rn. 12

– Erklärung gegenüber Anwesenden   130 Rn. 12
– Erklärung gegenüber Behörden   130 Rn. 14 f.
– Ersetzung durch förmliche Zustellung
    132 Rn. 3 ff.
– Ersetzung durch öffentliche Zustellung
    132 Rn. 9 ff.
– formbedürftige Erklärung   130 Rn. 16
– geschäftsähnliche Handlung   130 Rn. 11
– gewöhnliche Umstände   130 Rn. 49 ff.
– Kommunikationsmittel   130 Rn. 39 ff.
– Kündigung   130 Rn. 51, 75
– Machtbereich   130 Rn. 27 ff.
– nicht gespeicherte Willenserklärung   130 Rn. 13,
    34 f.
– Postfach   130 Rn. 55
– Rechtsmissbrauch durch Erklärenden
    130 Rn. 51
– Schwarzes Brett   130 Rn. 33, 65, 74
– Sprache   130 Rn. 45 ff.
– Telefax   130 Rn. 30, 43, 58
– Voicemail   130 Rn. 31
– Widerruf vor Zugang   130 Rn. 77
– zufällige Kenntniserlangung   130 Rn. 21
– Zugangsvereitelung   130 Rn. 66 ff.
– Zugangsverzögerung   130 Rn. 72

Zurückbehaltungsrecht
– trotz verjährtem Anspruch   215 Rn. 6 f.

Zuschlag
– Versteigerung   156 Rn. 7

Zustiftung   81 Rn. 58 ff.
– Besteuerung   82 Rn. 15 ff.

Zustimmung
– Adressat   182 Rn. 54
– ähnliche Rechtsinstrumente   182 Rn. 16
– Anfechtung   182 Rn. 41
– Bedingung, Befristung, Widerruf   182 Rn. 30
– Betriebsrat zur Kündigung   182 Rn. 48

– Beweislast   182 Rn. 64
– Erklärungsbewusstsein   182 Rn. 19
– Erlöschensgründe der Einwilligung   183 Rn. 15
– Form   182 Rn. 56
– formbedürftiges Geschäft   125 Rn. 27
– Formulierungshilfen   182 Rn. 65
– konkludente   182 Rn. 18
– Minderjährigenfälle   182 Rn. 20
– öffentliches Recht   182 Rn. 49
– Prozesshandlungen   182 Rn. 47
– Rechtsnatur   182 Rn. 7
– Regelungsbereich   182 Rn. 3
– Sozialrecht   182 Rn. 52
– Steuerrecht   182 Rn. 53
– Terminologie   182 Rn. 2
– Unabdingbarkeit   182 Rn. 6
– Vertreterfälle   182 Rn. 24
– Verwandtschaft zur Stellvertretung   182 Rn. 15
– zu einseitigem Rechtsgeschäft   182 Rn. 62

Zustimmungslösung
– enge   TPG Rn. 38
– erweiterte   TPG Rn. 36, 40

Zwei-Faktor-Authentifizierung   Anh 156 Rn. 5

Zwischenverfügung
– Anwartschaftsrecht   161 Rn. 3 f.
– bedingte Unwirksamkeit   161 Rn. 6 ff.
– bei bedingtem Rechtsgeschäft   161 Rn. 1 ff.
– bei Genehmigung   184 Rn. 13
– Gutglaubensschutz   161 Rn. 9 f.
– Publizitätsprinzip   161 Rn. 5
– Verfügungsverbot   161 Rn. 11
– Vollstreckung   161 Rn. 7
– Wirksamkeit des Kausalgeschäfts   161 Rn. 8

§ 14 HeimG   104 Rn. 46
§ 6 HGBP   104 Rn. 46